八閩文庫

專題彙編
第二種

福建民間契約文書

厦門大學民間歷史文獻研究中心 編
鄭振滿 主編

12

海峽出版發行集團
THE STRAITS PUBLISHING & DISTRIBUTING GROUP
福建人民出版社

本册目録

第三卷　永泰縣蓋洋鄉碓頭村契約文書（一）

第三卷　永泰縣蓋洋鄉碓頭村契約文書（一）

本卷主編　周煜翔

本卷簡介

碓頭村地處戴雲山北麓，平均海拔高度約七百八十米，地勢崎嶇不平，森林覆蓋率在百分之九十以上。轄區面積五點八平方公里，現有梯田六百八十六畝，山林一萬零九百八十七畝，主要種植毛竹、油茶、李果等經濟林。

明清時期，碓頭村隸屬永福縣和平鄉英達里三十六都，民國時屬永泰縣南區，現屬永泰縣蓋洋鄉。東與蓋洋鄉湖裡村相連，西鄰奮鬥、蓋洋兩村，南接洑口鄉倉坪、麻畲等村，自古就是連接永泰縣西部蓋洋、洑口兩鄉的主要通道。現有户籍人口一千零六十六人，二百六十八户，分屬碓頭、前龍洋、村頭三個自然村。

碓頭村的主要居民爲葉氏、吴氏兩大家族，約佔全村人口的百分之八十五，另有黄、林、鄭等小姓。葉氏家族於明洪武二年（一三六九）從仙游古瀨遷居此地，主要居於碓頭自然村。黄氏家族於明代中期從蓋洋村遷居碓頭，主要居於村頭自然村。吴氏家族於清順治年間從嵩口良鄉遷居此地，主要居於前龍洋自然村。清代後期，附近的湖裡林氏族人和蓋洋鄭氏族人在村頭村買地建房，陸續定居於此。

我們在碓頭村搜集各類契約二千四百餘件，另有若干族譜、鬮書、賬簿、税單、狀詞等歷史文獻資料。這些契約文書分别來自葉、吴、黄三姓的五户人家，依據「歸户」原則編爲五帙。

第一帙爲黄財法户契約文書，包括契約五百七十餘件，另有鬮書三册、賬簿三册，以及若干税單、狀詞等。碓頭黄氏家族的開基祖爲黄進明，生活於明嘉靖至萬曆年間，最初以頂種屯田爲生，曾參與修建重興寨。黄進明生三子，分爲天、地、人三房，而天房僅傳二代，故該村黄氏族人均出自地房和人房。在黄氏家族史上，地房的人丁較爲興旺，遺留下的文獻資料也比較豐富。至晚清民國時期，地房子孫悉數外遷，其相關契約文書由人房黄永煜收藏。黄財法爲黄永煜玄孫，其所藏契約文書均繼承自黄永煜一派，而來源於地、人兩房。

在黄財法收藏的契約文書中，田契佔絶大多數，其次是有關山林的契約，較爲全面地反映了明代中期以後黄氏族人的生計模式。所藏祭墓簿、鬮書、置産簿、賬簿等家族文獻，則反映了清代中期以降的家族組織形式與族産經營方式。需要説明的是，該户所藏契約文書的保存狀態不佳，每包契約文書往往涉及不同産業，原有文獻系統受到多次擾亂。在整理過程中，我們盡量保留其原有包契紙，而又依據「歸物」原則重建其文獻系統，並依據各類産業的交易時間重新排序。

第二帙爲葉信村户契約文書，包括各類契約九百一十餘件，另有鬮書一册，税單、狀詞若干。葉氏家族的始祖葉伯嚴，於洪武二年（一三六九）攜四代子孫從仙游古瀨遷居碓頭，到第十代分爲長房和二房，其中二房人口較多，本帙收集的契約文書均出自二房。清末民國時期，二房中最富有的支派爲葉家宙一房，其派下子孫聲韶、聲棠、良福、良禎等購置了大量産業。葉信村收藏的契約文書，繼承自其伯父葉良福，主要涉及田産、山場、林木、房屋的交易活動，契約形式較爲豐富，文獻系統性較强。

第三帙爲葉善政户契約文書，包括各類契約六百餘件，另有一些税單及其他文書。同治年間，葉氏二房的葉達次遷居嵩口坪坑（現屬嵩口鎮梧埕村），並逐步發展爲獨立的支派。葉善政是葉達次之孫，所藏的契約文書繼承自其父葉開佑，本帙收録的契約文書由葉善政之孫葉清松提供。同治之前的契約文書，主要反映該支派在碓頭的歷史，而之後的契約文書則較多反映遷居坪坑後的發展歷程。不過，在同治之後的契約中，仍可發現坪坑支派與碓頭族人之間的聯繫。該户契約文書以田契爲主，其次是關於山場和林業的契約，保存較爲完整、系統。

第四帙爲葉義權户契約文書，包括各類契約二百六十餘件，另有税單等文書若干件。該户所藏契約文書繼承自其祖父葉良矩，主要涉及山場與林木交易，也有各種田契和房契。

以上三户葉氏族人的契約文書，共同的特點是保存完好，系統性較强，包契紙與包内契約大多可以一一對應。這些契約文書是明末以來碓頭葉氏二房發展歷程的見證，並涉及周邊地區的不同家族，如山場契約大多與東湖黄氏家族有關，集中反映了當地歷史上的山林産權秩序與經營方式。

第五帙爲吴堯書户契約文書，包括各類契約八十四件，另有鬮書和賬簿各一册。吴氏家族在遷居碓頭初期，曾與當地的葉氏家族聯姻，該户契約文書大多與葉氏密切相關。這些契約文書原爲吴氏家族文獻，交由吴堯書統一保管。經吴堯書本人及其子吴新煊同意，本帙收録了其中部分契約文書，由吴新勇提供。需要説明的是，我們搜集的吴氏家族契約文書僅是吴堯書負責保管的一部分。該户契約文書數量較少，主要涉及田産與山林交易，系統性不强。

總體而言，碓頭村現存契約文書較爲完整，種類豐富，系統性較强，各户、各類文書可以互證，具有較高的史料價值。此外，碓頭村的現存契約中有不少草契和廢契，可從中了解民間契約文書的製作與使用過程，我們在整理過程中盡量收録，並重新進行擬名和標注。我們在該村還收集和複製了各姓的族譜、科儀本等歷史文獻資料，限於體例，本書未能收録，謹此一併説明。

第一帙　黄财法户

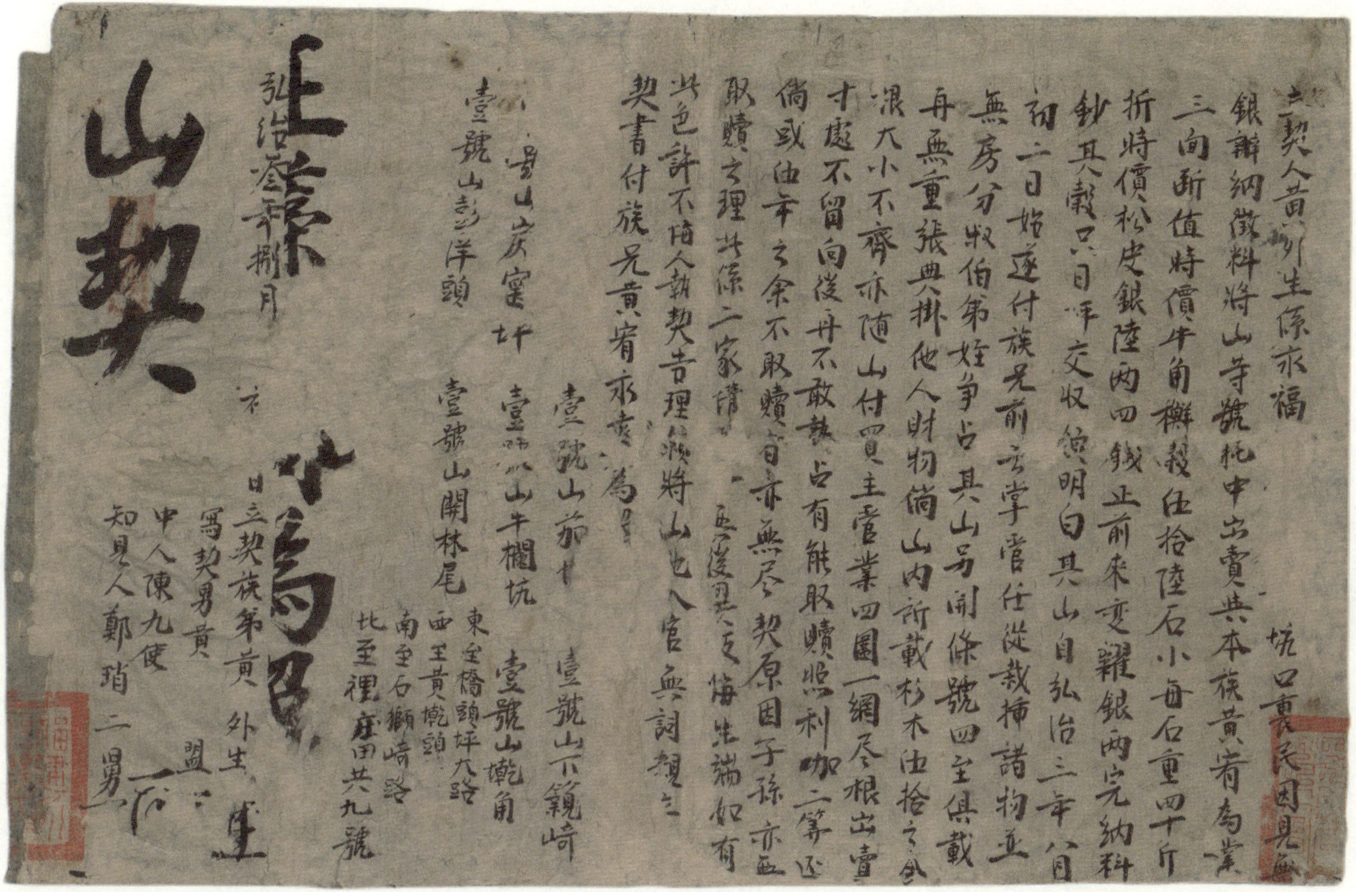

3-1-1-1　明弘治三年八月黃外生立賣山契（紅契）

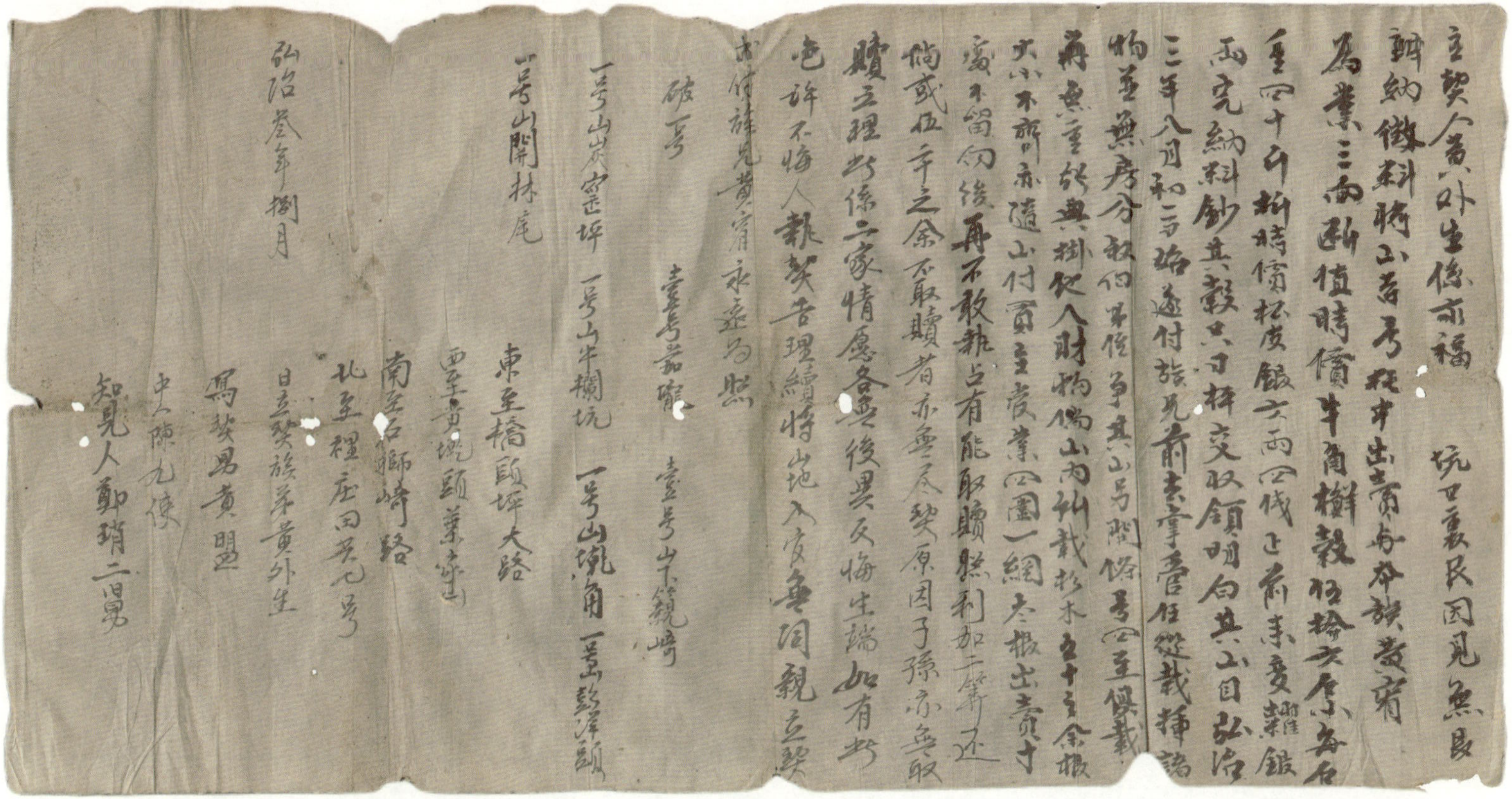

3-1-1-2　明弘治三年八月黄外生立賣山契（抄契）

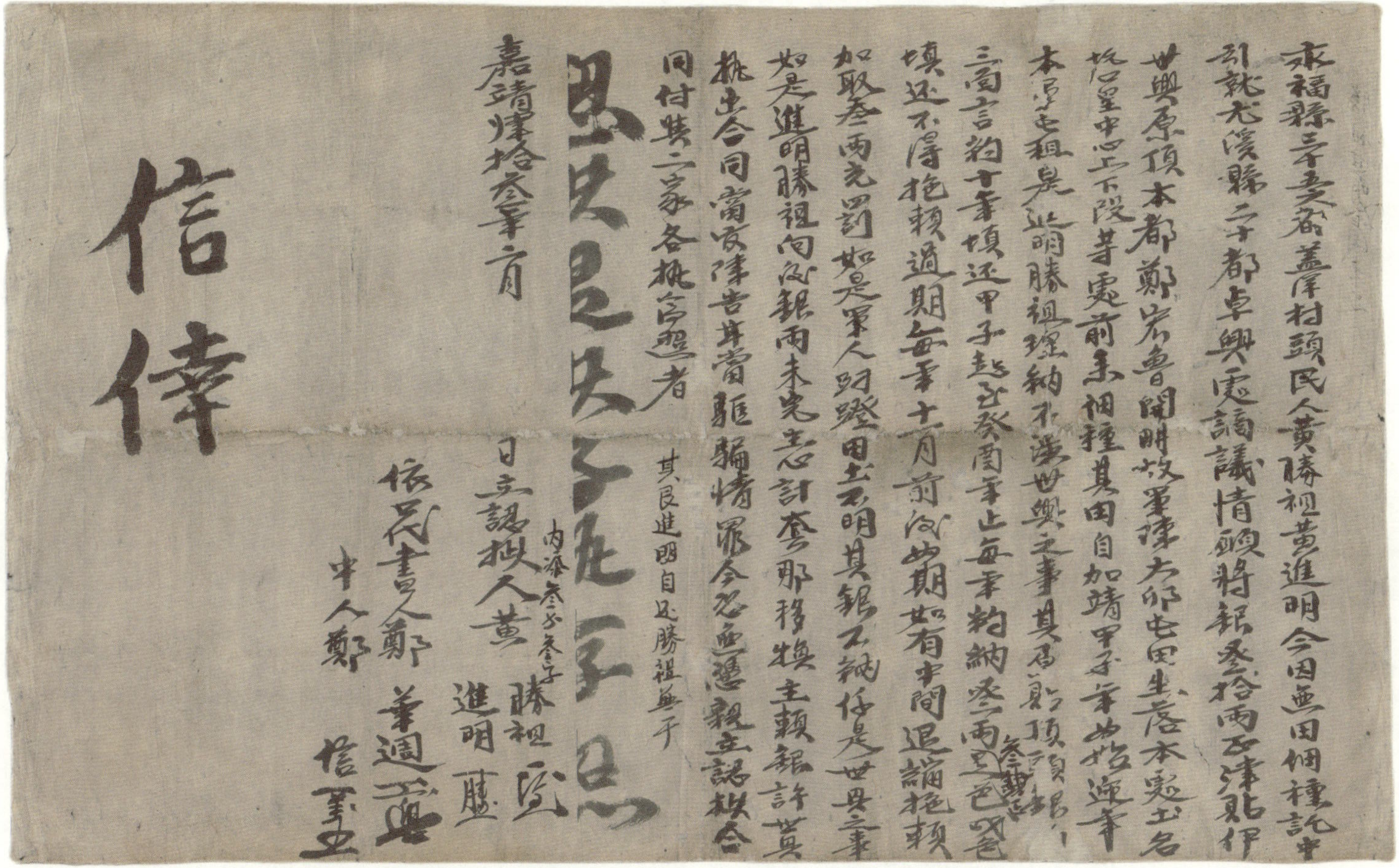

3-1-1-3　明嘉靖四十三年二月黄勝祖等立認批屯田契

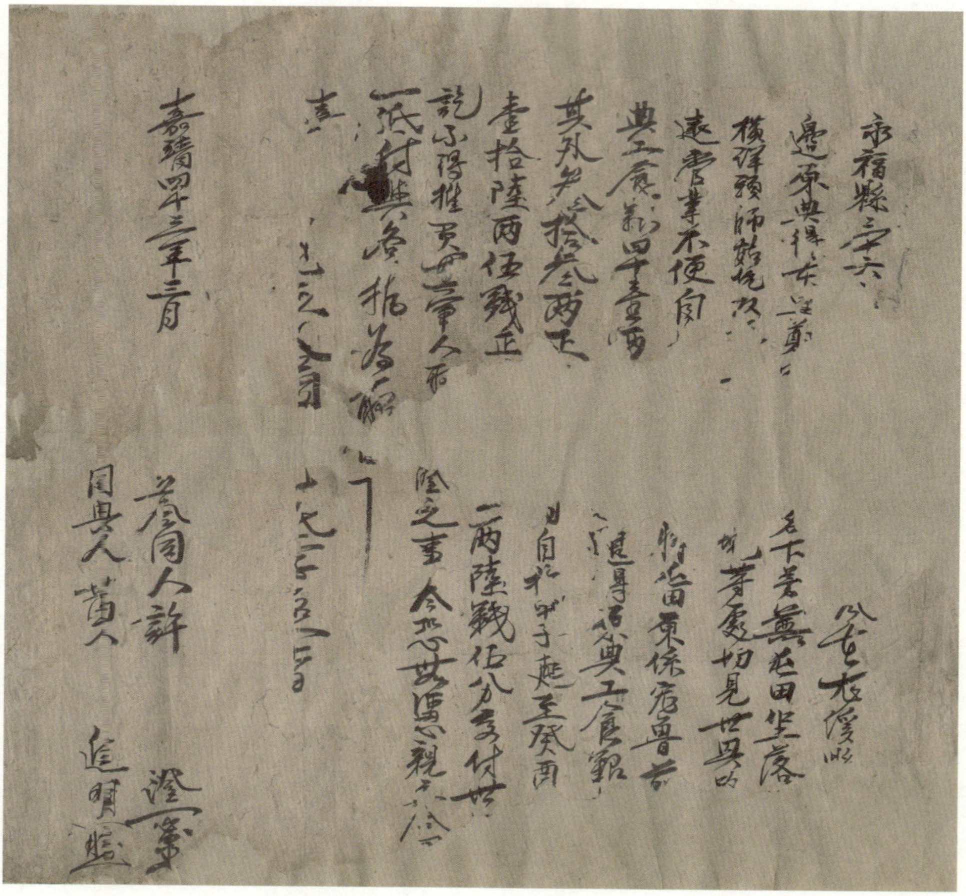

3-1-1-4　明嘉靖四十三年三月許澄等立合同

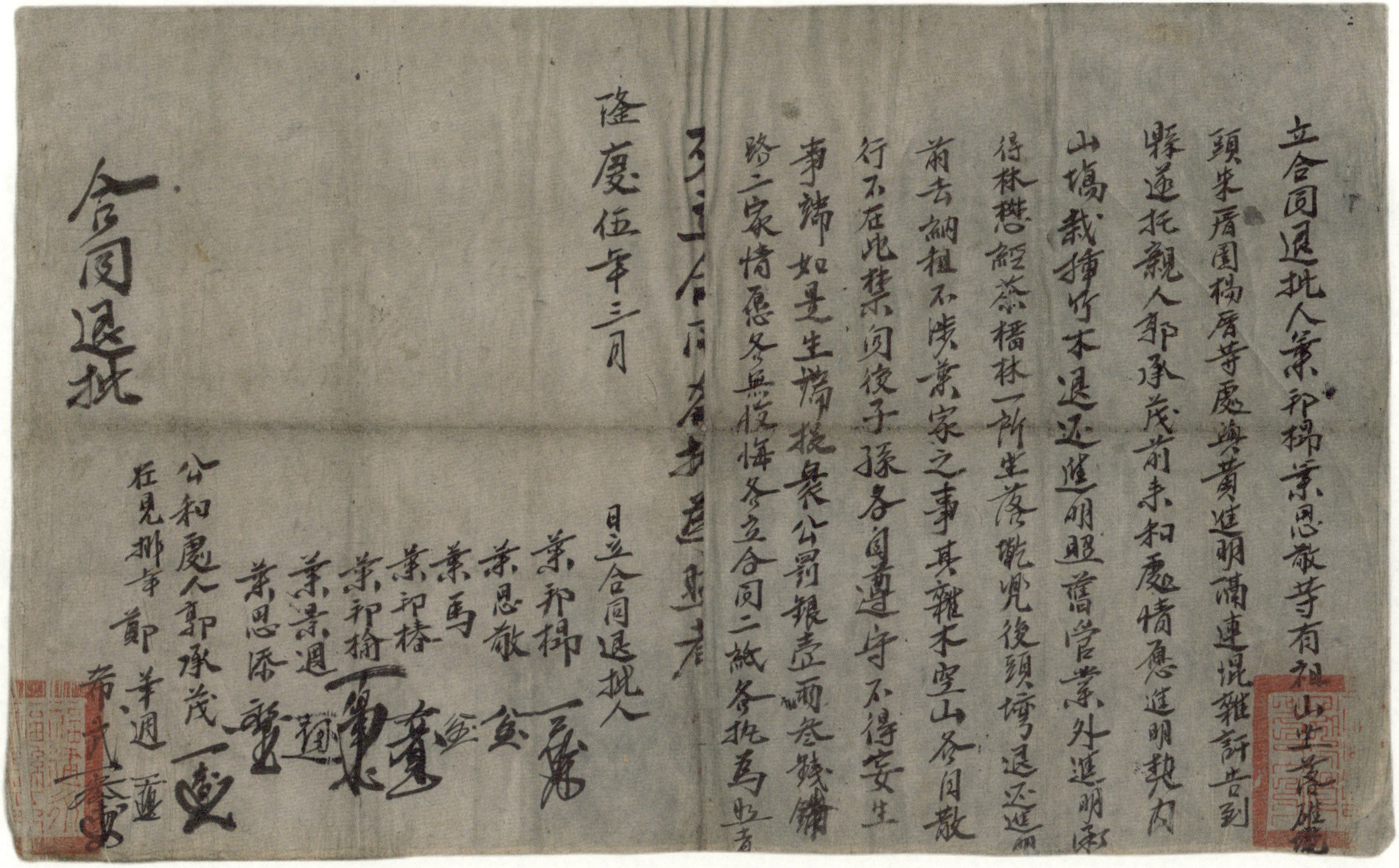

立合同退批人葉邦榻、葉恩敬等有祖山土名碓
頭朱厝園楊厝等處，與黄進明滿連混雜，訴告到
縣。蒙托親人鄭承茂前來和處，情愿進明契內
山塢栽插竹木退還進明照舊管業，外進明家
得林樹經茶擂林一所，坐落撒兜後頭墳退還進明
前去納租，不涉葉家之事。其雜木空山各自砍
行，不在此禁。向後子孫各自遵守，不得妄生
事端。如是生端，投衆公罰銀壹兩叁錢入
路。二家情愿，各無反悔，各立合同二紙，各執為照者。

隆慶伍年三月　日立合同退批人　葉邦榻
葉恩敬
葉馬
葉邦椿
葉邦椅
葉景週
葉恩添
公和處人　鄭承茂
在見排年　鄭華週
黄武

合同退批

3-1-1-5　明隆慶五年三月葉邦榻等立合同退批（紅契）

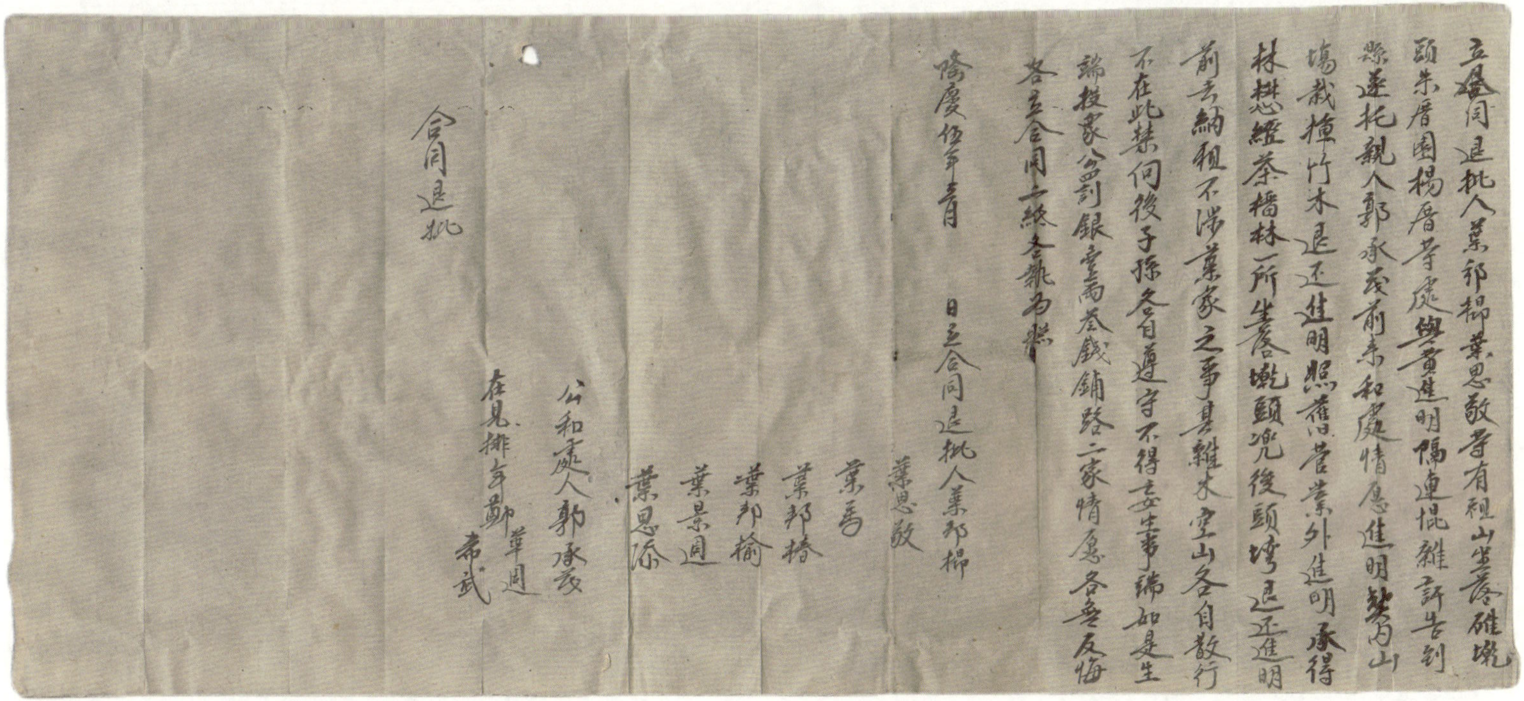
立合同退批人葉邦榻葉思敬等有祖山坐落碓垅
頭朱厝園楊厝等處與黄進明偏連爭雜訴告到
縣逆托親人郭承茂前來和處情愿進明契內山
場栽種竹木退還進明照舊管業外進明承得
林樹松杉茶櫧林一所坐落碓頭兜後頭將退還進明
前去納租不涉葉家之事其雜木空山各自散行
不在此禁向後子孫各自遵守不得妄生事端如是生
端投家公罰銀壹兩茶錢鋪路二家情愿各無反悔
各立合同一紙各執為照
隆慶伍年三月　　日立合同退批人葉邦榻
葉思敬
葉馬
葉邦椿
葉邦榆
葉景週
葉思添
公和處人郭承茂
在見排年鄭華週
希武
合同退批

3-1-1-6　明隆慶五年三月葉邦榻等立合同退批（抄契）

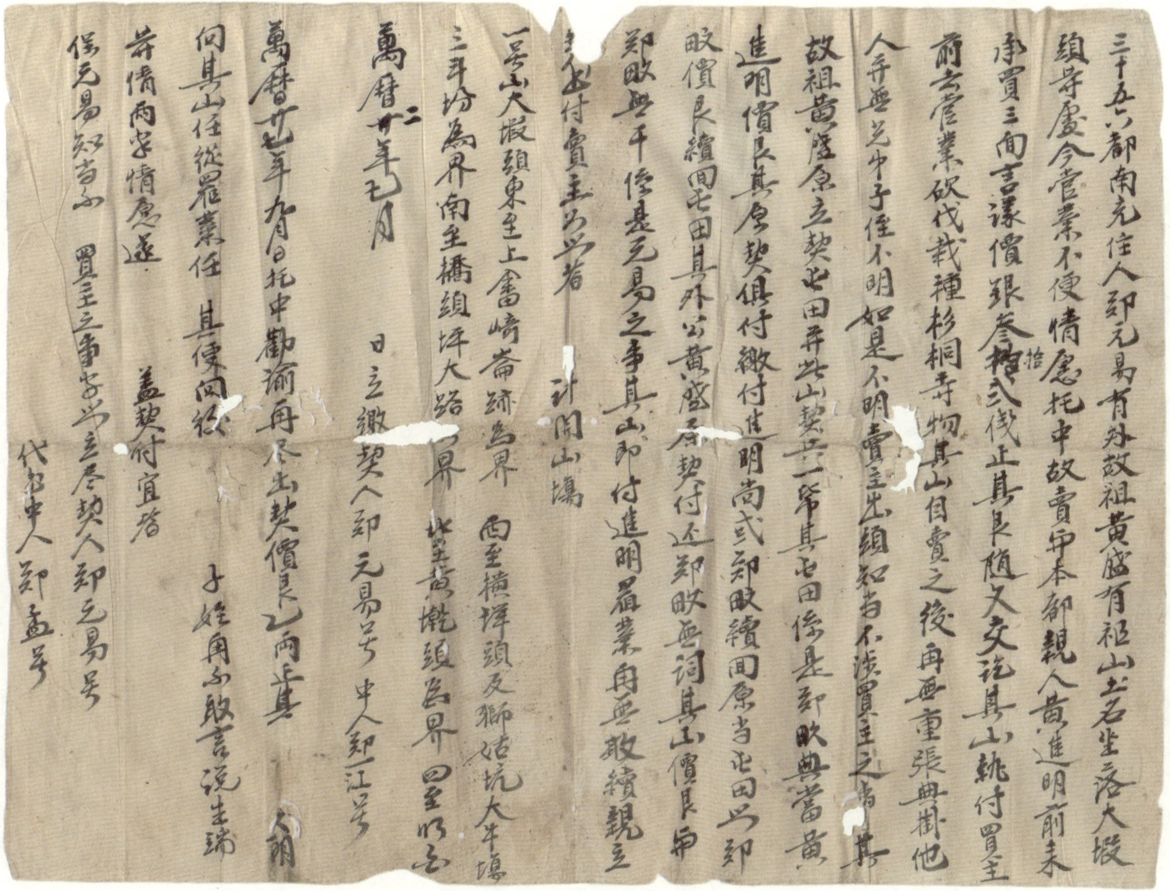
三十五六都南充住人鄭元易有外故祖黄盛有祖山土名坐落大墩
頭等處今管業不便情愿托中故賣與本都親人黄進明前来
承買三面言議價銀叁拾貳伐正其銀隨又交訖其山就付買主
前去管業砍伐栽種杉桐等物其山自賣之後再無重張典掛他
人并無兄中子侄不明如是不明賣主出頭知当不涉買主之事其
故祖黄盛原立契共田并共山契共一紙其田係是鄭畋與當黄
進明價銀其原契俱付繳付進明尚式鄭畋續回原当田共鄭
畋價銀續回田其外山黄盛原契付還鄭畋無詞其山價銀與
鄭畋無干係是元易之事其山即付進明管業再無敢續覲立
契付賣主收照者　計開山場
一號山大墩頭東至上崙崎崙頭為界　西至横坪頭及獅姑坑大牛塘
三坪坋為界南至播頭坪大路為界　北至黄墘頭為界　四至明白
萬曆二年一月　日立繳契人鄭元易号　中人鄭江号
萬曆廿七年九月日托中勸諭再尽出契價銀一兩正其　人明
向其山任從管業任其便回據　子姪再不敢言說生端
并情兩家情愿立　盡契付宜照
保元易知当見　買主之事此照立尽契人鄭元易号
代書中人鄭孟号

3-1-1-7　明萬曆二年一月鄭元易立賣稅山契（抄契）

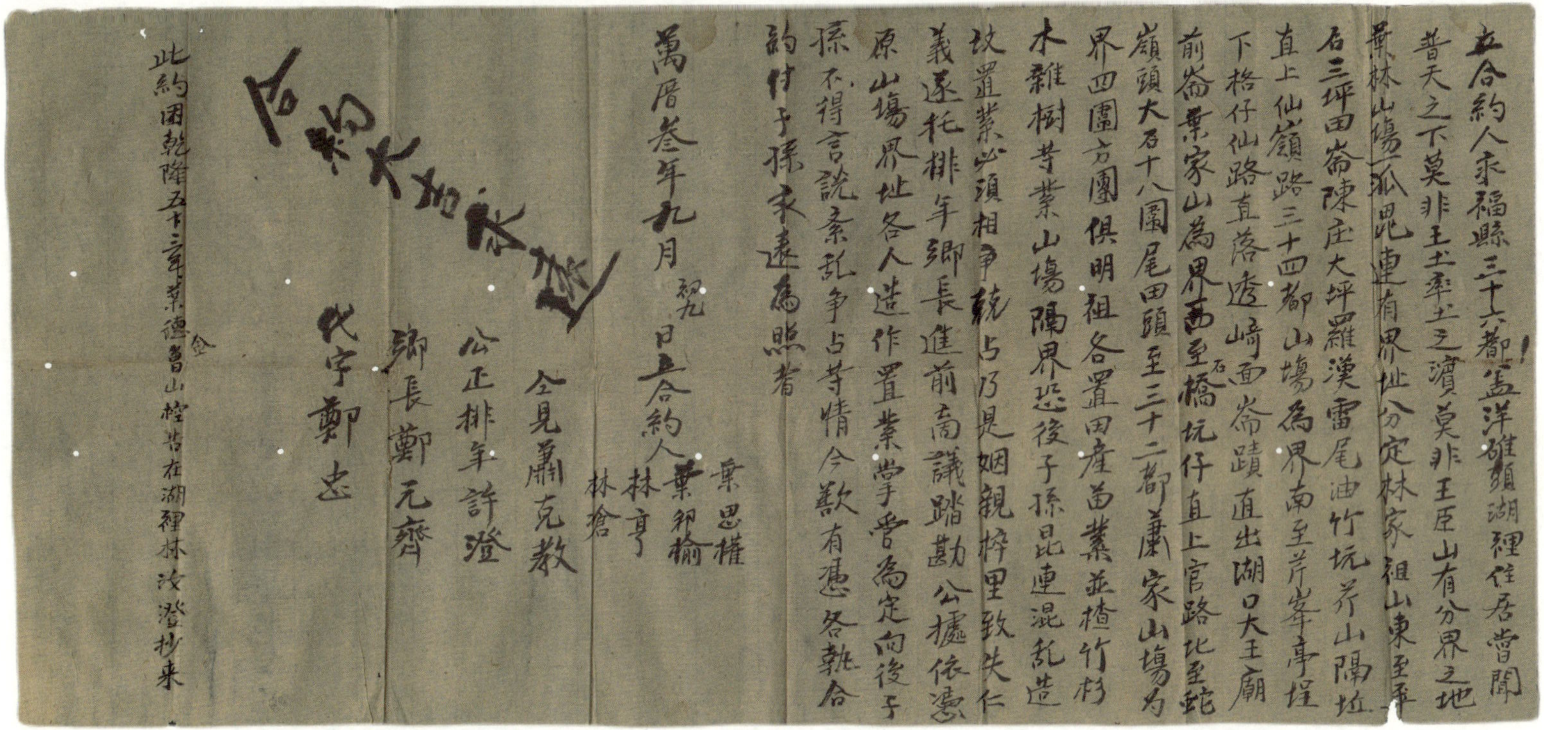
立合約人永福縣三十六都蓋洋雎頭湖裡住居曾閒
普天之下莫非王土率土之濱莫非王臣山有分界之地
葉林山場一派毘連有界址分定林家祖山東至平
石三坪田崙陳庄大坪羅漢雷尾油竹坑芹山陽垃
直上仙嶺路三十四都山場為界南至芹峯亭埕
下格仔仙路直落透崎面崙蹟直出湖口大王廟
前崙葉家山為界西至石橋坑仔直上官路北至鉈
嶺頭大石十八圍尾田頭至三十二都蕭家山場為
界四圍方圍俱明祖各置田產苗業並植竹杉
木雜樹等業山場陽界恐後子孫毘連混亂造
故置業必須相爭繞占乃見姻親梓里致失仁
義遂托排年鄉長進前面議踏勘公據依憑
原山場界址各人造作置業掌管為定向後子
孫不得言說紊亂爭占等情今歡有憑各執合
約付子孫永遠為照者

萬曆叁年九月初九日立合約人 葉思權 葉㭍榆 林亨 林滄
仝見蕭克教
公正排年許澄
鄉長鄭元齊
代字鄭忠

合約大吉永遠

此約因乾隆五十三年葉德曾山控告在湖裡林汶澄抄來 仝

3-1-1-8 明萬曆三年九月葉思權等立合約

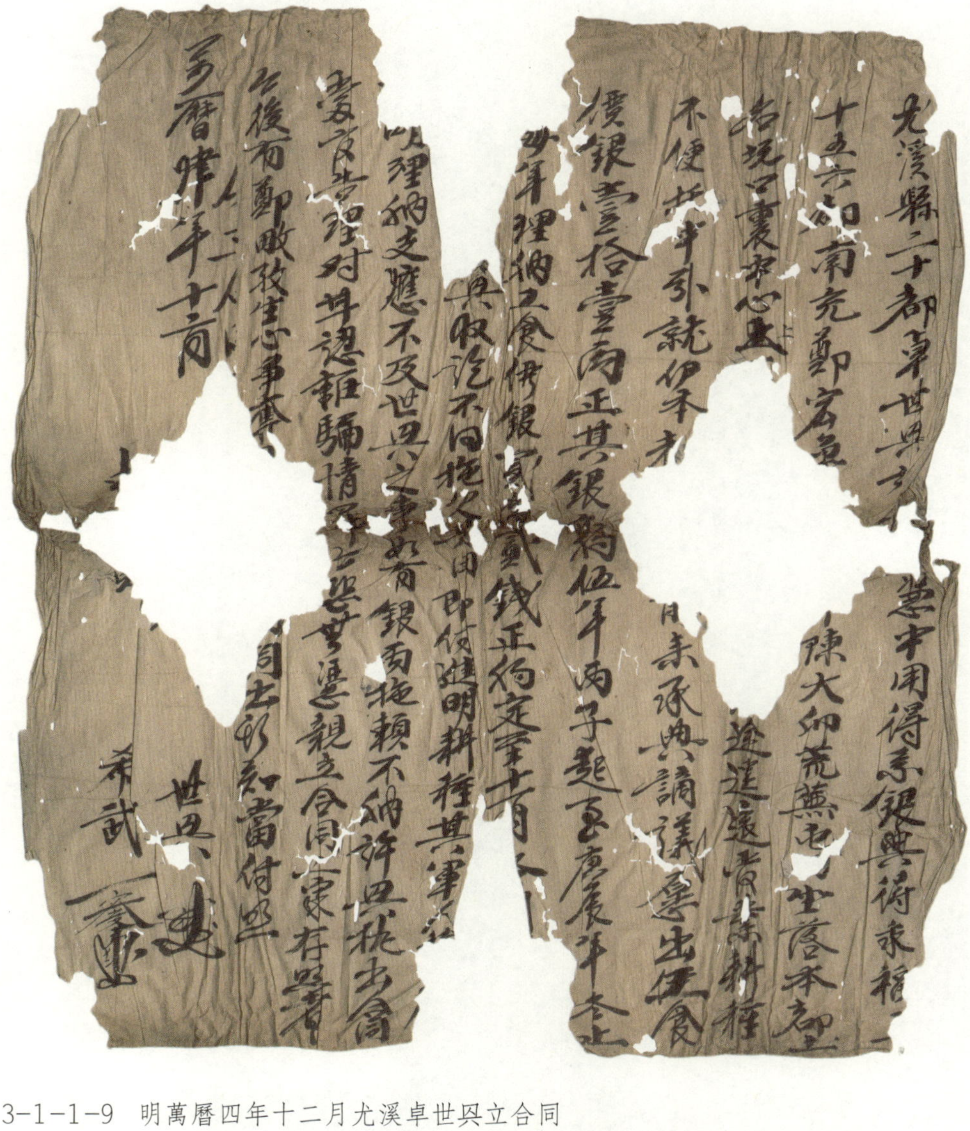

3-1-1-9　明萬曆四年十二月尤溪卓世與立合同

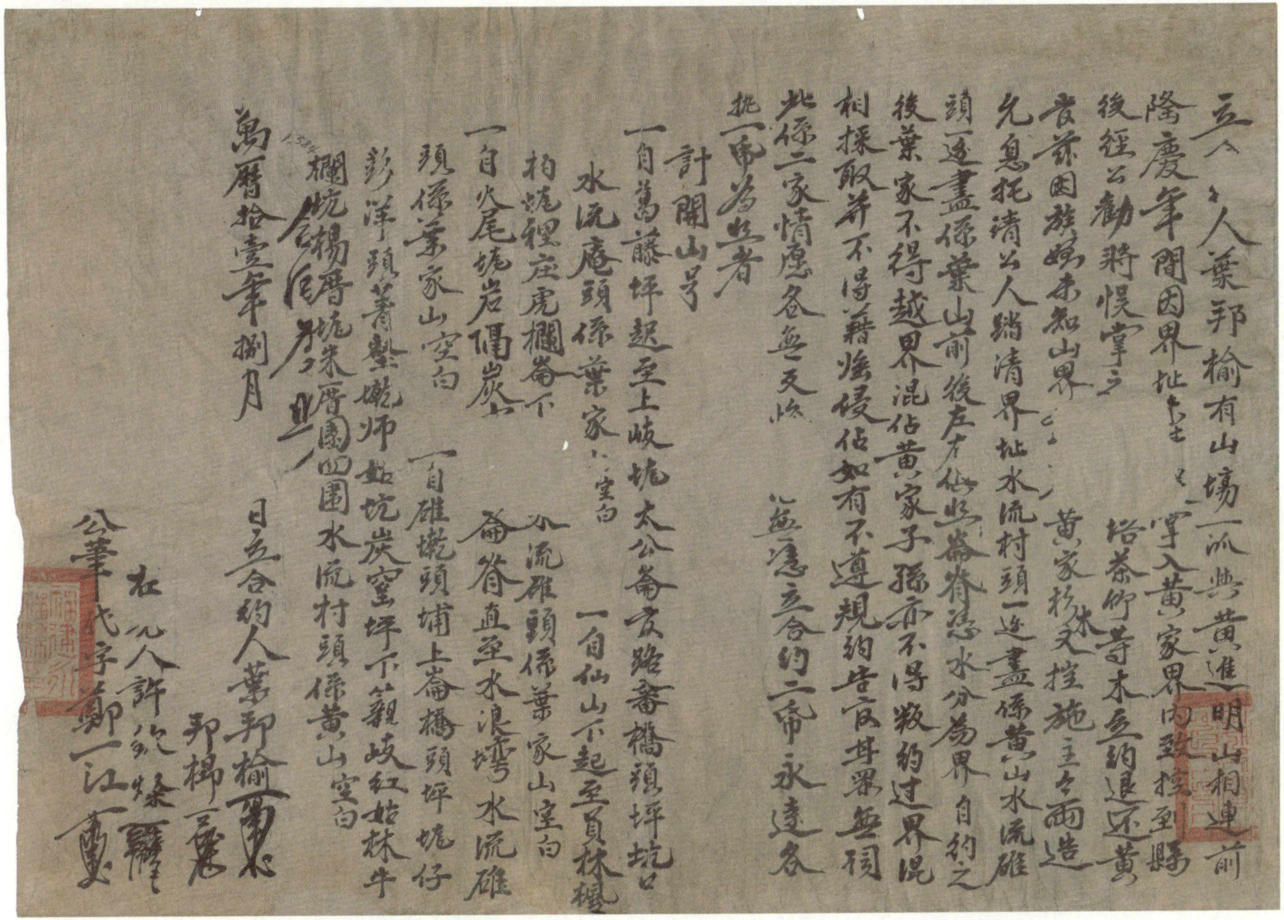

立合約人葉邦榆有山塲一派與黃進明山相連前
隆慶年間因界址不明掌入黃家界內致控到縣
後經公勸將慢掌之塔茶竹等木立約退還黃
家因族婦未知山界黃家於休文控施主令兩造
允息托請公人踏清界址水流村頭一邊盡係黃山水流碓
頭一邊盡係葉山前後左右俱照崙脊水分為界自約之
後葉家不得越界混佔黃家子孫亦不得欺約過界混
相採取并不得藉端侵佔如有不遵規約告官理罪無詞
此係二家情愿各無反悔恐後無憑立合約二紙永遠各
批一紙為照者

計開山号
一自萬藤坪起至上岐坑太公崙夾路崙橋頭坪坑口
水流庵頭係葉家空白　一自仙山下起至貝林欄
柏坑裡庄虎欄崙下　水流碓頭係葉家山空白
一自火尾坑岩偏崁下　崙脊直至水浪壋水流碓
頭係葉家山空白　一自碓坑頭埔上崙橋頭坪坑仔
彭洋頭蕃盤坑師姑坑炭窰坪下蘿岐紅姑林牛
欄坑楊曆坑朱曆園四圍水流村頭係黃山空白

萬曆拾壹年捌月　日立合約人葉邦榆（押）
邦楊（押）
在見人許紀綵（押）
公筆代字鄭一江（押）

3-1-1-10　明萬曆十一年八月葉邦榆等立合約（紅契）

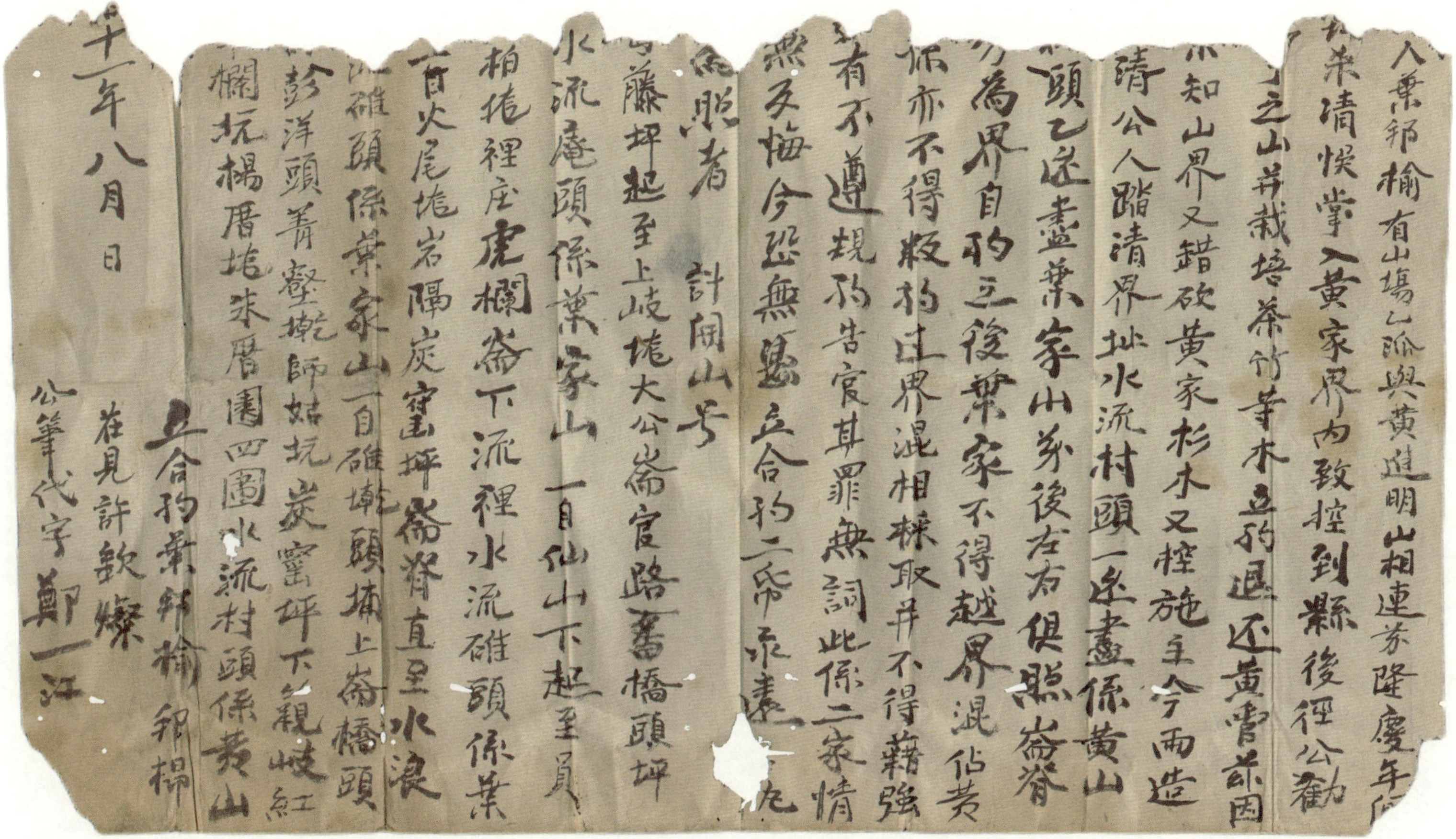
立合約人葉邦榆有山場一所與黃進明山相連，於隆慶年間
被求清悞掌入黃家界內，致控到縣，後經公勸
之山并栽培茶竹等木立約退還黃家，因
不知山界，又錯砍黃家杉木，又控施主，今兩造
請公人踏清界址，水流村頭一邊盡係黃山
頭，一邊盡葉家山，前後右左俱照崙脊
為界，自約之後，葉家不得越界混佔，黃
家亦不得假約過界混相採取，并不得藉強
有不遵規約，告官甘罪無詞。此係二家情
愿，反悔今恐無憑，立合約二紙，永遠
炤者　　計開山號
一處藤坪起至上岐墘大公崙官路蕃橋頭坪
一處水流庵頭係葉家山，一自仙山下起至員
柏墘裡座虎欄崙下流裡水流碓頭係葉
一處火尾墘岩陽炭窯坪崙脊直至水浸
一處碓頭係葉家山，一自碓墘頭壠上崙橋頭
一處彭洋頭菁壟墘師姑坑炭窯坪下親岐紅
一處欄坑楊厝墘朱厝園四圍水流村頭係黃山
立合約葉邦榆
在見許欽燦
公筆代字鄭一江
萬曆十一年八月　日

3-1-1-11　明萬曆十一年八月葉邦榆等立合約（一，抄契）

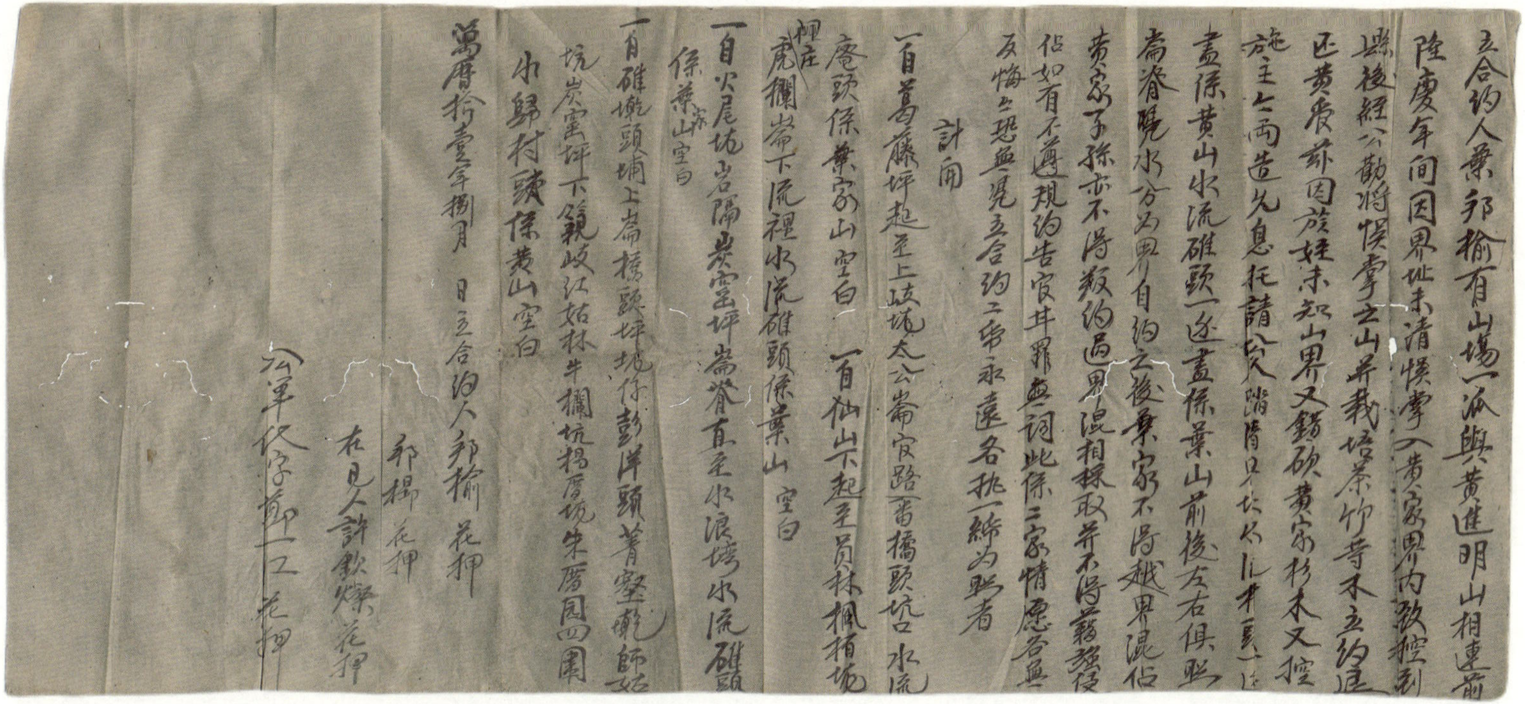

3-1-1-12 明萬曆十一年八月葉邦榆等立合約（二，抄契）

3-1-1-13　明萬曆十一年碓頭村山場圖

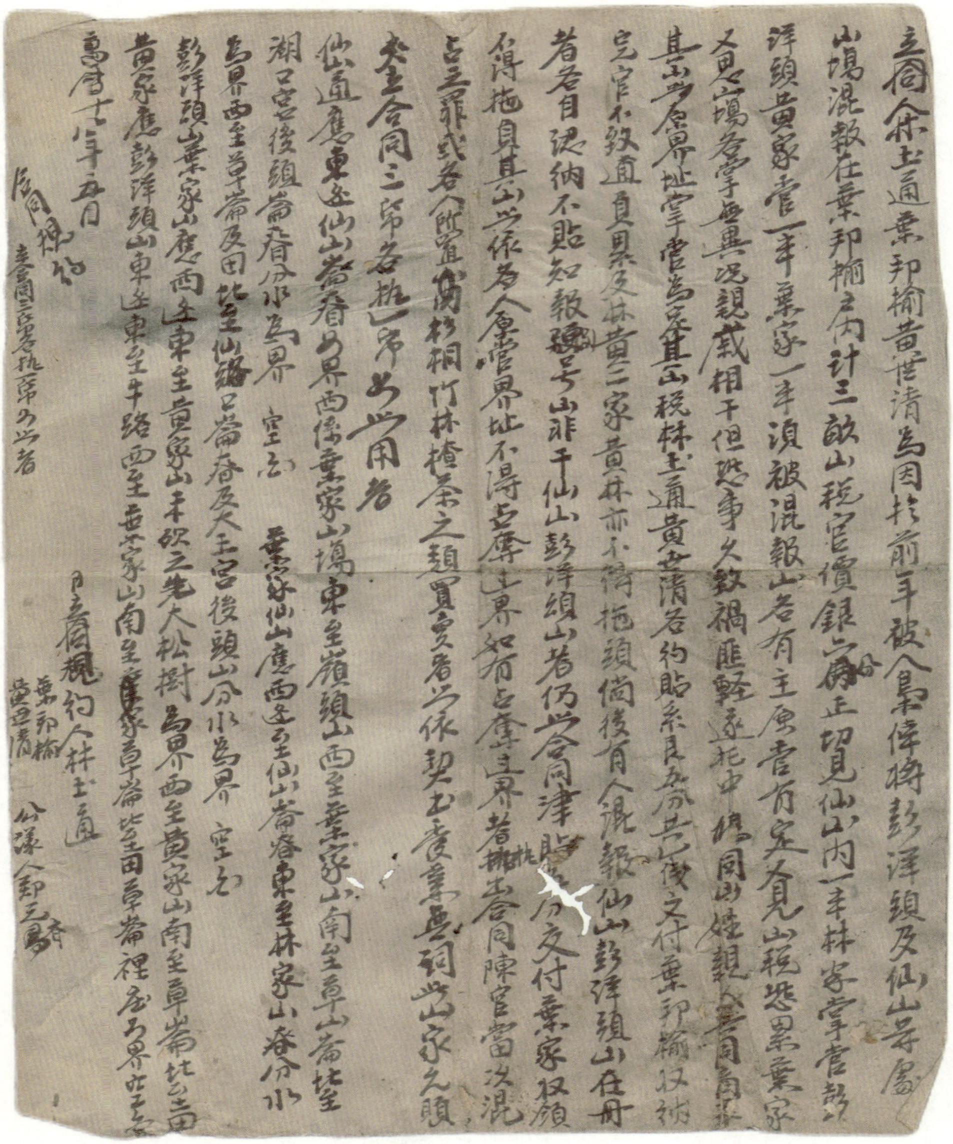
立合同人林玉通、葉邦榆、黃世清，為因於前年被人梟偉將彭洋頭及仙山等處
山塲混報在葉邦榆戶內，計三畝山稅，官價銀六兩[illegible]正。切見仙山內一半林家掌管，彭
洋頭黃家管一半，葉家一半，須被混報山名，有主原書有定，奇見山稅恐累葉家。
又見二塲各掌無異，況親戚相干，但恐事久致禍匪輕，遂托中[illegible]同姓親人等同商[illegible]
其山照原界址掌管，為定其山稅，林玉通、黃世清各約貼[illegible]共代之付葉邦榆收訖
完官，不致負累。及林黃二家黃林亦不得拖欠。倘後有人混報仙山彭洋頭山在冊
者，各自認納，不貼知報。號其山非干仙山彭洋頭山者，仍照合同津貼，仍交付葉家收領，
不得拖負。其山照依各人原管界址，不得占奪立界。如有占奪立界者，執出合同陳官，當汝混
占之罪。或各人所置田園杉桐竹林楂茶之類，買賣者照依契書管業無詞，此山家之額。
立合同三紙，各執一紙為用者。
仙山遮東至仙山嶺脊為界，西傍葉家山塲，東至嶺頭山，西至葉家山，南至草山嶺，北至
湖口宮後頭嶺脊分水為界。　空心
為界，西至草嶺及田，北至仙[illegible]口嶺脊及大王宮後頭山分水為界。　空心　葉家仙山應西至仙山嶺脊，東至林家山，脊分水
彭洋頭山葉家山應西至東至黃家山，未砍之先大松樹為界，西至黃家山，南至草嶺，北至田
黃家應彭洋頭山東至東至牛路，西至黃家山，南至[illegible]草嶺，北至田，草嶺裡居為界[illegible]
萬曆廿八年五月　日立合同規約人林玉通
葉邦榆
黃世清
公議人鄭三[illegible]
合同規約
立合同三紙，各執一紙為照者

3-1-1-14　明萬曆二十八年五月林玉通等立山場合同規約（抄契）

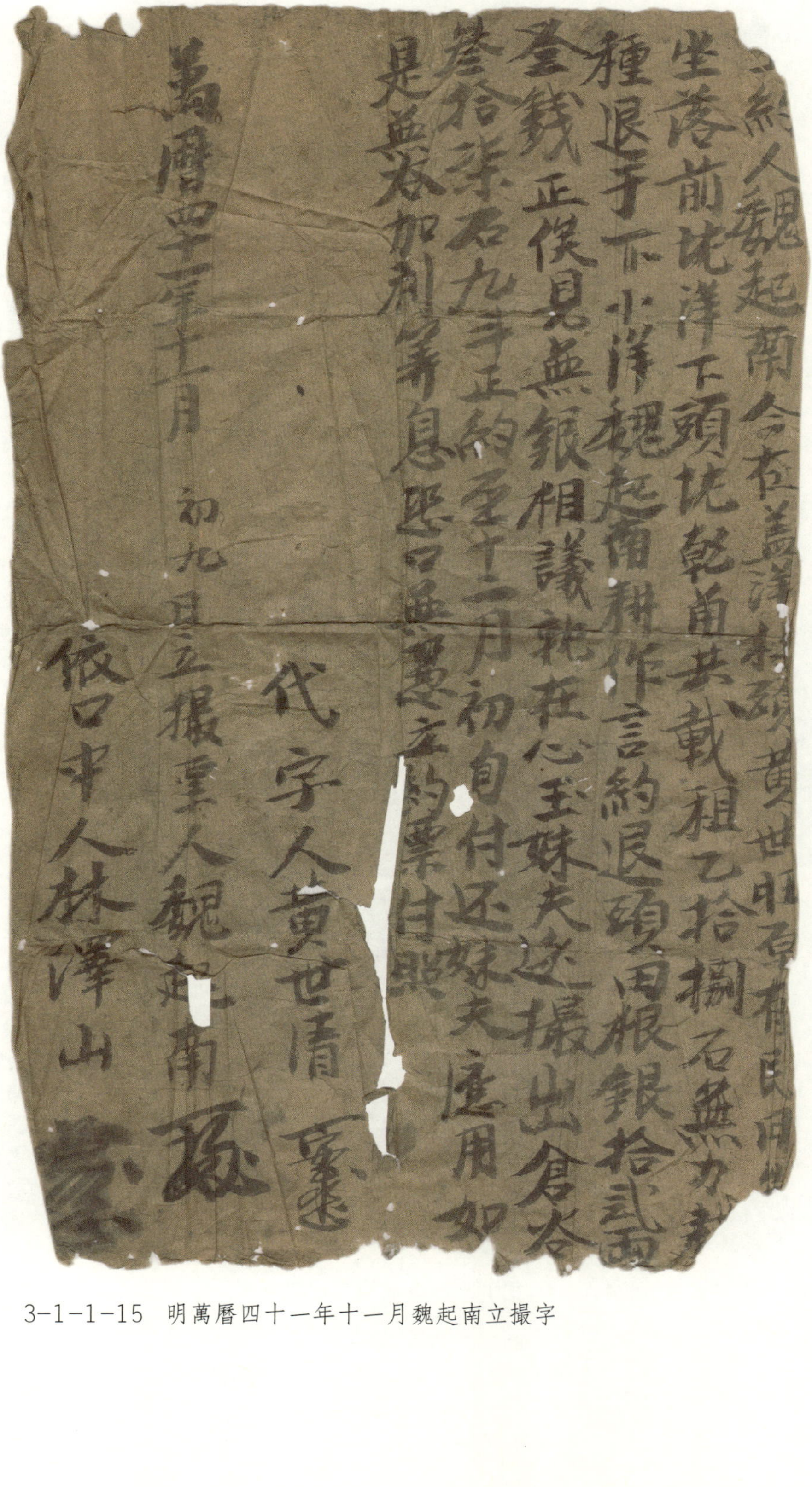

立約人魏起南，今在蓋洋村頭黃世旺原有民田
坐落前坑洋下頭坑乾角共載租乙拾捌石，無力耕
種，退與下小洋魏起南耕作，言約退頭田根銀拾貳兩
叁錢正，係見無銀，相議就在心玉妹夫邊撮出倉谷
叁拾柒石九斗正，約至十二月初自付還妹夫應用，如
是無谷，加利算息，恐口無憑，立約票付照。
萬曆四十一年十一月　初九日立撮票人魏起南
代字人黃世清
依口中人林澤山

3-1-1-15　明萬曆四十一年十一月魏起南立撮字

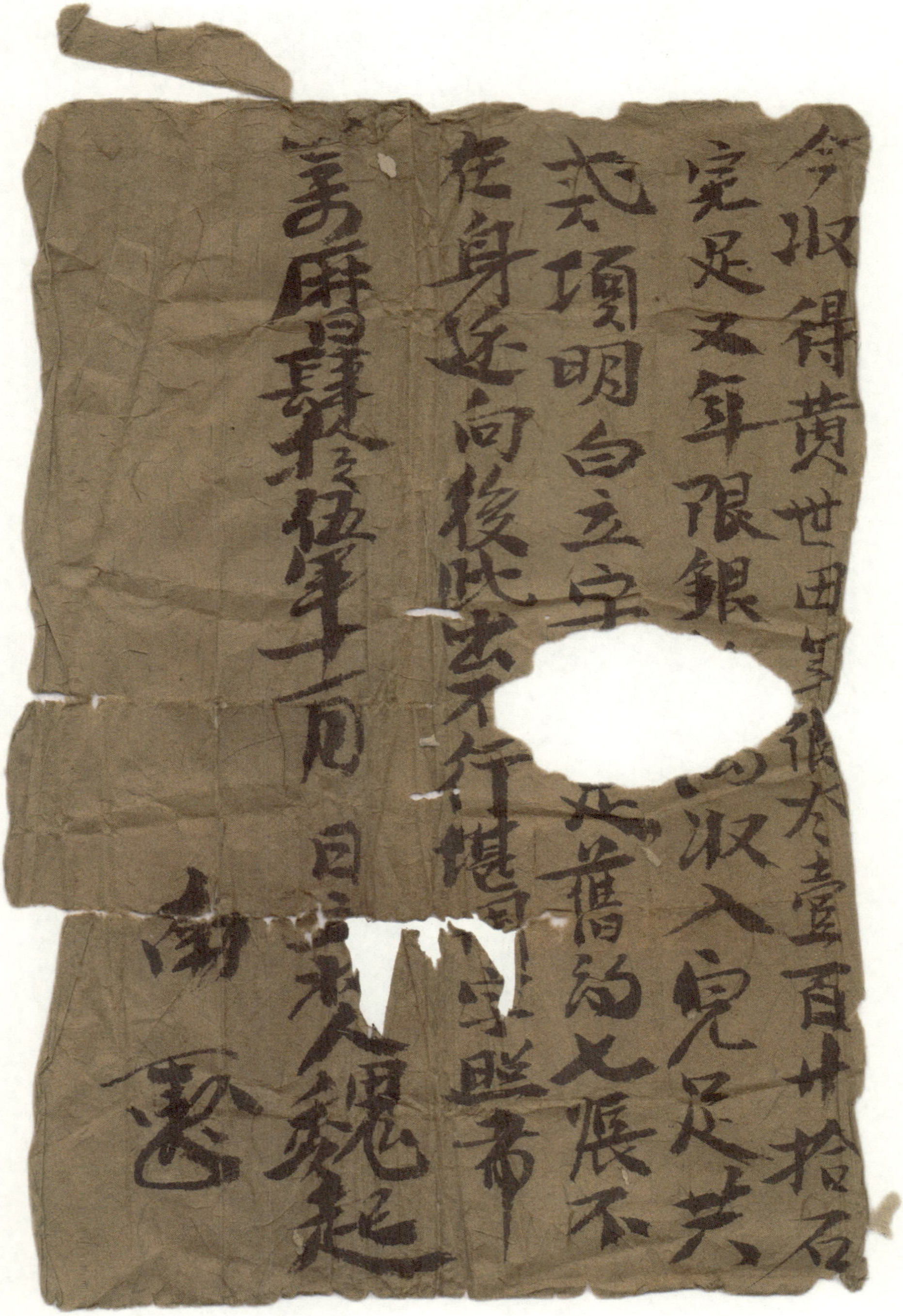

今收得黃世田等佃[illegible]壹百廿拾石
完足又年限銀[illegible]兩收入完足其
契項明白立字[illegible]為舊約文憑不
在身追向後既出不行用[illegible]字照者
萬曆肆拾伍年十一月　日立收人魏起
南[illegible]

3-1-1-16　明萬曆四十五年十一月魏起南立收穀等字

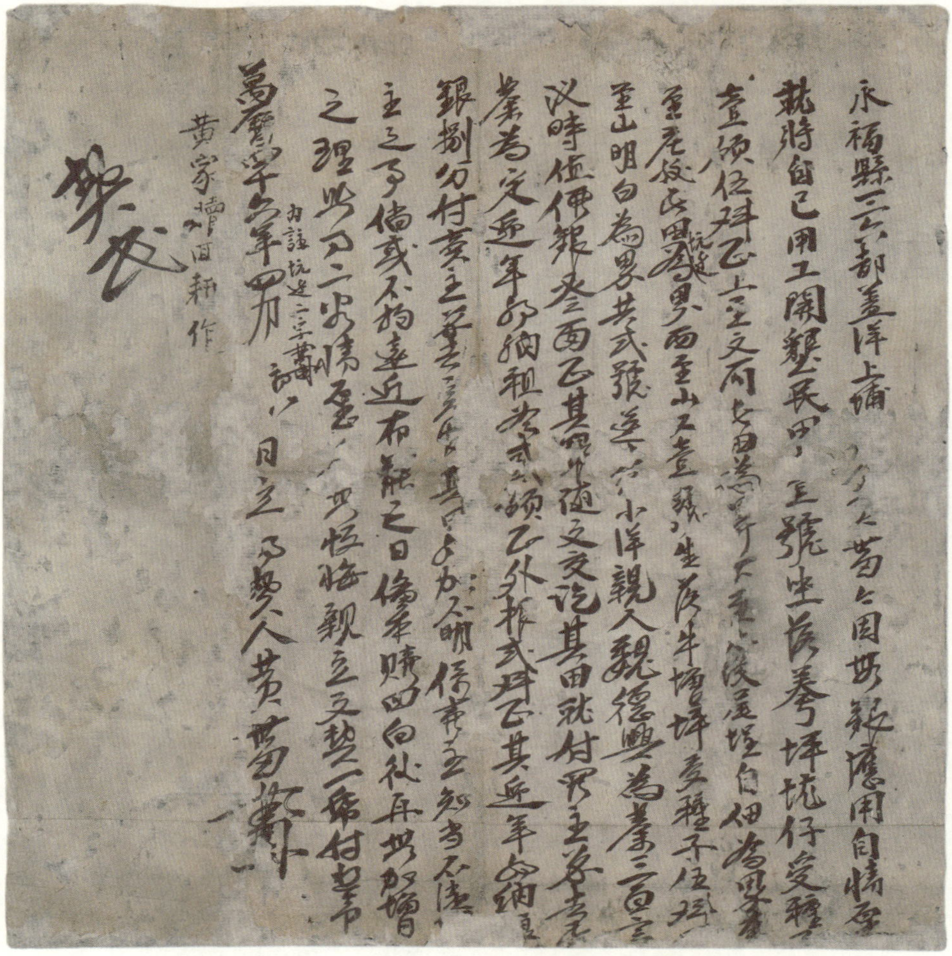

永福縣二十六都蓋洋上埔[illegible]人黃世田，今因無銀應用，自情愿
將自己用工開墾民田一號，坐落蓋洋坪坑仔，受種[illegible]
壹領，[illegible]文阿[illegible]為界[illegible]至自[illegible]為界
至[illegible]田為界，西至山，又壹號，坐落牛增坪，受種子伍[illegible]
至山明白為界，共貳號，送與小洋親人魏德興為業，三面言
議時值價銀叁兩正，其銀隨文交訖，其田就付銀主前去
管業為定，逐年納租[illegible]，其逐年納[illegible]
銀[illegible]付賣主[illegible]不明，係賣主知當，不涉
銀主之事。倘或不拘遠近，有銀之日，備原價取回，[illegible]再無加增
之理。此乃二比情愿，[illegible]無悔，親立文契一紙付[illegible]為照。
內註抗迸二字[illegible]
萬曆四十六年四月[illegible]日立賣契人黃世田[illegible]
黃家壇田耕作
[illegible]

3-1-1-17　明萬曆四十六年四月黃世田立賣民田契

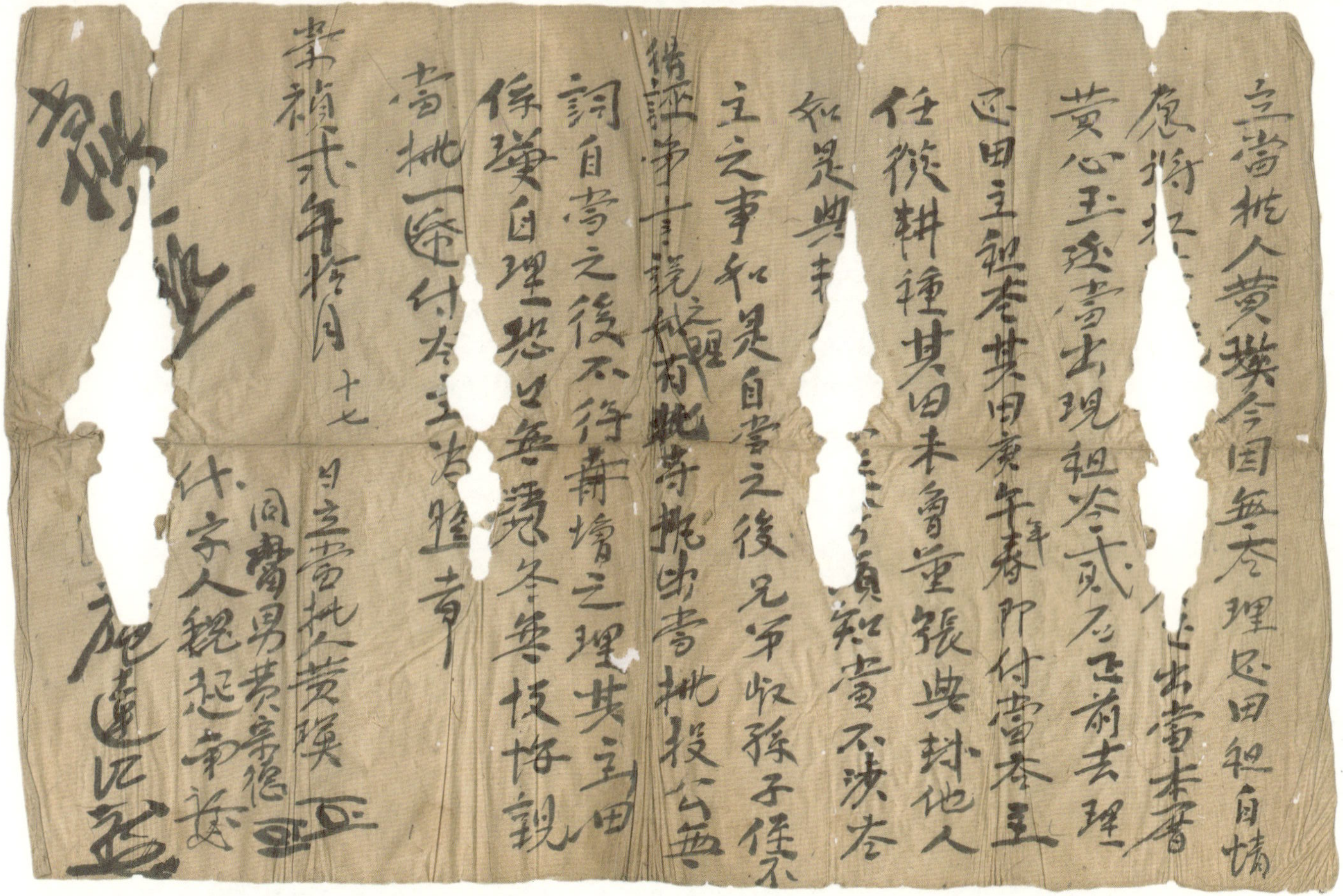
立當批人黃瑛今因無本理延田租自情
愿將杉[illegible]出當本厝
黃心玉處當出現租谷貳石正前去理
延田主租谷其田庚午年春即付當主
任從耕種其田未曾重張典掛他人
[illegible]知當不涉本
知是典主[illegible]
主之事如是自當之後兄弟叔孫子侄不
得爭言說之理有批寄批出書批投告無
詞自當之後不得再增之理其主田
係瑛自理恐口無憑各無枝悔親
當批一紙付本主為照
崇禎貳年拾月十七日立當批人黃瑛
同當男黃崇德
代字人魏起甫

3-1-1-18　明崇禎二年十月黃瑛等立當批田契

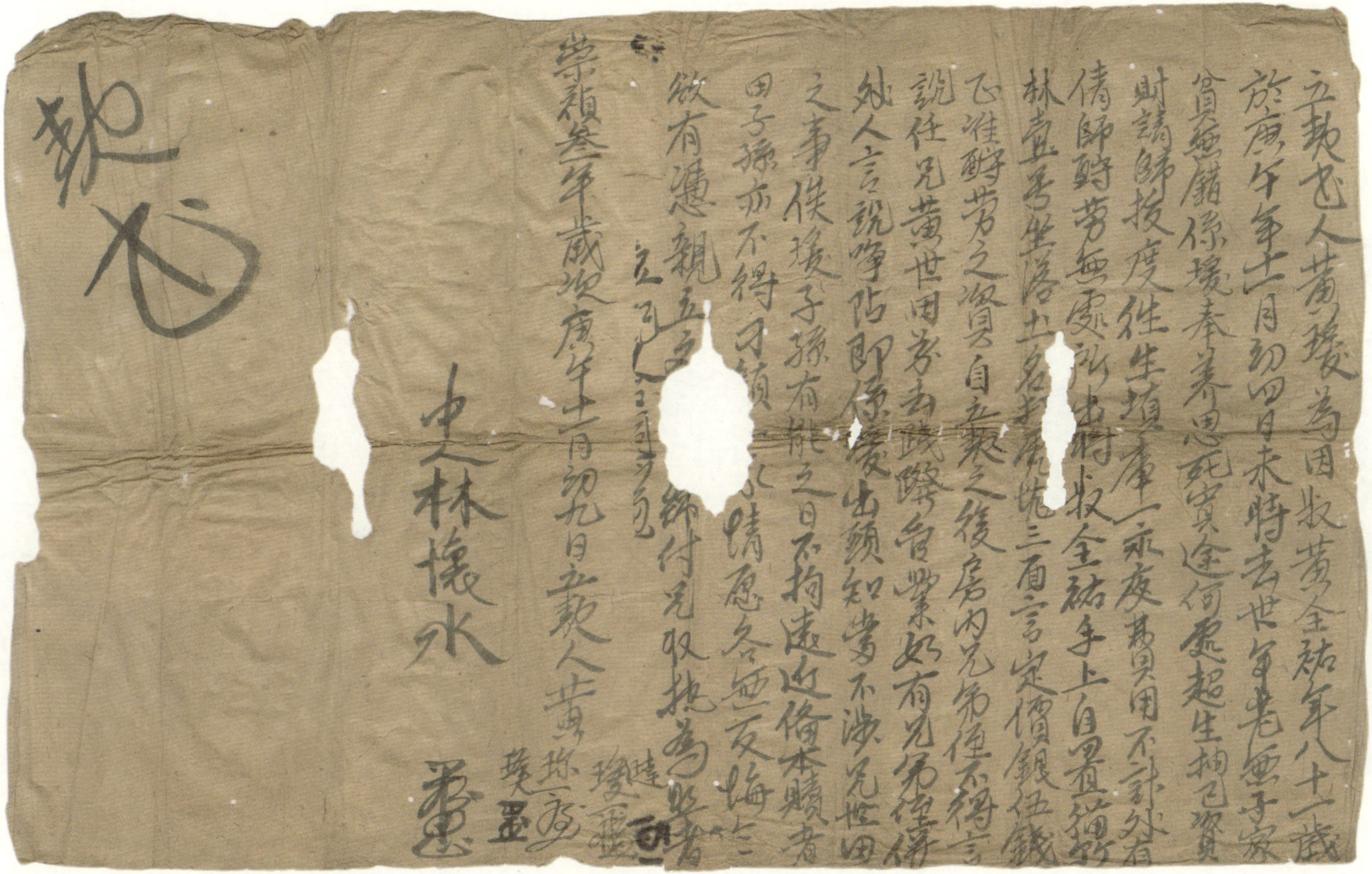
立契人黄瑗為因叔黄金祐年八十一歲
於庚午年十一月初四日未時去世，年老無子，家
貧無備，係瑗奉養，思死實途何處起生，抽己資
財請師投度往生墳庫一永夜，所費用不計外，有
倩師酬勞無處所出，將叔金祐手上自置猫竹
林壹所，坐落土名[illegible]坑，三面言定價銀伍錢
正，准酬勞之資。自立契之後，房内兄弟侄不得言
說，任兄黄世用前去栽蓄管業。如有兄弟侄併
外人言說爭占，即係瑗出頭知當，不涉兄世用
之事。候瑗子孫有能之日，不拘遠近，備本贖者，
田子孫亦不得刁難。此係二比情愿，各無反悔。今
欲有憑，親立文契付兄收執為照者。
[illegible]
崇禎叁年歲次庚午十一月初九日立契人黄瑗
[illegible]
中見林懐水

3-1-1-19　明崇禎三年十一月黄瑗等立賣猫竹林契

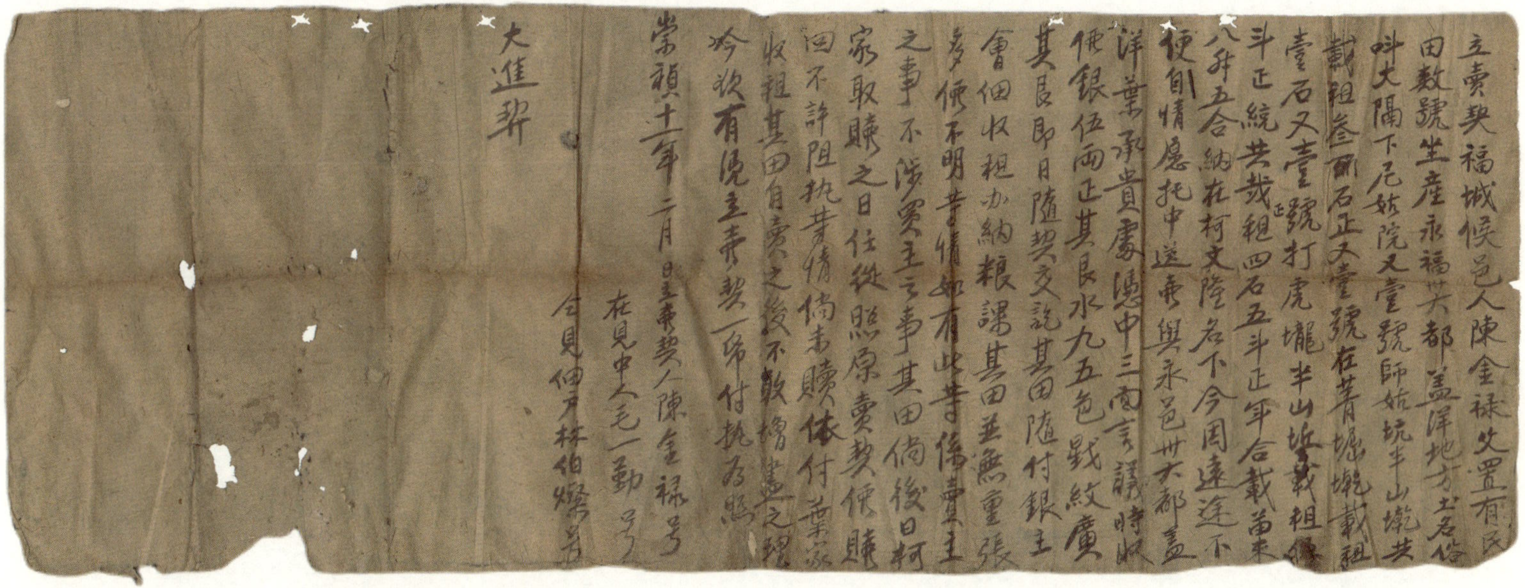

3-1-1-20　明崇禎十一年二月侯官陳金祿立賣民田契

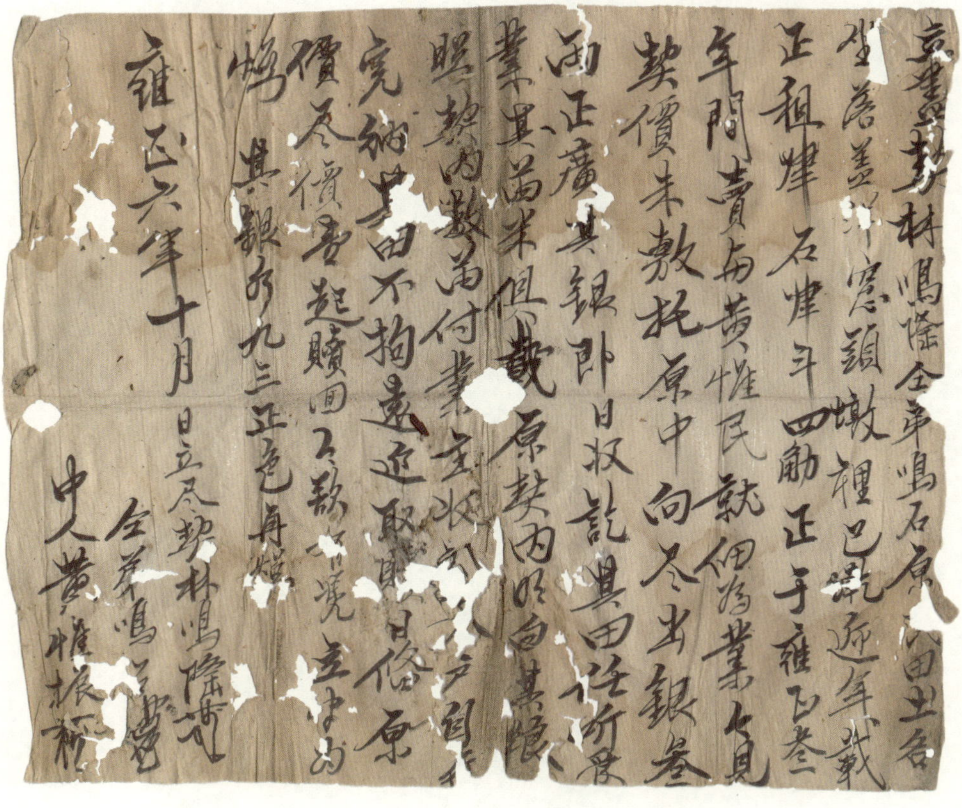
立盡契林鳴隆仝弟鳴石原有田土名
坐落蓋洋窟頭墩裡，已於遞年載
正租肆石肆斗四觔，正于雍正叁
年間賣與黃惟民就佃為業，今見
契價未敷，托原中向本出銀叁
兩正，廣其銀即日收訖，其田任從買
業主管業，其苗米俱載原契內，照白，其粮
照契內數目付業主收納，[illegible]户自行
完納，其田不拘遠近取贖，日後備原
價及價盡起贖回，不敢[illegible]覔，立盡為
照。其銀系九三正色再照。
雍正六年十月 日立盡契林鳴隆（押）
仝弟鳴石（押）
中人黃惟振（押）

3-1-2-1　清雍正六年十月林鳴隆等立盡民田契

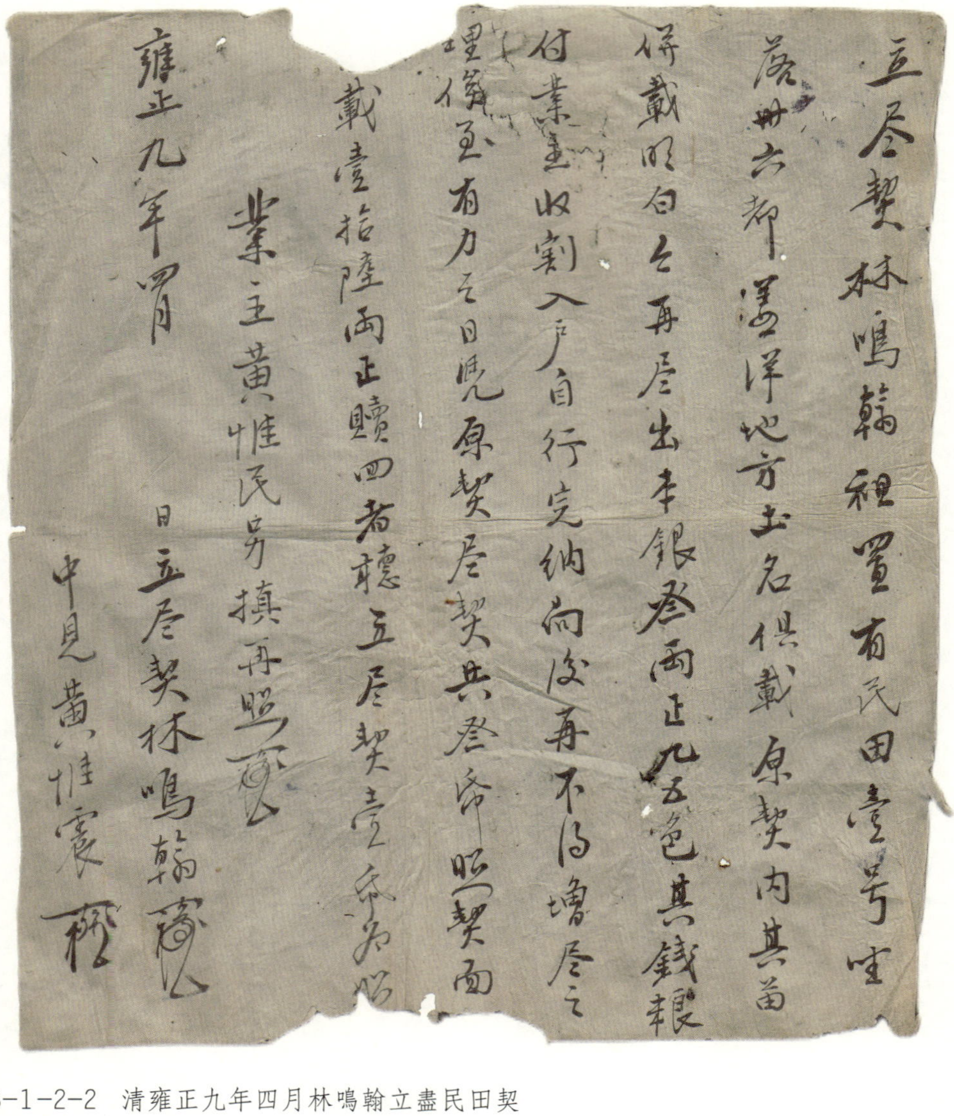
立盡契林鳴翰祖置有民田壹号坐
落卅六都漢洋地方土名俱載原契內其苗
併載明白今再盡出本銀叁兩正九五色其錢粮
付業主收割入戶自行完納向後再不得增盡之
理係至有力之日憑原契盡契共叁紙照契面
載壹拾陸兩正贖回者聽立盡契壹紙爲照
業主黃惟民另填再照
雍正九年四月　日立盡契林鳴翰
中見黃惟震

3-1-2-2　清雍正九年四月林鳴翰立盡民田契

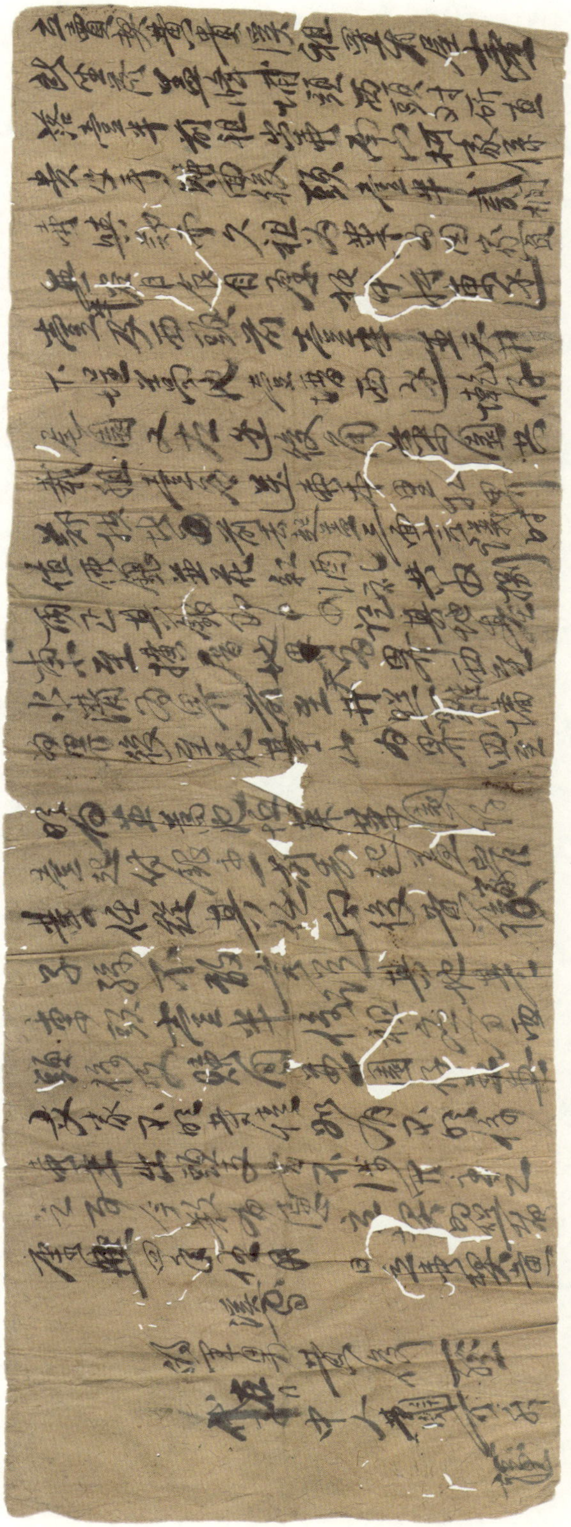

3-1-3-1　清康熙四年五月黄貴溪立賣屋契

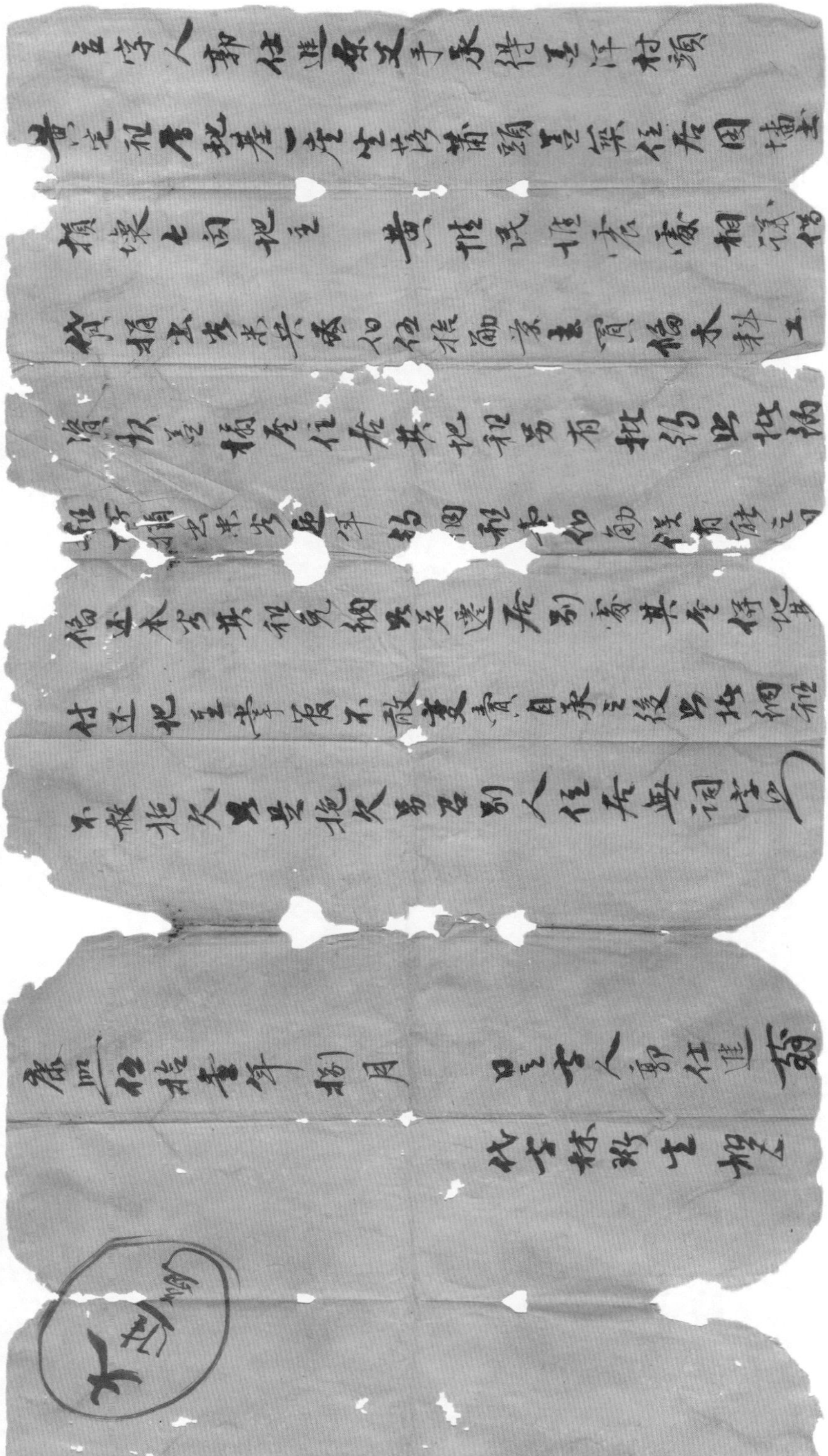

3-1-3-2　清康熙五十一年八月郭仕進立借貸穀米字

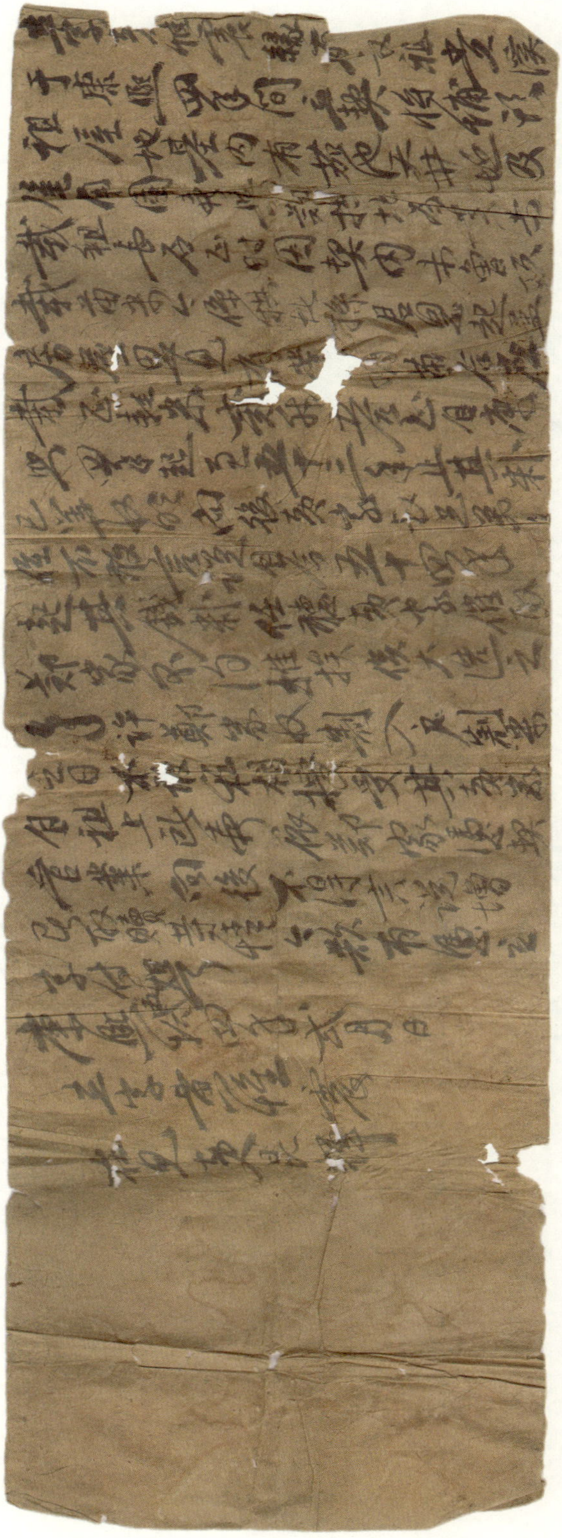

3-1-3-3　清康熙五十四年二月黃惟震立合約字

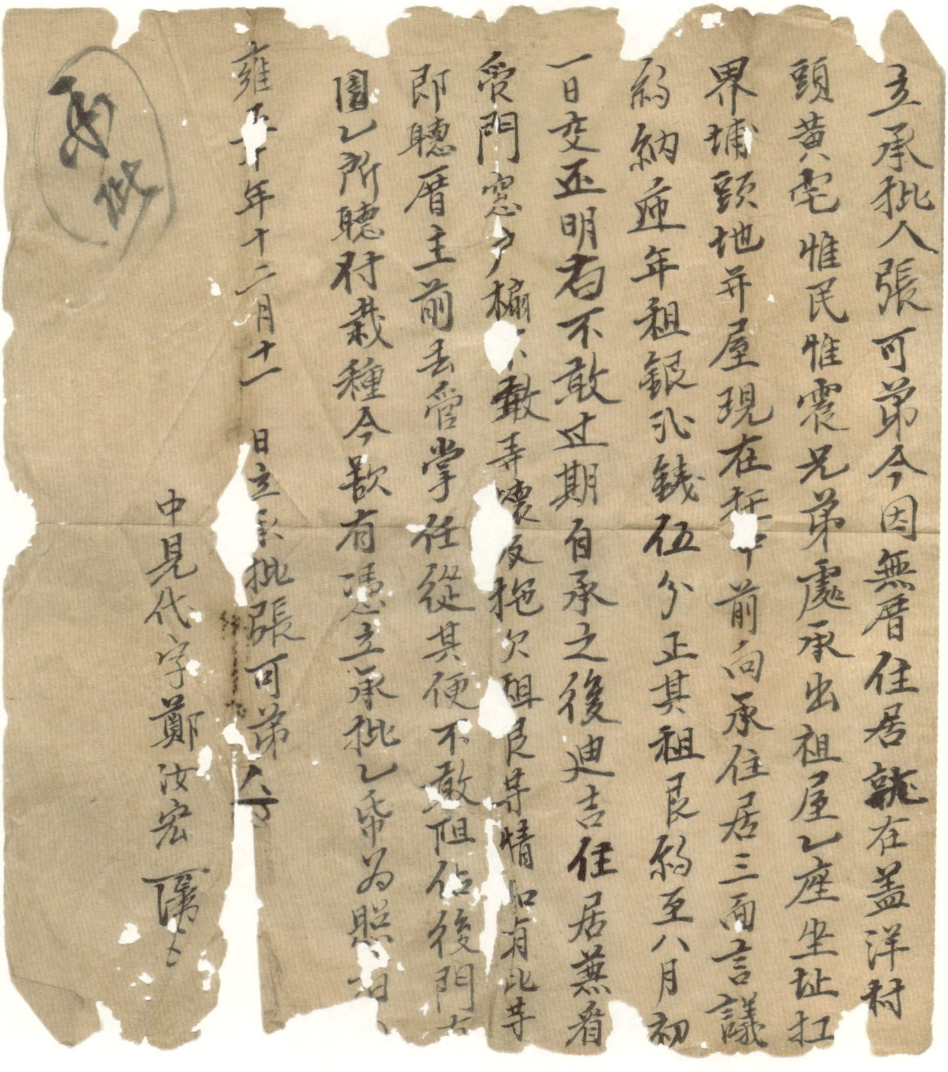
立承批人張可弟今因無厝住居就在盖洋村
頭黄宅惟民惟震兄弟處承出祖屋乙座坐址扛
界埔頭地并屋現在拆□前向承住居三面言議
約納每年租銀弍錢伍分正其租艮約至八月初
一日交还明白不敢过期自承之後迪吉住居無肴
爰門窓户欄〻敢弄壞及拖欠租艮并情如有此等
即聽厝主前去管掌任從其便不敢阻佔後門古
園乙所聽村栽種今欲有憑立承批乙帋為照□
雍正十年十二月十一日立承批張可弟
中見代字鄭汝宏

3-1-3-4　清雍正十年十二月張可弟立承批祖屋字

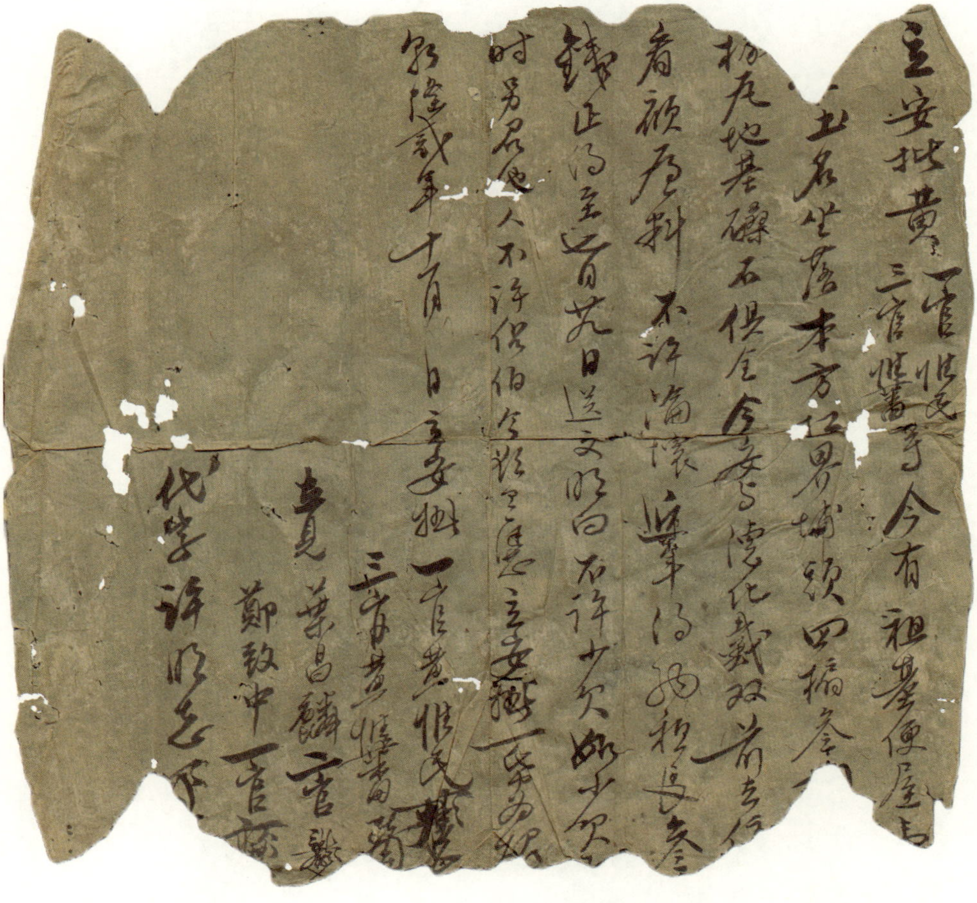
立安批黃一官、三官、惟民、惟書等，今有祖基便屋壹
[illegible]土名坐落本方紅界坊頭四楹叁[illegible]
柄在地基礫石俱全，今安與使化戴雙前去[illegible]
看顧屋料，不許淪壞，逐年仍納租銀叁[illegible]
錢正，仍立首先日送交明白，不許少欠。如少欠
時，另召他人，不許保佃。今欲有憑，立安批一紙為照。
乾隆貳年十一月　日立安批一官黃惟民（押）
三官黃惟書（押）
見　葉昌麟（押）
鄭敦中（押）
代筆　許明[illegible]

3-1-3-5　清乾隆二年十一月黃惟民等立安批祖基便屋契

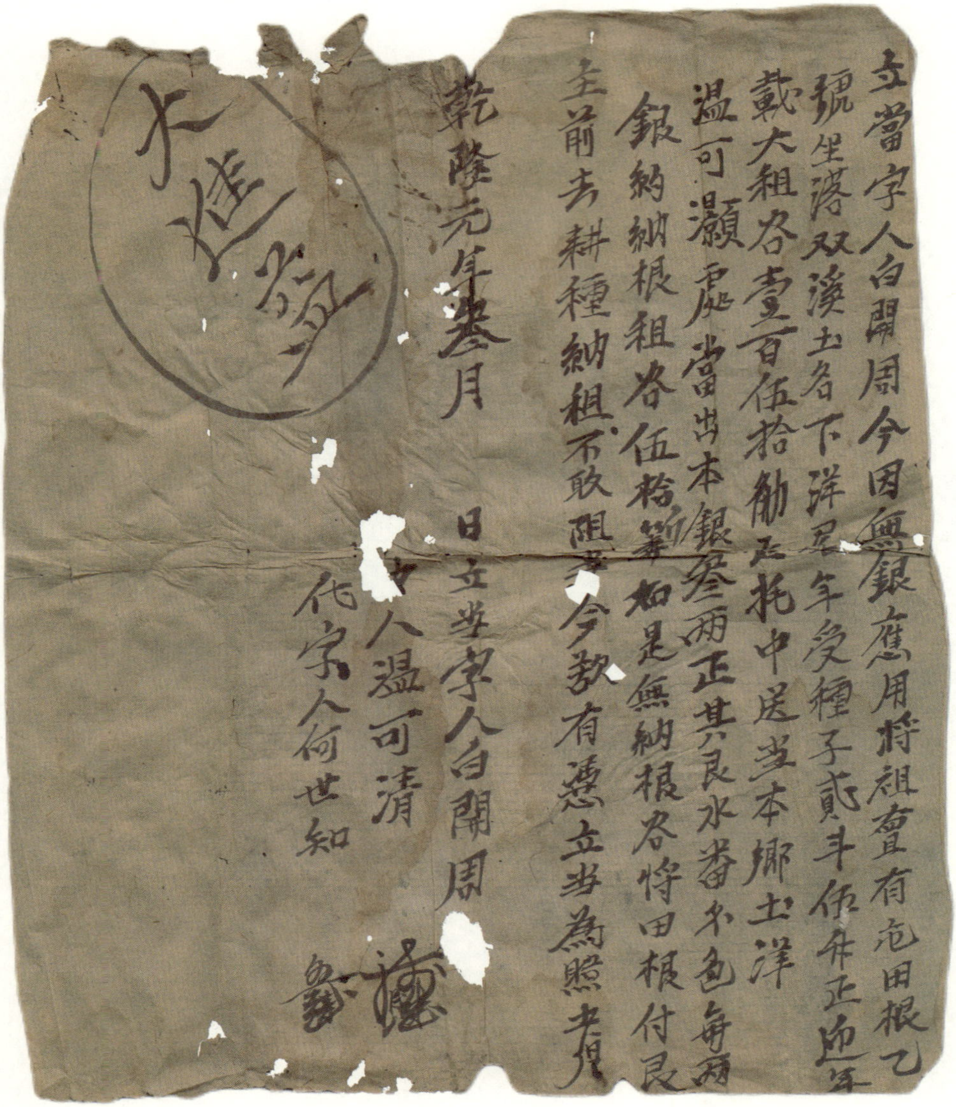
立當字人白開周今因無銀應用將祖置有屯田根乙
號坐落双溪土名下洋足年受種子貳斗伍升正遞年
載大租谷壹百伍拾觔正托中送出本鄉土洋
温可灝處當出本銀叁兩正其艮水番不色每兩
銀納納根租谷伍拾觔如是無納根谷將田根付艮
主前去耕種納租不敢阻當今欲有憑立當為照者
乾隆元年叁月　日立當字人白開周　押
中人温可清　押
代字人何世知　押

3-1-4-1　清乾隆元年三月白開周立當屯田根字

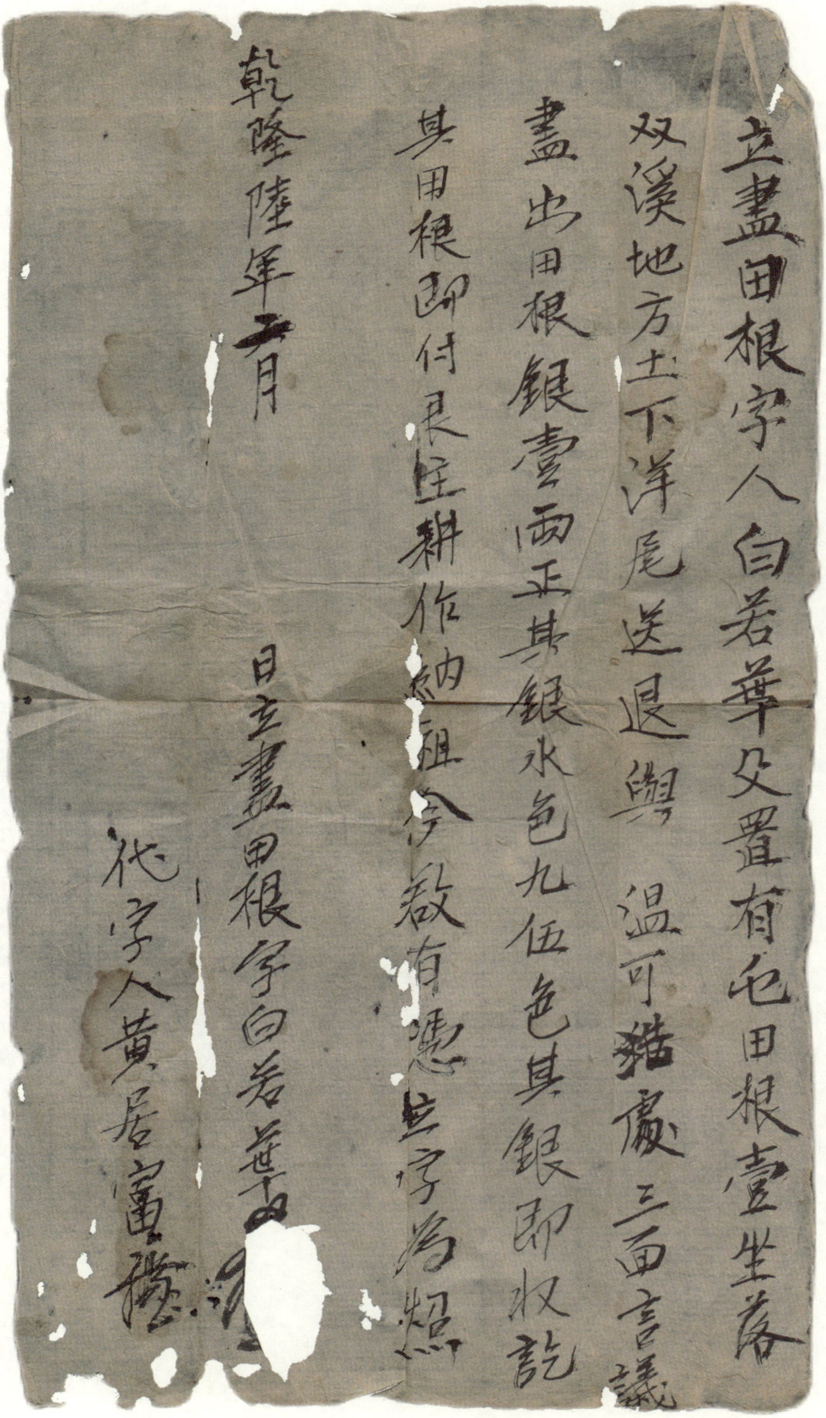
立盡田根字人白若華仝置有屯田根壹坐落
双溪地方土下洋尾送退與 温可猪處三面言議
盡出田根銀壹兩正其銀水色九伍色其銀即收訖
其田根即付艮主耕作納租分穀有憑立字為照
乾隆陸年二月
日立盡田根字白若華
代字人黃居富

3-1-4-2 清乾隆六年二月白若華立盡屯田根字

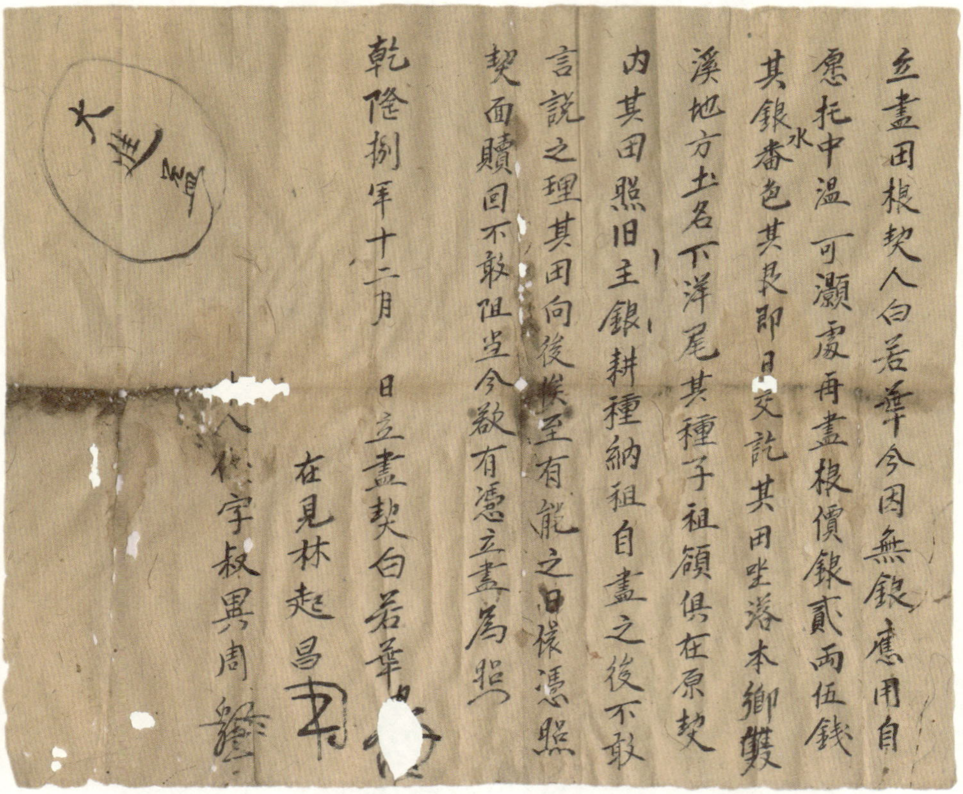
立盡田根契人白若華今因無銀應用自
愿托中温 可灝處再盡根價銀貳兩伍錢
其銀水番色其艮即日交訖其田坐落本鄉雙
溪地方土名下洋尾其種子祖領俱在原契
内其田照旧主銀耕種納租自盡之後不敢
言說之理其田向後候至有能之日依憑照
契面贖回不敢阻当今欲有憑立盡爲照
乾隆捌年十二月 日立盡契白若華
在見林起昌
代字叔異周

3-1-4-3 清乾隆八年十二月白若華立盡田根契

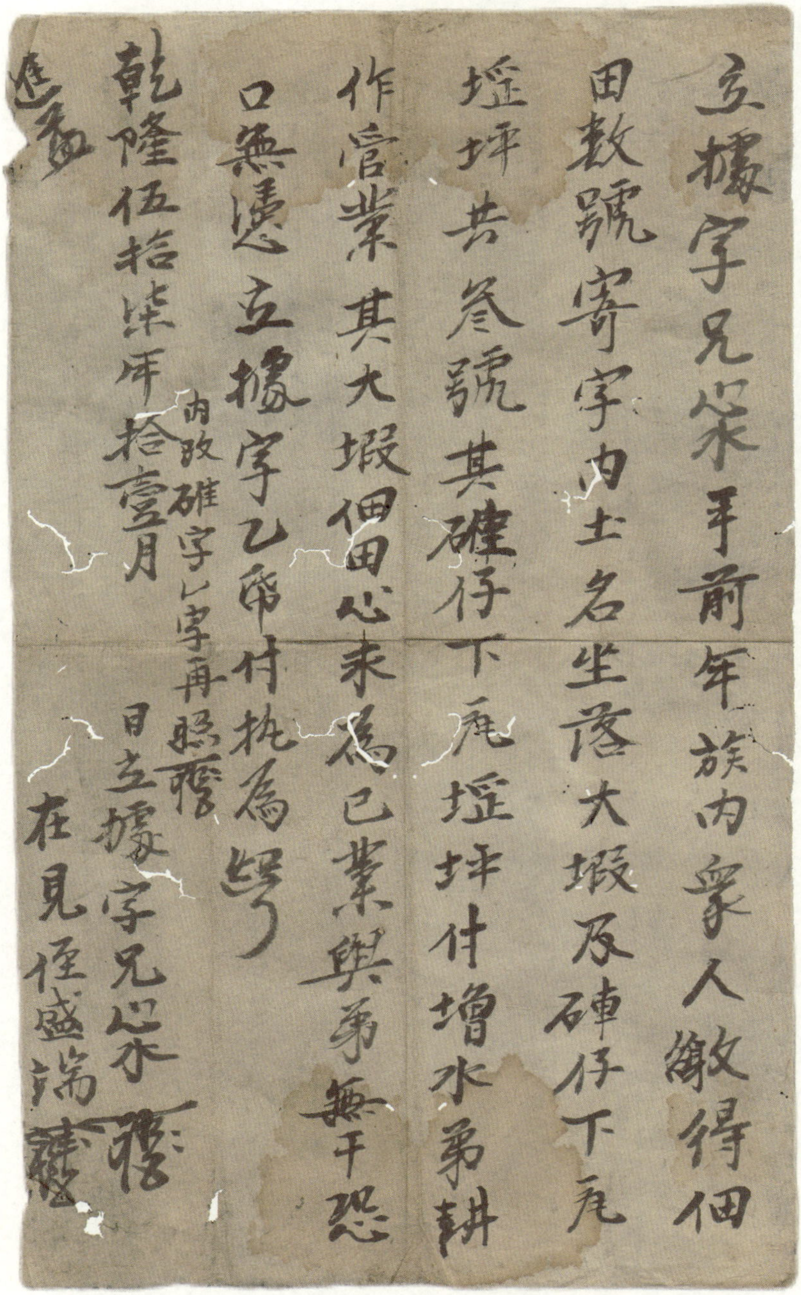
立撥字兄心水于前年族內眾人繳得佃田數號寄字內土名坐落大墩及磚仔下尾埕坪共叁號其碓仔下尾埕坪付增水弟耕作管業其大墩佃田心水為已業與弟無干恐口無憑立撥字乙帋付執為照
內改碓字乙字再照
乾隆伍拾柒年拾壹月　日立撥字兄心水
在見侄盛端
進益

3-1-4-4　清乾隆五十七年十一月黃心水立撥字

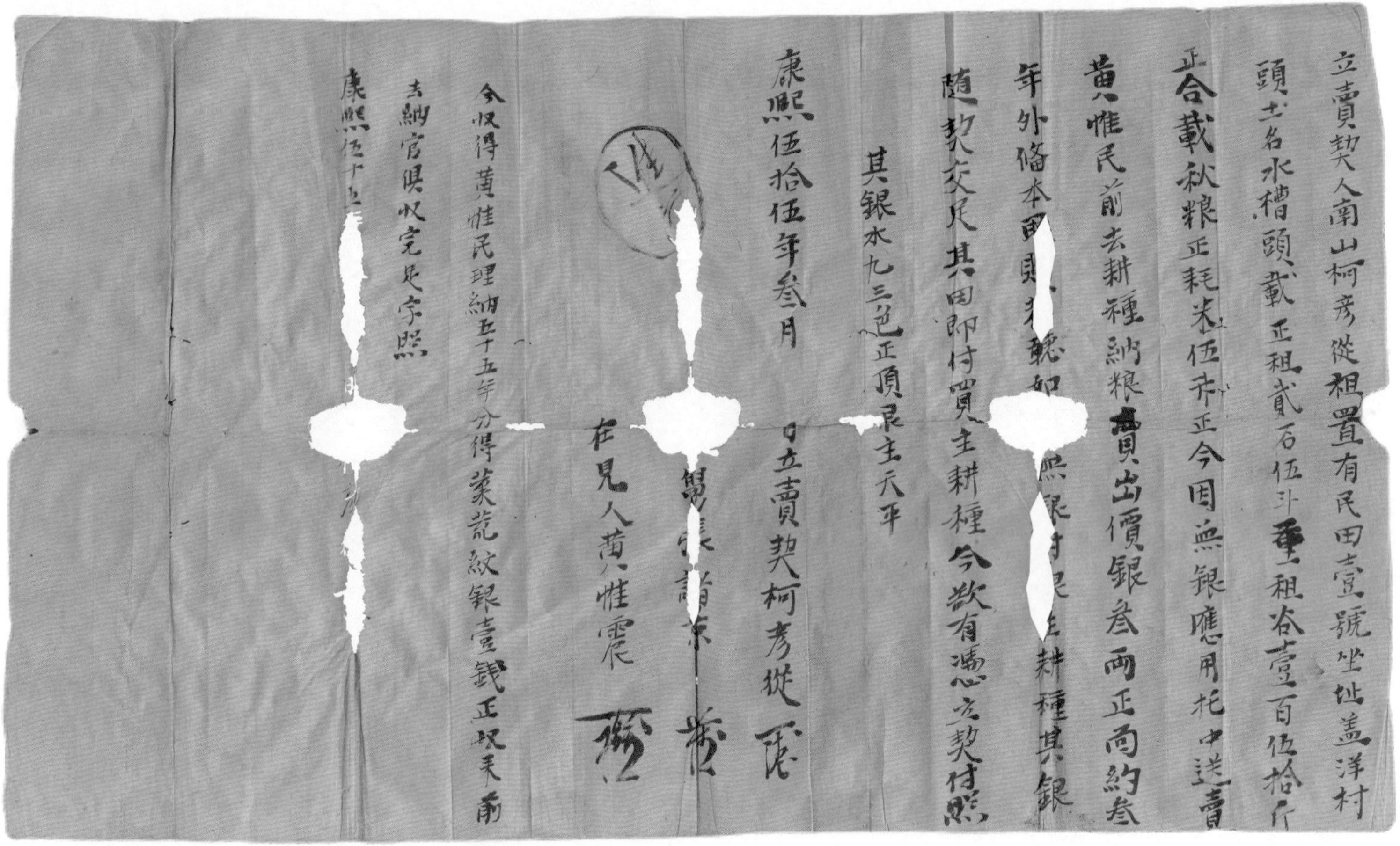

3-1-5-1　清康熙五十五年三月柯彦從立賣民田契

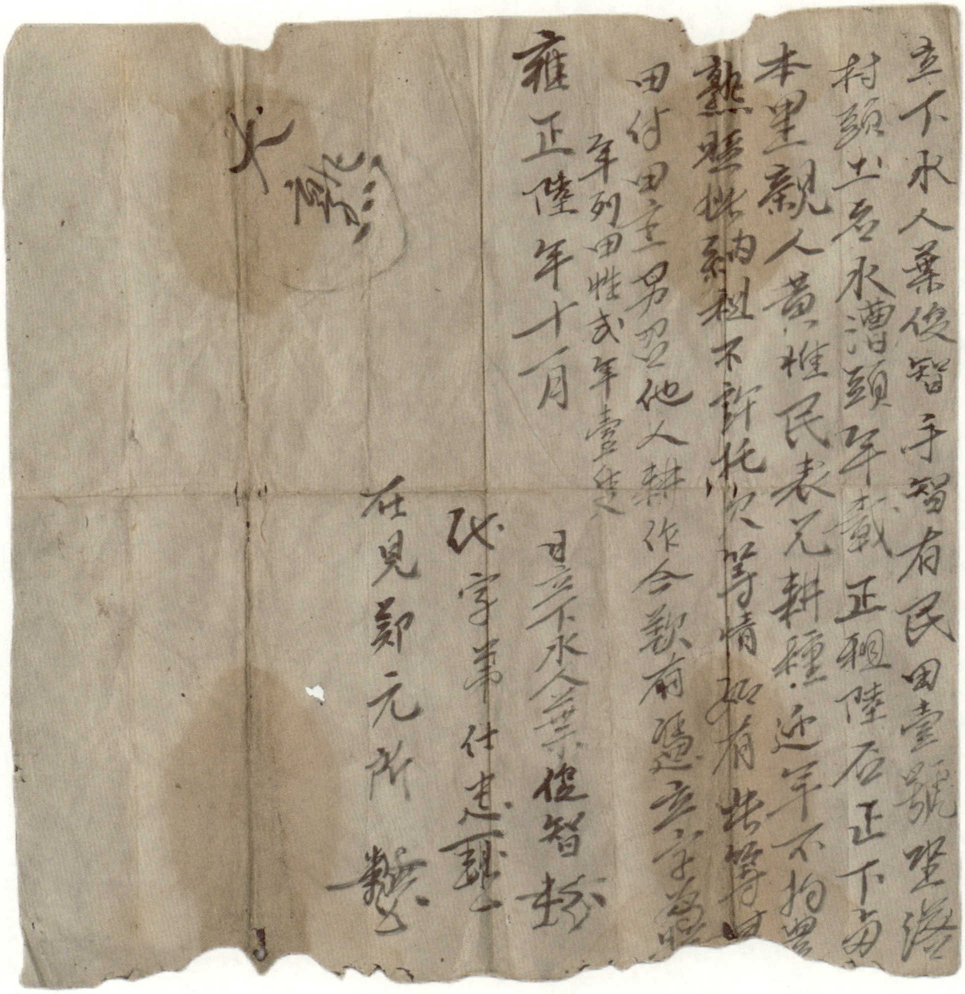
立下水人葉俊智手置有民田壹號坐落
村頭土名水漕頭年載正租陸石正下面
本里親人黃椎民表兄耕種逐年不拘豐
熟照契納租不許拖欠等情如有此等
田付田主另召他人耕作今歡有憑立字為照
再列田牲貳年壹隻
雍正陸年十一月
日立下水人葉俊智（押）
代字弟仕進（押）
在見鄭元所（押）

3-1-5-2　清雍正六年十一月葉俊智立下水契

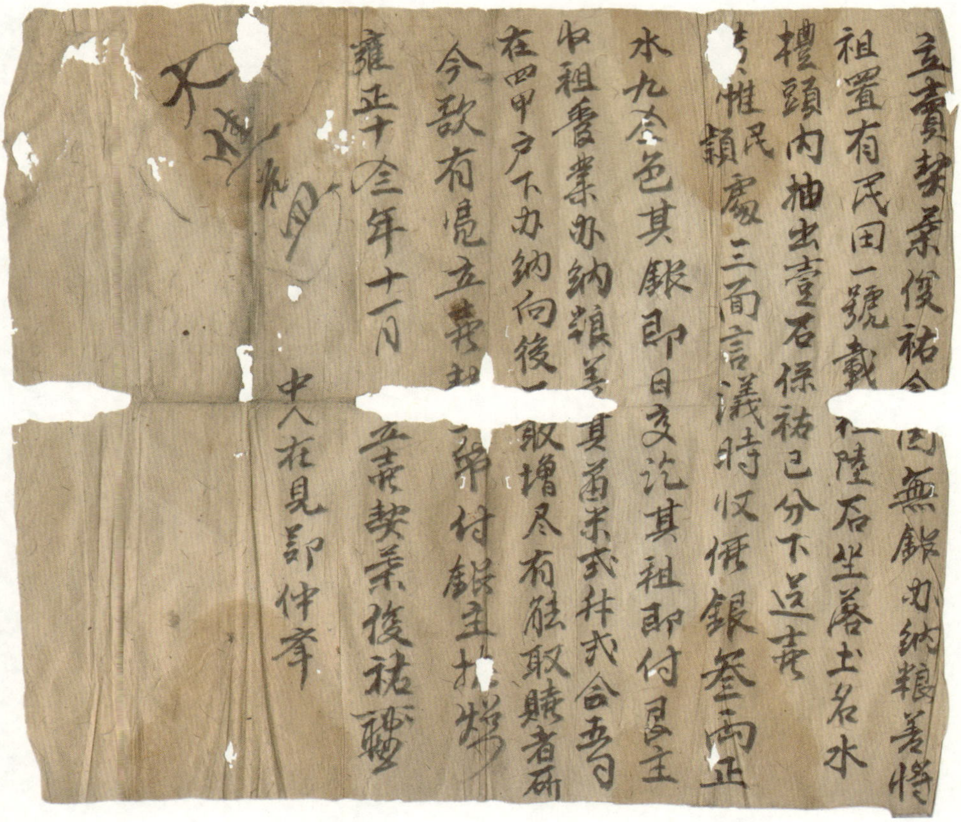
立賣契葉俊祐今因無銀而納糧差將
祖置有民田一號載租陸石坐落土名水
壠頭內抽出壹石係祐己分下送賣
與惟民 頭處三面言議時值價銀叁兩正
水九叁色其銀即日交訖其租即付銀主
收租管業永納糧差其苗米貳升貳合五勺
在四甲户下辦納向後不敢增尽有能取贖者所
今欲有憑立賣契一紙付銀主收照
雍正十三年十一月 立賣契葉俊祐（押）
中人在見 鄭仲章

3-1-5-3 清雍正十三年十一月葉俊祐立賣民田契

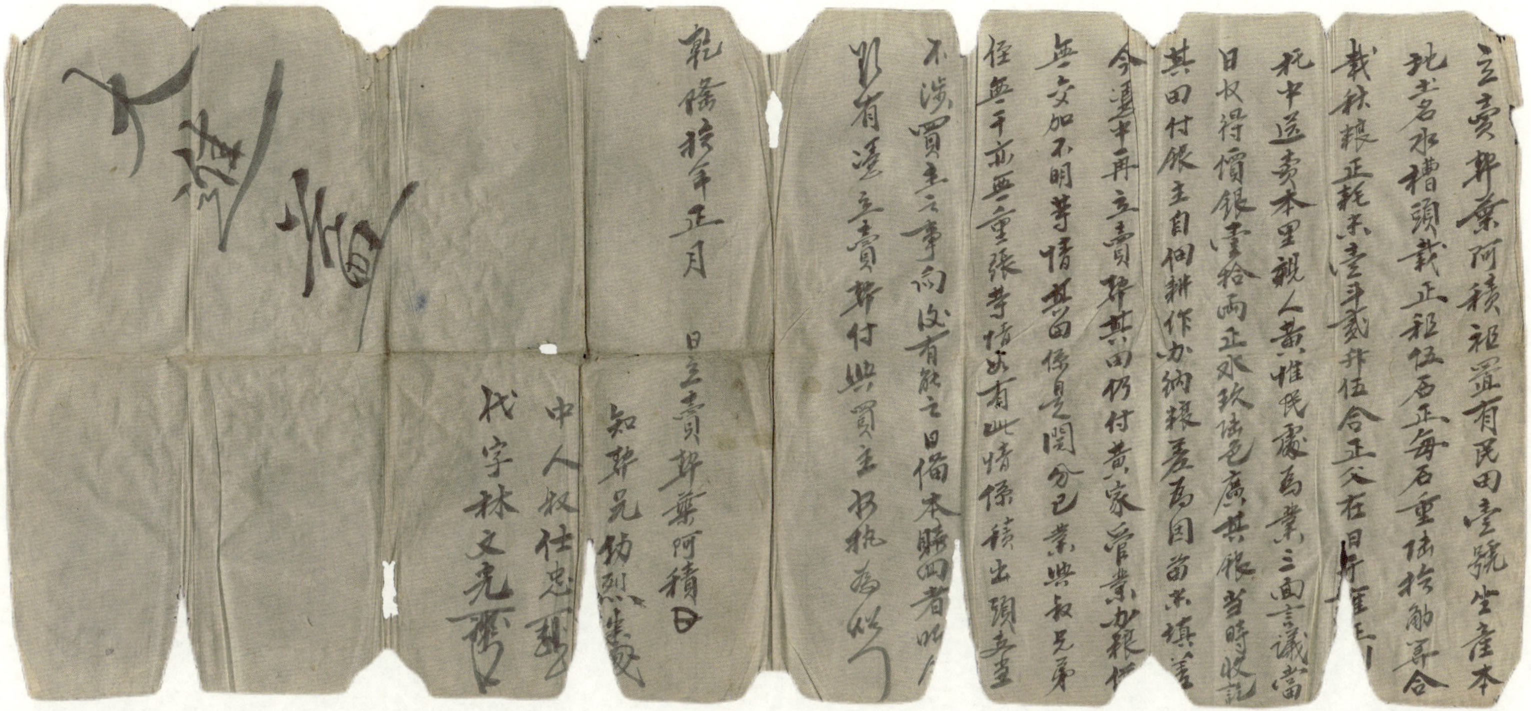
立賣契葉阿積，祖置有民田壹號，坐産本
地土名水槽頭，載正租伍石正，每石重陆拾觔，寡合
載秋粮正耗米壹斗貳升伍合正。父在日將[illegible]
托中送賣本里親人黃惟民處爲業，三面言議，當
日收得價銀壹拾兩正，水玖陆色廣，其銀當時收訖。
其田付銀主自佃耕作，办納粮差。爲因前未填[illegible]
今憑中再立賣契，其田仍付黃家管業办粮[illegible]
無交加不明等情。其田係是阄分已業，與叔兄弟
侄無干，亦無重張等情。如有此情，係積出頭支當，
不涉買主之事。向後有銀之日，備本贖回者[illegible]
恐有[illegible]，立賣契付與買主收執爲炤。
乾隆拾年正月　　日立賣契葉阿積
知契兄　钫烈
中人　叔　仕忠
代字　林文光

3-1-5-4　清乾隆十年正月葉阿積立賣民田契

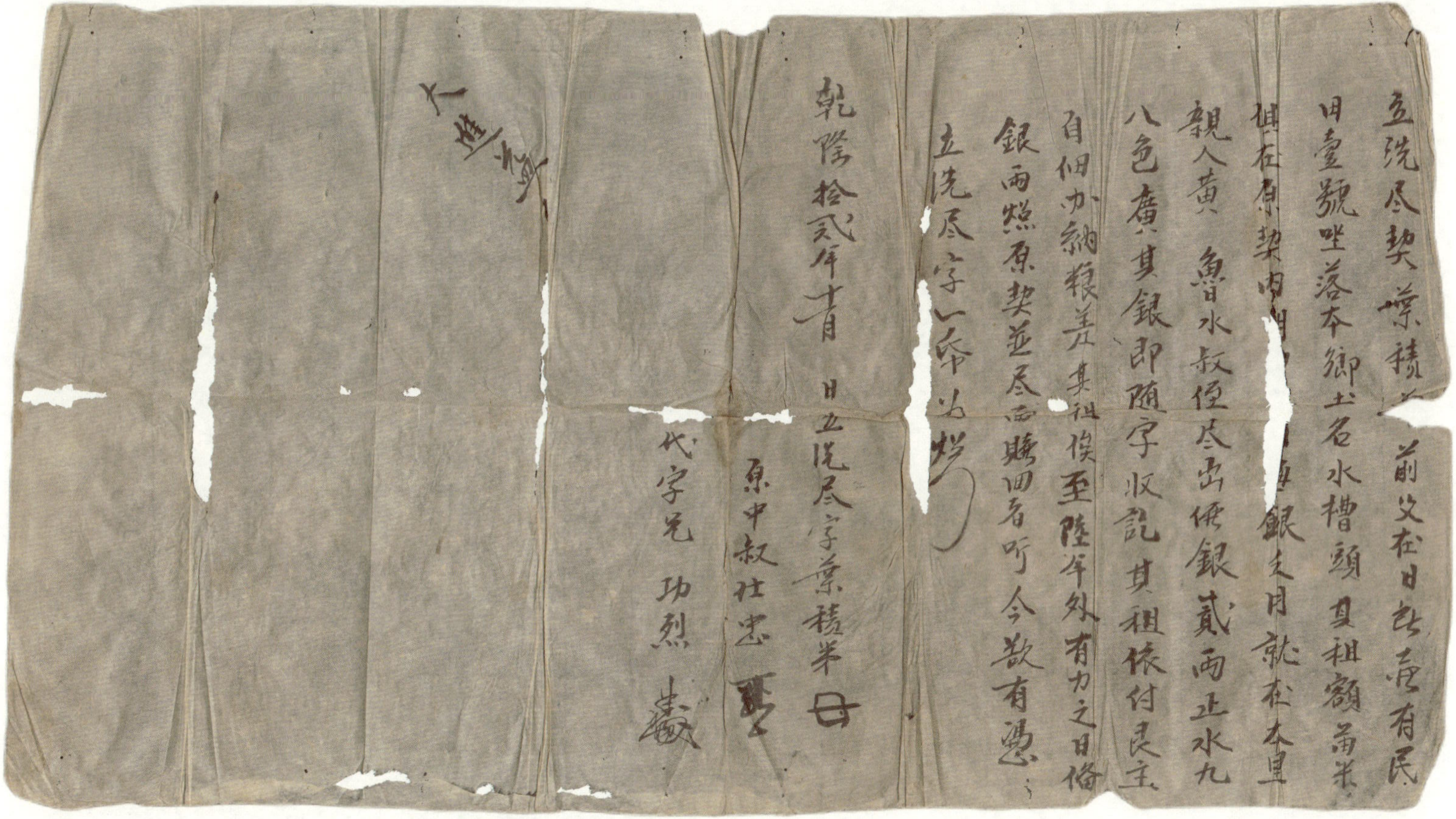

3-1-5-5　清乾隆十二年十一月葉積弟立洗盡民田契

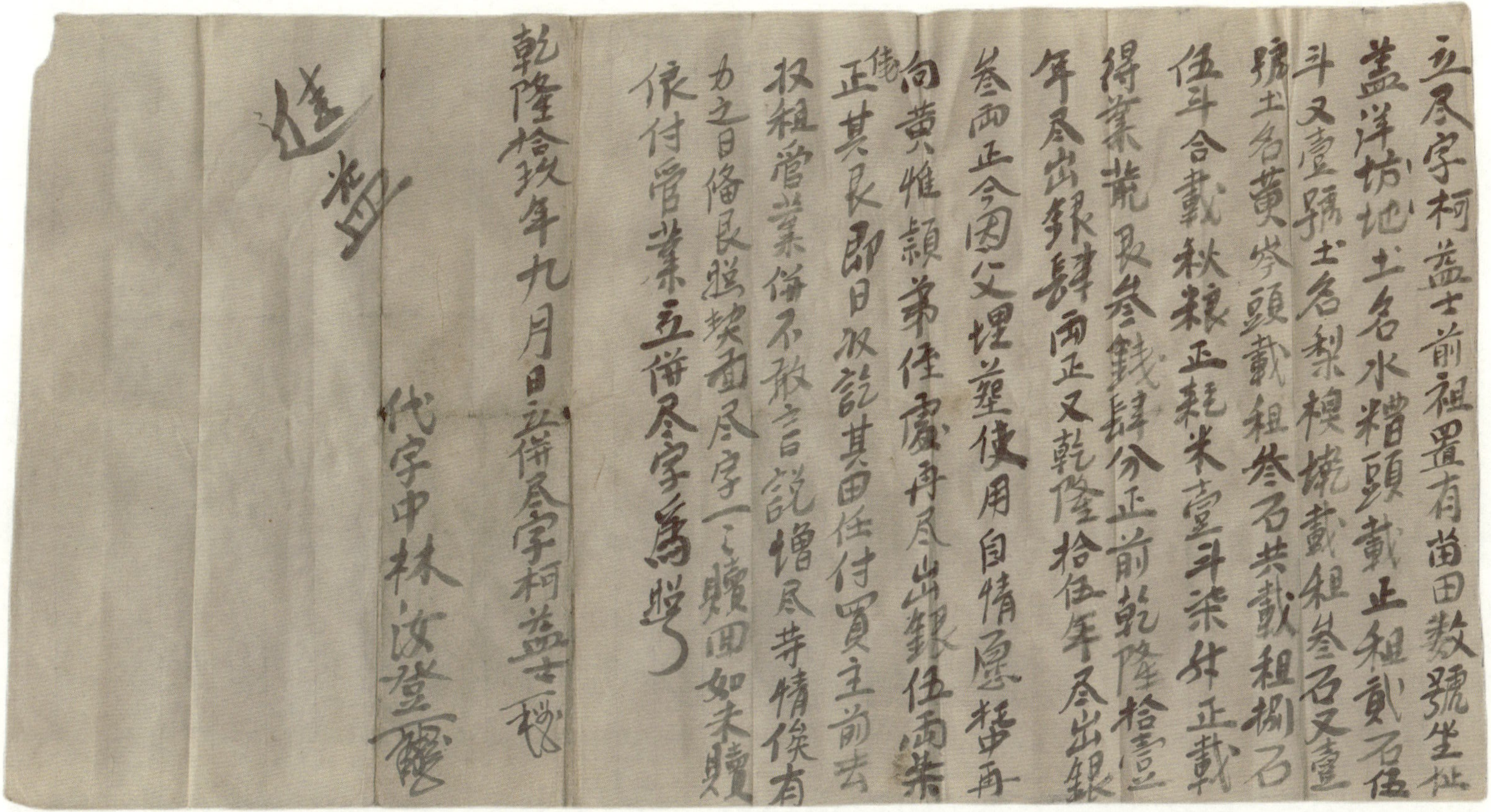
立尽字柯益士前祖置有苗田数號坐址
蓋洋坊地土名水糟頭載正租貳石伍
斗又壹號土名梨模墘載租叁石又壹
號土名黄岑頭載租叁石共載租捌石
伍斗合載秋粮正耗米壹斗柒升正載
得業荒良叁錢肆分正前乾隆拾壹
年尽出銀肆両正又乾隆拾伍年尽出銀
叁両正今因乏埋葬使用自情愿托中再
向黄惟頴弟侄處再尽出銀伍両柒
正其艮即日收訖其田任付買主前去
収租管業併不敢言説增尽并情倏有
力之日備艮照契面尽字一一贖回如未贖
依付管業立併尽字為照
乾隆拾玖年九月日立併尽字柯益士
代字中林汝登
進出

3-1-5-6　清乾隆十九年九月柯益士立併盡苗田字

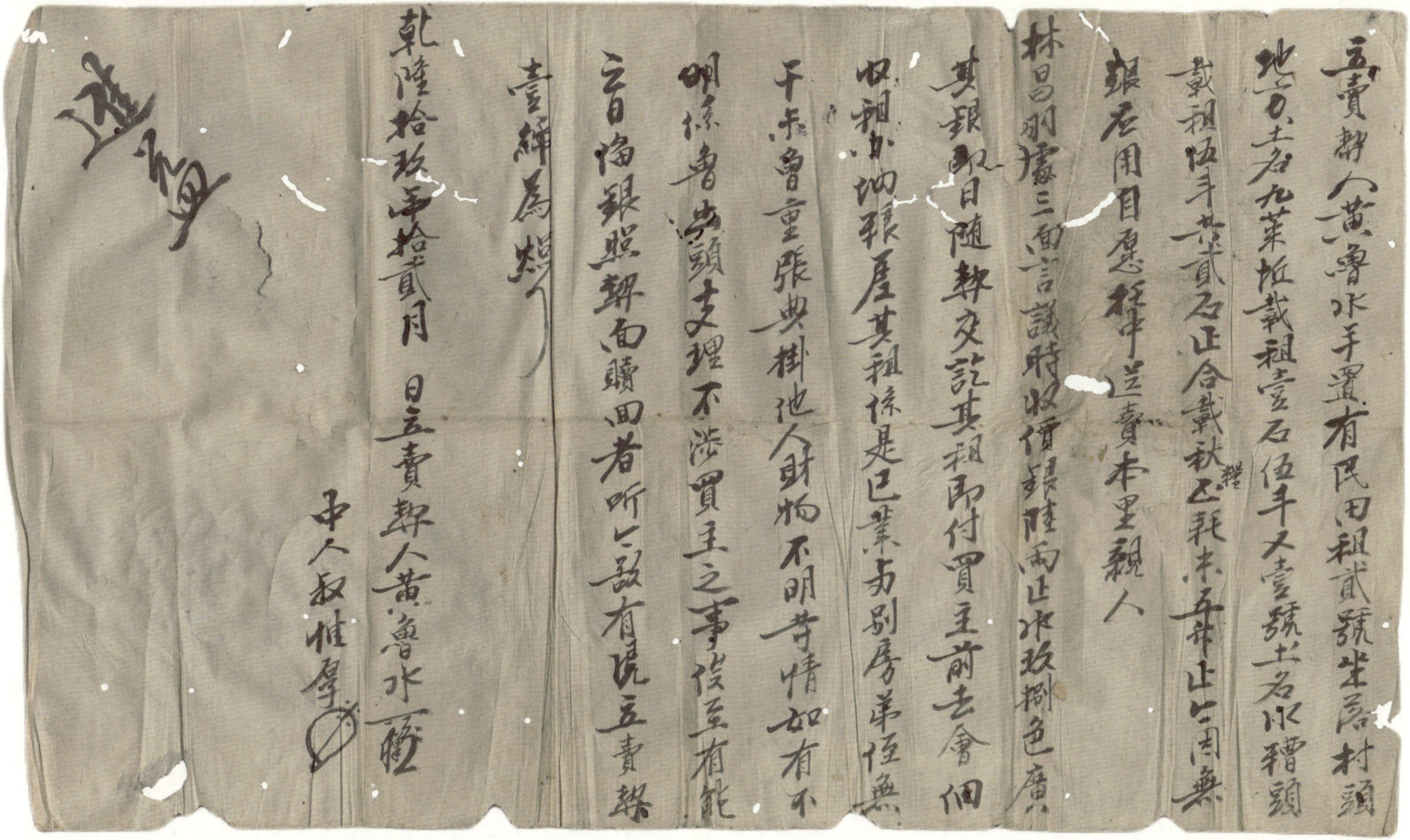

3-1-5-7　清乾隆十九年十二月黄魯水立賣民田租契

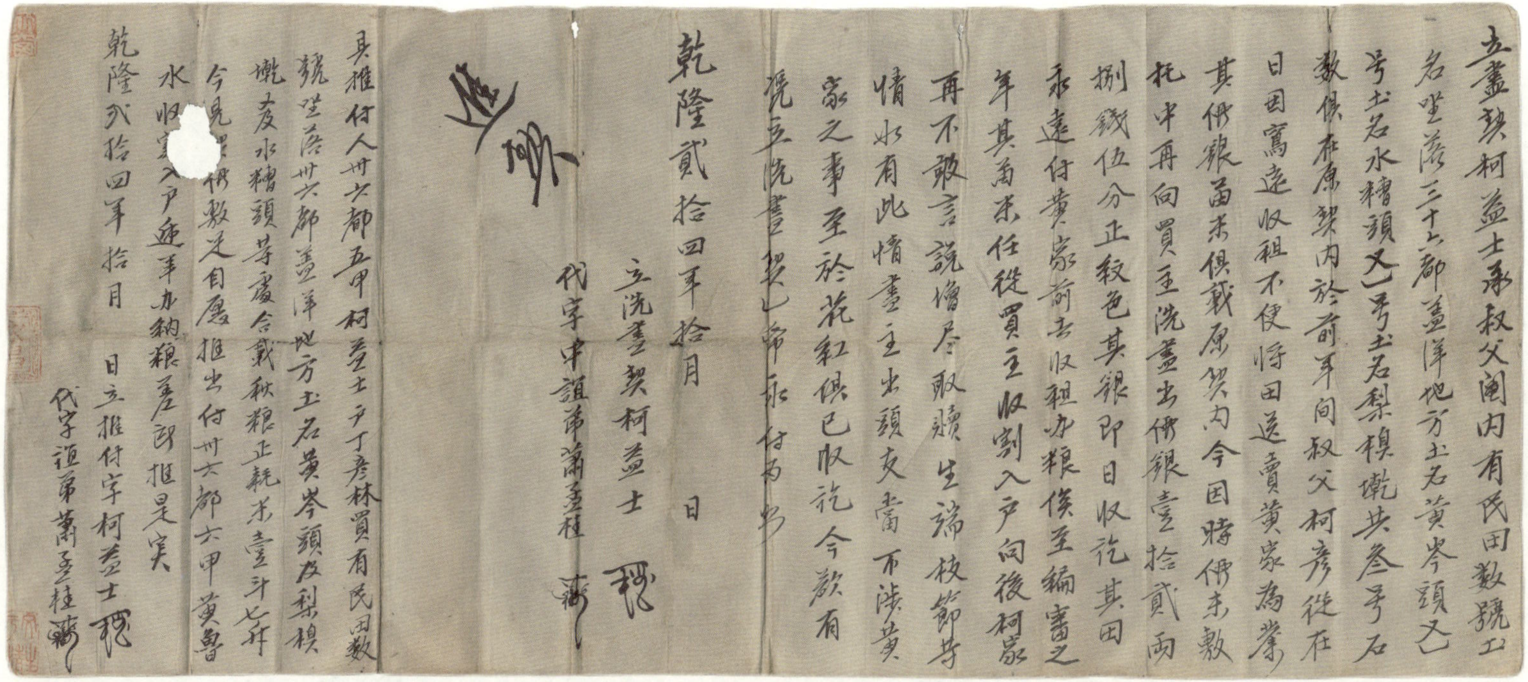

立盡契柯益士承叔父鬮內有民田數號坐
名坐落三十六都蓋洋地方土名黃岑頭又
號土名水槽頭又一號土名梨模墘共叁號石
數俱在原契內於前年向叔父柯彥從在
日因窩退收租不便將田退賣黃家為業
其價銀苗米俱載原契內今因時價未敷
托中再向買主洗盡出價銀壹拾貳兩
捌錢伍分正紋色其銀即日收訖其田
永遠付黃家前去收租办粮候至編審之
年其苗米任從買主收割入戶向後柯家
再不敢言說增尽取贖生端枝節等
情如有此情盡主出頭支當不涉黃
家之事至於花紅俱已收訖今欲有
憑立洗盡契一帋永付為炤

乾隆貳拾四年拾月　日
立洗盡契柯益士（押）
代字中證弟蕭孟桂（押）

具推付人卅六都五甲柯益士戶丁彥林買有民田數
號坐落卅六都蓋洋地方土名黃岑頭及梨模
墘及水糟頭等處合載秋粮正耗米壹斗七升
今見[illegible]數足自愿推出付卅六都六甲黃魯
水收完入戶延年办納粮差即推是實
乾隆貳拾四年拾月　日立推付字柯益士（押）
代字證弟蕭孟桂（押）

3-1-5-8　清乾隆二十四年十月柯益士立洗盡民田契

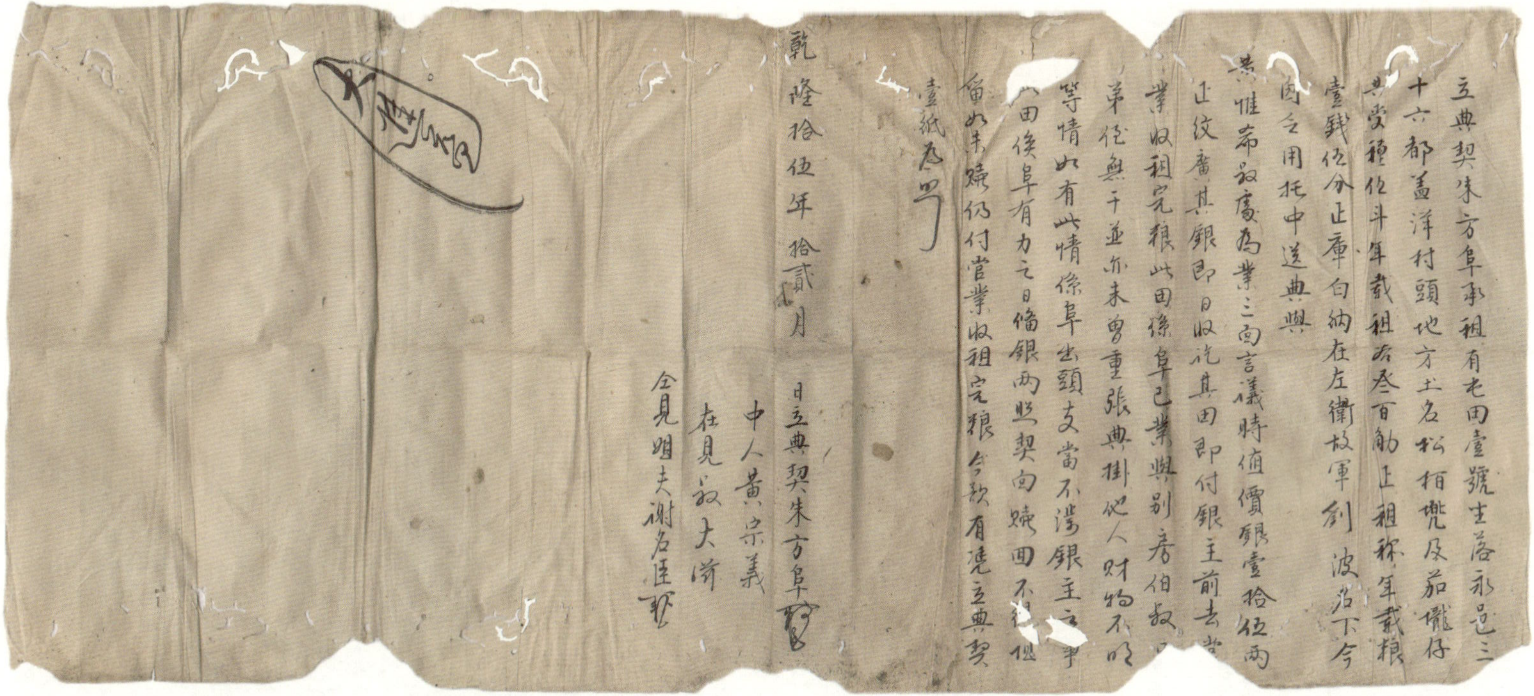

立典契朱方阜承祖有屯田壹號坐落永邑三
十六都蓋洋村頭地方土名松柏墘及茄儀仔
共受種伍斗年載租谷叁百觔正祖称年載粮
壹錢伍分正庫白納在左衛故軍劉波名下今
因乏用托中送典與
黃惟帝叔處為業三面言議時值價銀壹拾伍兩
正紋番其銀即日收訖其田即付銀主前去管
業收租完粮此田係阜己業與別房伯叔兄
弟侄無干並亦未曾重張典掛他人財物不明
等情如有此情係阜出頭支當不涉銀主之事
此田候阜有力之日備銀兩照契面贖田不得阻
留如未贖仍付管業收租完粮今欲有憑立典契
壹紙為照

乾隆拾伍年拾貳月　日立典契朱方阜（押）

中人黃宗義

在見叔大濟

仝見姻夫謝名匡（押）

3-1-6-1　清乾隆十五年十二月朱方阜立典屯田契

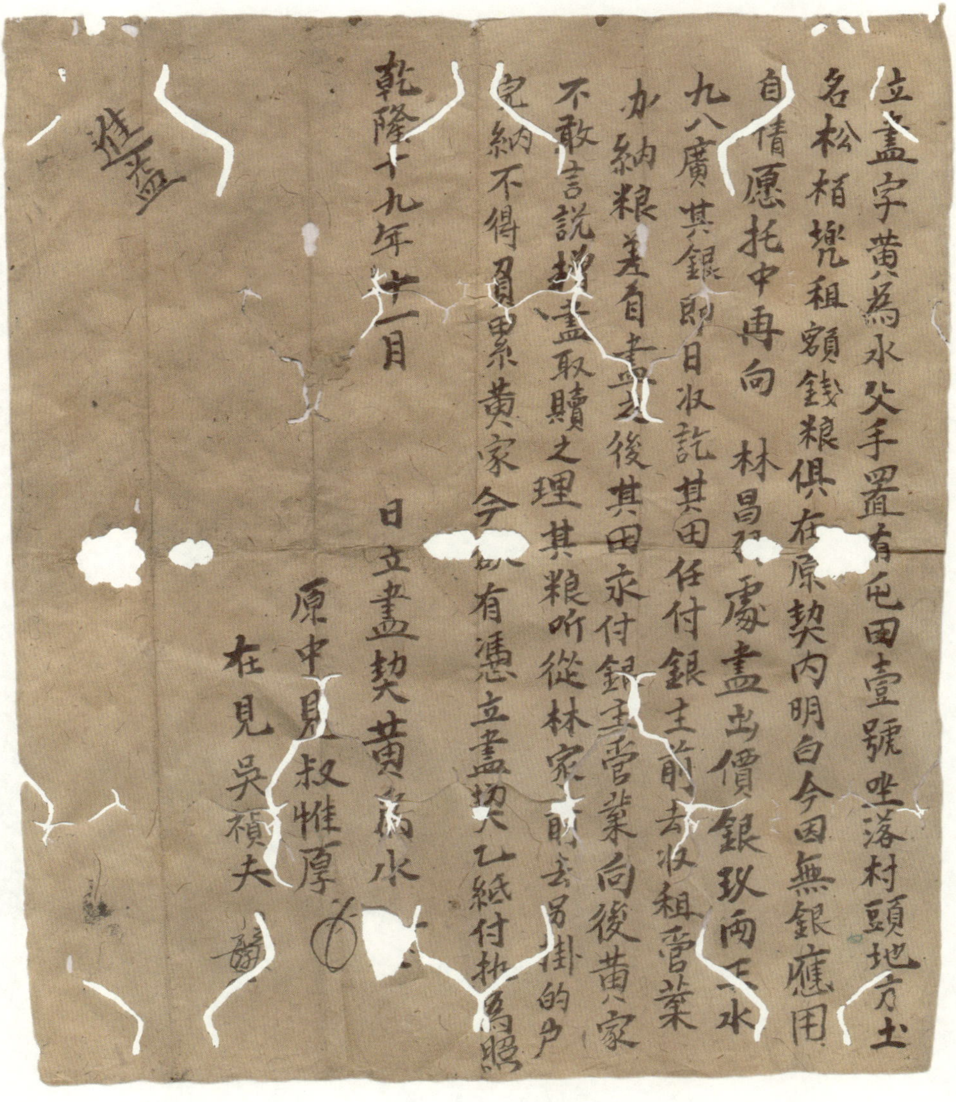

立盡字黄爲水父手置有屯田壹號坐落村頭地方土
名松梢墘租額錢粮俱在原契内明白今因無銀應用
自情愿托中再向　林昌□處盡出價銀玖两正水
九八廣其銀即日收訖其田任付銀主前去收租管業
办納粮差自盡之後其田永付銀主管業向後黄家
不敢言説増盡取贖之理其粮听從林家前去另掛的户
完納不得負累黄家今欲有憑立盡契乙紙付執爲照

乾隆十九年十一月　日立盡契黄爲水

原中見叔惟厚

在見吴禎夫

進盡

3-1-6-2　清乾隆十九年十一月黄爲水立盡屯田契

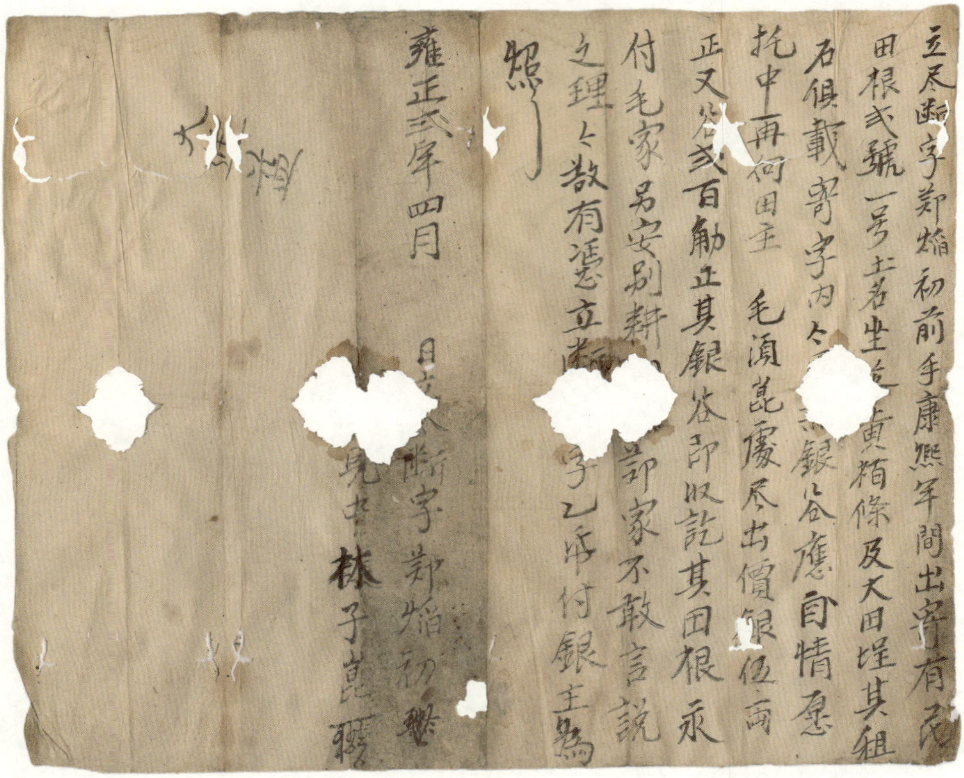
立尽断字鄭熖初前手康熙年間出寄有民
田根弍號一号土名[illegible]黄栢條及大田埕其租
石俱載寄字内今[illegible]銀谷應自情愿
托中再向田主　毛滇崑處尽出價銀伍两
正又谷弍百觔正其銀谷即收訖其田根永
付毛家另安別耕[illegible]鄭家不敢言説
之理今欲有憑立斷[illegible]字乙帋付銀主為
照」
雍正弍年四月　　日立斷字　鄭熖初
見中　林子崑

3-1-7-1　清雍正二年四月鄭熖初立盡斷民田根字

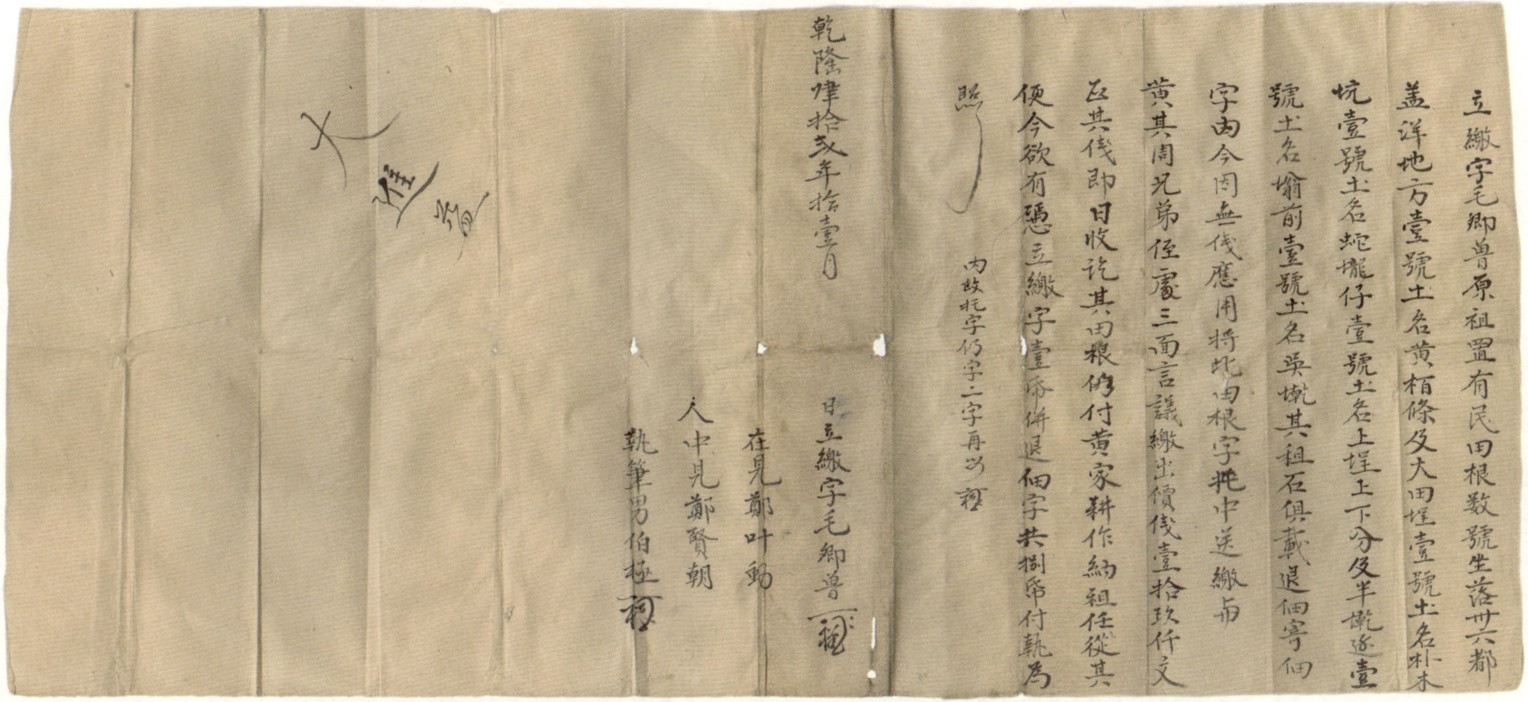
立繳字毛卿魯原祖置有民田根數號生落廿六都
蓋洋地方壹號土名黃栢條及大田埕壹號土名朴木
坑壹號土名蛇攏仔壹號土名上埕上下分及半墘並壹
號土名墘前壹號土名吳墘其租石俱載退佃字佃
字內今因無錢應用將此田根字托中送繳與
黃其周兄弟侄處三面言議繳出價錢壹拾玖仟文
正其錢即日收訖其田根仍付黃家耕作納租任從其
便今欲有憑立繳字壹紙併退佃字共捌紙付執為
照　內改托字仍字二字再照
乾隆肆拾弍年拾壹月　日立繳字毛卿魯（押）
在見鄭叶勳
中見人鄭賢朝
執筆男伯極（押）

3-1-7-2　清乾隆四十二年十一月毛卿魯立繳民田根字

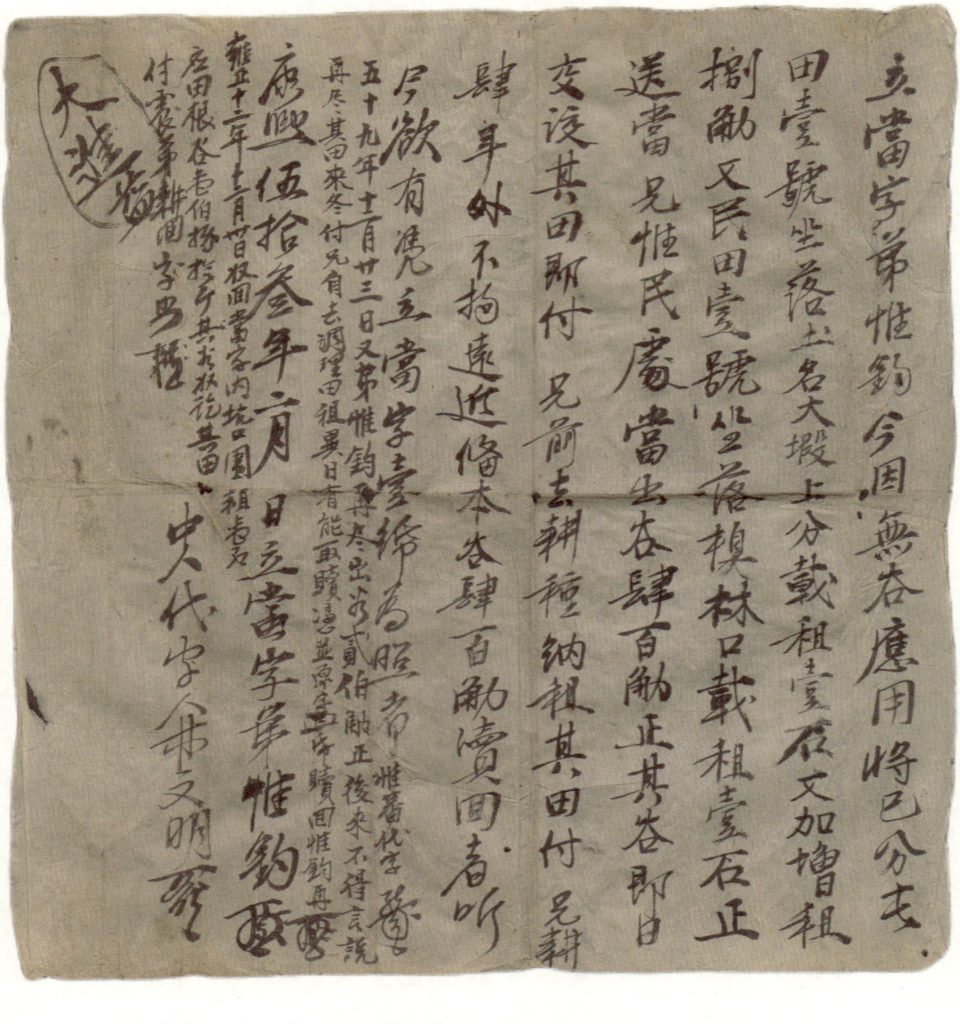
立當字弟惟鈞今因無銀應用將已分屯
田壹號坐落土名大堀上分載租壹石又加增租
捌觔又民田壹號坐落模林口載租壹石正
送當兄惟民處當出銀肆百觔正其銀即日
交訖其田即付兄前去耕種納租其田付兄耕
肆年外不拘遠近備本銀肆百觔贖回者听
今欲有憑立當字壹紙為照 帶（押）
五十九年十一月廿三日又弟惟鈞再來出當銀貳伯觔正後來不得言說 惟審代字（押）
再尽尽其田來冬付兄自去調理田租異日有能取贖憑並原當字取贖田惟鈞再（押）
康熙伍拾叁年二月　日立當字弟惟鈞（押）
雍正十二年十二月廿日收回當字內坑口園租壹石
原田根谷壹伯捌拾斤其谷收記其田
付還弟耕回字為據
中人代字人弟文明（押）
大進（印）

3-1-8-1　清康熙五十三年二月黃惟鈞立當屯田字

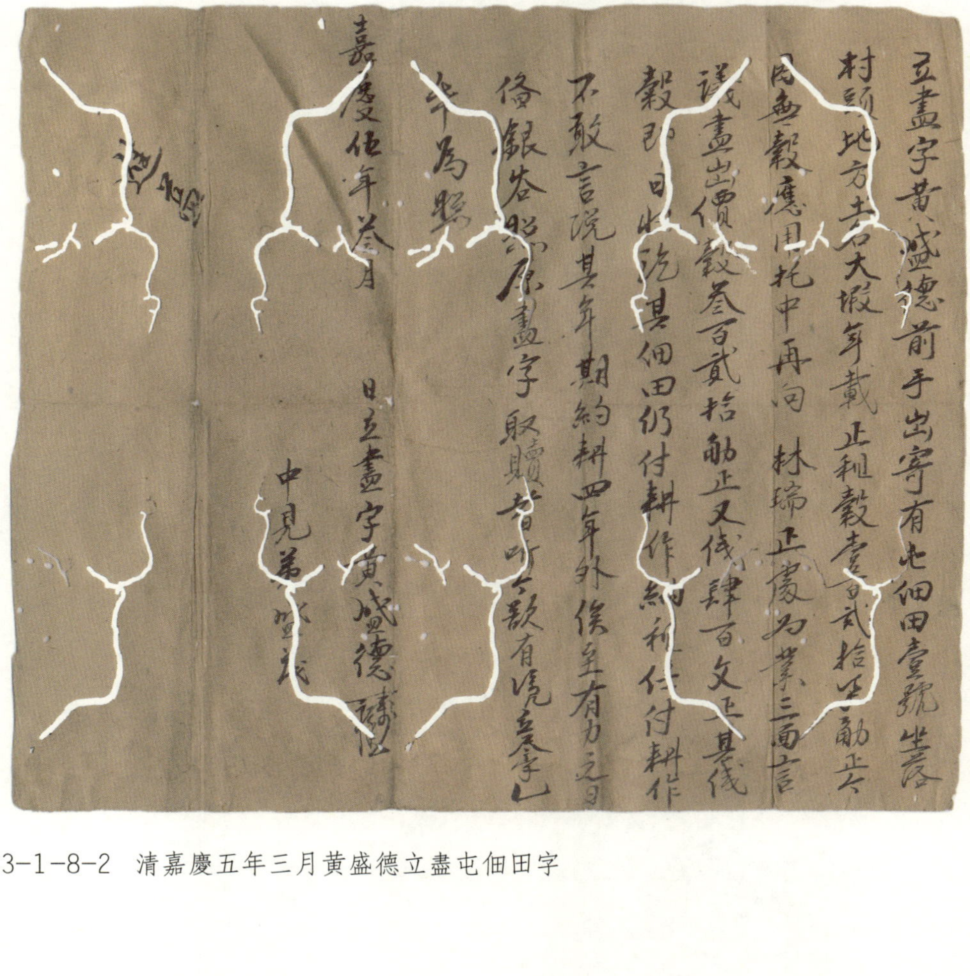
立盡字黃盛德前手出寄有屯佃田壹號坐落
村頭地方土名大墩年載正租穀壹百貳拾伍觔正今
因無穀應用托中再向 林瑞正處為業三面言
議盡出價穀叁百貳拾觔正又錢肆百文正其錢
穀即日收訖其佃田仍付耕作納租仍付耕作
不敢言說其年期約耕四年外係至有力之日
備銀谷照原盡字取贖當日收欵有憑立盡字山
紙為照
嘉慶伍年叁月　　日立盡字黃盛德（押）
中見弟盛花

3-1-8-2　清嘉慶五年三月黃盛德立盡屯佃田字

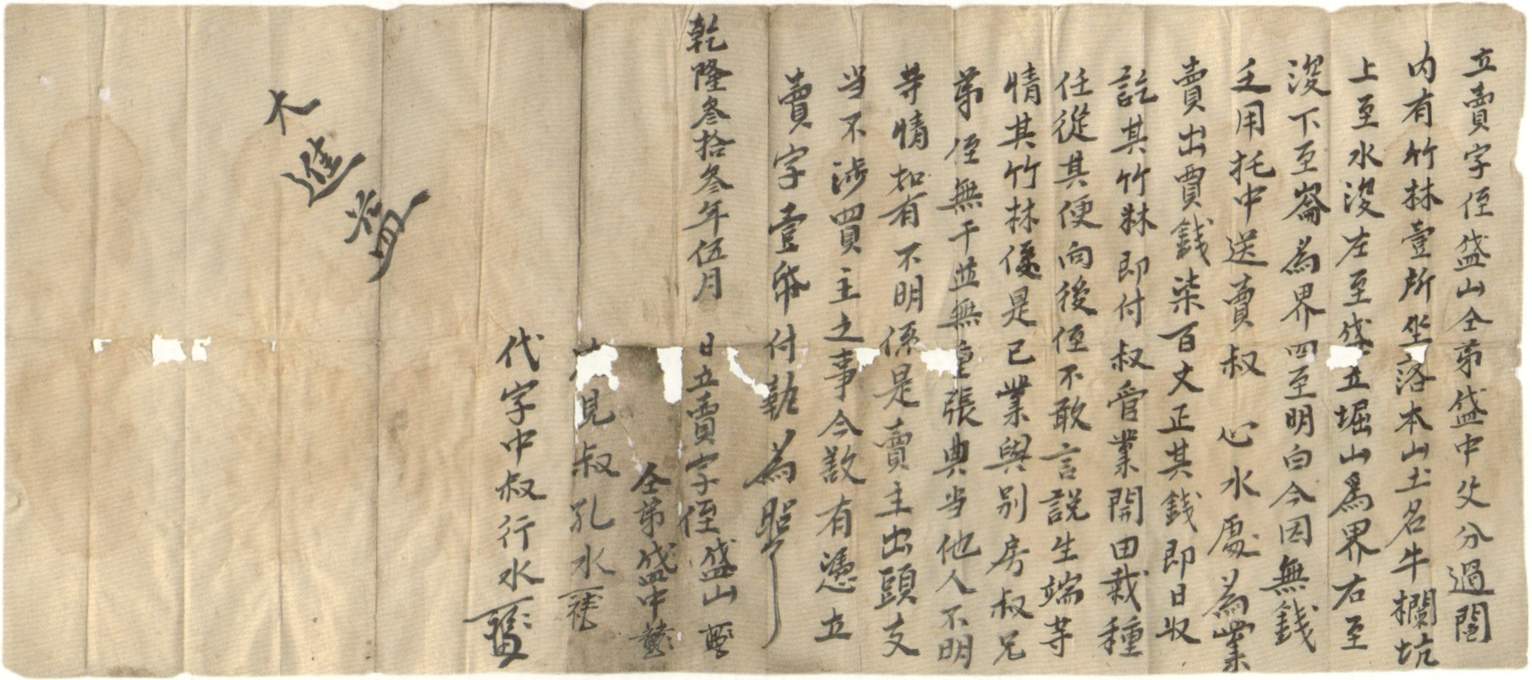

立賣字侄盛山仝弟盛中父分過閭
内有竹林壹所坐落本山土名牛欄坑
上至水沒左至盛五堀山為界右至
沒下至崙為界四至明白今因無錢
乏用托中送賣叔 心水處為業
賣出價錢柒百文正其錢即日收
訖其竹林即付叔管業開田栽種
任從其便向後侄不敢言説生端等
情其竹林係是已業與别房叔兄
弟侄無干並無重張典当他人不明
等情如有不明係是賣主出頭支
当不涉買主之事今欲有憑立
賣字壹紙付執為照
乾隆叁拾叁年伍月 日立賣字侄盛山（押）
仝弟盛中（押）
見叔孔水（押）
代字中叔行水（押）
不進賣

3-1-9-1　清乾隆三十三年五月黄盛山等立賣竹林契

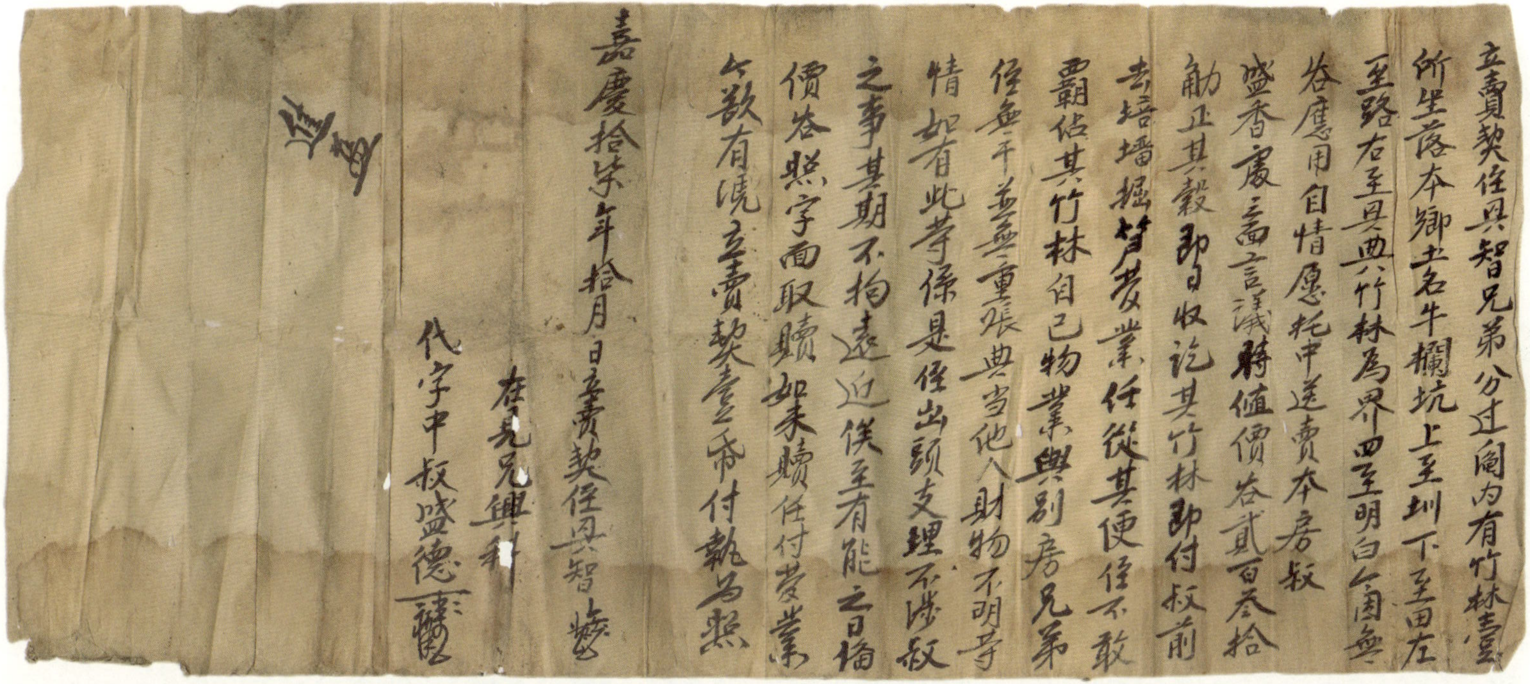

立賣契侄奀智兄弟分过阄內有竹林壹
所坐落本鄉土名牛欄坑上至圳下至田左
至路右至奀典竹林為界四至明白今因無
谷應用自情愿托中送賣本房叔
盛香處三面言議時值價谷貳百叁拾
觔正其穀即日收訖其竹林即付叔前
去培墻掘笋管業任從其便侄不敢
霸佔其竹林自己物業與別房兄弟
侄無干並無重張典当他人財物不明等
情如有此等係是侄出頭支理不涉叔
之事其期不拘遠近侯至有能之日備
價谷照字面取贖如未贖任付管業
今欲有憑立賣契壹帋付執為照
嘉慶拾柒年拾月　日立賣契侄奀智
在見兄興利
代字中叔盛德

3-1-9-2　清嘉慶十七年十月黃奀智等立賣竹林契

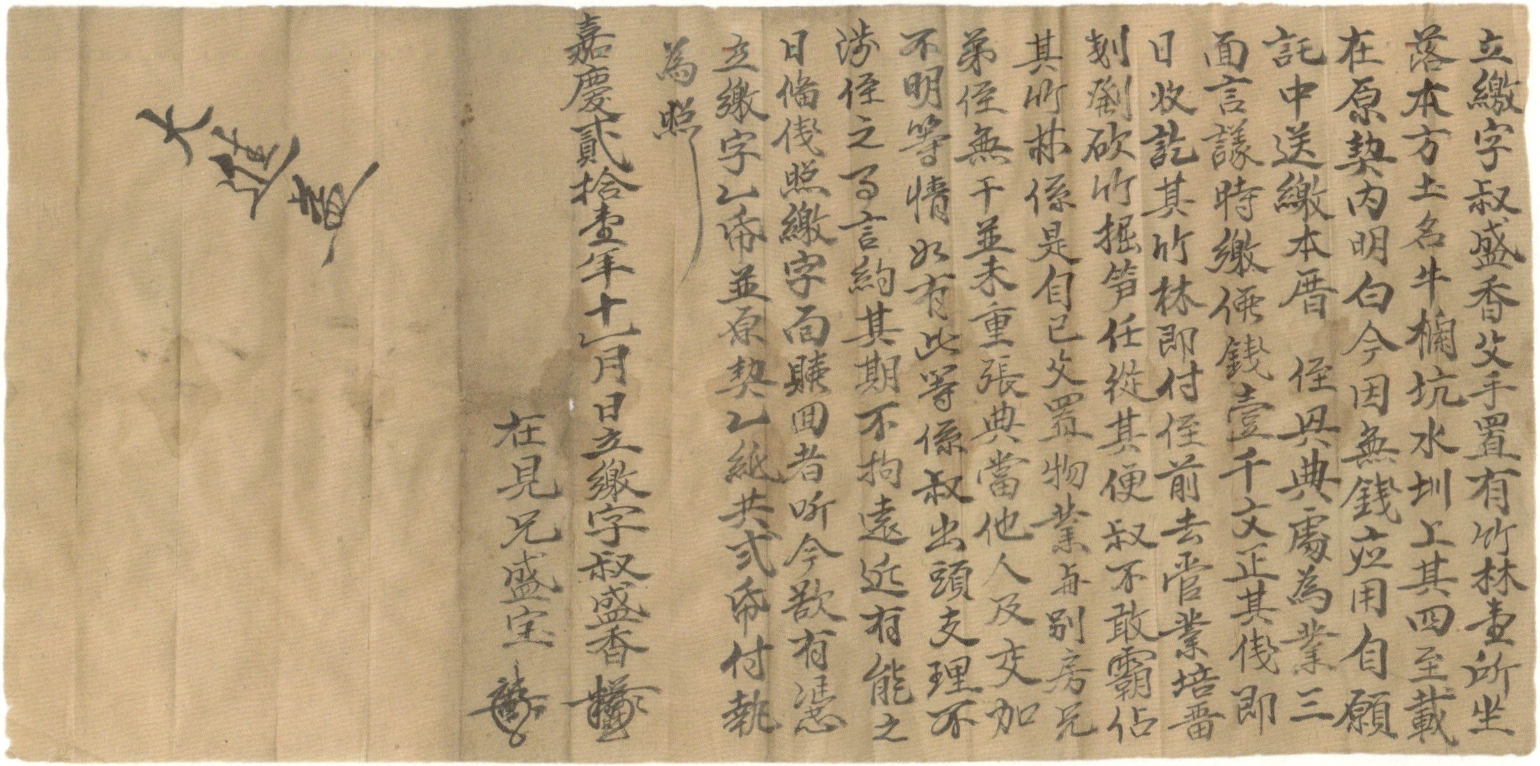
立繳字叔盛香父手置有竹林壹所坐
落本方土名牛欄坑水圳上其四至載
在原契內明白今因無錢應用自願
託中送繳本厝 侄兴典處爲業三
面言議時繳價錢壹千文正其價即
日收訖其竹林即付侄前去管業培蕃
劃劍砍竹掘笋任從其便叔不敢霸佔
其竹林係是自己父置物業與別房兄
弟侄無干並未重張典當他人及交加
不明等情如有此等係叔出頭支理不
涉侄之事言約其期不拘遠近有能之
日備價照繳字面贖回者听今欲有憑
立繳字一帋並原契一紙共式帋付執
為照
嘉慶貳拾壹年十一月日立繳字叔盛香（押）
在見兄盛定（押）

3-1-9-3　清嘉慶二十一年十一月黄盛香立繳竹林字

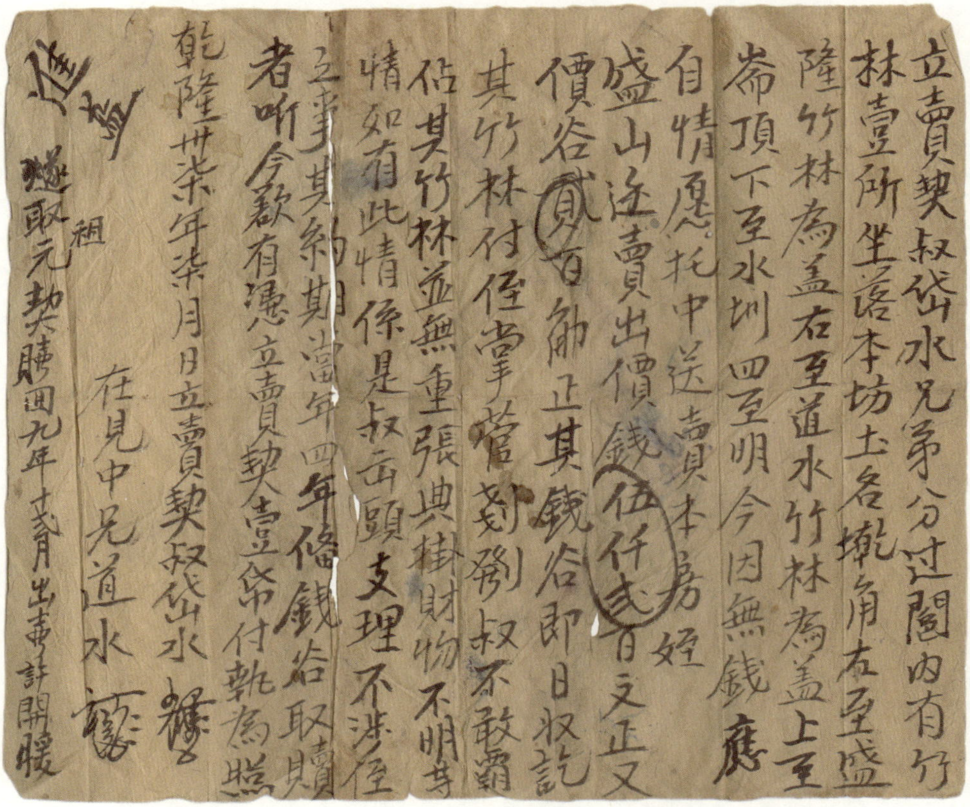
立賣契叔岱水兄弟分过閫内有竹
林壹所坐落本坊土名墘角左至盛
隆竹林為蓋右至道水竹林為蓋上至
崙頂下至水圳四至明今因無錢應
用自情愿托中送賣本房姪
盛山边賣出價錢伍仟貳百文正又
價谷貳百觔正其錢谷即日收訖
其竹林付侄掌管砍劉叔不敢霸
佔其竹林並無重張典掛財物不明并
情知有此情係是叔兩頭支理不涉侄
之事其約期當年四年備錢谷取贖
者听今欲有憑立賣契壹帋付執為照
乾隆卅柒年柒月日立賣契叔岱水[押]
在見中兄道水[押]
租
遂取元契大勝囬九年十貳月出賣許開勝
[illegible]

3-1-10-1　清乾隆三十七年七月黄岱水立賣竹林契

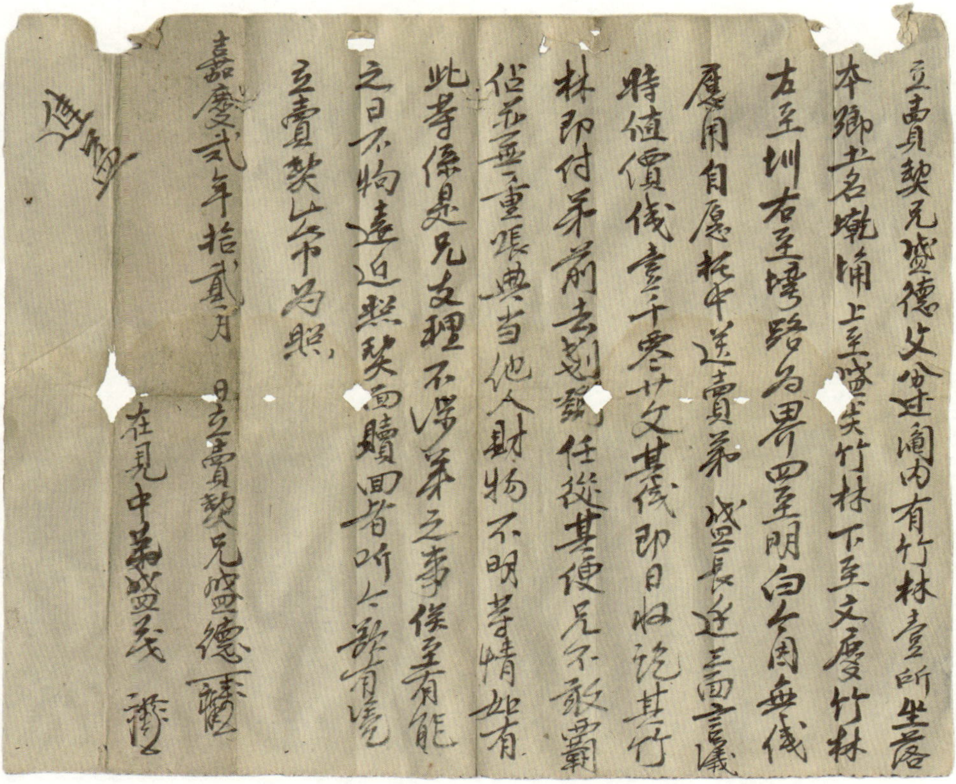

立賣契兄盛德文公遺閫內有竹林壹所坐落
本鄉土名墘埔上至盛茂竹林下至文慶竹林
左至圳右至塘路為界四至明白今因無錢
應用自愿托中送賣弟 盛長邊三面言議
時值價錢壹千零廿文其錢即日收訖其竹
林即付弟前去砍斫任從其便兄不敢霸
佔亦無重張典當他人財物不明等情如有
此等係是兄支理不涉弟之事俟至有能
之日不拘遠近照契面贖回者听人無許有違
立賣契山巾為照
嘉慶貳年拾貳月　日立賣契兄盛德（押）
在見中弟盛茂（押）
進宗

3-1-10-2　清嘉慶二年十二月黃盛德立賣竹林契

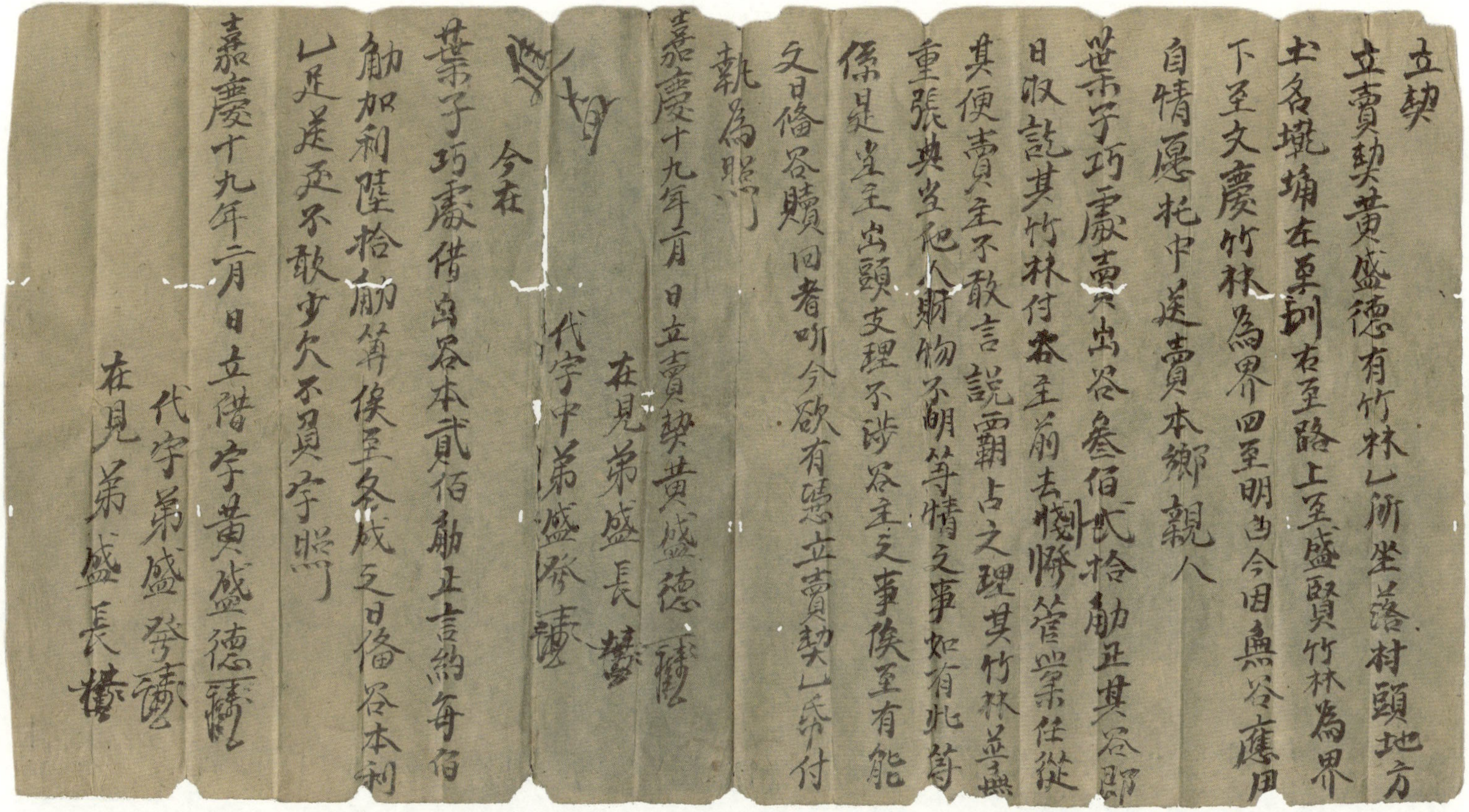

立契

立賣契黃盛德有竹林山一所坐落村頭地方

土名墘埔左至圳右至路上至盛賢竹林為界

下至文慶竹林為界四至明白今因無谷應用

自情愿托中送賣本鄉親人

葉宇巧處出谷叁佰貳拾觔正其谷即

日收訖其竹林付谷主前去砍伐管業任從

其便賣主不敢言說霸占之理其竹林並無

重張典當他人財物不明等情之事如有此等

係是賣主出頭支理不涉谷主之事後至有能

之日備谷贖回者聽今欲有憑立賣契山一紙付

執為照

嘉慶十九年二月　日立賣契黃盛德

在見弟盛長

代字中弟盛癸

今在

葉子巧處借出谷本貳佰觔正言約每佰

觔加利陸拾觔算候至冬成之日備谷本利

一足送還不敢少欠不負字照

嘉慶十九年二月　日立借字黃盛德

代字弟盛癸

在見弟盛長

3-1-10-3　清嘉慶十九年二月黃盛德立賣竹林契

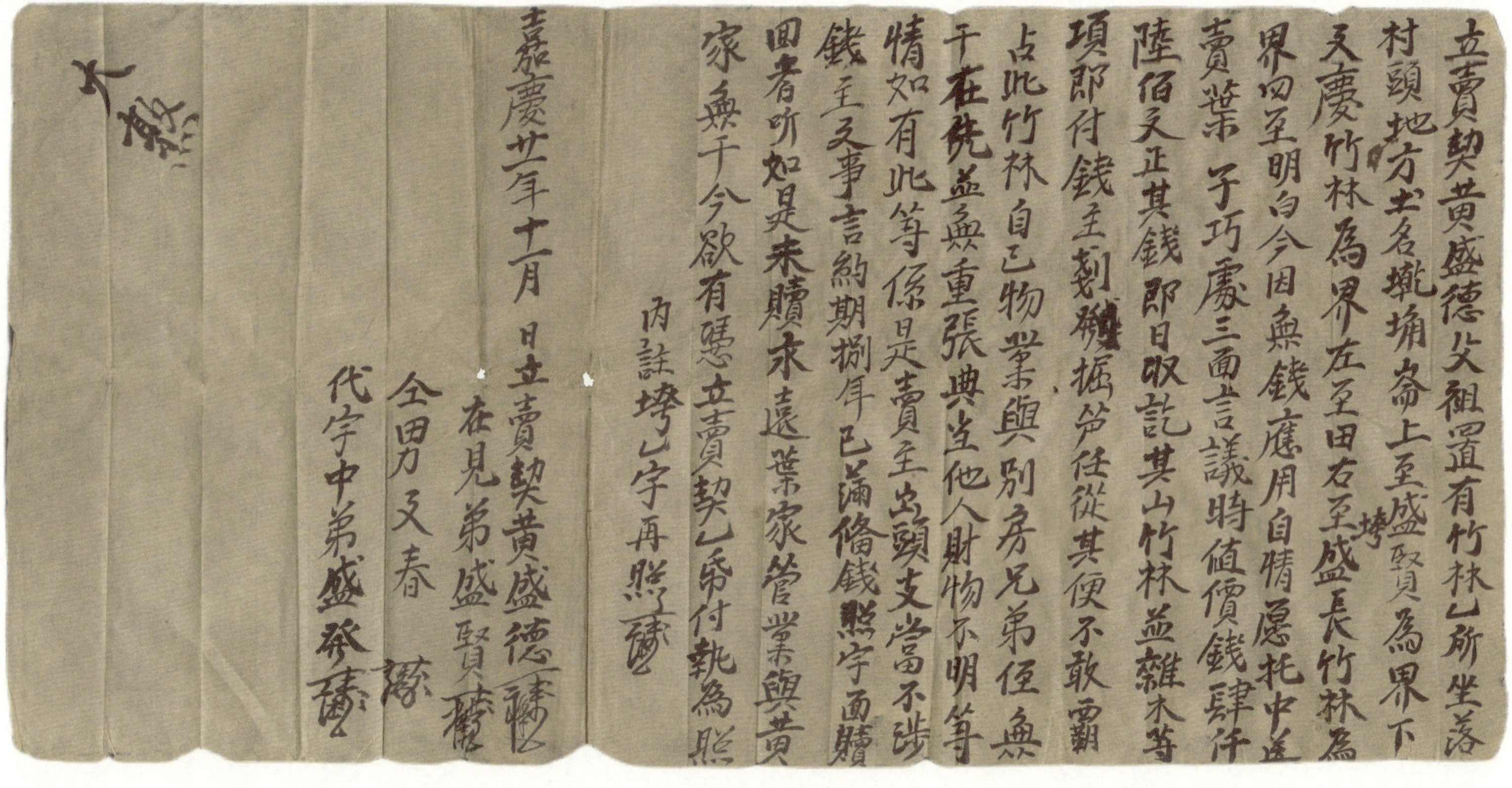
立賣契黃盛德父祖置有竹林山所坐落
村頭地方土名墘埔崙上至盛賢為界下
又慶竹林為界左至田右至坮盛長竹林為
界四至明白今因無錢應用自情愿托中送
賣業 于巧慶三面言議時值價錢肆仟
陸佰文正其錢即日收訖其山竹林並雜木等
項即付錢主劉[illegible]掘笋任從其便不敢霸
占此竹林自己物業與別房兄弟侄無
干在先並無重張典当他人財物不明等
情如有此等係是賣主出頭支當不涉
錢主之事言約期捌年已滿備錢照字面贖
回者听如是未贖永遠業家管業與黃
家無干今欲有憑立賣契山帋付執為照
內註坮山字再照
嘉慶廿年十一月 日立賣契黃盛德
在見弟盛賢
全田刀又春
代字中弟盛[illegible]
大發

3-1-10-4 清嘉慶二十一年十一月黃盛德立賣竹林契

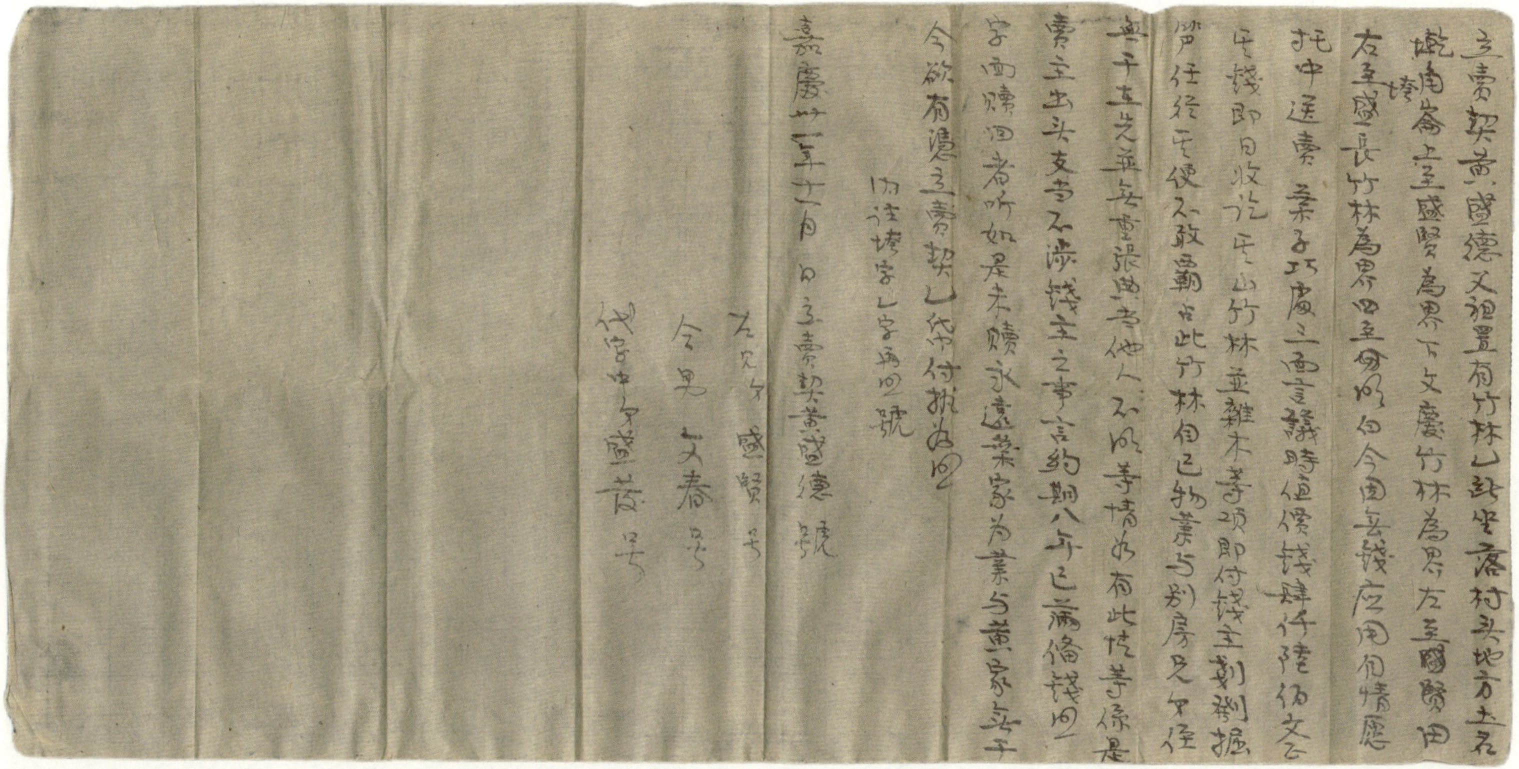
立賣契黄盛德又祖置有竹林山所坐落村头地方土名
墘角畲上至盛賢為界下文慶竹林為界左至國賢田墘
右至盛長竹林為界四至分明今因無錢應用自情愿
托中送賣亲子巧慶三面言議時值價錢肆仟陸佰文正
其錢即日收訖其山竹林并雜木等項即付錢主劉劄掘
管任從其便不敢霸占此竹林自己物業與別房兄弟侄
無干亦無先典重張與他人不明等情如有此情等係是
賣主出头支當不涉錢主之事言約期八年之滿備錢回
字面贖回者听如是未贖永遠業家為業與黄家無干
今欲有憑立賣契乙紙付執為照
内注墘字乙字再照號
嘉慶廿一年十一月　日　立賣契黄盛德　號
在見兄　盛賢　号
仝見　文春　号
代字中人盛茂　号

3-1-10-5　清嘉慶二十一年十一月黃盛德立賣竹林契（抄契）

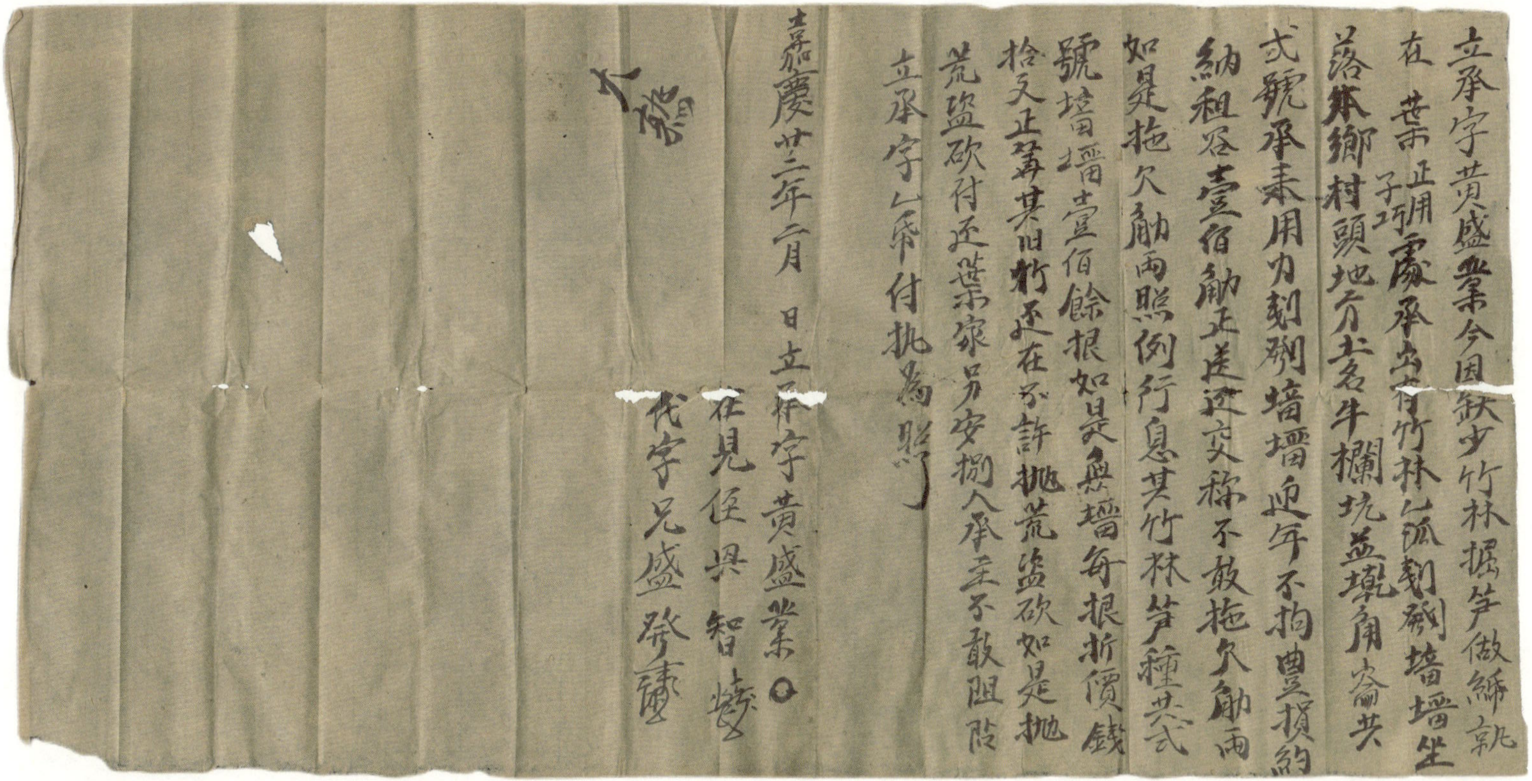

立承字黄盛業今因缺少竹林掘笋做紙就
在黄正用子珩處承出竹林山孤劄剩墙壇坐
落黄鄉村頭地方土名牛欄坑並墘角墘共
式號承来用力劄剩墙壇迎年不拘豊損約
納租谷壹佰觔正送還交秤不敢拖欠觔兩
如是拖欠觔兩照例行息其竹林笋種共式
號墙壇壹佰餘根如是無墙每根折價錢
拾文正算其旧竹還在不許抛荒盜砍如是抛
荒盜砍付還業家另安撥人承主不敢阻阧
立承字山爲付執爲照

嘉慶廿二年二月　日立承字黄盛業○
在見侄　昇智
代字兄　盛發

3-1-10-6　清嘉慶二十二年二月黄盛業立承竹林字

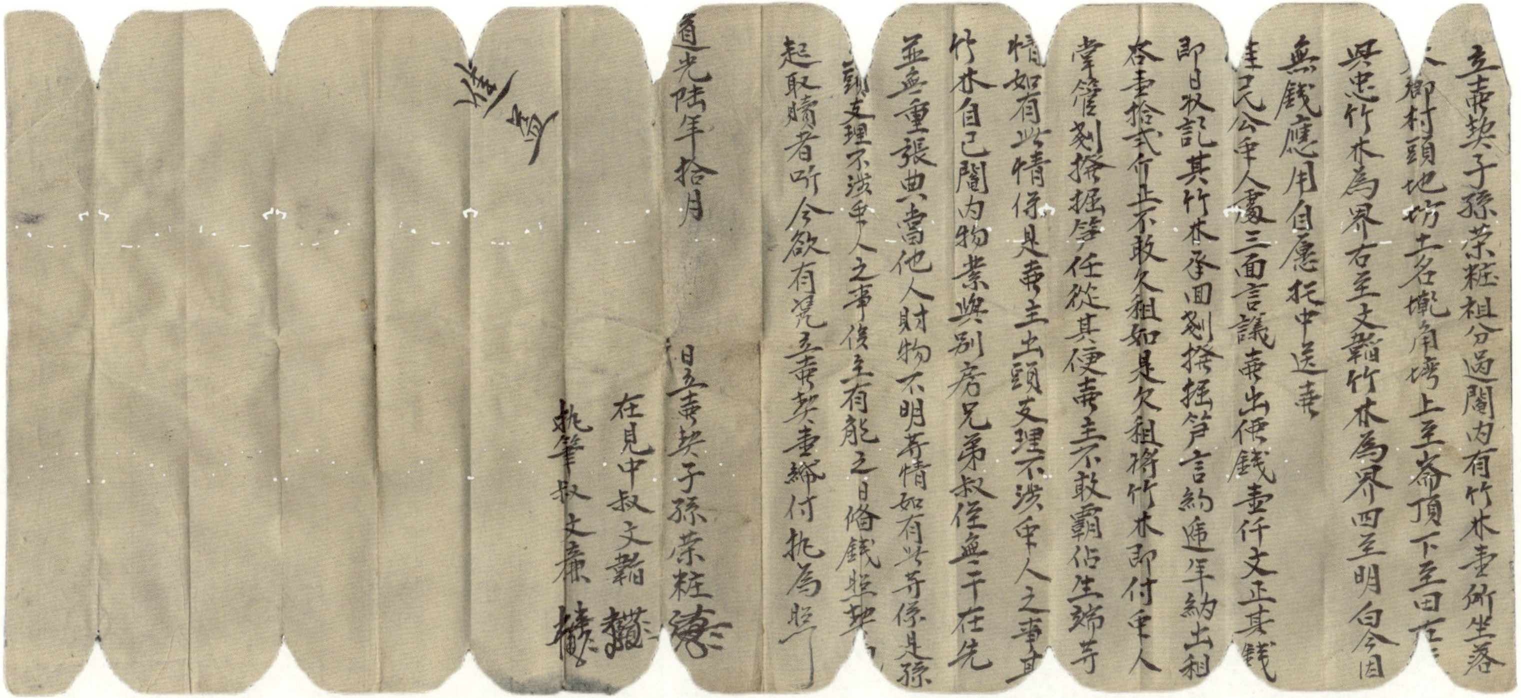
立賣契子孫榮粧祖分遍闔内有竹木壹所坐落
本鄉村頭地坊土名墈角塆上至崙頂下至田左
與忠竹木為界右至文翰竹木為界四至明白今因
無錢應用自願托中送賣
本己公手人處三面言議賣出價錢壹仟文正其錢
即日收訖其竹木承佃剗挖掘笋言約逐年納出租
谷壹拾弍斤正不敢欠租如是欠租將竹木即付手人
掌管剗挖掘笋任從其便賣主不敢霸佔生端等
情如有此情係是賣主出頭支理不涉手人之事其
竹木自己闔内物業與别房兄弟叔侄無干在先
並無重張典當他人財物不明等情如有此等係是孫
親支理不涉手人之事後至有能之日備錢照契
起取贖者听今欲有憑立賣契壹紙付執為照
道光陆年拾月　日立賣契子孫榮粧
在見中叔文翰
執筆叔文康

3-1-11-1　清道光六年十月黃栄粧立賣竹林契

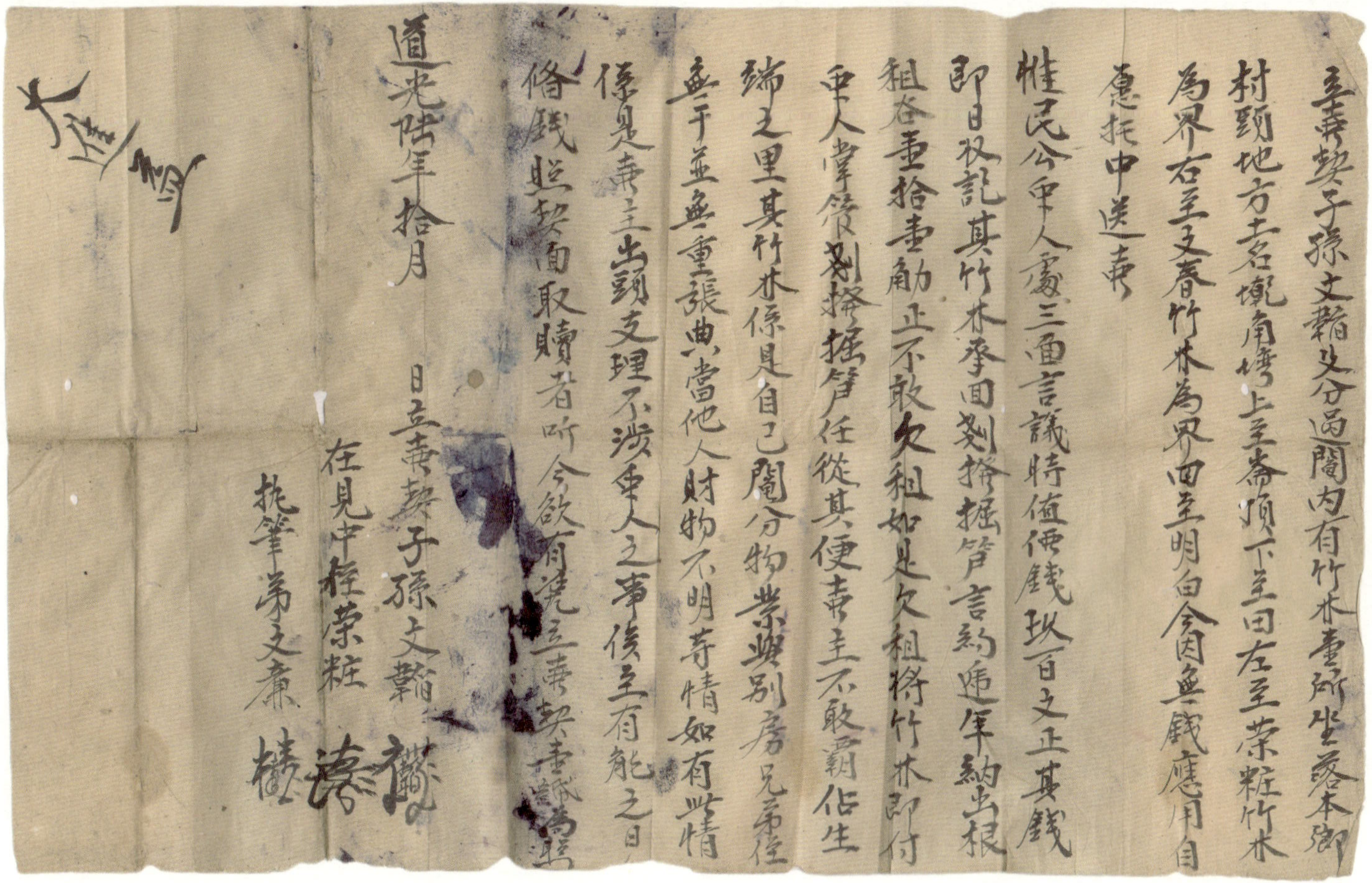
立賣契子孫文韜父分過闔內有竹林壹所坐落本鄉
村頭地方土名塊角塝上至崙頂下至田左至荣粧竹林
為界右至文春竹林為界四至明白今因無錢應用自
願托中送賣
惟民公衆人處三面言議時值價錢玖百文正其錢
即日收訖其竹林季面劉掛掘笋言約逓年納出根
租谷壹拾壹觔正不敢欠租如是欠租將竹林即付
衆人掌管劉採掘笋任從其便賣主不敢霸佔生
端之理其竹林係是自己閹分物業與別房兄弟侄
無干並無重張典當他人財物不明等情如有此情
係是賣主出頭支理不涉衆人之事後至有能之日
備錢照契面取贖者听今欲有憑立賣契壹紙為照
道光陸年拾月　日立賣契子孫文韜（押）
在見中程荣粧（押）
執筆弟文康（押）

3-1-11-2　清道光六年十月黃文韜立賣竹林契

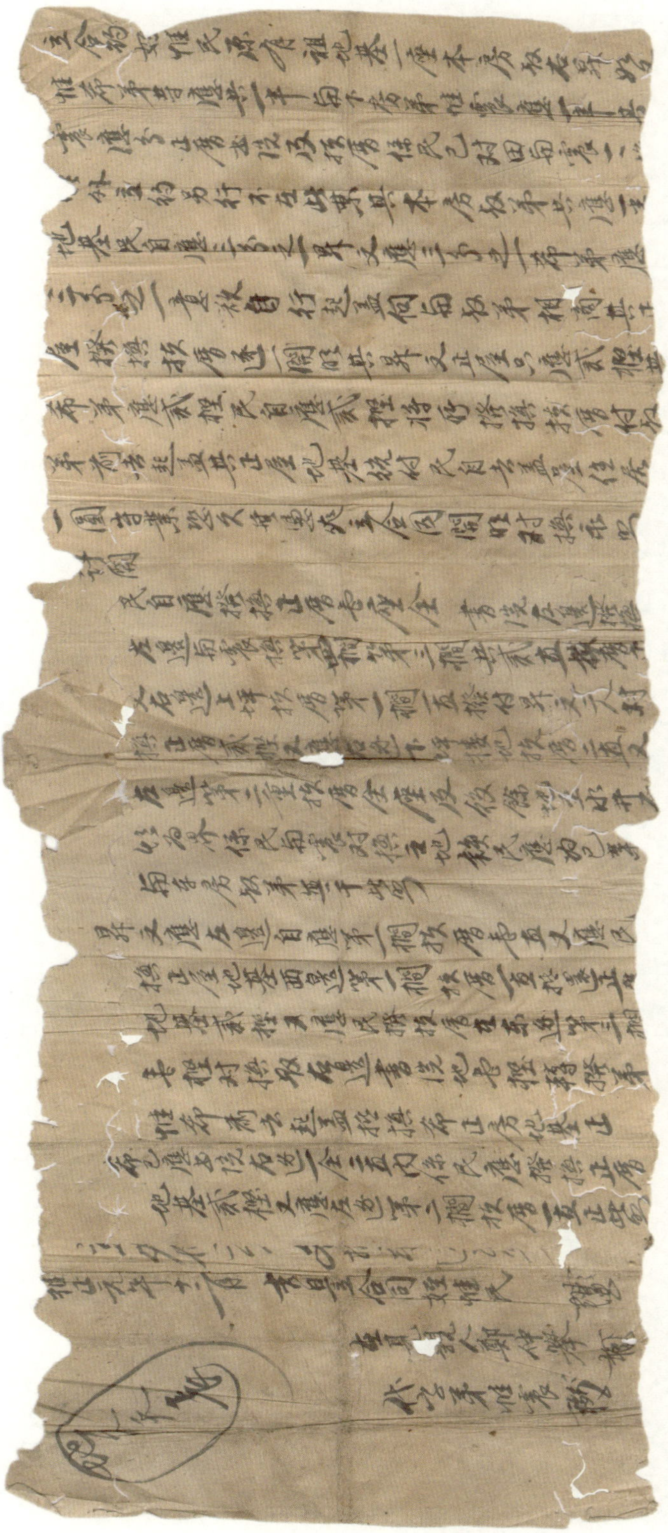

3-1-12-1　清雍正元年十二月黃惟民立合約

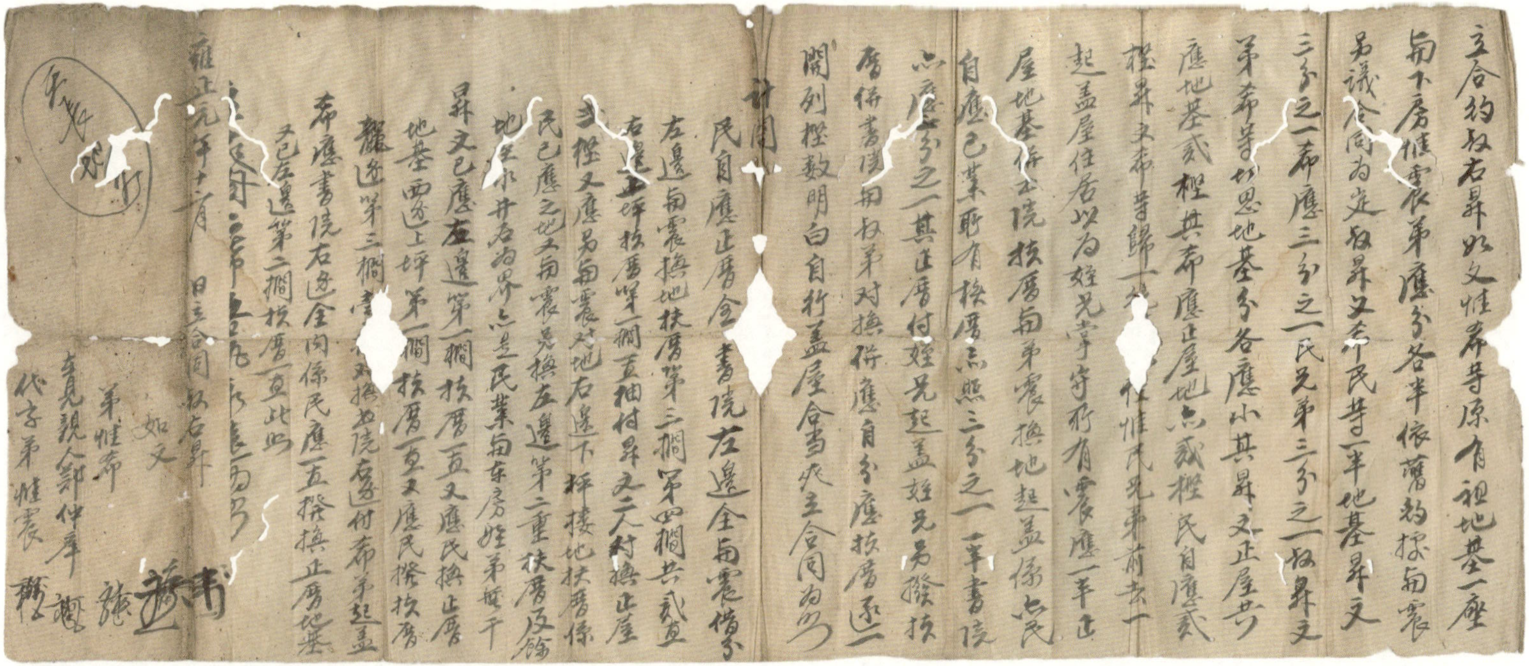

3-1-12-2　清雍正元年十二月黄右昇等立合約

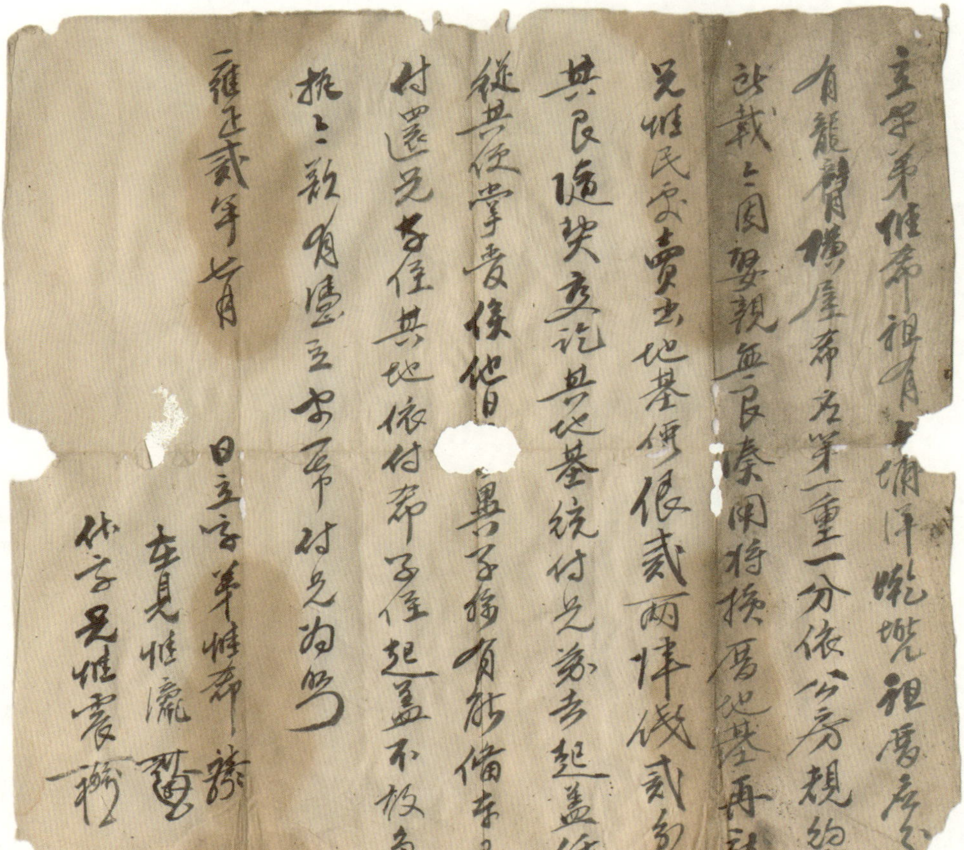
立字弟惟希祖有[illegible]埔洋蛇垅祖厝應分
有龍髻背橫屋希應第一重一分依公房親約兩
比載上因要親無艮湊用將換厝地基再託
兄惟民處賣出地基價艮貳兩肆錢貳分正
其艮隨契交訖其地基統付兄前去起蓋任
從其便掌管係借[illegible]畀子孫有能備本息
付還兄本侄其地依付希子侄起蓋不敢爭
執之議有憑立字付兄為照
雍正貳年七月　日立字弟惟希（號）
在見惟瀛（押）
代字兄惟震（號）

3-1-12-3　清雍正二年七月黄惟希立賣祖厝字

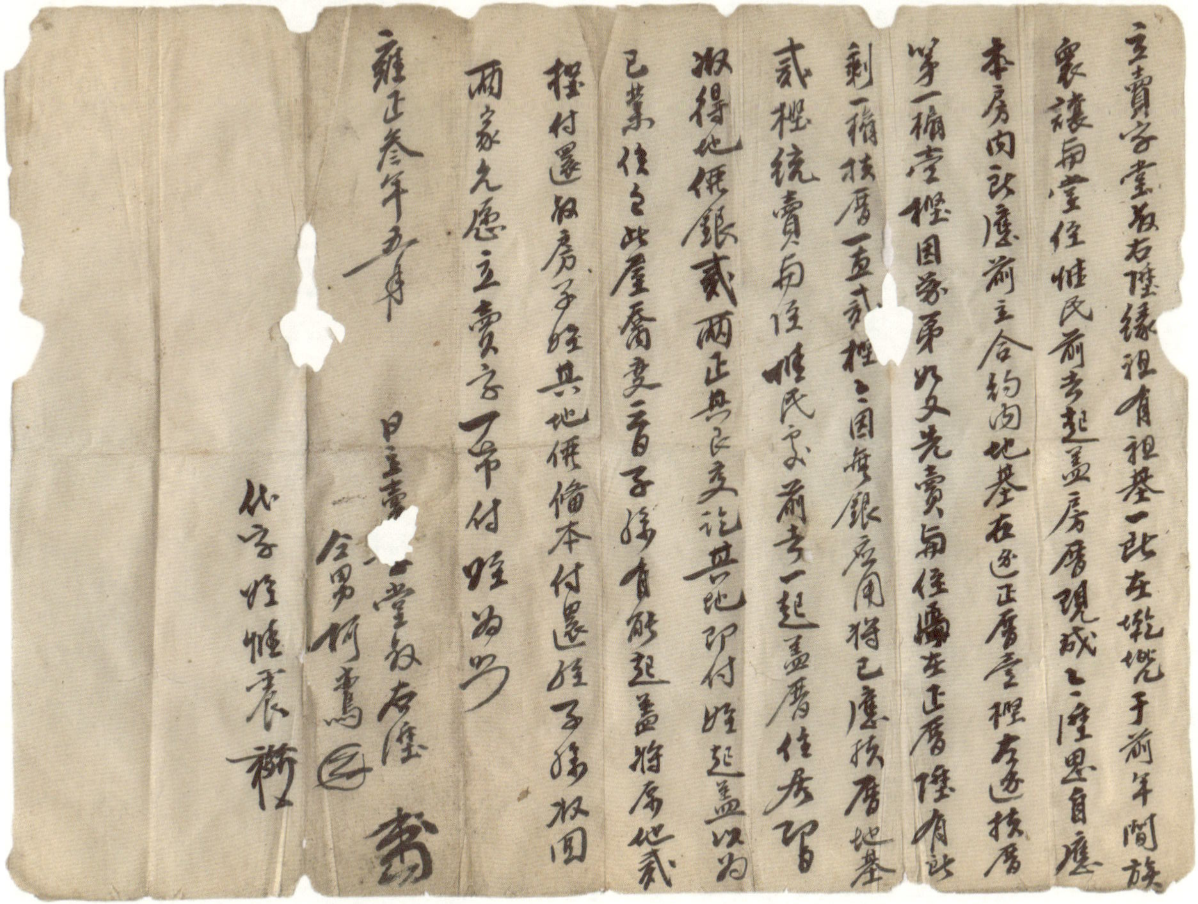

立賣字黄叔右陞緣祖有祖基一此在跪坑于前年間族
衆議與堂侄惟民前去起蓋房屋現成之陞思自應
本房内許應前主合約内地基在迹正屋壹櫃在迹扶屋
等一稿壹櫃因弟弟以文先賣與侄邊在正屋陞有此
剩一稿扶屋一直貳櫃之因無銀應用將已應扶屋地基
貳櫃繞賣與侄惟民家前去一起蓋屋住居卽日
收得地價銀貳兩正無民交訖其地卽付侄起蓋以為
已業住居此屋喬變子孫有能起蓋將房地貳
櫃付還叔房子姪其地價倫本付還姪子孫收回
兩家允愿立賣字一帋付姪為照
雍正叁年五月　日立賣字堂叔右陞（押）
仝男柯鳶（押）
代字姪惟震（押）

3-1-12-4　清雍正三年五月黄右陞等立賣祖基字

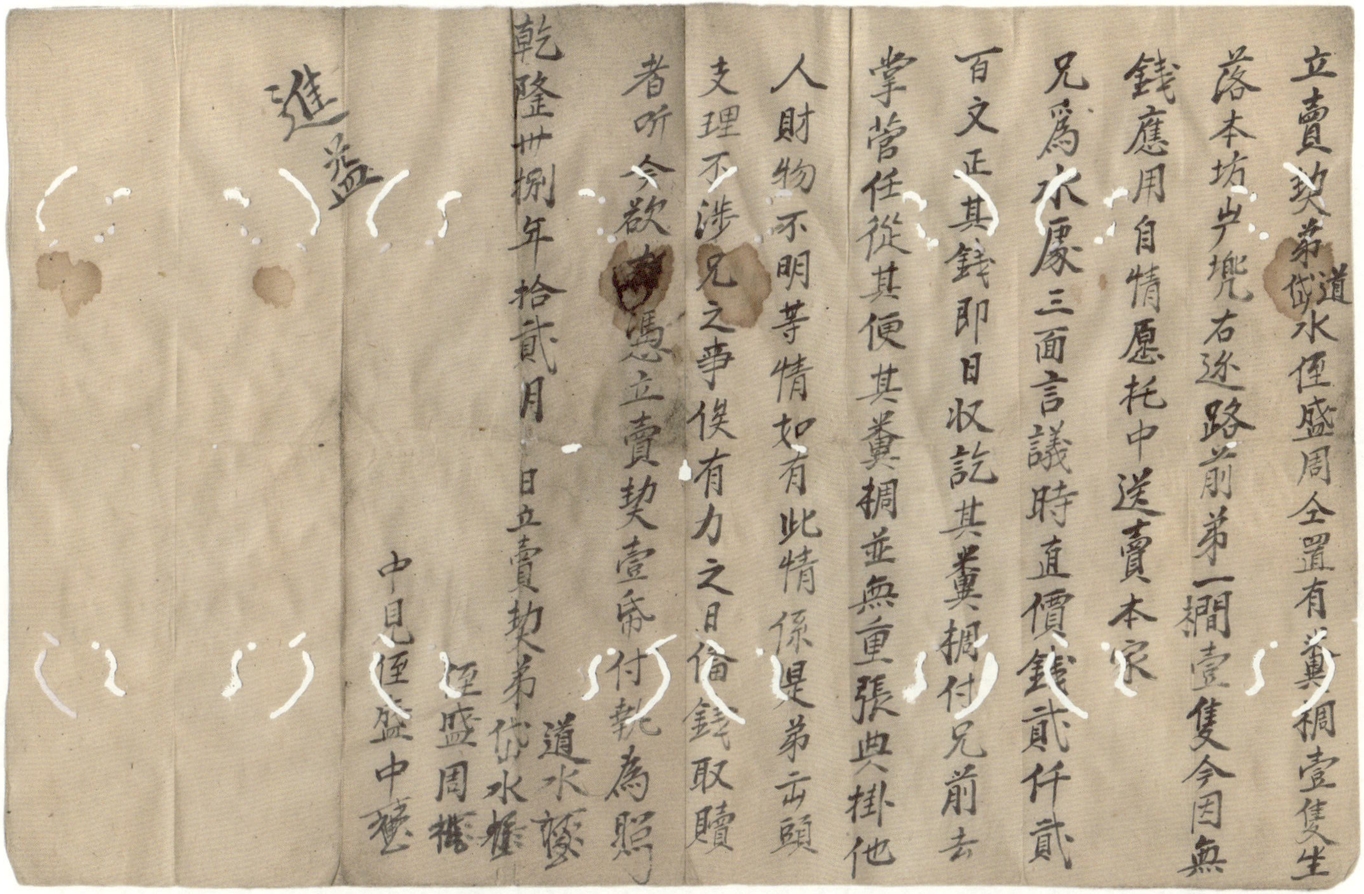
立賣契弟道岱水侄盛周仝置有糞桶壹隻坐
落本坊岸兜右邊路前第一桶壹隻今因無
錢應用自情愿托中送賣本家
兄爲水康三面言議時直價錢貳仟貳
百文正其錢即日收訖其糞桶付兄前去
掌管任從其便其糞桶並無重張典掛他
人財物不明等情如有此情係是弟侄出頭
支理不涉兄之事俟有力之日備錢取贖
者听今欲有憑立賣契壹紙付執爲照
乾隆卅捌年拾貳月 日立賣契弟 道水 岱水
侄盛周
中見侄盛中
進益

3-1-12-5 清乾隆三十八年十二月黃岱水等立賣糞桶契

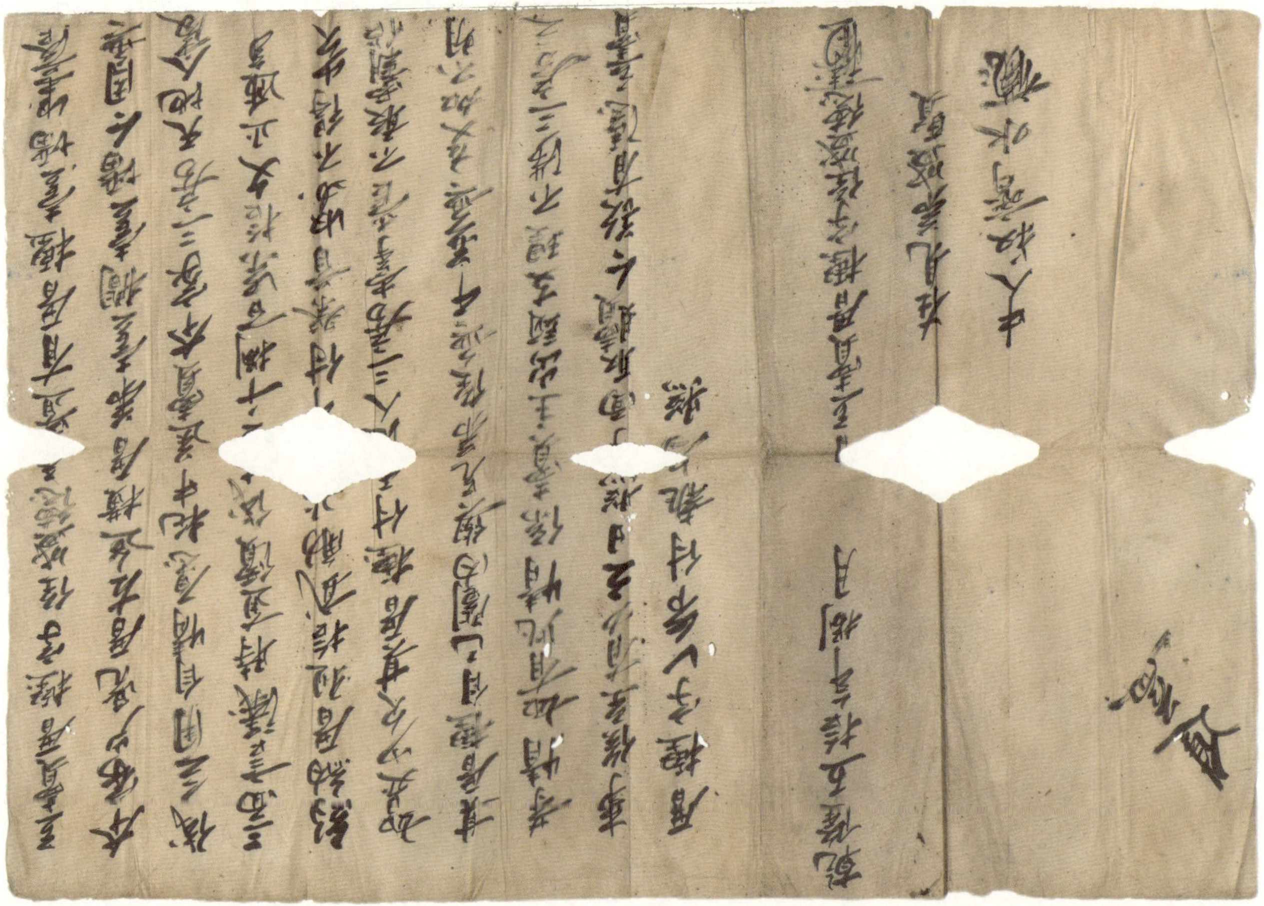

3-1-12-6　清乾隆五十年八月黄盛德立賣厝㮣字

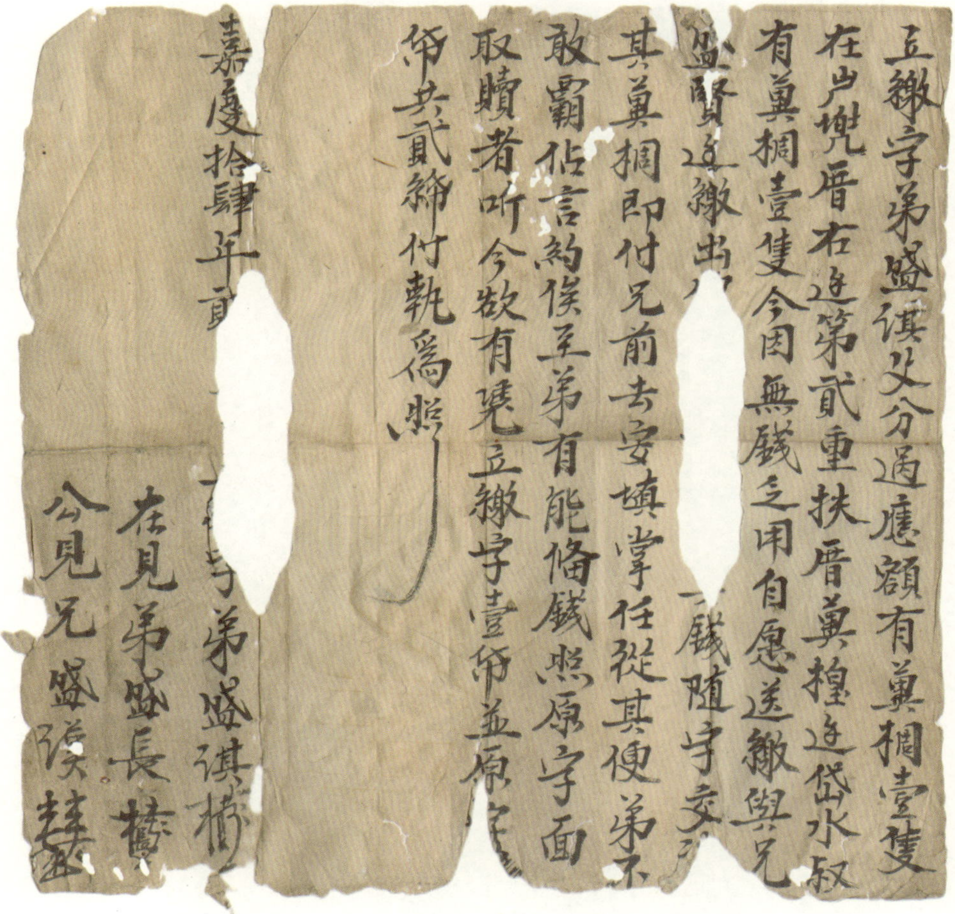
立繳字弟盛淇父分遺應額有糞䦨壹隻
在𡵆兜厝右邊第貳重扶厝糞埕邊岱水叔
有糞䦨壹隻今因無錢乏用自愿送繳與兄
盛賢邊繳出[illegible]錢隨字交[illegible]
其糞䦨即付兄前去安塡掌任從其便弟不
敢霸佔言約候至弟有能備錢照原字面
取贖者听今欲有憑立繳字壹紙並原[illegible]
紙共貳紙付執爲照
嘉慶拾肆年貳[illegible] 立繳字弟盛淇
在見弟盛長
公見兄盛瑛

3-1-12-7　清嘉慶十四年二月黃盛淇立繳糞䦨契

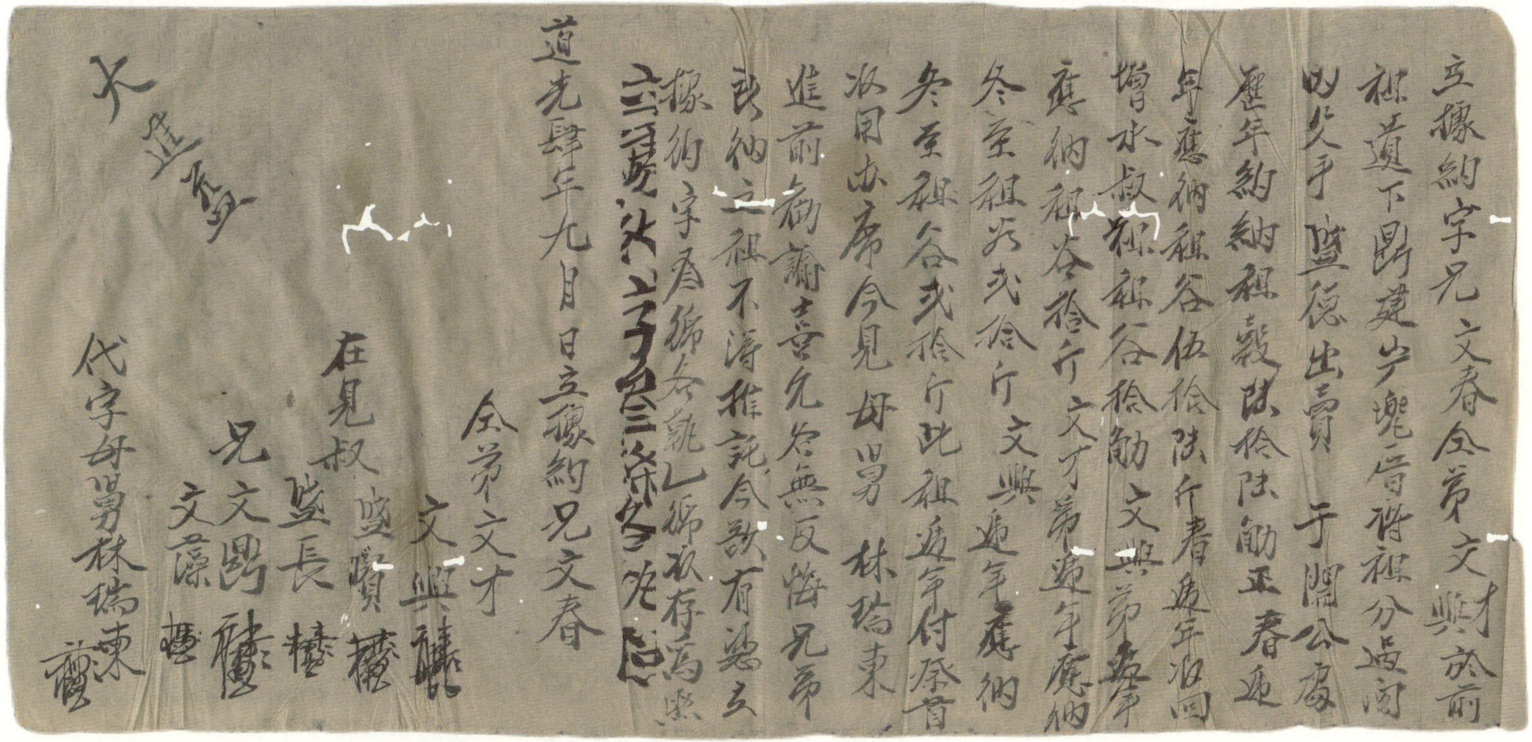

3-1-12-8　清道光四年九月黃文春等立據約字

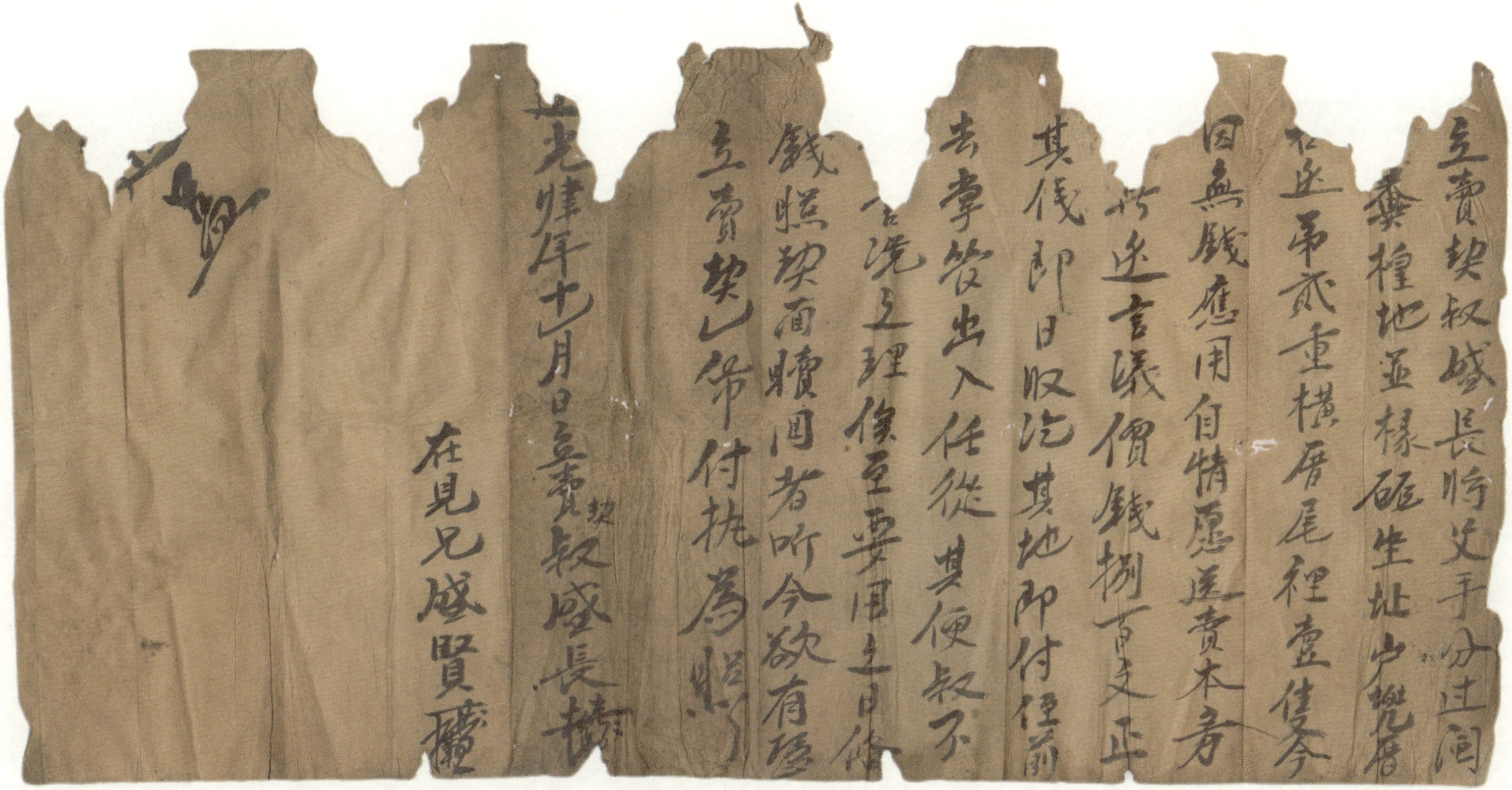
立賣契叔盛長將父手分過鬮
糞楻地並樣碓坐址土名[illegible]
后邊第貳重橫厝尾裡壹隻今
因無錢應用自情愿送賣本房
姪邊言議價錢捌百文正
其錢即日收訖其地即付侄前
去掌管出入任從其便叔不
敢言[illegible]理係至要用之日[illegible]
錢照契面贖回者所今欲有憑
立賣契山帋付執為照
道光肆年十一月日立賣契叔盛長押
在見兄盛賢押

3-1-12-9　清道光四年十一月黃盛長立賣糞楻地等契

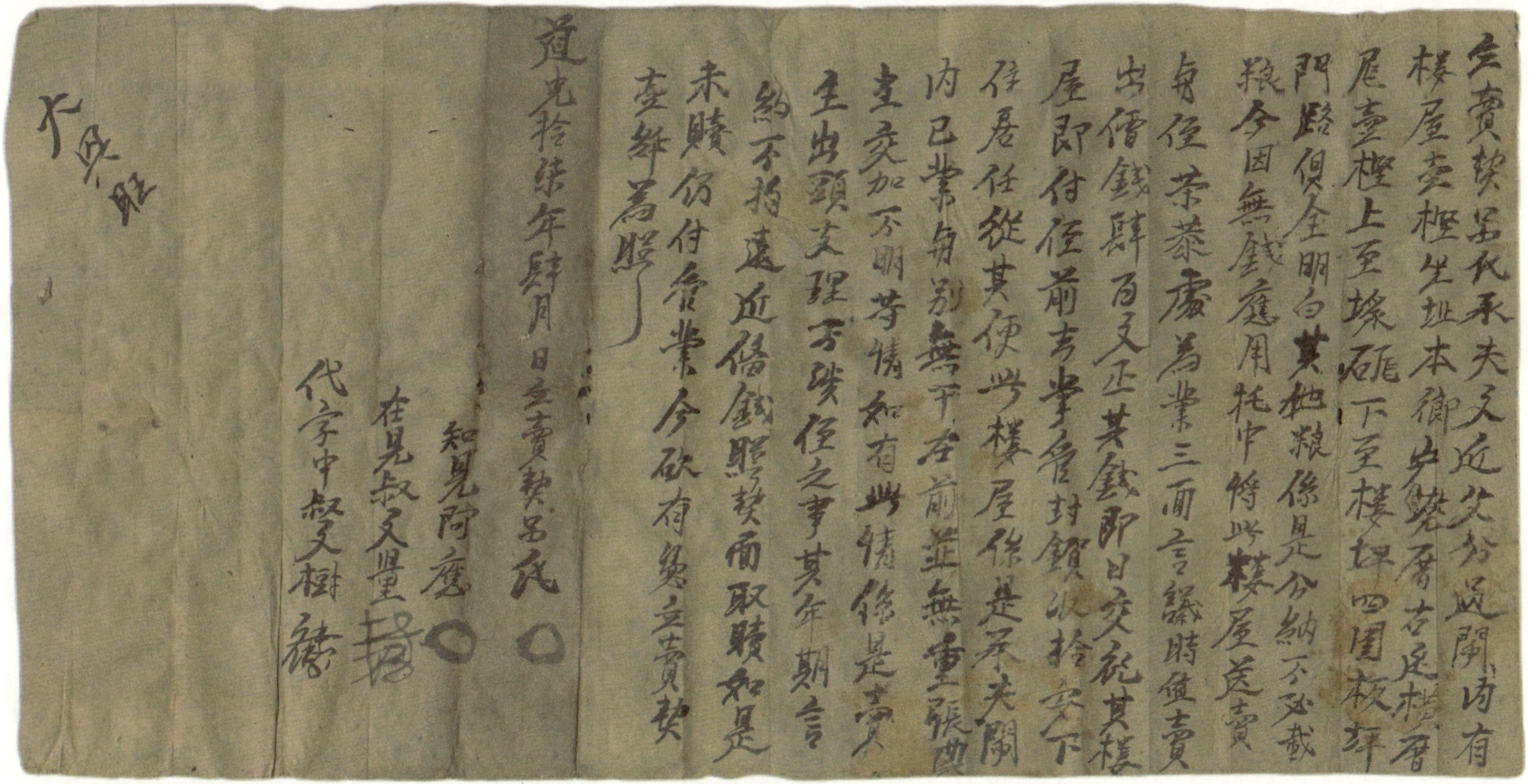

立賣契呂氏承夫父近父分過開内有
樓屋壹植坐址本御史巷厝右邊樓厝
尾壹植上至椽瓦下至樓坪四圍枚坪
門路俱全明白其地粮係是分納不必載
粮今因無錢應用托中將此樓屋送賣
與侄茶蔡處為業三面言議時值賣
出價錢肆百文正其錢即日交訖其樓
屋即付侄前去掌管封鎖收拾安下
住居任從其便此樓屋係是夫闕
内已業與別無干亦前並無重張典
當交加不明等情如有此情係是賣
主出頭支理不涉侄之事其年期言
約不拘遠近備錢照契面取贖如是
未贖仍付會業今欲有憑立賣契
壹紙為照

道光拾柒年肆月　日立賣契呂氏

知見阿應

在見叔文量

代字中叔文樹

不典班

3-1-12-10　清道光十七年四月呂氏立賣樓屋契

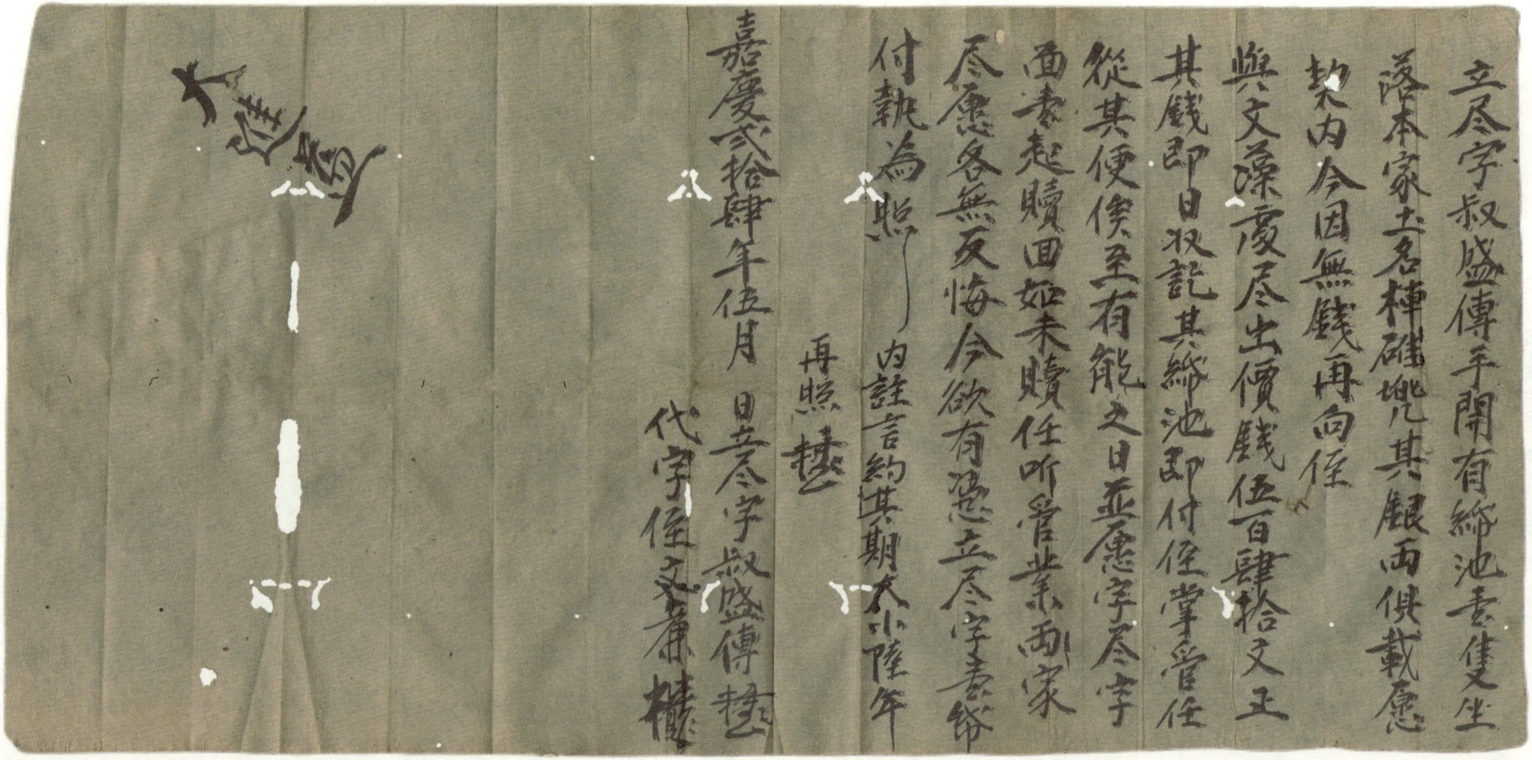
立盡字叔盛傳手開有紙池壹隻坐
落本家土名樟碓兜，其紙兩俱載憑
契內，今因無錢，再向侄
與文藻處盡出價錢伍百肆拾文正，
其錢即日收訖，其紙池即付侄掌管，任
從其便，俟至有能之日，並憑字盡字
面奏起贖回，如未贖，任听管業，兩家
盡憑各無反悔。今欲有憑，立盡字壹紙，
付執為照。　內註言約其期大小陸年
再照（押）
嘉慶貳拾肆年伍月　日立盡字叔盛傳（押）
代字侄文庠（押）
大進寶

3-1-13-1　清嘉慶二十四年五月黃盛傳立盡紙池字

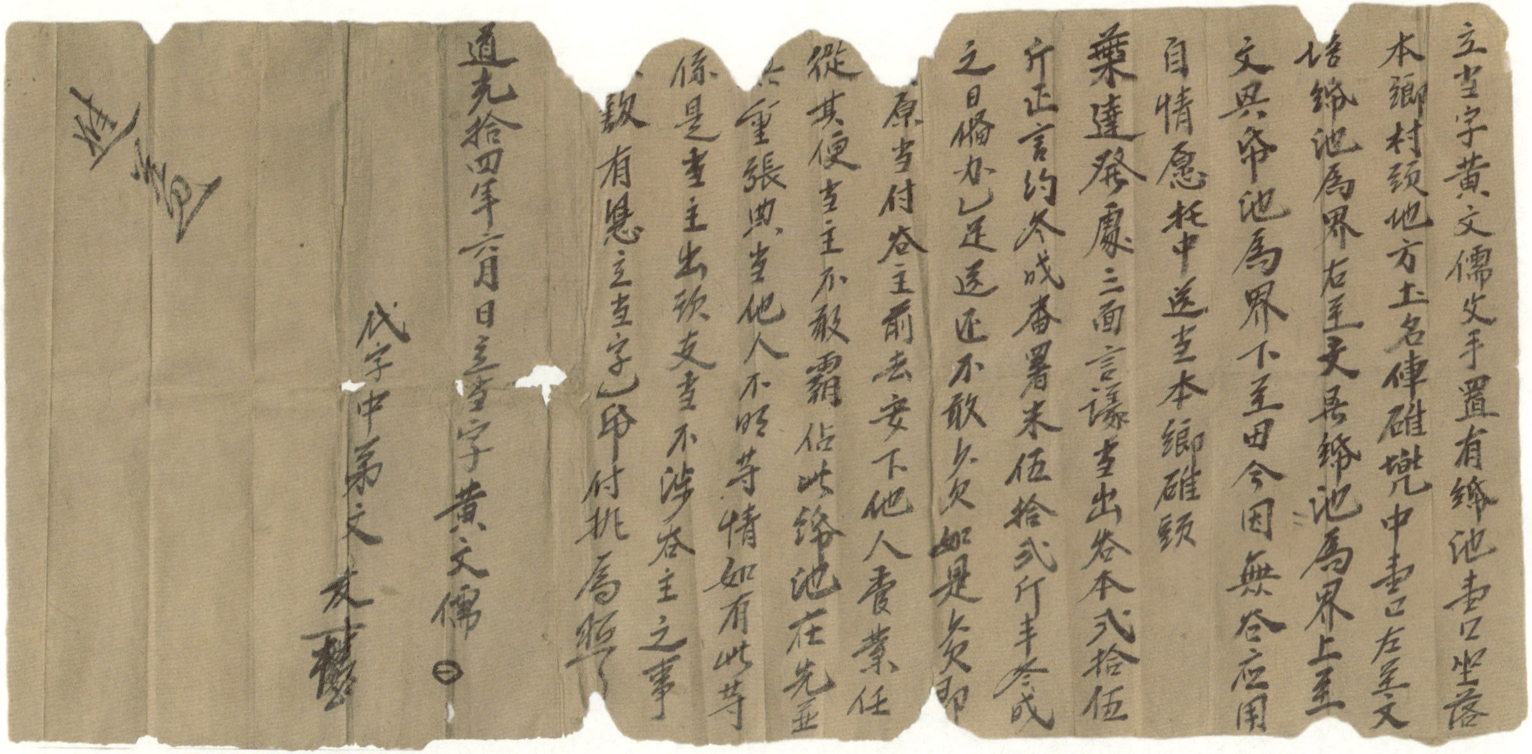
立當字黃文儒父手置有紙池壹口坐落
本鄉村頭地方土名俾碓墘中壹口左至文
倍紙池為界右至天長紙池為界上至
文興紙池為界下至田今因無谷應用
自情愿托中送當本鄉碓頭
藥達邊處三面言議當出谷本弍拾伍
斤正言約冬成番署米伍拾弍斤半冬成
之日備办足送还不敢欠少如是欠即
原當付谷主前去安下他人賣業任
從其便當主不敢霸佔此紙池在先並
無重張典當他人不明等情如有此等
係是當主出頭支當不涉谷主之事
欵有憑立當字已印付執為照
道光拾四年六月日立當字黃文儒 ⊙
代字中弟文友

3-1-13-2 清道光十四年六月黃文儒立當紙池字

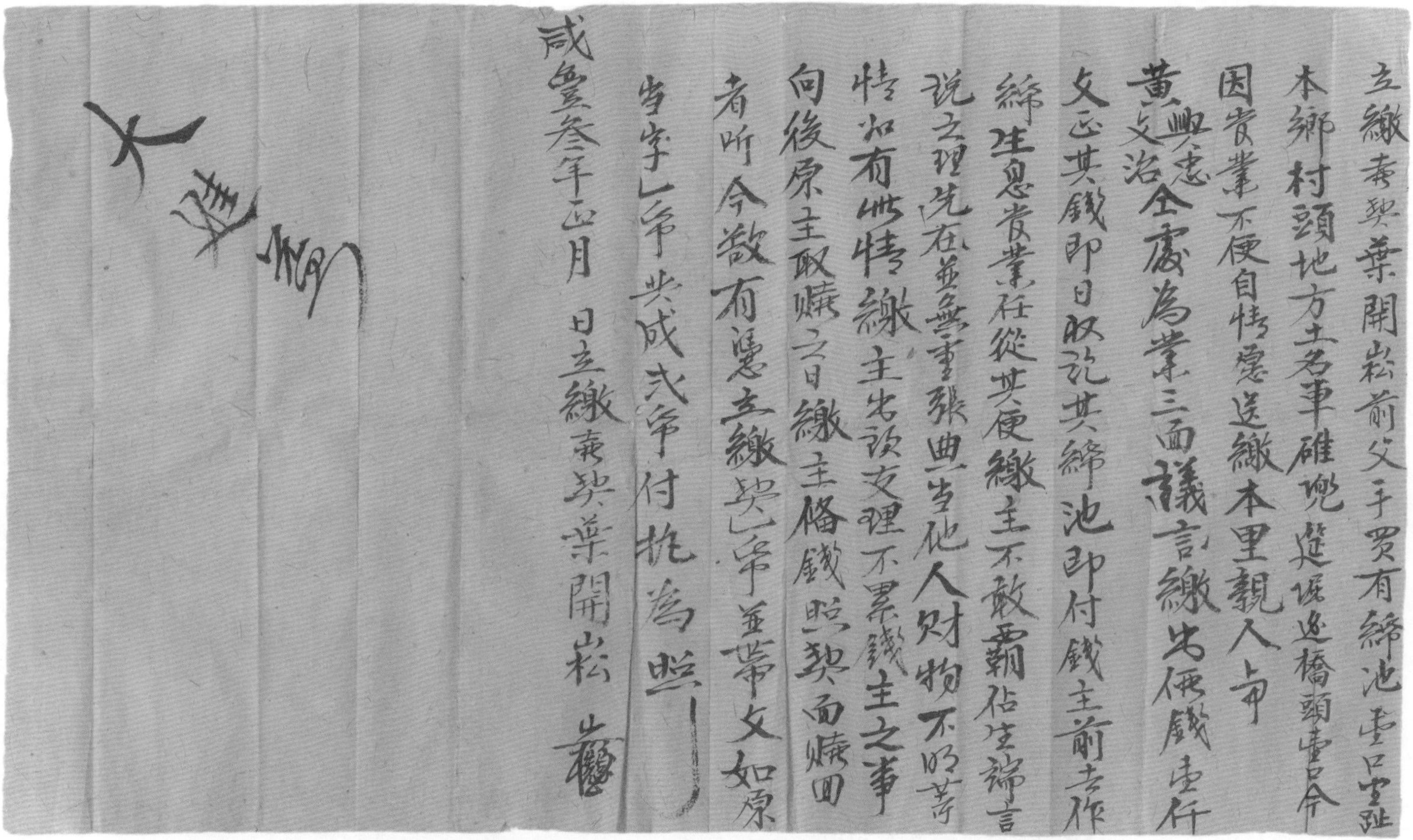
立繳賣契葉開崧，前父手買有紙池壹口，坐址
本鄉村頭地方，土名車碓兜，從送橋頭壹口全。
因貲業不便，自情愿送繳本里親人卜甫
黃興忠、文治，全處為業，三面議言，繳出價錢壹仟
文正，其錢即日收訖，其紙池即付錢主前去作
紙生息，貲業任從其便，繳主不敢霸佔生端言
說。立理先在，並無重張典當他人財物不明等
情，如有此情，繳主出頭支理，不累錢主之事。
向後原主取贖之日，繳主備錢照契面贖回。
者，所今欲有憑，立繳契一帋，並帯文如原
當字一帋，共成式帋，付執為照。
咸豐叁年正月　日立繳賣契葉開崧（押）
大發

3-1-13-3　清咸豐三年正月葉開崧立繳賣紙池契

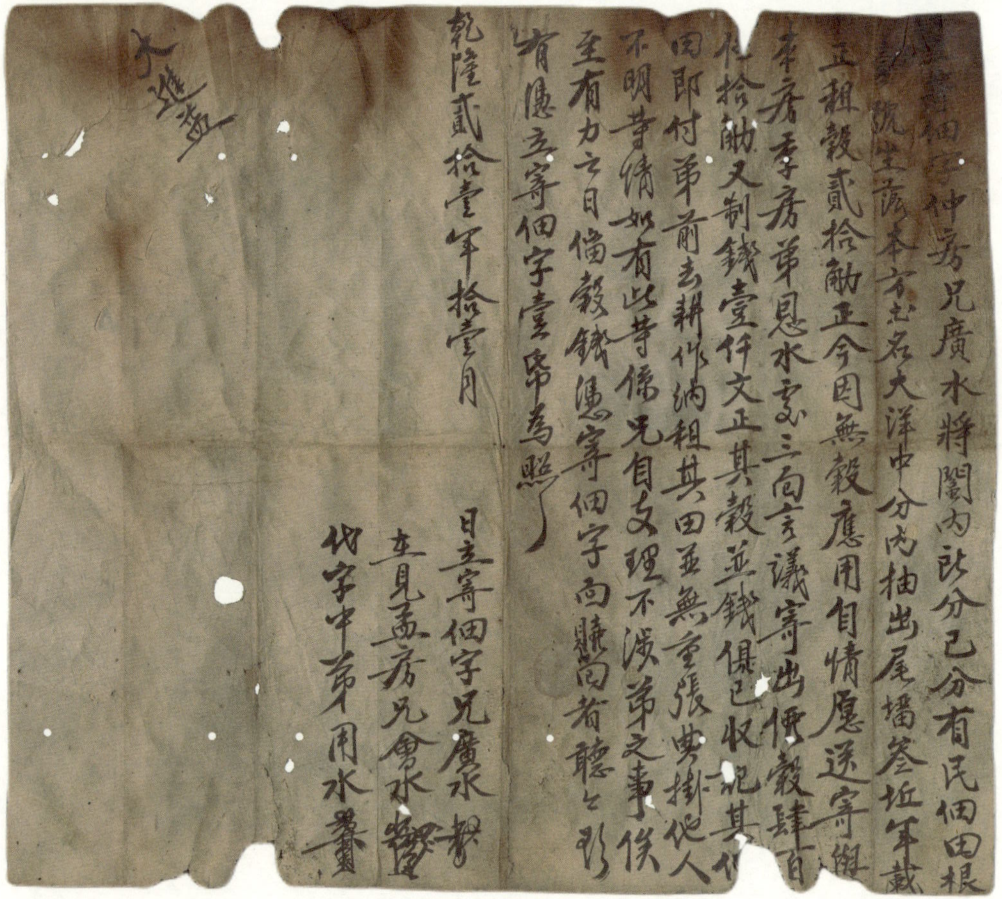

立寄佃字仲房兄廣水將鬮內所分已分有民佃田根
坐落土名本坊土名大洋中分內抽出尾壋叁坵年載
正租穀貳拾觔正今因無穀應用自情愿送寄與
本房季房弟恩水處三面言議寄出價穀肆百
伍拾觔又制錢壹仟文正其穀並錢俱已收訖其佃
田即付弟前去耕作納租其田並無重張典掛他人
不明等情如有此等係兄自支理不涉弟之事倘
至有力之日備穀錢憑寄佃字向贖者聽之
有憑立寄佃字壹紙為照
乾隆貳拾壹年拾壹月　日立寄佃字兄廣水
在見孟房兄會水
代字中弟周水
大進益

3-1-14-1　清乾隆二十一年十一月黃廣水立寄民佃田根字

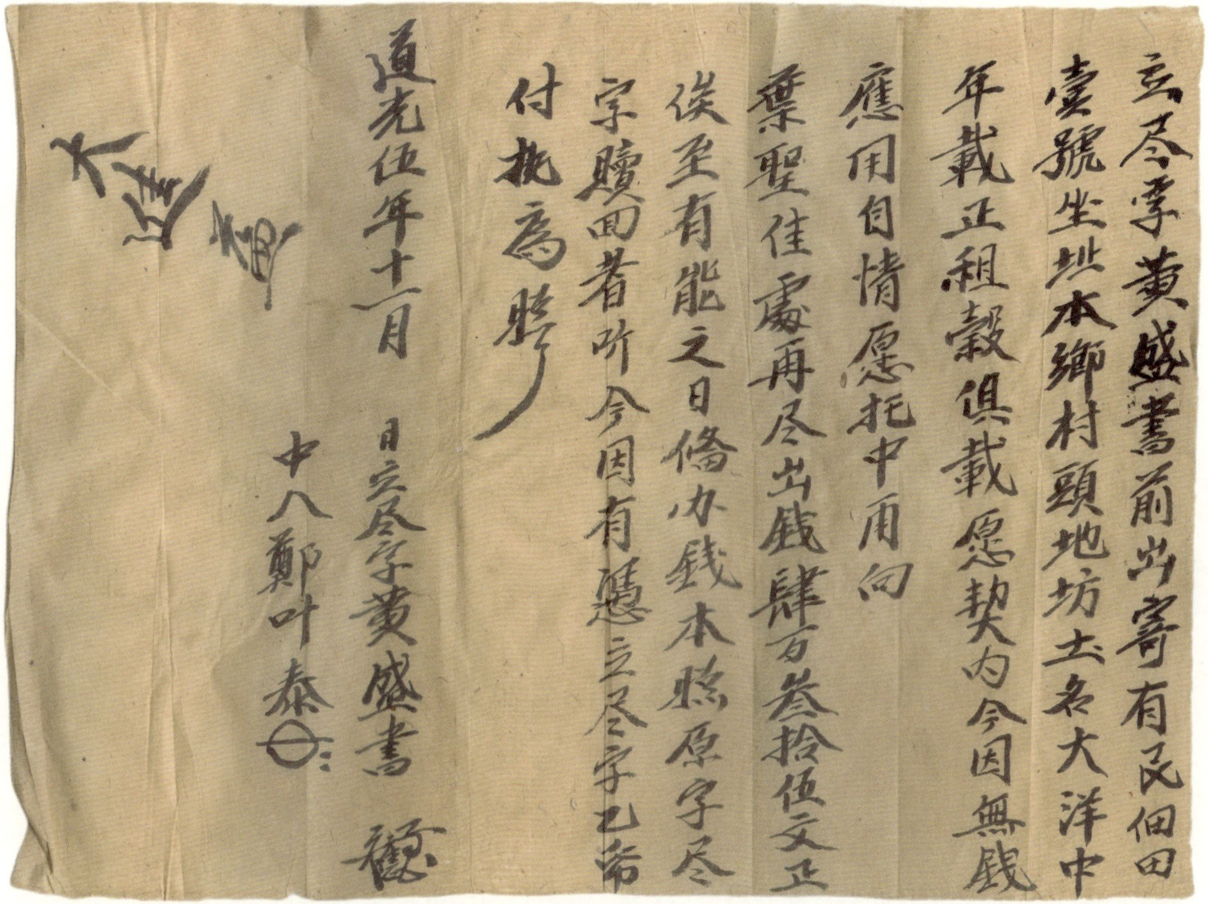

立盡字黃盛書前出寄有民佃田

壹號坐址本鄉村頭地坊土名大洋中

年載正租穀俱載原契内今因無錢

應用自情愿托中用向

葉聖佳處再盡出錢肆百叁拾伍文正

從至有能之日備办錢本照原字盡

字贖回者听今因有憑立盡字乙爲

付執爲照

道光伍年十一月　日立盡字黃盛書　號

中人鄭叶泰　○

大吉

3-1-14-2　清道光五年十一月黃盛書立盡民佃田字

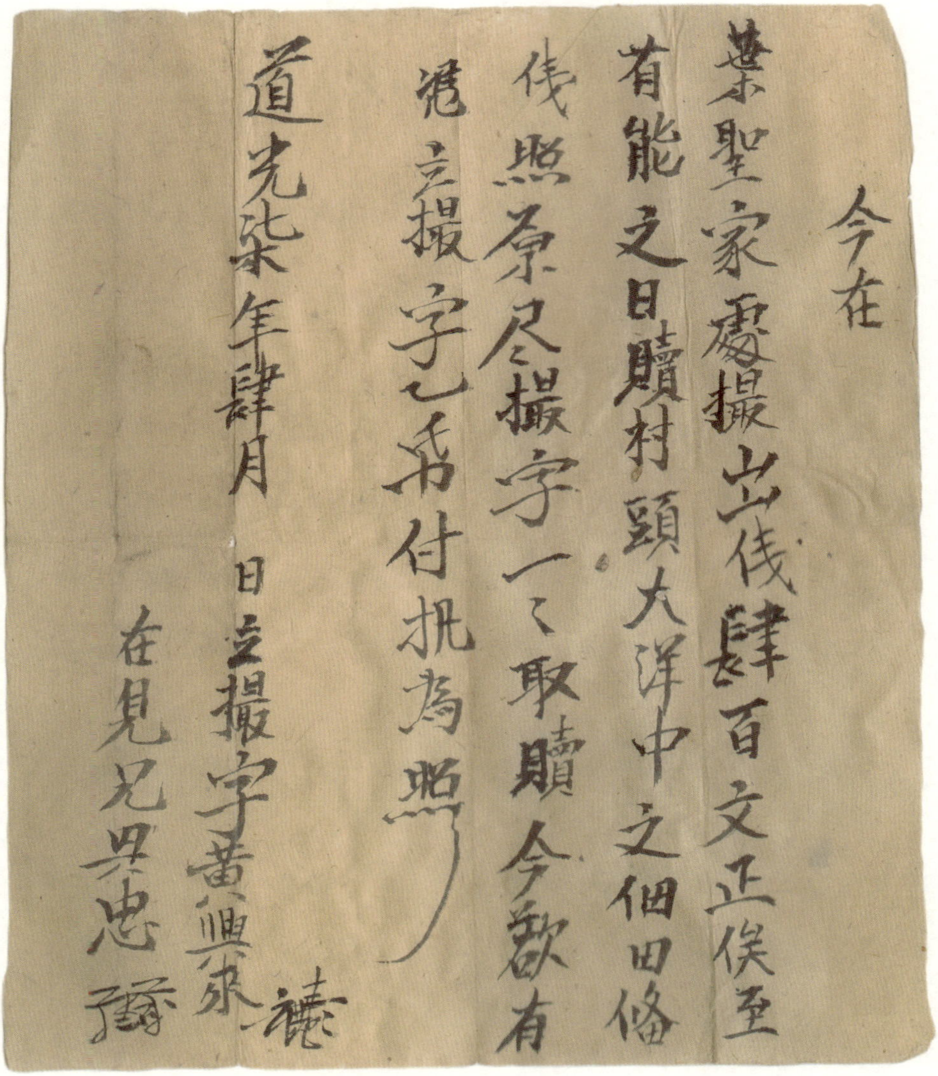

今在
葉聖家處撮出伕肆百文正係至
有能之日贖村頭大洋中之佃田偹
伕照原尽撮字一一取贖今欲有
憑立撮字乙紙付執為照
道光柒年肆月　日立撮字黃興來（押）
在見兄吳忠爵

3-1-14-3　清道光七年四月黃興來立撮字

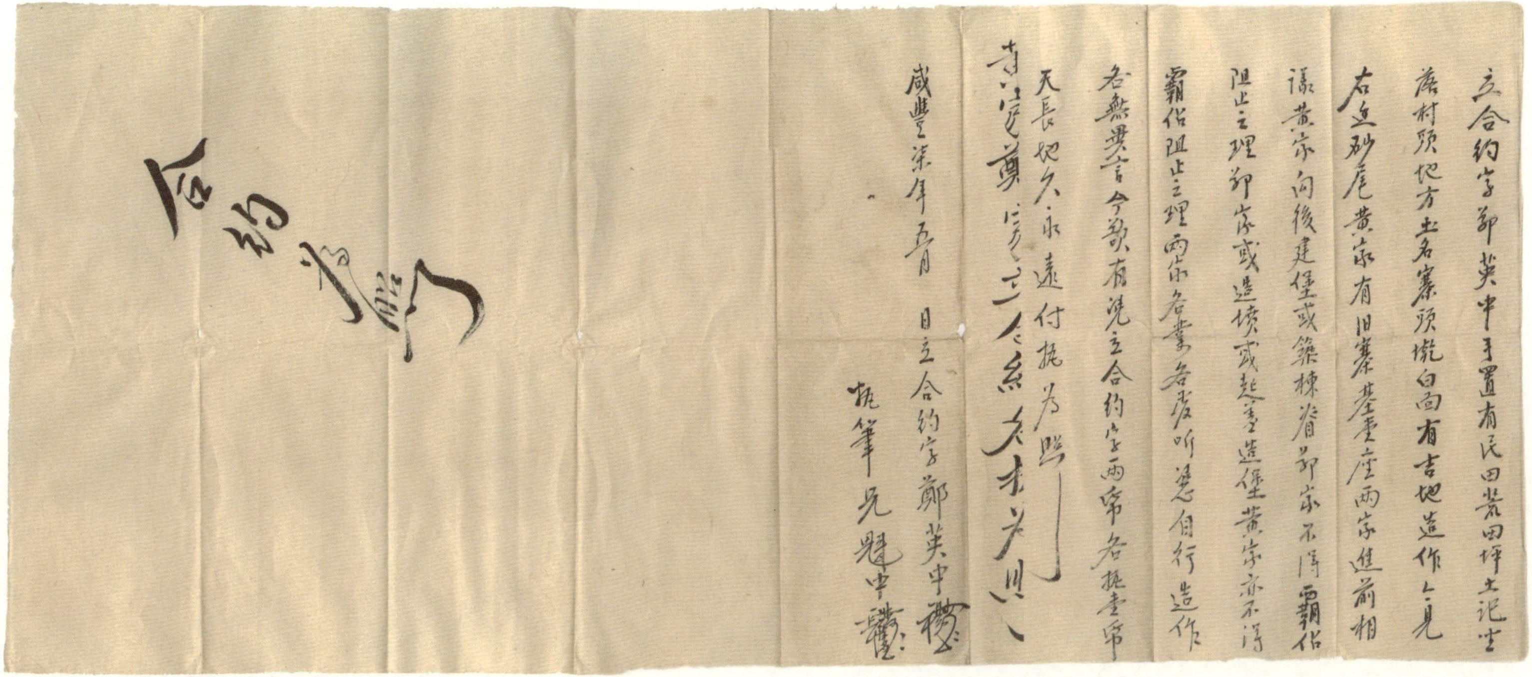
立合約字鄭英中，手置有民田，土名田坪土泥坐
落村頭地方，土名寨頭墘，白面有吉地造作，今見
右边砂尾黄宗有旧寨基壹座，兩家進前相
議，黄宗向後建厝或築棟脊，鄭宗不得霸佔
阻止之理；鄭宗或造墳或起蓋造厝，黄宗亦不得
霸佔阻止之理。兩家各業各管，听凭自行造作，
各無異言。今欲有憑，立合約字兩帋，各執壹帋，
天長地久，永遠付執為照。
[illegible]
咸豐柒年五月　日立合約字鄭英中（押）
代筆兄魁中（押）

3-1-15-1　清咸豐七年五月鄭英中立合約字

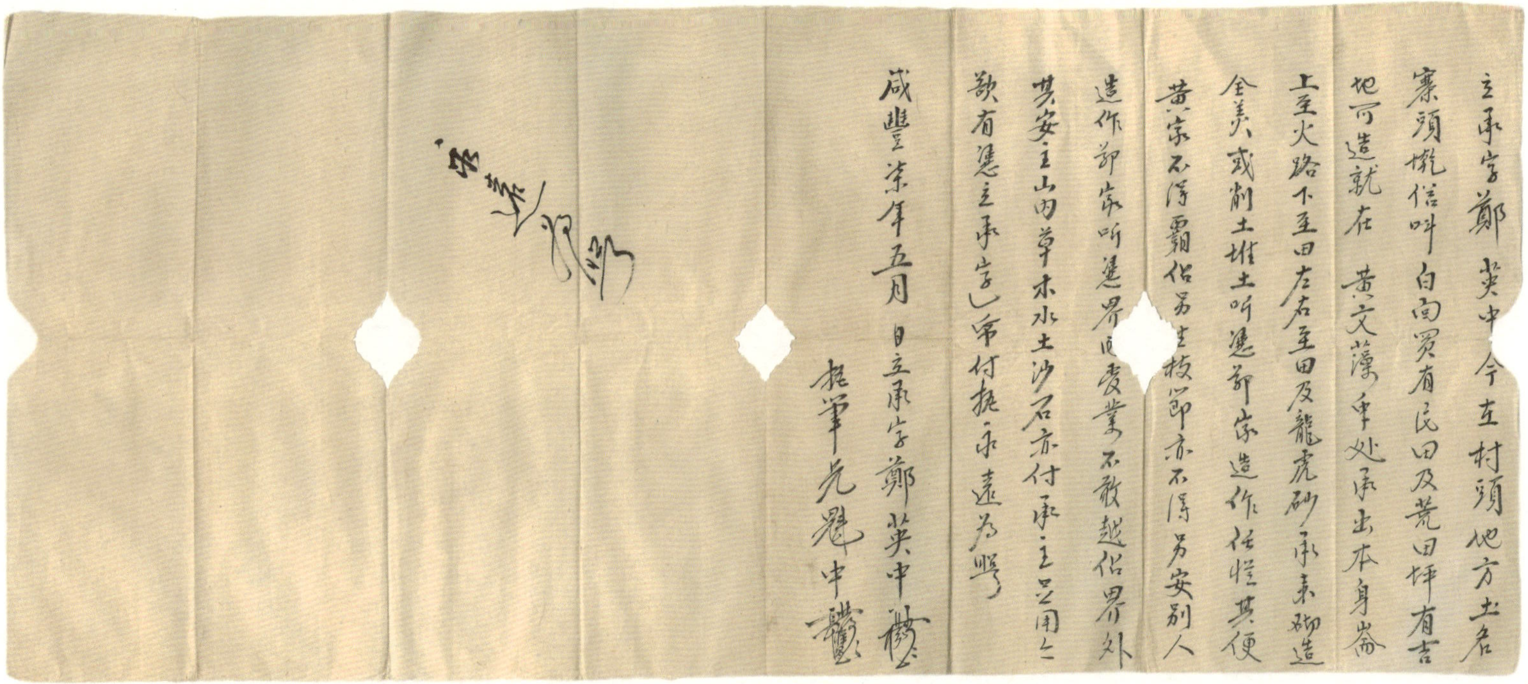
立承字鄭英中今在村頭地方土名
寨頭坑信坪白向買有民田及荒田坪有吉
地可造就在　黄文藻手处承出本身嵩
上至火路下至田左右至田及龍虎砂承來砌造
全美，或削土堆土听進鄭宗造作任從其便
黄宗不得霸佔另生枝節，亦不得另安別人
造作，鄭宗听進界內管業不敢越佔界外
其安葬之山內草木水土沙石亦付承葬之用，今
欲有憑，立承字一帋付執，永遠為照。
咸豐柒年五月　日立承字鄭英中（押）
執筆先魁中（押）

3-1-15-2　清咸豐七年五月鄭英中立承吉地字

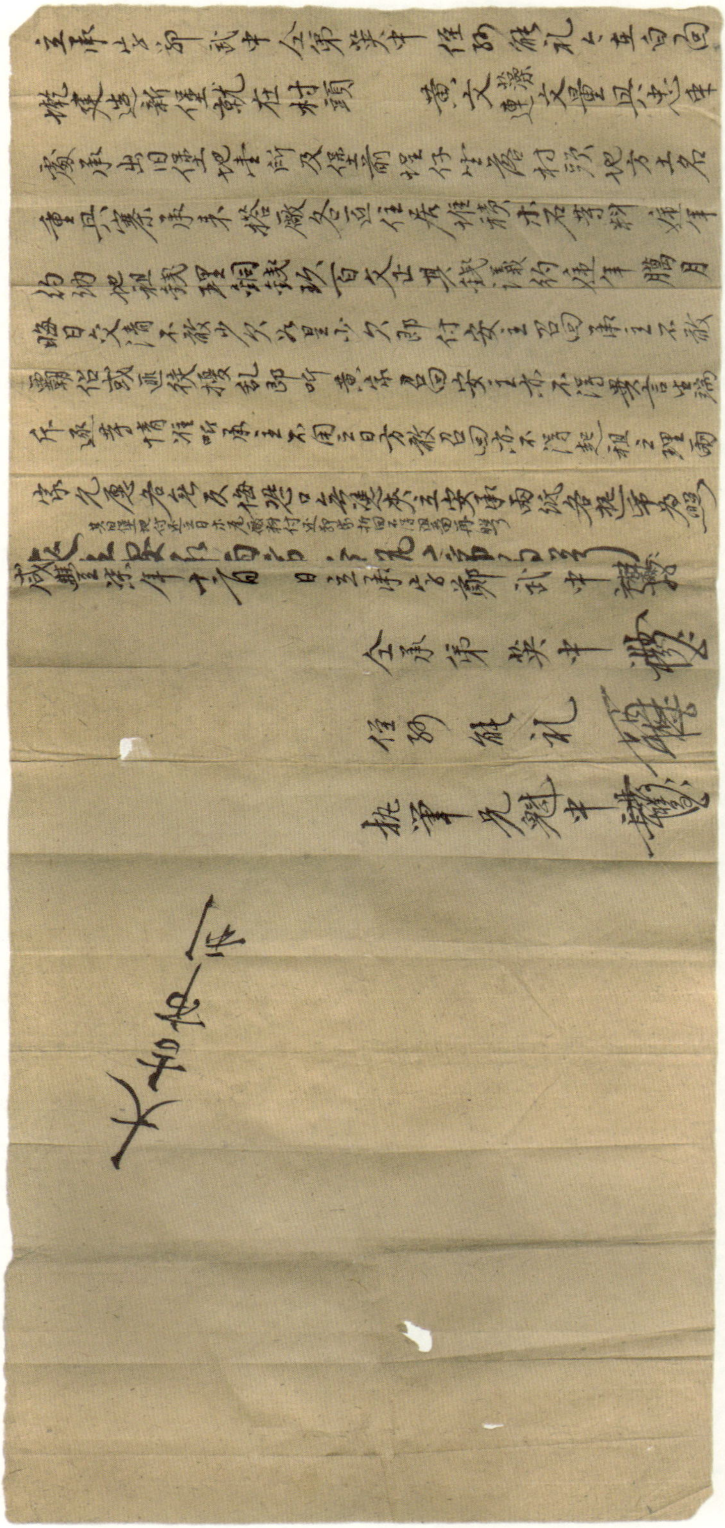

立承字鄭武中仝弟英中侄朔觧礼等在白面
墘建造新堡就在村頭 黃文藻、文連、文量、吳忠章
處承出旧堡地壹所及堡前埕仔坐落村頭地方土名
重興寨承來搭廠各逈住居堆積木石等料，逐年
約納地租錢理銅錢玖百文正，其錢議約逐年臘月
晦日交清，不敢少欠，如是少欠，即付安主召回，承主不敢
霸佔或逈徙擾乱，即听黃宗召回安主，亦不得異言生端
斥逐等情，准听承主不用之日方敢召回，亦不得起祖之理。兩
家允愿，各无反悔，恐口無憑，立安承兩紙，各執一紙為照。
其舊堡地付还主日，亦應燉料付还鄭家折回，不得阻當，再照。
咸豐柒年十二月 日立承字鄭武中
仝承弟英中
侄朔觧礼
執筆兄魁中

3-1-15-3 清咸豐七年十二月鄭武中等立承舊堡地等字

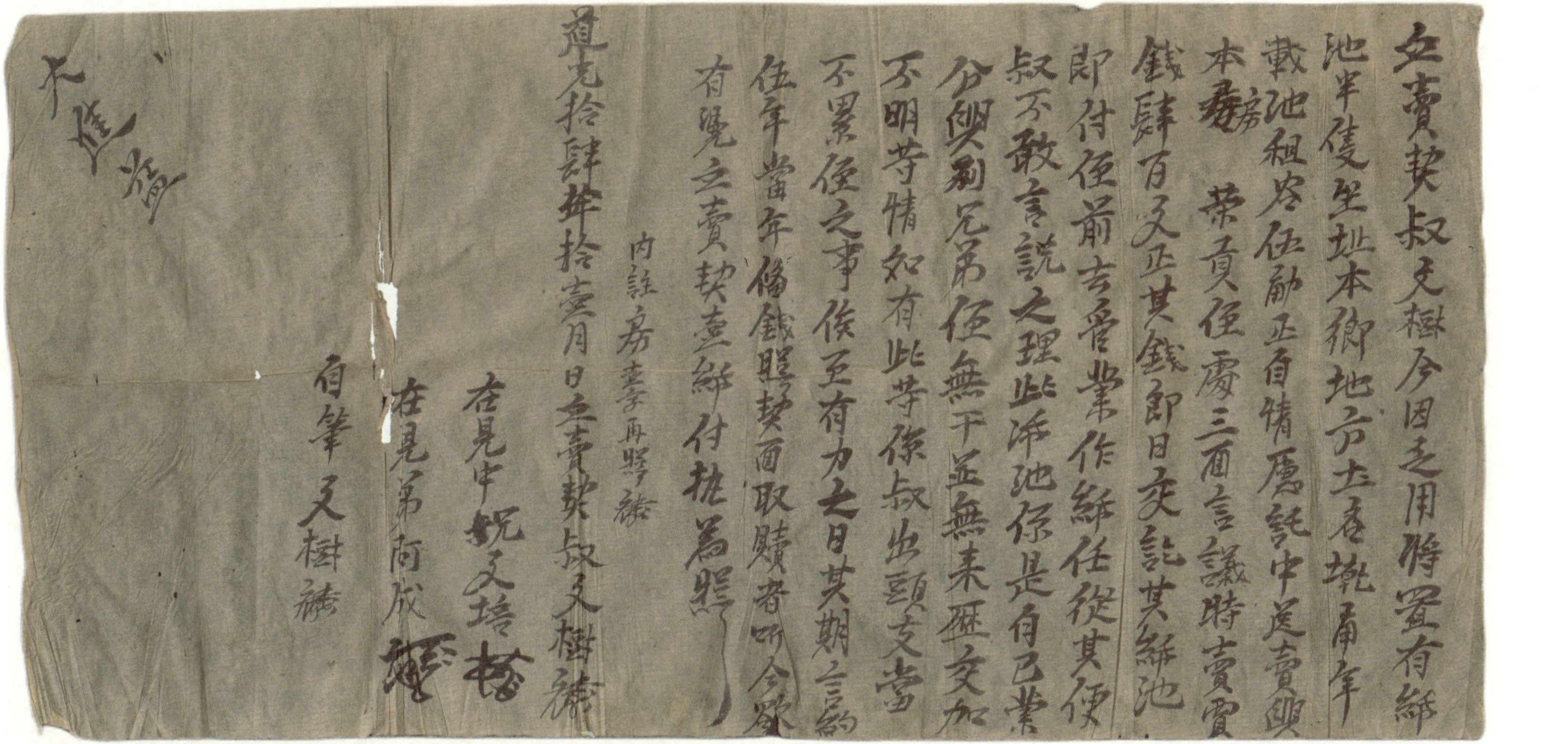
立賣契叔文樹今因乏用將置有紙
池半隻坐址本鄉地方土名坑角年
載池租谷伍斛正自情愿託中送賣與
本房荣貴侄處三面言議時價實
錢肆百文正其錢即日交訖其紙池
即付侄前去管業作紙任從其便
叔不敢言說之理此係池係是自己業
分與别兄弟侄無干並無來歷交加
不明等情如有此等係叔出頭支當
不累侄之事候至有力之日其期言約
伍年當年備錢照契面取贖者听今欲
有憑立賣契壹紙付執爲照
內註房壹字再照據
道光拾肆年拾壹月日立賣契叔文樹據
在見中姪文培（押）
在見弟两成（押）
自筆文樹據
大住道

3-1-16-1　清道光十四年十一月黃文樹立賣紙池契

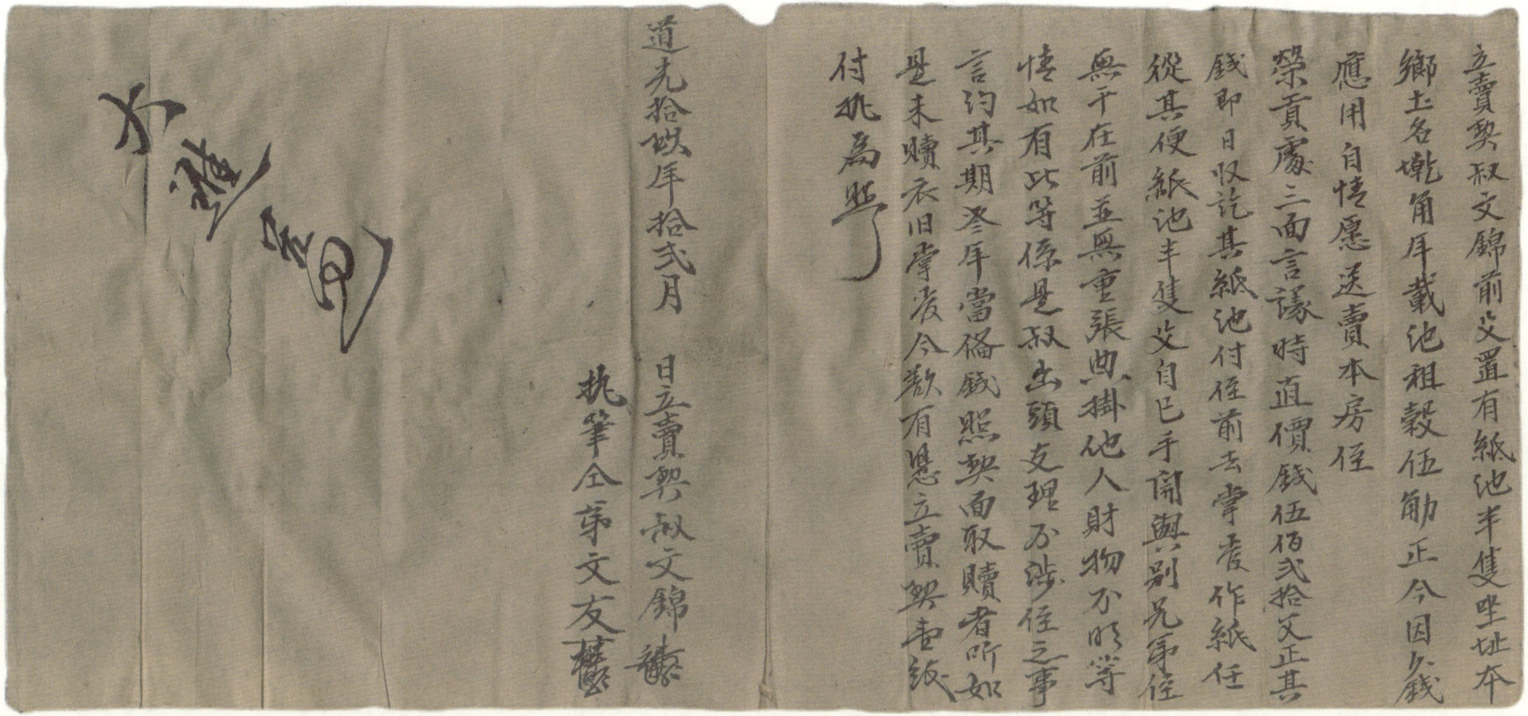
立賣契叔文錦前文置有紙池半隻坐址本
鄉土名蝕角厝載池租穀伍觔正今因乏錢
應用自情愿送賣本房侄
榮貢處三面言議時值價錢伍佰弍拾文正其
錢即日收訖其紙池付侄前去掌管作紙任
從其便紙池半隻文自己手闔與別兄弟侄
無干在前並無重張典掛他人財物不明等
情如有此等係是叔出頭支理不涉侄之事
言約其期叁年當備錢照契面取贖者听如
是未贖衣旧掌管今欲有憑立賣契壹紙
付執為照

道光拾玖年拾弍月　日立賣契叔文錦（押）
執筆仝弟文友（押）

3-1-16-2　清道光十九年十二月黃文錦立賣紙池契

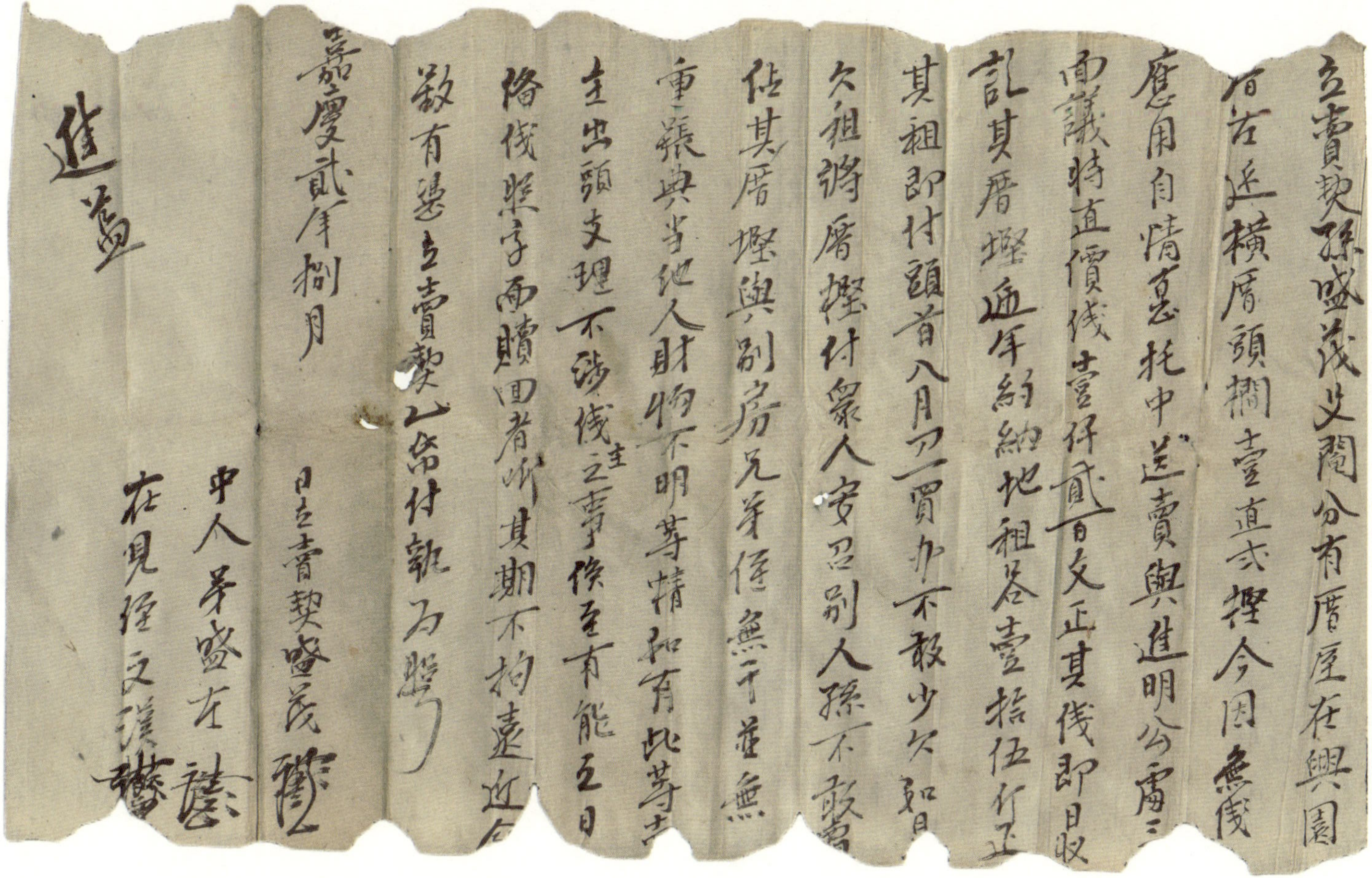

3-1-17-1　清嘉慶二年八月黄盛茂立賣厝屋契

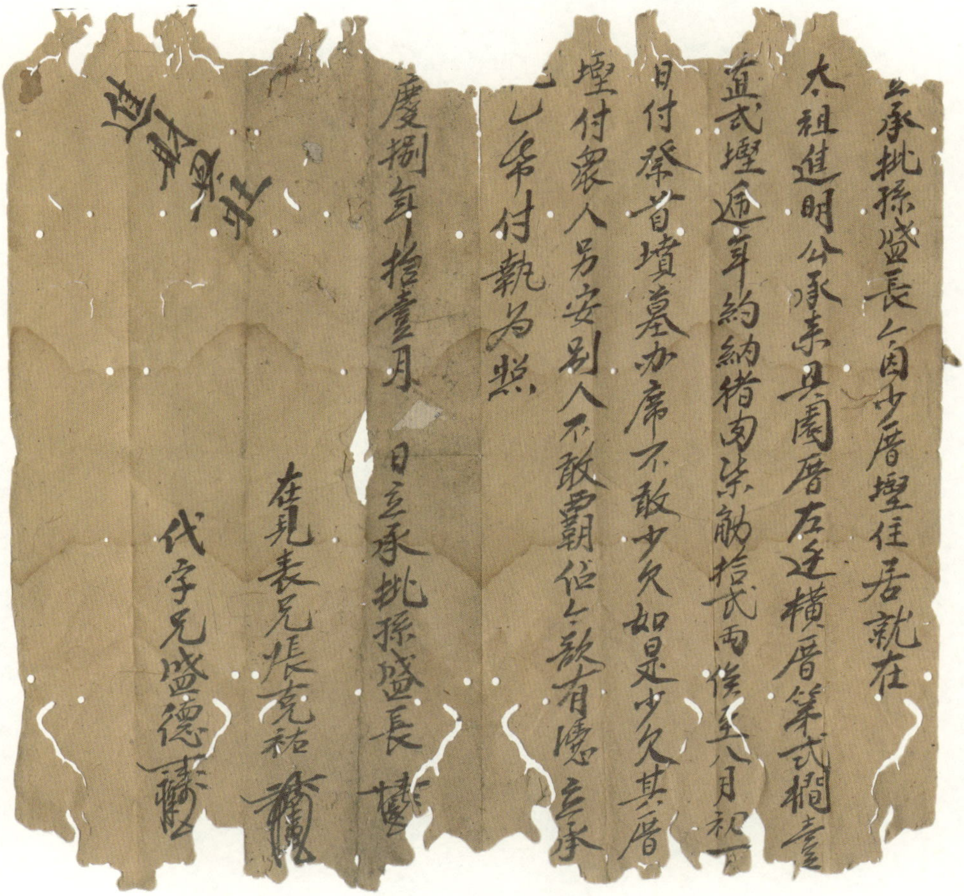

立承批孫盛長今因少厝壢住居就在
太祖進明公承來其園厝右邊橫厝第弍榈壹
直弍壢過年約納稓內柒觔拾弍兩係至八月初一
日付孫首墳墓办席不敢少欠如是少欠其厝
壢付衆人另安別人不敢覇佔今欲有憑立承
批一帋付執為照
嘉慶捌年拾壹月　日立承批孫盛長（押）
在見表兄張克祐（押）
代字兄盛德（押）
進財興旺

3-1-17-2　清嘉慶八年十一月黄盛長立承批厝壢字

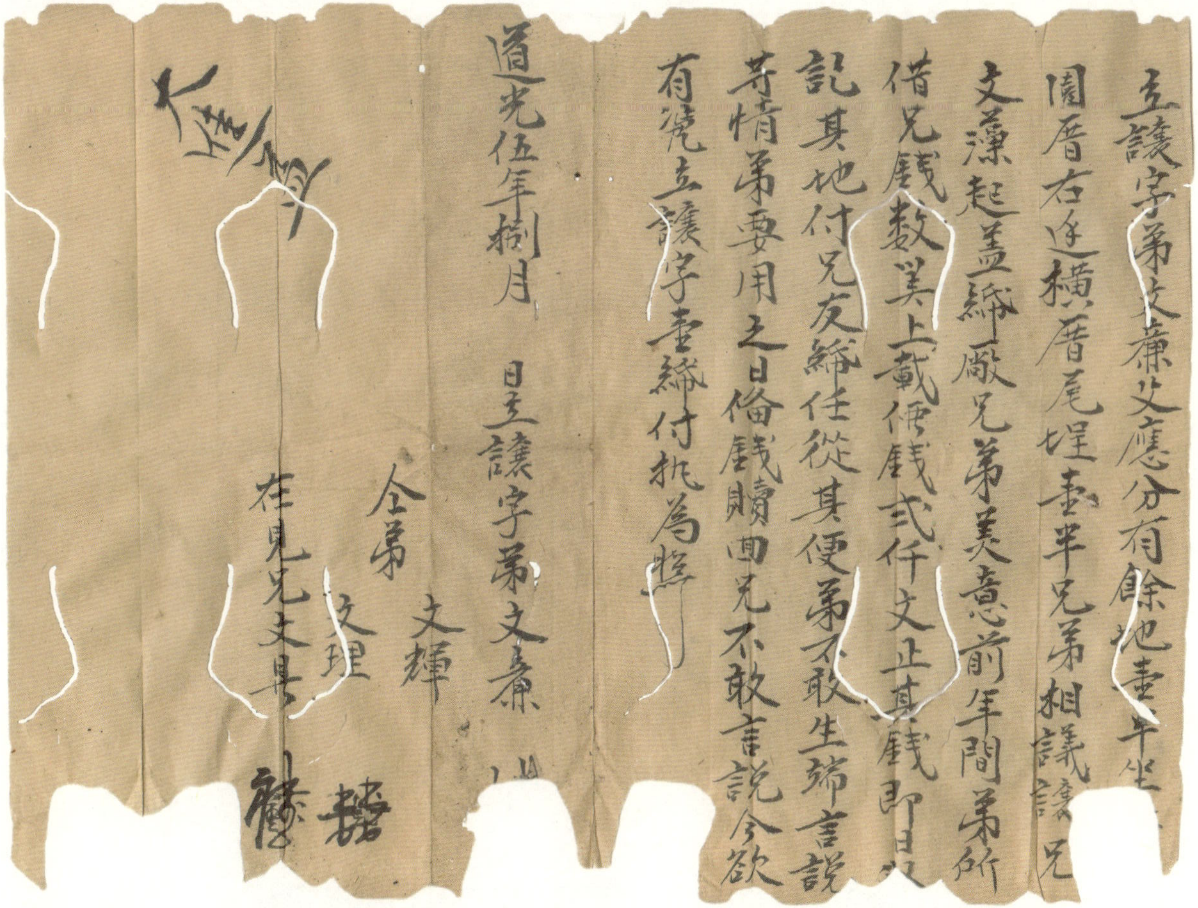
立讓字弟文廉、文應，分有餘地壹半坐
園厝右边横厝尾埕壹半，兄弟相議，讓兄
文藻起盖締厰，兄弟美意，前年間弟所
借兄錢數美上載，佛錢弍仟文，止其錢即日收
訖，其地付兄友締，任從其便，弟不敢生端言說
苛情，弟要用之日，倫錢贖回，兄不敢言說，今欲
有憑，立讓字壹紙付执為照。
道光伍年捌月　日立讓字弟文廉
文輝
仝弟 文理
在見兄文具

3-1-17-3　清道光五年八月黄文廉等立讓厝地字

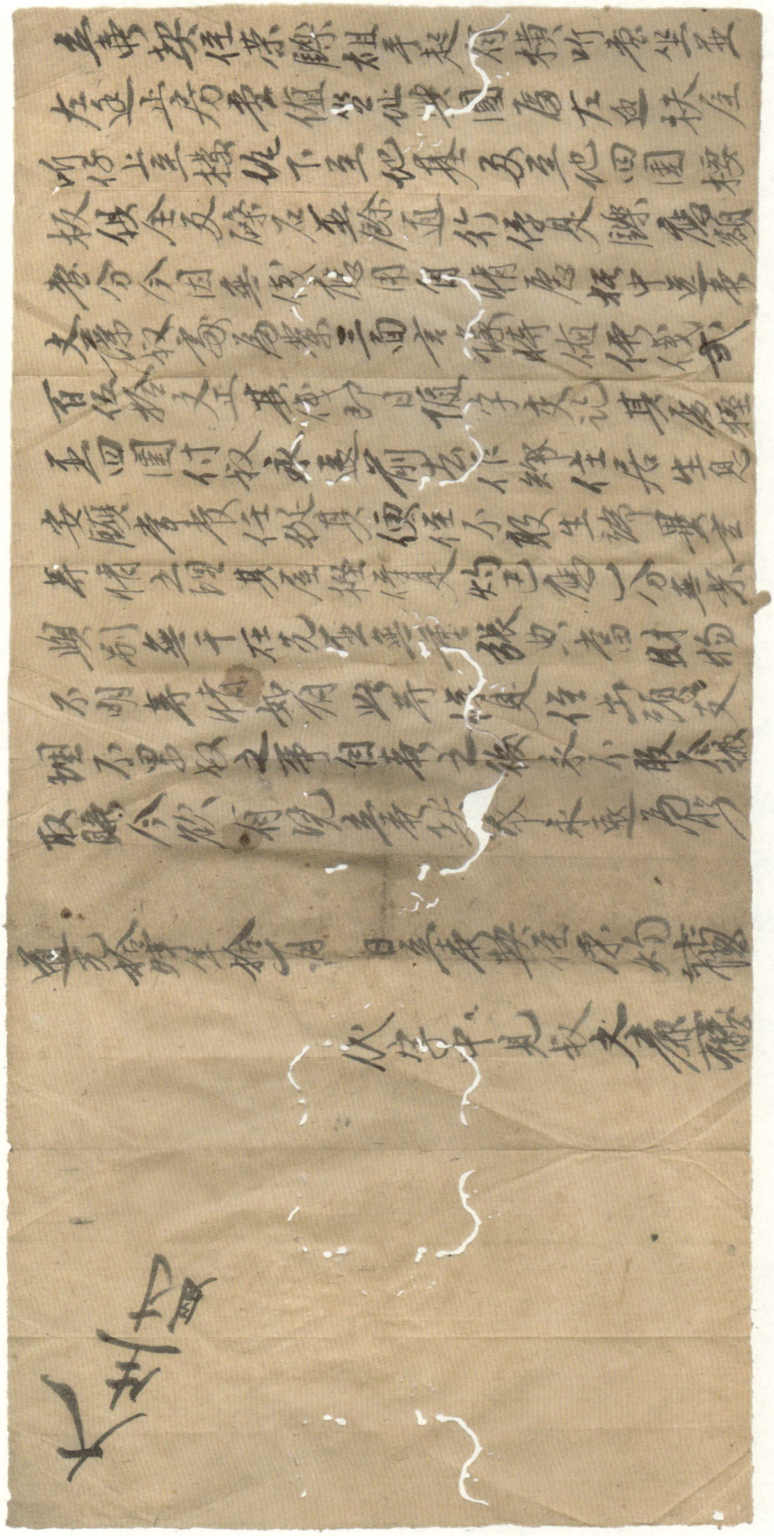

3-1-17-4　清道光十四年十一月黃荣鑠立賣横廳契

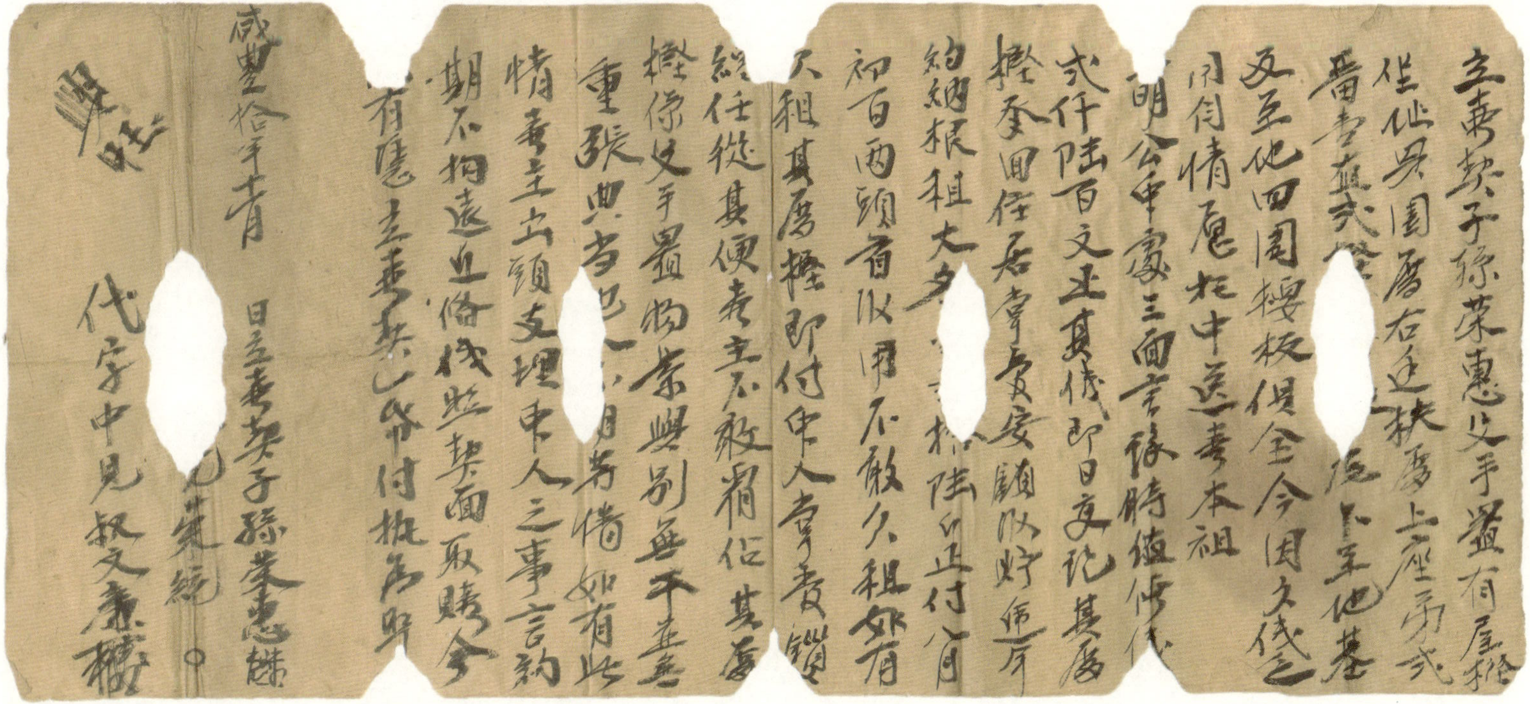

3-1-17-5　清咸豐十三年十一月黃荣惠立賣屋樫契

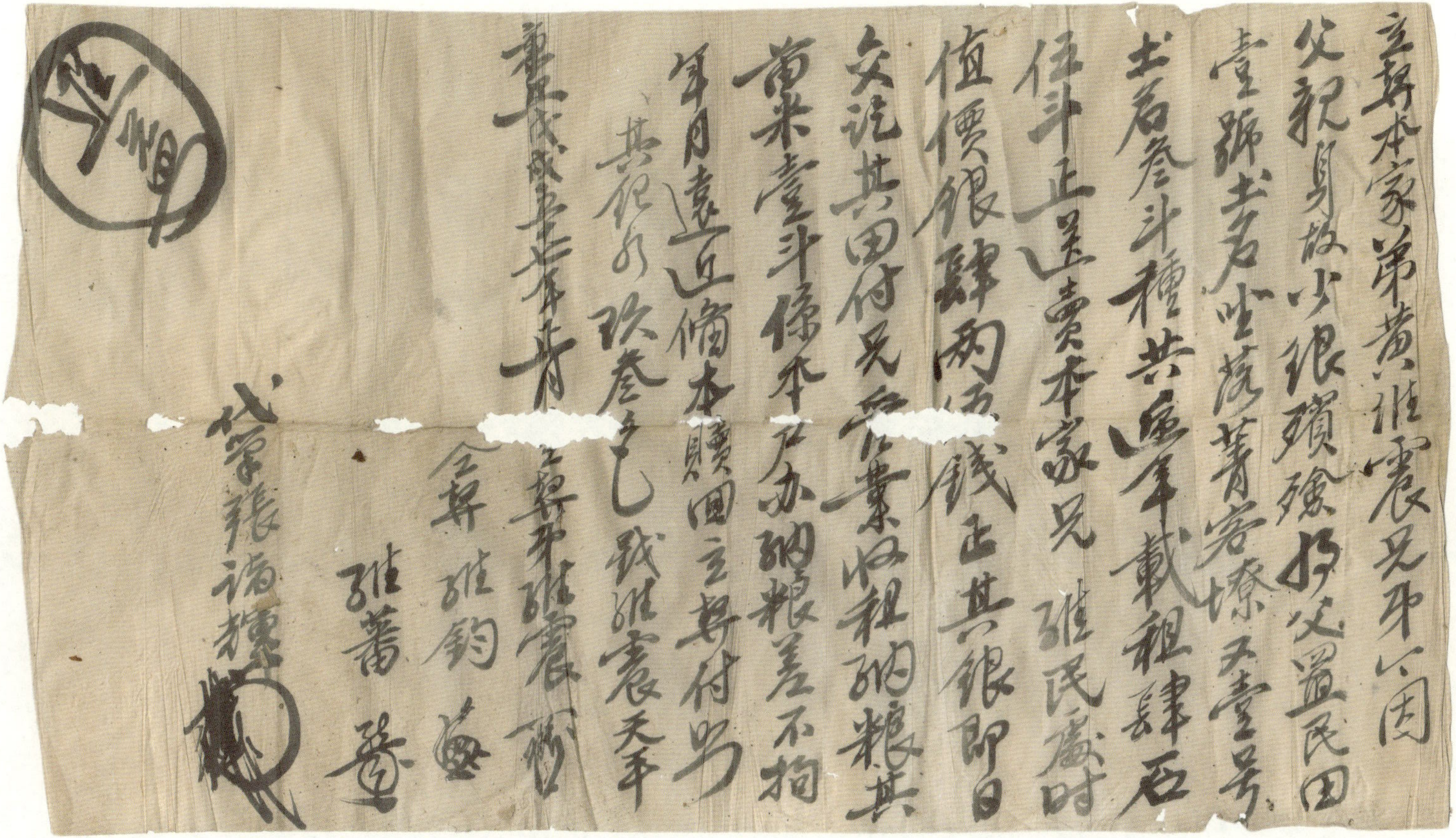
立賣本家弟黃維震兄弟仝因
父親身故，少銀殯殮，將父置民田
壹號，土名坐落青窖墘，又壹号
土名叁斗種，共產年載租肆石
伍斗正，送賣本家兄維民處，時
值價銀肆兩伍錢正，其銀即日
交訖，其田付兄管業收租納糧，其
糧米壹斗係本户办納，糧差不拘
年月遠近，備本贖回，立契付照。
其銀係玖叁色乙戥，維震天平
康熙伍拾柒年正月 日 立賣契弟 維震（押）
仝弟 維鈞（押）
維蕃（押）
代筆 張禧揚（押）

3-1-18-1 清康熙五十七年正月黃维震等立賣民田契

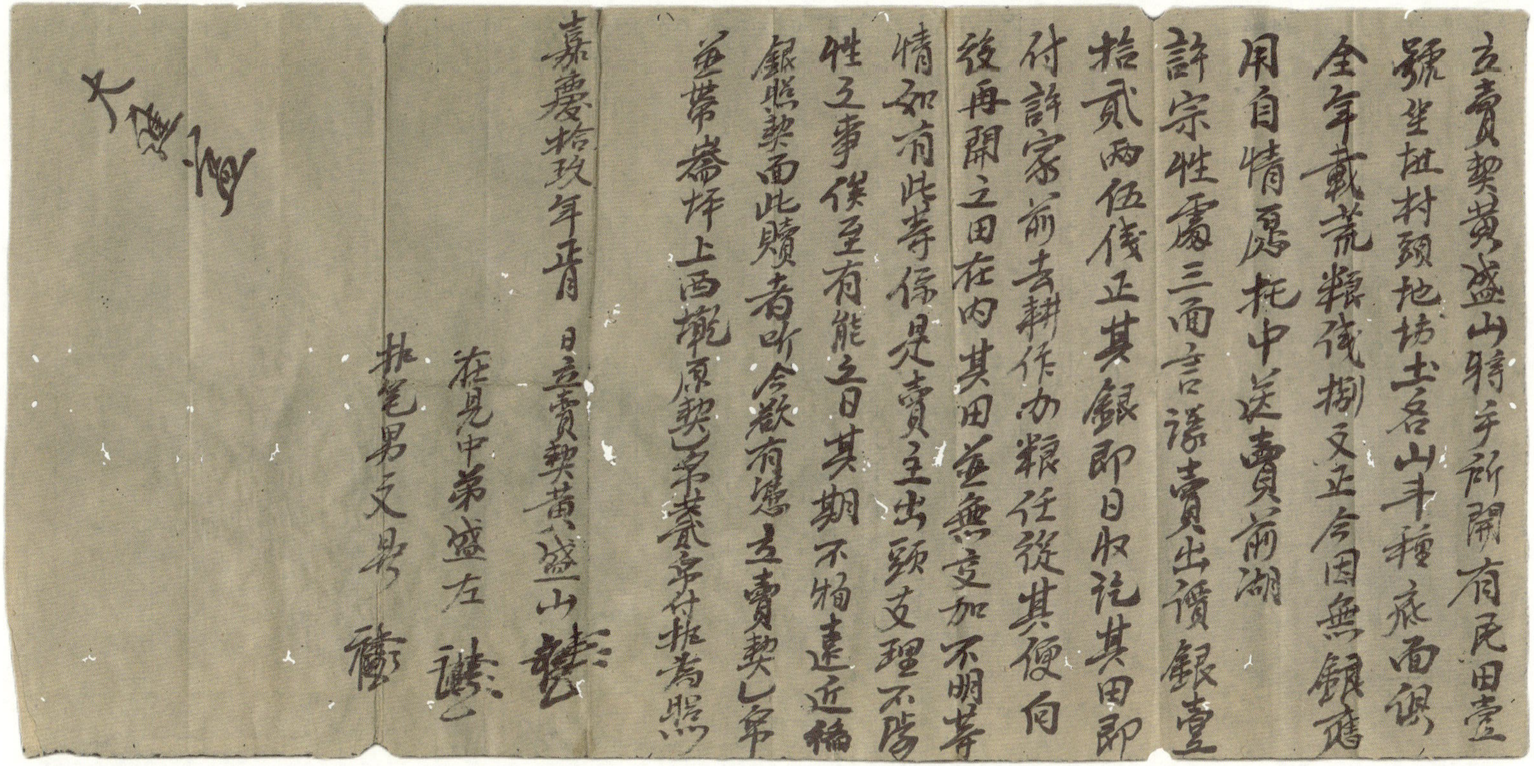
立賣契黃盛山將手所開有民田壹
號坐址村頭地坊土名山半種底面與
全年載荒粮錢捌文正今因無銀應
用自情愿托中送賣前湖
許宗性處三面言議賣出價銀壹
拾貳兩伍錢正其銀即日收訖其田即
付許家前去耕作办粮任從其便向
後再開之田在内其田並無支加不明等
情如有此等係是賣主出頭支理不陟
姓之事俟至有能之日其期不拘遠近備
銀照契面此贖者听令歡有憑立賣契一帋
並帶崙坪上西𡎴原契一帋共貳帋付執為照
嘉慶拾玖年正月　日立賣契黃盛山
在見中弟盛左
執筆男文昌

3-1-18-2　清嘉慶十九年正月黃盛山立賣民田契

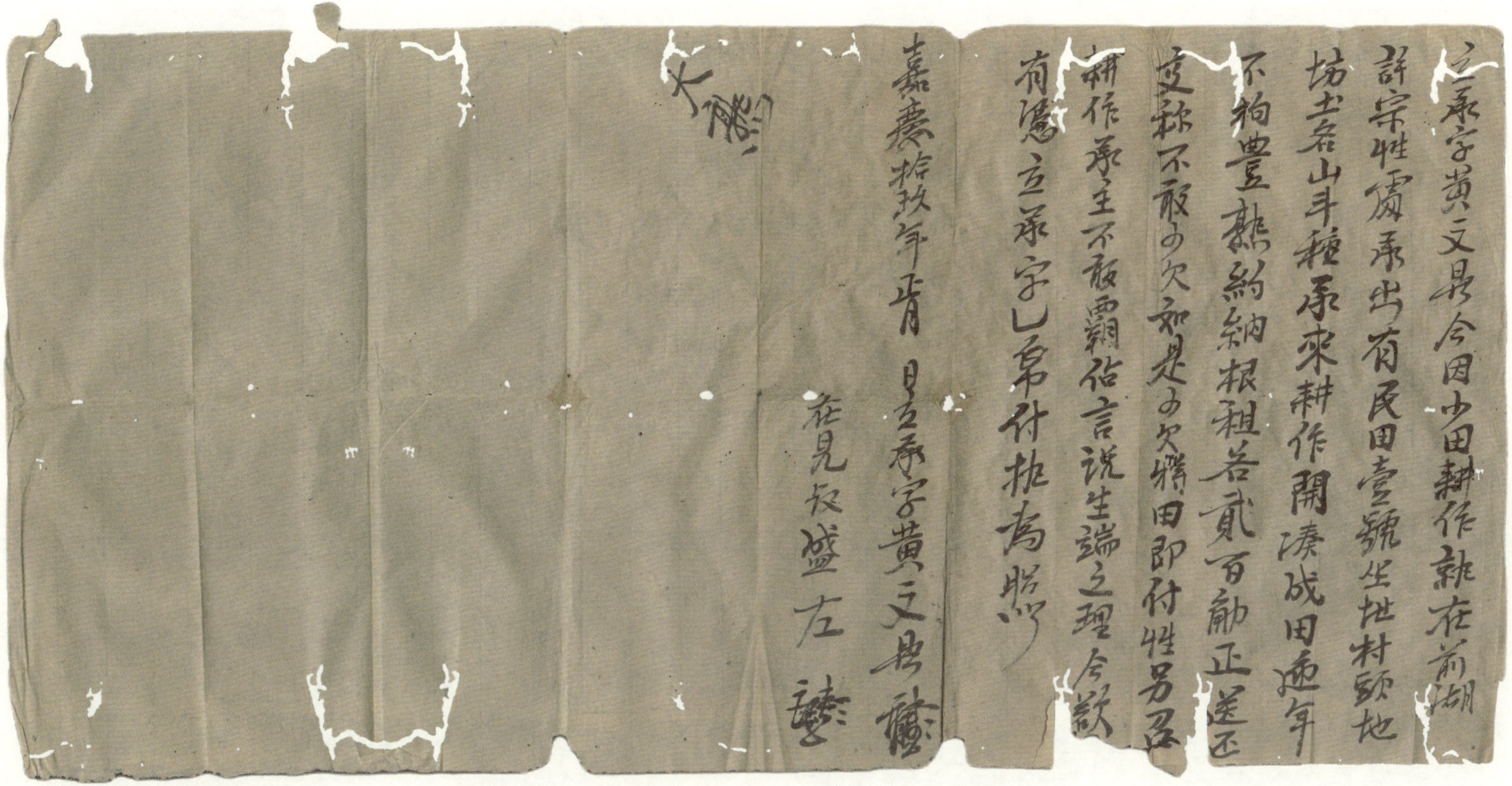
立承字黄文鼎，今因少田耕作，就在前湖
許宗性處承出有民田壹號，坐址村頭地
坊，土名山斗，種子來耕作開湊成田，遞年
不拘豐歉，約納根租谷貳百觔正，送至
交秤，不敢少欠。如是少欠，將田即付性另召
耕作，承主不敢霸佔，言說生端之理。今欲
有憑，立承字乙帋付執為照。
嘉慶拾玖年正月　日立承字黄文鼎（押）
在見叔盛左（押）
大發

3-1-18-3　清嘉慶十九年正月黄文鼎立承民田字

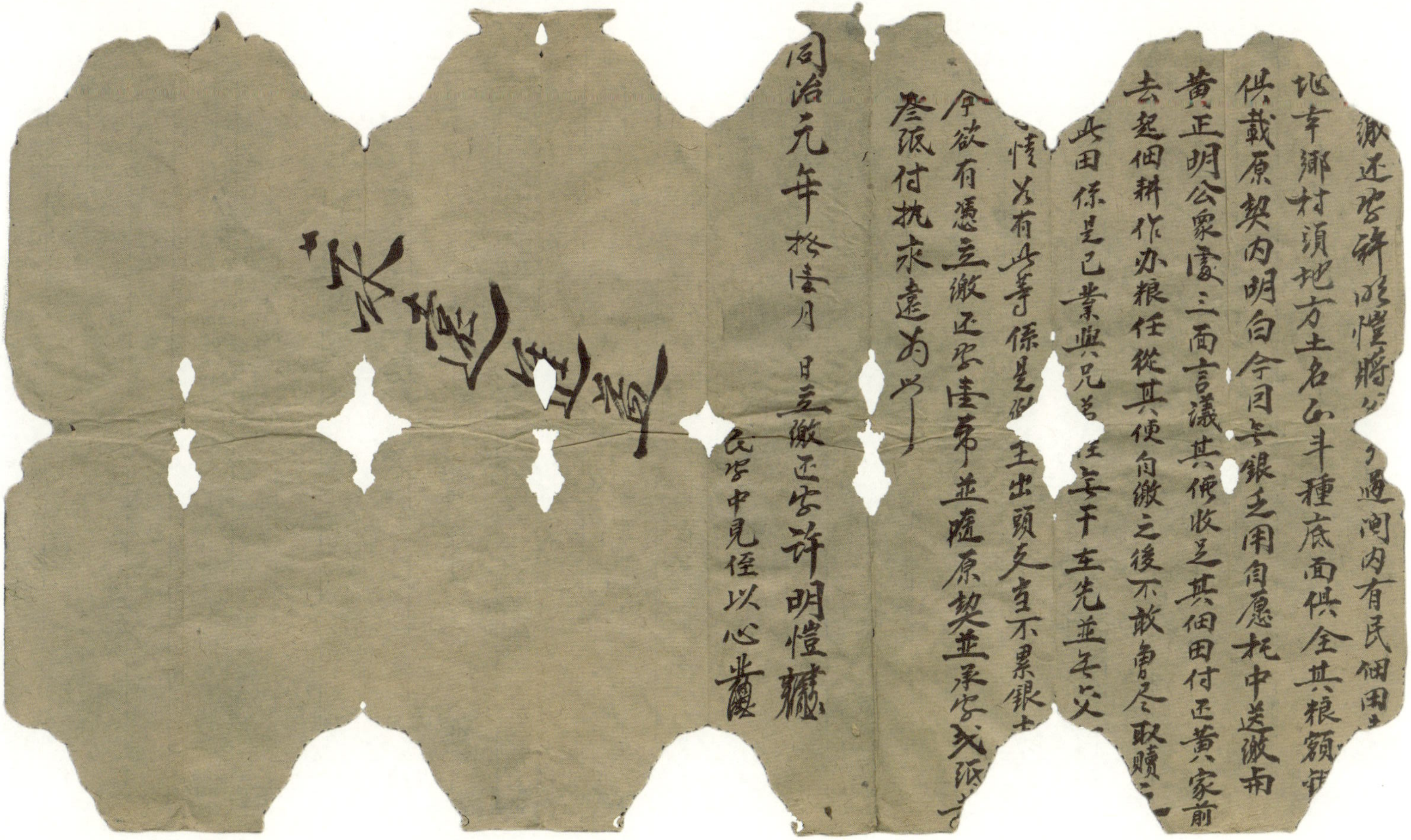
立繳還字許明愷將父[illegible]遺闕內有民佃田壹
坵，本鄉村頭地方，土名山斗種底面，供全其糧額每
供載原契內明白。今因乏銀應用，自愿托中送繳南
黃正明公衆處，三面言議，其價收足。其佃田付還黃家前
去起佃耕作，办粮任從其便。自繳之後，不敢[illegible]取贖之
此田係是己業，與兄弟侄無干，在先並無文[illegible]
情。如有此等，係是繳主出頭支當，不累銀主[illegible]
今欲有憑，立繳還字壹帋，並繳原契並承字[illegible]
叁紙，付執永遠為照。
同治元年拾壹月　日立繳還字許明愷（押）
民字中見侄以心（押）

3-1-18-4　清同治元年十一月許明愷立繳還民佃田契

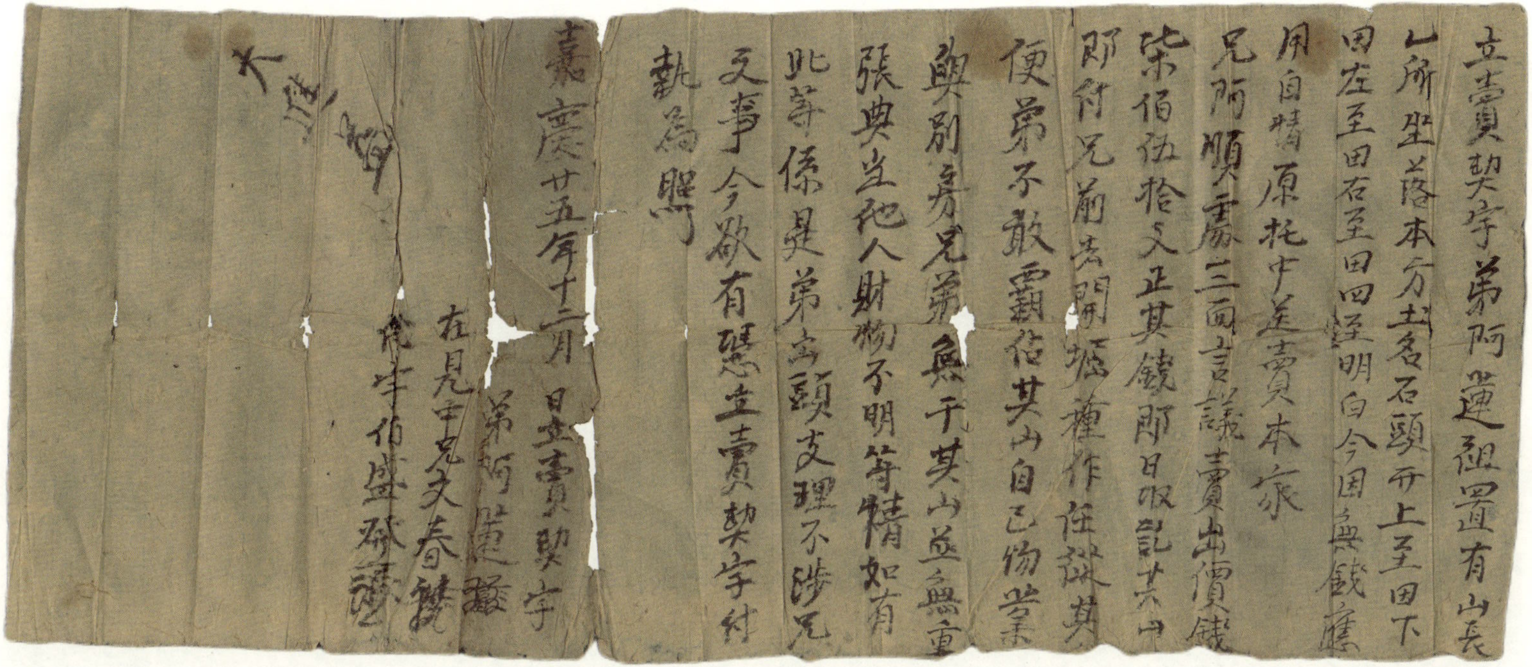
立賣契字弟阿蓮，祖置有山長
山所，坐落本方土名石頭亓上，至田下
田，左至田，右至田，四至明白。今因無錢應
用，自情原托中送賣本家
兄阿順處，三面言議賣出價錢
紋佰伍拾文正，其錢即日收訖，其山
即付兄前去開墾種作，任從其
便，弟不敢霸佔，其山自己物業，
與別房兄弟無干，其山並無重
張典當他人財物不明等情，如有
此等，係是弟出頭支理，不涉兄
之事。今欲有憑，立賣契字付
執爲照。
嘉慶廿五年十二月　日立賣契字　弟阿蓮
在見中兄文春
代字伯盛
大吉

3-1-19-1　清嘉慶二十五年十二月黄阿蓮立賣山場契

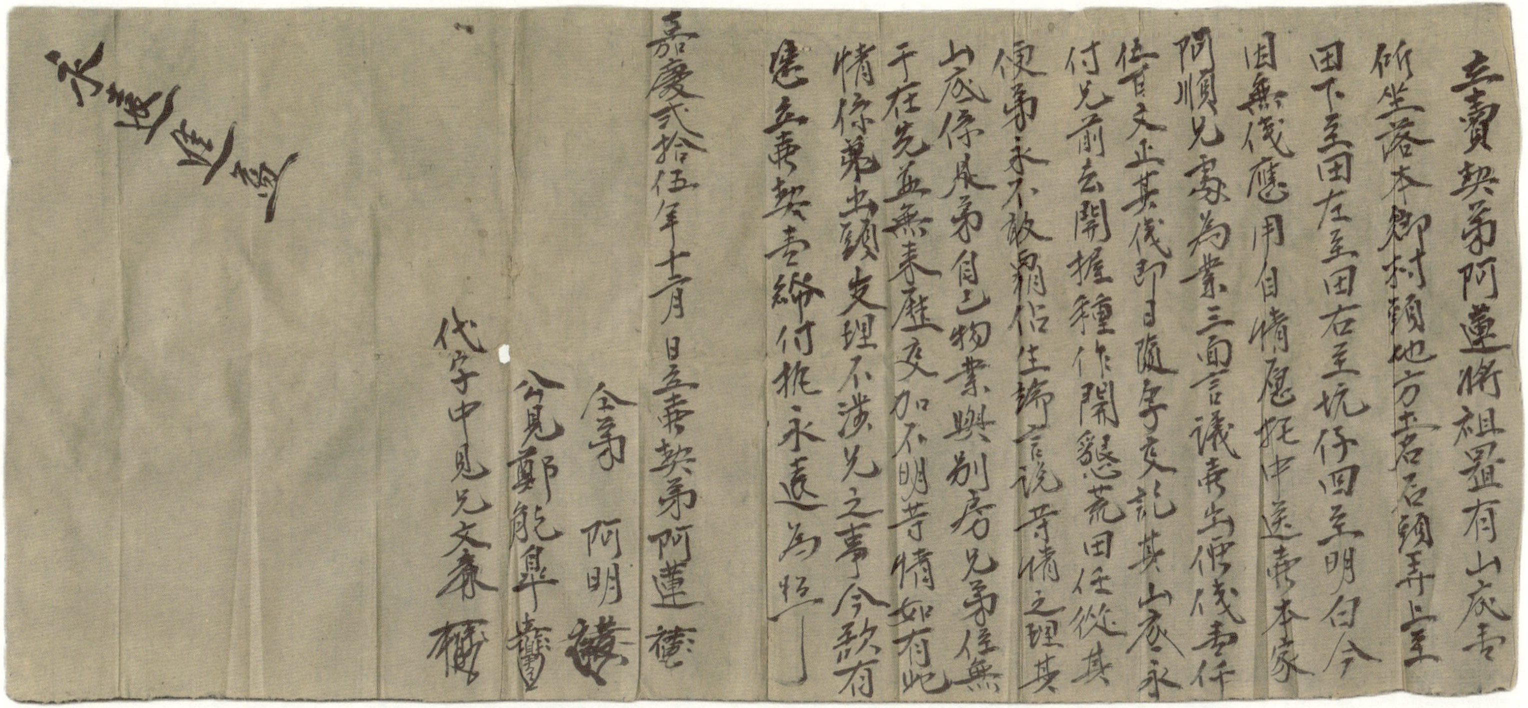
立賣契弟阿蓮將祖置有山底壹
所坐落本鄉村頭地方土名石頭弄上至
田下至田左至田右至坑仔四至明白今
因無錢應用自情愿托中送賣本家
阿順兄處為業三面言議賣出價錢壹仟
伍百文正其錢即日隨手交訖其山底永
付兄前去開掘種作闢懇荒田任從其
便弟永不敢稍佔生端言說等情之理其
山底係是弟自己物業與別房兄弟侄無
干在先並無來歷交加不明等情如有此
情係弟出頭支理不涉兄之事今欲有
憑立賣契壹紙付執永遠為炤」

嘉慶貳拾伍年十二月 日立賣契弟阿蓮（押）
仝弟 阿明（押）
公見鄭能阜（押）
代字中見兄文秦（押）

永遠管業

3-1-19-2 清嘉慶二十五年十二月黃阿蓮等立賣山底契

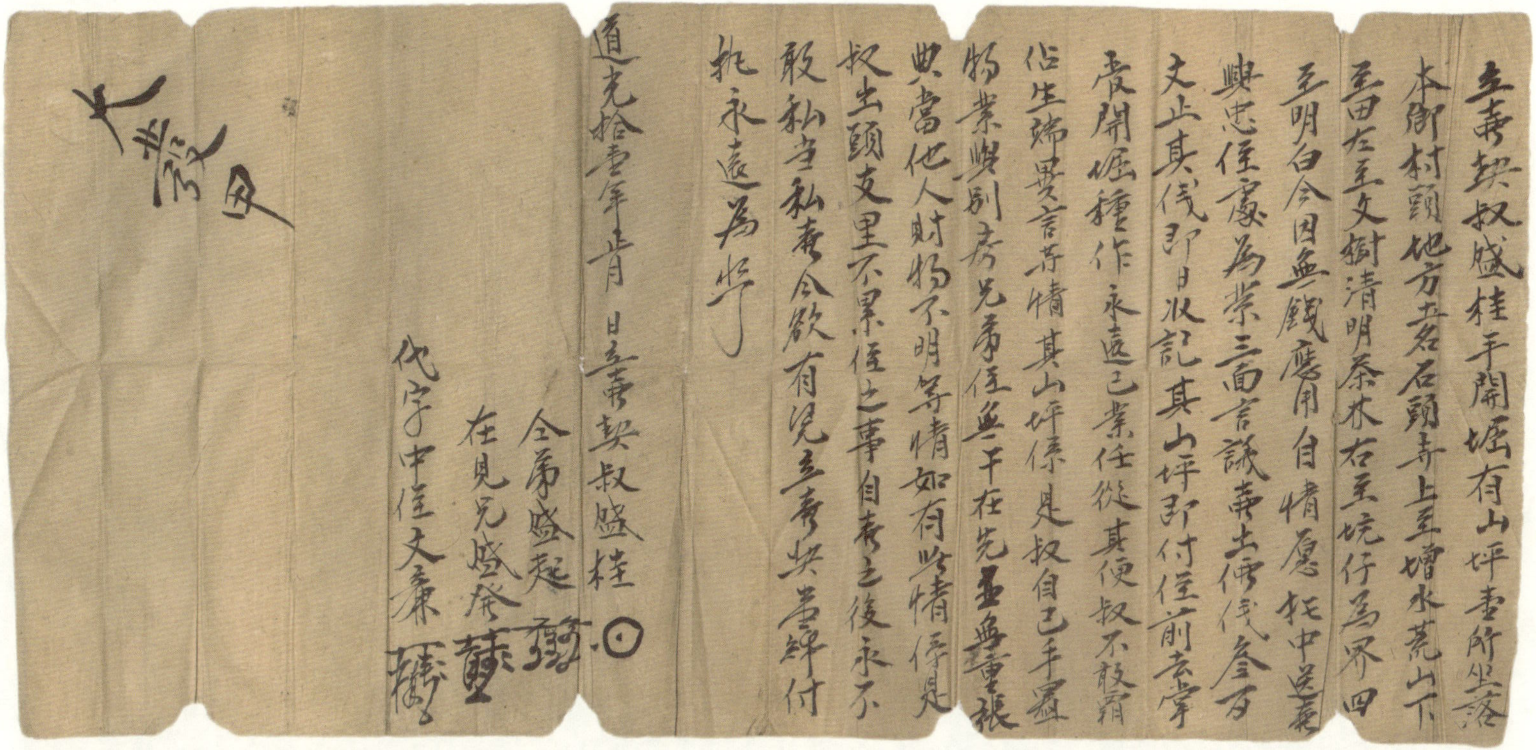
立賣契叔盛桂手開墾有山坪壹所坐落
本鄉村頭地方土名石頭寺上至增水荒山下
至田左至文衡清明茶林右至坑仔為界四
至明白今因無錢應用自情愿托中送賣
與忠侄處為業三面言議賣出價錢叁百
文止其錢即日收訖其山坪即付侄前去掌
管開墾種作永遠已業任從其便叔不敢阻
佔生端異言等情其山坪係是叔自己手墾
物業與别房兄弟侄無干在先並無重張
典當他人財物不明等情如有此情係是
叔出頭支里不累侄之事自賣之後永不
敢私贖私找今欲有憑立賣契壹紙付
執永遠為炤

道光拾壹年正月　日立賣契叔盛桂
仝弟盛起
在見兄盛發
代字中侄文廉

3-1-19-3　清道光十一年正月黄盛桂等立賣山坪契

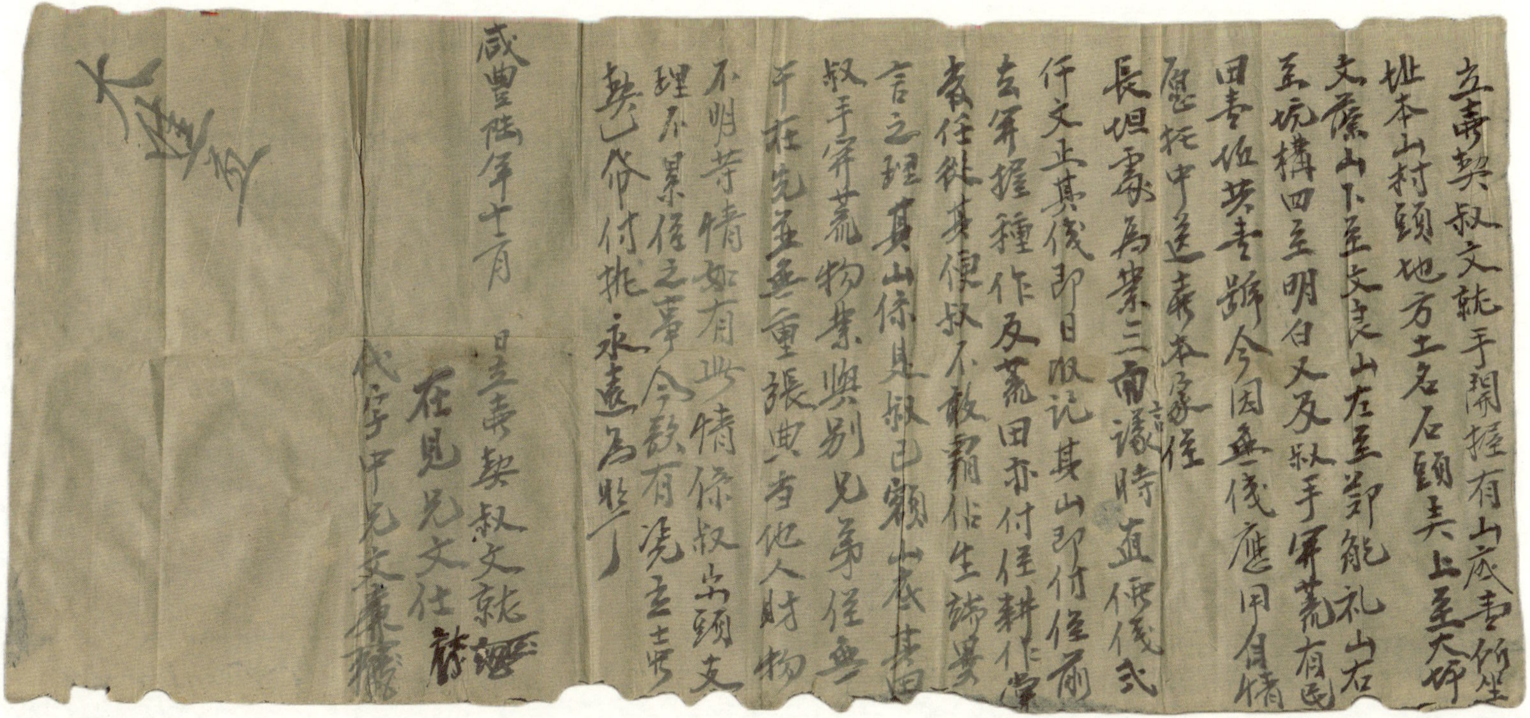

3-1-19-4　清咸豐六年十二月黃文就立賣山底契

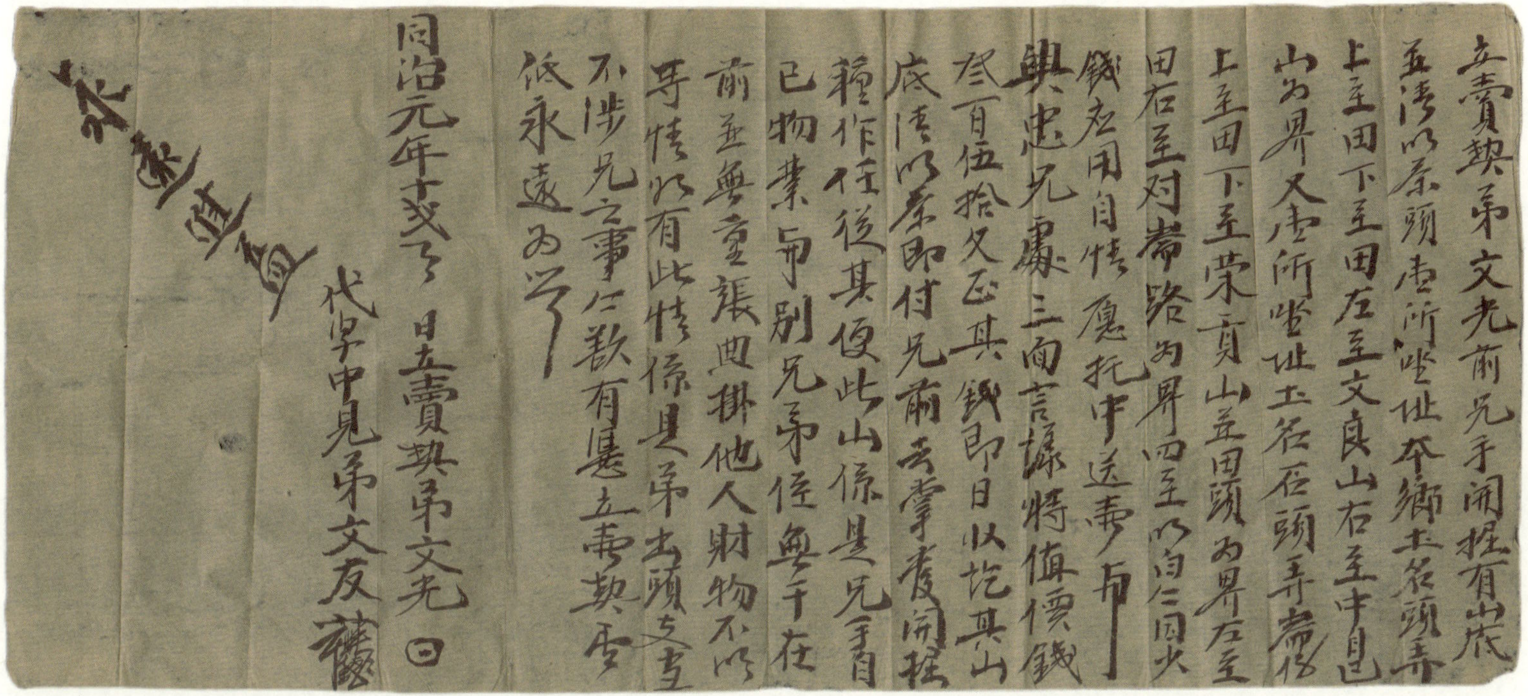

3-1-19-5　清同治元年十二月黄文光立賣山底等契

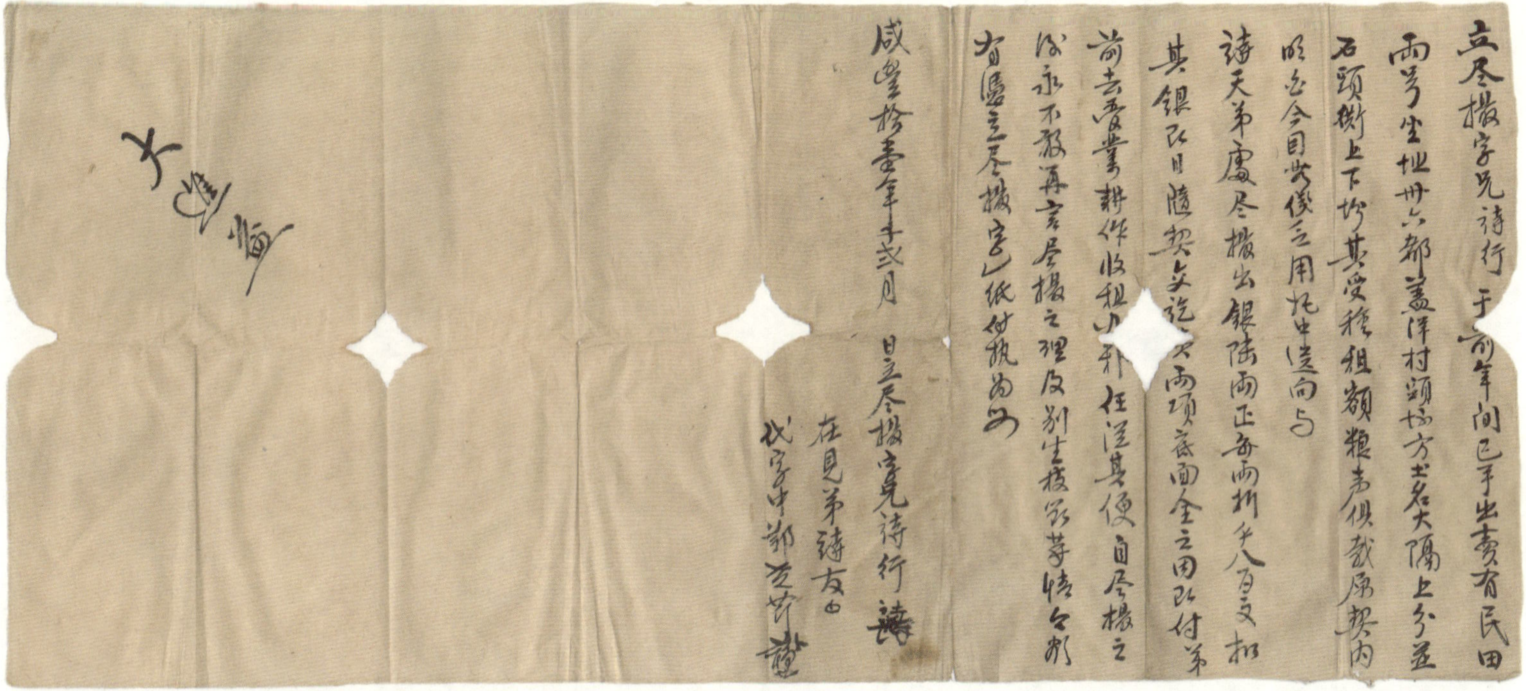

立盡撮字兄詩行，于前年間已手出賣有民田兩號，坐址廿六都蓋洋村頭坊，土名大陽上分並石頭街上下坊，其受種租額糧米俱載原契內明白。今因要錢應用，托中送向與詩天弟處盡撮出銀陸兩正，每兩折錢八百文扣。其銀即日隨契交訖，其兩項田面全之田即付弟前去管業耕作收租，任從其便。自盡撮之後，永不敢再言盡撮之理，及別生枝節等情。今欲有憑，立盡撮字一紙，付執為照。

咸豐拾壹年十弍月　日立盡撮字兄詩行（押）

在見弟詩友（押）

代字中鄭光竹（押）

大吉[illegible]

3-1-20-1　清咸豐十一年十二月葉詩行立盡撮字

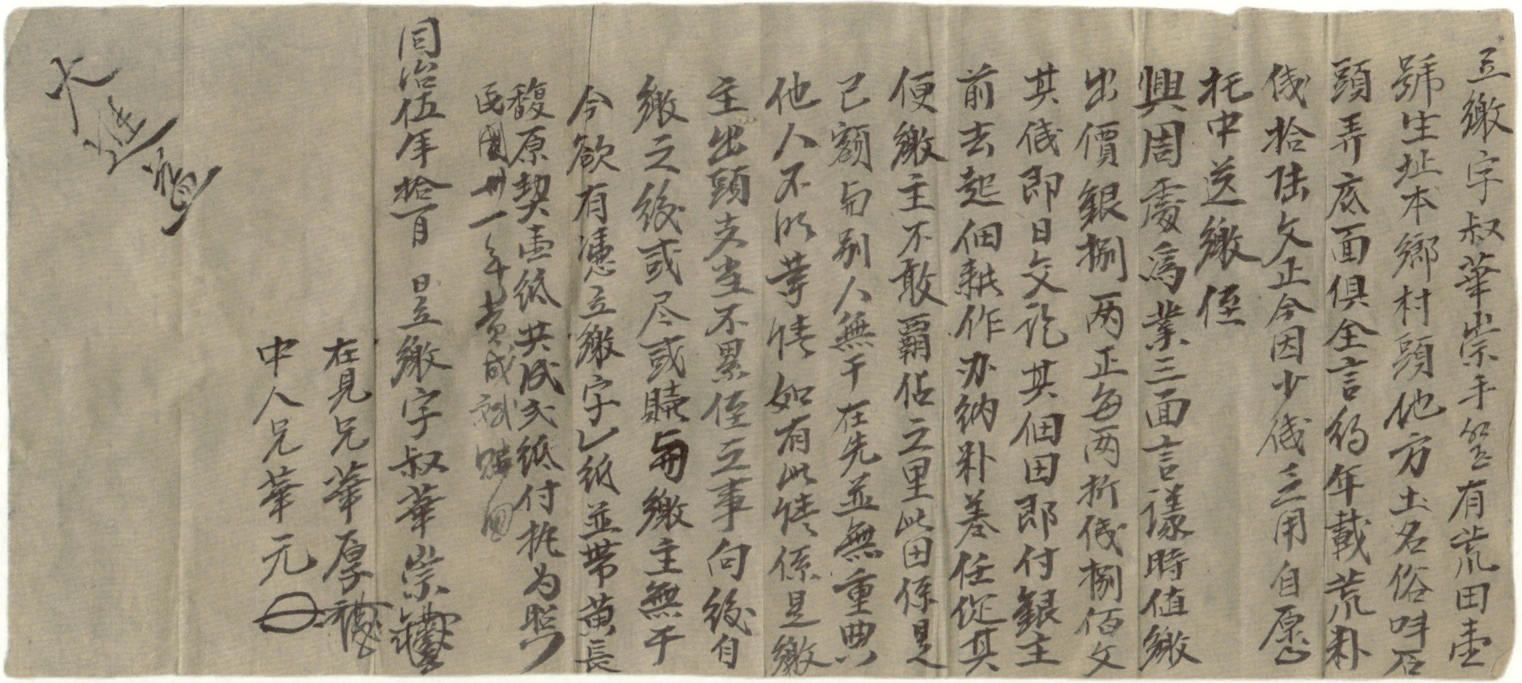
立繳字叔華崇，手置有荒田壹
號，坐址本鄉村頭，地方土名俗呼厝
頭弄底，面俱全，言約年載荒耕
錢拾陸文正。今因乏錢應用，自愿
托中送繳侄
興周處為業，三面言議，時值繳
出價銀捌兩正，每兩折錢捌佰文，
其錢即日交訖，其佃田即付銀主
前去起佃耕作，办納朴養，任從其
便，繳主不敢覇佔。之里此田係是
己額，與別人無干，在先並無重典
他人不明等情，如有此情，係是繳
主出頭支当，不累侄之事。向後自
繳之後，或盡或贖，㑹繳主無干。
今欲有憑，立繳字一紙，並帶黃長
發原契壹紙，共成弍紙，付執為照。
民國廿一年黄成誠贖回
同治伍年拾一月　日立繳字叔華崇（押）
在見兄華厚（押）
中人兄華元（押）
大進

3-1-20-2　清同治五年十一月黃華崇立繳荒田字

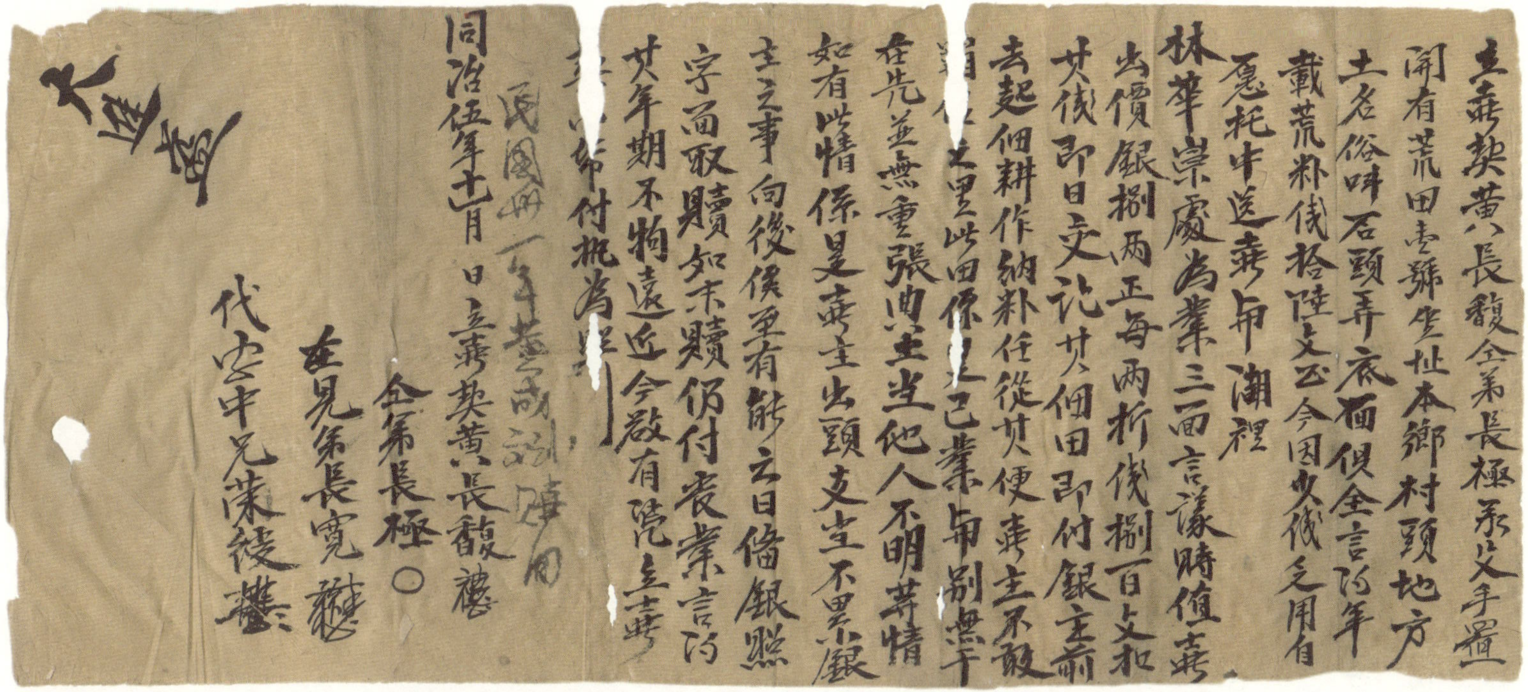
立賣契黃長馥仝弟長極承父手置
開有荒田壹號坐址本鄉村頭地方
土名俗呌石頭弄底面俱全言約年
載荒籽伐拾陸文正今因少伐乏用自
愿托中送賣與潮裡
林華崇處為業三面言議時值賣
出價銀捌兩正每兩折伐捌百文和
其伐即日交訖其田即付銀主前
去起佃耕作納籽任從其便賣主不敢
霸佔之理此田係是己業與別無干
在先並無重張典當他人不明等情
如有此情係是賣主出頭支當不累銀
主之事向後倘至有能之日備銀照
字面取贖如未贖仍付銀業言約
其年期不拘遠近今欲有憑立賣
契付執為照
同治伍年十一月　日立賣契黃長馥
仝弟長極 ○
在見弟長寬
代字中兄茂俊

3-1-20-3　清同治五年十一月黃長馥等立賣荒田契

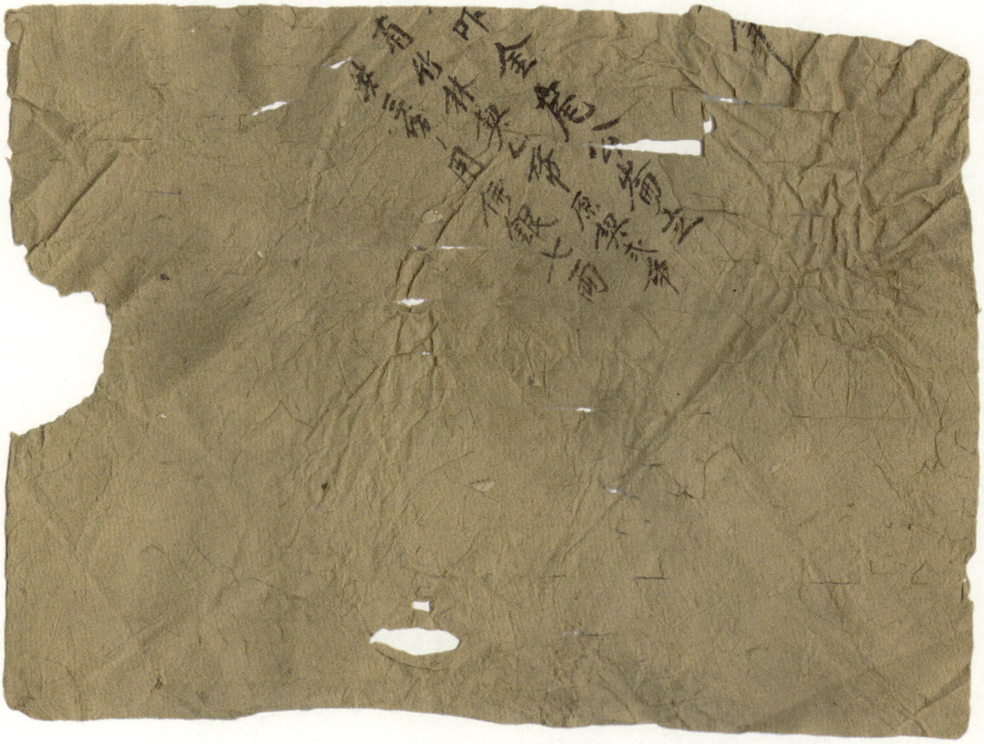

3-1-21-1 包契紙

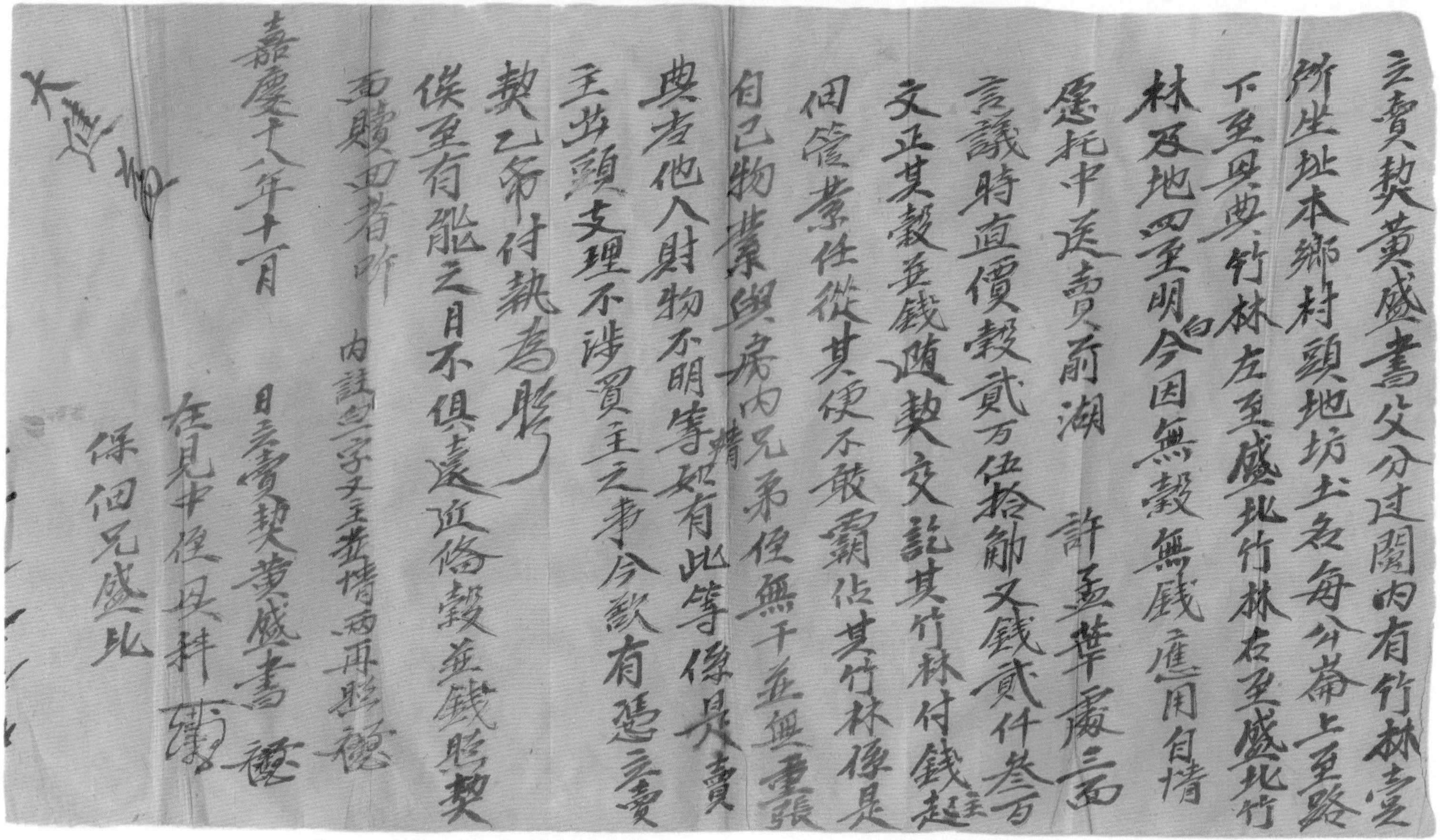

立賣契黃盛書父分过闗内有竹林壹
所坐址本鄉村頭地坊土名每分崙上至路
下至典典竹林左至盛北竹林右至盛北竹
林及地四至明白今因無穀無錢應用自情
愿托中送賣前湖 許孟華處三面
言議時直價穀貳百伍拾觔又錢貳仟叁百
文正其穀並錢隨契交訖其竹林付錢主
佃管業任從其便不敢霸佔其竹林係是
自己物業與房内兄弟侄無干並無重張
典与他人財物不明等如有此等係是賣
主出頭支理不涉買主之事今欲有憑立賣
契乙帋付執爲照
俟至有能之日不俱遠近備穀並錢照契
取贖田者听 内註白一字又主並情兩再照

嘉慶十八年十一月 日立賣契黃盛書
在見中侄典耕
保佃兄盛北

3-1-21-2 清嘉慶十八年十一月黃盛書立賣竹林契

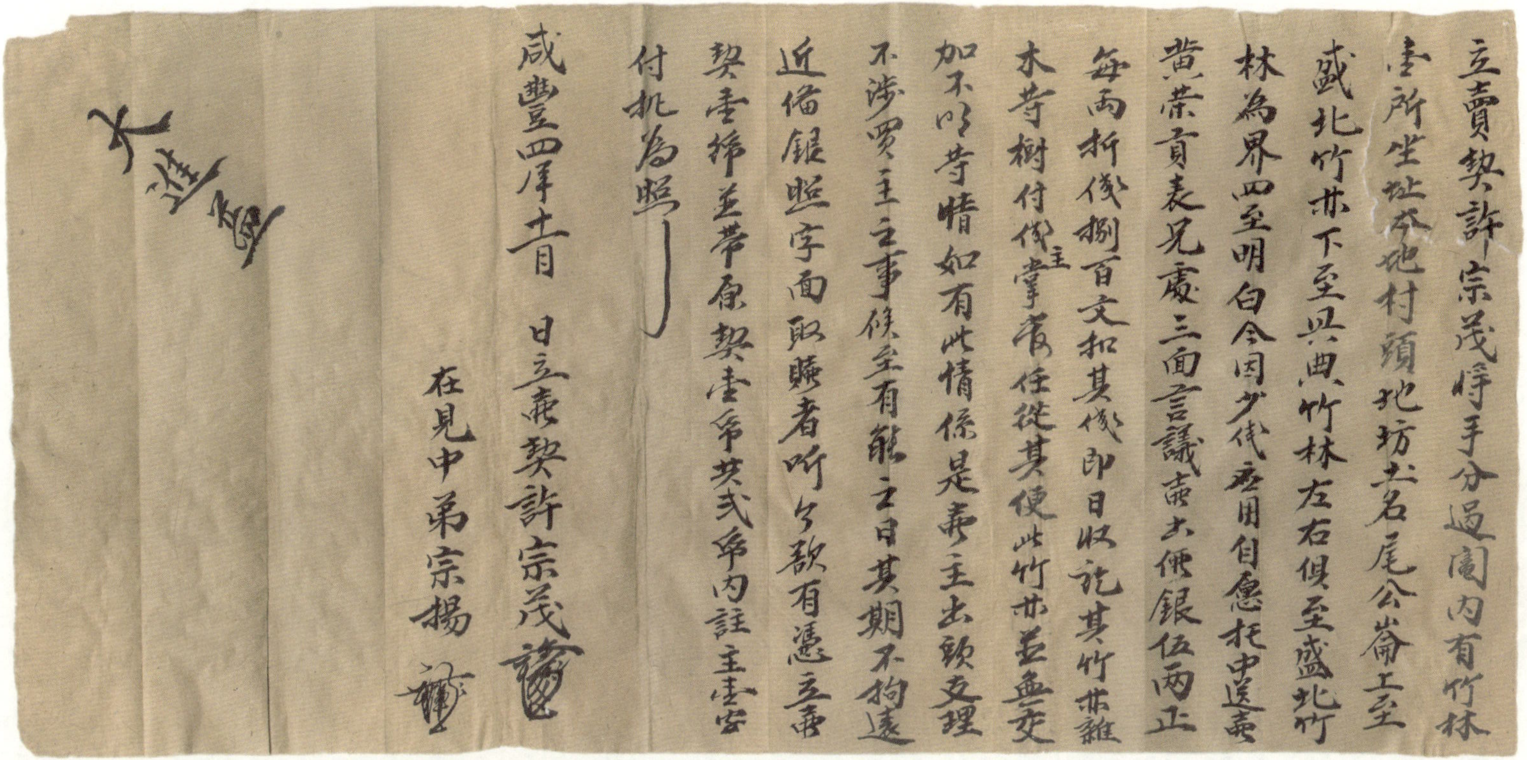

立賣契許宗茂得手分過閹內有竹林
壹所坐址本地村頭地坊土名尾公崙上至
盛北竹林下至吳典竹林左右俱至盛北竹
林為界四至明白今因少代應用自愿托中送賣
黃崇貢表兄處三面言議賣出價銀伍兩正
每兩折俵捌百文知其俵即日收訖其竹林雜
木苛樹付與主掌管任從其使此竹林並無交
加不明等情如有此情係是賣主出頭支理
不涉買主之事倘至有能之日其期不拘遠
近備銀照字面取贖者聽兮款有憑立賣
契壹紙並帶原契壹紙共貳紙內註主壹字
付執為照
咸豐四年十一月 日立賣契許宗茂（押）
在見中弟宗揚（押）
大進

3-1-21-3 清咸豐四年十一月許宗茂立賣竹林契

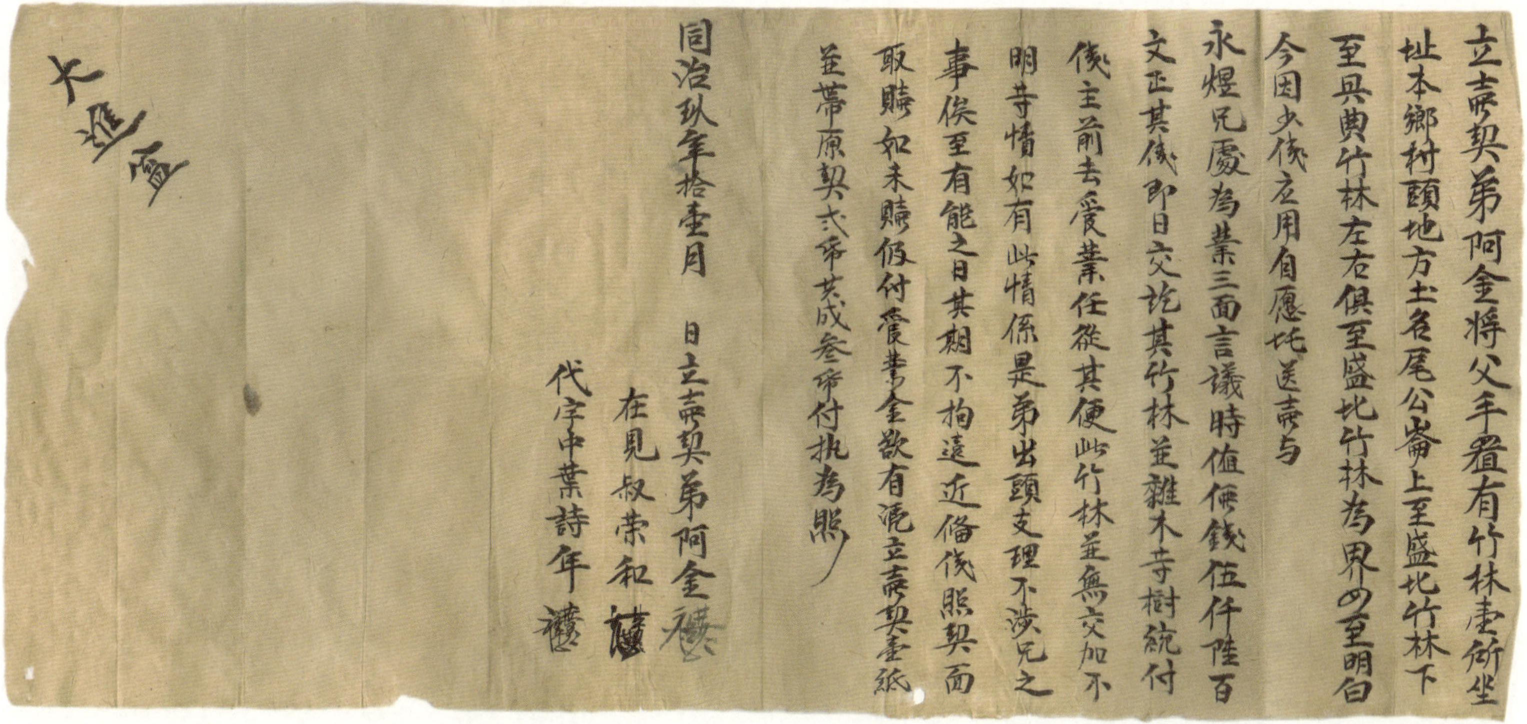

立賣契弟阿金將父手置有竹林壹所坐
址本鄉村頭地方土名尾公崙上至盛比竹林下
至與典竹林左右俱至盛比竹林為界四至明白
今因少錢應用自愿托送賣与
永煋兄處為業三面言議時值價錢伍仟陸百
文正其錢即日交訖其竹林並雜木寺樹統付
錢主前去管業任從其便此竹林並無交加不
明寺情如有此情係是弟出頭支理不涉兄之
事倘至有能之日其贖不拘遠近備錢照契面
取贖如未贖假付管業金歇有泥立賣契壹紙
並帶原契弍帋共成叁帋付執為照
同治玖年拾壹月　日立賣契弟阿金（押）
在見叔崇和（押）
代字中葉詩年（押）
大進壹

3-1-21-4　清同治九年十一月黃阿金立賣竹林契

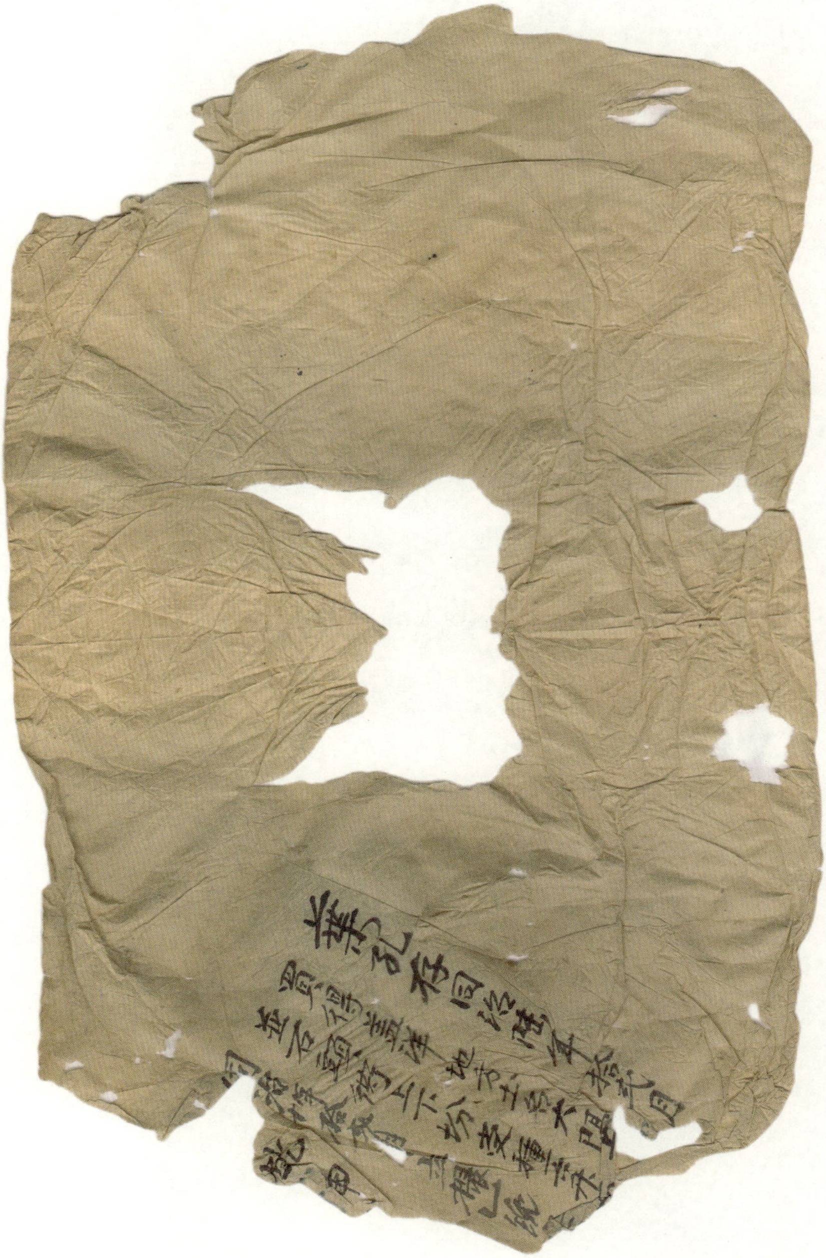

3-1-22-1　包契紙

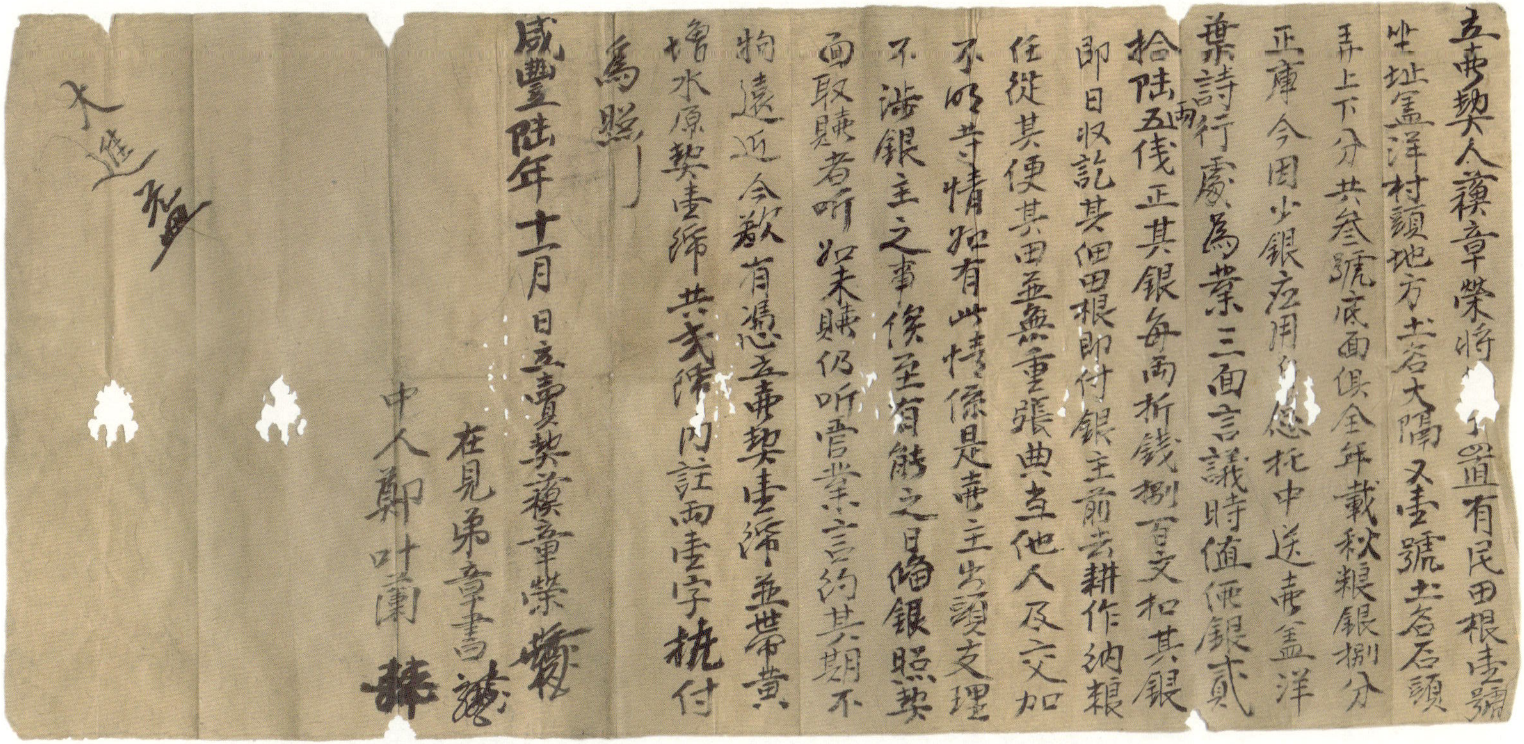
立賣契人蘇章棨將□置有民田根壹號
坐址盂洋村頭地方土名大陽又壹號土名石頭
弄上下分共叁號底面俱全年載秋粮銀捌分
正庫今因少銀應用自愿托中送賣盂洋
葉詩行處為業三面言議時值價銀貳
拾陸兩伍錢正其銀每兩折錢捌百文和其銀
即日收訖其佃田根即付銀主前去耕作納粮
任從其便其田並無重張典當他人及交加
不明等情如有此情係是賣主出頭支理
不涉銀主之事候至有能之日備銀照契
面取贖者聽如未贖仍聽葉：言約其期不
拘遠近今欲有憑立賣契壹紙並帶黃
墻水原契壹紙共貳紙內註兩壹字批付
為照
咸豐陸年十一月　日立賣契蘇章棨
在見弟章書
中人鄭叶蘭
大進元

3-1-22-2　清咸豐六年十一月蘇章棨立賣民田根契

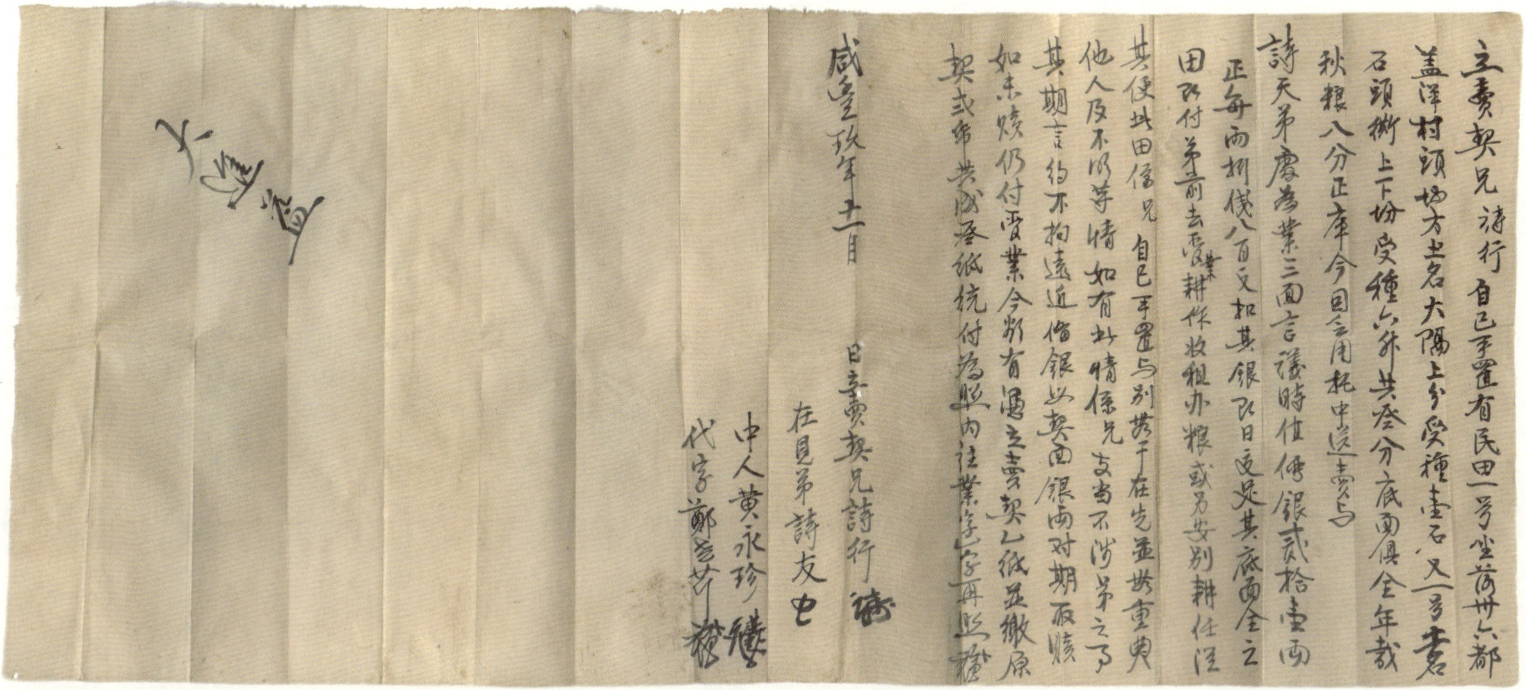

立賣契兄詩行，自己手置有民田一号，坐落廿六都
蓋洋村頭地方，土名大陽上，分受種壹石；又一号土名
石頭街上下坵，受種六斗，共叁分，底面俱全，年載
秋粮八分正。今因乏用，托中送賣與
詩天弟、慶為、業三面言議，時值價銀貳拾壹兩
正，每兩折錢八百文，扣其銀即日交足，其底面全，立
田即付弟前去管業耕作，收租辦粮，或另安別耕，任從
其便。此田係兄自己手置，與別親房無干，在先並無重典
他人，及不明等情，如有此情，係兄支當，不涉弟之事。
其期言約不拘遠近，備銀照契面銀兩對期取贖。
如未贖，仍付管業。今欲有憑，立賣契一紙，並繳原
契貳紙，共成叁紙，統付為照。內注"業"字一个，再照。

咸豐玖年十一月　日　立賣契兄詩行（押）
在見弟詩友（押）
中人黄永珍（押）
代字鄭□芹（押）

3-1-22-3　清咸豐九年十一月葉詩行立賣民田契

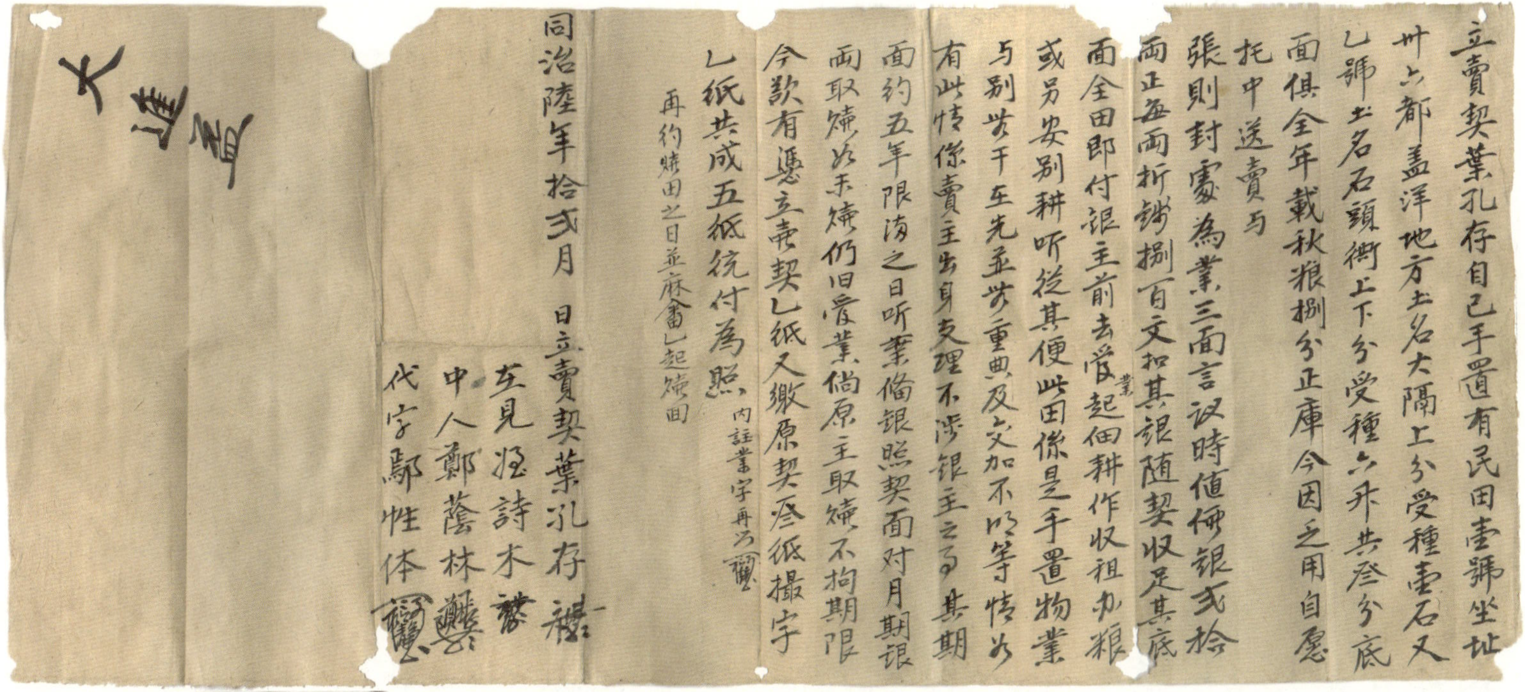
立賣契葉孔存自己手置有民田壹號坐址
卅六都盖洋地方土名大隔上分受種壹石又
乙號土名石頭衕上下分受種六升共叁分底
面俱全年載秋粮捌分正庫今因乏用自愿
托中送賣与
張則封處為業三面言議時值價銀弍拾
兩正每兩折錢捌百文扣其銀隨契收足其底
面全田即付銀主前去管業起佃耕作收租办粮
或另安別耕听從其便此田係是手置物業
与別房伯叔兄弟無干並無重典及交加不明等情如
有此情係賣主出身支理不涉銀主之事其期
面約五年限滿之日听葉備銀照契面對月期銀
兩取贖如未贖仍旧管業倘原主取贖不拘期限
今欲有憑立賣契乙紙又繳原契叁紙撮字
乙紙共成五紙統付為照　内註業字再照
再約贖田之日並麻畬乙起贖回
同治陸年拾弍月　日立賣契葉孔存
在見[illegible]詩木
中人鄭蔭林
代字鄭性体

3-1-22-4　清同治六年十二月葉孔存立賣民田契

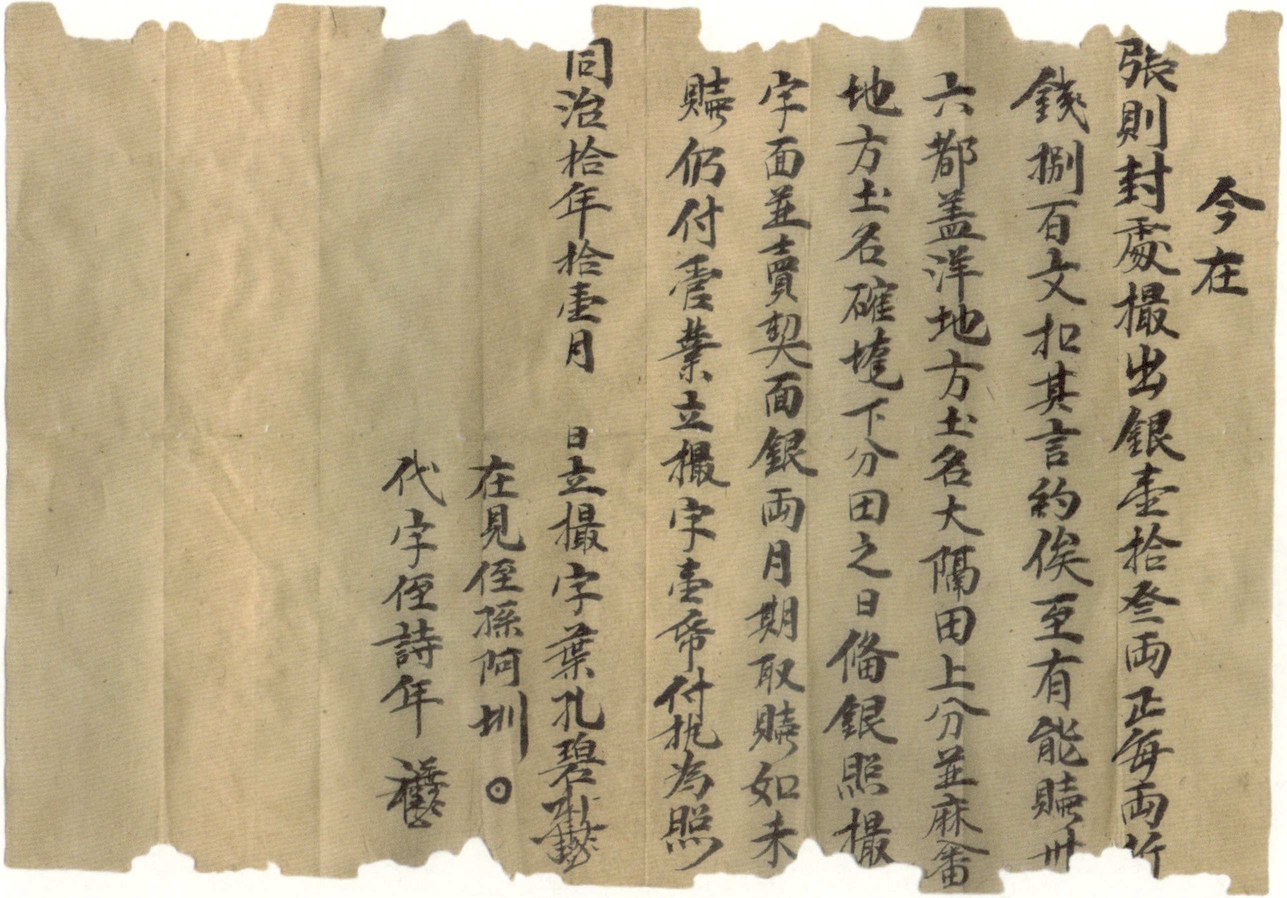
今在
張則封處撮出銀壹拾叁兩正每兩行
錢捌百文扣其言約俟至有能贖卅
六都蓋洋地方土名大陽田上分並麻畬
地方土名碓墘下分田之日備銀照撮
字面並賣契面銀兩月期取贖如未
贖仍付雲葉立撮字壹帋付執為照
同治拾年拾壹月 日立撮字葉孔碧（押）
在見侄孫阿圳 ○
代字侄詩年（押）

3-1-22-5 清同治十年十一月葉孔碧立撮字

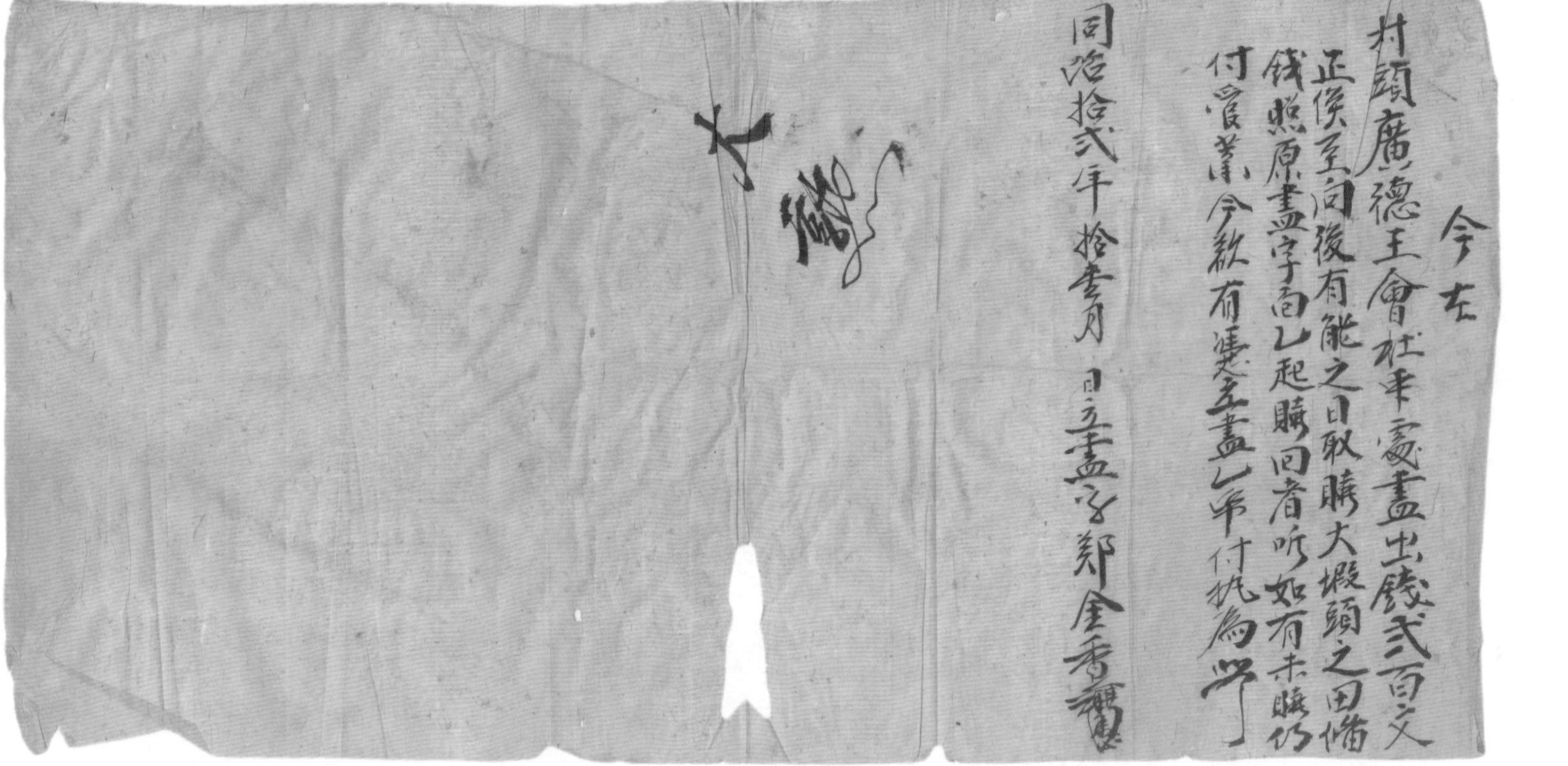
今立
村頭廣德王會杜手盡出錢弍百文
正係至向後有能之日取贖大蝦頭之田備
錢照原盡字面山起贖回者聽如有未贖仍
付管業今欲有憑立盡山字付執為照
同治拾弍年拾壹月　日立盡字鄭金香

3-1-23-1　清同治十二年十一月鄭金香立盡田字

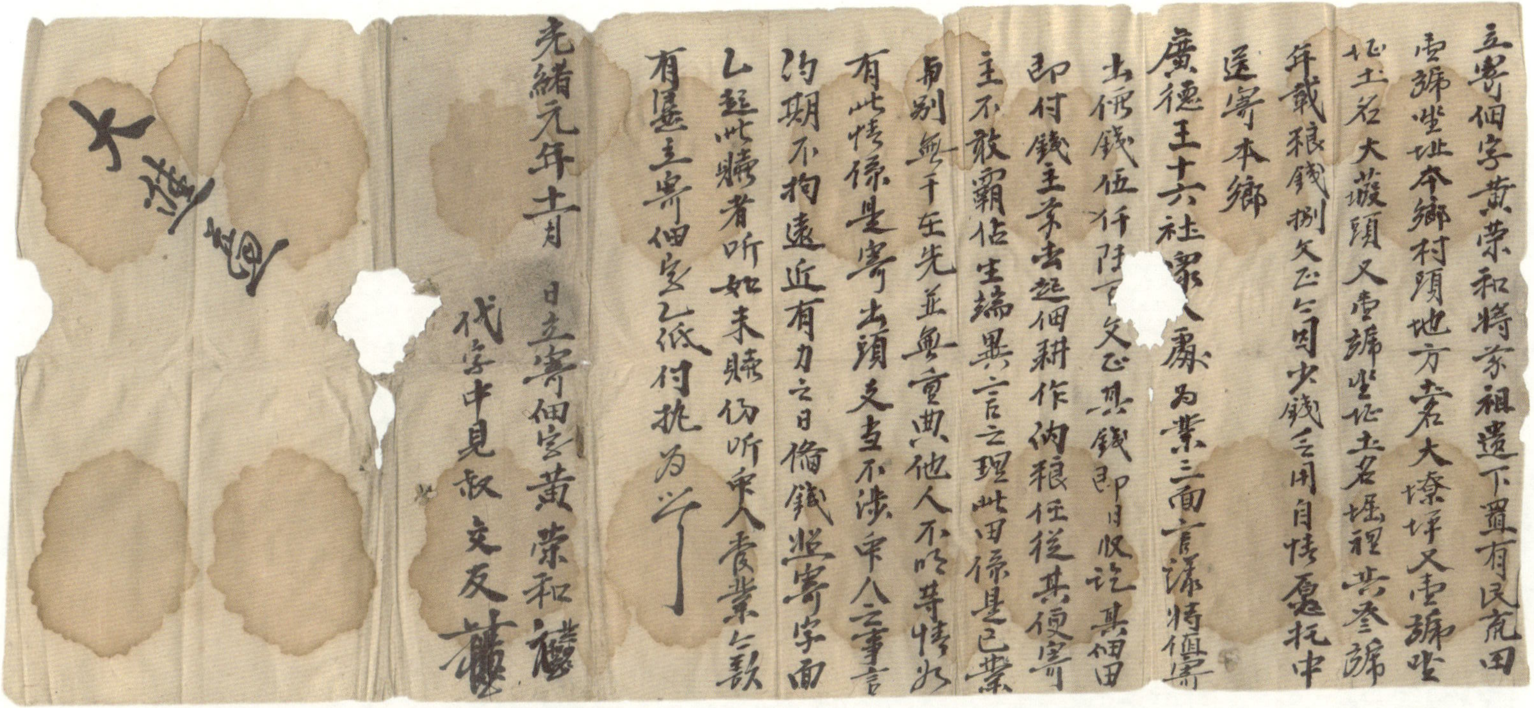
立寄佃字黃荣和，將承祖遺下置有民荒田
壹號，坐址本鄉村頭地方，土名大壉坪；又壹號坐
址土名大蕨頭；又壹號坐址土名堀裡；共叁號，
年載粮錢捌文正。今因乏錢應用，自情愿托中
送寄本鄉
廣德王十六社衆人為業。三面言議，時值價
出佛錢伍仟陸百文正，其錢即日收訖。其佃田
即付錢主前去起佃耕作，納粮任從其便，寄
主不敢霸佔生端異言之理。此田係是己業，
與別房伯叔兄弟無干，在先並無重典他人，不明等情，如
有此情，係是寄出頭文支，不涉帀人之事。言
約期不拘遠近，有力之日備錢照寄字面
乙并取贖，者聽；如未贖，仍聽衆人管業。今欲
有憑，立寄佃字乙紙付執為照。
光緒元年十一月　日立寄佃字黃荣和（押）
代字中見叔　文友（押）

3-1-23-2　清光緒元年十一月黃荣和立寄佃民荒田字

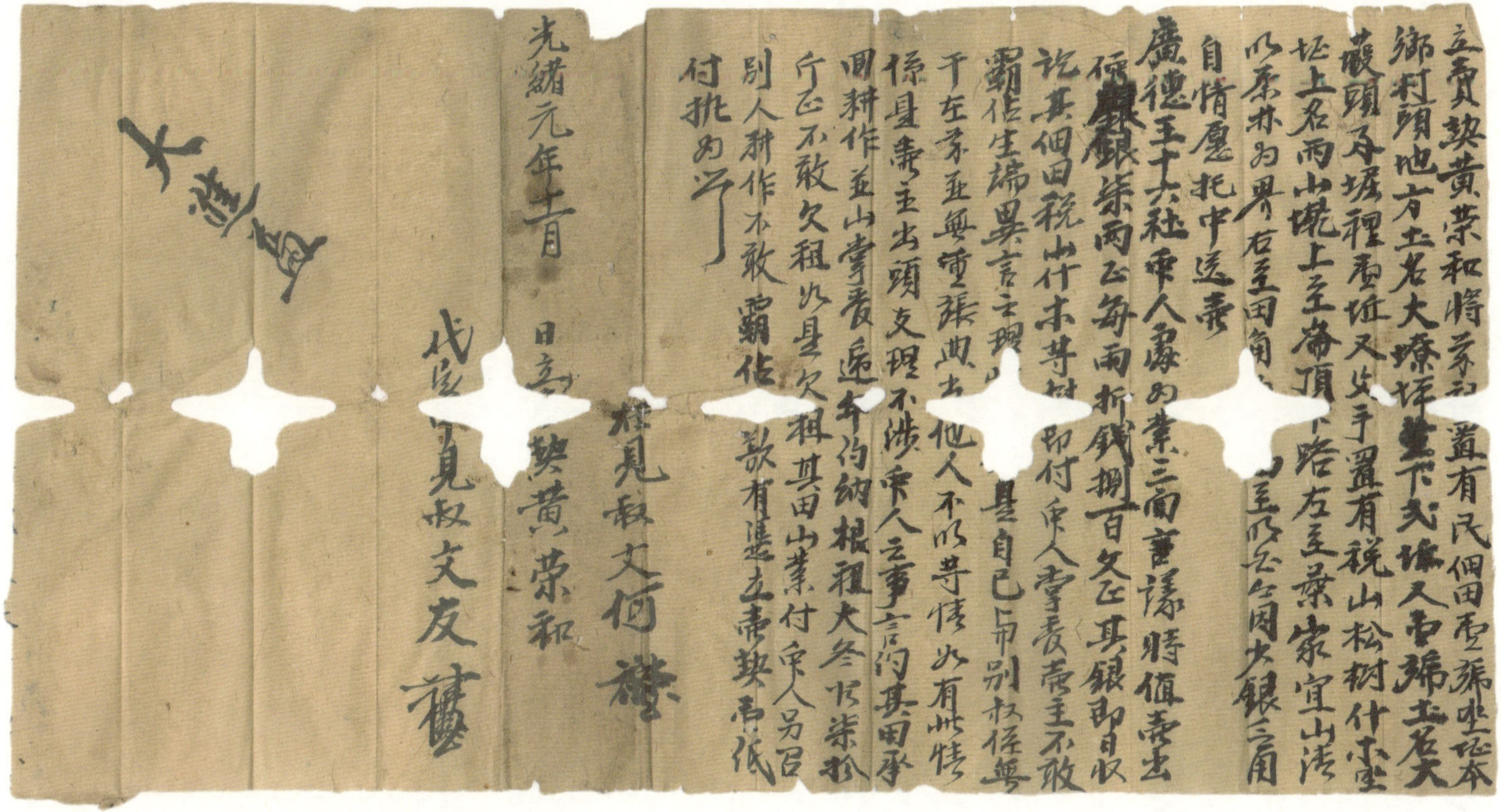

3-1-23-3 清光緒元年十一月黃荣和立賣民佃田契

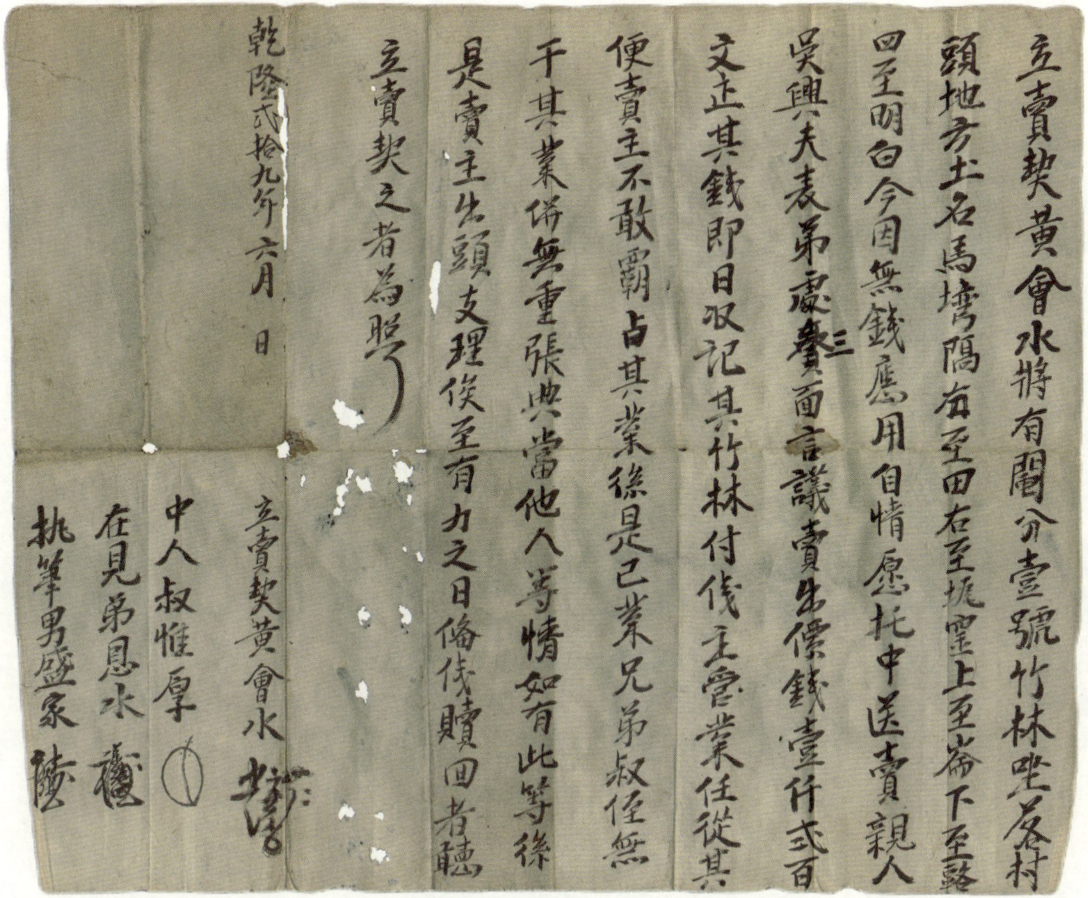
立賣契黃會水將有鬮分壹號竹林坐落村
頭地方土名馬壿隔左至田右至坵墘上至崙下至路
四至明白今因無錢應用自情愿托中送賣親人
吴興夫表弟處叁面言議賣出價錢壹仟弍百
文正其錢即日收記其竹林付伐主管業任從其
便賣主不敢霸占其業係是已業兄弟叔侄無
干其業係無重張典當他人等情如有此等係
是賣主出頭支理俟至有力之日備價贖回者聽
立賣契之者為照
乾隆弍拾九年六月　日
立賣契黃會水（押）
中人叔惟厚（押）
在見弟恩水（押）
執筆男盛家（押）

3-1-24-1　清乾隆二十九年六月黃會水立賣竹林契

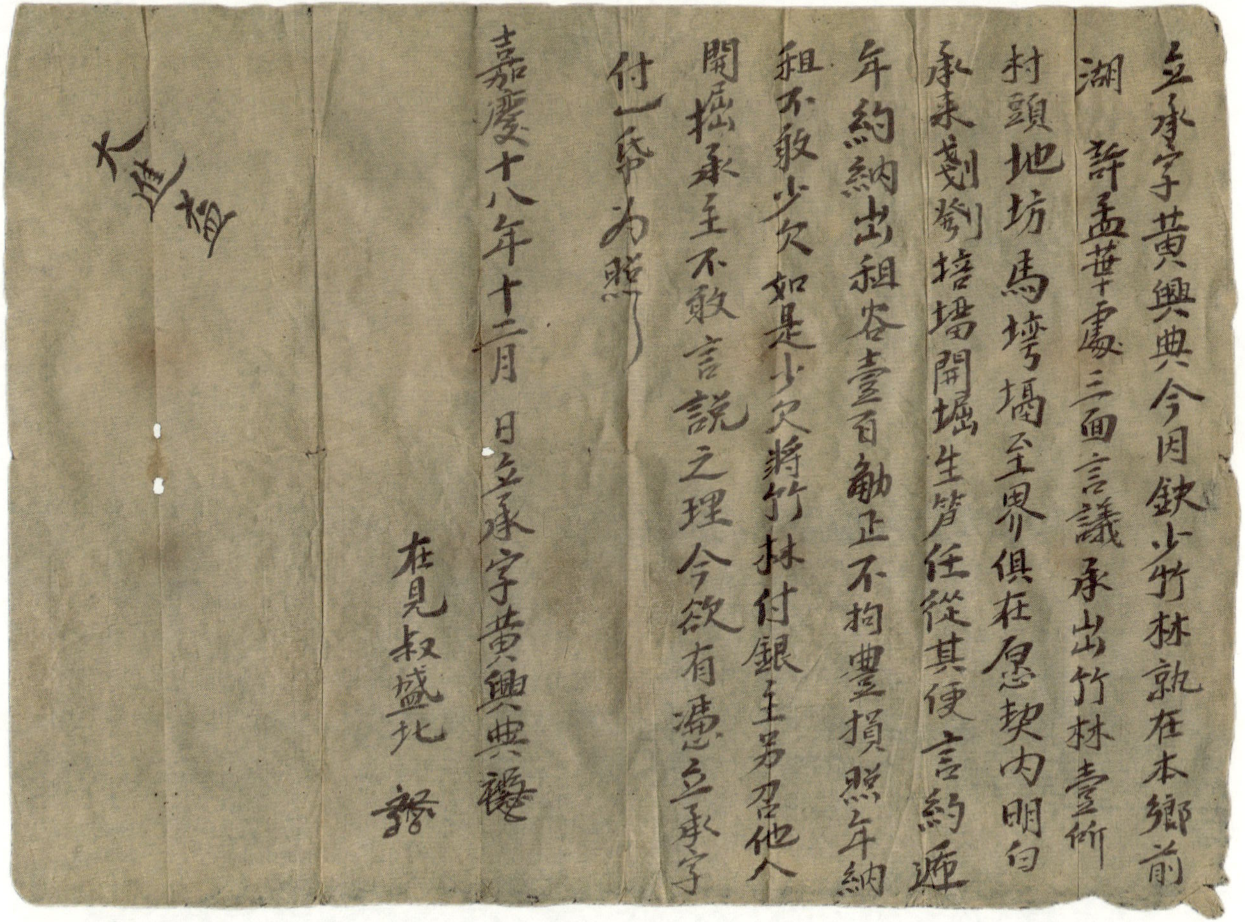
立承字黃興典，今因鈌少竹林，就在本鄉前
湖許孟華處三面言議，承出竹林壹所，
村頭地坊馬壿墹，至界俱在原契內明白，
承來剗劉培墻開墈生笋，任從其便，言約逐
年約納出租谷壹百觔正，不拘豐損，照年納
租，不敢少欠。如是少欠，將竹林付銀主另召他人
開墈承主，不敢言說之理。今欲有憑，立承字
付一紙為照。
嘉慶十八年十二月　日立承字黃興典（押）
在見叔盛北（押）
大進益

3-1-24-2　清嘉慶十八年十二月黃興典立承竹林字

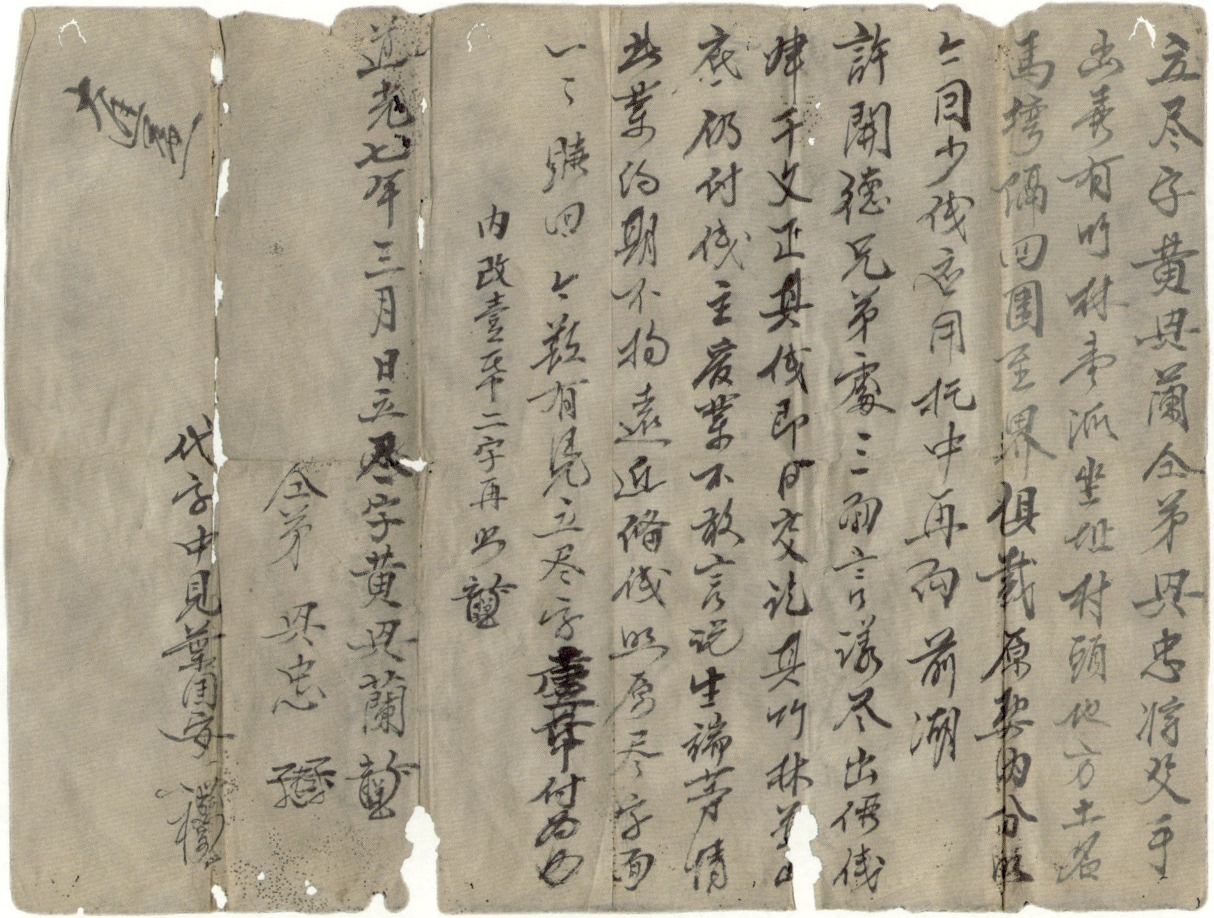

3-1-24-3　清道光七年三月黄奀蘭等立盡竹林字

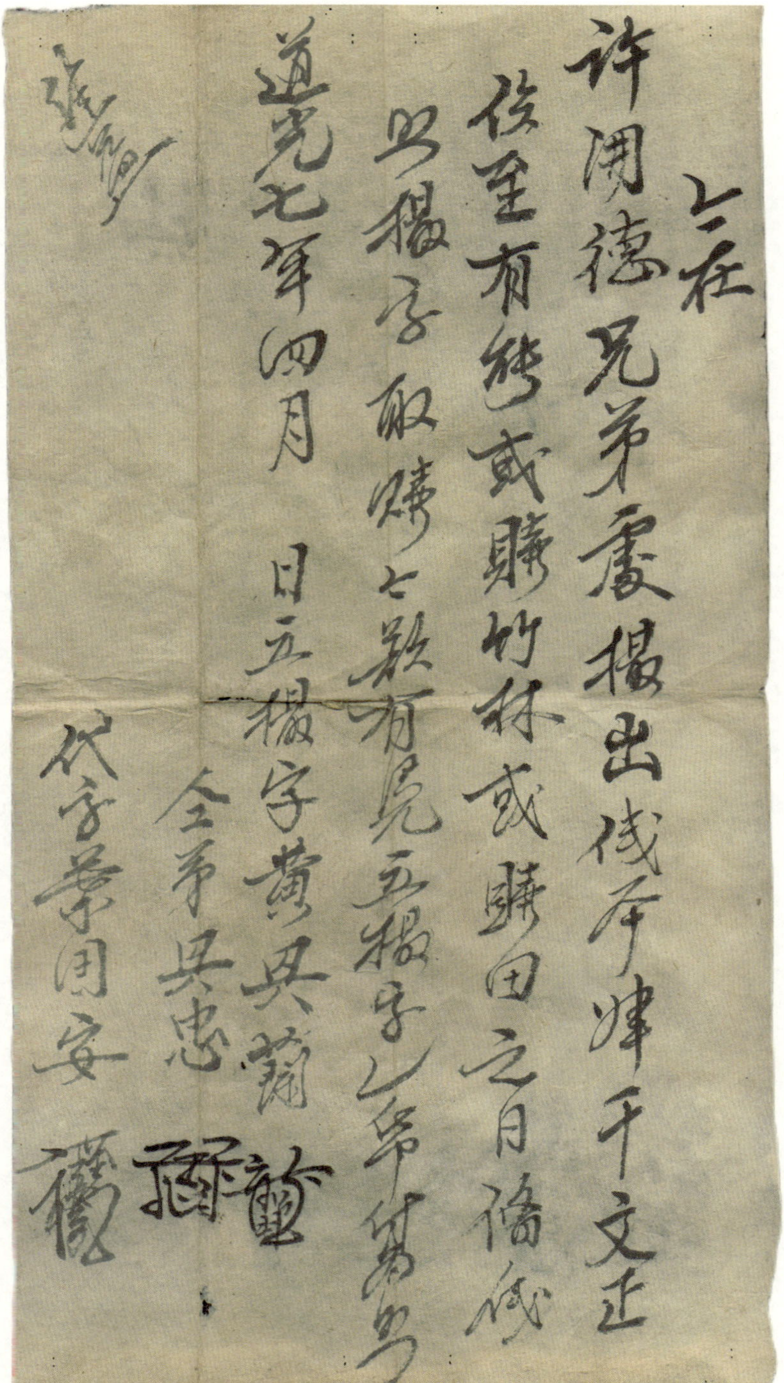

立在許用德兄弟處撮出伐本肆千文正
其位至有紙貳縣竹林貳縣田之日備錢
回撮字取贖，其數有兄立撮字一紙付為照
道光七年四月　日立撮字黃與蘭
仝弟與忠
代字筆用安

3-1-24-4　清道光七年四月黄與蘭等立撮字

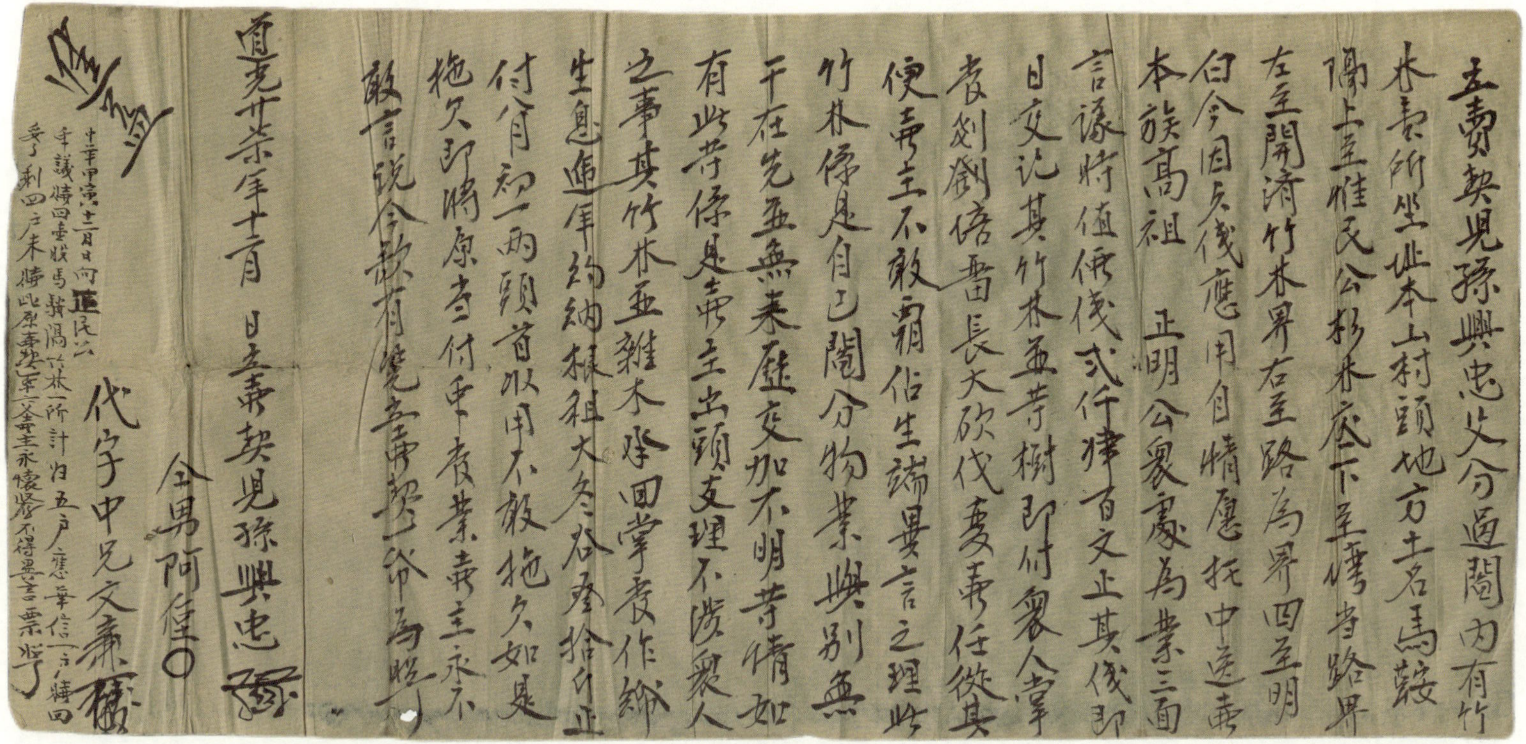
立賣契兄孫興忠丈今因道閣內有竹
林壹所坐址本山村頭地方土名馬鞍
隔上至惟民公杉林底下至傳寺路界
左至開濟竹林界右至路為界四至明
白今因乏錢應用自情愿托中送賣
本族高祖　正明公衆處為業三面
言議時值價錢式仟肆百文正其錢即
日交訖其竹林並寺樹即付衆人掌
管剗劉倍畜長大砍伐變賣任從其
便賣主不敢霸佔生端異言之理此
竹林係是自己閣分物業與別無
干在先並無來歷交加不明等情如
有此等係是賣主出頭支理不涉衆人
之事其竹林並雜木將回掌管作錦
生息逐年約納粮租大冬谷叁拾斤正
付併初一兩頭首收用不敢拖欠如是
拖欠即將原產付與衆業賣主永不
敢言說今欲有憑立賣契一紙為照
道光廿柒年十二月　日立賣契兄孫興忠（押）
仝男阿佳〇
代字中兄文兼（押）

3-1-24-5　清道光二十七年十二月黄興忠等立賣竹木契

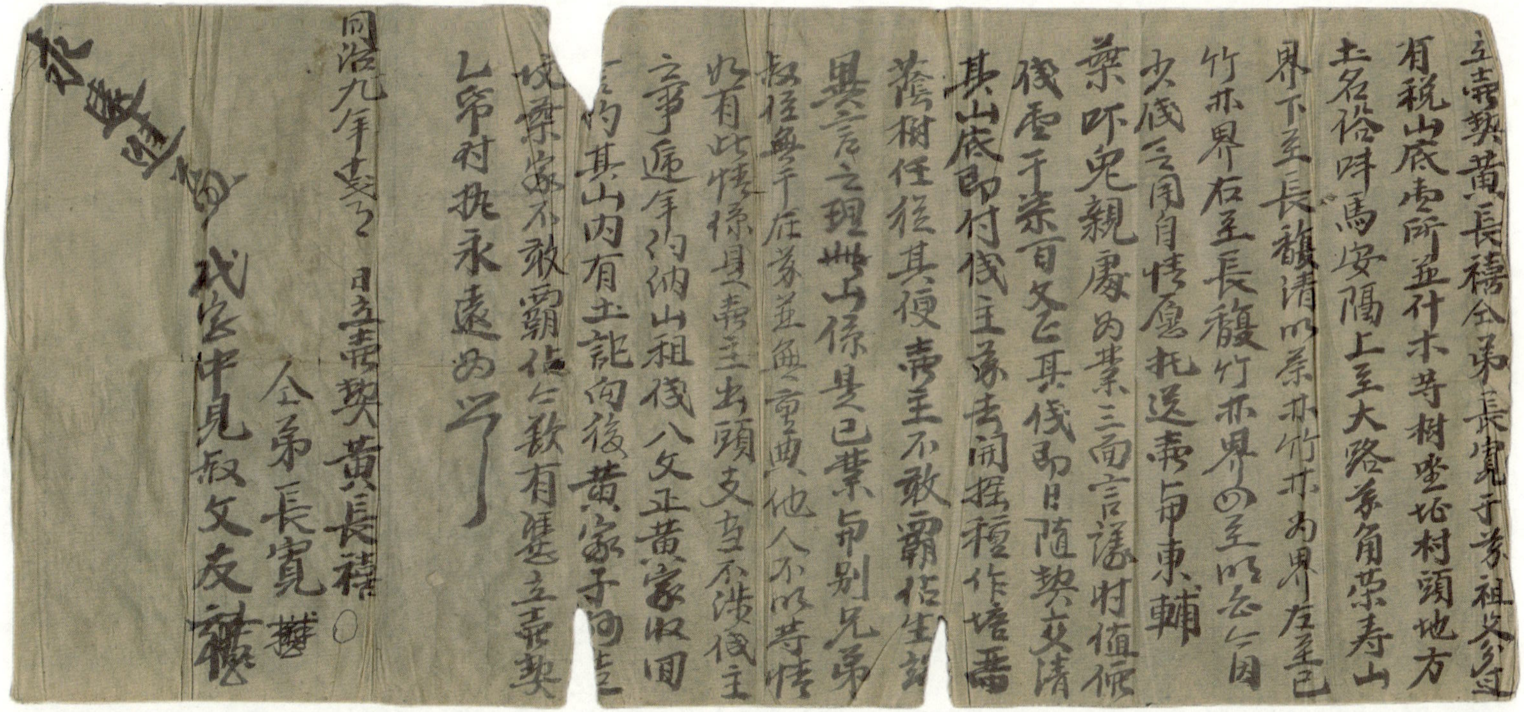

3-1-24-6　清同治九年十二月黃長禧等立賣稅山底等契

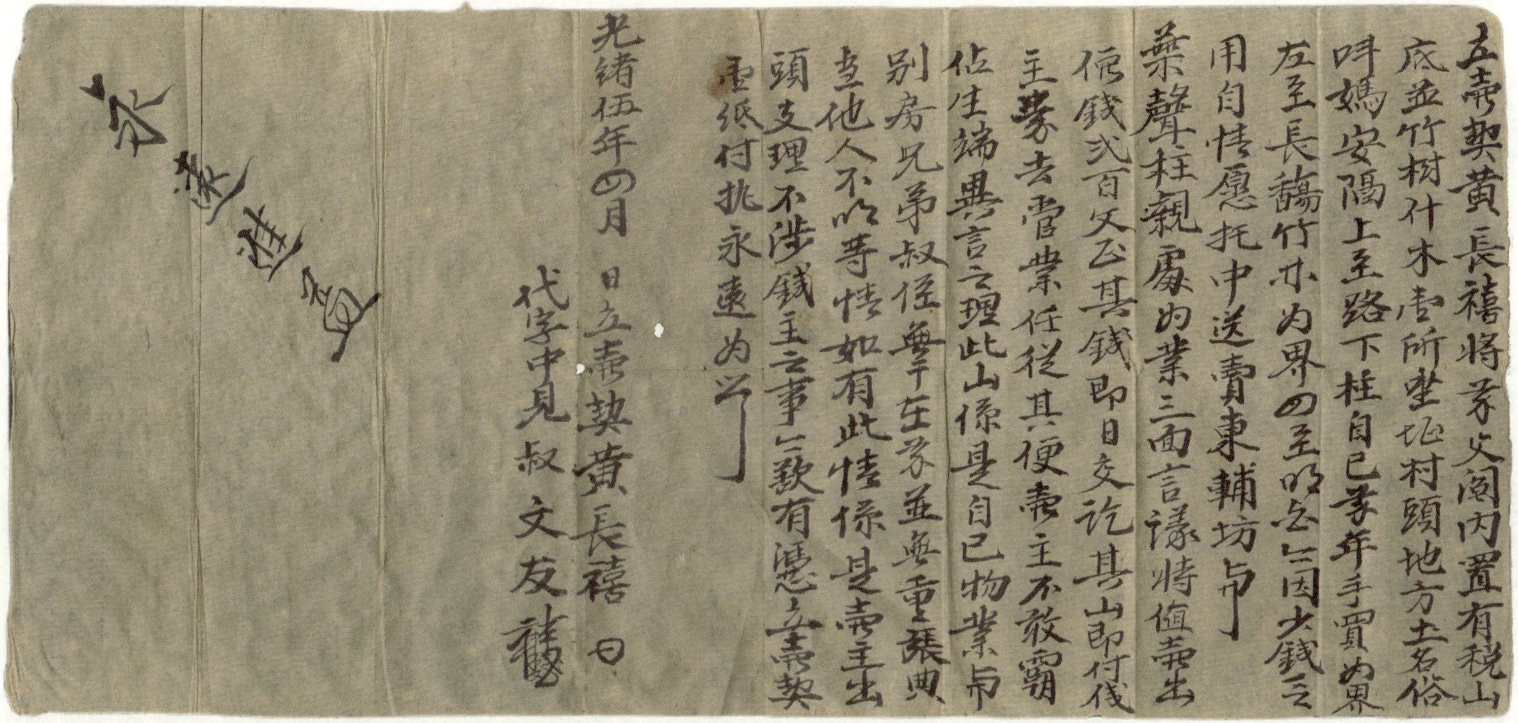

立賣契黃長禧將承父阉內置有稅山
底并竹樹什木壹所坐址村頭地方土名俗
呼媽安隔上至路下柱自己承年手買為界
左至長禧竹山為界四至明白今因乏錢乏
用自情愿托中送賣東輔坊邊
業聲柱親處為業三面言議時值賣出
價錢弍百文公其錢即日交訖其山即付伐
主業去管業任從其便賣主不敢霸
佔生端異言之理此山係是自己物業與
別房兄弟叔侄無干在家並無重張典
當他人不明等情如有此情係是賣主出
頭支理不涉錢主之事二欵有憑立賣契
壹紙付執永遠為照 丁

光緒伍年四月 日立賣契黃長禧（押）
代字中見叔 文友（押）

3-1-24-7 清光緒五年四月黃長禧立賣稅山底等契

立賣契兄志水祖置有屋地壹所坐止本鄉土
下厝坪父伯分礼智信三房應分信房應
中堂一所曾業今因無艮應用自情愿托
中送賣本家弟崑水處為業三面言議
時值賣出價艮伍兩正水九捌色其艮即
隨契交訖其屋地應分中堂壹所即付
弟前去管業後日起蓋任從其便並無
交加來歷不明等情如有此情係是兄出頭
支理不涉弟之事此地係是信房應分
己業與別房兄弟叔侄無干自賣之
不得言說增添並無取贖生端等情此係兩
家情愿各無反悔弟起蓋之日花紅相
議今欲有憑立賣契乙紙付執為照
乾隆拾陸年伍月　日立賣契兄志水（押）
中人吳禎夫（押）
在見兄鏊水（押）
興旺

3-1-25-1　清乾隆十六年五月黄志水立賣屋地契

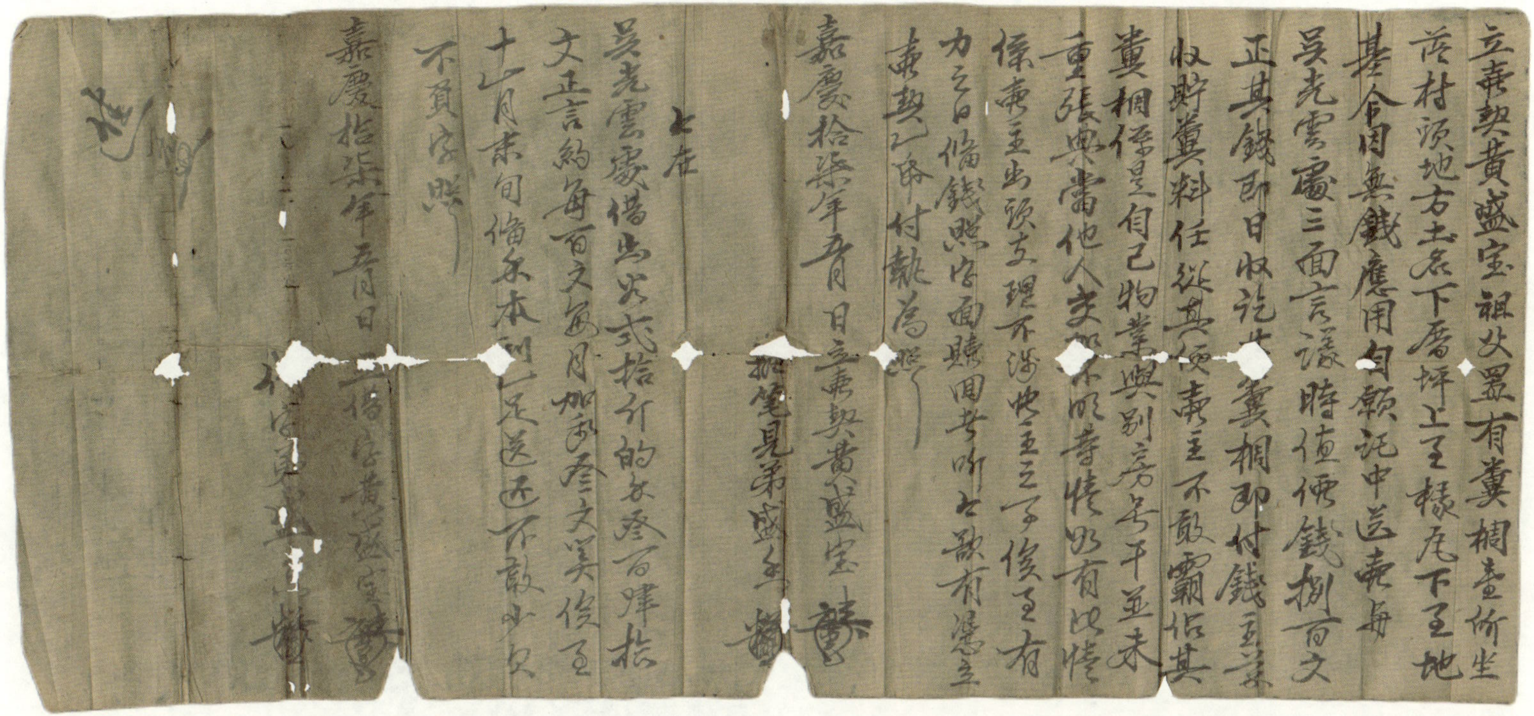

3-1-25-2　清嘉慶十七年五月黃盛寶立賣糞桶契

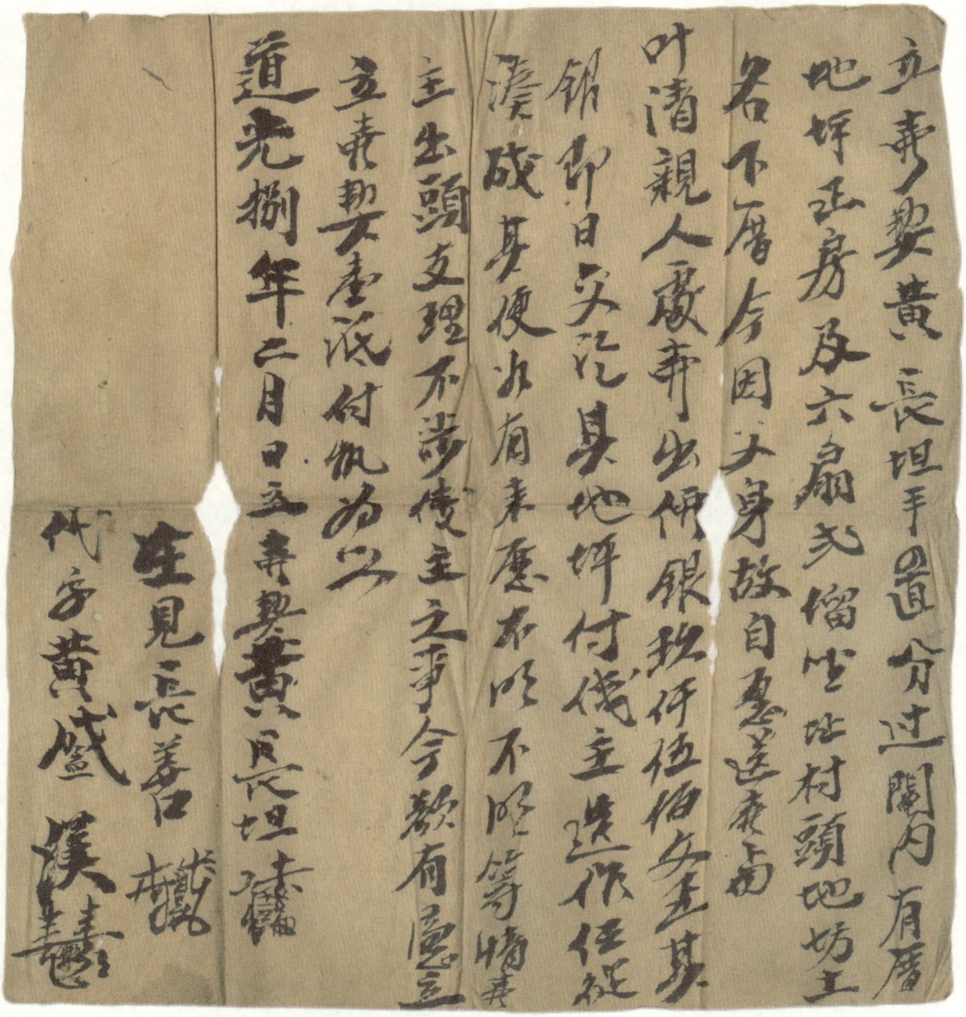

立賣契黄長坦手置分过闗内有厝地坪壹房及六扇，又𡵆坐址村頭地坊土名下厝，今因乏身故，自愿送賣與叶清親人處賣出價銀捌仟伍佰文。其銀即日交訖，其地坪付銀主前去作住議成，其便亦有來歷不明不明等情，其主出頭支理，不涉銀主之事。今欲有憑，立賣契大壹紙付執為照。

道光捌年二月　日立賣契黄長坦（押）

在見黄長喜（押）

代字黄盛漢（押）

3-1-25-3　清道光八年二月黄長坦立賣厝地坪契

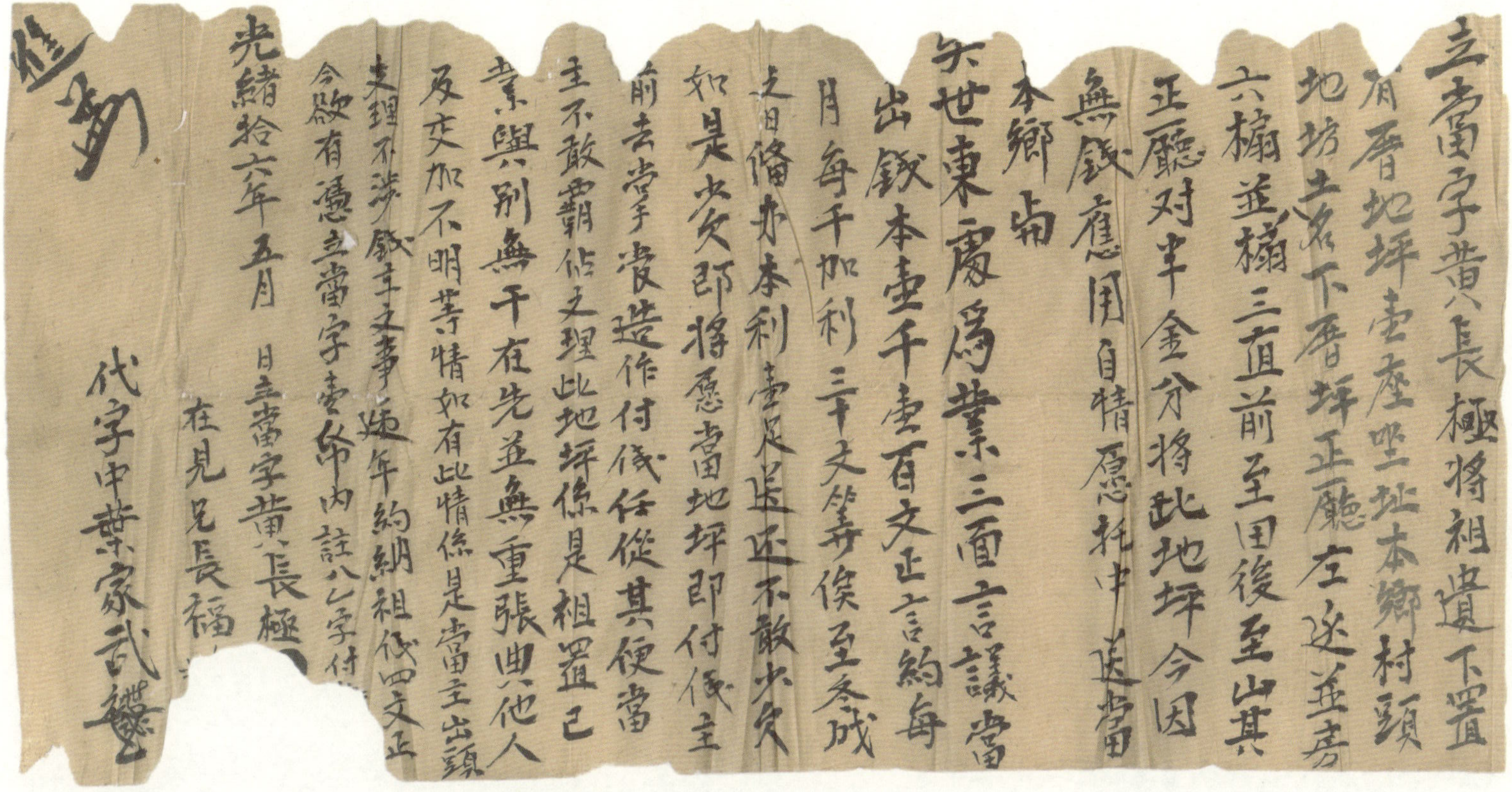

3-1-25-4 清光緒十六年五月黃長極立當厝地坪契

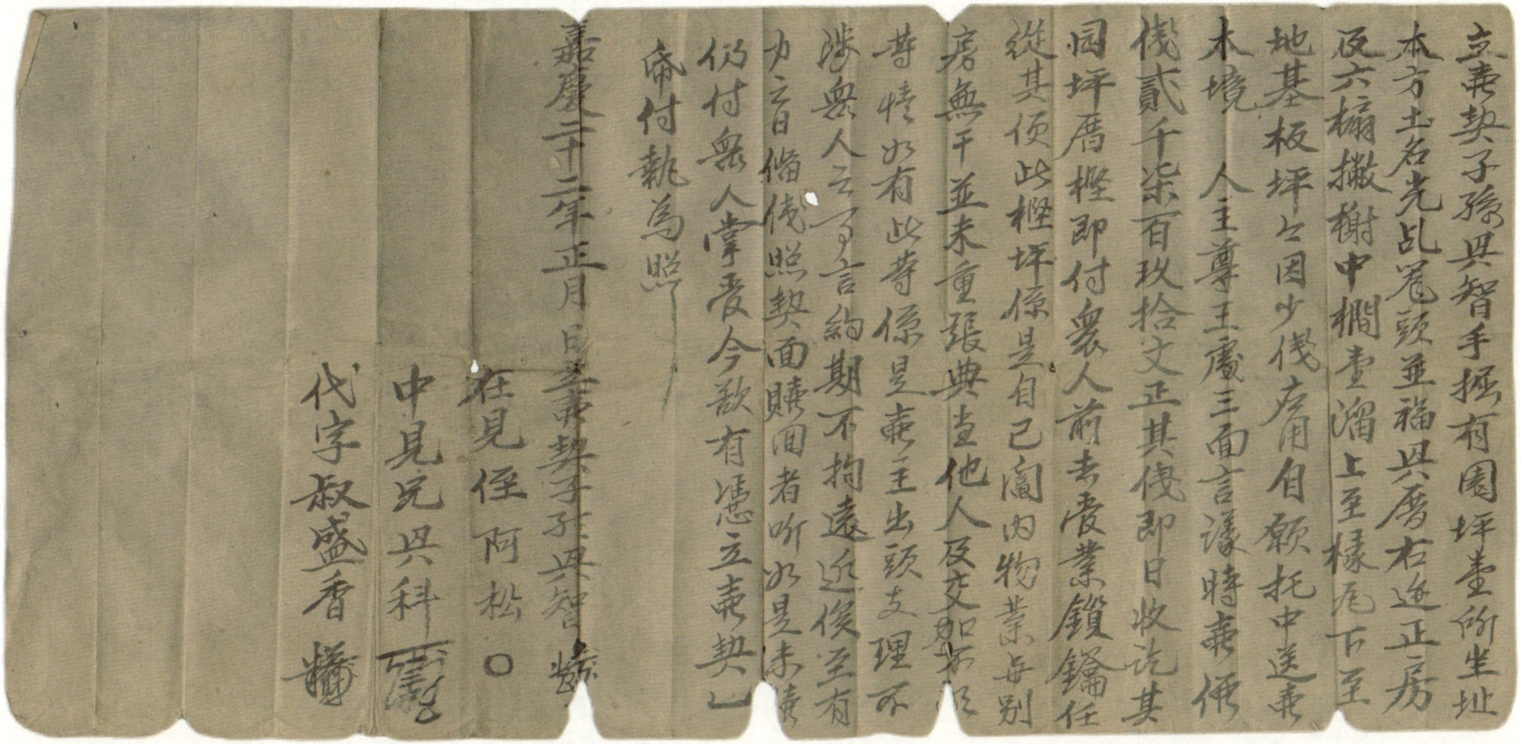
立賣契子孫巺智手置有園坪壹所坐址
本方土名先乩尾頭並福巺厝右邊正房
及六扇撇樹中欄壹瀏上至椽尾下至
地基板坪七因少錢應用自願托中送賣
本境 人主尊王處三面言議時賣價
錢貳千柒百玖拾文正其錢即日收訖其
園坪厝樫即付衆人前去賣業管鑰任
從其便此樫坪係是自己園內物業毋別
房無干並未重張典當他人及交加不
寄情如有此等係是賣主出頭支理不
涉衆人之事二言約期不拘遠近俟立有
力之日備錢照契面贖回者聽如是未贖
仍付衆人掌管今欲有憑立賣契一
帋付執為照
嘉慶二十二年正月 日立賣契子孫巺智
在見侄阿松 ○
中見兄巺科
代字叔盛香

3-1-26-1 清嘉慶二十二年正月黄巺智立賣園坪契

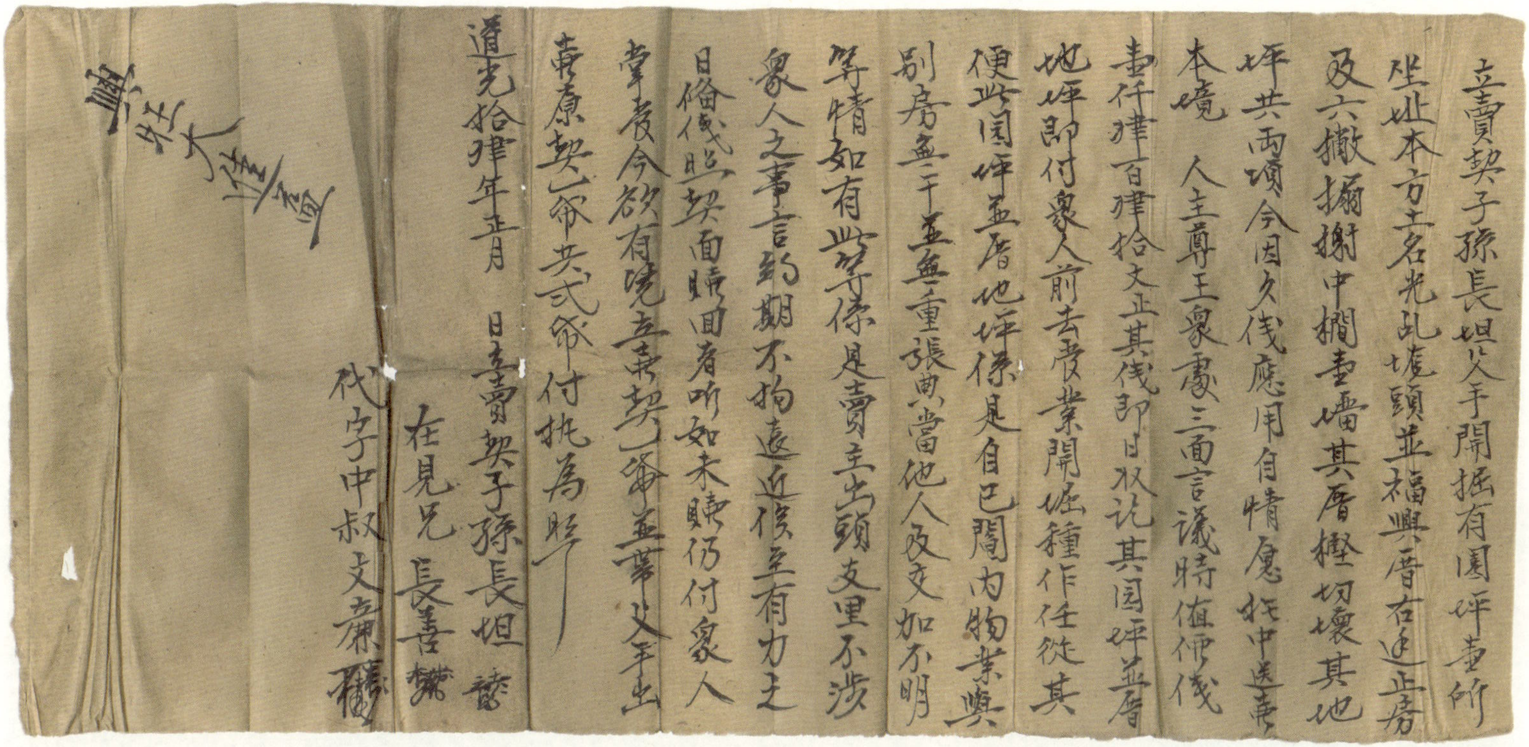
立賣契子孫長坦仝人手開掘有園坪壹所
坐址本方土名光乱墘頭並福興厝右边止房
及六撤攔擲中擱壹墻其厝樫切壞其地
坪共兩項今因乏錢應用自情愿托中送壽
本境　人主尊王象處三面言議時值價錢
壹仟肆百肆拾文正其錢即日収訖其園坪並厝
地坪即付象人前去管業開墾種作任從其
便此園坪並厝地坪係是自己闔内物業與
别房並干並無重張典當他人及交加不明
等情如有此等係是賣主出頭支里不涉
象人之事言約期不拘遠近後至有力主
日備錢照契面贖回者听如未贖仍付象人
掌管今欲有憑立賣契壹帋並葉文手出
賣原契壹帋共弍帋付执為照
道光拾肆年正月　日立賣契子孫長坦（押）
在見兄長善（押）
代字中叔文薕（押）
[illegible]

3-1-26-2　清道光十四年正月黃長坦立賣園坪契

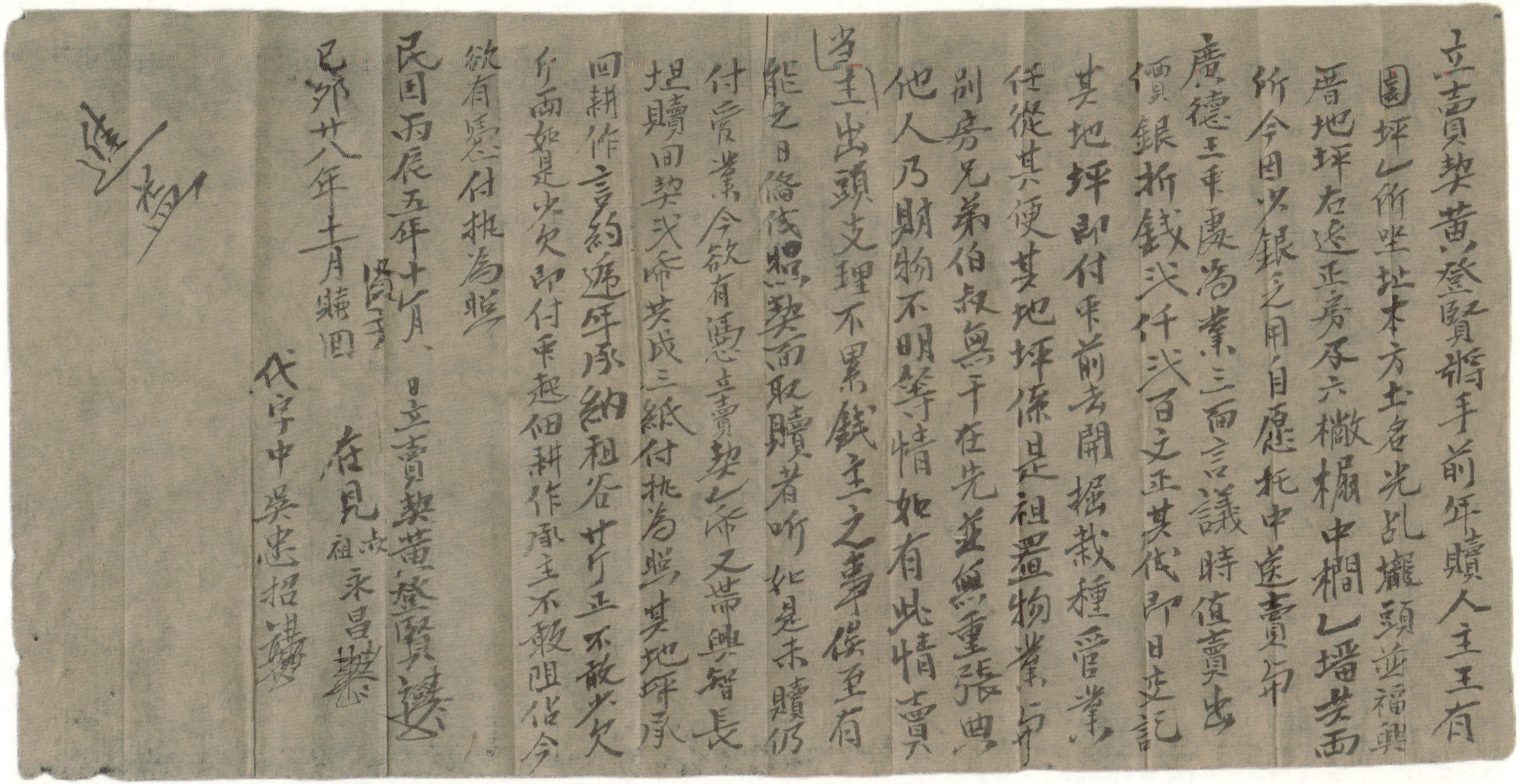

立賣契黃登賢將手前年贖人主王有
園坪乙所坐址本方土名光乩壠頭並福興
厝地坪右邊正房序六轍櫊中棡乙培其面
所今因乏銀之用自愿托中送賣與
廣德王乘處為業三面言議時值賣出
價銀折錢弍仟弍百文正其代即日交訖
其地坪即付乘前去開掘栽種管業
任從其便其地坪係是祖置物業與
別房兄弟伯叔無干在先並無重張典
他人乃財物不明等情如有此情賣
主出頭支理不累錢主之事 倘至有
能之日備代照契面取贖若所 外是未贖仍
付買業今欲有憑立賣契乙帋又帶與智長
坦贖回契弍帋共成三紙付執為照其地坪承
回耕作言約遞年承納租谷廿斤正不敢少欠
斤兩如是少欠即付乘起佃耕作承主不敢阻佔今
欲有憑付執為照
民国丙辰五年十一月 日立賣契黃登賢（押）
在見 叔祖 永昌（押）
己亥廿八年十一月贖回
代字中 吳忠招（押）
退（押）

3-1-26-3 民國五年十一月黃登賢立賣園坪契

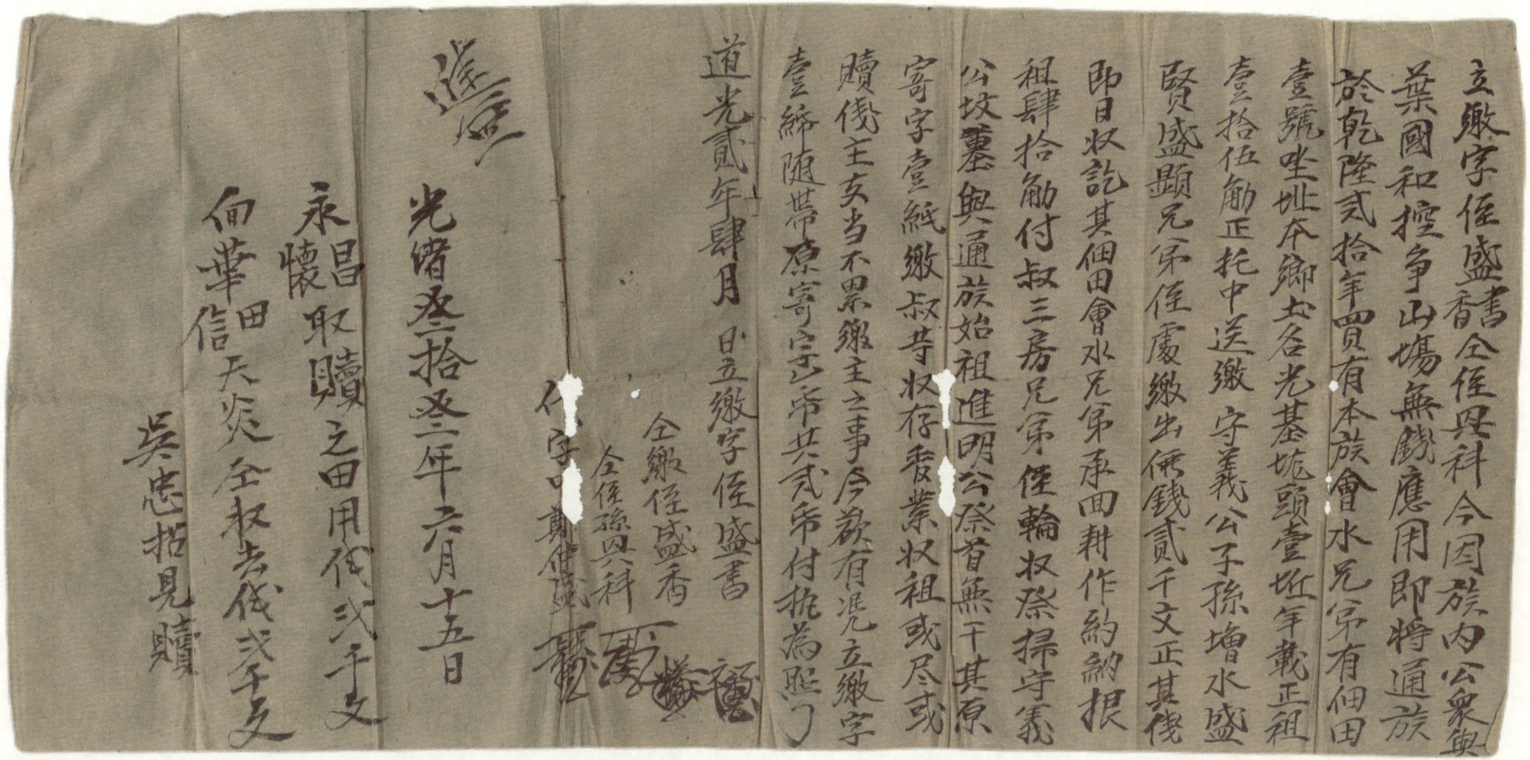
立繳字侄盛書、香仝侄興科今因族内公衆與
葉國和控爭山場無錢應用即將通族
於乾隆貳拾年買有本族會水兄弟有佃田
壹號坐址本鄉土名光基垅頭壹坵年載正租
壹拾伍觔正托中送繳守義公子孫增水盛
賢盛顯兄弟侄處繳出佛錢貳千文正其佃
即日收訖其佃田會水兄弟承佃耕作約納根
租肆拾觔付叔三房兄弟侄輪收祭掃守義
公坟墓與通族始祖進明公祭首無干其原
寄字壹紙繳叔爭收存香業收祖或尽或
贖係主交當不累繳主之事今欲有憑立繳字
壹紙隨帶原寄字壹帋共貳帋付執爲照
道光貳年肆月　日立繳字侄盛書（押）
仝繳侄盛香（押）
仝侄孫興科（押）
代字□鄭伸琛（押）
准
光緒叁拾叁年六月十五日
永昌懷取贖之田用伐弍千文
向華信田天炎仝叔去伐弍千文
吳忠招見贖

3-1-27-1　清道光二年四月黃盛書等立繳佃田字

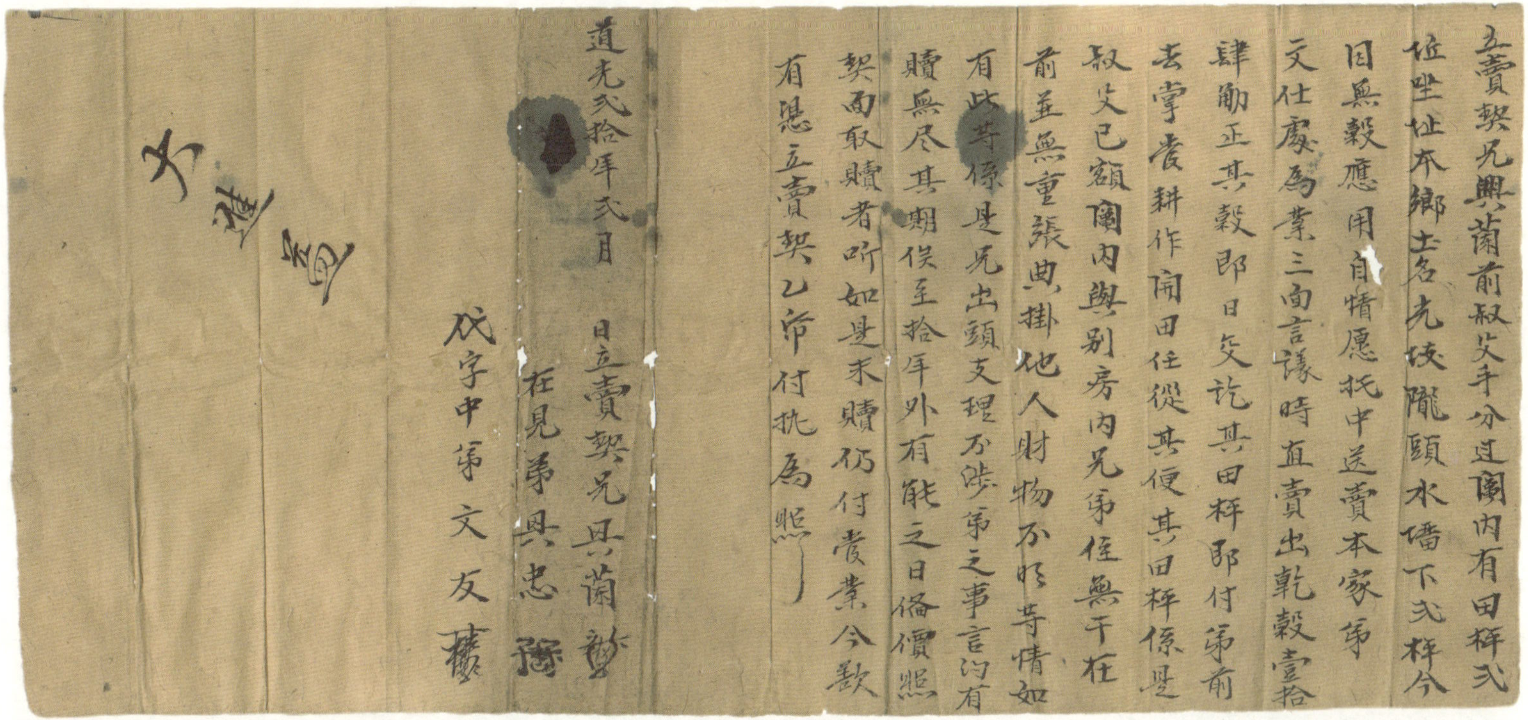
立賣契兄興蘭前叔父手分过園内有田秤弍
址坐址本鄉土名先坑隴頭水墻下弍秤今
因無穀應用自情愿托中送賣本家弟
文仕處為業三面言議時直賣出乾穀壹拾
肆觔正其穀即日交訖其田秤即付弟前
去掌管耕作開田任從其便其田秤係是
叔父已額園内與別房内兄弟侄無干在
前並無重張典掛他人財物不明等情如
有此等係是兄出頭支理不涉弟之事言約有
贖無尽其期俟至拾年外有能之日備價照
契面取贖者听如是未贖仍付管業今欲
有憑立賣契乙帋付执為照

道光弍拾年弍月　日立賣契兄興蘭
在見弟興忠
代字中弟文友

大吉昌

3-1-27-2　清道光二十年二月黃興蘭立賣田坪契

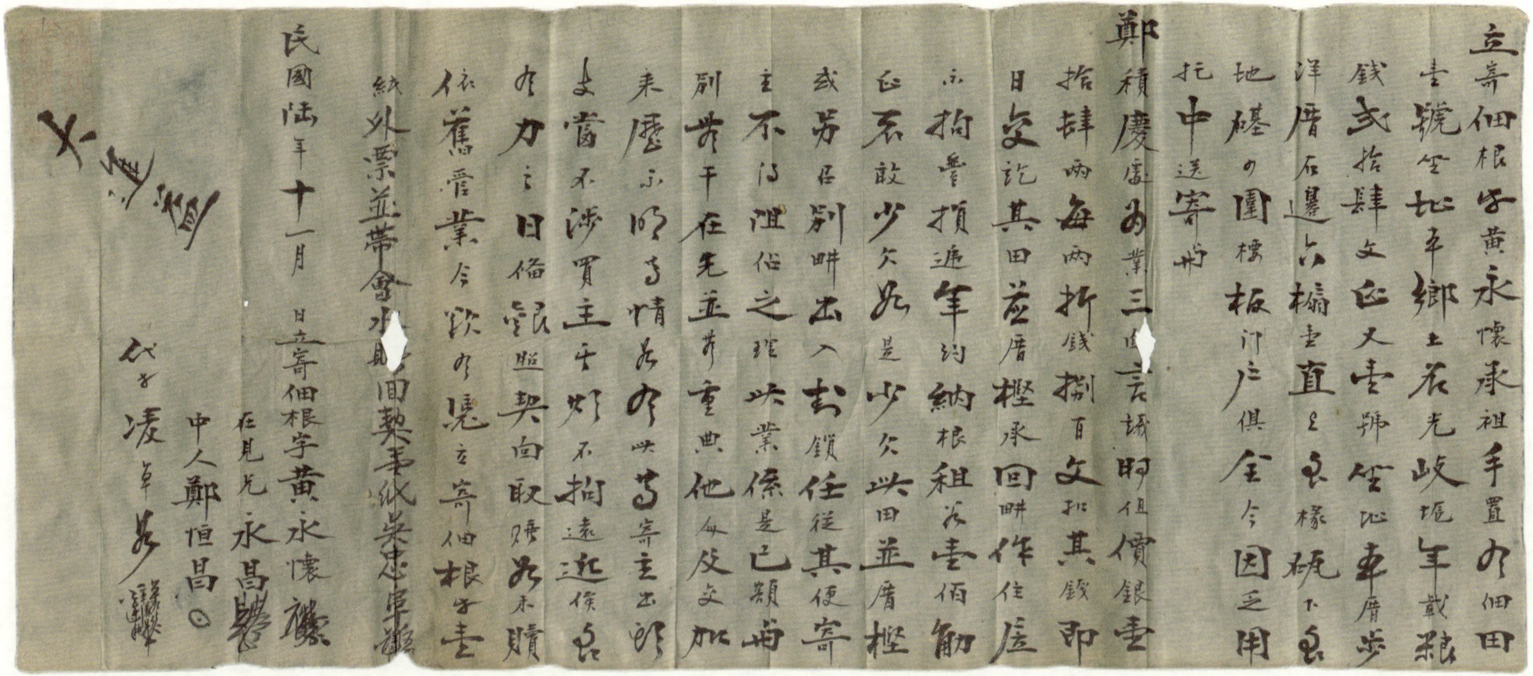

3-1-27-3 民國六年十一月黃永懷立寄佃田根字

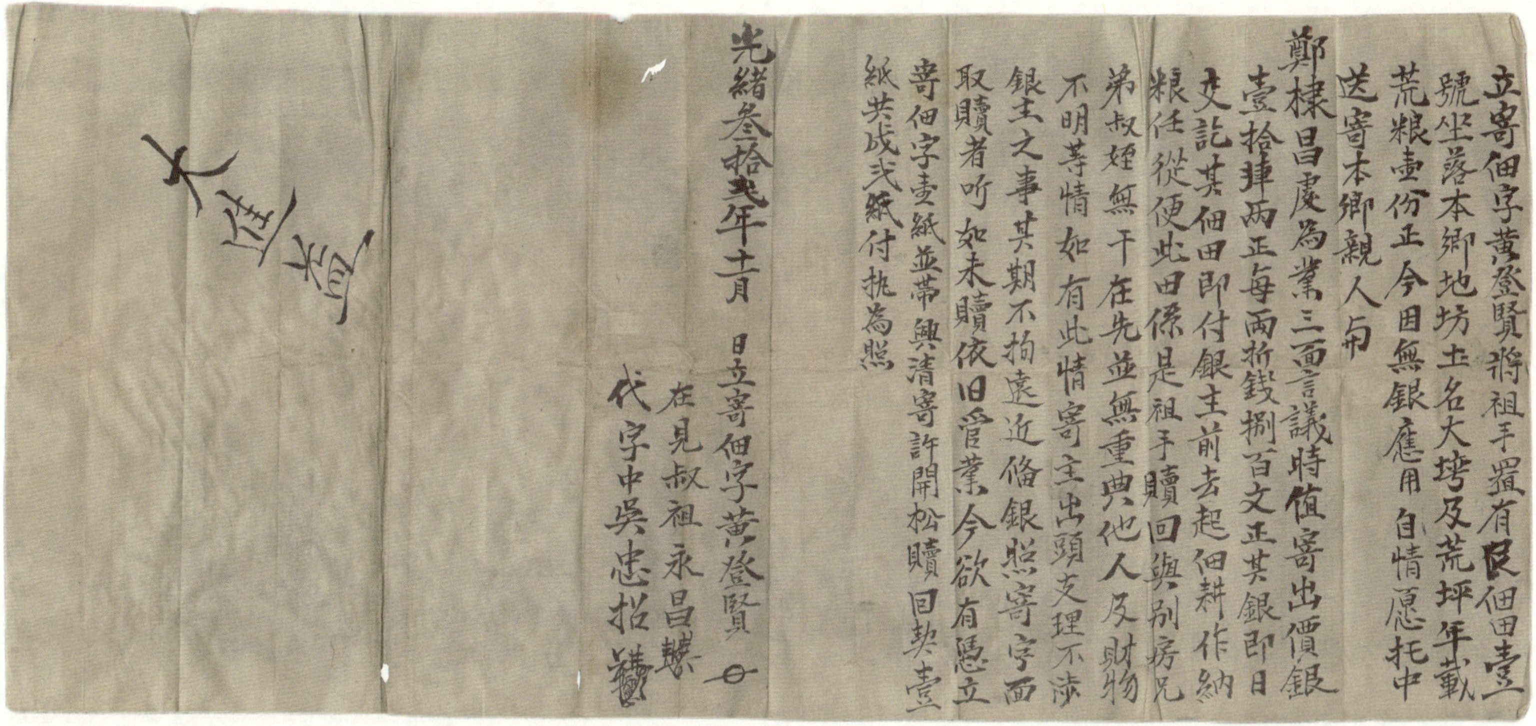
立寄佃字黃登賢將祖手買有民佃田壹
號坐落本鄉地坊土名大垮及荒坪年載
荒粮壹份正今因無銀應用自情愿托中
送寄本鄉親人向
鄭棣昌處為業三面言議時値寄出價銀
壹拾肆兩正每兩折錢捌百文正其銀即日
交訖其佃田即付銀主前去起佃耕作納
粮任從便此田係是祖手贖回與別房兄
弟叔姪無干在先並無重典他人及財物
不明等情如有此情寄主出頭支理不涉
銀主之事其期不拘遠近備銀照寄字面
取贖者听如未贖依旧管業今欲有憑立
寄佃字壹紙並帶與清寄許開松贖回契壹
紙共成弍紙付執為照

光緒叁拾弍年十一月　日立寄佃字黃登賢（押）
在見叔祖永昌（押）
代字中吳忠招（押）

大建康

3-1-28-1　清光緒三十二年十一月黃登賢立寄民佃田字

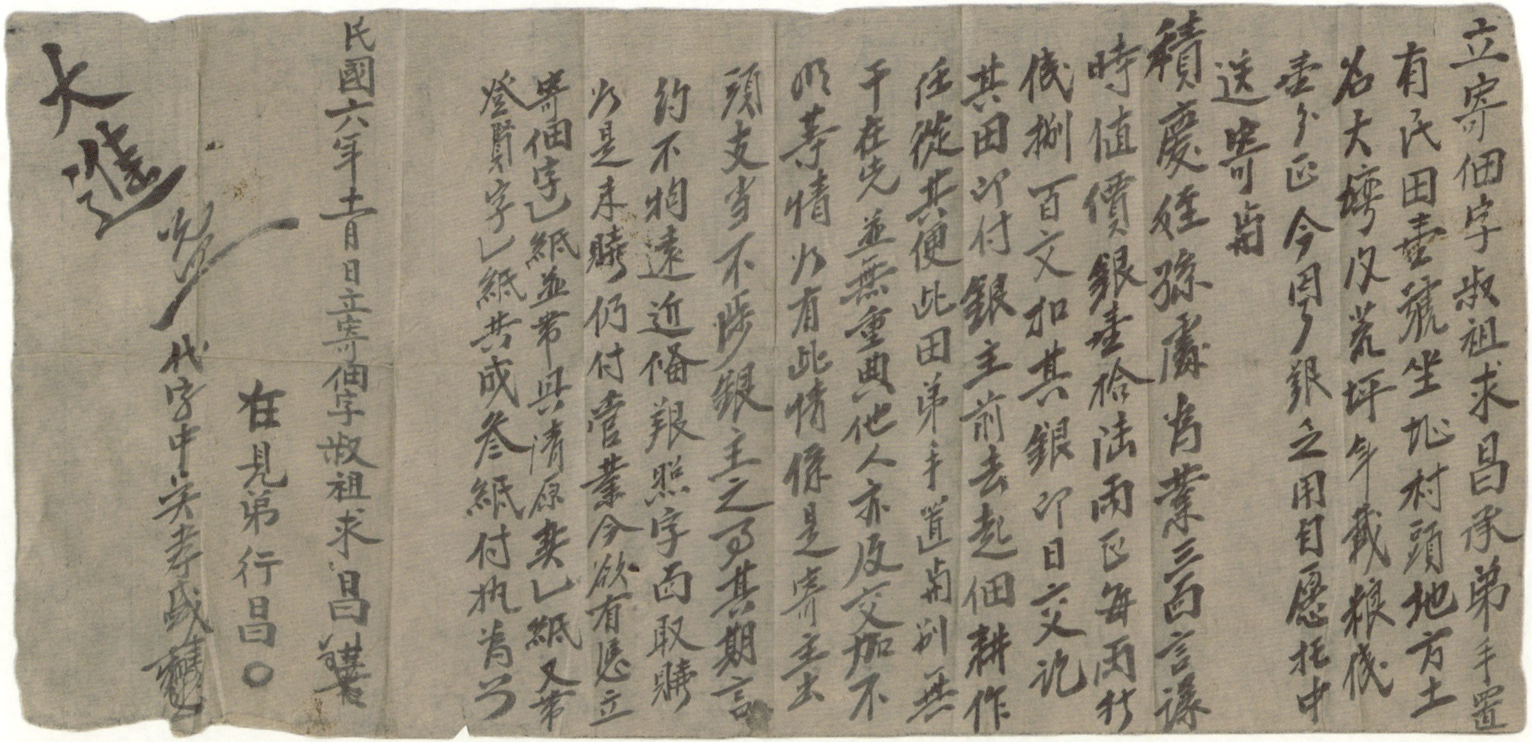
立寄佃字叔祖求昌承弟手置
有民田壹號坐址村頭地方土
名大墩仔荒坪年載粮儀
壹斗正今因乏銀之用自愿托中
送寄與
積慶姪孫處爲業三面言議
時值價銀壹拾陆两正每两折
錢捌百文加其銀即日交訖
其田即付銀主前去起佃耕作
任從其便此田系手置與別無
干在先並無重典他人亦無交加不
明等情如有此情係是寄主出
頭支當不涉銀主之事其期言
約不拘遠近備銀照字面取贖
如是未贖仍付管業今欲有憑立
寄佃字乙紙並帶上手清原契乙紙又帶
登賬字乙紙共成叁紙付執為照
民國六年十一月日立寄佃字叔祖求昌
在見弟 行昌
代字中 吴孝成
大進

3-1-28-2 民國六年十一月黃求昌立寄佃民田字

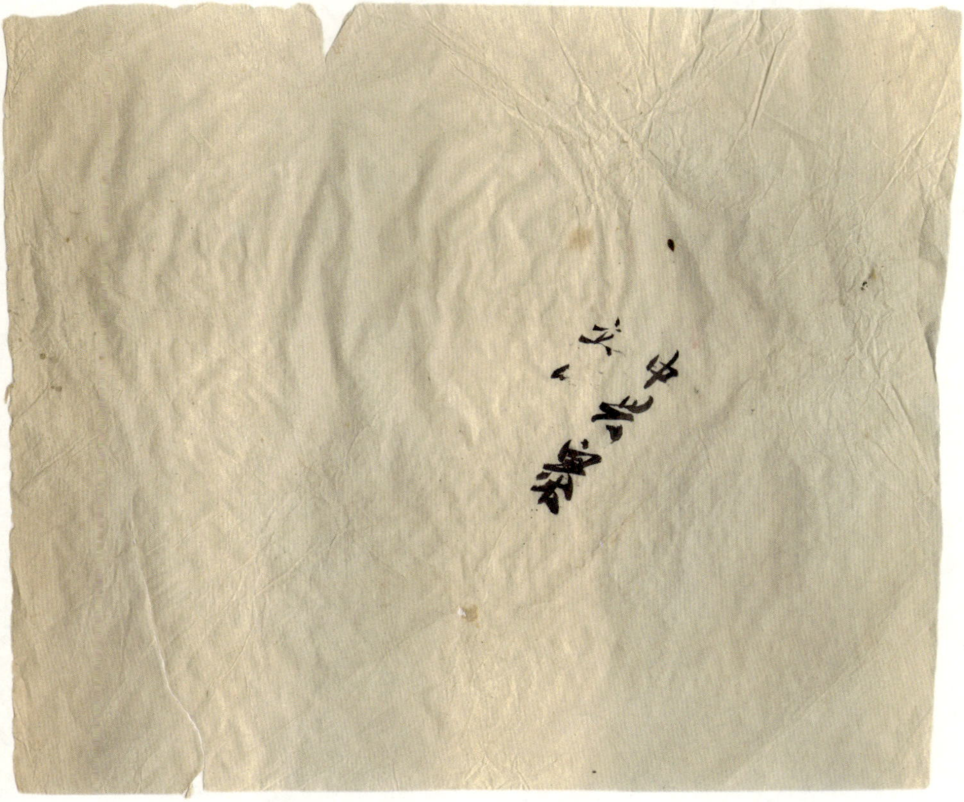

3-1-29-1　包契紙

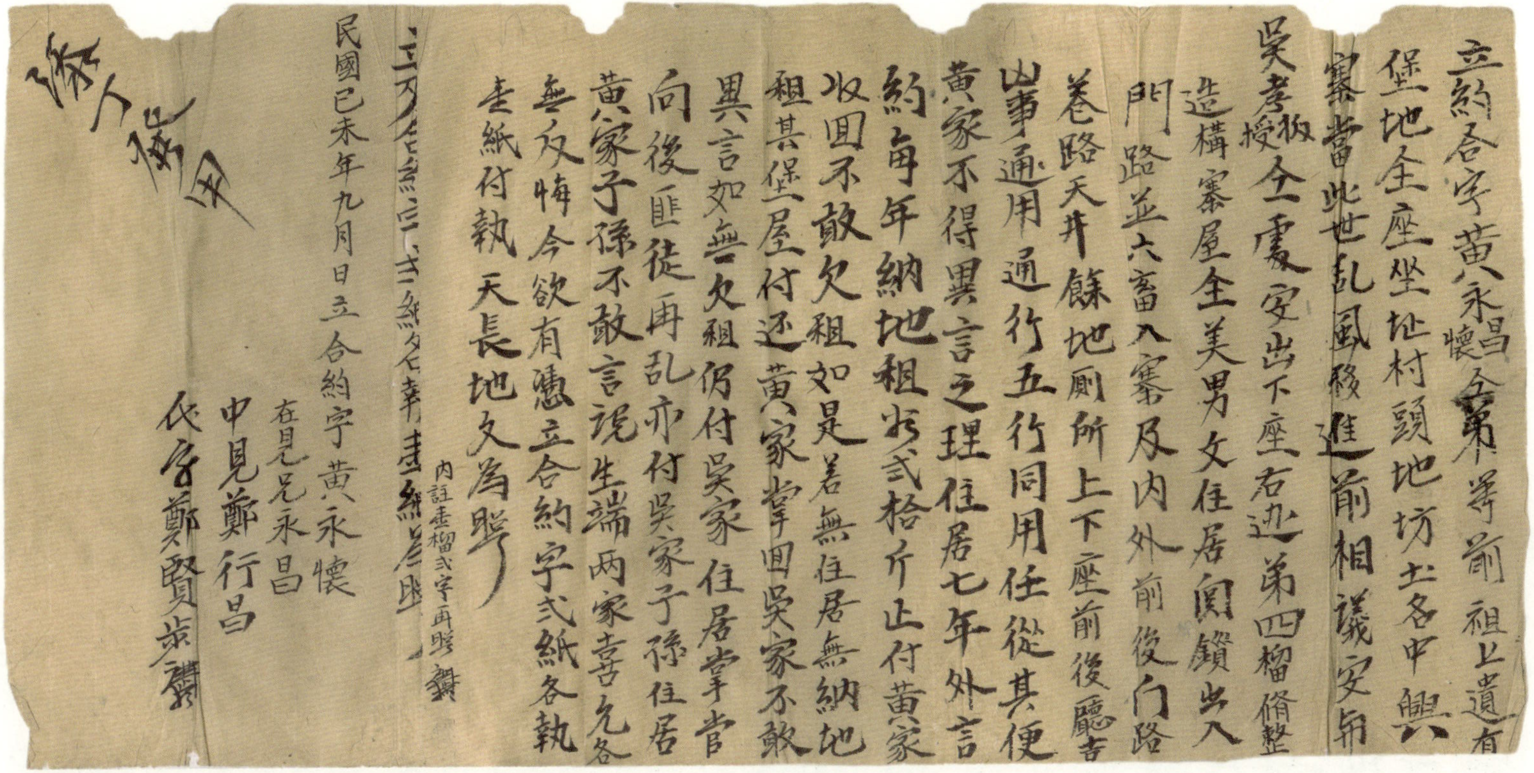

立約合字黃永昌、永懷仝弟等前祖上遺有
堡地仝座坐址村頭地坊土名中興六
寨當此世乱風發進前相議安帖
吳孝枚、孝授仝處安出下座右边第四榴脩整
造構寨屋全美男女住居閑鎖出入
門路並六畜入寨及內外前後门路
巷路天井餘地廁所上下座前後廳堂
出事通用通行五行同用任從其便
黃家不得異言之理住居七年外言
約每年納地租穀式拾斤正付黃家
收回不敢欠租如是若無住居無納地
租其堡屋付还黃家掌回吳家不敢
異言如無欠租仍付吳家住居掌管
向後匪徒再乱亦付吳家子孫住居
黃家子孫不敢言論生端兩家喜允各
無反悔今欲有憑立合約字式紙各執
壹紙付執天長地久為照

內註壹榴式字再照

民國己未年九月日立合約字黃永懷
在見兄永昌
中見鄭行昌
代字鄭賢崇

3-1-29-2　民國八年九月黃永昌等立合約字

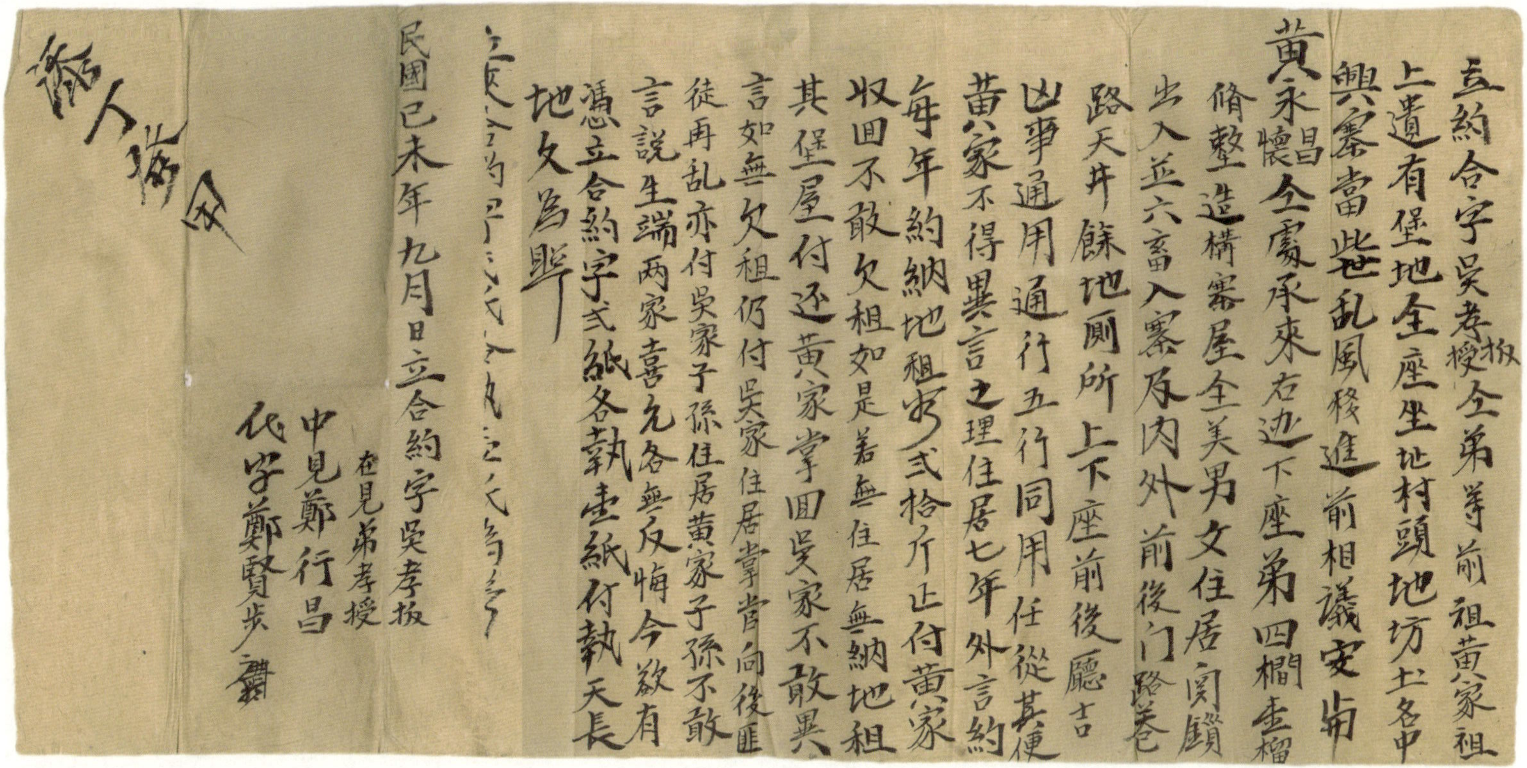

立約合字吳孝扳仝弟等前祖黄家祖
上遺有堡地仝座坐址村頭地坊土名中
興寨當甾乱風移進前相議安帖
黄永昌懷仝處承來右边下座弟四櫊壹榴
脩整造構寨屋仝美男文住居闵鎖
出入並六畜入寨存內外前後门路巷
路天井餘地厠所上下座前後廳吉
凶事通用通行五行同用任從其便
黄家不得異言之理住居七年外言約
每年約納地租䖏式拾斤正付黄家
收回不敢欠租如是若無住居無納地租
其堡屋付还黄家掌回吳家不敢異言
言如無欠租仍付吳家住居掌管向後匪
徒再乱亦付吳家子孫住居黄家子孫不敢
言說生端兩家喜允各無反悔今欲有
憑立合約字式紙各執壹紙付執天長
地久為照

民國己未年九月日立合約字吳孝扳
在見弟孝授
中見鄭行昌
代字鄭賢步書

添人發合

3-1-29-3　民國八年九月吳孝扳等立合約字

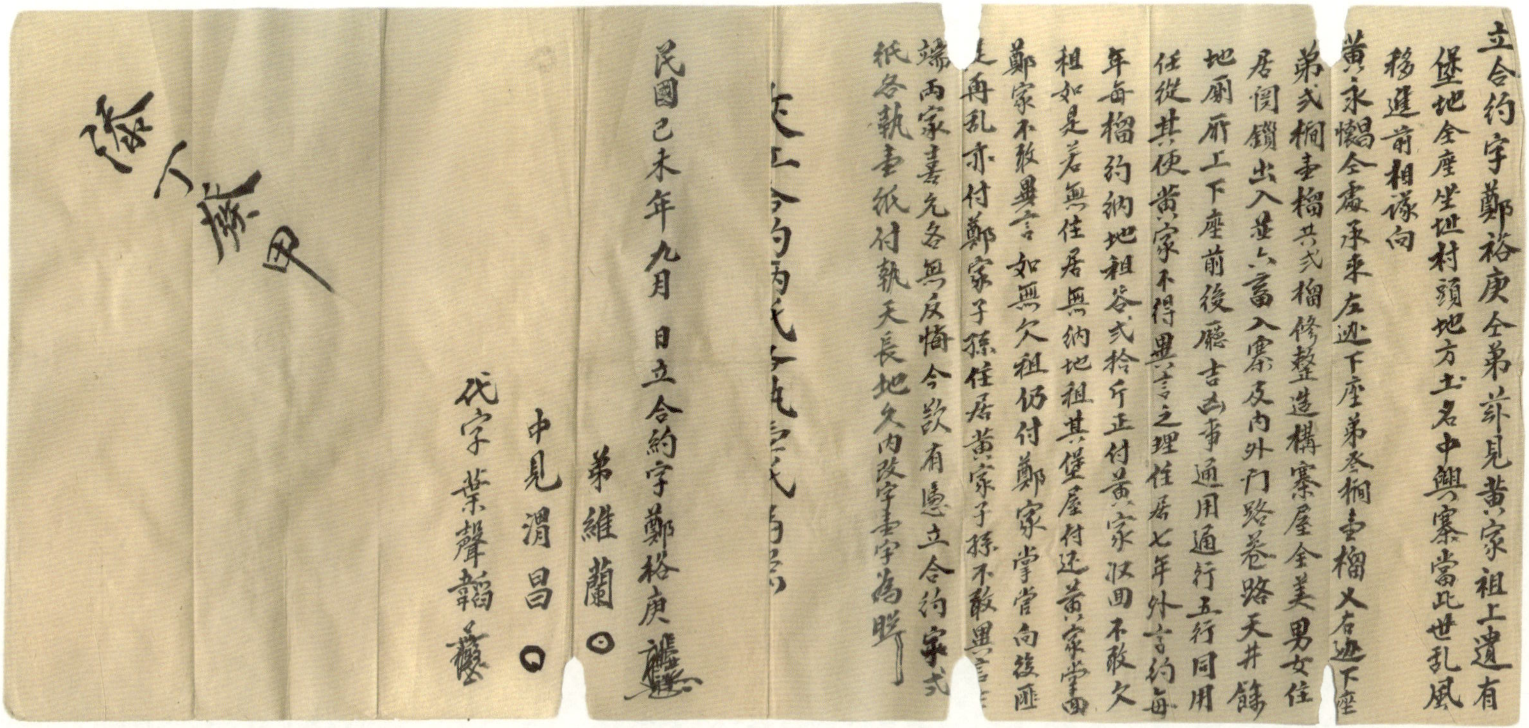
立合約字鄭裕庚仝弟並見黃家祖上遺有
堡地仝座坐址村頭地方土名中興寨當此世乱風
移進前相議向
黃永熾仝處承來左边下座弟叁榈壹榈又右边下座
弟弍榈壹榈共弍榈修整造構寨屋全美男女住
居閏鎖出入並六畜入寨及內外门路巷路天井餘
地廁所工下座前後廳吉凶事通用通行五行同用
任從其便黃家不得異言之理住居七年外言約每
年每榈約納地租谷弍拾斤正付黃家収回不敢欠
租如是若無住居無納地租其堡屋付还黃家掌回
鄭家不敢異言 如無欠租仍付鄭家掌管向後匪
息再乱亦付鄭家子孫住居黃家子孫不敢異言 此
係兩家喜允各無反悔今欲有憑立合約字式
紙各執壹紙付執天長地久內改字壹字為照

立合約兩紙各執為照

民國己未年九月　日立合約字鄭裕庚（押）
弟維蘭（押）
中見渭昌（押）
代字葉聲韶（押）

從人蔡甲

3-1-29-4　民國八年九月鄭裕庚等立合約字

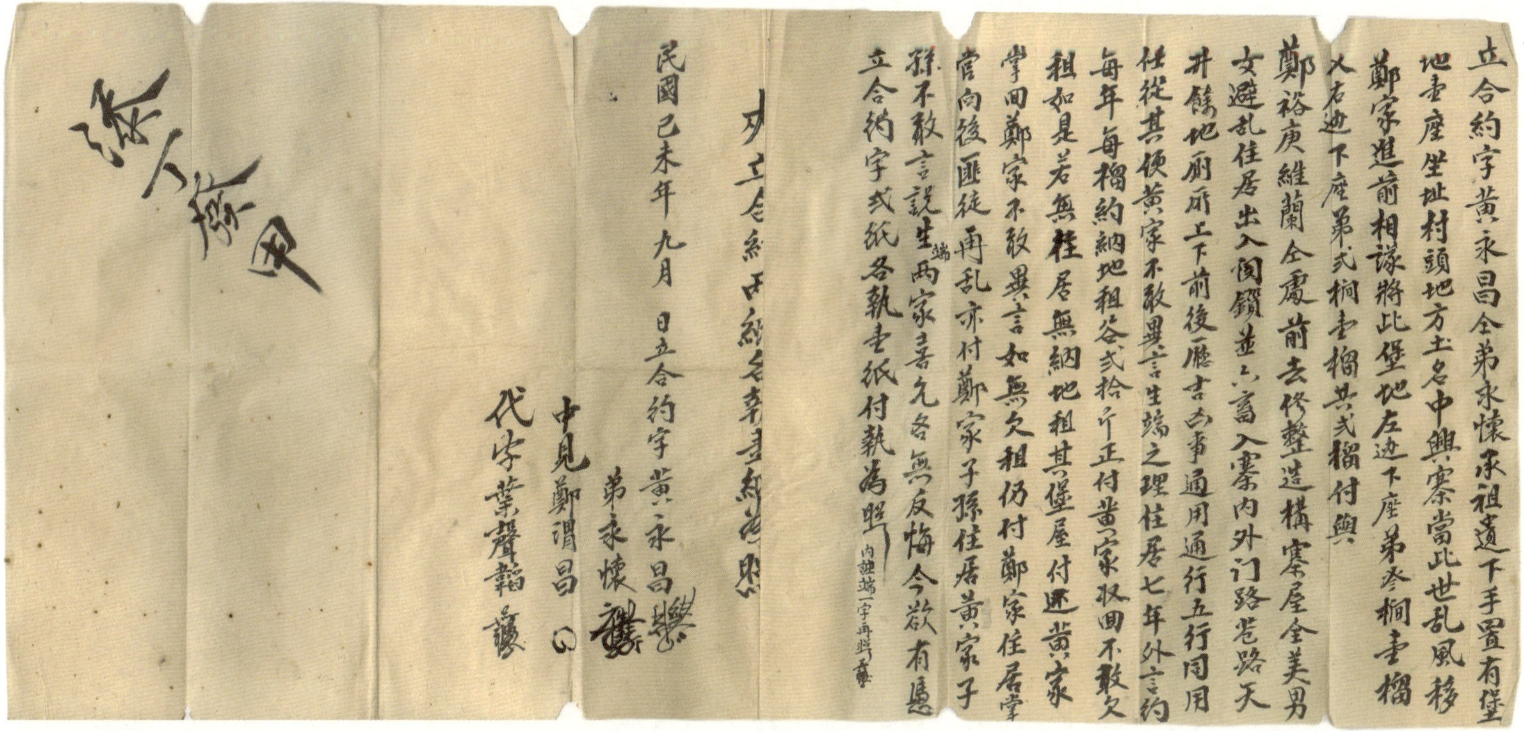

立合約字黃永昌仝弟永懷承祖遺下手置有堡
地壹座坐址村頭地方土名中興寨當此世乱風移
鄭家進前相議將此堡地左边下座弟叁榈壹榴
又右边下座弟弍榈壹榴共弍榴付與
鄭裕庚維蘭仝處前去修整造構寨屋仝美男
女避乱住居出入閘鎖並六畜入寨內外门路巷路天
井餘地厠所上下前後廳古冇事通用通行五行同用
任從其便黃家不敢異言生端之理住居七年外言約
每年每榴約納地租谷弍拾斤正付黃家收回不敢欠
租如是若無住居無納地租其堡屋付還黃家
掌回鄭家不敢異言如無欠租仍付鄭家住居掌
管向後匪徒再乱亦付鄭家子孫住居黃家子
孫不敢言說生端兩家喜允各無反悔今欲有憑
立合約字弍紙各執壹紙付執為照 內註端一字再照

對立合約字兩紙各執壹紙為照

民國己未年九月　日立合約字黃永昌
弟永懷
中見鄭渭昌
代字葉聲韜

添丁發甲

3-1-29-5　民國八年九月黃永昌等立合約字

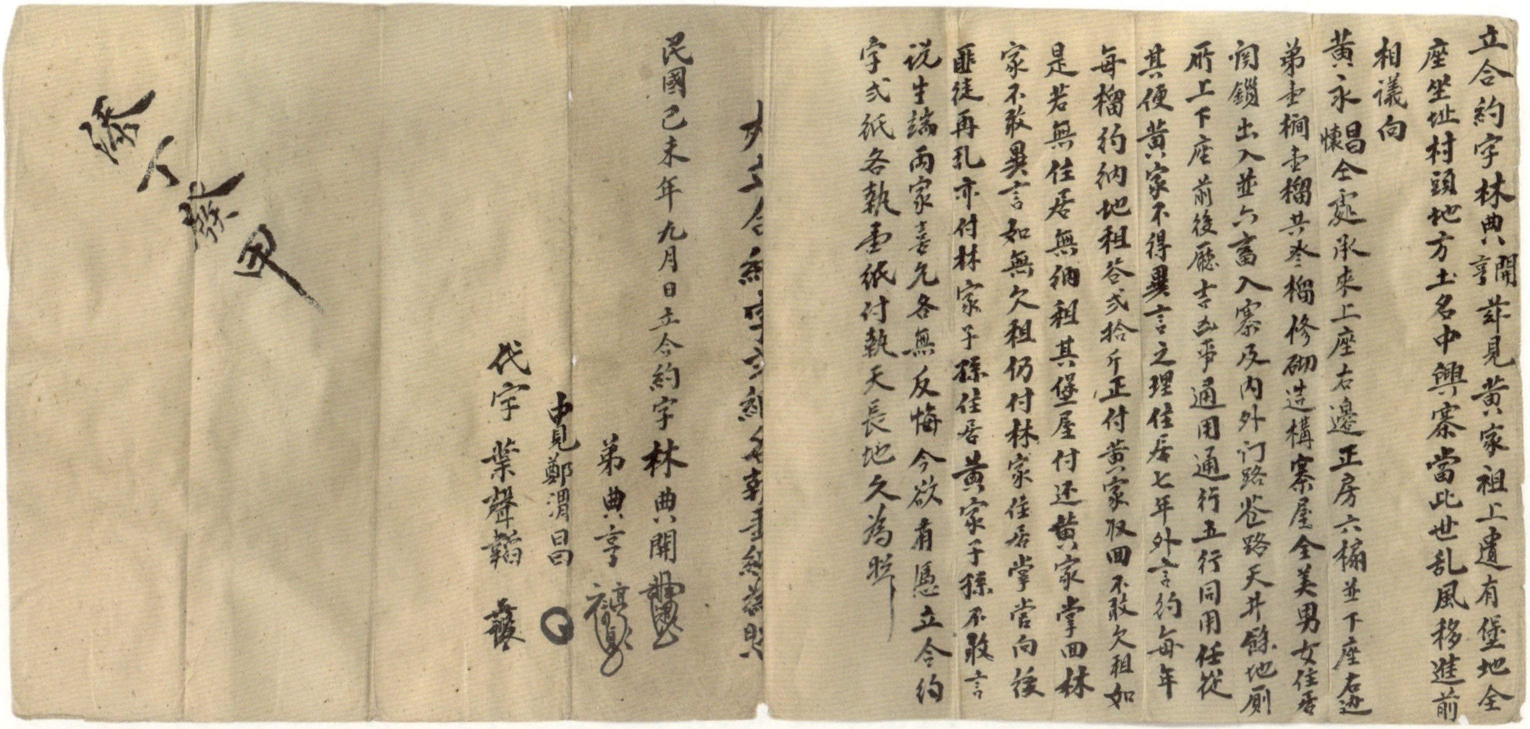

3-1-29-6　民國八年九月林典開等立合約字

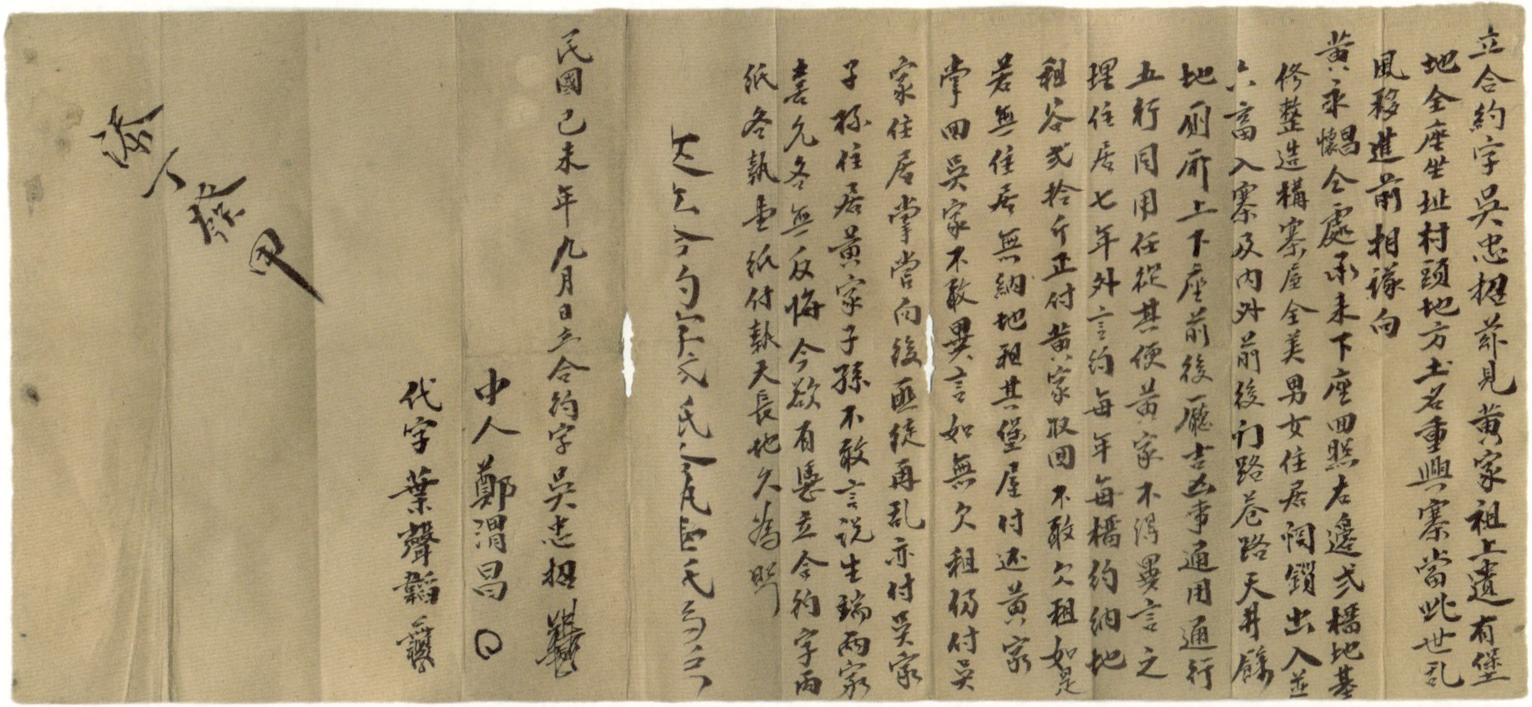

立合約字吳忠招爲見黃家祖上遺有堡
地全座坐址村頭地方土名重興寨當此世亂
風移進前相緣向
黃家懇合處承耒下座田點右邊弍橋地基
修整造構寨屋全美男女住居閂鎖出入並
六畜入寨及内外前後門路巷路天井餘
地厠所上下座前後一應吉凶事通用通行
五行同用任從其便黃家不得異言之
理住居七年外言約每年每橋約納地
租谷弍拾斤正付黃家收回不敢欠租如是
若無住居無納地租其堡屋付还黃家
掌田吳家不敢異言如無欠租仍付吳
家住居掌管向後匪徒再乱亦付吳家
子孫住居黃家子孫不敢言說生端兩家
喜允各無反悔今欲有憑立合約字兩
紙各執壹紙付執天長地久爲照

[illegible]

民國己未年九月日立合約字吳忠招 [illegible]

中人鄭渭昌 [illegible]

代字葉聲翰 [illegible]

[illegible]

3-1-29-7　民國八年九月吳忠招立合約字

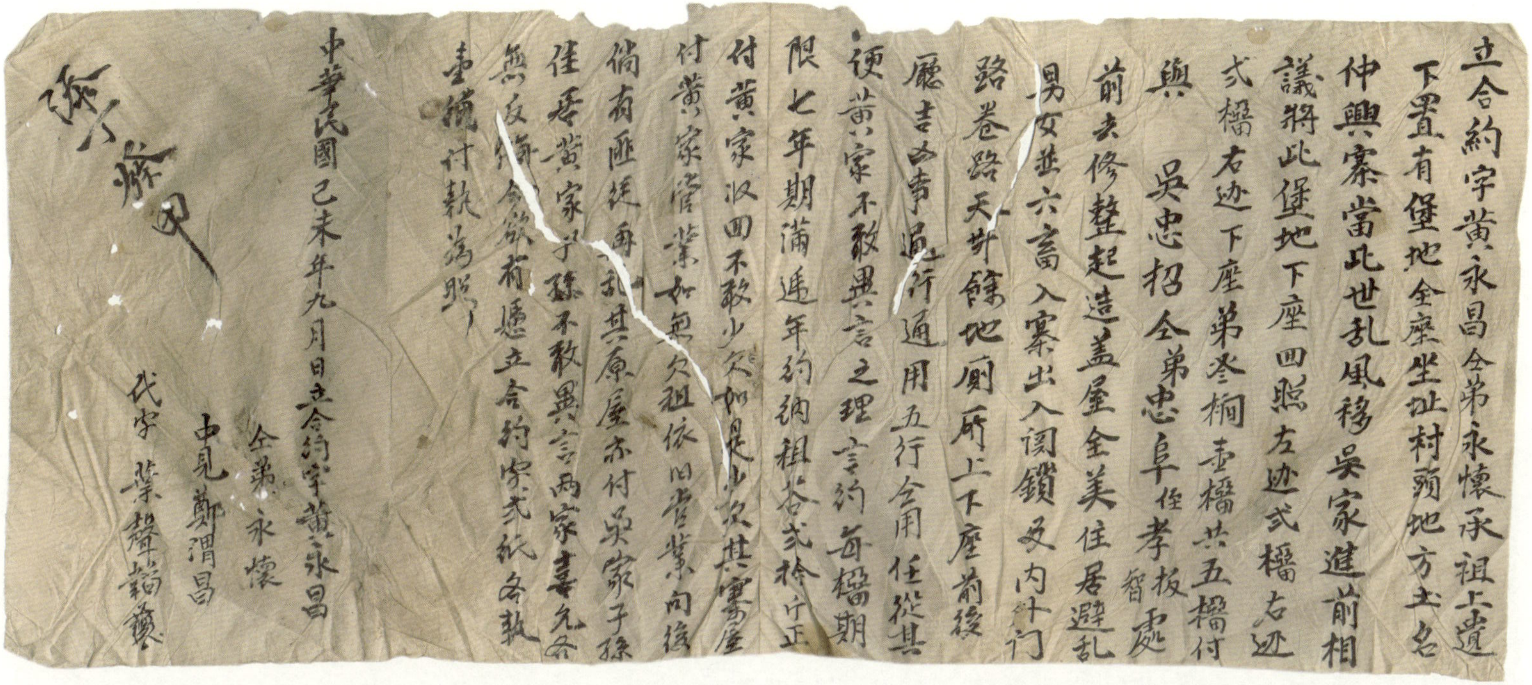
立合約字黄永昌仝弟永懷承祖上遺
下置有屋地仝座坐址村蔸地方土名
仲興寨當此世乱風移吳家進前相
議將此屋地下座四踮左迹弍榴右迹
弍榴右迹下座弟叁桐壹榴共五榴付
與　吳忠招仝弟忠阜侄孝枝智處
前去修整起造盖屋仝美住居避乱
男女並六畜入寨出入閗鎖及内外门
路巷路天井餘地厠所上下座前後
廳吉凶事通行通用五行仝用任從其
便黄家不敢異言之理言約每榴期
限七年期滿逓年約納租谷弍拾斤正
付黄家収回不敢少欠如是少欠其屋
付黄家管業如無欠租依旧管業向後
倘有匪徒再乱其原屋亦付吳家子孫
住居黄家子孫不敢異言两家喜允各
無反悔今欲有憑立合約字弍紙各執
壹紙付執為照。

中華民國己未年九月日立合約字黄永昌
仝弟　永懷
中見　鄭渭昌
代字　葉聲韶

3-1-29-8　民國八年九月黃永昌等立合約字

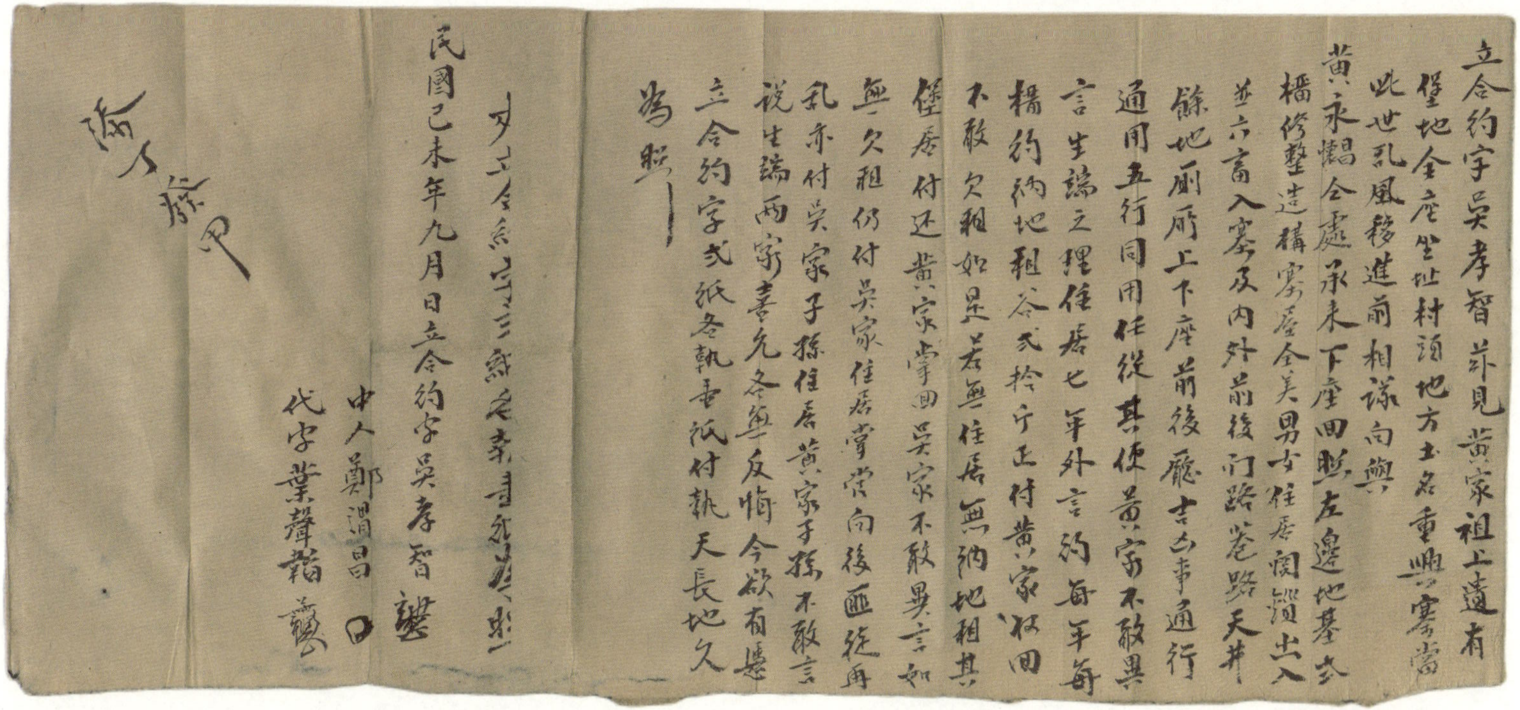

立合約字吳孝智，并見黃家祖上遺有
堂地仝座，坐址村頭地方，土名重興寨，當
此世亂風移，進前相議向與
黃永鵲仝處承來下座田默左邊地基叁
擂修整造構寨屋，全吳男女住居，閗鑽出入
并六畜入寨，及內外前後門路、巷路、天井、
餘地、厠所，上下座前後廳，吉凶事通行
通用，五行同用，任從其便，黃家不敢異
言生端之理。住居七年外言約，每年每
擂約納地租谷弍拾斤正，付黃家收回，
不敢欠租。如是吳宗無住居，無納地租，其
屋付还黃家掌回，吳家不敢異言。如
無欠租，仍付吳家住居，嘗向後亟従再
乱，亦付吳家子孫住居，黃家子孫不敢言
说生端。兩家喜允，各無反悔，今欲有憑，
立合約字弍纸，各執壹纸，付執天長地久
為照。

外立合約字三紙各執壹紙為照

民國己未年九月　日立合約字吳孝智（押）
中人鄭渭昌（押）
代字葉聲韜（押）

添丁發甲

3-1-29-9　民國八年九月吳孝智立合約字

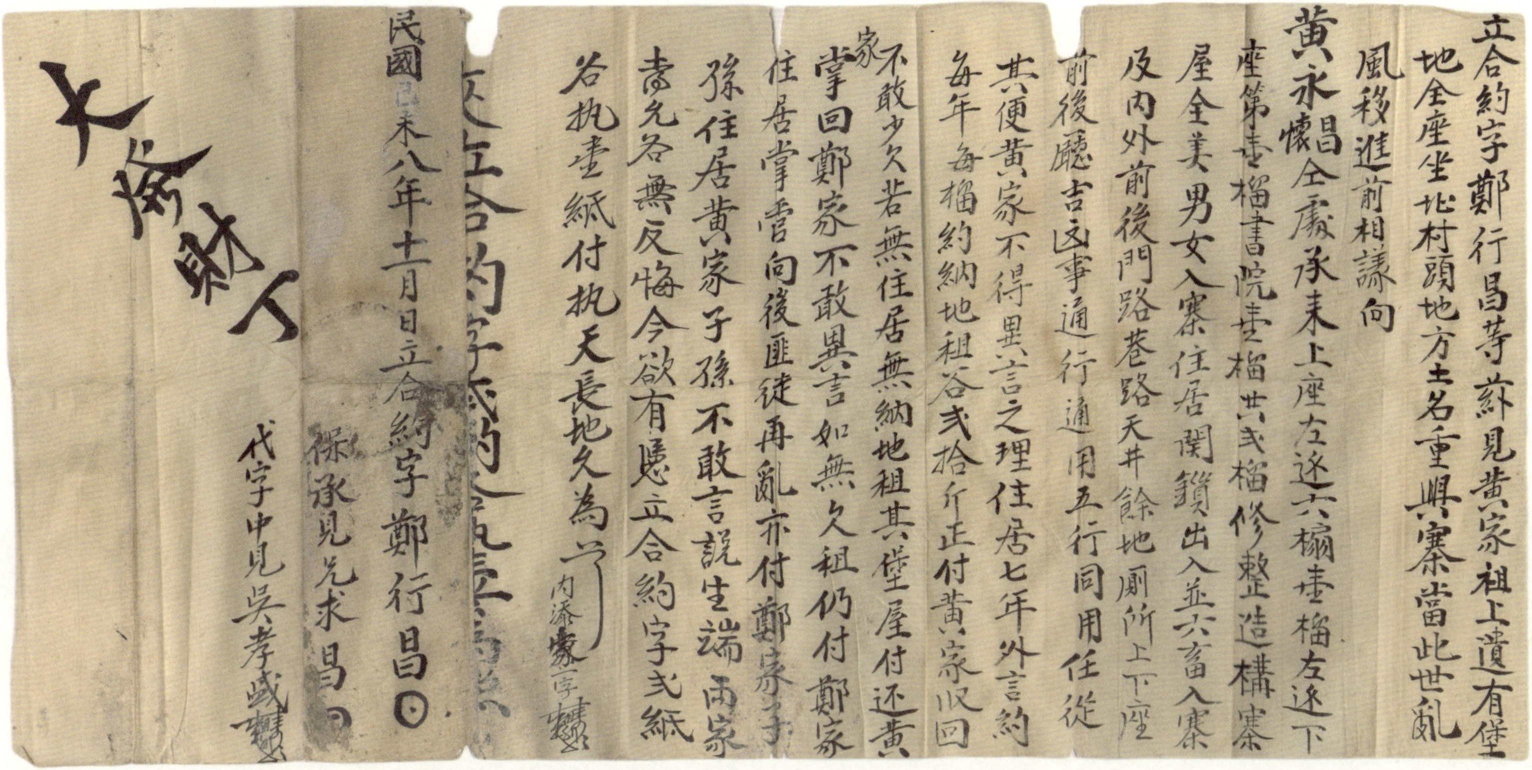

立合約字鄭行昌等，爲見黃家祖上遺有堡
地全座坐北村頭地方土名重興寨，當此世亂
風移，進前相議，向
黃永懷昌仝處承來上座左邊六扇壹榀，左邊下
座第壹榀書院壹榀，共弍榀，修整造構寨
屋，全美男女入寨住居，關鎖出入並六畜入寨，
及內外前後門路巷路天井餘地廁所上下座
前後廳吉凶事通行通用，五行同用，任從
其便，黃家不得異言之理。住居七年外言約
每年每榀約納地租谷弍拾斤正，付黃家收回，
不敢少欠，若無住居，無納地租，其堡屋付还黃家
掌回，鄭家不敢異言，如無欠租，仍付鄭家
住居掌管，向後匪徒再亂，亦付鄭家子
孫住居，黃家子孫不敢言說生端，兩家
甘允，各無反悔，今欲有憑，立合約字弍紙，
各執壹紙，付執，天長地久爲照。內添"家"壹字
民國己未八年十一月 日立合約字鄭行昌（押）
保承見兄求昌（押）
代字中見吳孝盛（押）
大發財丁

3-1-29-10 民國八年十一月鄭行昌立合約字

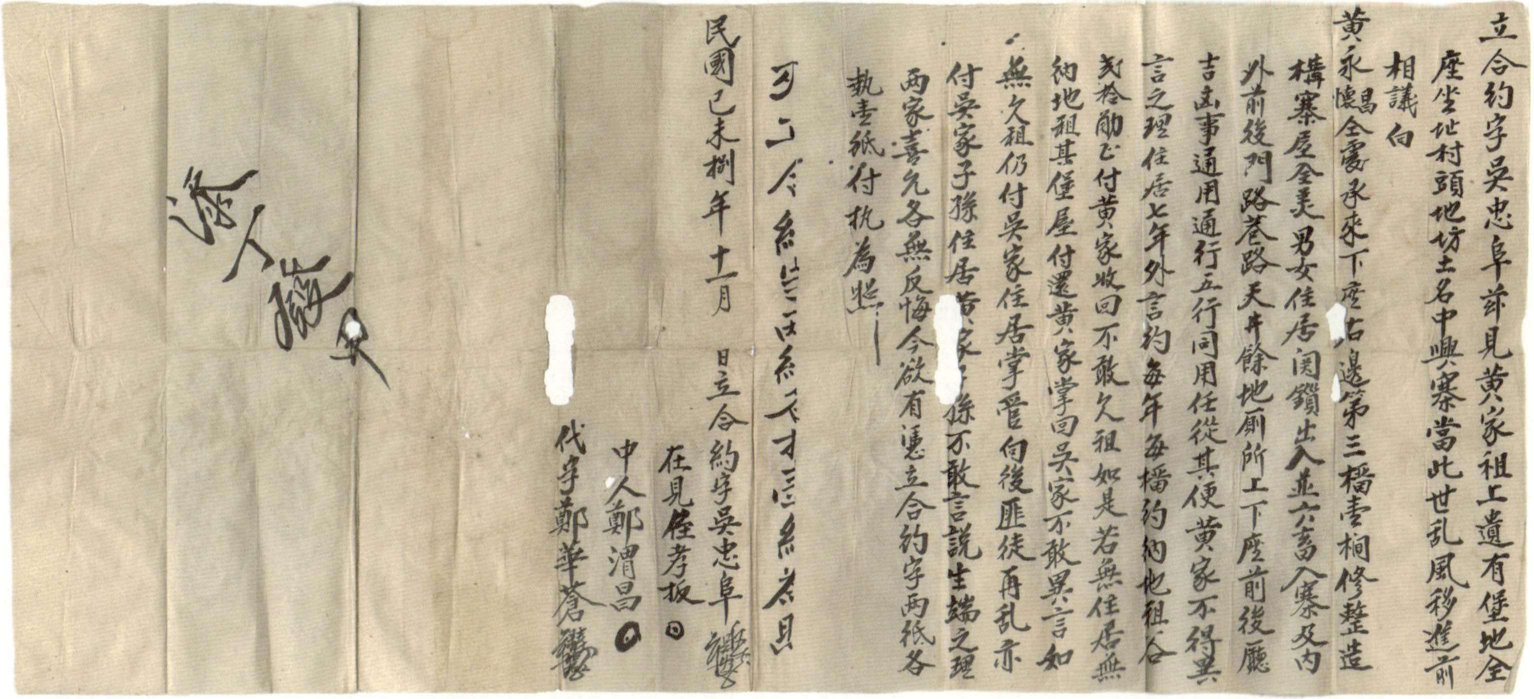

3-1-29-11　民國八年十一月吳忠阜立合約字

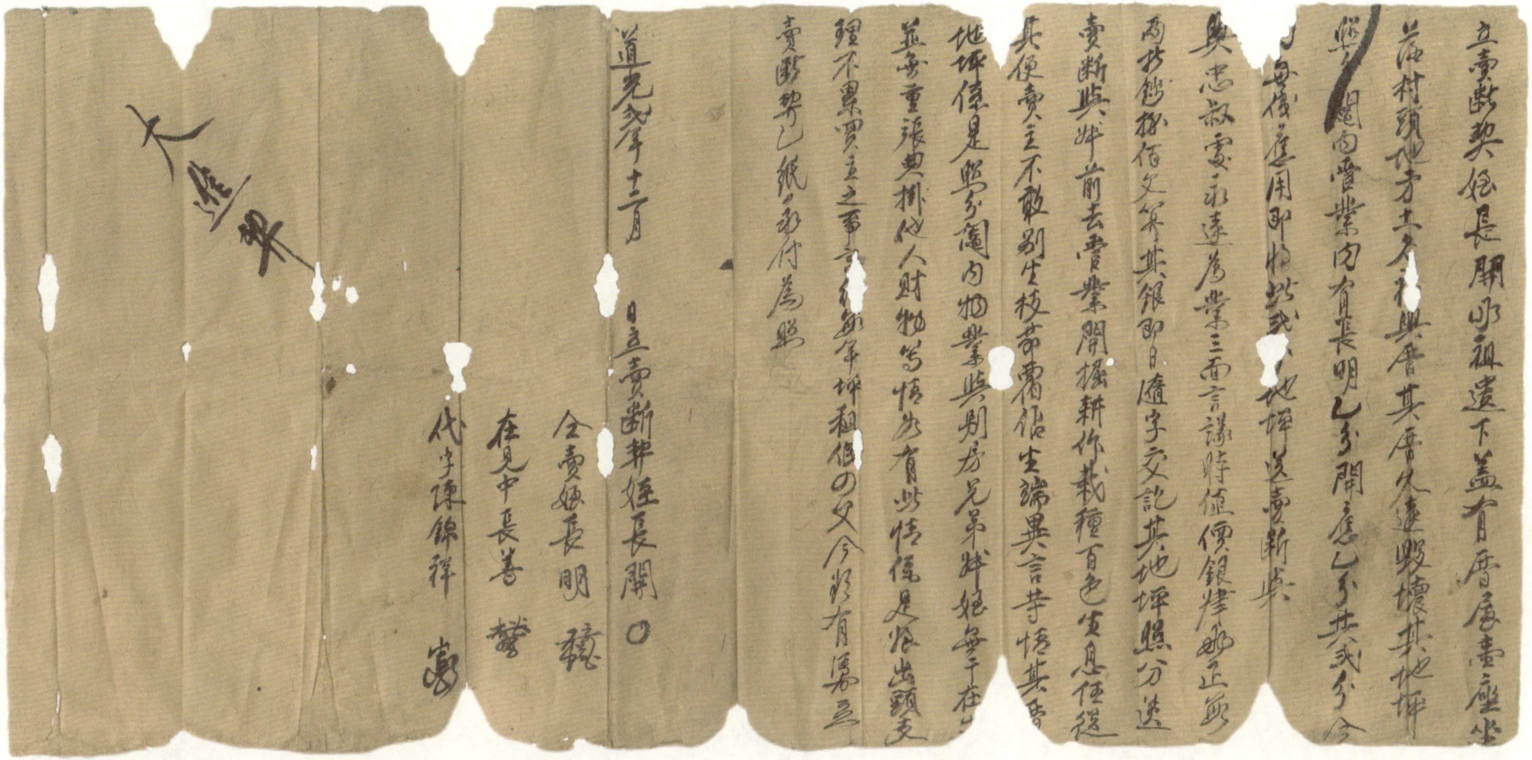

3-1-30-1　清道光二年十二月黄長開等立賣斷厝屋契

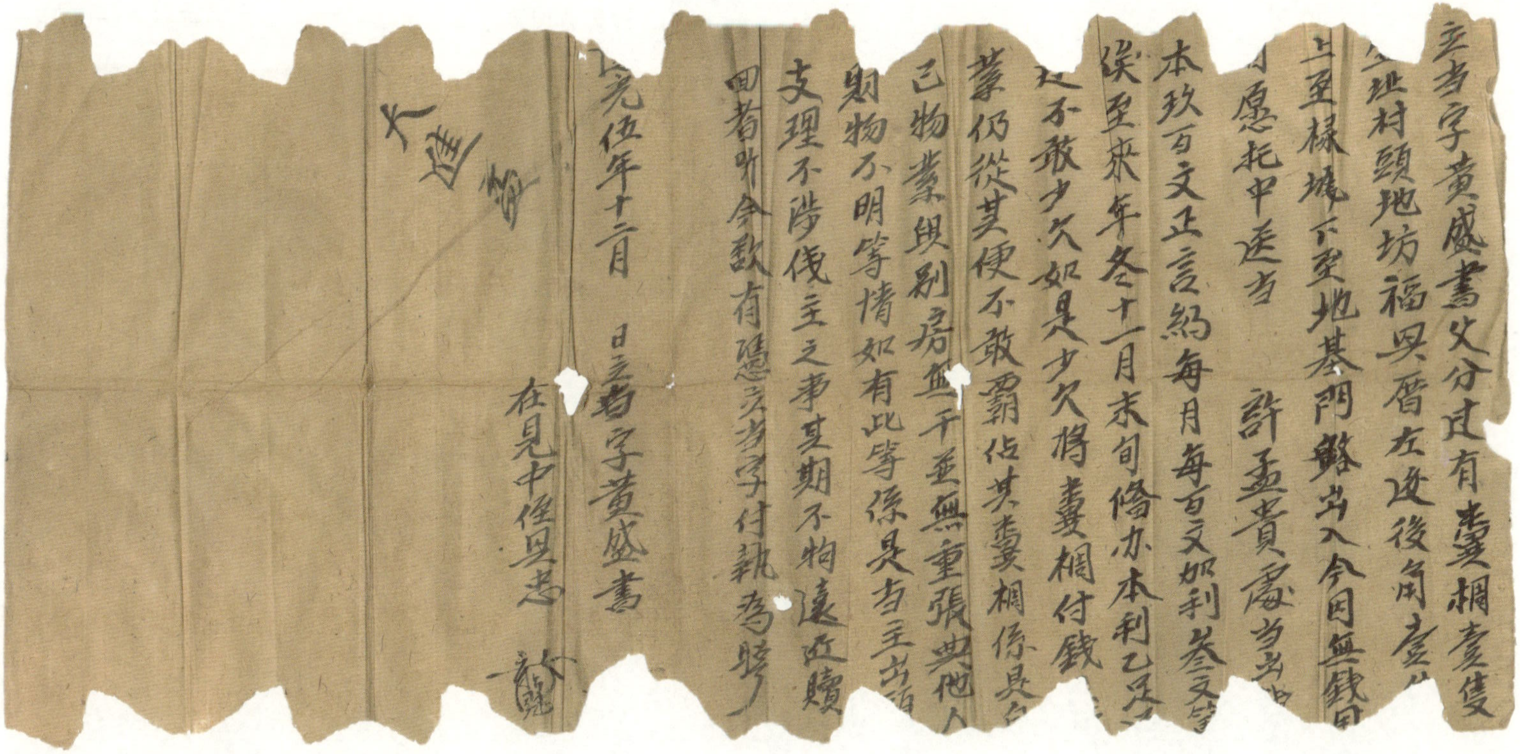
立当字黃盛書父分過有糞桐壹隻
址村頭地坊福興厝左邊後角壹
上至椽梘下至地基門路出入今因無錢
自愿托中送当 許孟貴處当出
本玖百文正言約每月每百文加利叁文算
從至來年冬十一月末旬備办本利乙足
不敢少欠如是少欠將糞桐付錢
業仍從其便不敢霸佔其糞桐係是自
己物業與別房並干並無重張典他人
財物不明等情如有此等係是当主出
支理不涉錢主之事其期不拘遠近贖
回者聽令欵有憑立当字付執為照
道光伍年十二月 日立当字黃盛書
在見中侄興志

3-1-30-2 清道光五年十二月黃盛書立當糞桐字

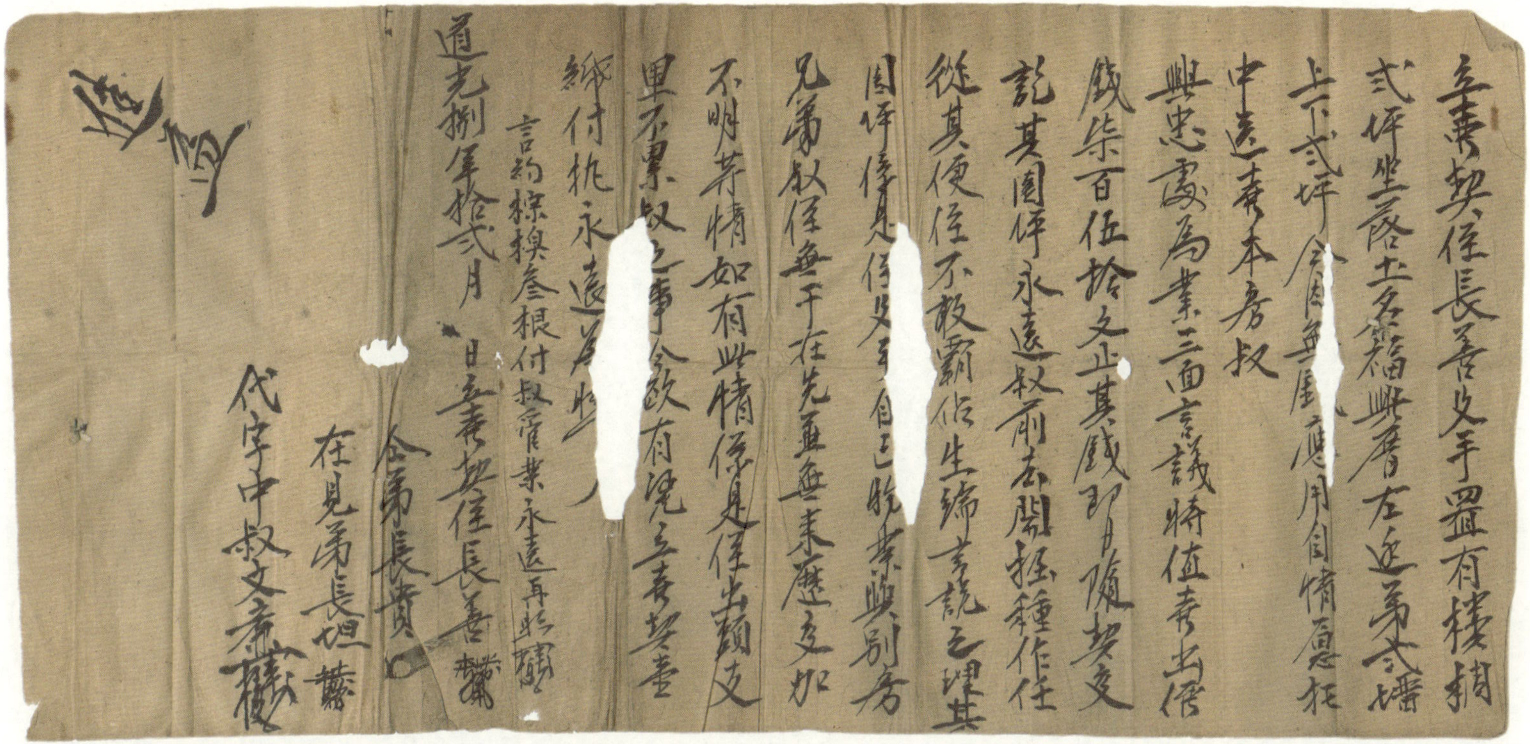

立賣契侄長善文手置有樓棡
弍坪坐落土名福興厝左邊弟弍墻
上下弍坪今因無錢應用自情愿托
中送賣本房叔
興忠處為業三面言議時值賣出價
錢柒百伍拾文正其錢即日隨契交
訖其園坪永遠叔前去開掘種作任
從其便侄不敢霸佔生端言說之理其
園坪係是侄父手自己物業與別房
兄弟叔侄無干在先並無來歷交加
不明等情如有此情係是侄出頭支
理不累叔之事今欲有憑立賣契壹
紙付執永遠為照
言約樑換叁根付叔當業永遠再炤
道光捌年拾弍月　日立賣契侄長善　押
仝弟長貴
在見弟長坦　押
代字中叔文齋　押

3-1-30-3　清道光八年十二月黃長善等立賣樓棡契

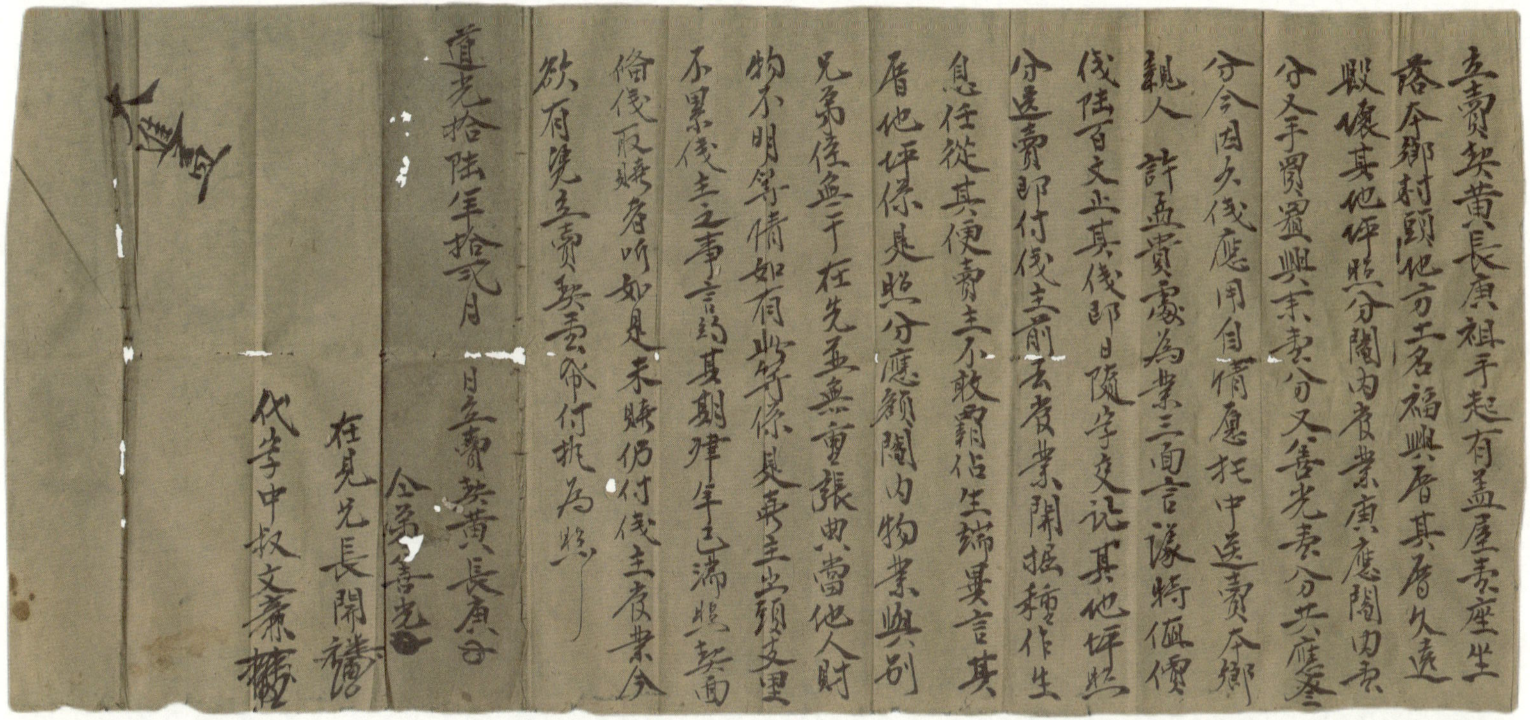
立賣契黄長庚祖手起有盖屋壹座坐
落本鄉村頭地方土名福興厝其厝久遠
毀壞其地坪照分鬮內長業庚應鬮內壹
分又手買置興宋、長分又善光長分共應叁
分今因乏錢應用自情愿托中送賣本鄉
親人　許孟貫處為業三面言議時值價
錢陸百文正其錢即日隨字交訖其地坪照
分送賣即付錢主前去管業開掘種作生
息任從其便賣主不敢霸佔生端異言其
厝地坪係是照分應額鬮內物業與別
兄弟侄無干在先並無重張典當他人財
物不明等情如有此等係是賣主出頭支理
不累錢主之事言約其期肆年之滿照契面
價錢取贖各聽如是未贖仍付錢主管業今
欲有憑立賣契壹紙付執為照
道光拾陸年拾弍月　日立賣契黄長庚（押）
仝弟　善光（押）
在見兄　長開（押）
代字中　叔文彩（押）

3-1-30-4　清道光十六年十二月黄長庚等立賣地坪契

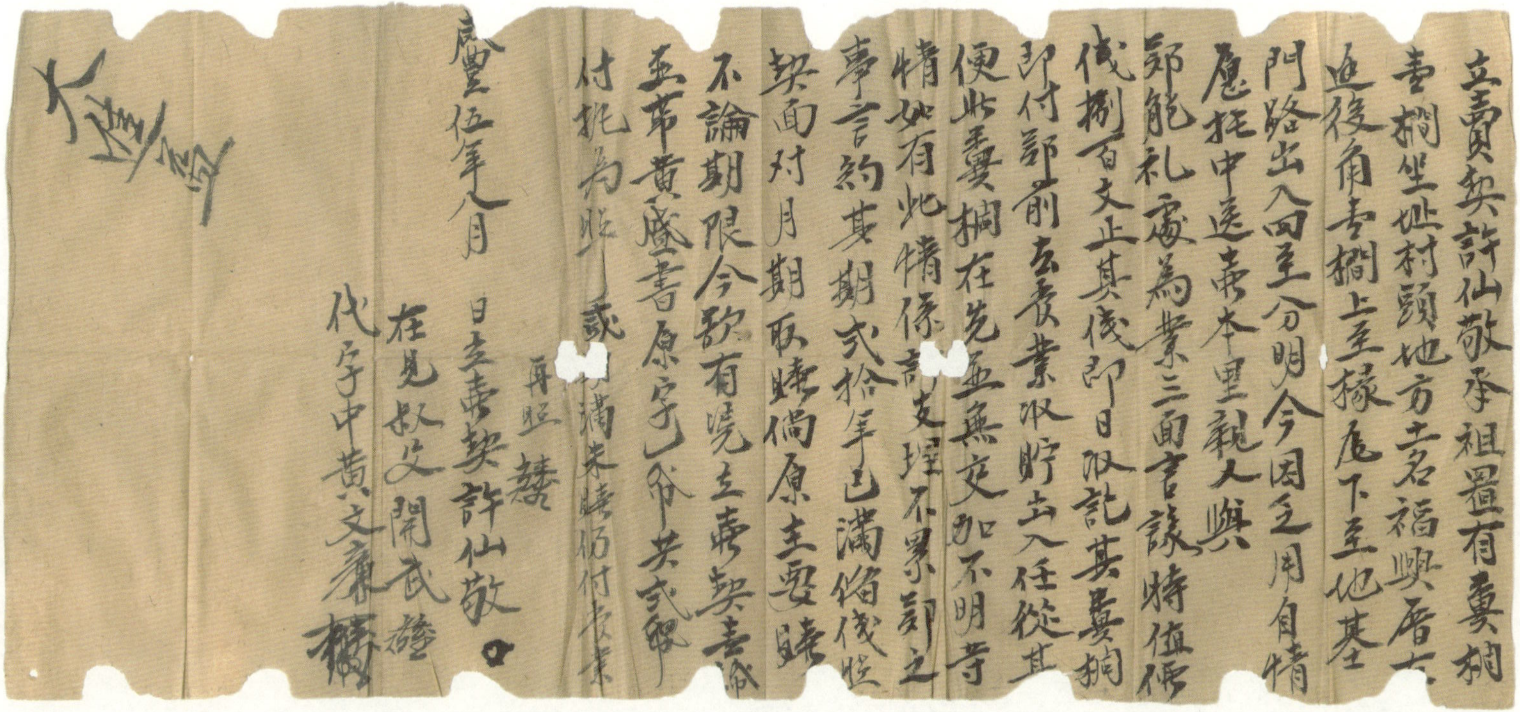
立賣契許仙敬承祖置有糞桐
壹桐坐址村頭地方土名福嶼厝右
邊後角壹桐上至椽及下至地基
門路出入四至分明今因乏用自情
愿托中送賣本里親人與
鄢能礼處為業三面言議時值價
錢捌百文止其錢即日收訖其糞桐
即付鄢前去管業收貯出入任從其
便此糞桐在先並無交加不明等
情如有此情係許支理不累鄢之
事言約其期弍拾年已滿備錢照
契面对月期取贖倘原主要贖
不論期限今欲有憑立賣契壹紙
並帶黃盛書原字一紙共弍紙
付执為照　□□滿未贖仍付收業
咸豐伍年八月　日立賣契許仙敬
再照
在見叔父開武
代字中黃文廉
大吉

3-1-30-5　清咸豐五年八月許仙敬立賣糞桐契

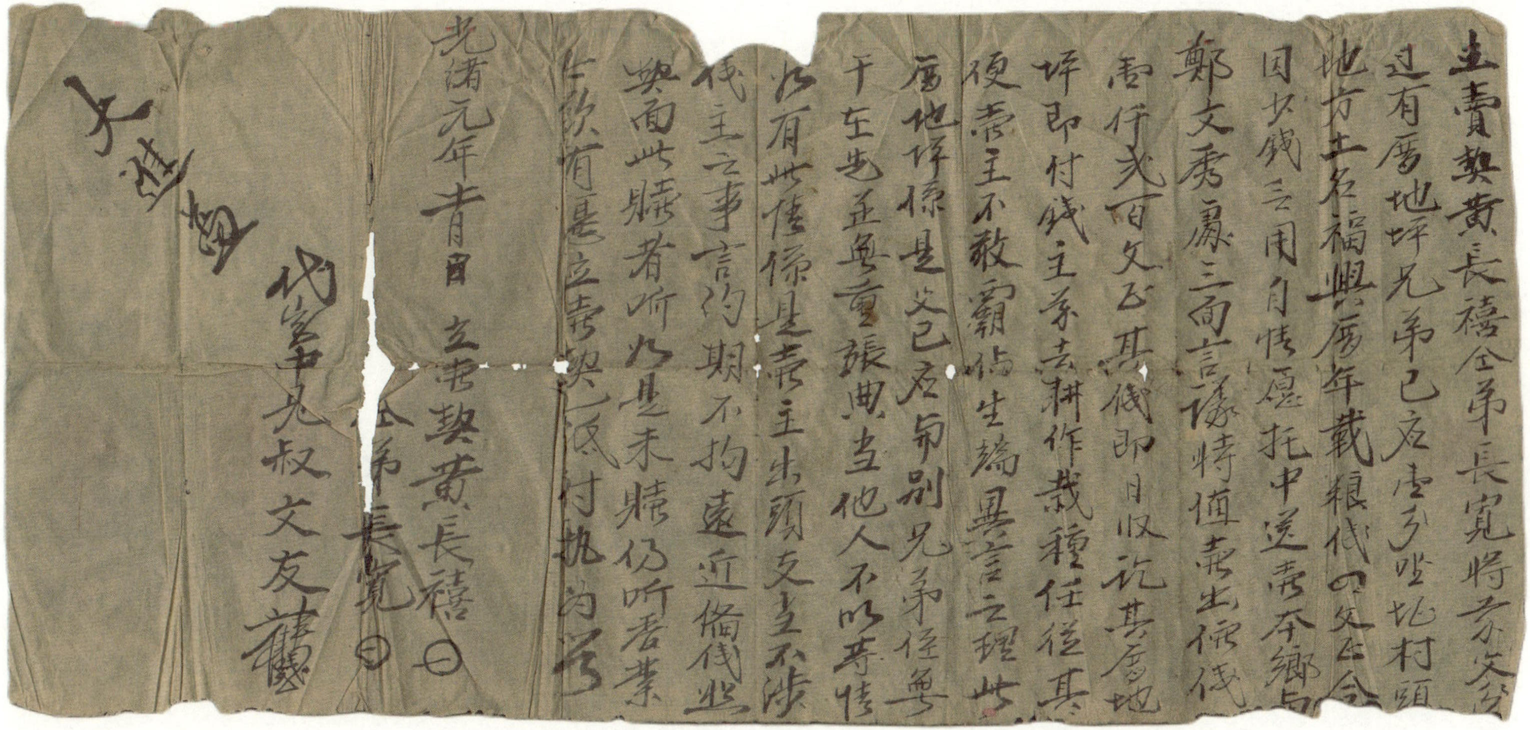
立賣契黄長禧仝弟長寬將承父分
过有厝地坪兄弟己應分一坐址村頭
地方土名福興厝年載粮代四文正仝
因乏錢三用自情愿托中送賣本鄉長
鄭文秀爲三面言議時值賣出價錢
壹仟弍百文正其錢即日收訖其厝地
坪即付錢主前去耕作栽種任從其
便賣主不敢霸佔生端異言之理此
厝地坪係是己應分别兄弟侄無
干在先並無重張典当他人不明等情
如有此情係是賣主出頭支当不涉
錢主之事言約期不拘遠近備錢照
契面此贖者听如是未贖仍听管業
恐口無憑立賣契一紙付執為照
光緒元年十一月 日 立賣契黄長禧 押
仝弟長寬 押
代筆兄叔文友 押
大進寶

3-1-30-6 清光緒元年十一月黄長禧等立賣厝地坪契

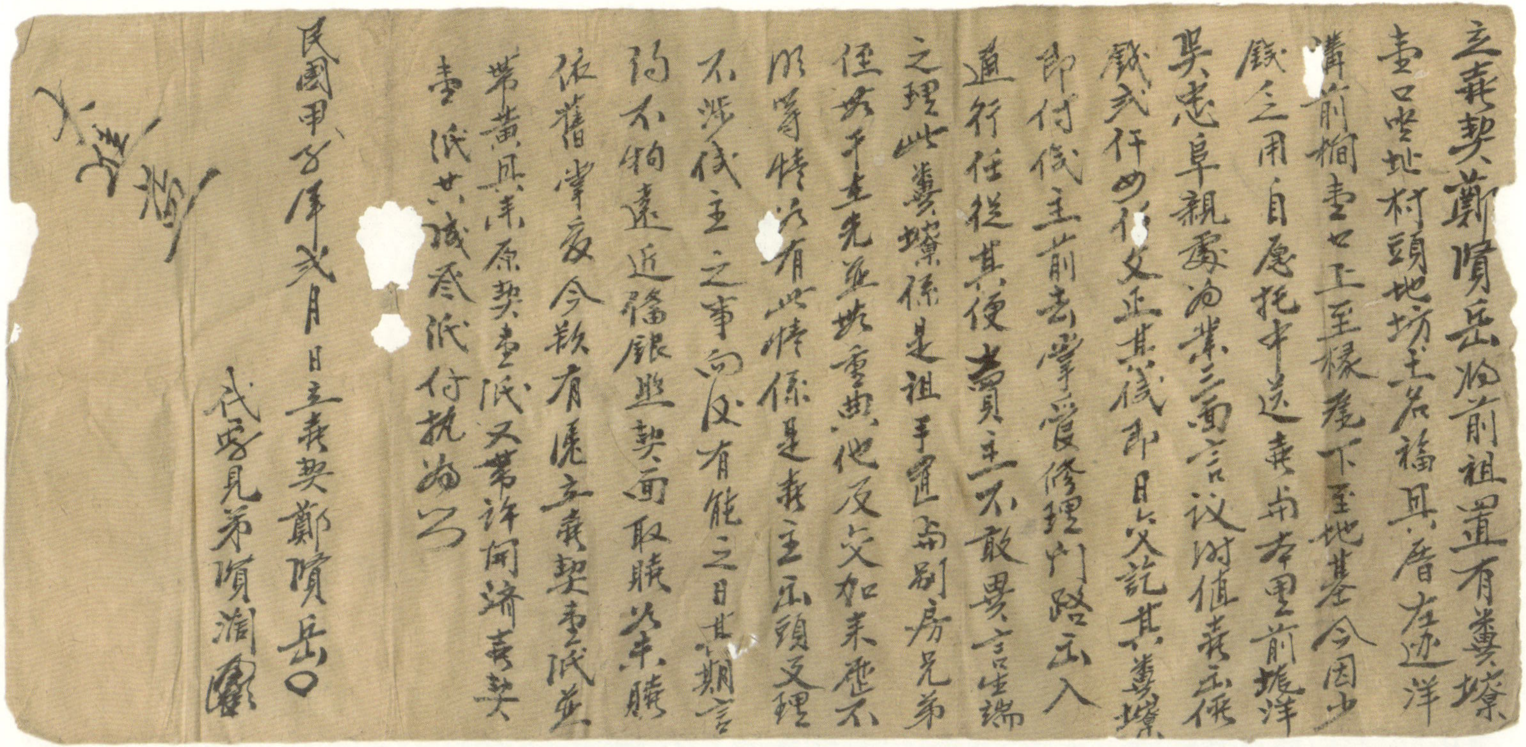
立賣契人鄭賢岳承前祖置有糞𡒄
壹口坐址村頭地坊土名福興厝左邊洋
溝前橺壹只上至緣堘下至地基今因少
錢乏用自愿托中送賣與本里前壠洋
吳忠阜親處為業三面言议時值賣价
錢弍仟四佰文正其錢即日仝訖其糞𡒄
即付錢主前去掌管修理門路出入
通行任從其便賣主不敢異言生端
之理此糞𡒄係是祖手置业与别房兄弟
侄叔等並無重典他處交加来歷不
明等情如有此情係是賣主出頭支理
不涉錢主之事向後有能之日其期言
約不拘遠近備價照契面取贖錢主勝
依舊掌管今欲有憑立賣契壹紙並
帶黄氏来原契壹紙又帶許間清賣契
壹紙共成叁紙付執為照
民國甲子年弍月　日立賣契鄭賢岳（押）
代字見弟賢潤（押）

3-1-30-7　民國十三年二月鄭賢岳立賣糞𡒄契

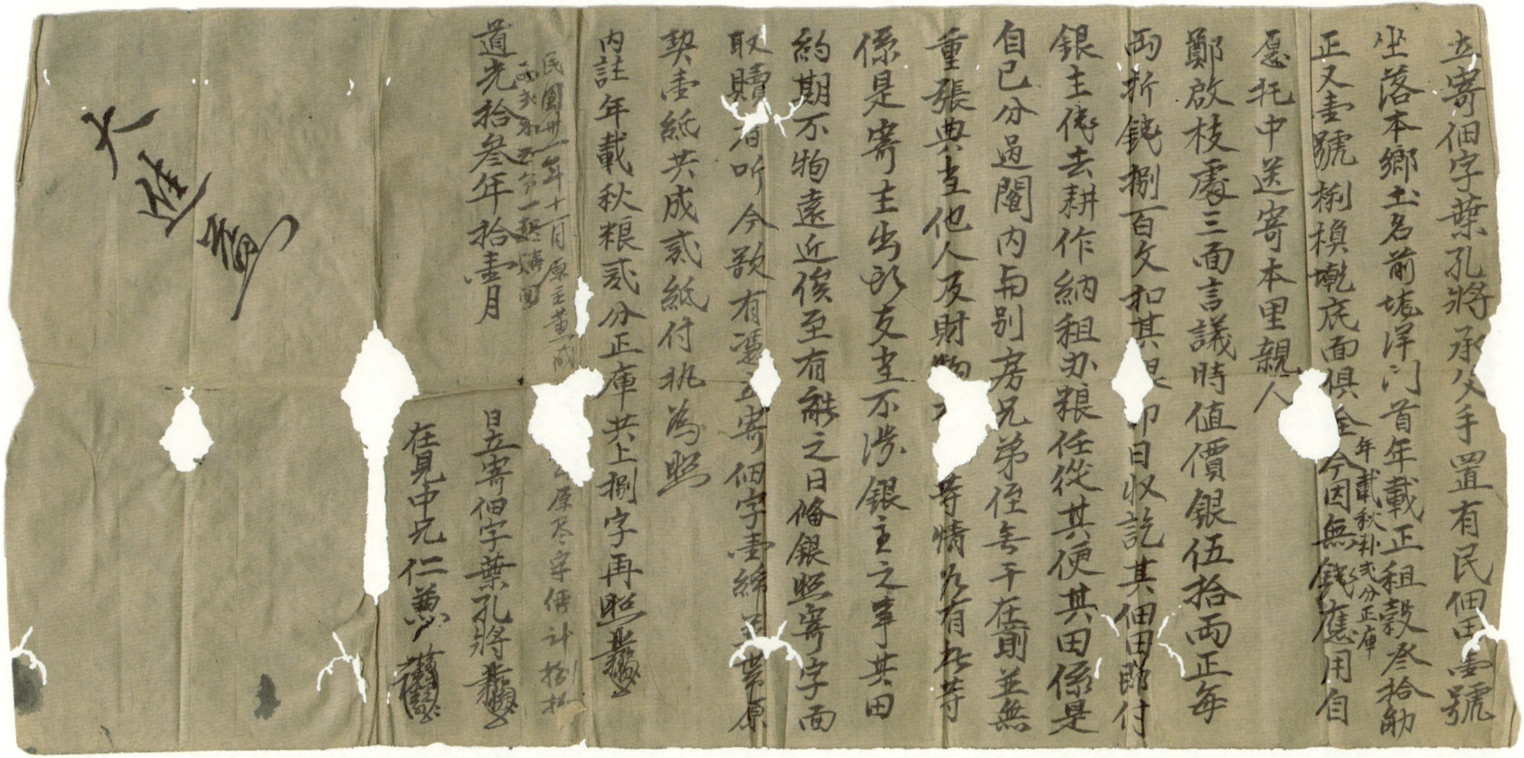

立寄佃字葉孔將承父手置有民佃田壹號
坐落本鄉土名前墟洋门首年載正租穀叁拾舫
正又壹號[illegible]模[illegible]底面俱全年載秋粮貳分正庫今因無錢應用自
憑托中送寄本里親人
鄭啟枝處三面言議時值價銀伍拾両正每
両折錢捌百文和其銀即日收訖其佃田即付
銀主俵去耕作納租办粮任從其便其田係是
自己分過閹內與别房兄弟侄無干在前並無
重張典[illegible]他人及財物[illegible]等情如有此等
係是寄主出頭支當不涉銀主之事其田
約期不拘遠近後至有辦之日備銀照寄字両
取贖不得阻[illegible]今欲有憑立寄佃字壹紙[illegible]原
契壹紙共成貳紙付執為照
内註年載秋粮貳分正庫共上捌字再照
[illegible]原叁字係計捌[illegible]
日立寄佃字葉孔將
在見中兄仁萬
民國卌一年十一月原主黃[illegible]
道光拾叁年拾壹月

3-1-31-1　清道光十三年十一月葉孔將立寄民佃田字

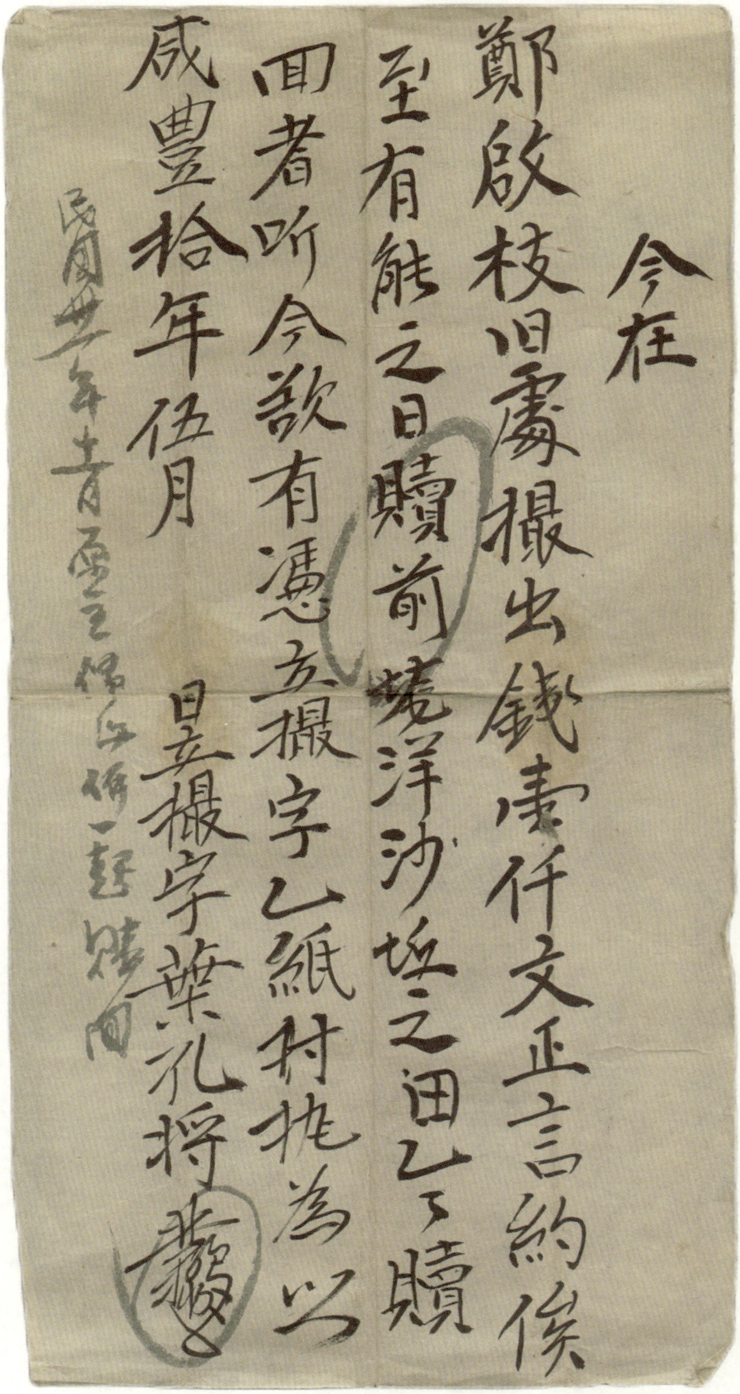
今在
鄭啟枝旧處撮出錢壹仟文正言約俟
至有能之日贖前蓋洋沙坂之田乙丘贖
回者所今欲有憑立撮字乙紙付执為以
日立撮字葉孔將(押)
咸豐拾年伍月
民國卅二年十二月……一齊贖回

3-1-31-2　清咸豐十年五月葉孔將立撮字（廢契）

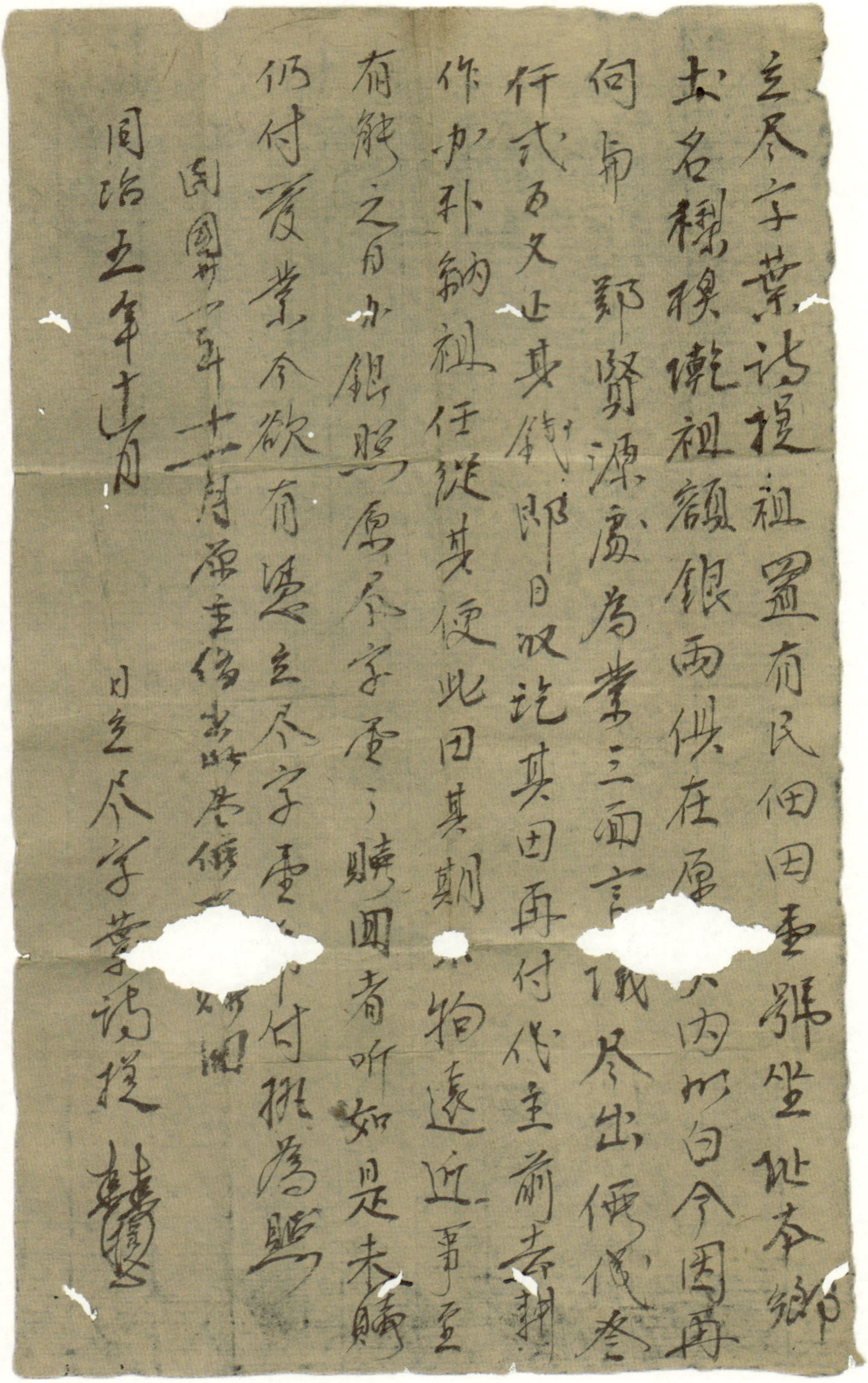
立盡字葉詩捷祖置有民佃田壹號坐址本鄉
土名楊梨漈祖額銀兩俱在原[illegible]內收白今因再
向本 鄭賢源處為業三面言議盡出價錢叁
仟式百文正其錢即日收訖其田再付代主前去耕
作收扒納祖任從其便此田其期[illegible]拘遠近事至
有能之日办銀照原盡字價贖回者听如是未贖
仍付管業今欲有憑立盡字壹[illegible]付執為照
民國卅八年十一月原主係出此盡價[illegible]贖回
同治五年十一月　日立盡字葉詩捷（押）

3-1-31-3　清同治五年十一月葉詩捷立盡民佃田字

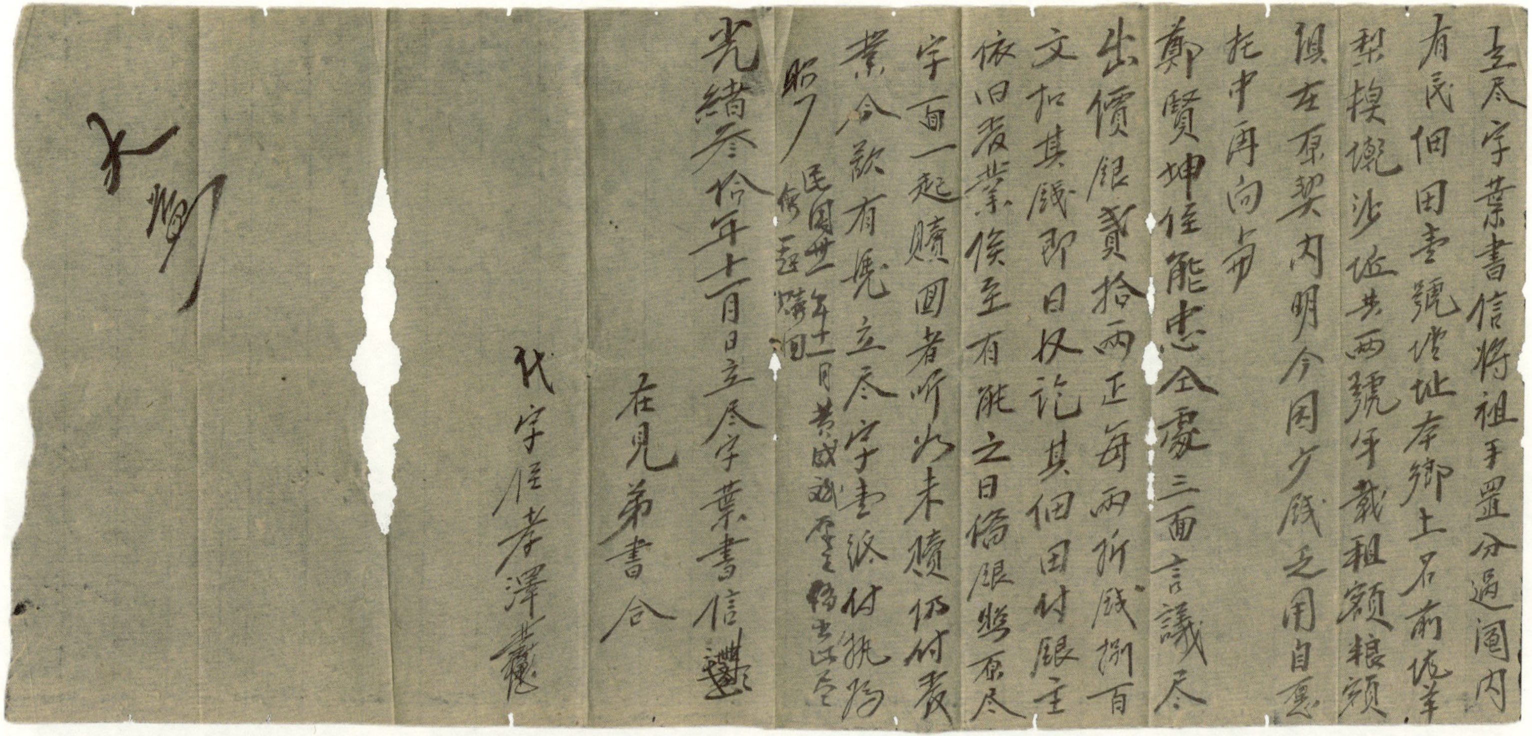
立盡字葉書信將祖手置分過阄内
有民佃田壹號址坐本鄉上石前後峯
梨樸窠沙坵共两號年載租額粮額
俱在原契内明今因乏錢應用自愿
托中再向本
鄭賢坤侄能忠仝處三面言議盡
出價銀貳拾两正每两折錢捌百
文扣其錢即日收訖其佃田付與侄
依旧管業候至有能之日備價照原盡
字面一起贖回者所以未贖仍付表
業仝欲有憑立盡字壹紙付執爲
照　民國卅年十一月黄成瑞仝侄錫書以原價壹起贖回
光緒叁拾年十一月日立盡字葉書信
在見弟書合
代字侄孝澤
大順

3-1-31-4　清光緒三十年十一月葉書信立盡民佃田字

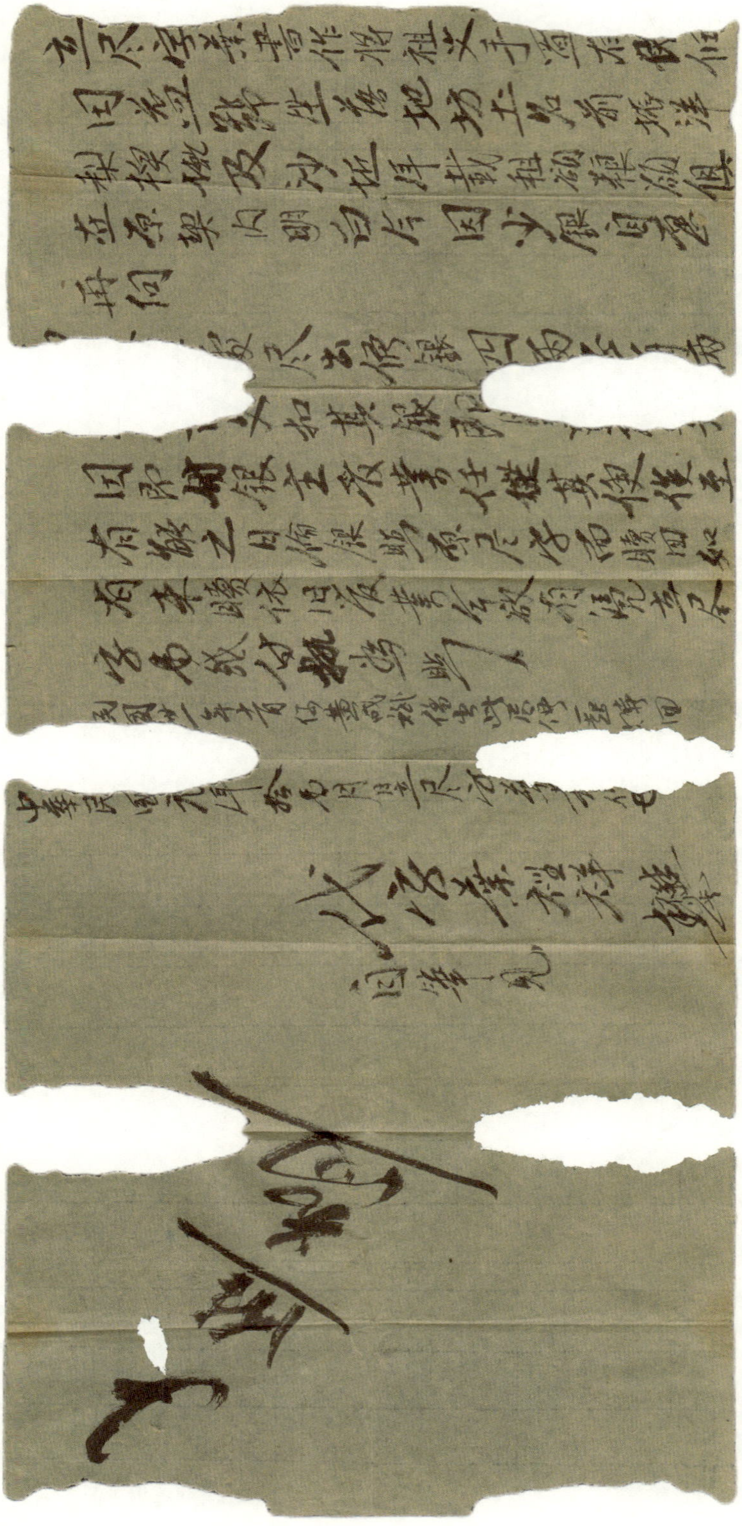

3-1-31-5 民國元年十一月葉書作立盡民佃田字

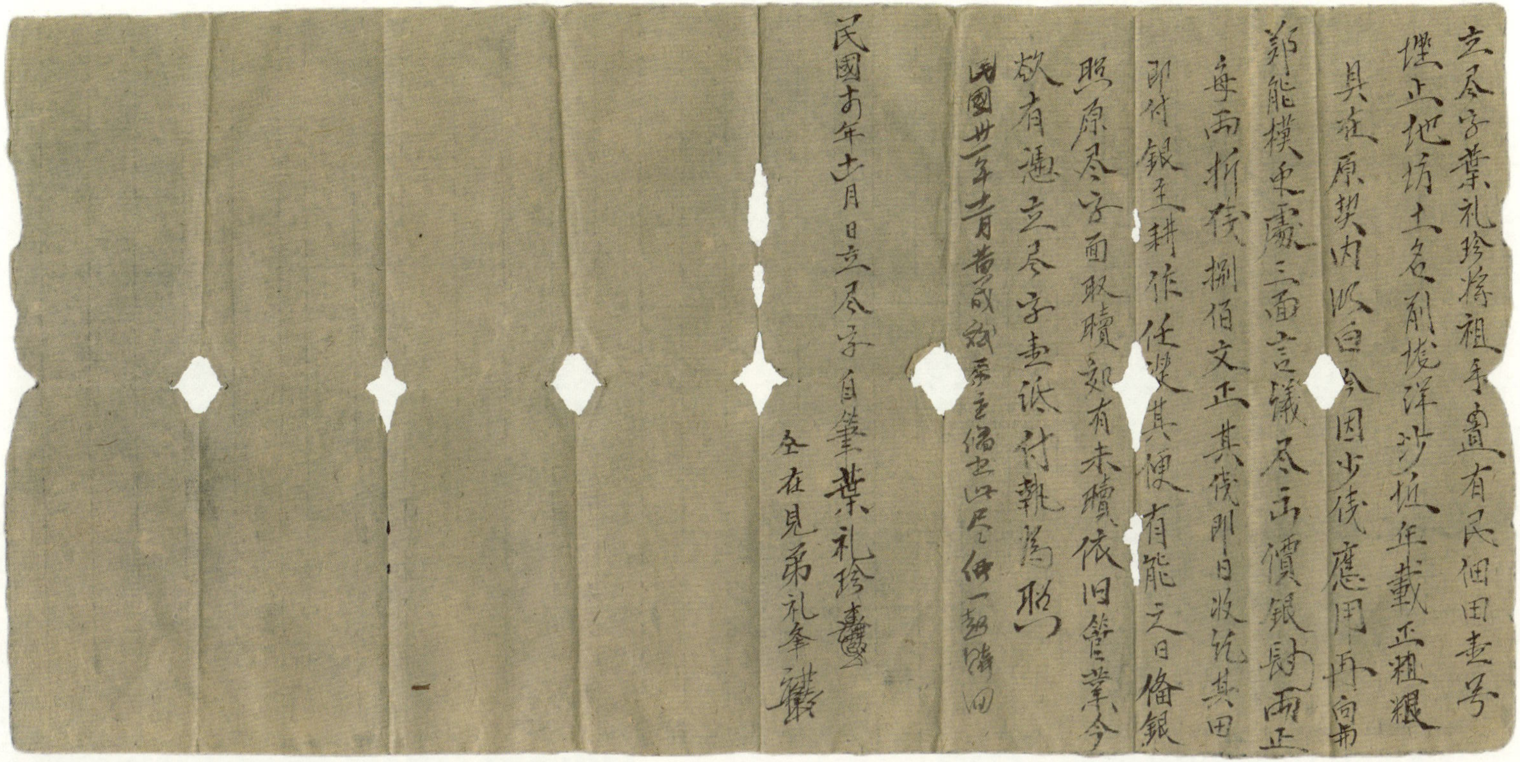
立盡字葉礼珍將祖手置有民佃田壹号
坐址地坊土名前坴洋沙坵，年載正租粮
具在原契內明白，今因乏錢應用，再向弟
鄭能模東處三面言議盡出價銀貳兩正，
每兩折錢捌佰文正，其錢即日收訖，其田
即付銀主耕作，任從其便，有能之日備銀
照原盡字面取贖，如有未贖，依旧管業。今
欲有憑，立盡字壹紙，付執為照。
民國卅二年十二月黄成銳兼土偏出此尽佃一勘歸回
民國十四年十一月　日立盡字自筆葉礼珍
仝在見弟礼奎

3-1-31-6　民國十四年十一月葉礼珍立盡民佃田字

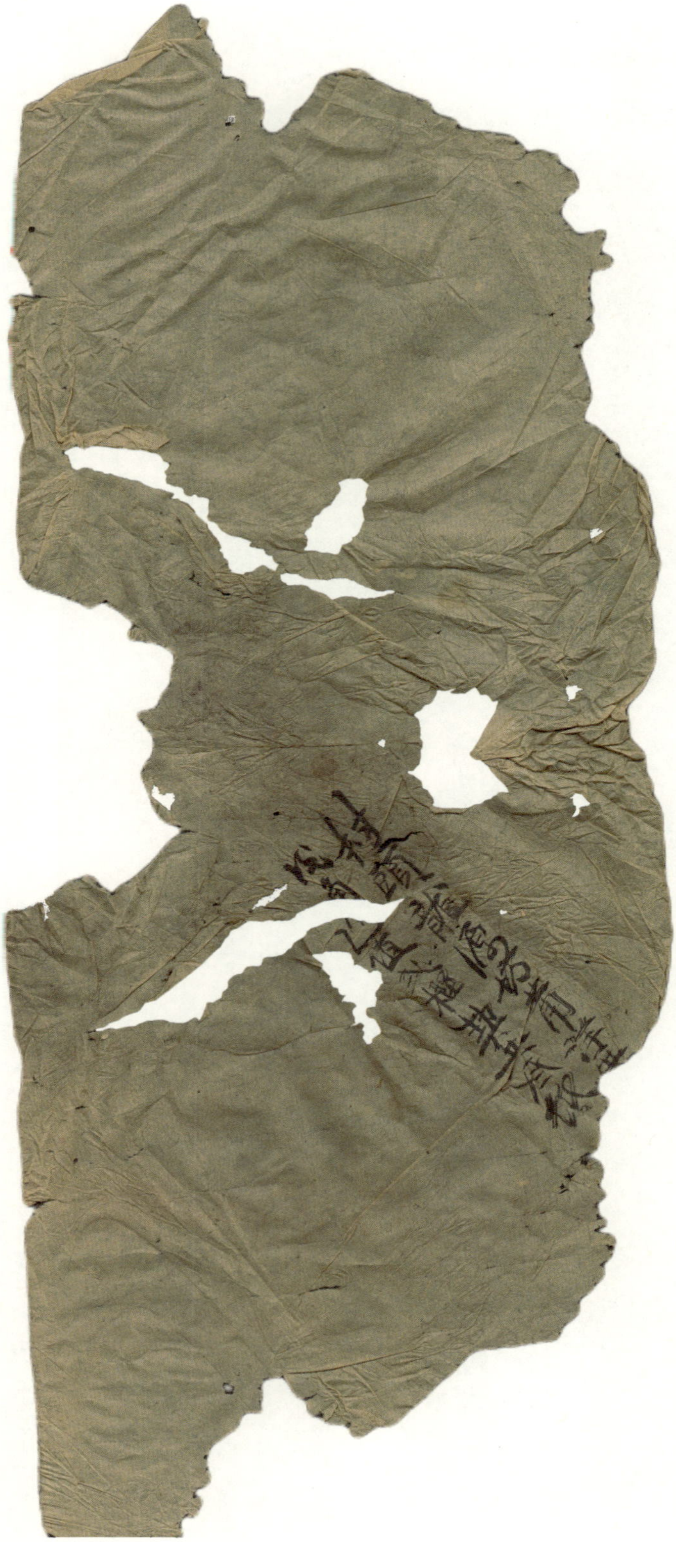

3-1-32-1　包契紙

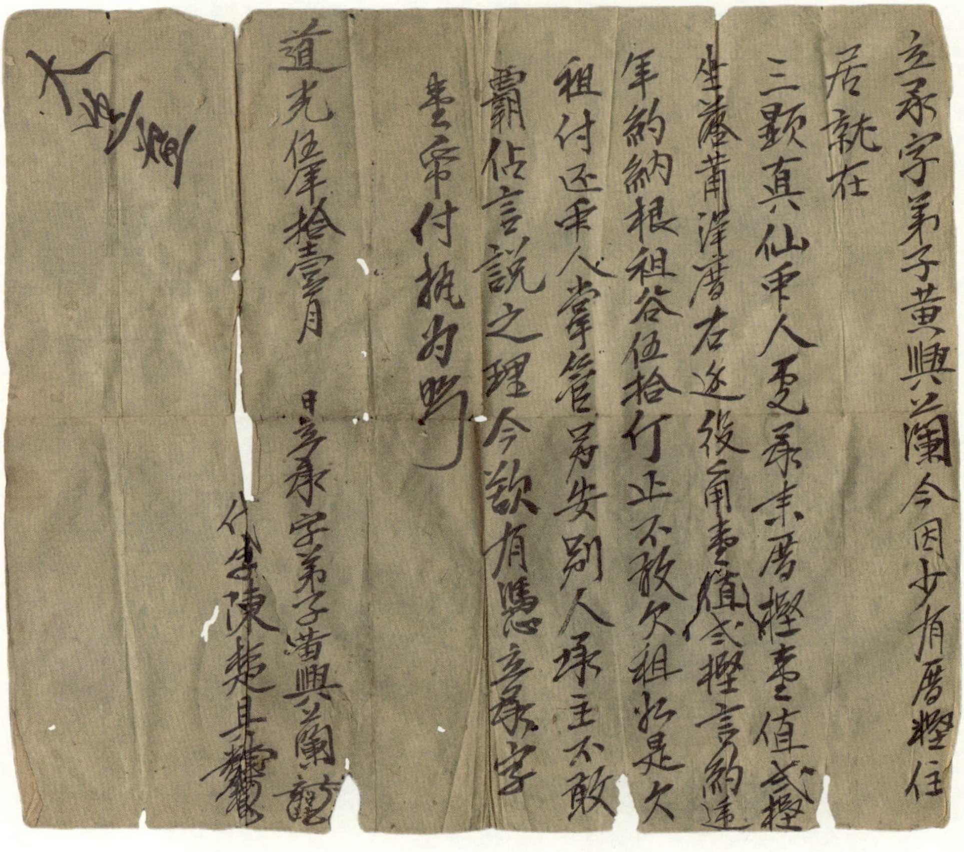
立承字弟子黄興蘭今因少有厝櫈住
居就在
三魁真仙爺人處承来厝櫈壹值貳櫈
坐落蒲洋厝右邊後角壹值貳櫈言約逐
年納納根祖谷伍拾行止不敢欠租如是欠
租付還爺人掌管另安別人承主不敢
霸佔言說之理今欲有憑立承字
壹帋付執為照
道光伍年拾壹月　日立承字弟子黄興蘭（押）
代字陳起县（押）
大吉□

3-1-32-2　清道光五年十一月黄興蘭立承厝櫈字

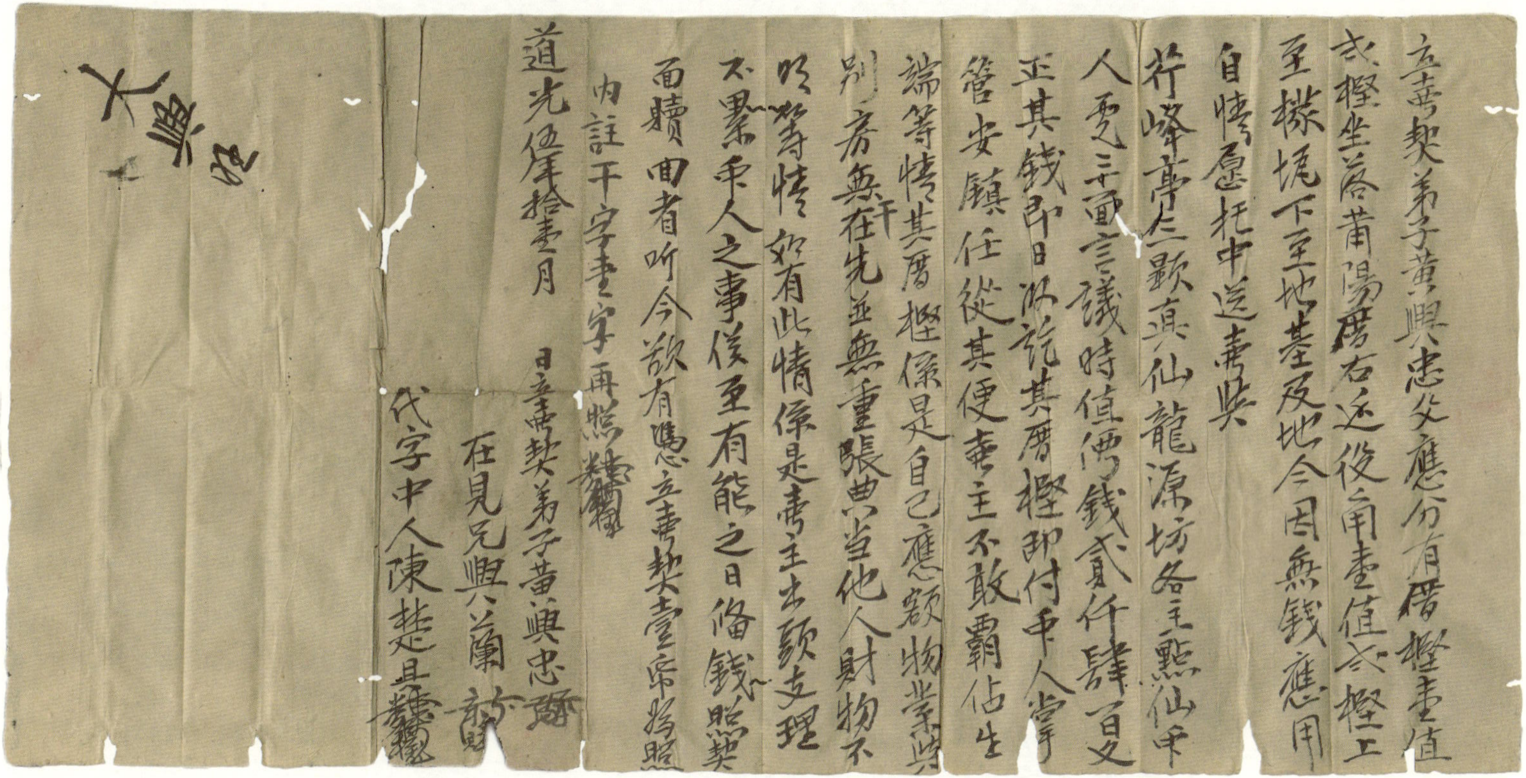
立賣契弟子黄興忠父應分有厝樫壹值
弍樫坐落莆陽厝右邊後角壹值〇樫上
至樑梶下至地基及地今因無錢應用
自情愿托中送賣與
符峰亭人歎真仙龍源坊各王點仙爭
人邊三面言議時值價錢貳仟肆百文
正其錢即日收訖其厝樫即付中人掌
管安頓任從其便賣主不敢霸佔生
端等情其厝樫係是自己應分物業與
別房無干在先並無重張曲當他人財物不
明等情如有此情係是賣主出頭支理
不累承人之事係至有能之日备錢照契
面贖回者听今欲有憑立賣契壹帋為照
內註干字壹字再照
道光伍年拾壹月　日立賣契弟子黄興忠
在見兄興蘭
代字中人陳楚旦

3-1-32-3　清道光五年十一月黄興忠立賣厝樫契

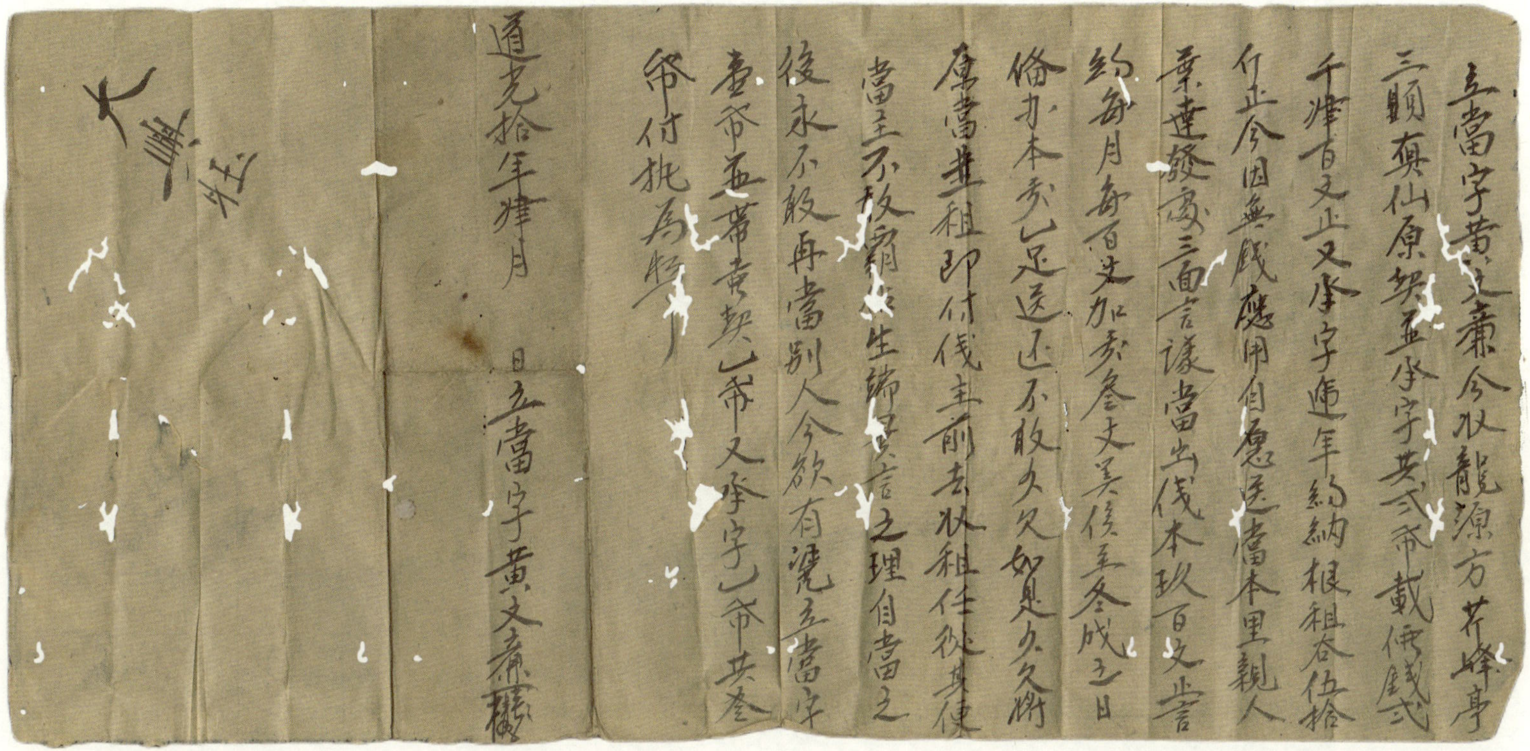

立當字黃文廉今承龍源方芹峰亭
三頭墳仙原契並承字共弍帋載價錢弍
千肆百文正又承字連年約納根租谷伍拾
斤正今因無錢應用自愿送當本里親人
業連發處三面言議當出錢本玖百文正言
約每月每百文加叁文算係至冬成之日
備办本利足送还不敢欠欠如是久欠
原當並租即付錢主前去收租任從其便
當主不敢霸佔生端異言之理自當之
後永不敢再當別人今欲有憑立當字
壹帋並帶黃契一帋又承字一帋共叁
帋付執為照
道光拾年肆月　日立當字黃文廉（押）

3-1-32-4　清道光十年四月黃文廉立當契等字

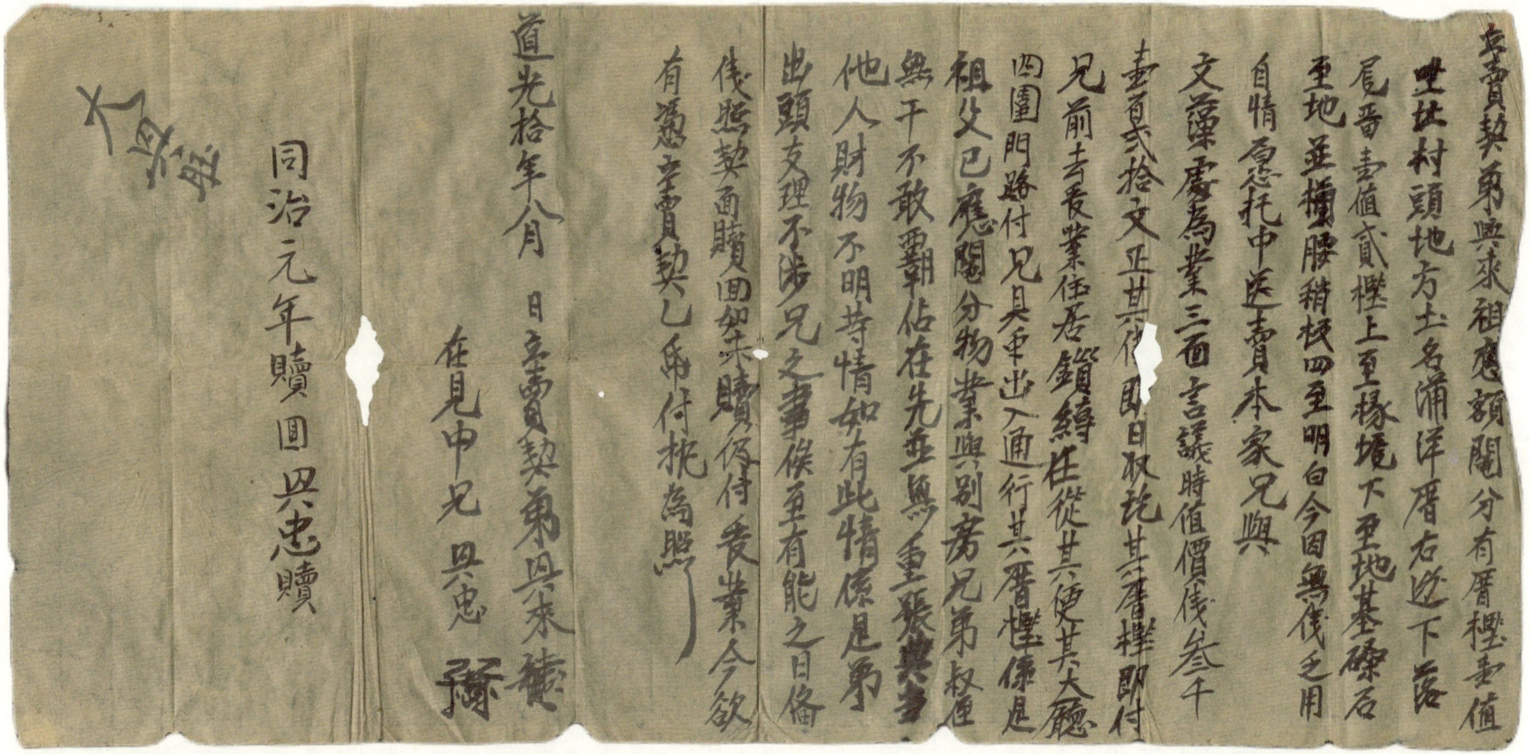

立賣契弟興來祖應頷鬮分有厝楹壹值
坐址村頭地方土名浦洋厝右边下落
尾番壹值貳楹上至椽境下至地基磉石
至地並撗腰稍枝四至明白今因無錢乏用
自情愿托中送賣本家兄與
文藻處為業三面言議時值價錢叁千
壹百貳拾文正其錢即日收訖其厝楹即付
兄前去管業任居鎖鑰任從其便其大廳
四圍門路付兄具手出入通行其厝楹係是
祖父已應鬮分物業與別房兄弟叔侄
無干不敢重覇佔在先並無重張典當
他人財物不明等情如有此情係是弟
出頭支理不涉兄之事候至有能之日備
錢照契面贖回契未贖仍付兄管業今欲
有憑立賣契乙帋付執為照

道光拾年八月　日立賣契弟興來
在見中兄　興忠

同治元年贖回　興忠贖

3-1-33-1　清道光十年八月黃興來立賣厝楹契

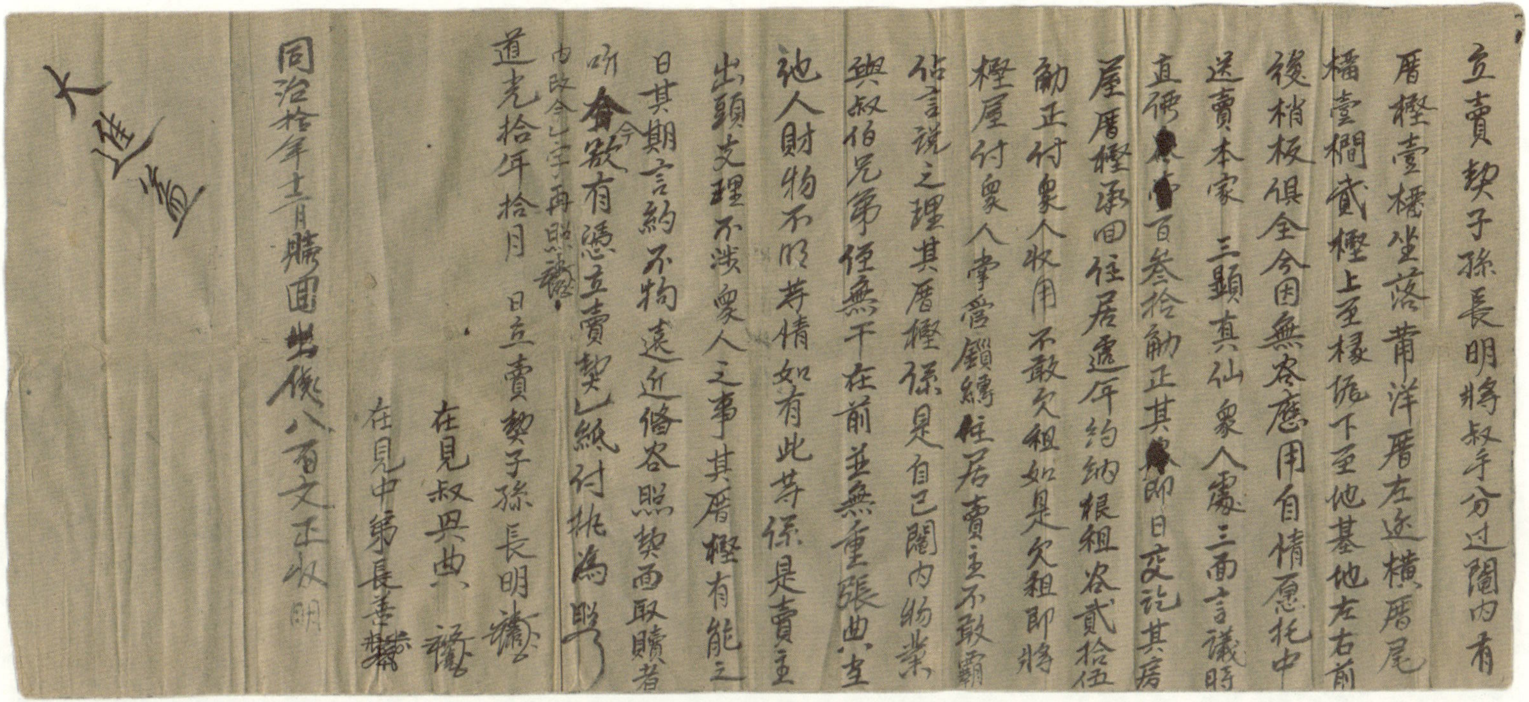
立賣契子孫長明將叔手分过閫内有
厝樫壹樓坐落蓋洋厝左邊橫厝尾
橫壹間貳樫上至椽桷下至地基地左右前
後梢板俱全今因無銀應用自情愿托中
送賣本家　三顕真仙衆人處三面言議時
直價[illegible]百叁拾觔正其[illegible]即日交訖其房
屋厝樫承田住居遞年约納根租谷貳拾伍
觔正付衆人收用不敢欠租如是欠租即將
樫屋付衆人掌管鎖鑰住居賣主不敢霸
佔言說之理其厝樫係是自己閫内物業
與叔伯兄弟侄無干在前並無重張典當
他人財物不明等情如有此等係是賣主
出頭支理不涉衆人之事其厝樫有能之
日其期言約不拘遠近備咨照契面取贖者
听　内改今山字再照　今欲有憑立賣契山紙付挑為照
道光拾年拾月　日立賣契子孫長明
在見叔興曲
在見中弟長善
同治拾年十一月贖回出錢八百文正收明

3-1-33-2　清道光十年十月黃長明立賣厝樫契

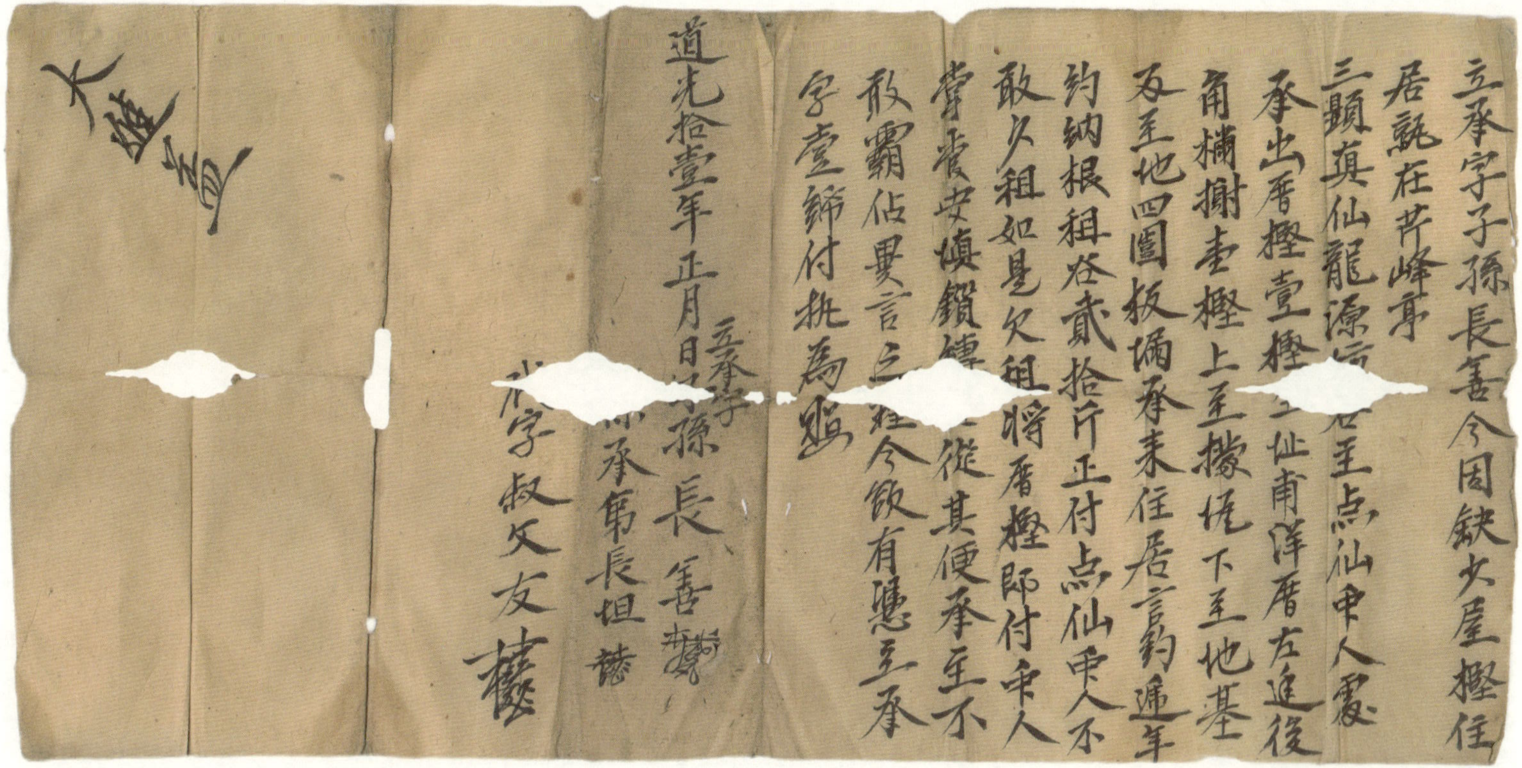

立承字子孫長善今因缺欠屋樫住
居黏在芹峰亭
三顆真仙龍源[illegible]王点仙衆人處
承出厝樫壹樫[illegible]址甫洋厝左進後
角構樹壹樫上至椽桷下至地基
及至地四圍板墻承耒住居言約逓年
約納根稅谷貳拾斤正付点仙衆人不
敢久租如是欠租将厝樫即付衆人
掌管安填鎖[illegible]從其便承至不
敢霸佔異言[illegible]今欲有憑立承
字壹紙付执為照

道光拾壹年正月日立承字子孫長善
承弟長坦
代字叔父友

大發財

3-1-33-3　清道光十一年正月黄長善立承厝樫字

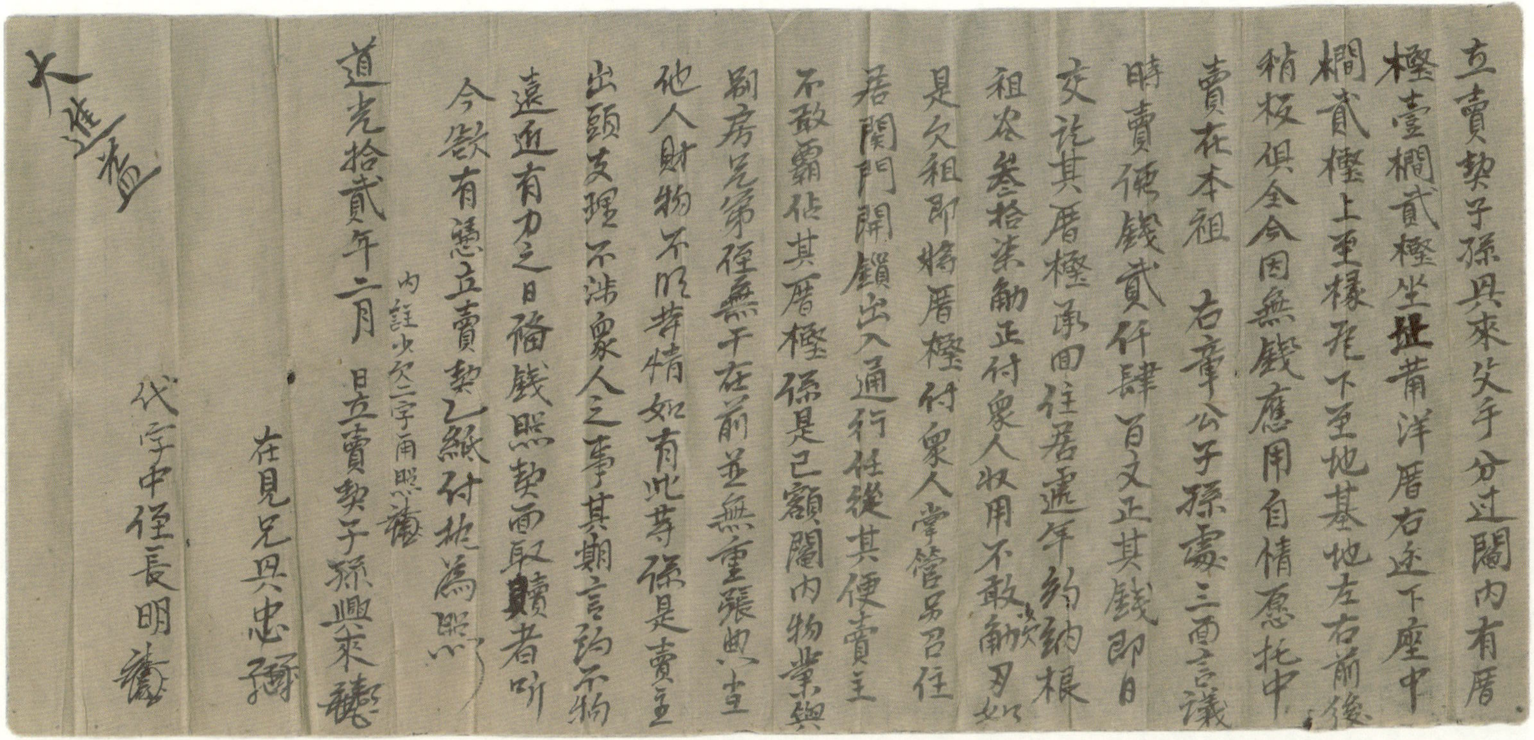

立賣契子孫吳來父手分过闔内有厝
樫壹棡貳樫坐址黄洋厝右边下座中
棡貳樫上至椽𦬁下至地基地左右前後
梢桜俱全今因無錢應用自情愿托中
賣在本祖　右章公子孫處三面言議
時賣價錢貳仟肆百文正其錢即日
交訖其厝樫承回住居遞年約納根
祖谷叁拾柒觔正付衆人收用不敢欠觔兩如
是欠租即將厝樫付衆人掌管另召住
居闌門關鎖出入通行任從其便賣主
不敢霸佔其厝樫係是己額闔内物業與
别房兄弟侄無干在前並無重張典𡋾
他人財物不明等情如有此等係是賣主
出頭支理不涉衆人之事其期言約不拘
遠近有力之日備錢照契面取贖者听
今欲有憑立賣契乙紙付执為照
内註少欠二字再照
道光拾貳年二月　日立賣契子孫興來（押）
在見兄興忠（押）
代字中侄長明（押）
大進益

3-1-33-4　清道光十二年二月黄吳來立賣厝樫契

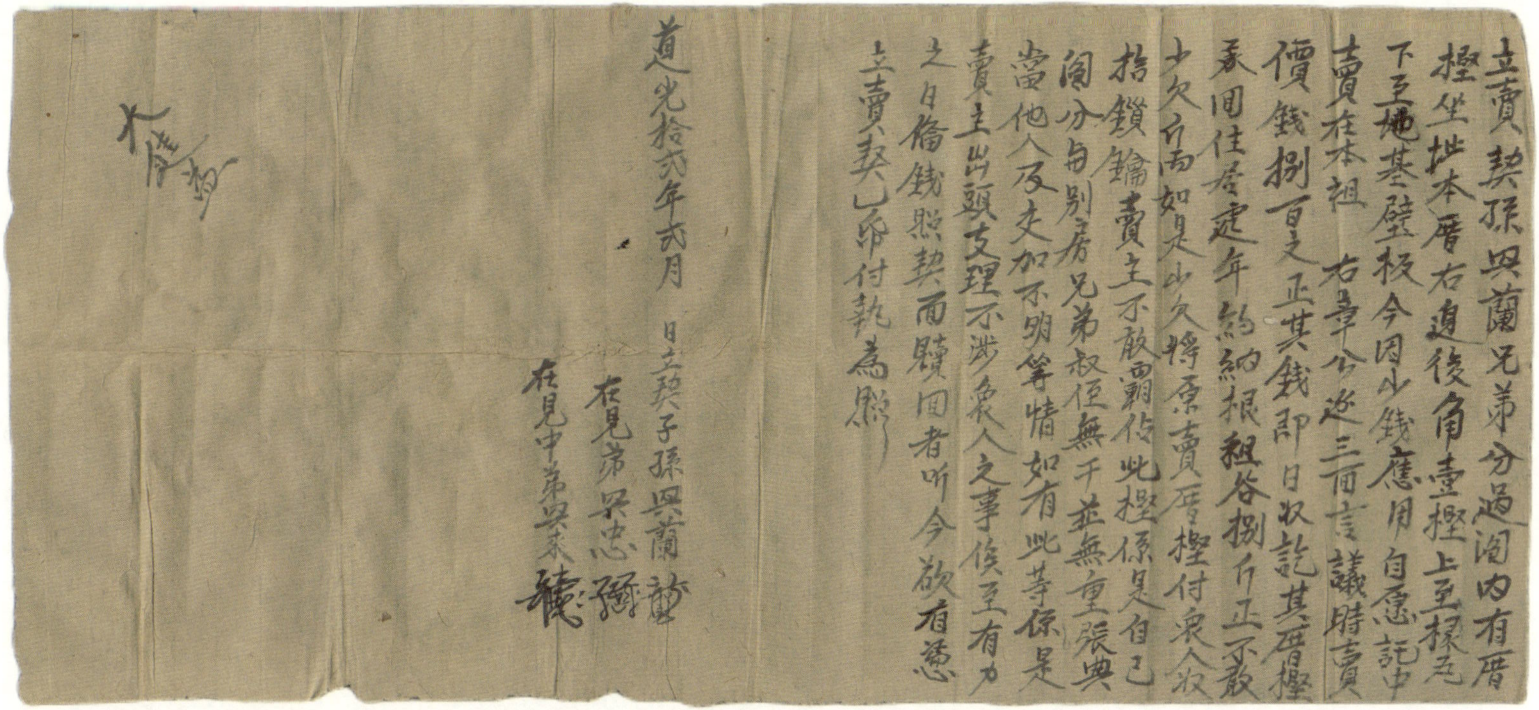
立賣契孫昗蘭兄弟分過閹内有厝
樫坐址本厝右邊後角壹樫上至椽瓦
下至地基壁枚今因少錢應用自愿託中
賣在本祖 右章公迹三面言議時賣
價錢捌百文正其錢即日收訖其厝樫
承回住居逐年納根租谷捌斤正不敢
少欠斤兩如是少欠將原賣厝樫付衆人收
指鎖鑰賣主不敢霸佔此樫係是自己
閹分與别房兄弟叔侄無干並無重張典
當他人及夾加不明等情如有此等係是
賣主出頭支理不涉衆人之事倘至有力
之日備錢照契而贖回者听今欲有憑
立賣契一紙付執為照
道光拾弍年弍月 日立契子孫昗蘭（押）
在見弟昗忠（押）
在見中弟昗來（押）

3-1-33-5 清道光十二年二月黄昗蘭立賣厝樫契

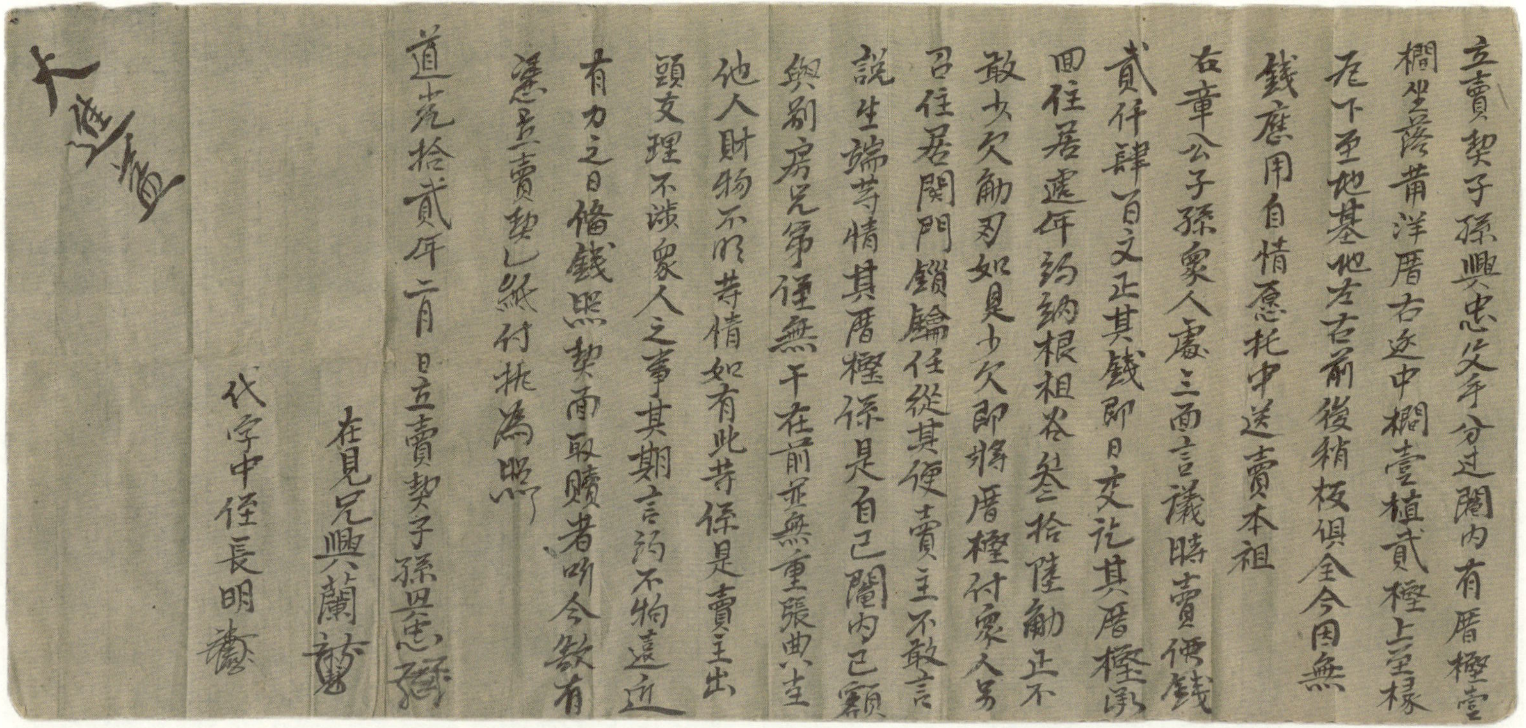

立賣契子孫興忠父手分過閣內有厝墘壹
欄坐落蓋洋厝右邊中欄壹植貳墘上至椽
花下至地基地左右前後稍板俱全今因無
錢應用自情愿托中送賣本祖
右章公子孫衆人處三面言議時賣價錢
貳仟肆百文正其錢即日交訖其厝墘承
回住居遠年納納根租谷叁拾陸觔正不
敢少欠觔兩如是少欠即將厝墘付衆人另
召住居閑門鎖鑰任從其便賣主不敢言
說生端等情其厝墘係是自己閣內已額
與别房兄弟侄無干在前並無重張典挂
他人財物不明等情如有此等係是賣主出
頭支理不涉衆人之事其期言約不拘遠近
有力之日備錢照契面取贖者吖今欲有
憑立賣契一紙付執爲照
道光拾貳年二月　日立賣契子孫興忠（押）
在見兄興蘭（押）
代字中侄長明（押）

3-1-33-6　清道光十二年二月黃興忠立賣厝墘契

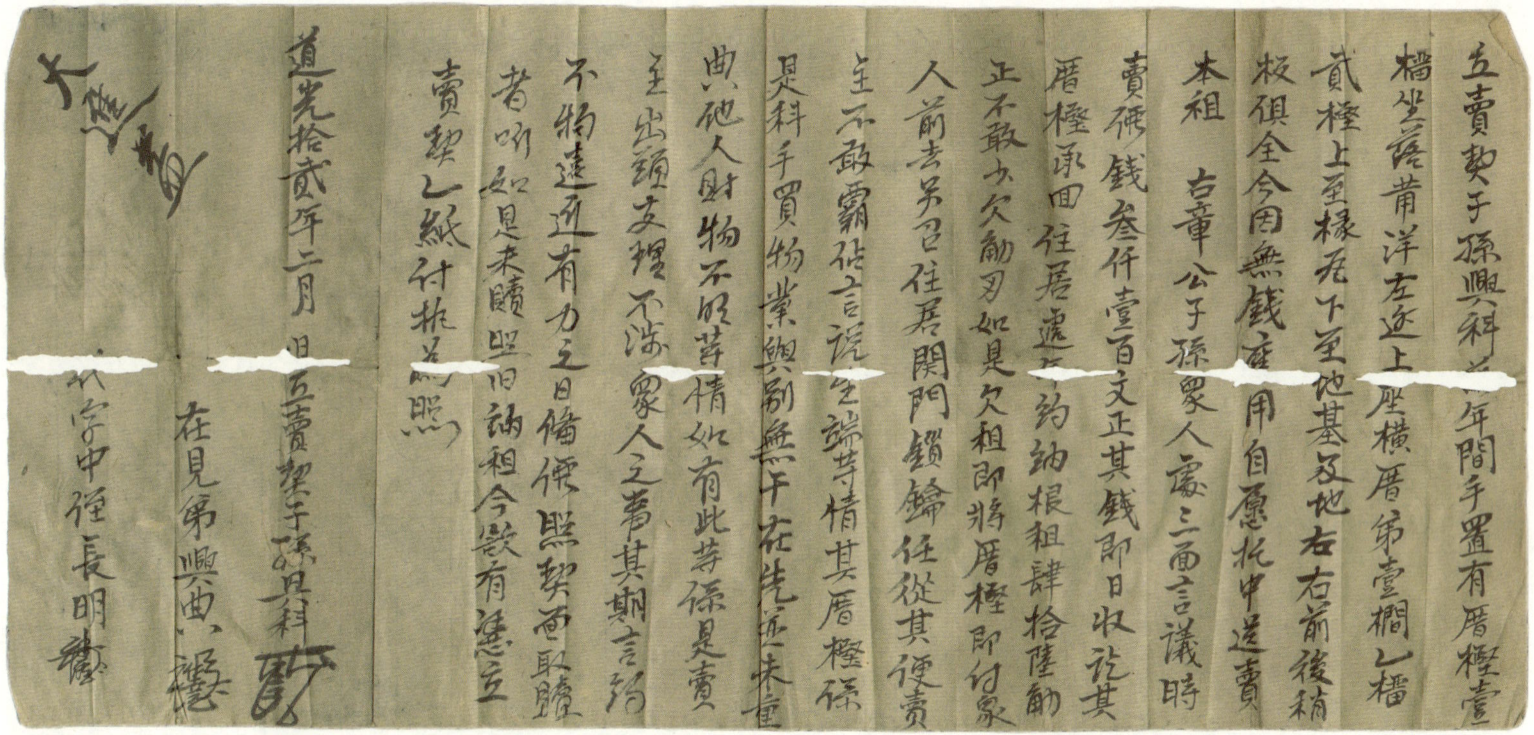
立賣契子孫興科□□年間手置有厝樫壹
榴坐落甫洋左邊上座橫厝第壹榴乚榴
貳樫上至椽瓦下至地基及地左右前後稍
板俱全今因無錢應用自愿托中送賣
本祖　古章公子孫衆人處三面言議時
賣價錢叁仟壹百文正其錢即日收訖其
厝樫承田往居遠□納根租肆拾陸觔
正不敢少欠觔刃如是欠租即將厝樫即付衆
人前去另召往居閉門鎖鑰任從其便賣
主不敢霸佔言說□端等情其厝樫係
是科手買物業與別無干在先並未重
典他人財物不明等情如有此等係是賣
主出頭支理不涉衆人之事其期言約
不拘遠近有力之日備價照契面取贖
者听如是未贖照旧納租今欲有憑立
賣契乚紙付執為照
道光拾貳年二月　日立賣契子孫興科（押）
在見弟興曲（押）
代字中侄長明（押）

3-1-33-7　清道光十二年二月黄興科立賣厝樫契

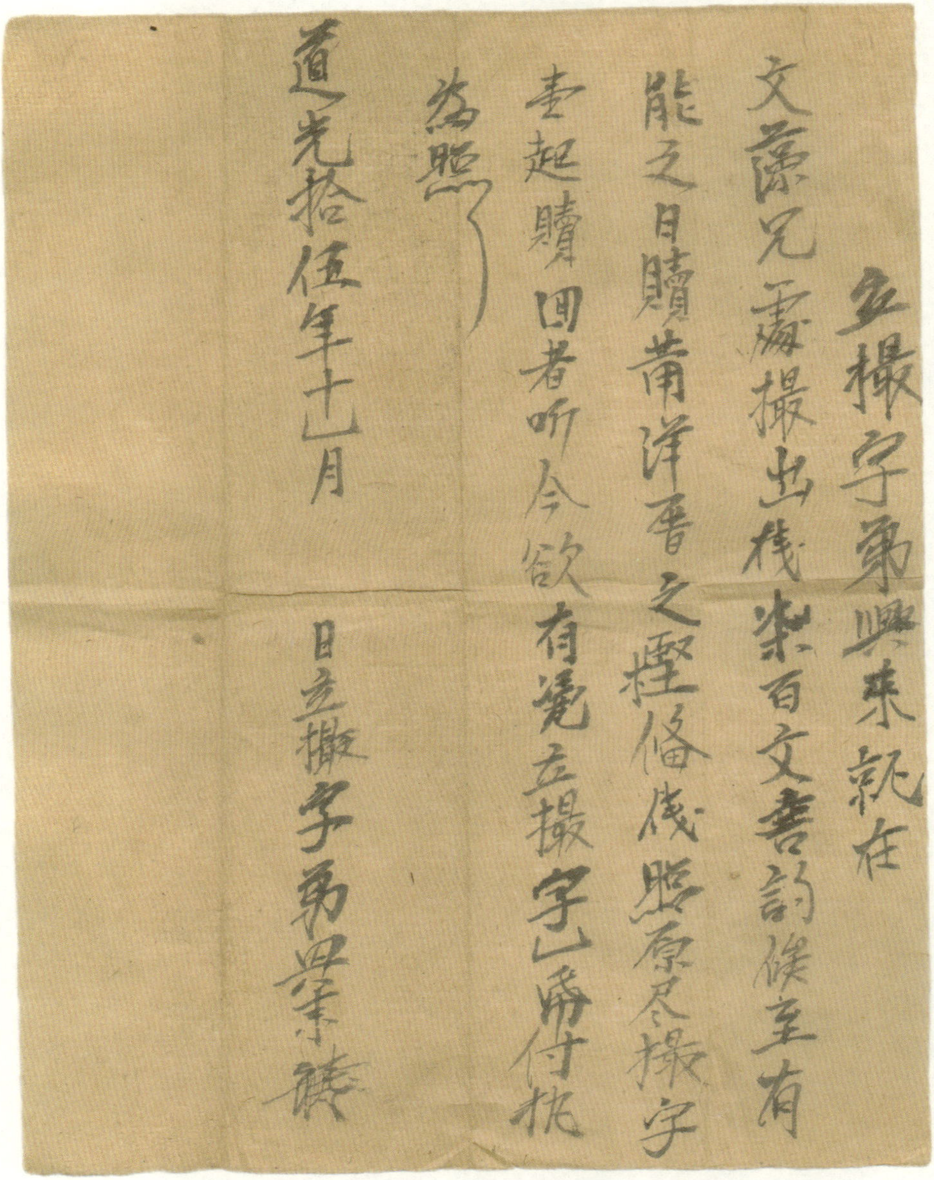

立撮字弟興來親在文藻兄處撮出錢柒百文言約候至有能之日贖黄洋厝之壁埕備錢照原尽撮字壹起贖回者听今欲有憑立撮字乙帋付执為照

道光拾伍年十一月　日立撮字弟興來押

3-1-33-8　清道光十五年十一月黄㒷來立撮字

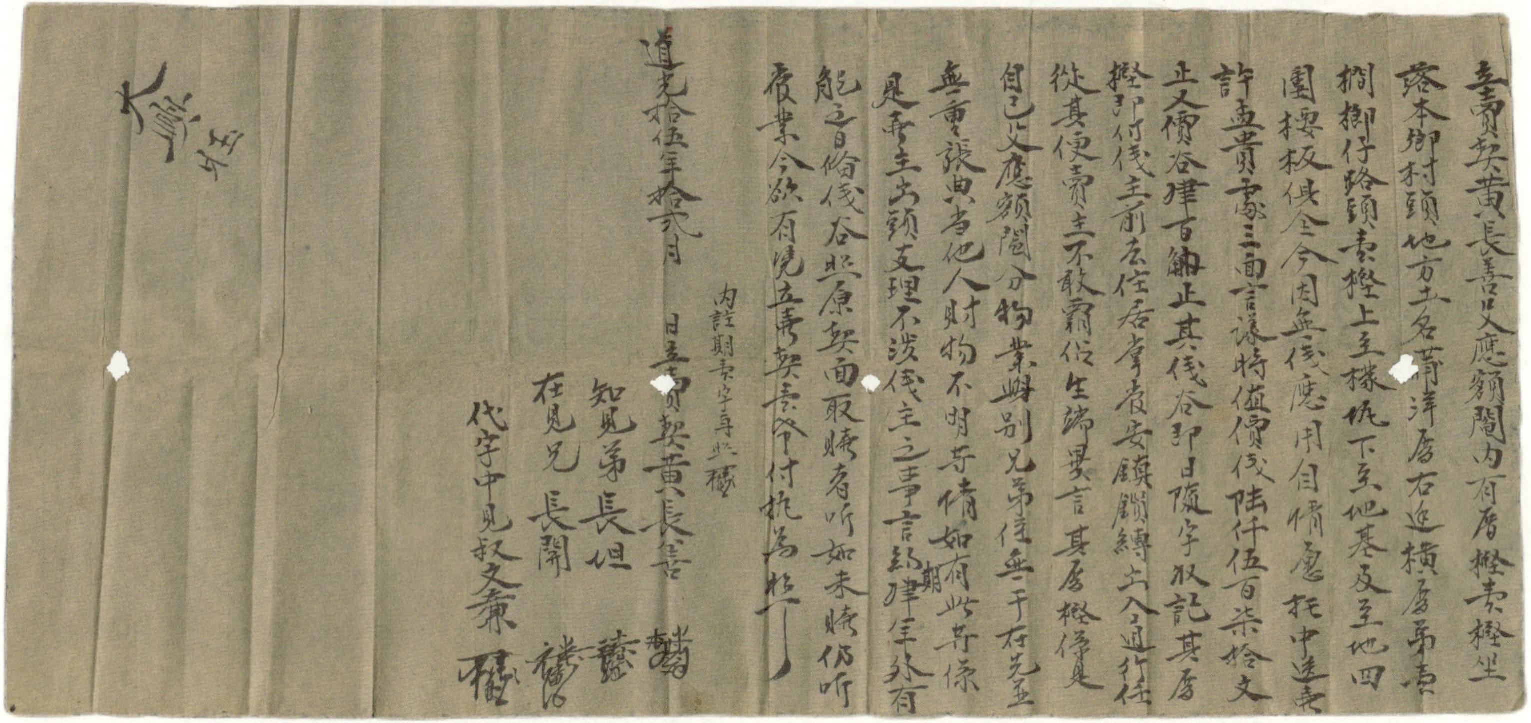

立賣契黄長善有承父應額閹內有厝楻壹楻，坐落本鄉村頭地方，土名蒲洋厝右邊橫厝第壹間，鄉仔路頭壹楻，上至椽桷，下至地基，及至地四圍，樓板俱全。今因無錢應用，自情愿托中送與許盍貴處，三面言議，時值價錢陸仟伍百柒拾文正，又價谷肆百觔正。其錢谷即日隨字收訖，其厝楻即付錢主前去住居，管業安頓鎖鑰，出入通行，任從其便，賣主不敢霸佔生端異言。其厝楻係是自己承父應額閹分物業，與別兄弟侄無干，亦無重張典當他人財物不明等情。如有此等，係是賣主出頭支理，不涉錢主之事。言約肆年外，有能立自備錢谷照原契面取贖，賣者聽，如未贖，仍聽管業。今欲有憑，立賣契壹紙付執為照。

內註朝壹字，照。

道光拾伍年拾貳月　日立賣契黄長善（押）

知見弟　長坦（押）

在見兄　長閙（押）

代字中見叔　文兼（押）

3-1-33-9　清道光十五年十二月黄長善立賣厝楻契

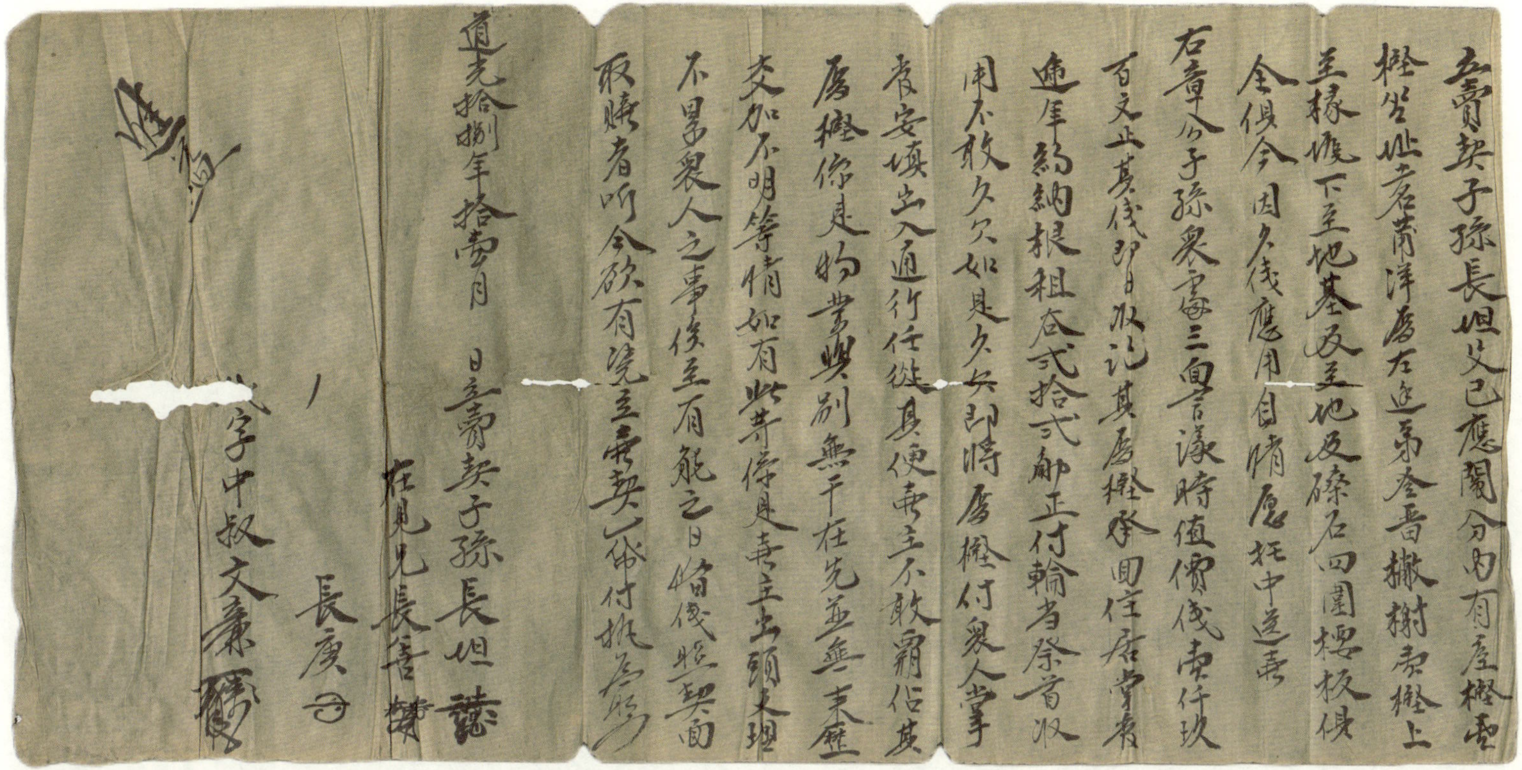

立賣契子孫長坦父已應闔分內有屋樫壹
樫坐址在蓋洋厝右邊第叁番撤樹壹樫上
至椽桷下至地基及至地及礎石四圍樓板俱
全俱今因欠錢應用自情愿托中送壹
右章分子孫衆處三面言議時值價錢壹仟玖
百文正其錢即日收訖其屋樫承佃住居掌管
逐年約納根租谷式拾式觔正付輪者祭首收
用不敢久欠如是久欠即將屋樫付衆人掌
管安填出入通行任從其便無主不敢霸佔其
屋樫係是物業與別無干在先並無來歷
交加不明等情如有此等係是無主出頭抵
不累衆人之事俟至有能之日備價照契面
取贖者听令欲有憑立賣契一紙付執為照
道光拾捌年拾壹月　日立賣契子孫長坦（押）
在見兄長晉（押）
長庚（押）
代字中叔文兼（押）

3-1-33-10　清道光十八年十一月黃長坦立賣屋樫契

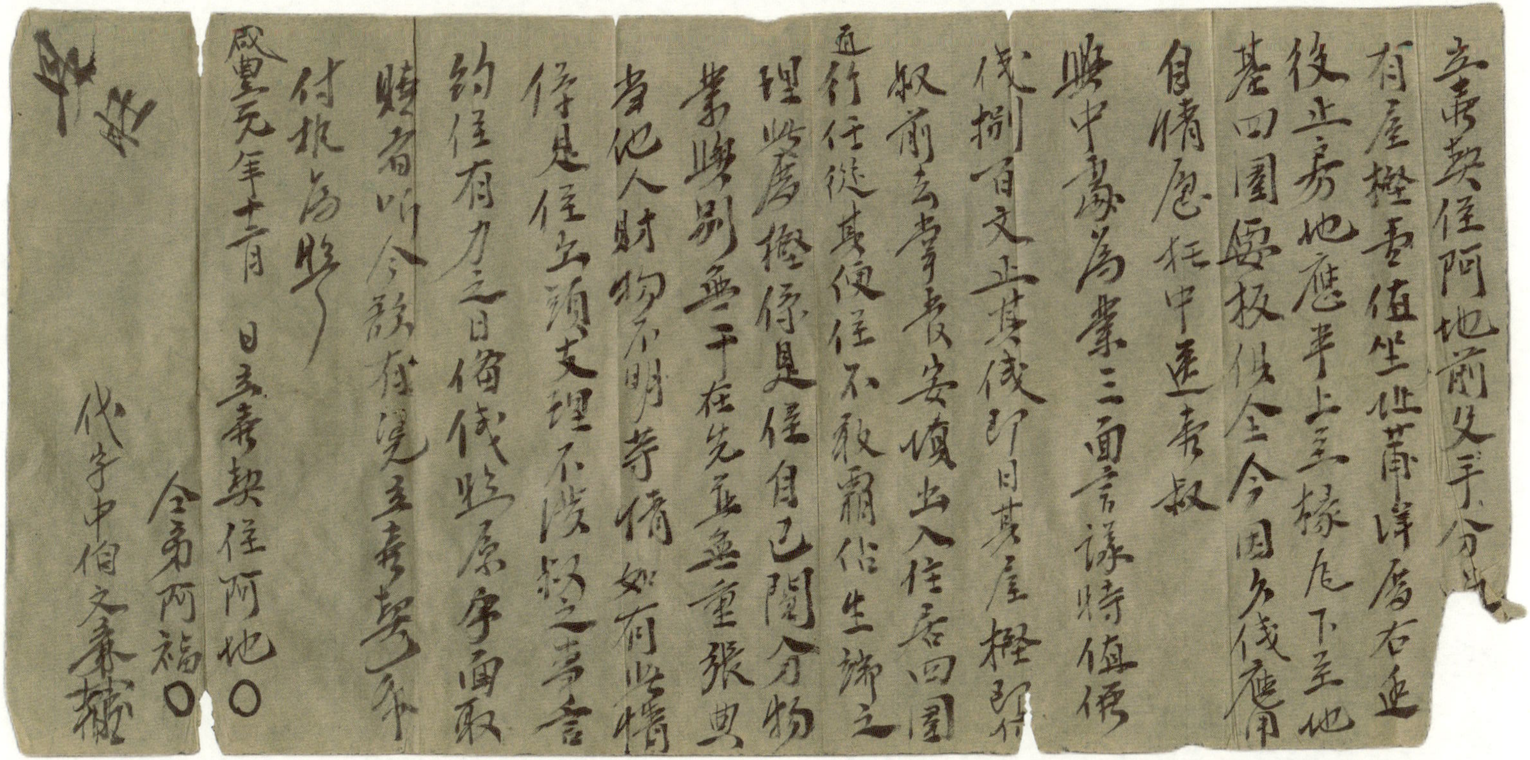
立賣契侄阿地兄弟等承父手分
有屋樫壹值坐址芹洋厝右邊
後止房地應半上至椽尾下至地
基四圍與叔侄全今因乏錢應用
自情愿托中送賣叔
興中爲業三面言議時值價
錢捌百文正其錢即日其屋樫即付
叔前去管業安頓出入住居四圍
通行任從其便侄不敢霸佔生端之
理此屋樫係是侄自己閹分物
業與别無干在先並無重張典
當他人財物不明等情如有此情
係是侄出頭支理不涉叔之事言
約侄有力之日備錢照原字面取
贖爲所今欲有憑立賣契一紙
付執爲照
咸豐元年十二月 日立賣契侄阿地○
全弟阿福○
代字中伯文秉權

3-1-33-11 清咸豐元年十二月黄阿地等立賣屋樫契

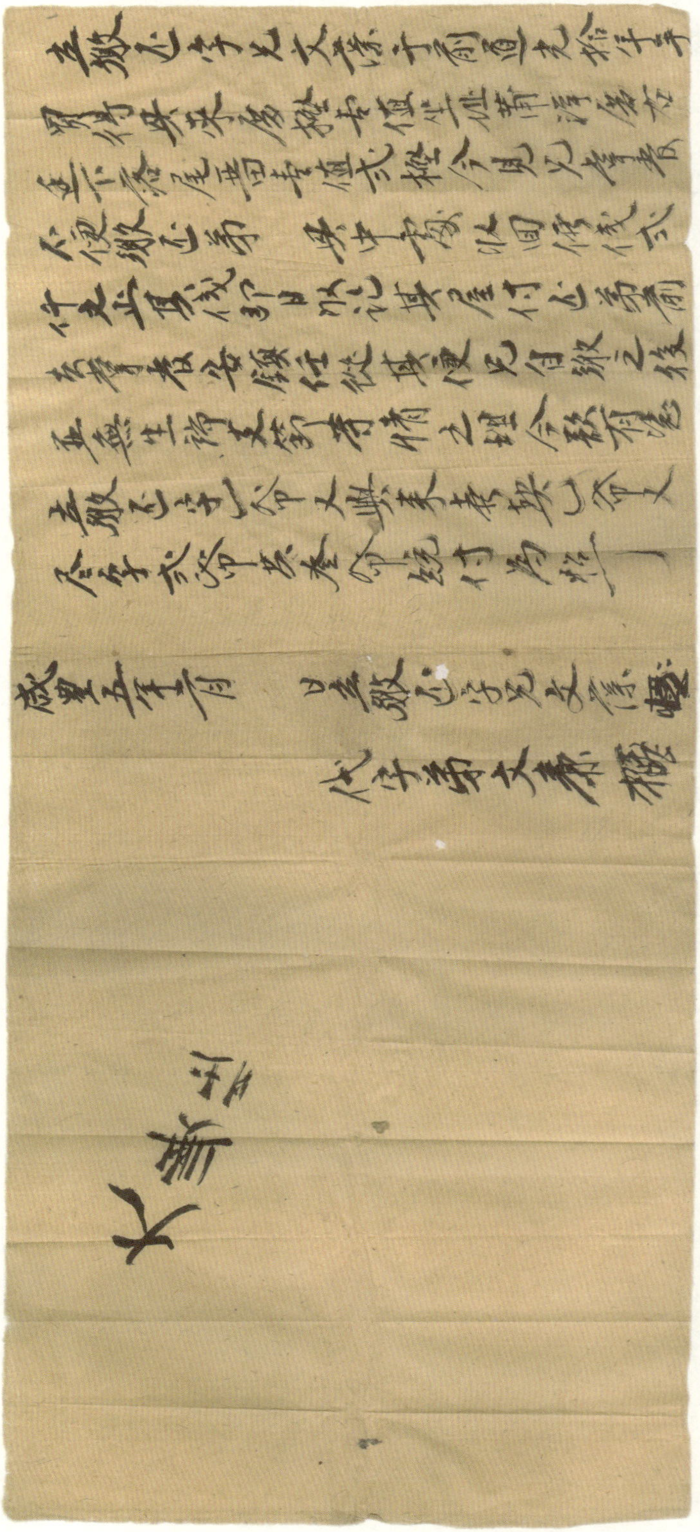

3-1-33-12　清咸豐五年二月黄文藻立繳還胥樫字

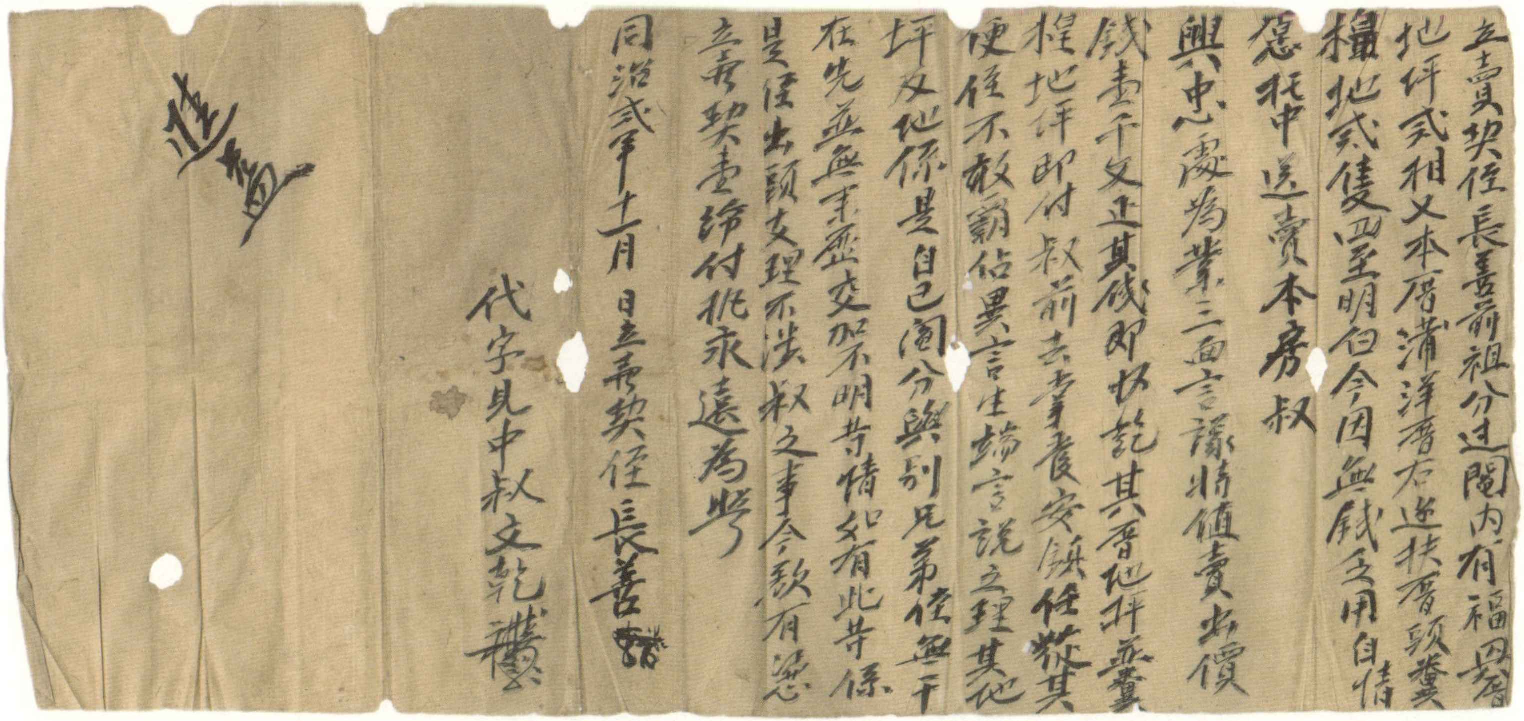
立賣契侄長善前祖分过閩内有福因厝
地坪式相又本厝浦洋厝右边扶厝頭糞
𥞩地式隻四至明白今因無錢乏用自情
愿托中送賣本房叔
興忠處為業三面言議時值賣出價
錢壹千文正其錢即收訖其厝地坪糞
桯地坪即付叔前去掌管安鎮任從其
便侄不敢霸佔異言生端言說立理其地
坪及地係是自己閩分與別兄弟侄無干
在先並無來歷交加不明等情如有此等係
是侄出頭支理不涉叔之事今欲有憑
立賣契壹紙付執永遠為照
同治式年十一月　日立賣契侄　長善（押）
代字見中叔　文乾（押）
進益

3-1-33-13　清同治二年十一月黄長善立賣地坪契

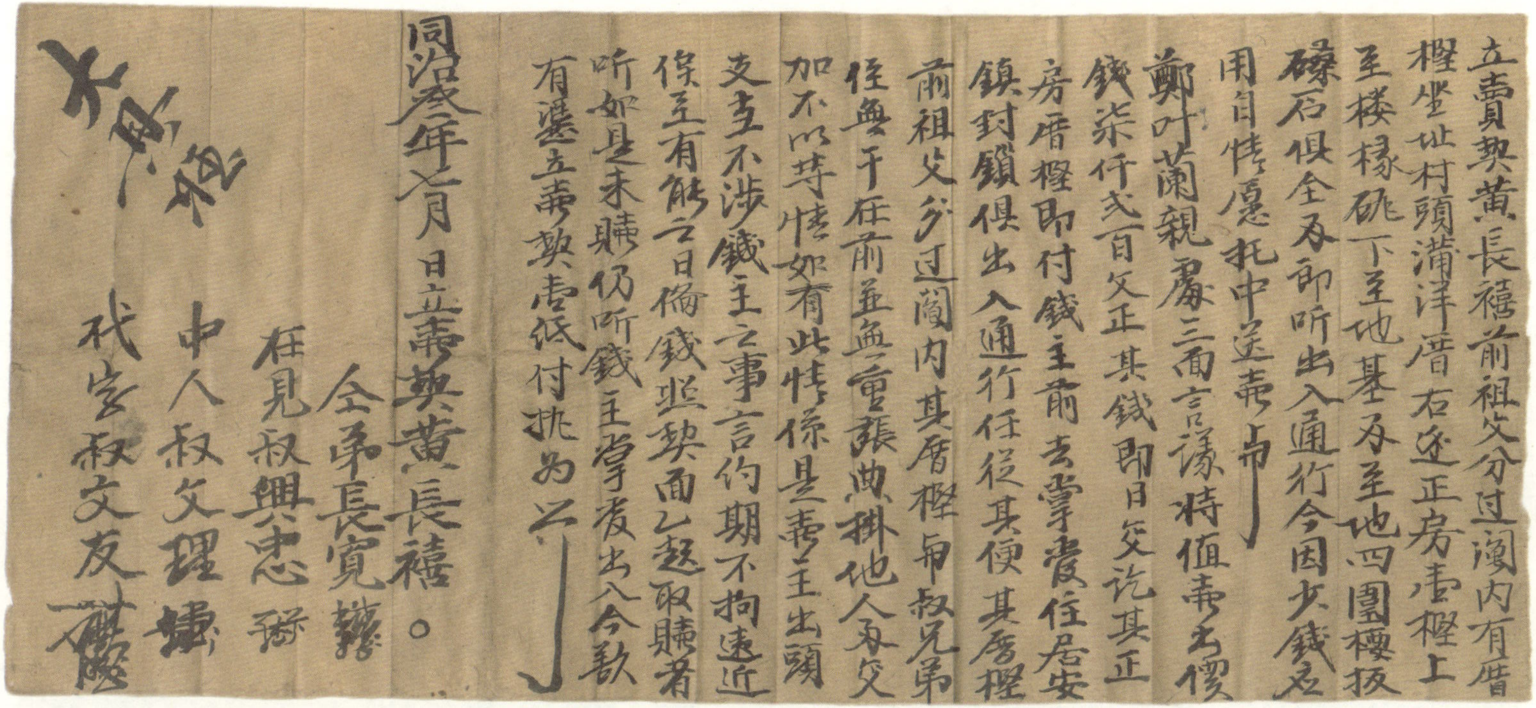
立賣契黃長禧前祖父分過閬內有厝
楻坐址村頭蒲洋厝右邊正房壹楻上
至樓椽下至地基及至地四圍樓板
磉石俱全及門所出入通行今因乏錢応
用自情愿托中送賣与
鄭叶蘭親邊三面言議時值賣出價
錢柒仟弍百文正其錢即日交訖其正
房厝楻即付錢主前去掌管住居安
鎮封鎖俱出入通行任從其便其厝楻
前祖父分過閬內其厝楻與叔兄弟
侄無干在前並無重張典掛他人來歷
加不明等情如有此情係是賣主出頭
支当不涉錢主之事言約期不拘遠近
係至有能之日備錢照契面取贖者
所如是未贖仍听錢主掌管出入合歡
有憑立賣契壹紙付執為照。
同治叁年七月 日立賣契黃長禧（押）
仝弟長寬（押）
在見叔興忠（押）
中人叔文理（押）
代字叔文友（押）

3-1-33-14 清同治三年七月黄長禧等立賣厝楻契

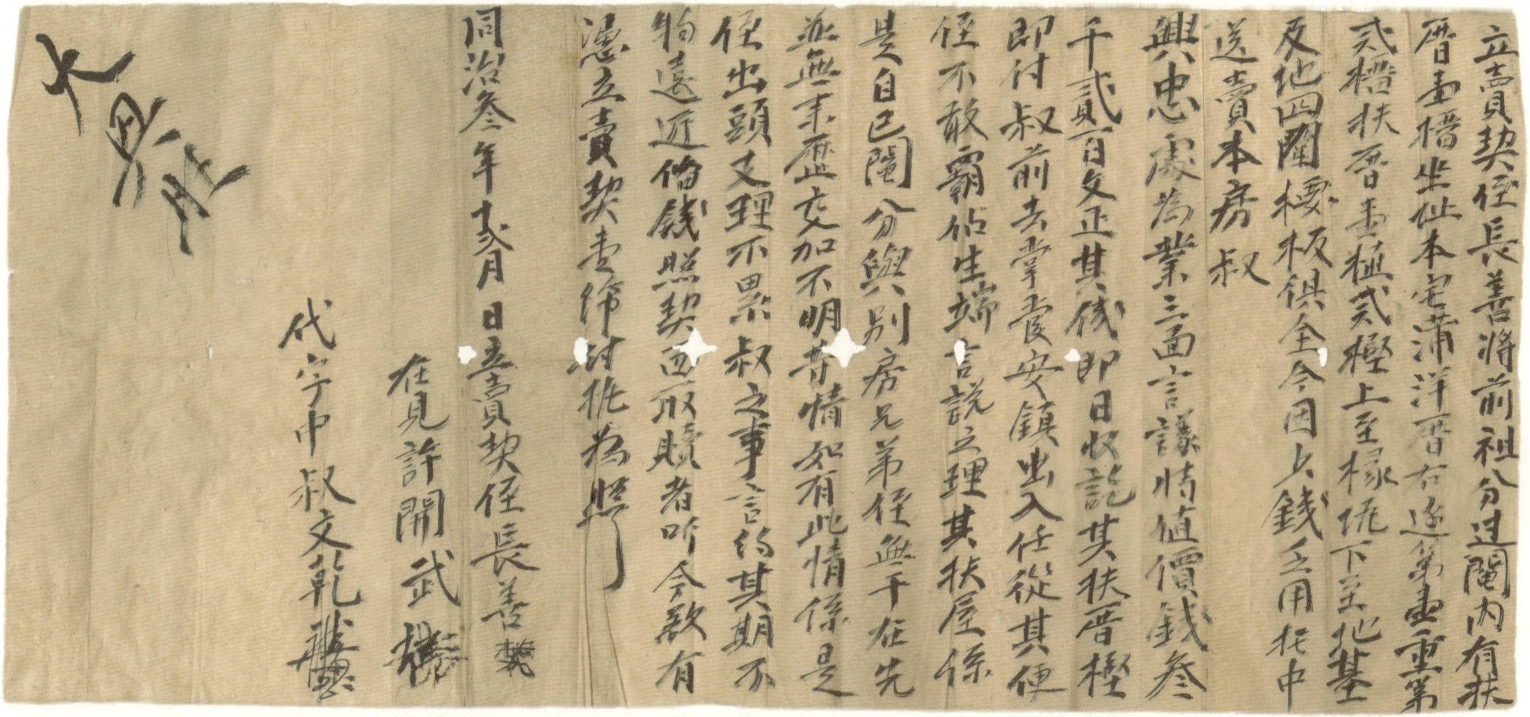

立賣契侄長善將前祖父分過閹內有扶
厝壹橺坐址本宅蒲洋厝右邊第壹重第
弍橺扶厝壹植弍櫈上至椽桷下至地基
及地四圍樓板俱全今因乏錢應用托中
送賣本房叔
興忠處為業三面言議情值價錢叁
千弍百文正其錢即日收訖其扶厝櫈
即付叔前去掌管安鎮出入任從其便
侄不敢霸佔生端言說之理其扶厝係
是自己閹分與別房兄弟侄無干在先
並無未歷交加不明等情如有此情係是
侄出頭支理不累叔之事言約其期不
拘遠近備錢照契面取贖者听令取有
憑立賣契壹紙付執為照
同治叁年十弍月　日立賣契侄長善（押）
在見許開武（押）
代字中叔文乾（押）

3-1-33-15　清同治三年十二月黄長善立賣扶厝契

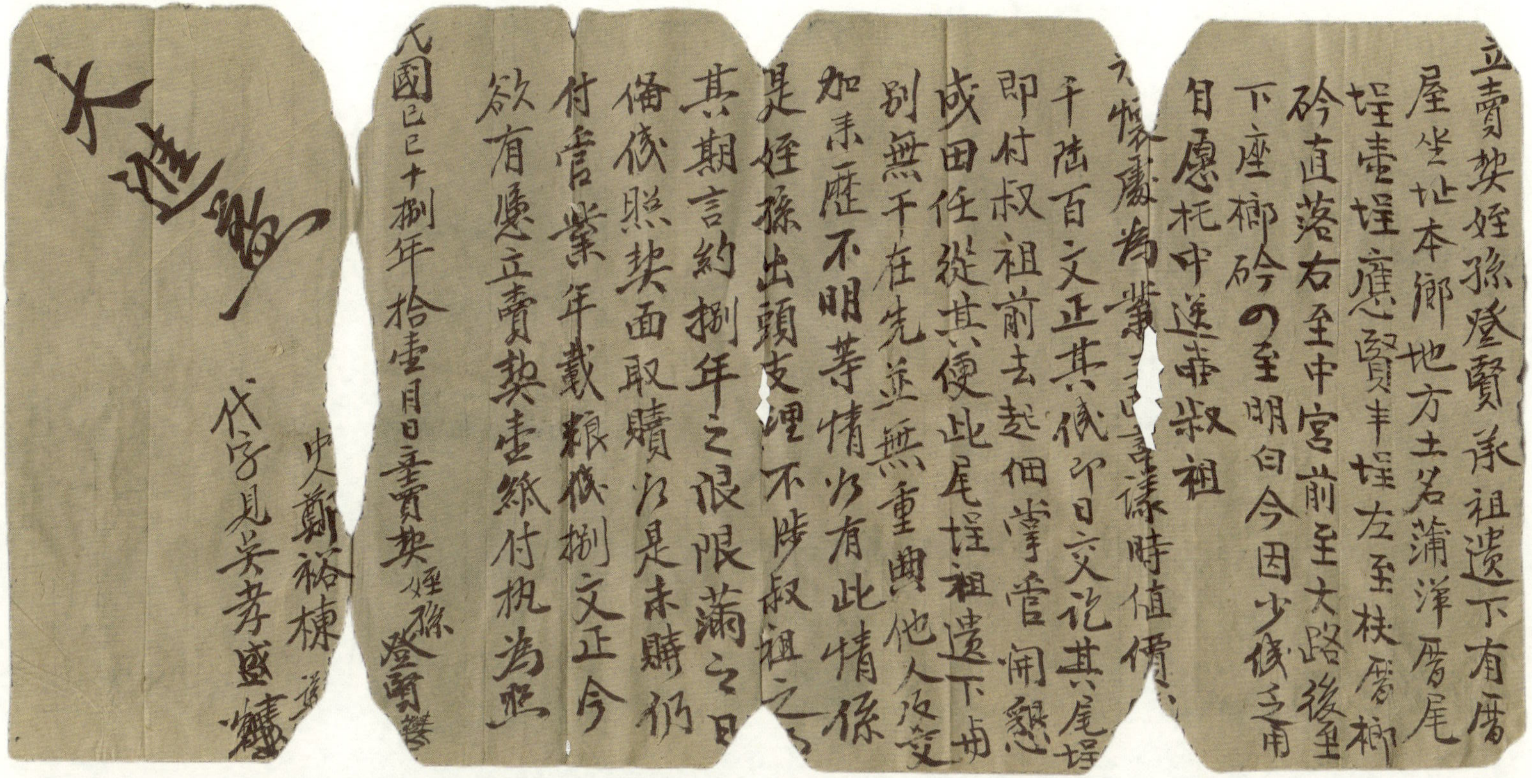

立賣契姪孫登賢承祖遺下有厝
屋坐址本鄉地方土名蒲洋厝尾
埕壹埕應賢半埕左至枎厝柳
砛直落右至中宮前至大路後至
下座柳砛の至明白今因少錢乏用
自愿托中送赤叔祖
懷慶為業三面言議時值價
千陸百文正其錢即日交訖其尾埕
即付叔祖前去起佃掌管開墾
成田任從其便此尾埕祖遺下母
別無干在先並無重典他人及交
加禾歷不明等情以有此情係
是姪孫出頭支理不涉叔祖之事
其期言約捌年之限限滿之日
備價照契面取贖以是未贖仍
付管業年載粮係捌文正今
欲有憑立賣契壹紙付執為照
民國己巳十捌年拾壹月日立賣契姪孫登賢
中人鄭裕棟
代字見吳孝盛

3-1-33-16　民國十八年十一月黃登賢立賣厝屋契

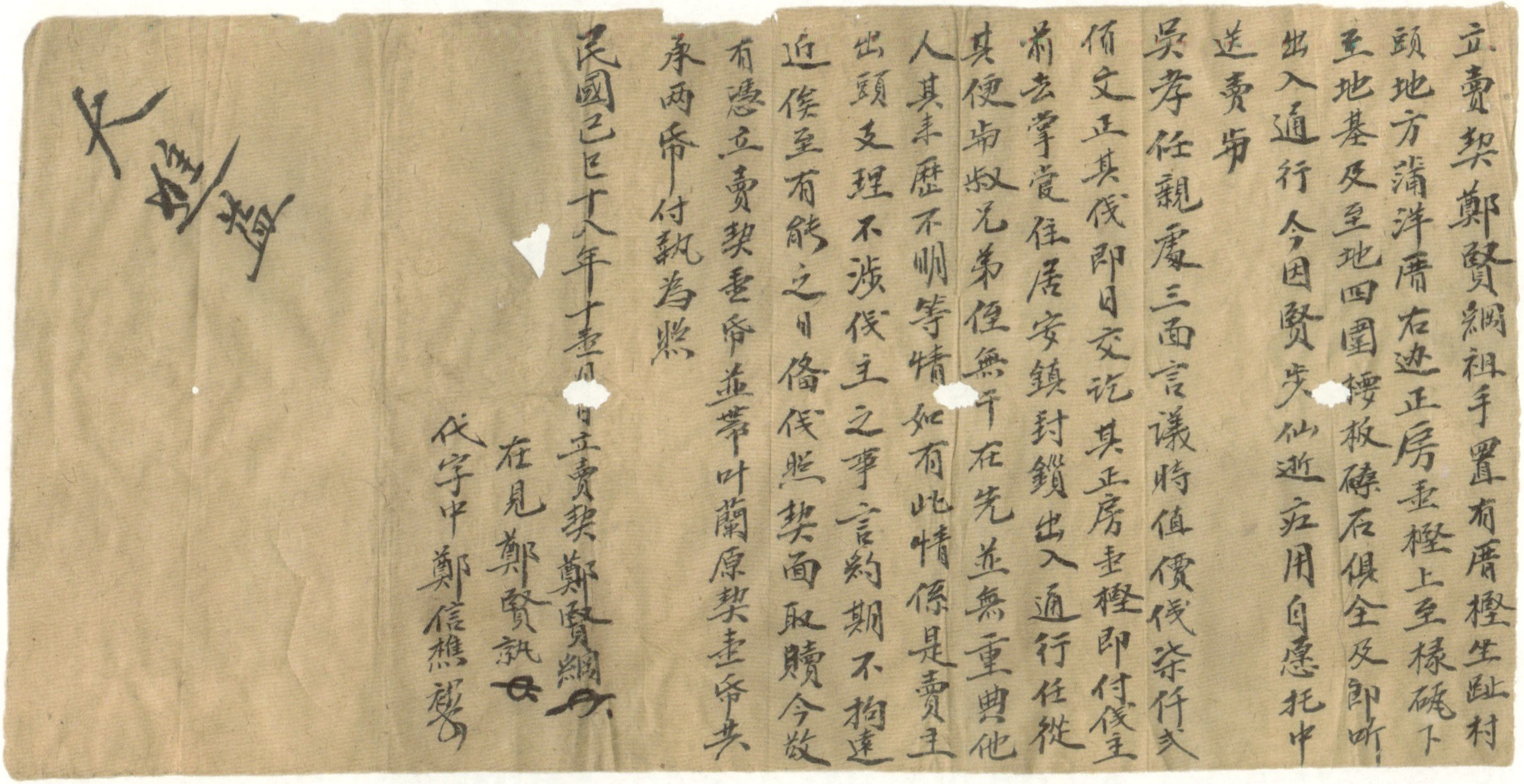
立賣契鄭賢綱祖手置有厝樫生趾村
頭地方蒲洋厝右迹正房壹樫上至椽碗下
至地基及至地四圍樓板磚石俱全及郎[illegible]
出入通行今因賢步仙逝乏用自愿托中
送賣与
吳孝任親處三面言議時值價伐柒仟弍
佰文正其伐即日交訖其正房壹樫即付伐主
前去掌管住居安鎮封鎖出入通行任從
其便的叔兄弟侄無干在先並無重典他
人其來歷不明等情如有此情係是賣主
出頭支理不涉伐主之事言約期不拘遠
近後至有能之日備伐照契面取贖今欲
有憑立賣契壹帋並帶叶蘭原契壹帋共
承兩帋付執為照
民國己巳十八年十壹月　日立賣契鄭賢綱（押）
在見鄭賢執（押）
代字中鄭信樵（押）

3-1-33-17　民國十八年十一月鄭賢綱立賣厝樫契

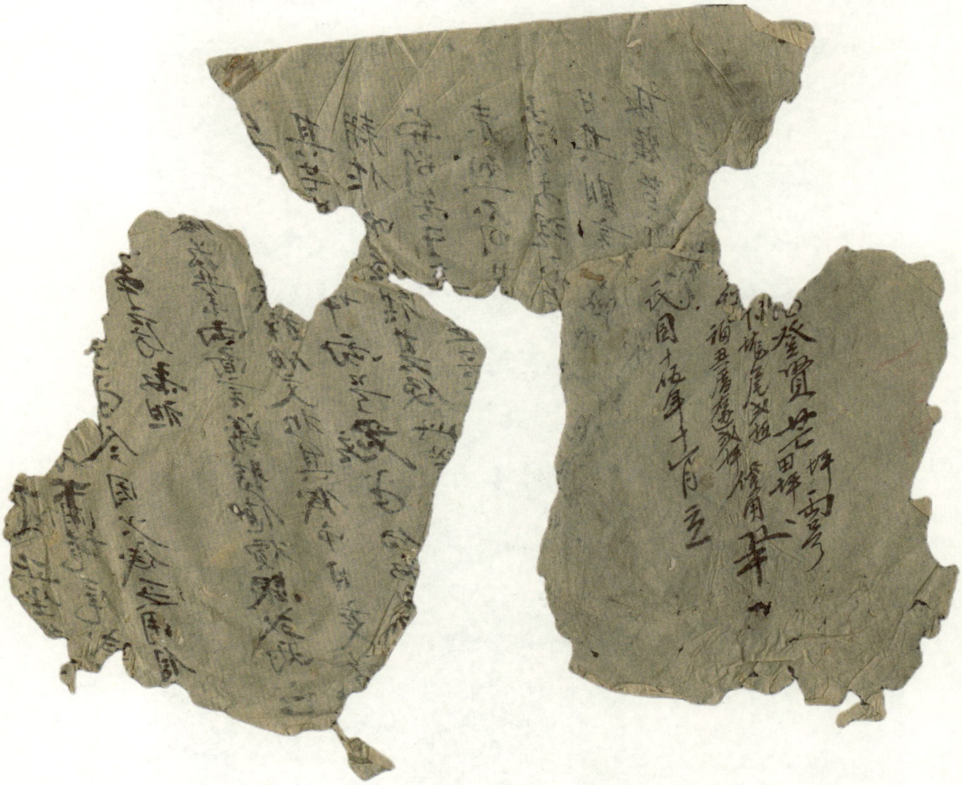

3-1-34-1　包契紙

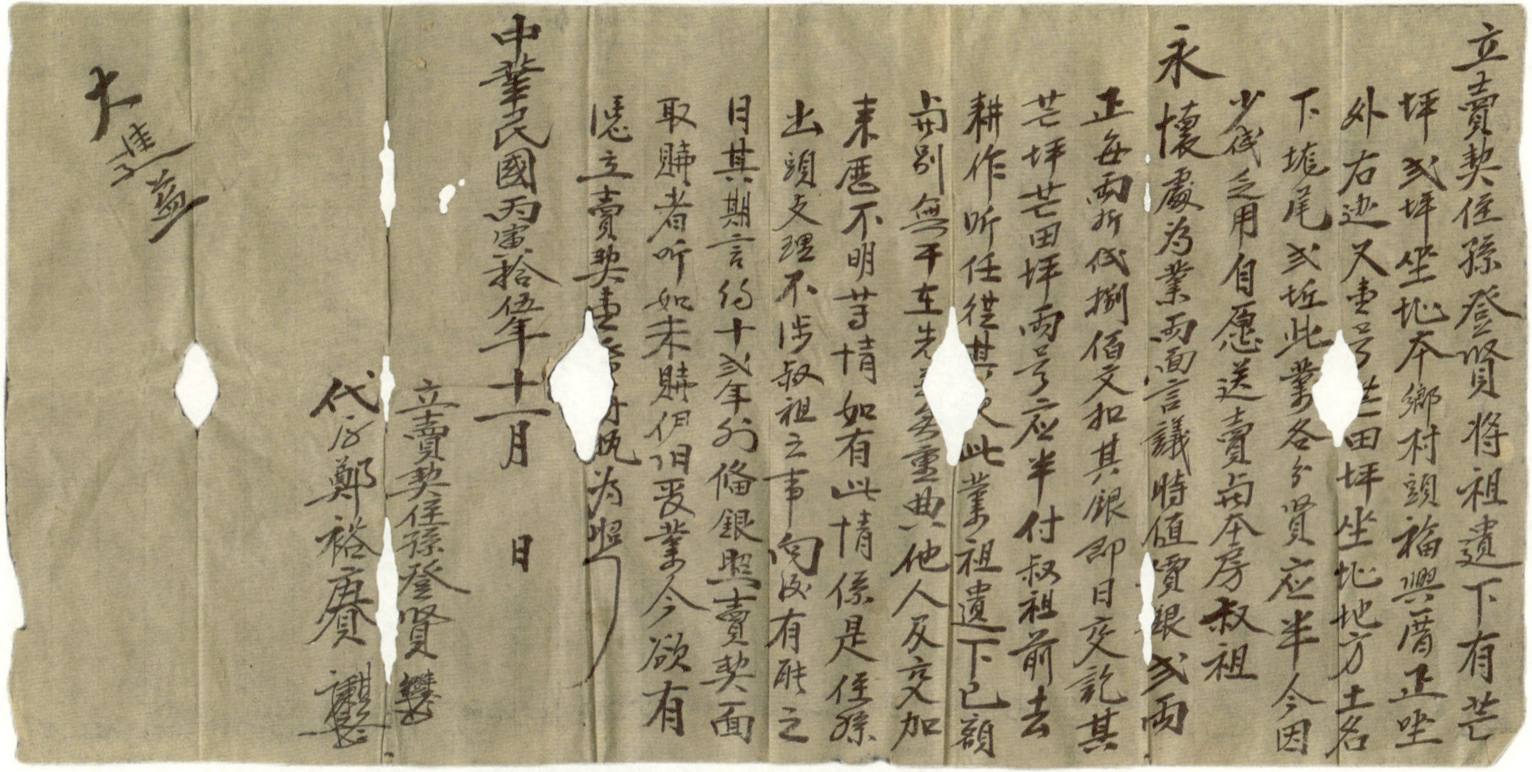

立賣契侄孫登賢，將祖遺下有芒
坪弍坪，坐北本鄉村頭福興庵正坐
外右边又壹号芒田坪，坐北地方土名
下垅尾弍坵，此業各分賢應半，今因
少錢乏用，自愿送賣與本房叔祖
永懷處爲業，兩面言議時值價銀弍兩
正，每兩折代捌佰文扣，其銀即日交訖，其
芒坪芒田坪兩号應半付叔祖前去
耕作，听任從其[illegible]此業祖遺下已額
與別無干，在先[illegible]並無重典他人及交加
來歷不明等情，如有此情，係是侄孫
出頭支理，不涉叔祖之事，向後有能之
日，其期言约十弍年，办備銀照賣契面
取贖，若听，如未贖，仍旧爲業。今欲有
憑，立賣契壹紙爲照。

中華民國丙寅拾伍年十一月　　日
立賣契侄孫登賢（押）
代筆　鄭裕賡（押）

大吉

3-1-34-2　民國十五年十一月黃登賢立賣芒坪契

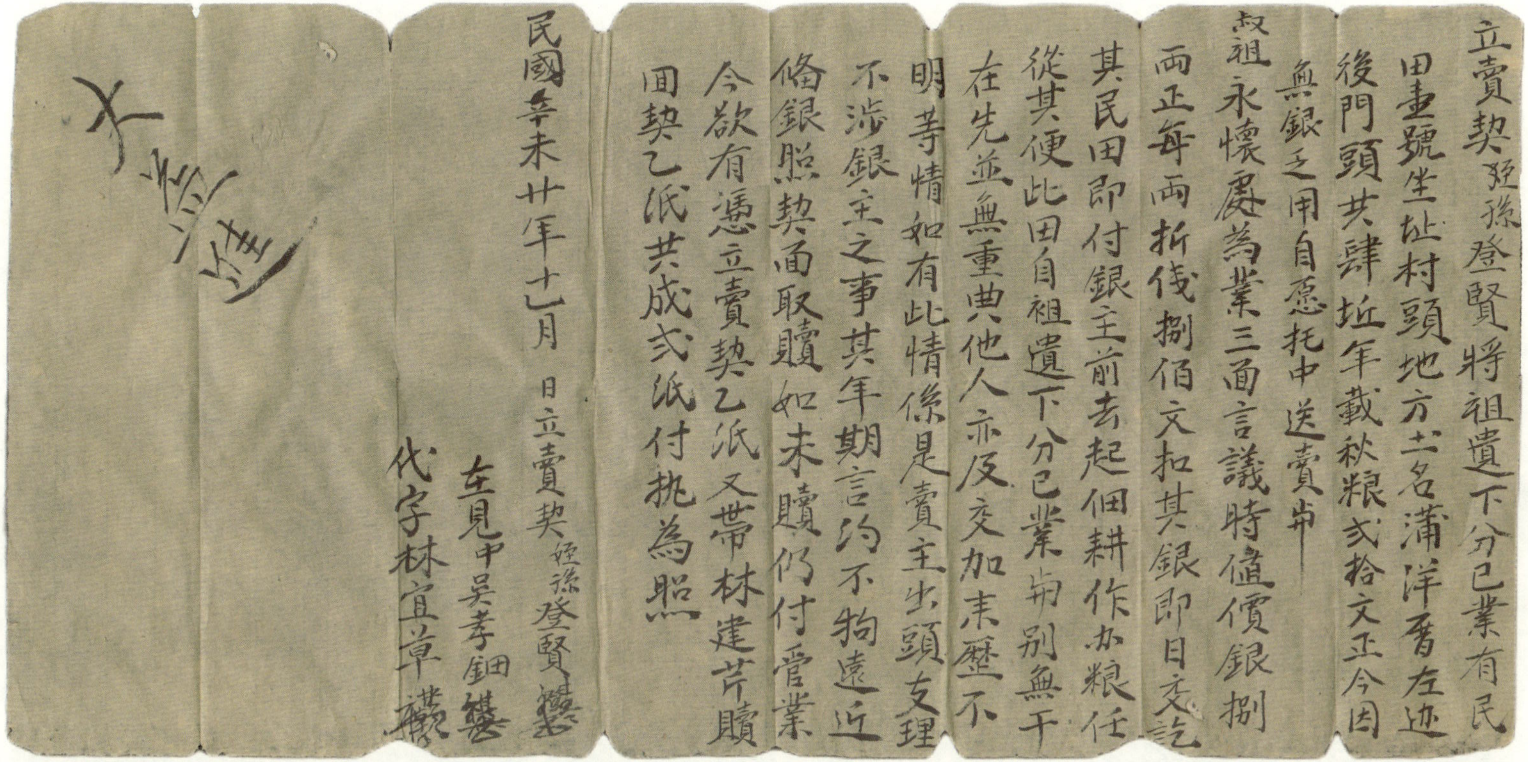

立賣契姪孫登賢將祖遺下分已業有民
田壹號坐址村頭地方土名蒲洋番左迹
後門頭共肆坵年載秋粮弍拾文正今因
無銀之用自愿托中送賣與
叔祖永懷處為業三面言議時值價銀捌
両正每両折伐捌佰文扣其銀即日交訖
其民田即付銀主前去起佃耕作办粮任
從其便此田自祖遺下分已業與別無干
在先並無重典他人亦反交加未歷不
明等情如有此情係是賣主出頭支理
不涉銀主之事其年期言約不拘遠近
備銀照契面取贖如未贖仍付管業
今欲有憑立賣契乙紙又帶林建芹贖
回契乙紙共成弍紙付執為照
民國辛未廿年十一月 日立賣契姪孫登賢
在見中吳孝鈿
代字林宜草

3-1-34-3 民國二十年十一月黃登賢立賣民田契

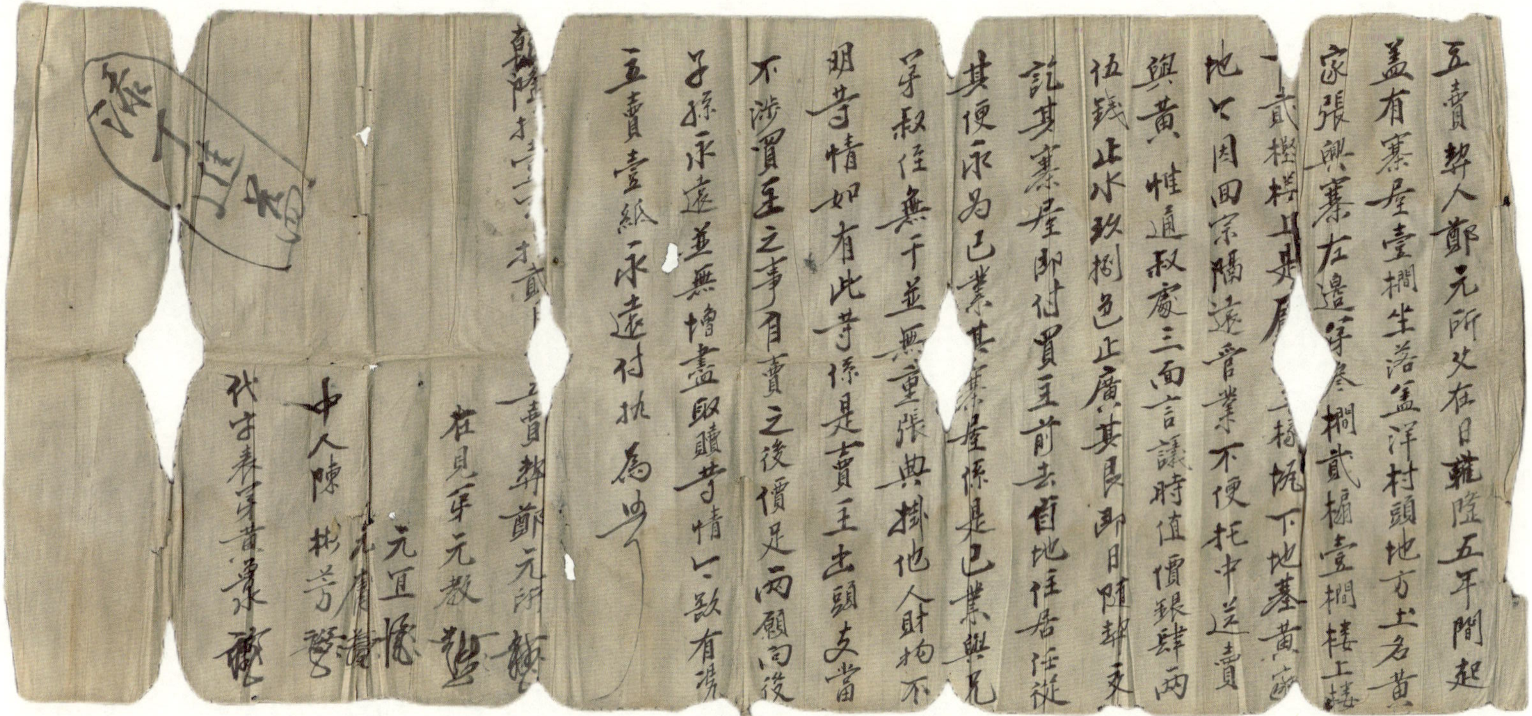
立賣契人鄭元所父在日雍正五年間起
蓋有寨屋壹𣏾坐落盖洋村頭地方土名黃
家張與寨左邊第叁𣏾𣏾貳扇壹𣏾樓上樓
下貳樘樓上與厝一樘坑下地基黃宅
地亡因田宗隔遠管業不便托中送賣
與黃帷通叔處三面言議時值價銀肆兩
伍錢正收訖足止廣其銀即日隨契交
訖其寨屋即付買主前去管地住居任從
其便永為己業其寨屋係是己業與兄
弟叔侄無干並無重張典掛他人財物不
明等情如有此等係是賣主出頭支當
不涉買主之事自賣之後價足兩願向後
子孫永遠並無增盡取贖等情亦欵有憑
立賣壹紙永遠付執為照
乾隆十一年十二月　日立賣契鄭元所
在見弟元教
元宜
元廣
中人陳彬芳
代字表弟黃蒙水

3-1-35-1　清乾隆十一年十二月鄭元所立賣寨屋契

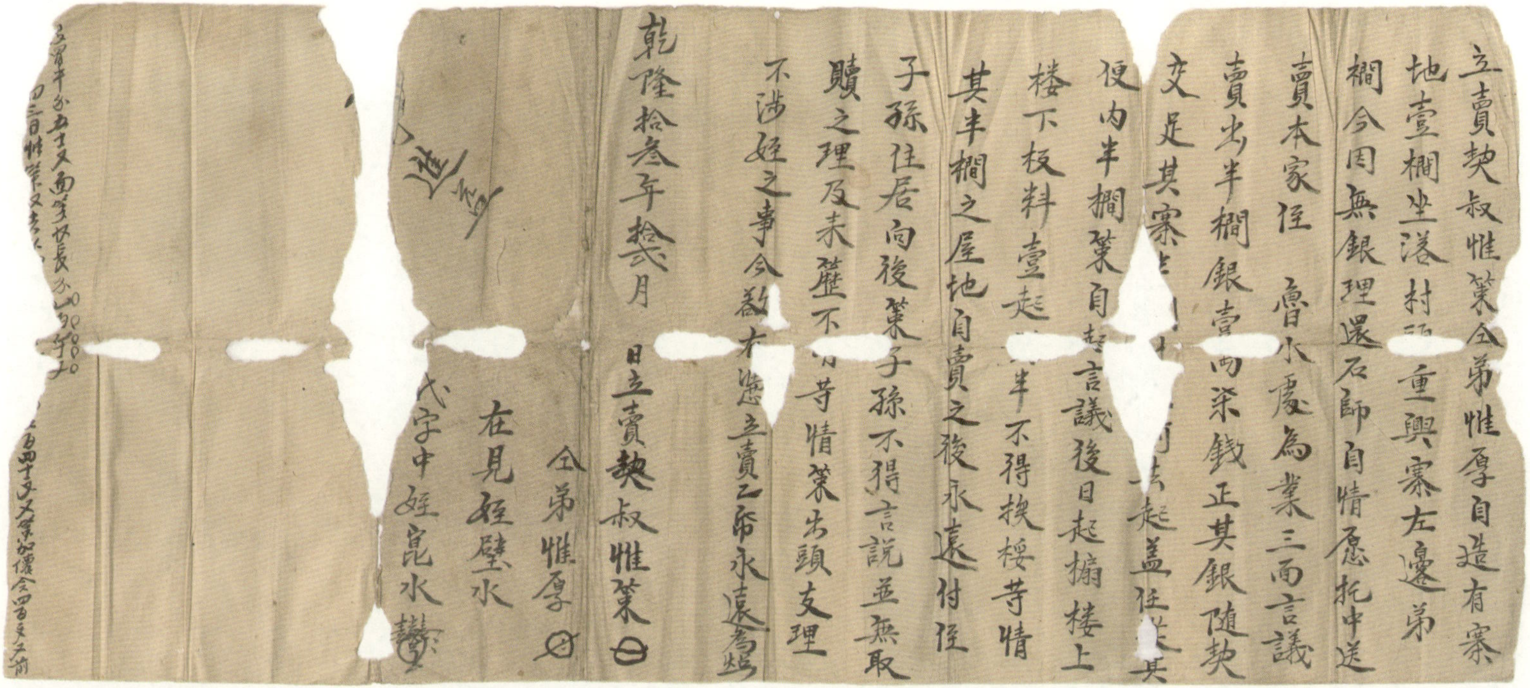
立賣契叔惟策仝弟惟厚自造有寨
地壹棡坐落村頭重興寨左邊弟
棡今因無銀理還石師自情愿托中送
賣本家侄　曾小慶為業三面言議
賣出半棡銀壹兩柒錢正其銀隨契
交足其寨□□□□起蓋任其
使内半棡策自□言議後日起摘樓上
樓下板料壹起□半不得换樓等情
其半棡之屋地自賣之後永遠付侄
子孫住居向後策子孫不得言說並無取
贖之理及未雕不□等情策出頭支理
不涉侄之事今欲有憑立賣一紙永遠為照
乾隆拾叁年拾貳月　日立賣契叔惟策（押）
仝弟惟厚（押）
在見侄璧水
代字中侄崑水（押）

3-1-35-2　清乾隆十三年十二月黄惟策等立賣寨地契

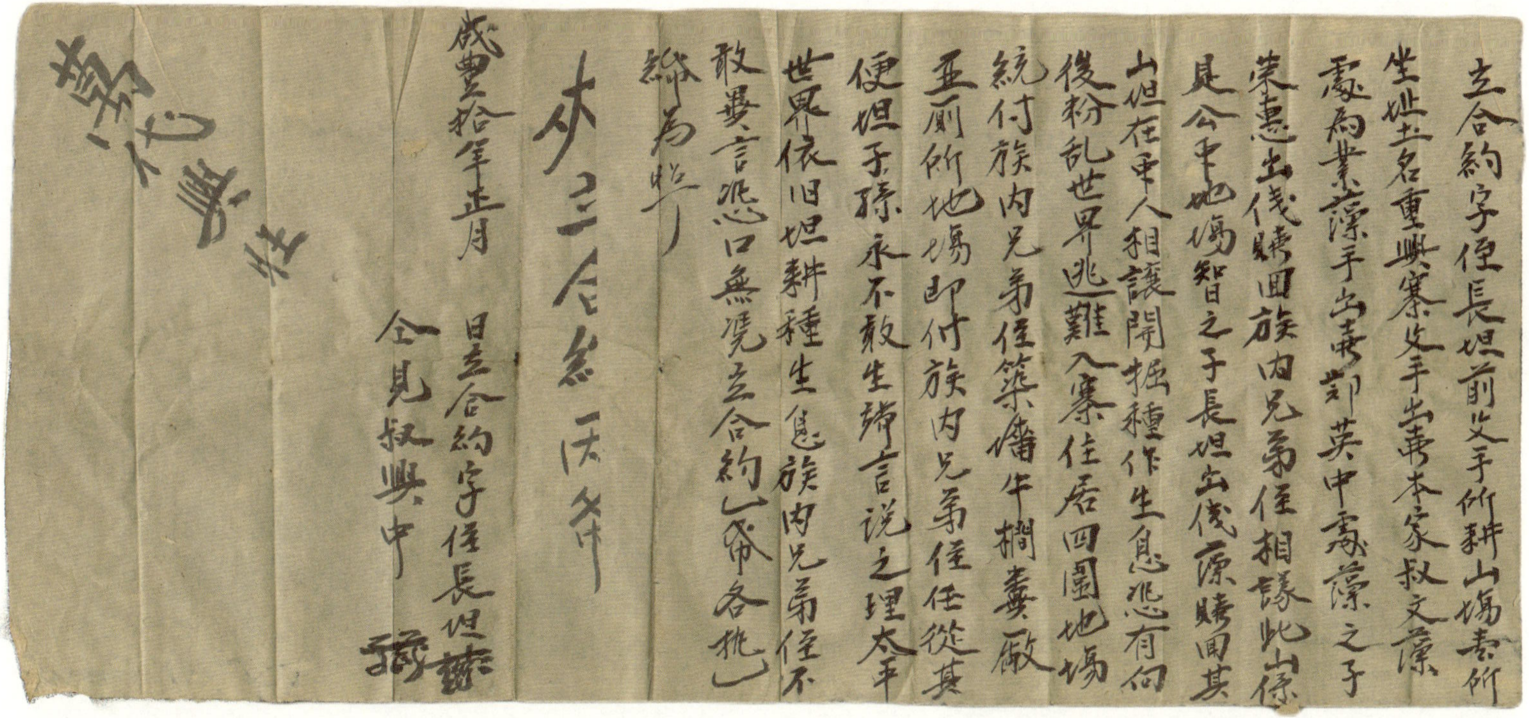
立合約字侄長坦前父手所耕山場壹所
坐址土名重興寨父手出棄本家叔文藻
處為業藻手出棄鄭英中處藻之子
榮惠出钱贖回族内兄弟侄相議此山係
是公中地場智之子長坦出钱原贖回其
山但在中人相讓閑插種作生息恐有向
後粉乱世界逃難入寨住居四圍地場
統付族内兄弟侄築備牛欄糞廠
並前所地場即付族内兄弟侄任從其
便坦子孫永不敢生端言說之理太平
世界依旧坦耕種生息族内兄弟侄不
敢異言恐口無凭立合約一紙各执一
紙為照
大三合約一紙各执
咸豐拾年正月　日立合約字侄長坦（押）
全見叔興中
筆代書

3-1-35-3　清咸豐十年正月黃長坦立合約字

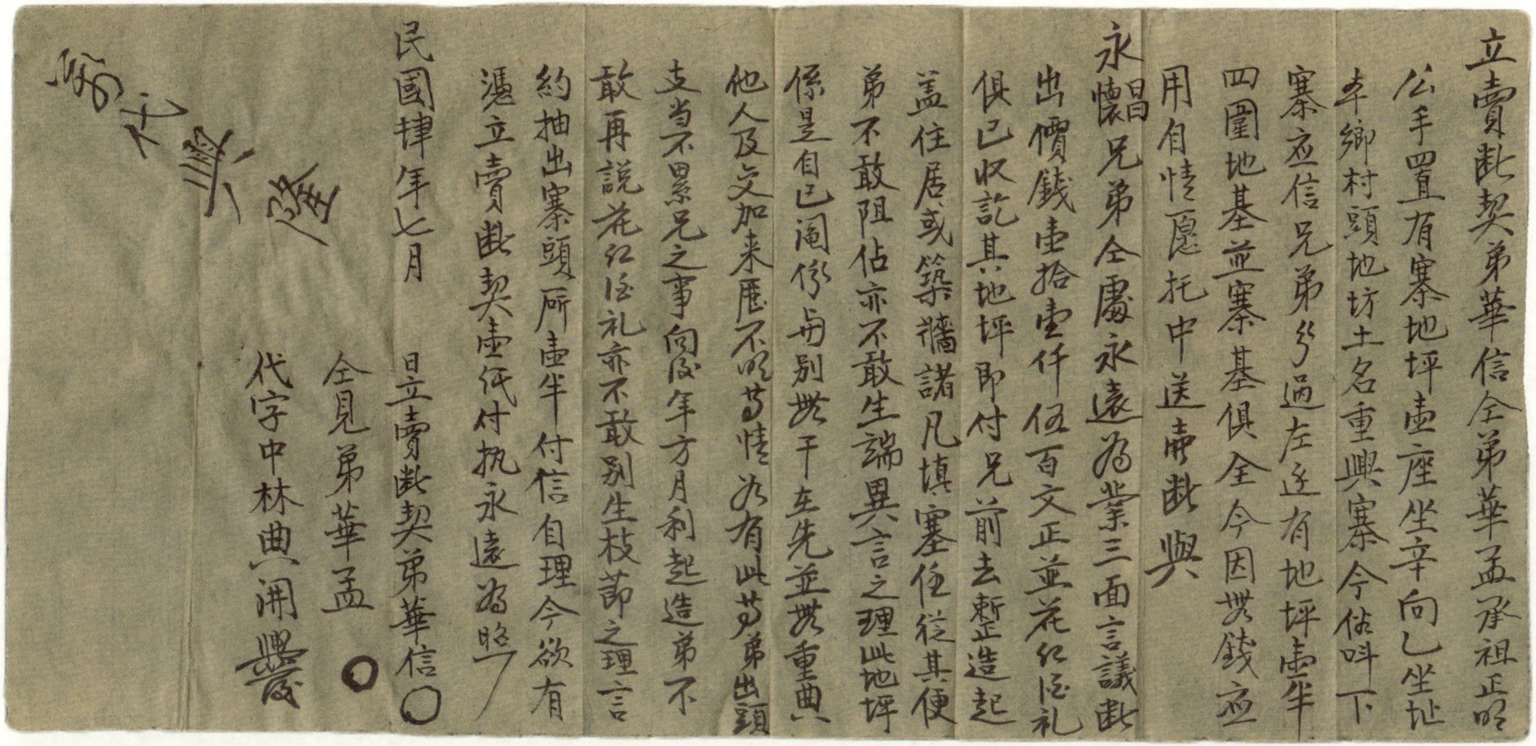
立賣斷契弟華信仝弟華孟承祖正昭
公手置有寨地坪壹座坐辛向乙坐址
本鄉村頭地坊土名重興寨今估[illegible]下
寨並信兄弟分過左邊有地坪壹半
四圍地基並寨基俱全今因無錢应
用自情愿托中送賣斷與
永昌懷兄弟仝處永遠為業三面言議斷
出價錢壹拾壹仟伍百文正並花红酒礼
俱已收訖其地坪即付兄前去整造起
蓋住居或築牆諸凡填塞任從其便
弟不敢阻佔亦不敢生端異言之理此地坪
係是自己阄份與别無干至先並無重典
他人及交加來歷不明等情如有此等弟出頭
支當不累兄之事向後年方月利起造弟不
敢再說花红酒礼亦不敢别生枝節之理言
約抽出寨頭所壹半付信自理今欲有
憑立賣斷契壹紙付执永遠為照
民國肆年七月　日立賣斷契弟華信〇
仝見弟華孟〇
代字中林典澗豐

3-1-35-4　民國四年七月黃華信等立賣斷寨地坪契

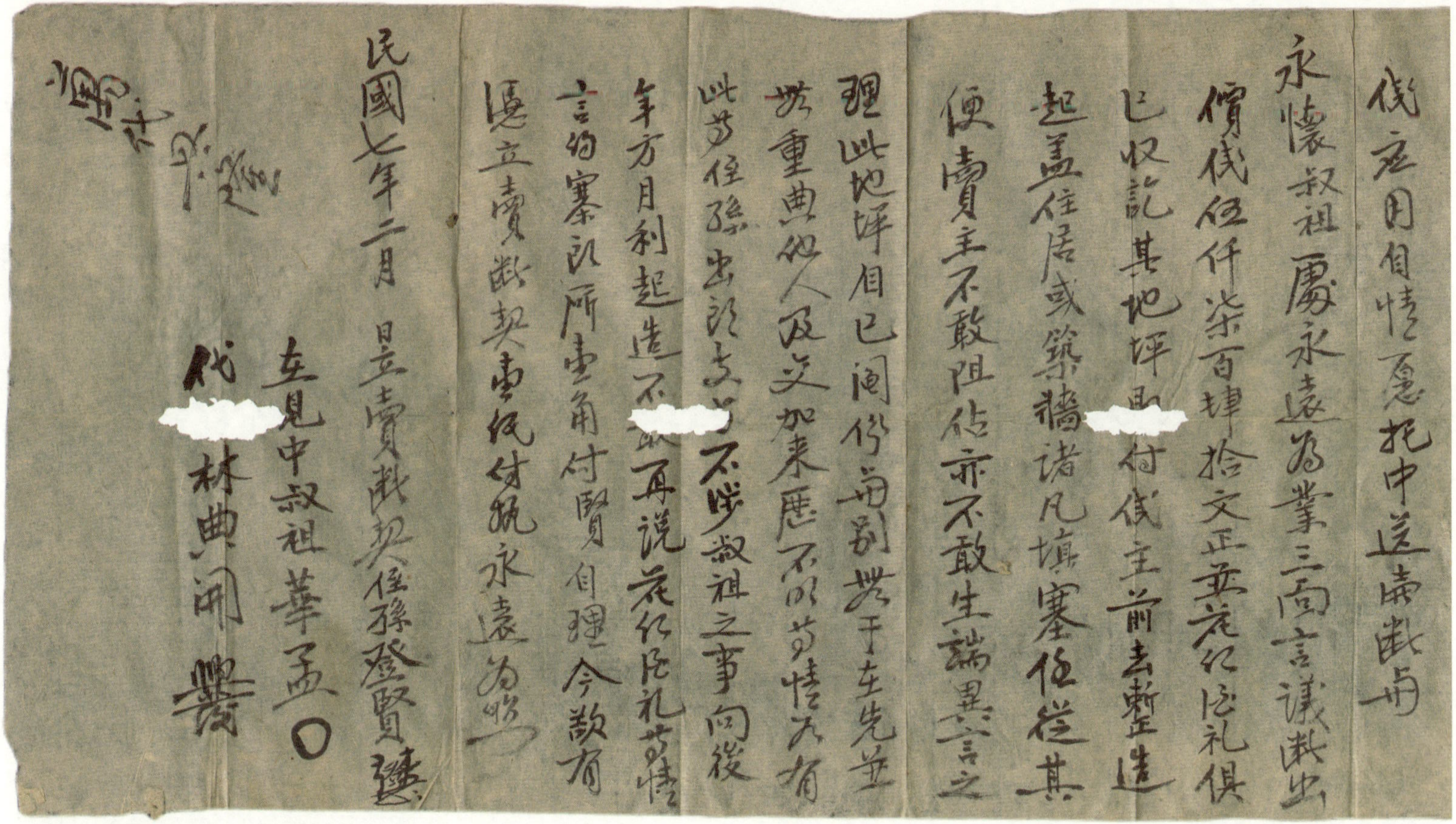

伐主因自情愿托中送與叔
永懷叔祖廟永遠為業三面言議斷出
價伐伍仟柒百肆拾文正其花紅說礼俱
已收訖其地坪即付伐主前去整造
起蓋住居或築牆諸凡填塞任從其
便賣主不敢阻佔亦不敢生端異言之
理此地坪自己開佔所創無干左先並
無重典他人及交加來歷不明等情如有
此等侄孫出頭支當不涉叔祖之事向後
年方月利起造不敢再說花紅說礼等情
言約寡憑所立角付賢自理今欲有
憑立賣斷契壹紙付執永遠為照
民國七年二月　日立賣斷契侄孫登賢（押）
在見中叔祖華孟 ○
代筆 林典開（押）

3-1-35-5　民國七年二月黃登賢立賣斷地坪契

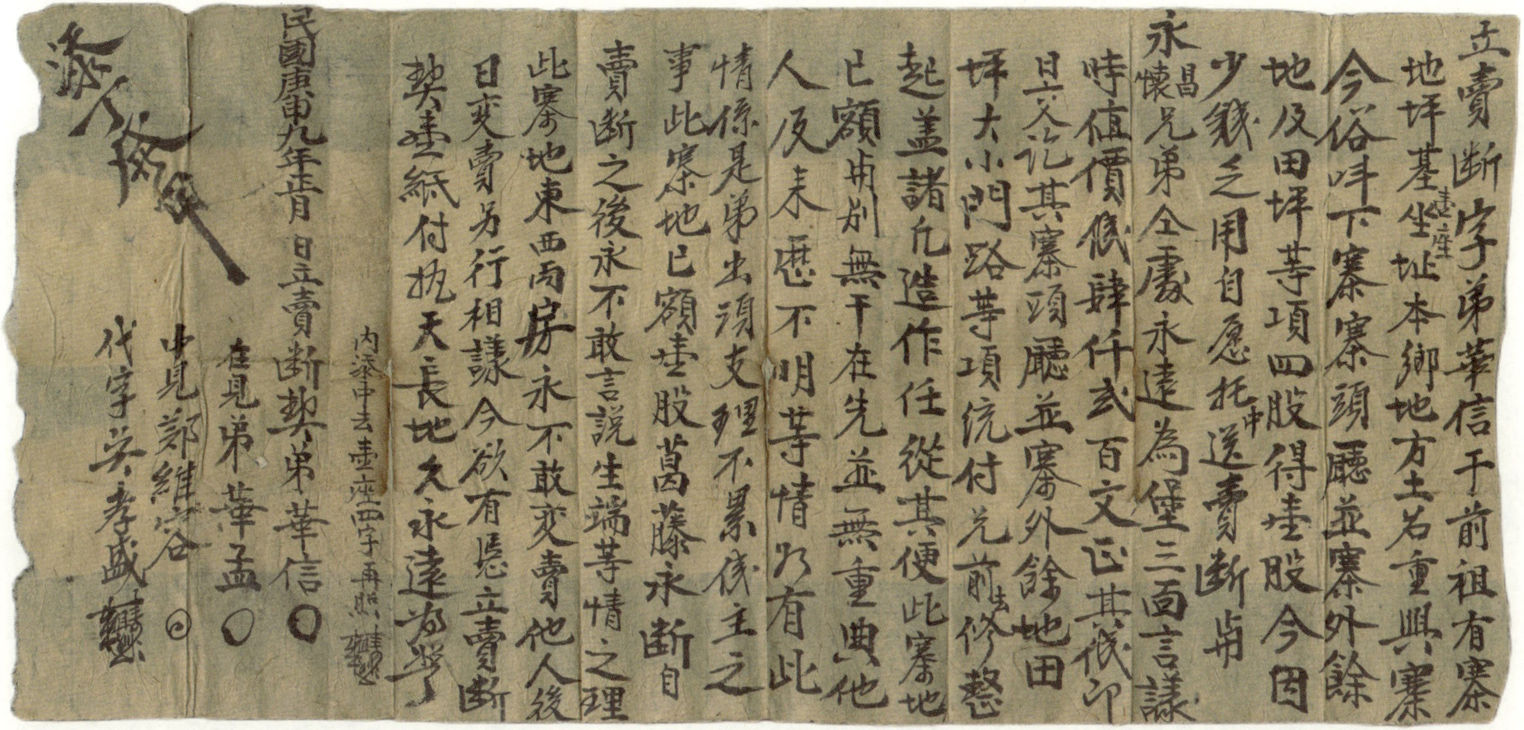
立賣斷字弟華信于前祖有寨
地坪基址坐本鄉地方土名重興寨
今俗呼下寨寨頭廳并寨外餘
地及田坪等項四股得壹股今因
少錢乏用自愿托中送賣斷與
永昌懷兄弟仝處永遠為業三面言議
時值價錢肆仟貳百文正其錢即
日交訖其寨頭廳并寨外餘地田
坪大小門路等項概付兄前去修整
起蓋諸凡造作任從其便此寨地
已額明別無干在先并無重典他
人及來歷不明等情如有此
情係是弟出頭支理不累侍主之
事此寨地已額壹股葛藤永斷自
賣斷之後永不敢言說生端等情之理
此寨地東西兩房永不敢找賣他人後
日或賣另行相議今欲有憑立賣斷
契壹紙付執天長地久永遠為照
內添中去壹座四字再照
民國庚申九年正月　日立賣斷契弟華信
在見弟華孟
中見鄭維谷
代字吳孝盛
添人丁

3-1-35-6　民國九年正月黃華信立賣斷寨地坪字

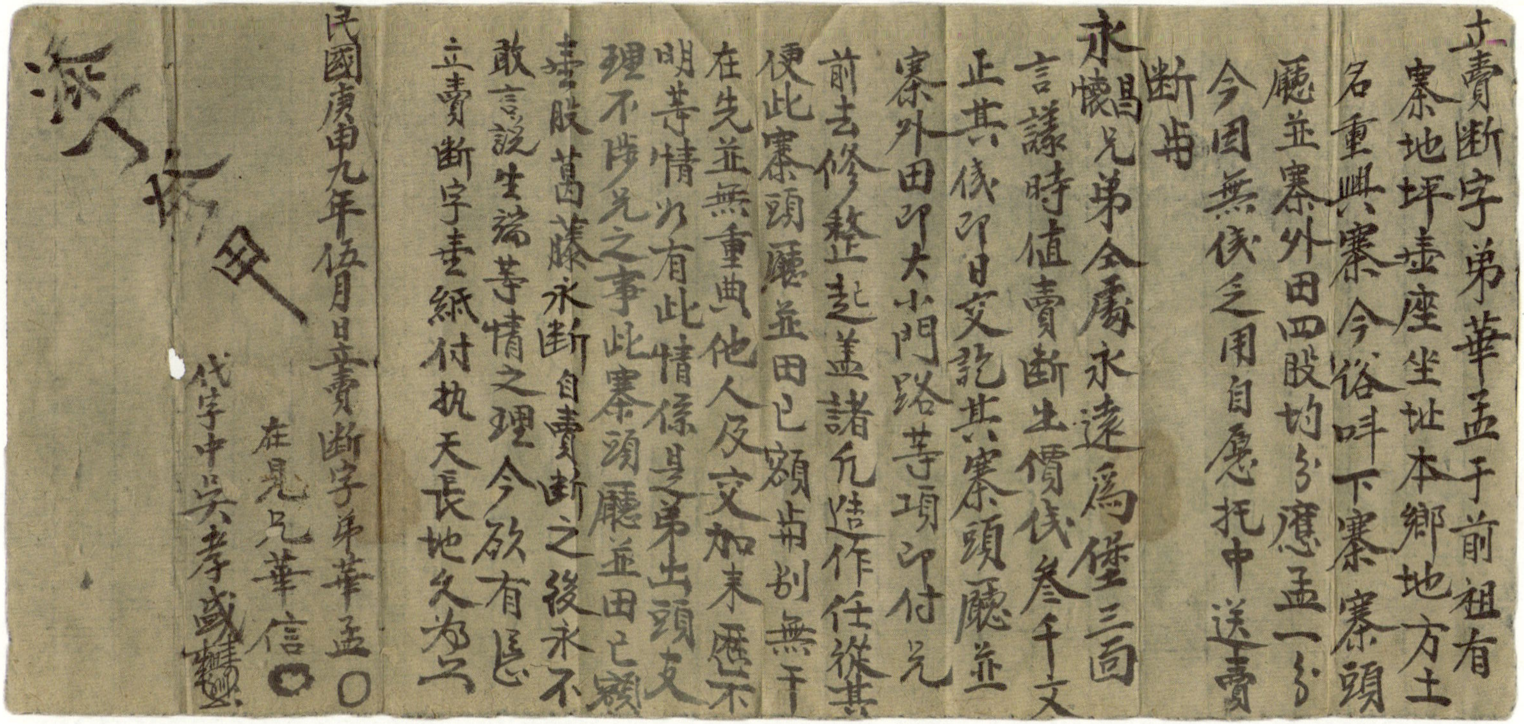
立賣斷字弟華孟于前祖有
寨地坪壹座坐址本鄉地方土
名重興寨今俗呌下寨寨頭
廳並寨外田四股均分應孟一分
今因無錢乏用自愿托中送賣
斷與
永懷昌兄弟仝房永遠爲業三面
言議時值賣斷出價錢叁千文
正其錢即日交訖其寨頭廳並
寨外田即大小門路等項即付兄
前去修整起蓋諸凡造作任從其
便此寨頭廳並田已額與别無干
在先並無重典他人及文加未歷不
明等情如有此情係是弟出頭支
理不涉兄之事此寨頭廳並田已額
壹股葛藤永斷自賣斷之後永不
敢言說生端等情之理今欲有憑
立賣斷字壹紙付執天長地久爲照
民國庚申九年伍月日立賣斷字弟華孟○
在見兄華信○
代字中吳孝盛

3-1-35-7　民國九年五月黃華孟立賣斷寨地坪字

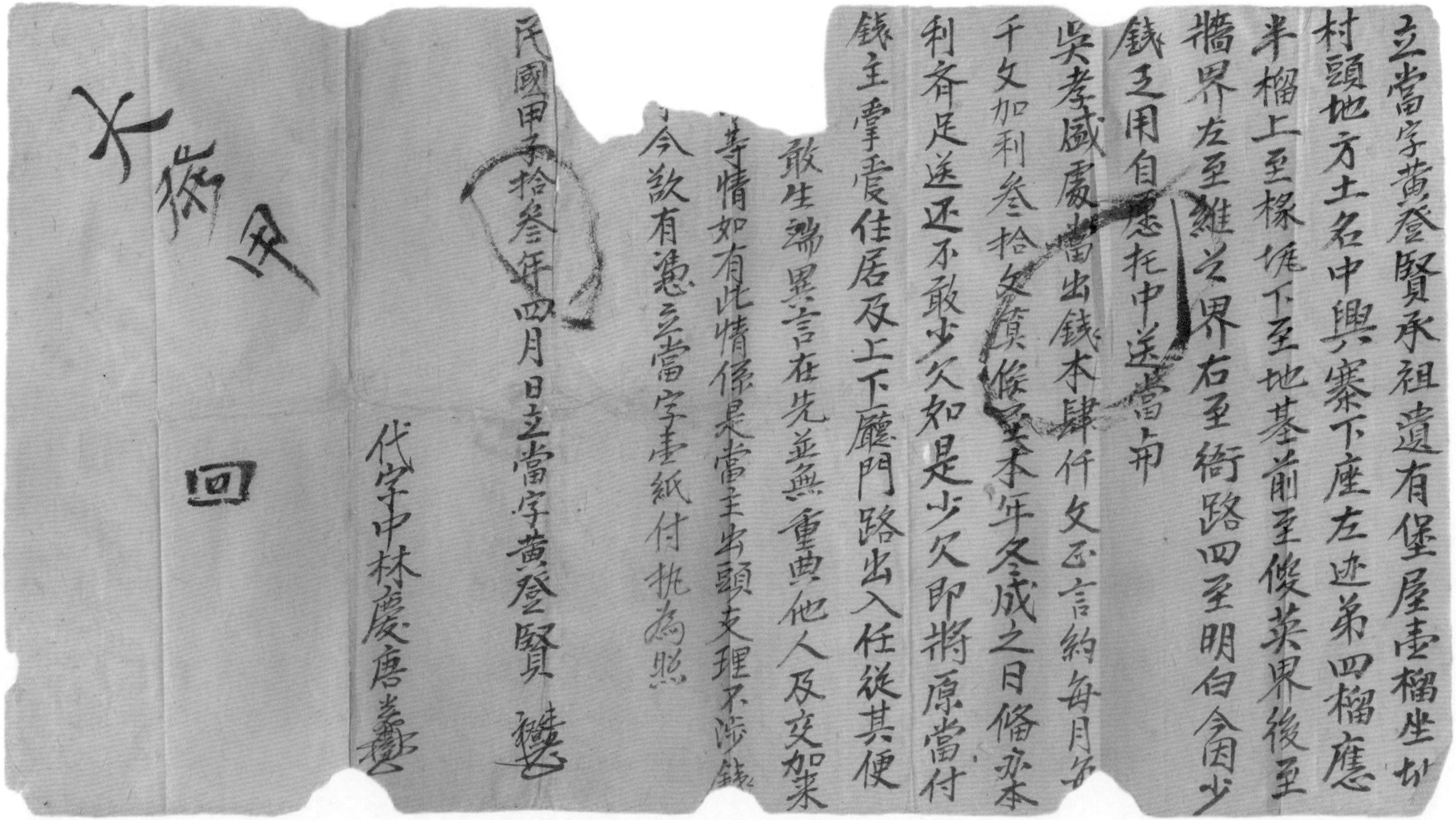
立當字黃登賢承祖遺有堡屋壹榴坐址
村頭地方土名中興寨下座左迹弟四榴應
半榴上至椽堍下至地基前至俊英界後至
牆界左至雖光界右至衙路四至明白今因少
錢乏用自愿托中送當布
吳孝岚處當出錢本肆仟文正言約每月每
千文加利叁拾文算條至本年冬成之日備齊本
利齊足送还不敢少欠如是少欠即將原當付
錢主掌管住居及上下廳門路出入任從其便
敢生端異言在先並無重典他人及交加来
等情如有此情係是當主出頭支理不涉錢
今欲有憑立當字壹紙付執為照
民國甲子拾叁年四月　日立當字黃登賢
代字中林慶唐
回

3-1-35-8　民國十三年四月黃登賢立當堡屋字（廢契）

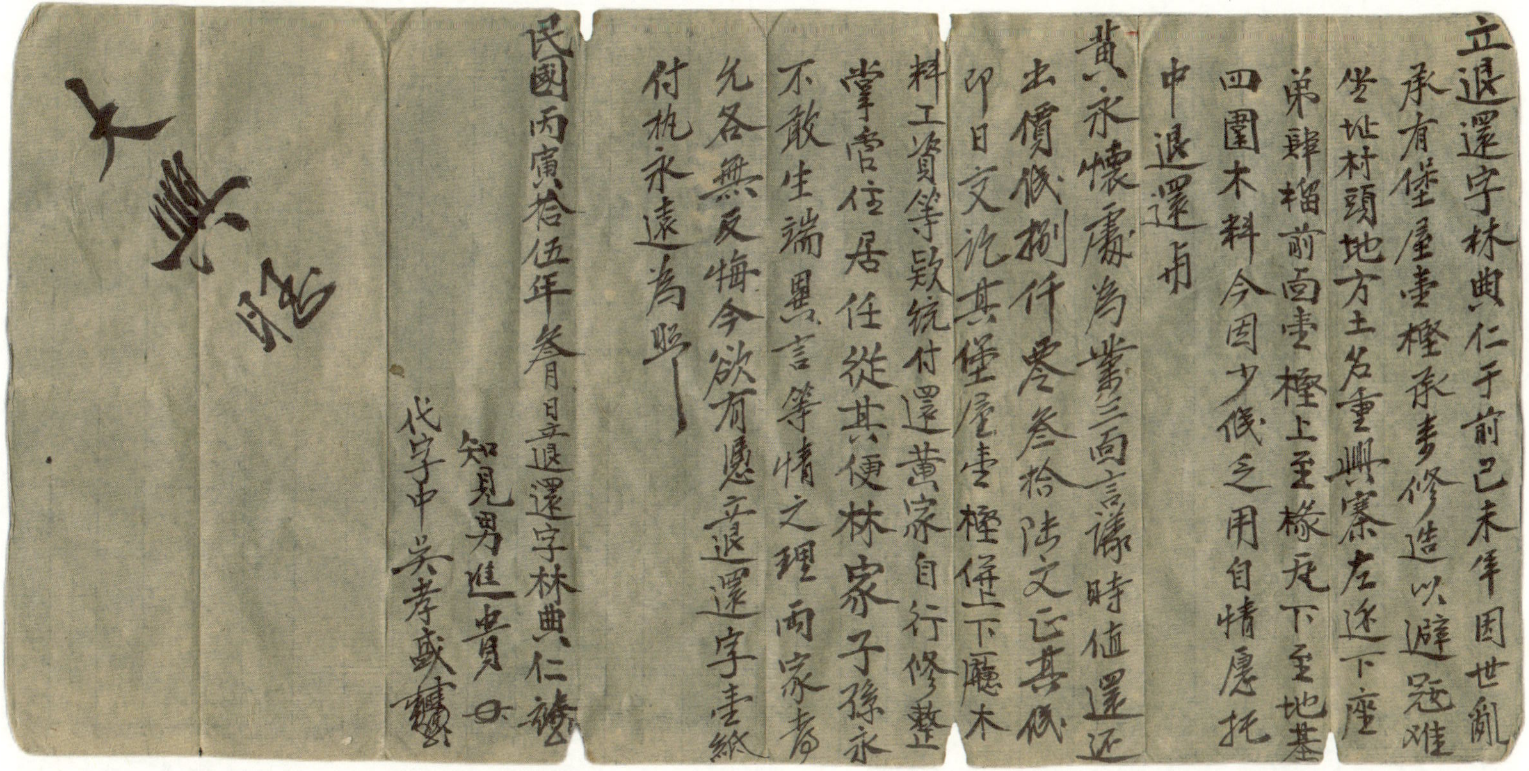
立退還字林典仁于前己未年因世亂
承有堡屋壹橙承夫修造以避寇难
坐址村頭地方土名重興寨左邊下座
第肆榴前面壹橙上至椽瓦下至地基
四圍木料今因少錢乏用自情愿托
中退還
黄、永懷處為業三面言議時值還返
出價錢捌仟零叁拾陸文正其錢
即日交訖其堡屋壹橙併上下廳木
料工資等款統付還黃家自行修整
掌管住居任從其便林家子孫永
不敢生端異言等情之理兩家[illegible]
允各無反悔今欲有憑立退還字壹紙
付執永遠為照
民國丙寅拾伍年叁月　日立退還字林典仁
知見男進貴
代字中吳孝盛

3-1-35-9　民國十五年三月林典仁立退還堡屋字

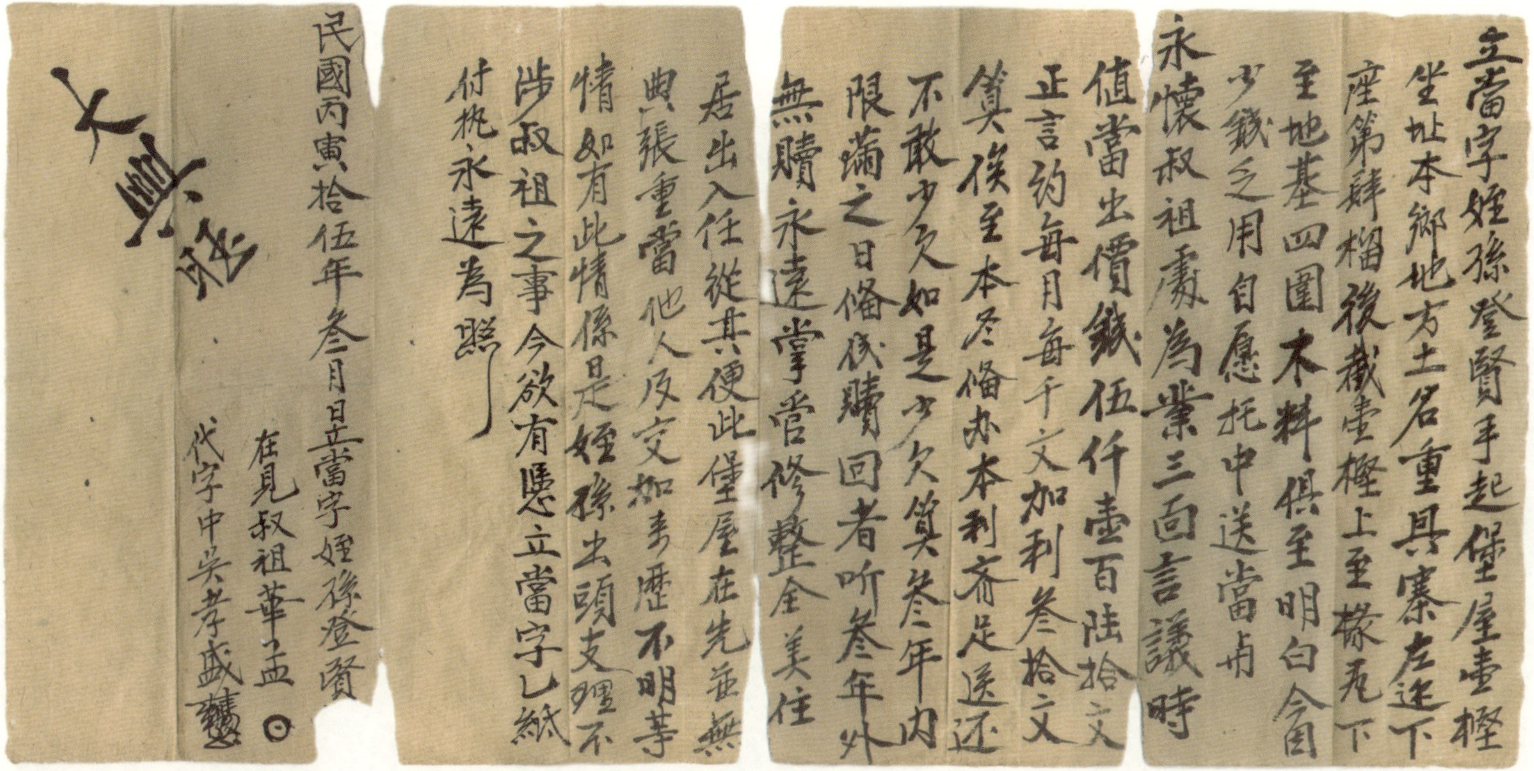

立當字姪孫登賢手起堡屋壹槿
坐址本鄉地方土名重具寨左邊下
座第肆榴後截壹槿上至椽瓦下
至地基四圍木料俱至明白今因
少錢之用自愿托中送當與
永懷叔祖處為業三面言議時
值當出價錢伍仟壹百陸拾文
正言約每月每千文加利叁拾文
算係至本冬備办本利齊足送还
不敢少欠如是少欠算叁年內
限滿之日備錢贖回者听叁年外
無贖永遠掌管修整全美住
居出入任從其便此堡屋在先並無
典張重當他人及交加未歷不明等
情如有此情係是姪孫出頭支理不
涉叔祖之事今欲有憑立當字乙紙
付執永遠為照

民國丙寅拾伍年叁月日立當字姪孫登賢
在見叔祖華孟 ○
代字中吳孝盛

大吉

3-1-35-10　民國十五年三月黃登賢當堡屋字

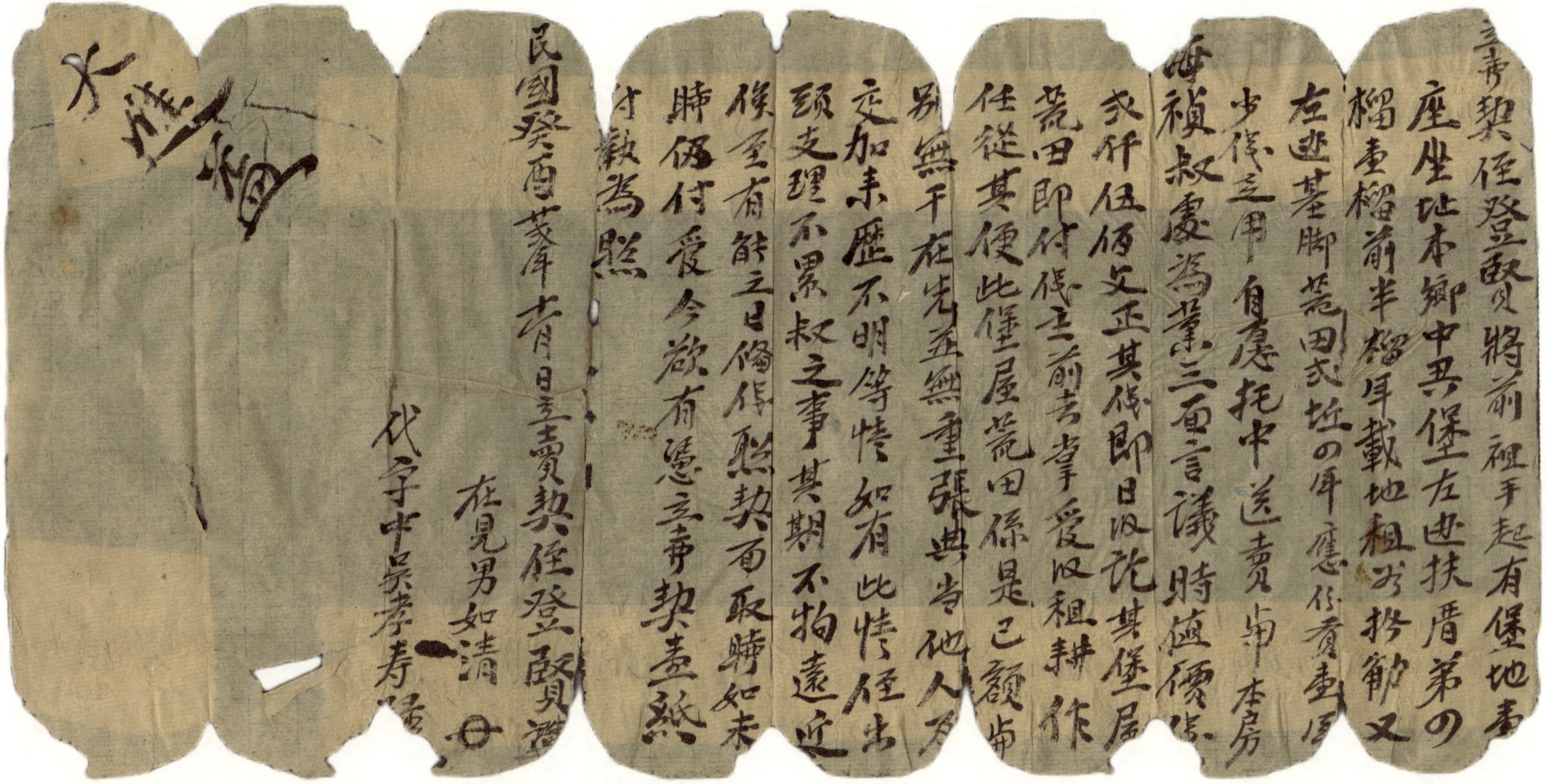

3-1-35-11　民國二十二年十一月黃登賢立賣堡地契

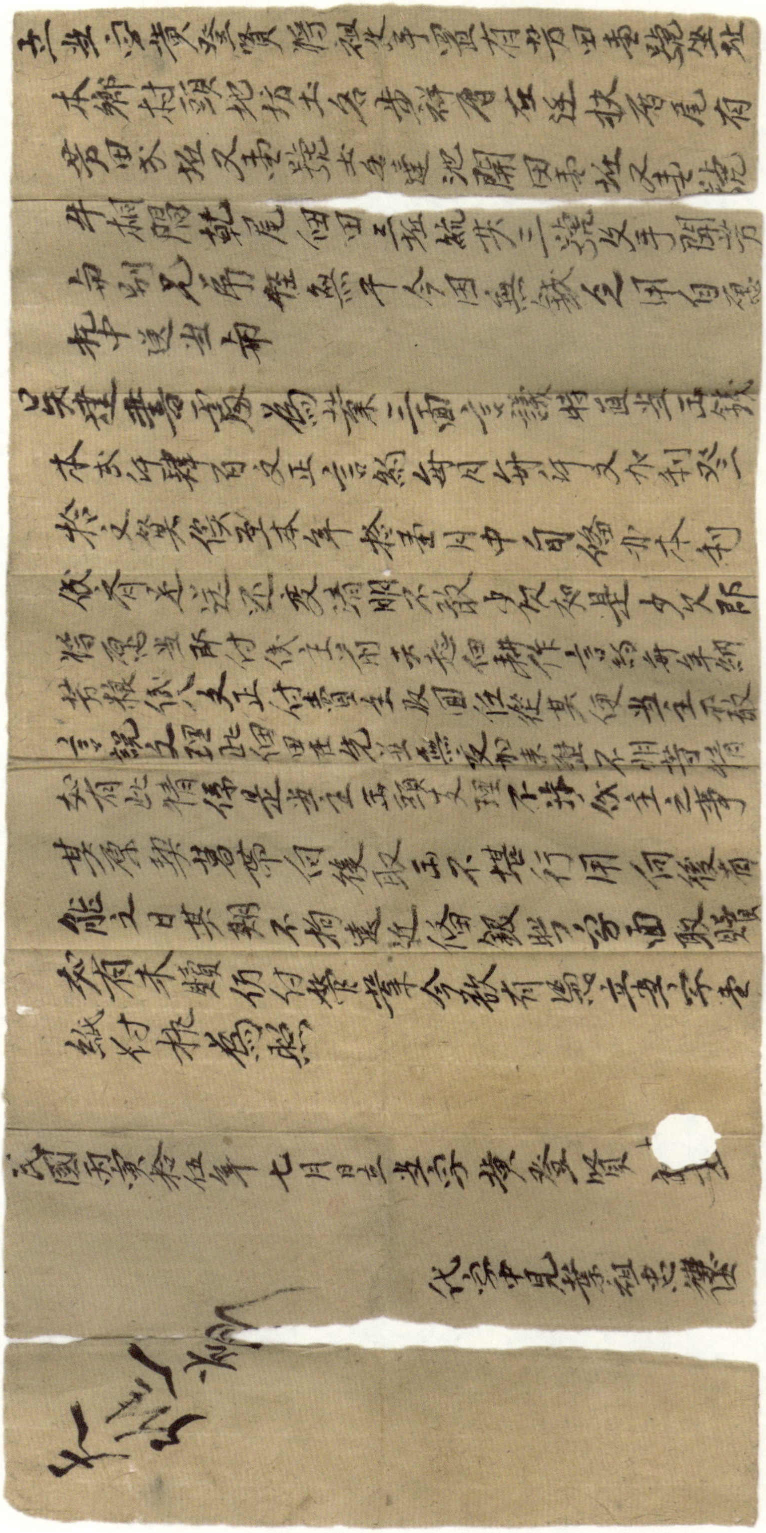

3-1-36-1　民國十五年七月黃登賢立當芳田字

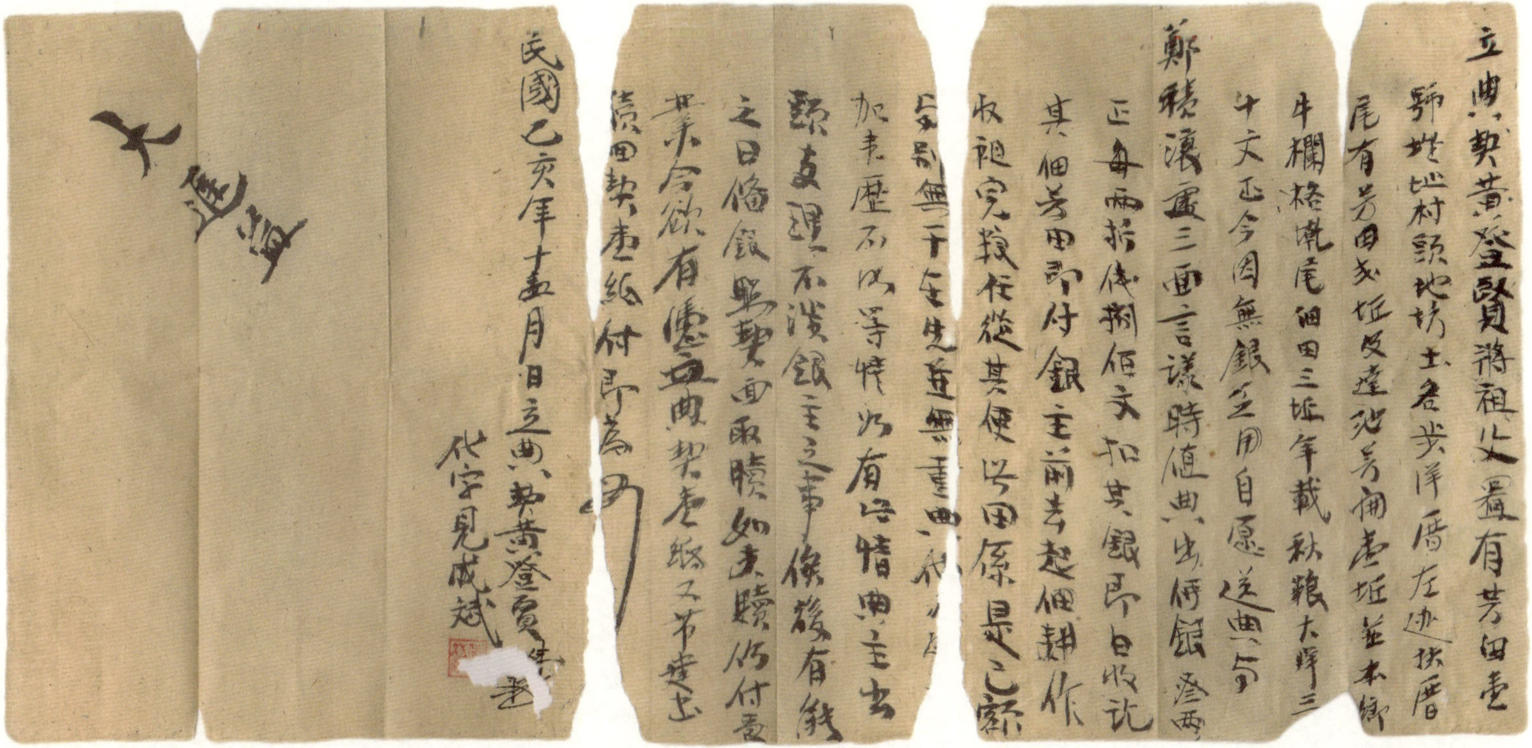

3-1-36-2　民國二十四年十一月黃登賢立典芳田契

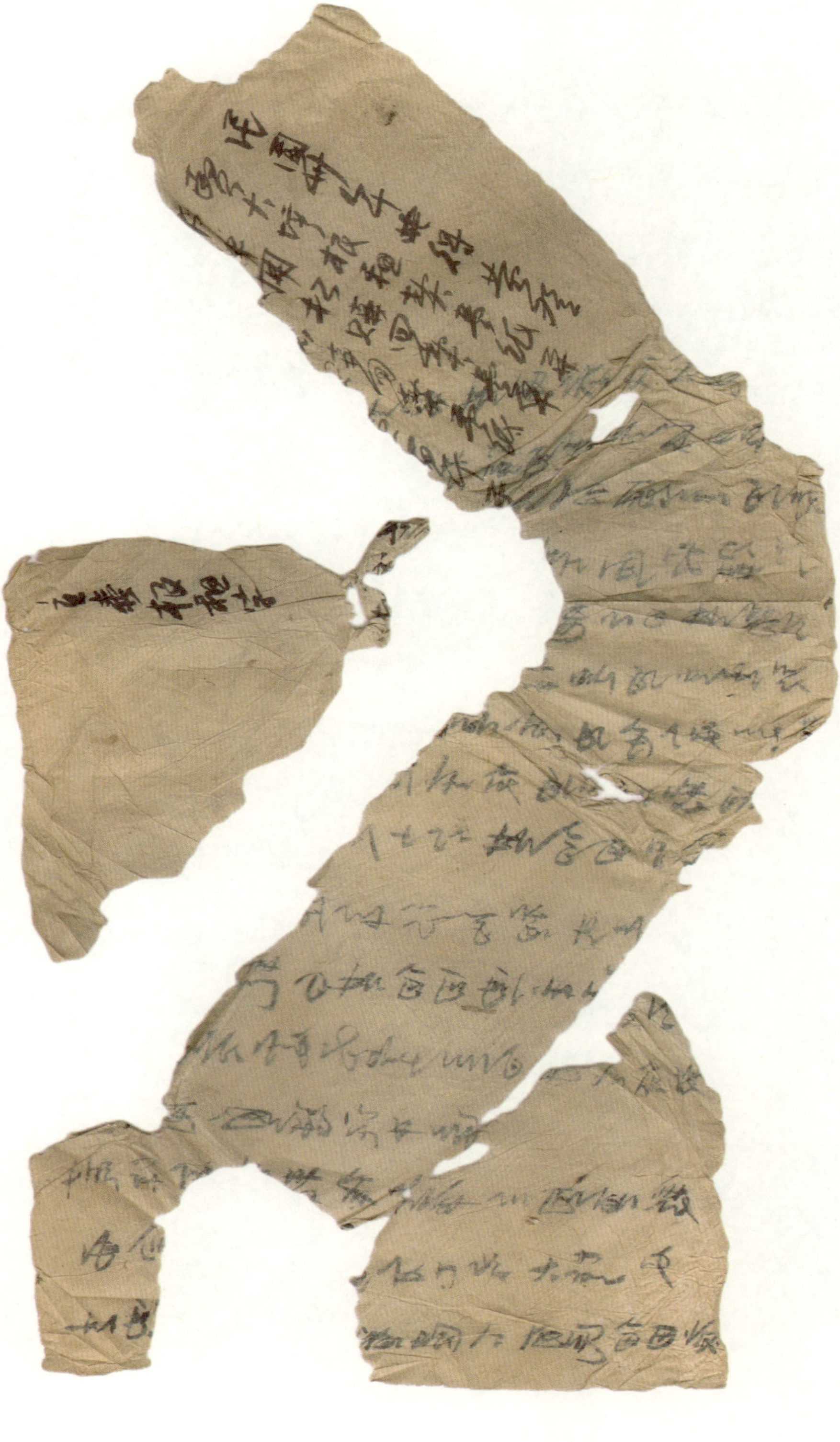

3-1-37-1　包契紙

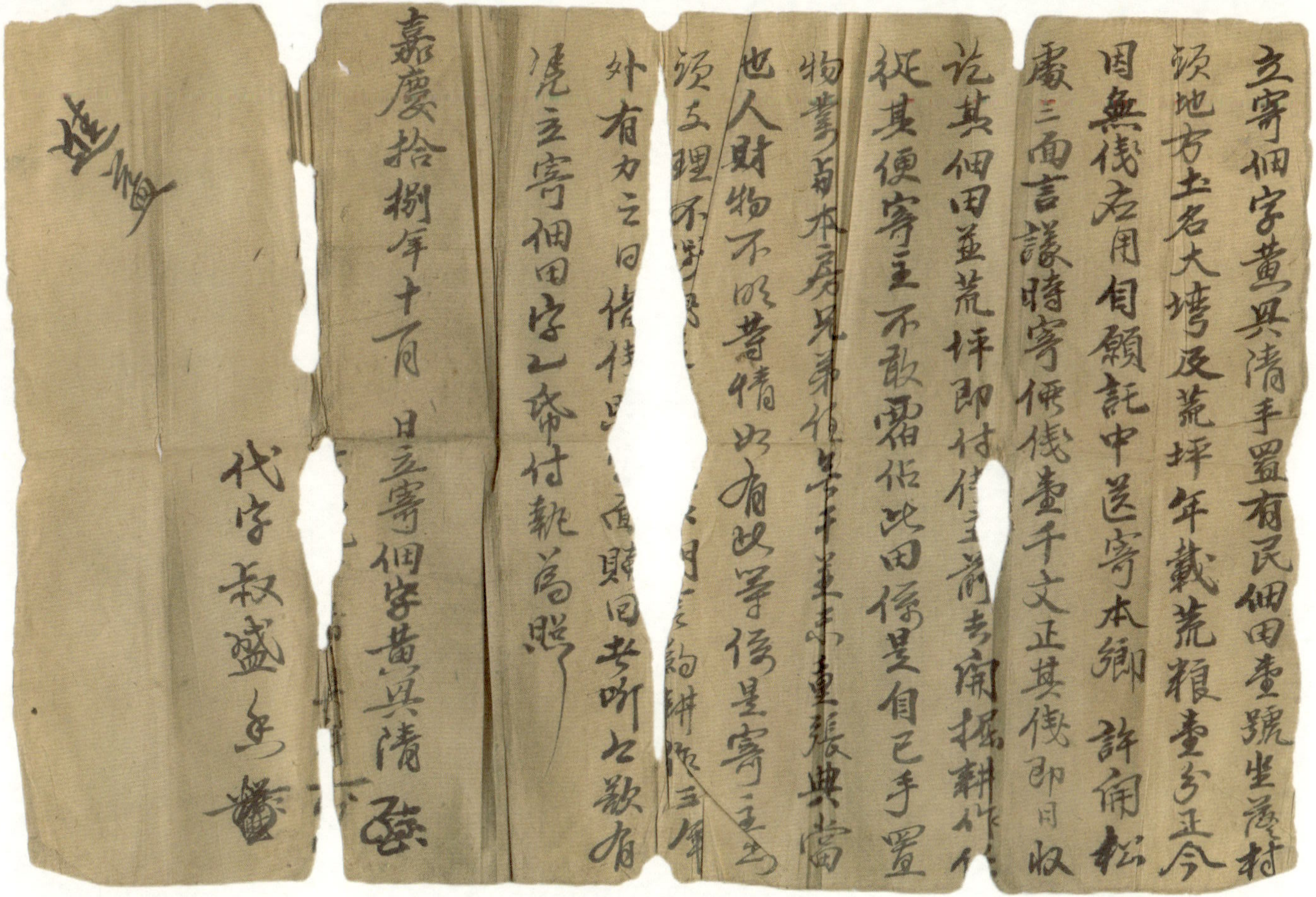
立寄佃字黄興清手置有民佃田壹號坐落村
頭地方土名大塆及荒坪年載荒粮壹分正今
因無錢応用自願託中送寄本鄉 許開松
處三面言議時寄價錢壹千文正其錢即日收
訖其佃田並荒坪即付佳主前去開掘耕作[illegible]
從其便寄主不敢霸佔此田係是自己手置
物業與本房兄弟伯叔無干並未重張典當
他人財物不明等情如有此等係是寄主之
頂支理不涉[illegible]月[illegible]約耕作三年
外有力之日借[illegible]價贖回若所不敢有
憑立寄佃田字一紙付執爲照
嘉慶拾捌年十月　日立寄佃字黄興清[illegible]
代字叔盛年[illegible]

3-1-37-2　清嘉慶十八年十一月黄興清立寄民佃田字

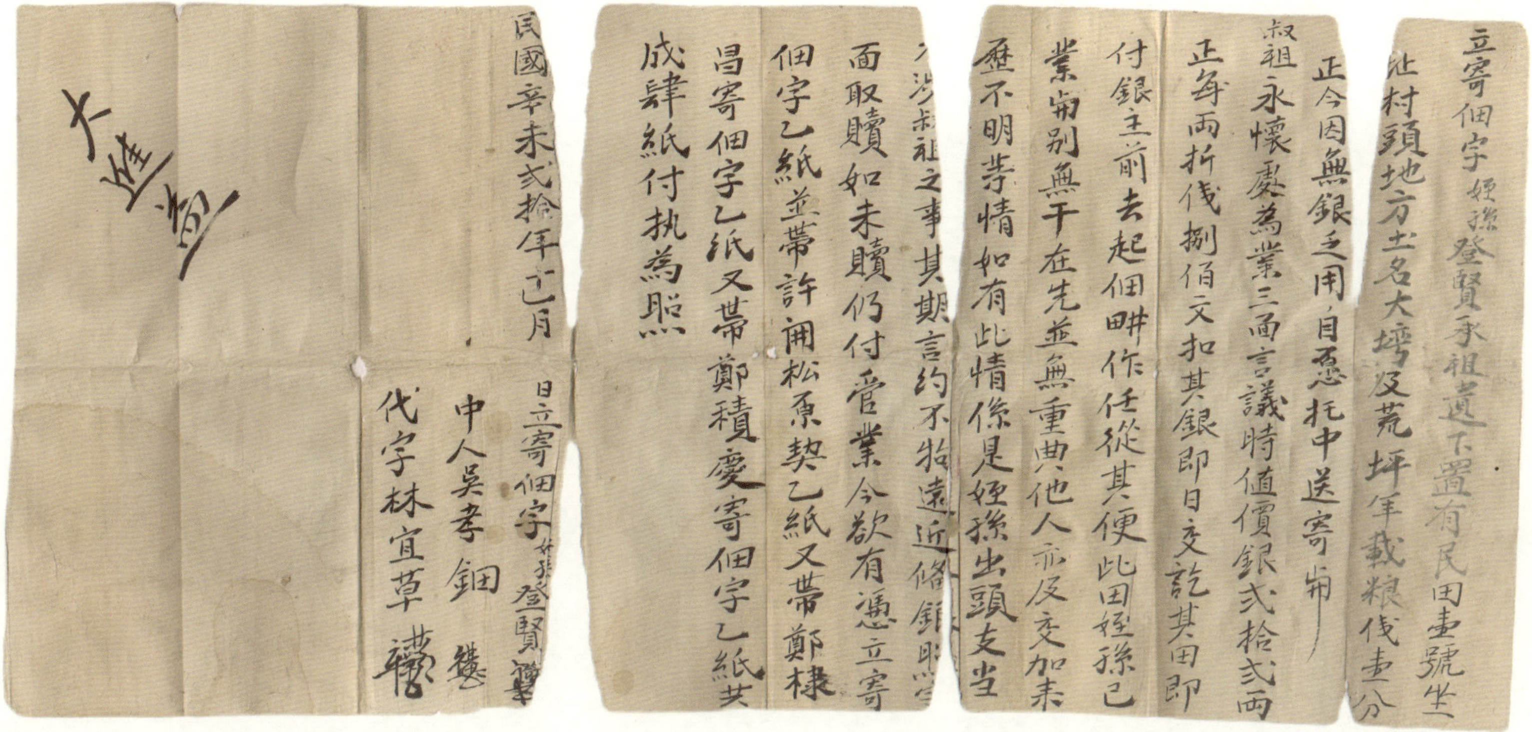
立寄佃字侄孫登賢承祖遺下置有民田壹號，坐
址村頭地方土名大墱坂荒坪，年載粮伐壹分
正，今因無銀乏用，自愿托中送寄與
叔祖永懷處為業，三面言議時值價銀弍拾弍兩
正，每兩折伐捌佰文，扣其銀即日交訖，其田即
付銀主前去起佃耕作，任從其便。此田侄孫己
業，與別無干，在先並無重典他人，亦無交加來
歷不明等情，如有此情，係是侄孫出頭支當，
不涉叔祖之事。其期言約不拘遠近，備銀照
面取贖，如未贖仍付管業。今欲有憑，立寄
佃字乙紙，並帶許閘松原契乙紙，又帶鄭棣
昌寄佃字乙紙，又帶鄭積慶寄佃字乙紙，共
成肆紙，付執為照。
民國辛未弍拾年十一月　日立寄佃字侄孫登賢（押）
中人吳孝鈿（押）
代字林宜草（押）
大進益

3-1-37-3　民國二十年十一月黃登賢立寄佃民田字

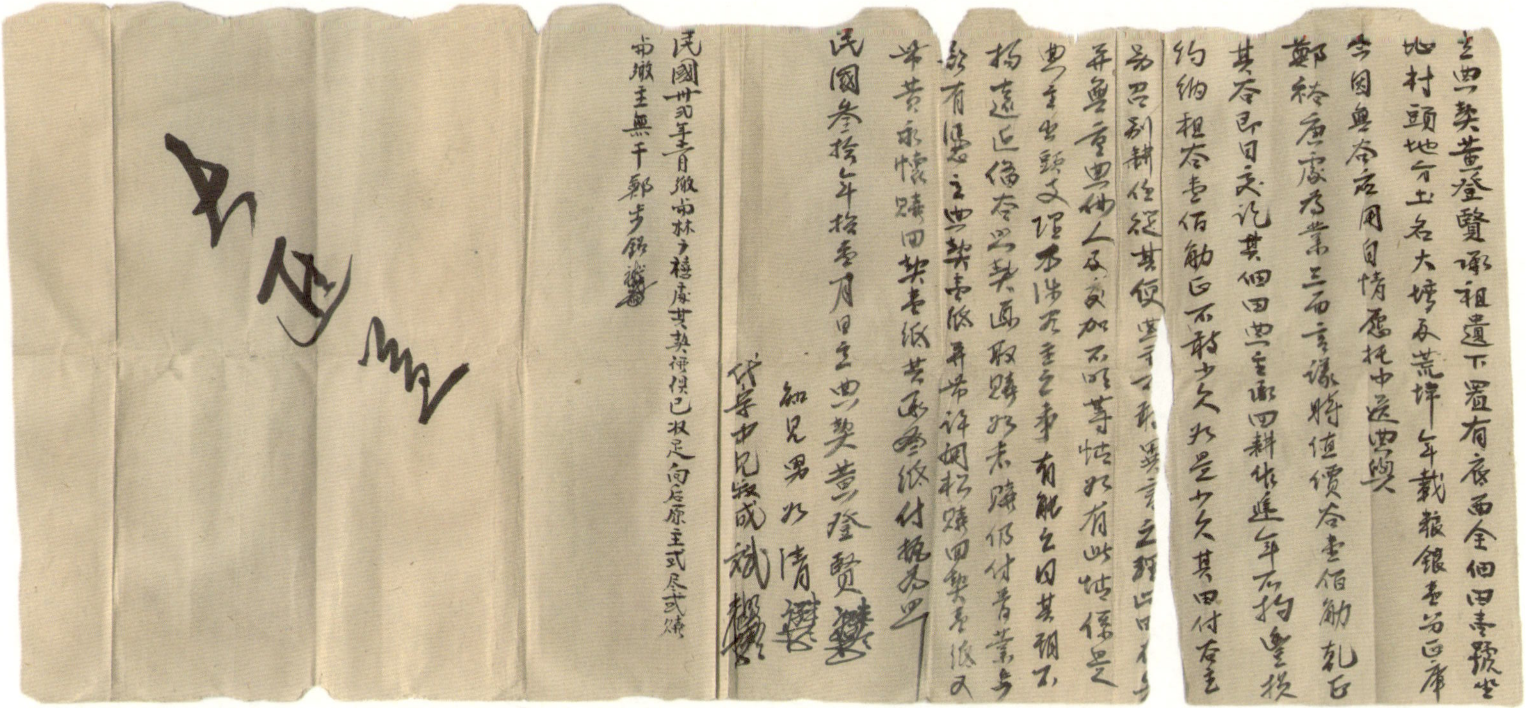

3-1-37-4　民國三十年十一月黃登賢立典底面全佃田契

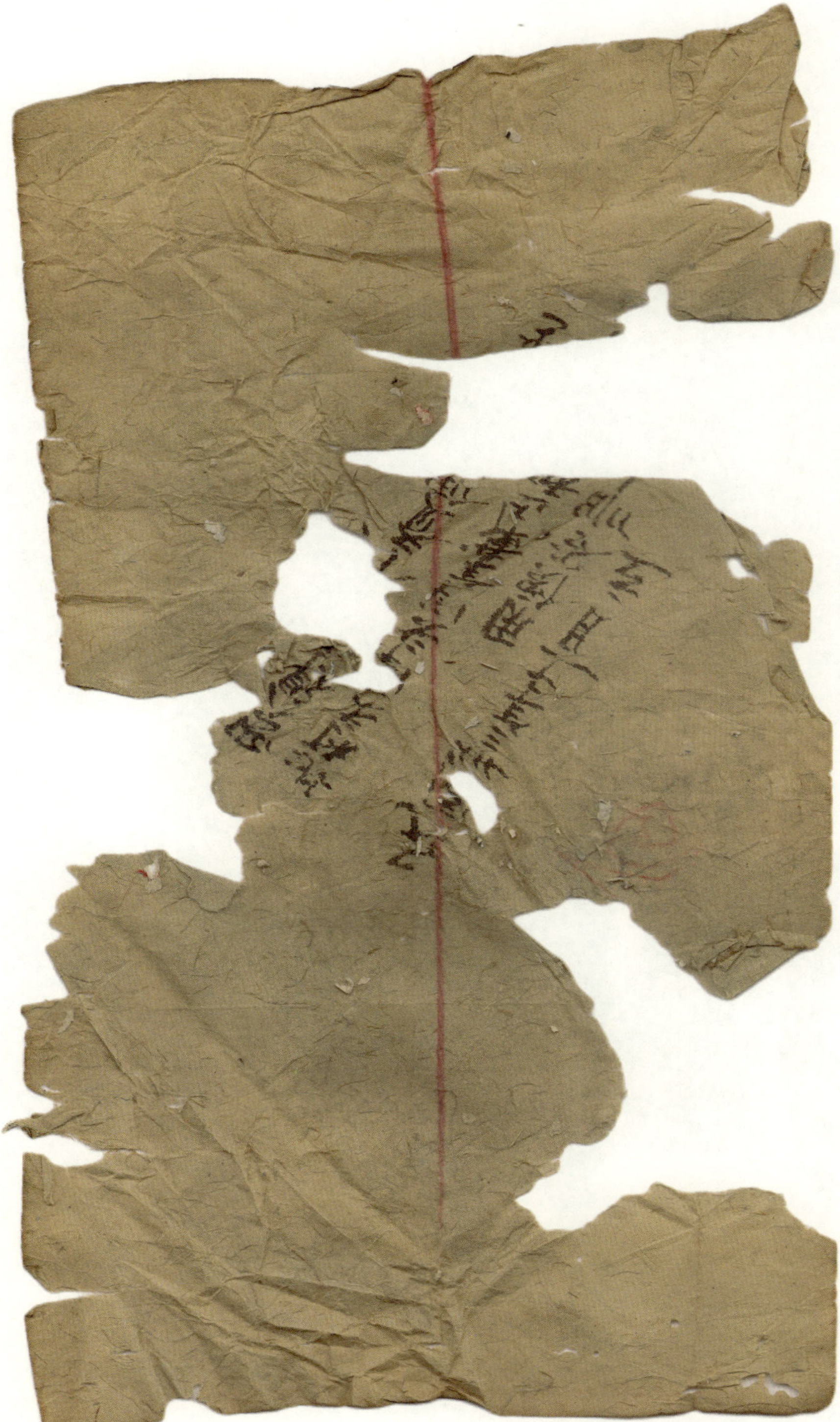

3-1-38-1　包契紙

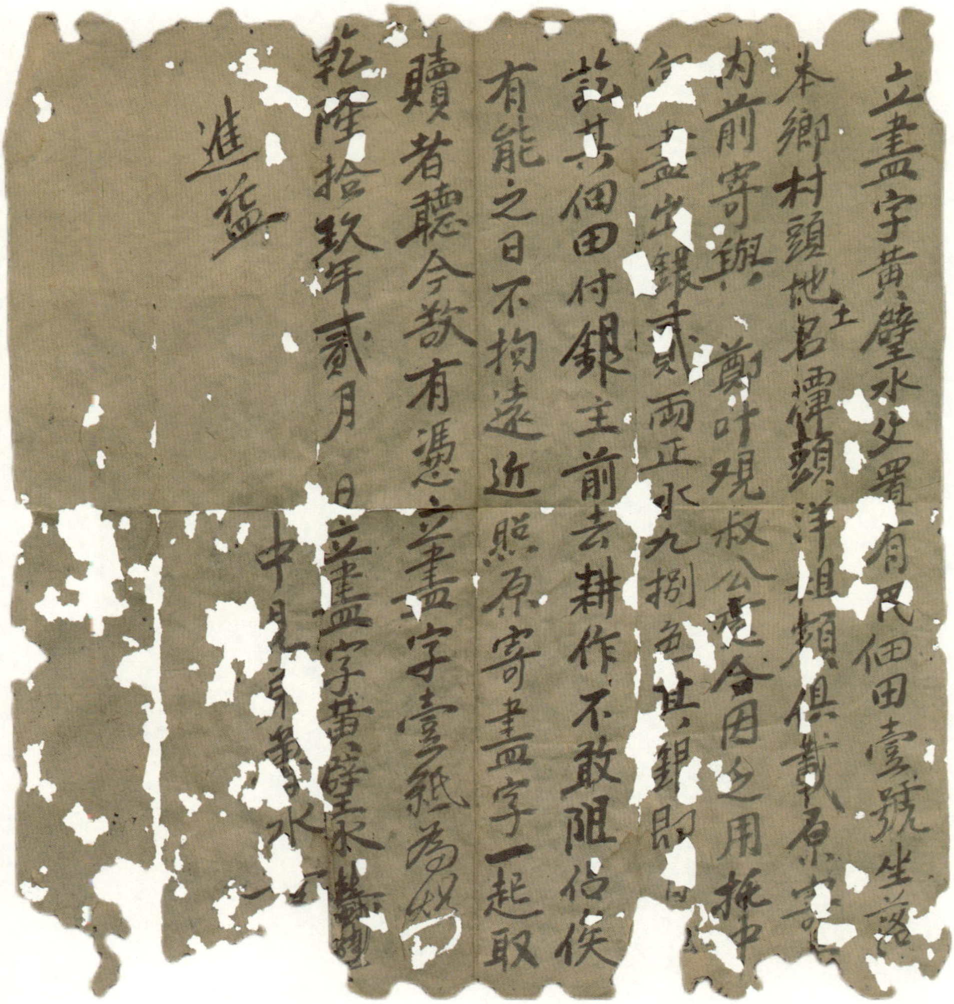
立盡字黃璧水父置有民佃田壹號坐落
本鄉村頭地名潭頭洋祖[illegible]俱載原寄[illegible]
內前寄與鄭叶現叔公邊合用迄用挀中
[illegible]盡出銀貳[illegible]兩正水九捌色其銀即日[illegible]
訖其佃田付銀主前去耕作不敢阻佔侯
有能之日不拘遠近照原寄盡字一起取
贖者聽今欲有憑立盡字壹紙為照
乾隆拾玖年貳月　日立盡字黃璧水[illegible]
中見[illegible]水[illegible]
進盞

3-1-38-2　清乾隆十九年二月黃璧水立盡民佃田字

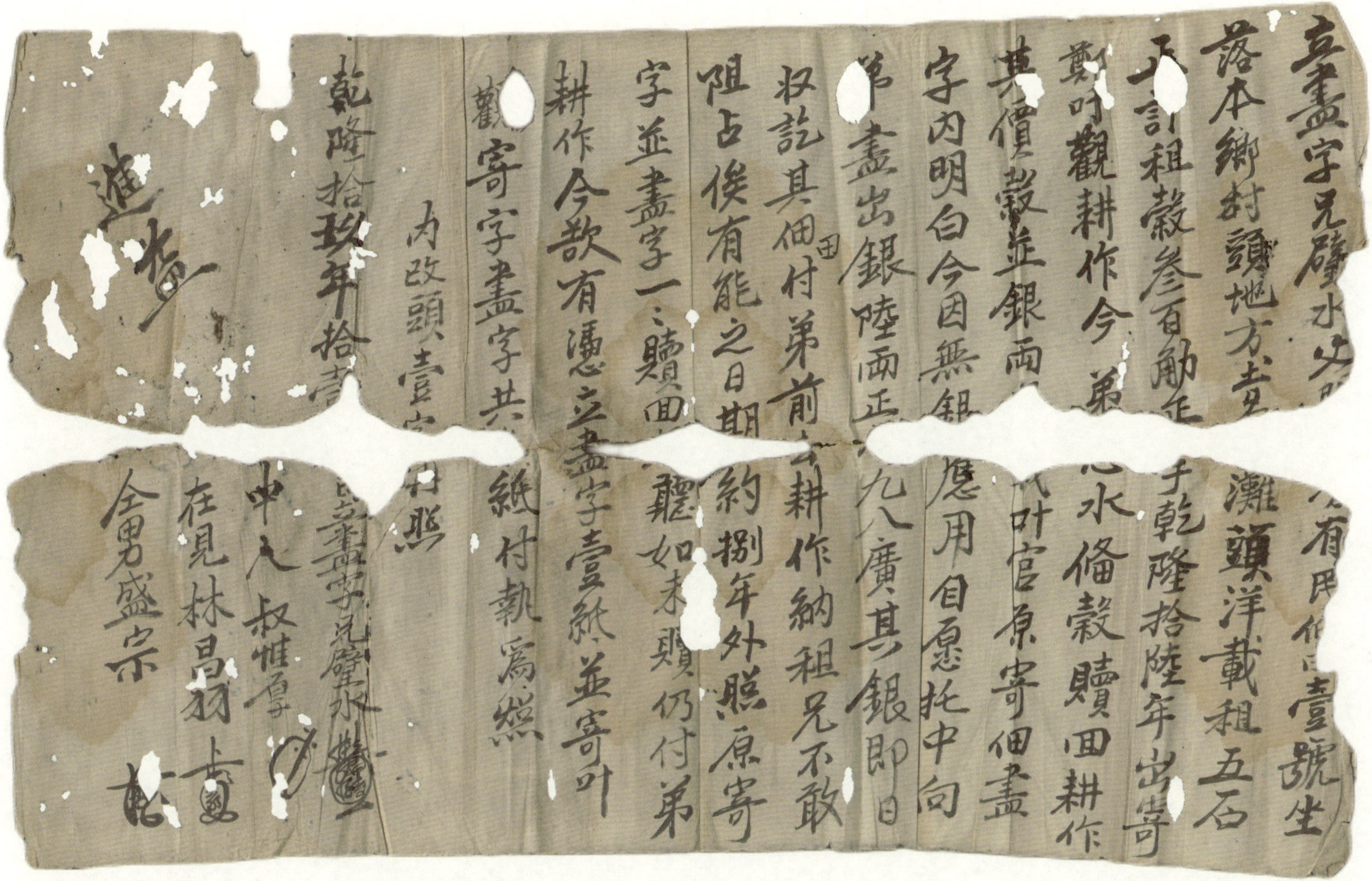
立盡字兄璧水，父□□有民佃田壹號，坐
落本鄉封頭地方土名□□灘頭洋，載租五石
正計租穀叁百觔，在□于乾隆拾陸年出寄
與叔觀耕作，今弟□□水備穀贖田耕作
其價穀並銀兩□叶官原寄佃盡
字內明白。今因無銀應用，自愿托中向
弟盡出銀陸兩正，□九八廣，其銀即日
收訖。其佃田付弟前去耕作納租，兄不敢
阻占。俟有能之日期約捌年外照原寄
字並盡字一一贖田，□□如未贖，仍付弟
耕作。今欲有憑，立盡字壹紙，並寄叶
觀寄字盡字共□紙付執為照。
內改頭壹字□照
乾隆拾玖年拾壹月　日立盡字兄璧水（押）
中人　叔惟厚（押）
在見　林昌羽（押）
全男盛宗　書
進光（?）

3-1-38-3　清乾隆十九年十一月黃璧水立盡民佃田字

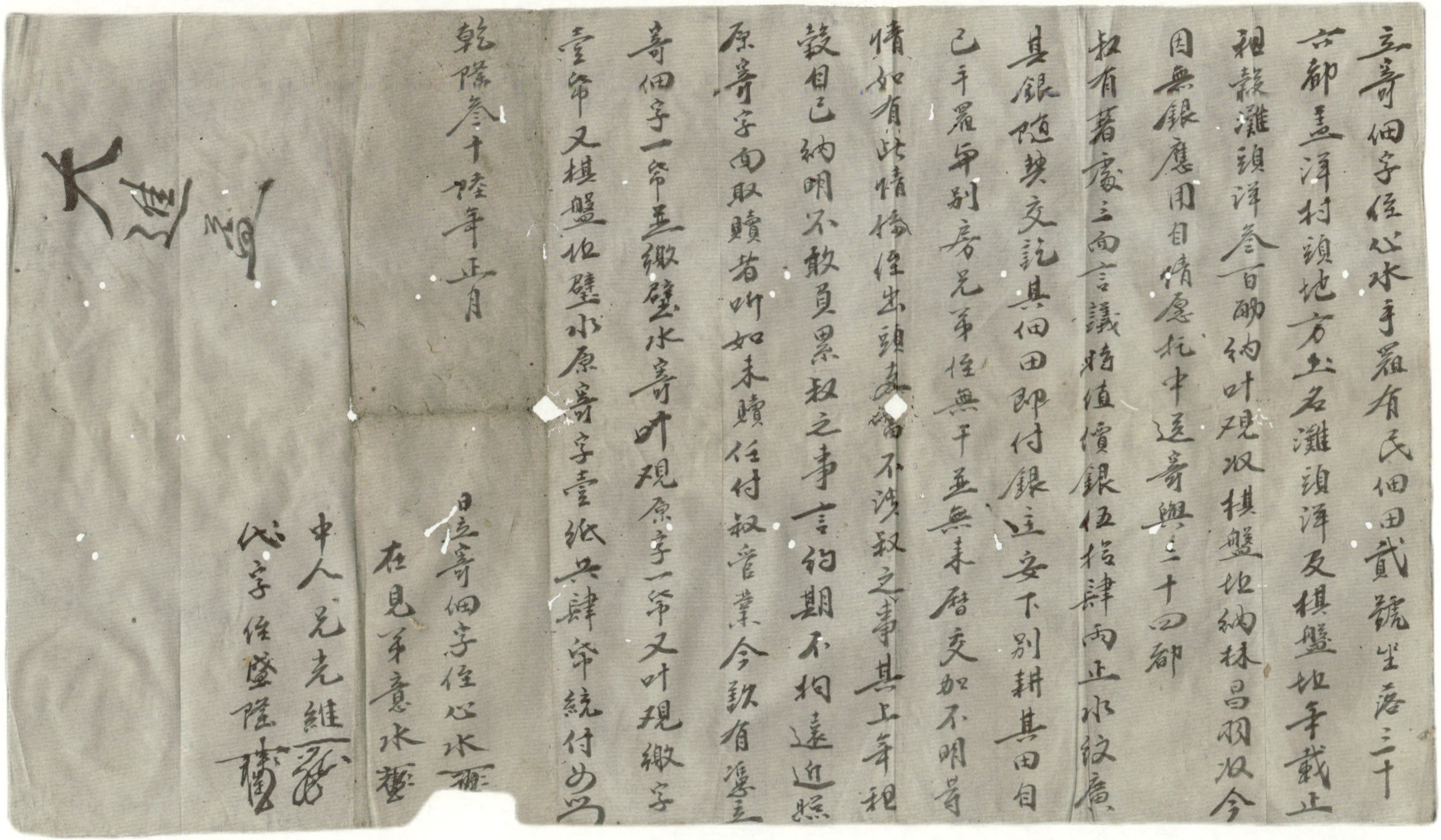
立寄佃字侄心水，手置有民佃田貳號，坐落三十
六都盖洋村頭地方，土名灘頭洋及棋盤坵，年載上
租穀灘頭洋叁百觔，納叶硯收，棋盤坵納林昌羽收。今
因無銀應用，自情愿托中送寄與二十四都
叔有著處，三面言議，時值價銀伍拾肆両正，水紋廣，
其銀隨契交訖，其佃田即付銀主安下別耕。其田自
己手置，與房兄弟侄無干，並無來歷交加不明等
情。如有此情，係侄出頭支當，不涉叔之事。其上年租
穀自己納明，不敢負累叔之事。言約期不拘遠近，照
原寄字面取贖，若卟如未贖，任付叔管業。今欲有憑，立
寄佃字一紙，并繳盖水寄叶硯原字一紙，又叶硯繳字
壹紙，又棋盤坵璧水原寄字壹紙，共肆紙統付為照。

乾隆叁十陸年正月　日

立寄佃字侄心水（押）
在見弟意水（押）
中人兄先維（押）
代字侄盛隆（押）

大吉

3-1-38-4　清乾隆三十六年正月黄心水立寄民佃田字

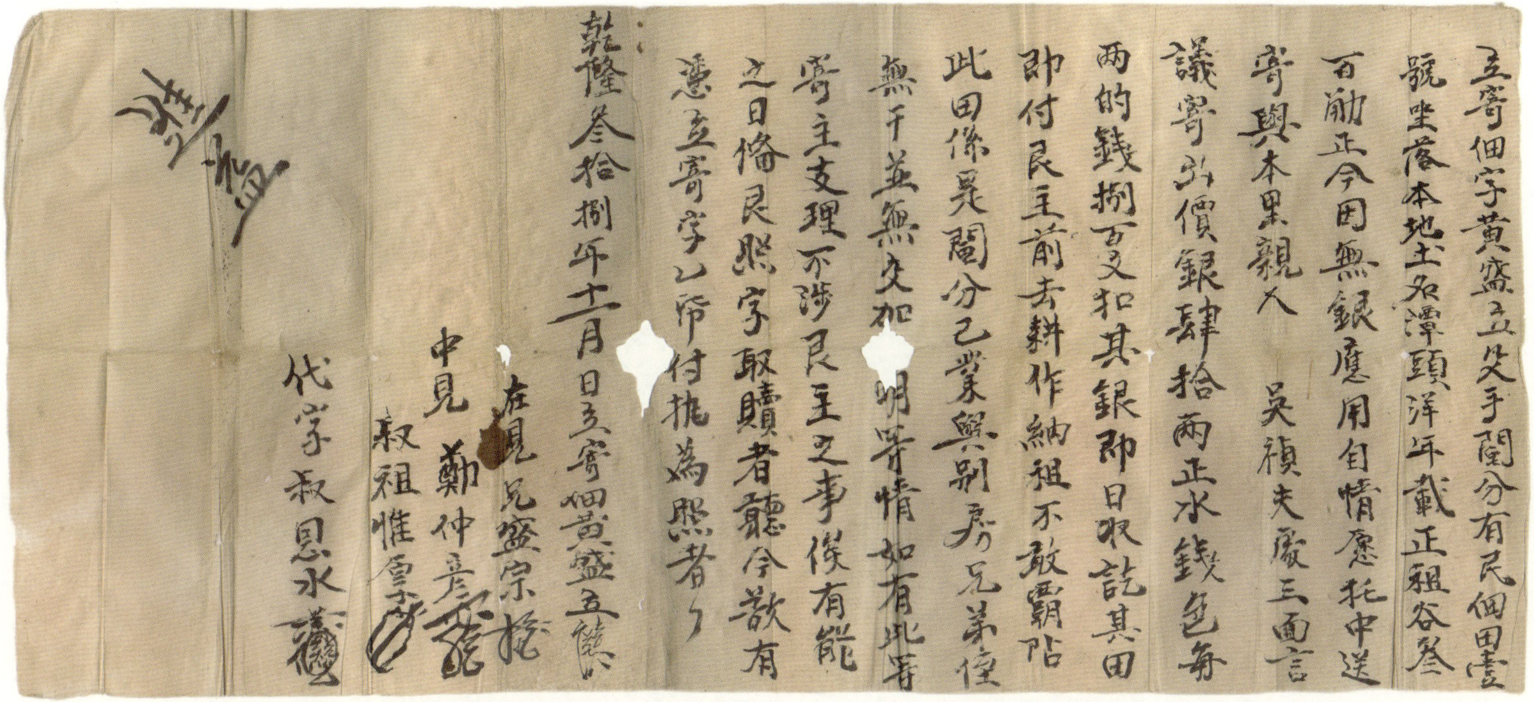
立寄佃字黃盛立父手鬮分有民佃田壹
號坐落本地土名潭頭洋坪載正租谷叁
百觔正今因無銀應用自情愿托中送
寄與本里親人　吳禎夫處三面言
議寄出價銀肆拾兩正水錢色每
兩的錢捌百文扣其銀即日收訖其田
即付民主前去耕作納租不敢霸占
此田係是鬮分己業與別房兄弟侄
無干並無文加明寄情如有此等
寄主支理不涉民主之事候有能
之日備艮照字取贖者聽今欲有
憑立寄字一帋付執為照者。
乾隆叁拾捌年十一月日立寄佃黃盛立
在見兄盛宗
中見　鄭仲彥
叔祖惟寧
代字　叔恩水

3-1-38-5　清乾隆三十八年十一月黃盛立立寄民佃田字

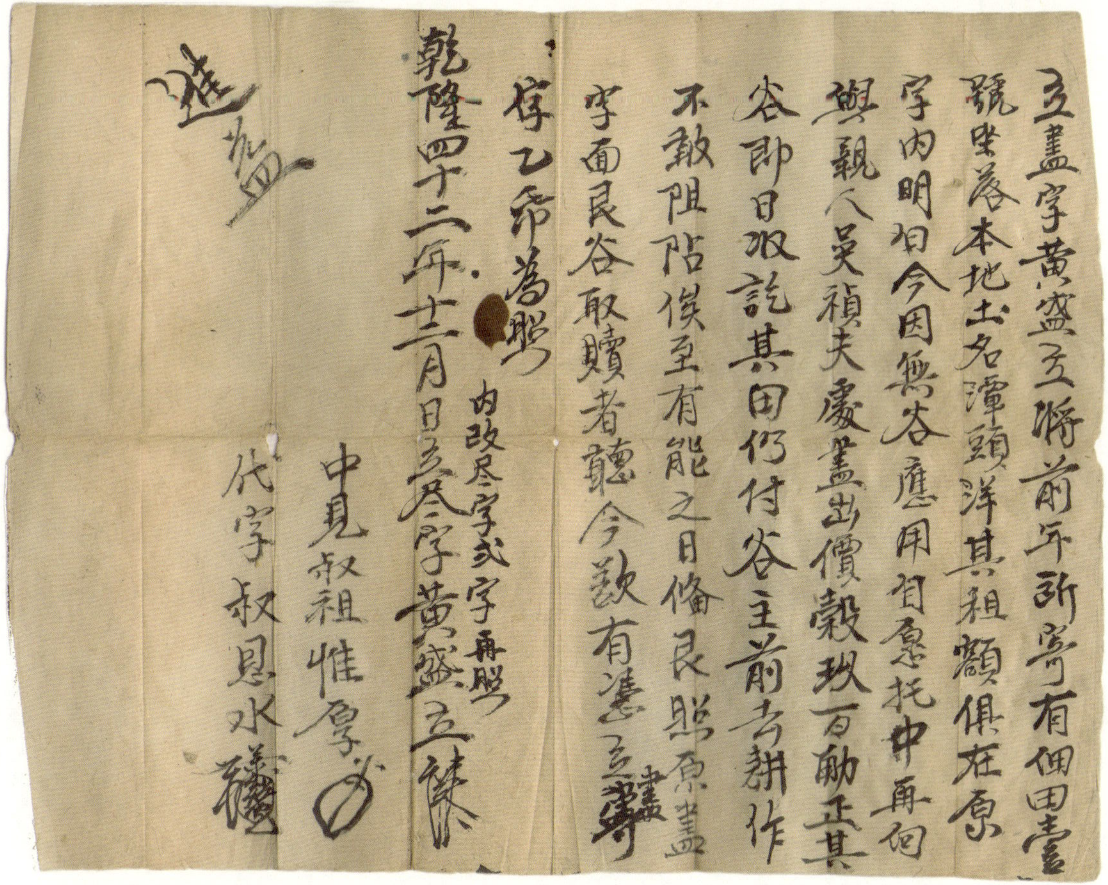
立盡字黃盛立將前年所寄有佃田壹
號坐落本地土名潭頭洋其祖額俱在原
字内明白今因無谷應用自愿托中再向
與親人吳禎夫處盡出價穀玖百觔正其
谷即日収訖其田仍付谷主前去耕作
不敢阻阽俟至有能之日備艮照原盡
字面艮谷取贖者聽今欲有憑立盡字
字乙帋爲照
内改尽字弍字再照
乾隆四十二年十二月日立尽字黃盛立
中見叔祖惟享
代字叔恩水

3-1-38-6　清乾隆四十二年十二月黃盛立立盡佃田字

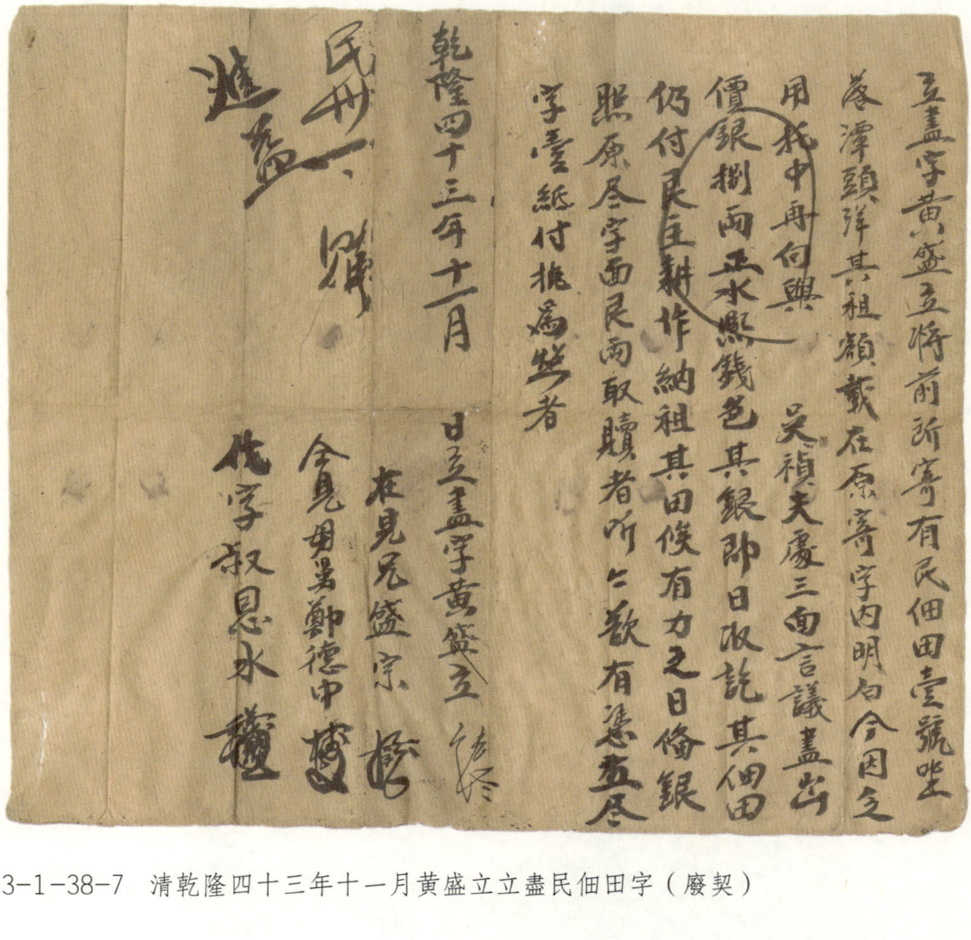

3-1-38-7　清乾隆四十三年十一月黄盛立立盡民佃田字（廢契）

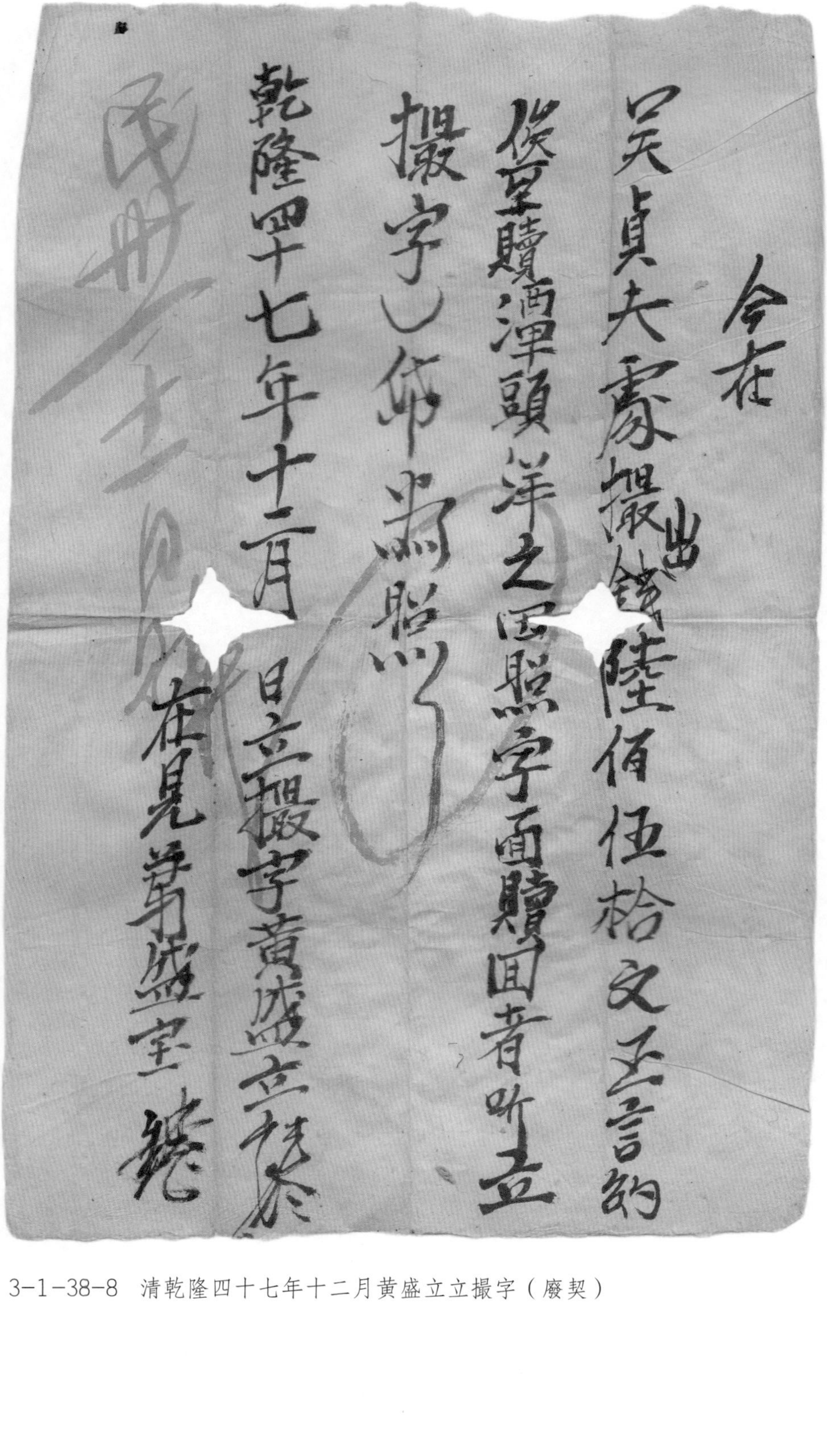

今在
吳貞夫處撮出錢陸佰伍拾文正言約
俟至贖西渾頭洋之田照字面贖回者所立
撮字一紙為照
乾隆四十七年十二月 日立撮字黃盛立（押）
在見弟盛宗（押）

3-1-38-8 清乾隆四十七年十二月黄盛立立撮字（廢契）

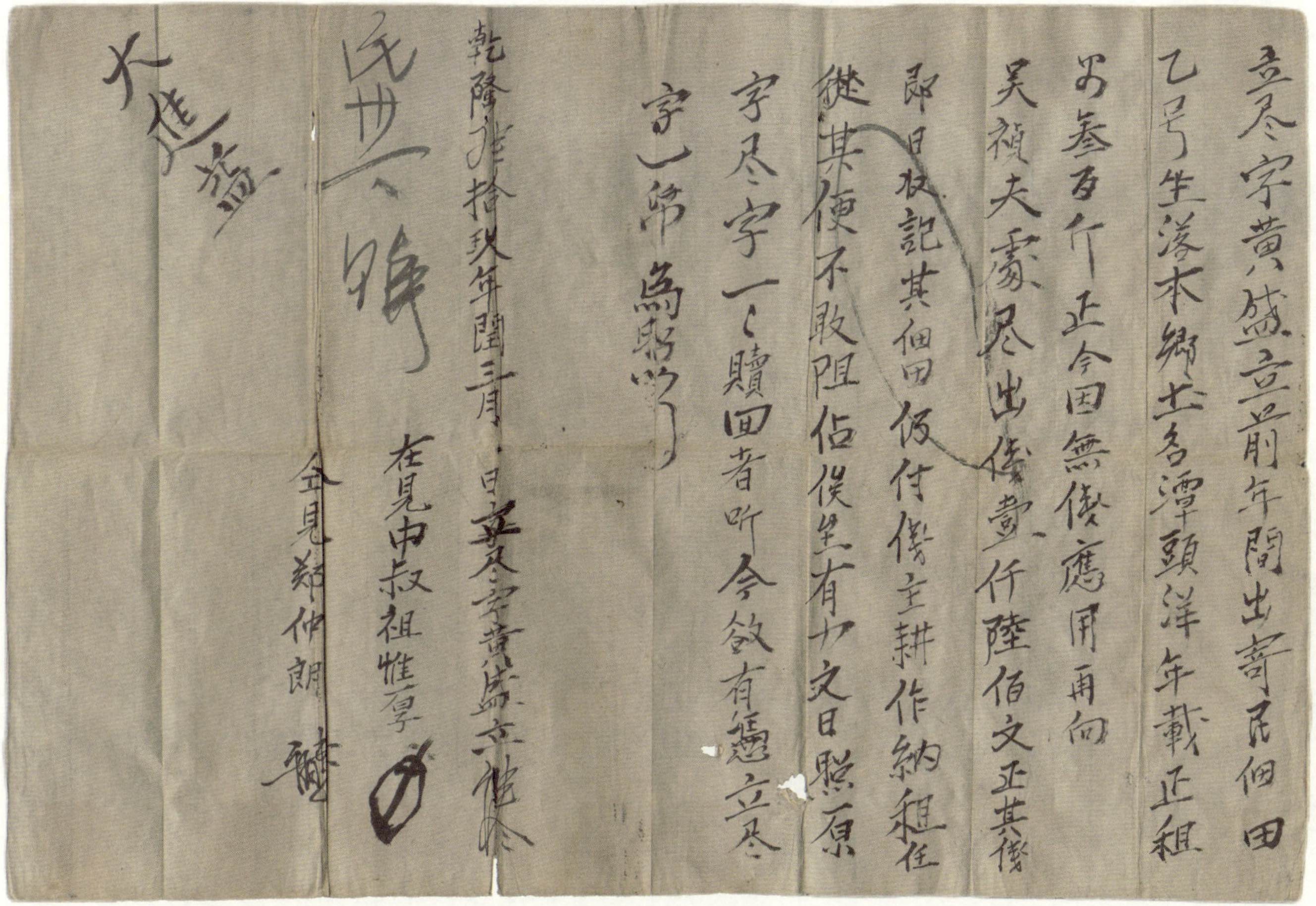
立盡字黃盛立，前年間出當民佃田
乙號，坐落本鄉土名潭頭洋，年載正租
谷叁石伍斤正。今因無錢應用，再向
吳禎夫處盡出錢壹仟陸佰文正。其錢
即日收訖，其佃田仍付錢主耕作納租，任
從其便，不敢阻佔。俟至有力之日，照原
字盡字一々贖回者，听今欲有憑，立盡
字一帋為照。
乾隆肆拾玖年閏三月　日立盡字黃盛立（押）
在見中叔祖惟享（押）
仝見鄭仲朗（押）
民卅八號
大進益

3-1-38-9　清乾隆四十九年閏三月黃盛立立盡民佃田字（廢契）

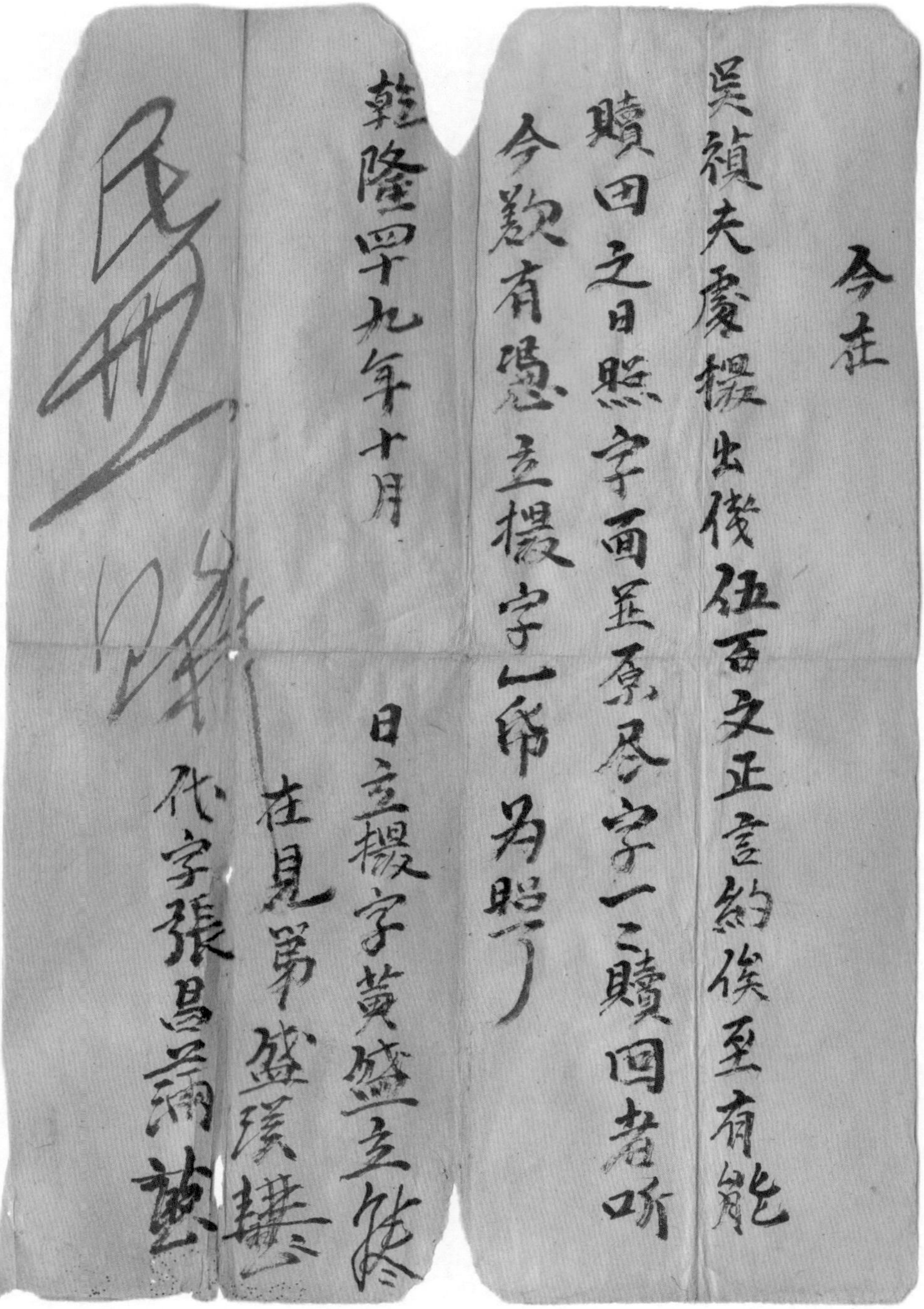

今在
吴禎夫處撮出錢伍百文正言約俟至有能
贖田之日照字面並原叅字一二贖回者听
今欲有憑立撮字一紙為照
乾隆四十九年十月　日立撮字黃盛立（押）
在見弟盛璞（押）
代字張昌瑞（押）

3-1-38-10　清乾隆四十九年十月黃盛立立撮字（廢契）

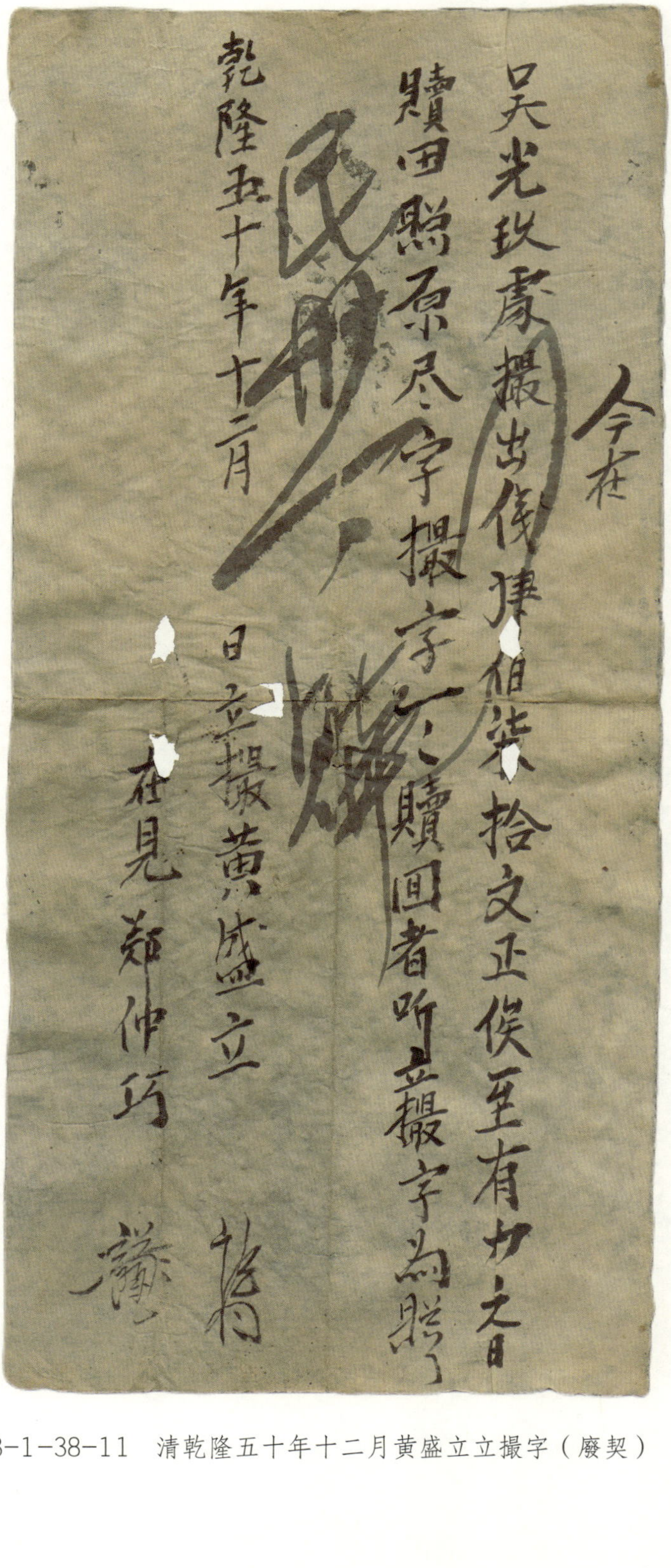
今在
吳光玫處撮出錢肆伯柒拾文正俟至有力之日
贖田聯原尽字撮字一紙贖回者听立撮字為照
乾隆五十年十二月　日立撮黄盛立
在見　鄭仲珂

3-1-38-11　清乾隆五十年十二月黄盛立立撮字（廢契）

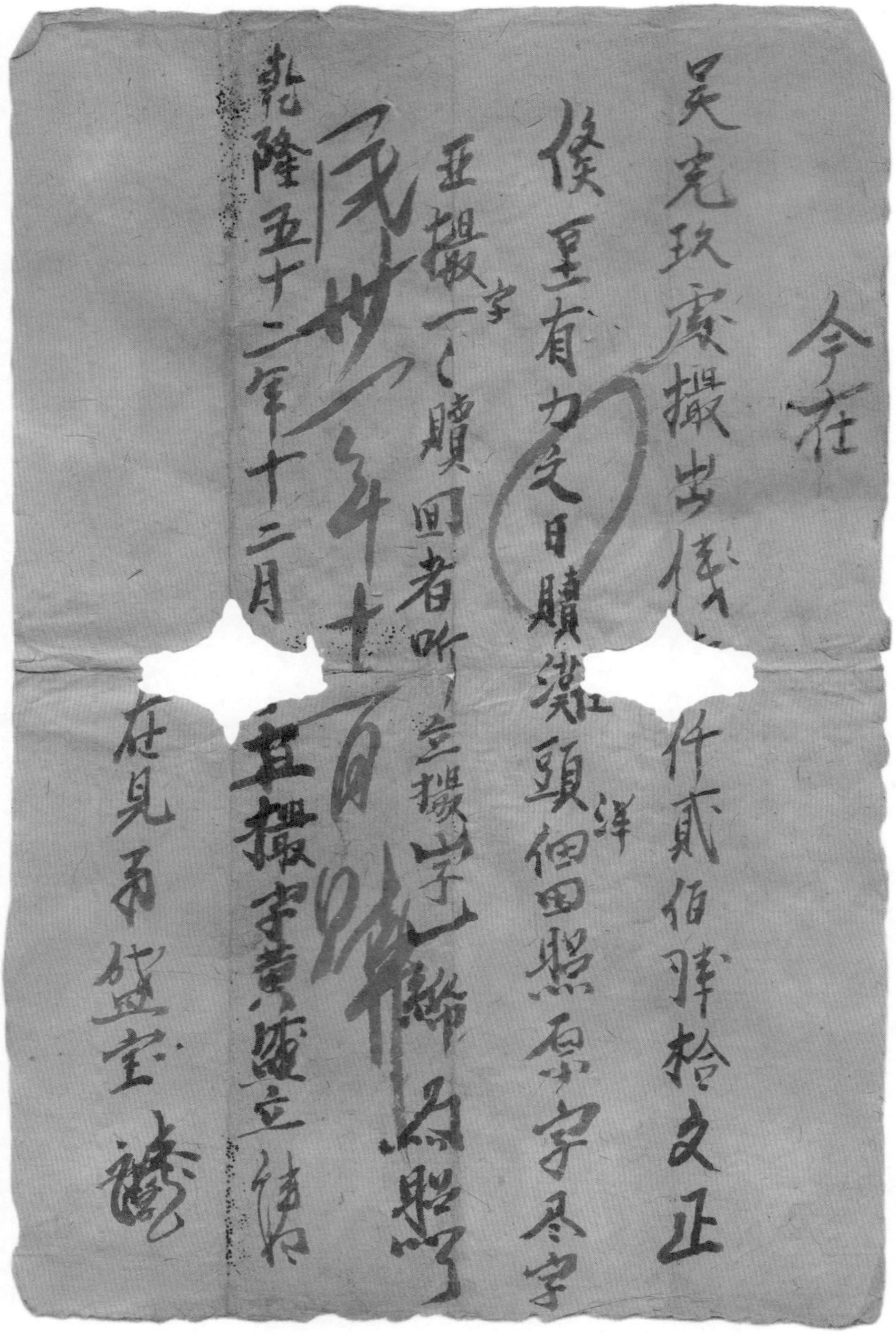

今在

吳克玖處撮出錢……仟貳佰肆拾文正

乾隆五十二年十二月　日立撮字黃盛立

在見弟盛宝

3-1-38-12　清乾隆五十二年十二月黃盛立立撮字（廢契）

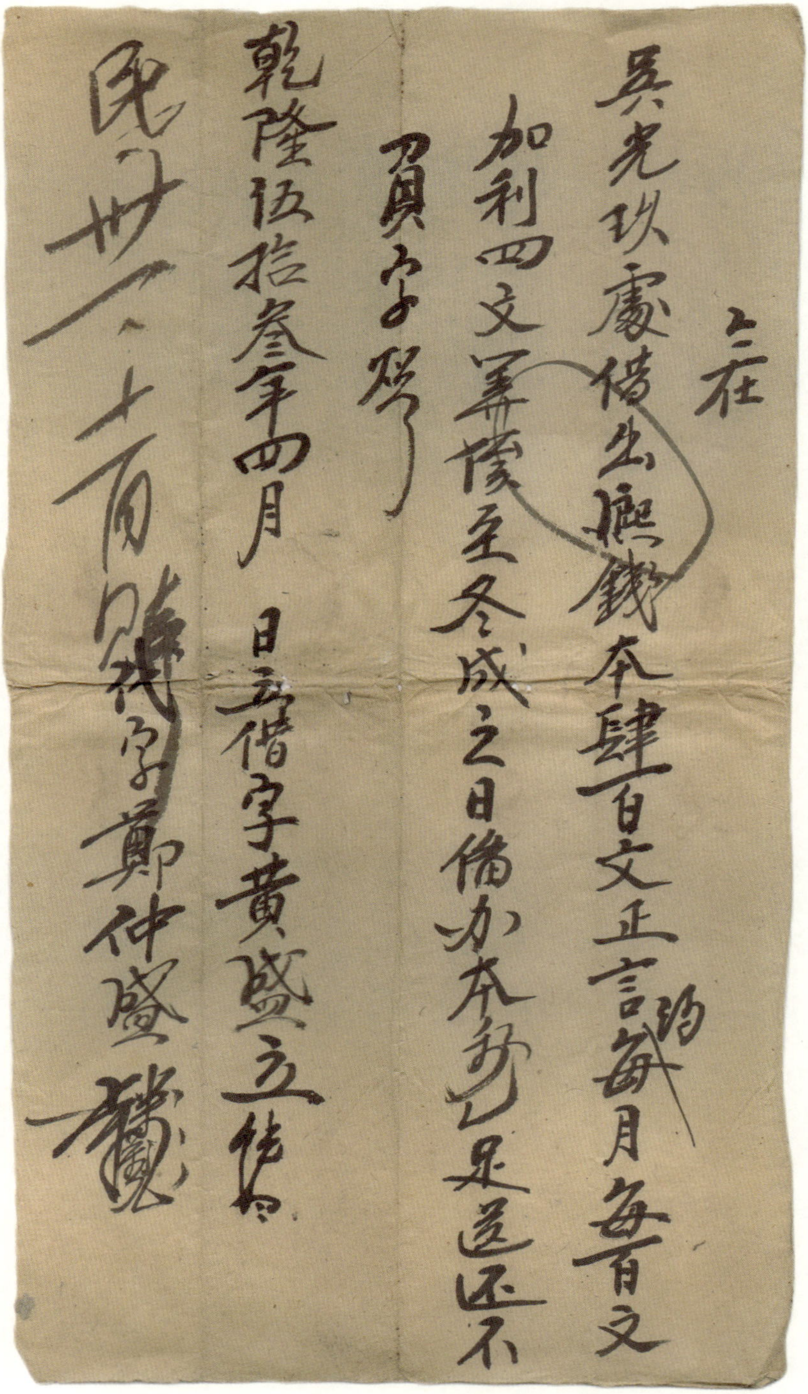
立在吳光玖處借出應錢本肆百文正言約每月每百文
加利四文爲算儐至冬成之日備办本利足送还不
負字照
乾隆伍拾叁年四月　日立借字黃盛立
民卅八十月贖　代字鄭仲盛

3-1-38-13　清乾隆五十三年四月黃盛立立借錢字（廢契）

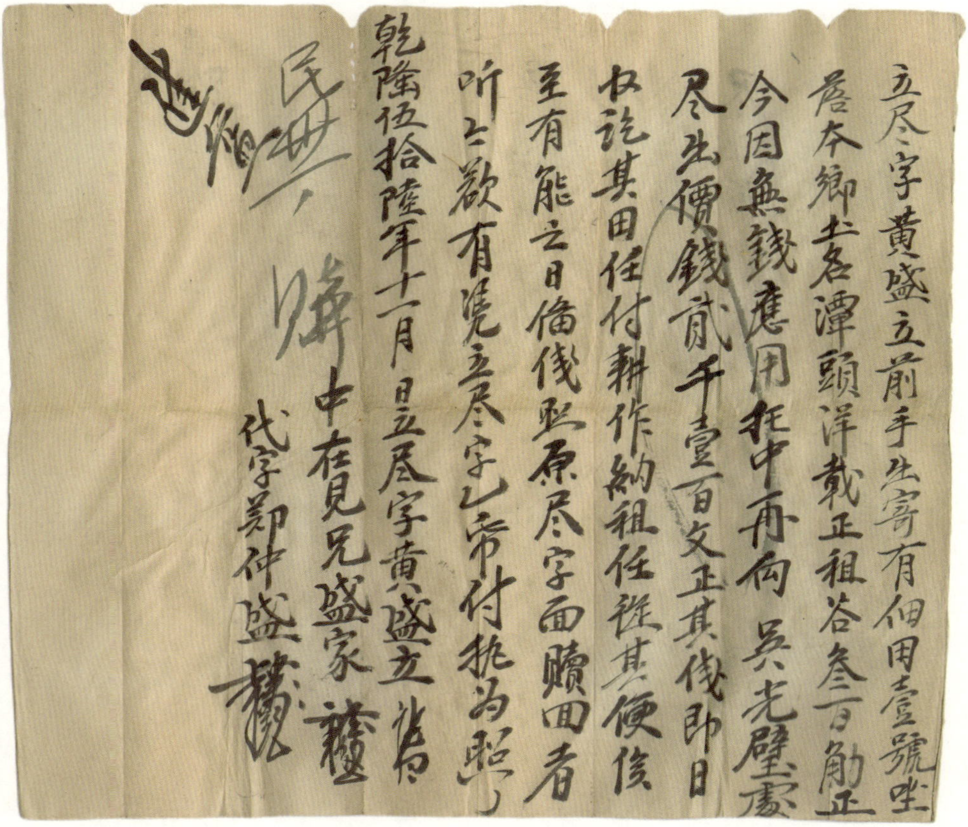
立尽字黄盛立前手生寄有佃田壹號坐
落本鄉土名潭頭洋載正租谷叁百觔正
今因無錢應用托中再向 吳光璧處
尽出價錢貳千壹百文正其錢即日
收訖其田任付耕作納租任從其便後
至有能之日備錢照原尽字面贖回者
听二欲有憑立尽字一帋付執為照
乾隆伍拾陸年十一月 日立尽字黄盛立
中在見兄盛家
代字鄭仲盛

3-1-38-14 清乾隆五十六年十一月黄盛立立盡佃田字（廢契）

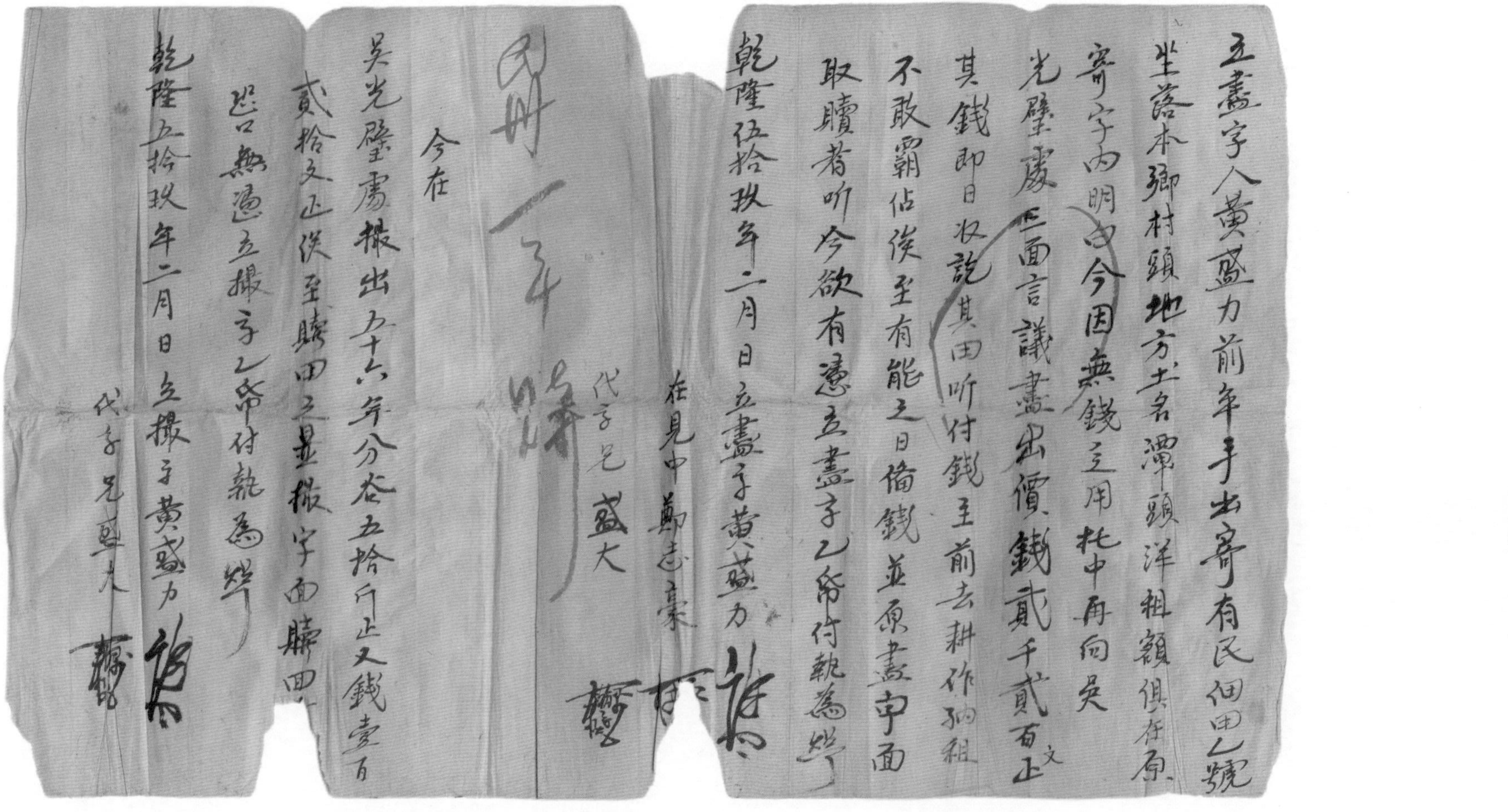
立盡字人黃盛力前年手出寄有民佃田乙號
坐落本鄉村頭地方土名潭頭洋租額俱在原
寄字內明白今因無錢乏用托中再向吳
光璧處三面言議盡出價錢貳千貳百文正
其錢即日收訖其田听付錢主前去耕作納租
不敢霸佔後至有能之日備錢並原盡字面
取贖者听今欲有憑立盡字乙紙付執為照
乾隆伍拾玖年二月日立盡字黃盛力
在見中鄭志豪
代字兄盛大
今在
吳光璧處撥出五十六年分谷五拾斤正又錢壹百
貳拾文正從至贖田之日並撥字面贖田
恐口無憑立撥字乙紙付執為照
乾隆五拾玖年二月日立撥字黃盛力
代字兄盛大

3-1-38-15　清乾隆五十九年二月黄盛力立盡民佃田字（廢契）

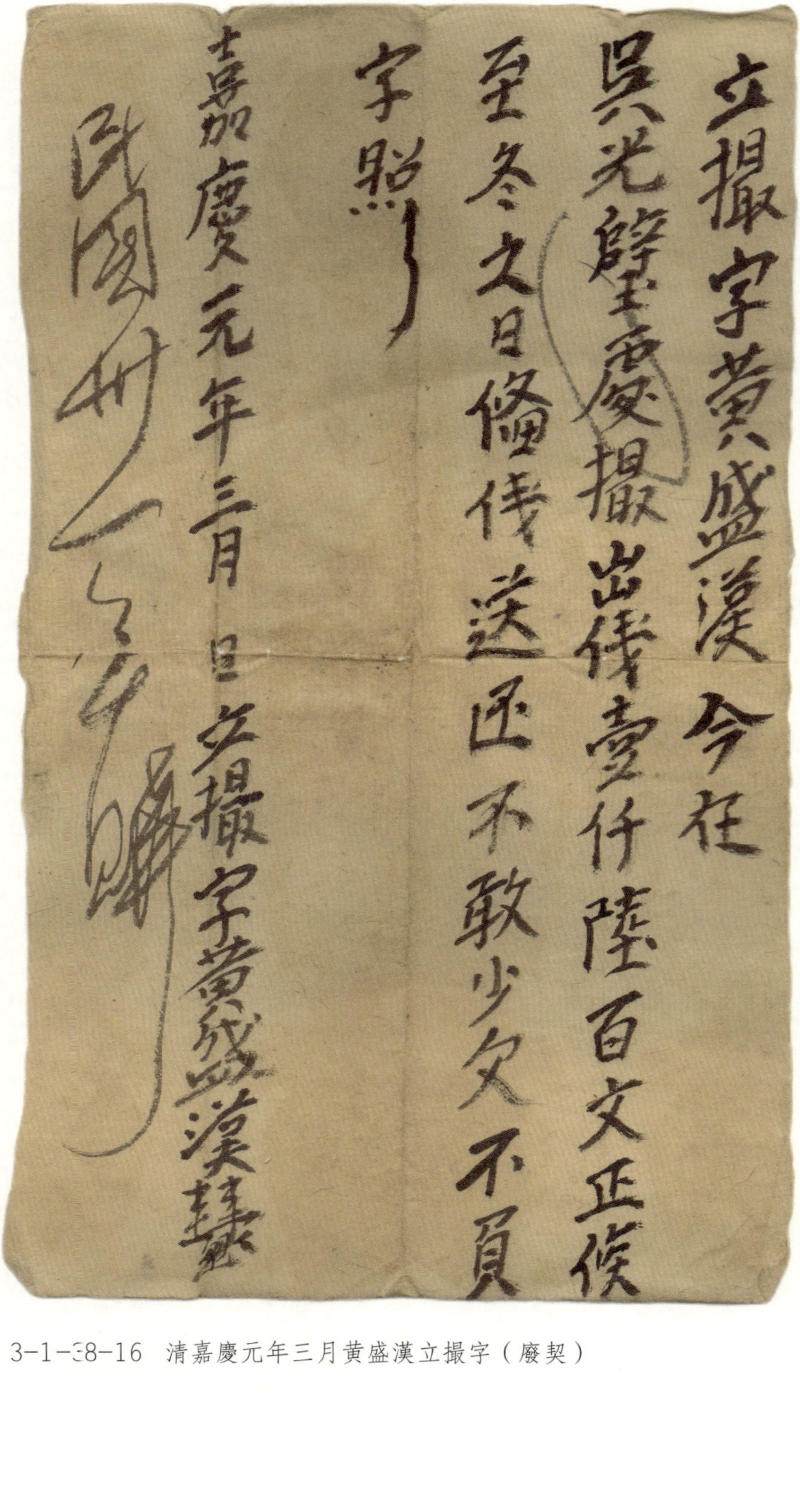
立撮字黄盛漢今在
吳光[illegible]慶撮出錢壹仟陸百文正候
至冬之日備錢送還不敢少欠不負
字照
嘉慶元年三月　日立撮字黄盛漢（押）

3-1-38-16　清嘉慶元年三月黄盛漢立撮字（廢契）

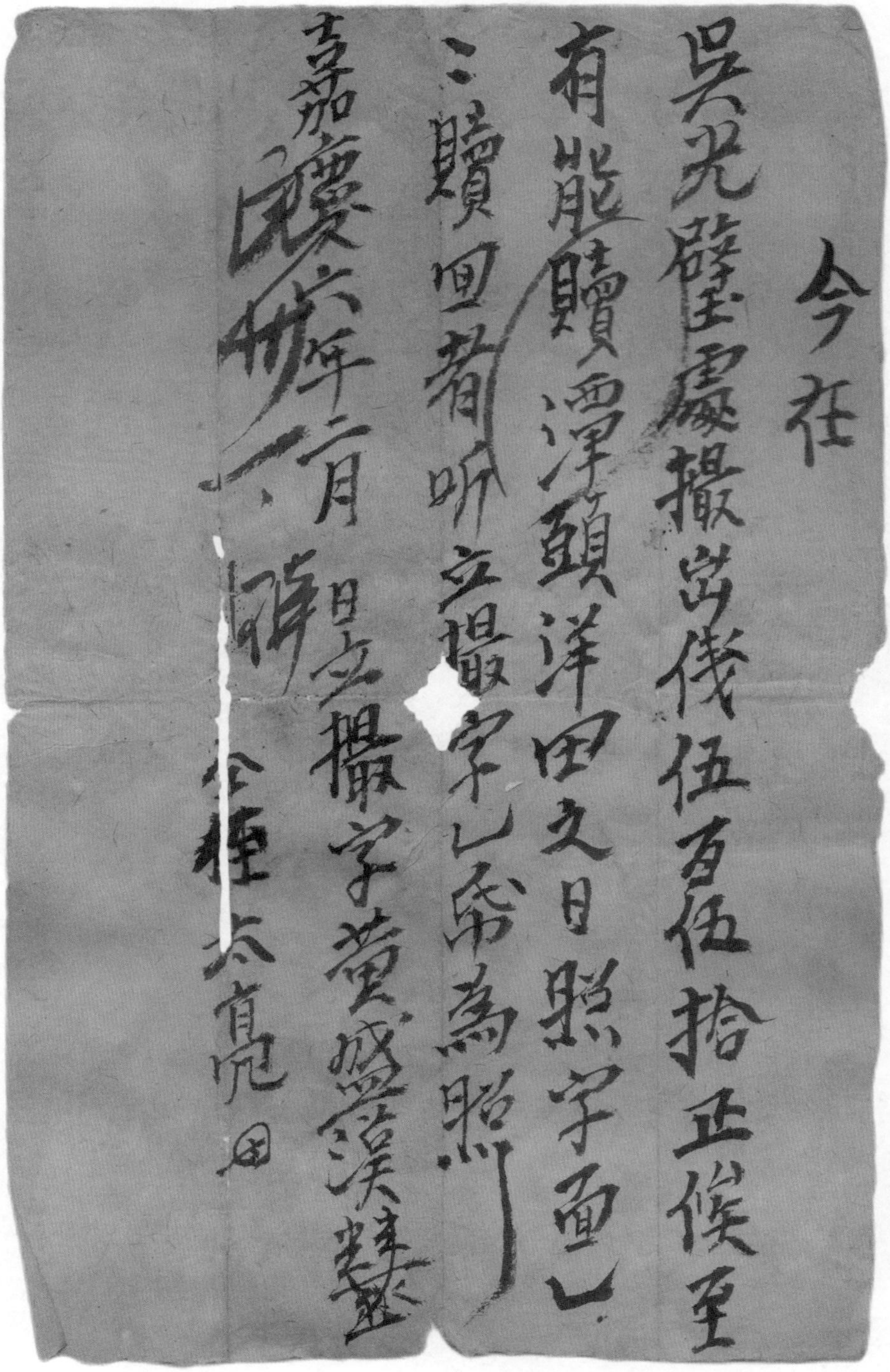

今在
吳光璧處撮出錢伍百伍拾正，候至
有能贖潭頭洋田文日照字面，
二贖回，听立撮字，希為照。
嘉慶六年二月 日立撮字黃盛漢（押）
仝姪太亮（押）

3-1-38-17 清嘉慶六年二月黃盛漢等立撮字（廢契）

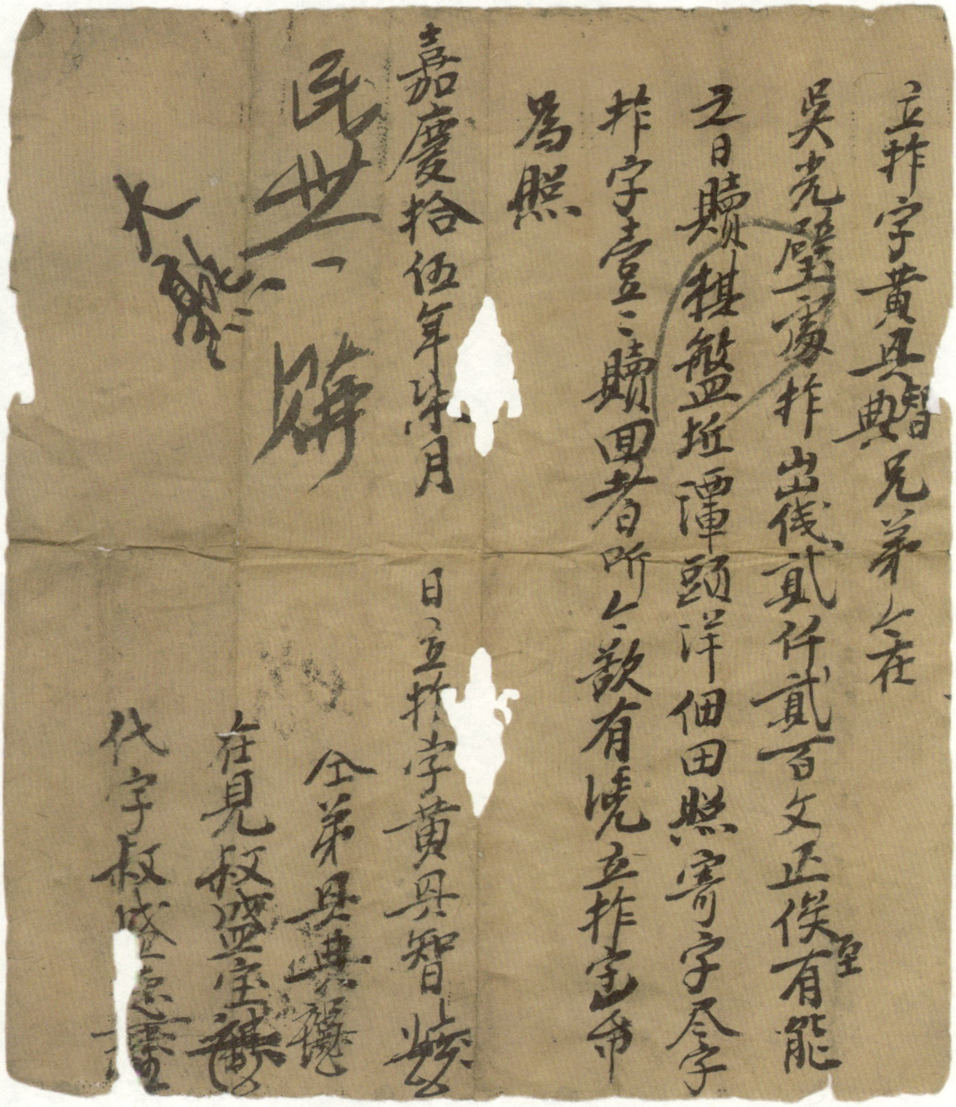
立𢫬字黃㒷智、㒷典兄弟人等在
吳光璧處𢫬出錢貳仟貳百文正，從有能
之日贖推盤埕潭頭洋佃田照寄字承字
𢫬字壹〻贖回者，所〻欽有憑立𢫬字帋
爲照
嘉慶拾伍年柒月　日立𢫬字黃㒷智
仝弟㒷典
在見叔盛宝
代字叔盛德
民世〻隆
大賢

3-1-38-18　清嘉慶十五年七月黃㒷智等立撮字（廢契）

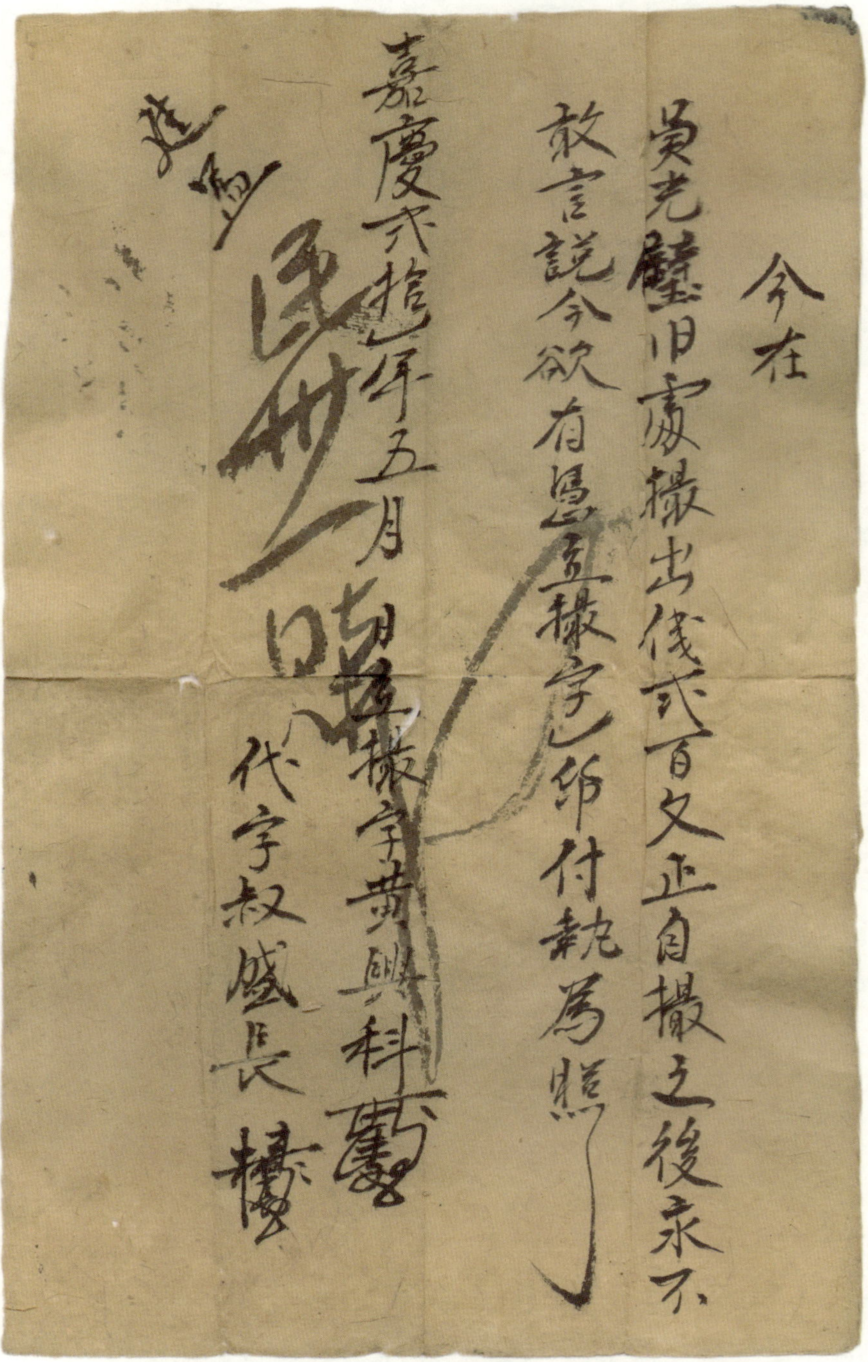
今在
黄光璧旧處撮出錢弍百文正自撮之後永不
敢言説今欲有憑立撮字一紙付執爲照
嘉慶弍拾一年五月　日立撮字黄興科（押）
代字叔盛長（押）

3-1-38-19　清嘉慶二十一年五月黄興科立撮字（廢契）

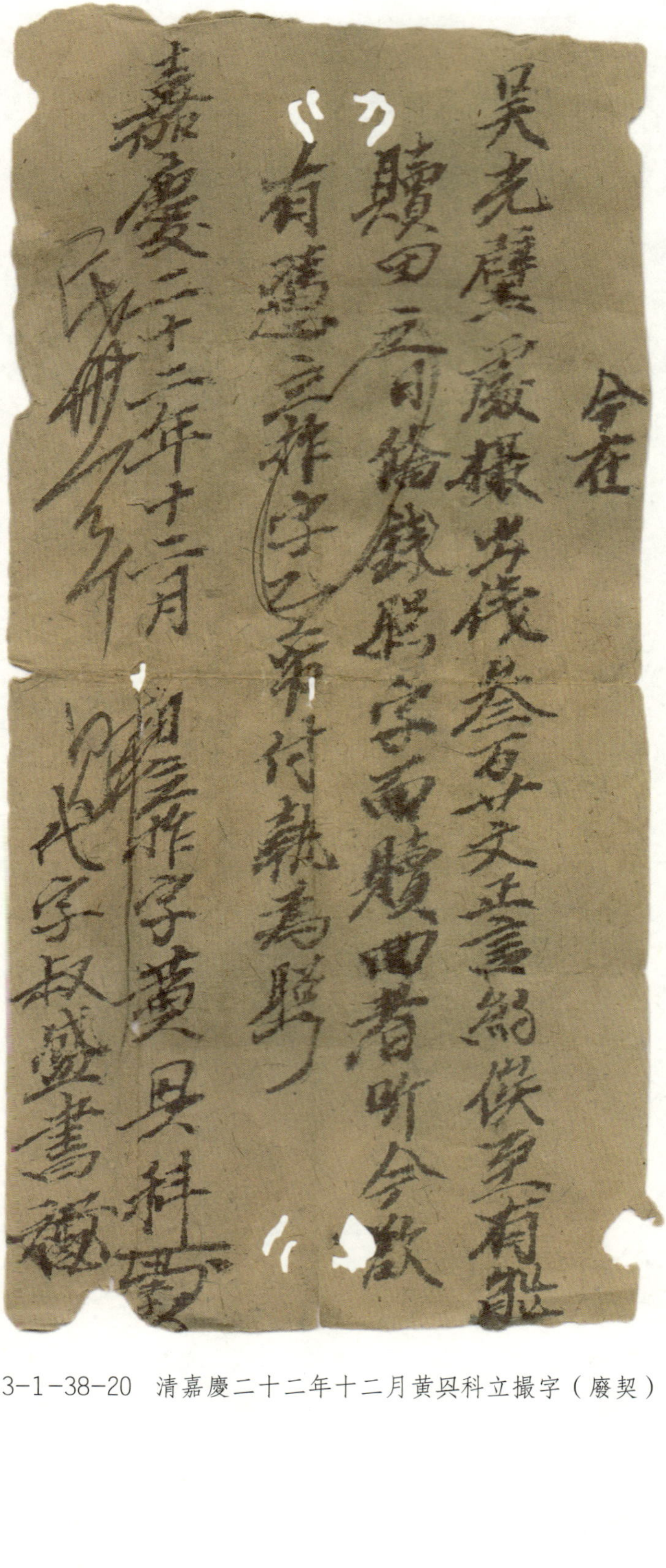

今在
吳光蓮處撥出錢叁百廿文正並繳從前有批
贖田立約轉錢撥字面贖田者听令收
有憑立撥字乙帋付執為照
嘉慶二十二年十二月 日立撥字黃與科
代字叔盛書

3-1-38-20 清嘉慶二十二年十二月黃與科立撥字（廢契）

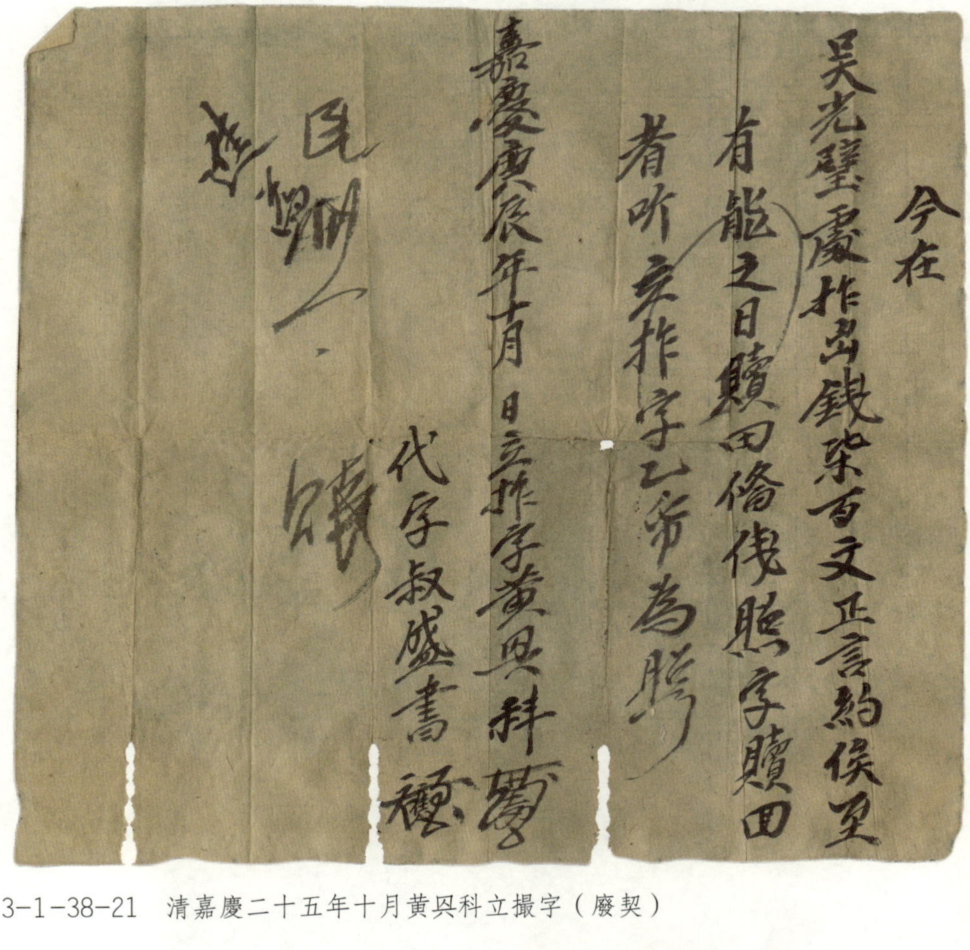
今在
吴光壁處押出錢柒百文正言約俟至
有能之日贖田備便照字贖田
者聽立押字乙帋為照
嘉慶庚辰年十月　日立押字黄𡚒科（押）
代字叔盛書（押）
民國八年　白贖
達

3-1-38-21　清嘉慶二十五年十月黄𡚒科立押字（廢契）

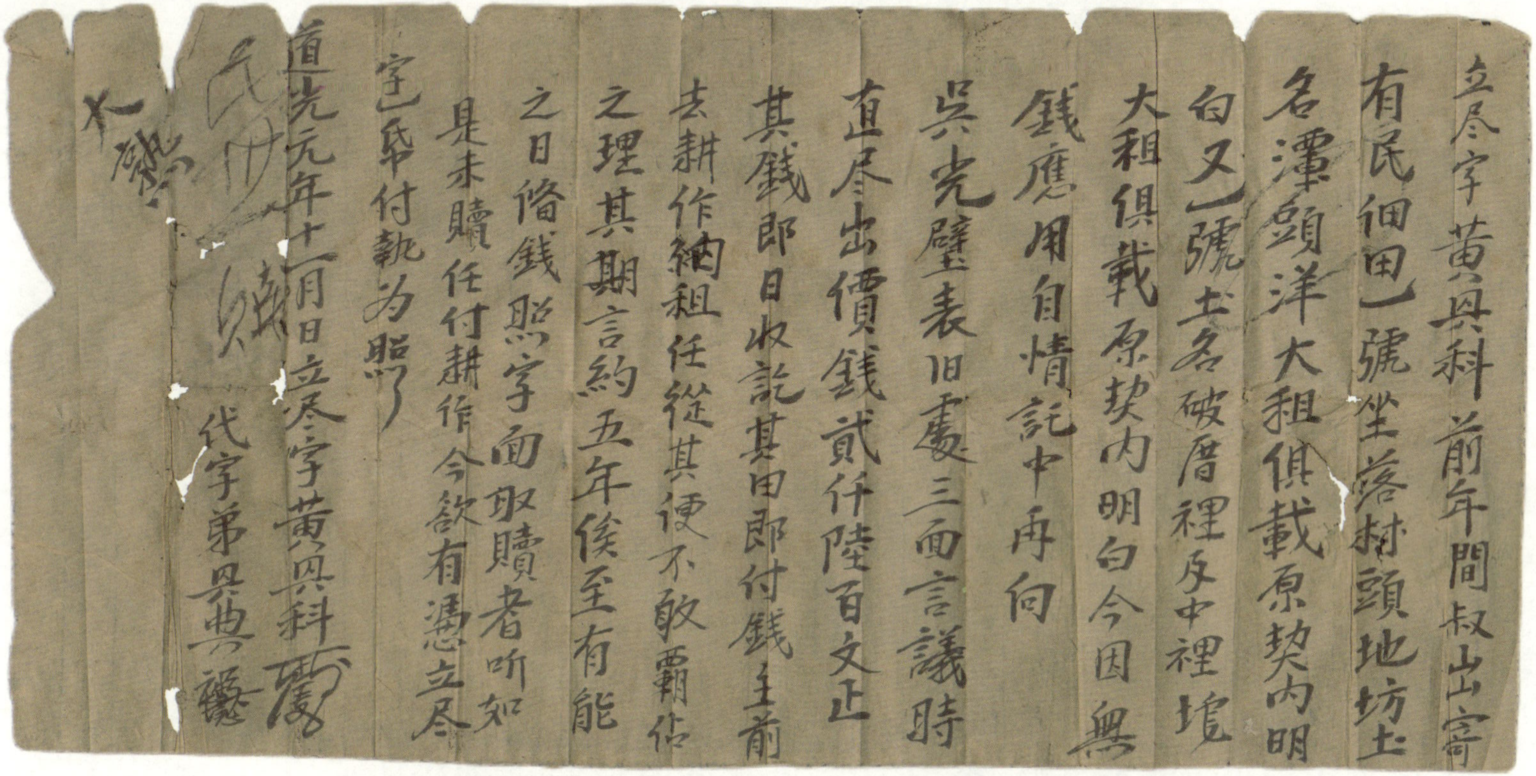
立尽字黄㒷科前年間叔山寄
有民佃田一號坐落村頭地坊土
名潭頭洋大租俱載原契内明
白又一號土名破厝裡及中裡墘
大租俱載原契内明白今因無
錢應用自情託中再向
㒷光壁表旧處三面言議時
值尽出價錢貳仟陸百文正
其錢即日收訖其田即付錢主前
去耕作納租任從其便不敢霸佔
之理其期言約五年後至有能
之日備錢照字面取贖者听知
是未贖任付耕作今欲有憑立尽
字一紙付執为照了
道光元年十一月日立尽字黄㒷科（押）
代字弟㒷典（押）

3-1-38-22　清道光元年十一月黄㒷科立盡民佃田字

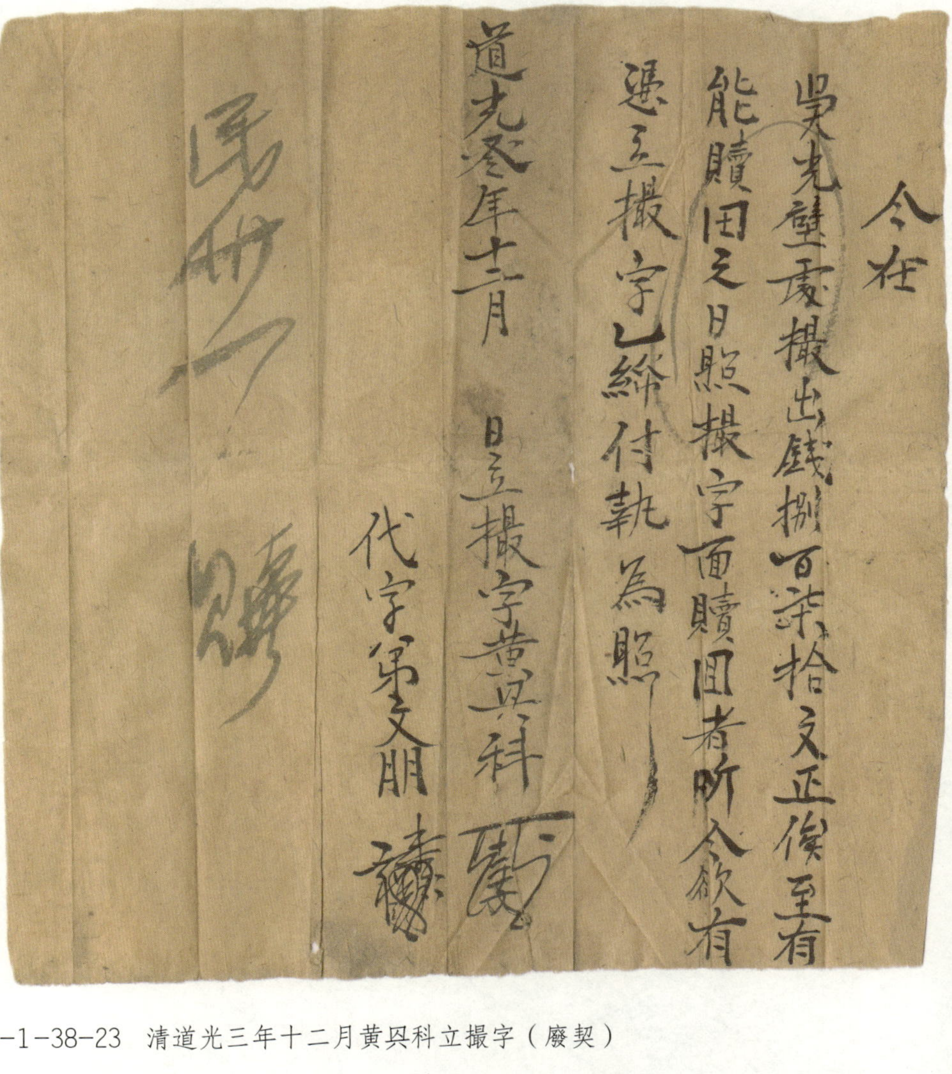
今在
吳光璧處撮出錢捌百柒拾文正，俟至有
能贖回之日照撮字面贖回者，所今欲有
憑，立撮字乙紙付執為照。
道光叁年十二月　日立撮字黃兴科（押）
代字弟文朋（押）

3-1-38-23　清道光三年十二月黃兴科立撮字（廢契）

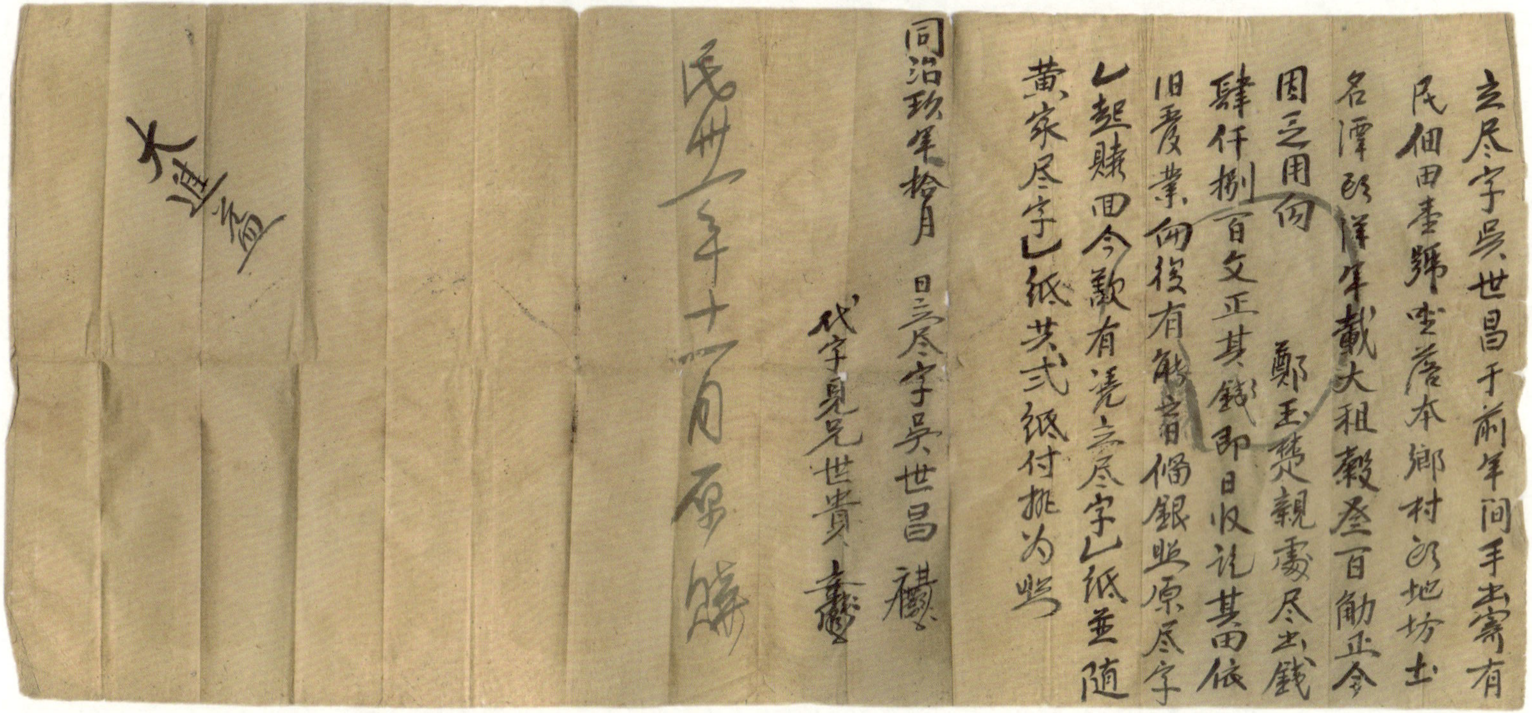
立尽字吴世昌于前年間手出寄有
民佃田壹號坐落本鄉村頭地坊土
名潭頭詳年載大租穀叁百觔正今
因乏用向　鄭玉楚親處尽出錢
肆仟捌百文正其錢即日收訖其田依
旧管業向後有能當備銀照原尽字
一起贖田今欲有憑立尽字一紙並隨
黃家尽字一紙共式紙付批為照

同治玖年拾月　日立尽字吴世昌（押）
代字見兄世貴（押）

民卅一年十月原贖

大清宣

3-1-38-24　清同治九年十月吴世昌立盡民佃田字（廢契）

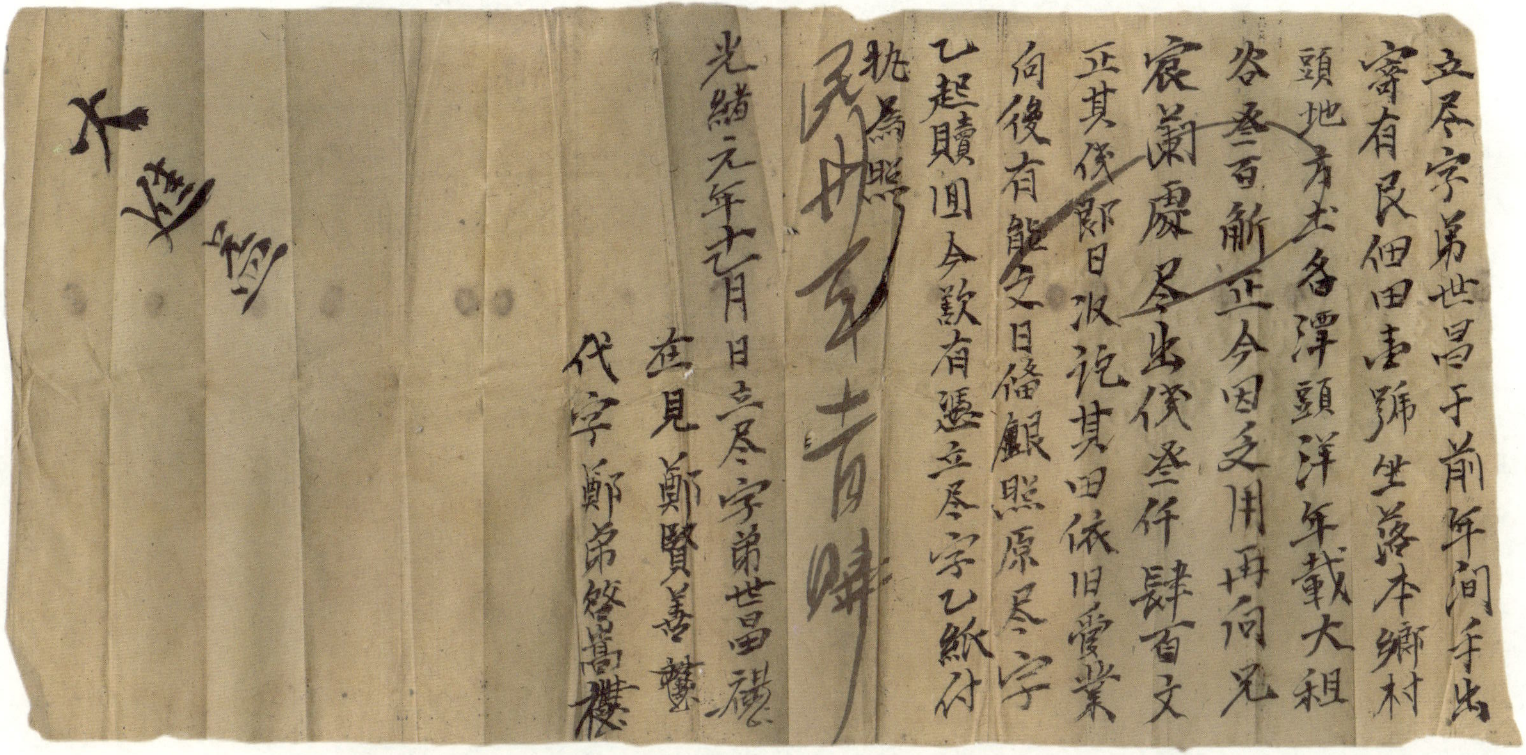

立盡字弟世昌于前年間手出
寄有民佃田壹號坐落本鄉村
頭地方土名潭頭洋年載大租
谷叁百觔正今因乏用再向兄
宸蘭處盡出價叁仟肆百文
正其價即日收訖其田依旧管業
向後有能之日備價照原盡字
乙起贖回今欲有憑立盡字乙紙付
執為照

光緒元年十一月　日立盡字弟世昌
在見　鄭賢善
代字　鄭弟發嵩

3-1-38-25　清光緒元年十一月吴世昌立盡民佃田字（廢契）

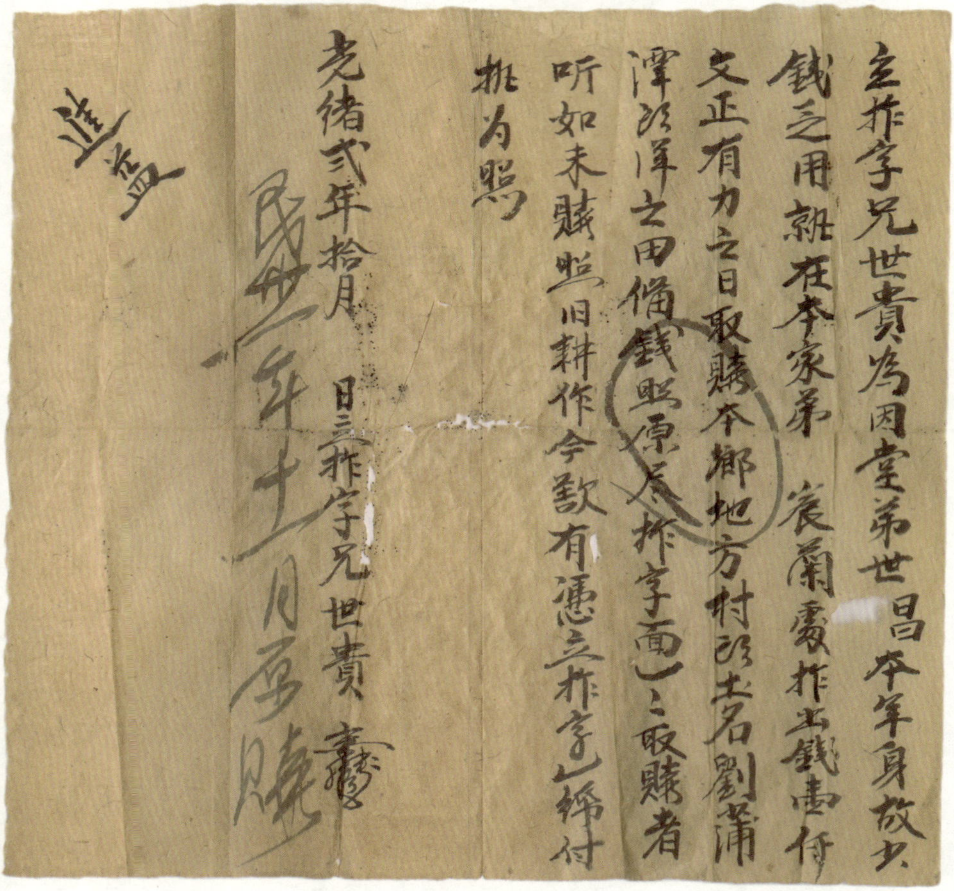

立撮字兄世貴爲因堂弟世昌本年身故乏
錢之用就在本家弟宸蘭處撮出錢壹仟
文正有力之日取贖本鄉地方村路土名劉蒲
潭路洋之田備錢照原之撮字面之取贖者
听如未贖照旧耕作今欲有憑立撮字付
執爲照
光緒弍年拾月　日立撮字兄世貴　親筆
民國廿一年十二月原贖

3-1-38-26　清光緒二年十月吴世貴立撮字（廢契）

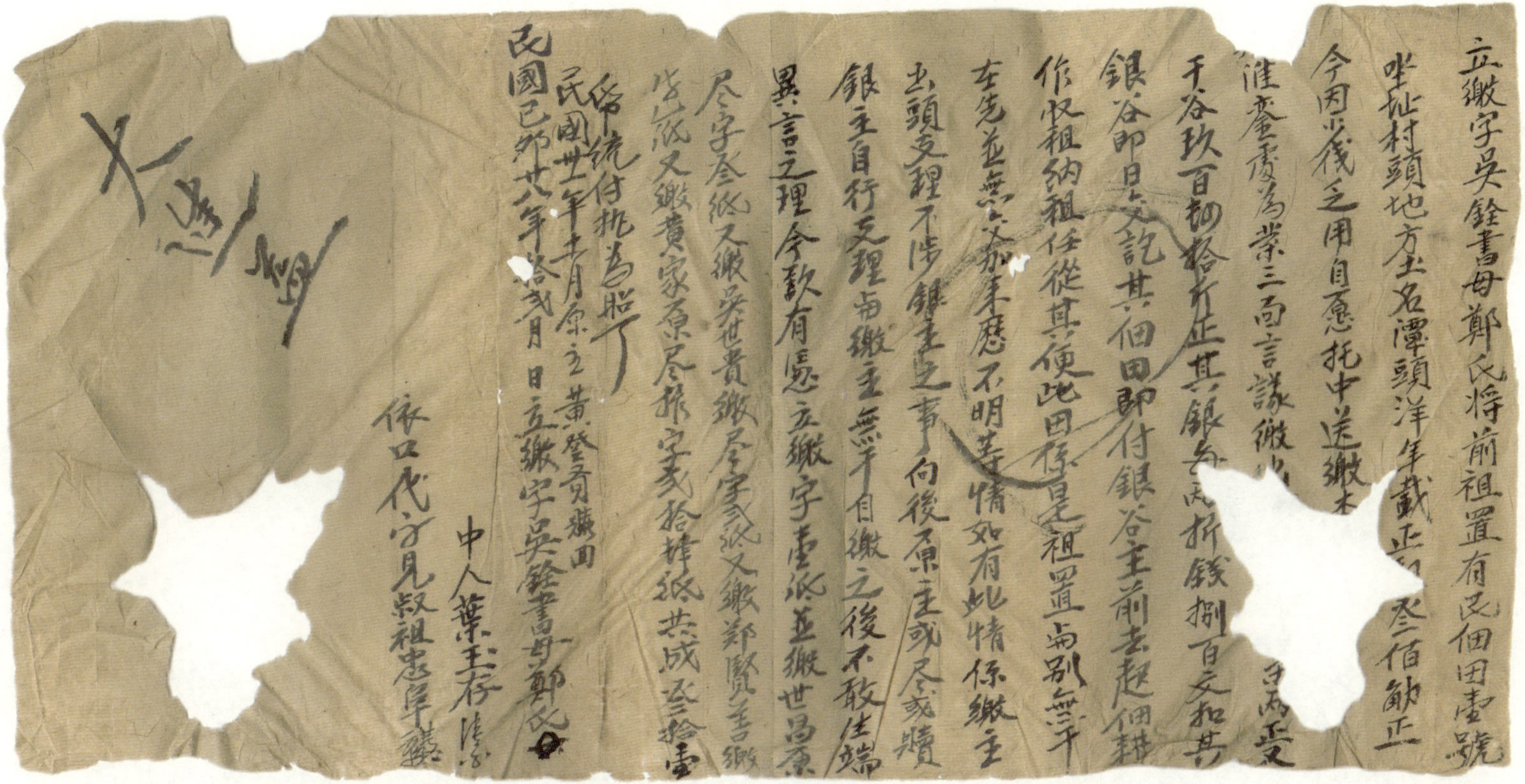

立繳字吳銓書母鄭氏將前祖置有民佃田壹號
坐址村頭地方土名潭頭洋年載正租叁佰斤正
今因乏錢乏用自愿托中送繳
誰奎處為業三面言議繳[illegible]
千谷玖百捌拾斤正其銀每元折錢捌百文扣共
銀谷即日交訖其佃田即付銀谷主前去起佃耕
作收租納租任從其便此田係是祖置兩別無干
本先並無文加來歷不明等情如有此情係繳主
出頭支理不涉銀主之事向後原主或尽或贖
銀主自行支理而繳主無干自繳之後不敢生端
異言之理今欲有憑立繳字壹紙並繳世昌原
尽字叁紙又繳吳世貴繳尽字叁紙又繳鄭賢善繳
尖紙又繳黃家原尽孫字式拾肆紙共成叁拾壹
紙統付執為照
民國廿一年十二月原主黃登奇贖田
民國己卯廿八年拾弍月　日立繳字吳銓書母鄭氏
中人葉玉存
依口代字見叔祖忠郎

3-1-38-27　民國二十八年十二月吳銓書母鄭氏立繳賣佃田契（廢契）

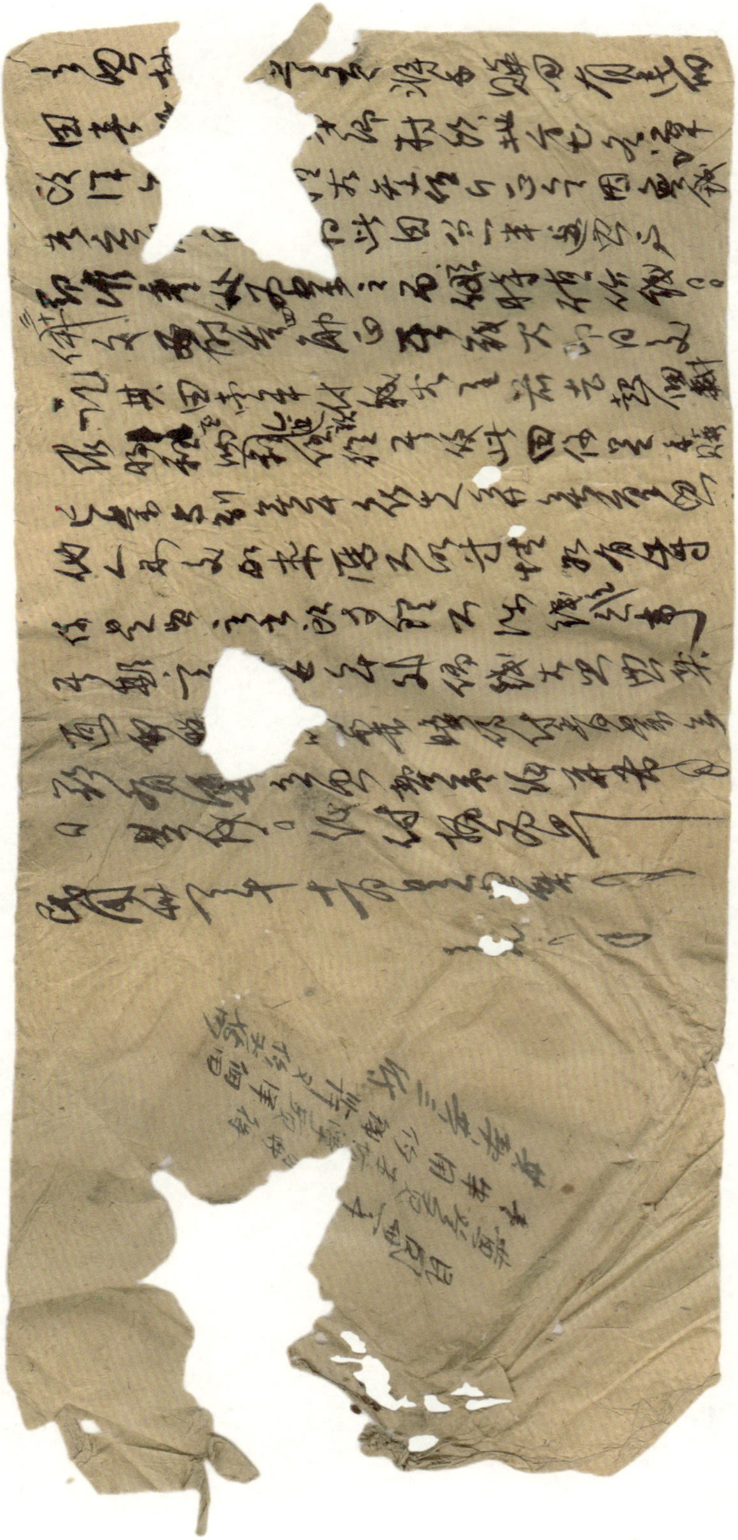

3-1-38-28 民國三十一年十一月黃登賢立典民佃田契（草契）

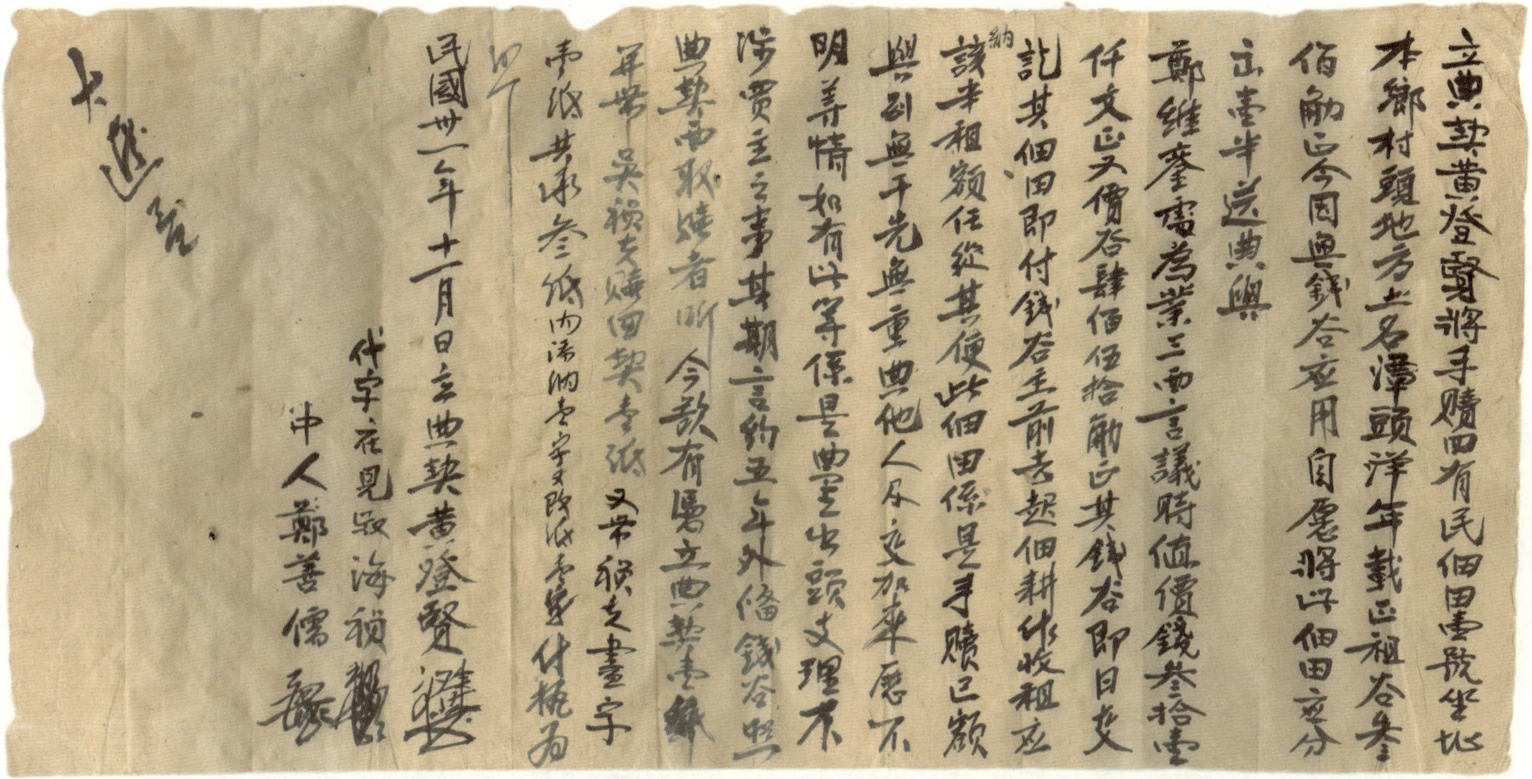
立典契黄登賢，將手贖田有民佃田壹號，坐址
本鄉村頭地方，土名潭頭洋，年載正租谷叁
佰觔正。今因無錢谷應用，自愿將此佃田應分
一半，送典與
鄭維釜處爲業，三面言議時值價錢叁拾壹
仟文正，又價谷肆佰伍拾觔正，其錢谷即日交
訖，其佃田即付錢谷主前去起佃耕作，收租應
納議定租額，任從其便。此佃田係是手贖正額，
與別無干，先無重典他人，亦無交加來歷不
明等情，如有此等，係是典主出頭支理，不
涉買主之事。其期言約五年外，備錢谷照
典契面取贖者。今欲有憑，立典契壹紙，
又帶上手吳發文贖田契壹紙，又帶發文畫字
壹紙，共帶叁紙，內添納壹字，又改帶字，付執爲
照
民國卅一年十一月日立典契黄登賢（押）
代字在見叔海發（押）
中人鄭善儒（押）
大進登

3-1-38-29　民國三十一年十一月黄登賢立典民佃田契

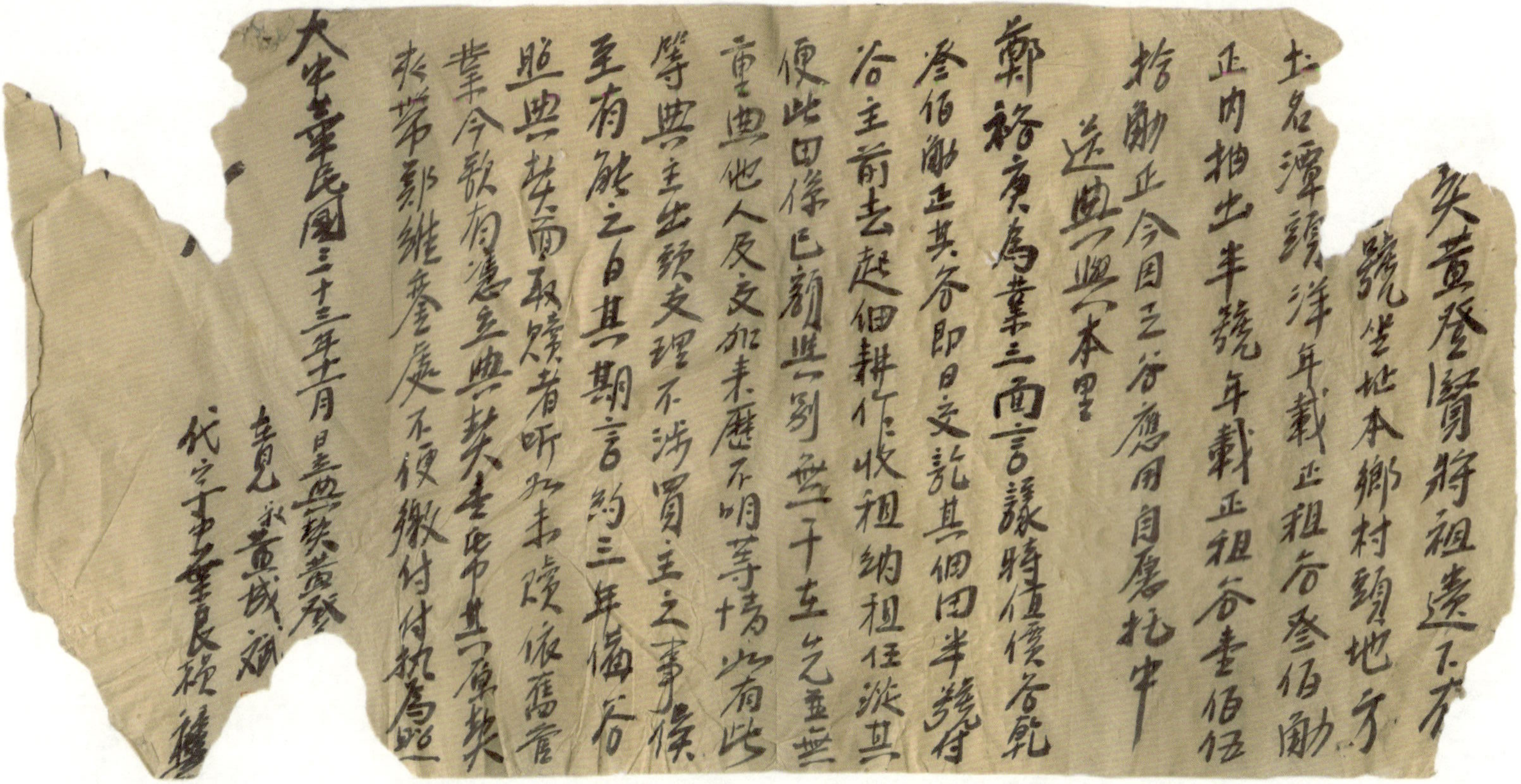

3-1-38-30　民國三十三年十一月黃登賢立典田契

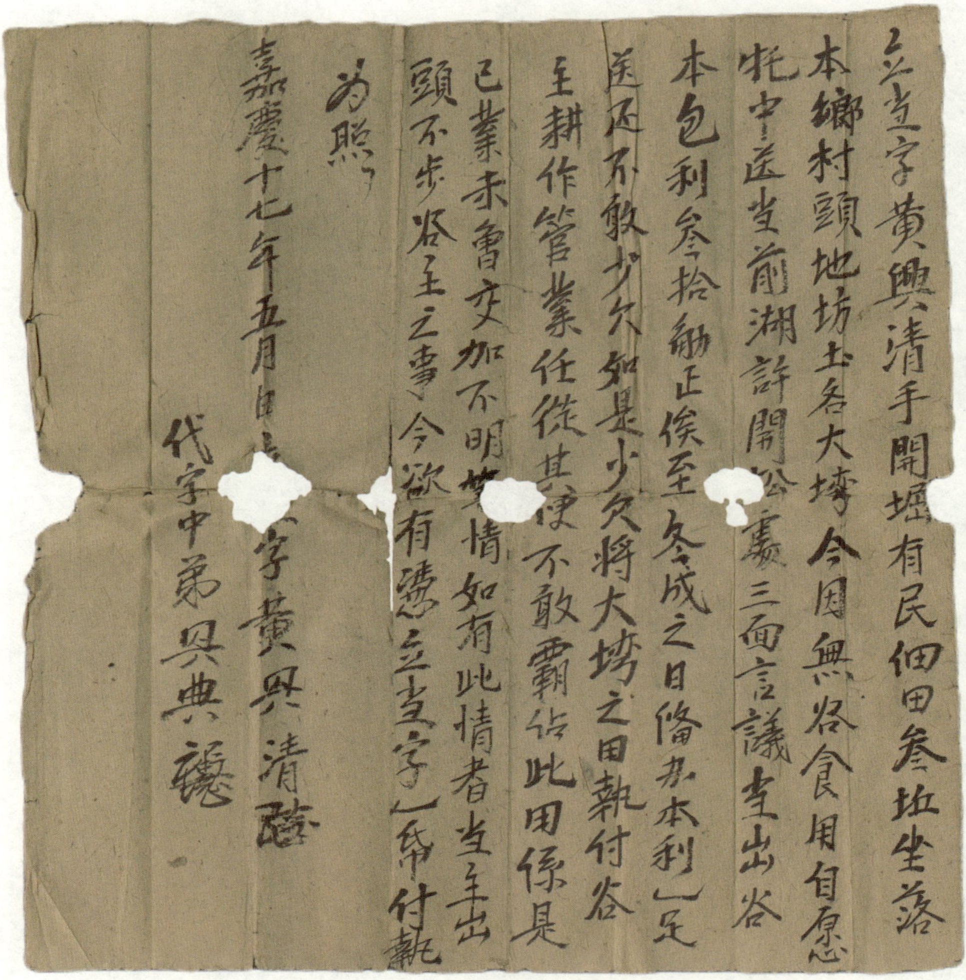
立當字黃興清手開墾有民佃田叁坵坐落
本鄉村頭地坊土名大埒，今因無谷食用，自愿
托中送當前湖許開松處，三面言議當出谷
本包利叁拾觔正，俟至冬成之日備办本利一足
送还，不敢少欠。如是少欠，將大埒之田執付谷
主耕作管業，任從其便，不敢霸佔。此田係是
己業，未曾交加不明等情。如有此情者，當主出
頭，不涉谷主之事。今欲有憑，立當字一紙付執
為照。
嘉慶十七年五月 日立當字 黃興清（押）
代字中 弟 興典（押）

3-1-39-1　清嘉慶十七年五月黃興清立當民佃田契

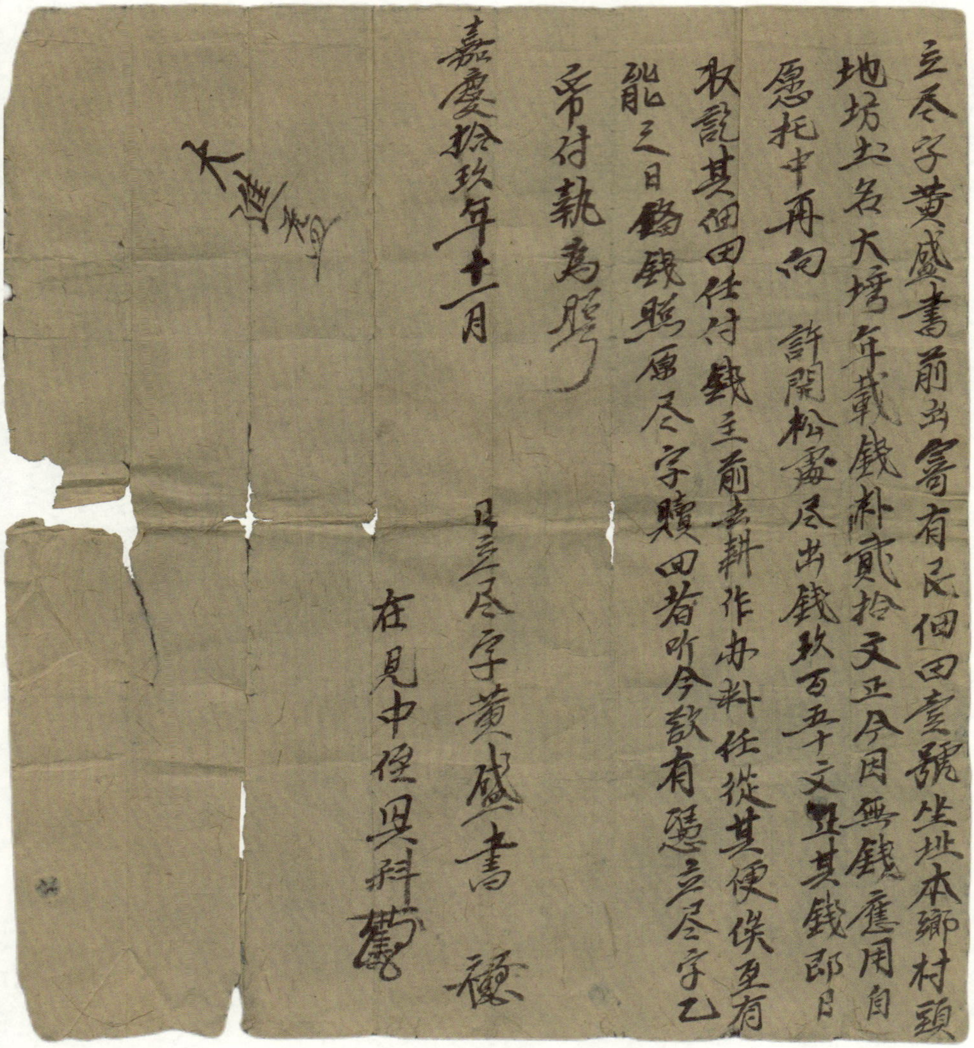
立盡字黄盛書前出賣有民佃田壹號，坐址本鄉村頭地坊，土名大塆，年載錢𥞊貳拾文正。今因無錢應用，自愿托中再向許開松處盡出錢玖百五十文，其錢即日收訖。其佃田任付錢主前去耕作办料，任從其便。倘旦有能之日，備錢照原盡字贖回，若吶今欲有憑，立盡字乙帋付執為照。

嘉慶拾玖年十一月　日立盡字黄盛書（押）

在見中侄吴科（押）

大進老□

3-1-39-2　清嘉慶十九年十一月黄盛書立盡民佃田字

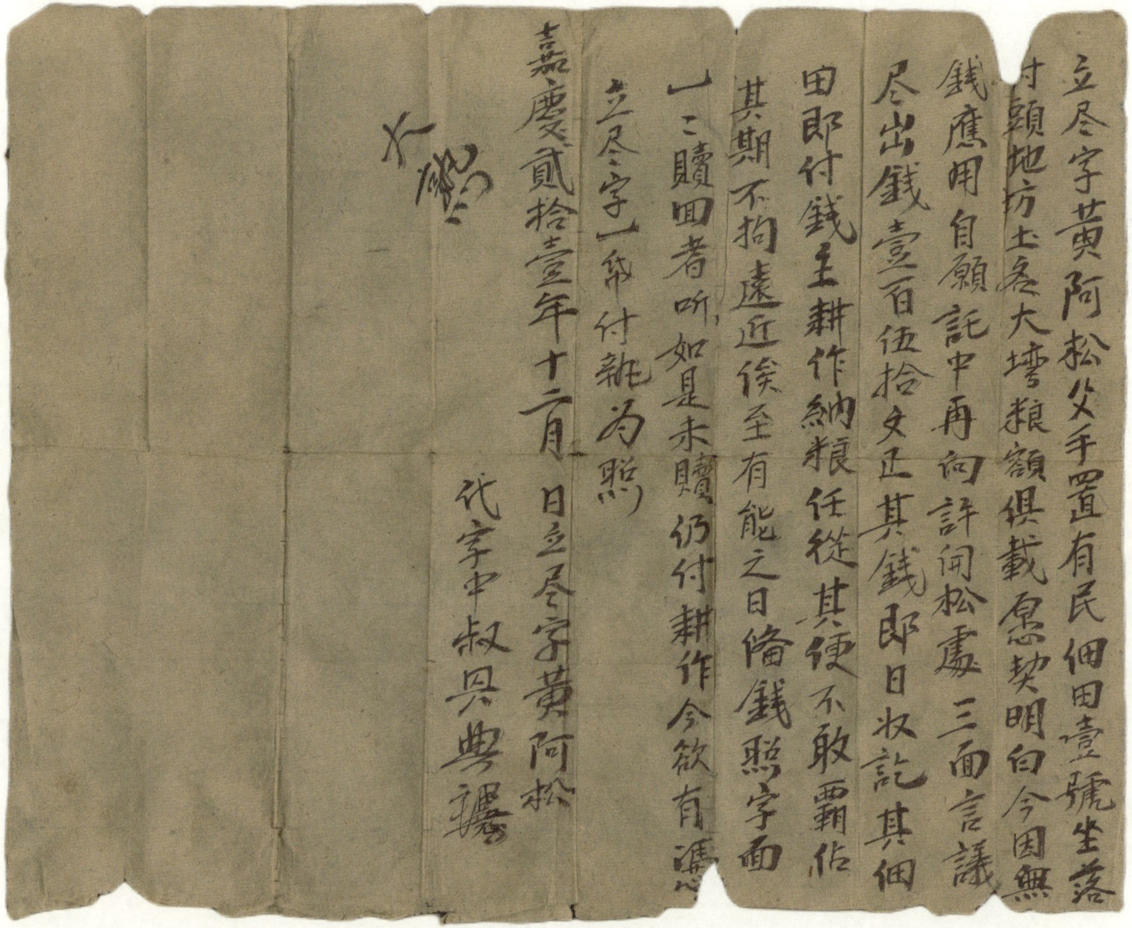
立尽字黃阿松父手置有民佃田壹號坐落
村頭地方土名大壠粮額俱載息契明白今因無
錢應用自願託中再向許阿松處三面言議
尽出錢壹百伍拾文正其錢即日收訖其佃
田即付錢主耕作納粮任從其便不敢覇佔
其期不拘遠近俟至有能之日備錢照字面
一一贖田者听，如是未贖仍付耕作今欲有憑
立尽字一帋付執為照
嘉慶貳拾壹年十二月　日立尽字黃阿松
代字中叔吳興揚

3-1-39-3　清嘉慶二十一年十二月黃阿松立盡民佃田字

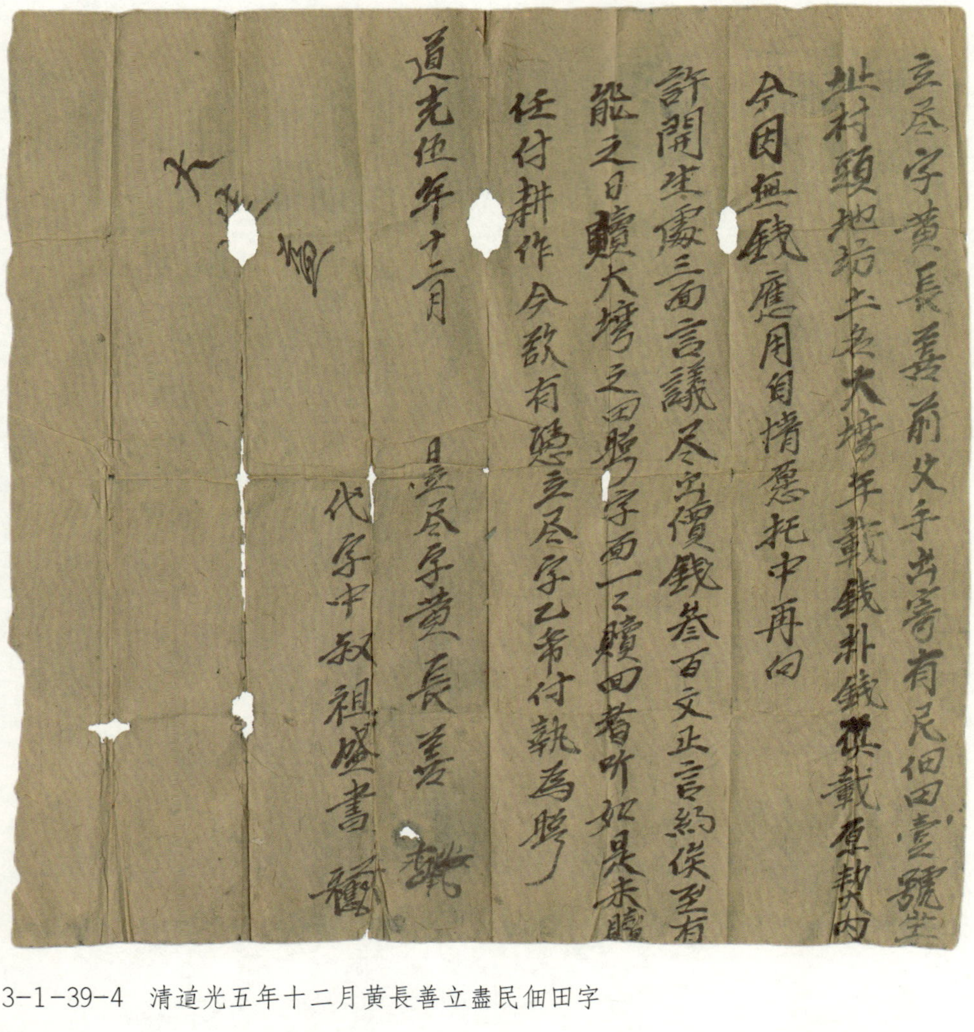
立尽字黄長善前文手出寄有民佃田壹號坐
址村頭地坊土名大塆年載錢卅錢[illegible]載原契內
今因無錢應用自情愿托中再向
許開生處三面言議尽出價錢叁百文正言約俟至有
能之日贖大塆之田照字面一足贖回者听如是未贖
任付耕作今欲有憑立尽字乙帋付執為照
道光伍年十二月　日立尽字黄長善（押）
代字中叔祖盛書（押）
大吉昌

3-1-39-4　清道光五年十二月黄長善立盡民佃田字

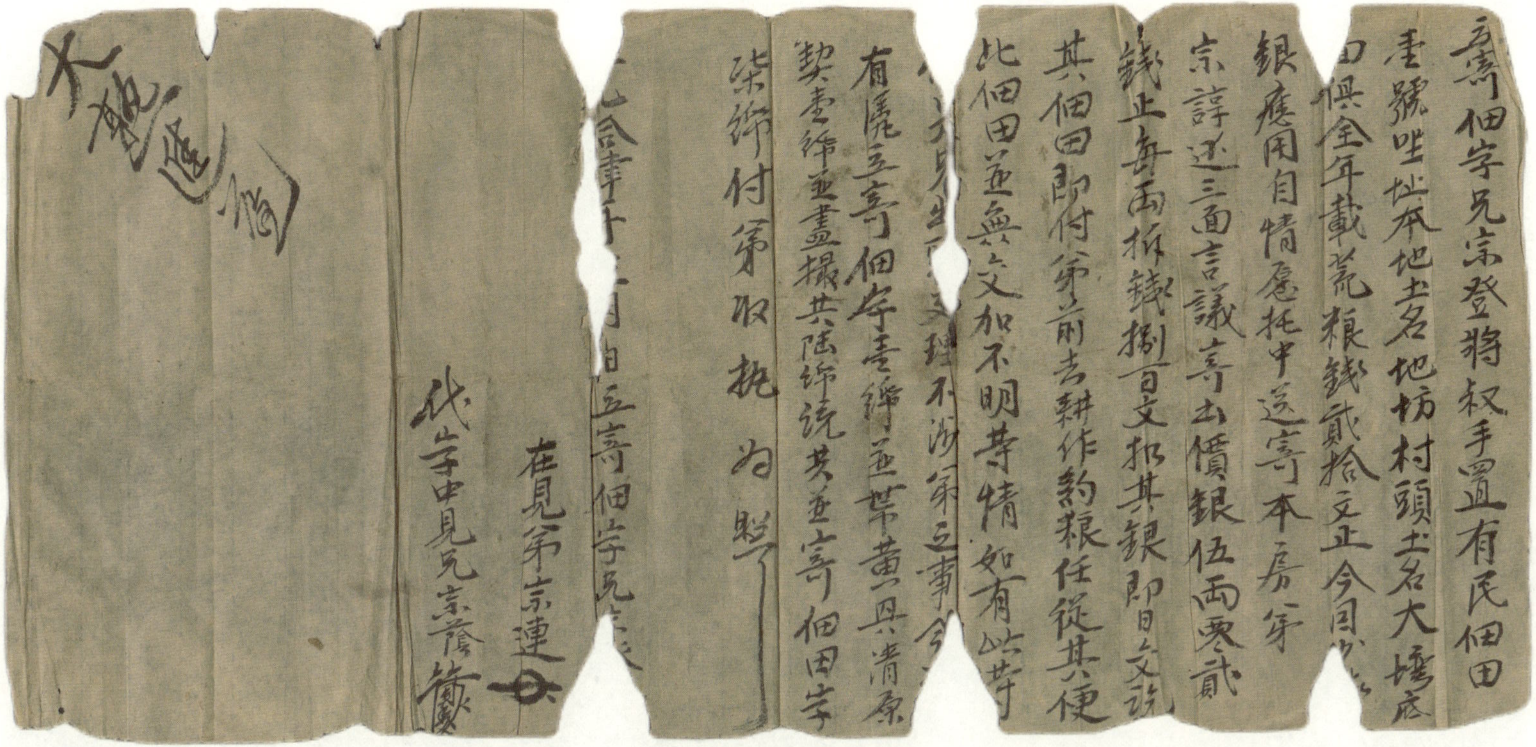
立寄佃字兄宗登將叔手置有民佃田
壹號坐址本地土名地坊村頭土名大墇底
田俱全年載荒粮錢貳拾文正今因乏
銀應用自情愿托中送寄本房弟
宗諒述三面言議寄出價銀伍兩零貳
錢正每兩折錢捌百文折其銀即日交訖
其佃田即付弟前去耕作約粮任從其便
此佃田並無文加不明等情如有此等
……理不涉弟之事今
有憑立寄佃字壹紙並帯黃典清原
契壹紙並盡撥共陸紙繳共並寄佃田字
柒紙付弟收執為照
道光十四年三月　日立寄佃字兄宗登
在見弟宗連
代字中見兄宗蔭

3-1-39-5　清道光十四年三月黄宗登立寄民佃田字

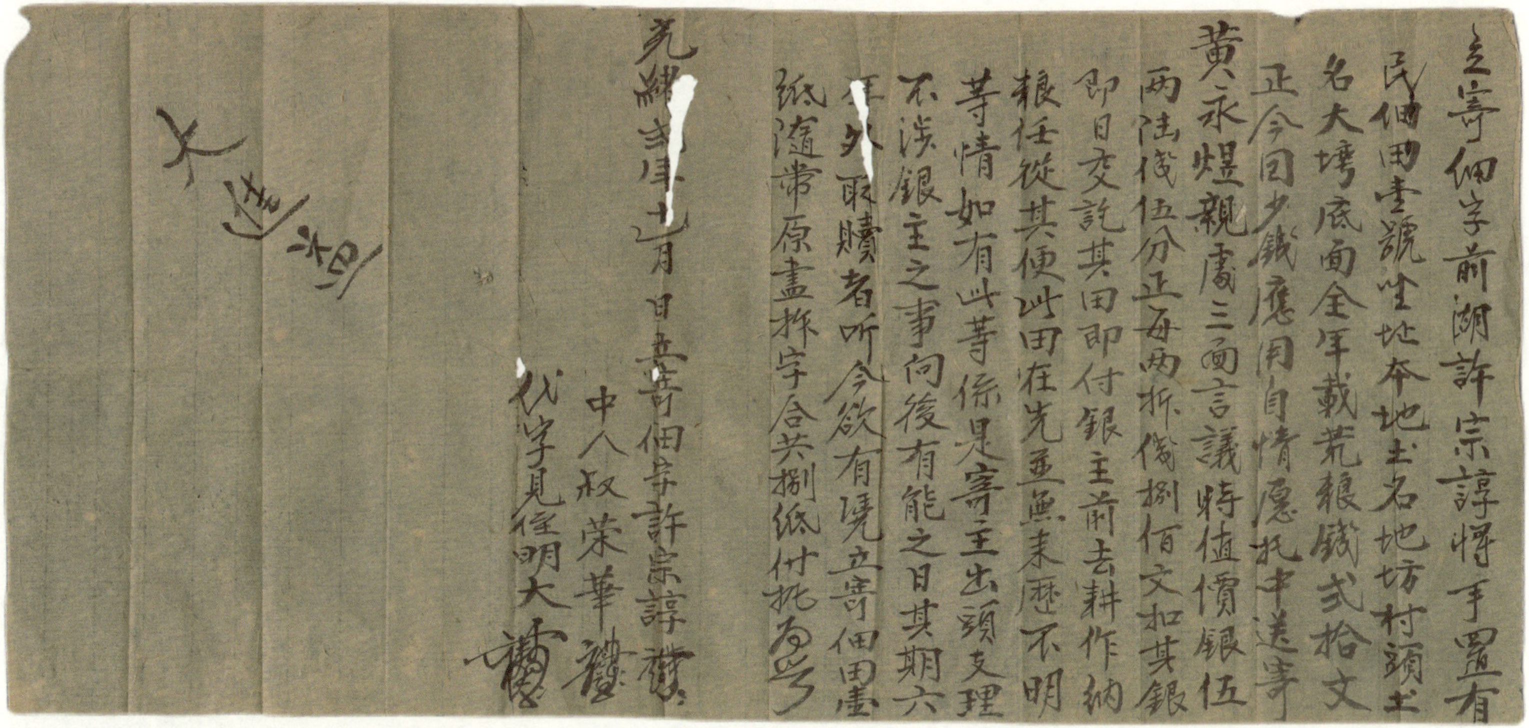
立寄佃字前湖許宗諄將手置有
民佃田壹號坐址本地土名地坊村頭土
名大墩底面全年載荒粮錢弍拾文
正今因乏錢應用自情愿托中送寄
黄𠃩永煜親處三面言議時值價銀伍
兩陸錢伍分正每兩折錢捌佰文扣其銀
即日交訖其田即付銀主前去耕作納
粮任從其便此田在先並無來歷不明
等情如有此等係是寄主出頭支理
不涉銀主之事向後有能之日其期六
年外取贖者听今欲有憑立寄佃田壹
紙隨帶原盡拆字合共捌紙付執為照
光緒弍年十一月　日立寄佃字許宗諄（押）
中人叔　榮華（押）
代字兄侄明大（押）
大造利

3-1-39-6　清光緒二年十一月許宗諄立寄民佃田字

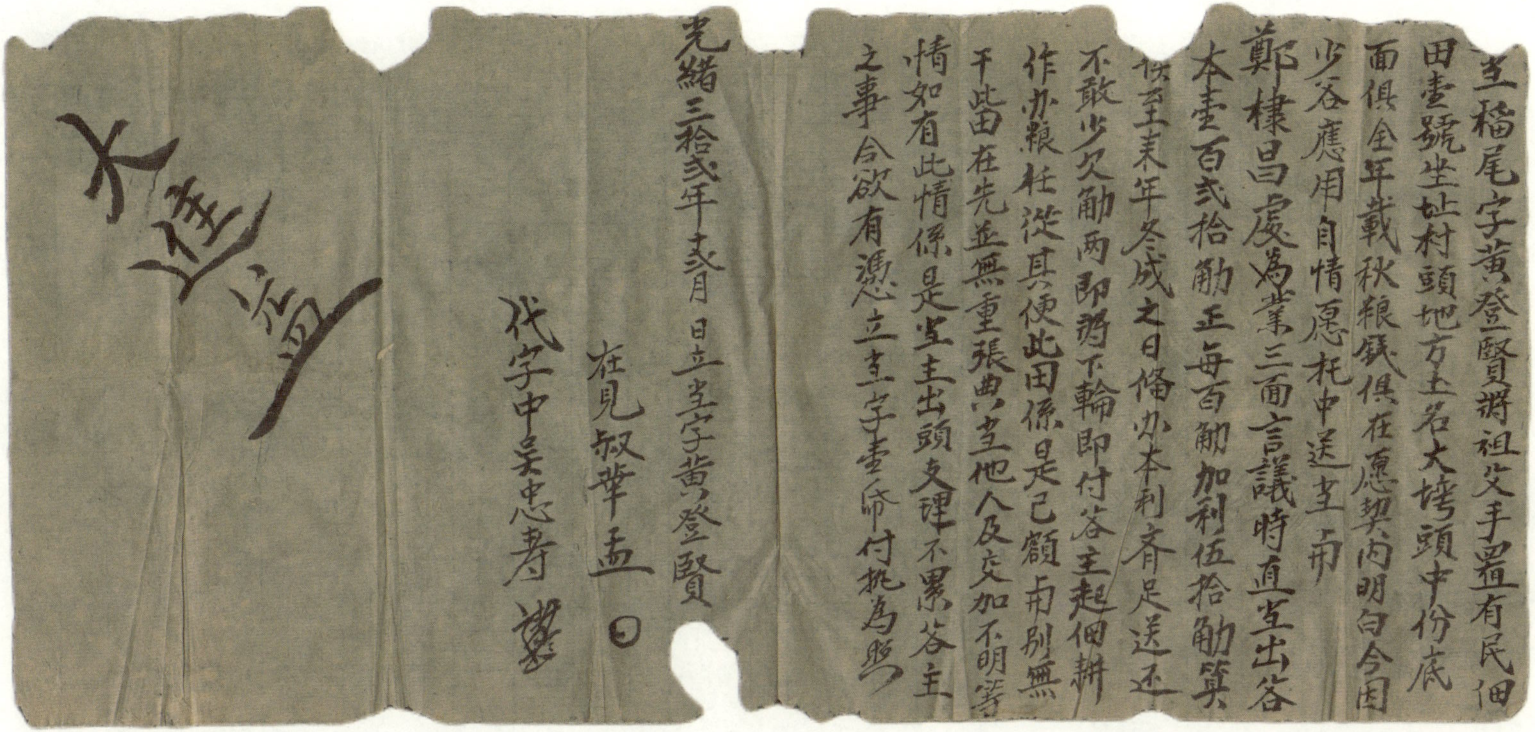

3-1-39-7　清光緒三十二年十二月黃登賢立當稻尾字

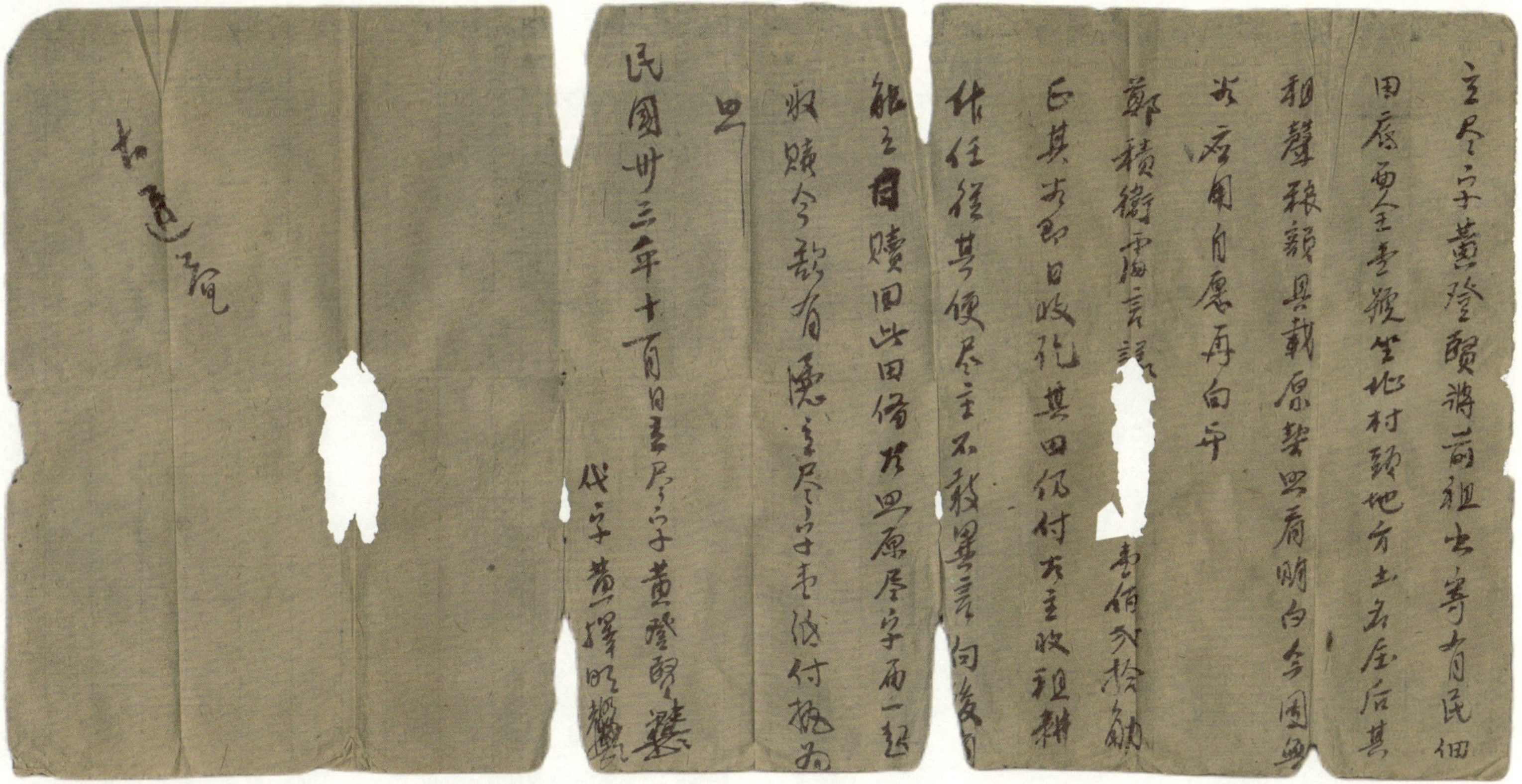

3-1-39-8　民國三十三年十一月黃登賢立盡民佃田字

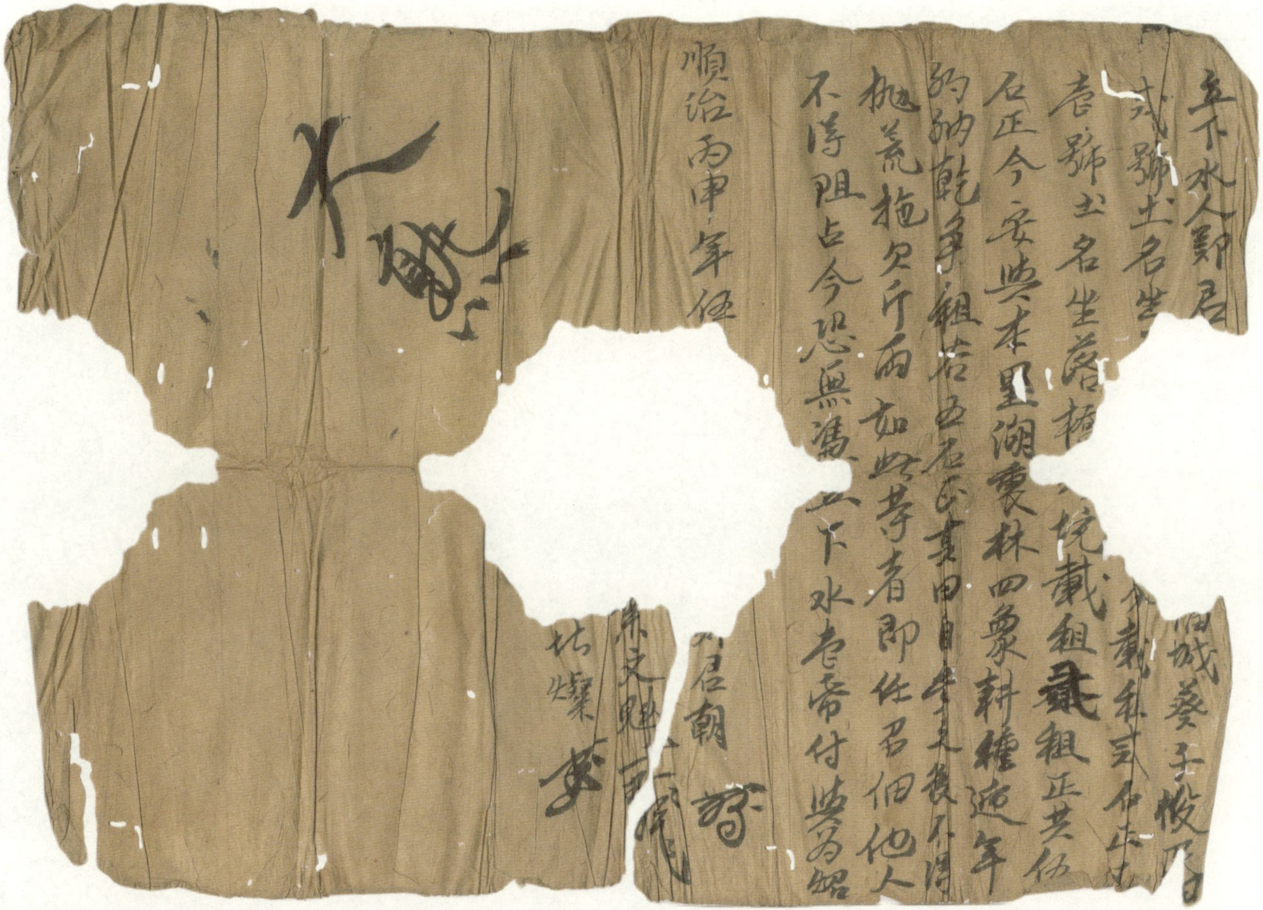
立下水人鄭君[illegible]……[illegible]城葵子慨乃[illegible]
式號土名坐[illegible]……[illegible]載租式石正
壹號土名坐落格[illegible]……[illegible]載租貳租正共伍
石正今安與本里湖裏林四象耕種逐年
約納乾谷租若西石正其田自今以後不得
拋荒拖欠斤兩如此等者即任君佃他人
不得阻占今恐無憑立下水壹付為照
順治丙申年伍[illegible]
[illegible]君朝
[illegible]
[illegible]

3-1-40-1　清順治十三年五月鄭君朝立下水字

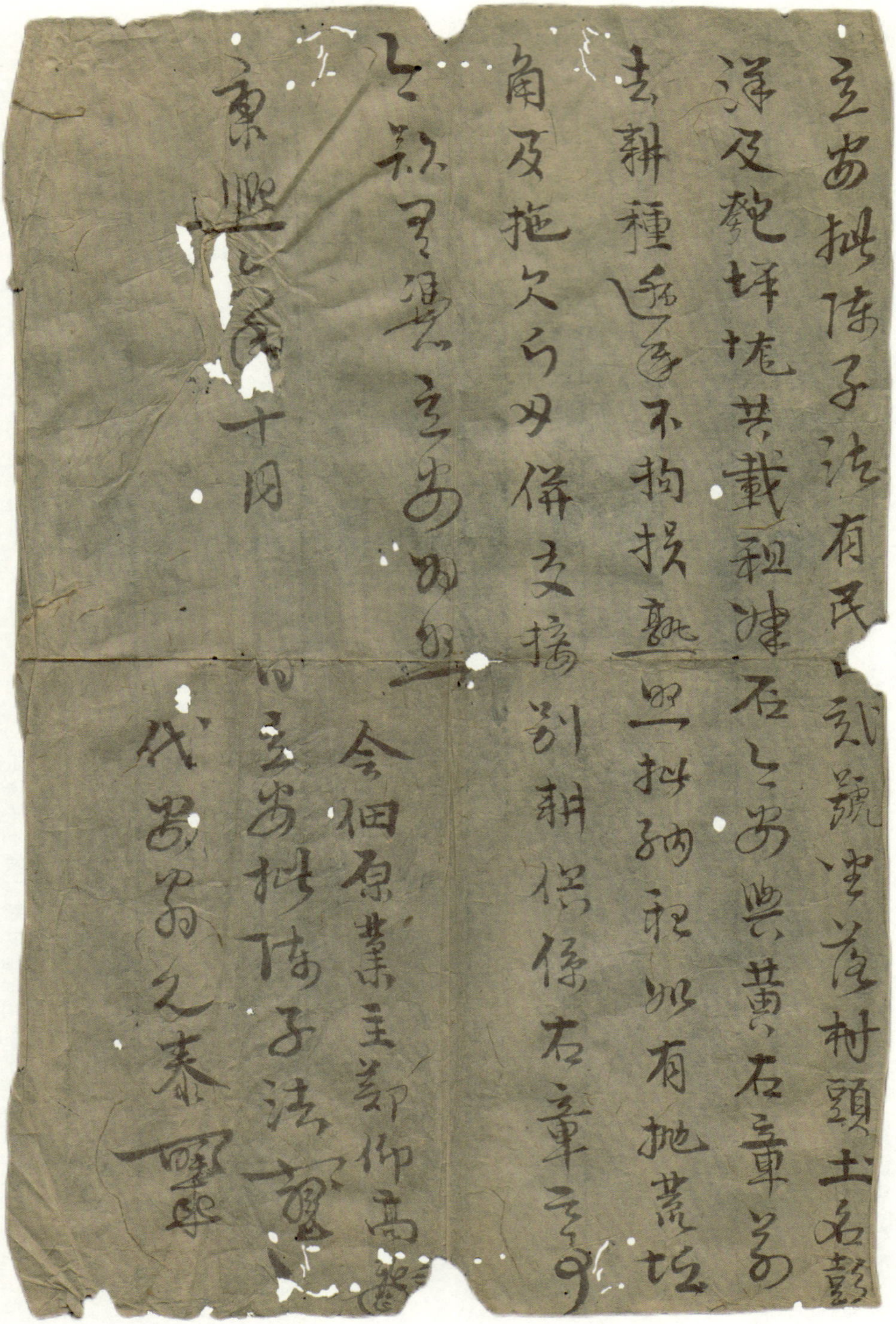
立安批陳子法有民田貳號，坐落村頭，土名彭洋及麴坪墘，共載租肆石，安與黃石章苗去耕種，遞年不拘損熟，照批納租。如有抛荒坵角及拖欠石斗，併交換別耕，係石章之事。今欲有憑，立安批為照。
康熙六年十月　日　立安批陳子法（押）
仝佃原業主鄭仰高（押）
代筆男之泰（押）

3-1-40-2　清康熙六年十月陳子法立安批民田契

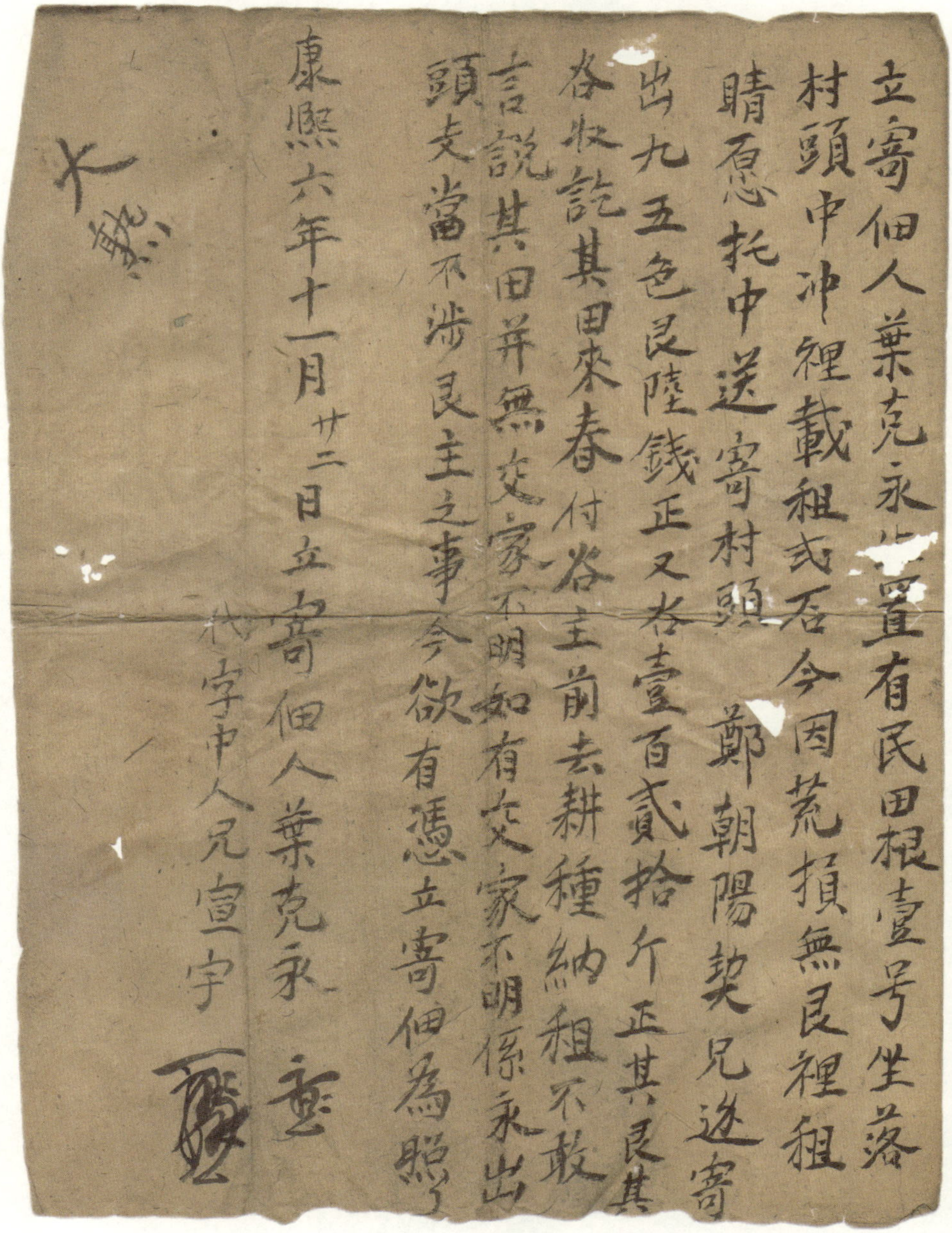
立寄佃人葉克永□置有民田根壹号坐落
村頭中沖裡載租弍石今因荒損無艮裡租
晴愿托中送寄村頭　鄭朝陽契兄邊寄
出九五色艮陸錢正又谷壹百貳拾斤正其艮其
谷收訖其田來春付谷主前去耕種納租不敢
言說其田并無交家不明如有交家不明係永出
頭支當不涉艮主之事今欲有憑立寄佃為照
康熙六年十一月廿二日立寄佃人葉克永（押）
代字中人兄宣宇（押）

3-1-40-3　清康熙六年十一月葉克永立寄佃民田根字

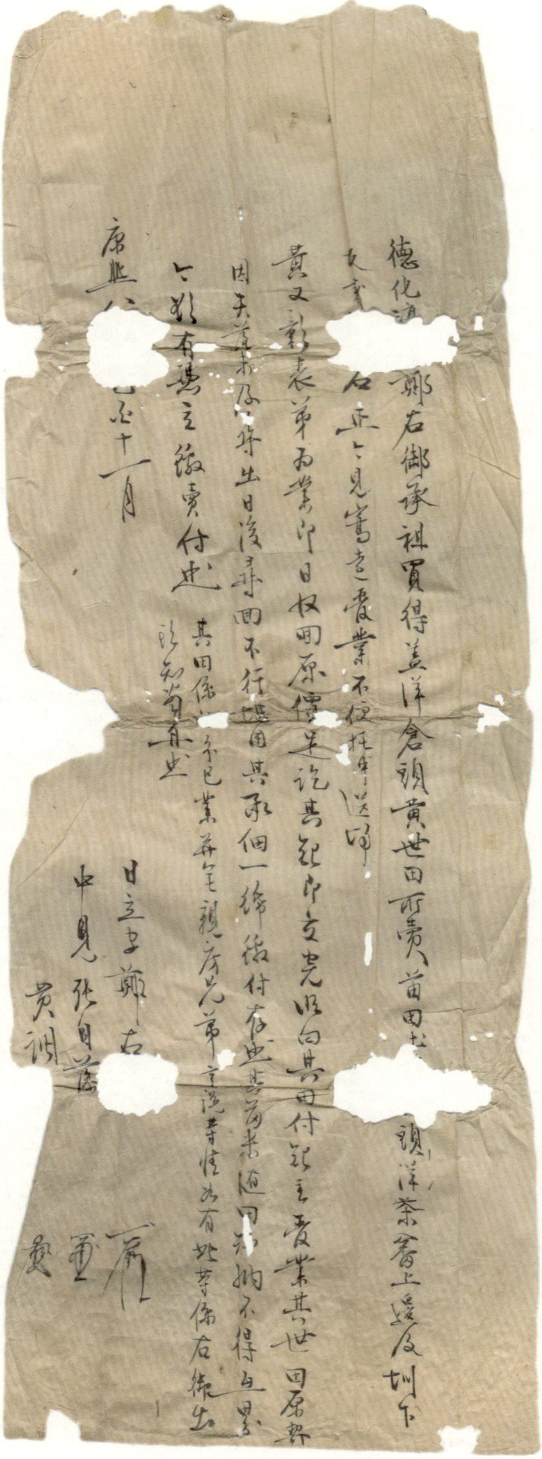

3-1-40-4　清康熙八年十一月德化鄭右御立賣苗田契

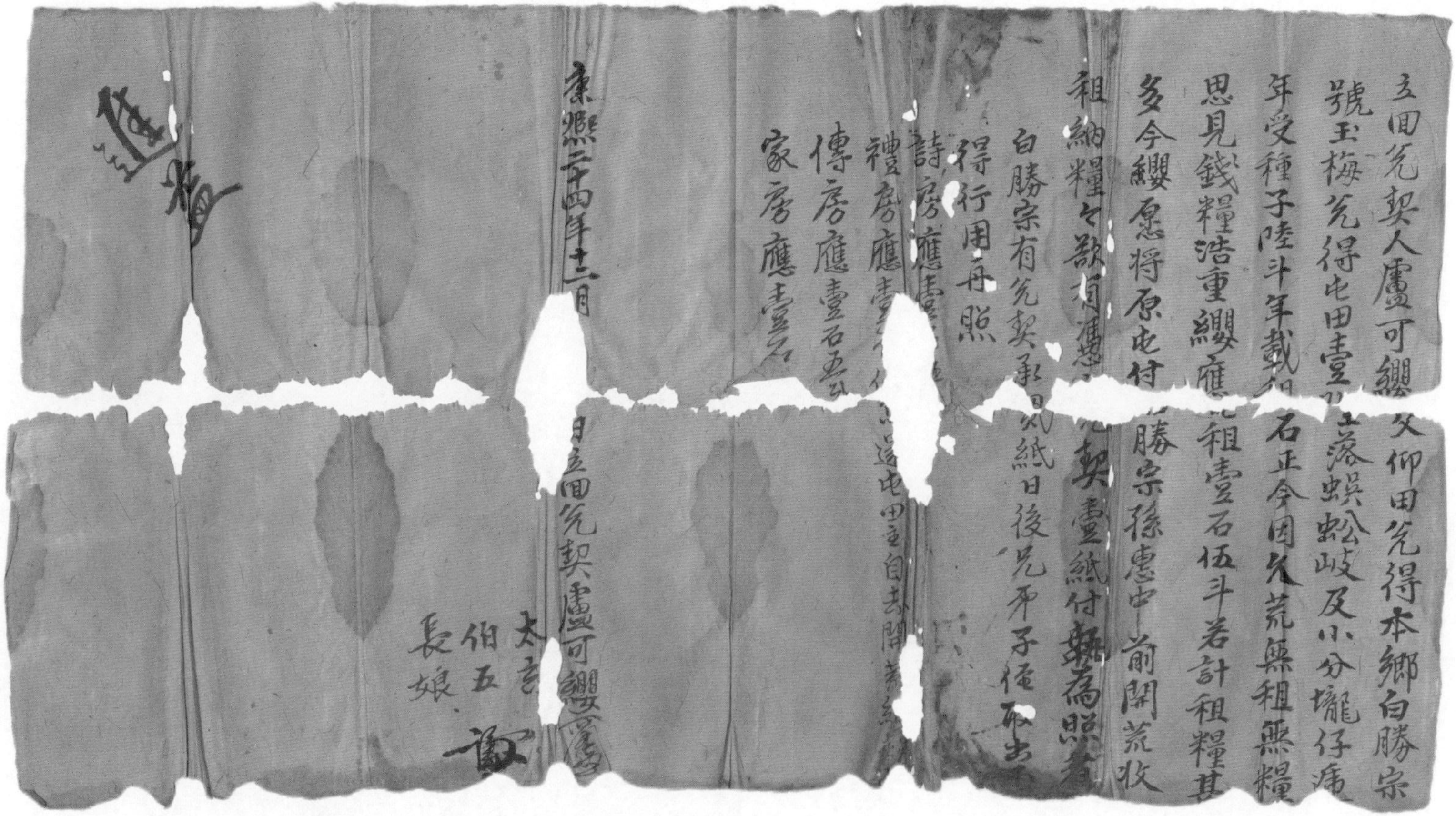
立回兑契人盧可纓，父仰田兑得本鄉白勝宗
號玉梅兑得屯田壹[illegible]坐落蜈蚣岐及小分壠仔[illegible]
年受種子陸斗年載租[illegible]石正今因兑荒無租無糧
思見錢糧浩重纓[illegible]租壹石伍斗若計租糧其
多今纓愿将原屯付白勝宗孫惠中前開荒收
租納糧[illegible]有憑[illegible]契壹紙付執為照
白勝宗有兑契[illegible]紙日後兑弟子侄不出
得行用再照
詩房應壹[illegible]
禮房應壹[illegible]
傳房應壹石[illegible]
家房應壹石
康熙二十四年十二月　日立回兑契盧可纓
太[illegible]　伯五　長娘

3-1-40-5　清康熙二十四年十二月盧可纓立回兑屯田契

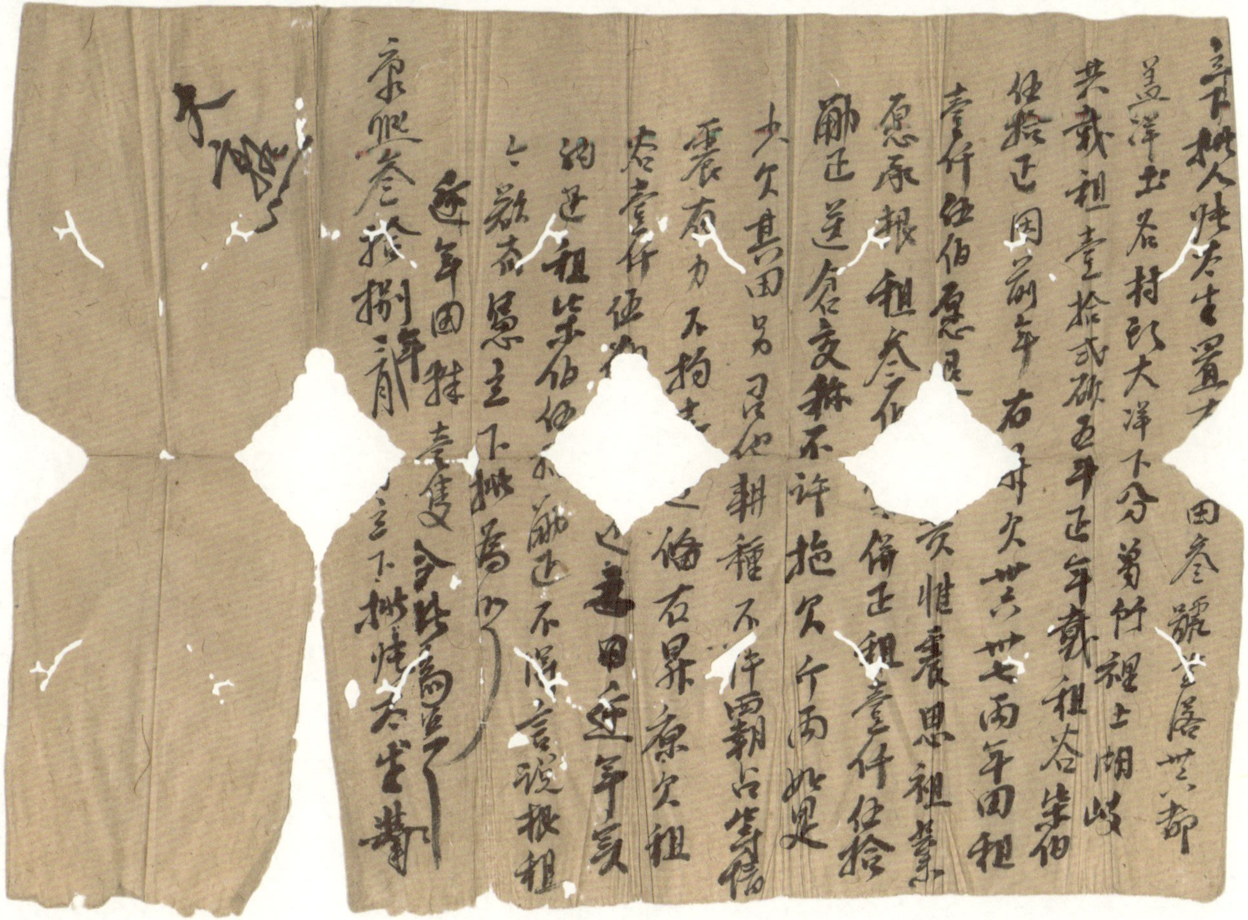

3-1-40-6　清康熙三十八年三月張太生立下批田字

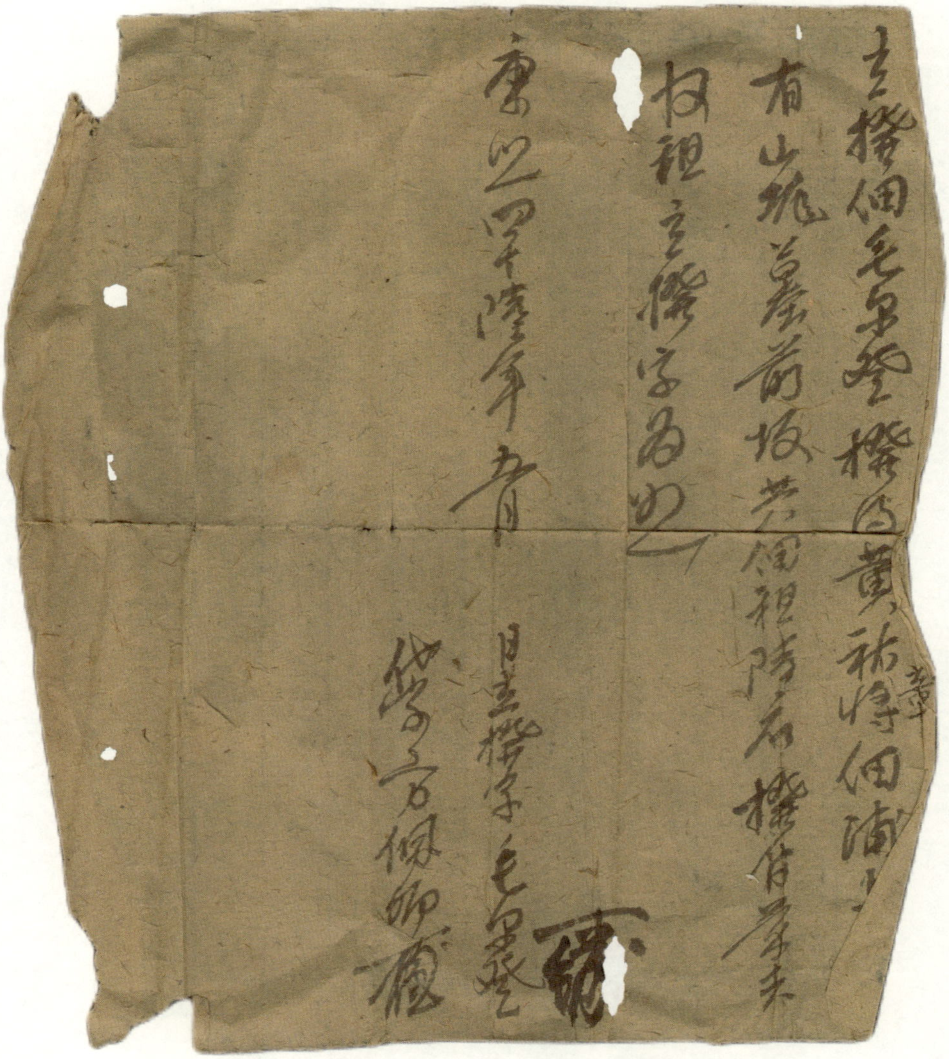

立撥佃毛尔登撥与黄衿得佃滴山
有山坑墓前坡并園租陸石撥付本家來
收租立撥字為照
康熙四十陸年五月　日立撥字毛尔登
代書房侄卿

3-1-40-7　清康熙四十六年五月毛尔登立撥佃字

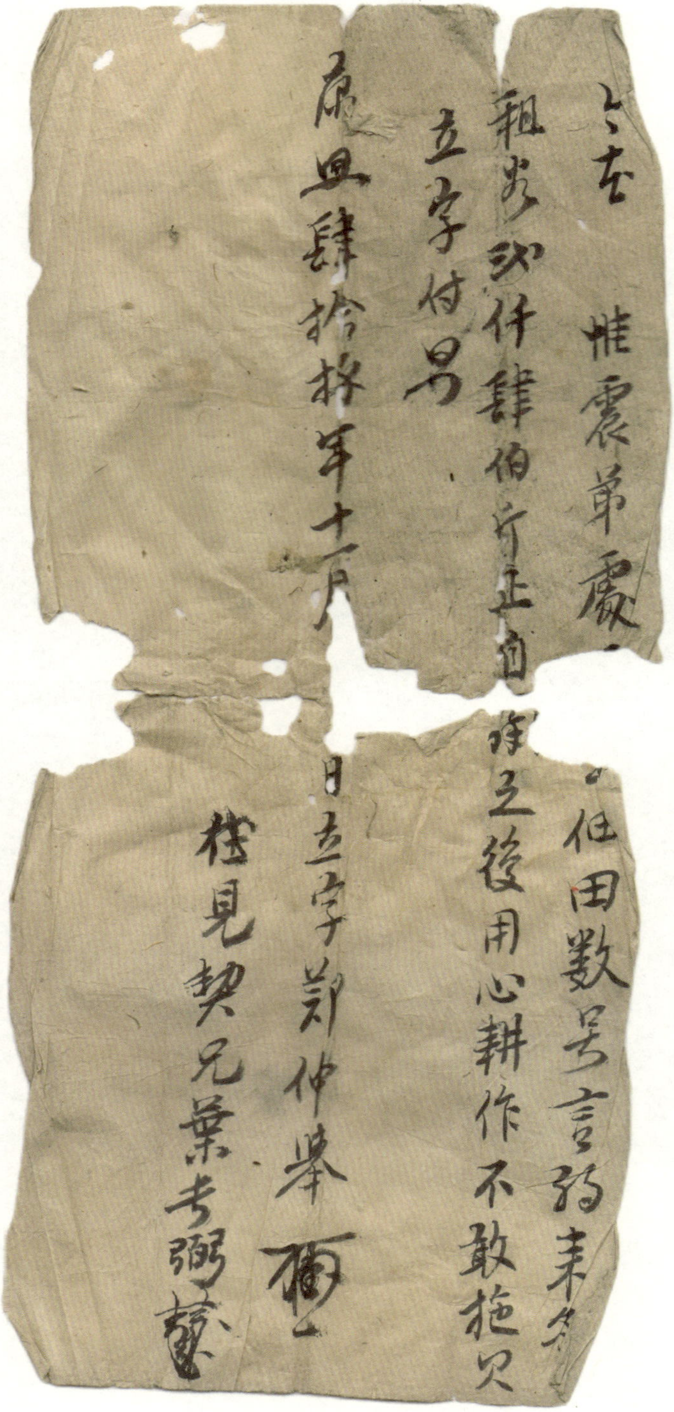

仝立 惟震弟震佃田數号言約未多
租谷訂仟肆佰斤正自來之後用心耕作不敢拖欠
立字付号
康熙肆拾捌年十一月 日立字鄭仲舉 押
在見契兄葉吉鄉 押

3-1-40-8 清康熙四十八年十一月鄭仲舉立承佃田字

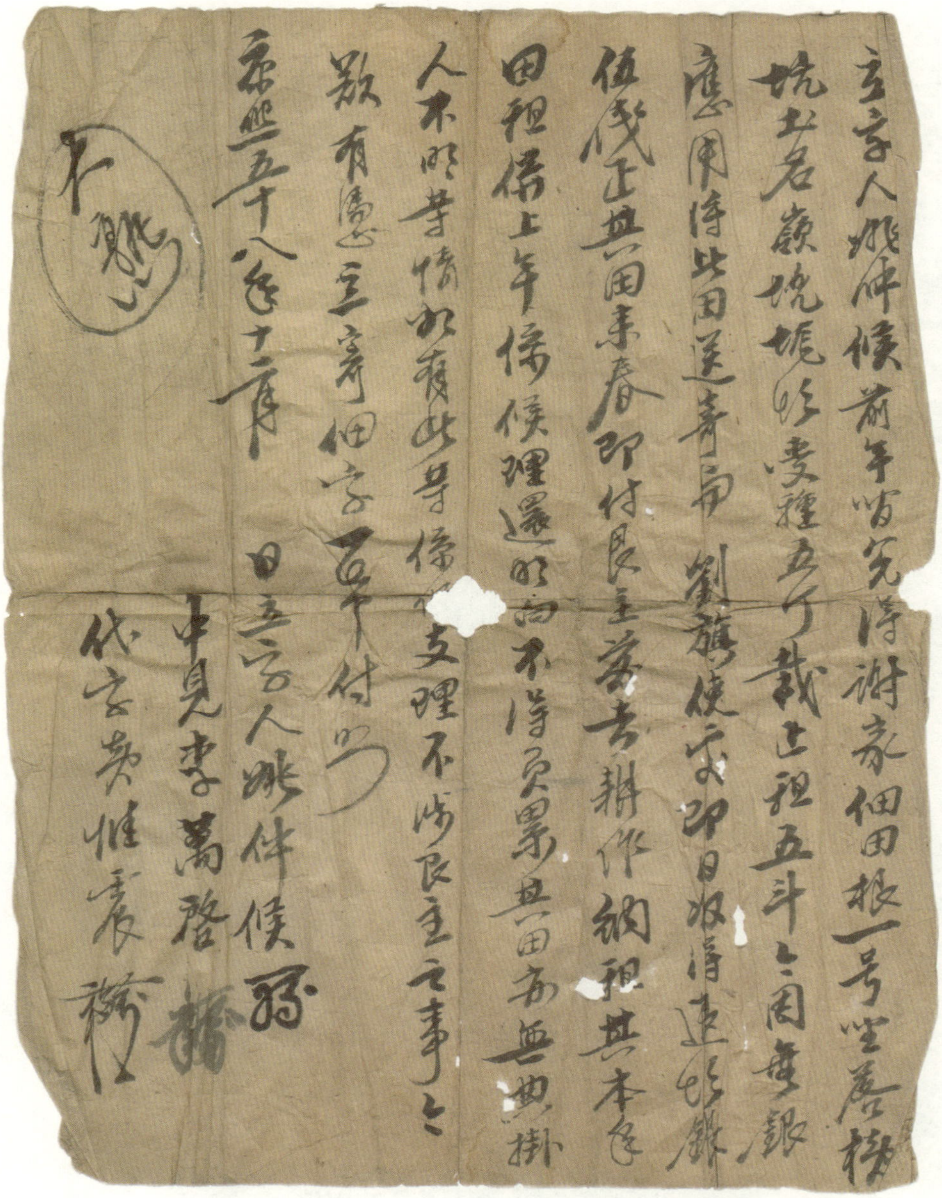
立寄人張仲候前年向究得謝家佃田根一号坐落楼
坑土名嶺坑墘坵受種五斗載正租五斗六角每銀
應用得出田送寄帝 劉豬使交即日收得遠錢
伍錢正其田來春即付艮主前去耕作納租其本年
田租係上年係候理還明白不得欠累其田並無典掛
人不明等情如有此等係〇支理不涉艮主之事之
數有憑立寄佃字一紙付照
康熙五十八年十二月 日立寄人張仲候（押）
中見李萬啓（押）
代字黄惟震（押）

3-1-40-9　清康熙五十八年十二月張仲候立寄佃田根字

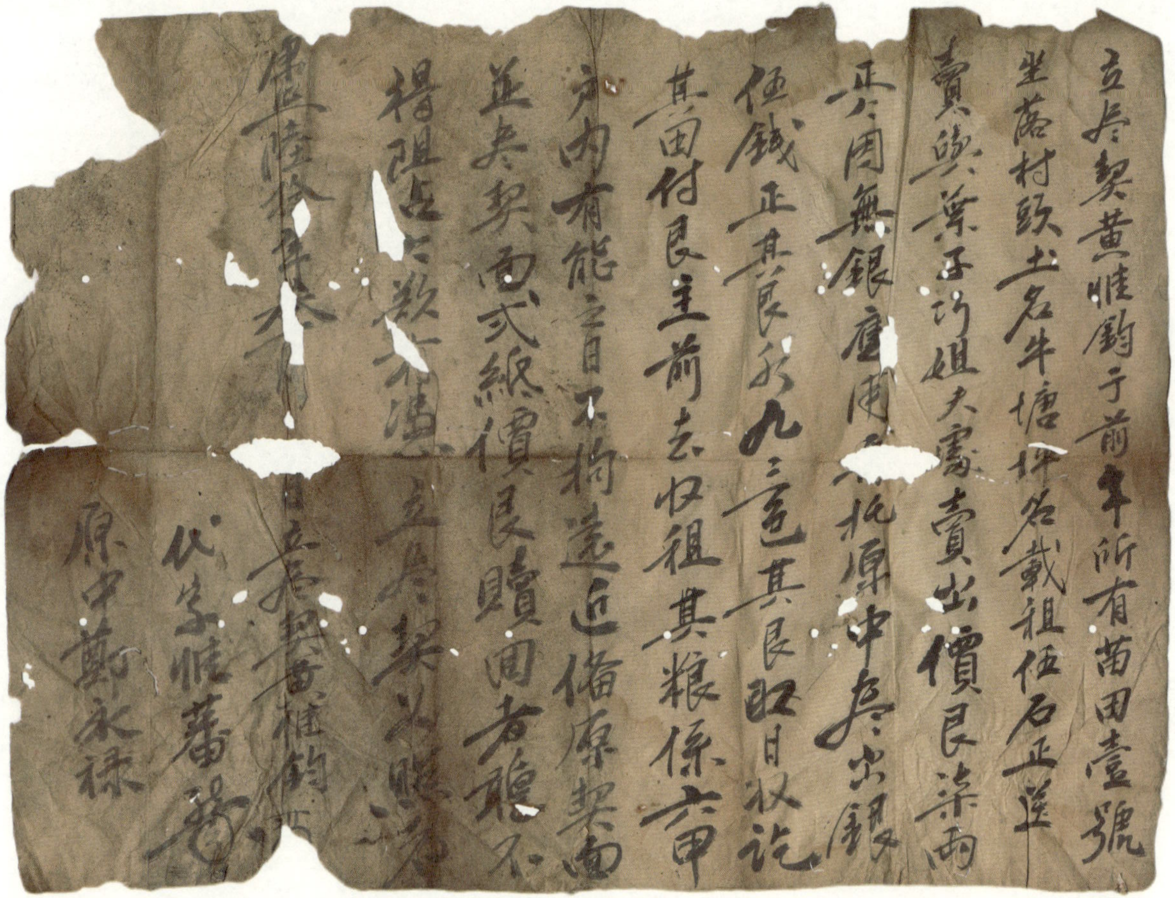
立盡契黃惟鈞，于前年所有苗田壹號
坐落村頭，土名牛塘坪，名載租伍石正，遞
賣與葉子珍姐夫處，賣出價艮柒兩
正，其田無銀應用，托原中再出銀
伍錢正，其艮系九三色，其艮即日收訖。
其苗田付艮主前去收租，其粮係本甲
户內，有能之日不拘遠近，備原契面
并盡契兩式紙價艮贖回，者聰不
得阻占。今欲有憑，立盡契為照。
康熙陸拾年三月　日立盡契黃惟鈞
代筆　惟蕃
原中　鄭永祿

3-1-40-10　清康熙六十年三月黃惟鈞立盡苗田契

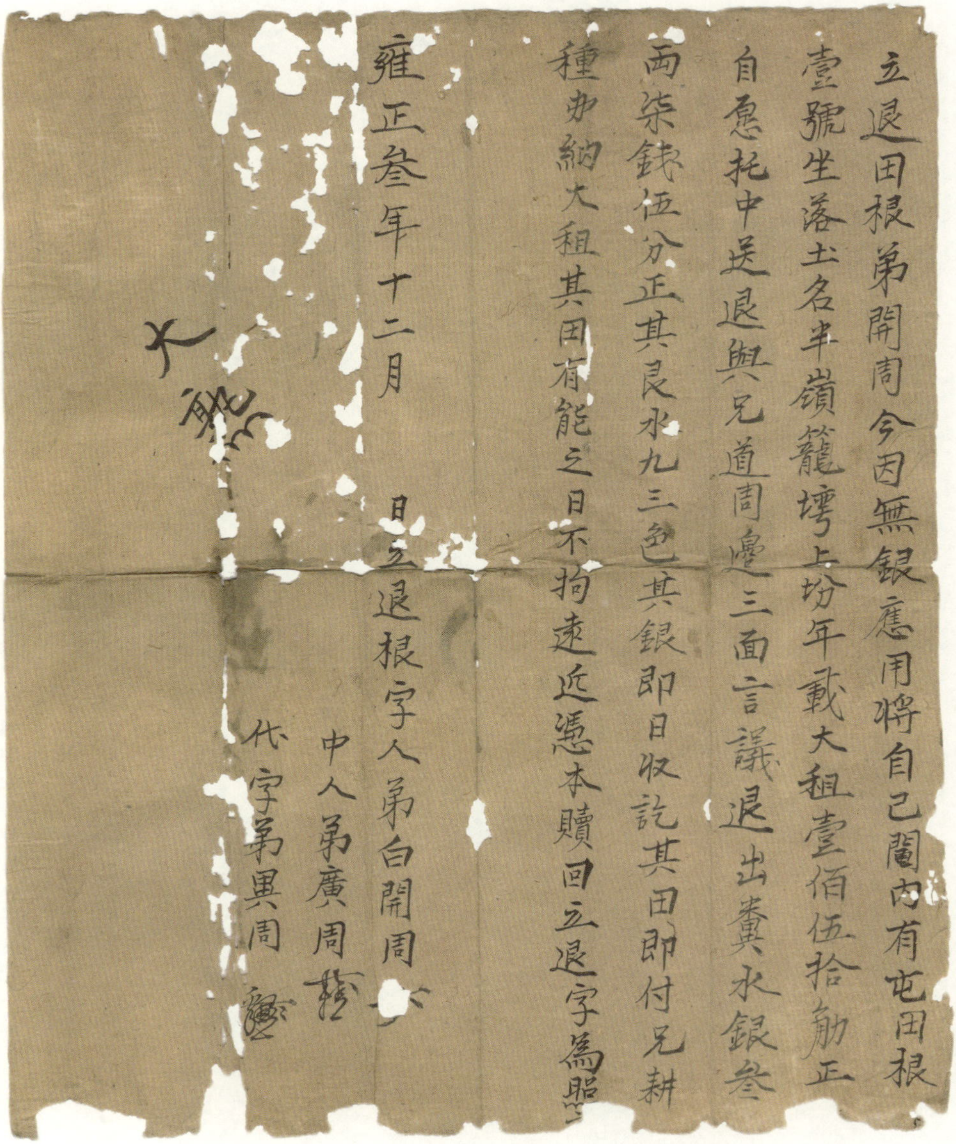
立退田根弟開周今因無銀應用將自己闔內有屯田根
壹號坐落土名半嶺籠壪上坵年載大租壹佰伍拾觔正
自愿托中送退與兄道周邊三面言議退出糞水銀叁
兩柒錢伍分正其艮水九三色其銀即日收訖其田即付兄耕
種办納大租其田有能之日不拘遠近憑本贖回立退字為照
雍正叁年十二月　日立退根字人弟白開周
中人弟廣周
代字弟異周

3-1-40-11　清雍正三年十二月白開周立退屯田根字

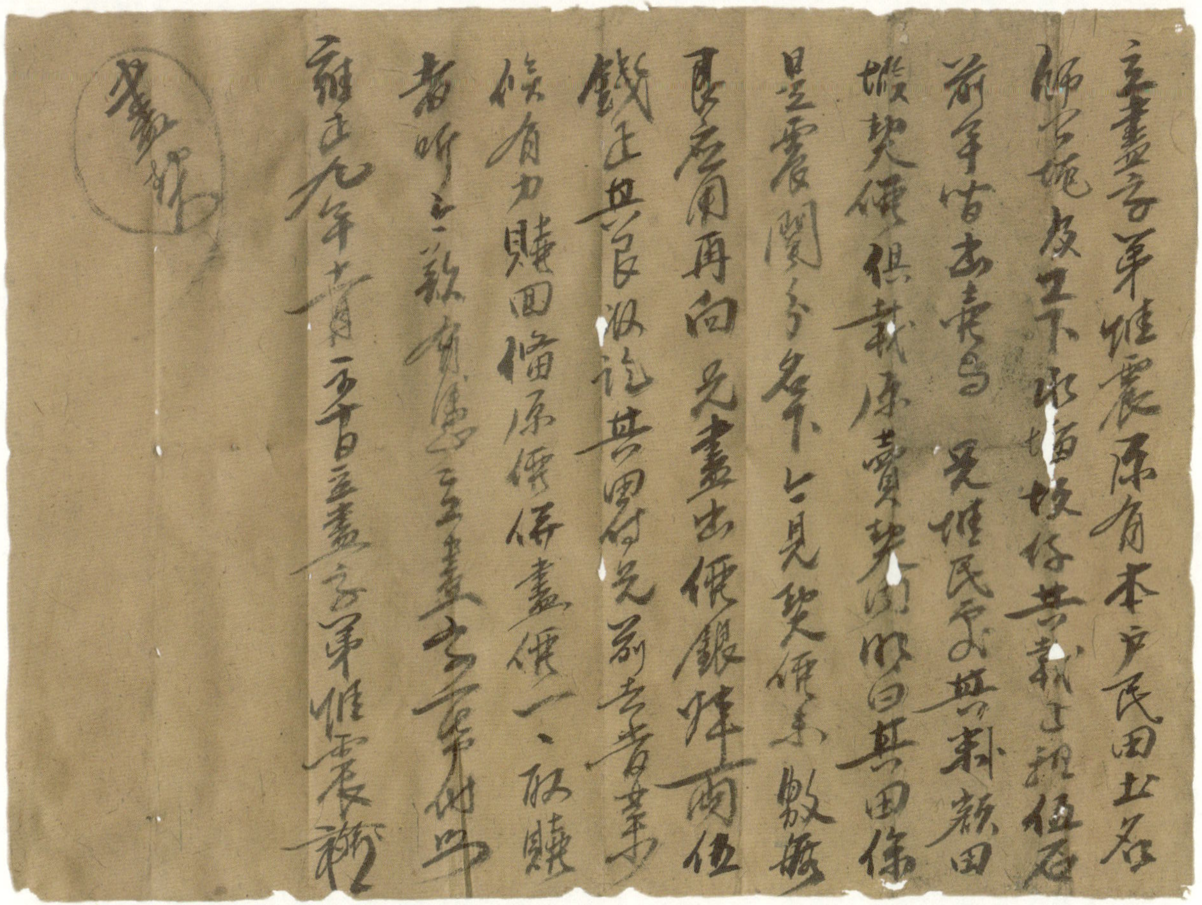

3-1-40-12　清雍正九年十一月黄惟震立盡民田字

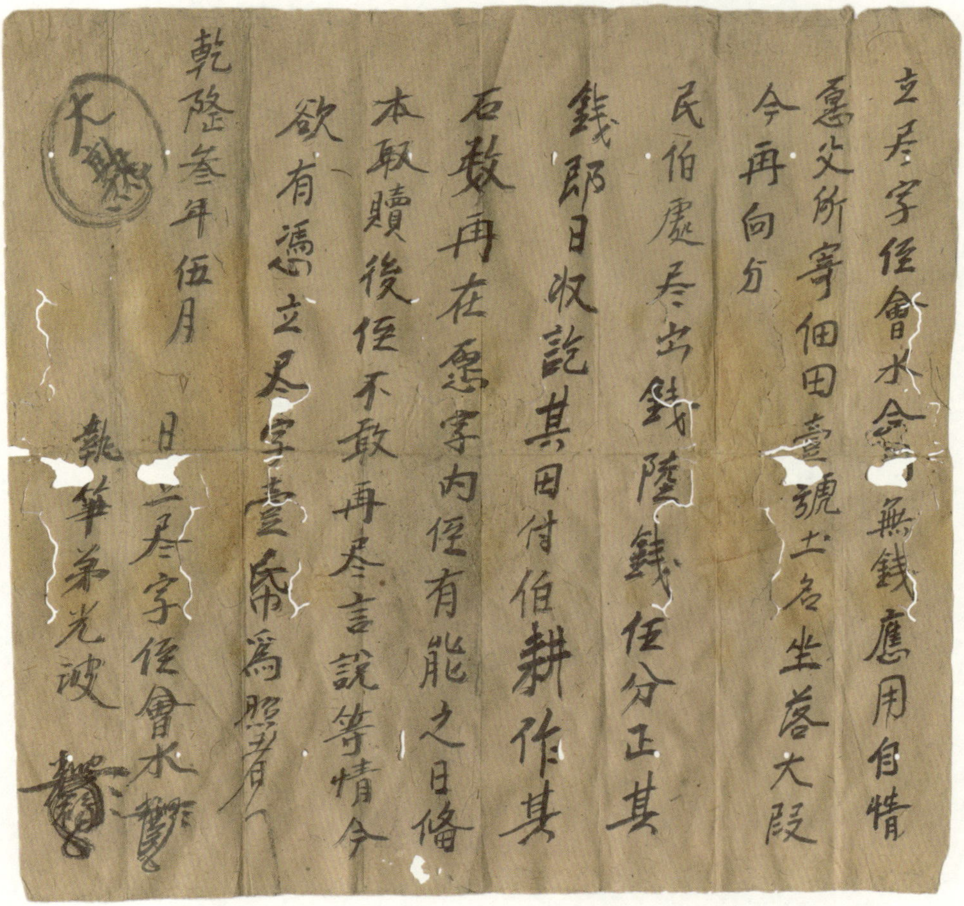

立盡字侄會水今因無錢應用自情
愿父所寄佃田壹號土名坐落大段
今再向分
民伯處盡出錢陸錢任分正其
錢即日收訖其田付伯耕作其
石數再在愿字內侄有能之日備
本取贖後侄不敢再盡言說等情今
欲有憑立盡字壹紙爲照者
乾隆叁年伍月　日立盡字侄會水（押）
執筆弟光波（押）

3-1-40-13　清乾隆三年五月黄會水立盡佃田契

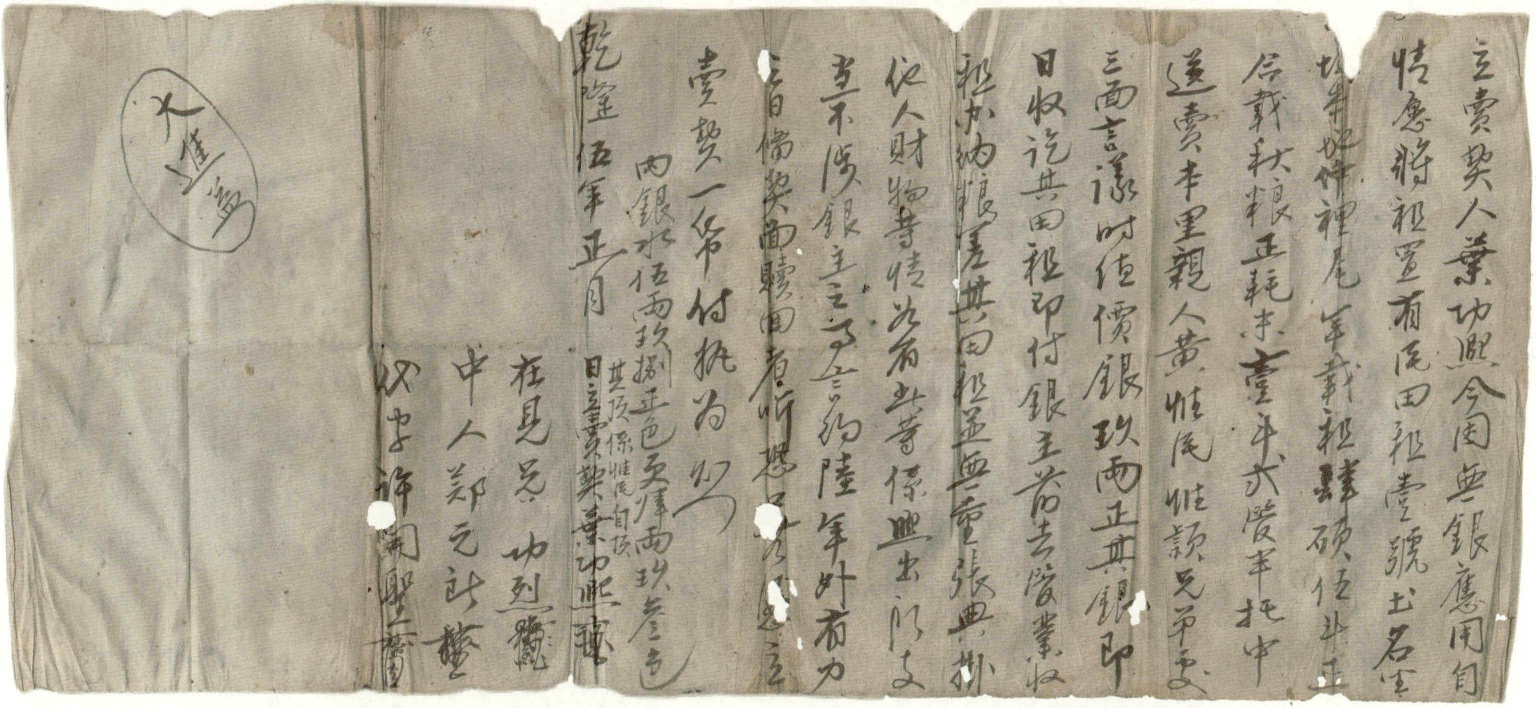

立賣契人葉功熙，今因無銀應用，自
情愿將祖置有民田租壹號，土名坐
[illegible]埘裡尾，年載租肆碩伍斗正，
全載秋糧正耗米壹斗弍勺，托中
送賣本里親人黄惟茂、惟穎兄弟受，
三面言議時值價銀玖兩正，其銀即
日收訖，其田租即付銀主前去管業收
租，如納糧差，其田租並無重張典掛
他人財物等情，如有此等，係熙出頭支
當，不涉銀主之事。今約陸年外有力
自備契面贖回，有所想[illegible]
賣契一紙付執為照。
內銀水伍兩玖捌正，色足準兩玖叁兌
其項係惟茂自填
乾隆伍年正月 日立賣契葉功熙（押）
在見兄 功烈（押）
中人 鄭元訥（押）
代字 許開璽（押）

3-1-40-14 清乾隆五年正月葉功熙立賣民田租契

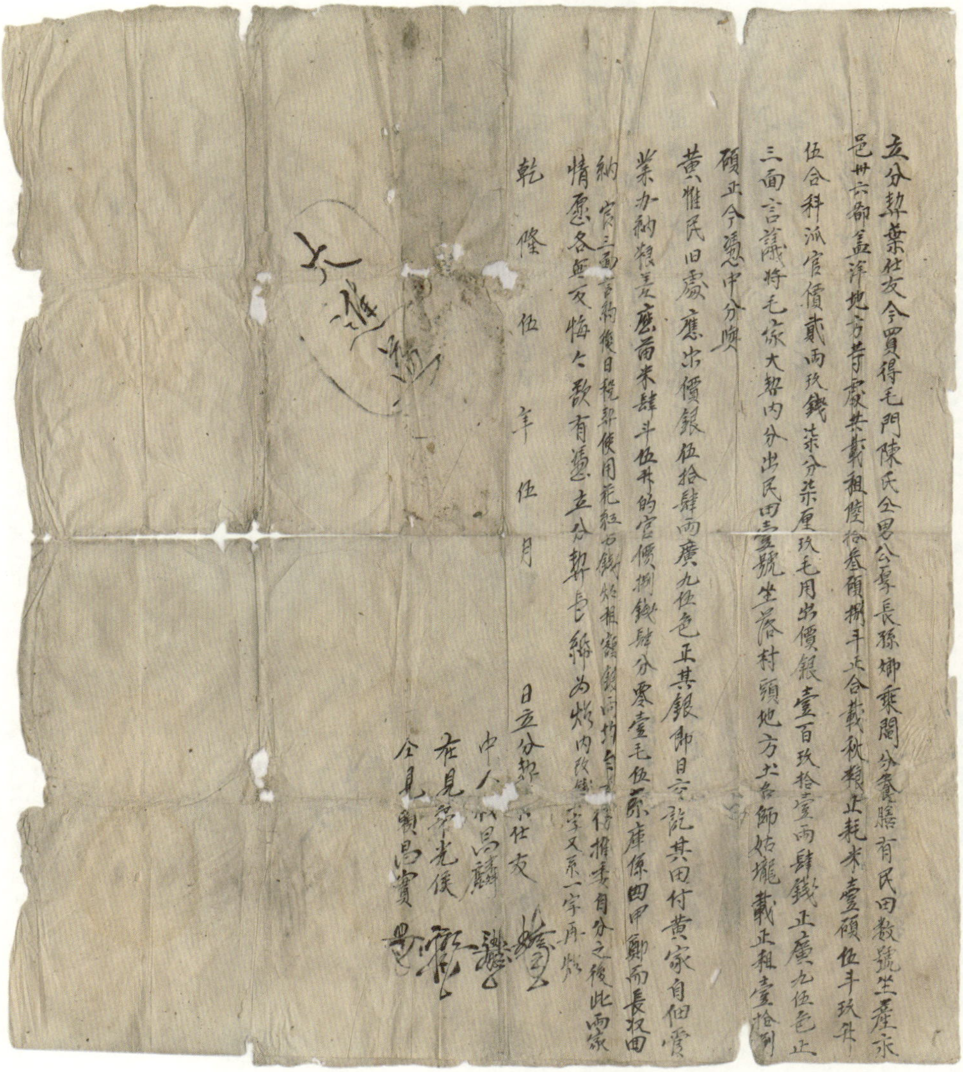
立分契葉仕友，今買得毛門陳氏仝男公享、長孫鄉乘閭分養贍有民田數號，坐產永
邑卅六都蓋洋地方，苛(土名)…共載租陸拾叁碩捌斗正，合載秋糧正耗米壹碩伍斗玖升
伍合，科派官價貳兩玖錢柒分柒厘玖毛，用出價銀壹百玖拾壹兩肆錢正，廣九伍色正。
三面言議，將毛家大契內分出民田壹號，坐落村頭地方，土名飾姑壠，載正租壹拾捌
碩正，今憑中分與
黃惟民，旧處應出價銀伍拾肆兩，廣九伍色正，其銀即日交訖，其田付黃家自佃管
業，办納糧差，應當米肆斗伍升的，官價捌錢肆分零壹毛伍系，庫係四甲鄭而長收田
納官。三面言約，後日稅契使用花紅等錢，照租額錢兩均分出。係推妥自分之後，此兩家
情愿，各無反悔。今欲有憑，立分契壹紙為照。內改錢字又添一字再照。
乾隆伍年伍月　日立分契　葉仕友
中人　林昌麟
在見　弟光侯
仝見　劉昌賓

3-1-40-15　清乾隆五年五月葉仕友立分民田契

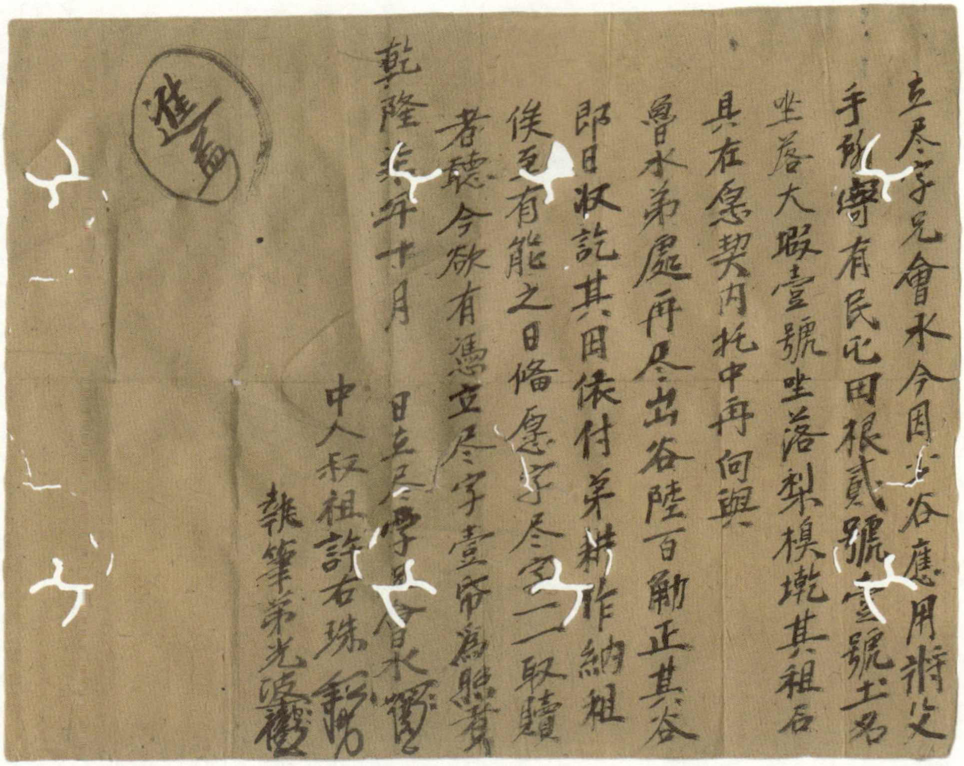

立盡字兄會水今因乏谷應用將父
手[illegible]置有民屯田根貳號壹號土名
坐落大暇壹號坐落梨模墘其租石
具在原契內托中再向與
曾水弟處再盡出谷陸百觔正其谷
即日收訖其田依付弟耕作納租
候至有能之日備原字盡字一取贖
者聽今欲有憑立盡字壹帋為照者
乾隆柒年十月　日立盡字兄會水（押）
中人叔祖許右珠（押）
執筆弟光[illegible]（押）

3-1-40-16　清乾隆七年十月黃會水立盡民屯田根字

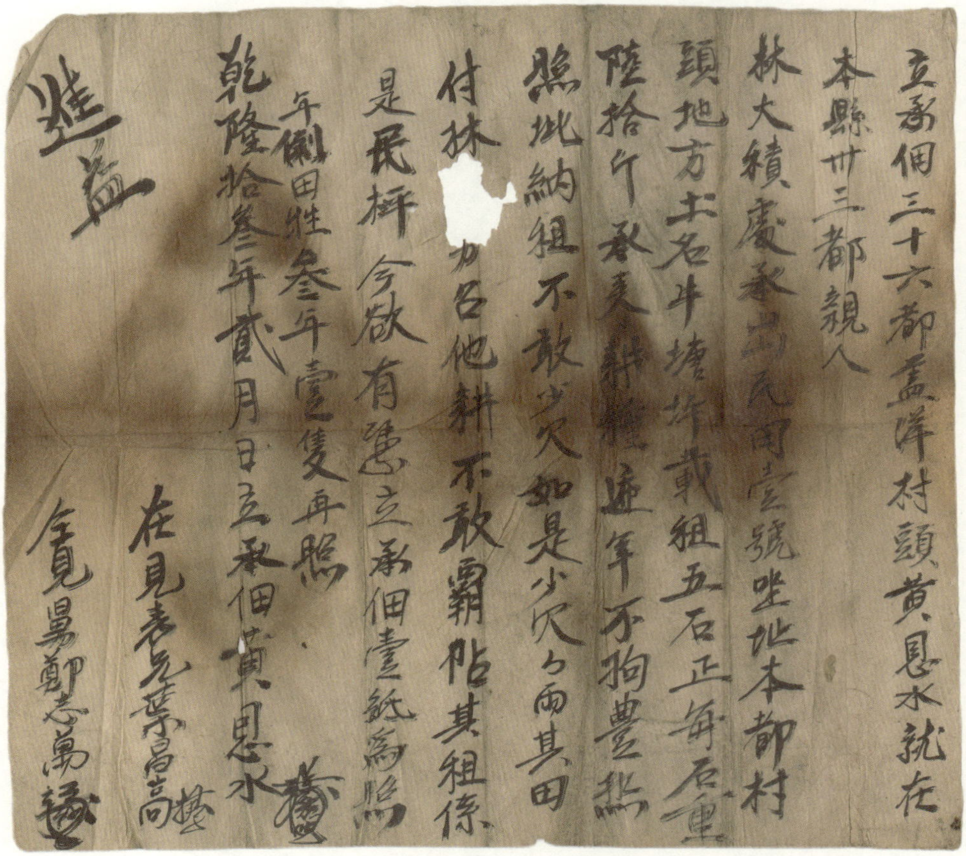
立承佃三十六都蓋洋村頭黄恩水就在
本縣卅三都親人
林大積處承出民田壹號坐址本都村
頭地方土名牛塘坪載租五石正每石重
陸拾斤承去耕種逐年不拘豐熟
照此納租不敢少欠如是少欠勺兩其田
付林[illegible]力召他耕不敢覇佔其租係
是民秤今欲有憑立承佃壹紙爲照
年例田牲叁年壹隻再照
乾隆拾叁年貳月日立承佃黄恩水
在見表兄葉昌高
全見舅鄭志萬
進益

3-1-40-17　清乾隆十三年二月黄恩水立承佃民田字

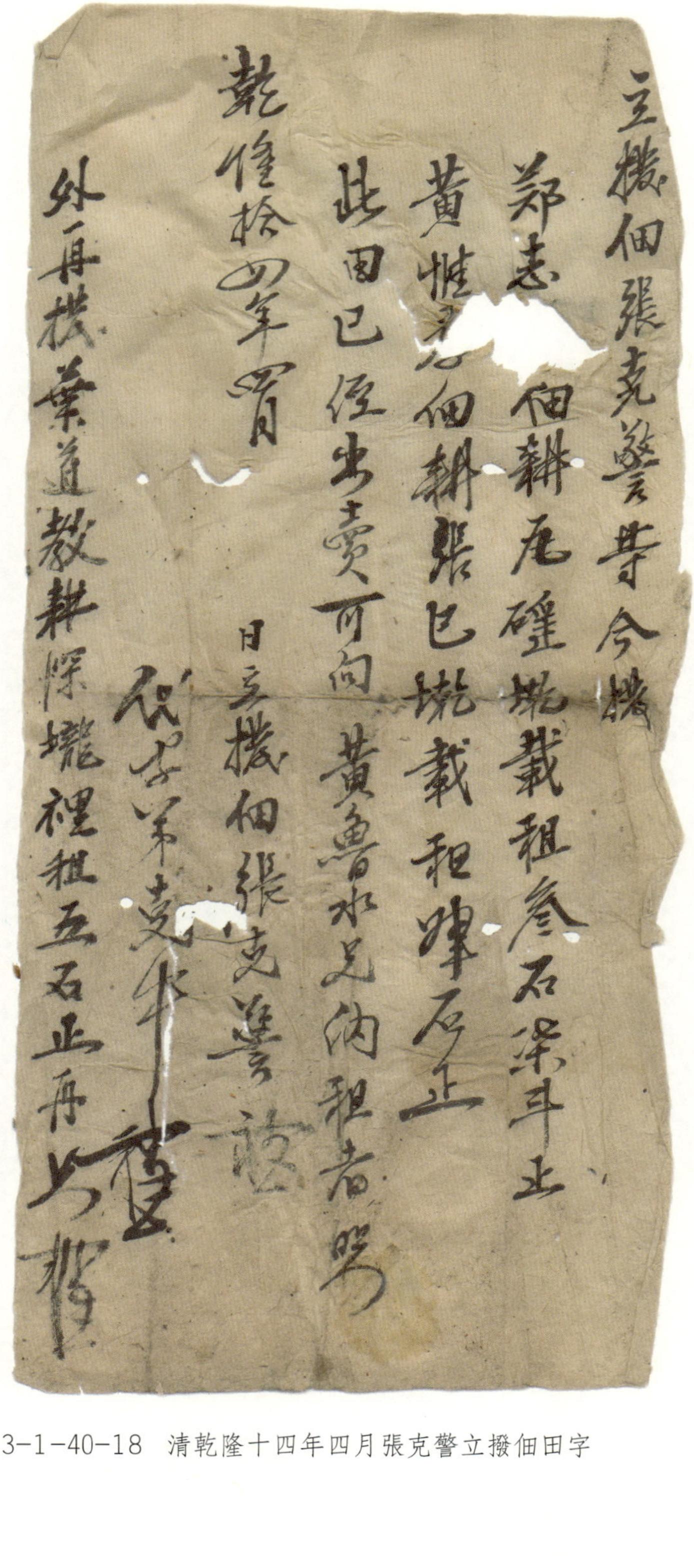

立撥佃張克鑾等，今撥

鄭志□佃耕尾碓墘載租叁石柒斗正，

黄惟□兄佃耕張巳墘載租肆石正。

其田已經出賣，可向　黄魯水兄納租耆照。

乾隆拾四年四月　日立撥佃張克鑾　號

代字弟克求　押

外再撥葉道教耕□墘裡租五石正，再照。

3-1-40-18　清乾隆十四年四月張克鑾立撥佃田字

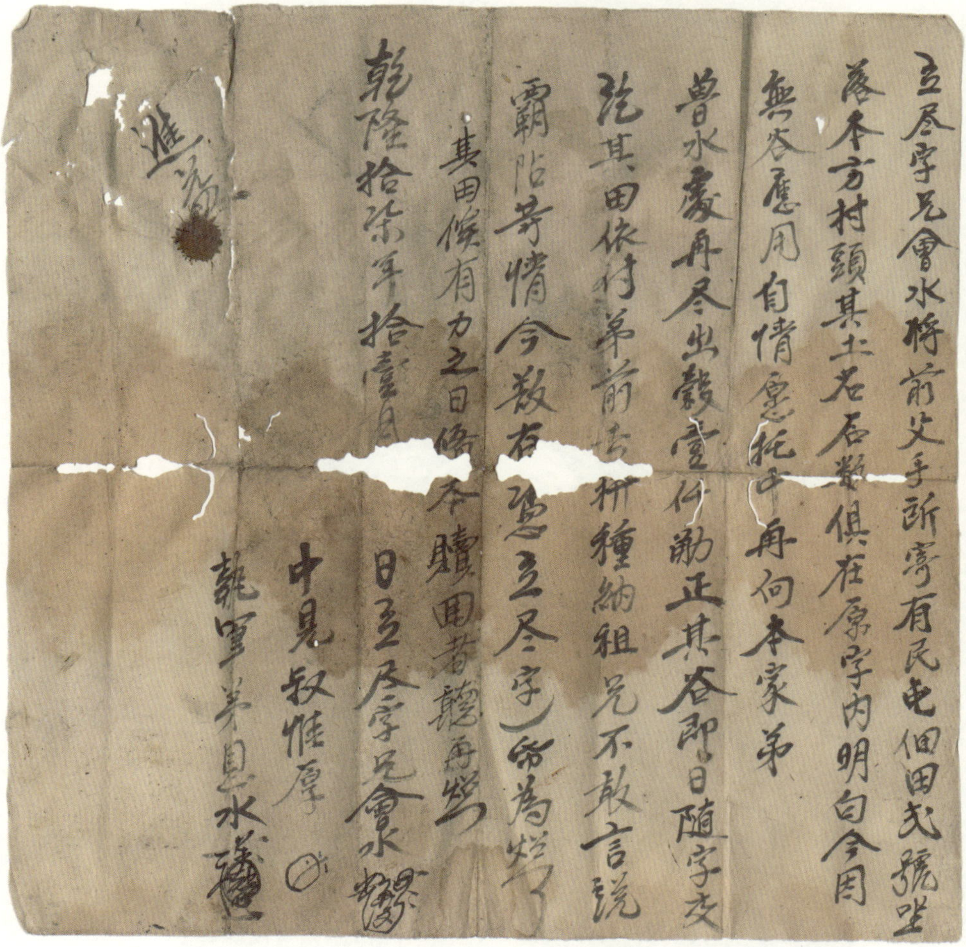

立盡字兄會水將前父手置有民屯佃田弍號坐
落本方村頭其土名石壠俱在原字内明白今因
無奈應用自情愿托中再向本家弟
曾水處再盡出穀壹佰觔正其谷即日隨字交
訖其田依付弟前去耕種納租兄不敢言說
霸阻等情今欲有憑立盡字一紙為照
其田候有力之日係本贖田者聽再照
乾隆拾柒年拾壹月　日立盡字兄會水（押）
中見叔惟厚（押）
執筆弟恩水（押）

3-1-40-19　清乾隆十七年十一月黃會水立盡民屯佃田字

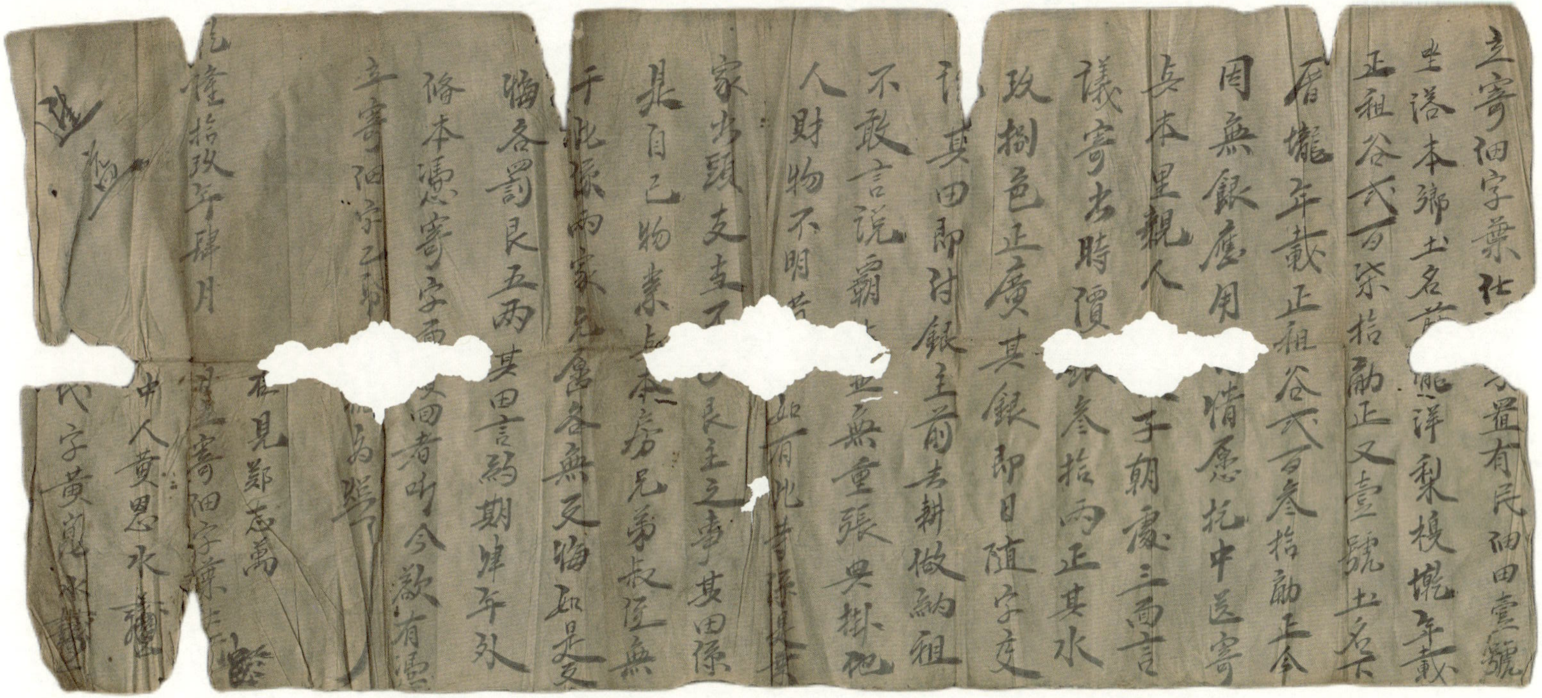

立寄佃字葉仕[illegible]今置有民佃田壹號
坐落本鄉土名[illegible]洋梨模坵年載
正租谷弍百柒拾觔正又壹號土名下
眉壠年載正租谷弍百叁拾觔正今
因無銀應用[illegible]情愿托中送寄
與本里親人[illegible]子朝處三面言
議寄出時價[illegible]銀叁拾兩正其水
玖捌色正廣其銀即日隨字交
訖其田即付銀主前去耕做納租
不敢言說霸[illegible]無重張典掛他
人財物不明若[illegible]有此等係[illegible]
家出頭支吉不[illegible]艮主之事其田係
是自己物業與本房兄弟叔侄無
干此係兩家心愿各無反悔如是反
悔各罰艮五兩其田言約期肆年外
係本[illegible]寄字兩[illegible]回者听今欲有憑
立寄佃字乙紙[illegible]為照
乾隆拾玖年肆月 日立寄佃字葉仕[illegible]
在見鄭志萬
中人黄恩水
代字黄[illegible]

3-1-40-20 清乾隆十九年四月葉仕衍立寄民佃田字

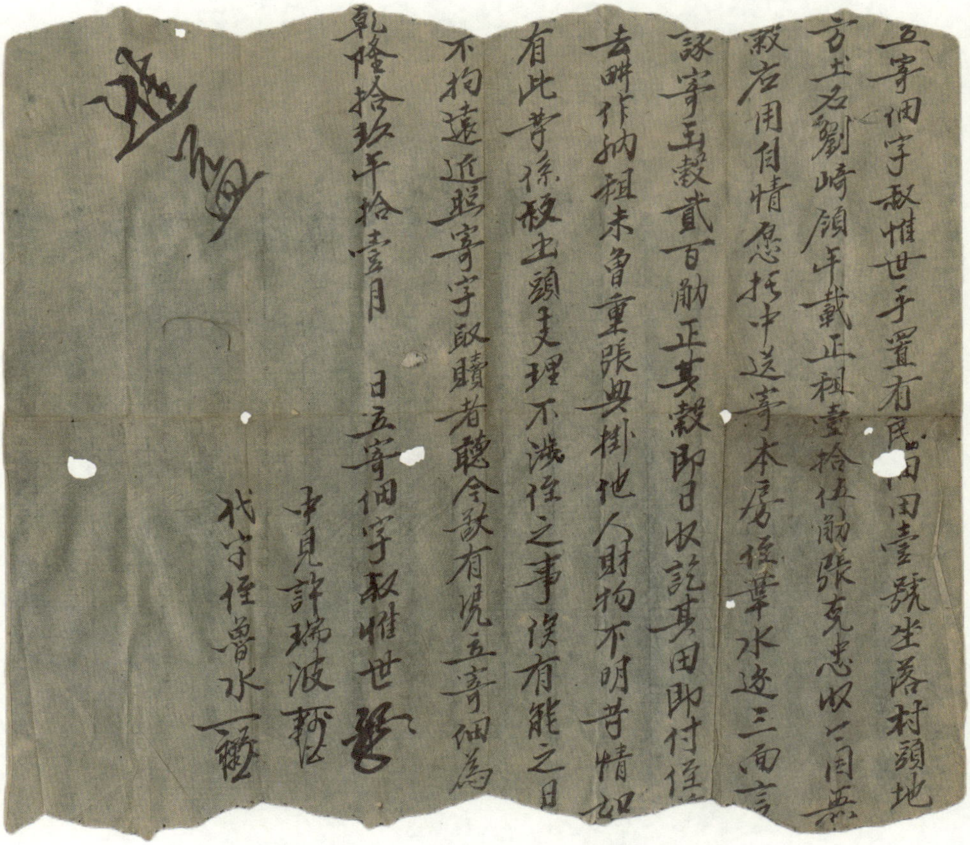
立寄佃字叔惟世手置有民佃田壹號，坐落村頭地
方土名劉崎嶺，年載正租壹拾伍觔，張克忠收，今因無
穀應用，自情愿托中送寄本房侄華水邊，三面言
議寄出穀貳百觔正，其穀即日收訖。其田即付侄
去耕作納租，未曾重張典掛他人財物，不明等情，如
有此等，係叔出頭支理，不涉侄之事。後有能之日，
不拘遠近，照寄字取贖，者聽。今欲有憑，立寄佃爲
乾隆拾玖年拾壹月　日立寄佃字叔惟世（押）
中見許瑞波（押）
代字侄曾水（押）

3-1-40-21　清乾隆十九年十一月黄惟世立寄民佃田字

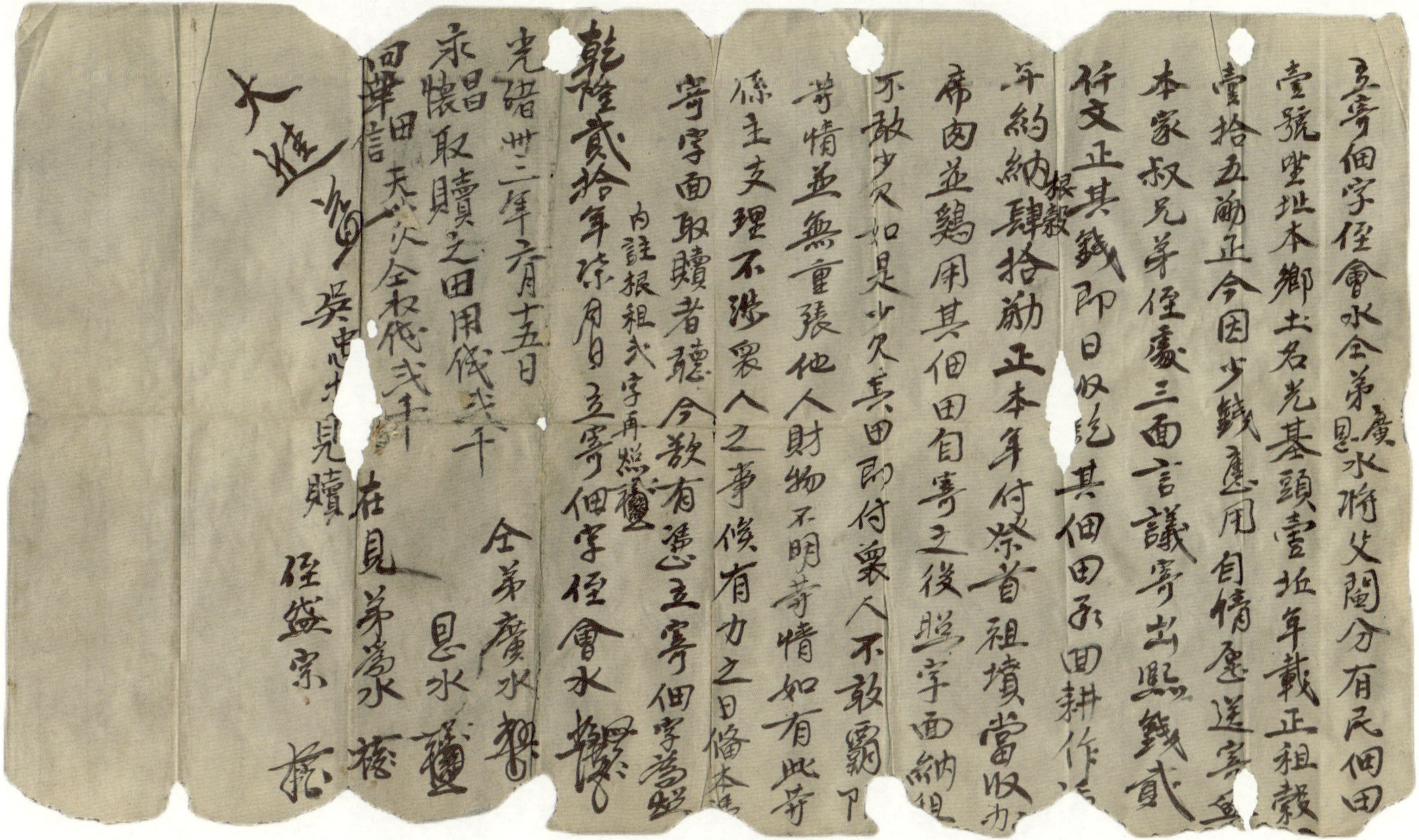
立寄佃字侄會水仝弟廣水、恩水將父鬮分有民佃田
壹號，坐址本鄉，土名光基頭，壹坵，年載正租穀
壹拾五觔正。今因少錢應用，自情愿送寄
本家叔兄弟侄處，三面言議，寄出點錢貳
仟文正，其錢即日收訖。其佃田不□田耕作，
年約納根穀肆拾觔正，本年付祭首祖墳當收办
席肉並鷄用。其佃田自寄之後，照字面納租，
不敢少欠。如是少欠，其田即付衆人，不敢霸□
等情。並無重張他人財物不明等情，如有此等，
係主支理，不涉衆人之事。倘有力之日，備本□
寄字面取贖者，聽。今欲有憑，立寄佃字為照。
內註根祖弍字，再照。
乾隆貳拾年柒月　日　立寄佃字侄會水（押）
仝弟廣水（押）
恩水（押）
在見弟蒙水
光緒卅三年六月十五日
永昌懷取贖之田，用價弍千
四畢田大□仝叔代弍千
吳忠□見贖
侄盛宗
大吉

3-1-40-22　清乾隆二十年七月黃會水等立寄民佃田字

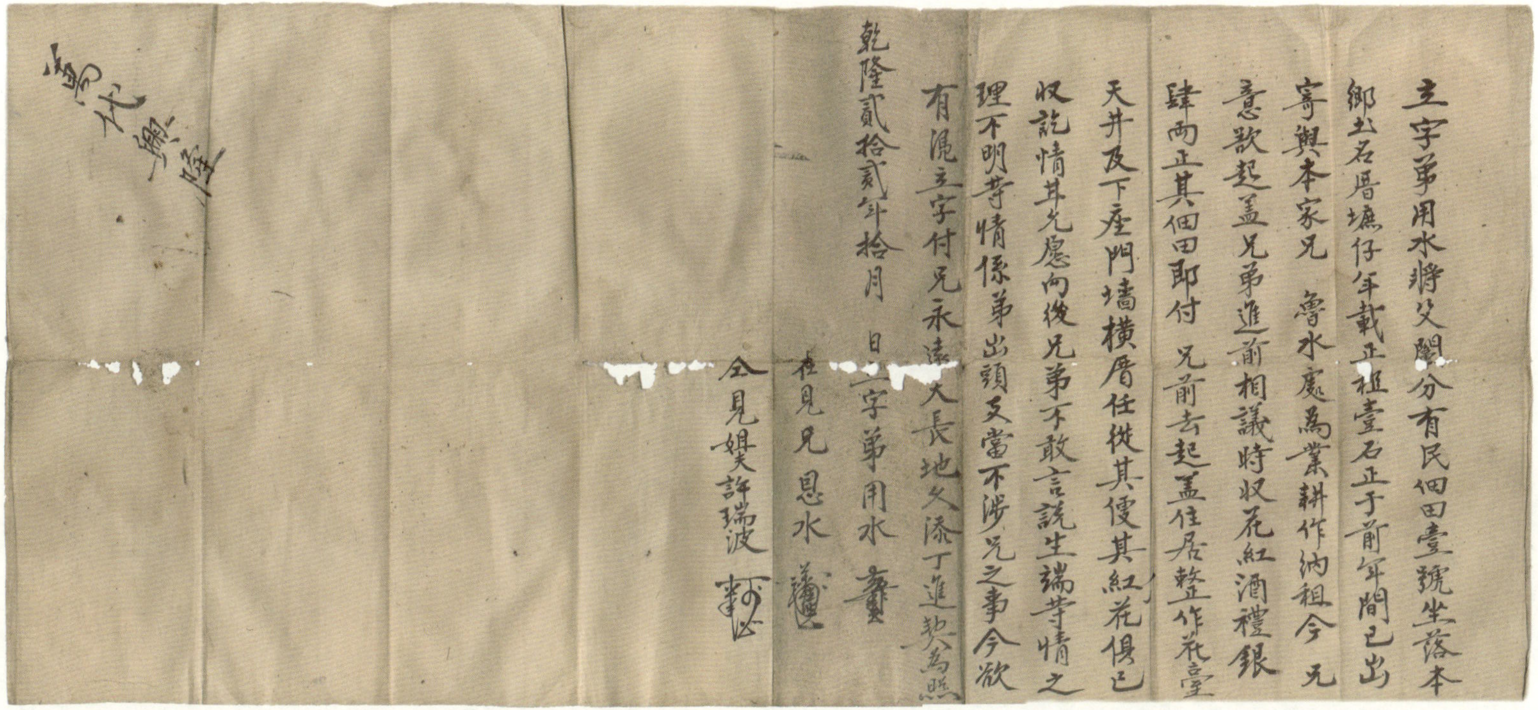

立字弟用水將父鬮分有民佃田壹號坐落本
鄉土名層壠仔年載正租壹石正于前年間已出
寄與本家兄　魯水處爲業耕作納租今　兄
意欲起蓋兄弟進前相議時收花紅酒禮銀
肆兩正其佃田即付　兄前去起蓋住居整作花臺
天井及下座門墻横層任從其便其紅花俱已
收訖情其兄恩向後兄弟不敢言説生端等情之
理不明等情係弟出頭支當不涉兄之事今欲
有憑立字付兄永遠天長地久添丁進財爲照
乾隆貳拾貳年拾月　日立字弟用水（押）
在見兄恩水（押）
仝見娛許瑞波（押）

3-1-40-23　清乾隆二十二年十月黄用水立寄民佃田字

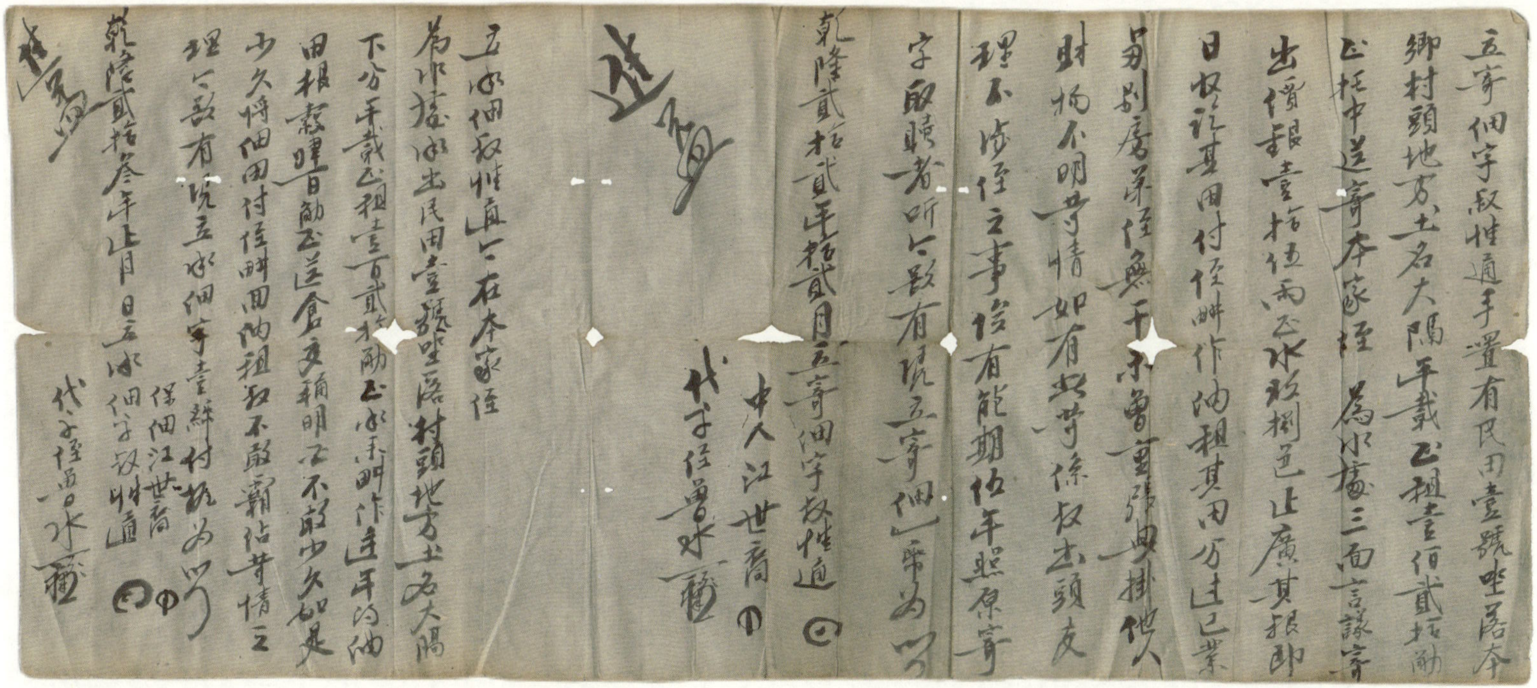

3-1-40-24　清乾隆二十二年十二月黄惟通立寄佃民田字

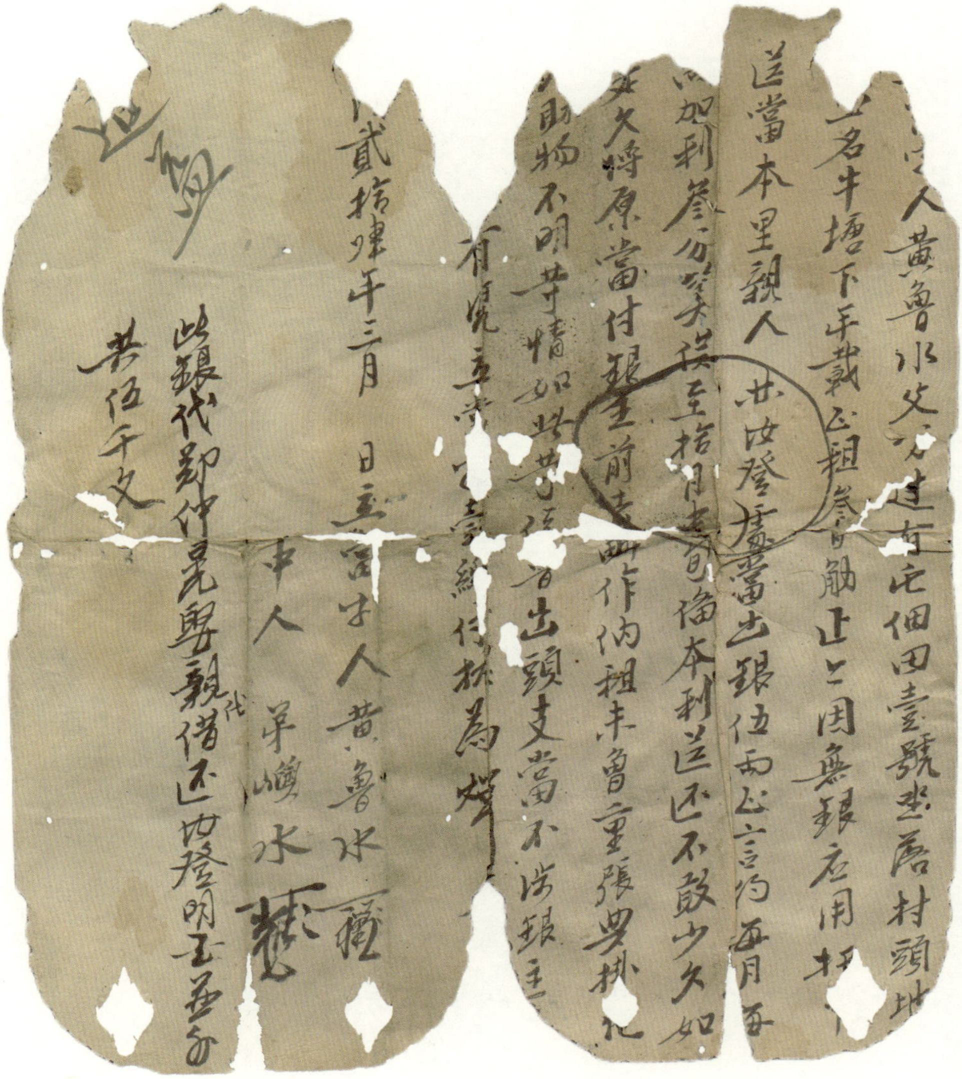
立當字人黃魯水文今遺有屯佃田壹號坐落村頭地
名牛塘下年載正租叁石觔正今因無銀應用托
送當本里親人世汝登處當出銀伍兩正言約每年
加利叁分其谷送至拾月自備本利送還不敢少欠如
有欠將原當付銀主前去耕作納租未魯重張典挂他
人財物不明并情如此係當出頭支當不涉銀主
有憑立當字一紙付執為照
乾隆貳拾肆年三月　日立當字人黃魯水（押）
中人　黃嶼水（押）
此銀代鄭仲光舉親借還世登明王并多
共伍千文
退约

3-1-40-25　清乾隆二十四年三月黃魯水立當屯佃田字（廢契）

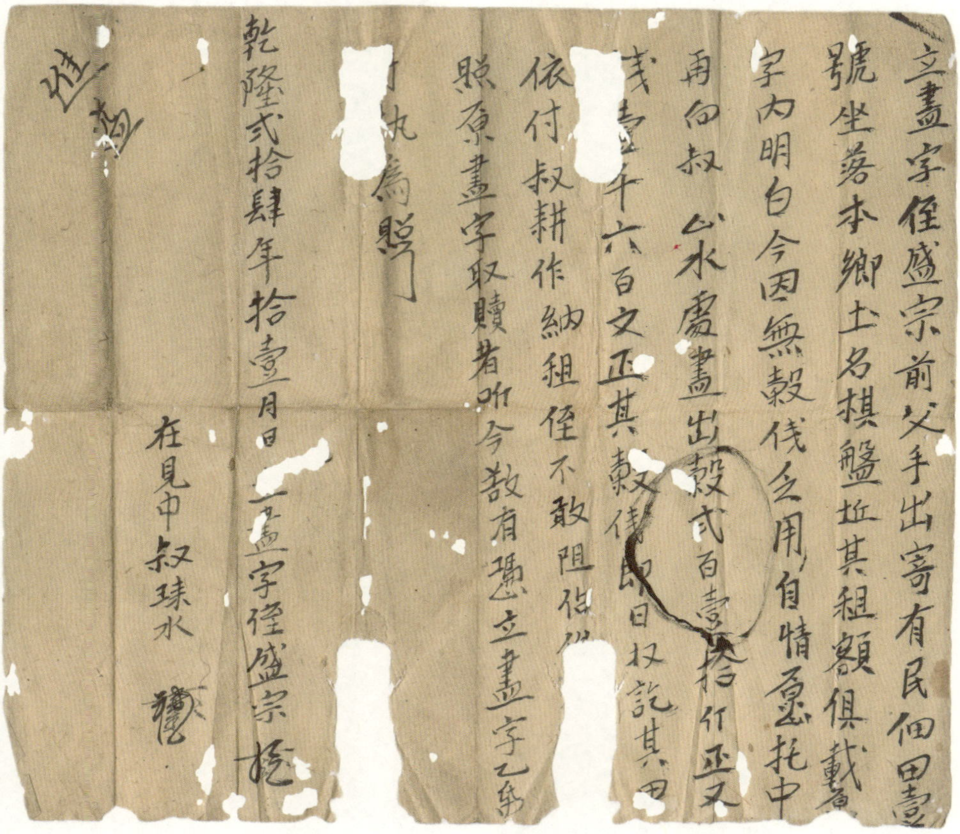
立盡字侄盛宗前父手出寄有民佃田壹
號坐落本鄉土名棋盤坵其租額俱載[illegible]
字内明白今因無穀錢乏用自情愿托中
再向叔　公永處盡出穀式百壹拾斤正又
錢壹千六百文正其穀錢即日收訖其田
依付叔耕作納租侄不敢阻佔[illegible]
照原盡字取贖者所今欲有憑立盡字乙紙
[illegible]執為照
乾隆式拾肆年拾壹月　日　立盡字侄盛宗　押
在見中叔　珠水　押
批[illegible]

3-1-40-26　清乾隆二十四年十一月黄盛宗立盡民佃田字（廢契）

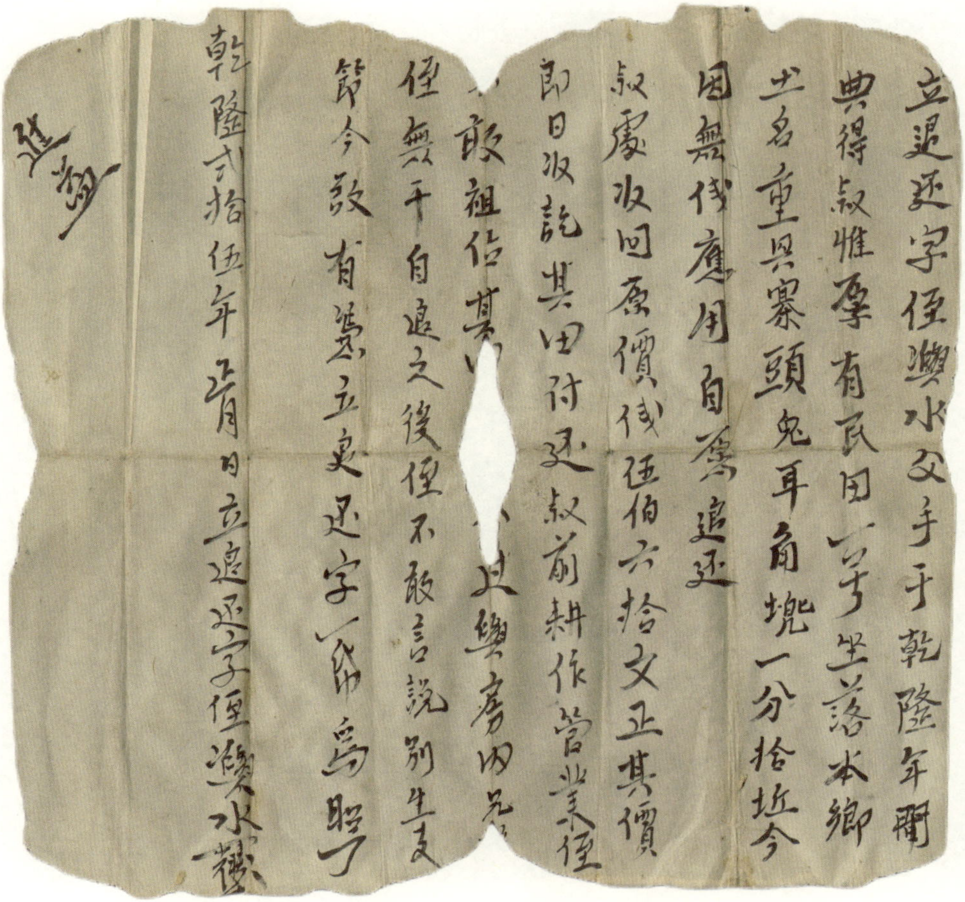
立退还字侄與水父手于乾隆年間
典得叔惟肇有民田一号坐落本鄉
土名重興寨頭兔耳角墘一分拾坵今
因無伐應用自愿追还
叔處收回原價伐伍伯六拾文正其價
即日收訖其田付还叔前耕作管業侄
不敢祖佔其……只與房内兄……
侄無干自追之後侄不敢言說別生支
節今欲有憑立退还字一紙為照
乾隆弍拾伍年正月日立退还字侄與水
退契

3-1-40-27 清乾隆二十五年正月黄與水立退還民田字

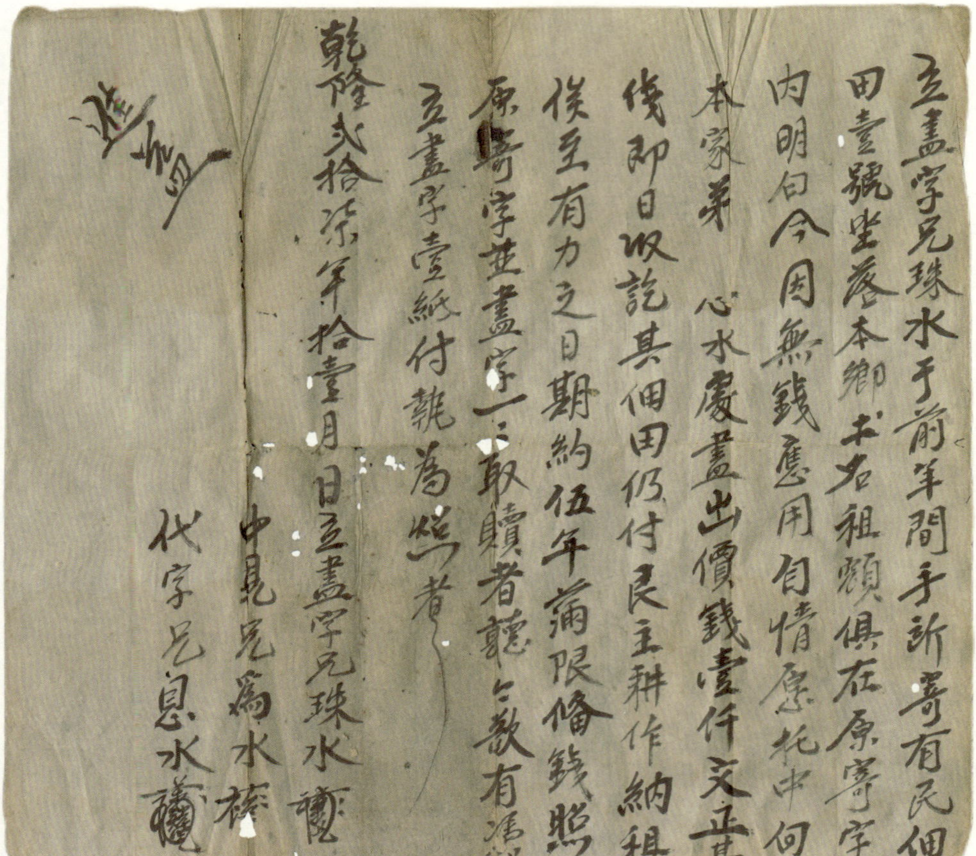
立盡字兄珠水于前年間手訢哥有民佃
田壹號坐落本鄉土名祖額俱在原寄字
内明白今因無錢應用自情愿托中向
本家弟 心水處盡出價錢壹仟文正其
錢即日收訖其佃田仍付民主耕作納租
從至有力之日期約伍年滿限備錢照
原寄字並盡字一〻取贖者聽〻欲有憑
立盡字壹紙付龍為照者
乾隆弍拾柒年拾壹月 日立盡字兄珠水（押）
中見兄爲水（押）
代字兄息水（押）

3-1-40-28　清乾隆二十七年十一月黄珠水立盡民佃田契

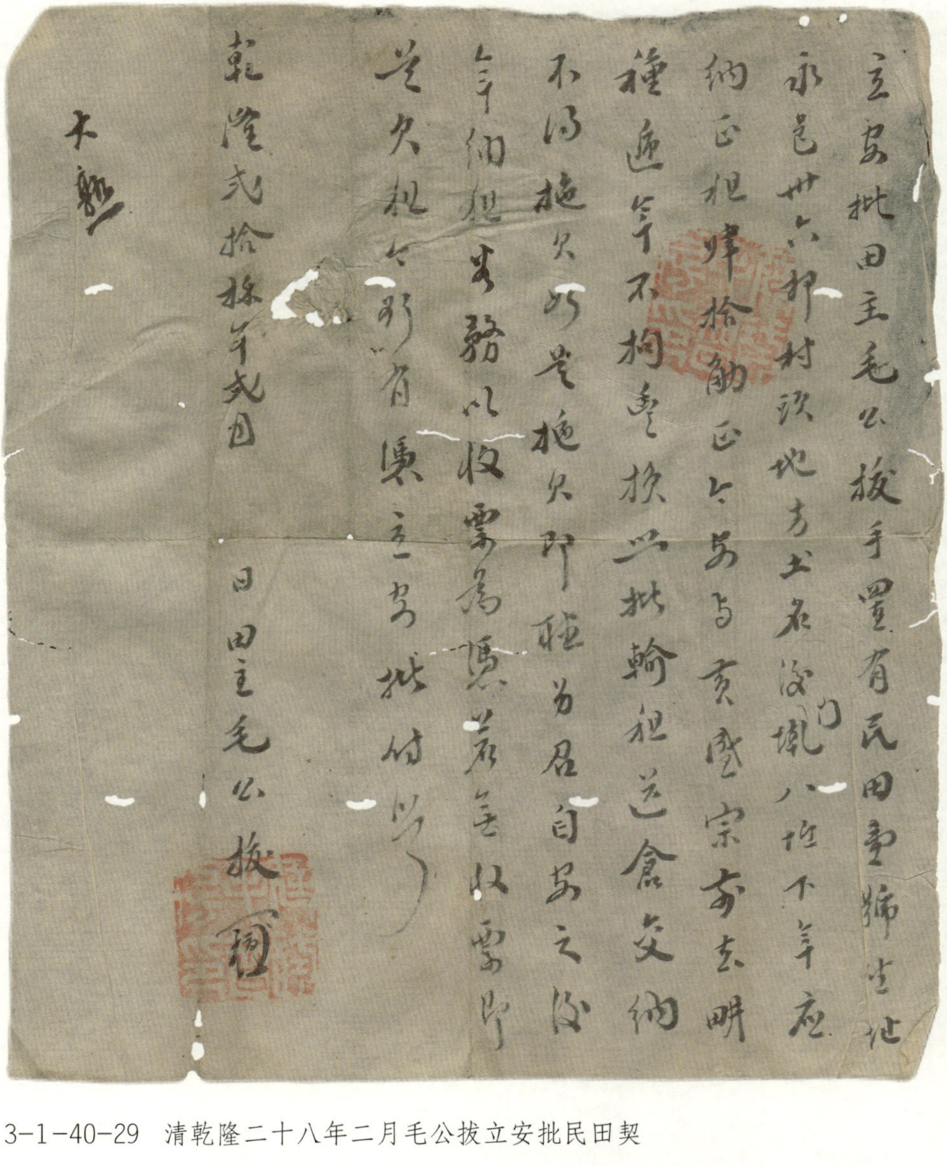
立安批田主毛公拔，手置有民田壹號，坐址
永邑卅六都村頭地方，土名洋墘八坵，下年應
納正租肆拾觔正，今安与黄盛宗前去耕
種，逐年不拘豐歉，照批輸租送倉交納，
不得拖欠。如是拖欠，即聽另召。自安之後，
年佃想其豬以收粟為憑，業主收粟即
無欠租。今欲有憑，立安批付照。
乾隆弍拾捌年弍月　日田主毛公拔（押）
大熟

3-1-40-29　清乾隆二十八年二月毛公拔立安批民田契

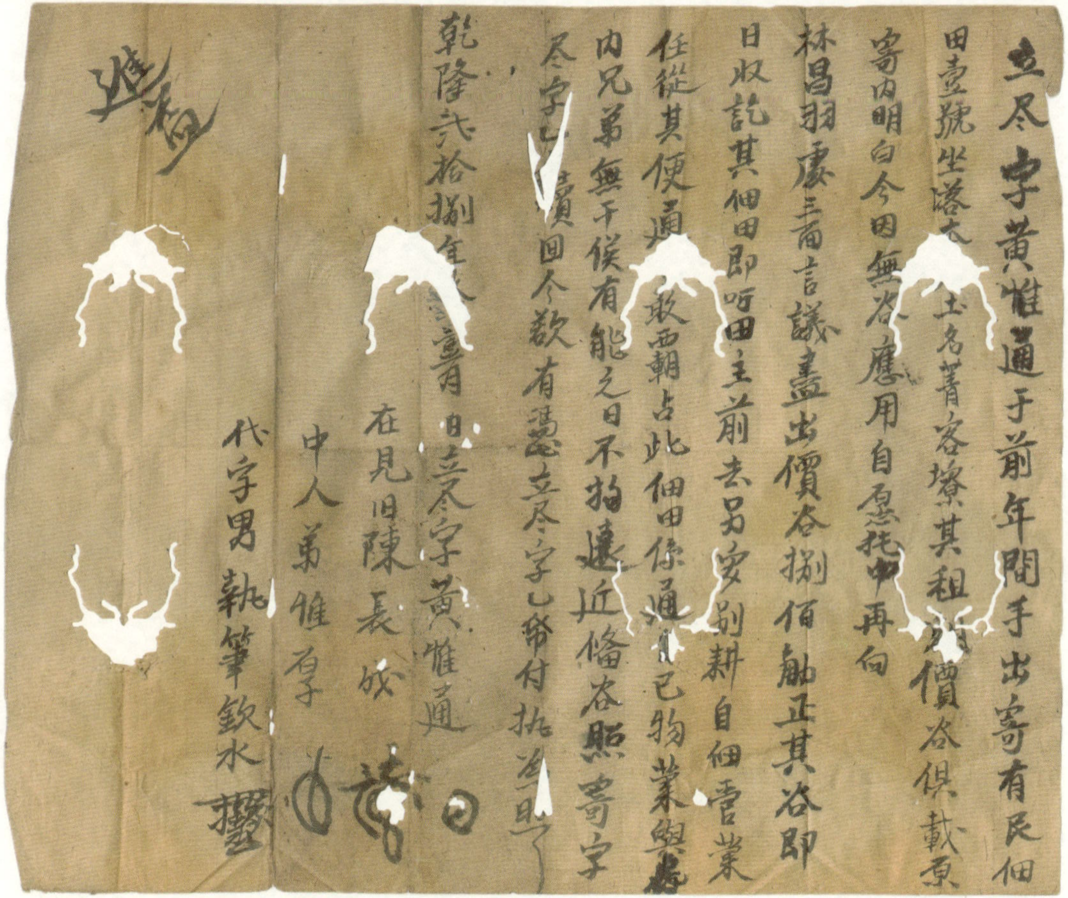
立尽字黄惟通于前年間手出寄有民佃
田壹號坐落大[illegible]土名菁客墩其租[illegible]價谷俱載原
寄内明白今因無谷應用自愿托中再向
林昌羽處三面言議盡出價谷捌佰觔正其谷即
日收訖其佃田即听田主前去另安别耕自佃管業
任從其便通[illegible]敢西朝占此佃田係通[illegible]已物業與房
内兄弟無干候有能之日不拘遠近備谷照寄字
尽字[illegible]贖回今欲有憑立尽字一紙付执為照
乾隆弍拾捌年[illegible]壹月 日立尽字黄惟通
在見舊陳長欣
中人弟惟亨
代字男執筆欽水
進存

3-1-40-30 清乾隆二十八年十一月黃惟通立盡民佃田字

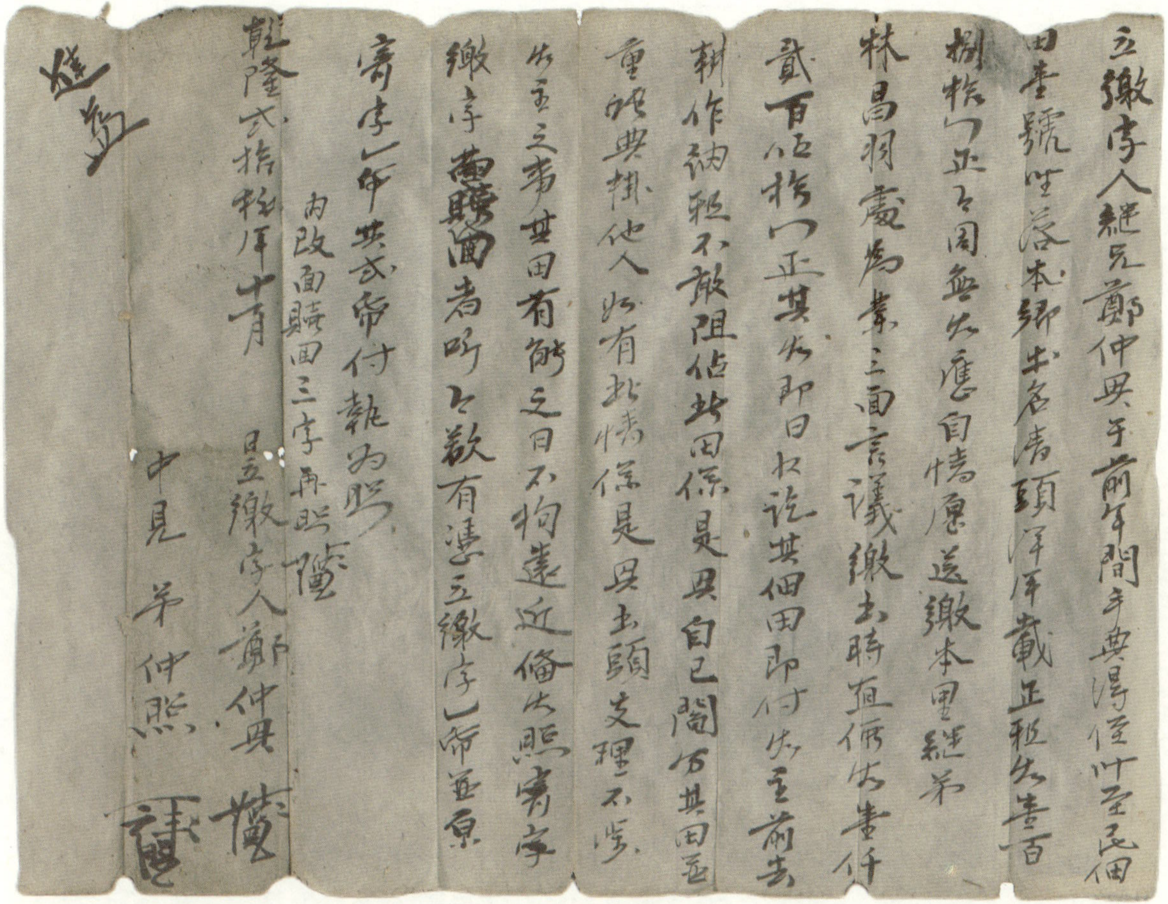

3-1-40-31　清乾隆二十八年十一月鄭仲與立繳民佃田字

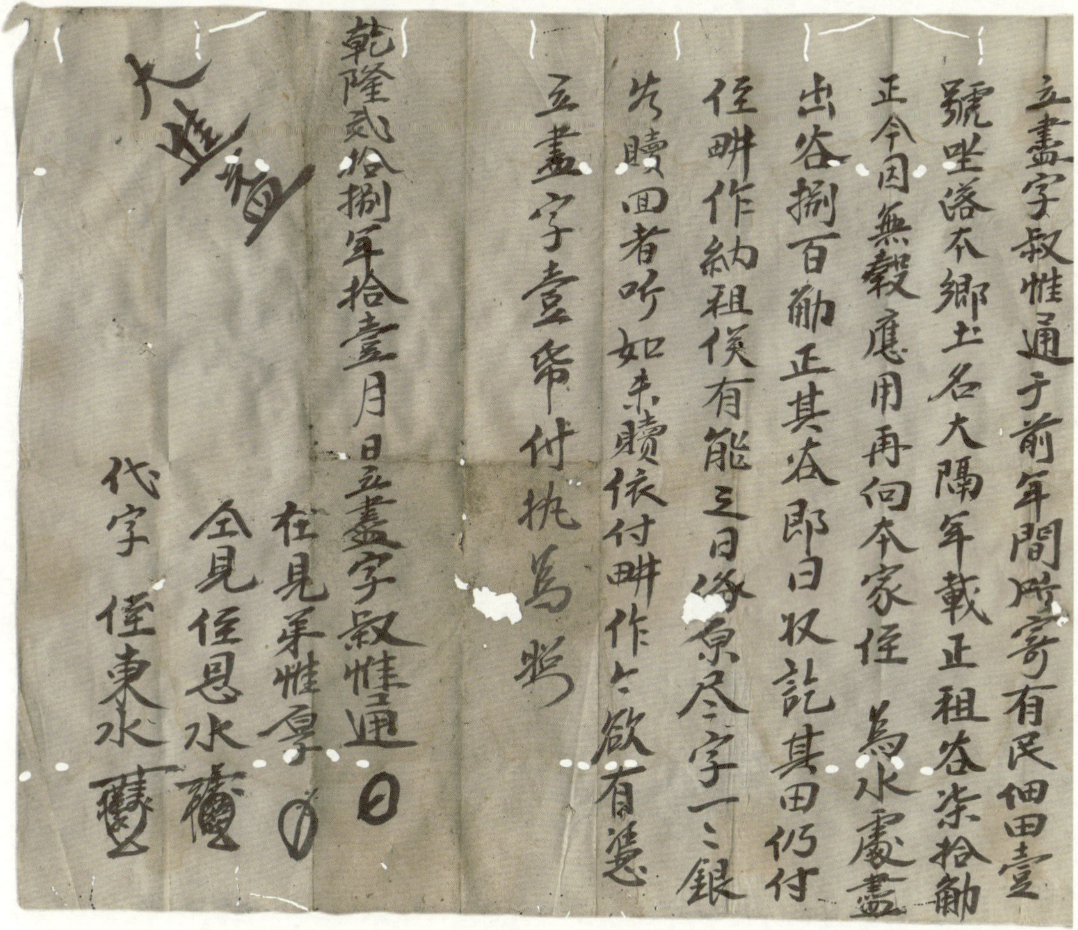
立盡字叔惟通于前年間所嵛有民佃田壹
號坐落本鄉土名大陽年載正租谷柒拾觔
正今因無穀應用再向本家侄 為水處盡
出谷捌百觔正其谷即日収訖其田仍付
侄耕作納租俟有能之日將原尽字一一銀
先贖回者听如未贖依付耕作今欲有憑
立盡字壹帋付執爲照

乾隆貳拾捌年拾壹月 日立盡字叔惟通

在見弟惟厚

仝見侄恩水

代字 侄東水

大進[illegible]

3-1-40-32 清乾隆二十八年十一月黃惟通立盡民佃田字

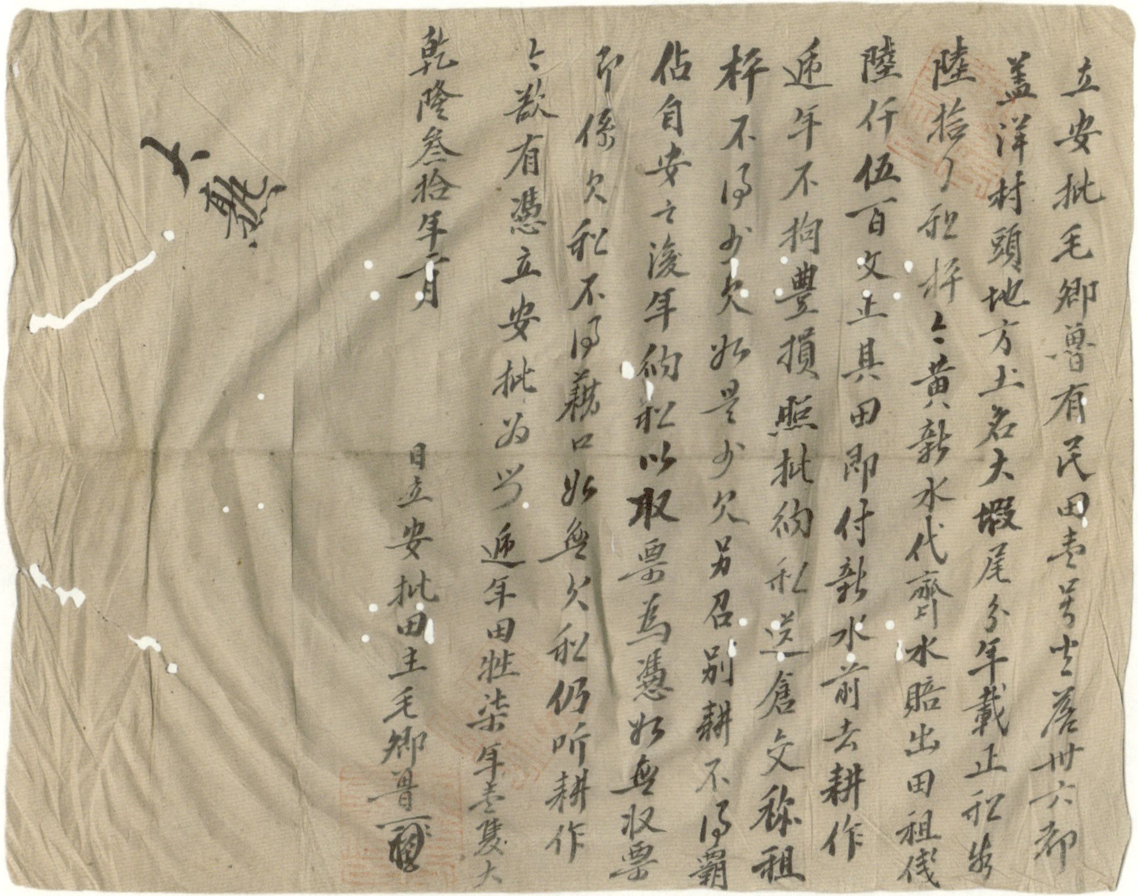

3-1-40-33　清乾隆三十年二月毛卿魯立安批民田契

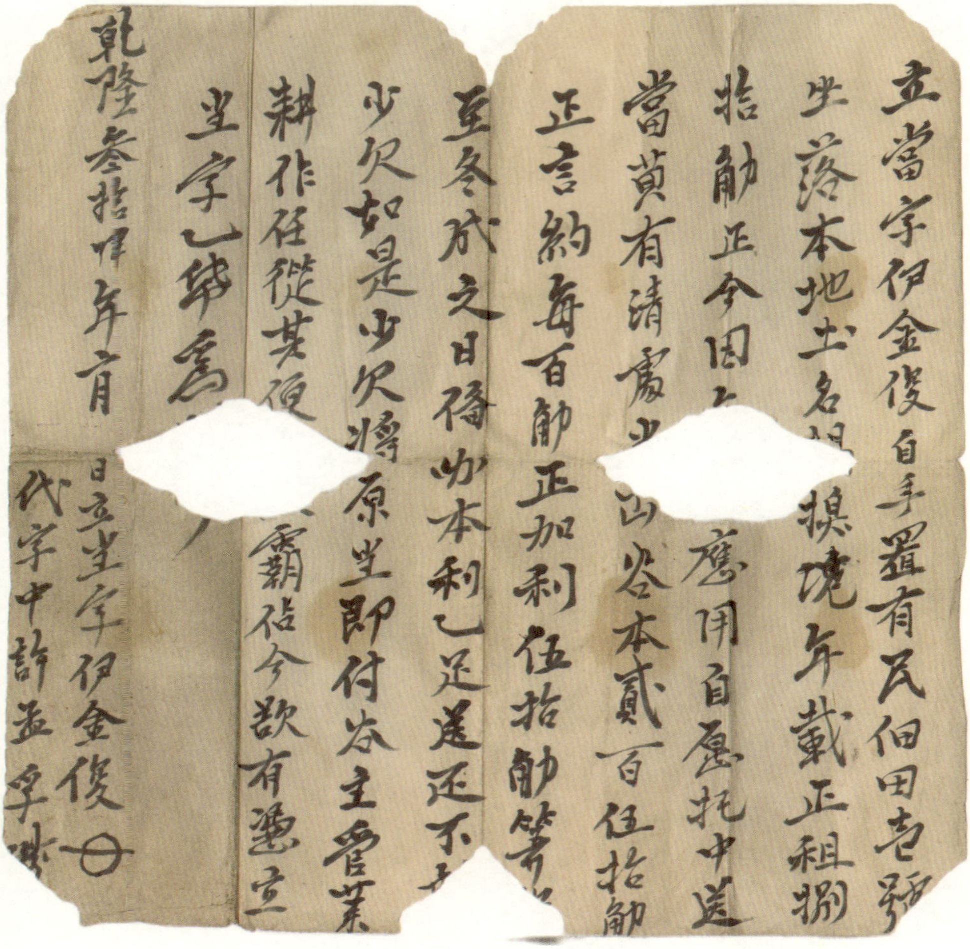

立當字伊金俊自手置有民佃田壹號
坐落本地土名[illegible]塅[illegible]年載正租捌
拾觔正今因[illegible]應用自愿托中送
當黃有清處[illegible]谷本貳百伍拾觔
正言約每百觔正加利伍拾觔算
至冬成之日將谷本利一足送还不[illegible]
少欠如是少欠將原坐即付谷主管業
耕作任從其便[illegible]霸佔今欲有憑立
坐字一紙爲[illegible]
乾隆叁拾肆年二月　日立坐字伊金俊（押）
代字中許孟[illegible]

3-1-40-34　清乾隆三十四年二月伊金俊立當民佃田字

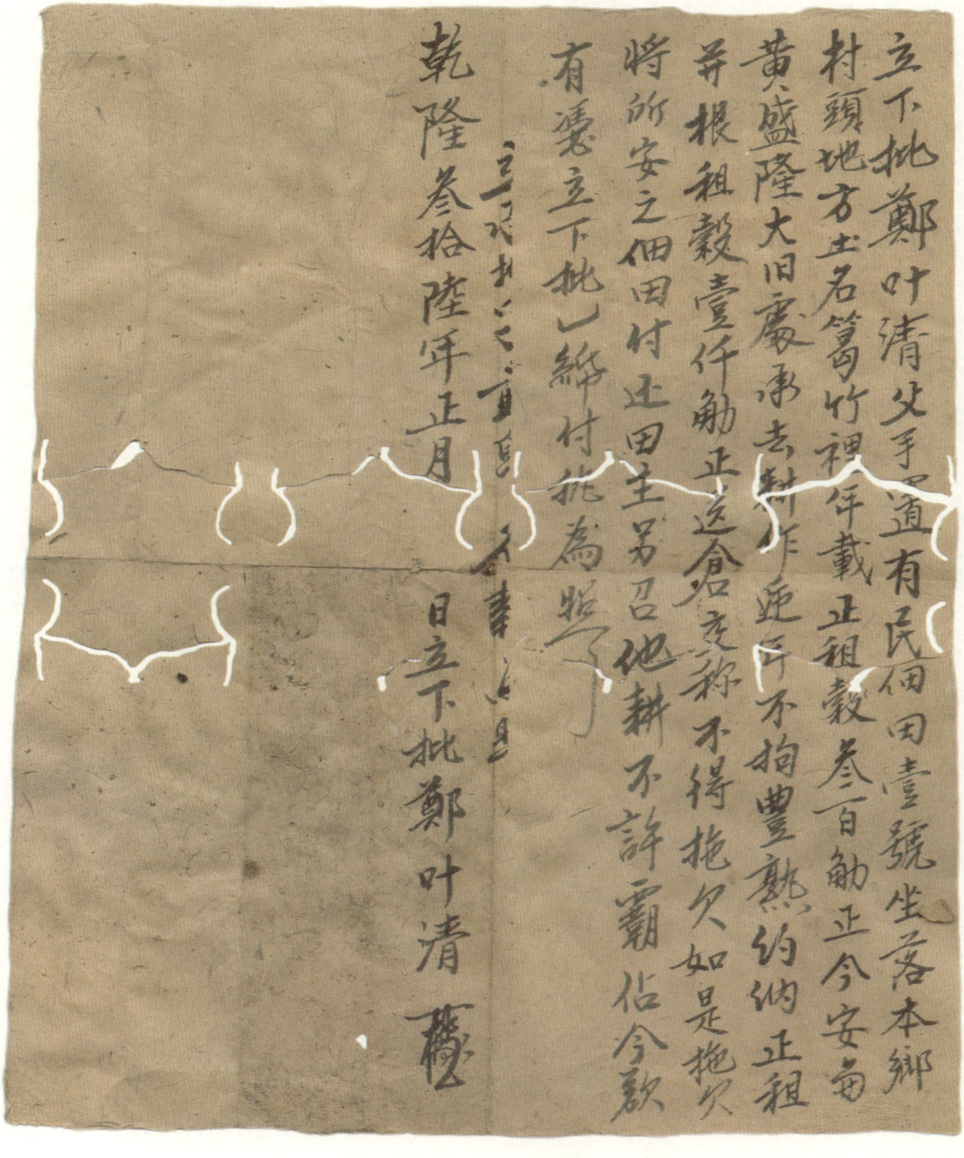

立下批鄭叶清父手置有民佃田壹號坐落本鄉
村頭地方土名篙竹裡年載正租穀叁百觔正今安與
黄盛隆大旧農承去耕作逐年不拘豐歉約納正租
并根租穀壹仟觔正送倉交秤不得拖欠如是拖欠
將所安之佃田付还田主另召他耕不許霸佔今欲
有憑立下批一紙付批為照
乾隆叁拾陸年正月　　日立下批鄭叶清（押）

3-1-40-35　清乾隆三十六年正月鄭叶清立下批民佃田契

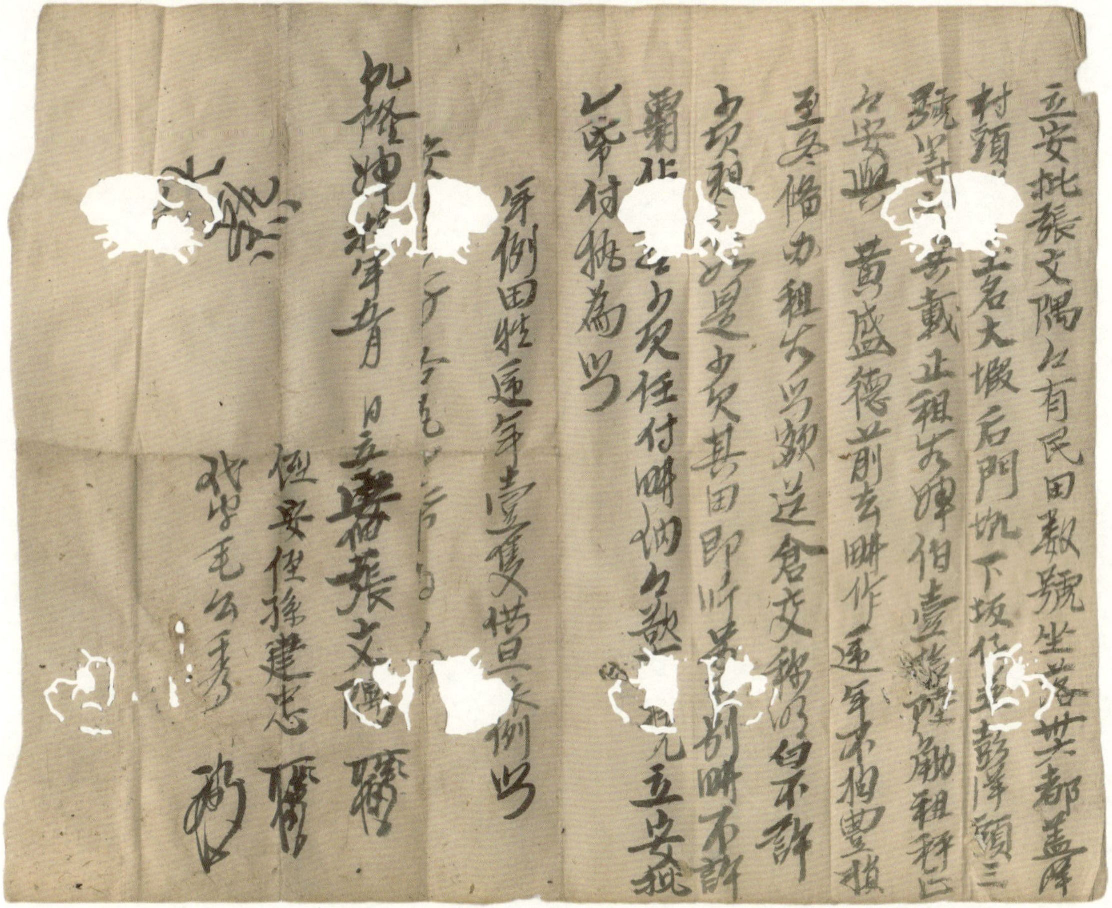

3-1-40-36 清乾隆四十年五月張文隅立安批民田字

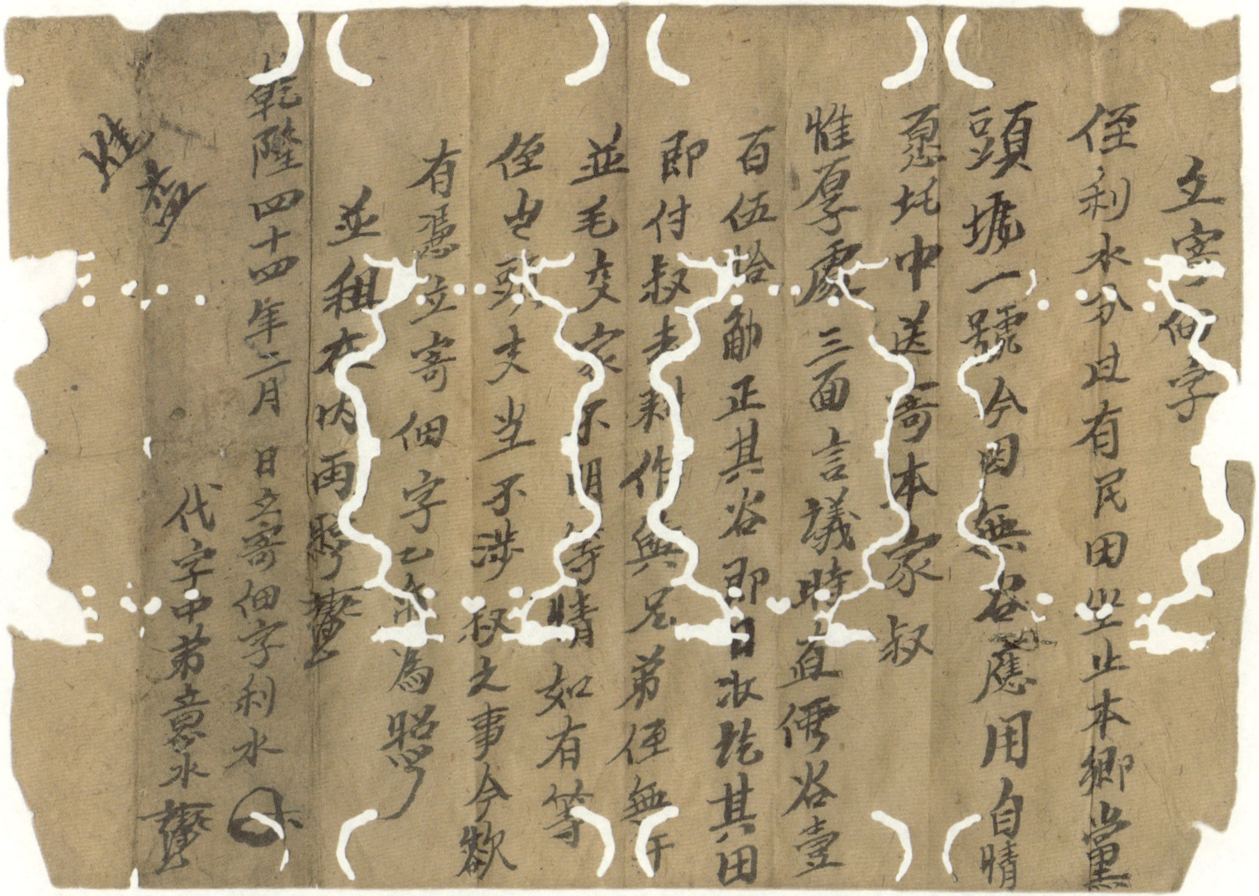

立寄佃字
侄利水今因有民田坐址本鄉嵩
頭壠一號，今因無谷應用，自情
愿托中送寄本家叔
惟享處，三面言議時值價谷壹
百伍拾觔正。其谷即日收訖，其田
即付叔耒耕作，與兄弟侄無干。
並毛交家不明等情，如有等
侄出頭支當，不涉叔之事。今欲
有憑，立寄佃字乙紙為照。
並租在內兩聲（押）
乾隆四十四年二月　日立寄佃字利水（押）
代字中弟章水（押）
炷壹

3-1-40-37　清乾隆四十四年二月黄利水立寄佃民田字

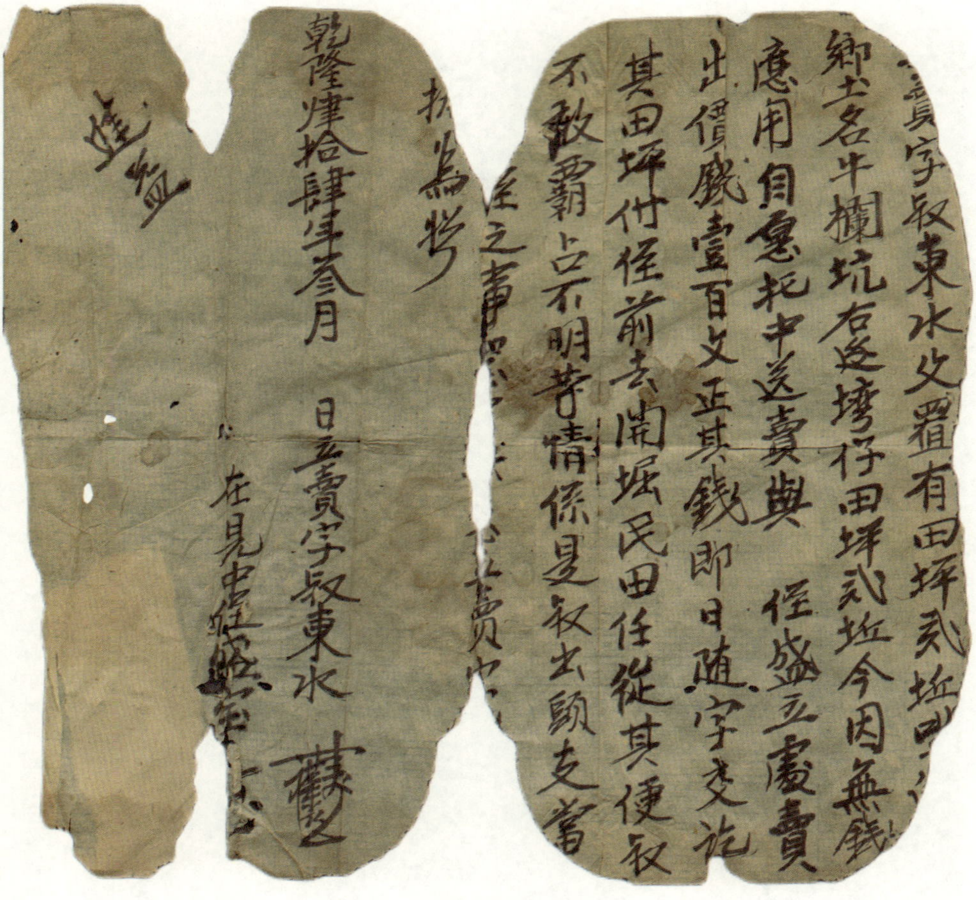

立賣字叔東水父置有田坪貳坵坐[illegible]
鄉土名牛欄坑右邊墱仔田坪貳坵今因無錢
應用自愿托中送賣與　侄盛立處賣
出價錢壹百文正其錢即日隨字交訖
其田坪付侄前去開堀民田任從其便叔
不敢覇占不明等情係是叔出頭支當
侄之事恐[illegible]立賣字[illegible]
[illegible]為照
乾隆肆拾肆年叁月　日立賣字叔東水（押）
在見中侄盛[illegible]
達盛

3-1-40-38　清乾隆四十四年三月黃東水立賣田坪字

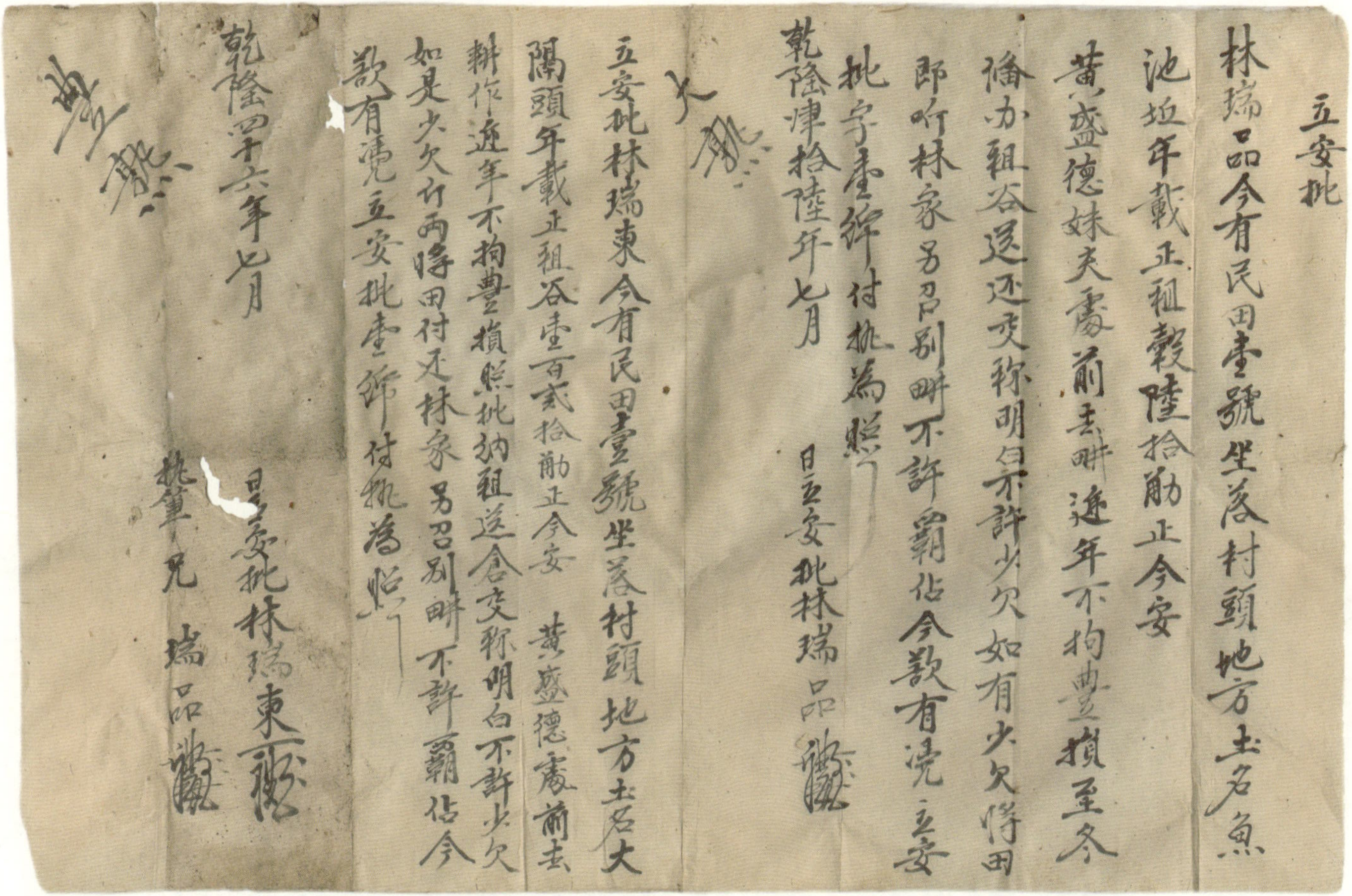
立安批
林瑞品今有民田壹號坐落村頭地方土名魚
池坵年載正租穀陸拾觔正今安
黄盛德妹夫處前去耕作逐年不拘豐損至冬
備办租谷送还交称明白不許少欠如有少欠将田
即付林家另召别耕不許霸佔今欲有凭立安
批字壹紙付执為照
乾隆肆拾陸年七月　日立安批林瑞品（押）
大發

立安批林瑞東今有民田壹號坐落村頭地方土名大
陽頭年載正租谷壹百貳拾觔正今安　黄盛德處前去
耕作逐年不拘豐損照批納租送倉交称明白不許少欠
如是少欠将田付还林家另召别耕不許霸佔今
欲有凭立安批壹紙付执為照
乾隆四十六年七月　日立安批林瑞東（押）
批筆兄　瑞品（押）
壹發

3-1-40-39　清乾隆四十六年七月林瑞品立安批民田字

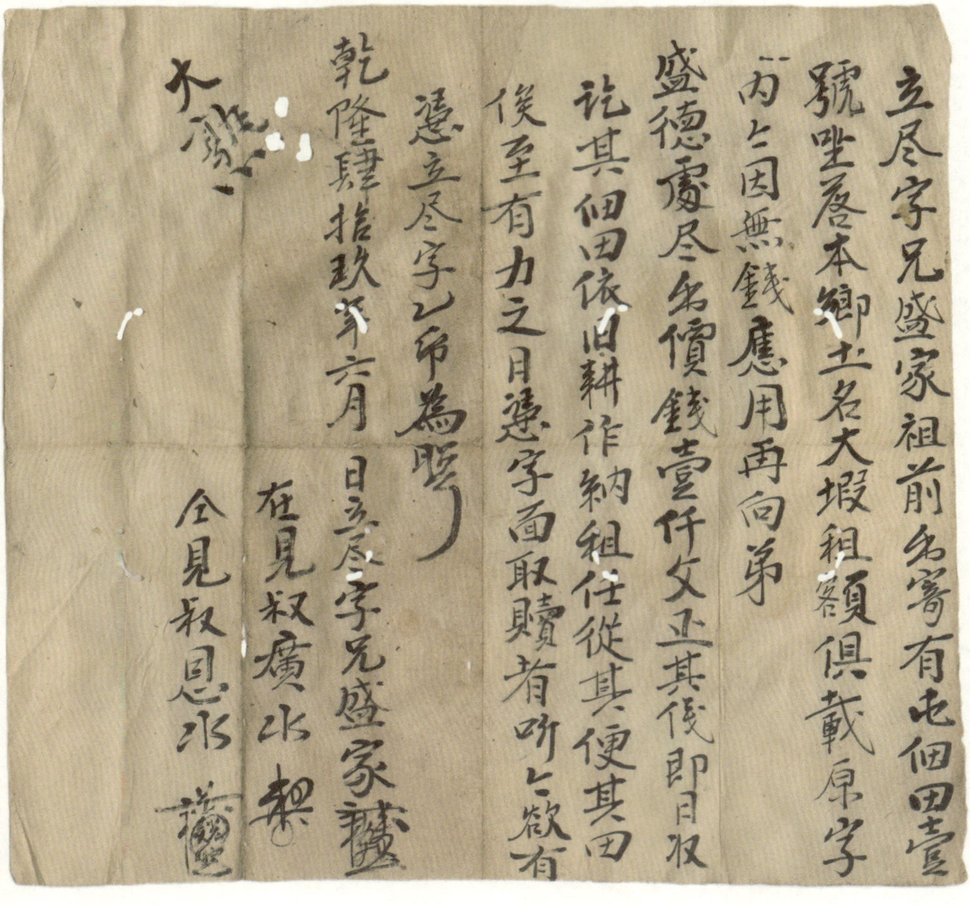
立尽字兄盛家祖前手寄有屯佃田壹
號坐落本鄉土名大堰租額俱載原字
一兩，今因無錢應用，再向弟
盛德處尽出價錢壹仟文正，其錢即日收
訖。其佃田依旧耕作納租，任從其便。其田
後至有力之日，憑字面取贖，者听々欲有
憑，立尽字乙紙為照。
乾隆肆拾玖年六月　日立尽字兄盛家
在見叔廣水 契
仝見叔恩水

3-1-40-40　清乾隆四十九年六月黄盛家立盡屯佃田字

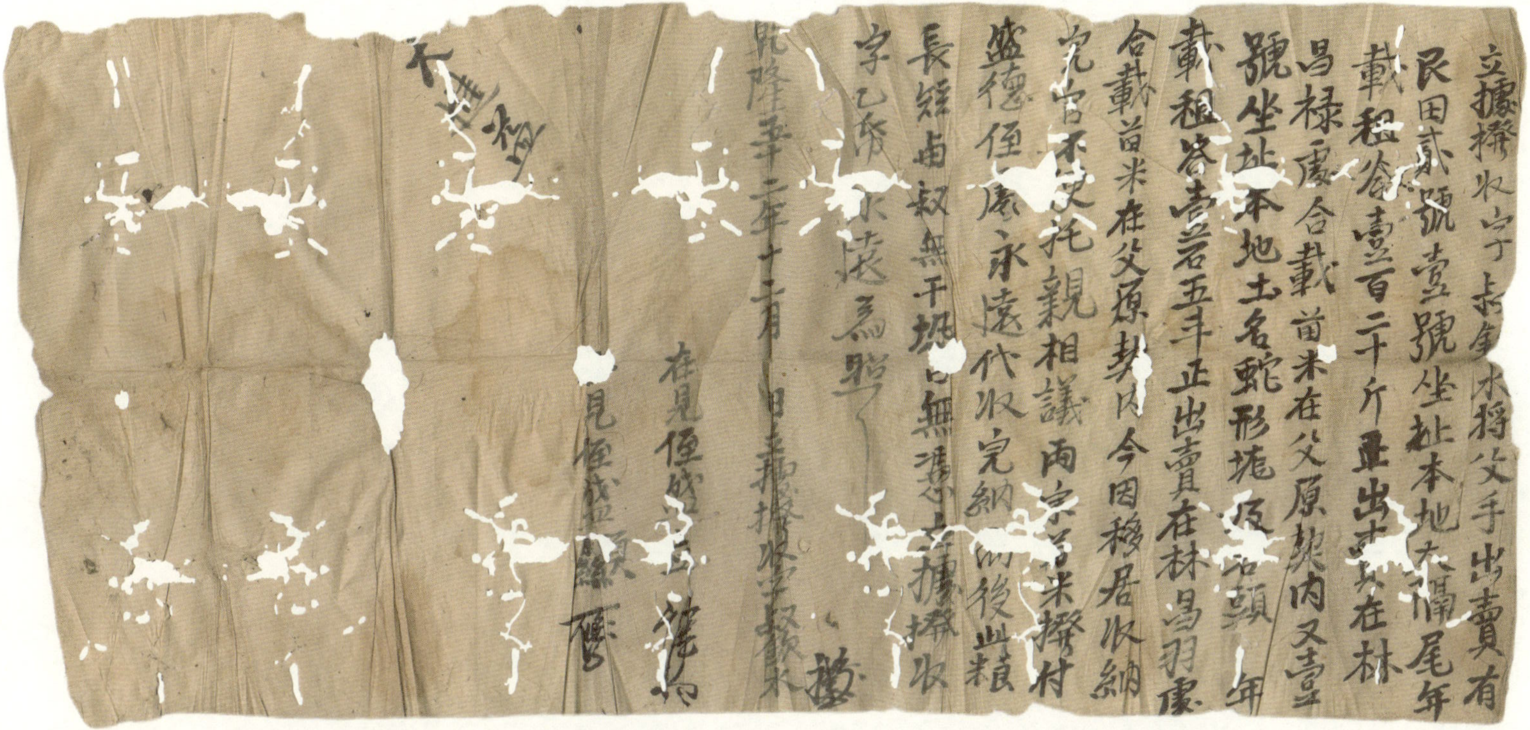

3-1-40-41　清乾隆五十二年十二月黃欽水立據撥收民田字

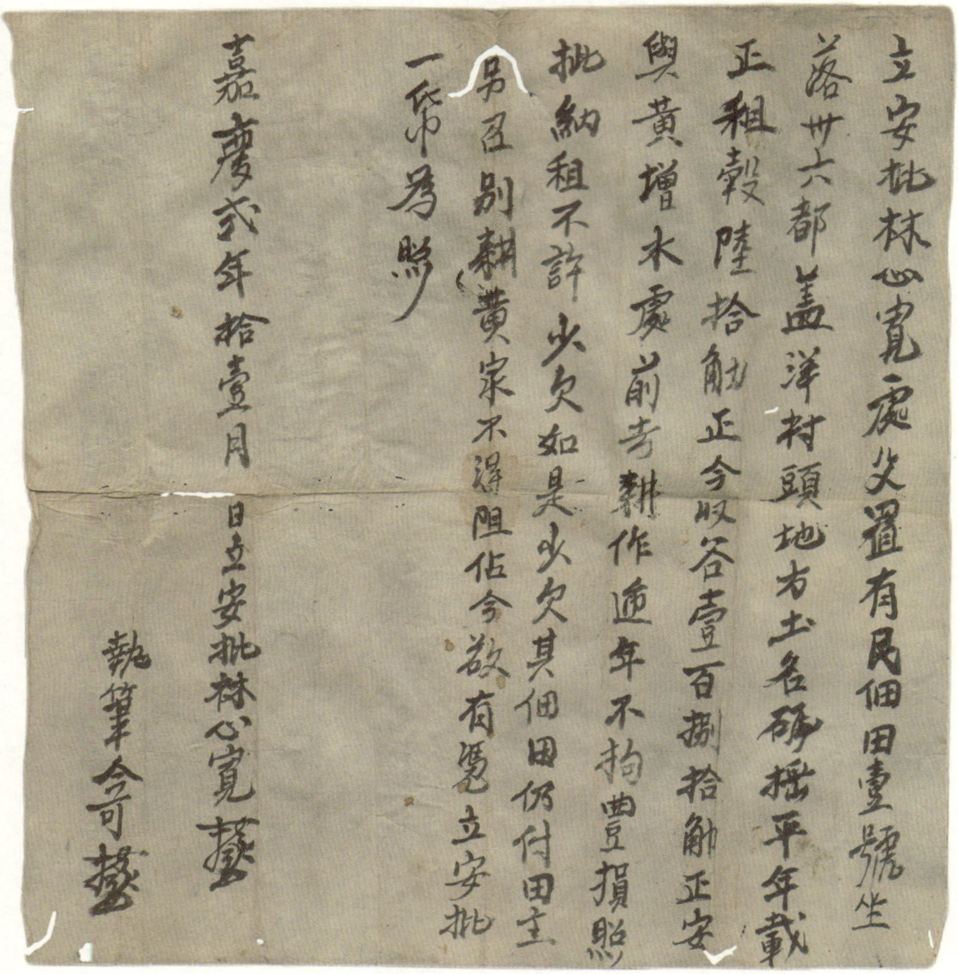
立安批林心寬處父置有民佃田壹號坐
落廿六都蓋洋村頭地方土名碑堀平年載
正租穀陸拾觔正今收谷壹百捌拾觔正安
與黄增木處前去耕作逓年不拘豊損照
批納租不許少欠如是少欠其佃田仍付田主
另召別耕黄家不得阻佔今欲有憑立安批
一紙爲照
嘉慶貳年拾壹月　日立安批林心寬（押）
執筆令可（押）

3-1-40-42　清嘉慶二年十一月林心寬立安批民佃田字

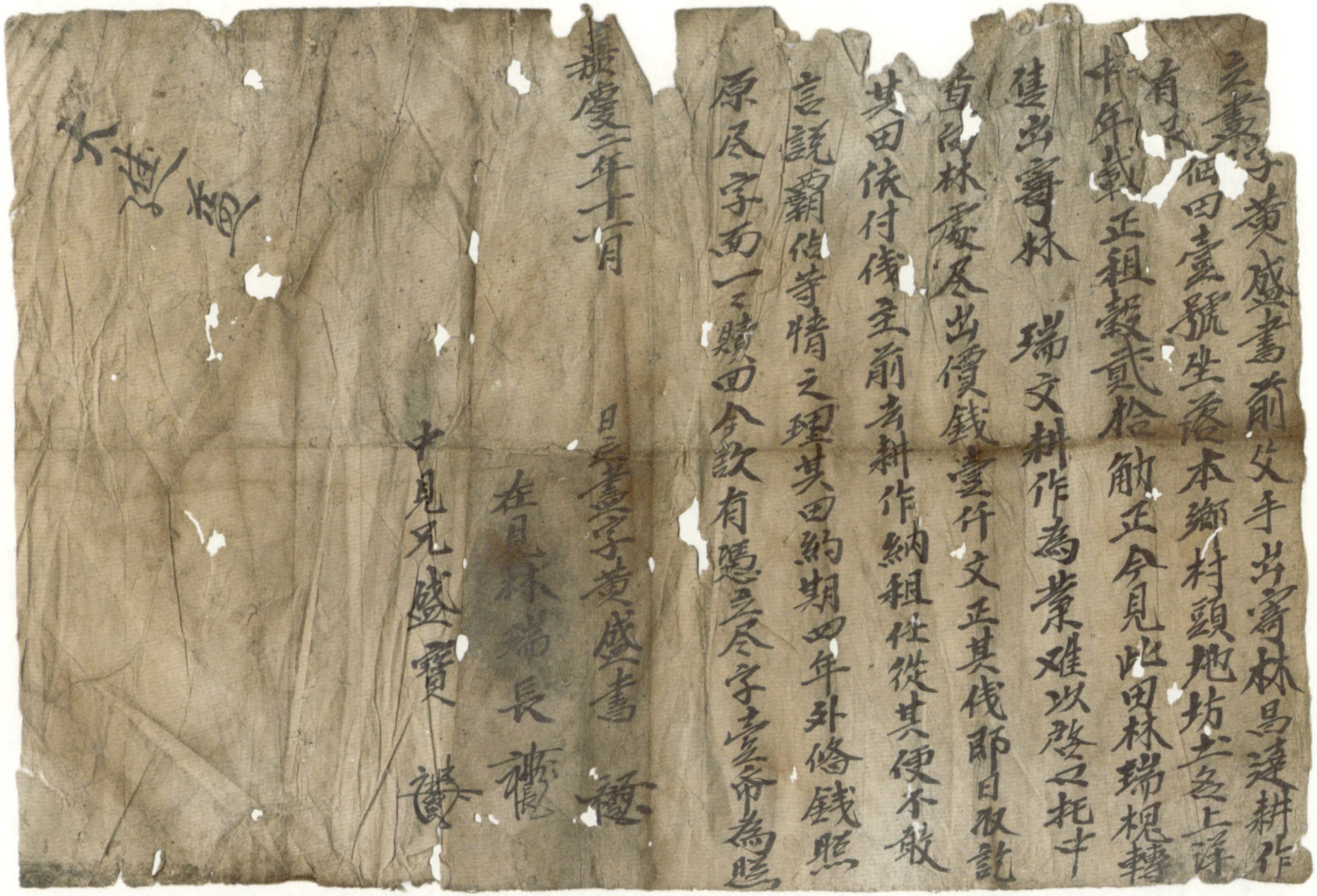

立盡字黃盛書前父手出賣林昌達耕作
有民佃田壹號坐落本鄉村頭地坊土名上洋
十年載正租穀貳拾觔正今見此田林瑞槐轉
售出賣林　瑞文耕作為業難以啟口托中
向伯林處盡出價錢壹仟文正其錢即日收訖
其田依付錢主前去耕作納租任從其便不敢
言說霸佔等情之理其田約期四年外備錢照
原盡字面一一贖回今欲有憑立盡字壹帋為照
嘉慶二年十一月　日立盡字黃盛書（押）
在見林瑞長（押）
中見兄盛寶（押）

3-1-40-43　清嘉慶二年十一月黃盛書立盡民佃田字

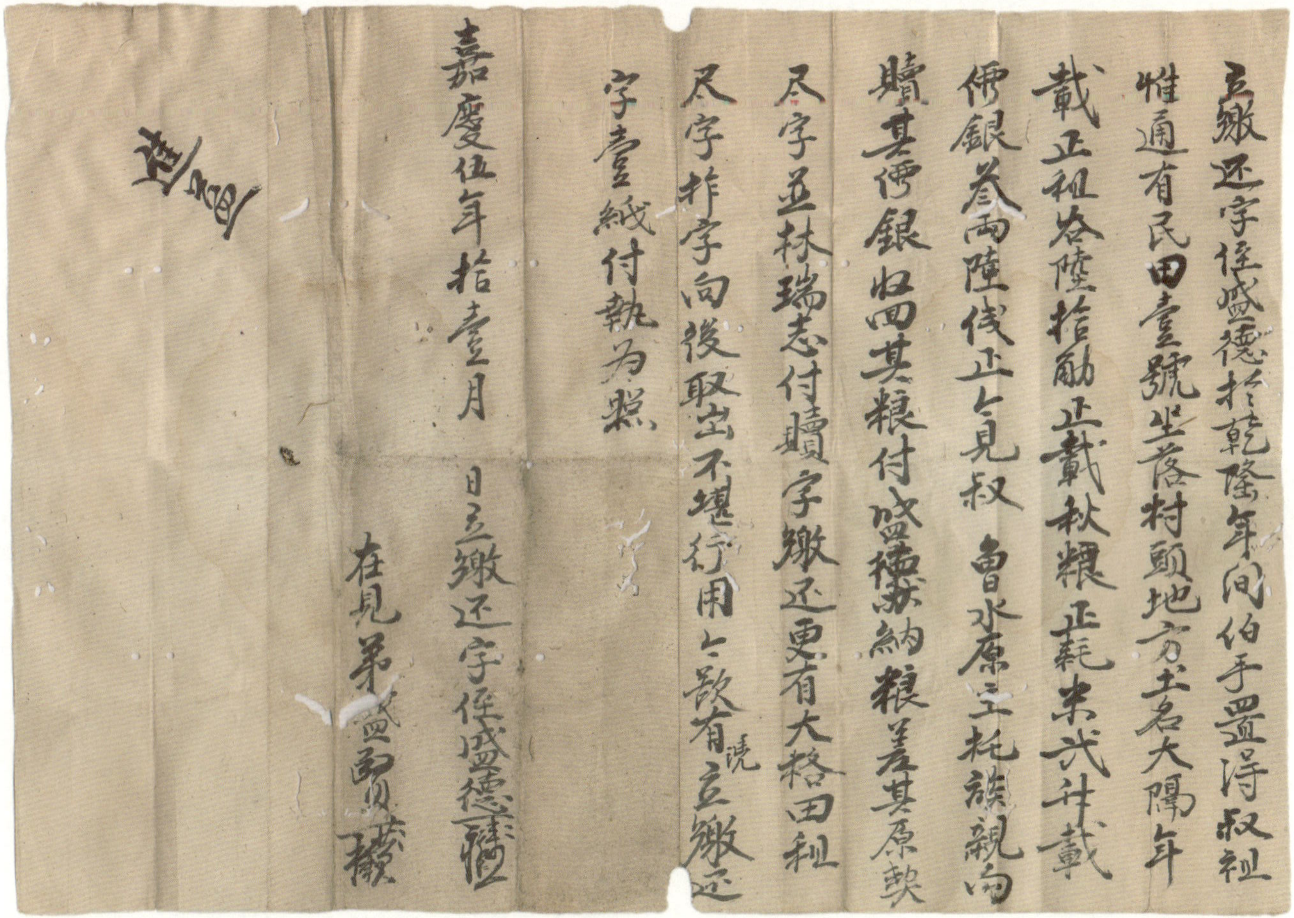
立繳还字侄盛德，於乾隆年間伯手置得叔祖
惟通有民田壹號，坐落村頭地方，土名大陽，年
載正租谷陸拾觔正，載秋粮正耗米弍升載，
價銀叁兩陸錢正。今見叔曾水原立耗族親向
贖，其價銀收回，其粮付盛德納粮。並其原契
尽字並林瑞志付贖字，繳还。更有大格田租
尽字，擇字向後取出，不堪行用。今欲有憑，立繳还
字壹紙付執為照。
嘉慶伍年拾壹月　日立繳还字侄盛德（押）
在見弟盛國（押）

3-1-40-44　清嘉慶五年十一月黃盛德立繳還民田字

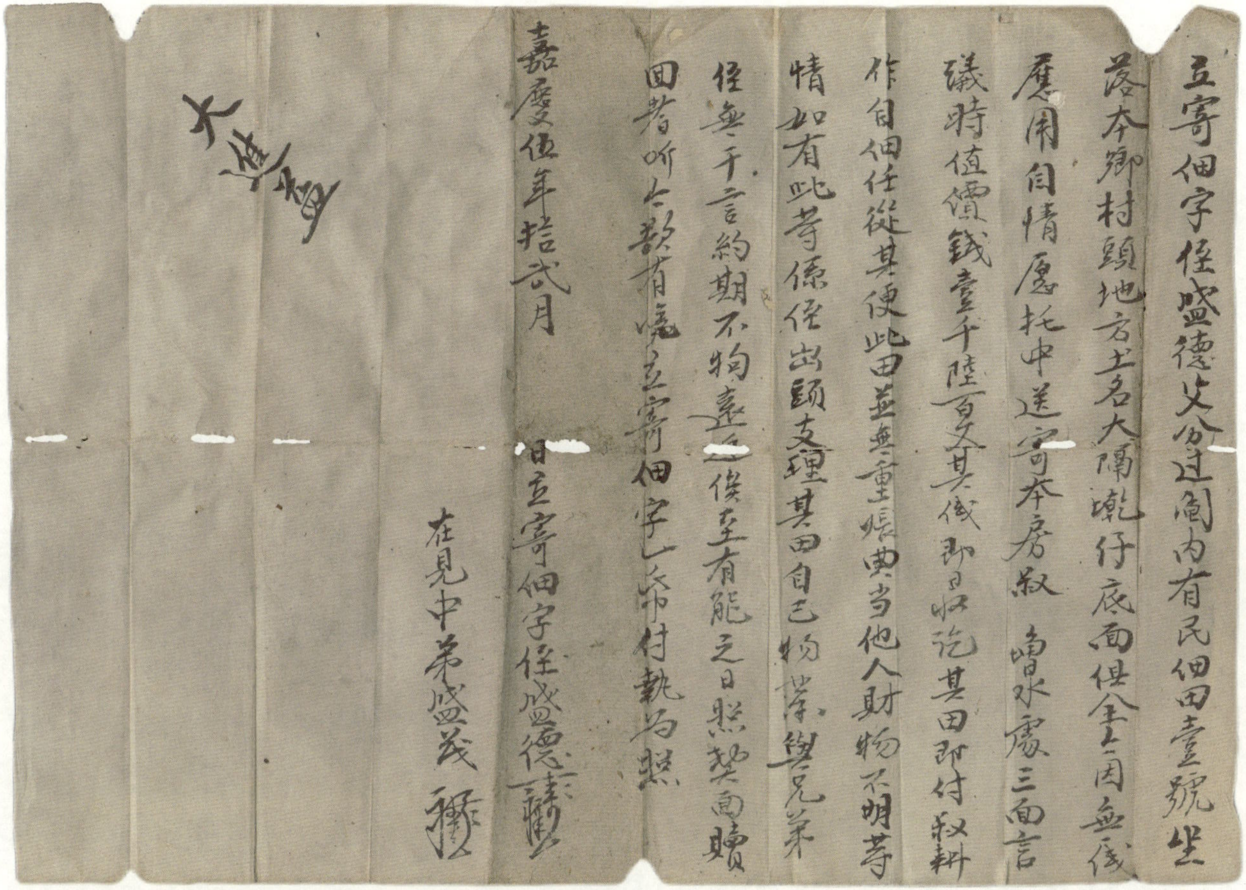

立寄佃字侄盛德丈分过阄内有民佃田壹號坐
落本鄉村頭地方土名大陽墘仔底面併仝上因無錢
應用自情愿托中送寄本房叔　曾水處三面言
議時值價錢壹千陸百文其錢即日收訖其田即付叔耕
作自佃任從其便此田並無重張典当他人財物不明等
情如有此等係侄出頭支理其田自己物業與兄弟
侄無干言約期不拘遠近侯至有能之日照契面贖
田眷听今欲有憑立寄佃字乙帋付執為照
嘉慶伍年拾貳月　日立寄佃字侄盛德（押）
在見中弟盛茂（押）
大[illegible]

3-1-40-45　清嘉慶五年十二月黄盛德立寄民佃田字

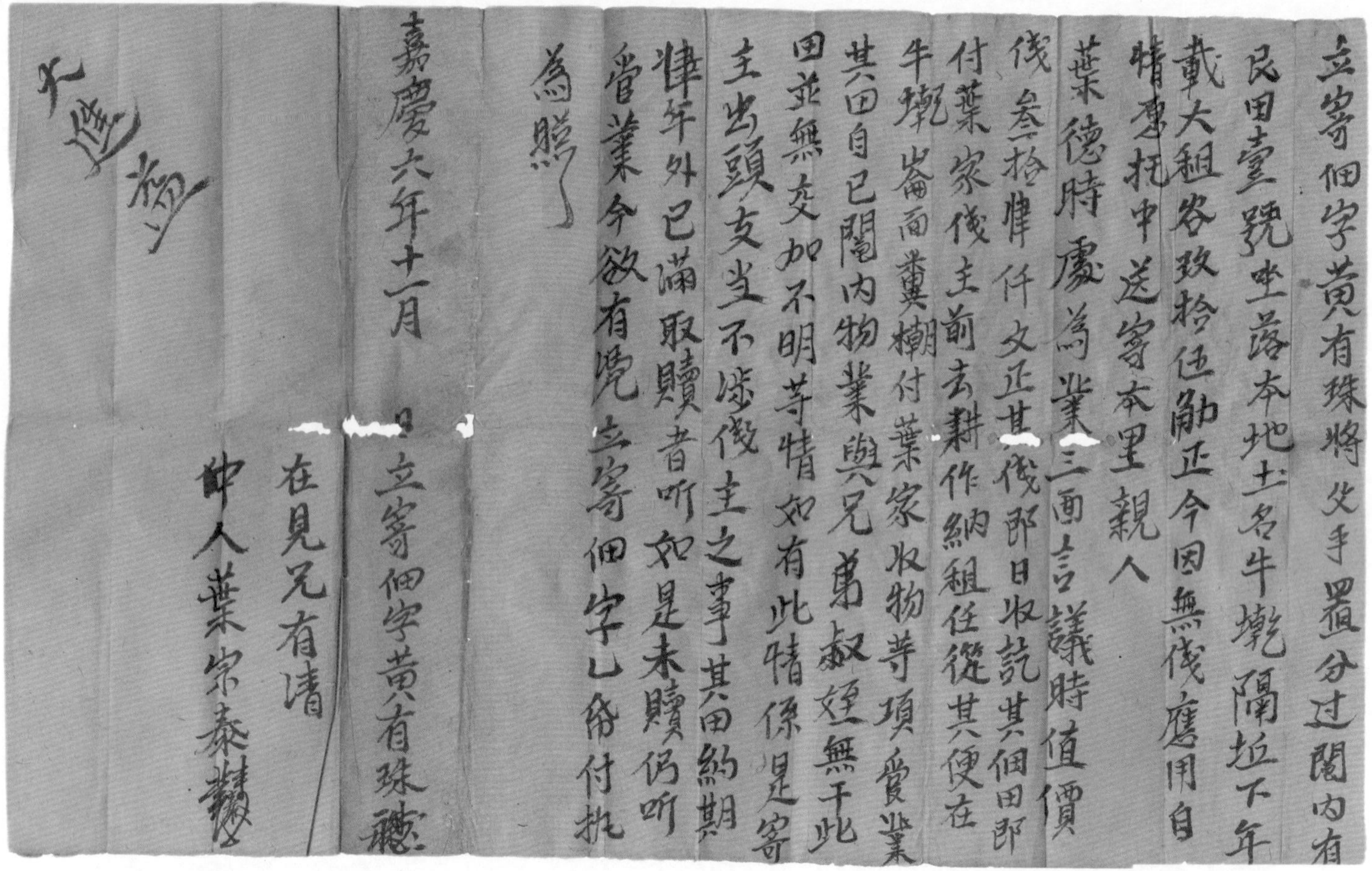

立寄佃字黃有珠將父手置分过閹內有
民田壹號坐落本地土名牛蹄隔垃下年
載大租谷玖拾伍觔正今因無錢應用自
情愿托中送寄本里親人
葉德時處為業三面言議時值價
錢叁拾肆仟文正其錢即日收訖其佃田即
付葉家錢主前去耕作納租任從其便在
牛蹄崙面糞糊付葉家收物等項貴業
其田自己閹內物業與兄弟叔姪無干此
田並無交加不明等情如有此情係是寄
主出頭支当不涉錢主之事其田約期
肆年外已滿取贖者听如是未贖仍听
管業今欲有憑立寄佃字乙紙付執
為照

嘉慶六年十一月　日立寄佃字黃有珠（押）

在見兄有清

中人葉宗泰（押）

大進[illegible]

3-1-40-46　清嘉慶六年十一月黃有珠立寄佃民田字

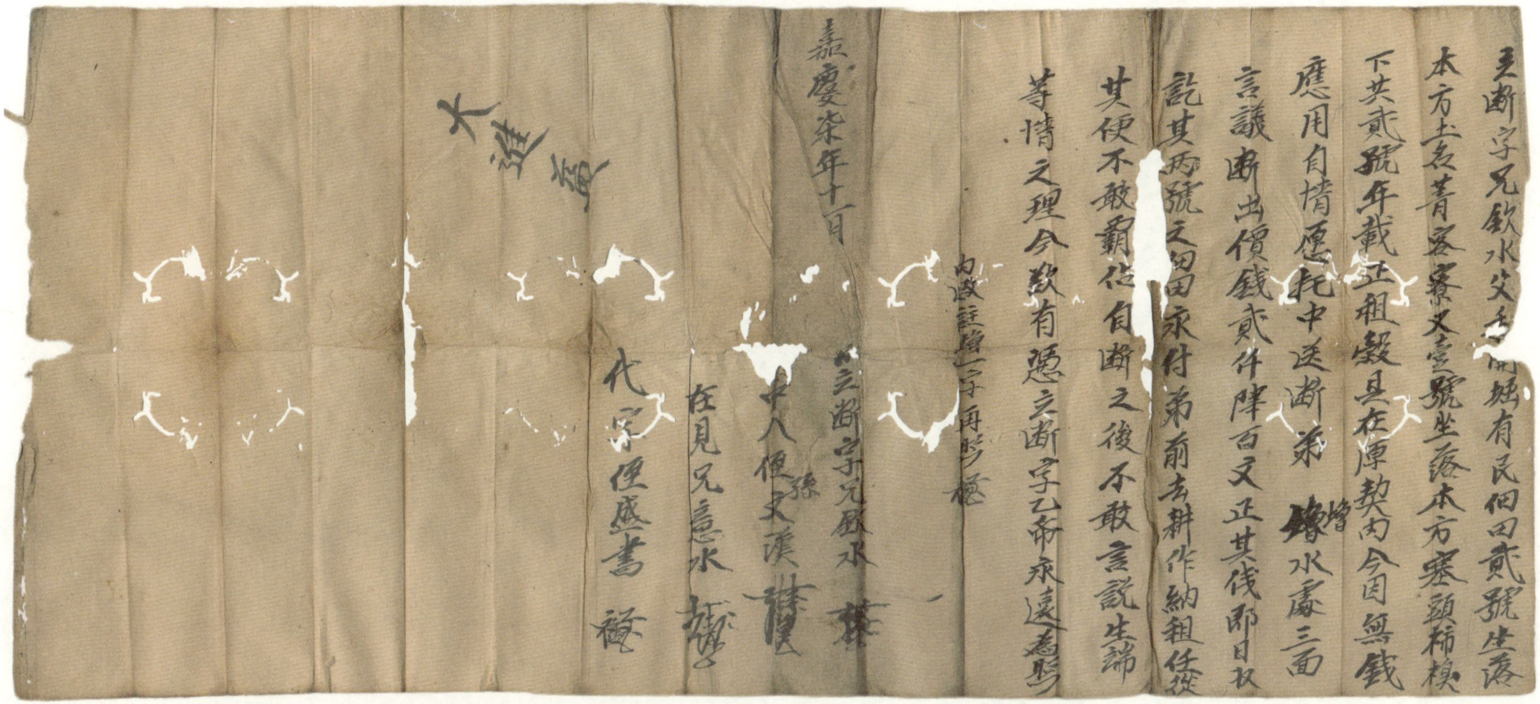
立斷字兄欽水父手置有民佃田貳號坐落
本方土名青容壹號坐落本方塞頭柿模
下共貳號年載正租穀具在原契內今因無錢
應用自情愿托中送斷弟增水處三面
言議斷出價錢貳仟肆百文正其錢即日收
訖其兩號之田永付弟前去耕作納租任從
其便不敢霸佔自斷之後不敢言說生端
等情之理今欲有憑立斷字乙帋永遠為照
內改註錯一字再照
嘉慶柒年十一月　日立斷字兄欽水
中人　侄孫文漢
在見兄高水
代字　侄盛書

3-1-40-47　清嘉慶七年十一月黃欽水立斷民佃田字

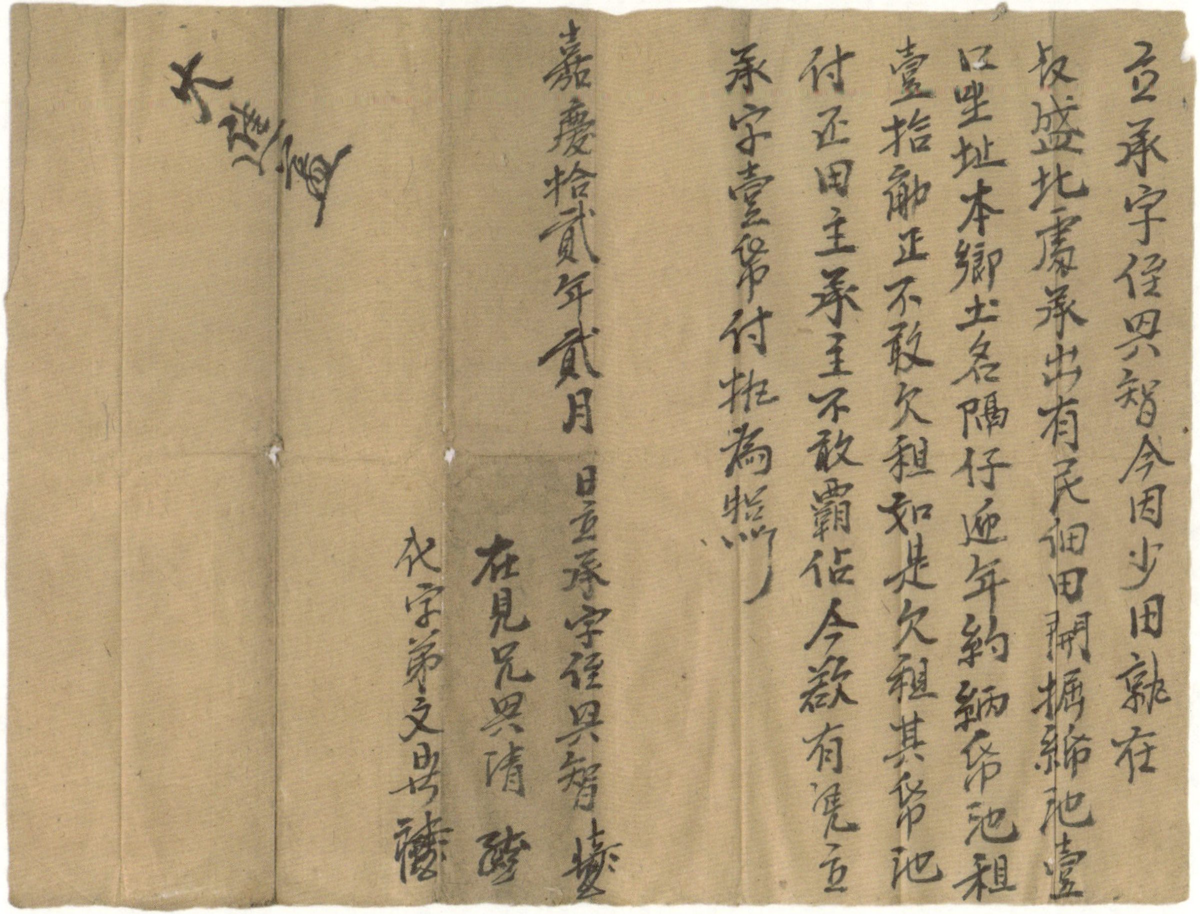

立承字侄㕦智今因少田就在
叔盛北處承出有民佃田開插綿𤰝壹
坵坐址本鄉土名隔仔迎年約納谷𤰝租
壹指廊正不敢欠租知是欠租其谷𤰝
付還田主承主不敢霸佔今欲有憑立
承字壹帋付批為照

嘉慶拾貳年貳月　日立承字侄㕦智（押）
在見兄㕦清（押）
代字弟文典（押）

3-1-40-48　清嘉慶十二年二月黄㕦智立承民佃田字

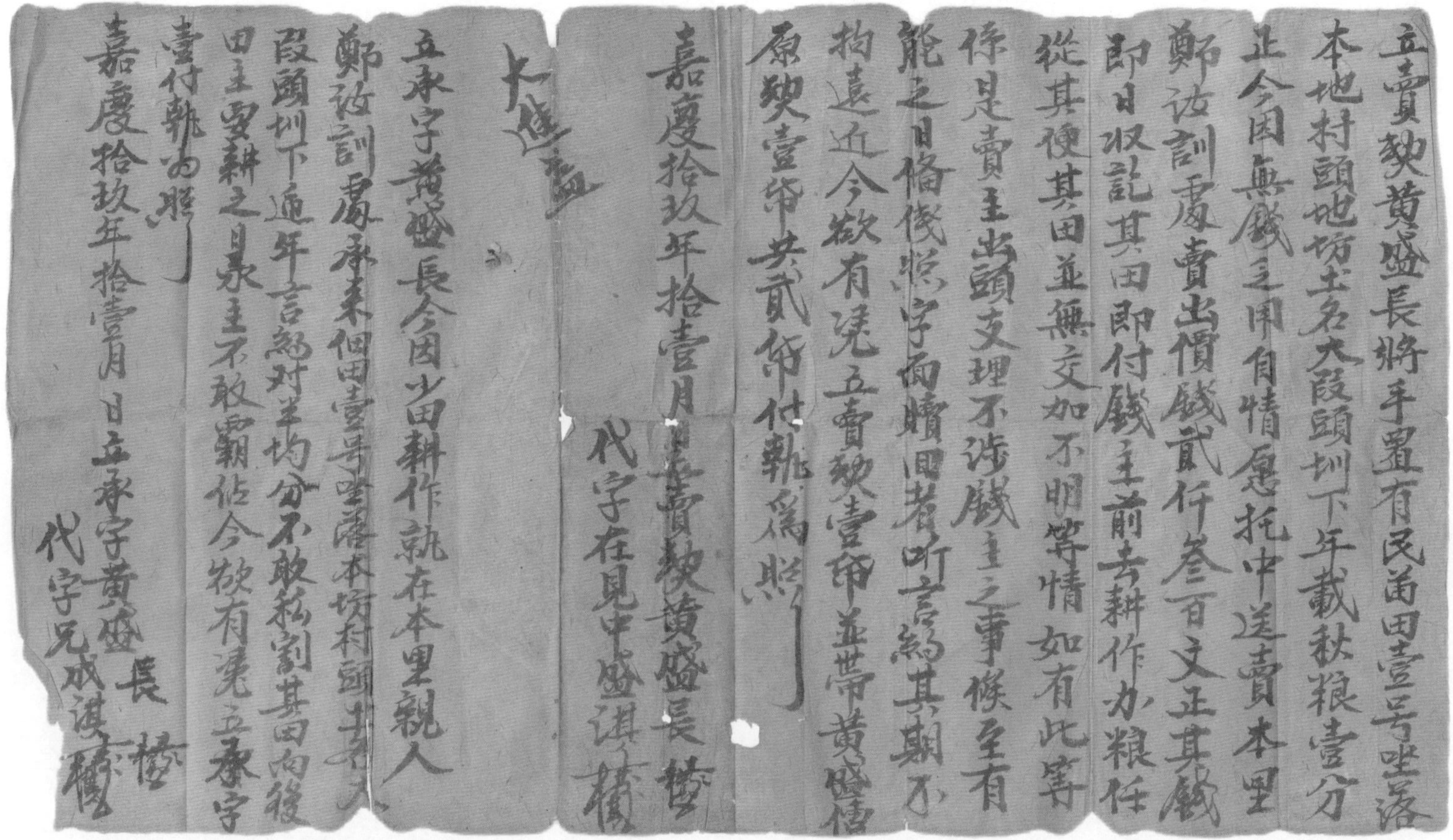

立賣契黄盛長將手置有民苗田壹号坐落
本地村頭地坊土名大段頭圳下年載秋粮壹分
正今因無錢乏用自情愿托中送賣本里
鄭汝訓處賣出價錢貳仟叁百文正其錢
即日收訖其田即付錢主前去耕作办粮任
從其便其田並無交加不明等情如有此等
係是賣主出頭支理不涉錢主之事倘至有
能之日備價照字兩贖田者叮言約其期不
拘遠近今欲有憑立賣契壹帋並帶黄盛僖
原契壹帋共貳帋付執爲照」
嘉慶拾玖年拾壹月　日立賣契黄盛長（押）
代字在見中盛湛（押）

大進益

立承字黄盛長今因少田耕作就在本里親人
鄭汝訓處承來佃田壹号坐落本坊村頭土名大
段頭圳下逐年言約对半均分不敢私割其田向後
田主要耕之日承主不敢霸佔今欲有憑立承字
壹付執爲照」
嘉慶拾玖年拾壹月　日立承字黄盛長（押）
代字兄成湛（押）

3-1-40-49　清嘉慶十九年十一月黄盛長立賣民苗田契

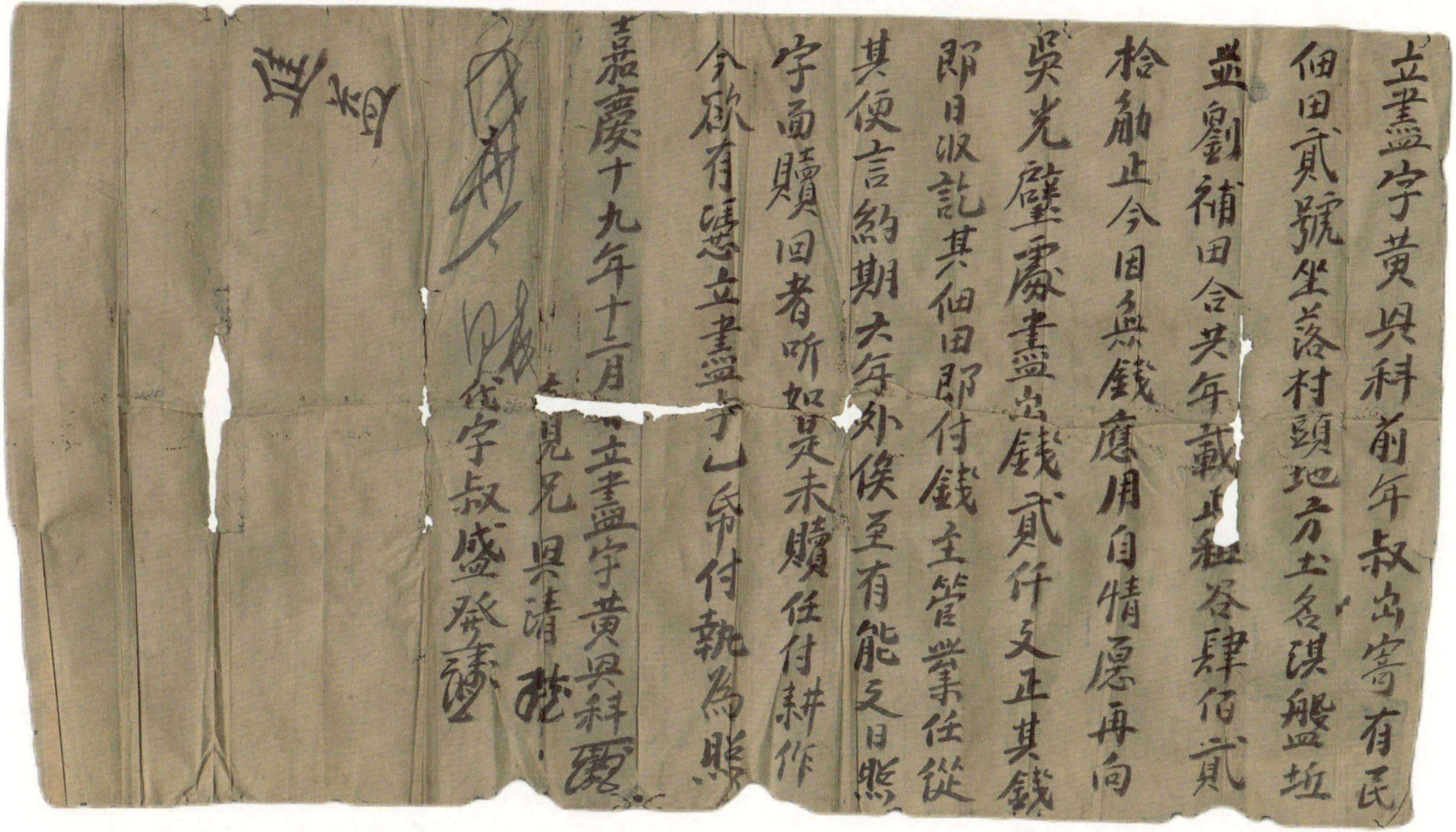
立盡字黃㚖科前年叔出當有民
佃田貳號坐落村頭地方土名湛盤坵
並劉補田合共年載租谷肆佰貳
拾觔止今因無錢應用自情愿再向
吳光璧處盡出錢貳仟文正其錢
即日收訖其佃田即付錢主管業任從
其便言約期六年外候至有能之日照
字面贖回者听如是未贖任付耕作
今欲有憑立盡字一帋付執為照
嘉慶十九年十二月　日立盡字黃㚖科（押）
在見兄㚖清（押）
代字叔盛登（押）

3-1-40-50　清嘉慶十九年十二月黃㚖科立盡民佃田字

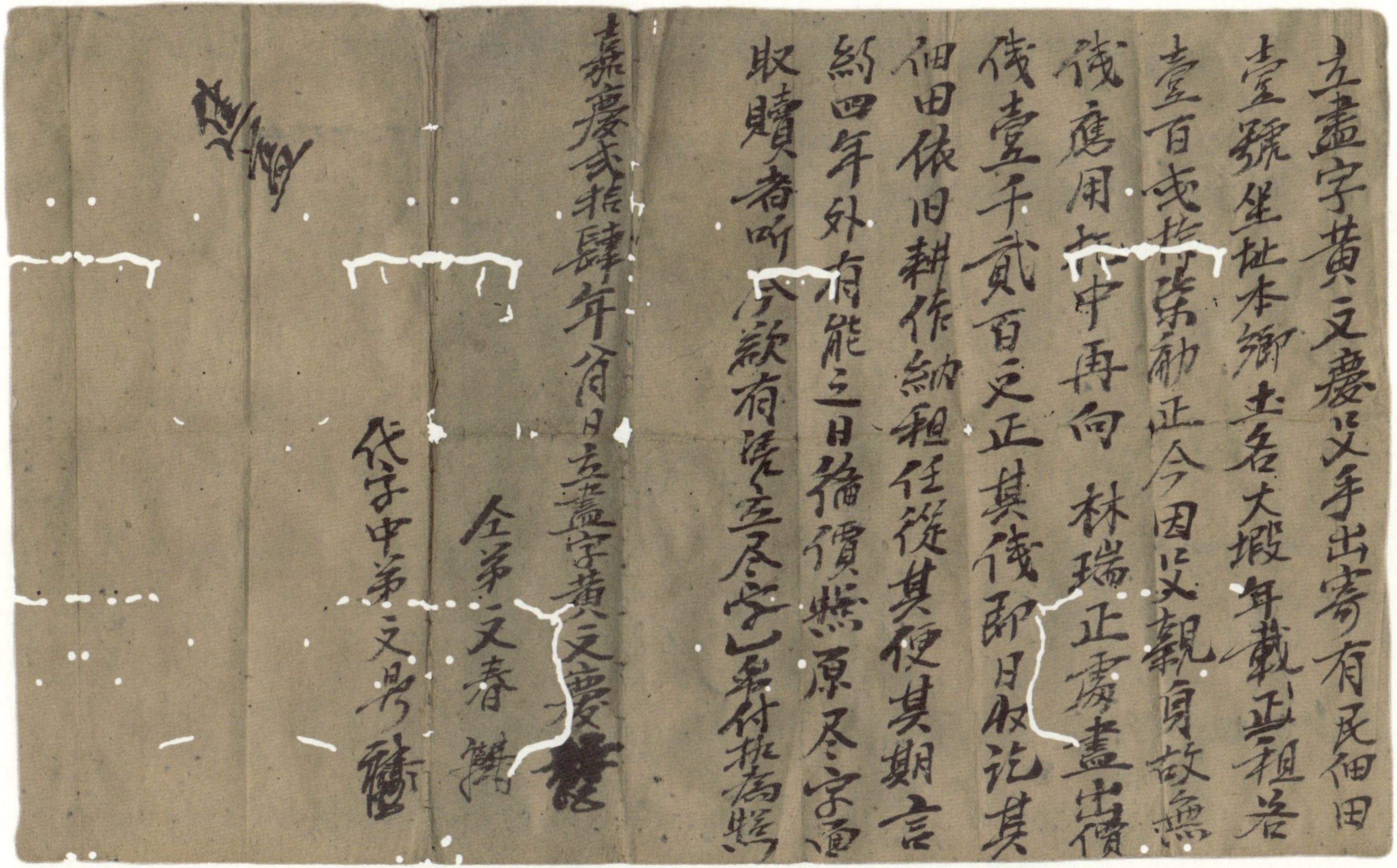
立盡字黃文慶、文手出寄有民佃田
壹號，坐址本鄉土名大堀，年載正租谷
壹百弍拾柒觔正。今因乏親身故，無
錢應用，託中再向 林瑞正處盡出價
錢壹千貳百文正，其錢即日收訖。其
佃田依旧耕作納租，任從其便。其期言
約四年外，有能之日備價照原盡字[illegible]
取贖，[illegible]。今欲有憑，立盡字一紙付執爲照。
嘉慶弍拾肆年八月　日立盡字黃文慶（押）
仝弟文春（押）
代字中弟文昊（押）

3-1-40-51　清嘉慶二十四年八月黃文慶等立盡民佃田字

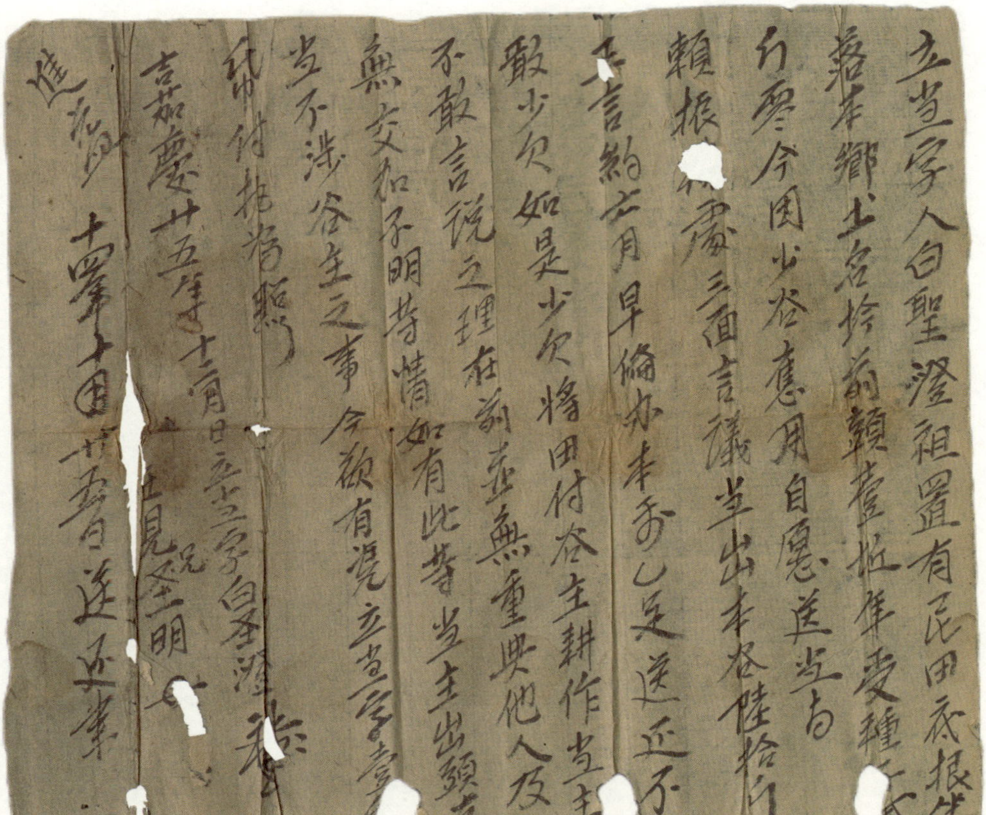
立當字人白聖澄祖置有民田底根坐
落本鄉土名拎前鎮壹坵年受種乙
升零今因少谷應用自愿送當与
賴根□處三面言議當出本谷陸拾斤
其言約六月早備办本利乙足送还不
敢少欠如是少欠將田付谷主耕作當主
不敢言說之理在前並無重典他人及
無交加子明等情如有此等當主出頭支
當不涉谷主之事今欲有憑立當字壹紙
付執存照
嘉慶廿五年十二月日立當字白聖澄
在見兄圣明
進志姐　十四年十月廿五日送还本業

3-1-40-52　清嘉慶二十五年十二月白聖澄立當民田底根字

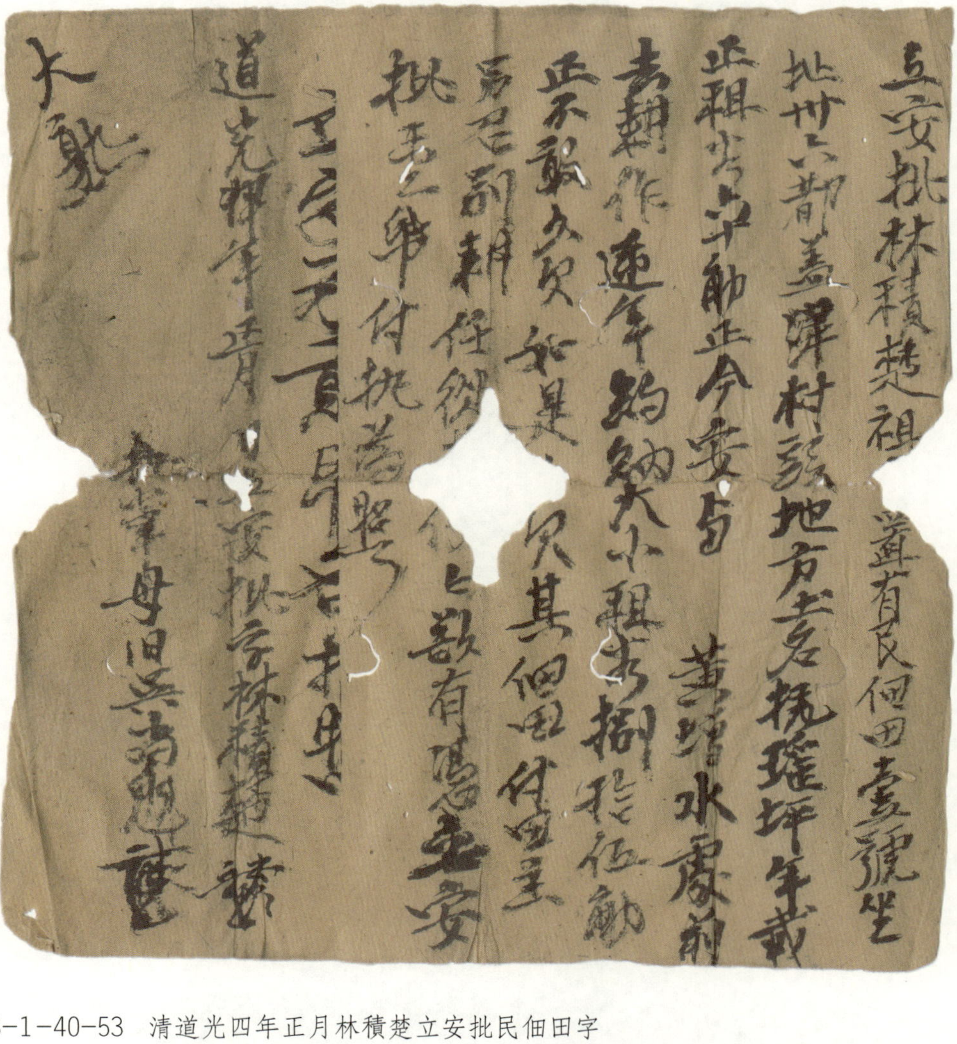

3-1-40-53　清道光四年正月林積楚立安批民佃田字

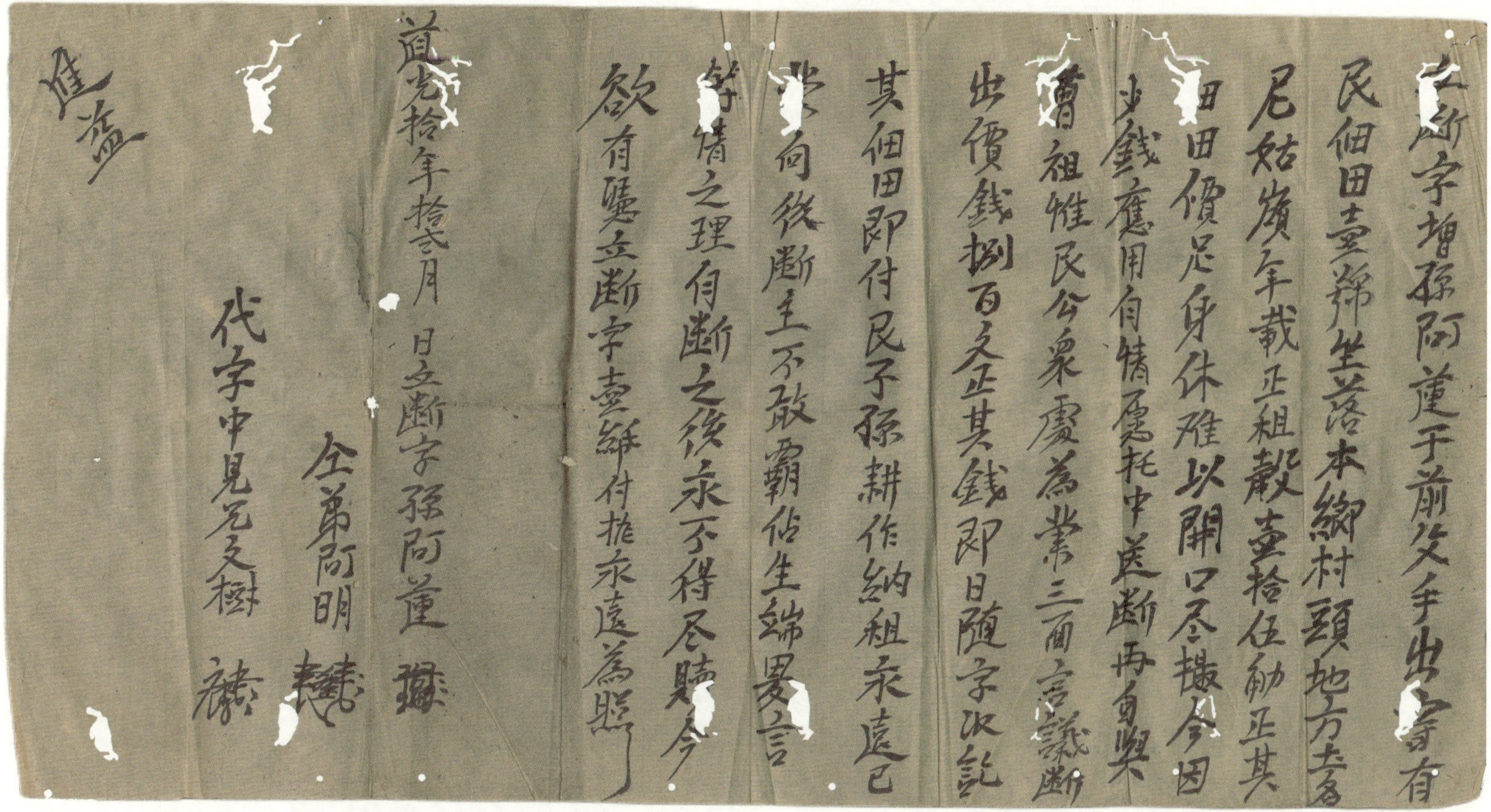
立斷字增孫阿蓮于前父手出賣有
民佃田壹號坐落本鄉村頭地方土名
尼姑嶺年載正租穀壹拾伍觔正其
田田價足身休難以開口不撮今因
少錢應用自情愿托中送斷與
曾祖惟民公衆處爲業三面言議斷
出價錢捌百文正其錢即日隨字收訖
其佃田即付民子孫耕作納租永遠已
業向後斷主不敢霸佔生端異言
等情之理自斷之後永不得尽贖今
欲有憑立斷字壹紙付推永遠爲照

道光拾年拾弍月　日立斷字孫阿蓮（押）

仝弟阿明（押）

代字中見兄文樹（押）

僅益

3-1-40-54　清道光十年十二月黄阿蓮等立斷民佃田字

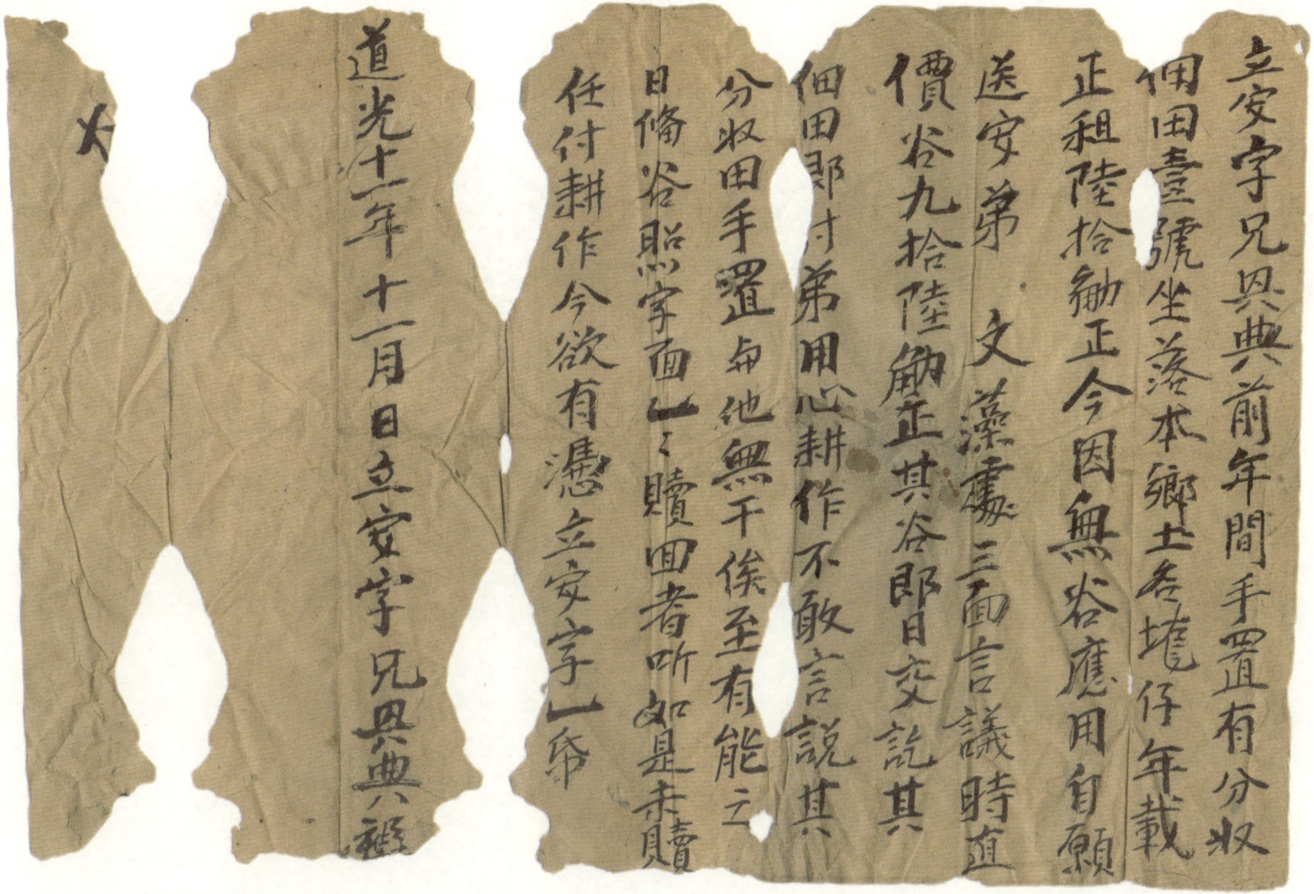
立安字兄吳典前年間手置有分收
佃田壹號坐落本鄉土名墘仔年載
正租陸拾觔正今因無谷應用自願
送安弟 文藻處三面言議時值
價谷九拾陸觔正其谷即日交訖其
佃田即付弟用心耕作不敢言說其
分收田手置與他無干併至有能之
日備谷照字面一一贖田者听如是未贖
任付耕作今欲有憑立安字一紙
道光十一年十一月日立安字兄吳典
大

3-1-40-55　清道光十一年十一月黄吳典立安佃田字

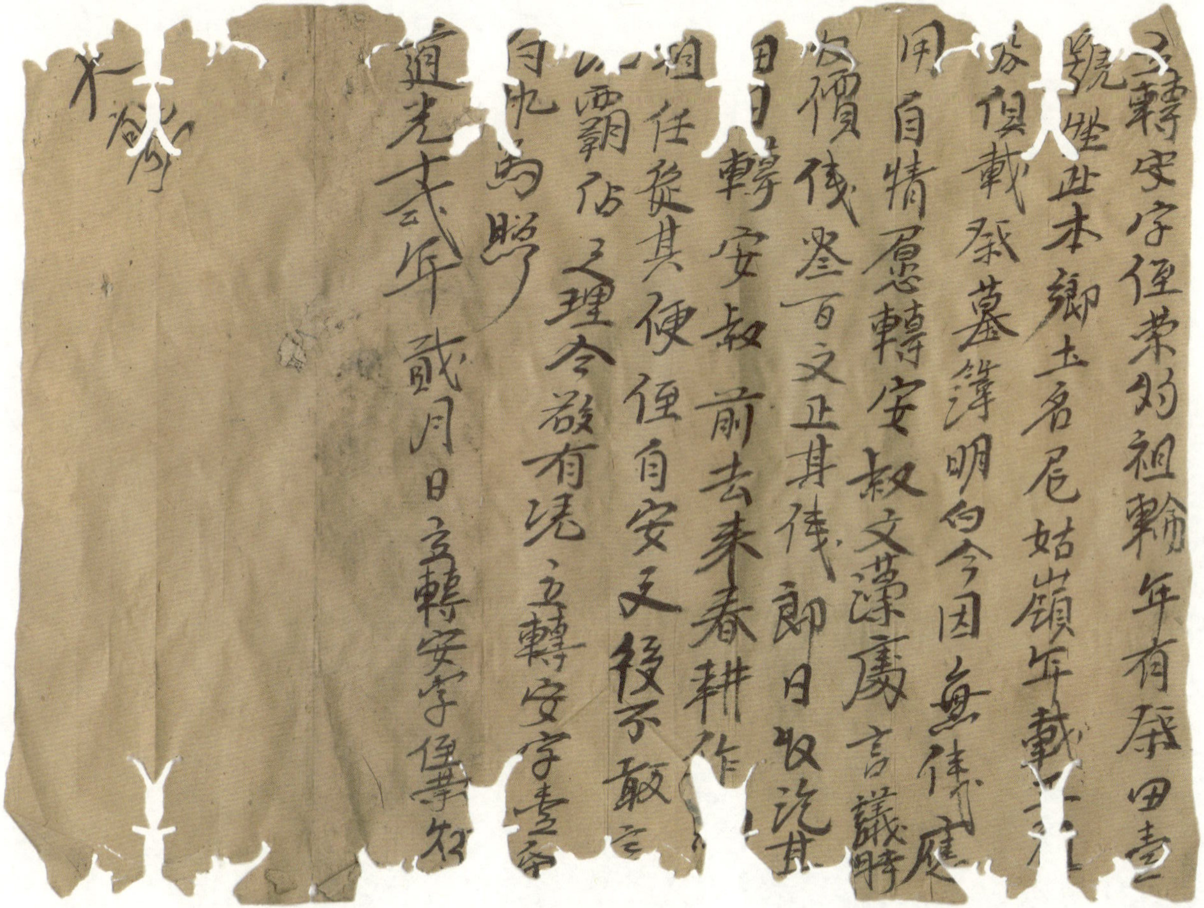

3-1-40-56　清道光十二年二月黃荣灼立轉安祭田字

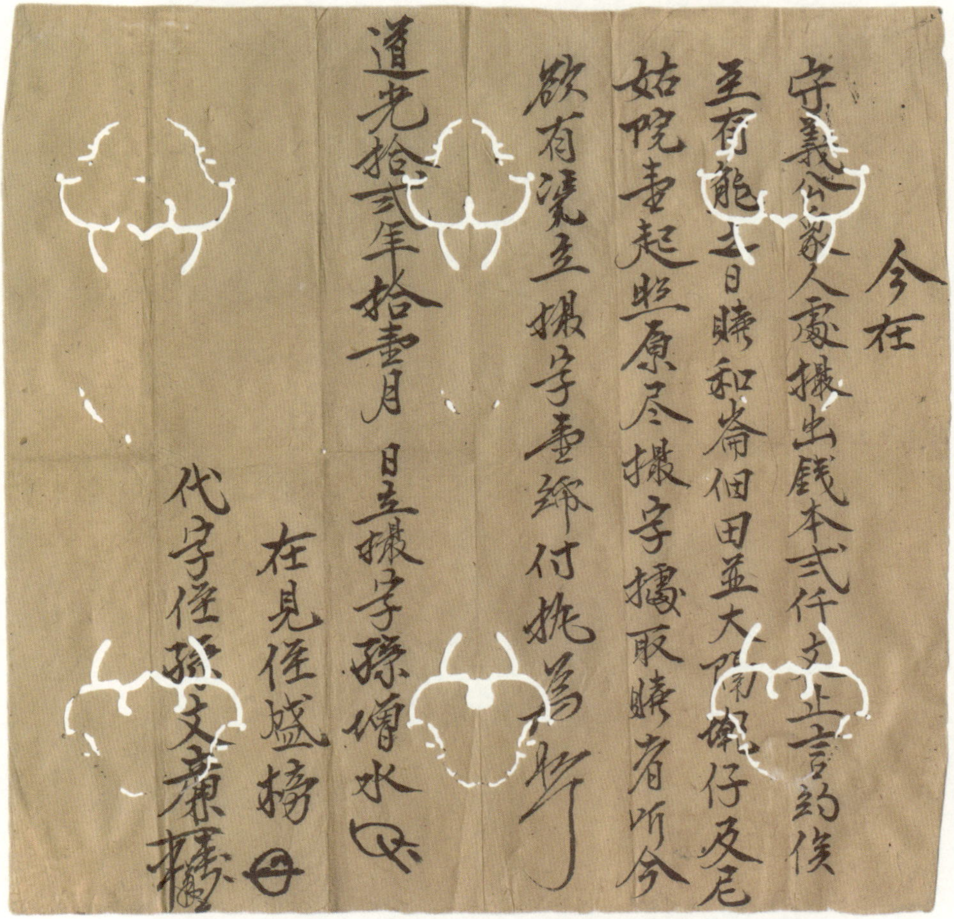

今在
守義公衆人處撮出錢本弍仟文正言約俟
至有能之日贖和崙佃田並大陳仔及尼
姑院壹起照原尽撮字擄取贖者听今
欲有憑立撮字壹紙付挑爲炤
道光拾弍年拾壹月　日立撮字孫增水（押）
在見侄盛搒（押）
代字侄孫文康（押）

3-1-40-57　清道光十二年十一月黃增水立撮字

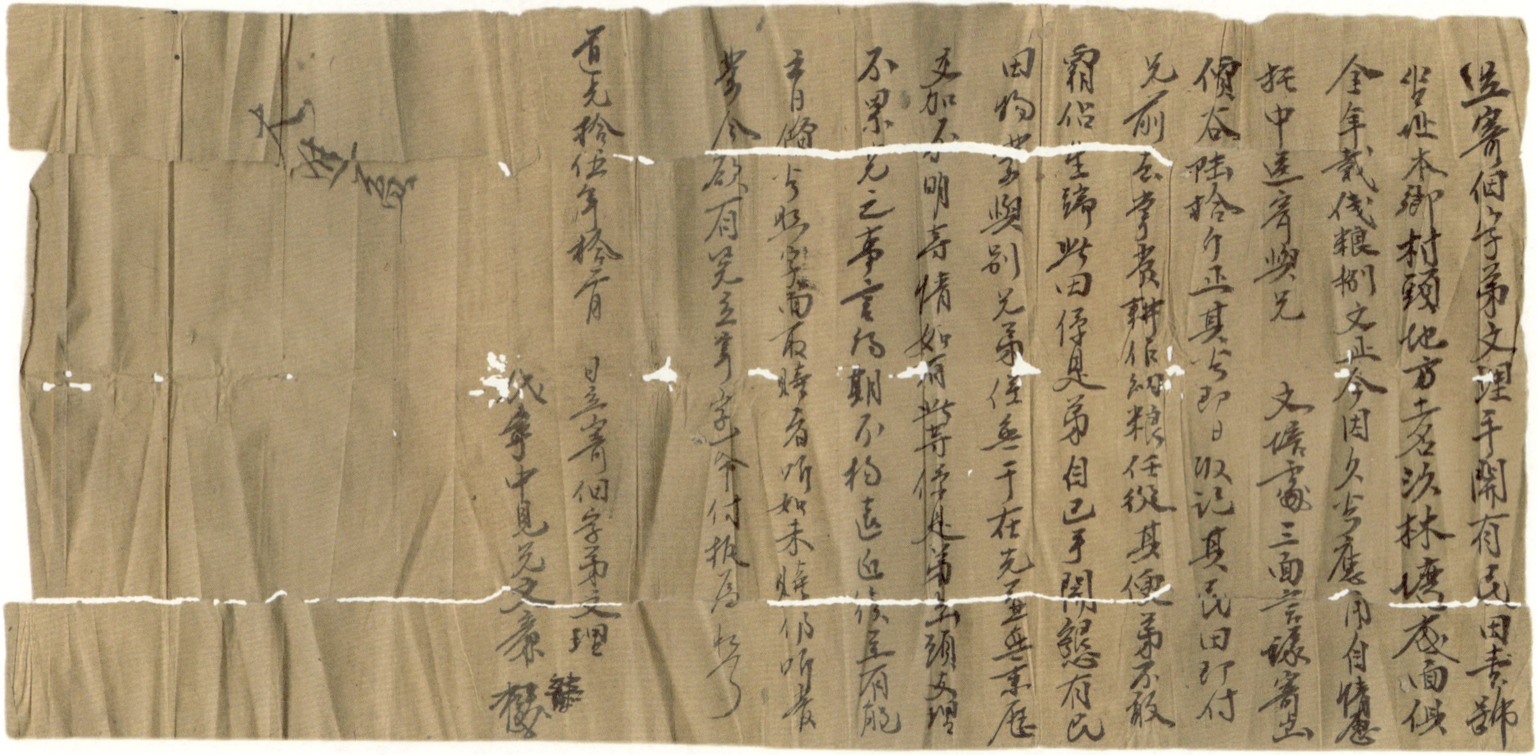

立寄佃字弟文理，手置有民田壹號，坐址本鄉村頭地方，土名沙林塘岙面俱，全年載谷粮捌文正。今因久居[illegible]，自情愿托中送寄與兄文僖[illegible]，三面言議寄出價谷陸拾斤正。其谷即日收訖，其民田付兄前去掌管耕作納粮，任從其便，弟不敢霸佔生端。此田係是弟自己手置物業，與別兄弟侄無干，在先並無重張交加不明等情；如有此等，係是弟一頭支理，不累兄之事。言約期不拘遠近，備足[illegible]，[illegible]如未贖，仍听兄掌管。今欲有憑，立寄字一紙付執為照。

道光拾伍年拾貳月　日立寄佃字弟　文理（押）

代筆中見兄　文康（押）

3-1-40-58　清道光十五年十二月黄文理立寄佃民田字

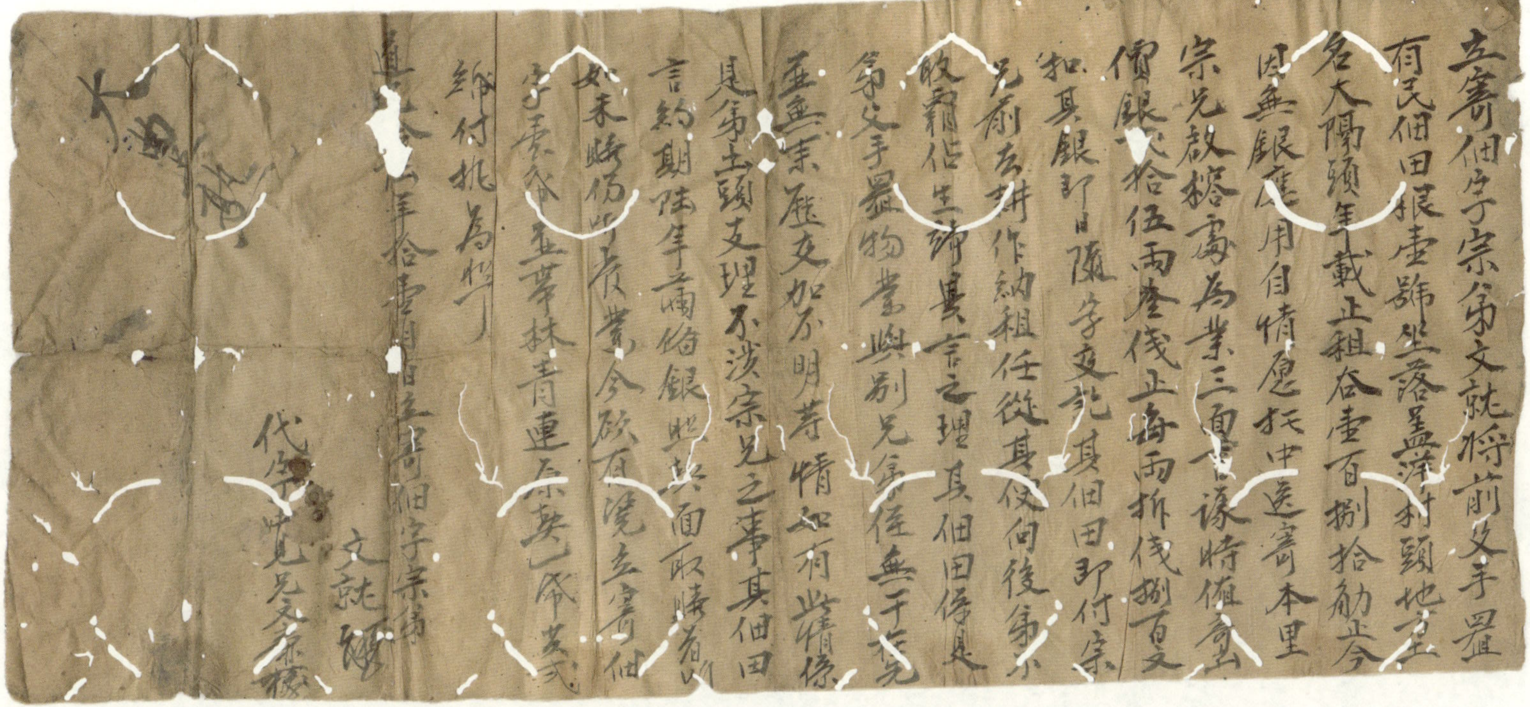
立寄佃字宗弟文就將前父手置
有民佃田根壹號坐落蓋洋村碓頭地方土
名大陽頭年載正租谷壹百捌拾觔正今
因無銀應用自情愿托中送寄本里
宗兄叔榜處為業三面言議時值價
價銀拾伍兩叁錢正每兩折錢捌百文
扣其銀即日隨字交訖其佃田即付宗
兄前去耕作納租任從其便向後弟不
敢翻悔生端異言之理其佃田係是
弟父手置物業與別兄弟侄無干於兄
并無來歷交加不明等情如有此情係
是弟出頭支理不涉宗兄之事其佃田
言約期陸年滿備銀照契面取贖若
如未贖仍照舊管今欲有憑立寄佃
字壹紙并草林青連原契壹紙共式
紙付執為照
道光拾陸年拾壹月　日立寄佃字宗弟　文就
代字堂兄文榜

3-1-40-59　清道光十六年十一月黃文就立寄民佃田字

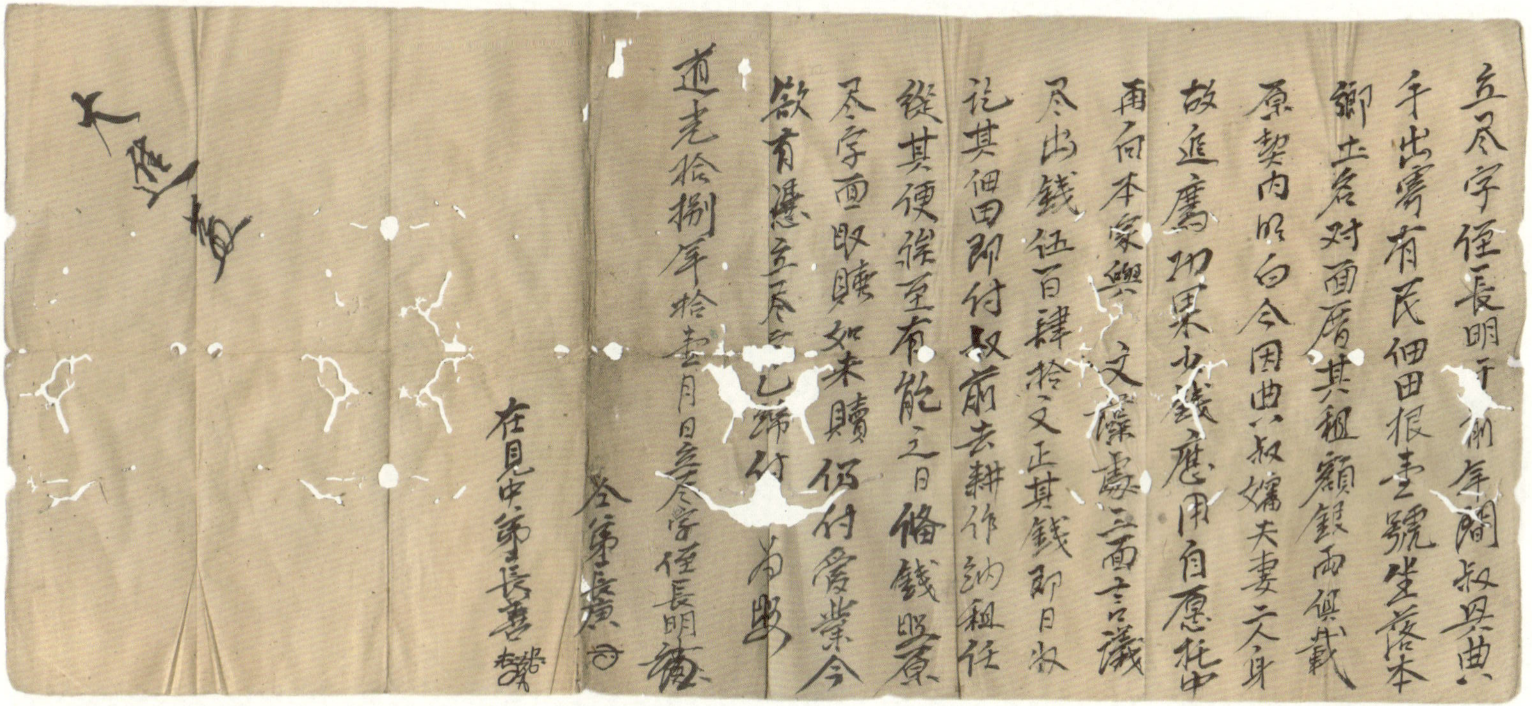
立盡字侄長明于[illegible]年間叔興曲、
手出賣有民佃田根壹號，坐落本
鄉土名対面厝，其租額銀兩俱載
原契內明白。今因曲、叔媍夫妻二人身
故進廣功果少錢應用，自愿托中
再向本家興文、傑壽三面言議
盡出錢伍百肆拾文正，其錢即日收
訖，其佃田即付叔前去耕作納租，任
從其便，從至有能之日，備錢照原
盡字面取贖，如未贖，仍付管業。今
欲有憑，立盡字乙紙付為照。
道光拾捌年拾壹月　日立盡字侄長明
仝弟長廣
在見中弟長喜

3-1-40-60　清道光十八年十一月黄長明等立盡民佃田根字

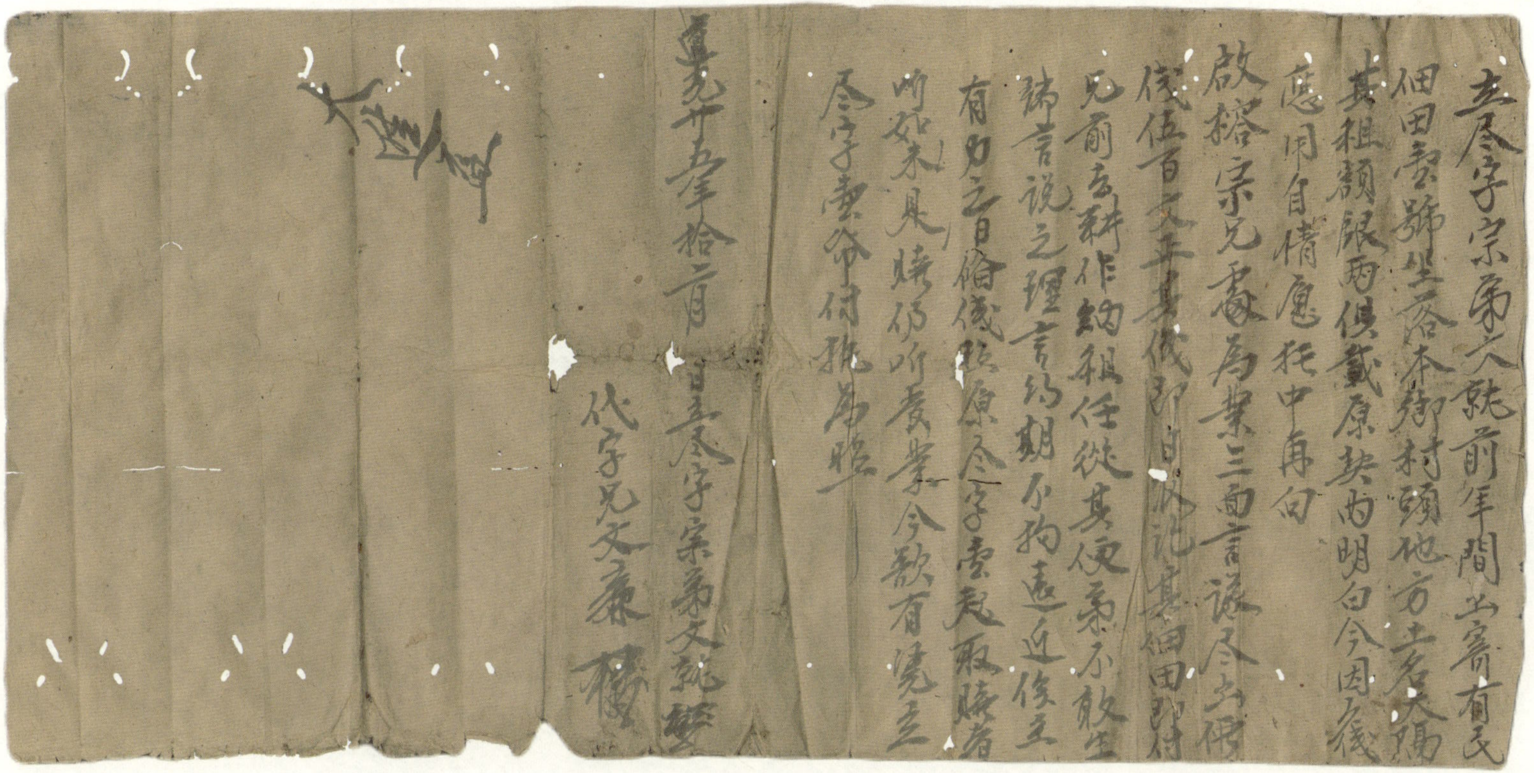
立盡字宗弟文就，前年間出賣有民
佃田壹號，坐落本鄉村頭地方，土名大陽
其，租額銀兩俱載原契內明白。今因錢
應用，自情愿托中再向
啟榕宗兄處為業，三面言議盡出佃
價伍百文正，其價即日收訖。其佃田即付
兄前去耕作，納租任從其便，弟不敢生
端言說之理，言約期不拘遠近，係立
有日之日，備價照原盡字壹紙取贖，前者
明如未見贖，仍聽管業。今欲有憑，立
盡字壹紙付執為照。

道光廿五年拾二月　日立盡字宗弟文就（押）
代字兄文康（押）

大進大吉

3-1-40-61　清道光二十五年十二月黃文就立盡民佃田字

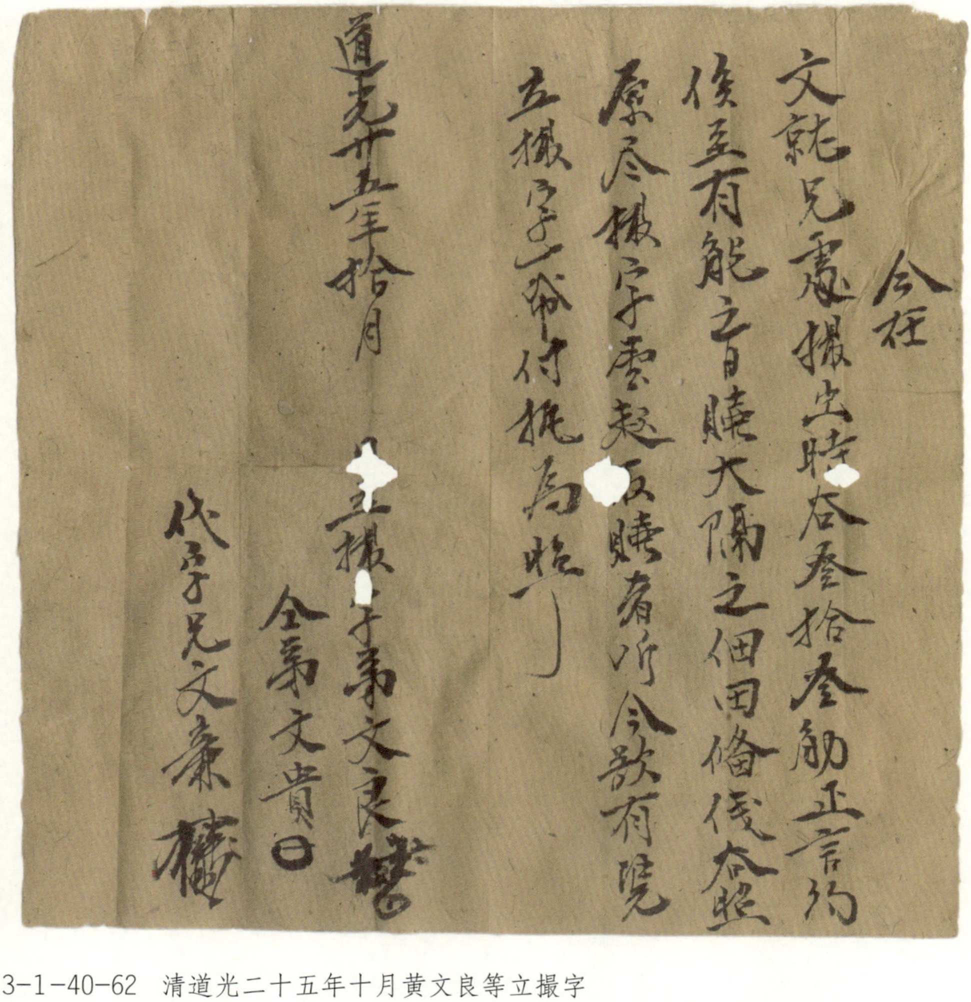
今在
文就兄處撮出時谷叁拾叁觔正言約
俟至有能之日贖大陽之佃田借俵谷照
原谷撮字票起取贖者所今欲有憑
立撮字一帋付執爲照」
道光廿五年拾月　日
立撮字弟文良（押）
仝弟文貴（押）
代字兄文康（押）

3-1-40-62　清道光二十五年十月黄文良等立撮字

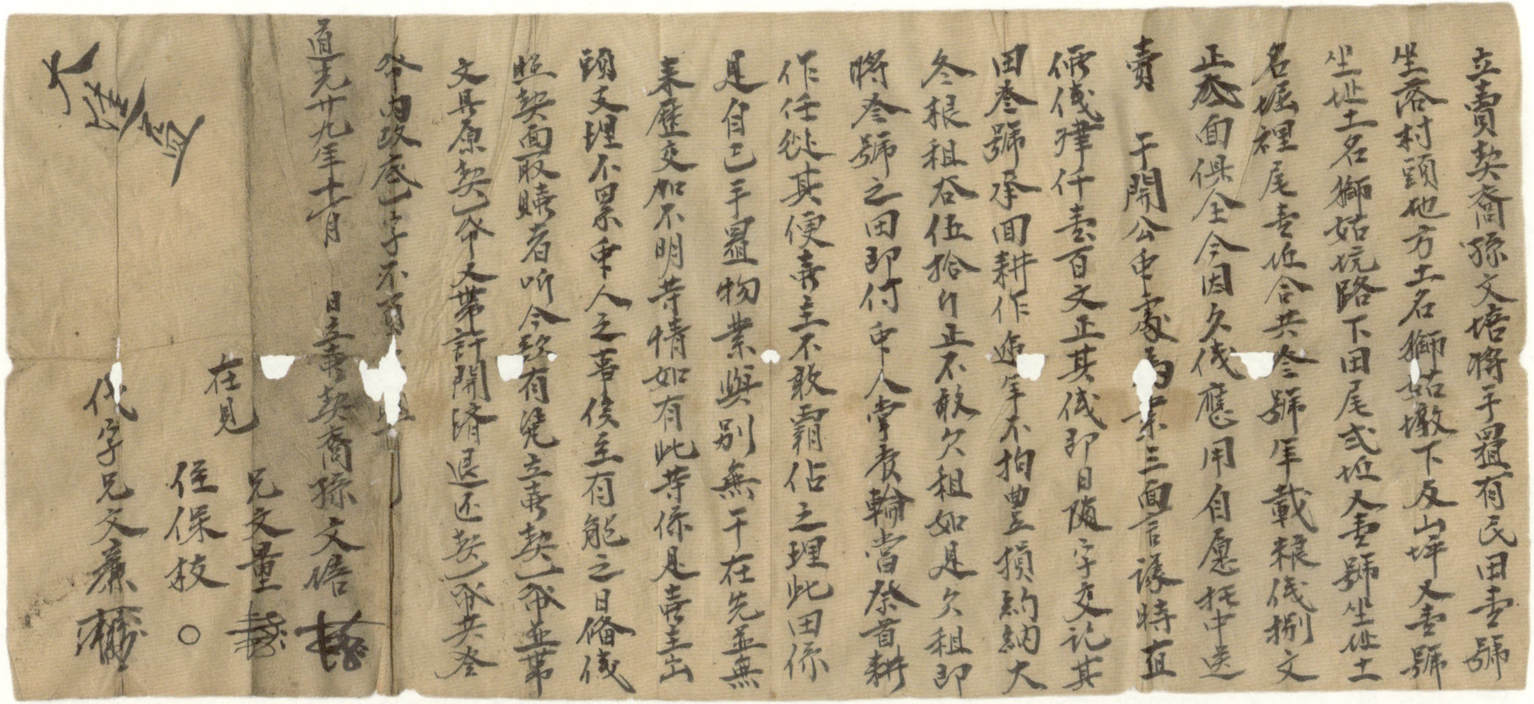

立賣契裔孫文培將手置有民田壹號坐落村頭地方土名獅姑墩下反山坪又壹號坐址土名獅姑坑路下田尾式坵又壹號坐址土名坵裡尾壹坵合共叁號年載粮代捌文正叁面俱全今因欠代應用自愿托中送賣 于闔公中處爲業三面言議時值價代肆仟壹百文正其代即日隨字交訖其田叁號承回耕作遞年不拘豐損約納大冬根租谷伍拾斤正不敢欠租如是欠租即將叁號之田即付中人掌收輪當發耕作任從其便賣主不敢霸佔之理此田係是自己手置物業與別無干在先並無來歷交加不明等情如有此等係是賣主出頭支理不累中人之事後至有能之日備代照契面取贖者所今欲有憑立賣契一紙並帶文具原契一紙又執許開贖退还契一紙共叁紙 今内改叁一字不算 [illegible]

道光廿九年十一月 日立賣契裔孫文培（押）

在見 兄文量（押）

侄保枝 ○

代字兄文廉（押）

[illegible]

3-1-40-63 清道光二十九年十一月黄文培立賣民田契

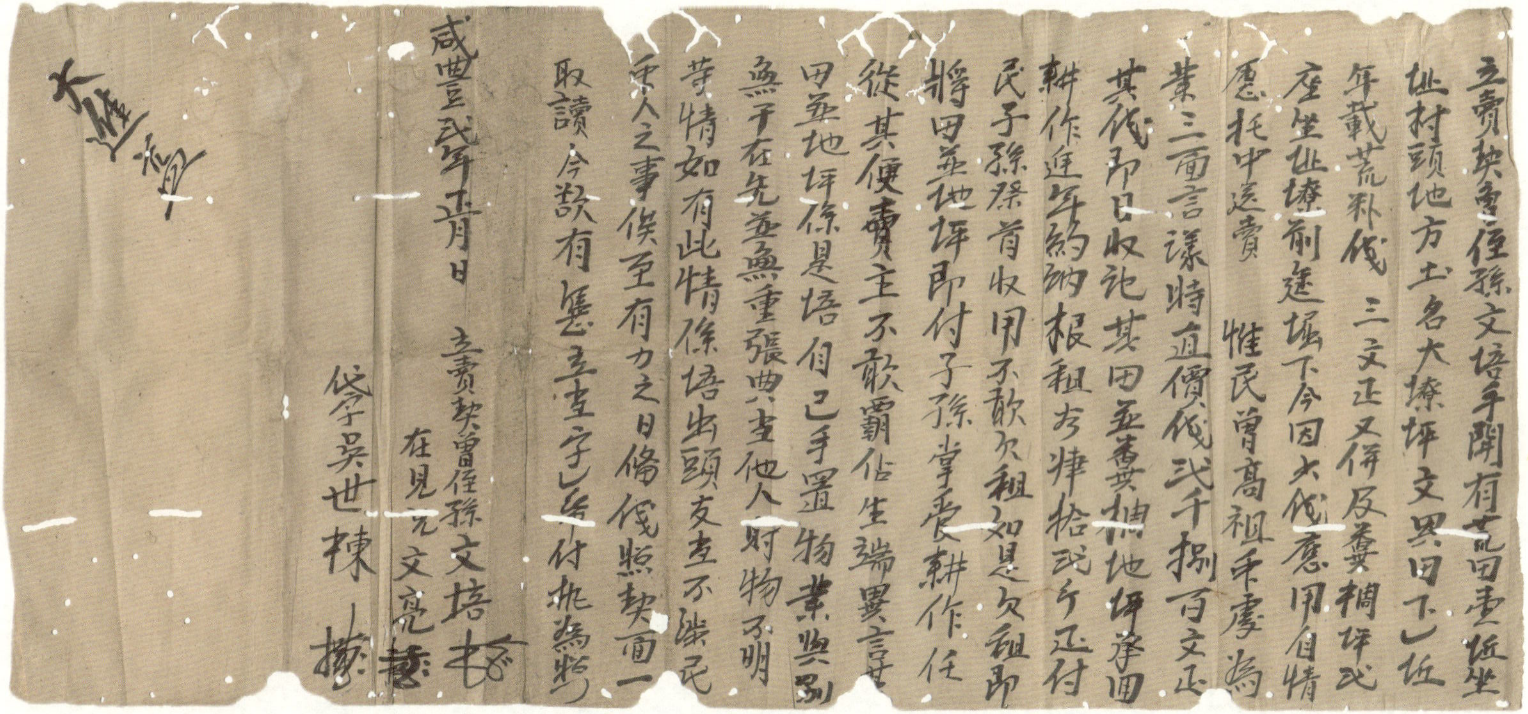
立賣契曾侄孫文培手開有荒田壹坵，坐
址村頭地方，土名大塝坪文異田下一坵，
年載荒秈稅 三文正，又併及壅椆坪弍
座，坐址塝前廷塌下。今因少錢應用，自情
愿托中送賣 惟民曾高祖手處為
業，三面言議，時值價錢弍千捌百文正。
其錢即日收訖，其田並壅椆地坪承佃
耕作，逐年約納根租冇谷弍拾弍斤正，付
民子孫餘首收用，不敢欠租。如是欠租，即
將田並地坪即付子孫掌管耕作，任
從其便，賣主不敢霸佔生端異言。其
田並地坪係是培自己手置物業，與別
無干，在先並無重張典賣他人財物不明
等情，如有此情，係培出頭支當，不涉民
承人之事。係至有力之日，備價照契面一
取贖。今欲有憑，立賣字一紙付執為照。
咸豐弍年正月 日 立賣契曾侄孫文培（押）
在見兄文亮（押）
代字吳世棟（押）
大塝荒田

3-1-40-64 清咸豐二年正月黃文培立賣荒田契

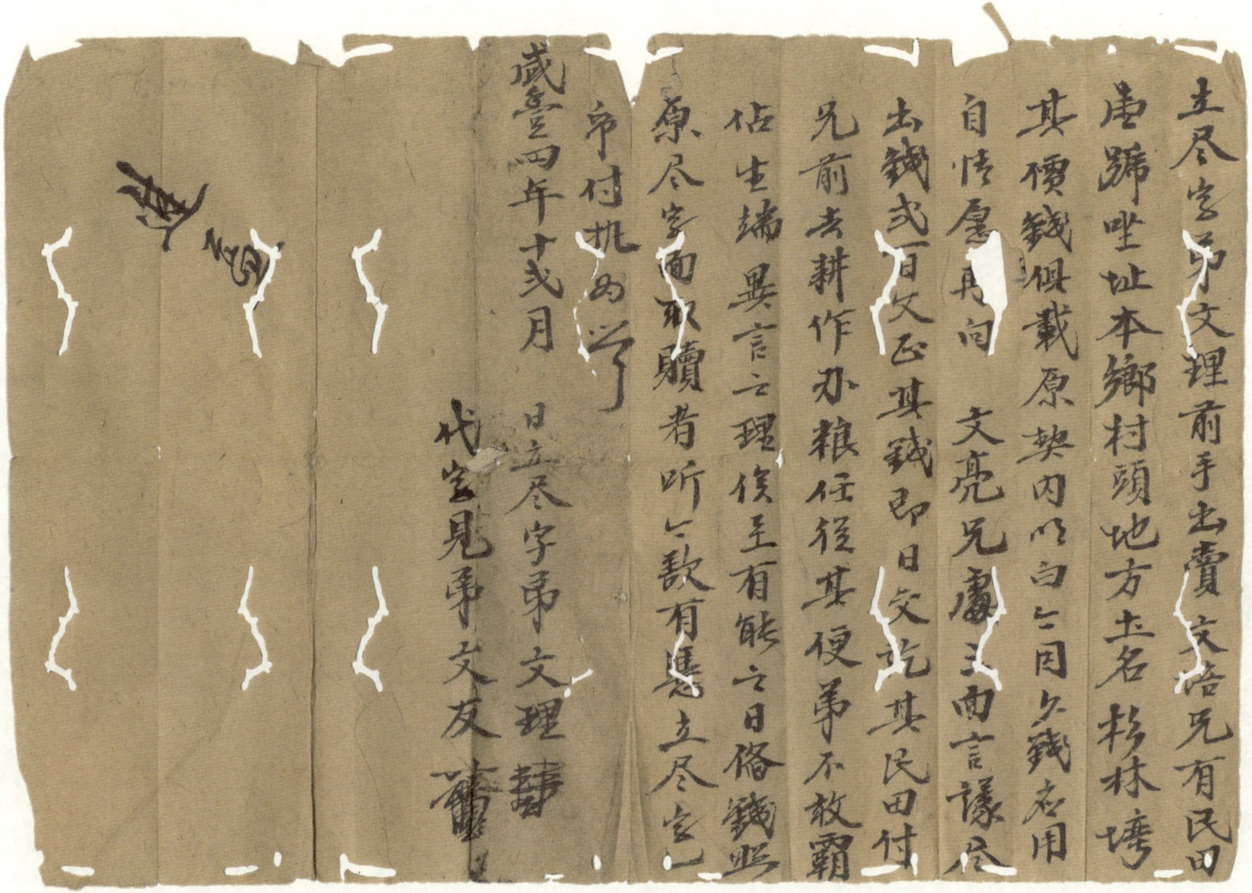

立盡字弟文理，前手出賣文浩兄有民田壹號，坐址本鄉村頭地方，土名杉林墘，其價錢俱載原契内。今因乏錢應用，自情愿再向文亮兄處三面言議，盡出錢弍百文正。其錢即日交訖，其民田付兄前去耕作、办粮，任從其便，弟不敢霸佔生端異言之理。候至有能之日，備錢照原盡字面取贖，者听之歉。有憑，立盡字一帋付執為照。

咸豐四年十弍月　日立盡字弟文理（押）

代字見弟文友（押）

3-1-40-65　清咸豐四年十二月黃文理立盡民田字

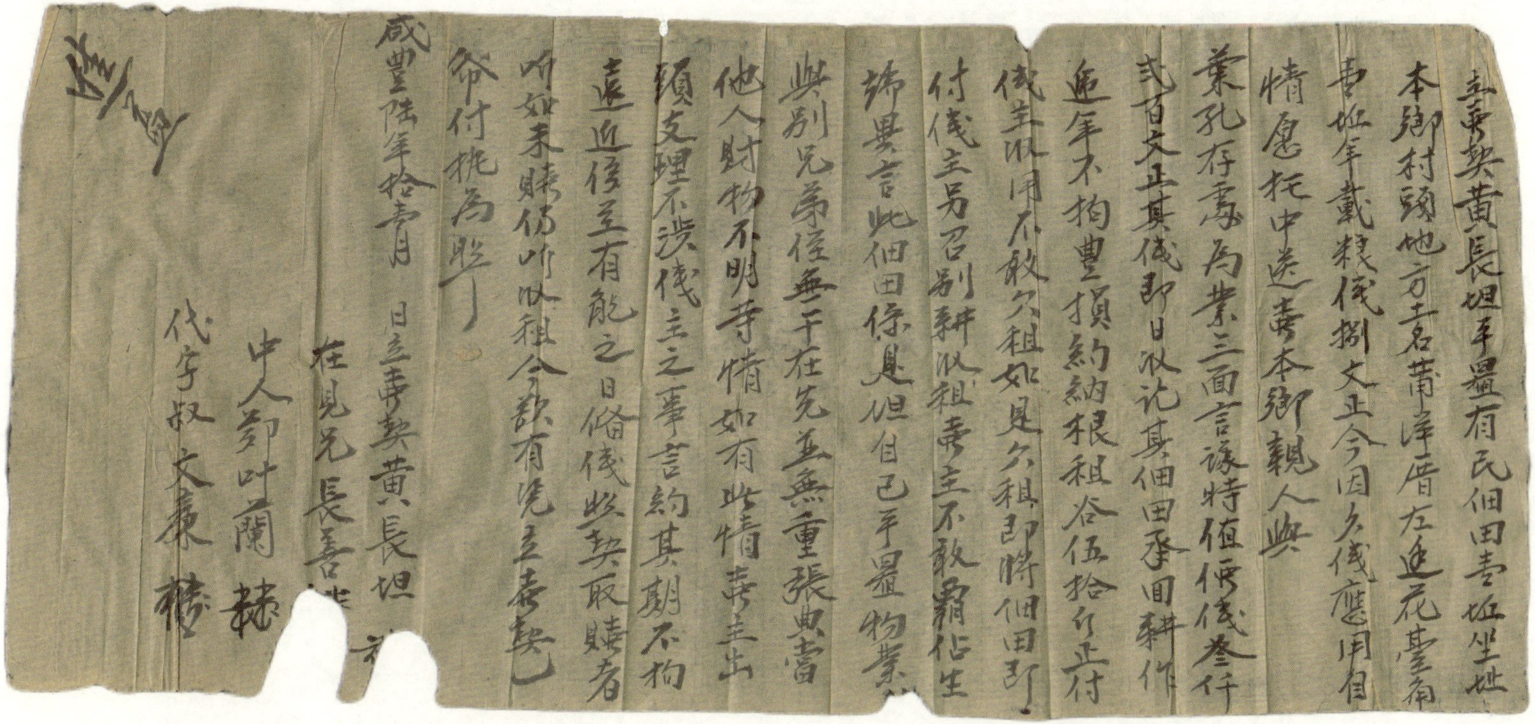
立賣契黃長坦承置有民佃田壹坵坐址
本鄉村頭地方土名蒲洋厝左邊花臺角
壹坵年載粮錢捌文正今因乏錢應用自
情愿托中送賣本鄉親人與
葉孔存高為業三面言議特值價錢叁仟
貳百文正其錢即日收訖其佃田承佃耕作
逐年不拘豐損約納粮租谷伍拾斤正付
錢主收用不敢欠租如是欠租即將佃田取
付錢主另召別耕收租賣主不敢霸佔生
端異言此佃田係是但自己承置物業
與別兄弟侄無干在先並無重張典當
他人財物不明等情如有此情賣主出
頭支理不涉錢主之事言約其期不拘
遠近侯至有能之日備錢此契取贖者
時如未贖仍時收租今欲有憑立賣契
為付執為照
咸豐陸年拾壹月　日立賣契黃長坦
在見兄長喜
中人鄭叶蘭
代字叔文康

3-1-40-66　清咸豐六年十一月黃長坦立賣民佃田契

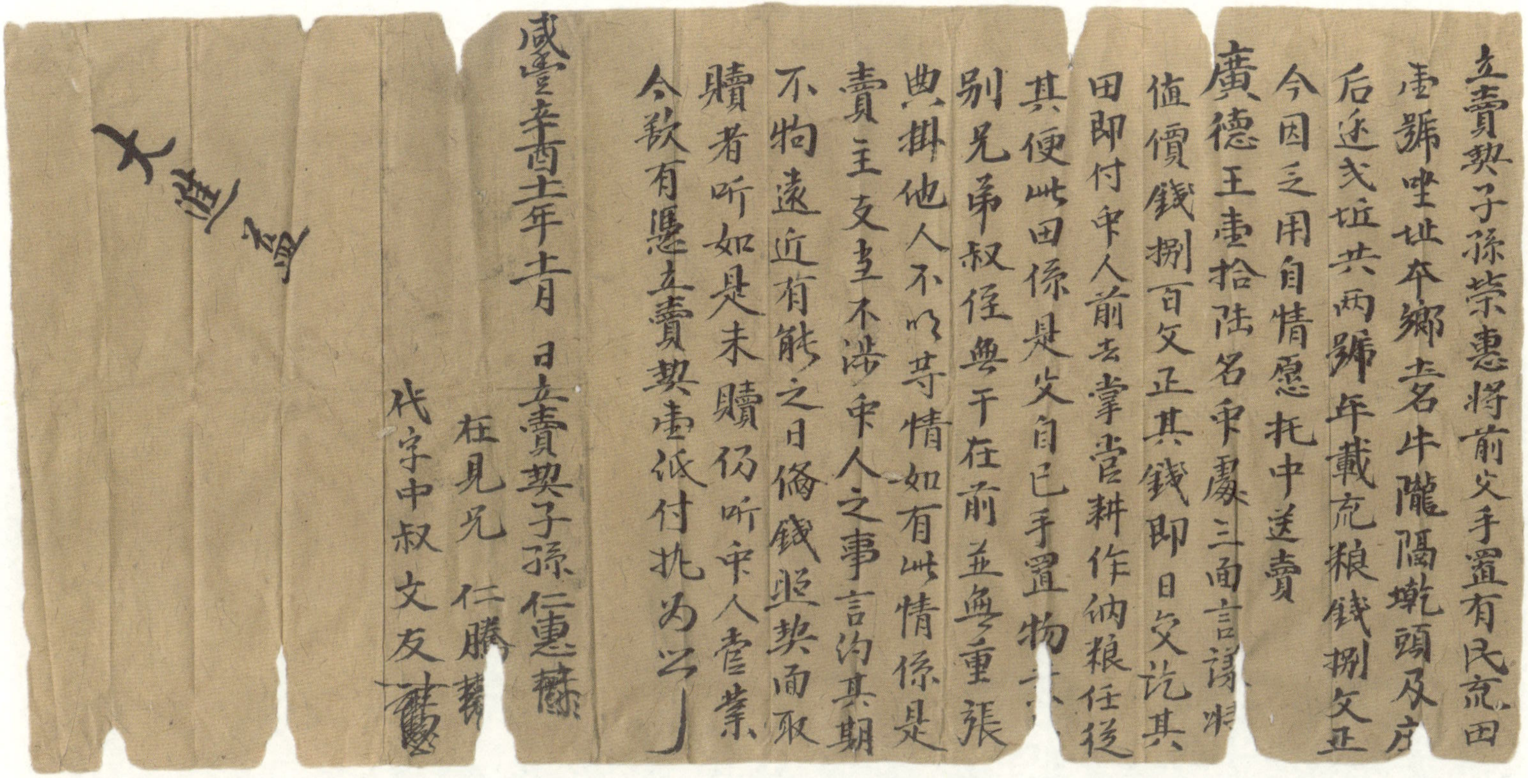
立賣契子孫崇惠將前父手置有民荒田
壹號坐址本鄉土名牛隴陽墘頭及庄
后迭戈垣共兩號年載荒粮錢捌文正
今因乏用自情愿托中送賣
廣德王壹拾陆名乎處三面言議出
值價錢捌百文正其錢即日交訖其
田即付乎人前去掌管耕作納粮任從
其便此田係是父自己手置物業，
別兄弟叔侄無干在前並無重張
典掛他人不明等情如有此情係是
賣主支當不涉乎人之事言約其期
不拘遠近有能之日備錢照契而取
贖者听如是未贖仍听乎人壹業
今欲有憑立賣契壹紙付执為照

咸豐辛酉十一年十一月　日立賣契子孫仁惠（押）
在見兄　仁勝（押）
代字中叔　文友（押）

大進益

3-1-40-67　清咸豐十一年十一月黄仁惠立賣民荒田契

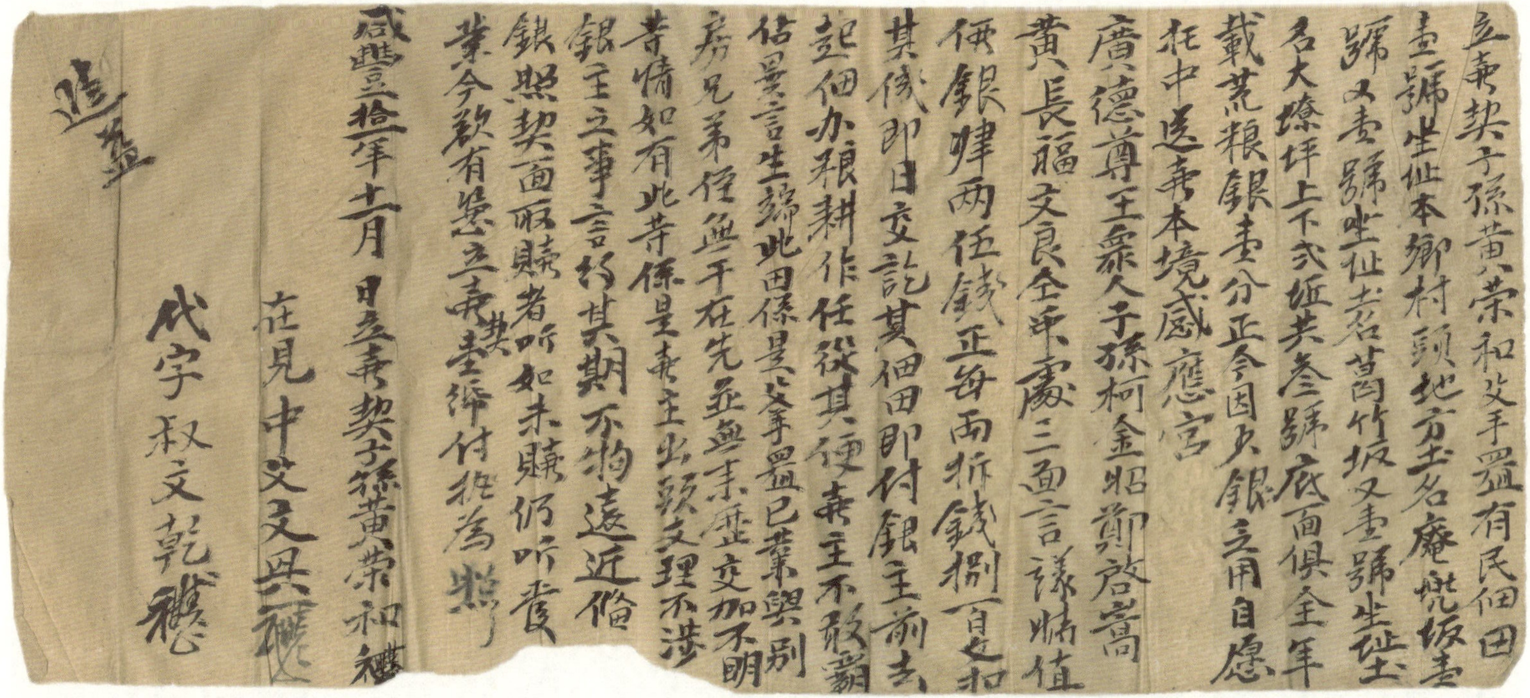

立賣契子孫黃榮和父手置有民佃田
壹號坐址本鄉村頭地方土名塍兜坂壹
號又壹號坐址土名葛竹坂又壹號坐址土
名大塍坪上下弍坵共叁號底面俱全年
載荒粮銀壹分正今因欠銀應用自愿
托中送賣本境感應宮
廣德尊王衆人子孫柯金昭鄭啓嵩
黃長福文良全爭處三面言議時值
價銀肆兩伍錢正每兩折錢捌百文扣
其銀即日交訖其佃田即付銀主前去
起佃办粮耕作任從其便賣主不敢霸
佔異言生端此田係是父手置已業與别
房兄弟侄無干在先並無來歷交加不明
等情如有此等係是賣主出頭支理不涉
銀主之事言約其期不拘遠近備
銀照契面取贖者听如未贖仍听賣
業今欲有憑立賣契壹紙付執爲照
咸豐拾壹年十一月　日立賣契子孫黃榮和（押）
在見中文文興（押）
代字叔文乾（押）
進益

3-1-40-68　清咸豐十一年十一月黃榮和立賣民佃田契

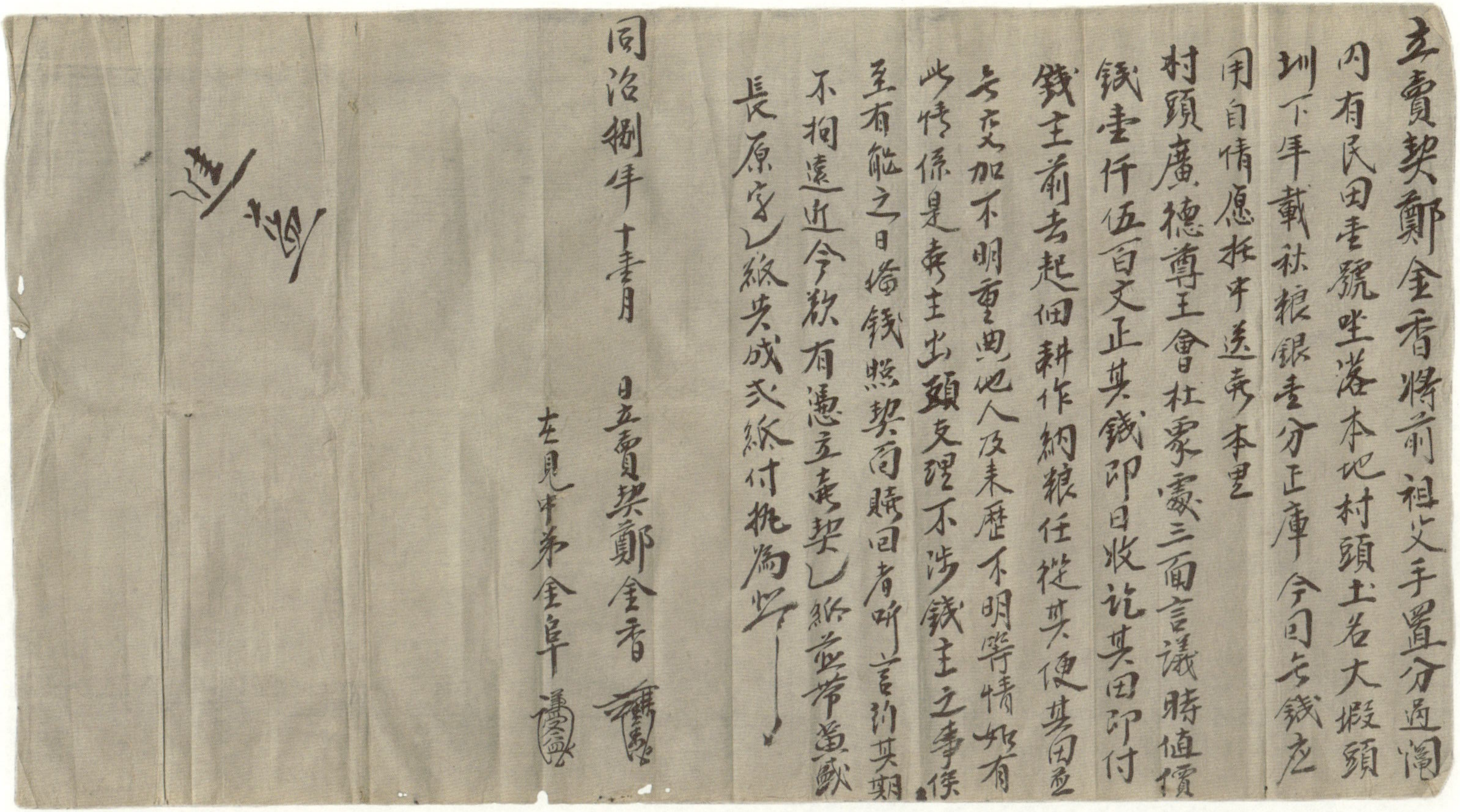
立賣契鄭金香將前祖父手置分過鬮
内有民田壹號坐落本地村頭土名大墩頭
圳下年載秋粮銀壹分正庫今因乏錢應
用自情愿托中送与本里
村頭廣德尊王會杜家處三面言議時值價
錢壹仟伍百文正其錢即日收訖其田即付
錢主前去起佃耕作納粮任從其便其田並
無文加不明重典他人及来歷不明等情如有
此情係是賣主出頭支理不涉錢主之事倘
至有能之日備錢照契面贖回者聽言約其期
不拘遠近今欲有憑立賣契一紙並帶上手
長原字一紙共成式紙付執為照——

同治捌年十一月　日立賣契鄭金香（押）
在見中弟金阜（押）

3-1-40-69　清同治八年十一月鄭金香立賣民田契

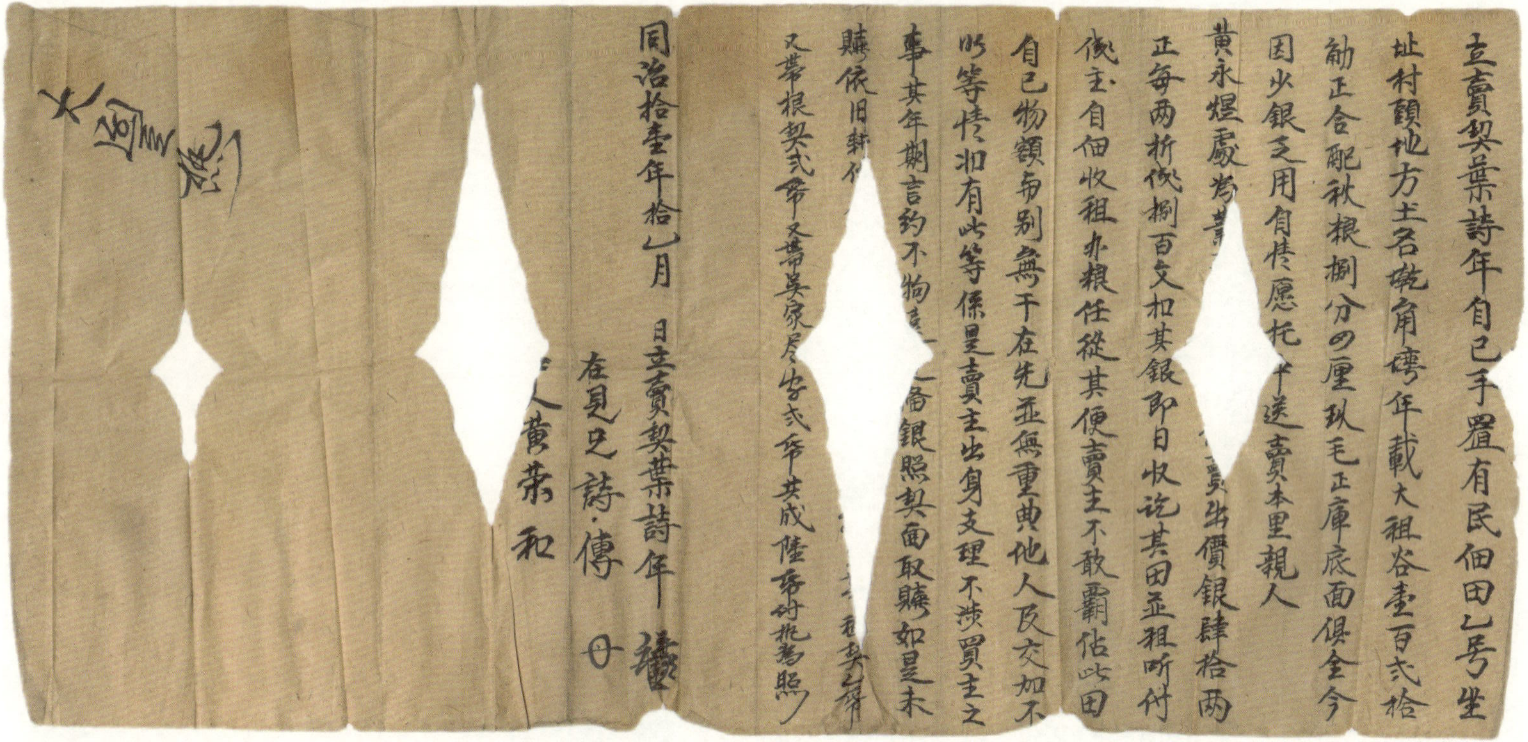
立賣契葉詩年自己手置有民佃田乙号坐
址村頭地方土名塆角塝年載大祖谷壹百弍拾
觔正合配秋粮捌分四厘玖毛正庫底面俱全今
因乏銀乏用自情愿托中送賣本里親人
黄永煋處為業[illegible]賣出價銀肆拾兩
正每兩折係捌百文加其銀即日收訖其田並租听付
銀主自佃收租并粮任從其便賣主不敢霸佔此田
自己物額別無干在先並無重典他人及交加不
明等情洳有此等係是賣主出身支理不涉買主之
事其年期言約不拘[illegible]備銀照契面取贖如是未
贖依旧耕作[illegible]其契[illegible]
又帯根契弍帋又帯吳家戶字弍帋共成陸帋付挖為照
同治拾壹年拾乙月　日立賣契葉詩年（押）
在見兄　詩傳（押）
[illegible]人黄棠和
大富貴契

3-1-40-70　清同治十一年十一月葉詩年立賣民佃田契

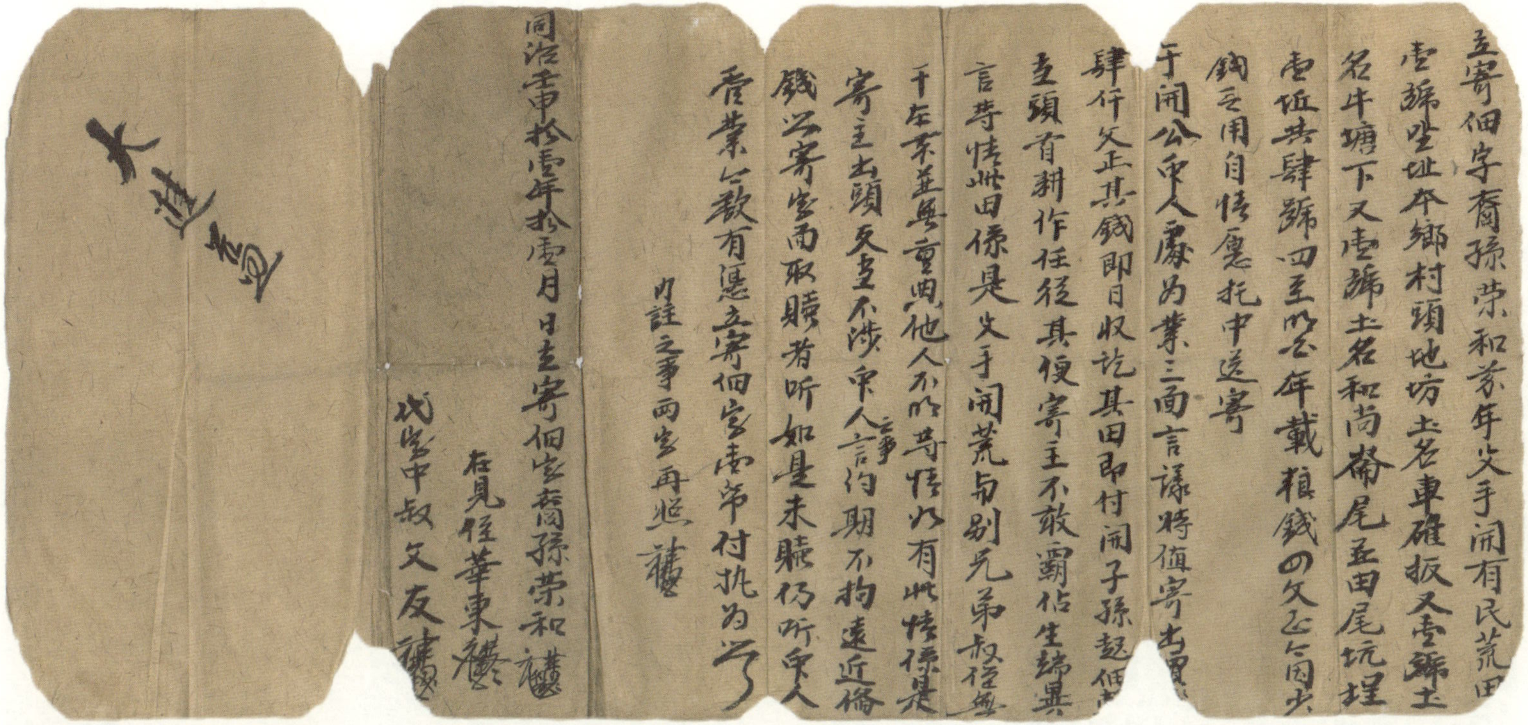
立寄佃字裔孫荣和爷年父手闻有民荒田
壹號坐址本鄉村頭地坊土名東碓振又壹號土
名牛塘下又壹號土名和尚崙尾並田尾坑埕
壹伍共肆號田主以全年載粮錢四文正今因乏
錢乏用自情愿托中送寄
于闻公衆人處為業，三面言議時值寄出價
肆仟文正其錢即日收訖其田即付闻子孫起佃
立頭肯耕作任從其便寄主不敢霸佔生端異
言。其情此田係是父手闻荒与别兄弟叔侄無
干，在未並無重典他人不明等情，以有此情係是
寄主出頭支当，不涉衆人之事。言約明不拘遠近備
錢照寄字面取贖，者听如是未贖，仍听衆人
管業。今欲有憑，立寄佃字壹帋付执為照。
内註之事两字再照。
同治壹拾壹年拾壹月　日立寄佃字裔孫荣和（押）
在見侄華東（押）
代字中叔文友（押）
大利

3-1-40-71　清同治十一年十一月黄荣和立寄佃民荒田字

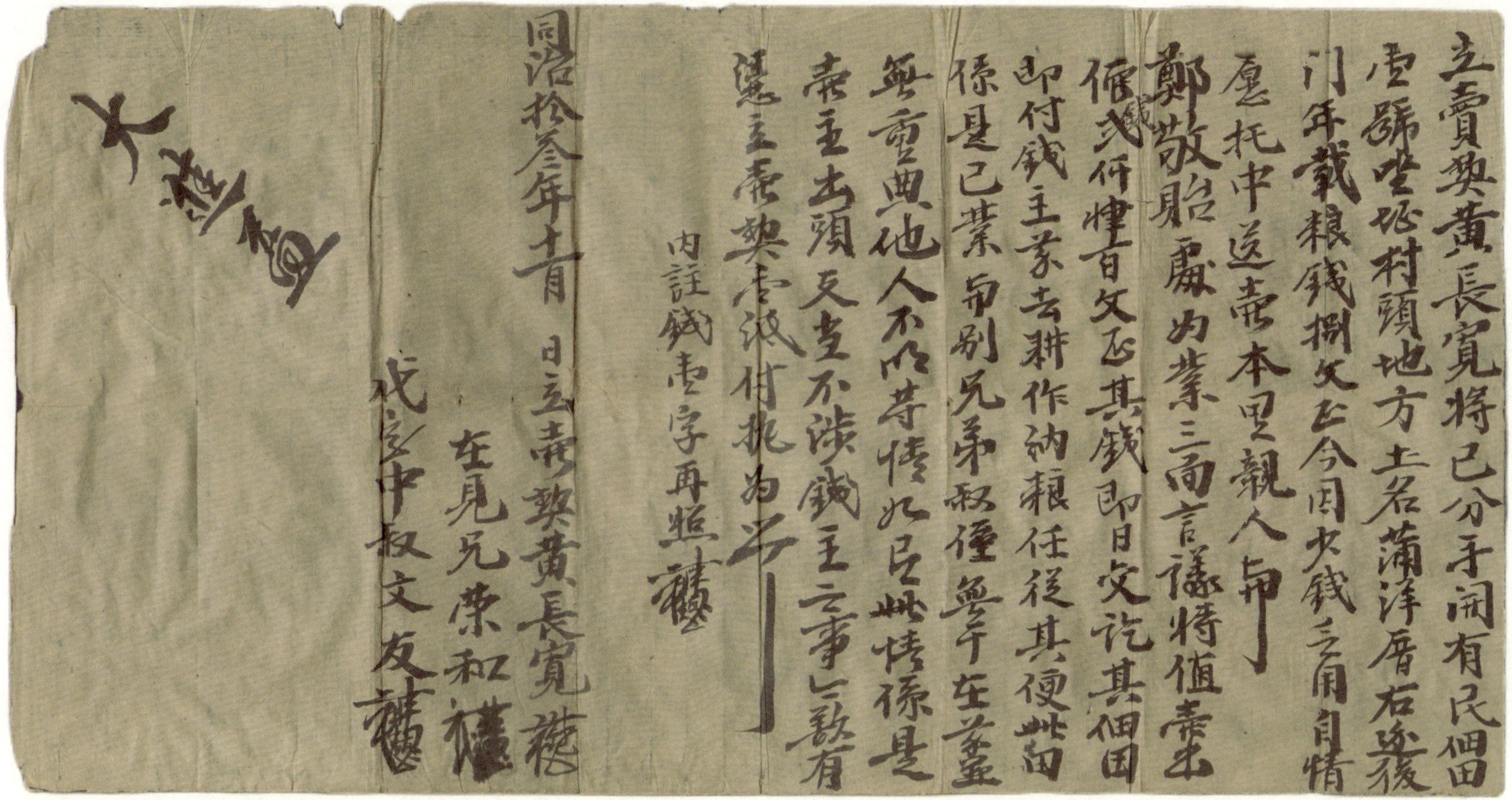
立賣契黃長寬將己分手内有民佃田
壹號坐址村頭地方土名蒲洋厝右邊後
门年載粮錢捌文正今因乏錢正用自情
愿托中送賣本里親人与
鄭敬貽處為業三面言議特值賣出
佃錢弍仟肆百文正其錢即日交訖其佃田
即付錢主前去耕作納粮任從其便此田
係是己業與別兄弟叔侄無干在先
無重典他人不明等情如有此情係是
賣主出頭支當不涉錢主之事今欲有
憑立賣契壹紙付執為照
内註錢壹字再照
同治拾叁年十一月　日立賣契黃長寬
在見兄榮和
代筆中叔文友
大[illegible]

3-1-40-72　清同治十三年十一月黃長寬立賣民佃田契

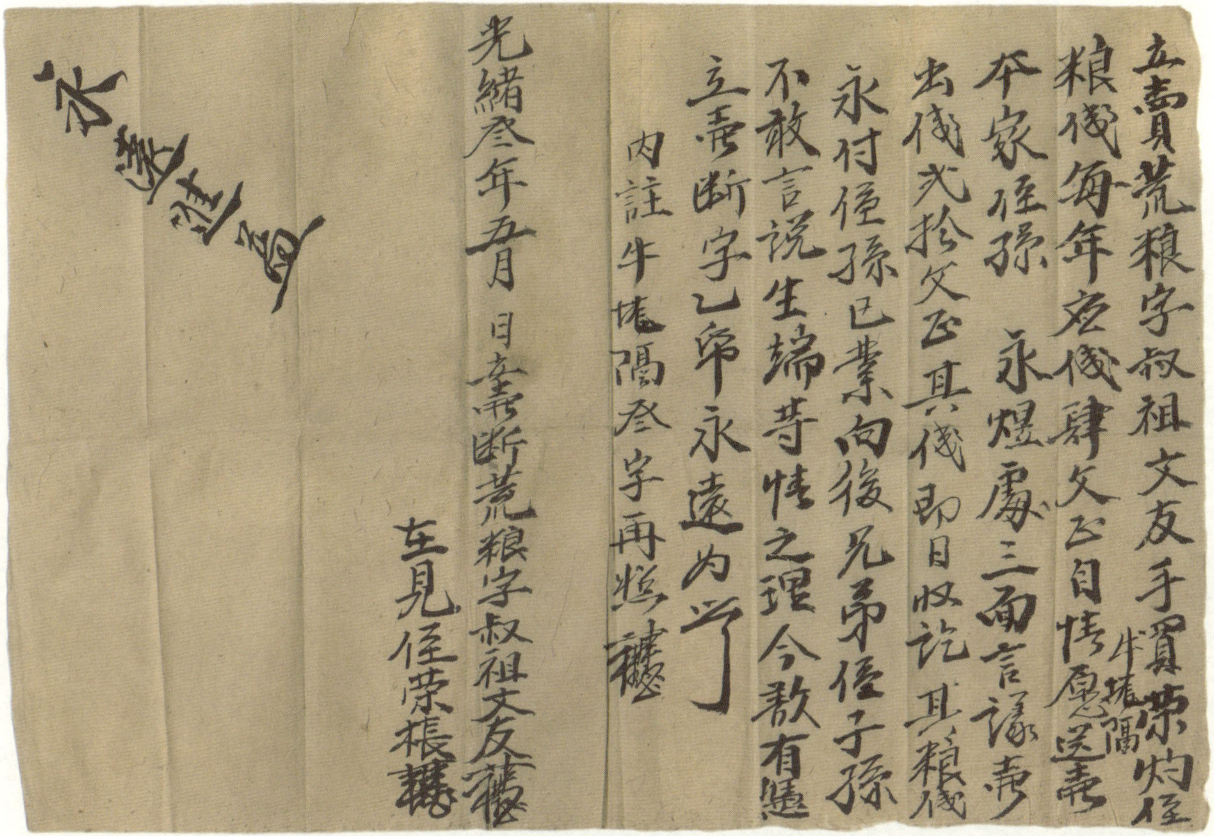
立賣荒粮字叔祖文友手買榮灼侄牛堘隔
粮伐每年完伐肆文正自情愿送賣
本家侄孫　永煜處三面言議賣
出伐弍拾文正其伐即日收訖其粮伐
永付侄孫己業向後兄弟侄子孫
不敢言説生端苛情之理今欲有憑
立賣断字一帋永遠為照
內註牛堘隔叁字再照
光緒叁年五月　日立賣断荒粮字叔祖文友
在見侄榮振
永遠管業

3-1-40-73　清光緒三年五月黄文友立賣斷荒糧字

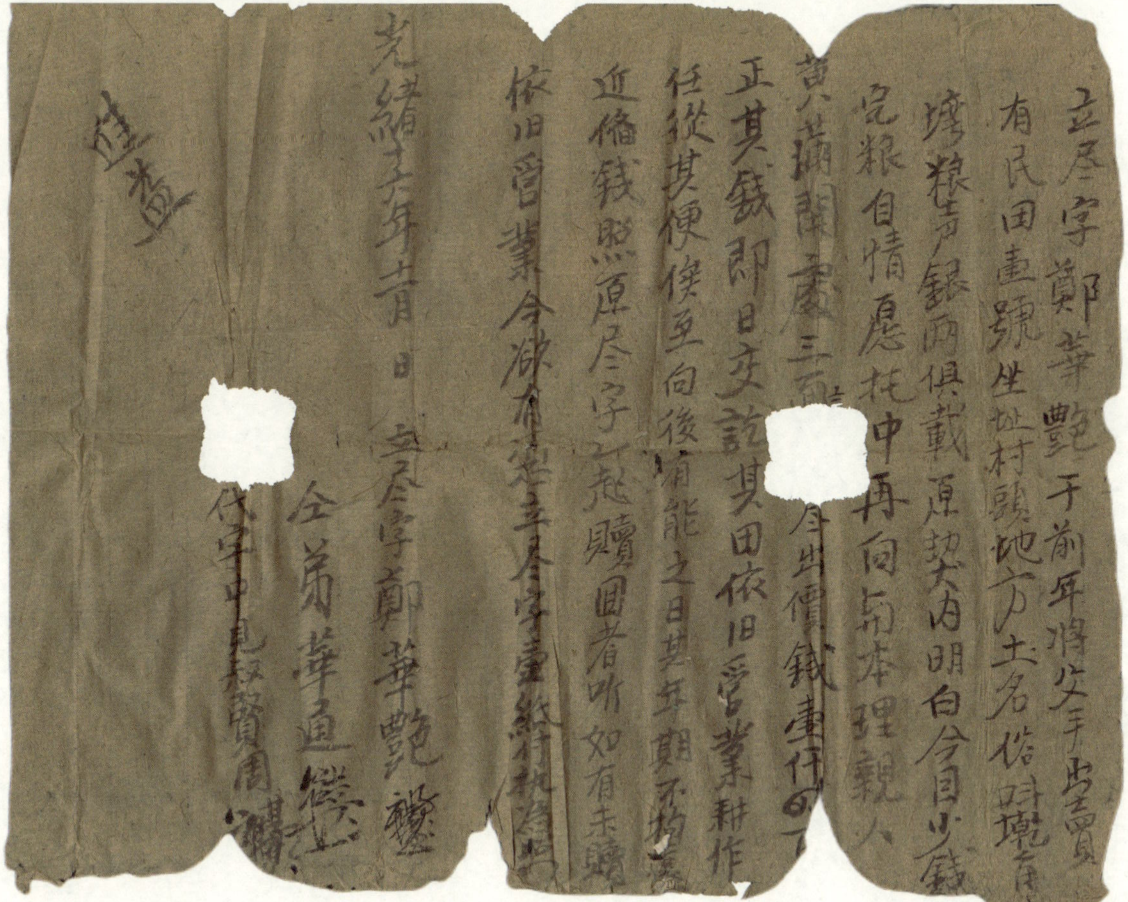

3-1-40-74　清光緒十六年十一月鄭華艷等立盡民田字

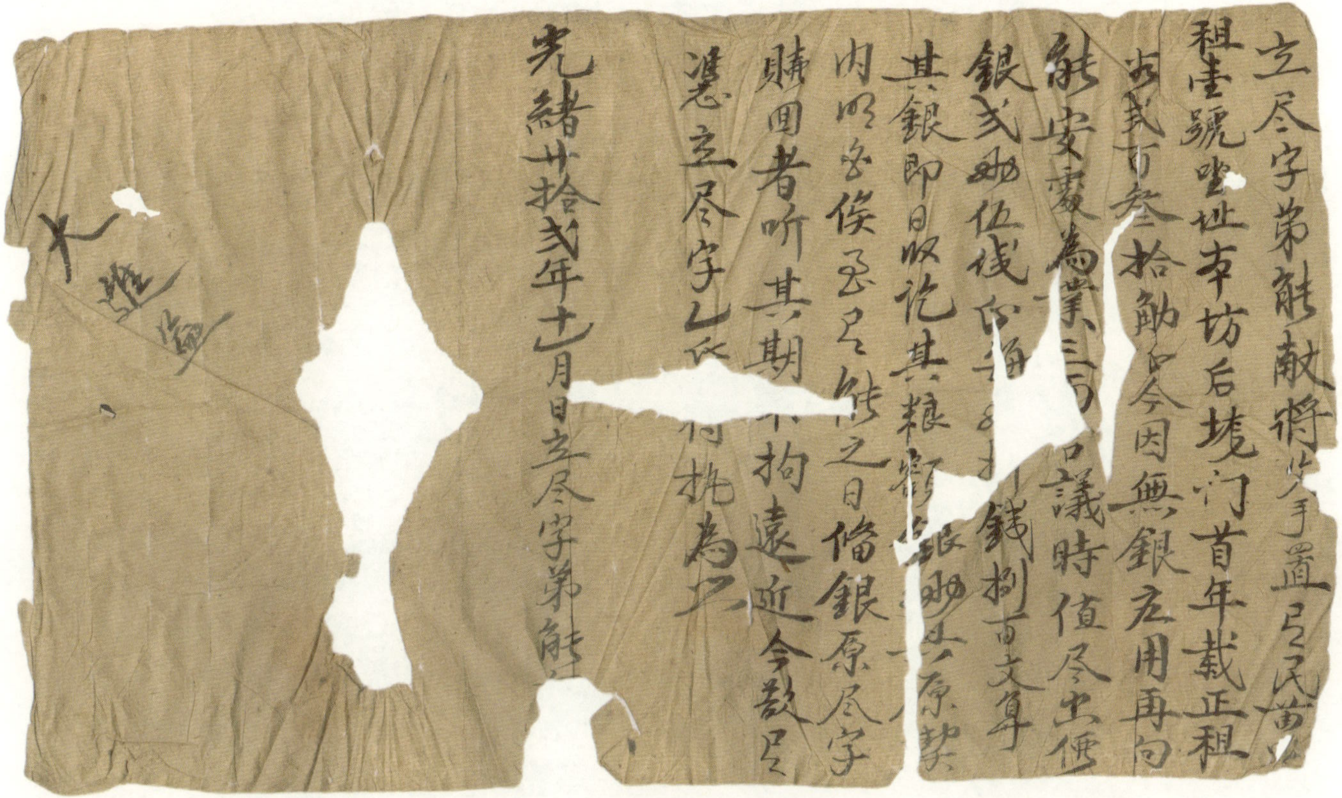

3-1-40-75　清光緒二十二年十一月能献立盡民苗田租字

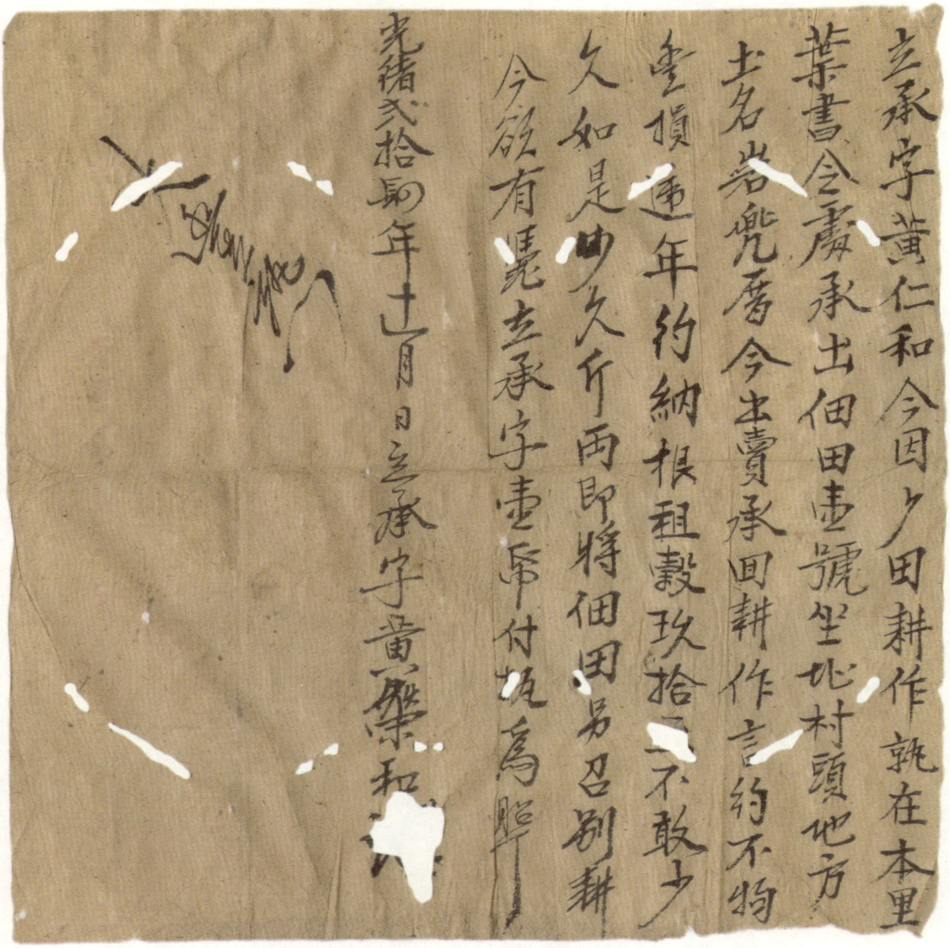

立承字黃仁和今因乏田耕作執在本里
葉書令處承出佃田壹號坐北村頭地方
土名嶺兜厝今出賣承回耕作言約不將
壹損逐年約納根租穀玖拾□不敢少
欠如是少欠斤兩即將佃田另召別耕
今欲有憑立承字壹帋付執為照
光緒弍拾肆年十一月　日立承字黃仁和

3-1-40-76　清光緒二十四年十一月黃仁和立承佃田字

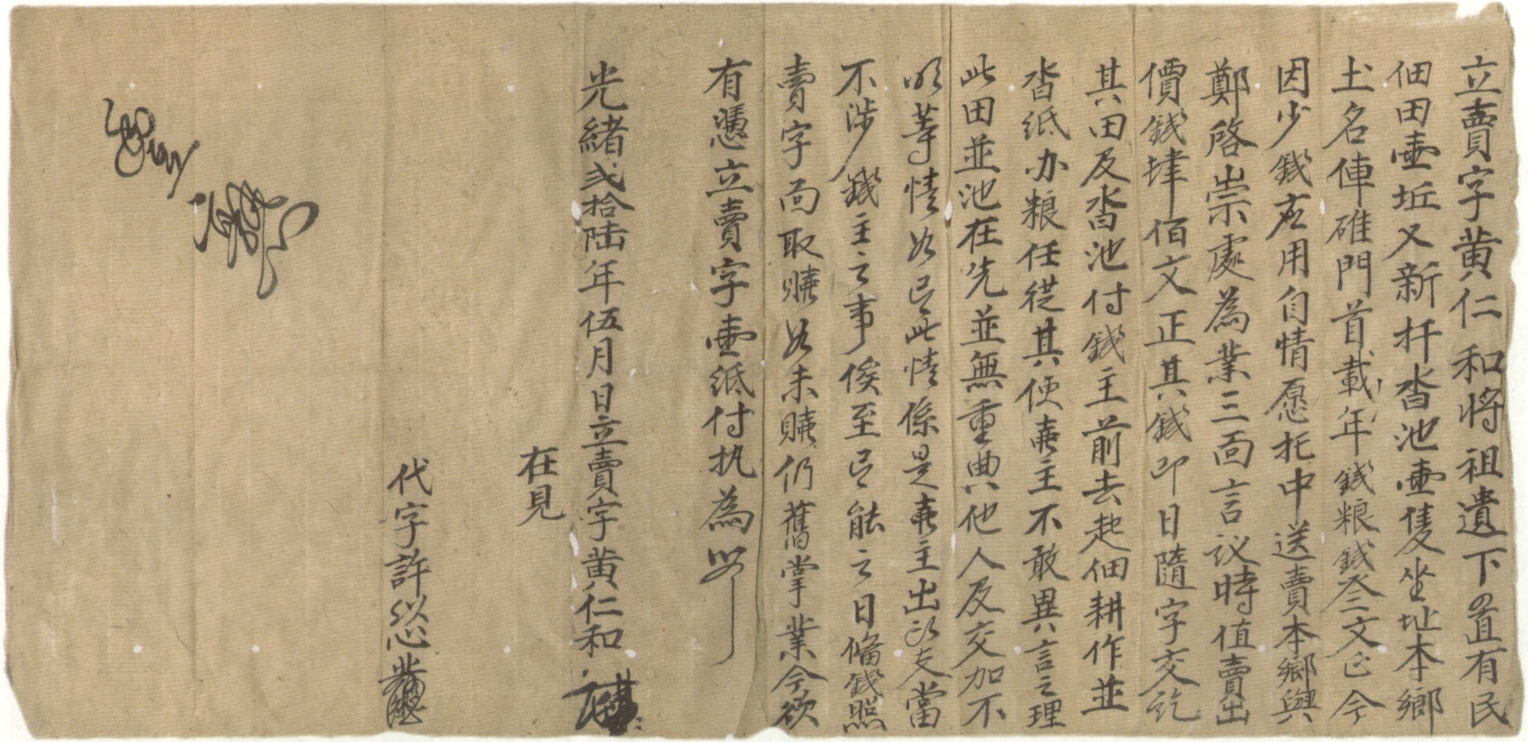
立賣字黃仁和將祖遺下置有民
佃田壹坵又新扞沓池壹隻坐址本鄉
土名俥碓門首載年錢粮錢叁文正今
因少錢應用自情愿托中送賣本鄉與
鄭啓崇處為業三面言議時值賣出
價錢肆佰文正其錢即日隨字交訖
其田及沓池付錢主前去起佃耕作並
沓紙办粮任從其便業主不敢異言之理
此田並池在先並無重典他人及交加不
明等情如己此情係是業主出頭支當
不涉錢主之事俟至己能之日備錢照
賣字而取贖如未贖仍舊掌業今欲
有憑立賣字壹紙付執為照
光緒貳拾陸年伍月日立賣字黃仁和（押）
在見
代字許從（押）

3-1-40-77 清光緒二十六年五月黃仁和立賣民佃田契

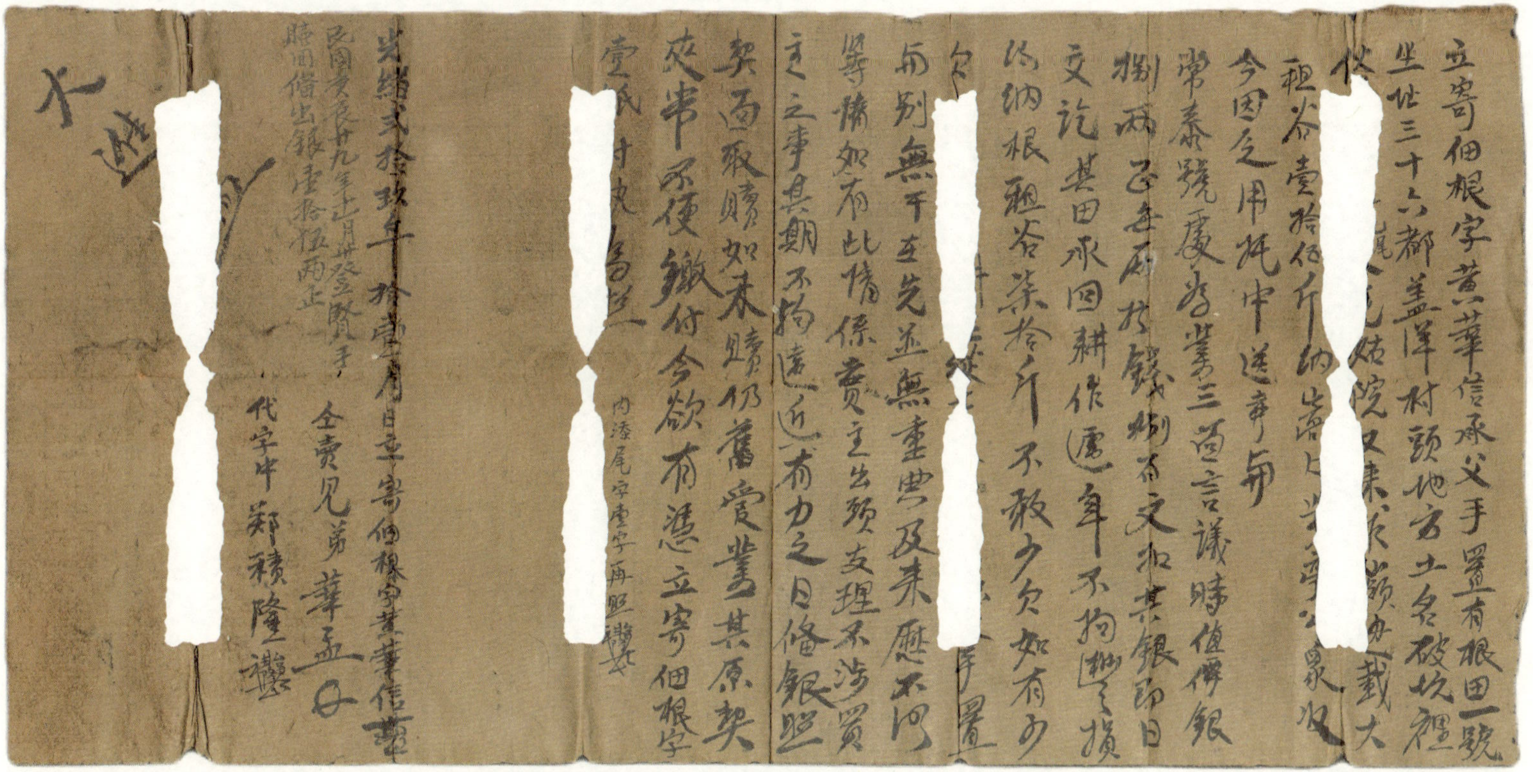

3-1-40-78　清光緒二十九年十一月黃華信等立寄佃根田字

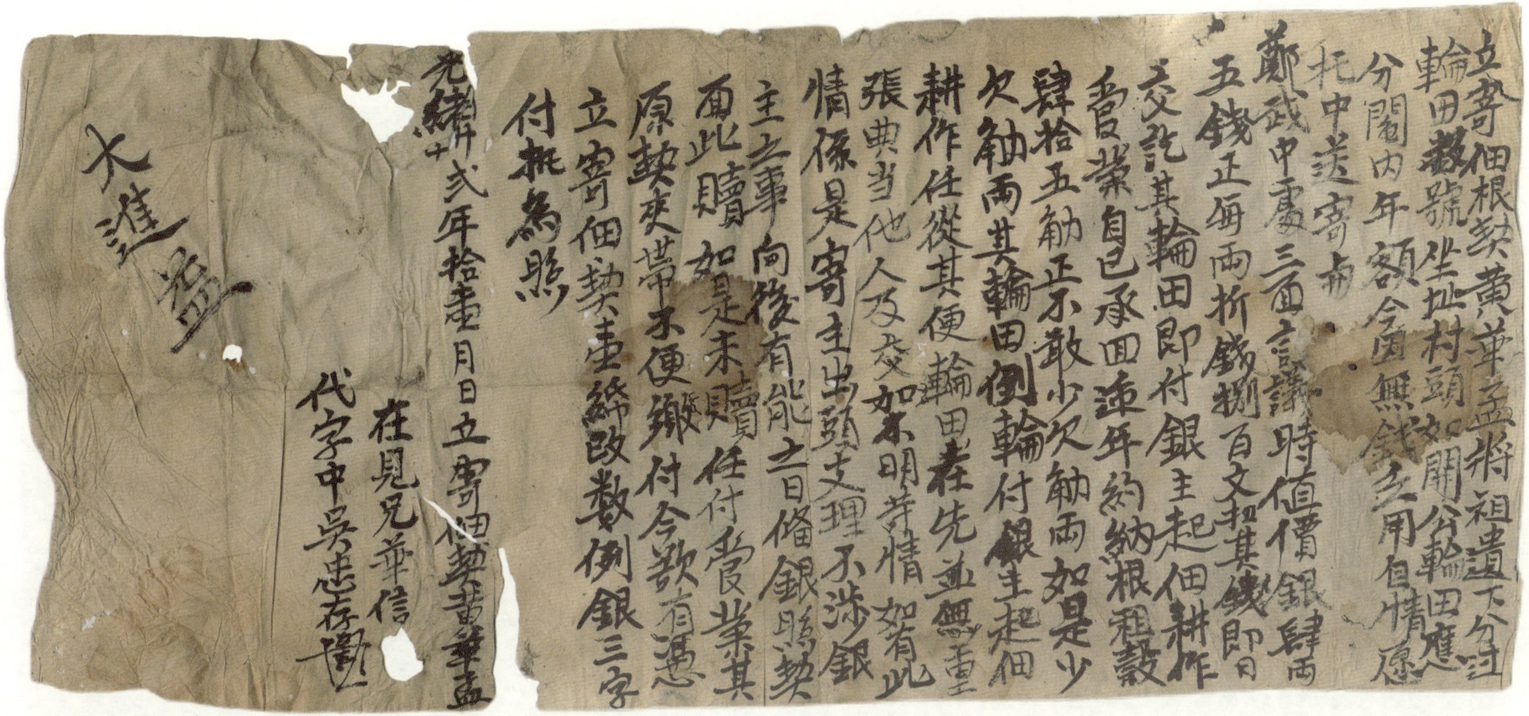
立寄佃根契黃華孟，將祖遺下分過
輪田數號，坐址村頭，又開分輪田應
分鬮內年額會銀無錢之用，自情愿
托中送寄本
鄭武中處，三面言議，時值價銀肆兩
五錢正，每兩折錢捌百文，其錢即日
交訖。其輪田即付銀主起佃耕作
管業，自己承田逐年約納根租穀
肆拾五觔正，不敢少欠觔兩。如是少
欠觔兩，其輪田倒輪付銀主起佃
耕作，任從其便。輪田在先並無重
張典當他人及交加不明等情。如有此
情，係是寄主出頭支理，不涉銀
主之事。向後有能之日，備銀照契
面取贖，如是未贖，任付管業。其
原契夾帶不便繳付，今欲有憑，
立寄佃契壹紙，改數倒銀三字
付執為照。
光緒卅貳年拾壹月　日　立寄佃契黃華孟
在見兄華信
代字中吳忠存
大進[illegible]

3-1-40-79　清光緒三十二年十一月黃華孟立寄佃輪田根契

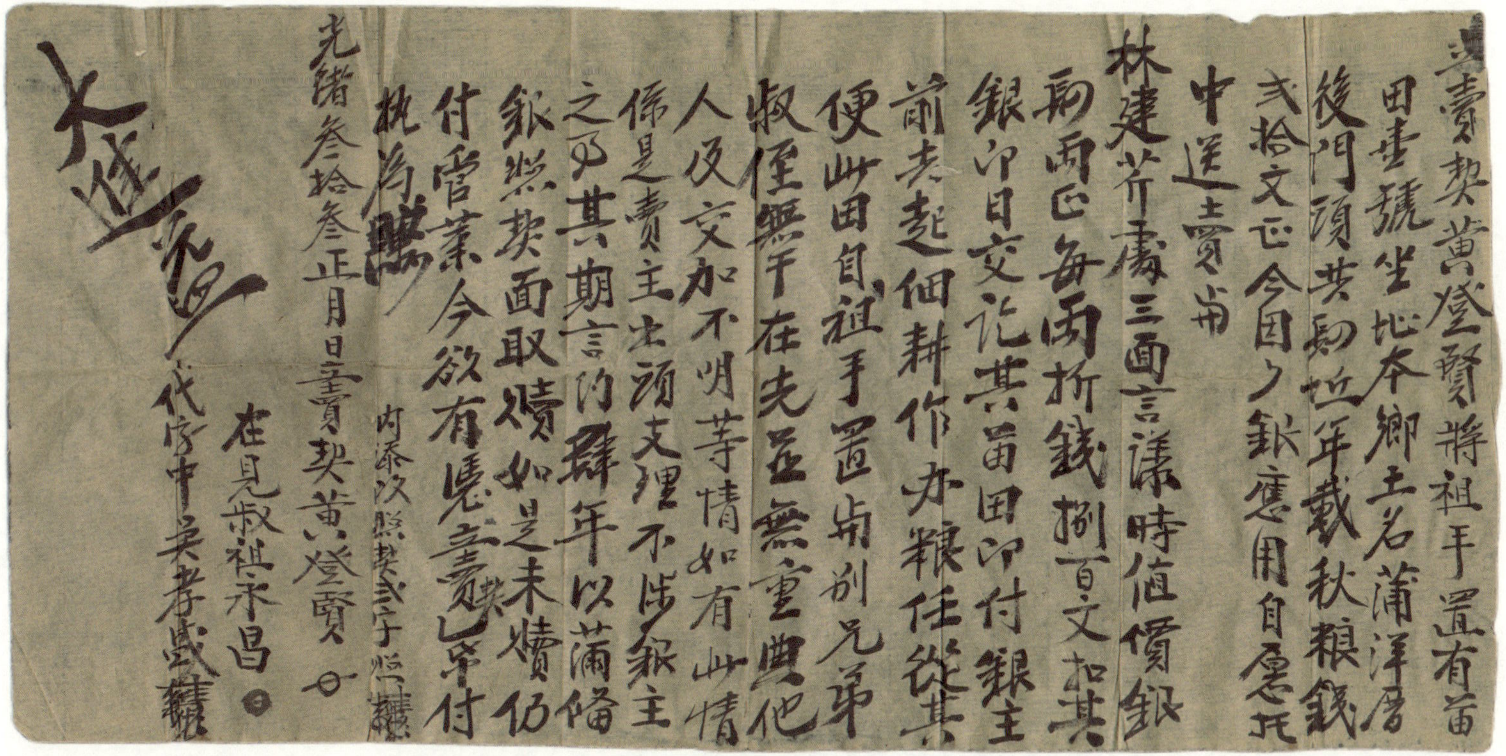
立賣契黃登賢將祖手置有苗
田壹號坐址本鄉土名蒲洋厝
後門頭共貳坵年載秋粮錢
弍拾文正今因乏銀應用自愿托
中送賣與
林建芹處三面言議時值價銀
貳兩正每兩折錢捌百文扣其
銀即日交訖其苗田即付銀主
前去起佃耕作办粮任從其
便此田自祖手置與別兄弟
叔侄無干在先並無重典他
人及交加不明等情如有此情
係是賣主出頭支理不涉銀主
之事其期言約肆年以滿備
銀照契面取贖如是未贖仍
付管業今欲有憑立賣契一紙付
執為照
內添改照契弍字照
光緒叁拾叁正月　日立賣契黃登賢
在見叔祖永昌
代字中吳孝盛
大進

3-1-40-80　清光緒三十三年正月黃登賢立賣苗田契

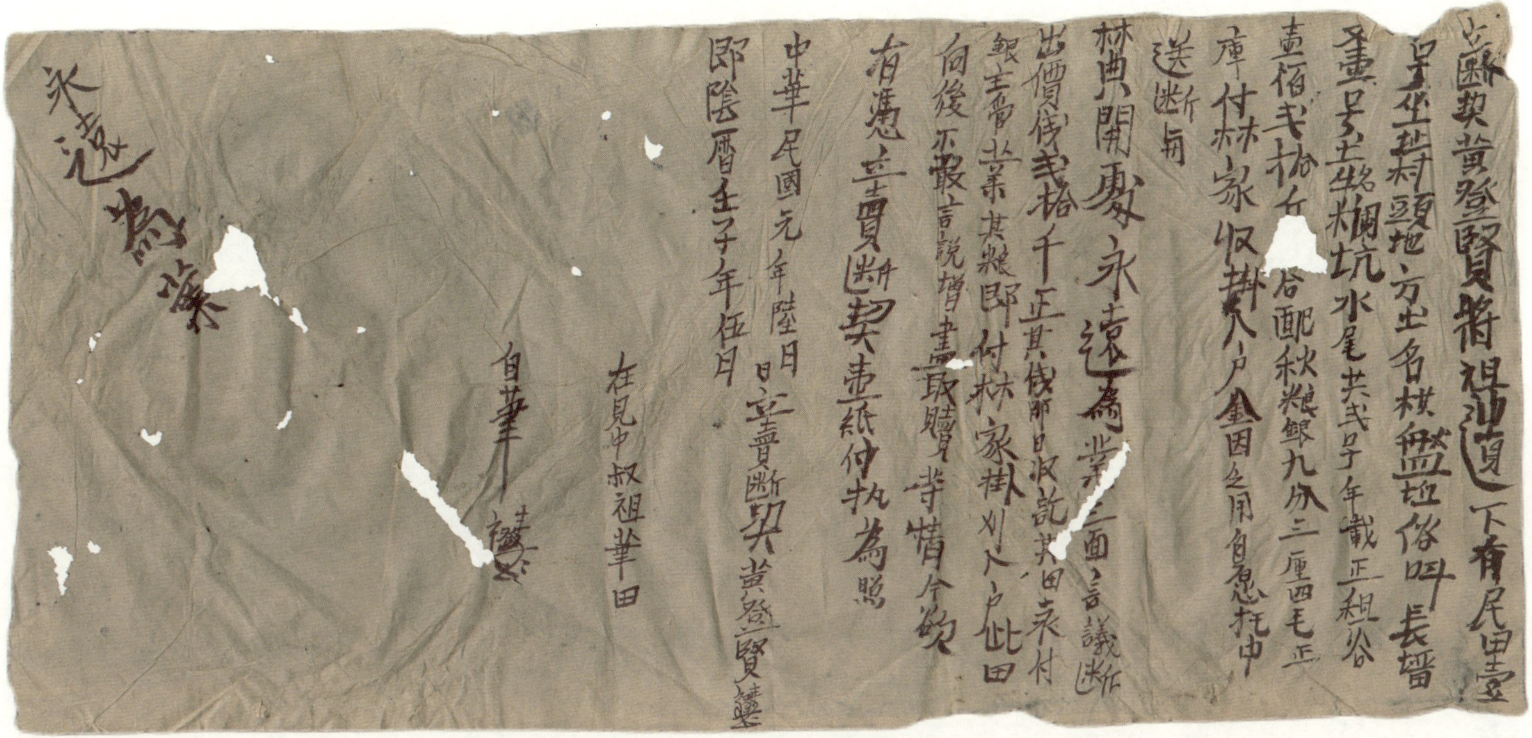
立賣斷契黃登賢將祖遺下有民田壹
号，坐落碓頭地方，土名枤盤垃，俗叫長壋
壹号，土名糊坑水尾，共弍号，年載正租谷
壹佰弍拾斤，谷配秋粮銀九分三厘四毛正
庫，付林家收掛入户。今因乏用，自愿托中
送斷與
林典開處，永遠為業。三面言議，断作
出價錢弍拾千正，其錢即日收訖，其田永付
銀主當業，其粮即付林家掛入户。此田
向後不敢言說增盡取贖等情。今欲
有憑，立賣斷契壹紙，付执為照。
中華民國元年陸月　日立賣斷契黃登賢
即陰曆壬子年伍月　日
在見中叔祖華田
自筆
永遠為業

3-1-40-81　民國元年六月黃登賢立賣斷民田契

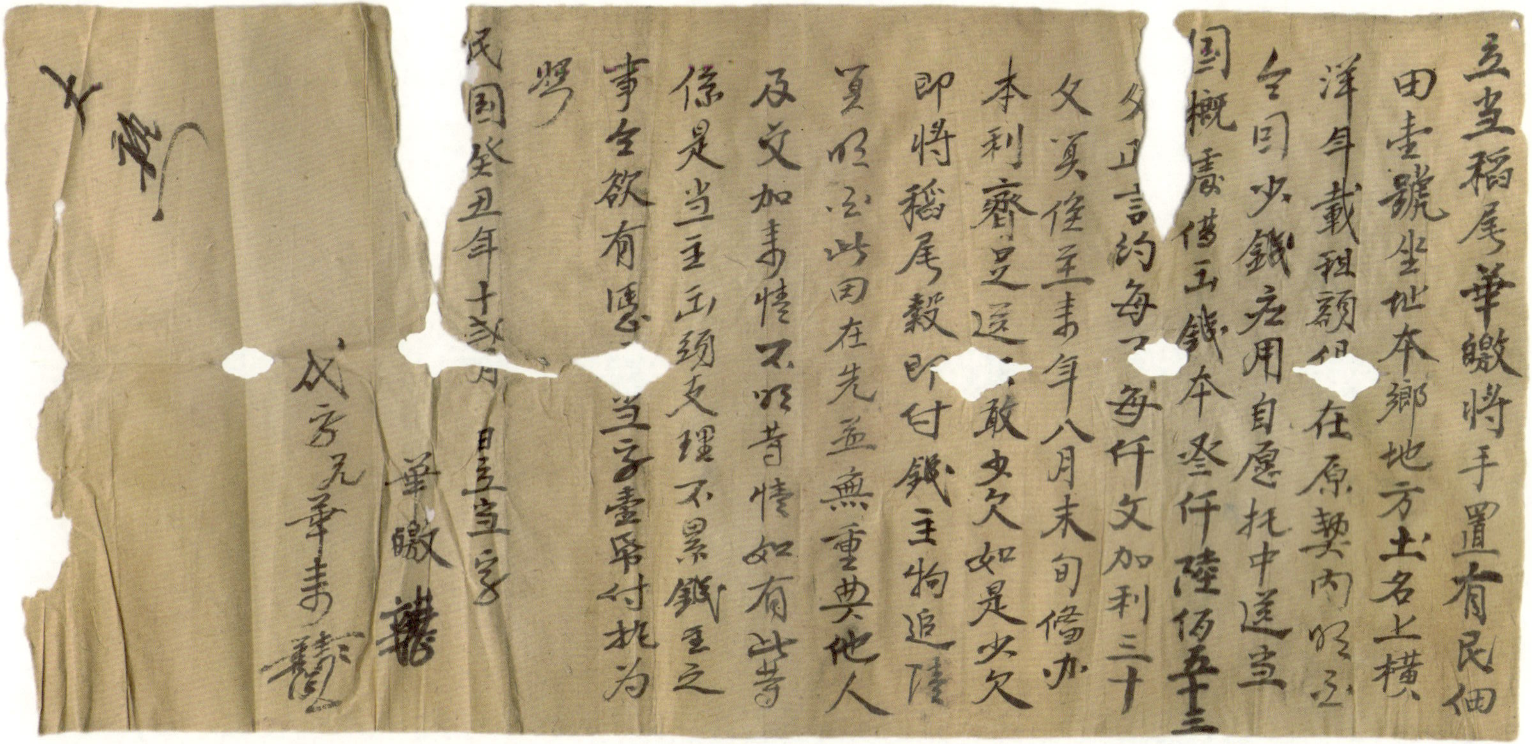

立当稻尾華皦將手置有民佃
田壹號坐址本鄉地方土名上横
洋早載租額[illegible]在原契内明注
今因少錢應用自愿托中送当
國概壹佰五錢本叁仟陸佰五十三
文，其言約每[illegible]每仟文加利三十
文，其俟至來年八月末旬備办
本利齋足送[illegible]，不敢少欠，如是少欠
即將稻尾穀即付錢主拘追除
夏明。此田在先並無重典他人
及文加來情不明等情，如有此等
係是当主出頭支理，不累錢主之
事。今欲有憑，立当字壹帋付執為
照。

民国癸丑年十弍月 日立当字 華皦（押）

代筆兄華來（押）

大發

3-1-40-82　民国二年十二月黄華皦立當稻尾字

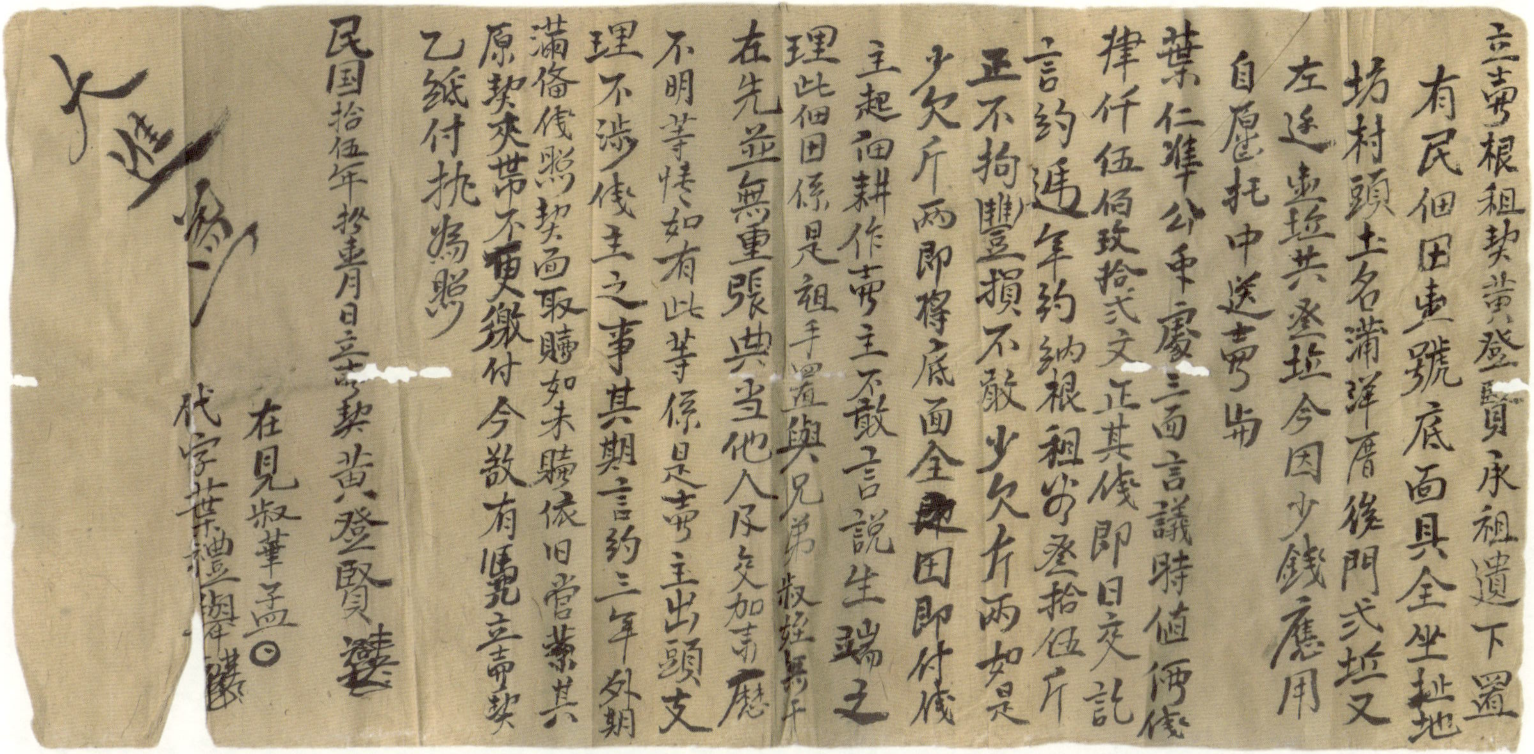
立賣根租契黄登賢承祖遺下置
有民佃田壹號底面具全坐址地
坊村頭土名蒲洋厝後門弍坵又
左邊壹坵共叁坵今因少錢應用
自愿托中送賣與
葉仁準公手處三面言議時值價
律仟伍佰玖拾弍文正其價即日交訖
言約逓年約納根租谷叁拾伍斤
正不拘豐損不敢少欠斤兩如是
少欠斤兩即將底面全業田即付價
主起佃耕作賣主不敢言說生端之
理此佃田係是祖手置與兄弟叔姪無干
在先並無重張典当他人及交加等應
不明等情如有此等係是賣主出頭支
理不涉價主之事其期言約三年外期
滿備價照契面取贖如未贖依旧管業其
原契夾帯不便繳付今欲有憑立賣契
乙紙付執為照

民国拾伍年拾壹月日立賣契黄登賢（押）
在見叔華孟○
代字葉禮樂（押）

3-1-40-83　民國十五年十一月黄登賢立賣民佃田根租契

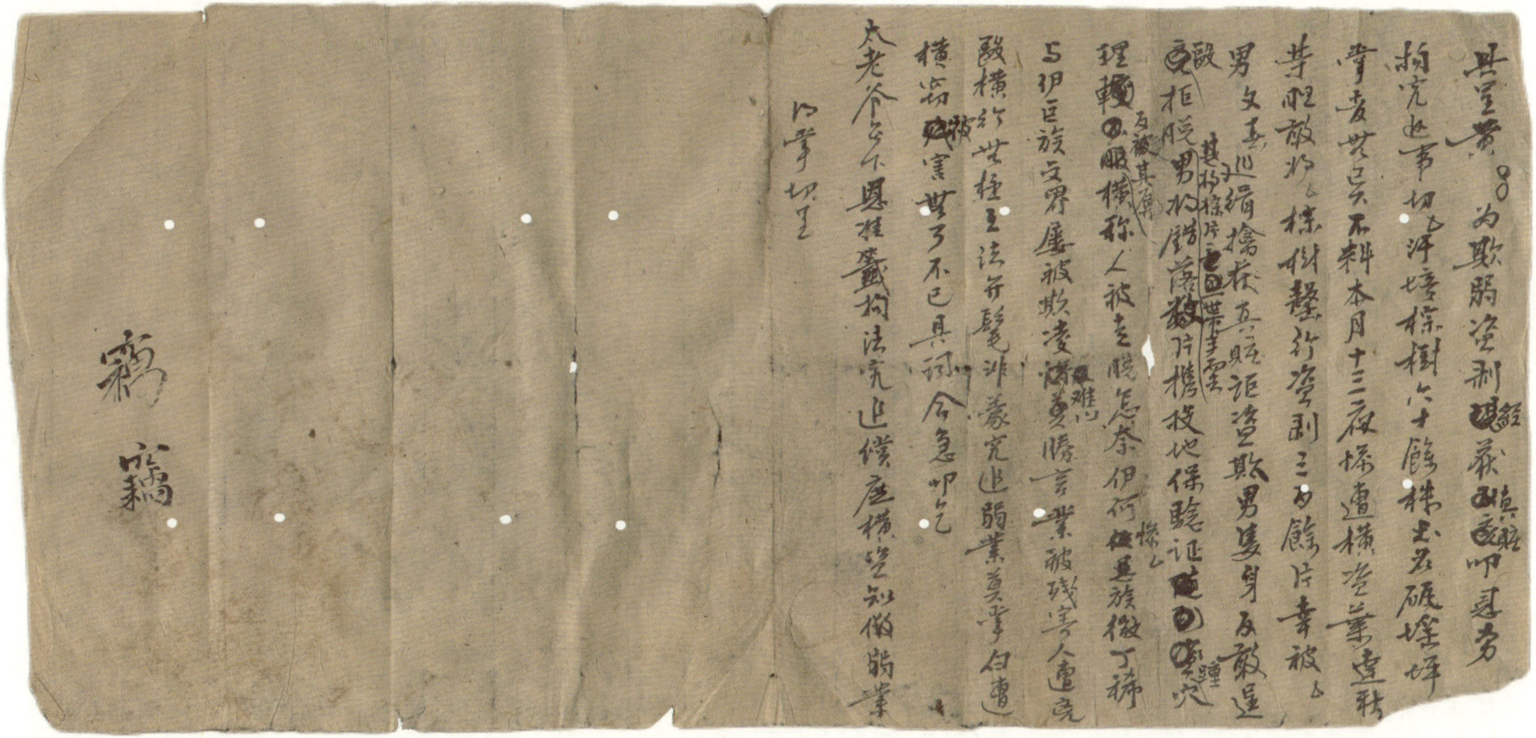

3-1-40-84　黄氏具呈字（年代不詳）

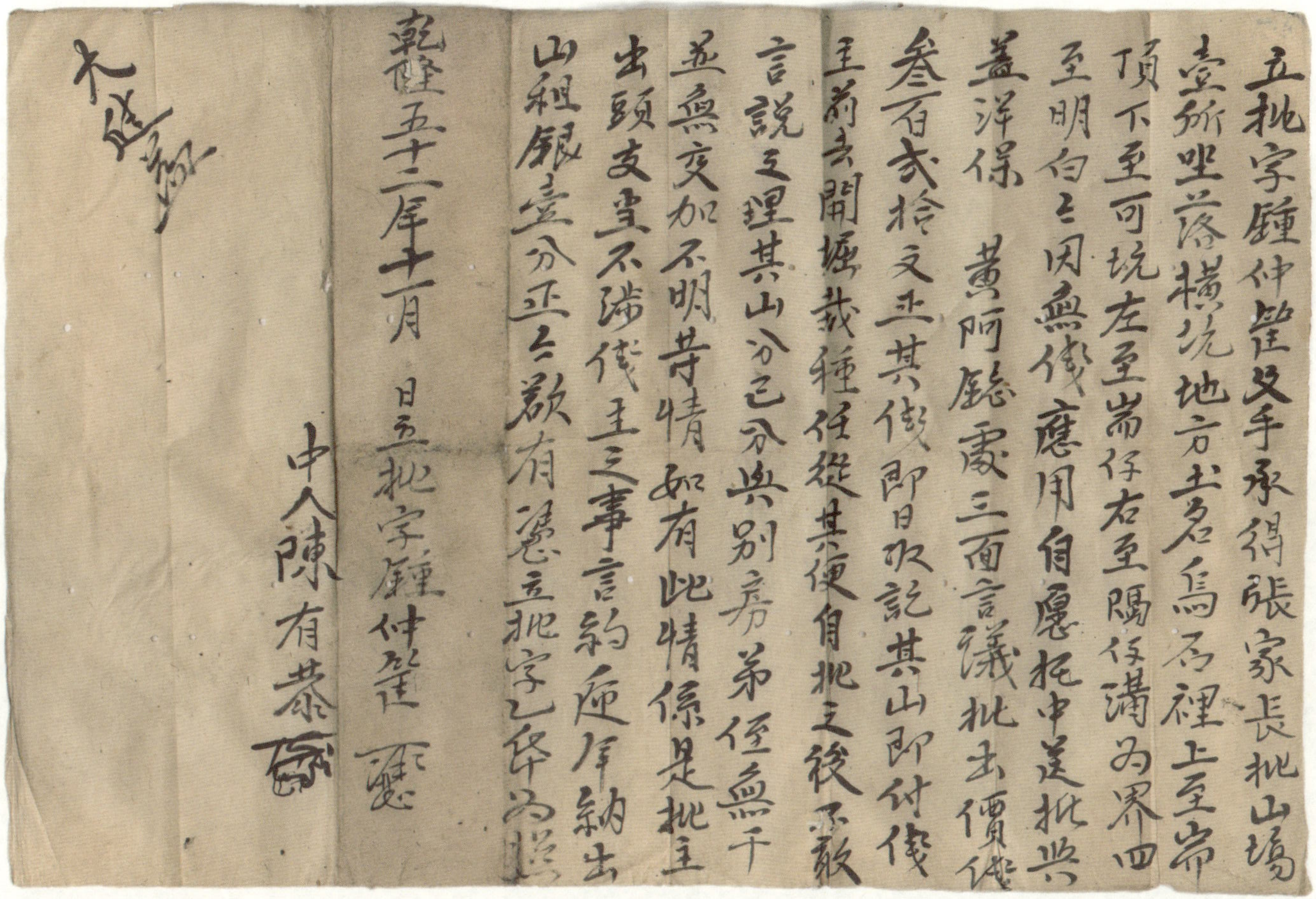

立批字鍾仲筐父手承得張家長批山場
壹所坐落橫坑地方土名烏石裡上至崗
頂下至可坑左至崗仔右至隔仔溝為界四
至明白今因無錢應用自愿托中送批與
蓋洋保　黃阿聡處三面言議批出價錢
叁百貳拾文正其錢即日收訖其山即付錢
主前去開墾栽種任從其便自批之後不敢
言說之理其山分己分與別房弟侄無干
並無交加不明等情如有此情係是批主
出頭支當不涉錢主之事言約逐年納出
山租銀壹分正今欲有憑立批字一紙為照

乾隆五十二年十一月　日立批字鍾仲筐（押）

中人陳有恭（押）

大吉

3-1-41-1　清乾隆五十二年十一月鍾仲筐立安批山場字

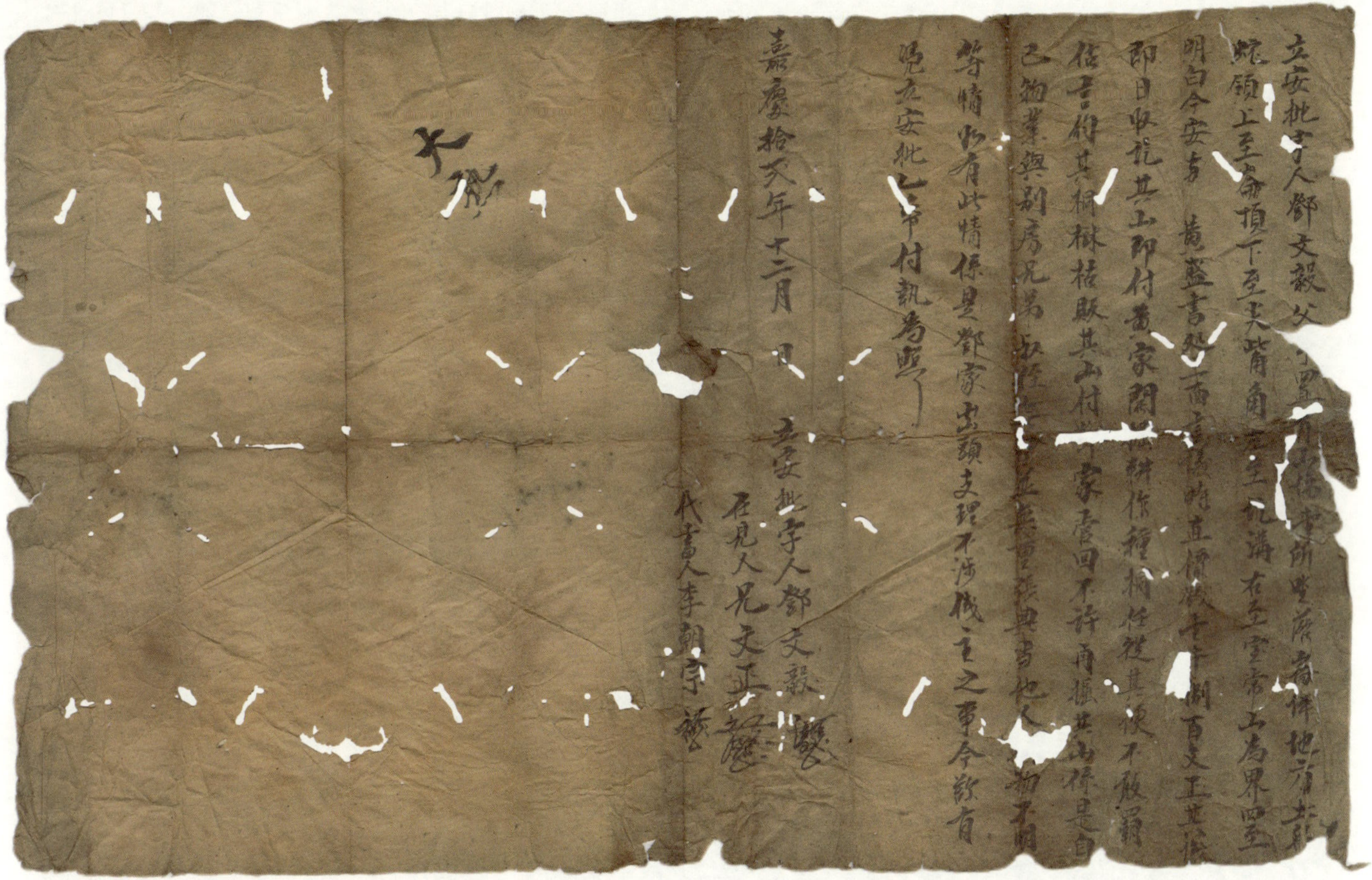

3-1-41-2　清嘉慶十二年十二月鄧文毅立安批山場契

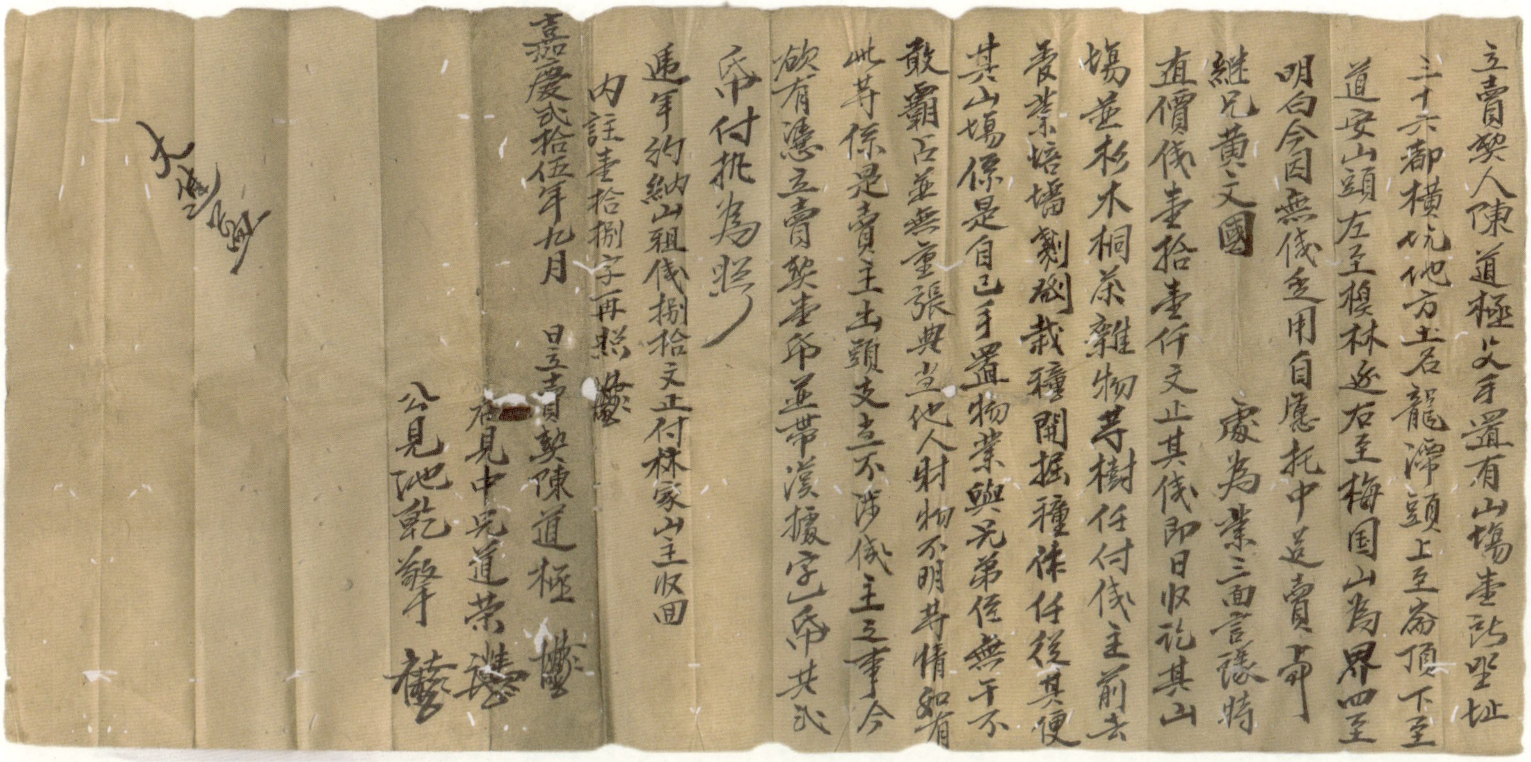
立賣契人陳道極上手置有山場壹號坐址
二十六都橫坑地方土名龍潭頭上至岗頂下至
道安山頭左至模林近右至梅園山為界四至
明白今因無錢應用自應托中送賣與
継兄黃文國　處為業三面言議將
直價錢壹拾壹仟文正其錢即日收訖其山
場並杉木桐茶雜物等樹任付錢主前去
管業培墻劉砍栽種開掘種作任從其便
其山場係是自己手置物業與兄弟侄無干不
敢霸占並無重張典當他人財物不明等情如有
此等係是賣主出頭支當不涉錢主之事今
欲有憑立賣契壹紙並帶滾據字山紙共弍
紙付批為照
逓年納山租錢捌拾文正付林家山主收回
內註壹拾捌字再照
嘉慶弍拾伍年九月　日立賣契陳道極
在見中兄道崇
公見地乾肇

3-1-41-3　清嘉慶二十五年九月陳道極立賣山場契

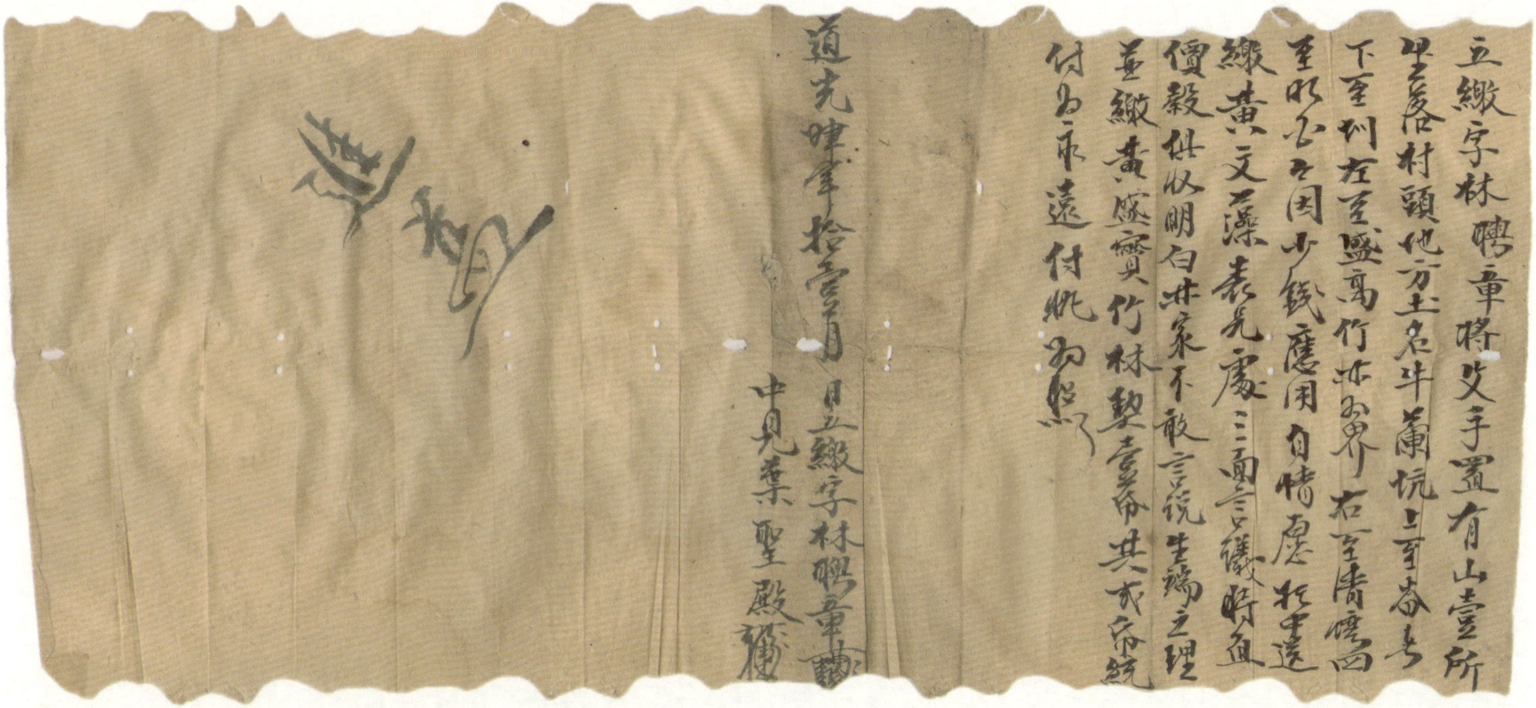

3-1-41-4　清道光四年十一月林聘章立繳山字

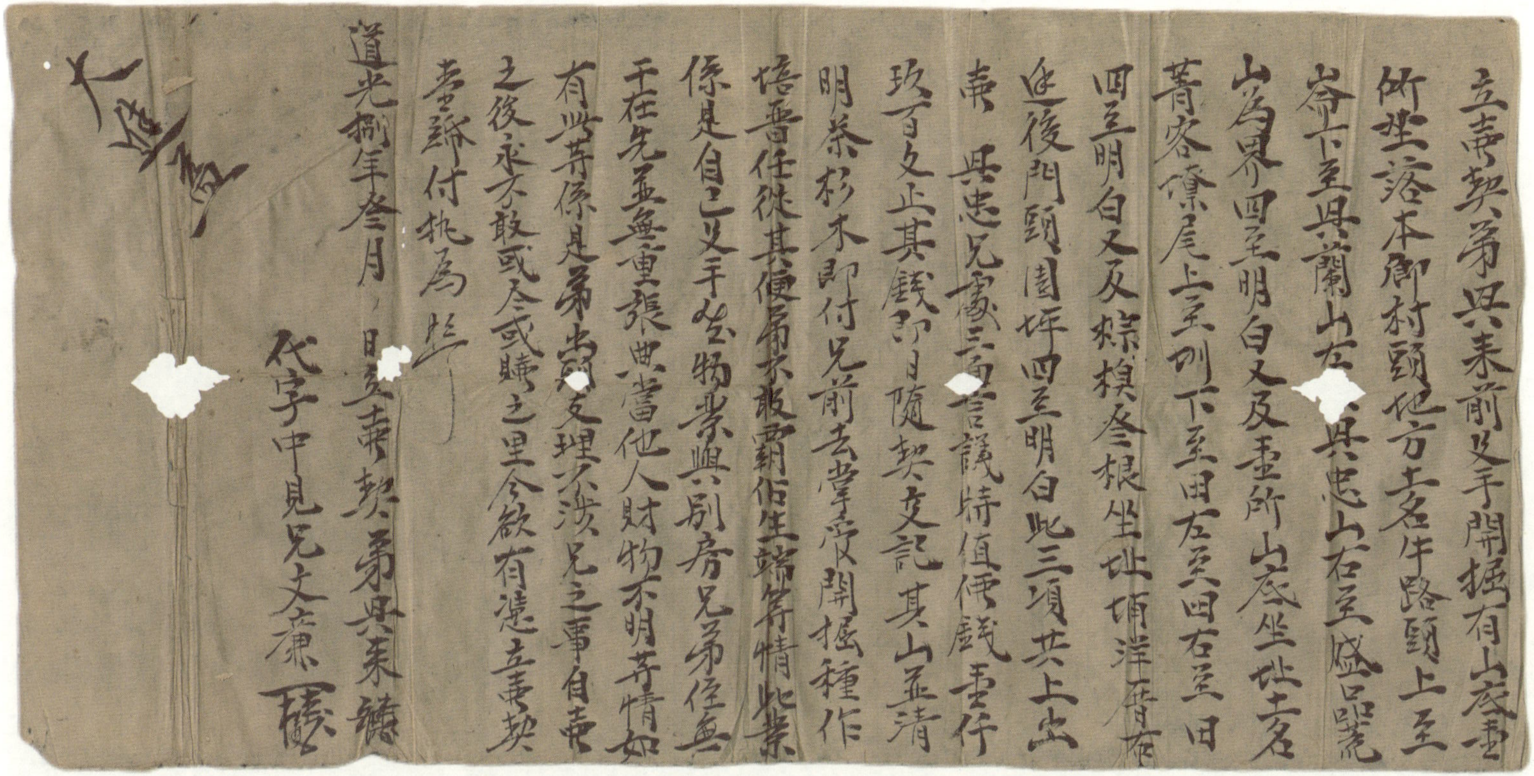

立賣契弟貝來前又手開掘有山底壹
所坐落本鄉村頭地方土名牛路頭上至
岭下至貝蘭山左貝忠山右至盛呂[illegible]
山為界四至明白又及壹所山底坐址土名
菁客寮尾上至圳下至田左至田右至田
四至明白又及椶模叁根坐址埔洋厝在
埕後門頭園坪四至明白此三項共上出
賣　貝忠兄處三面言議時值價錢壹仟
玖百文正其錢即日隨契支訖其山並清
明茶杉木即付兄前去掌管開掘種作
培養任從其便弟不敢霸佔生端等情此業
係是自己又手之物業與別房兄弟侄無
干在先並無重張典當他人財物不明等情如
有此等係是弟出頭支理不涉兄之事自賣
之後永不敢取贖之理今欲有憑立賣契
壹紙付執為照
道光捌年叁月　日立賣契弟貝來（號）
代字中見兄文康（押）
大發

3-1-41-5　清道光八年三月黄貝來立賣山底契

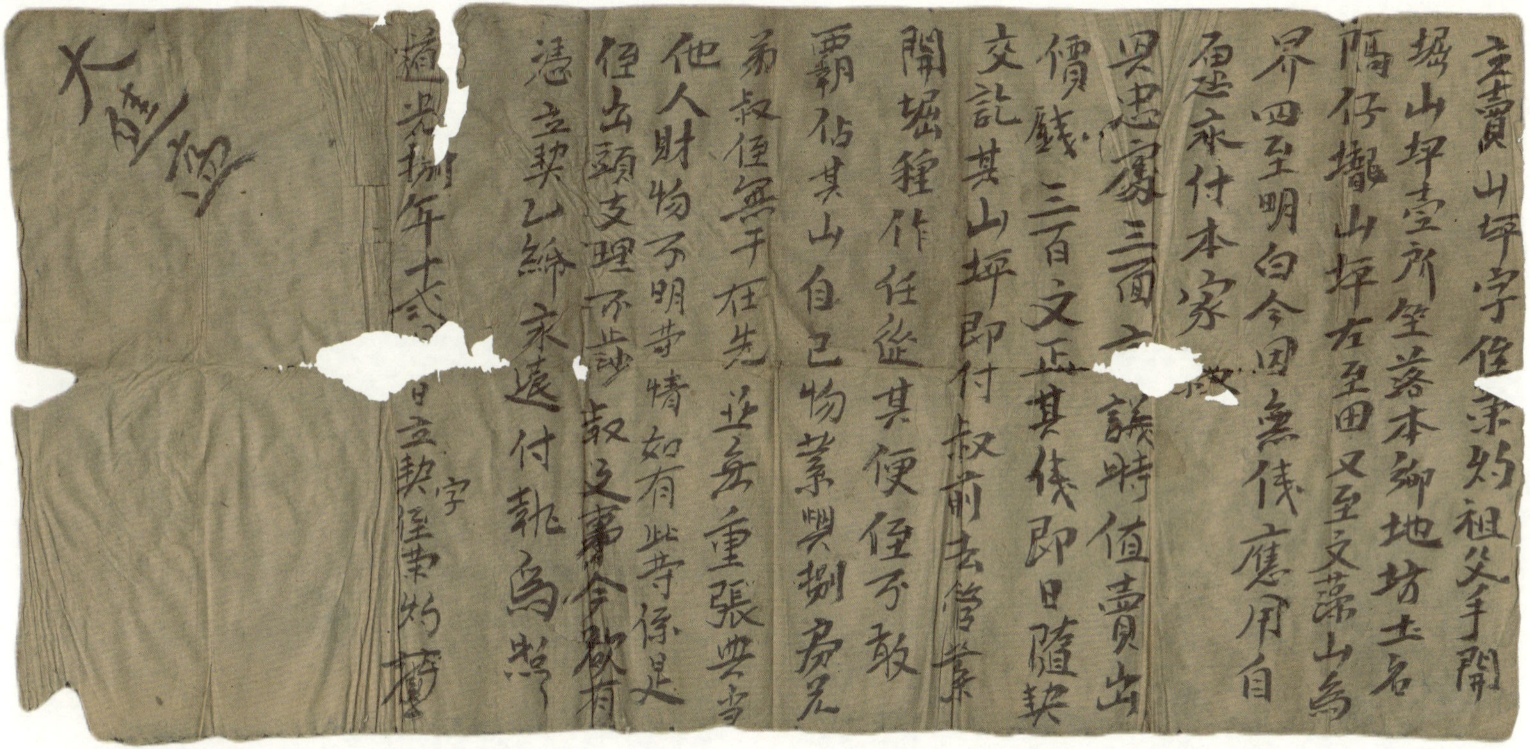
立賣山坪字侄荣灼祖父手開
掘山坪壹所坐落本鄉地坊土名
隔仔壠山坪左至田又至文蒂山為
界四至明白今因無錢應用自
愿來付本家叔
畀忠賓三面言議時值賣出山
價錢三百文正其錢即日隨契
交訖其山坪即付叔前去管業
開掘種作任從其便侄不敢
霸佔其山自己物業與房兄
弟叔侄無干在先並無重張典当
他人財物不明等情如有此等係是
侄出頭支理不涉叔之事今欲有
憑立契乙紙永遠付執為照
道光捌年十弍月　日立契字侄荣灼

3-1-41-6　清道光八年十二月黃荣灼立賣山坪字

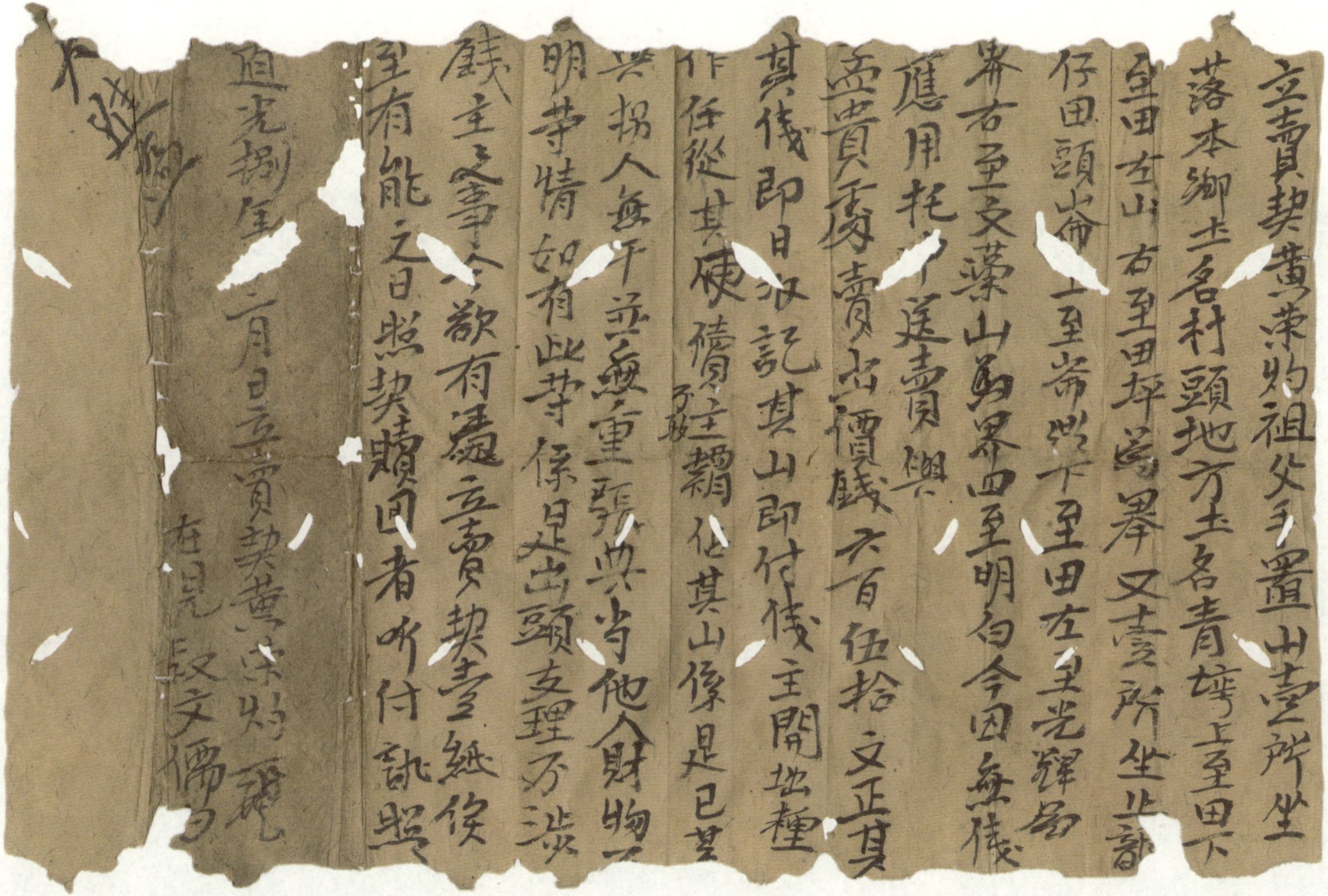
立賣契黄荣灼，祖父手置山壹所，坐
落本鄉土名村頭地方，土名青墘，上至田下
至田，左山，右至田坪為界；又壹所，坐址當
仔田頭山崙，上至崙嶺，下至田，左至光輝為
界，右至文藻山為界，四至明白。今因無錢
應用，托中送賣與
孟貴房，賣出價錢六百伍拾文正，其
其錢即日收訖，其山即付錢主開墾種
作，任從其便，續貴主（子孫）翻，任其山係是已業，
與伯叔人無干，並無重張典當他人財物不
明等情，如有此等，係是出頭支理，不涉
錢主之事。今欲有憑，立賣契壹紙，俟
至有能之日，照契贖回者，聽付訖照。
道光捌年十二月　日立賣契黄荣灼
在見叔文儒
不找贖

3-1-41-7　清道光八年十二月黄荣灼立賣山契

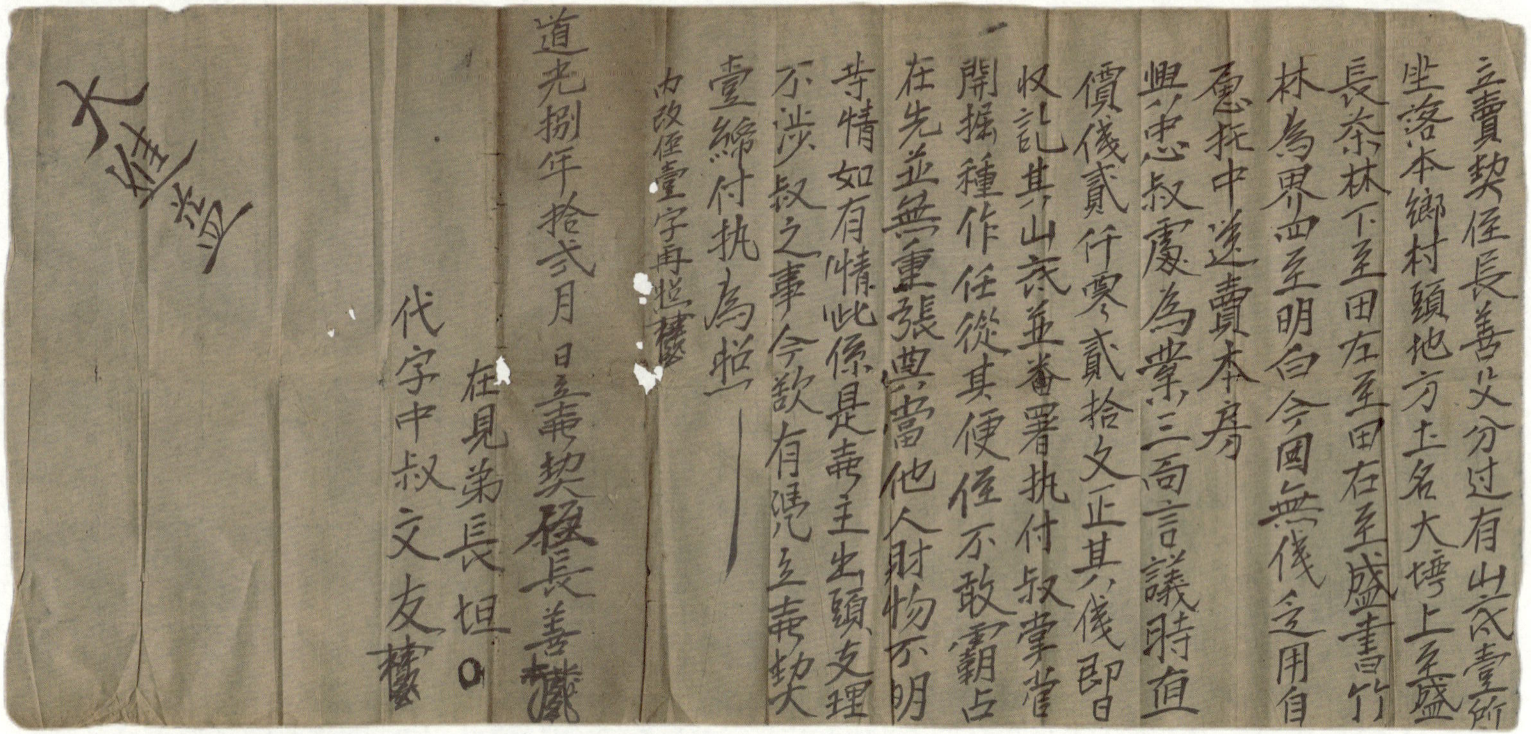

立賣契侄長善父分过有山底壹所
坐落本鄉村頭地方土名大塆上至盛
長茶林下至田左至田右至盛書竹
林為界四至明白今因無錢乏用自
愿托中送賣本房
興葱叔處為業三面言議時值
價錢貳仟零貳拾文正其錢即日
收訖其山底並番署执付叔掌管
開掘種作任從其便侄不敢霸占
在先並無重張典當他人財物不明
等情如有情此係是賣主出頭支理
不涉叔之事今欲有憑立賣契
壹紙付执為照
内改侄壹字再照
道光捌年拾贰月　日立賣契侄長善
在見弟長垣
代字中叔文友
大進發

3-1-41-8　清道光八年十二月黄長善立賣山底契

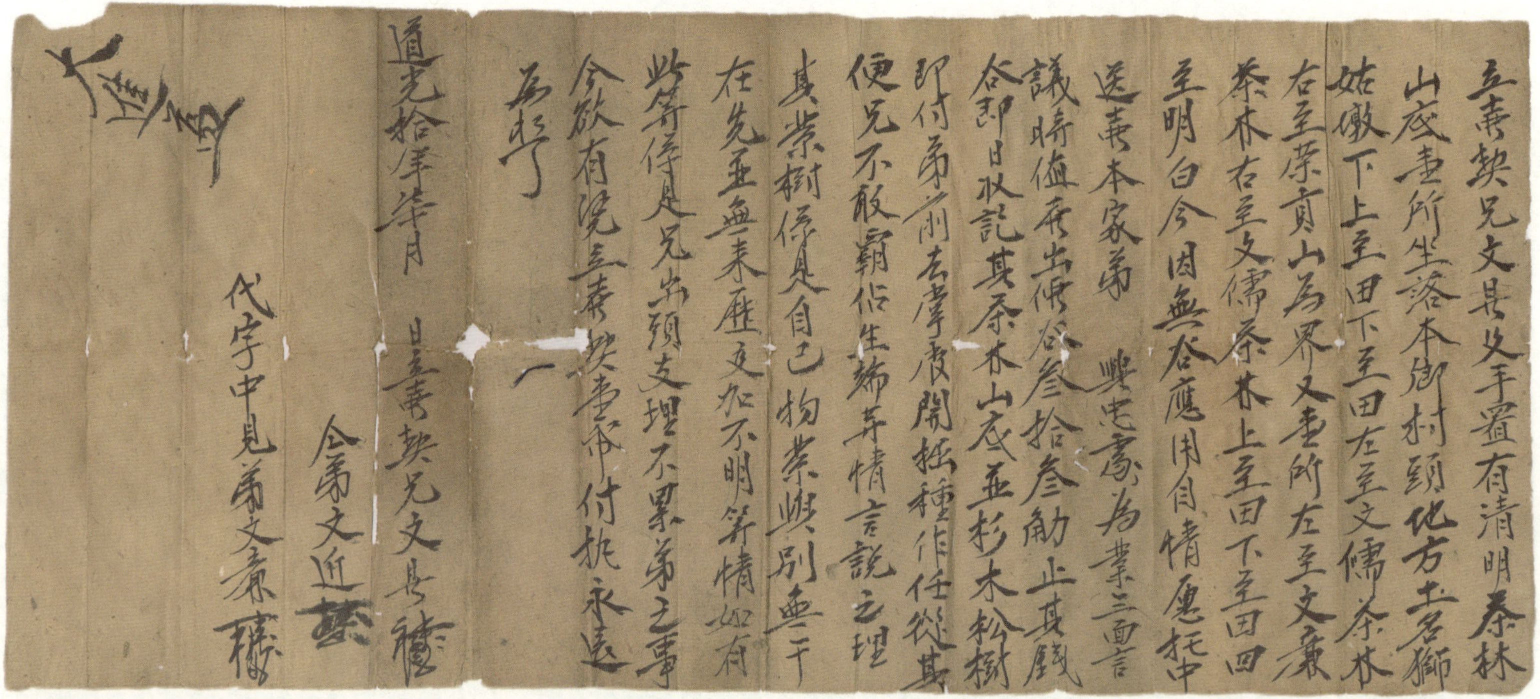
立賣契兄文鼎父手置有清明茶林
山底壹所，坐落本鄉村頭化方，土名獅
姑墩下，上至田，下至田，左至文儒茶林，
右至茶貢山為界；又壹所，左至文廉
茶林，右至文儒茶林，上至田，下至田，四
至明白。今因無錢應用，自情愿托中
送賣本家弟　興忠處為業，三面言
議時值價出佛銀叁拾叁兩正，其錢
仝即日收訖，其茶林山底並杉木松樹
即付弟前去掌管開掘種作，任從其
便，兄不敢霸佔生端異情言說之理。
其茶樹係是自己物業，與別無干，
在先並無來歷交加不明等情，如有
此等，係是兄出頭支理，不累弟之事。
今欲有憑，立賣契壹紙，付執永遠
為炤。　一
道光拾年柒月　日立賣契兄文鼎
仝弟文近
代字中見弟文廉

3-1-41-9　清道光十年七月黄文鼎等立賣清明茶林山底契

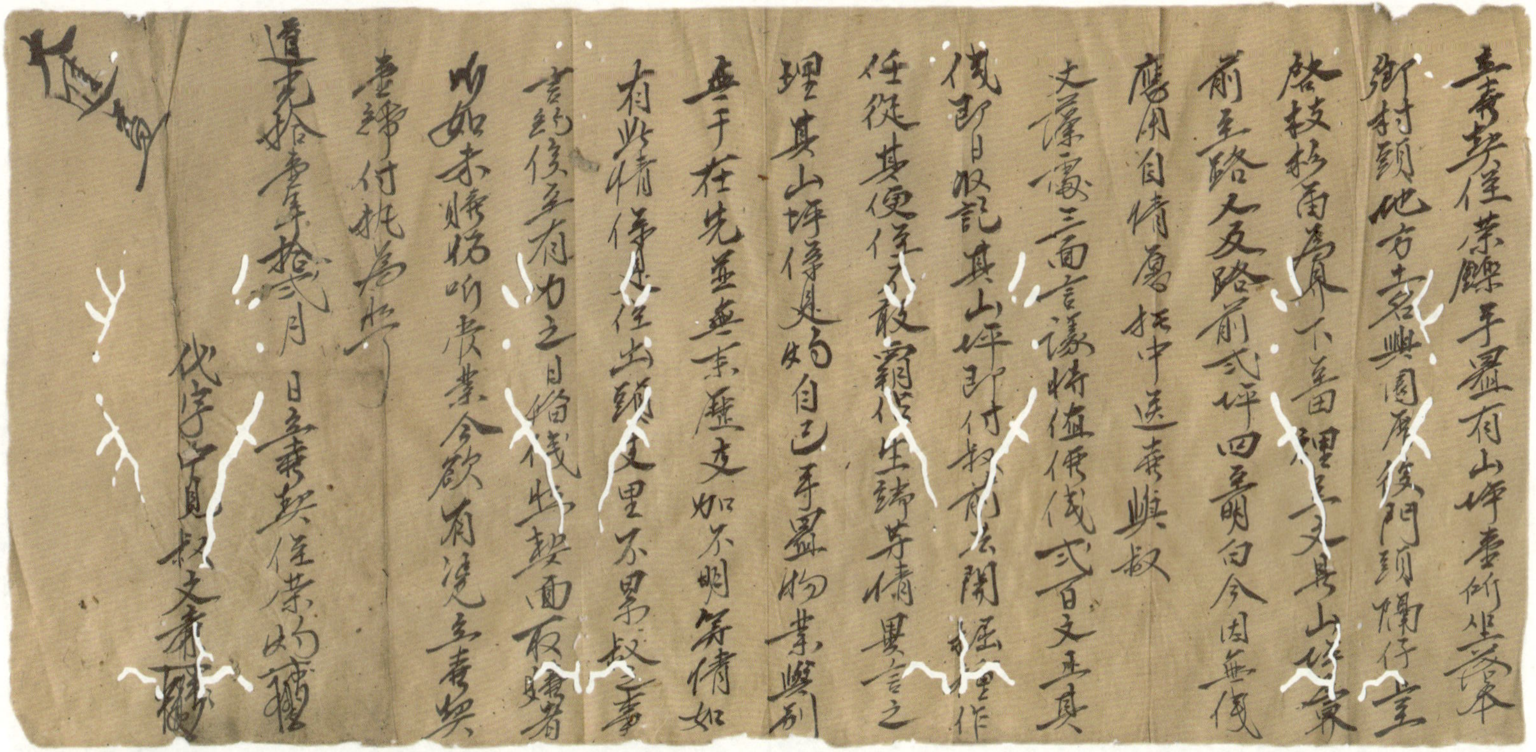

3-1-41-10　清道光十一年十二月黄荣鑠立賣山坪契

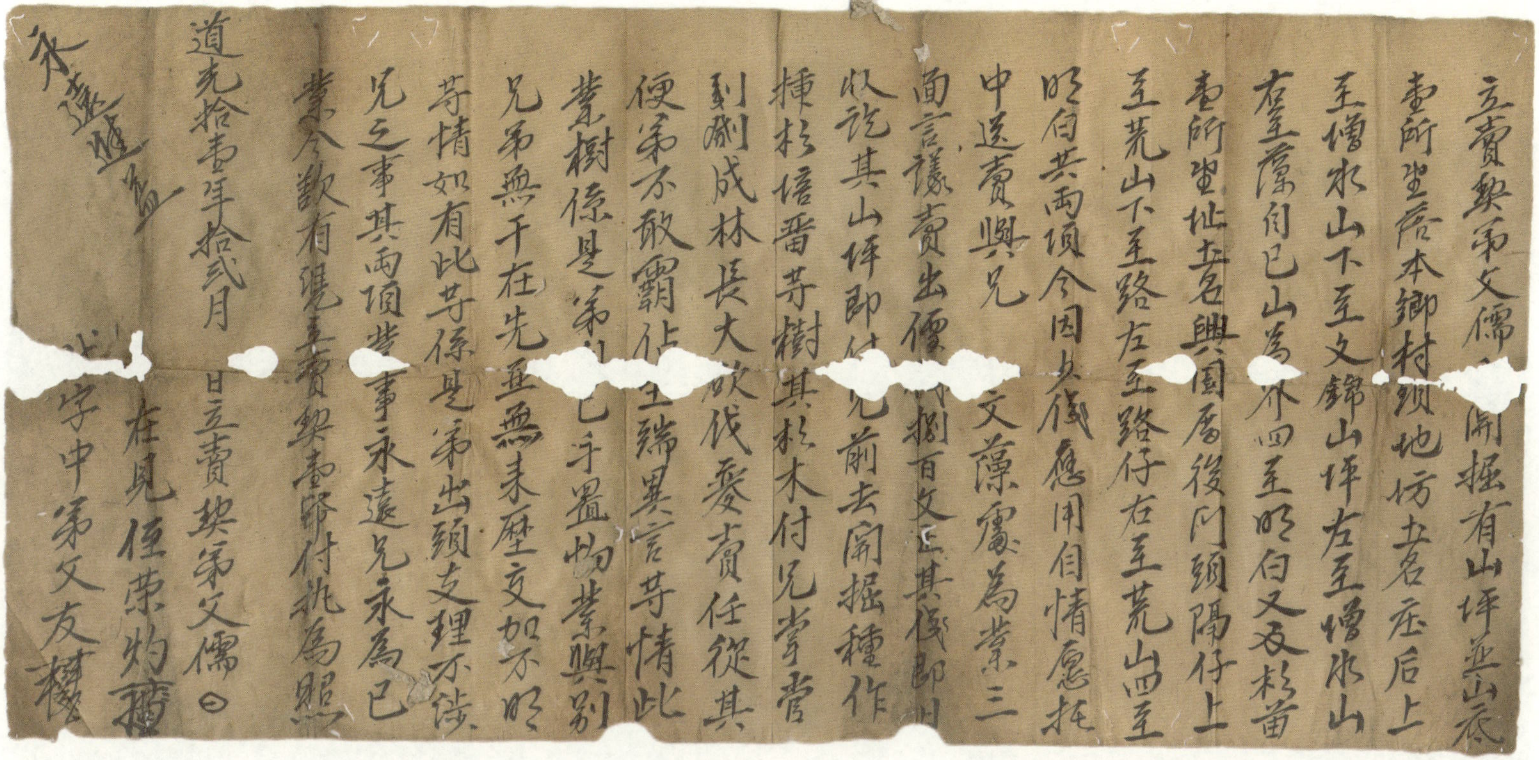
立賣契弟文儒[illegible]開掘有山坪並山衣
壹所坐落本鄉村頭地方土名庄后上
至增水山下至文錦山坪左至增水山
右至藻自己山爲界四至明白又有杉苗
壹所坐址土名興園后後門頭陽仔上
至荒山下至路左至路仔右至荒山四至
明白共兩項今因要錢應用自情愿托
中送賣與兄文藻處爲業三
面言議賣出價錢捌百文正其錢即日
收訖其山坪即付兄前去開掘種作
插杉培蓄等樹其杉木付兄掌管
到劄成林長大砍伐變賣任從其
便弟不敢霸佔生端異言等情此
業樹係是弟自己手置物業與別
兄弟無干在先並無來歷交加不明
等情如有此等係是弟出頭支理不涉
兄之事其兩項業事永遠兄永爲己
業今歡有憑立賣契壹紙付執爲照
道光拾壹年拾貳月　日立賣契弟文儒（押）
在見侄榮灼（押）
永遠爲照　代字中弟文友（押）

3-1-41-11　清道光十一年十二月黄文儒立賣山坪等契

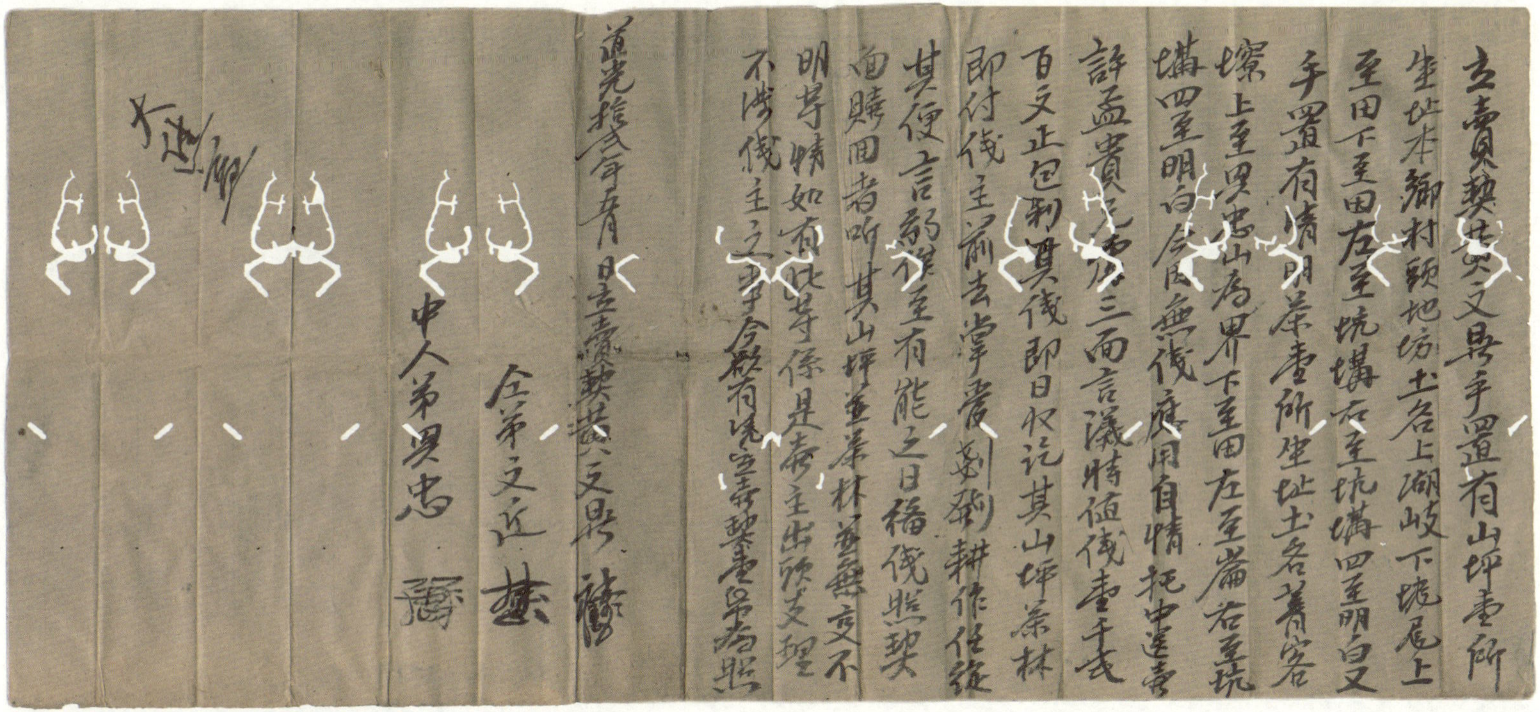

3-1-41-12 清道光十二年五月黄文鼎等立賣山坪契

立賣契黄文鼎手置有山坪壹所，坐址本鄉村頭地坊，土名上湖岐下垅尾，上至田，下至田，左至垅墘，右至坑墘，四至明白。又手置有清明茶壹所，坐址土名青窑墘，上至吳忠山爲界，下至田，左至崙，右至坑墘，四至明白。今因無錢應用，自情托中送賣許孟貴官邊，三面言議，時值錢壹千貳百文正。包剳其錢即日收訖，其山坪茶林即付錢主前去掌管，劉種耕作，任從其便。言約不拘至有能之日，備錢照契面贖回者聽。其山坪並茶林並無交不明等情，如有此等，係是賣主出頭支理，不涉錢主之事。今欲有憑，立賣契壹紙爲照。

道光拾弍年五月　日立賣契黄文鼎（押）

仝弟　文近（押）

中人　弟　吳忠（押）

大吉利

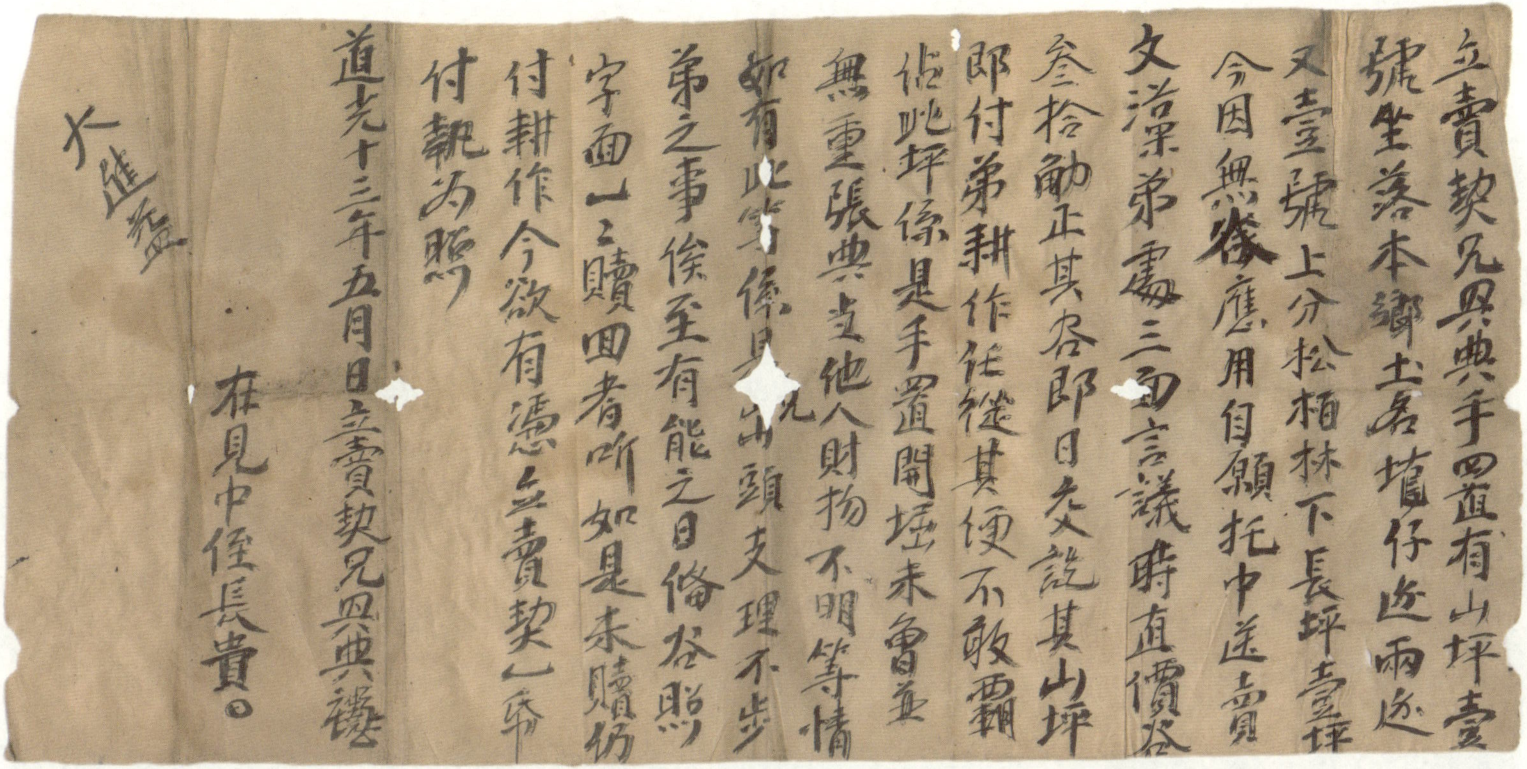
立賣契兄興典手置有山坪壹
號坐落本鄉土名墘仔逬雨逬
又壹號上分松栢林下長坪壹坪
今因無銀應用自願托中送賣
文滐弟處三面言議時值價谷
叁拾觔正其谷即日交訖其山坪
即付弟耕作任從其便不敢霸
佔此坪係是手置開墾未曾並
無重張典當他人財物不明等情
如有此等係興兄出頭支理不涉
弟之事俟至有能之日備谷照
字面一一贖回者聽如是未贖仍
付耕作今欲有憑立賣契一紙
付執為照
道光十三年五月日立賣契兄興典
在見中侄長貴

3-1-41-13 清道光十三年五月黃興典立賣山坪契（一）

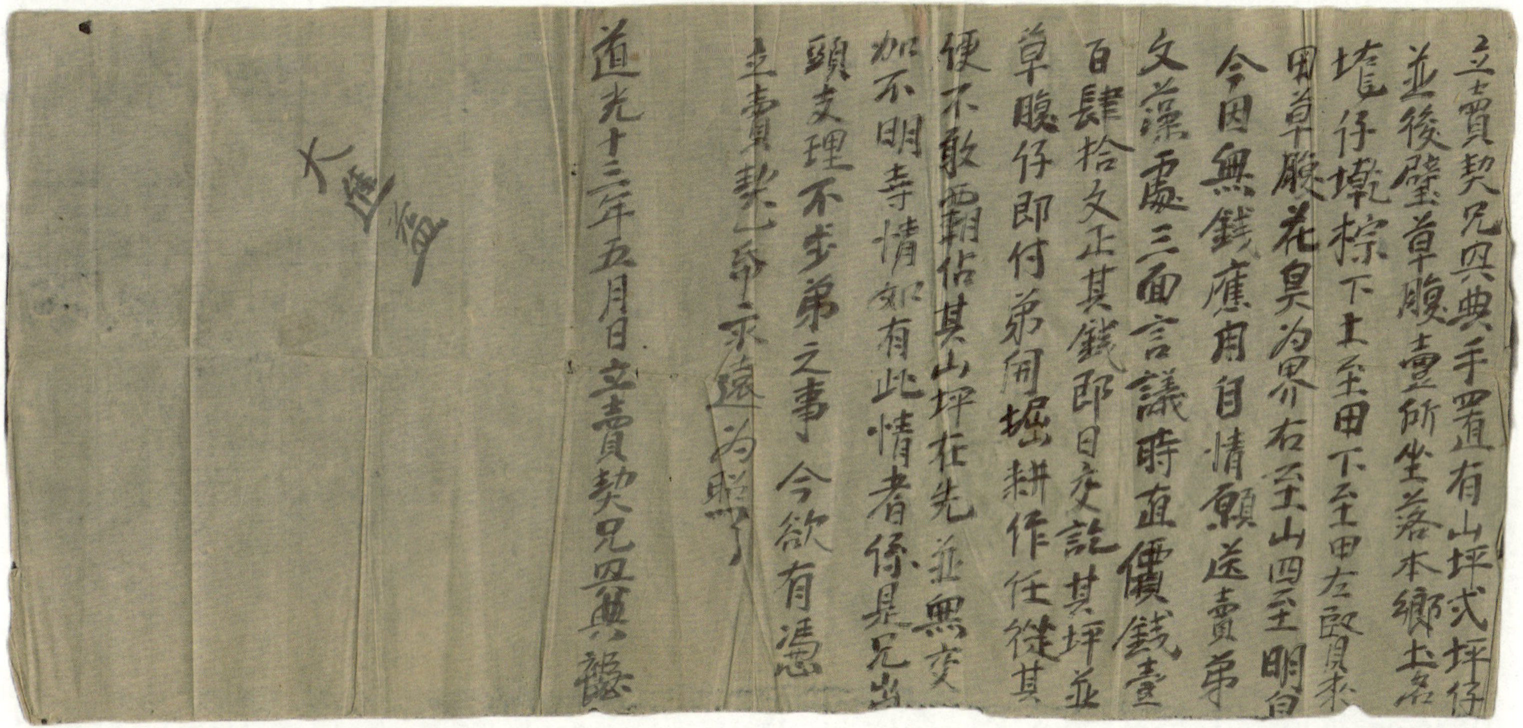

立賣契兄貝典手置有山坪式坪仔
並後壁草朧壹所坐落本鄉土名
壋仔墘棕下上至田下至田左至貝求
田草朧花貝為界右至山四至明白
今因無錢應用自情願送賣弟
文藻處三面言議時值價錢壹
百肆拾文正其錢即日交訖其坪並
草朧仔即付弟開掘耕作任從其
便不敢霸佔其山坪在先並無交
加不明等情如有此情者係是兄出
頭支理不涉弟之事　今欲有憑
立賣契一紙永遠為照
道光十三年五月日立賣契兄貝典號
大進壹

3-1-41-14　清道光十三年五月黄贝典立賣山坪契（二）

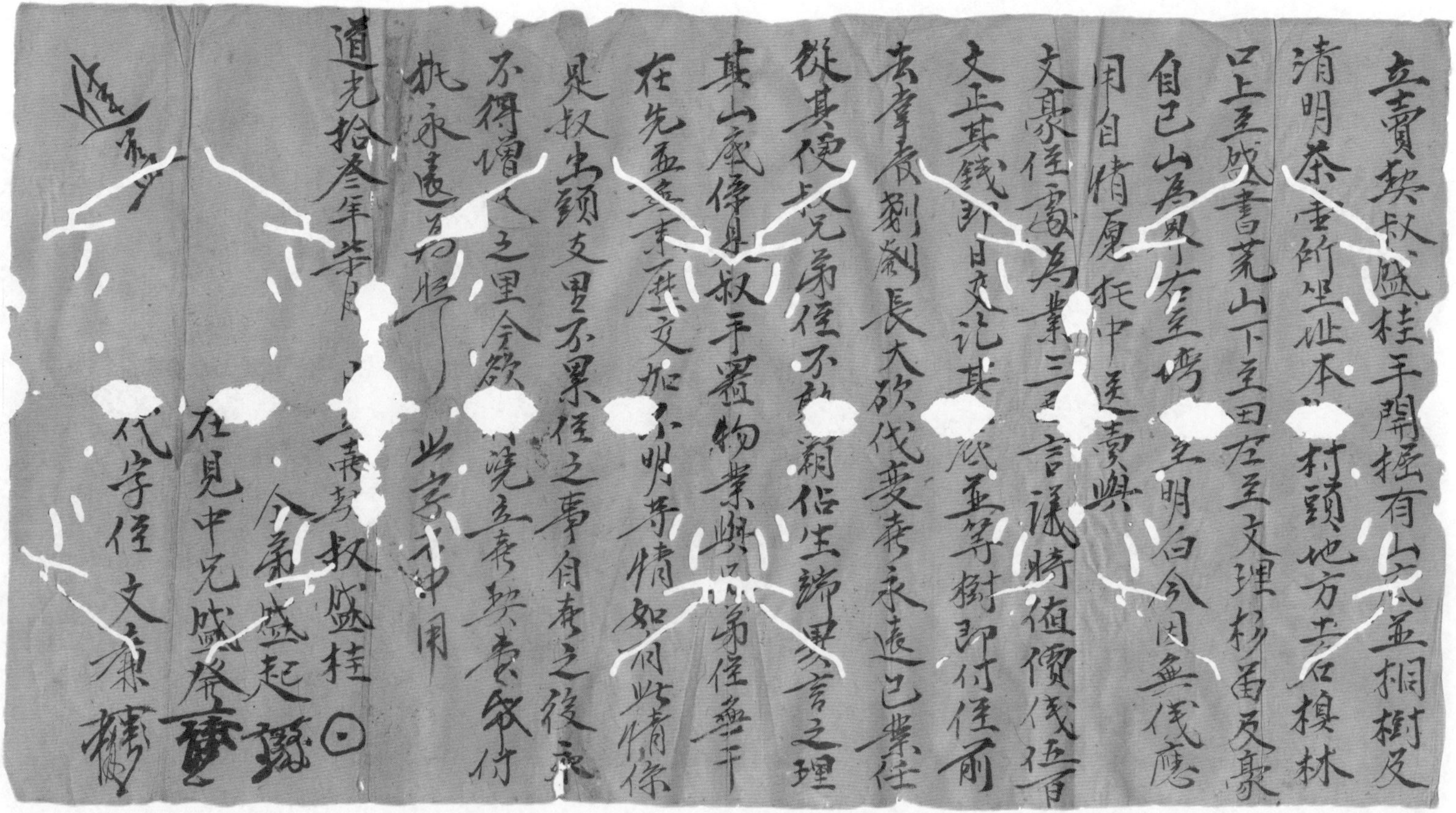
立賣契叔盛桂手開掘有山底並桐樹及
清明茶壹所坐址本處村頭地方土名模林
口上至盛書茿山下至田左至文理杉苗及豪
自己山為界右至灣至明白今因無錢應
用自情愿托中送賣與
文豪侄處為業三面言議時值價錢伍百
文正其錢即日交訖其底並等樹即付侄前
去掌管劉剷長大砍伐變賣永遠已業任
從其便叔兄弟侄不敢翻悔生端異言之理
其山底係身叔手置物業與兄弟侄無干
在先並無重張典當文加不明等情如有此情係
是叔出頭支理不累侄之事自賣之後永
不得增找之理今欲有憑立賣契壹紙付
執永遠為照　此家中用
道光拾叁年柒月　日立賣契叔盛桂 ⊙
仝弟盛起
在見中兄盛奈
代字侄文康
[illegible]

3-1-41-15　清道光十三年七月黄盛桂等立賣山底等契

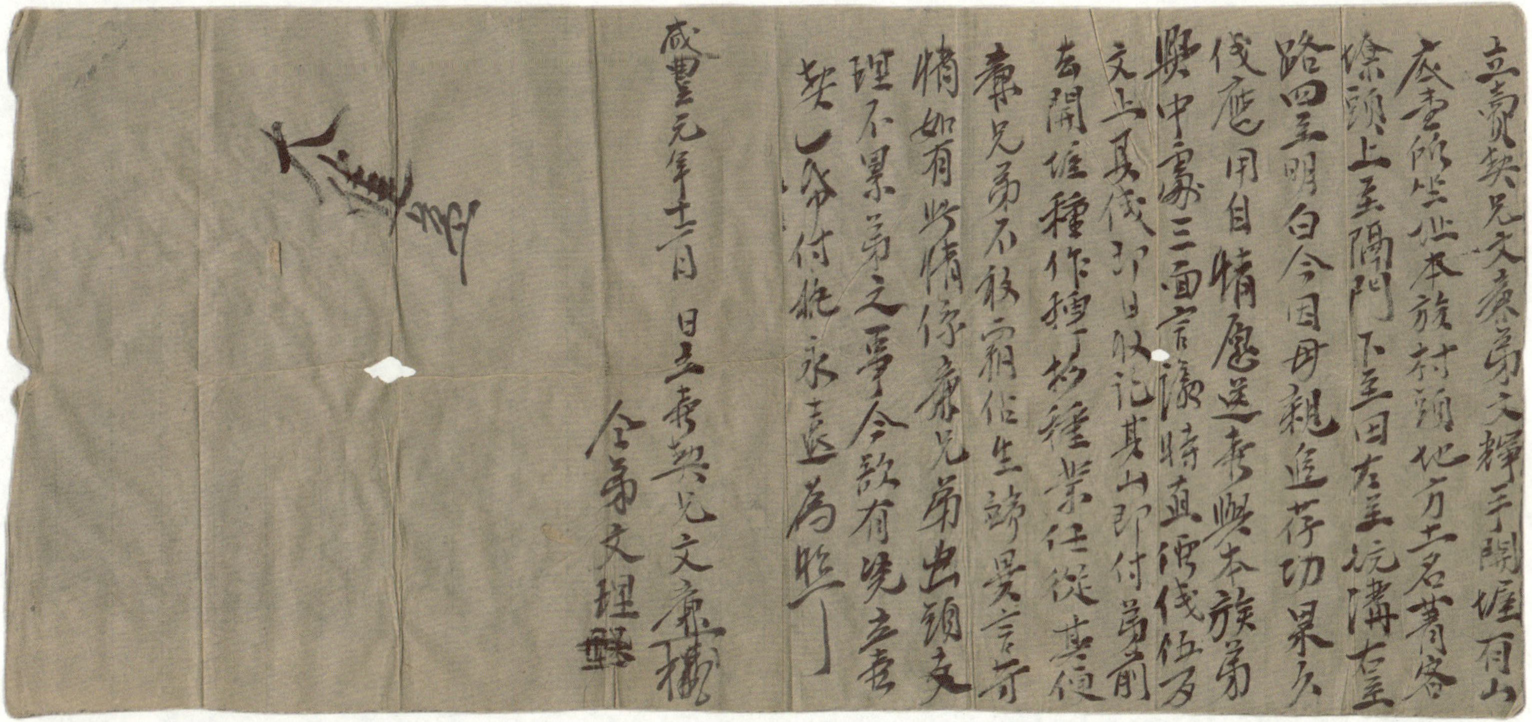
立賣契兄文廉弟文輝于開侄有山
承祖所坐址本族村頭地方土名菁客
塗頭上至隔門下至田左至坑溝右至
路四至明白今因母親追存功果乏
錢應用自情愿送賣與本族弟
與中寡三面言議時直價錢伍百
文正其錢即日收訖其山即付弟前
去開墾種作種杉種葉任從其便
廉兄弟不敢爭阻生端異言等
情如有此情係廉兄弟出頭支
理不累弟之事今欲有憑立賣
契一紙付執永遠為照

咸豐元年十二月　日立賣契兄文廉（押）
全弟文理（押）

3-1-41-16　清咸豐元年十二月黃文廉等立賣山底契

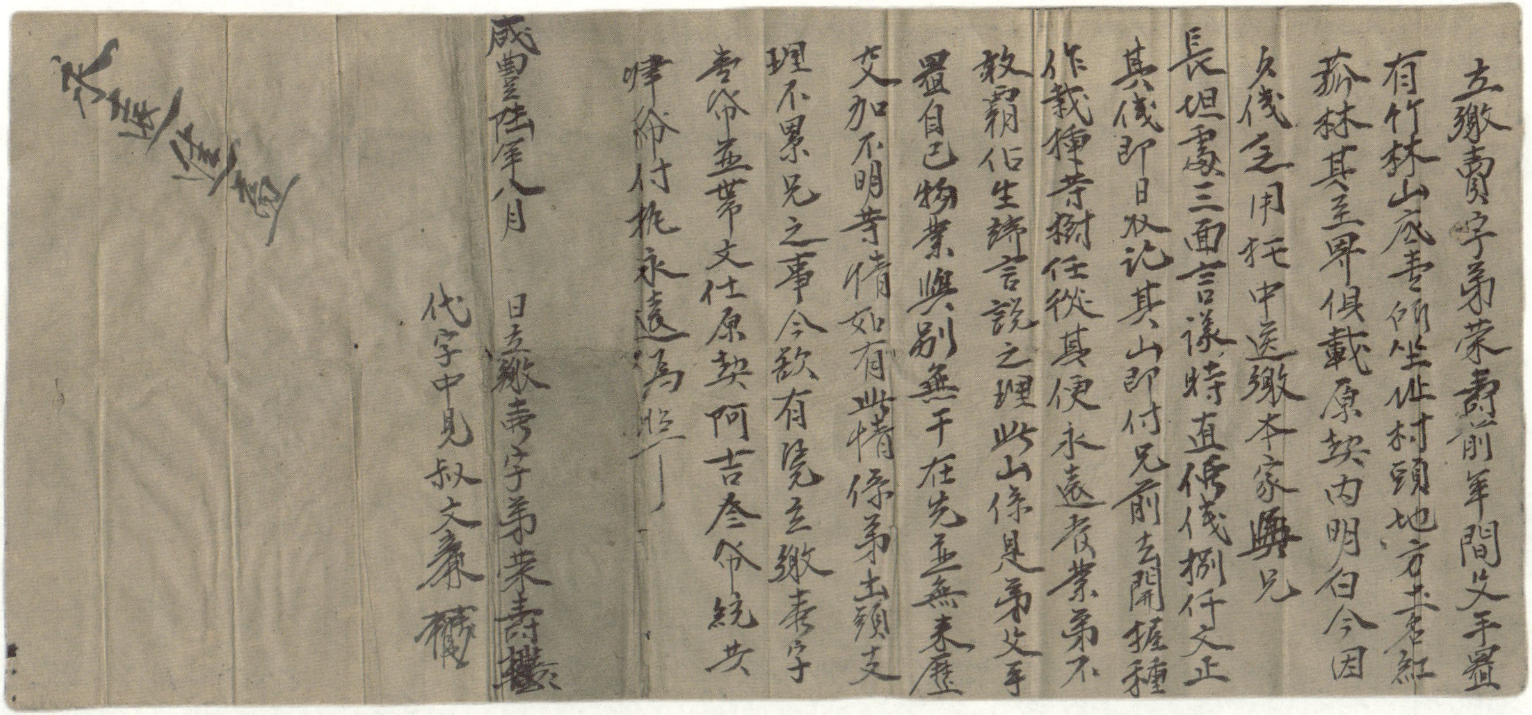
立缴賣字弟荣壽前年間父手置
有竹林山底壹所坐址村頭地方土名紅
㭎林其至界俱載原契内明白今因
乏錢應用托中送缴本家與兄
長坦處三面言議時直價錢捌仟文正
其錢即日收訖其山即付兄前去開掘種
作栽種苛樹任從其便永遠為業弟不
敢覇佔生端言說之理此山係是弟父手
置自己物業與别無干在先並無來歷
交加不明等情如有此情係弟出頭支
理不累兄之事今欲有憑立缴賣字
壹帋並帶文仕原契阿吉叁帋統共
肆帋付執永遠為照 ——

咸豐陸年八月　日立缴賣字弟荣壽（押）
代字中見叔文康（押）

3-1-41-17　清咸豐六年八月黃荣壽立繳賣竹林山底字

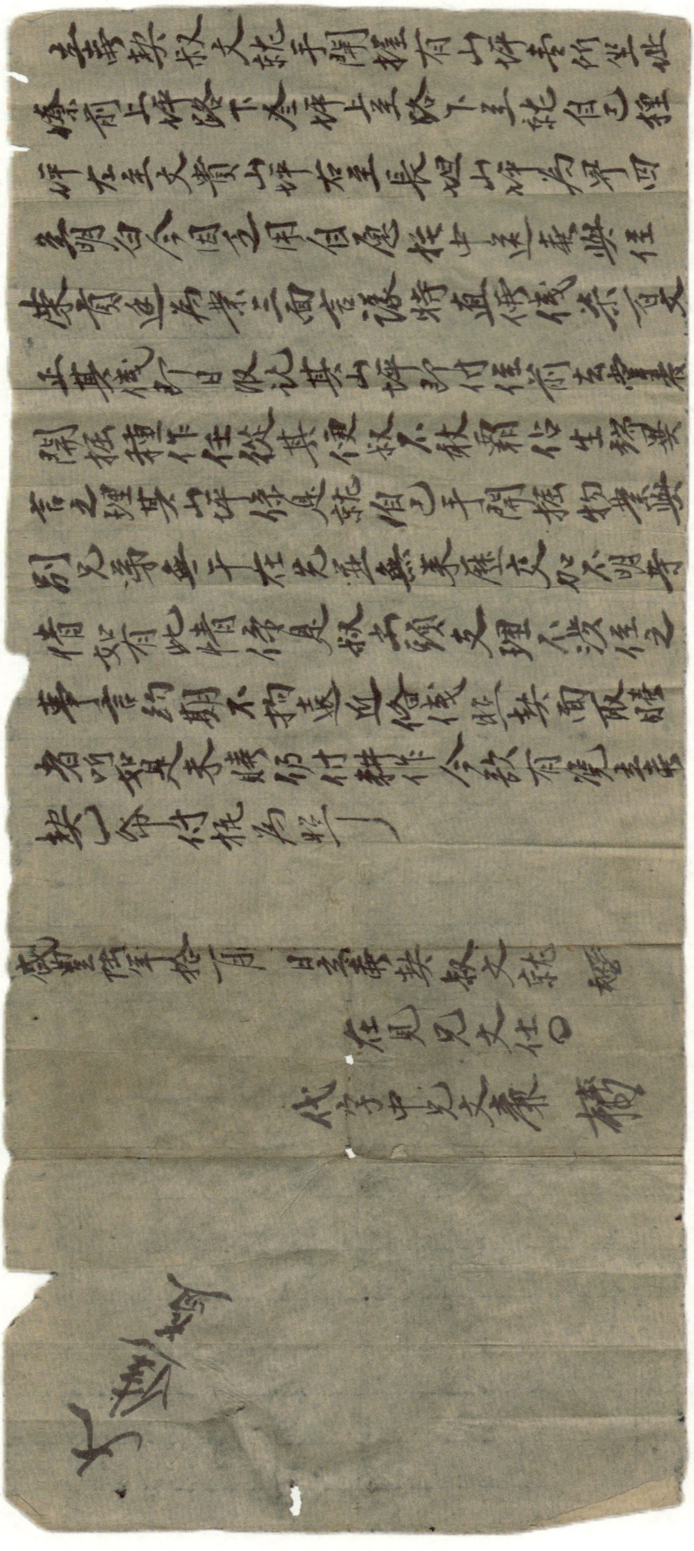

3-1-41-18 清咸豐六年十一月黃文就立賣山坪契

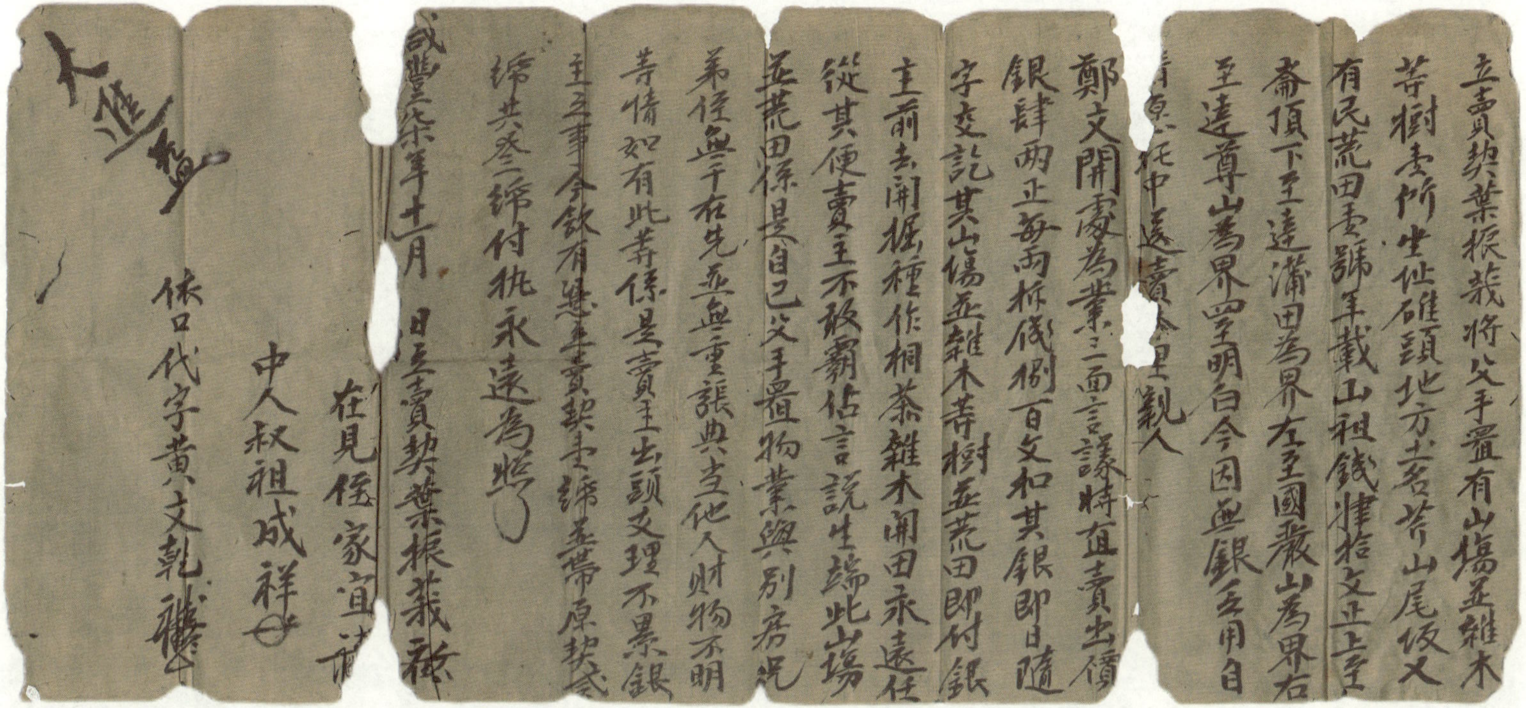

3-1-41-19　清咸豐七年十一月葉振莪立賣山場等契

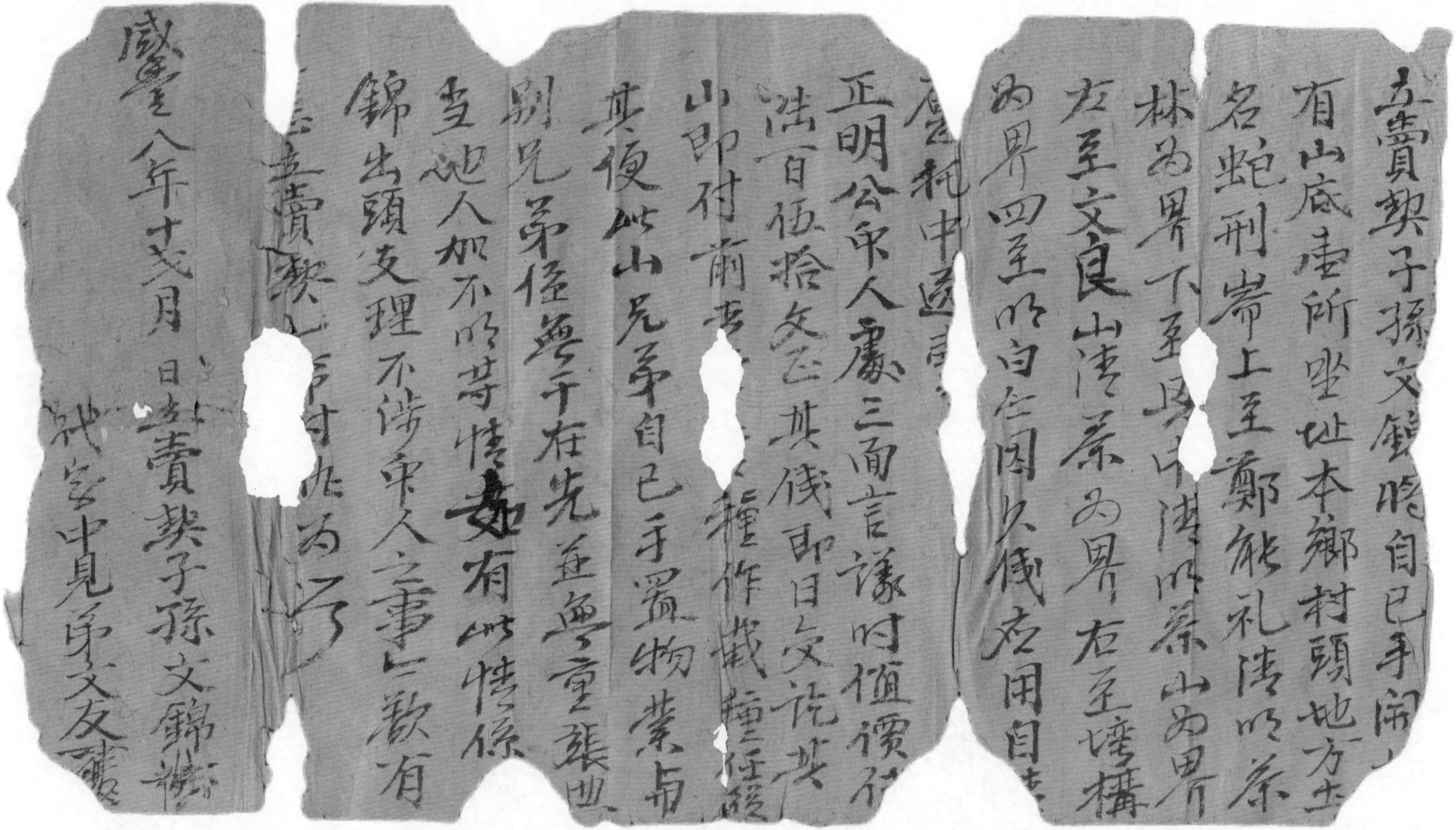

3-1-41-20 清咸豐八年十二月黄文錦立賣山底契

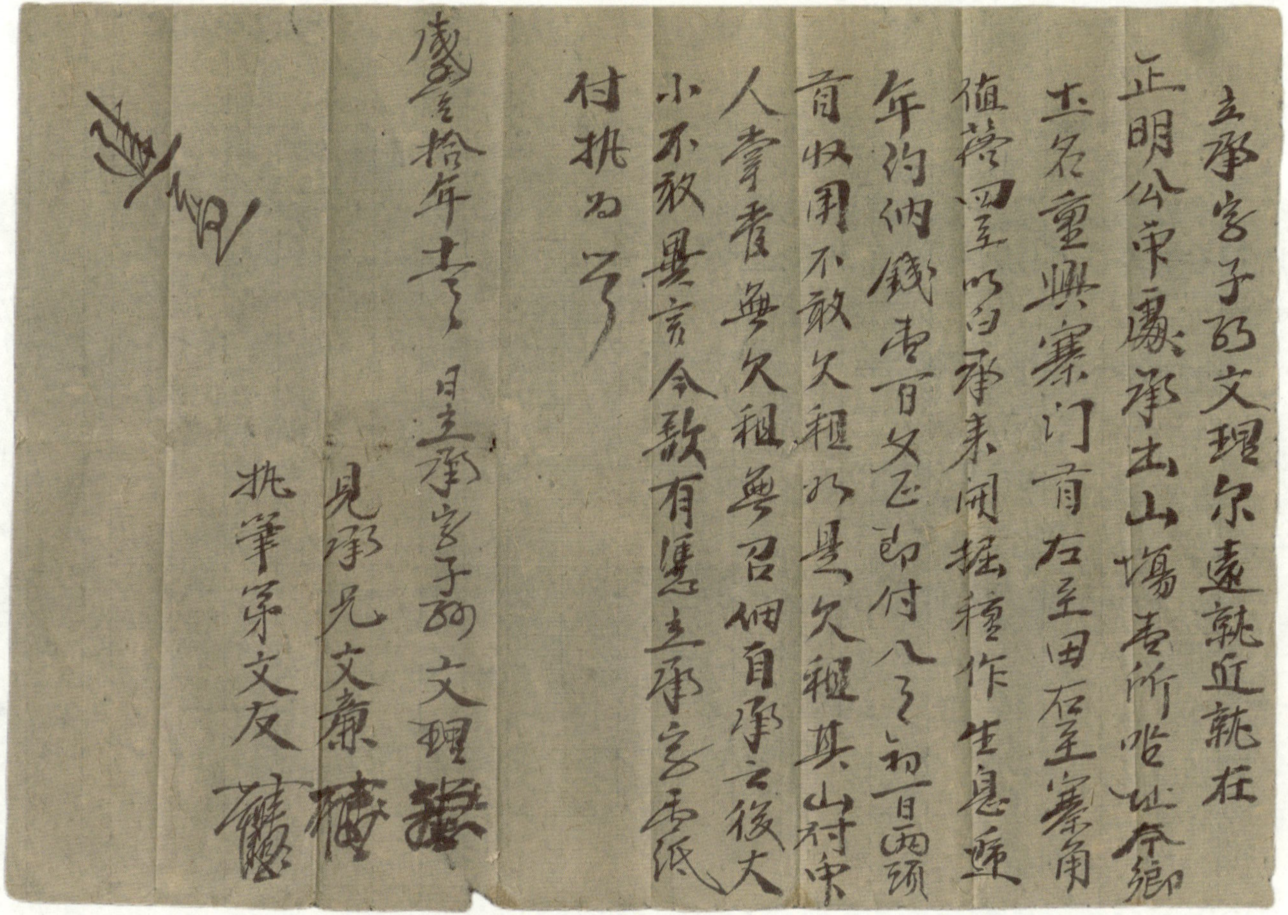

立承字子ㄢ文理尔遠就近就在
正明公冲處承出山場壱所㘴址本鄉
土名童興寨门前右至田石壁寨角
値種晋以為承来開掘種作生息照
年約納錢壱百文正即付八月初一日面頭
前收用不敢欠租如是欠租其山付宋
人掌管無欠租無召佃自承之後大
小不敢异言今欲有憑立承字壱紙
付執为照
咸豐拾年十一月　日立承字子ㄢ文理（押）
見承兄文康（押）
執筆弟文友（押）

3-1-41-21　清咸豐十年十一月黄文理立承山場字

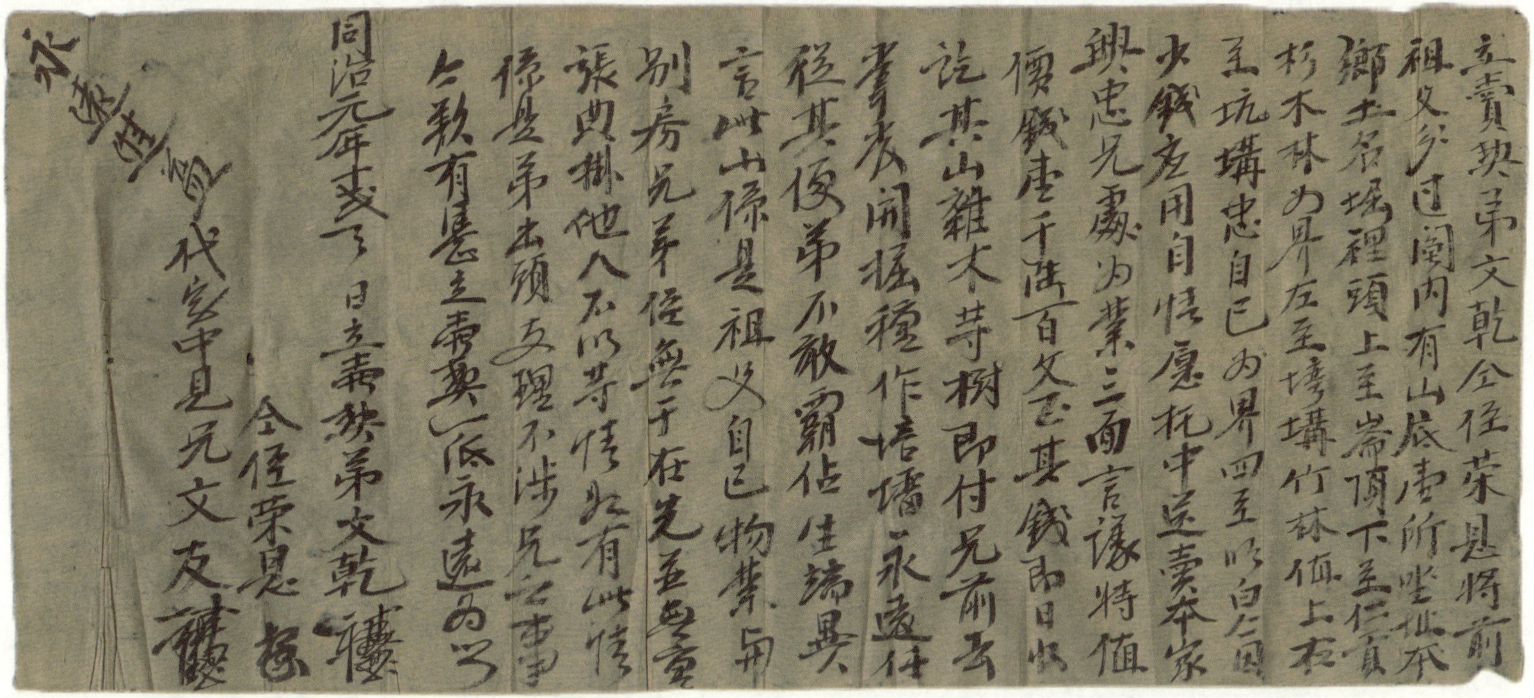
立賣契弟文乾仝侄榮是將前
祖父分過閹內有山底壹所坐址本
鄉土名堀裡頭上至嵛頂下至仁貴
杉木林為界左至墇墘竹林值上右
至坑墘忠自己為界四至明白今因
少錢應用自情愿托中送賣本家
興忠兄邊為業三面言議時值
價錢壹千陸百文正其錢即日收
訖其山雜木苛樹即付兄前去
掌管開掘種作培墇永遠任
從其侄弟不敢霸佔生端異
言此山係是祖父自己物業與
別房兄弟侄無干在先並無重
張典掛他人不以苛情如有此情
係是弟出頭支理不涉兄之事
今欲有憑立賣契一紙永遠為照
同治元年十二月　日立賣契弟文乾押
仝侄榮是押
代筆中見兄文友押
永遠[illegible]管

3-1-41-22　清同治元年十二月黄文乾等立賣山底契

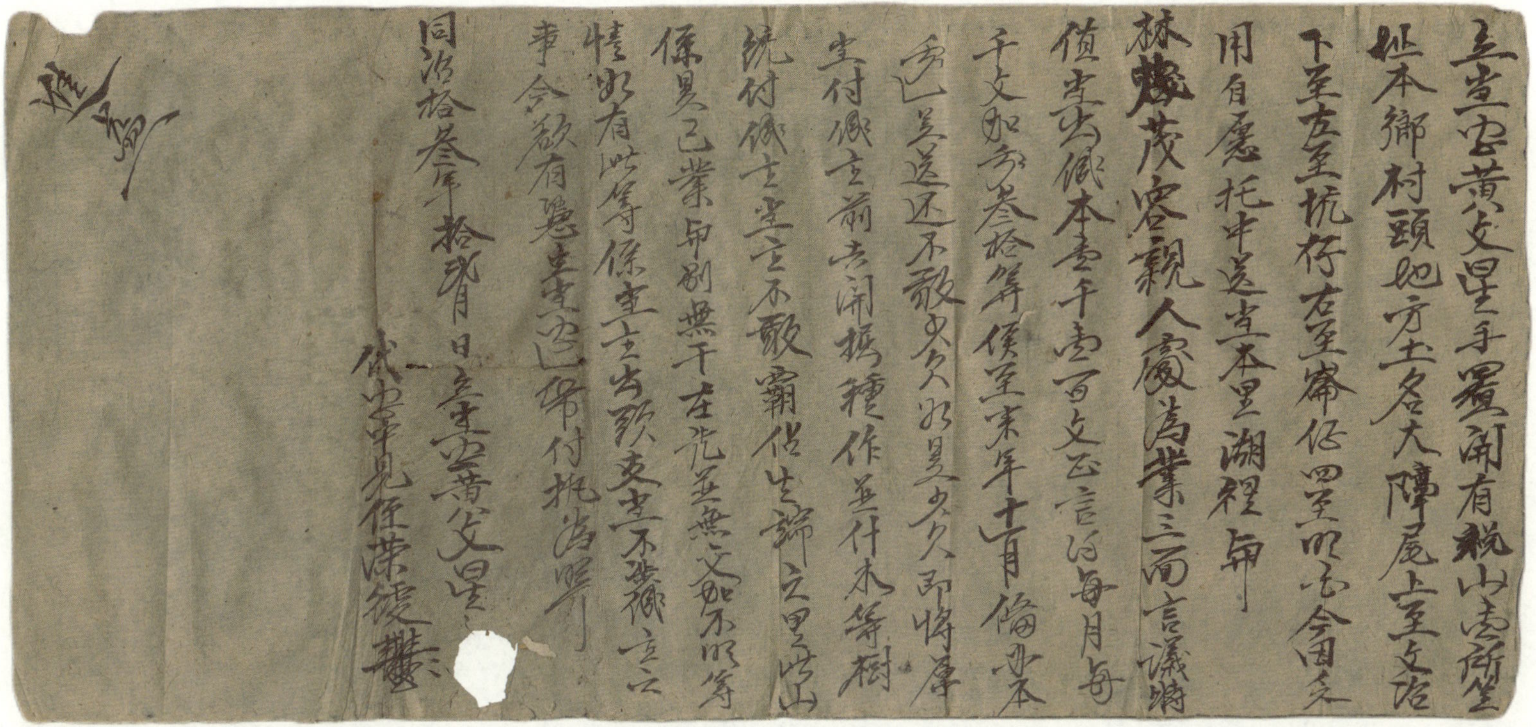
立當字黄文星，手置開有税山壹所，坐
址本鄉村頭地方，土名大障尾，上至文治
下至大至坑仔，右至嶺，四至明白。今因乏
用，自愿托中送當本里湖程邱
林茂客親人處為業，三面言議將
值出當本壹千壹百文正，言約每月每
千文加弍叁拾算，限至來年十二月備母本
并息送還，不敢欠少。如是欠少，即將原
山付與主前去開掘種作并什木等樹
統付與主業，不敢霸佔生端。立里此山
係是己業，并別無干在先，并無文契不明等
情。如有此等，係當主出頭支當，不涉徵主之
事。今欲有憑，立當字付執為照。
同治拾叁年拾弍月　日立當字黄文星
代字中見侄榮鍍

3-1-41-23　清同治十三年十二月黄文星立當税山字

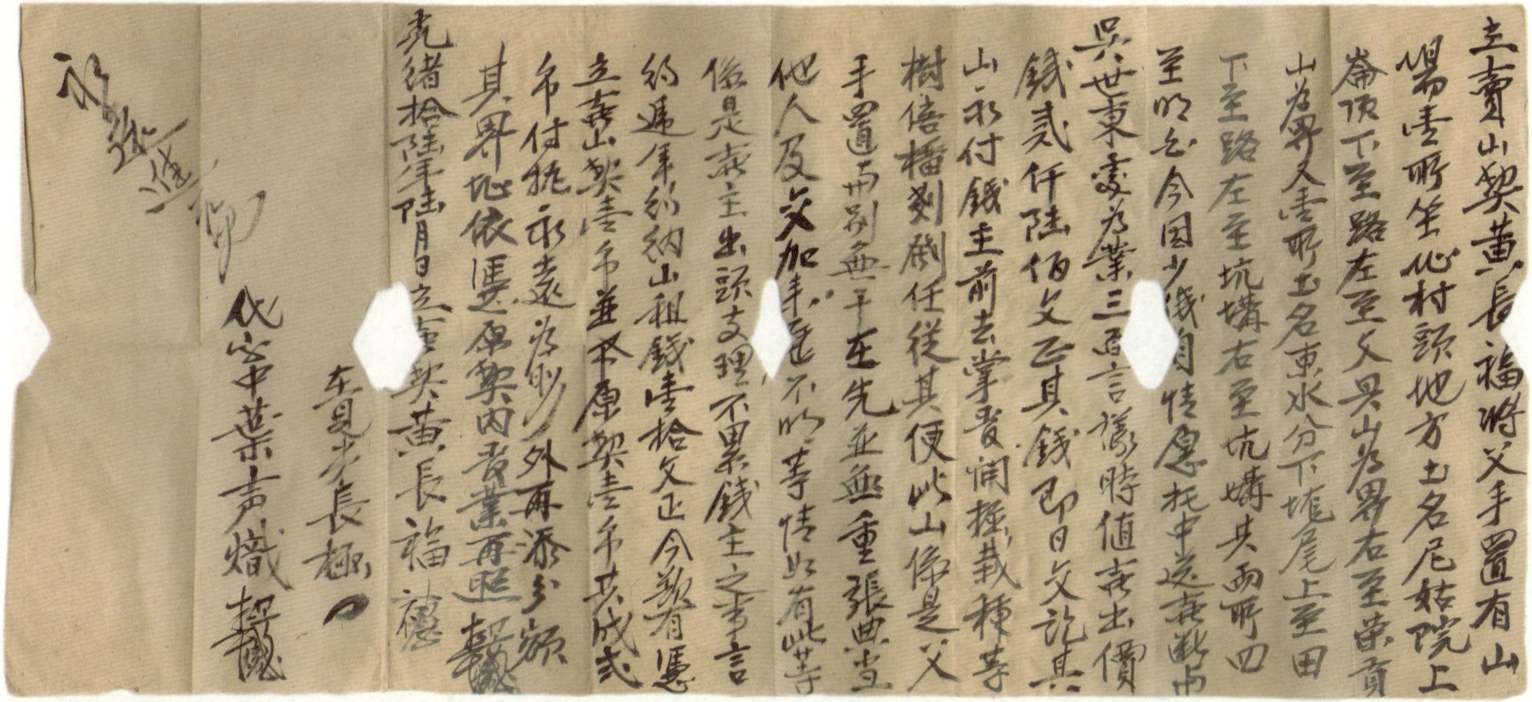

3-1-41-24　清光緒十六年六月黃長福立賣山場契

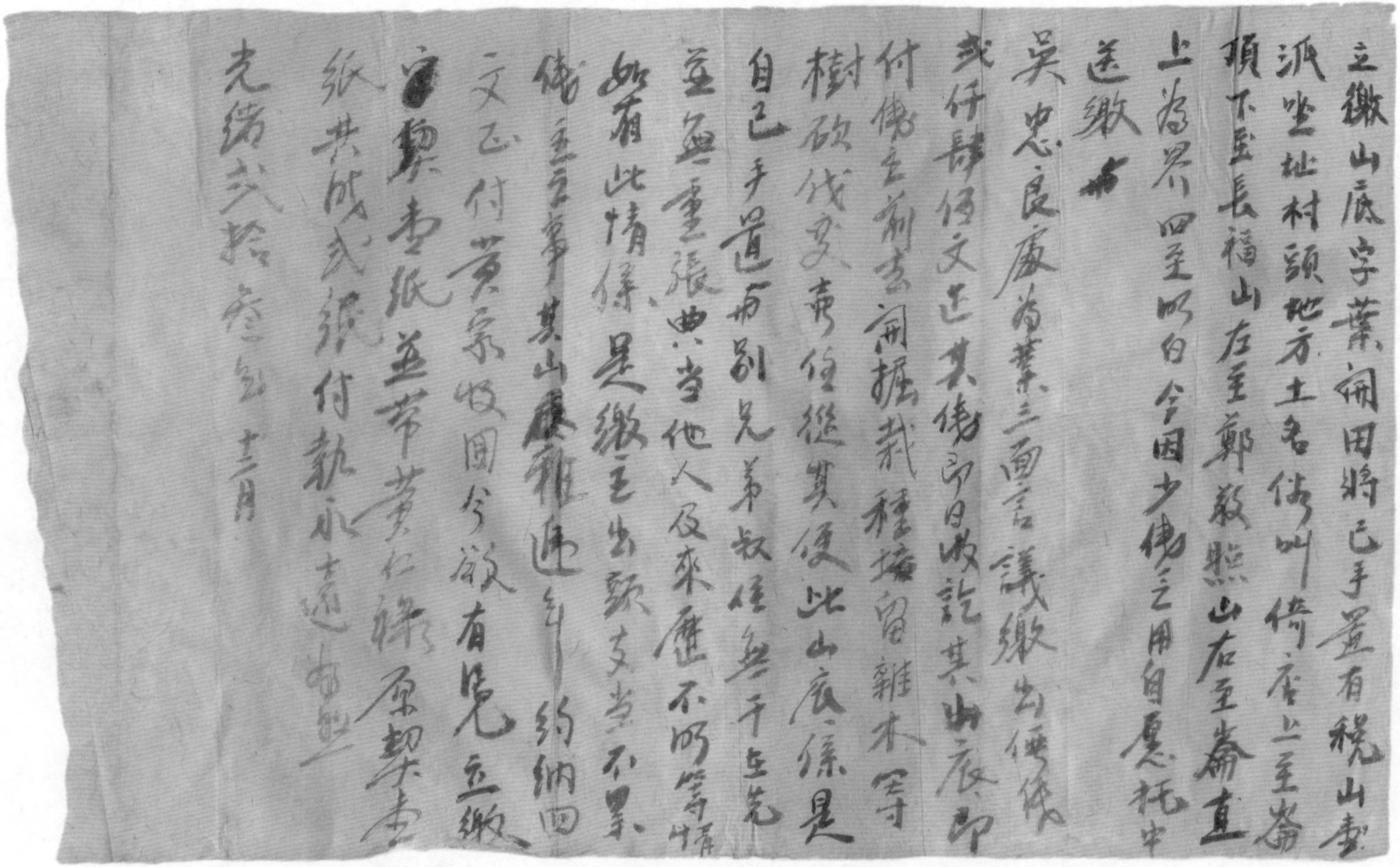
立墩山底字葉開田將已手置有稅山壹
派坐址村頭地方土名偹叫倚庄上至崙
頂下至長福山左至鄭毅照山右至崙直
上為界四至明白今因少佛之用自愿托中
送墩與
吴忠良處爲業三面言議墩出佛銀
貳仟肆佰文正其佛即日收訖其山底即
付佛主前去開掘栽種播留雜木等
樹砍伐變賣任從其便此山底係是
自己手置与別兄弟叔侄無干互先
並無重張典当他人及來歷不明等情
如有此情係是墩主出頭支當不累
佛主之事其山底雖遞年約納回
文正付黄家收回分数有凭立墩
字壹紙並帶黄仁操原契壹
紙共成貳張付執永遠為照
光緒弍拾叁年十二月

3-1-41-25　清光緒二十三年十二月葉開田立墩山底字

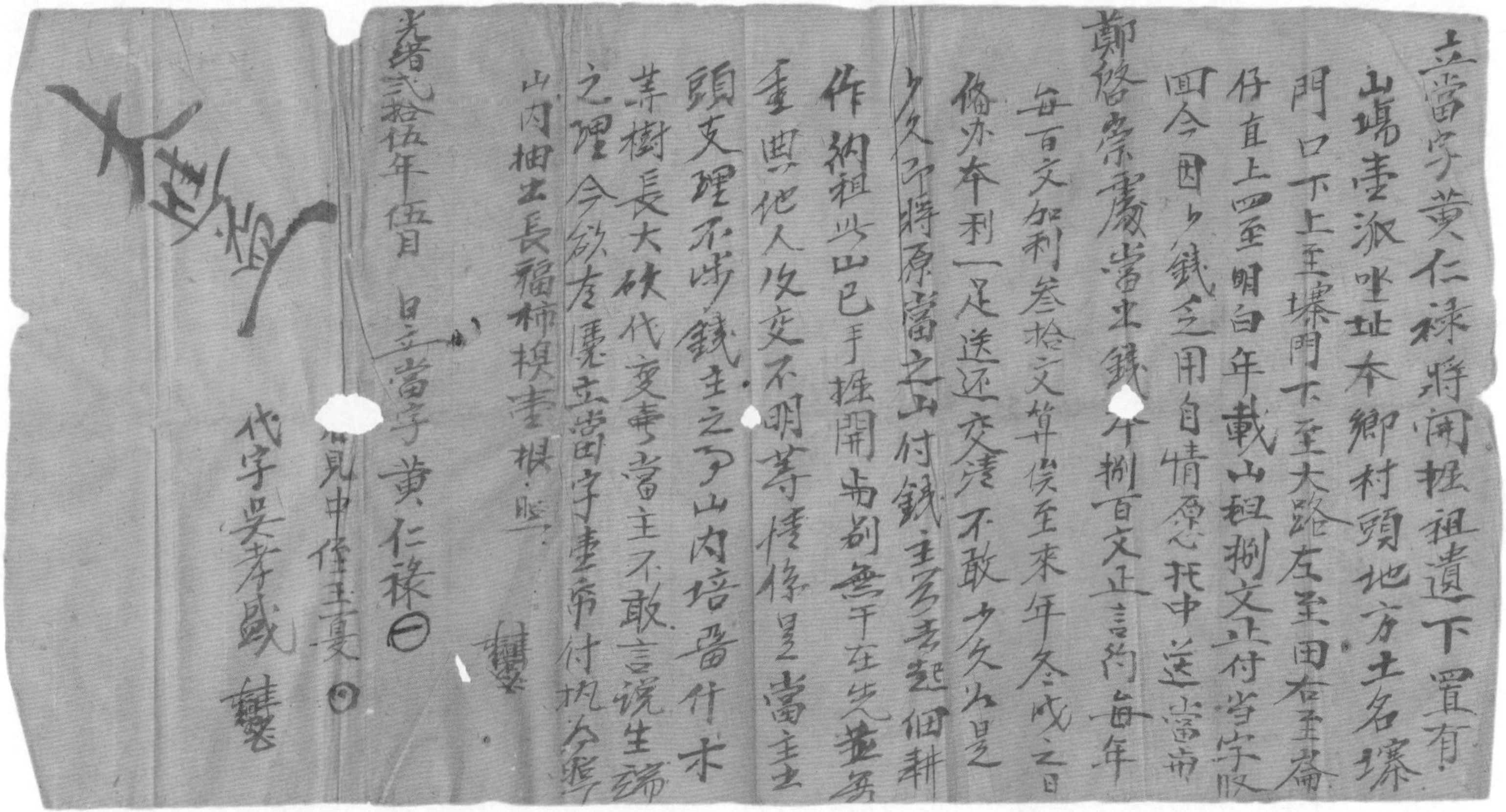
立當字黃仁祿將閩(?)祖遺下買有
山場壹派坐址本鄉村頭地方土名壕(?)
門口下上至壕門下至大路左至田右至崙(?)
仔直上四至明白年載山租捌文正付當字收
回今因乏錢乏用自情愿托中送當與
鄭啓棠處當出錢本捌百文正言約每年
每百文加利叁拾文算俟至來年冬成之日
備办本利一足送还交清不敢少欠如是
少欠即將原當之山付錢主另召起佃耕
作納租此山已手摋開而別無干在先並無
重典他人及交不明等情係是當主
頭支理不涉錢主之事山內培當什木
等樹長大砍代(伐)變賣當主不敢言說生端
之理今欲有憑立當字壹帋付執爲照
山內柚並長福柿模壹根照
光緒貳拾伍年伍月 日立當字黃仁祿
在見中 王戞(?)
代字吳孝盛

3-1-41-26 清光緒二十五年五月黃仁祿立當山場字

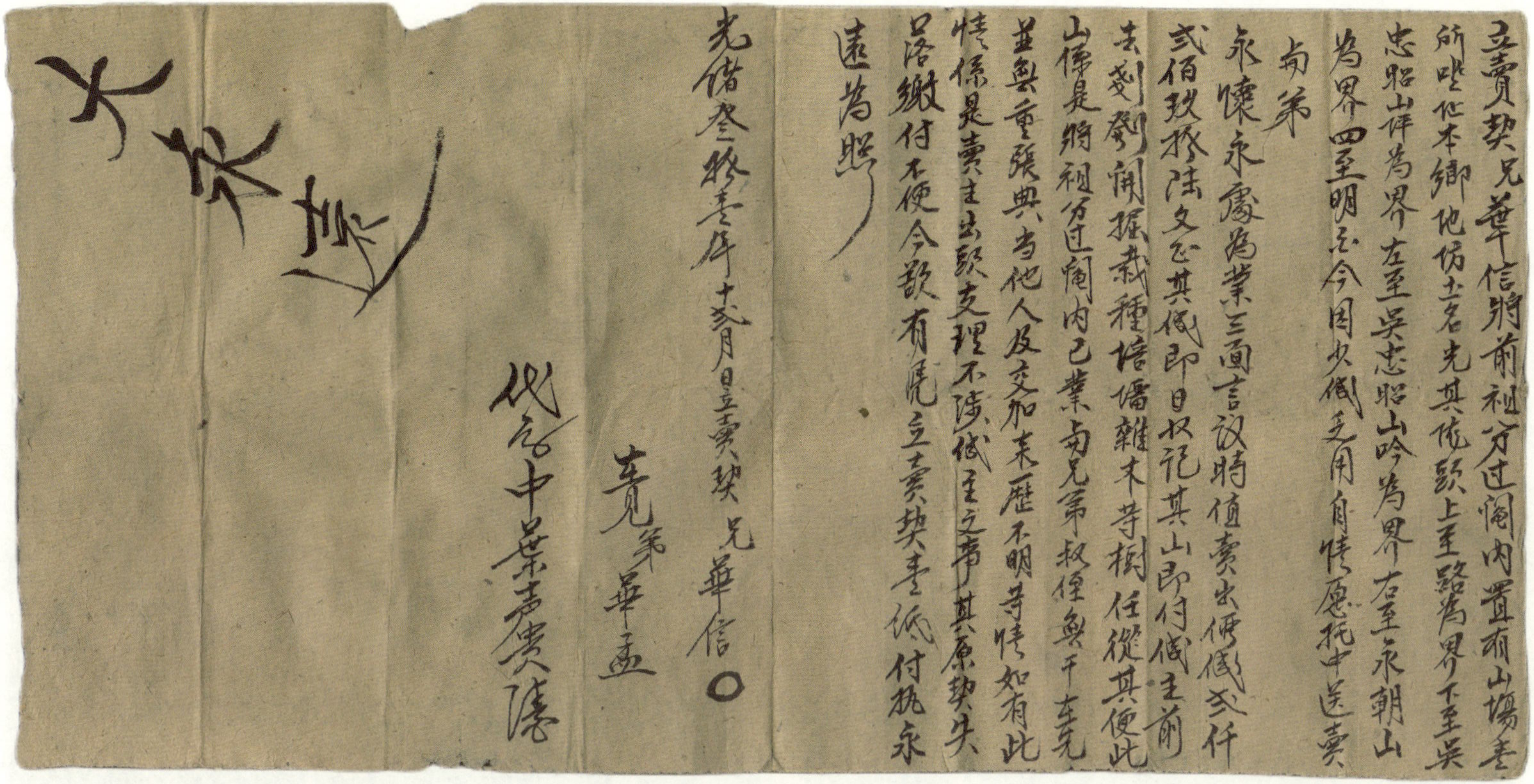

立賣契兄華信將前祖分过阄内置有山場壹
所坐落本鄉地坊土名先其垅頭上至路為界下至吳
忠昭山坪為界左至吳忠昭山岭為界右至永朝山
為界四至明白今因少錢乏用自情愿托中送賣
與弟
永懷永處為業三面言議時值賣出價錢弍仟
弍佰玖拾陸文正其錢即日收訖其山即付錢主前
去劉開掘栽種培播雜木等樹任從其便此
山係是將祖分过阄内已業與兄弟叔侄無干亦无
並無重張典當他人及交加來歷不明等情如有此
情係是賣主出頭支理不涉錢主之事其原契失
落繳付不便今欲有憑立賣契壹紙付執永
遠為照

光緒叁拾壹年十弍月　日立賣契兄華信〇
在見弟華孟
代筆中葉声傳

大發財

3-1-41-27　清光緒三十一年十二月黄華信立賣山場契

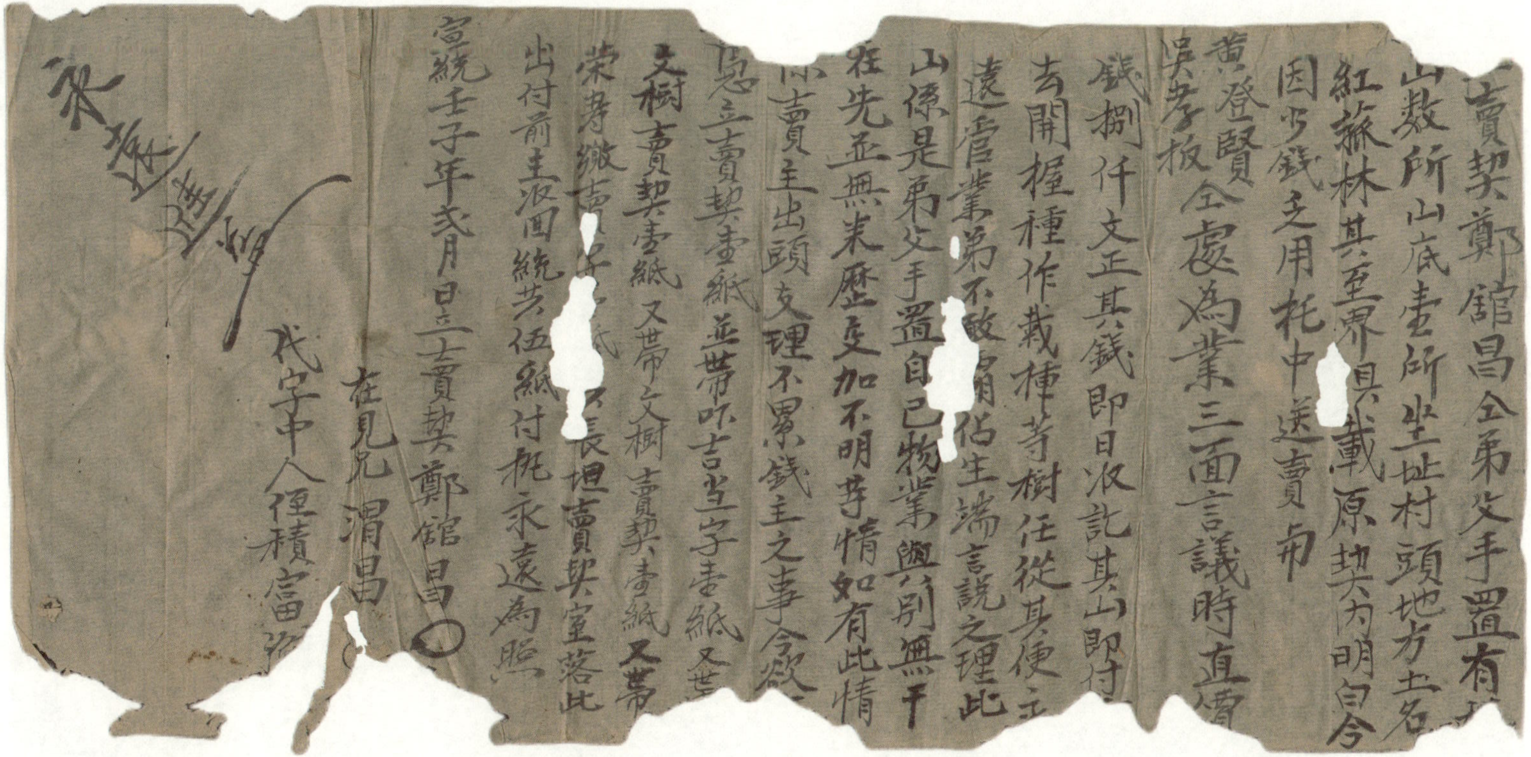
立賣契鄭館昌仝弟文手置有□
山數所山底壹所坐址村頭地方土名
紅蕨林其至界具載原契内明白今
因少錢乏用托中送賣與
黄登賢仝處為業三面言議時直價
吳孝拔
錢捌仟文正其錢即日收訖其山即付
去開掘種作栽種等樹任從其便立
遠管業弟不敢阻佔生端言說之理此
山係是弟文手置自己物業與別無干
在先並無來歷交加不明等情如有此情
係賣主出頭支理不累錢主之事今欲
有憑立賣契壹紙並帯吩吉坐字壹紙又帯
文樹賣契壹紙又帯文樹賣契壹紙又帯
榮孝[illegible]賣[illegible]紙又帯長坦賣契室落此
出付前主收回統共伍紙付執永遠為照
宣統壬子年弍月日立賣契鄭館昌○
在見兄渭昌
代字中人徑積富
永遠大發

3-1-41-28 民國元年二月鄭館昌立賣稅山等契

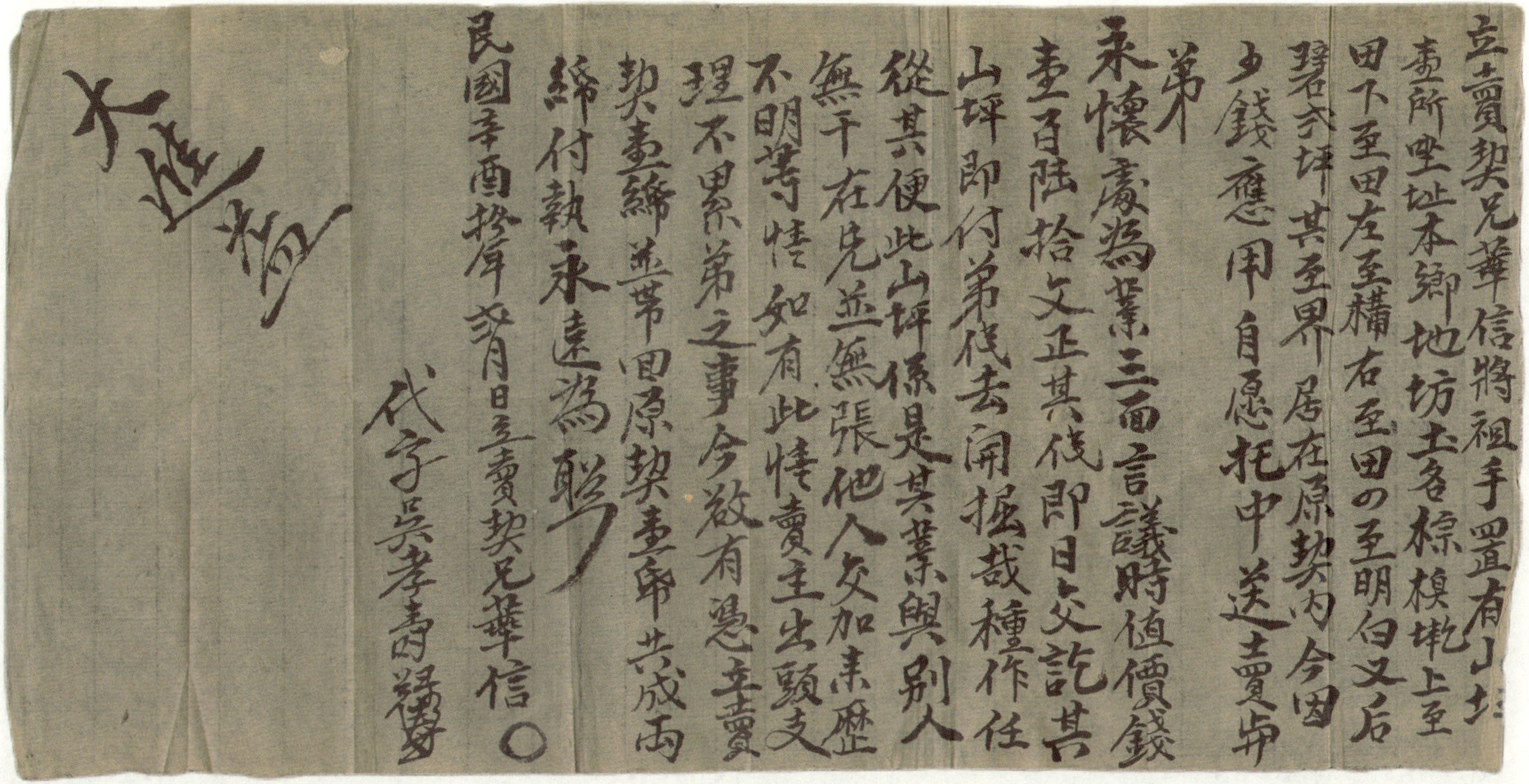

立賣契兄華信將祖手置有山坪
壹所坐址本鄉地坊土名標樣坪上至
田下至田左至構右至田四至明白又后
拜弍坪其至至界居在將所契內今因
乏錢應用自愿托中送主賣與
弟
承棟寮為業三面言議時值價錢
壹佰陸拾文正其錢即日收訖其
山坪即付弟收去開墾栽種作任
從其便此山坪係是我業與別人
無干在先並無張他人交加未歷
不明等情如有此情賣主出頭支
理不累買弟之事今欲有憑立賣
契壹紙並帶田原契壹帋共成兩
紙付執承遠為照 ○
民國辛酉歲仲春月日立賣契兄華信 ○
代字[illegible]

大吉利

3-1-41-29 民國十年二月黃華信立賣山坪契

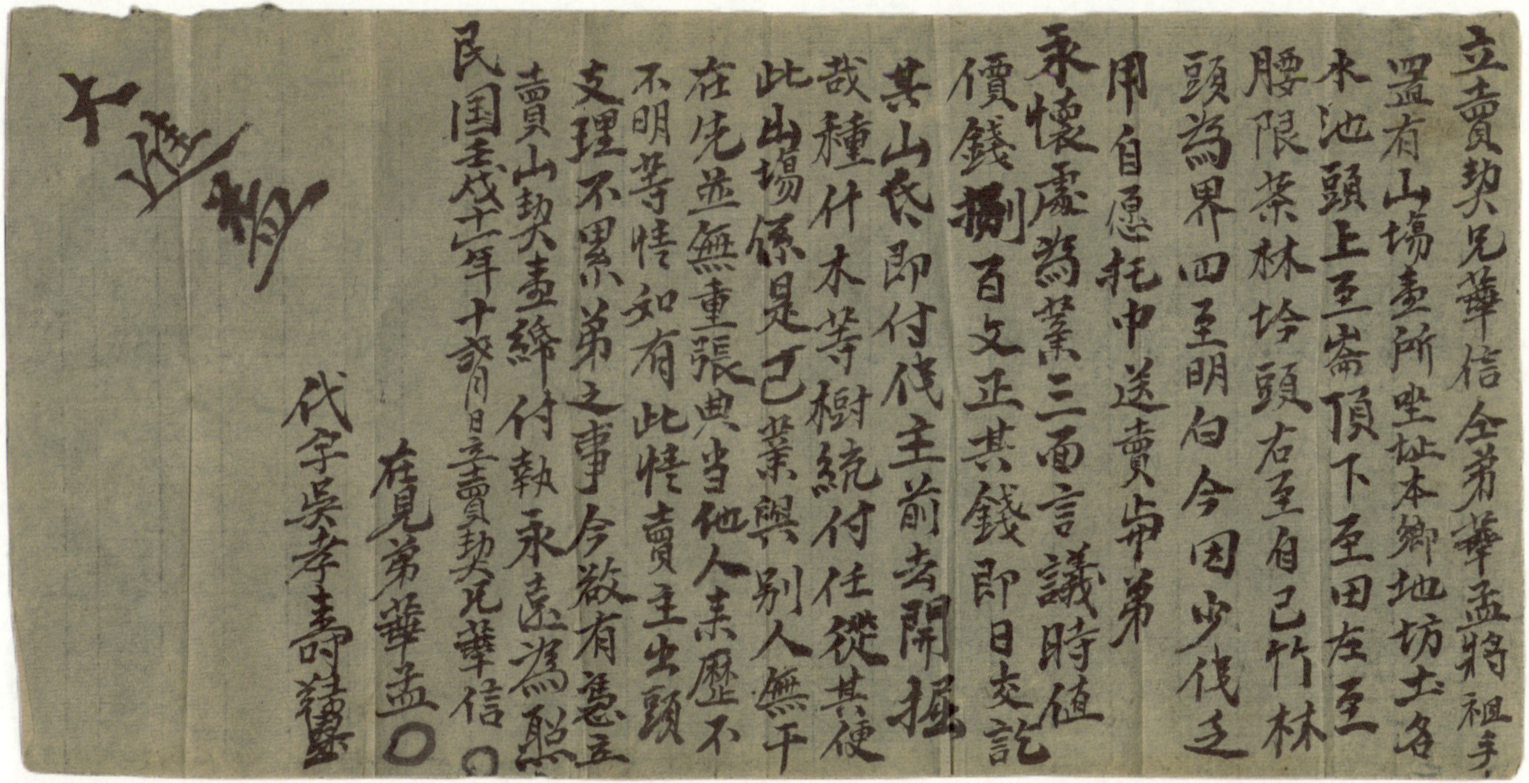
立賣契兄華信仝弟華孟將祖手
置有山場壹所坐址本鄉地坊土名
木池頭上至崙頂下至田左至
腰限茶林圩頭右至自己竹林
頭為界四至明白今因乏伐乏
用自愿托中送賣與弟
承懷處為業三面言議時值
價錢捌百文正其錢即日交訖
其山底即付伐主前去開掘
栽種什木等樹統付任從其便
此山場係是己業與別人無干
在先並無重張典当他人未歷不
不明等情如有此情賣主出頭
支理不累弟之事今欲有憑立
賣山契壹紙付執永遠為照
民国壬戌十一年十貳月日立賣契兄華信 〇
在見弟華孟 〇
代字吳孝壽筆
大吉

3-1-41-30　民國十一年十二月黃華信等立賣山場契

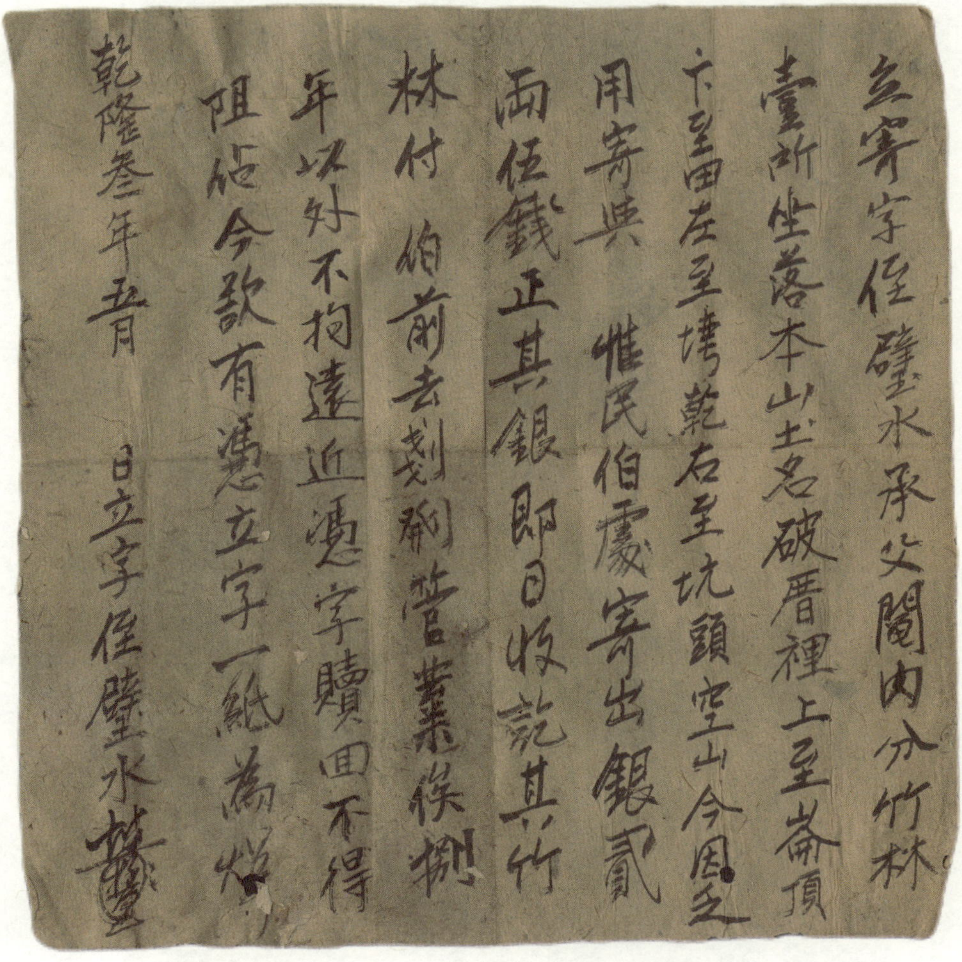
立寄字侄壁水承父閹內分竹林
壹所坐落本山土名破厝裡上至崙頂
下至田左至墘乾右至坑頭空山今因乏
用寄與　惟民伯處寄出銀貳
兩伍錢正其銀即日收訖其竹
林付　伯前去劃剛管業係捌
年以外不拘遠近憑字贖回不得
阻佔今欲有憑立字一紙爲炤
乾隆叁年五月　日立字侄壁水（押）

3-1-42-1　清乾隆三年五月黃壁水立寄竹林字

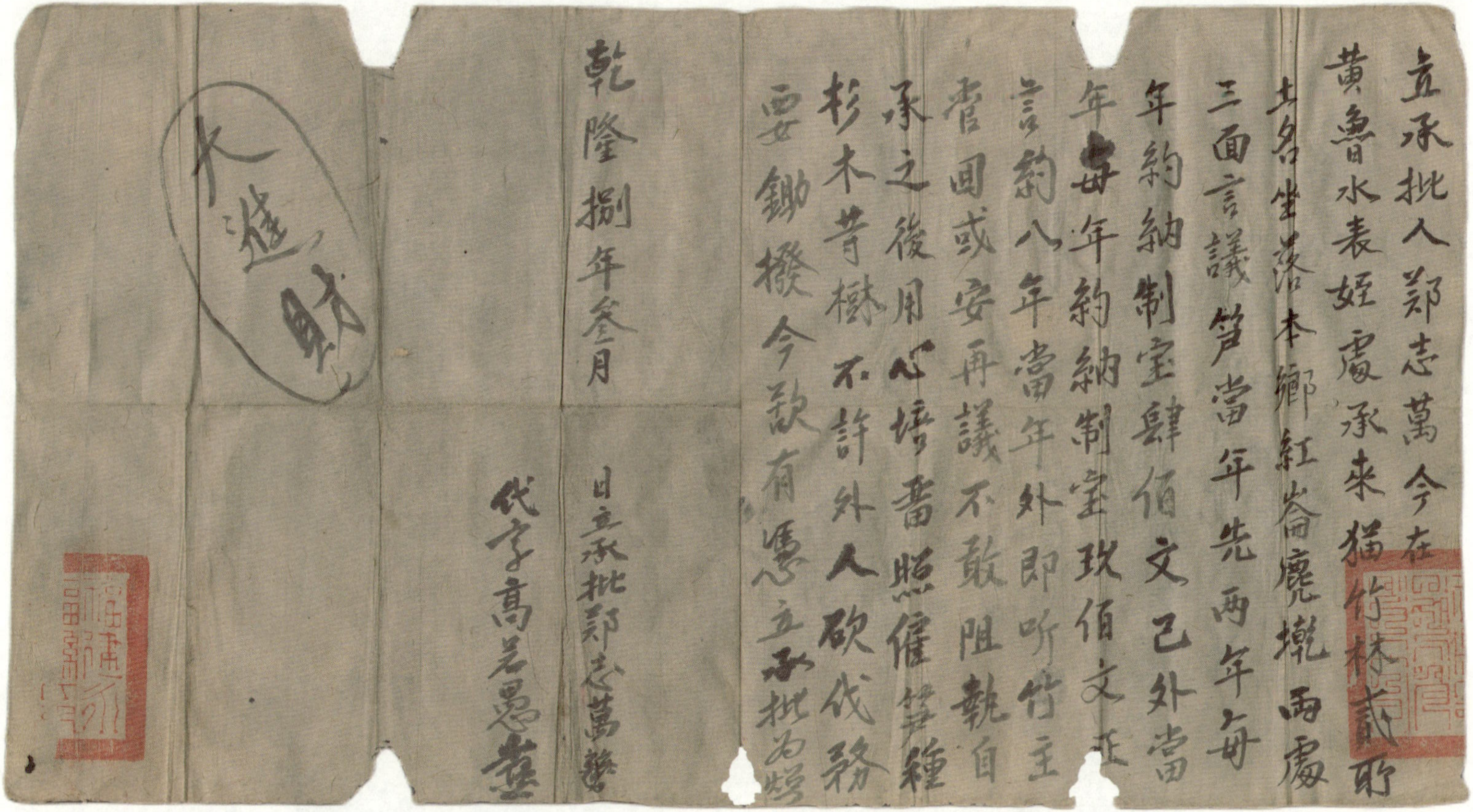

立承批人鄭志萬今在
黄魯水表姪處承來猫竹林貳所
土名坐落本鄉紅崙塆壠兩處
三面言議笋當年先両年每
年約納制宝肆佰文已外當
年每年約納制宝玖佰文正
言約八年當年外即听竹主
壹回或安再議不敢阻執自
承之後用心培畜照催笋種
杉木苛樹不許外人砍伐務
要鋤撥今欲有憑立承批為照

乾隆捌年叁月　日立承批鄭志萬

代字高若愚

3-1-42-2　清乾隆八年三月鄭志萬立承批貓竹林字（紅契）

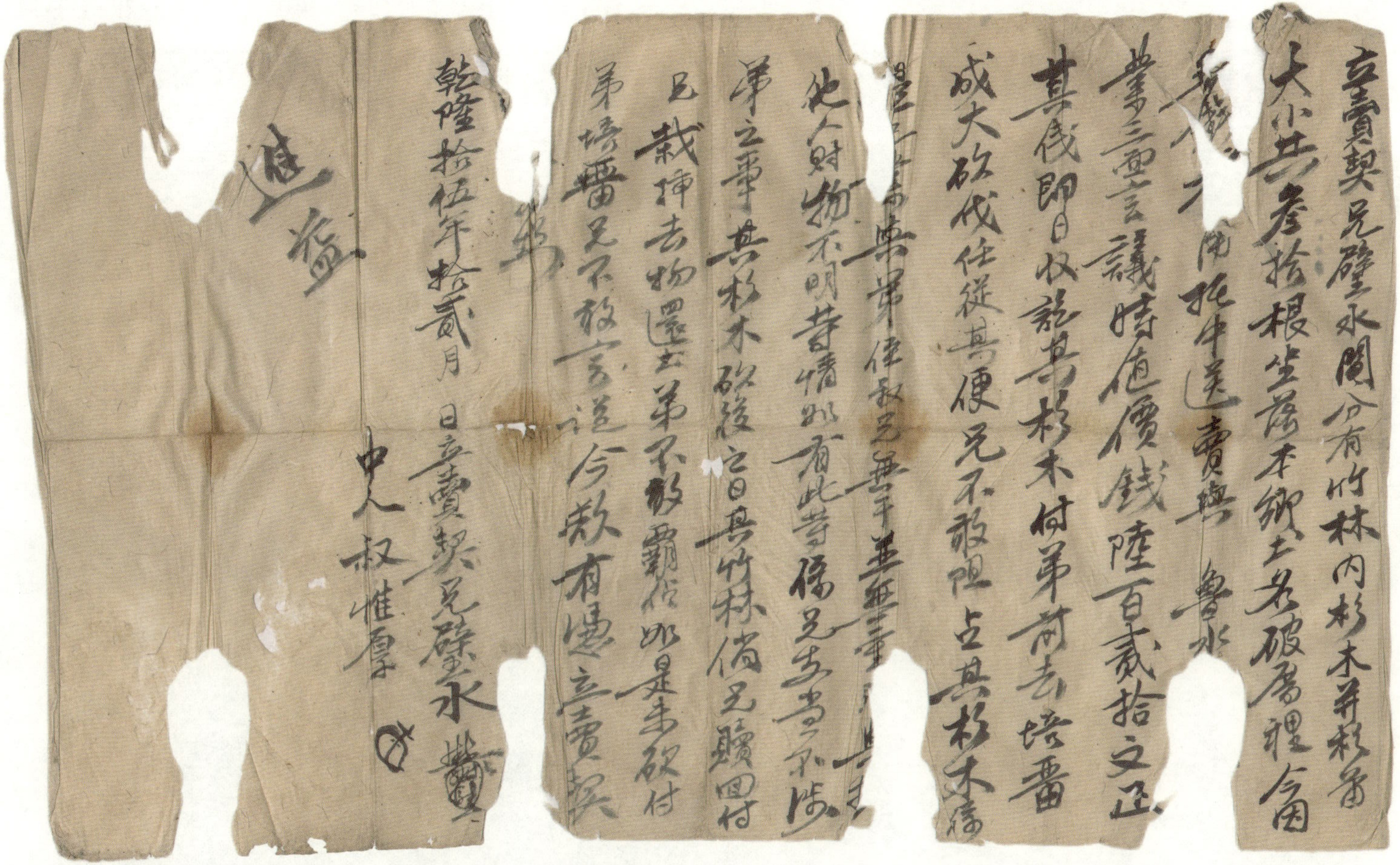
立賣契兄璧水闔分有竹林內杉木并松番
大小共叁拾根坐落本鄉土名破厝裡仝園
□□□托中送賣與□魯水
業三面言議時值價錢陸百貳拾文正
其錢即日收訖其杉木付弟前去培番
成大砍伐任從其便兄不敢阻占其杉木係
璧之己分與弟侄叔兄無干並無重□□□
他人財物不明等情如有此等係兄出頭抵當不涉
弟之事其杉木砍後之日其竹林係兄贖回付
兄栽種去物還弟不敢霸佔此是手砍付
弟培番兄不敢言説今欲有憑立賣契
□照
乾隆拾伍年拾貳月　日立賣契兄璧水（押）
中人　叔惟厚（押）
進益

3-1-42-3　清乾隆十五年十二月黄璧水立賣杉木等契

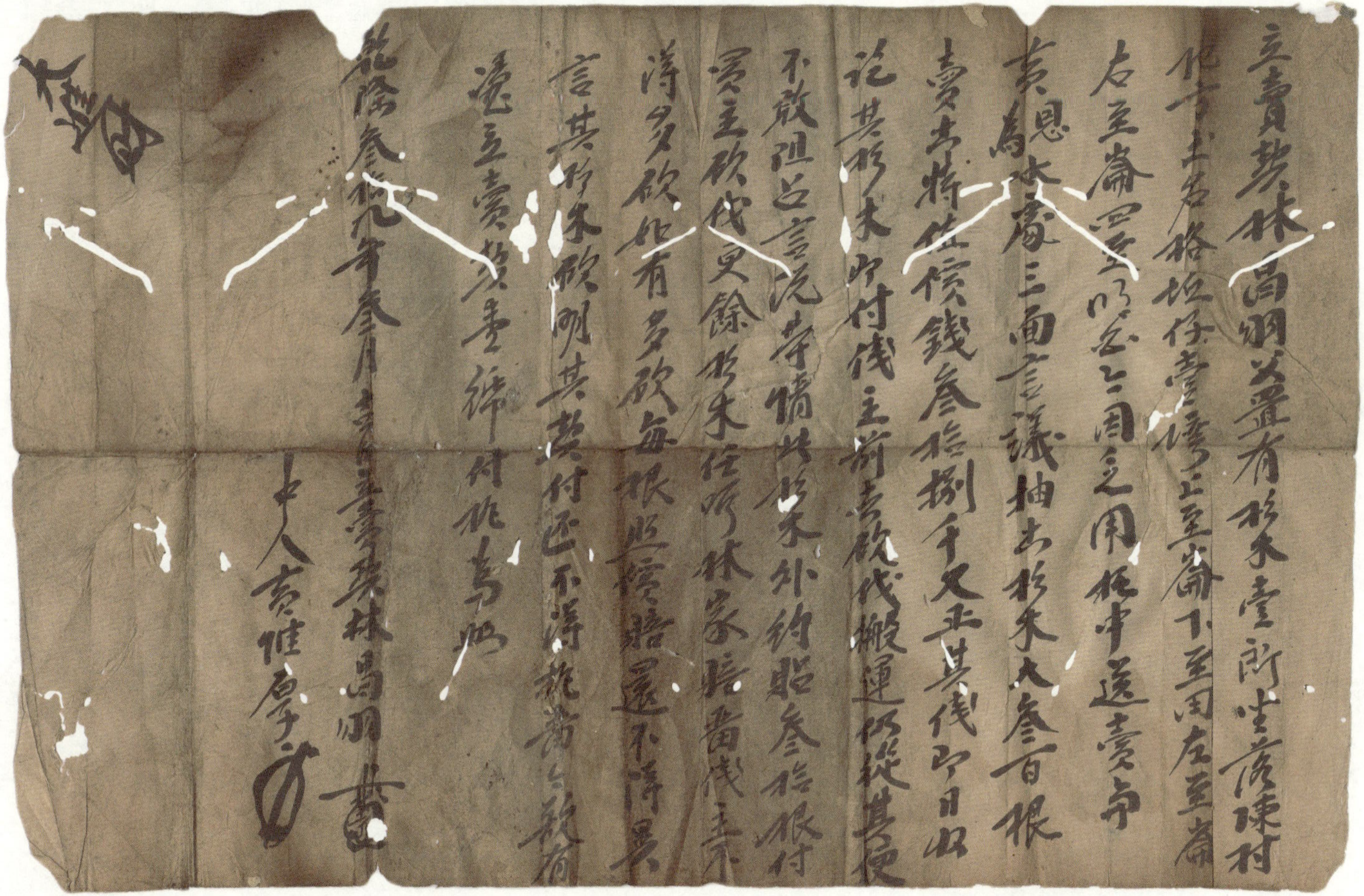

3-1-42-4　清乾隆三十九年三月林昌羽立賣杉木契

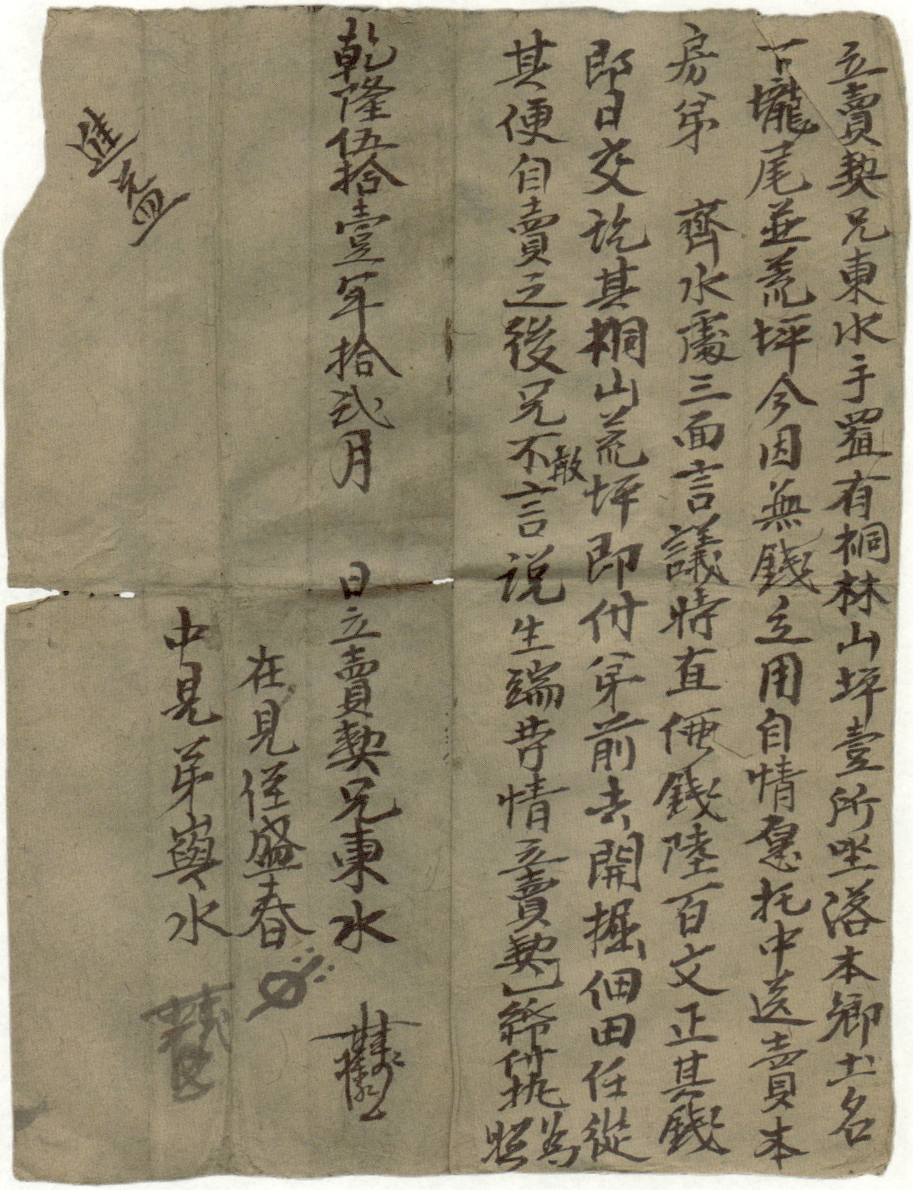
立賣契兄東水手置有桐林山坪壹所坐落本鄉土名
下壠尾並荒坪今因無錢應用自情愿托中送賣與本
房弟　齊水處三面言議特直價錢陸百文正其錢
即日交訖其桐山荒坪即付弟前去開掘佃田任從
其便自賣之後兄不敢言說生端昔情立賣契乙紙付執照為
乾隆伍拾壹年拾貳月　日立賣契兄東水
在見侄盛春
中見弟與水
筵蓋

3-1-42-5　清乾隆五十一年十二月黃東水立賣桐林山坪等字

立承字黄文藻今因乏山業竹林執在葉
根生處承来竹林貳所坐落本鄉村頭地坊土名破
厝裡又壹所土名大塆頭倂坪次廣壽承来劉揆信
墻竹樹做綿搖笋言約當年約納帋租壹佰觔正送
还交清不敢乏欠如是乏欠付还山主另召他人承主不
敢霸佔今欲有憑立承字乙帋付執為照

此字不中用

日立承字黄文藻（押）

代字弟阿清（押）

嘉慶拾柒年拾貳月

大進批

道光玖年拾月日仝見林瑞東凌青禧二人進前勸諭

其帋租藻取出葉根生收回　秉筆文兼（押）

3-1-42-6　清嘉慶十七年十二月黄文藻立承竹林字

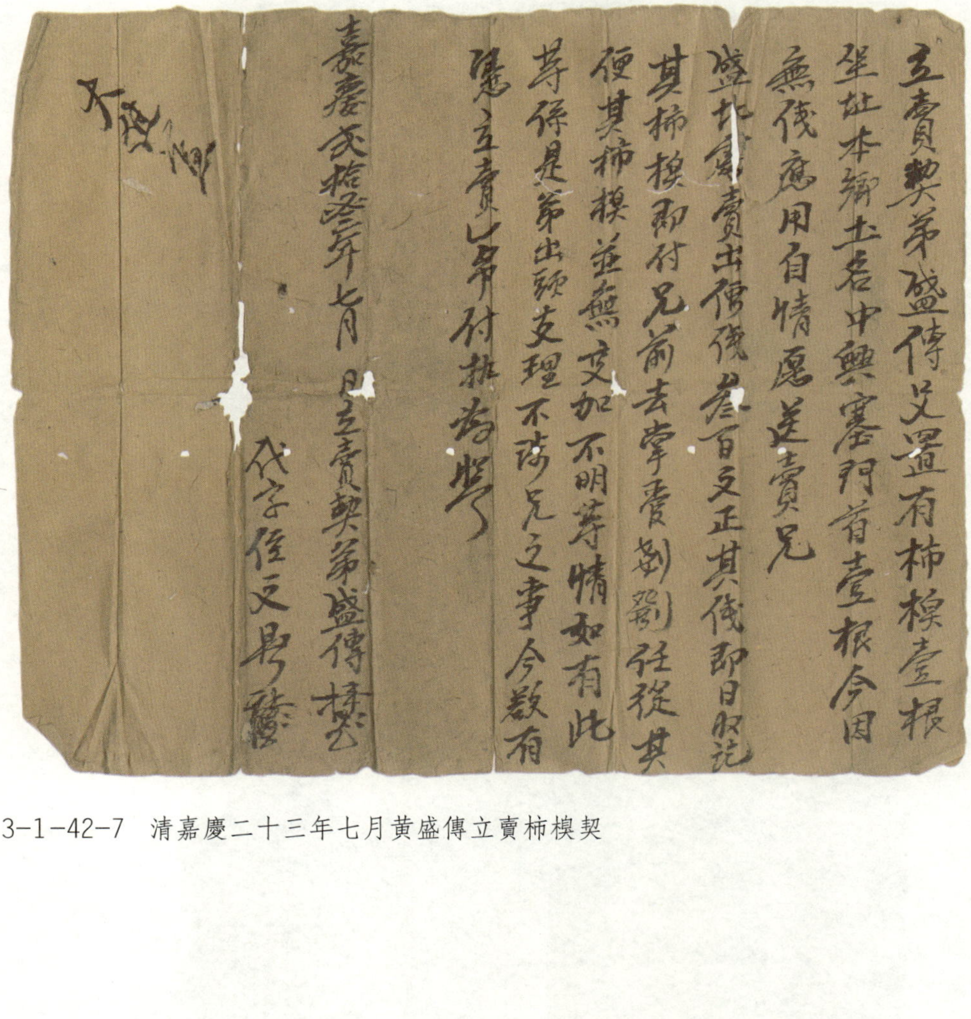

立賣契弟盛傳父置有柿㮨壹根
坐址本鄉土名中與塞坪首壹根今因
無錢應用自情愿送賣兄
盛北處賣出價錢叁百文正其錢即日收訖
其柿㮨即付兄前去掌管劉劉任從其
便其柿㮨並無交加不明等情如有此
等係是弟出頭支理不涉兄之事今欲有
憑立賣山弟付執為照
嘉慶戊拾叁年七月　日立賣契弟盛傳（押）
代字侄文長（押）
不[illegible]

3-1-42-7　清嘉慶二十三年七月黃盛傳立賣柿㮨契

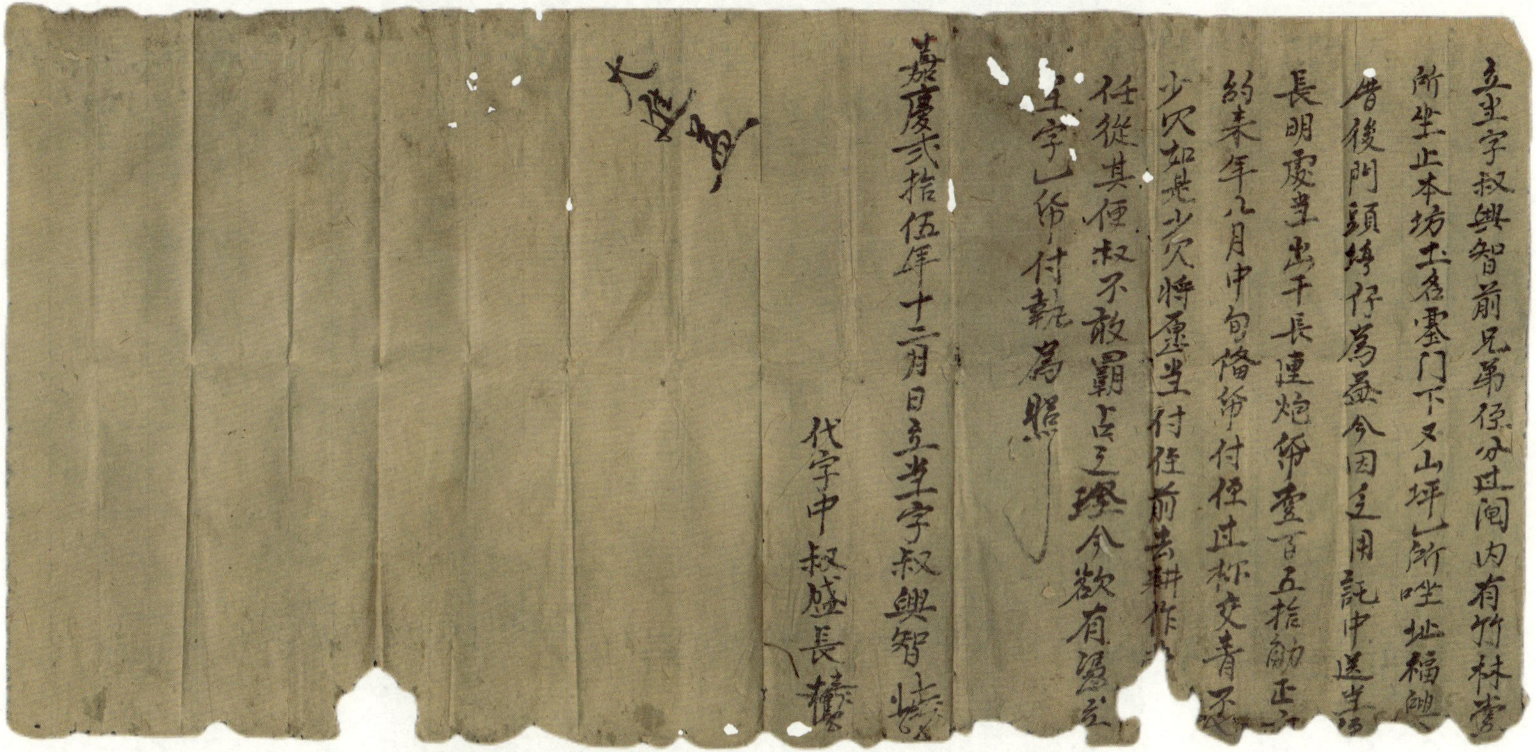

立當字叔興智前兄弟係分過闔內有竹林壹
所坐址本坊土名墓门下又山坪山所坐址福鲍
曾後門頭埒仔爲界今因乏用託中送與
長明處當出千長連炮錢壹百五拾觔正
約來年八月中旬備錢付侄出標交清不
少欠如是少欠將原當付侄前去耕作
任從其便叔不敢覇占之理今欲有憑立
立當字山錢付執爲照
嘉慶弍拾伍年十二月日立當字叔興智
代字中叔盛長

3-1-42-8　清嘉慶二十五年十二月黄興智立當竹林字

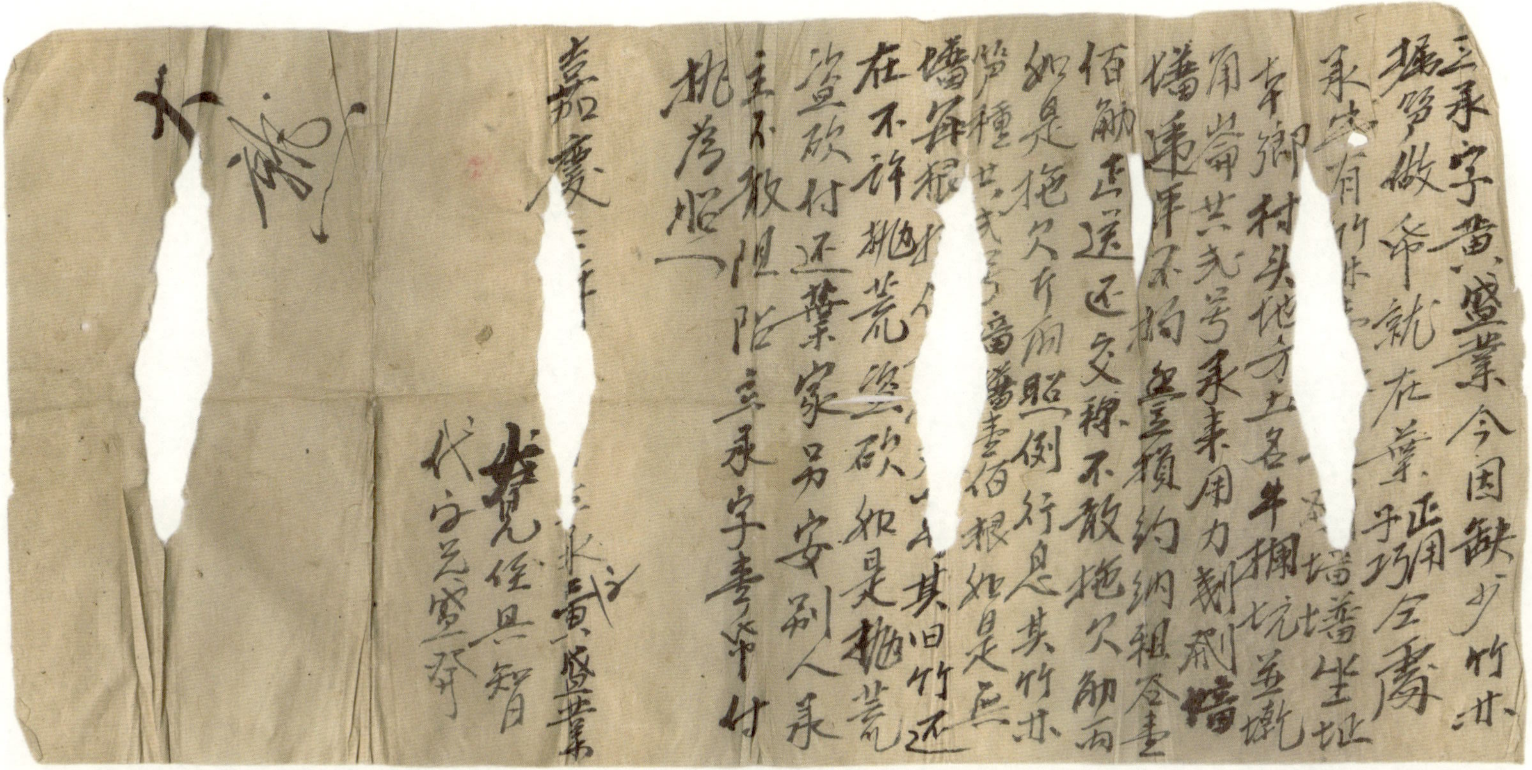

3-1-42-9　清嘉慶□年黄盛業立承竹林字（草契）

立賣契叔盛書□□分过閹内有竹林
壹所坐址本鄉土名□林上至與蘭竹林
為界下至田左至□竹林為界右至與
典竹林為界四至明白今因無錢應用
自情愿托中送賣本家姪
文藻處為業三面□議時直價錢叁仟
伍百伍拾文正其錢□日收訖其竹林即付
錢主姪前去管業任從其便叔賣主不敢
霸佔其竹林係是□己物業與別房兄弟
姪無干在前並無重張典當他人及交家
不明等情如有此□係是叔賣主支當不
涉姪買主之事其□約言約年期當年四
年滿備錢照契面贖回者听如是未贖
任付管業今欲有□立賣□締付批為照

註契□字□照據

道光肆年拾貳月□□賣契叔盛書

在見姪與蘭

代筆中姪孫長明

大吉

3-1-42-10　清道光四年十二月黃盛書立賣竹林契

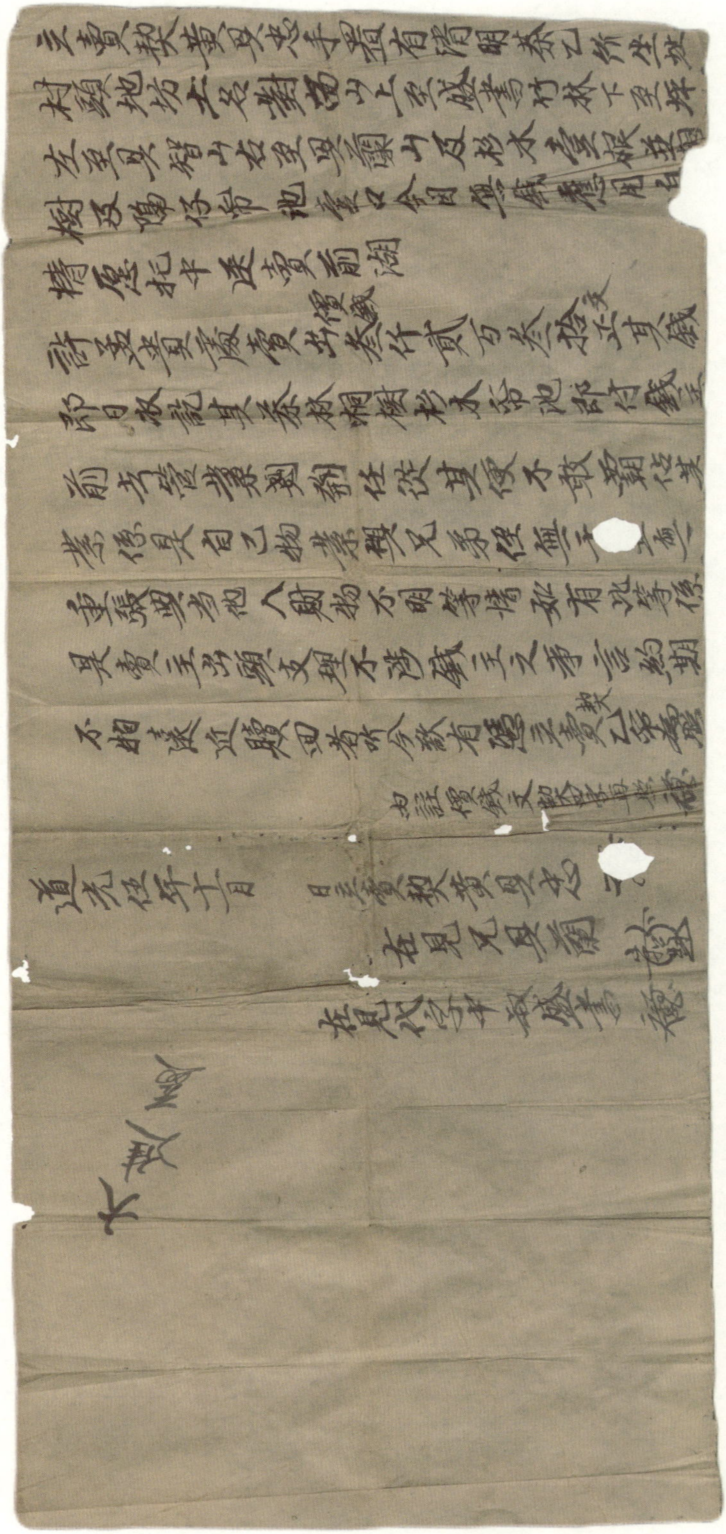

立賣契黃㒸忠手置有清明茶乙所坐址
村頭地坊土名對面山上至盛書竹林下至坪
左至㒸智山右至㒸蘭山及杉木壹根並自
樹及隨仔帶地塞口今因無錢應用自
情愿托中送賣前湖
許孟貴處賣出價錢叁仟貳百叁拾文正其錢
即日收訖其茶林桐樹杉木帶池即付錢主
前去管業剗割任從其便不敢霸佔其
業係㒸自己物業與兄弟侄無干亦無
重張典當他人財物不明等情如有此等係
㒸賣主出頭支理不涉錢主之事言約期
不拘遠近贖回者聽今欲有憑立賣契乙紙為照
内註價錢文契字[illegible]
道光伍年十一月　日立賣契黃㒸忠
在見兄㒸蘭
在見代字中叔盛書

3-1-42-11　清道光五年十一月黄㒸忠立賣清明茶契

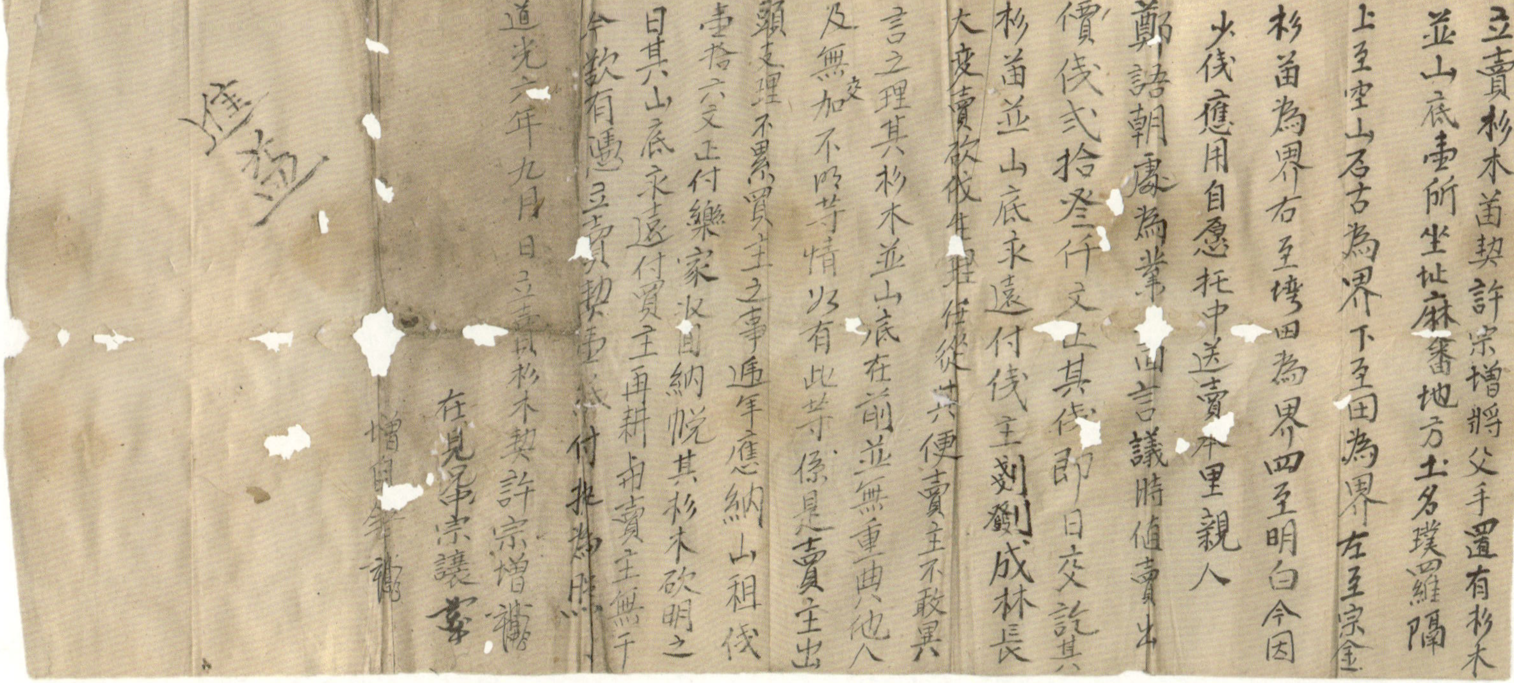
立賣杉木苗契許宗增將父手置有杉木
並山底壹所坐址麻番地方土名璞羅隔
上至空山石古為界下至田為界左至宗金
杉苗為界右至塍田為界四至明白今因
少錢應用自愿托中送賣本里親人
鄭語朝處為業當日言議時值賣出
價錢弍拾叁仟文正其錢即日交訖其
杉苗並山底永遠付錢主劉成林長
大處賣砍伐生理任從其便賣主不敢異
言之理其杉木並山底在前並無重典他人
及無加交不明等情以有此等係是賣主出
頭支理不累買主之事逐年應納山租錢
壹拾六文正付樂家收回納悅其杉木砍明之
日其山底永遠付買主再耕甫賣主無干
今欲有憑立賣契壹紙付批為照
道光六年九月　日立賣杉木契許宗增（押）
在見兄弟宗讓（押）
增自筆（押）

3-1-42-12　清道光六年九月許宗增立賣杉木等契

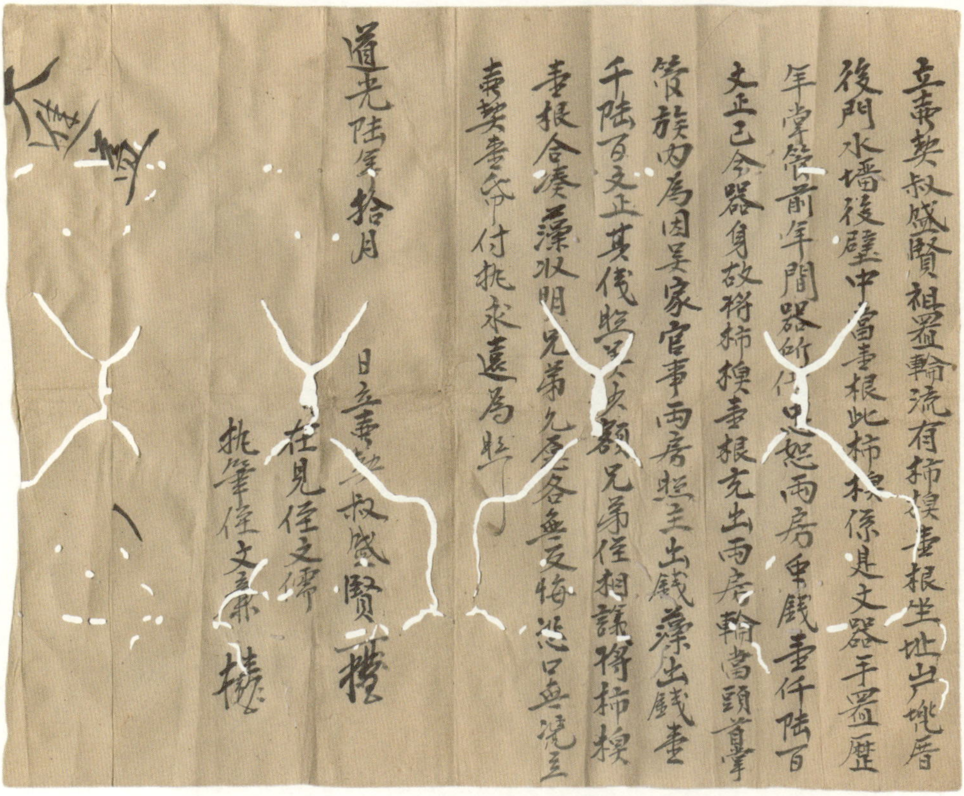

立賣契叔盛賢祖置輪流有柿模壹根坐址在兆厝
後門水墻後壁中，當壹根此柿模係是文器手置歷
年掌管前年間器所作兄弟兩房身錢壹仟陸百
文正已今器身故將柿模壹根充出兩房輪當頭首掌
管族內房因呈家官事兩房照主出錢藻出錢壹
千陸百文正其錢照額兄弟侄相議將柿模
壹根合湊藻收明兄弟允愿各無反悔恐口無憑立
賣契壹紙付執永遠為照
道光陸年拾月　日立賣契叔盛賢（押）
在見侄文儒
執筆侄文榮（押）

3-1-42-13　清道光六年十月黄盛賢立賣柿模契

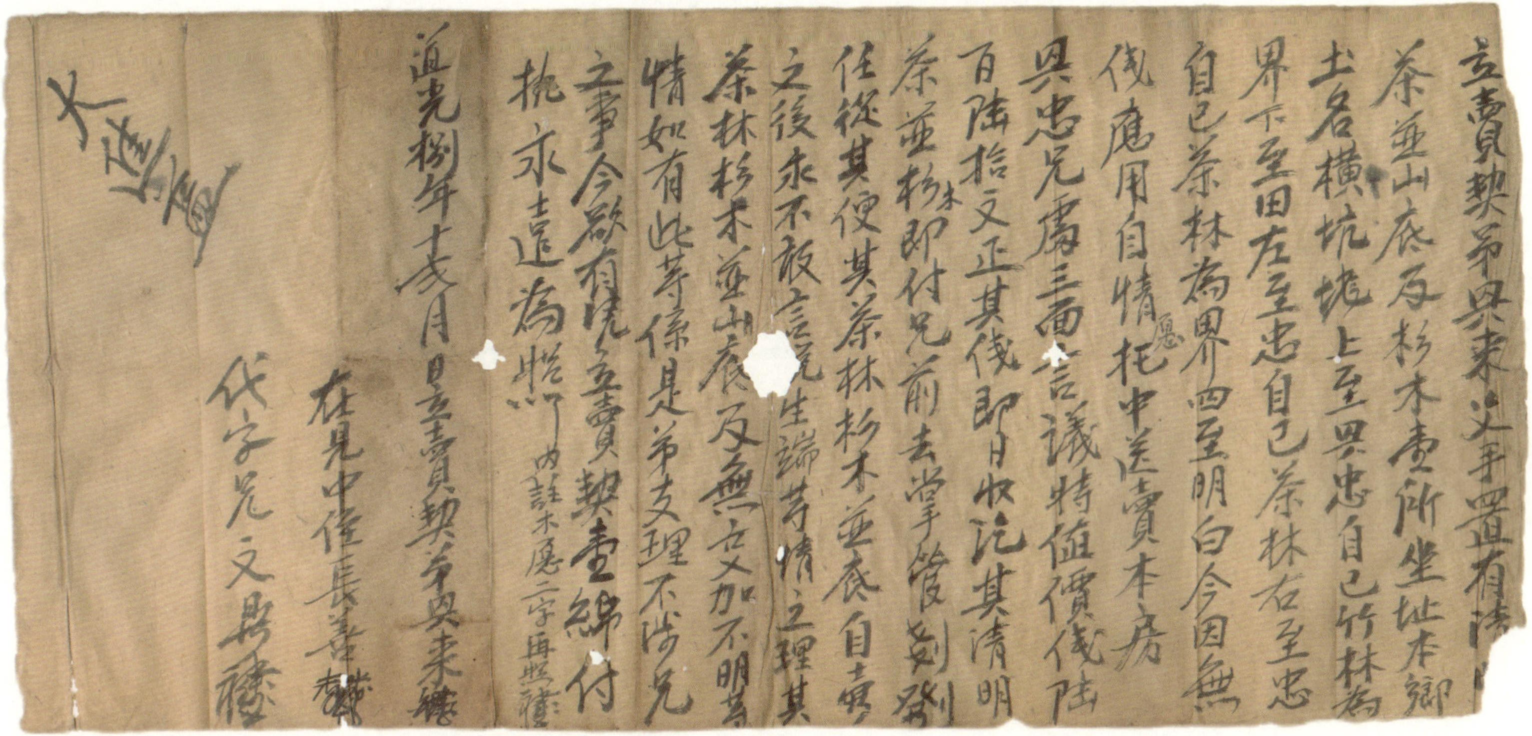
立賣契弟㒵來父手置有清明
茶並山底及杉木壹所坐址本鄉
土名横坑垅上至㒵忠自己竹林為
界下至田左至忠自己茶林右至忠
自己茶林為界四至明白今因無
錢應用自情愿托中送賣本房
㒵忠兄處三面言議時值價錢陆
百陆拾文正其錢即日收訖其清明
茶並杉木即付兄前去掌管刈割
任從其便其茶林杉木並底自賣
之後永不敢言說生端等情之理其
茶林杉木並山底及無文加不明等
情如有此等係是弟支理不涉兄
之事今欲有憑立賣契壹紙付
執永遠為照 內註木愿二字再照
道光捌年十二月 日立賣契弟㒵來
在見中侄長善
代字兄文典

3-1-42-14 清道光八年十二月黄㒵來立賣清明茶等契

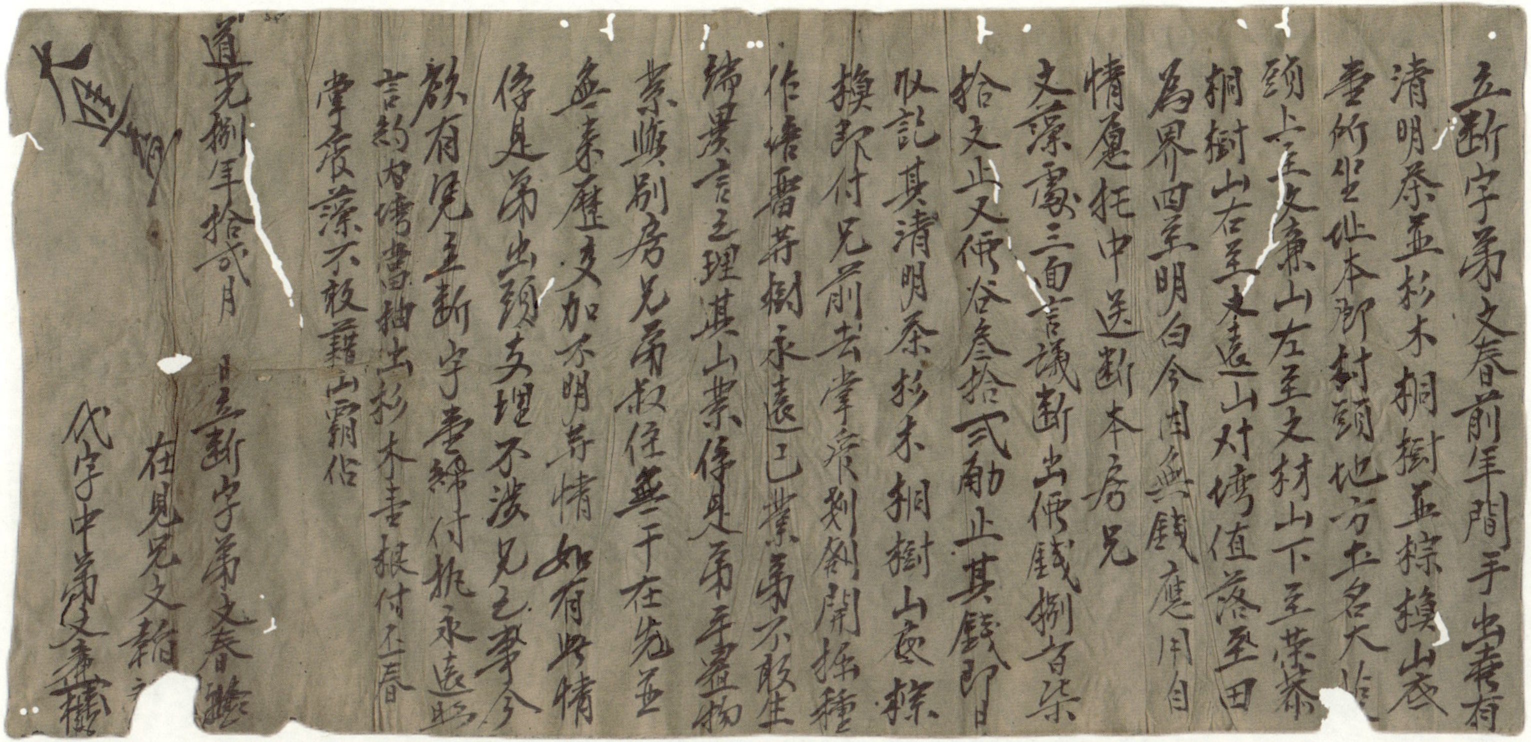
立斷字弟文春前年間手出有
清明茶並杉木桐樹並棕櫚山壹
所，坐址本鄉封頭地方，土名大洋
頭，上至文秉山，左至文材山，下至茶
桐樹山，右至文遠山对塆值落至田
為界，四至明白。今因無錢應用，自
情愿托中送斷本房兄
文琮處，三面言議斷出佛錢捌百柒
拾文正，又佛谷叁拾弍觔正。其錢即日
收訖，其清明茶、杉木、桐樹山並棕
櫚即付兄前去掌管，剷斜開採種
作，情愿荐樹永遠已業，弟不敢生
端異言乏理。其山業係是弟手並物
業，與別房兄弟叔侄無干，在先並
無來歷交加不明等情。如有此情，
係是弟出頭支理，不涉兄之事。今
欲有凭，立斷字壹紙付執永遠為照。
言約內傳書抽出杉木壹根付正春
掌管，□□不敢藉山霸佔。
道光捌年拾弍月　日立斷字弟文春（押）
在見兄文韜（押）
代字中弟文□（押）
大□

3-1-42-15　清道光八年十二月黄文春立斷清明茶等字

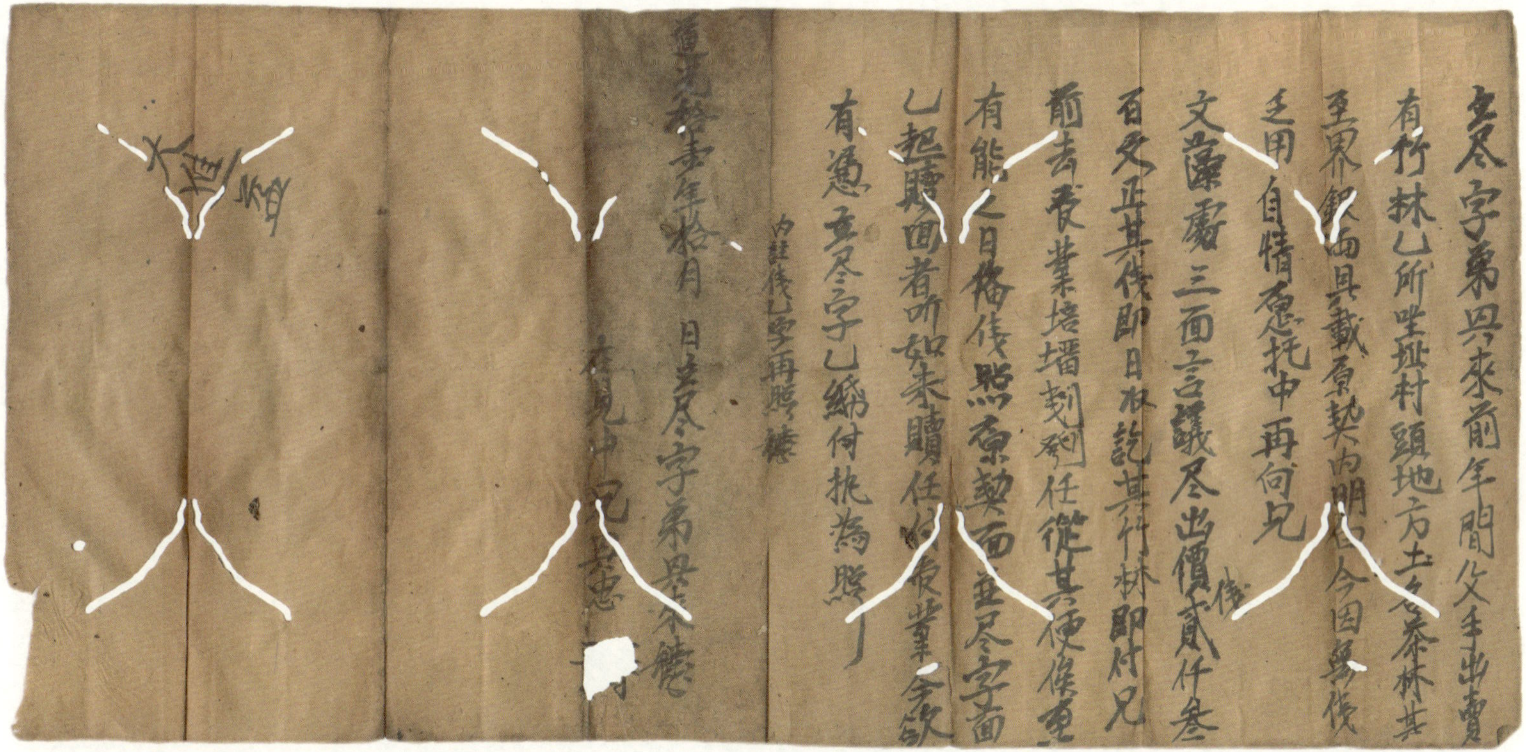
立盡字弟呉來前年間父手出賣
有竹林乙所坐址村頭地方土名茶林其
至界俱載原契內明白今因無錢
丢用自情愿托中再向兄
文藻處三面言議盡出價貳仟叁佰
百文正其錢即日收訖其竹林即付兄
前去耕業培墻斬刈任從其便係弟
有能之日備錢照原契面並盡字面
乙起贖回者聽如未贖任從兄業弟不敢
有悔恁並盡字乙紙付批為照
內註錢乙字再照據
道光拾壹年拾月　日立盡字弟呉來
在見中兄呉忠

3-1-42-16　清道光十一年十月黄呉來立盡竹林字

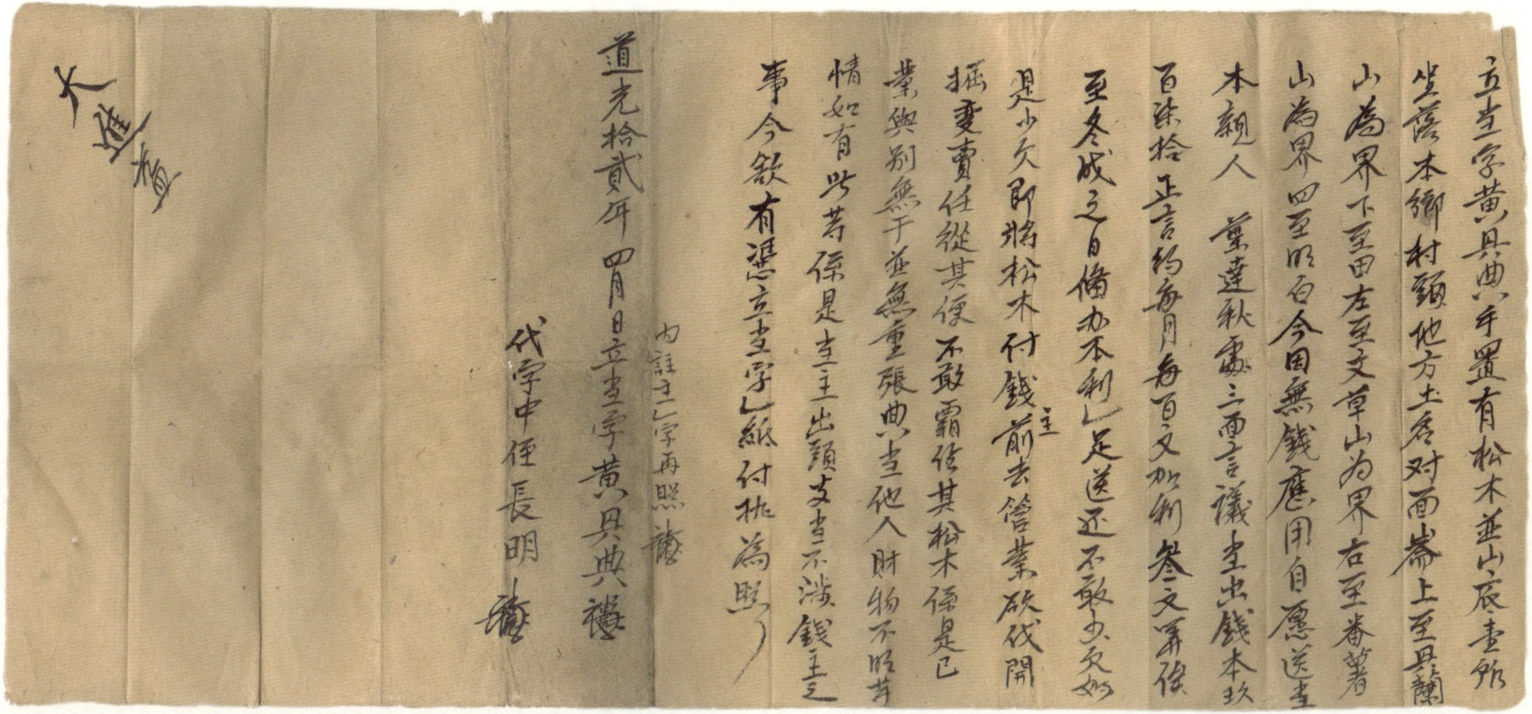

立当字黄㒵典，手置有松木並山底壹所，坐落本鄉村頭地方，土名对面崙，上至㒵蘭山為界，下至田，左至文草山為界，右至番著山為界，四至明白。今因無錢應用，自愿送当本親人葉達秋處，三面言議，当出錢本玖百陸拾正，言約每月每百文加利叁文算僘，至冬成之日備办本利一足送还，不敢少欠。如是少欠，即將松木付錢主前去管業，砍伐開掘變賣，任從其便，不敢霸佔。其松木係是己業，與別無干，並無重張典当他人財物不明等情。如有此等，係是当主出頭支当，不涉錢主之事。今欲有憑，立当字一紙，付执為照。

內註主一字再照

道光拾貳年四月　日立当字　黄㒵典（押）

代字中侄　長明（押）

大進當

3-1-42-17　清道光十二年四月黃㒵典立當松木等契

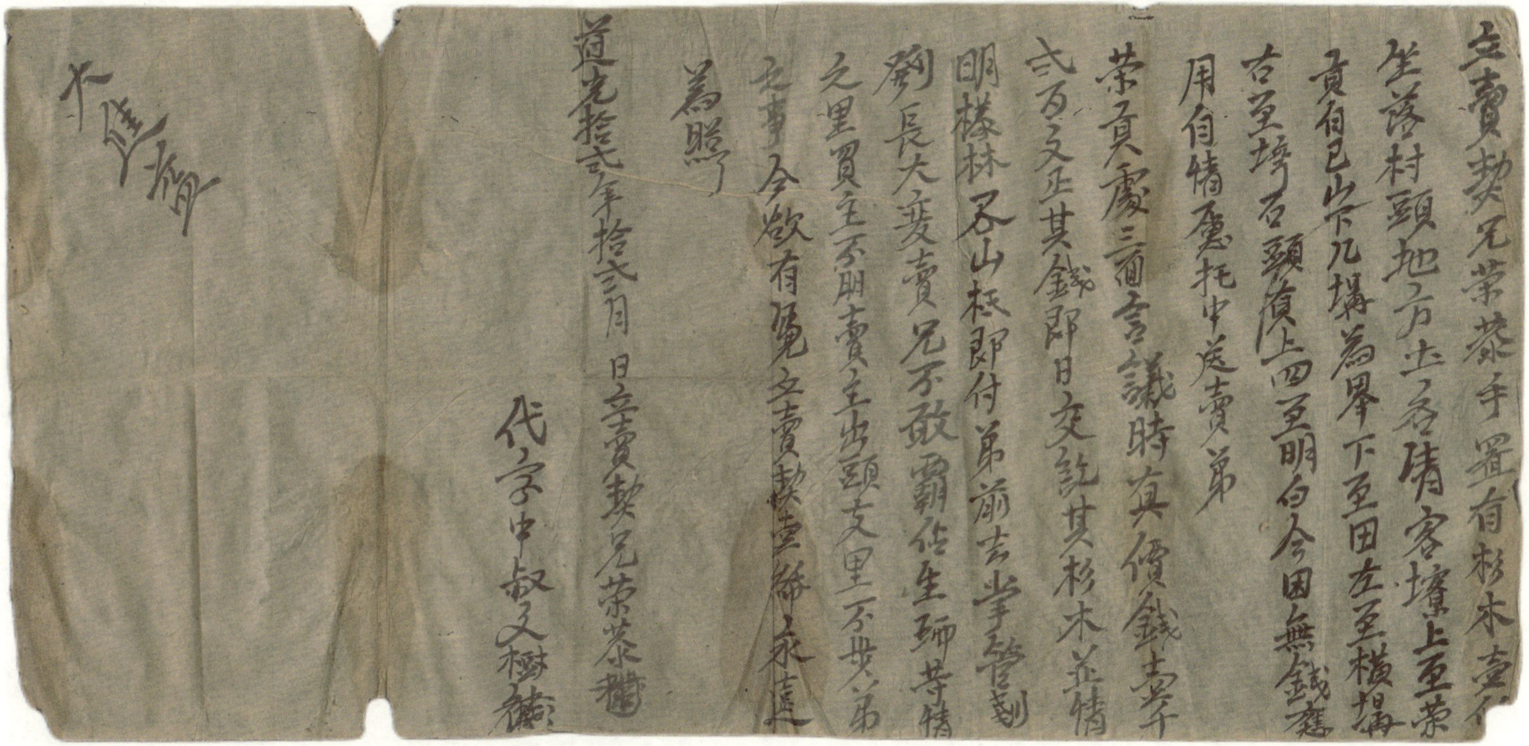

立賣契兄荣恭手置有杉木壹…
坐落村頭地方土名猜客壙上至荣
貴自己山下凡墈為界下至田左至横墈
右至塝右頭俱上四至明白今因無錢應
用自情愿托中送賣弟
荣貴處三面言議時值價錢壹千
弍百文正其錢即日交訖其杉木並情
明樣林各山杉即付弟前去掌管砍
劉長大變賣兄不敢霸佔生端等情
之里買主不明賣主出頭支里不安弟
之事今欲有憑立賣契壹紙永遠
為照
道光拾弍年拾弍月　日立賣契兄荣恭（押）
代字中叔文樹（押）

3-1-42-18　清道光十二年十二月黃荣恭立賣杉木契

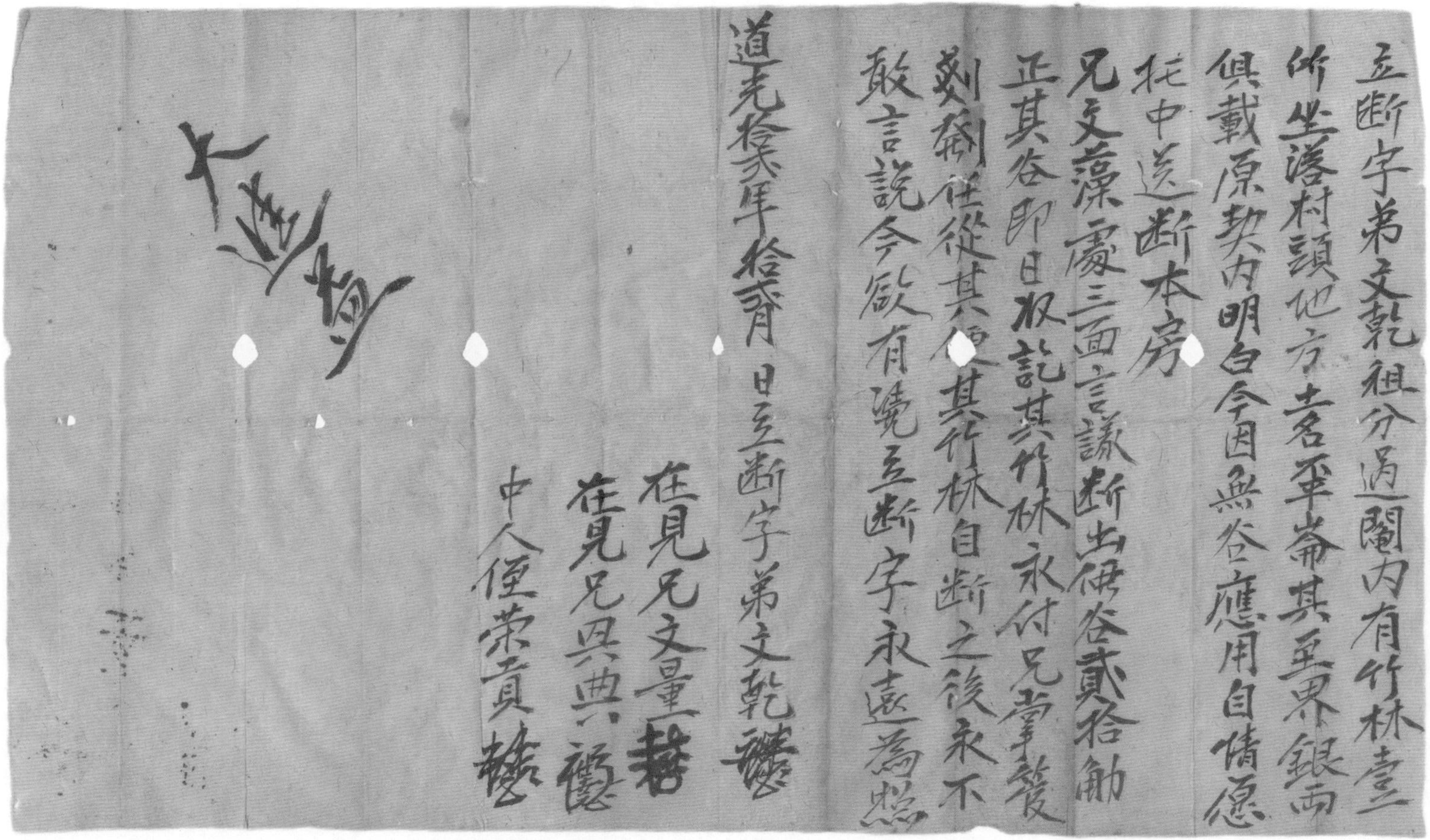
立斷字弟文乾祖分過閹內有竹林壹
所坐落村頭地方土名坪崙其至界銀兩
俱載原契內明白今因無谷應用自情愿
托中送斷本房
兄文藻處三面言議斷出價谷貳拾觔
正其谷即日收訖其竹林永付兄掌管
剗伐任從其便其竹林自斷之後永不
敢言說今欲有憑立斷字永遠為照
道光拾貳年拾貳月　日立斷字弟文乾（押）
在見兄文量（押）
在見兄興典（押）
中人侄榮貢（押）

3-1-42-19　清道光十二年十二月黃文乾立斷竹林契

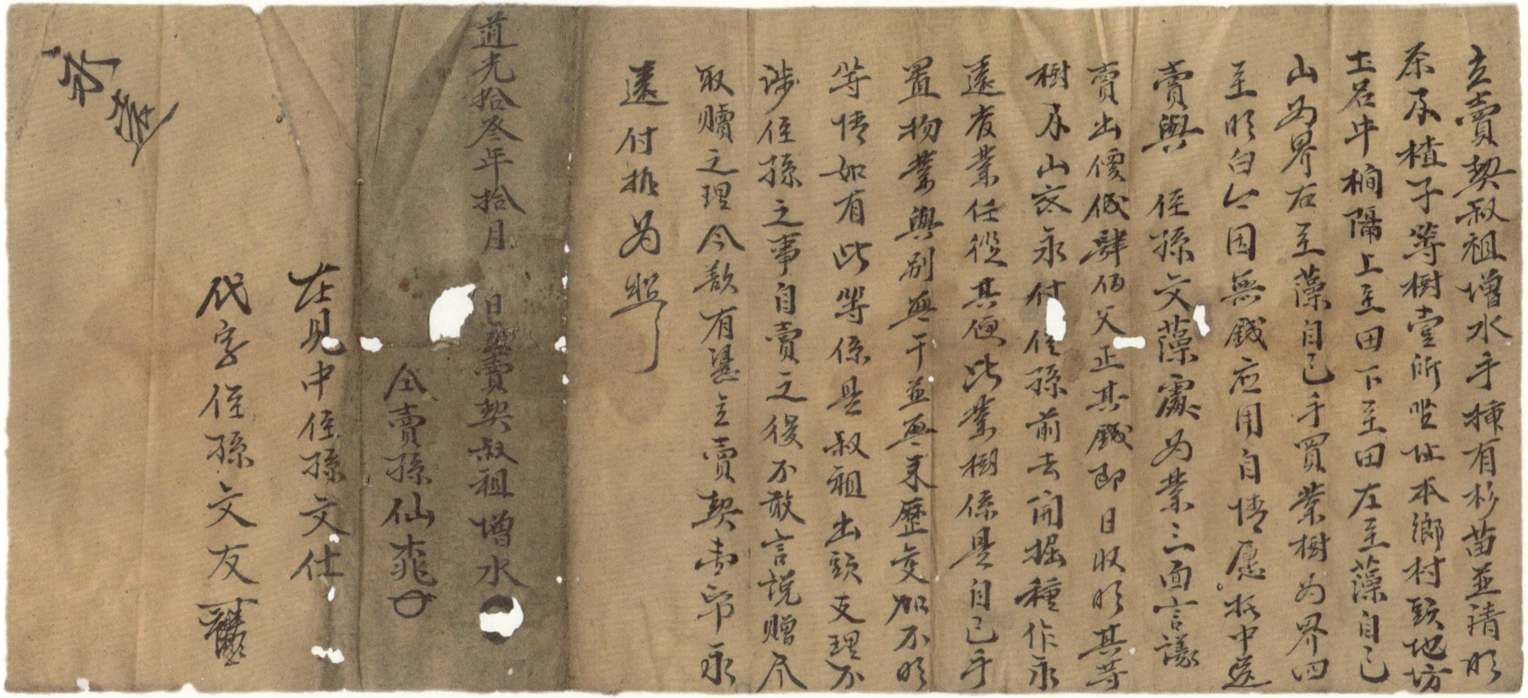
立賣契叔祖增水手種有杉苗並請於
茶不植子等樹壹所，坐址本鄉村頭地坊
土名牛桐隔，上至田，下至田，左至藻自己
山為界，右至藻自己手買業樹為界，四
至明白。今因無錢應用，自情愿將中送
賣與　侄孫文藻處為業，三面言議
賣出價錢肆佰文正，其錢即日收明，其等
樹及山底永付　侄孫前去開掘種作，永
遠為業，任從其便。此業樹係是自己手
置物業，與別無干，並無來歷交加不明
等情，如有此等，係是叔祖出頭支理，不
涉侄孫之事。自賣之後，不敢言說贈尽
取贖之理。今欲有憑，立賣契壹紙永
遠付執為照。
道光拾叁年拾月　日　立賣契叔祖增水（押）
全賣孫仙飛（押）
在見中侄孫文仕
代字侄孫文友（押）

3-1-42-20　清道光十三年十月黃增水等立賣杉苗等契

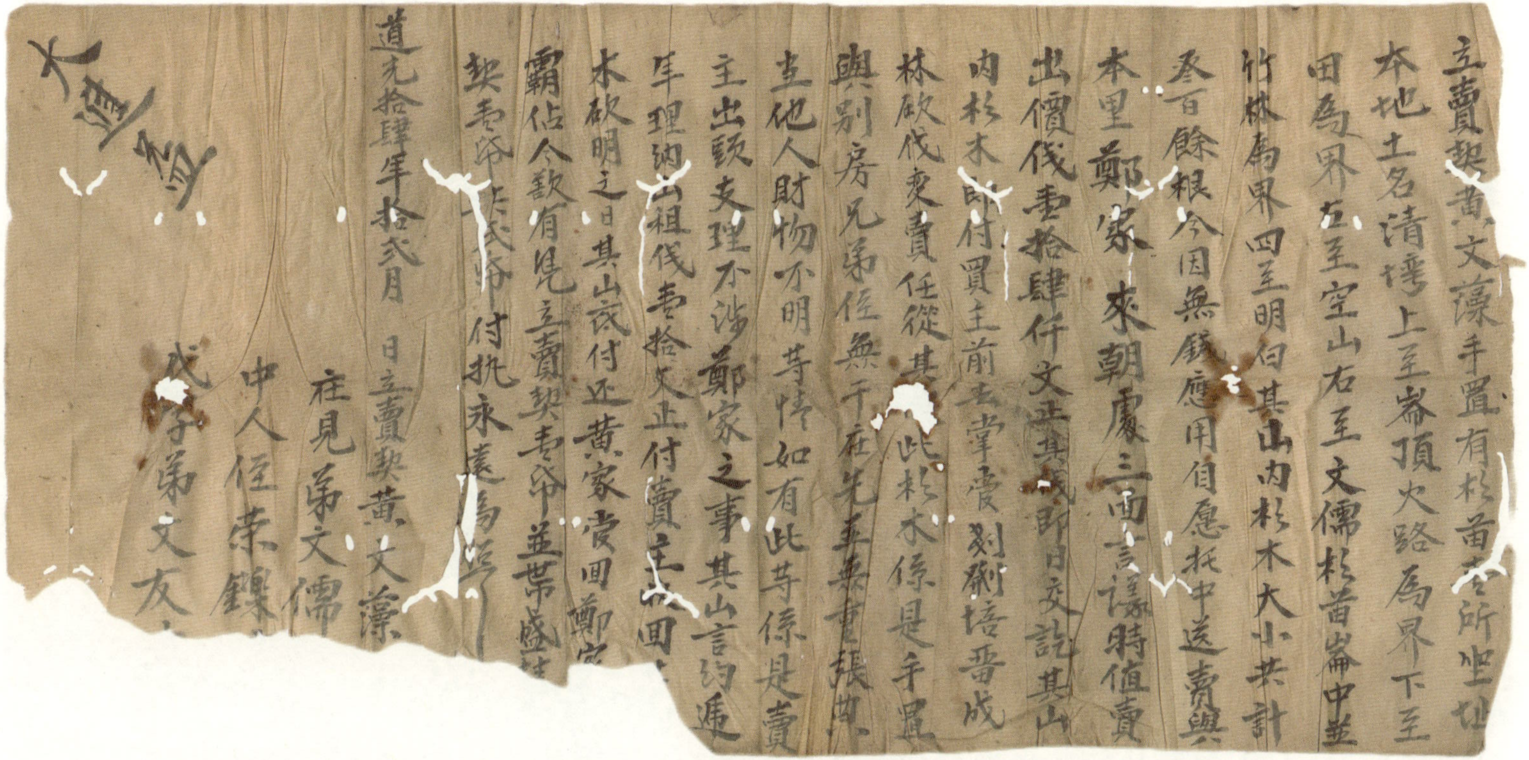

立賣契黃文藻手置有杉苗壹所坐址
本地土名清塆上至崙頂火路為界下至
田為界左至空山右至文儒杉苗崙中並
竹林為界四至明白其山内杉木大小共計
叁百餘根今因無錢應用自愿托中送賣與
本里鄭家來朝處三面言議時值賣
出價伐壹拾肆仟文正其錢即日交訖其山
内杉木即付買主前去掌管剗劉培養成
林砍伐変賣任從其□此杉木係是手置
與別房兄弟侄無干在先並無重張典
𡉏他人財物不明等情如有此等係是賣
主出頭支理不涉鄭家之事其山言約逐
年理納山祖伐壹拾文止付買主的回[illegible]
木砍明之日其山茂付还黃家賣回鄭家[illegible]
霸佔今欲有凭立賣契壹帋並带盛[illegible]
契壹帋共弍帋付执永遠為照
道光拾肆年拾弍月　日立賣契黃文藻
在見弟文儒
中人侄荣鏷
代字弟文友
大吉

3-1-42-21　清道光十四年十二月黃文藻立賣杉苗契

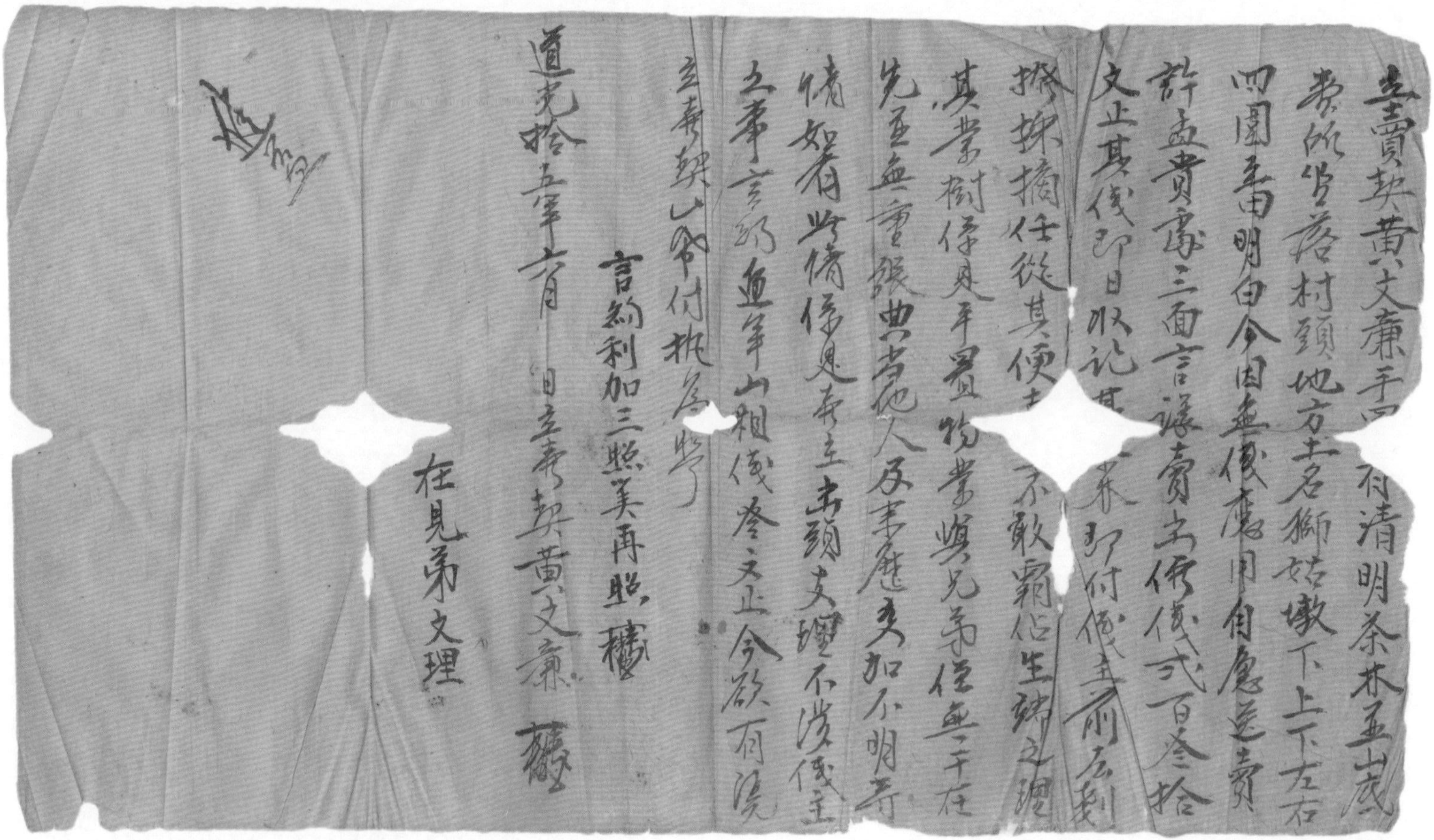
立賣契黄文廉手□有清明茶林壹山底
坐落村頭地方土名獅姑墩下，上下左右
四圍爲由明白。今因無錢應用，自愿送賣
許孟貴處，三面言議，賣出價錢弍百叁拾
文正。其錢即日收訖，其茶即付錢主前去剝
撩採摘，任從其便，□不敢霸佔生端之理。
其茶樹係是本身物業，與兄弟侄無干，在
先並無重張典當他人及來歷交加不明等
情。如有此情，係是賣主出頭支理，不涉錢主
之事。言約逐年山租錢叁文正。今欲有憑，
立賣契一紙付執爲照。
言約利加三照美再照。
道光拾五年六月　日立賣契黄文廉
在見弟文理

3-1-42-22　清道光十五年六月黄文廉立賣清明茶等契

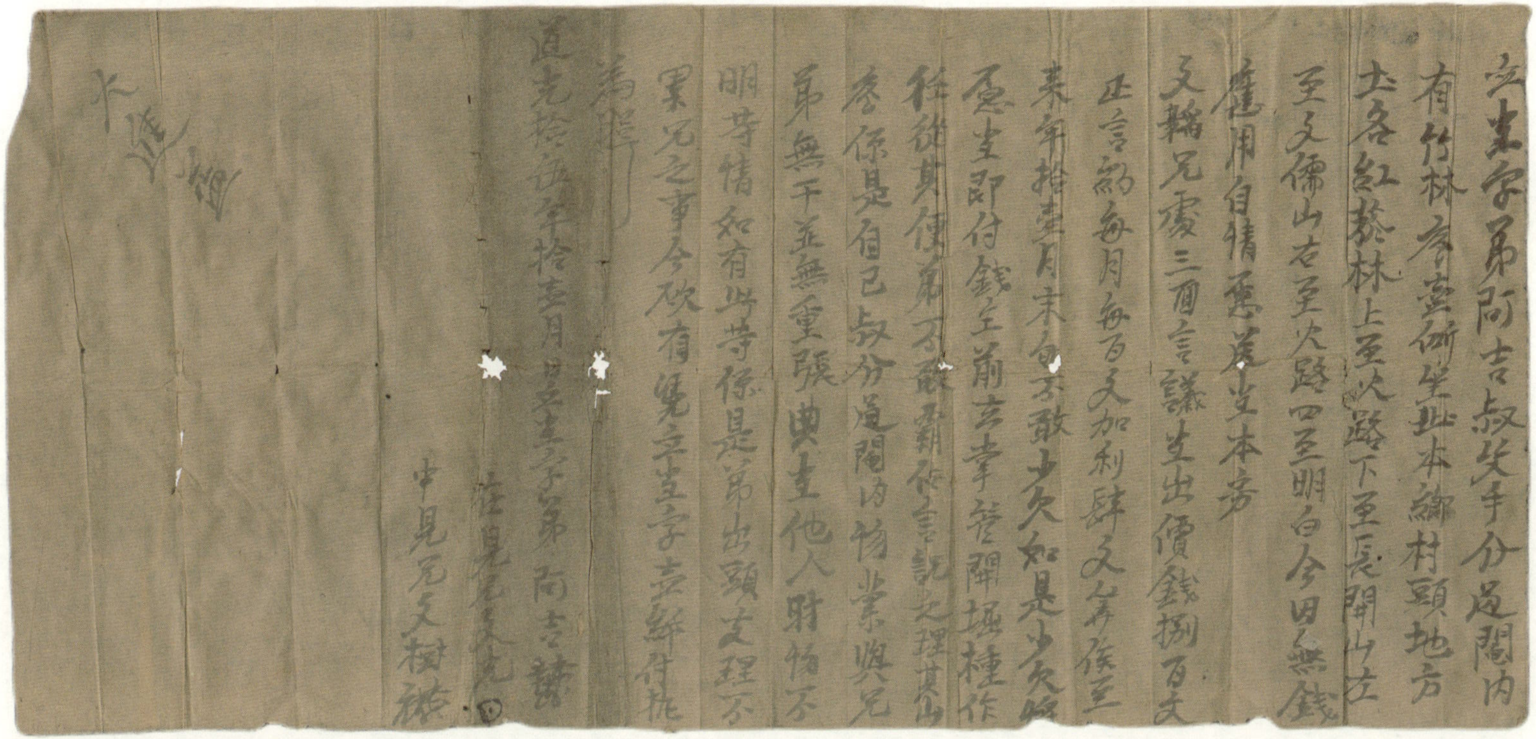
立當字弟阿吉叔父手分有遺閣內
有竹林壹所坐址本鄉村頭地方
土名紅藔林上至大路下至長閘山坵
至文儒山右至大路四至明白今因無錢
應用自情愿將出本分
文輪兄處三面言議出價錢捌百文
正言約每月每百文加利肆文無族至
來年拾壹月末不敢少欠如是少欠任
憑主即付錢主前去掌管開掘種作
任從其便弟不敢霸佔言說之理其山
委係是自己叔分遺閣內物業與兄
弟無干並無重張典生他人財物不
明等情如有此等係是弟出頭支理不
累兄之事今欲有憑立字壹紙付執
為照
道光拾伍年拾壹月　日立當字弟　阿吉　號
在見兄　文光
中見兄　文樹　號

3-1-42-23　清道光十五年十一月黃阿吉立當竹林底字

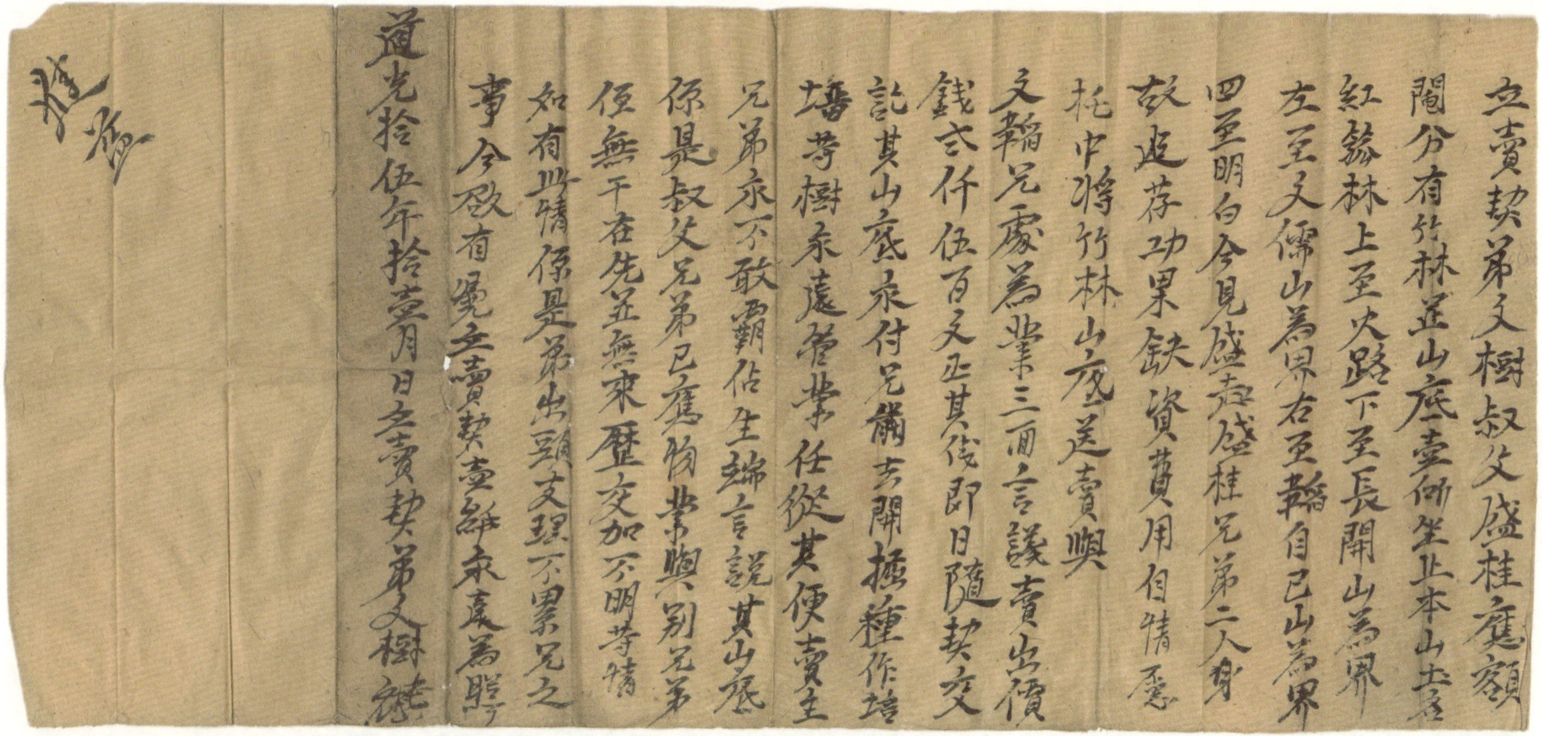
立賣契弟文樹叔父盛桂應顯
閹分有竹林坐山底壹所坐址本山土名
紅菰林上至大路下至長開山為界
左至文儒山為界右至翰自己山為界
四至明白今見盛志盛桂兄弟二人身
故遞存功果缺資費用自情愿
托中將竹林山底送賣與
文翰兄處為業三面言議賣出價
錢弍仟伍百文正其錢即日隨契交
訖其山底永付兄備去開掘種作培
壇等樹永遠管業任從其便賣主
兄弟永不敢霸佔生端言說其山底
係是叔父兄弟己應物業與別兄弟
侄無干在先並無來歷交加不明等情
如有此情係是弟出頭支理不累兄之
事今欲有憑立賣契壹紙永遠為照
道光拾伍年拾壹月　日立賣契弟文樹（押）
桂齋

3-1-42-24　清道光十五年十一月黃文樹立賣竹林等契

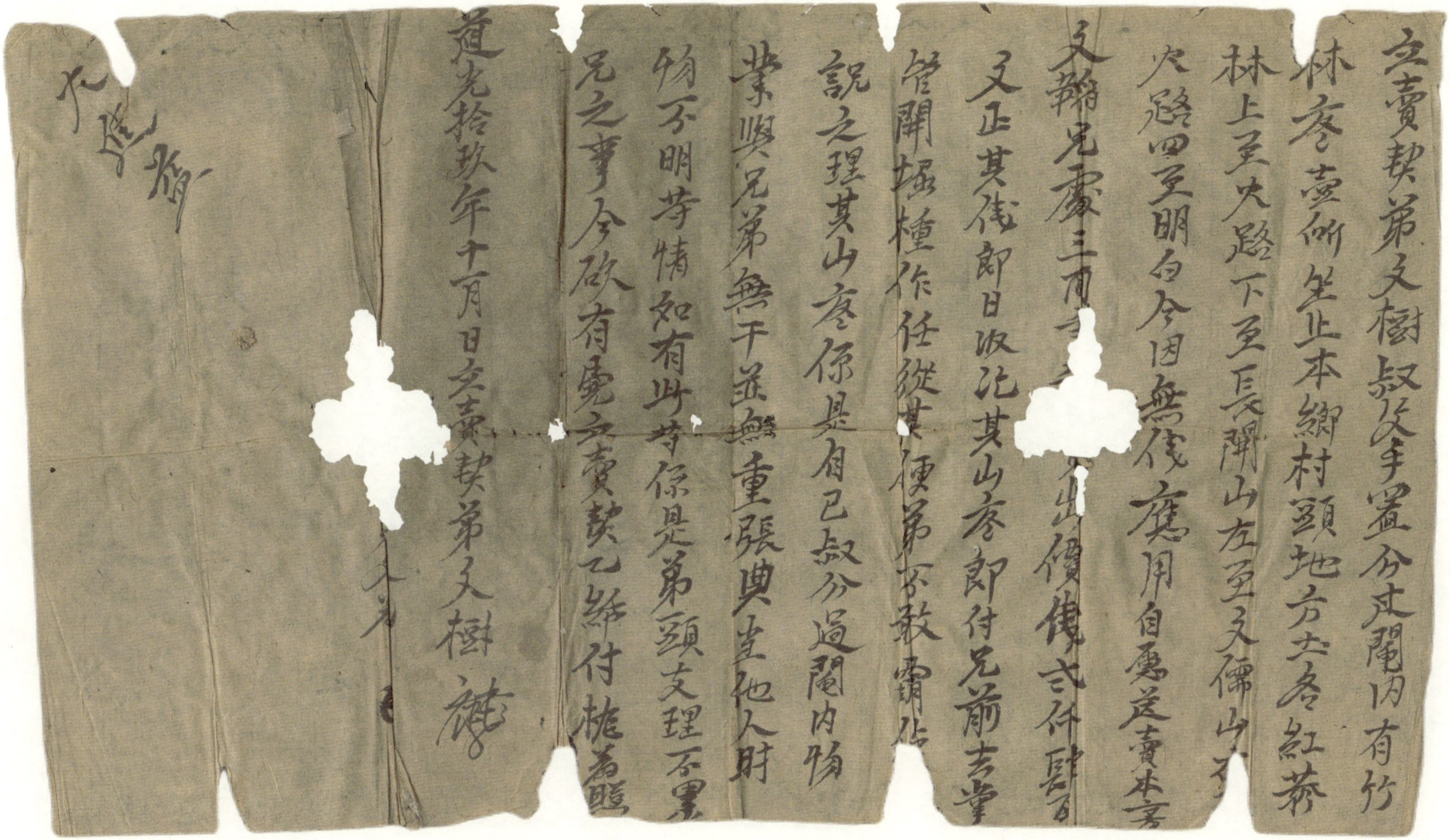

3-1-42-25　清道光十九年十一月黃文樹立賣竹林契

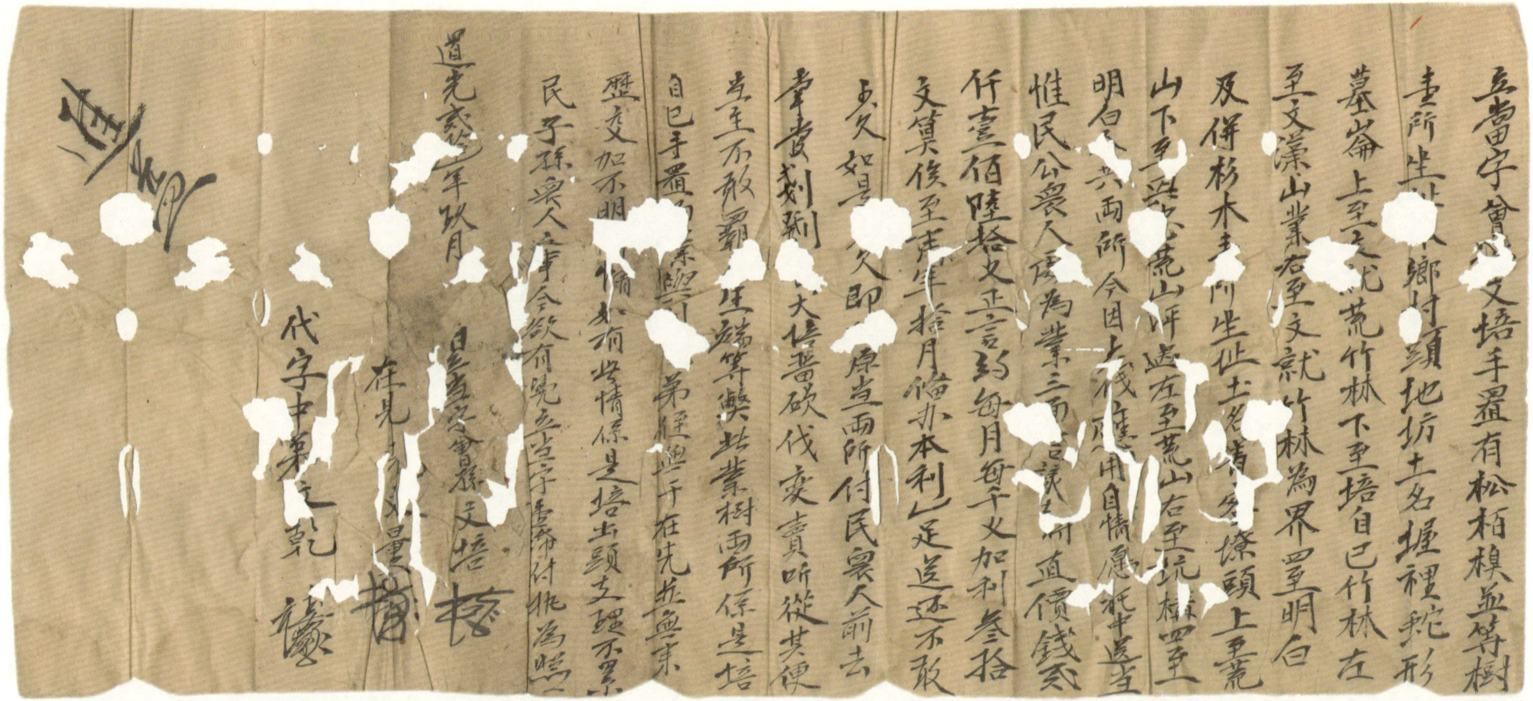
立當字曾[illegible]文培手置有松柏模並等樹
壹所坐[illegible]鄉村頭地坊土名堀裡蛇形
墓崙上至[illegible]文乾荒竹林下至培自己竹林左
至文漾山業右至文就竹林為界四至明白
及併杉木壹所坐址土名[illegible]條頭上至荒
山下至[illegible]荒山坪[illegible]左至荒山右至坑[illegible]四至[illegible]
明白[illegible]共兩所今因[illegible]用自情愿托中送[illegible]
惟民公衆人處為業[illegible]直價錢叁
仟壹佰陸拾文正言約每月每千文加利叁拾
文算後至[illegible]年[illegible]月[illegible]本利一足送還不敢
少欠如是[illegible]欠即[illegible]兩所付民衆人前去
掌管剝[illegible]大[illegible]砍伐變賣聽從其便
無生不敢[illegible]生端等與此業樹兩所係是培
自已手置[illegible]兄弟侄[illegible]在先並無來
歷交加不明[illegible]如有此情係是培出頭支理不累[illegible]
民子孫衆人之事今欲有憑立當字壹[illegible]付执為照
道光貳拾[illegible]年玖月[illegible]日立當字曾孫文培
在見[illegible]文量
代字中[illegible]文乾

3-1-42-26　清道光二十一年九月黃文培立當松柏模等契

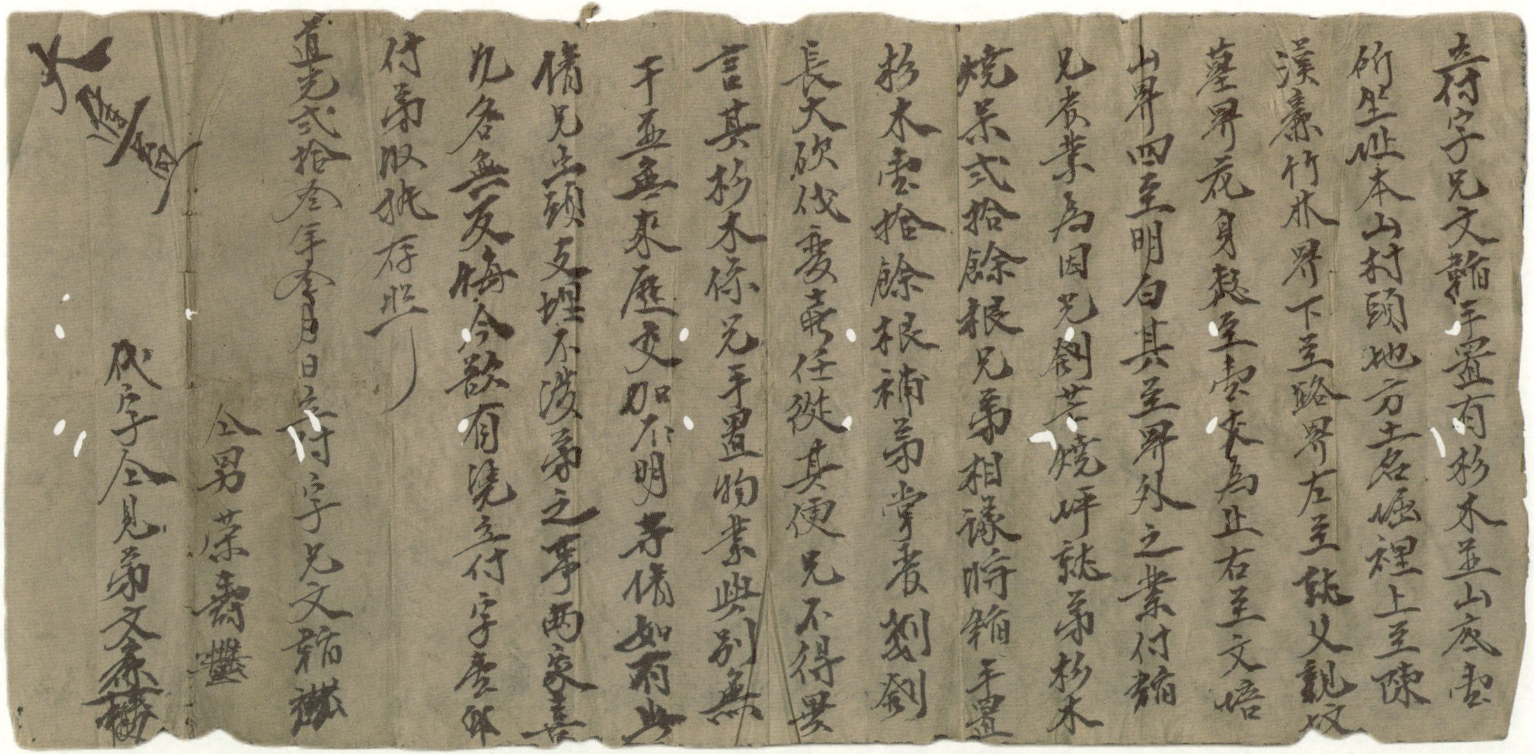
立付字兄文韜手置有杉木並山底壹
所坐址本山村頭地方土名塩裡上至陳
漢泰竹林界下至路界左至鈗义觀坟
墓界充身起至壹丈爲止右至文培
山界四至明白其至界外之業付韜
兄表業爲因兄劉芒燒坪號弟杉木
燒柒式拾餘根兄弟相議將韜手置
杉木壹拾餘根補弟掌表劉劉
長大砍伐喪事任從其便兄不得異
言其杉木係兄手置物業與別無
干並無來歷交加不明等情如有此
情兄出頭支理不涉弟之事兩家甚
允各無反悔今欲有憑立付字壹紙
付弟收執存照
道光式拾叁年叁月日立付字兄文韜
仝男榮壽
代字仝見弟文秀

3-1-42-27　清道光二十三年三月黃文韜等立付杉木等字

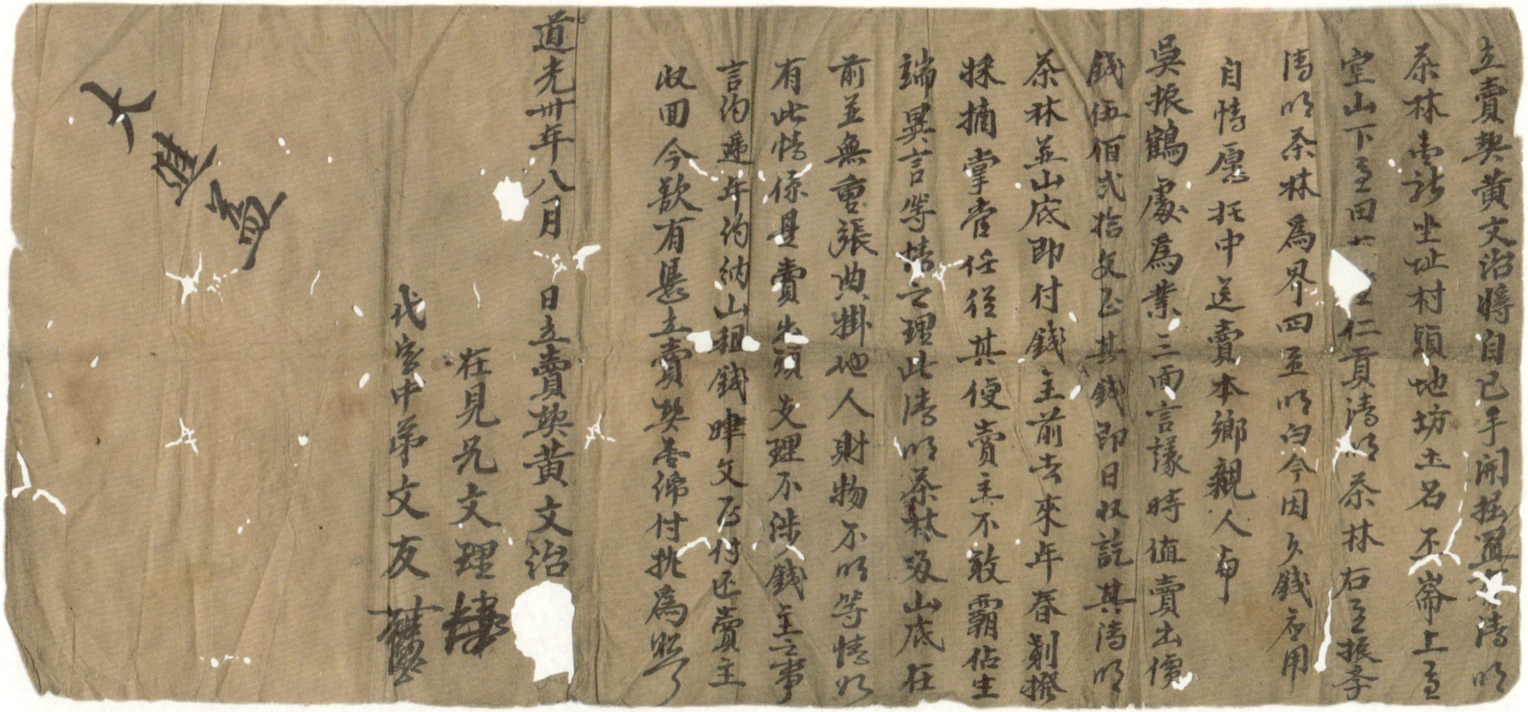
立賣契黃文治將自己手闢抵置清明
茶林壹坵坐址村頭地坊土名不崙上至
窐山下至田至仁貢清明茶林右至振李
清明茶林為界四至明白今因乏錢應用
自情愿托中送賣本鄉親人卓
吳振鶴處為業三面言議時值賣出價
錢伍佰弍拾文正其錢即日收訖其清明
茶林并山底即付錢主前去來年春割採
採摘掌管任從其便賣主不敢霸佔生
端異言等情之理此清明茶林及山底在
前并無重張典掛他人財物不明等情以
有此情係是賣主自支理不涉錢主之事
言約遞年約納山租錢肆文付还賣主
收回今欲有憑立賣契壹紙付執為照
道光卅年八月　日立賣契黃文治（押）
在見兄文理（押）
代字中弟文友（押）

3-1-42-28　清道光三十年八月黃文治立賣清明茶林契

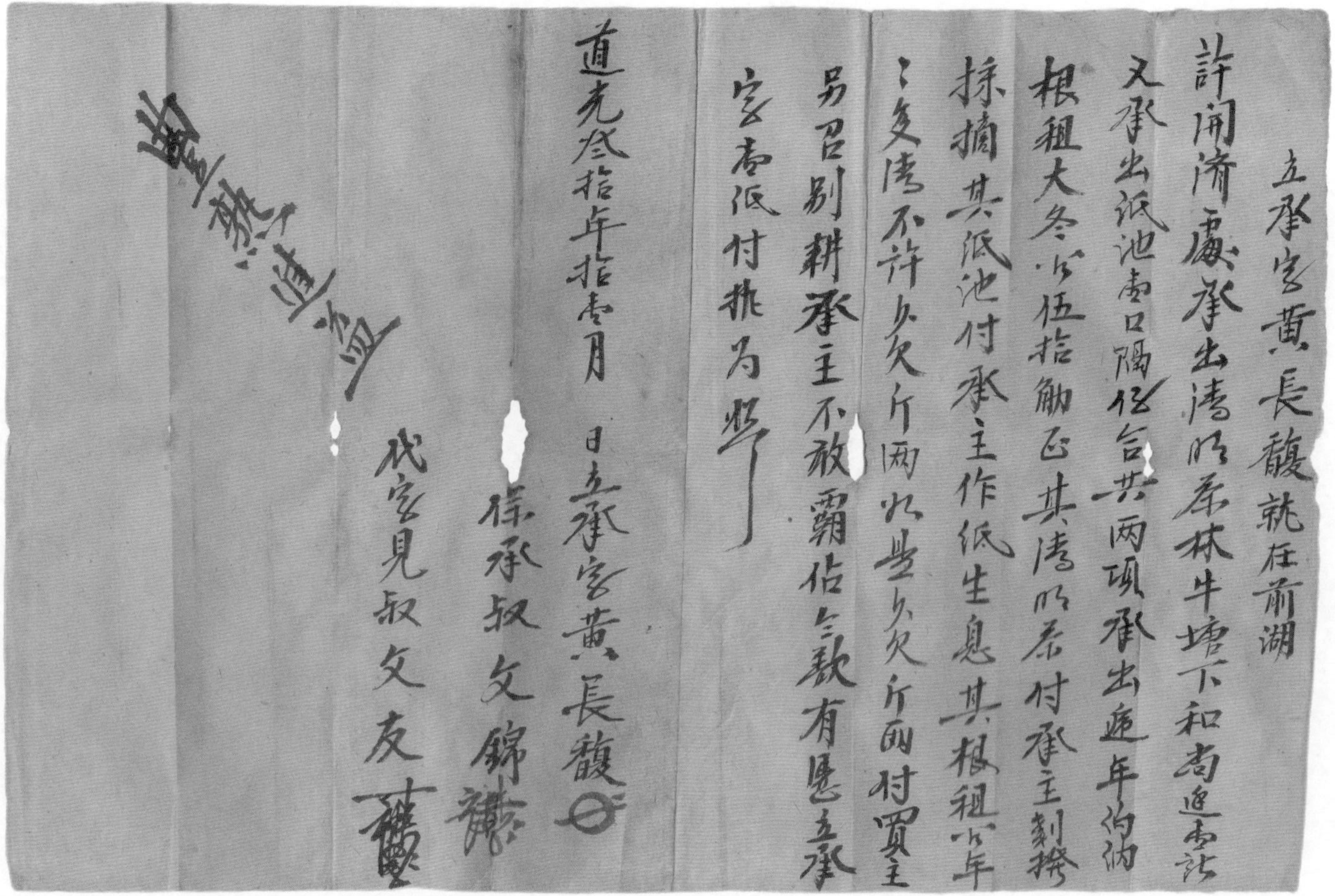
立承字黃長馥，就在前湖
許開清處，承出清明茶林牛塘下和尚逕壹訖，
又承出紙池壹口，隔仝共兩項，承出逐年納
根租大冬谷伍拾觔正，其清明茶付承主割採
採摘，其紙池付承主作紙生息，其根租谷年
年交清，不許少欠斤兩，如有少欠斤兩，付買主
另召別耕，承主不敢霸佔之款。有憑立承
字壹紙，付執為照。
道光叁拾年拾壹月　日立承字黃長馥（押）
徐承叔文錦（押）
代字見叔文友（押）

3-1-42-29　清道光三十年十一月黃長馥立承清明茶林等字

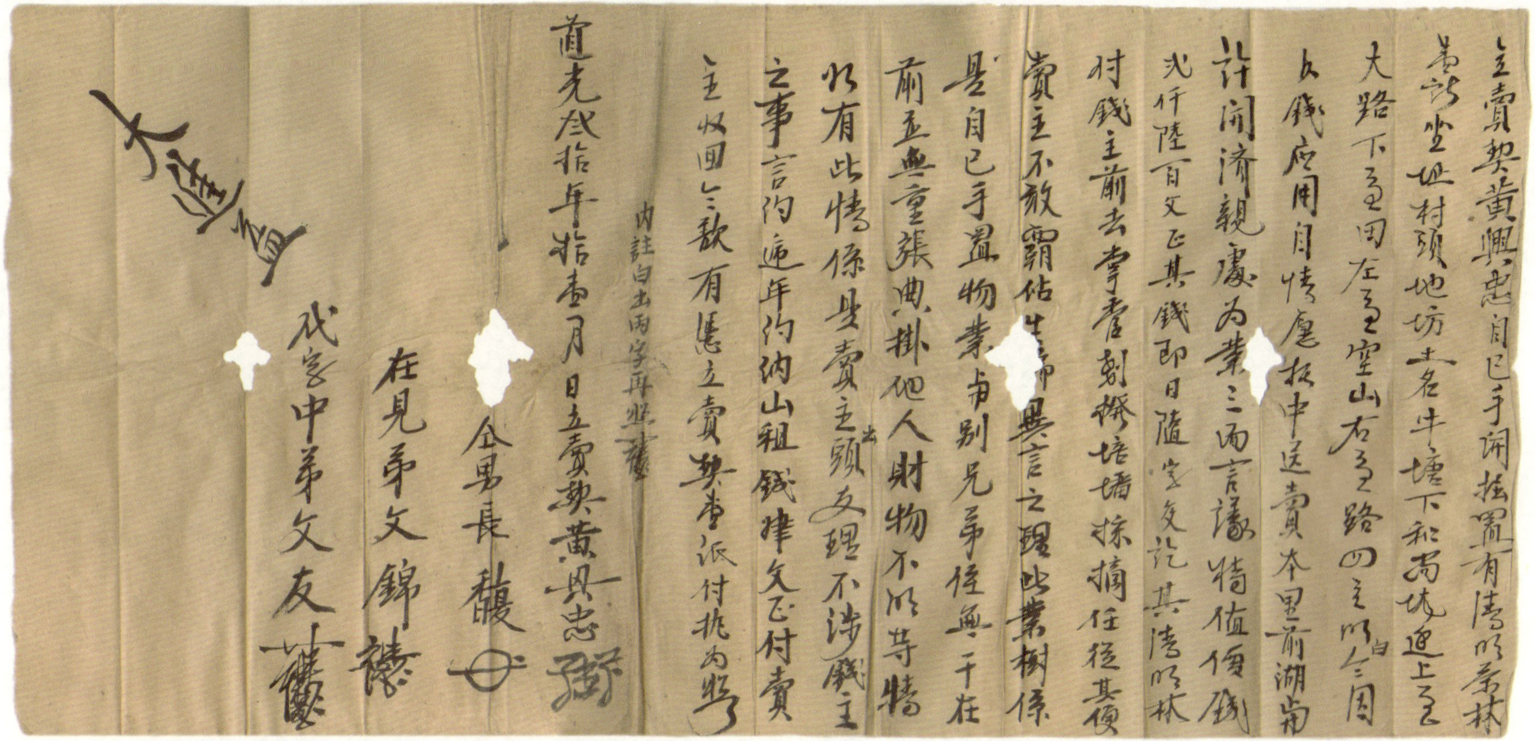
立賣契黃興忠自己手置有清明茶林
壹號坐址村頭地坊土名牛塘下和尚坑迎上至
大路，下至田，左至空山，右至路，四至明白。今因
乏錢應用，自情愿托中送賣本里前湖當
許闲濟親處為業，三面言議，時值價錢
弍仟陸百文正，其錢即日隨字交訖，其清明林
付錢主前去掌管，剗掘培墻採摘，任從其便，
賣主不敢霸佔生端異言之理。此業樹係
是自己手置物業，與別兄弟侄無干，在
前並無重張典掛他人財物不明等情，
如有此情，係是賣主出頭支理，不涉錢主
之事。言約逾年約納山租錢肆文正付賣
主收回。今欲有憑，立賣契壹紙付執為照。
內註白出兩字再照
道光叁拾年拾壹月　日立賣契黃興忠（押）
仝弟長馥（押）
在見弟文錦（押）
代字中弟文友（押）
大吉昌

3-1-42-30　清道光三十年十一月黃興忠等立賣清明茶林契

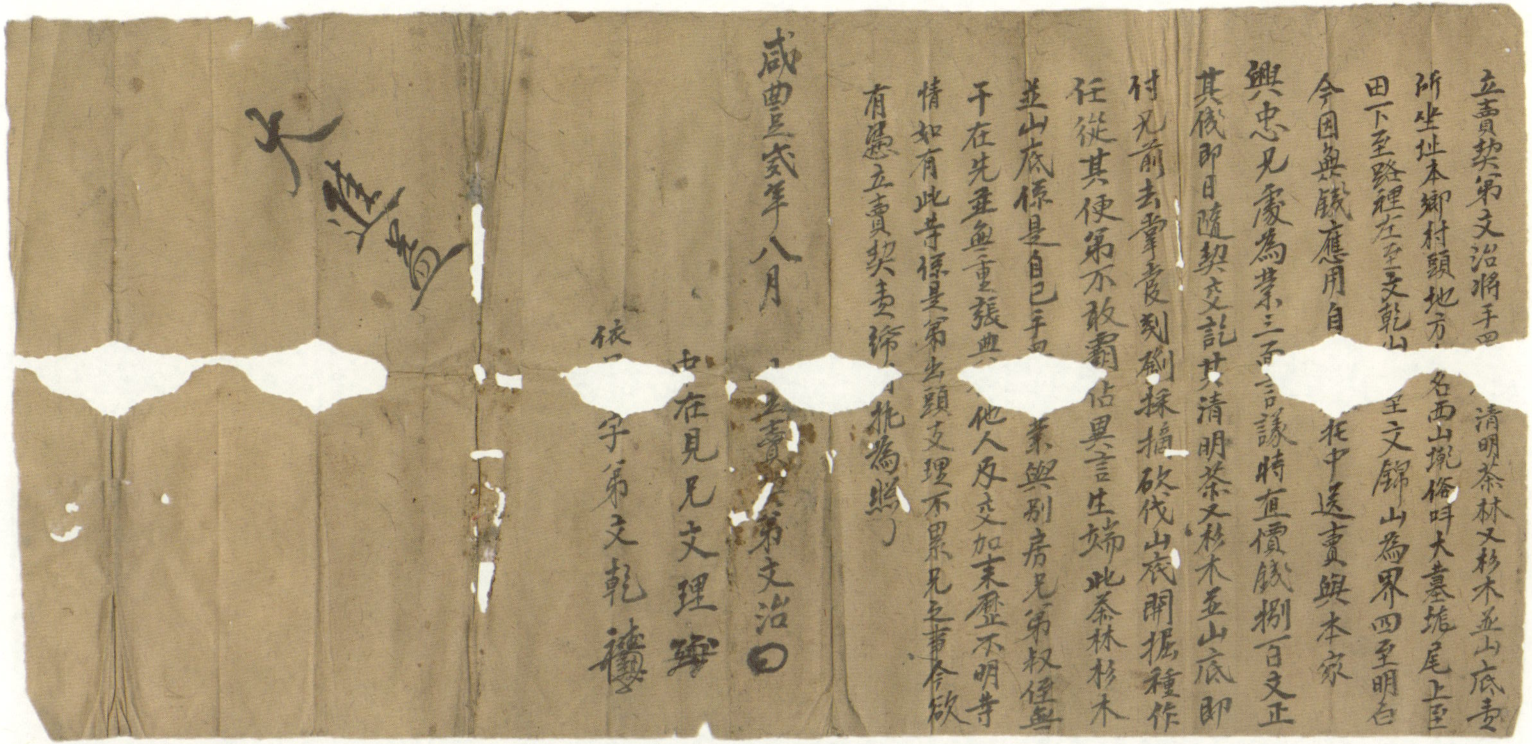
立賣契弟文治將手置清明茶林又杉木並山底壹
所坐址本鄉村頭地方，土名西山墘倫時大墓墘尾上至
田下至路裡左至文乾山右至文錦山為界四至明白
今因無錢應用自愿托中送賣與本家
與忠兄處為業三面言議時值價錢捌百文正
其錢即日隨契交訖其清明茶又杉木並山底即
付兄前去掌管對劍採摘砍伐山底開掘種作
任從其便弟不敢霸佔異言生端此茶林杉木
並山底係是自己手置業與別房兄弟叔侄無
干在先並無重張典掛他人及交加未歷不明等
情如有此等係是弟出頭支理不累兄之事今欲
有憑立賣契壹紙付執為照
咸豐貳年八月　日立賣契弟文治
中在見兄文理
依口代字弟文乾

3-1-42-31　清咸豐二年八月黃文治立賣清明茶林等契

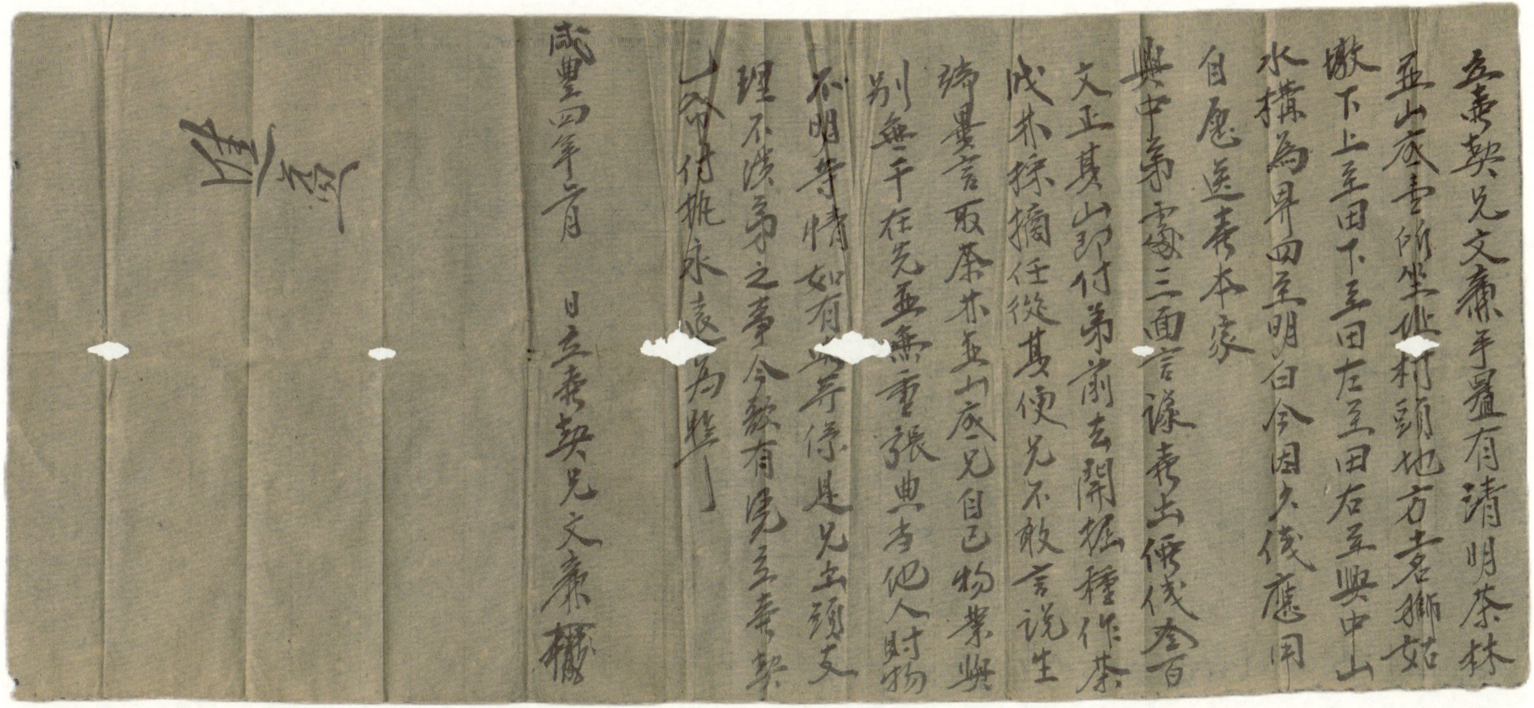
立賣契兄文廉手置有清明茶林
亞山底壹所，坐址村頭地方，土名獅姑
墩，下上至田，下至田，左至田，右至與中山
水構為界，四至明白。今因欠錢應用，
自愿送賣本家
與中弟雷發三面言議，賣出價錢叁百
文正。其山即付弟前去開掘種作茶
成林，採摘任從其便，兄不敢言說生
端異言取茶木。并山底兄自己物業，與
別無干，在先并無重張典當他人財物
不明等情，如有此等，係是兄出頭支
理，不涉弟之事。今欲有憑，立賣契
一紙付執，永遠為照。
咸豐四年二月　日立賣契兄文廉（押）

3-1-42-32　清咸豐四年二月黄文廉立賣清明茶林等契

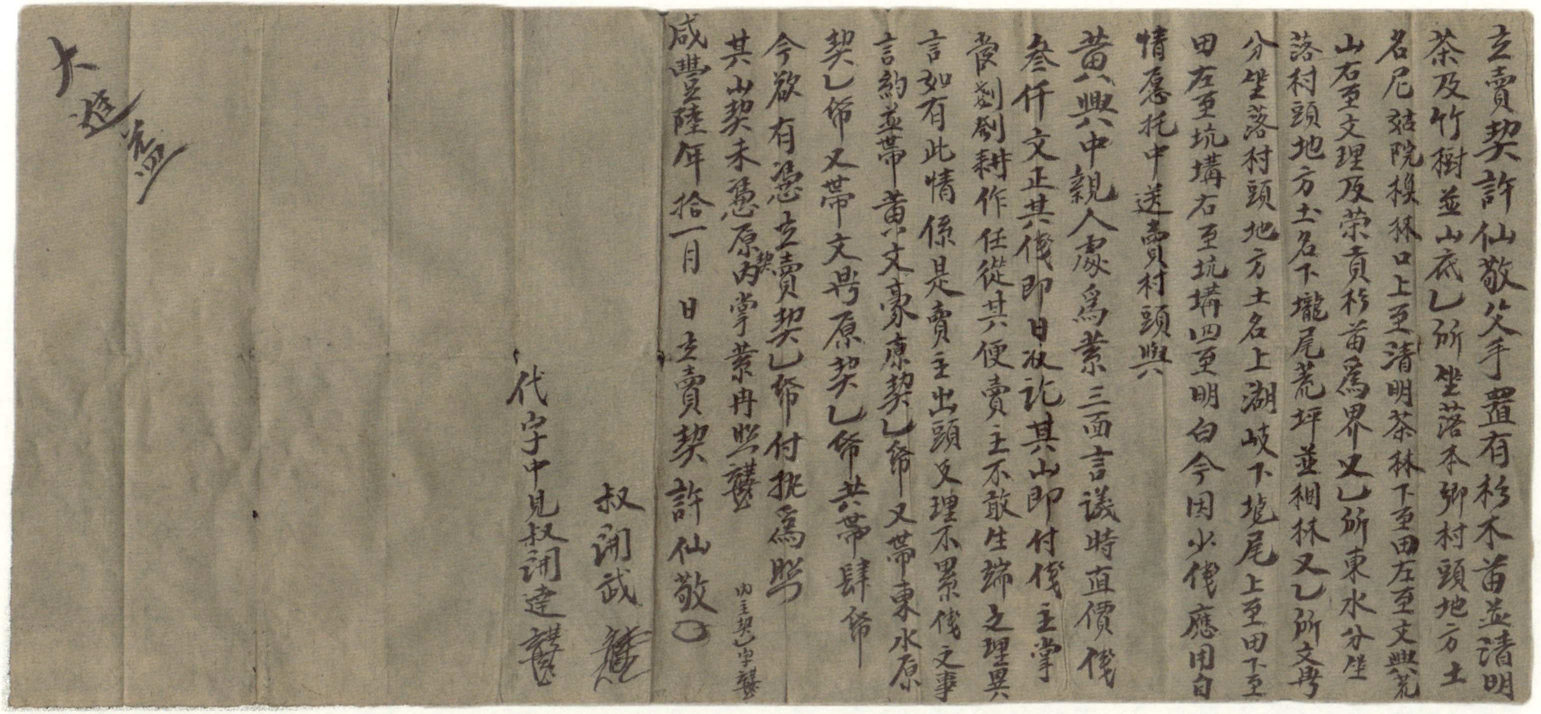
立賣契許仙敬父手置有杉木苗並清明
茶及竹樹並山底乙所坐落本鄉村頭地方土
名尾結院模林口上至清明茶林下至田左至丈興荒
山右至丈理及榮責杉苗為界又乙所東水分坐
落村頭地方土名下壠尾荒坪並栢林又乙所文專
分坐落村頭地方土名上湖岐下垅尾上至田下至
田左至坑墘右至坑墘四至明白今因少錢應用自
情愿托中送賣村頭與
黃興中親人處為業三面言議時直價錢
叁仟文正其錢即日收訖其山即付錢主掌
管劉劉耕作任從其便賣主不敢生端之理異
言如有此情係是賣主出頭支理不累錢主之事
言約並帶黃文豪原契乙紙又帶東水原
契乙紙又帶文興原契乙紙共帶肆紙
今欲有憑立賣契乙紙付執為照
其山契禾憑原契內掌業再照
內立契乙字號
咸豐陸年拾一月　日立賣契許仙敬○
叔詡武（押）
代字中見叔詡達（押）
大進益

3-1-42-33　清咸豐六年十一月許仙敬立賣杉木苗等契

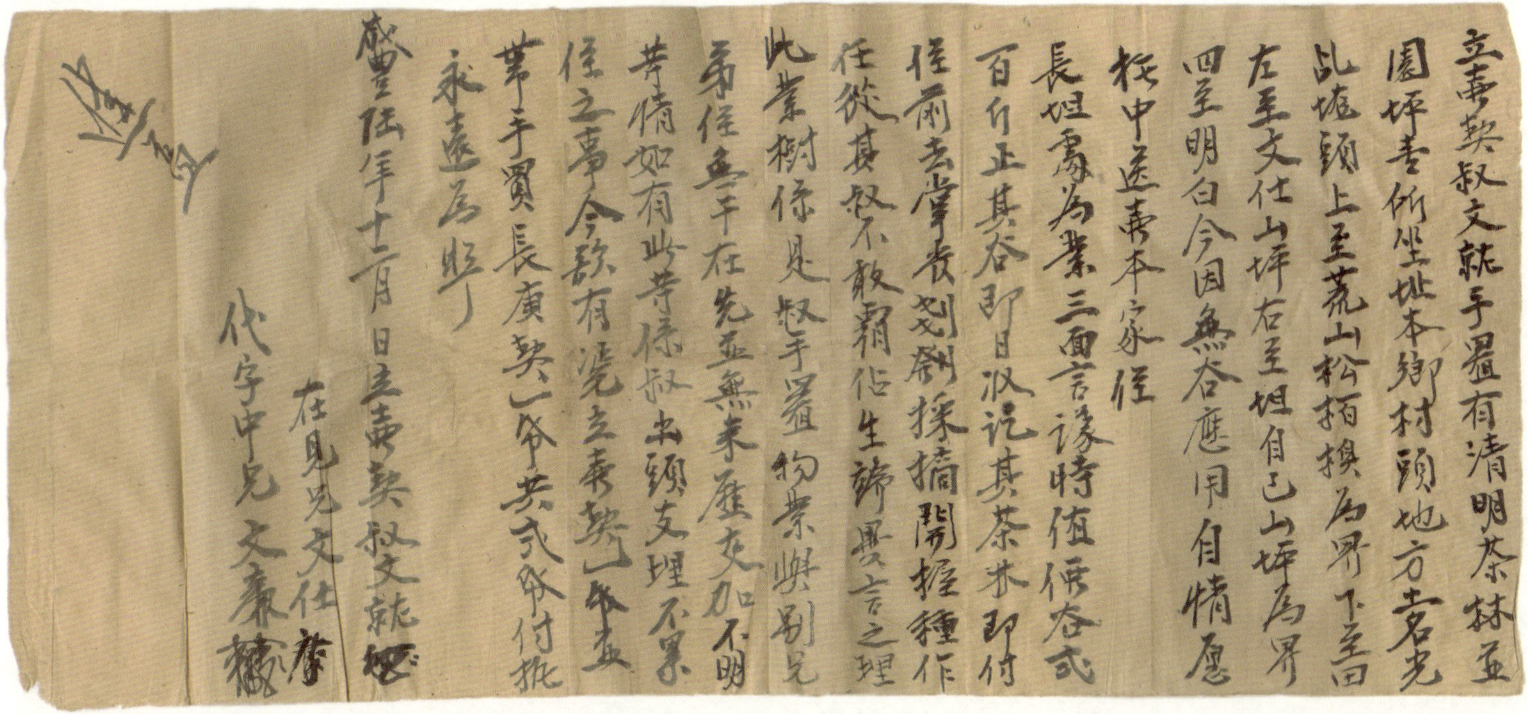
立賣契叔文就手置有清明茶林壹
園坪壹所坐址本鄉村頭地方土名光
乩堀頭上至荒山松栢換為界下至田
左至文仕山坪右至坦自己山坪為界
四至明白今因無谷應用自情愿
托中送賣本家侄
長坦為業三面言議時值價谷弍
百斤正其谷即日收訖其茶林即付
侄前去掌管刈劄採摘開荒種作
任從其便不敢霸佔生端異言之理
此業樹係是叔手置物業與別兄
弟侄無干在先並無來歷交加不明
等情如有此等係叔出頭支理不累
侄之事今欲有憑立賣契一紙並
帶手買長庚契一紙共弍紙付执
永遠為照
咸豐陆年十二月　日立賣契叔文就（押）
在見兄文仕（押）
代字中兄文康（押）

3-1-42-34　清咸豐六年十二月黄文就立賣清明茶林等契

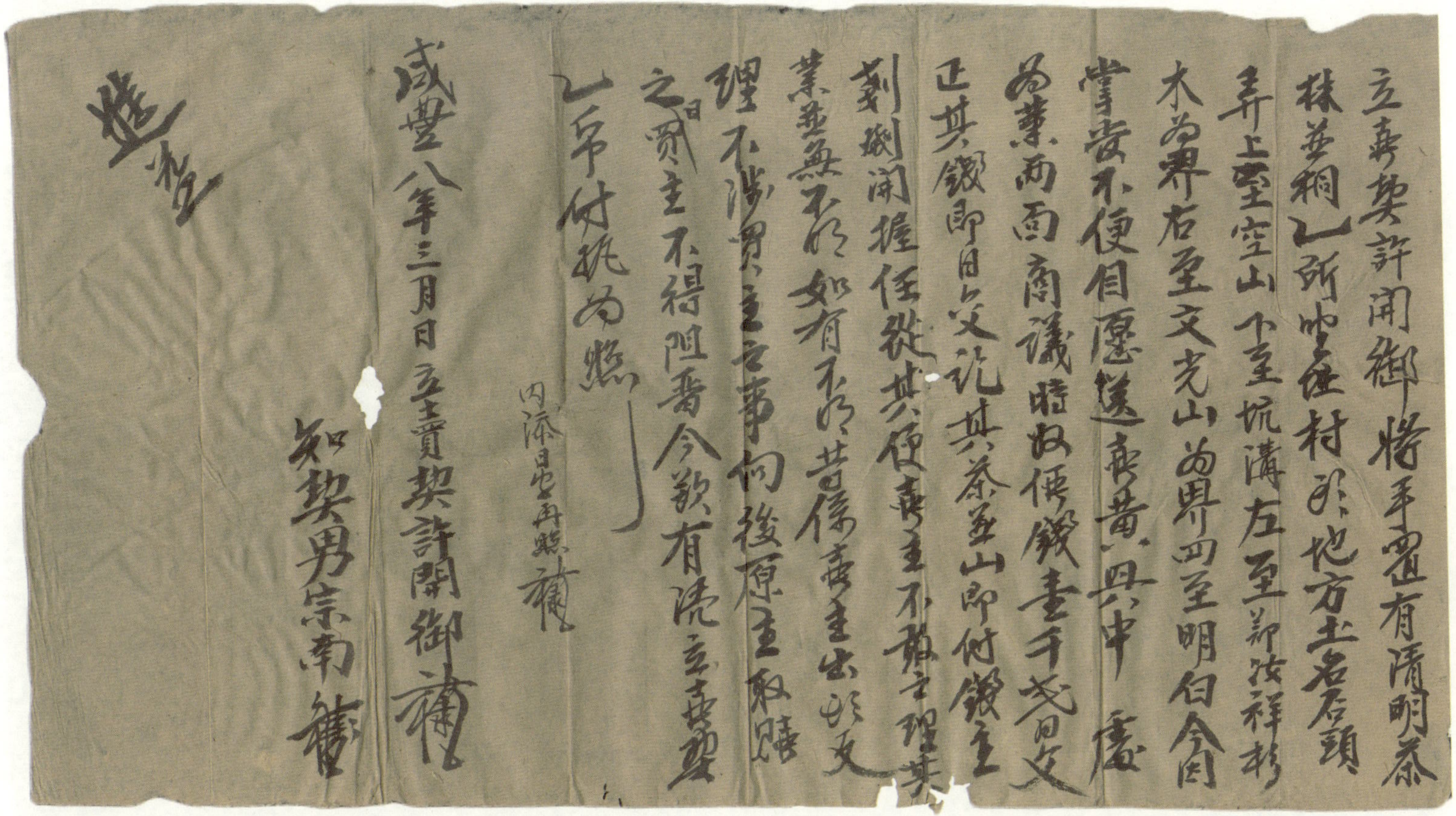

立賣契許開御將手置有清明茶
林並稱一所坐在村外地方土名石頭
弄上至空山下至坑溝左至鄭汝祥杉
木為界右至文光山為界四至明白今因
掌安不便自愿送賣黃興中處
為業兩面商議時值價錢壹千弍百文
正其錢即日交訖其茶並山即付錢主
剗樹開種任從其便賣主不敢言理其
業並無不明如有不明皆係賣主出頭支
理不涉買主之事向後原主取贖
之日賣主不得阻番今欲有憑立賣契
一帋付執為照
內添日字再照
咸豐八年三月日立賣契許開御（押）
知契男宗南（押）
進吉

3-1-42-35　清咸豐八年三月許開御立賣清明茶林等契

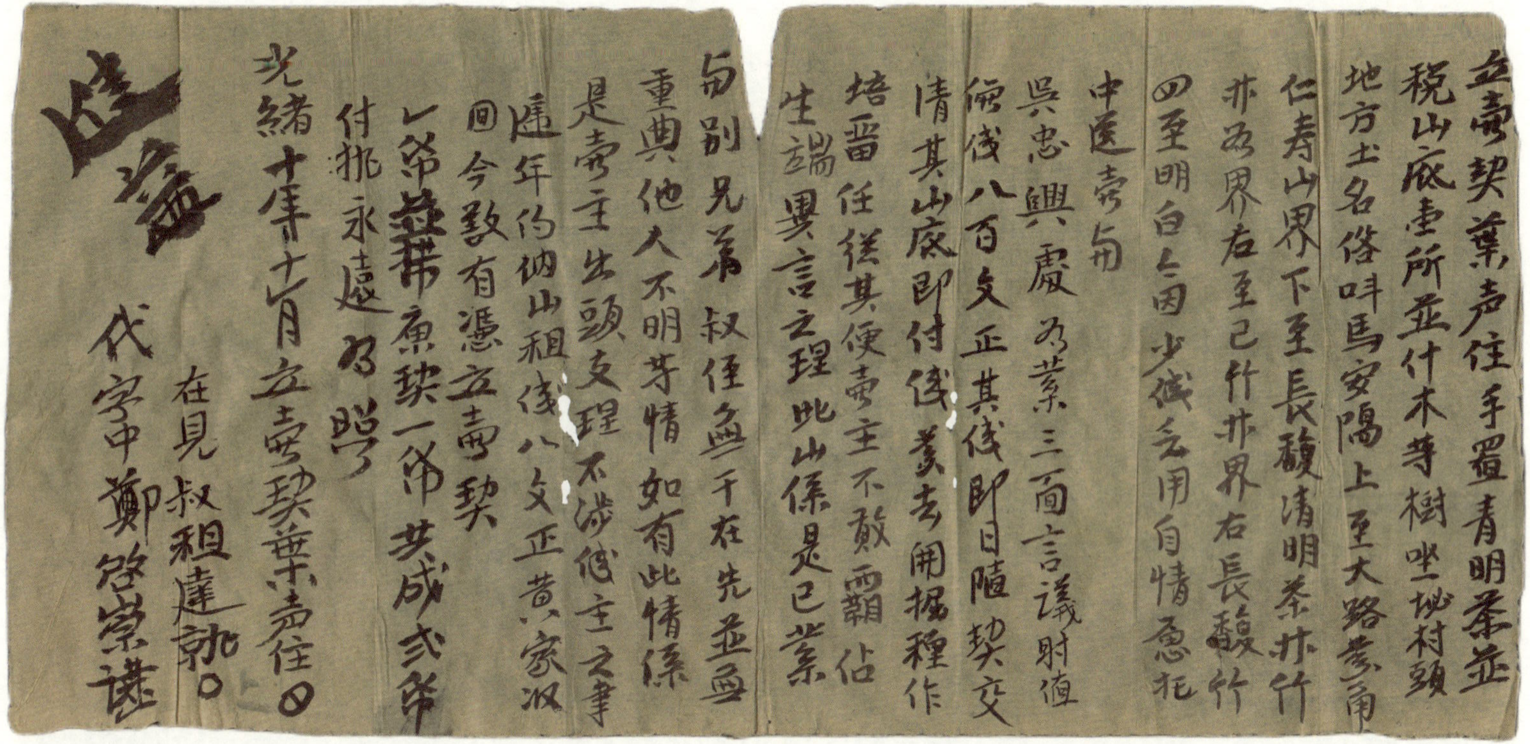

立賣契葉声住手置青明茶並
稅山底坐所並什木等樹坐𠙶村頭
地方土名岱吽馬安隔上至大路荒甬
仁寿山界下至長坑清明茶井竹
井為界左至已竹井界右長坑竹
四至明白今因少錢乏用自情愿托
中送賣與
吳忠興處為業三面言議時值
價錢八百文正其錢即日隨契交
清其山底即付錢主去開掘種作
培晉任從其便賣主不敢霸佔
生端異言之理此山係是己業
與別兄弟叔侄無干在先並無
重典他人不明等情如有此情係
是賣主出頭支理不涉錢主之事
遞年仍納山租錢八文正黃家収
回今欲有憑立賣契
一紙並帶原契一紙共成式紙
付執永遠為照
光緒十年十一月 立賣契葉声住〇
在見叔 租達〇
代字 中 鄭啓棠 謹
佳益

3-1-42-36 清光緒十年十一月葉声住立賣清明茶等契

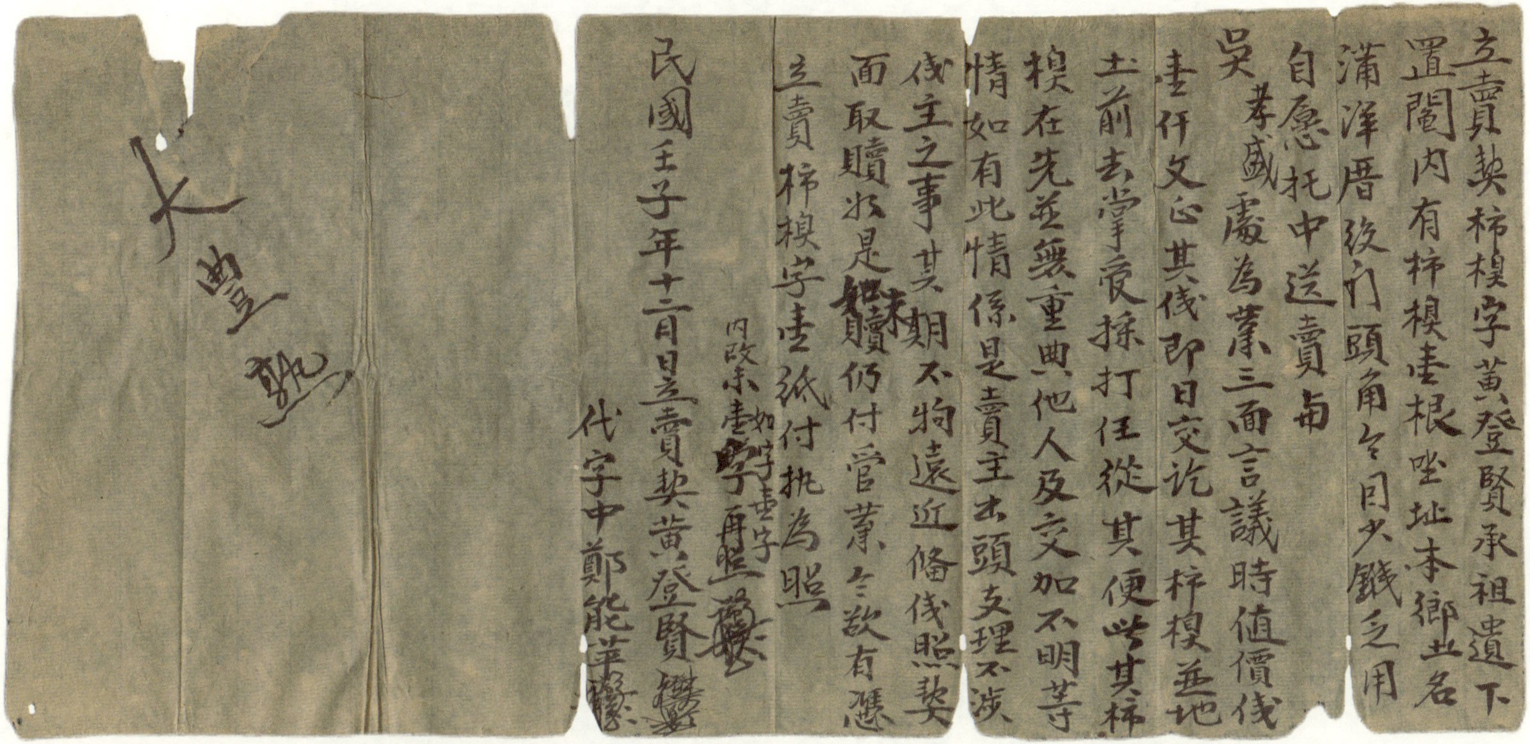
立賣契柿模字黃登賢承祖遺下
置閣内有柿模壹根坐址本鄉土名
蒲洋厝後门頭角今因乏錢乏用
自愿托中送賣與
吴孝盛處為業三面言議時值價錢
壹仟文正其錢即日交訖其柿模並地
土前去掌管採打任從其便此其柿
模在先並無重典他人及交加不明等
情如有此情係是賣主出頭支理不涉
錢主之事其期不拘遠近備錢照契
面取贖此是兩愿仍付管業今欲有憑
立賣柿模字壹紙付執為照
内改柿壹字再照
民國壬子年十二月　日立賣契黃登賢
代字中鄭能華
大豐號

3-1-42-37　民國元年十二月黃登賢立賣柿模契

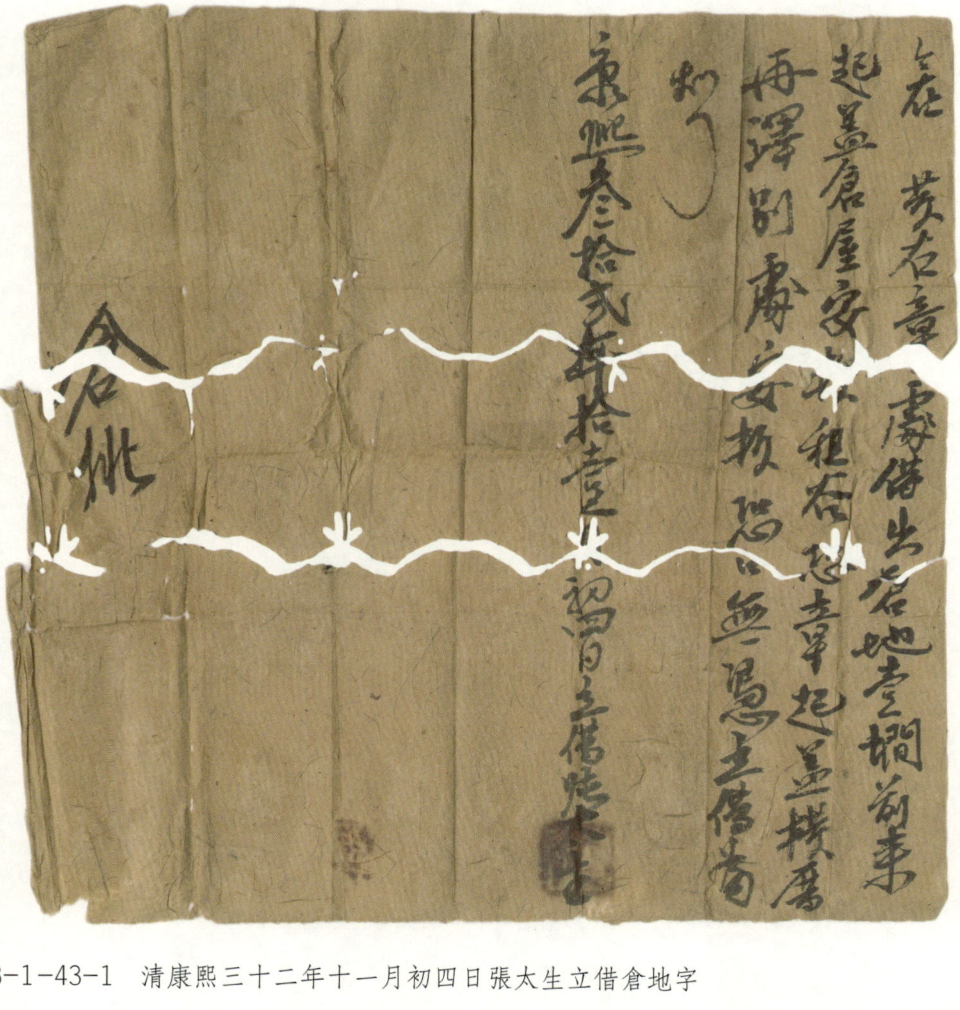

今在黃石章□處借出倉地壹間，前來起蓋倉屋，安貯租谷，□章起蓋撥房，再擇別處安放，恐口無憑，立借為炤。

康熙叁拾弍年拾壹月初四日立借照人張太生

合同批

3-1-43-1　清康熙三十二年十一月初四日張太生立借倉地字

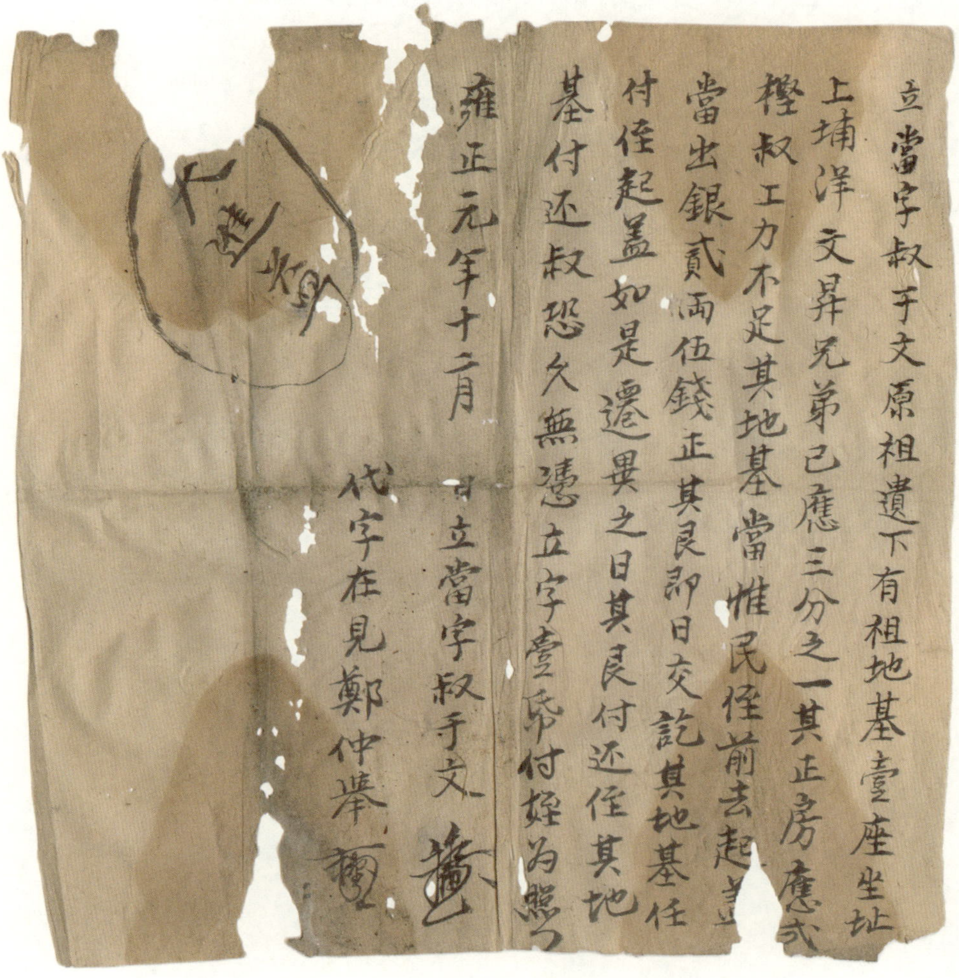
立當字叔于文原祖遺下有祖地基壹座坐址
上埔洋 文昇兄弟己應三分之一其正房應式
樊叔工力不足其地基當惟民侄前去起蓋
當出銀貳兩伍錢正其艮即日交訖其地基任
付侄起蓋如是還畢之日其艮付还侄其地
基付还叔恐久無憑立字壹紙付姪為照
雍正元年十二月 日立當字叔于文
代字在見鄭仲舉

3-1-43-2 清雍正元年十二月黄于文立當祖地基字

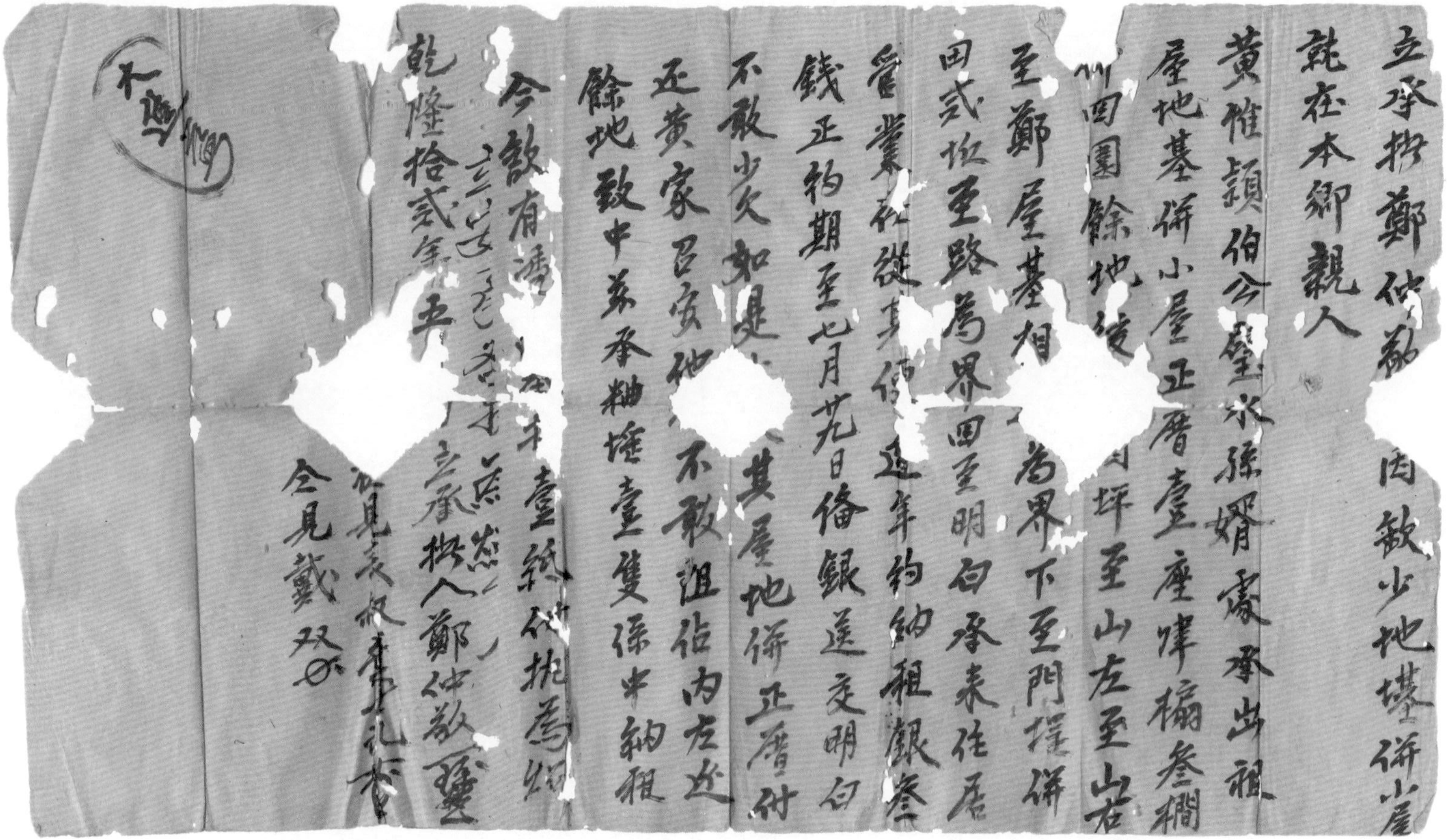

3-1-43-3 清乾隆十二年五月鄭仲敬立承批地基等字

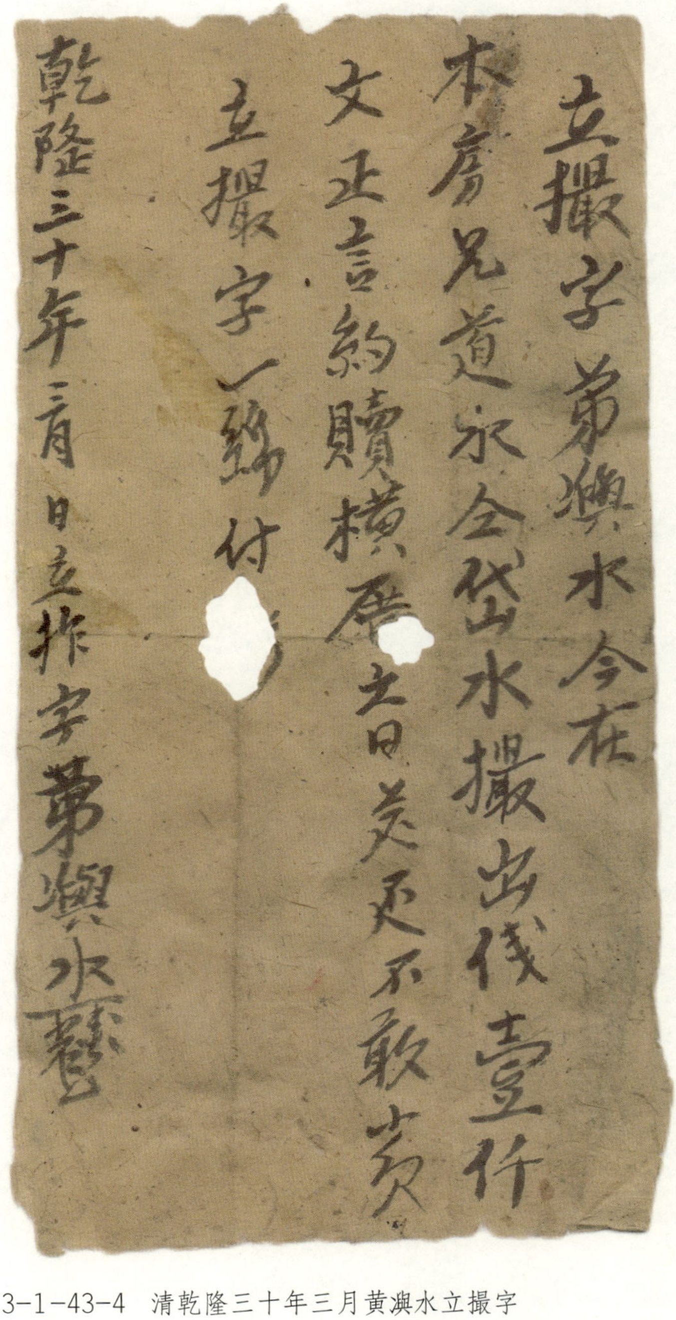
立撮字弟與水今在
本房兄道永全岱山水撮出錢壹仟
文正言約贖横厝土目差还不敢少
立撮字一紙付[illegible]
乾隆三十年三月 日立撮字弟與水（押）

3-1-43-4　清乾隆三十年三月黄與水立撮字

立賣契人弟欽水，手買有横厝壹墻半坐，址本家高墘厝左邊錦頭墻第壹欄壹直第弍墻後半欄。今因無穀應用，情愿托中送賣本家兄心水人處，三面言議時價穀弍百觔正，其穀即日隨字交訖，其横厝即付兄前去安填閑鎖，弟不敢言說生端刴生枝節。在先未曾典當他人財物不明等情，如有不明，係弟出頭支当，不干兄之事。其横厝自置已業，与房内叔弟無干，候有能之日，不拘遠近，照契面取贖者，所今欲有憑，立賣契乙紙付执为照。

乾隆叁拾玖年捌月　日立賣契弟欽水（押）

在見兄朱水（押）

中人許閩宝（押）

大進洽

3-1-43-5　清乾隆三十九年八月黃欽水立賣横厝契

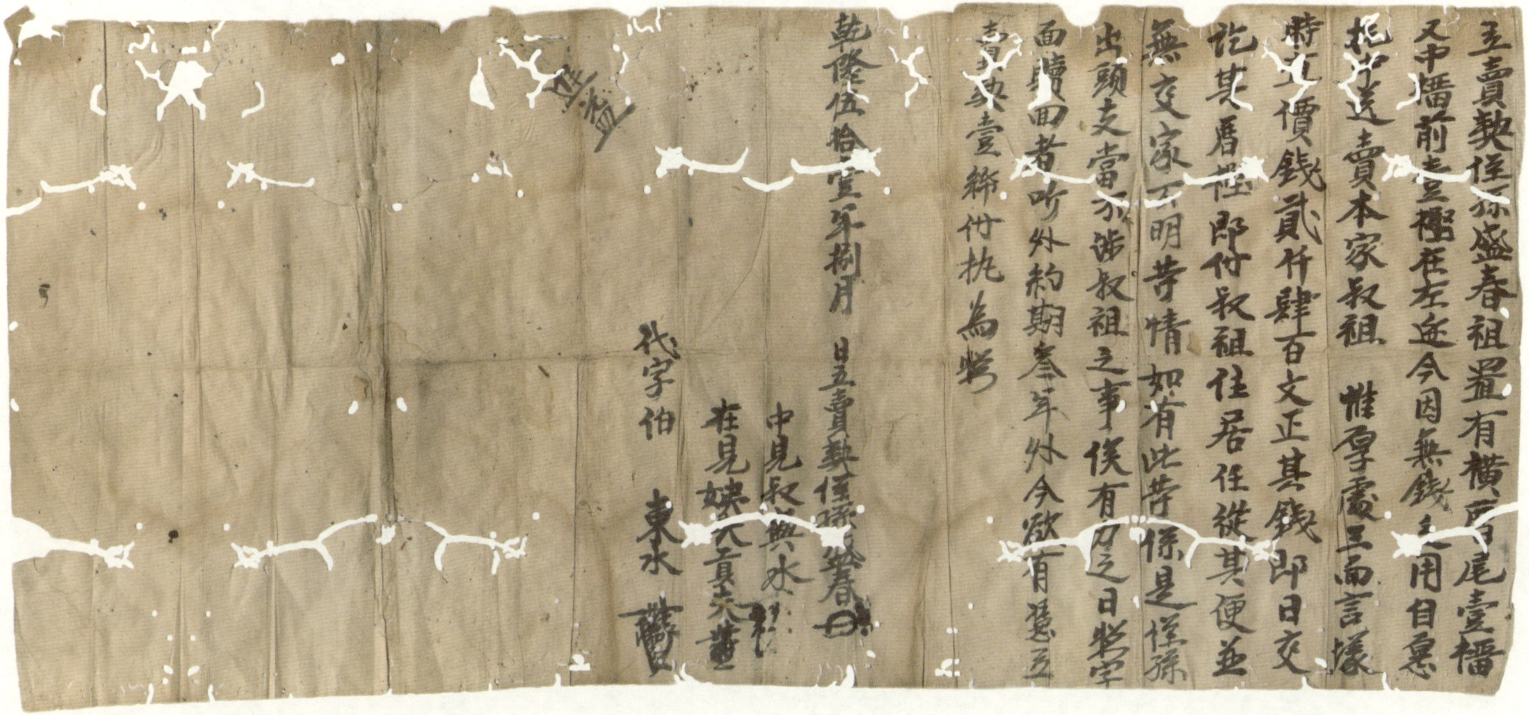

立賣契侄孫盛春祖置有橫厝尾壹播
又中厝前壹摺在左邊今因無錢應用自愿
托中送賣本家叔祖 惟厚處三面言議
時值價錢貳仟肆百文正其錢即日交
訖其厝埕即付叔祖住居任從其便並
無交家不明等情如有此等係是侄孫
出頭支當不涉叔祖之事候有力之日將字
面贖回者限外約期叁年外今欲有憑立
賣契壹紙付執為照

乾隆伍拾壹年捌月 日立賣契侄孫盛春（押）
中見叔 興水（押）
在見妹夫 貢奏（押）
代字伯 東水（押）

3-1-43-6 清乾隆五十一年八月黃盛春立賣橫厝尾等契

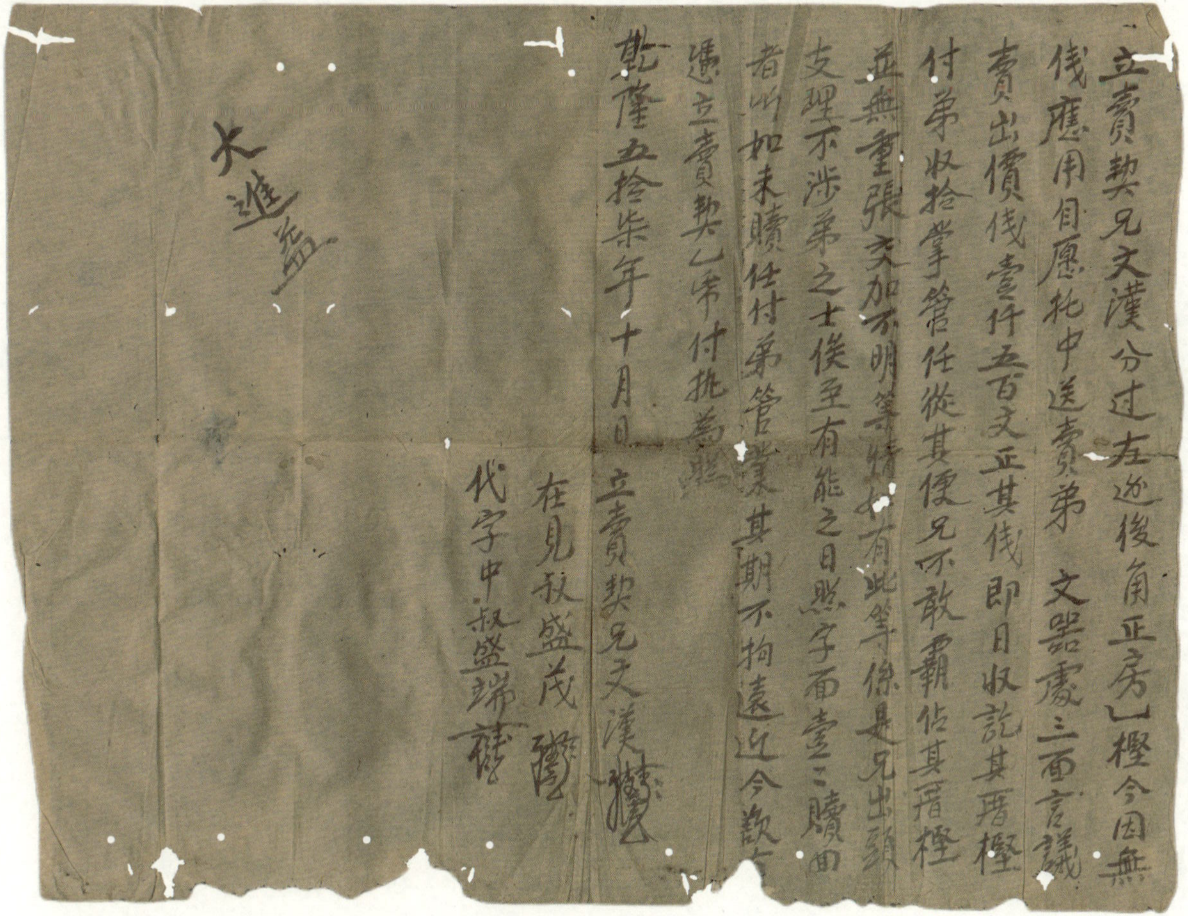
立賣契兄文漢分过左边後角正房乙檉今因無
伐應用自愿托中送賣與弟　文器處三面言議
賣出價伐壹仟五百文正其伐即日收訖其厝檉
付弟收拾掌管任從其便兄不敢霸佔其厝檉
並無重張交加不明等情如有此等係是兄出頭
支理不涉弟之士俟至有能之日照字面壹二贖回
者必如未贖任付弟管業其期不拘遠近今欲有
憑立賣契乙帋付執爲照
乾隆五拾柒年十月日　立賣契兄文漢（押）
在見叔盛茂（押）
代字中叔盛瑞（押）
大進盈

3-1-43-7　清乾隆五十七年十月黄文漢立賣厝檉契

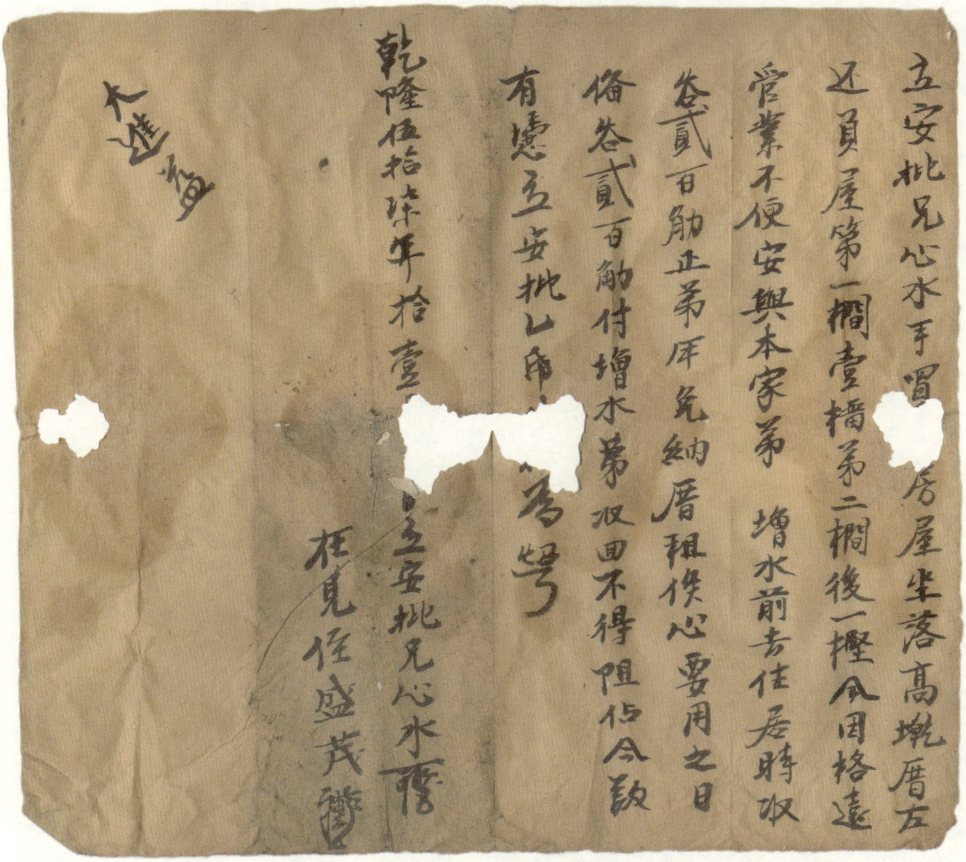
立安批兄心水手買□房屋坐落高墘厝左
迄員屋第一間壹橺第二間後一壢□田格遠
管業不便安與本家弟 增水前去住居時收
谷貳百觔正弟坪兄納厝租俟心要用之日
備谷貳百觔付增水弟收回不得阻佔今欲
有憑立安批山帋□□為照
乾隆伍拾柒年拾壹□□立安批兄心水（押）
在見侄盛茂（押）
大進盖

3-1-43-8 清乾隆五十七年十一月黄心水立安批房屋字

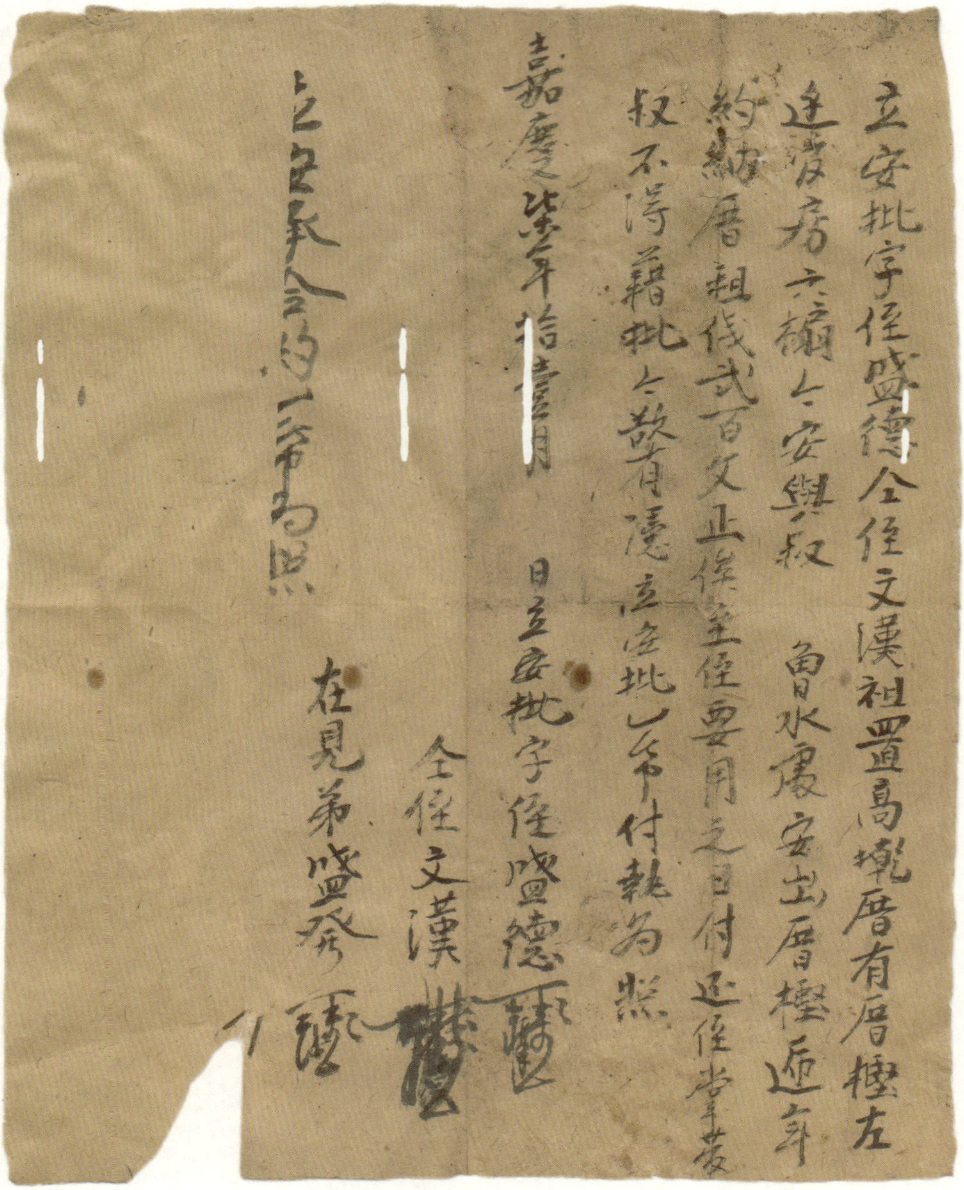
立安批字侄盛德仝侄文漢祖置高墘厝有厝椏左
逵樓房六間〻安與叔　曾水處安出厝椏近年
約納厝租錢貳百文正係至侄要用之日付還侄當年
叔不得藉批〻故有憑立安批一帋付執為照
嘉慶柒年拾壹月　日立安批字侄盛德
仝侄文漢
在見弟盛癸
已安承仝的一帋為照

3-1-43-9　清嘉慶七年十一月黄盛德等立安批厝椏字

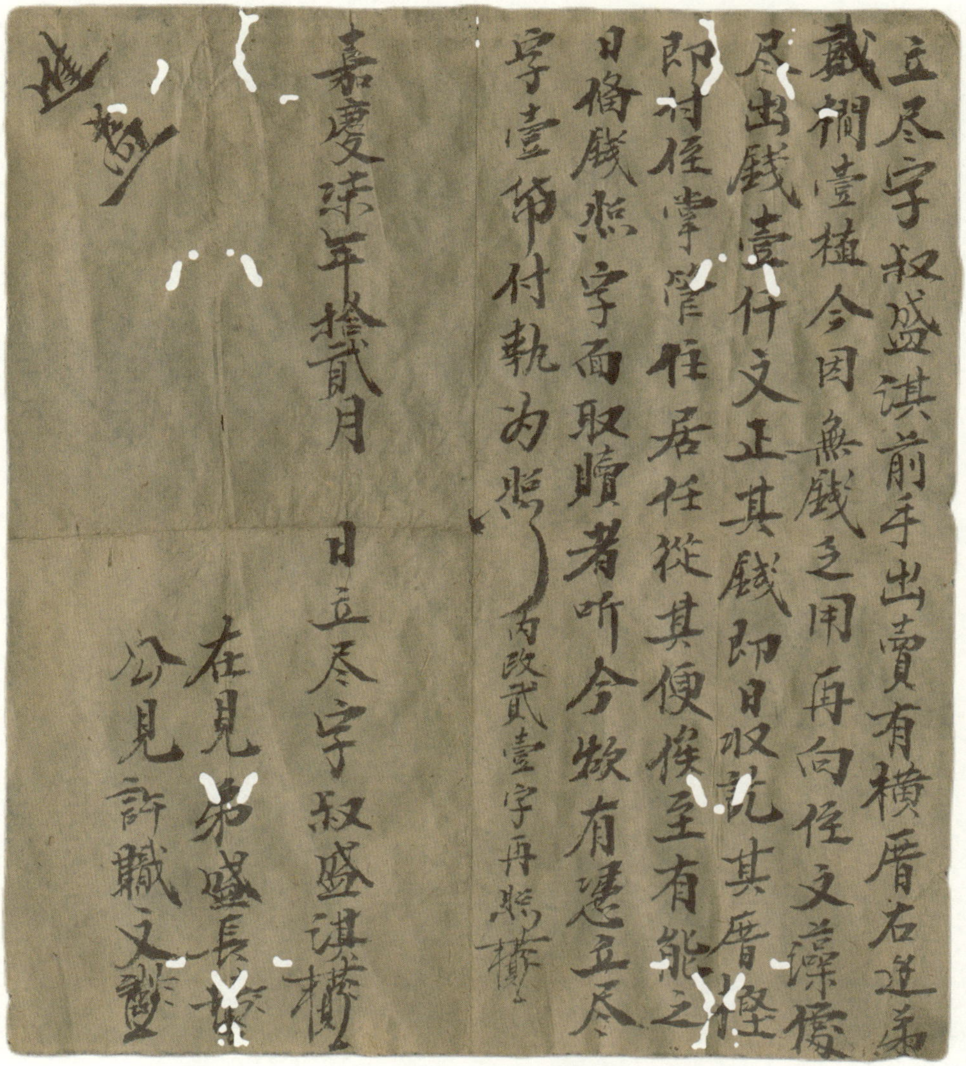

立盡字叔盛淇前手出賣有橫厝右边兩
截個壹植今因無錢乏用再向侄文漳傍
盡出錢壹什文正其錢即日收訖其厝橙
即付侄掌管任居任從其便倏至有能之
日備錢照字面取贖者听令欵有憑立盡
字壹帋付執為照
内改貳壹字再照據
嘉慶柒年拾貳月　日立盡字叔盛淇據
在見弟盛長據
公見許職文

3-1-43-10　清嘉慶七年十二月黄盛淇立盡横厝字

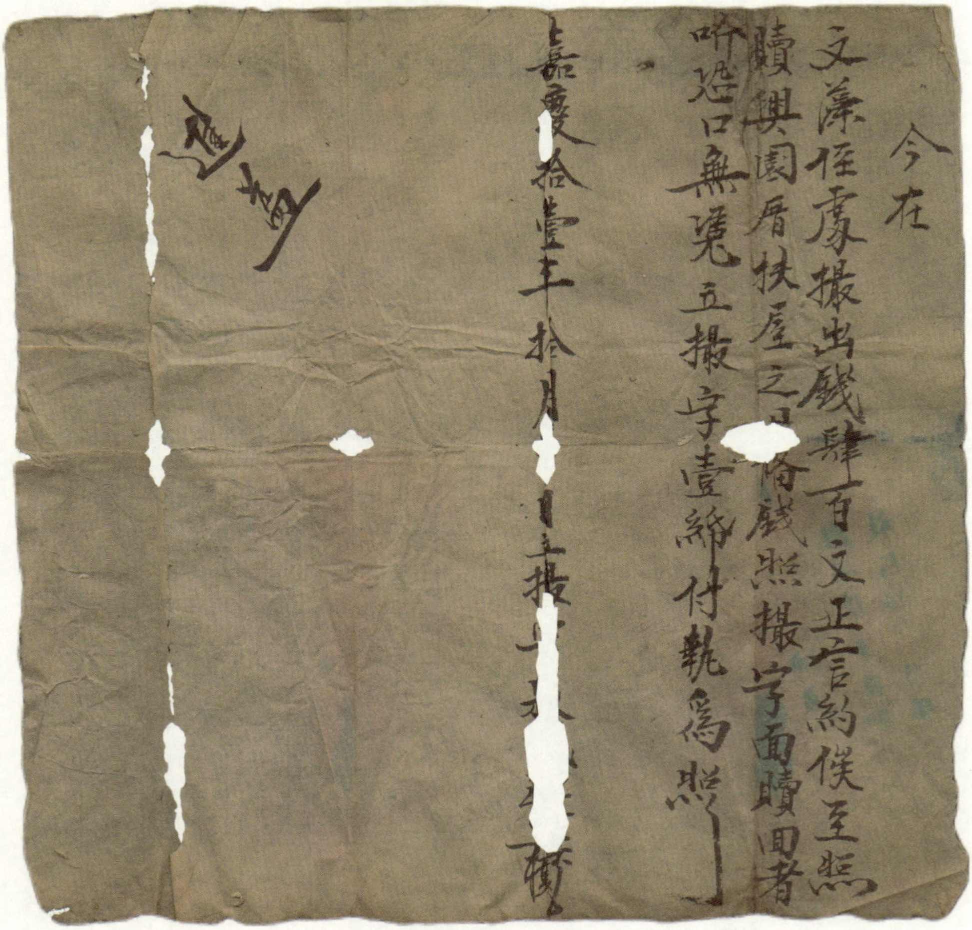
今在
文藻侄處撮出錢肆百文正言約僕至照
贖興園厝扶屋之日除錢照撮字面贖回者
今恐口無憑立撮字壹紙付執為照
嘉慶拾壹年拾月□日立撮字□□□
回贖

3-1-43-11　清嘉慶十一年十一月黃□□立撮字

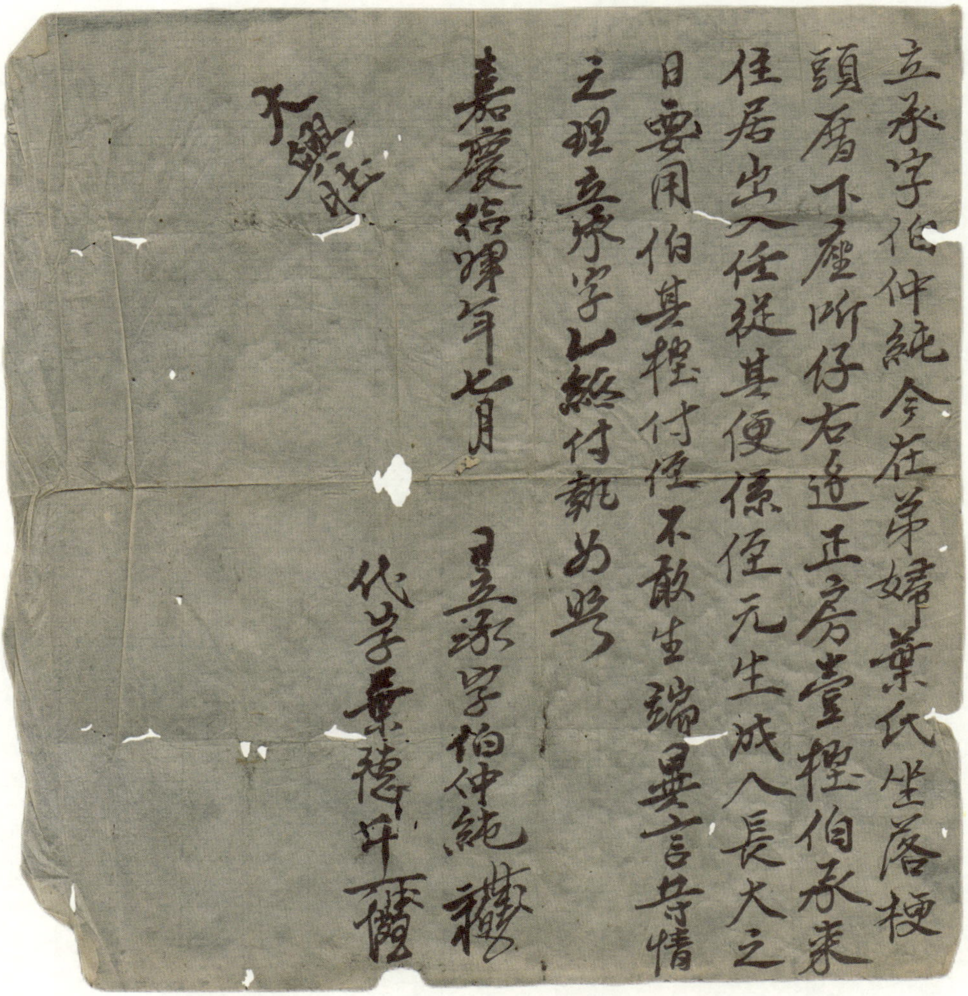

立承字伯仲純今在弟婦葉氏坐落梗
頭厝下屋断仔右邊正房壹間伯承來
住居出入任從其便係侄元生成人長大之
日要用伯其間付侄不敢生端異言异情
之理立承字乙紙付執為照

嘉慶拾肆年七月　日立承字伯仲純（押）
代字葉穆（押）

大興旺

3-1-43-12　清嘉慶十四年七月鄭仲純立承房屋字

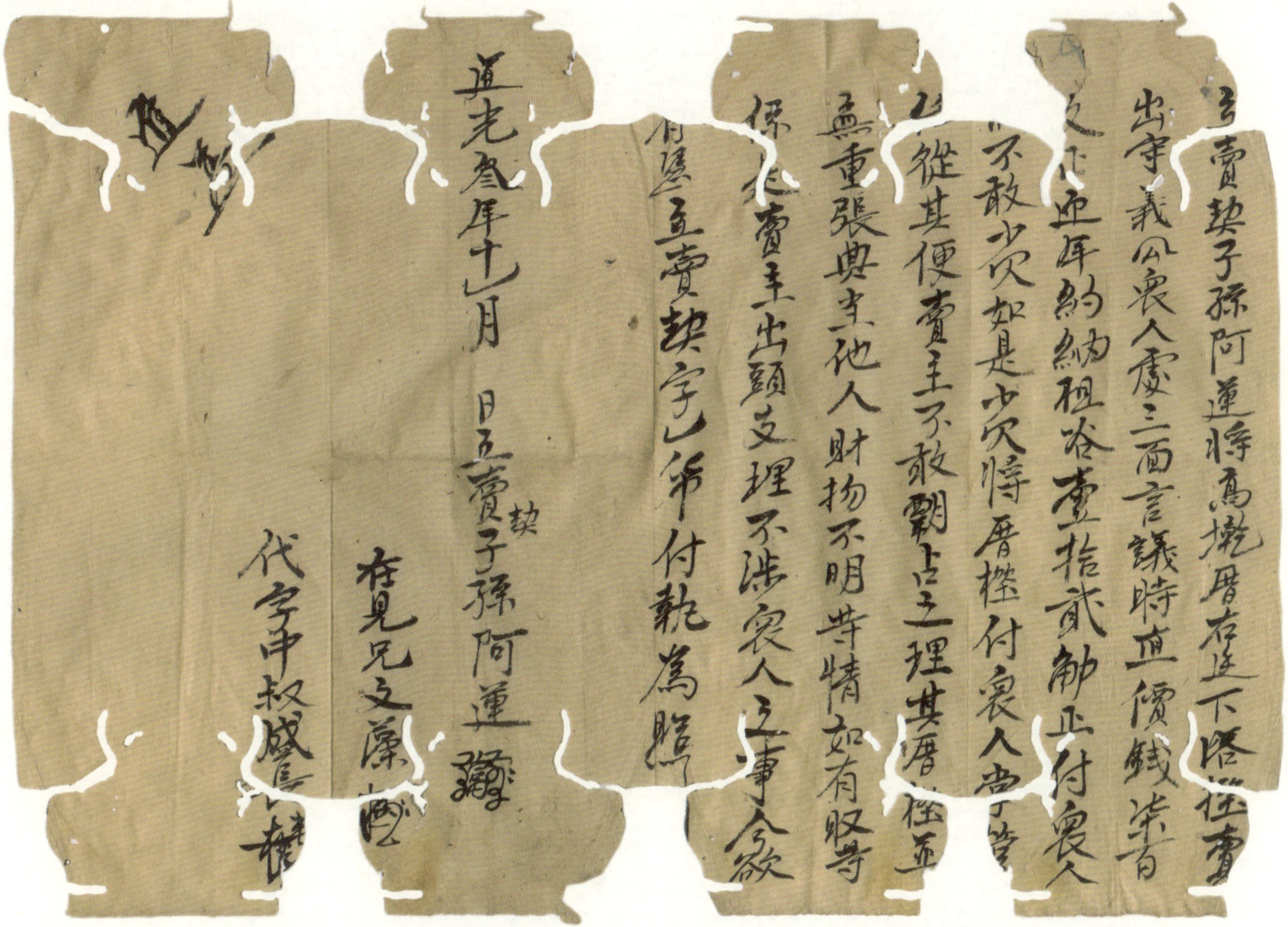

立賣契子孫阿蓮將爲撥厝在近下路埕賣
出守義公衆人處三面言議時値價錢柒百
文正近年約納租谷壹拾貳觔正付衆人
不敢少欠如是少欠將厝楹付衆人掌管
從其便賣主不敢覇占之理其厝楹並
無重張典當他人財物不明等情如有此等
係是賣主出頭支理不涉衆人之事今欲
有憑立賣契字一紙付執爲照

道光叁年十一月 日立賣契子孫阿蓮

在見兄文藻

代字叔盛楼

照契

3-1-43-13 清道光三年十一月黃阿蓮立賣厝楹契

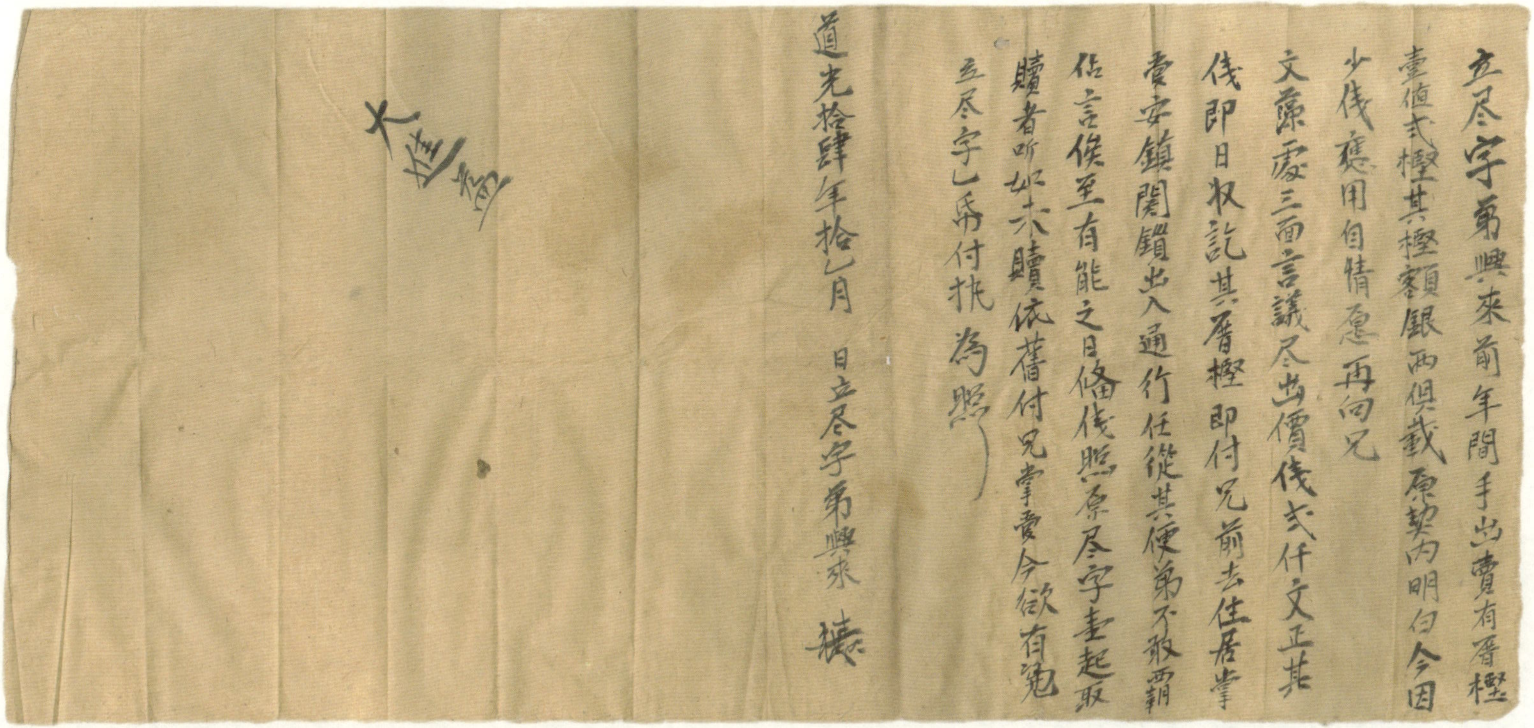
立尽字弟興來前年間手出賣有厝樫
壹值式樫其樫額銀両俱載原契内明白今因
少伐應用自情愿再向兄
文藻處三面言議尽出價伐式什文正其
伐即日收訖其厝樫即付兄前去住居掌
管安鎮関鎖出入通行任從其便弟不敢霸
佔言俟至有能之日備伐照原尽字査起取
贖者听如不贖依舊付兄掌管今欲有憑
立尽字乙帋付执為照）
道光拾肆年拾乙月 日立尽字弟興來 據

3-1-43-14 清道光十四年十一月黃興來立盡厝樫字

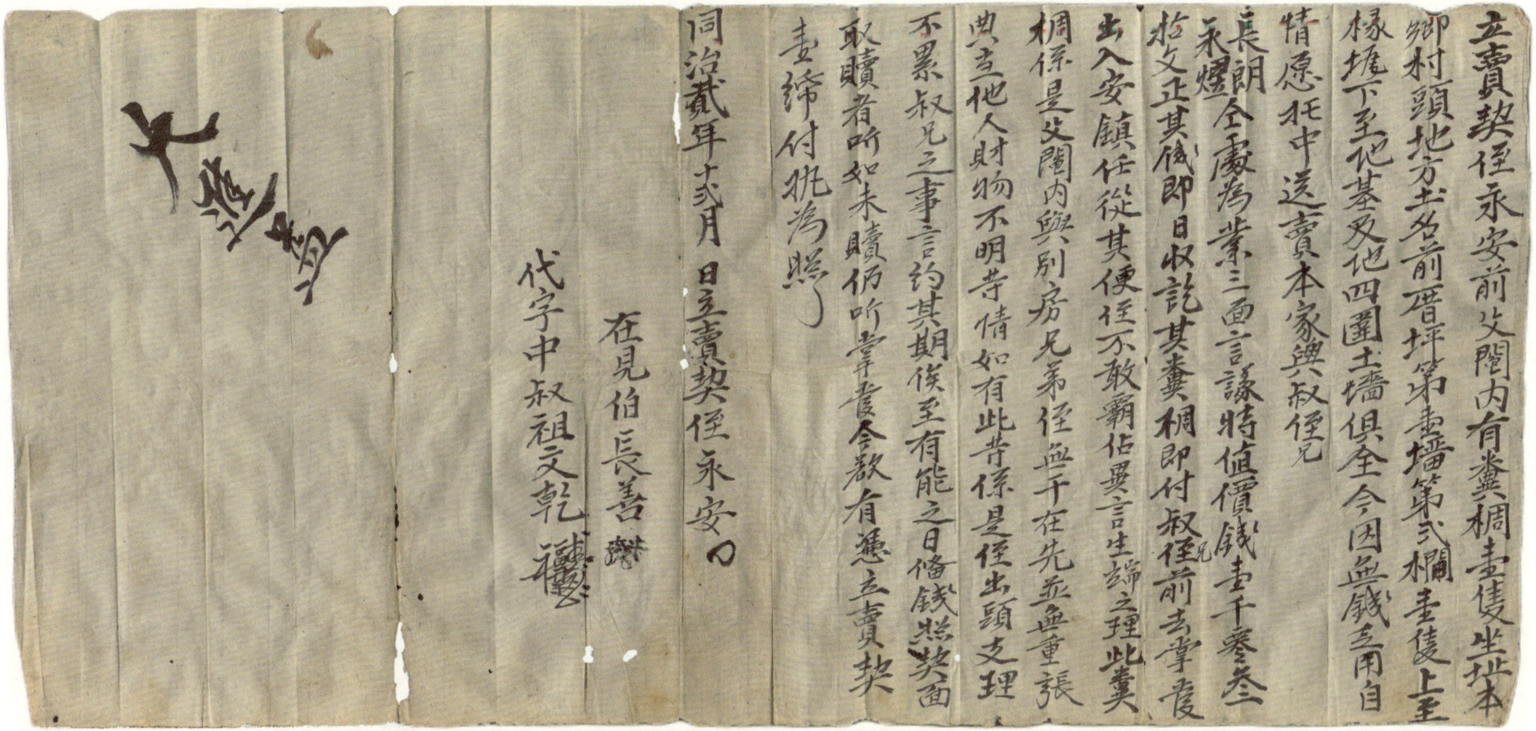

3-1-43-15　清同治二年十二月黃永安立賣糞桐契

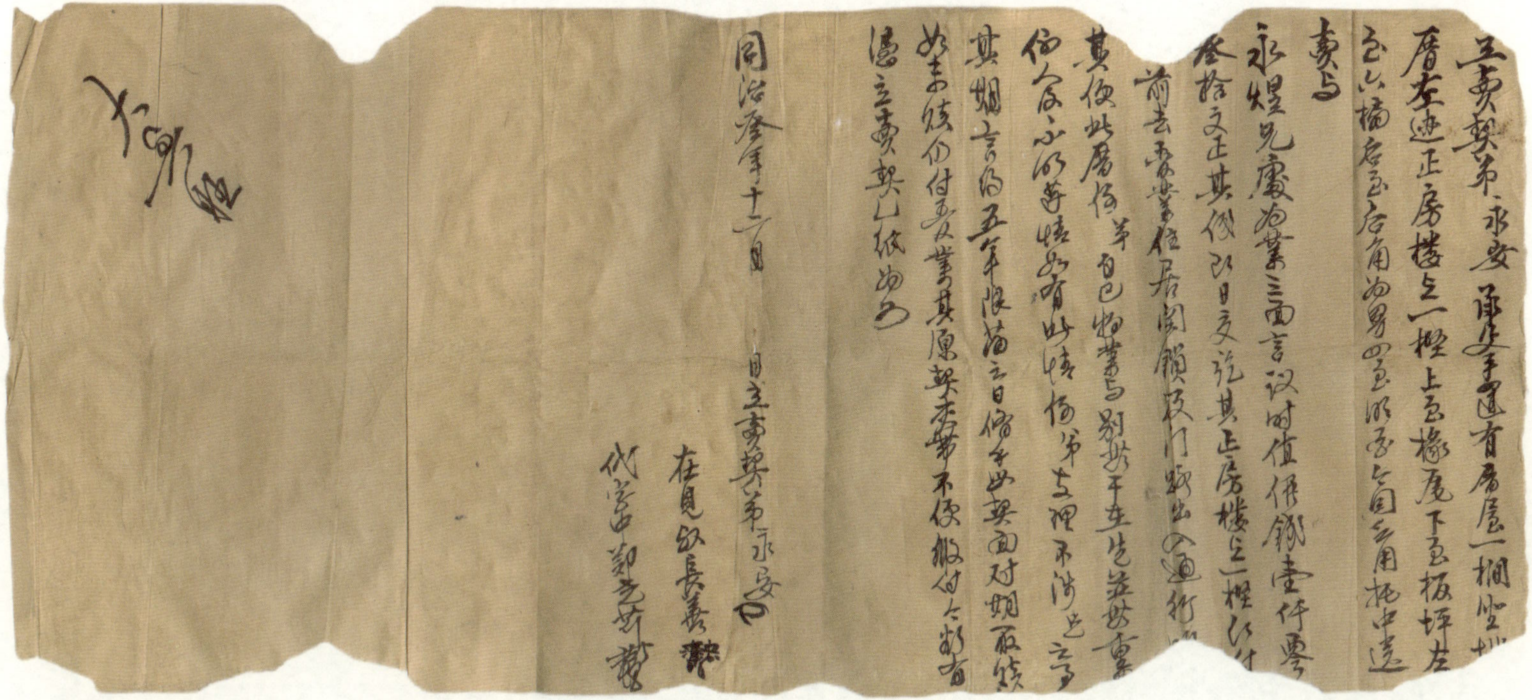
立賣契弟永安，承父手遺有厝屋一䦨，坐址
厝本逕正房樓上一極，上至椽瓦，下至板坪，左
至小墻，右至后角，前至□，后至□角，抛中送
賣与
永煌兄處為業，三面言議時值價錢壹仟零
叁拾文正。其錢即日交訖，其正房樓上一極即付
前去管業居住，開鑿設門路出入通行。
其係此厝係弟自己物業，與别房伯叔兄弟無涉，重
復典掛他人，亦無來歷不明等情，如有此情，係弟支理，不涉兄之事。
其厝言約五年限滿之日，備辦原價對期取贖。
如未贖，仍付兄管業。其原契未有，弟不便繳付，亦將有
憑，立賣契一紙為照。

同治叁年十二月　日立賣契弟永安（押）
在見叔長善（押）
代字中鄭光祈（押）

3-1-43-16　清同治三年十二月黄永安立賣厝屋契

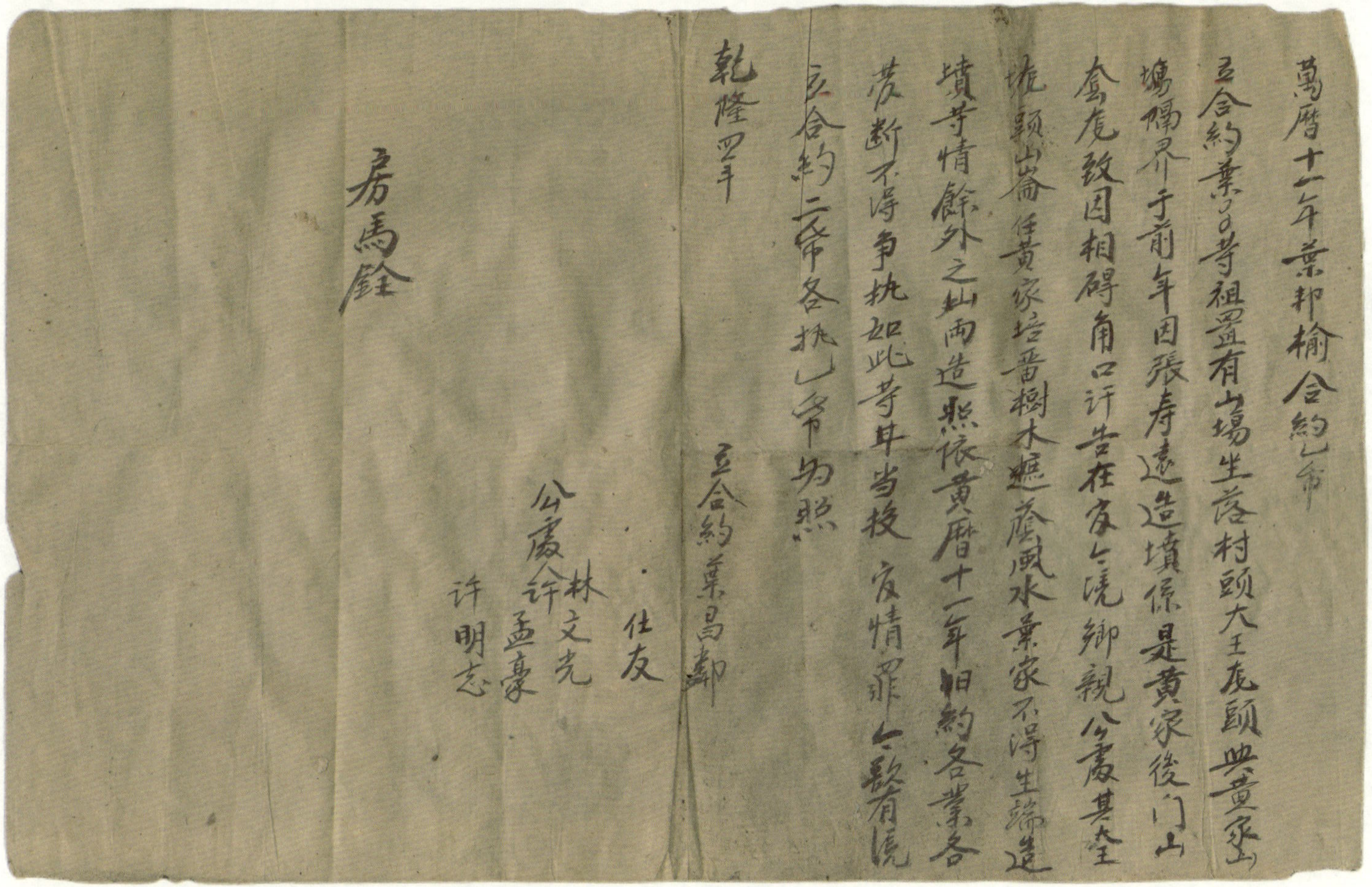
萬曆十一年葉邦榆合約字
立合約葉□□等祖置有山場生落村頭大王庵頭與黃家山
場隔界于前年因張壽遠造墳係是黃家後门山
龕虎致因相碍角口訐告在官七境鄉親公處其墳
塊頭山崙任黃家培畨樹木遮蔭風水葉家不得生端造
墳等情餘外之山兩造照依萬曆十一年旧約各業各
茇斷不得爭執如此等毋當投官情罪七鄉有憑
立合約二紙各執一紙爲照
乾隆四年
立合約葉昌鄰
仕友
公處 林文光
許孟豪
許明志
房馬銓

3-1-44-1 清乾隆四年葉昌鄰等立合約字

立據供字俞阿潘、葉阿呈、葉阿貴等，爲因本年
六月間夥幫到山擅砍苗竹數拾枝，經黄爲永捉獲
現贓，經控署縣主 羅 太爺，拘在示當，托親友保
長自愿理處，賠贓竹價錢壹仟陸百文正，其錢
言約田家之日備贓錢送還，不敢過期，如欠如
是過期，仍從稟 官究追。自今之後併不敢
登山盜砍盜竊杉竹菜蔬等物，再敢竊取鄉内等物，
查獲真情，仍鄉保失主公罰賠贓，呈
官究治，甘愿坐罪。立據字一紙付執爲照。

乾隆二十五年九月十九日立據供字 俞阿潘（押）
葉阿呈（押）
葉阿貴（押）
葉道海（押）
保長 鄭允從（押）
公處 林其任（押）
約保 葉士禮（押）
執筆 林邦武（押）

3-1-44-2　清乾隆二十五年九月十九日俞阿潘等立據供字

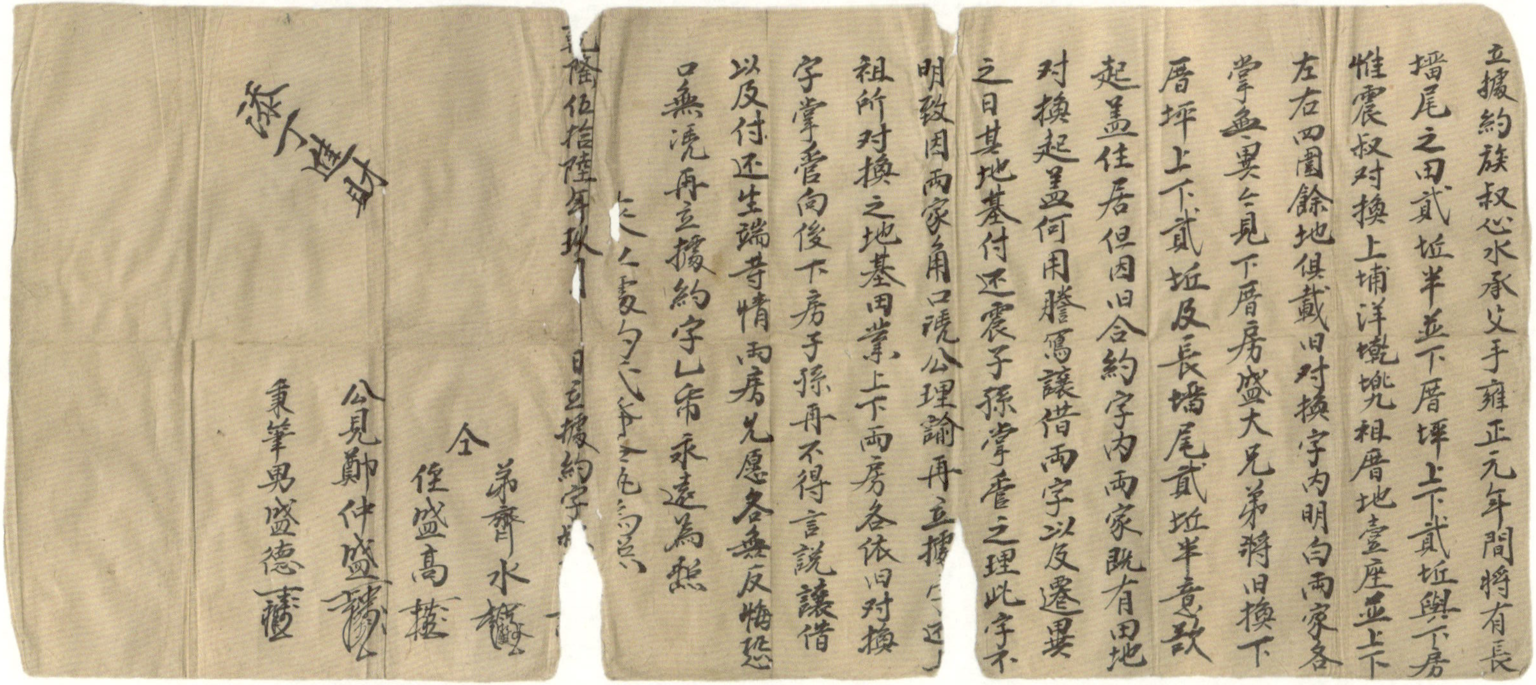
立據約族叔心水承父手雍正元年間將有長
墻尾之田貳坵半並下厝坪上下貳坵與下房
惟震叔对換上埔洋墘兜祖厝地壹座並上下
左右四圍餘地俱載旧对換字內明白兩家各
掌無異今見下厝房盛大兄弟將旧換下
厝坪上下貳坵及長墻尾貳坵半壹款
起蓋住居但因旧合約字內兩家既有田地
对換起蓋何用謄寫讓借兩字以及還異
之日其地基付還震子孫掌管之理此字不
明致因兩家角口憑公理諭再立據[illegible]
祖所对換之地基田業上下兩房各依旧对換
字掌管向後下房子孫再不得言說讓借
以及付還生端等情兩房允愿各無反悔恐
口無憑再立據約字一帋永遠為照
乾隆伍拾陸年玖月　日立據約字[illegible]
全　弟齊水
　　侄盛高
公見鄭仲盛
秉筆男盛德
添丁進財

3-1-44-3　清乾隆五十六年九月黄心水等立據約字

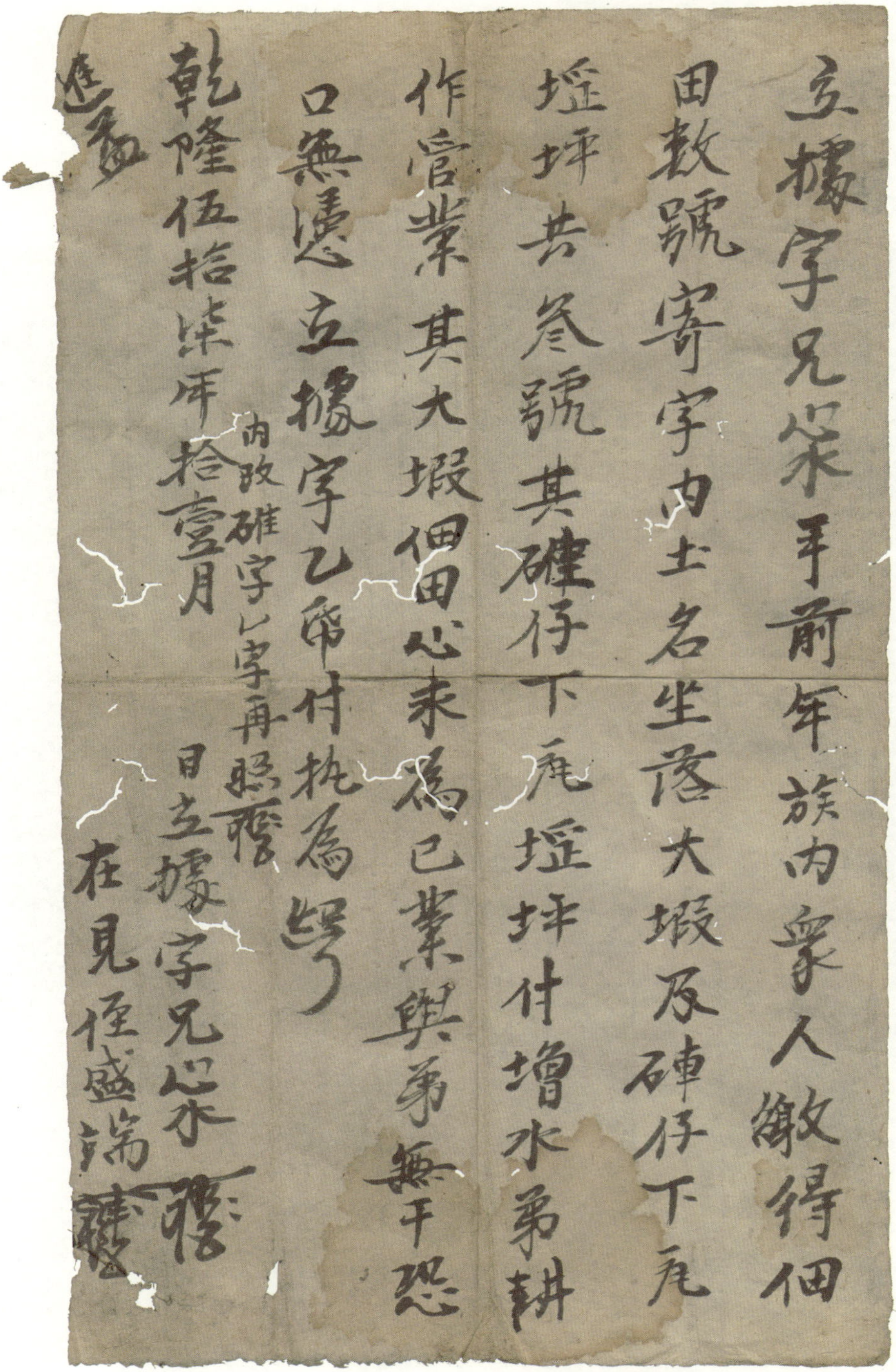
立擄字兄心水手前年族内衆人繳得佃
田數號寄字内土名坐落大墩反碑仔下尾
塭坪共叁號其碓仔下尾塭坪付增水弟耕
作管業其大墩佃田心來爲已業與弟無干恐
口無憑立擄字乙帋付執爲照
内改碓字乚字再照
乾隆伍拾柒年拾壹月　日立擄字兄心水
在見侄盛端
進益

3-1-44-4　清乾隆五十七年十一月黄心水立擄字

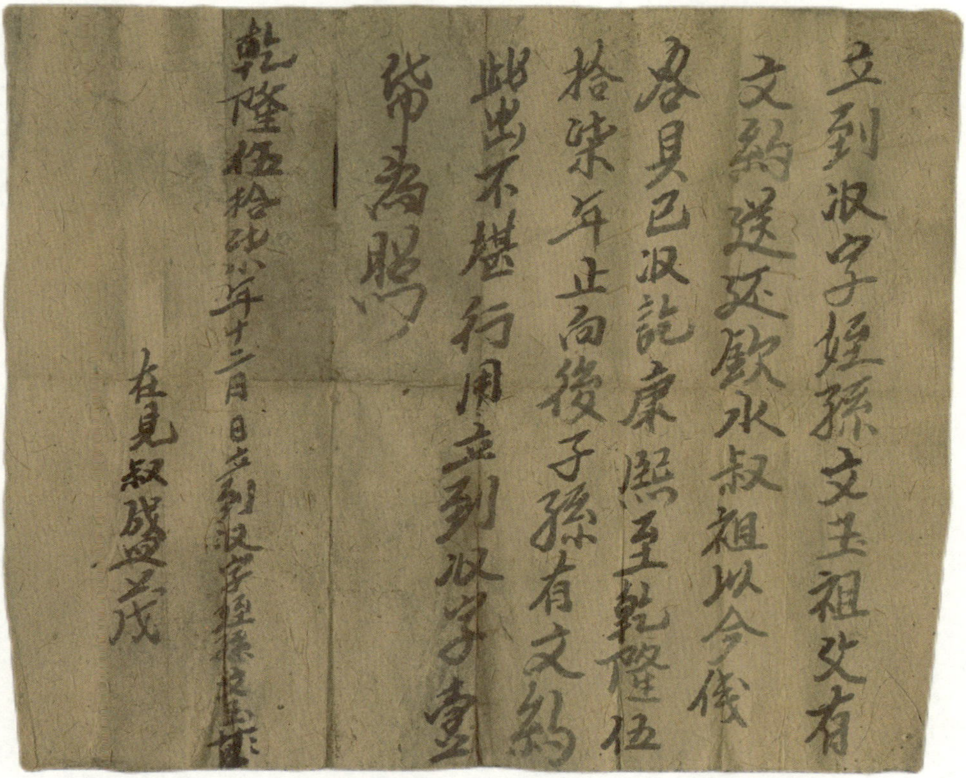
立到收字姪孫文玉祖父有
文約送延欽水叔祖以今俵
各具已收訖康熙至乾隆伍
拾柒年止向後子孫有文約
毗出不堪行用立到收字壹
紙為照
乾隆伍拾柒年十二月　日立到收字姪孫文玉
在見叔盛茂

3-1-44-5　清乾隆五十七年十二月黄文玉立到收字

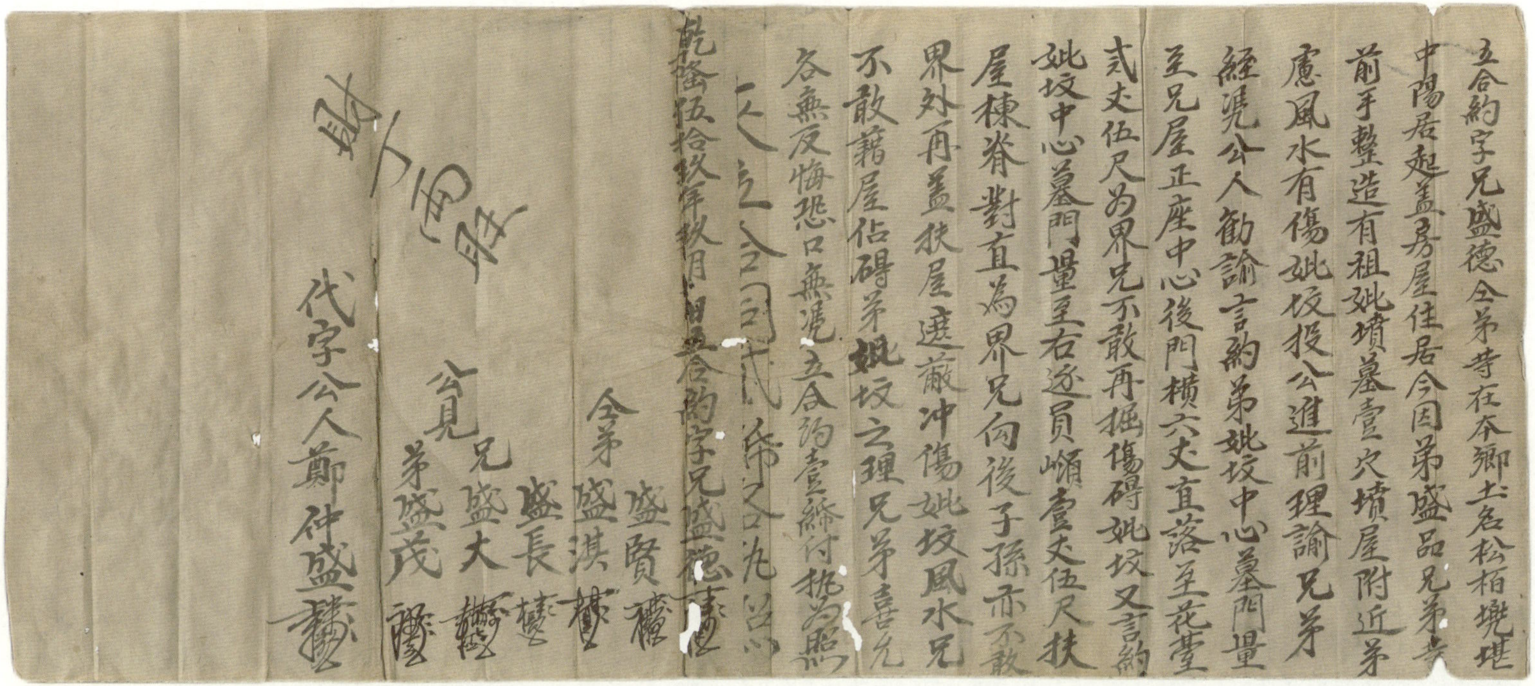

3-1-44-6　清乾隆五十九年九月黃盛德等立合約字

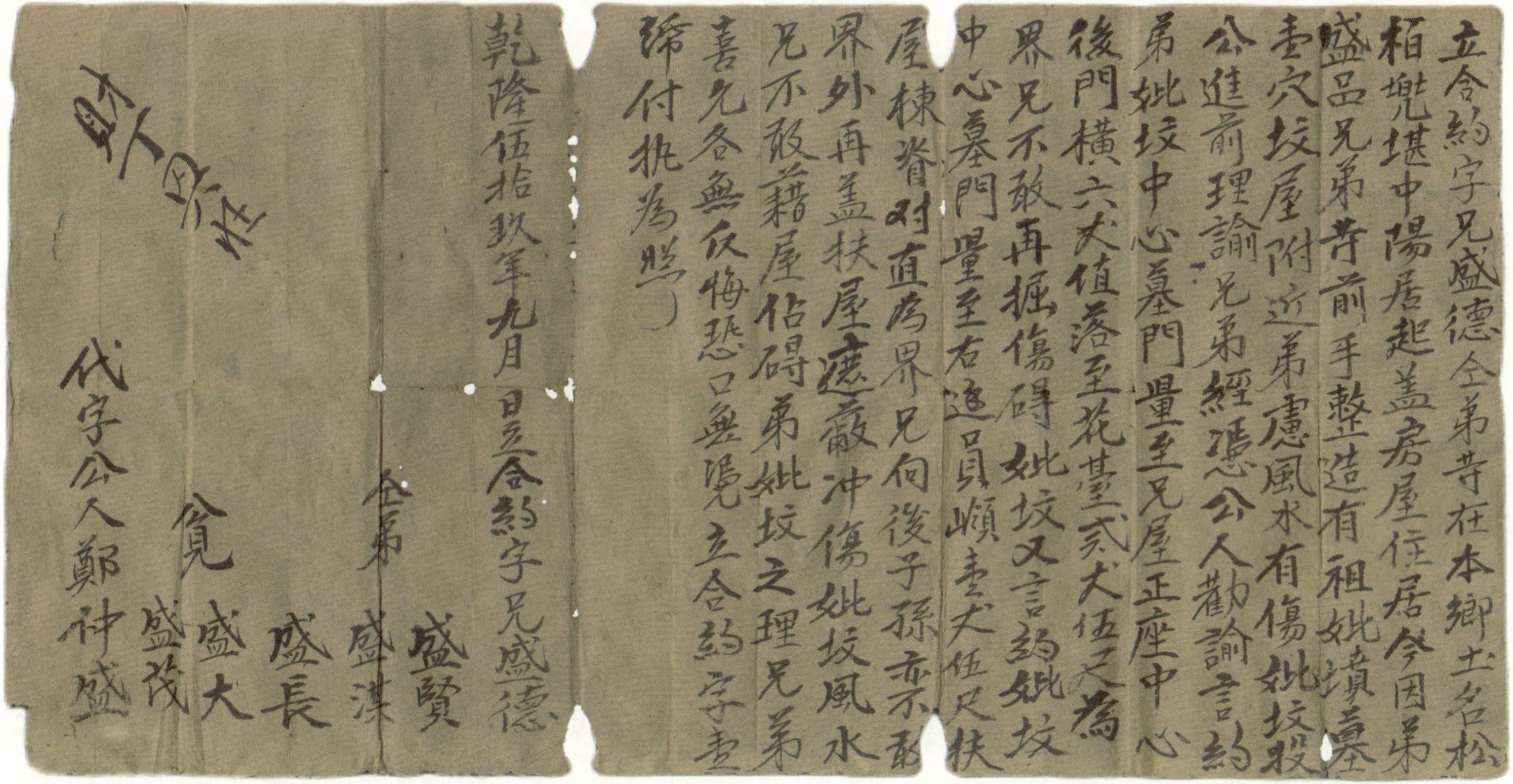

立合約字兄盛德仝弟芳在本鄉土名松
栢墘堪中陽居起盖房屋住居今因弟
盛品兄弟芳前手整造有祖妣墳墓
壹穴坟屋附近弟慮風水有傷妣坟投
公進前理諭兄弟經憑公人勸諭言約
弟妣坟中心墓門量至兄屋正座中心
後門横六丈值落至花臺貳丈伍尺為
界兄不敢再掘傷碍妣坟又言約妣坟
中心墓門量至右邊員嶺壹丈伍尺扶
屋棟脊对直為界兄向後子孫亦不敢
界外再盖扶屋遮蔽冲傷妣坟風水
兄不敢藉屋佔碍弟妣坟之理兄弟
喜允各無反悔恐口無憑立合約字壹
紙付執為照

乾隆伍拾玖年九月　日立合約字兄盛德

仝弟　盛賢　盛漢　盛長　盛大　盛茂

覔

代字公人鄭神盛

抄契

3-1-44-7　清乾隆五十九年九月黄盛德等立合約字（抄契）

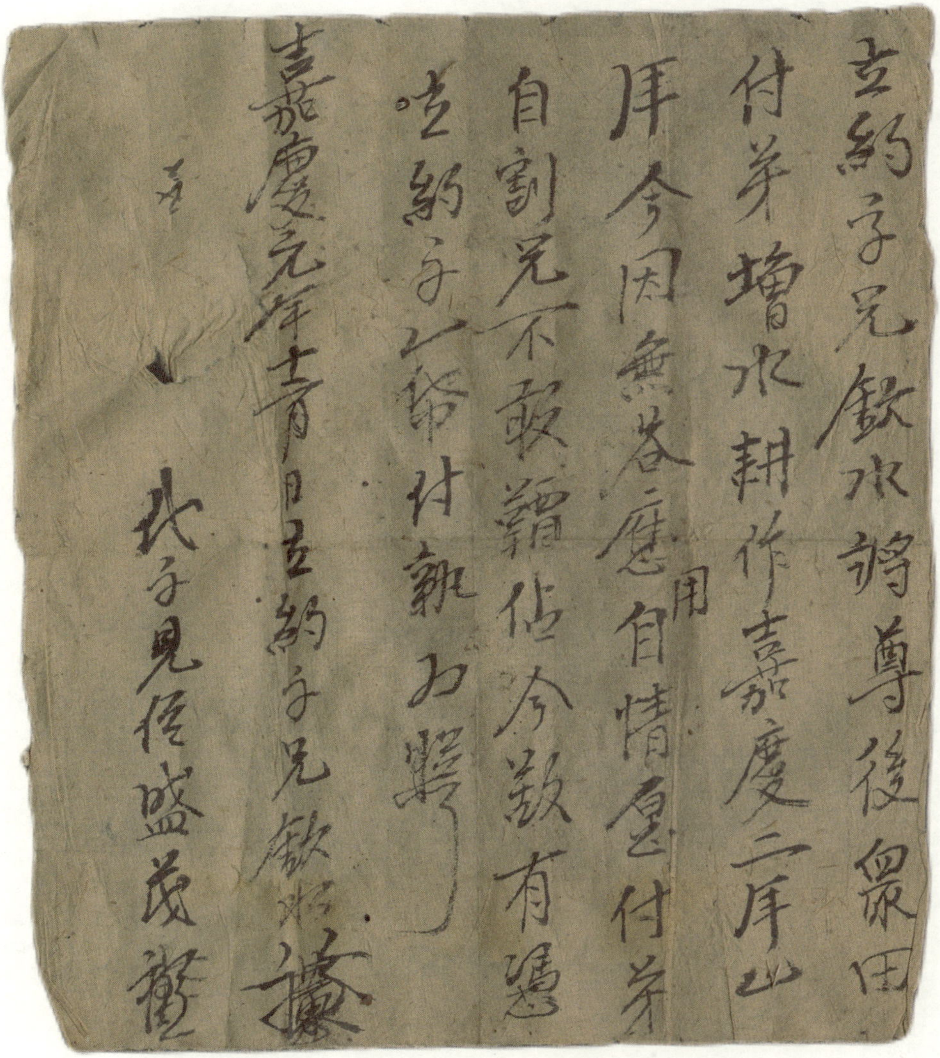
立約字兄欽水謼尊後衆田
付弟增水耕作嘉慶二年山
年今因無柰歷用自情愿付弟
自割兄不敢霸佔今欲有憑
立約字山契付執爲照
嘉慶元年十二月日立約字兄欽水
在 代字見侄盛茂

3-1-44-8 清嘉慶元年十二月黄欽水立約字

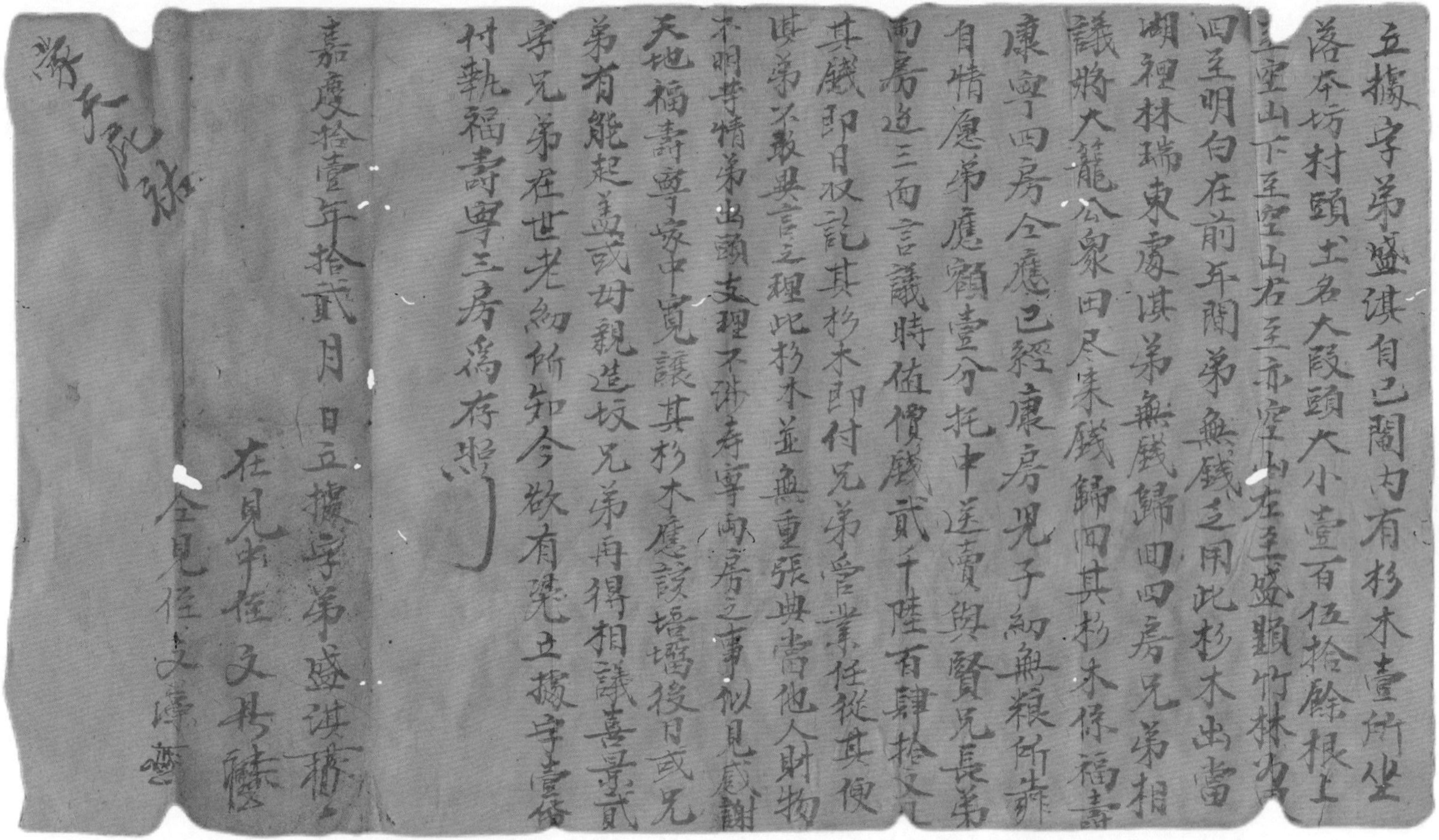

立據字弟盛淇自己闔內有杉木壹所坐
落夲坊村頭土名大嶺頭大小壹百伍拾餘根上
至空山下至空山右至亦空山左至盛顯竹林為
四至明白在前年閏弟無錢乏用此杉木出當
湖裡林瑞東處淇弟無錢歸回四房兄弟相
議將大籠公衆田尽未錢歸回其杉木係福壽
康寧四房仝應已經康房兒子幼無粮所靠
自情應弟應額壹分托中送賣與賢兄長弟
兩房逬三面言議時値價錢貳千陸百肆拾文足
其錢即日収訖其杉木即付兄弟管業任從其便
淇弟不敢異言之理此杉木並無重張典當他人財物
不明等情弟出頭支理不涉壽寧兩房之事似見感謝
天地福壽寧家中寛讓其杉木應該培墻後日或兄
弟有能起蓋或母親造坟兄弟再得相議喜景貳
字兄弟在世老幼所知今欲有凴立據字壹紙
付執福壽寧三房爲存照」
嘉慶拾壹年拾貳月 日立據字弟盛淇（押）
在見中侄文彬（押）
仝見侄文偉（押）
滌千記號

3-1-44-9 清嘉慶十一年十二月黃盛淇立據字

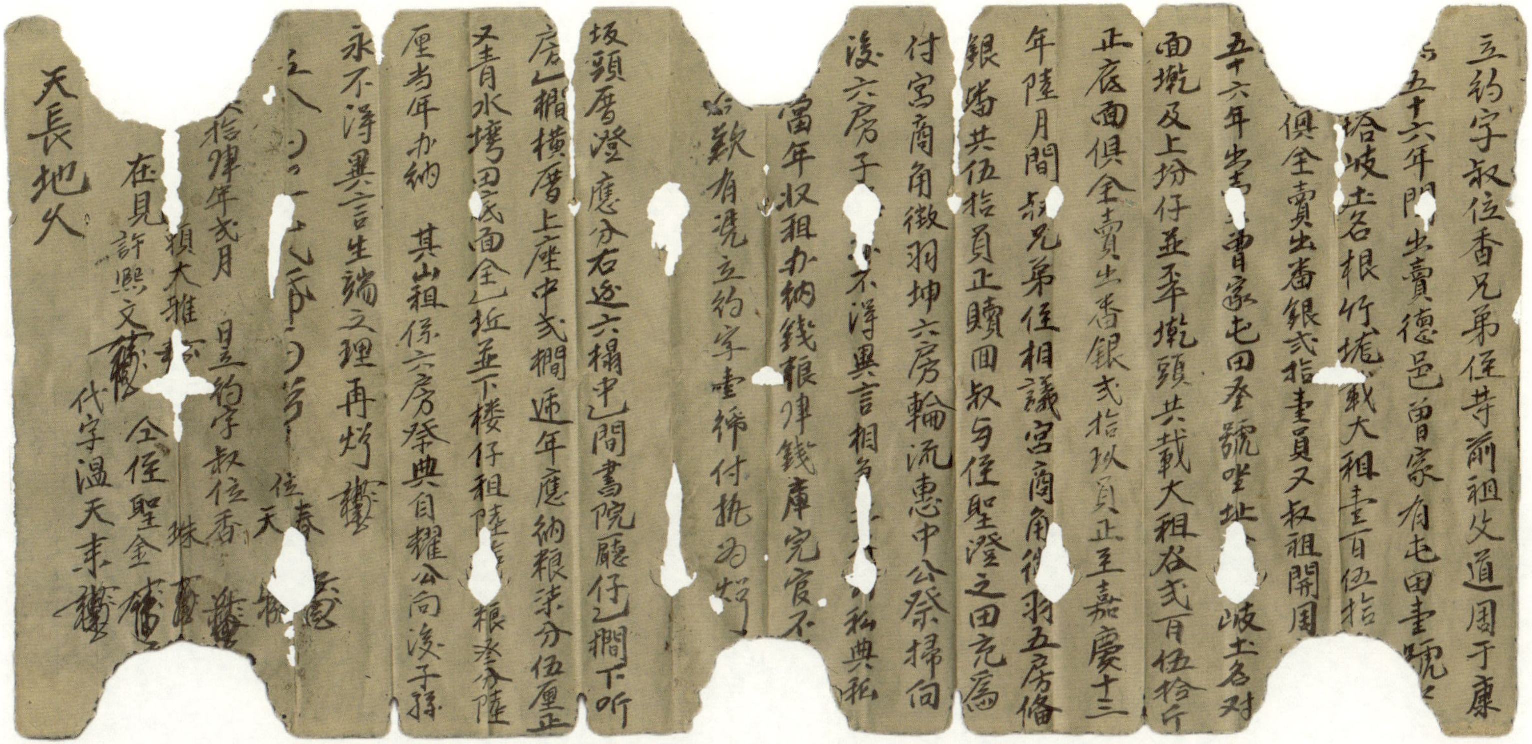

立約字叔位香兄弟侄等前祖父道周于康
熙五十六年間出賣德邑曾家有屯田壹號
拾岐土名根竹垅，載大租壹百伍拾
俱全賣出番銀弍拾壹員，又叔祖開周
五十六年出賣曾家屯田叁號，坐址[illegible]岐土名对
面垅及上坋仔並本垅頭，共載大租谷弍百伍拾斤
正，底面俱全賣出番銀弍拾玖員正。至嘉慶十三
年陸月間，叔兄弟侄相議宮商角徵羽五房備
銀湊共伍拾員正，贖回叔与侄聖澄之田，充為
付宮商角徵羽坤六房輪流惠中公祭掃。向
後六房子孫不得異言相爭，亦不得私典私
當，年收租办納錢粮津錢庫完官，不
敢有洸。立約字壹紙付執為炤。
坂頭厝澄應分右邊六植中間書院廳仔一間，下所
房一間，横厝上座中弍間，逓年應納粮米分伍厘正。
又青水墘田底面全一坵並下樓仔租陸[illegible]粮米分陸
厘，当年办納。其山祖係六房祭典自耀公向後子孫
永不得異言生端之理，再炤。

[illegible]　位春　天[illegible]

[嘉慶]拾肆年弍月　日立約字叔位香　珠[illegible]
頂大雅
仝侄聖金
在見許熙文
代字溫天来

天長地久

3-1-44-10　清嘉慶十四年二月白位香等立約字

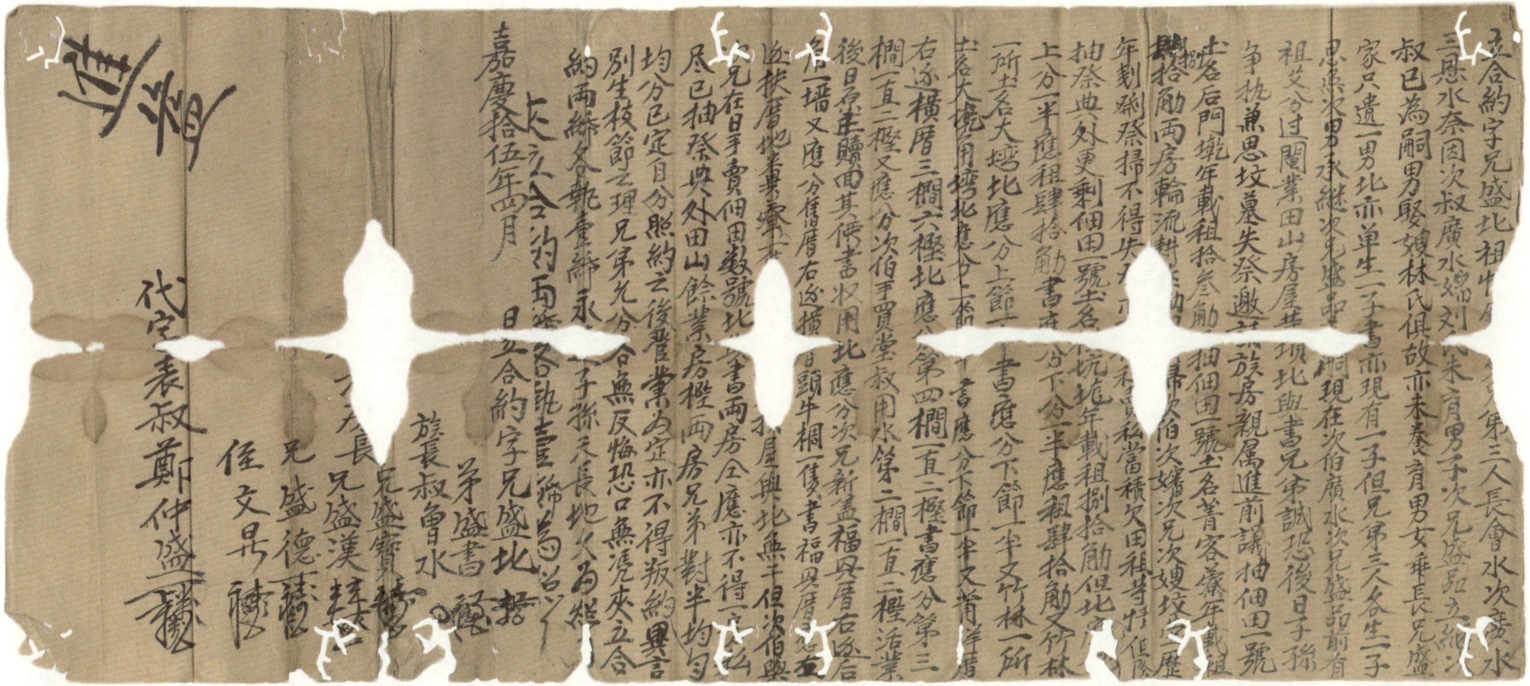

3-1-44-11　清嘉慶十五年四月黄盛北等立合約字

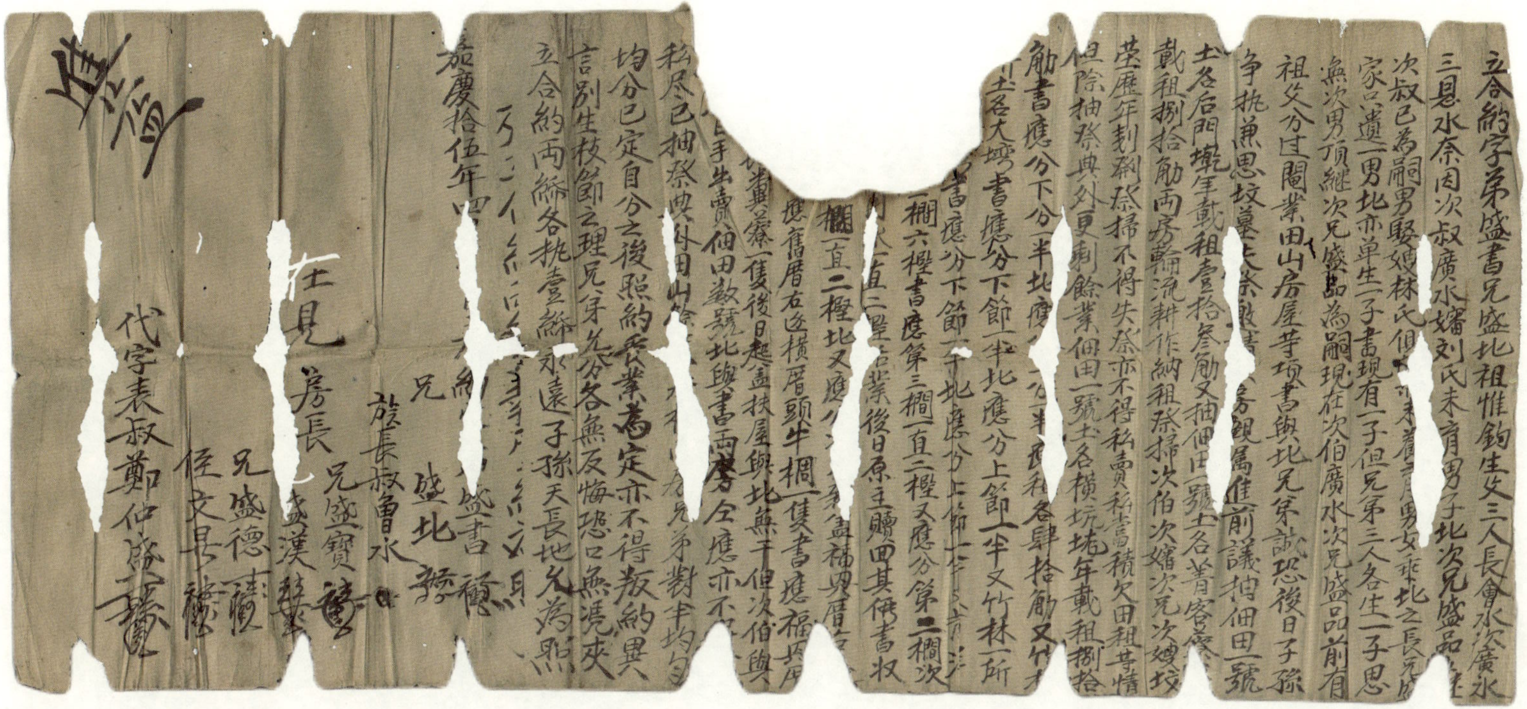

立合約字弟盛書兄盛北祖惟鈞生丈三人長曾水次廣水
三思水奈因次叔廣水嬸刘氏未育男子北次兄盛品[illegible]
次叔已為嗣男娶媳林氏但[illegible]未育[illegible]男女乖北之長兄[illegible]
家只遺一男北亦单生一子書現有一子但兄弟三人各生一子思
無次男頂繼次兄盛品為嗣現在次伯廣水次兄盛品前有
祖父分过閹業田山房屋等项書與北兄弟誠恐後日子孫
争执兼思坟墓先祭[illegible]房親屬進前議抽佃田一號
土名后門壠年載租壹拾叁觔又抽佃田一號土名峯青容[illegible]
載租捌拾觔两房輪流耕作納租祭掃次伯次嬸次兄次嫂坟
塋歷年刬剎祭掃不得失祭亦不得私賣私當積欠田租等情
但除抽祭典外更剩餘業佃田一號土名横坑墘年載租捌拾
觔書應分下分一半北應[illegible]一分一半[illegible]租各肆拾觔又竹[illegible]
[illegible]土名大墩書應分下節一半北應分上節一半又竹林一所
[illegible]書應分下節一半北應分上節一半[illegible]
一棡六樫書應第三棡一直二樫又應分第二棡次
一棡[illegible]直二樫[illegible]業後日原主贖田其價書收
棡一直二樫北又應[illegible]盡福與厝[illegible]
應舊厝右边横厝頭半棡一隻書應福[illegible]
[illegible]糞寮一隻後日起盖扶屋與北無干但次伯與
[illegible]手出賣佃田数號北與書兩房全應亦不[illegible]
私尽已抽祭典外田山[illegible]兄弟對半均分
均分已定自分之後照約管業為定亦不得叛約異
言别生枝節之理兄弟允分各無反悔恐口無憑
立合約兩紙各执壹紙永遠子孫天長地久為照
[illegible]
嘉慶拾伍年四月[illegible]日立合約[illegible]弟盛書（押）
兄　盛北（押）
族長叔曾水（押）
房長　兄盛寶（押）
盛漢（押）
在見　兄盛德（押）
侄文昌（押）
代字表叔鄭仲[illegible]（押）

3-1-44-12　清嘉慶十五年四月黃盛書等立合約字

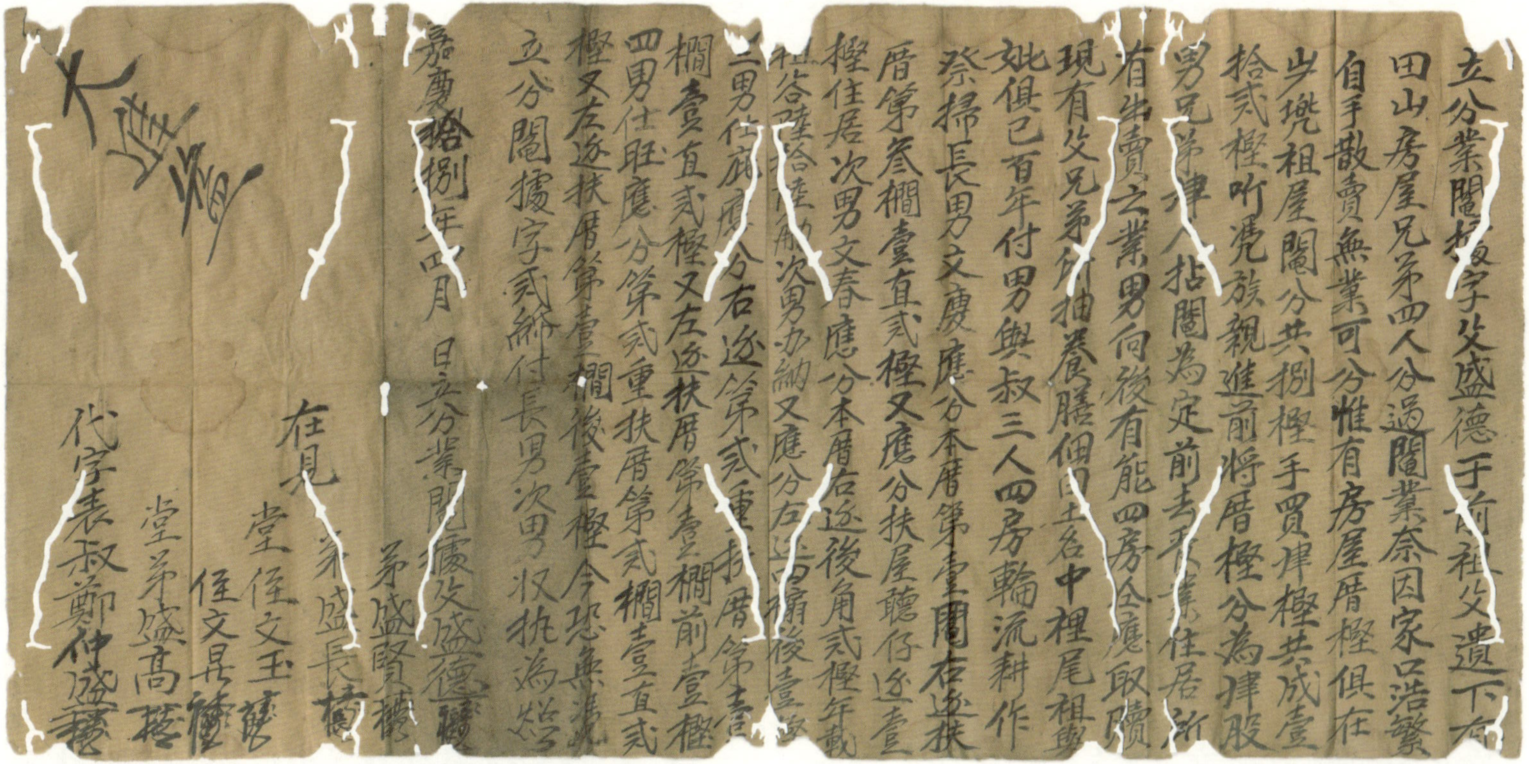

立分業鬮據字父盛德于前祖父遺下有
田山房屋兄弟四人分過鬮業奈因家口浩繁
自手散賣無業可分惟有房屋厝坪俱在
此坵祖屋鬮分共捌坪手買肆坪共成壹
拾貳坪叫憑族親進前將厝坪分為肆股
男兄弟肆人拈鬮為定前去[illegible]業住居所
有出賣之業男向後有能四房[illegible]應取贖
現有父兄弟[illegible]抽養膳佃[illegible]中裡尾祖[illegible]
妣俱已百年付男與叔三人四房輪流耕作
祭掃長男文慶應分本厝第壹間右邊扶
厝第叁欄壹直貳坪又應分扶屋廳仔邊壹
坪住居次男文春應分本厝右邊後角貳坪又[illegible]
[illegible]次男分納又應分左[illegible]後壹[illegible]
三男仕麻應分右邊第貳重扶厝第壹[illegible]
欄壹直貳坪又左邊扶厝第壹欄前壹坪
四男仕旺應分第貳重扶厝第貳欄壹直貳
坪又左邊扶厝第壹欄後壹坪今恐無憑
立分鬮據字貳紙付長男次男收執為照
嘉慶拾捌年四月　日立分業鬮據父盛德
弟盛賢
在見　弟盛長　堂侄文玉　侄文昆　堂弟盛高
代字表叔鄭仲盛

3-1-44-13　清嘉慶十八年四月黃盛德等立分業鬮據字

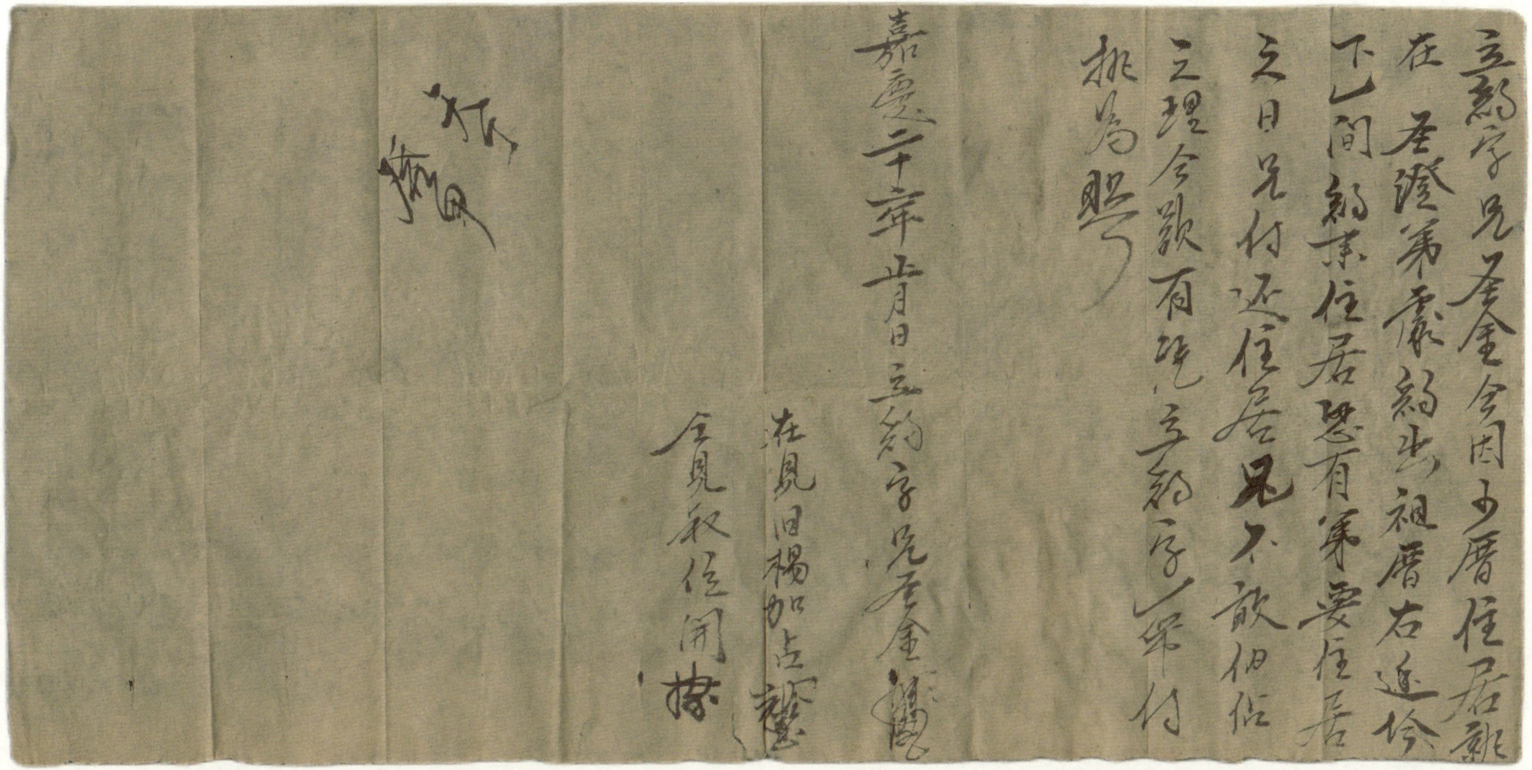
立約字兄圣金今因乏屋住居就
在圣澄弟處約出祖厝右邊伙
下一間約來住居，思有弟要住居
之日兄付還住居，兄不敢佔佔
之理。今欲有憑，立約字一紙付
執為照。
嘉慶二十二年正月 日立約字兄圣金（押）
在見田楊加占（押）
仝見叔位開（押）

3-1-44-14 清嘉慶二十二年正月白圣金立約字

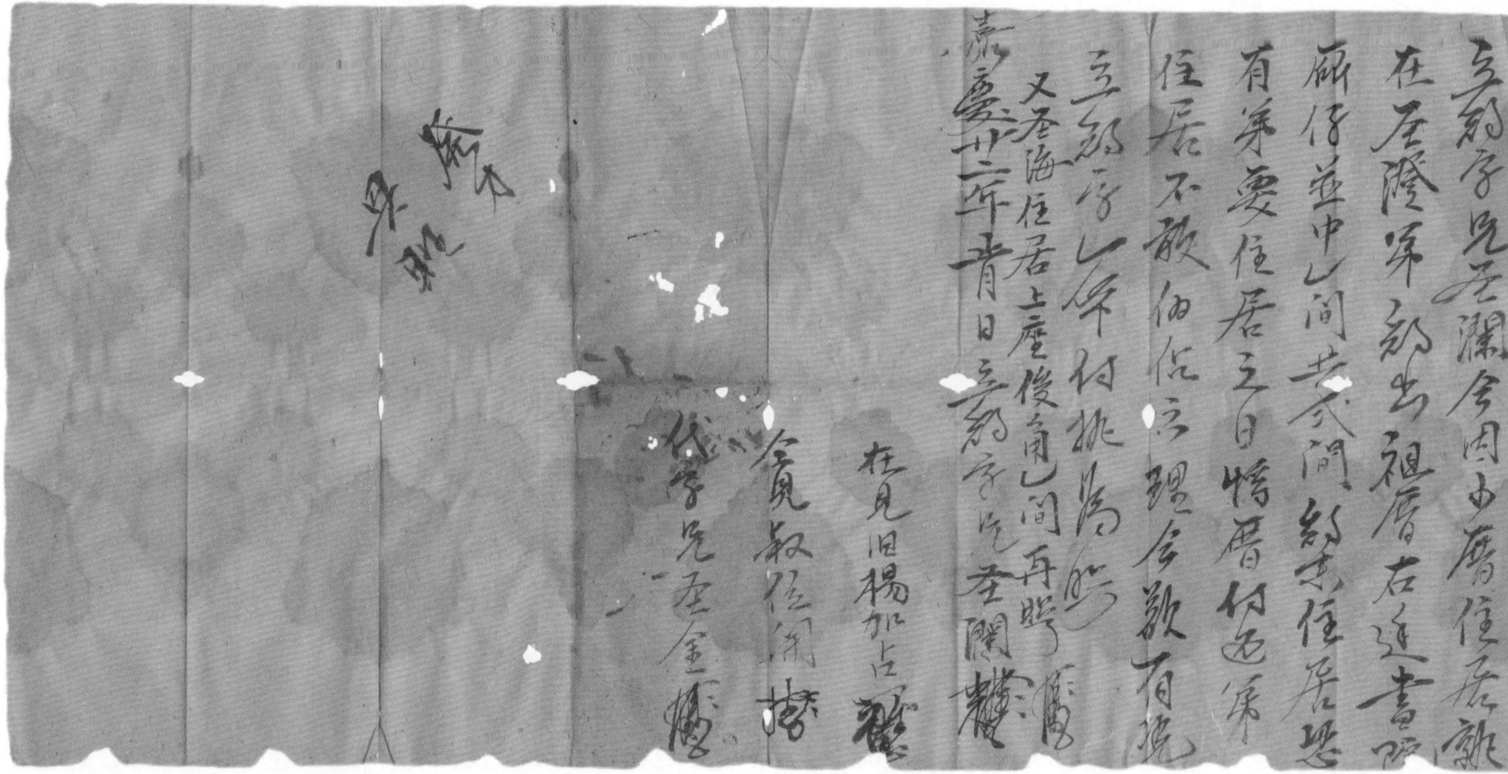
立約字兄圣瀾今因中厝住居就
在屋後與弟邊出祖厝右邊書房
兩厢并中一間共弍間，約弟住居，然
有弟要住居之日，將厝付還兄
住居，不敢伸抗言，理合敦有憑，
立約字一紙付執爲照。
又圣海住居上座後角一間，再照。
嘉慶廿二年正月　日立約字兄圣瀾
在見　旧楊加占
宗親叔　信欄
代字兄　圣金

3-1-44-15　清嘉慶二十二年正月白圣瀾立約字

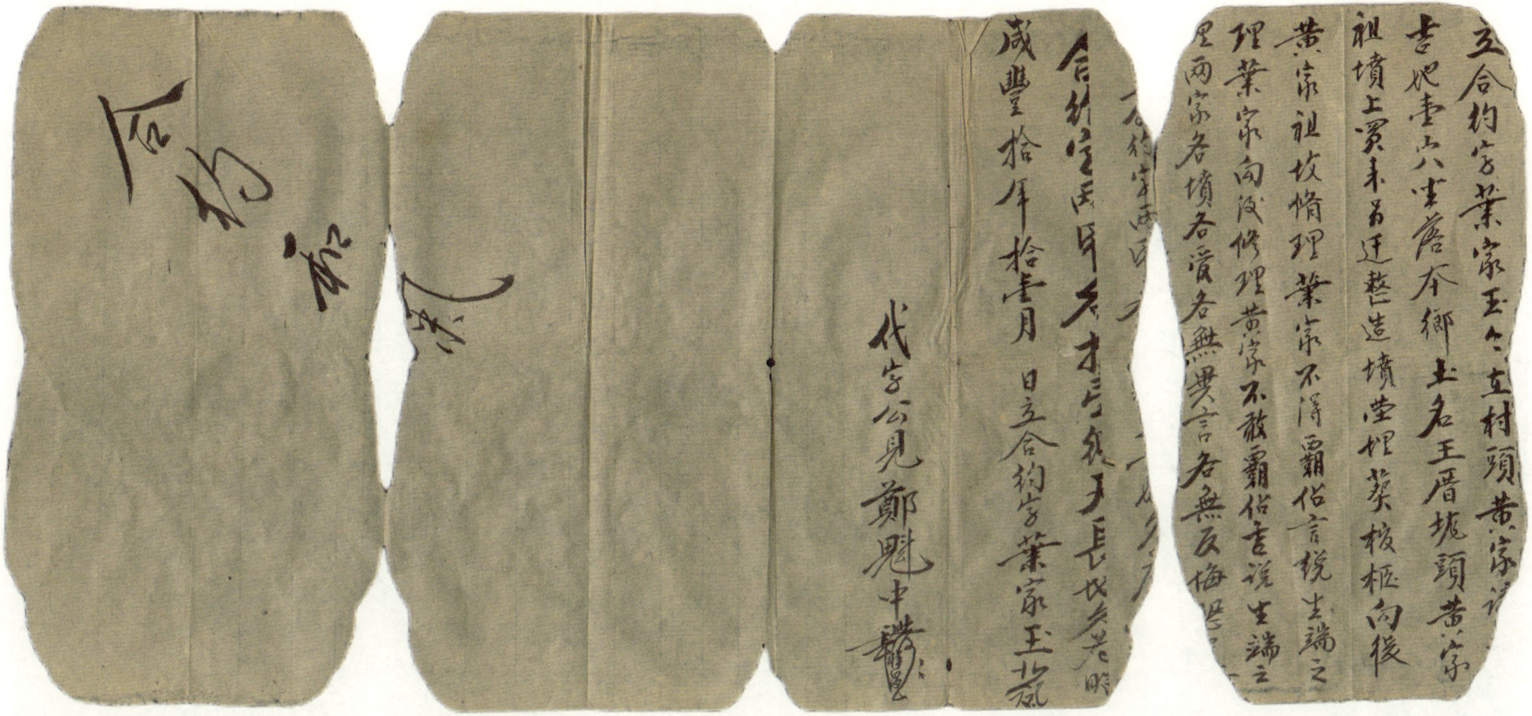
立合約字葉家玉仝立村頭黃家[illegible]
吉地壹穴坐落本鄉土名王厝垅頭黃家
祖墳上買來為遷整造墳塋埋葬棺柩向後
黃家祖坟脩理葉家不得霸佔言說生端之
理葉家向後修理黃家不敢霸佔言說生端之
理兩家各墳各管各無異言各無反悔恐口
合約字兩紙各執壹紙永遠為照
咸豐拾年拾壹月　日立合約字葉家玉（花押）
代字公見鄭魁中（花押）

3-1-44-16　清咸豐十年十一月葉家玉立合約字

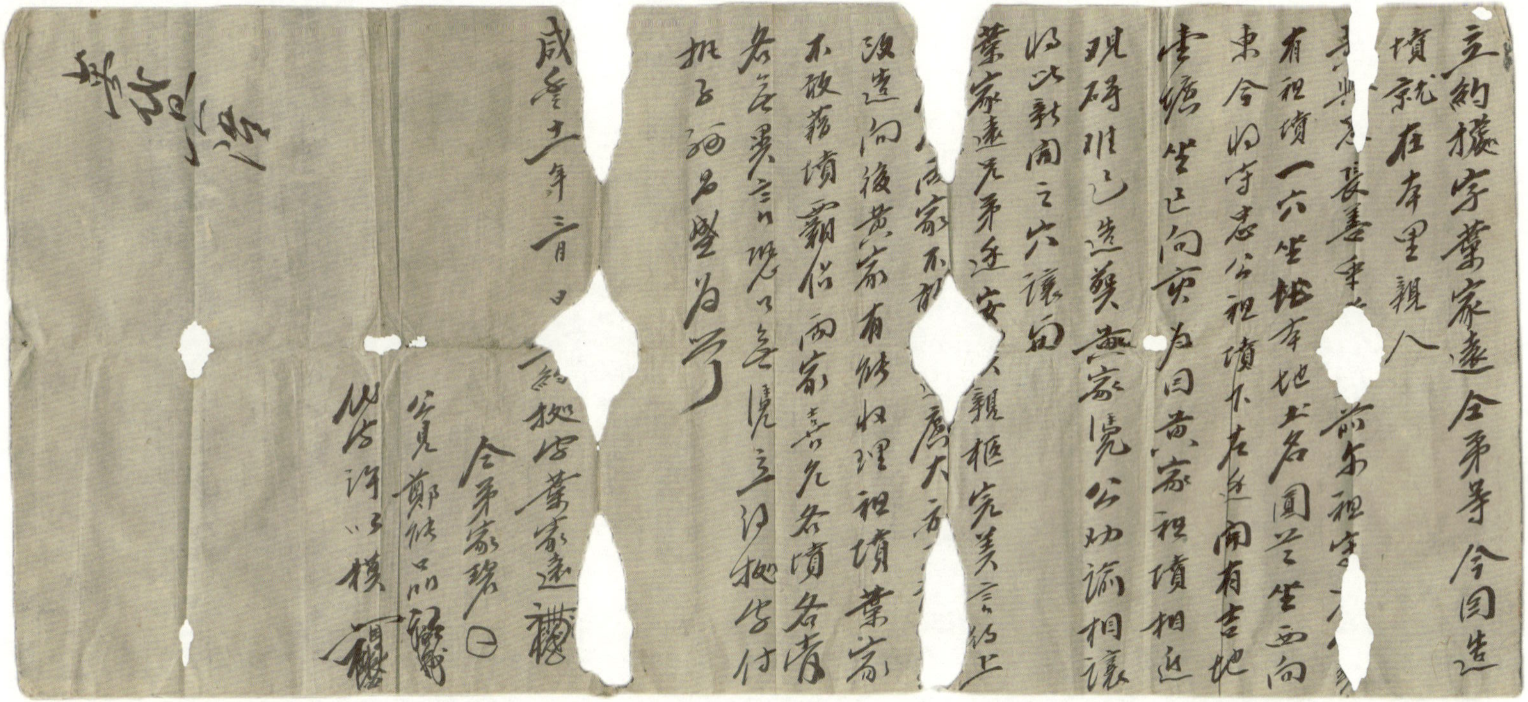
立約據字葉家遠仝弟等，今因造
墳就在本里親人
[illegible]有祖墳一穴坐[illegible]本地土名圓笠坐西向
東，今將守志公祖墳下右邊開有吉地
壹穴坐巳向亥，為因黃家祖墳相近
現碍，非已造葬。黃家憑公劝諭相讓
將此新開之穴讓與
葉家遠兄弟造安，又親[illegible]先業言約上
[illegible]家不[illegible]
沒造向後黃家有修理祖墳，葉家
不敢藉墳霸佔。兩家喜允，各墳各清，
各無異言，口恐無憑，立約據字付
執為照。
咸豐十一年三月　日立約據字葉家遠
仝弟家瑞
公見鄭[illegible]
許[illegible]模
[illegible]

3-1-44-17　清咸豐十一年三月葉家遠等立約據字

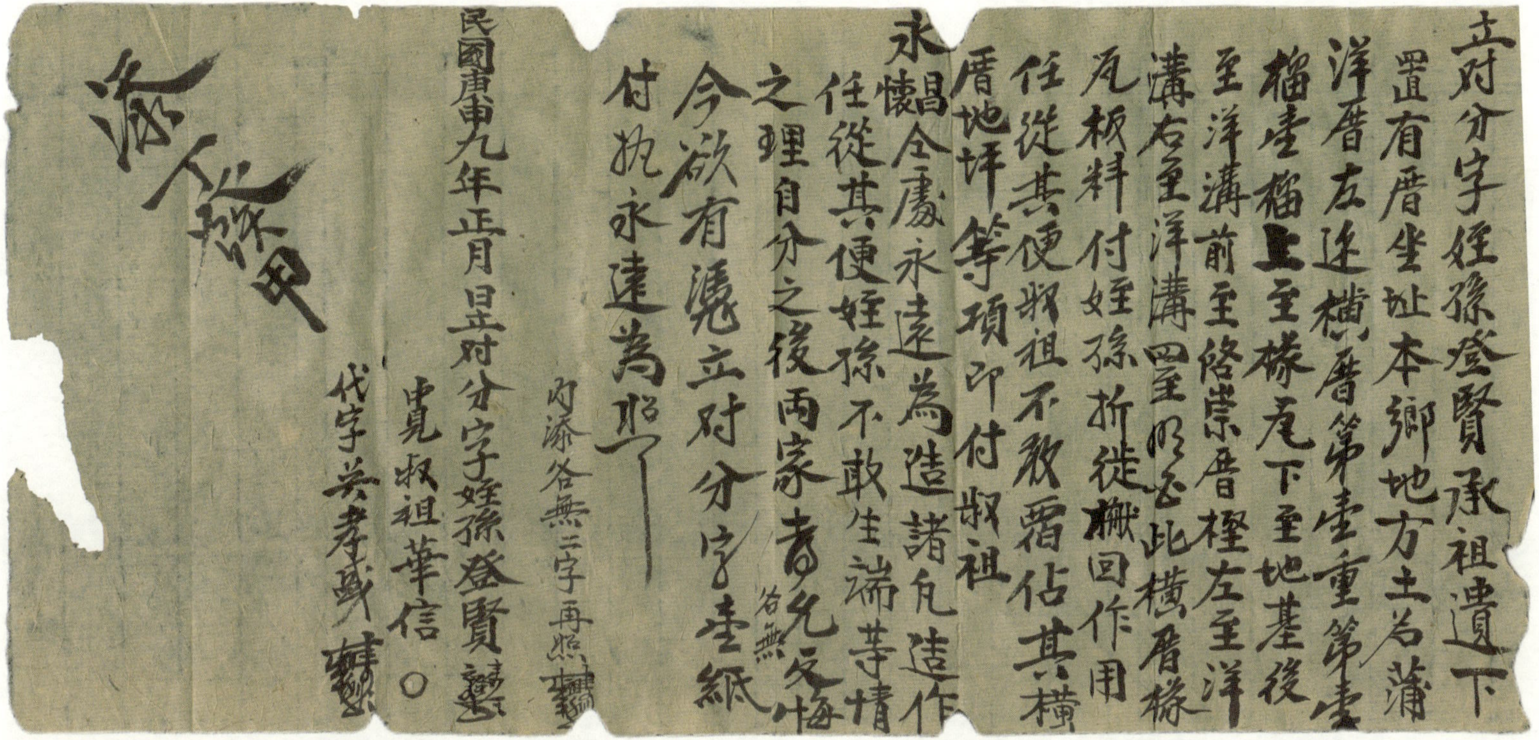
立对分字侄孫登賢承祖遺下
置有厝坐址本鄉地方土名蒲
洋厝左边横厝第壹重第壹
榴壹榴上至椽尾下至地基後
至洋溝前至路崇厝墘左至洋
溝右至洋溝四至明白此横厝椽
瓦板料付侄孫拆從撤回作用
任從其便叔祖不敢留佔其横
厝地坪等項印付叔祖
永懷昌全處永遠為造諸凡造作
任從其便侄孫不敢生端等情
之理自分之後両家各無青允反悔
今欲有憑立对分字壹紙
付执永遠為照
内添各無二字再照
民國庚申九年正月 日立对分字侄孫登賢
見叔祖華信 ○
代字 英孝蘇
添丁發甲

3-1-44-18 民國九年正月黃登賢立對分厝字

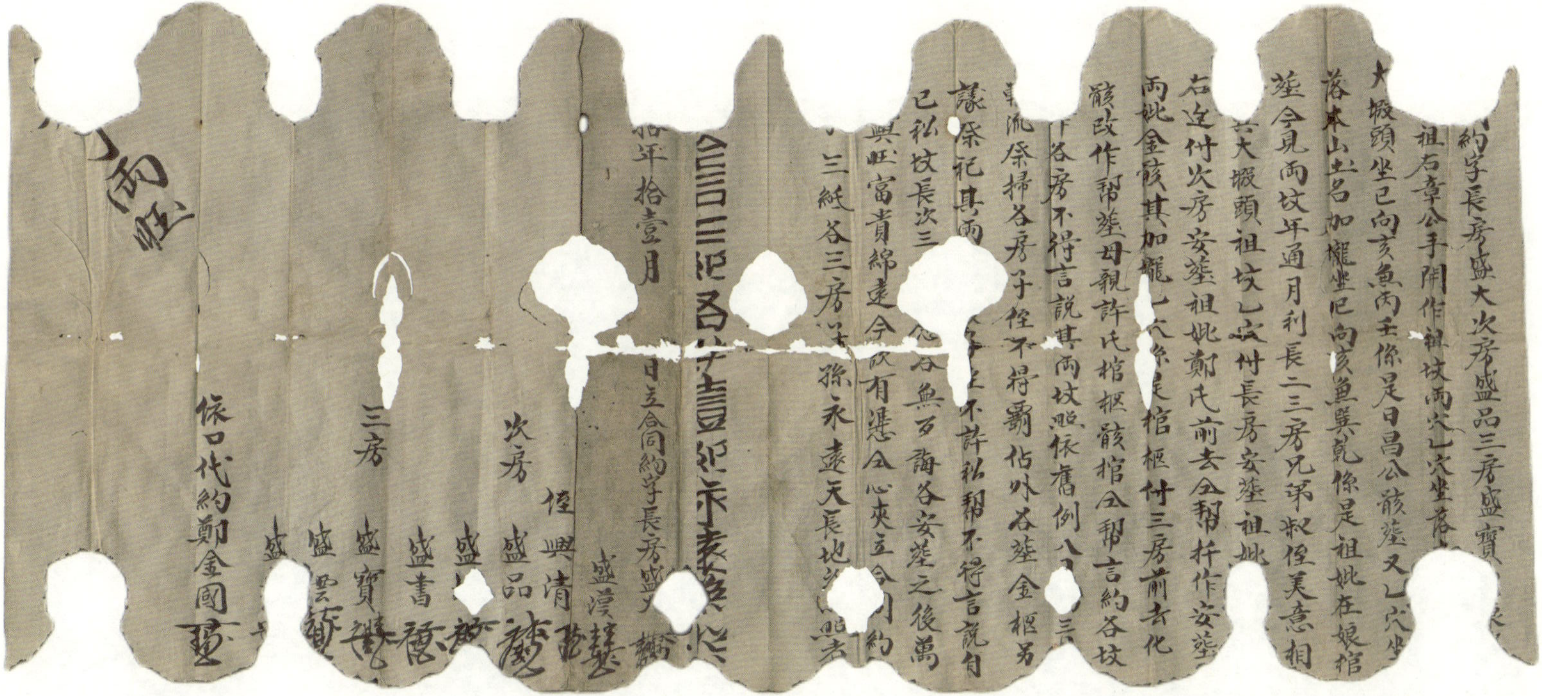

3-1-44-19　清□□十年十一月黄盛大等立合約字

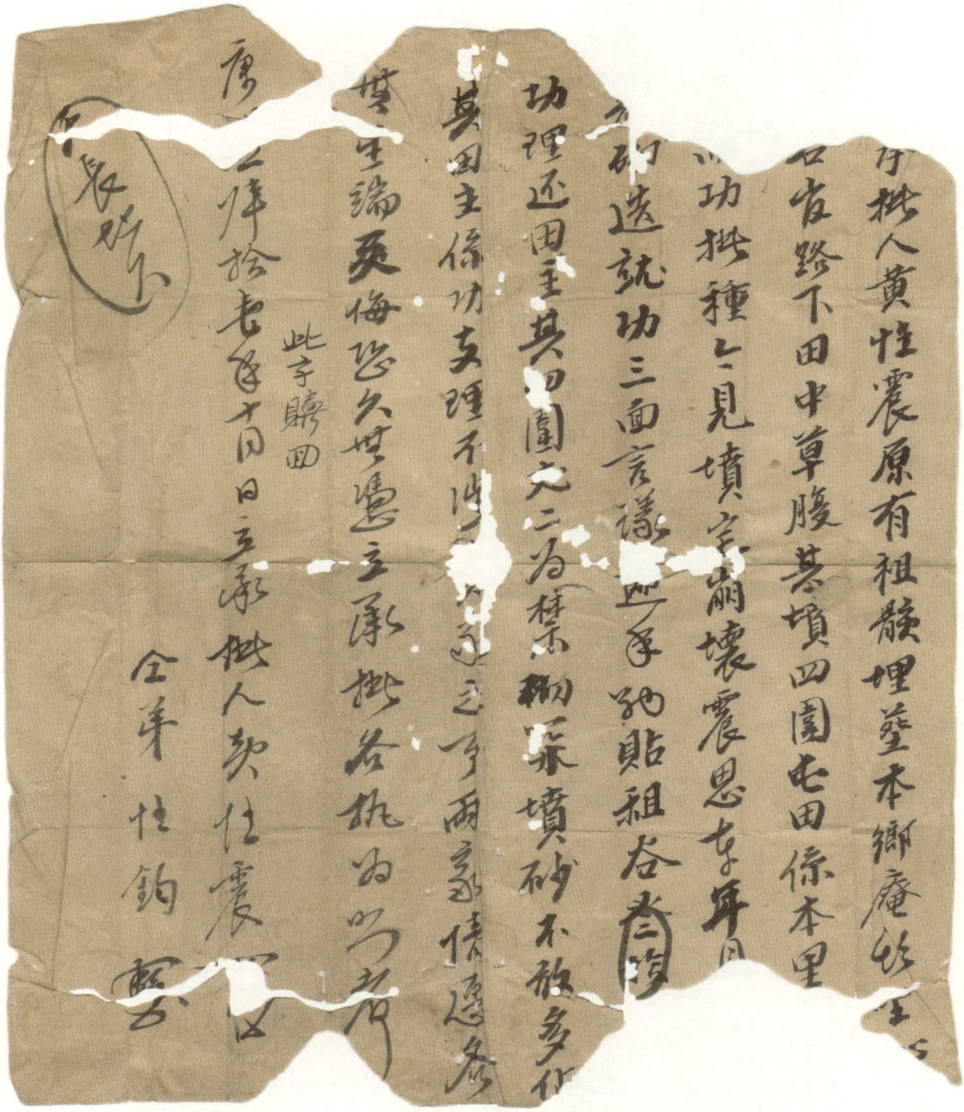

立承批人黃惟震原有祖骸埋塟本鄉庵後[illegible]
右皆路下田中草腹基墳四圍乜田係本里
[illegible]功批種上見墳穴崩壞震思無年月
[illegible]遞就功三面言議逐年貼祖谷叁拾[illegible]
功理还田主其田園之二為禁細[illegible]墳砂不敢多作
其田主係功支理不涉[illegible]之事兩家情愿各
無生端反悔恐久無憑立承批爲執爲照者
康熙四拾壹年十月日立承批人契惟震[illegible]
此字贖回
仝弟 惟鈞 押

3-1-45-1　清康熙四十一年十月黃惟震等立承批草腹基墳字

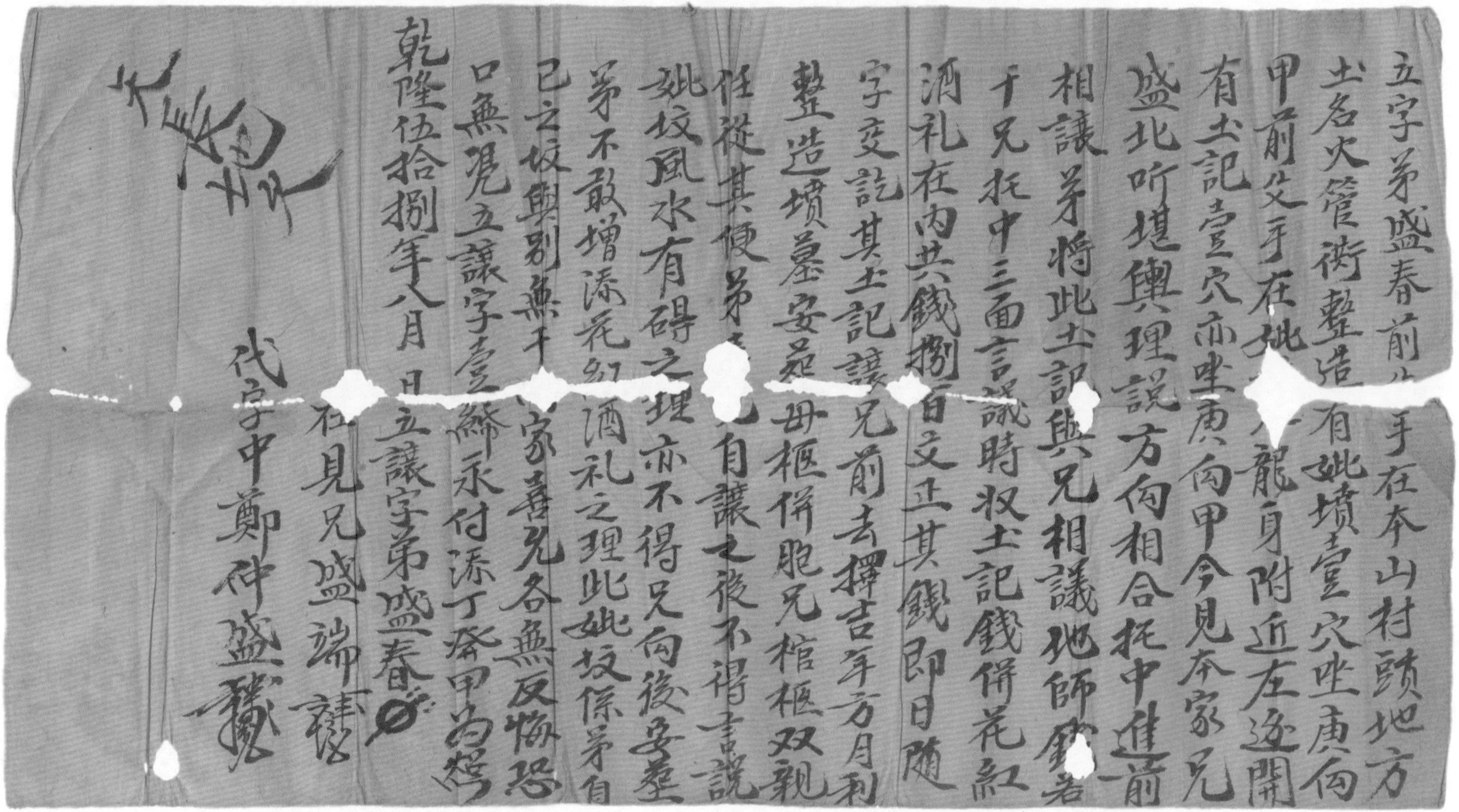
立字弟盛春前□手在本山村頭地方
土名火管衕整造□有妣墳壹穴坐庚向
甲前父手在妣□龍身附近左邊開
有土記壹穴亦坐庚向甲今見本家兄
盛北听堪輿理說方向相合托中進前
相議弟將此土記與兄相議地師□着
十兄托中三面言議時收土記錢併花紅
酒礼在內共錢捌百文正其錢即日隨
字交訖其土記讓兄前去擇吉年方月利
整造墳墓安葬母柩併胞兄棺柩双親
任從其便弟□□自讓之後不得言說
妣坟風水有碍之理亦不得兄向後妄墾
弟不敢增添花紅酒礼之理此妣坟係弟自
己之坟與別無干□家喜兄各無反悔恐
口無凭立讓字壹紙永付添丁發甲為照
乾隆伍拾捌年八月　日立讓字弟盛春（押）
在見兄盛端（押）
代字中鄭仲盛（押）

3-1-45-2　清乾隆五十八年八月黄盛春立讓墳字

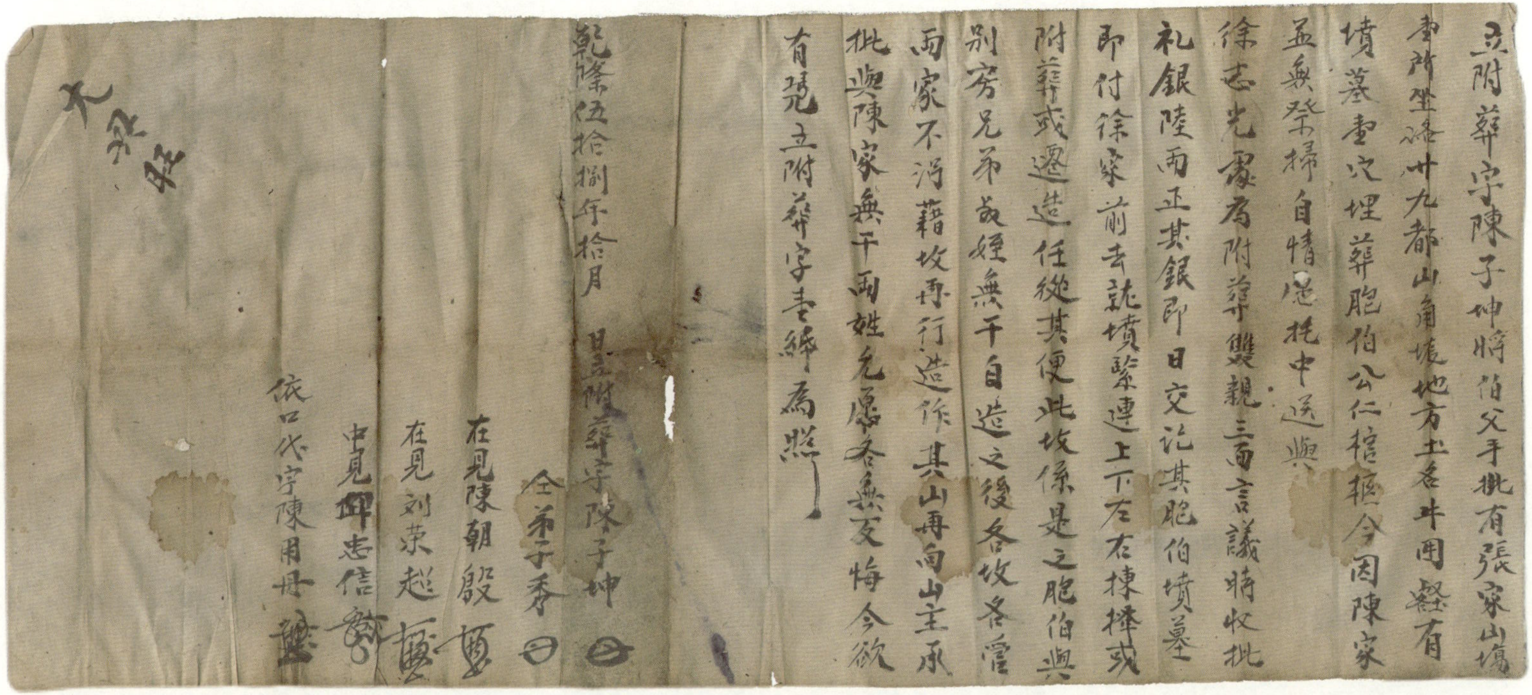

立附葬字陳子坤將伯父手批有張家山塲
壹所，坐落廿九都山角墘地方，土名牛囲盤，有
墳墓壹穴，埋葬胞伯公仁棺柩。今因陳家
並無祭掃，自情愿托中送與
徐志光家爲附葬雙親，三面言議，將收批
礼銀陸両正，其銀即日交訖。其胞伯墳墓
即付徐家前去就墳築連上下左右揀擇，或
附葬或遷造，任從其便。此坟係是之胞伯，與
别房兄弟叔姪無干。自造之後，各坟各管，
兩家不得藉坟再行造作。其山再向山主承
批，與陳家無干。兩姓允愿，各無反悔。今欲
有憑，立附葬字壹紙爲照。

乾隆伍拾捌年拾月　日立附葬字陳子坤（押）
仝弟子秀（押）
在見陳朝殿（押）
在見刘棠起（押）
中見邱忠信（押）
依口代字陳用母（押）

3-1-45-3　清乾隆五十八年十月陳子坤等立附葬字

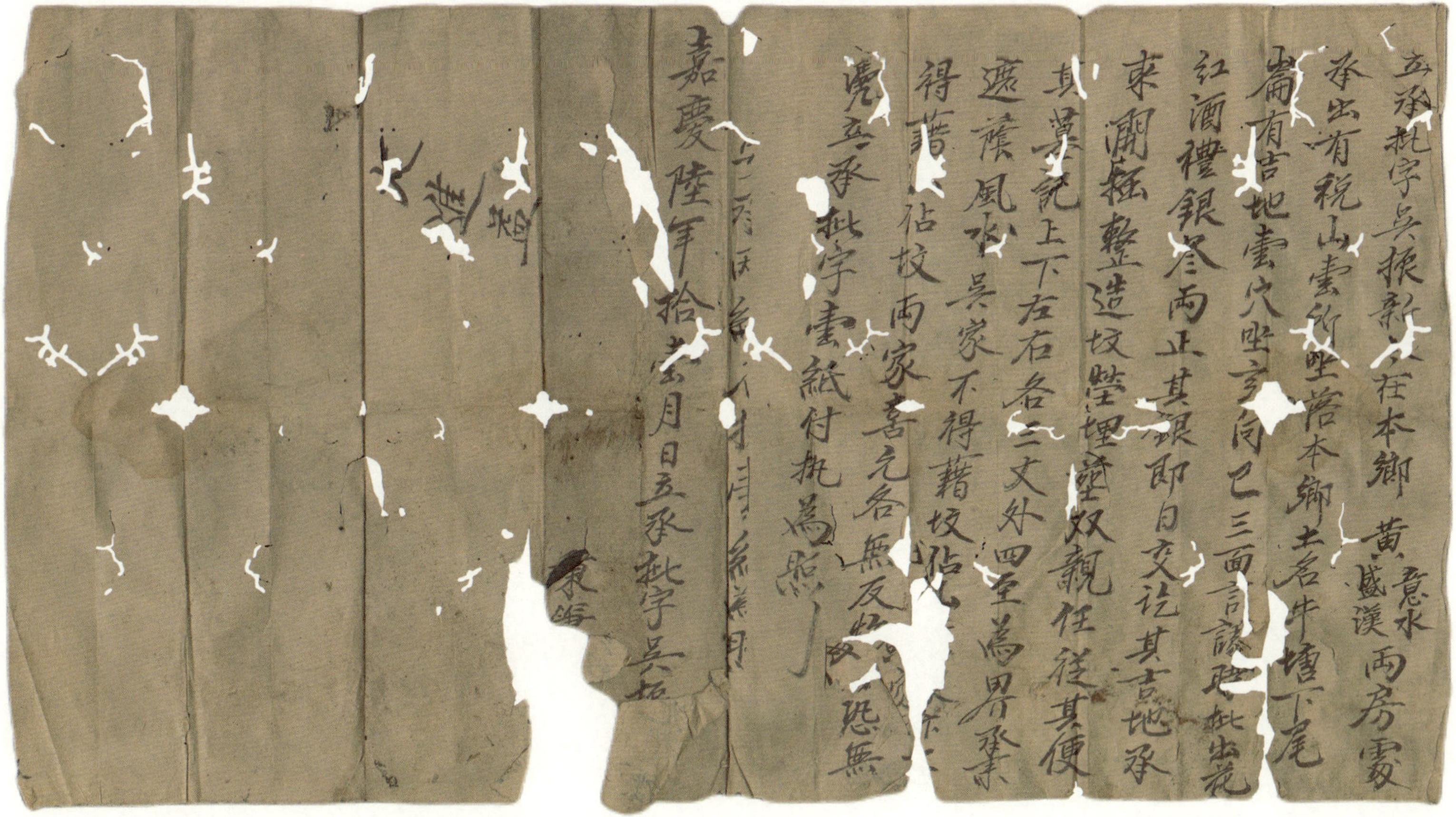

立承批字吴振新，今在本鄉黃意水、盛漢兩房處承出有税山壹所，坐落本鄉土名牛塘下尾崙，有吉地壹穴，坐亥向巳，三面言議，批出花紅酒禮銀叁兩正，其銀即日交訖。其吉地承來開掘整造坟塋，埋葬双親，任從其便。其墓記上下左右各二丈外，四至為界，[illegible]遮蔭風水，吴家不得藉坟佔[illegible]得藉[illegible]佔坟，兩家喜允，各無反悔[illegible]恐無憑，立承批字壹紙付執為照。

[illegible]

嘉慶陸年拾壹月　日立承批字吴振[illegible]

3-1-45-4　清嘉慶六年十一月吴振新立承批吉地字

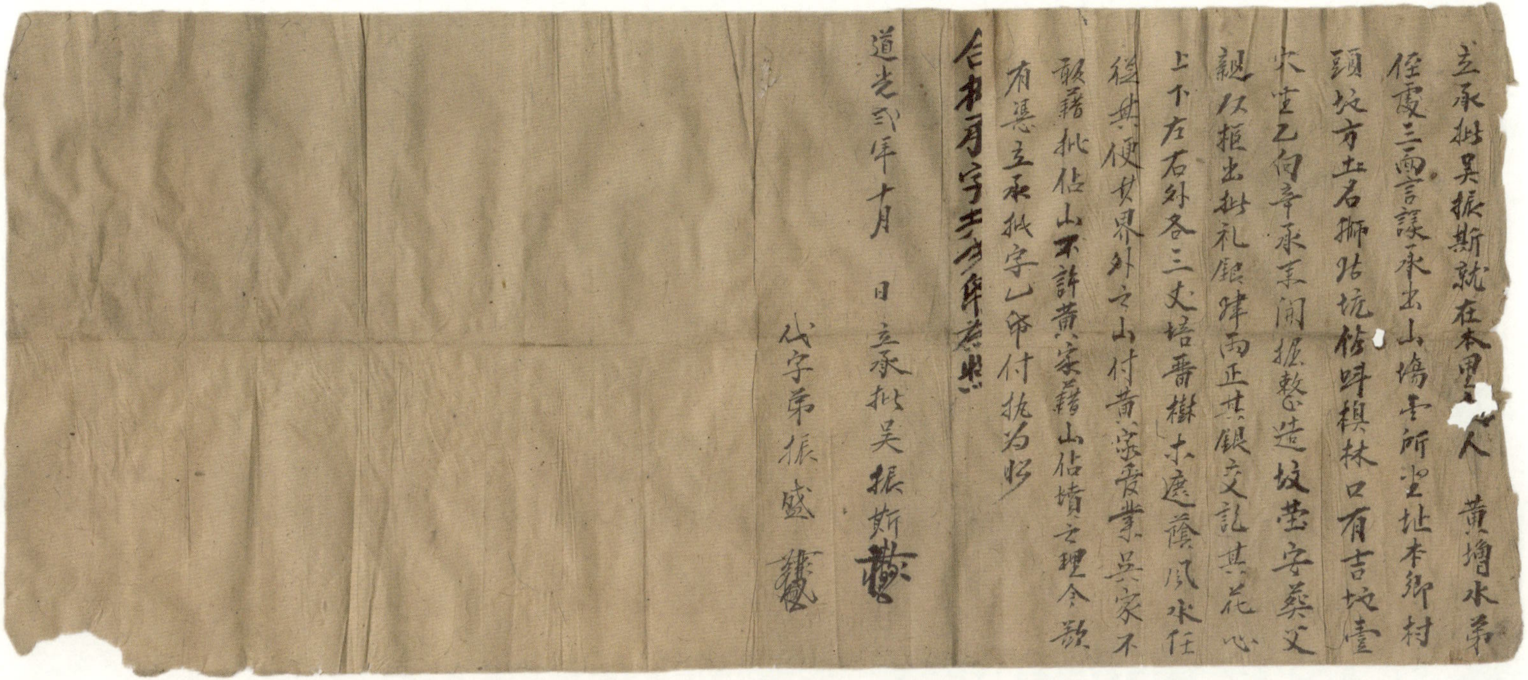

立承批吴振斯就在本里[illegible]人黄增水弟
侄處三面言議承出山塲壹所，坐址本鄉村
頭坑方土名獅咕坑垰坪樟林口有吉地壹
穴，坐乙向辛，承來開掘整造坟塋安葬父
親，又抽出批礼銀肆両正，其銀交訖。其花心
上下左右外各三丈培蓄樹木，庇蔭風水，任
從其便。其界外之山付黄家管業，吴家不
敢藉批佔山，不許黄家藉山佔墳之理。今欲
有憑，立承批字壹帋付執為炤。
合本月字壹多年悉照
道光弍年十月　日立承批吴振斯（押）
代字弟振盛（押）

3-1-45-5　清道光二年十月吴振斯立承批吉地字

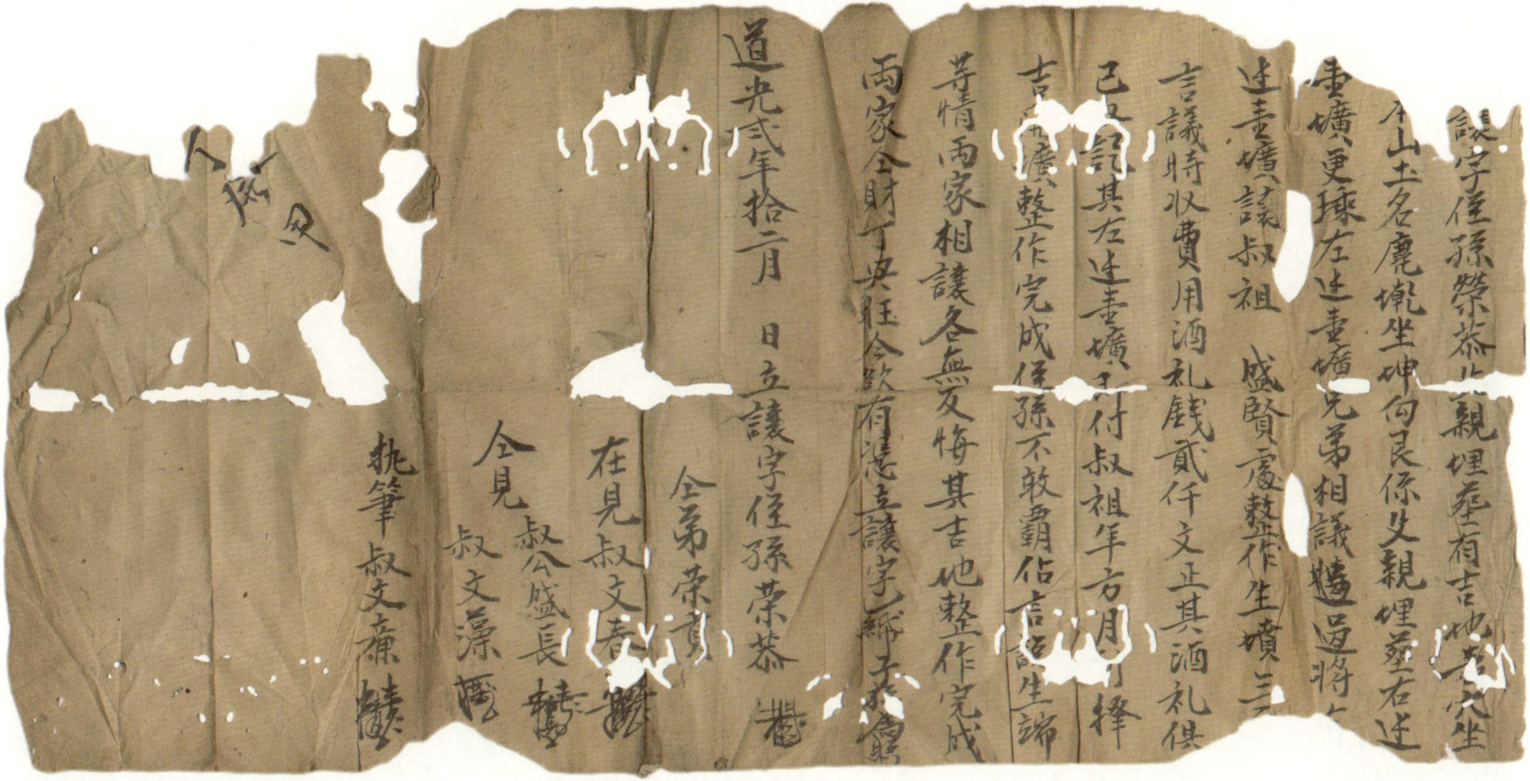
立讓字侄孫榮恭□□親埋葬有吉地一穴坐
落土名鹿墘坐坤向艮係父親埋葬右迸
壹壙更揀左迸壹壙兄弟相議邀同將左
迸壹壙讓叔祖　盛賢處整作生壙三
面言議時收費用酒礼錢貳仟文正其酒礼俱
已收訖其左迸壹壙付叔祖年方□月擇
吉開壙整作完成侄孫不敢霸佔生端
等情兩家相讓各無反悔其吉地整作完成
兩家仝財丁興旺今欲有憑立讓字一紙付執為照
道光弍年拾二月　日立讓字侄孫榮恭
仝弟榮貢
在見叔文春
在見叔公盛長
仝見叔文藻
執筆叔文廉

3-1-45-6　清道光二年十二月黃榮恭等立讓吉地字

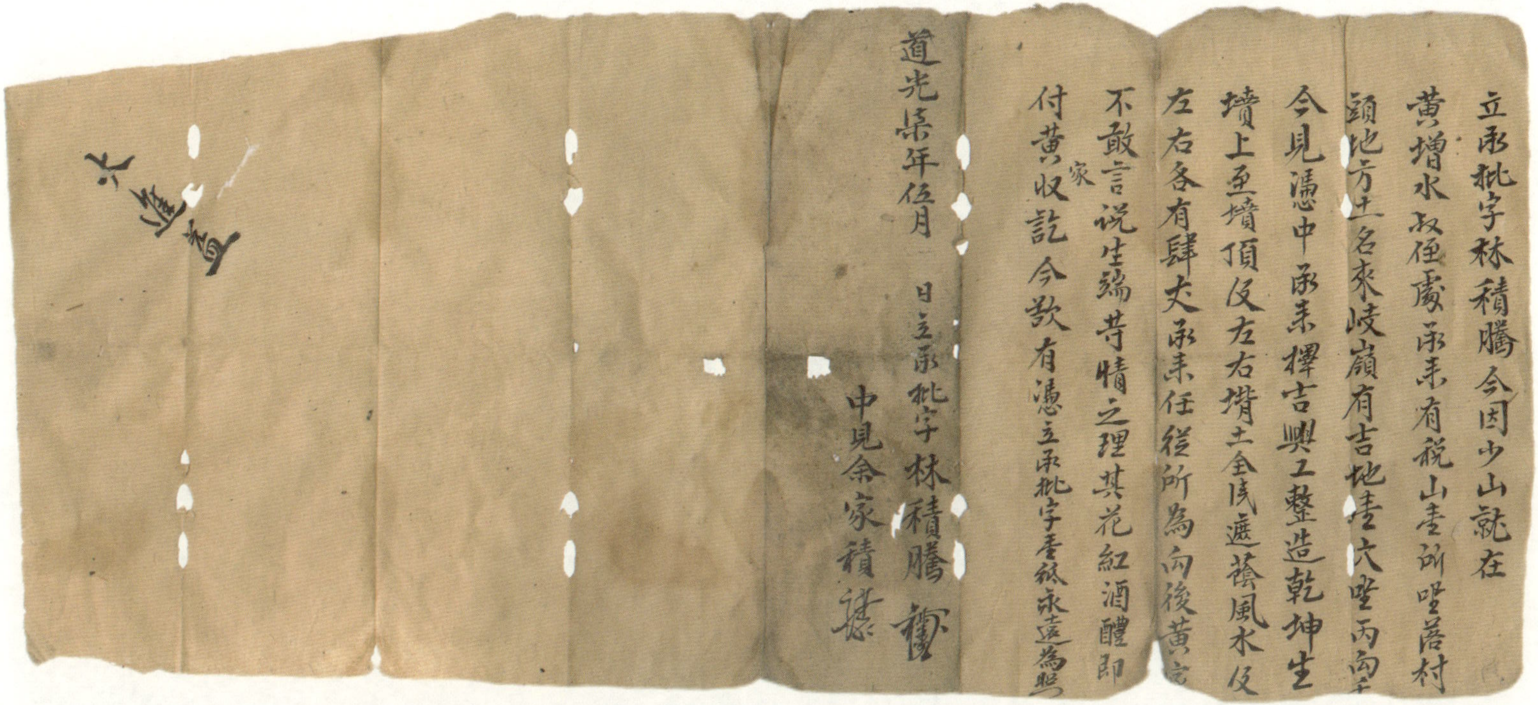

3-1-45-7　清道光七年五月林積騰立承批吉地字

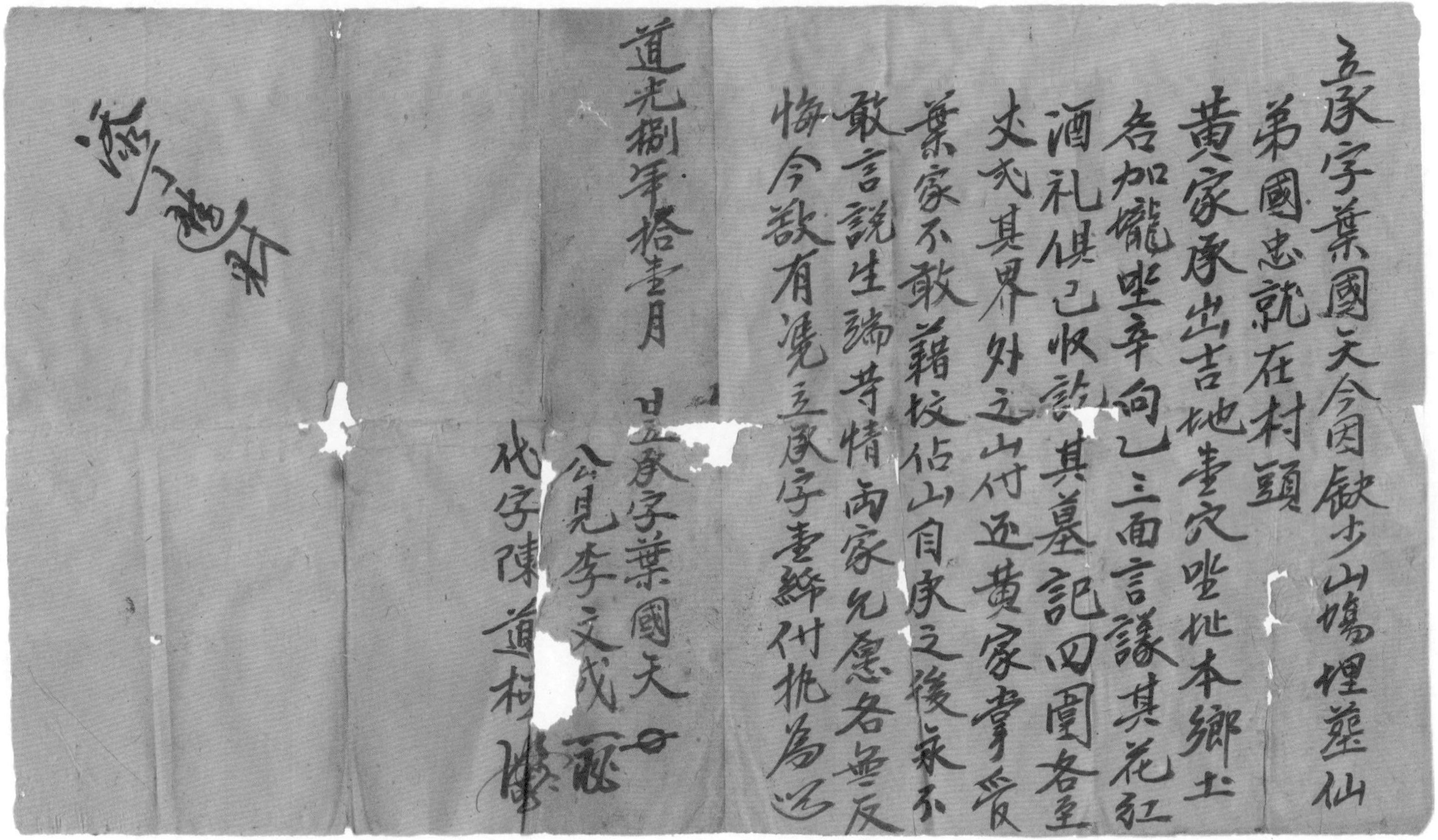

立承字葉國天今因缺少山場埋葬仙
弟國忠就在村頭
黃家承出吉地壹穴坐址本鄉土
名加龍坐辛向乙三面言議其花紅
酒礼俱已收訖其墓記四圍各至
丈式其界外之山付還黃家掌管
葉家不敢藉故佔山自承之後永不
敢言說生端其情兩家允愿各無反
悔今欲有憑立承字壹紙付執為照

道光捌年拾壹月　日立承字葉國天（押）
公見李文成（押）
代字陳道杉（押）

3-1-45-8　清道光八年十一月葉國天立承吉地字

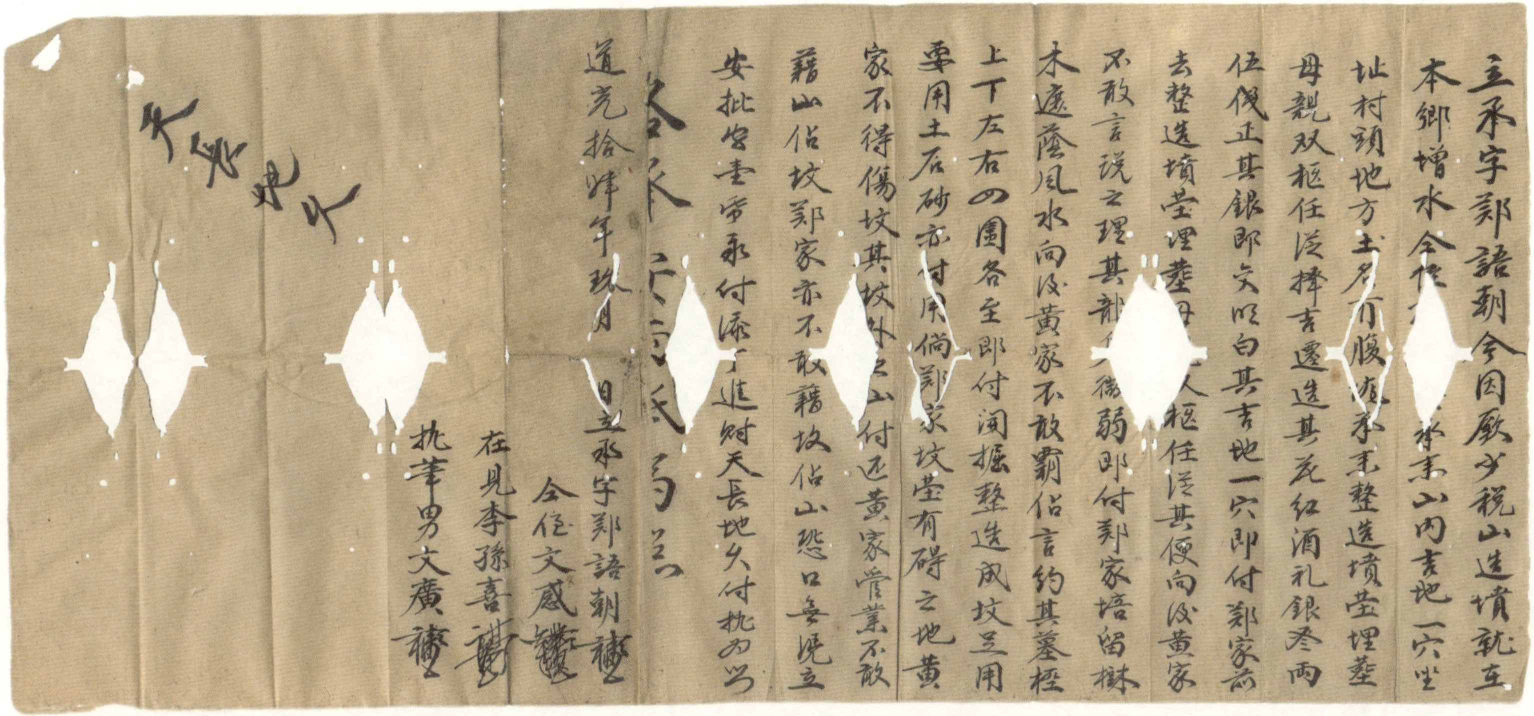
立承字鄭語朝今因欠少稅山造墳就在
本鄉增水仓……李家山内吉地一穴坐
址村頭地方土名石腹後承去整造墳茔埋葬
母親双柩任從擇吉還造其花紅酒礼銀叁两
任僟立其銀即交明白其吉地一穴即付鄭家前
去整造墳茔埋葬母……人柩任從其便向後黄家
不敢言說之理其龍……脈弱即付鄭家培留樹
木遮蔭風水向後黄家不敢霸佔言約其墓極
上下左右四圍各至即付開掘整造成坟並用
平用土石砂亦付……偹鄭家坟茔有碍之地黄
家不得傷坟其坟外之山付還黄家管業不敢
藉山佔坟鄭家亦不敢藉坟佔山恐口無憑立
安批字壹帋永付添丁進財天長地久付批为照
合同
道光拾肆年玖月　日立承字鄭語朝押
仝侄文感押
在見李孫喜押
執筆男文廣押
天長地久

3-1-45-9　清道光十四年九月鄭語朝等立承吉地字

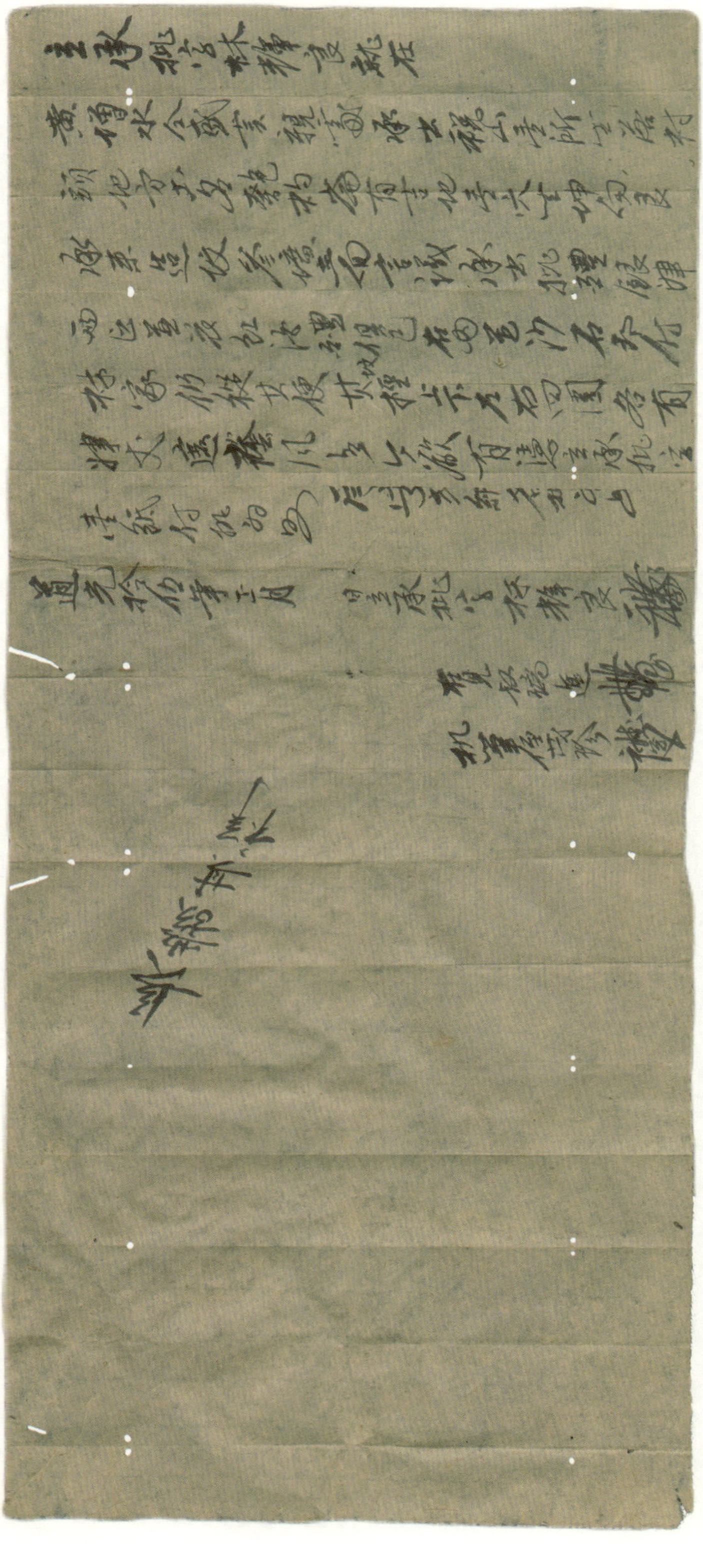

3-1-45-10　清道光十五年正月林輝良立承批吉地字

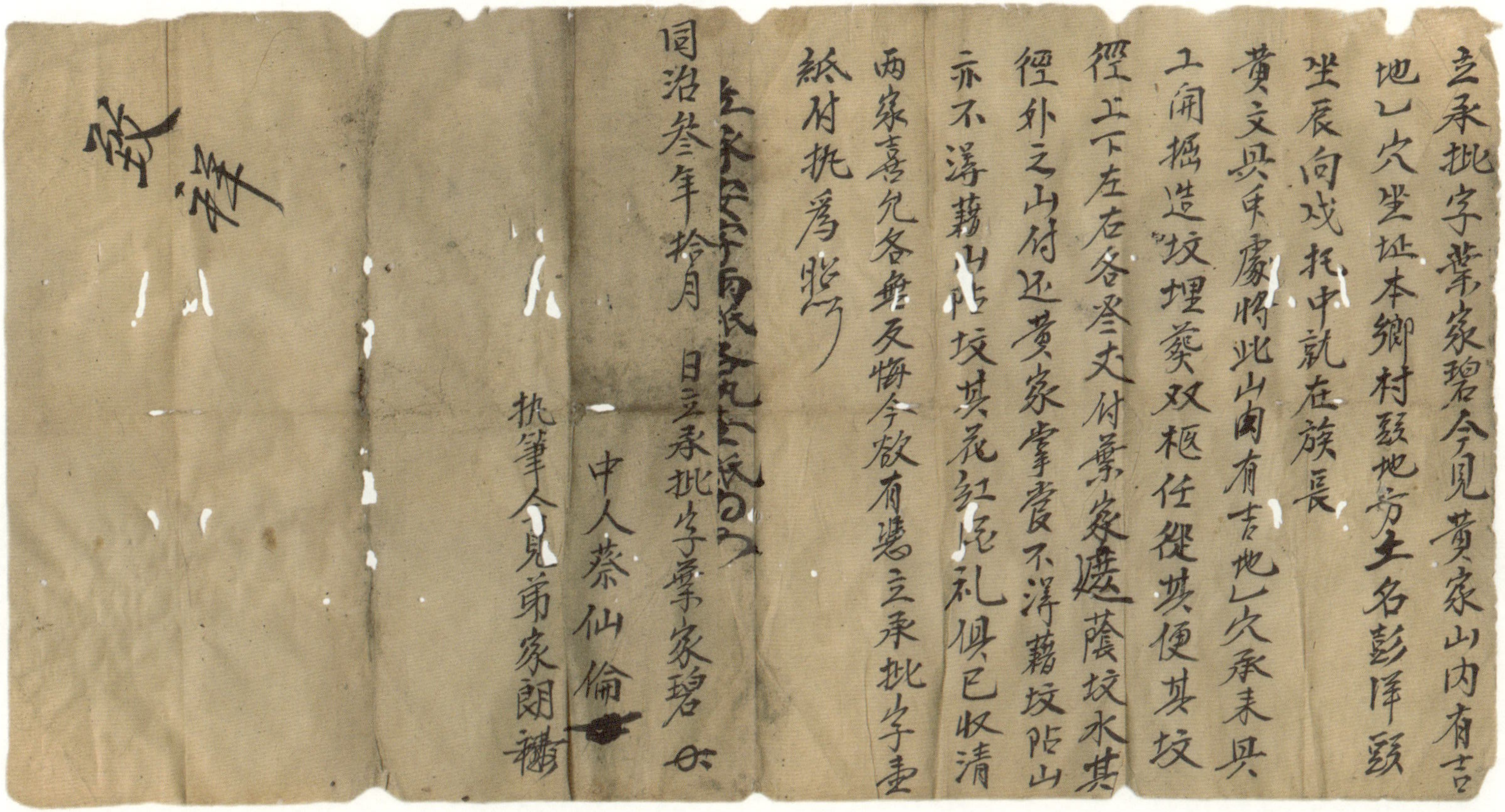
立承批字葉家碧今見黃家山内有吉
地乙穴坐址本鄉村縣地方土名彭洋縣
坐辰向戌托中就在族長
黃文興兵處將此山内有吉地乙穴承來興
工開掘造坟埋葬双柩任從其便其坟
徑上下左右各叁丈付葉家蔭坟水其
徑外之山付还黃家掌管不淂藉坟阽山
亦不淂藉山阽坟其花紅酒礼俱已收清
兩家喜允各無反悔今欲有憑立承批字壹
紙付執為照
同治叁年拾月　日立承批字葉家碧
中人蔡仙倫
執筆今見弟家朗

3-1-45-11　清同治三年十月葉家碧立承批吉地字

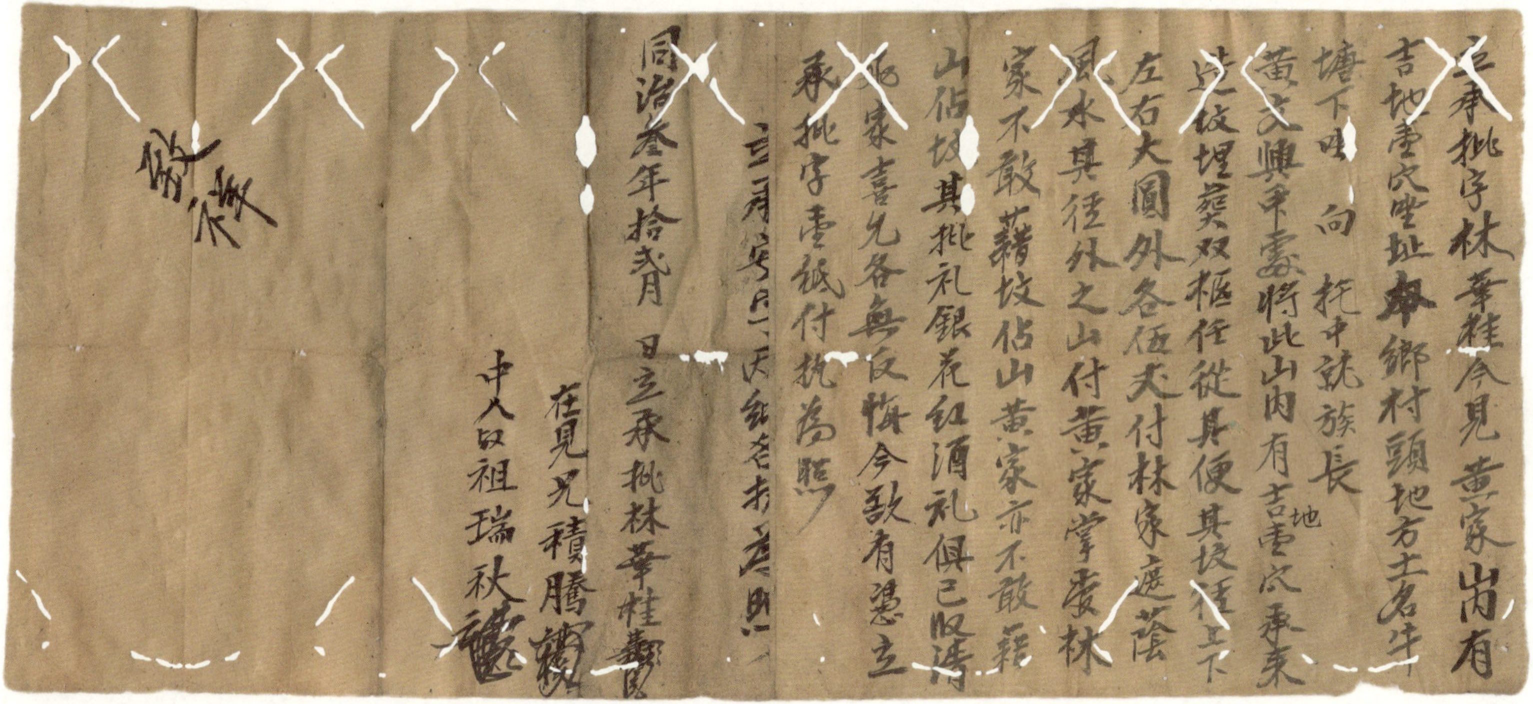

立承批字林華桂，今見黃家岀有吉地壹穴，坐址本鄉村頭地方，土名牛塘下，坐 向。托中就族長黃文興手處，將此山內有吉地壹穴承來安坟，埋葬双柩，任從其便。其坟往上下左右大圍外各伍丈付林家遷蔭風水，其徑外之山付黃家掌管。林家不敢藉坟佔山，黃家亦不敢藉山佔坟。其批礼銀、花紅、酒礼俱已收清。此家喜允，各無反悔。今欲有憑，立承批字壹紙付執為照。

[illegible]

同治叁年拾弍月 日立承批林華桂（押）

在見兄積騰（押）

中人叔祖瑞秋（押）

發家

3-1-45-12 清同治三年十二月林華桂立承批吉地字

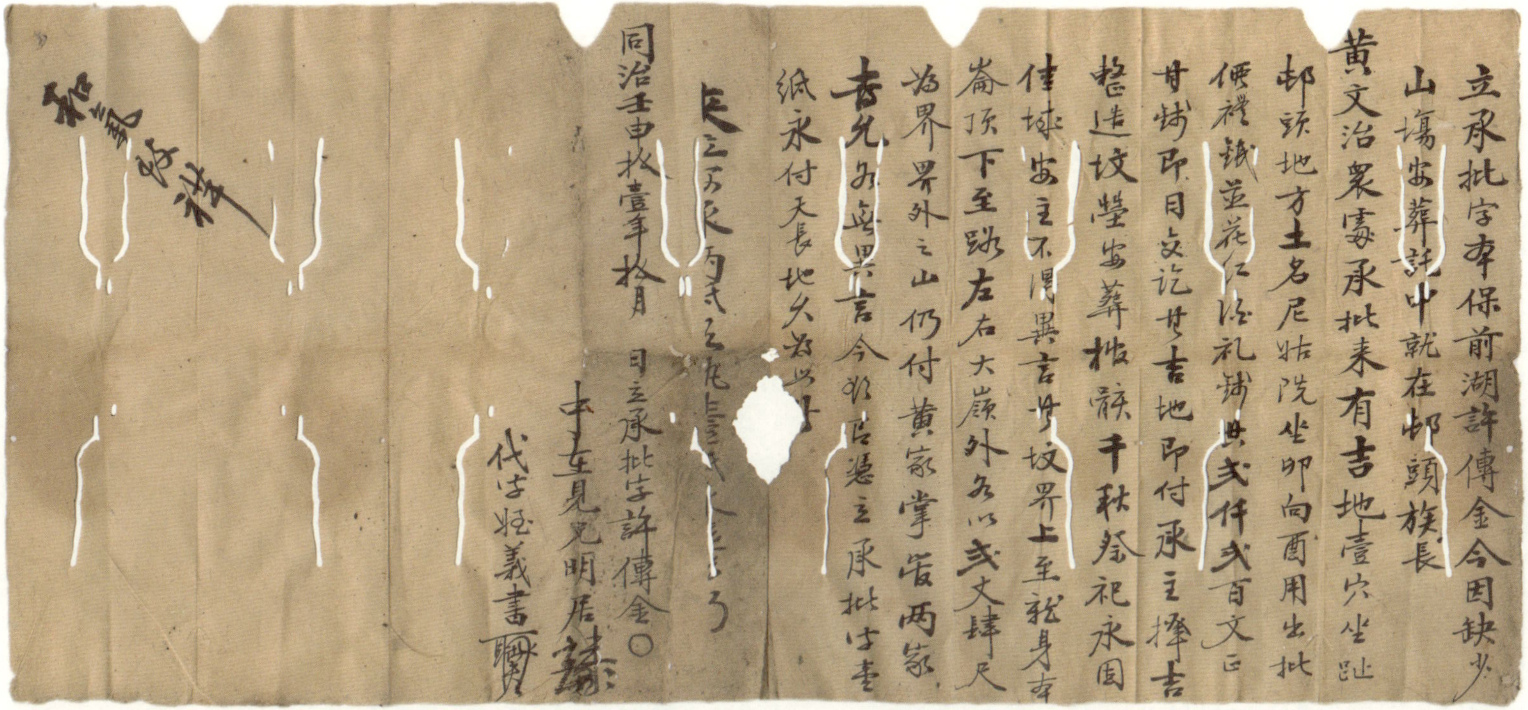
立承批字本保前湖許傳金今因缺少
山場安葬，託中就在邨頭族長
黃文治衆處承批來有吉地壹穴，坐址
邨頭地方土名尼姑陇，坐卯向酉，用出批
便禮錢並花紅酒禮，錢共弍仟弍百文正。
其錢即日交訖，其吉地即付承主擇吉
擡造坟塋安葬，稚蘇千秋祭祀，永固
佳城。安主不得異言。其坟界上至能身本
崙頂，下至路，左右大嶺外各八弍丈肆尺
為界。界外之山仍付黃家掌管。兩家
吉允，各無異言。今欲有憑，立承批字壹
紙，永付天長地久為照。
長[illegible]
同治壬申拾壹年拾月　日立承批字許傳金○
中在見　兄明居（押）
代字姪義書（押）
和氣致祥

3-1-45-13　清同治十一年十月許傳金立承批吉地字

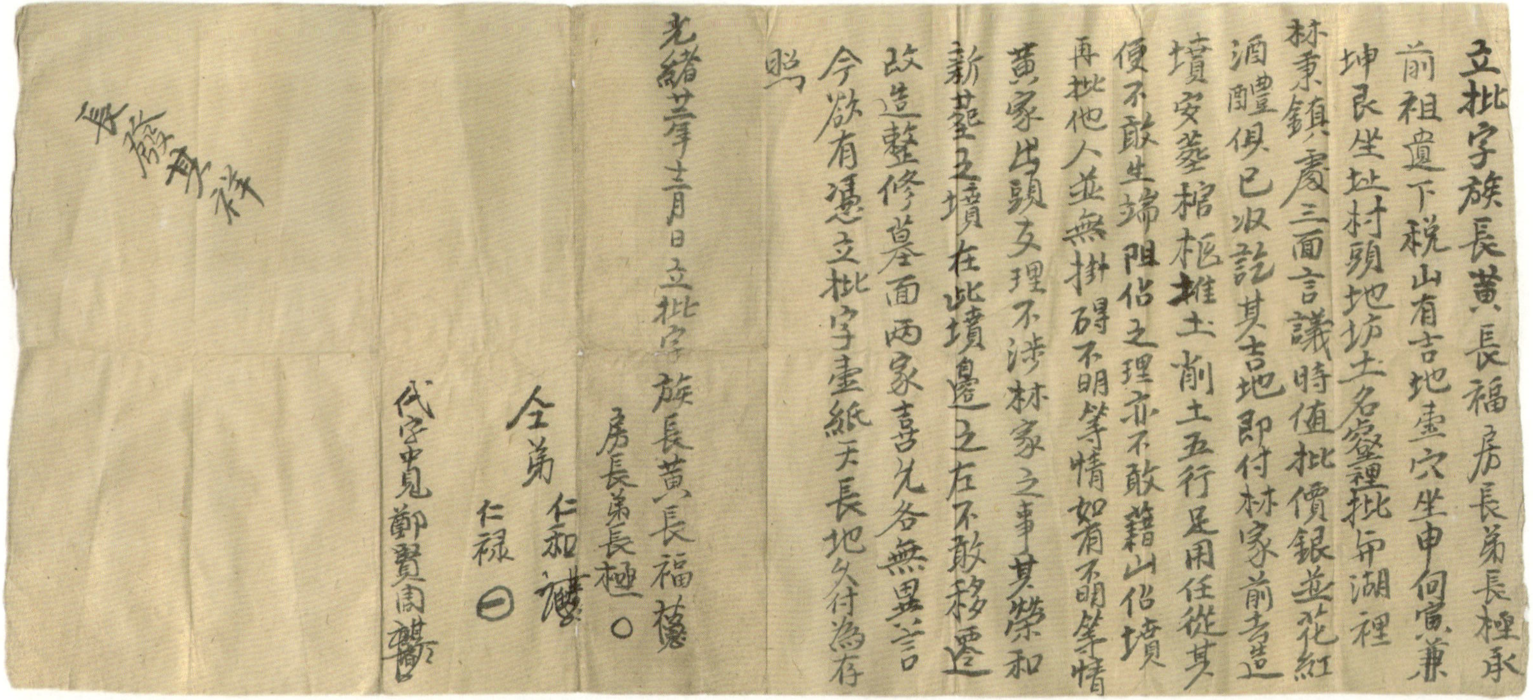
立批字族長黃長福、房長弟長樞，承
前祖遺下稅山有吉地壹穴，坐申向寅兼
坤艮，坐址村頭地坊，土名鑾裡坵，向湖裡
林秉鎮、慶三面言議，時值批價銀並花紅
酒醴俱已收訖。其吉地即付林家前去造
墳安葬棺柩，推土削土，五行足用，任從其
便，不敢生端阻佔之理，亦不敢藉山佔墳，
再批他人，並無掛碍不明等情。如有不明等情，
黃家出頭支理，不涉林家之事。其榮和
新葬之墳在此墳邊之左，不敢移遷
改造整修墓面，两家喜允，各無異言。
今欲有憑，立批字壹紙，天長地久付為存
照。

光緒廿二年十二月　日立批字族長黃長福（押）
房長弟長樞○
仝弟仁和（押）
仁祿㊀
代字中見鄭賢園（押）

長發其祥

3-1-45-14　清光緒二十二年十二月黃長福等立批吉地字

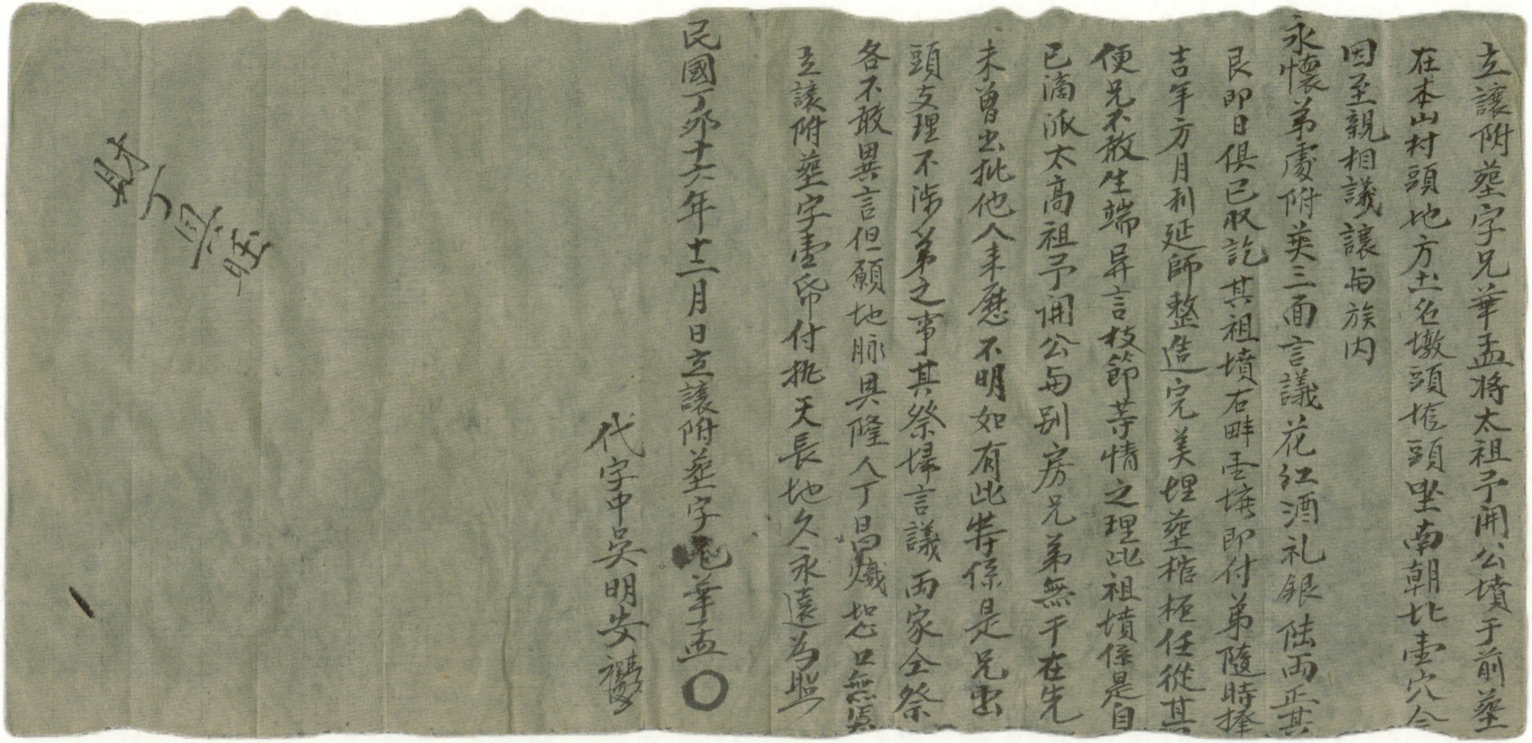
立讓附塟字兄華孟將太祖子開公墳于前塟
在本山村頭地方土名墩頭墘頭坐南朝北壹穴今
因至親相議讓與族内
永懷弟處附塟三面言議花紅酒礼銀陆両正其
艮即日俱已收訖其祖墳右畔壹塽即付弟隨時擇
吉年方月利延師整造完美埋塟棺柩任從其
便兄不敢生端异言枝節等情之理此祖墳係是自
己滴派太高祖子開公與别房兄弟無干在先
未曾出批他人來歷不明如有此等係是兄出
頭支理不涉弟之事其祭掃言議兩家全祭
各不敢异言但願地脉興隆人丁昌熾恐口無憑
立讓附塟字壹帋付批天長地久永遠為照
民國丁卯十六年十二月　日立讓附塟字兄華孟 ○
代字中吳明安

3-1-45-15　民國十六年十二月黃華孟立讓附葬字

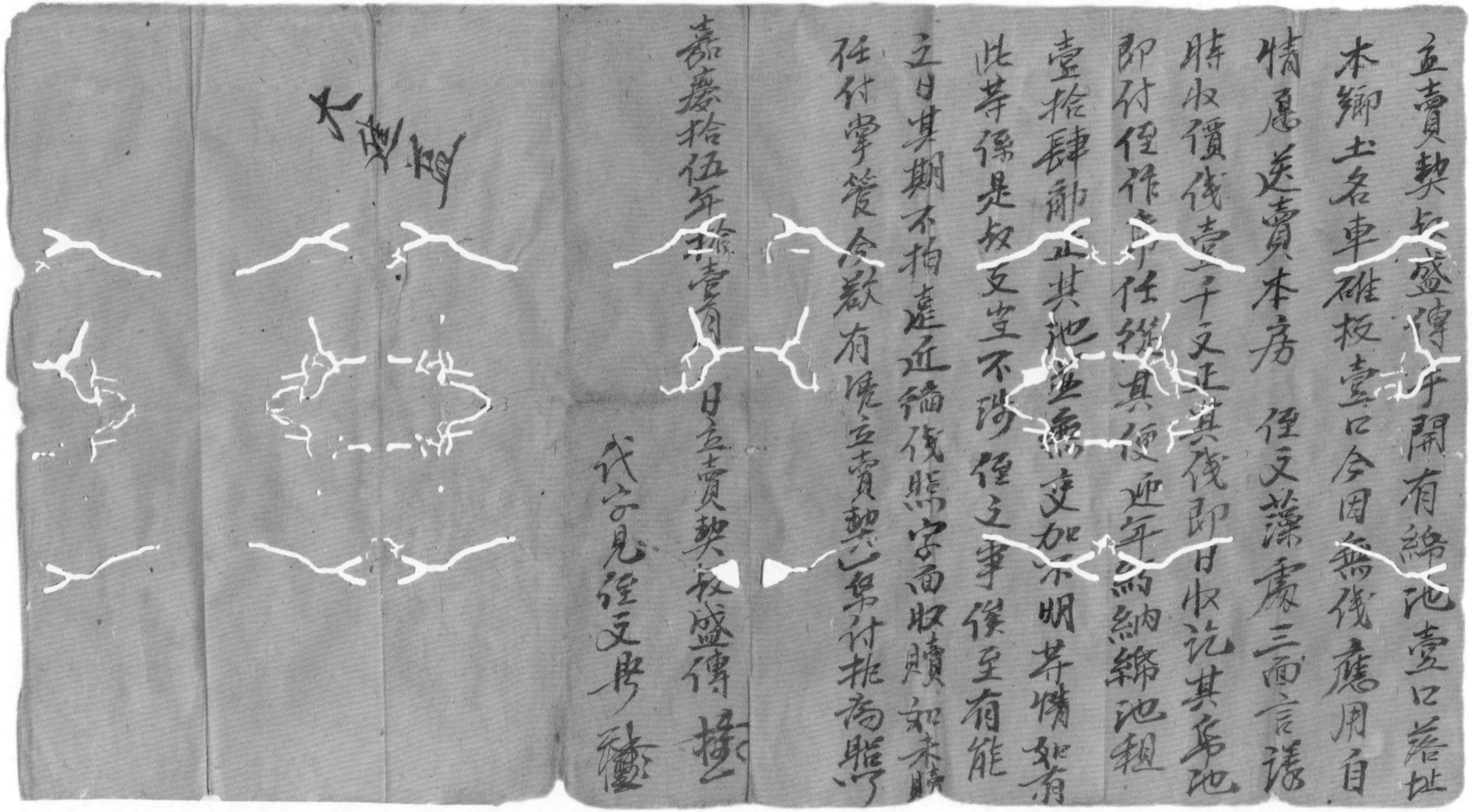
立賣契[illegible]盛傳[illegible]手開有紙池壹口落址
本鄉土名車碓坂壹口今因無錢應用自
情愿送賣本房 侄文藻處三面言議
時收價錢壹千[illegible]文正其錢即日收訖其紙池
即付侄作[illegible]任從其便逐年納鄉池租
壹拾肆[illegible]其池並無[illegible]交加不明并情如有
此等係是叔之事不干侄之事從至有能
立日其期不拘遠近備錢照字面收贖如未贖
任付掌管今欲有憑立賣契一紙付執為照
嘉慶拾伍年十壹月 日立賣契叔盛傳
代字見侄文興

3-1-46-1　清嘉慶十五年十一月黄盛傳立賣紙池契

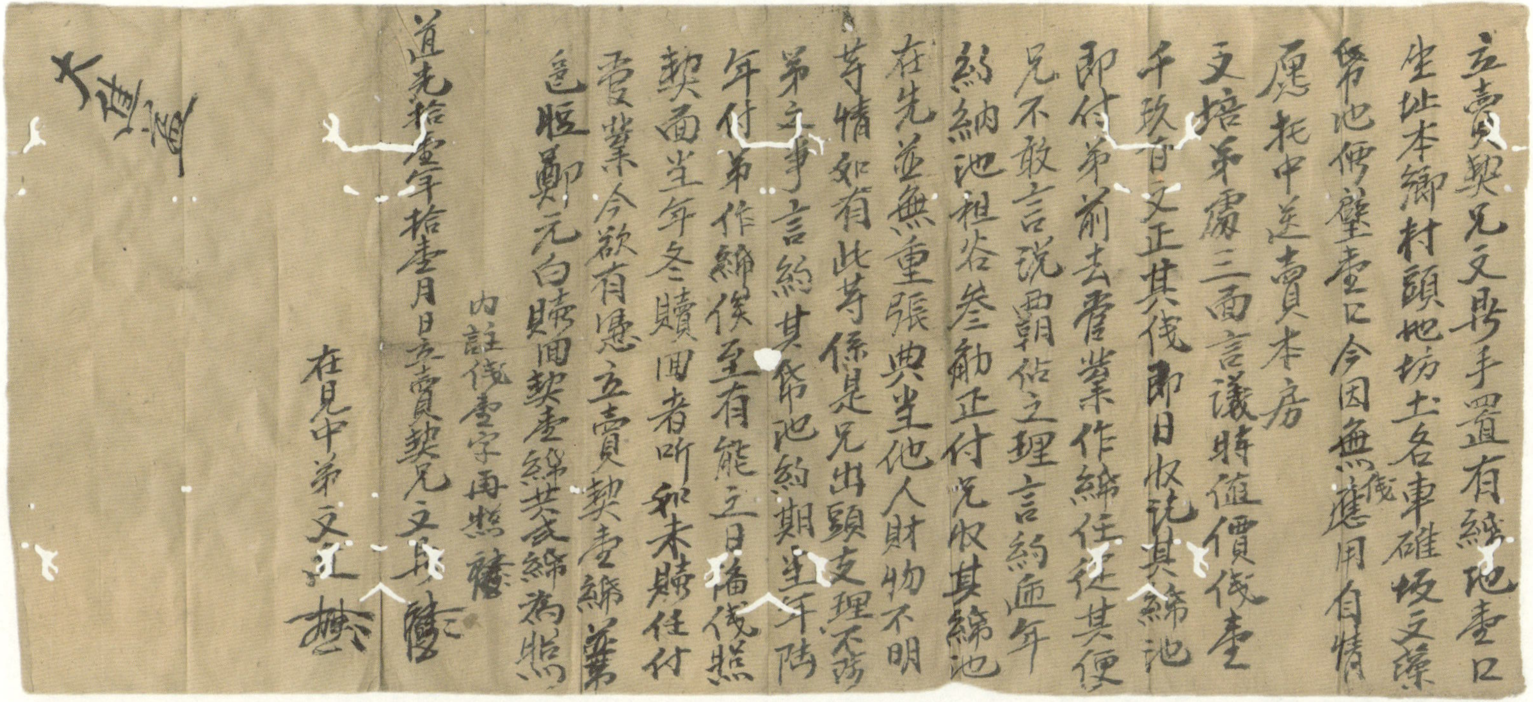
立賣契兄文鼎，手置有紙池壹口，
坐址本鄉村頭地坊，土名車碓坂文藻
紙池傍壁壹口。今因無錢應用，自情
愿托中送賣與本房
文培弟處，三面言議，時值價錢壹
千玖百文正。其錢即日收訖，其紙池
即付弟前去管業作紙，任從其便，
兄不敢言說再翻(?)佔立理言。約面(?)年
納池租谷叁觔正，付兄收。其紙池
在先並無重張典與他人財物不明
等情，如有此等，係是兄出頭支理，不涉
弟之事。言約其紙池約期至年陸(?)
年付弟作紙，候至有能之日備錢照
契面坐年冬贖回者，听，如未贖，任付
管業。今欲有憑，立賣契壹紙為照。
邑(?)脰(?)鄭元白贖回契壹紙共貳紙為照。
內註錢壹字，再照。
道光拾壹年拾壹月　日立賣契兄文鼎
在見中弟文江
大吉(?)

3-1-46-2　清道光十一年十一月黃文鼎立賣紙池契

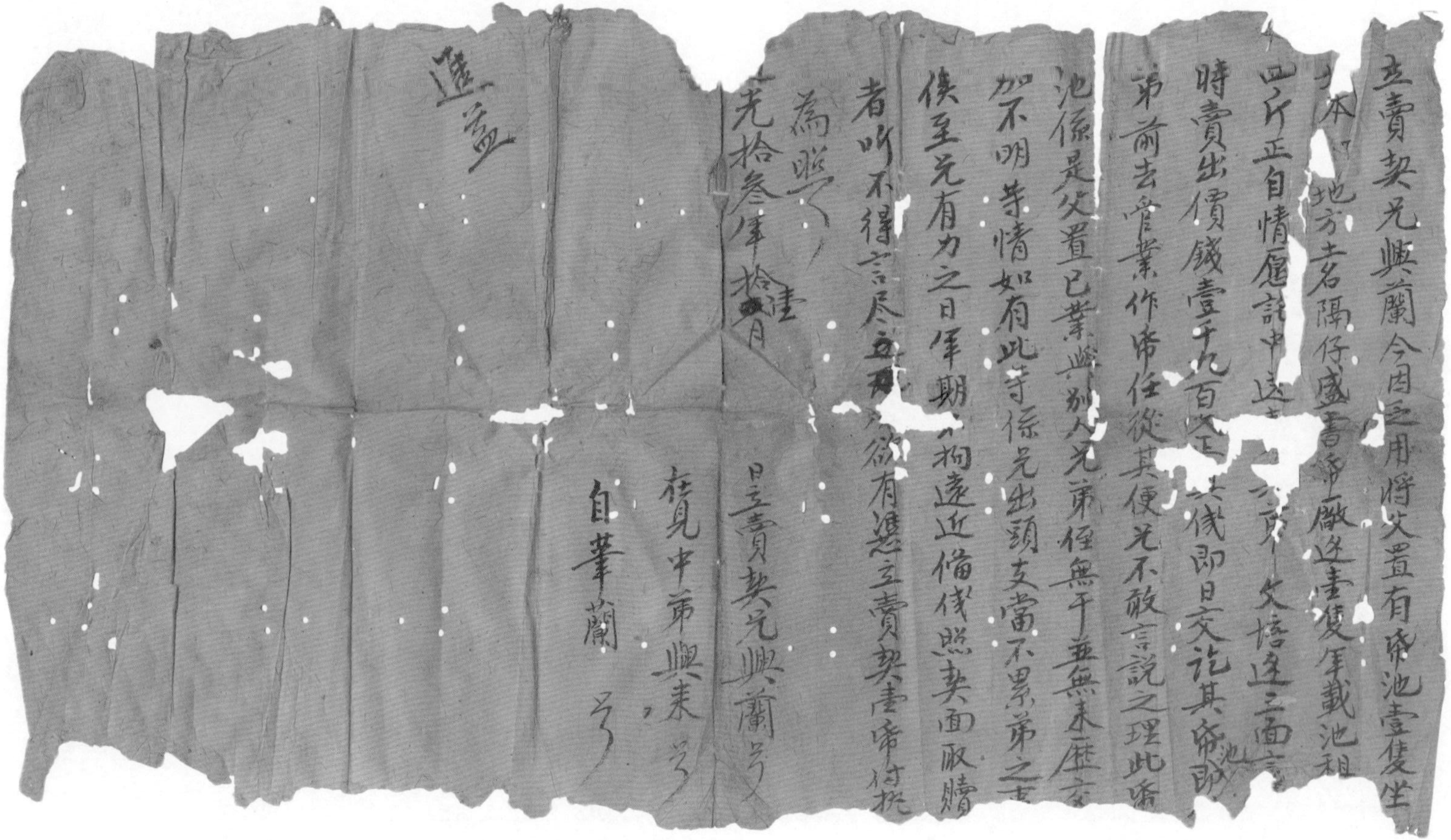
立賣契兄興蘭今因乏用將父置有紙池壹隻坐
本[illegible]地方土名隔仔盛[illegible]廠逐年載池租
四斤正自情愿託中送[illegible]文培送三面言
時賣出價錢壹千九百文正其錢即日交訖其紙池
弟前去管業作紙任從其便兄不敢言說之理此紙
池係是父置己業與別人兄弟侄無干並無來歷交
加不明等情如有此等係兄出頭支當不累弟之事
俟至兄有力之日年期不拘遠近備價照契面取贖
者所不得言今欲有憑立賣契壹紙付執
為照
道光拾叁年拾壹月　日
立賣契兄興蘭　号
在見中弟興耒　号
自筆蘭　号
進益

3-1-46-3　清道光十三年十一月黃興蘭立賣紙池契

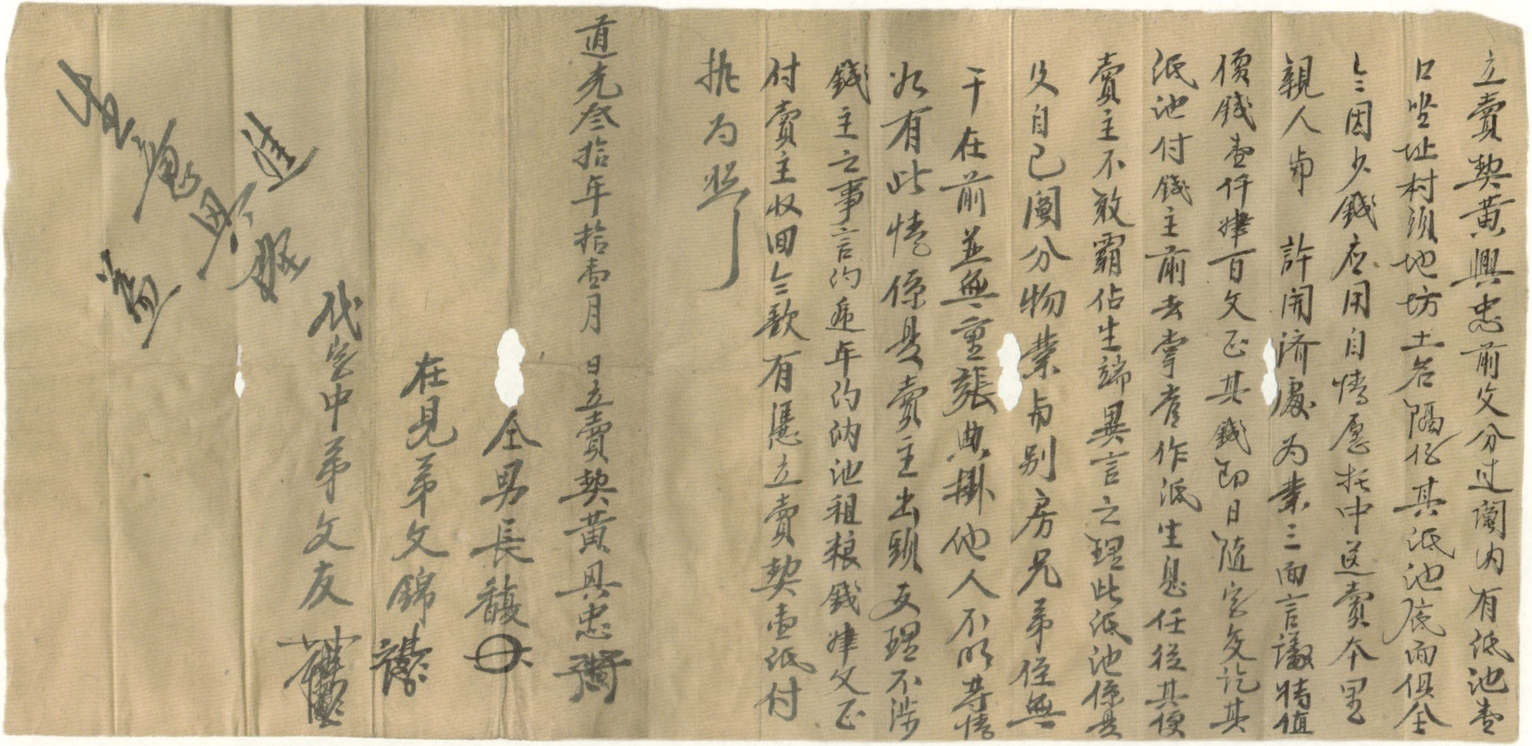
立賣契黃興忠前父分过閫內有紙池壹
口坐址村頭地坊土名隔仔其紙池底面俱全
今因乏錢應用自情愿托中送賣本宗
親人弟　許閑濟處為業三面言議時值
價錢壹仟肆百文正其錢即日隨字交訖其
紙池付錢主前去掌管作紙生息任從其便
賣主不敢霸佔生端異言之理此紙池係興
及自己閫分物業與別房兄弟侄無
干在前並無重張典掛他人不明等情
如有此情係興賣主出頭支理不涉
錢主之事言約逐年仍納池租粮錢肆文正
付賣主收回之款有憑立賣契壹紙付
批為照
道光叁拾年拾壹月　日立賣契黃興忠
仝男長馥
在見弟文錦
代字中弟文友

3-1-46-4　清道光三十年十一月黃興忠等立賣紙池契

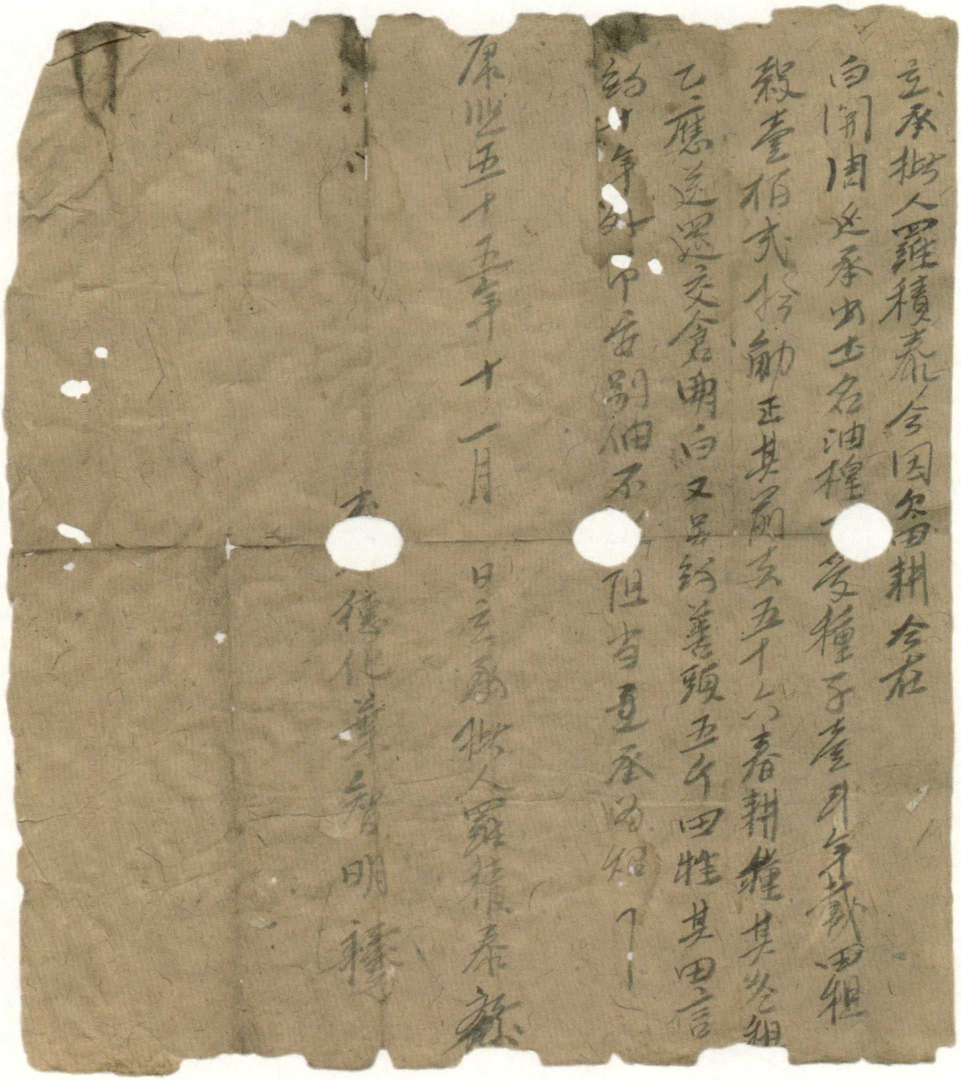
立承批人羅積泰今因無田耕今在
白開周廷承出土名油湟一□受種子壹升年載田租
穀壹佰式拾觔正其穀言定五十六春耕種其谷租
一應送還交倉明白又另約姜頭五斤田牲其田言
約□年□□每別佃不□阻当立承為炤了
康熙五十五年十一月　日立承批人羅積泰（押）
在[illegible]積代筆叔明穆

3-1-47-1　清康熙五十五年十一月羅積泰立承批油湟字

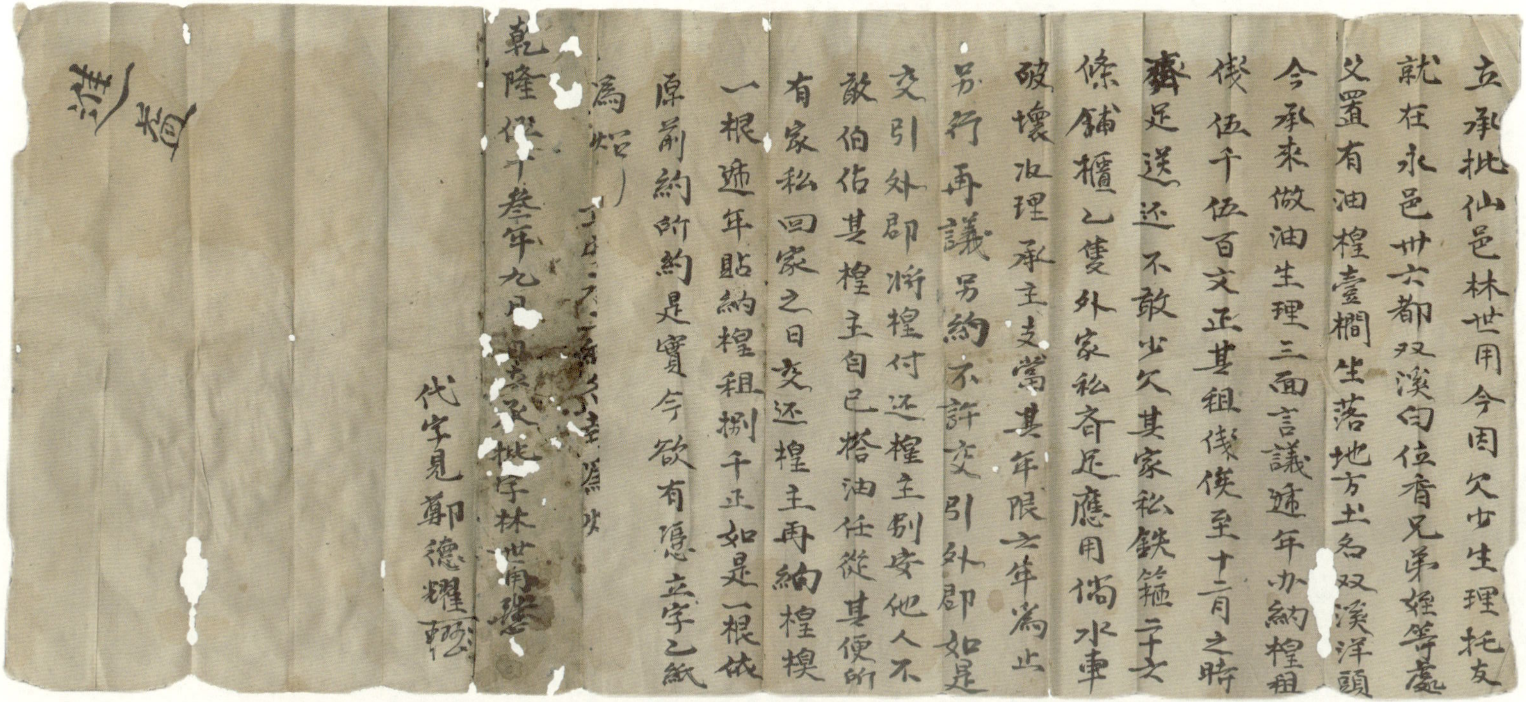
立承批仙邑林世用今因父子生理托友
就在永邑廿六都双溪口位香兄弟侄等處
買置有油楻壹棡生落地方土名双溪洋頭
今承來做油生理三面言議逐年办納楻租
銀伍千伍百文正其租銀俟至十月之時
齊足送还不敢少欠其家私鉄箍二千文
條鋪櫃乙隻外家私奇足應用倘水車
破壞水理承主支當其年限六年爲止
另行再議另約不許交引外郡如是
交引外郡將楻付还楻主别安他人不
敢伯佔其楻主自己搭油任從其便所
有家私回家之日交还楻主再納楻模
一根逐年貼納楻租捌千正如是一根依
原前約所約是實今欲有憑立字乙紙
爲炤）
乾隆伍拾叁年九月　日立承批字林世用
代字見鄭德耀
批照

3-1-47-2　清乾隆五十三年九月仙游林世用立承批油楻字

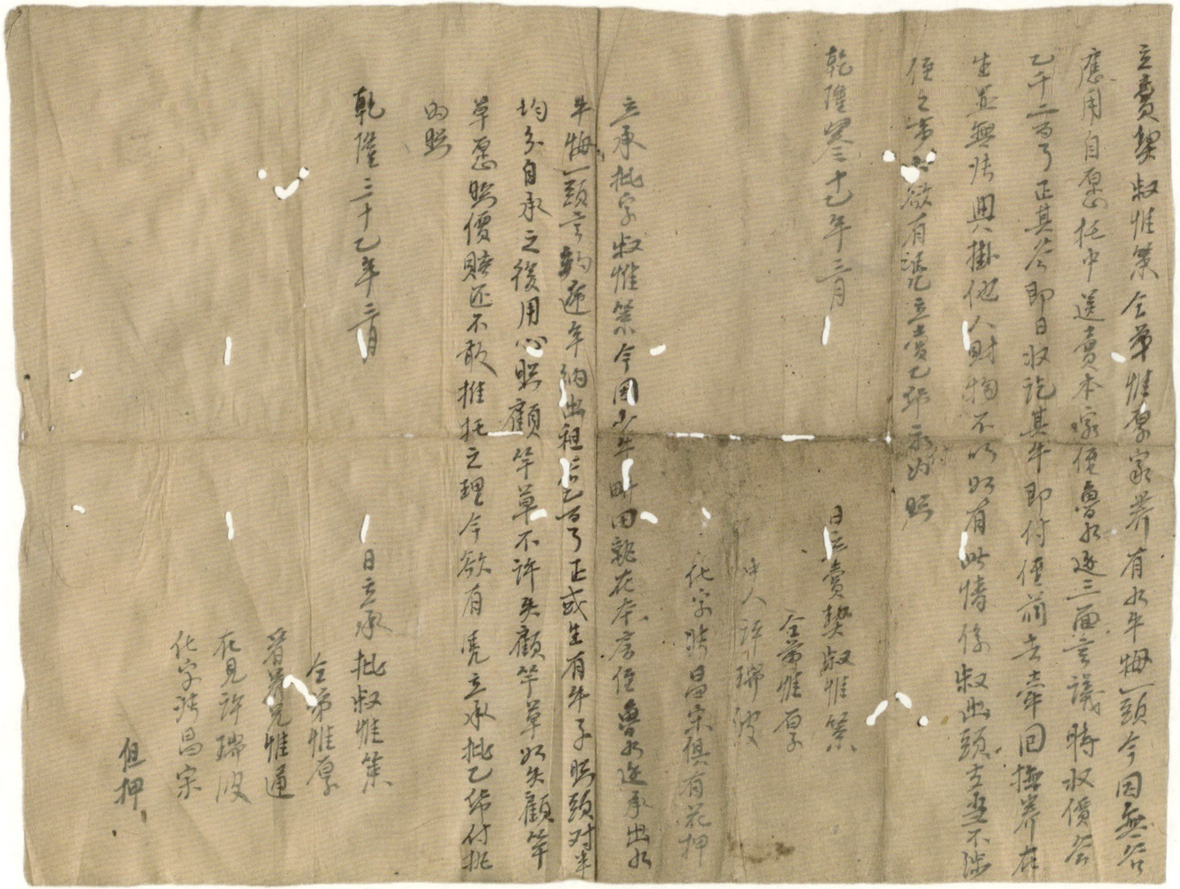

3-1-48-1　清乾隆三十一年三月黃惟策等立賣水牛牳契

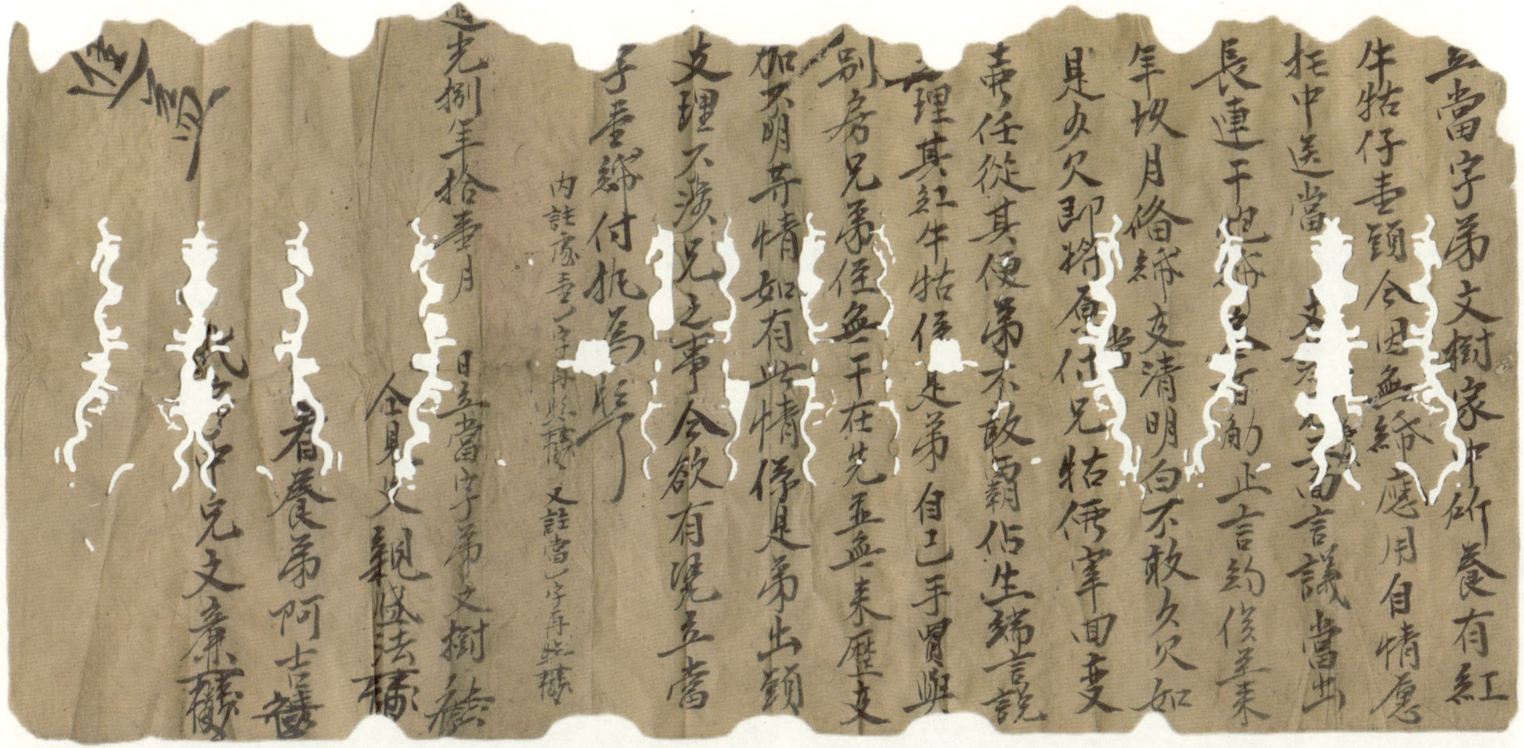

立當字弟文樹家中所養有紅
牛牯仔壹頭今因無錢應用自情愿
托中送當[illegible]文[illegible]言議當出
長連千[illegible]面上言約俟至來
年收月備錢[illegible]交清明白不敢久欠如
是久欠即將原付兄牯[illegible]牽回變
賣任從其便弟不敢霸佔生端言說
一理其紅牛牯係是弟自己手買與
別房兄弟侄無干在先並無來歷交
加不明等情如有此情係是弟出頭
支理不涉兄之事今欲有憑立當
字壹紙付執爲照。
內註處壹字再照　又註當一字再照
道光捌年拾壹月　日立當字弟文樹
全見叔文飄、[illegible]法
在見弟阿吉
代筆兄文廉
[illegible]

3-1-48-2　清道光八年十一月黄文樹立當紅牛牯仔字

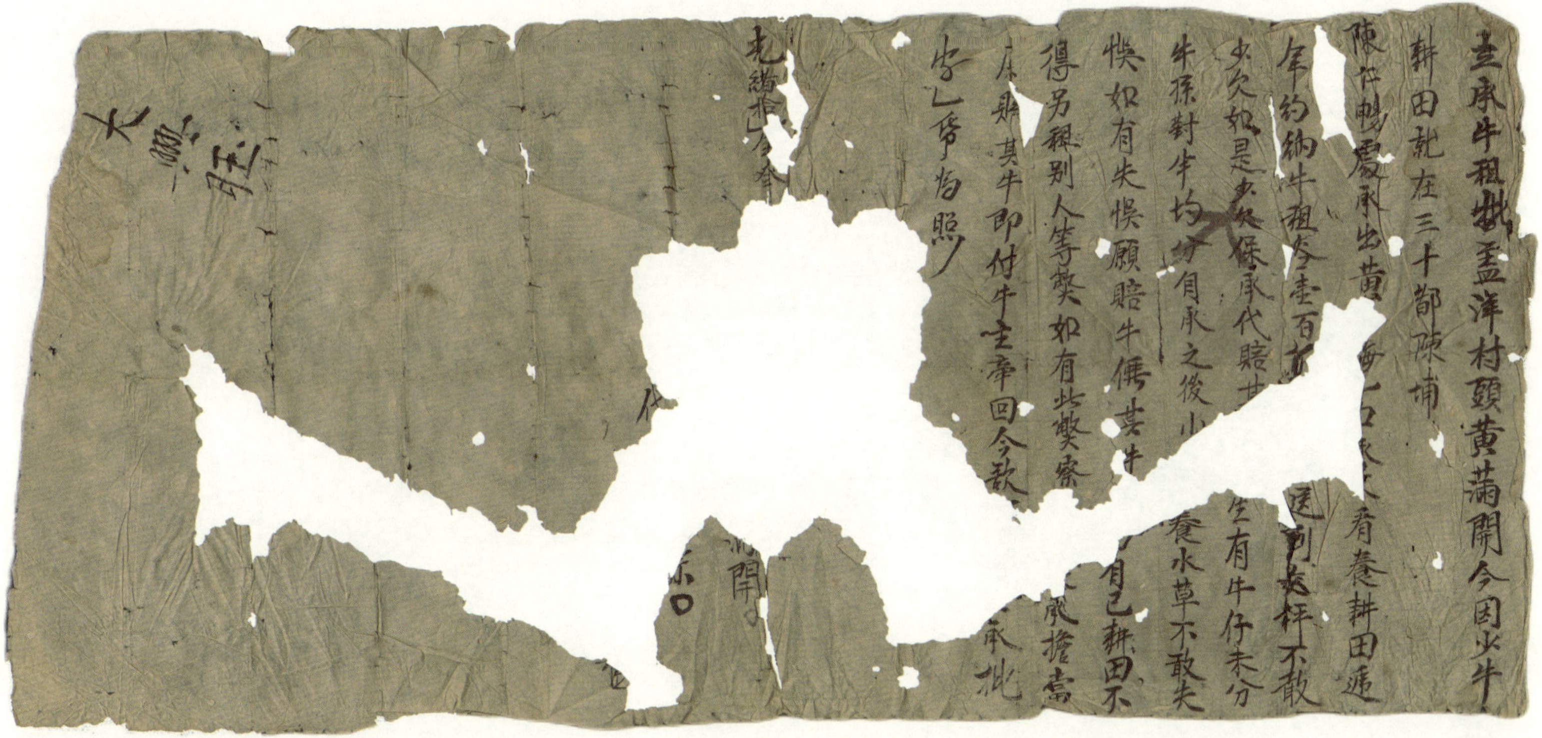

3-1-48-3 清光緒十一年三月黄滿開立承牛租批字

八閩文庫

八閩文庫

專題彙編

第二種

福建民間契約文書

厦門大學民間歷史文獻研究中心 編

鄭振滿 主編

13

海峽出版發行集團
THE STRAITS PUBLISHING & DISTRIBUTING GROUP
福建人民出版社

本册目録

第三卷　永泰縣蓋洋鄉碓頭村契約文書（二）

第一帙　黄財法户

第三卷　永泰縣蓋洋鄉碓頭村契約文書（二）

本卷主編　周煜翔

第一帙　黄財法户

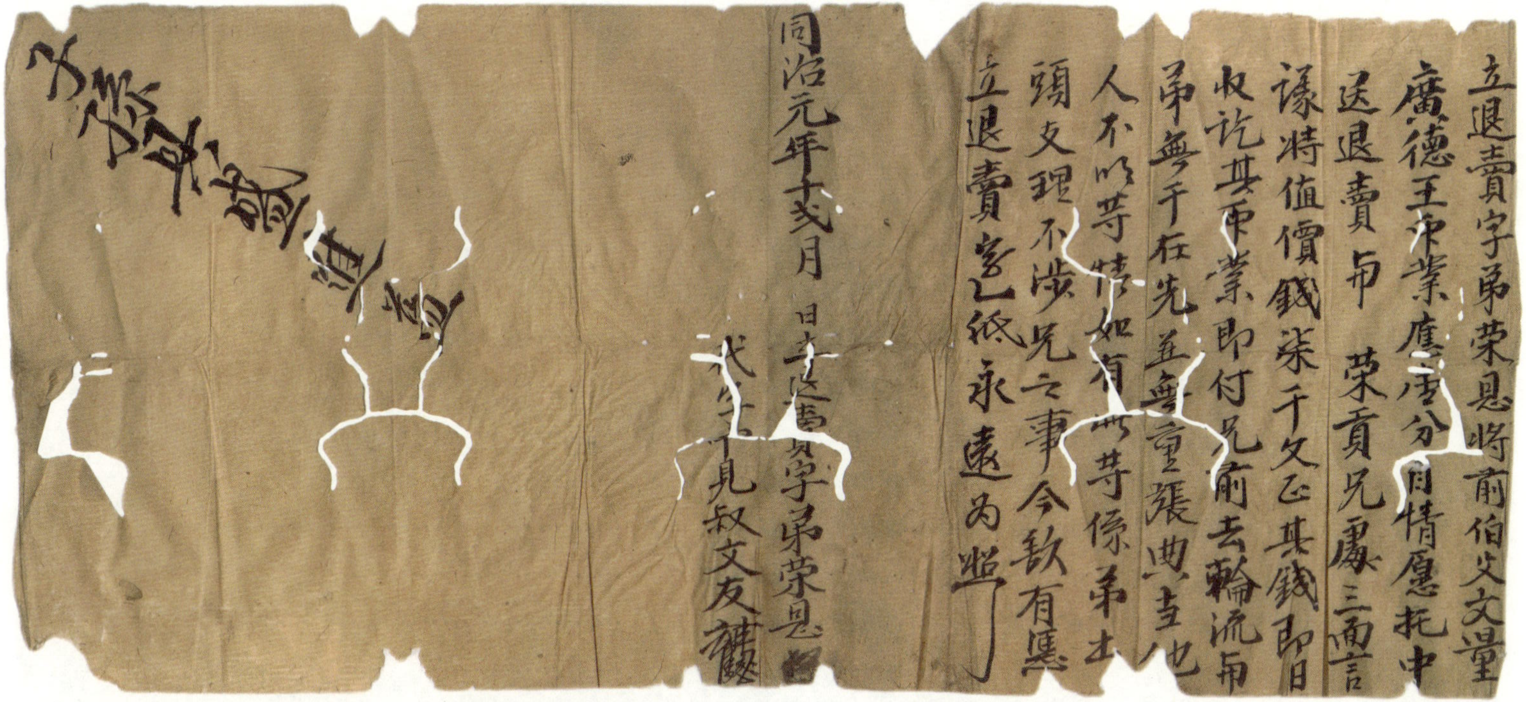

立退賣字弟榮恩將前伯父文量
廣德王會業應分自情愿托中
送退賣與　榮貢兄邊三面言
議時值價錢柒千文正其錢即日
收訖其會業即付兄前去輪流爲
業無干在先並無重張典當也
人不得等情如有此等係弟支
頭支理不涉兄之事今欲有憑
立退賣字一紙永遠爲照

同治元年十弍月　日立退賣字弟榮恩
代字見叔文友

3-1-49-1　清同治元年十二月黄榮恩立退賣廣德王會社股份字

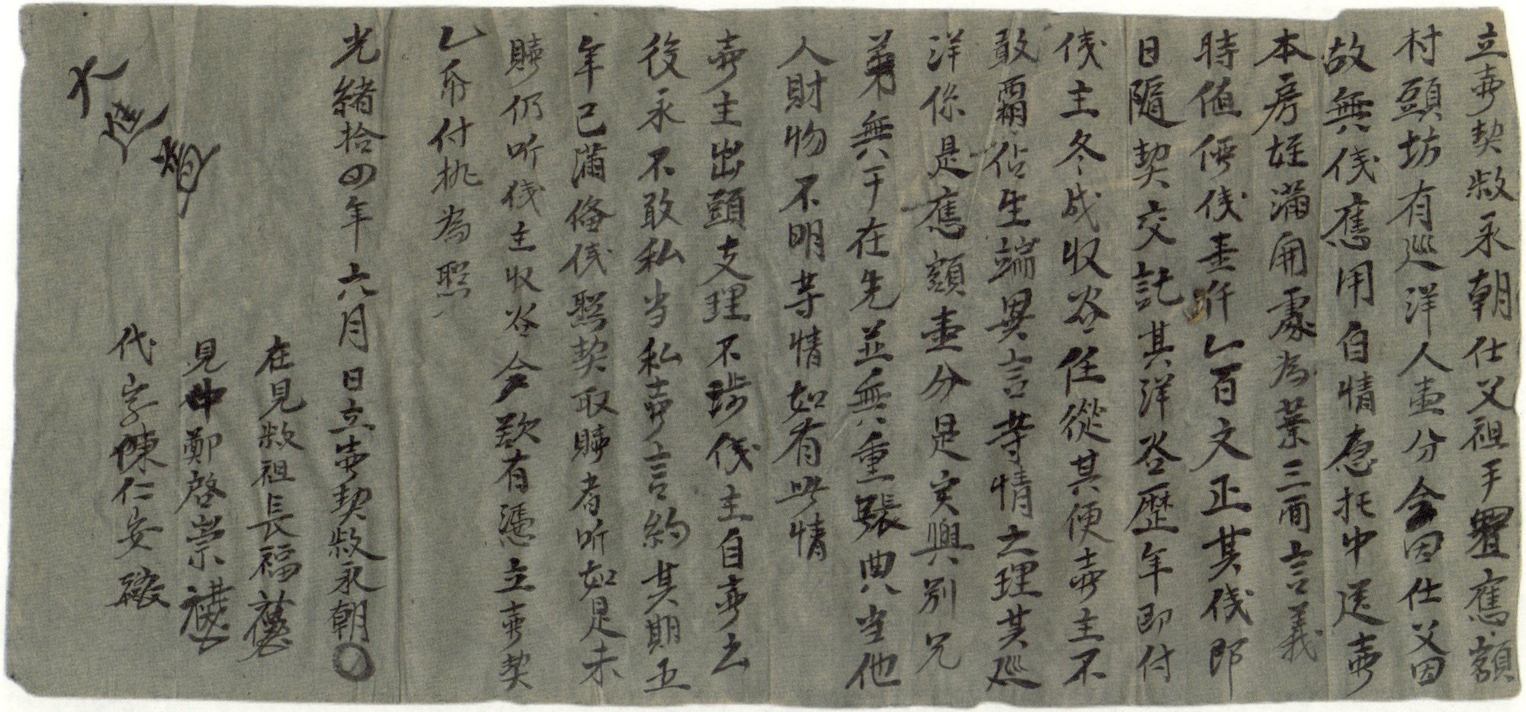
立賣契叔永朝仕又祖手置應額
村頭坊有巡洋人壹分，今因仕又因
故無錢應用，自情愿托中送賣
本房姪滿角處為業，三面言議
時值價錢壹仟弍百文正，其錢即
日隨契交訖，其洋登歷年即付
錢主冬成收谷，任從其便，賣主不
敢覇佔生端異言等情之理，其巡
洋係是應額壹分，是實，與別兄
弟無干，在先並無重張典當他
人財物不明等情，如有此情
賣主出頭支理，不涉錢主自賣之
後，永不敢私當私賣。言約其期五
年已滿，備錢照契取贖者听，如是未
贖，仍听錢主收谷。今欲有憑，立賣契
一紙付执為照。
光緒拾四年六月　日立賣契叔永朝（押）
在見叔祖長福（押）
見中鄭啓崇（押）
代字陳仁安（押）
大進吉

3-1-49-2　清光緒十四年六月黃永朝立賣巡洋人股份契

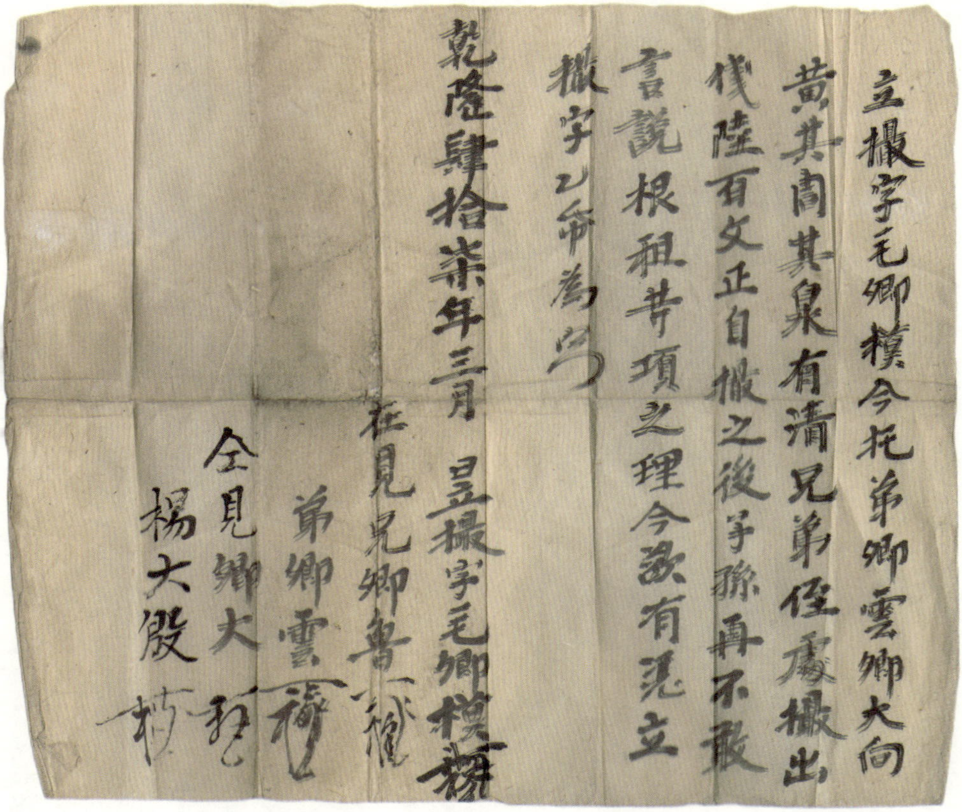
立撮字毛卿模今托弟卿雲卿大向
黄其甫其泉有清兄弟侄處撮出
伐陸百文正自撮之後子孫再不敢
言說根租等項之理今欲有憑立
撮字乙紙為照
乾隆肆拾柒年三月　日立撮字毛卿模
在見兄卿魯
弟卿雲
仝見卿大
楊大殷

3-1-50-1　清乾隆四十七年三月毛卿模立撮字

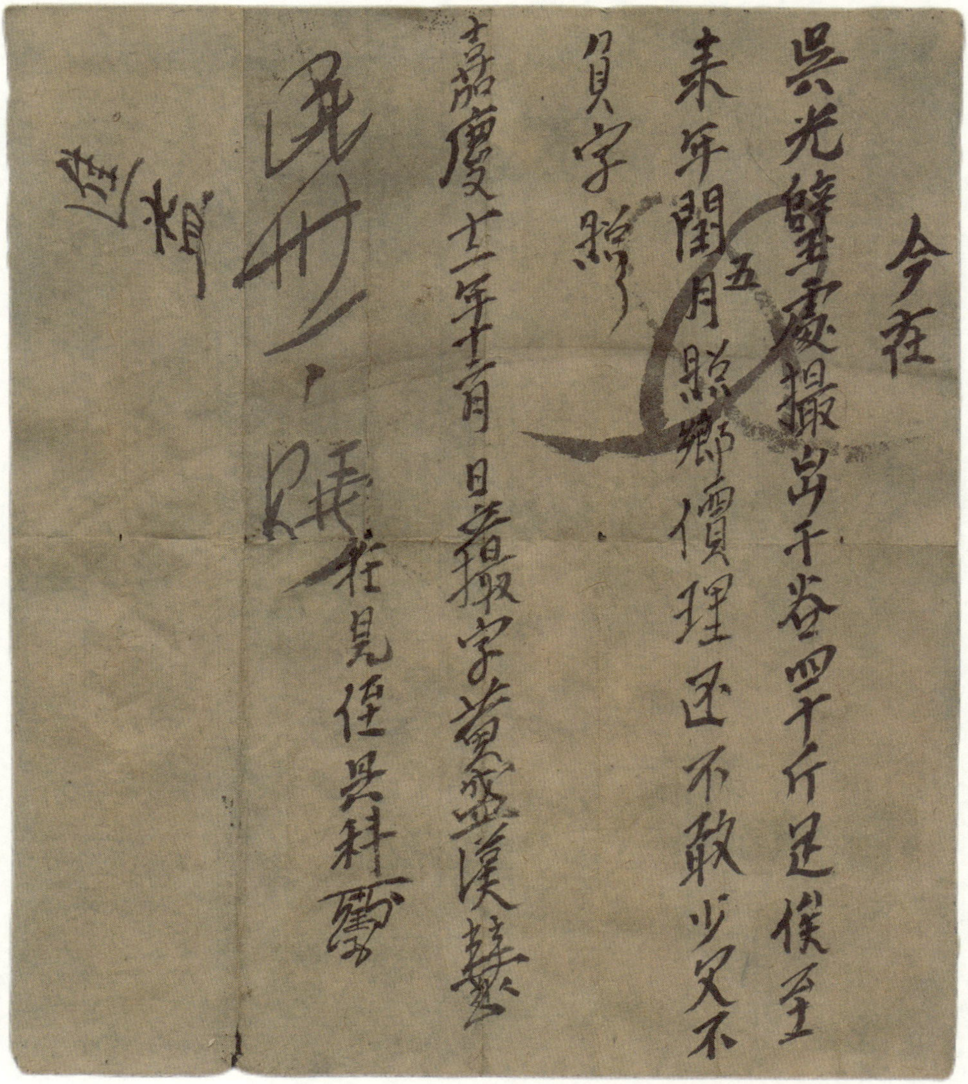
今在
吳光璧處撮出千谷四十斤足，候至
來年閏五月照鄉價理還，不敢少欠。不
負字照。
嘉慶十一年十一月　日立撮字黃盛漢（押）
在見侄吳科（押）
民卅八　賬
連粮

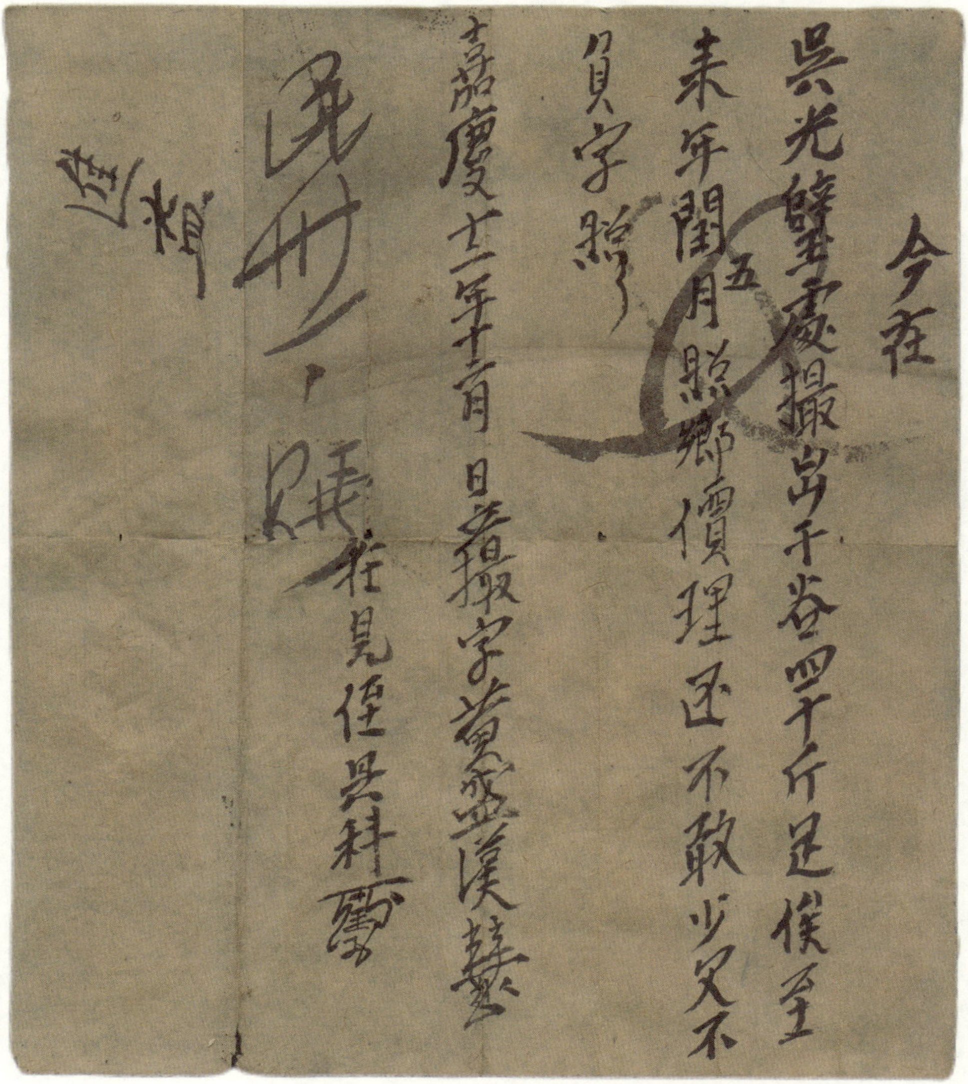

3-1-50-2　清嘉慶十一年十一月黃盛漢立撮字（廢契）

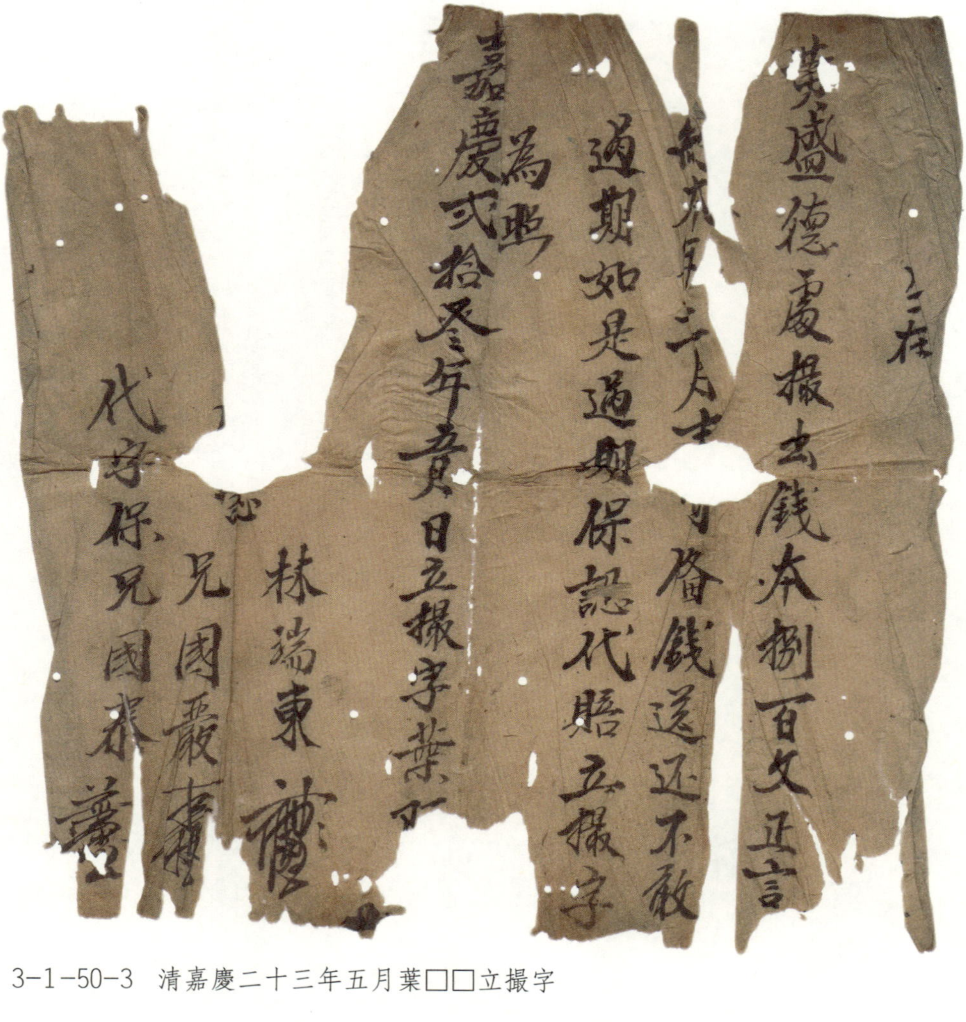
立撮字葉盛德處撮出錢本捌百文正言
在
限來年二月十
將備錢送还不敢
過期如是過期保認代賠立撮字
為照
嘉慶弍拾叁年五月日立撮字葉
林瑞東
兄國嚴
代字保兄國森

3-1-50-3　清嘉慶二十三年五月葉□□立撮字

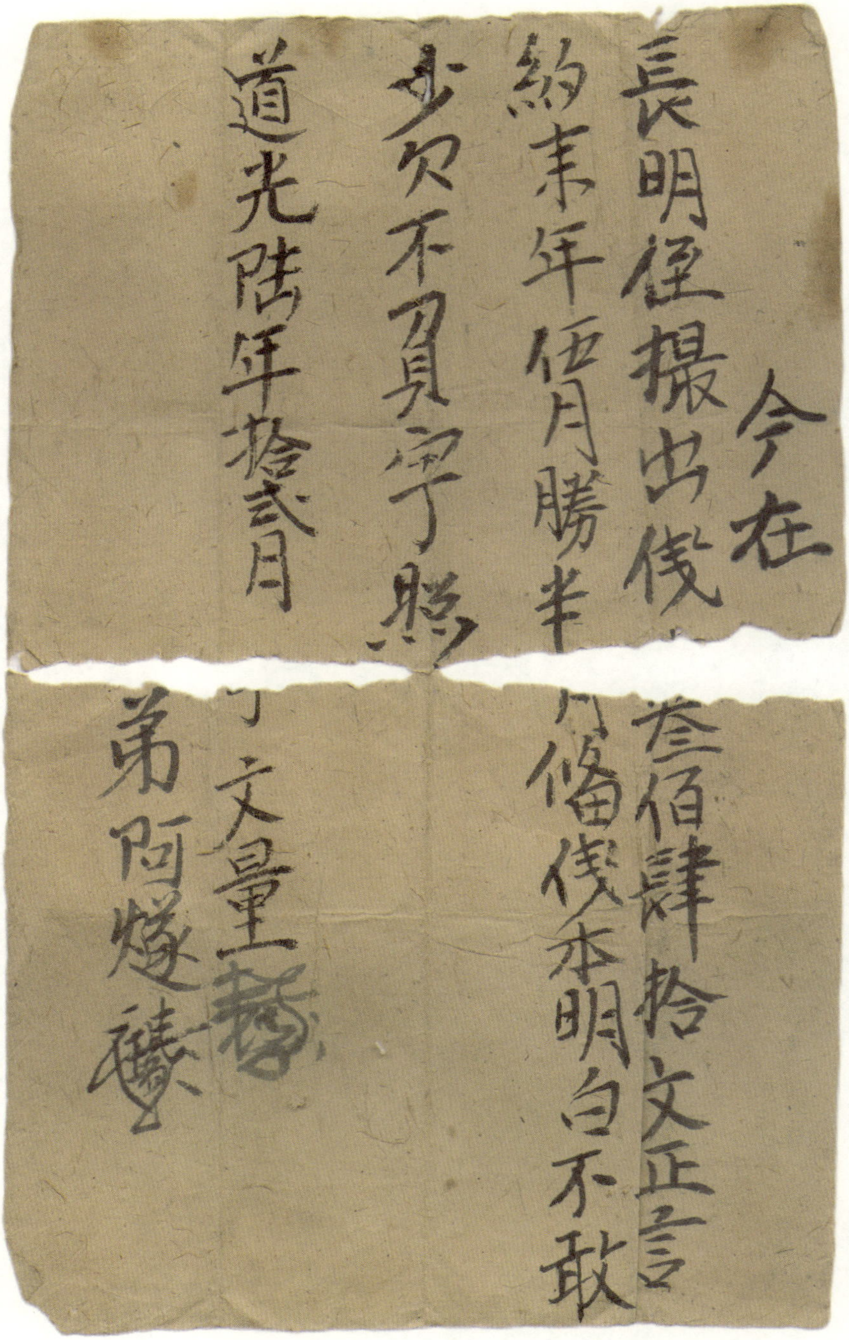
今在
長明侄撮出錢叁佰肆拾文正言
約來年伍月勝半月備錢來明白不敢
少欠不負字照
道光陸年拾貳月　文量立（押）
弟阿燧（押）

3-1-50-4　清道光六年十二月黄文量立撮字

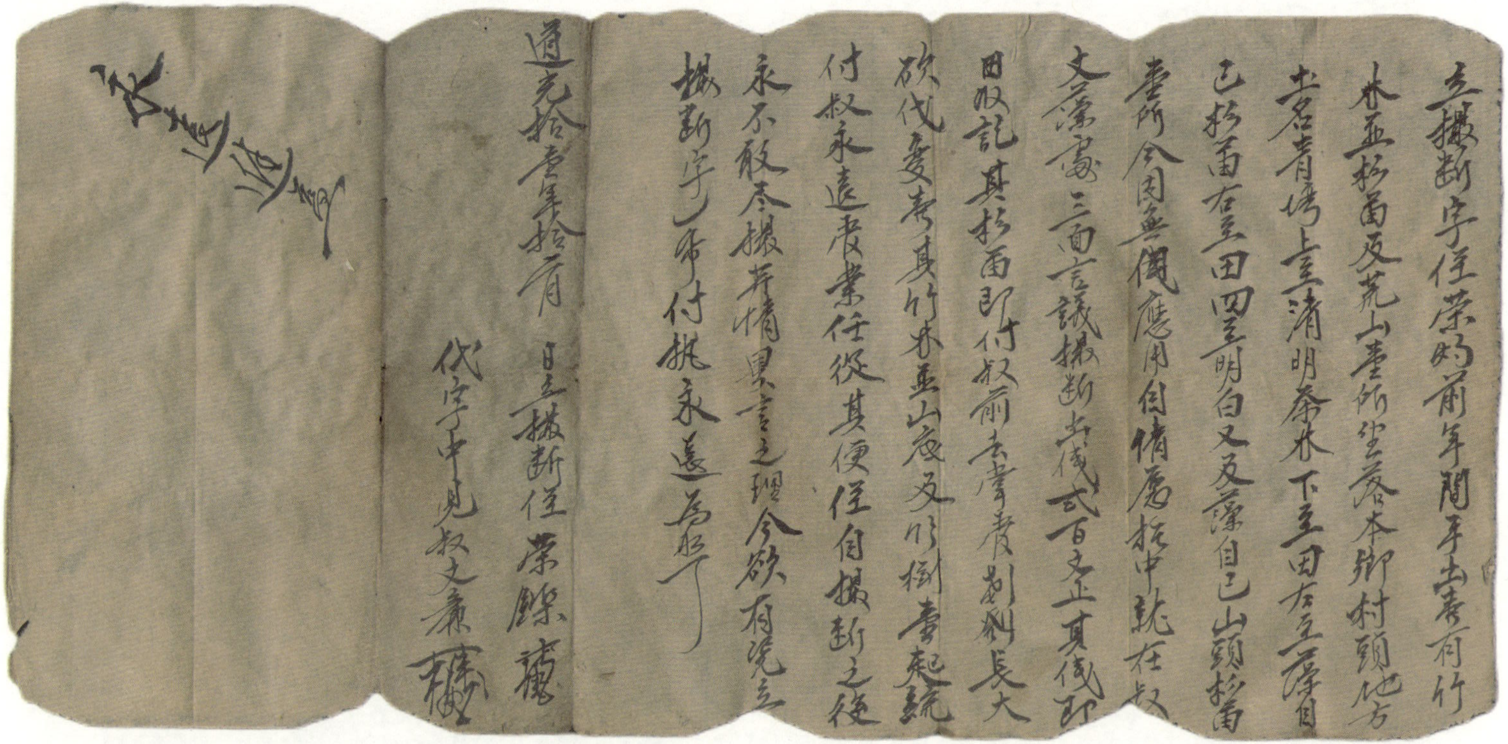
立撮斷字侄荣灼前年間手出有竹
木並杉苗及荒山壹所坐落本鄉村頭地方
土名青塘上至清明茶林下至田右至澤自
己杉苗左至田四至明白又及澤自己山頭杉苗
壹所今因無錢應用自情愿托中就在叔
文濂處三面言議撮斷出錢貳百文正其錢即
日收訖其杉苗即付叔前去掌管剃削長大
砍伐變賣其竹木並山底及所樹壹起統
付叔永遠管業任從其便侄自撮斷之後
永不敢來撮并情異言之理今欲有憑立
撮斷字一帋付執永遠爲照
道光拾壹年拾貳月　日立撮斷侄荣灼
代字中見叔文濂

3-1-50-5 清道光十一年十二月黄荣灼立撮斷竹木等字

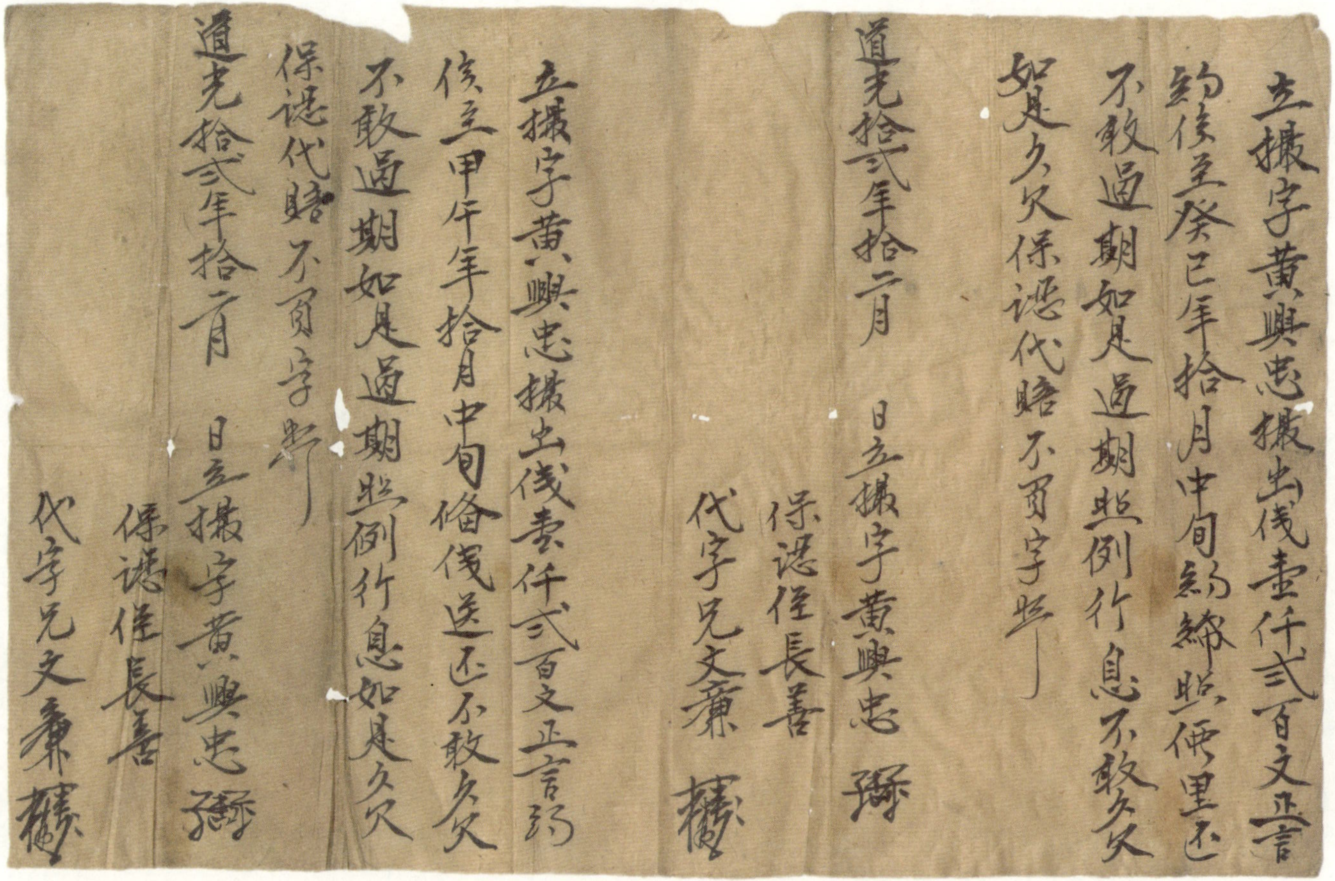

立撮字黄興忠撮出錢壹仟弍百文正言
約係至癸巳年拾月中旬約歸照便里还
不敢過期如是過期照例行息不敢久欠
如是久欠保認代賠不貿字照
道光拾弍年拾二月　日立撮字黄興忠
保認侄長善
代字兄文廉

立撮字黄興忠撮出錢壹仟弍百文正言約
係至甲午年拾月中旬備錢送还不敢久欠
不敢過期如是過期照例行息如是久欠
保認代賠不貿字照
道光拾弍年拾二月　日立撮字黄興忠
保認侄長善
代字兄文廉

3-1-50-6　清道光十二年十二月黄興忠立撮字

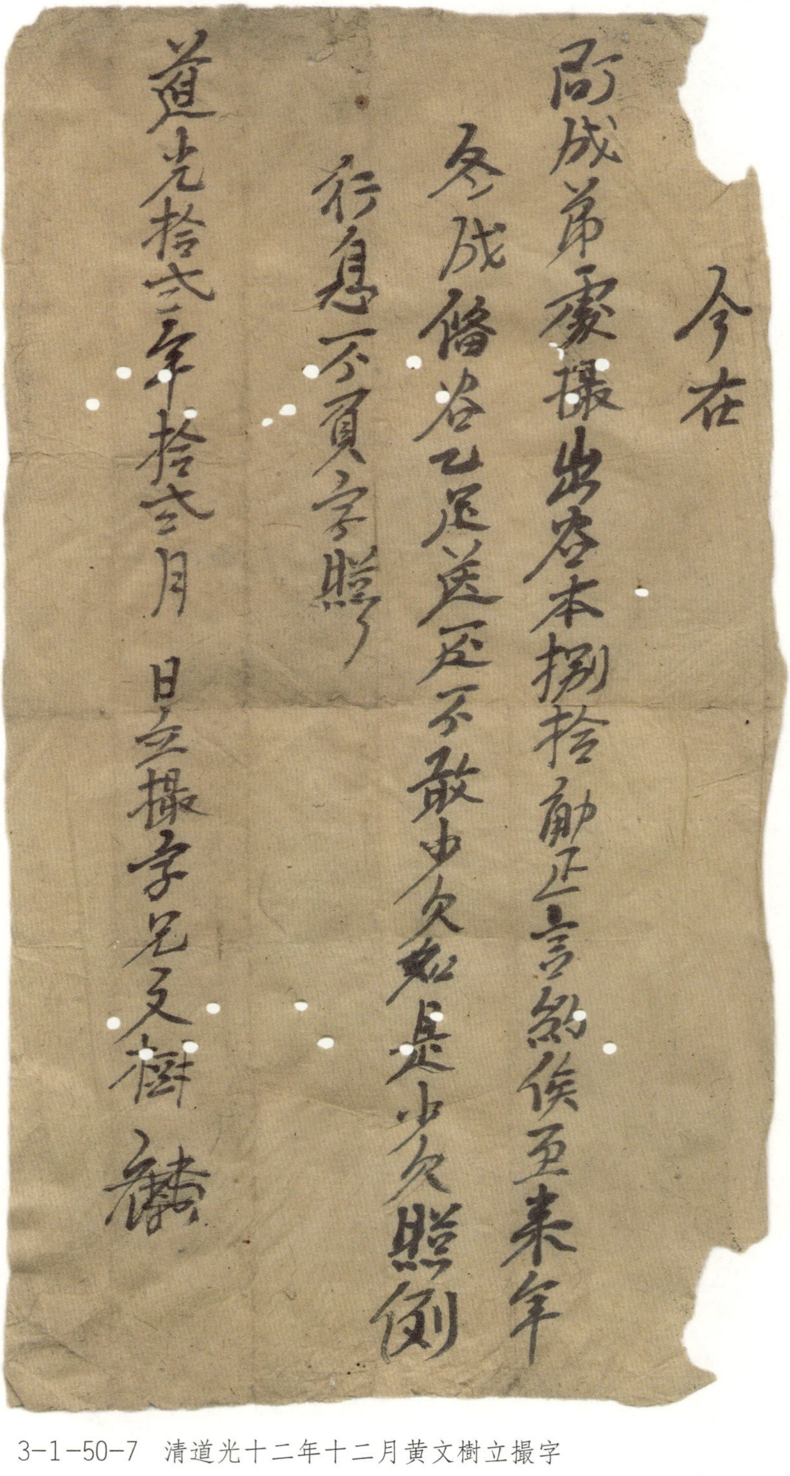
今在
房成弟處撮出谷本捌拾觔正言約俟至來年
冬成備谷乙足送还不敢少欠如是少欠照例
行息不負字照
道光拾弍年拾弍月　日立撮字兄文樹

3-1-50-7　清道光十二年十二月黄文樹立撮字

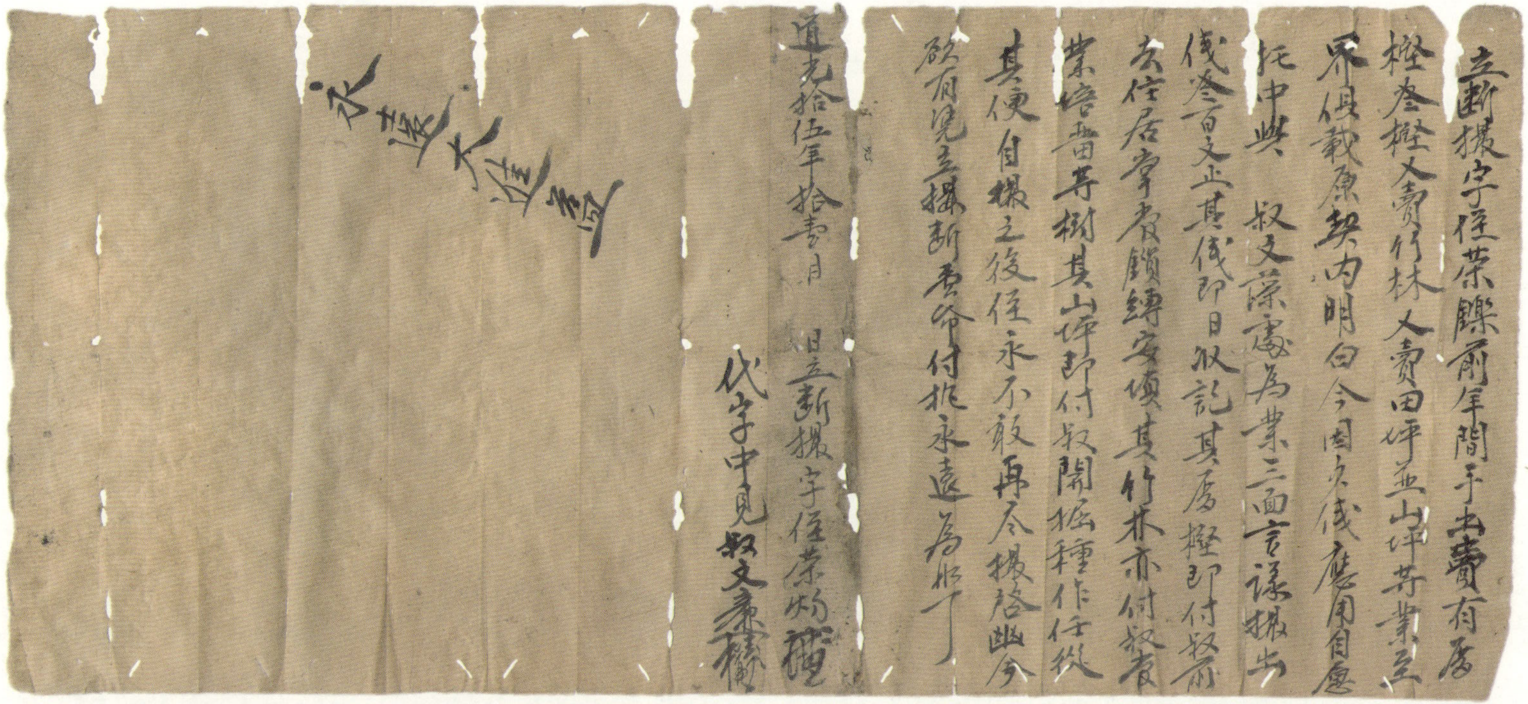

立斷撮字侄荣鑅前年間手出賣有厝
墪叁墪又賣竹林又賣田坪並山坪等業至
界俱載原契內明白今因欠錢應用自愿
托中與　叔文琮處為業三面言議撮出
錢叁百文正其錢即日收訖其厝墪即付叔前
去住居掌管鎖縛安頓其竹林亦付叔管
業培畨等樹其山坪即付叔開掘種作任從
其便自撮之後侄永不敢再尽撮啓幽今
欲有憑立撮斷壹紙付批永遠為炤

道光拾伍年拾壹月　日立斷撮字侄荣鑅（押）
代字中見叔文康（押）

永遠大吉

3-1-50-8　清道光十五年十一月黄荣鑅立撮斷厝墪等字

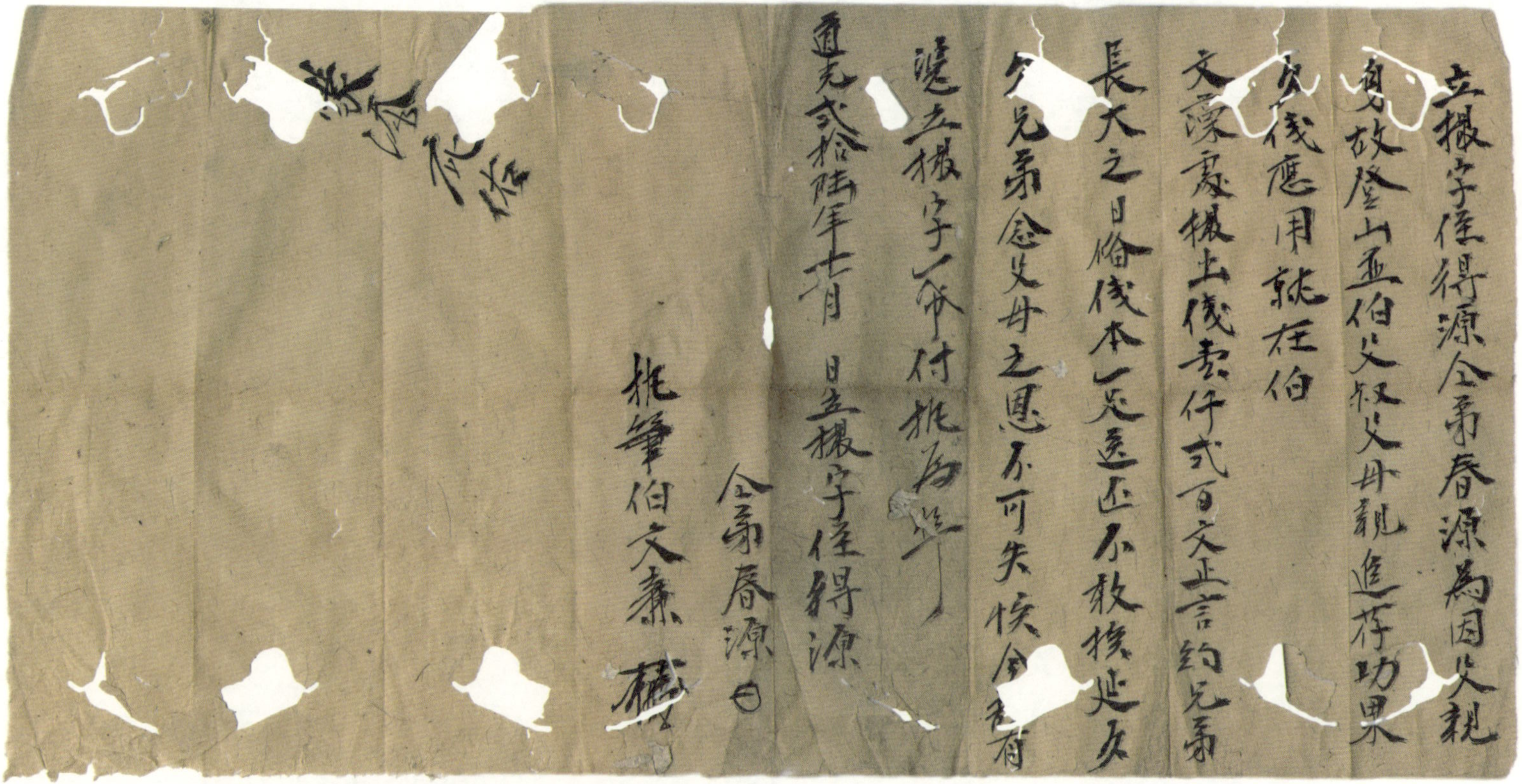
立撮字侄得源仝弟春源爲因父親
身故登山並伯父叔父母親進存功果
分錢應用就在伯
文豪處撮出錢壹仟貳百文正言約兄弟
長大之日倫錢本一足送還不敢拖延父
兮兄弟念父母之恩不可失恢今有
憑立撮字一紙付執爲照
道光貳拾陸年十一月 日立撮字侄得源
仝弟春源 押
執筆伯文兼 押

3-1-50-9 清道光二十六年十一月黄得源等立撮字

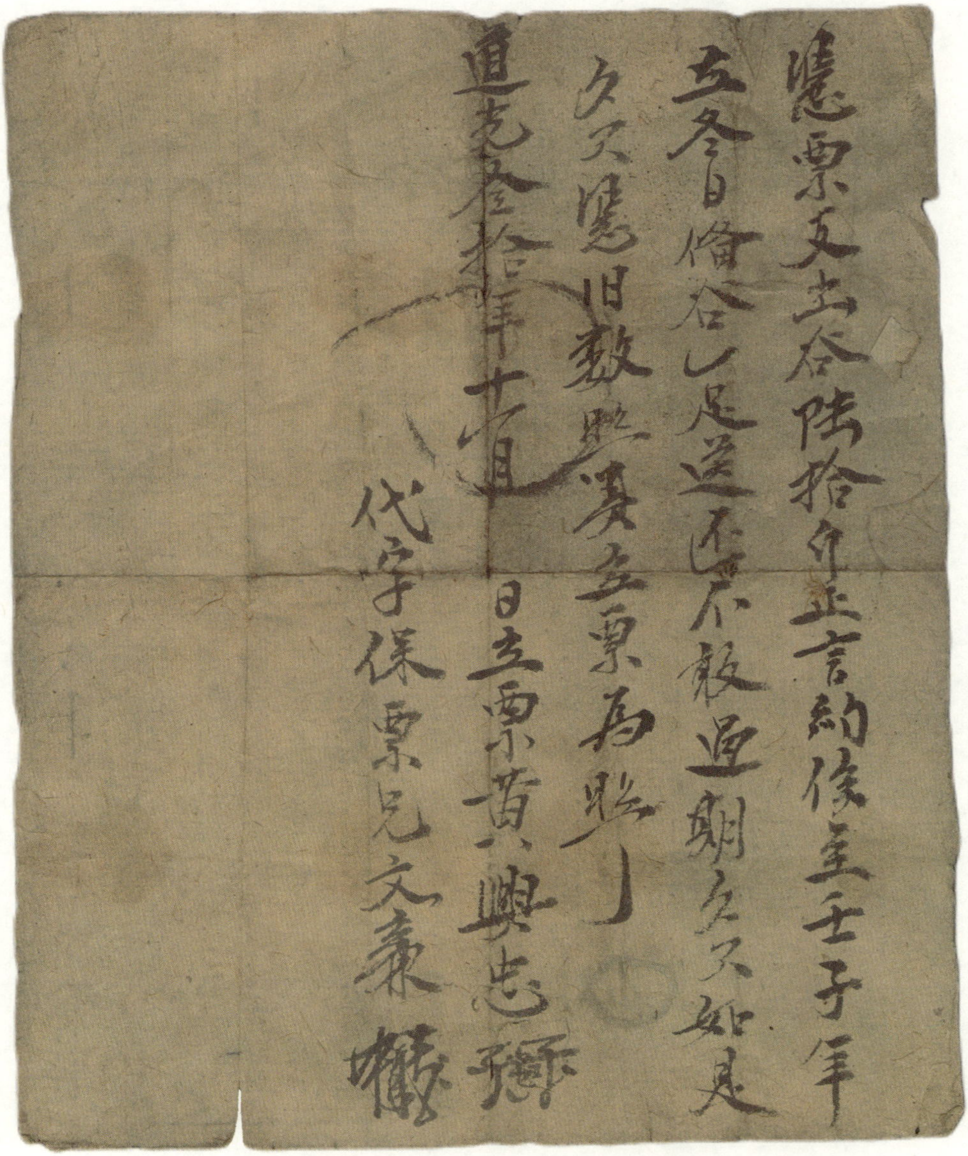
憑票支出谷陸拾斤正言約係至壬子年
立冬日備谷一足送還不敢逾期如是
久欠憑舊數照算立票為照
道光叁拾年十一月　日立票黃興忠（押）
代字保票兄文秉（押）

3-1-51-1　清道光三十年十一月黃興忠立支穀憑票（廢契）

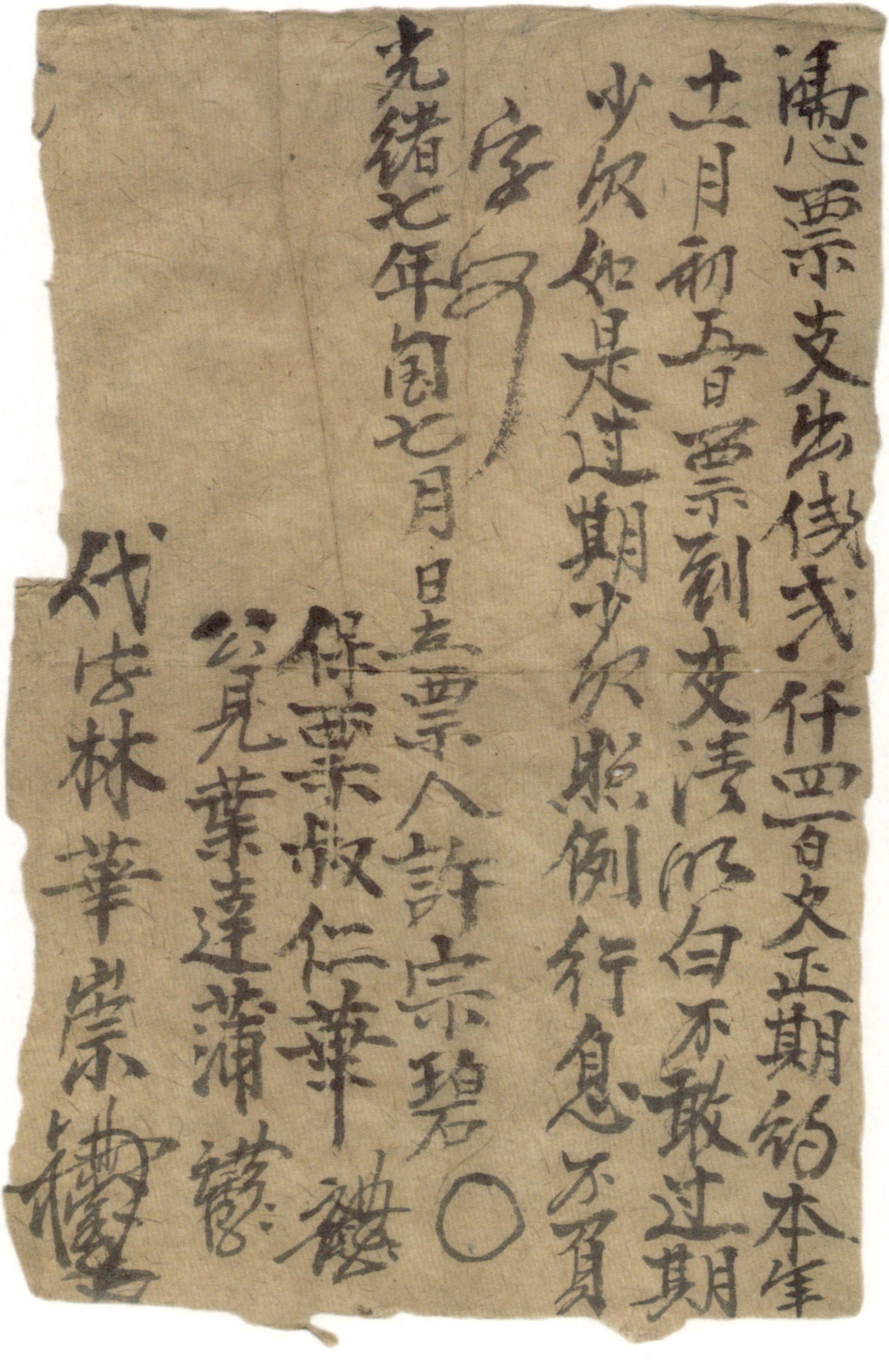

憑票支出錢式仟四百文正，期約本年十月初五日照票到交清，以白不敢過期少欠，如是過期少欠，照例行息，不負字約。

光緒七年閏七月　日立票人許宗碧〇

保票叔仁華（押）

公見葉達蒲（押）

代筆林華崇（押）

3-1-51-2　清光緒七年閏七月許宗碧立支錢憑票

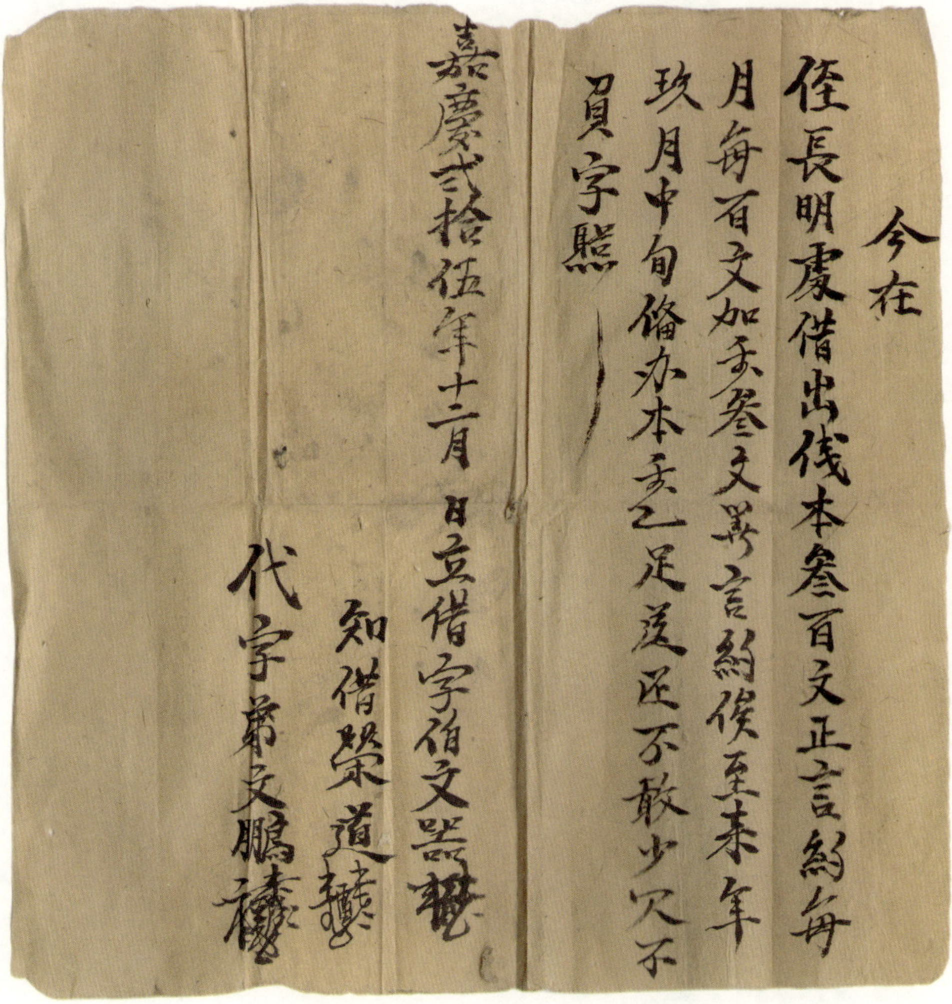

今在

侄長明處借出錢本叁百文正言約每

月每百文加利叁文其言約從至來年

玖月中旬備办本利乙足送還不敢少欠不

負字照

嘉慶貳拾伍年十二月 日立借字伯文噐（押）

知借榮道（押）

代字弟文鵬（押）

3-1-52-1 清嘉慶二十五年十二月黄文噐立借錢字

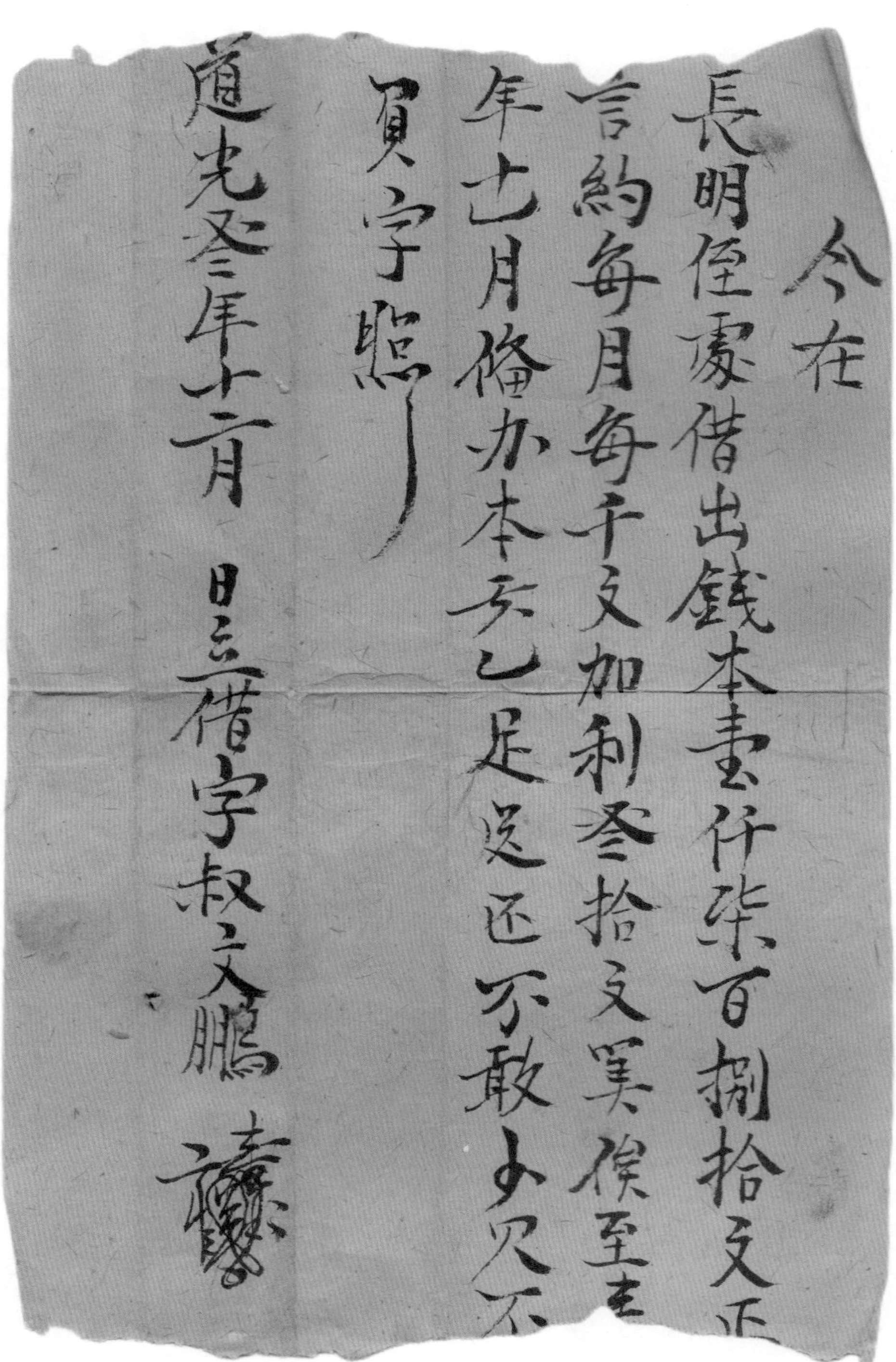
今在
長明侄處借出錢本壹仟柒百捌拾文正
言約每月每千文加利叁拾文筭俟至来
年十二月備办本利一足送还不敢少欠不
負字照
道光叁年十二月　日立借字叔文鵬（押）

3-1-52-2　清道光三年十二月黄文鵬立借錢字

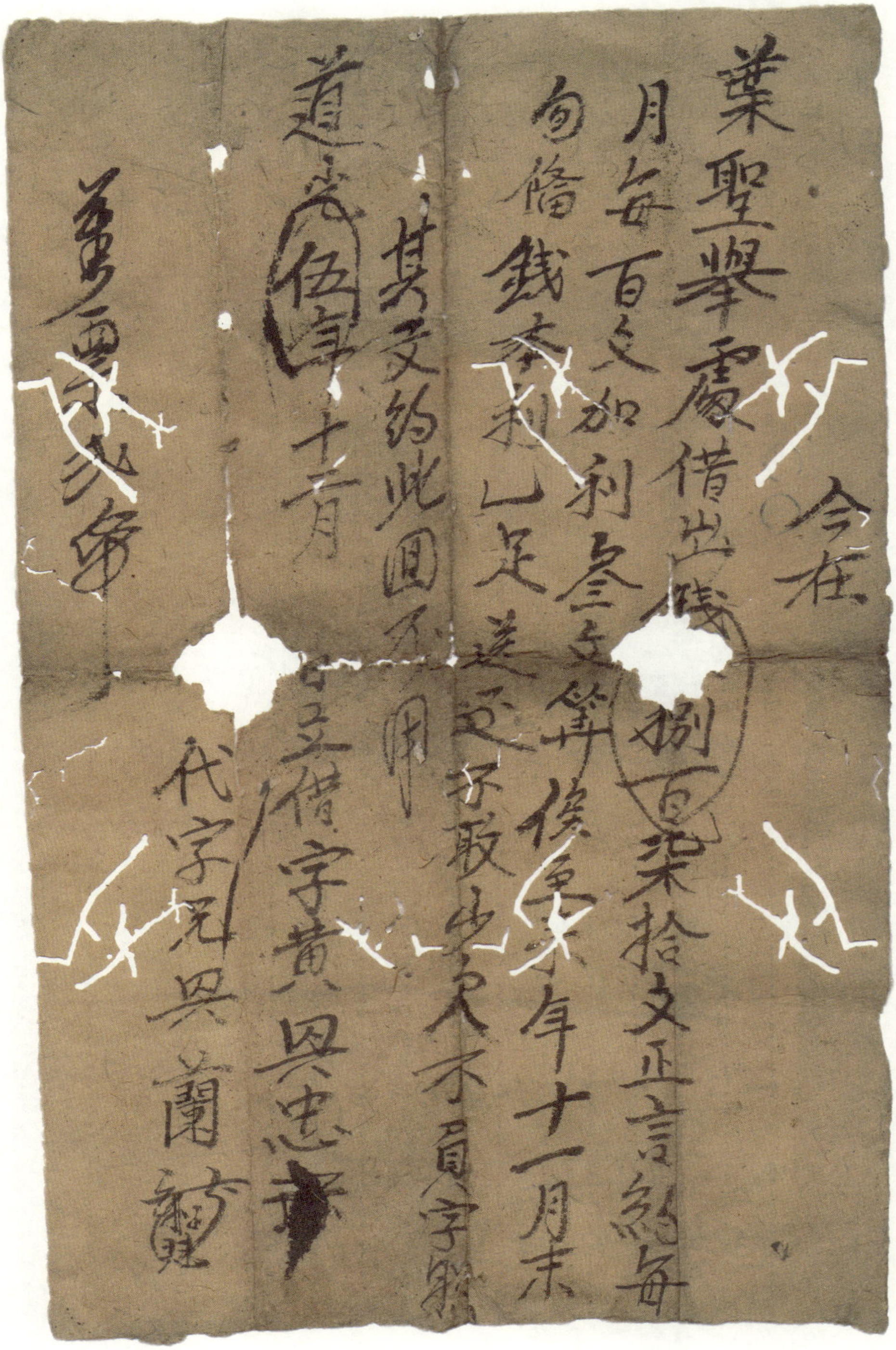
今在
葉聖舉處借出錢捌百柒拾文正言約每
月每百文加利叁文筭後至來年十一月末
旬備錢本利一足送還不敢少欠人不肯字照
其文約此回不用
立借字黃興忠押
道光伍年十二月
代字兄興蘭
葉[illegible]

3-1-52-3　清道光五年十二月黃興忠立借錢字（廢契）

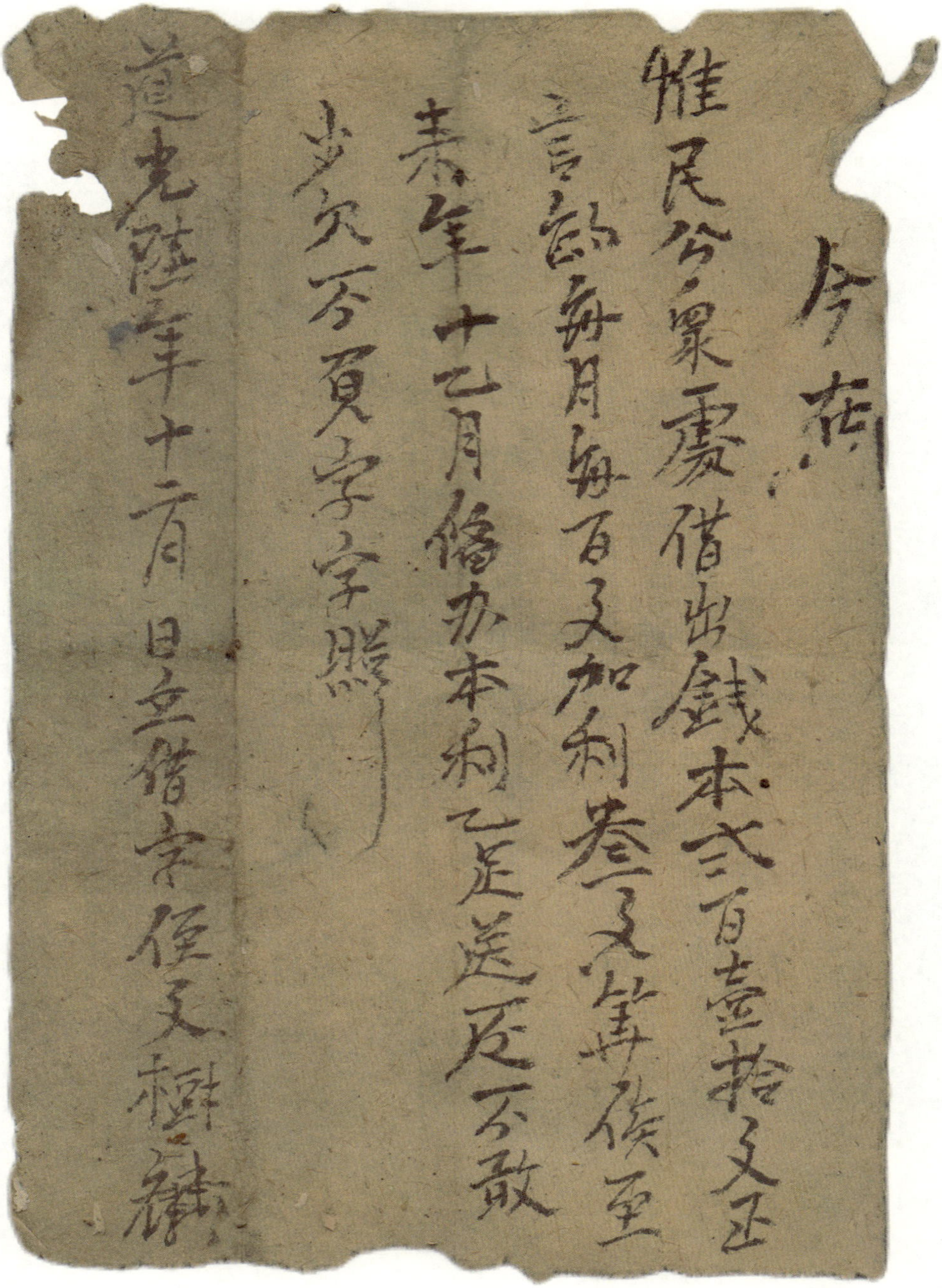

今向
惟民公衆處借出錢本弍百壹拾文正
言約每月每百文加利叁文算，候至
來年十乙月備办本利乙足送还，不敢
少欠不負，字字照
道光陸年十二月　日立借字侄文樹（押）

3-1-52-4　清道光六年十二月黄文樹立借錢字

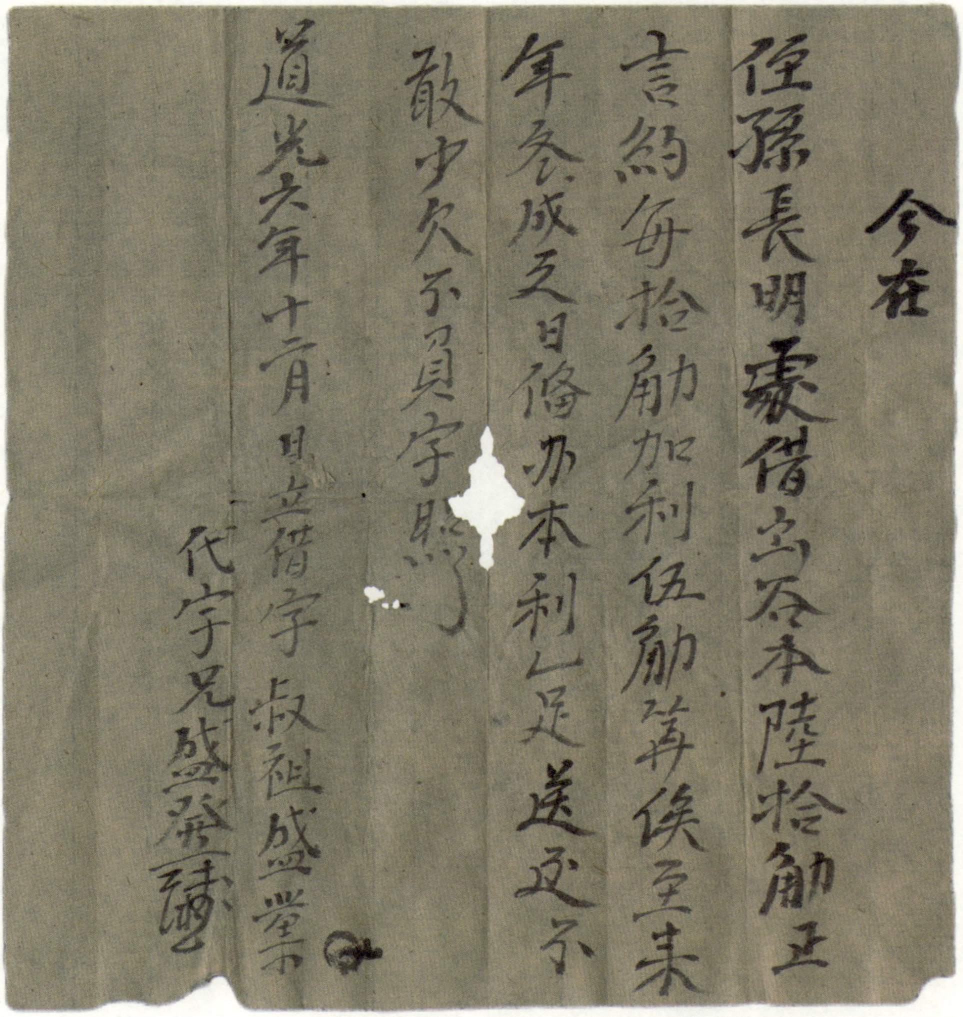
今在
侄孫長明處借出谷本陸拾觔正，
言約每拾觔加利伍觔算，候至來
年冬成之日備办本利一足送還，不
敢少欠，不買字照。
道光六年十二月 日立借字叔祖盛業
代字兄盛登筆

3-1-52-5 清道光六年十二月黄盛業立借穀字

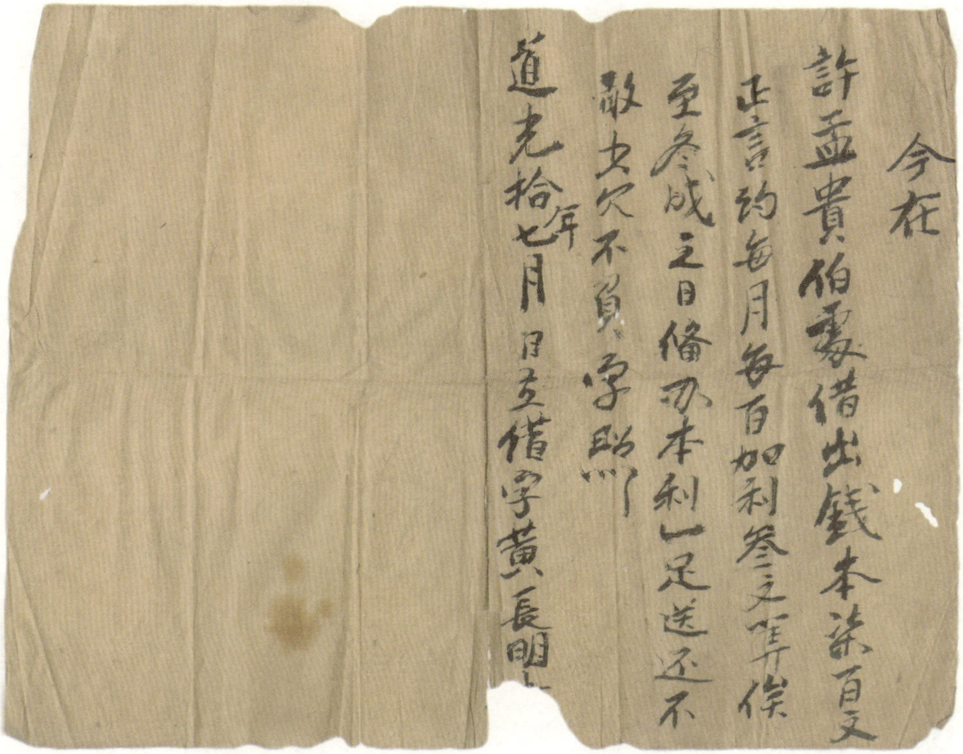

今在
許孟貴伯处借出錢本柒百文
正言約每月每百加利叄文算俟
至冬成之日備办本利一足送还不
敢少欠不負字照
道光拾年七月　日立借字黃長明

3-1-52-6　清道光十年七月黃長明立借錢字

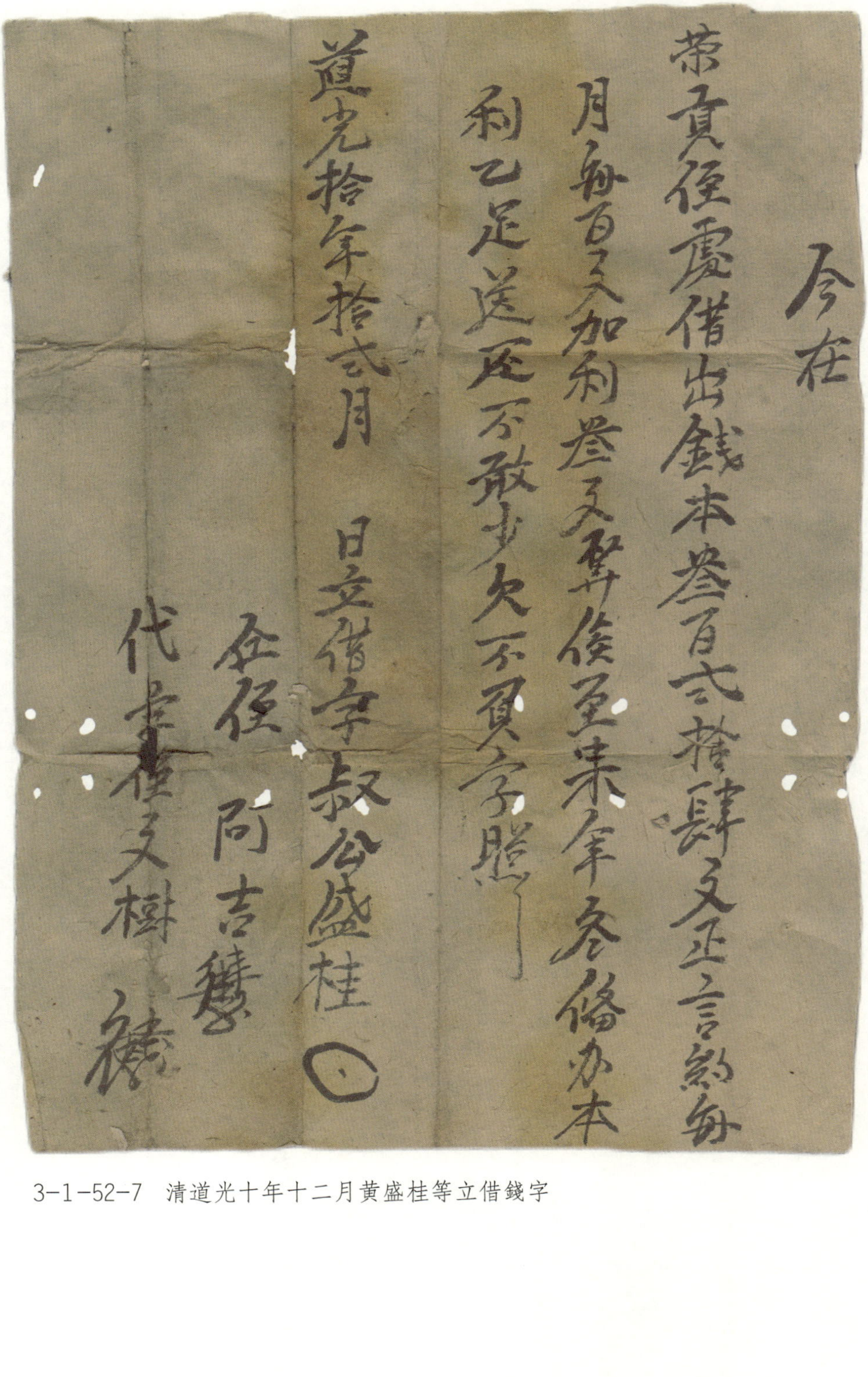

今在
榮貴侄處借出錢本叁百弍拾肆文正，言約每
月每百文加利叁文算，候至來年冬備办本
利乙足送還，不敢少欠，不負字照。

道光拾年拾弍月　日立借字叔公盛桂（押）
仝侄　阿吉（押）
代書侄文樹（押）

3-1-52-7　清道光十年十二月黃盛桂等立借錢字

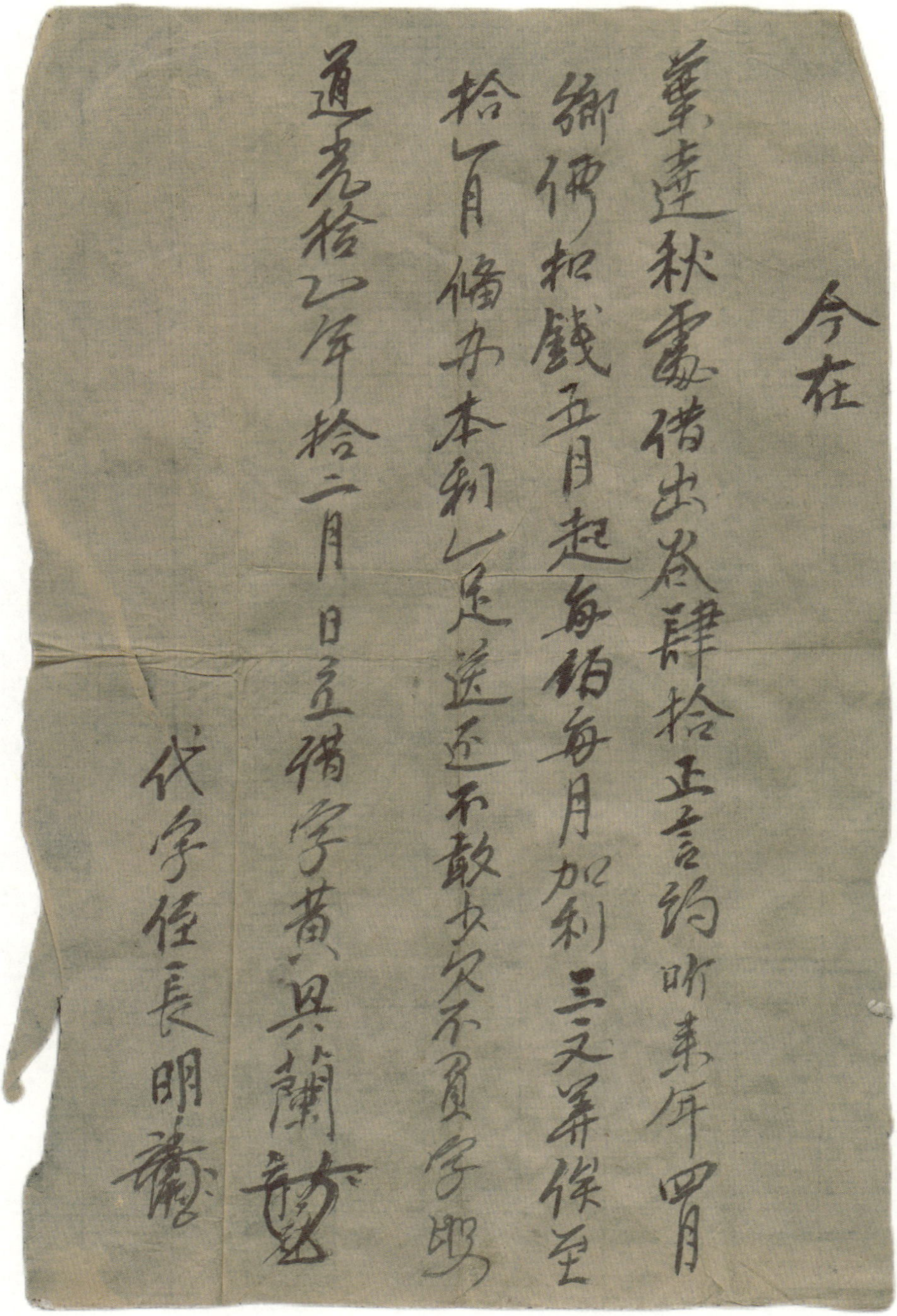
今在
葉達秋處借出谷肆拾正言約的來年四月
鄉價扣錢五月起每錢每月加利三文算係至
拾月備办本利一足送还不敢少欠不負字照
道光拾乙年拾二月 日立借字黃㒷蘭（押）
代字侄長明書

3-1-52-8　清道光十一年十二月黃㒷蘭立借穀字

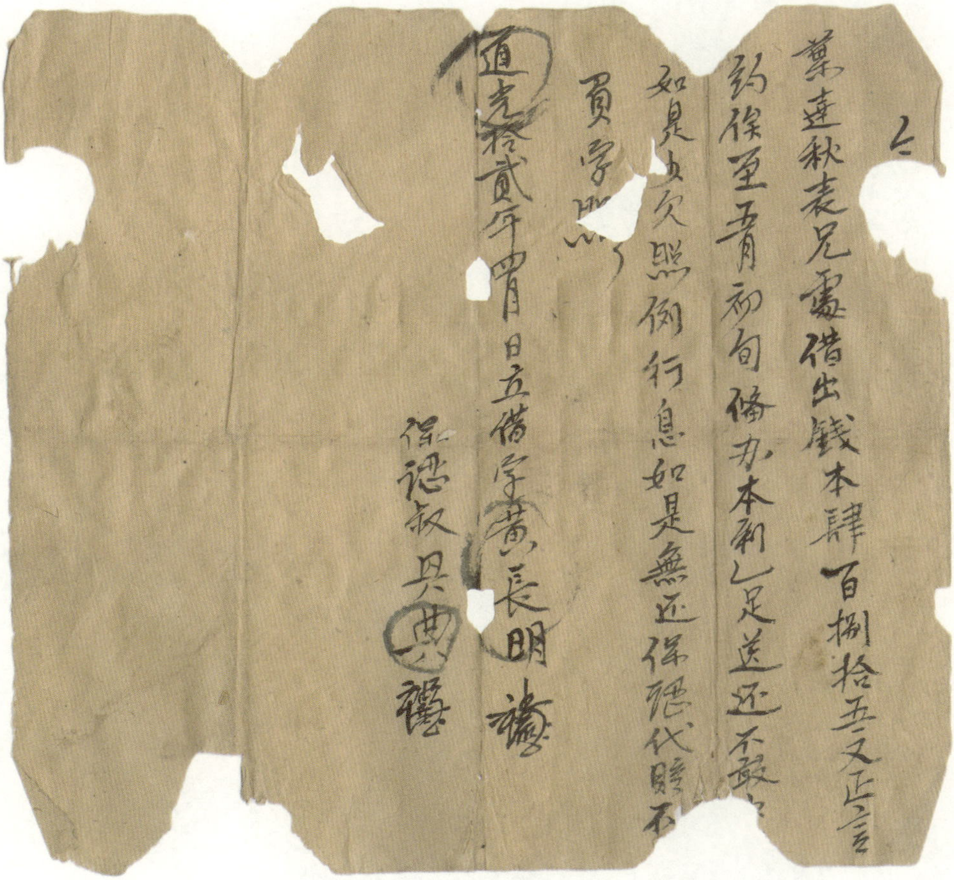
葉蓮秋表兄處借出錢本肆百捌拾五文正言
約條至五月初旬備办本利一足送还不敢
如是少欠照例行息如是無还保認代賠不
負字照
道光拾貳年四月 日立借字黃長明 號
保認叔 吳典 號

3-1-52-9 清道光十二年四月黃長明立借錢字（廢契）

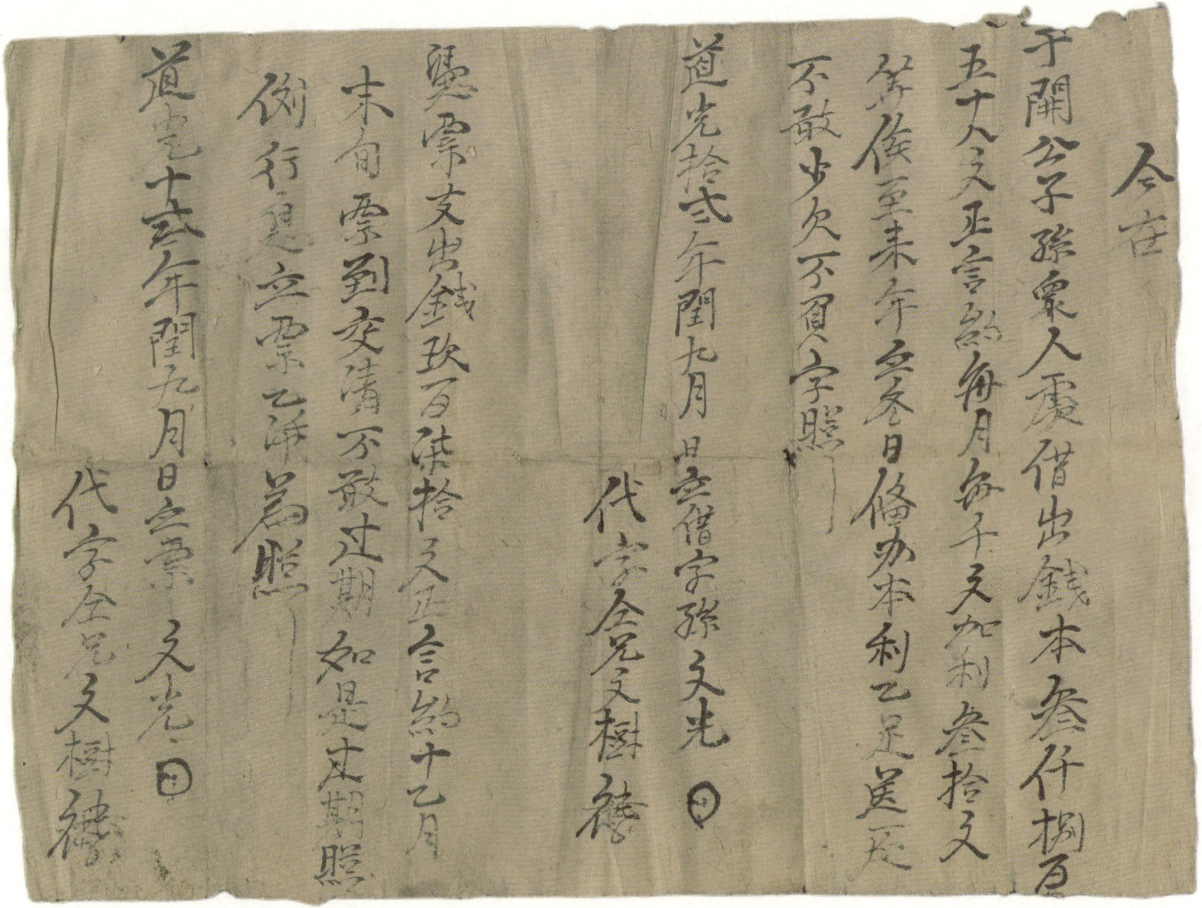

合在

于開公子孫衆人處借出錢本叁仟捌百

五十八文正言約每月每千文加利叁拾文

筭係至来年立冬日備办本利乙足送还

不敢少欠不負人字照

道光拾弍年閏九月　日立借字孫文光 ⊕

代字仝兄文樹[illegible]

憑票支出錢玖百柒拾文正言約十乙月

末旬憑票到交清不敢过期如是过期照

例行息立票乙張爲照

道光十弍年閏九月日立票　文光 ⊕

代字仝兄文樹[illegible]

3-1-52-10　清道光十二年閏九月黃文光立借錢字

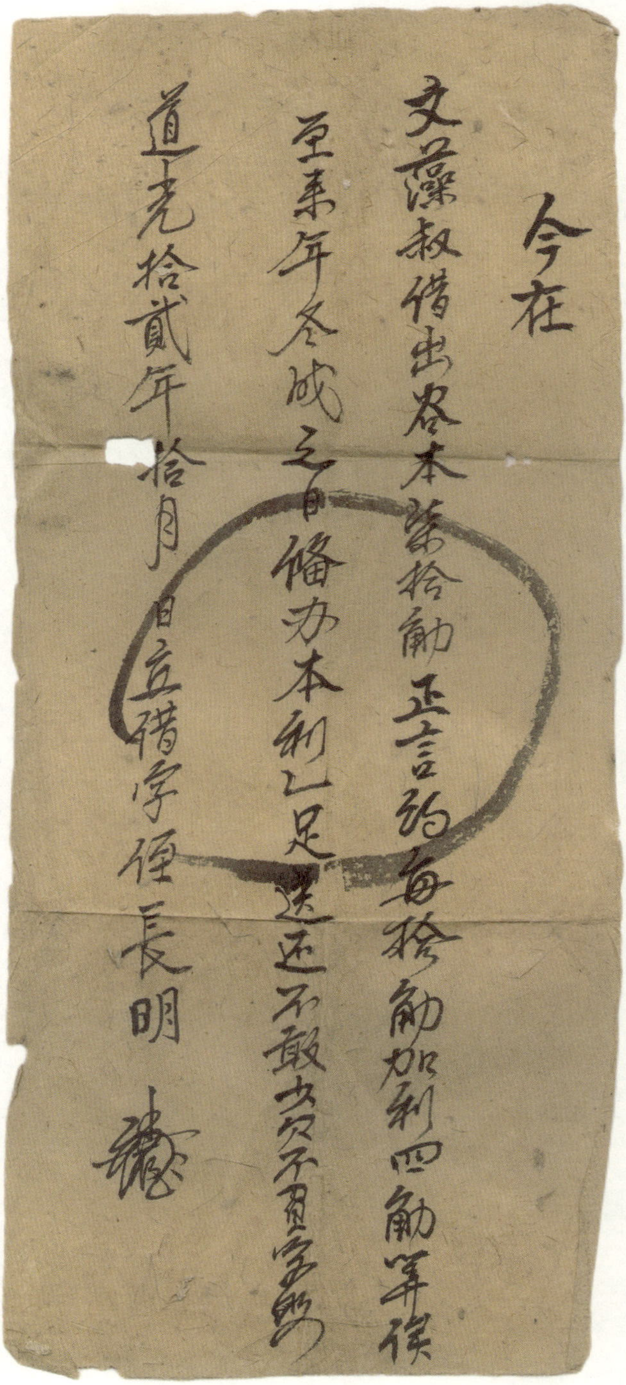

今在
文藻叔借出谷本柒拾觔，正言約每拾觔加利四觔算，候
至來年冬成之日，備办本利一足送还，不敢少欠，不負字照。
道光拾貳年拾月　日立借字侄長明（押）

3-1-52-11　清道光十二年十月黄長明立借穀字（廢契）

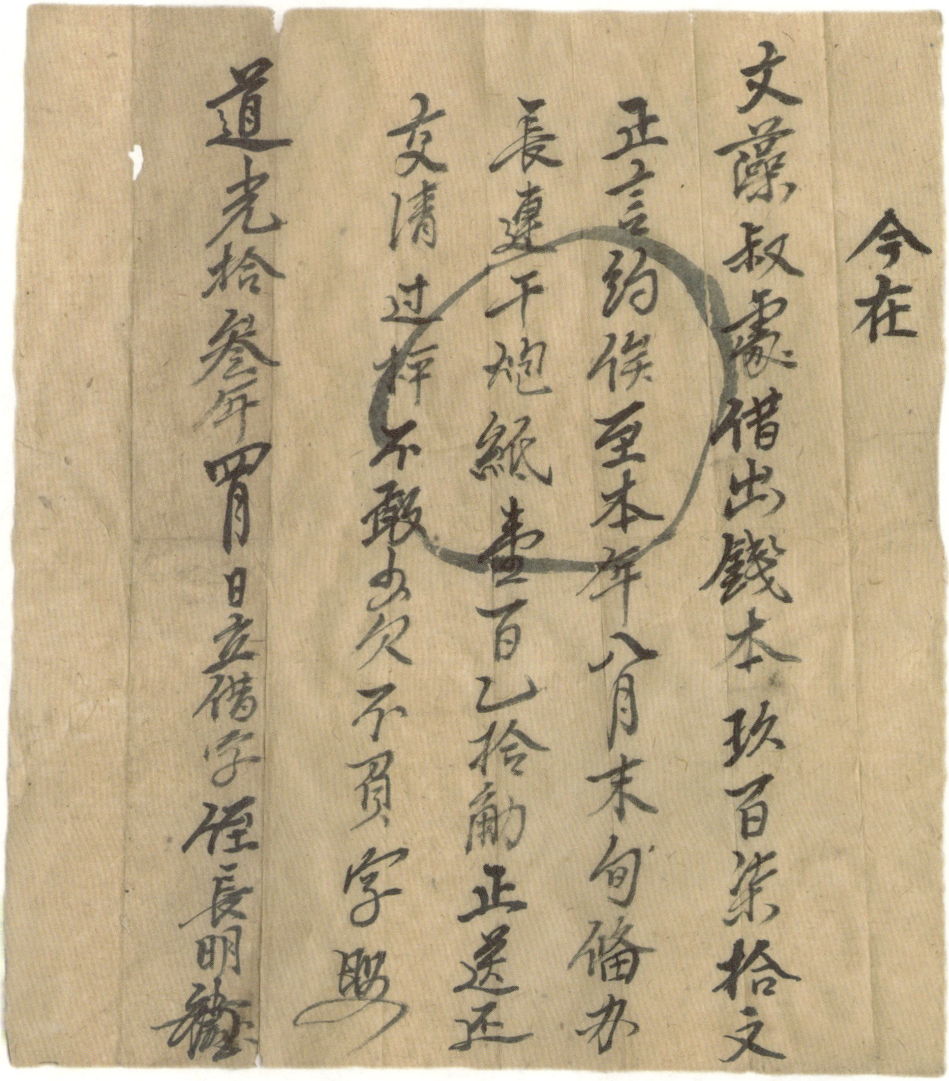
今在
文藻叔處借出錢本玖百柒拾文
正言約俟至本年八月末旬備办
長連千炮紙壹百乙拾觔正送还
文清过梓不敢少欠不負字照
道光拾叁年四月日立借字侄長明

3-1-52-12　清道光十三年四月黃長明立借錢字（廢契）

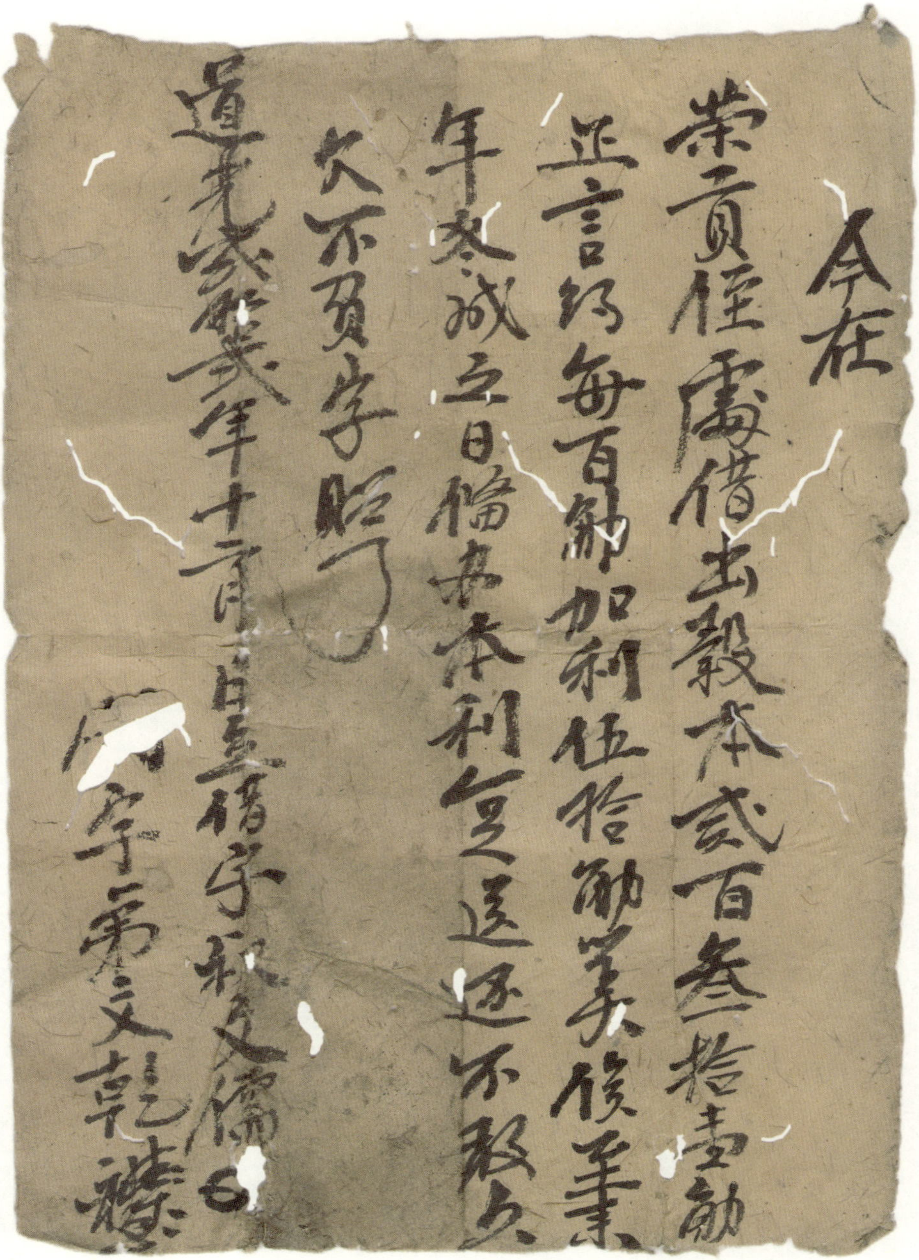

今在
榮貢侄處借出穀本弍百叁拾壹觔，
其言約每百觔加利伍拾觔，俟至來
年冬成立日備齊本利一足送還，不敢
欠，不負，字照。
道光贰拾贰年十二月 日立借字黄文儒
代字弟文乾[illegible]

3-1-52-13 清道光二十二年十二月黄文儒立借穀字

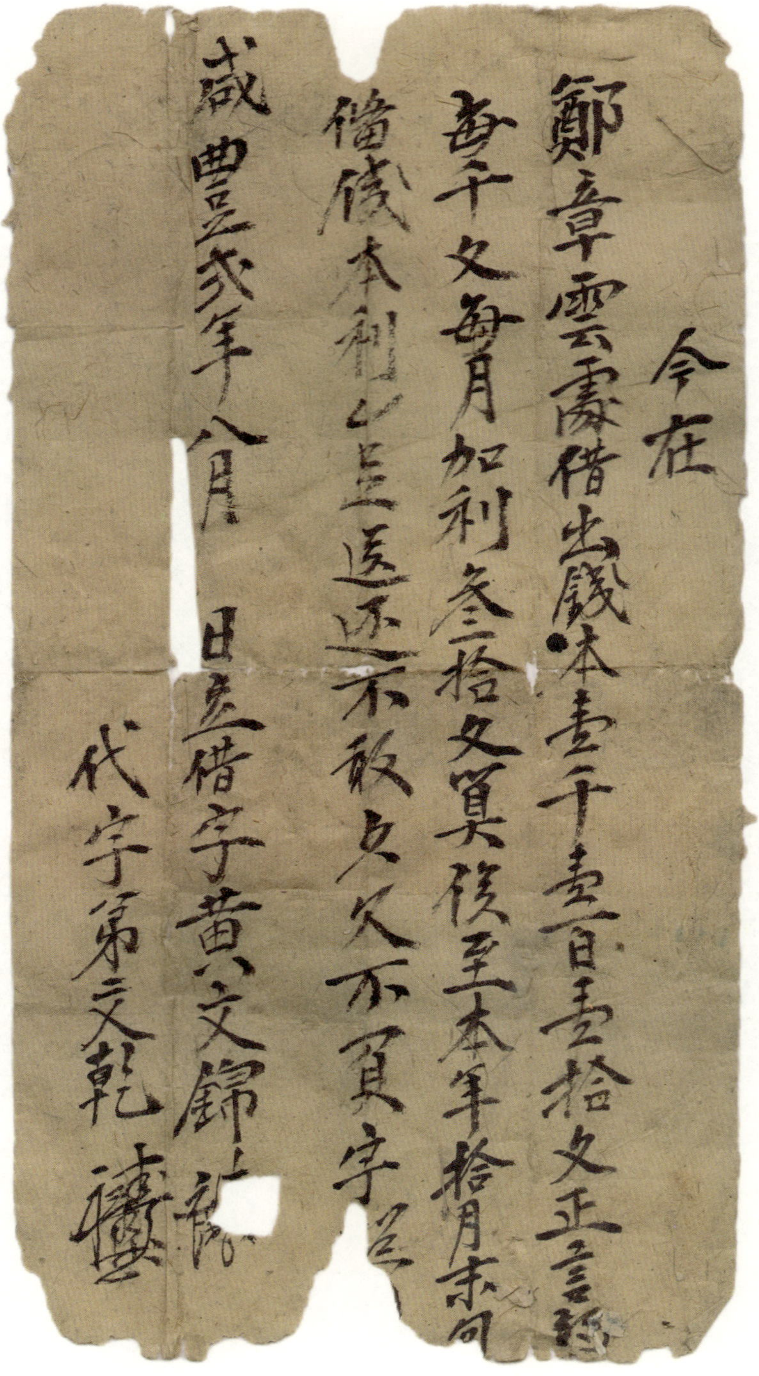
今在
鄭章雲處借出錢本壹千壹百壹拾文正言約
每千文每月加利叁拾文筭後至本年拾月末旬
備錢本利一足送还不敢久欠不負字照
咸豐弍年八月　日立借字黄文錦
代字弟文乾 書

3-1-52-14　清咸豐二年八月黄文錦立借錢字

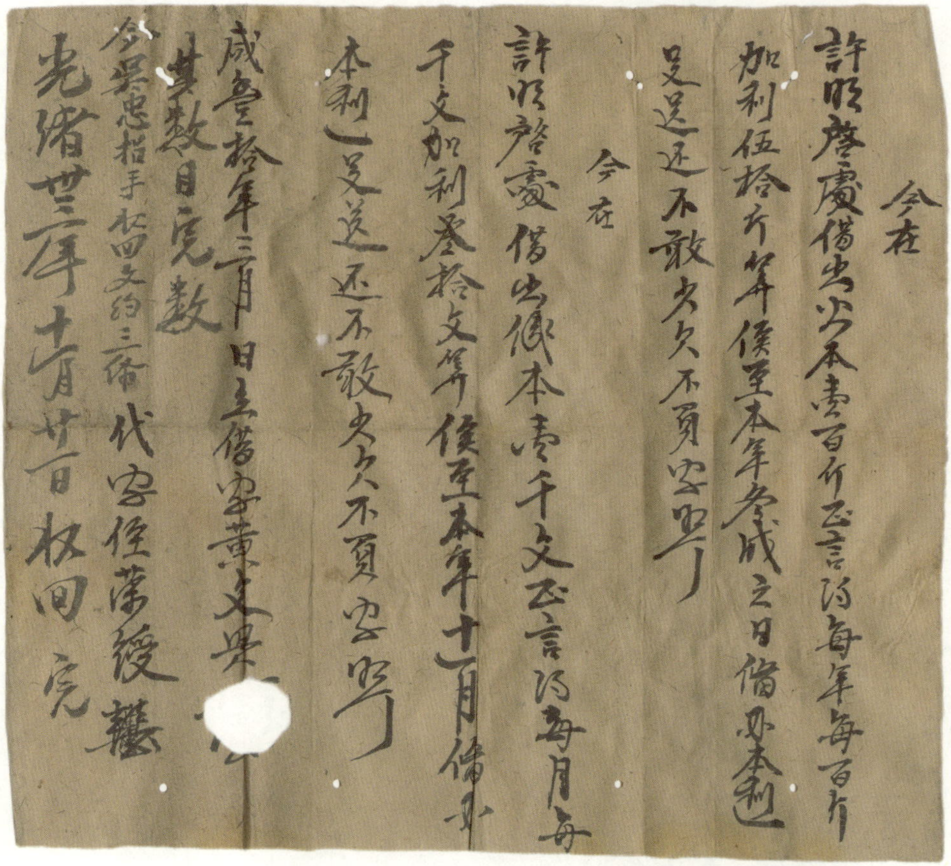
今在
許旼啓處借出谷本壹百斤正言約每年每百斤
加利伍拾斤算俟至本年冬成之日備办本利送
足送还不敢欠欠不負字照
今在
許旼啓處借出錢本壹千文正言約每月每
千文加利叁拾文算俟至本年十二月備办
本利一足送还不敢欠欠不負字照
咸豐拾年三月 日立借字黄文興
其數目完數
今吳忠招手收回文約三紙 代字侄蒲綬
光緒廿三年十二月廿日 收回 完

3-1-52-15 清咸豐十年三月黄文興立借穀字

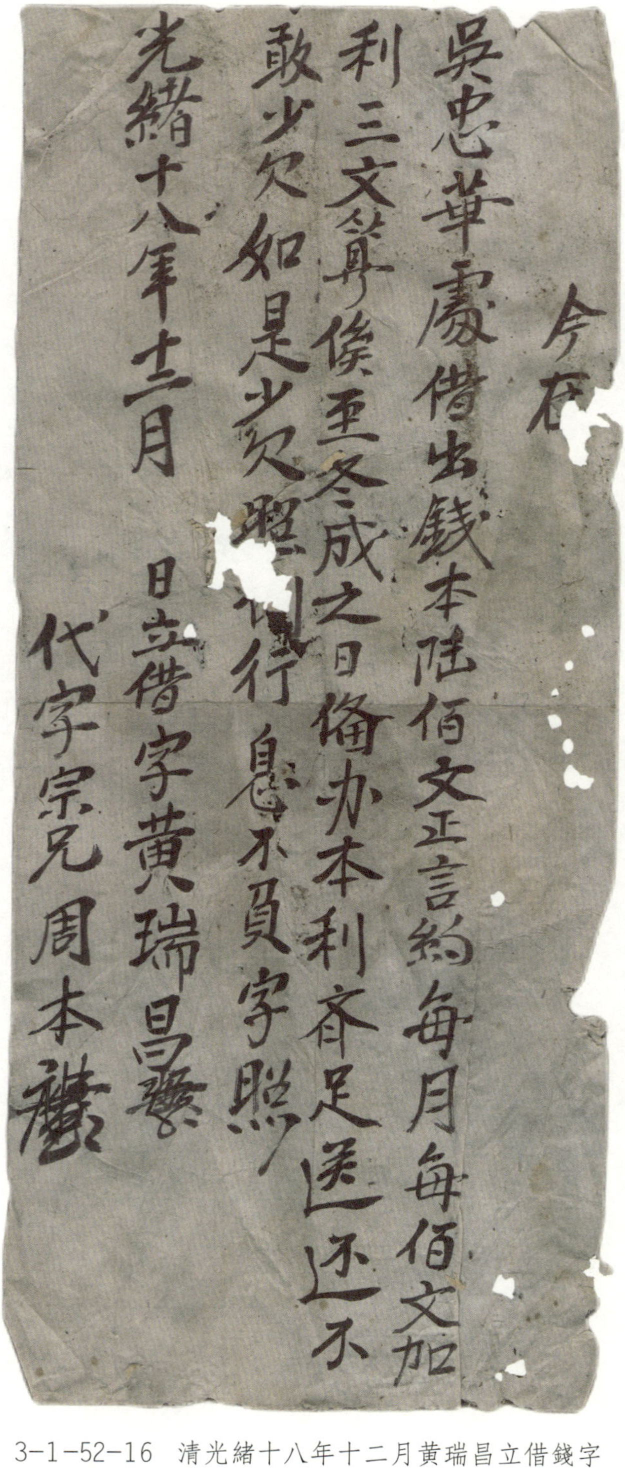
今在
吳忠華處借出錢本陸佰文正言約每月每佰文加
利三文算候至冬成之日備办本利齐足送还不
敢少欠如是少欠照例行息不負字照
光緒十八年十二月　　日立借字黃瑞昌
代字宗兄周本

3-1-52-16　清光緒十八年十二月黃瑞昌立借錢字

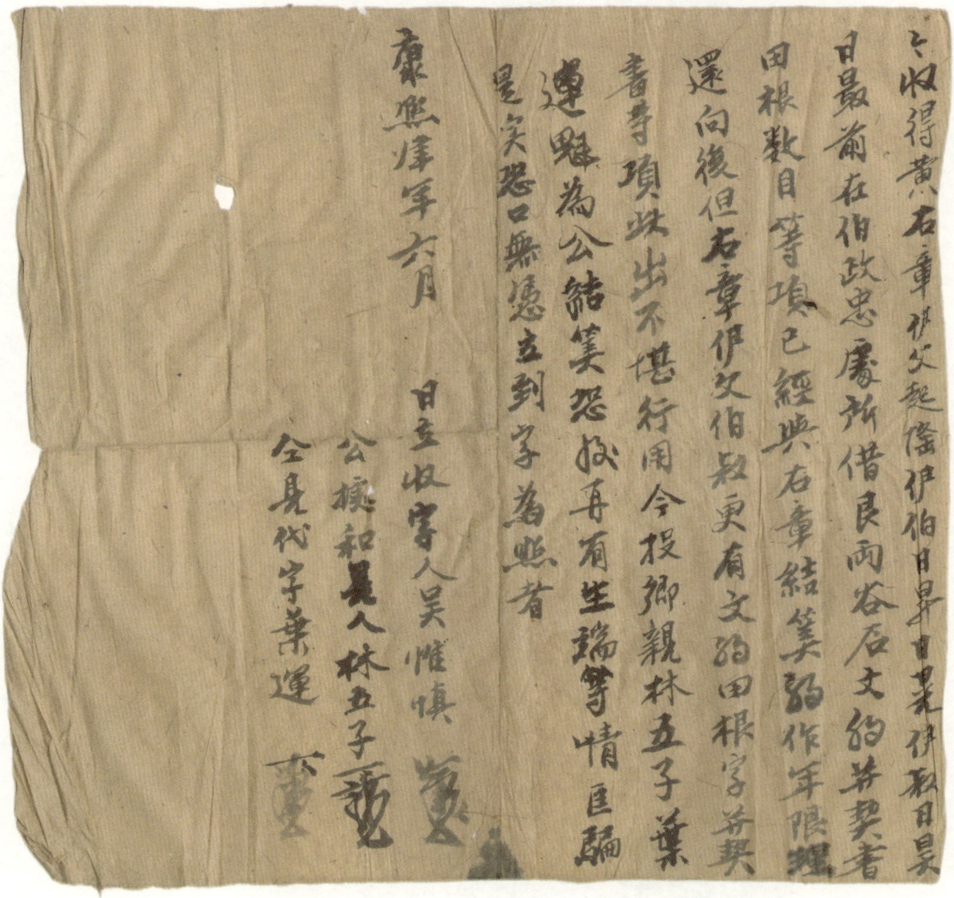

立收得黃右章伊文起隆伊伯日昇日昊伊叔日昊
日㝡前在伯政忠處所借艮兩谷石文約并契書
田根數目等項已經與右章結算約作年限理
還向後但右章伊文伯叔更有文約田根字并契
書等項跳出不堪行用今投鄉親林五子葉
運賢為公結算恐後再有生端等情匡騙
是實恐口無憑立到字為照者

康熙肆年六月　日立收字人吳惟慎（押）
公親知見人林五子（押）
仝見代字葉運（押）

3-1-53-1　清康熙四年六月吴惟慎立收文約等字

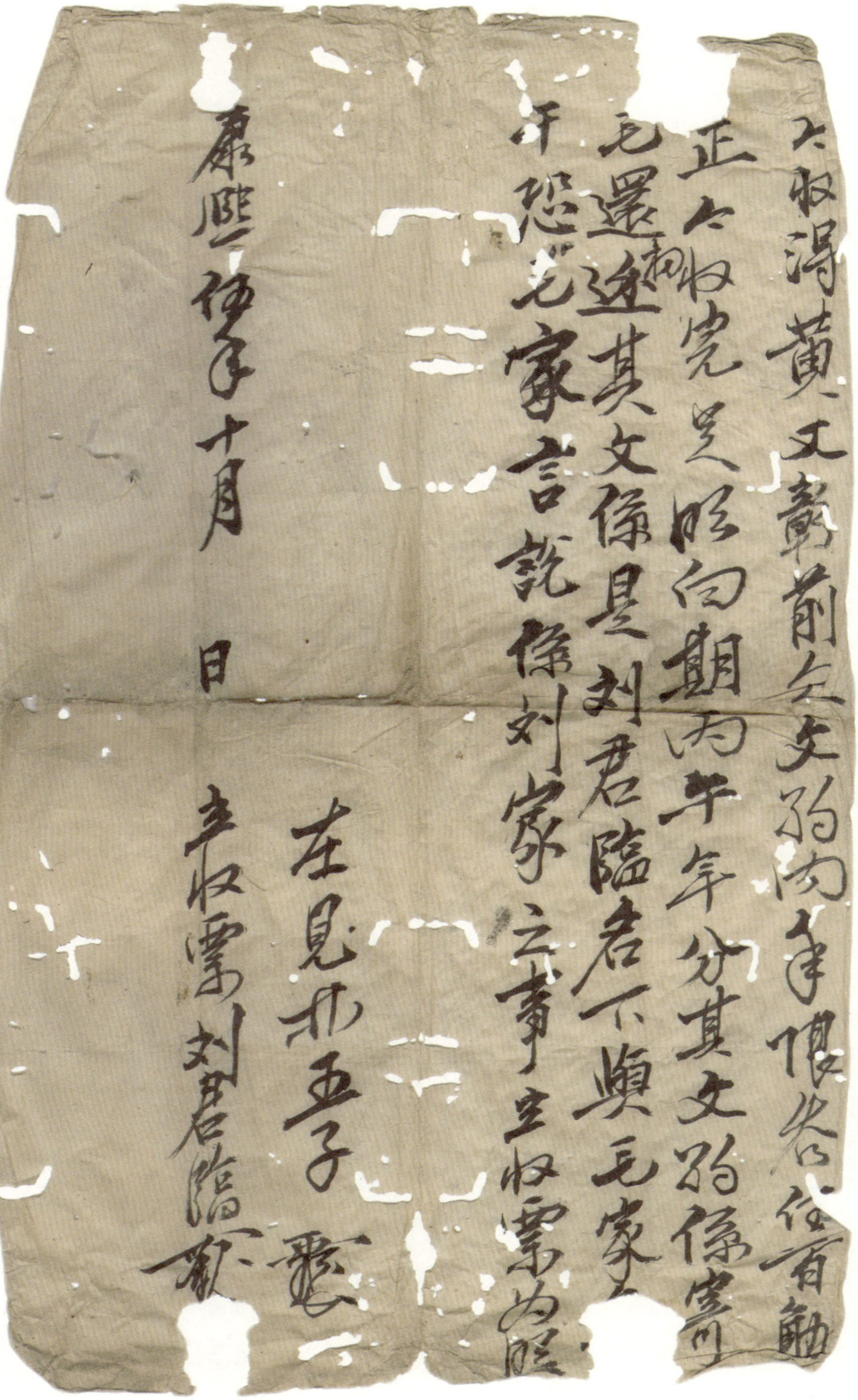
立收得黄文戴前合文約內年限各佃首穀
正立收完足明白期內午年分其文約係當
毛還過其文係是刘君臨居下與毛家無
干怨毛家言說係刘家之事立收票為照
在見林五子 押
康熙五年十月 日 立收票刘君臨 親

3-1-53-2 清康熙五年十月劉君臨立收穀票

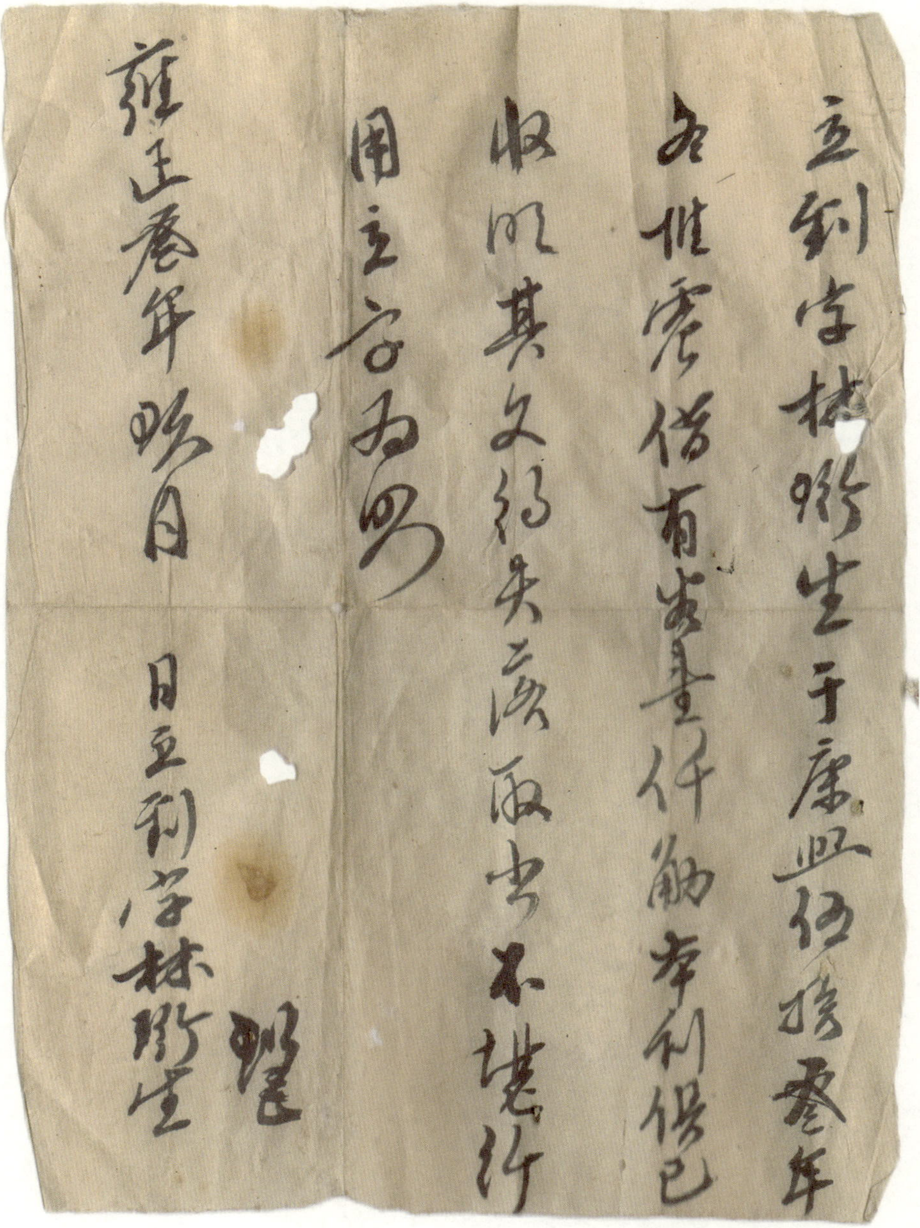
立到字林珩生于康熙伍拾叁年
向姪秀借有[illegible]壹仟觔本利俱已
收明其文約失落故此不堪行
用立字為照
雍正叁年玖月 日立到字林珩生 押

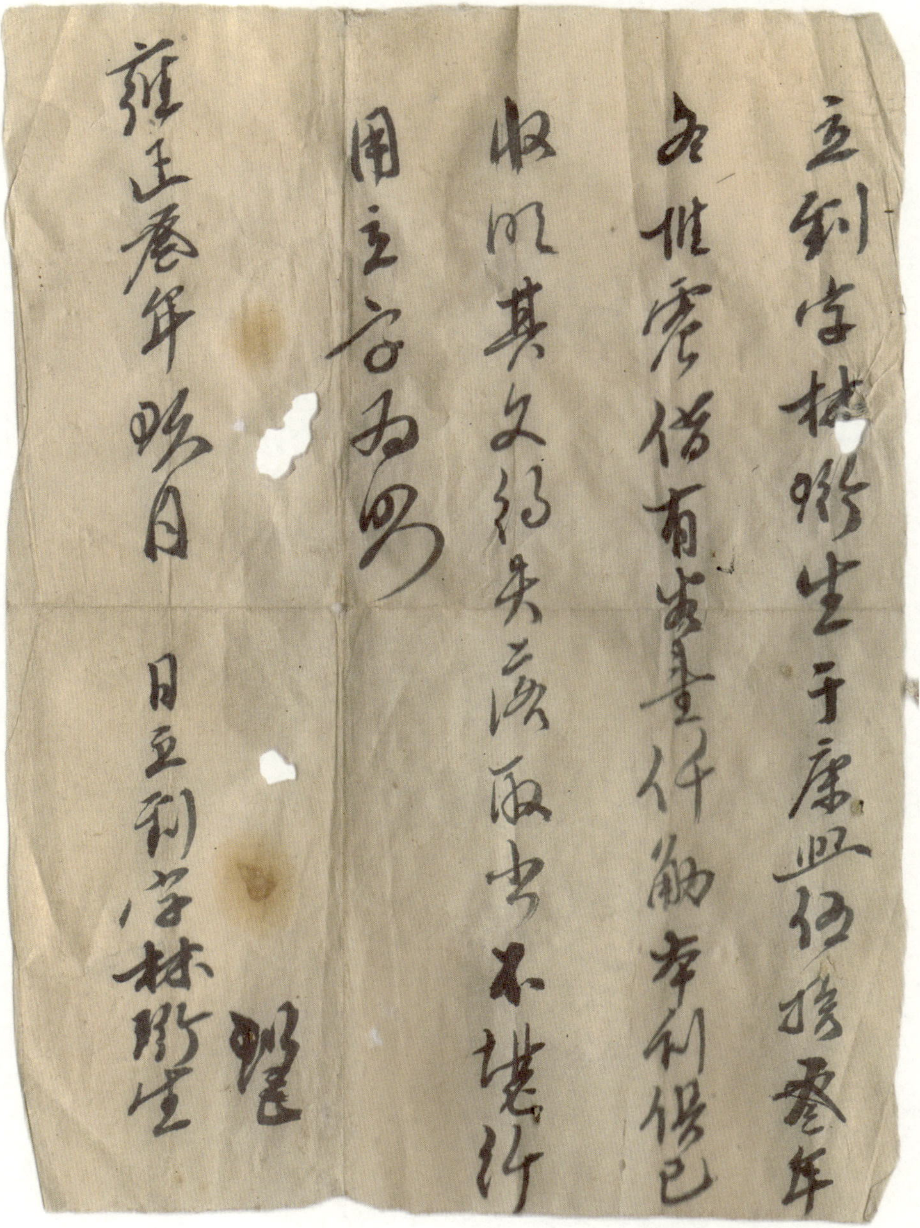

3-1-53-3　清雍正三年九月林珩生立到字

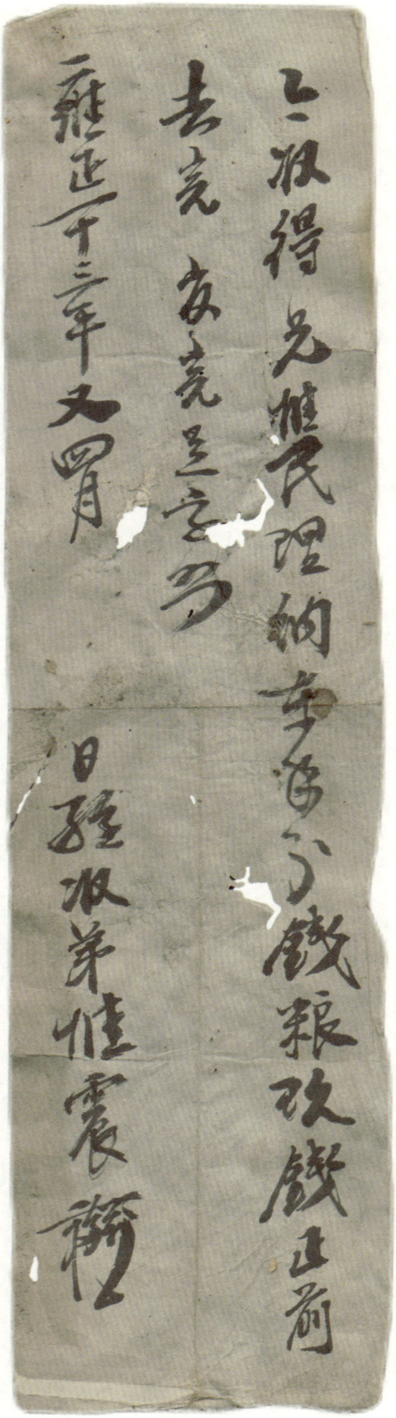

立收得兄惟民理納本年分錢粮玖錢正前
去完 交訖是實 為
雍正十三年又四月 日立收單弟惟震（押）

3-1-53-4　清雍正十三年閏四月黄惟震立收錢糧字

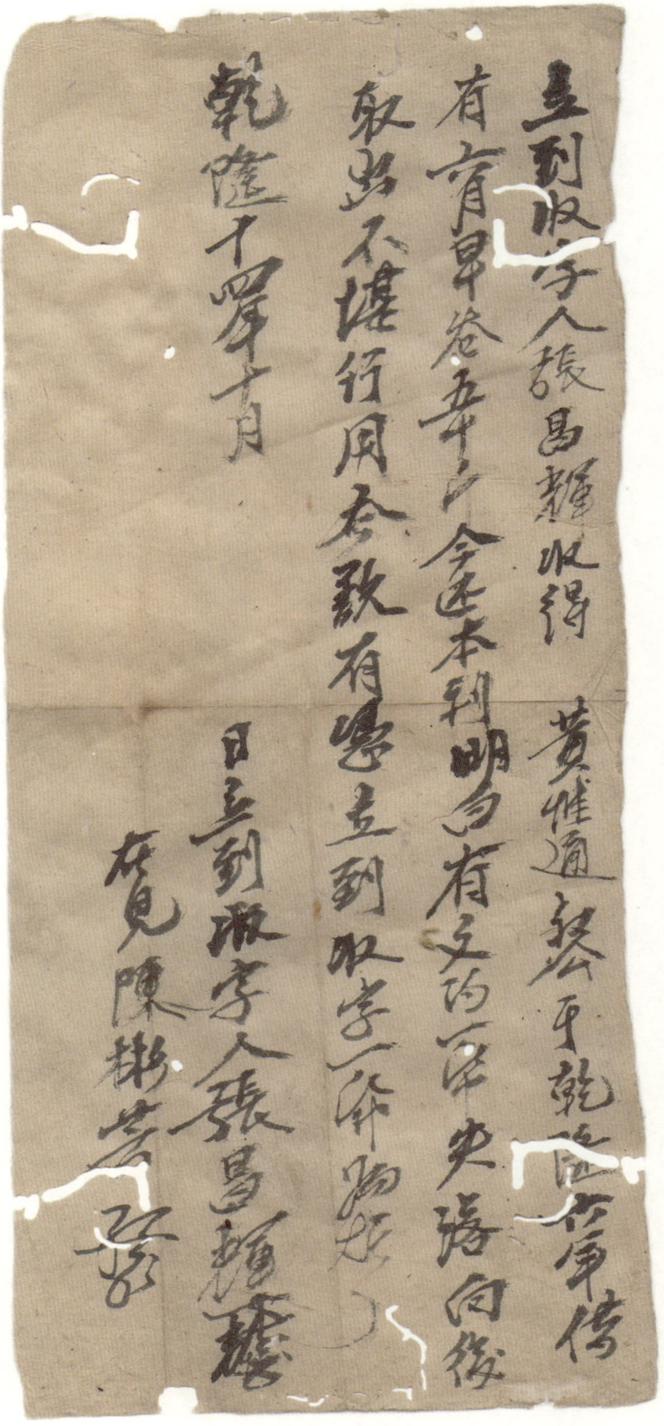

立到收字人張昌輝收得黃惟通銀叁平乾隆六年借
有會早谷五十石今逐本利明白有文約可字失落向後
取出不堪行用今欲有憑立到收字一紙為照
乾隆十四年十月　日立到收字人張昌輝（押）
在見陳彬芳

3-1-53-5　清乾隆十四年十月張昌輝立到收字

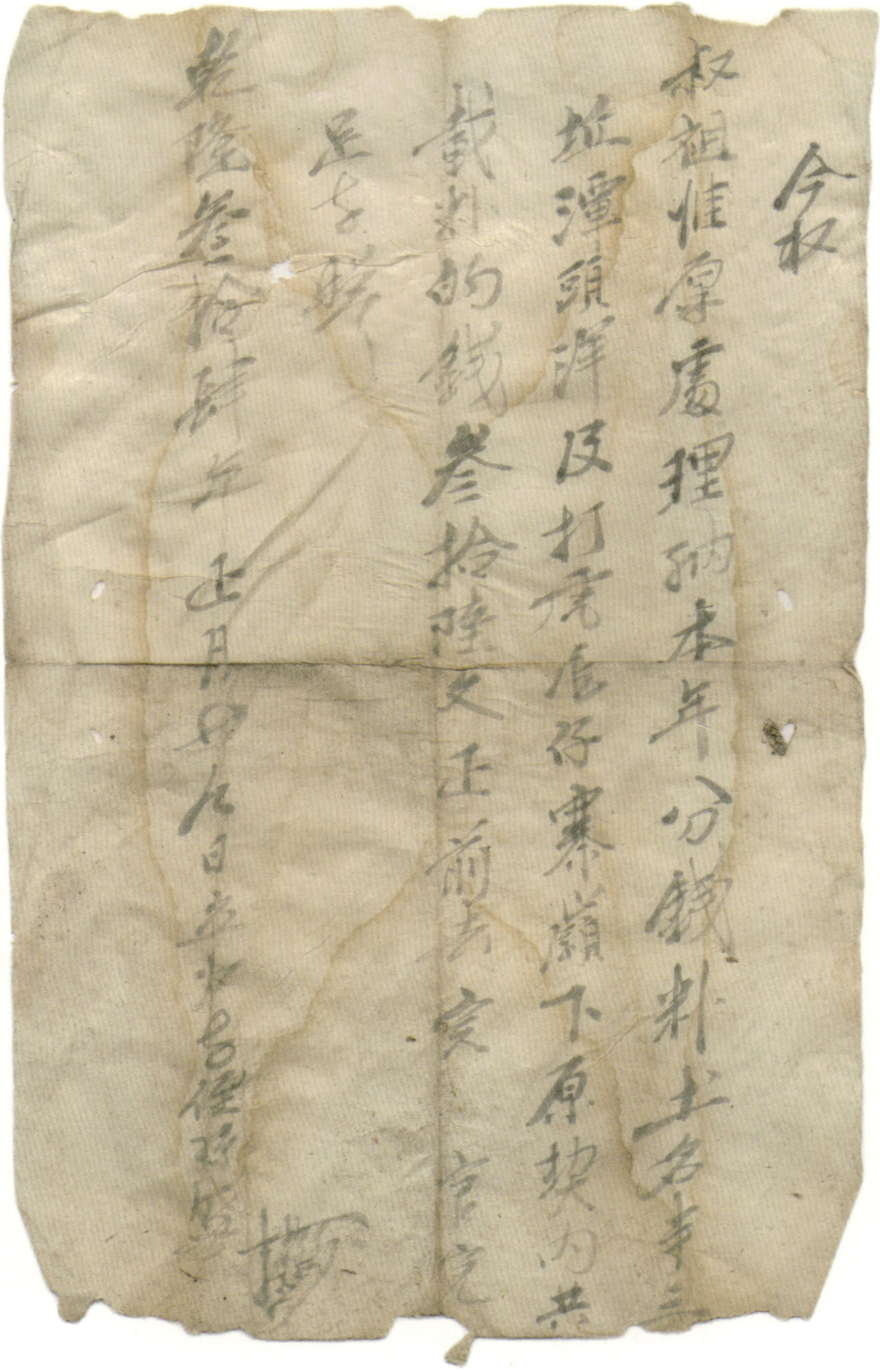

今收
叔祖惟厚處理納本年分錢粮土名等三
址潭頭洋及打虎岩仔寨嶺下原契內共
載料的錢叁拾陸文正前去完官
足之錢
乾隆叁拾肆年正月　日立收字侄孫[illegible]

3-1-53-6　清乾隆三十四年正月黃盛□立收錢糧字

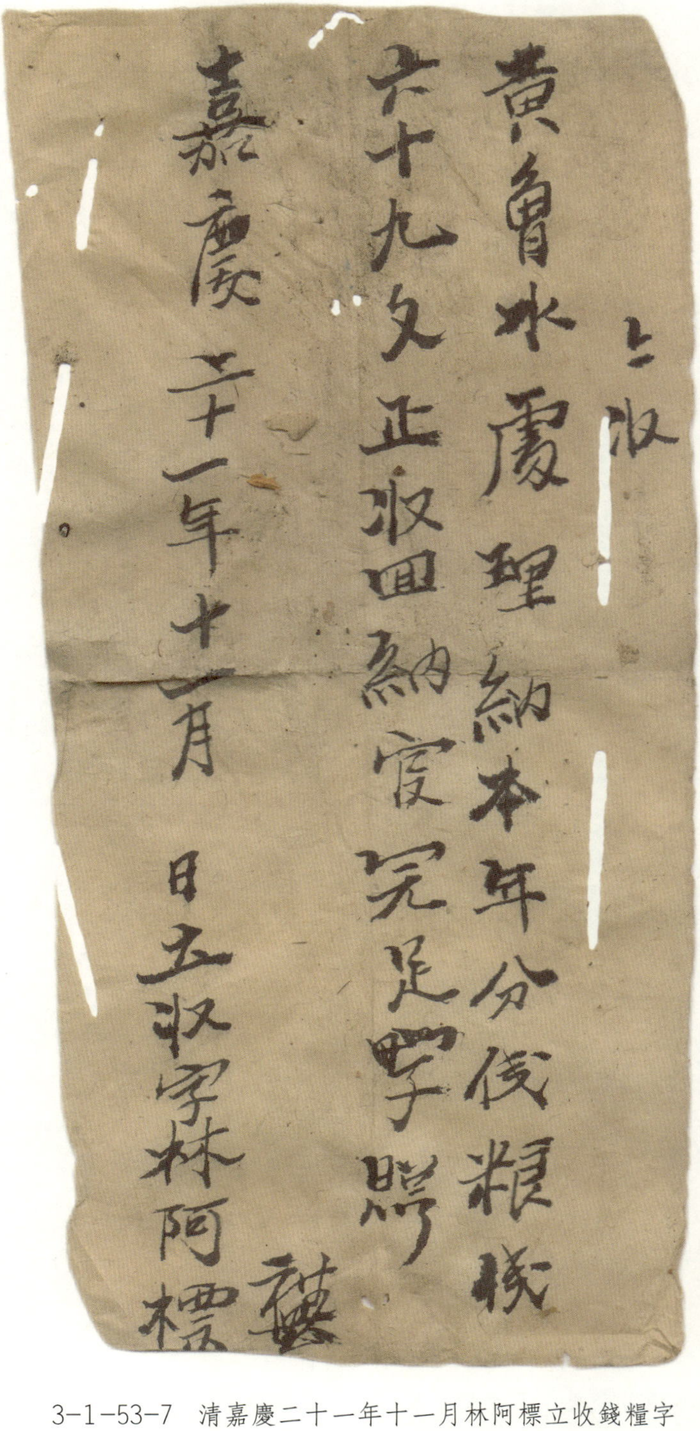
上收
黄曾水處理納本年分錢粮
六十九文正收回納宴完足字照
嘉慶二十一年十一月　日立收字林阿標　筆

3-1-53-7　清嘉慶二十一年十一月林阿標立收錢糧字

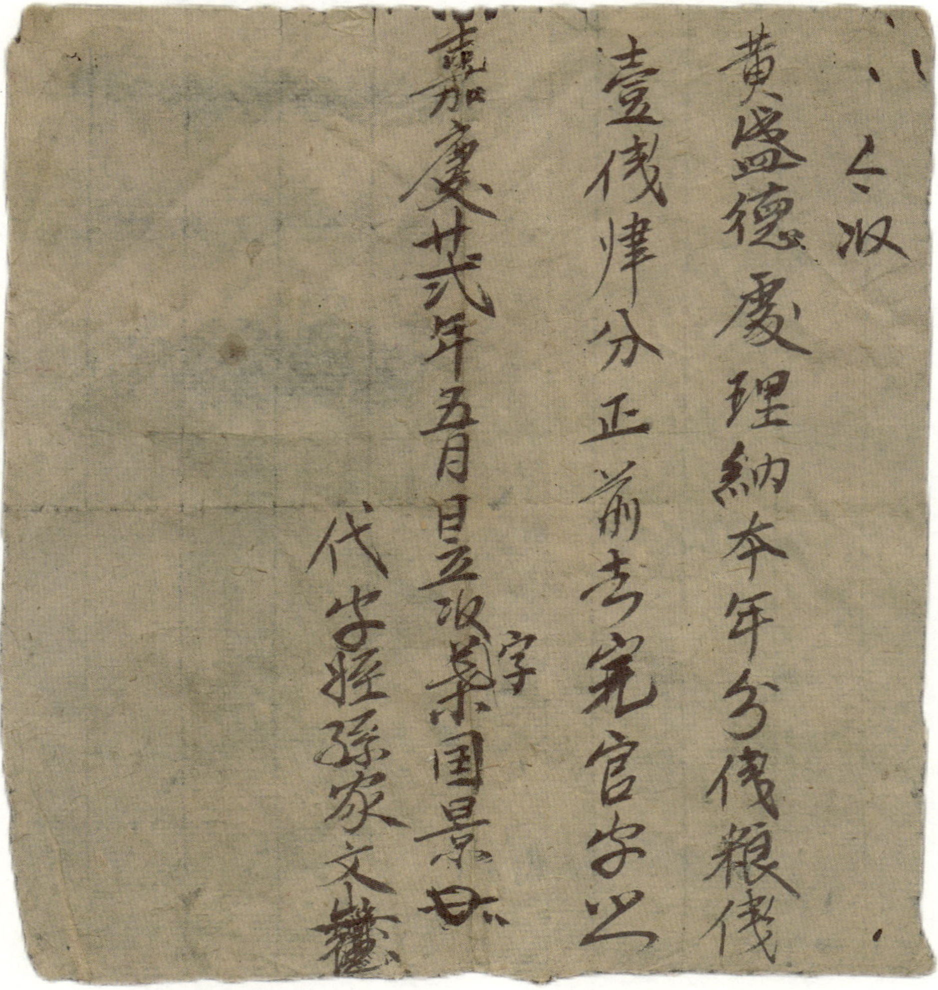
仝收
黄盛德處理納本年分錢糧錢
壹錢肆分正前去完官字照
嘉慶廿弍年五月日立收字葉国景收
代字侄孫家文筆

3-1-53-8　清嘉慶二十二年五月葉国景立收錢糧字

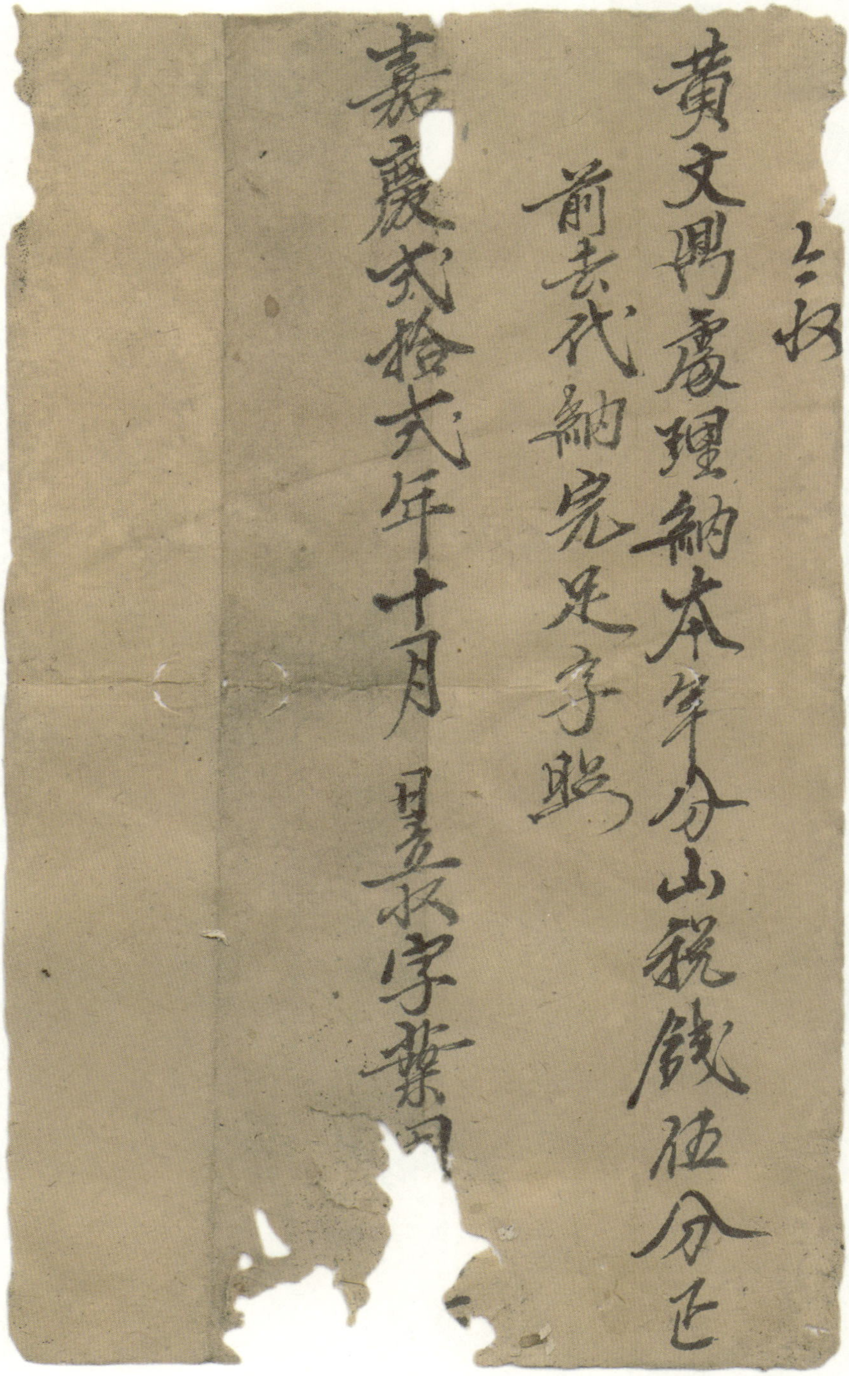

仝收
黄文禺處理納本年分山税錢伍分正
前去代納完足字照
嘉慶弍拾弍年十月　日立收字葉[illegible]

3-1-53-9　清嘉慶二十二年十月葉國泰立收山税字

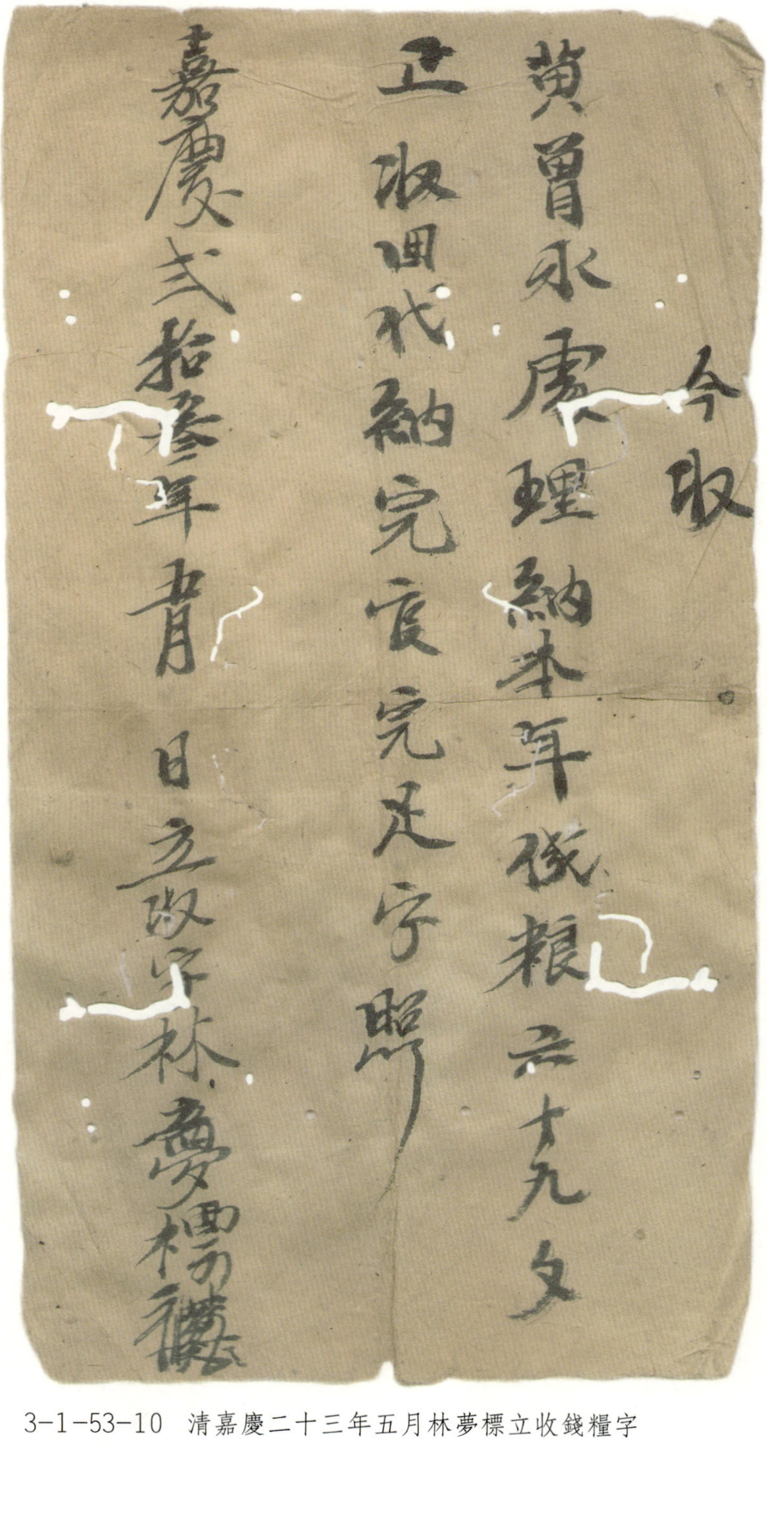

今收
黄曾承處理納本年錢粮六十九文
正收田代納完良完足字照
嘉慶弍拾叁年五月　日立收字林夢標

3-1-53-10　清嘉慶二十三年五月林夢標立收錢糧字

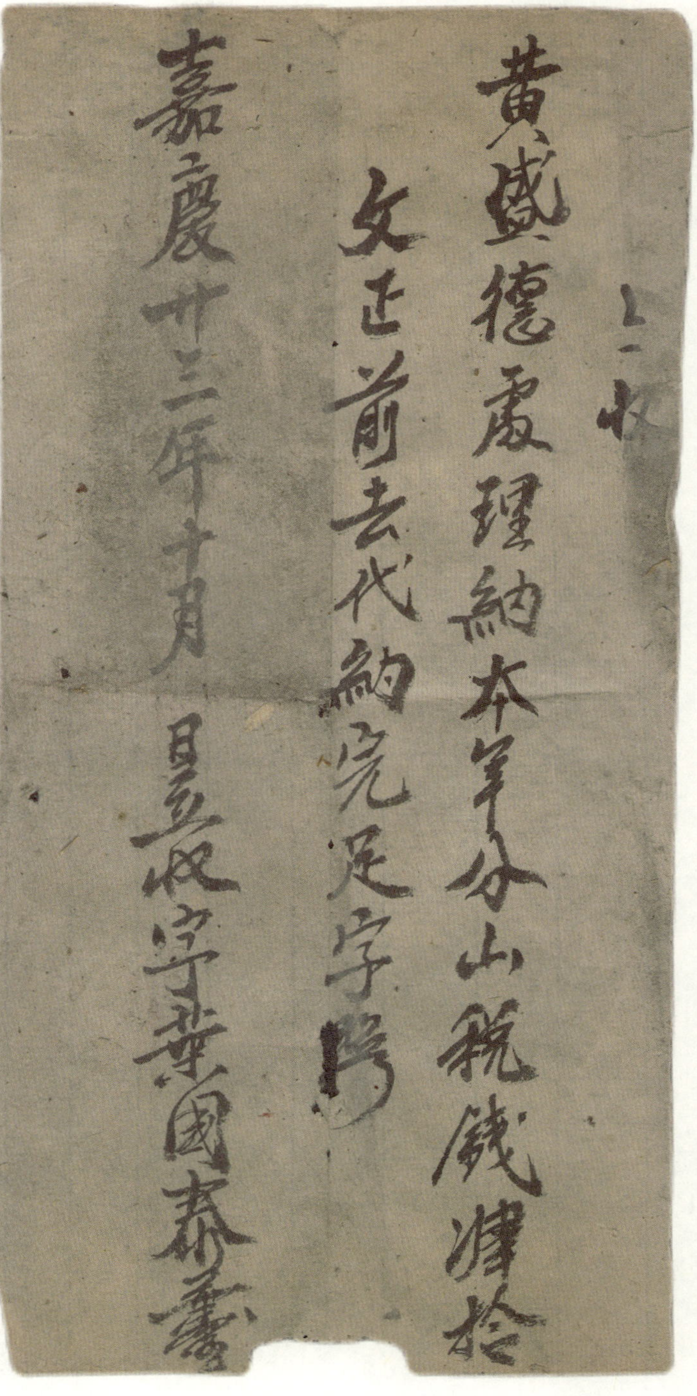

上一收
黄盛德處理納本年分山稅錢肆拾
文正前去代納完足字照
嘉慶廿三年十月　日立收字葉國泰書

3-1-53-11　清嘉慶二十三年十月葉國泰立收山稅字

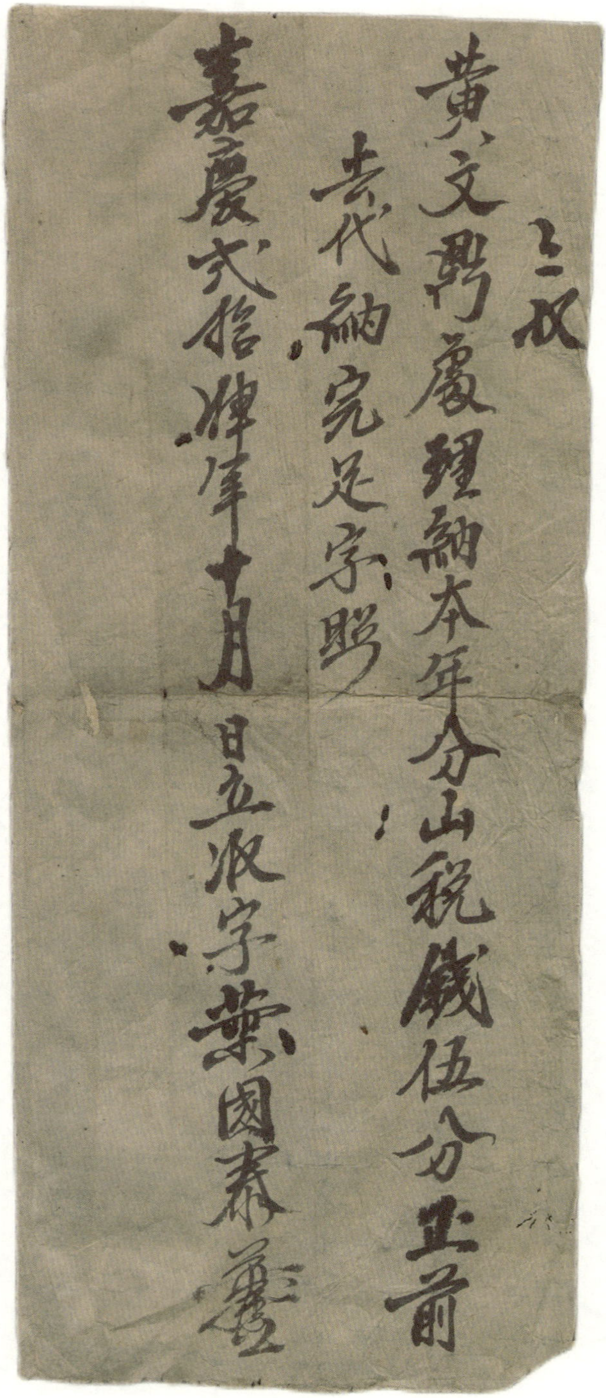

二收

黄文夥處理納本年分山稅錢伍分正前

去代納完足字照

嘉慶式拾肆年十月　日立收字葉國泰（押）

3-1-53-12　清嘉慶二十四年十月葉國泰立收山稅字

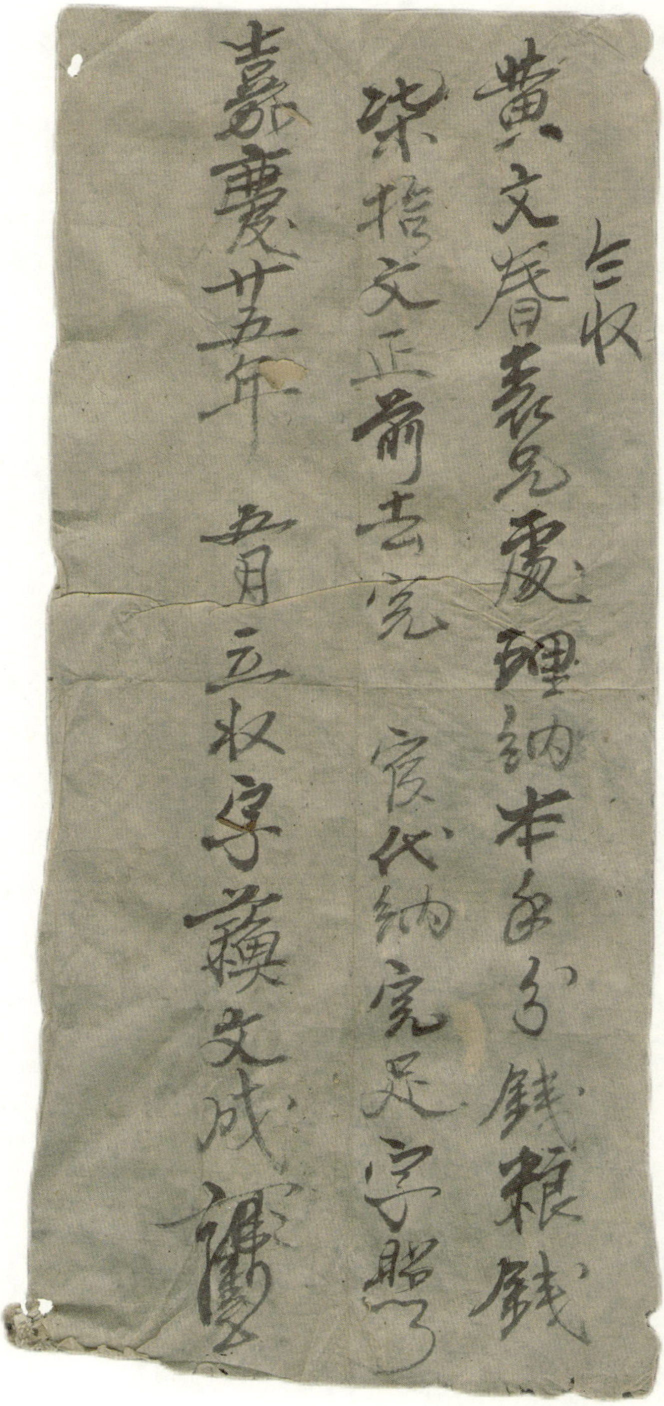

今收
黃文春兄處理納本年分錢粮錢
宗指文正前去完 官代納完足字照
嘉慶廿五年 五月 立收字蘇文成（押）

3-1-53-13　清嘉慶二十五年五月蘇文成立收錢糧字

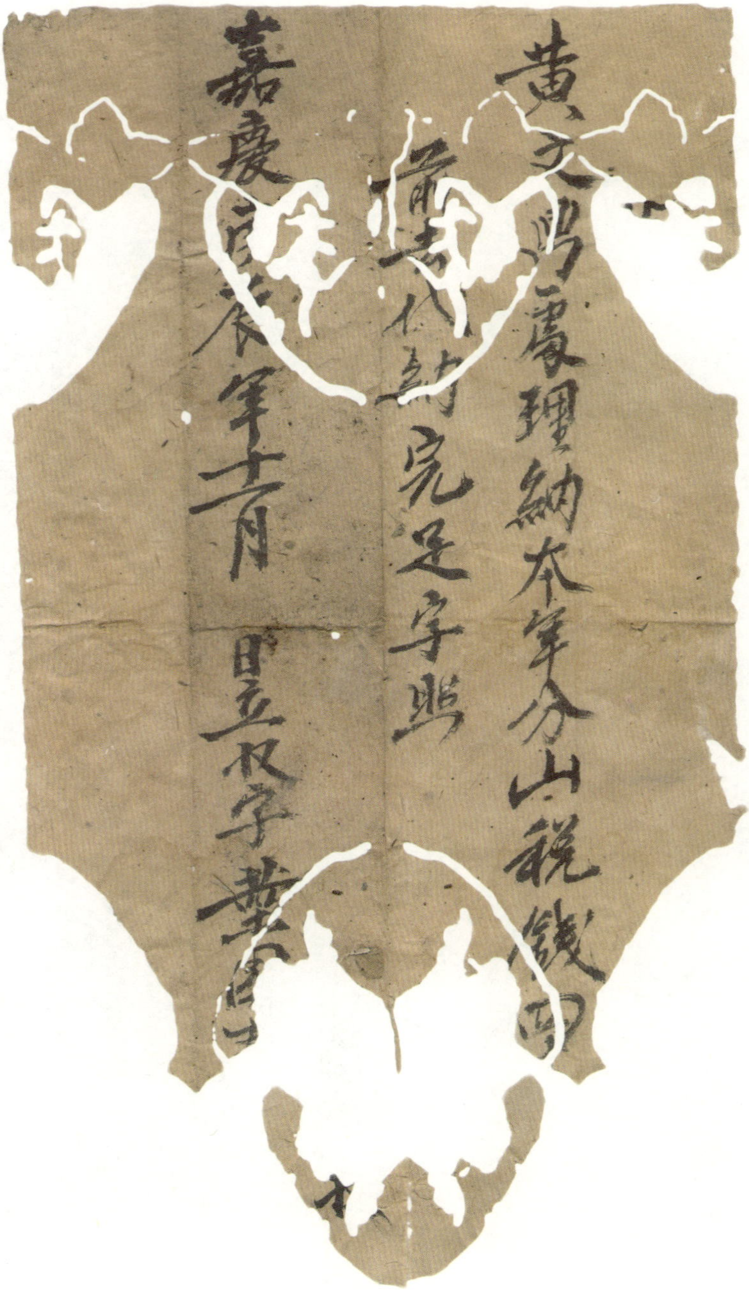

黄文鸣處理納本年分山稅錢[illegible]

前去代納完足字照

嘉慶庚辰年十一月 日立收字葉[illegible]

3-1-53-14 清嘉慶二十五年十一月葉國泰立收山稅字

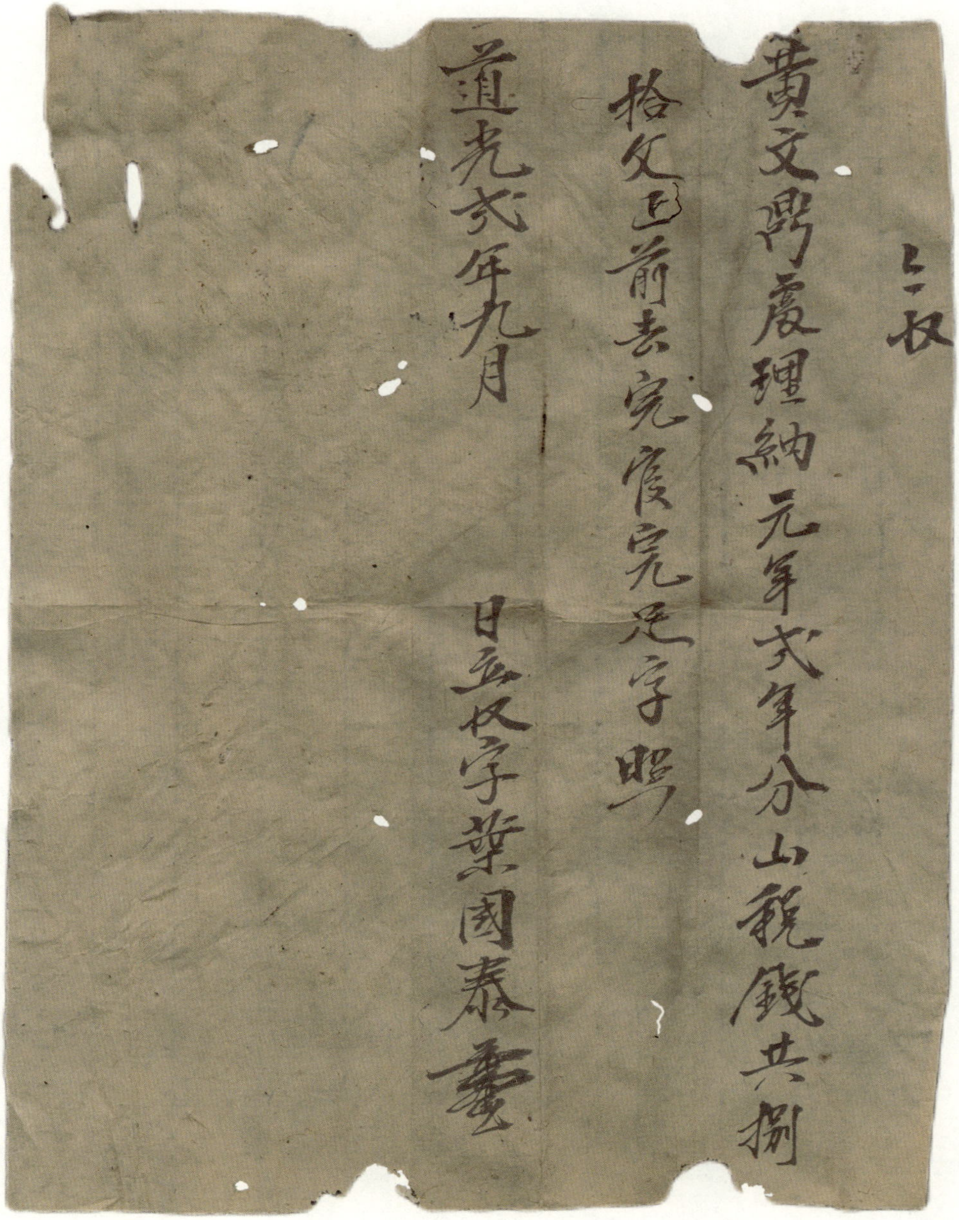

二收
黃文興處理納元年弍年分山稅錢共捌
拾文正前去完債完足字照
道光弍年九月　日立收字葉國泰（押）

3-1-53-15　清道光二年九月葉國泰立收山稅字

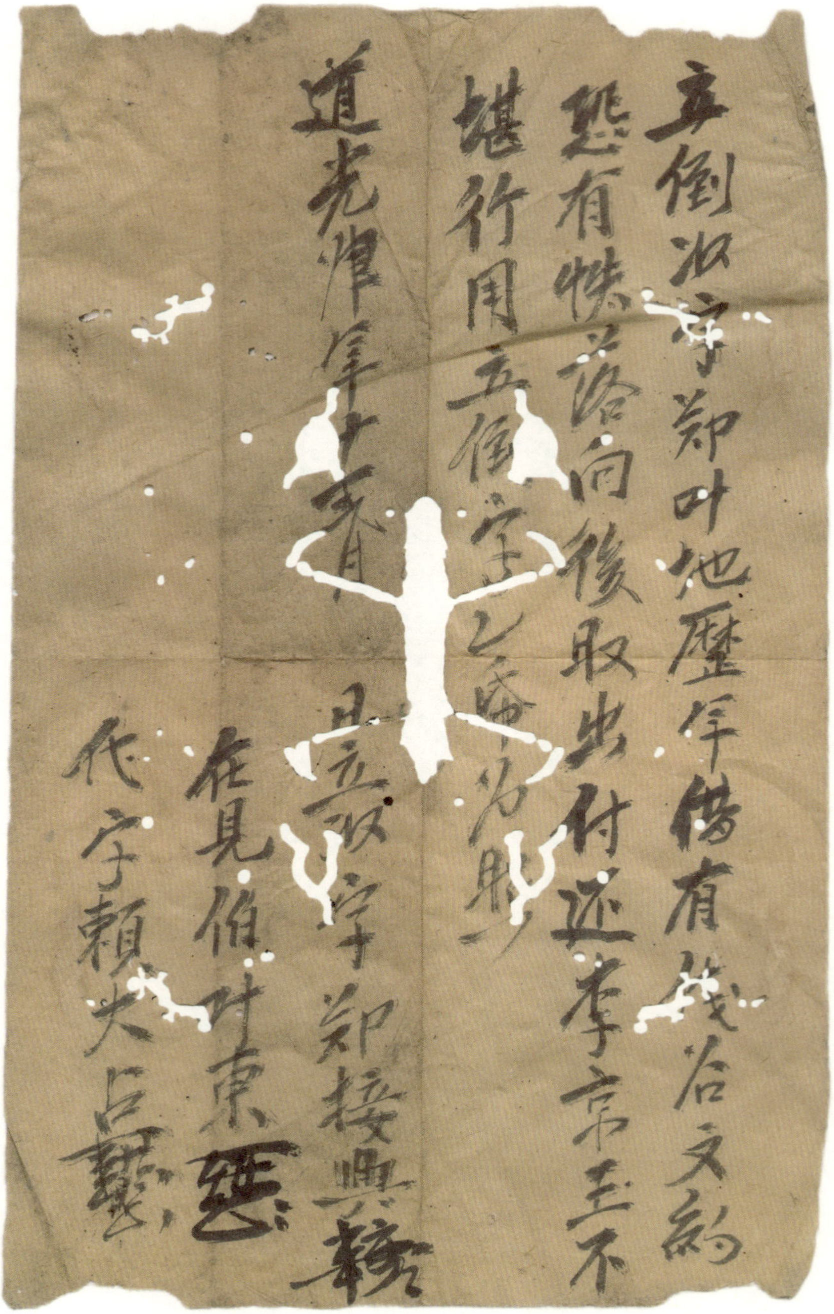
立倒収字鄭叶池歷年借有錢谷文約
然有失落向後取出付還李京圭不
堪行用立倒字乙紙為照
道光肆年十二月　日立収字鄭接興
在見伯叶東
代字賴大占

3-1-53-16　清道光四年十二月鄭接興立收錢穀字

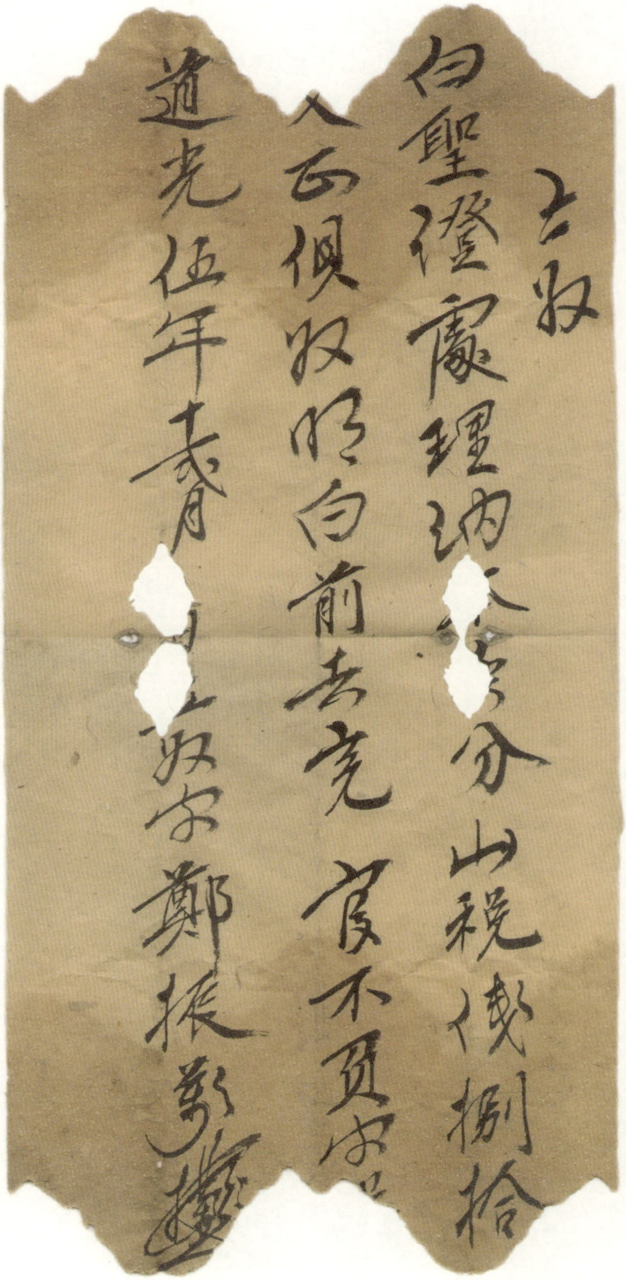

立收
向聖登處理納[illegible][illegible]分山稅錢捌拾
文正俱收明白前去完良不負字
道光伍年十二月[illegible]日立收字鄭振萬(押)

3-1-53-17　清道光五年十二月鄭振萬立收山稅字

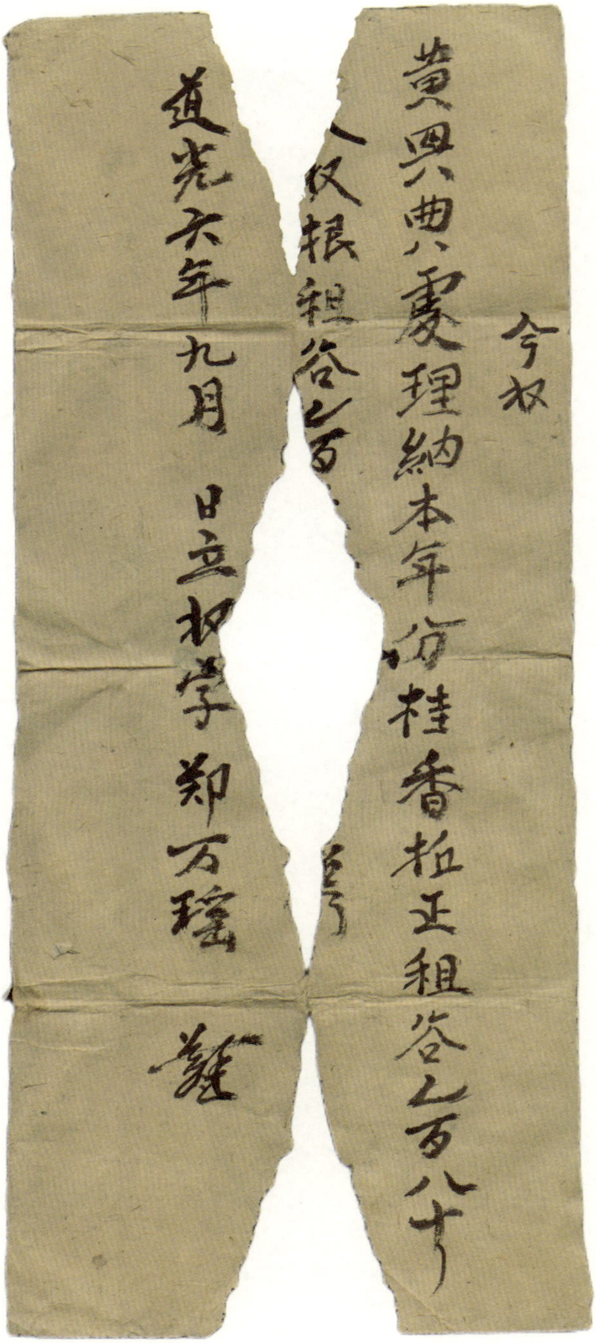
今收
黄興典處理納本年份桂香柘正租谷乙百八十斤
人收根租谷乙百……斤
道光六年九月　日立收字鄭万瑶
筆

3-1-53-18　清道光六年九月鄭万瑶立收租穀字

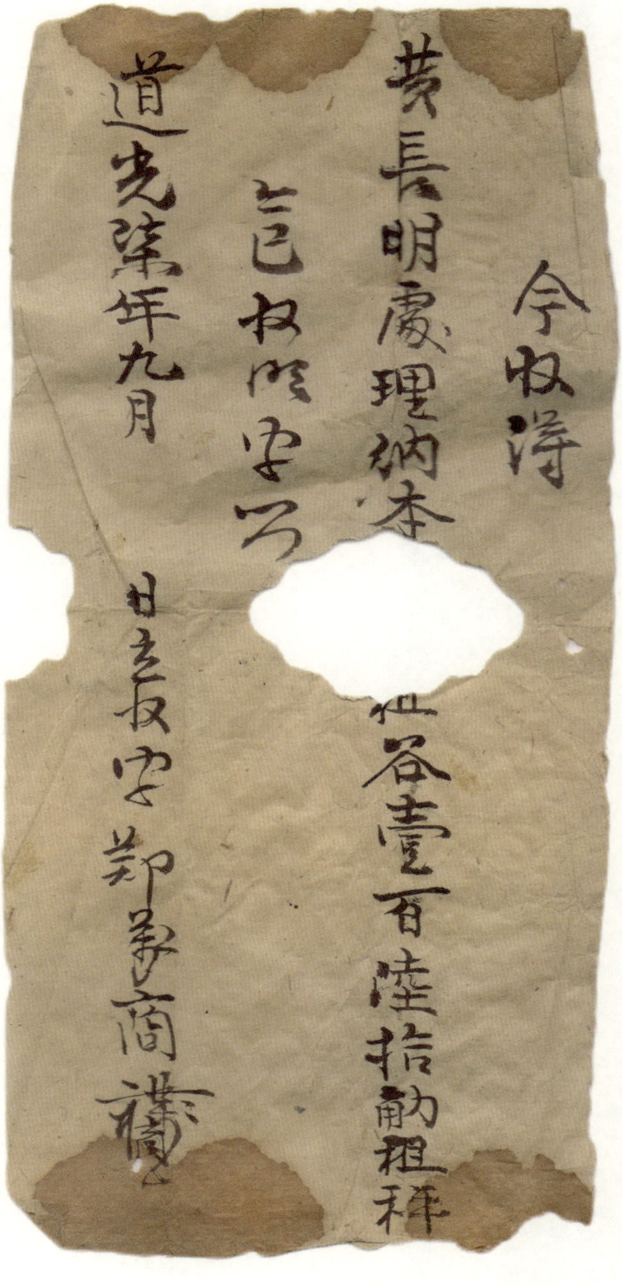
今收得
黄長明處理納本[hole]租谷壹百陸拾觔租秤
已收明字了
道光柒年九月　日立收字　鄭萬商[illegible]

3-1-53-19　清道光七年九月鄭萬商立收租穀字

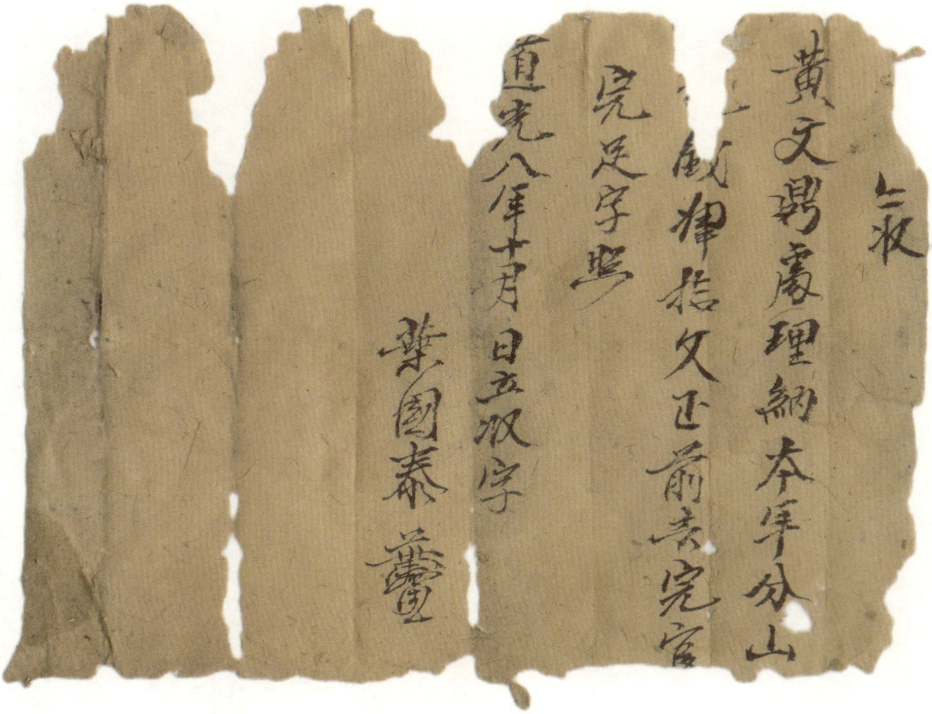

立收
黃文竭處理納本年分山
稅銀俾指文正前去完官
完足字照
道光八年十月 日立收字
葉國泰

3-1-53-20　清道光八年十月葉國泰立收山稅字

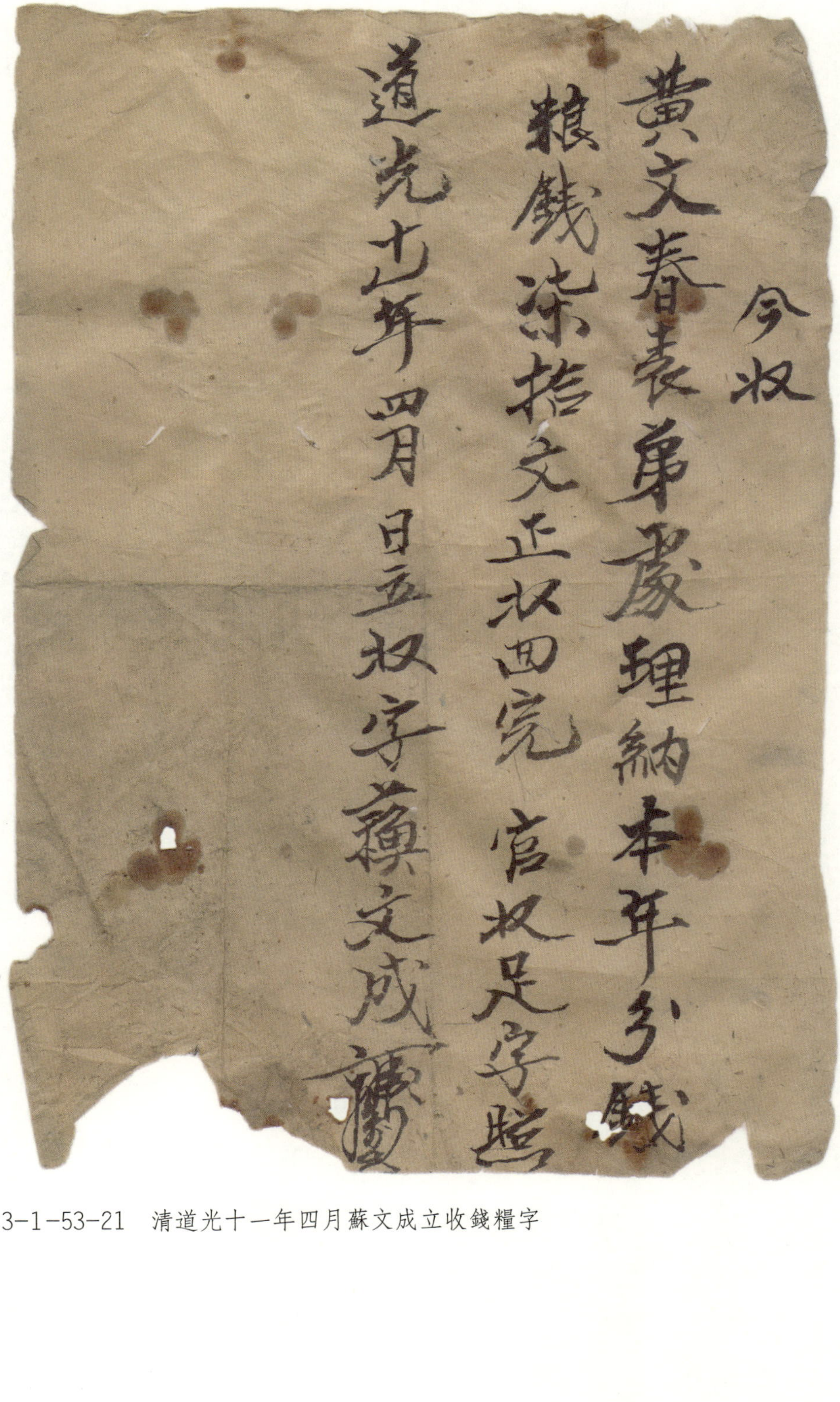
今收
黄文春表弟處理納本年分錢
糧錢柒拾文正收回完 官收足字照
道光十一年四月 日立收字蘇文成（押）

3-1-53-21 清道光十一年四月蘇文成立收錢糧字

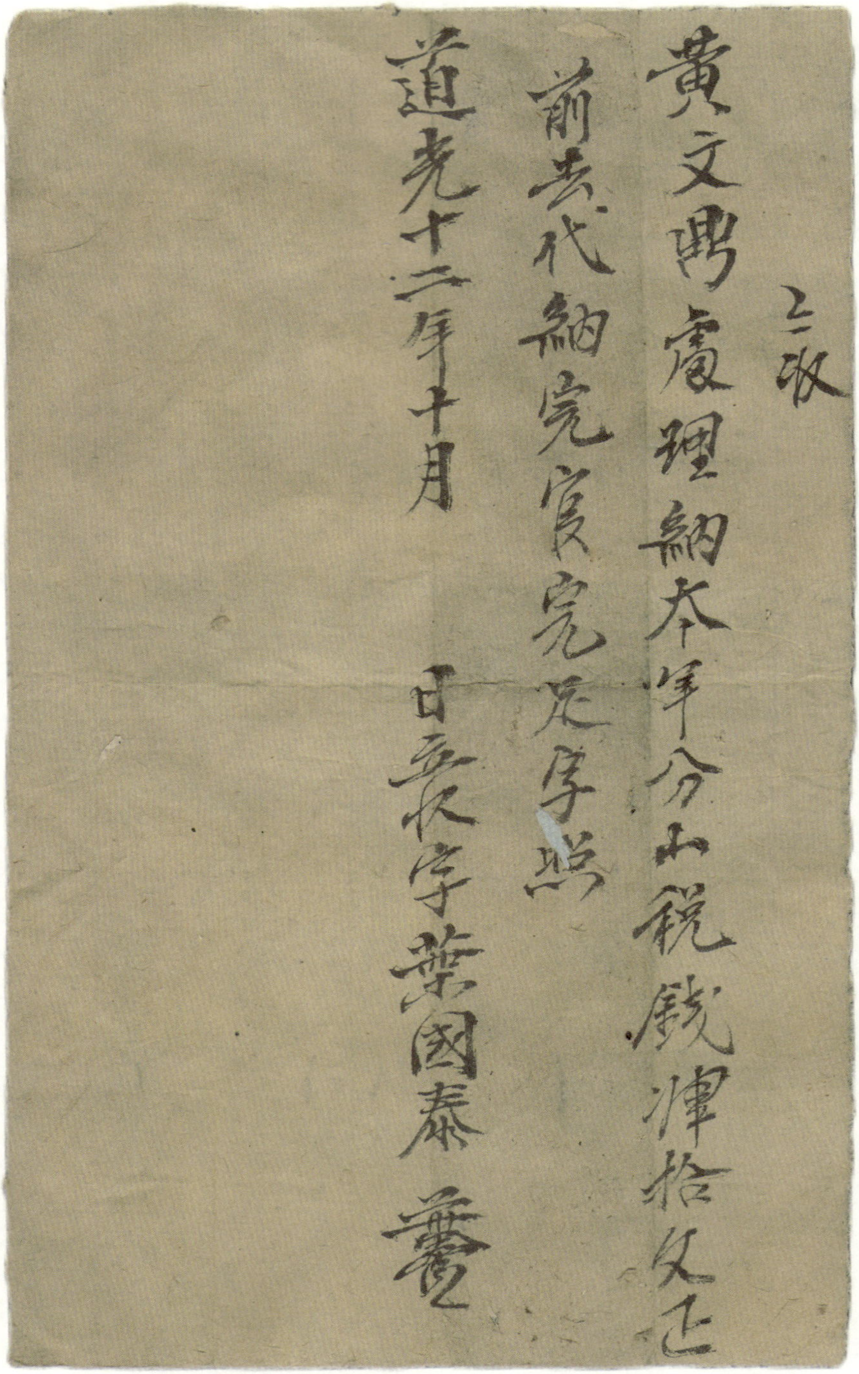

二收
黄文興處理納本年分山税錢肆拾文正
前去代納完官完足字照
道光十二年十月　日立收字葉國泰　畫

3-1-53-22　清道光十二年十月葉國泰立收山税字

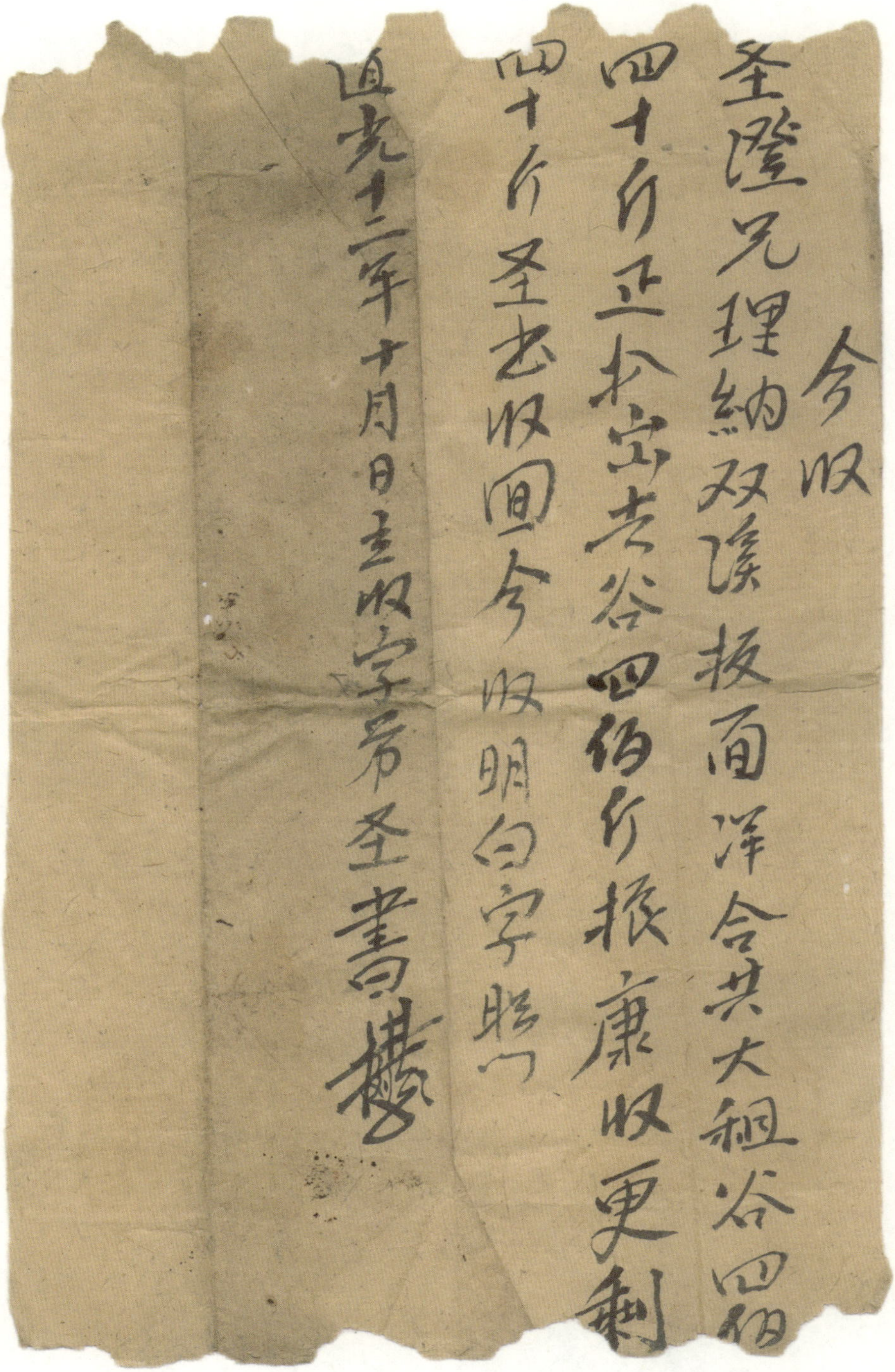
今收
圣隆兄理納双溪板面洋合共大租谷四佰
四十斤正於宗書谷四佰斤振康收更剩
四十斤圣去收回今收明白字照
道光十二年十月日立收字白圣書

3-1-53-23　清道光十二年十月白圣書立收大租穀字

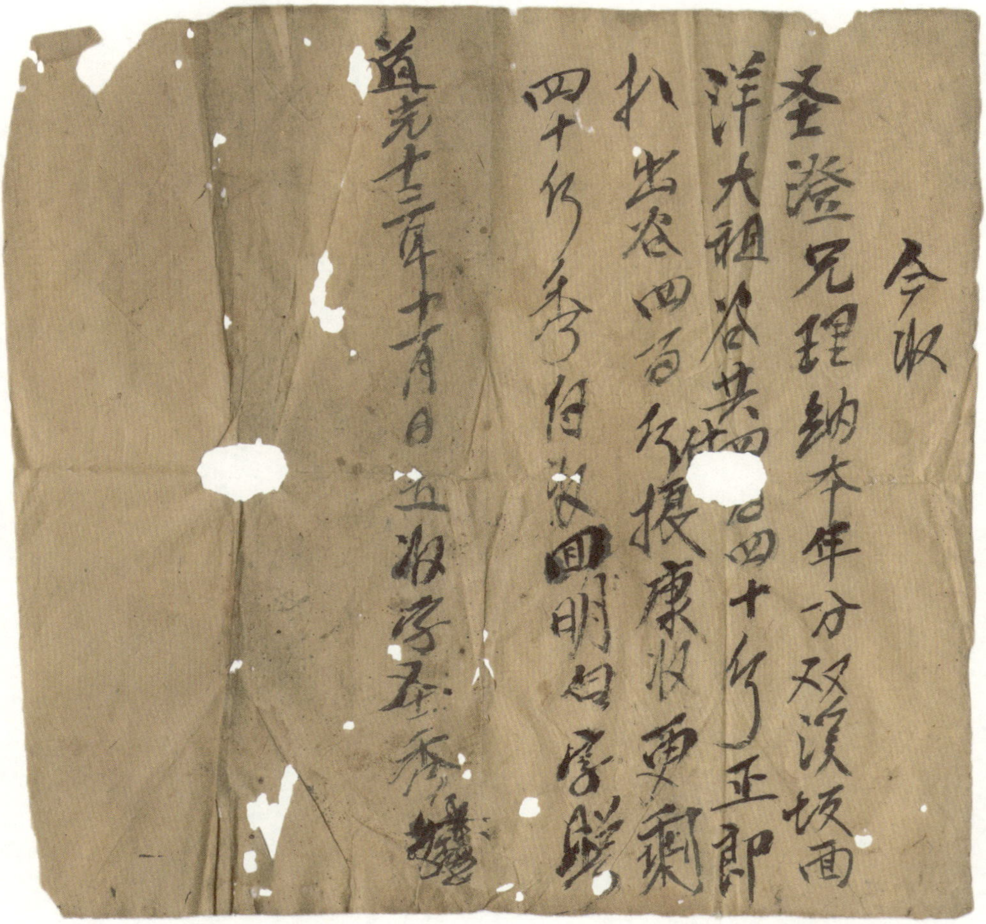
今收
圣澄兄理納本年分双溪坂面
洋大租谷共四百四十斤正即
扒出谷四百斤振康收更剩
四十斤秀付收回明白字照
道光十三年十一月 日立收字圣秀[illegible]

3-1-53-24 清道光十三年十一月白圣秀立收大租穀字

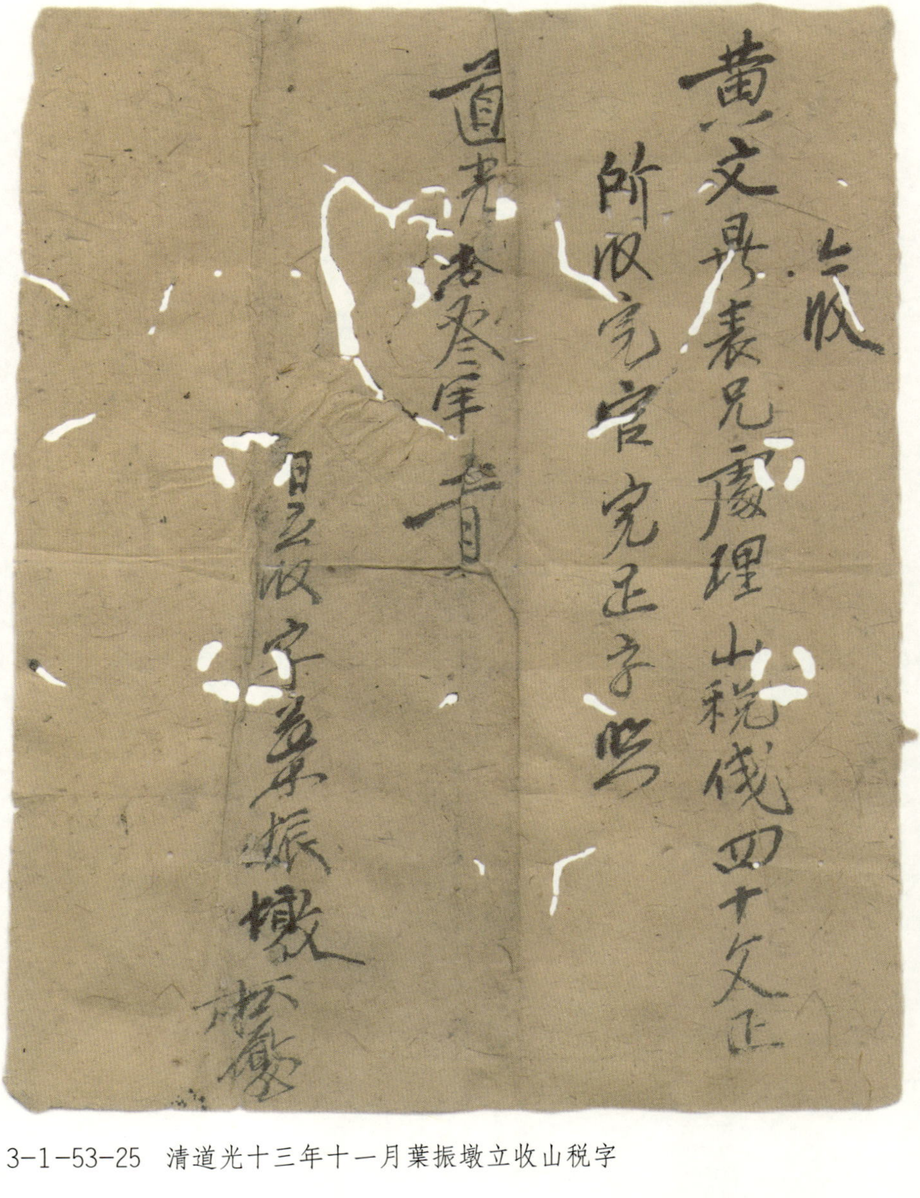
立收
黄文昇表兄處理山稅钱四十文正
所收完官完正字照
道光拾叁年十一月 日立收字葉振墩

3-1-53-25　清道光十三年十一月葉振墩立收山稅字

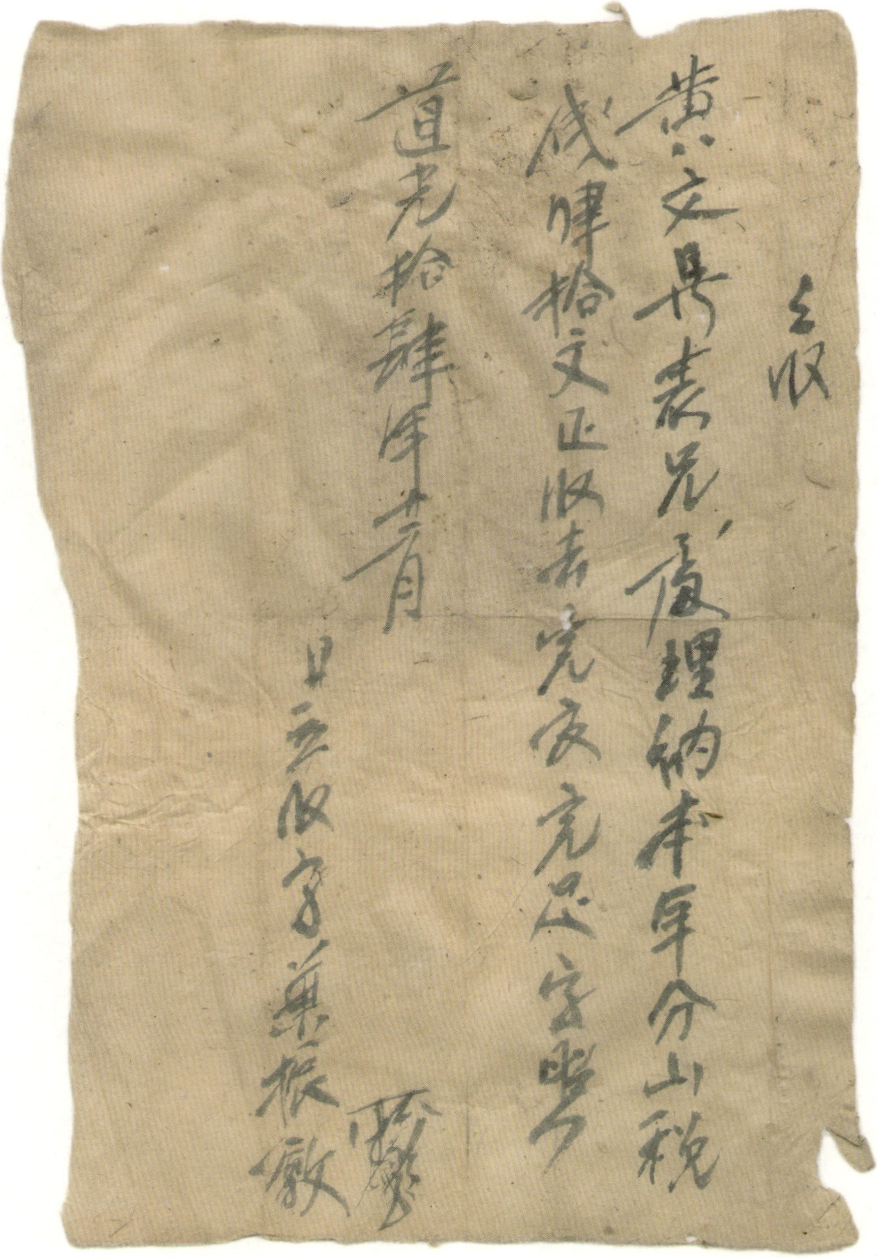
立收
黃文長表兄處理納本年分山稅
錢肆拾文正收去完交完足字照
道光拾肆年十二月
日立收字葉振墩（押）

3-1-53-26　清道光十四年十二月葉振墩立收山稅字

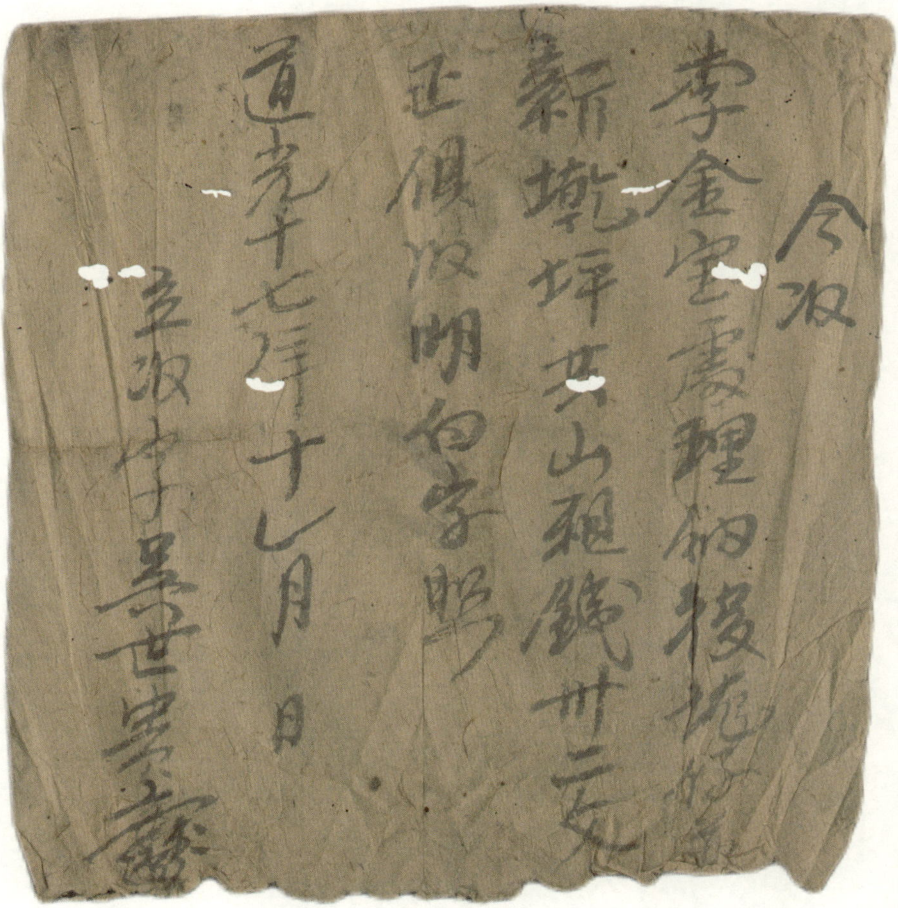

今收
李金寶處理[illegible][illegible][illegible][illegible]
新墩乾坪其山租錢卅二文
正，俱收明白字照。
道光十七年十一月　日
立收字吴世貴[illegible]

3-1-53-27　清道光十七年十一月吴世貴立收山租字

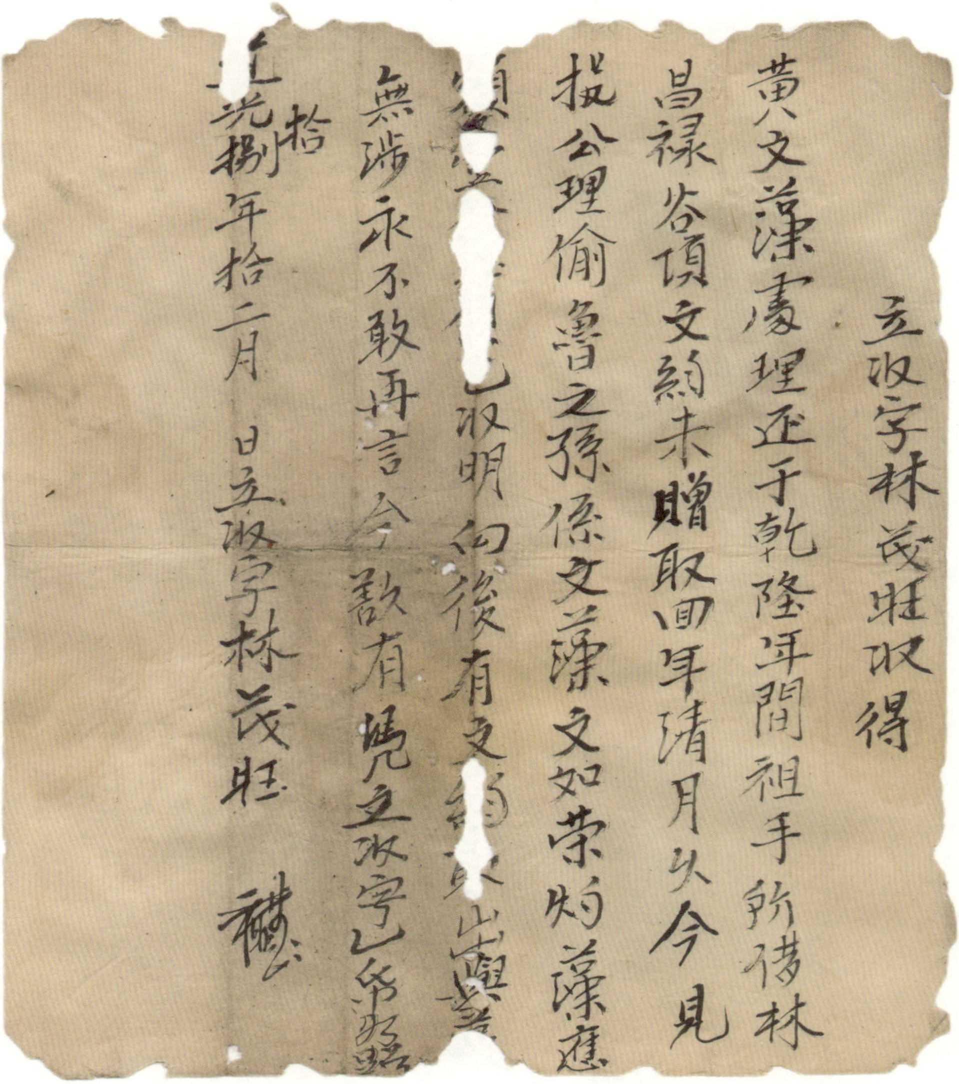
立收字林茂旺收得
黄文藻處理延于乾隆年間祖手所得林
昌禄谷頃文約未贈取回年清月次今見
投公理倫魯之孫係文藻文如榮灼藻應
領[illegible]收明向後有文約[illegible]出與[illegible]
無涉永不敢再言今歡有憑立收字乙紙為照
道光拾捌年拾二月　日立收字林茂旺（押）

3-1-53-28　清道光十八年十二月林茂旺立收穀字

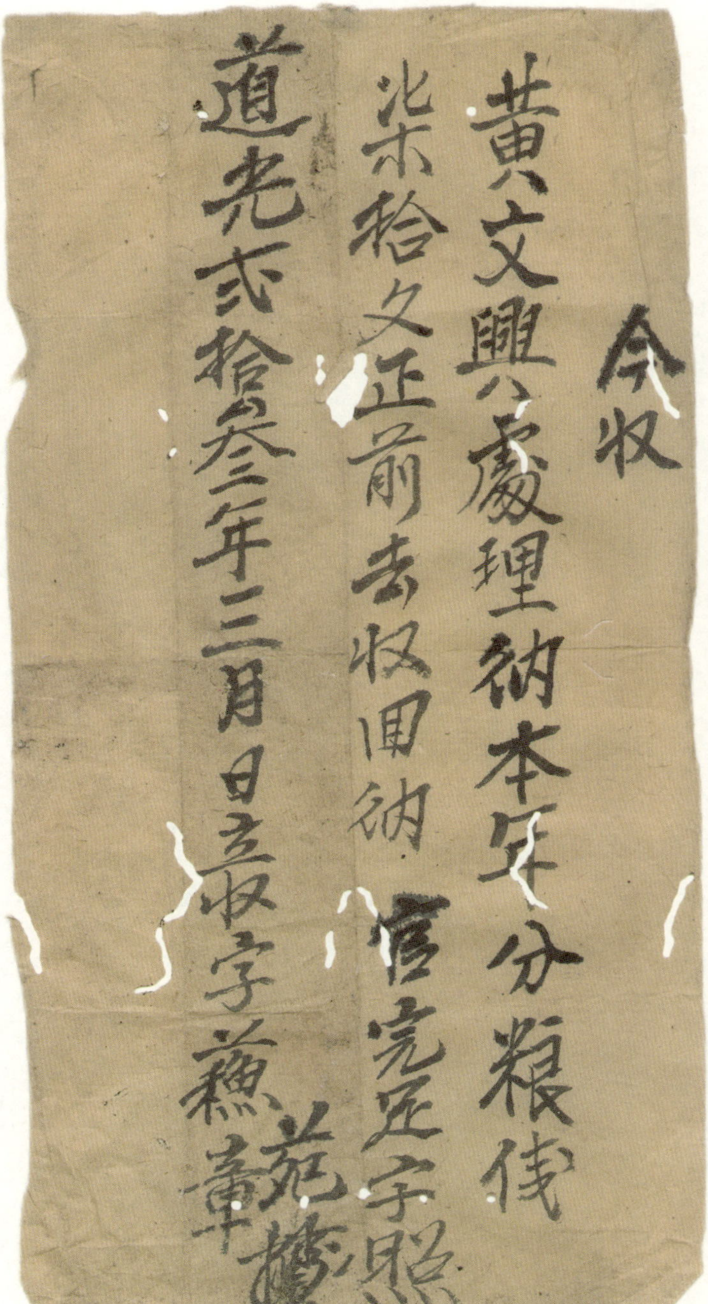

今收
黄文興八處理納本年分糧錢
柒拾文正前去收回納　官完足字照
道光弍拾叁年三月　日立收字蘇章苑

3-1-53-29　清道光二十三年三月蘇章苑立收糧錢字

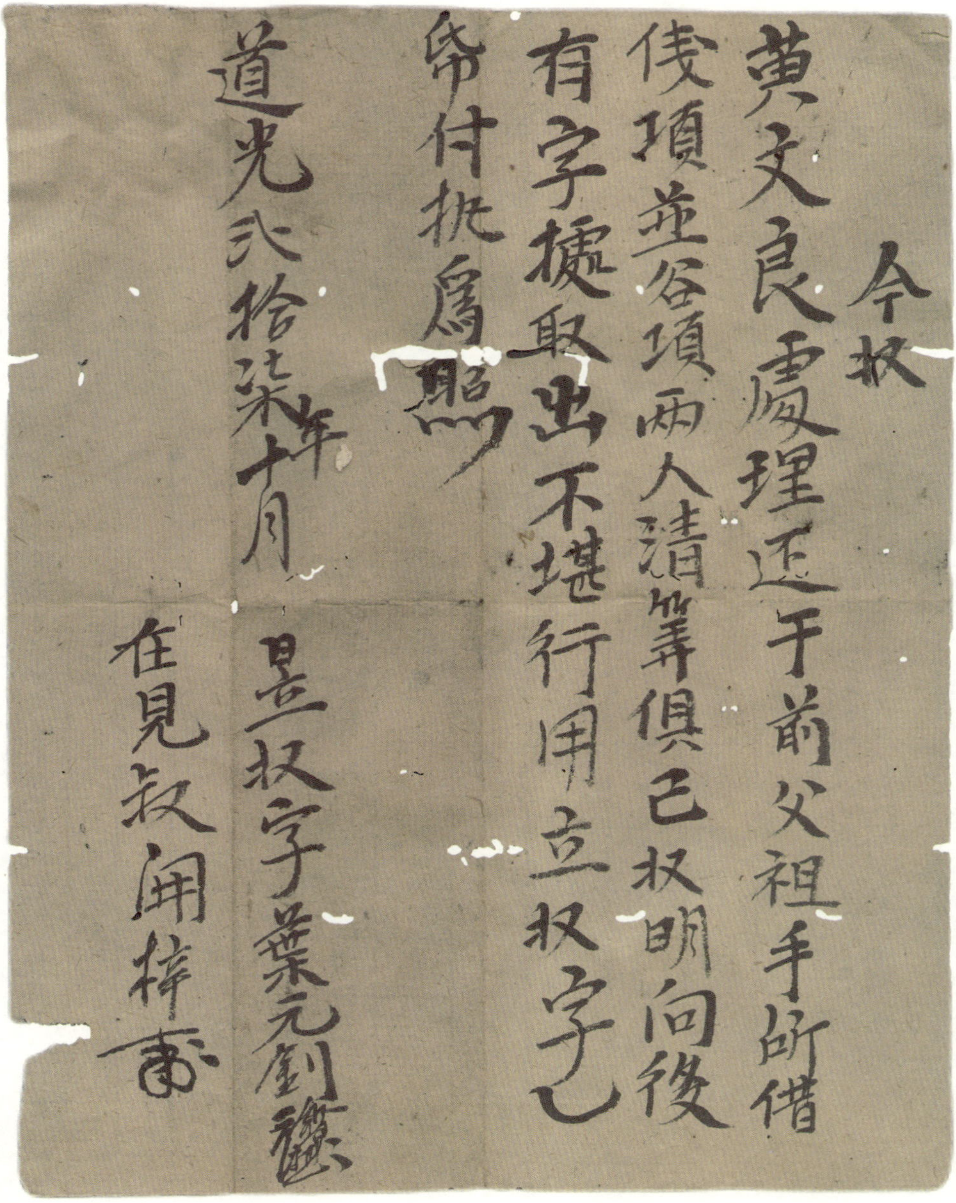

今收
黄文良處理還于前父祖手所借
錢項并谷項兩人請算俱已收明向後
有字檢取出不堪行用立收字已
係付批爲照
道光弍拾柒年十月　日立收字葉元釗
在見叔開梓筆

3-1-53-30　清道光二十七年十月葉元釗立收錢穀字

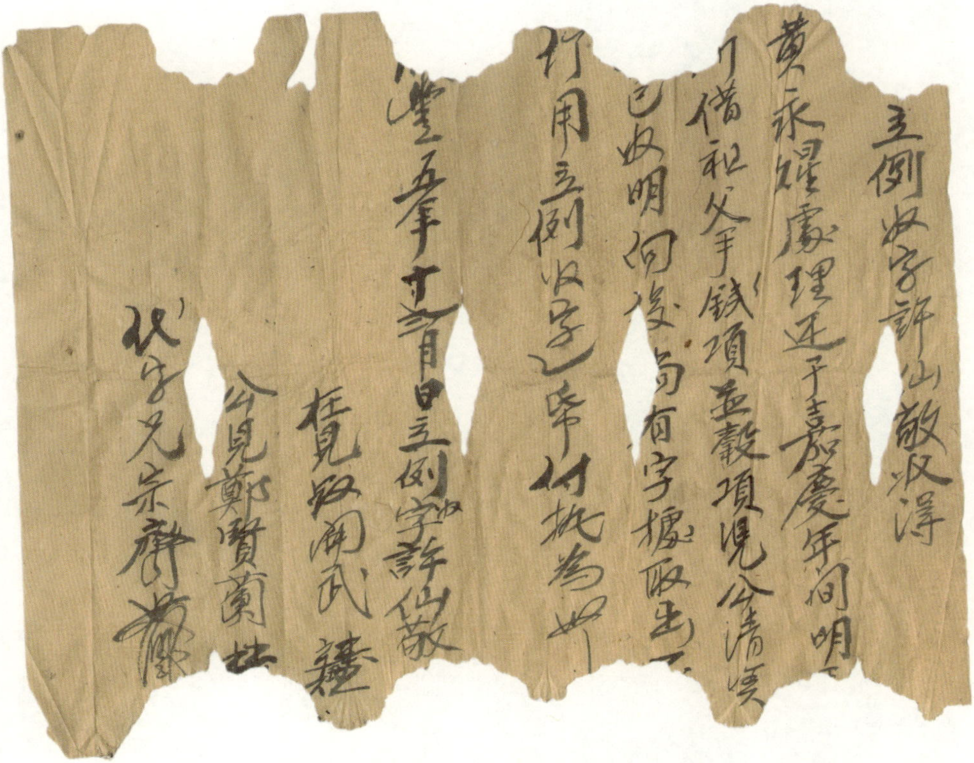
立倒收字許仙敬，收得
黄永耀處理还于嘉慶年間明[illegible]
[illegible]借祖父手钱項並穀項，現公清楚
已收明，向後尚有字據取出，不
行用。立倒收字乙帋付執為炤。
咸豐五年十二月　日立倒收字許仙敬（押）
在見叔周氏（押）
公見鄭賢蘭（押）
代字兄宗齊（押）

3-1-53-31　清咸豐五年十二月許仙敬立倒收錢穀字

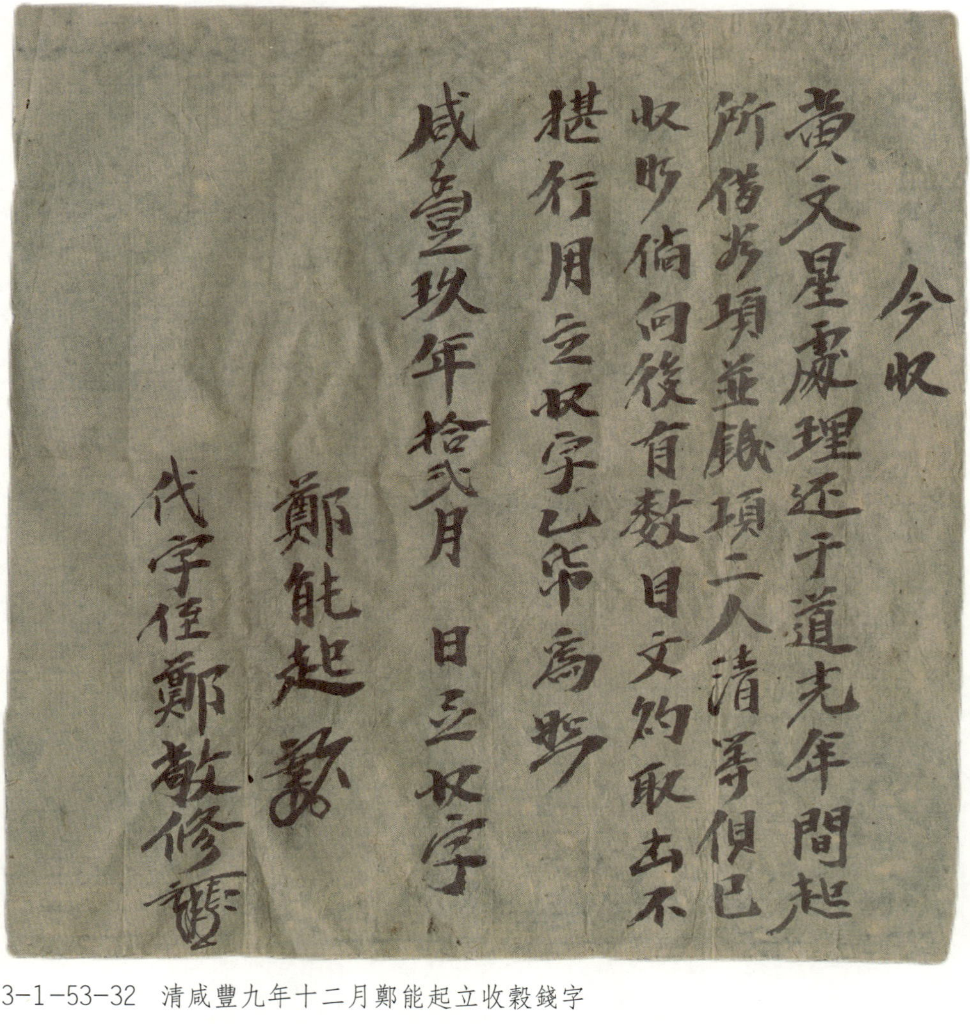

今收
黄文星處理还于道光年間起
所借谷項並賬項二人清算俱已
收明倘向後有數目文約取出不
堪行用立收字乙紙為照
咸豐玖年拾弍月 日立收字
鄭能起
代字侄鄭敦修

3-1-53-32 清咸豐九年十二月鄭能起立收穀錢字

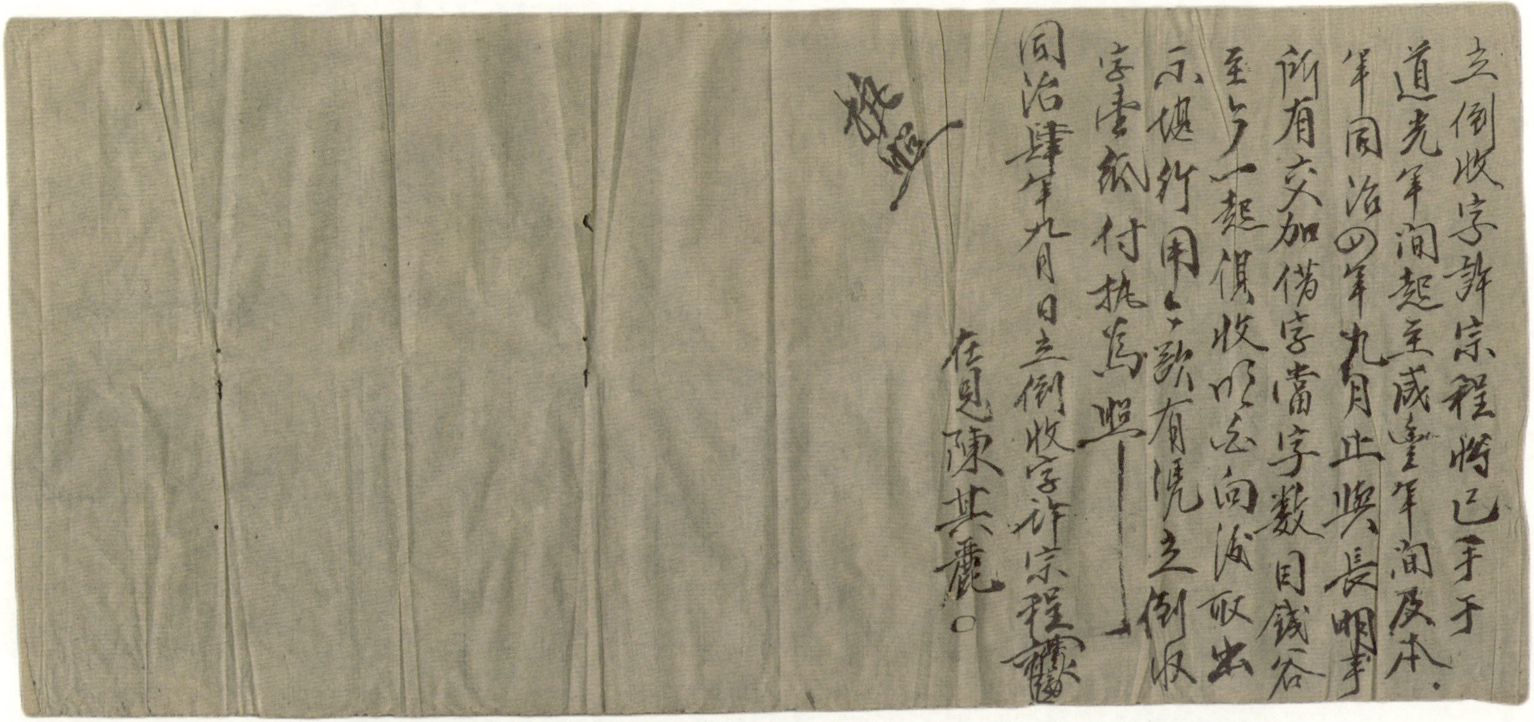

3-1-53-33　清同治四年九月許宗程立倒收字

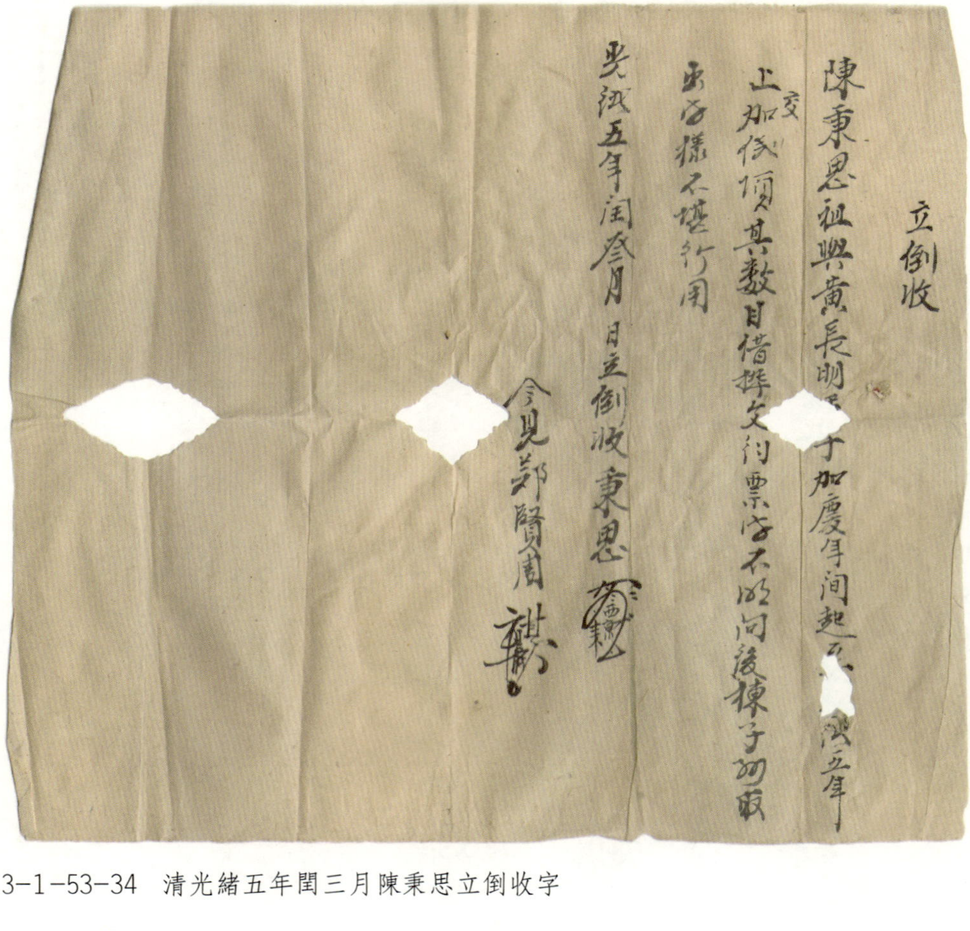

3-1-53-34　清光緒五年閏三月陳秉思立倒收字

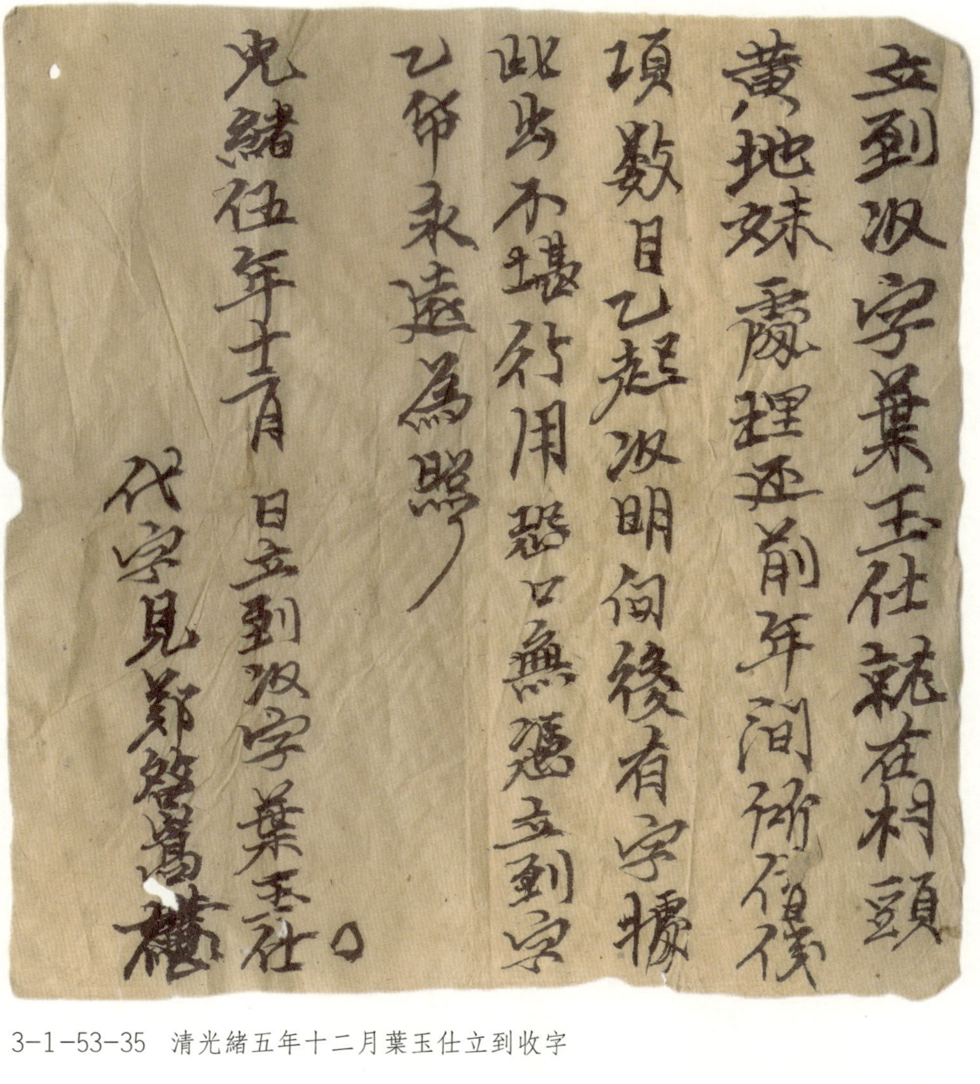

立到收字葉玉仕兹在村頭
黃地妹處理还前年間所欠債
項數目已起收明，向後有字據
此出不堪行用，恐口無憑，立到字
乙作永遠為照。
光緒伍年十二月　日立到收字葉玉仕
代字見鄭啓鸞權

3-1-53-35　清光緒五年十二月葉玉仕立到收字

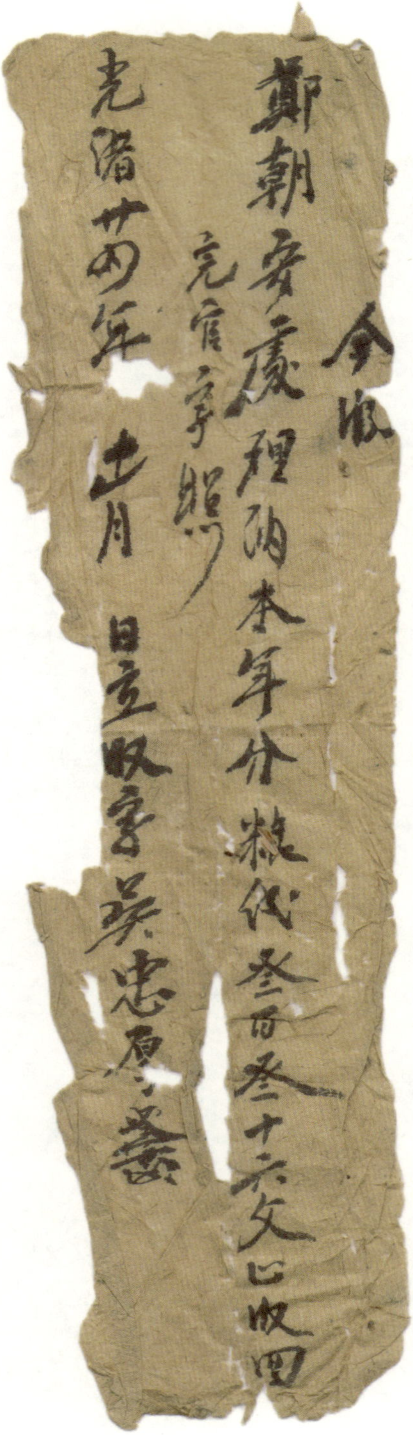
今收
鄭朝安處理納本年分粮代叁百叁十六文已收回
完官字照
光緒廿四年十一月 日立收字吴忠厚簽

3-1-53-36 清光緒二十四年十一月吴忠厚立收糧錢字

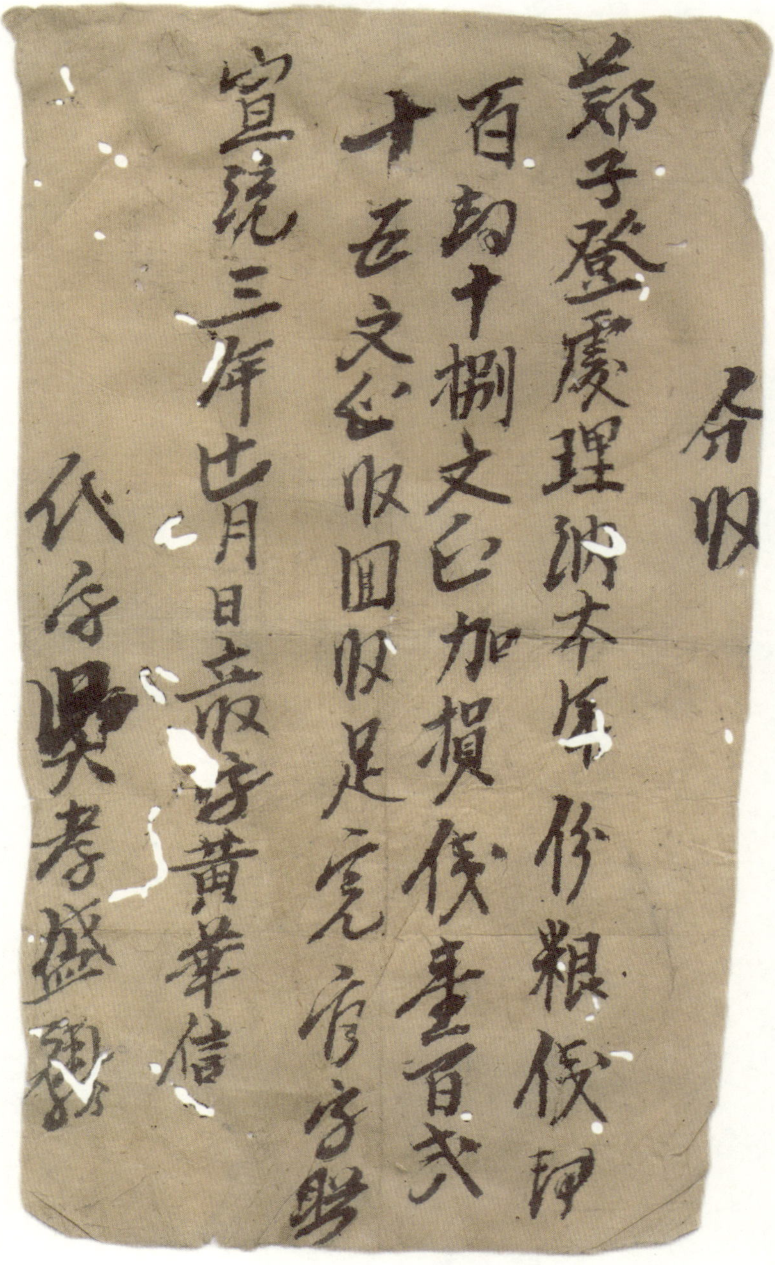
今收
鄭子登處理納本年份粮錢玖
百肆十捌文，已加損錢壹百弍
十五文正，收圓收足，完存字照。
宣統三年十一月　日立收字黄華信
代字吳孝盛（押）

3-1-53-37　清宣統三年十一月黄華信立收糧錢字

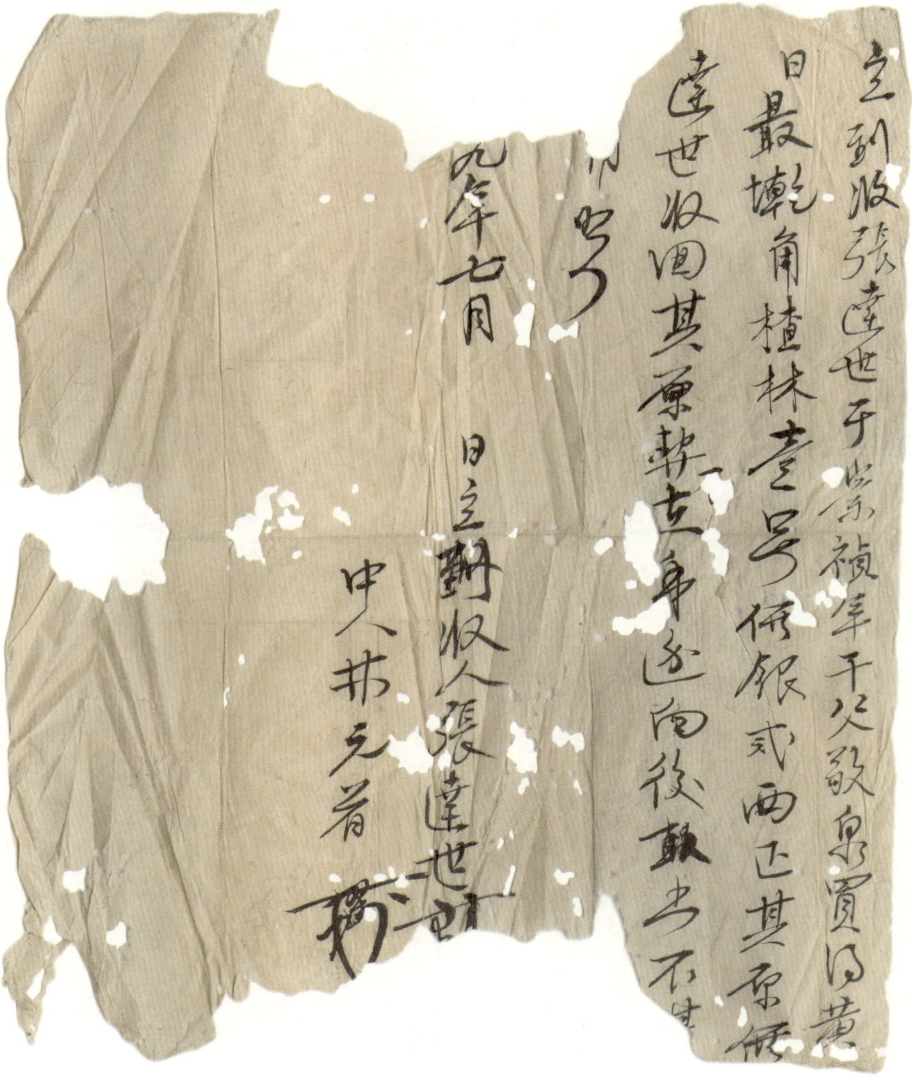
立到收張達世于崇禎年干父敬泉買得黃
日最墩乞角植林壹号價銀弍兩正其原價
達世收回其原契一去年送向後執出不堪
川出了
九年七月　日立到收人張達世（押）
中人林元着（押）

3-1-53-38　清張達世立到收字

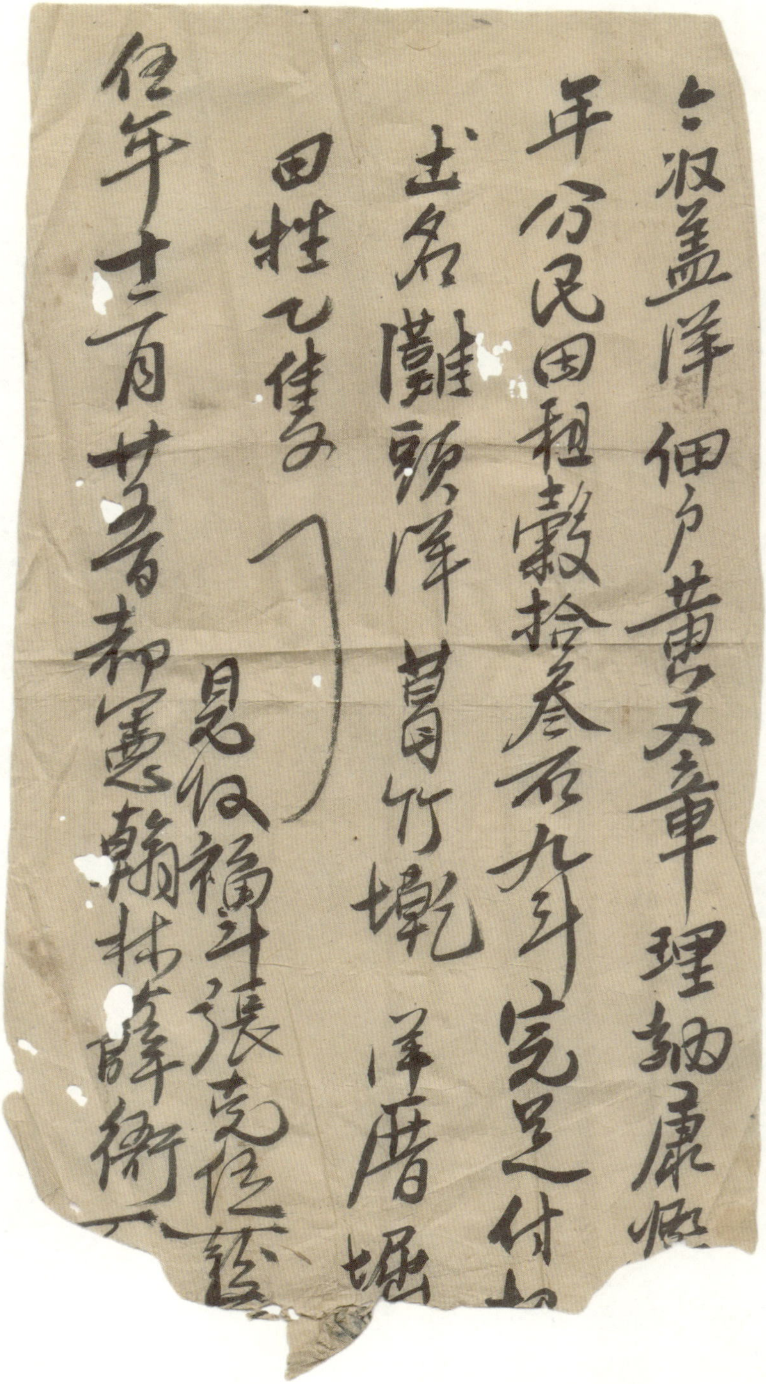
今收盖洋佃户黄文章理納康熙
年分民田租穀拾叁石九斗完足之付
土名灘頭洋菖竹壢乾洋曆壢
田桂乙佳字
見收福斗張克位
位年十二月廿五日和憲翰林薛衛

3-1-53-39　清張克位立收田租穀字

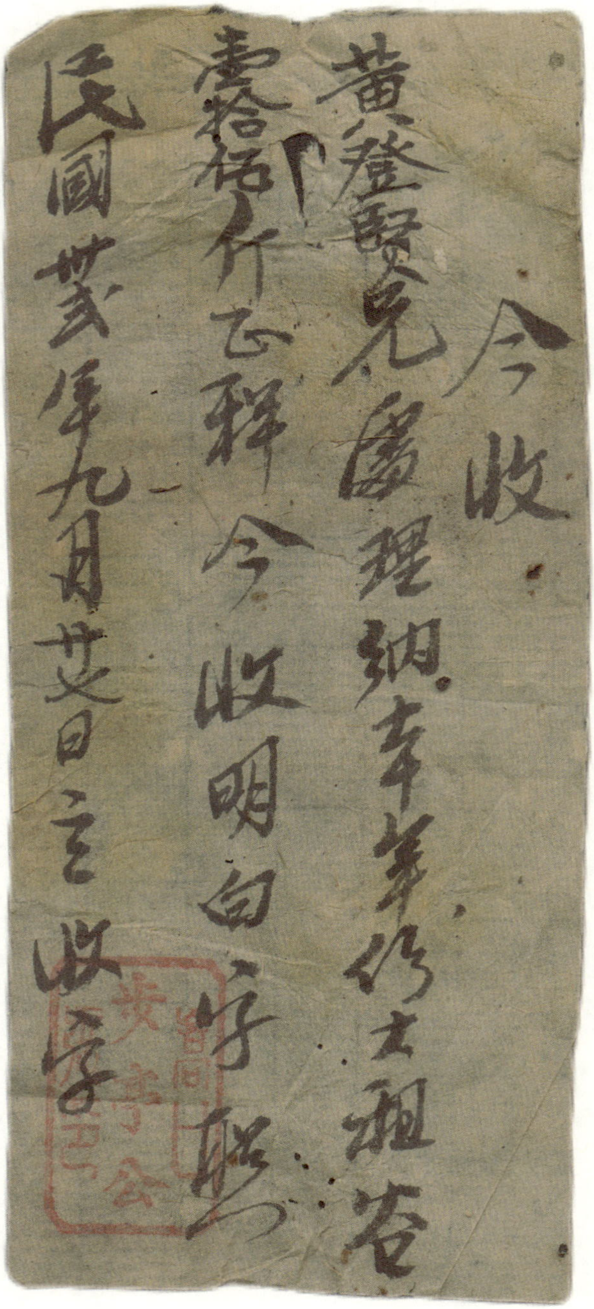

今收
黃登賢兄處理納本年佃土租谷
壹拾伍斤正秤，今收明白，字照。
民國卅弍年九月廿五日立收字

3-1-53-40　民國三十二年九月張步亭立收租穀字

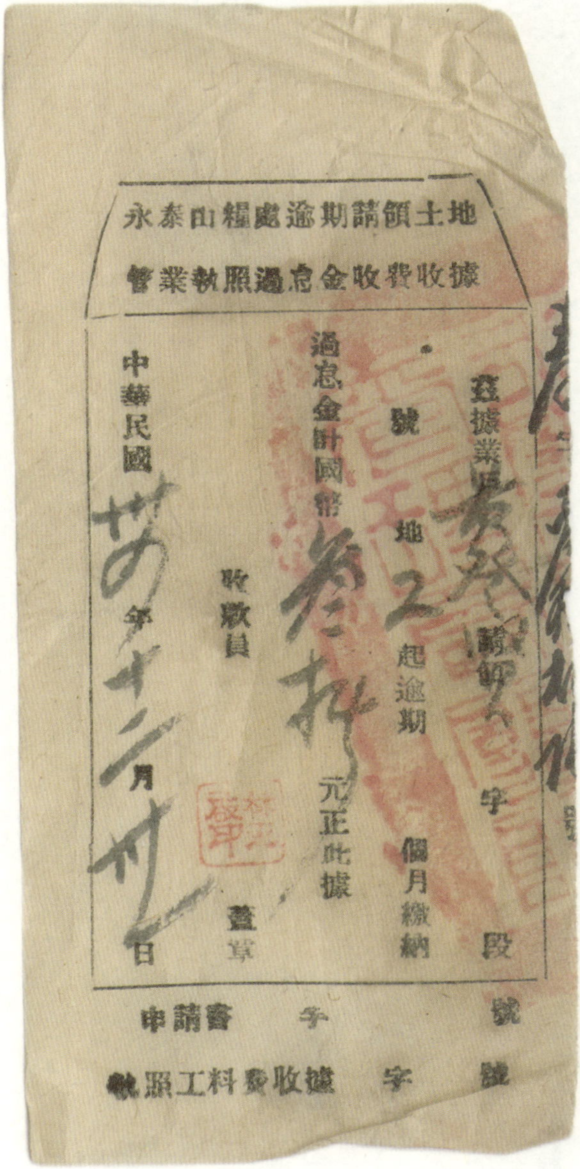
永泰田糧處逾期請領土地

管業執照過息金收費收據

茲據業戶黃登賢請領八字 段

號地二起逾期 個月繳納

過息金計國幣叁拾元正此據

收款員 蓋章

中華民國卅四年十二月廿七日

申請書 字 號

執照工料費收據 字 號

3-1-53-41　民國三十四年十二月黃登賢過息金收據

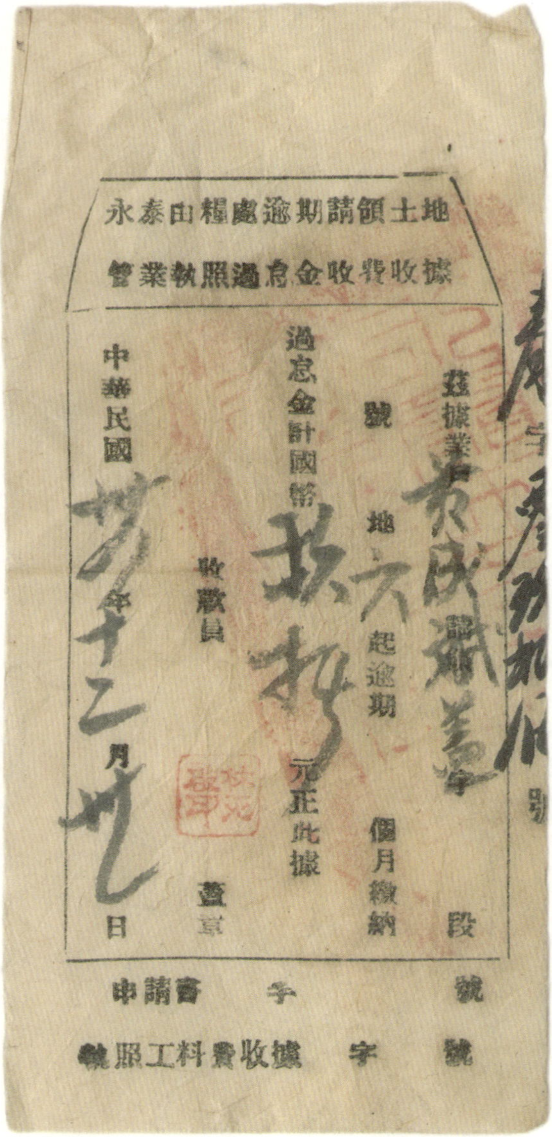
永泰田糧處逾期請領土地

管業執照過怠金收費收據

茲據業戶黃成斌蓋　字　段　號

地六　起逾期　個月繳納

過怠金計國幣捌拾元正此據

收款員　蓋章

中華民國卅四年十二月廿七日

申請書　字　號

執照工料費收據　字　號

3-1-53-42　民國三十四年十二月黃成斌過怠金收據

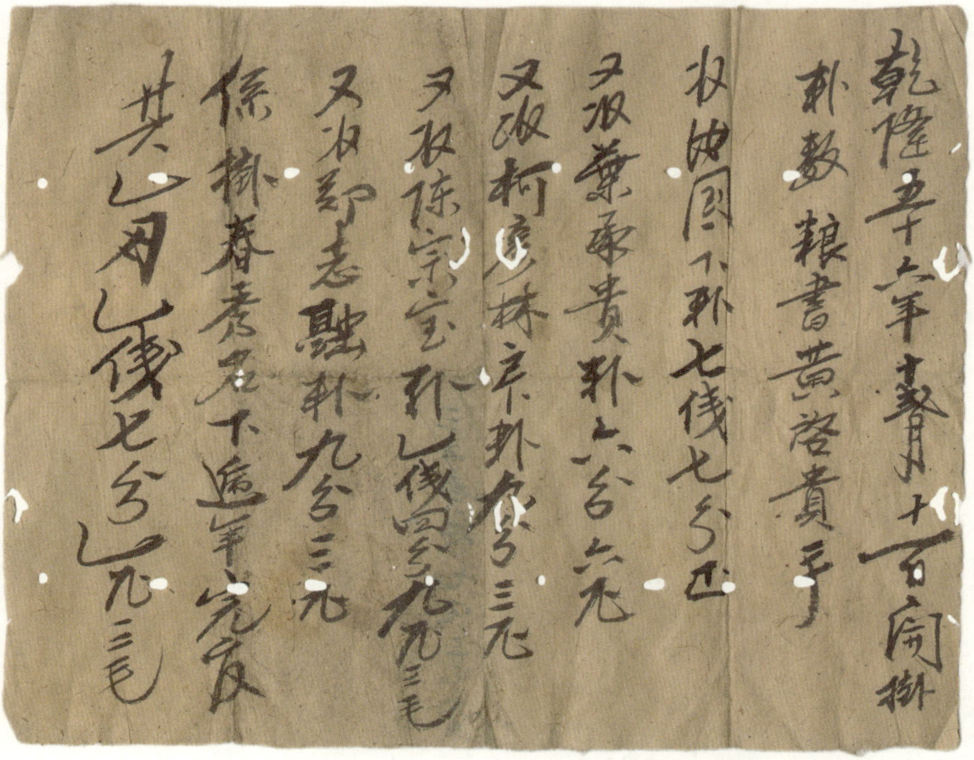

3-1-54-1　清乾隆五十六年十二月黄氏家族錢糧掛單

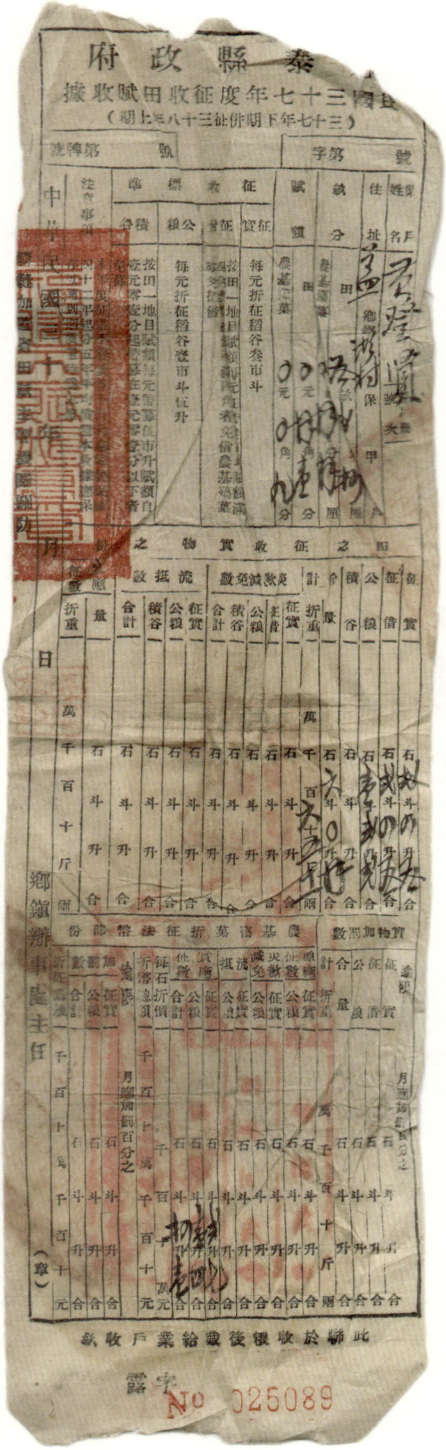
永泰縣政府
民國三十七年度征收田賦收據
（三十七年下期併征三十八年上期）
此聯於收銀後繳給業戶收執
No 025089

3-1-54-2　民國三十年黃登賢徵收田賦收據

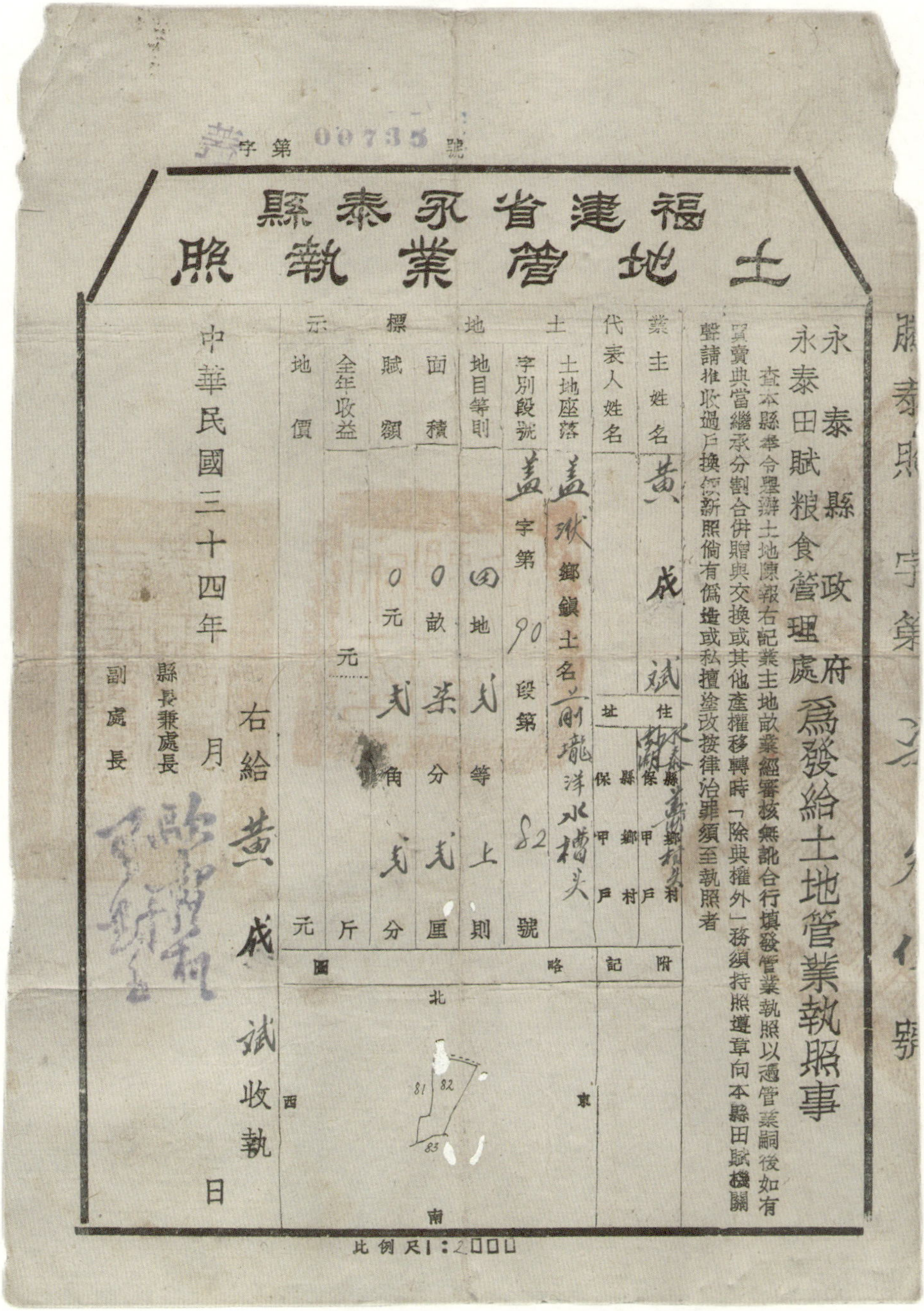

蓋字第 00735 號

福建省永泰縣
土地管業執照

永泰縣政府
永泰田賦粮食管理處 爲發給土地管業執照事

查本縣奉令舉辦土地陳報右記業主地畝業經審核無訛合行填發管業執照以憑管業嗣後如有買賣典當繼承分割合併贈與交换或其他產權移轉時「除典權外」務須持照遵章向本縣田賦機關聲請推收過戶换領新照倘有僞造或私擅塗改按律治罪須至執照者

業主姓名：黃成斌
住址：永泰縣 蓋洋鄉 村 保 甲 戶
代表人姓名：
住址：縣 鄉 村 保 甲 戶

土地標示：
土地座落：蓋洋 鄉鎮 土名 前壠洋水槽头
字別段號：蓋 字第 90 段第 82 號
地目等則：田 地 [illegible] 等 上 則
面積：0 畝 柒 分 [illegible] 厘
賦額：0 元 [illegible] 角 [illegible] 分
全年收益： 元 斤
地價： 元

附記：

略圖：北 東 南 西 81 82 83

右給黃成斌收執

縣長兼處長
副處長

中華民國三十四年 月 日

比例尺 1：2000

永泰縣 字第 號

3-1-54-3 民國三十四年黃成斌土地管業執照（一）

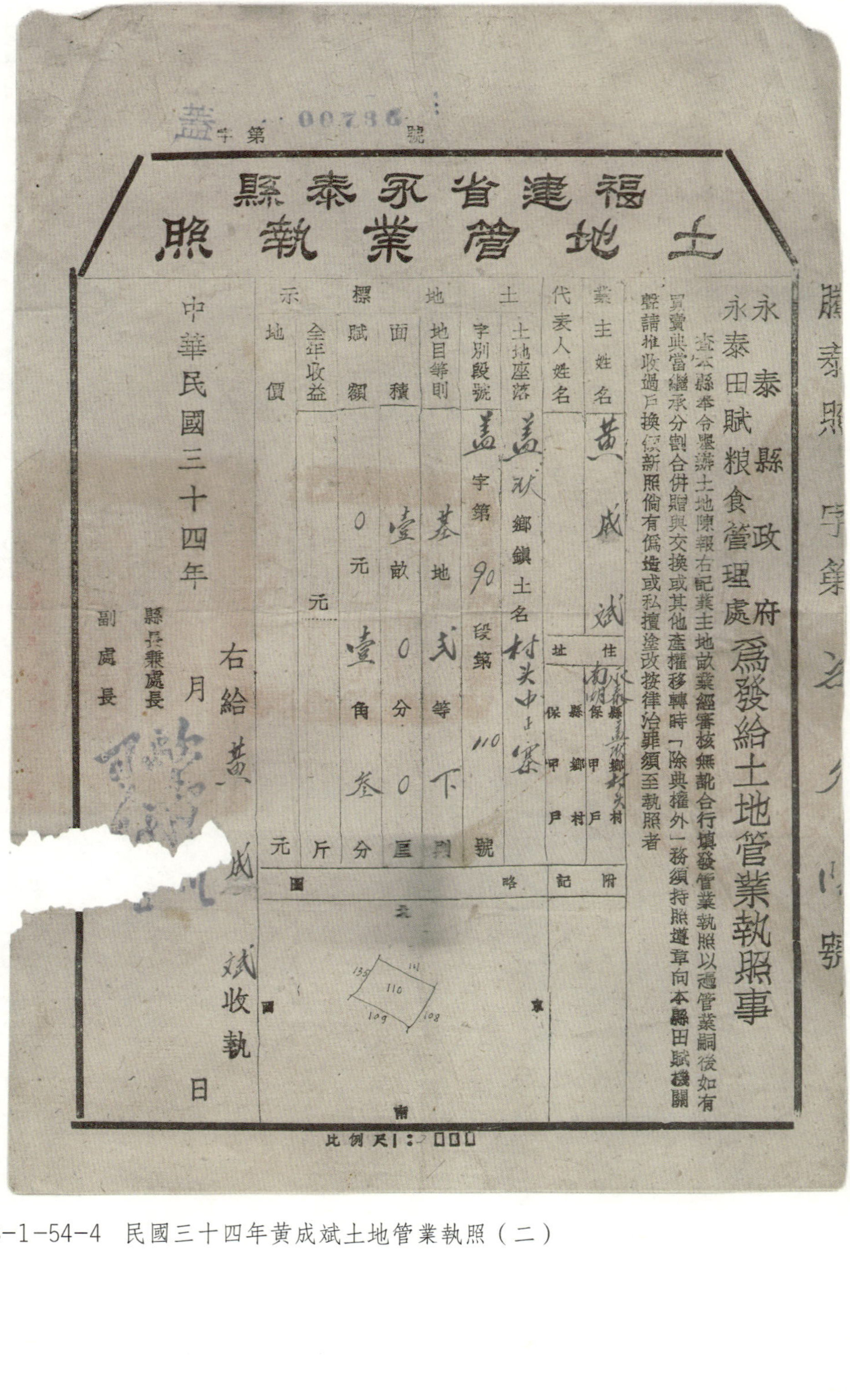

盖字第 00736 號

福建省永泰縣
土地管業執照

永泰縣政府
永泰田賦粮食管理處 爲發給土地管業執照事

查本縣奉令舉辦土地陳報右記業主地畝業經審核無訛合行塡發管業執照以憑管業嗣後如有買賣典當繼承分割合併贈與交換或其他產權移轉時「除典權外」務須持照遵章向本縣田賦機關聲請推收過戶換領新照倘有僞造或私擅塗改按律治罪須至執照者

業主姓名	黃成斌
代表人姓名	
住址	永泰縣 盖洋鄉 村头村 保 甲 戶

土地標示	
土地座落	盖洋鄉鎮 土名 村头中上寨
字別段號	盖字第90段第110號
地目等則	基地 弍等 下則
面積	壹畝 0分 0厘
賦額	0元 壹角 叁分
全年收益	元 斤
地價	元

附記 略圖

北 西 東 南

比例尺1:2000

中華民國三十四年 月 日

右給 黃成斌 收執

縣長兼處長

副處長

3-1-54-4 民國三十四年黃成斌土地管業執照（二）

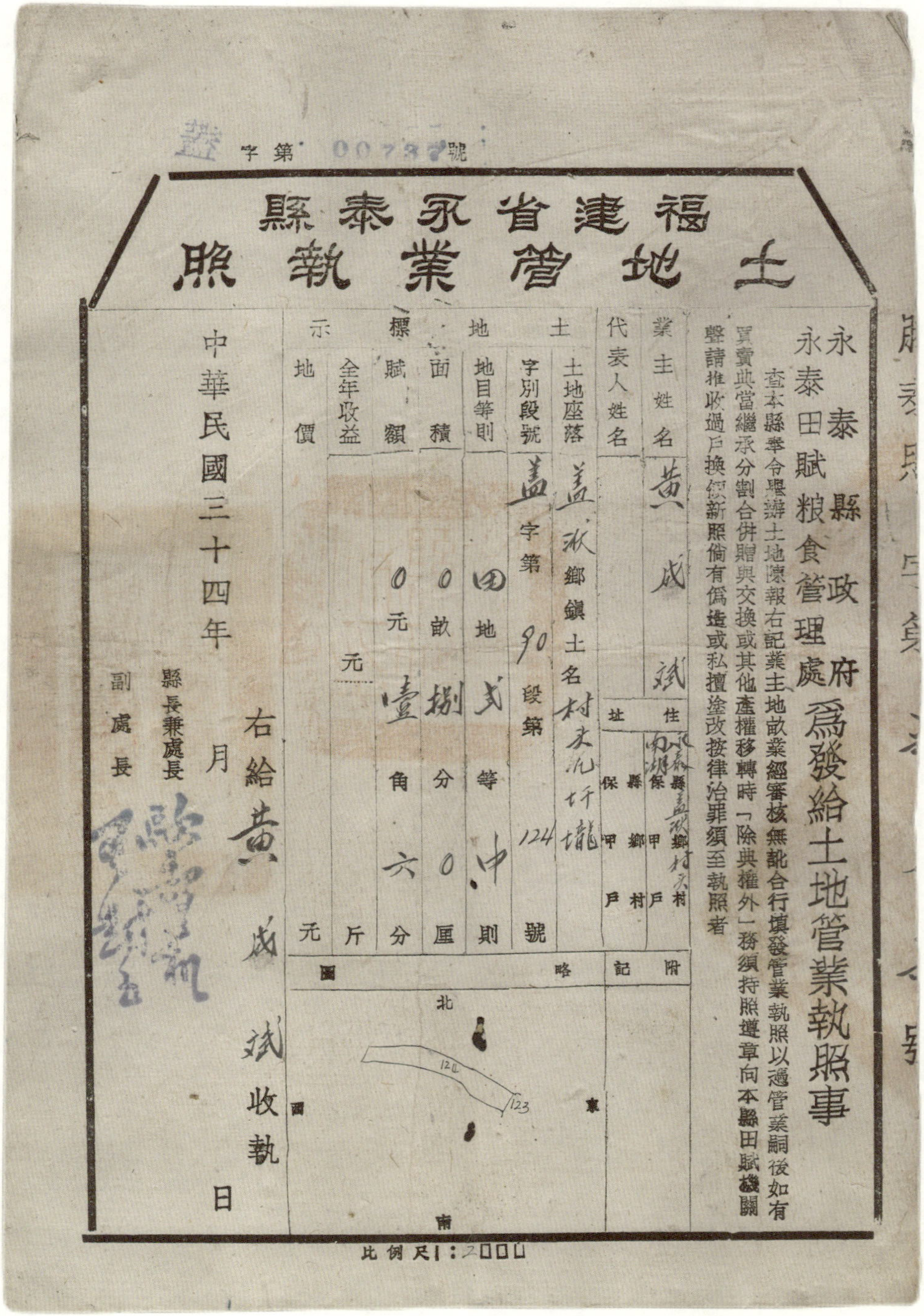

盖字第 00737號

福建省永泰縣

土地管業執照

永泰縣政府
永泰田賦粮食管理處 爲發給土地管業執照事

查本縣奉令舉辦土地陳報右記業主地畝業經審核無訛合行填發管業執照以憑管業嗣後如有買賣典當繼承分割合併贈與交換或其他產權移轉時「除典權外」務須持照遵章向本縣田賦機關聲請推收過戶換領新照倘有僞造或私擅塗改按律治罪須至執照者

業主姓名	代表人姓名
黃成斌	

住址：縣 鄉 村 保 甲 戶

土地座落	字別段號	地目等則	面積	賦額	全年收益	地價
盖洋鄉鎮土名村尾圳圩墘	盖字第90段第124號	田地弍等中則	0畝捌分0厘	0元壹角六分	元斤	元

附記

略圖

比例尺1:2000

中華民國三十四年 月 日

右給黃成斌收執

縣長兼處長

副處長

3-1-54-5 民國三十四年黃成斌土地管業執照（三）

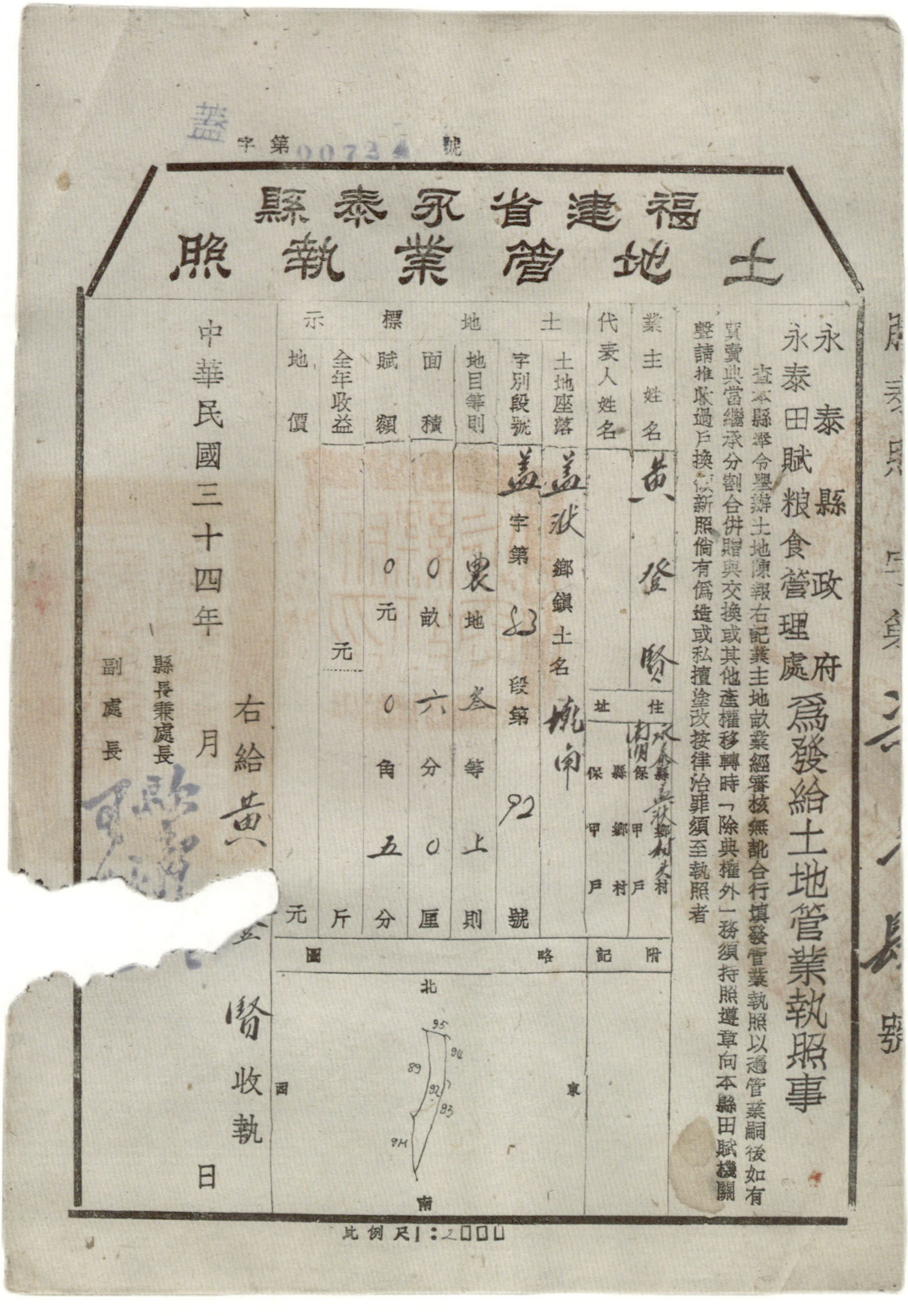

盖字第00734號

福建省永泰縣
土地管業執照

永泰縣政府
永泰田賦粮食管理處
爲發給土地管業執照事

查本縣奉令舉辦土地陳報右記業主地畝業經審核無訛合行填發管業執照以憑管業嗣後如有買賣典當繼承分割合併贈與交換或其他產權移轉時「除典權外」務須持照遵章向本縣田賦機關聲請推收過戶換領新照倘有僞造或私擅塗改按律治罪須至執照者

業主姓名	黄登賢
住址	永泰縣盖洋鄉大村村　保　甲　戶
代表人姓名	

土地標示

土地座落	盖洋鄉鎮土名塊南
字別段號	盖字第83段第92號
地目等則	農地叁等上則
面積	0畝六分0厘
賦額	0元0角五分
全年收益	元　斤
地價	元

附記

略圖
北　南　東　西
95　94　89　92　83　9H

比例尺1:2000

右給黄登賢收執

縣長兼處長
副處長

中華民國三十四年　月　日

3-1-54-6　民國三十四年黄登賢土地管業執照（一）

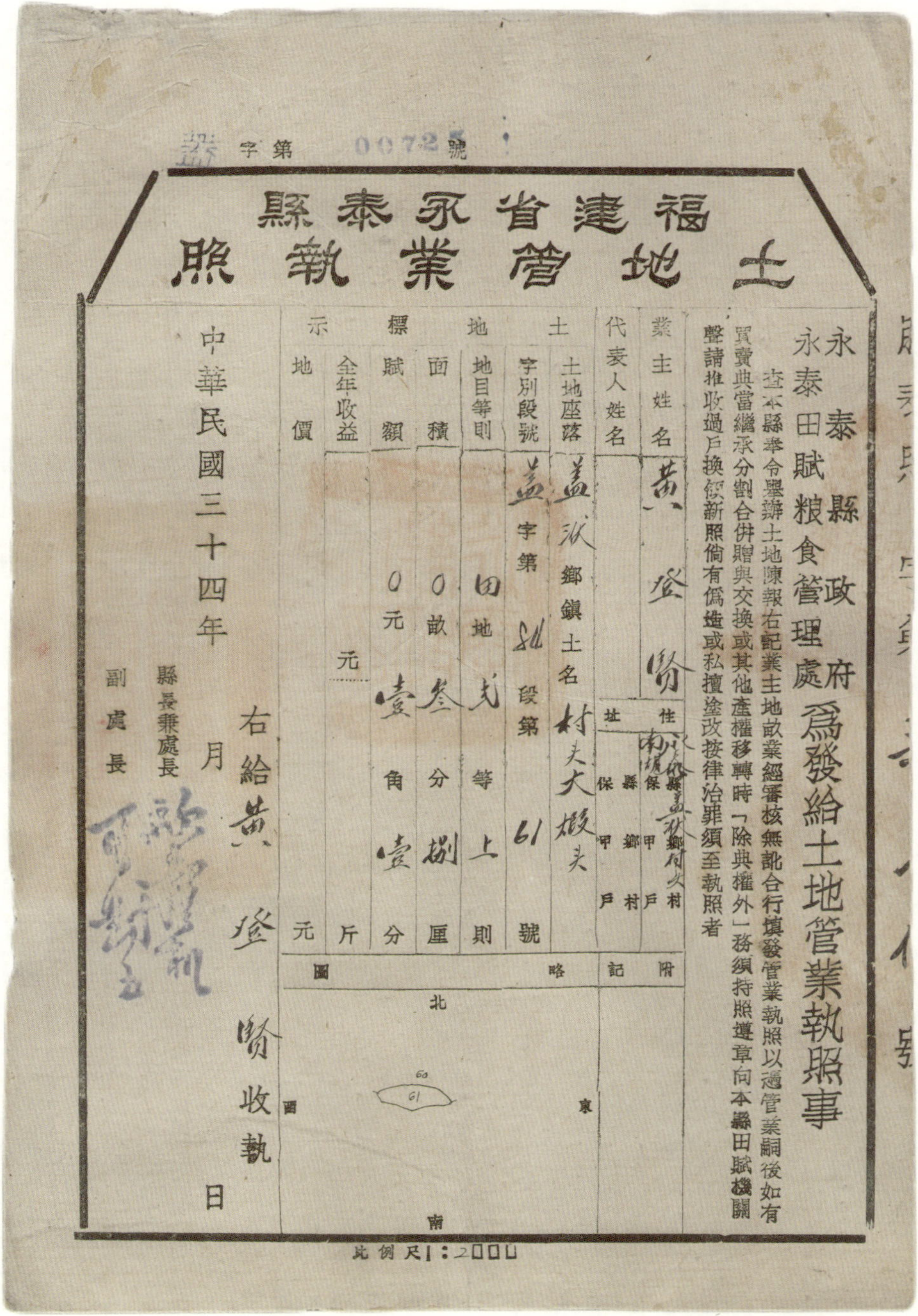

字第 00725號

福建省永泰縣

土地管業執照

永泰縣政府
永泰田賦糧食管理處 爲發給土地管業執照事

查本縣奉令舉辦土地陳報右記業主地畝業經審核無訛合行塡發管業執照以憑管業嗣後如有買賣典當繼承分割合併贈與交換或其他產權移轉時「除典權外」務須持照遵章向本縣田賦機關聲請推收過戶換領新照倘有僞造或私擅塗改按律治罪須至執照者

業主姓名	黃登賢
住址	縣 鄉 村 保 甲 戶
代表人姓名	
土地標示：土地座落	蓋洋鄉鎮土名 村夫大墩头
字別段號	蓋字第8段第61號
地目等則	田地 等上則
面積	0畝叁分捌厘
賦額	0元壹角壹分
全年收益	元 斤
地價	元
附記	

略圖

北 東 南 西

60 61

比例尺1:2000

右給黃登賢收執

中華民國三十四年 月 日

縣長兼處長

副處長

3-1-54-7 民國三十四年黃登賢土地管業執照（二）

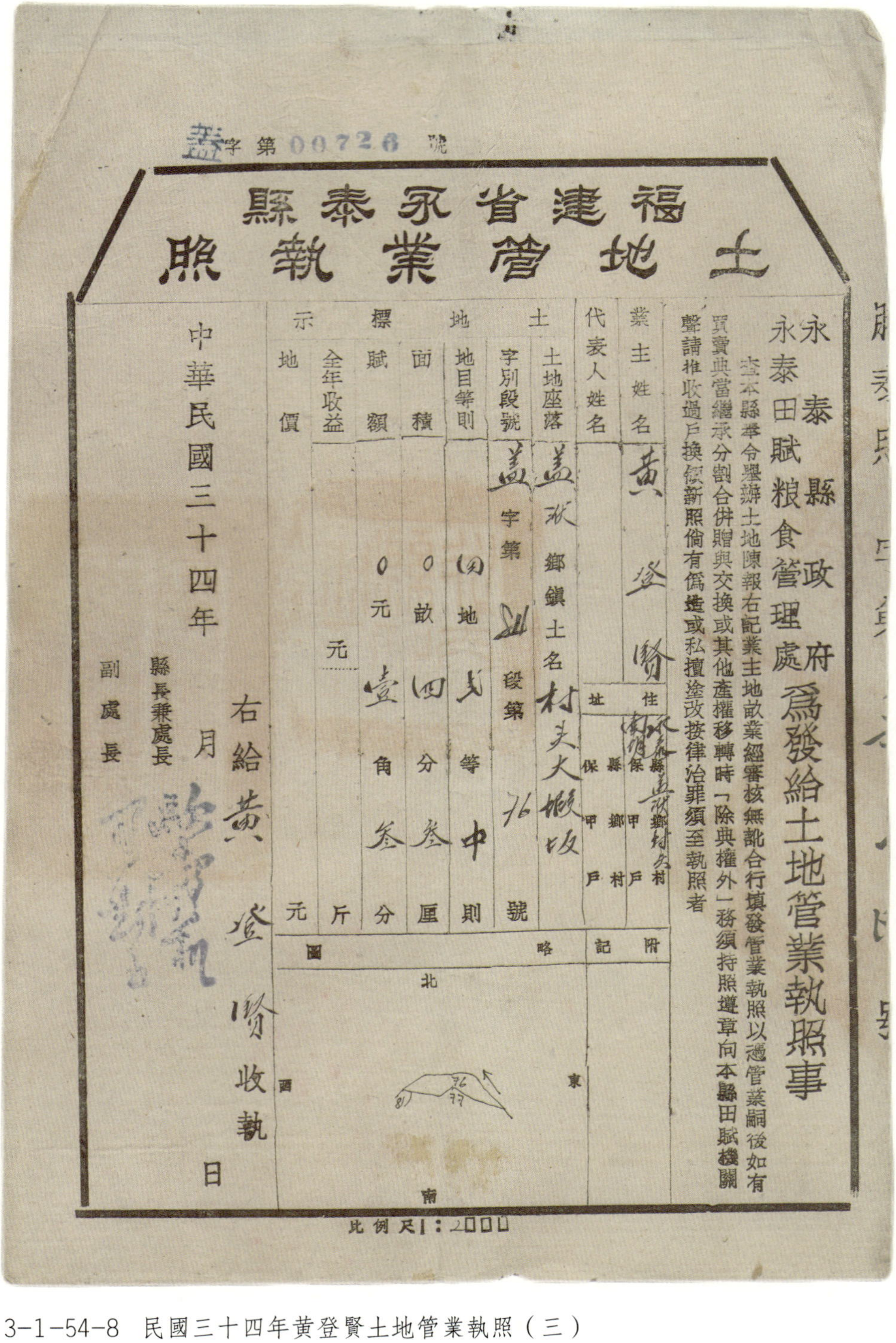

盖字第00726號

福建省永泰縣

土地管業執照

永泰縣政府
永泰田賦粮食管理處　爲發給土地管業執照事

查本縣奉令舉辦土地陳報右記業主地畝業經審核無訛合行填發管業執照以憑管業嗣後如有買賣典當繼承分割合併贈與交換或其他產權移轉時「除典權外」務須持照遵章向本縣田賦機關聲請推收過戶換領新照倘有僞造或私擅塗改按律治罪須至執照者

業主姓名	黃登賢
住址	永泰縣盖洋鄉村头村　縣　鄉　村　保　甲　戶
代表人姓名	

土地標示	
土地座落	盖洋鄉鎮土名村头大蝦坂
字別段號	盖字第山段第76號
地目等則	田地　五等　中則
面積	0畝　四分　叁厘
賦額	0元　壹角　叁分
全年收益	元　斤
地價	元

附記

圖略

北　西　東　南

比例尺1:2000

右給黃登賢收執

中華民國三十四年　月　日

縣長兼處長

副處長

3-1-54-8　民國三十四年黃登賢土地管業執照（三）

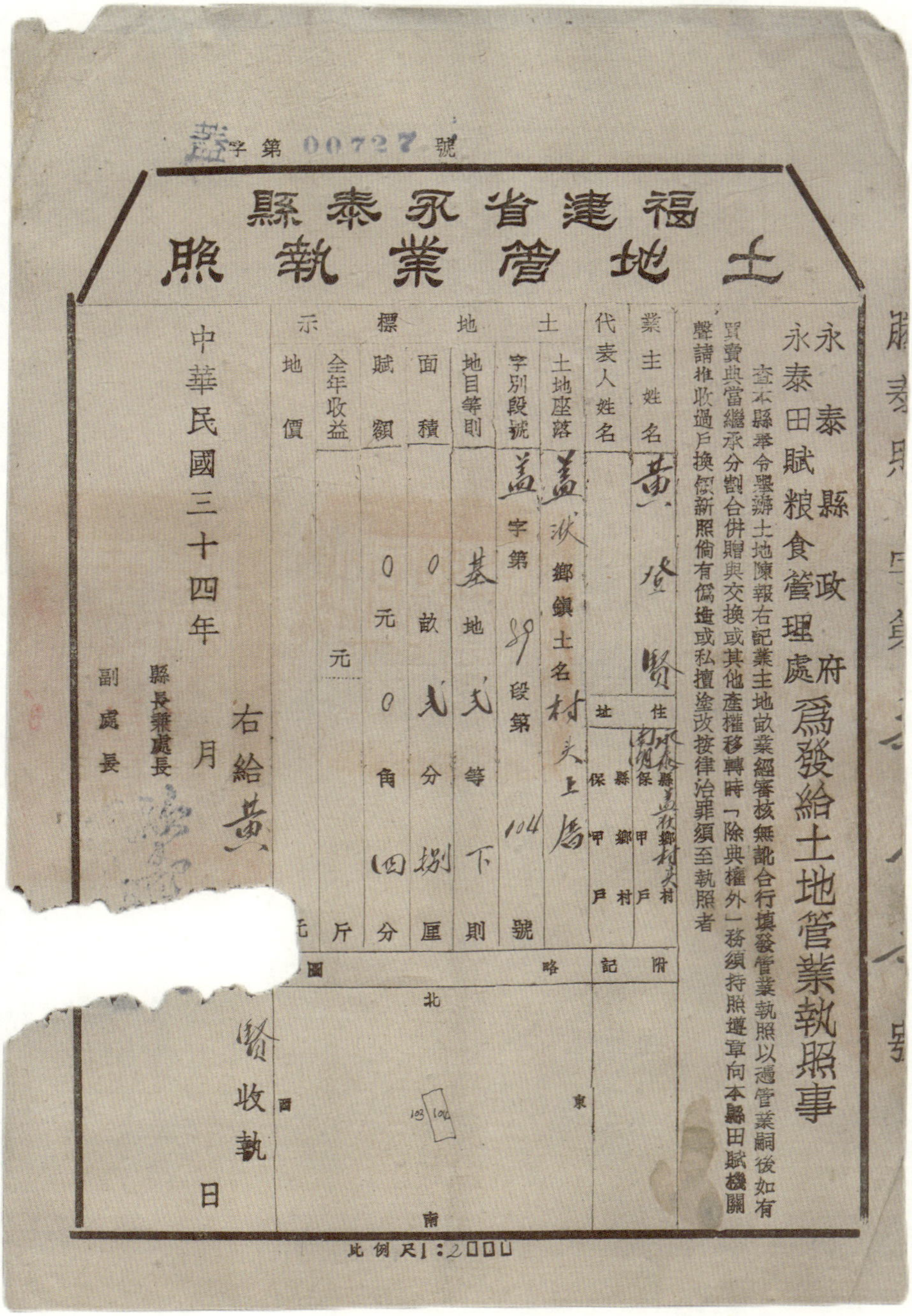

字第 00727 號

福建省永泰縣

土地管業執照

永泰縣政府
永泰田賦粮食管理處 為發給土地管業執照事

查本縣奉令舉辦土地陳報右記業主地畝業經審核無訛合行填發管業執照以憑管業嗣後如有買賣典當繼承分割合併贈與交換或其他產權移轉時「除典權外」務須持照遵章向本縣田賦機關聲請推收過戶換領新照倘有偽造或私擅塗改按律治罪須至執照者

業主姓名	黃登賢
代表人姓名	
住址	縣 鄉 村 保 甲 戶

土地標示	
土地座落	盖洋 鄉鎮 土名 村头上居
字別段號	盖 字第 89 段第 104 號
地目等則	基地 弍 等 下 則
面積	0 畝 弍 分 捌 厘
賦額	0 元 0 角 (四) 分
全年收益	元 斤
地價	元

附記

略圖 北 東 南 西 103 104

比例尺 1:2000

右給 黃[illegible]賢 收執

縣長兼處長

副處長

中華民國三十四年 月 日

3-1-54-9 民國三十四年黃登賢土地管業執照（四）

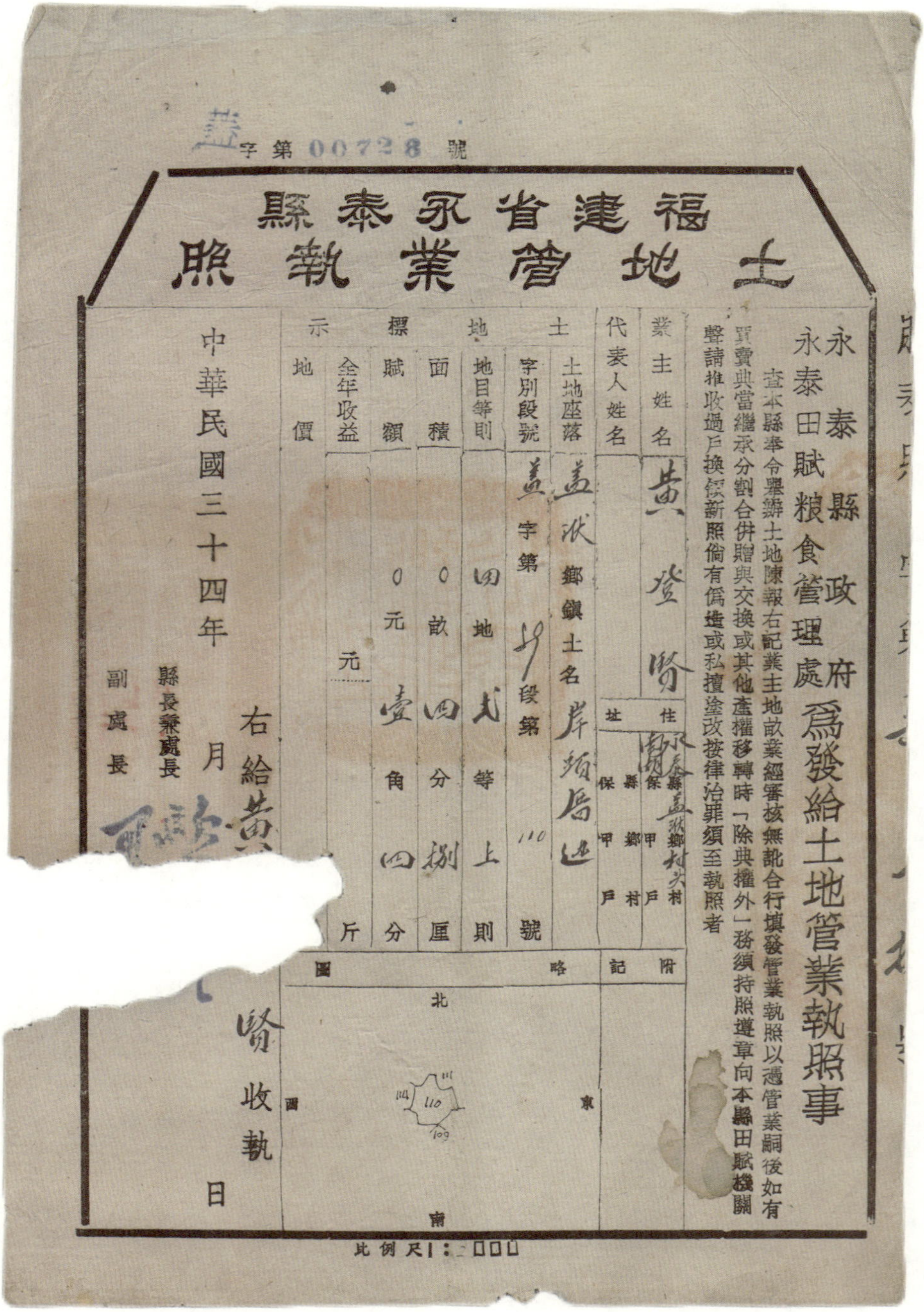

蓋字第00728號

福建省永泰縣
土地管業執照

永泰縣政府
永泰田賦粮食管理處　爲發給土地管業執照事

查本縣奉令舉辦土地陳報右記業主地畝業經審核無訛合行填發管業執照以憑管業嗣後如有買賣典當繼承分割合併贈與交换或其他產權移轉時「除典權外」務須持照遵章向本縣田賦機關聲請推收過戶换發新照倘有僞造或私擅塗改按律治罪須至執照者

業主姓名　黄登賢
代表人姓名
住址　永泰縣蓋洑鄉村头村　保　甲　戶
　　　縣　鄉　村　保　甲　戶

土地標示
土地座落　蓋洑鄉鎮土名岸頭厝边
字別段號　蓋字第47段第110號
地目等則　田地弍等上則
面積　0畝四分捌厘
賦額　0元壹角四分
全年收益　元　斤
地價

附記

略圖　北　東　南　西

中華民國三十四年　月　日

右給黄[illegible]賢收執

縣長兼處長
副處長

比例尺1:2000

3-1-54-10　民國三十四年黄登賢土地管業執照（五）

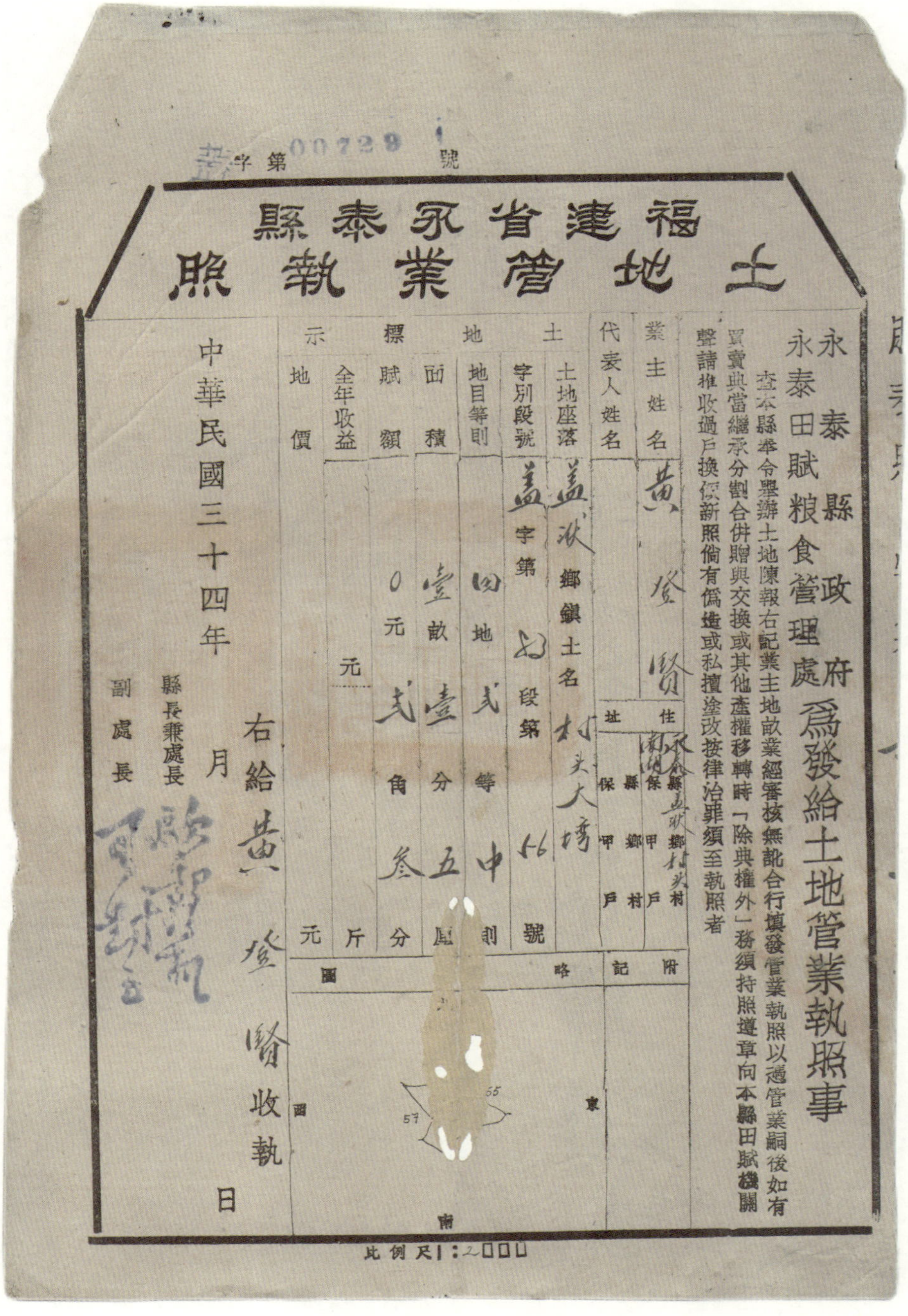

第　字 00729 號

福建省永泰縣

土地管業執照

永泰縣政府
永泰田賦粮食管理處　爲發給土地管業執照事

查本縣奉令舉辦土地陳報右記業主地畝業經審核無訛合行塡發管業執照以憑管業嗣後如有買賣典當繼承分割合併贈與交換或其他產權移轉時「除典權外」務須持照遵章向本縣田賦機關聲請推收過戶換領新照倘有僞造或私擅塗改按律治罪須至執照者

業主姓名	黄登賢
代表人姓名	
住址	永泰縣盖洋鄉村头村　保　甲　戶
土地標示	
土地座落	盖洋鄉鎮　土名村头大墇
字別段號	盖字第[illegible]段第56號
地目等則	田地弍等中則
面積	壹畝壹分五厘
賦額	0元弍角叁分
全年收益	元　斤
地價	元

附記

略圖

東　西　南

比例尺 1:2000

右給 黄登賢 收執

縣長兼處長

副處長

中華民國三十四年　月　日

3-1-54-11　民國三十四年黄登賢土地管業執照（六）

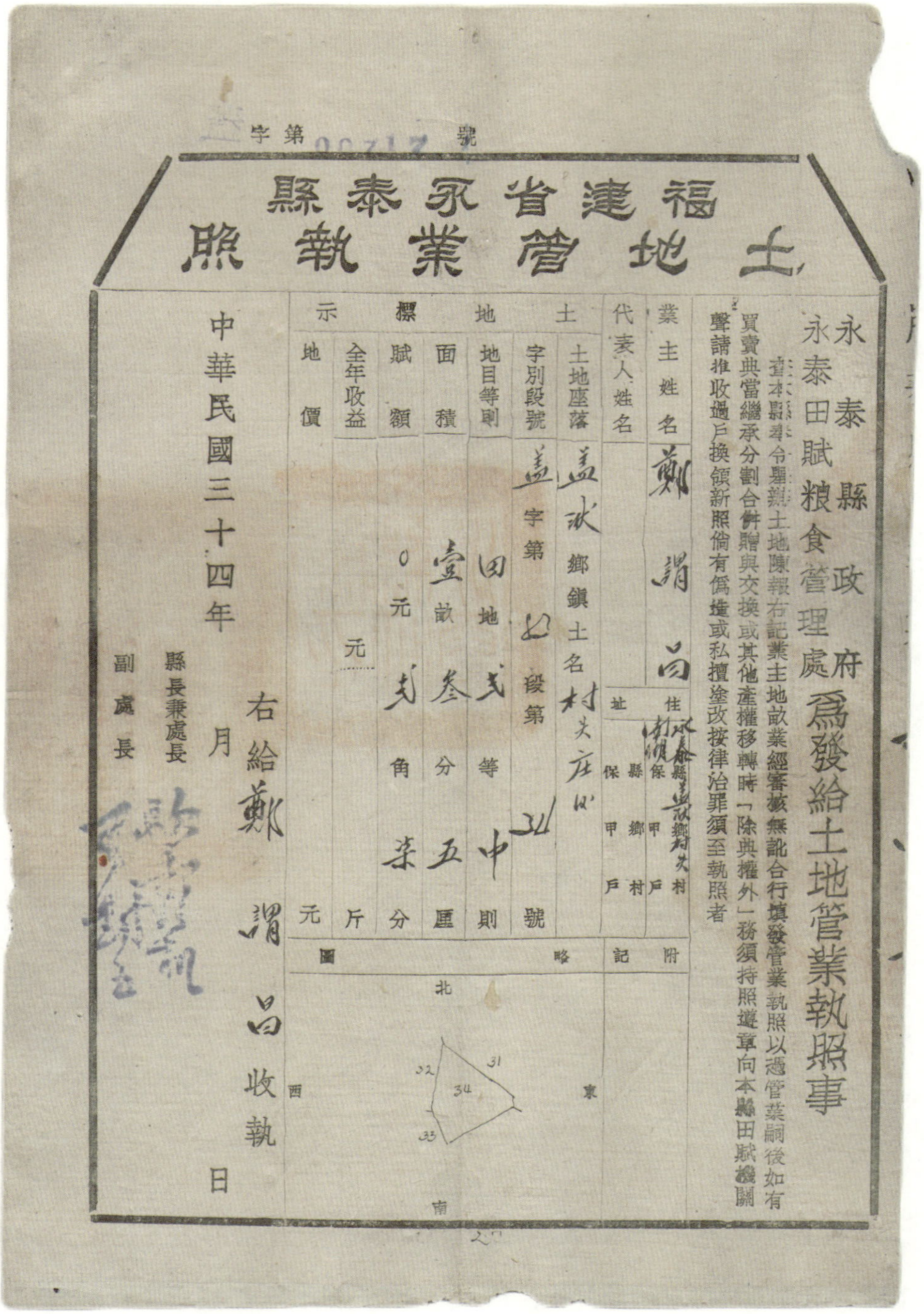

字第　　號

福建省永泰縣
土地管業執照

永泰縣政府
永泰田賦粮食管理處　爲發給土地管業執照事

查本縣奉令舉辦土地陳報右記業主地畝業經審核無訛合行填發管業執照以憑管業嗣後如有買賣典當繼承分割合併贈與交換或其他產權移轉時「除典權外」務須持照遵章向本縣田賦機關聲請推收過戶換領新照倘有僞造或私擅塗改按律治罪須至執照者

業主姓名	鄭謂昌
住址	永泰縣盖洋鄉村头村　保　甲　戶
代表人姓名	
住址	縣　鄉　村　保　甲　戶

土地標示

土地座落	字別段號	地目等則	面積	賦額	全年收益	地價
盖洋鄉鎮土名村头庄	盖字第以段第31號	田地弍等中則	壹畝叁分五釐	0元弍角柒分	元　斤	元

附記

略圖

北　南　東　西

31　32　33　34

右給鄭謂昌收執

縣長兼處長

副處長

中華民國三十四年　月　日

3-1-54-12　民國三十四年鄭謂昌土地管業執照

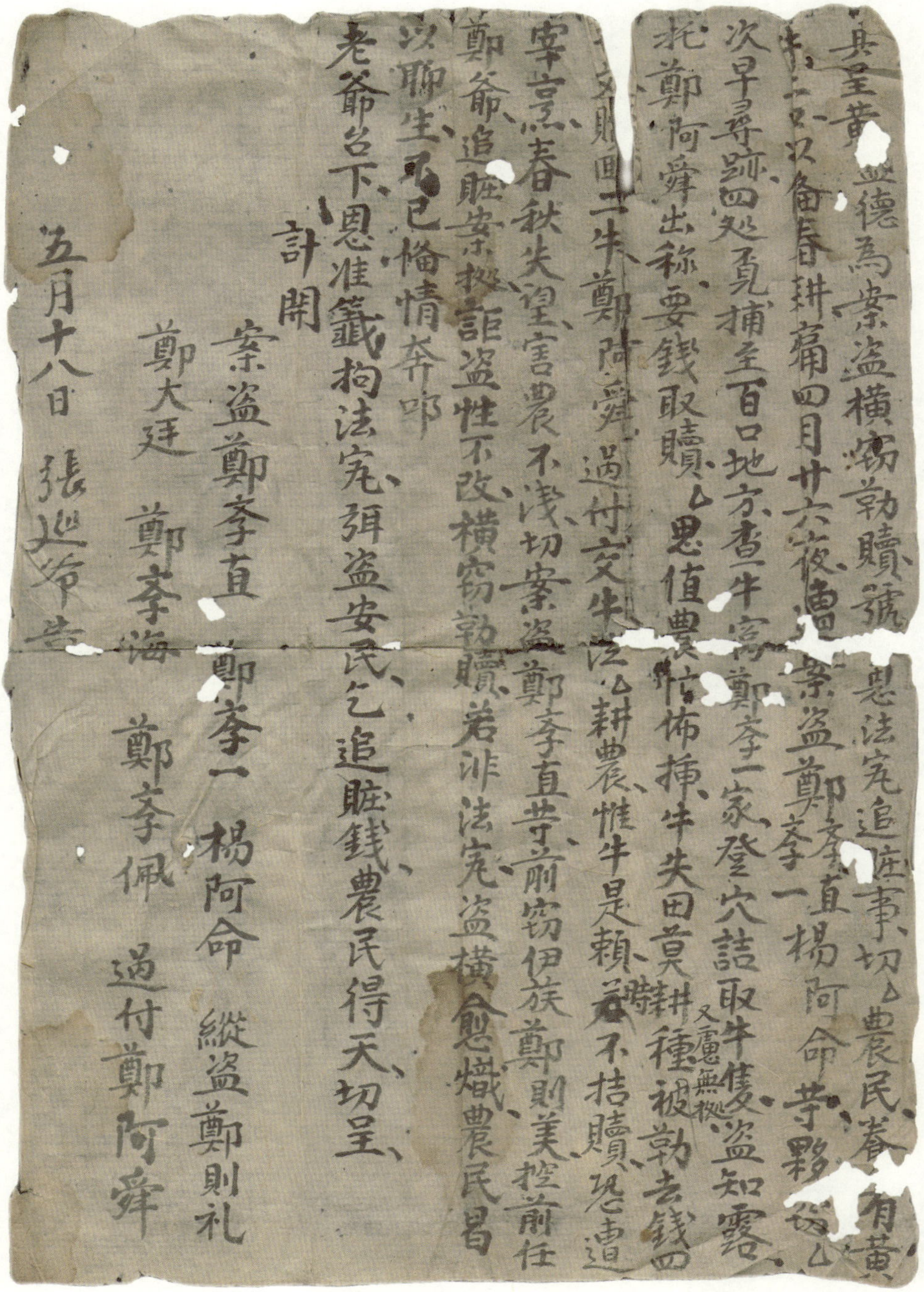
具呈黄盛德為窠盗横窃勒贖，號懇法究追賍事。切農民春耕，有黄牛二只以備春耕，竊四月廿六夜遭窠盗鄭李直、鄭李一、楊阿命等夥窃。次早尋跡四処覔捕，至百口地方，查牛寄鄭李一家，登穴詰取牛隻。盗知露，托鄭阿舜出称要錢取贖。思值農忙怖揷，牛失田荒，耕種被勒去錢四（又慮無救）文，賠四十，牛鄭阿舜過付交牛。泣耕農惟牛是賴，若時不拮贖，恐遭窜宫，忽春秋失望，害農不浅。切窠盗鄭李直等前窃伊族鄭則美，控前任鄭爺，追賍窠擬詛盗，性不改，横窃勒贖。若非法究，盗横愈熾，農民曷以聊生？不已，偹情奔叩
老爺台下，恩准籤拘法究，弭盗安民，乞追賍錢，農民得天。切呈。
計開
窠盗鄭李直　鄭李一　楊阿命　縱盗鄭則礼
鄭大廷　鄭李海　鄭李佩　過付鄭阿舜
五月十八日　張廷芳告

3-1-55-1　清嘉慶年間黄盛德具呈狀

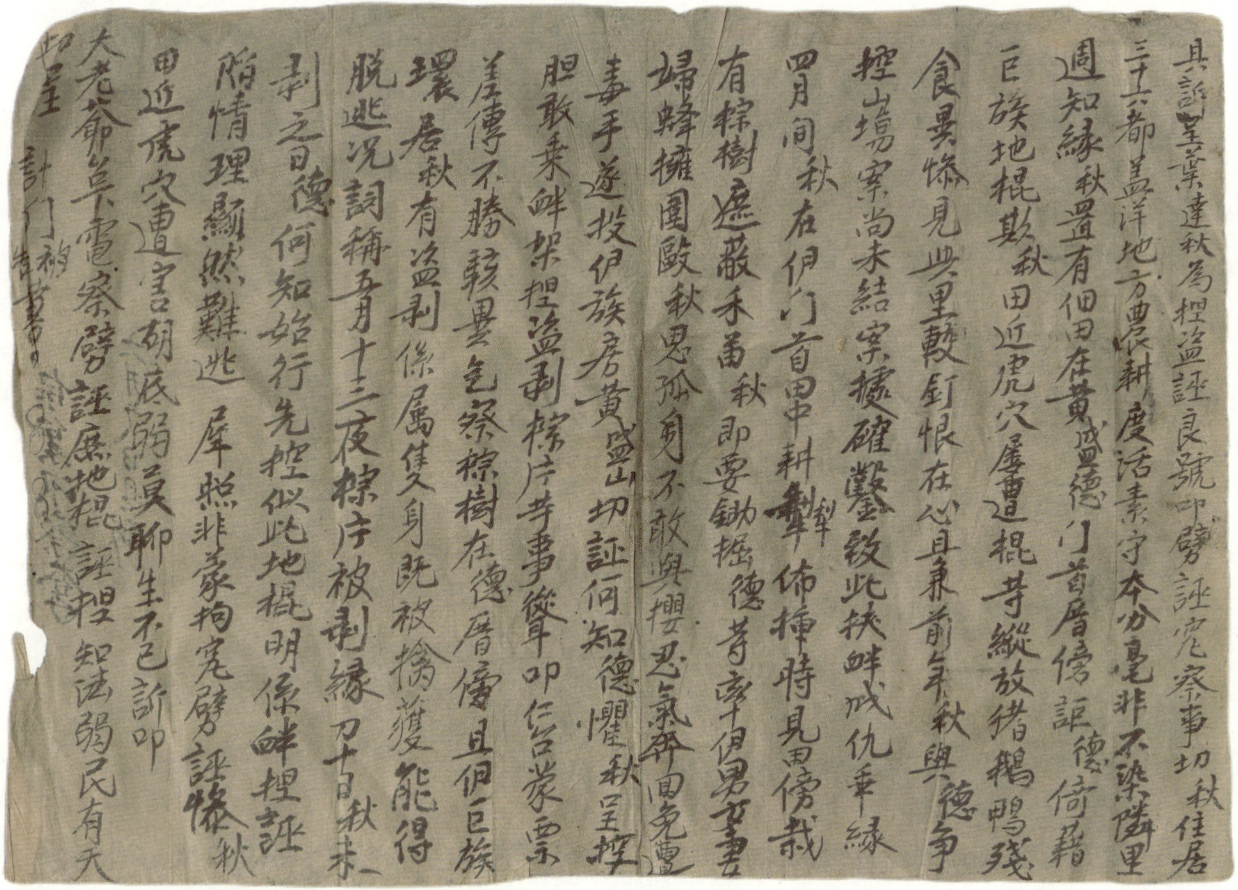
具訴呈葉達秋，爲捏盜誣良，號叩勞誣究察事。切秋住居
三十六都蓋洋地方，農耕度活，素守本分，毫非不染，隣里
週知。緣秋置有佃田，在黃盛德門首厝傍，詎德倚藉
巨族地棍，欺秋田近虎穴，屢遭棍等縱放豬鵝鴨殘
食。具恐見與里較，釘恨在心。且兼前年秋與德爭
控山場，案尚未結，案據碓鑿殺此，挾衅成仇。乖緣
四月間，秋在伊門首田中耕犁，佈擇時見田傍栽
有棕樹，遮蔽禾苗，秋即要鋤掘，德等率伊男等丟
婦蜂擁圍毆。秋思孤身不敢與攖，忍氣奔回，免遭
毒手。遂投伊族房黃盛山切証。何知德懼秋呈控，
胆敢乘衅架捏盜剝棕片等事，聳叩仁台，蒙票
差傳。不勝駭異，色察棕樹在德厝傍，且伊巨族
環居，秋有盜剝，係屬隻身，既被擒獲，能得
脫逃？況詞稱五月十三夜棕片被剝，緣乃十七日秋赴
剝之日，德何知始行先控？似此地棍明係衅捏誣
陷，情理顯然，難逃犀照。非蒙拘究，勞誣滋。秋
田近虎穴，遭害胡底，弱莫聊生。不已，訴叩
大老爺台下電察勞誣，庶地棍誣捏知法，弱民有天
切呈
計開　被告黃盛[illegible]

3-1-55-2　清嘉慶年間葉達秋具訴呈狀

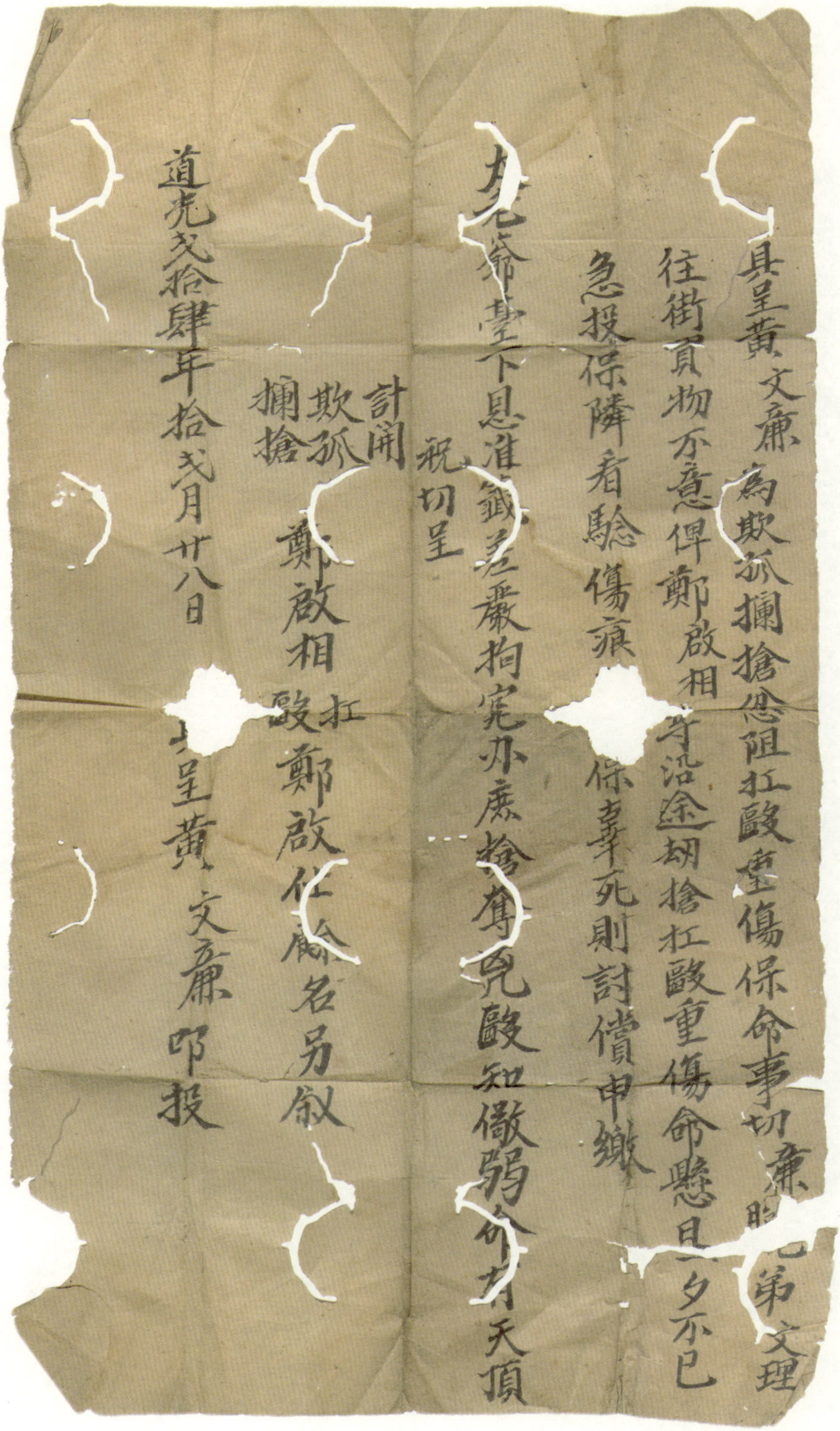

具呈黄文廉，為欺孤攔搶恐阻扛毆重傷保命事。切廉胞弟文理往街買物，不意俾鄭啟相等沿途胡搶扛毆重傷，命懸旦夕不已，急投保隣看驗傷痕，係幸死則討償申繳。

太老爺臺下恩准鐵差嚴拘究办，庶搶奪兇毆知儆，弱命有天頂祝。切呈。

計開

欺孤 鄭啟相

攔搶

扛毆 鄭啟仕 餘名另叙

道光戊拾肆年拾戊月廿八日

具呈黄文廉叩投

3-1-55-3 清道光二十四年十二月黄文廉具投呈狀

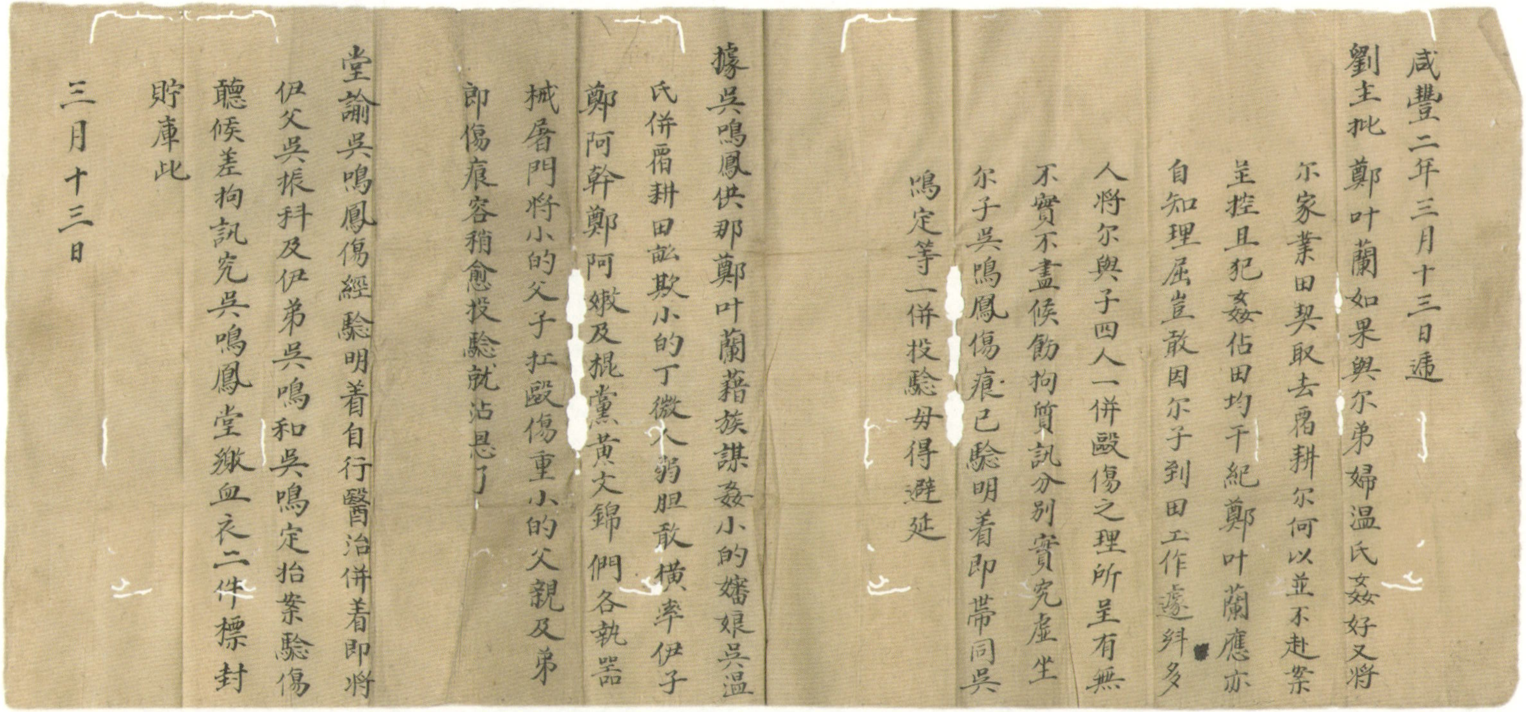

3-1-55-4　清咸豐二年三月永福縣知縣劉批文

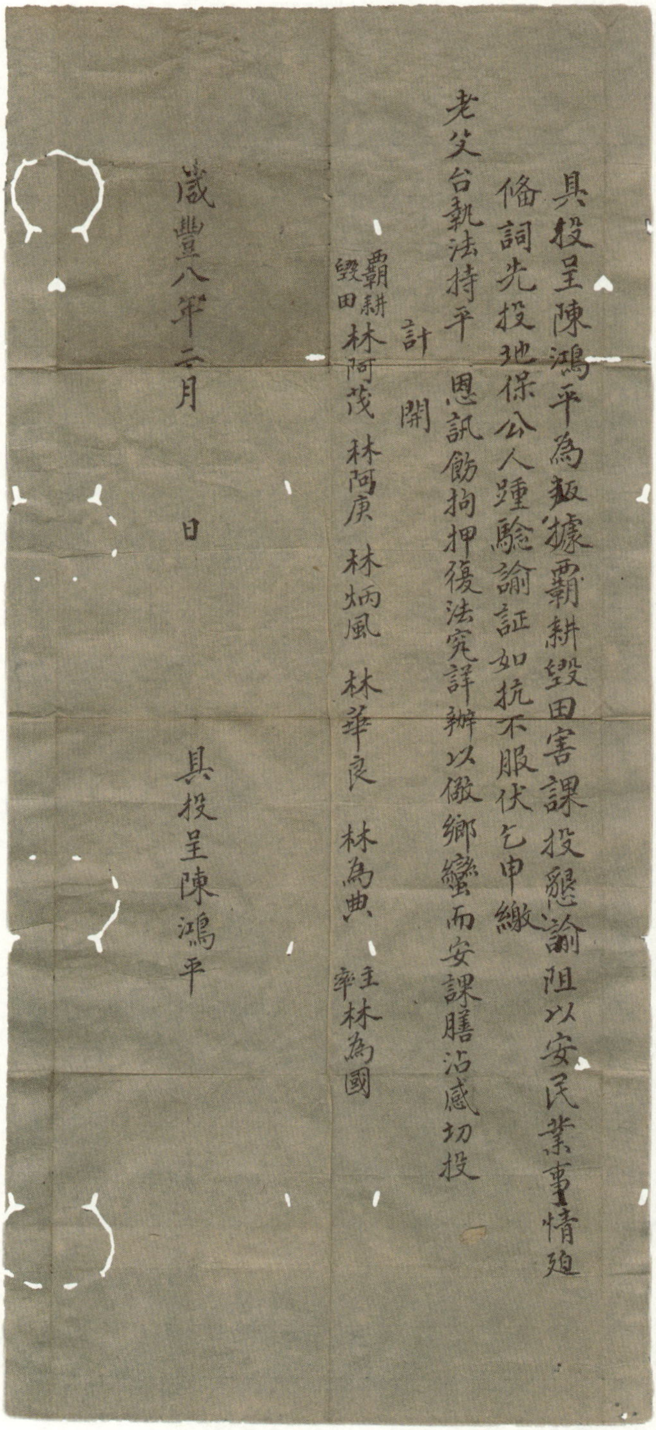

具投呈陳鴻平為叛據霸耕毀田害課投懇諭阻以安民業事情迫

倫詞先投地保公人踵驗諭証如抗不服伏乞申繳

老父台執法持平恩訊飭拘押復法究詳辦以儆鄉蠻而安課膳沾感切投

計開

霸耕毀田林阿茂　林阿庚　林炳風　林華良　林為典　主宰林為國

咸豐八年二月　日　具投呈陳鴻平

3-1-55-5　清咸豐八年二月陳鴻平具投呈狀

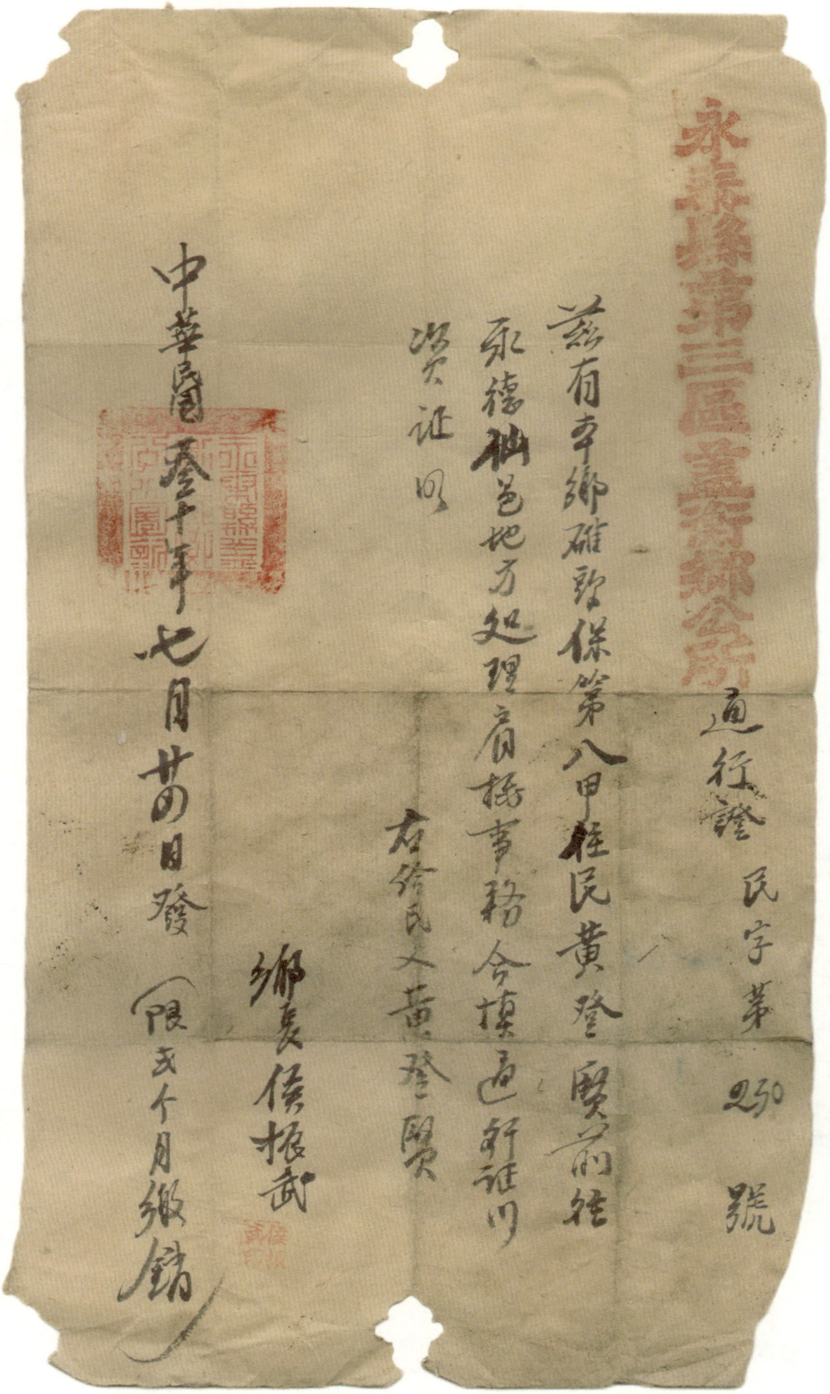
永泰縣第三區蓋衡鄉公所
通行證　民字第250號
茲有本鄉碓頭保第八甲住民黃登賢前往
永德、仙邑地方處理商務，合填通行證以
資證明
右給民人黃登賢
鄉長　侯根武
中華民國叁十年七月廿四日發
（限弍个月繳銷）

3-1-56-1　民國三十年七月永泰縣第三區蓋衡鄉公所通行證

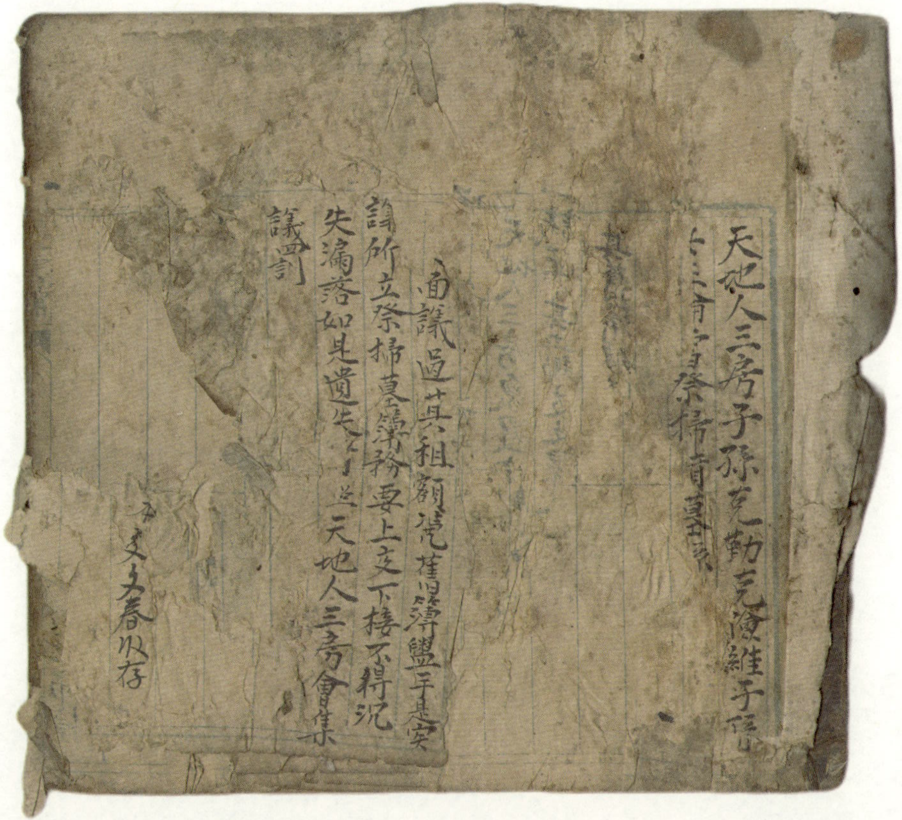
天地人三房子孫克勤克儉維子信
仝立有合同祭掃首墓簿
再議過其祖額記摧旧簿盟手是安
議所立祭掃墓簿務要上交下接不得況
失漏落如是遺失〻〻，天地人三房會集
議罰
中見文春收存

3-1-57-1　清代黄氏天地人三房立祭墓簿（一）

3-1-57-2　清代黃氏天地人三房立祭墓簿（二）

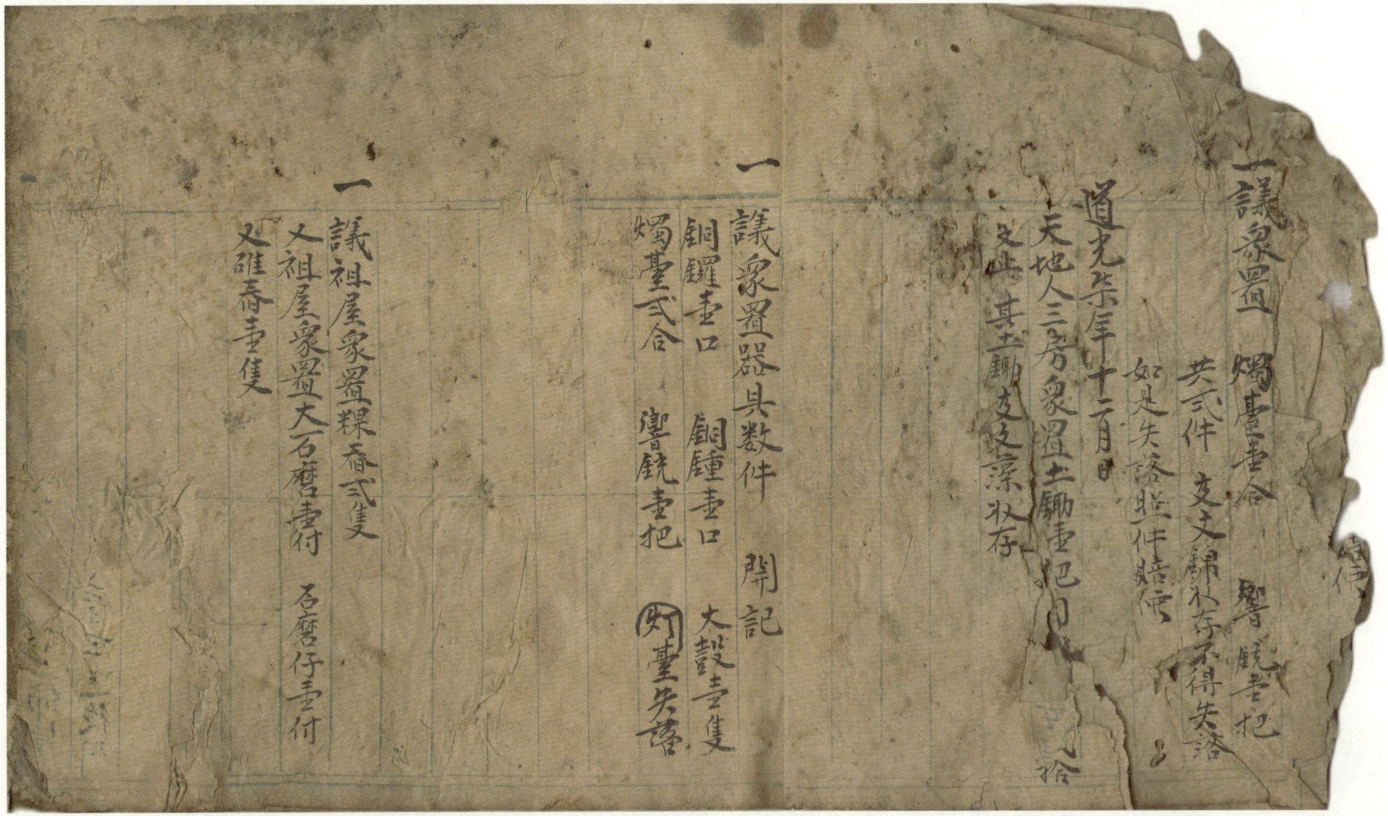

一議衆置 燭臺壹合 響銃壹把
共弍件 交支錦林存，不得失落
如是失落，照件賠償
道光柒年十二月 日
天地人三房衆置土鋤壹把
又土 其土鋤交支潔收存
拾

一議衆置器具数件 開記
銅鑼壹口 銅鍾壹口 大鼓壹隻
燭臺弍合 響銃壹把 燈臺失落

一議祖屋衆置粿脊弍隻
又祖屋衆置大石磨壹付 石磨仔壹付
又碓舂壹隻

3-1-57-3 清代黄氏天地人三房立祭墓簿（三）

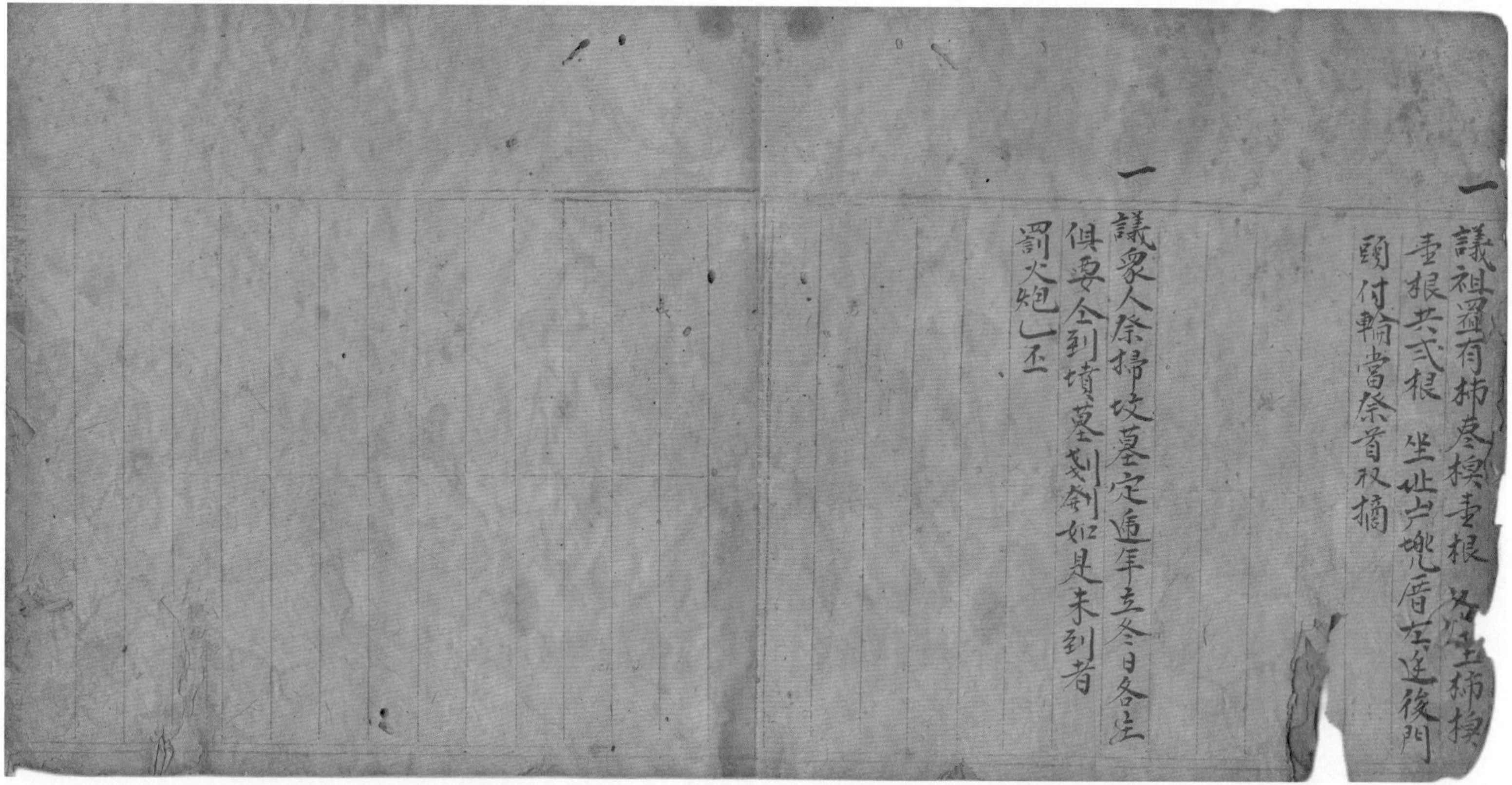
一 議祖置有柿[illegible]樸壹根 各坐柿樸壹根共弍根 坐址户兜厝左边後門頭付輪當祭首收摘

一 議衆人祭掃坟墓定逐年立冬日各丁俱要全到墳墓刻剑如是未到者罰火炮一丕

3-1-57-4　清代黃氏天地人三房立祭墓簿（四）

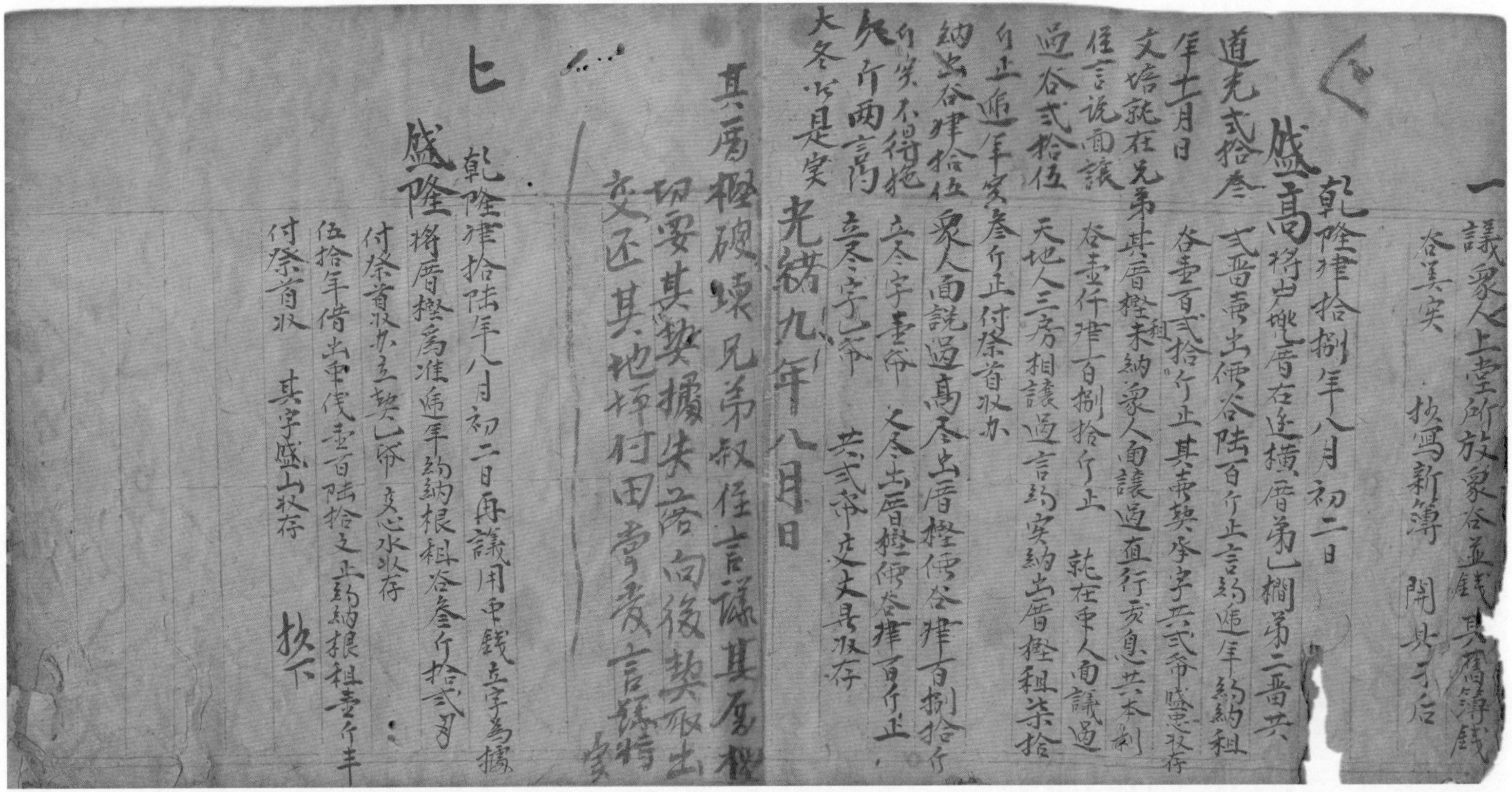
一議衆人上堂所放衆谷並錢其舊簿錢
谷美实　抄寫新簿　開具于后
乾隆肆拾捌年八月初二日
盛高　將出與厝在逕横厝第一欄第二番共
式番壹出佃谷陸百斤止言約逐年納租
谷壹百式拾斤止　其壹契拳字六式希盛恵收存
道光式拾叁
年十二月日
文培就在兄弟其厝撥租未納衆人面議過直行廢息共本利
任言說面議　谷壹仟肆百捌拾斤止　就在衆人面議過
過谷式拾伍　天地人三房相議過言約实納出厝撥租柒拾
斤止逐年实叁斤止付祭首收办
納出谷肆拾伍　衆人面說過高叁出厝撥佃谷肆百捌拾斤
斤实不得拖　立叁字壹希　又叁出厝撥佃谷肆百斤止
欠斤两言高　立叁字山希　共式希立丈長收存
大冬収是实　光緒九年八月日
其房橙破壞兄弟叔侄言議其厝撥
切要其契攛失落向後契取出
交还其地坪付田壹爰言議特实
七
乾隆肆拾陸年八月初二日再議用申錢立字為據
盛隆　將厝撥為准逐年約納根租谷叁斤拾式両
付祭首收办立契山希　文心水收存
伍拾年借出申錢壹百陸拾文止約納根租壹斤半
付祭首收　其字盛山收存　抄下

3-1-57-5　清代黃氏天地人三房立祭墓簿（五）

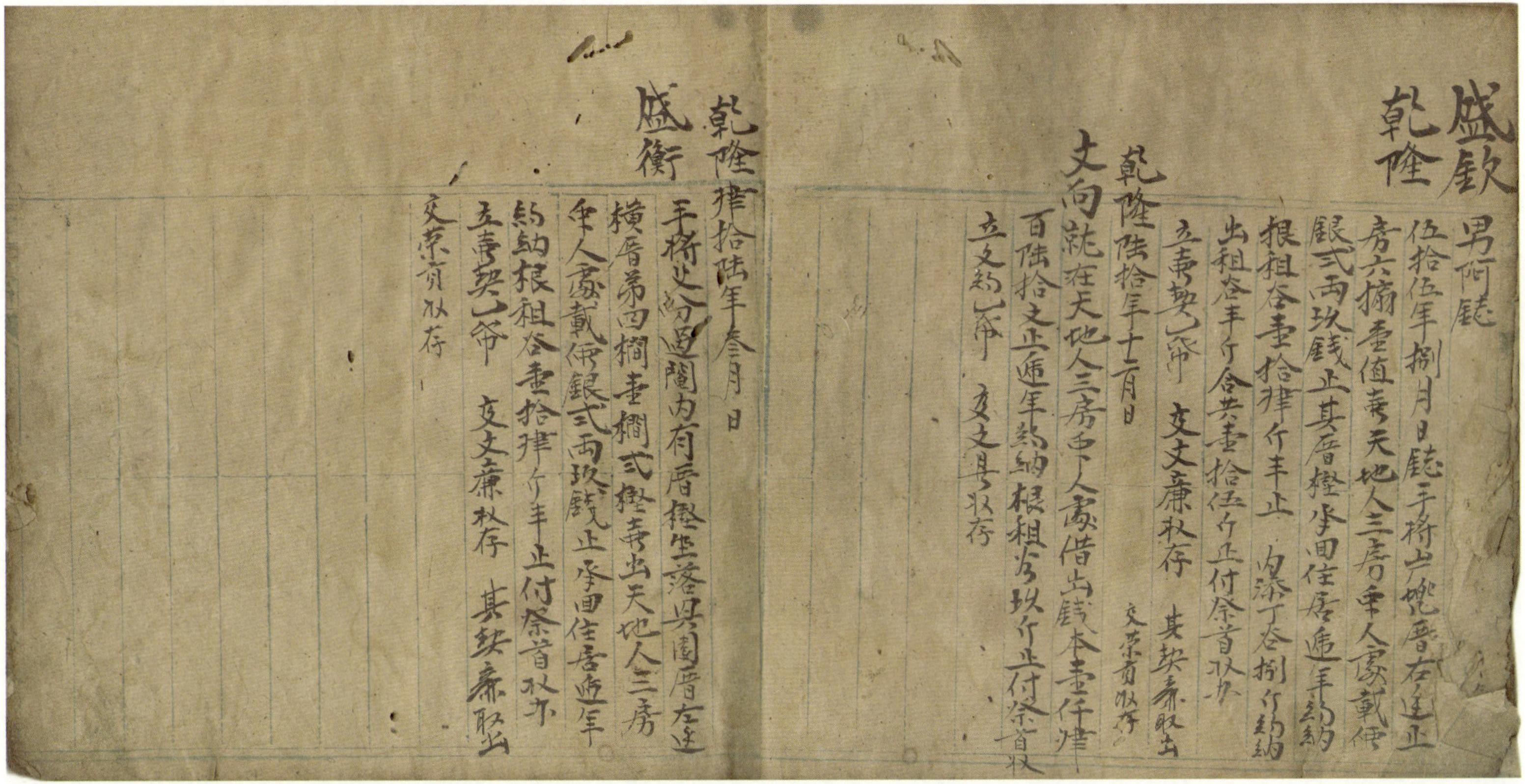

盛欽
乾隆
男阿德
伍拾伍年捌月日德手將[illegible]厝右边止
房六摘壹值秉天地人三房众人處戴便
銀弍兩玖錢止其厝墘并田住厝逐年納
根租谷壹拾肆斤半止　内添丁谷捌斤納
出租谷半斤合共壹拾伍斤正付祭首收办
立专契一帋　交文康收存　其契寄取出
交荣贵收存

乾隆陆拾年十一月日
文向就在天地人三房手人處借出錢本壹仟肆
百陆拾文正逐年納根租谷玖斤正付祭首收
立文約一帋　交文其收存

乾隆肆拾陆年叁月日
盛衡
手將[illegible]闌内有厝墘坐落吳園厝左边
横厝第四間壹間弍墘壹出天地人三房
手人處戴便銀弍兩玖錢止其田住厝逐年
納納根租谷壹拾肆斤半止付祭首收办
立专契一帋　交文康收存　其契寄取出
交荣贵收存

3-1-57-6　清代黄氏天地人三房立祭墓簿（六）

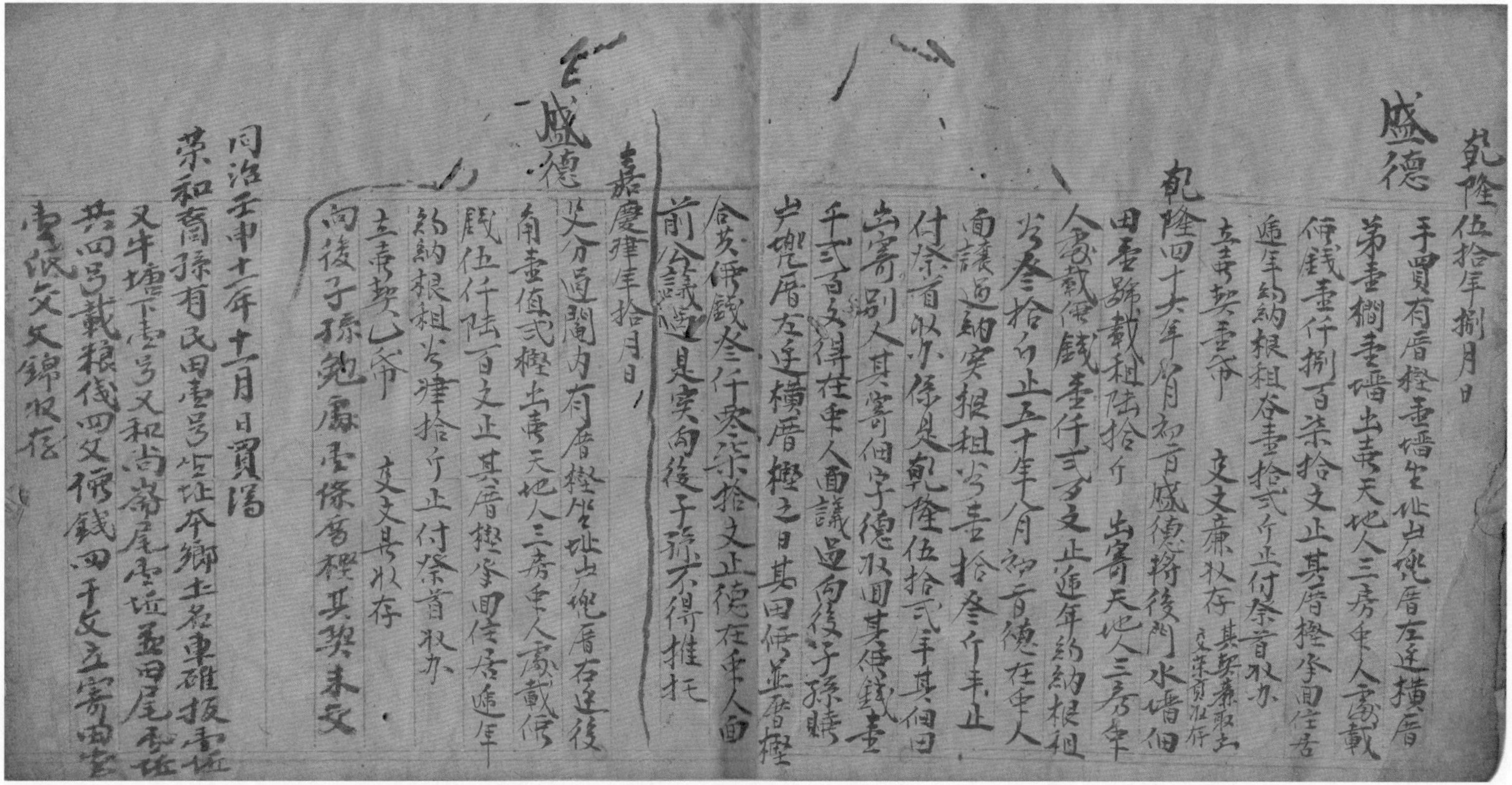

3-1-57-7　清代黃氏天地人三房立祭墓簿（七）

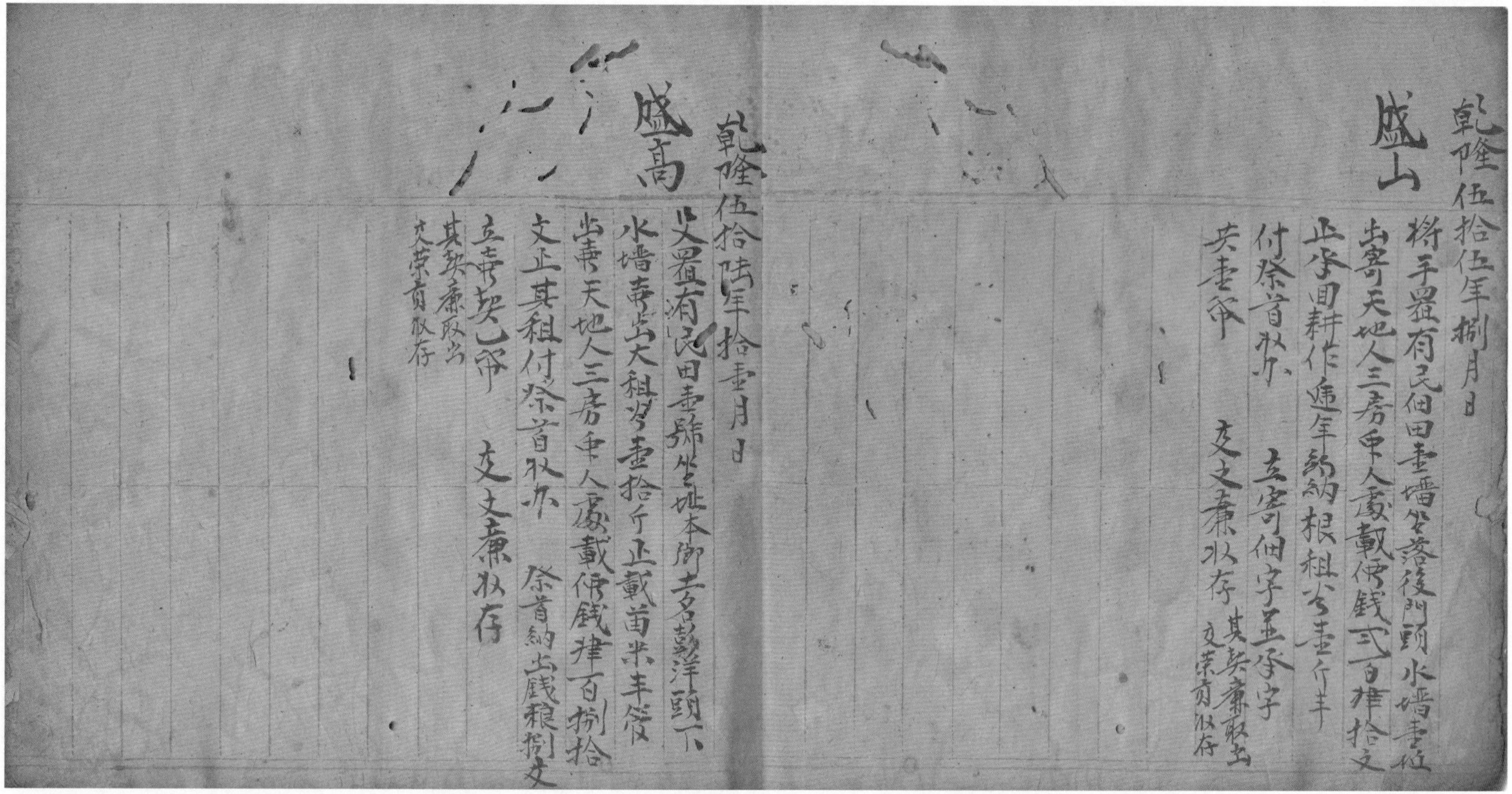

乾隆伍拾伍年捌月日

盛山

將手置有民佃田壹墻坐落後門頭水墻壹位

出寄天地人三房手人處載價錢弍百肆拾文

正字佃耕作逐年納根租谷壹斤半

付祭首收

共壹帋 支之康收存 立寄佃字盛字

其契康收出 支荣貢收存

乾隆伍拾陸年拾壹月日

盛高

一買有民田壹號坐址本鄉土名蓋洋頭下

水墻壹段大租谷壹拾斤正載苗米半升

出賣天地人三房手人處載價錢肆百捌拾

文正其租付祭首收 祭首納出錢粮捌文

立賣契一帋 支之康收存

其契康收出 支荣貢收存

3-1-57-8 清代黄氏天地人三房立祭墓簿（八）

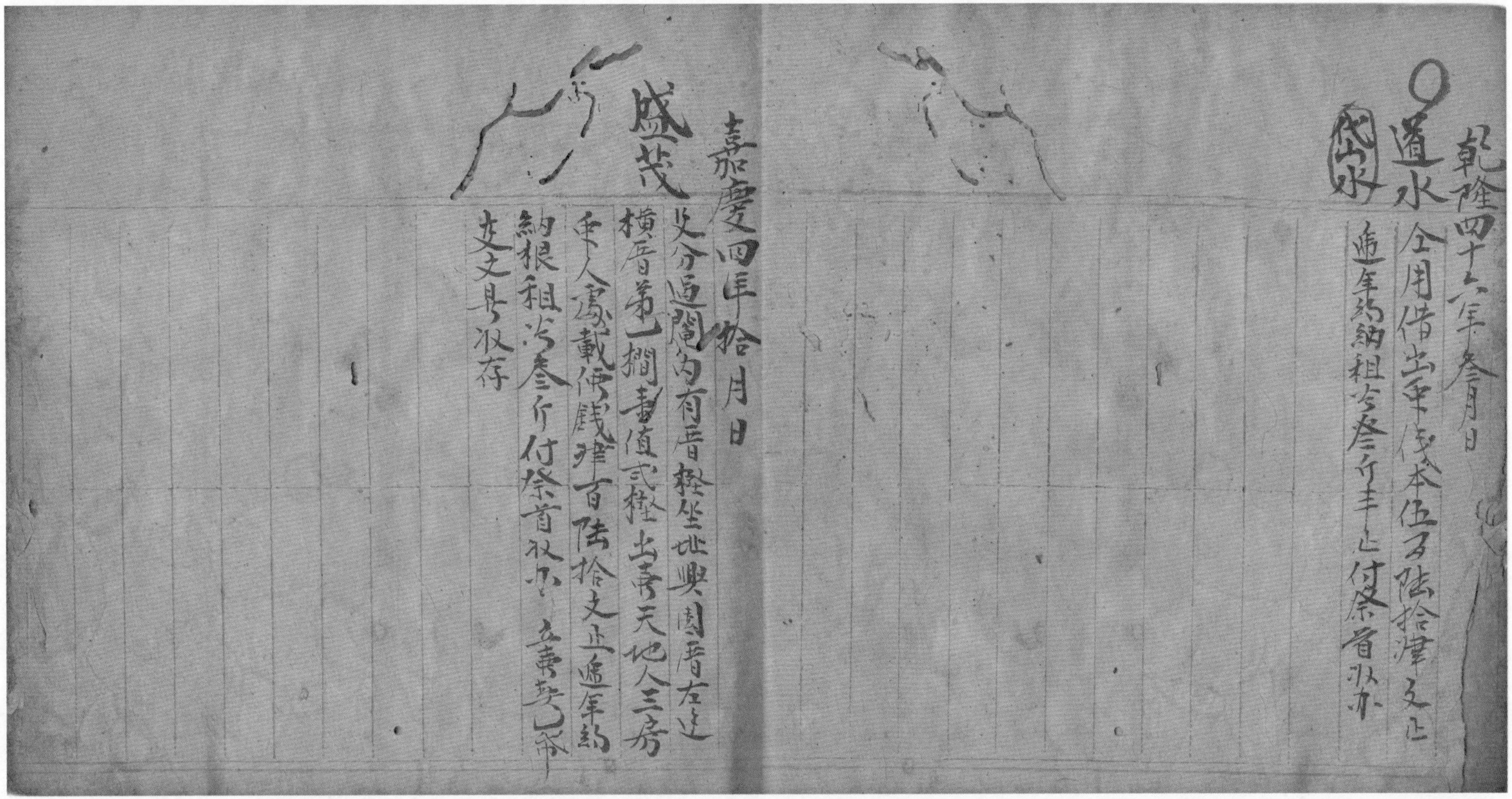

3-1-57-9　清代黃氏天地人三房立祭墓簿（九）

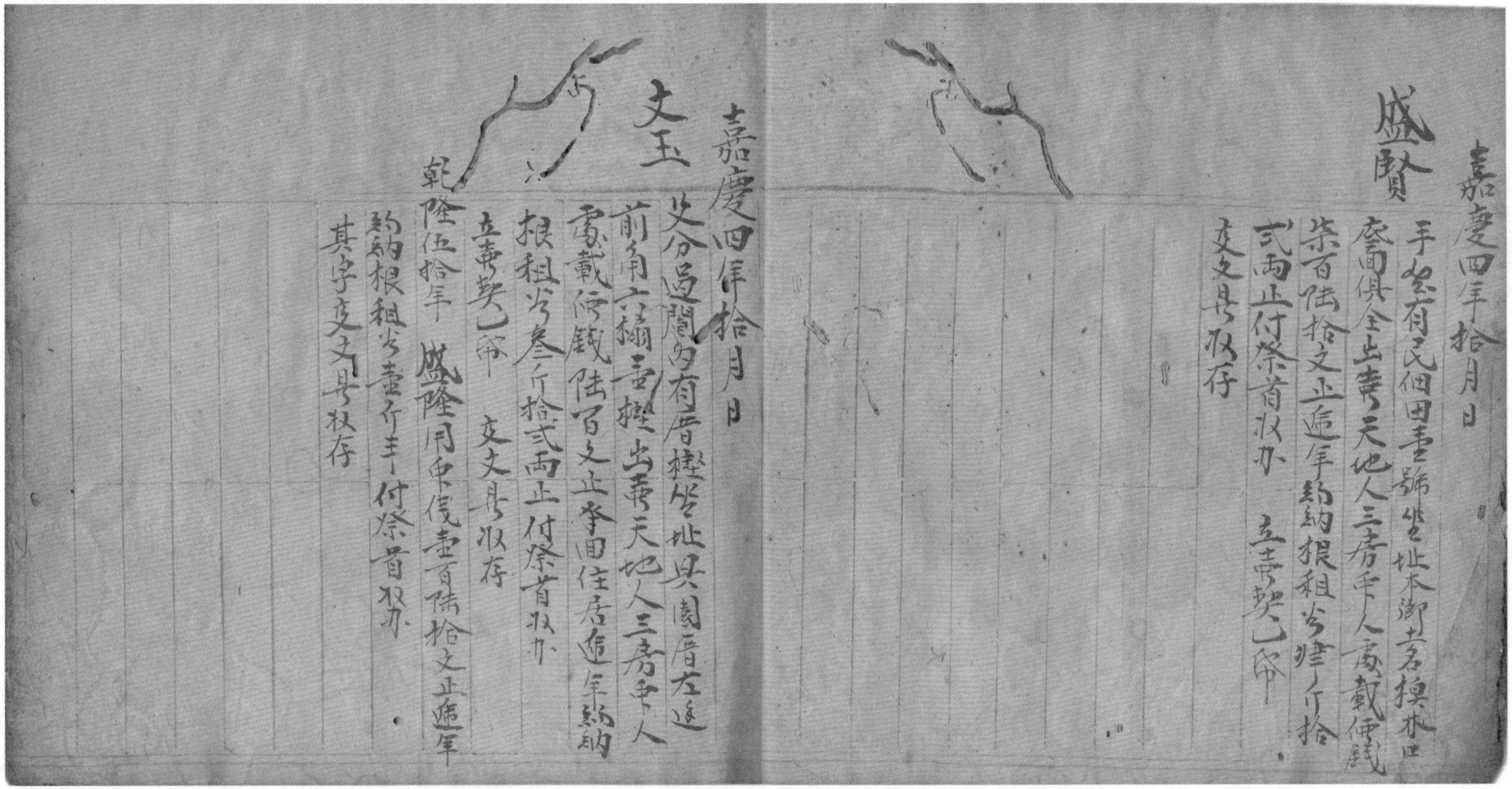

嘉慶四年拾月日
盛賢
手置有民佃田壹號，坐址本鄉土名擭水口，
畬田俱全，出賣天地人三房手人處，載價錢
柒百陸拾文正，逐年約納根租谷肆斤拾
弍両正，付祭首收办。　立賣契一帋
支文具收存

嘉慶四年拾月日
文玉
支分通閭內有厝地，坐址吳園厝左邊
前角六𣠽壹塊，出賣天地人三房手人
處，載價錢陸百文正，本田住居，逐年約納
根租谷叁斤拾弍両正，付祭首收办。
立賣契一帋　支文具收存
乾隆伍拾年　盛隆用身價壹百陸拾文正，逐年
約納根租谷壹斤半，付祭首收办。
其字支文具收存

3-1-57-10　清代黄氏天地人三房立祭墓簿（一〇）

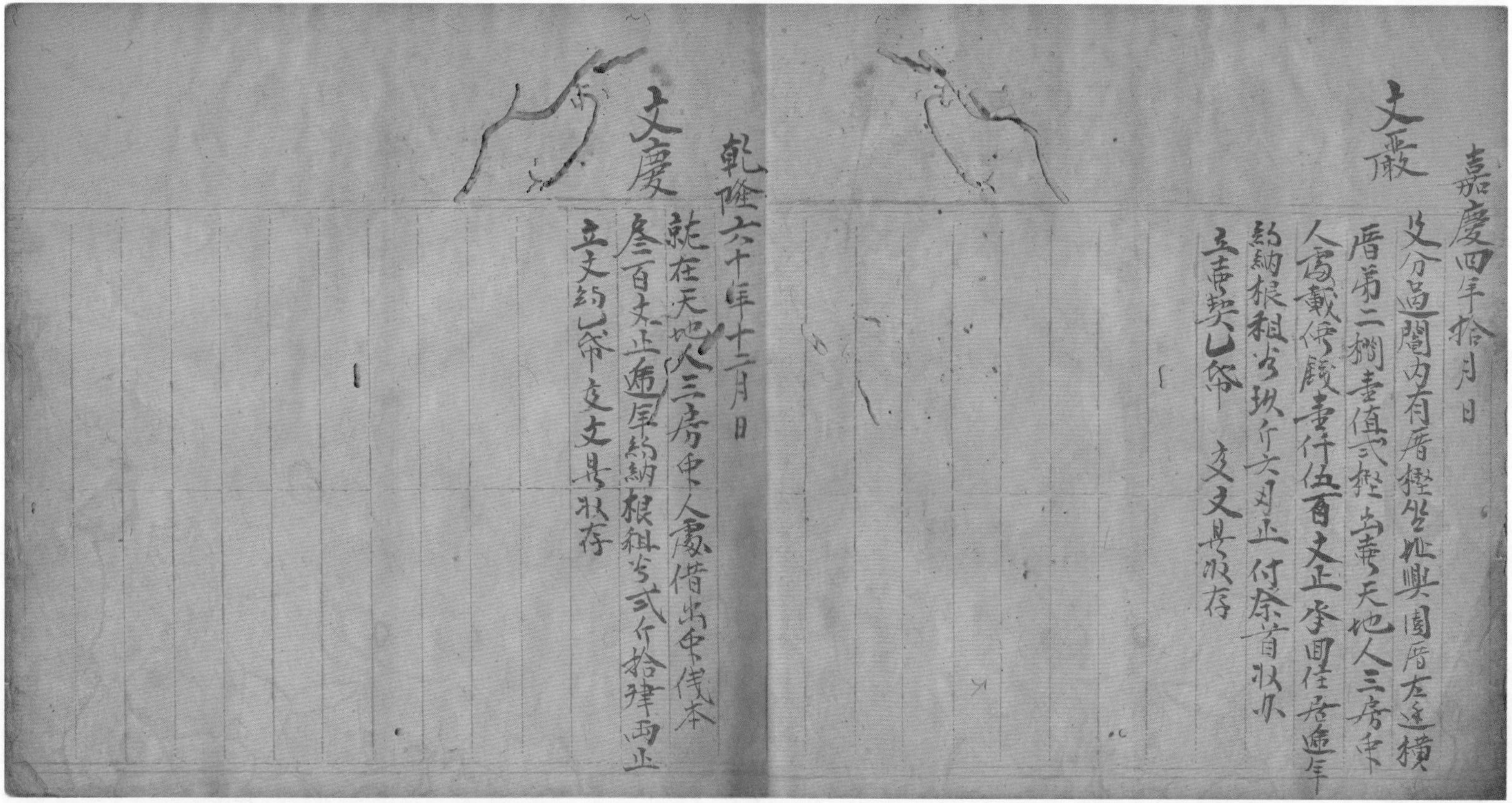

嘉慶四年拾月日
文分邑迎閣內有厝撥出與園厝左邊横
厝第二櫚壹值弍拴出賣天地人三房衆
人處载價錢壹仟伍百文正李回任居遞年
約納根租米玖斤六兩正付奈首收
立賣契人祭 文文其收存
文嚴

文慶
乾隆六十年十二月日
就在天地人三房衆人處借出衆錢本
叁百文正遞年約納根租米弍斤拾肆兩正
立文約人祭 文文其收存

3-1-57-11　清代黄氏天地人三房立祭墓簿（一一）

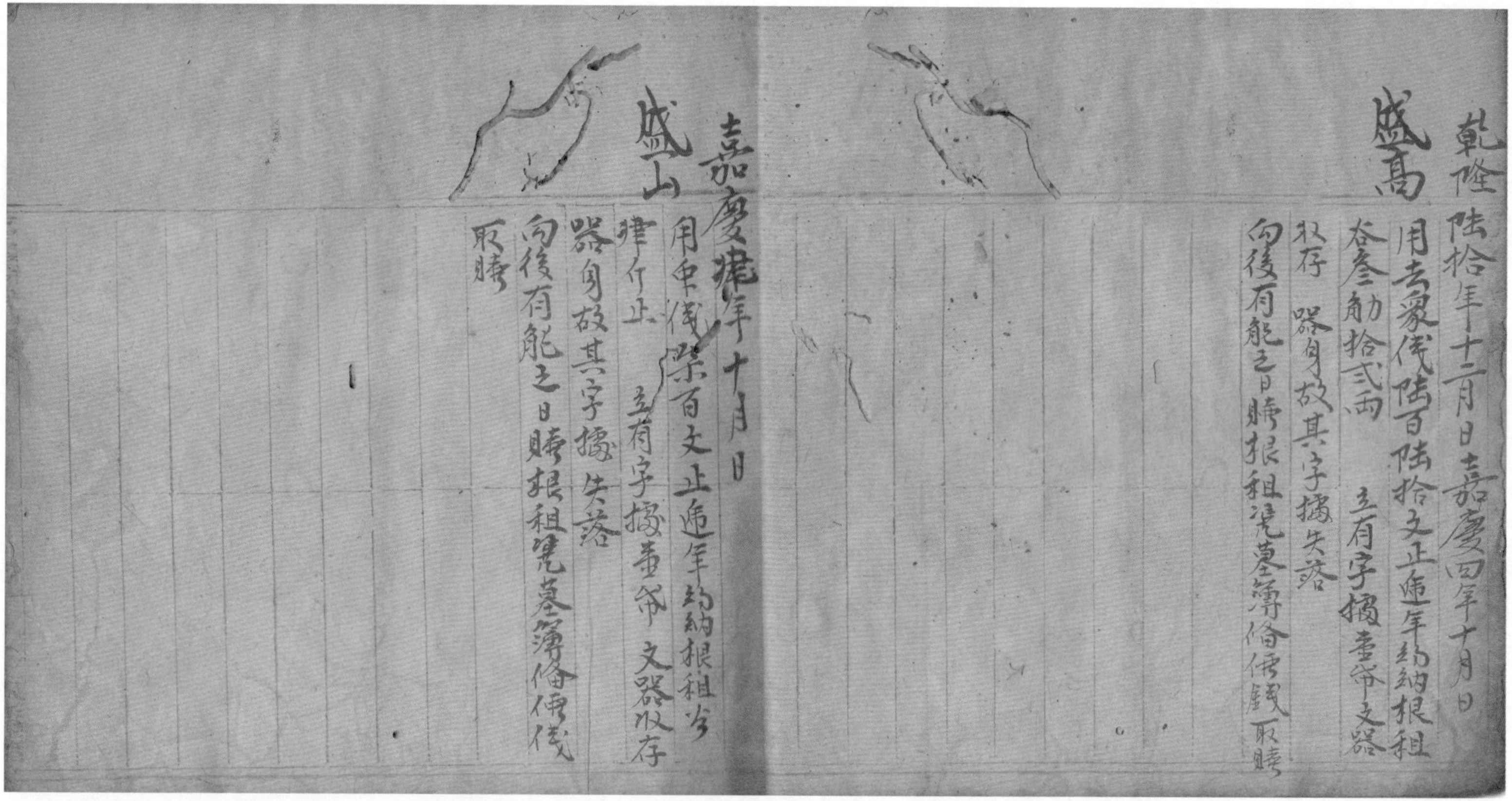
乾隆陆拾年十二月日嘉慶四年十月日
盛高　用去家伙陆百陆拾文止逓年幼納根租
谷叁觔拾弍両　立有字據壹帋文器
収存　器自故其字據失落
向後有能之日贖根租凭墓簿倫傳錢取贖

嘉慶捌年十月日
盛山　用去伙錢百文止逓年幼納根租谷
肆斤止　立有字據壹帋　文器收存
器自故其字據失落
向後有能之日贖根租凭墓簿倫傳伐
取贖

3-1-57-12　清代黄氏天地人三房立祭墓簿（一二）

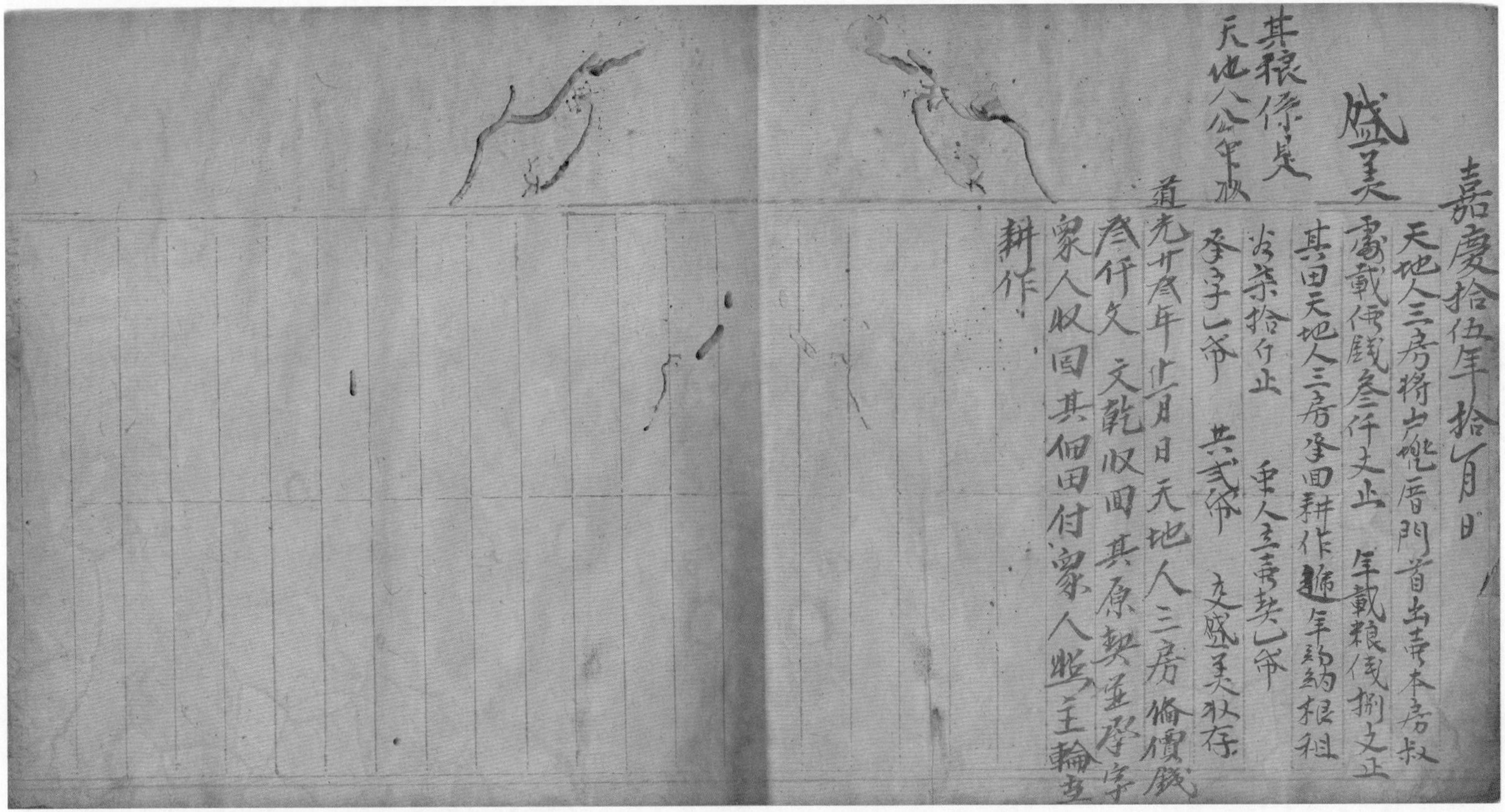
嘉慶拾伍年拾月日
天地人三房將户继唇門首出賣本房叔
盛美
處載價錢叁仟文止　年載粮錢捌文止
其田天地人三房承回耕作遞年納根租
谷柒拾斤止　乗人立賣契一帋
承字一帋　共貳帋　交盛美收存
其粮係是
天地人公中下收
道光廿叁年十二月日天地人三房備價錢
叁仟文　文乾收回其原契並承字
眾人收回其佃田付眾人照主輪支
耕作

3-1-57-13　清代黃氏天地人三房立祭墓簿（一三）

道光柒年玖月廿日天地人三房衆兄
弟侄相議過
文藻代支器下根祖谷壹拾叁斤拾二两
梅伞人面議過取出根祖係伐支伞人
収明向後文器字據取出不堪行用

文
道光柒年玖月廿日天地人三房伞人
兄弟侄面說過　文具代盛宗下
盛規下盛左下三宗合共根租谷
壹拾陸斤　具在兄弟侄相議過
具取出根係伐伞人収明向後音
盛規盛宗盛左三人名下文約寄
字取出不堪行用

3-1-57-14　清代黄氏天地人三房立祭墓簿（一四）

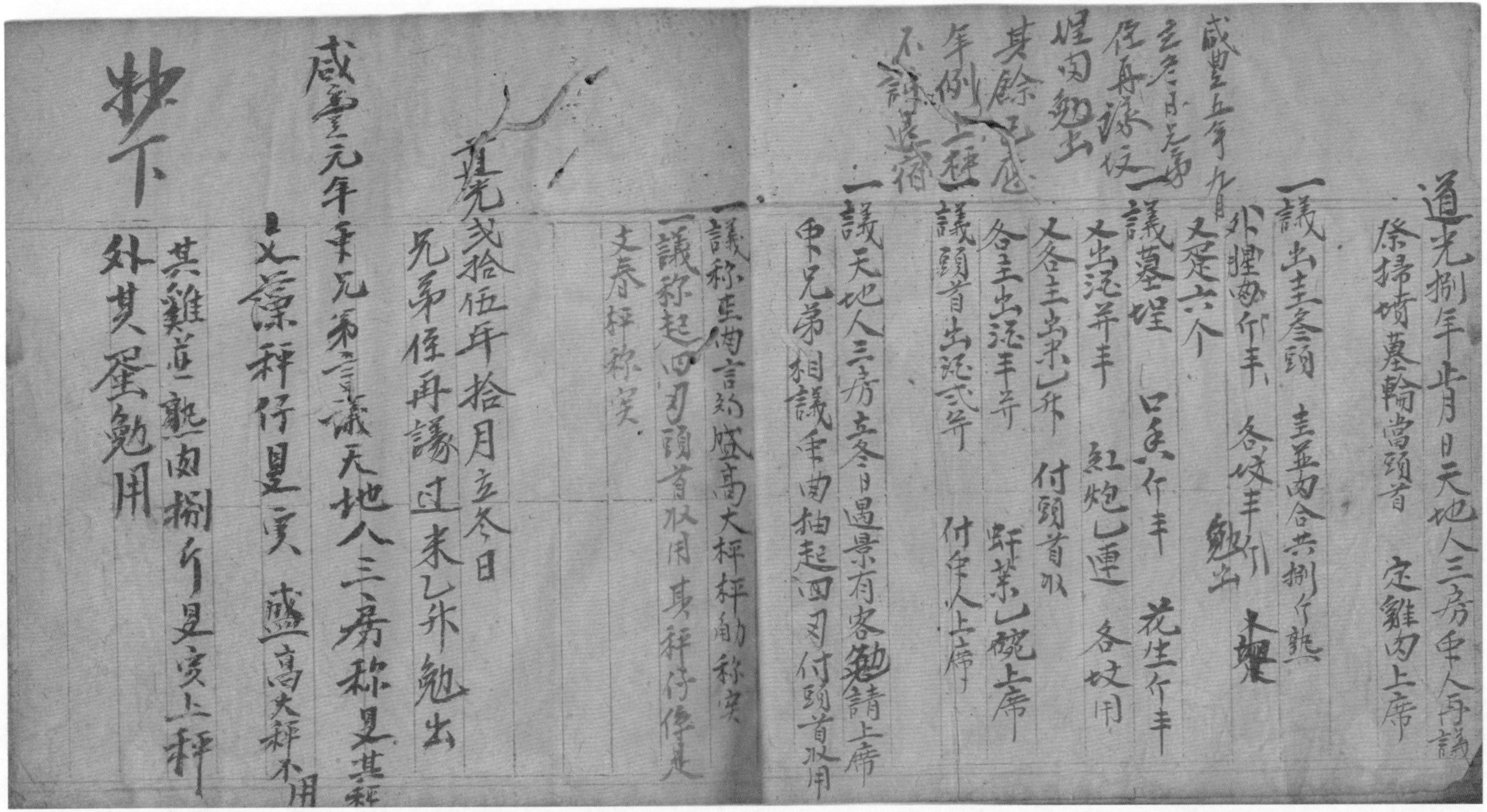

3-1-57-15　清代黄氏天地人三房立祭墓簿（一五）

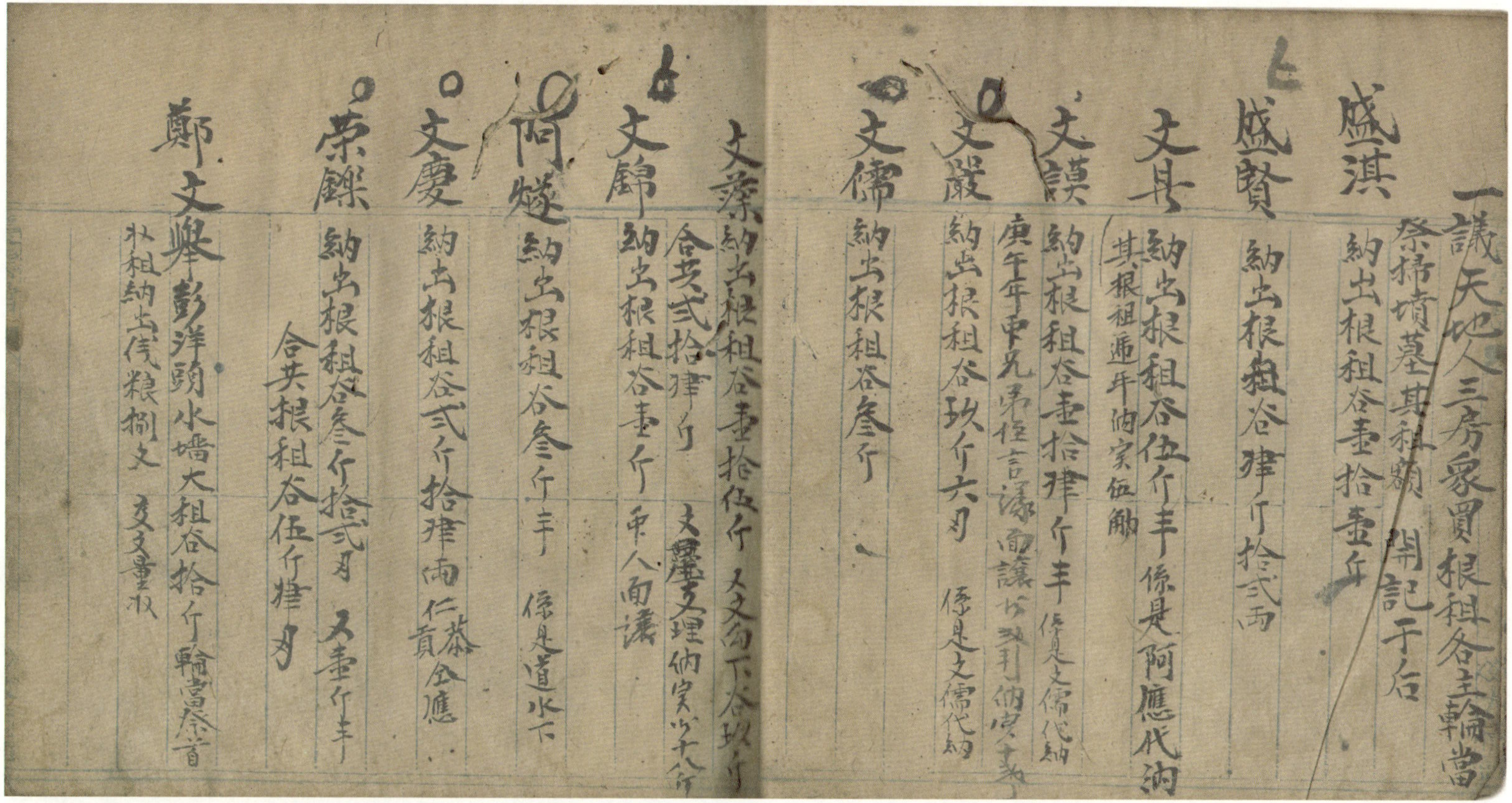

一議天地人三房眾買根租各主輪當
祭掃墳墓其租額開記于后

盛淇 納出根租谷壹拾壹斤

盛賢 納出根租谷肆斤拾弍両

文其 納出根租谷伍斤半 係是阿應代納
其根租遞年納宗伍觔

文謨 納出根租谷壹拾肆斤半 係是文儒代納
庚午年兄弟侄言議面議[illegible]納宗[illegible]

文巖 納出根租谷玖斤六両 係是文儒代納

文儒 納出根租谷叁斤

文榮 納出根租谷壹拾伍斤 又文向下谷玖斤
合共弍拾肆斤 文璧文理納宗[illegible]

文歸 納出根租谷壹斤 爭入面議

阿燧 納出根租谷叁斤半 係是道水下

文慶 納出根租谷弍斤拾肆両 仁恭貢全應

榮鏻 納出根租谷叁斤拾弍両 又壹斤半
合共根租谷伍斤肆両

鄭文舉 彭洋頭水墻大租谷拾斤 輪當祭首
抃祖納出代粮捌文 支文童收

3-1-57-16 清代黃氏天地人三房立祭墓簿（一六）

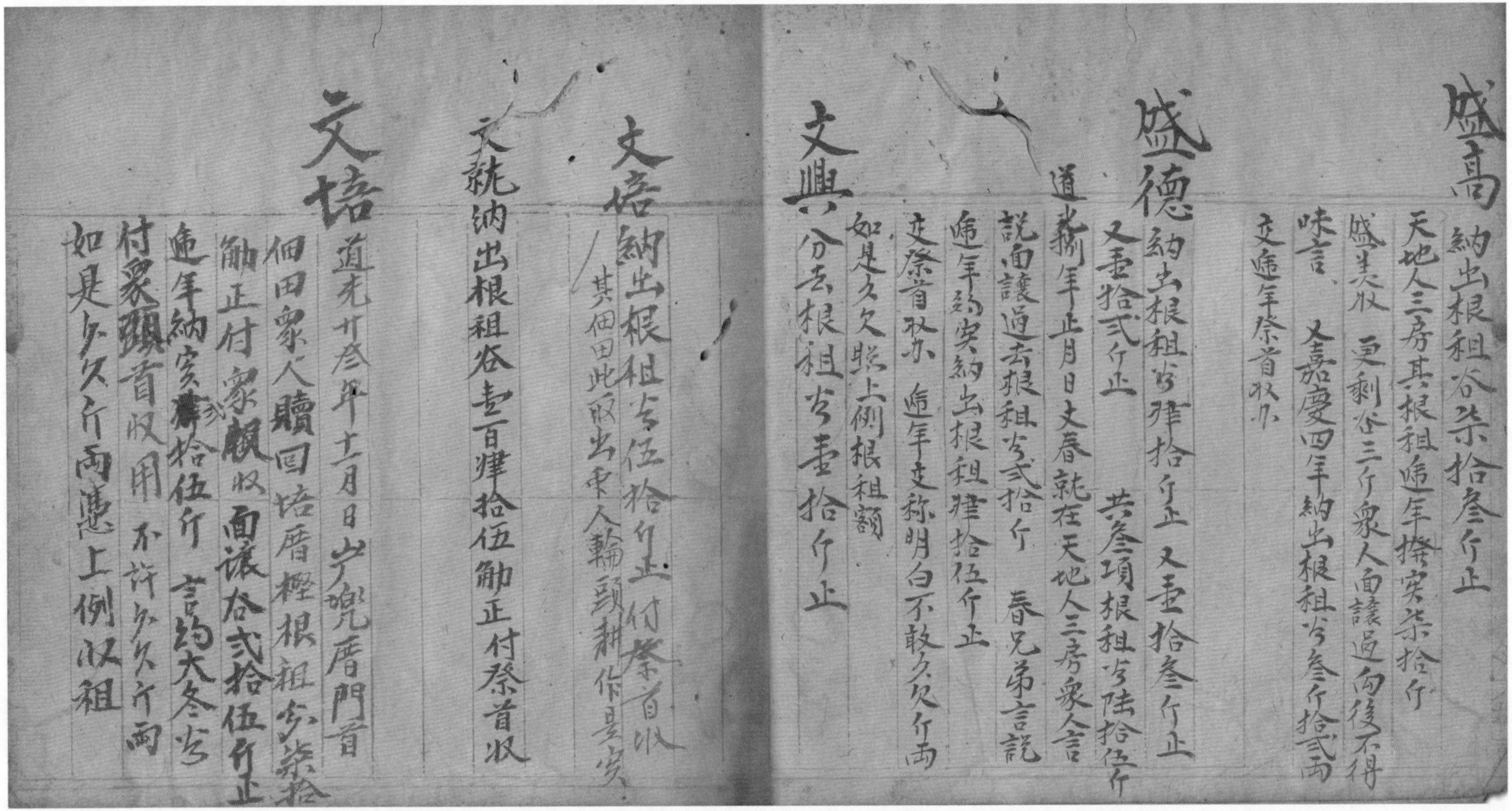
盛高 納出根租谷柒拾叁斤止
天地人三房其根租逓年撥实柒拾斤
盛美收 㞍剩谷三斤衆人面議逈向後不得
味言、 又嘉慶四年納出根租谷叁斤拾弍両
文逓年祭首收办

盛德 納出根租谷肆拾斤止 又壹拾叁斤止
又壹拾弍斤止 共叁項根租谷陆拾伍斤
道光新年正月日文春就在天地人三房衆人言
說面議逈去根租谷弍拾斤 春兄弟言說
逓年納实納出根租肆拾伍斤正
文祭首收办 逓年文称明白不敢少欠斤両
如是少欠照上例根租額

文興 分去根租谷壹拾斤止

文培 納出根租谷伍拾斤正 付祭首收
其佃田此取出東人輪頭耕作是实

文毓 納出根租谷壹百肆拾伍觔正 付祭首收

文培 道光廿叁年十二月日出兜厝門首
佃田衆人贖回培厝樫根租谷柒拾
觔正付衆收 面議谷弍拾伍斤正
逓年納实拾伍斤 言约大冬谷
付衆頭首收用 不許少欠斤両
如是少欠斤両照上例收租

3-1-57-17 清代黄氏天地人三房立祭墓簿（一七）

一議天地人三房輪當頭首祭掃坟墓
各主　開俱于后
戊子年　文培　己丑年　荣貴
庚寅年　文理　辛卯年　文治
壬辰年　文藻　癸巳年　甲子　阿燧　文乾
甲午年　荣鏁　乙未年　荣恭
丙申年　文康　丁酉年　文儒
戊戌年　文春　己亥年　文翰
庚子年　荣粧　辛丑年　[illegible]
壬寅年　文錦　癸卯年　文星
甲辰年　文興　乙巳年　文輝
丙午年　文材　丁未年　文遠
戊申年　文友　己酉年　文量

3-1-57-18　清代黄氏天地人三房立祭墓簿（一八）

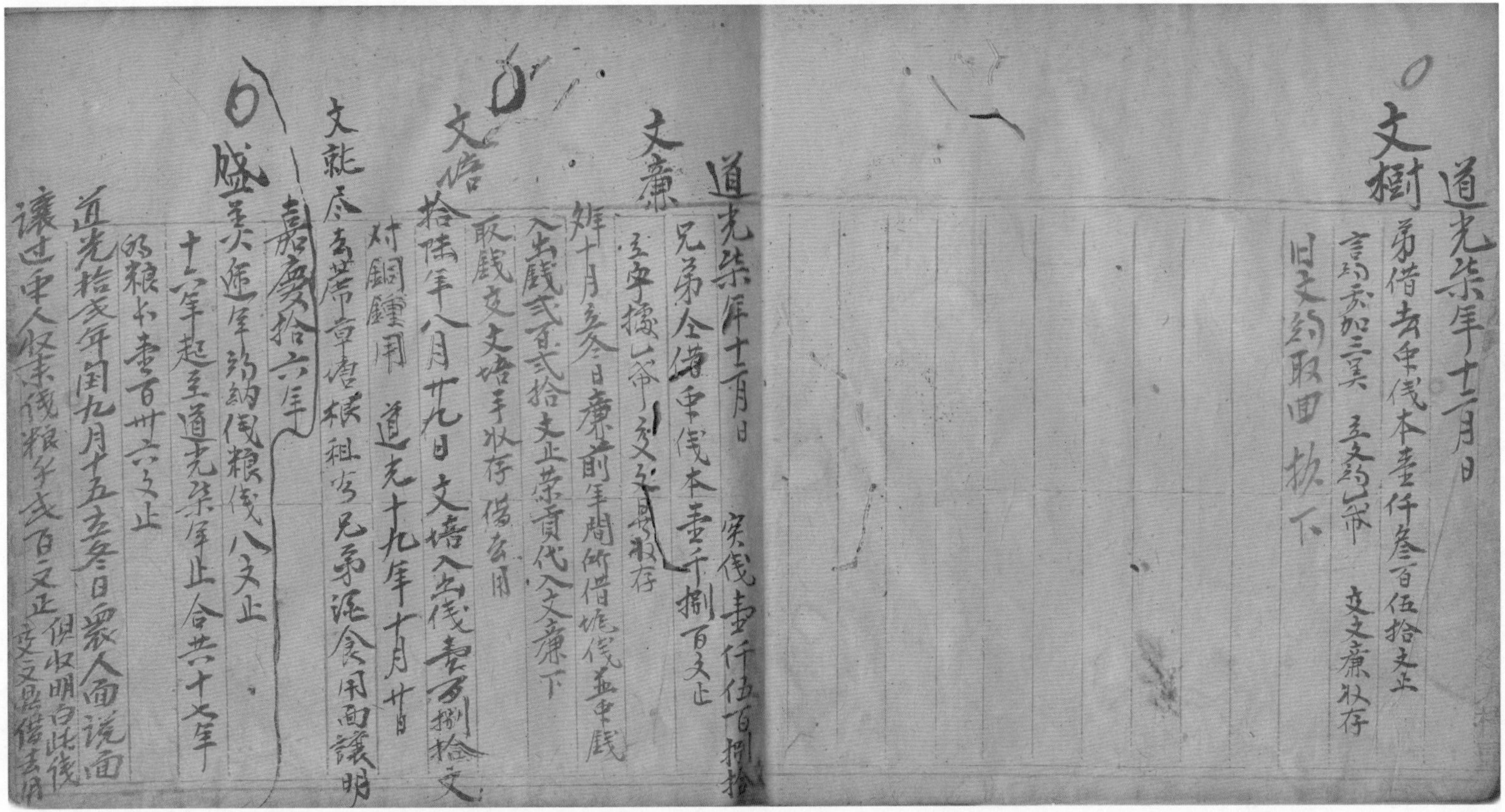

3-1-57-19　清代黃氏天地人三房立祭墓簿（一九）

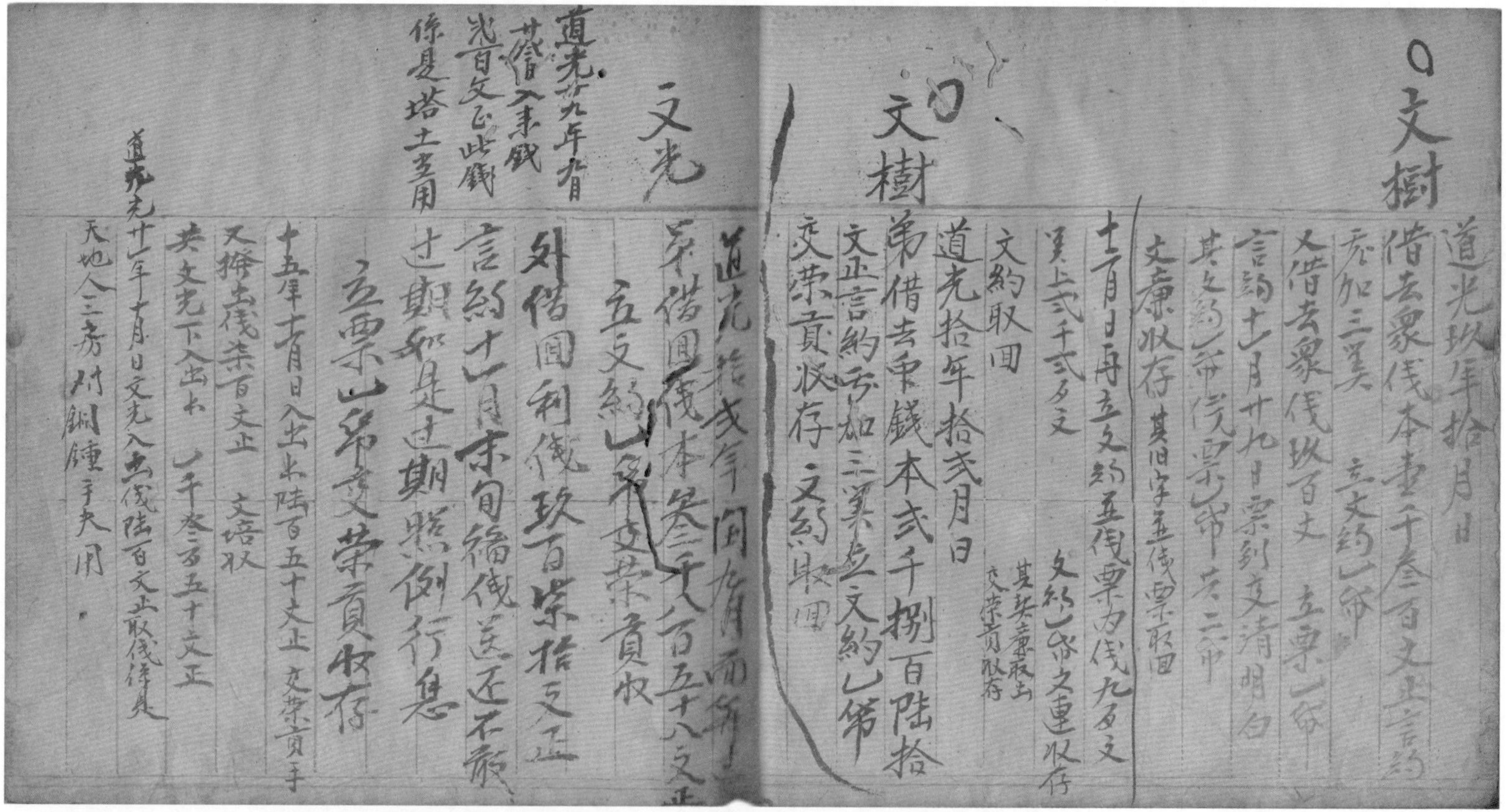

3-1-57-20 清代黄氏天地人三房立祭墓簿（二〇）

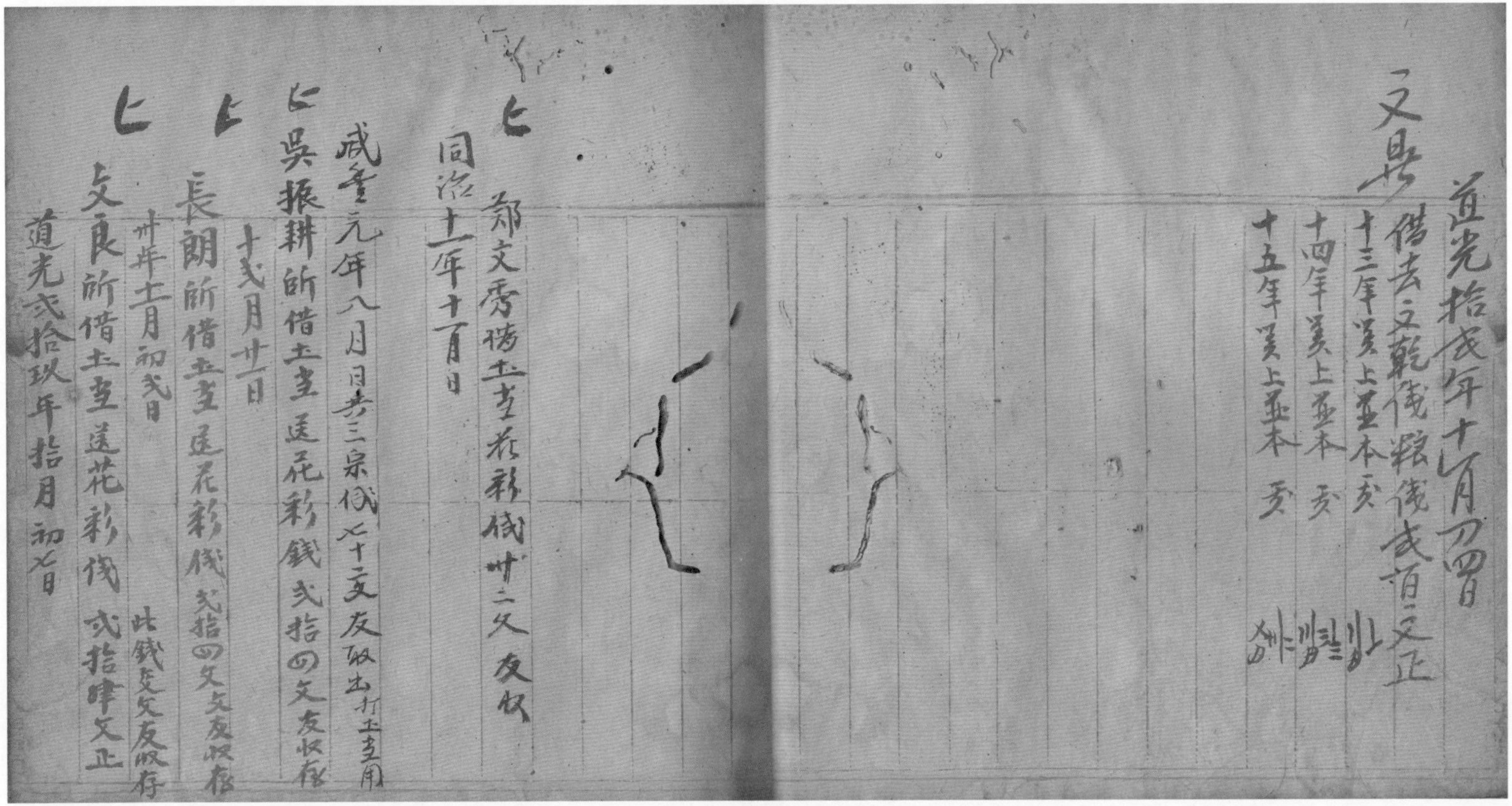

道光拾弍年十一月初四日
文長借去文乾錢糧錢弍百三文正
十三年算上並本交
十四年算上並本交
十五年算上並本交

仁
鄭文秀揭土主花彩錢廿二文 友收
同治十一年十一月日

仁
咸豐元年八月日共三宗錢七十文友收出打土主用

仁
吳振耕所借土主送花彩錢弍指四文友收存
十弍月廿日

仁
長朗所借土主送花彩錢弍指四文文友收存
卅年十二月初弍日

仁
文良所借土主送花彩錢 弍指肆文正
此錢交文友收存
道光弍拾玖年拾月初七日

3-1-57-21　清代黃氏天地人三房立祭墓簿（二一）

七

文乾

并上

咸豐叁年

十二月日

立契抄下

道光拾肆年十二月初九日

天地人三房買得阿成民佃田

乙号坐址本鄉土名幕草唐並

芳田又乙号土名大塊坂仔乙坵又乙号

土名石頭壽上水墻下水墻並水墻下

共五号載價艮壹拾两正

立寄佃字壹帋並第贖田契叁帋

共肆紙交文龠收存

其佃田與忠代承耕作不拘豐熟

遞年約納根租谷壹百四十五斤送到

交文稱不敢少欠

立承字壹紙交文龠收存

取根租吏

剩谷

送振但

筆書甲

道光十九年十二月　日交去谷壹百肆

拾斤正　立賣谷字一紙　交振但代字

其谷字文龠收存

道光拾伍年捌月廿九日收去

文乾第根租谷壹百肆拾五斤正

晒實谷壹百柒斤正　交文龠收存

文乾

當文龠文具　借去甲

十五年十二月日

文具

称忠公眾根租谷肆拾斤正　言約十六年

二月还　椅櫈一件又鳥器一枝為當　交文龠收

3-1-57-22　清代黃氏天地人三房立祭墓簿（二二）

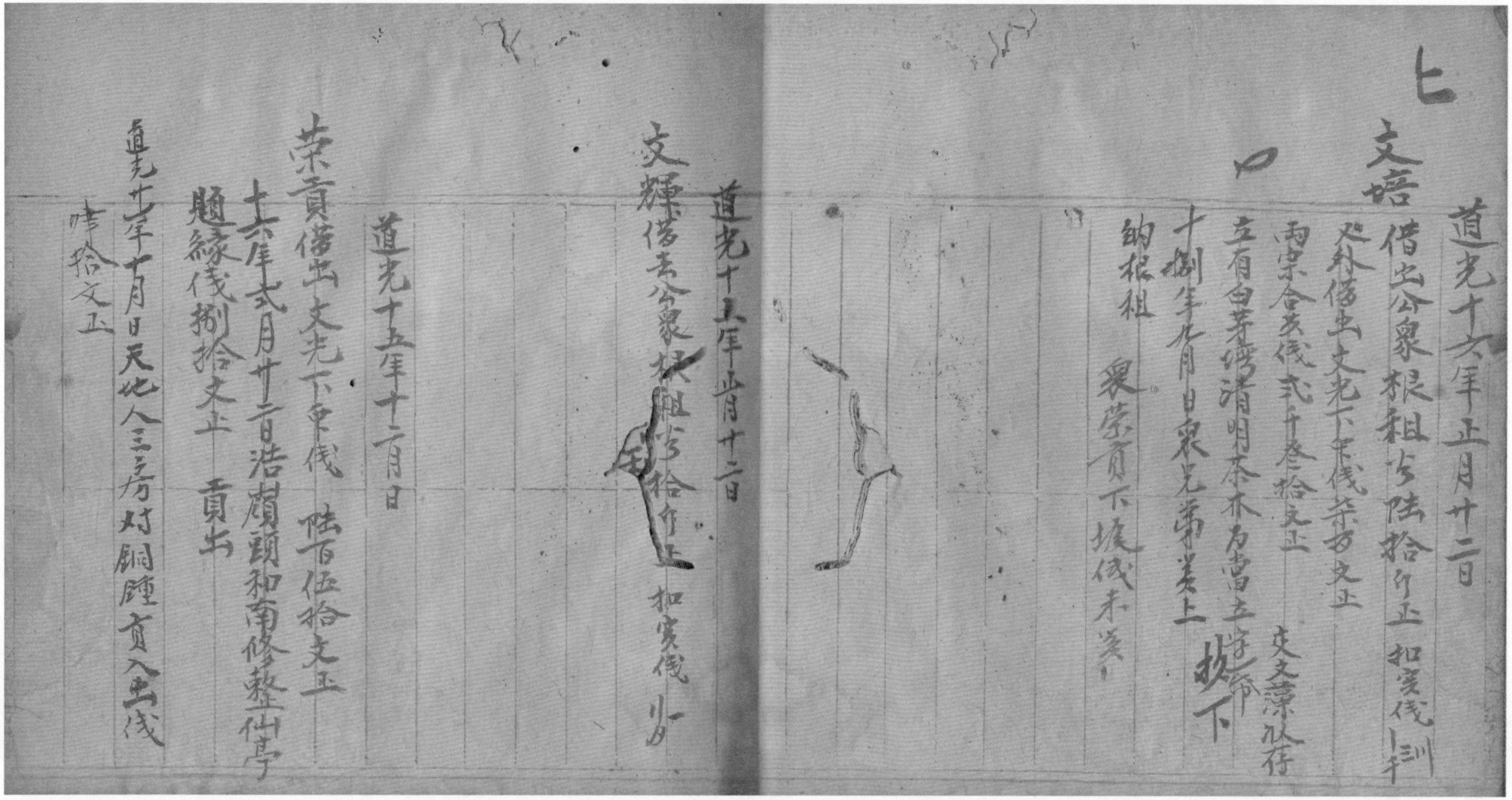

3-1-57-23　清代黄氏天地人三房立祭墓簿（二三）

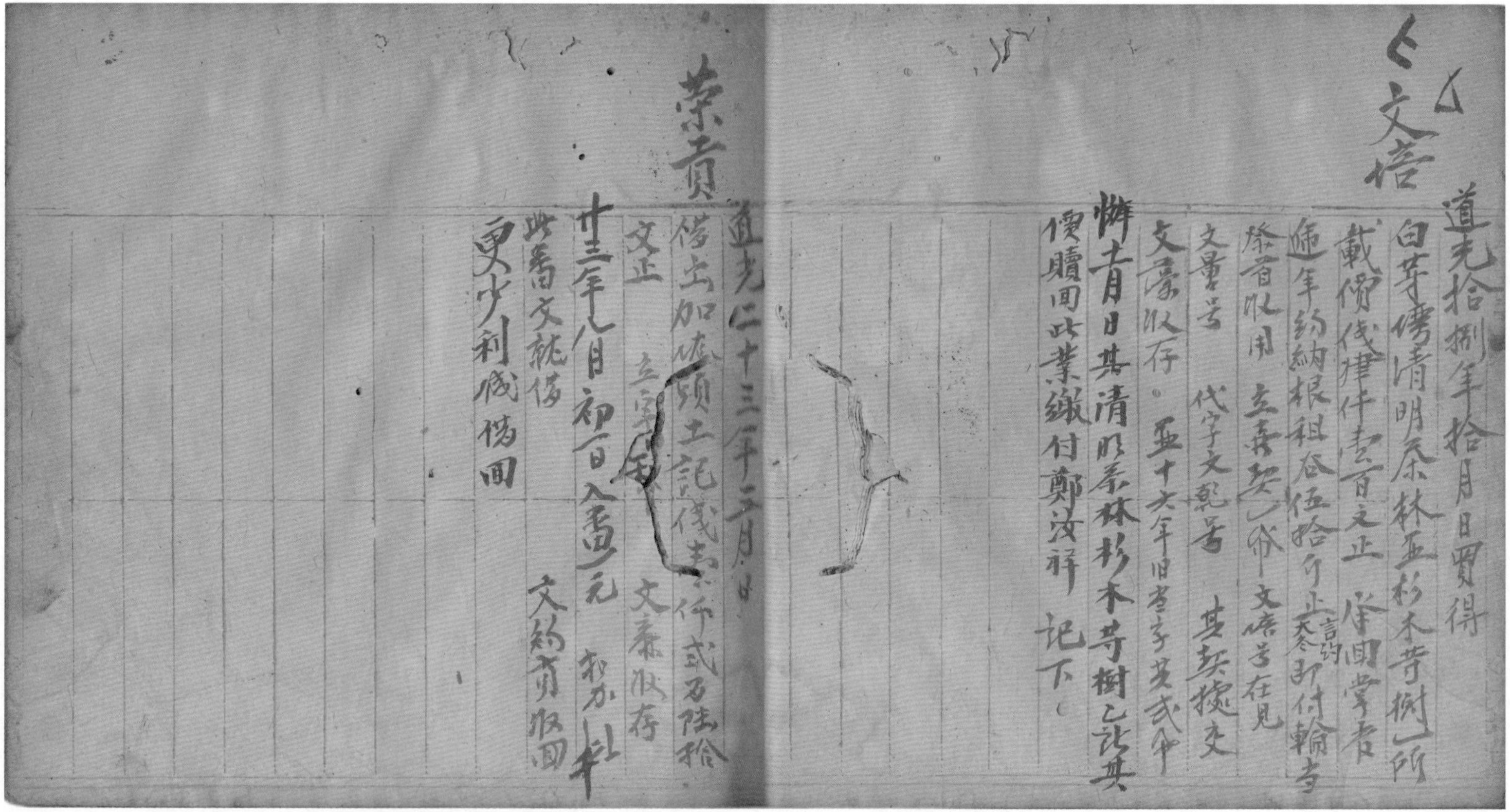

文培

道光拾捌年拾月日買得
白芽傳清明茶林並杉木苛樹乙所
載價錢律仟壹百文正　係田掌者
遞年納根租谷伍拾斤正　言約天冬即付輸李
祭首收用　立杉契乙紙　文培等在見
文量等　代字文冕等　其契擲交
文豪收存。　至十六年日李[illegible]芽式仟
[illegible]青日其清明茶林杉木苛樹乙記其
價贖回此業鐵付鄭汝祥　記下。

榮貴

道光二十三年二月日
傳出加價頭土記錢壹仟式百陸拾
文正　立字乙紙　文泰收存
十三年八月初四日入番元　[illegible]
文約實收回
此番文就價
更少利息[illegible]面

3-1-57-24　清代黃氏天地人三房立祭墓簿（二四）

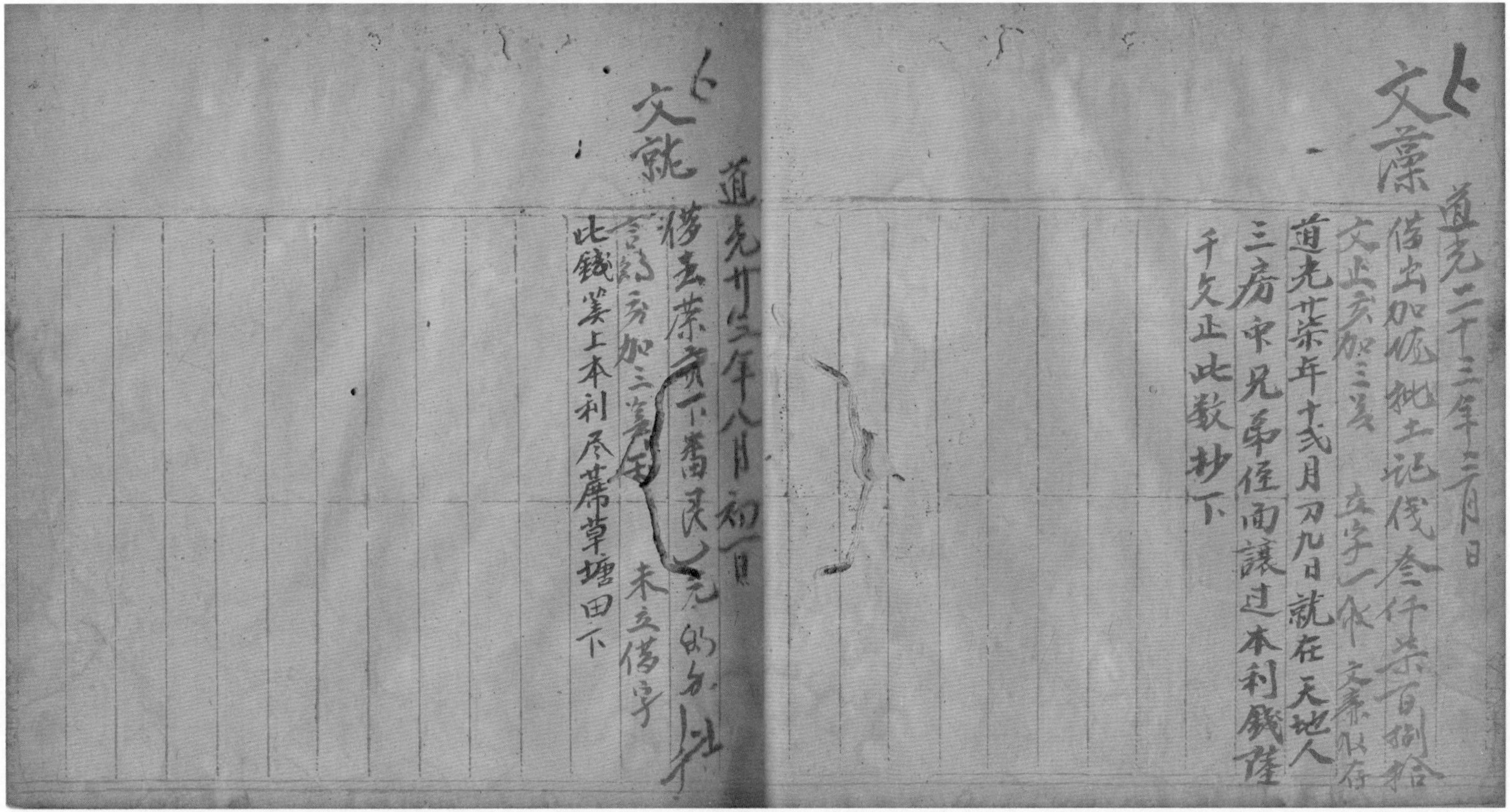
ㄴ文藻
道光二十三年十二月日
借出加恼批土记伐叁仟柒百捌拾
文正交加三算　立字一纸　文藻收存
道光廿柒年十弍月初九日就在天地人
三房众兄弟侄面议过本利钱壹
千文正此数抄下

ㄴ文就
道光廿七年八月初一日
借去葉舍下番艮元的分社
言约每加三算　未立借字
此钱算上本利尽荐草塘田下

3-1-57-25　清代黄氏天地人三房立祭墓簿（二五）

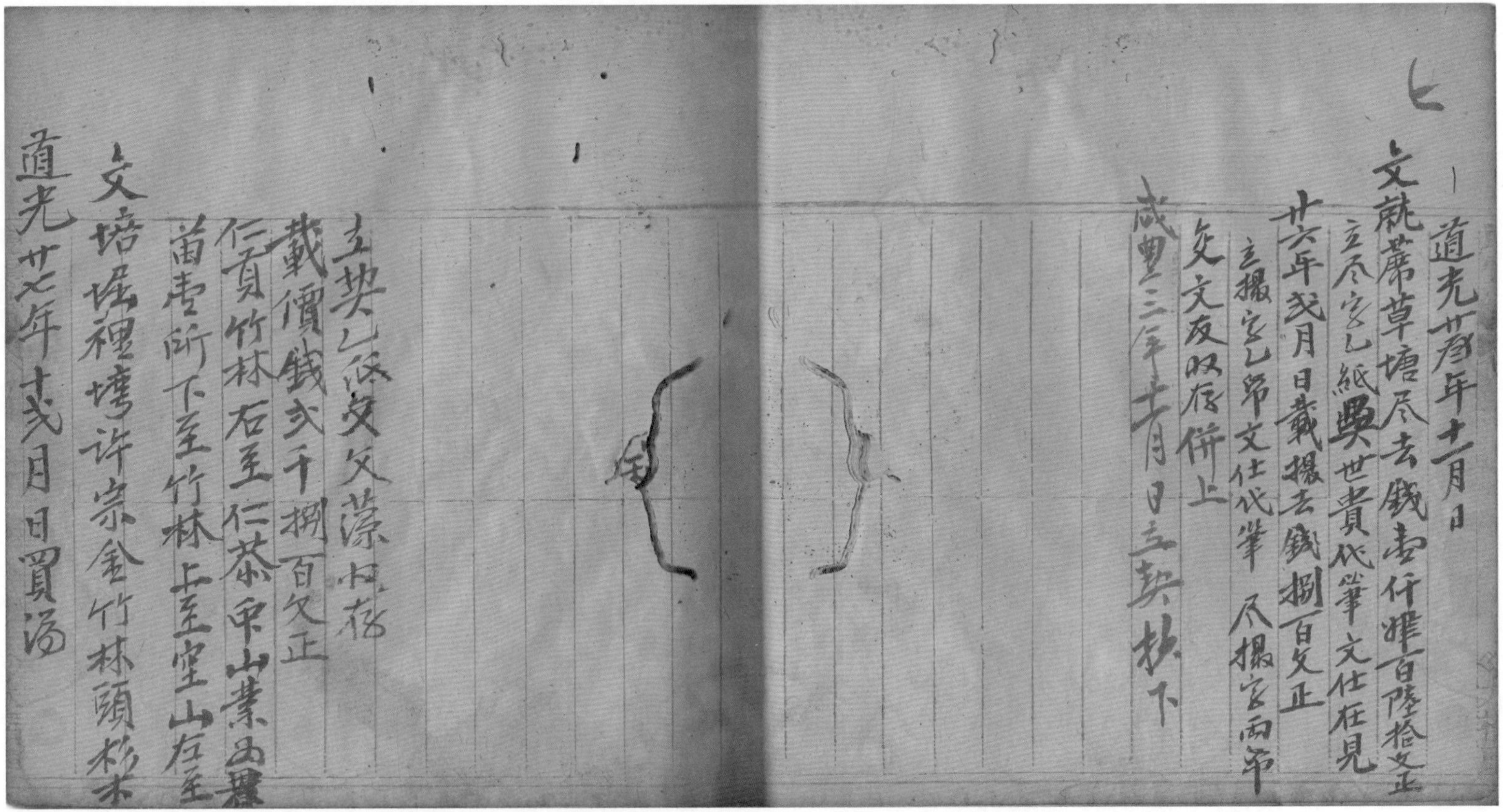

一 道光廿叁年十二月日

文就萆草塘尽去錢壹仟捌百陸拾文正

立尽字山紙 興世貴代筆文仕在見

廿六年戌月日載撮去錢捌百文正

立撮字山帋 文仕代筆 尽撮字而帋

文文友收存併上

咸豐三年十二月日立契 執下

道光廿七年十二月日買過

文培坵裡塘許宗金竹林頭杉木

苗壹所下至竹林上至堂山右至

仁頁竹林右至仁茶屯山業為界

載價錢弍千捌百文正

立契山底文文藻收存

3-1-57-26　清代黃氏天地人三房立祭墓簿（二六）

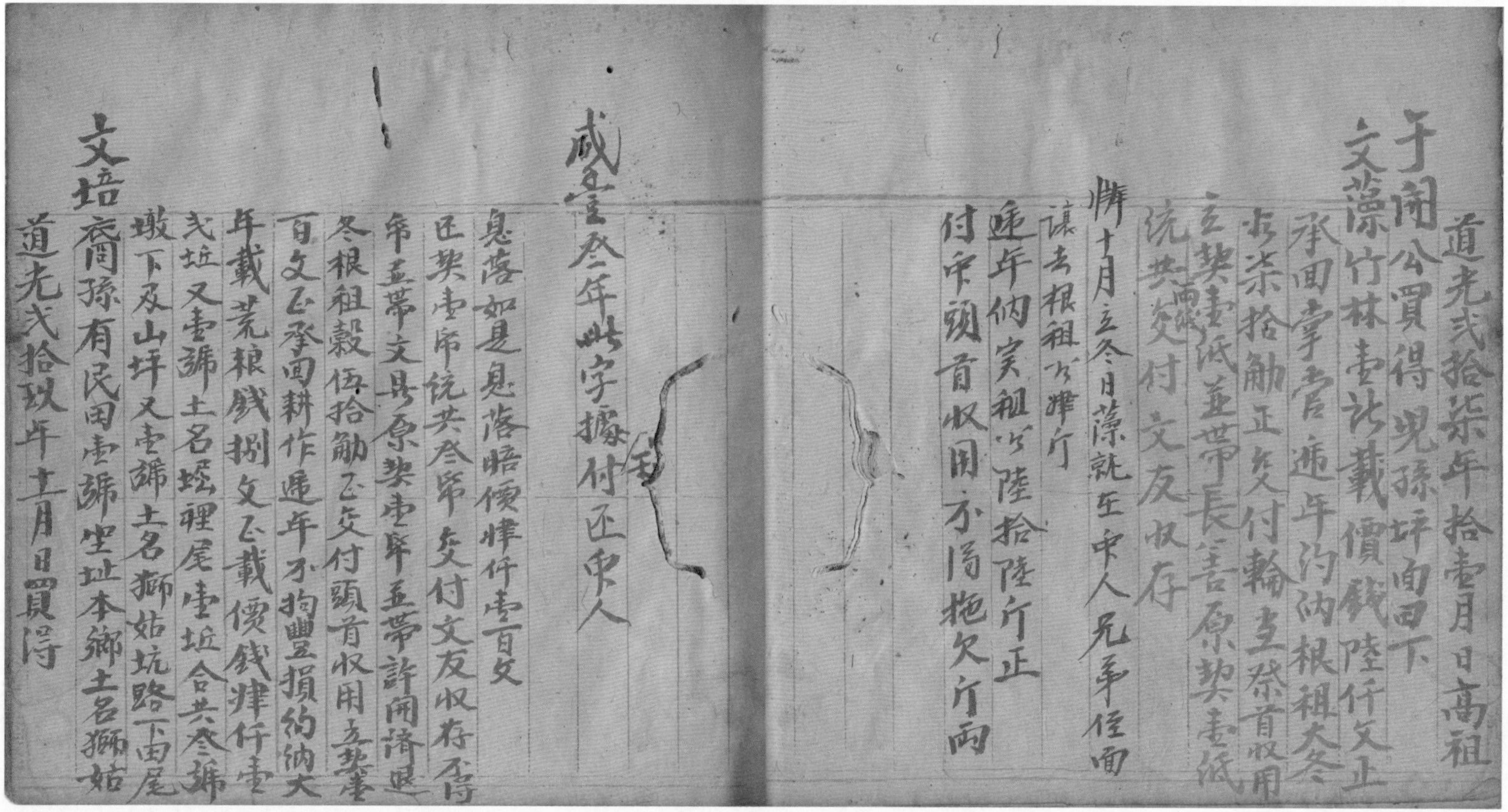

道光弍拾柒年拾壹月日高祖
于閙公買得兒孫坪面田下
文藻竹林壹訖載價錢陸仟文正
承田掌管遞年約納根租大冬
谷柒拾觔正交付輪直祭首收用
立契壹紙并帶長書原契壹紙
兩紙
統共交付文友收存
肆十月立冬日藻就在中人兄弟侄面
議去根租谷肆斤
遞年仍實租谷陸拾陸斤正
付〇頭首收用不得拖欠斤兩

咸豐叁年此字據付匠中人
息落如是息落賠償肆仟壹百文
匠契壹帋統共叁帋交付文友收存不得
帋并帶文昌原契壹帋并帶許開諸退
冬根租穀伍拾觔正交付頭首收用立契壹
百文正承田耕作遞年不拘豐損約納大
年載荒粮錢捌文正載價錢肆仟壹
弍坵又壹號土名蠟裡尾壹坵合共叁號
墩下及山坪又壹號土名獅姑坑路下田尾
文培裔孫有民田壹號坐址本鄉土名獅姑
道光弍拾玖年十二月日買得

3-1-57-27　清代黃氏天地人三房立祭墓簿（二七）

咸豐叁年十月日天地人三房買
文就
民田壹號坐址村頭坵方土名石
頭壽上水壋下水壋及窩仔並
倚店尾一号載荒粮本田文正
文高嶮乞各（右邊）横房弟壹重並谷
倉弍備載價錢壹拾仟弍百陸
拾文正又價錢壹百肆拾仟正
立壽契一帋交文藻收存
其房椪並田叁田耕作逓年約納
根租谷壹百四拾五斤正付祭費用

逓年納實秋穀肆拾斤正
丁丑年馬安隔佃田耕作
此田輪至頭首耕作
辛人起佃無欠租無召佃
就佃挑不敢大欠如是少欠
逓年約納大冬谷弍百斤正
七
文友承出文培就下佃田耕作
同治元年九月立冬日兄弟侄

3-1-57-28　清代黄氏天地人三房立祭墓簿（二八）

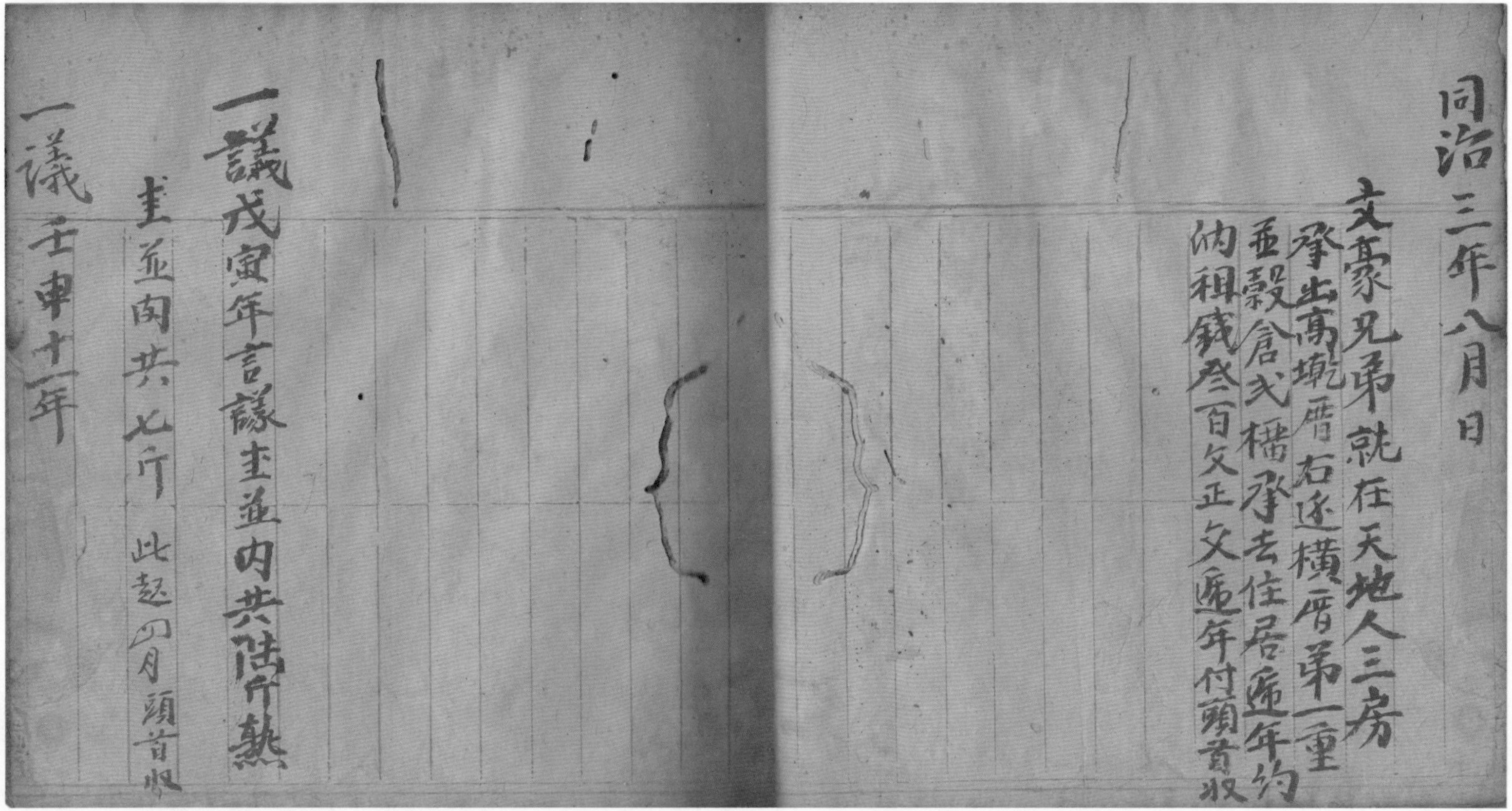
同治三年八月　日
文豪兄弟就在天地人三房
承出高墘厝右邊橫厝第一重
并穀倉弍𣝣承去住居逐年約
納租錢叁百文正文逐年付頭首收
一議戊寅年言議圭益內共陸斤熟
圭益肉共七斤　此起四月頭首收
一議壬申十一年

3-1-57-29　清代黃氏天地人三房立祭墓簿（二九）

3–1–57–30　清代黄氏天地人三房立祭墓簿（三〇）

3-1-58-1 清道光元年黄氏忠恕两房立祭墓簿（一）

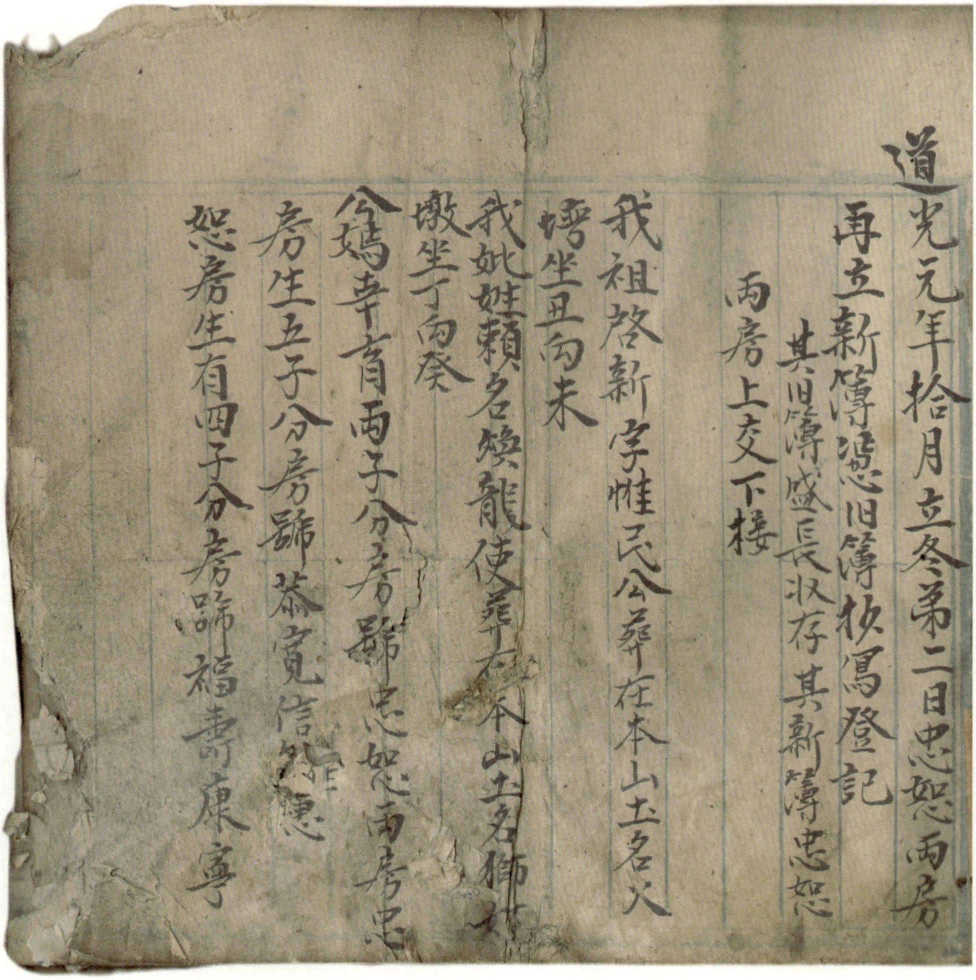

道光元年拾月立冬第二日忠恕兩房

再立新簿憑忠旧簿抄寫登記

其旧簿盛長收存其新簿忠恕

兩房上交下接

我祖啓新字惟氏公葬在本山土名大

塆坐丑向未

我妣姓賴名煥龍使葬在本山土名獅[illegible]

墩坐丁向癸

公媽幸育兩子分房歸忠恕兩房忠

房生五子分房歸恭寬信敏惠

恕房生有四子分房歸福壽康寧

3-1-58-2　清道光元年黄氏忠恕兩房立祭墓簿（二）

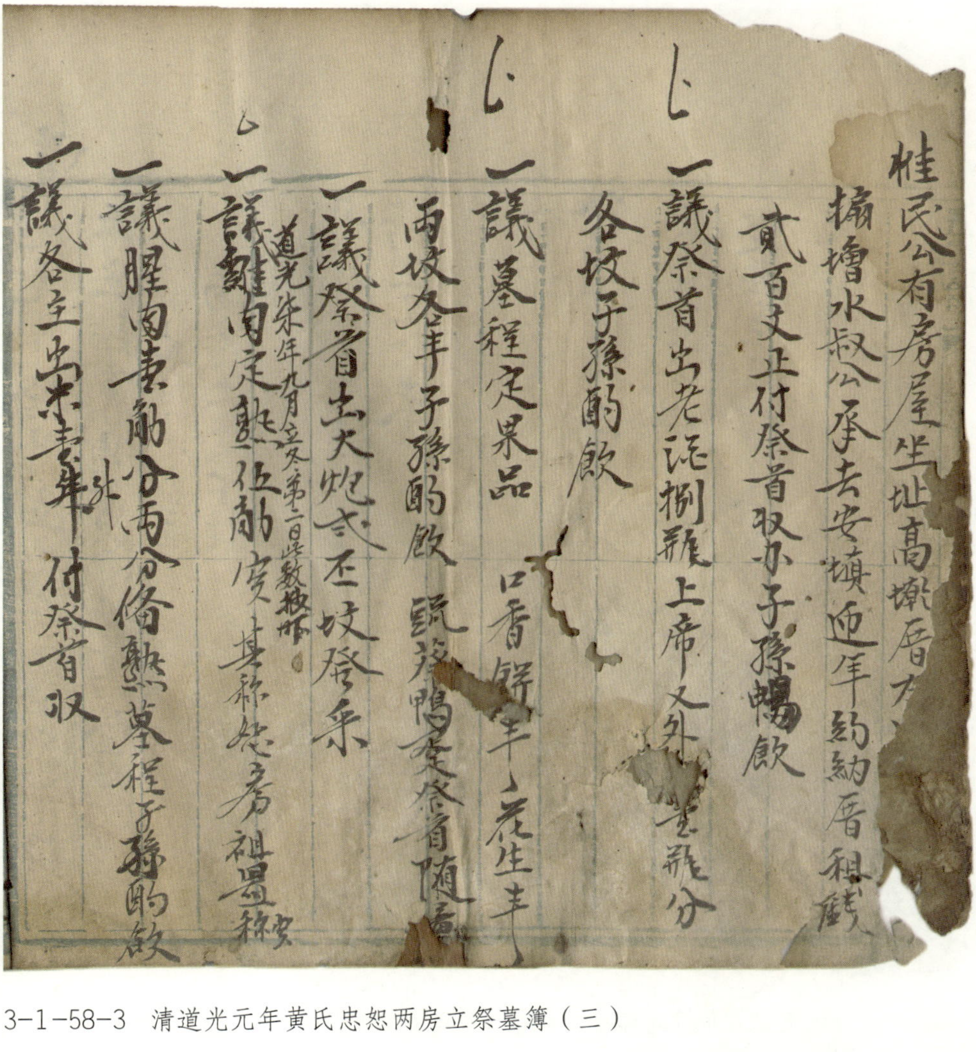

桂民公有房屋坐址高墩厝右
搧壇水叔公承去安塡逐年約納厝租錢
貳百文正付祭首收办子孫暢飲
一議祭首出老酒捌罐上席又外壹罐分
各坟子孫酌飲
一議墓程定果品　口香餅一斤　花生一斤
两坟各斗子孫酌飲　既祭鴨定祭首隨意
一議祭首出大炮式丕坟祭乐
一議雞肉定熟伍觔　又其稱照房祖量稱实
道光柒年九月立冬第二日照數抄揀
一議腥肉壹觔分两分備熟墓程子孫酌飲
一議各立出米壹斗　外　付祭首收

3-1-58-3　清道光元年黄氏忠恕两房立祭墓簿（三）

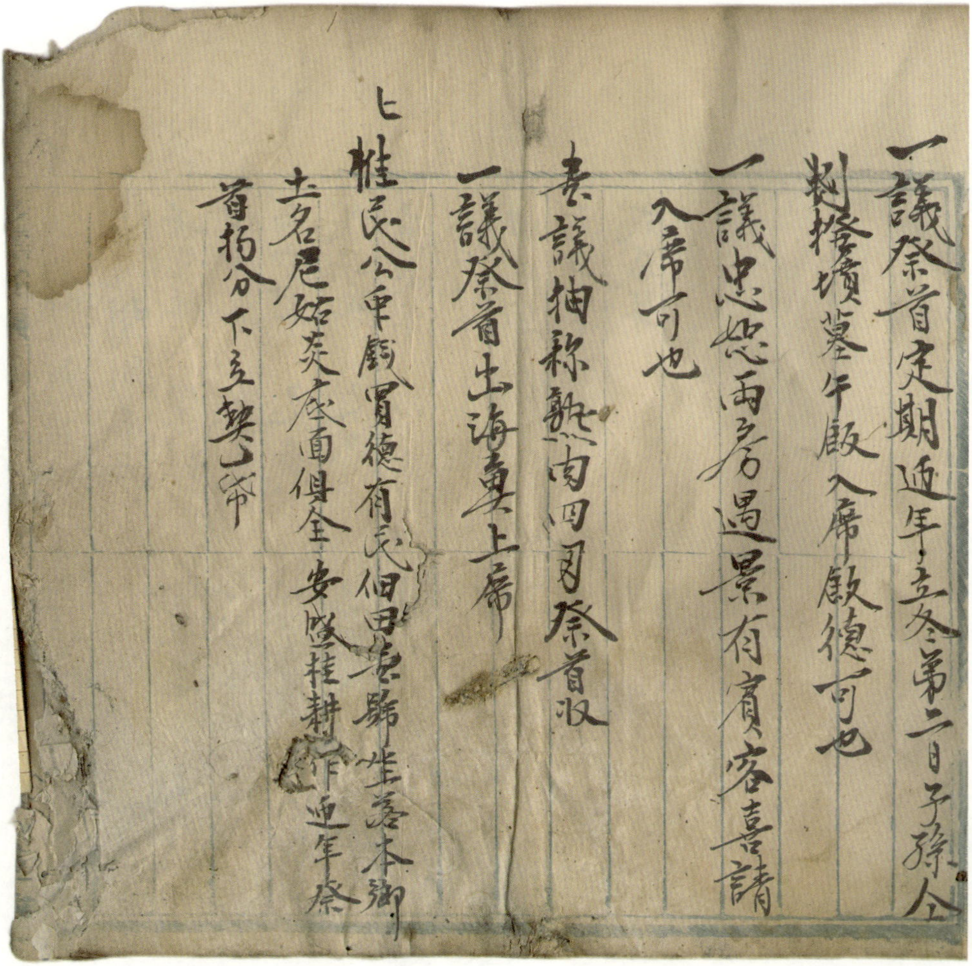

一議祭首定期逐年立冬第二日子孫仝
料拾墳墓午飯入席飲德可也
一議忠恕兩房遇景有賓客喜請
入席可也
壹議抽秤熟肉四斤祭首收
一議祭首出海魚上席
七
惟氏公年錢買德有民佃田在歸坐落本鄉
土名尼姑炭底面俱全安鄉挂耕作逐年祭
首拈分下立契山帝

3-1-58-4 清道光元年黄氏忠恕两房立祭墓簿（四）

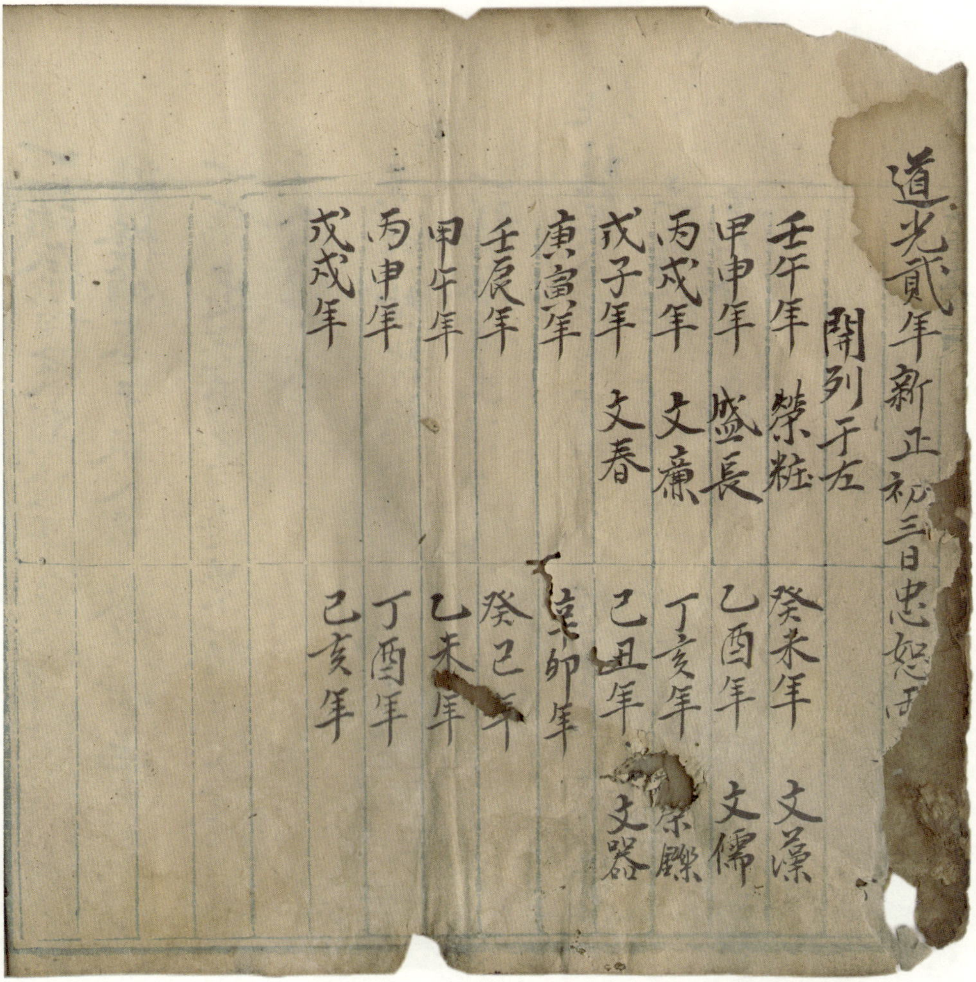

道光貳年新正初三日忠恕兩房

開列于左

壬午年　榮粧　　癸未年　文藻

甲申年　盛長　　乙酉年　文儒

丙戌年　文廉　　丁亥年　文縣

戊子年　文春　　己丑年　文器

庚寅年　　辛卯年

壬辰年　　癸巳年

甲午年　　乙未年

丙申年　　丁酉年

戊戌年　　己亥年

3-1-58-5　清道光元年黄氏忠恕两房立祭墓簿（五）

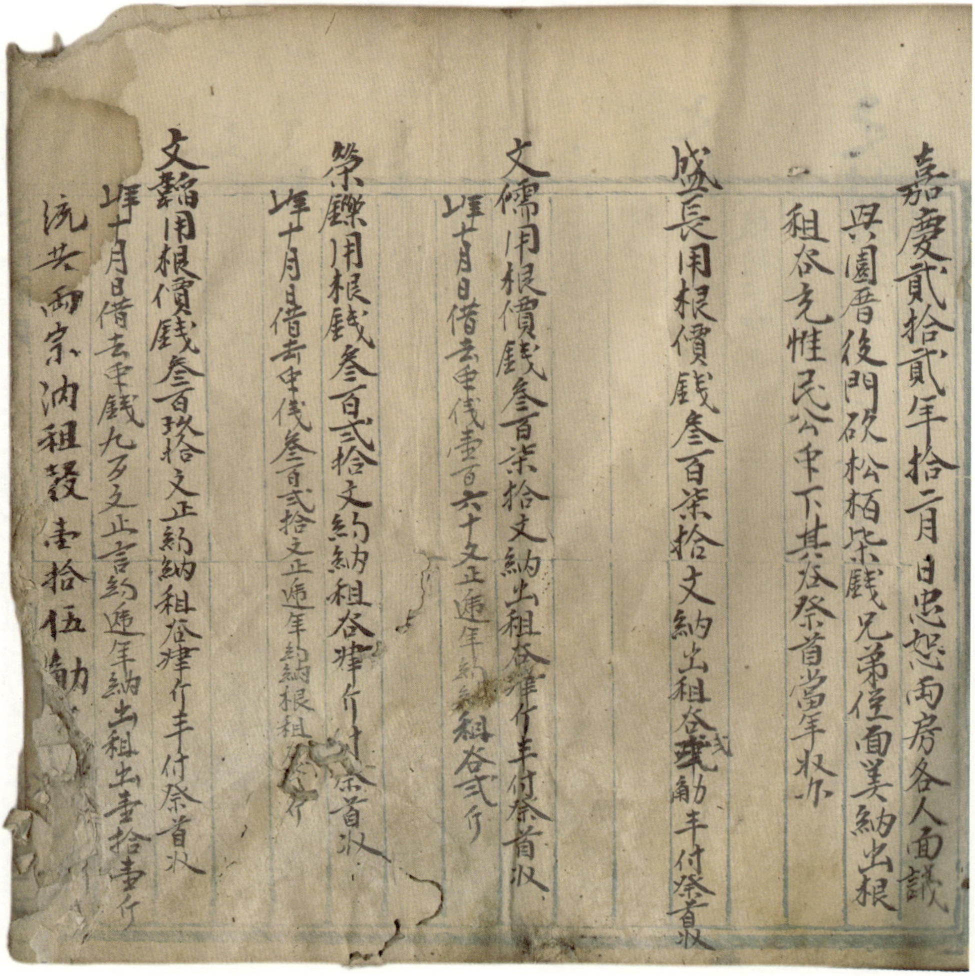
嘉慶貳拾貳年拾二月　日忠恕兩房各人面議
與園厝後門砍松栢柴錢兄弟侄面義納出根
租谷充惟民公中下其在祭首當年收[illegible]
盛長用根價錢叁百柒拾文納出租谷貳觔半付祭首收
文儒用根價錢叁百柒拾文納出租谷肆斤半付祭首收
上年十月日借去本錢壹百六十文正逐年約納租谷弍斤
榮鑠用根錢叁百弍拾文約納租谷肆斤半付祭首收
上年十月日借去本錢叁百弍拾文正逐年約納根租谷[illegible]斤
文韜用根價錢叁百玖拾文正約納租谷肆斤半付祭首收
上年十月日借去本錢九百文正言約逐年納出租谷壹拾壹斤
流芳兩宗納租穀壹拾伍觔

3-1-58-6　清道光元年黄氏忠恕两房立祭墓簿（六）

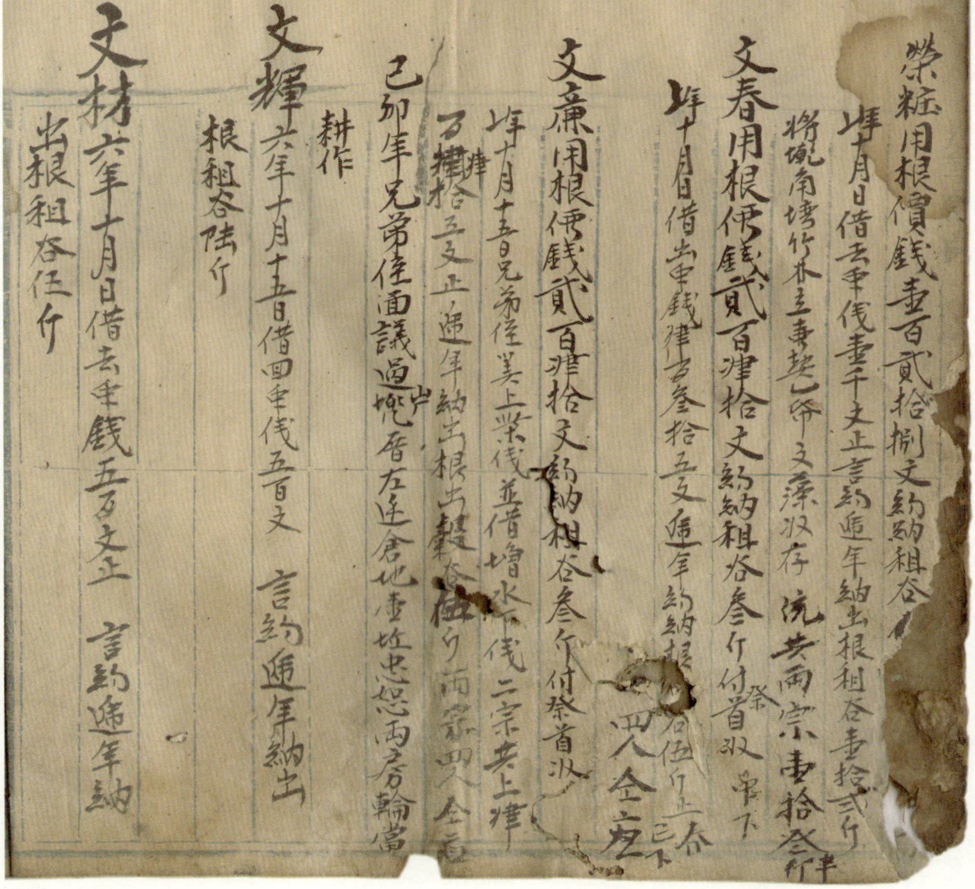
榮粧用根價錢壹百貳拾捌文約納租谷□
仝年十月日借去本錢壹千文正言約逐年納出根租谷壹拾貳斤
將境角塘竹林立賣契一帋文藻收存 統共兩宗壹拾叁斤半
文春用根便錢貳百肆拾文約納租谷叁斤付祭首收 [illegible]下
仝年十月日借出本錢肆百叁拾五文逐年約納根谷伍斤正 春 已下
四人仝立
文廉用根便錢貳百肆拾文約納租谷叁斤付祭首收
仝年十月十五日兄弟侄美上粜錢并借增水錢二宗共上肆
百肆拾五文正逐年納出根出鏈谷伍斤兩家四人仝立
己卯年兄弟侄面議過塆厝左邊倉地壹坵忠恕兩房輪當
耕作
文輝六年十月十五日借回本錢五百文 言約逐年納出
根租谷陸斤
文材六年十月日借去本錢五百文正 言約逐年納
出根租谷伍斤

3-1-58-7 清道光元年黃氏忠恕兩房立祭墓簿（七）

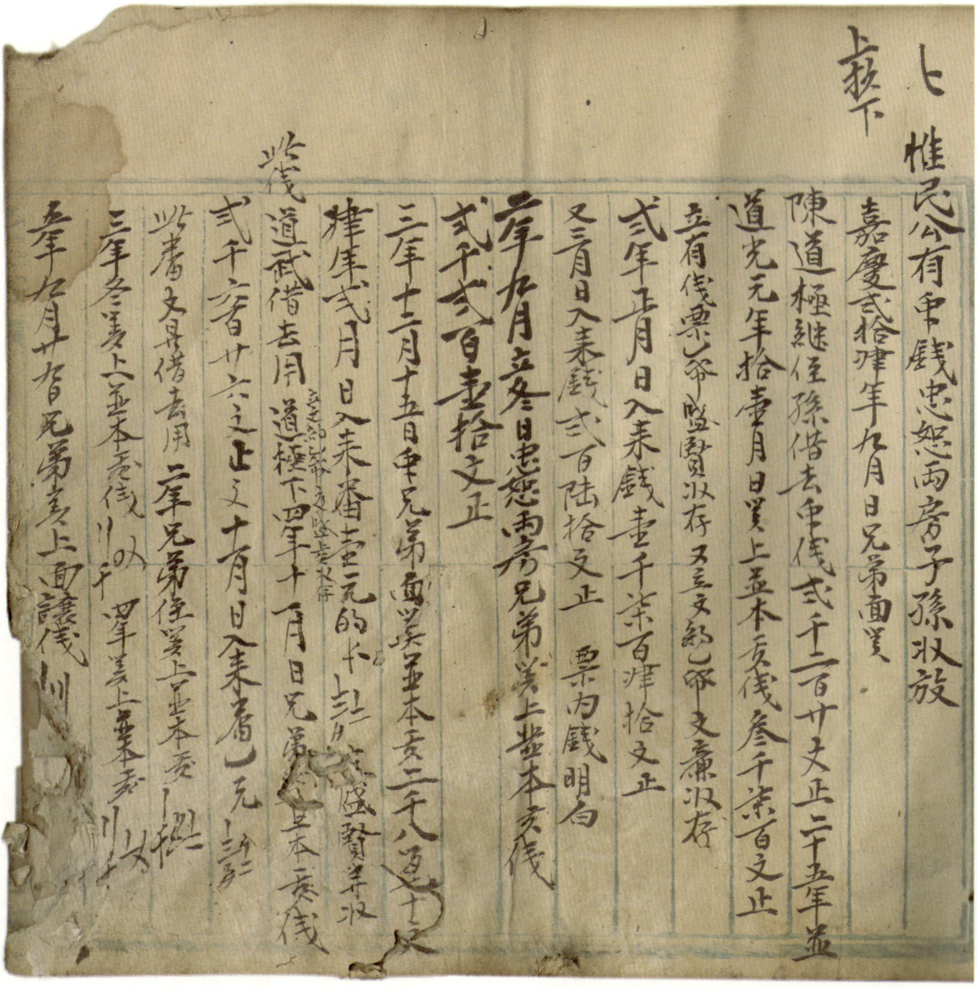

七
𡊮下
惟民公有佃錢忠恕兩房子孫收放
嘉慶貳拾肆年九月日兄弟面算
陳道極繼侄孫借去佃錢貳千二百廿文正　二十五年並
道光元年拾壹月日算上並本息錢叁千柒百文正
立有錢票一紙盛賢收存　又立文約一紙文廉收存
貳年正月日入來錢壹千柒百肆拾文正
又三月日入來錢貳百陸拾文正　票內錢明白
二年九月立冬日忠恕兩房兄弟算上並本息錢
貳千貳百壹拾文正
三年十二月十五日佃兄弟面算並本息二千八百文 [illegible]
肆年弍月日入來番壹元 [illegible]　立文約一紙盛賢收存 [illegible]
此錢 道武借去用　道極下四年十一月日兄弟算上並本息錢
貳千六百廿六文正　十一月日入來番一元 [illegible]
此番文昇借去用　二年兄弟侄算上並本息 [illegible]
三年冬算上並本息錢 [illegible]　四年算上並本息 [illegible]
五年九月廿五日兄弟算上面議錢 [illegible]

3-1-58-8　清道光元年黄氏忠恕两房立祭墓簿（八）

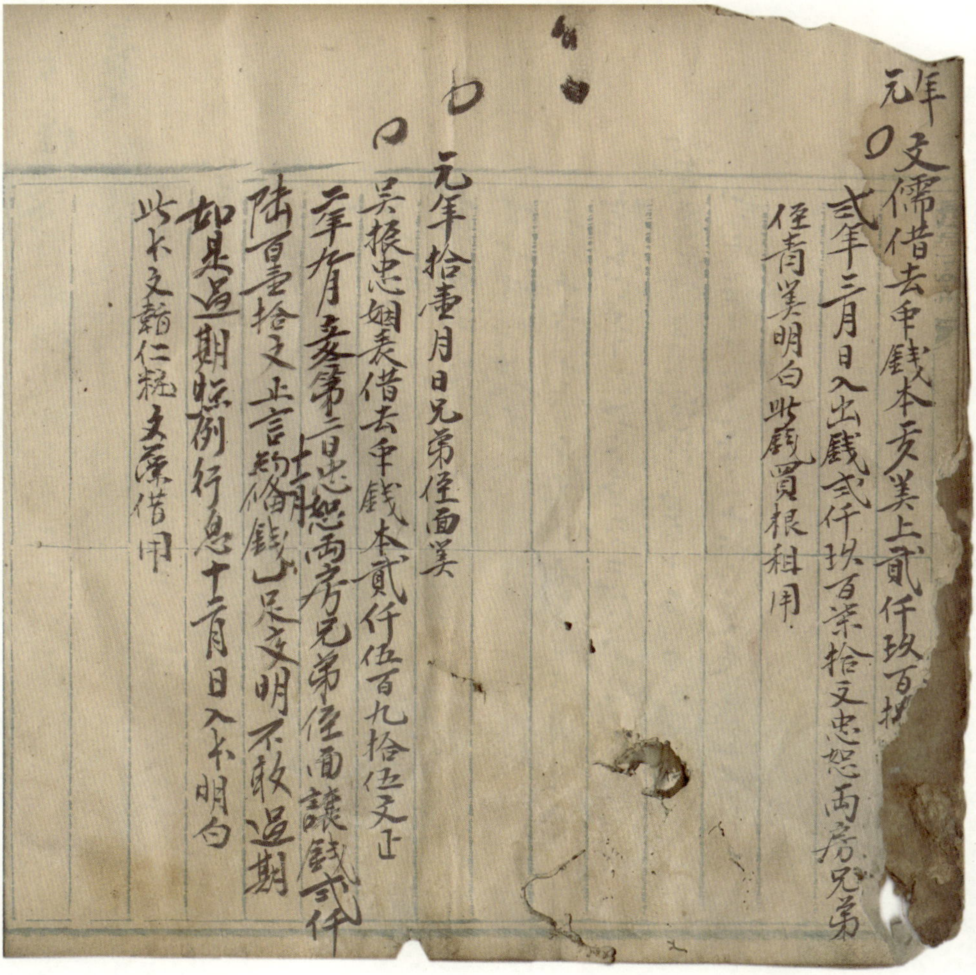

元年
○文儒借去本錢本交美上貳仟玖百捌
貳年三月日入出錢貳仟玖百柒拾文忠恕兩房兄弟
侄青美明白此錢買根租用

元年拾壹月日兄弟侄面美
○吴振忠姻表借去本錢本貳仟伍百九拾伍文正
二年冬月廿二日忠恕兩房兄弟侄面讓錢貳仟
陸百壹拾文止言約備錢足文明不敢逾期
如是逾期照例行息十二月日入不明白
此本文翰仁糺支藻借用

3-1-58-9 清道光元年黄氏忠恕兩房立祭墓簿（九）

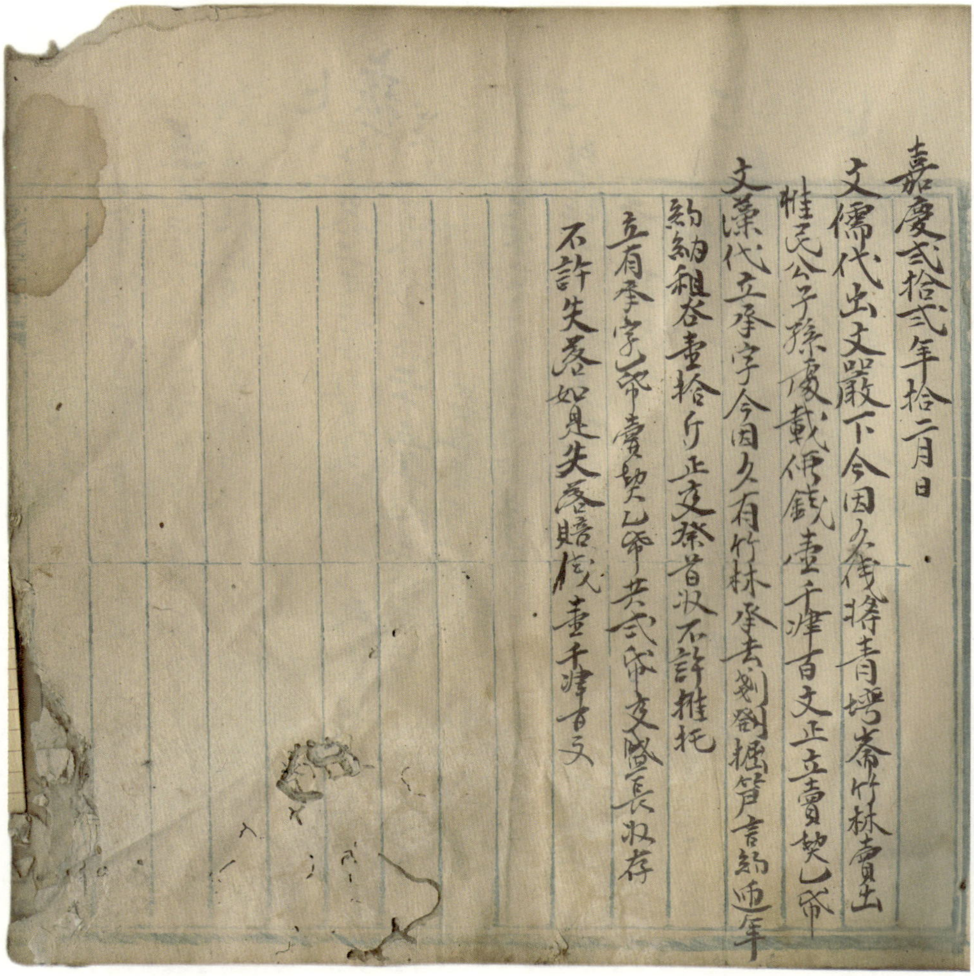

嘉慶貳拾弍年拾二月日
文儒代出文嚴下今因乏錢將青塆荼竹林賣出
樵亮公子孫廣載備錢壹千肆百文正立賣契乙帋
文藻代立承字今因乏有竹林承去劉嶺揺笋言約逐年
納納租谷壹拾斤正交祭首收不許推托
立有承字乙帋賣契乙帋共弍帋交盛長收存
不許失落如是失落賠錢壹千肆百文

3-1-58-10　清道光元年黄氏忠恕两房立祭墓簿（一〇）

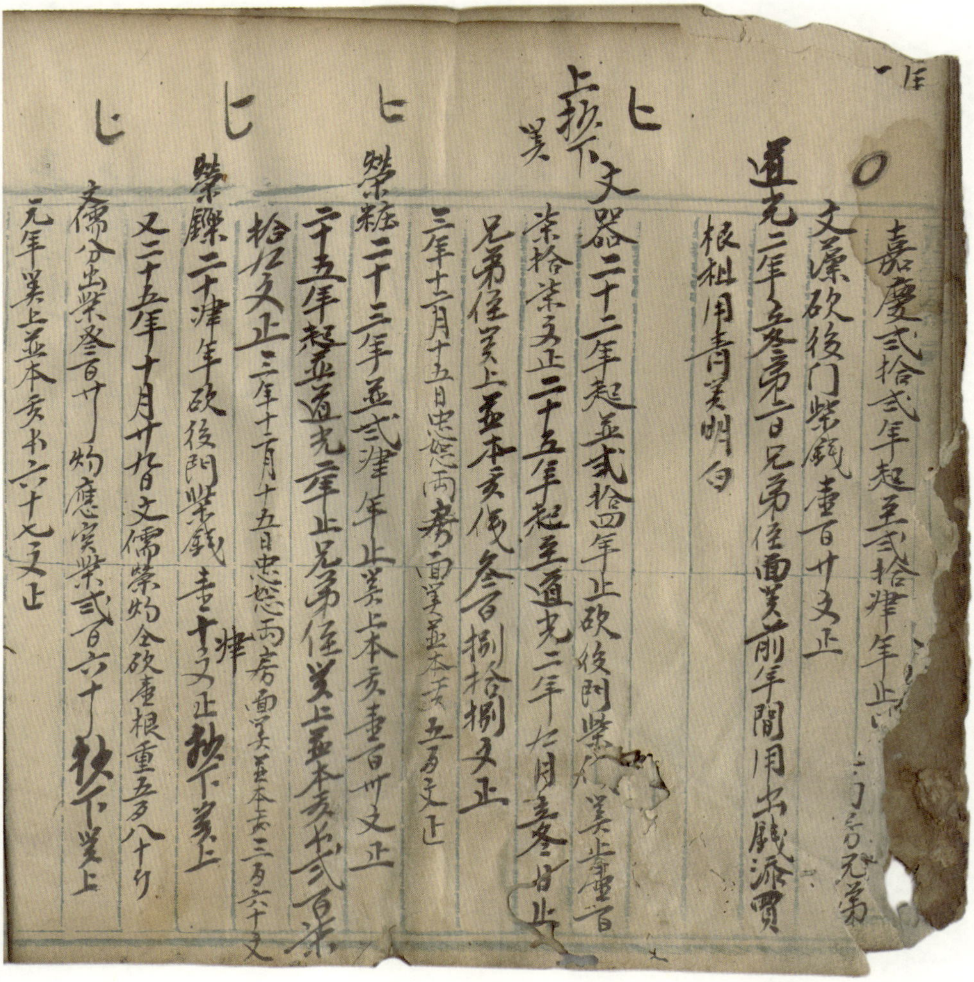
嘉慶貳拾貳年起至貳拾肆年止，二门房兄弟
〇文藻砍後门柴錢壹百廿文正
道光二年十一月廿日兄弟侄面算前年間用出錢添買
根祖用青算明白
乜 上扯下 算 文器二十二年起至貳拾四年止砍後門柴錢□算上壹百
柒拾柒文正 二十五年起至道光二年六月十三日止
兄弟侄算上至本交錢叁百捌拾捌文正
三年十二月十五日忠恕兩房面算至本交五百文正
乜 榮粧二十三年至貳肆年止算上本交壹百廿文正
二十五年起至道光元年止兄弟侄算上至本交貳百柒
拾柒文正 三年十二月十五日忠恕兩房面算至本交三百六十文
乜 榮鏶二十肆年砍後門柴錢壹十肆文正 扯下算上
又二十五年十月廿四日文儒榮灼全砍壹根重五百八十斤
乜 文儒分出柴叁百廿斤 灼應實柴貳百六十斤 扯下算上
元年算上至本交□六十七文正

3-1-58-11　清道光元年黄氏忠恕两房立祭墓簿（一一）

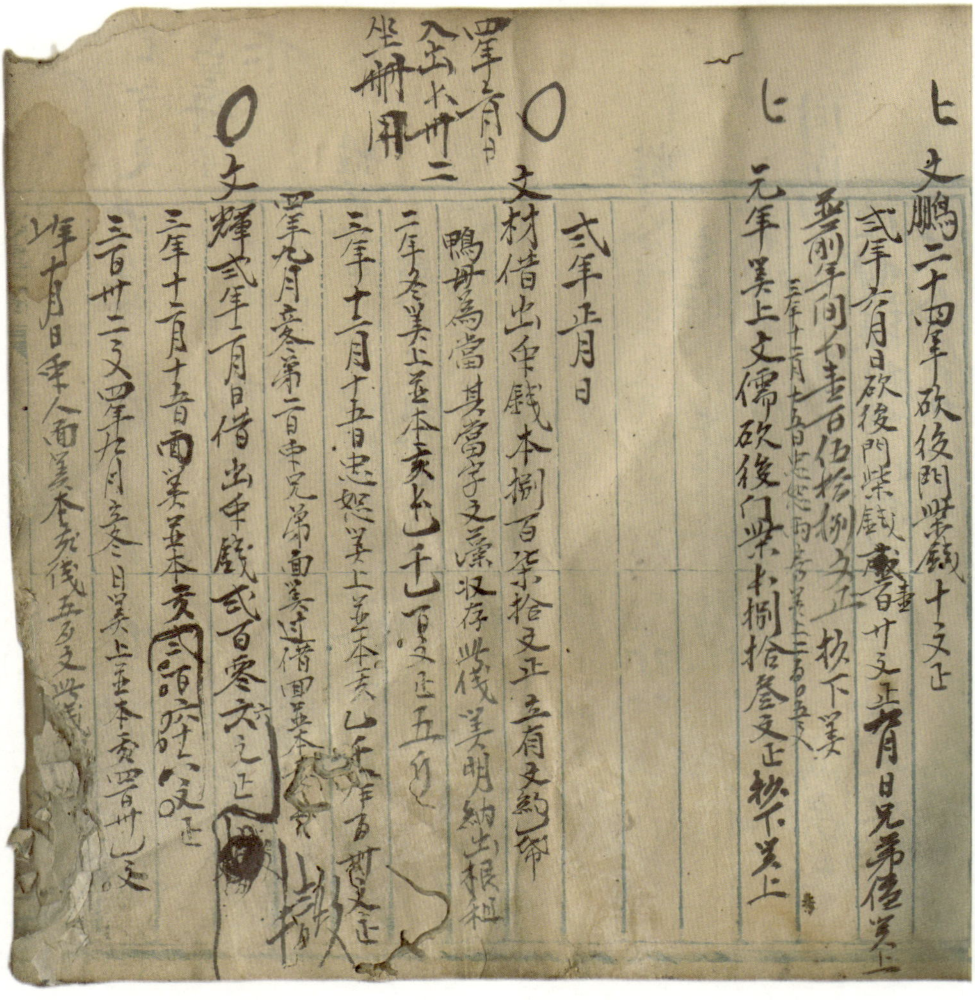

3-1-58-12　清道光元年黄氏忠恕两房立祭墓簿（一二）

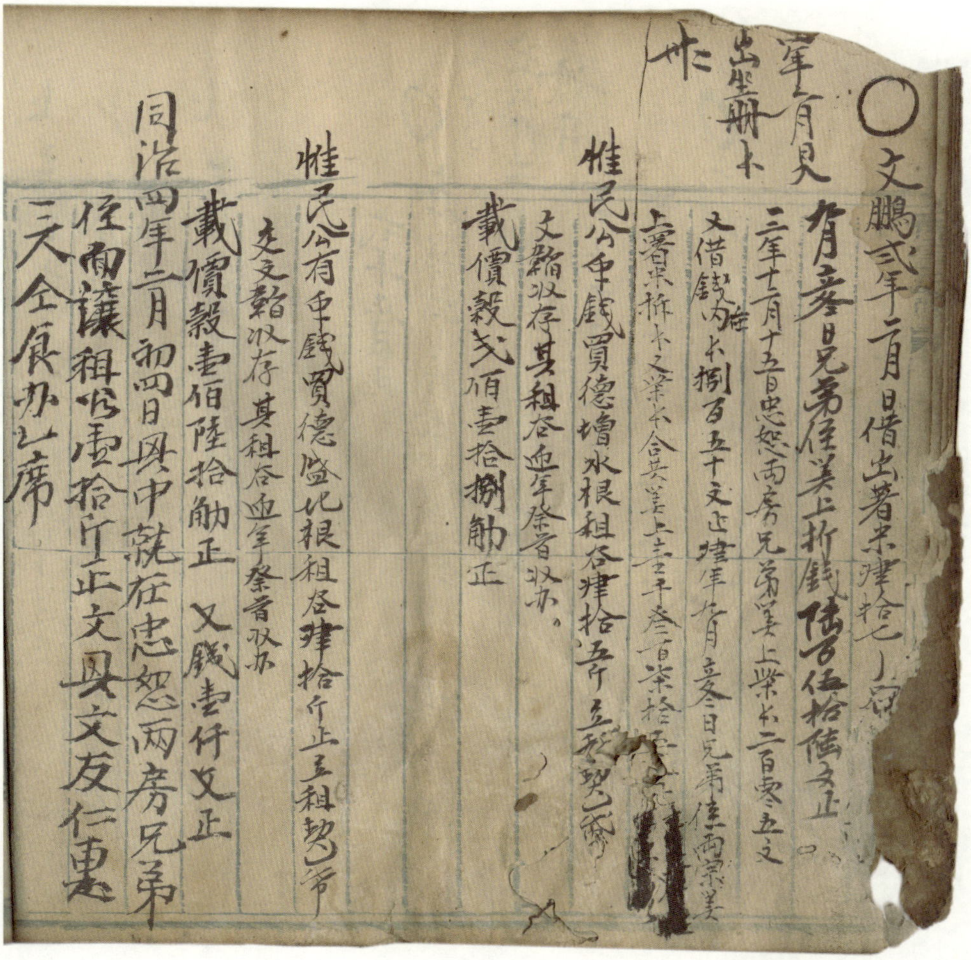
○文鵬貳年二月日借出着米肆拾七[illegible]
有彥日兄弟侄美上折錢陸百伍拾陸文正
三年十二月十五日忠恕兩房兄弟美上粜米二百零五文
文借錢內除米捌百五十文正 肆年五月廿五日兄弟侄兩宗美
上着米折米之粜米合共美上廿三千叁百柒拾[illegible]
年二月具 出坐冊米 忙
惟民公手錢買德增水根租谷肆拾五斤 立租契一紙
文韜收存其租谷逐年祭首收办。
載價谷弍佰壹拾捌觔正
惟民公有手錢買德盛化根租谷肆拾斤正 立租契一紙
交文韜收存 其租谷逐年祭首收办
載價谷壹佰陸拾觔正 又錢壹仟文正
同治四年二月初四日與中就在忠恕兩房兄弟
侄面議 租谷壹拾斤正 文與文友仁惠
三大全食办山席

3-1-58-13 清道光元年黄氏忠恕两房立祭墓簿（一三）

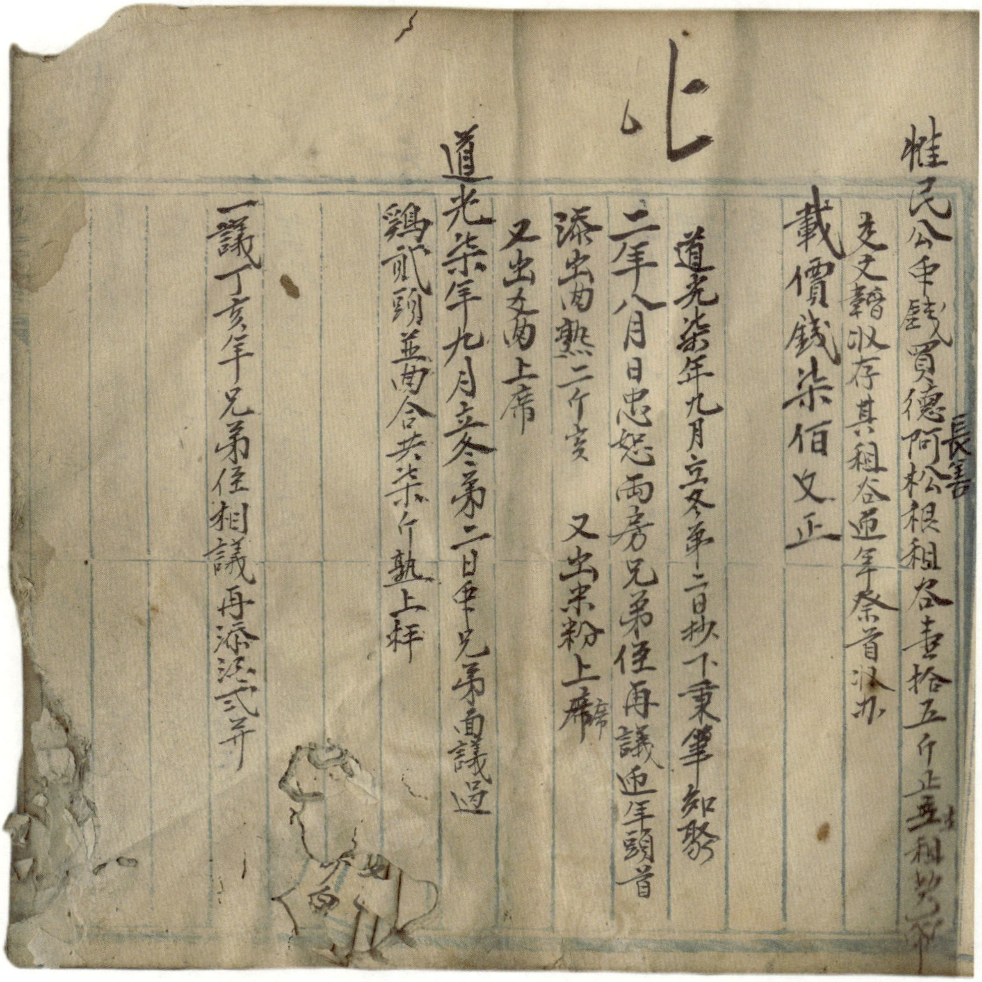

惟氏公平錢買德阿松根租谷壹拾五斤正並租契 長善

麦文轄收存其租谷逐年祭首收办

載價錢柒佰文正

止

道光柒年九月立冬第二日抄下秉筆如黎

二年八月日忠恕兩房兄弟侄再議逐年頭首

添出面熟二斤交　又出米粉上席

又出芝面上席

道光柒年九月立冬第二日平兄弟面議逐

鷄貳頭並面合共柒斤孰上桌

一議丁亥年兄弟侄相議再添泥弍斤

3-1-58-14　清道光元年黄氏忠恕两房立祭墓簿（一四）

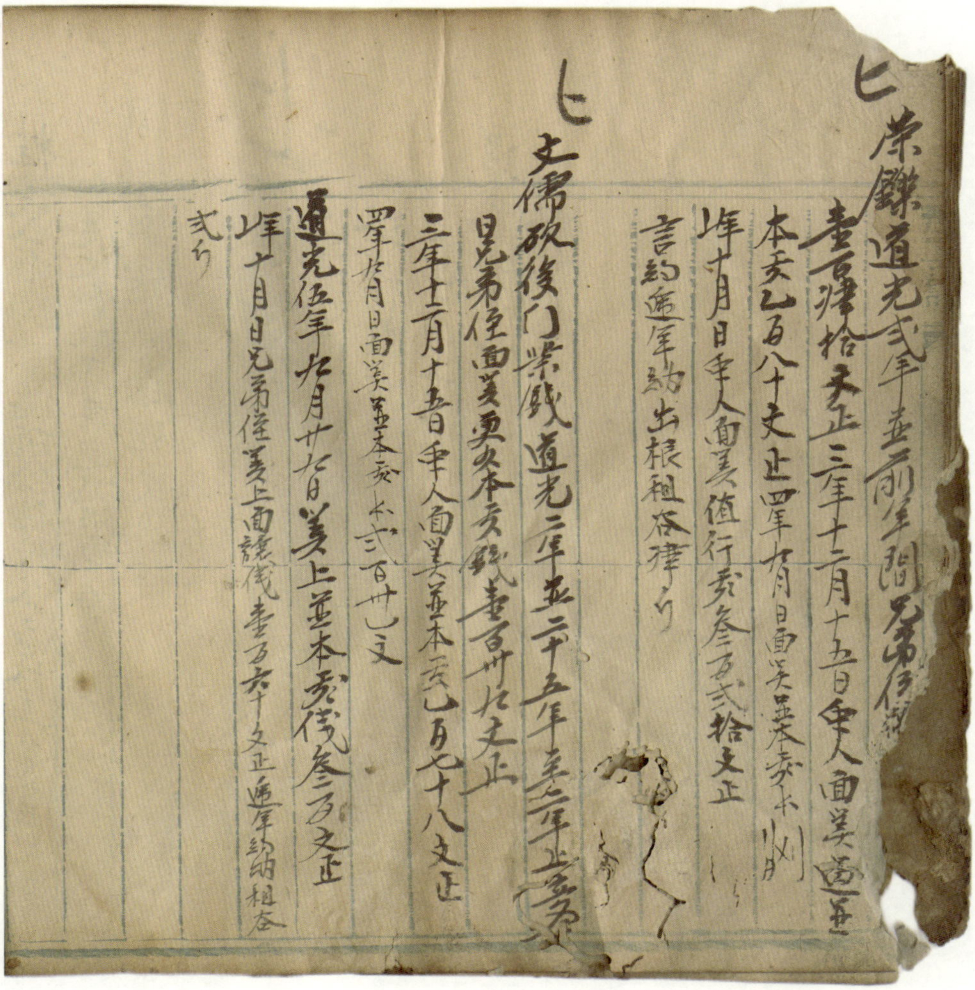

崇鑾 道光貳年[illegible]前年間兄弟行議
壹百肆拾文正 三年十二月十五日手人面吴[illegible]
本交乙百八十文正 四年[illegible]月日面吴[illegible]本交[illegible]
五年十月日手人面吴值行交叁百弍拾文正
言約逐年納出根租谷肆[illegible]

文儒 破後门業錢 道光二年[illegible]二十五年[illegible]
日兄弟侄面吴[illegible]本交錢壹百廿[illegible]文正
三年十二月十五日手人面吴[illegible]本交乙百七十八文正
四年[illegible]月日面吴[illegible]本交[illegible]弍百廿[illegible]文
道光伍年[illegible]月廿[illegible]日吴上[illegible]本交錢叁百文正
五年十月日兄弟侄吴上面議錢壹百六十文正逐年約納租谷
弍[illegible]

3-1-58-15 清道光元年黄氏忠恕两房立祭墓簿（一五）

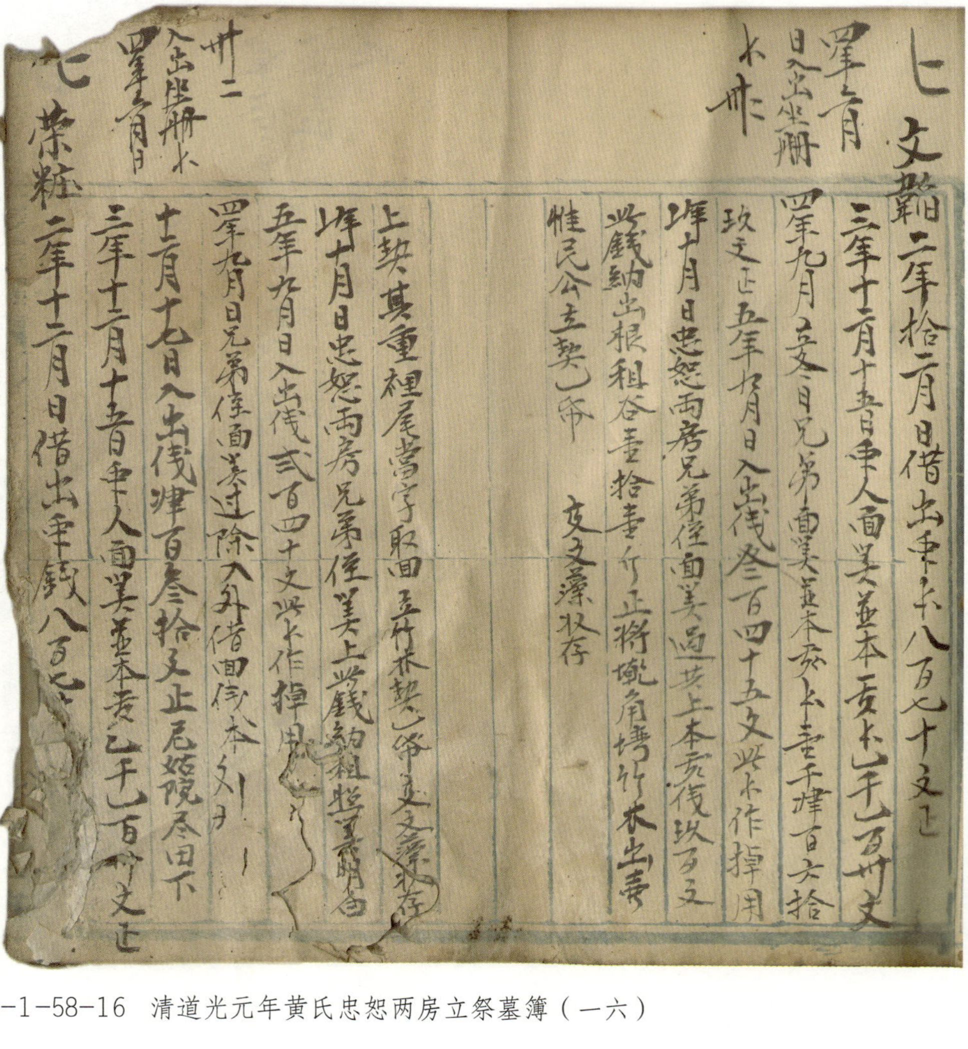

七
四年九月
日入出坐册
本册

文爵日二年拾二月日借出手钱八百七十文正
三年十二月十五日手人面算并本息共钱一千二百卅文
四年九月日兄弟面算并本息共钱一千肆百六拾
玖文正　五年九月日入出伐叁百四十五文此本作抵用
六年十月日忠恕两房兄弟侄面算过共上本息伐玖百文
此钱纳出根租谷壹拾壹斤正将墩角塆竹木出卖
惟民公立契一纸　交文藻收存

上契其重裡尾当字取回　立竹木契一纸交文藻收存
六年十月日忠恕两房兄弟侄算上此钱纳租照算明白
五年九月日入出伐贰百四十文此本作抵用
四年九月日兄弟侄面算过除入外借回伐本文
十一月十五日入出伐肆百叁拾文正　尾姑隐尽田下
三年十二月十五日手人面算并本息共一千一百卅文正

卅二
入出坐册本
四年九月日

七
荣粧二年十二月日借出手钱八百七……

3-1-58-16　清道光元年黄氏忠恕两房立祭墓簿（一六）

〇道光二年十二月日借出錢捌百文

三年十二月十五日本人面算，并本息乙千乙百文正

入出伐叁百卅文，忠恕兩房兄弟侄算數理食

用除入外，更欠本捌百文正，本年九月日算上并本息本

壹千零叁拾肆文正，除道極九食本四十文，更[illegible]一千三

文，叁年十二月入忠書元的本一千二百文，除去手數，止當

墻水借去用，十二月初七日面算，更欠本卅兩讓明白

畢年月日

念生冊本

卅

3-1-58-17　清道光元年黄氏忠恕兩房立祭墓簿（一七）

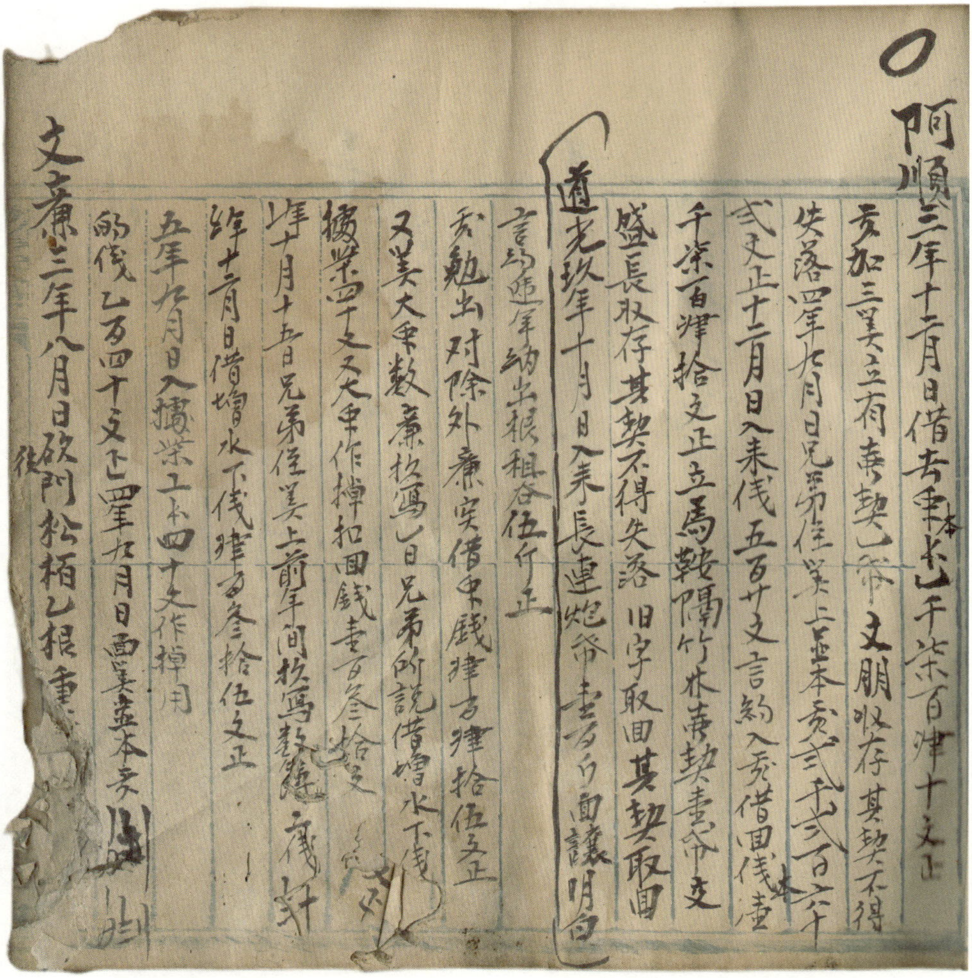

阿順三年十二月日借去錢本壹千柒百肆十文正
又加三美立有壹契一紙 文朋收存 其契不得
失落 四年七月日兄弟侄美上並本貳三千三百六十
貳文正 十二月日入來錢五百廿文 言約入去借田錢壹
千柒百肆拾文正 立馬鞍陽竹林壹契壹紙 交
盛長收存 其契不得失落 旧字取回 其契取回
道光玖年十月日入來長連炮爷壹百文面讓明白
言明逐年納出根租谷伍斤正
去勉出 对除外 康实借本錢肆百肆拾伍文正
又美大本數 康收写一日兄弟所說借增水下錢
擄業四千文又本作掉扣田錢壹百叁拾文
上年十月十五日兄弟侄美上前年間收写數錢 康
许十二月日借增水下錢肆百叁拾伍文正
五年 月日入擄業工本四十文作掉用
兩錢一百四十文正 四年九月日 兩美並本來
文康三年八月日砍門松栢一根 重

3-1-58-18　清道光元年黄氏忠恕兩房立祭墓簿（一八）

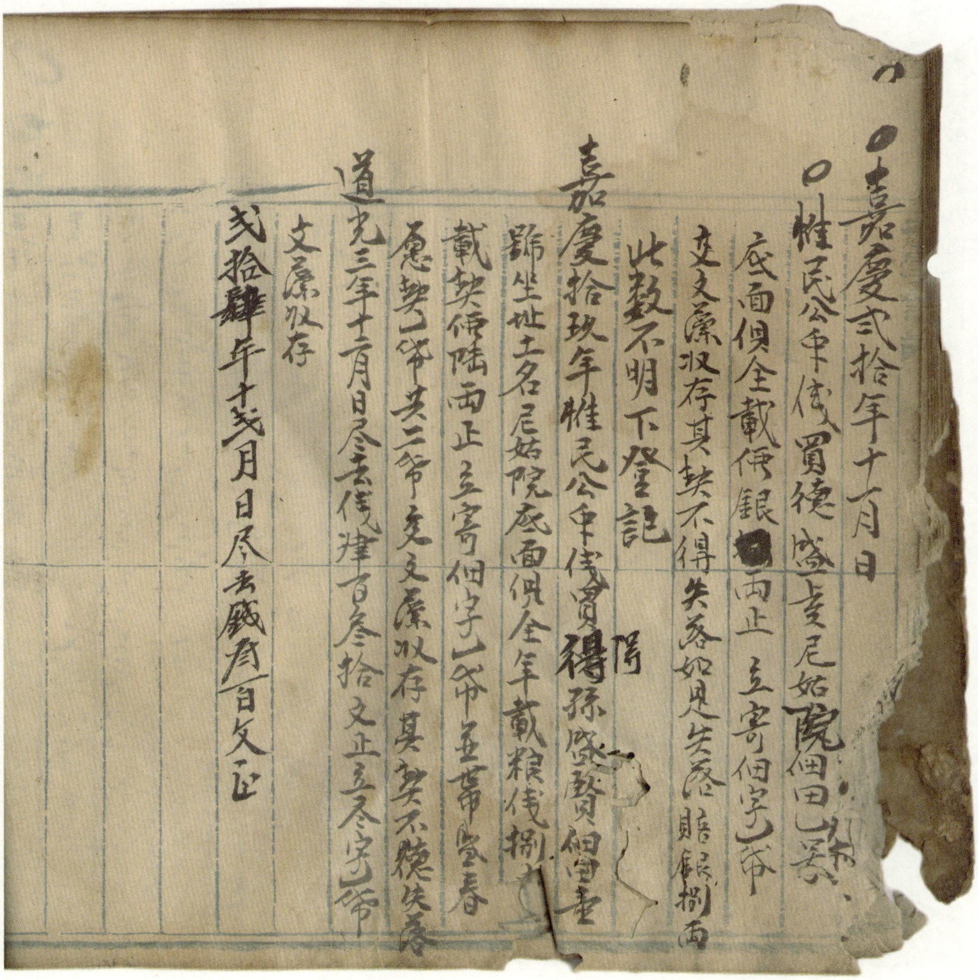

○○嘉慶貳拾年十一月日

○惟民公手伐買德盛去尼姑院佃田一段

底面俱全載價銀[illegible]兩正　立寄佃字一帋

交文簿收存其契不得失落如是失落賠銀捌兩

此數不明下登記

嘉慶拾玖年惟民公手伐買得孫盛賢佃田壹　隔

號坐址土名尼姑院底面俱全年載粮伐捌

載契價陸兩正立寄佃字一帋并帶墾春

惠契一帋共二帋交文簿收存其契不得失落

道光三年十一月日叁去伐肆百叁拾文正立叁字一帋

文簿收存

戊拾肆年十一月日尽去錢肆百文正

3-1-58-19　清道光元年黄氏忠恕两房立祭墓簿（一九）

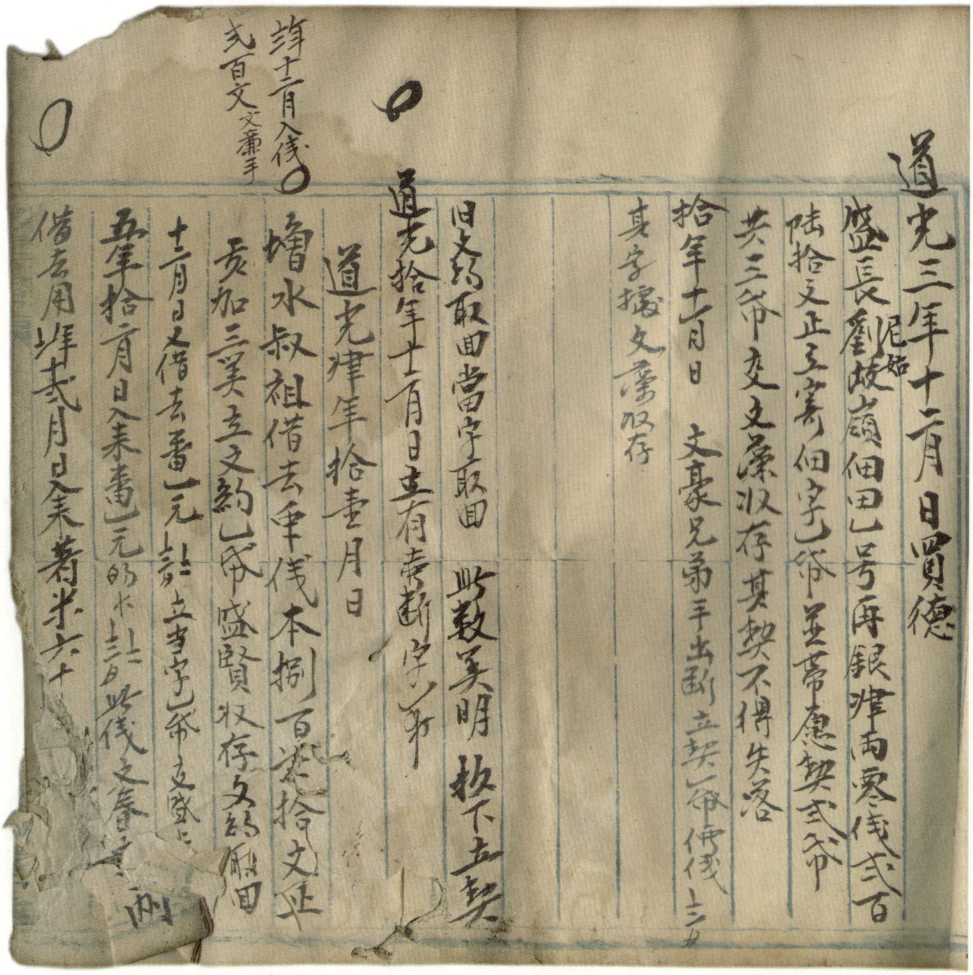
道光三年十二月日買德
盛長劉尼姑故嶺佃田山号再銀肆両零伐弍百
陸拾文正立寄佃字一紙並帶應契弍紙
共三紙交文康收存其契不得失落
拾年十二月日　文豪兄弟手出斷立契一紙伸伐[illegible]
其字據文豪收存
日文約取田當字取田　此數美明　抹下立契
道光拾年十二月日立有壽斷字一紙
洋十二月入伐
弍百文　文康手
道光肆年拾壹月日
增水叔祖借去手伐本捌百陸拾文正
貢加三美立之約一紙盛賢收存文約取回
十二月日又借去番一元　立字一紙交盛[illegible]
五年拾二月日又來番一元　[illegible]　此伐文康[illegible]
借去用肆年弍月日又来蕃米六十[illegible]

3-1-58-20　清道光元年黄氏忠恕兩房立祭墓簿（二〇）

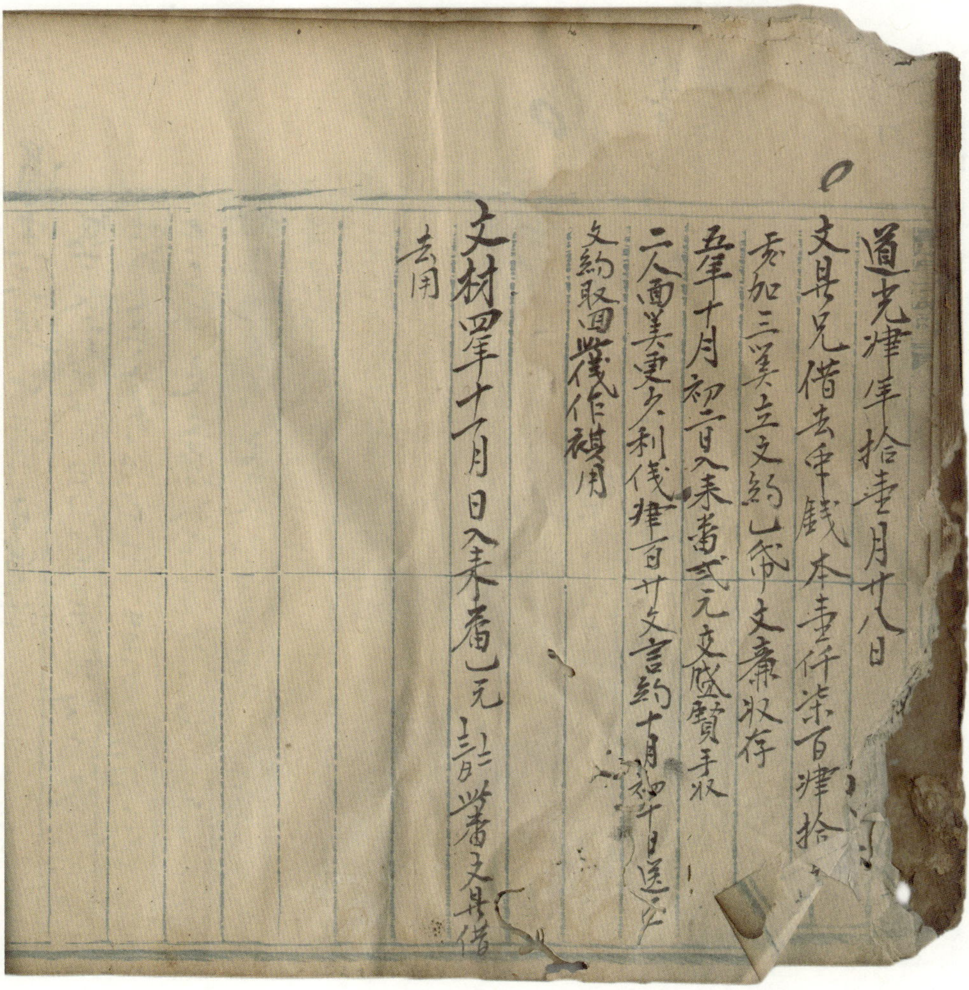

道光肆年拾壹月廿八日
文昇兄借去本錢本壹仟柒百肆拾
文加三算立文約一帋文廉收存
五年十月初二日入來畨弍元文盛賢手收
二人面算更欠利錢肆百廿文言約十月初十日送完
文約取回燬作廢用

文材四年十一月日入來畨一元二七 當畨文昇借
去用

3-1-58-21　清道光元年黄氏忠恕兩房立祭墓簿（二一）

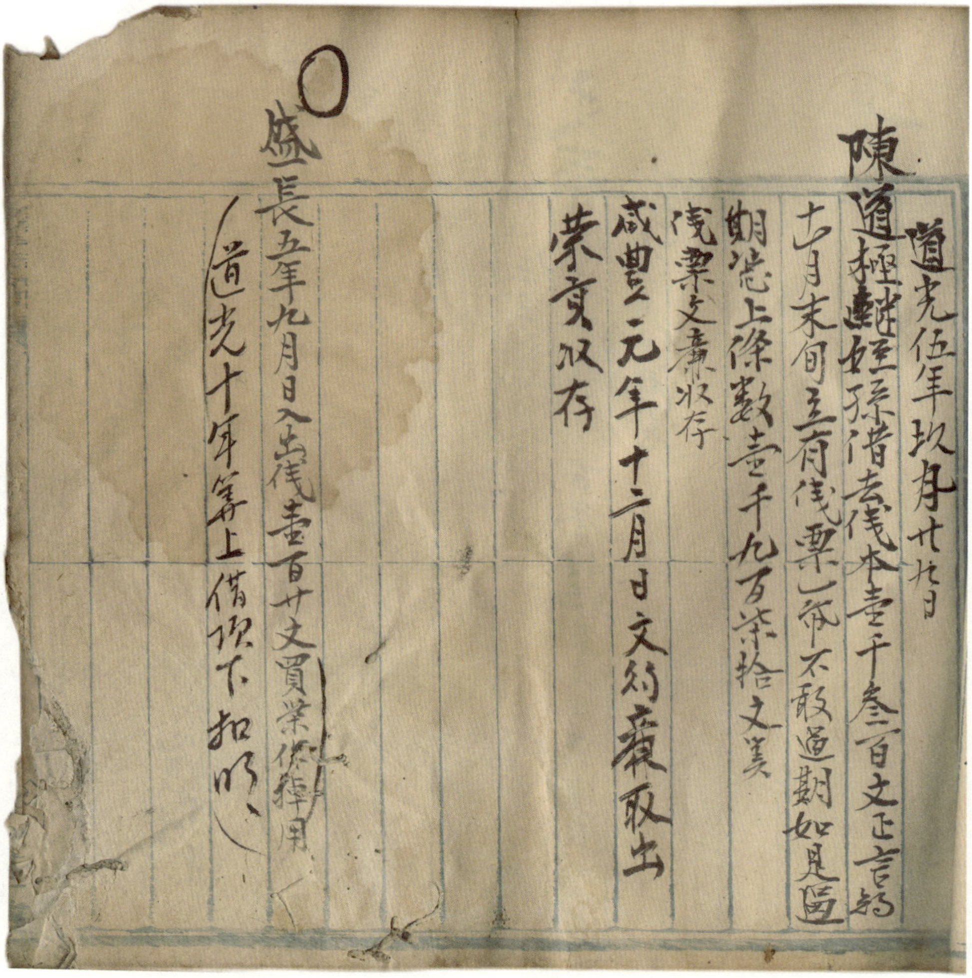

道光伍年坎月廿九日
陳道極趣姪孫借去錢本壹千叁百文正言約
十二月末旬五有錢粟一祭不敢過期如是過
期悉上條數壹千九百柒拾文美
錢粟文廉收存
咸豐元年十二月日文約座取出
榮貴收存

○
盛長五年九月日入出錢壹百廿文買榮作擇用
道光十年算上借項下扣明、

3-1-58-22　清道光元年黃氏忠恕兩房立祭墓簿（二二）

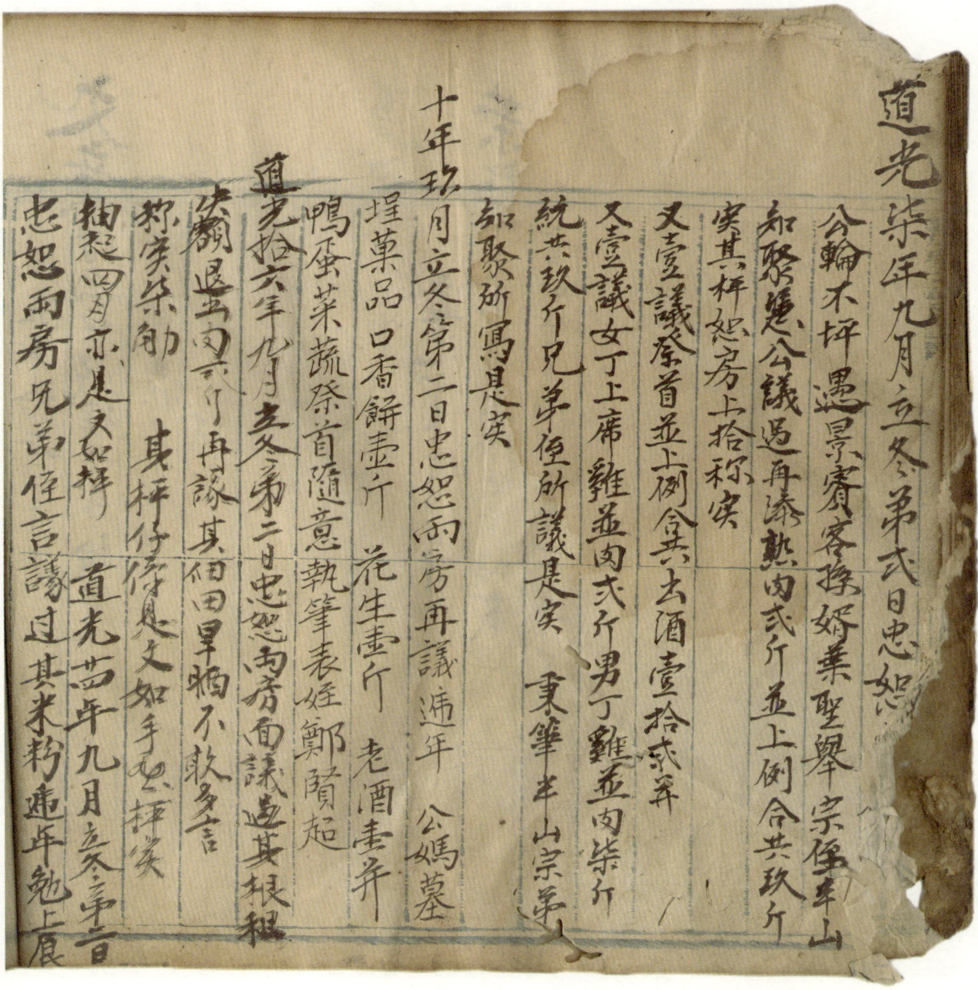
道光柒年九月立冬第弍日忠恕
公輪不坪愚景賓客孫婿葉聖舉宗侄丰山
知聚是公議過再添熟肉弍斤並上例合共玖斤
实其秤恕房上拾称实
又壹議祭首並上例合共出酒壹拾弍斤
又壹議女丁上席雞並肉弍斤男丁雞並肉柒斤
統共玖斤兄弟侄所議是实　秉筆丰山宗弟
知聚所寫是实
十年玖月立冬第二日忠恕兩房再議逓年　公嫣墓
埕菓品口香餅壹斤　花生壹斤　老酒壹斤
鴨蛋菜蔬祭首隨意執筆表姪鄭賢起
道光拾六年九月立冬第二日忠恕兩房面議過其根租
大谷退出肉弍斤再添其佃田旱稿不敢多言
粉实柒斤　其秤仔傍是文如手亞拜笑
抽起四月示、是文如拜　道光廿年九月立冬第二日
忠恕兩房兄弟侄言議过其米粉逓年勉上辰

3-1-58-23　清道光元年黄氏忠恕兩房立祭墓簿（二三）

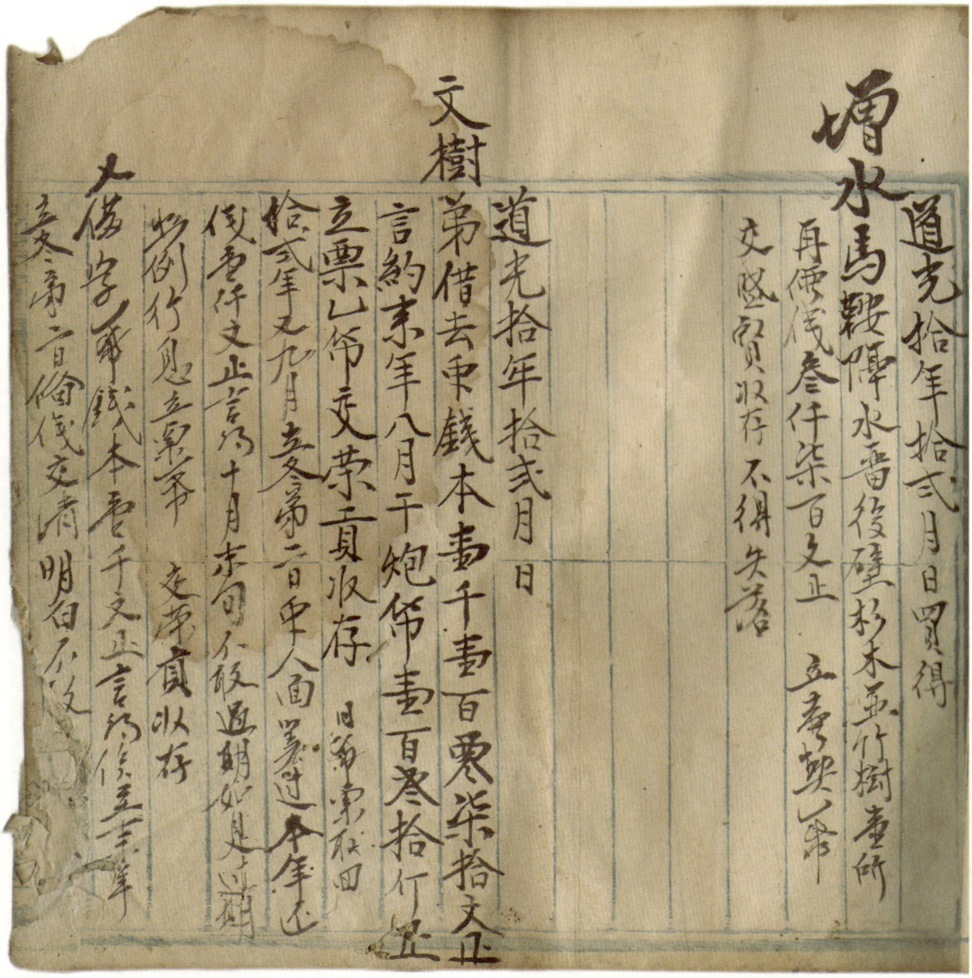
道光拾年拾弍月日買得
增水馬鞍障水番後壁杉木并竹樹壹所
再便錢叁仟柒百文正　立賣契人弟
交監賀收存　不得失落
道光拾年拾弍月日
文樹弟借去本錢本壹千壹百零柒拾文正
言約來年八月干炮節壹百叁拾行正
立票山節交榮貢收存　日弟秉秋田
拾弍年九月立交弟二百中人面算過本年正
錢壹仟文正言約十月來日不敢過期如是[illegible]
照例行息立票弟　交榮貢收存
立借字人弟錢弍本壹千文正言約俟至來年
交弟二百倫錢交清　明白不[illegible]

3-1-58-24　清道光元年黄氏忠恕两房立祭墓簿（二四）

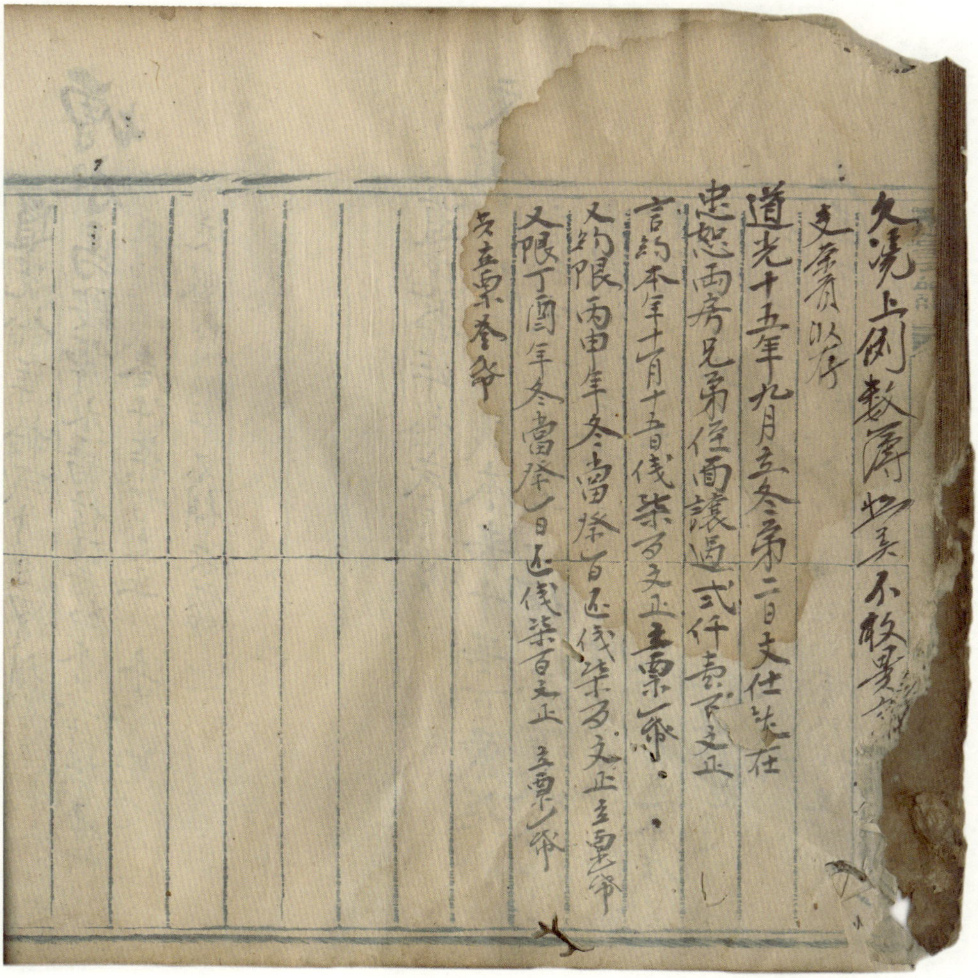

又凭上例數簿也矣不敢異言
支房貳收存
道光十五年九月立冬第二日文仕詵在
忠恕兩房兄弟侄面議過式仟壹百文正
言約本年十一月十五日錢柒百文正立票一紙
又約限丙申年冬當祭百還錢柒百文正立票一紙
又限丁酉年冬當祭之日還錢柒百文正　立票一紙
共立票叁紙

3-1-58-25　清道光元年黄氏忠恕两房立祭墓簿（二五）

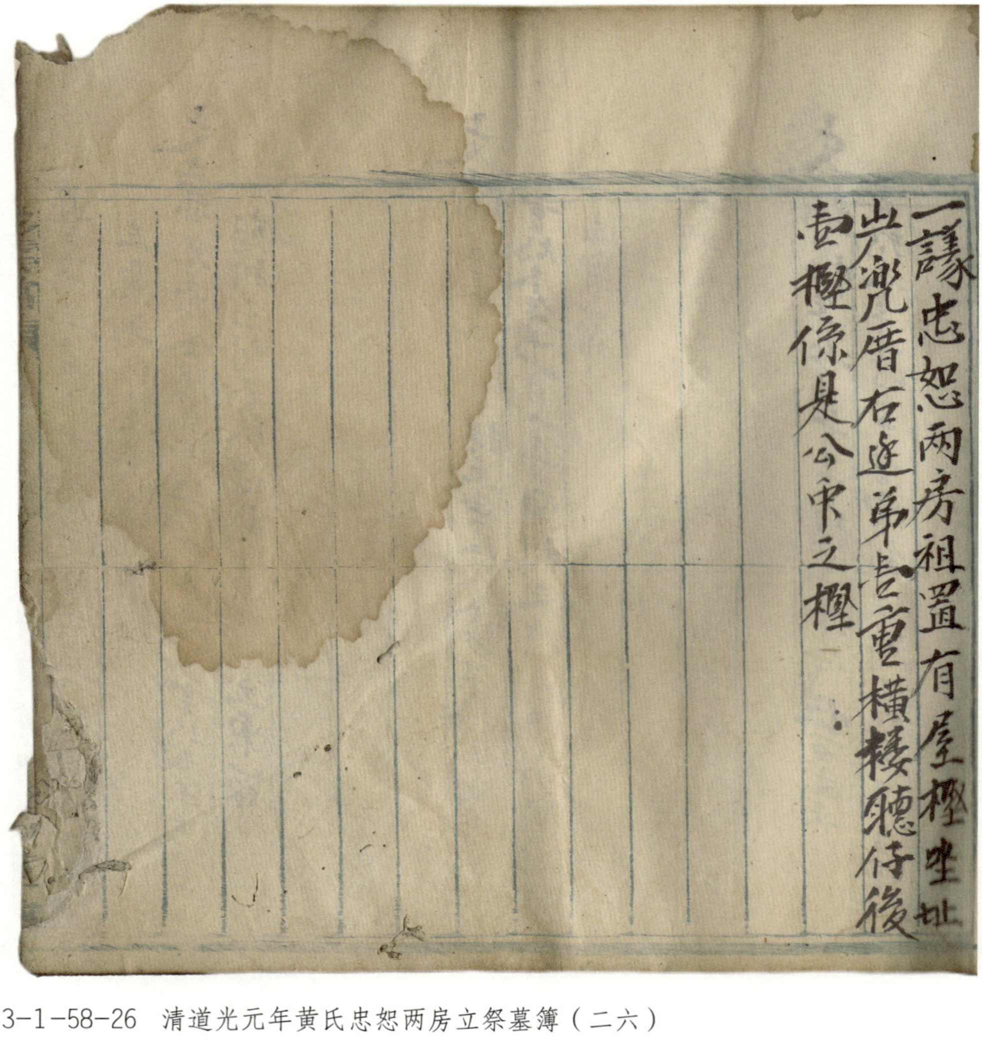
一議忠恕兩房祖置有屋樫坐址
山兜厝右邊第一直橫樓廳待後
壹樫係是公中之樫

3-1-58-26 清道光元年黄氏忠恕兩房立祭墓簿（二六）

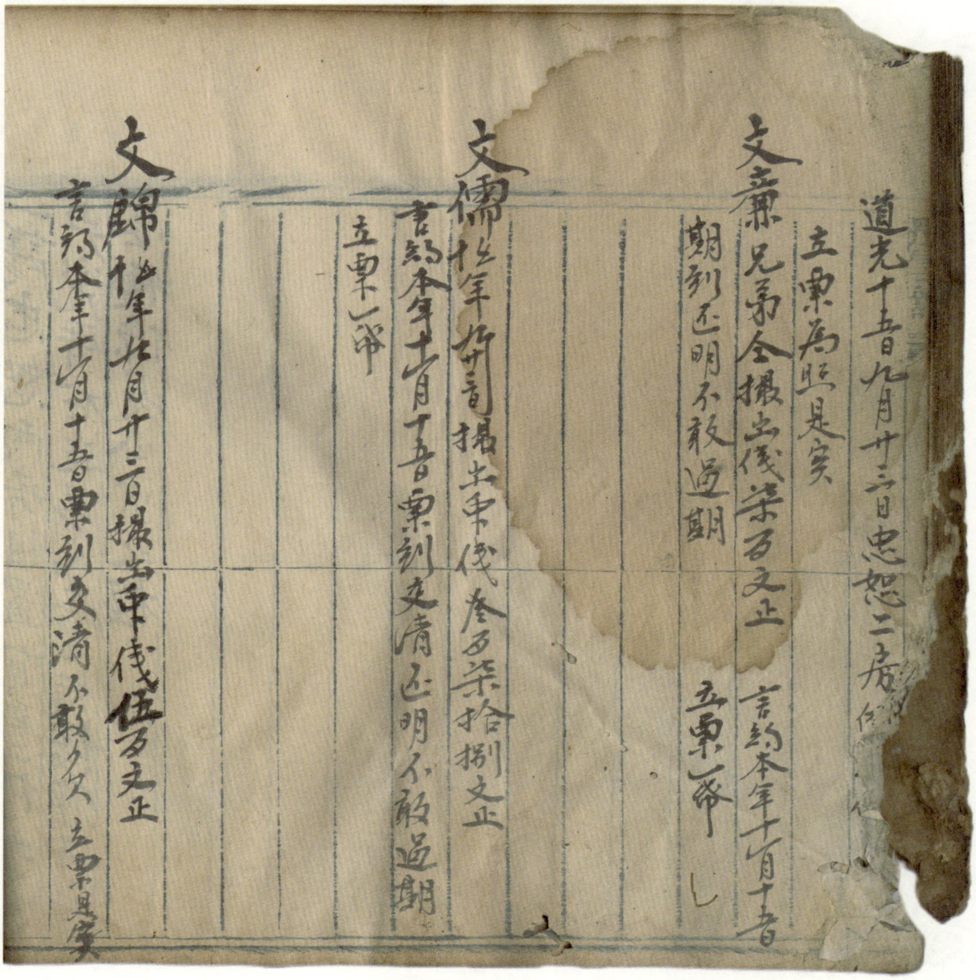

道光十五年九月廿三日忠恕二房仝…

立票為照是实

文廉兄弟仝撥出錢柒百文正

言約本年十二月十五

期到还明不敢過期

立票一紙

文儒廿年九月廿三日撥出本錢叁百柒拾捌文正

言約本年十二月十五日票到交清还明不敢過期

立票一紙

文錦廿年九月廿三日撥出本錢伍百文正

言約本年十二月十五日票到交清不敢久欠 立票是实

3-1-58-27　清道光元年黄氏忠恕两房立祭墓簿（二七）

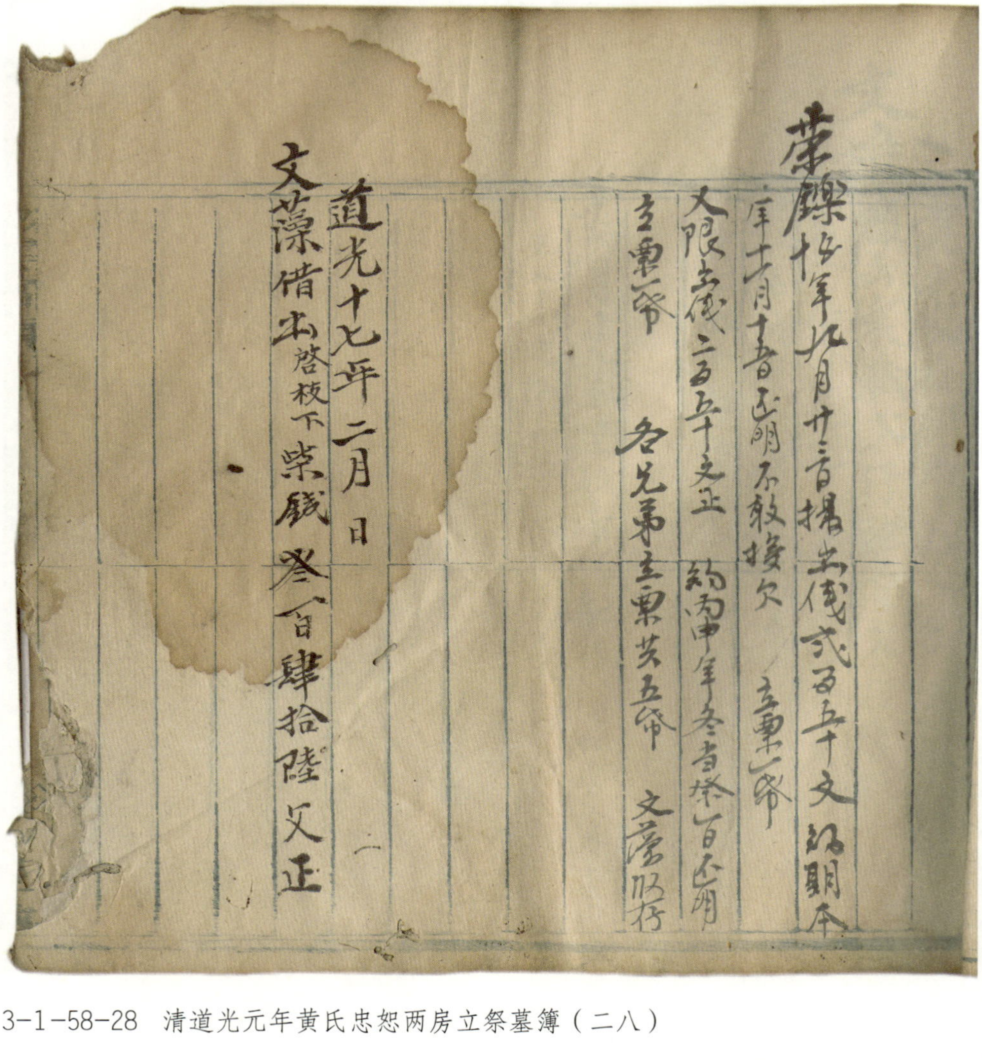
茱櫟拾年九月廿三日揭出錢貳百五十文 約明本
年十一月十五日止明不敢拖欠　立票一紙
又限出錢二百五十文正　約丙申年冬書參百止明
立票一紙　各兄弟立票共五紙　文藻收存
道光十七年二月　日
文藻借出啓梭下柴錢叁百肆拾陸文正

3-1-58-28　清道光元年黄氏忠恕两房立祭墓簿（二八）

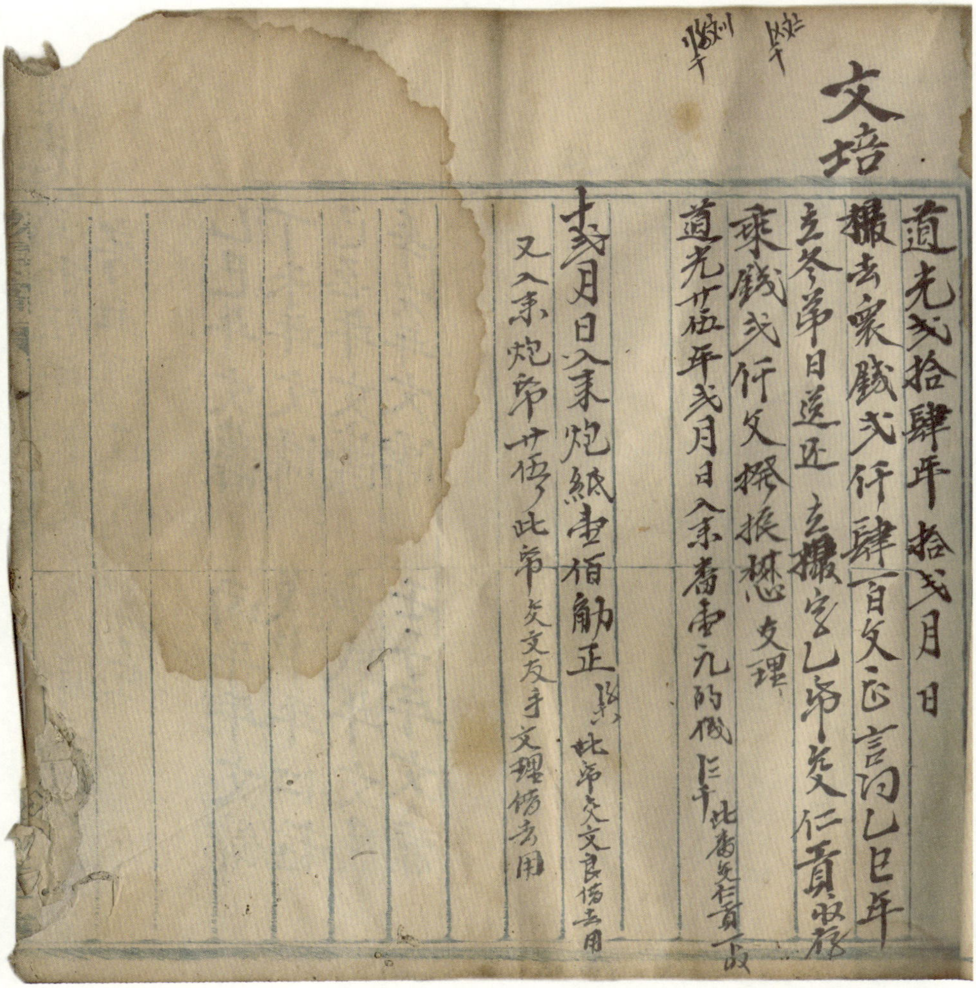

文培

道光弍拾肆年拾弍月日

撥去衆錢弍仟肆百文正言向乙巳年

立冬節日送还　立撥字乙帋交仁貢收存

乘錢弍仟文撥振懋文理

道光廿伍年弍月日入来香壹元的價[illegible]　此香交仁貢一收

十弍月日入来炮紙壹佰觔正　其此帋交文良借去用

又入来炮帋廿伍　此帋交文友手文理借去用

3-1-58-29　清道光元年黄氏忠恕兩房立祭墓簿（二九）

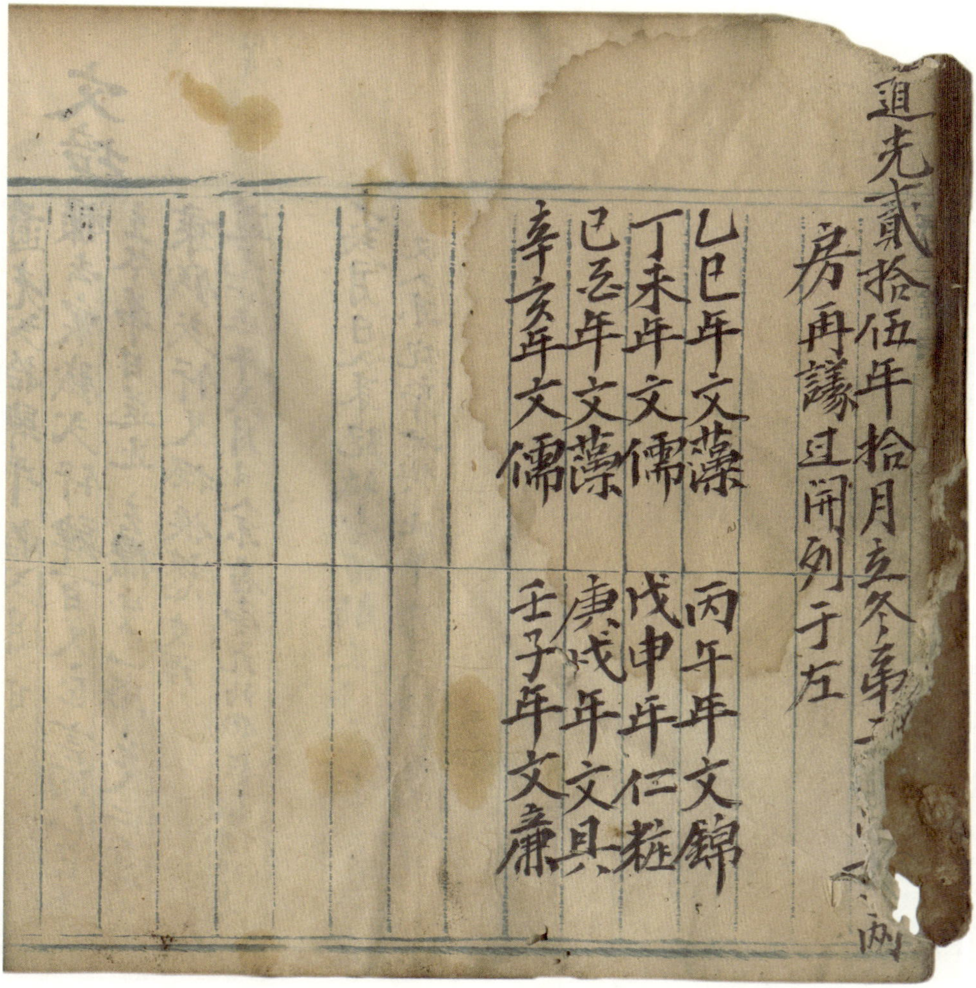
道光貳拾伍年拾月立冬弟二……兩
房再議立開列于左
乙巳年文藻　丙午年文錦
丁未年文儒　戊申年仁樁
己酉年文藻　庚戌年文貝
辛亥年文儒　壬子年文廉

3-1-58-30　清道光元年黄氏忠恕两房立祭墓簿（三〇）

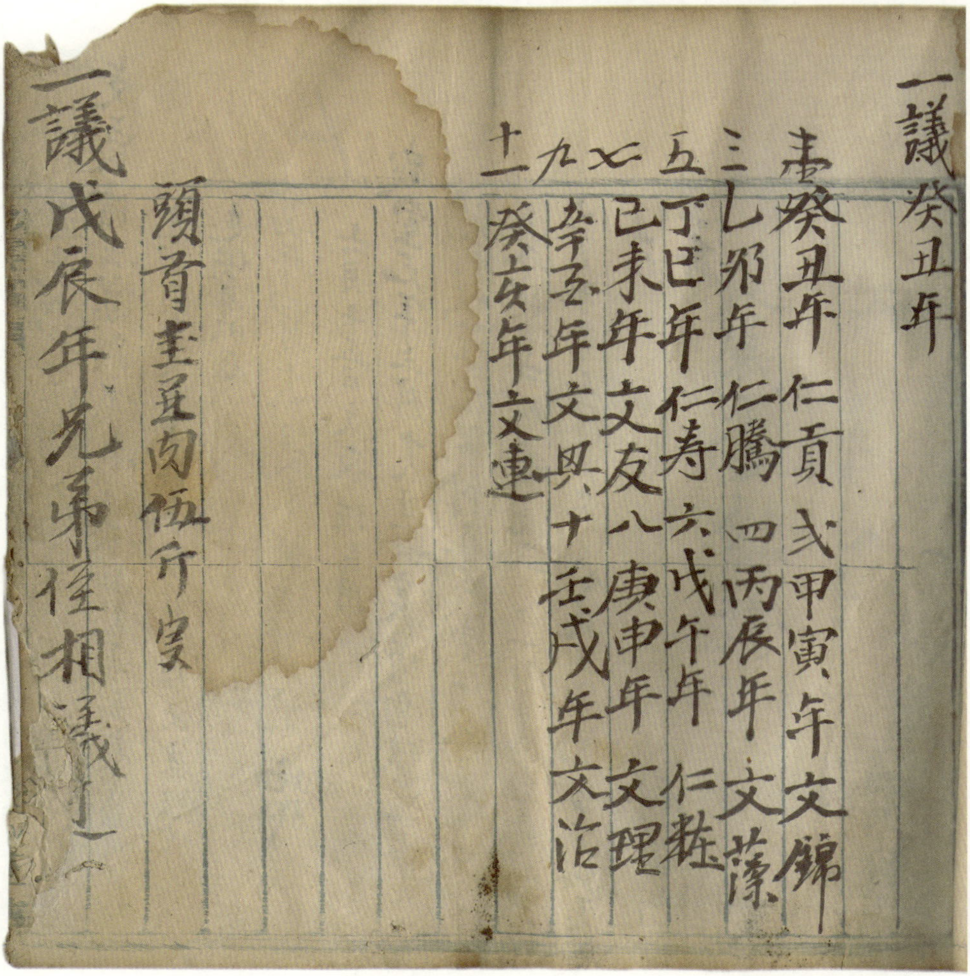
一議癸丑年
壹癸丑年　仁貢　弍甲寅年　文錦
三乙卯年　仁騰　四丙辰年　文藻
五丁巳年　仁寿　六戊午年　仁莊
七己未年　文友　八庚申年　文理
九辛酉年　文興　十壬戌年　文治
十一癸亥年　文連
頭首圭豆肉伍斤実
一議戊辰年兄弟侄相議了

3-1-58-31　清道光元年黄氏忠恕两房立祭墓簿（三一）

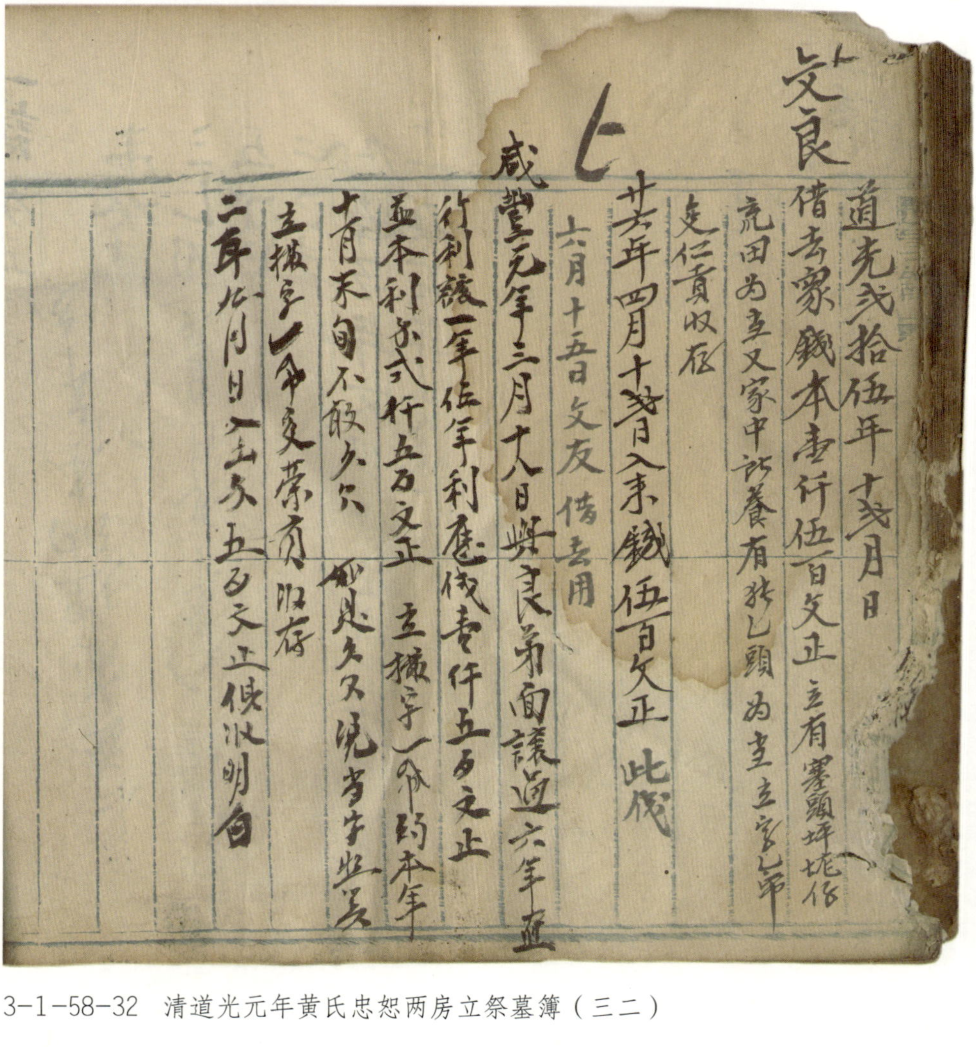
文良
道光弍拾伍年十弍月日
借去家錢本壹仟伍百文正 立有塞頭坪坵佃
荒田為立又家中許養有孙乚頭為立立字乚帋
交仁貴收存
廿六年四月十八日入来錢伍百文正 此代
六月十五日文友借去用
上
咸豐元年三月十八日與良弟面議通六年並
行利錢一年伍年利應代壹仟五百文正
並本利共弍仟五百文正 立據字一紙約本年
十二月末自不敢欠欠 如是欠欠憑當字照管
立據字一帋交榮貴收存
二年九月日入去錢五百文正係此明白

3-1-58-32 清道光元年黄氏忠恕两房立祭墓簿（三二）

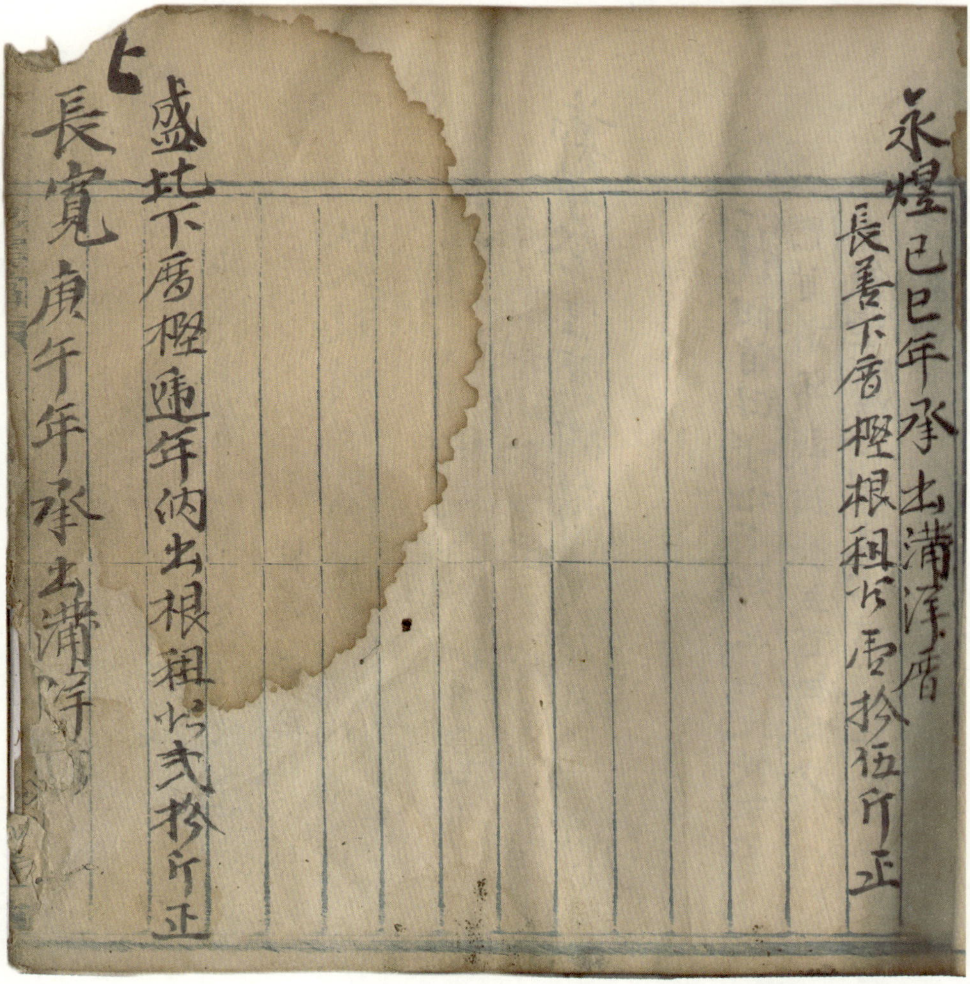
永煌己巳年承出蒲洋厝
長善下厝樫根租谷壹拾伍斤正
盛共下厝樫逕年納出根租谷弍拾斤正
長寬庚午年承出蒲洋

3-1-58-33　清道光元年黃氏忠恕兩房立祭墓簿（三三）

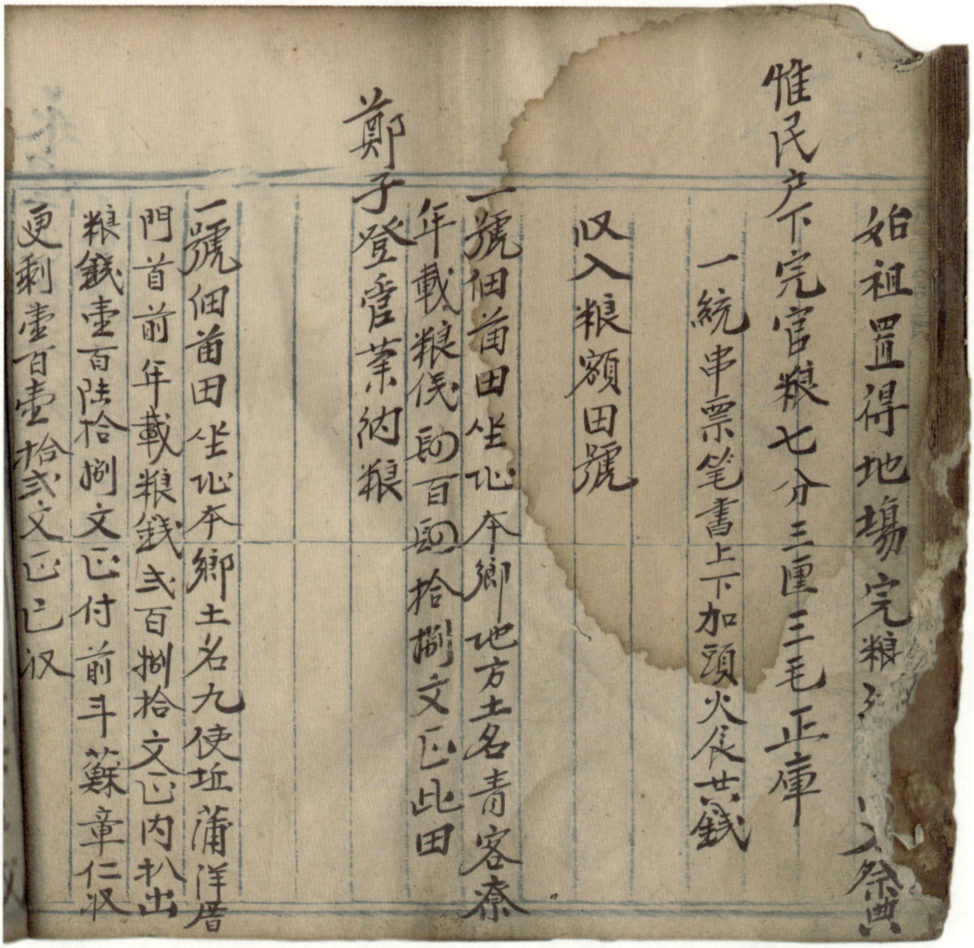
始祖置得地場完粮以[illegible]之祭典
惟民户下完官粮七分三厘三毛正庫
一統串票笔書上下加頭火侭廿錢
收入粮額田號
一號佃苗田坐北本鄉地方土名青客寮
年載粮侭四百四拾捌文正此田
鄭子登壹業納粮
一號佃苗田坐北本鄉土名九使垃蒲洋厝
門首前年載粮錢贰百捌拾文正内扒出
粮錢壹百陸拾捌文正付前斗蘇章仁收
更剩壹百壹拾贰文正已收

3-1-58-34　清道光元年黄氏忠恕两房立祭墓簿（三四）

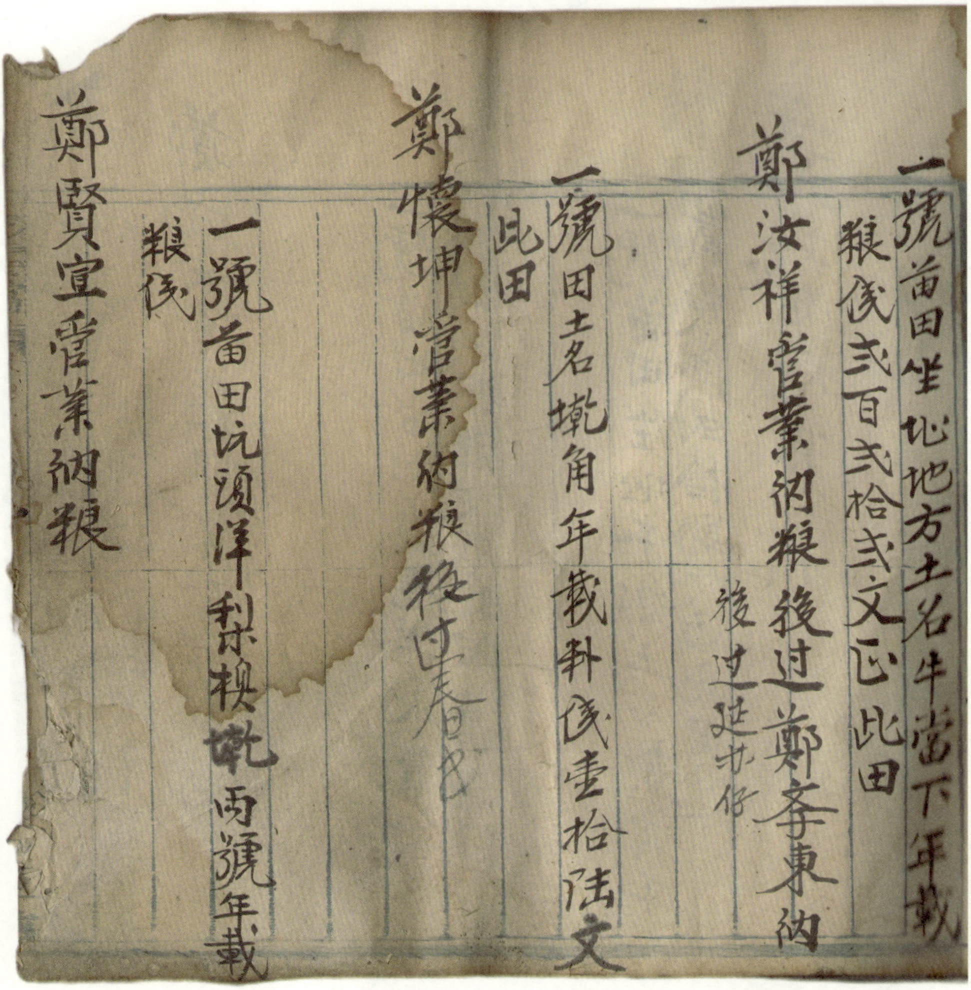
一號苗田坐北地方土名牛当下年載
粮伐弍百弍拾弍文正 此田
鄭汝祥嘗業納粮 後过鄭家東納
後过延亦仔
一號田土名墘角年載科伐壹拾陆文
此田
鄭懷坤嘗業納粮 後过春日代
一號苗田坑頭洋梨樸墘两號年載
粮伐
鄭賢宣嘗業納粮

3-1-58-35 清道光元年黄氏忠恕两房立祭墓簿（三五）

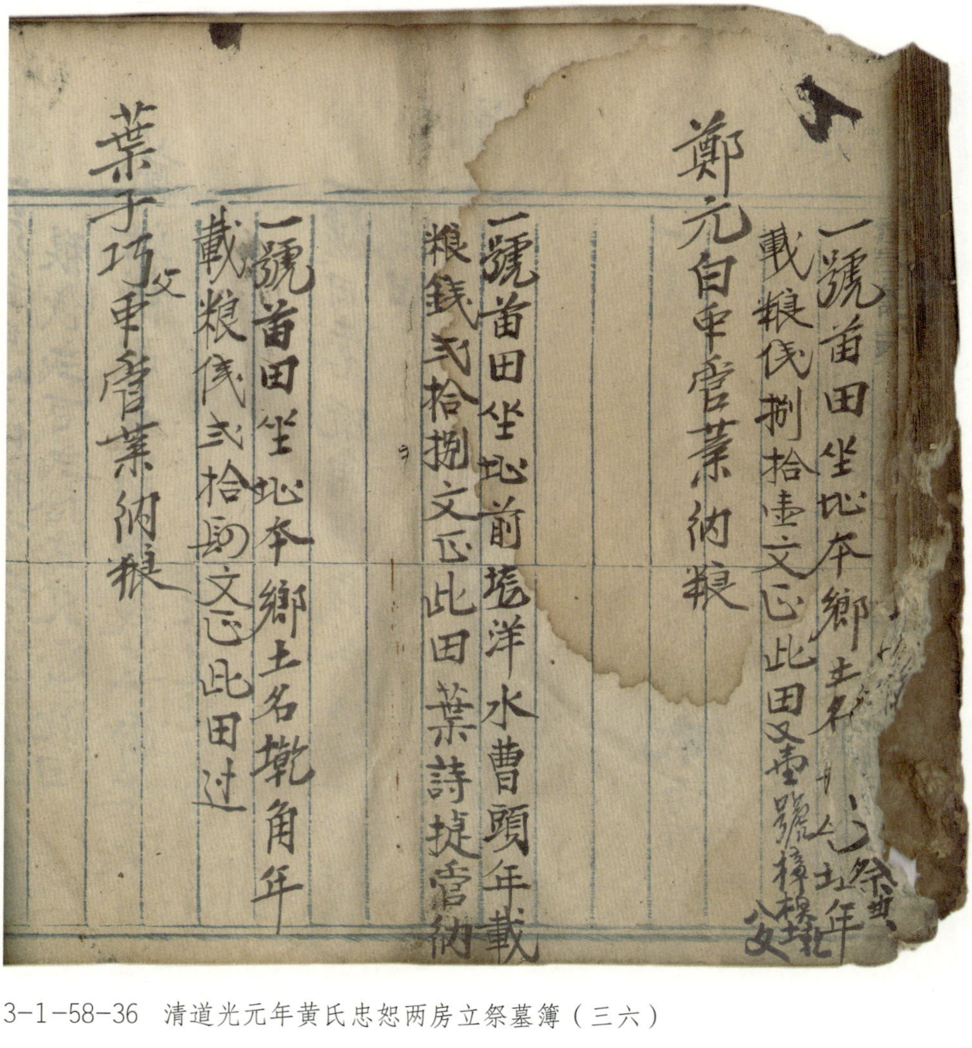

一號畨田坐址本鄉土名
載粮伐捌拾壹文正此田又壹號
鄭元白甲管業納粮
一號畨田坐址前墘洋水曹頭年載
粮錢弍拾捌文正此田葉詩提管納
一號畨田坐址本鄉土名墘角年
載粮伐弍拾肆文正此田过
葉子坊文甲管業納粮

3-1-58-36　清道光元年黄氏忠恕兩房立祭墓簿（三六）

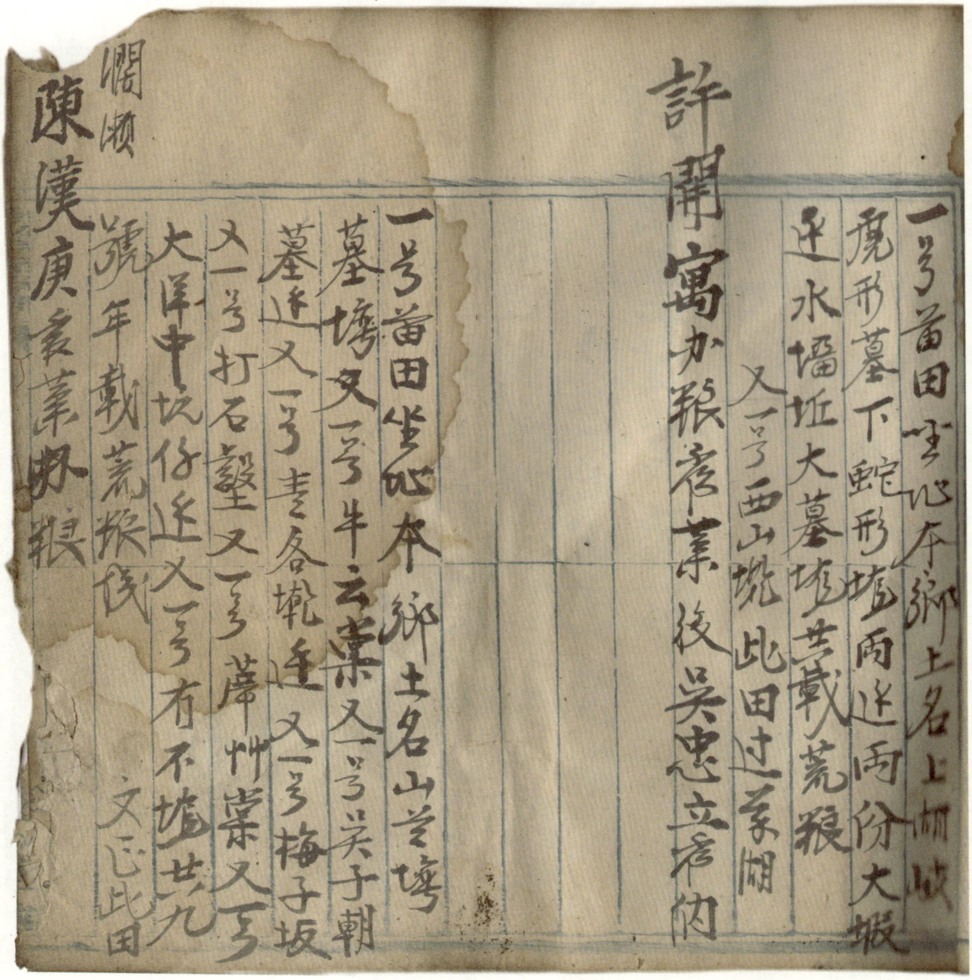
一号苗田坐址本鄉土名上湖岐
虎形墓下蛇形墳兩邊兩份大墩
邊水壠坵大墓墳共載荒粮
又一号西山坑此田过葉湖
許開寓办粮産業後吳忠立序內
一号苗田坐址本鄉土名山兰墘
墓墳又一号牛云崇又一号吳于朝
墓邊又一号圭各墘垂邊又一号梅子坂
又一号打石墼又一号䒢竹崇又一号
大洋中坑仔邊又一号有不墳廿九
號年載荒粮錢　文正此田
陳漢庚産業收粮
閣瀨

3-1-58-37　清道光元年黄氏忠恕兩房立祭墓簿（三七）

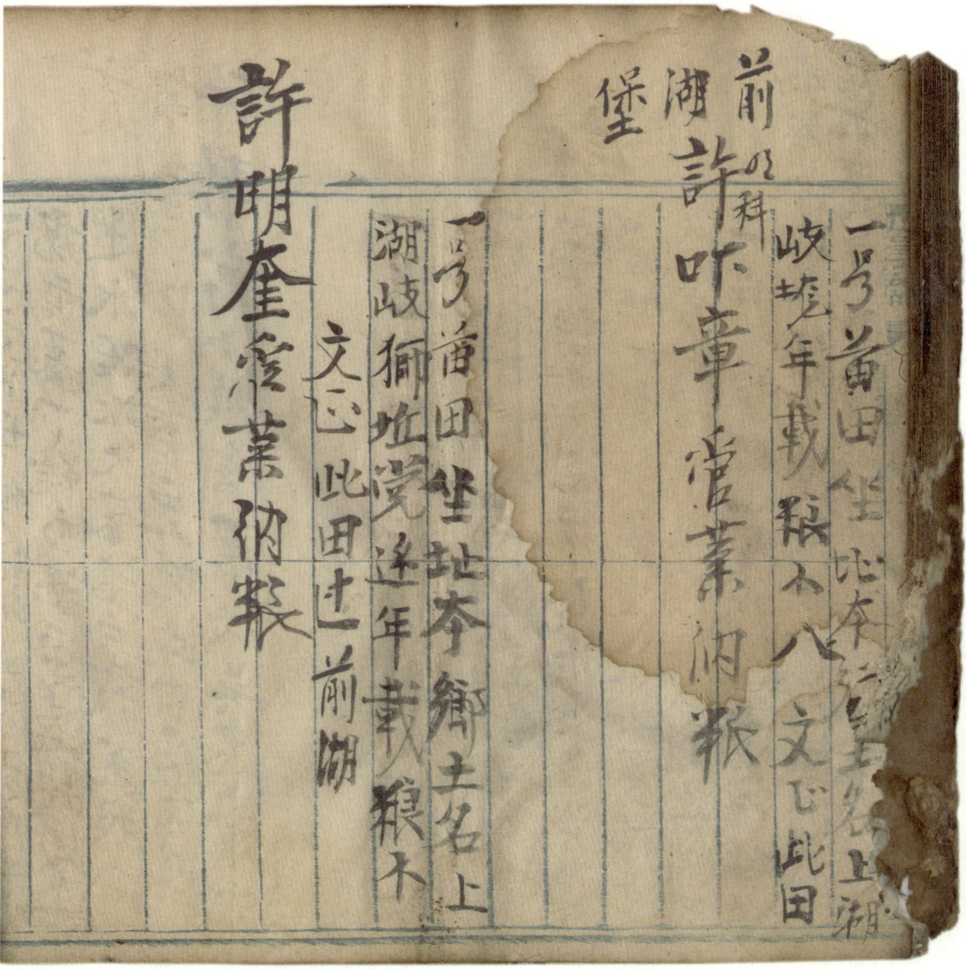

一號菌田坐址本鄉土名上湖
岐墘，年載粮不八文，此田
前湖堡許吓章管業納粮
一號菌田坐址本鄉土名上
湖岐獅垅嶺逐年載粮不
文，此田过前湖
許明奎管業納粮

3-1-58-38　清道光元年黄氏忠恕兩房立祭墓簿（三八）

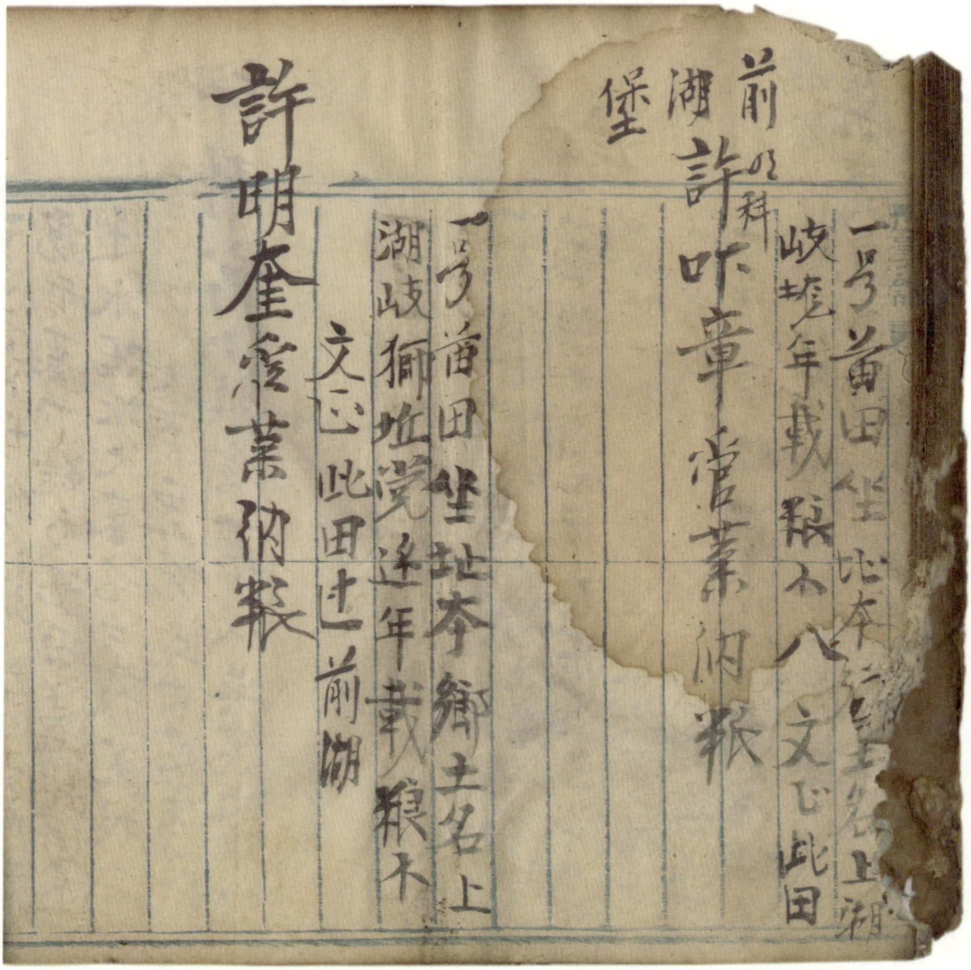

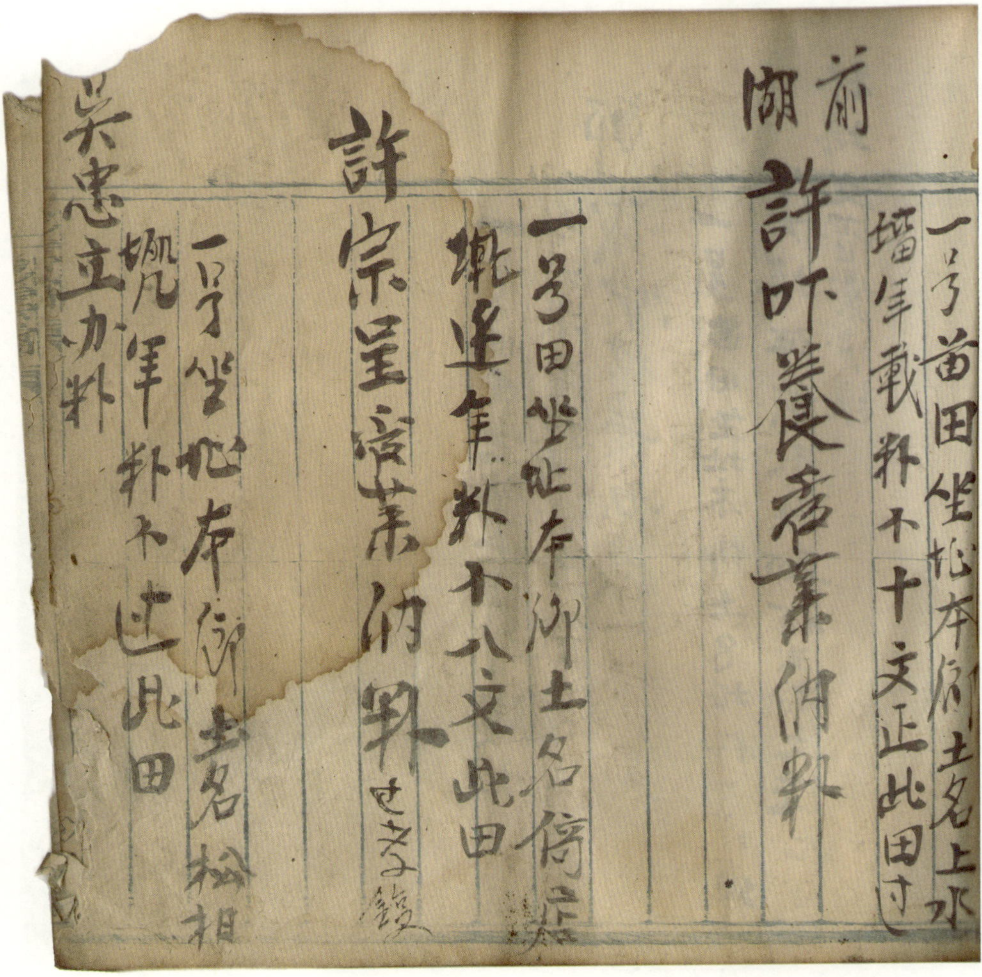

一號苗田坐址本鄉土名上水
墙年載籽十十文正此田寸
前湖
許吓養長嘗業佃籽
一號田坐址本鄉土名倚店
壠逆年籽十八文正此田
許宗呈嘗業佃籽
世孝鏜
一號坐址本鄉土名松柏
壠年籽十正此田
吳忠立佃籽

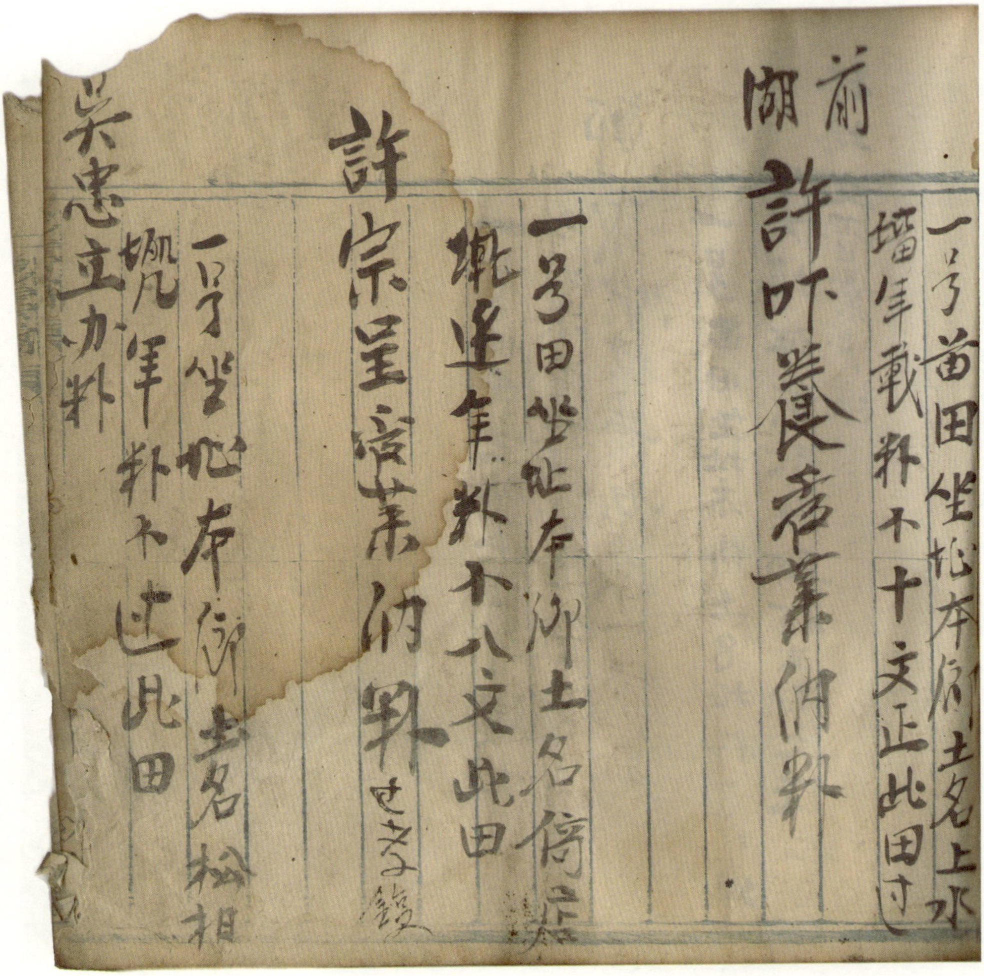

3-1-58-39　清道光元年黄氏忠恕两房立祭墓簿（三九）

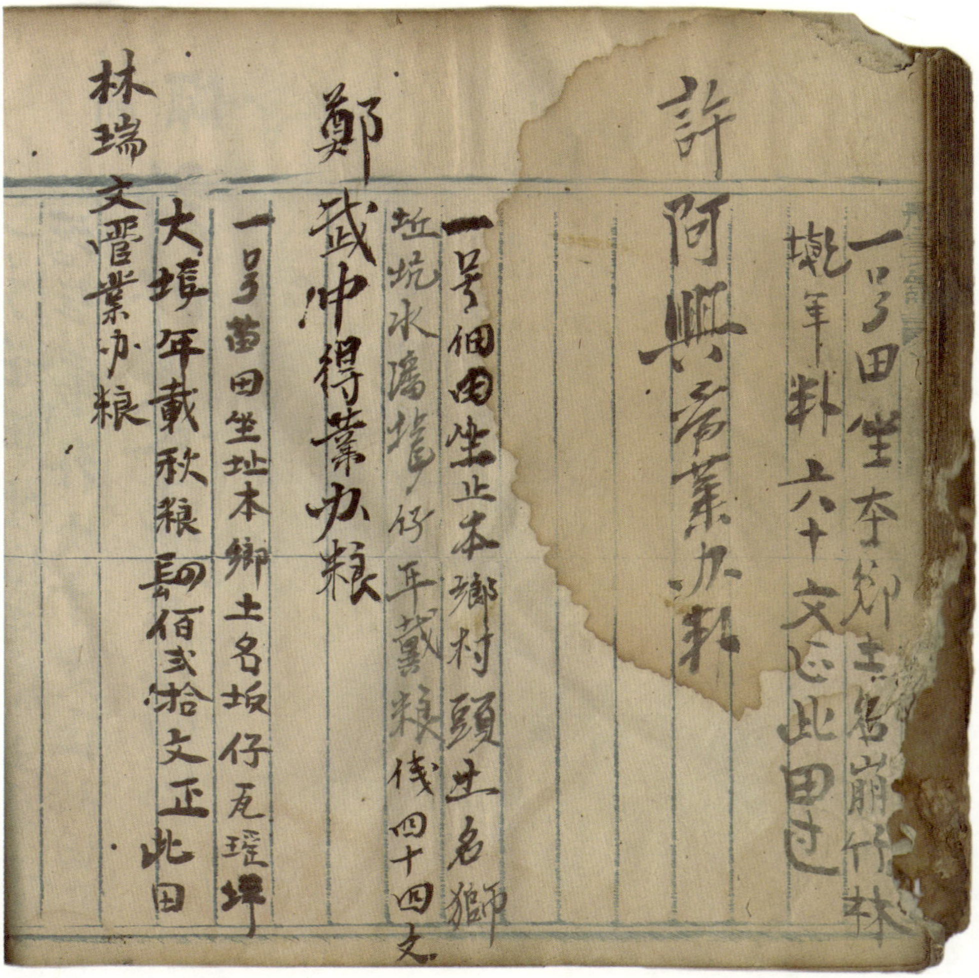
一号田坐李鄉土名崩竹林墘年料六十文正此田过
許阿興爲業办粮
一号佃田坐址本鄉村頭土名鄉垅坑水漈墘仔年載粮錢四十四文
鄭武中得爲業办粮
一号苗田坐址本鄉土名坂仔瓦瑶坪大塆年載秋粮錢佰弍拾文正此田
林瑞文置業办粮

3-1-58-40　清道光元年黄氏忠恕两房立祭墓簿（四〇）

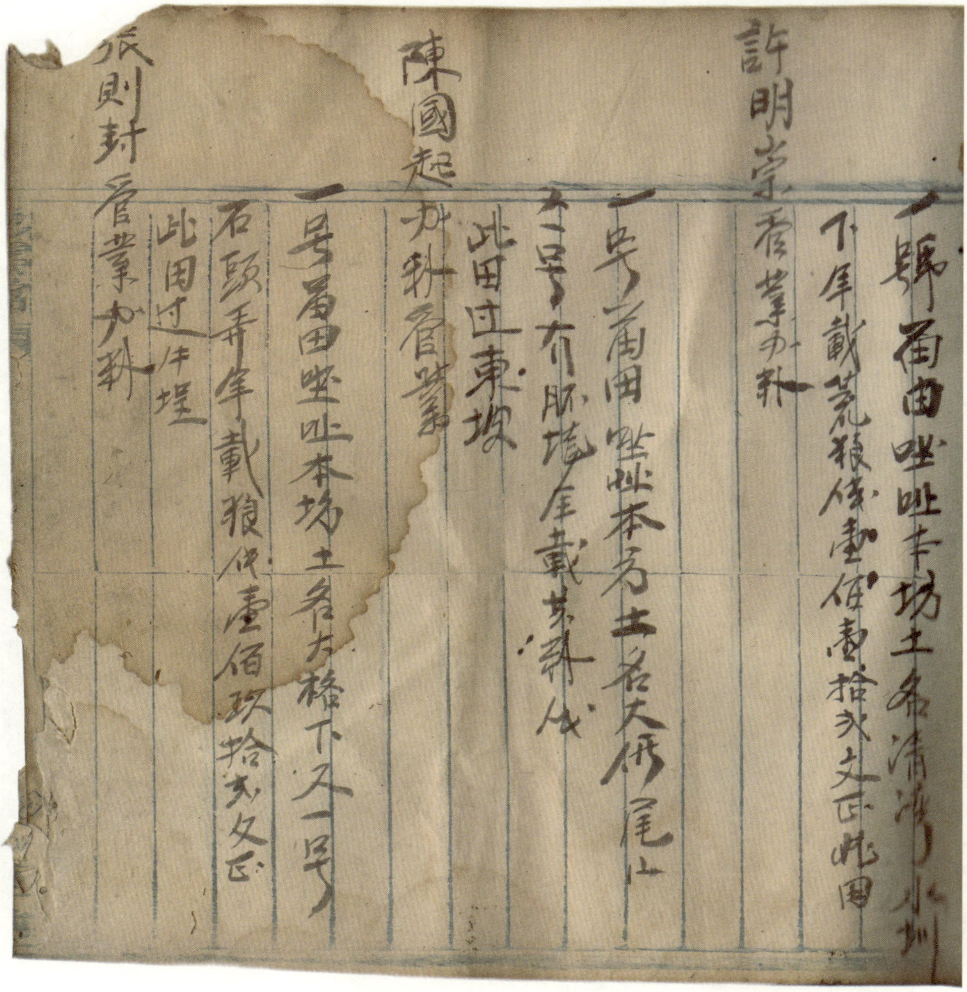

一號苗田坐址本坊土名清洋小圳
下年載荒粮係壹仟壹拾弍文正此田
許明宗管業办秋
一号苗田坐址本坊土名大保尾山
又一號有肝壠年載苗米伐
此田过東坡
陳國起办秋管業
一号苗田坐址本坊土名大榜下又一号
石頭弄年載粮係壹佰玖拾弍文正
此田过仟埕
張則封管業办秋

3-1-58-41　清道光元年黄氏忠恕两房立祭墓簿（四一）

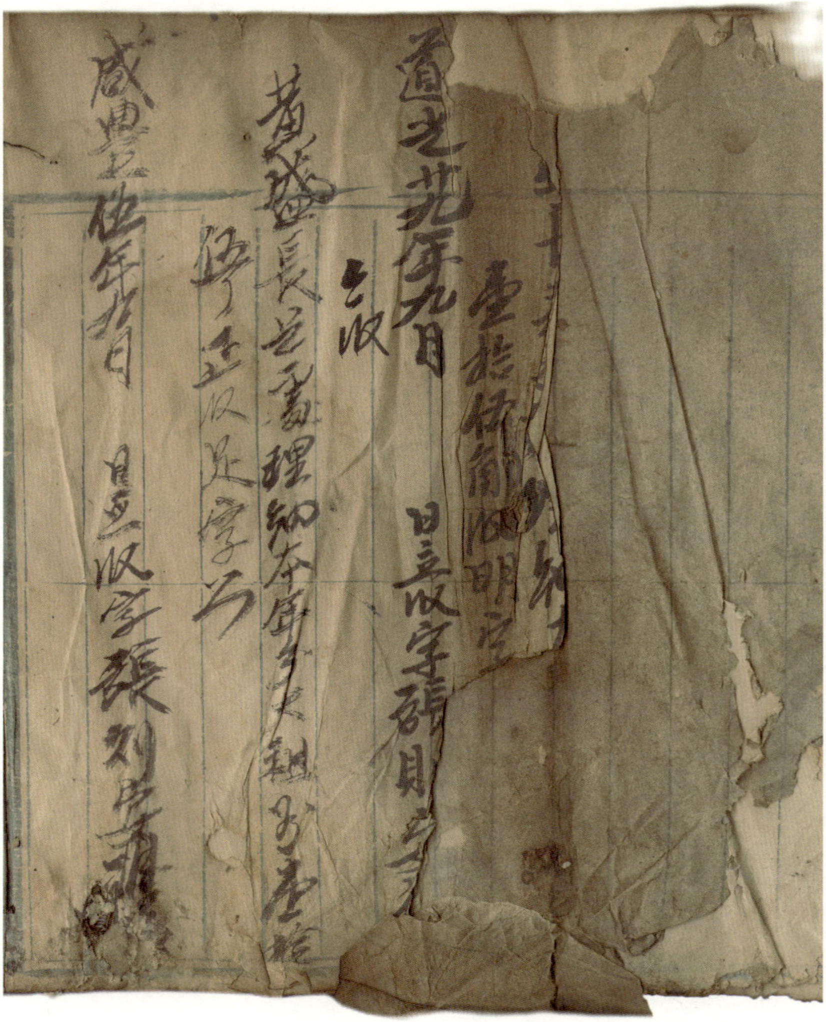

3-1-58-42　清道光元年黃氏忠恕兩房立祭墓簿（四二）

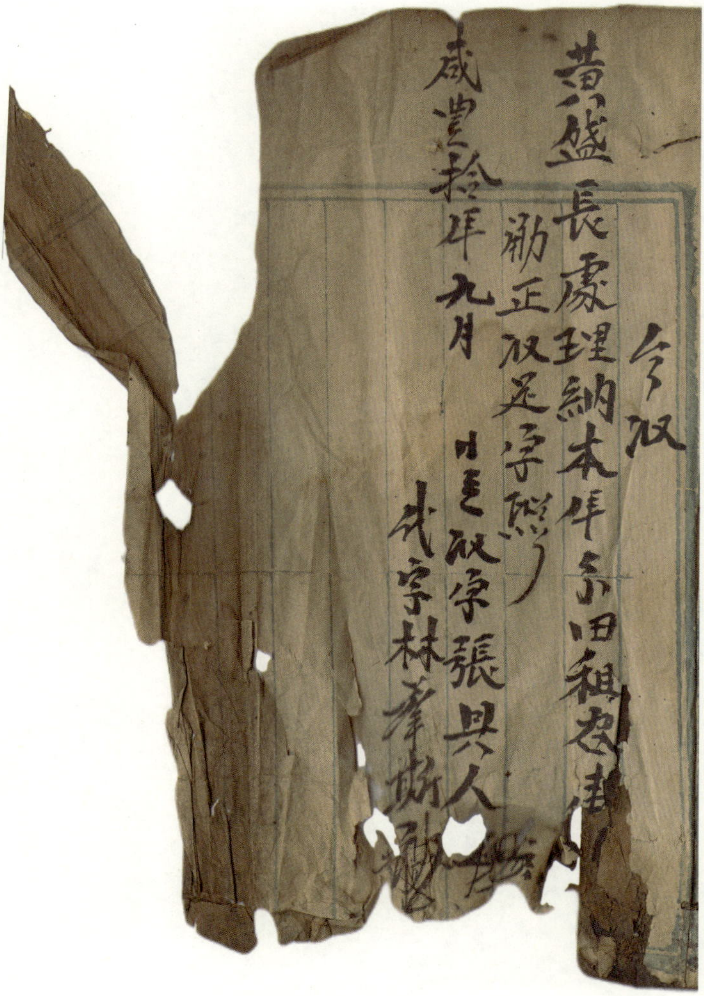

今收
黄盛長處理納本年分田租忠恕
勍正收足完照
咸豐拾年九月
日立收字張興人
代字林峯斯

3-1-58-43　清道光元年黄氏忠恕两房立祭墓簿（四三）

3-1-59-1 清道光四年黄氏天地人三房置祭墓簿（一）

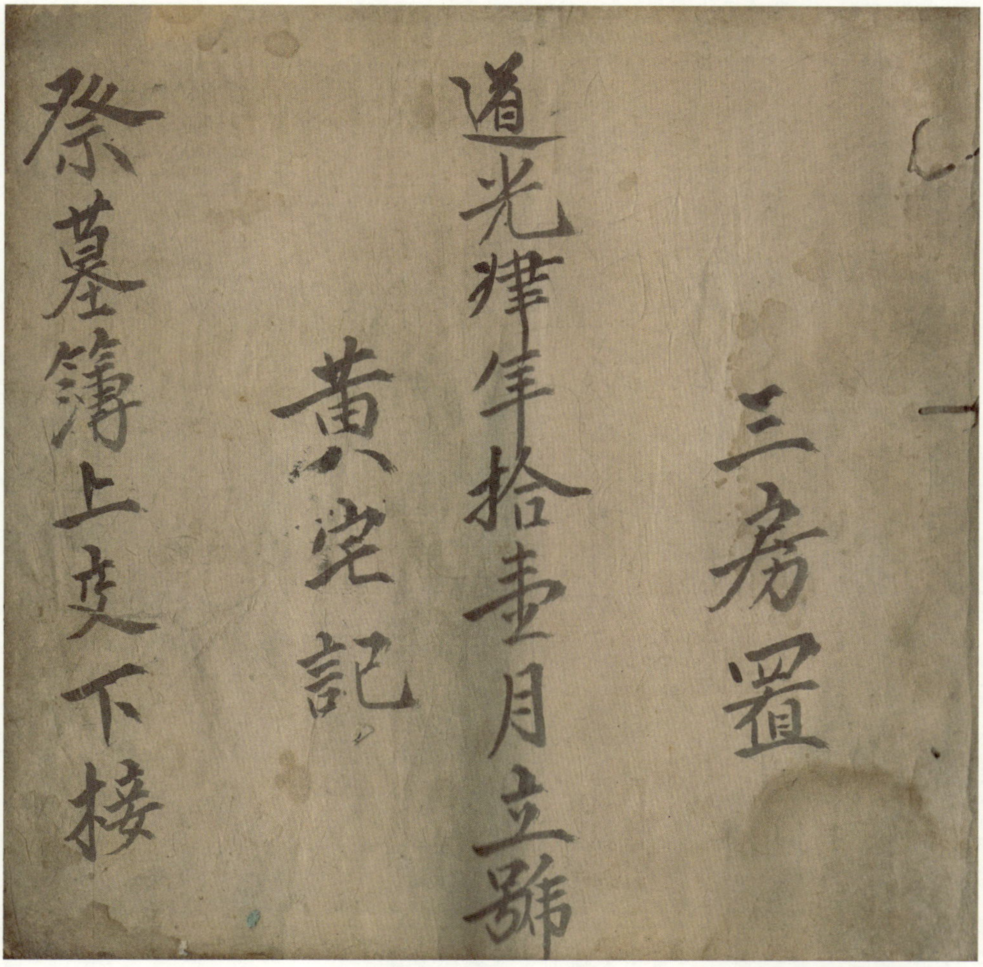

三房置

道光肆年拾壹月立歸

黄宠記

祭墓簿上交下接

3-1-59-2　清道光四年黄氏天地人三房置祭墓簿（二）

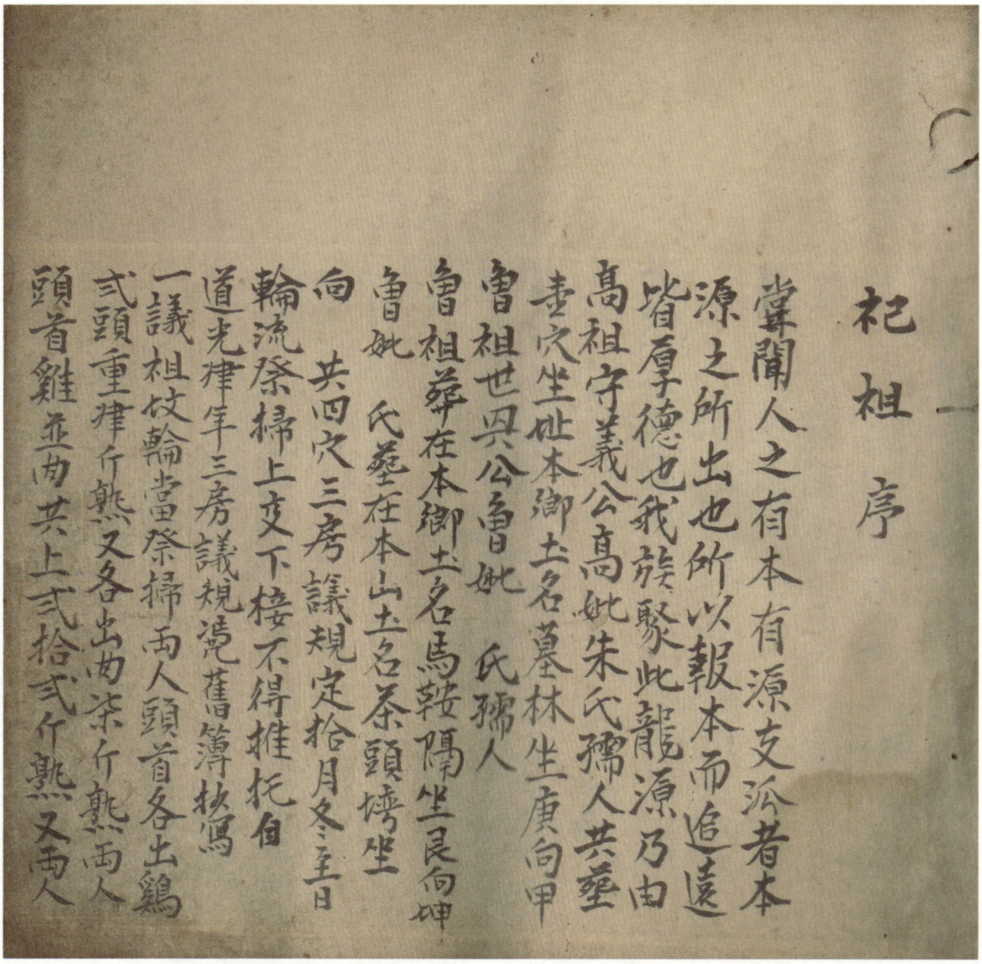

祀祖序

嘗聞人之有本有源支派者本
源之所出也所以報本而追遠
皆厚德也我族聚此龍源乃由
高祖守義公高妣朱氏孺人共塟
壹穴坐址本鄉土名墓林坐庚向甲
曾祖世興公曾妣　氏孺人
曾祖葬在本鄉土名馬鞍隔坐艮向坤
曾妣　氏塟在本山土名茶頭墘坐
向　共四穴三房議規定拾月冬至日
輪流祭掃上交下接不得推托自
道光肆年三房議規照舊簿抄寫
一議祖坟輪當祭掃兩人頭首各出鷄
弍頭重肆斤熟又各出面茶斤熟兩人
頭首雞並面共上弍拾弍斤熟又兩人

3-1-59-3　清道光四年黄氏天地人三房置祭墓簿（三）

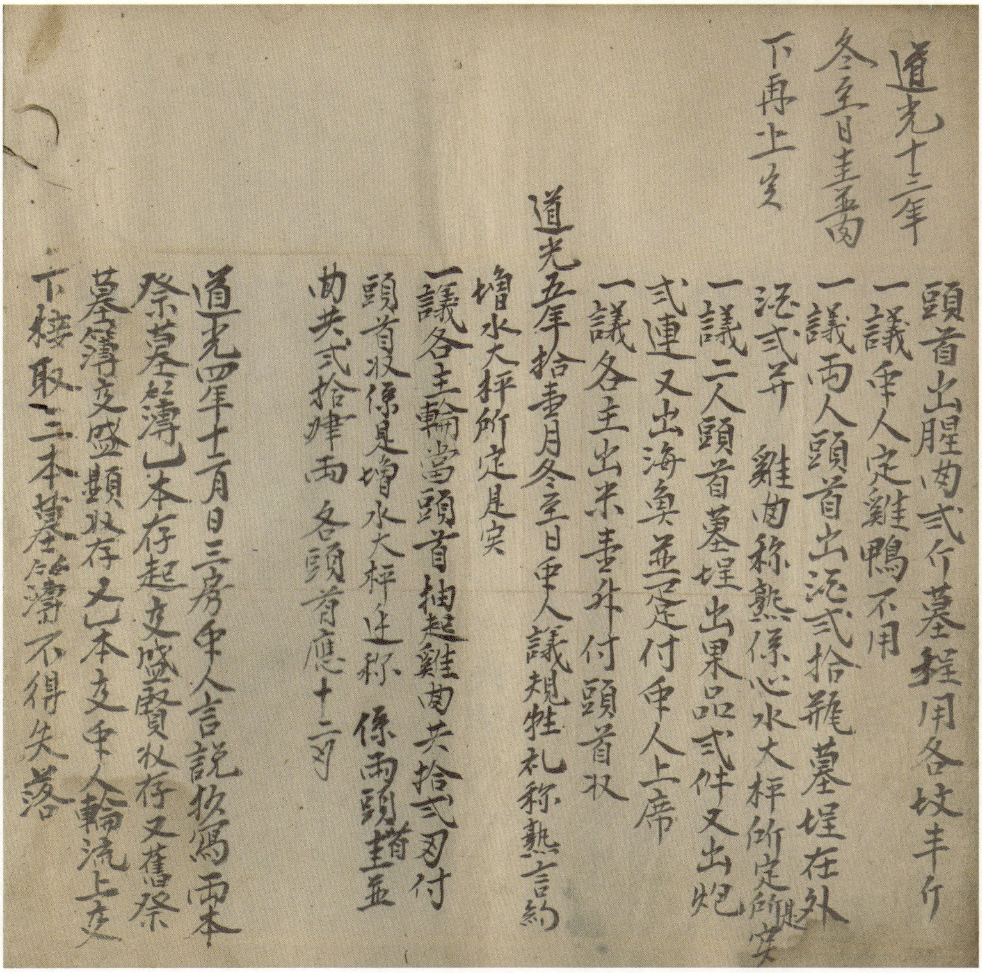
道光十三年
冬至日主為
下再上矣
頭首出腥肉弍斤墓程用各坟半斤
一議衆人定雞鴨不用
一議兩人頭首出泛弍拾觔墓埕在外
泛弍斤　雞肉称熟係心水大枰所定所起实
一議二人頭首墓埕出果品弍件又出炮
弍連又出海魚並定付衆人上席
一議各主出米壹升付頭首收
道光五年拾壹月冬至日衆人議規牲礼称熟言約
增水大枰所定是实
一議各主輪當頭首抽起雞肉共拾弍斤付
頭首收係是增水大枰述称　係兩頭首並
肉共弍拾肆兩　各頭首應十二兩
道光四年十一月日三房衆人言說抄寫兩本
祭墓簿一本存起文盛發收存又舊祭
墓簿文盛顕收存又一本文衆人輪流上交
下樓取二本墓簿不得失落

3-1-59-4　清道光四年黄氏天地人三房置祭墓簿（四）

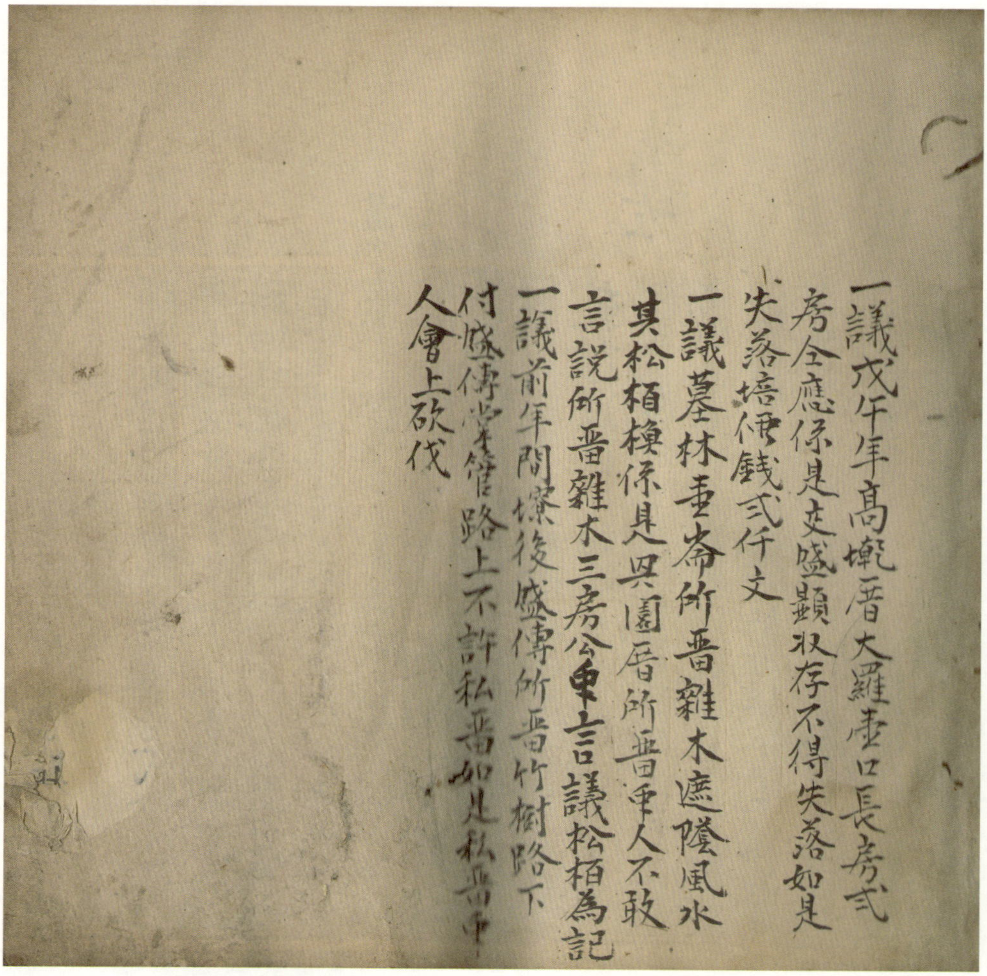
一議戊午年高墘厝大羅壺口長房弍
房仝應係是吏盛顯収存不得失落如是
失落培價錢弍仟文
一議墓林垂崙所晋雜木遮陰風水
其松栢樸係是吳園厝所晋众人不敢
言說所晋雜木三房公众言議松栢為記
一議前年間㨿後盛傳所晋竹樹路下
付盛傳掌管路上不許私晋如是私晋众
人會上砍伐

3-1-59-5　清道光四年黄氏天地人三房置祭墓簿（五）

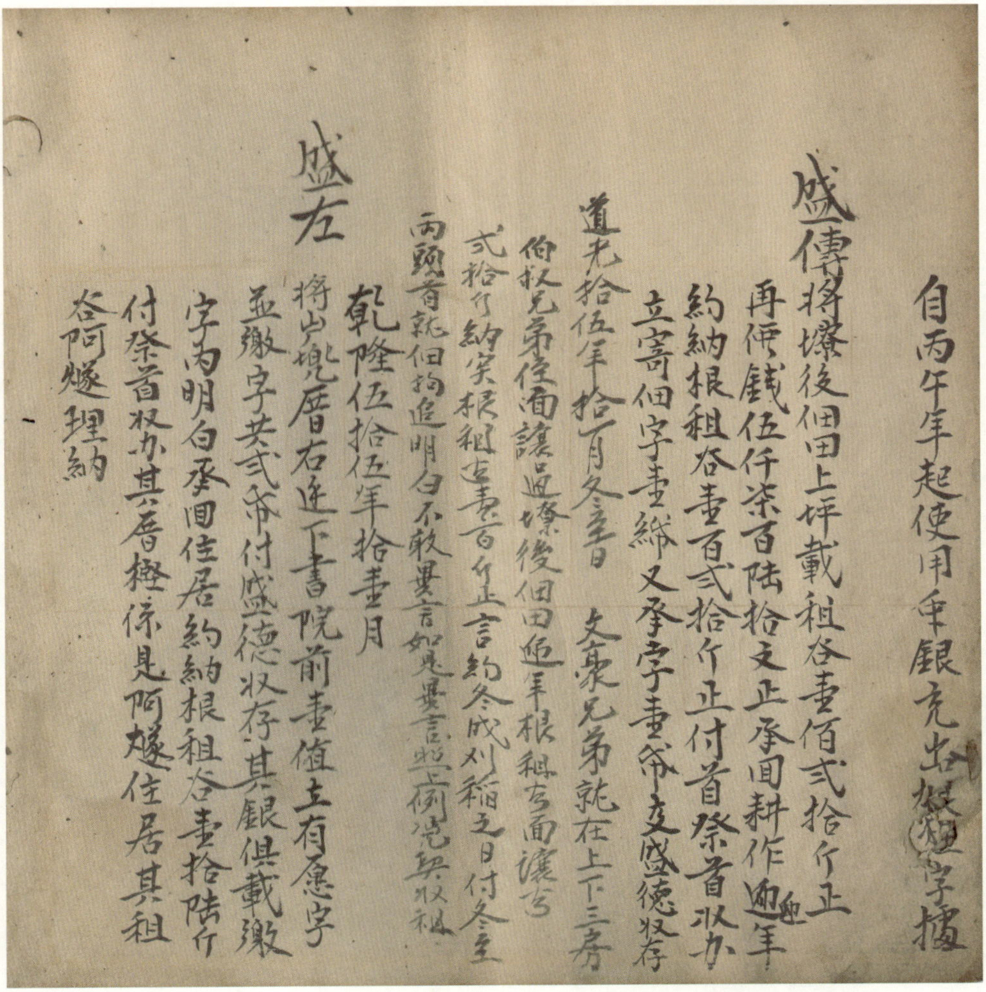

自丙午年起使用乎銀充出[illegible]字據
盛傳將㙬後佃田上坪載租谷壹佰弍拾斤正
再便錢伍仟柒百陸拾文正承佃耕作逓年
約納根租谷壹百弍拾斤正付首祭首收办
立寄佃字壹紙又承字壹帋交盛德收存
道光拾伍年拾月冬至日　文衆兄弟就在上下三房
伯叔兄弟侄面議遜㙬後佃田逓年根租当面讓与
弍拾斤納実根租连壹百斤正言約冬成刈稻之日付冬至
兩頭首就佃拘追明白不敢異言如是異言照例究契收租
乾隆伍拾伍年拾壹月
盛左將山塊厝右邊下書院前壹值立有應字
並繳字共弍帋付盛德收存其銀俱載繳
字內明白承佃住居約納根租谷壹拾陸斤
付祭首收办其厝樫係是阿燧住居其租
谷阿燧理納

3-1-59-6　清道光四年黄氏天地人三房置祭墓簿（六）

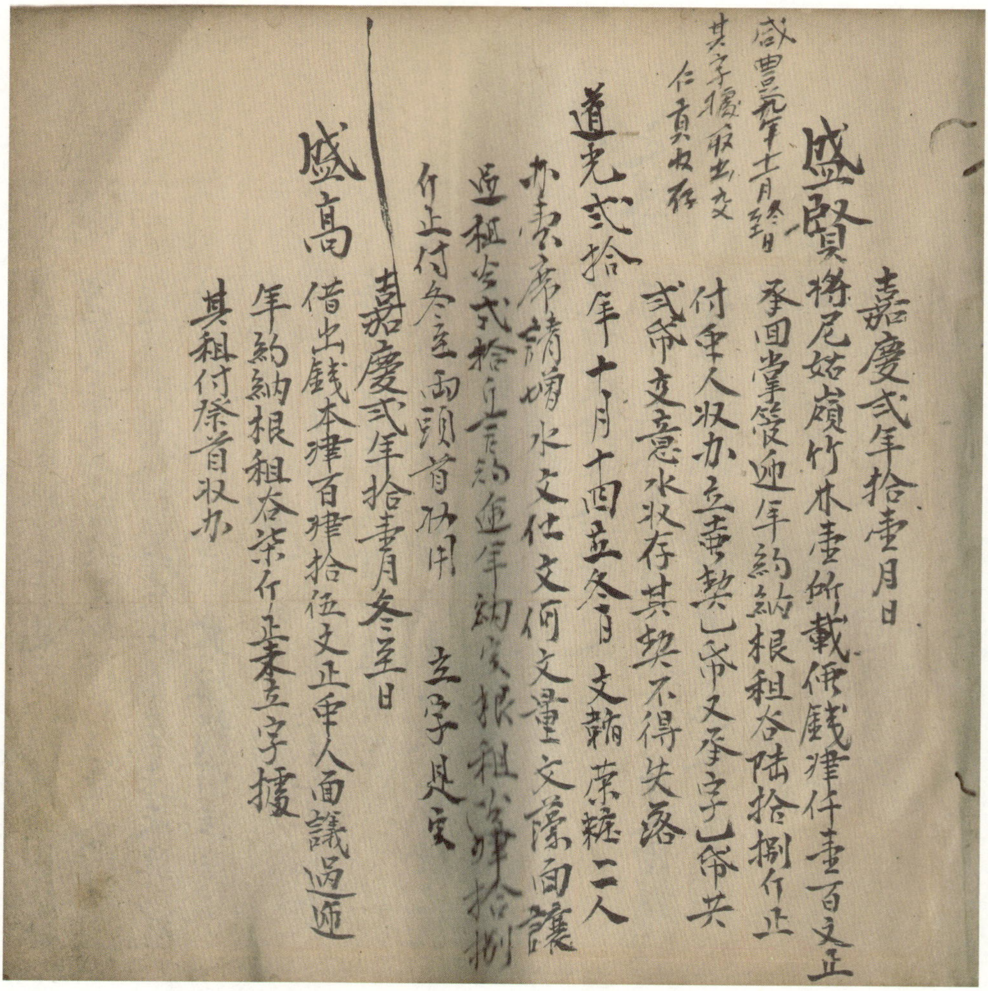

嘉慶弍年拾壹月日
盛賢將尼姑嶺竹林壹所載價錢肆仟壹百文正
季回掌管逐年約納根租谷陸拾捌斤正
付中人收办立壹契乙帋又季字乙帋共
弍帋交意水收存其契不得失落
咸豐九年十一月冬至日
其字據取出交
仁貞收存
道光弍拾年十月十四立冬日 文翰 榮耀 二人
亦衆房請墘水文仕文何文量文藻面議
逐租谷弍拾斤正二戶約逐年納交根租谷肆拾捌
斤正付冬至兩頭首收用 立字是実
盛高 嘉慶弍年拾壹月冬至日
借出錢本肆百肆拾伍文正中人面議逐逐
年約納根租谷柒斤正叁立字據
其租付祭首收办

3-1-59-7　清道光四年黄氏天地人三房置祭墓簿（七）

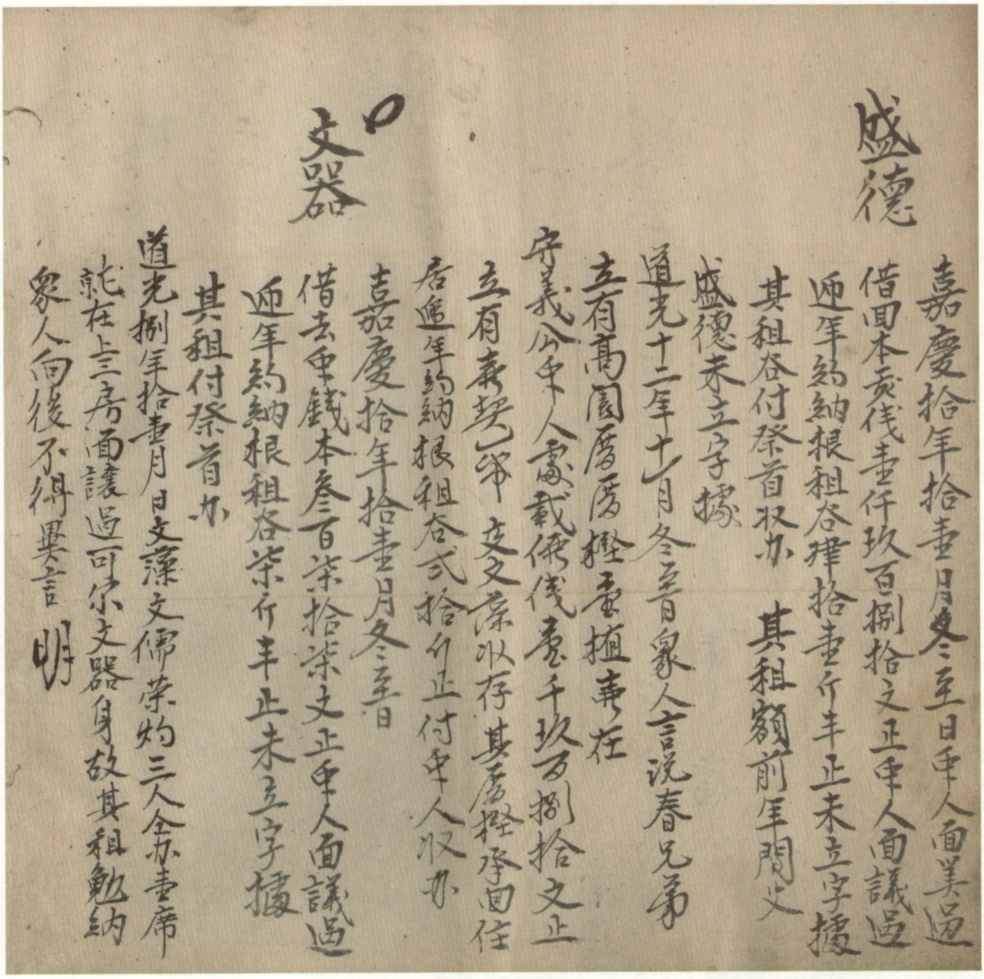
盛德
嘉慶拾年拾壹月冬至日仝中人面議過
借回本衆錢壹仟玖百捌拾文正仝中人面議過
逓年約納根租谷肆拾壹斤半正未立字據
其租谷付祭首收办　其租額前年間文
盛德未立字據
道光十二年十一月冬至日衆人言說春兄弟
立有高園房房墊壹植寄在
守義公仝中人處載佛錢壹千玖百捌拾文正
立有寄契帋　交文藻收存　其房墊存回住
居進年約納根租谷弍拾斤正付仝中人收办
嘉慶拾年拾壹月冬至日
借去本錢本叁百柒拾柒文正仝中人面議過
逓年約納根租谷柒斤半正未立字據
其租付祭首办
口
文器
道光捌年拾壹月日文藻文儒荣灼三人全办壹席
就在上三房面議過可示文器身故其租勉納
衆人向後不得異言　明

3-1-59-8　清道光四年黄氏天地人三房置祭墓簿（八）

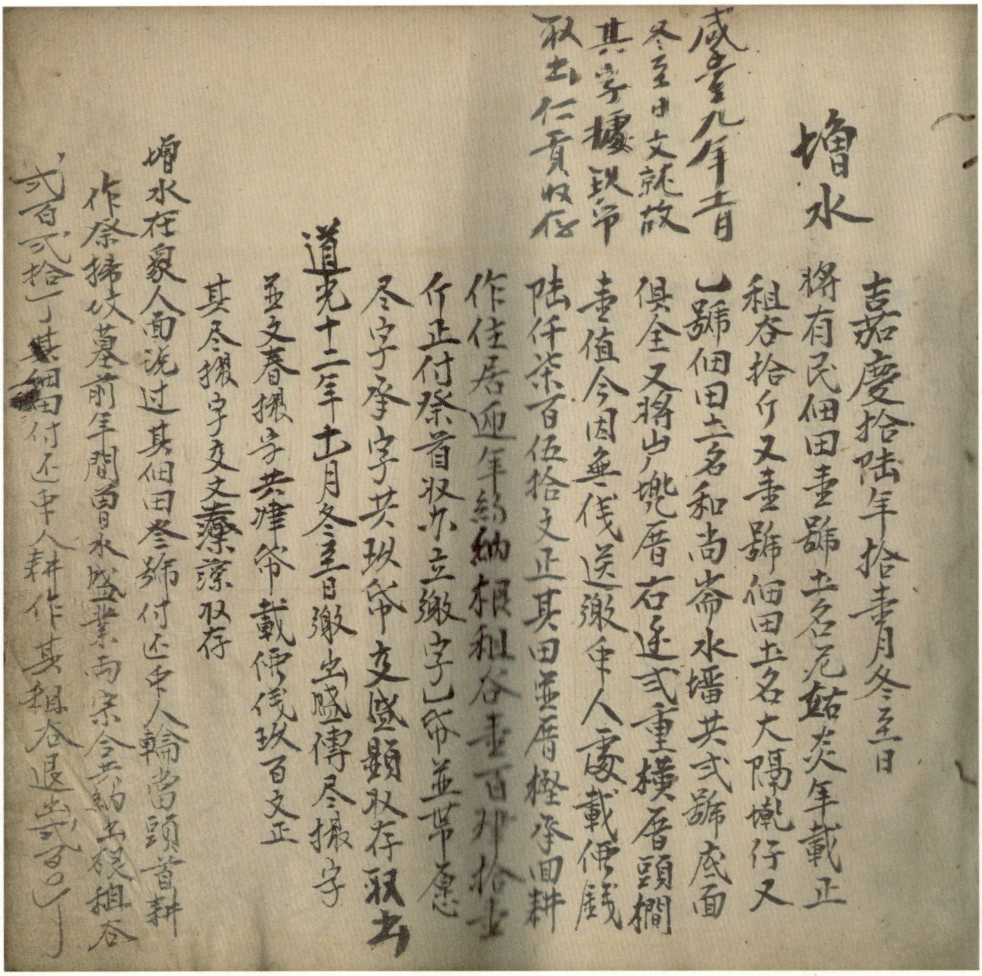

增水

嘉慶拾陸年拾壹月冬至日

將有民佃田壹號土名厄姑炎年載正

租谷拾斤又壹號佃田土名大陽塆仔又

一號佃田土名和尚崙水壋共弍號底面

俱全又將山塆厝右边弍重横厝頭棡

壹值今因無錢送繳爭人處載便錢

陸仟柒百伍拾文正其田並厝橙季田耕

作住居迎年納納根租谷壹百拼拾斤

斤正付祭首収亦立繳字乙帋並帯虑

冬字李字共玖帋交盛顯収存収去

道光十二年十一月冬至日繳出盛傳冬振字

並文春振字共肆帋載便錢玖百文正

其冬振字交文藻琮収存

增水在眾人面说过其佃田叁號付还爭人輪當頭首耕

作祭掃父墓前年間因水盛業而案今共納出租谷

戌百弍拾斤其田付还爭人耕作其租谷退出弍百斤

咸豐九年青

冬至日文就放

其字樓與帋

収去仁貴收存

3-1-59-9 清道光四年黄氏天地人三房置祭墓簿（九）

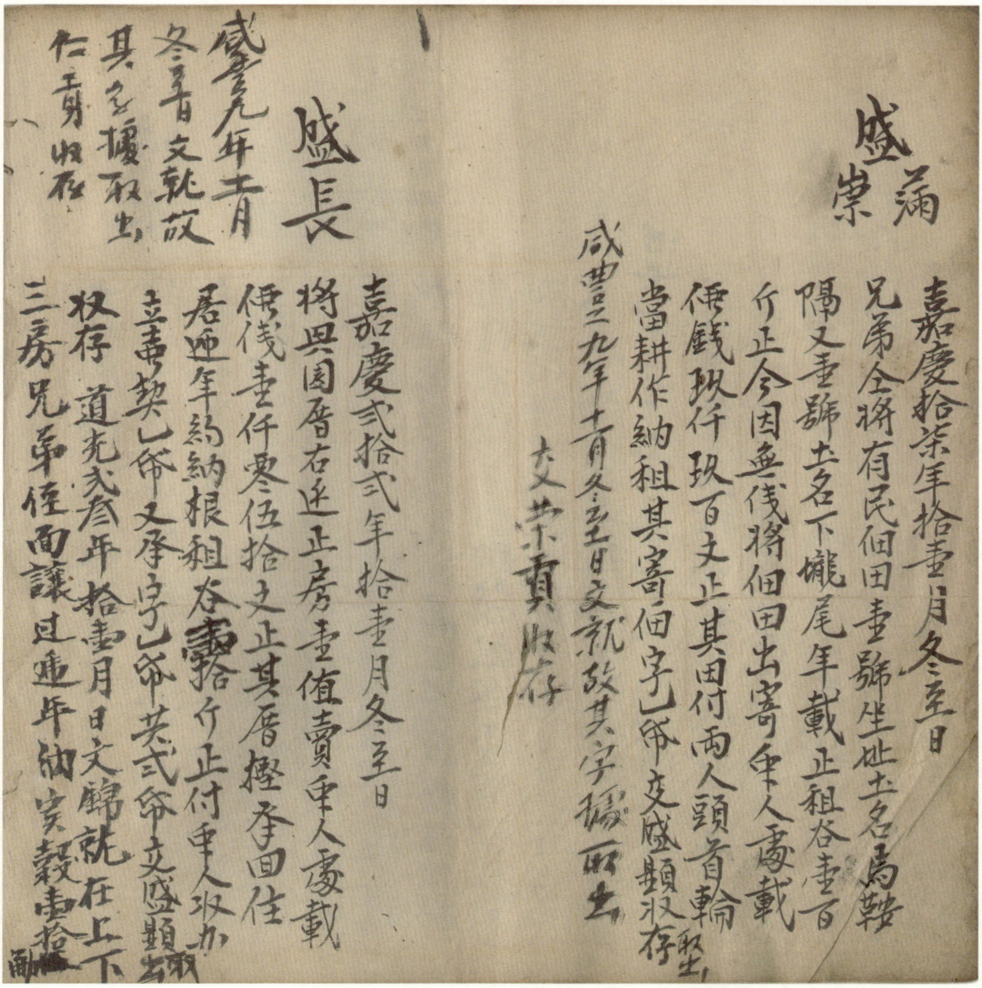

盛蒲 崇

嘉慶拾柒年拾壹月冬至日
兄弟仝將有民佃田壹號坐址土名烏鞍
陽文壹號土名下嶺尾年載正租谷壹百
斤正今因無錢將佃田出寄與人處載
佃錢玖仟玖百文正其田付兩人頭首輪
當耕作納租其寄佃字山爺支盛顯收存
咸豐二九年十一月冬至日文就啟其字繳取出
文榮貢收存

盛長

咸豐元年十一月
冬至日文就啟
其字攜取出
仁王房收存

嘉慶貳拾貳年拾壹月冬至日
將與園厝右边正房壹值賣與人處載
佃錢壹仟叁伍拾文正其厝據李回住
居逐年納根租谷壹拾斤正付與人收加
立壹契山爺文季孚山爺英式爺支盛顯收取
收存 道光貳叁年拾壹月日文錦就在上下
三房兄弟侄面議过逐年納実穀壹拾觔

3-1-59-10 清道光四年黄氏天地人三房置祭墓簿（一〇）

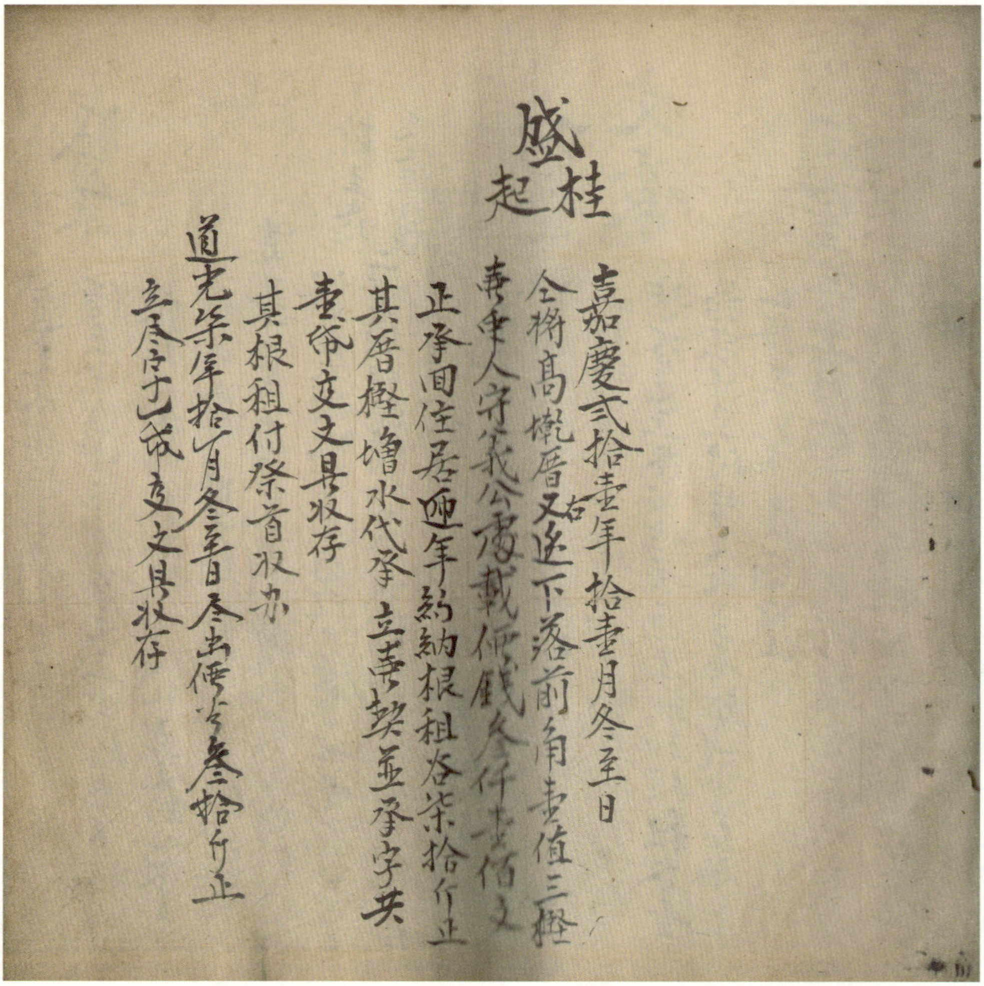
盛桂
起

嘉慶弍拾壹年拾壹月冬至日
仝將高墘厝右又边下落前角壹值三椪
壹手人守義公處載価錢叁仟壹佰文
正承回住居逐年約納根租谷柒拾斤正
其厝椪增水代承　立壹契並承字共
壹帋交文具收存
其根租付祭首收办
道光柒年拾壹月冬至日叁出価錢叁拾斤正
立叁字乙帋交文具收存

3-1-59-11　清道光四年黃氏天地人三房置祭墓簿（一一）

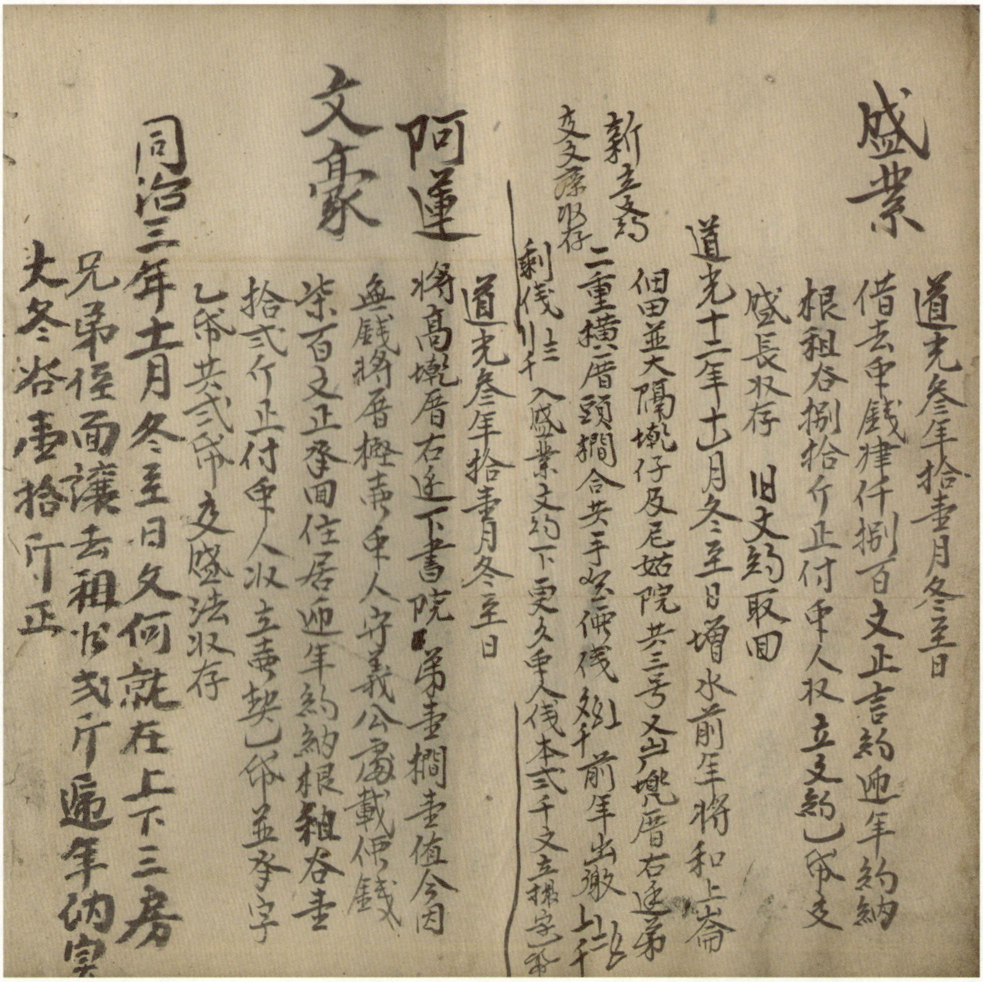
盛業
道光叁年拾壹月冬至日
借去本錢肆仟捌百文正言約逐年納
根租谷捌拾斤正付中人收 立文約乙紙交
盛長收存 旧文約取回
道光十二年十一月冬至日 增水前年將和上畬
佃田並大陽墘仔及尼姑院共三號又山兜厝右邊第
二重橫乙厝頭間合共手[illegible]佛錢[illegible]千前年出繳山[illegible]
新立文約交文康收存
剩錢[illegible]入盛業文約下 更交本人錢本弍千文立揭字乙紙
阿蓮
道光叁年拾壹月冬至日
將高墘厝右邊下書院第壹間壹直今因
無錢將厝換與本人房義公處載佛錢
柒百文正登回住居逐年納根租谷壹
拾弍斤正付中人收 立壹契乙紙並登字
乙紙共弍紙交文盛法收存
文豪
同治三年十一月冬至日 文何就在上下三房
兄弟侄面讓去租谷弍斤 逐年納實
大冬谷壹拾斤正

3-1-59-12 清道光四年黄氏天地人三房置祭墓簿（一二）

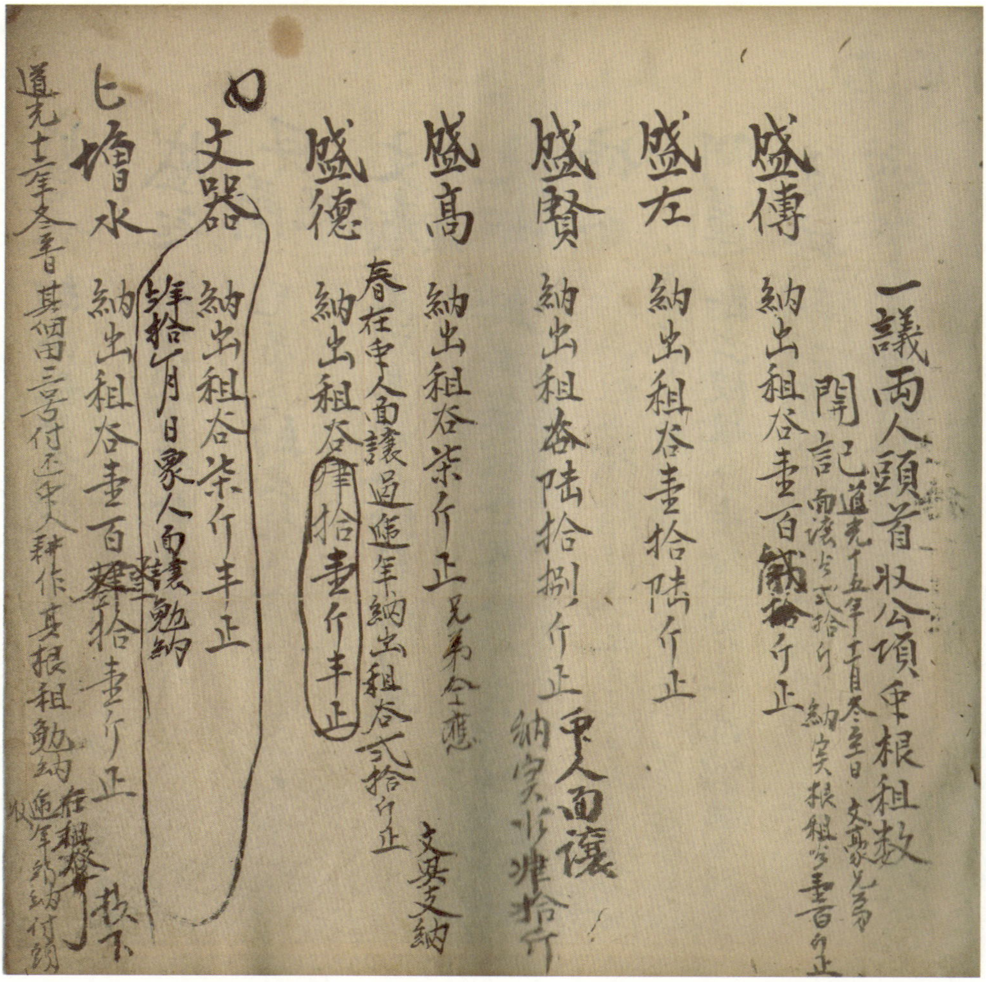

一議两人頭首收公項年根租数
開記 道光十五年十月冬至日 文高兄弟 納实根租谷壹百斤正
面議出弍拾斤
盛傳 納出租谷壹百捌拾斤正
盛左 納出租谷壹拾陆斤正
盛賢 納出租谷陆拾捌斤正 衆人面議 納实少肆拾斤
盛高 納出租谷柒斤正 兄弟仝應
盛德 納出租谷肆拾壹斤半正
春在衆人面議逼遲年納出租谷弍拾斤正 文英支納
文器 納出租谷柒斤半正
肆拾斤 月日衆人面議勉納
增水 納出租谷壹百肆拾壹斤正 在租谷 收下
道光十三年冬至日 其佃田三号付还衆人耕作 其根租勉納 遁年納納付頭

3-1-59-13　清道光四年黄氏天地人三房置祭墓簿（一三）

盛長　納出租谷壹拾斤正　遞年納實租谷壹拾[illegible]觔正　文錦納

盛起　納出租谷柒拾斤正

興蘭忠　兄弟仝納出租谷肆拾斤正　大冬少

文廉輝理　文治兄弟仝納根租谷捌斤正

上　文如　納出根租谷叁拾斤正　廿六年起言議一輪　已滿其租納

上　增水　納出租谷捌拾斤正　道光十二年冬立日其佃田　收退

三号付還本人耕作兩宗根租退出谷貳石□　更在谷貳拾斤

阿蓮　納出根租谷壹拾貳斤正　而讓壹谷貳斤

文培　納出房糧根租谷貳拾斤正

增水　遞年納出根租谷壹拾斤實

道光十二年

3-1-59-14　清道光四年黄氏天地人三房置祭墓簿（一四）

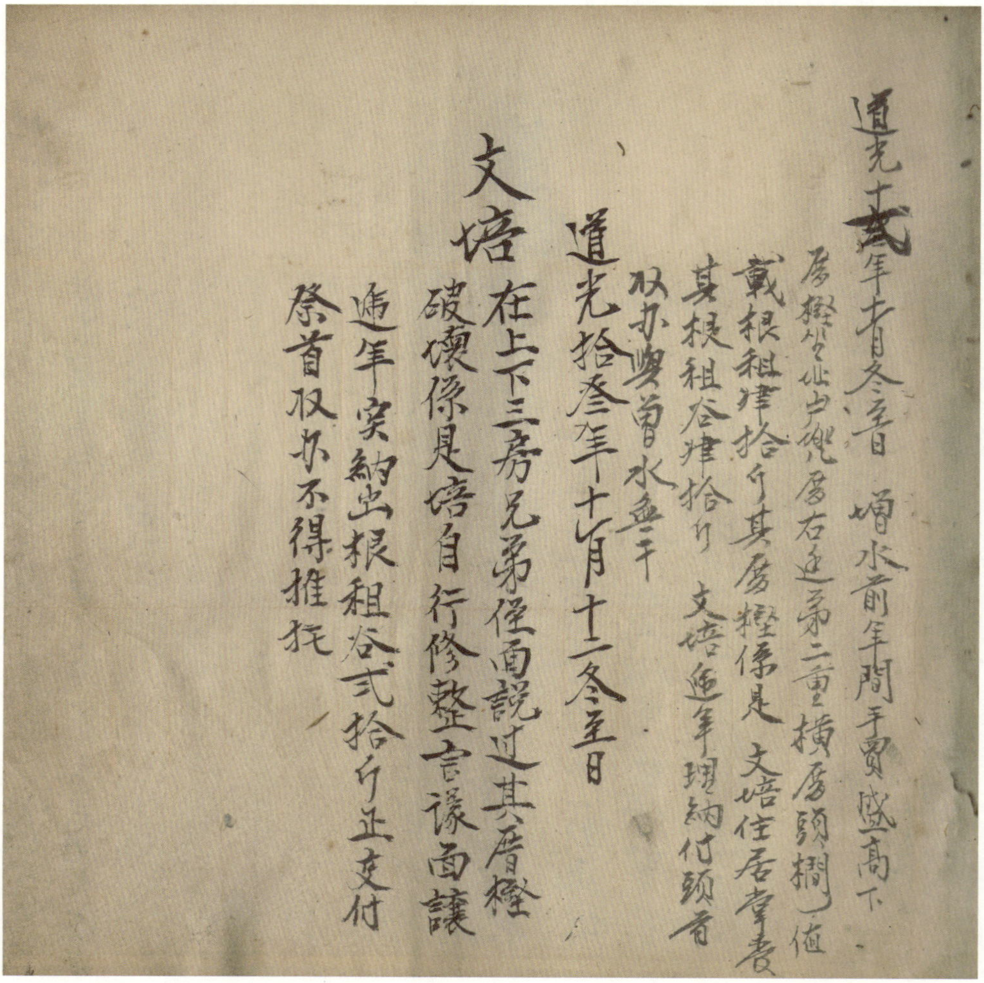
道光十貳年十一月冬至日　增水前年間平貿盛高下
房擬坐此户兜房右邊第二重横房頭搁一值
貳根租肆拾斤其房擬係是　文培住居章妻
其根租谷肆拾斤　文培逐年理納付頭首
收亦要增水無干
道光拾叁年十一月十二冬至日
文培在上下三房兄弟侄面說過其房擬
破壞係是培自行修整言議面讓
逐年實納出根租谷弍拾斤正交付
祭首收亦不得推托

3-1-59-15　清道光四年黄氏天地人三房置祭墓簿（一五）

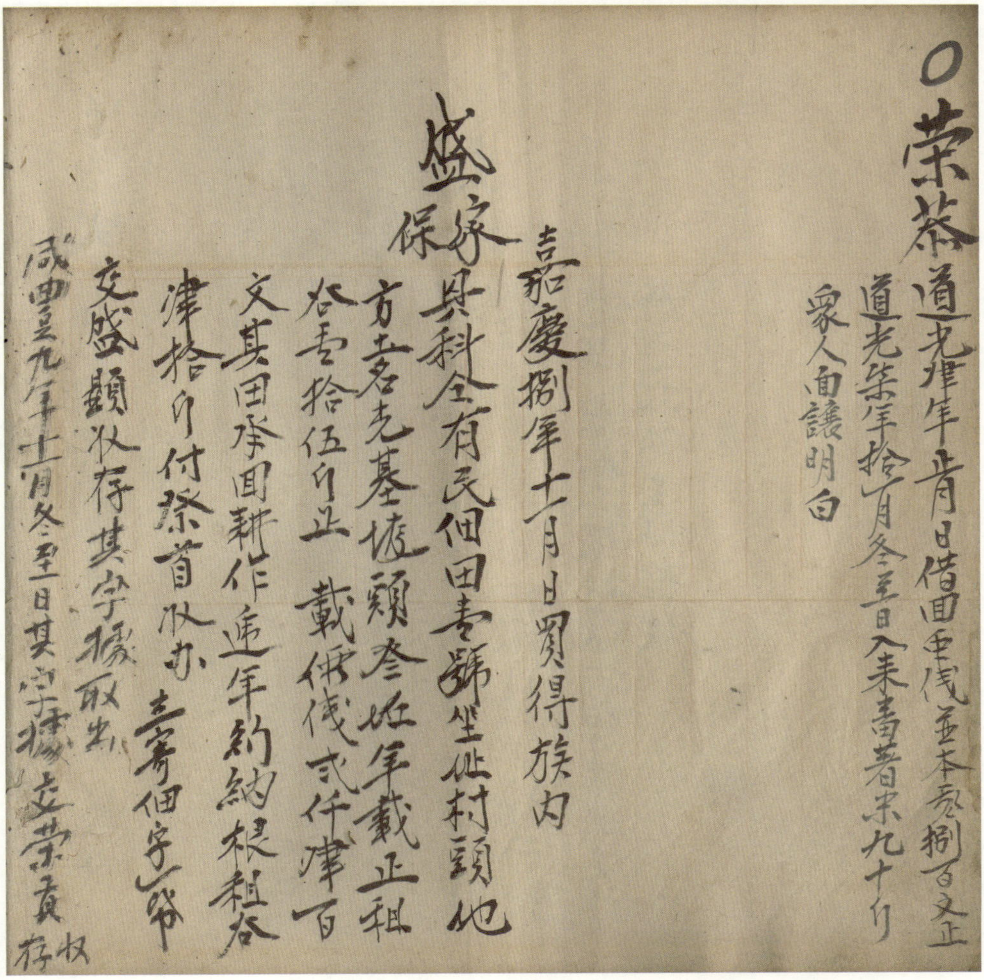
〇榮恭道光肆年十二月日借回田價并本錢捌百文正
道光柒年拾二月冬至日入來壹番著米九十斤
眾人面議明白
嘉慶捌年十一月日買得族內
盛保家與科全有民佃田壹號坐址村頭地
方土名光基塘頭叁坵年載正租
谷壹拾伍斤正　載價錢貳仟肆百
文其田各回耕作逐年約納根租谷
肆拾斤付祭首收訖　嘉壽佃字一帋
交盛顯收存其字據取出
咸豐九年十二月冬至日其字據交榮貴存收

3-1-59-16　清道光四年黃氏天地人三房置祭墓簿（一六）

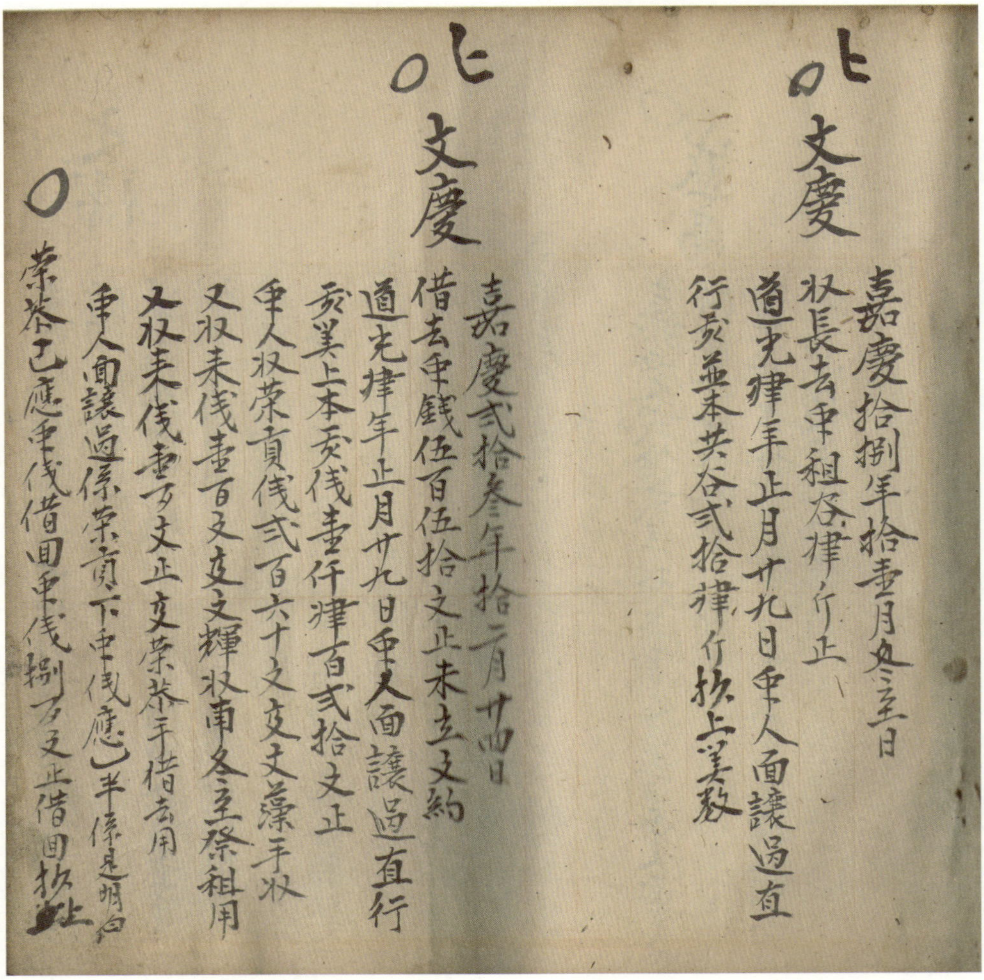
吐
文慶
嘉慶拾捌年拾壹月念三日
收長去年租谷肆斤正
道光肆年正月廿九日年人面讓過直
行息并本共谷弍拾肆斤抹上完訖
吐
文慶
嘉慶弍拾叁年拾二月廿四日
借去年錢伍百伍拾文正未立文約
道光肆年正月廿九日年人面讓過直行
息算上本息錢壹仟肆百弍拾文正
年人收榮貢錢弍百六十文交文藻手收
又收來錢壹百文交文輝收甫冬至祭租用
又收來錢壹百文正交榮恭手借去用
年人面讓過係榮貢下年錢應得半係是明白
〇
榮恭已應年錢借回年錢捌百文正借回抹上

3-1-59-17　清道光四年黄氏天地人三房置祭墓簿（一七）

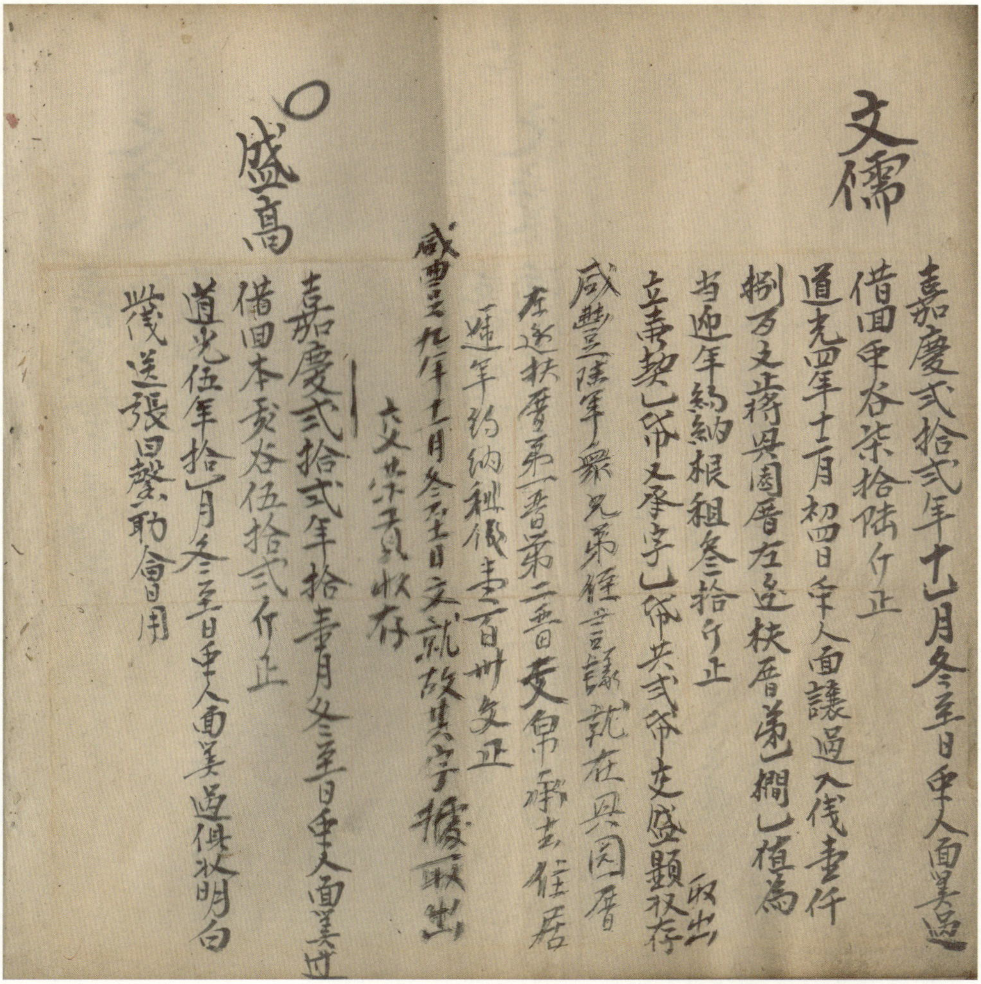

文儒

嘉慶式拾式年十二月冬至日仝人面算過
借回本谷柒拾陆斤正
道光四年十二月初四日仝人面議過入佃壹仟
捌百文正將吳園厝左邊扶厝第一間一植為
當逐年約納根租叁拾斤正
立當契一紙文季字一紙共式紙支盛顯收存　取出
咸豐三陸年衆兄弟經言議就在吳園厝
左邊扶厝第一晉第二晉交帛承去住居
逐年約納租錢壹百卅文正
咸豐三九年十一月冬至日文就故其字據取出
文榮貴收存

○盛高

嘉慶式拾式年拾二月冬至日仝人面算過
借回本谷伍拾式斤正
道光伍年拾一月冬至日仝人面算過俱收明白
幾送張日鑿勒會用

3-1-59-18　清道光四年黄氏天地人三房置祭墓簿（一八）

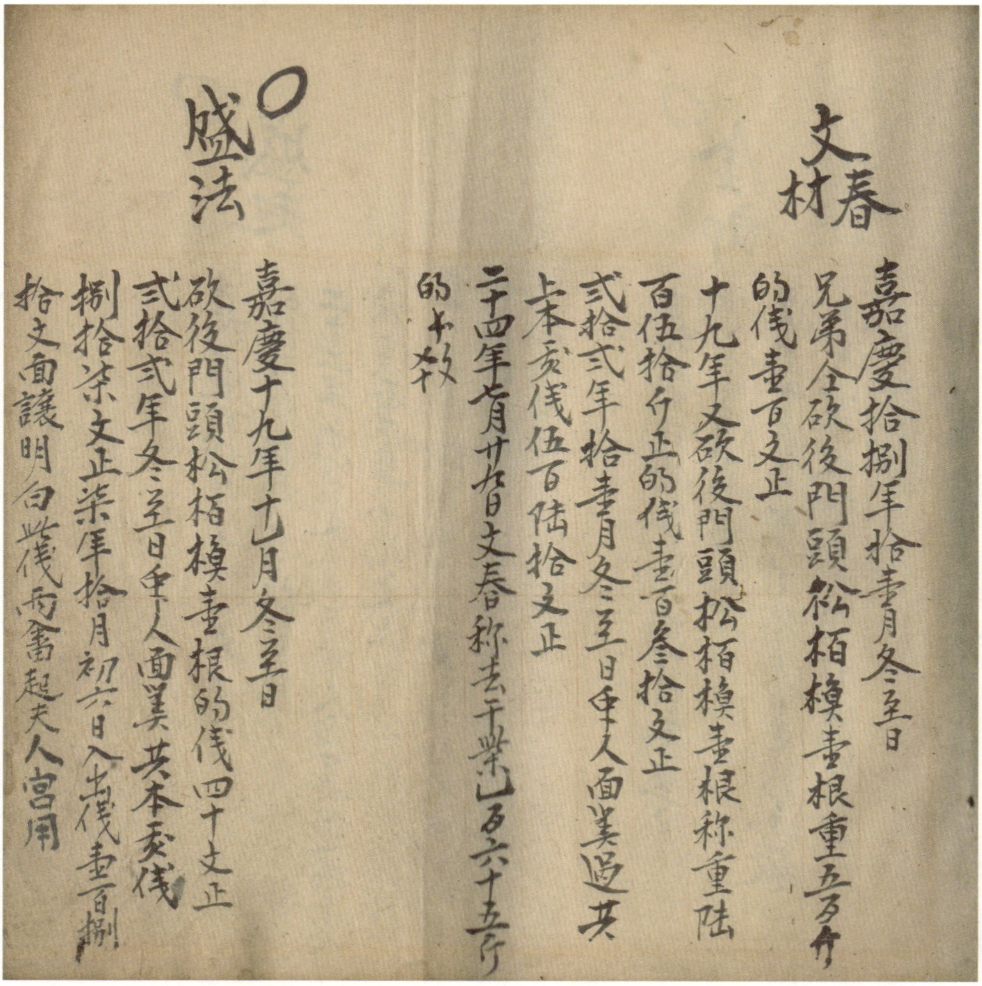
文材春

嘉慶拾捌年拾壹月冬至日
兄弟仝砍後門頭松栢模壹根重五百斤
的錢壹百文正
十九年又砍後門頭松栢模壹根称重陆
百伍拾斤正的錢壹百叁拾文正
式拾式年拾壹月冬至日衆人面議過共
卡本發錢伍百陆拾文正
二十四年七月廿五日文春称去干柴山石六十五斤
的十枚

○
盛法

嘉慶十九年十二月冬至日
砍後門頭松栢模壹根的錢四十文正
式拾式年冬至日衆人面議共本發錢
捌拾柒文正柒年拾月初六日入出錢壹百捌
拾文面議明白此錢歸盛起夫人宮用

3-1-59-19　清道光四年黄氏天地人三房置祭墓簿（一九）

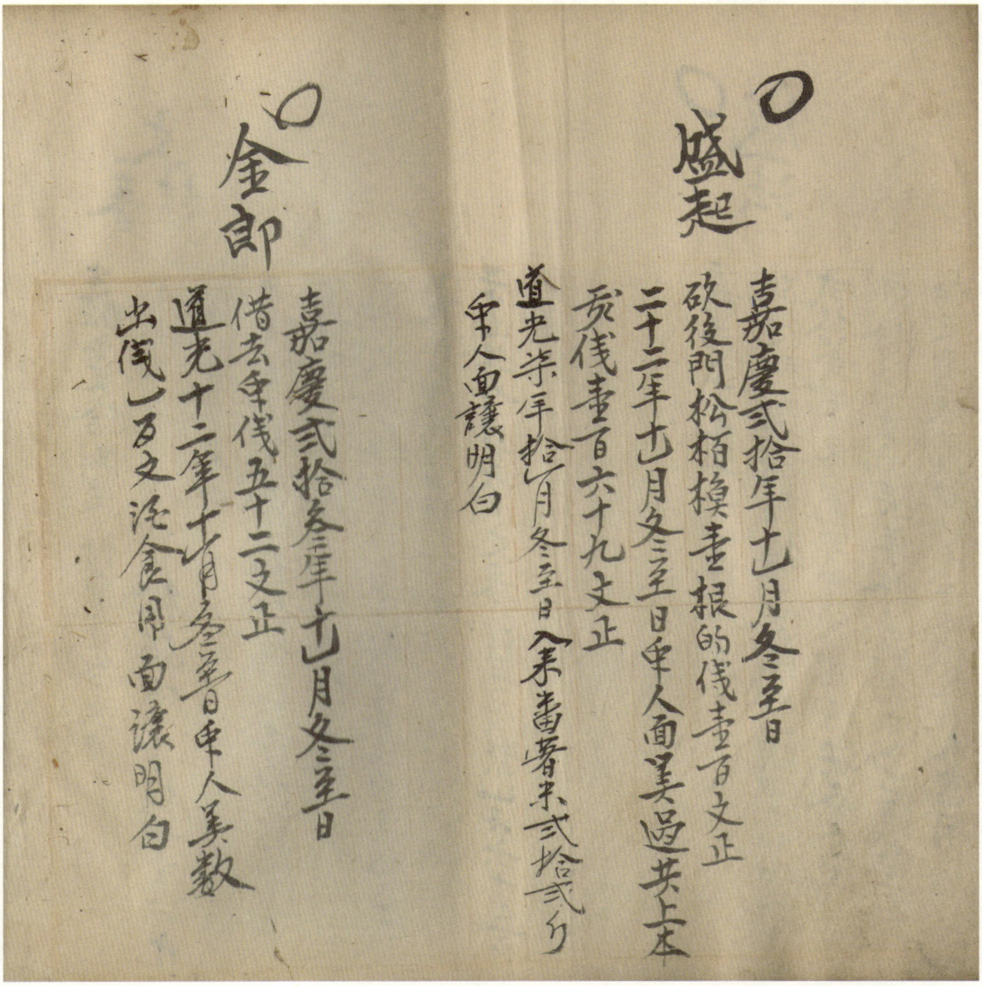
〇盛起
嘉慶弍拾年十二月冬至日
砍後門松栢樸壹根的錢壹百文正
二十二年十二月冬至日衆人面算過共上本
錢壹百六十九文正
道光柒年拾二月冬至日入未畨薯米弍拾弍斤
衆人面議明白

〇金郎
嘉慶弍拾叁年十二月冬至日
借去衆錢五十二文正
道光十二年十二月冬至日衆人算數
出錢一百文治食用面議明白

3-1-59-20 清道光四年黄氏天地人三房置祭墓簿（二〇）

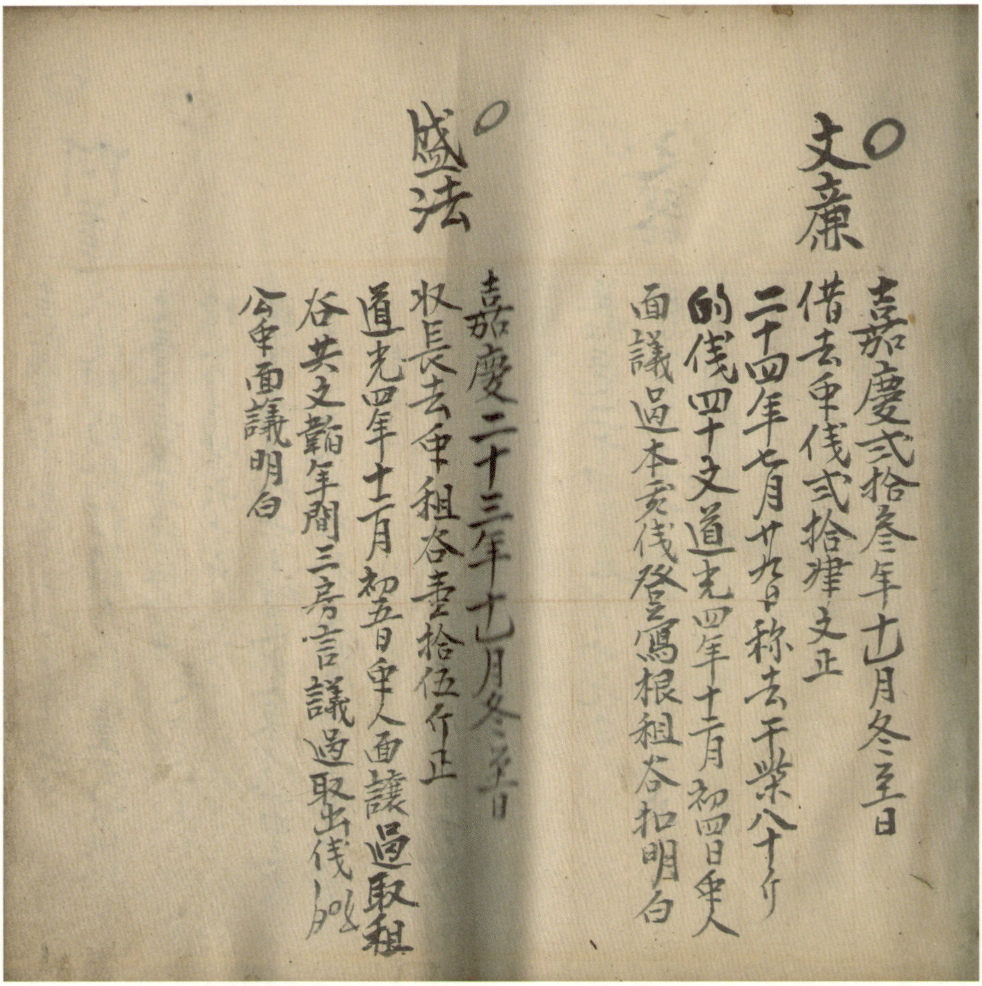

文〇廉

嘉慶弍拾叁年十二月冬至日
借去众钱弍拾肆文正
二十四年七月廿九日称去干柴八十斤
的钱四十文道光四年十二月初四日众人
面議過本息钱登寫根租谷扣明白

盛〇法

嘉慶二十三年十二月冬至日
收長去众租谷壹拾伍斤正
道光四年十二月初五日众人面議過取租
谷共文韜年間三房言議過取出钱舩
公众面議明白

3-1-59-21　清道光四年黄氏天地人三房置祭墓簿（二一）

6

阿蓮

嘉慶二十五年十一月冬至日

砍後門頭松柏樣壹根重弍百玖拾斤正

文春分去柴壹百伍拾斤　三人合共五百斤的卞酒

增水分去柴六十斤

柴平拾月初六日增水下入來伐廿四文面讓明白

文春下入來伐肆拾文柴伐兩畬起夫人宮用

面讓明白

〇文器

嘉慶二十四年七月廿九日

称去干柴壹百斤的卞五十文正

中人面讓過明白

3-1-59-22　清道光四年黄氏天地人三房置祭墓簿（二二）

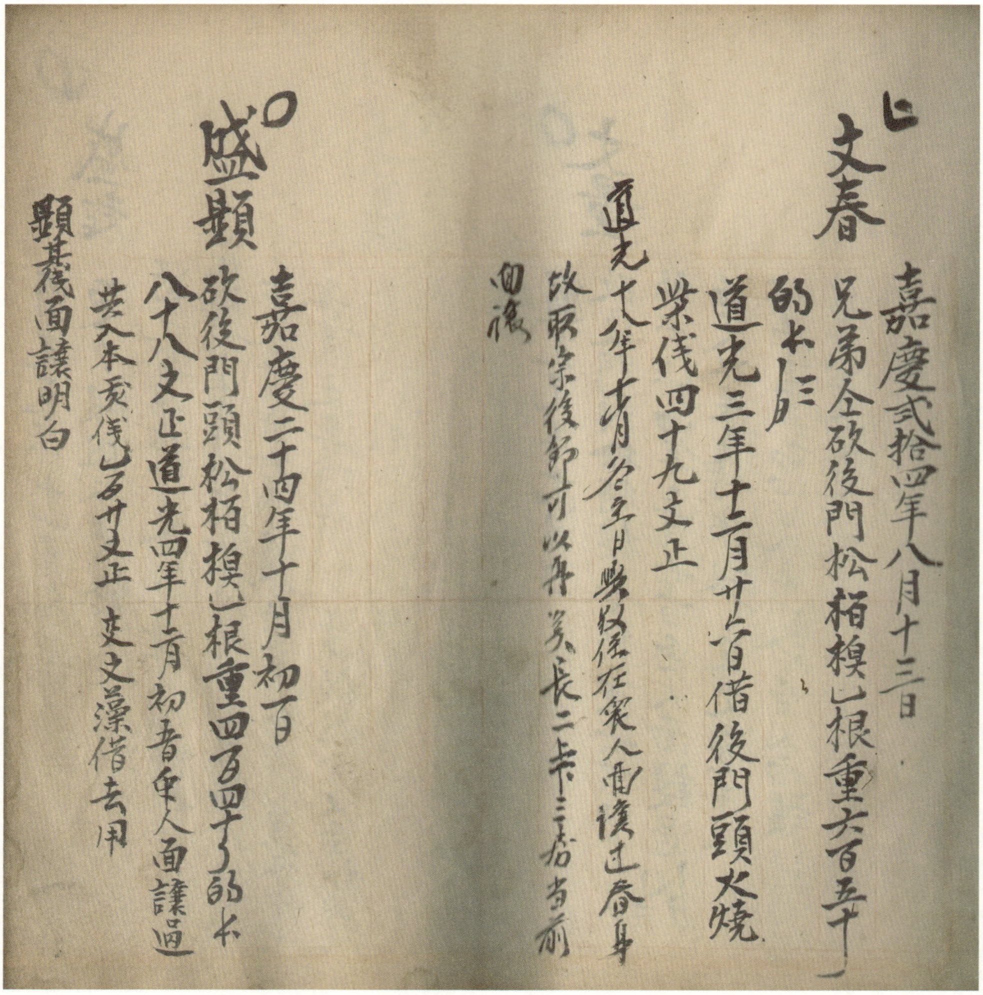

乚文春

嘉慶式拾四年八月十二日

兄弟仝砍後門松栢摸山根重六百五十一

的大三斤

道光三年十二月廿六日借後門頭火燒

柴钱四十九文正

道光七年十二月念五日衆收住在衆人面議述春身

故取宗後卽可以再罢長二十三名当前

面議

〇盛顗

嘉慶二十四年十月初一日

砍後門頭松栢摸山根重四百四十斤的大

八十八文正道光四年十一月初五日衆人面議過

共入本項钱山百廿文正　交文藻借去用

顗其钱面議明白

3-1-59-23　清道光四年黄氏天地人三房置祭墓簿（二三）

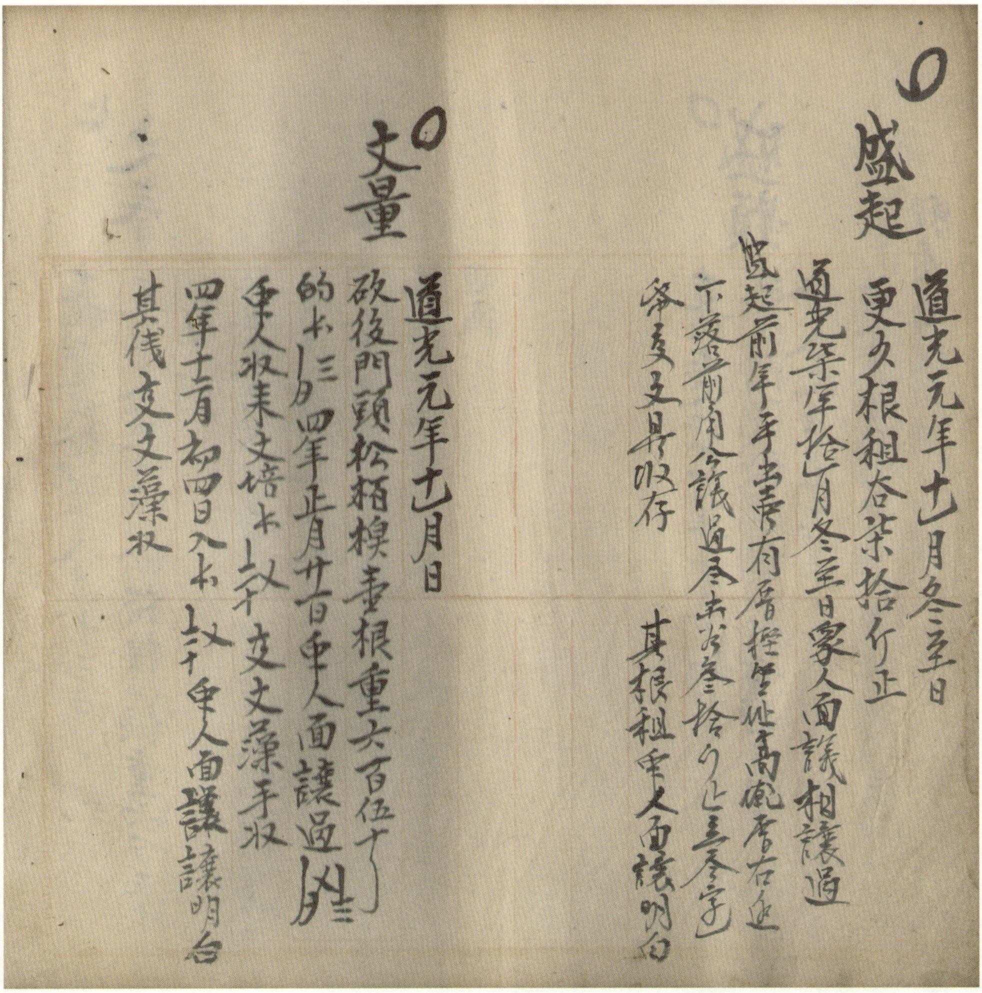

盛起
道光元年十二月冬至日
更夂根租各柒拾斤正
道光柒年拾二月冬至日衆人面議相讓過
盛起前年手内有屠控坐址高宬厝右边
下落前開分議過各出谷叁拾斤正三冬完
係支文昌收存
其根租衆人面議明白

文量
道光元年十二月日
砍後門頭松栢樸壹根重六百伍十斤
的卜三月 四年正月廿五日衆人面議過月三
衆人收来文培卜 上秤 交文藻手收
四年十二月初四日入卜 上秤 衆人面議 議明白
其錢交文藻收

3-1-59-24 清道光四年黄氏天地人三房置祭墓簿（二四）

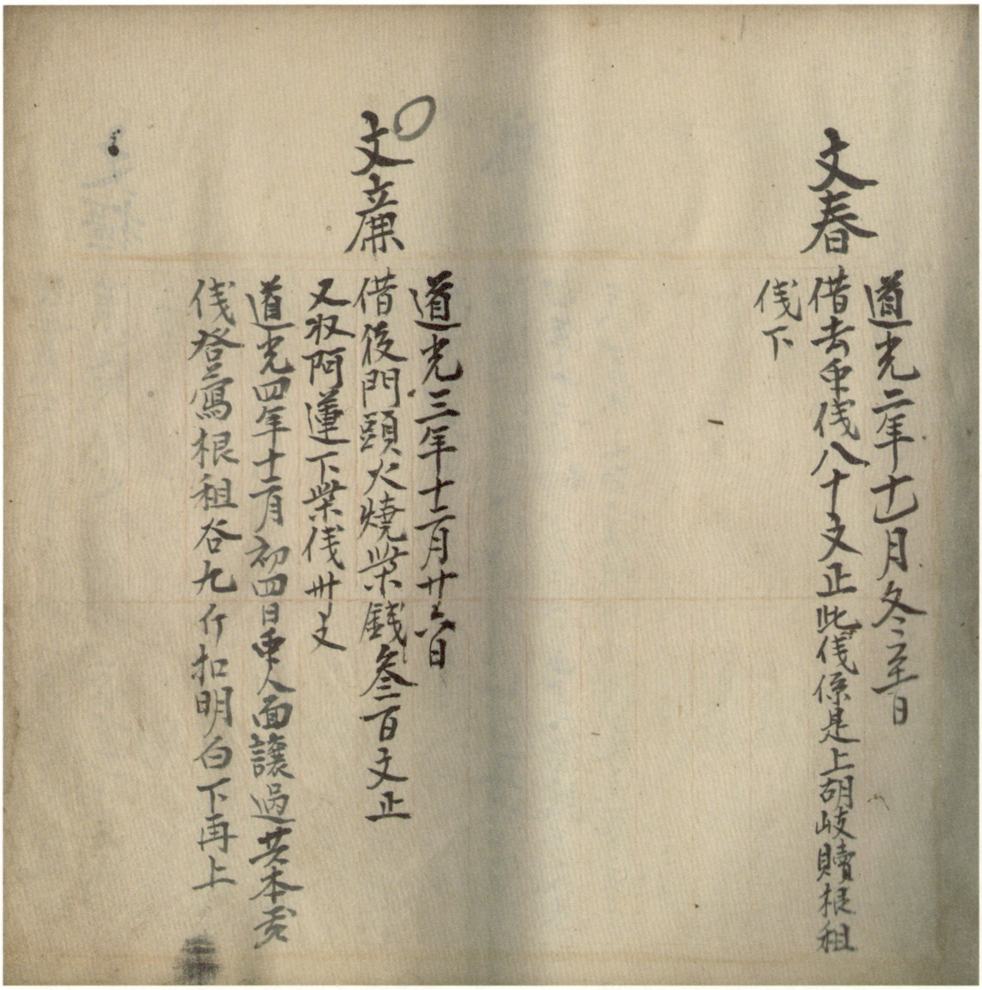
文春
道光二年十二月冬至日
借去本伐八十文正此伐係是上胡岐贖根祖
伐下

文廉
道光三年十二月廿二日
借後門頭火燒柴錢叁百文正
又叔阿蓮下柴伐卅文
道光四年十二月初四日衆人面議過黃本秀
伐谷為根祖谷九斤扣明白下再上

3-1-59-25 清道光四年黄氏天地人三房置祭墓簿（二五）

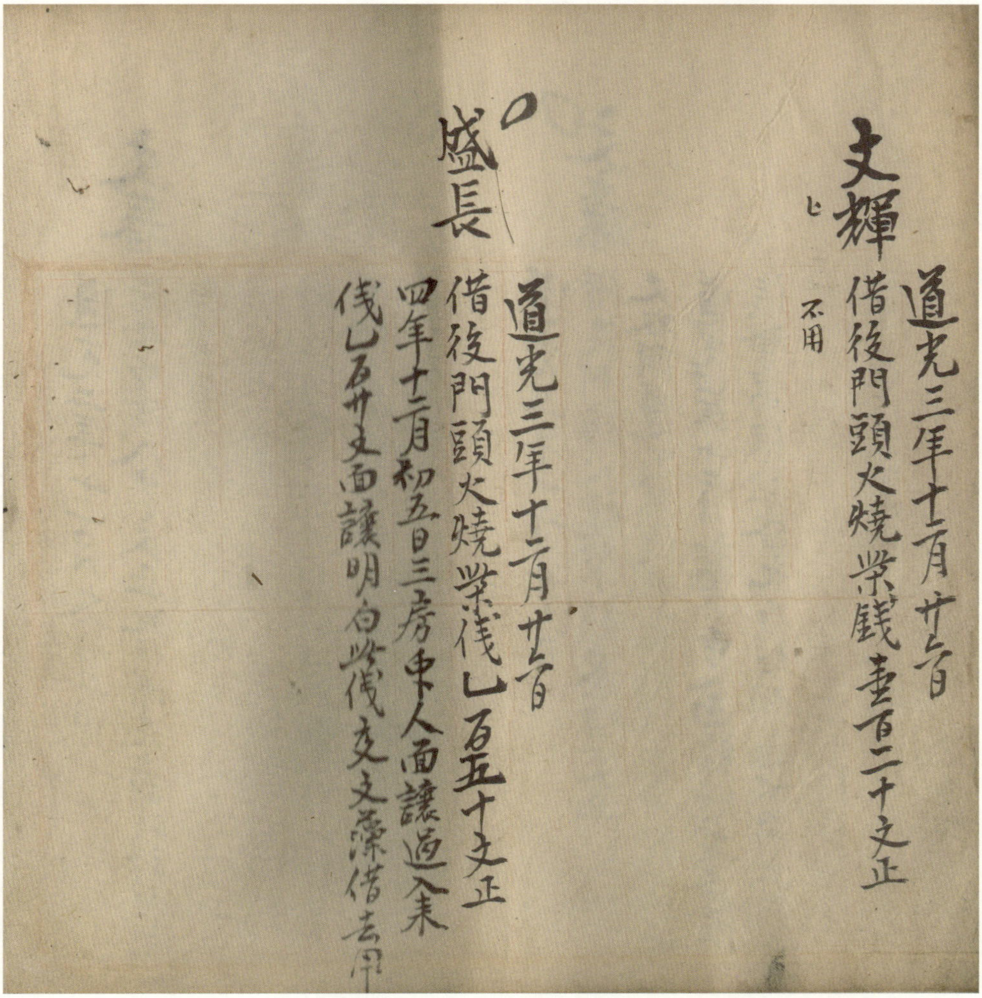

文輝

道光三年十二月廿六日

借後門頭火燒棠錢壹百二十文正

不用

盛長

道光三年十二月廿六日

借後門頭火燒棠錢一百五十文正

四年十二月初五日三房衆人面讓道光來

錢一百廿文面讓明白此錢交文藻借去用

3-1-59-26　清道光四年黄氏天地人三房置祭墓簿（二六）

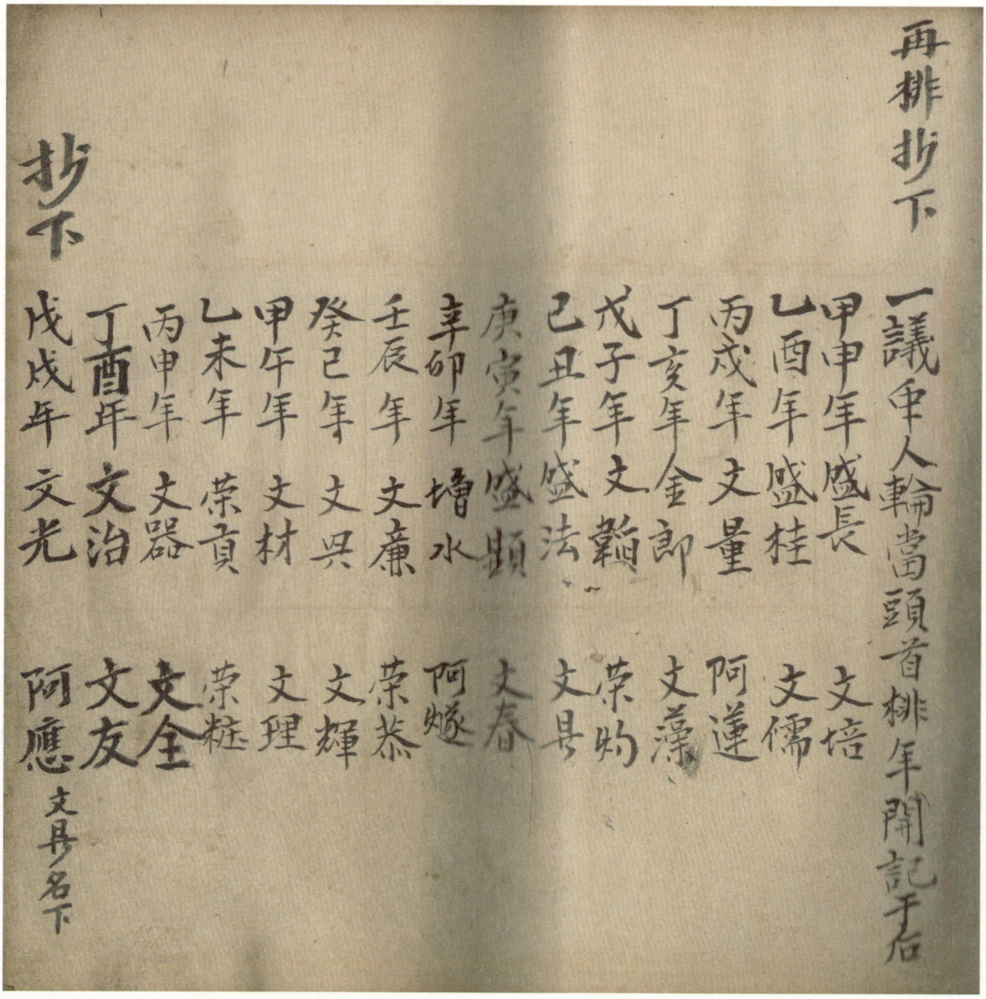
再排抄下
一議衆人輪當頭首排年開記于后
甲申年盛長 文培
乙酉年盛桂 文儒
丙戌年文量 阿蓮
丁亥年金郎 文藻
戊子年文翰 榮灼
己丑年盛法 文昇
庚寅年盛顯 文春
辛卯年壇水 阿燧
壬辰年文廉 榮恭
癸巳年文興 文輝
甲午年文材 文理
乙未年榮貢 榮粧
丙申年文器 文全
丁酉年文治 文友
抄下
戊戌年文光 阿應 文昇名下

3-1-59-27　清道光四年黄氏天地人三房置祭墓簿（二七）

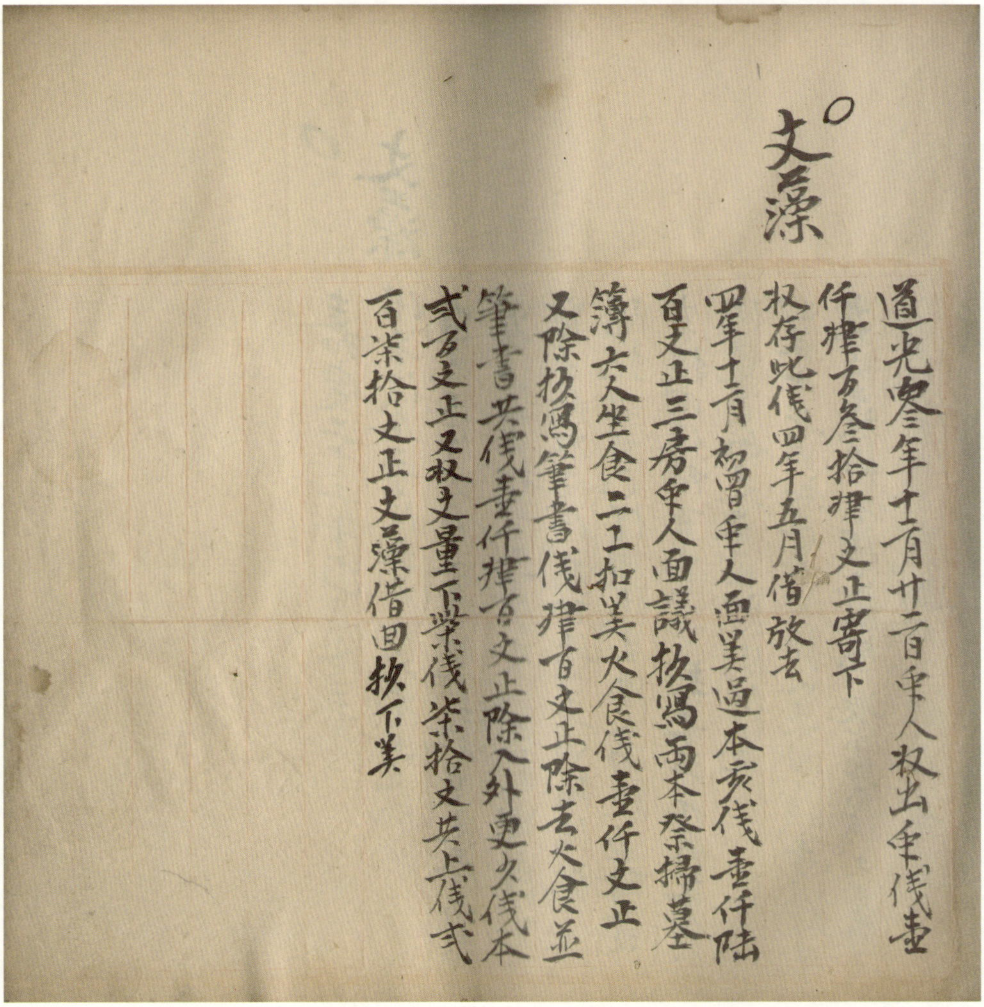

文藻

道光叁年十二月廿二日衆人收出衆錢壹
仟肆百叁拾肆文正寄下
收存此錢四年五月借放去
四年十一月初四日衆人面算過本利錢壹仟陸
百文正三房衆人面議抄寫兩本祭掃墓
簿衆人坐食二工扣美火食錢壹仟文正
又除抄寫筆書錢肆百文正除去火食並
筆書共錢壹仟肆百文正除入外更欠錢本
弍百文正又收文量工一下業錢柒拾文共上錢弍
百柒拾文正文藻借回收下美

3-1-59-28　清道光四年黄氏天地人三房置祭墓簿（二八）

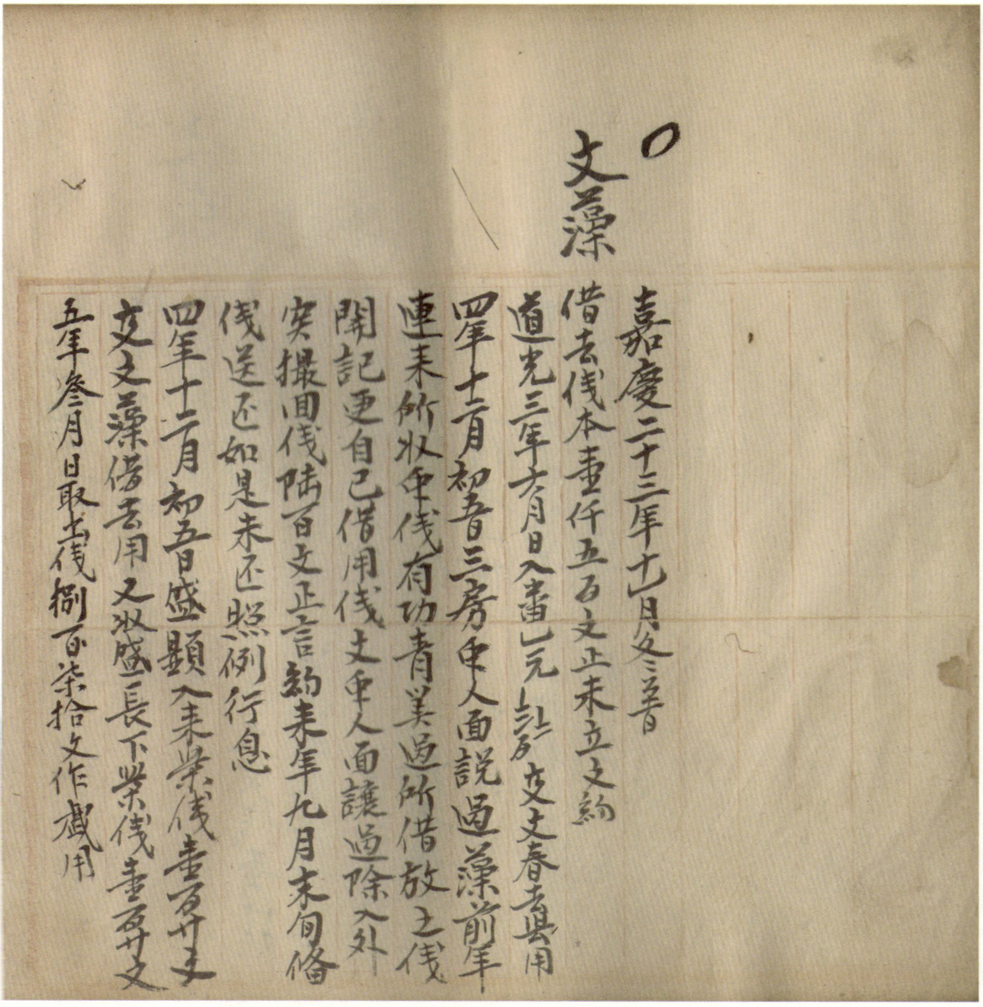
○文藻

嘉慶二十三年十二月廿三日
借去錢本壹仟五百文正未立文約
道光三年六月日入當山元地房文丈春去與用
四年十二月初六日三房衆人面說過藻前年
連來所收衆錢有功青美過所借放之錢
開記更自己借用錢丈衆人面議過除入外
實撥回錢陸百文正言約來年九月末旬備
錢送還如是未還照例行息
四年十二月初五日盛顯入來衆錢壹百廿文
文丈文藻借去用又收盛長下衆錢壹百廿文
五年叁月日取去錢捌百柒拾文作處用

3-1-59-29　清道光四年黃氏天地人三房置祭墓簿（二九）

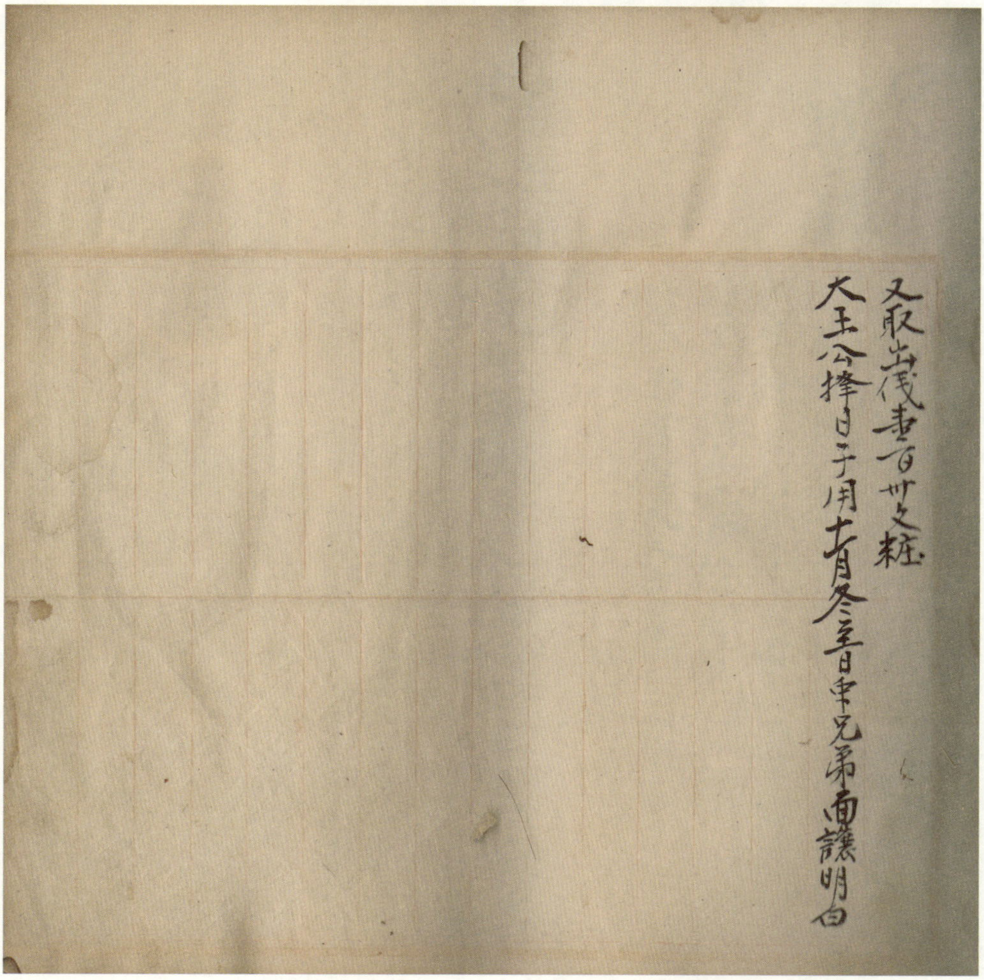

又取出錢壹百廿文粧
大王公擇日子用十二月冬至日衆兄弟面議明白

3-1-59-30　清道光四年黄氏天地人三房置祭墓簿（三〇）

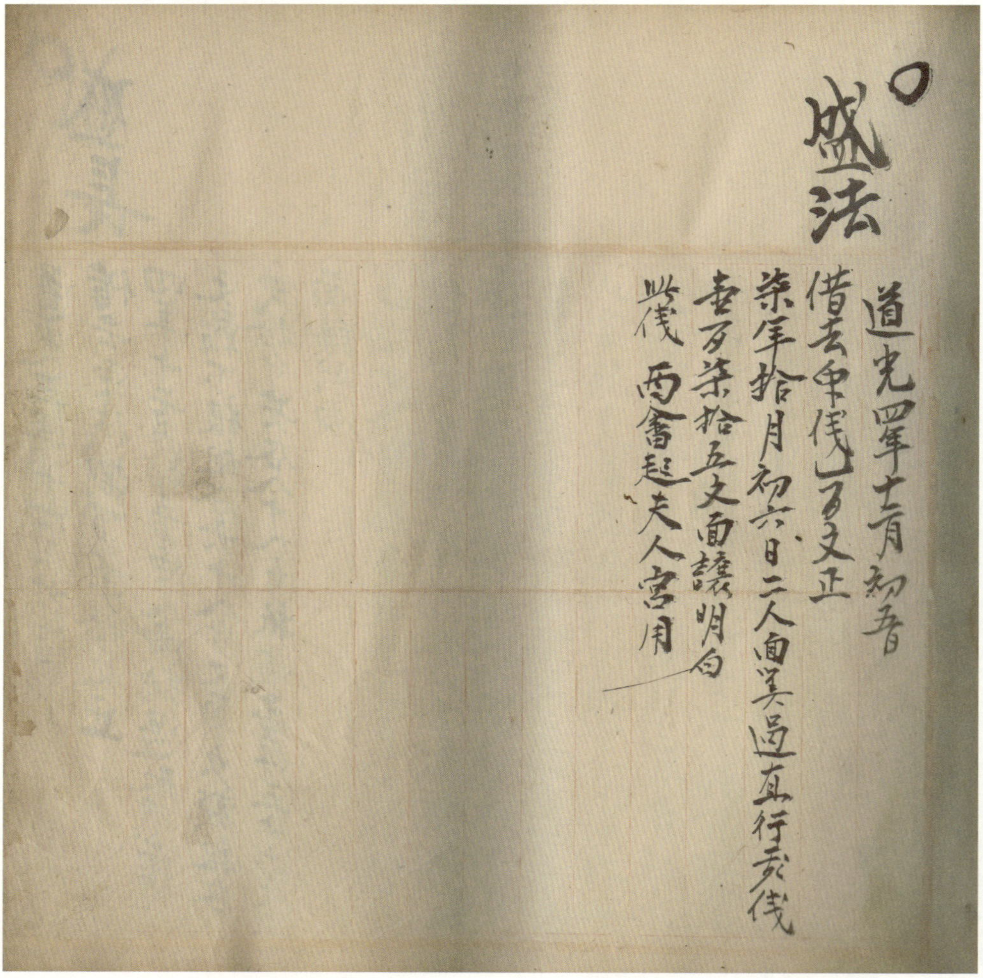
盛法
道光四年十二月初吾
借去本钱□万文正
柒年拾月初六日二人面算過直行欠钱
壹万柒拾五文面讓明白
此钱 兩會趕夫人宮用

3-1-59-31 清道光四年黄氏天地人三房置祭墓簿（三一）

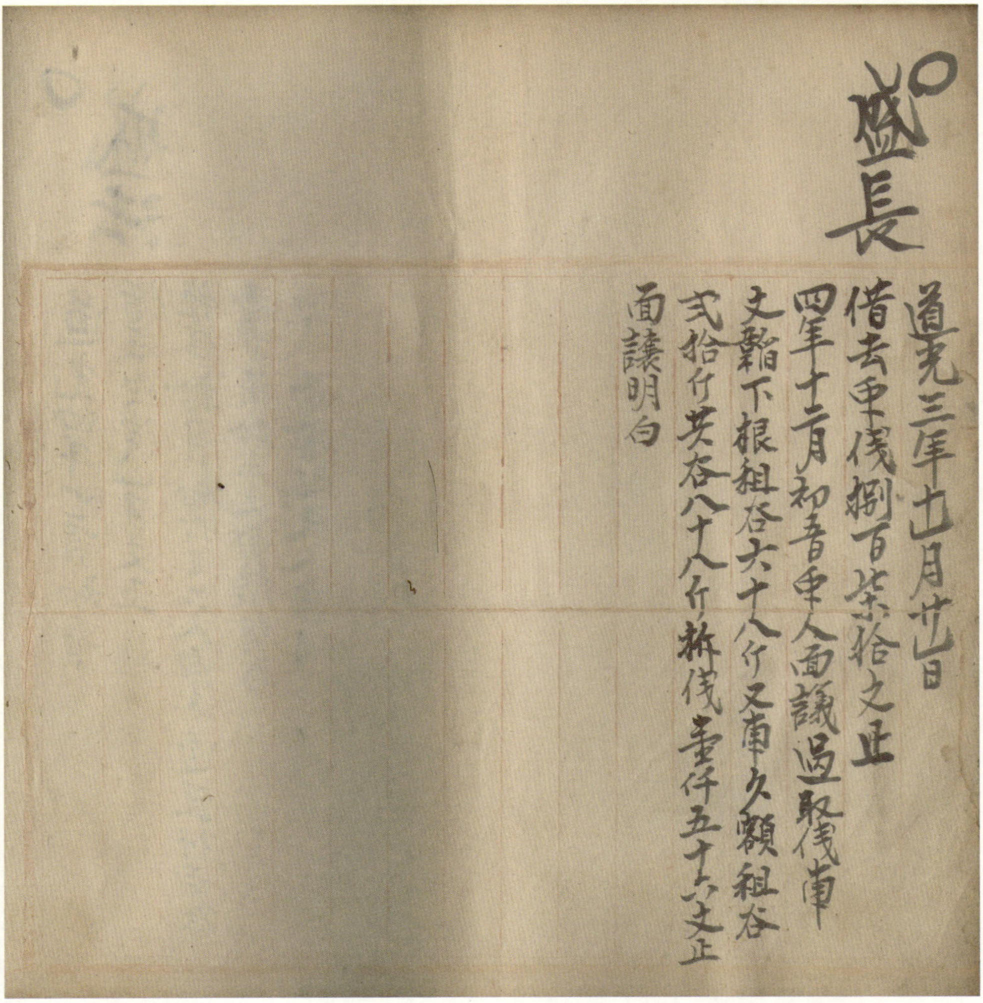

○盛長

道光三年十二月廿八日
借去本錢捌百柒拾文正
四年十二月初八日本人面議過取錢肉
文谿下根租谷六十八斤又肉欠額租谷
弍拾斤共谷八十八斤折錢壹仟五十六文正
面議明白

3-1-59-32 清道光四年黄氏天地人三房置祭墓簿（三二）

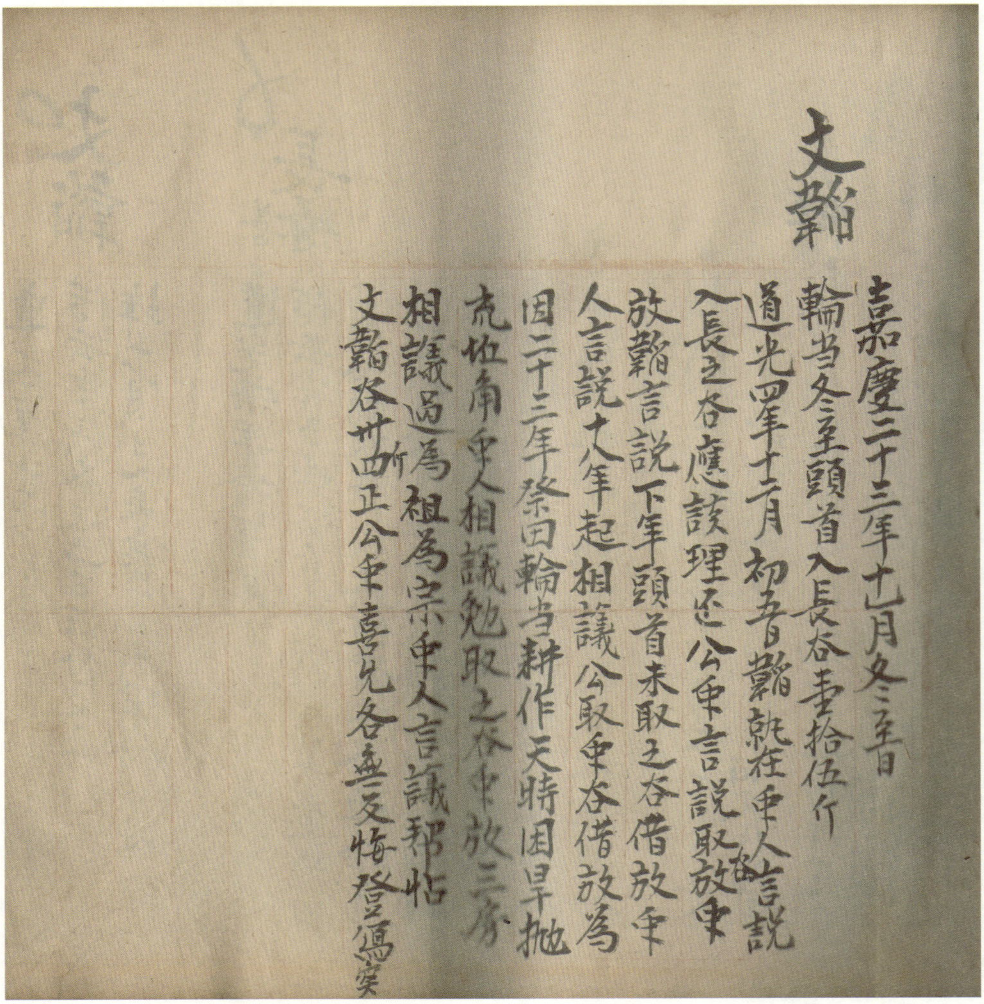

文鬮

嘉慶二十三年十一月冬至吉日
輪当冬至頭首入長谷壹拾伍仟
道光四年十二月初五日鬮就在众人各言説
入長之谷應該理还公众言説取放众
放鬮言説下年頭首未取之谷借放众
人言説大八年起相議公取众谷借放為
因二十三年祭田輪当耕作天時困旱拋
荒佐甬众人相議勉取之谷串放三房
相議過為祖為宗众人言議邦帖
文鬮各卅四所正公众喜允各無反悔登簿實

3-1-59-33 清道光四年黄氏天地人三房置祭墓簿（三三）

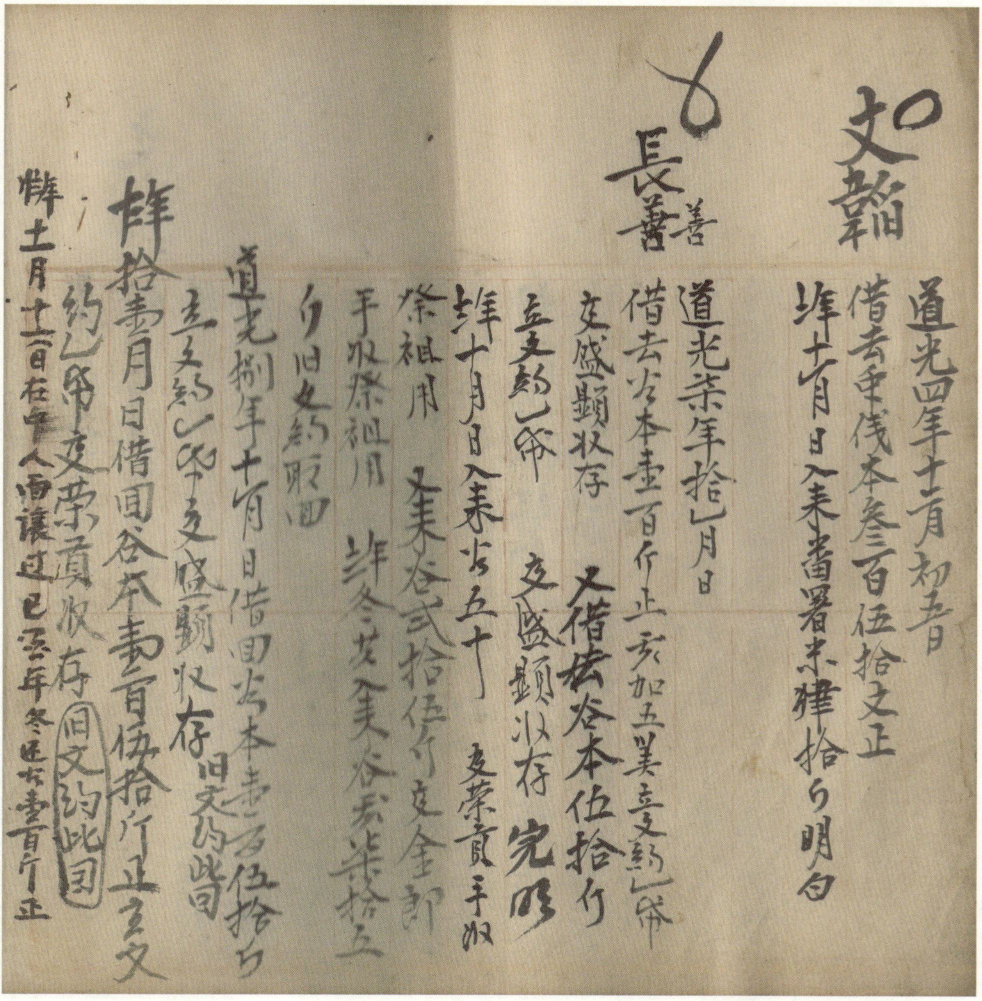
文韜

道光四年十一月初一日
借去本錢本叁百伍拾文正
其年十二月日入來當暑未肆拾文明白

長善

道光柒年拾乙月日
借去谷本壹百斤止共加五美立文約乙帋
交盛顯收存
立文約乙帋　又借去谷本伍拾斤
交盛顯收存　完明
其年十月日入來谷五十斤　交榮貢手收
祭祖用　又來谷貳拾伍斤交金郎
手收祭祖用　其冬共入來谷共柒拾五
乙旧文約取回

道光捌年十一月日借田谷本壹百伍拾斤
立文約乙帋交盛顯收存　旧文約此回

肆拾壹月日借田谷本壹百伍拾斤正立文
約乙帋交文榮貢收存　旧文約此回
肆十二月十二日在中人面議過已五年冬還本壹百斤正

3-1-59-34　清道光四年黄氏天地人三房置祭墓簿（三四）

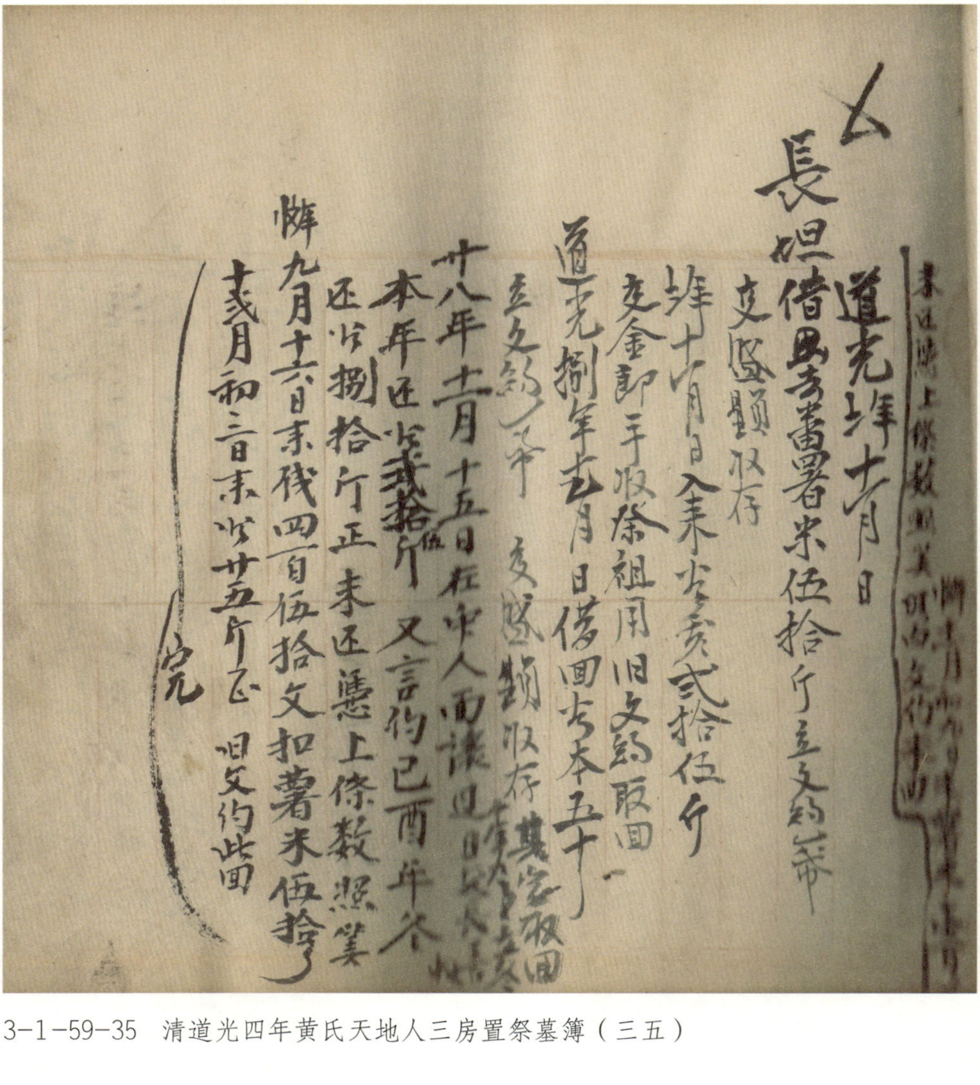
長
道光肆年十二月　日
姐借出去番薯米伍拾斤立文約帋
交監頭收存
肆年十二月　日入來米壹百式拾伍斤
交金郎手收祭祖用旧文約取回
道光捌年五月　日借回米本五十斤
立文約一帋　交監頭收存　其字取回
廿八年十二月十五日在中人面議
本年还米式拾伍斤　又言約己酉年冬
还米捌拾斤正　未还　憑上條數照業
肆九月十六日來錢四百伍拾文扣著米伍拾斤
壹月初二日來米廿五斤足　旧文約此回
完

3-1-59-35　清道光四年黄氏天地人三房置祭墓簿（三五）

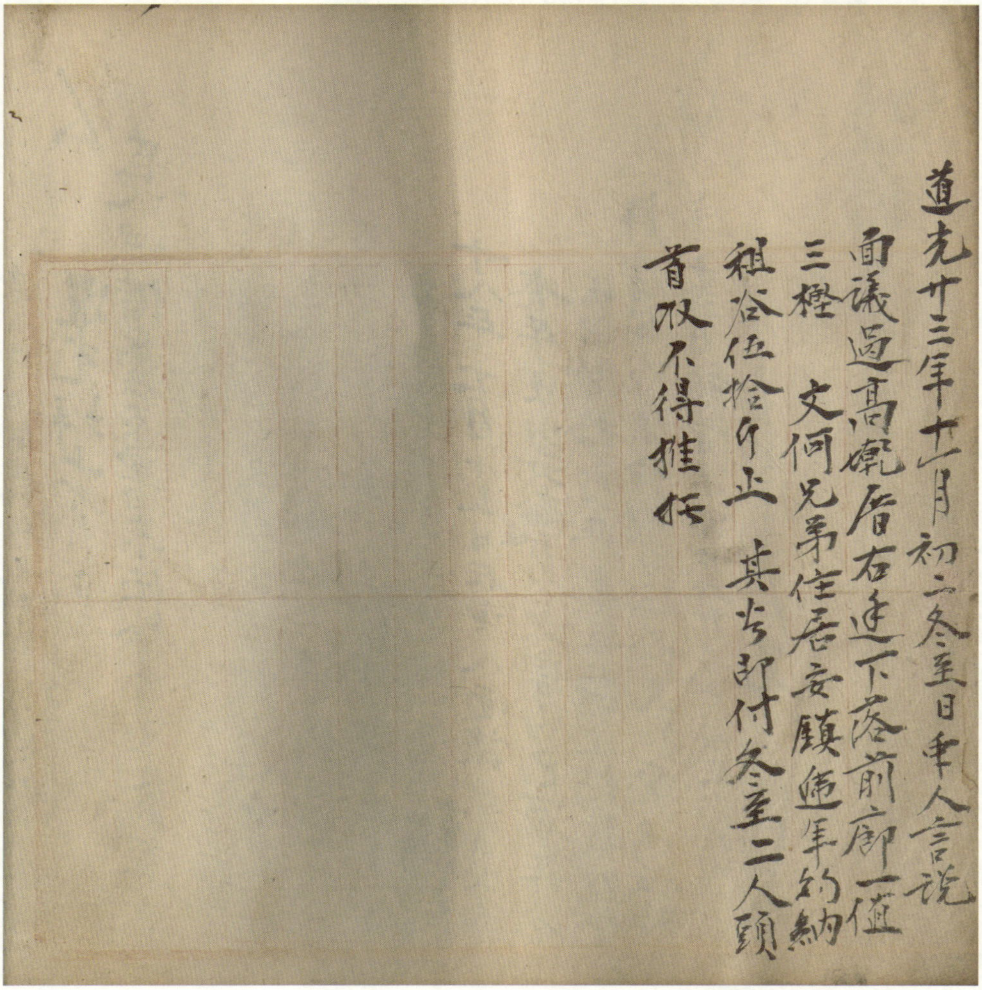

道光廿三年十二月初二冬至日衆人言説
面議過高巃唇右邊下落前廊一個
三欉　文何兄弟住居安頓逐年約納
租谷伍拾斤止　其谷即付冬至二人頭
首收不得推托

3-1-59-36　清道光四年黄氏天地人三房置祭墓簿（三六）

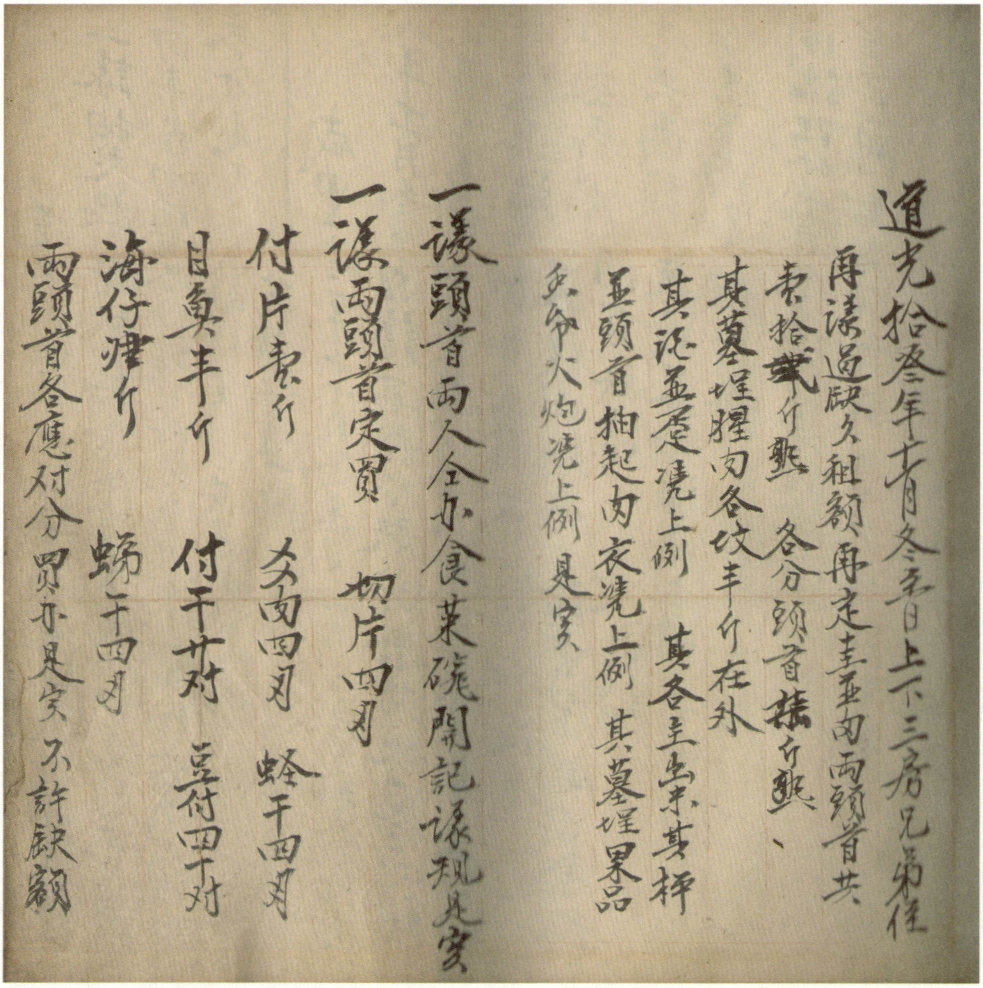
道光拾叁年十二月冬至日上下三房兄弟叔侄
再議過缺久租額再定圭亜內兩頭首共
壹拾貳斤點 各分頭首[illegible]斤點、
其墓埕內各收半斤在外
其設亞歷澆上例 其各至出米其秤
亞頭首抽起內衣澆上例 其墓埕果品
及爺火炮澆上例是实
一議頭首兩人全办食菜碗開記議規是实
一議兩頭首定買 切片四斤
付片壹斤 又面四斤 蛏干四斤
目魚半斤 付干廿対 豆付四十対
海仔肆斤 蟒干四斤
兩頭首各應対分買办是实不許缺額

3-1-59-37 清道光四年黄氏天地人三房置祭墓簿（三七）

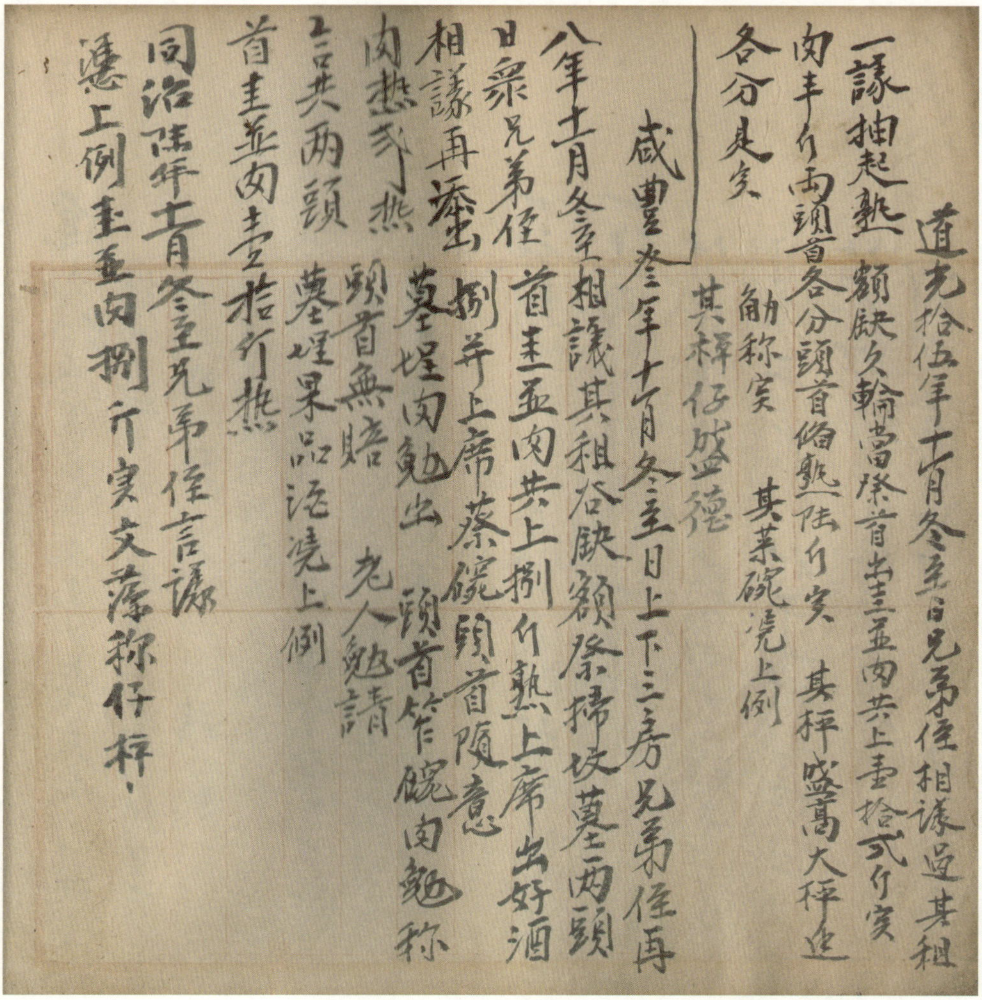
道光拾伍年十一月冬至日兄弟侄相議追其租
一議抽起熟額缺久輸當祭首出主盃肉共上壹拾弍斤實
內丰斤兩頭首各分頭首俗熟陆斤實　其秤盛高大秤追
各分是实　勧称实　其菜碗澆上例
其秤仔盛德
咸豐叁年十一月冬至日上下三房兄弟侄再
八年十一月冬至相議其租谷缺額祭掃坟墓兩頭
日衆兄弟侄　首主盃肉共上捌斤熟上席出好酒
相議再添出　捌斤上席蔡碗頭首隨意
內熟弍斤熟　墓塋肉勉出　頭首管碗肉勉称
二百共兩頭　頭首無賠　光人勉請
首主盃肉壹拾斤熟　墓塋果品澆上例
同治陆年十一月冬至兄弟侄言議
憑上例主盃肉捌斤实文藻称仔秤

3-1-59-38　清道光四年黄氏天地人三房置祭墓簿（三八）

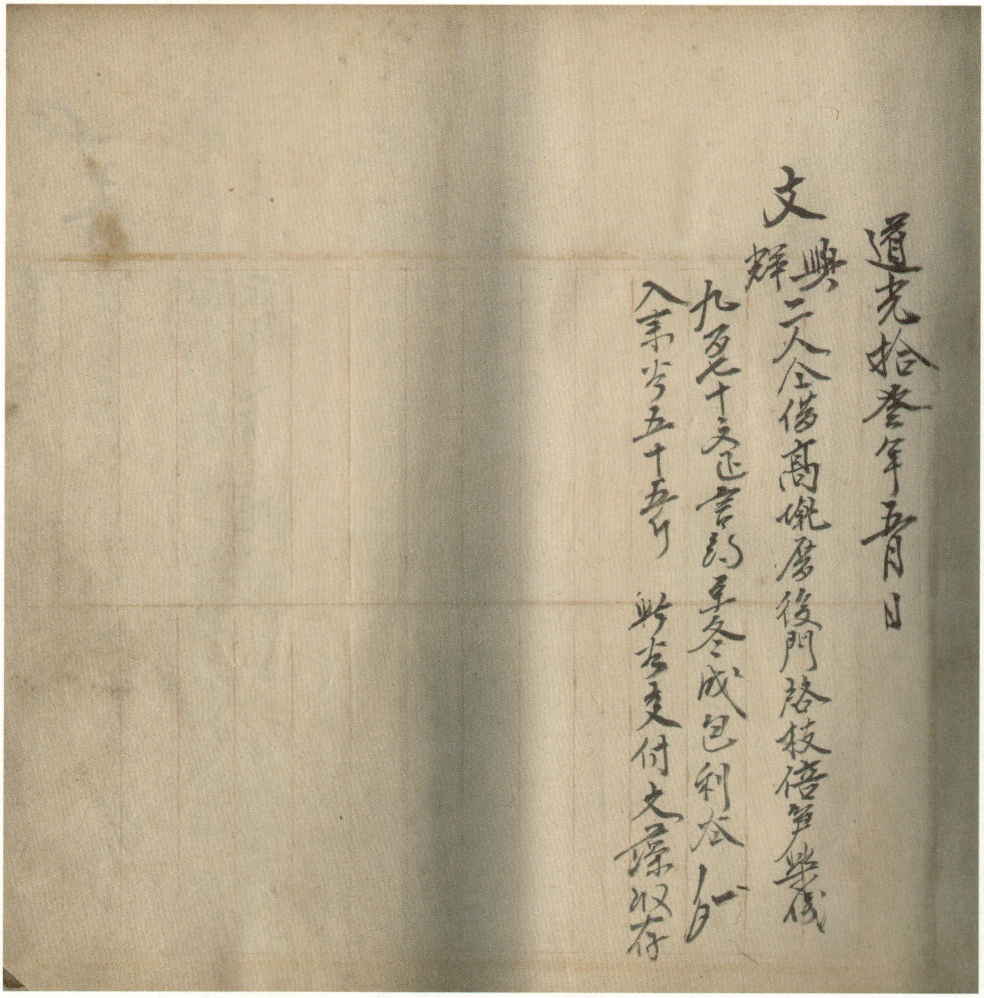

3-1-59-39　清道光四年黄氏天地人三房置祭墓簿（三九）

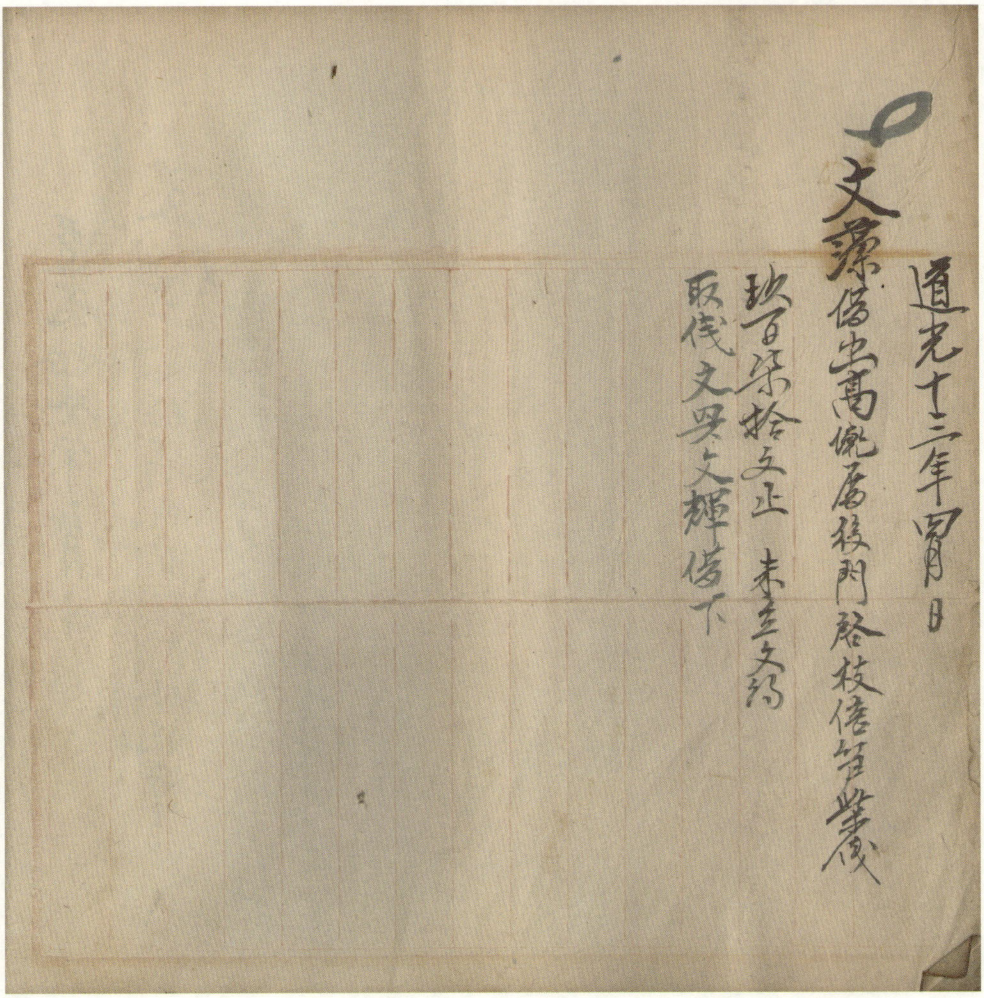
道光十二年四月　日
文藻借出高佩房後門路枝借笪叢
玖百柒拾文正　未立文約
取錢文昊、文輝借下

3-1-59-40　清道光四年黄氏天地人三房置祭墓簿（四〇）

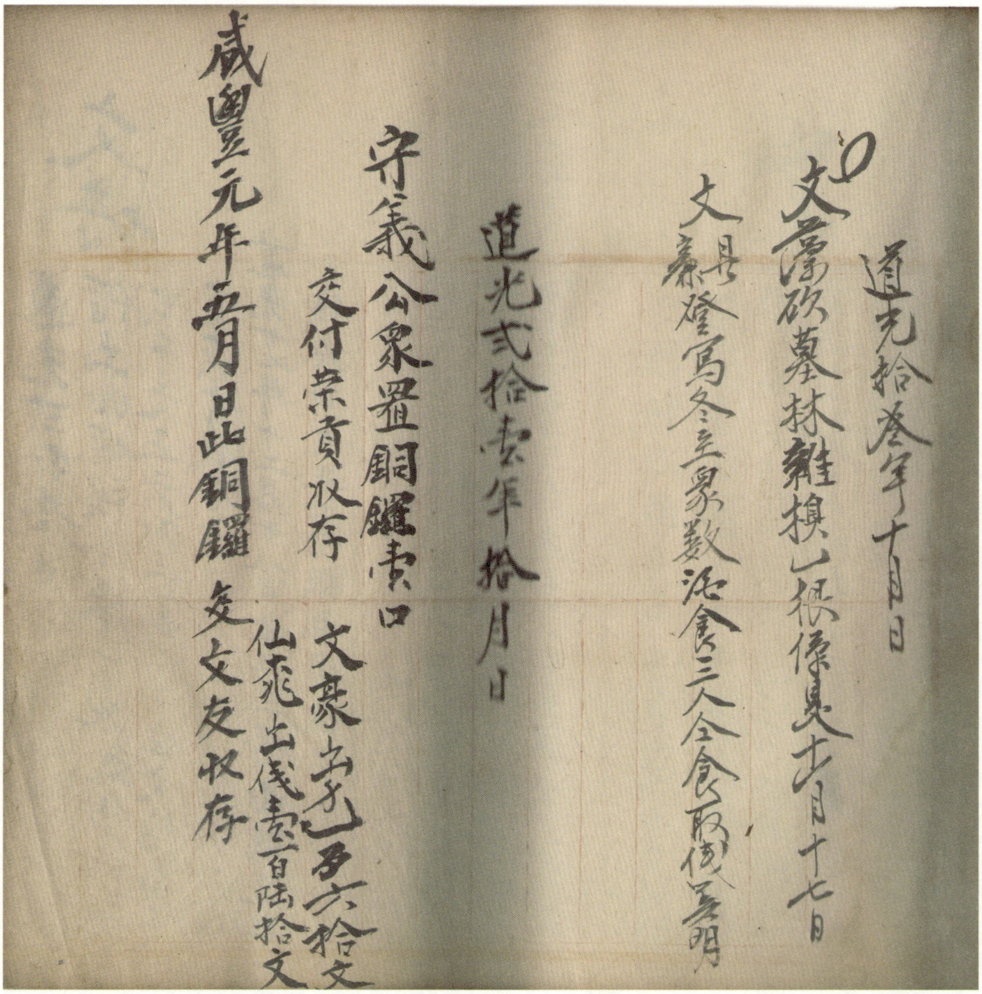
道光拾叁年十月日

〇文澪砍墓林雜樹山根係典去月十七日

文縣昌登寫冬至冢數泥會三人全食取錢算明

道光弍拾壹年拾月日

守義公衆置銅鑼壹口

交付崇貢收存

文豪出孑乙千六拾文

仙飛出錢壹百陸拾文

咸豐元年五月日此銅鑼

交文友收存

3-1-59-41　清道光四年黄氏天地人三房置祭墓簿（四一）

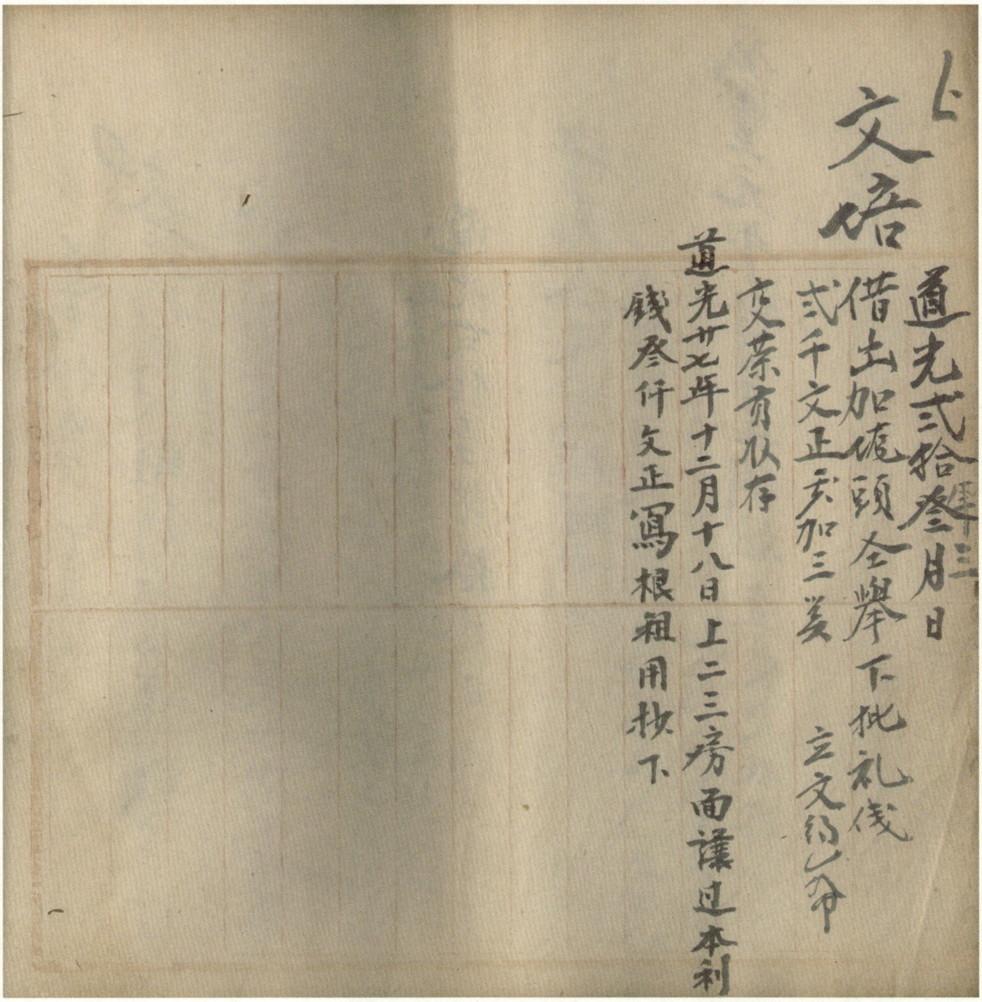
文焙
道光弍拾叁年三月　日
借出加種頭仝舉下批礼錢
弍千文正其加三算　立文約山甲
交茶貢收存
道光廿七年十二月十八日上二三房面議过本利
錢叁仟文正寫根租用抹下

3-1-59-42　清道光四年黄氏天地人三房置祭墓簿（四二）

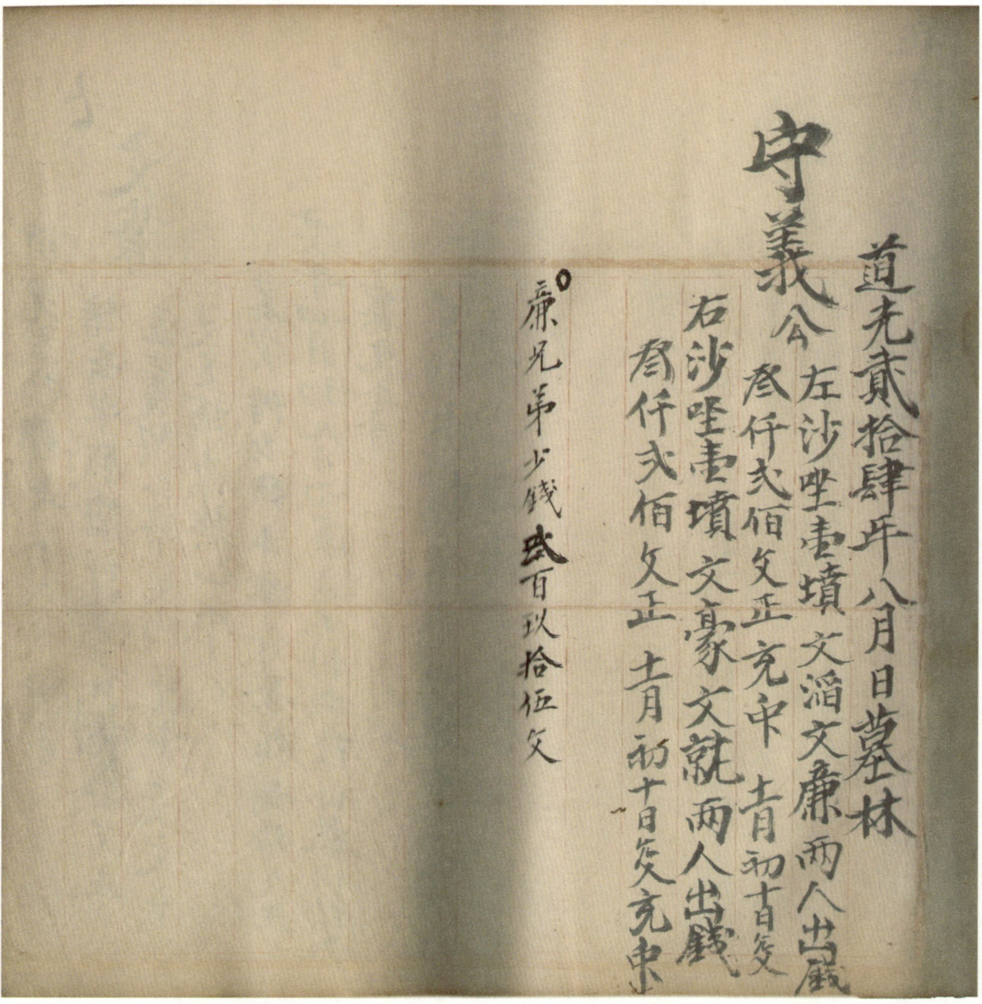
道光貳拾肆年八月日墓林
守義公 左沙坣壹墳 文滔文康兩人出錢
叁仟弍佰文正 充中 十二月初十日交
右沙坣壹墳 文豪文就兩人出錢
叁仟弍佰文正 十二月初十日交充中
康兄弟少錢弍百玖拾伍文

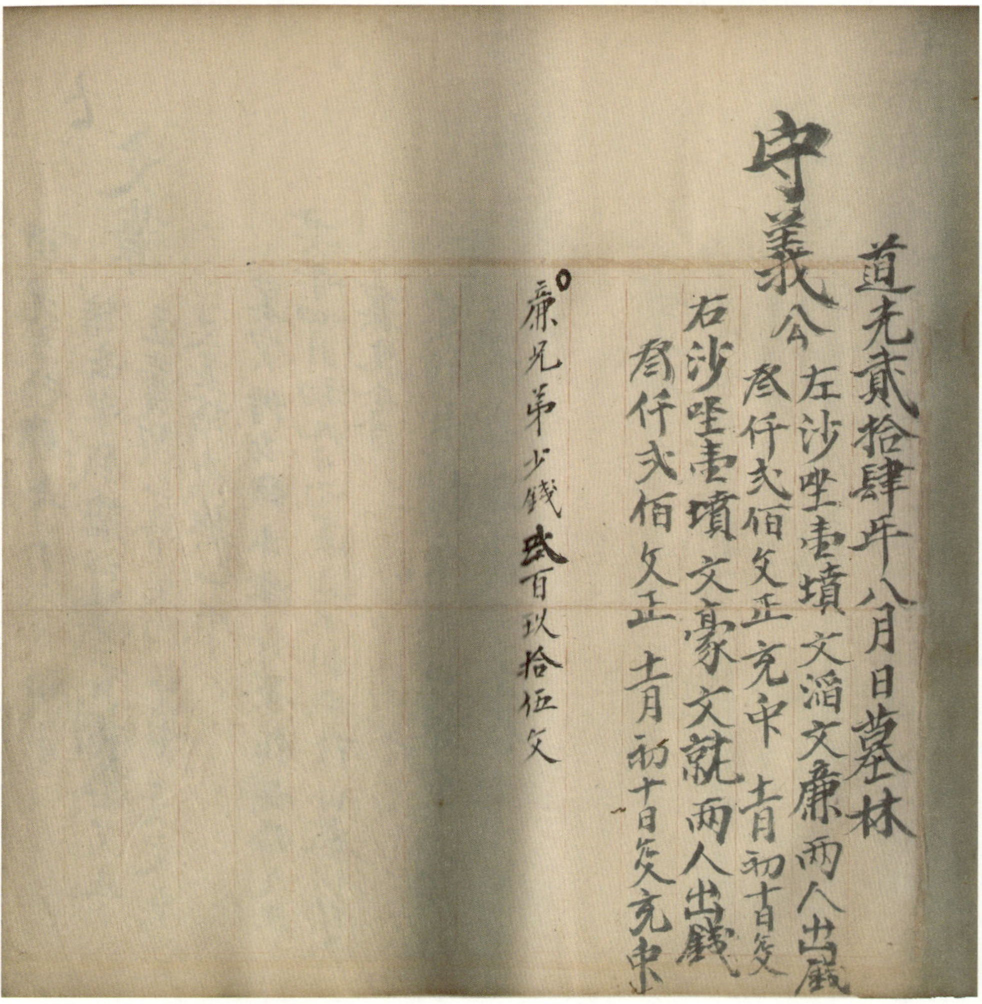

3-1-59-43 清道光四年黄氏天地人三房置祭墓簿（四三）

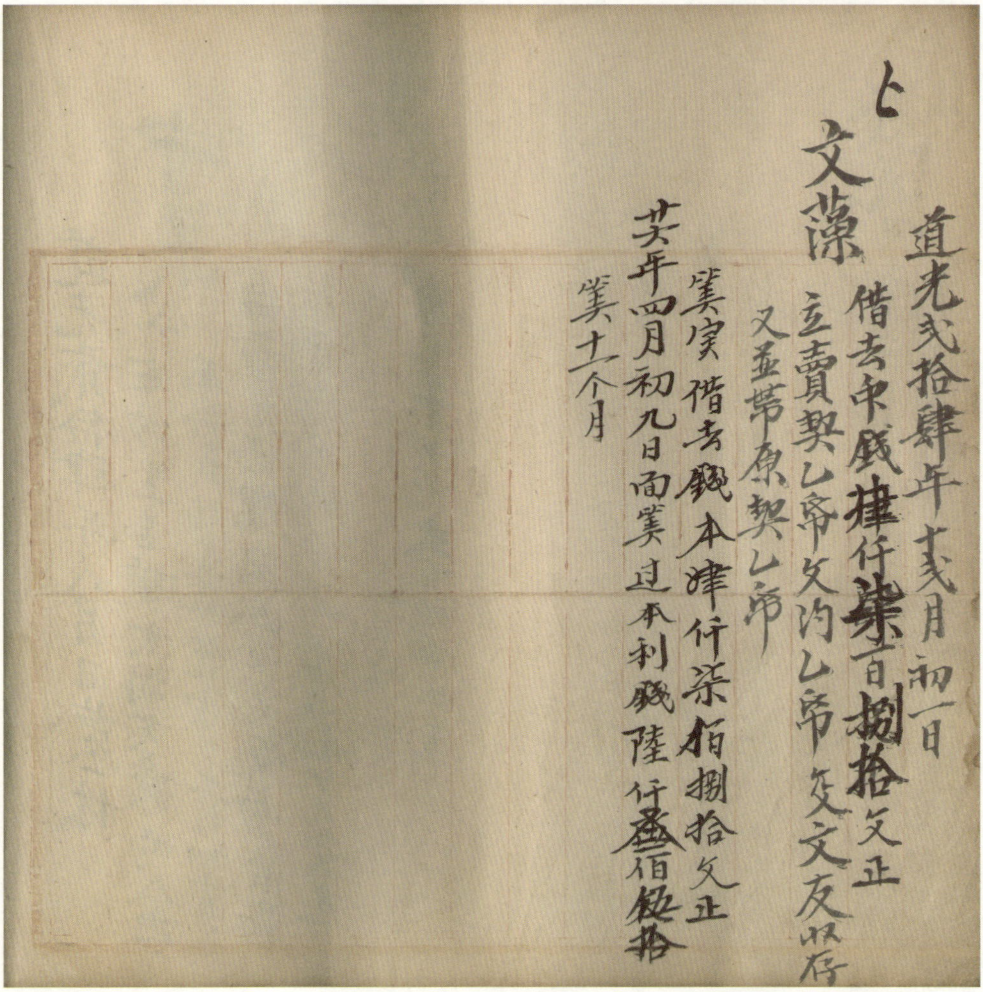
上

文藻

道光弍拾肆年十二月初一日

借去中錢肆仟柒百捌拾文正

立賣契山帝文内山帝交文友收存

又並帶原契山帝

算實借去錢本肆仟柒佰捌拾文正

其年四月初九日面算过本利錢陸仟叁佰捌拾

算十二个月

3-1-59-44　清道光四年黃氏天地人三房置祭墓簿（四四）

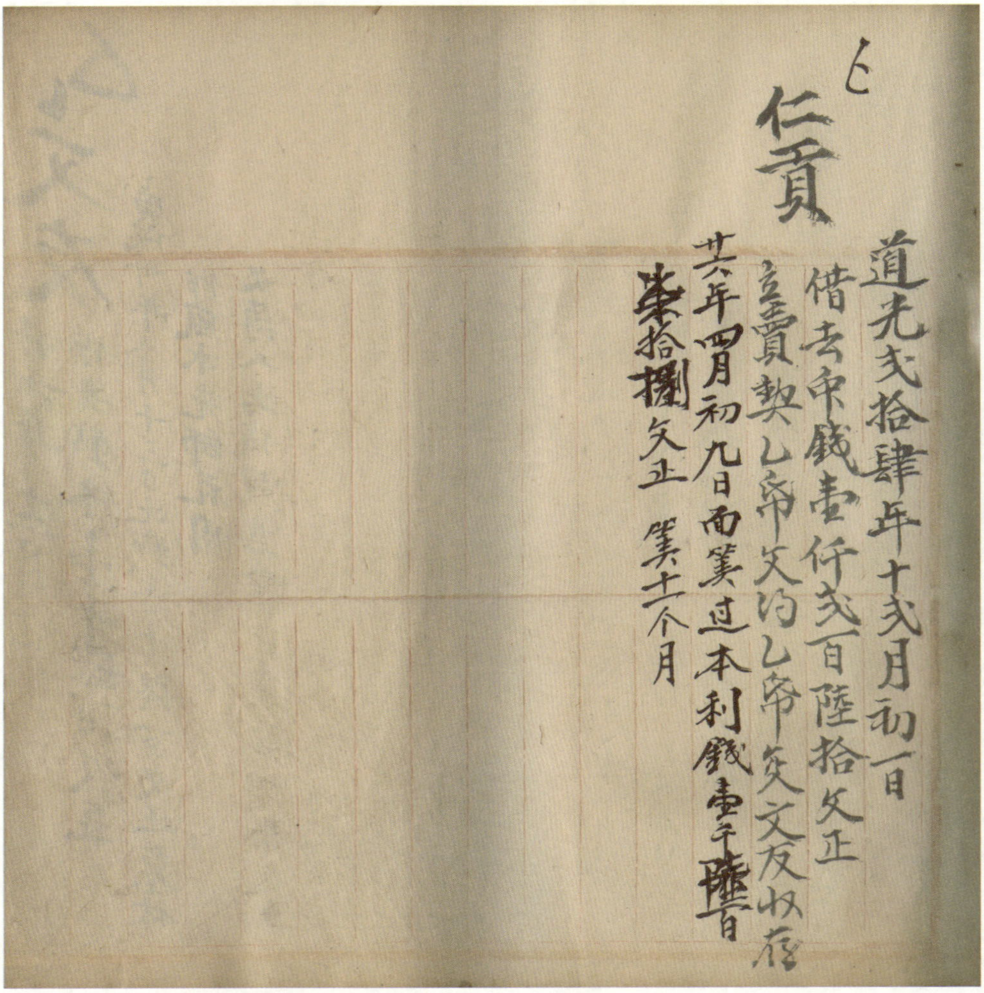

上

仁貢

道光弍拾肆年十弍月初一日

借去本錢壹仟弍百陸拾文正

立賣契山帝文內山帝文文友收存

廿六年四月初九日面算过本利錢壹千陸百

柒拾捌文正　算十一个月

3-1-59-45　清道光四年黄氏天地人三房置祭墓簿（四五）

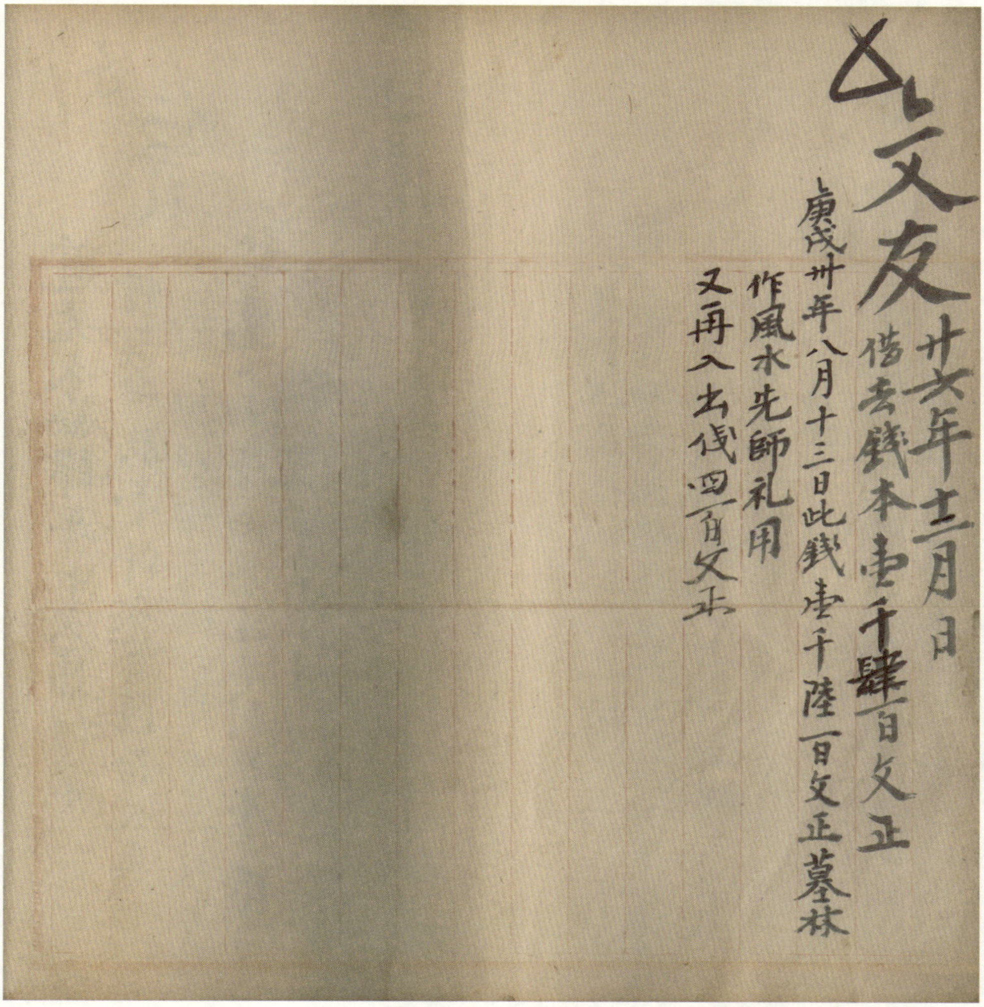

亾文友 廿六年十二月日

借去錢本壹千肆百文正

庚戌卅年八月十三日此錢壹千陸百文正墓林

作風水先師礼用

又再入出伐四百文正

3-1-59-46 清道光四年黄氏天地人三房置祭墓簿（四六）

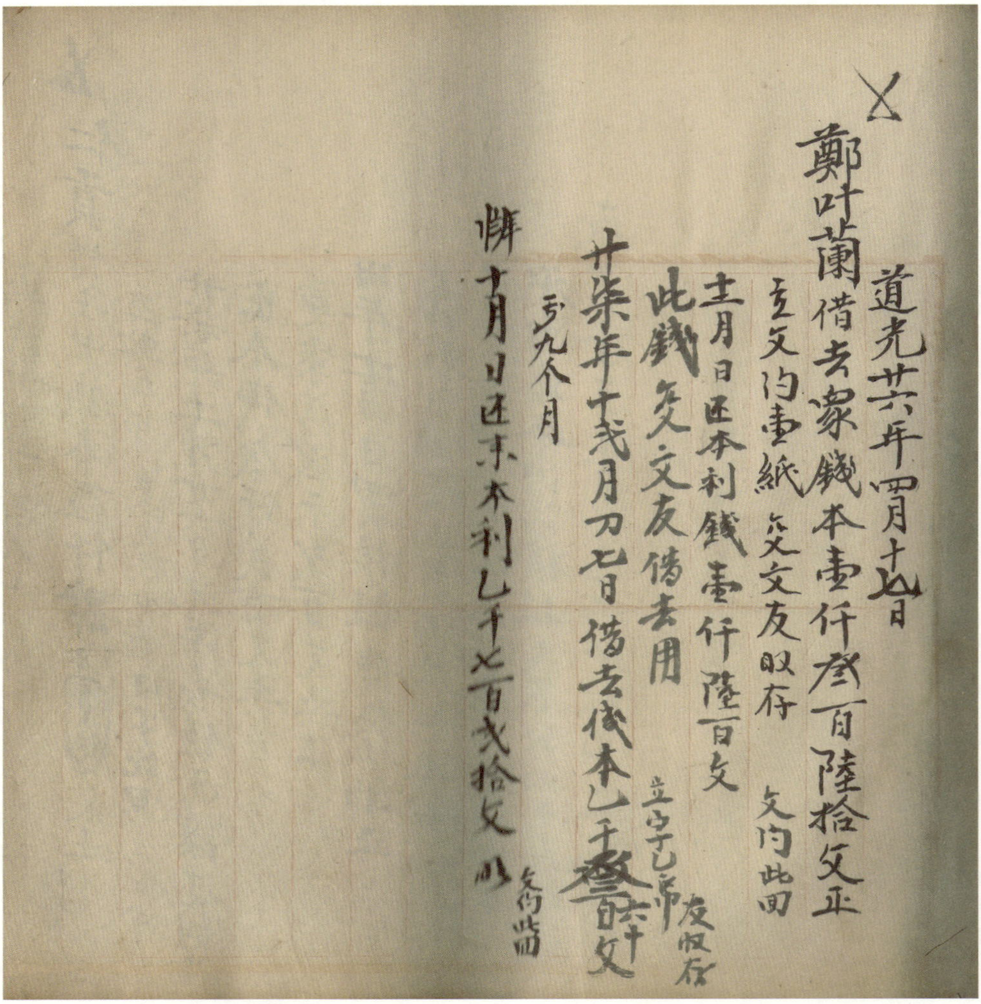

乂
鄭叶蘭
道光廿六年四月十四日
借去家錢本壹仟叁百陸拾文正
立文約壹紙 交文友收存 文約此回
十二月日还本利錢壹仟陸百文
此錢交文友借去用
廿柒年十弍月初七日借去伐本一千叁百六十文 立字一紙交文友收存
去九个月
卅年十月日还本本利一千七百弍拾文 此 [illegible]

3-1-59-47 清道光四年黄氏天地人三房置祭墓簿（四七）

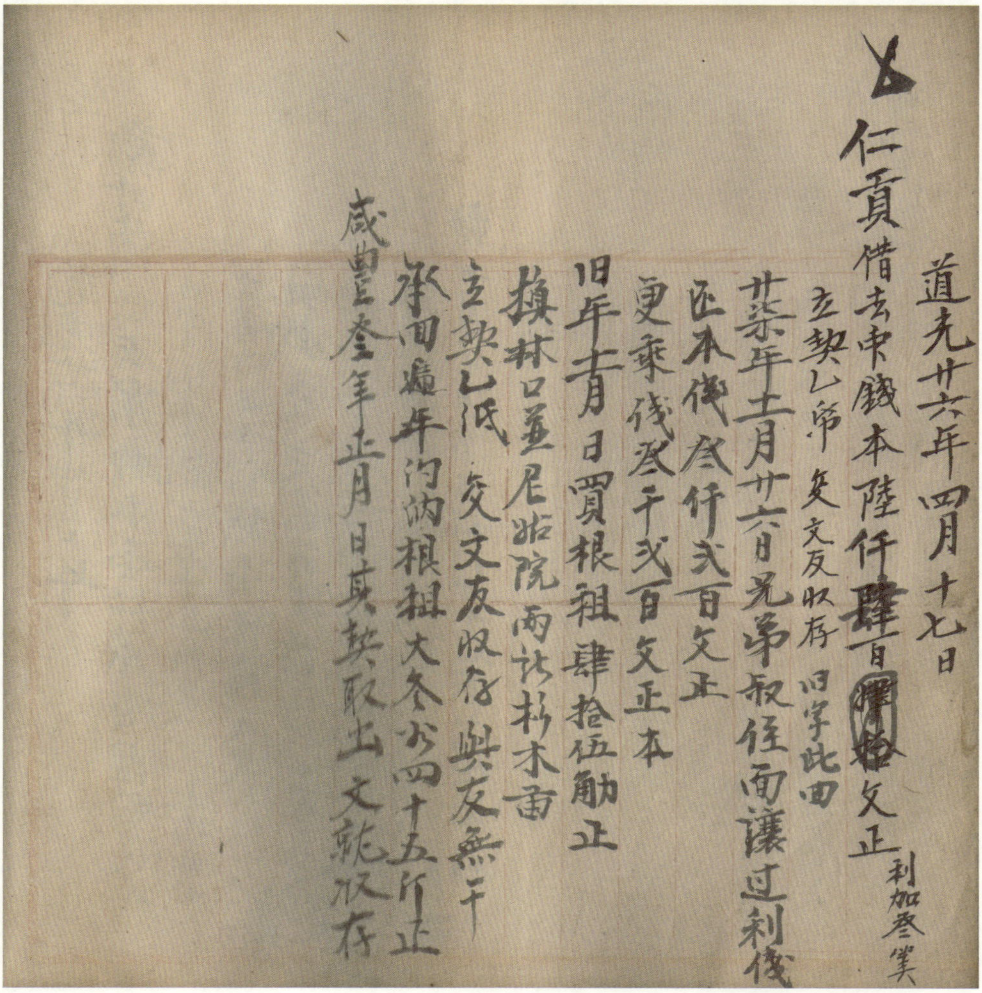
仁貢借去東錢本陸仟肆百捌拾文正

道光廿六年四月十七日　利加叁箕

立契山弟　交文友收存　旧字此田

廿柒年十一月廿六日兄弟叔侄面讓过利钱

连本伸叁仟弍百文正

更乘钱叁千弍百文正本

旧年十月日買根租肆拾伍觔正

換林口蓋尼姑院兩訖杉木亩

立契山氏　交文友收存與友無干

承田遞年汋納根租大冬谷四十五斤正

咸豐叁年正月日其契取出文乾收存

3-1-59-48　清道光四年黄氏天地人三房置祭墓簿（四八）

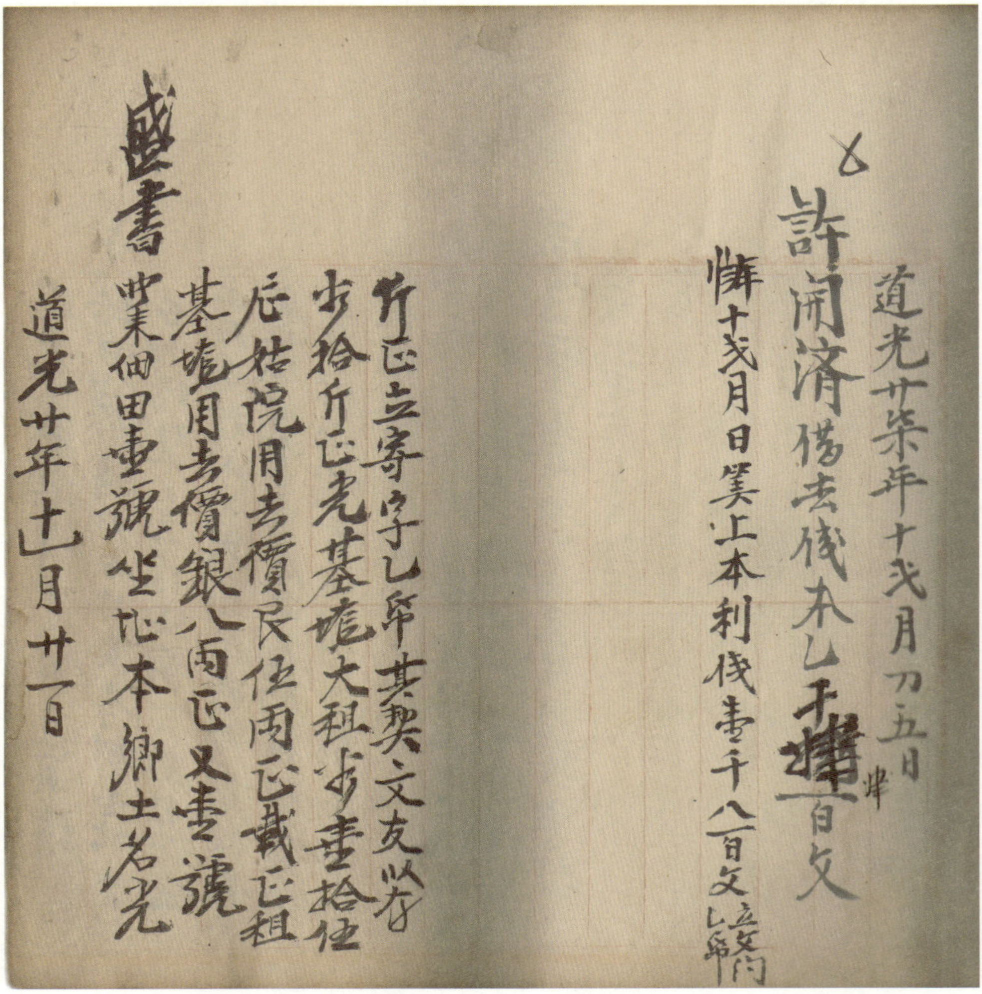

道光廿柒年十弍月初五日
許開濟借去錢本山千肆百文
肆十弍月日筭上本利錢壹千八百文

斤正立寄字乙帋其契文友以存
步拾斤正光基墳大租步壹拾伍
斤正姑院用去價艮伍両正載正租
基墳用去價銀八両正又壹號
世業佃田壹號坐址本鄉土名光
盛書
道光廿年十二月廿一日

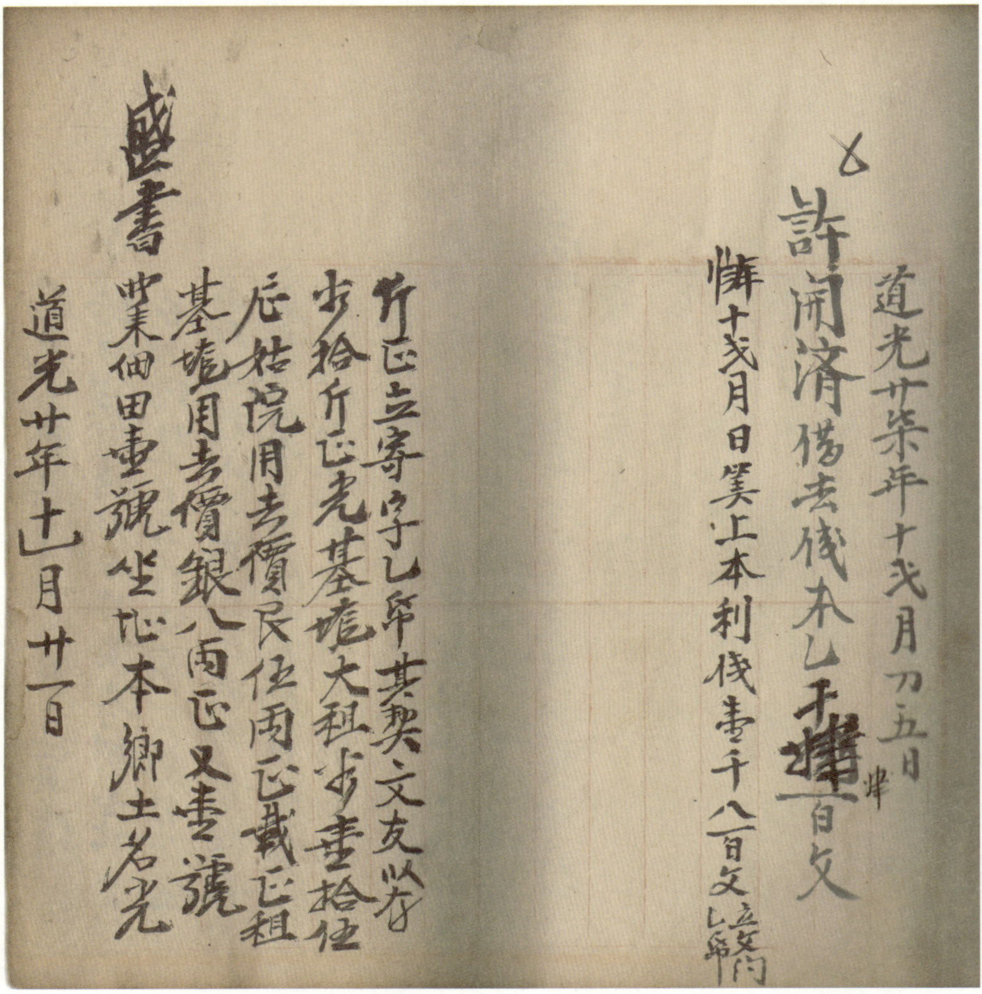

3-1-59-49　清道光四年黄氏天地人三房置祭墓簿（四九）

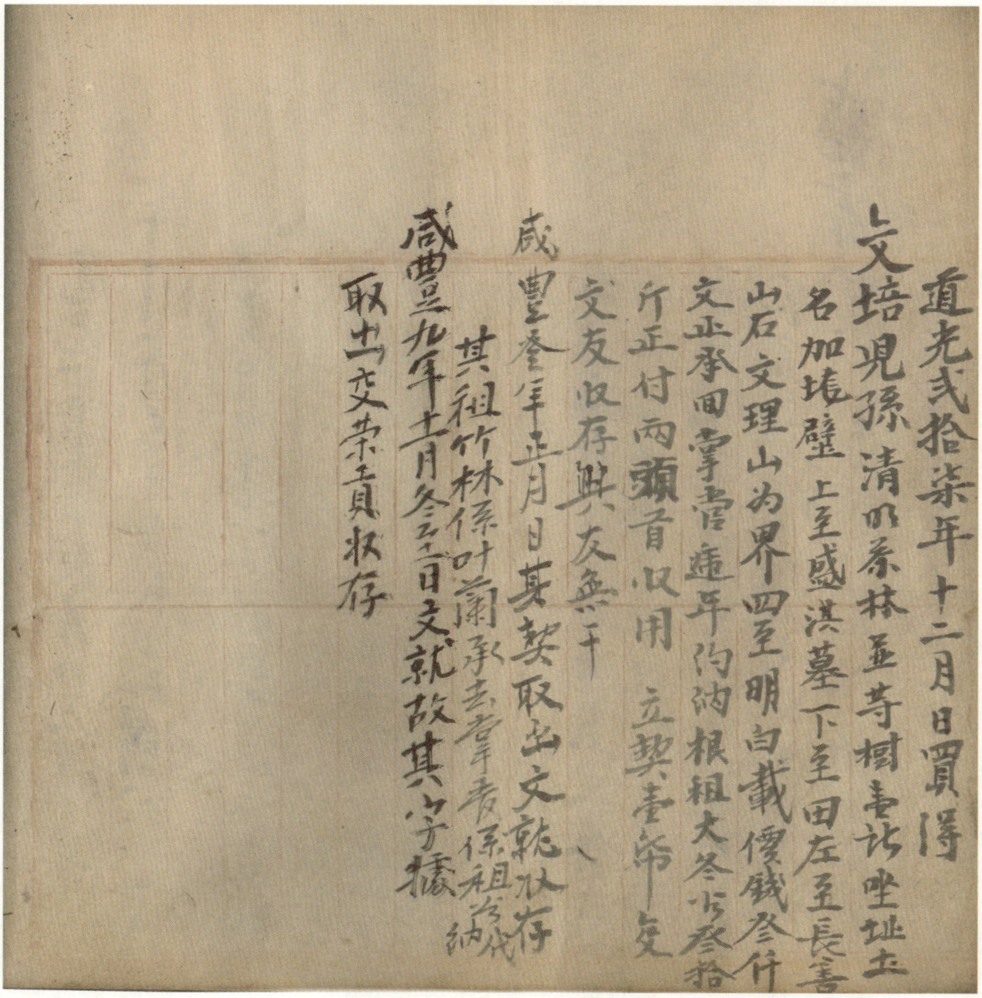

道光弍拾柒年十二月日買得

文培兒孫清明茶林並寺樹壹片坐址土

名加境壁 上至盛淇墓 下至田 左至長善

山石 文理山為界 四至明白 載價錢叁仟

文正 今回掌管逐年約納根租大冬小冬叁拾

斤正 付兩頭首收用 立契壹帋交

文友收存 與友無干

咸豐叁年正月日 其契取出文就收存

其祖竹林係叶蘭承去當年表保祖於代納

咸豐九年十一月冬廿二日文就故 其字據

取出交榮貴收存

3-1-59-50 清道光四年黄氏天地人三房置祭墓簿（五〇）

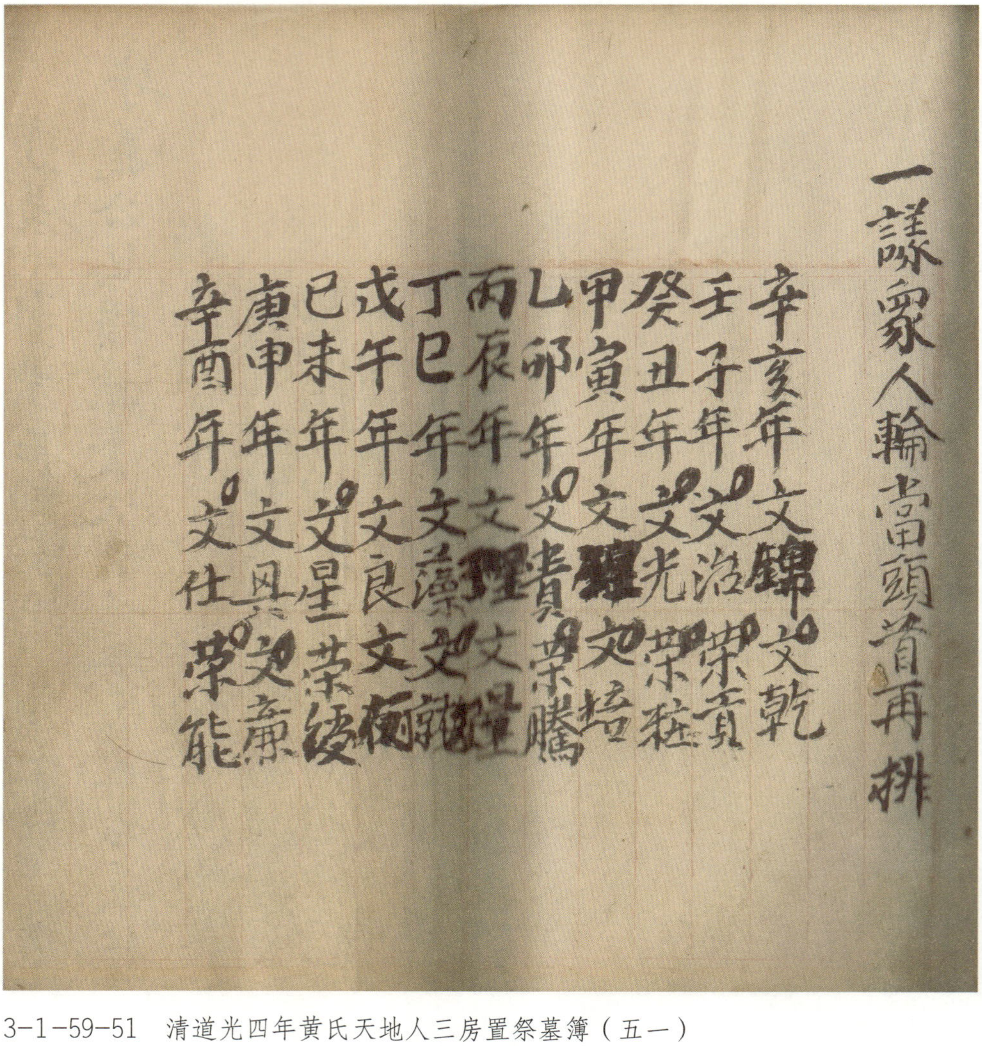
一議衆人輪當頭首再排
辛亥年文錦　文乾
壬子年文治　榮貢
癸丑年文光　榮莊
甲寅年文[illegible]　如培
乙卯年文貴　榮騰
丙辰年文理　文[illegible]
丁巳年文藻　文[illegible]
戊午年文良　文[illegible]
己未年文星　榮綬
庚申年文興　文康
辛酉年文仕　榮能

3-1-59-51　清道光四年黄氏天地人三房置祭墓簿（五一）

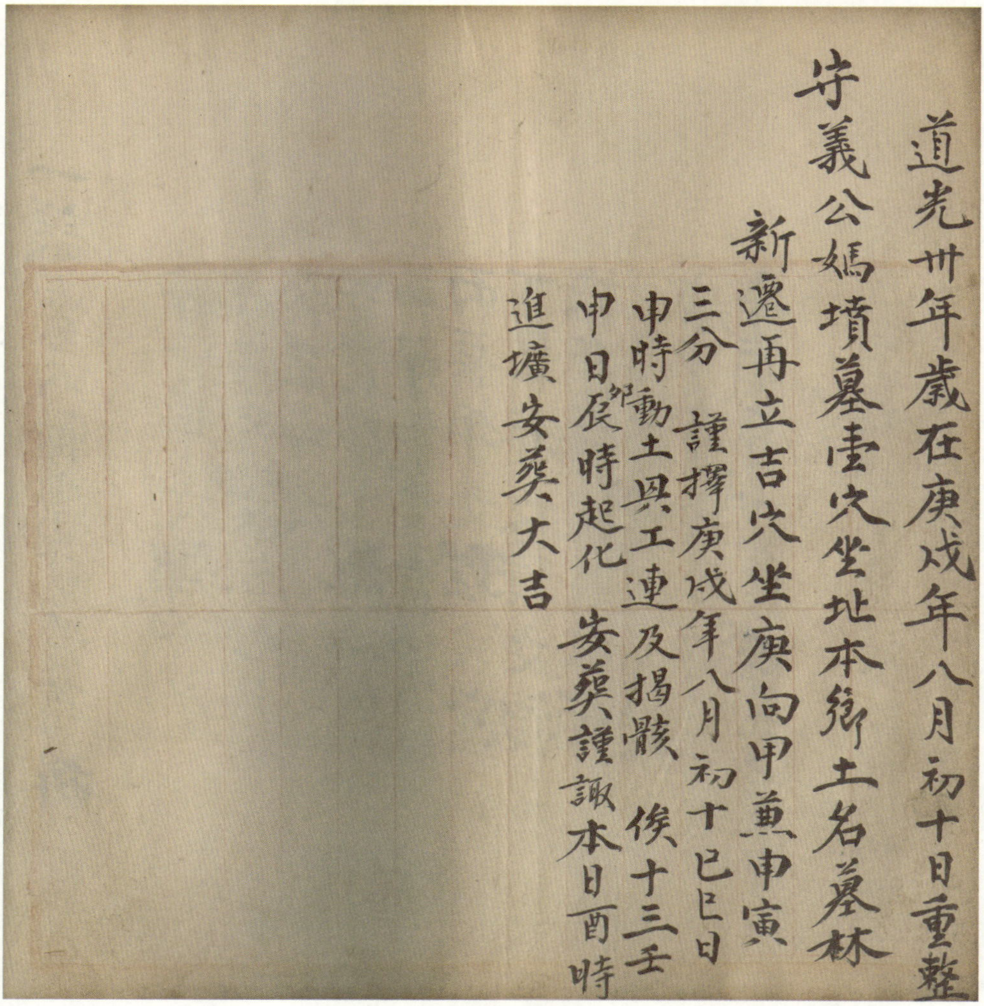
道光卅年歲在庚戌年八月初十日重整
守義公媽墳墓壹穴坐址本鄉土名墓林
新遷再立吉穴坐庚向甲兼申寅
三分　謹擇庚戌年八月初十巳巳日
申時動土興工連及揭骸　俟十三壬
申日卯辰時起化　安葬謹諏本日酉時
進壙安葬大吉

3-1-59-52　清道光四年黄氏天地人三房置祭墓簿（五二）

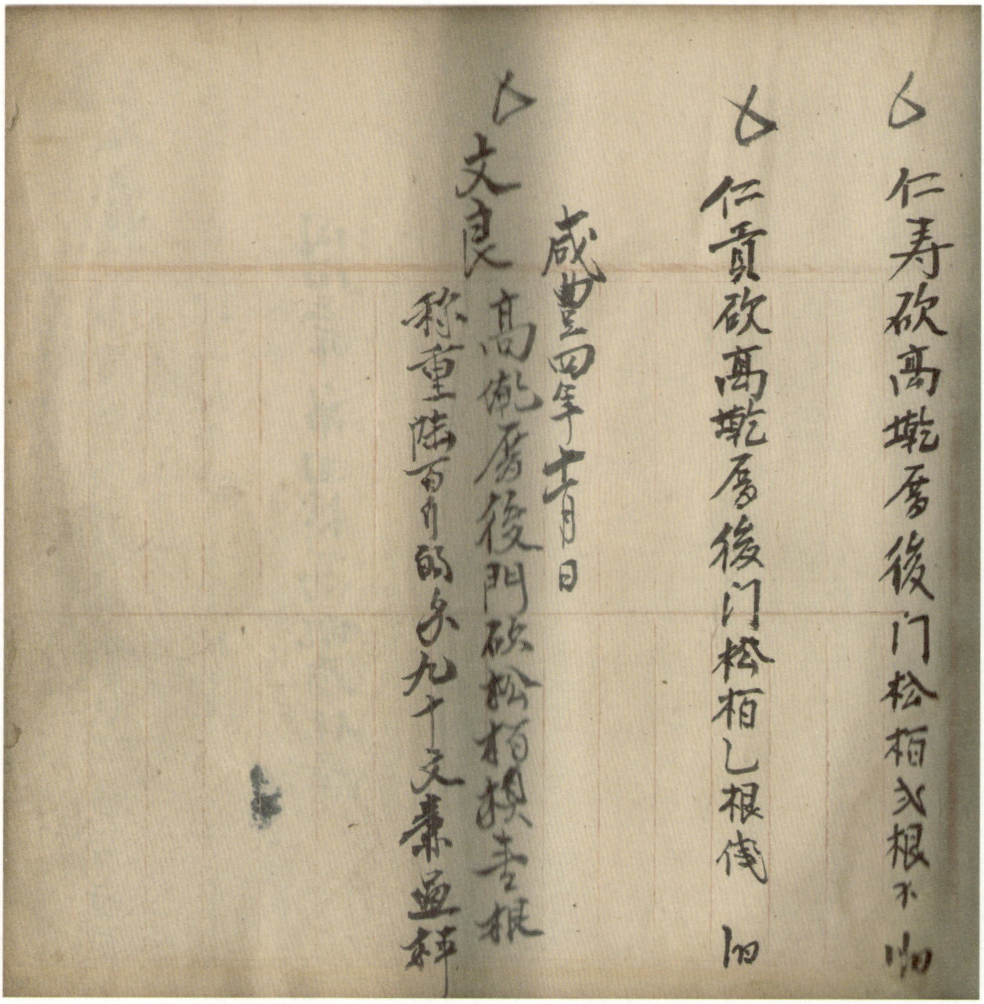

△仁寿砍高墘厝後门松柏弍根不〡〩

△仁貢砍高墘厝後门松柏乙根價〡〩

咸豐四年十一月　日

△文良高墘厝後門砍松柏樹壹根秤重陆百斤的系九十文兼盈秤

3-1-59-53　清道光四年黄氏天地人三房置祭墓簿（五三）

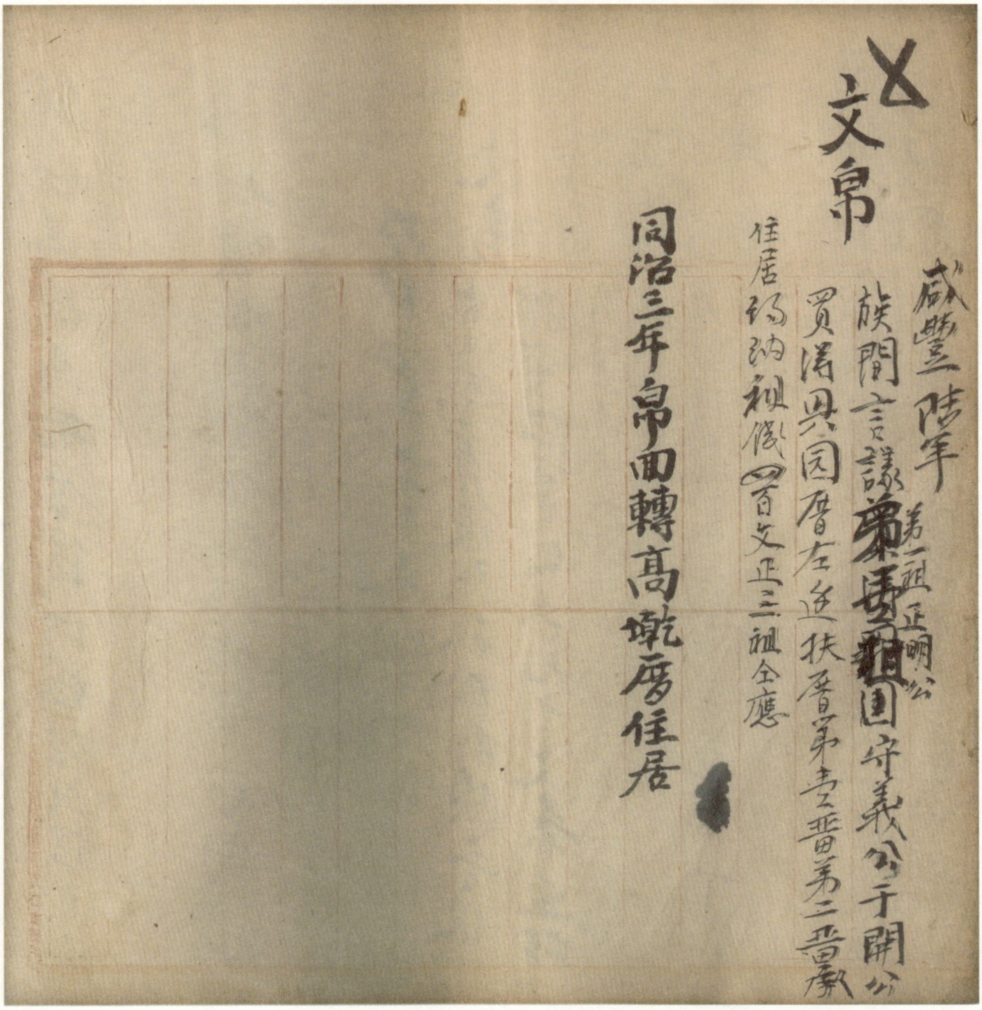
文帛

咸豐陸年

族間言議第一祖正明公因守義公于開公

買得與園厝左邊扶厝第壹畨第二畨

住居錢納租儀四百文正三祖全應

同治三年帛田轉高墩房住居

3-1-59-54　清道光四年黄氏天地人三房置祭墓簿（五四）

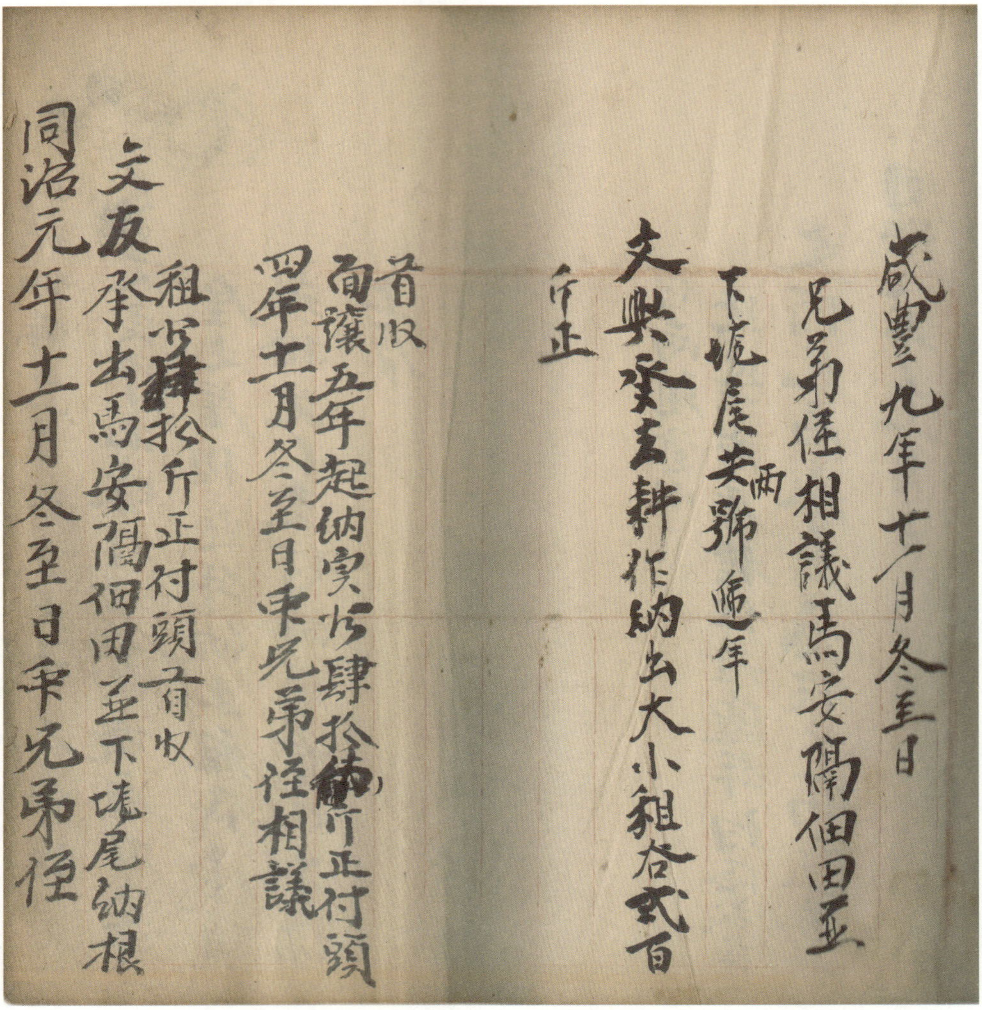
咸豐九年十二月冬至日
兄弟侄相議馬安隔佃田並
下墘尾共两號遞年
交與黍玄耕作納出大小租谷弍百
斤正
面議五年起納實谷肆拾伍斤正付頭首收
四年十二月冬至日衆兄弟侄相議
租谷肆拾斤正付頭首收
文友承出馬安隔佃田並下墘尾納根
同治元年十二月冬至日衆兄弟侄

3-1-59-55　清道光四年黄氏天地人三房置祭墓簿（五五）

同治伍年十二月冬至日众兄弟侄

又文良承出盛桂下高墩厝右边下

座之厝樫逐年納出租錢壹百

弍拾文正支付兩頭首收子孫

上辰

付兩頭首收

边边边下座厝樫住居逐年納出弍千

文何兄弟承出盛桂下高墩厝右

同治八年十二月日

3-1-59-56　清道光四年黄氏天地人三房置祭墓簿（五六）

3-1-59-57　清道光四年黄氏天地人三房置祭墓簿（五七）

3-1-60-1　清康熙五十二年洑口白氏乾坤兩房鬮書（一）

鬮書序

創業垂統爲可繼者由父作之子述
之無替永也昔唐時張公藝九世同
居帝幸其宅旌表其門田真兄弟
孝友昌隆荊感其茂於是世風有
古今有雙溪　白道周兄弟俱各登庠
鬢髮已訖幸有先人遺下物業惟勤
二務計有羨餘敬拔姻朋族戚將

3-1-60-2　清康熙五十二年洑口白氏乾坤兩房鬮書（二）

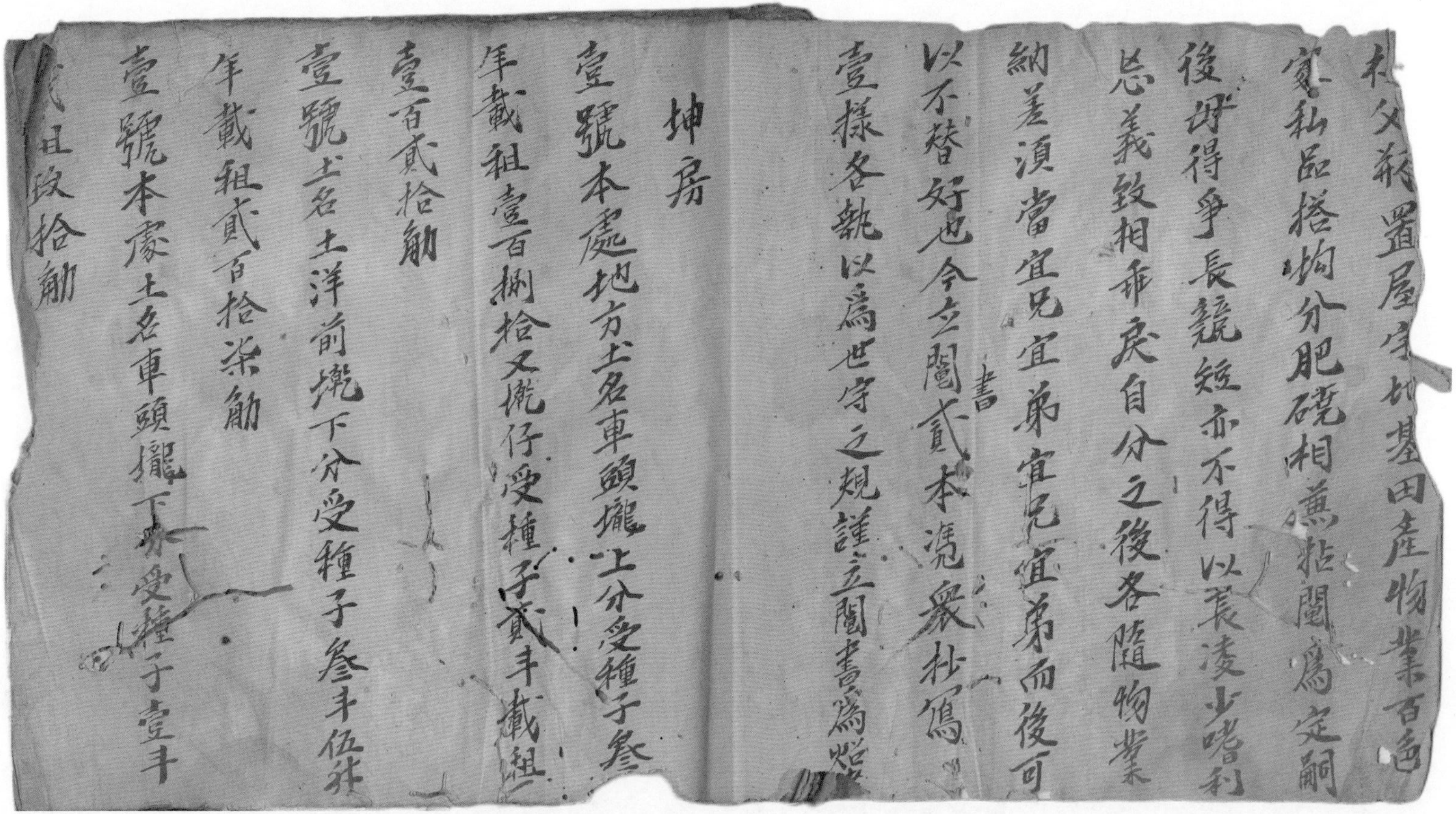
杉父新置屋宇地基田產物業百色
實私品搭均分肥磽相兼拈鬮爲定嗣
後毋得爭長競短亦不得以強凌少嗜利
忘義致相乖戾自分之後各隨物業
納差須當宜兄宜弟宜兄宜弟而後可
以不替好也今立鬮書貳本憑衆拈鬮
壹樣各執以爲世守之規謹立鬮書爲照

坤房
壹號本處地方土名車頭墘上分受種子叁
年載租壹百捌拾又墘仔受種子貳斗載租
壹百貳拾觔
壹號土名土洋前墘下分受種子叁斗伍升
年載租貳百拾柒觔
壹號本處土名車頭墘下分受種子壹斗
載租玖拾觔

3-1-60-3　清康熙五十二年洑口白氏乾坤两房鬮書（三）

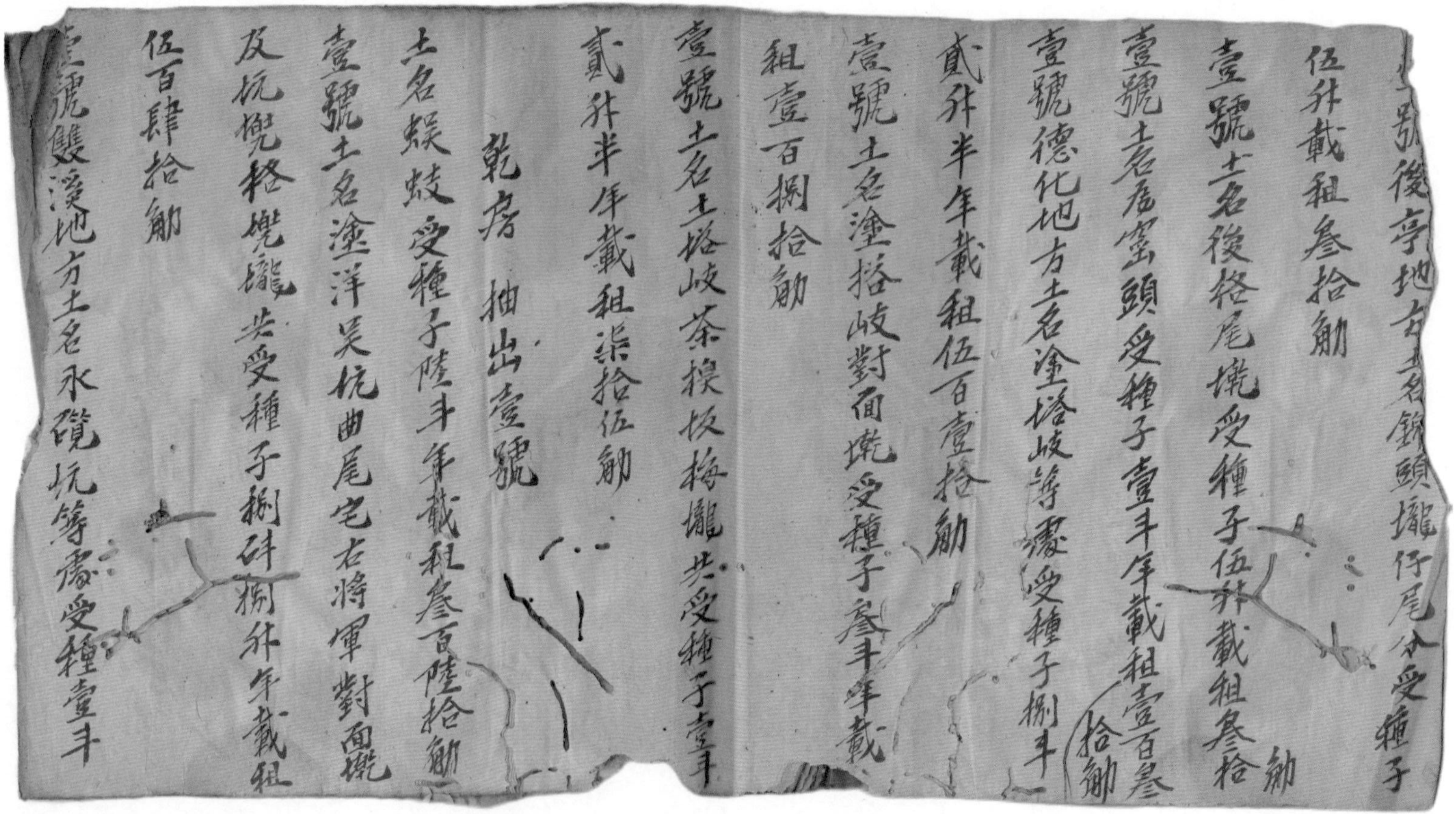
壹號後亭地方土名銅頭壠仔尾合受種子
伍升載租叁拾觔
壹號土名後格尾墘受種子伍升載租叁拾觔
壹號土名厝窑頭受種子壹斗年載租壹百叁拾觔
壹號德化地方土名塗塔岐等處受種子捌斗
貳升半年載租伍百壹拾觔
壹號土名塗搭岐對面墘受種子叁斗半年載
租壹百捌拾觔
壹號土名土搭岐茶樸坂梅壠共受種子壹斗
貳升半年載租柒拾伍觔
乾房　抽出壹號
土名蜈蚑受種子陸斗年載租叁百陸拾觔
壹號土名塗洋吴坑曲尾宅右將軍對面墘
及坑墘格墘壠共受種子捌斗捌升年載租
伍百肆拾觔
壹號雙溪地方土名水碓坑等處受種壹斗

3-1-60-4　清康熙五十二年洪口白氏乾坤两房鬮書（四）

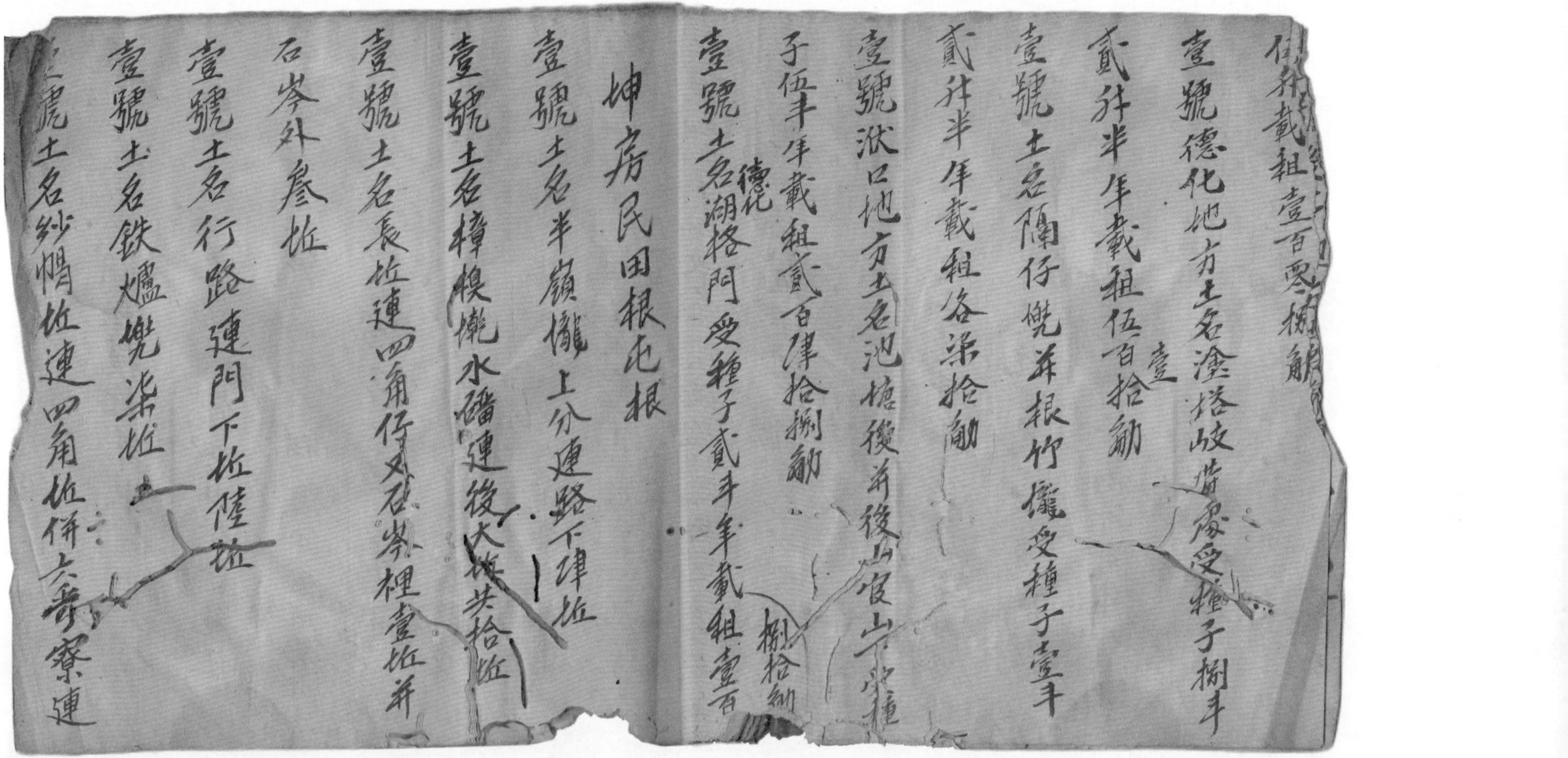
伃弁載租壹百零捌觔
壹號德化地方土名塗搭岐背處受種子捌手
貳升半年載租伍百壹拾觔
壹號土名隔仔兜并根竹壠受種子壹手
貳升半年載租谷柒拾觔
壹號洑口地方土名池塘後并後山安山下栽種
子伍手年載租貳百肆拾捌觔
壹號德化土名湖格門受種子貳手半年載租壹百捌拾觔
坤房民田根也根
壹號土名半嶺壠上分連路下肆坵
壹號土名樟樸壠水碓連後大坵共拾坵
壹號土名長坵連四角仔及石岑裡壹坵并
石岑外叁坵
壹號土名行路連門下坵陸坵
壹號土名鉄爐兜柒坵
壹號土名紗帽坵連四角坵併六畝寮連

3-1-60-5 清康熙五十二年洑口白氏乾坤两房鬮書（五）

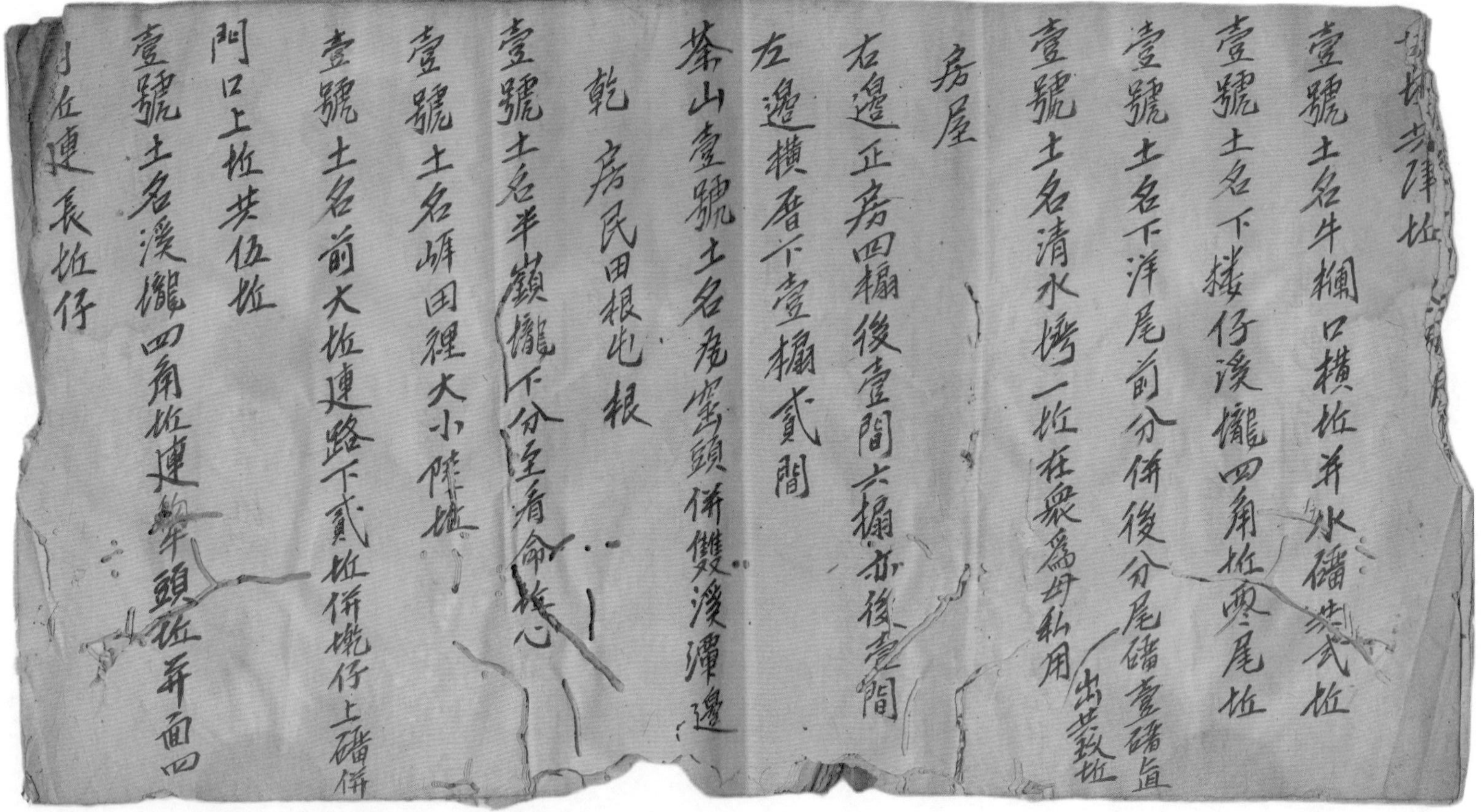

[illegible]洋坵
壹號土名牛欄口横坵并水碓[illegible]貳坵
壹號土名下樓仔溪壠四角坵爽尾坵
壹號土名下洋尾前分併後分尾碓壹碓直
壹號土名清水塆一坵在衆為母私用　出[illegible]坵
房屋
右邊正房四扇後壹間六扇亦後壹間
左邊横厝下壹扇貳間
荼山壹號土名虎窟頭併雙溪潭邊
乾房民田根佃根
壹號土名半嶺壠下分至清命[illegible]心
壹號土名峠田裡大小隴坵
壹號土名前大坵連路下貳坵併墘仔上碓併
門口上坵共伍坵
壹號土名溪壠四角坵連[illegible]牛頭坵并面四
門坵連長坵仔

3-1-60-6　清康熙五十二年洑口白氏乾坤两房鬮書（六）

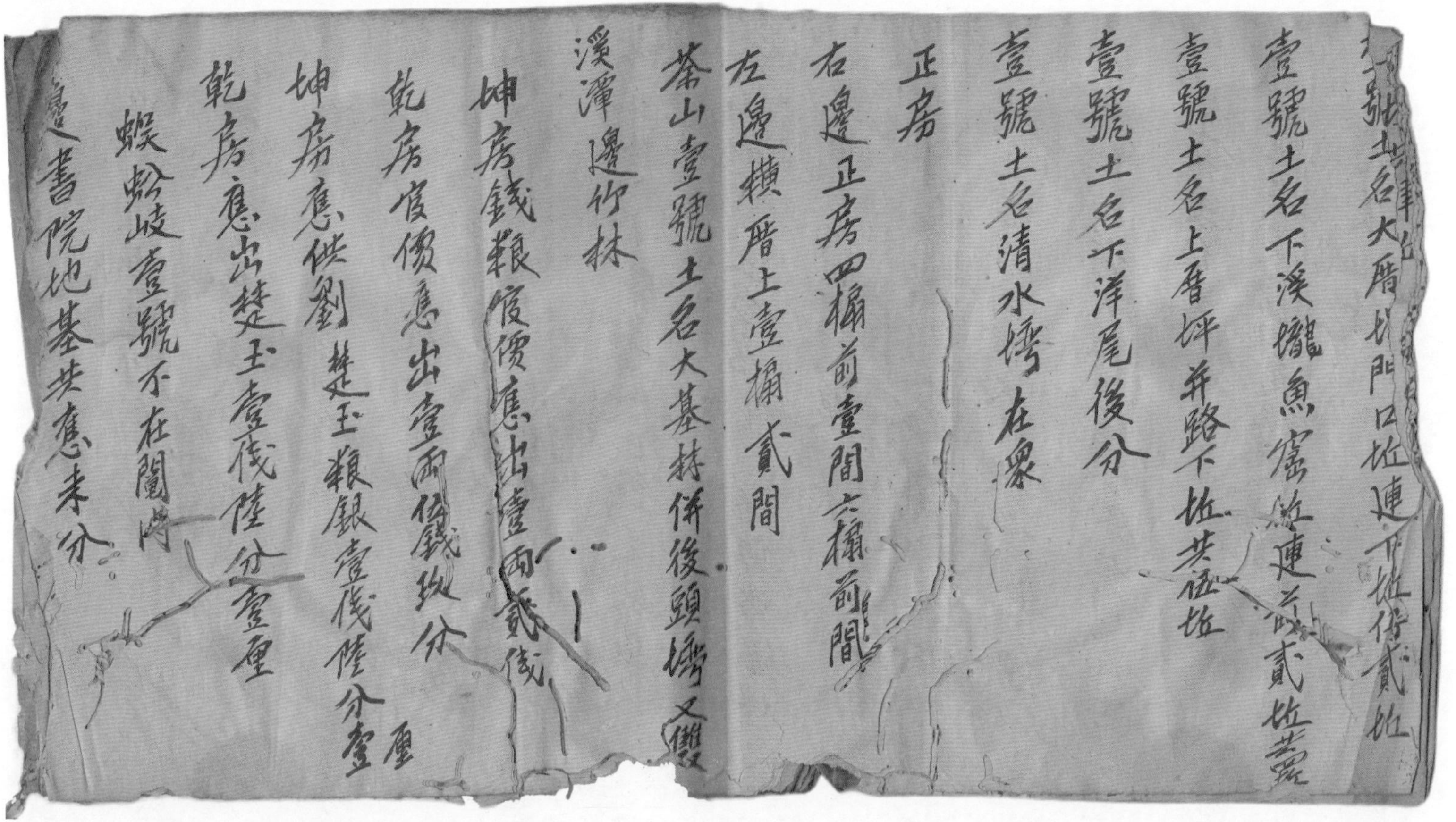
…號土名大厝…門口坵連下坵併貳坵

壹號土名下溪𪓟魚窟坵連下坵貳坵叁

壹號土名上厝坪并路下坵共伍坵

壹號土名下洋尾後分

壹號土名清水塆在衆

正房

右邊正房四扇前壹間六扇前間

左邊横厝上壹扇貳間

茶山壹號土名大基林併後頭塆又嶺

溪潭邊竹林

坤房錢粮官價惪出壹兩貳錢

乾房官價惪出壹兩伍錢玖分

坤房惪供劉楚玉粮銀壹錢陸分壹厘

乾房惪出楚玉壹錢陸分壹厘

蜈蚣岐壹號不在鬮內

一書院地基共惪未分

3-1-60-7　清康熙五十二年洪口白氏乾坤两房鬮書（七）

厝對樓地〻基共應未分

右邊橫厝壹間共應未分

後頭灣〻中杉樹弍根在衆未分

柚柑樸叁根在衆未分

公見外叔祖楊君發号

族長公德忠号
道周

康熙伍拾貳年陽月　日穀旦白太姐

家長兄因周号

公見年兄馬能承号

在見尾叔何永莅号

代書外叔祖楊君學号

3-1-60-8　清康熙五十二年洑口白氏乾坤两房鬮書（八）

立約字本房白位香兄弟侄等緣因耆兄
位三娶嫂楊氏添有男子廷清贅餘兄
故母子無依香等思房微丁稀勸嫂堅
志操節撫養幼侄將祖妣吳氏養贍租
業係廷清佃耕在李洋坂面載大租叁
佰貳拾觔又牛欄門口及水墻垵載租穀
壹百貳拾觔又住居坂頭厝粮額遞納柴
火運庫暫付氏嫂逐年應納糧銀完

3-1-60-9 清康熙五十二年洑口白氏乾坤兩房鬮書（九）

食費用不得言
廷清十六歲長大之日，遞年照約字面辦納
穀，不拘豐損，亦不許藉詞生端等情。本
先無悔，付炤。」

乾隆伍拾壹丙午年叄月　日　立約字　位香（押）
位春（押）
位天（押）
執筆侄
侄登……（押）
在見德邑表兄王……

立約字叔位香兄弟侄等，前祖文道闻康
熙伍拾六年間出賣德邑曾家有屯田壹號，
坐址塗搭岐，土名根竹垅，載大租壹百……
根底面俱全，賣出番銀貳拾壹員。又叔祖
闻周亦康熙伍拾六年出賣曾家屯田叄號，
坐址塗搭岐，土名對面垅及上份仔並羊垅頭，
共載大租谷貳百伍拾觔正，底面俱全，賣出番
……貳拾玖員正。至嘉慶十三年……闻叔兄

3-1-60-10　清康熙五十二年洑口白氏乾坤兩房鬮書（一〇）

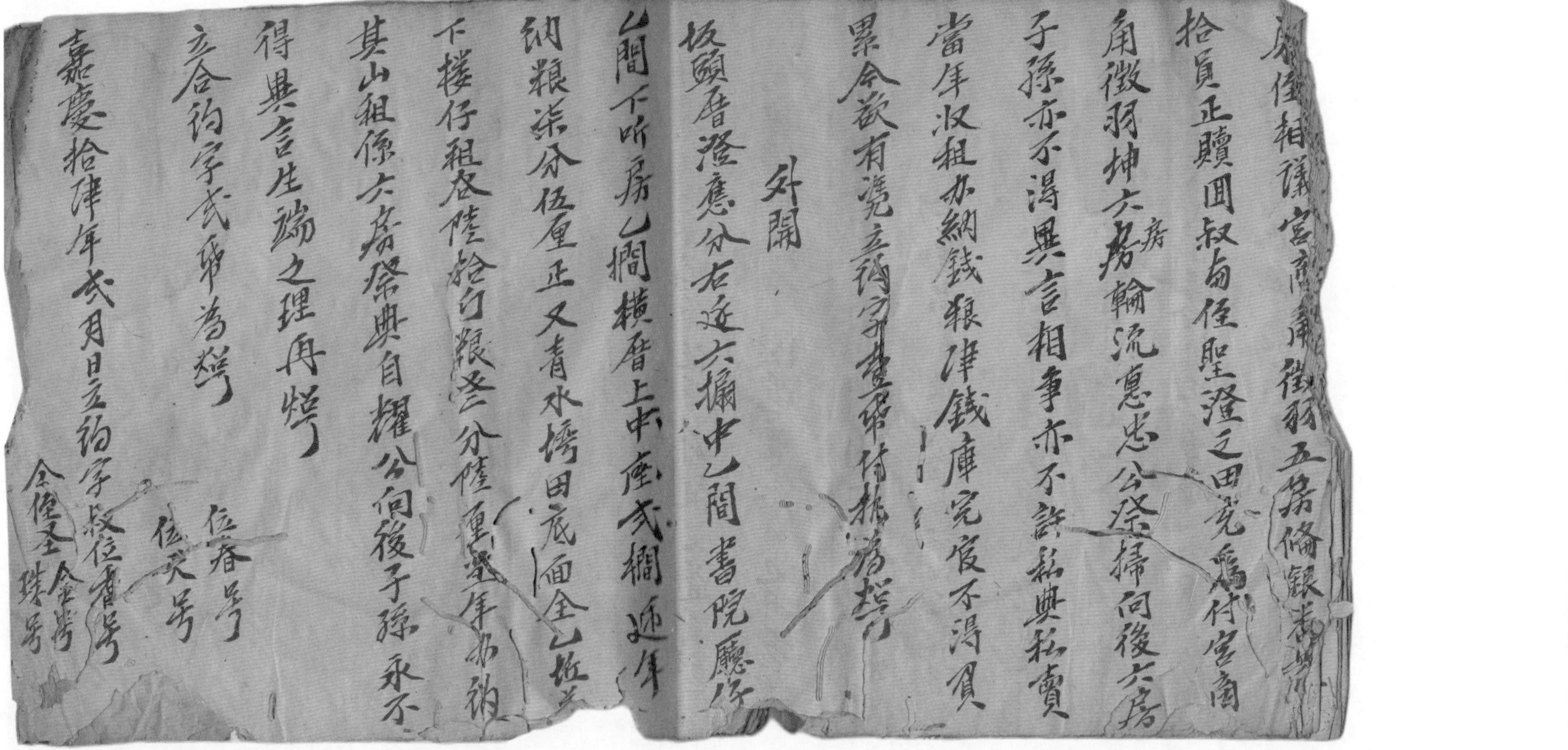
房侄相議宮商徵羽五房倫銀若干
拾員正贖回叔旬侄聖澄之田完付宮商
角徵羽坤六房輪流惠忠公祭掃向後六房
子孫亦不得異言相爭亦不許私典私賣
當年收租亦納錢粮律錢庫完官不得買
累今欲有憑立約字壹紙付執存照

外開

坂頭厝澄應分右边六攝中山間書院廳仔
山間下听房山間橫厝上中座弍間逐年
納粮柒分伍厘正又青水塆田底面全山坵并
下樓仔租谷陸拾勺粮叁分陸厘逐年亦納
其山租係六房祭與自耀公向後子孫永不
得異言生端之理再照

立合約字弍紙為照

嘉慶拾肆年弍月日立約字叔侄書號
侄春號
侄炎號
全侄金號
侄圣珠號

3-1-60-11　清康熙五十二年洑口白氏乾坤兩房鬮書（一一）

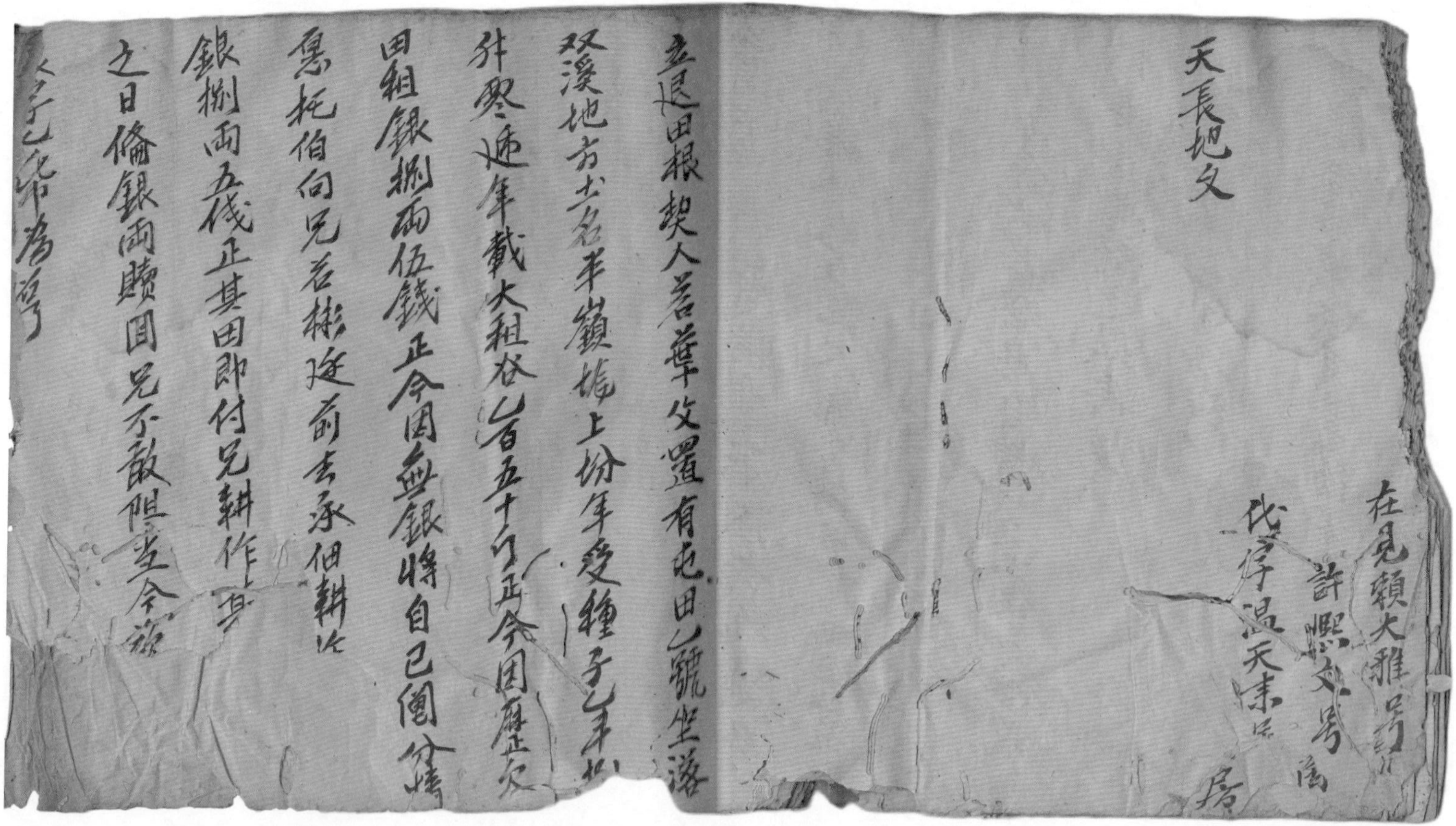
立退田根契人若華，文置有屯田乙號，坐落
双溪地方土名半嶺墘上，份年受種子乙斗
升，與遞年載大租谷乙百五十斤正，今因乏
田租銀捌兩伍錢正，今因無銀，將自己闔分
憑托伯向兄若彬延前去承佃耕作
銀捌兩五錢正，其田即付兄耕作
之日倫銀兩贖回，兄不敢阻當，今欲
有憑，立退字乙紙為照。
天長坦文
在見 賴大雅
許熙文
代字 温天來

3-1-60-12 清康熙五十二年洑口白氏乾坤两房鬮書（一二）

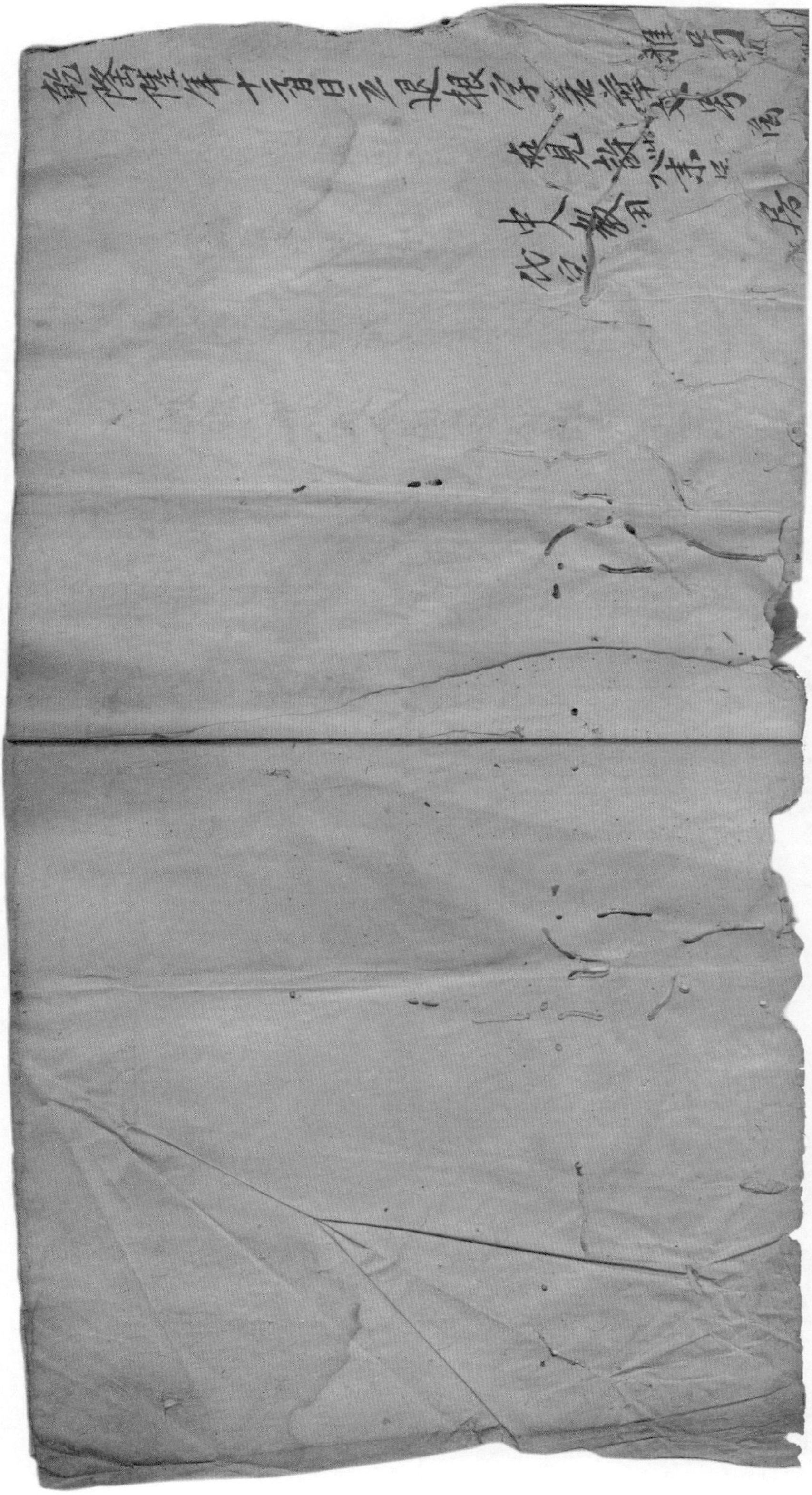

3-1-60-13　清康熙五十二年洑口白氏乾坤两房鬮書（一三）

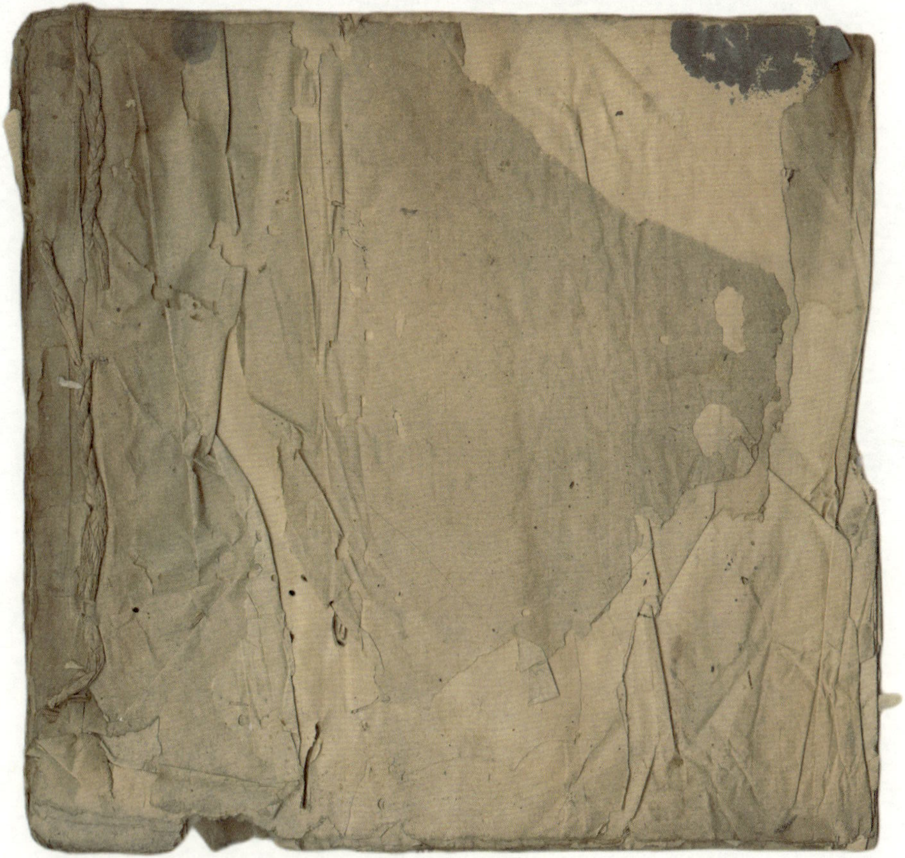

3-1-60-14　清康熙五十二年洑口白氏乾坤兩房鬮書（一四）

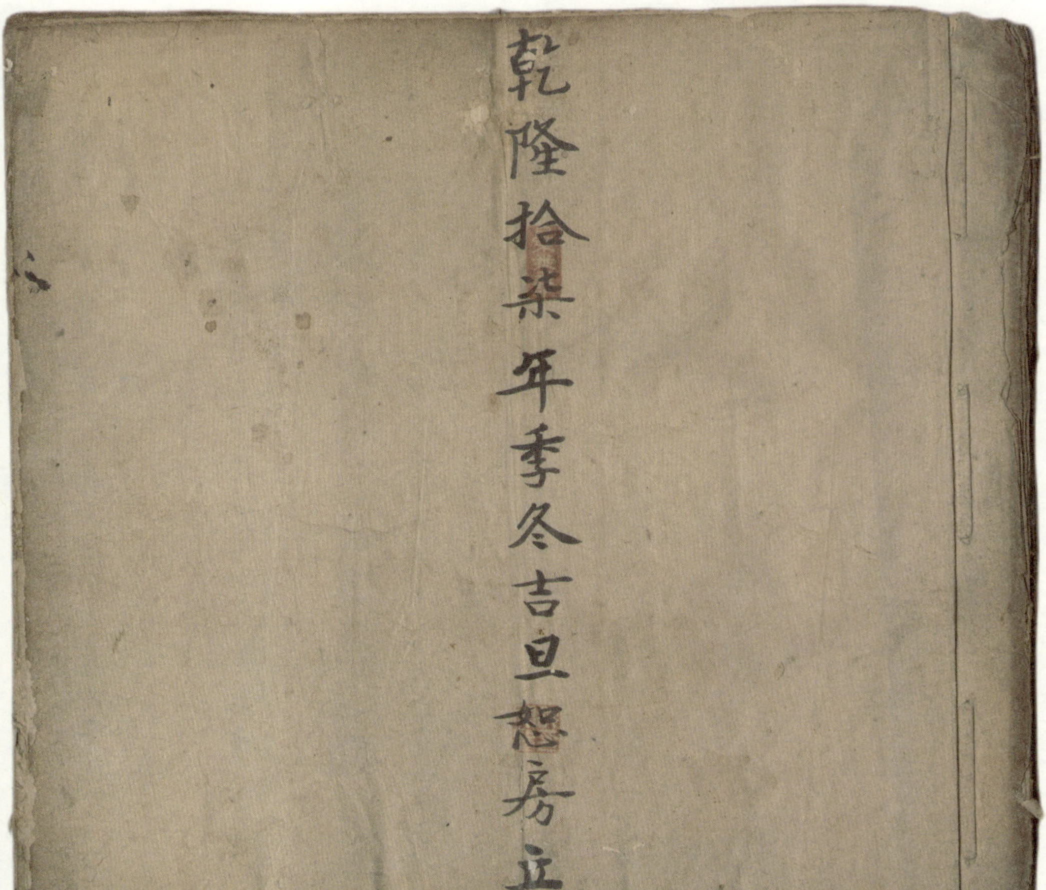
乾隆拾柒年季冬吉旦恕房立

3-1-61-1　清乾隆十七年黄氏恕房立鬮書（一）

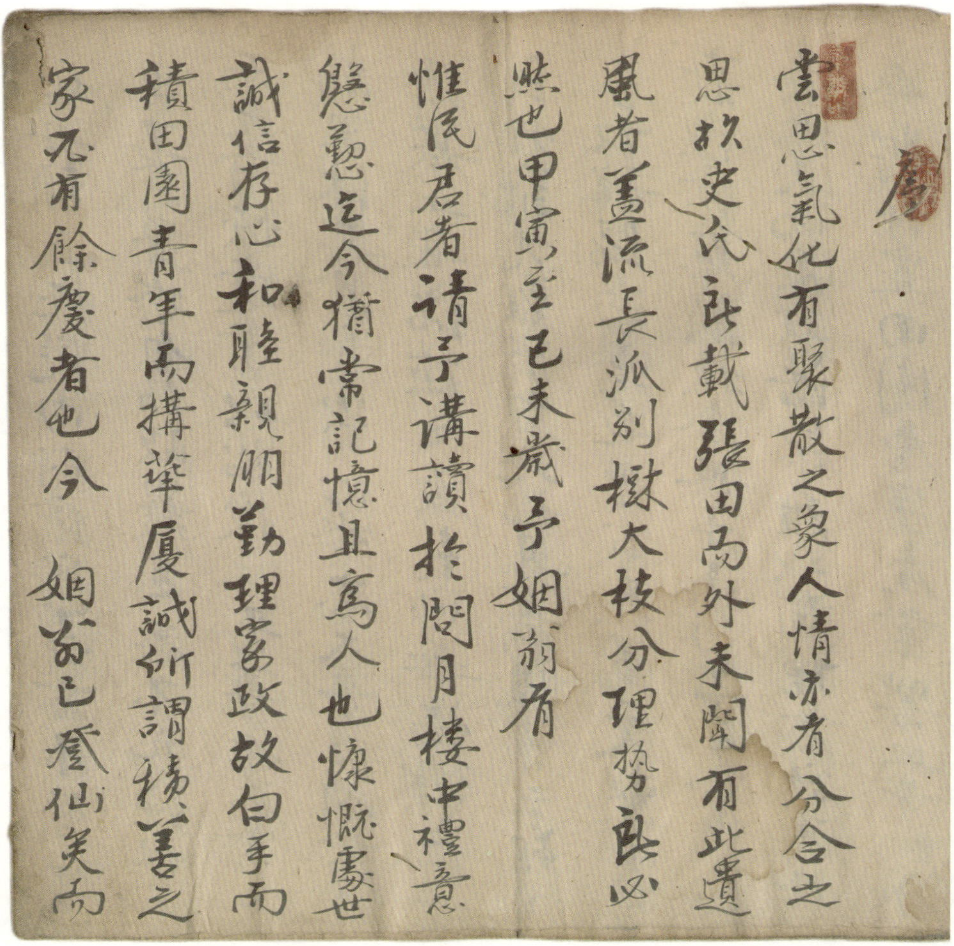
房

蓋思氣化有聚散之象人情亦有分合之
思於史氏所載張田而外未聞有此遺
風者蓋流長派別樹大枝分理勢所必
然也甲寅至己未歲予姻翁肩
惟民居者請予講讀於閬月樓中禮意
慇懃迄今猶常記憶且為人也慷慨處世
誠信存心和睦親朋勤理家政故白手而
積田園青年而搆華廈誠所謂積善之
家必有餘慶者也今 姻翁已登仙矣而

3-1-61-2 清乾隆十七年黄氏恕房立鬮書（二）

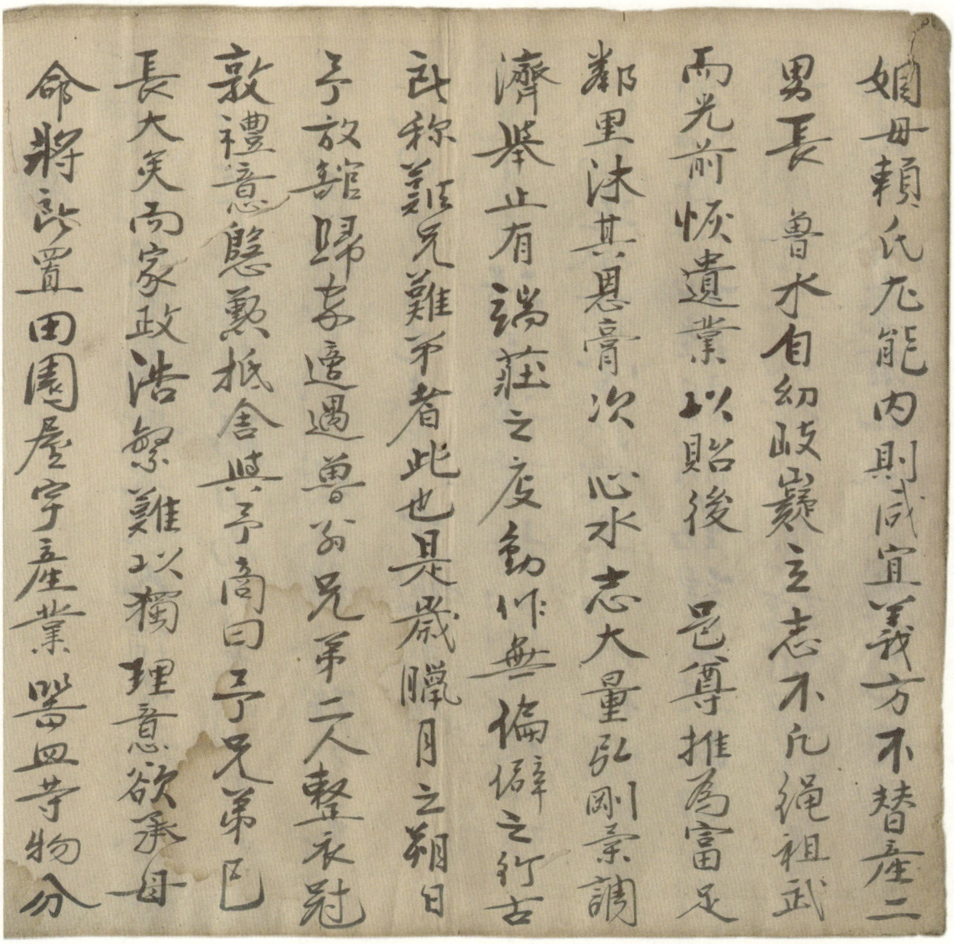
媳母賴氏克能内則咸宜義方不替產二
男長 魯水自幼岐嶷之志不凡繩祖武
而光前恢遺業以貽後 邑尊推爲富足
鄰里沐其恩膏次 心水志大量弘剛柔調
濟举止有端莊之度動作無偏僻之行古
氏称難兄難弟者此也是歲臘月之朔日
予放舘歸家遭遇魯水兄弟二人整衣冠
敦禮意懇懃抵舍與予商曰予兄弟已
長大矣而家政浩繁難以獨理意欲承母
命將所置田園屋宇產業器皿等物分

3-1-61-3 清乾隆十七年黄氏恕房立鬮書（三）

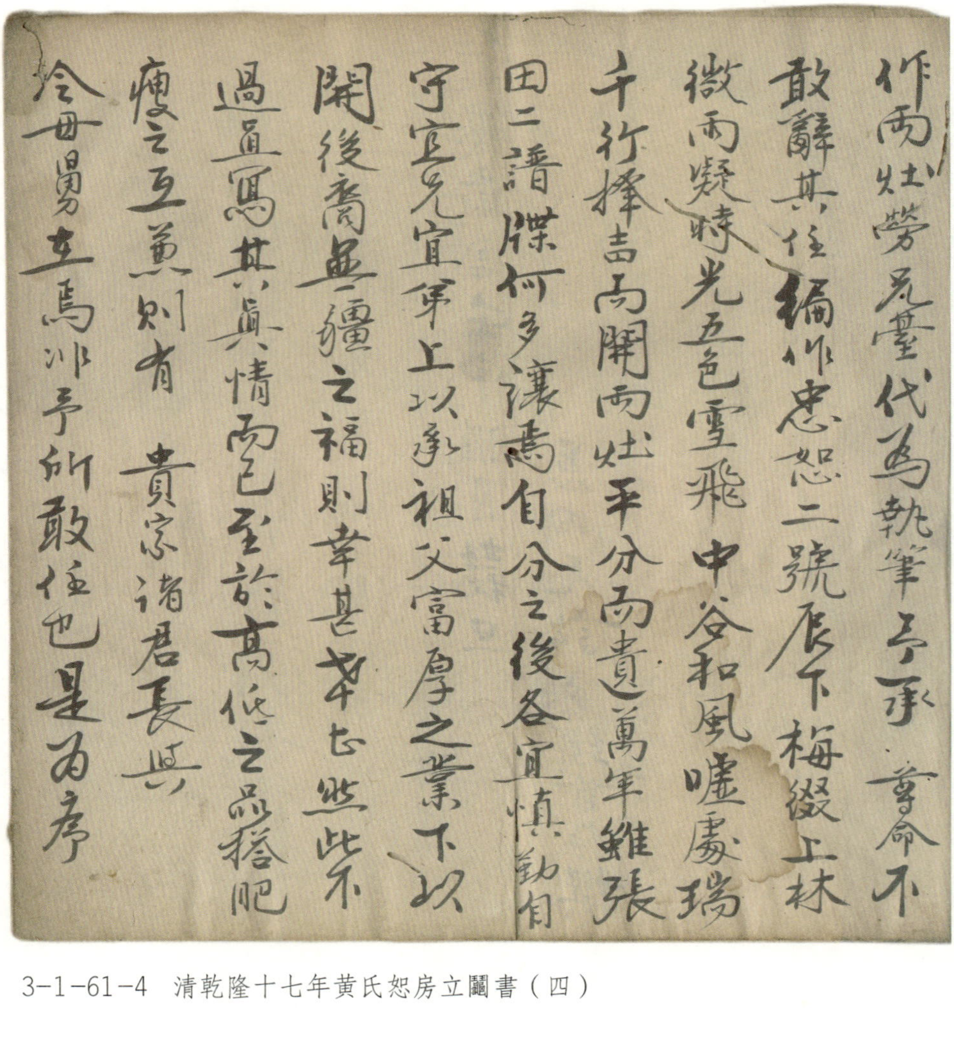
作兩灶勞兄臺代為執筆予承　尊命不
敢辭其任編作忠恕二號底下梅綴上林
徵兩疑時光五色雲飛中谷和風噓處瑞
千祥擇吉而闡兩灶平分而遺萬年雖張
田二譜牒何多讓焉自分之後各宜慎勤自
守宜允宜寧上以承祖父富厚之業下以
開後裔無疆之福則幸甚幸甚然此不
過直寫其真情而已至於高低之品格肥
瘦之互兼則有　貴宗諸君長與
令母舅在焉非予所敢任也是為序

3-1-61-4　清乾隆十七年黄氏恕房立鬮書（四）

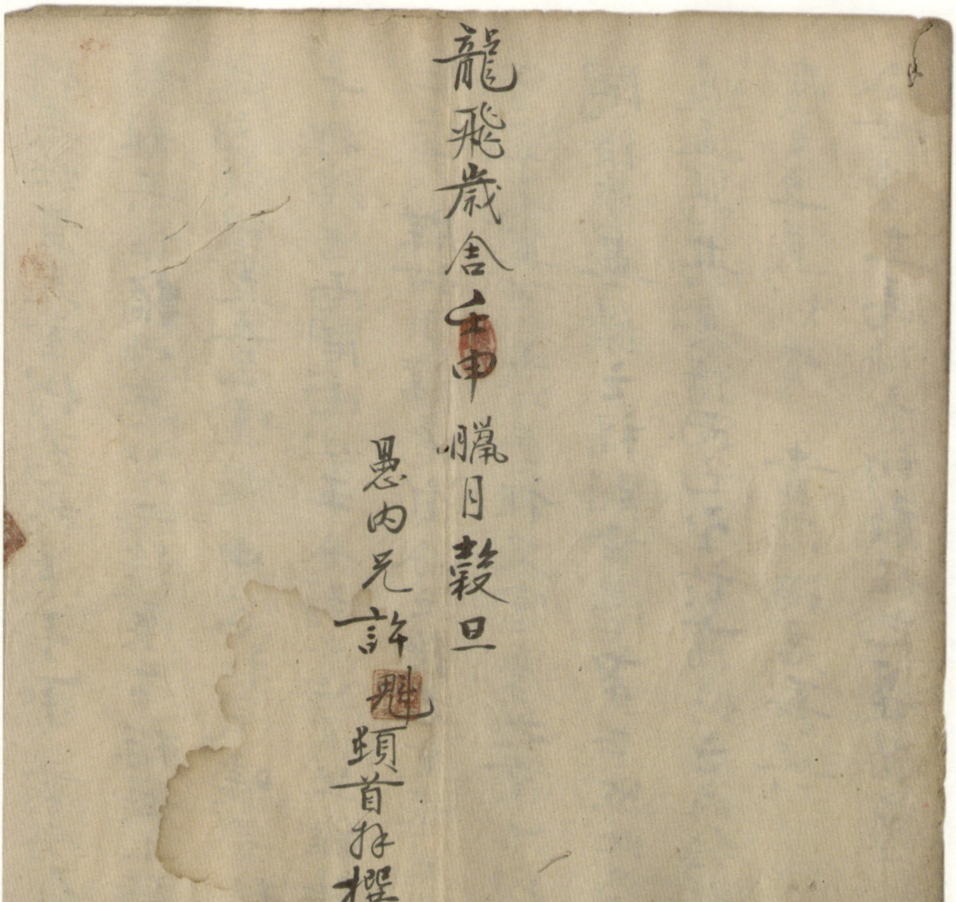
龍飛歲舍壬申臘月穀旦
愚内兄許魁頓首拜撰

3-1-61-5 清乾隆十七年黄氏恕房立鬮書（五）

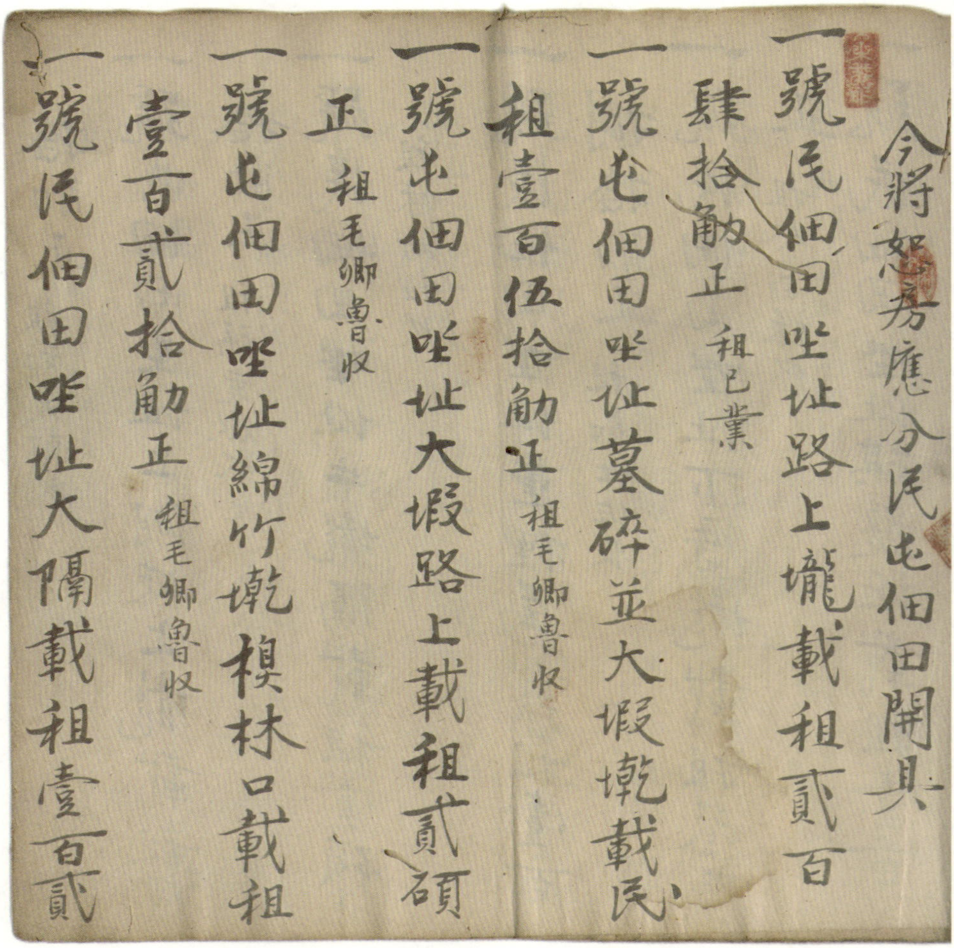
今將恕房應分民屯佃田開具
一號民佃田坐址路上壠載租貳百
肆拾觔正　租已業
一號屯佃田坐址墓碎並大塅墘載民
租壹百伍拾觔正　租毛鄉魯收
一號屯佃田坐址大塅路上載租貳碩
正　租毛鄉魯收
一號屯佃田坐址綿竹墘模林口載租
壹百貳拾觔正　租毛鄉魯收
一號民佃田坐址大陽載租壹百貳

3-1-61-6　清乾隆十七年黃氏恕房立鬮書（六）

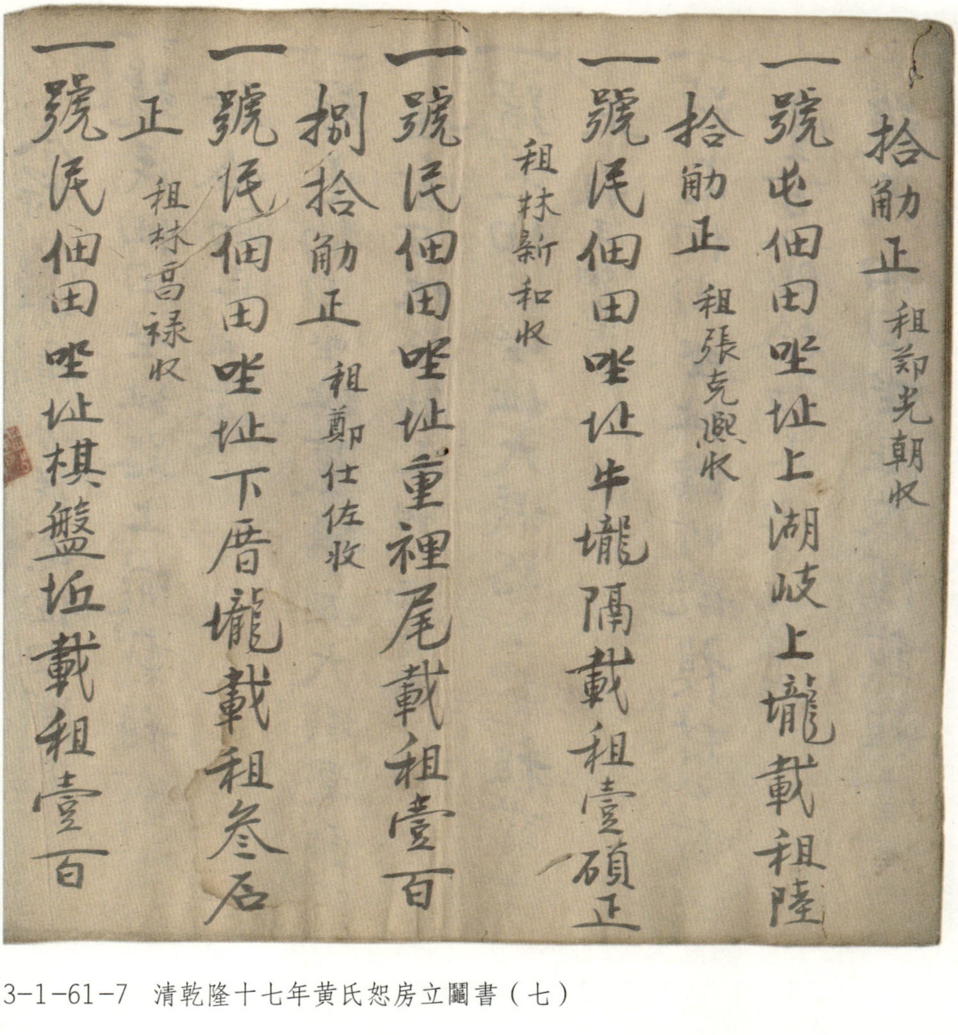
拾觔正 租鄭光朝收
一號屯佃田坐址上湖岐上壠載租陸
拾觔正 租張克熙收
一號民佃田坐址牛壠隔載租壹碩正
租林新和收
一號民佃田坐址重裡尾載租壹百
捌拾觔正 租鄭仕佐收
一號民佃田坐址下厝壠載租叁石
正 租林高祿收
一號民佃田坐址棋盤坵載租壹百

3-1-61-7 清乾隆十七年黄氏恕房立鬮書（七）

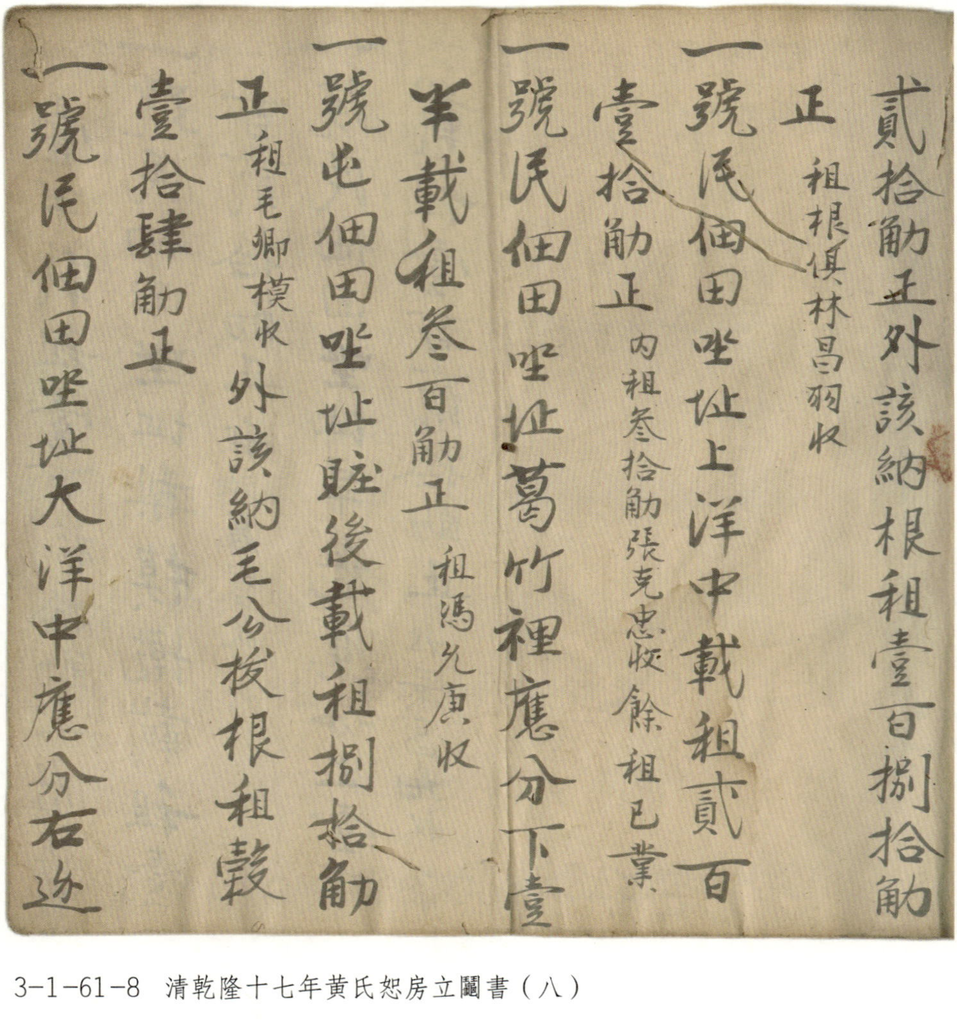
貳拾觔正外該納根租壹百捌拾觔
正 租根俱林昌羽收
一號民佃田坐址上洋中載租貳百
壹拾觔正 內租叁拾觔張克忠收餘租已業
一號民佃田坐址葛竹裡應分下壹
半載租叁百觔正 租馮允庚收
一號屯佃田坐址跓後載租捌拾觔
正 租毛鄉模收 外該納毛公梭根租穀
壹拾肆觔正
一號民佃田坐址大洋中應分右边

3-1-61-8　清乾隆十七年黃氏恕房立鬮書（八）

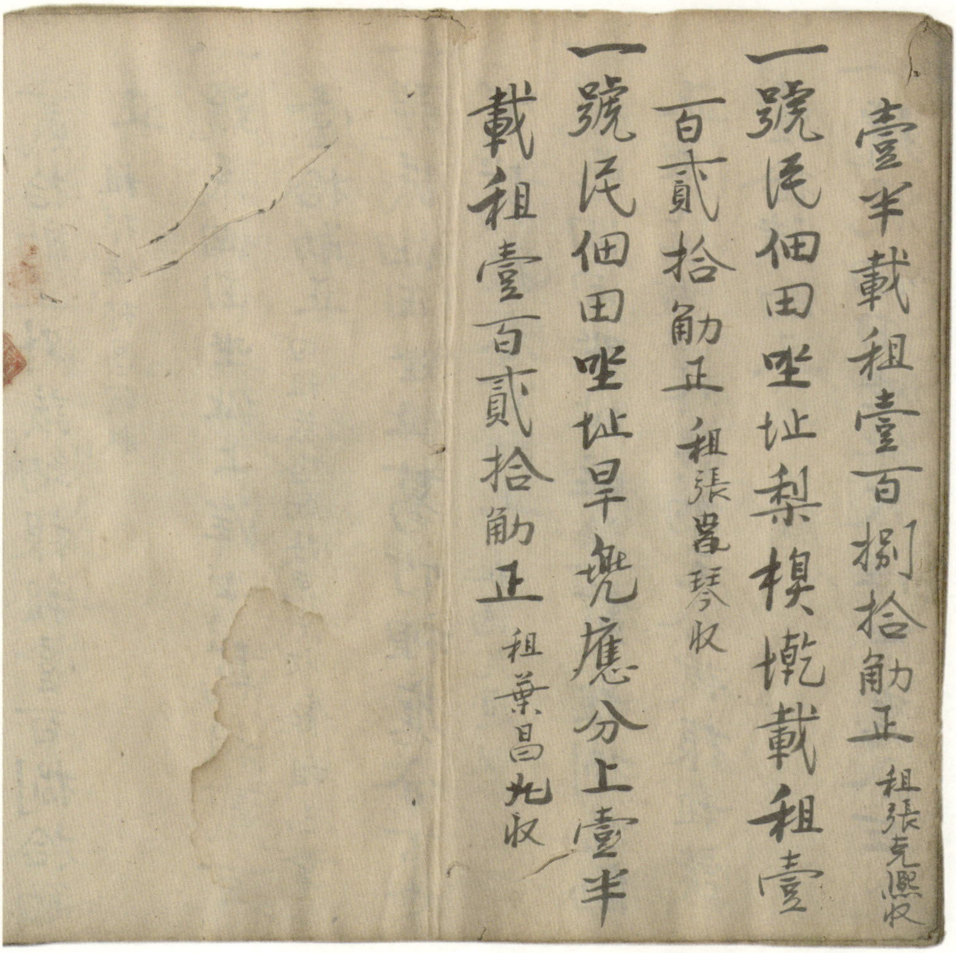

壹半載租壹百捌拾觔正　租張克熙收

一號民佃田坐址梨模墘載租壹

百貳拾觔正　租張嵒琴收

一號民佃田坐址旱墘應分上壹半

載租壹百貳拾觔正　租葉昌九收

3-1-61-9　清乾隆十七年黄氏恕房立鬮書（九）

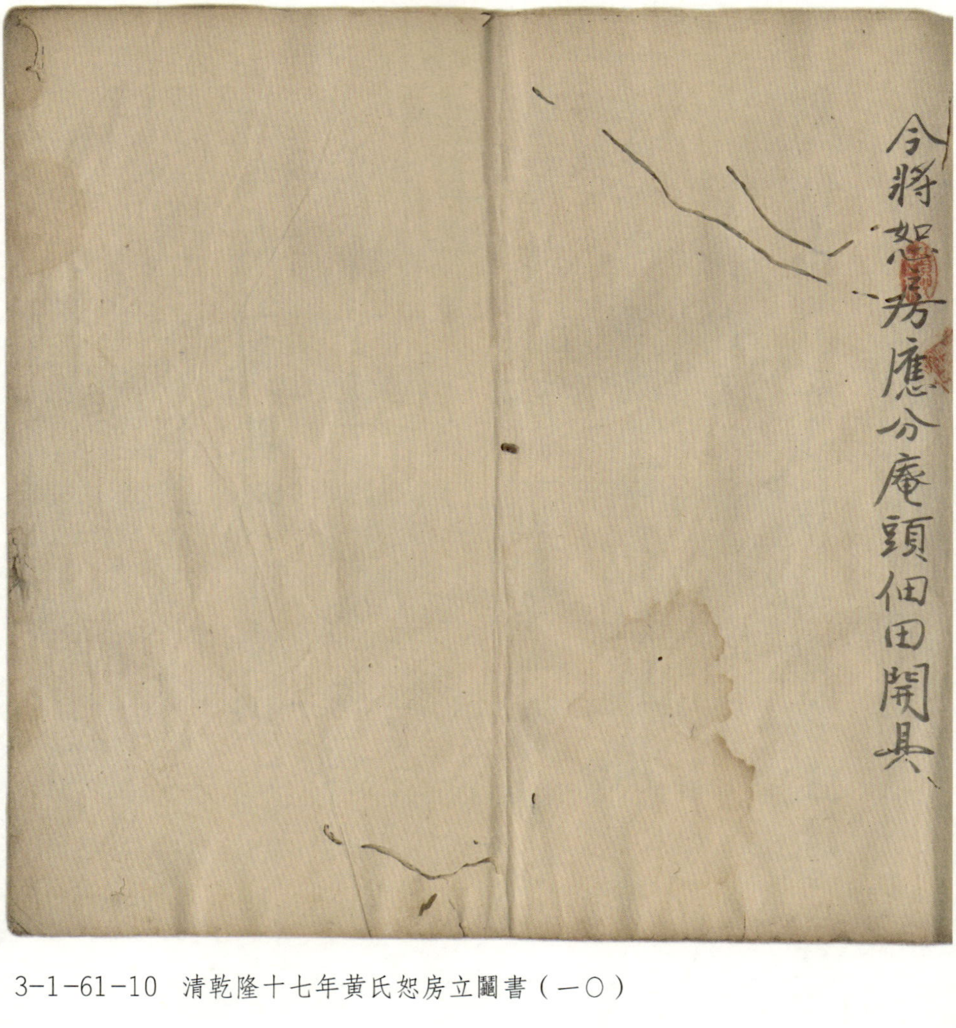
今將恕房應分庵頭佃田開具

3-1-61-10 清乾隆十七年黃氏恕房立鬮書（一〇）

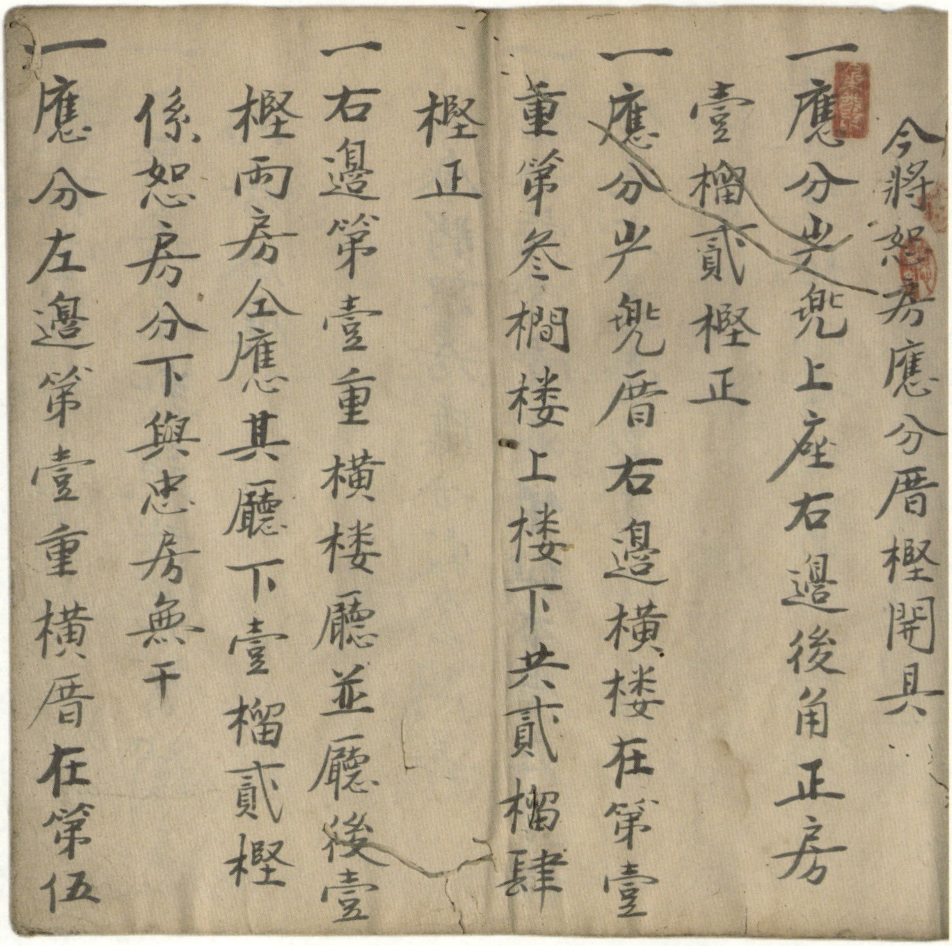
今將恕房應分厝壄開具
一應分歩兠上座右邊後角正房
壹榴貳壄正
一應分歩兠厝右邊横楼在第壹
重第叁榴楼上楼下共貳榴肆
壄正
一右邊第壹重横楼廳並廳後壹
壄兩房仝應其廳下壹榴貳壄
係恕房分下與忠房無干
一應分左邊第壹重横厝在第伍

3-1-61-11　清乾隆十七年黄氏恕房立鬮書（一一）

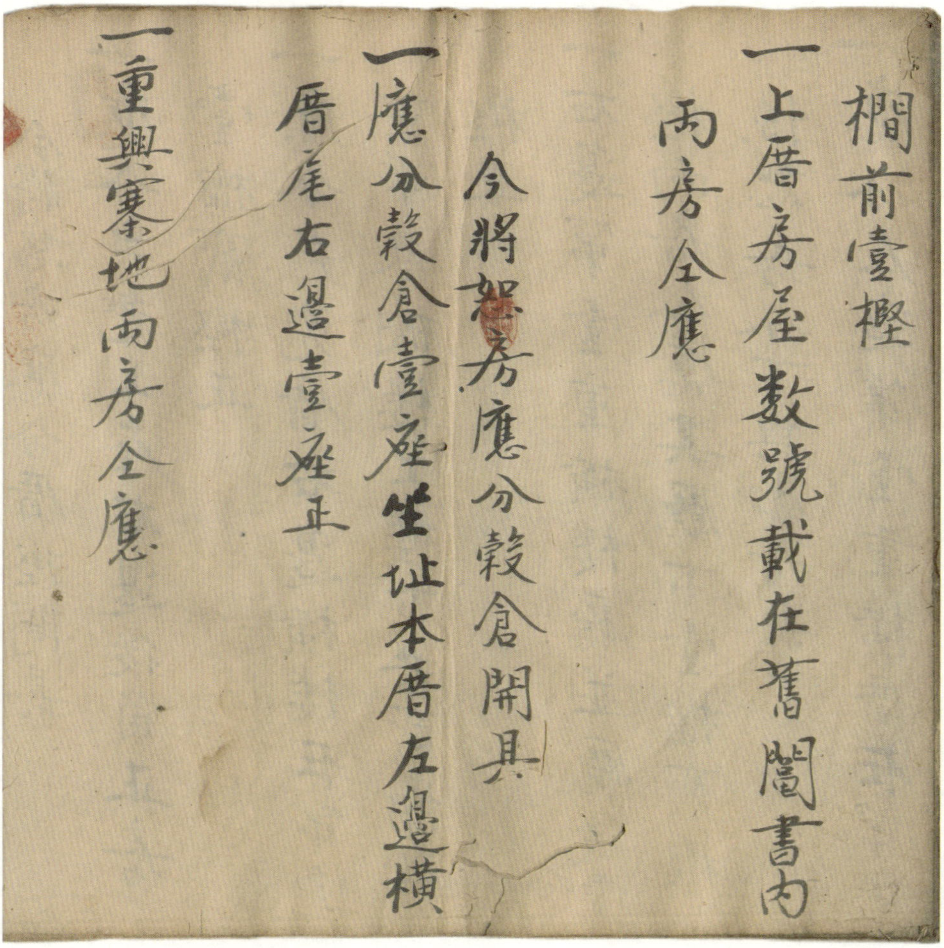

棡前壹樫
一上厝房屋数號載在舊鬮書内
兩房仝應
今將恕房應分穀倉開具
一應分穀倉壹座坐址本厝左邊横
厝尾右邊壹座正
一重興寨地兩房仝應

3-1-61-12　清乾隆十七年黃氏恕房立鬮書（一二）

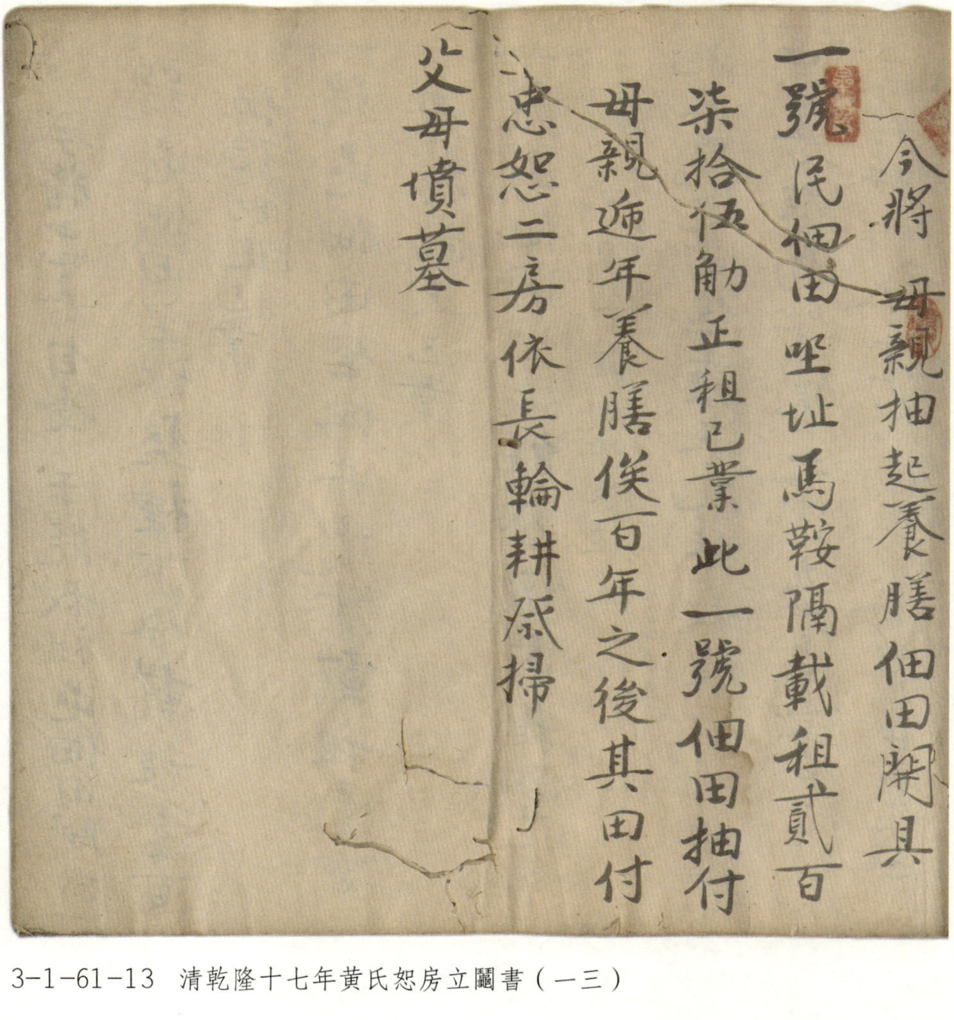

今將　母親抽起養膳佃田開具
一號民佃田坐址馬鞍隔載租貳百
柒拾伍觔正祖已業此一號佃田抽付
母親逓年養膳候百年之後其田付
忠恕二房依長輪耕祭掃
父母墳墓

3-1-61-13　清乾隆十七年黃氏恕房立鬮書（一三）

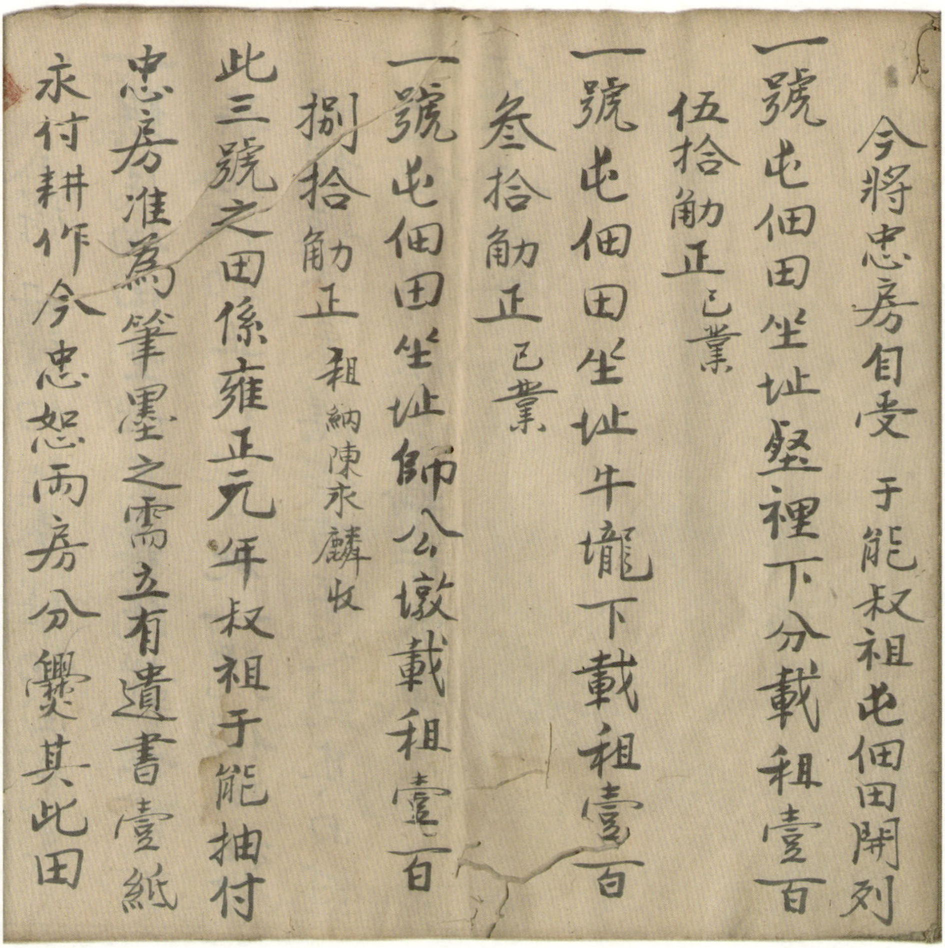
今將忠房自受　于能叔祖屯佃田開列
一號屯佃田坐址竪裡下分載租壹百
伍拾觔正　已業
一號屯佃田坐址牛壠下載租壹百
叁拾觔正　已業
一號屯佃田坐址師公墩載租壹百
捌拾觔正　租納陳永麟收
此三號之田係雍正元年叔祖于能抽付
忠房准爲筆墨之需立有遺書壹紙
永付耕作今忠恕兩房分爨其此田

3-1-61-14　清乾隆十七年黃氏恕房立鬮書（一四）

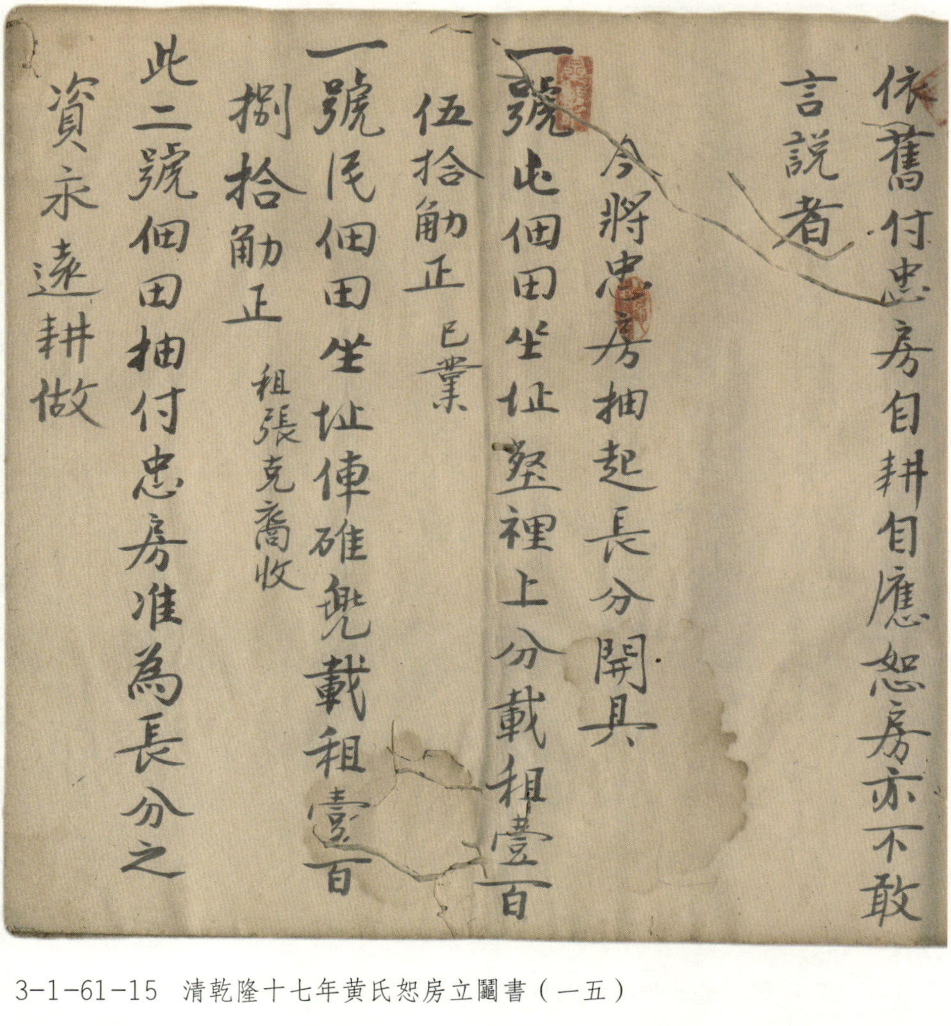

依舊付忠房自耕自應恕房亦不敢
言說者
今將忠房抽起長分開具
一號忠佃田坐址竪裡上分載租壹百
伍拾觔正　已業
一號民佃田坐址俥碓兜載租壹百
捌拾觔正　租張克喬收
此二號佃田抽付忠房准為長分之
資永遠耕做

3-1-61-15　清乾隆十七年黄氏恕房立鬮書（一五）

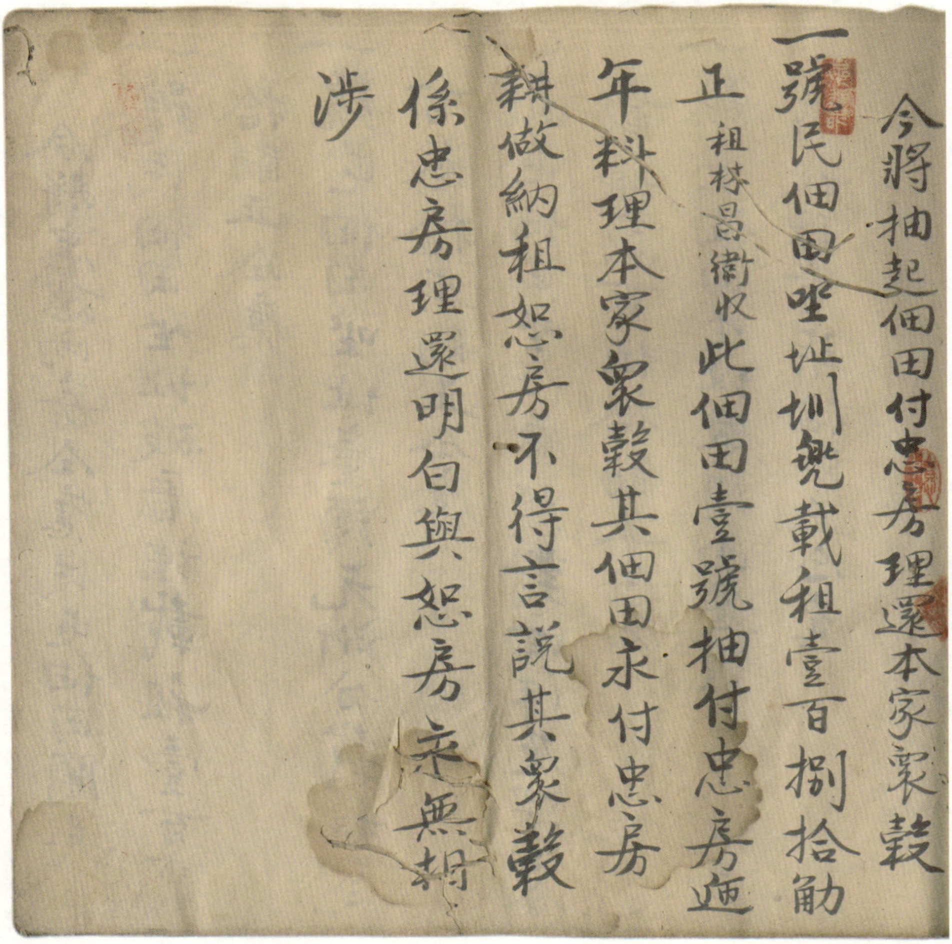
今將抽起佃田付忠房理還本家衆穀
一號民佃田坐址圳兜載租壹百捌拾觔
正租樣昌衛收此佃田壹號抽付忠房迺
年料理本家衆穀其佃田永付忠房
耕做納租恕房不得言說其衆穀
係忠房理還明白與恕房無相
涉

3-1-61-16 清乾隆十七年黄氏恕房立鬮書（一六）

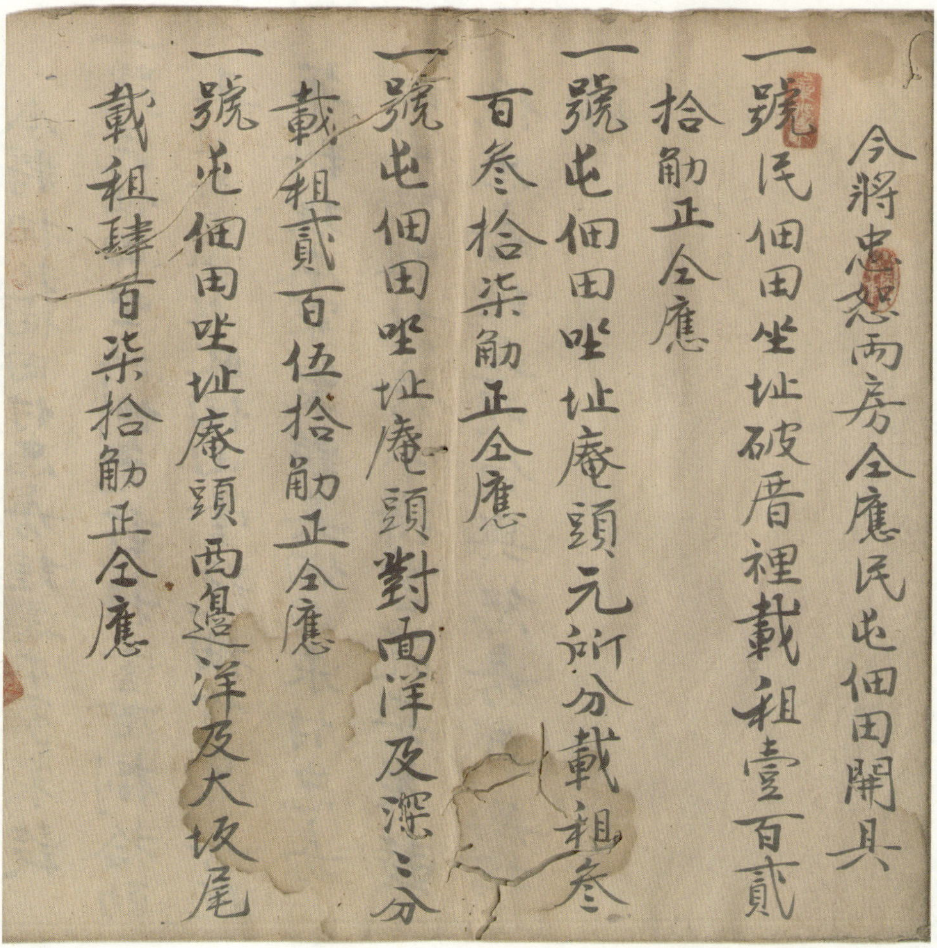
今將忠恕兩房仝應民屯佃田開具
一號民佃田坐址破厝裡載租壹百貳
拾觔正仝應
一號屯佃田坐址庵頭元所分載租叄
百叄拾柒觔正仝應
一號屯佃田坐址庵頭對面洋及澀三分
載租貳百伍拾觔正仝應
一號屯佃田坐址庵頭西邊洋及大坂尾
載租肆百柒拾觔正仝應

3-1-61-17　清乾隆十七年黄氏恕房立鬮書（一七）

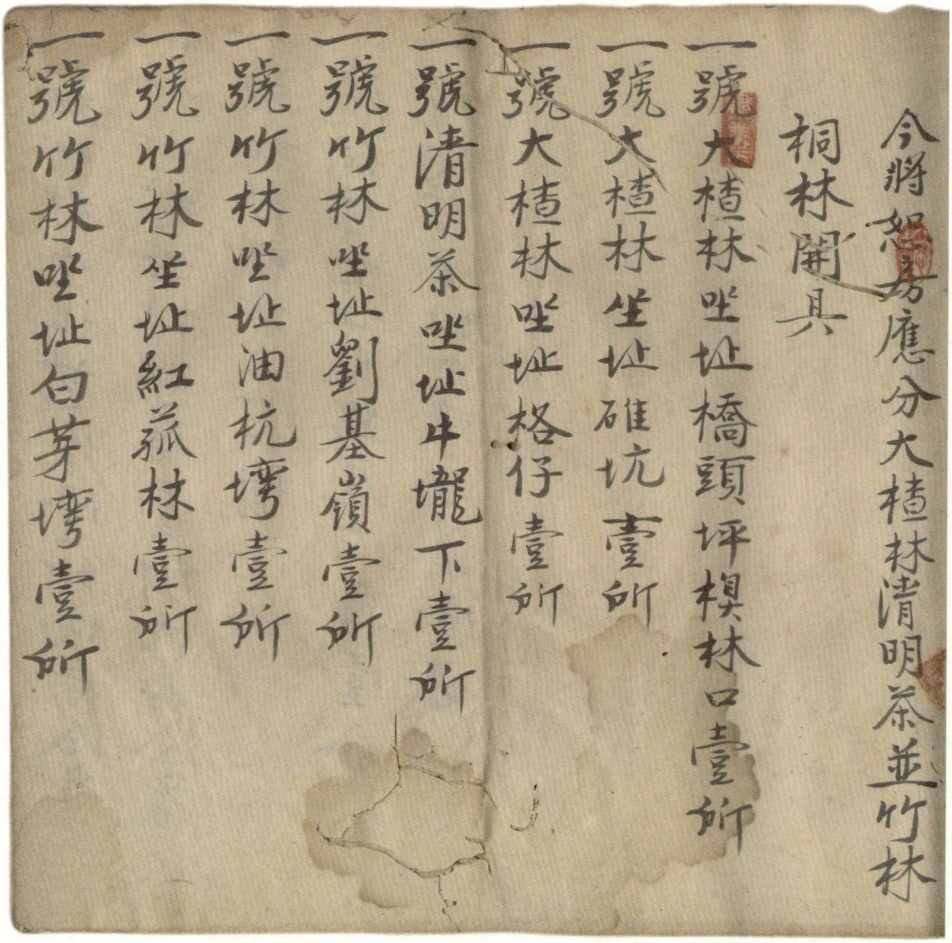
今將恕房應分大樝林清明茶並竹林
桐林開具
一號大樝林坐址橋頭坪模林口壹所
一號大樝林坐址碓坑壹所
一號大樝林坐址格仔壹所
一號清明茶坐址牛壠下壹所
一號竹林坐址劉基嶺壹所
一號竹林坐址油杭壪壹所
一號竹林坐址紅菰林壹所
一號竹林坐址白芽壪壹所

3-1-61-18 清乾隆十七年黄氏恕房立鬮書（一八）

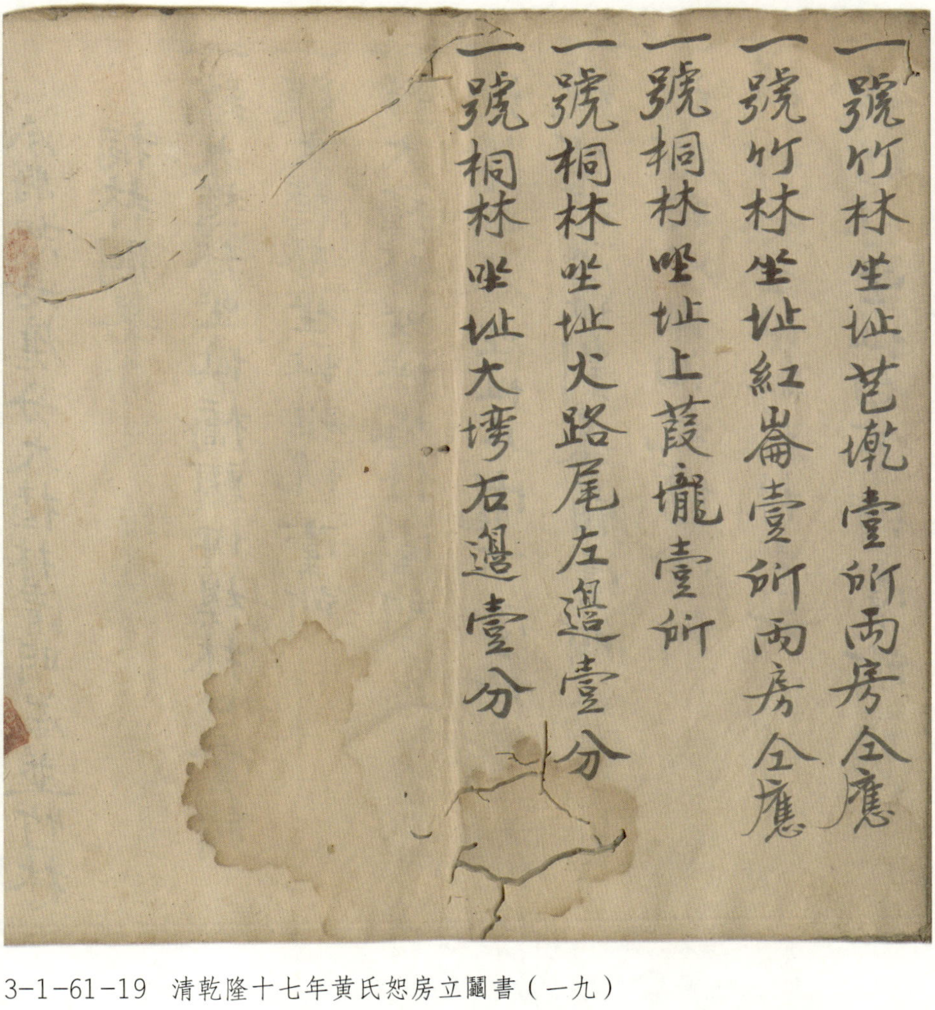
一號竹林坐址芑墘壹所兩房仝應
一號竹林坐址紅崙壹所兩房仝應
一號桐林坐址上葭壠壹所
一號桐林坐址犬路尾左邊壹分
一號桐林坐址大垮右邊壹分

3-1-61-19　清乾隆十七年黃氏恕房立鬮書（一九）

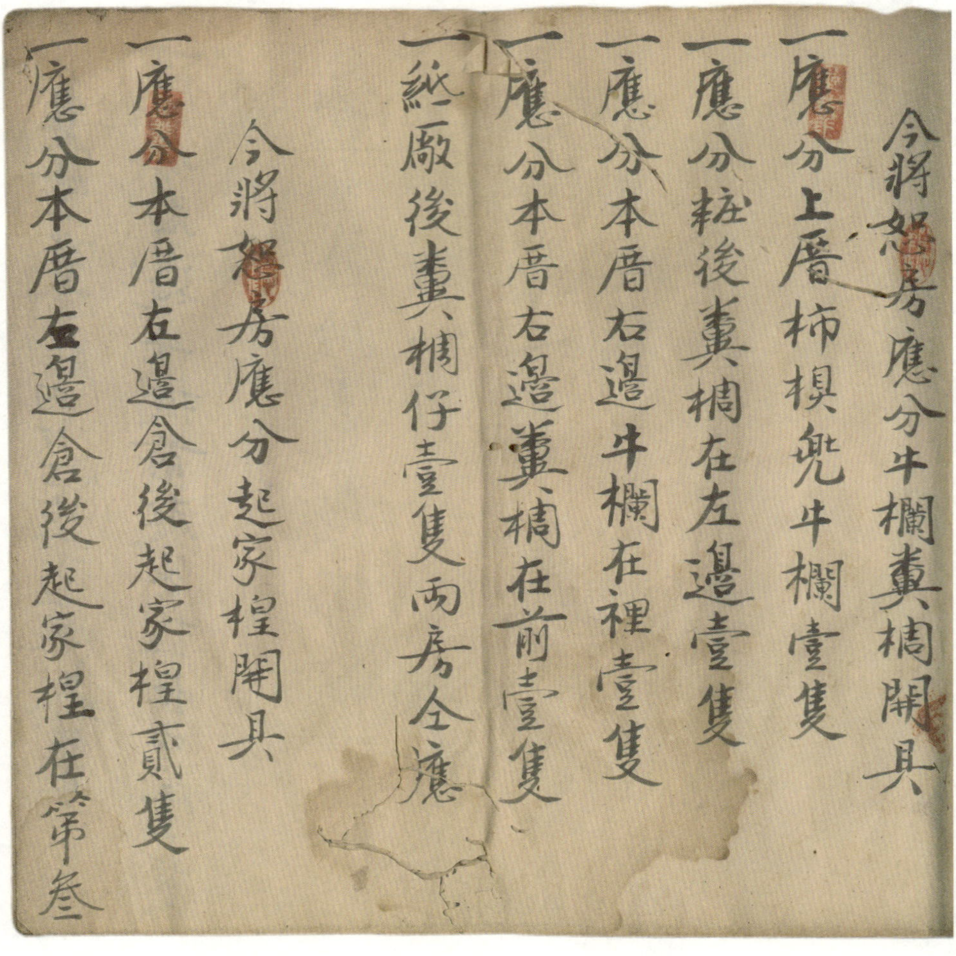
今將恕房應分牛欄糞椆開具
一應分上層柿模兜牛欄壹隻
一應分粒後糞椆在左邊壹隻
一應分本層右邊牛欄在裡壹隻
一應分本層右邊糞椆在前壹隻
一紙廠後糞椆仔壹隻兩房全應
今將恕房應分起家楻開具
一應分本層右邊倉後起家楻貳隻
一應分本層左邊倉後起家楻在第叁

3-1-61-20 清乾隆十七年黄氏恕房立鬮書（二〇）

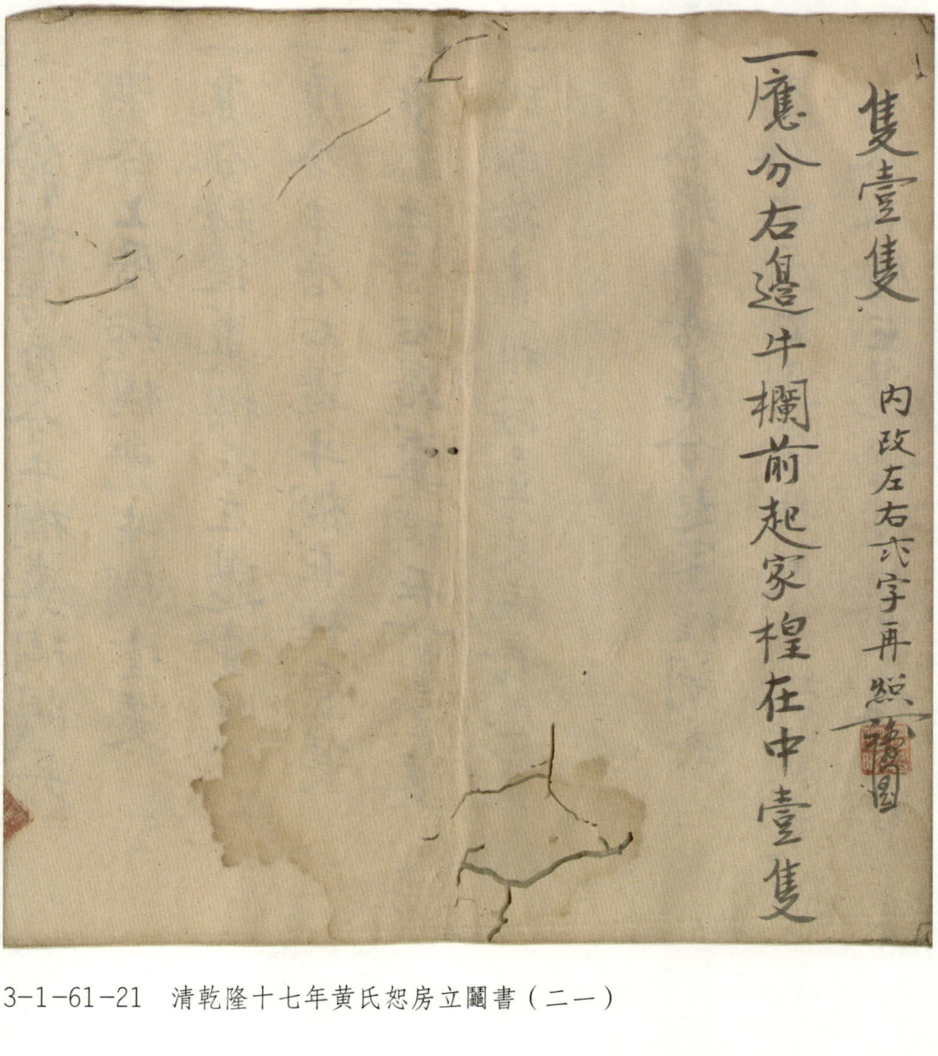
隻壹隻
內改左右弍字再照
一應分右邊牛欄前起家楻在中壹隻

3-1-61-21　清乾隆十七年黄氏恕房立鬮書（二一）

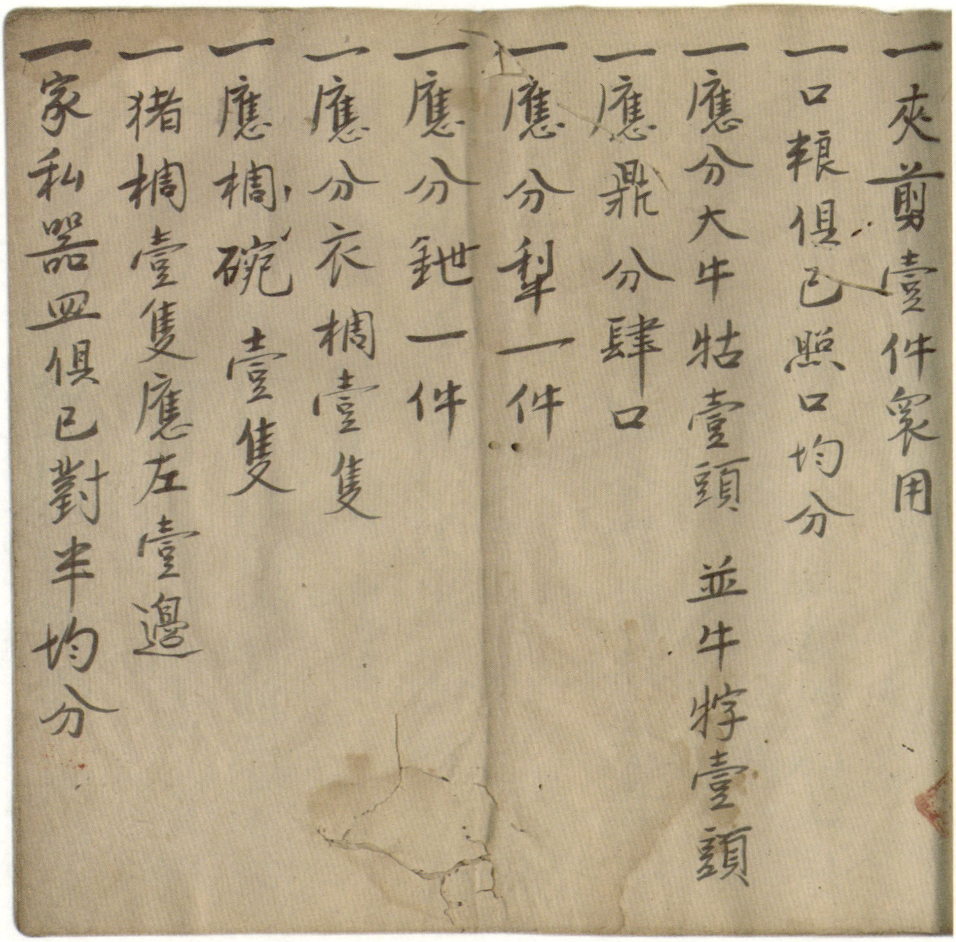
一夾剪壹件衆用
一口粮俱已照口均分
一應分大牛牯壹頭　並牛牸壹頭
一應鼎分肆口
一應分犁一件
一應分耙一件
一應分衣橱壹隻
一應橱碗壹隻
一猪橱壹隻應左壹邊
一家私器皿俱已對半均分

3-1-61-22　清乾隆十七年黃氏恕房立鬮書（二二）

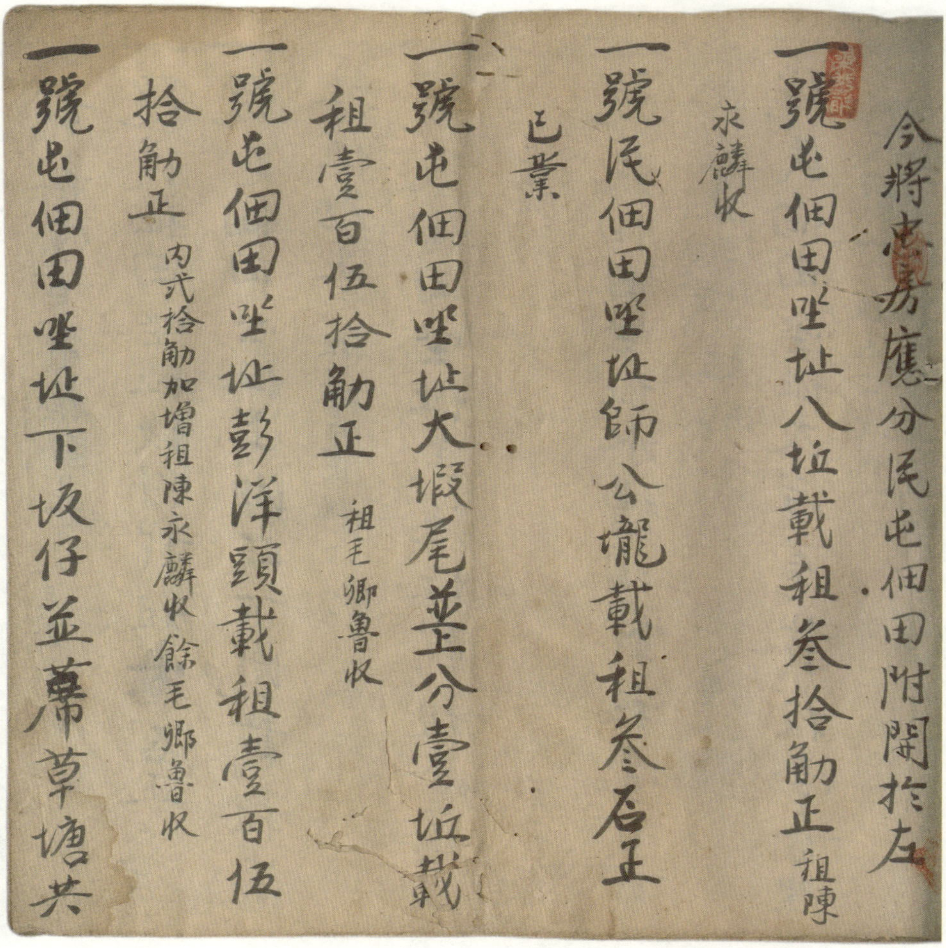

今將恕房應分民屯佃田附開於左

一號屯佃田坐址八坵載租叁拾觔正　租陳永麟收

一號民佃田坐址師公壠載租叁石正　已業

一號屯佃田坐址大堀尾並分壹坵載租壹百伍拾觔正　租毛卿魯收

一號屯佃田坐址彭洋頭載租壹百伍拾觔正　内弍拾觔加增租陳永麟收餘毛卿魯收

一號屯佃田坐址下坂仔並蕭草塘共

3-1-61-23　清乾隆十七年黄氏恕房立鬮書（二三）

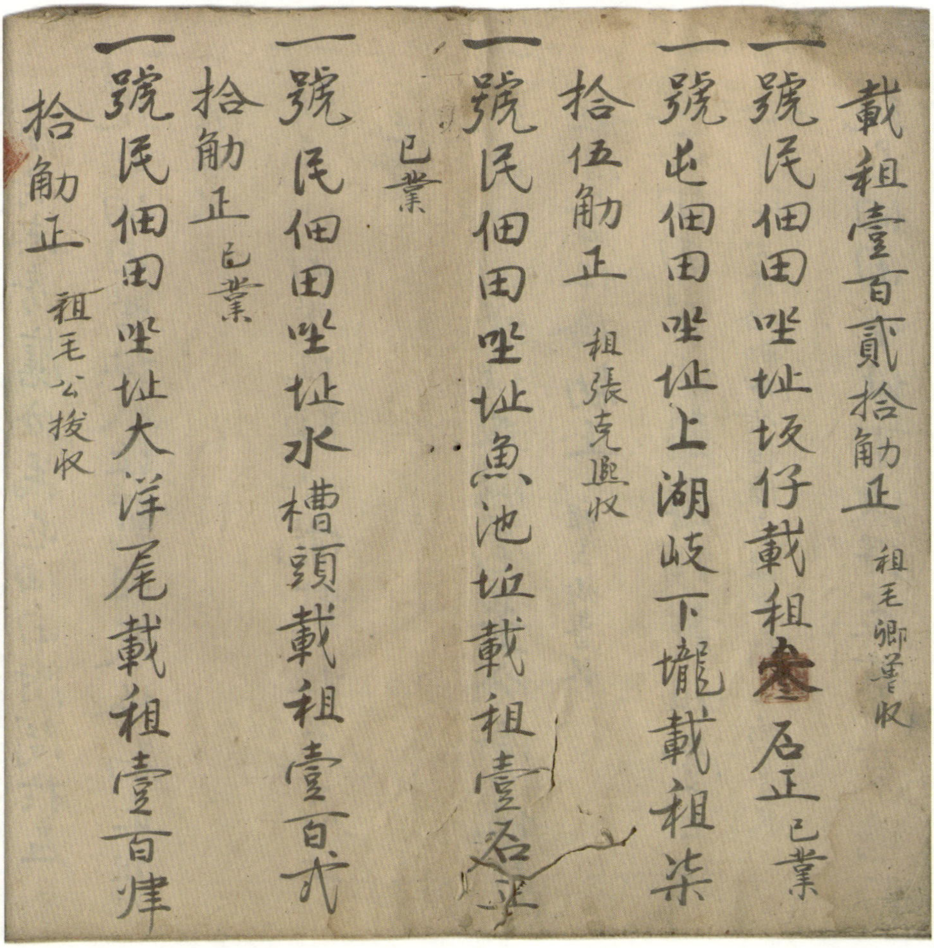
載租壹百貳拾觔正 租毛鄉晉收
一號民佃田坐址坂仔載租叁石正 已業
一號屯佃田坐址上湖岐下壠載租柒
拾伍觔正 租張克遐收
一號民佃田坐址魚池坵載租壹石正
已業
一號民佃田坐址水槽頭載租壹百貳
拾觔正 已業
一號民佃田坐址大洋尾載租壹百肆
拾觔正 租毛公拔收

3-1-61-24 清乾隆十七年黄氏恕房立鬮書（二四）

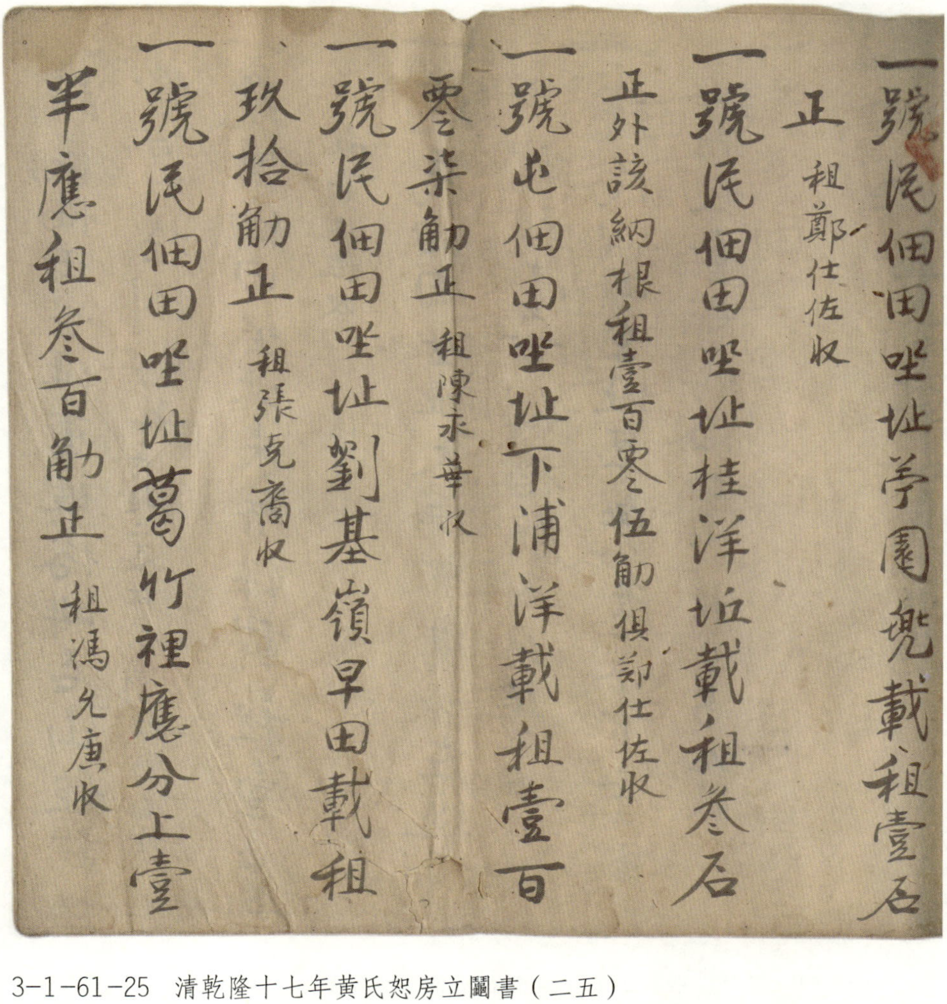
一號民佃田坐址亭園兜載租壹石
正　租鄭仕佐收
一號民佃田坐址桂洋坵載租叁石
正外該納根租壹百零伍觔俱鄭仕佐收
一號屯佃田坐址下浦洋載租壹百
零柒觔正　租陳永華收
一號民佃田坐址劉基嶺早田載租
玖拾觔正　租張克喬收
一號民佃田坐址葛竹裡應分上壹
半應租叁百觔正　租馮允庚收

3-1-61-25　清乾隆十七年黄氏恕房立鬮書（二五）

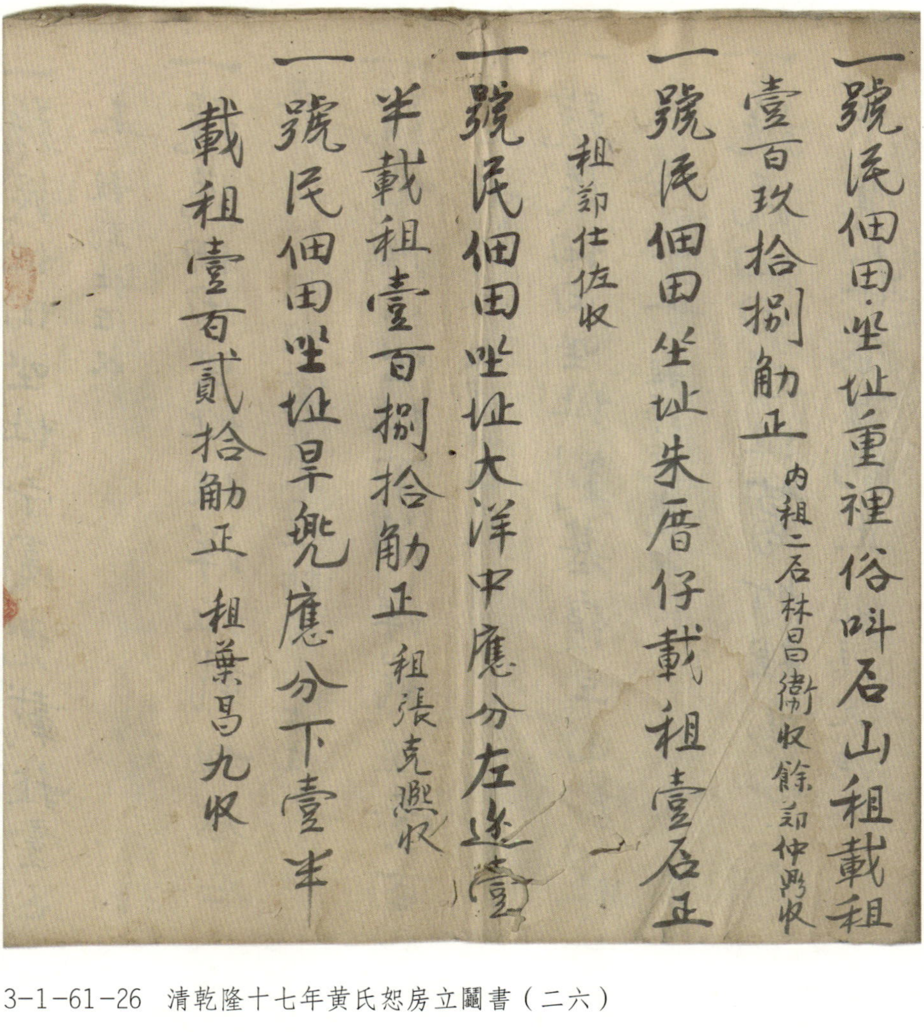

一號民佃田坐址重裡俗叫石山租載租
壹百玖拾捌觔正　内租二石林昌衛收餘租仲明收
一號民佃田坐址朱厝仔載租壹石正
租鄭仕佐收
一號民佃田坐址大洋中應分左邊壹
半載租壹百捌拾觔正　租張克巡收
一號民佃田坐址旱兜應分下壹半
載租壹百貳拾觔正　租葉昌九收

3-1-61-26　清乾隆十七年黄氏恕房立鬮書（二六）

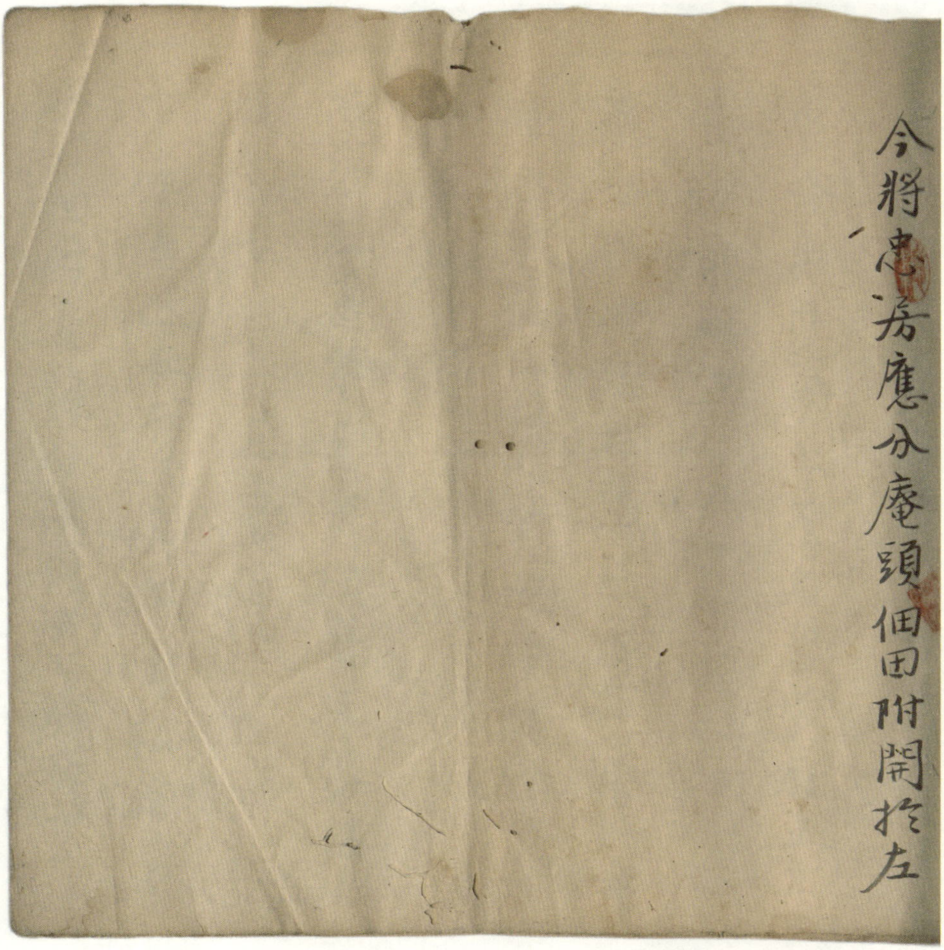
今將恕房應分庵頭佃田附開於左

3-1-61-27　清乾隆十七年黄氏恕房立鬮書（二七）

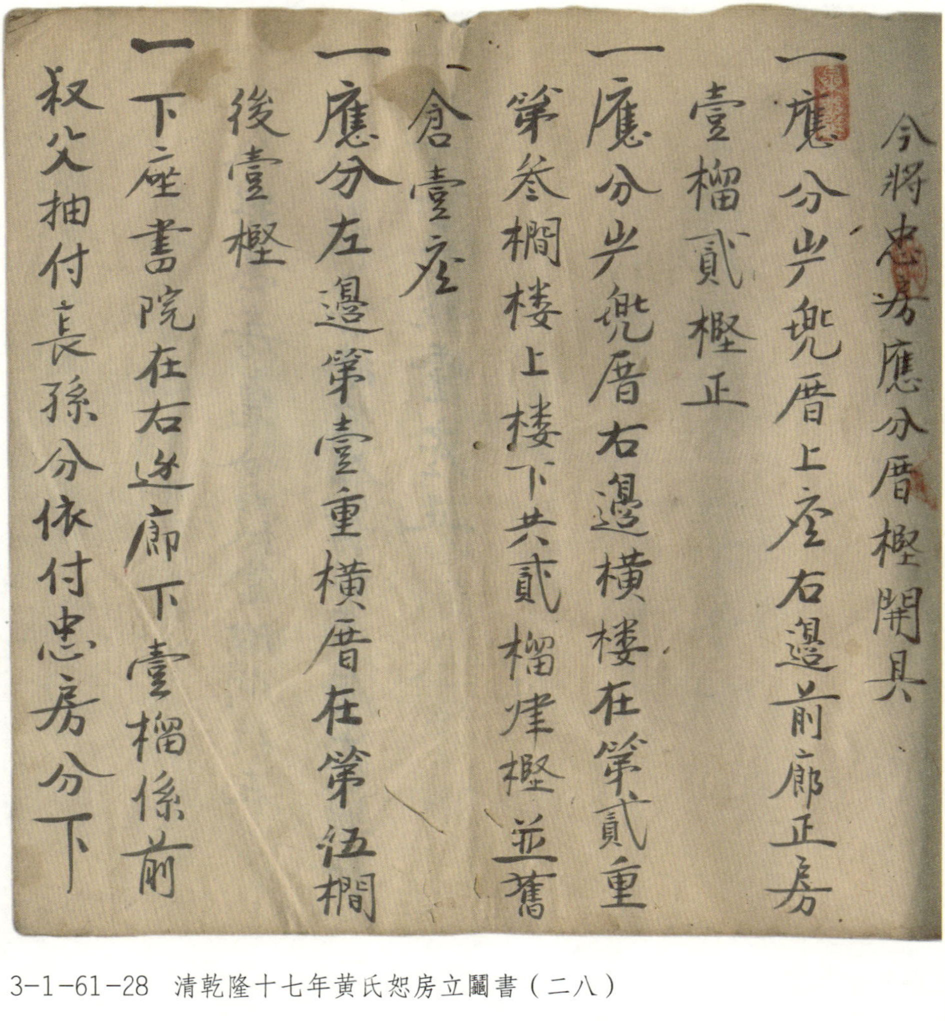
今將忠房應分厝楹開具
一應分岀兜厝上座右邊前廊正房
壹榴貳楹正
一應分岀兜厝右邊横楼在第貳重
第叁榴楼上楼下共貳榴肆楹並舊
一倉壹座
一應分左邊第壹重横厝在第伍榴
後壹楹
一下座書院在右边廊下壹榴係前
叔父抽付長孫分依付忠房分下

3-1-61-28 清乾隆十七年黃氏恕房立鬮書（二八）

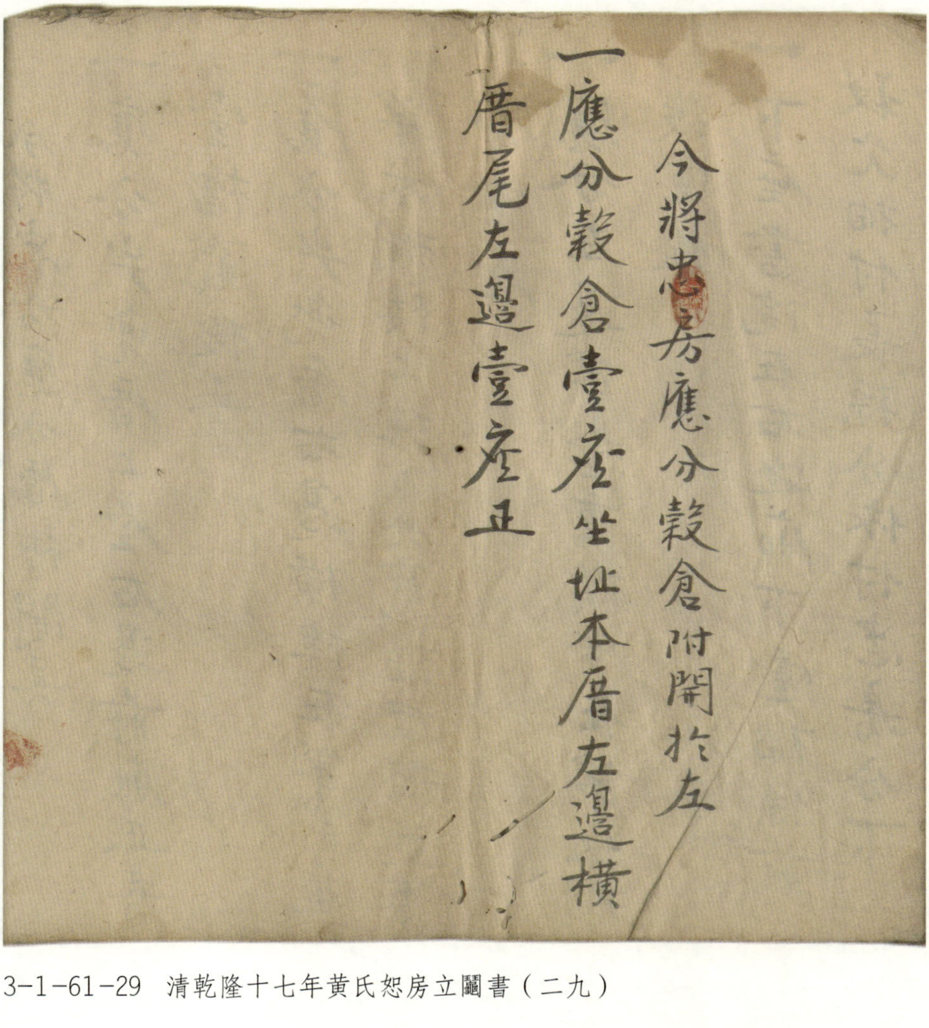

今將忠房應分穀倉附開於左

一應分穀倉壹座坐址本厝左邊横

厝尾左邊壹座止

3-1-61-29　清乾隆十七年黄氏恕房立鬮書（二九）

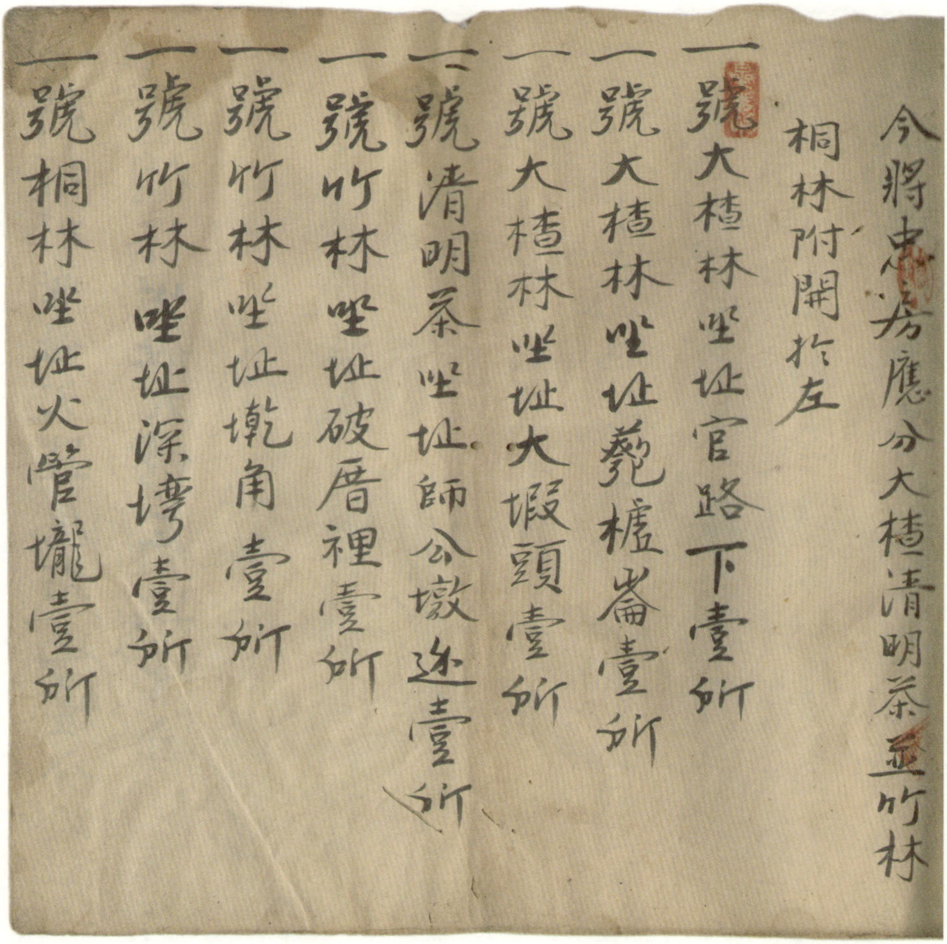

今將忠房應分大稙清明茶並竹林
桐林附開於左
一號大稙林坐址官路下壹所
一號大稙林坐址甃櫨崙壹所
一號大稙林坐址大塅頭壹所
一號清明茶坐址師公墩迹壹所
一號竹林坐址破厝裡壹所
一號竹林坐址墘角壹所
一號竹林坐址深塆壹所
一號桐林坐址火管壠壹所

3-1-61-30 清乾隆十七年黄氏恕房立鬮書（三〇）

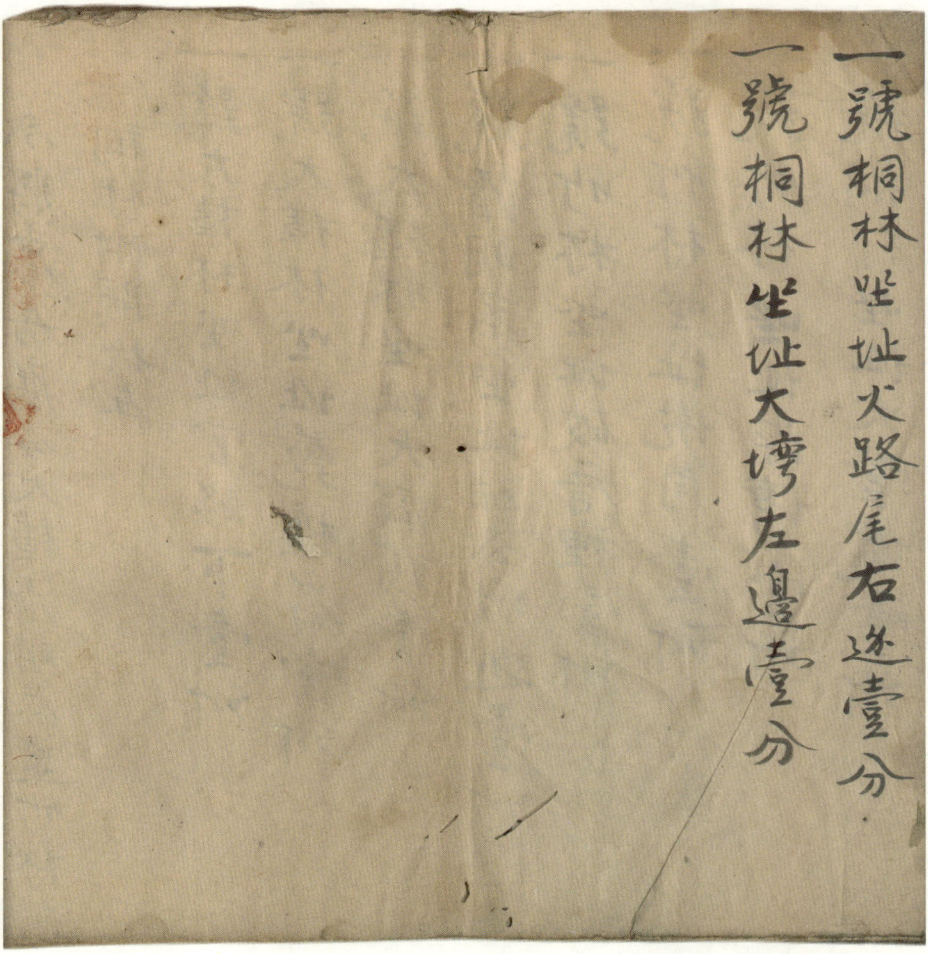
一號桐林坐址火路尾右邊壹分
一號桐林坐址大塆左邊壹分

3-1-61-31　清乾隆十七年黄氏恕房立鬮書（三一）

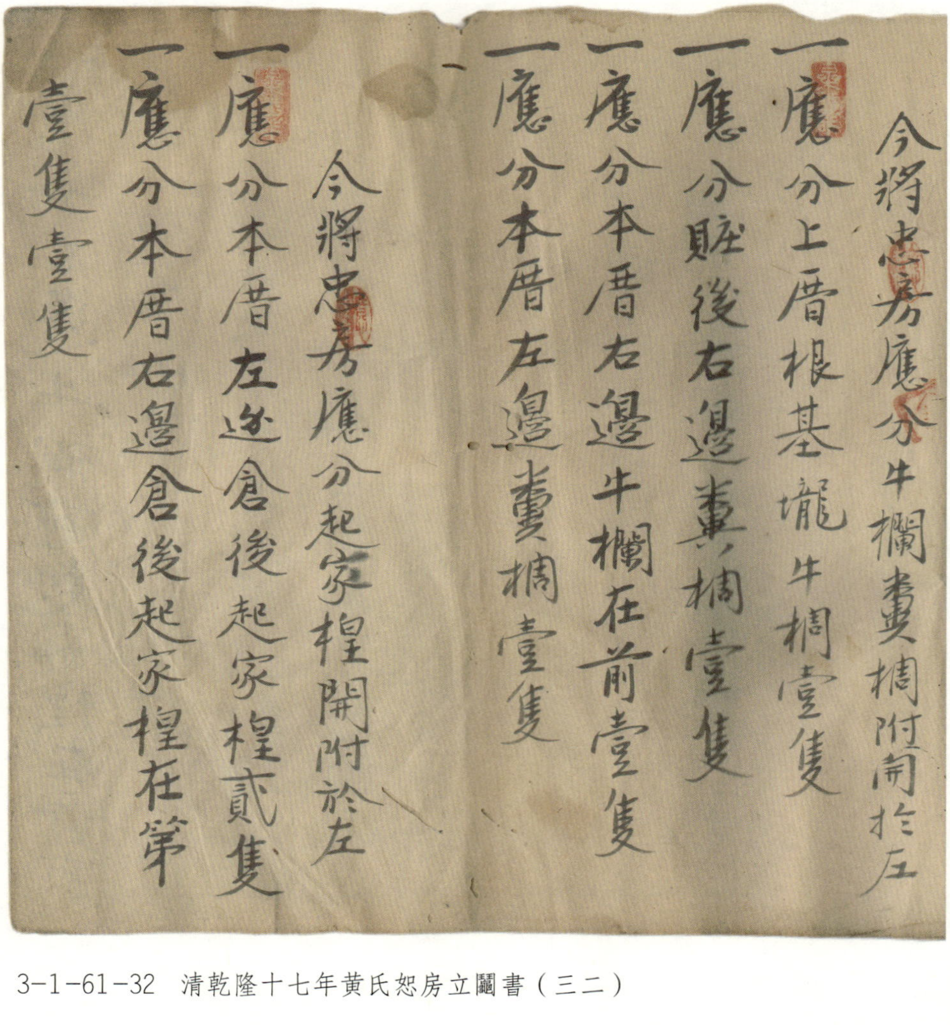

今將忠房應分牛欄糞椆附開於左
一應分上厝根基壠牛椆壹隻
一應分賍後右邉糞椆壹隻
一應分本厝右邉牛欄在前壹隻
一應分本厝左邉糞椆壹隻

今將忠房應分起家桯開附於左
一應分本厝左邉倉後起家桯貳隻
一應分本厝右邉倉後起家桯在第
壹隻壹隻

3-1-61-32　清乾隆十七年黄氏恕房立鬮書（三二）

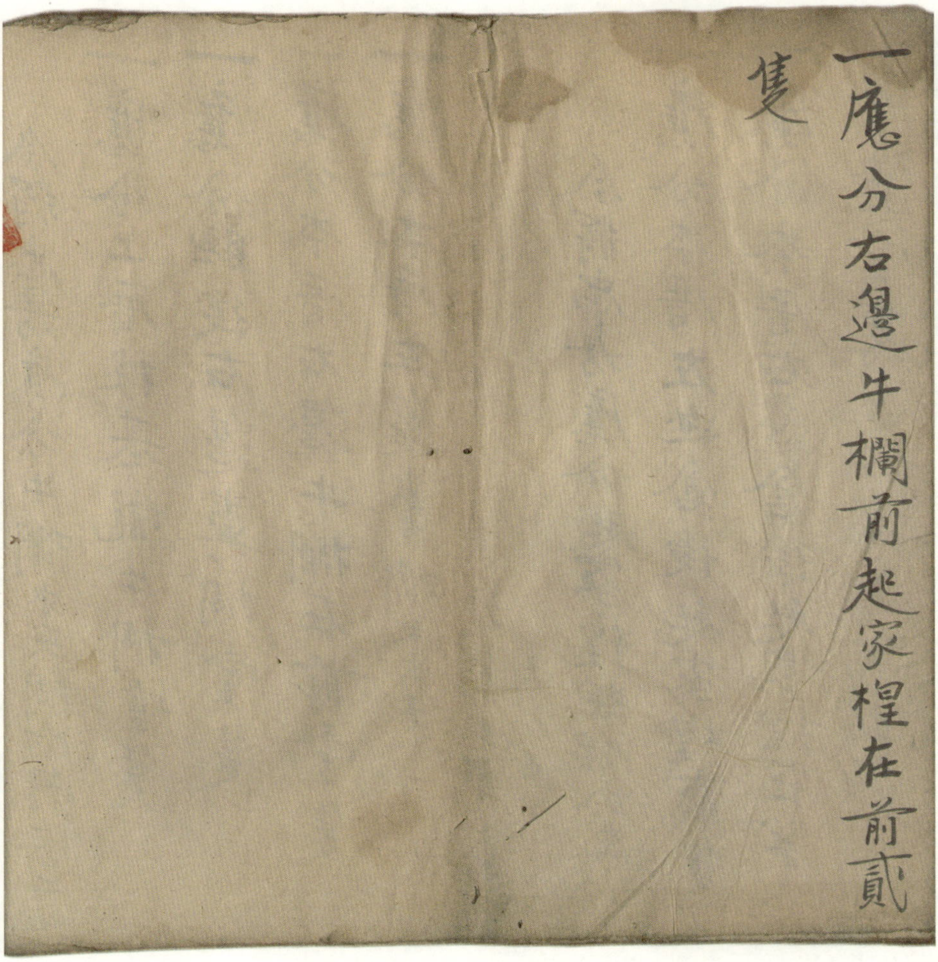

一應分右邊牛欄前起家桯在前貳
隻

3-1-61-33　清乾隆十七年黄氏恕房立鬮書（三三）

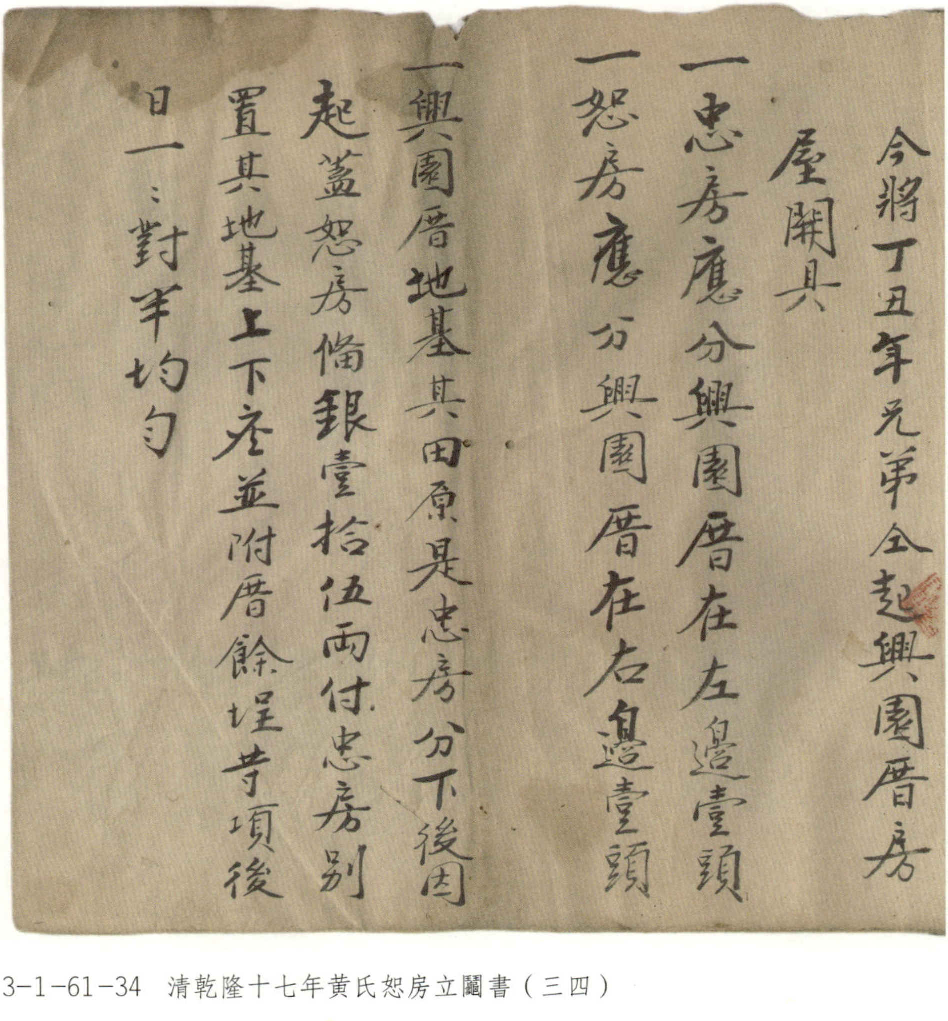
今將丁丑年兄弟仝起興園厝房
屋鬮具
一忠房應分興園厝在左邊壹頭
一恕房應分興園厝在右邊壹頭
一興園厝地基其田原是忠房分下後因
起蓋恕房備銀壹拾伍兩付忠房別
置其地基上下產並附厝餘埕并項後
日一々對半均匀

3-1-61-34　清乾隆十七年黄氏恕房立鬮書（三四）

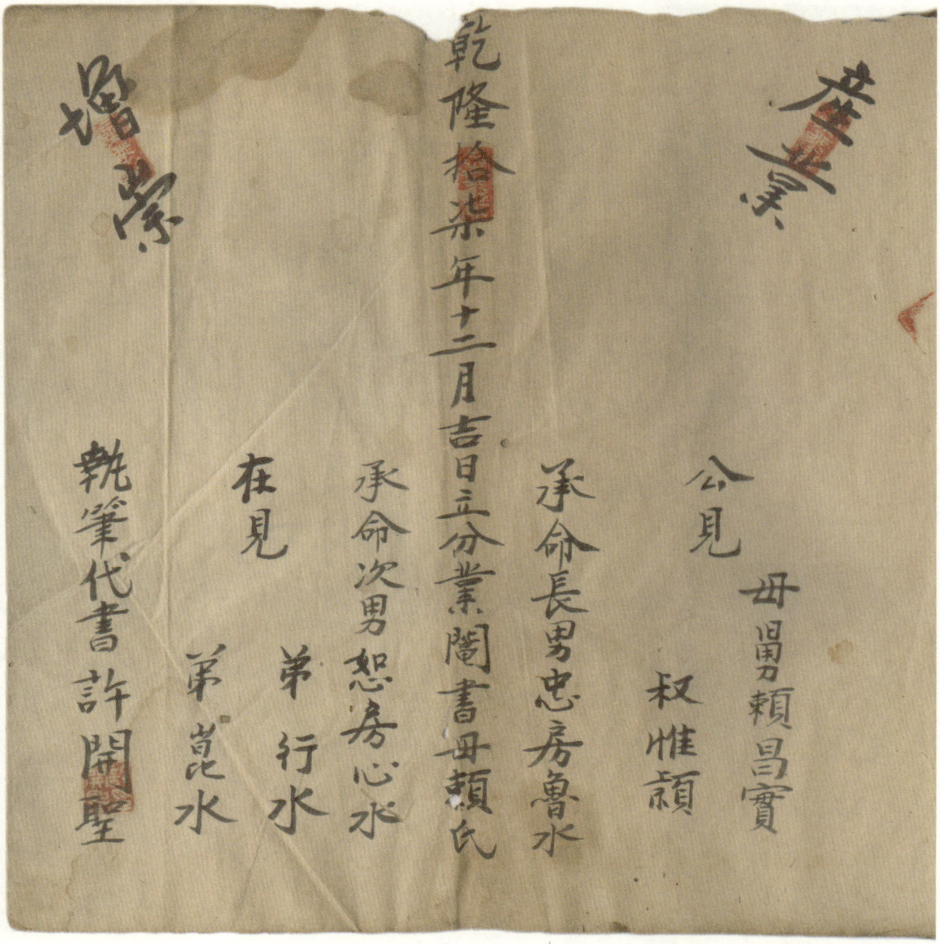
產業
公見　母舅賴昌實
　　　叔惟顏
承命長男忠房魯水
乾隆拾柒年十二月吉日立分業鬮書母賴氏
承命次男恕房心水
在見　弟行水
　　　弟崑水
執筆代書許開聖
增崇

3-1-61-35　清乾隆十七年黄氏恕房立鬮書（三五）

3-1-61-36　清乾隆十七年黃氏恕房立鬮書（三六）

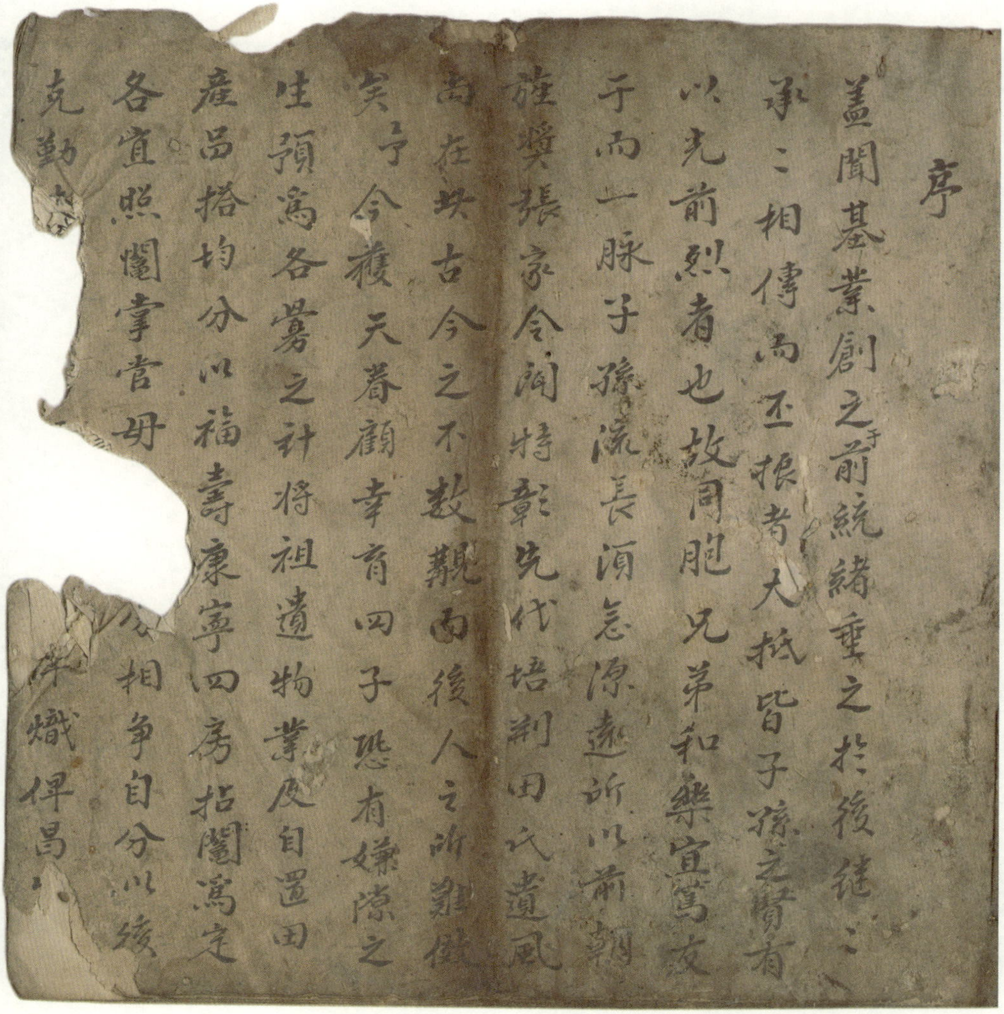

序

蓋聞基業創之于前，統緒垂之於後，繼繼承承相傳而丕振者，大抵皆子孫之賢有以光前烈者也。故同胞兄弟和樂宜篤，友于而一脉子孫流長須念源遠。所以前朝旌奬張家，令聞特彰，先代培荆田氏遺風尚在，此古今之不數覯，而後人之所難做矣。予今獲天眷顧，幸育四子，恐有嫌隙之生，預爲各寡之計，將祖遺物業及自置田產品搭均分，以福壽康寧四房拈鬮爲定，各宜照鬮掌管，毋□相爭，自分以後克勤□□，俾熾俾昌。

3-1-62-1　清乾隆三十八年黄氏福壽康寧四房鬮書（一）

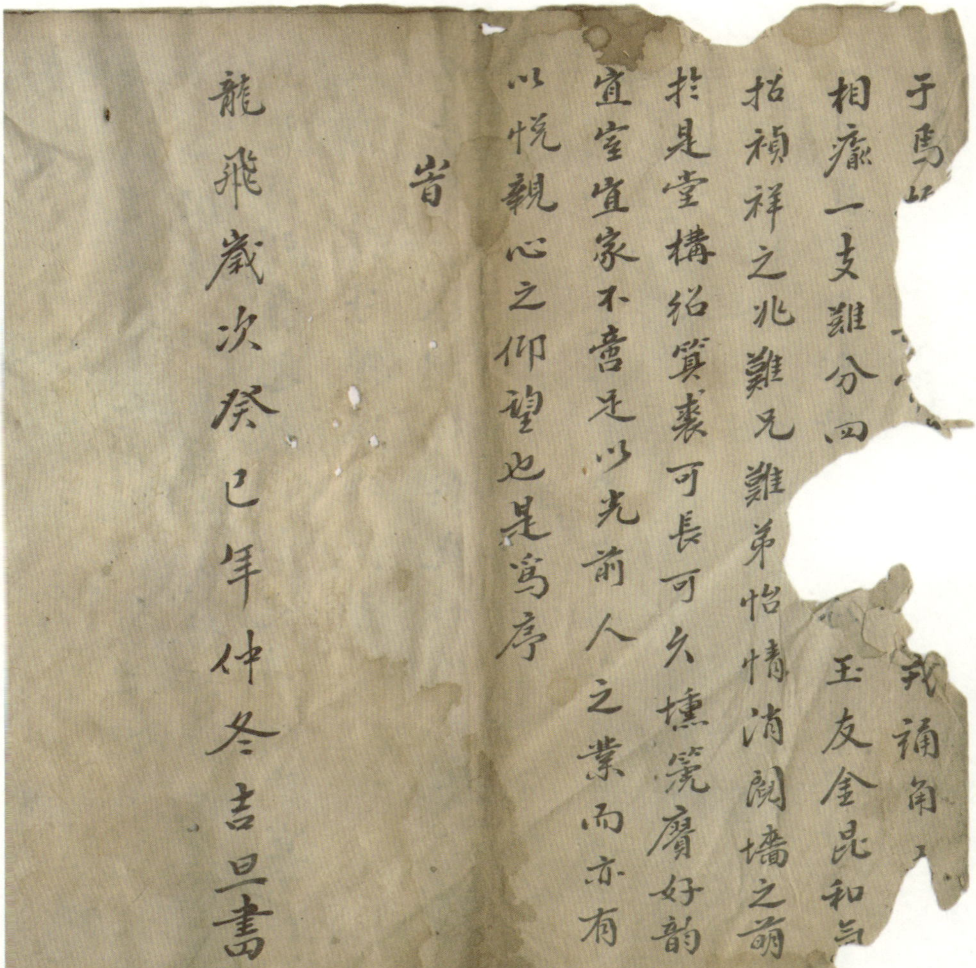

于焉以……式補角……
相[illegible]一支雖分四……玉友金昆和[illegible]
拮禎祥之兆雖兄雖弟怡情消鬩墻之萌
於是堂構紹箕裘可長可久壎篪賡好韻
宜室宜家不啻迠以光前人之業而亦有
以悅親心之仰望也是爲序
旹
龍飛歲次癸巳年仲冬吉旦書

3-1-62-2　清乾隆三十八年黄氏福壽康寧四房鬮書（二）

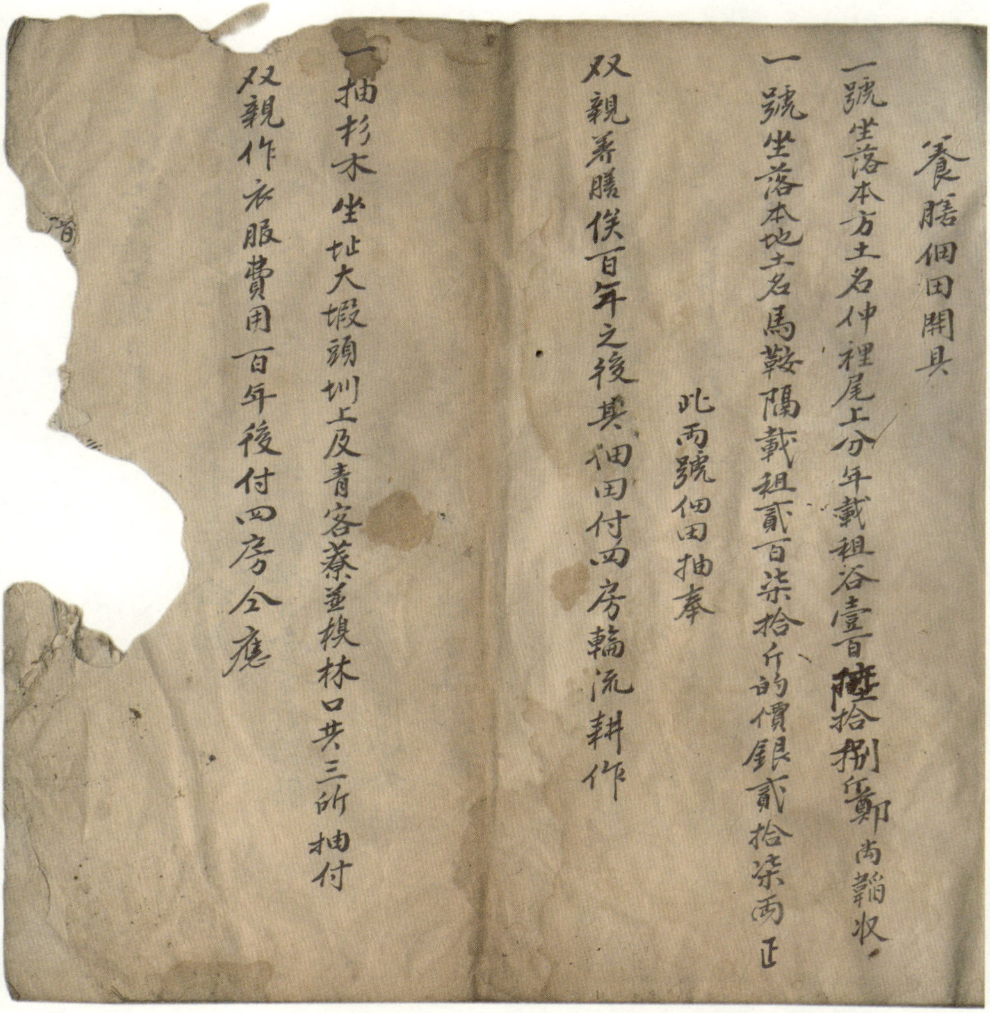

養膳佃田開具

一號坐落本方土名仲裡尾上分年載租谷壹百陸拾捌斤鄭尚韜收

一號坐落本地土名馬鞍陽載租貳百柒拾斤的價銀貳拾柒兩正

此兩號佃田抽奉

双親養膳俟百年之後其佃田付四房輪流耕作

一抽杉木坐址大堰頭圳上及青客蔡並模林口共三所抽付

双親作衣服費用百年後付四房仝應

3-1-62-3　清乾隆三十八年黄氏福壽康寧四房鬮書（三）

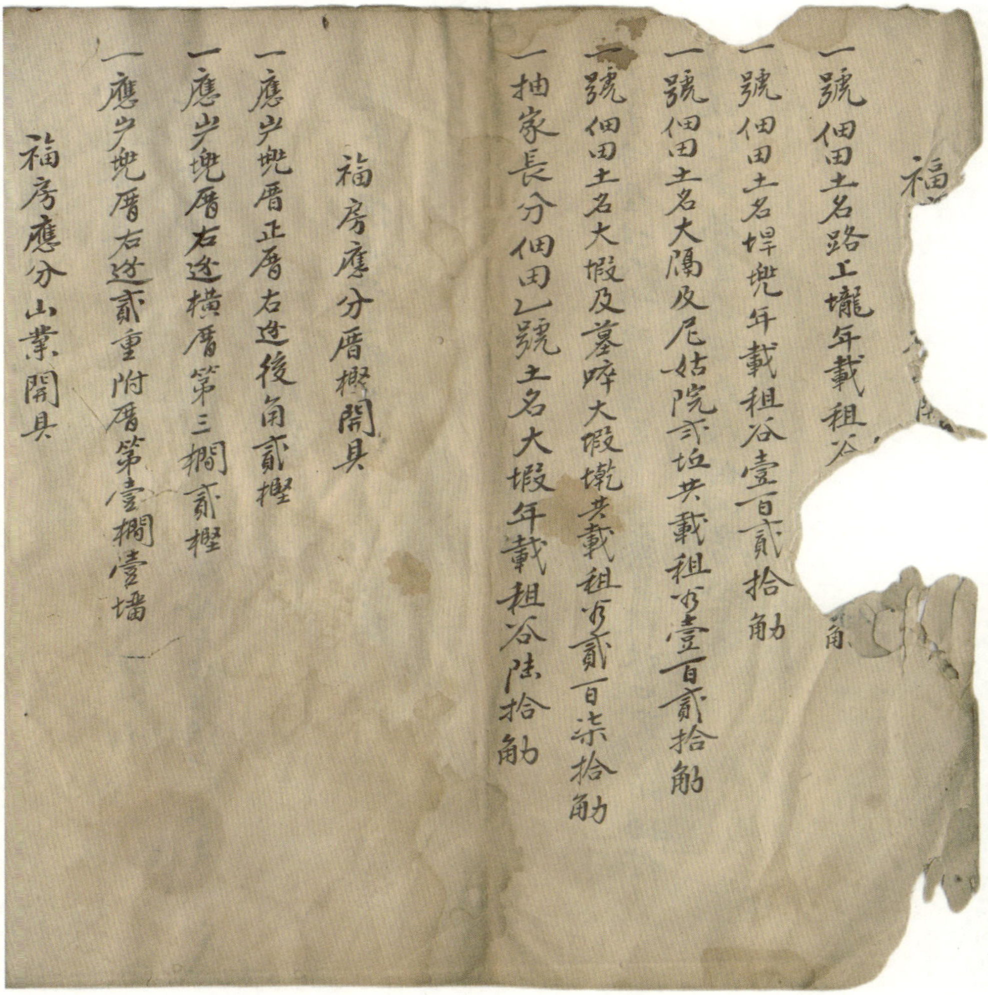
福……

一號佃田土名路エ壠年載租谷……

一號佃田土名垾兜年載租谷壹百貳拾觔

一號佃田土名大隔及尼姑院弍坵共載租谷壹百貳拾觔

一號佃田土名大墩及墓崍大墩墘共載租谷貳百柒拾觔

一抽家長分佃田乚號土名大墩年載租谷陆拾觔

福房應分厝擛鬮具

一應岁兜厝正厝右边後角貳擛

一應岁兜厝右边横厝第三搁貳擛

一應岁兜厝右边貳重附厝第壹搁壹墙

福房應分山業鬮具

3-1-62-4　清乾隆三十八年黄氏福壽康寧四房鬮書（四）

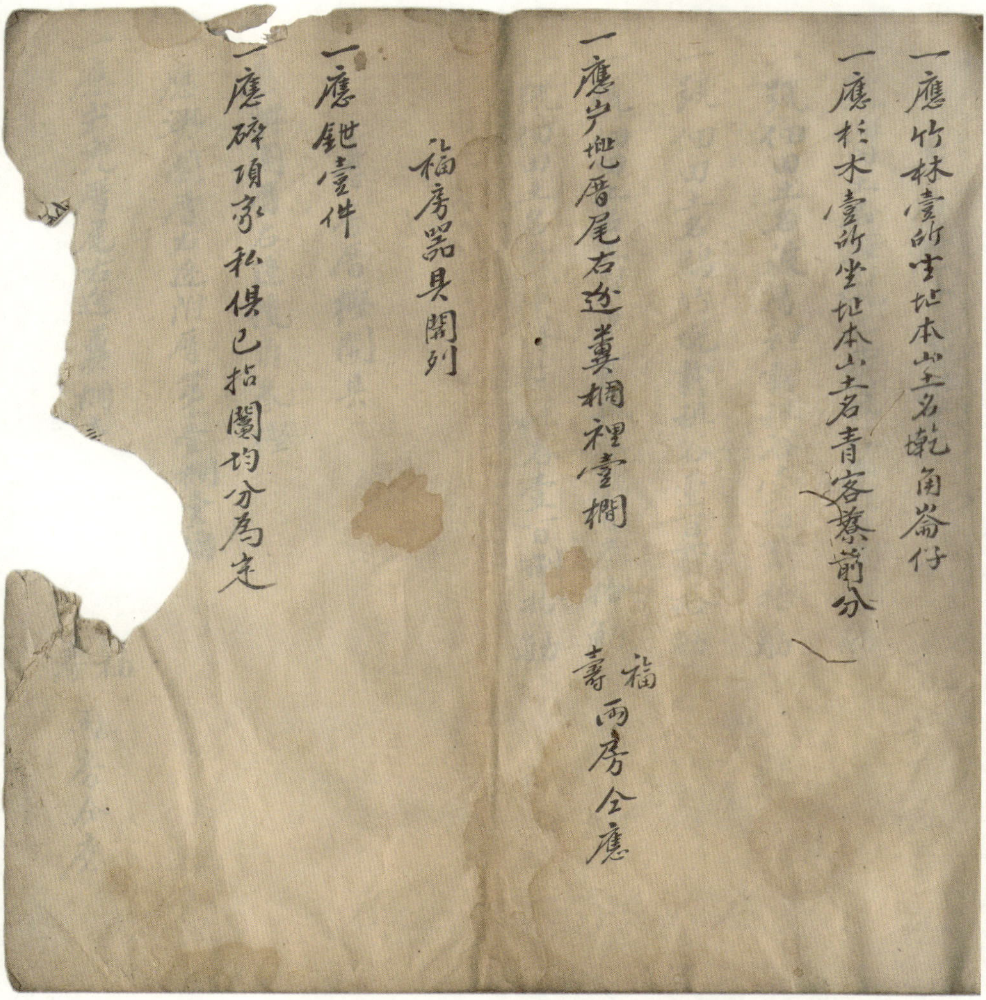
一應竹林壹所坐址本山土名乾角崙仔
一應杉木壹所坐址本山土名青窖寮前分
一應戶兜厝尾右邊糞椆裡壹椆
福壽兩房仝應
福房器具開列
一應鉗壹件
一應碎項家私俱已指鬮均分爲定

3-1-62-5 清乾隆三十八年黄氏福壽康寧四房鬮書（五）

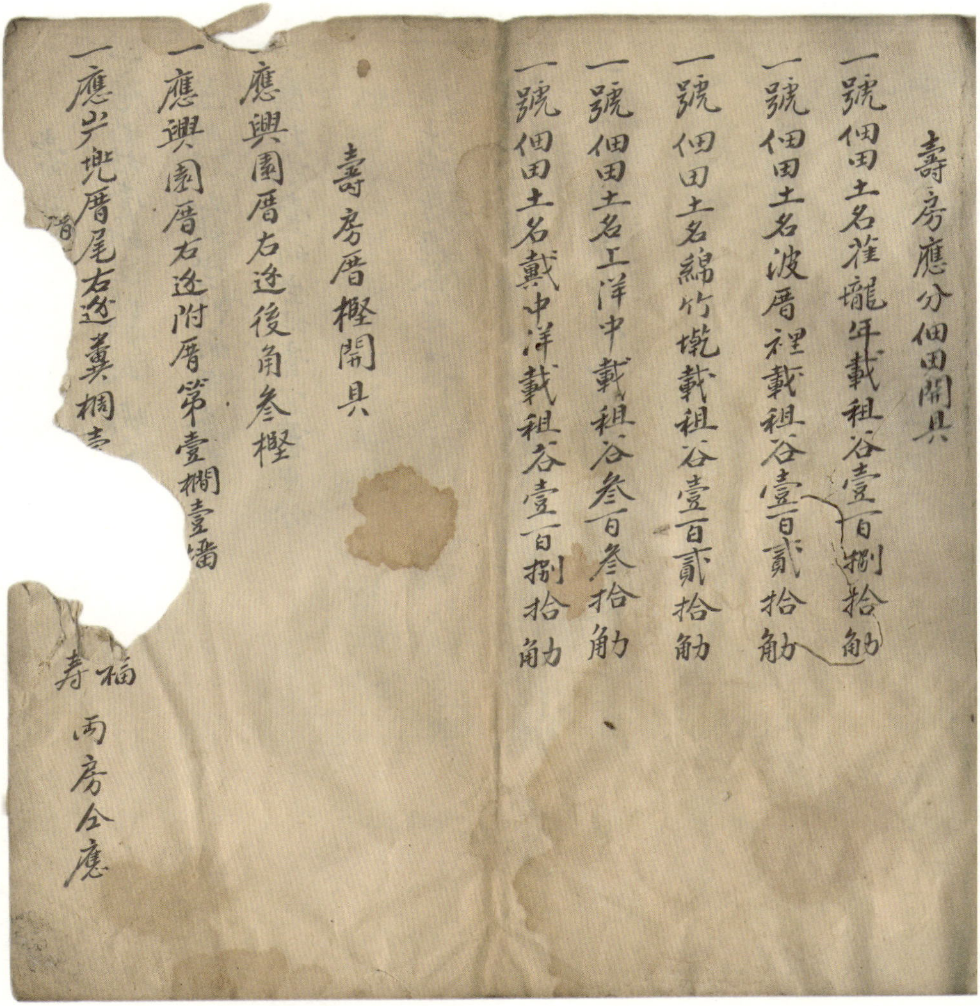

壽房應分佃田開具
一號佃田土名崔壠年載租谷壹百捌拾觔
一號佃田土名波厝裡載租谷壹百貳拾觔
一號佃田土名綿竹墘載租谷壹百貳拾觔
一號佃田土名下洋中載租谷叁百叁拾觔
一號佃田土名戴中洋載租谷壹百捌拾觔

壽房厝樫開具
一應興園厝右邊後角叁樫
一應興園厝右邊附厝第壹欄壹擋
一應屵兜厝尾右邊糞桶壹[illegible]

福壽兩房仝應

3-1-62-6　清乾隆三十八年黃氏福壽康寧四房鬮書（六）

壽房

一應竹林壹所坐址刘岐嶺

一應竹林乙所坐址乾角崙頭

一應杉木壹所坐址青客寮中分

壽房應分器具

一應鈀壹件

一應碎項家私俱已拈鬮均分為定

3-1-62-7 清乾隆三十八年黃氏福壽康寧四房鬮書（七）

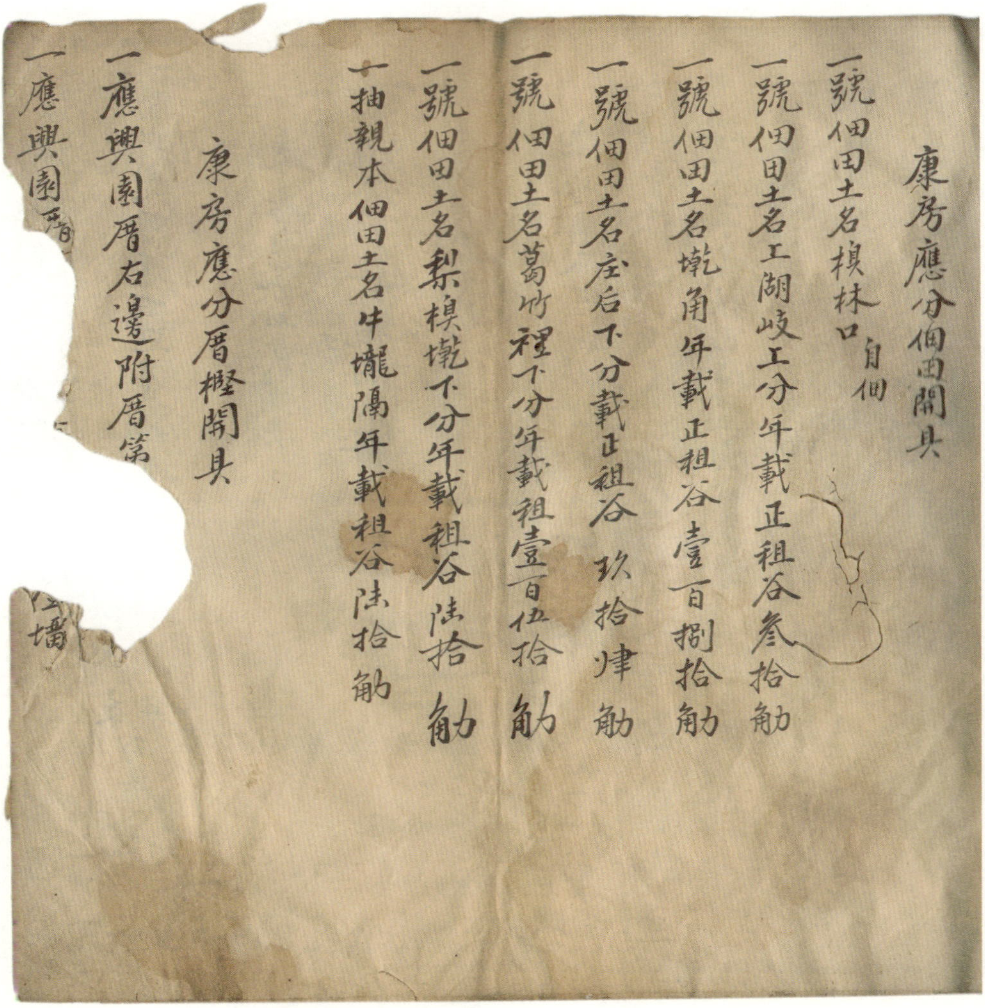

康房應分佃田開具
一號佃田土名模林口 自佃
一號佃田土名工湖岐工分年載正租谷叁拾觔
一號佃田土名墘角年載正租谷壹百捌拾觔
一號佃田土名庄后下分載正租谷玖拾肆觔
一號佃田土名葛竹裡下分年載租壹百伍拾觔
一號佃田土名梨模墘下分年載租谷陸拾觔
一抽親本佃田土名牛壠隔年載租谷陸拾觔

康房應分厝樫開具
一應興園厝右邊附厝第[illegible]
一應興園厝[illegible]墻

3-1-62-8　清乾隆三十八年黄氏福壽康寧四房鬮書（八）

一應興園……

一應𡶶兜厝尾右邊糞桶……

康房應分山業開具

一應竹林壹所坐址墘角大崙

一應杉木壹所坐址大塅頭

康房應分器具

一應鉪壹件

一應碎項家伙俱已拈鬮均分為定

康寧兩房仝應

3-1-62-9 清乾隆三十八年黃氏福壽康寧四房鬮書（九）

寧房應分佃田鬮具

一號佃田土名上湖岐下分載租叁拾觔

一號佃田土名下坟仔載租穀陸拾觔

一號佃田土名葛竹坟載租穀壹百捌拾觔

一號佃田土名庄後上分載租谷玖拾肆觔

一號佃田土名葛竹裡上分載租谷壹百伍拾觔

一號佃田土名梨模境上分載租谷陸拾觔

一抽親本佃田土名魚池坵年載租谷陸拾觔

一抽水牛牳壹頭付寧房以為親本之需

寧房應分厝欅鬮具

一應興園厝右邊前角叁欅

一應興園

3-1-62-10 清乾隆三十八年黄氏福壽康寧四房鬮書（一〇）

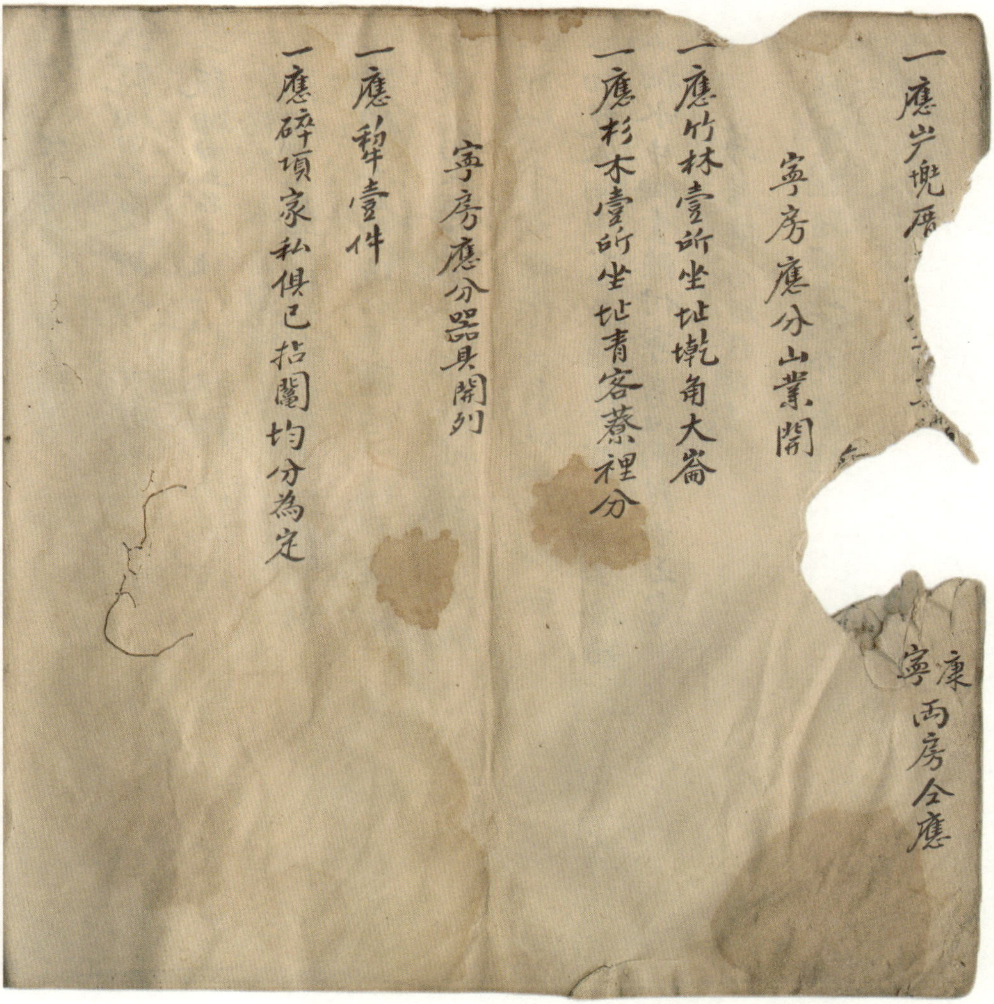

一應岸塊厝[illegible]

寧房應分山業開

一應竹林壹所坐址墘角大崙

一應杉木壹所坐址青客蔡裡分

寧房應分器具開列

一應犁壹件

一應碎項家私俱已拈鬮均分為定

寧康兩房仝應

3-1-62-11　清乾隆三十八年黄氏福壽康寧四房鬮書（一一）

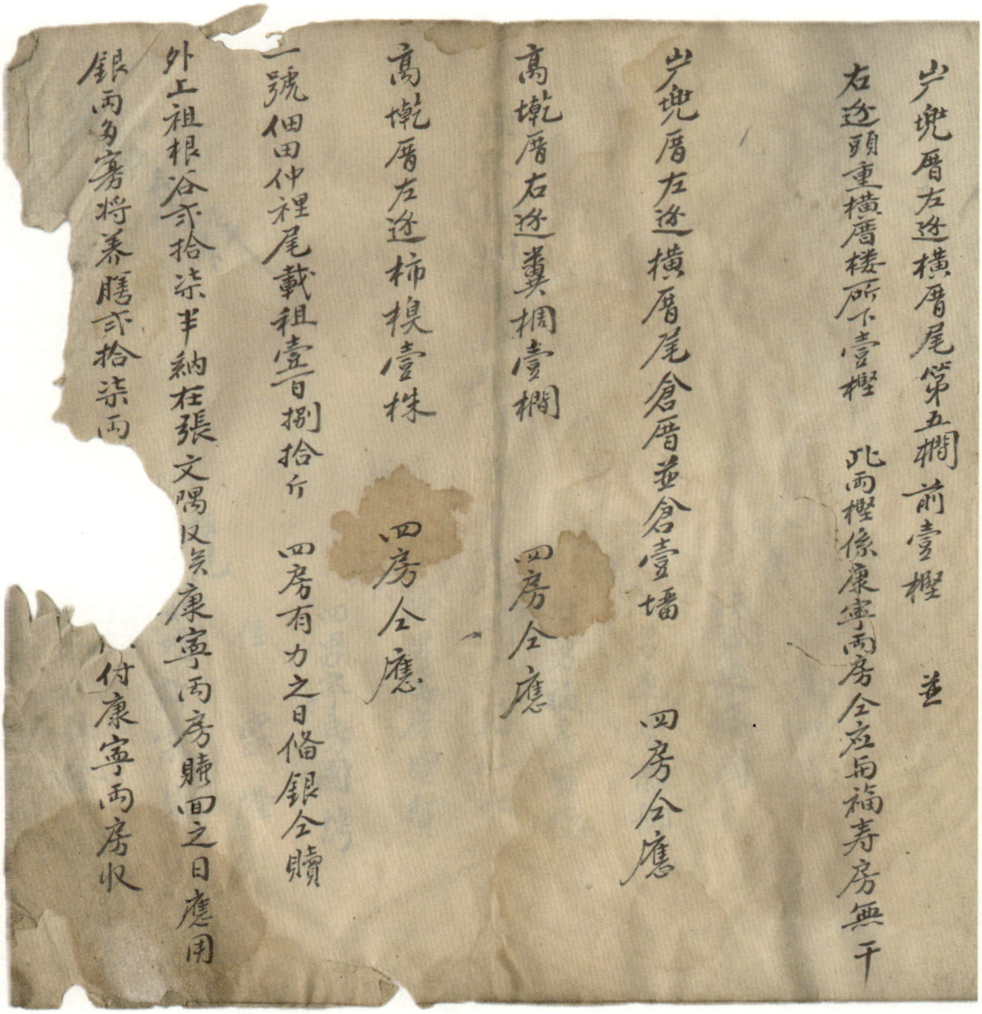

岸兜厝左邊橫厝尾第五間前壹椏　並
右邊頭重橫厝樓所下壹椏　此兩椏係康寧兩房仝應与福壽房無干
岸兜厝左邊橫厝尾倉厝並倉壹墻　四房仝應
高墘厝右邊糞間壹間　四房仝應
高墘厝左邊柿樸壹株　四房仝應
一號佃田仲裡尾載租壹百捌拾斤　四房有力之日備銀仝贖
外上祖根谷貳拾柒半納在張文陽及吳康寧兩房贖回之日應用
銀兩多房將養膳貳拾柒兩[illegible]付康寧兩房收

3-1-62-12　清乾隆三十八年黃氏福壽康寧四房鬮書（一二）

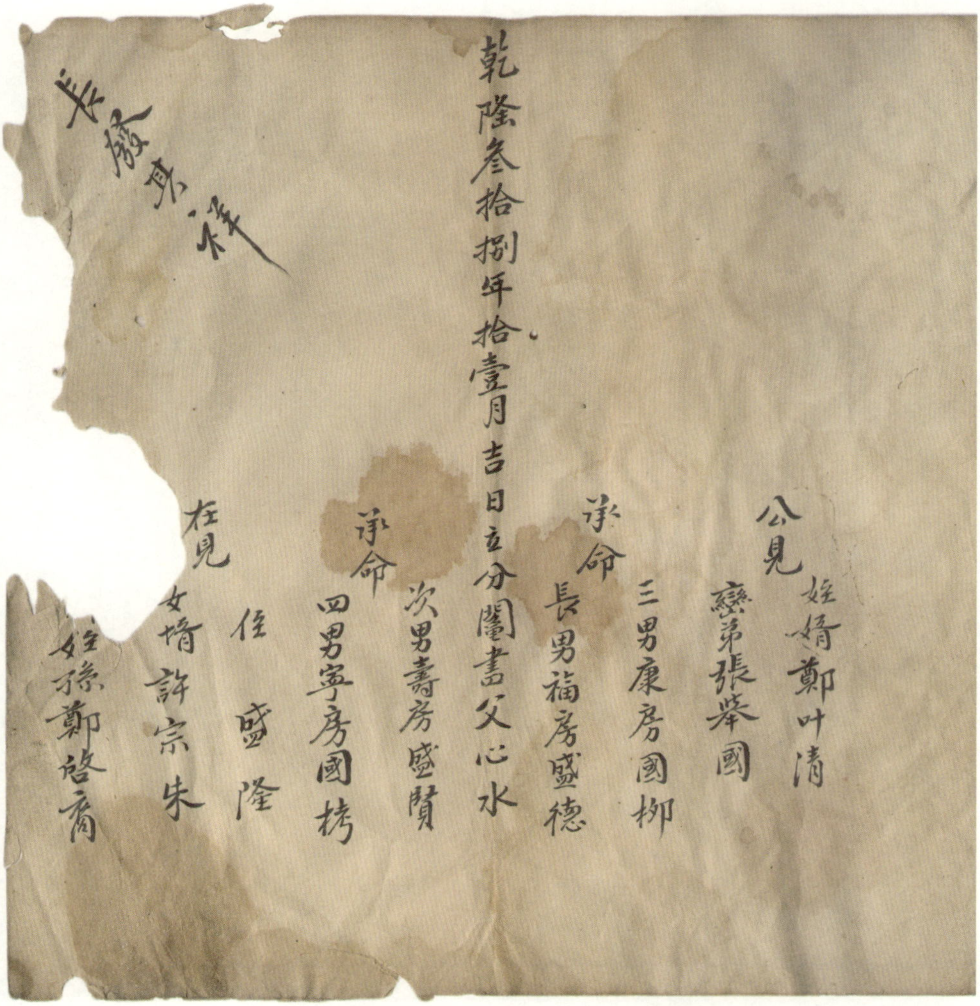

公見　姪婿鄭叶清
　　　戀弟張举國
三男康房國柳
承命　長男福房盛德
次男壽房盛賢
承命　四男寧房國梼
乾隆叁拾捌年拾壹月吉日立分鬮書父心水
在見　侄盛隆
女婿許宗朱
姪孫鄭啓裔

長發其祥

3-1-62-13　清乾隆三十八年黄氏福壽康寧四房鬮書（一三）

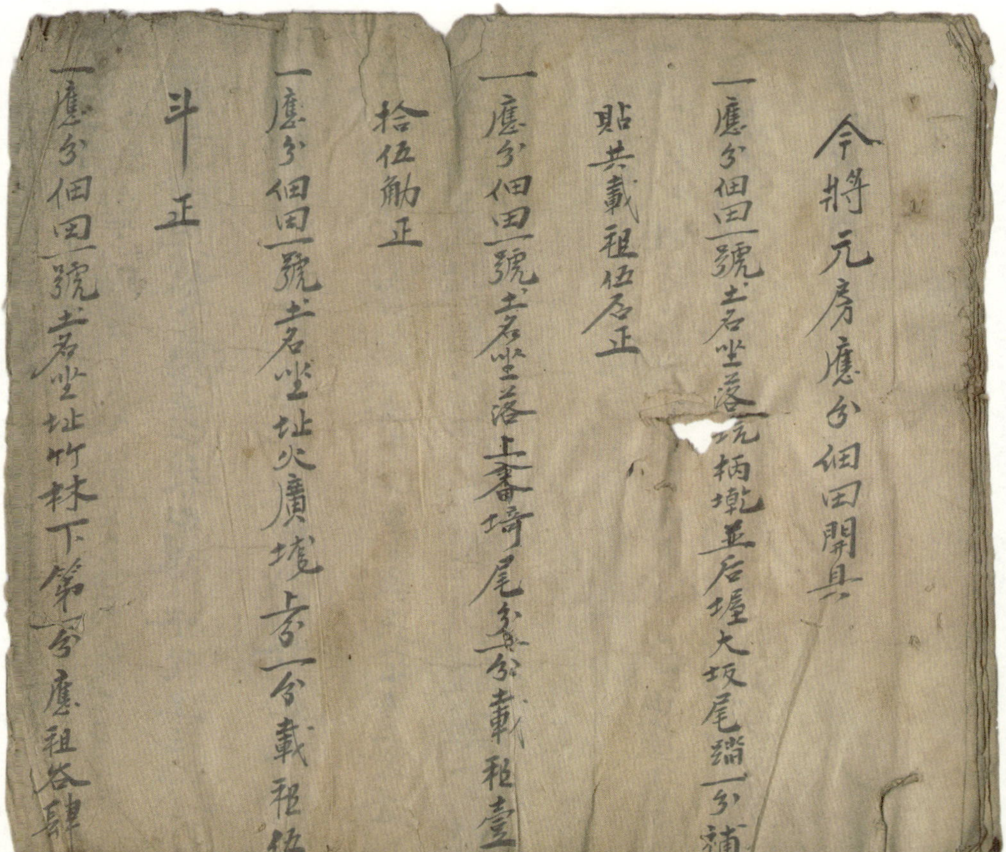

今將元房應分佃田開具

一應分佃田一號土名坐落坑柄墘並后墇大坂尾蹋一分補

貼共載租伍石正

一應分佃田一號土名坐落上畬埼尾叁分載租壹

拾伍觔正

一應分佃田一號土名坐址火廣墘上亭一分載租伍

斗正

一應分佃田一號土名坐址竹林下第一分應租谷肆

3-1-63-1　清末黄氏元亨利貞四房鬮書（一）

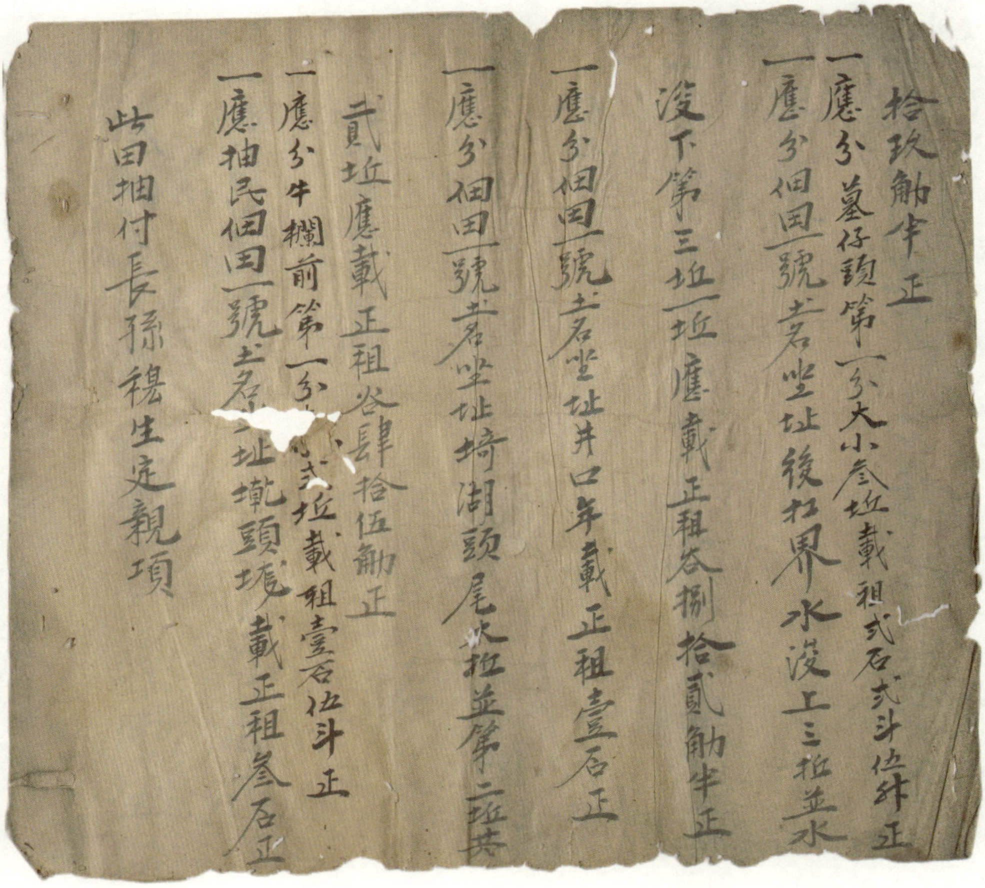
拾玖觔半正
一應分墓仔頭第一分大小叁坵載租式石式斗伍升正
一應分佃田一號土名坐址後杜界水沒上三坵並水
沒下第三坵一坵應載正租谷捌拾貳觔半正
一應分佃田一號土名坐址井口年載正租壹石正
一應分佃田一號土名坐址埼湖頭尾大坵並第二坵共
貳坵應載正租谷肆拾伍觔正
一應分牛欄前第一分[illegible]式坵載租壹石伍斗正
一應抽民佃田一號土名[illegible]址墘頭墘載正租叁石正
此田抽付長孫穆生延親項

3-1-63-2　清末黄氏元亨利貞四房鬮書（二）

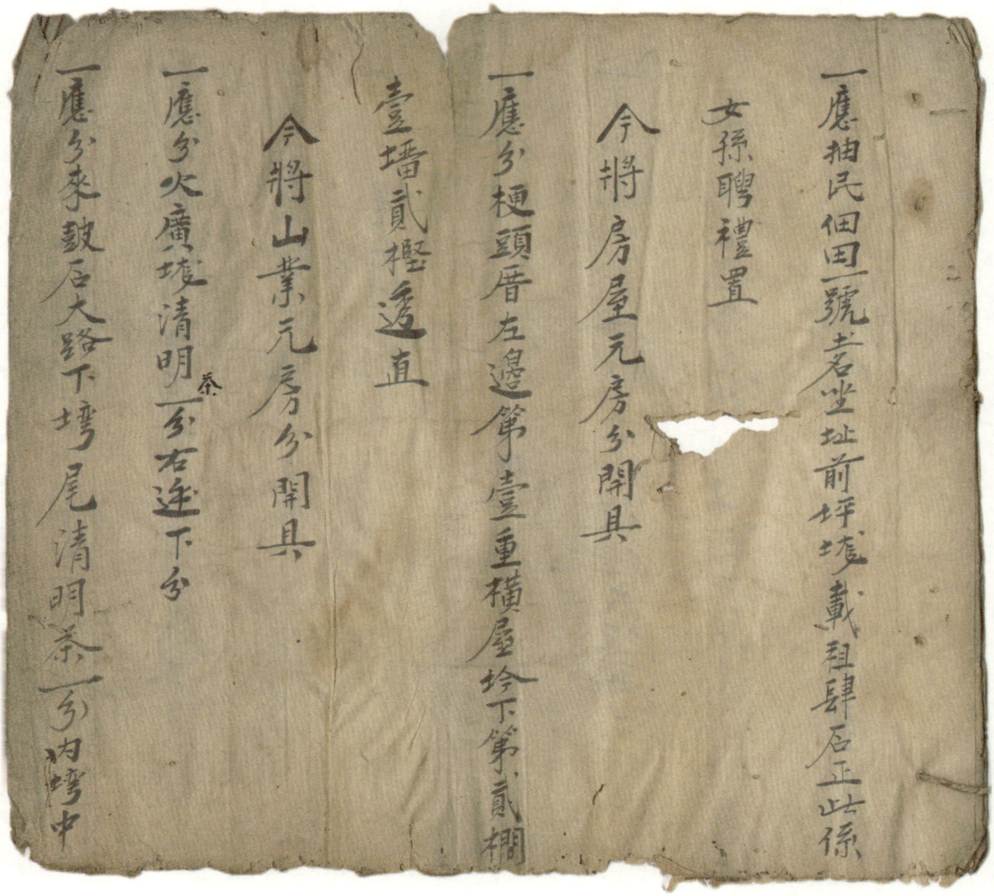
一應抽民佃田一號土名坐址前坪垅載租肆石正此係
女孫聘禮置
今將房屋元房分鬮具
一應分梗頭厝左邊第壹重橫屋埣下第貳棚
壹墻貳櫪透直
今將山業元房分鬮具
一應分火廣垅清明茶一分右邊下分
一應分來鼓石大路下塆尾清明茶一分內塆中

3-1-63-3 清末黃氏元亨利貞四房鬮書（三）

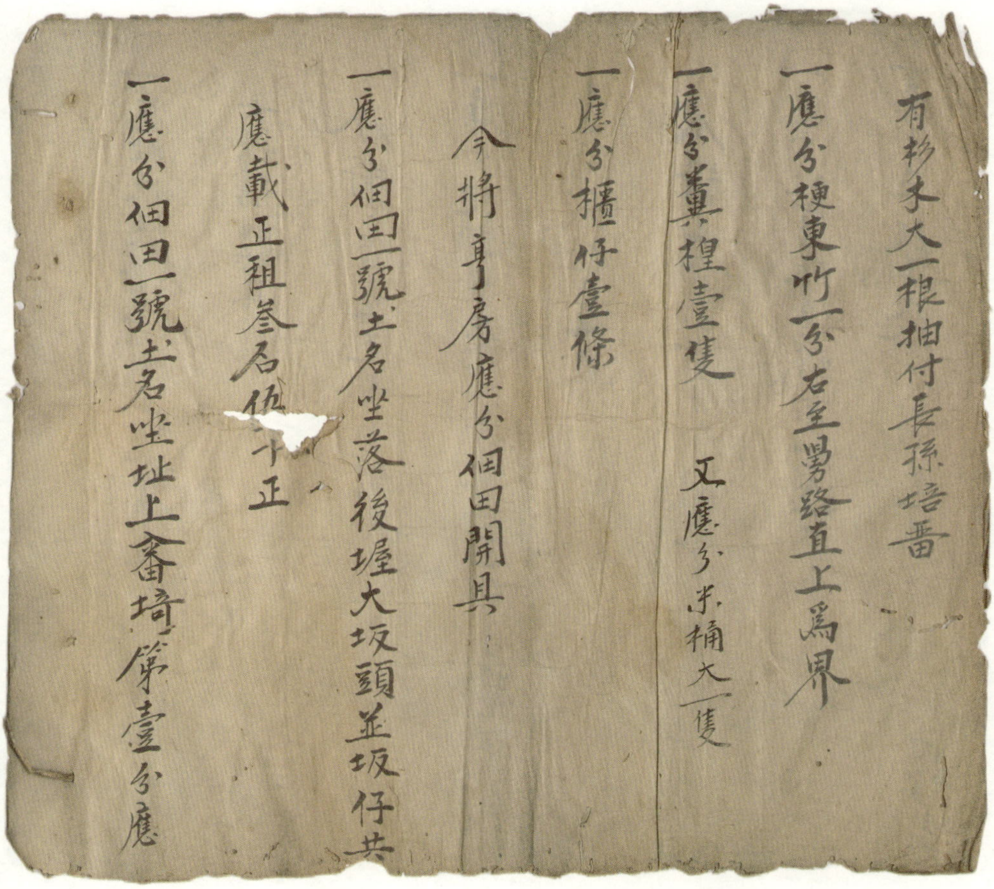
有杉木大一根抽付長孫培番
一應分梗東竹一分右至彎路直上爲界
一應分糞桯壹隻　又應分米桶大一隻
一應分擂仔壹條
今將亨房應分佃田開具
一應分佃田一號土名坐落後⿰土屋大坂頭並坂仔共
應載正租叁石伍斗正
一應分佃田一號土名坐址上畬埼第壹分應

3-1-63-4　清末黄氏元亨利貞四房鬮書（四）

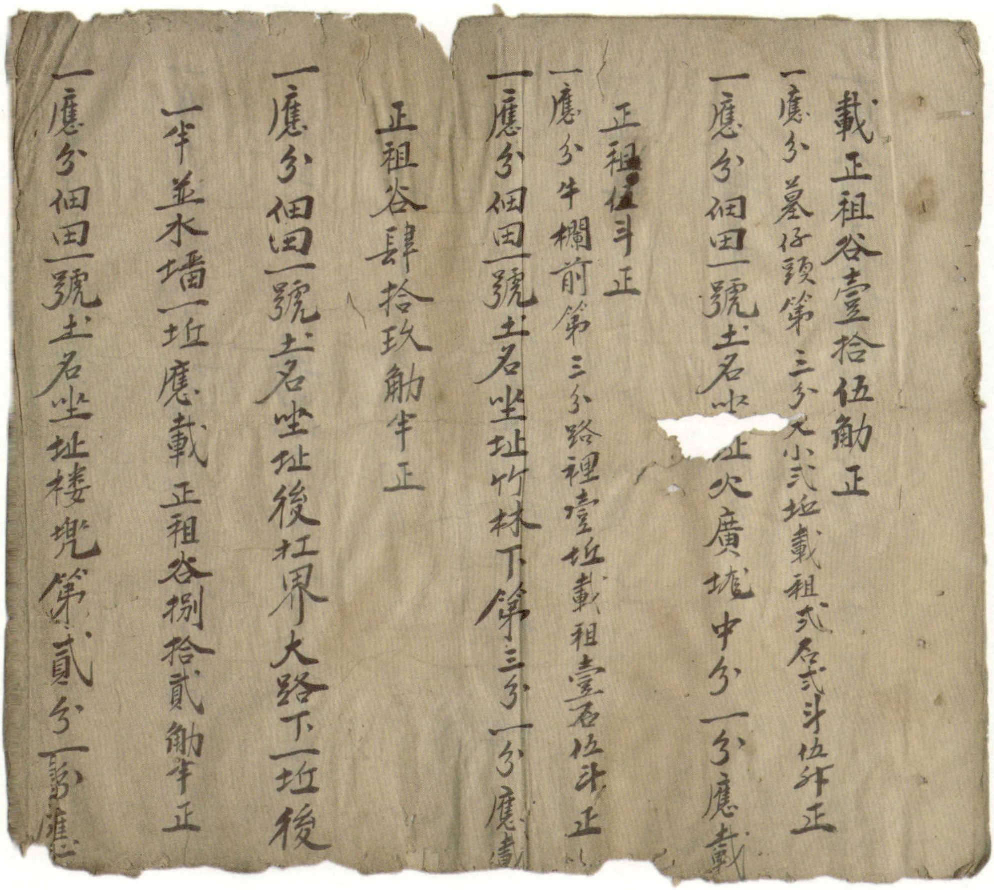
載正租谷壹拾伍觔正
一應分墓仔頭第三分大小弍坵載租弍石弍斗伍升正
一應分佃田一號土名□址火廣垅中分一分應載
正租伍斗正
一應分牛欄前第三分路裡壹坵載租壹石伍斗正
一應分佃田一號土名坐址竹林下第三分一分應載
正租谷肆拾玖觔半正
一應分佃田一號土名坐址後杜界大路下一坵後
一半並水墻一坵應載正租谷捌拾貳觔半正
一應分佃田一號土名坐址樓兜第貳分一號應

3-1-63-5　清末黃氏元亨利貞四房鬮書（五）

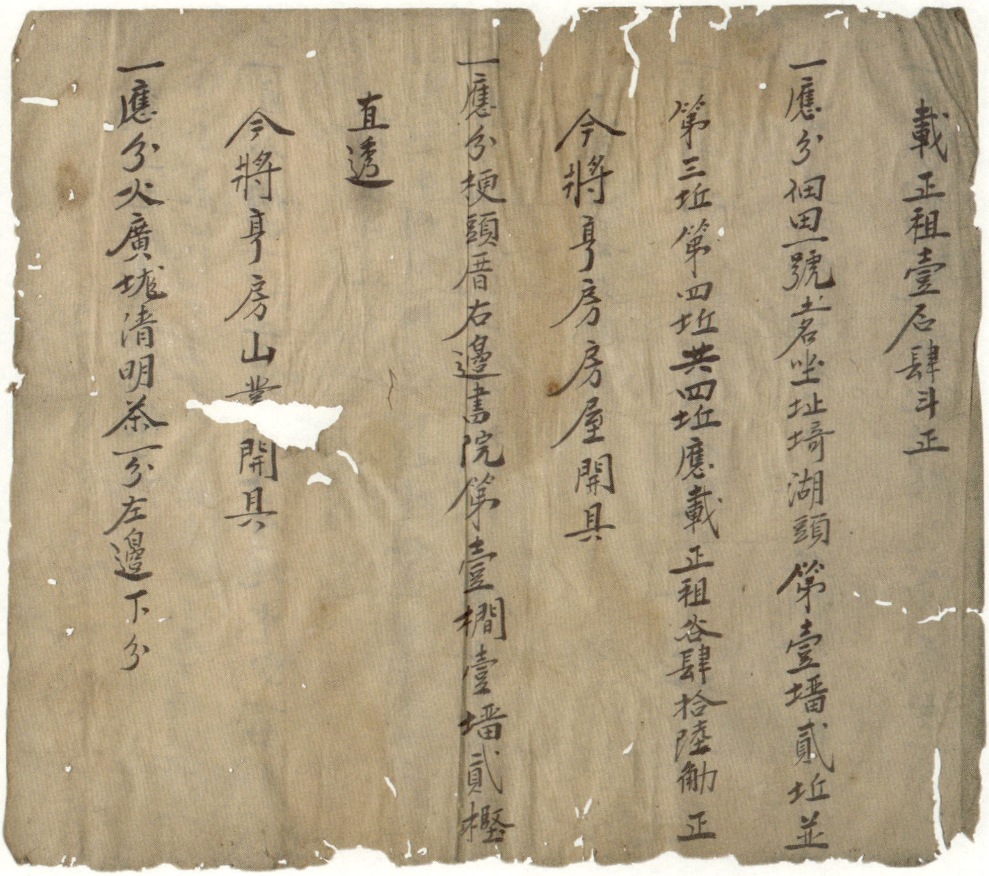
載正租壹石肆斗正
一應分佃田一號土名坐址埼湖頭第壹墻貳坵並
第三坵第四坵共四坵應載正租谷肆拾陸觔正
今將亨房房屋開具
一應分梗頭厝右邊書院第壹橺壹墻貳樫
直透
今將亨房山[illegible]開具
一應分火廣壠清明茶一分左邊下分

3-1-63-6　清末黄氏元亨利貞四房鬮書（六）

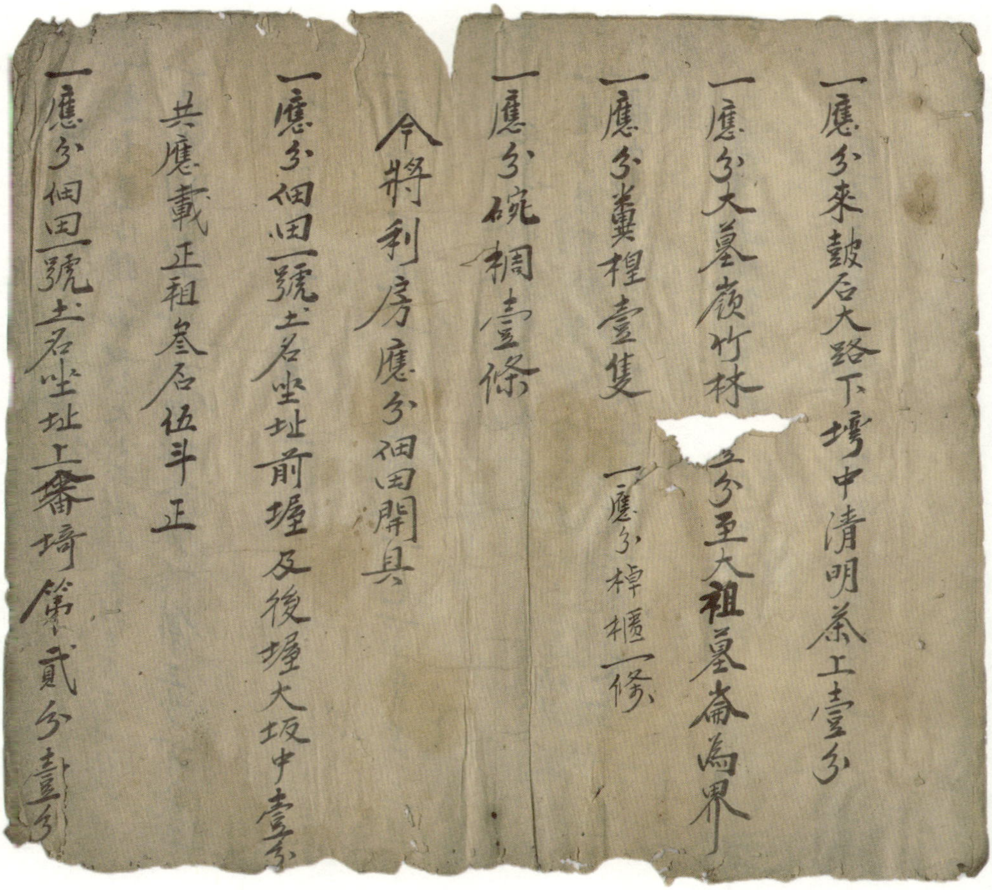

一應分来鼓石大路下塆中清明茶工壹分
一應分大墓嶺竹林
又分至大祖墓崙為界
一應分糞裡壹隻
一應分棹櫃一條
一應分碗櫥壹條
今將利房應分佃田開具
一應分佃田一號土名坐址前壋及後壋大坂中壹分
共應載正租叁石伍斗正
一應分佃田一號土名坐址上畬埼第貳分壹分

3-1-63-7　清末黄氏元亨利貞四房鬮書（七）

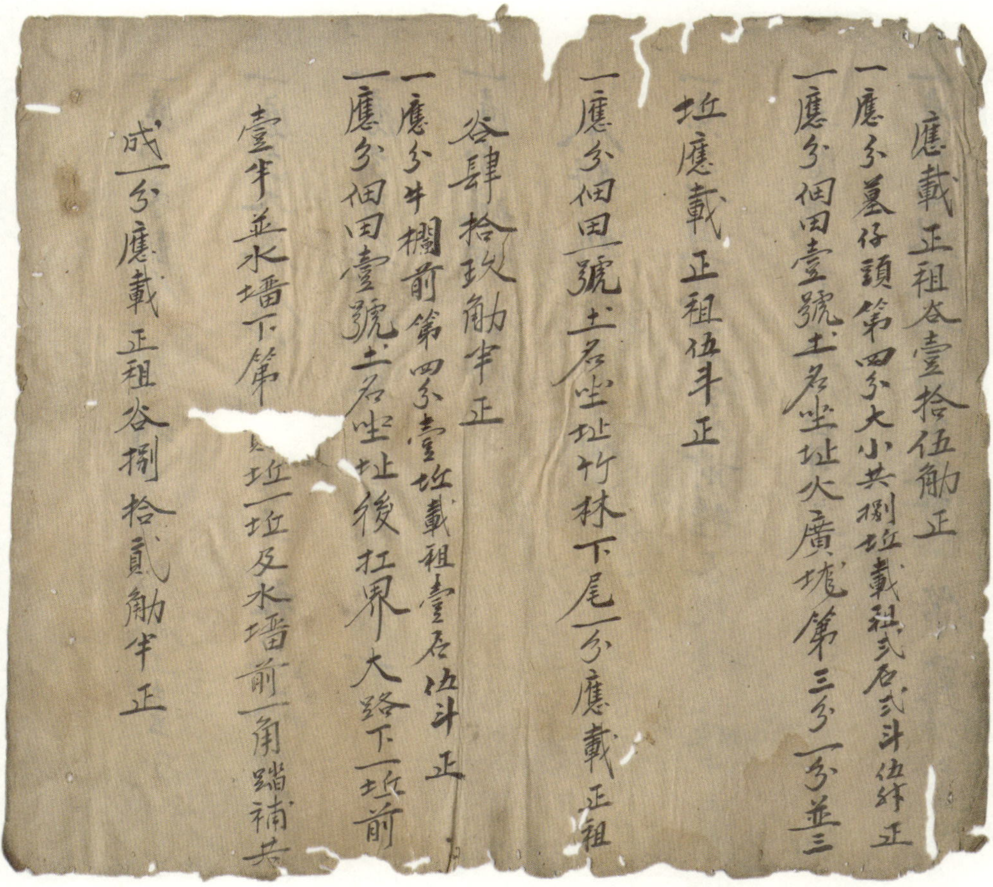

應載正租谷壹拾伍觔正
一應分墓仔頭第四分大小共捌坵載租弍石弍斗伍升正
一應分佃田壹號土名坐址大廣垅第三分一分并三
坵應載正租伍斗正
一應分佃田一號土名坐址竹林下尾一分應載正租
谷肆拾玖觔半正
一應分牛欄前第四分壹坵載租壹石伍斗正
一應分佃田壹號土名坐址後扛界大路下一坵前
壹半并水墻下第[illegible]坵一坵及水墻前一角踏補共
成一分應載正租谷捌拾貳觔半正

3-1-63-8　清末黄氏元亨利貞四房鬮書（八）

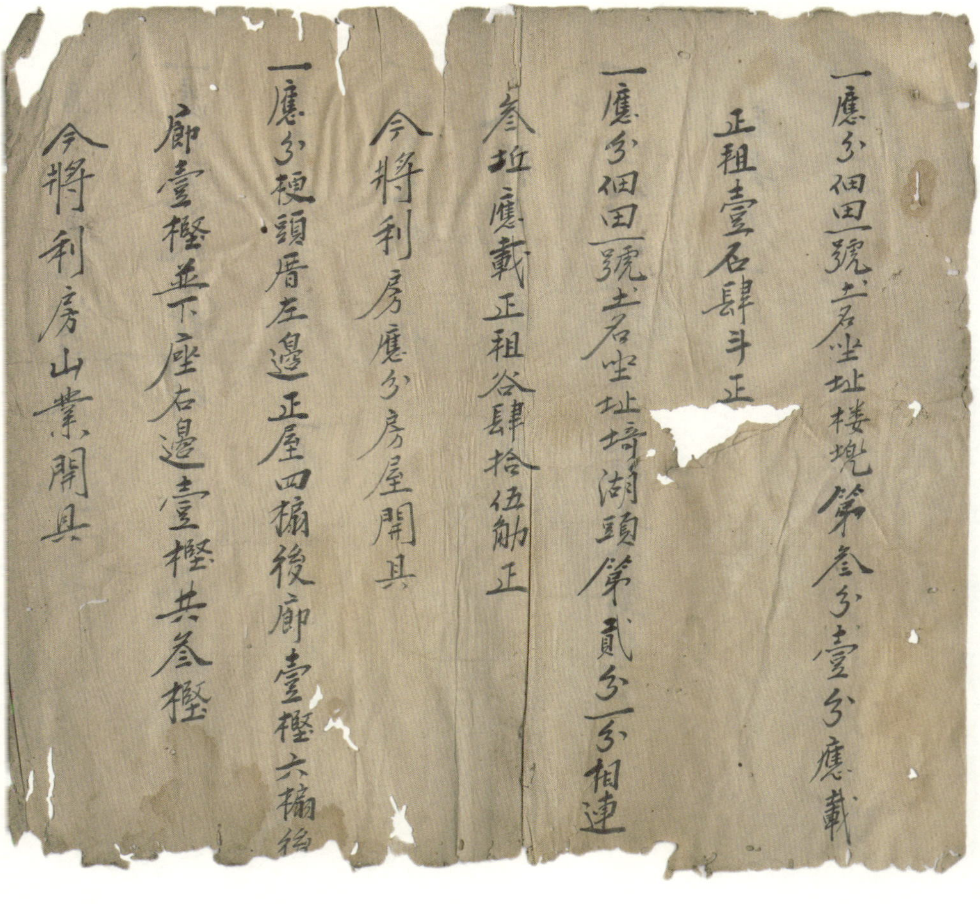
一應分佃田一號土名坐址樓塅第叁分壹分應載
正租壹石肆斗正
一應分佃田一號土名坐址埼湖頭第貳分一分相連
叁坵應載正租谷肆拾伍觔正
今將利房應分房屋開具
一應分梗頭厝左邊正屋四摘後廊壹樫六摘□
廊壹樫並下座右邊壹樫共叁樫
今將利房山業開具

3-1-63-9 清末黃氏元亨利貞四房鬮書（九）

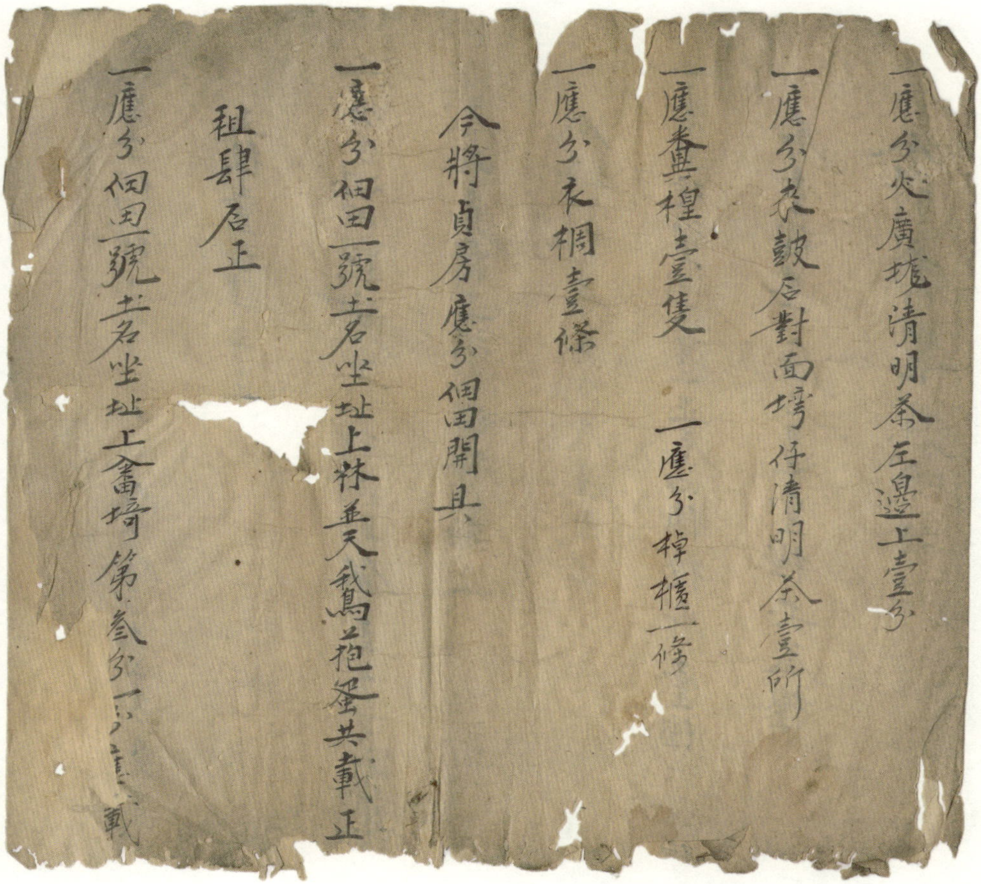

一應分火廣墘清明茶左邊上壹分
一應分衣鼓石對面塆仔清明茶壹所
一應盎桯壹隻
一應分棹櫃一條
一應分衣櫥壹條
今將貞房應分佃田開具
一應分佃田一號土名坐址上林並天鵝抱蛋共載
租肆石正
一應分佃田一號土名坐址上畬埼第叁分一[illegible][illegible]載

3-1-63-10　清末黄氏元亨利貞四房鬮書（一〇）

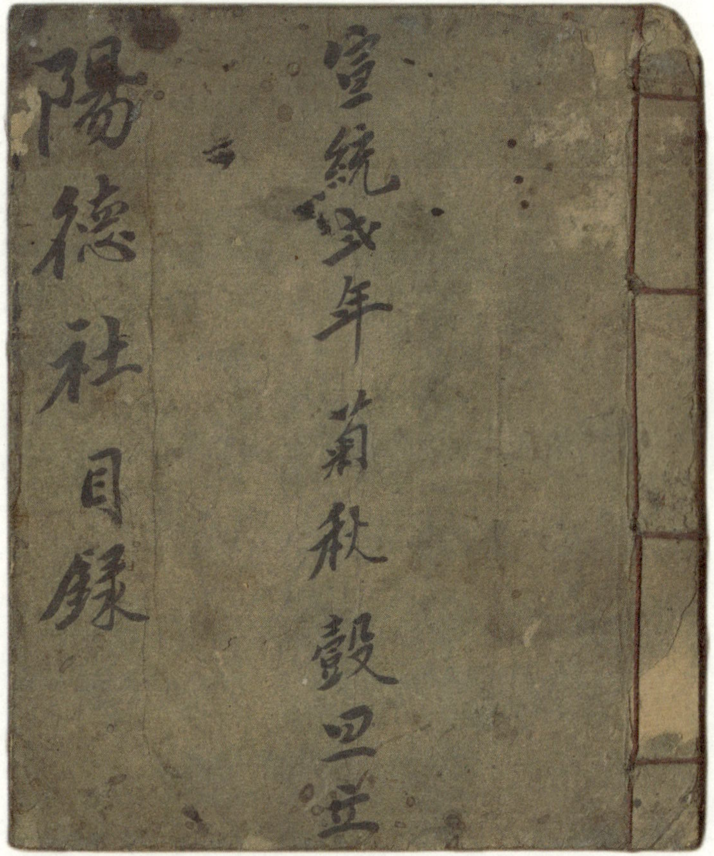

3-1-64-1　清宣統二年陽德社目録（一）

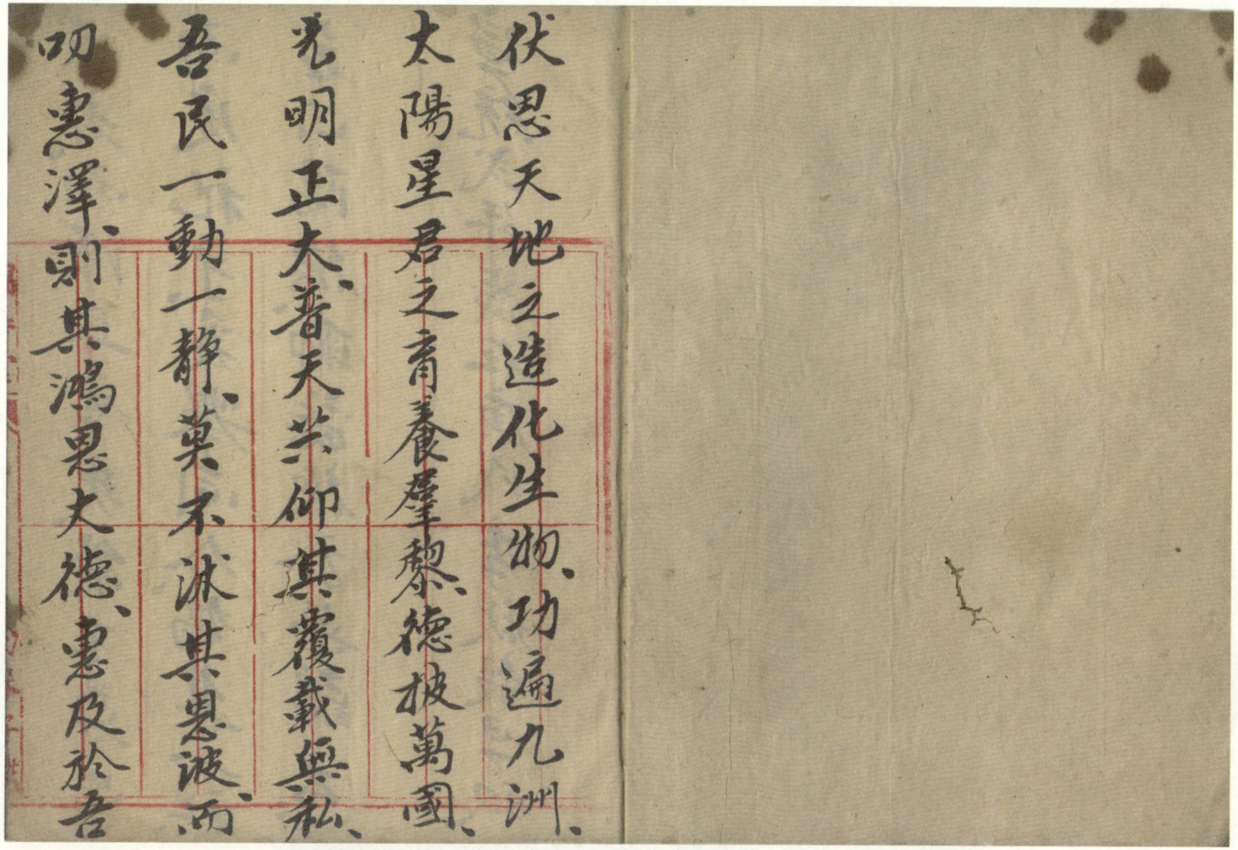
伏恩天地之造化生物、功遍九洲、
太陽星君之育養羣黎、德被萬國、
光明正大、普天共仰、其覆載無私、
吾民一動一靜、莫不沐其恩波、而
叨惠澤、則其鴻恩大德、惠及於吾

3-1-64-2 清宣統二年陽德社目録（二）

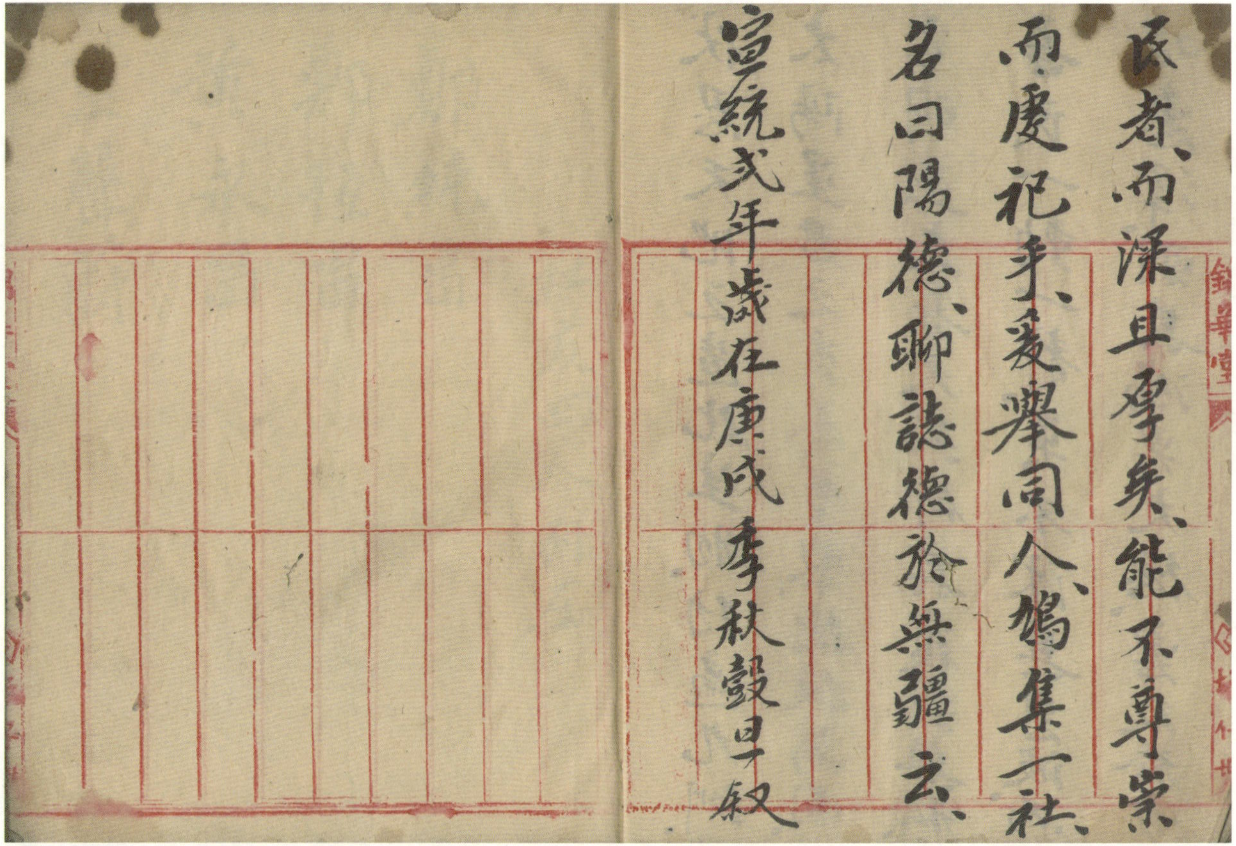
民者、而深且厚矣、能不尊崇
而慶祀乎、爰舉同人、鳩集一社、
名曰陽德、聊誌德於無疆云、
宣統弍年歲在庚戌季秋穀旦敘

3-1-64-3　清宣統二年陽德社目録（三）

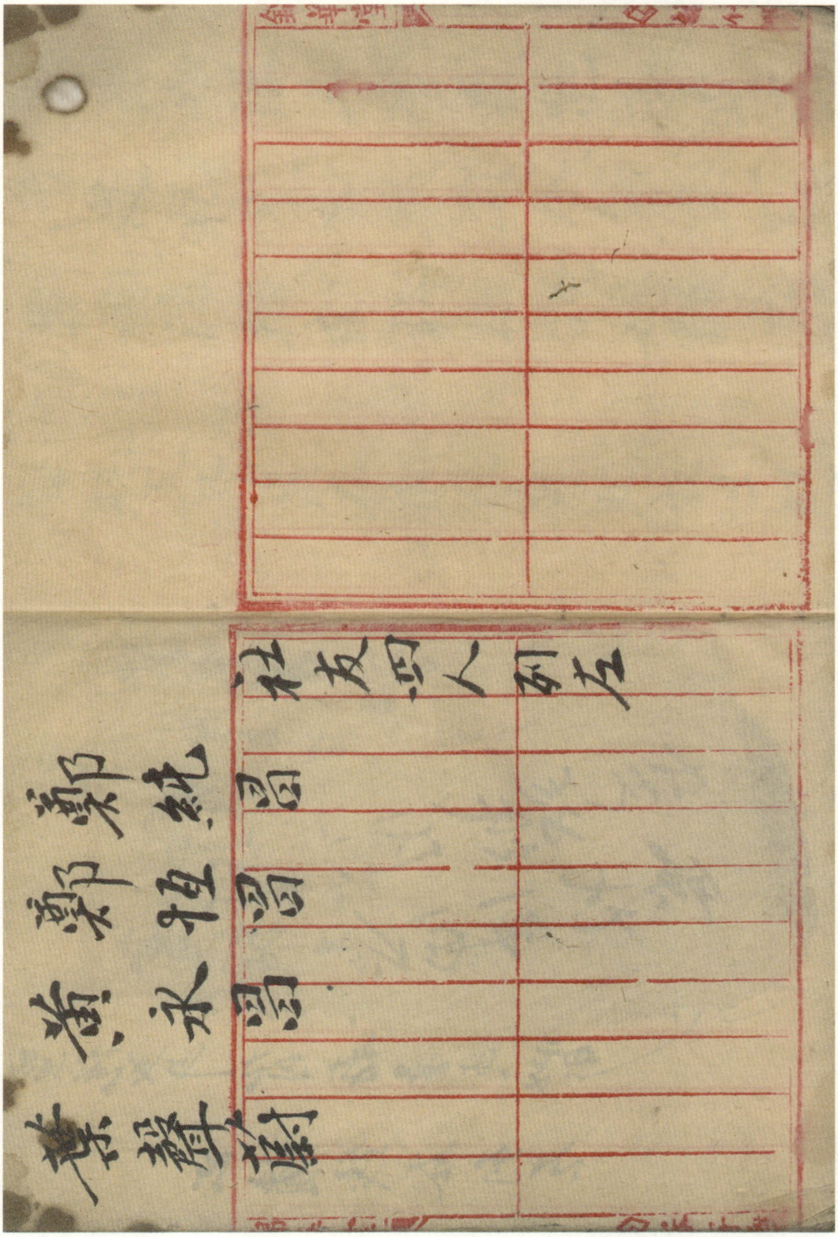
社友四人列左
鄭純司
鄭祖司
黃永司
黃[illegible]爵

3-1-64-4 清宣統二年陽德社目錄（四）

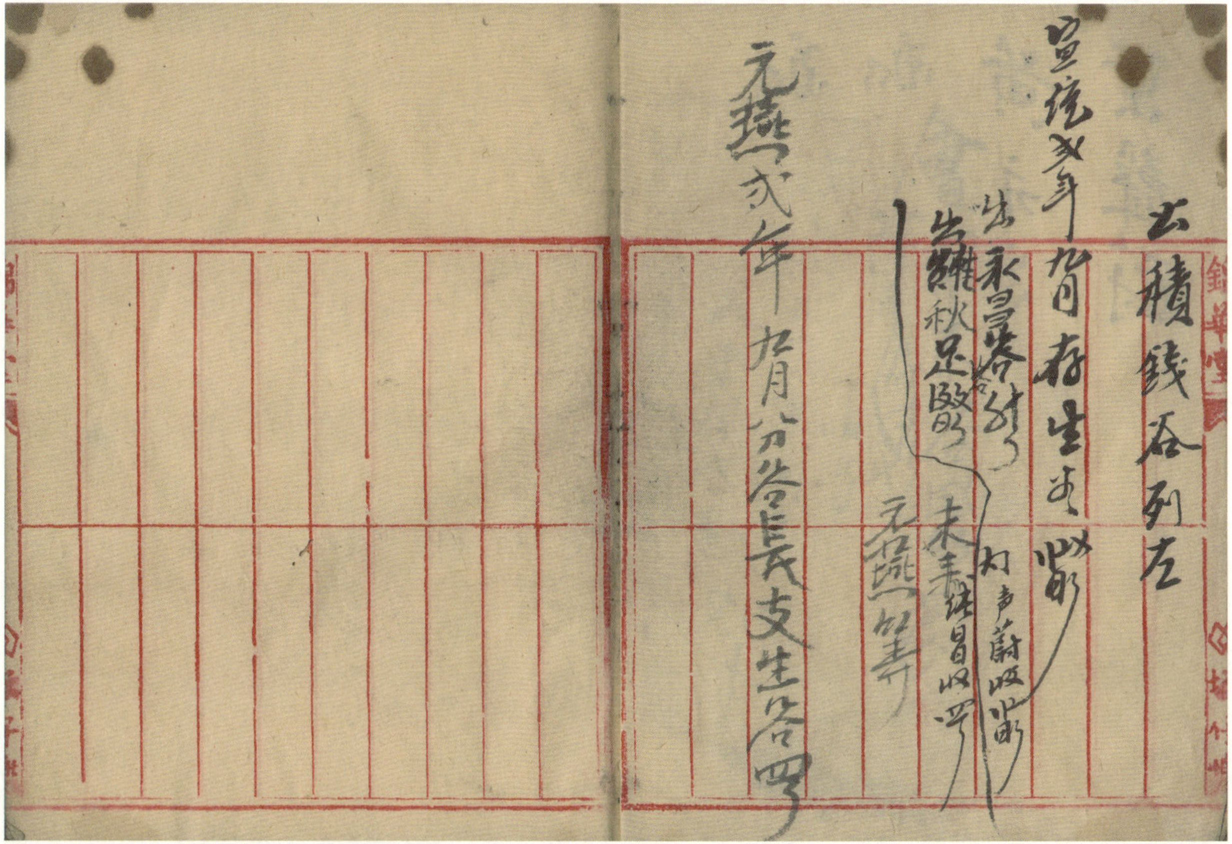

3-1-64-5　清宣統二年陽德社目録（五）

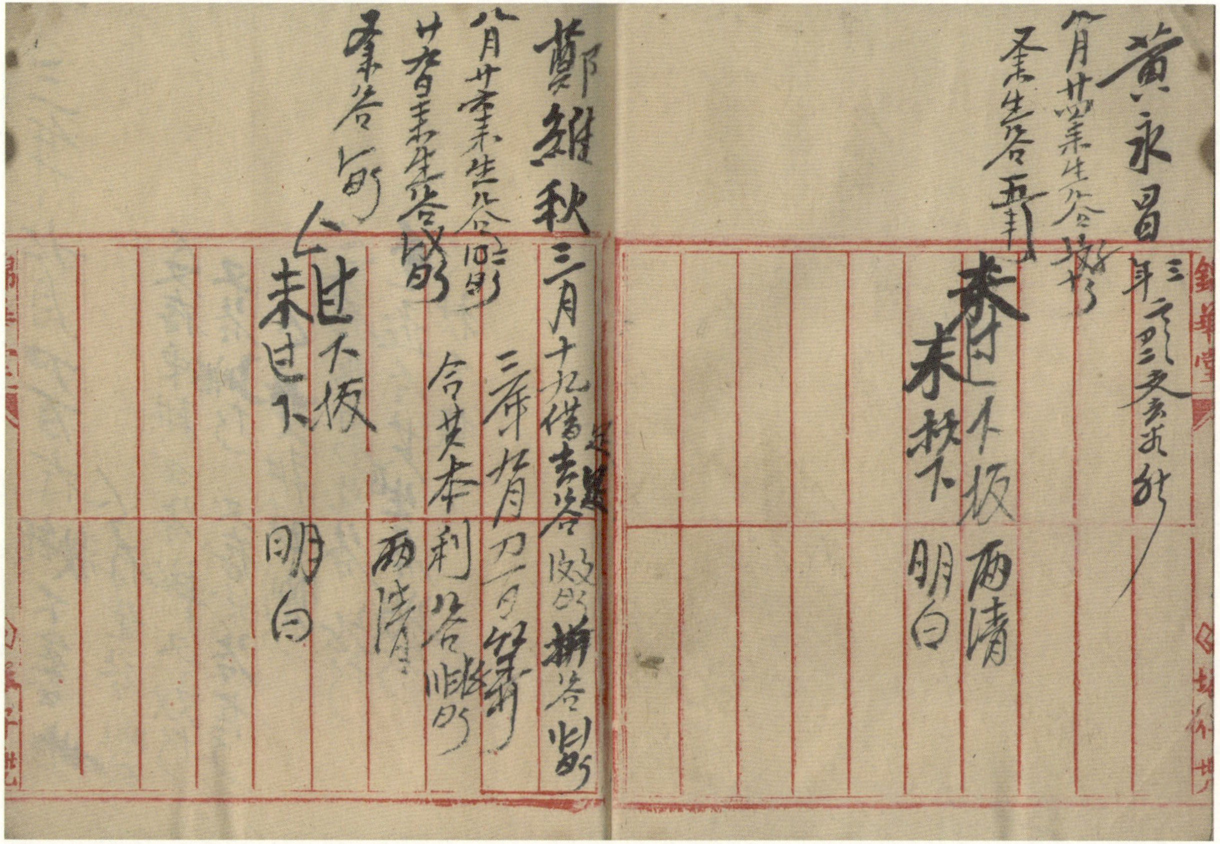

3-1-64-6　清宣統二年陽德社目録（六）

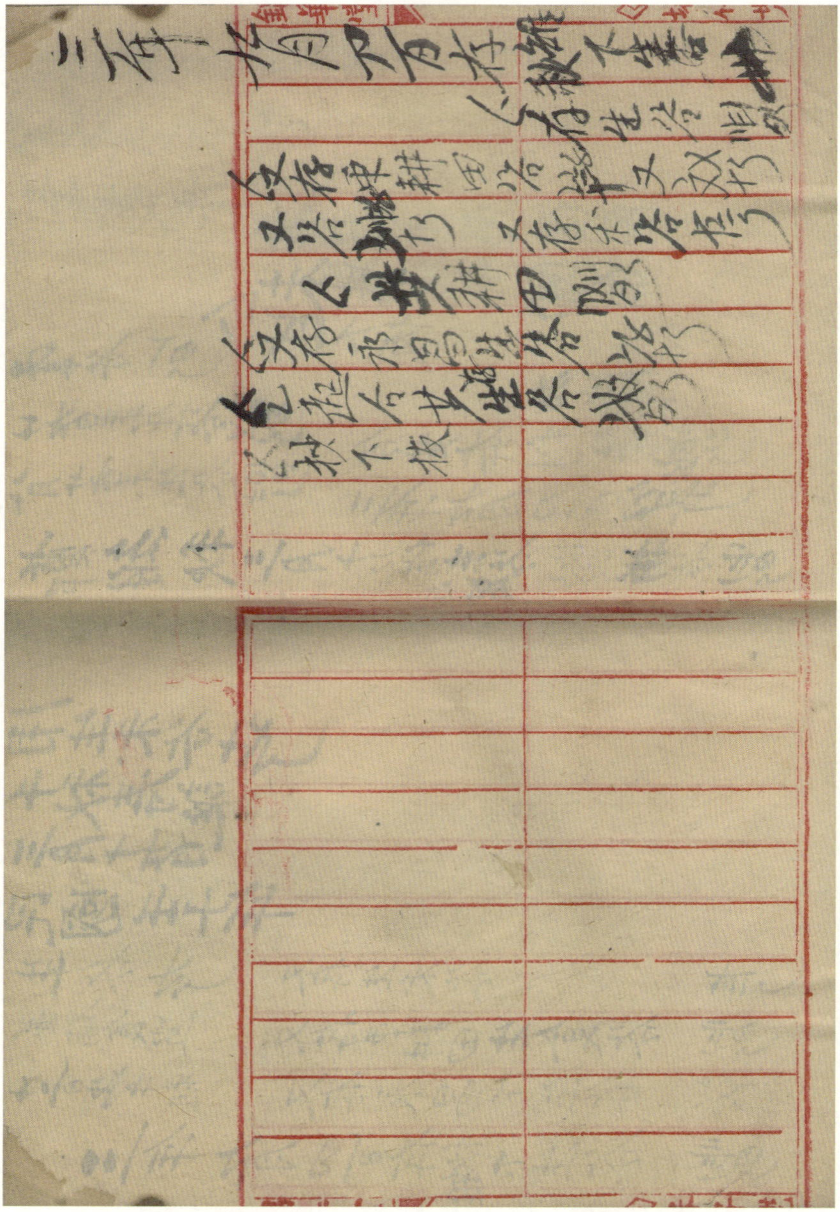

3-1-64-7 清宣統二年陽德社目錄（七）

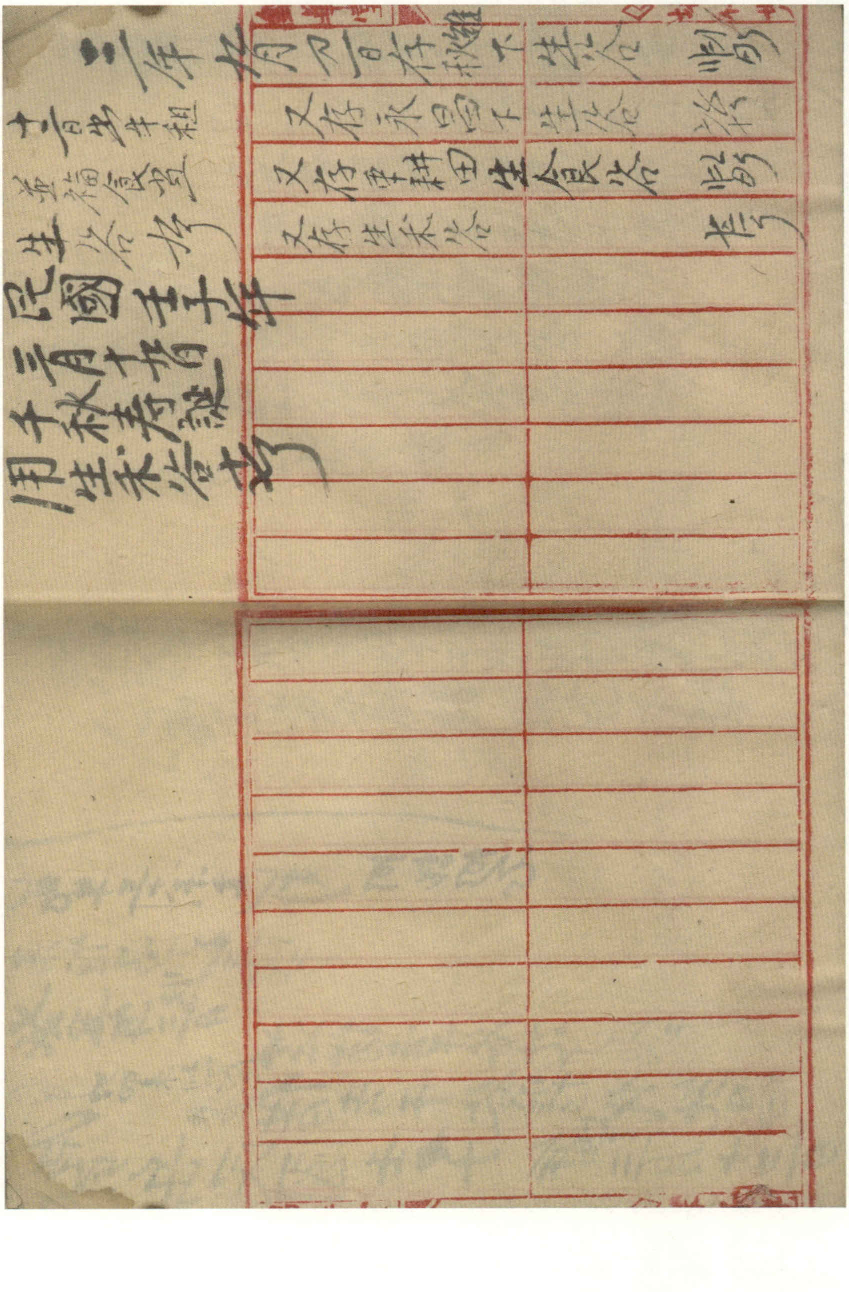

3-1-64-8　清宣統二年陽德社目錄（八）

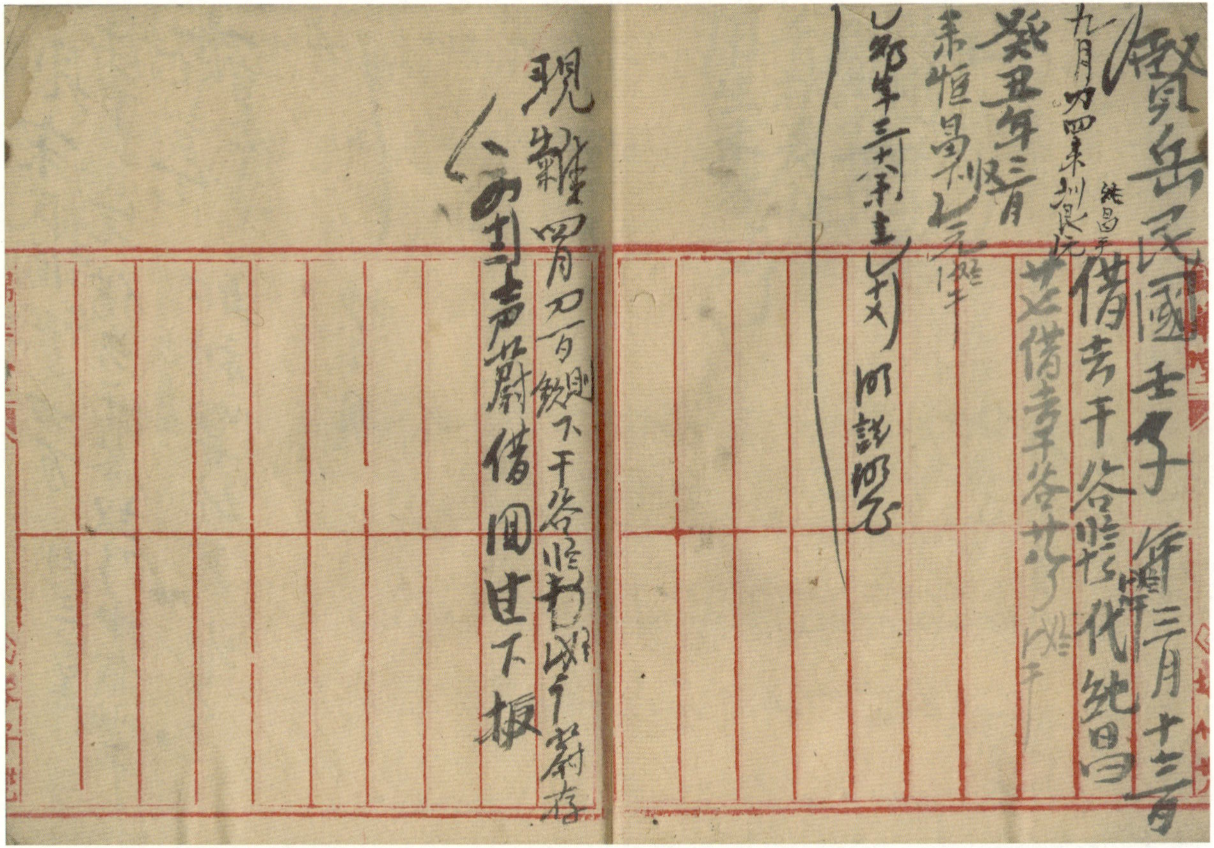

3-1-64-9　清宣統二年陽德社目録（九）

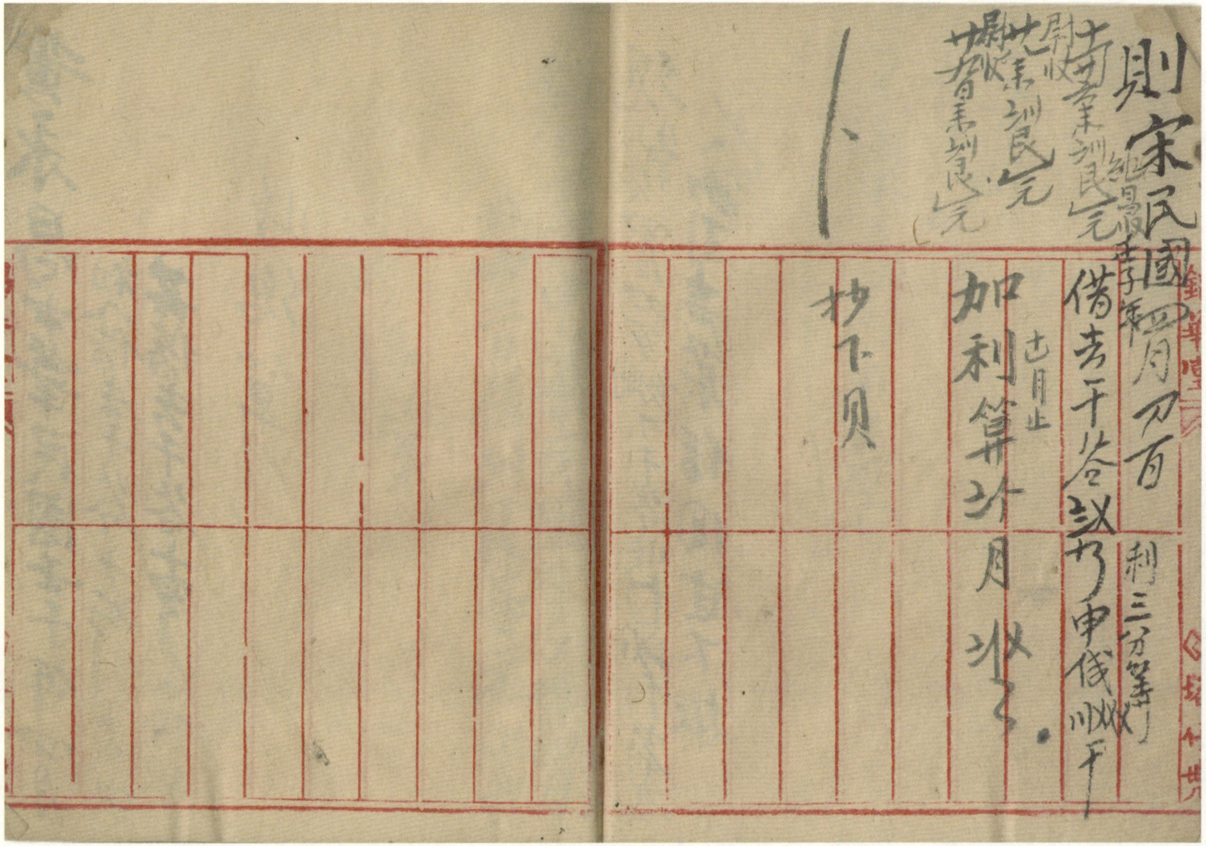

3-1-64-10　清宣統二年陽德社目録（一〇）

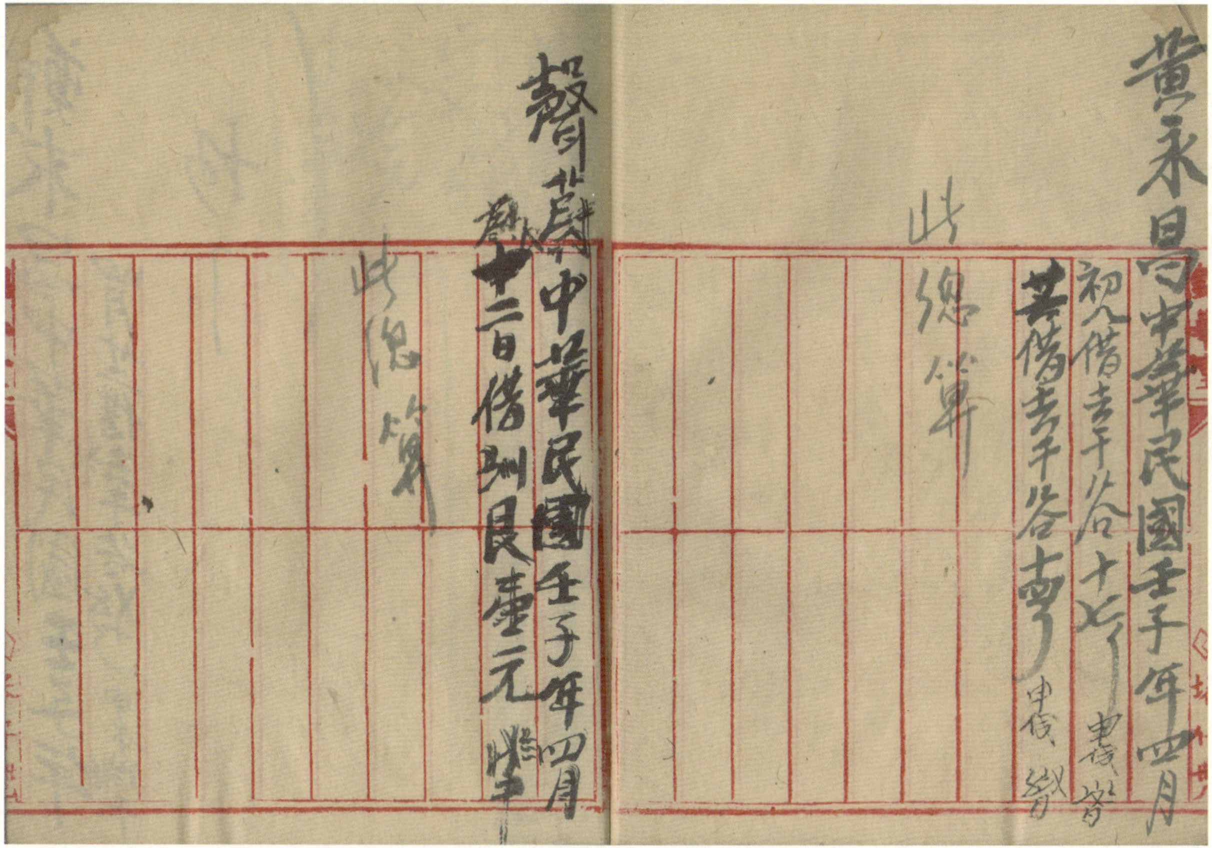
黃永昌
中華民國壬子年四月
初八借去干谷十七斤　中保　鑾
廿[illegible]借去干谷十四斤　中保　鑾
此總算

[illegible]
中華民國壬子年四月
十二日借訓艮壹元　[illegible]
此總算

3-1-64-11　清宣統二年陽德社目録（一一）

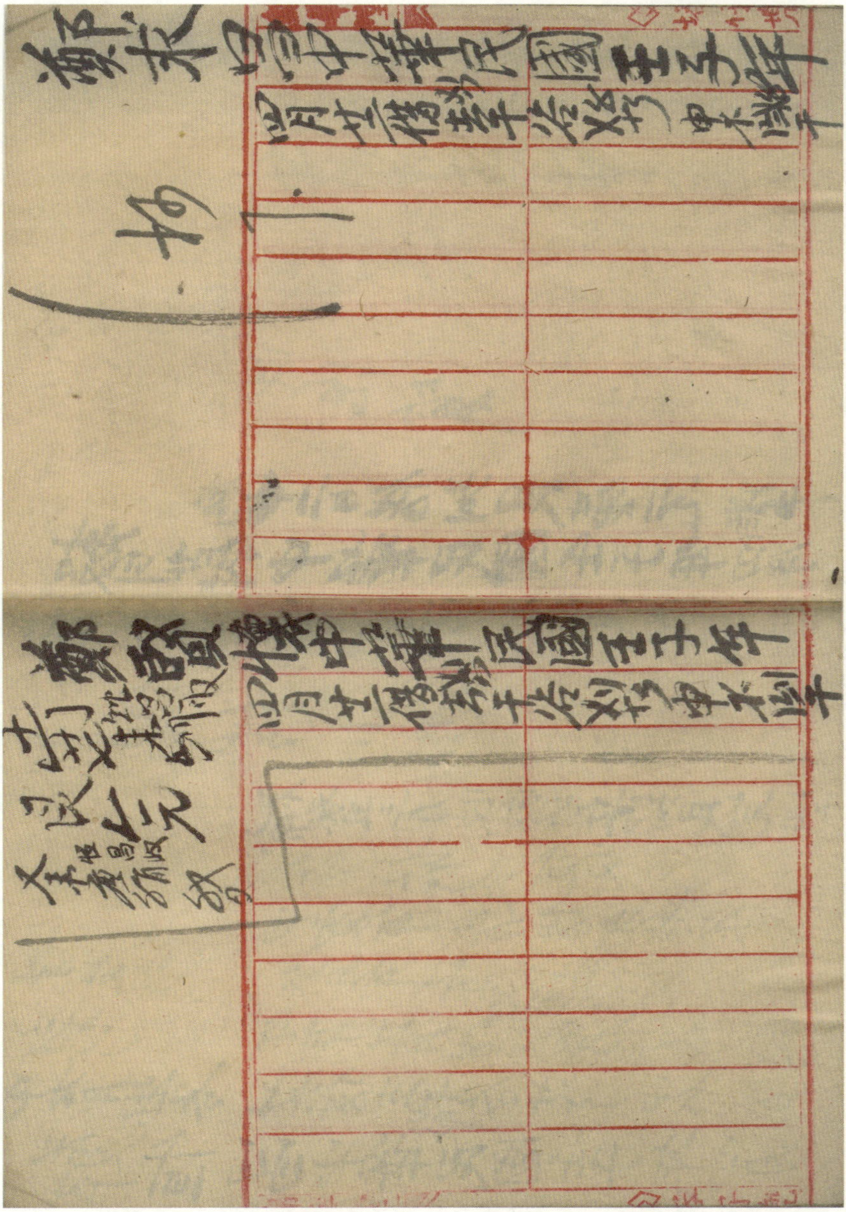

3-1-64-12 清宣統二年陽德社目録（一二）

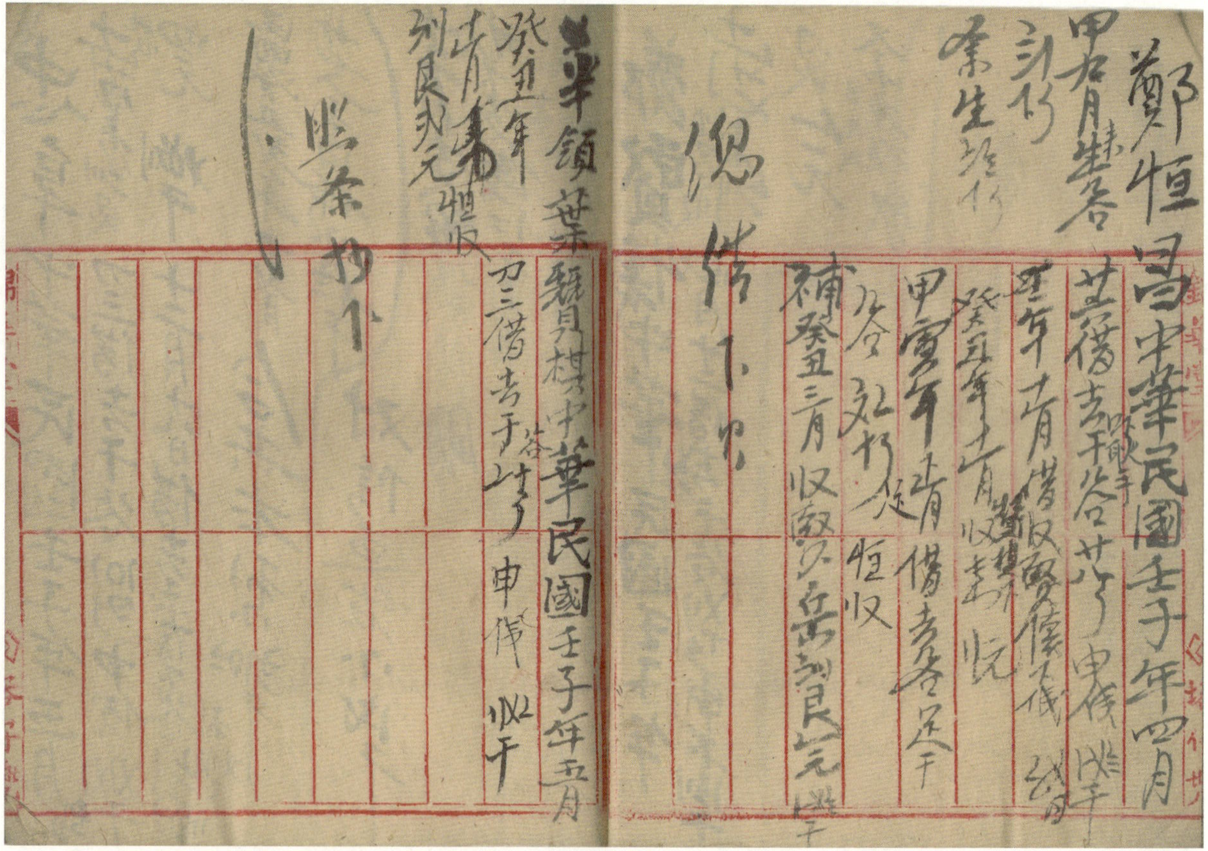

3-1-64-13　清宣統二年陽德社目録（一三）

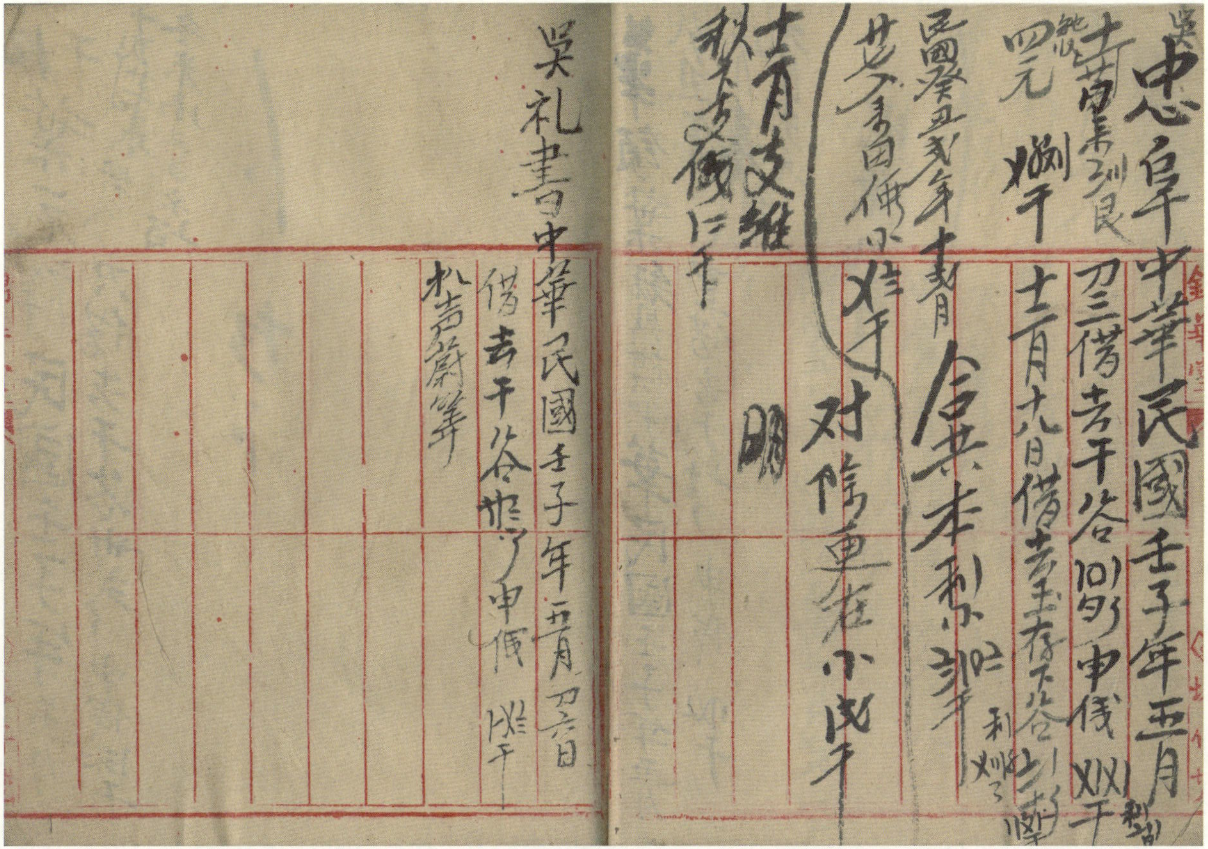

3-1-64-14　清宣統二年陽德社目録（一四）

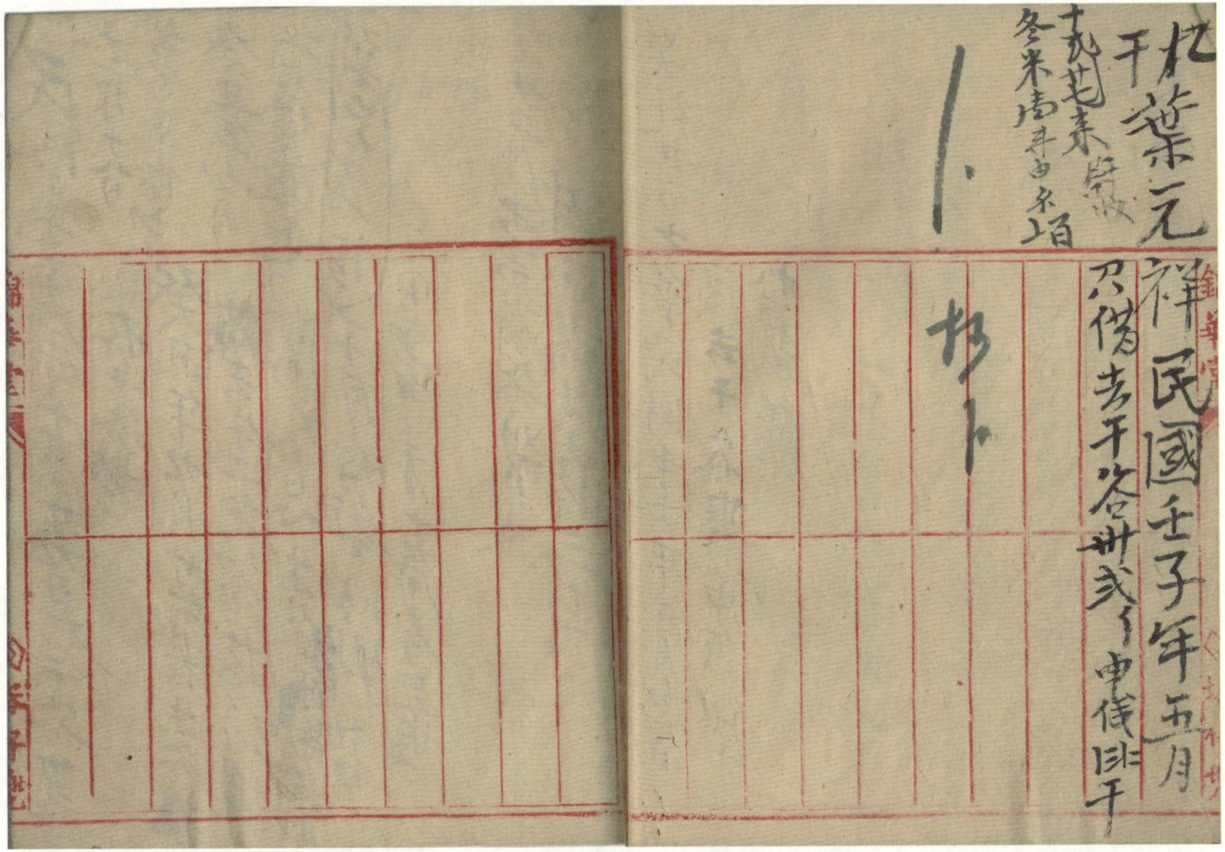

3-1-64-15　清宣統二年陽德社目録（一五）

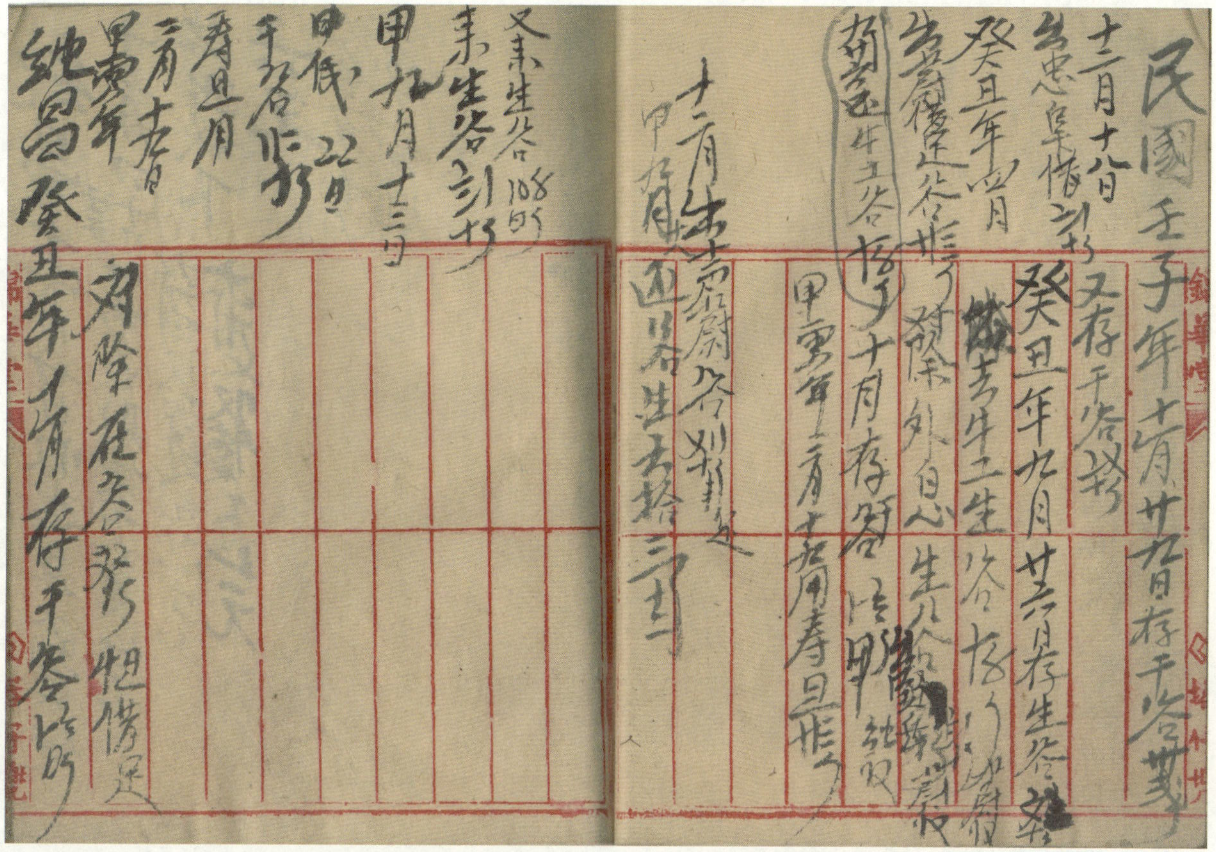

3-1-64-16　清宣統二年陽德社目録（一六）

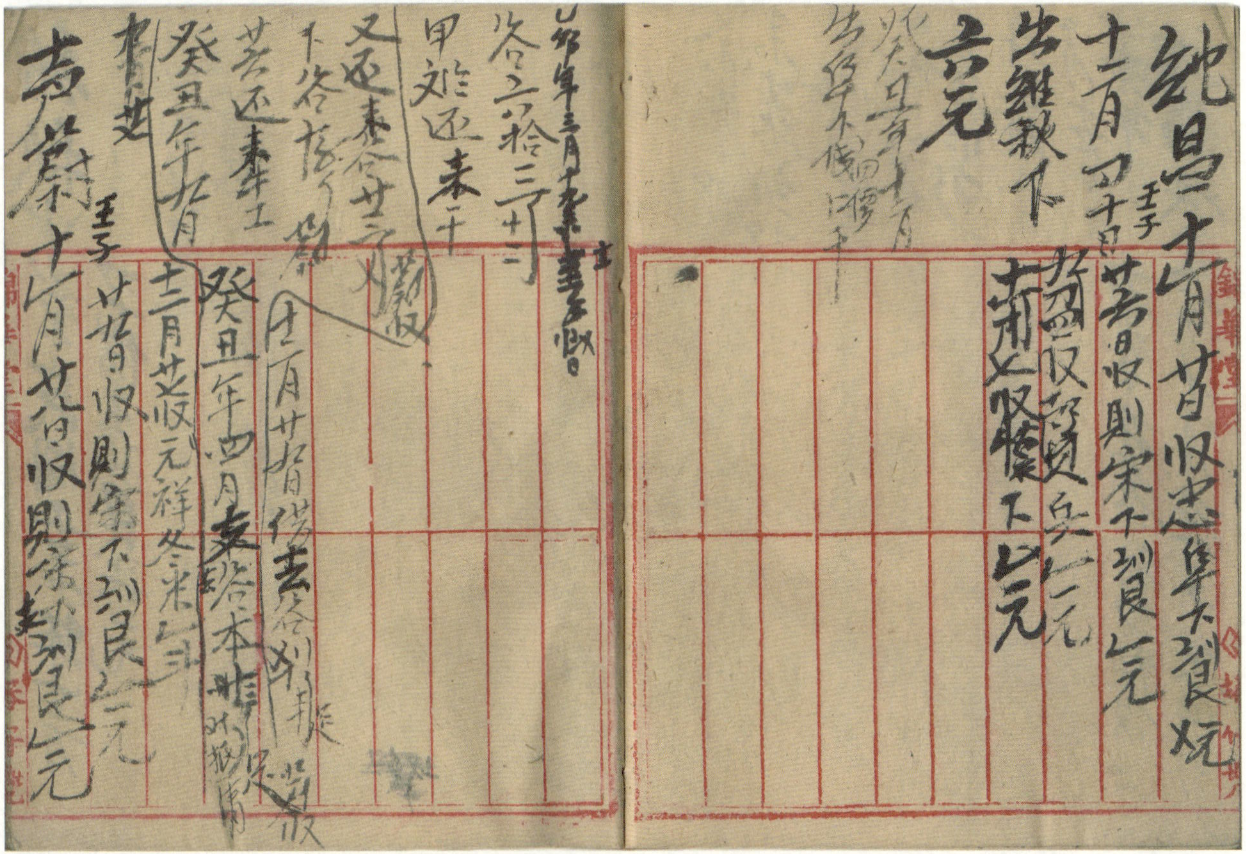

3-1-64-17　清宣統二年陽德社目録（一七）

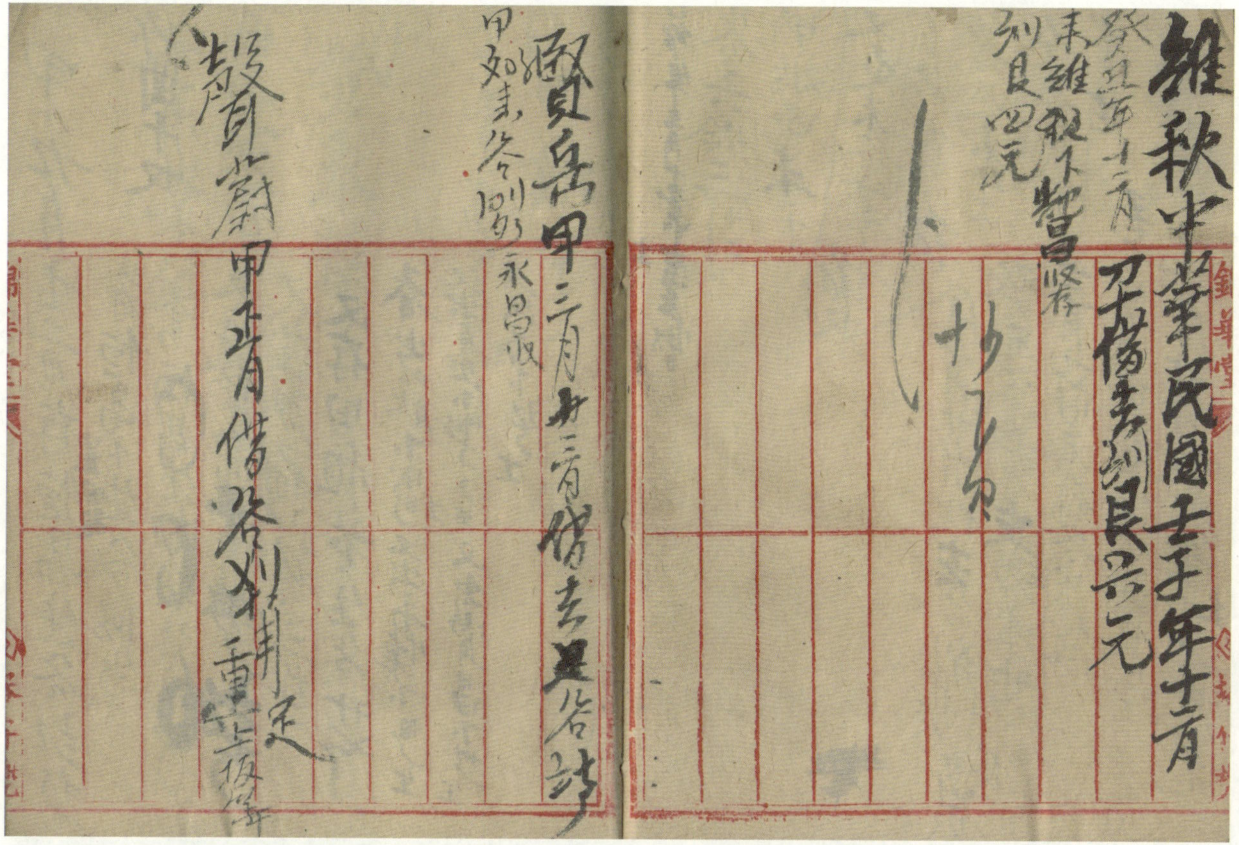

3-1-64-18　清宣統二年陽德社目録（一八）

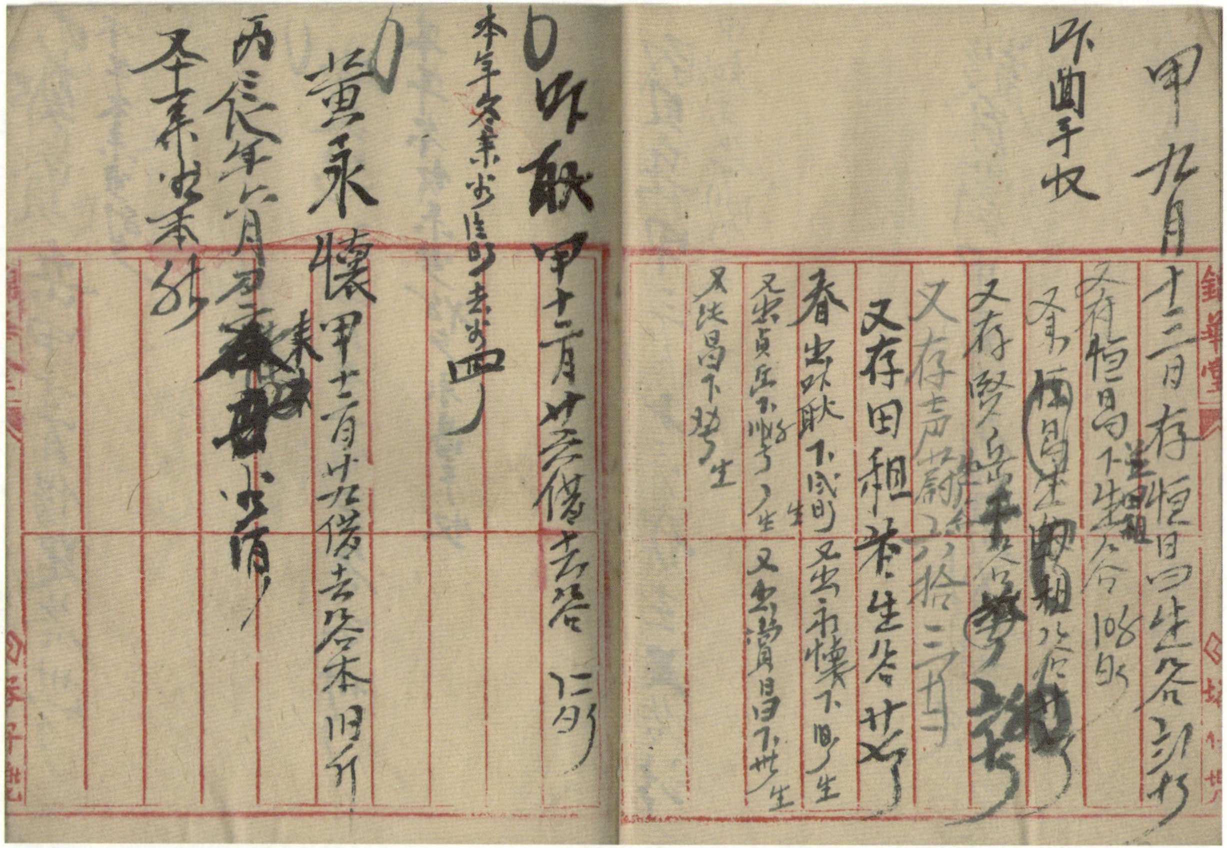

3-1-64-19　清宣統二年陽德社目録（一九）

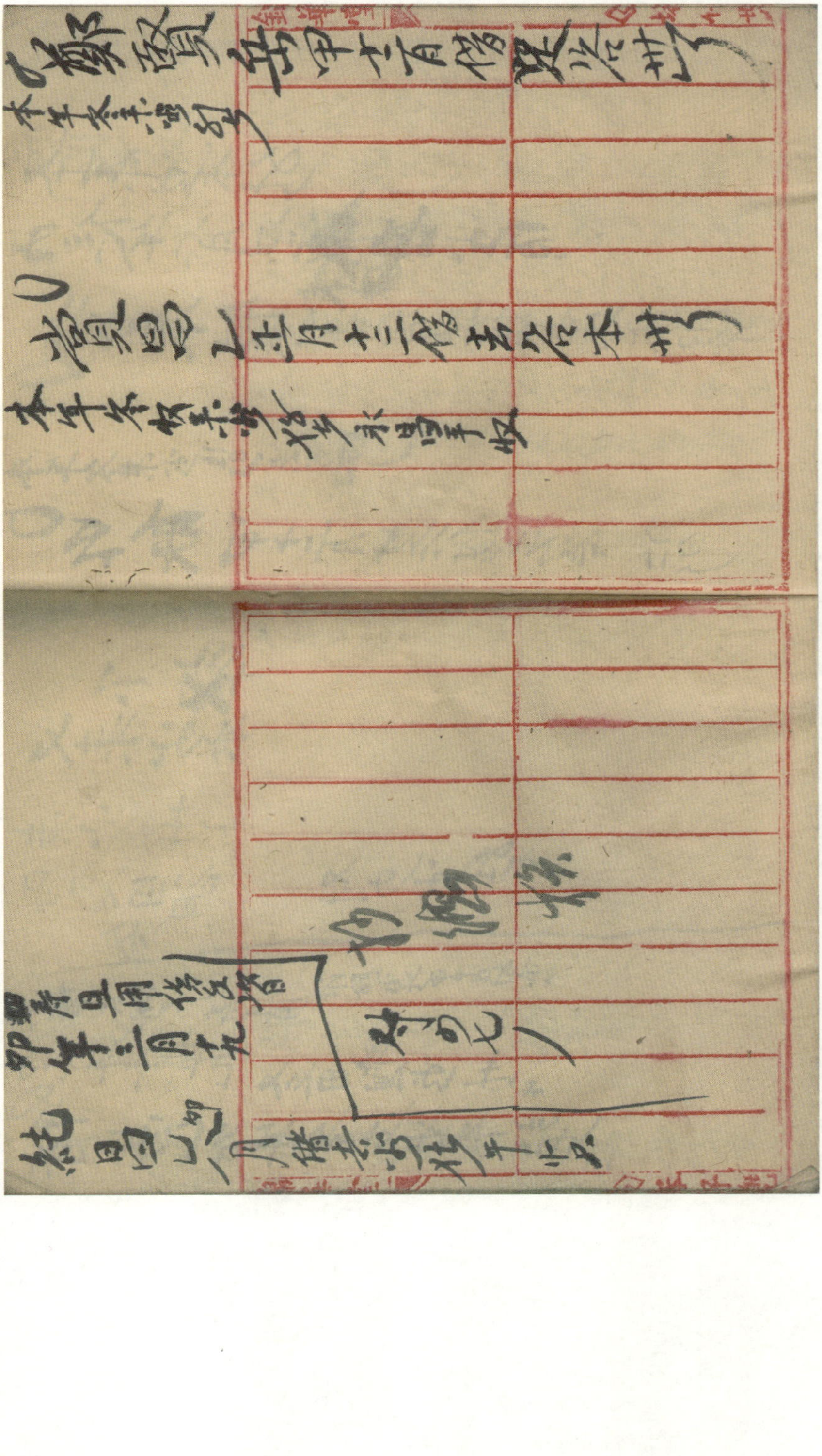

3-1-64-20　清宣統二年陽德社目錄（二〇）

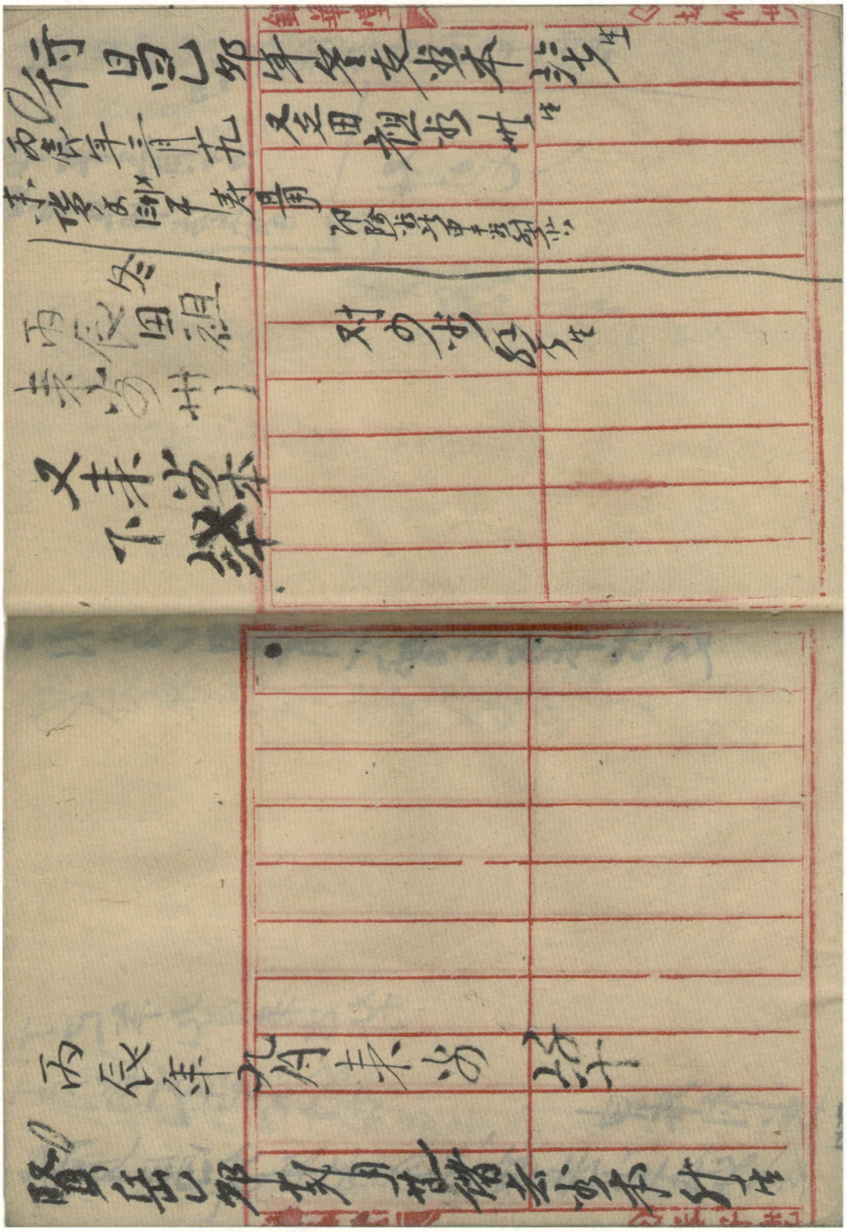

3-1-64-21　清宣統二年陽德社目録（二一）

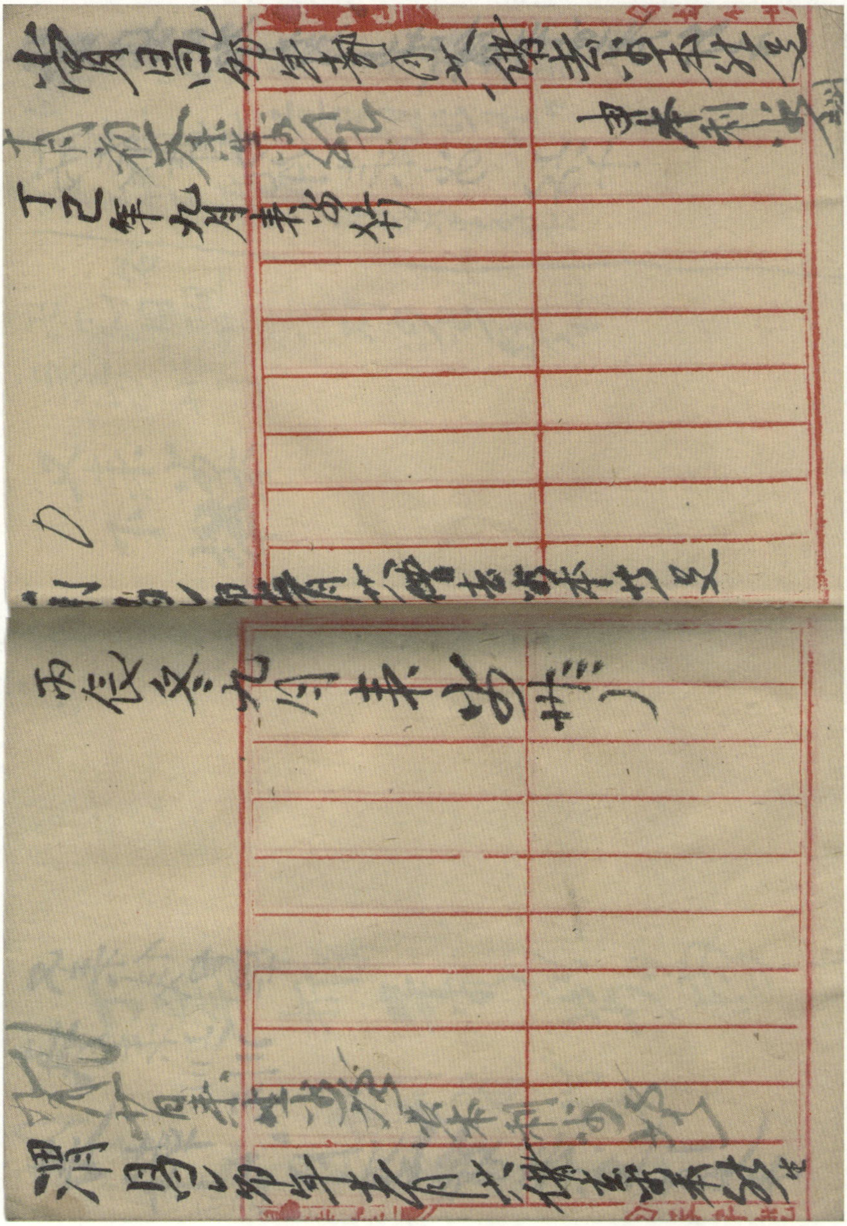

3-1-64-22　清宣統二年陽德社目錄（二二）

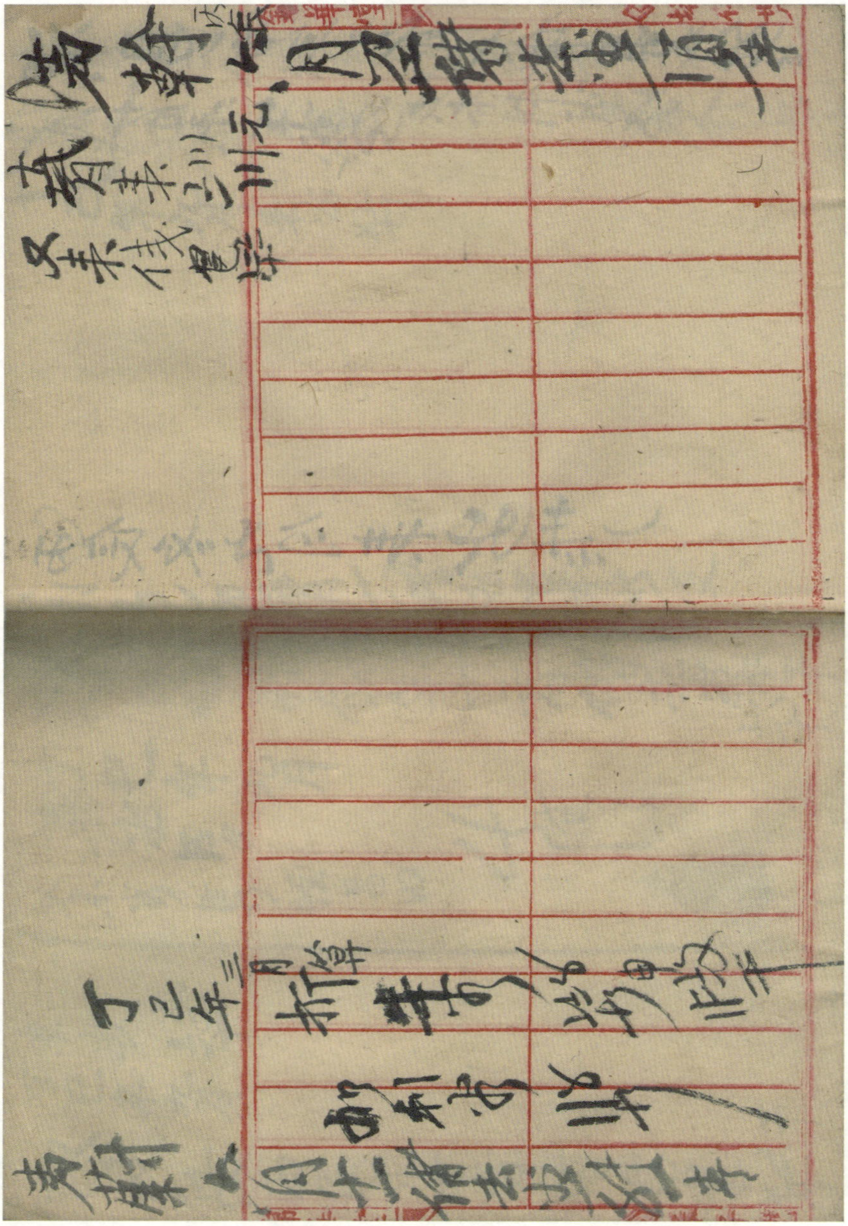

3-1-64-23　清宣統二年陽德社目録（二三）

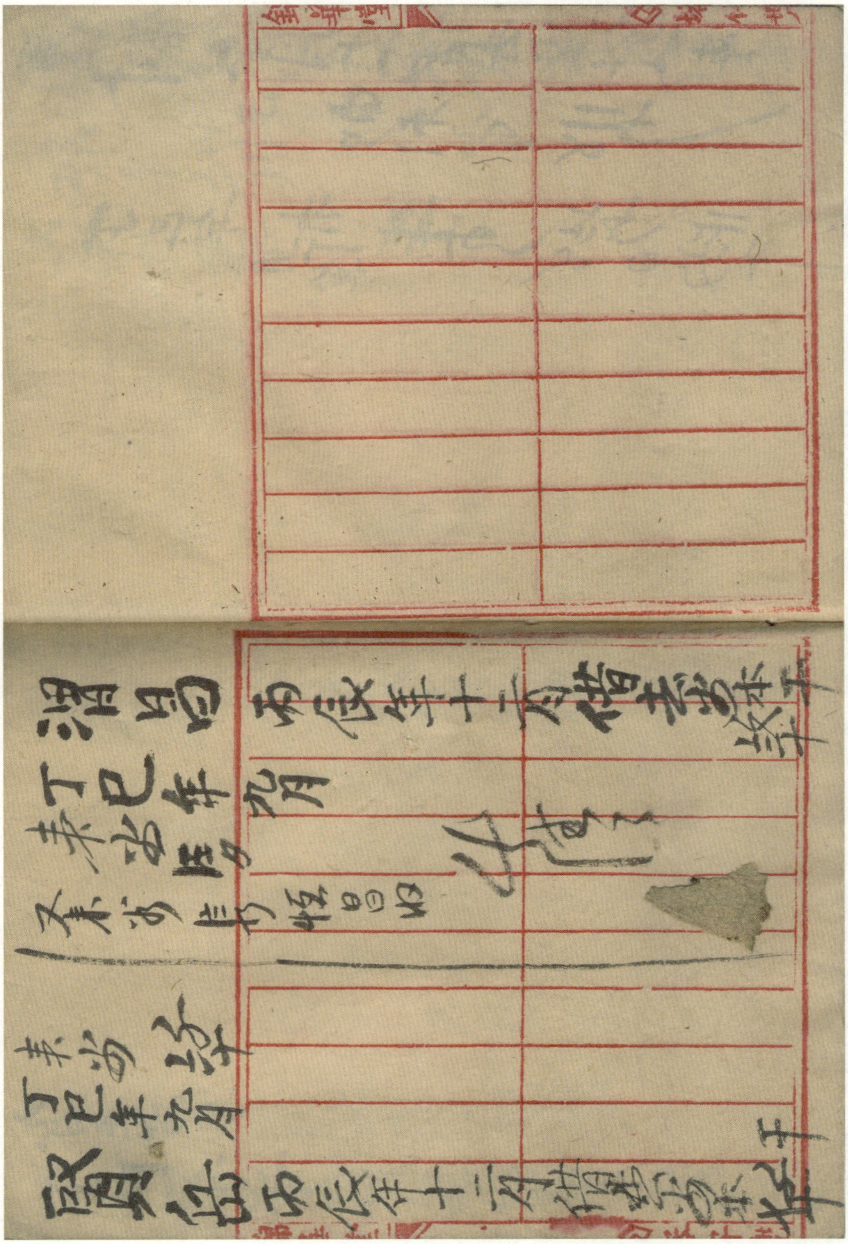

3-1-64-24　清宣統二年陽德社目録（二四）

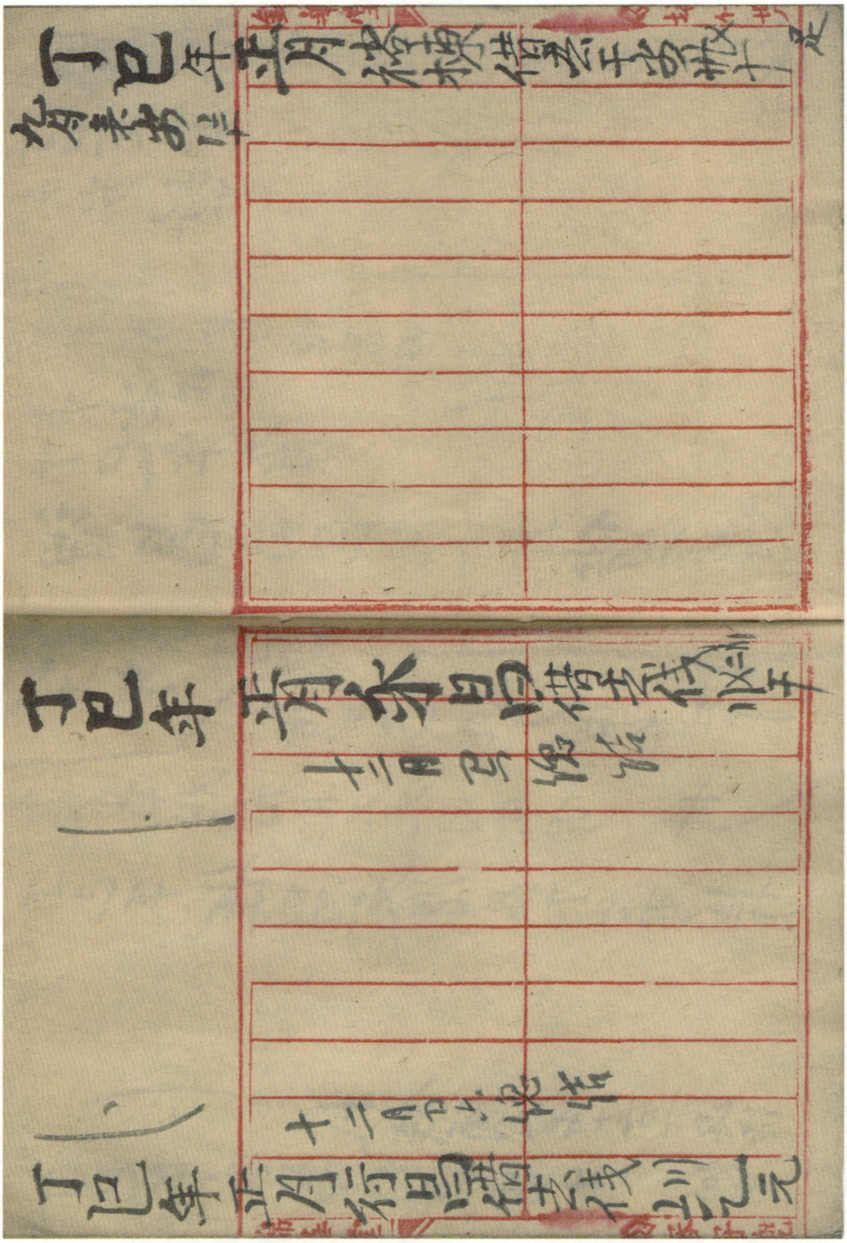

3-1-64-25　清宣統二年陽德社目録（二五）

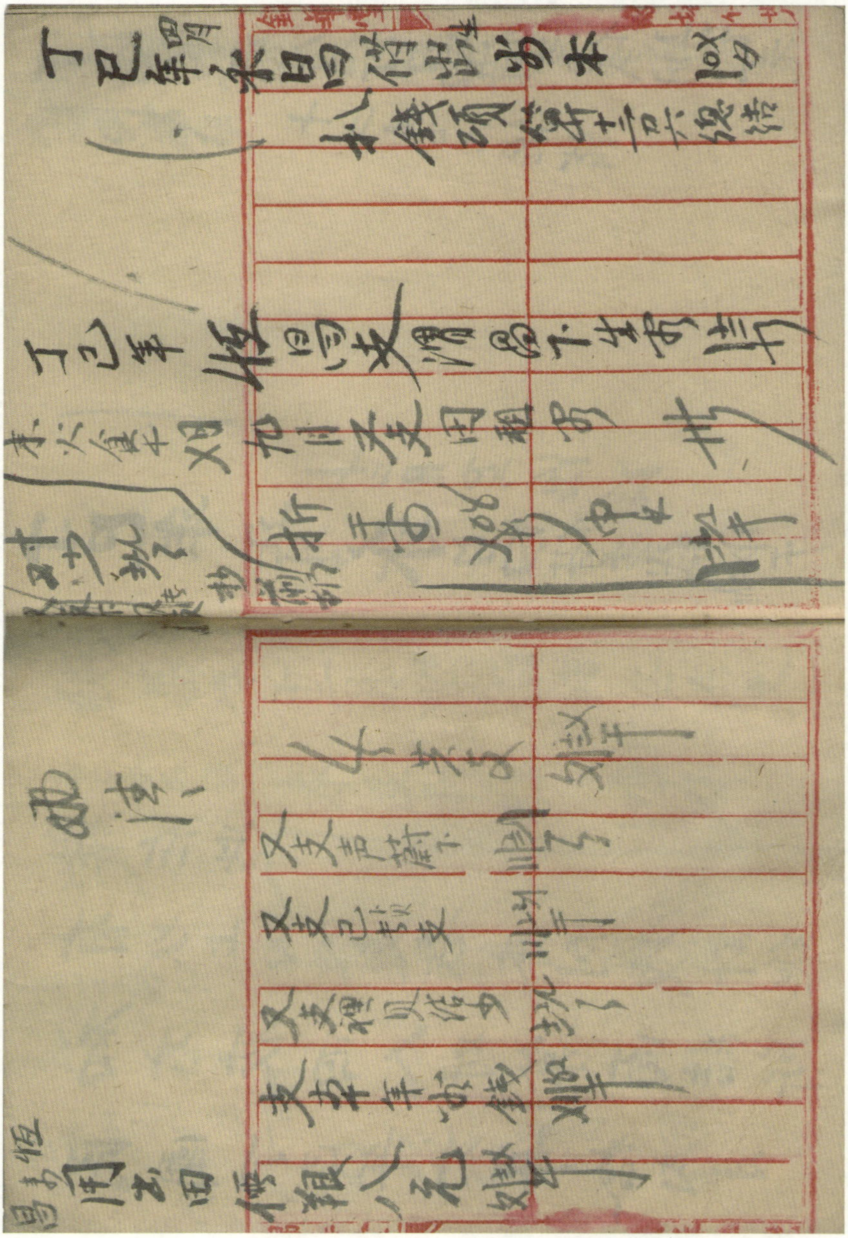

3–1–64–26　清宣統二年陽德社目錄（二六）

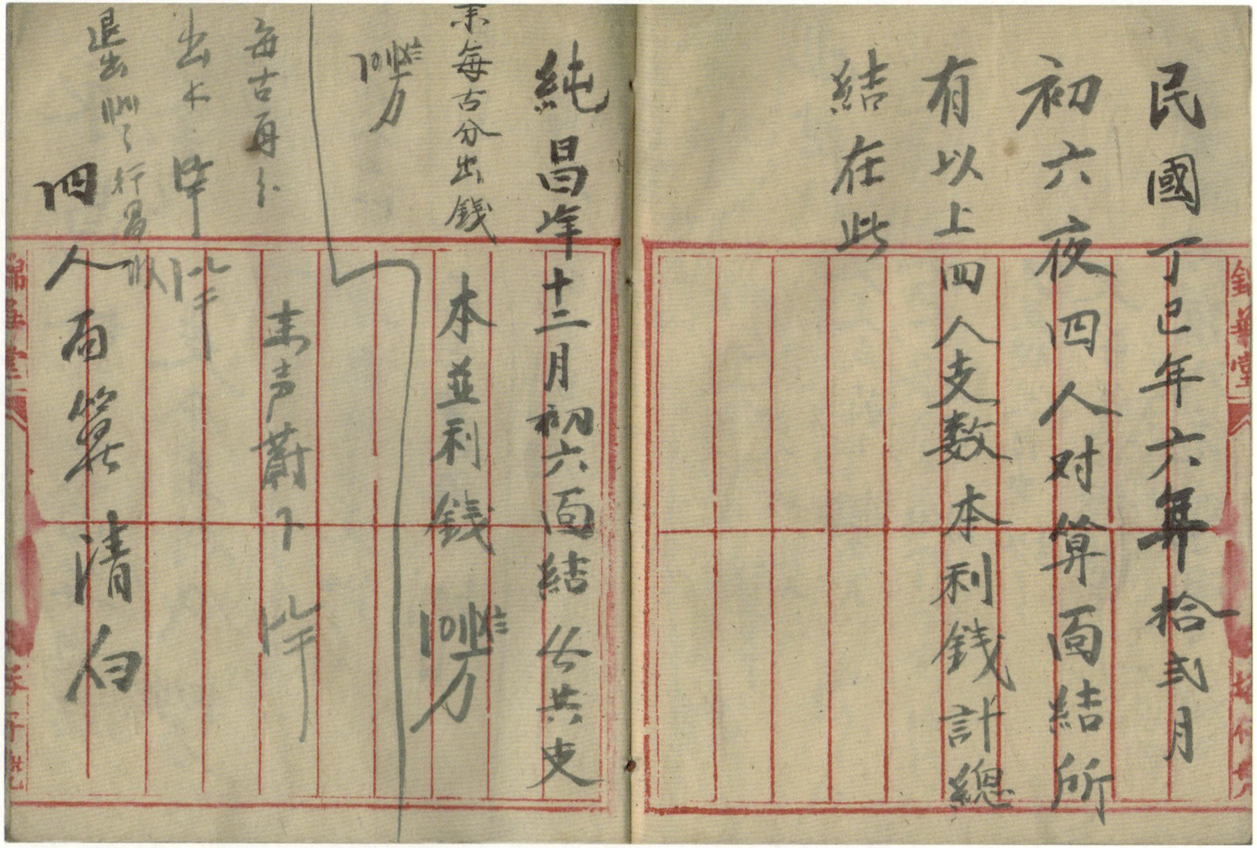

3-1-64-27　清宣統二年陽德社目録（二七）

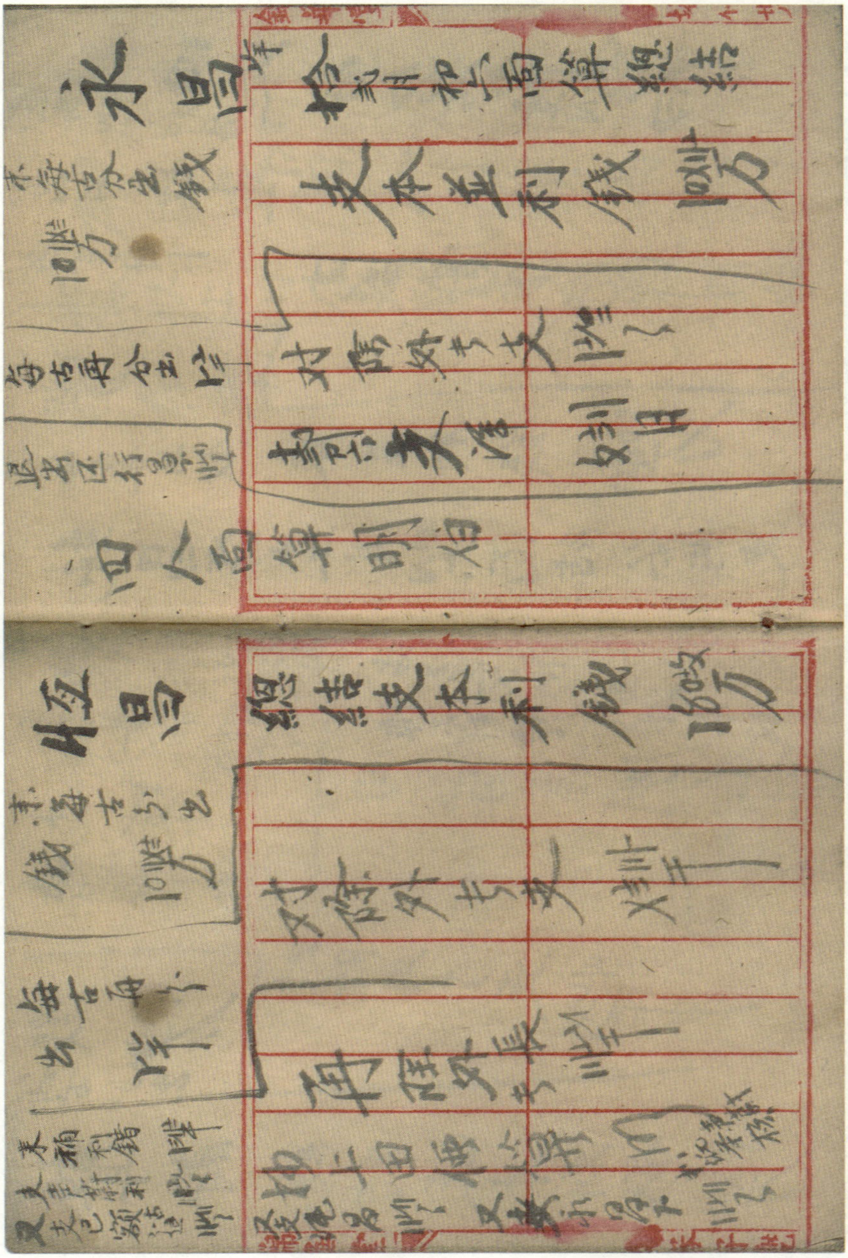

3-1-64-29 清宣統二年陽德社目錄（二八）

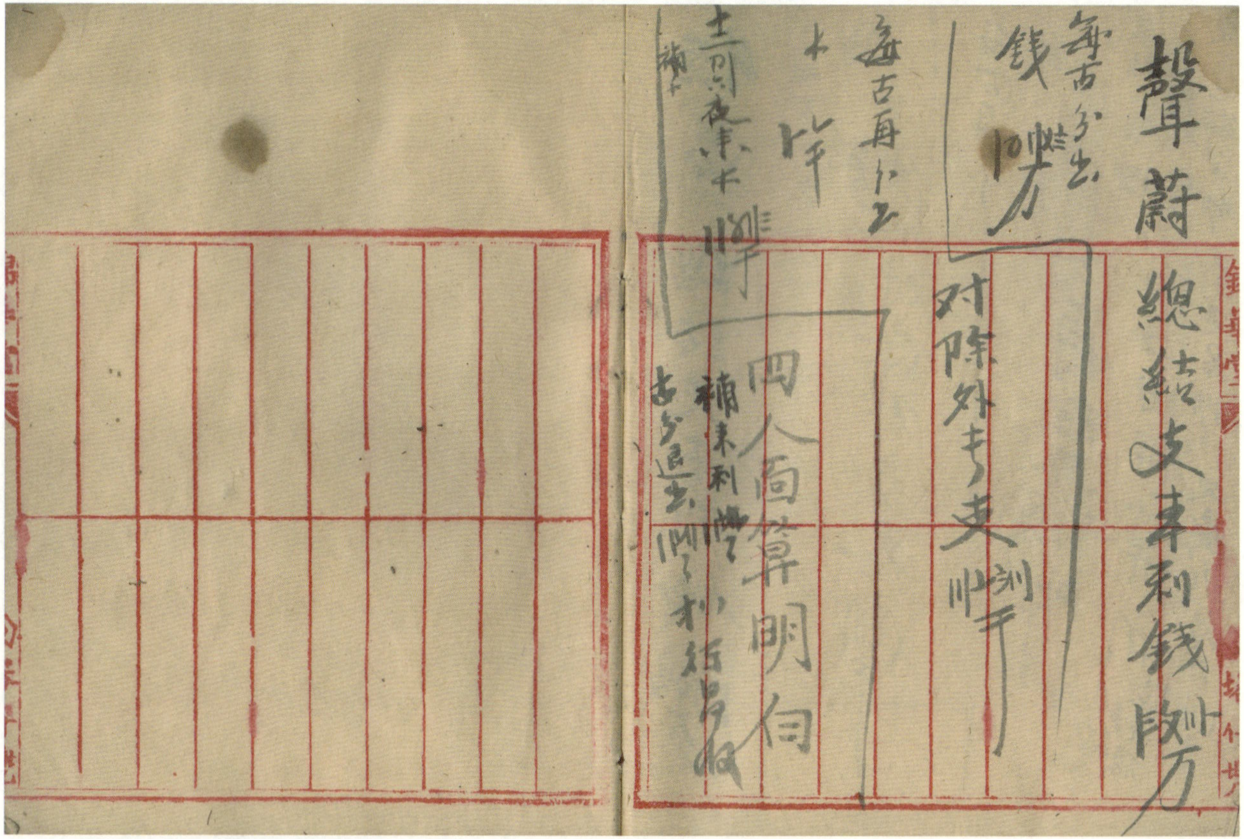

3-1-64-29　清宣統二年陽德社目録（二九）

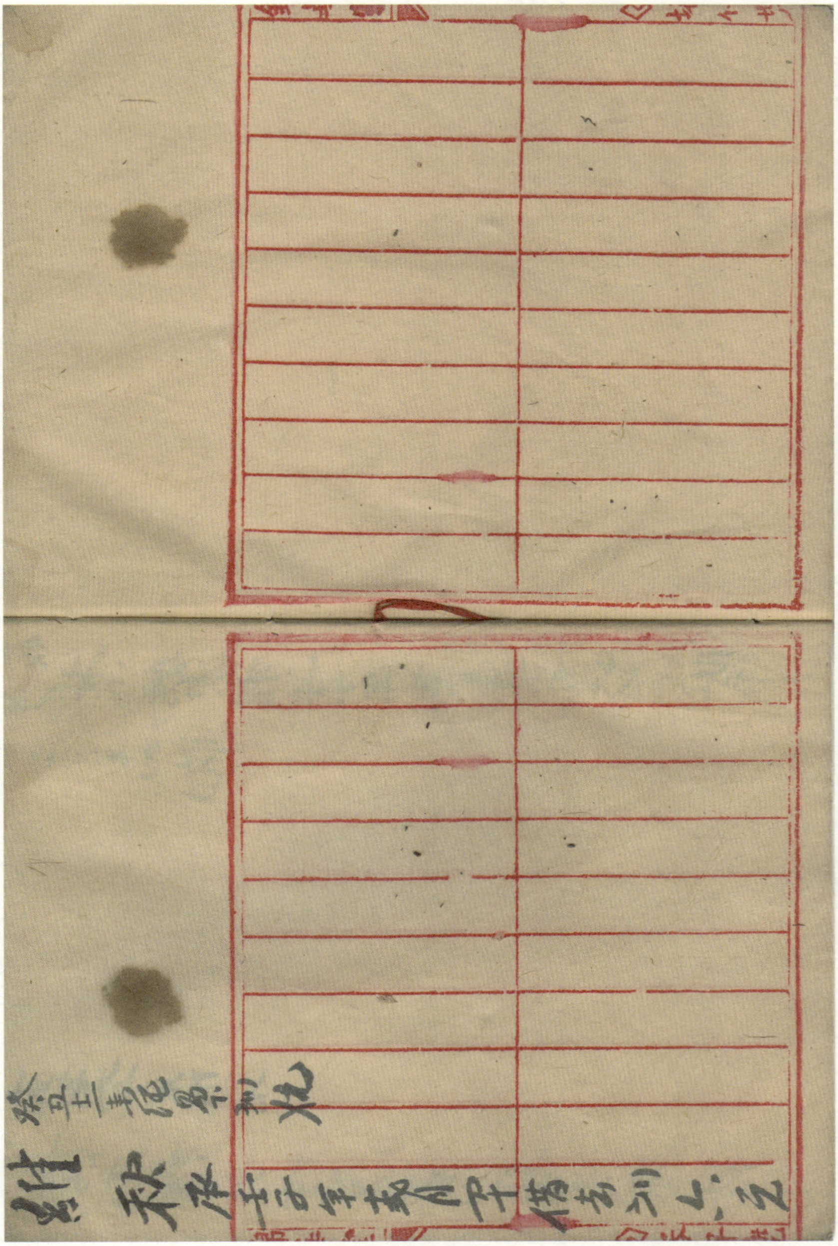

3-1-64-30　清宣統二年陽德社日錄（三〇）

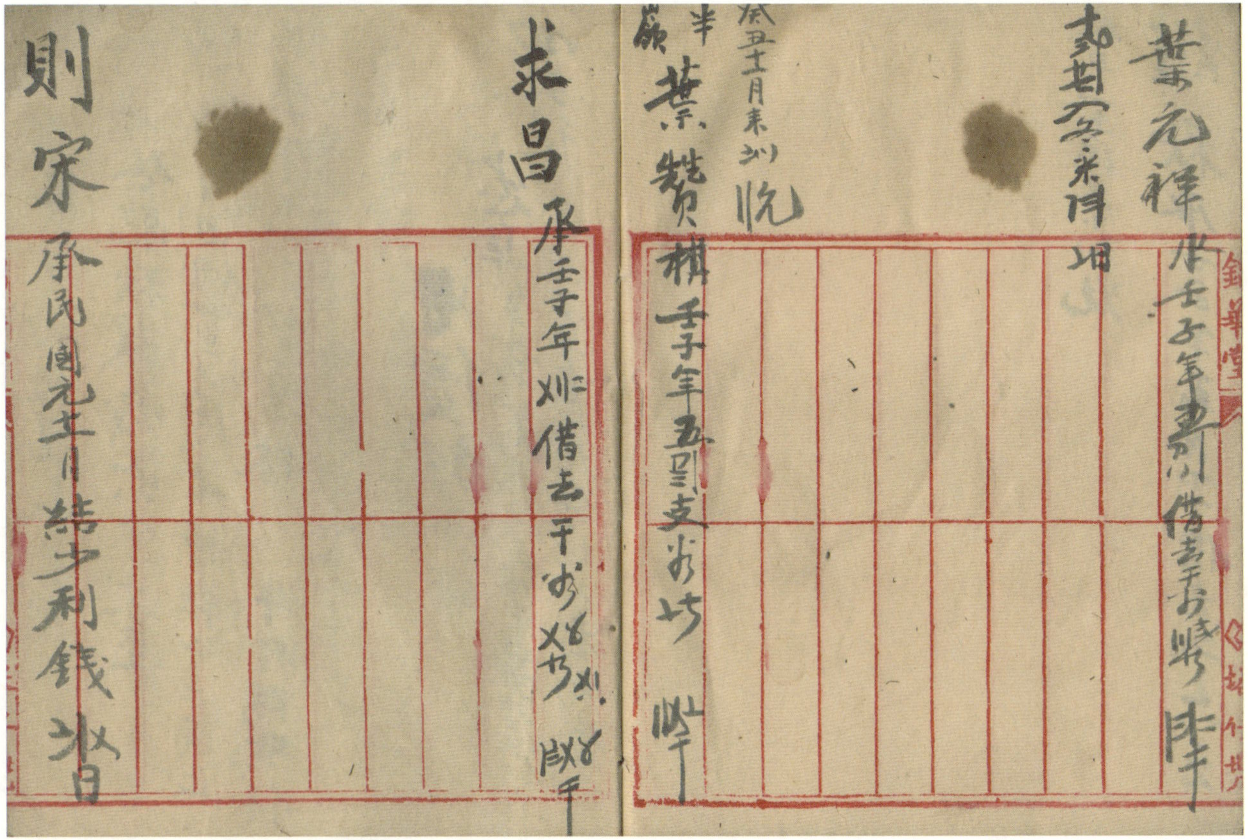

3-1-64-31　清宣統二年陽德社目録（三一）

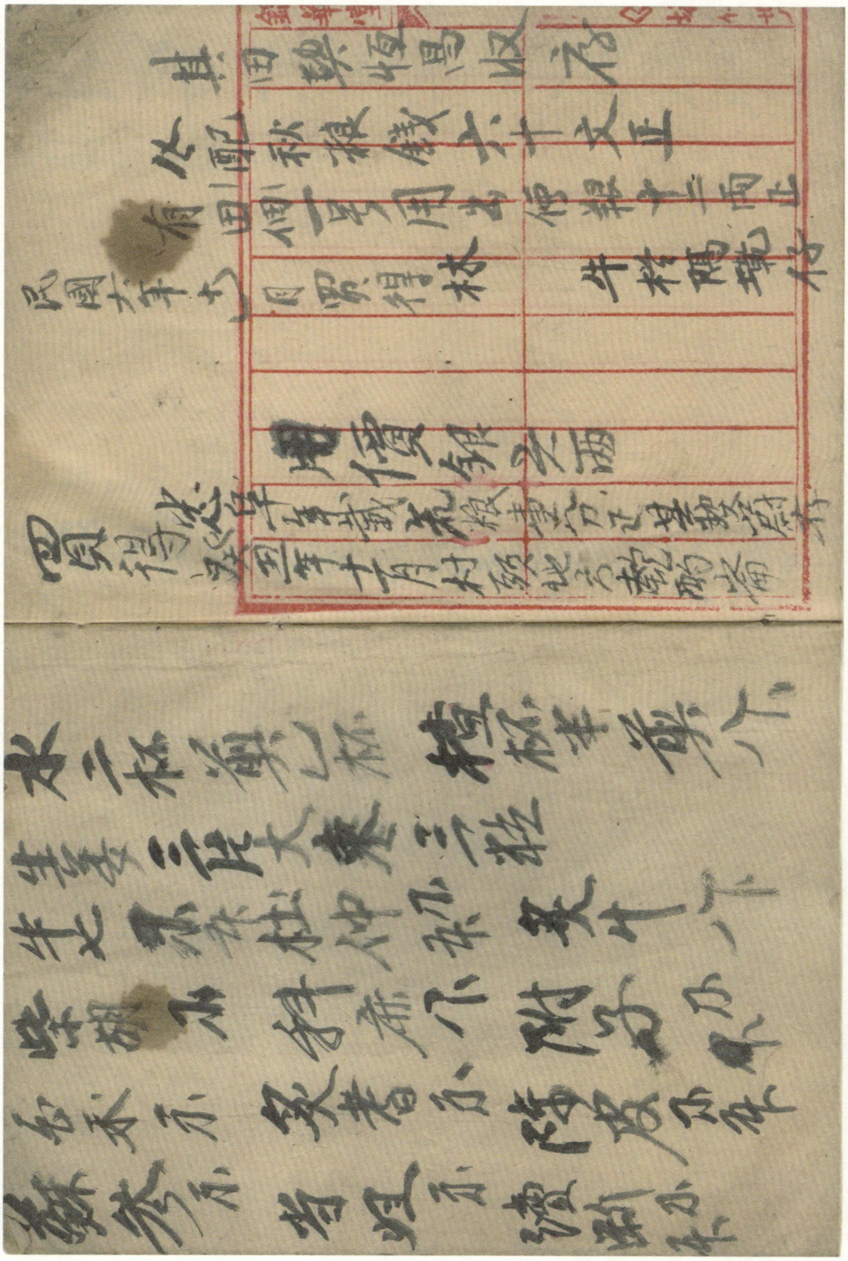

3-1-63-32　清宣統二年陽德社目録（三二）

3-1-64-33　清宣統二年陽德社目錄（三三）

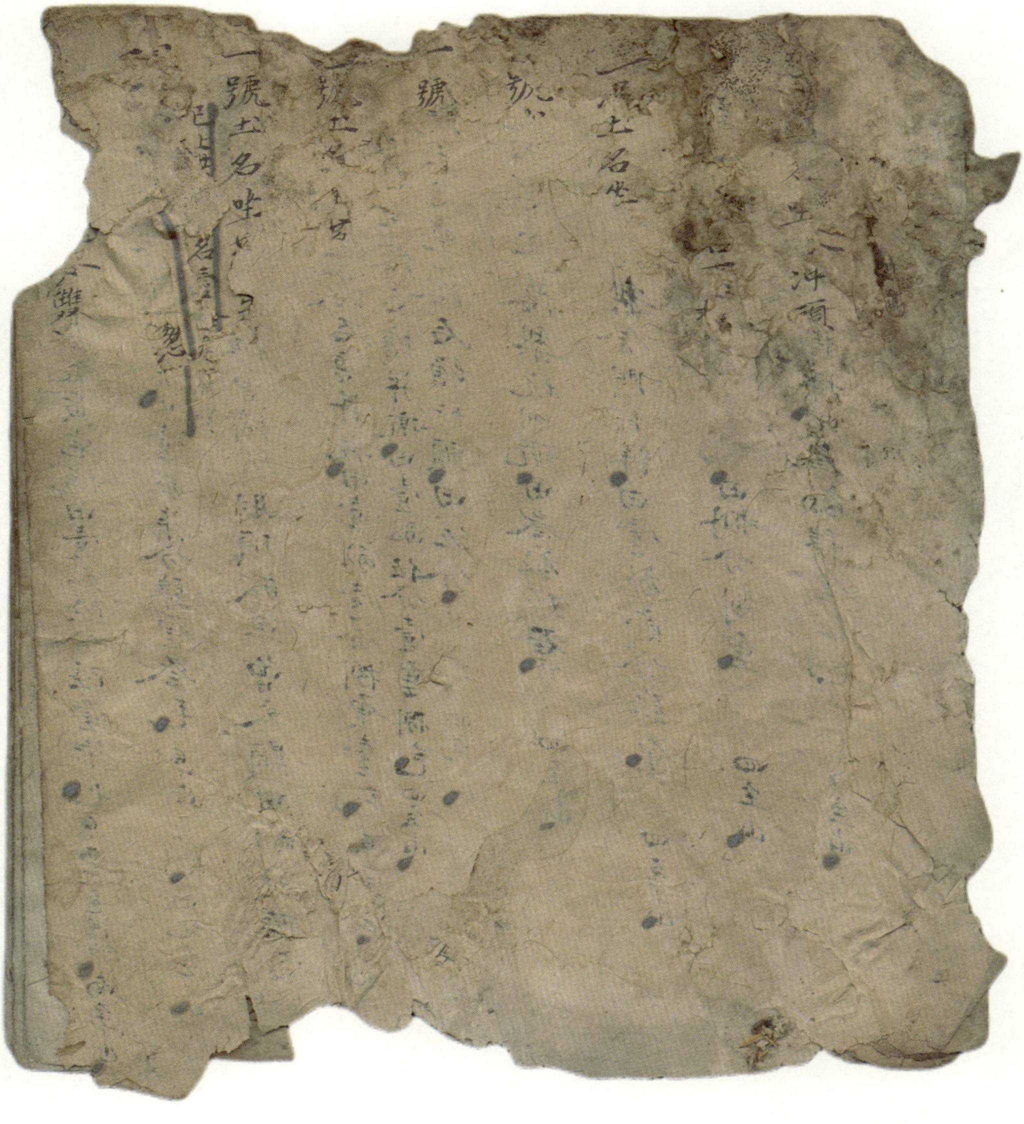

3-1-65-1　明代洑口屯田粮清册（一）

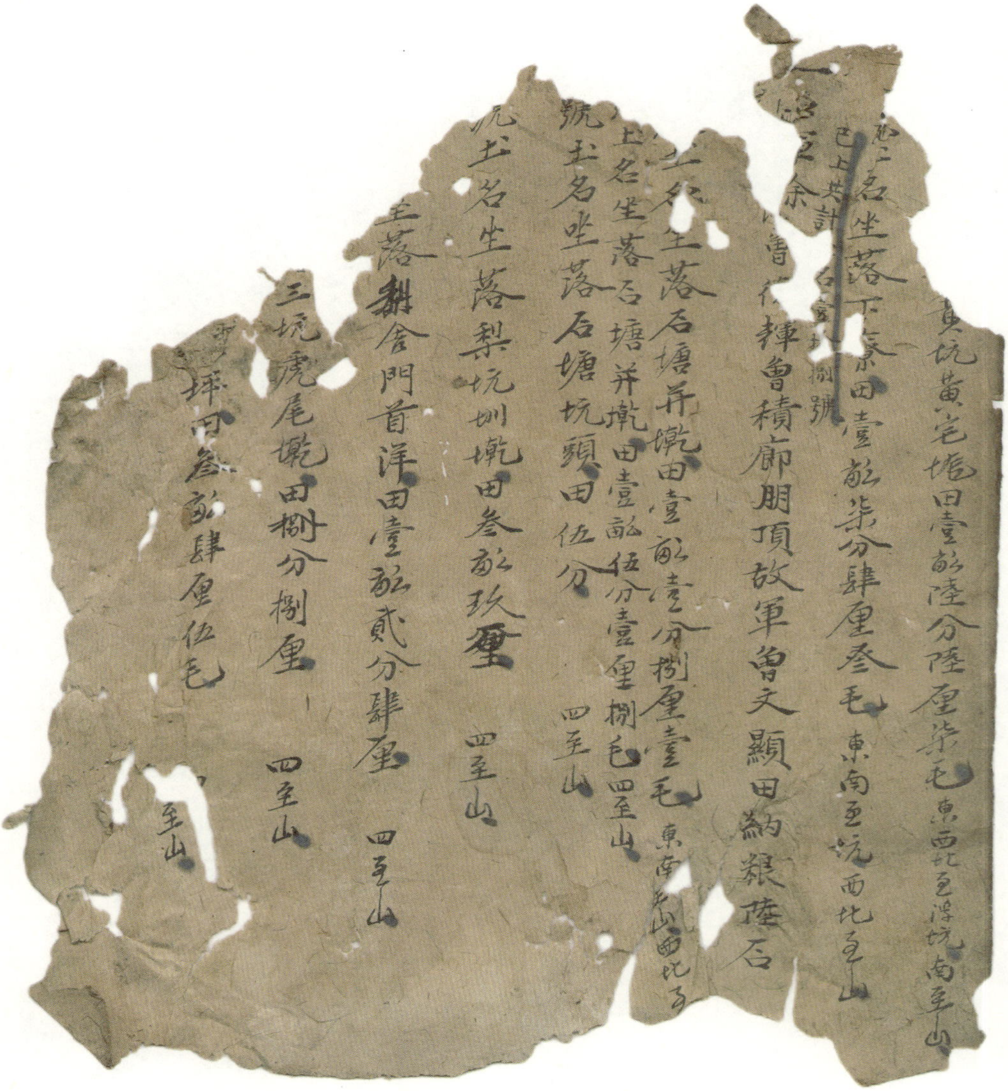

黄坑黄宅墘田壹畝陸分陸厘柒毛 東西北至洋坑 南至山

一[illegible]土名坐落下[illegible]田壹畝柒分肆厘叁毛 東南至坑 西北至山

已上共計[illegible]畝[illegible]捌號

一[illegible]至佘[illegible]曾[illegible]揀曾積廊朋頂故軍曾文顯田納粮陸石

一[illegible]土名坐落石塘并墘田壹畝壹分捌厘壹毛 東南至山西北至

[illegible]土名坐落石塘并墘田壹畝伍分壹厘捌毛 四至山

[illegible]號土名坐落石塘坑頭田伍分 四至山

[illegible]號土名坐落梨坑圳墘田叁畝玖厘 四至山

[illegible]土名坐落[illegible]舍門首洋田壹畝貳分肆厘 四至山

[illegible]三坑虎尾墘田捌分捌厘 四至山

[illegible]坪田叁畝肆厘伍毛 [illegible]至山

3-1-65-2 明代洑口屯田粮清册（二）

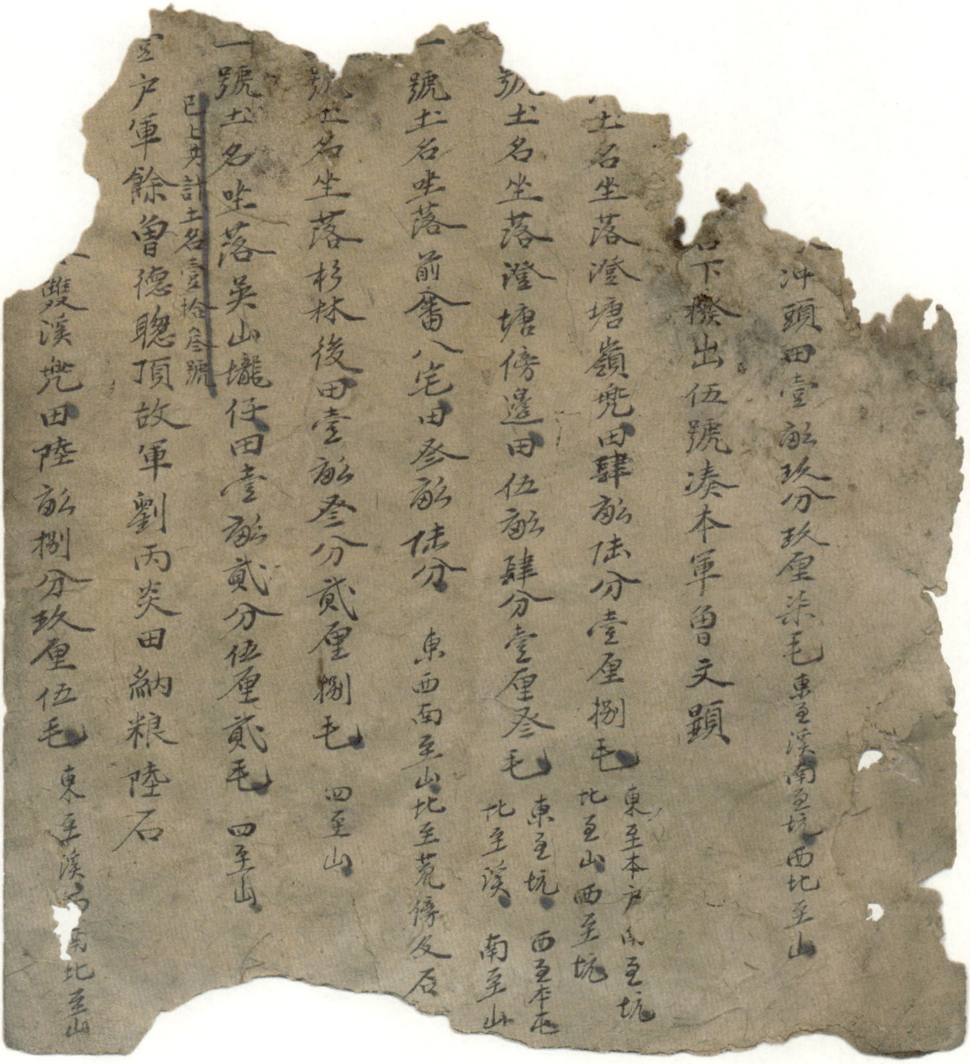

一　汫頭田壹畝玖分玖厘柒毛　東至溪　南至坑　西北至山

□下撥出伍號湊本軍曾文顕

□土名坐落澄塘嶺兜田肆畝柒分壹厘捌毛　東至本户　南至坑　北至山　西至坑

號土名坐落澄塘傍邊田伍畝肆分壹厘叁毛　東至坑　西至本屯　北至溪　南至山

一號土名坐落前畬八宅田叁畝柒分　東西南至山　北至荒傍及石

號土名坐落杉林後田壹畝叁分貳厘捌毛　四至山

一號土名坐落吴山壠任田壹畝貳分伍厘貳毛　四至山

已上共計土名壹拾叁號

至户軍餘曾德聰頂故軍劉丙炎田納粮陸石

一　雙溪兜田陸畝捌分玖厘伍毛　東至溪　南北至山

3-1-65-3　明代洑口屯田粮清册（三）

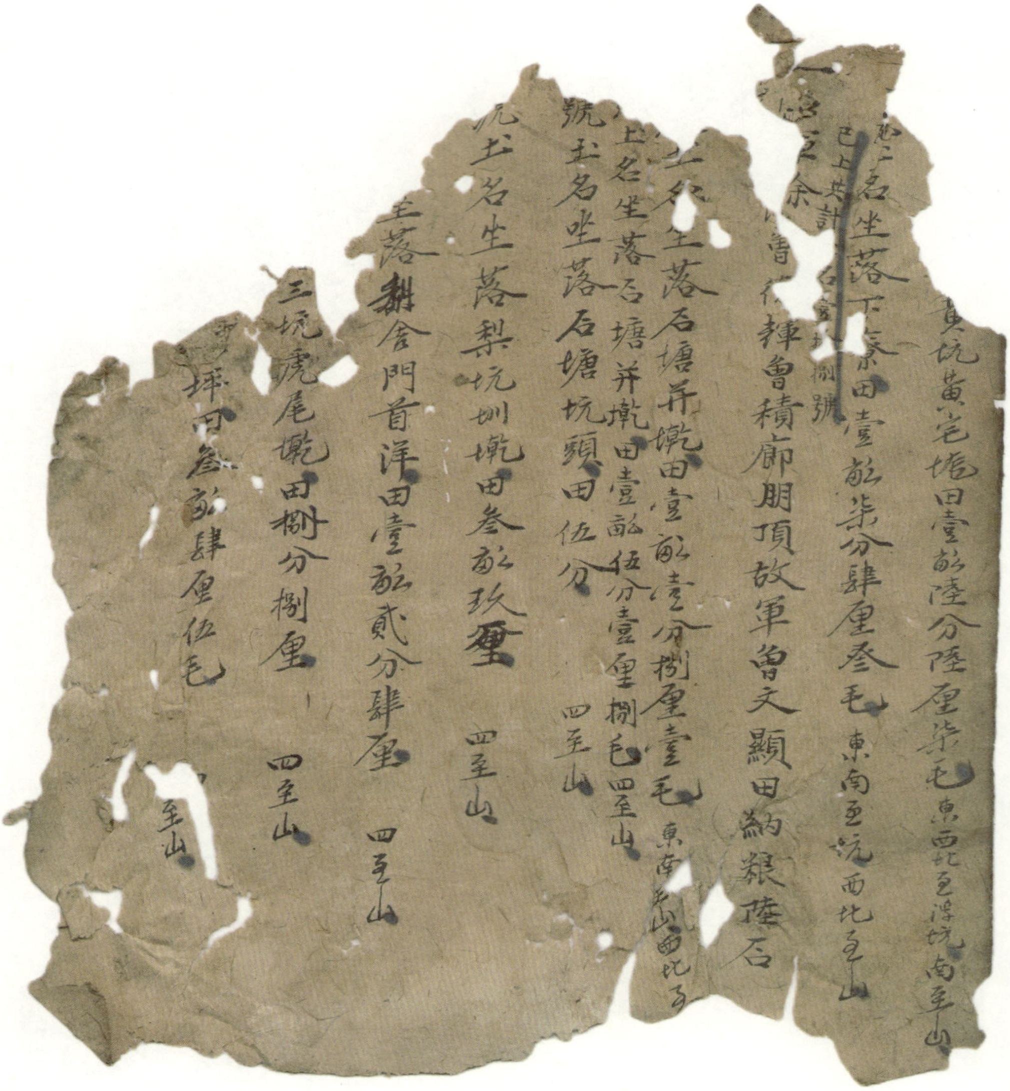

貞坑黄宅塆田壹畝陸分陸厘柒毛　東西北至洋坑　南至山
一□二名坐落下□田壹畝柒分肆厘叁毛　東南至坑　西北至山
已上共計□□□捌號
一□三余
□舊□肆魯積廊朋頂故軍曾文顯田納粮陸石
一□名坐落石塘并墘田壹畝壹分捌厘壹毛　東南至山　西北至□
□上名坐落石塘并墘田壹畝伍分壹厘捌毛　四至山
號土名坐落石塘坑頭田伍分　四至山
號土名坐落梨坑圳墘田叁畝玖厘　四至山
□坐落□舍門首洋田壹畝貳分肆厘　四至山
三坑虎尾墘田捌分捌厘　四至山
西□坪田叁畝肆厘伍毛　□至山

3-1-65-2　明代洑口屯田粮清册（二）

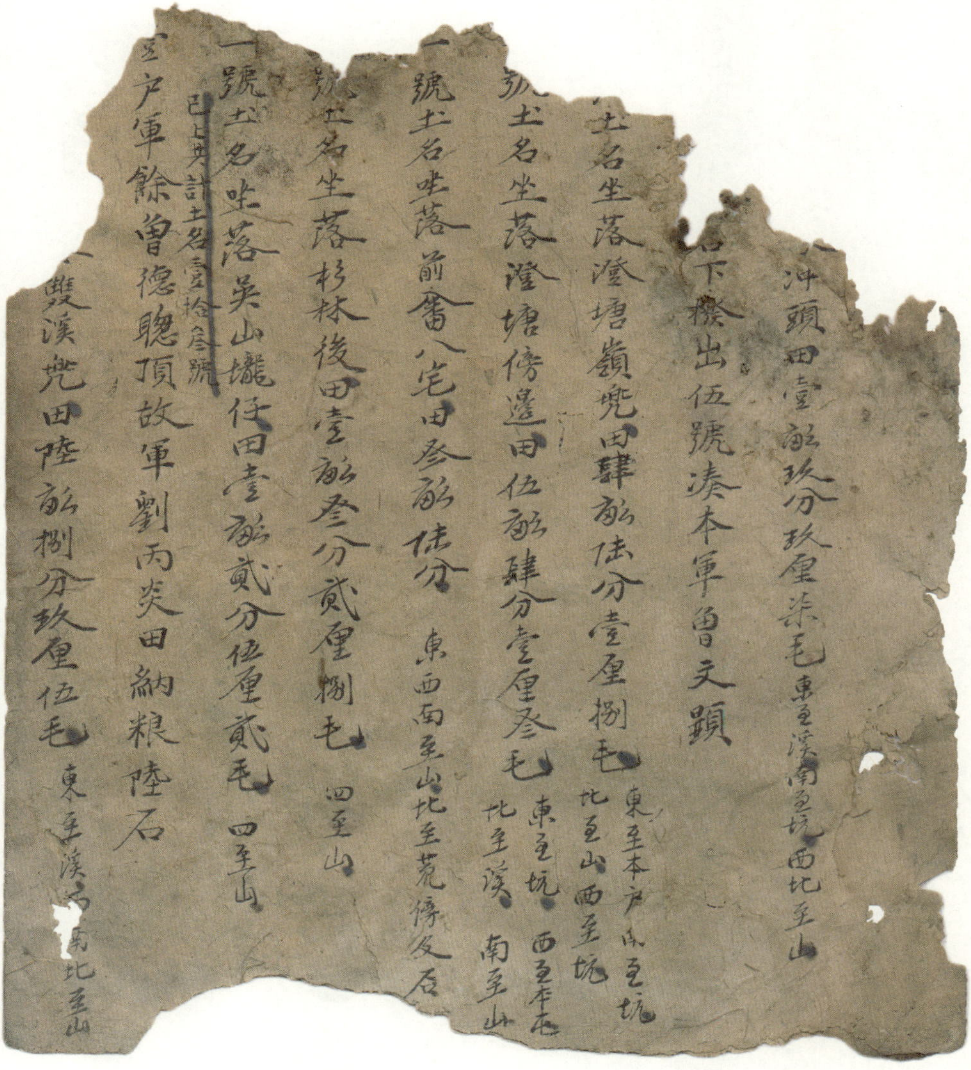

一沖頭田壹畝玖分玖厘柒毛 東至溪 南至坑 西北至山

已下撥出伍號湊本軍曾文顯

一號土名坐落澄塘嶺兜田肆畝伍分壹厘捌毛 東至本户 南至坑 北至山 西至坑

一號土名坐落澄塘傍邊田伍畝肆分壹厘叁毛 東至坑 西至本户 北至溪 南至山

一號土名坐落前畬八宅田叁畝伍分 東西南至山 北至荒傍反石

一號土名坐落杉林後田壹畝叁分貳厘捌毛 四至山

一號土名坐落吳山壠任田壹畝貳分伍厘貳毛 四至山

已上共計土名壹拾叁號

至户軍餘曾德聰頂故軍劉丙炎田納粮陸石

一雙溪兜田陸畝捌分玖厘伍毛 東至溪[illegible] 北至山

3-1-65-3 明代洑口屯田粮清册（三）

雙溪兜田柒畝貳分伍厘叁毛 山 東至溪 西南北至

一號土名坐落山南墘田貳畝壹厘 四至山

一號土名坐落箭柄洋田壹畝柒分叁厘捌毛 四至山

號土名坐落東垄後墘田陆分陸厘捌毛 四至山

一號土名生落東壠及墘田貳畝陆分壹厘貳毛 東至民田 西南至 北至路

號土名坐落蘊澗頭田肆分陆厘 四至山

土名坐落蘊澗頭田柒分肆厘貳毛 四至山

僥景倡名下撥出伍號湊本軍劉丙癸

洛滌仔頭田壹畝伍厘柒毛 東西南至山 北至坑

滌仔頭及過坑坂田伍畝伍厘柒毛 東南至山 西北至坑

3-1-65-4 明代洑口屯田粮清册（四）

名坐落淤仔頭丈嶺兜田壹畝柒分叁厘　東南至坑西北至山

落牛山坵田叁分捌厘伍毛　四至山

共計土名壹拾貳號

軍餘白福緣頂故軍應玉田納粮陸石

號土名坐落鄭坑石頭墘田壹畝肆分玖毛　東北至山西南至坑

一號土名坐落西墘坑外墘田壹畝捌厘叁毛　東北至山西南至坑

號土名坐落水梗坑田壹畝貳分叁厘柒毛　四至山

一號土名坐落水梗坑坂仔田叁分肆厘捌毛　東至坑西南北至

一號土名坐落漢翁墘前墘田貳畝玖分陸厘貳毛　四至山

洛格頭田玖分捌厘貳毛　東南北至山西至民田

3-1-65-5　明代洑口屯田粮清册（五）

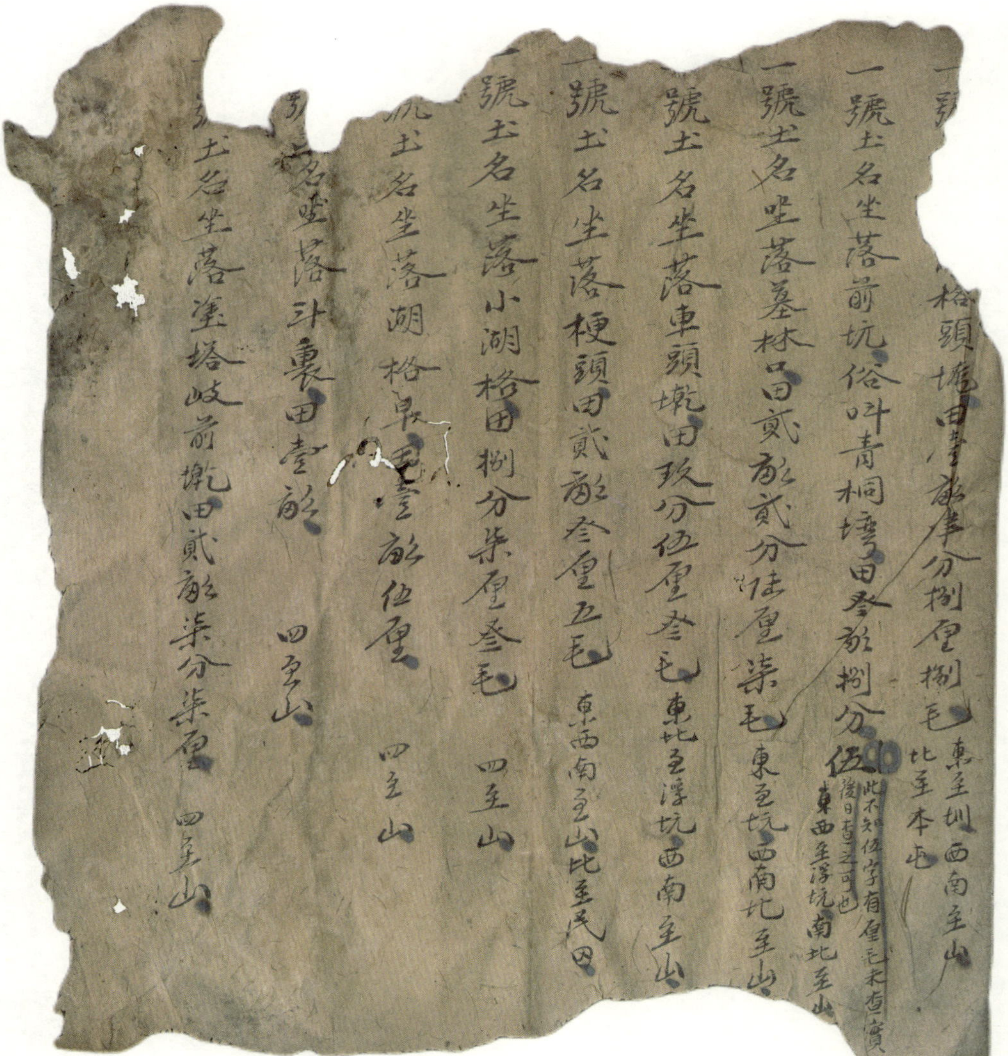

一號……格頭墘田壹畝肆分捌厘捌毛　東至圳西南至山北至本屯

一號土名坐落前坑俗叫青桐壠田叁畝捌分伍（此不知伍字有厘毛未查實後日查之可也）　東西至浮坑南北至山

一號土名坐落墓林口田貳畝貳分陸厘柒毛　東至坑西南北至山

一號土名坐落東頭墘田玖分伍厘叁毛　東北至浮坑西南至山

一號土名坐落梗頭田貳畝叁厘五毛　東西南至山北至民田

一號土名坐落小湖格田捌分柒厘叁毛　四至山

……號土名坐落湖格泉田壹畝伍厘　四至山

……號土名坐落斗裏田壹畝　四至山

一號土名坐落塗塔岐前墘田貳畝柒分柒厘　四至山

3-1-65-6　明代洑口屯田粮清册（六）

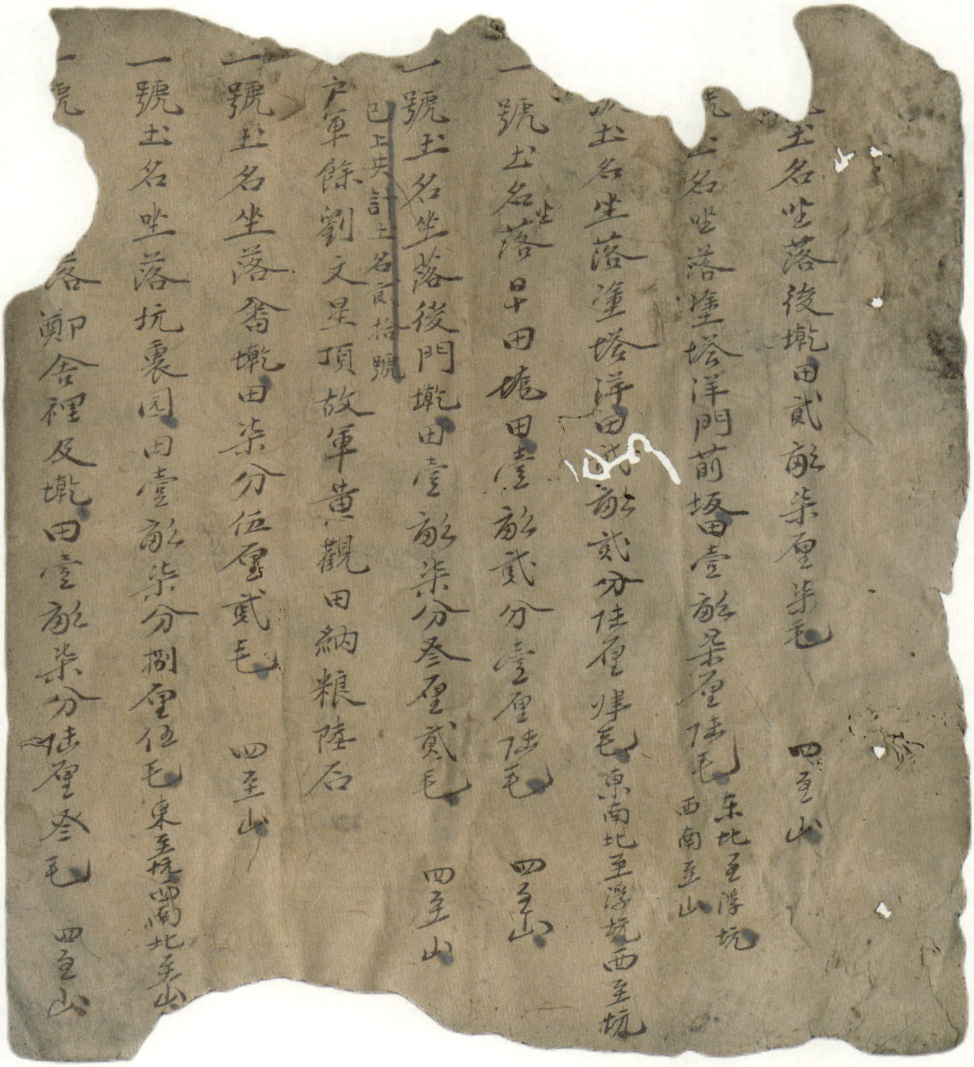
土名坐落後墈田貳畝柒厘柒毛　四至山
號土名坐落塗塔洋門前墘田壹畝柒厘陸毛　东北至浮坑　西南至山
號土名坐落塗塔洋田[illegible]畝貳分陸厘肆毛　東南北至浮坑西至坑
一號土名坐落早田墘田壹畝貳分壹厘陸毛　四至山
一號土名坐落後門墈田壹畝柒分叁厘貳毛　四至山
已上共計土名貳拾號
戶軍餘劉文星頂故軍黄觀田納粮陸石
一號土名坐落畬墈田柒分伍厘貳毛　四至山
一號土名坐落坑裏園田壹畝柒分捌厘伍毛　東至[illegible]西南北至山
號……落鄭舍裡及墈田壹畝柒分陸厘叁毛　四至山

3-1-65-7　明代洑口屯田粮清册（七）

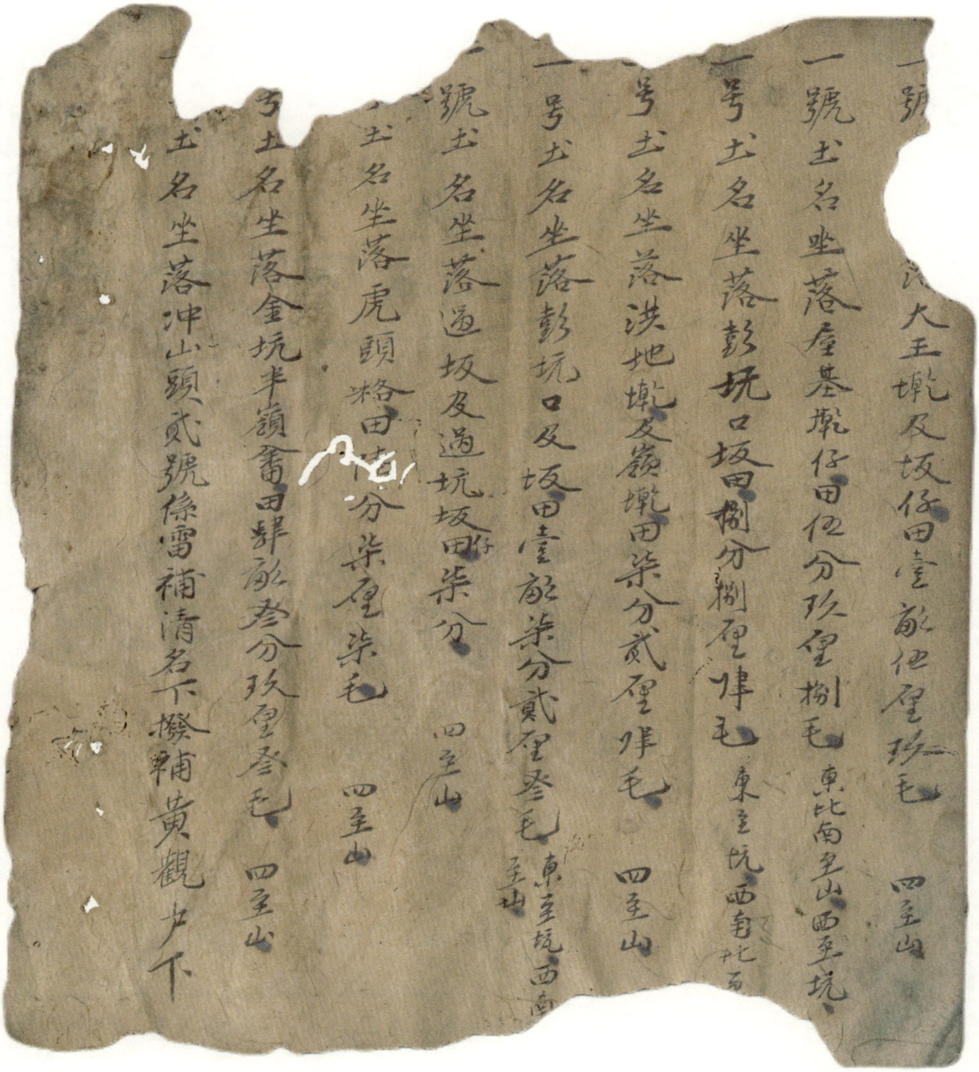
一號……洪大王墈及坂仔田壹畝伍厘玖毛　四至山
一號土名坐落屋基墈仔田伍分玖厘捌毛　東北南至山西至坑
一號土名坐落彭坑口坂田捌分捌厘肆毛　東至坑西旬托石
一號土名坐落洪地墈及嶺墈田柒分貳厘肆毛　四至山
一號土名坐落彭坑口及坂田壹畝柒分貳厘叁毛　東至坑西南至山
一號土名坐落過坂及過坑坂田仔柒分　四至山
一號土名坐落虎頭格田仔分柒厘柒毛　四至山
一號土名坐落金坑半嶺番田肆畝叁分玖厘叁毛　四至山
土名坐落冲山頭貳號係雷補清名下撥輔黃觀户下

3-1-65-8　明代洑口屯田粮清册（八）

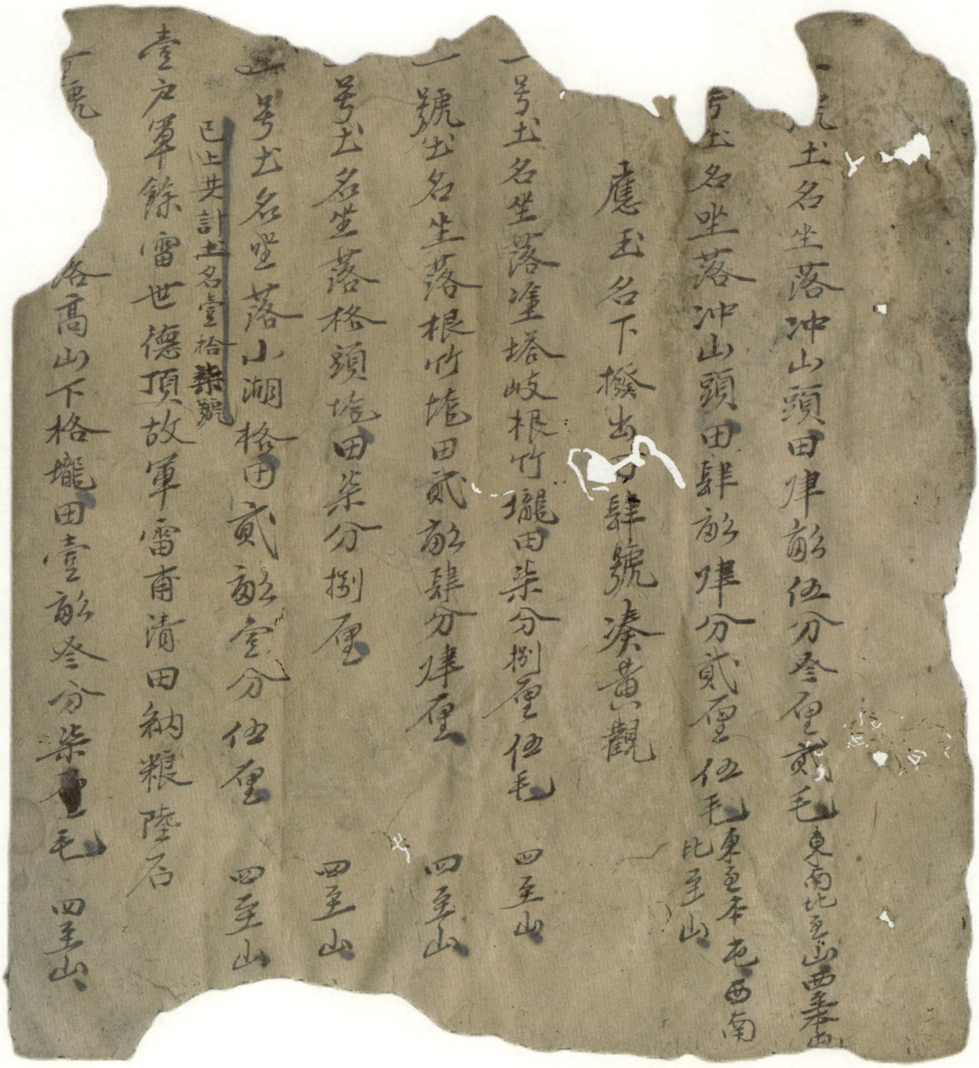
一號土名坐落沖山頭田肆畝伍分叁厘貳毛 東南北至山西至本屯
一號土名坐落沖山頭田肆畝肆分貳厘伍毛 東至本屯西南北至山
應玉名下撥出肆號湊黄觀
一號土名坐落塗塔岐根竹壠田柒分捌厘伍毛 四至山
一號土名坐落根竹壠田貳畝肆分肆厘 四至山
一號土名坐落格頭壠田柒分捌厘 四至山
一號土名坐落小湖格田貳畝壹分伍厘 四至山
已上共計土名壹拾柒號
壹戶軍餘雷世德頂故軍雷甫清田納糧陸石
一號土名坐落高山下格壠田壹畝叁分柒厘毛 四至山

3-1-65-9 明代洑口屯田粮清册（九）

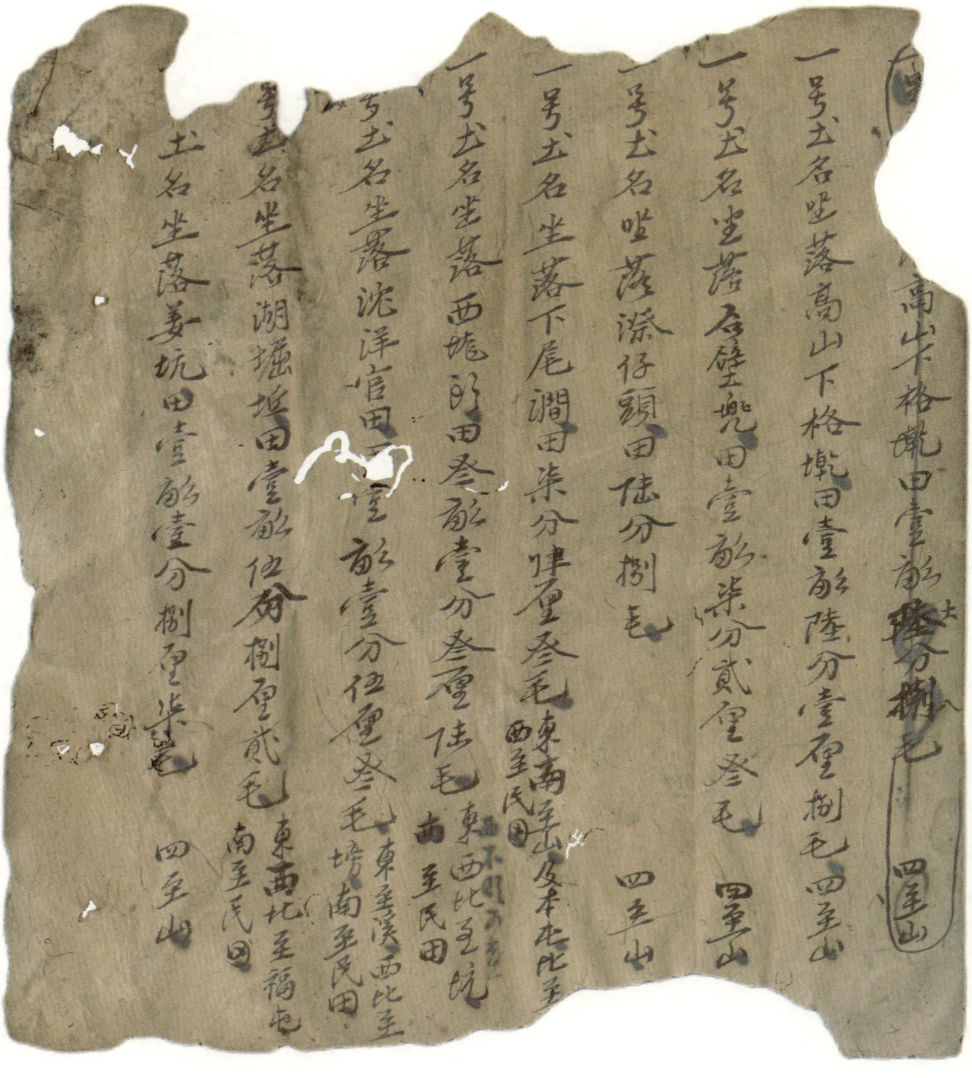

□高山下格墘田壹畝陸分捌毛　四至山

一號土名坐落高山下格墘田壹畝陸分壹厘捌毛　四至山

一號土名坐落石壁墘田壹畝柒分貳厘叁毛　四至山

一號土名坐落溪仔頭田陸分捌毛　四至山

一號土名坐落下尾澗田柒分肆厘叁毛　東南至山及本屯北至　西至民田

一號土名坐落西墘阬田叁畝壹分叁厘陸毛　東西北至阬　南至民田

一號土名坐落洑洋官田[illegible]壹畝壹分伍厘叁毛　東至溪西北至塆　南至民田

一號土名坐落湖壢垅田壹畝伍分捌厘貳毛　東西北至福屯　南至民田

土名坐落姜坑田壹畝壹分捌厘柒毛　四至山

3-1-65-10　明代洑口屯田粮清册（一〇）

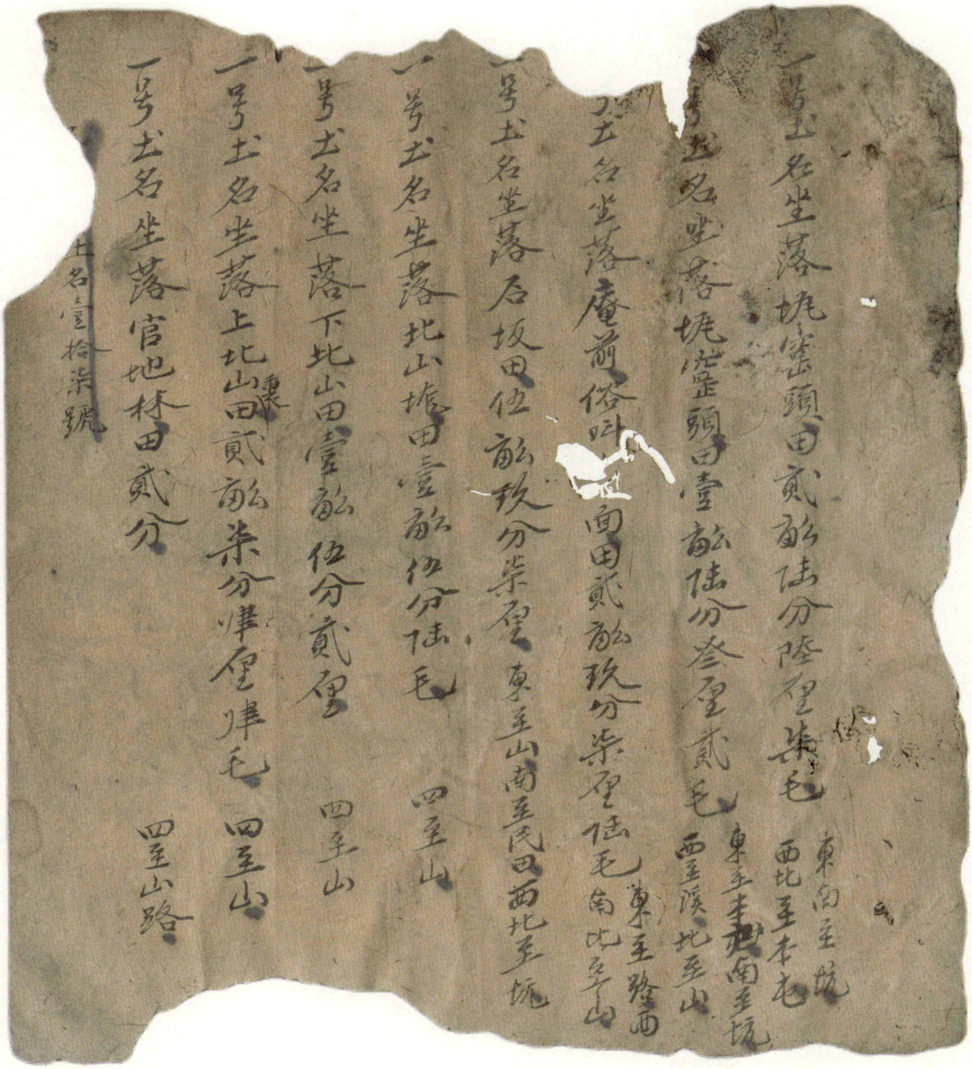
一號土名坐落坑窯頭田貳畝陸分陸釐柒毛　東南至坑　西北至本屯
一號土名坐落坑窯頭田壹畝陸分叁釐貳毛　東至本屯南至坑　西至溪北至山
一號土名坐落庵前俗叫[illegible]面田貳畝玖分柒釐陸毛　東至路西　南北至山
一號土名坐落后坂田伍畝玖分柒釐　東至山南至民田西北至坑
一號土名坐落北山塘田壹畝伍分陸毛　四至山
一號土名坐落下北山田壹畝伍分貳釐　四至山
一號土名坐落上北山東田貳畝柒分肆釐肆毛　四至山
一號土名坐落官地林田貳分　四至山路
[illegible]名壹拾柒號

3-1-65-11　明代洑口屯田粮清册（一一）

壹□……德祖曾積庠朋頂故軍僥景昌田納粮貳石

一号土名坐落龍潭裏松栢格田肆畝壹分伍厘　東至本□南至坑西北至山

一号土名坐落松栢格俗叫龍潭裏田肆畝陸分柒厘壹毛　東至□西□坑北

一號土名坐落松栢格俗叫龍潭裏後田柒分貳厘伍毛　四至

一号土名坐落黄坑路頭田壹畝伍分玖厘伍毛　四至山

一号土名坐落曹舍後田陸分叁厘伍毛　西至坑東南北至路

已上共計土名伍號

一□軍餘劉文旻頂故軍□□均仲田納粮陸石

一号土名坐落吉坑大壠俗叫竹林兜田叁畝伍分柒厘貳毛　南至水溝西至圳東至浮坑北至坑

一号土名坐落水梗兜□叫山腰格田壹畝柒厘捌毛　東至浮坑西至圳南至水溝北至福□

3-1-65-12　明代洑口屯田粮清册（一二）

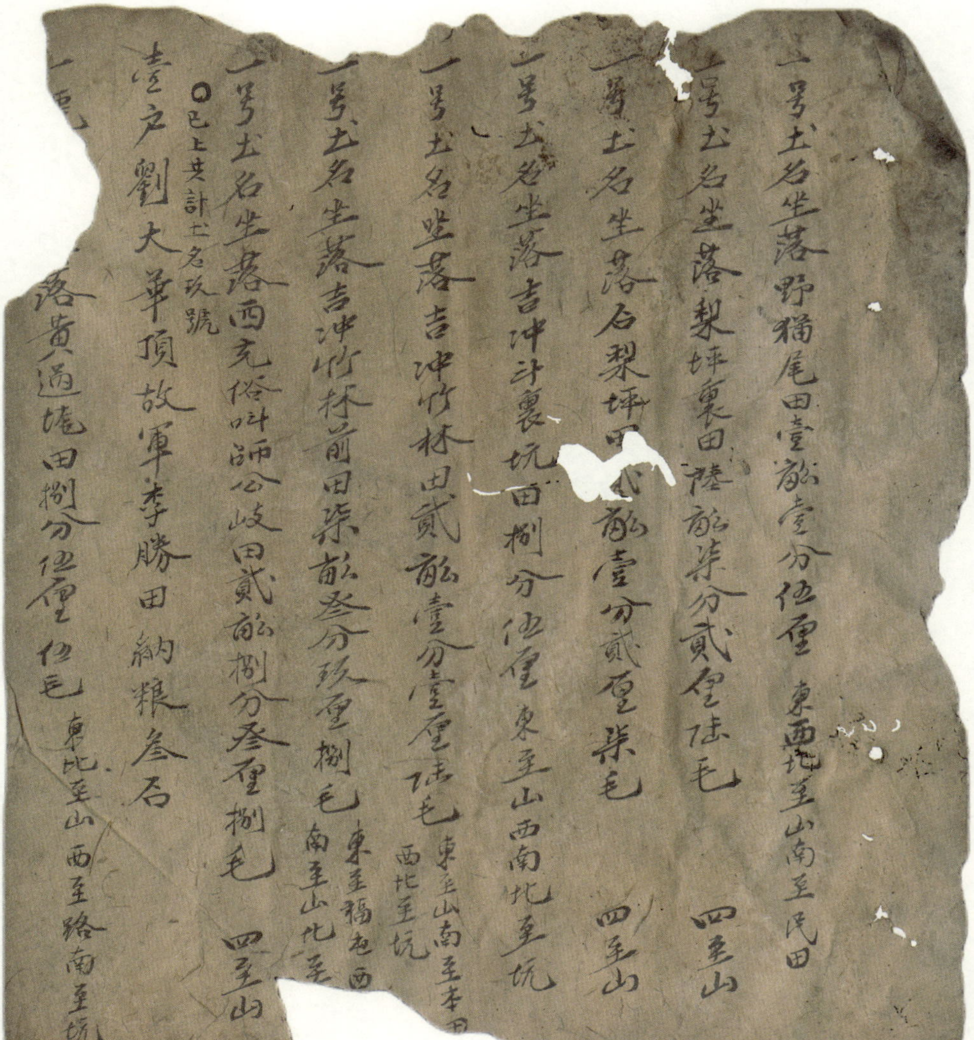
一號土名坐落野猫尾田壹畝壹分伍厘 東西北至山南至民田
一號土名坐落梨坪裏田陸畝柒分貳厘陸毛 四至山
一號土名坐落石梨坪田□畝壹分貳厘柒毛 四至山
一號土名坐落吉冲斗裏坑田捌分伍厘 東至山西南北至坑
一號土名坐落吉冲竹林田貳畝壹分壹厘陸毛 東至山南至本田 西北至坑
一號土名坐落吉冲竹林前田柒畝叁分玖厘捌毛 東至福屯西 南至山北至
一號土名坐落西充俗叫師公岐田貳畝捌分叁厘捌毛 四至山
○已上共計土名玖號
壹户劉大華頂故軍李勝田納粮叁石
一……落黄過塆田捌分伍厘伍毛 東北至山西至路南至坑

3-1-65-13 明代洑口屯田粮清册（一三）

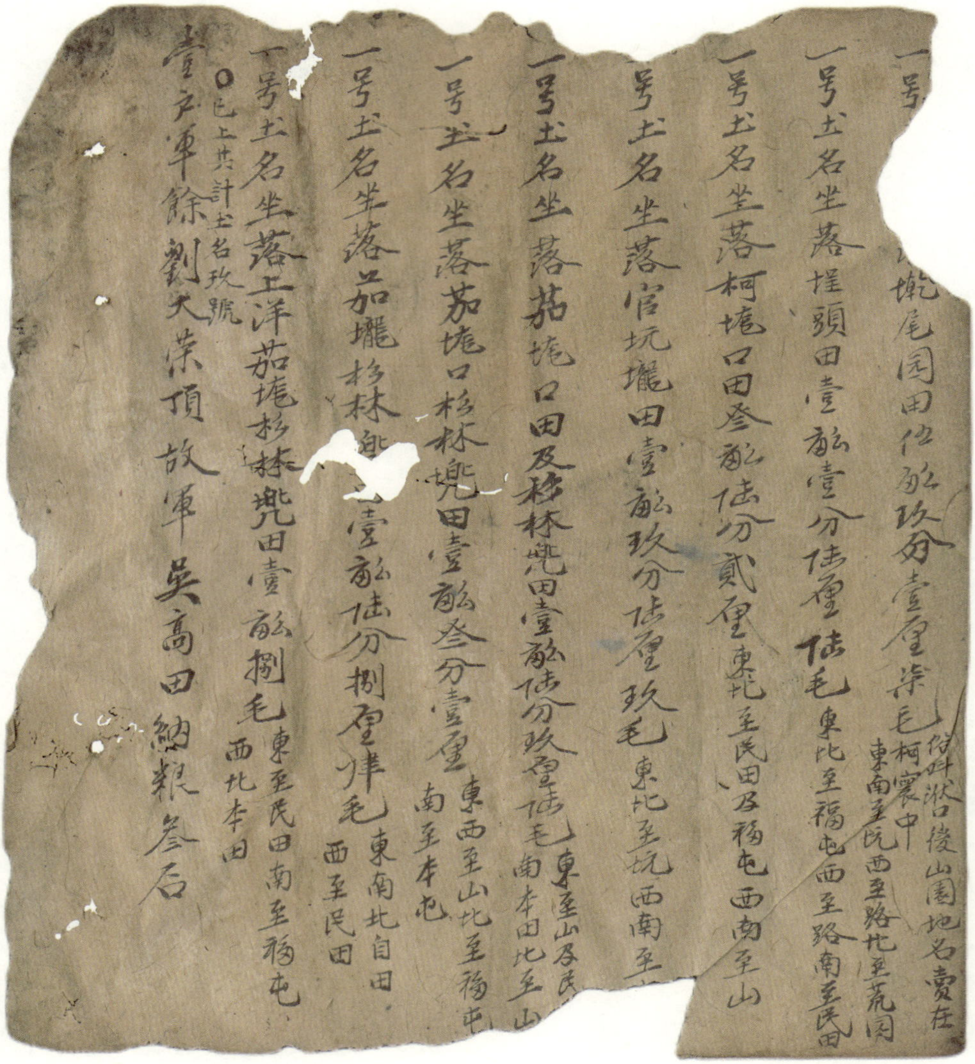

一号□□塆尾園田伍畝玖分壹厘柒毛 柯寰中 係坪嶴口後山園地名賣在 東南至坑西至路北至荒园

一号土名坐落埕頭田壹畝壹分陸厘陸毛 東北至福屯西至路南至民田

一号土名坐落柯塆口田叁畝陸分貳厘 東北至民田及福屯西南至山

一号土名坐落官坑壢田壹畝玖分陸厘玖毛 東北至坑西南至

一号土名坐落茄塆口田及杉林兜田壹畝陸分玖厘陸毛 東至山及民 南本田北至山

一号土名坐落茄塆口杉林兜田壹畝叁分壹厘 東西至山北至福屯 南至本屯

一号土名坐落茄壢杉林兜□壹畝陸分捌厘肆毛 東南北自田 西至民田

一号土名坐落上洋茄塆杉林兜田壹畝捌毛 東至民田南至福屯 西北本田

〇已上共計土名玖號

壹户軍餘劉大榮頂故軍吴高田納粮叁石

3-1-65-14 明代洑口屯田粮清册（一四）

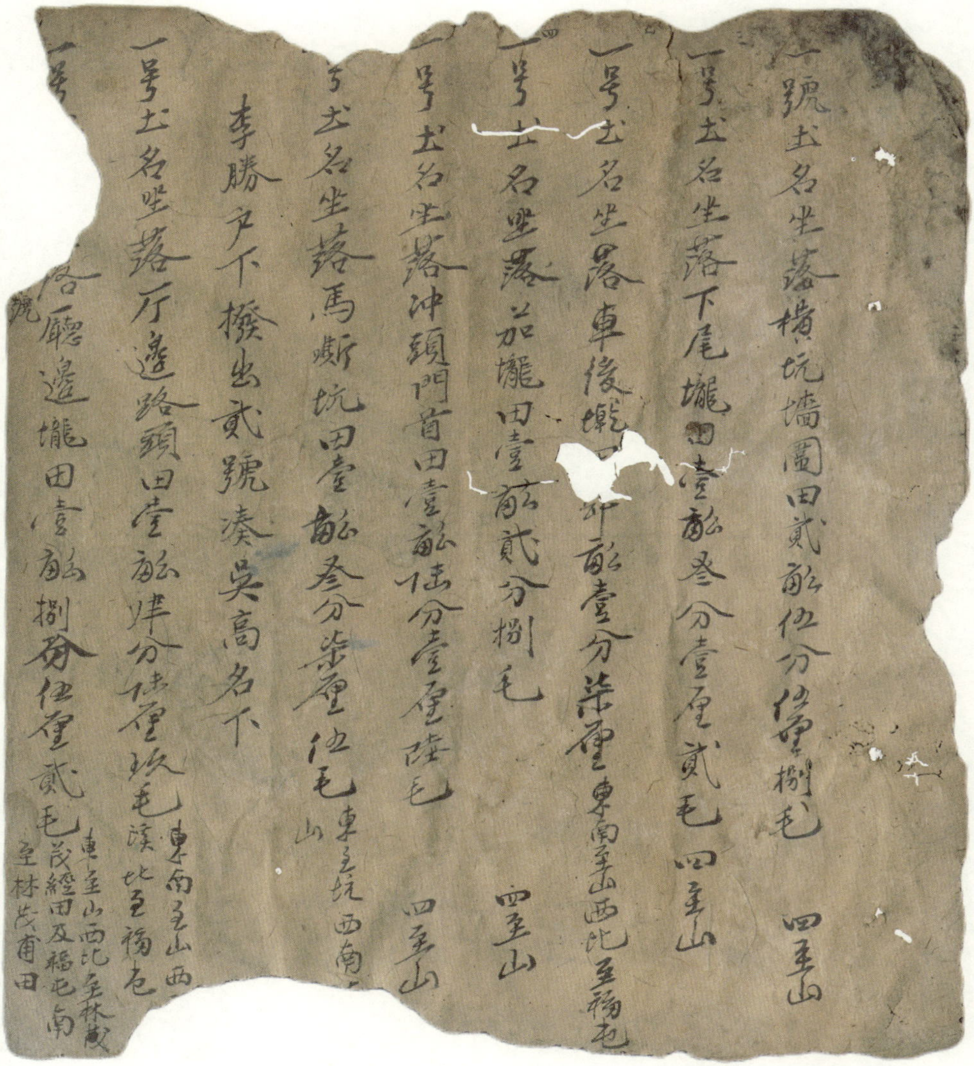

一號土名坐落横坑墻圍田貳畝伍分伍釐捌毛　四至山
一号土名坐落下尾壠田壹畝叁分壹釐貳毛　四至山
一号土名坐落車後壠[illegible]畝壹分柒釐　東南至山西北至福屯
一号土名坐落茄壠田壹畝貳分捌毛　四至山
一号土名坐落沖頭門首田壹畝陸分壹釐陸毛　四至山
号土名坐落馬斷坑田壹畝叁分柒釐伍毛　東至坑西南[illegible]山
李勝户下撥出貳號湊吳高名下
一号土名坐落厅邊路頭田壹畝肆分陸釐玖毛　東南至山西溪北至福屯
一号土名坐落廳邊壠田壹畝捌分伍釐貳毛　東至山西北至林敬茂經田及福屯南至林茂甫田

3-1-65-15　明代洑口屯田粮清册（一五）

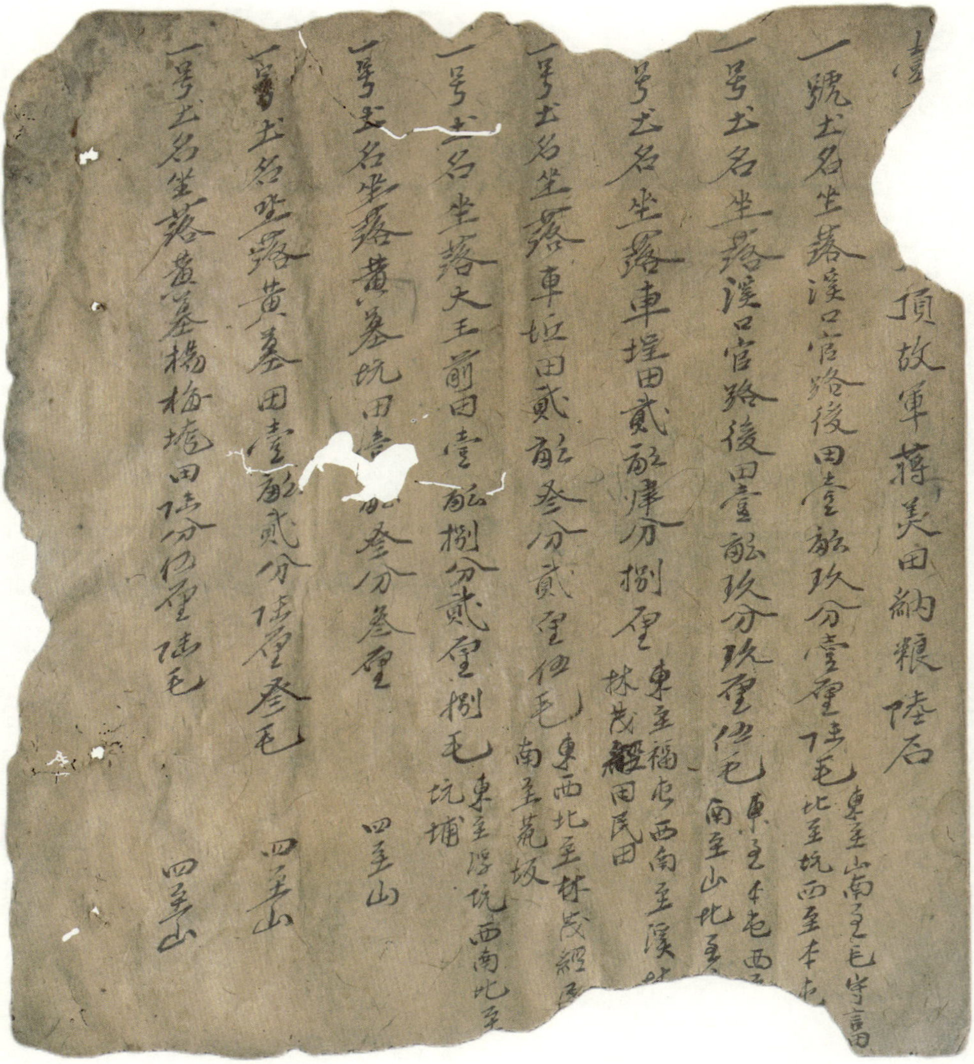
壹
項故軍蔣美田納糧陸石
一號土名坐落溪口官路後田壹畝玖分壹釐陸毛 東至山南至毛字富田 北至坑西至本屯
一号土名坐落溪口官路後田壹畝玖分玖釐伍毛 東至本屯西 南至山北至
一号土名坐落車埕田貳畝肆分捌釐 東至福屯西南至溪 林茂經田民田
一号土名坐落車垃田貳畝叁分貳釐伍毛 東西北至林茂經 南至荒坂
一号土名坐落大王前田壹畝捌分貳釐捌毛 東至浮坑西南北至 坑埔
一号土名坐落黃基坑田壹畝叁分叁釐 四至山
一号土名坐落黃基田壹畝貳分陸釐叁毛 四至山
一号土名坐落黃基楊梅塆田陸分伍釐陸毛 四至山

3-1-65-16 明代洑口屯田粮清册（一六）

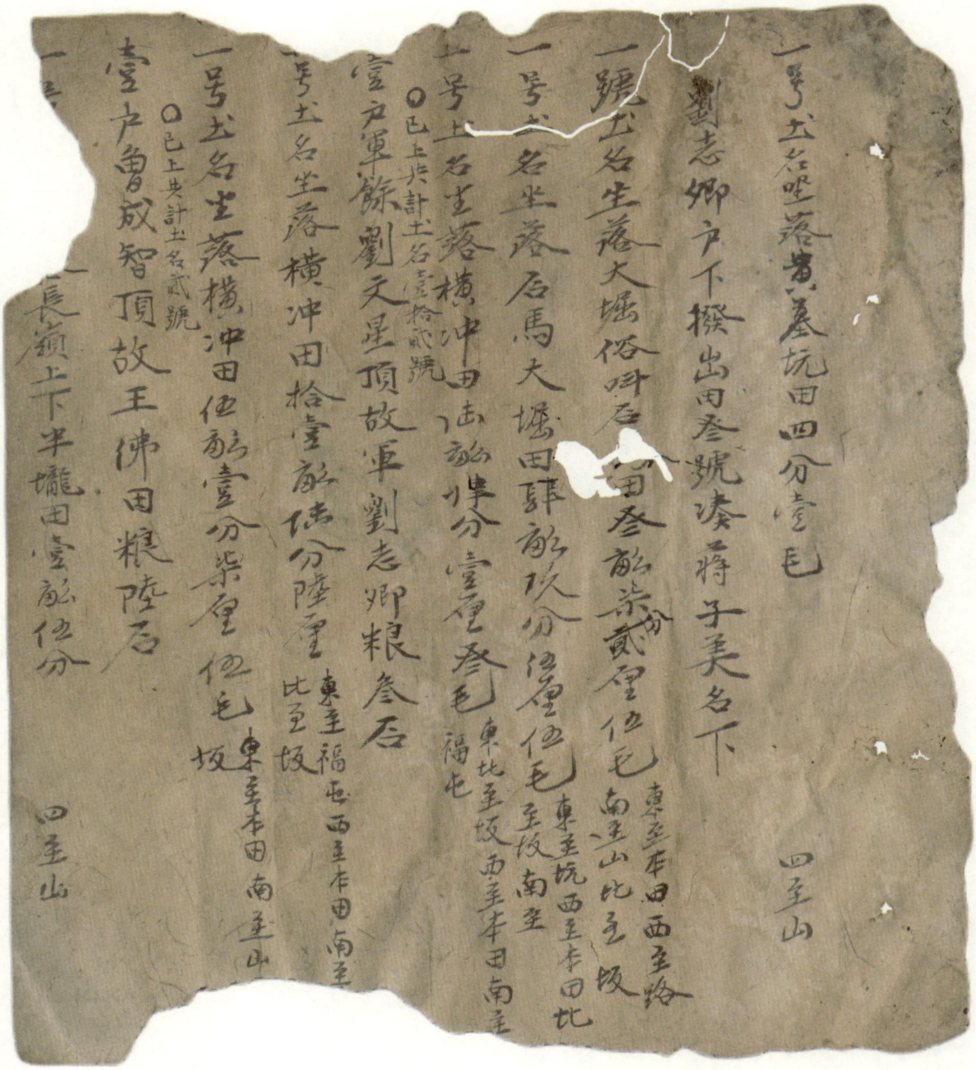

一号土名坐落黄基坑田四分壹毛 四至山

劉志卿户下撥出田叁號湊蔣子美名下

一號土名坐落大堀俗呼石[illegible]田叁畝柒分貳厘伍毛 東至本田西至路南至山北至坂

一号土名坐落石馬大堀田肆畝玖分伍厘伍毛 東至坑西至本田北至坂南至

一号土名坐落横冲田伍畝肆分壹厘叁毛 東北至坂西至本田南至福屯

○已上共計土名壹拾貳號

壹户軍餘劉文星頂故軍劉志卿粮叁石

一号土名坐落横冲田拾壹畝陆分陸厘 東至福屯西至本田南至北至坂

一号土名坐落横冲田伍畝壹分柒厘伍毛 東至本田南至山北至坂

○已上共計土名貳號

壹户曾叔智頂故王佛田粮陸石

一號土名長嶺上下半壠田壹畝伍分 四至山

3-1-65-17 明代洑口屯田粮清册（一七）

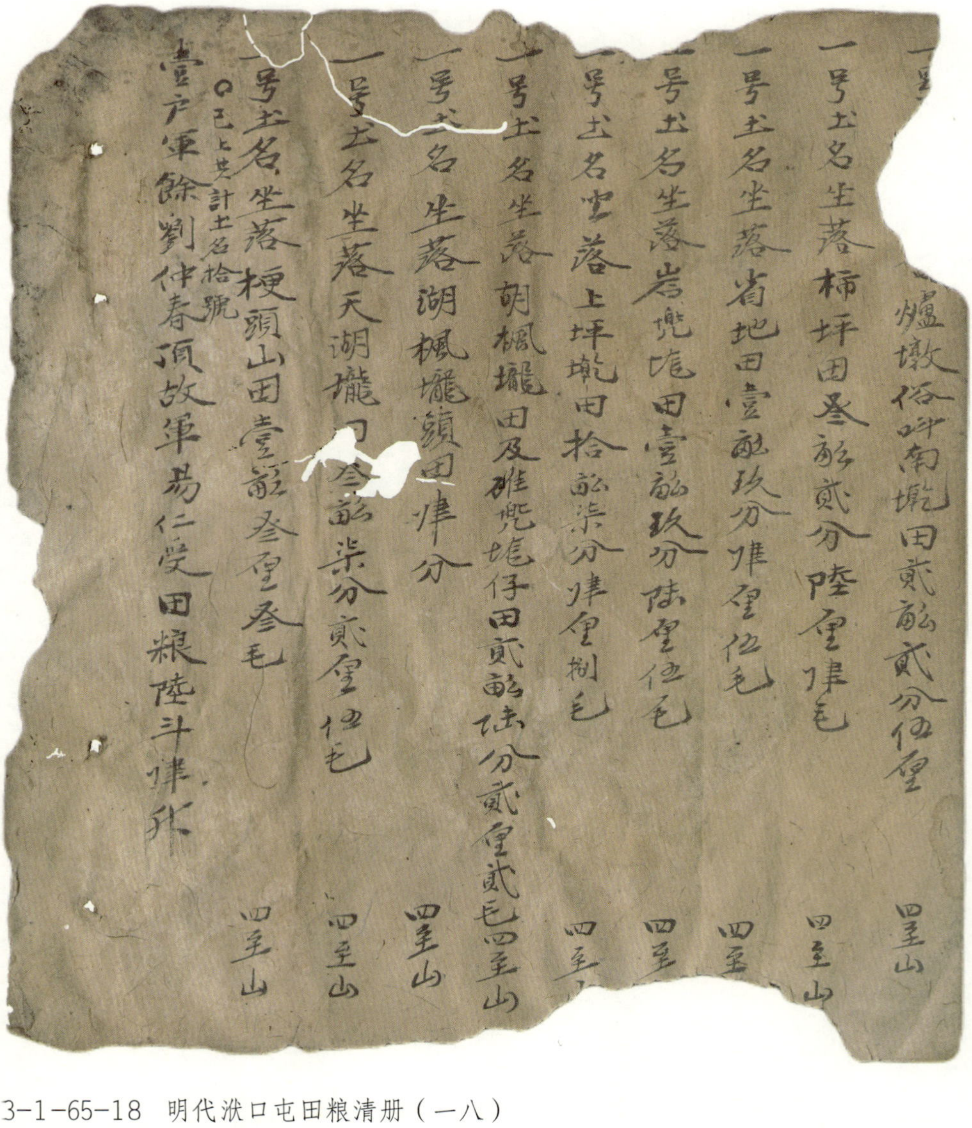
一号[illegible]爐墩俗呼南垅田貳畝貳分伍厘　四至山
一号土名坐落柿坪田叁畝貳分陸厘肆毛　四至山
一号土名坐落肖地田壹畝玖分肆厘伍毛　四至山
一号土名坐落岩兜垅田壹畝玖分陸厘伍毛　四至
一号土名堂落上坪垅田拾畝柒分肆厘捌毛　四至
一号土名坐落胡楓壠田及雉兜垅仔田貳畝陸分貳厘貳毛四至山
一号土名坐落湖楓壠嶺田肆分　四至山
一号土名坐落天湖壠口叁畝柒分貳厘伍毛　四至山
一号土名坐落梗頭山田壹畝叁厘叁毛　四至山
〇已上共計土名拾號
壹户軍餘劉仲春頂故軍易仁受田粮陸斗肆升

3-1-65-18　明代洑口屯田粮清册（一八）

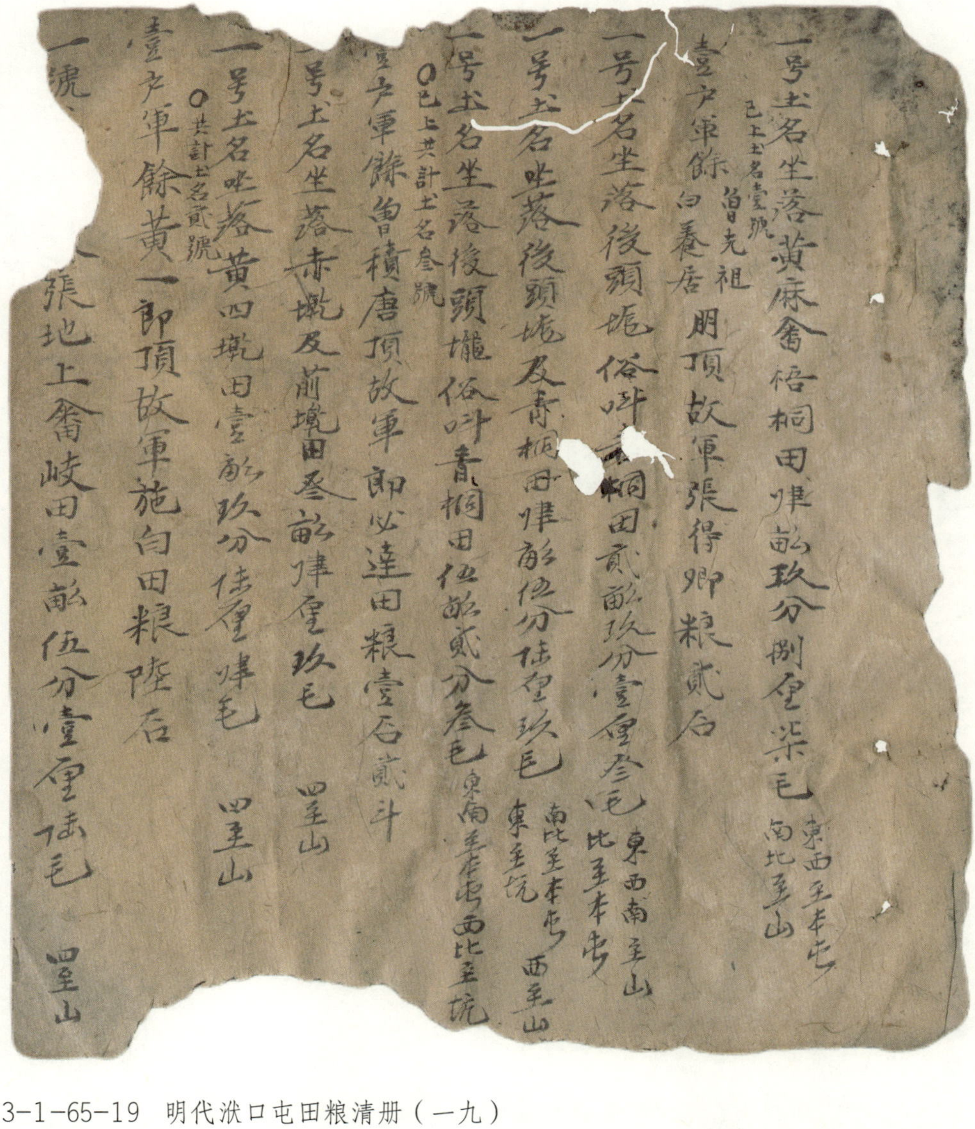

一号土名坐落黄麻畲梧桐田肆畝玖分捌厘柒毛 東西至本屯 南北至山
己上土名壹號
壹户軍餘白養居 曾先祖 朋頂故軍張得卿粮貳石
一号土名坐落後頭垅俗叫□桐田貳畝玖分壹厘叁毛 東西南至山 北至本屯
一号土名坐落後頭垅及青桐田肆畝伍分陆厘玖毛 東至坑 南北至本屯 西至山
一号土名坐落後頭壠俗叫青桐田伍畝貳分叁毛 東南至本屯 西北至坑
〇己上共計土名叁號
壹户軍餘曾積唐頂故軍郎必達田粮壹石貳斗
一号土名坐落赤壠及前壠田叁畝肆厘玖毛 四至山
一号土名坐落黄四壠田壹畝玖分伍厘肆毛 四至山
〇共計土名貳號
壹户軍餘黄一郎頂故軍施白田粮陸石
一號……張地上畲岐田壹畝伍分壹厘伍毛 四至山

3-1-65-19 明代洑口屯田粮清册（一九）

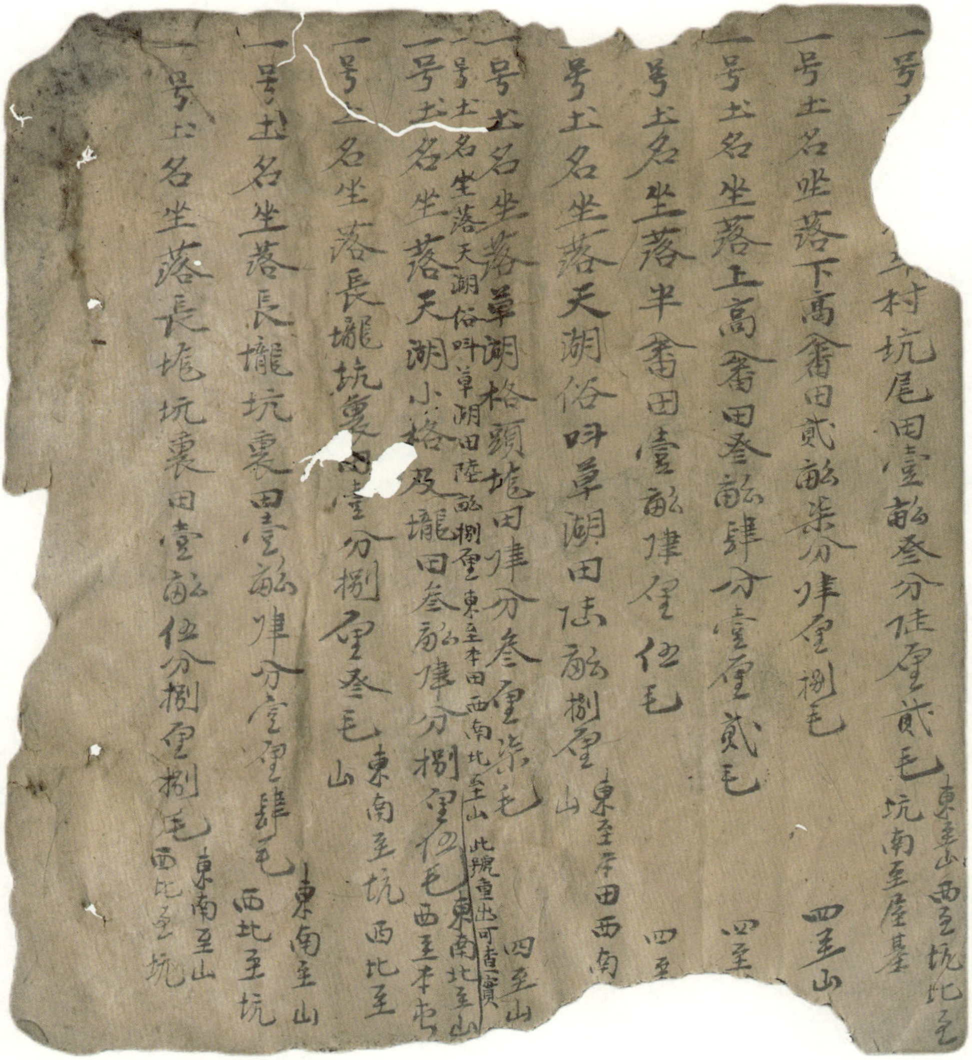

一号土……村坑尾田壹畝叁分陆厘贰毛　東至山　西至坑　北至坑　南至屋基
一号土名坐落下高畲田贰畝柒分肆厘捌毛　四至山
一号土名坐落上高畲田叁畝肆分壹厘贰毛　四至
一号土名坐落半畲田壹畝肆厘伍毛　四至
一号土名坐落天湖俗呼草湖田陆畝捌厘　山　東至本田西南
一号土名坐落草湖格頭墘田肆分叁厘柒毛　四至山
一号土名坐落天湖俗呼草湖田陸畝捌厘東至本田西南北至山　此號重出可查賣
一号土名坐落天湖小格及壠田叁畝肆分捌厘伍毛　西至本屯　東南北至山
一号土名坐落長壠坑裏田壹分捌厘叁毛　山　東南至坑　西北至
一号土名坐落長壠坑裏田壹畝肆分壹厘肆毛　東南至山　西北至坑
一号土名坐落長墘坑裏田壹畝伍分捌厘捌毛　東南至山　西北至坑

3-1-65-20　明代洑口屯田粮清册（二〇）

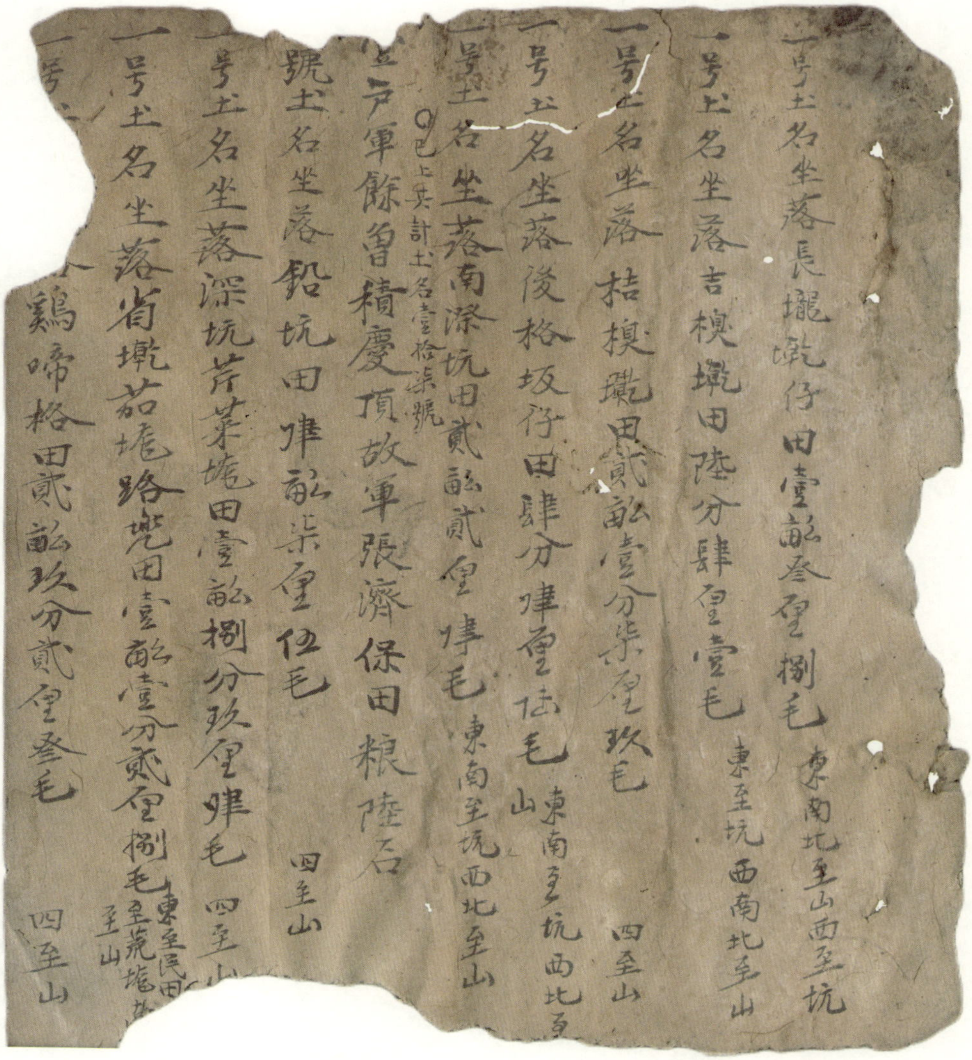

一号土名坐落長壠墘仔田壹畝叁厘捌毛　東南北至山西至坑
一号土名坐落吉模墘田陸分肆厘壹毛　東至坑西南北至山
一号土名坐落桔模墘田貳畝壹分柒厘玖毛　四至山
一号土名坐落後格坂仔田肆分肆厘伍毛　東南至坑西北至山
一号土名坐落南漈坑田貳畝貳厘陸毛　東南至坑西北至山
以上共計土名壹拾柒號
一戶軍餘曾積慶頂故軍張濟保田粮陸石
一號土名坐落鉛坑田肆畝柒厘伍毛　四至山
一号土名坐落深坑芹菜墘田壹畝捌分玖厘肆毛　四至山
一号土名坐落肯墘茄墘路墘田壹畝壹分貳厘捌毛　東至民田[illegible]至荒墘地[illegible]至山
一号[illegible]雞啼格田貳畝玖分貳厘叁毛　四至山

3-1-65-21　明代洑口屯田粮清册（二一）

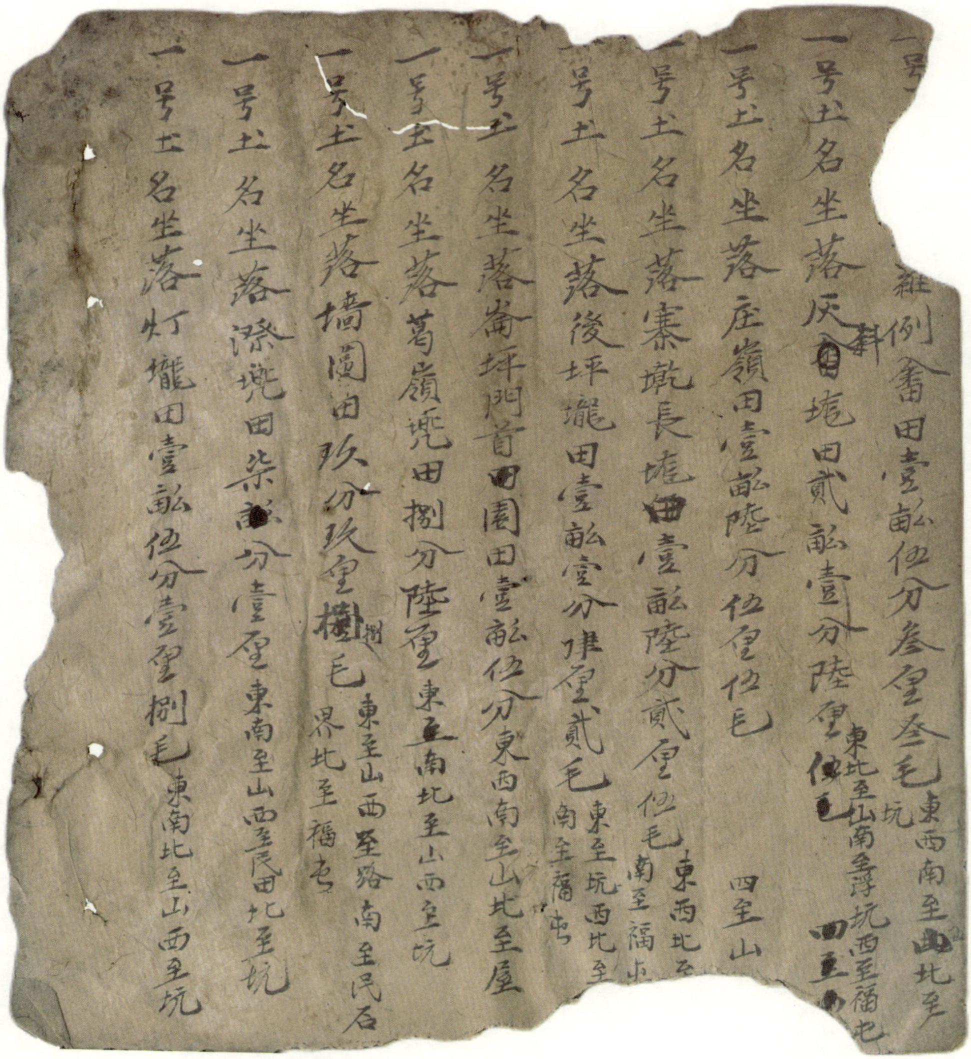
一号……雜例畬田壹畝伍分叁厘叁毛 東西南至山北至坑
一号土名坐落灰料墘田貳畝壹分陸厘伍毛 東北至山南至浮坑西至福屯 四至山
一号土名坐落庄嶺田壹畝陸分伍厘伍毛 四至山
一号土名坐落寨墘長墘田壹畝陸分貳厘伍毛 東西北至 南至福屯
一号土名坐落後坪壠田壹畝壹分肆厘貳毛 東至坑西北至 南至福屯
一号土名坐落崙坪門首田園田壹畝伍分 東西南至山北至屋
一号土名坐落葛嶺墘田捌分陸厘 東至南北至山西至坑
一号土名坐落墻圍田玖分玖厘捌毛 東至山西至路南至民石 界北至福屯
一号土名坐落漈墘田柒畝分壹厘 東南至山西至民田北至坑
一号土名坐落灯壠田壹畝伍分壹厘捌毛 東南北至山西至坑

3-1-65-22 明代洑口屯田粮清册（二二）

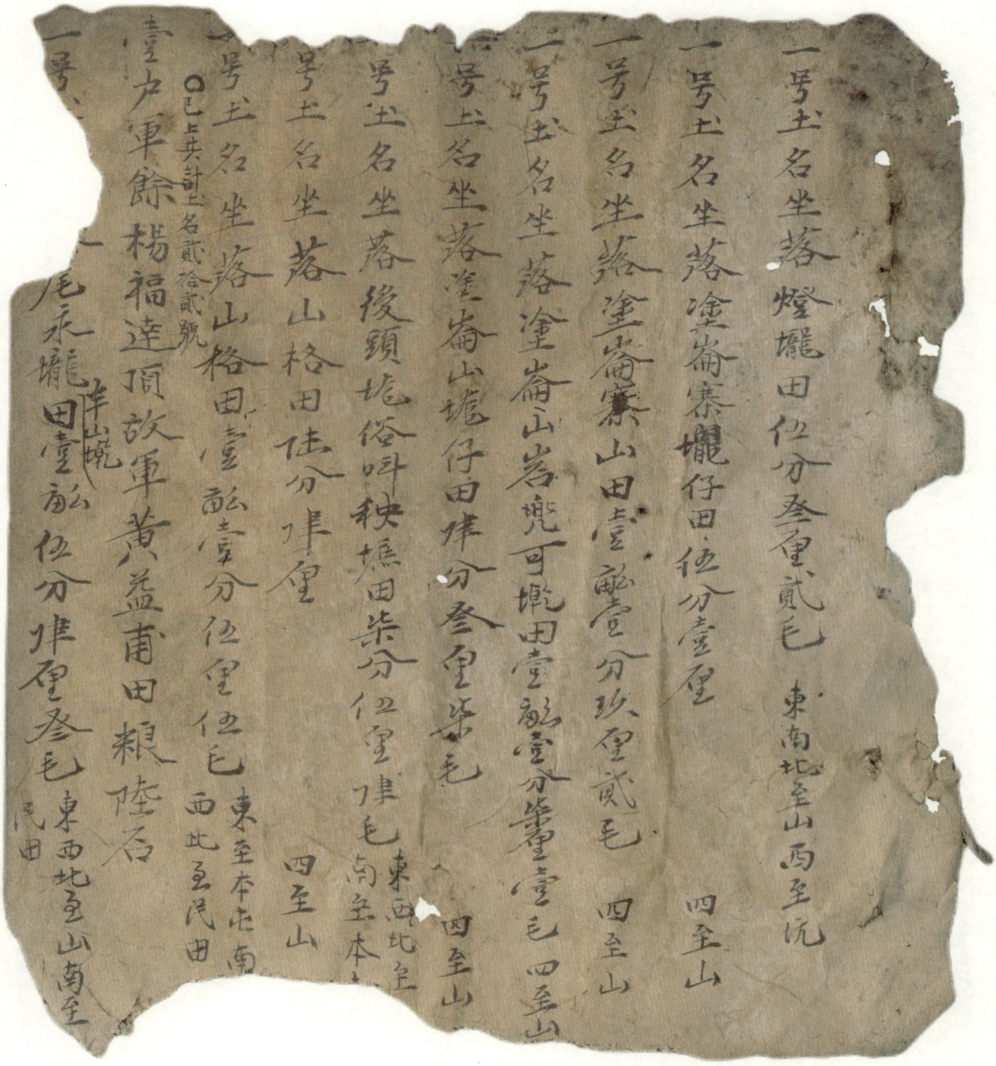

一号土名坐落燈壠田伍分叁厘貳毛　東南北至山西至坑
一号土名坐落塗崙寨壠仔田伍分壹厘　四至山
一号土名坐落塗崙寨山田壹畝壹分玖厘貳毛　四至山
一号土名坐落塗崙山岩兜可墘田壹畝壹分肆厘壹毛　四至山
一号土名坐落塗崙山壠仔田肆分叁厘柒毛　四至山
一号土名坐落後頭垅俗呼秧墘田柒分伍厘肆毛　東西北至　南至本
一号土名坐落山格田陸分肆厘　四至山
一号土名坐落山格田壹畝壹分伍厘伍毛　東至本屯南　西北至民田
已上共計土名貳拾貳號
壹戶軍餘楊福達頂故軍黃益甫田粮陸石
一号……尾永壠（半山墘）田壹畝伍分肆厘叁毛　東西北至山南至民田

3-1-65-23　明代洑口屯田粮清册（二三）

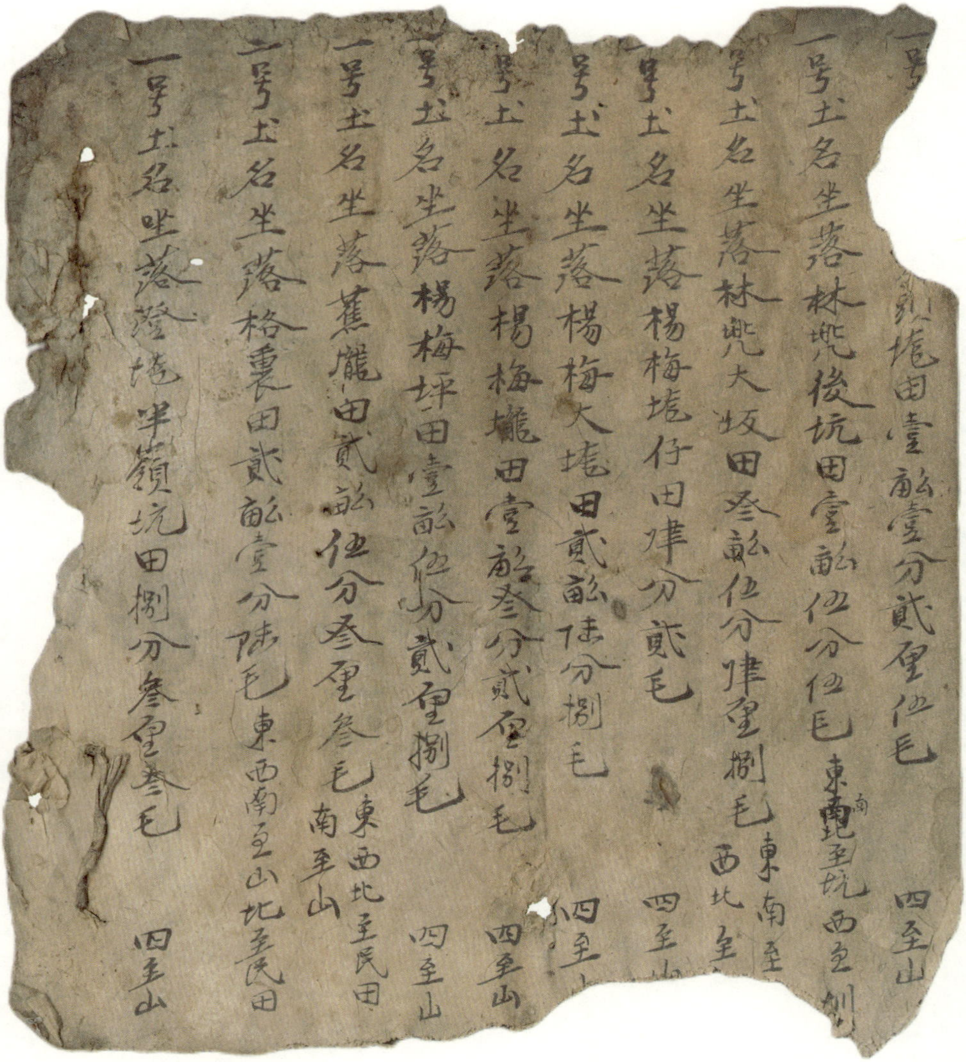

一号[illegible]垅田壹畝壹分贰厘伍毛　四至山
一号土名坐落林兜後坑田壹畝伍分伍毛　東南北至坑　西至圳
一号土名坐落林兜大坂田叁畝伍分肆厘捌毛　東南至[illegible]　西北至[illegible]
一号土名坐落楊梅垅仔田肆分贰毛　四至山
一号土名坐落楊梅大垅田贰畝陆分捌毛　四至山
一号土名坐落楊梅壠田壹畝叁分贰厘捌毛　四至山
一号土名坐落楊梅坪田壹畝伍分贰厘捌毛　四至山
一号土名坐落蕉壠田贰畝伍分叁厘叁毛　東西北至民田　南至山
一号土名坐落格里田贰畝壹分陆毛　東西南至山　北至民田
一号土名坐落澄垅半嶺坑田捌分叁厘叁毛　四至山

3-1-65-24　明代洑口屯田粮清册（二四）

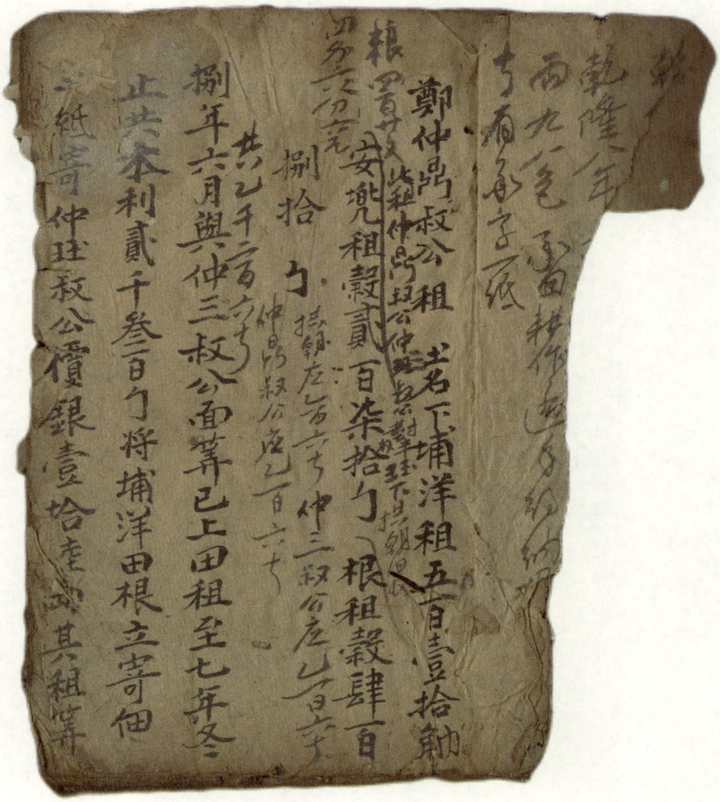
鄭仲昂叔公租 土名下埔洋租五百壹拾觔
安攬租穀貳百柒拾勺 根租穀肆百
捌拾勺
捌年六月與仲三叔公面算已上田租至七年冬
止共本利貳千叁百勺將埔洋田根立寄佃
字紙寄仲廷叔公價銀壹拾叁兩其租算

3-1-66-1　清乾隆年間黄氏家族置産簿（一）

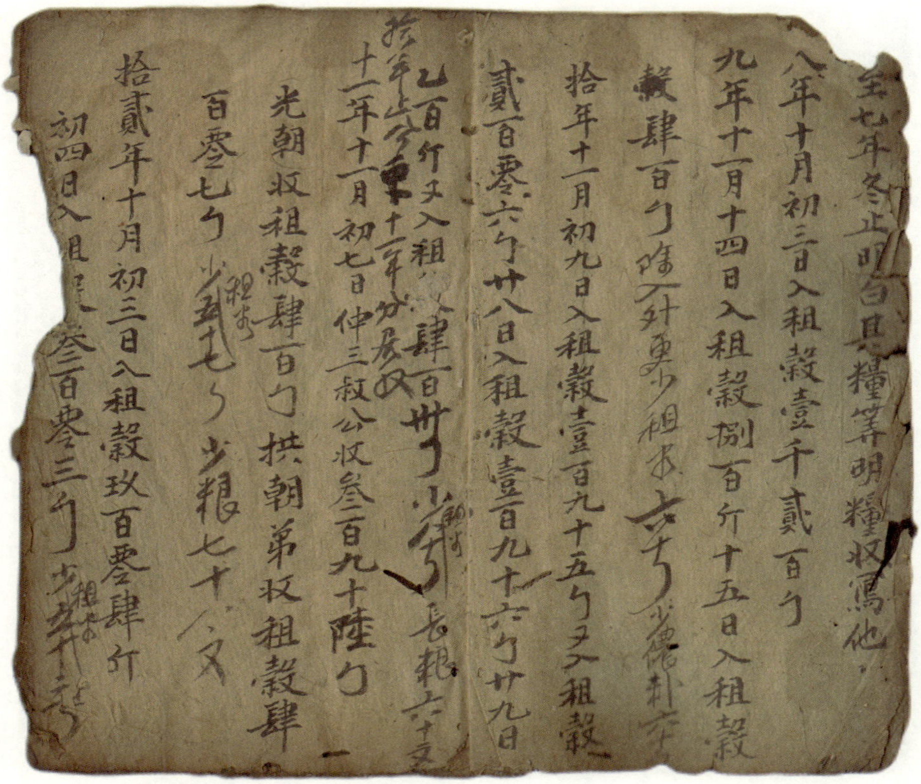
至七年冬止明白其糧等明糧收爲他
八年十月初三日入租穀壹千貳百斤
九年十一月十四日入租穀捌百斤十五日入租穀
穀肆百斤除不升又少租本六斤 少德井六
拾年十一月初九日入租穀壹百九十五斤又入租穀
貳百零六斤廿八日入租穀壹百九十六斤廿九日
乙百斤又入租穀肆百廿斤 少租本 長粮六十文
拾年上分 十二年分叐收
十一年十一月初七日仲三叔公收叁百九十陸斤
光朝收租穀肆百斤 拱朝弟收租穀肆
百零七斤 少租本七斤 少粮七十文
拾貳年十月初三日入租穀玖百零肆斤
初四日入租穀叁百零三斤 少租本

3-1-66-2 清乾隆年間黄氏家族置産簿（二）

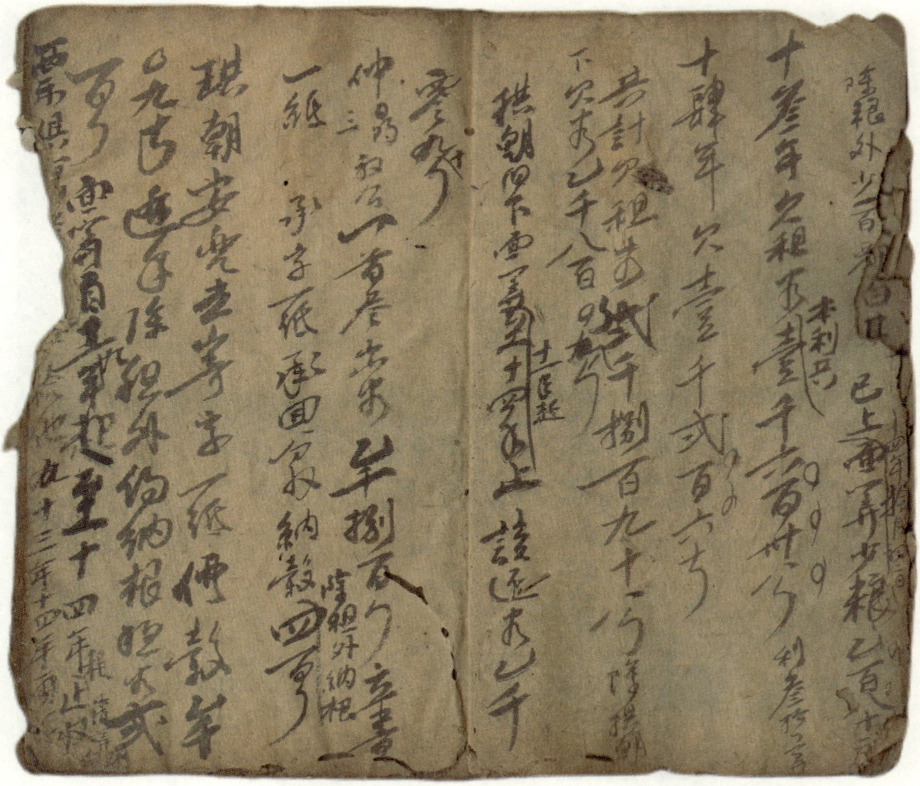

3-1-66-3 清乾隆年間黄氏家族置産簿（三）

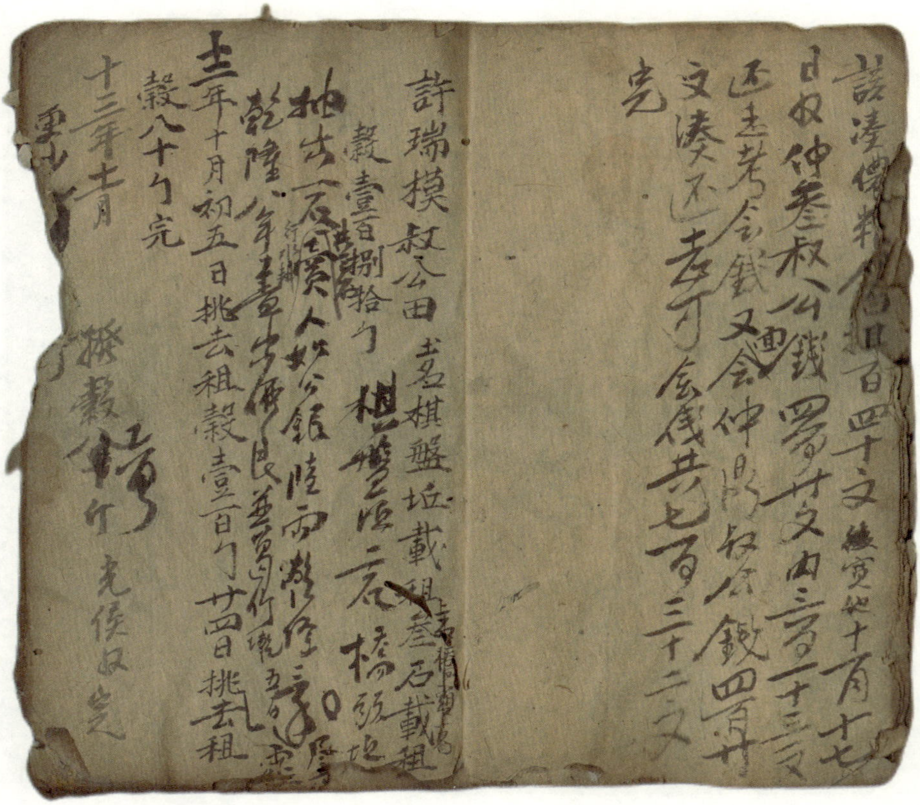
詰湊[illegible]百四十文 [illegible]十一月十七
日奴仲叁叔公錢四百廿文 內二百一十三文
還去[illegible]会錢又四会仲[illegible]叔公錢四百廿
文湊不還去[illegible]会錢共七百三十二文
完

許瑞模叔公田 土名棋盤垃 載租叁石 載租
穀壹百捌拾斤 [illegible] 二石 橋頭垃
抽出一石[illegible]人[illegible]公銀[illegible]
乾隆八年[illegible]
十二年十月初五日挑去租穀壹百斤 廿四日挑去租
穀八十斤完
十三年十二月
[illegible]

3-1-66-4 清乾隆年間黃氏家族置産簿（四）

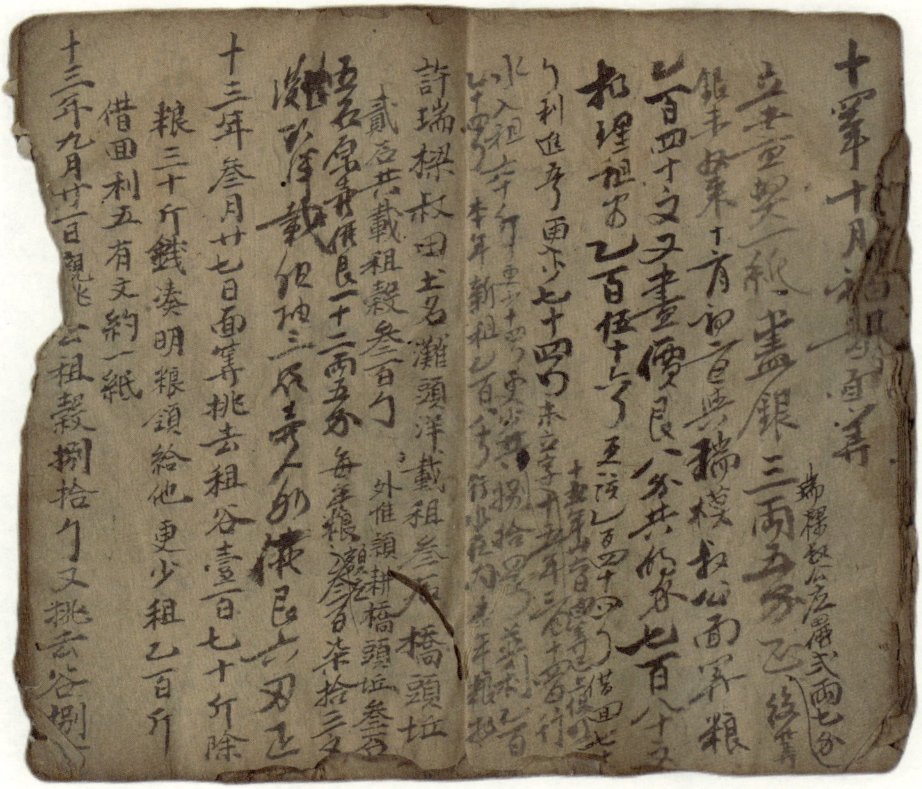
十三年十月初□日□算

立永賣契一紙，盡價銀三兩五分正，後□算（瑞樑叔公應得價弍兩七分）

銀主母某十有初□日與瑞樑叔公面算粮

乙百四十文，又盡價艮八分，共欠七百八十文

叔理租谷乙百伍十斤，又該乙百四十四斤，借田七十

許瑞樑叔田土名灘頭洋，載租叁石，又橋頭坵

貳石，共載租穀叁百斤。外佃頭耕橋頭坵叁石

盡價價艮一十二兩五分，每年粮□叁百柒拾三文

灘頭洋載，佃加三石，共□價艮六兩正

十三年叁月廿七日面算，挑去租谷壹百七十斤，除

粮三十斤錢湊明，粮領給他，更少租乙百斤

借田利五，有文約一紙

十三年九月廿一日龍飛公祖穀捌拾斤，又挑去谷捌

3-1-66-5　清乾隆年間黄氏家族置産簿（五）

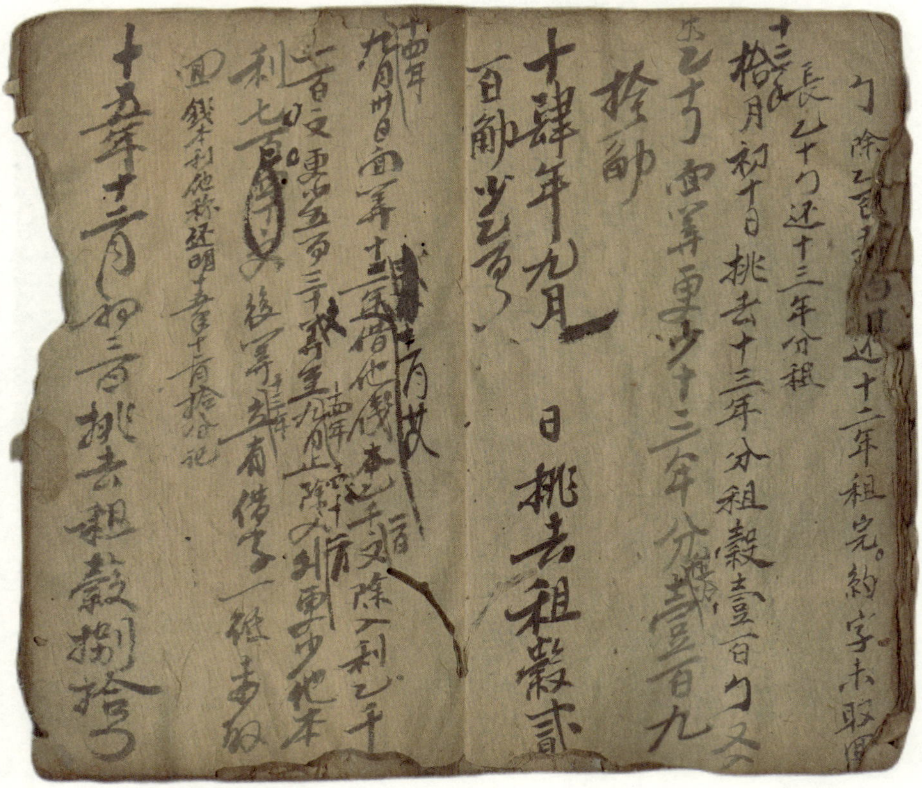
[illegible]除乙百[illegible]近十二年租完。約字未取回
十三年 長乙十[illegible]近十三年分租
拾月初十日 挑去十三年分租穀壹百[illegible]
[illegible]面算[illegible]少十三年分穀壹百九
拾斤
十肆年九月 日 挑去租穀貳
百斤[illegible]
十四年九月廿日面算十二年借他錢本乙千文除入利乙千
乙百[illegible]文[illegible]五百三十[illegible]算至九月止除[illegible]少他本
利七百[illegible]後算[illegible]有借字一紙未繳
回 錢本利[illegible]明十五年十月拾[illegible]記
十五年十二月初三日 挑去租穀捌拾斤

3-1-66-6　清乾隆年間黃氏家族置産簿（六）

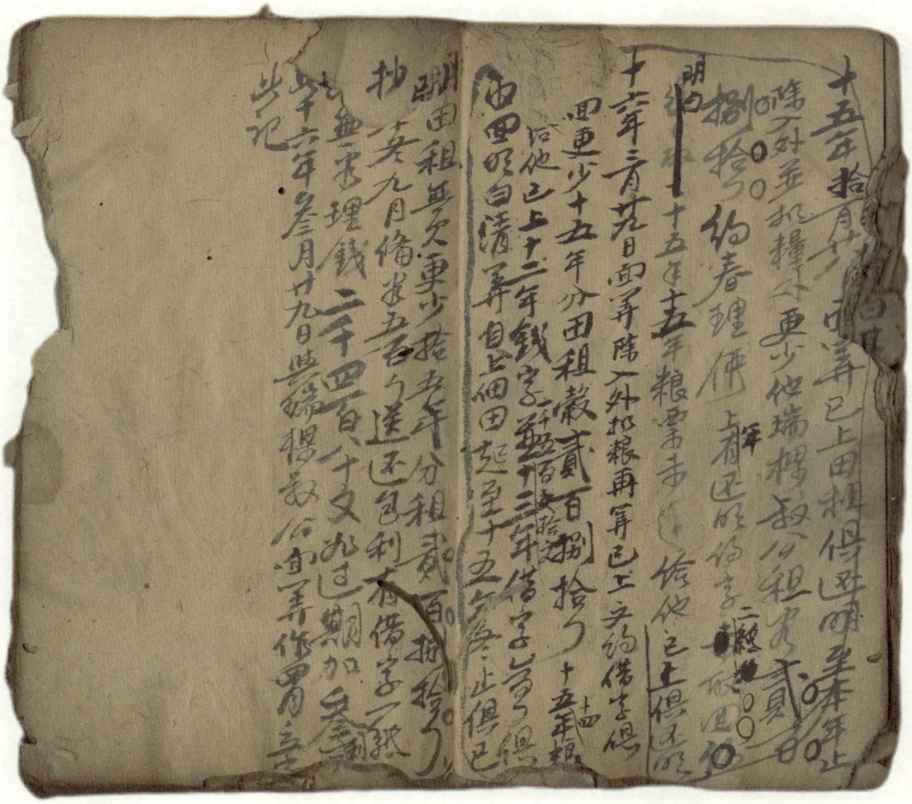
十五年拾月廿六日再算已上田租俱还明，至本年止
陈[illegible]外并扣糧[illegible]更少他瑞樑穀[illegible]租穀貳百[illegible]
捌拾[illegible]約春理[illegible]上年有还[illegible]
明[illegible]十五年[illegible]年粮[illegible]給他已上俱还[illegible]
十六年三月廿五日面算陈[illegible]外扣粮再算已上[illegible]借字俱
田更少十五年分田租穀貳百捌拾[illegible]十五年粮
給他已上十二年錢字[illegible]十三年借字[illegible]俱
面田明白清算自上佃田起至十五年[illegible]止俱已
明田租無欠更少拾五年分租貳百捌拾[illegible]
抄 十五年九月[illegible]五百[illegible]送还包利[illegible]借字一紙
無[illegible]理錢二千四百[illegible]十文[illegible]加[illegible]
十六年叁月廿九日[illegible]算作[illegible]
此記

3-1-66-7 清乾隆年間黄氏家族置産簿（七）

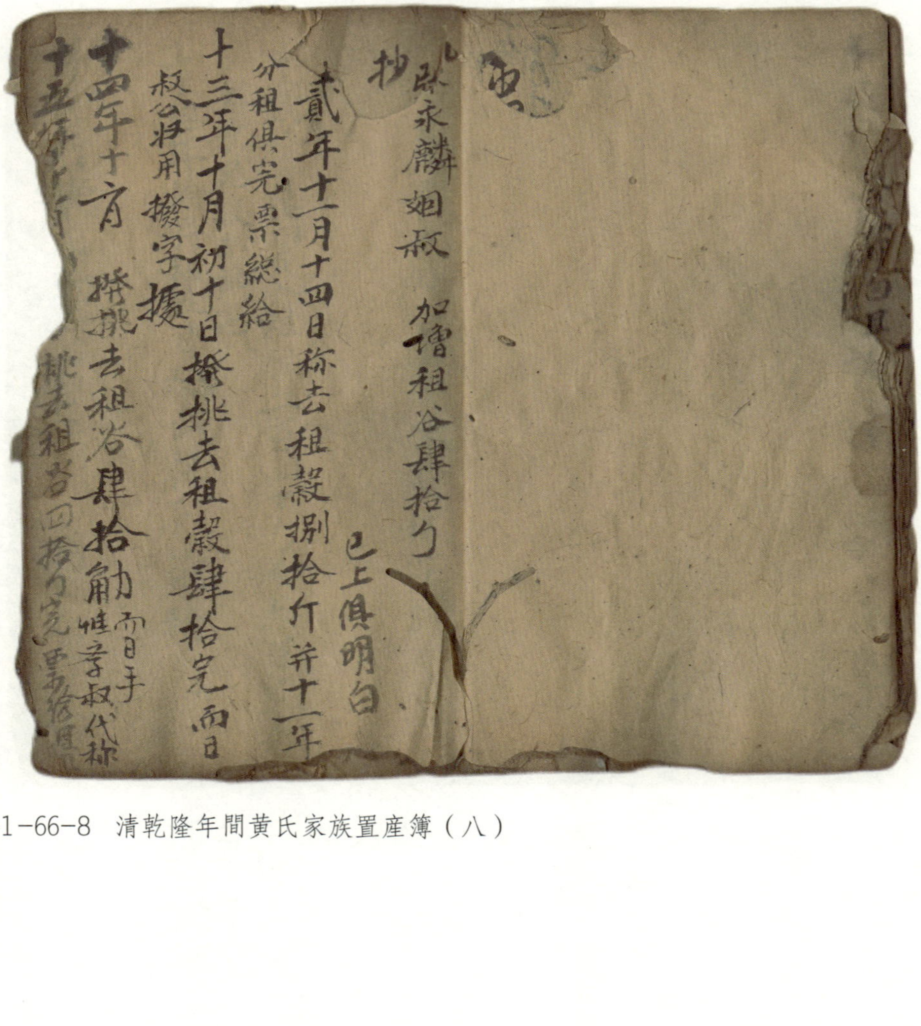

躋永麟姻叔　加增租谷肆拾勺

抄

已上俱明白

貳年十二月十四日称去租穀捌拾斤并十一年

分租俱完票總給

十三年十月初十日撥挑去租穀肆拾完　而日

叔公归用撥字據

十四年十月　撥挑去租谷肆拾觔　而日手
姓亨叔代称

十五年[illegible]挑去租谷四拾勺完　要[illegible]

3-1-66-8　清乾隆年間黃氏家族置産簿（八）

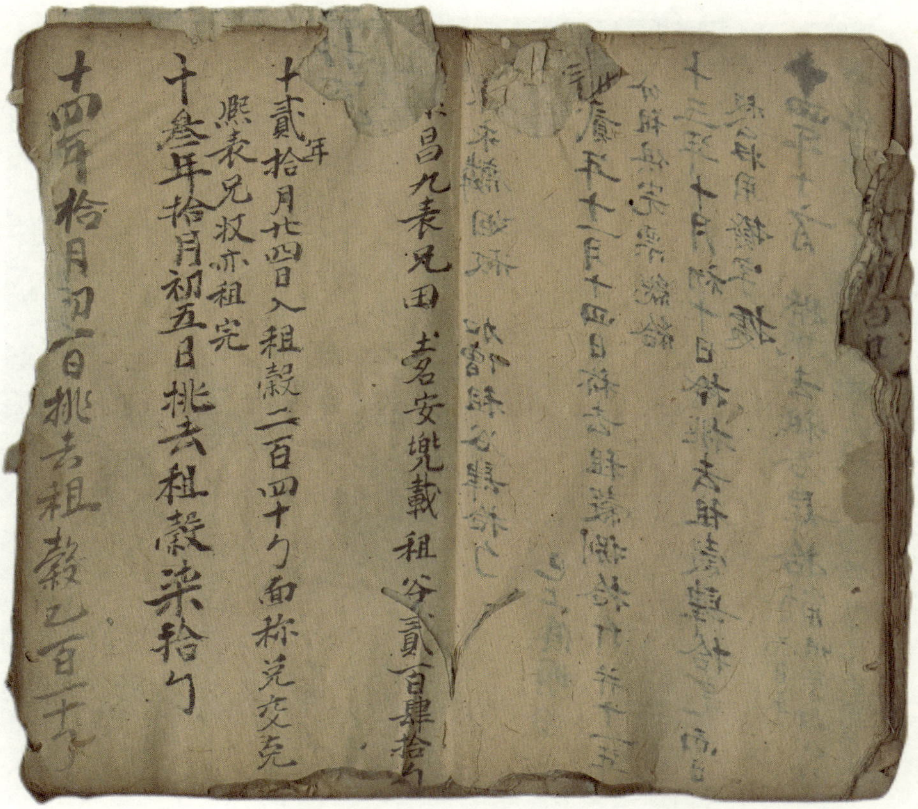

昌九表兄田土名安兜載租谷貳百肆拾斤
十貳年拾月廿四日入租穀二百四十斤面称兑交完
熙表兄叔亦租完
十叁年拾月初五日挑去租穀柒拾斤
十四年拾月初一日挑去租穀一百二十斤

3-1-66-9 清乾隆年間黄氏家族置産簿（九）

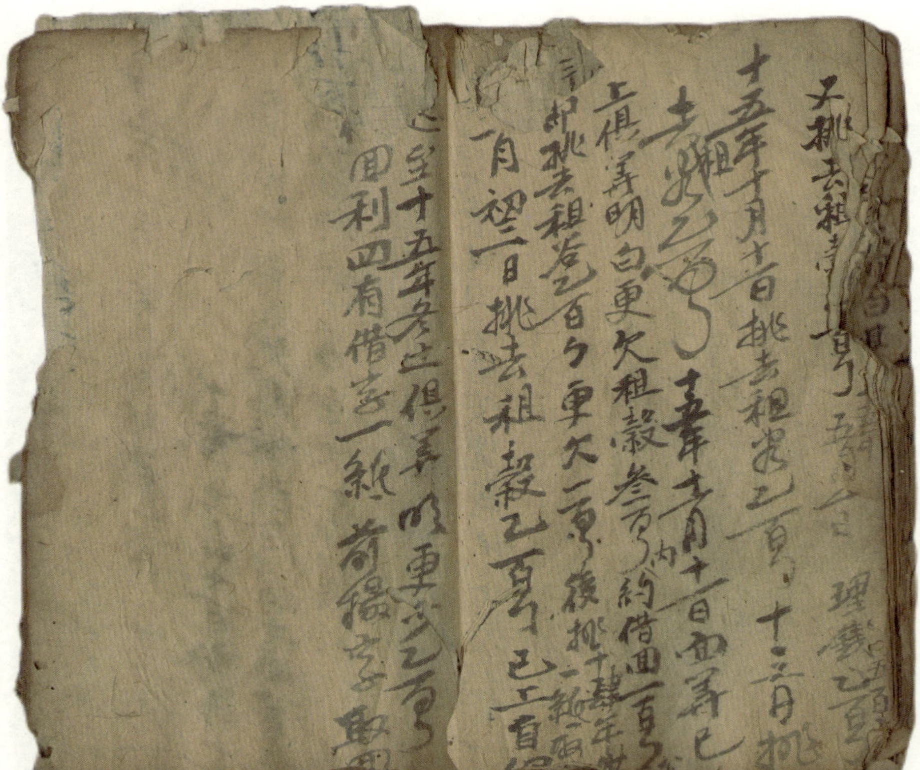

3-1-66-10 清乾隆年間黄氏家族置産簿（一〇）

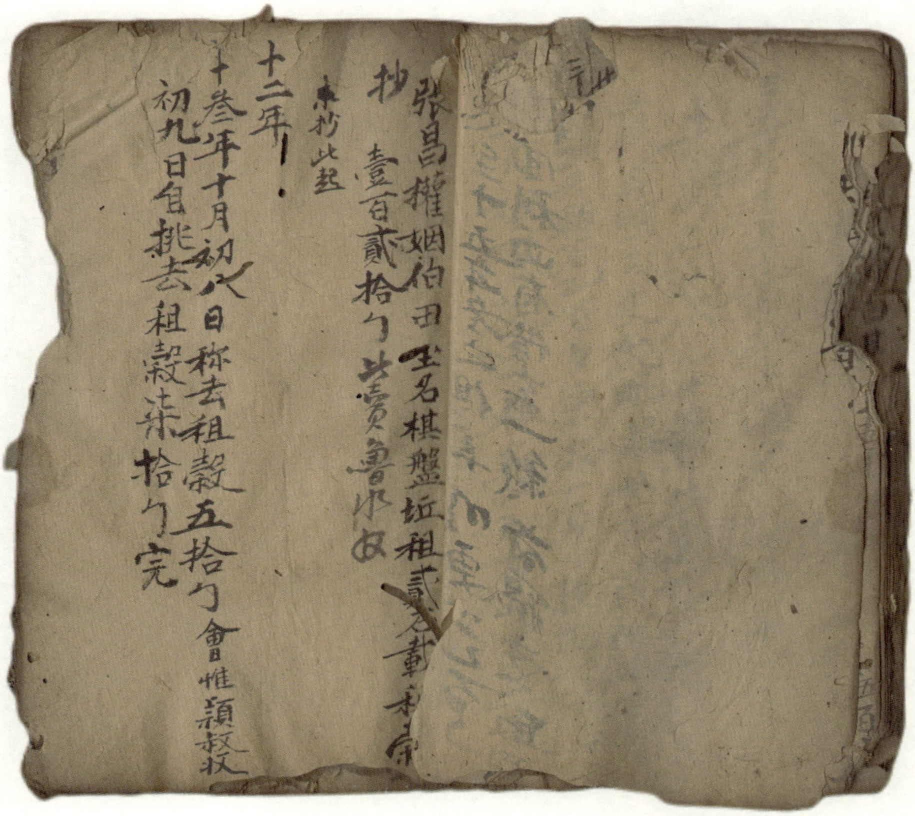

張昌攉烟伯田坐名棋盤坵租貳[illegible]
抄 壹百貳拾勺共壹貫[illegible]
東抄此起
十二年。
十叁年十月初八日称去租穀五拾勺會惟顯叔
初九日自挑去租穀柒拾勺完

3-1-66-11 清乾隆年間黄氏家族置産簿（一一）

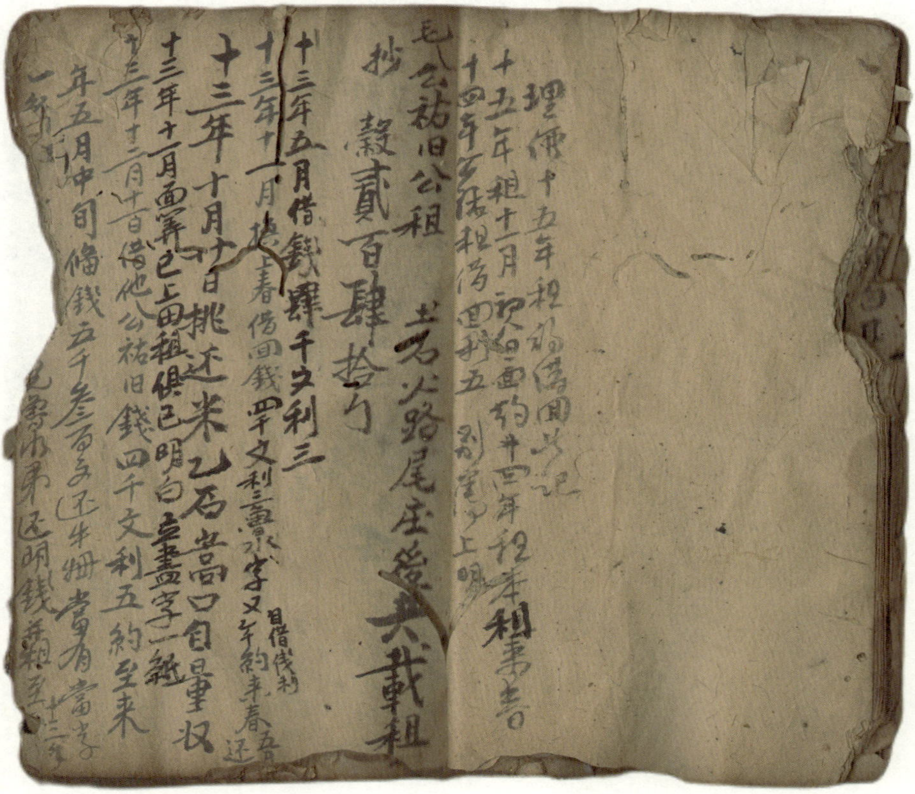

理便十五年租[illegible]借田[illegible]記
十五年租十一月初八日面約廿四年租本租弟書
十四年[illegible]租借田利五 利[illegible]上明
毛八公祐旧公租 土名火路尾庄[illegible]共戴租
抄 穀貳百肆拾斤
十三年五月借錢肆千文利三
十三年十一月換上春借回錢四千文利三[illegible]字又年約来春五[illegible]还 目借錢利
十三年十月十一日挑还米乙石[illegible]口自量收
十三年十一月面算已上面租俱已明白立盡字一紙
十三年十二月十四日借他公祐旧錢四千文利五約至来
年五月中旬備錢五千叁百[illegible]还[illegible]當有當字
一[illegible]还明錢[illegible]至十三年

3-1-66-12 清乾隆年間黃氏家族置産簿（一二）

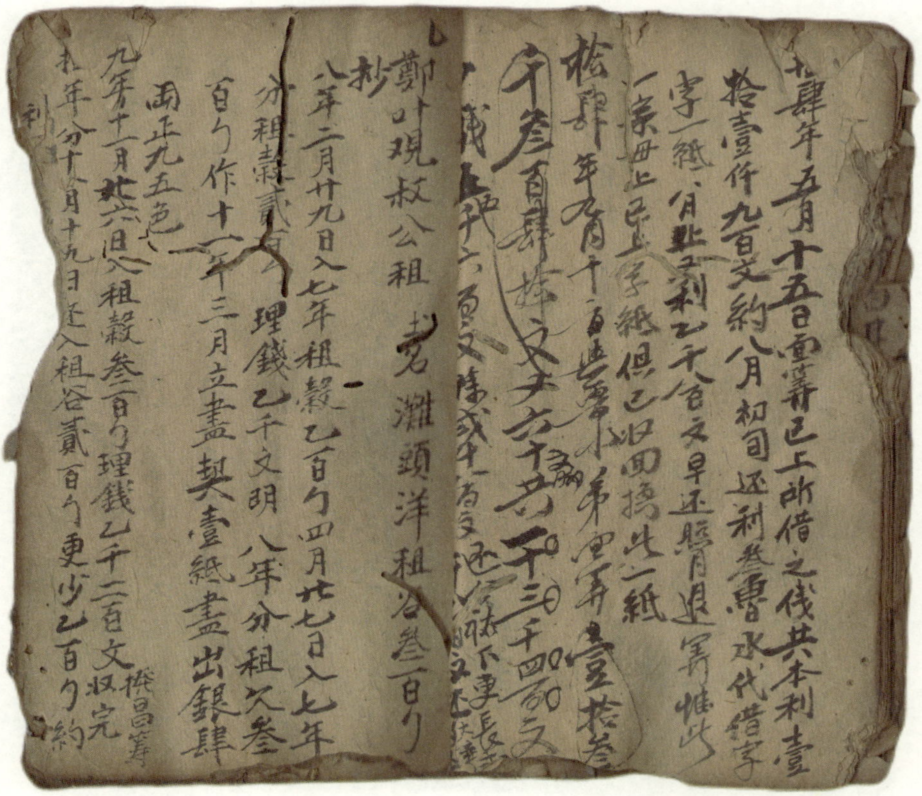

拾肆年五月十五日重壽已上所借之銭共本利壹
拾壹仟九百文約八月初司还利叁曆承代借字
字一紙、八月[illegible]子利乙千八百文早还照月退[illegible]惟此
一宗母[illegible]上[illegible]字紙俱已収回[illegible]一紙
拾肆年[illegible]月十一日[illegible]弟[illegible]壹拾叁
千叁百肆[illegible]文[illegible]
[illegible]
鄭叶現叔公租[illegible]名灘頭洋租谷叁[illegible]
鈔
八年二月廿九日入七年租穀乙百勺四月廿七日入七年
分租穀貳百勺理錢乙千文明八年分租穀叁
百勺作十一年三月立盡契壹紙盡出銀肆
丙子九五色
九年十一月廿六日入租穀叁百勺理錢乙千二百文収完 掞昌筭
[illegible]年分十一月十九日还入租谷貳百勺更少乙百勺約

3-1-66-13 清乾隆年間黄氏家族置産簿（一三）

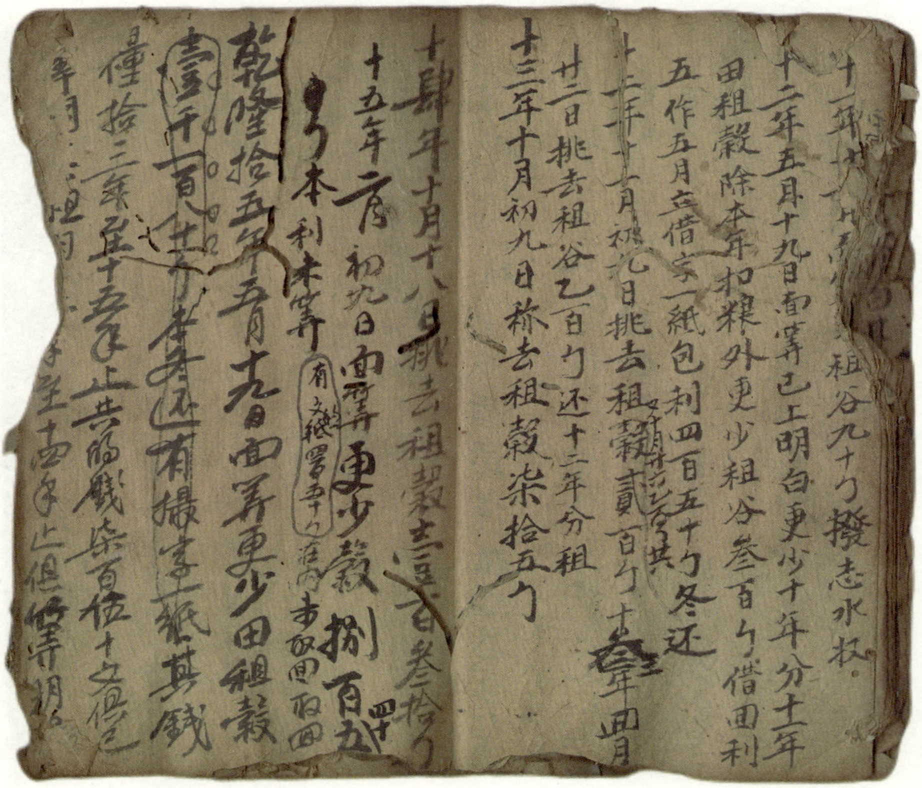
十一年[illegible]租谷九十斤撥志水收。
十二年五月十九日面算已上明白更少十年分十一年
田租穀除本年扣粮外更少租谷叁百斤借田利
五作五月立借字一紙包利四百五十斤冬还
十二年十一月初九日挑去租穀貳百斤 [illegible]共 十三年四月
廿二日挑去租谷乙百斤还十二年分租
十三年十月初九日称去租穀柒拾五斤
十四年十月十八日挑去租穀壹百叁拾斤
十五年二月初九日面算更少穀捌百五 四十
[illegible]本利未算 有文約紙墨五十斤在內 [illegible]取回取回
乾隆拾五年五月十五日面算更少田租穀
壹千[illegible]百廿[illegible]斤本息还有撮字一紙其錢
壹拾三年至十五年止共所錢柒百伍十文[illegible]
[illegible]年[illegible]至十五年止但算清明[illegible]

3-1-66-14 清乾隆年間黄氏家族置產簿（一四）

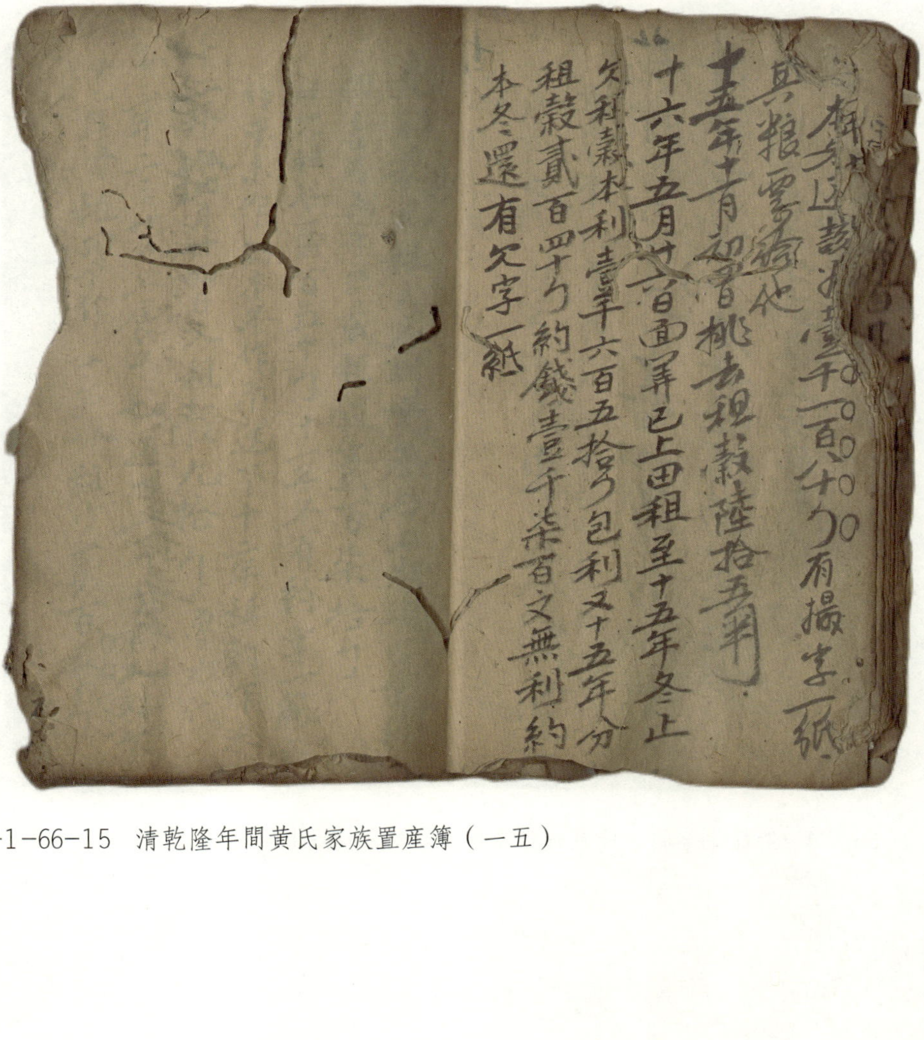
[illegible]壹千〇百〇十〇有撮字一紙
其粮要納他
十五年十月初二日挑去租穀陸拾五箩
十六年五月廿六日面算已上田租至十五年冬止
欠租穀本利壹千六百五拾斤包利又十五年分
租穀貳百四十斤約錢壹千柒百文無利約
本冬還有欠字一紙

3-1-66-15　清乾隆年間黄氏家族置產簿（一五）

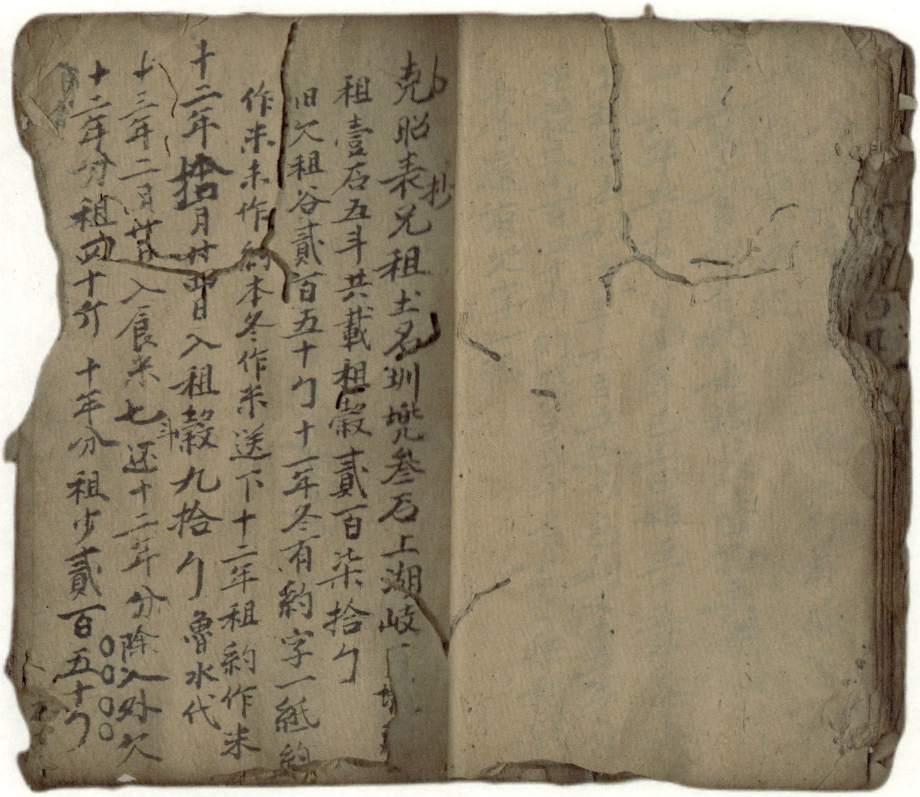
克昭表兄租土名圳墘叁石上湖岐
租壹石五斗共載租穀貳百柒拾斤
旧欠租谷貳百五十斤十一年冬有約字一紙約
作米未作約本冬作米送下十二年租約作米
十二年拾月廿四日入租穀九拾斤魯水代
十三年二月廿 入良米七斗还十二年分除入外欠
十二年分租四十斤 十年分租少貳百五十斤

3-1-66-16　清乾隆年間黄氏家族置産簿（一六）

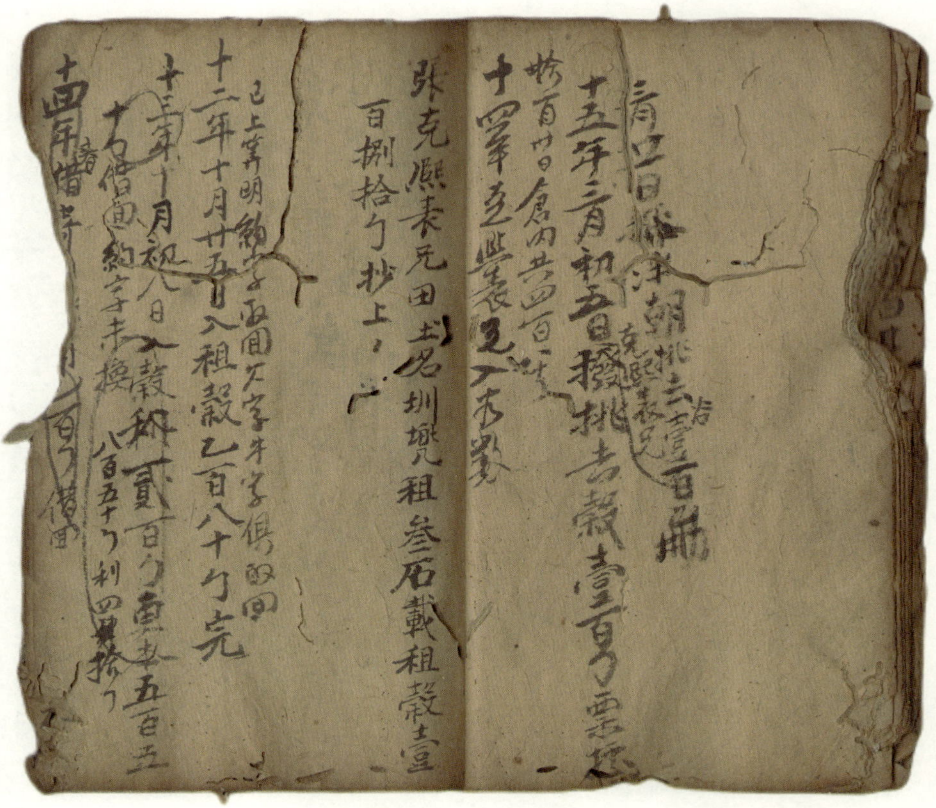
二月廿日撥洋頭挑去壹百冊
十五年三月初五日撥挑去穀壹百斤零
于百廿日倉內共四百二十
十四年至與表兄下本數

吳克熙表兄田土名圳墘凡租叁石載租穀壹
百捌拾斤抄上
已上算明納字西田大字牛字俱取回
十二年十月廿五日入租穀乙百八十斤完
十三年十月初八日入穀柒貳百斤連本五百五
十斤借西納字未換
八百五十斤利四貫拾斤
十四年借

3-1-66-17 清乾隆年間黄氏家族置産簿（一七）

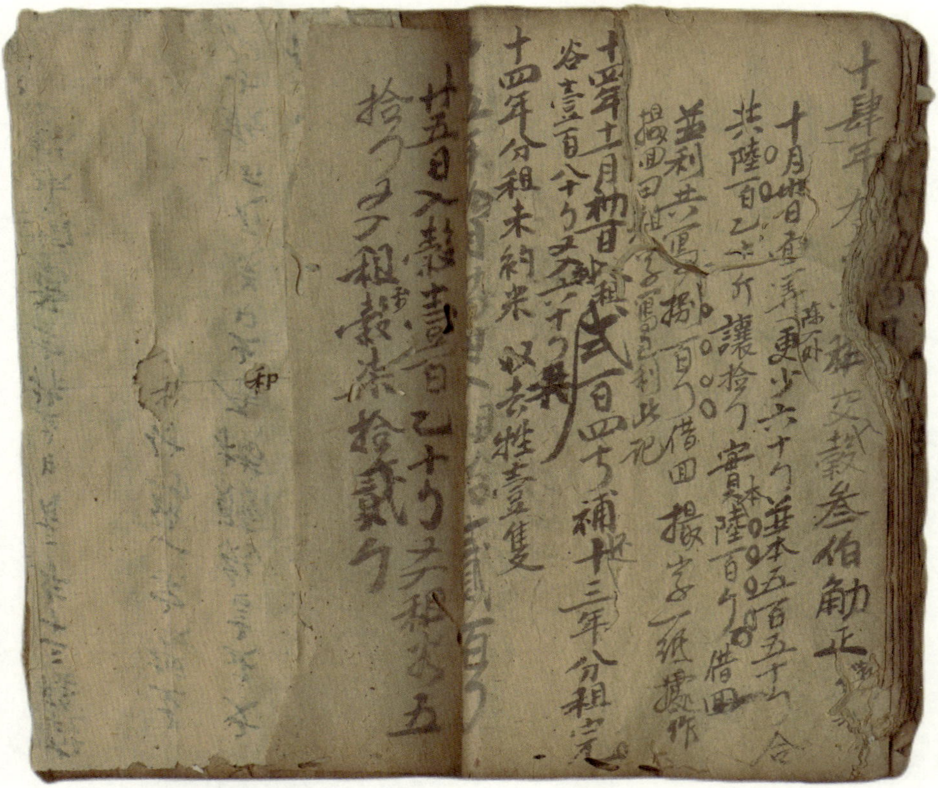

3-1-66-18　清乾隆年間黄氏家族置産簿（一八）

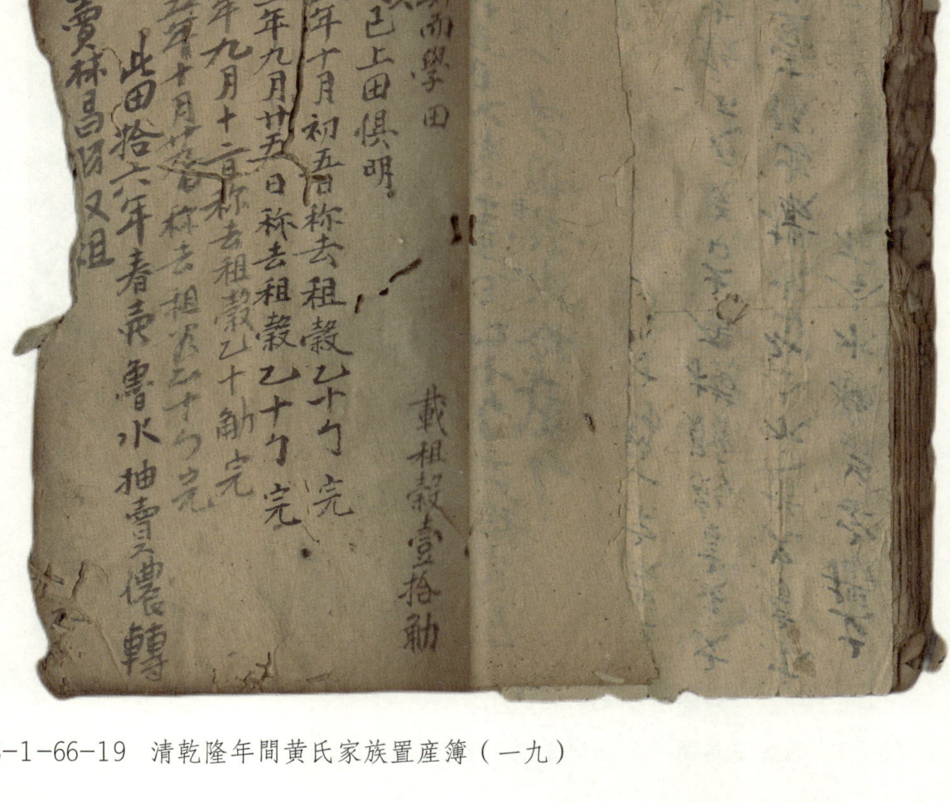
蒴丙學田　載租穀壹拾觔
執已上田俱明。
十二年十月初五日称去租穀乙十勹完
十三年九月廿五日称去租穀乙十勹完
十四年九月十二日称去租穀乙十觔完
十五年十月廿五日称去租穀乙十勹完
此田拾六年春賣與曹水抽曹之懷轉
賣林高陽又祖

3-1-66-19　清乾隆年間黄氏家族置産簿（一九）

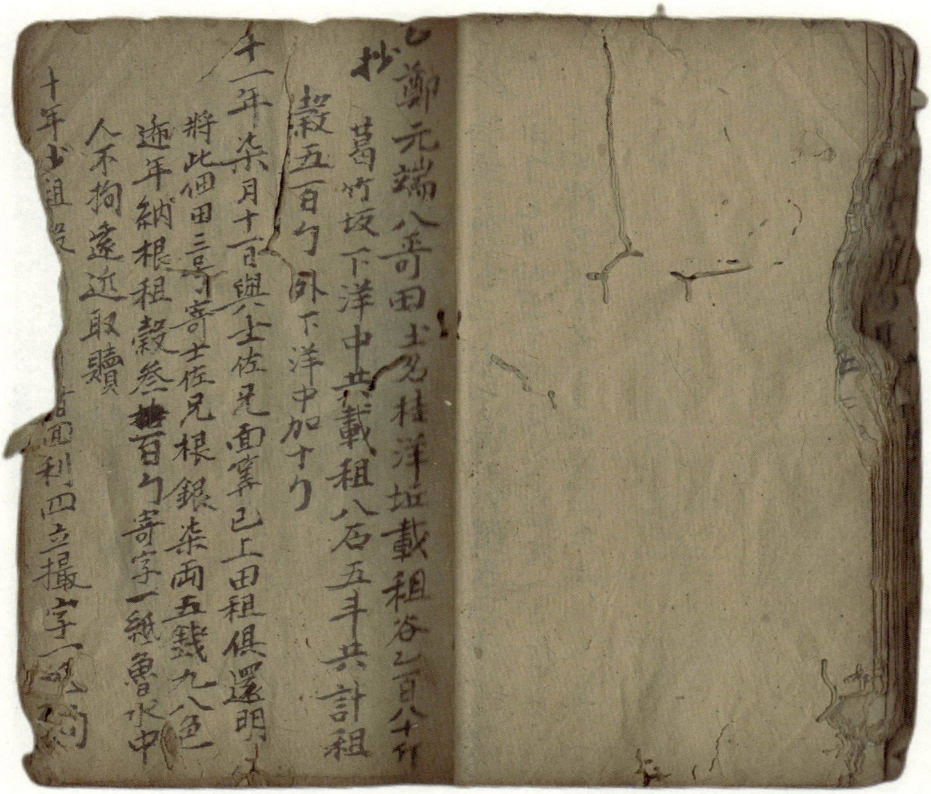

3-1-66-20 清乾隆年間黃氏家族置産簿（二〇）

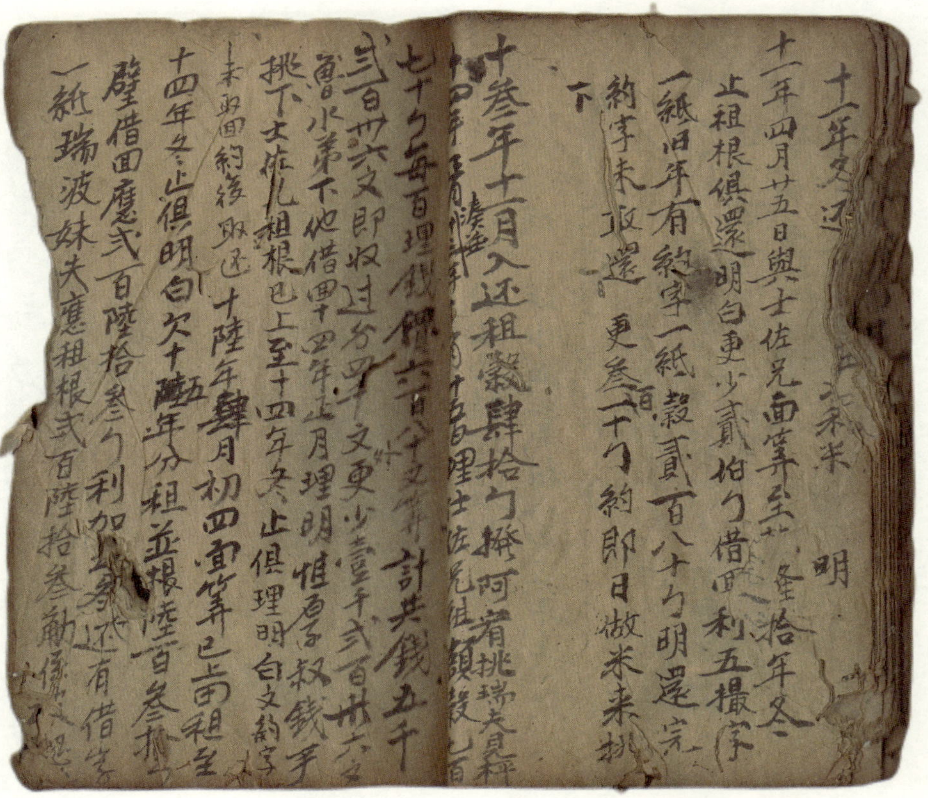
十二年交还 上 廿禾米 明
十二年四月廿五日與士佐兄面算至廿 叁拾年冬
止祖根俱還明白更少貳伯勹借田利五撮字
一紙旧年有約字一紙穀貳百八十勹明還完
約字未取還 更叁百一十勹約即日做米来挑
下
十叁年十二月入还祖穀肆拾勹撥阿肴挑瑞夫兄粹
十四年 [illegible] 十五日理士佐兄祖穀
七十勹每百理錢價六百八十文算 討共錢五千
弍百卅六文即收过分四千文更少壹千弍百卅六文
曾小弟不他借田十四年正月理明但存叔錢未
挑下士佐兄祖根已上至十四年冬止俱理明白文約字
未取回約後取还 十陸年肆月初四面算已上田祖至
十四年冬止俱明白欠十陸五年分租並根陸百叁拾
壁借田塵弍百陸拾叁勹利加叁 还有借字
一紙瑞波妹夫應租根弍百陸拾叁觔

3-1-66-21　清乾隆年間黄氏家族置産簿（二一）

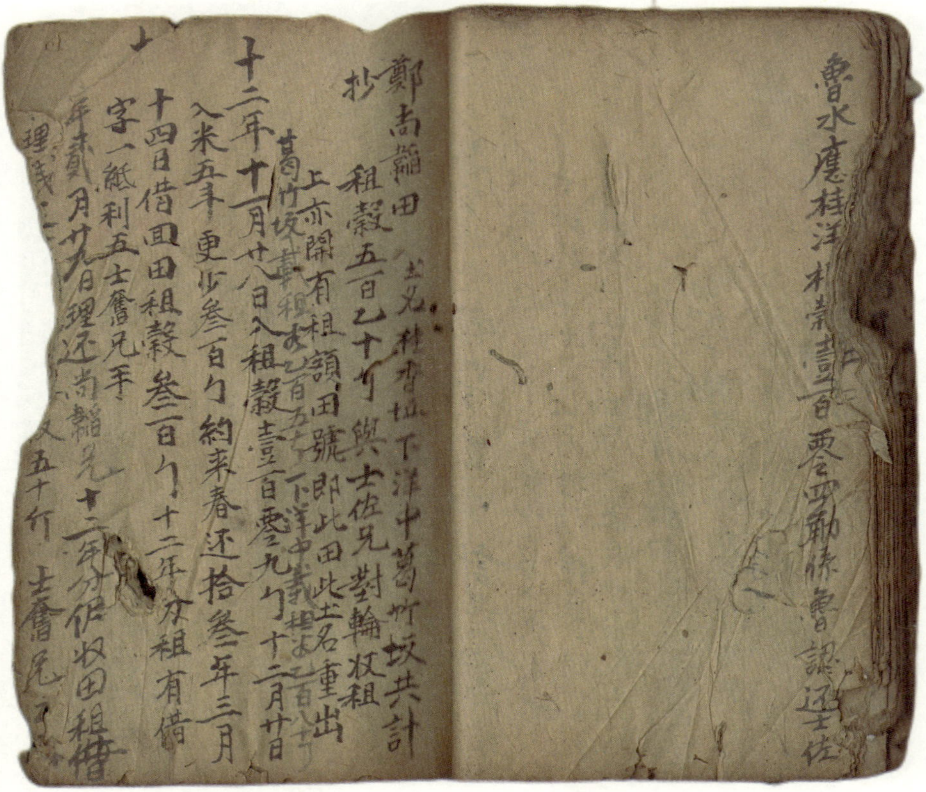
魯水廛桂洋村□壹□百零□□□□□認还士佐

鄭志韜田 土名林杏坵下洋中葛竹坂共計
抄 租穀五百乙十斤與士佐兄對輪收租
上亦闕有租領田號即此田此土名重出
葛竹坂□租□乙百五十□下洋中義□□□百□□
十二年十一月廿八日入租穀壹百零九斤十二月廿日
入米五斗 更少叁百斤 約來春还拾叁年三月
十四日借回田租穀叁百斤 十二年分租有借
字一紙 利五 士奮兄手
十 年貳月廿九日理还前韜兄十二年分佃收田租
理錢□□□文五十斤 士奮兄□

3-1-66-22 清乾隆年間黄氏家族置産簿（二二）

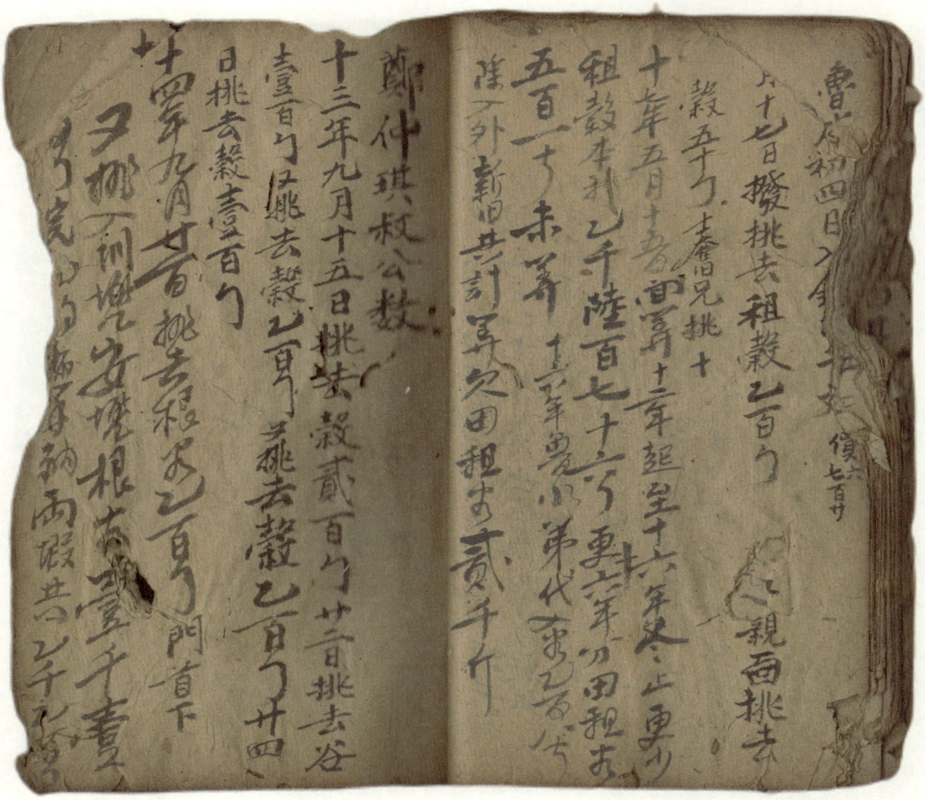

會□□初四日□□□年文 價六七百廿
六十七日撥挑去租穀乙百斤 □親西挑去
穀五十斤，十叁日兄挑十
十年五月十五日開算十二年起至十六年冬止更少
租穀本利乙千陸百七十六斤更六年切田租去
五百一十斤未算 十六年與小弟代完乙百斤
除了外新旧共計算欠田租穀貳千斤

鄭仲琪叔公數
十三年九月十五日挑去穀貳百斤，廿二日挑去谷
壹百斤，又挑去穀乙百斤，又挑去穀乙百斤，廿四
日挑去穀壹百斤
廿 十四年九月廿五日挑去租穀乙百斤 門首下
又挑□圳墘安壠根去壹千壹
[illegible]

3-1-66-23 清乾隆年間黃氏家族置産簿（二三）

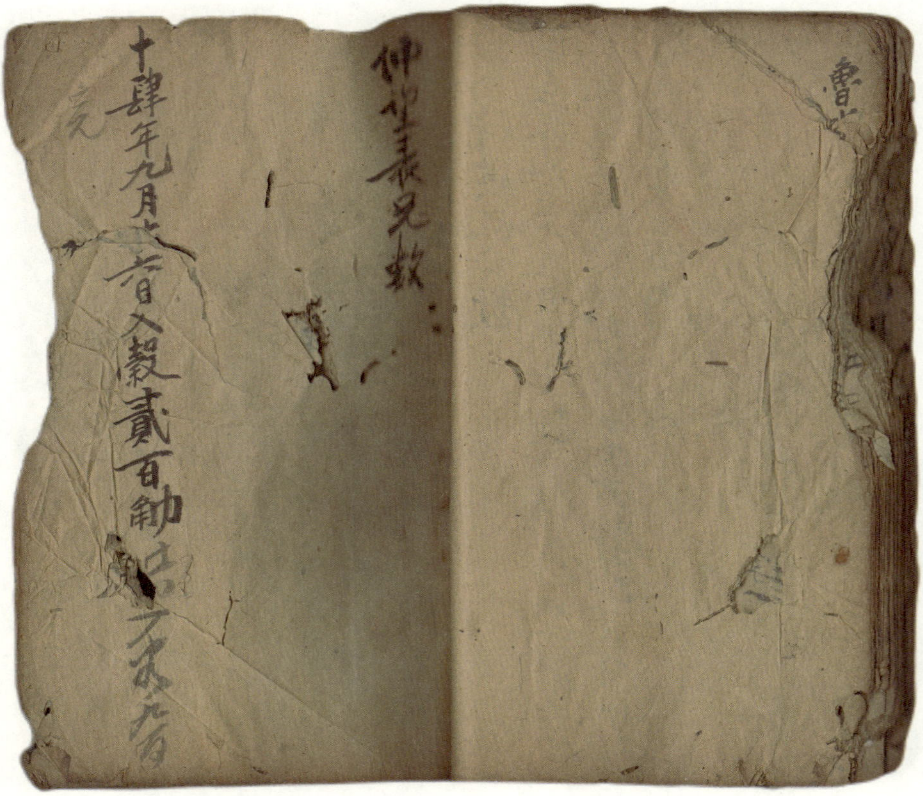

3-1-66-24　清乾隆年間黃氏家族置産簿（二四）

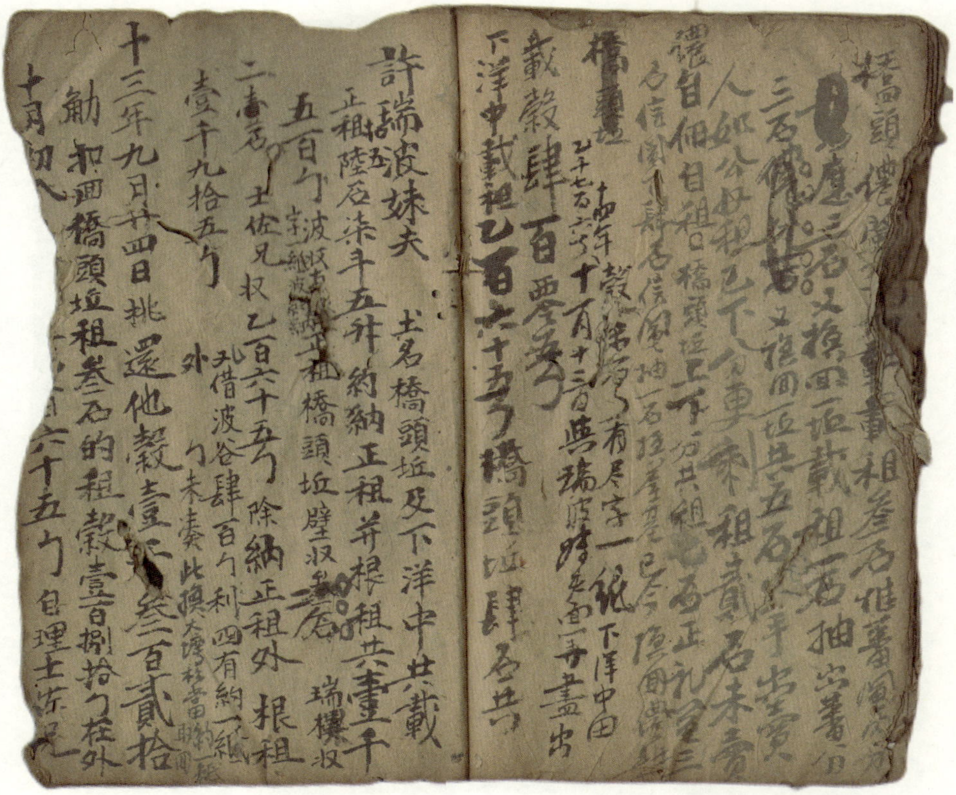

3-1-66-25　清乾隆年間黄氏家族置産簿（二五）

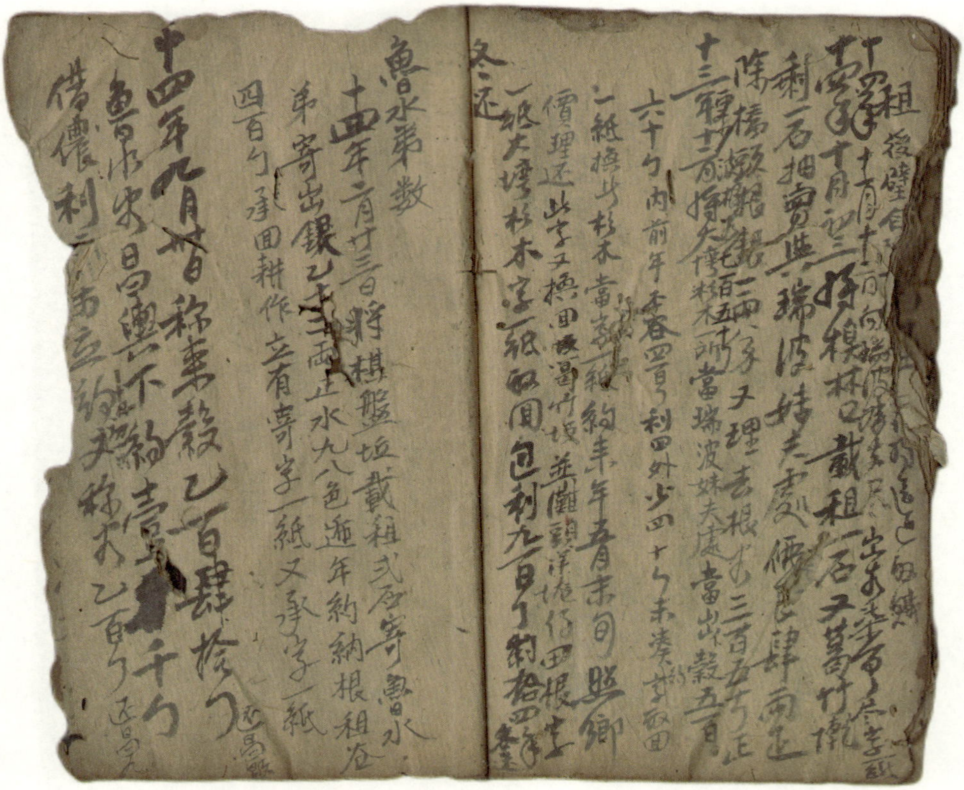

3-1-66-26　清乾隆年間黄氏家族置産簿（二六）

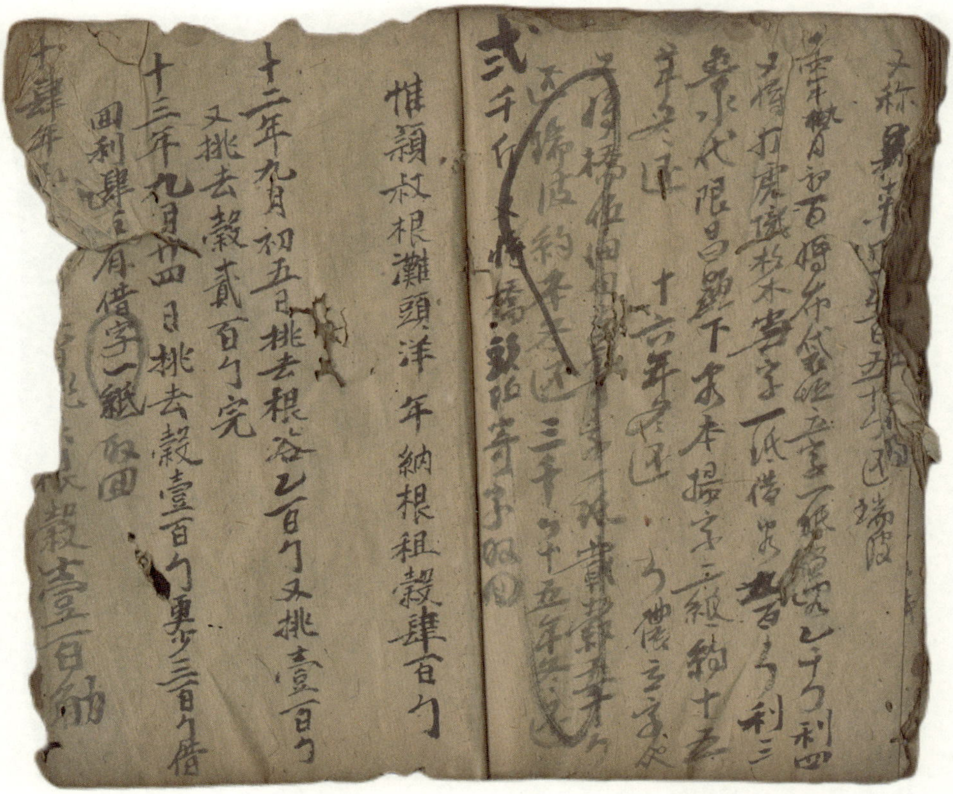
惟穎叔根灘頭洋 年納根租穀肆百斤
十二年九月初五日 挑去根谷乙百斤又挑壹百斤
又挑去穀貳百斤完
十三年九月廿四日 挑去穀壹百斤 更少三百斤借
回利肆百有借字一紙 收回

3-1-66-27　清乾隆年間黄氏家族置産簿（二七）

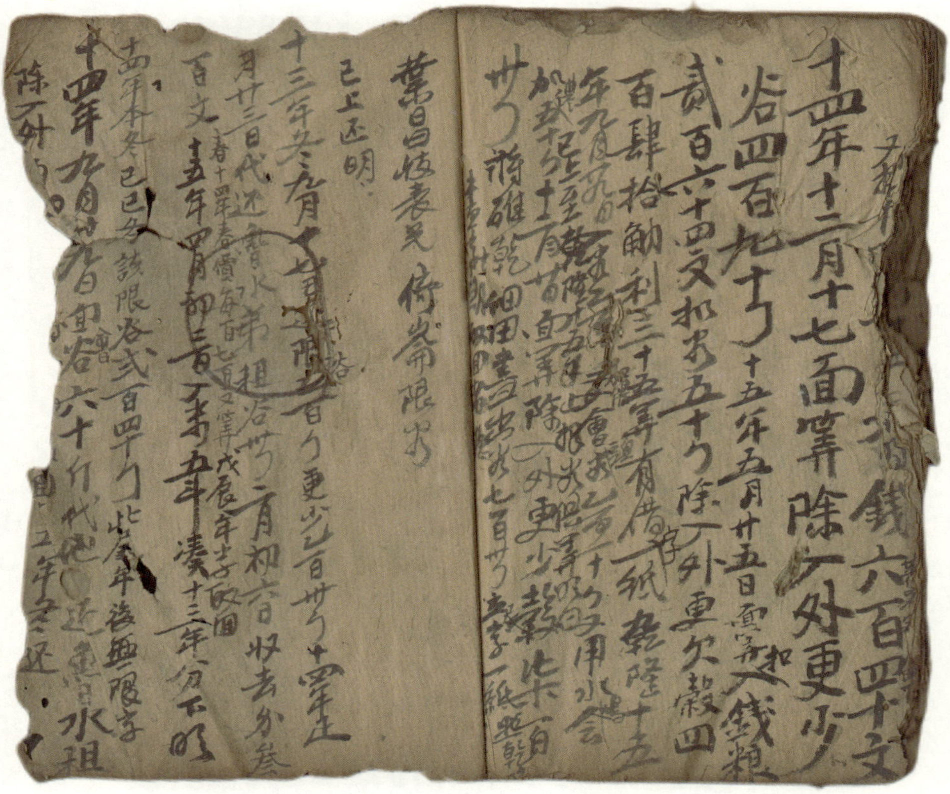
錢六百四十文
十四年十二月十七面算除了外更少[illegible]
谷四百九十斤 十五年五月廿五日面算扣還八錢粮
貳百六十四文扣出五十斤除了外更欠穀四
百肆拾觔利三十五算有借字一紙乾隆十五
[illegible]
廿斤[illegible]
葉昌恢表兄 借谷[illegible]限出
已上还明。
十三年冬[illegible]百斤更少[illegible]百廿斤 十四年还
月廿三日代还[illegible]
百文 十五年四月初三日[illegible]
十四年本冬已[illegible]該限谷式百四十斤[illegible]後無限字
十四年[illegible]百[illegible]谷六十斤代[illegible]
除了外[illegible]

3-1-66-28 清乾隆年間黃氏家族置產簿（二八）

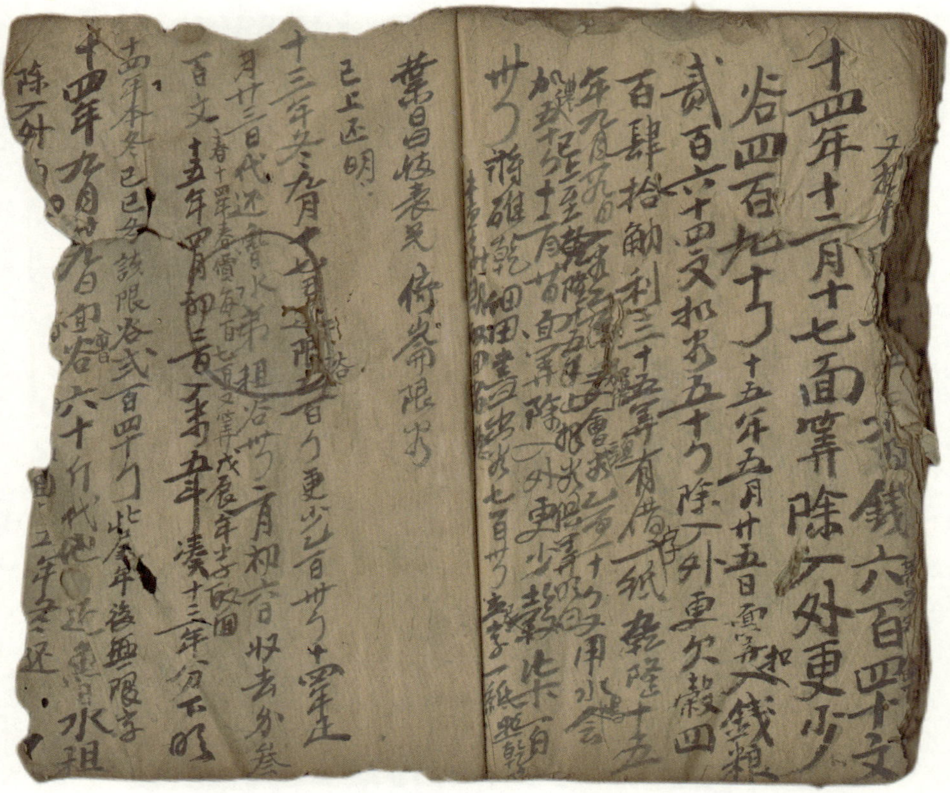

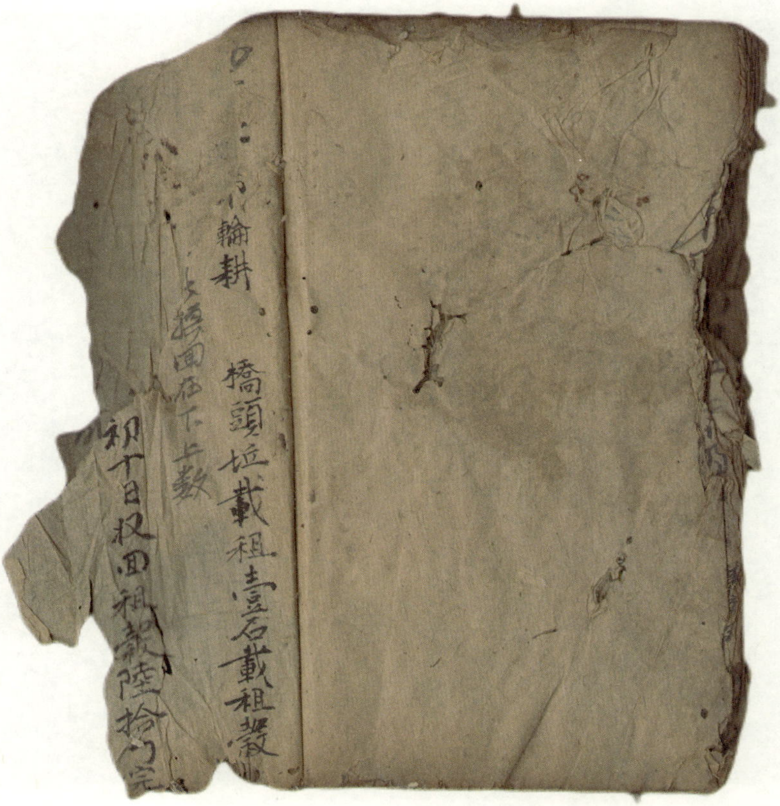

3-1-66-29 清乾隆年間黃氏家族置産簿（二九）

3-1-66-30　清乾隆年間黄氏家族置産簿（三〇）

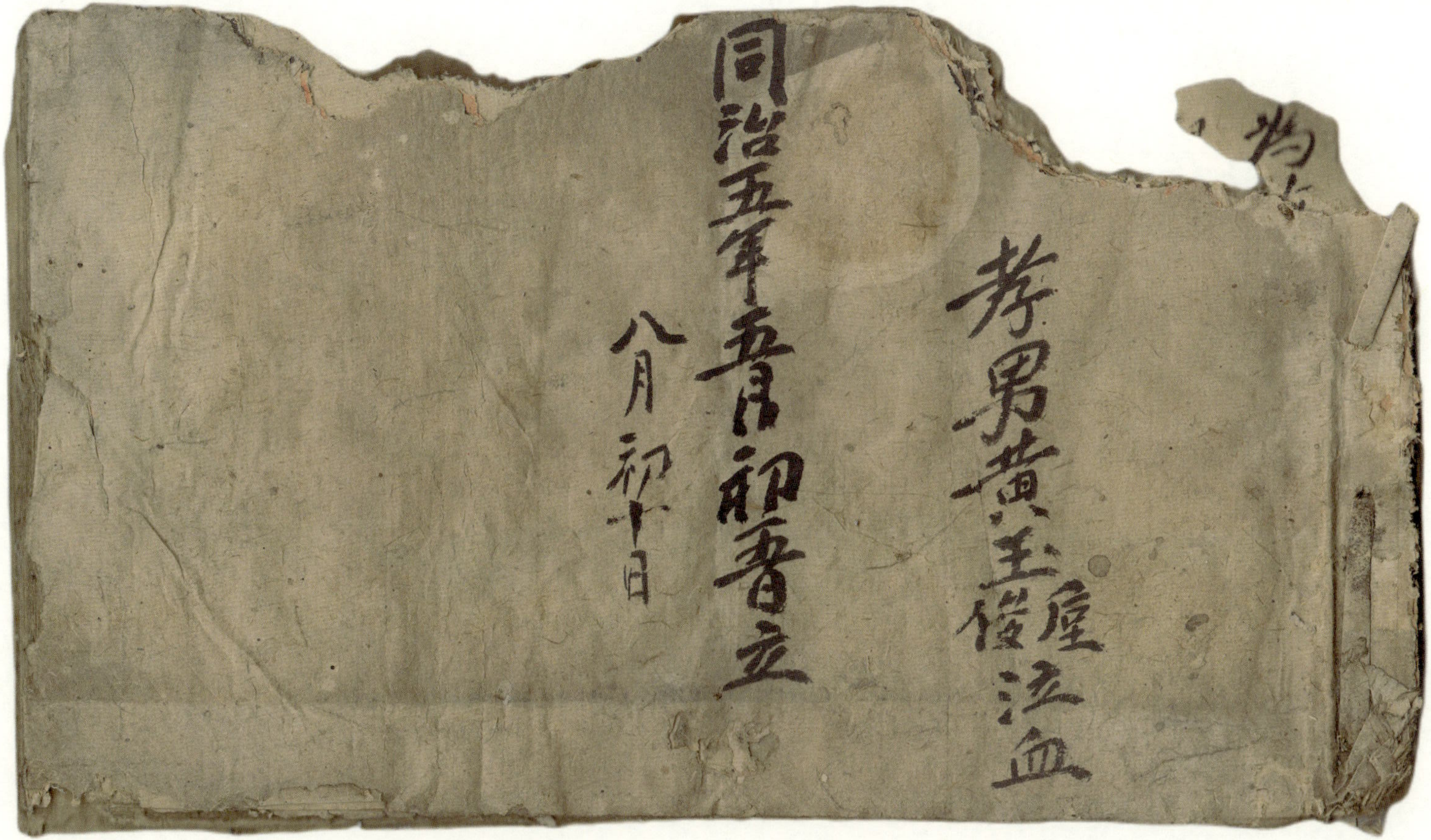

孝男黄玉屋偕泣血

同治五年[illegible]立

八月初十日

3-1-67-1　清同治五年黄玉垦等立故父喪禮簿（一）

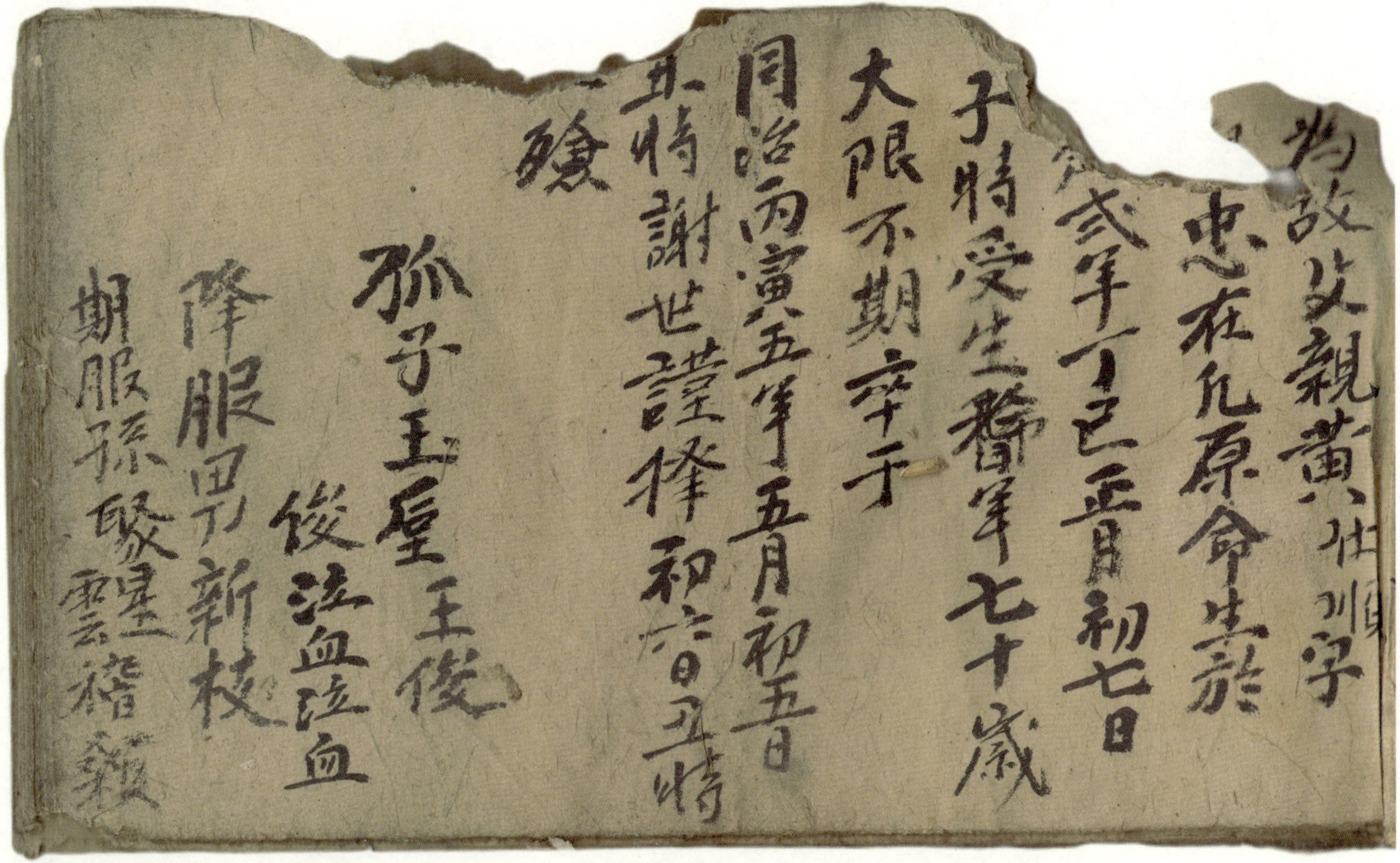
為故父親黃壯訓字
忠在凡原命生於
[illegible]年丁巳五月初七日
子時受生齡年七十歲
大限不期卒于
同治丙寅五年五月初五日
丑時謝世謹擇初六日丑時
殮

孤子玉垕　玉俊
俊　泣血泣血
降服男新枝
期服孫發星　雲　稽顙

3-1-67-2　清同治五年黃玉垕等立故父喪禮簿（二）

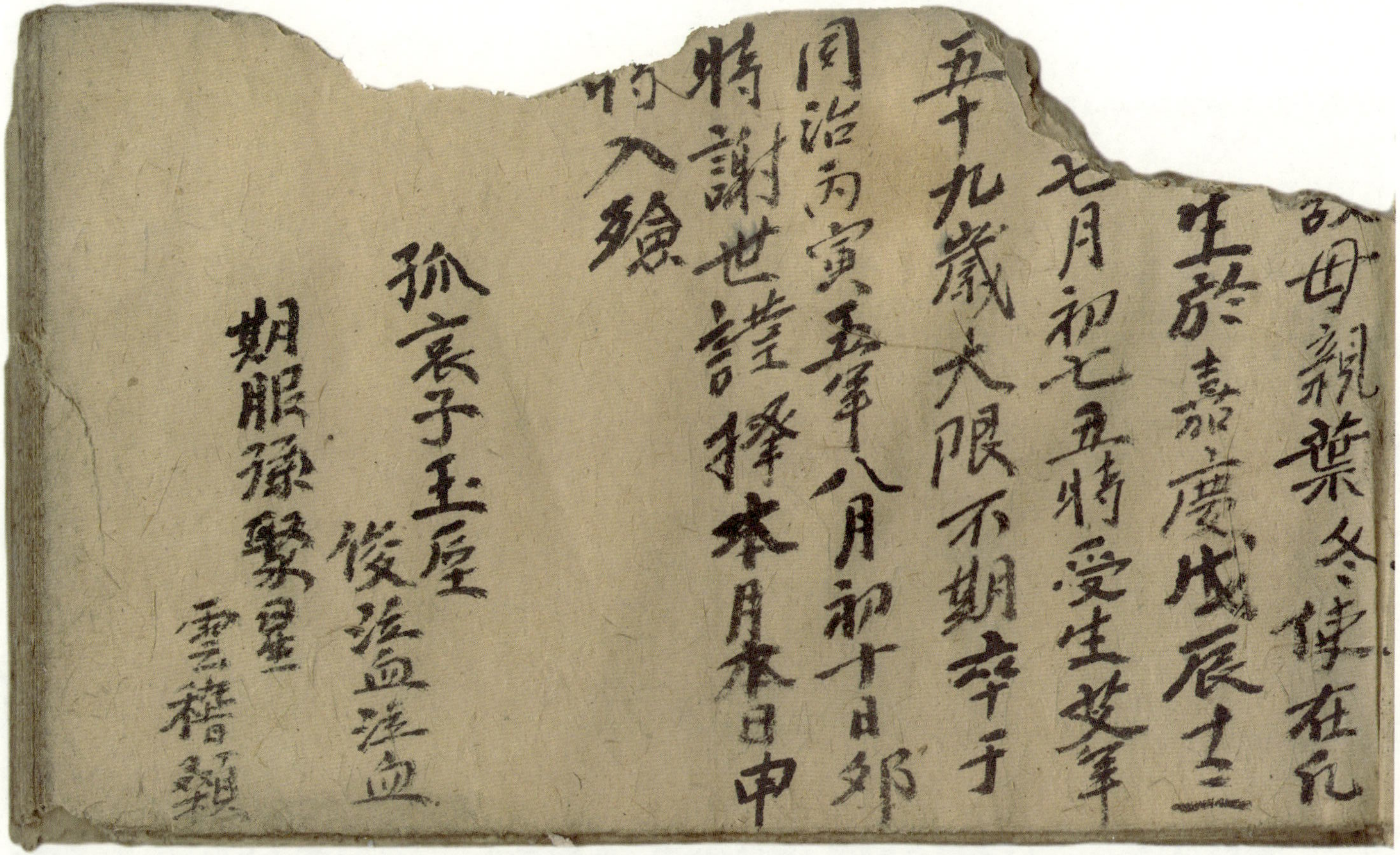
故母親葉冬使在乩
生於嘉慶戊辰十二
七月初七丑時受生發年
五十九歲大限不期辛于
同治丙寅五年八月初十日卯
時謝世謹擇本月本日申
時入殮
孤哀子玉垕
俊泣血
泣血
期服孫繁星
雲稽顙

3-1-67-3　清同治五年黄玉垕等立故父喪禮簿（三）

親朋戚友

傅表弟來米五升
金銀一帘

葉家宜表兄來米五升
又雞一頭　金銀帘

□家壯表兄　表兄來米五升
雞一頭　金艮帘

葉家壽表兄來米五升
雞一頭　金艮帘

3-1-67-4　清同治五年黄玉垕等立故父喪禮簿（四）

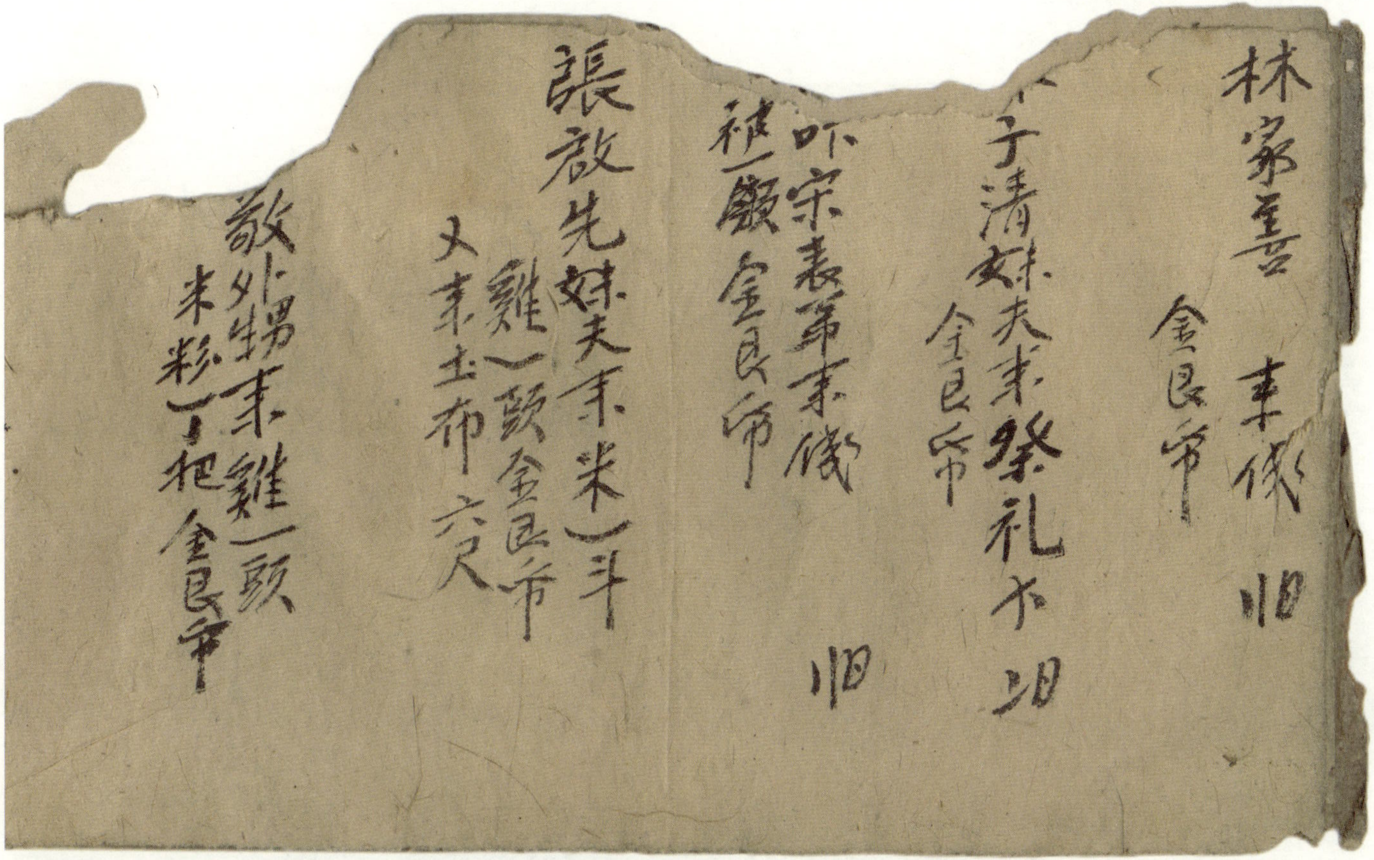
林家善來儀 旧
金艮帀
子清妹夫來祭礼卜 旧
金艮帀
吓宗表弟來儀 旧
袖一盤金艮帀
張啟先妹夫來米一斗
雞一頭金艮帀
又來土布六尺
啟外甥來雞一頭
米粉一把金艮帀

3-1-67-5　清同治五年黃玉垕等立故父喪禮簿（五）

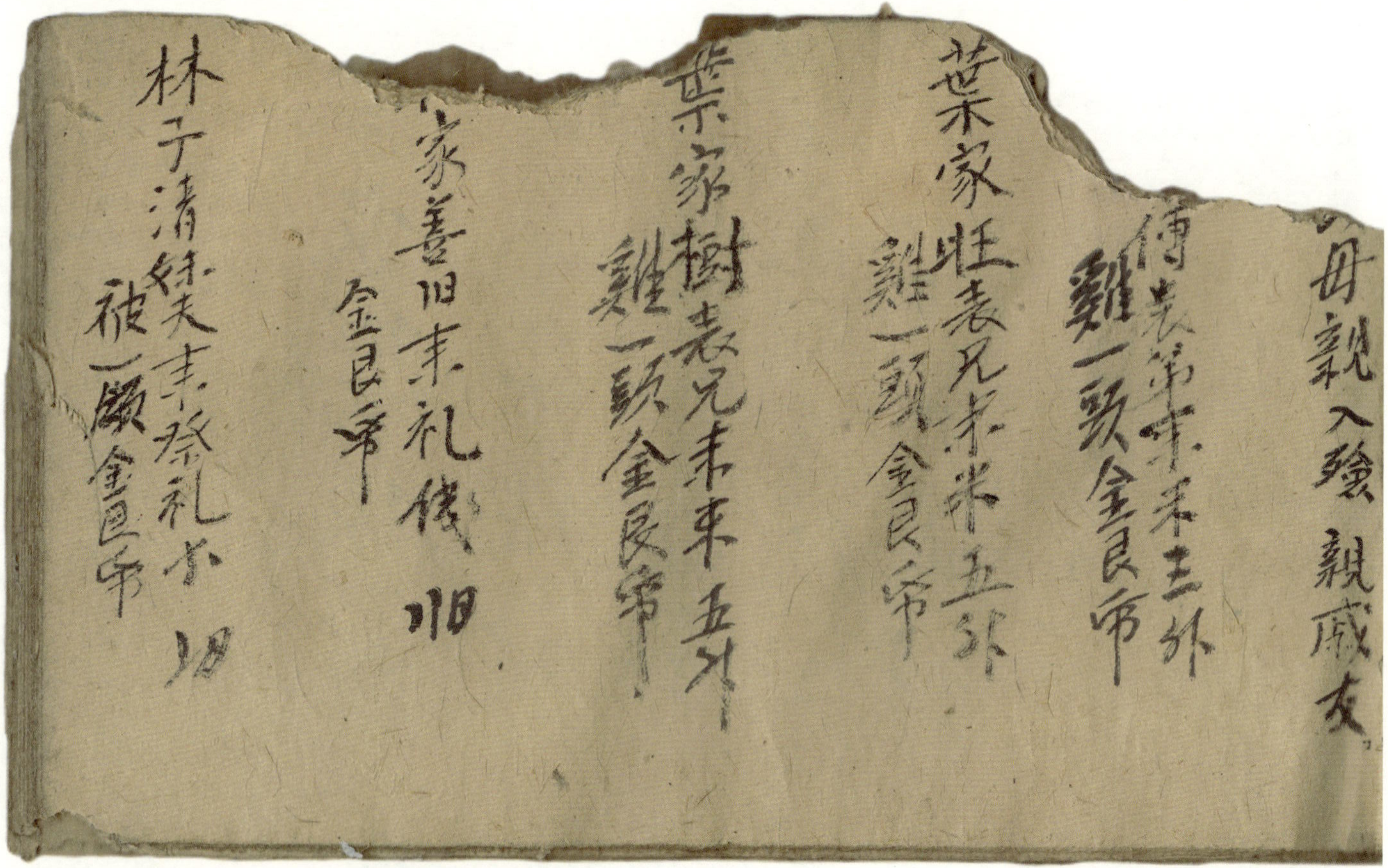

3-1-67-6　清同治五年黄玉垕等立故父喪禮簿（六）

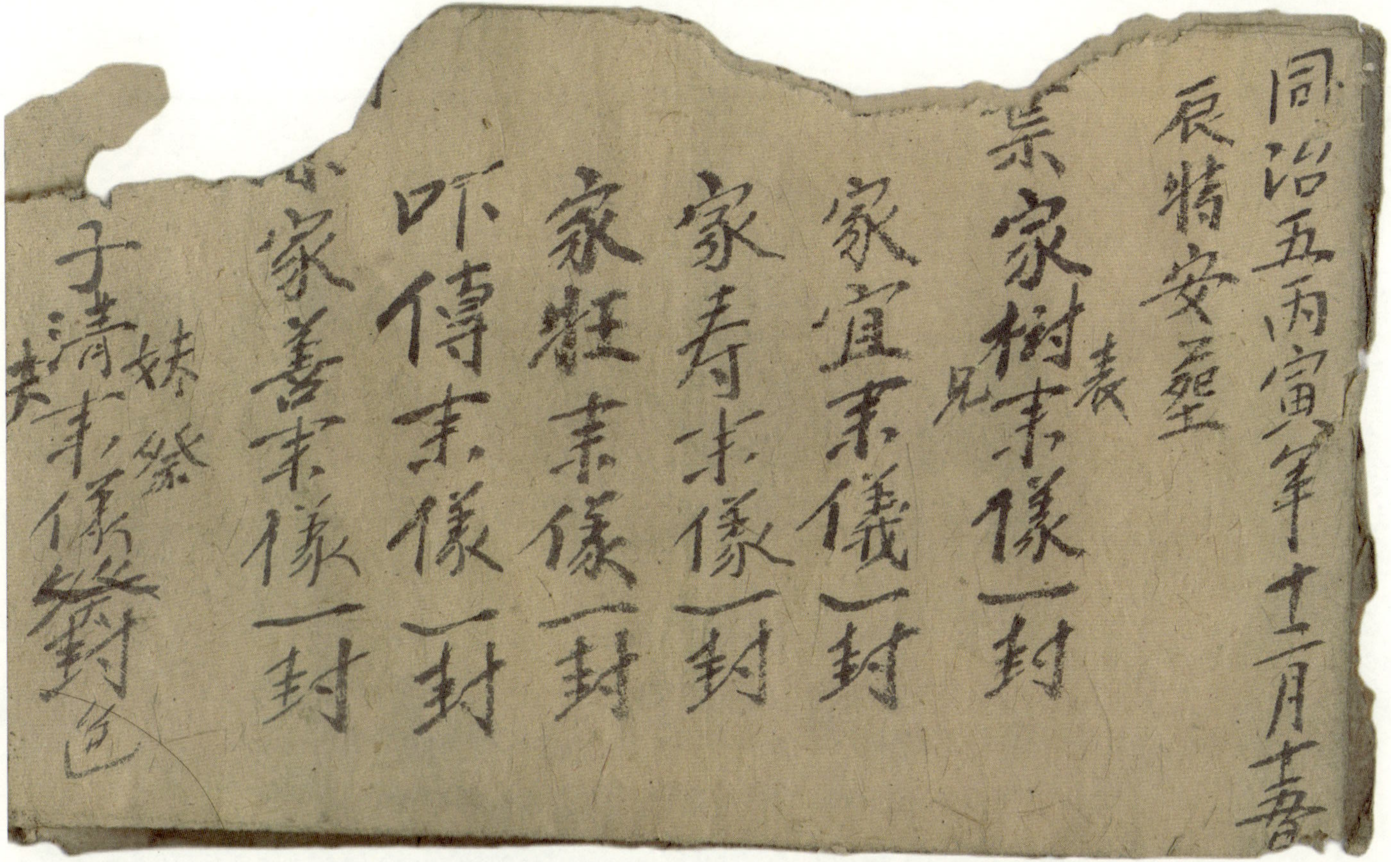
同治五丙寅年十二月十喜
辰精安壅
宗家樹表兄末儀一封
家宜末儀一封
家寿末儀一封
家粧末儀一封
吓傳末儀一封
宗家善末儀一封
妹婿子清末儀一封包

3-1-67-7　清同治五年黄玉垕等立故父喪禮簿（七）

□年己巳為父親追
功德壹夜謹擇十二月曾
辛卯日寅時起鼓念伍壬辰日
時進祖安香勞兄弟叔侄
親戚朋友開列于后

主壇許法惠
送花彩錢上千

3-1-67-8　清同治五年黃玉垕等立故父喪禮簿（八）

「葉家仕表兄送祭礼

吓傳表弟办祭礼

家寿表兄送奠仪一封

聲志表侄送奠仪一封

聲惠表侄送奠仪一封

林善興姻伯办祭礼

吓漣子清妹夫办祭礼

義訓送奠仪一封

3-1-67-9　清同治五年黄玉垕等立故父喪禮簿（九）

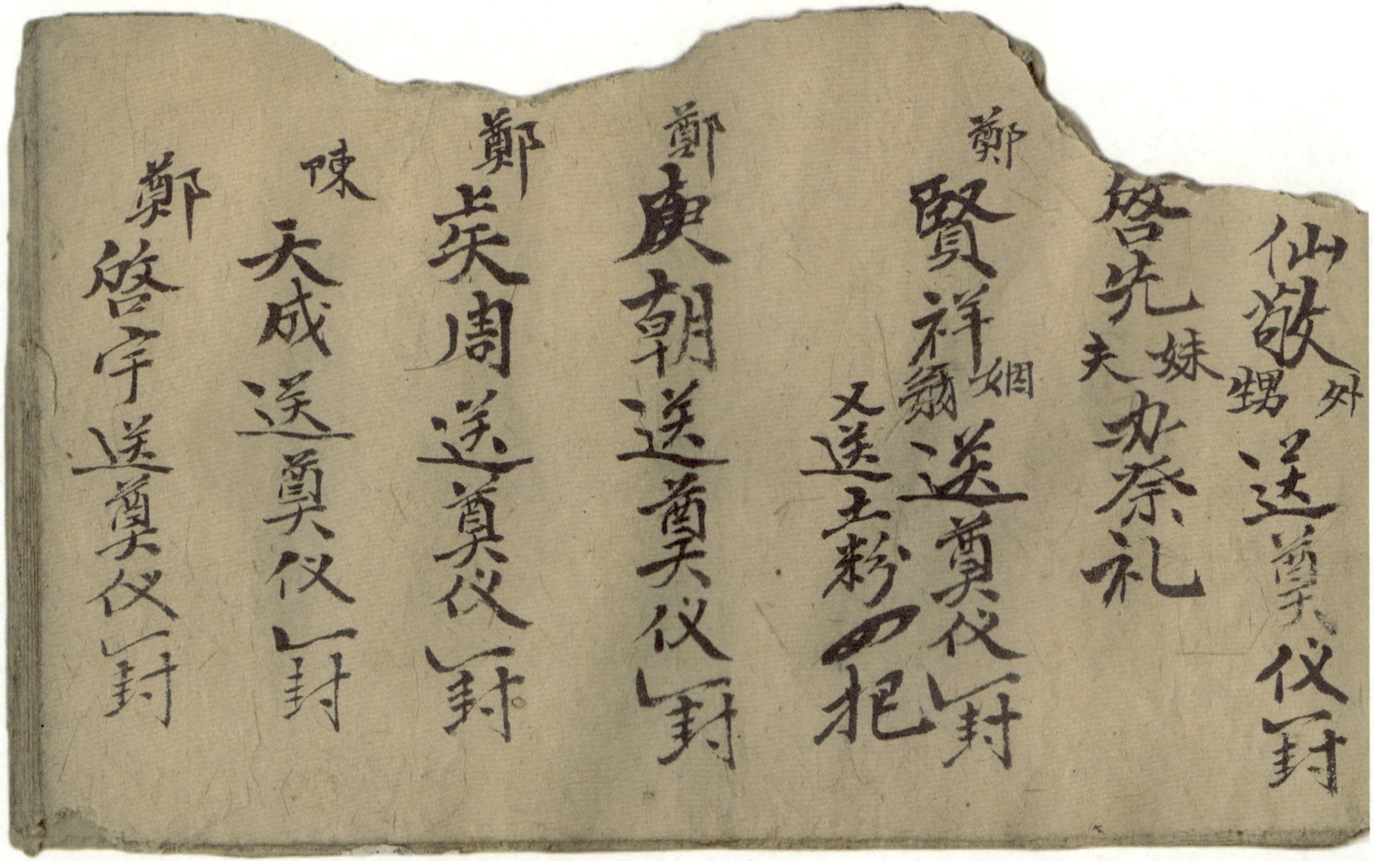

3-1-67-10　清同治五年黄玉垦等立故父喪禮簿（一〇）

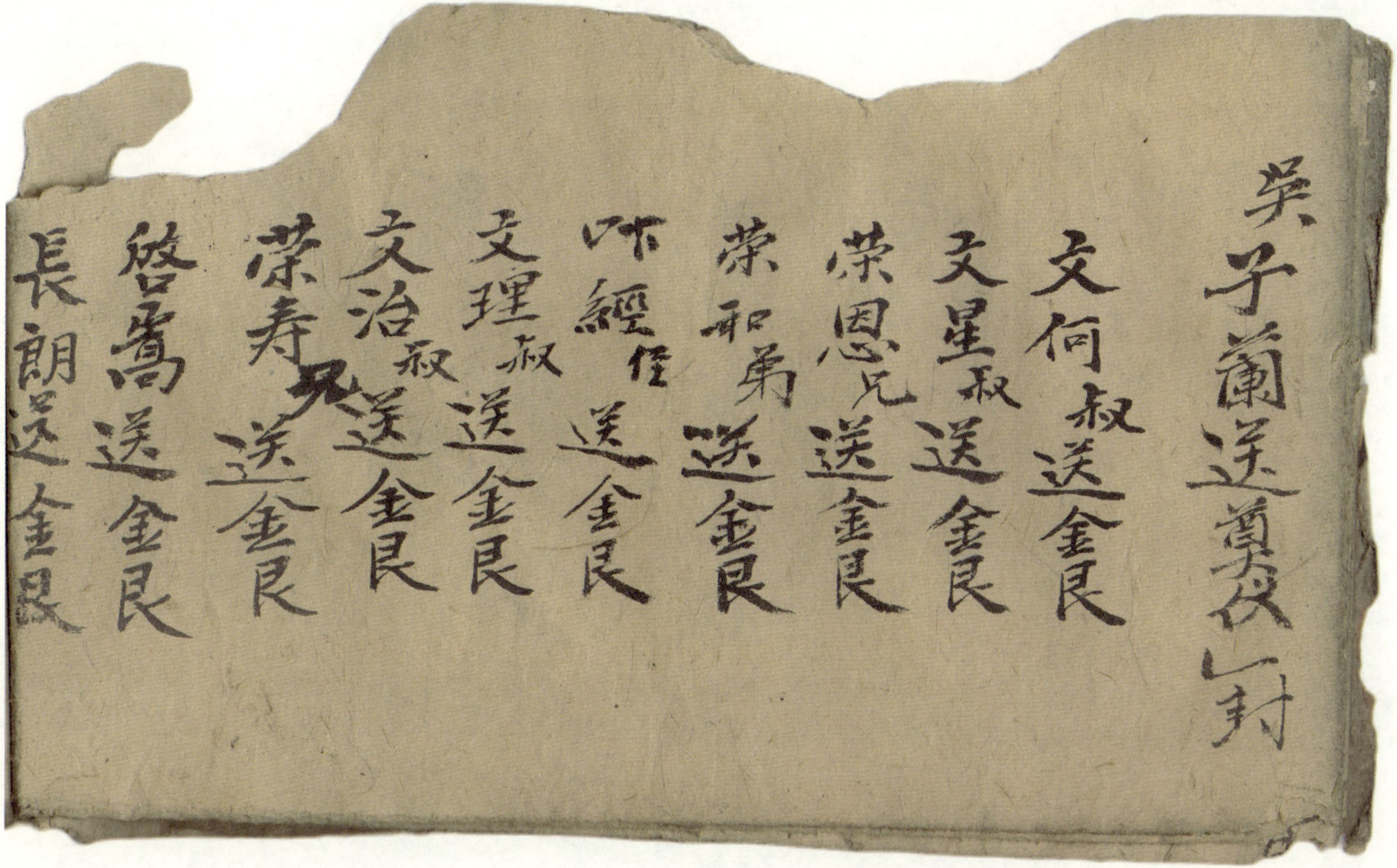
吳子蘭送奠儀乙封
文何叔送金艮
文星叔送金艮
榮恩兄送金艮
榮和弟送金艮
吓經侄送金艮
文理叔送金艮
文治叔送金艮
榮壽兄送金艮
啓高送金艮
長朗送金艮

3-1-67-11　清同治五年黃玉垕等立故父喪禮簿（一一）

劳兄弟叔侄助席開列于后

十二月廿四早

文良叔办一席　請十二人

增鳳办一席　請十二人

廿四午

文理叔办一席　請十二人

榮騰弟办一席　請十二人

長朗弟办一席　請十二人

晚

文何叔办一席　請十二人

文星叔办一席　請十二人

3-1-67-12　清同治五年黃玉垔等立故父喪禮簿（一二）

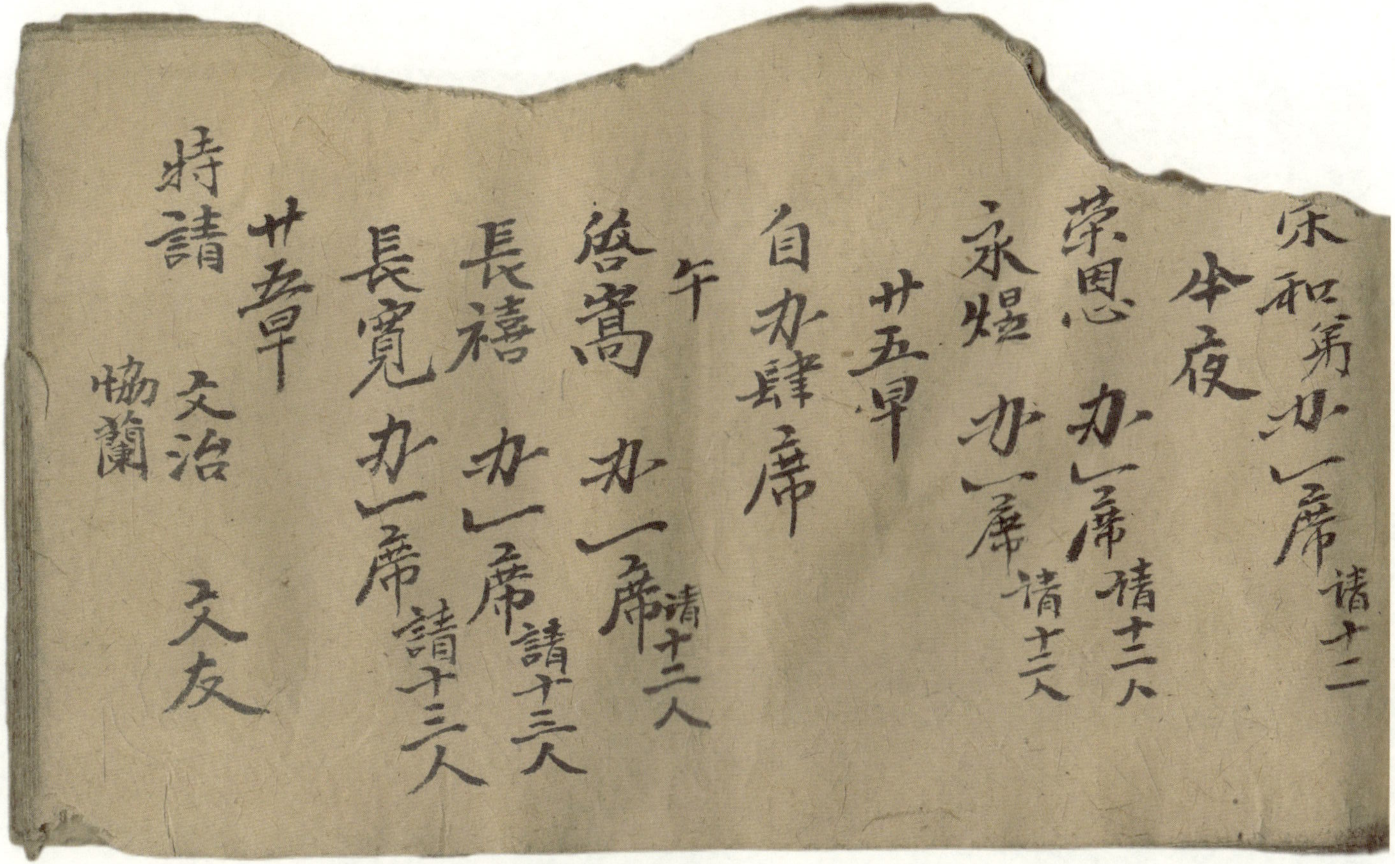
宗和弟办一席請十二
半夜
榮恩办一席請十二人
永煜办一席請十二人
廿五早
自办肆席
午
啓寓办一席請十二人
長禧办一席請十二人
長寬办一席請十二人
廿五早
特請　文治　文友
協蘭

3-1-67-13　清同治五年黄玉垕等立故父喪禮簿（一三）

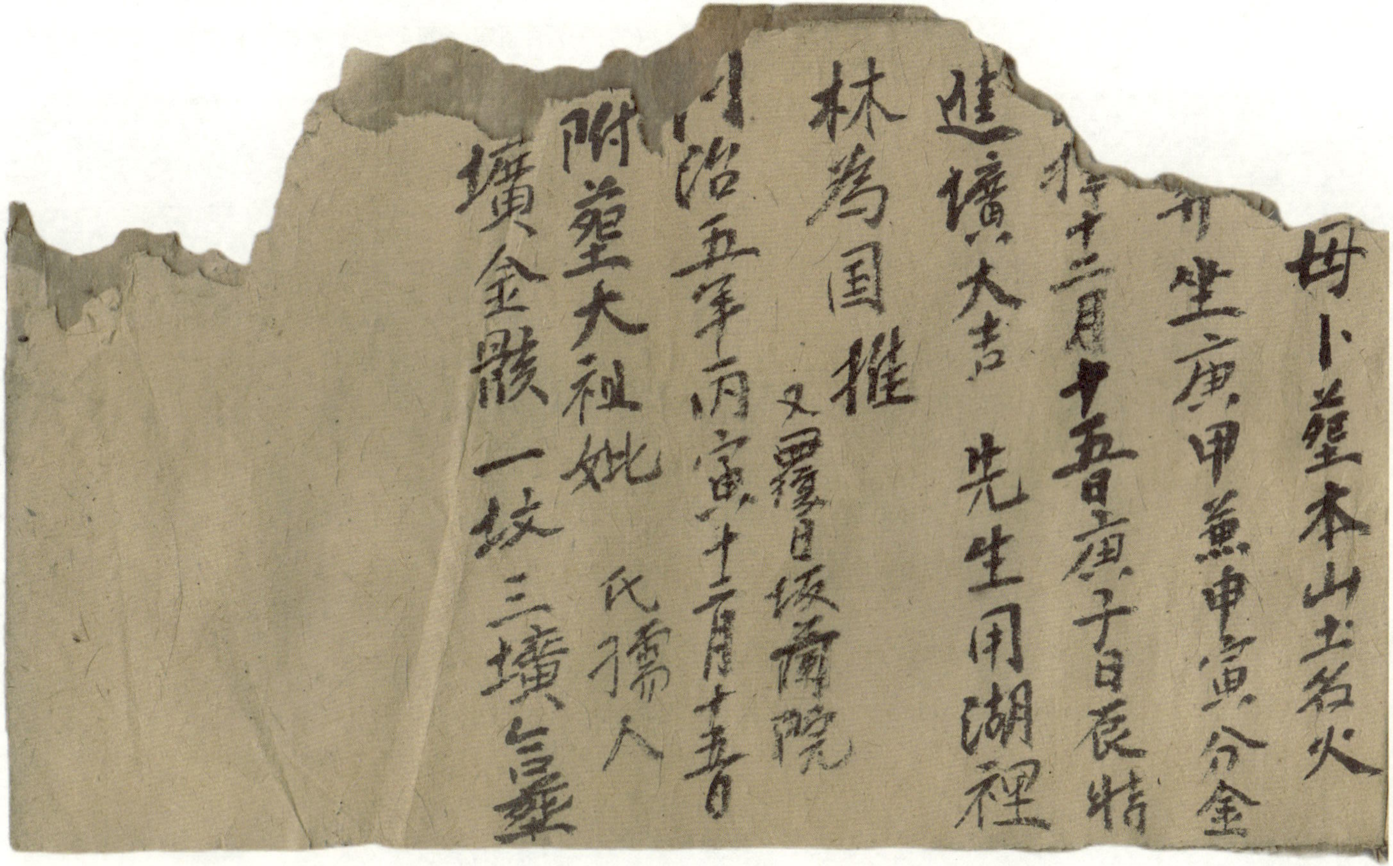
母卜葬本山土名火
圳坐庚甲兼申寅分金
扦十二月十五日庚子日辰特
進壙大吉　先生用湖裡
林為国推
又羅目坂齋院
同治五年丙寅十二月十吉
附葬大祖妣　氏孺人
壙金骸一坛三壙合葬

3-1-67-14　清同治五年黃玉垕等立故父喪禮簿（一四）

3-1-67-15　清同治五年黄玉垦等立故父喪禮簿（一五）

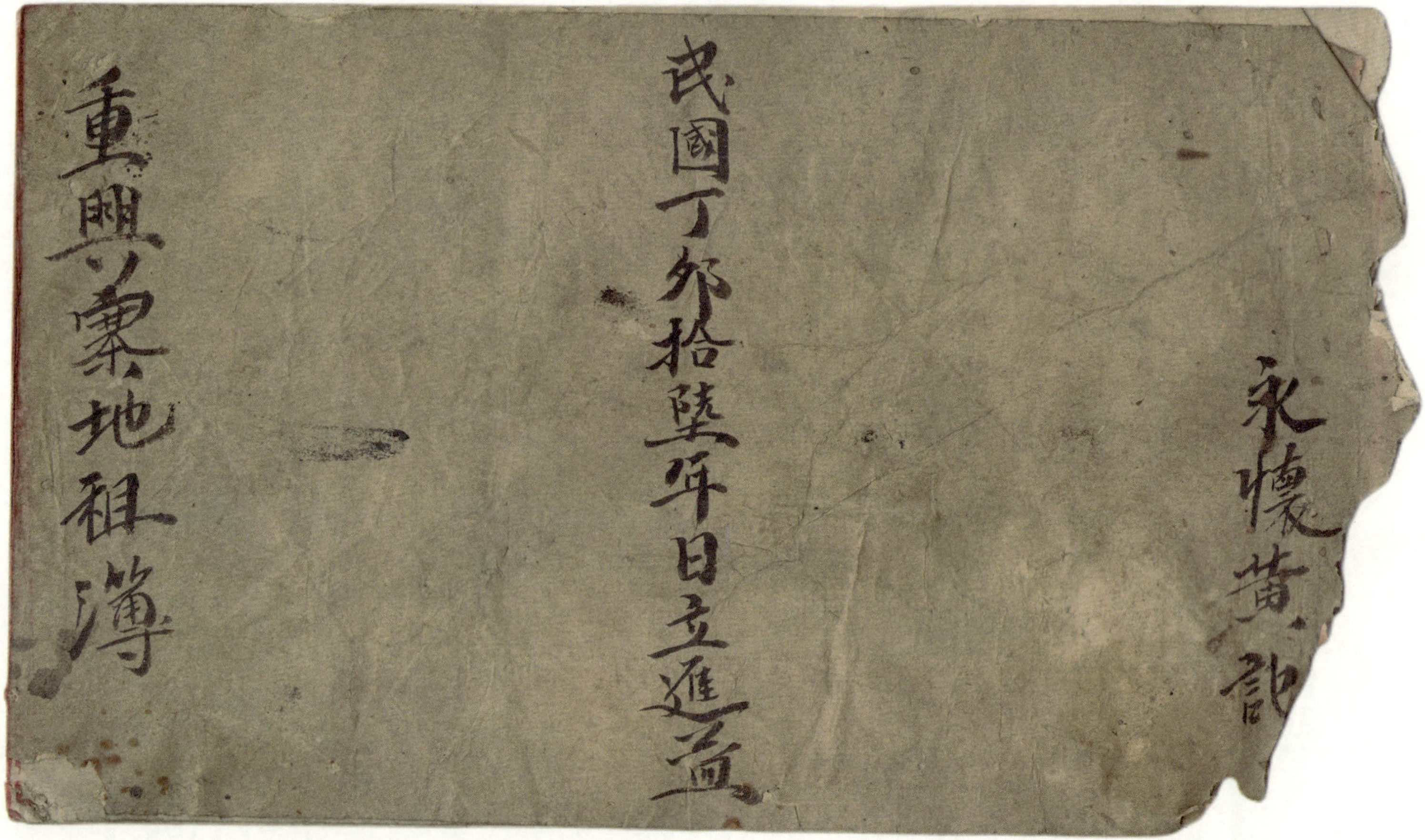
永懷黃記
民國丁卯拾陸年日立進簿
重興寨地租簿

3-1-68-1 民國十六年黃永懷記重興寨地租簿（一）

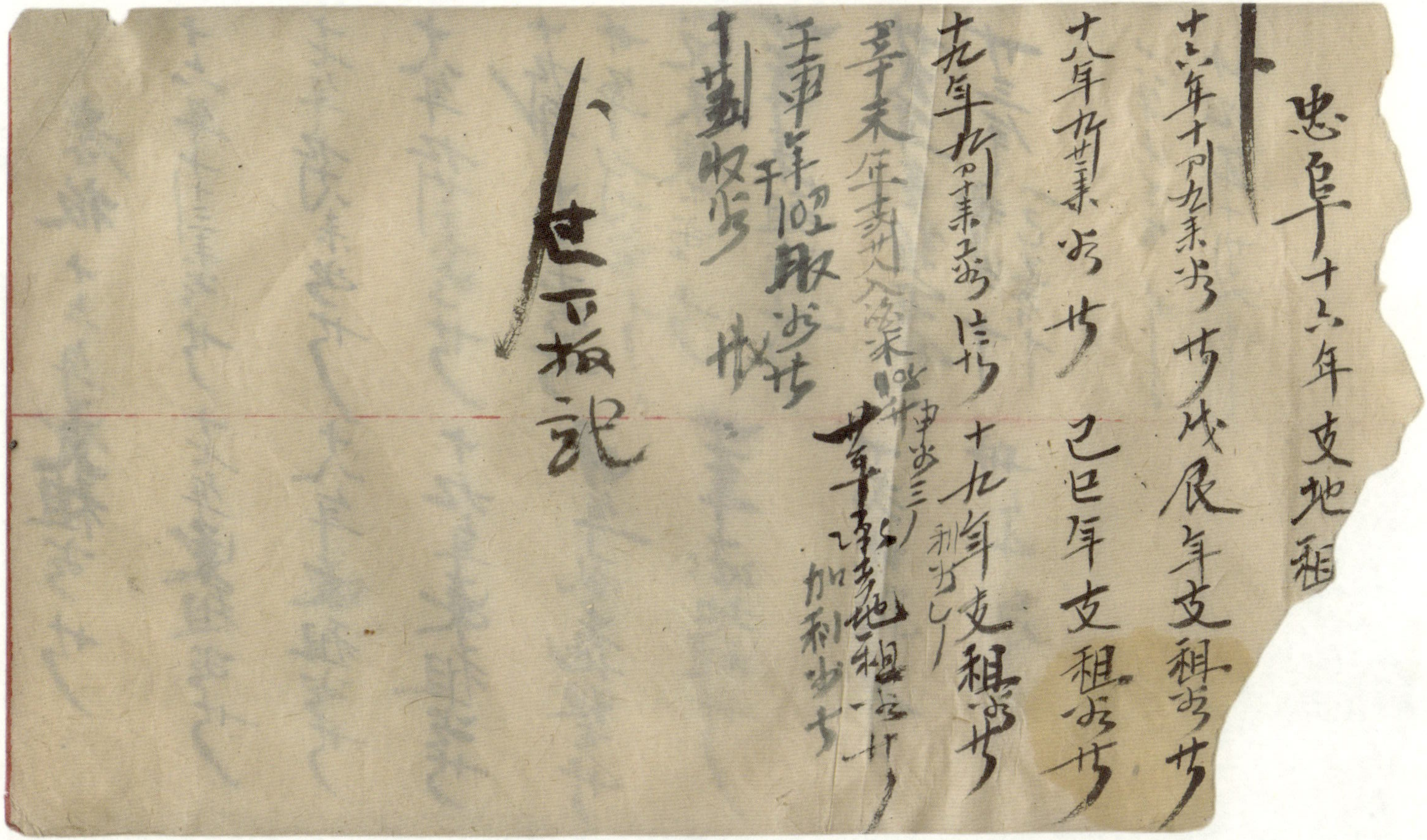
忠阜十六年支地租
十六年[illegible] 戊辰年支租[illegible]
[illegible] 己巳年支租[illegible]
[illegible] 十九年支租[illegible]
辛未年[illegible] 廿年[illegible]地租[illegible]
壬申年[illegible] 加利[illegible]
[illegible]
世振記

3-1-68-2 民國十六年黃永懷記重興寨地租簿（二）

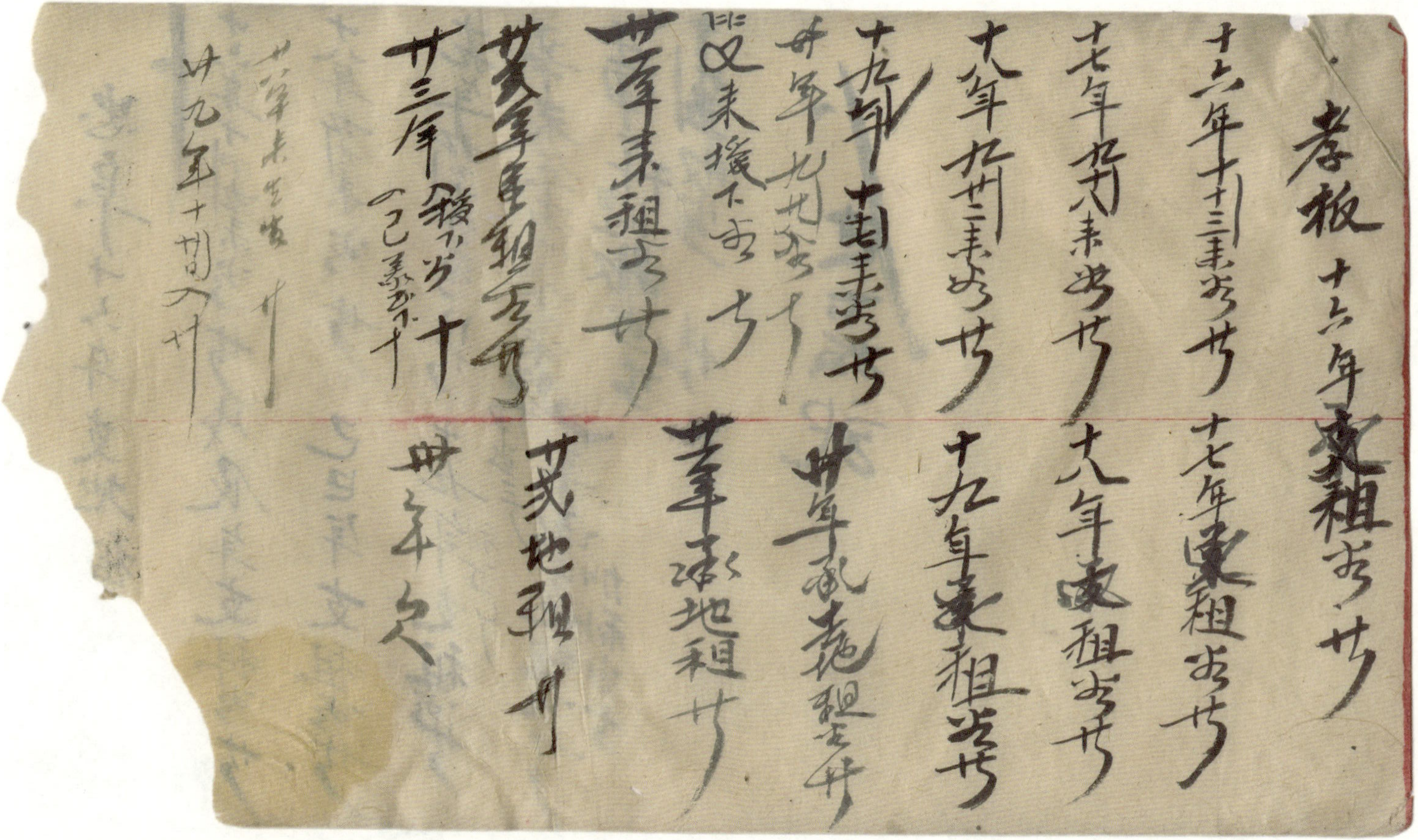

3-1-68-3 民國十六年黄永懷記重興寨地租簿（三）

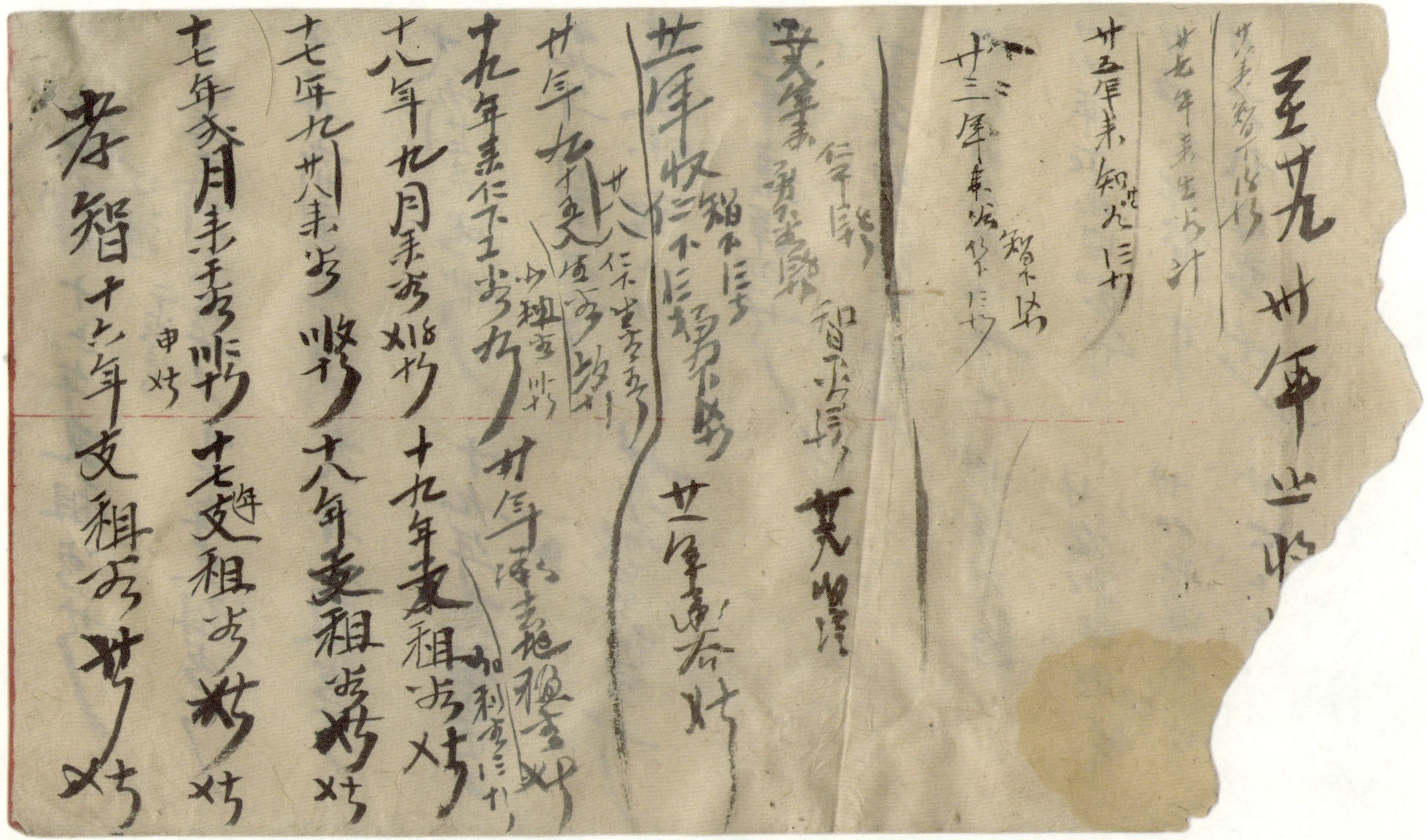

3-1-68-4　民國十六年黃永懷記重興寨地租簿（四）

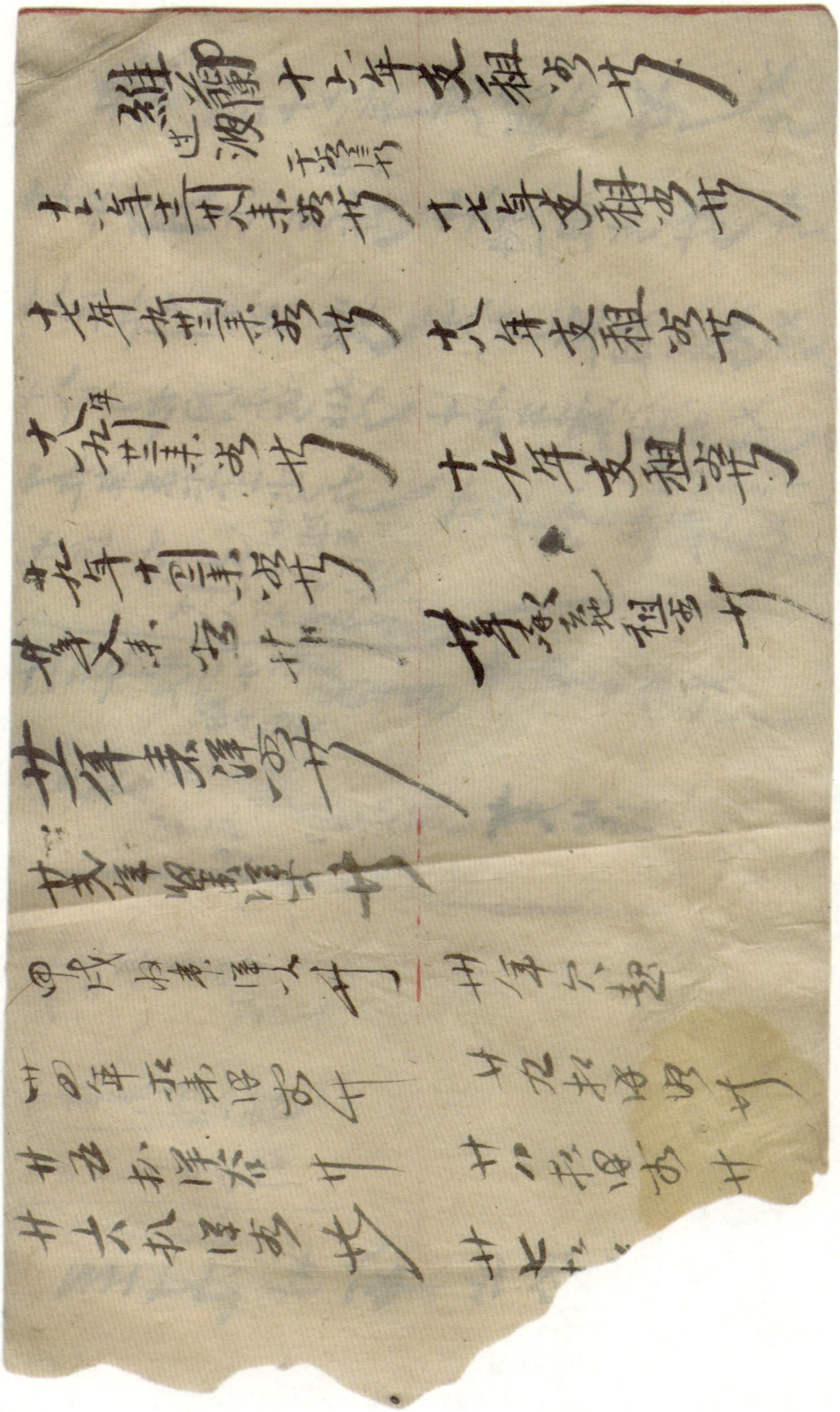

3-1-68-5　民國十六年黃永懷記重興寨地租簿（五）

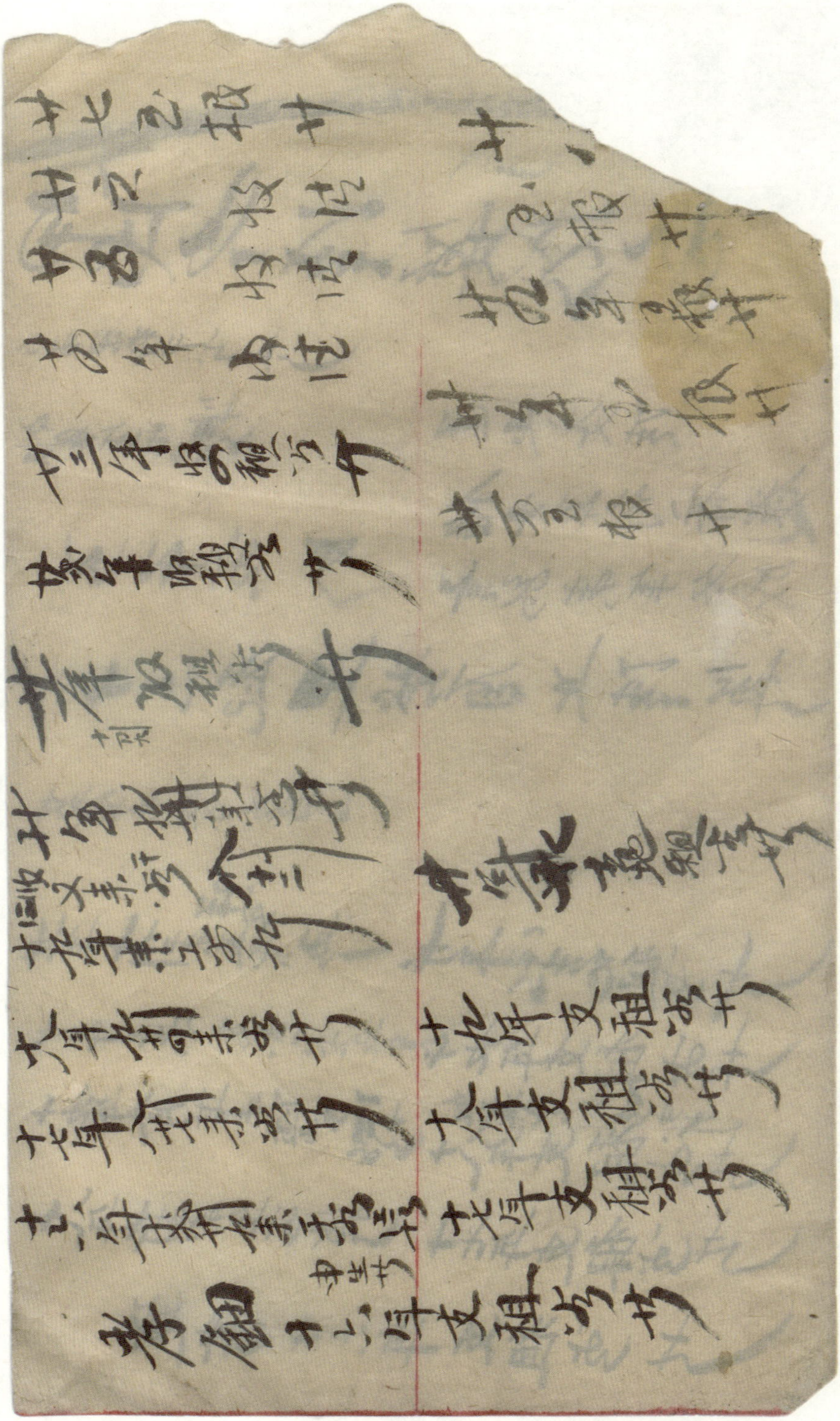

3-1-68-6　民國十六年黃永懷記重興寨地租簿（六）

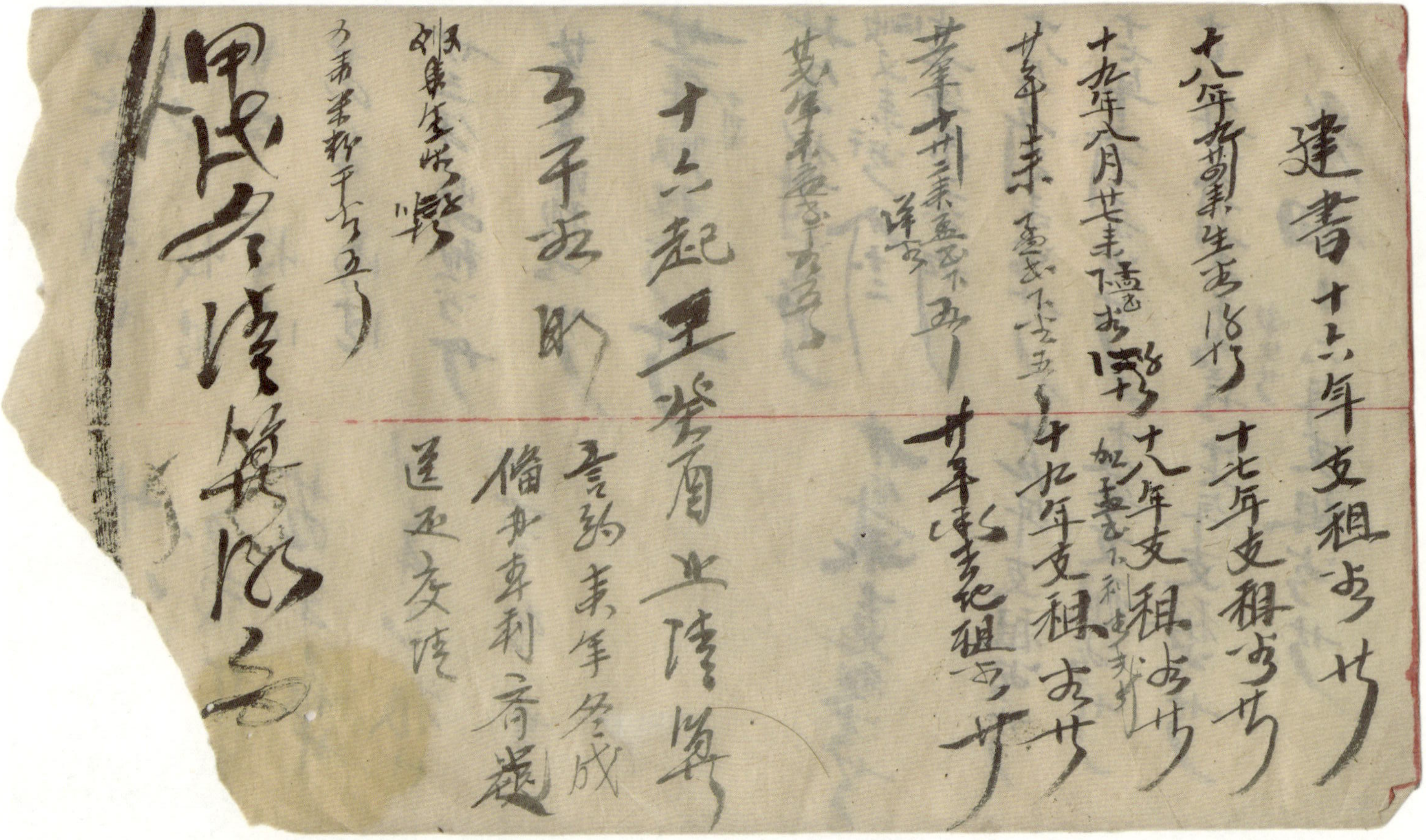

3-1-68-7　民國十六年黃永懷記重興寨地租簿（七）

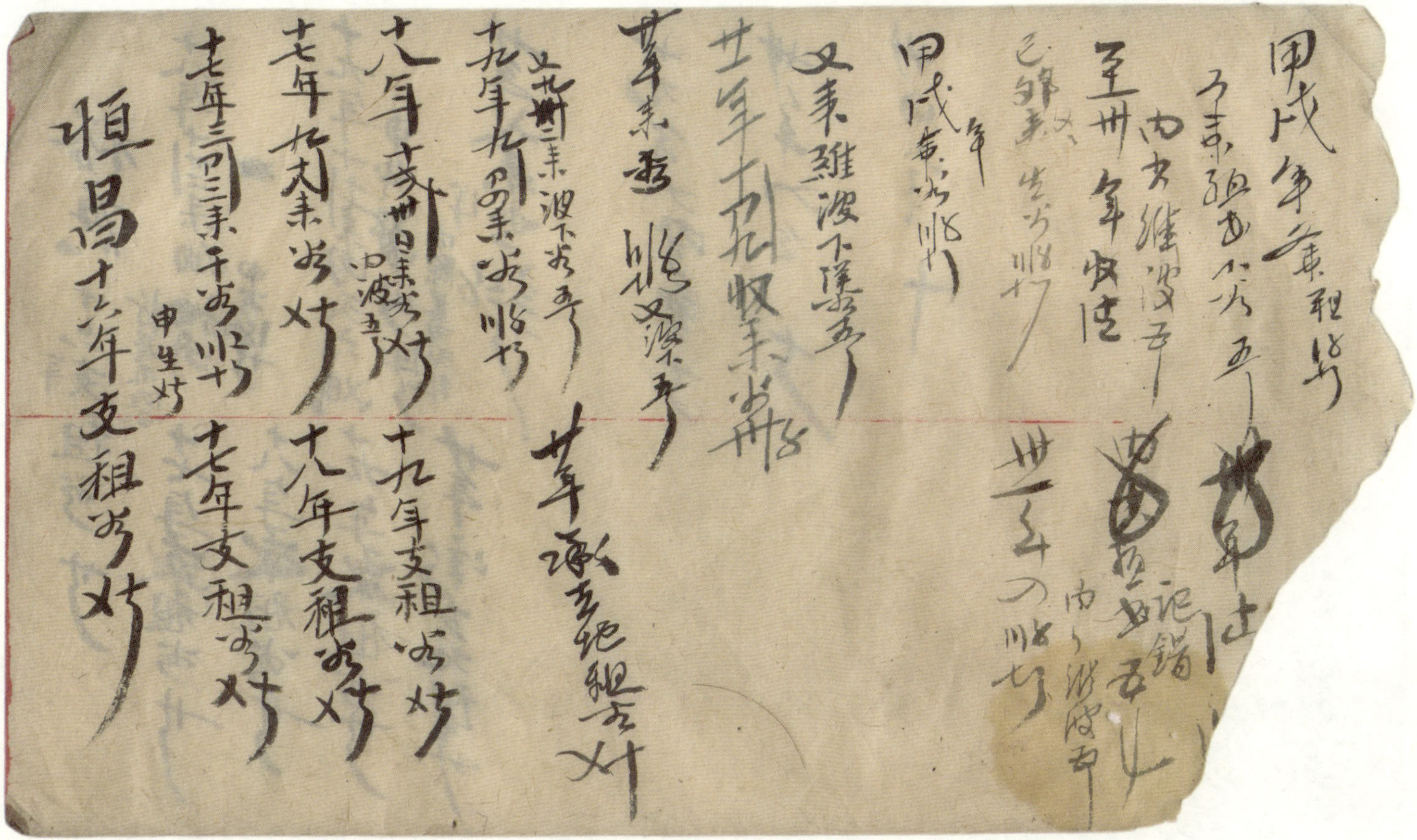

3-1-68-8　民國十六年黃永懷記重興寨地租簿（八）

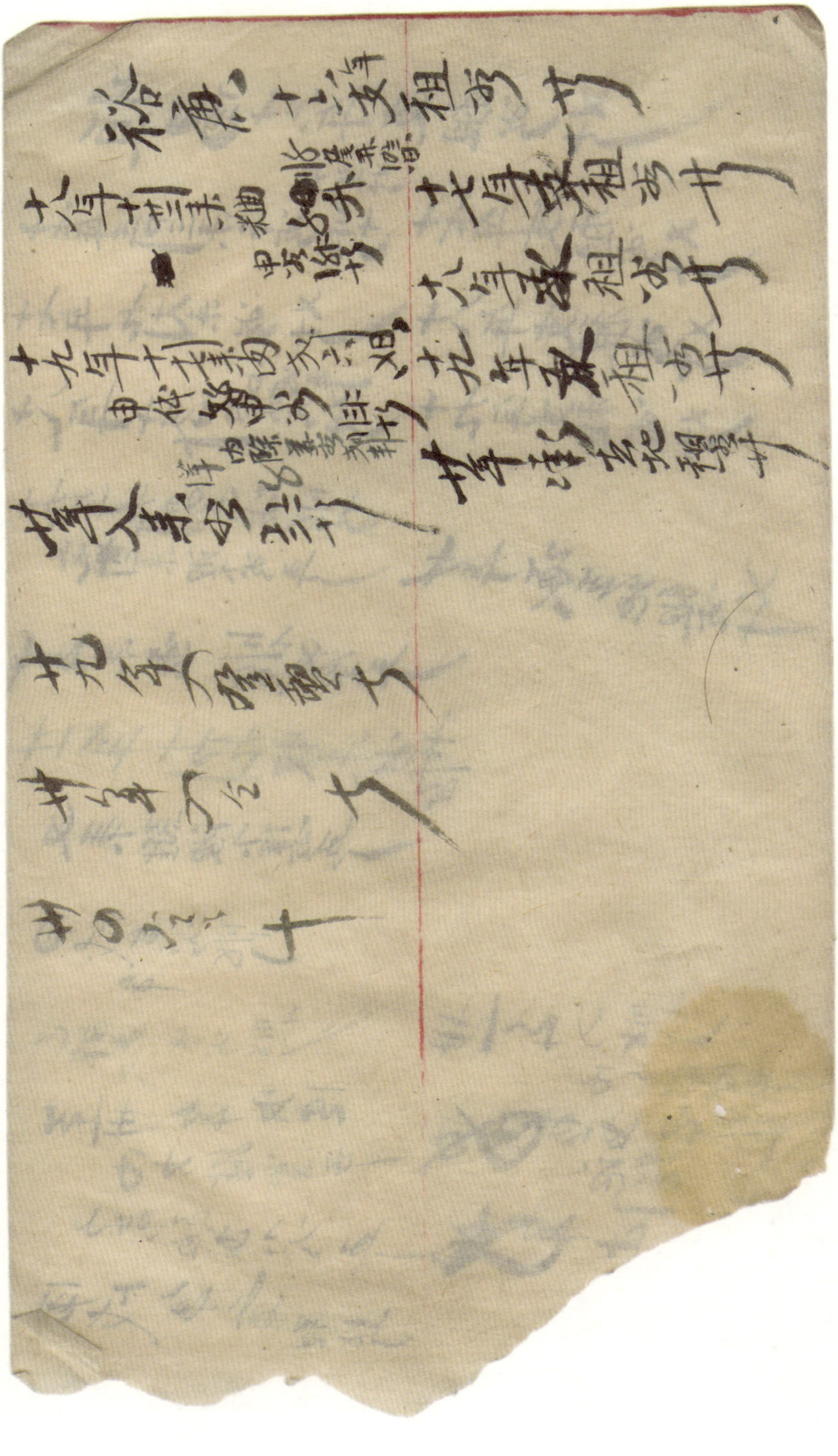

3-1-68-9 民國十六年黃永懷記重興寨地租簿（九）

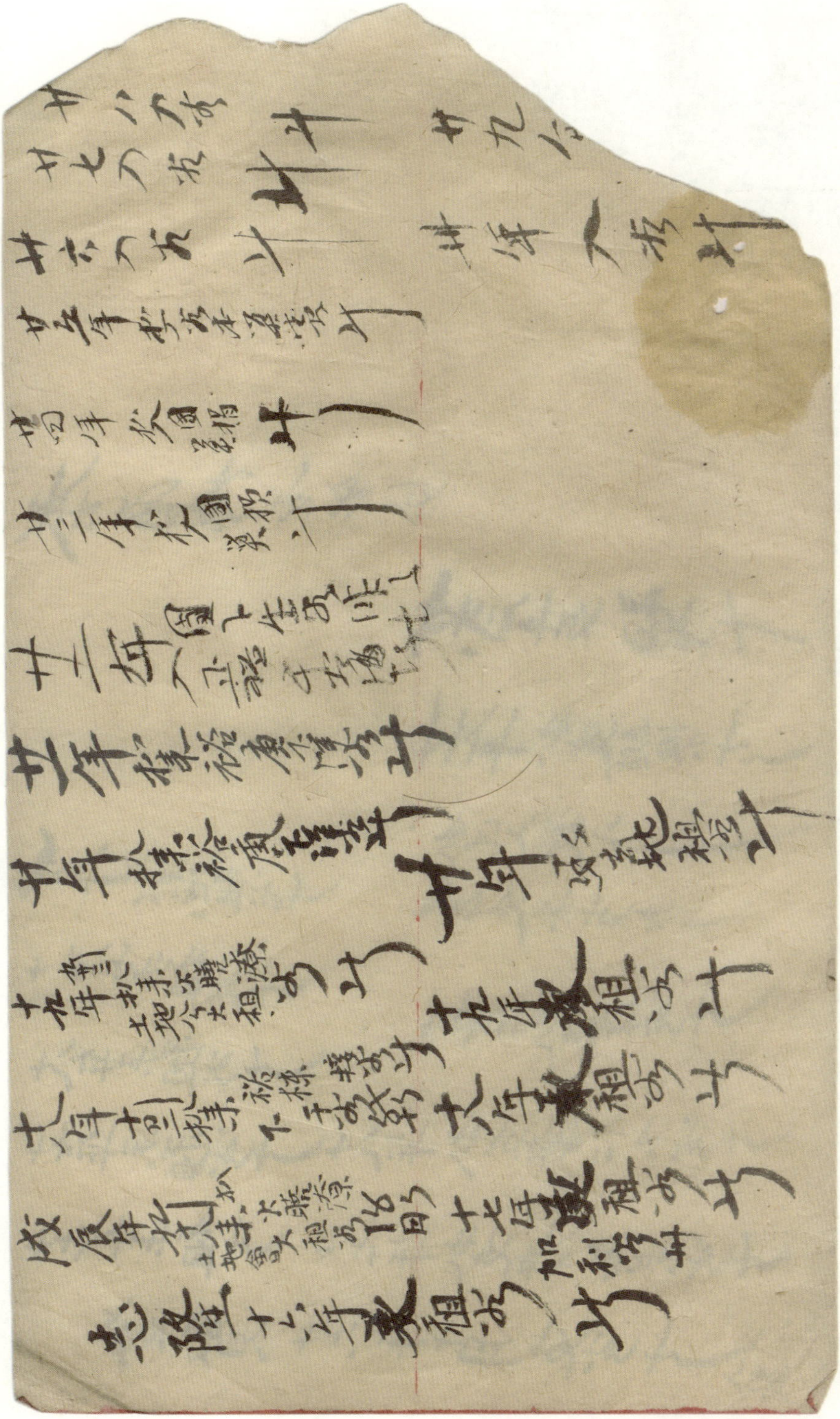

3-1-68-10 民國十六年黃永懷記重興寨地租簿（一〇）

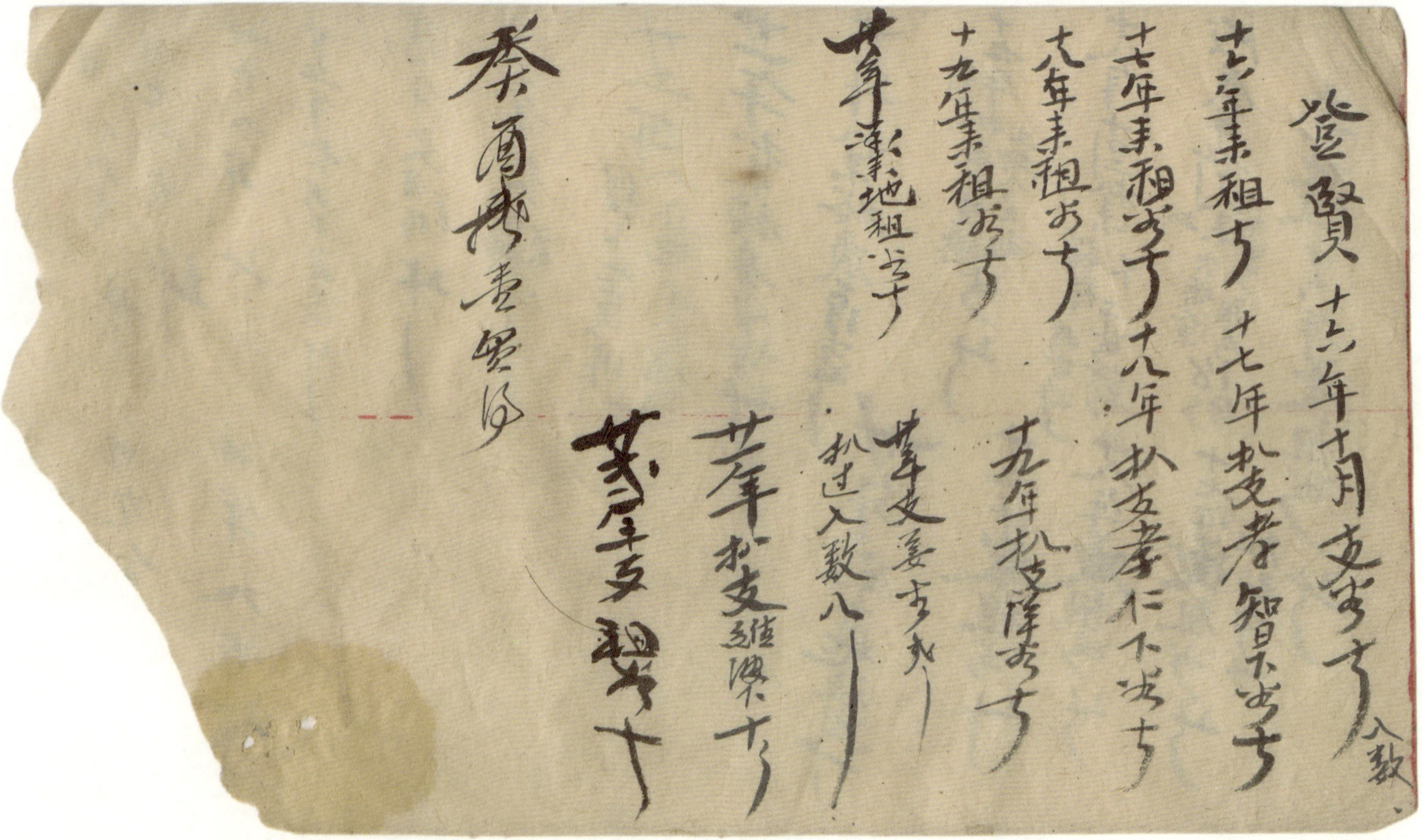

瑩賢　十六年十月支〤亍　入數

十六年未租亍　十七年扒支孝智下〤亍

十七年未租〤亍　十八年扒支孝仁下〤亍

十八年未租〤亍　十九年扒支洋〤亍

十九年未租〤亍　廿年支姜〤〥

廿年未地租〤十　扒过入數八

廿一年扒支继傑十

廿二年交租〤十

癸酉[illegible]書[illegible]

3-1-68-11　民國十六年黄永懷記重興寨地租簿（一一）

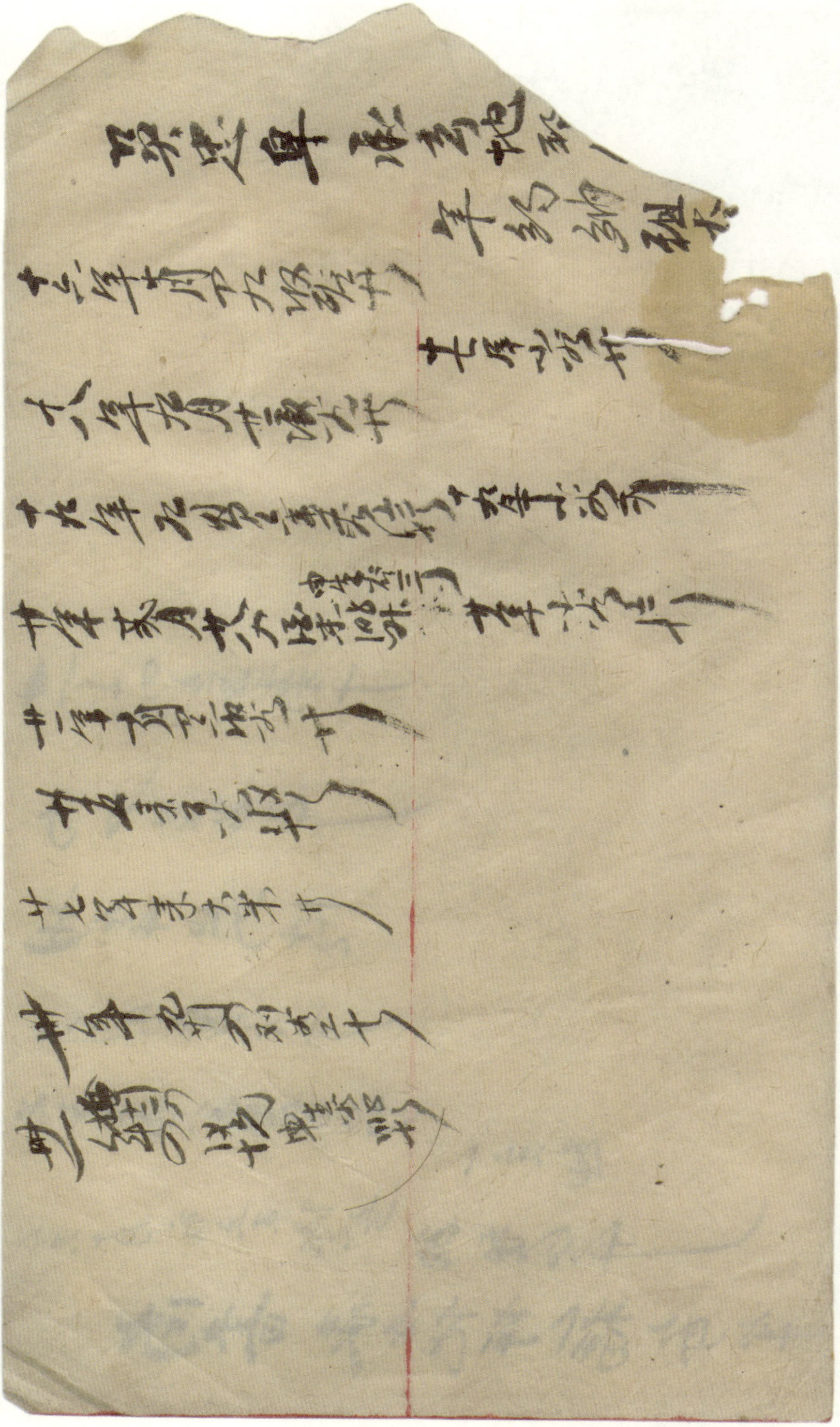

3-1-68-12　民國十六年黃永懷記重興寨地租簿（一二）

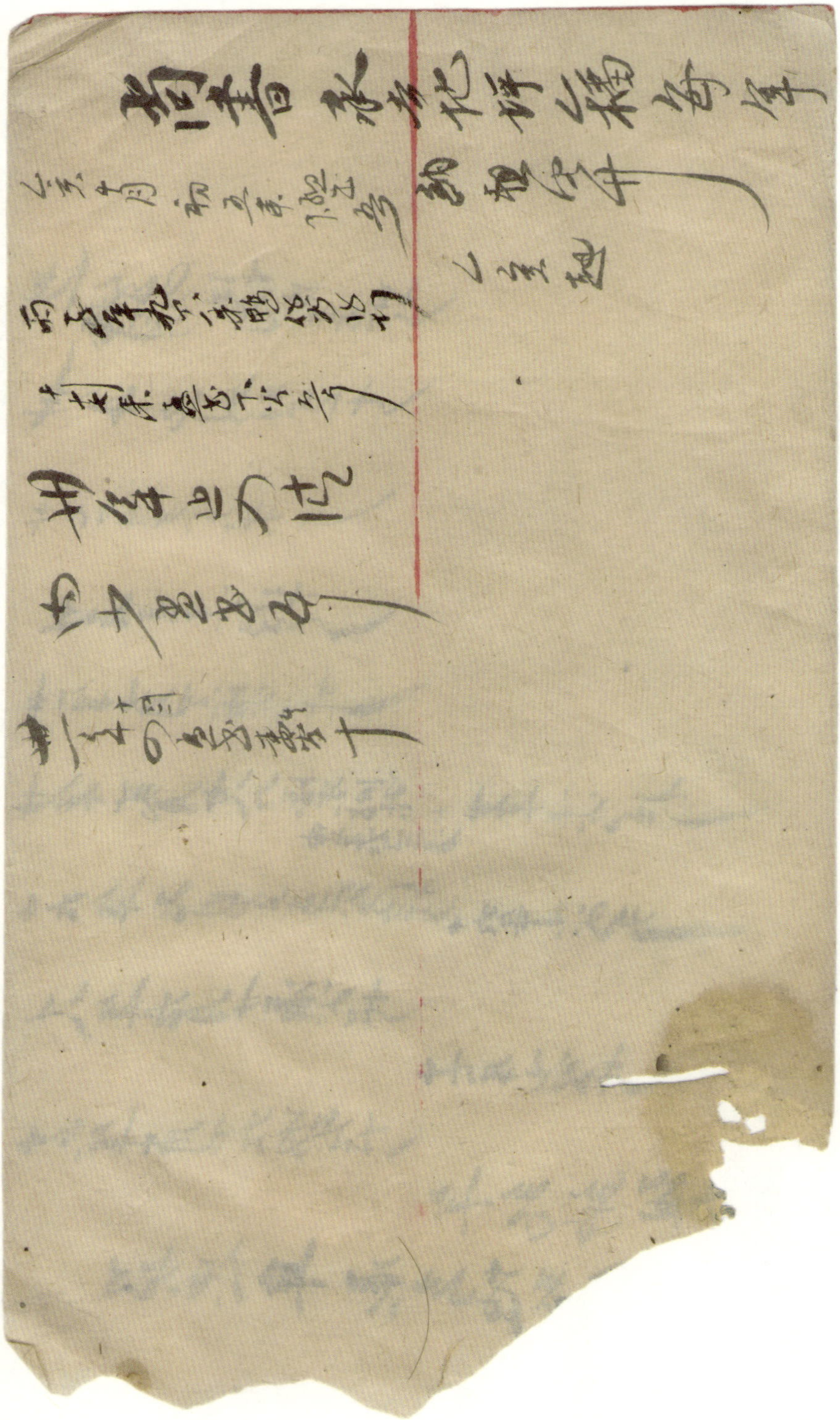

3-1-68-13　民國十六年黃永懷記重興寨地租簿（一三）

3-1-69-1 民國十九年黃永懷記出入蛋數簿（一）

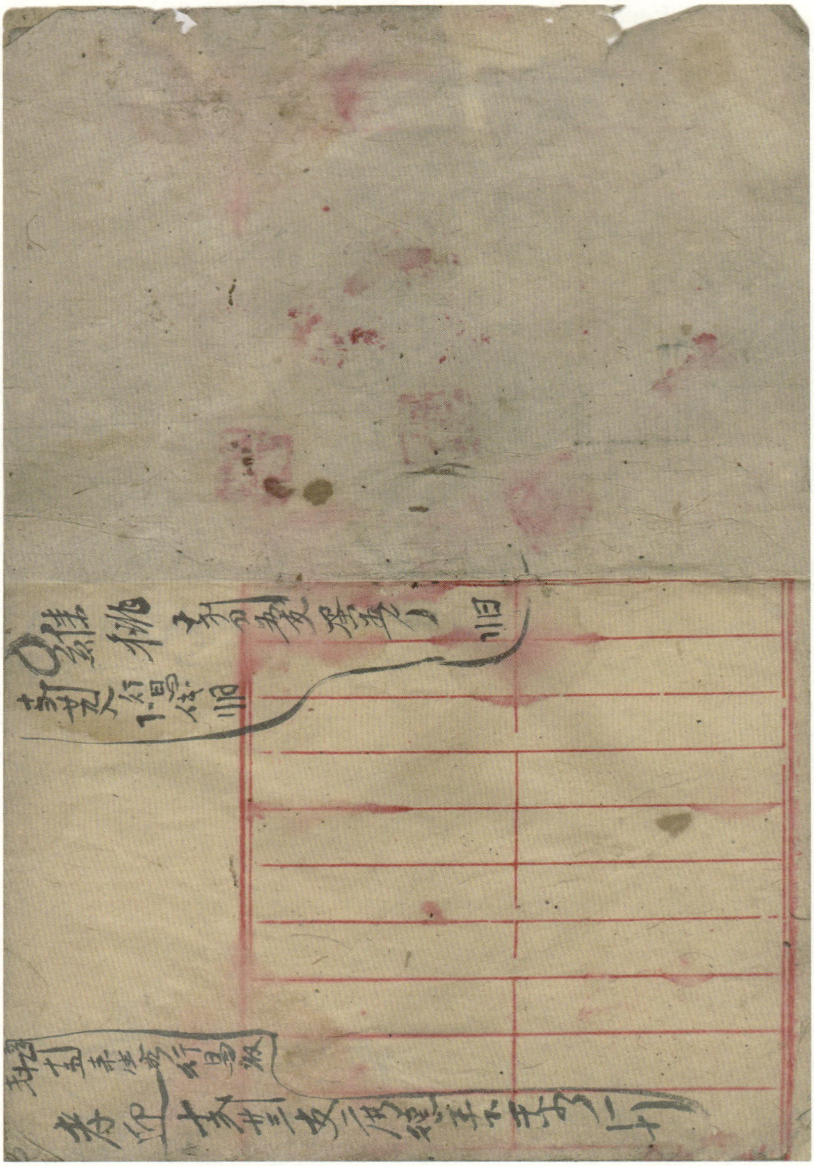

3-1-69-2　民國十九年黃永懷記出入蛋數簿（二）

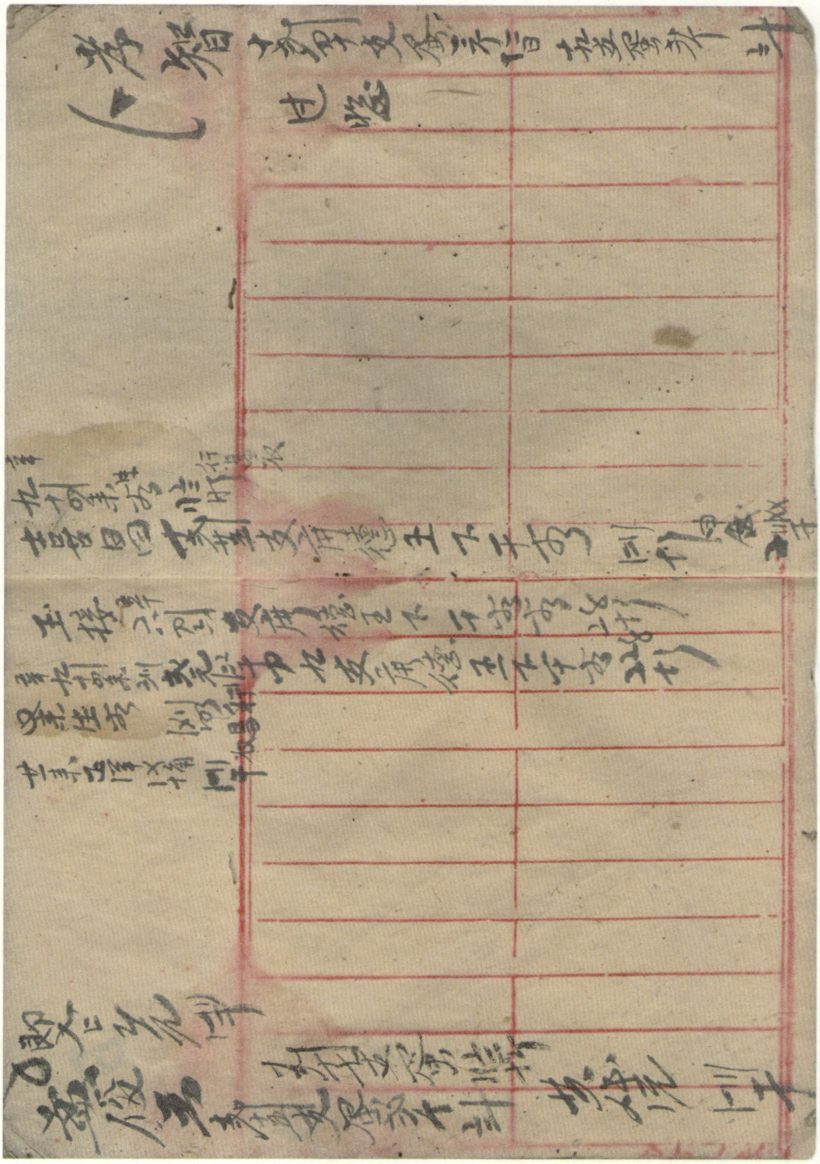

3-1-69-3 民國十九年黃永懷記出入蛋數簿（三）

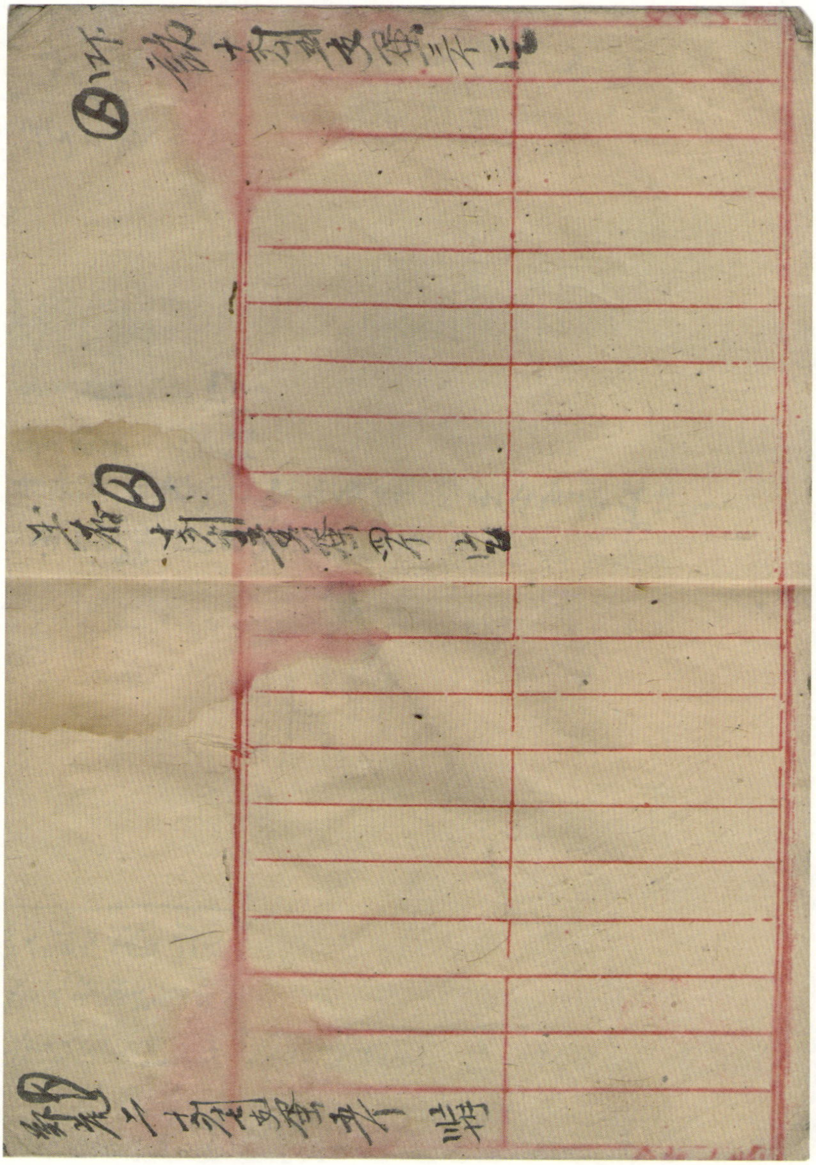

3-1-69-4 民國十九年黃永懷記出入蛋數簿（四）

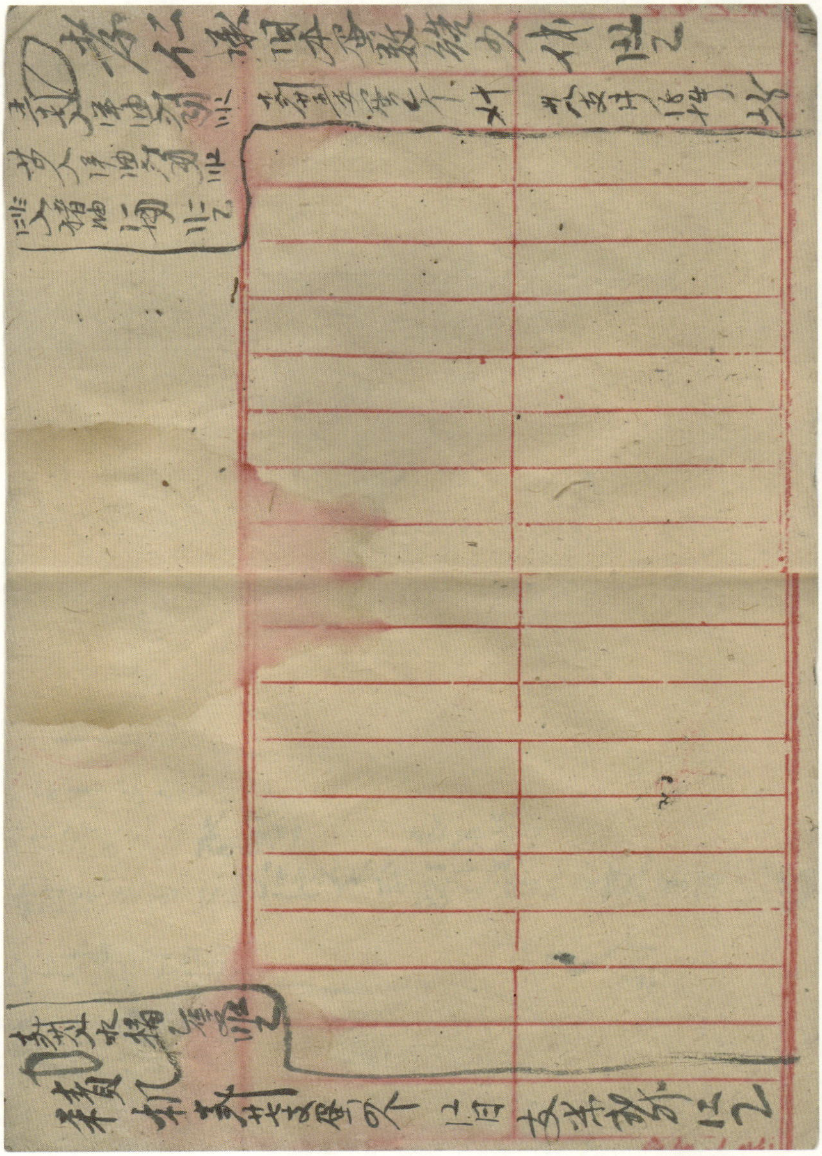

3-1-69-5　民國十九年黃永懷記出入蛋數簿（五）

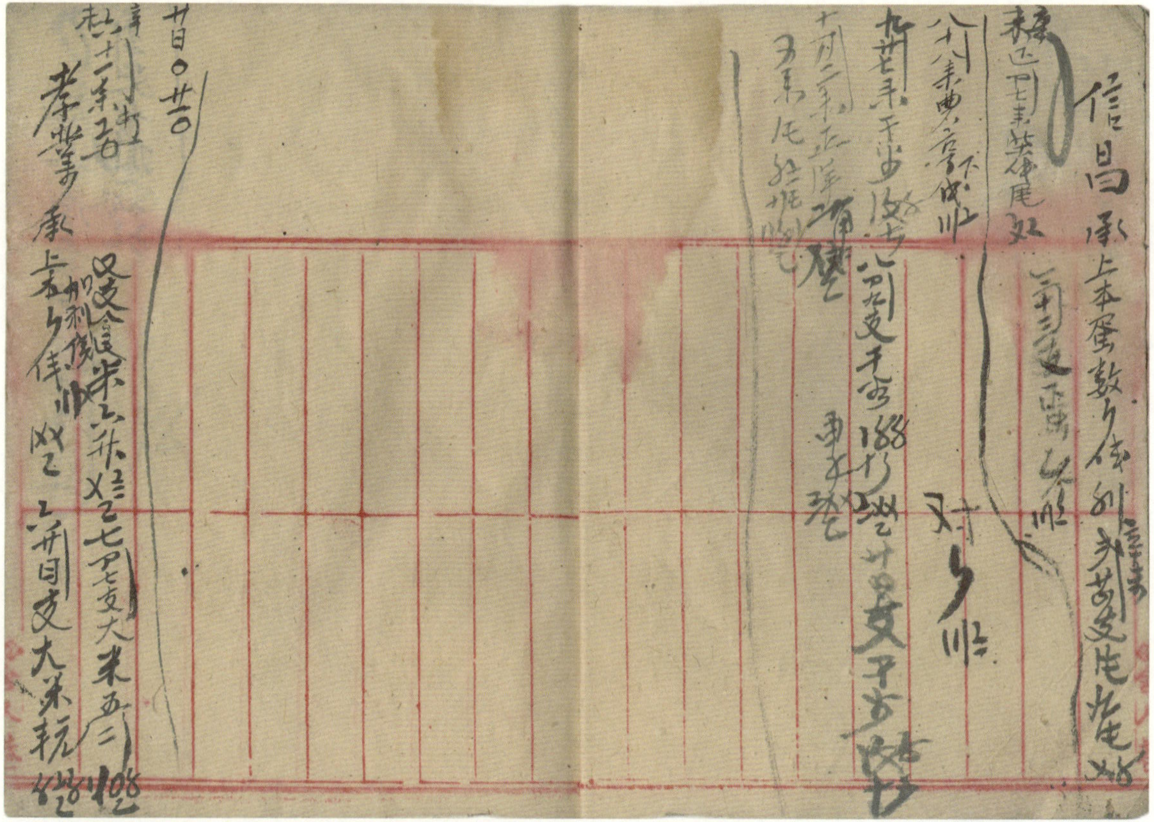

3-1-69-6 民國十九年黃永懷記出入蛋數簿（六）

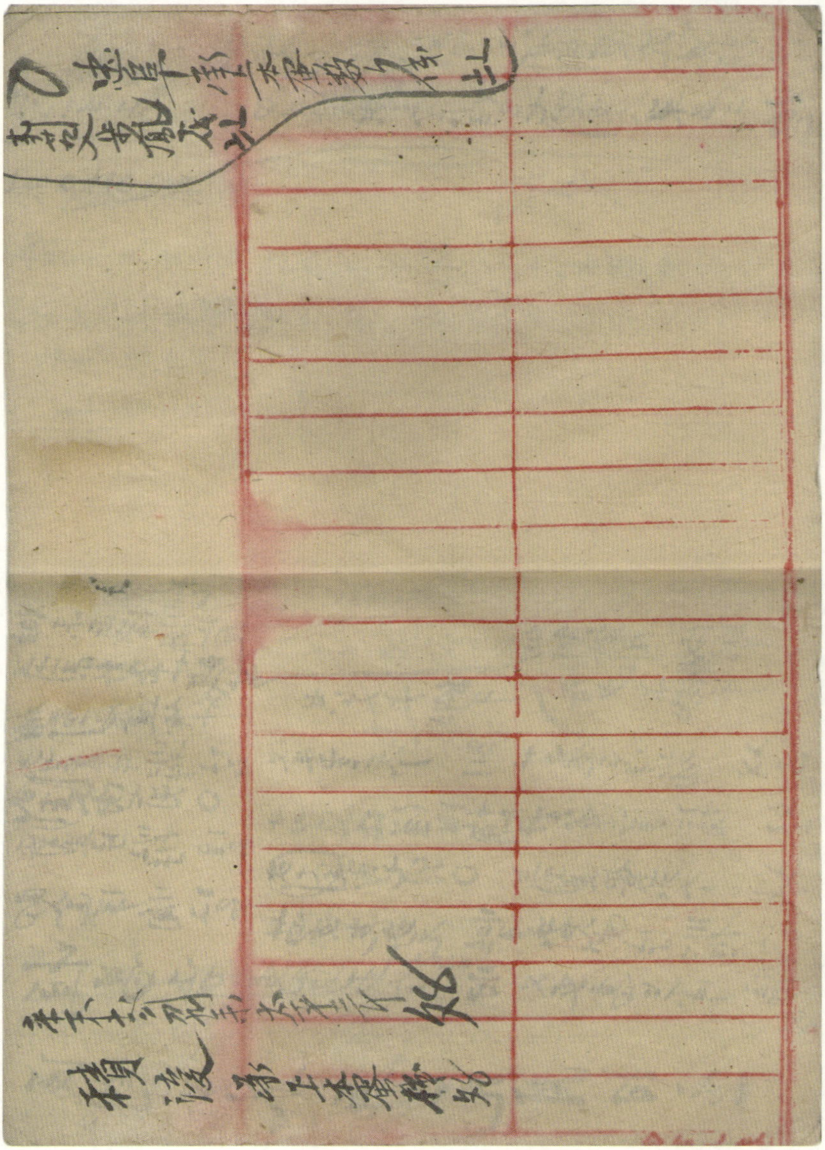

3-1-69-7　民國十九年黃永懷記出入蛋數簿（七）

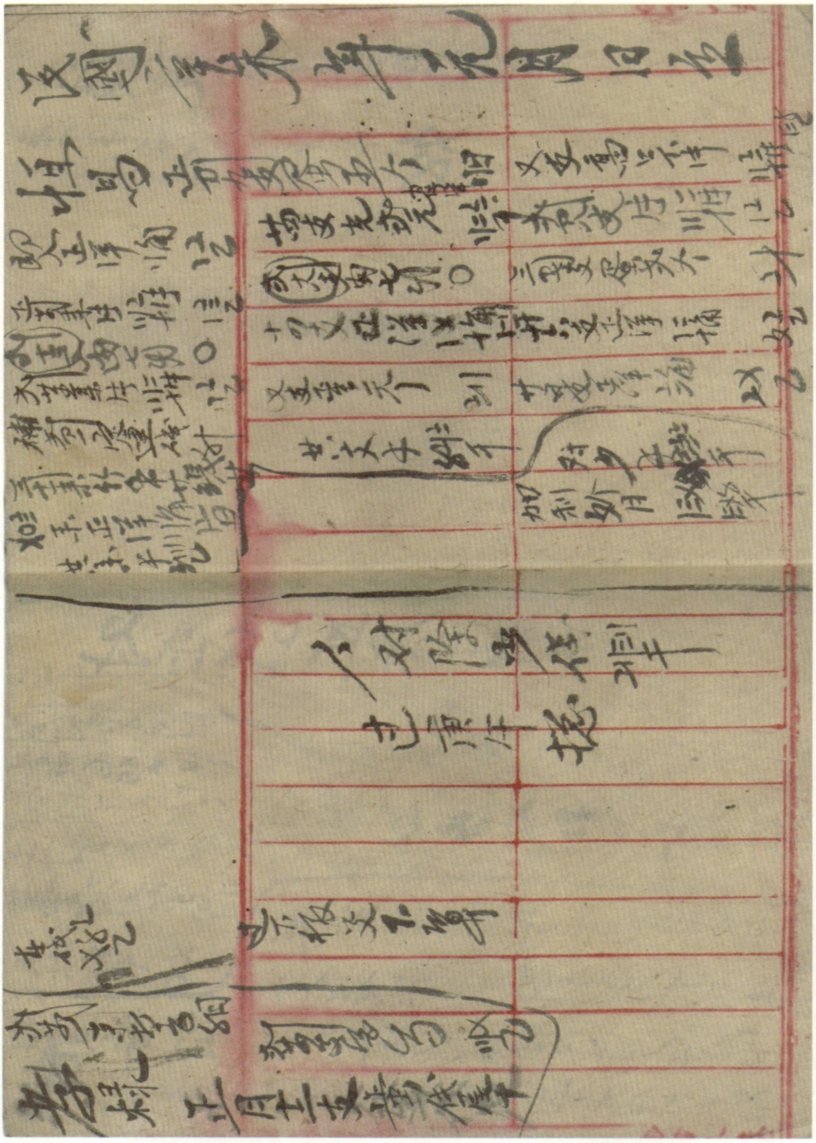

3-1-69-8 民國十九年黄永懷記出入蛋數簿（八）

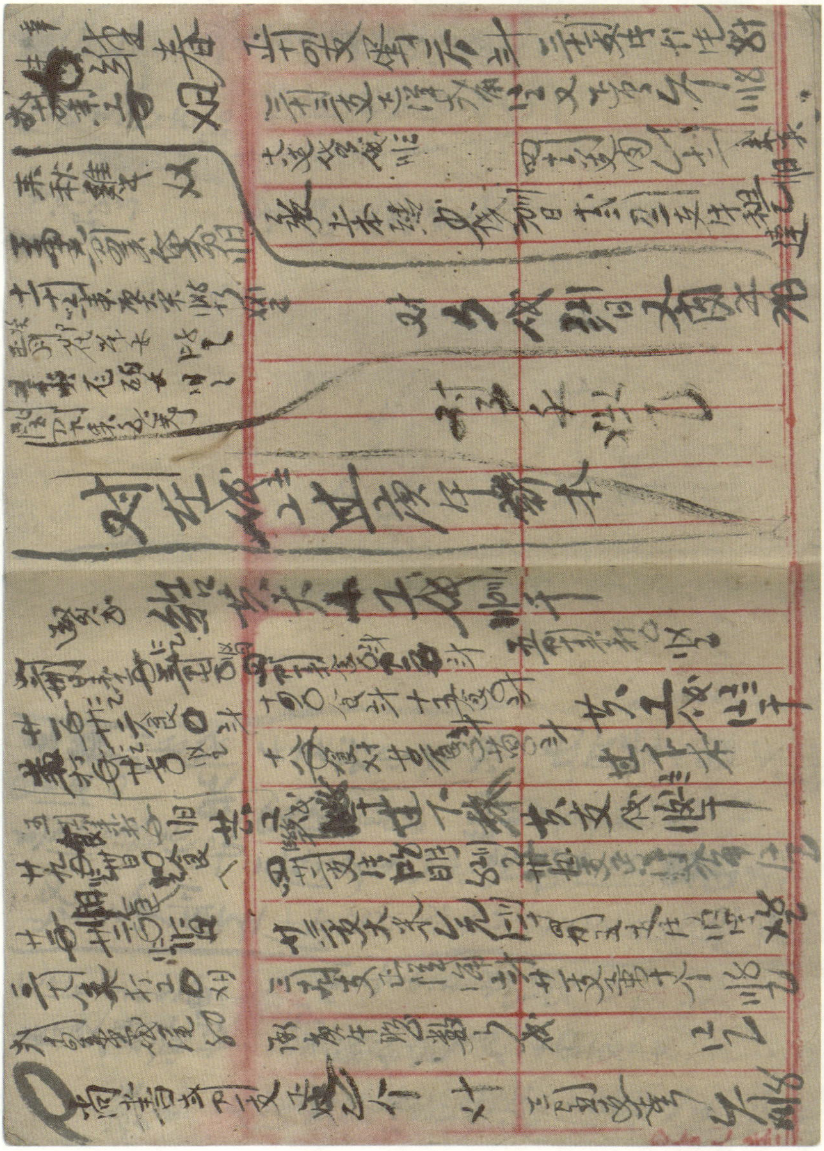

3-1-69-9 民國十九年黃永懷記出入蛋數簿（九）

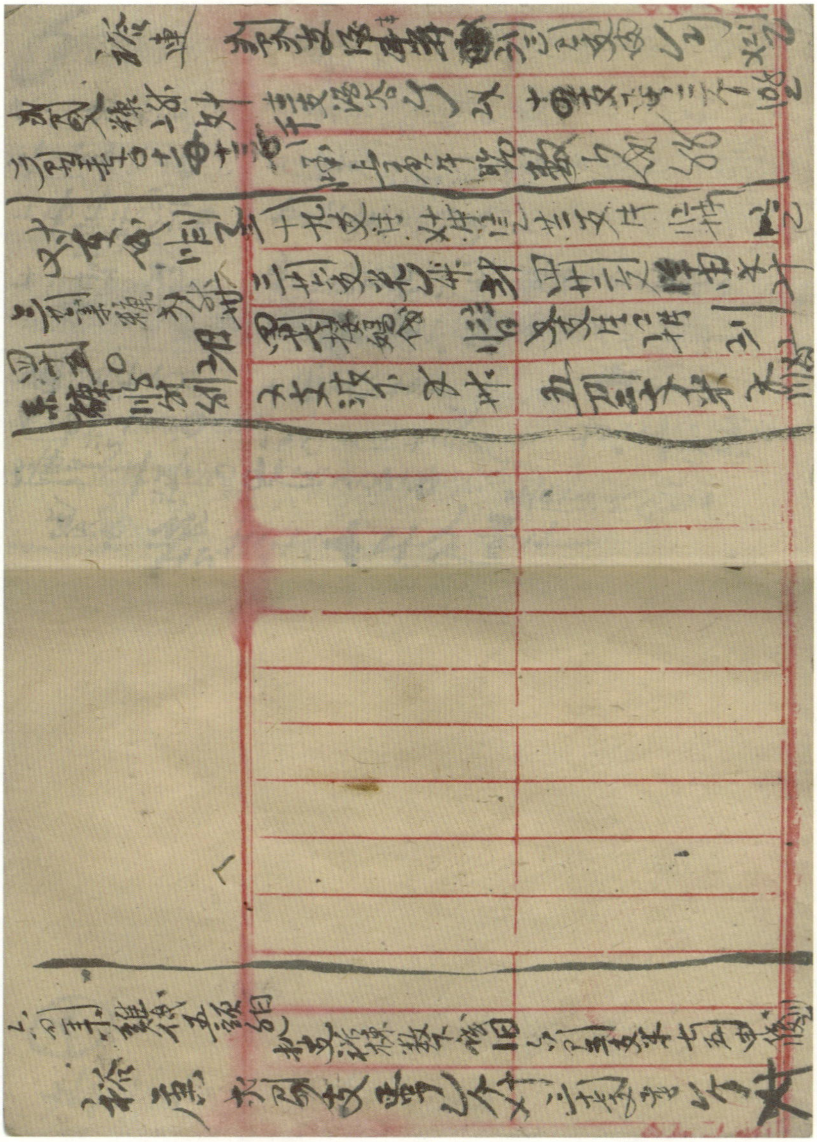

3-1-69-10　民國十九年黃永懷記出入蛋數簿（一〇）

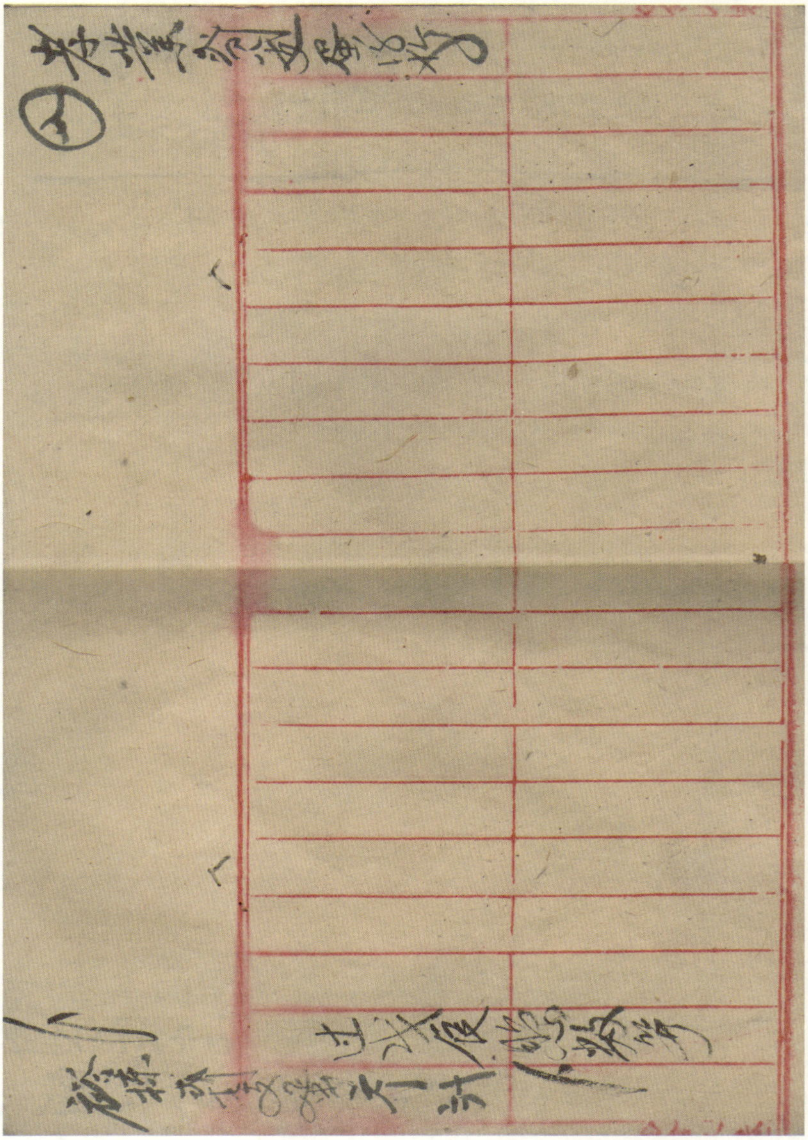

3-1-69-11 民國十九年黃永懷記出入蛋數簿（一一）

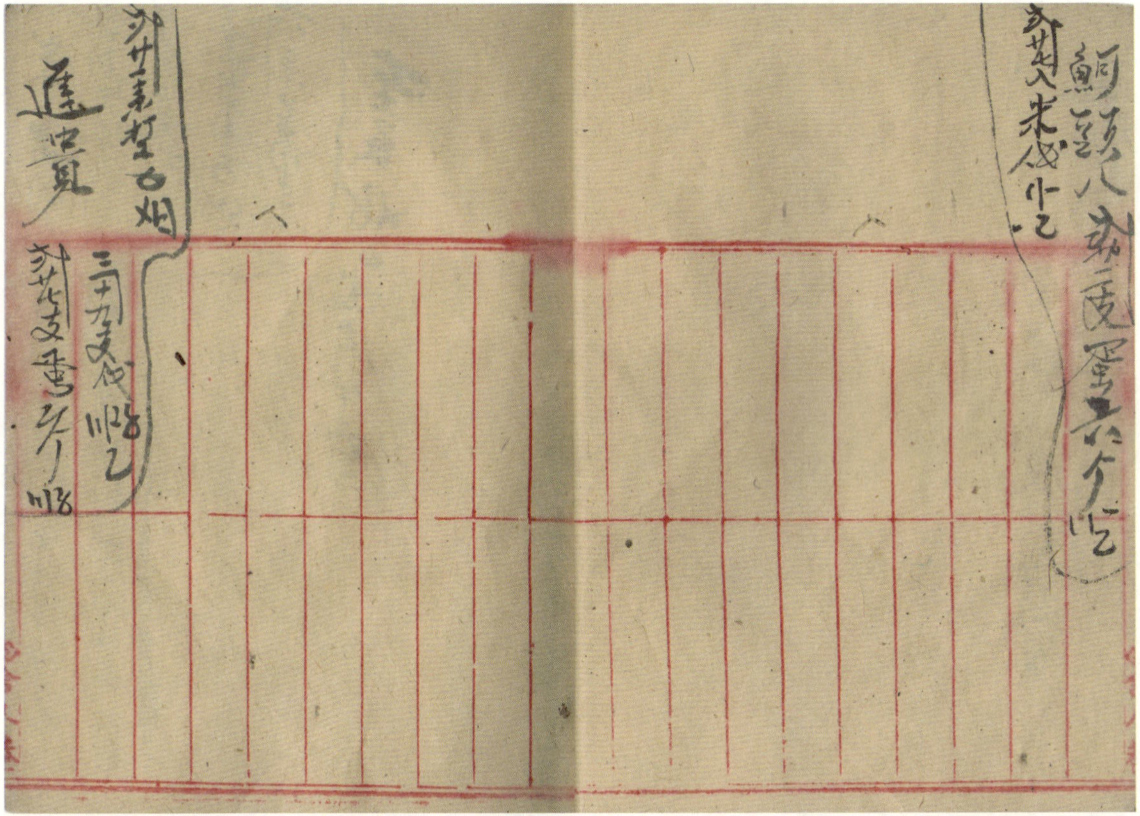

3-1-69-12　民國十九年黃永懷記出入蛋數簿（一二）

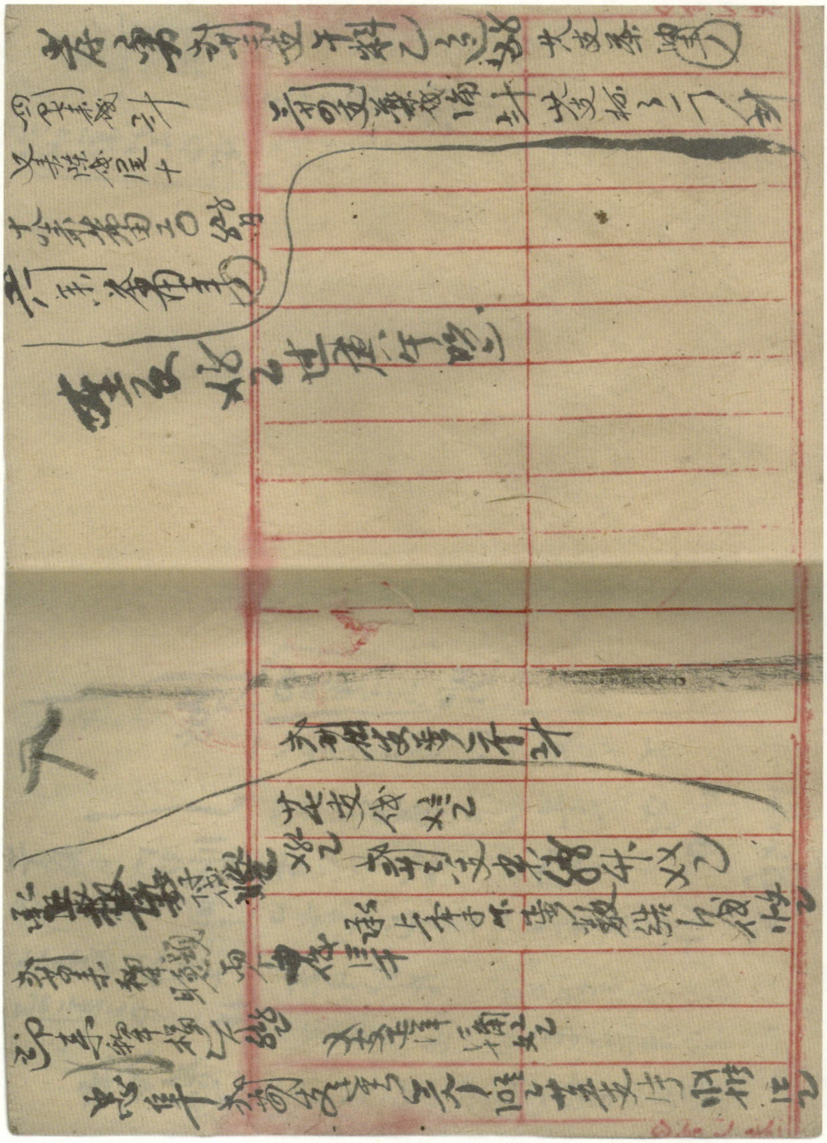

3–1–69–13　民國十九年黃永懷記出入蛋數簿（一三）

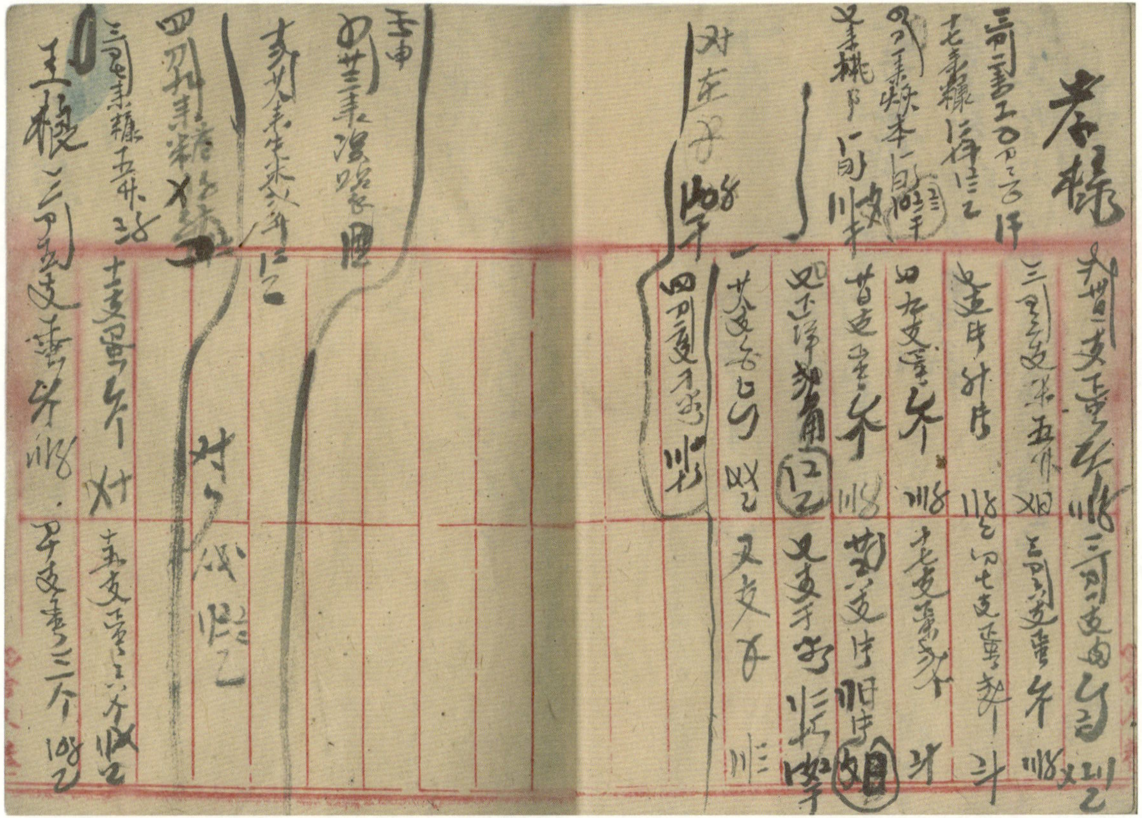

3-1-69-14　民國十九年黄永懷記出入蛋數簿（一四）

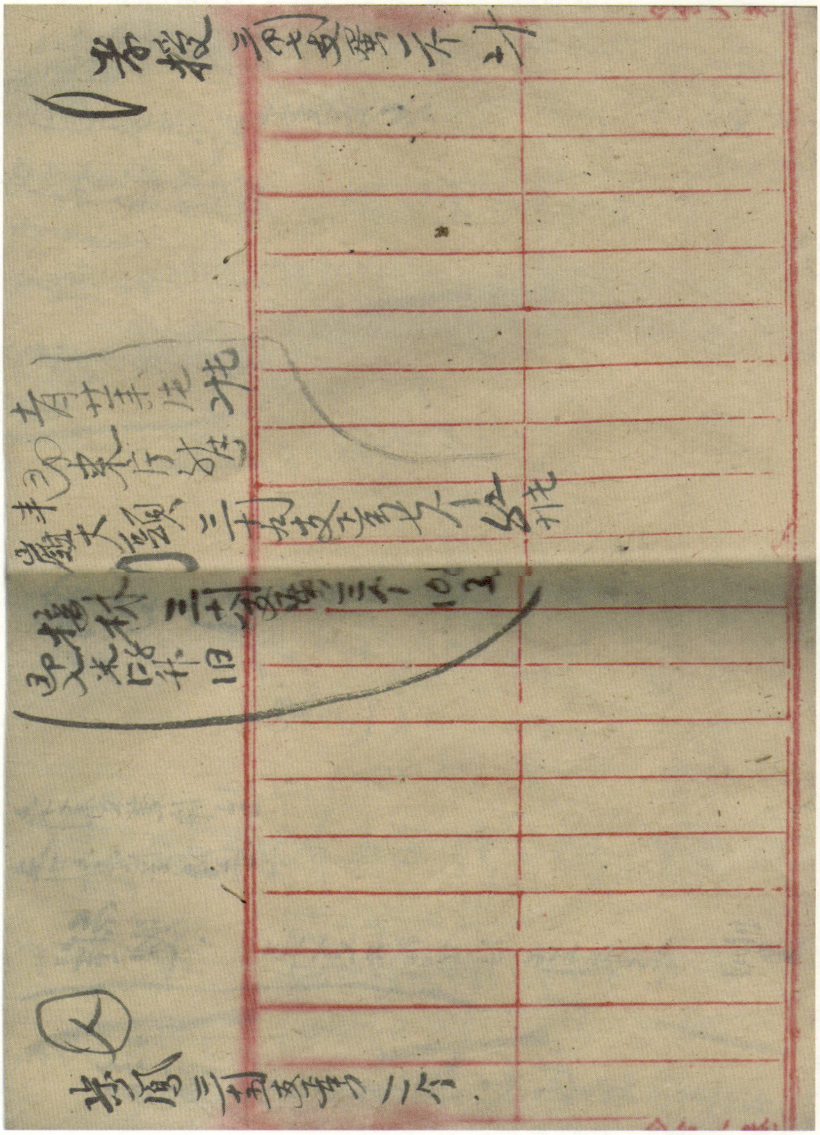

3-1-69-15 民國十九年黃永懷記出入蛋數簿（一五）

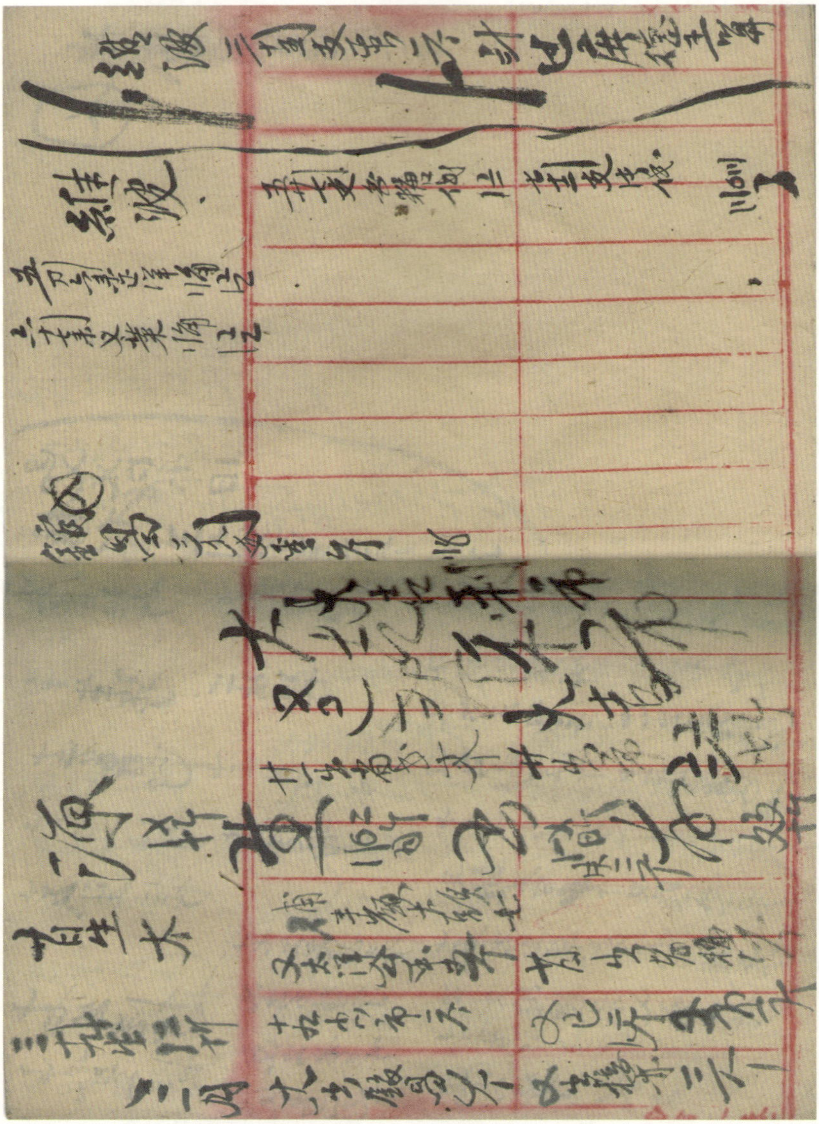

3-1-69-16　民國十九年黄永懷記出入蛋數簿（一六）

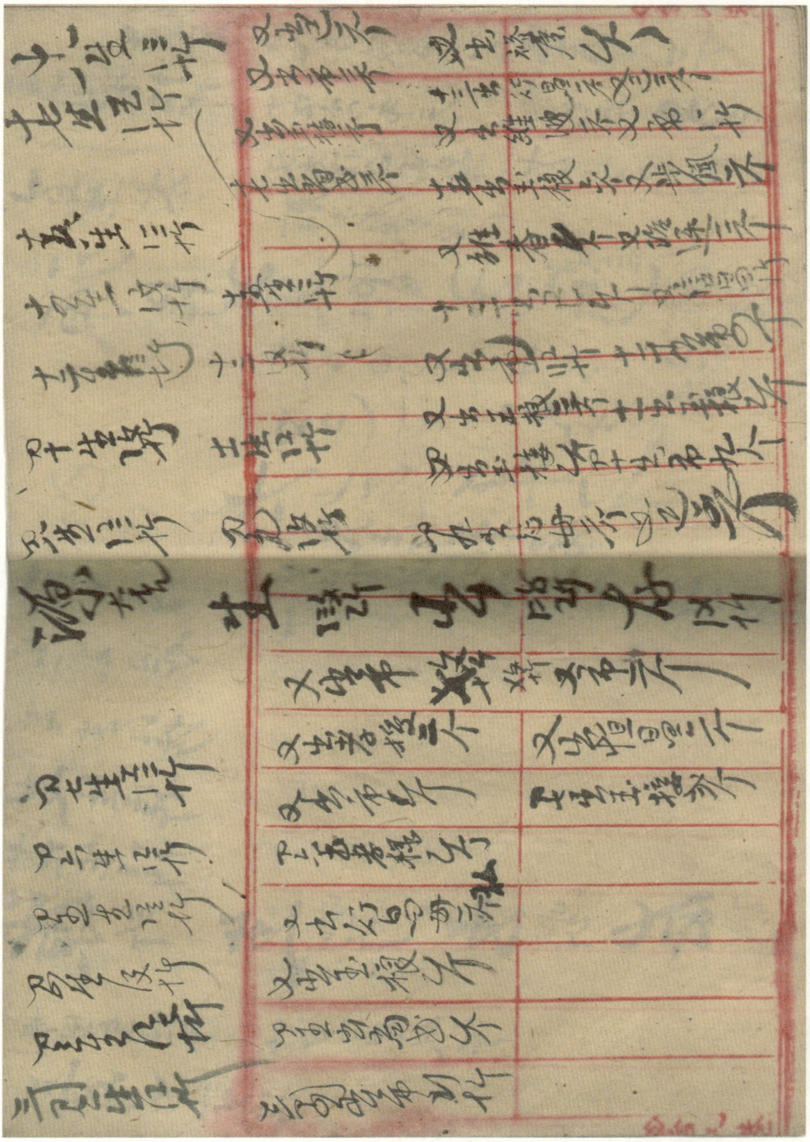

3-1-69-17　民國十九年黃永懷記出入蛋數簿（一七）

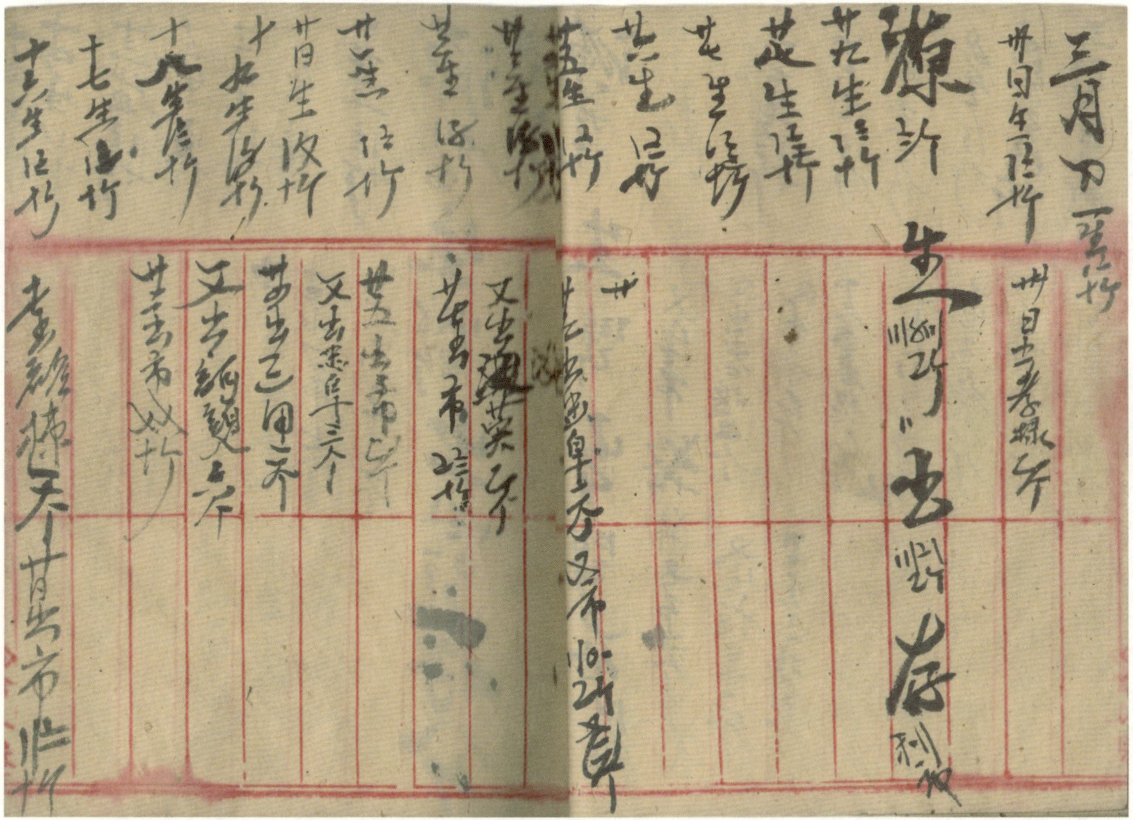

3-1-69-18　民國十九年黄永懷記出入蛋數簿（一八）

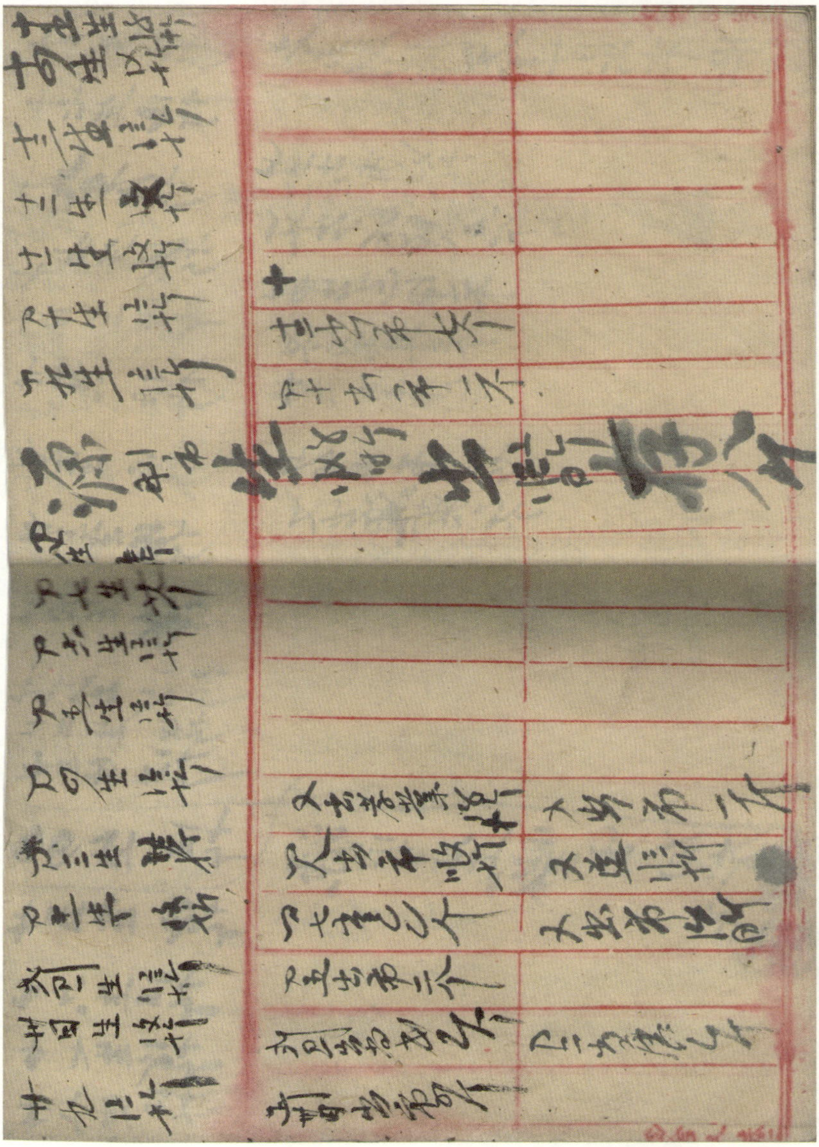

3-1-69-19　民國十九年黃永懷記出入蛋數簿（一九）

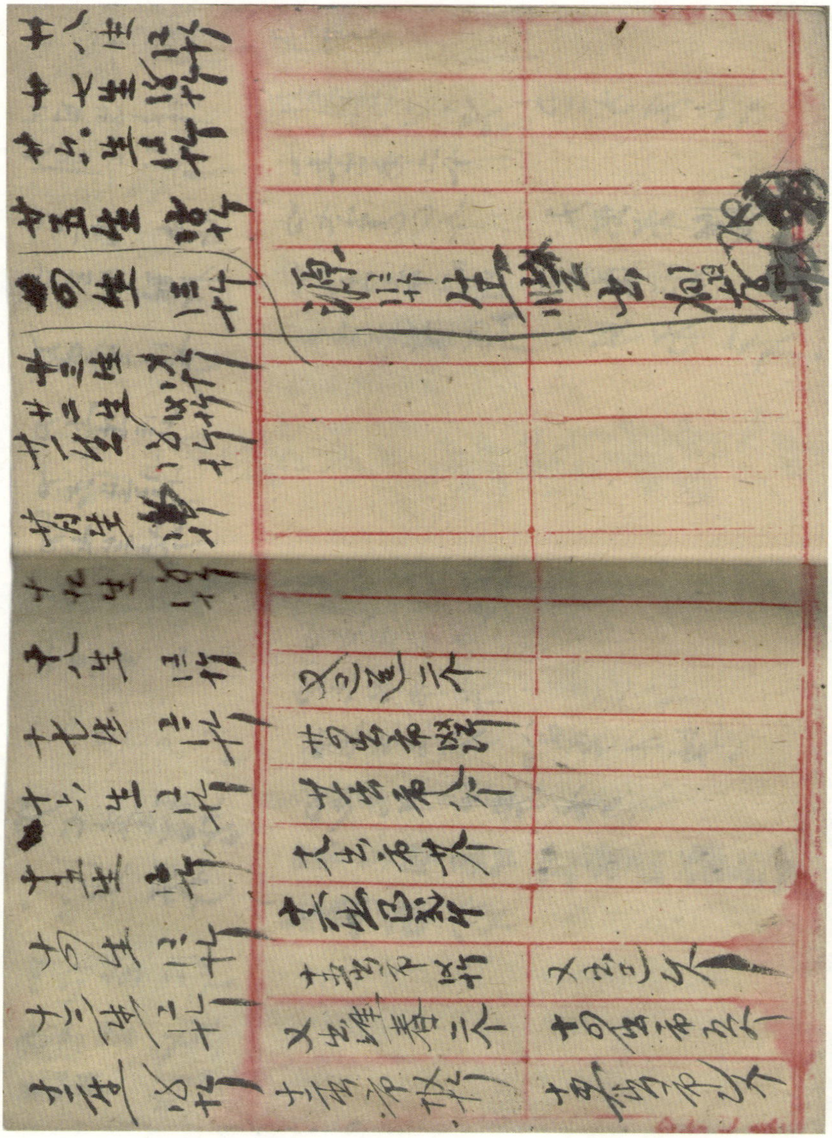

3-1-69-20　民國十九年黃永懷記出入蛋數簿（二〇）

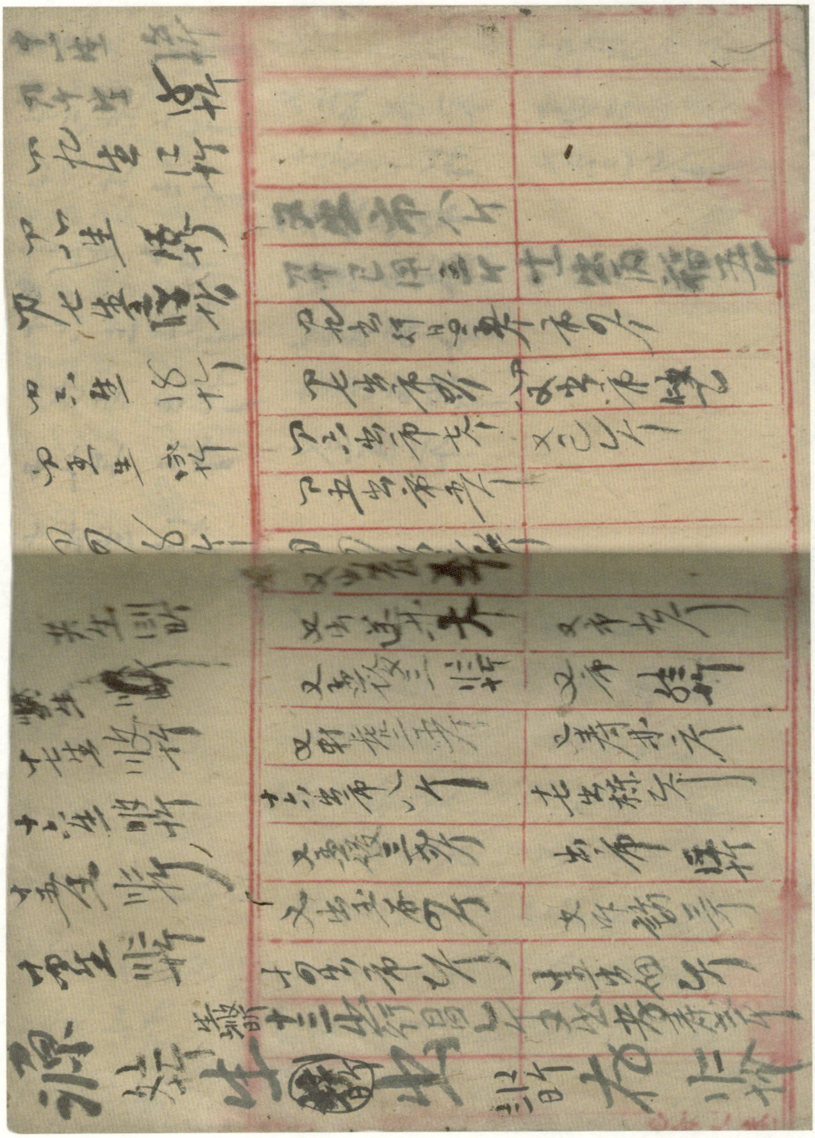

3-1-69-21　民國十九年黃承懷記出入蛋數簿（二一）

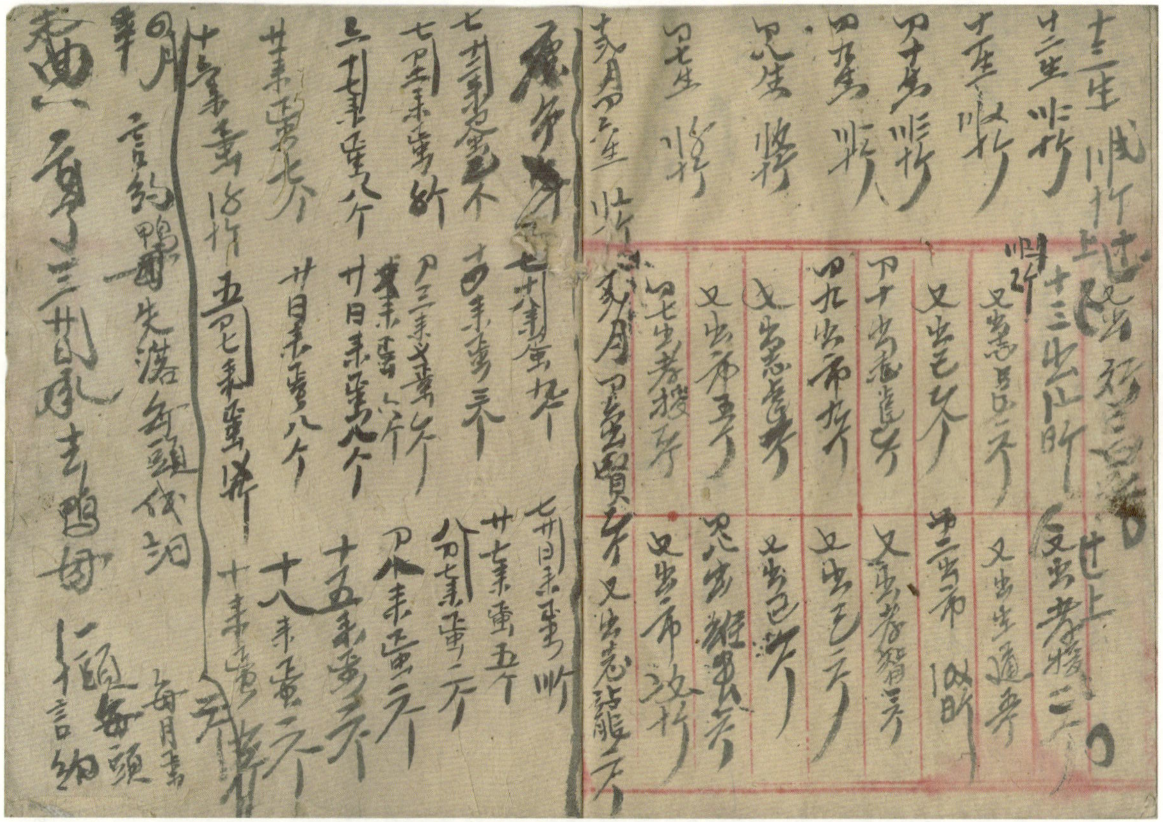

3-1-69-22　民國十九年黃永懷記出入蛋數簿（二二）

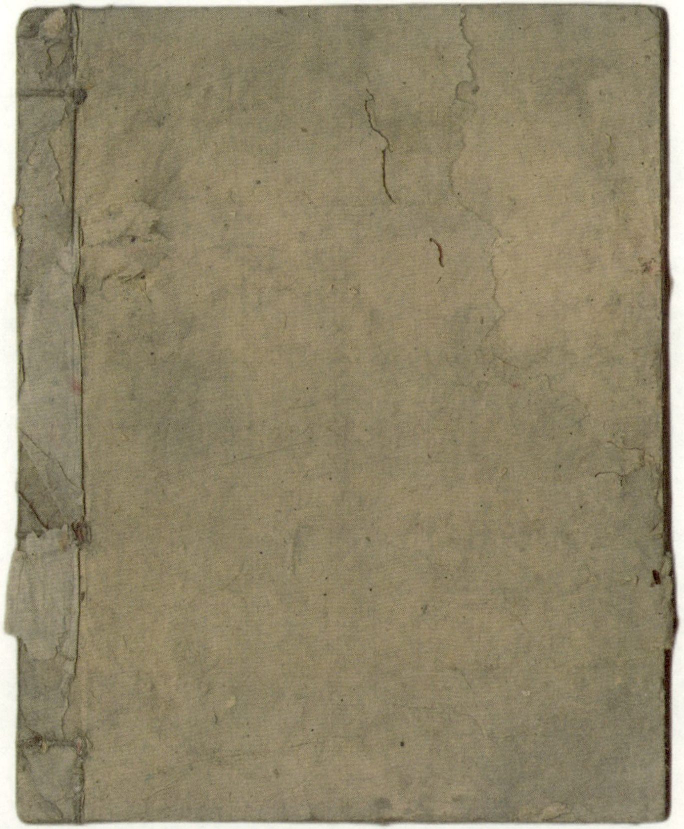

3-1-69-23　民國十九年黃永懷記出入蛋數簿（二三）

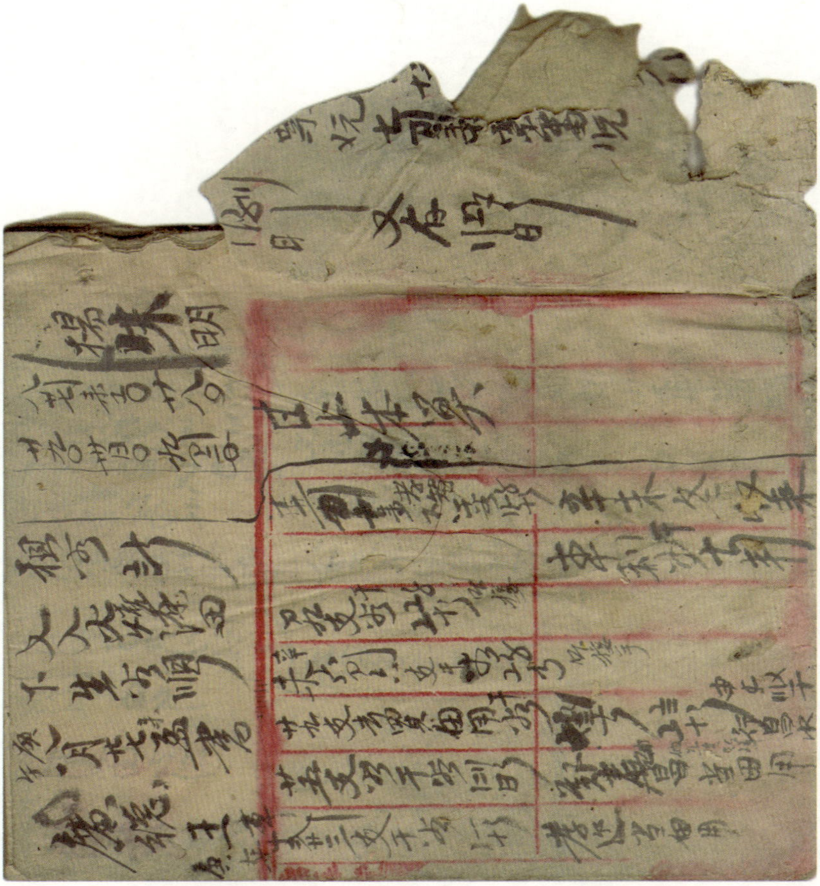

3-1-70-1　民國時期黄氏家族賬簿（一）

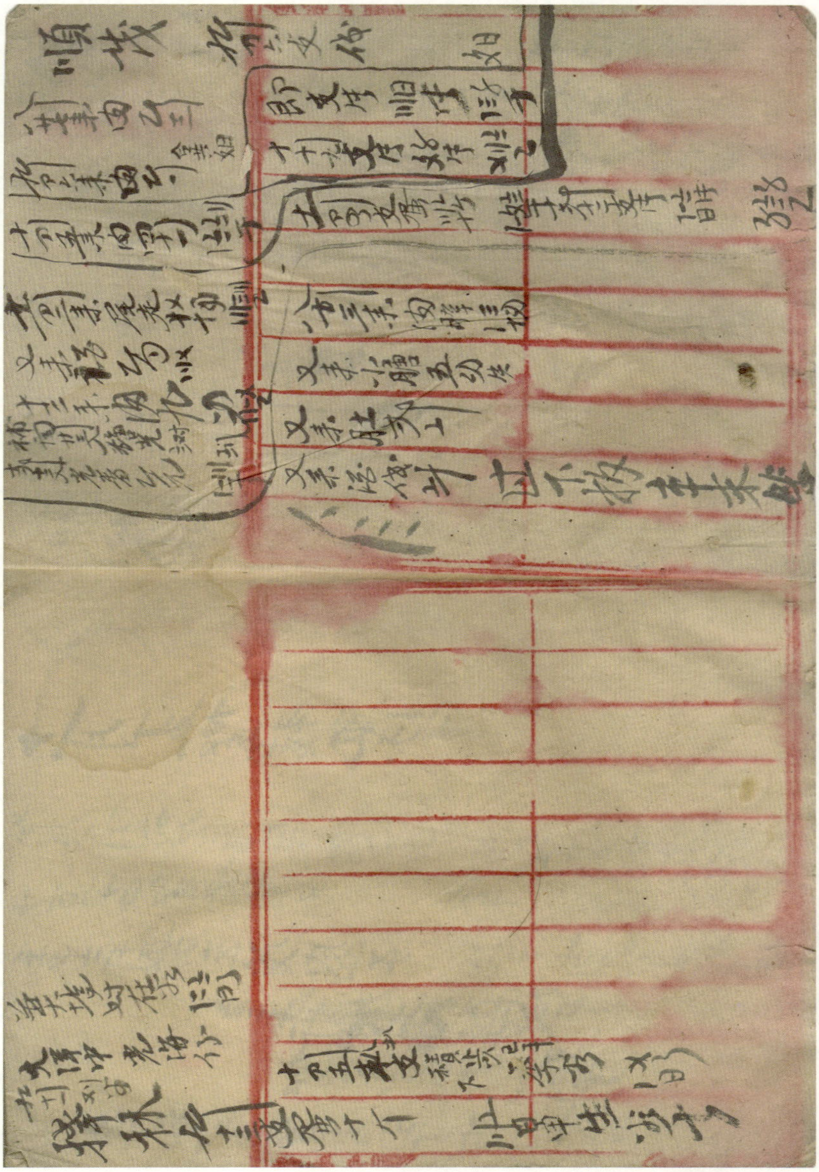

3-1-70-2　民國時期黃氏家族賬簿（二）

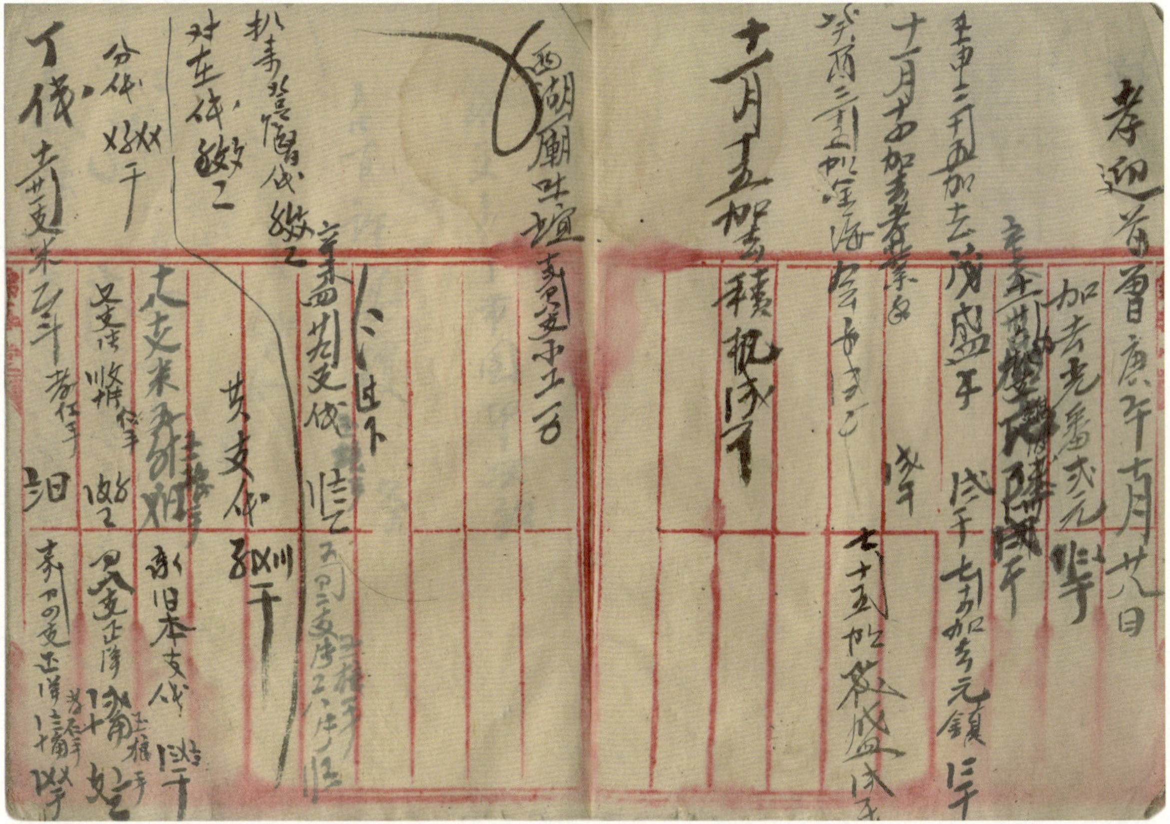

3-1-70-3　民國時期黃氏家族賬簿（三）

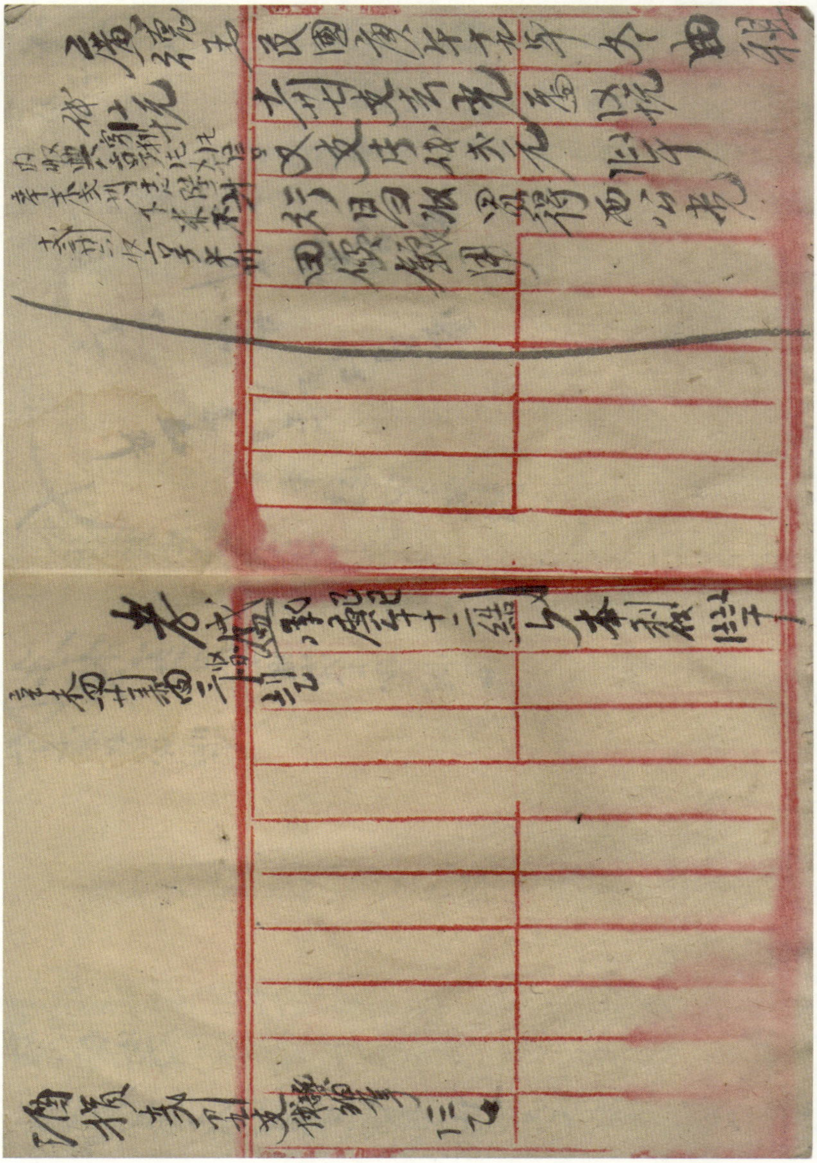

3-1-70-4　民國時期黃氏家族賬簿（四）

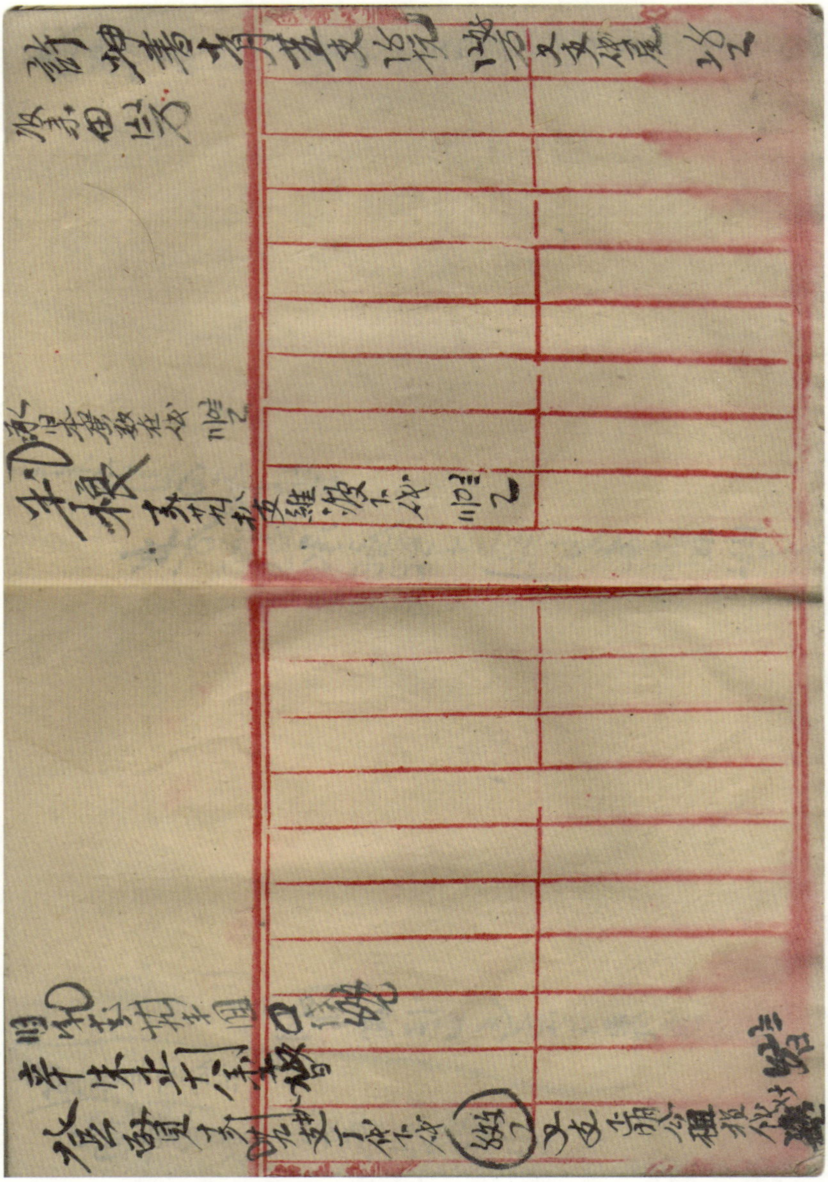

3-1-70-5　民國時期黃氏家族賬簿（五）

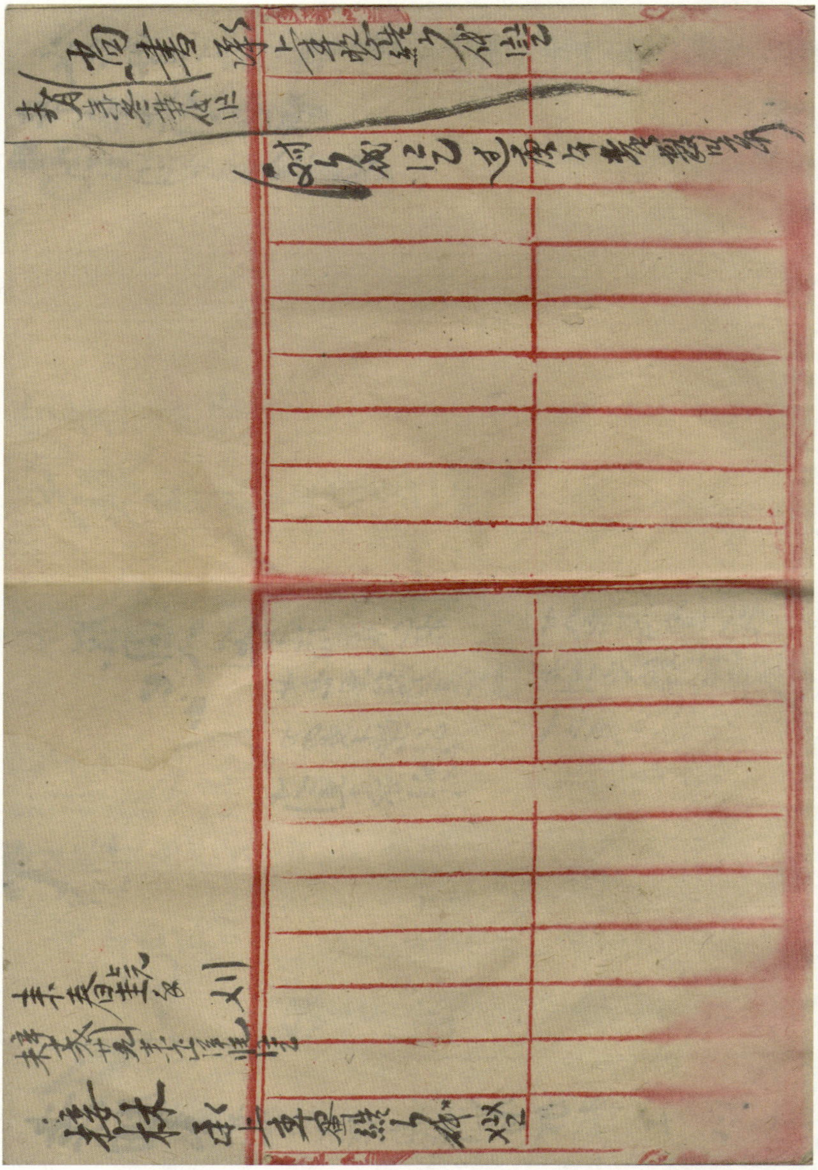

3-1-70-6　民國時期黃氏家族賬簿（六）

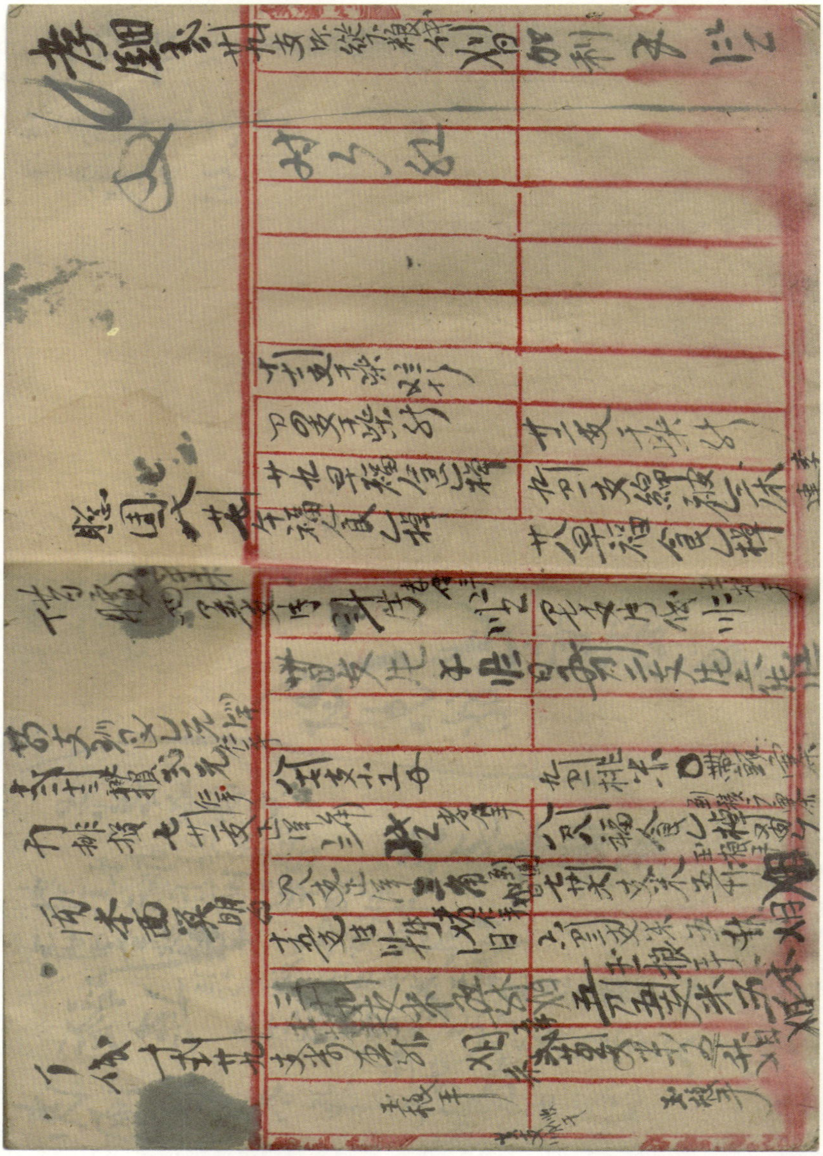

3-1-70-7　民國時期黃氏家族賬簿（七）

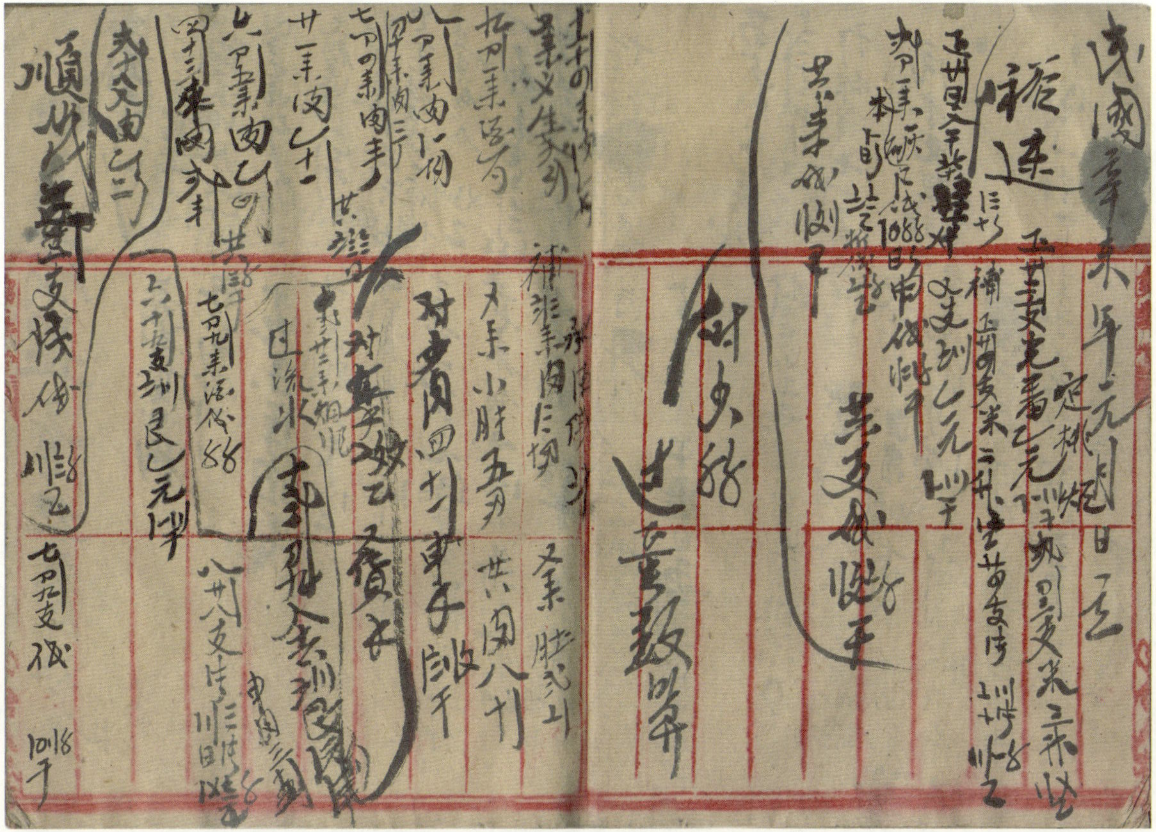

3-1-70-8　民國時期黃氏家族賬簿（八）

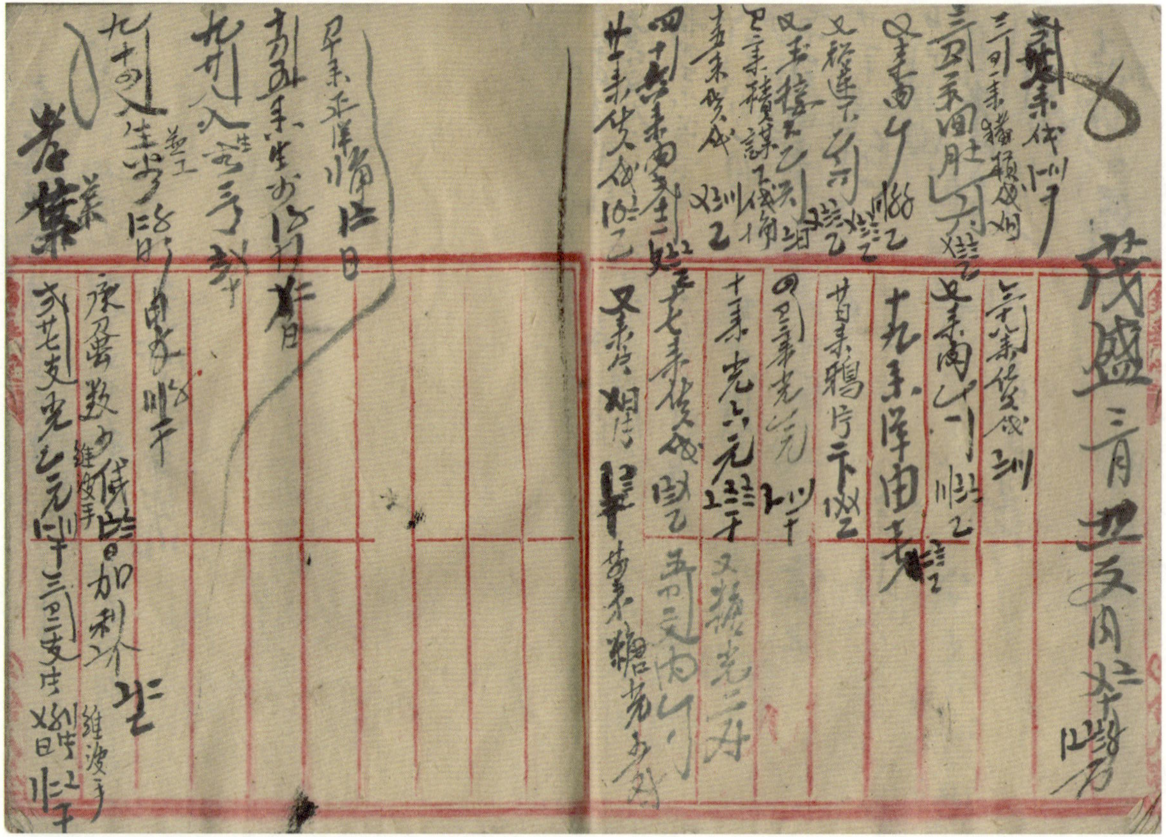

3-1-70-9 民國時期黃氏家族賬簿（九）

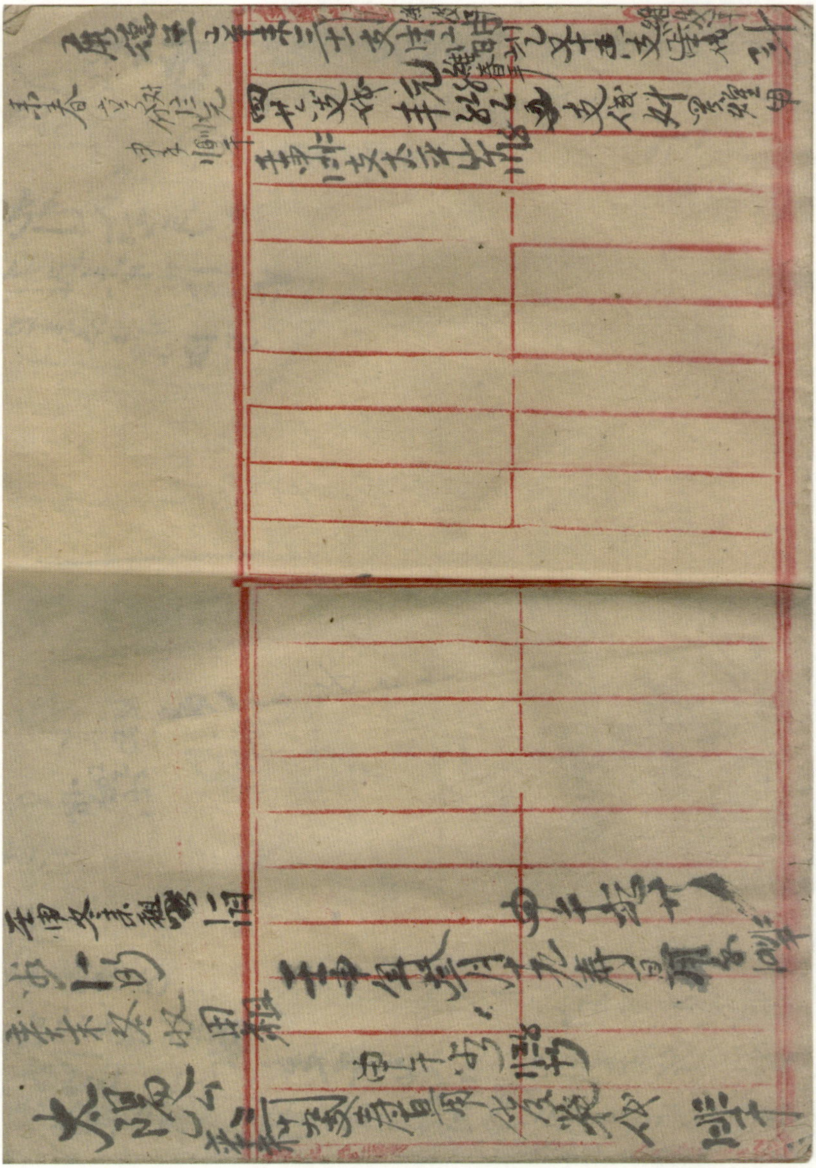

3-1-70-10　民國時期黄氏家族賬簿（一〇）

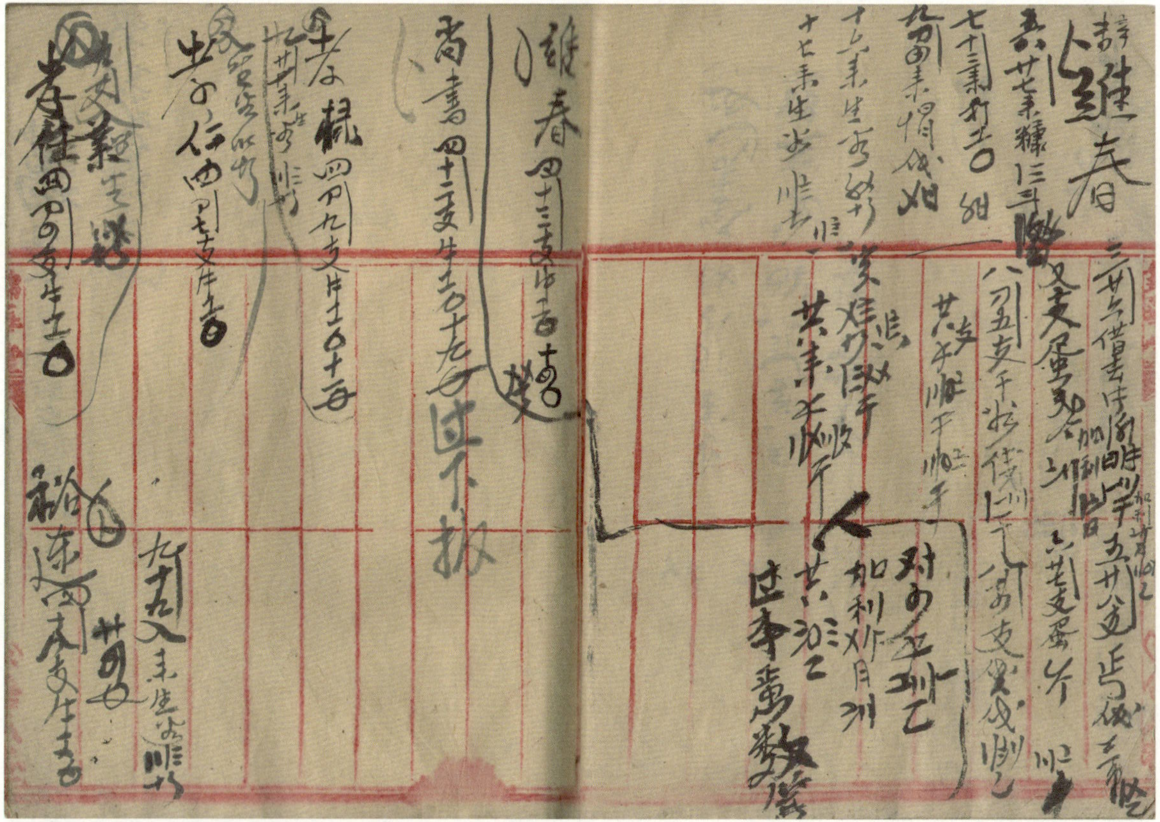

3-1-70-11　民國時期黃氏家族賬簿（一一）

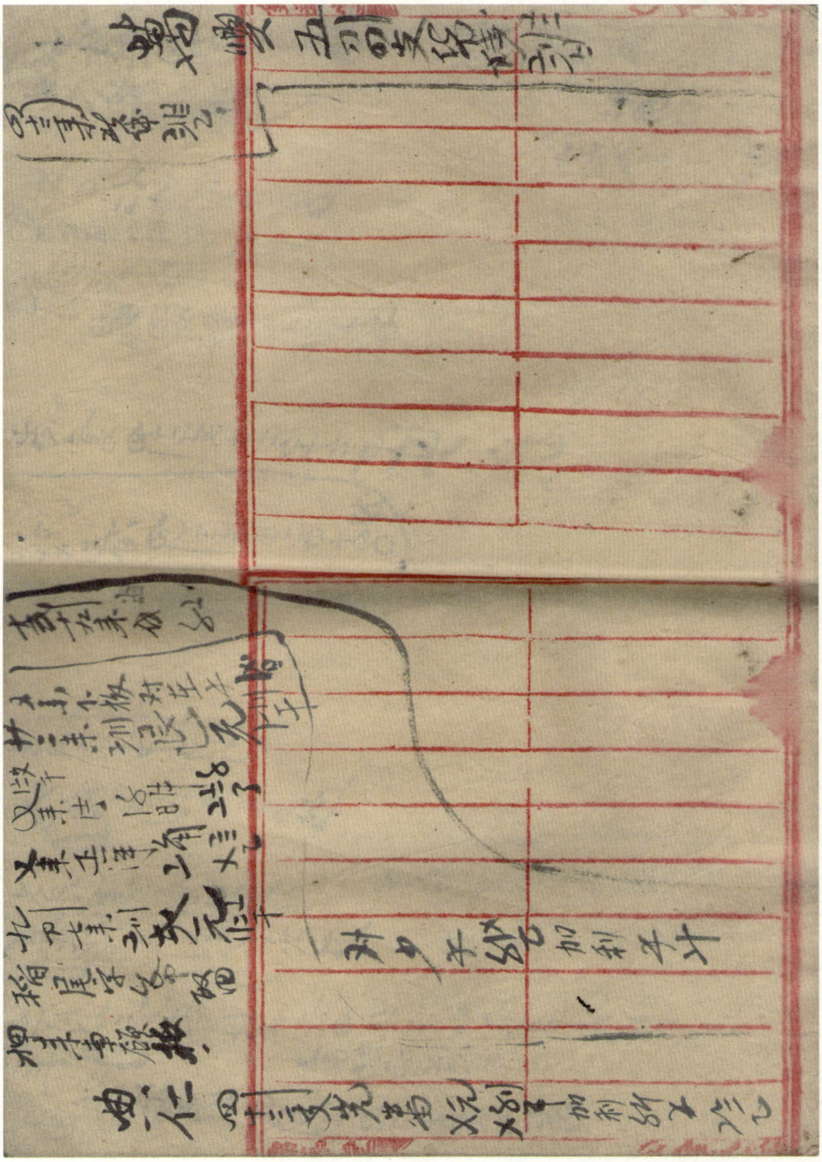

3-1-70-12　民國時期黃氏家族賬簿（一二）

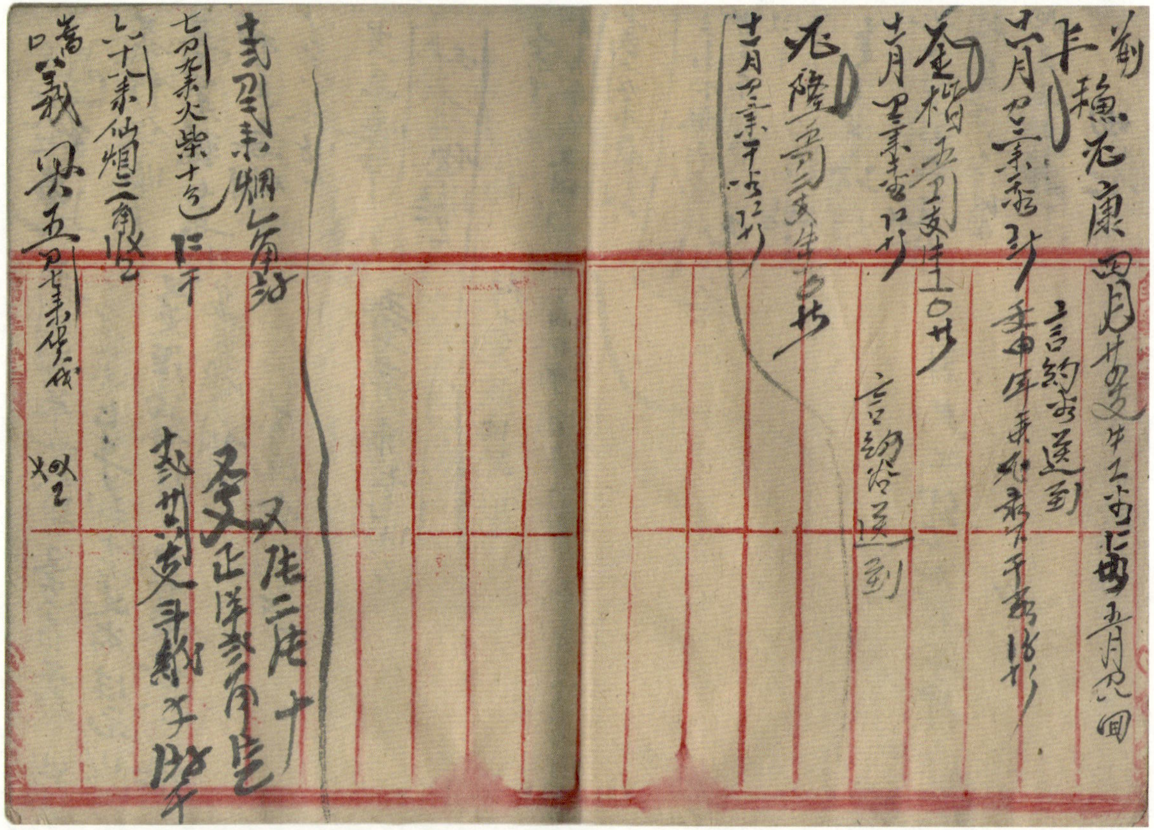

3-1-70-13　民國時期黃氏家族賬簿（一三）

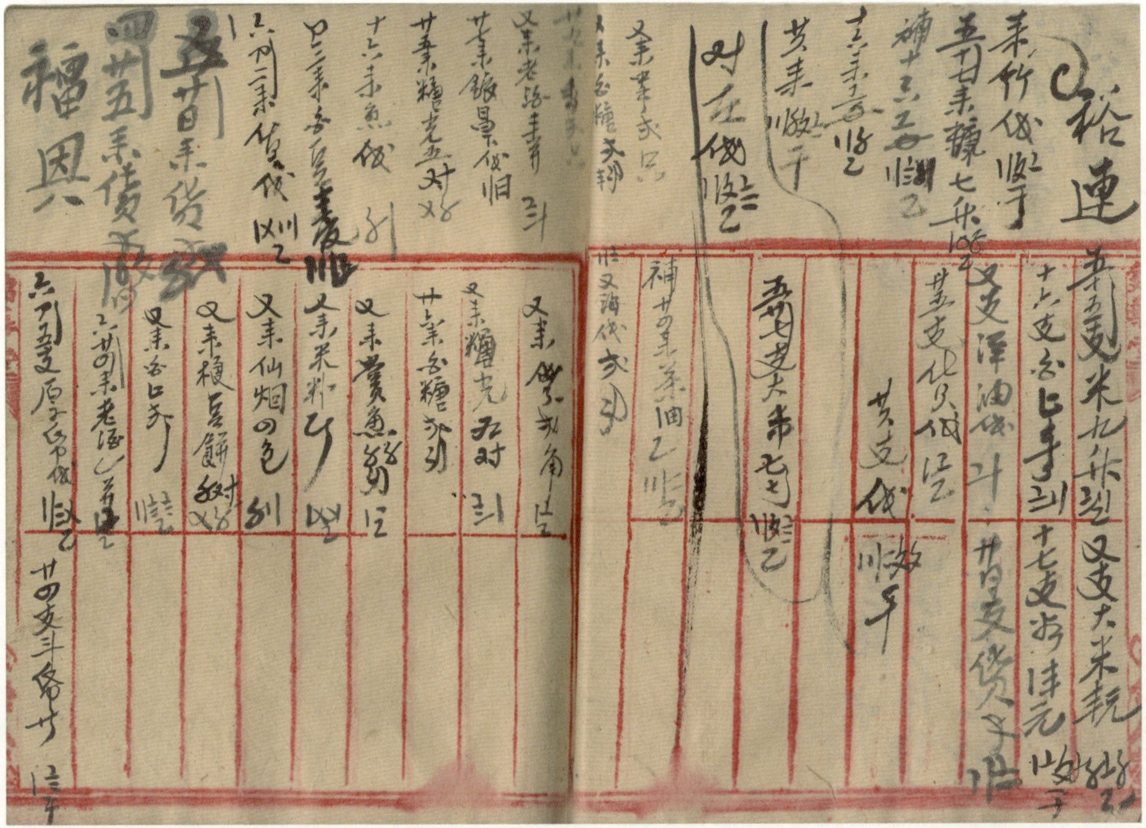

3-1-70-14　民國時期黃氏家族賬簿（一四）

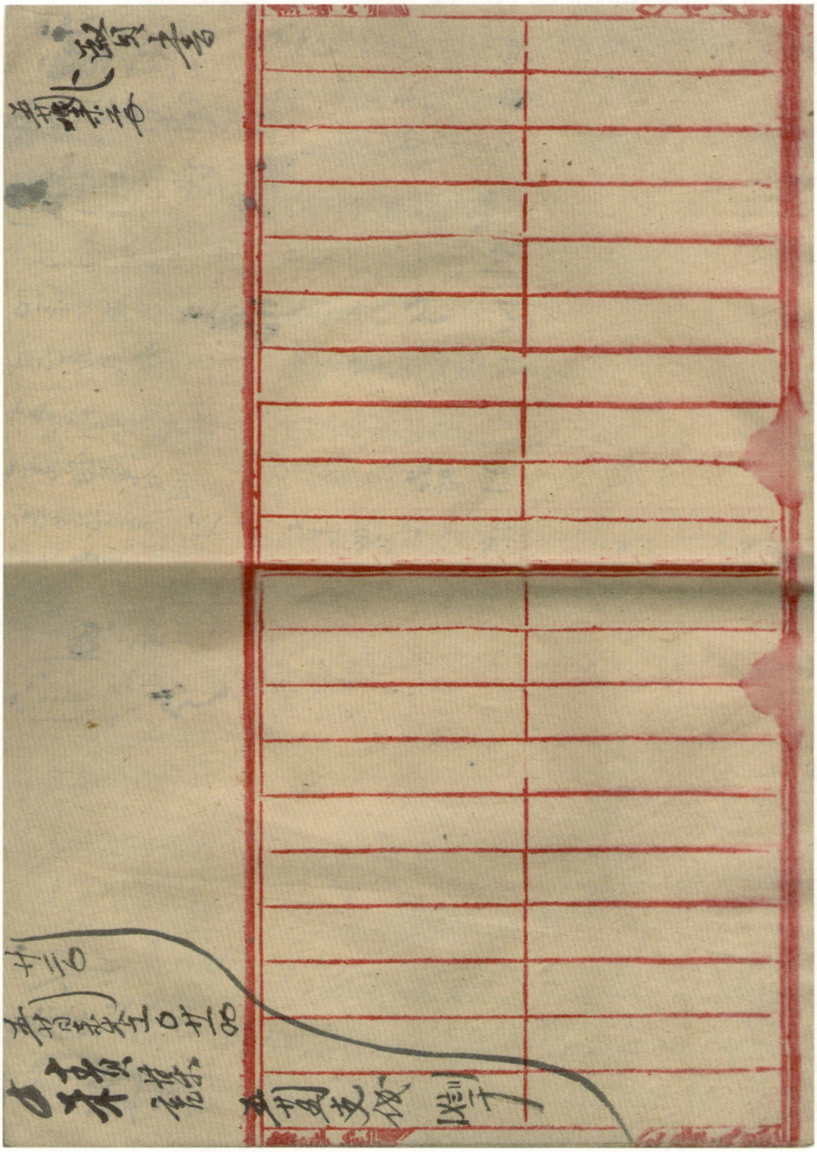

3-1-70-15　民國時期黃氏家族賬簿（一五）

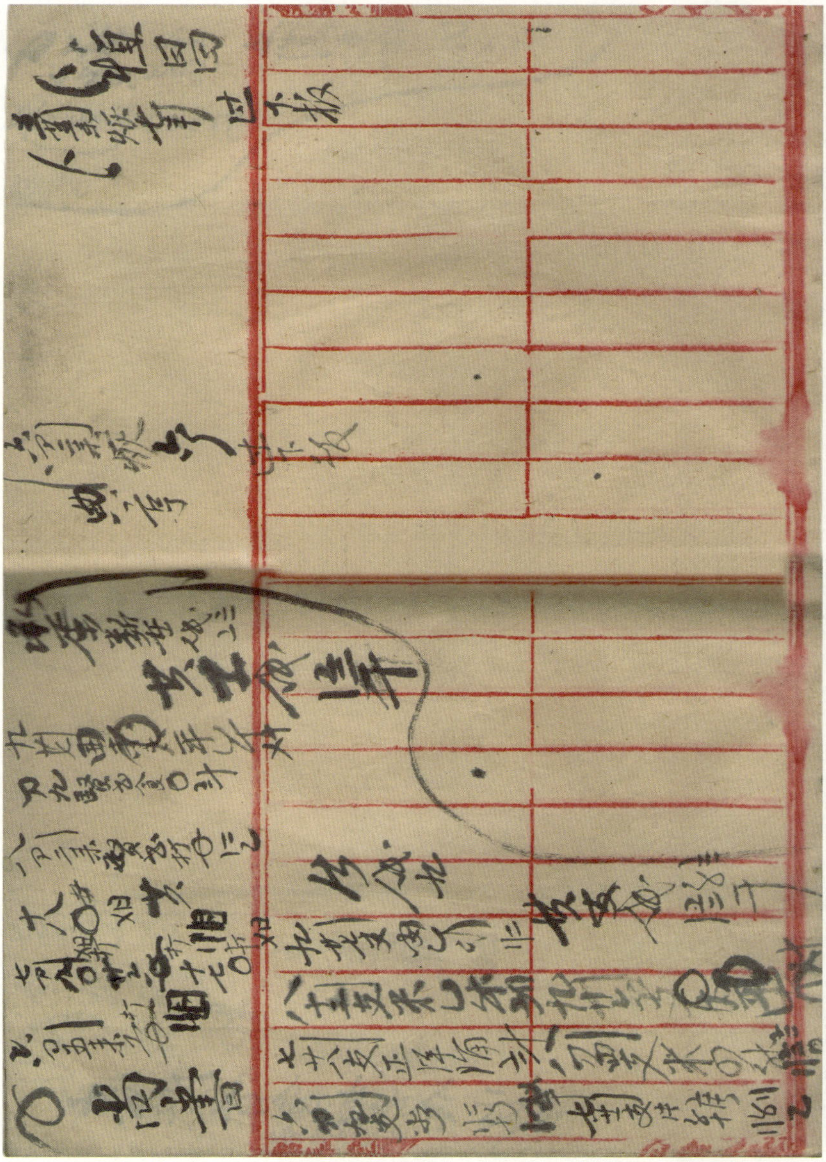

3-1-70-16 民國時期黃氏家族賬簿（一六）

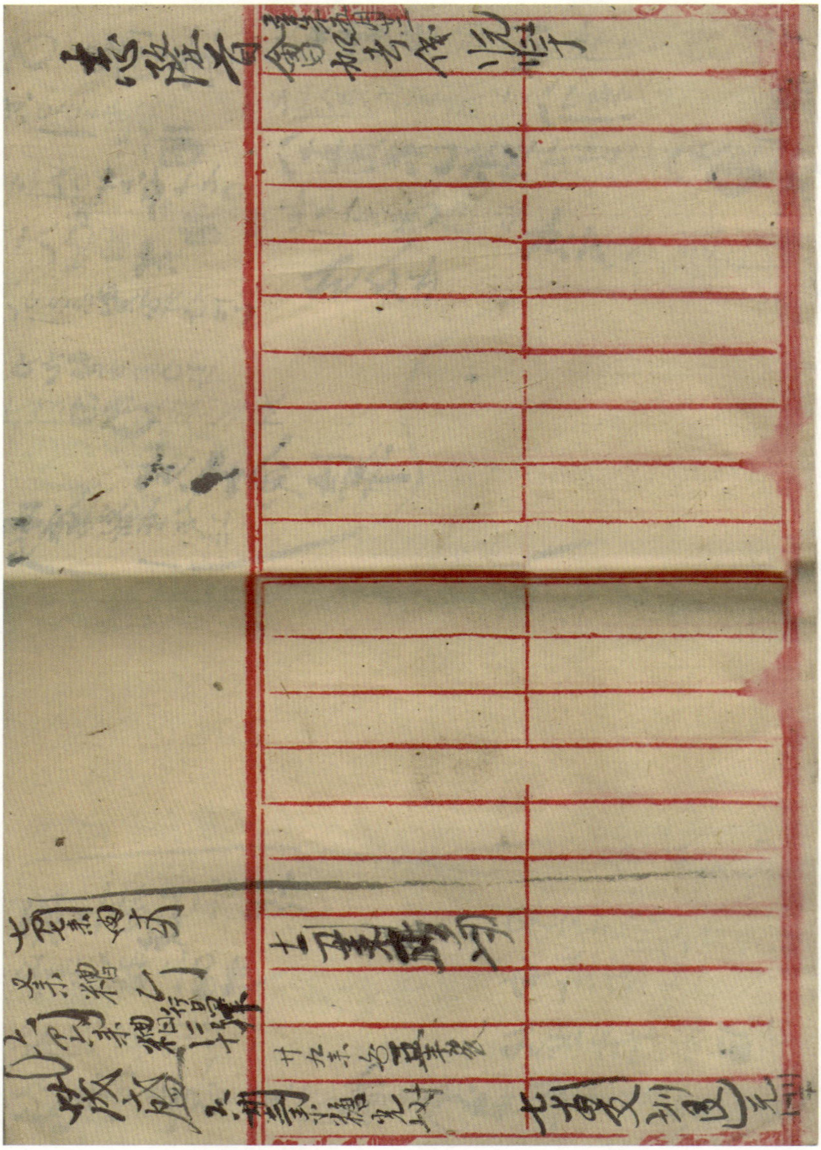

3-1-70-17　民國時期黄氏家族賬簿（一七）

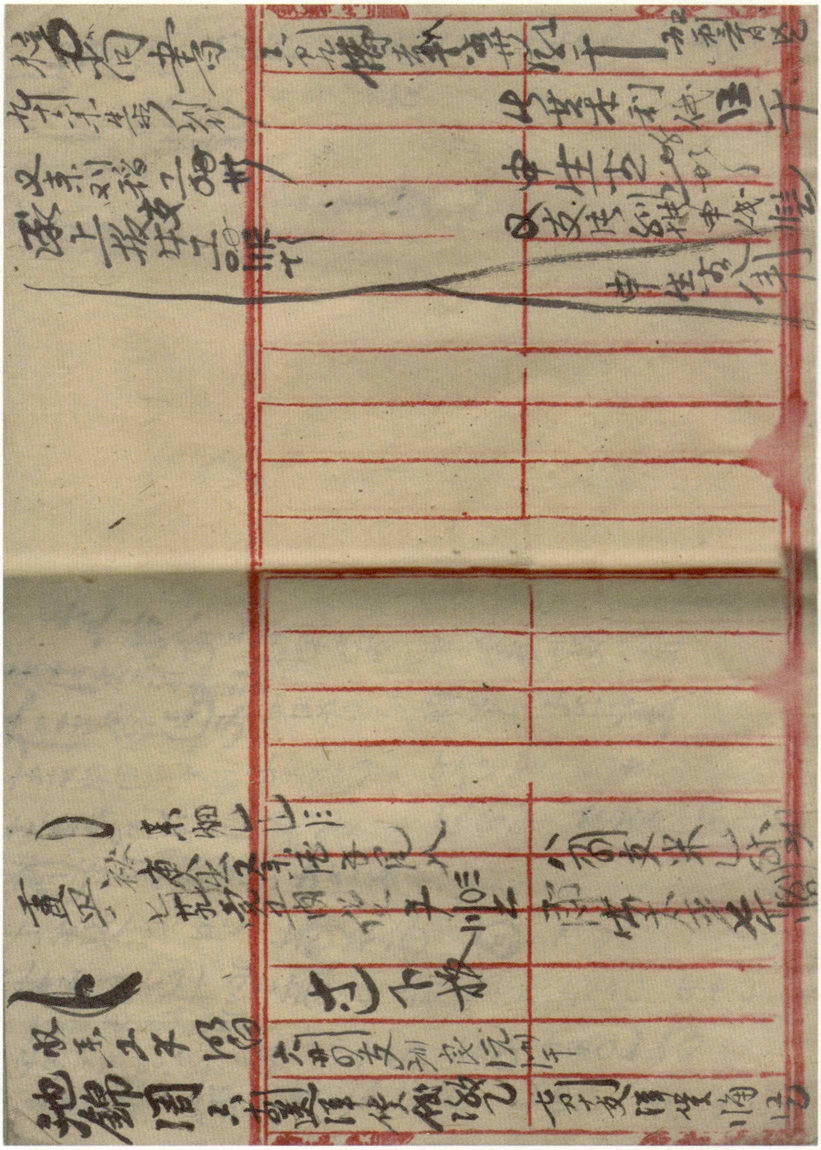

3-1-70-18　民國時期黃氏家族賬簿（一八）

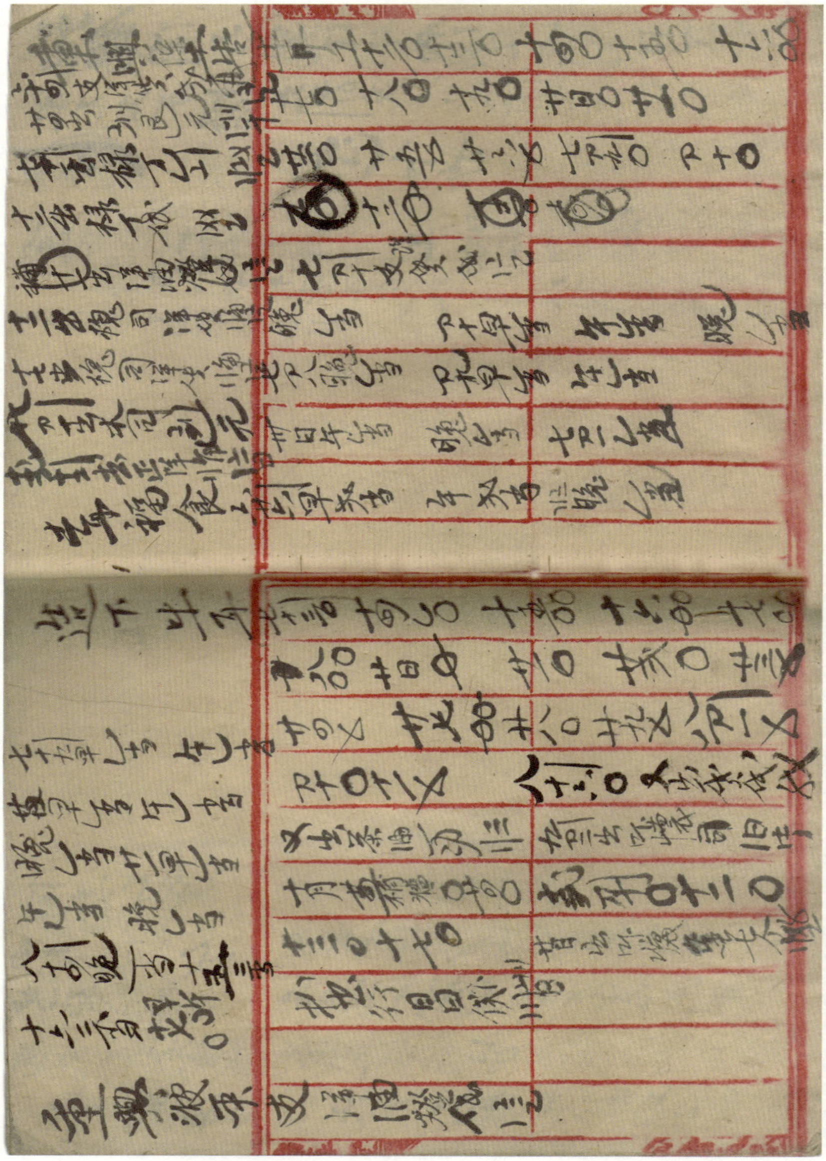

3-1-70-19　民國時期黄氏家族賬簿（一九）

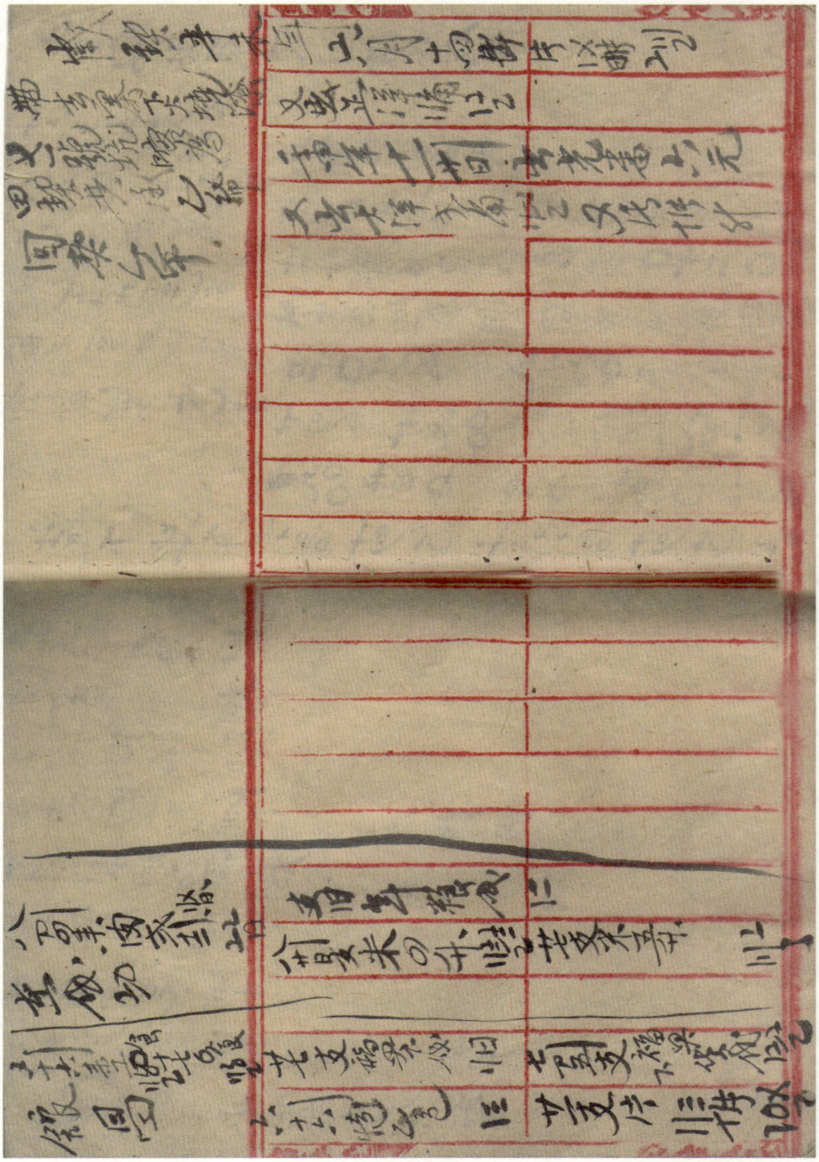

3–1–70–20　民國時期黃氏家族賬簿（二〇）

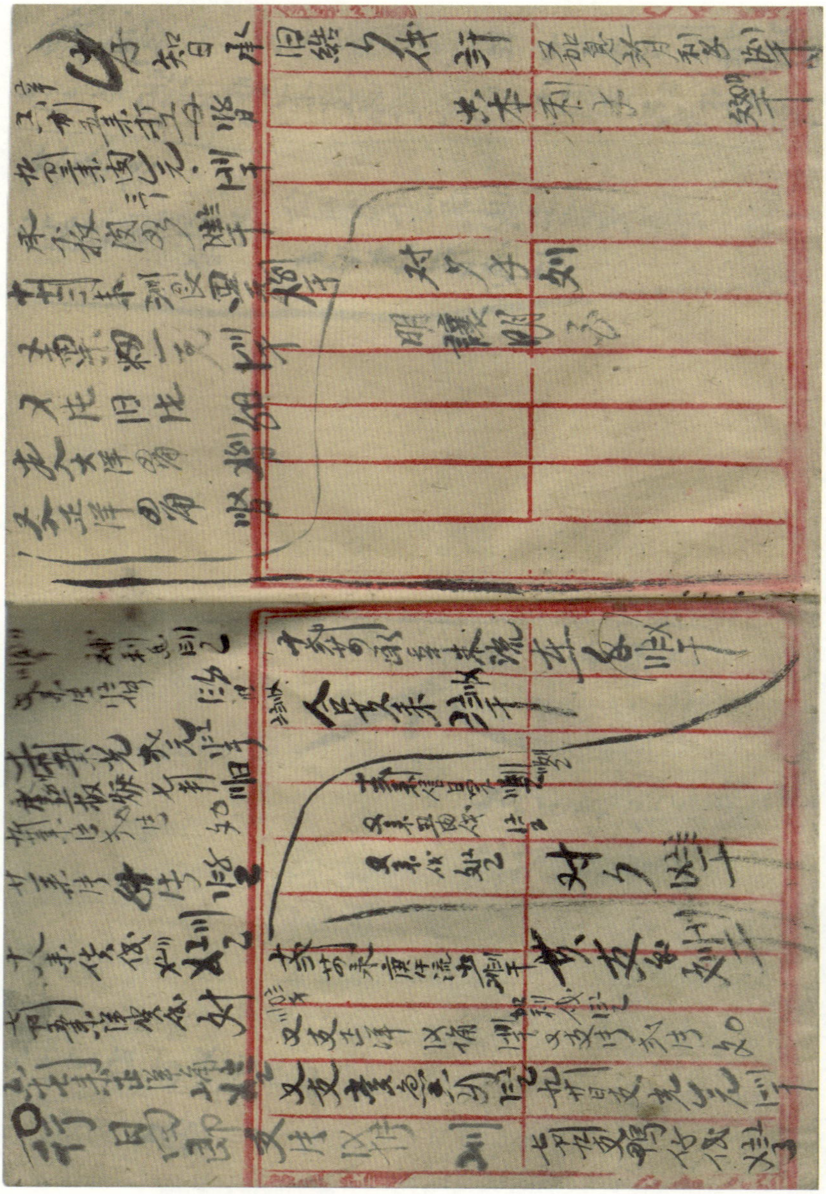

3-1-70-21　民國時期黃氏家族賬簿（二一）

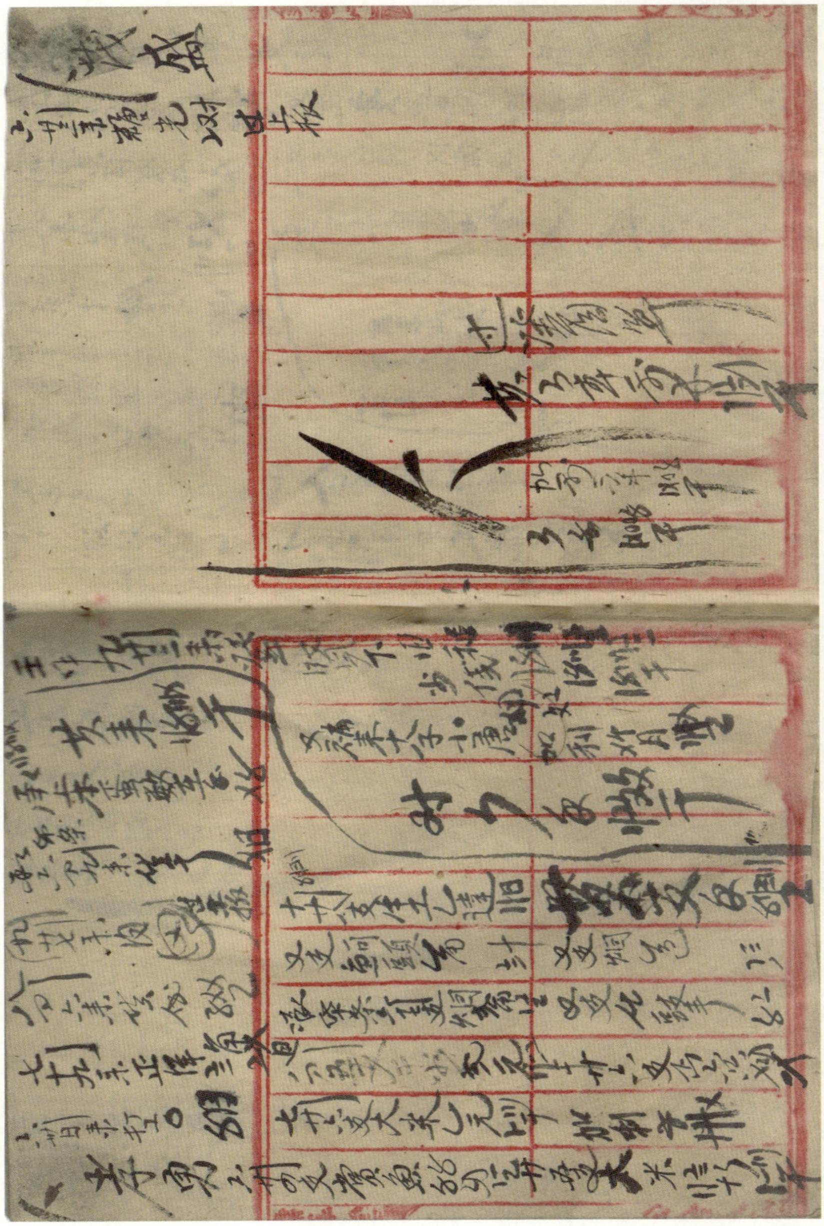

3-1-70-22　民國時期黃氏家族賬簿（二二）

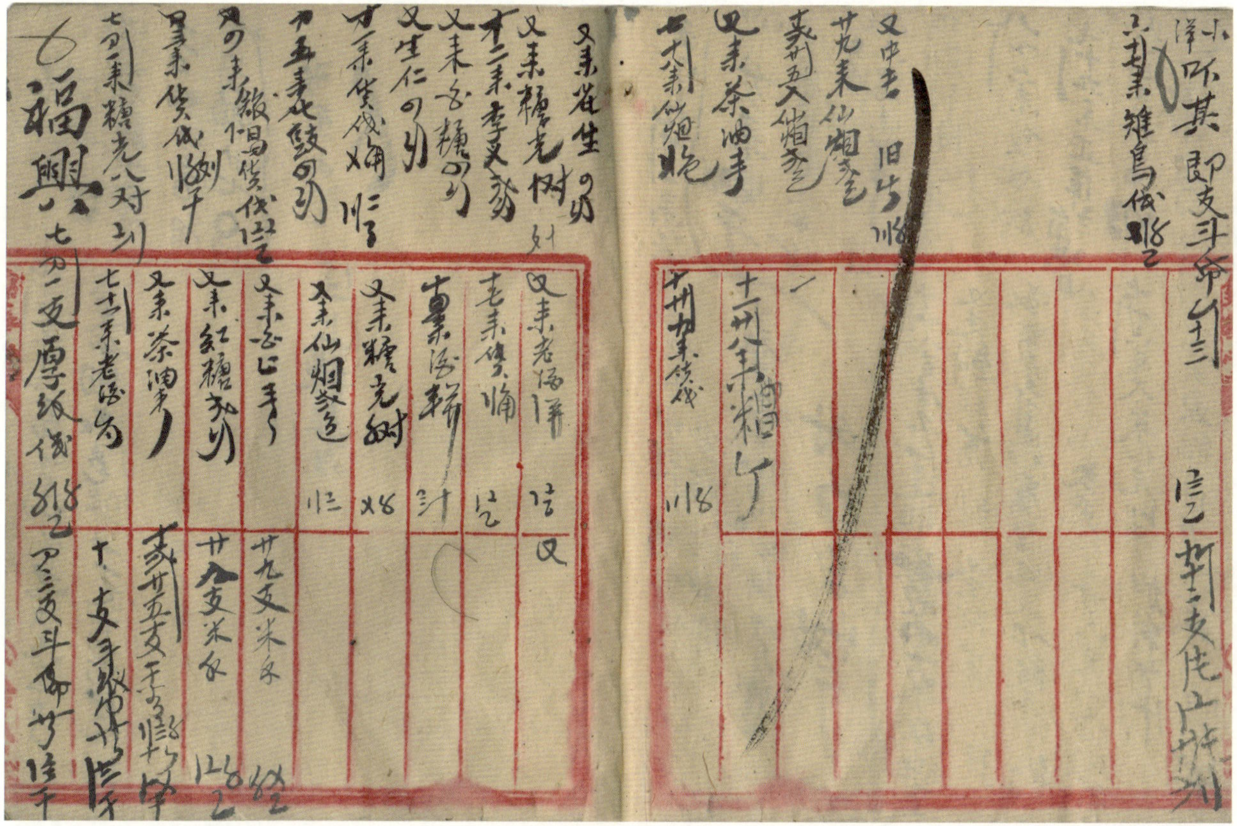

3-1-70-23　民國時期黃氏家族賬簿（二三）

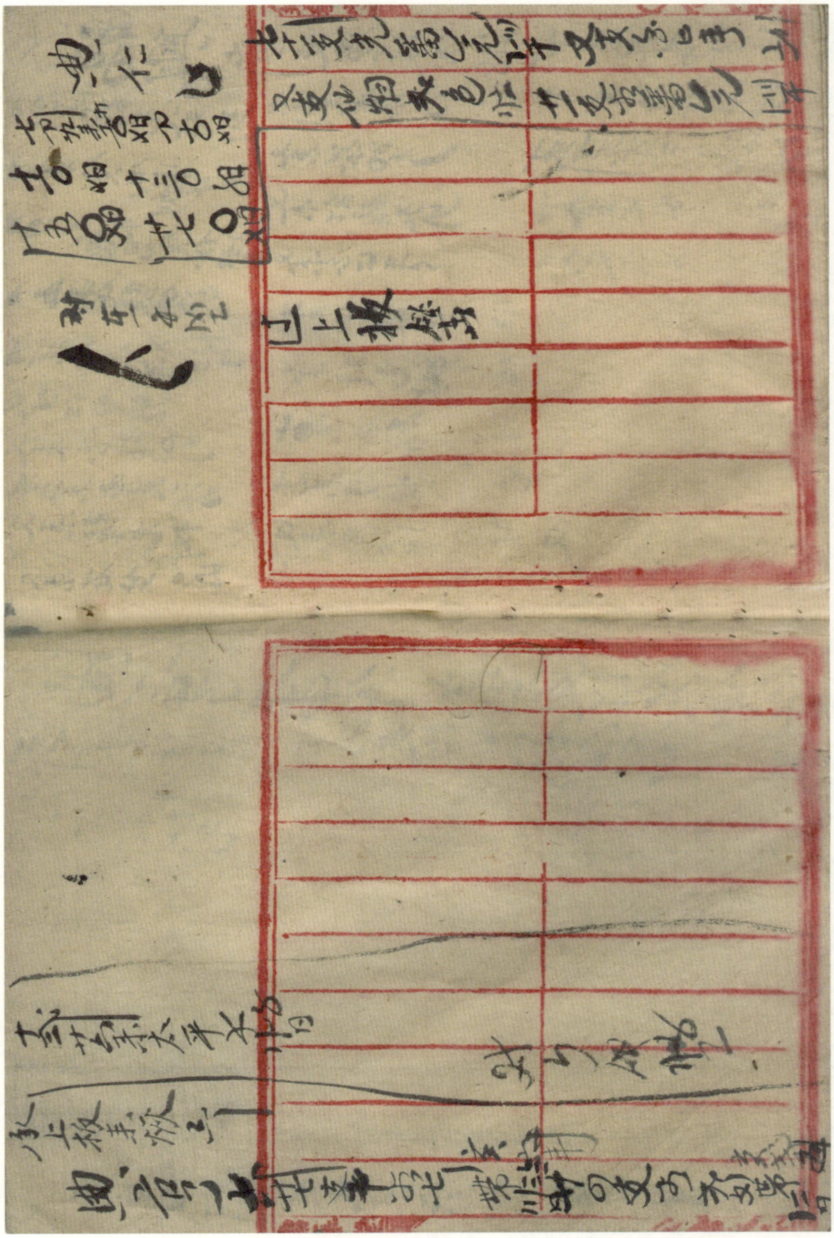

3-1-70-24　民國時期黃氏家族賬簿（二四）

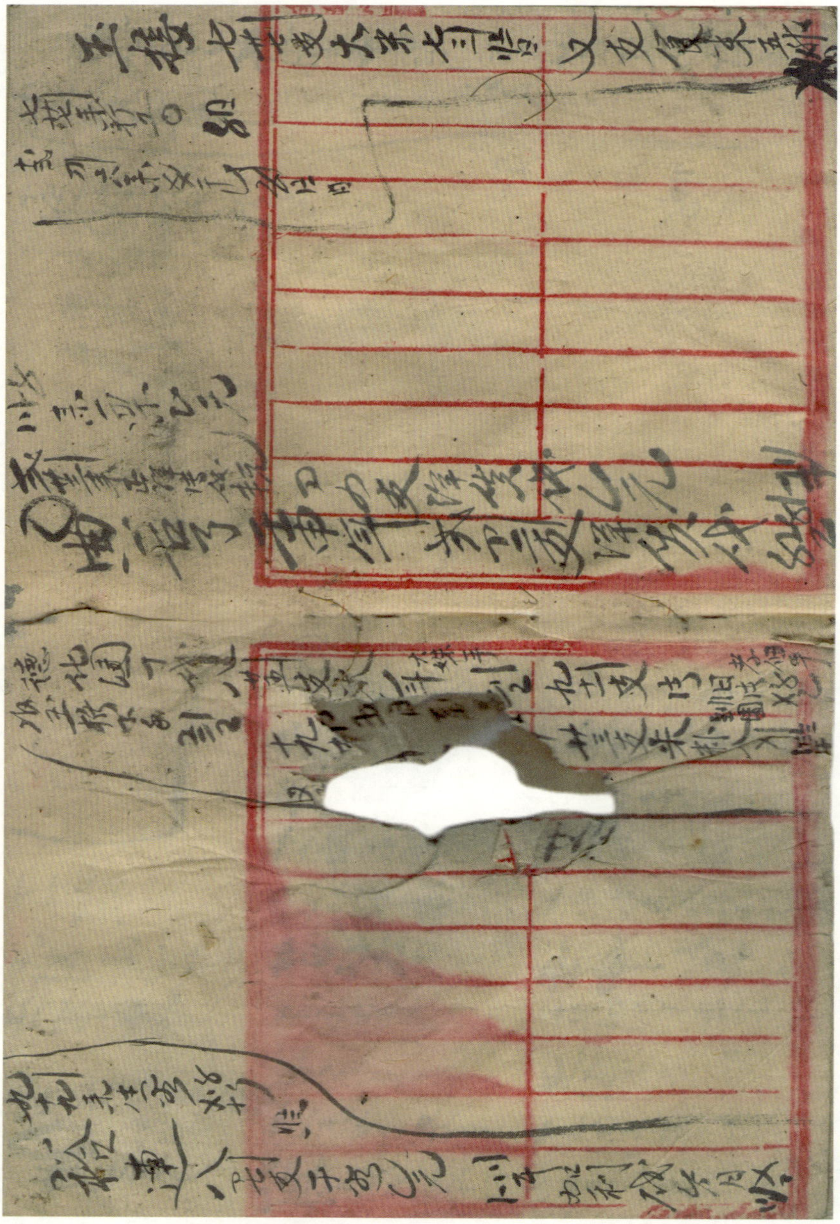

3-1-70-25　民國時期黃氏家族賬簿（二五）

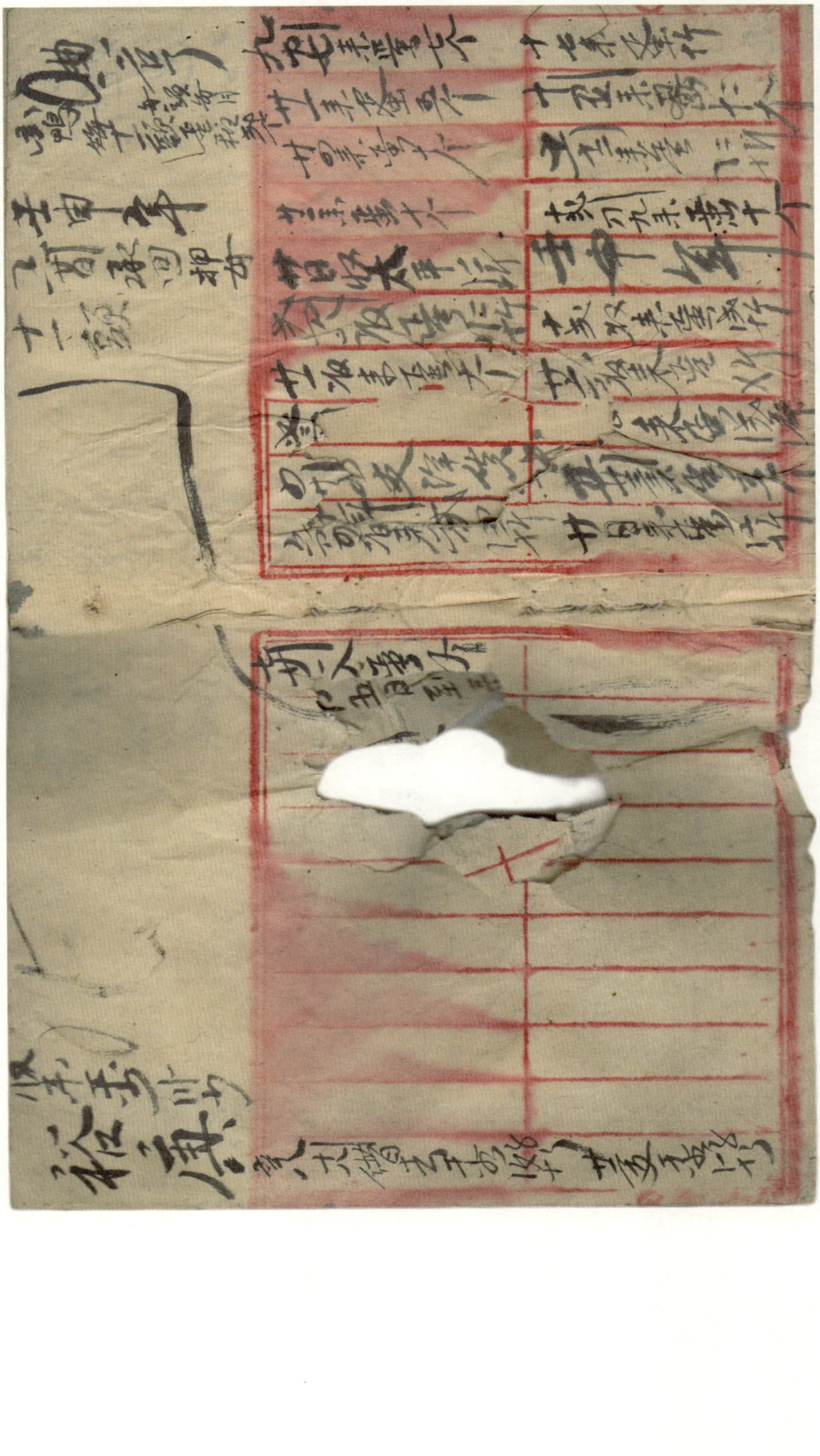

3-1-70-26　民國時期黃氏家族賬簿（二六）

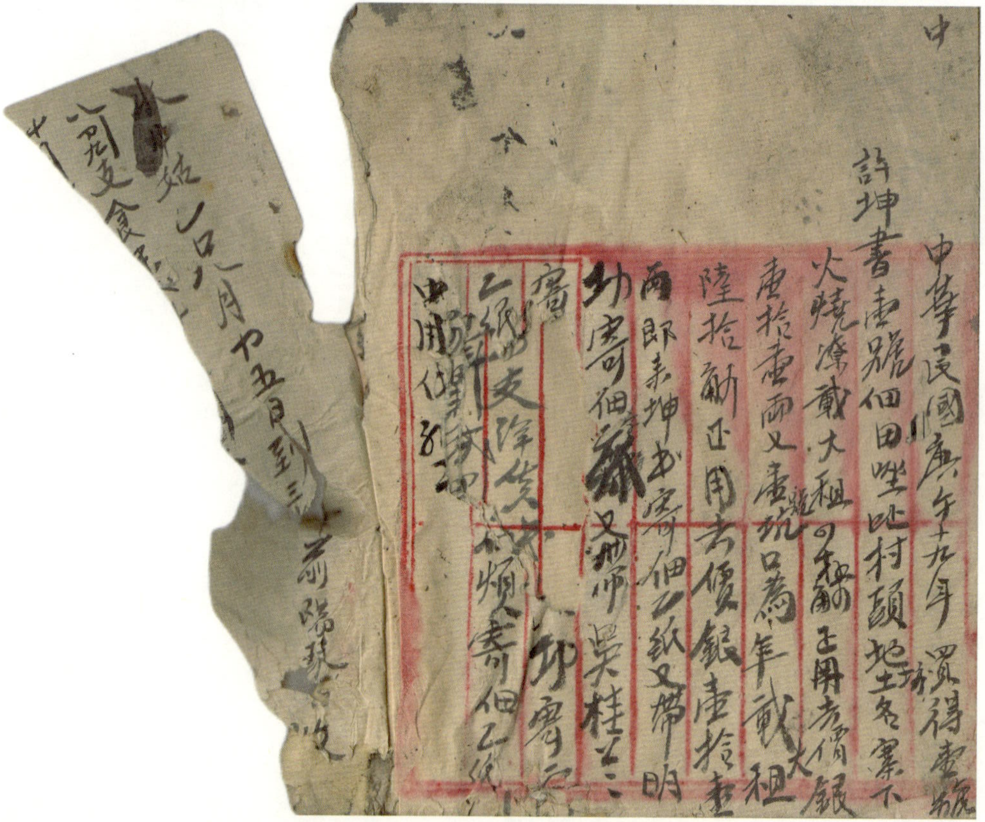
中華民國庚午十九年 買得壹號
許坤書壹號佃田坐址村頭地土名寨下
火燒滲載大租
壹拾壹兩又壹號口爲年載租
陸拾斤正用去價銀壹拾壹
兩 郎來坤出寄佃乙紙又帶明

3-1-70-27　民國時期黃氏家族賬簿（二七）

八閩文庫

八閩文庫

專題彙編

第二種

福建民間契約文書

14

厦門大學民間歷史文獻研究中心 編
鄭振滿 主編

海峽出版發行集團
THE STRAITS PUBLISHING & DISTRIBUTING GROUP
福建人民出版社

本册目録

第三卷　永泰縣蓋洋鄉碓頭村契約文書（三）

第二帙　葉信村户

第三卷　永泰縣蓋洋鄉碓頭村契約文書（三）

本卷主編　周煜翔

第二帙　葉信村户

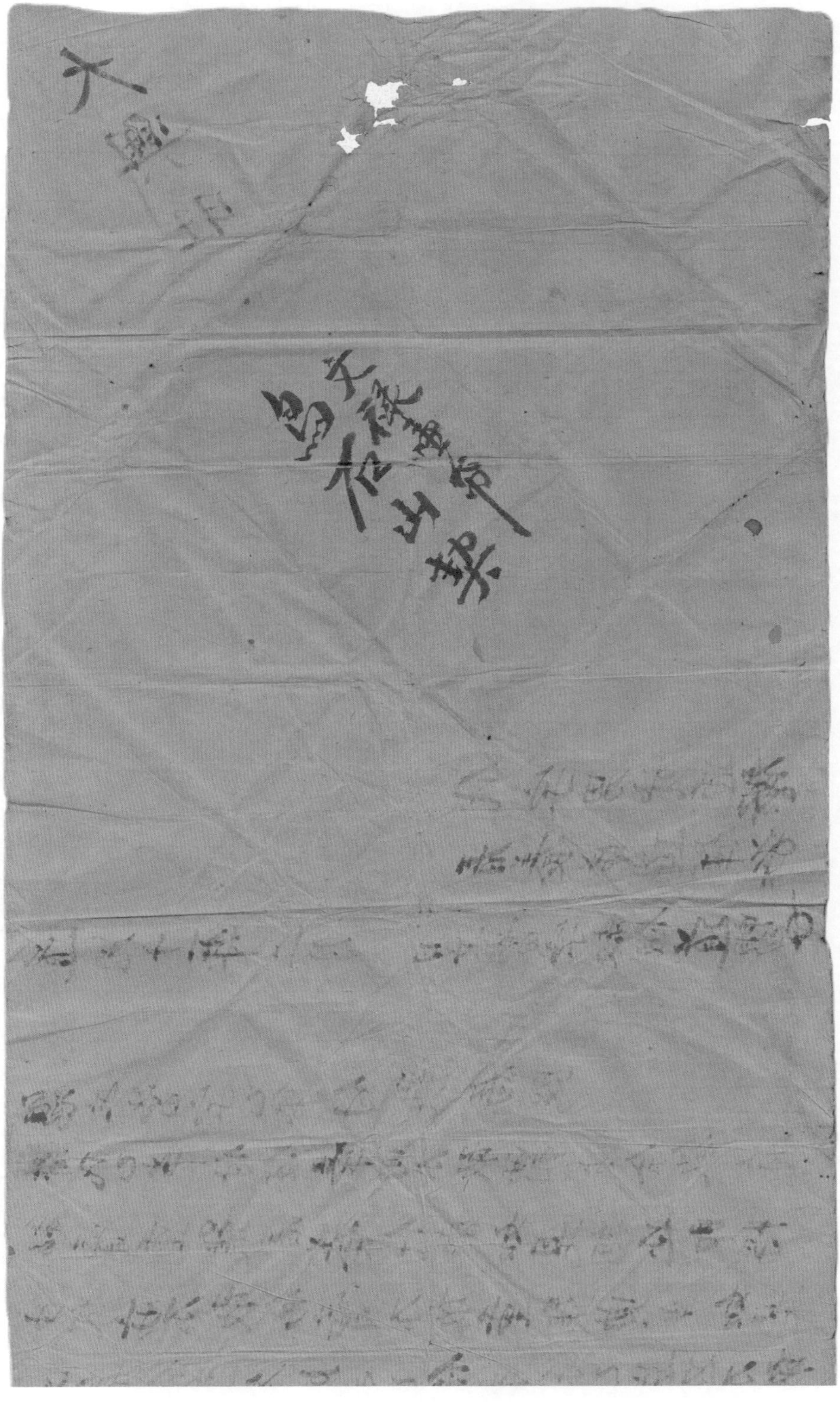

3-2-1-1　包契紙

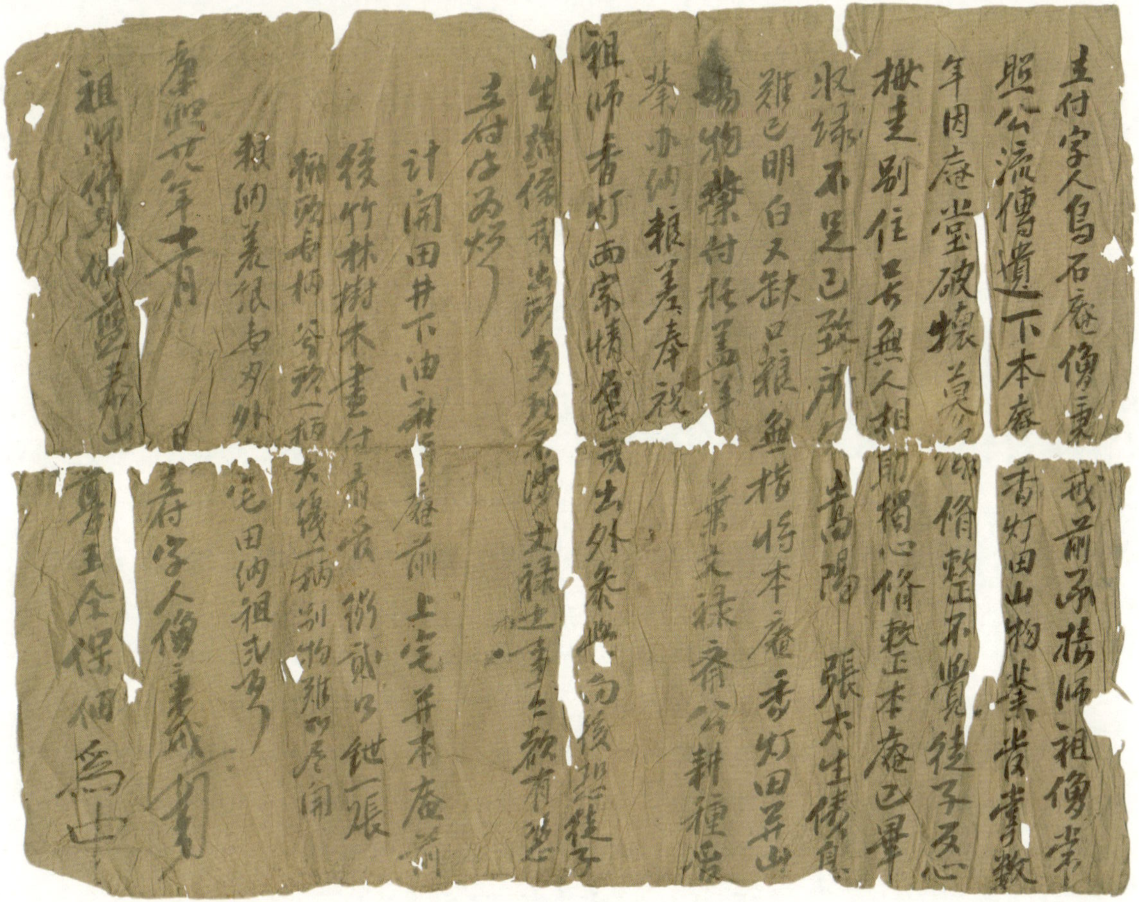

3-2-1-2 清康熙二十八年十一月僧秉戒立付香燈田等字

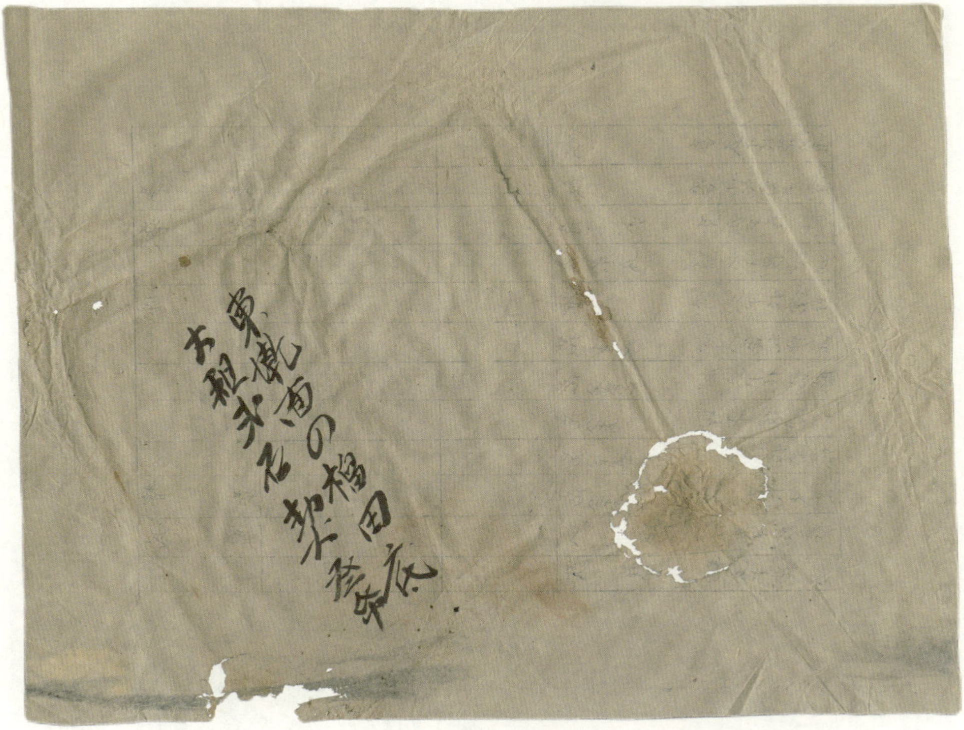

3-2-2-1　包契紙

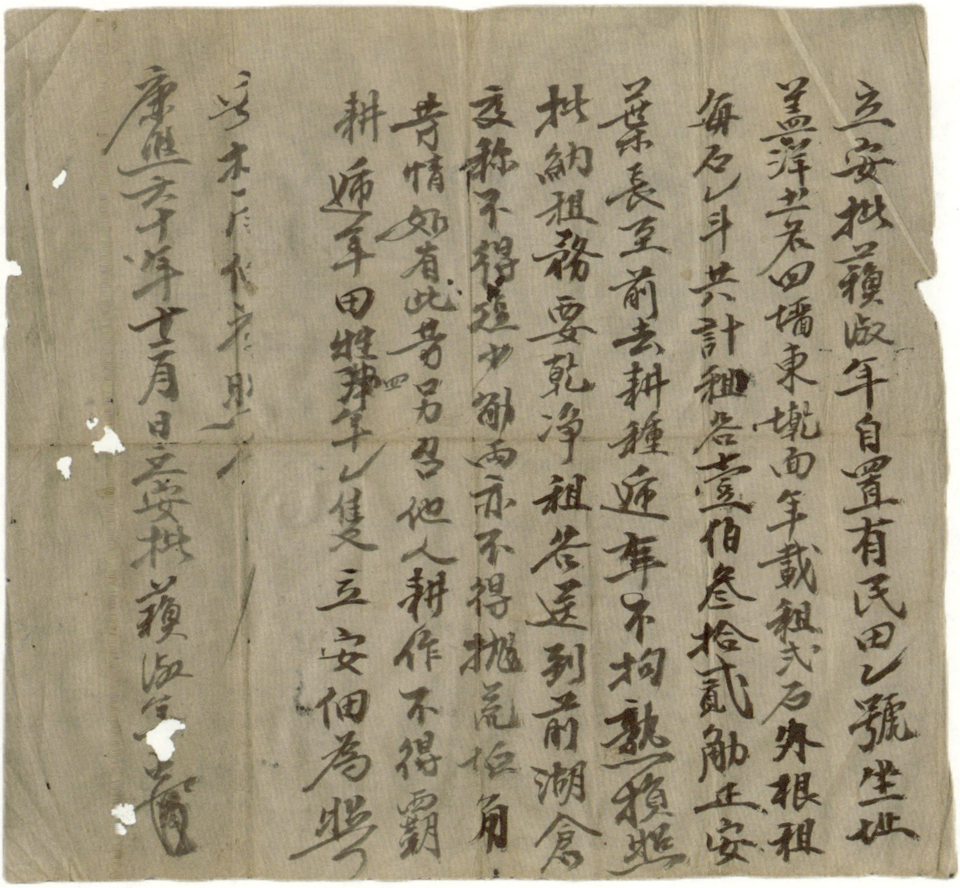

立安批蘇淑年自置有民田乙號坐址
蓋洋土名田墻東墘面年載租弍石夯根租
每石乙斗共計租谷壹伯叁拾貳觔正安
葉長至前去耕種逐年不拘熟獲照
批納租務要乾淨租谷送到前湖倉
交糴不得過少顆両亦不得拋荒怠
青情如有此等另召他人耕作不得霸
耕佛逐年田姓拜年乙隻 立安佃為照
康熙六十年十二月 日立安批蘇淑年（押）

3-2-2-2　清康熙六十年十二月蘇淑年立安批民田字

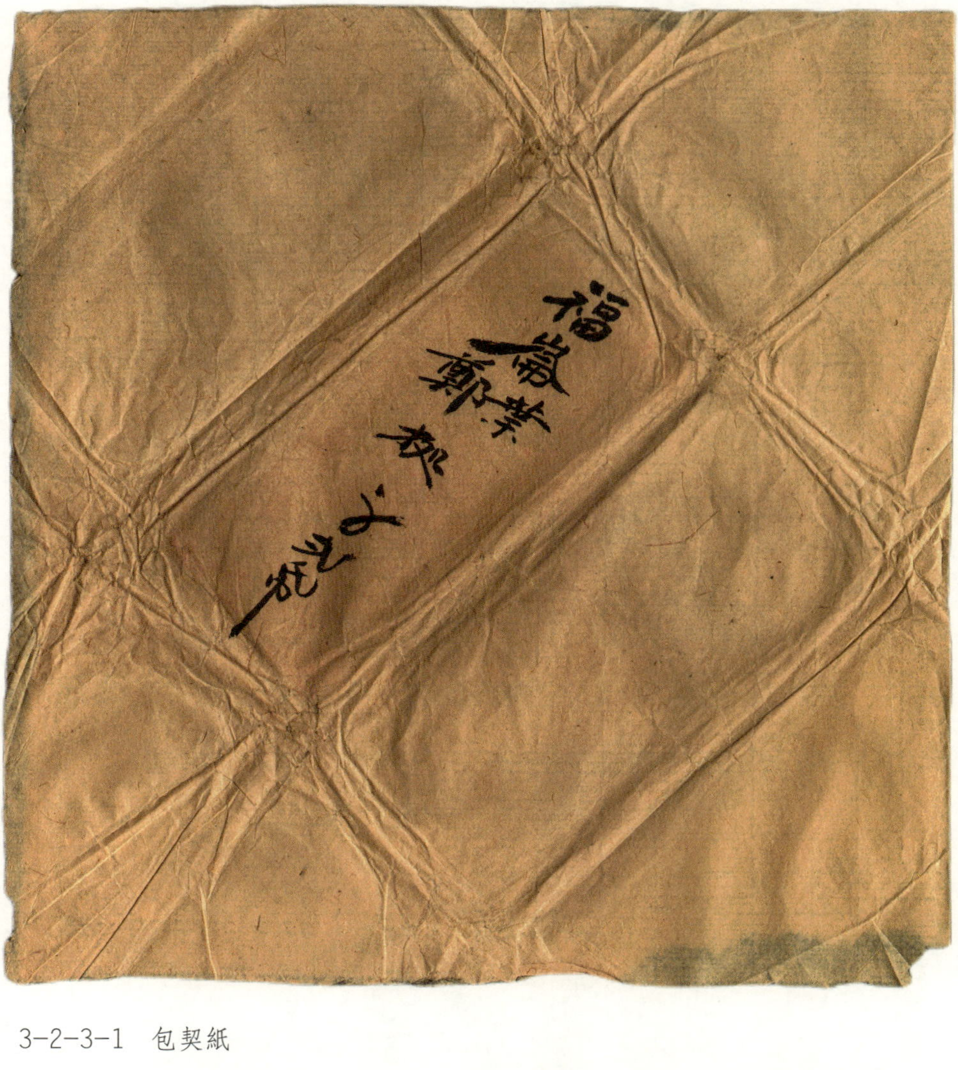

3-2-3-1　包契紙

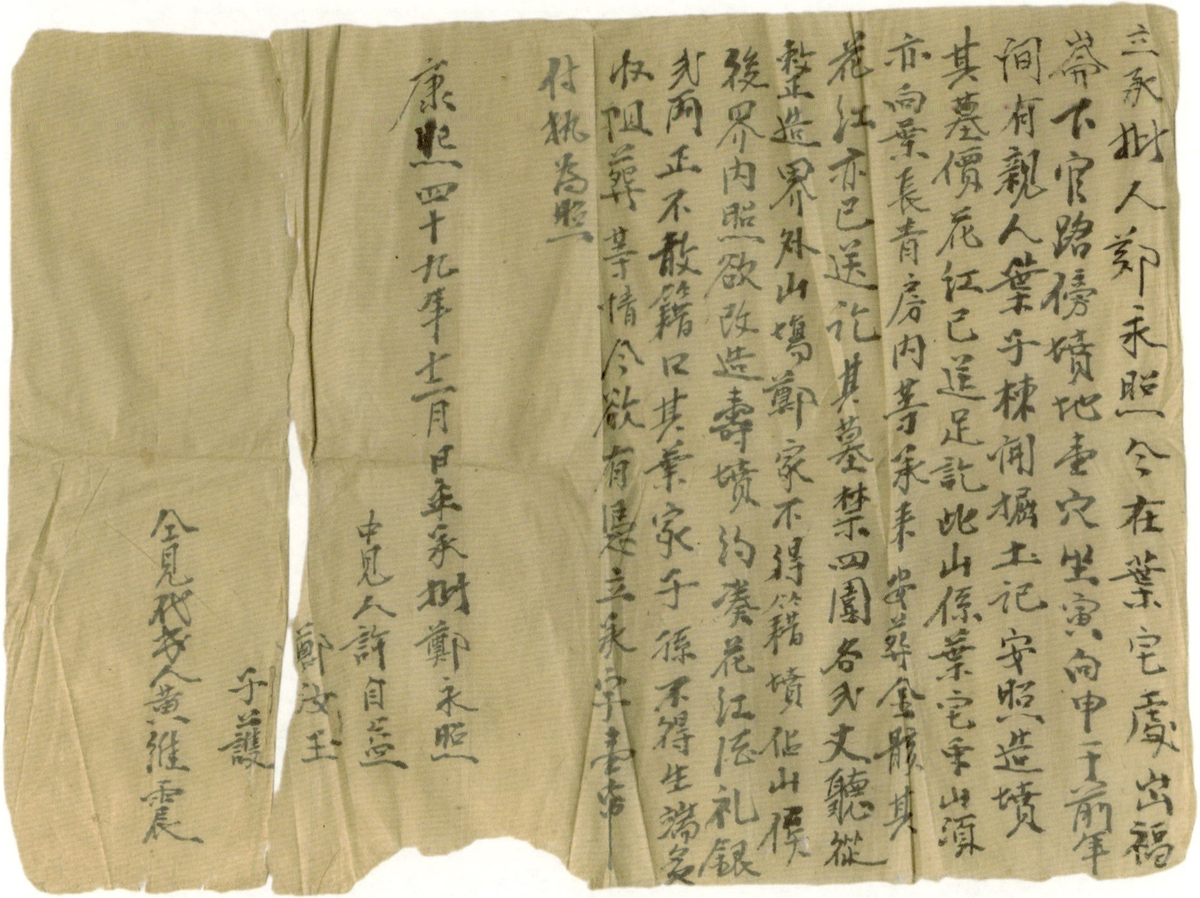

立承批人鄭永照，今在葉宅處出福
嵛下官路傍墳地壹穴，坐寅向申，于前年
間有親人葉子棟開掘土記，守照造墳。
其墓價花紅已送足訖。此山係葉宅手山，須
亦向葉長青房內等承來安葬金骸，其
花紅亦已送訖。其墓禁四圍各貳丈，聽從
整造界外山場，鄭家不得借墳佔山。倘
後界內照欲改造壽墳，約奏花紅禮銀
貳兩正，不敢藉口。其葉家子孫不得生端
收阻葬等情。今欲有憑，立承字壹帋
付執為照。

康熙四十九年十二月　日立承批鄭永照
中見人許自芑
鄭改王
子護
全見代書人黄維震

3-2-3-2　清康熙四十九年十二月鄭永照立承批墳地字（草契）

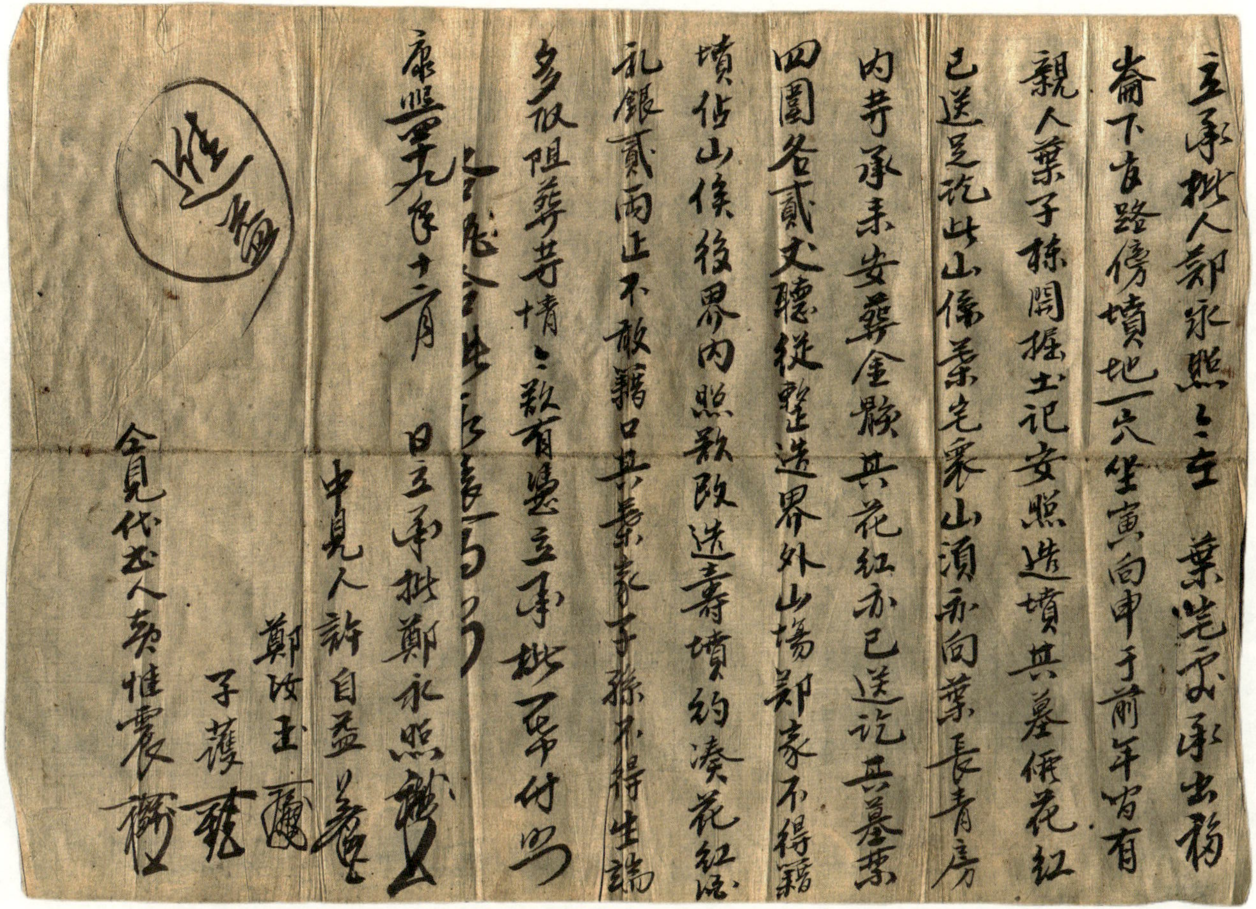

立承批人鄭永照，今在葉宅處承出稻
崙下大路傍墳地一穴，坐寅向申，于前年間有
親人葉子積閂掘土記安，照造墳，其墓併花紅
已送足訖。此山係葉宅衆山，須亦向葉長青房
内再承來安葬金骸，其花紅亦已送訖。其墓葉
四圍各貳丈，聽從整造，界外山場鄭家不得藉
墳佔山，係後界内照數改造壽墳，約湊花紅谷
礼銀貳兩，止不敢藉口，其葉家子孫不得生端
多取阻葬等情，今欲有憑，立承批字付照。
[illegible]
康熙四十九年十二月　日立承批鄭永照（押）
中見人許自益（押）
鄭汝玉（押）
子護（押）
仝見代书人葉惟震（押）

3-2-3-3　清康熙四十九年十二月鄭永照立承批墳地字

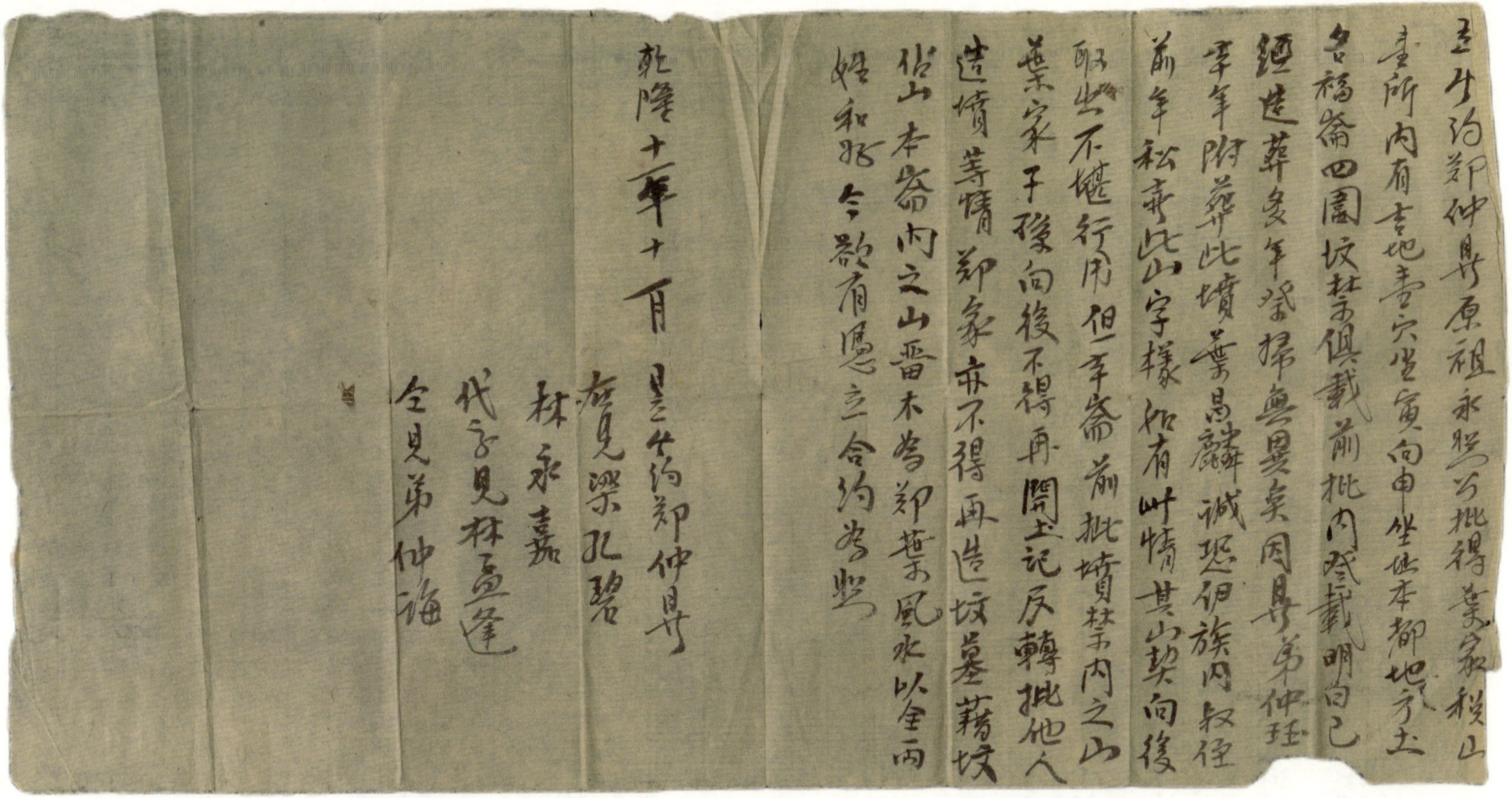

立合約鄭仲鼎原祖永照公批得葉家税山
一所，內有吉地一穴，坐寅向申，坐址本都地名土
名福斋四圍坟禁，俱載前批內，載明白。已
經造葬多年，祭掃無異。矣因鼎弟仲廷
本年附葬此墳，葉昌麟執𢔁伊族內叔侄
前年私賣此山字樣，仍有此情，其山契向後
取出不堪行用，但本斋前批墳禁內之山
葉家子孫向後不得再闘上記，反轉批他人
造墳等情，鄭家亦不得再造坟墓，藉坟
佔山。本斋內之山，留木為鄭葉風水，以全兩
姓和好。今欲有憑，立合約為照。

乾隆十一年十一月　日立合約鄭仲鼎
在見梁孔碧
林永嘉
代字見林孟逢
仝見弟仲論

3-2-3-4　清乾隆十一年十一月鄭仲鼎立合約字（草契）

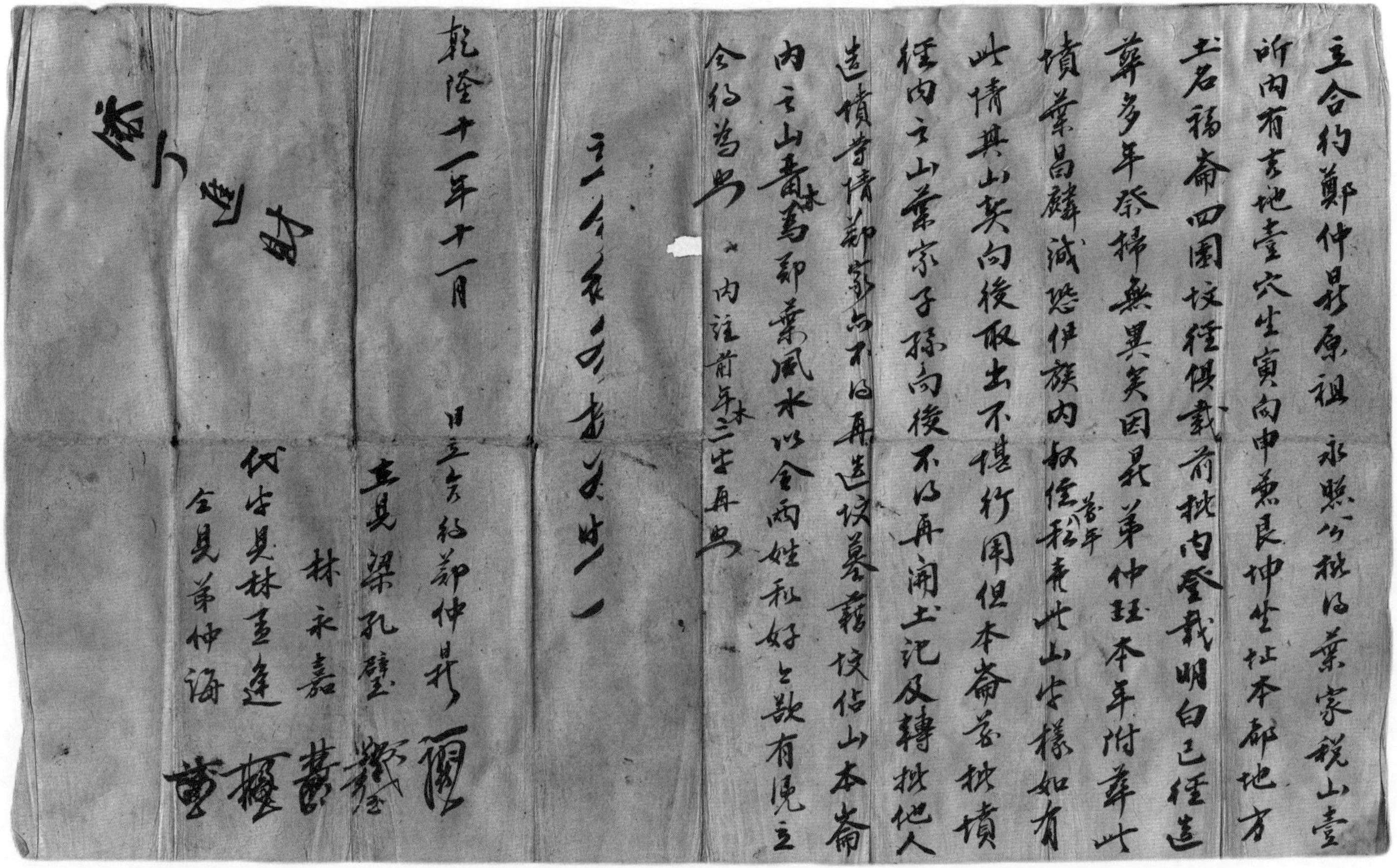
立合約鄭仲鼎原祖　永照公批得葉家税山壹
所內有吉地壹穴坐寅向申兼艮坤坐址本都地方
土名福崙四圍坟徑俱載前批內登載明白已經造
葬多年祭掃無異矣因鼎弟仲廷本年附葬此
墳葉昌麟誠恐伊族內叔侄私并年竟此山生樣如有
此情其山矣向後取出不堪行用但本崙并坟墳
徑內之山葉宗子孫向後不得再開土泥及轉批他人
造墳等情鄭家亦不得再造坟墓藉坟佔山本崙
內之山蓄木爲鄭葉風水以全兩姓私好之歎有憑立
合約爲照　內注前年木三字再照

立合約永遠大吉

乾隆十一年十一月　日立合約鄭仲鼎
在見　梁孔璧
林永嘉
代字見　林孟逵
仝見　鄭仲海

3-2-3-5　清乾隆十一年十一月鄭仲鼎立合約

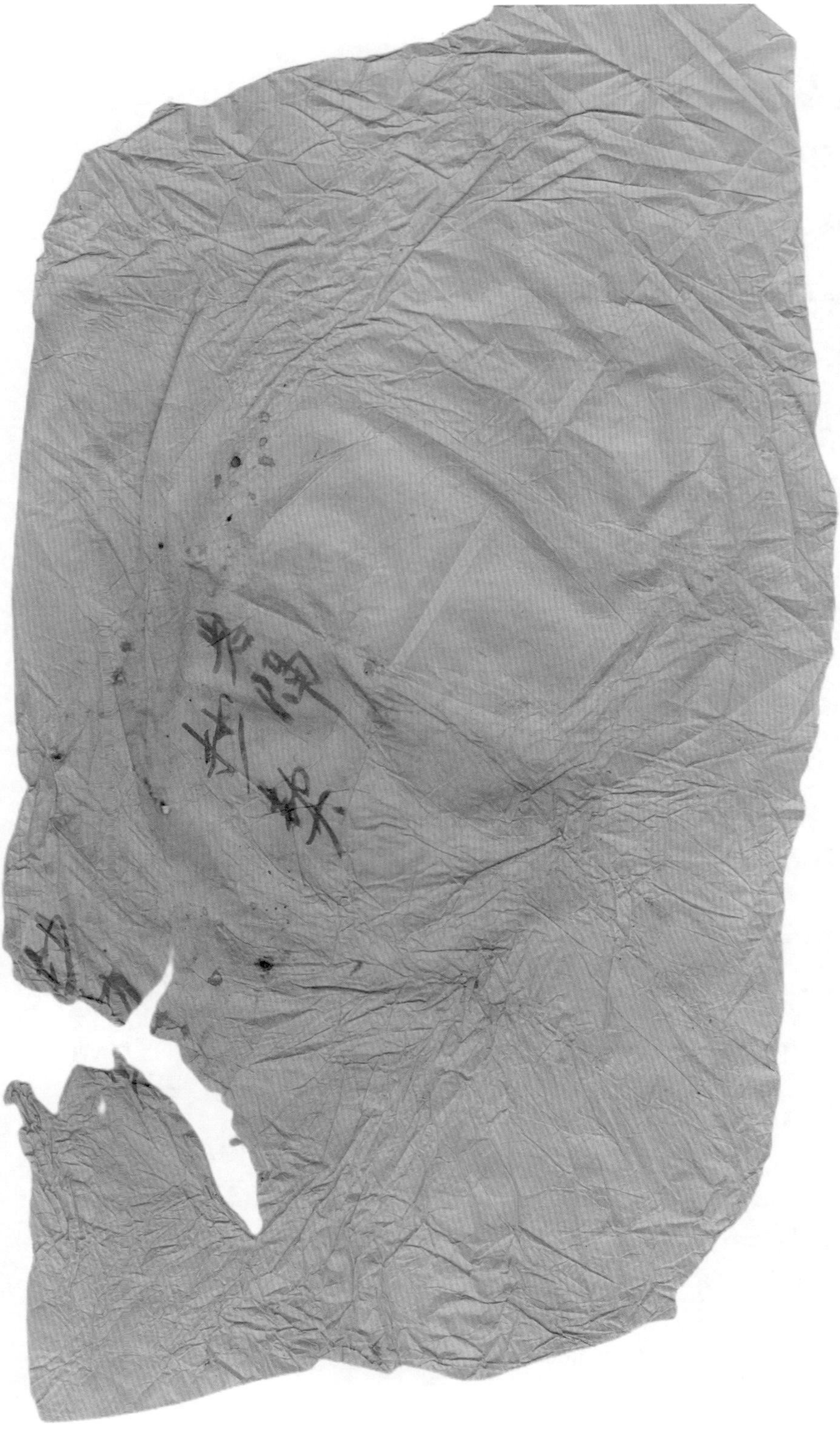

3-2-4-1 包契紙

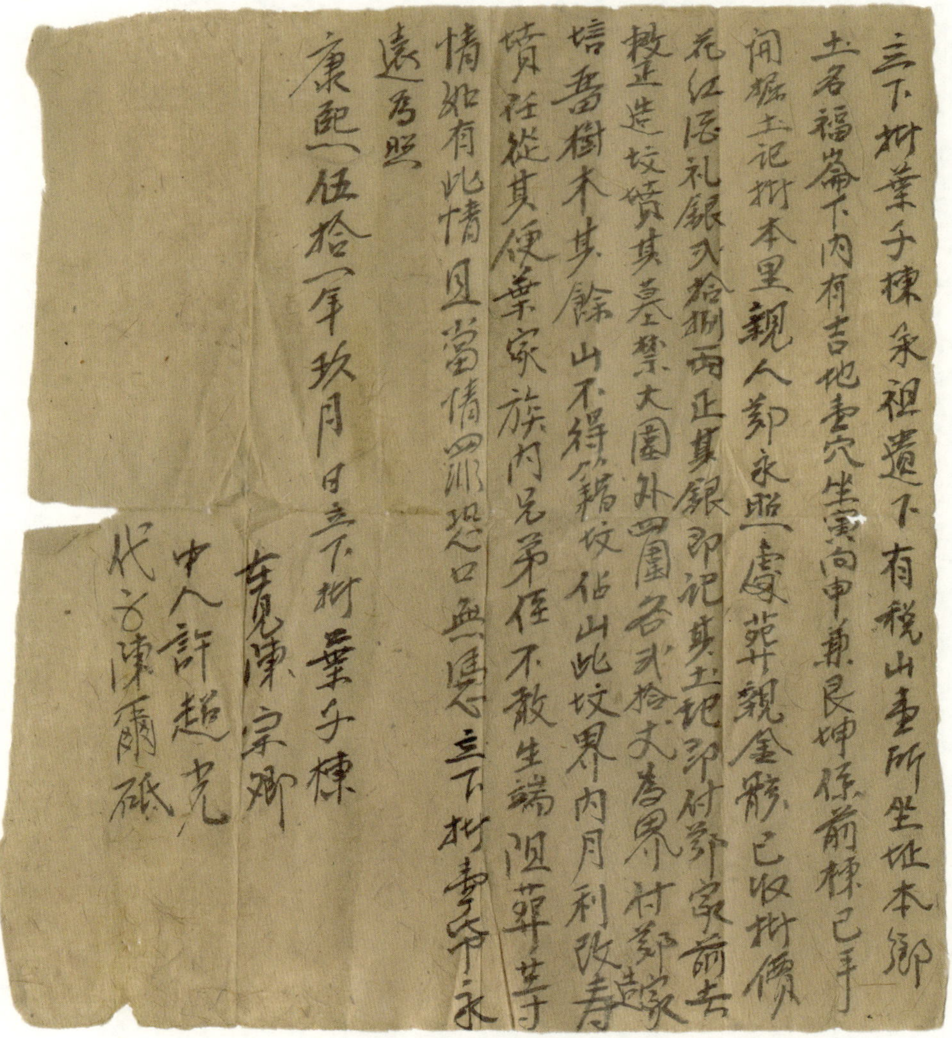

立下批葉子棟承祖遺下有税山壹所坐址本鄉
土名福崙下內有吉地壹穴生寅向申兼艮坤係前棟已手
間掘土記樹本里親人鄭永照處安葬親金骸已收樹價
花紅屋禮銀貳拾捌兩正其銀即記其土地即付鄭家前去
擇吉造坟墳其墓禁大圍外四圍各貳拾丈爲界付鄭家
培蓄樹木其餘山不得私藉坟佔山此坟界內月利改壽
墳任從其便葉家族內兄弟侄不敢生端阻葬等
情如有此情且當情四鄰恐口無憑立下批壹紙永
遠爲照
康熙伍拾一年玖月 日立下批葉子棟
在見陳宗鄉
中人許趙光
代字陳爾砥

3-2-4-2 清康熙五十一年九月葉子棟立下批吉地字（一）

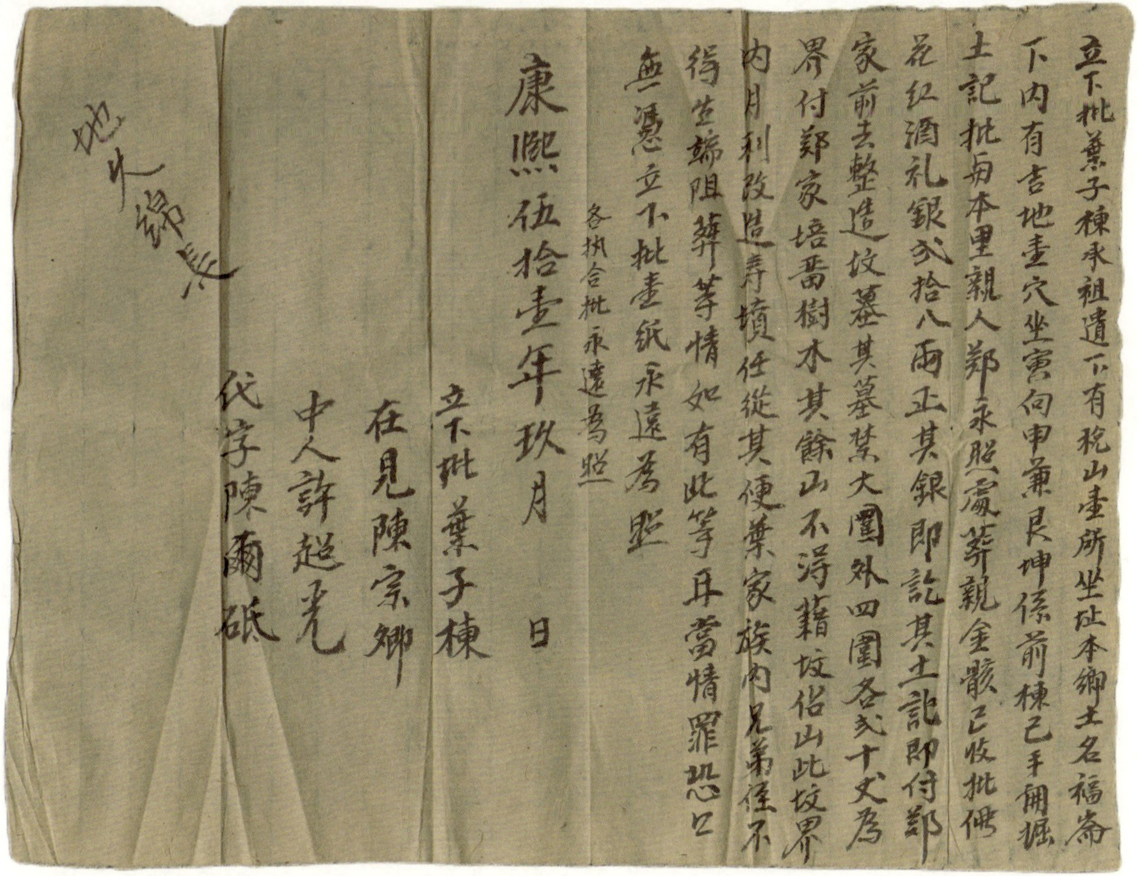
立下批葉子棟承祖遺下有税山壹所坐址本鄉土名福崙
下內有吉地壹穴坐寅向申兼艮坤係前棟已手開掘
土記批與本里親人鄭永聡處葬親金骸已收批價
花紅酒礼銀貳拾八兩正其銀即訖其土訖即付鄭
家前去整造坟墓其墓禁大圍外四圍各貳十丈爲
界付鄭家培蓄樹木其餘山不得藉坟佔山此坟界
內月利改造寿墳任從其便葉家族內兄弟侄不
得生端阻葬等情如有此等弃當情罪恐口
無憑立下批壹紙永遠爲照
各執合批永遠爲照
康熙伍拾壹年玖月　日
立下批 葉子棟
在見 陳宗卿
中人 許超光
代字 陳爾祇

3-2-4-3　清康熙五十一年九月葉子棟立下批吉地字（二）

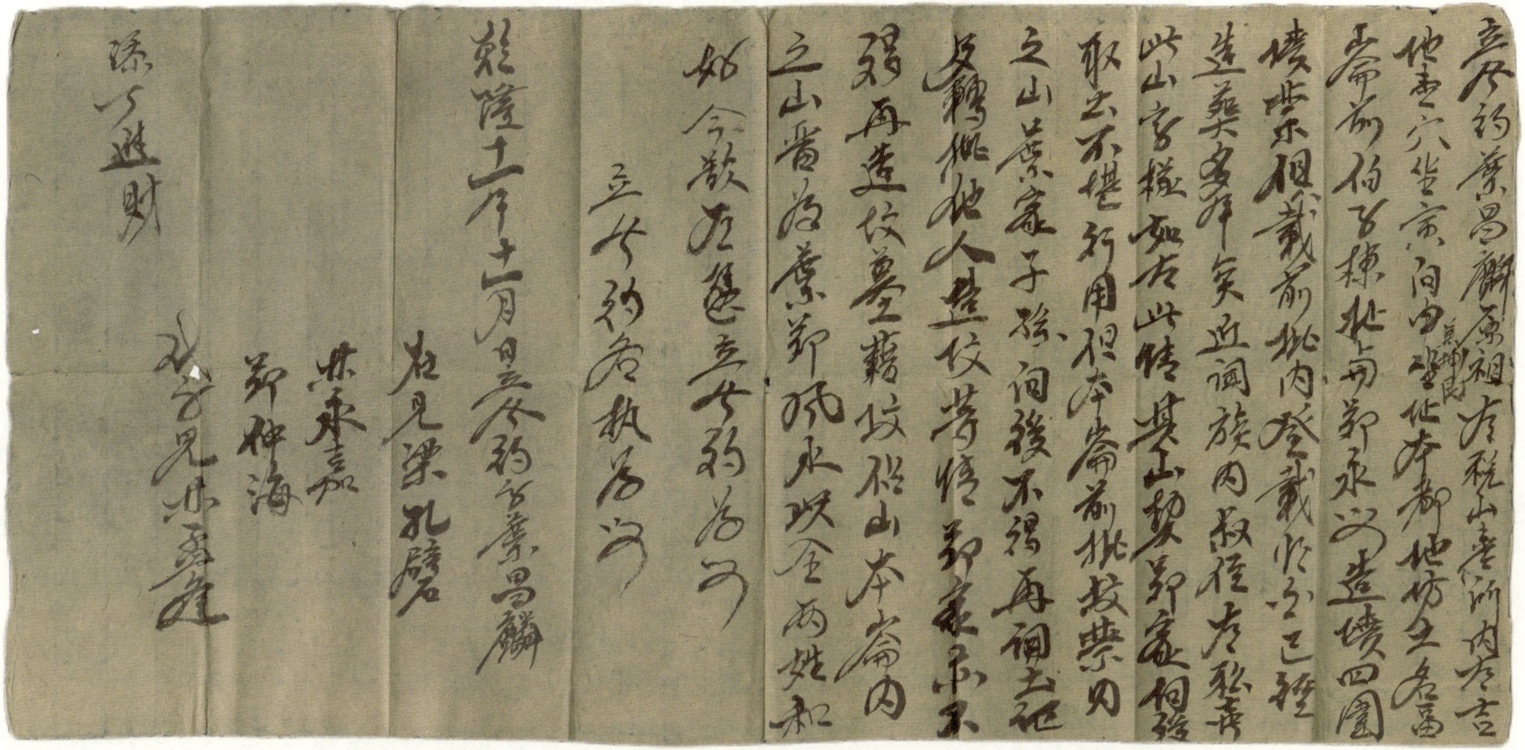

3-2-4-4　清乾隆十一年十一月葉昌麟立合約字

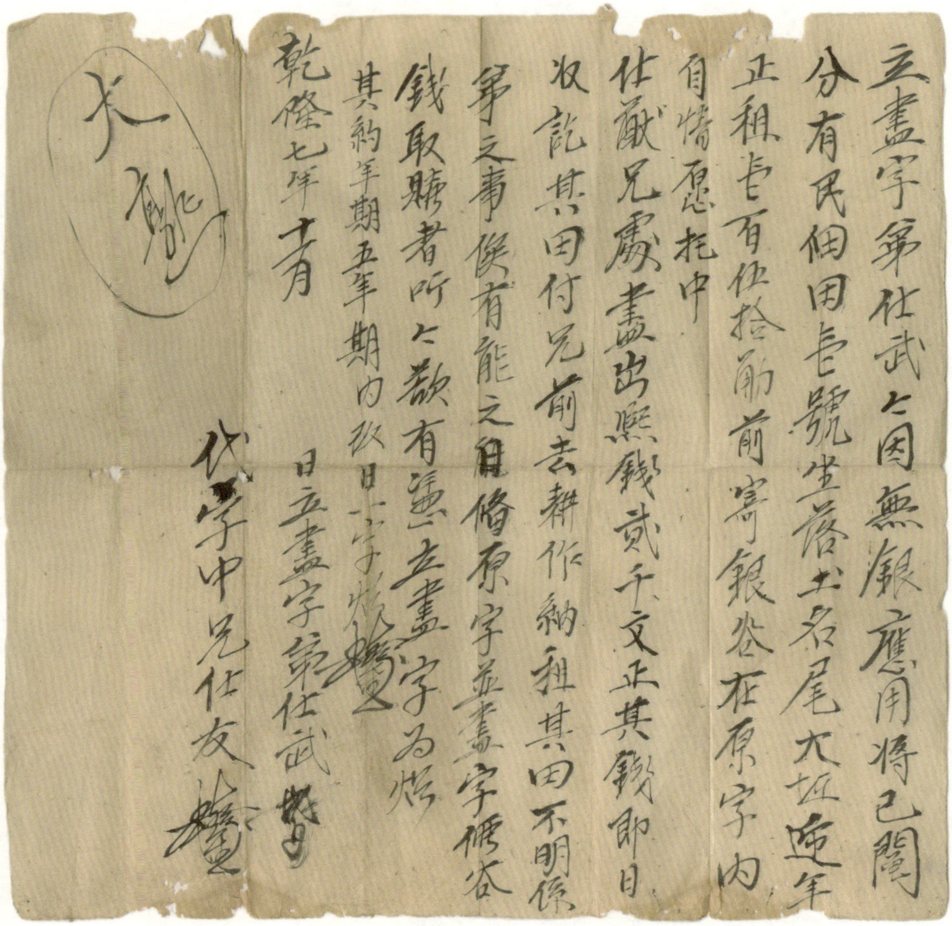
立盡字弟仕武々因無銀應用將已闔
分有民佃田壹號坐落土名尾大坵逐年
正租壹百伍拾觔前寄銀谷在原字內
自情愿托中
仕藏兄處盡出價錢貳千文正其錢即日
收訖其田付兄前去耕作納租其田不明係
弟之事與有能之日備原字並盡字價谷
錢取贖者听々款有憑立盡字為照
其約年期五年期內□日□□字照
日立盡字弟仕武
乾隆七年十一月
代字中兄仕友

3-2-5-1　清乾隆七年十一月葉仕武立盡民佃田字

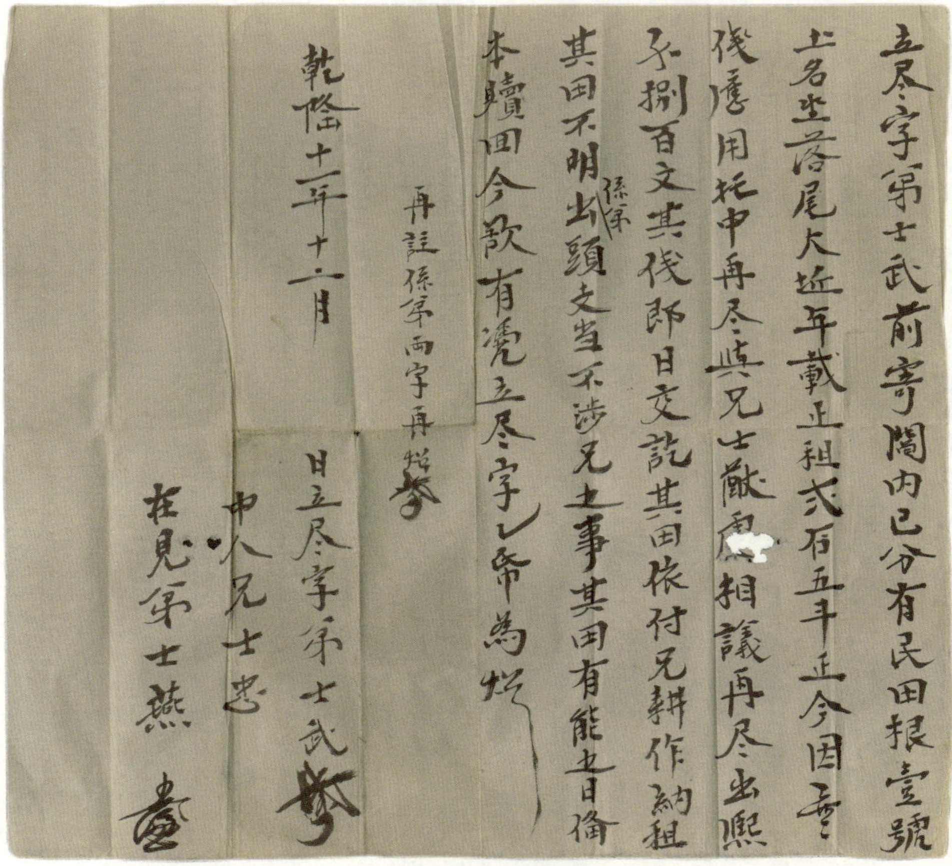
立尽字弟士武前寄閹内已分有民田根壹號
土名坐落尾大坵年載正租弍石五斗正今因要
錢應用托中再尽與兄士猷處相議再尽出熙
予捌百文其錢即日交訖其田依付兄耕作納租
其田不明係吊出頭支當不涉兄之事其田有能立日備
本贖回今欲有憑立尽字乙帋為炤
再註係吊兩字再炤
乾隆十一年十二月　日立尽字弟士武
中人兄士忠
在見弟士燕

3-2-5-2　清乾隆十一年十二月葉士武立盡民田根字

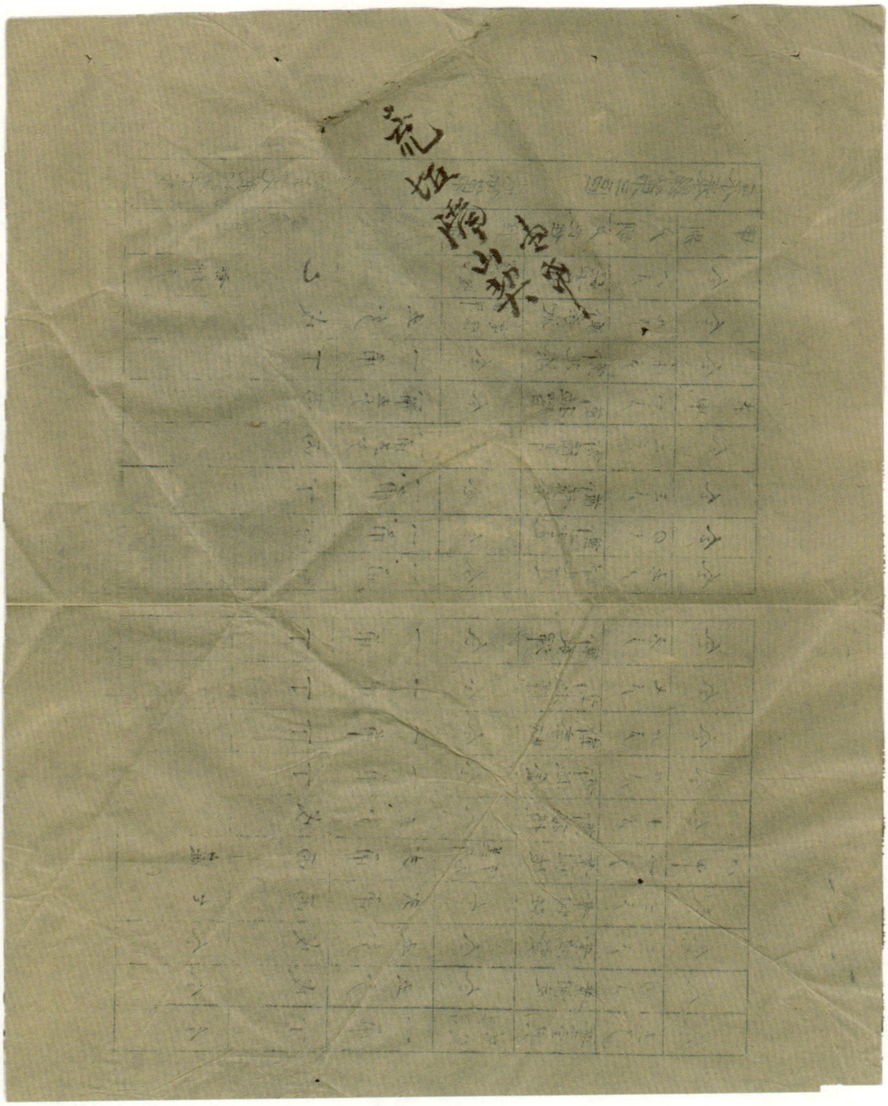

3-2-6-1　包契紙

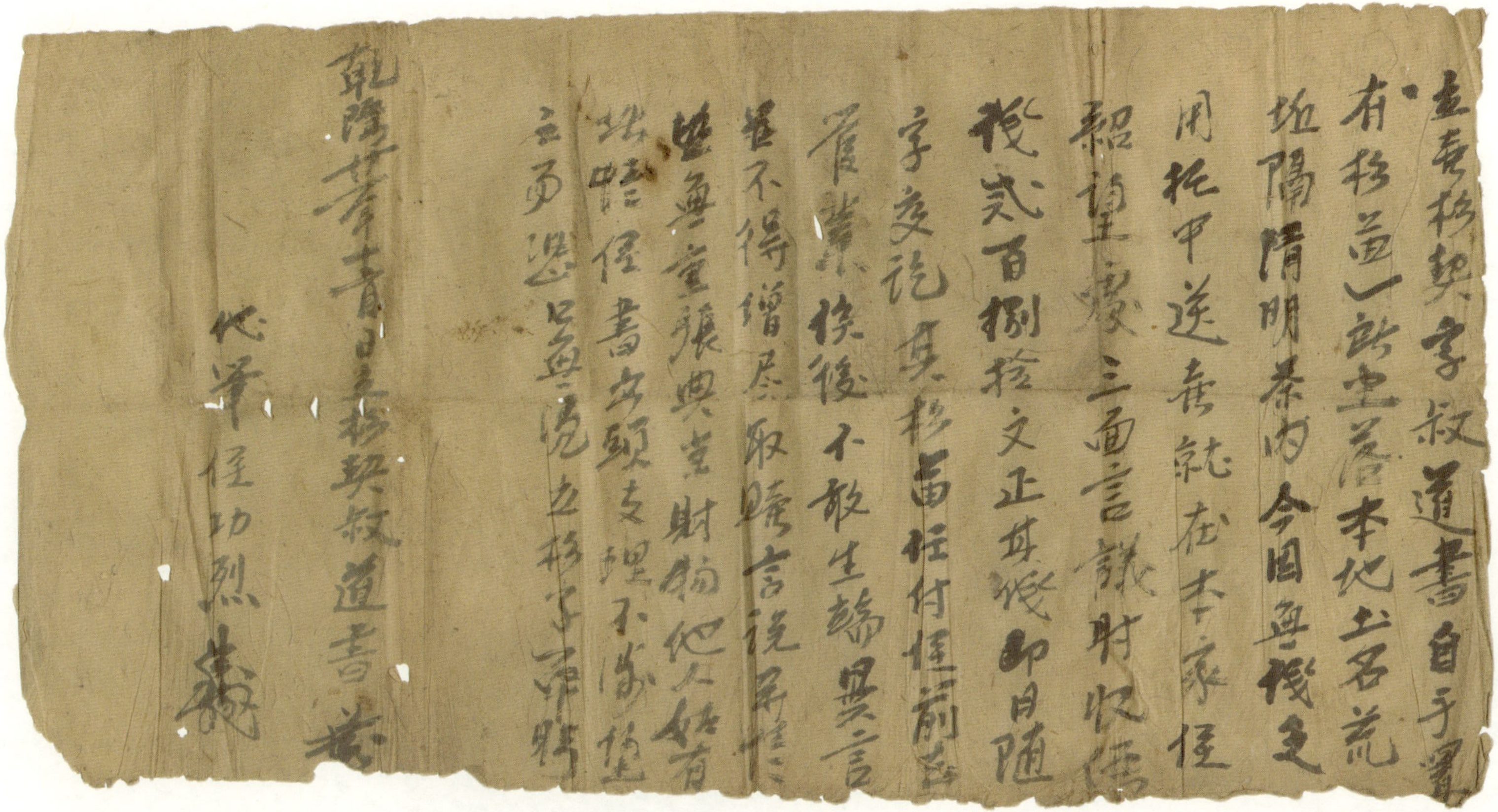
立賣杉契字叔道書自手置
有杉苗一所，坐落本地土名荒
坵陽，情明恭内。今因無錢乏
用，托中送與就在本家侄
紹達處，三面言議時收價
錢弍百捌拾文正，其錢即日隨
字交訖，其杉苗任付侄前去
管業，日後不敢生端異言
甚不得增添取贖，言說無[illegible]
此無重張典當財物他人；如有
此情，係書出頭支理，不涉[illegible]
之事，恐口無憑，立杉字一紙[illegible]
乾隆廿一年十二月日立杉契叔道書
代筆侄功烈

3-2-6-2　清乾隆二十一年十二月葉道書立賣杉苗契

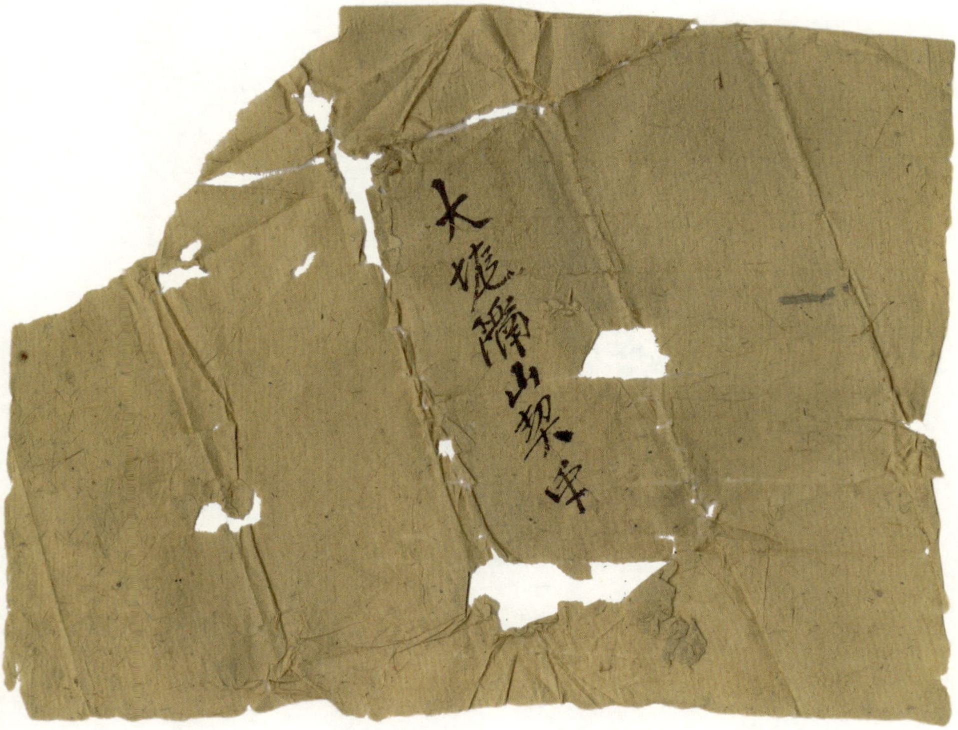

大墘隔山契字

3-2-7-1　包契紙

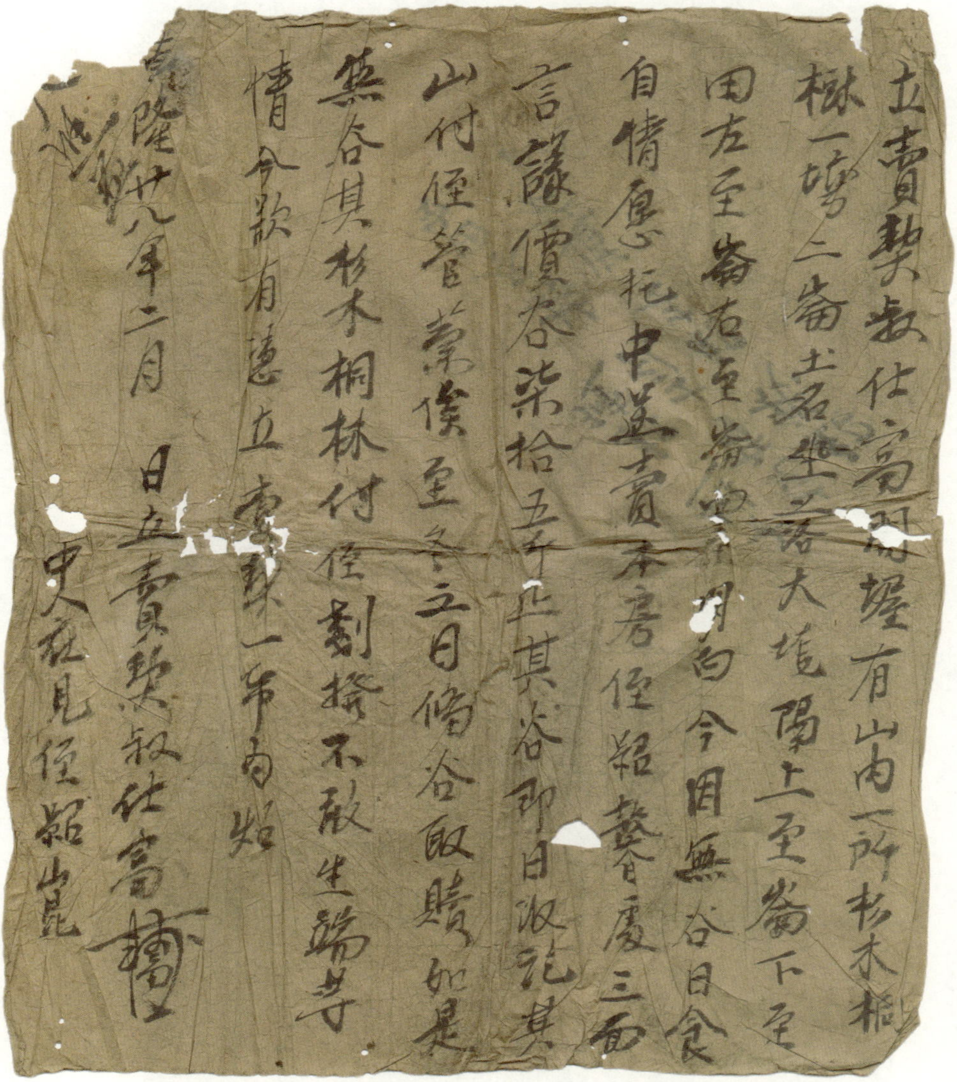
立賣契叔仕富[illegible]堰有山內一所杉木桐
林一塊二崙土名坐落大塆陽上至崙下至
田左至崙右至崙為界明白今因無谷日食
自情愿托中立賣與侄紹鏊處三面
言議價谷柒拾五斤正其谷即日收訖其
山付侄管業後至冬立日備谷取贖如是
無谷其杉木桐林付侄割擇不敢生端異
情今欲有憑立賣契一紙為照
乾隆廿八年二月　日立賣契叔仕富（押）
中人在見侄紹山（押）

3-2-7-2　清乾隆二十八年二月葉仕富立賣杉木等契

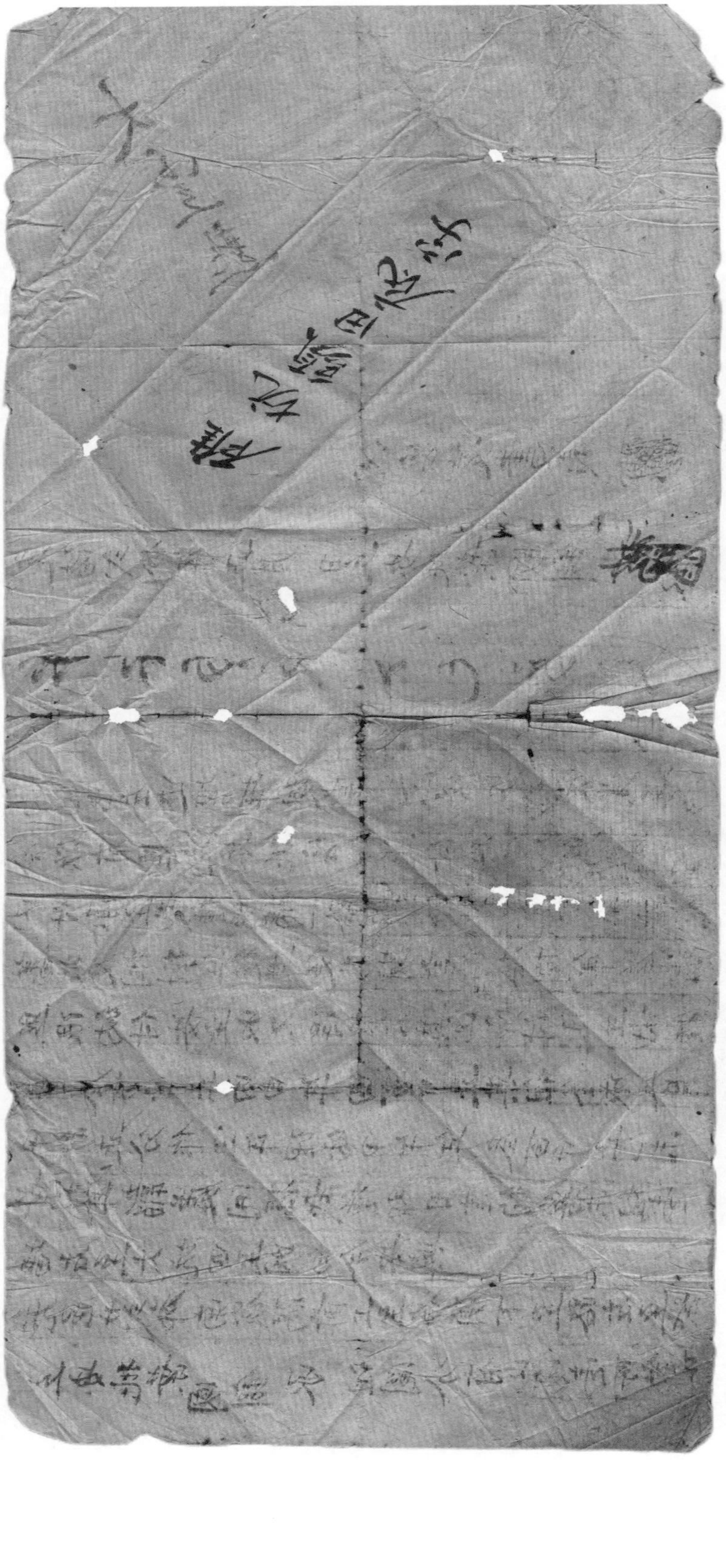

3-2-8-1　包契紙

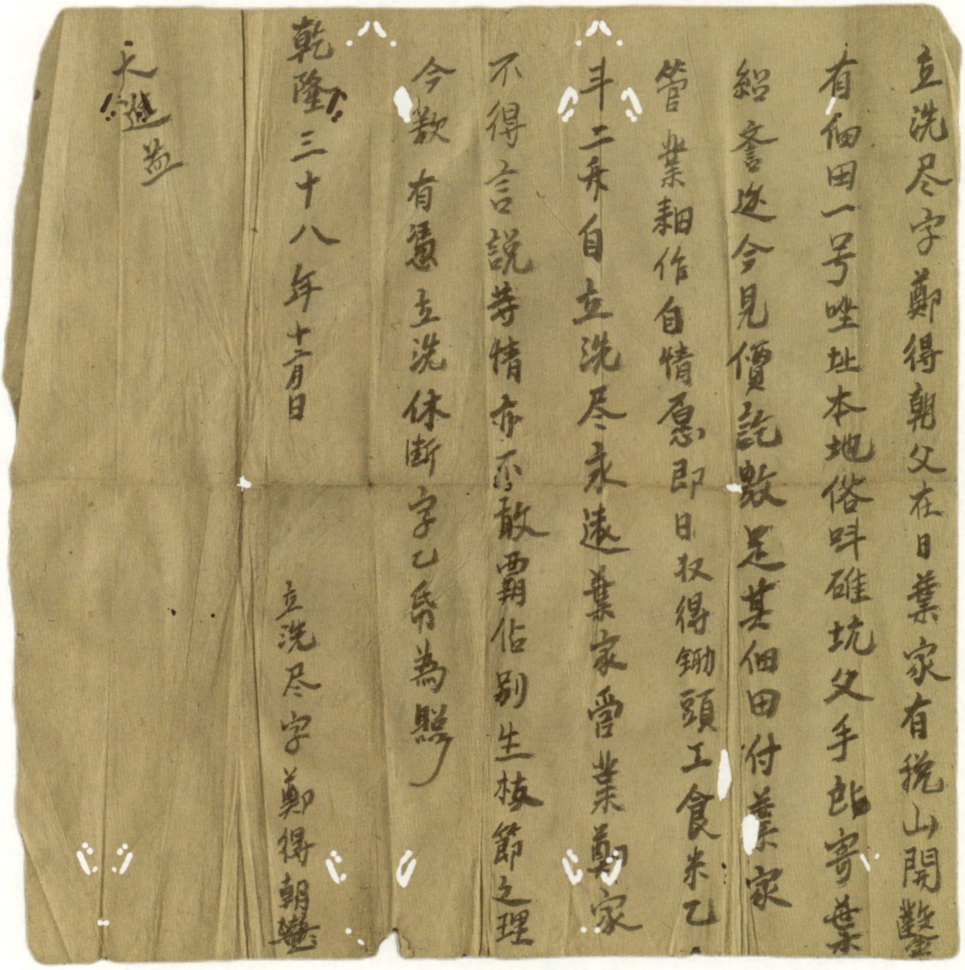
立洗尽字鄭得朝父在日葉家有稅山開鑿
有佃田一号坐址本地俗呌碓坑叉手坵寄葉
紹舎迄今見價訖數是葉佃田付葉家
管業耕作自情愿即日收得鋤頭工食米乙
斗二升自立洗尽永遠葉家管業鄭家
不得言說等情亦不敢覇佔别生枝節之理
今欲有憑立洗休斷字乙紙為照
乾隆三十八年十二月日　　立洗尽字鄭得朝
天進益

3-2-8-2　清乾隆三十八年十二月鄭得朝立洗盡佃田契

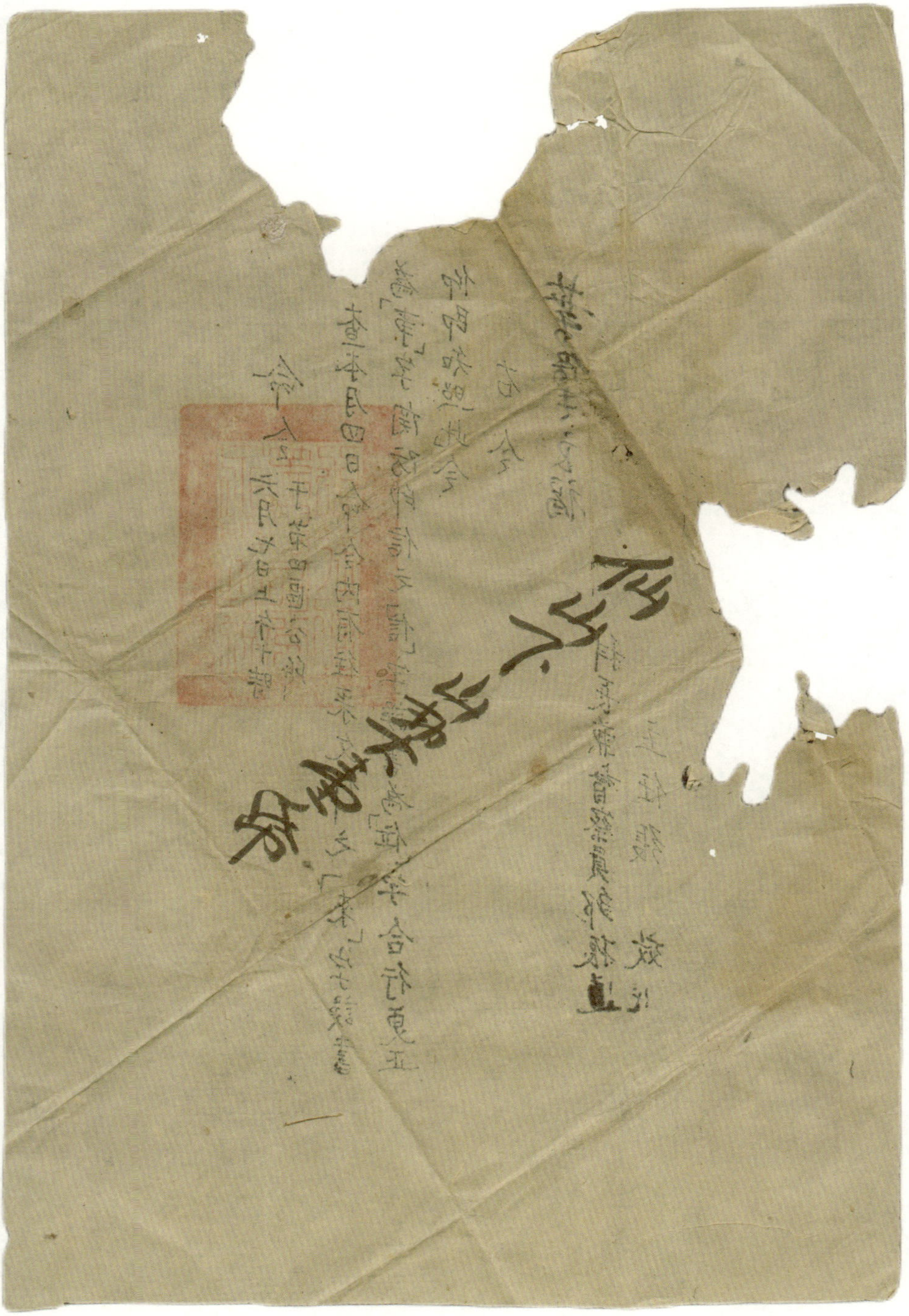

3-2-9-1 包契紙

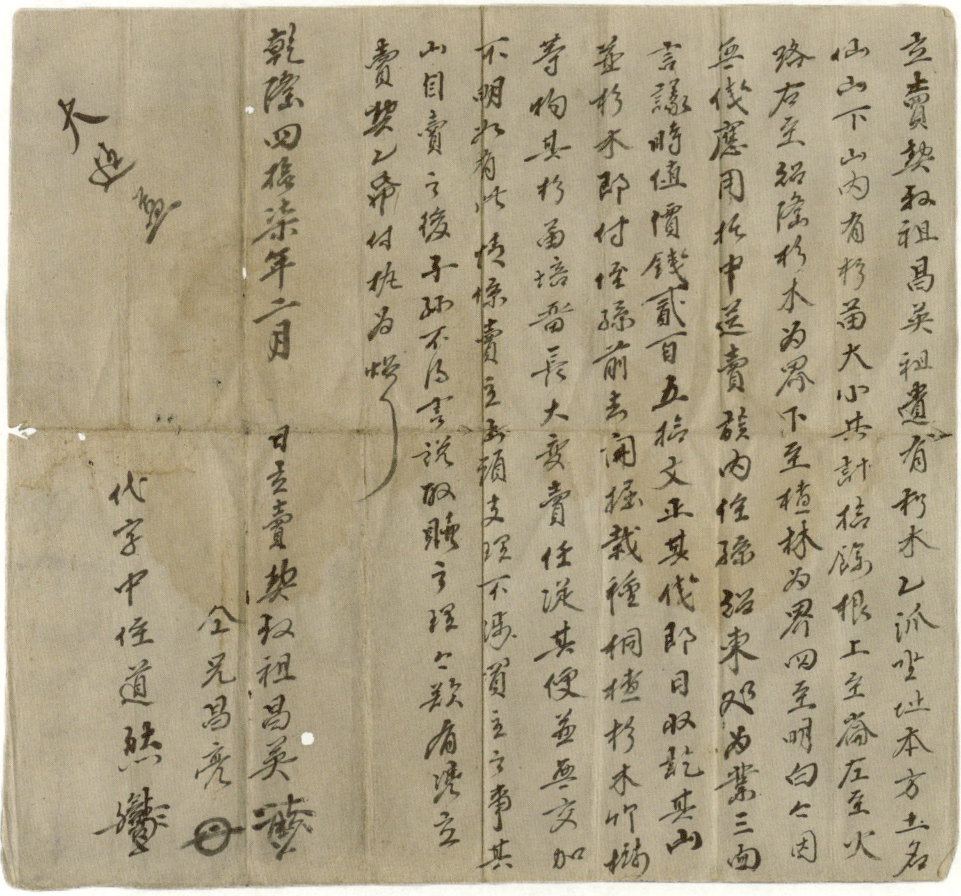
立賣契叔祖昌英祖遺有杉木一派坐址本方土名
仙山下山內有杉苗大小共計拾餘根上至崙左至火
路右至紹隆杉木為界下至植林為界四至明白今因
無錢應用托中送賣族內侄孫紹東邊為業三面
言議時值價錢貳百五拾文正其錢即日收訖其山
並杉木即付侄孫前去開墾栽種桐植杉木竹樹
等物其杉苗培養長大變賣任從其便並無交加
不明如有此情係賣主出頭支理不涉買主之事其
山自賣之後子孫不得言說找贖之理今欲有憑立
賣契一紙付執為照
乾隆四拾柒年二月　日立賣契叔祖昌英（押）
仝兄昌亮（押）
代字中侄道然（押）
大進益

3-2-9-2　清乾隆四十七年二月葉昌英等立賣杉苗契

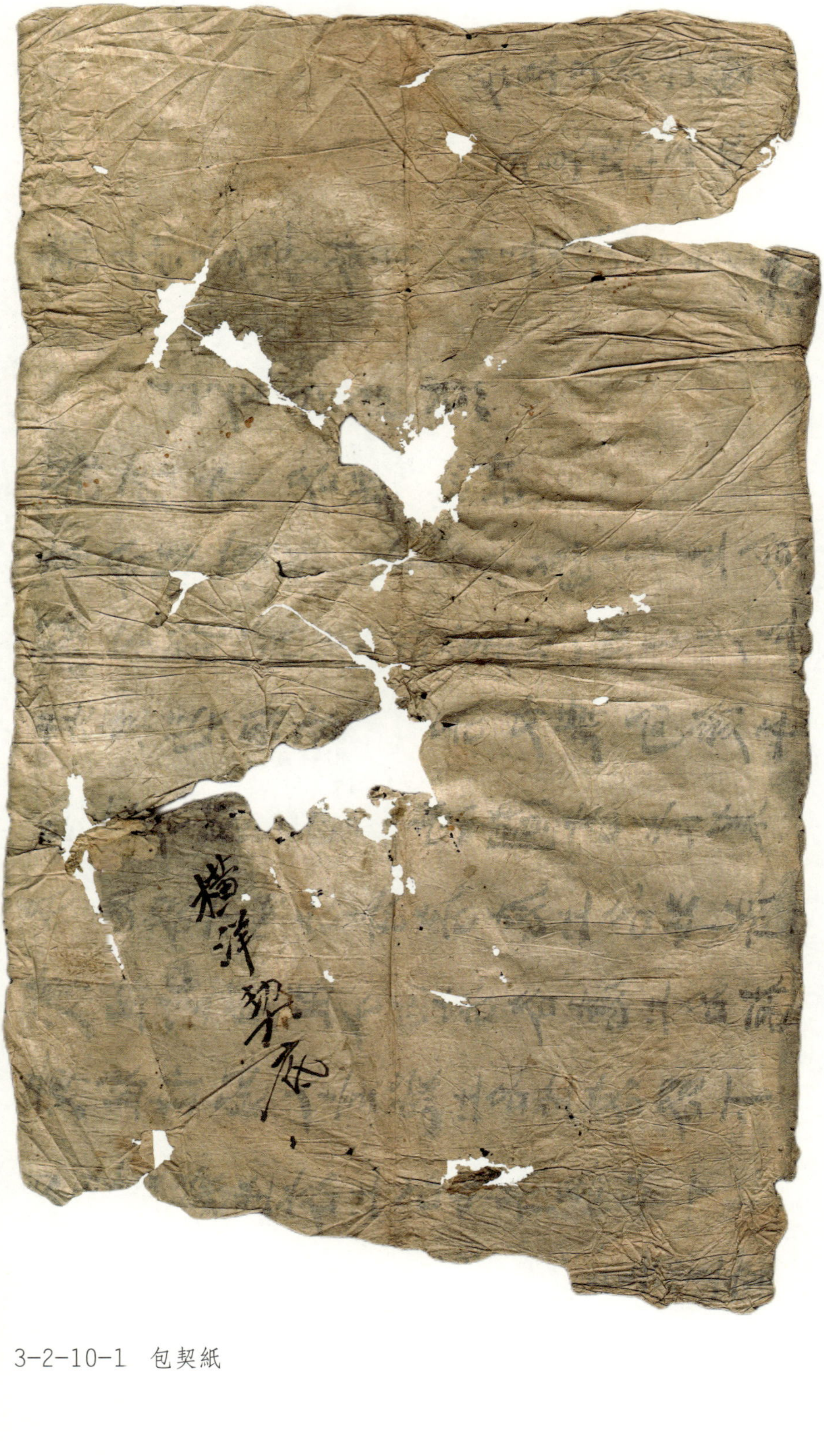

3-2-10-1　包契紙

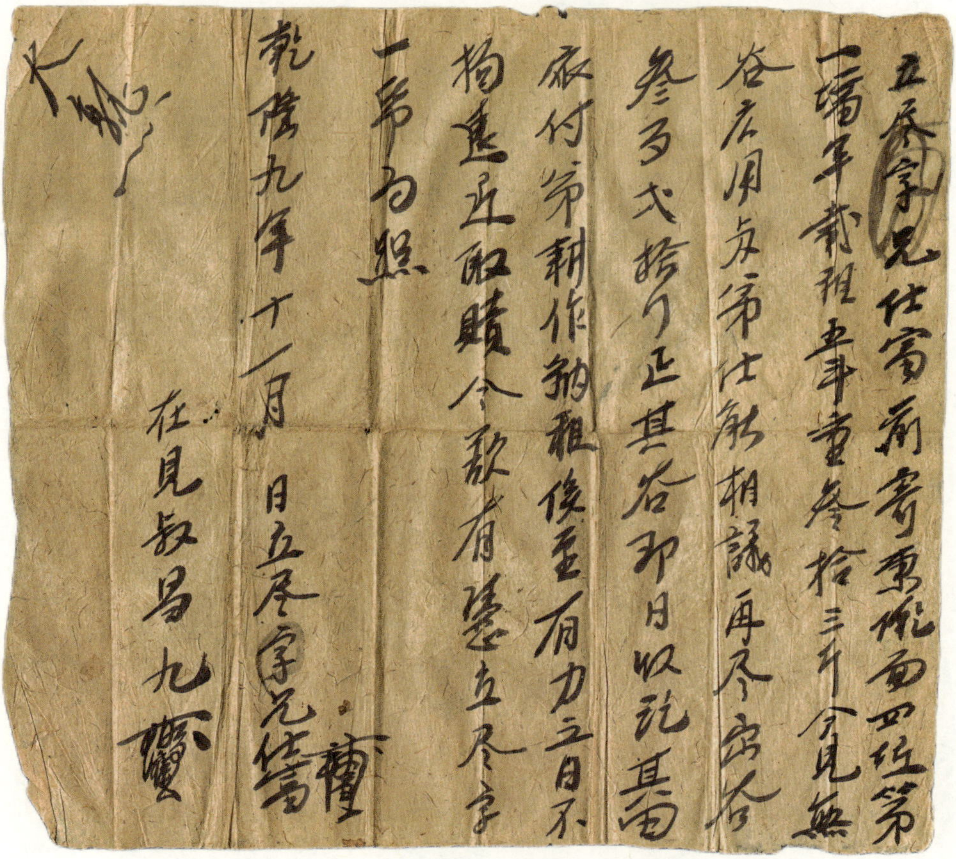

立盡字兄仕富前[illegible]東坑面田壹坵第
一墦年載租壹斗重叁拾三斤今兄無
谷応用與弟仕緞相議再盡出谷
叁石弍拾斤正其谷即日收訖其田
永付弟耕作納租後至有力之日不
得進退取贖今欲有憑立盡字
一紙爲照
乾隆九年十一月　日立盡字兄仕富（押）
在見叔昌九（押）

3-2-10-2　清乾隆九年十一月葉仕富立盡田字

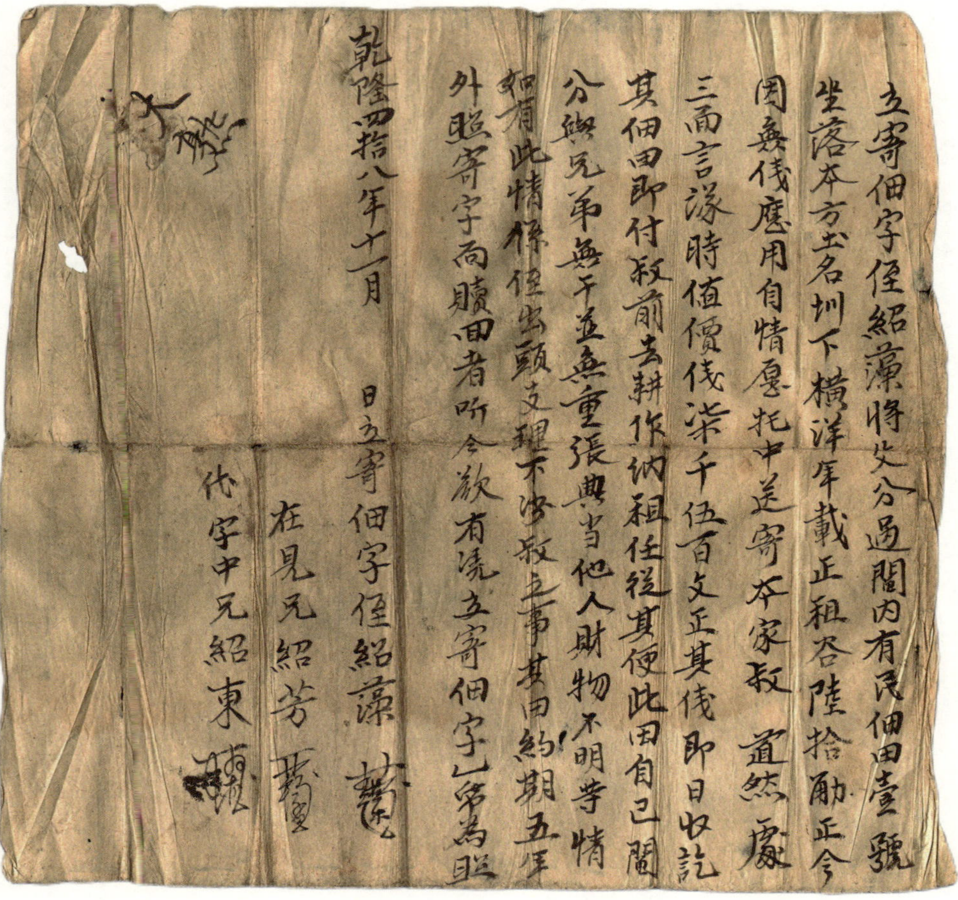
立寄佃字侄紹藻將父分過閹内有民佃田壹號
坐落本方土名圳下橫洋年載正租谷陸拾觔正今
因無錢應用自情愿托中送寄本家叔 道然處
三面言議時值價錢柒千伍百文正其錢即日收訖
其佃田即付叔前去耕作納租任從其便此田自己閹
分與兄弟無干並無重張典当他人財物不明等情
如有此情係侄出頭支理不涉叔之事其田約期五年
外照寄字面贖田者听今欲有凴立寄佃字乙帋為照
乾隆四拾八年十一月 日立寄佃字侄紹藻（押）
在見兄紹芳（押）
代字中兄紹東（押）

3-2-10-3 清乾隆四十八年十一月葉紹藻立寄民佃田字

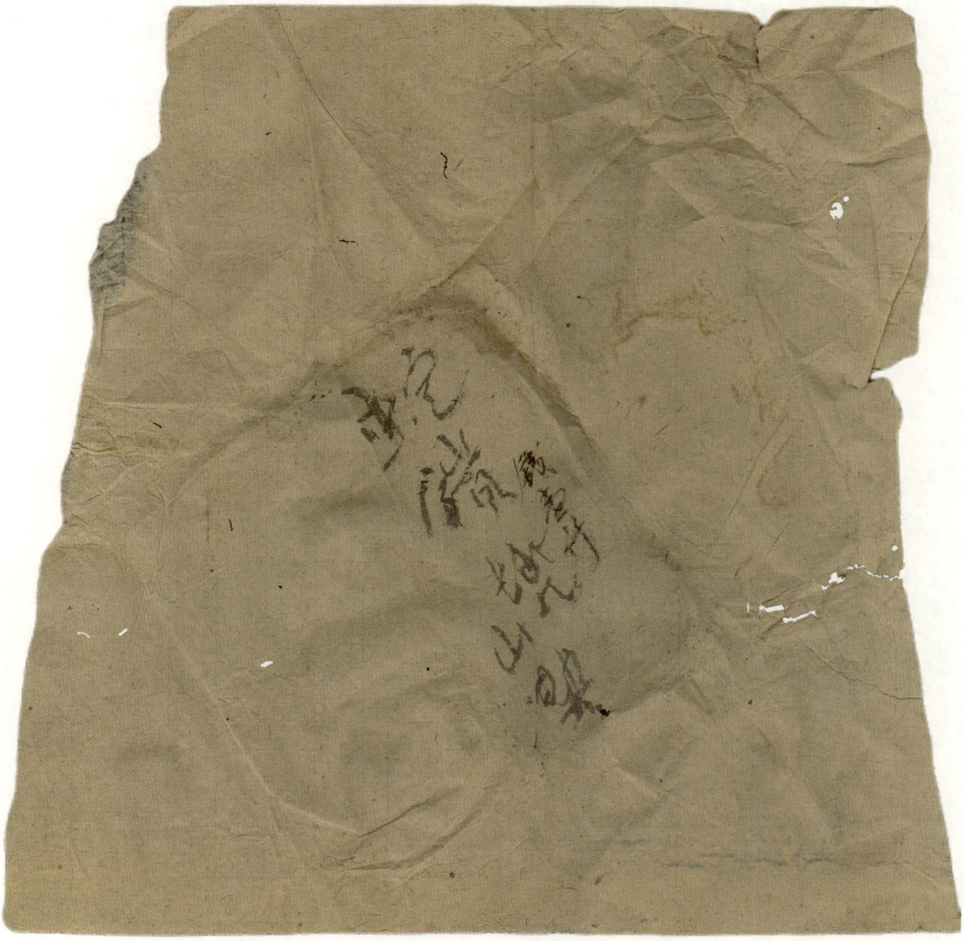

3-2-11-1　包契紙

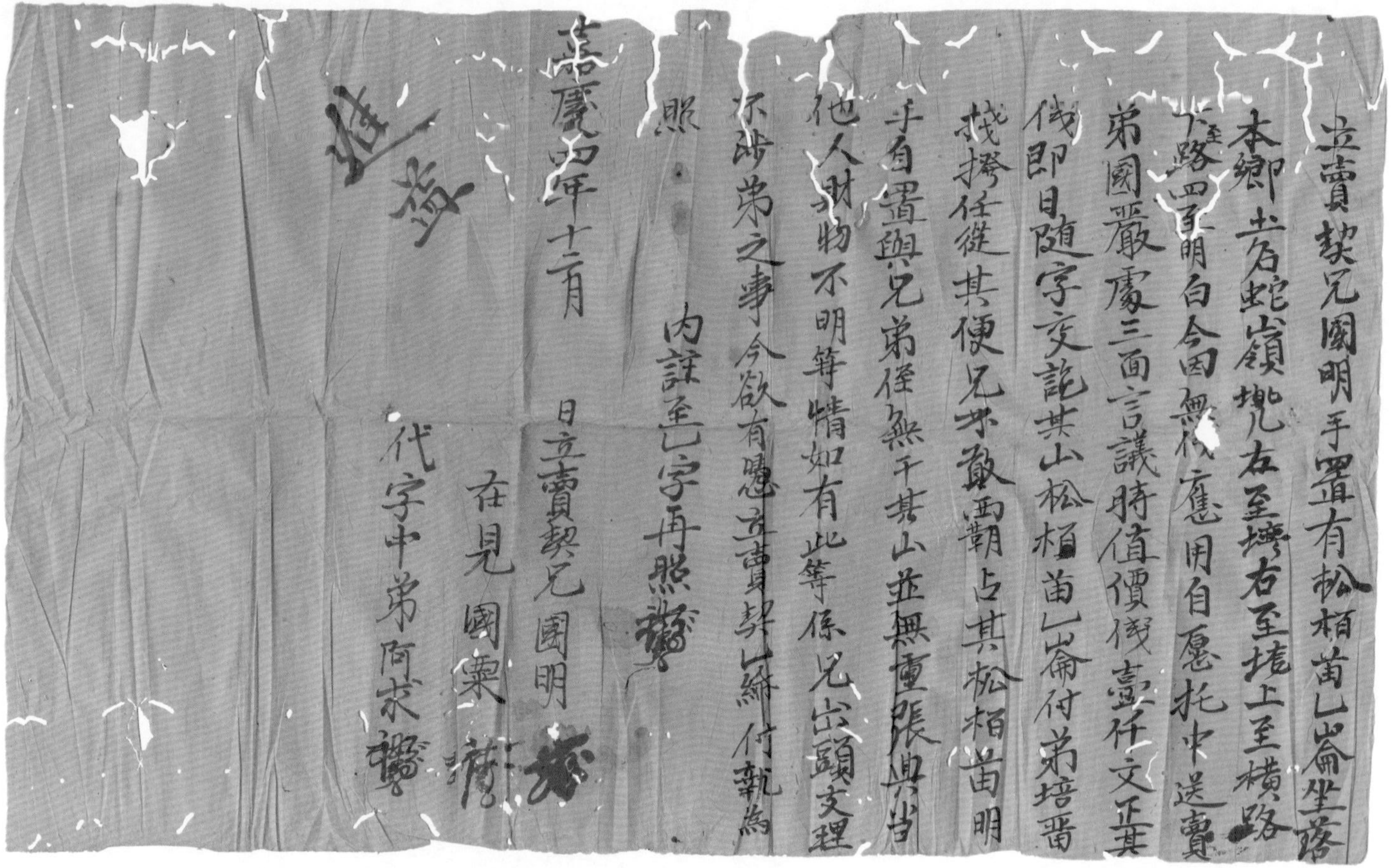

立賣契兄國明手置有松柏苗山崙坐落
本鄉土名蛇嶺坳兒左至墈右至墘上至橫路
下至路四至明白今因無錢應用自愿托中送賣
弟國嚴處三面言議時值價錢壹仟文正其
錢即日隨字交訖其山松柏苗山崙付弟培蓄
栽插任從其便兄不敢再覇占其松柏苗明
手自置與兄弟侄無干其山並無重張典當
他人財物不明等情如有此等係兄出頭支理
不涉弟之事今欲有憑立賣契山崙付執為
照

內註至字再照

嘉慶四年十二月　日立賣契兄國明

在見　國棠

代字中弟　阿求

3-2-11-2　清嘉慶四年十二月葉國明立賣松柏苗契

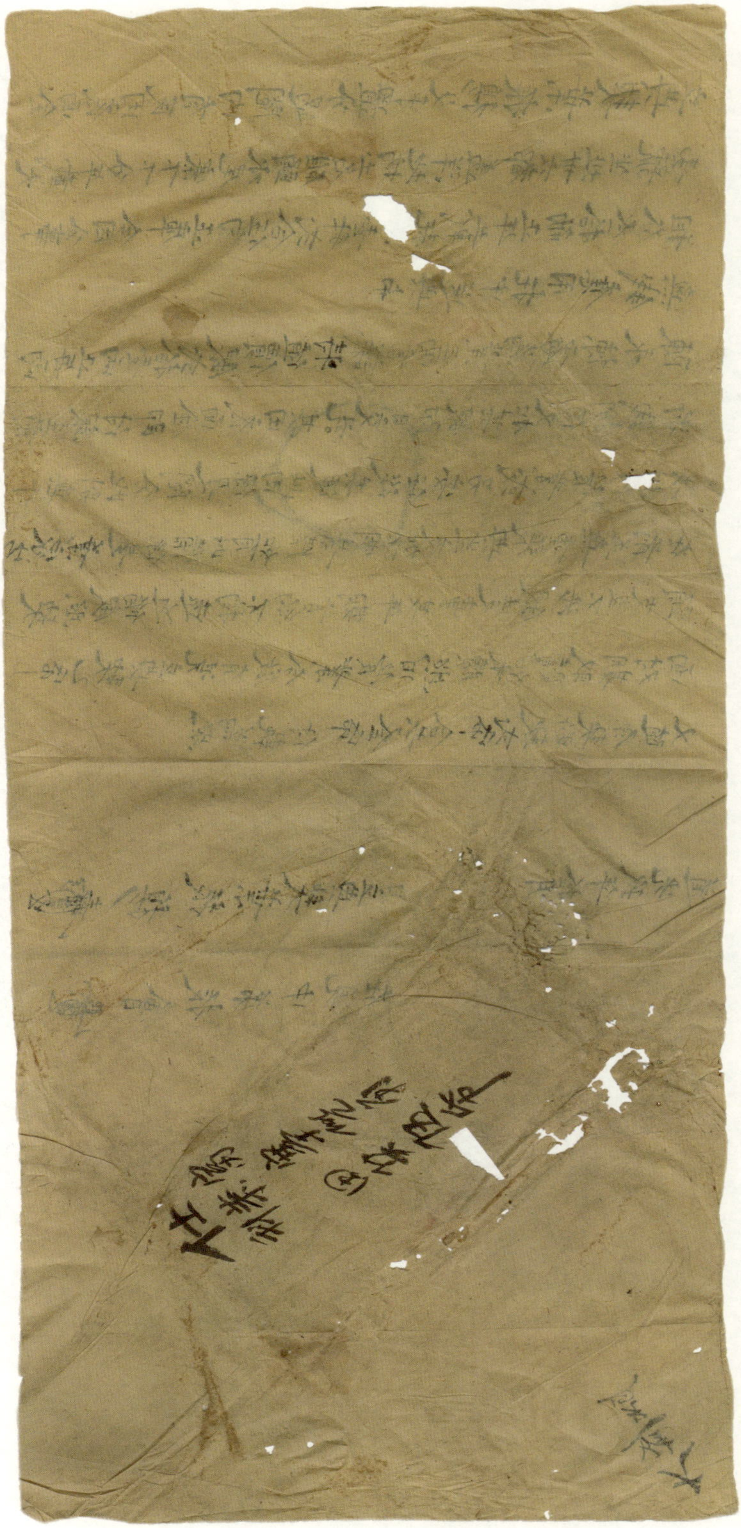

3-2-12-1　包契紙

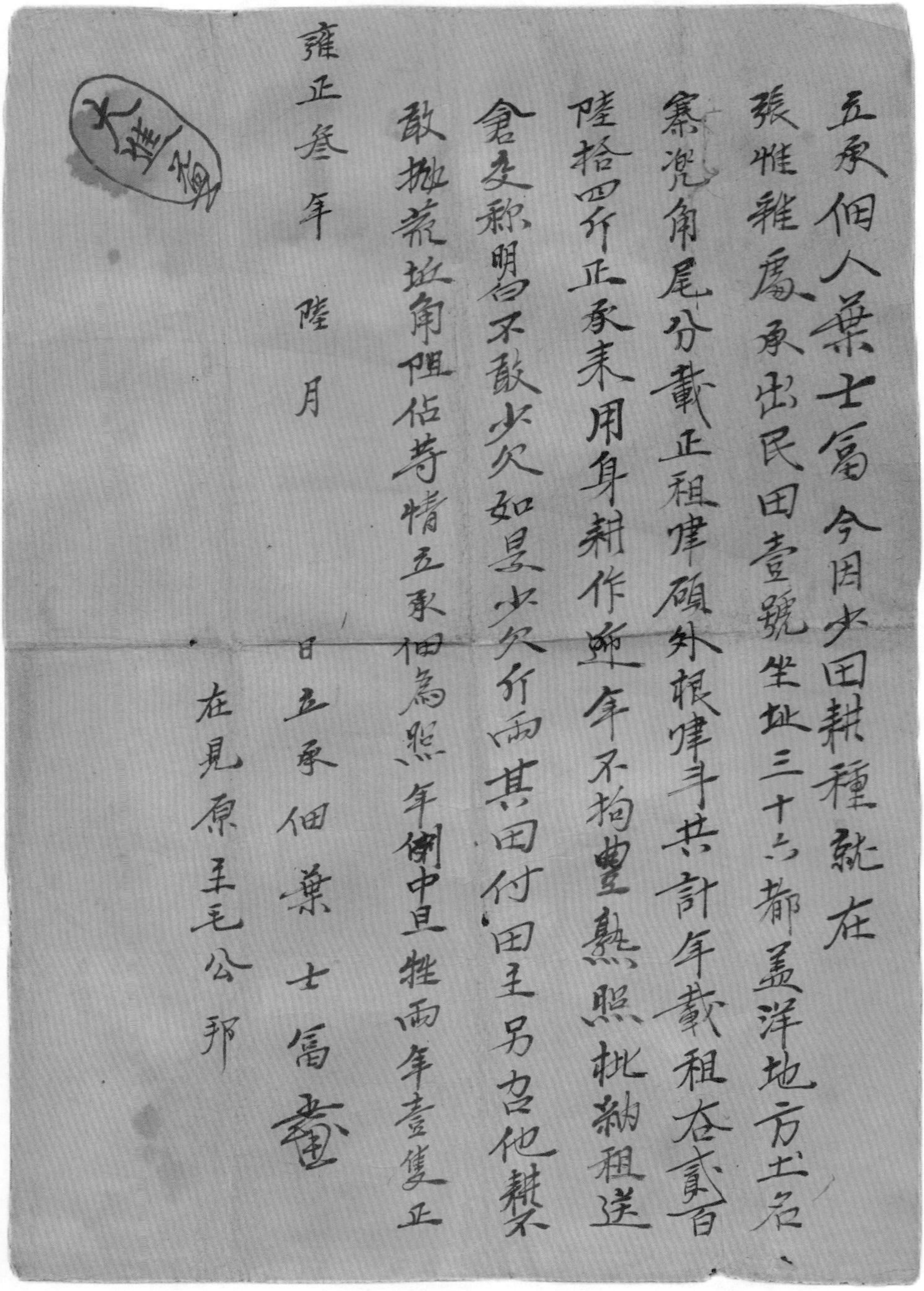
立承佃人葉士富今因少田耕種就在
張惟雍處承出民田壹號坐址三十六都蓋洋地方土名
寨兜角尾分載正租肆碩外根肆斗共計年載租谷貳百
陸拾四斤正承来用身耕作逐年不拘豐熟照批納租送
倉交秤明白不敢少欠如是少欠斤两其田付田主另召他耕不
敢抛荒坵角阻佔等情立承佃為照年例中旦牲两年壹隻正

雍正叁年　陸月　日立承佃葉士富（押）

在見原主毛公邦

3-2-12-2　清雍正三年六月葉士富立承佃民田字

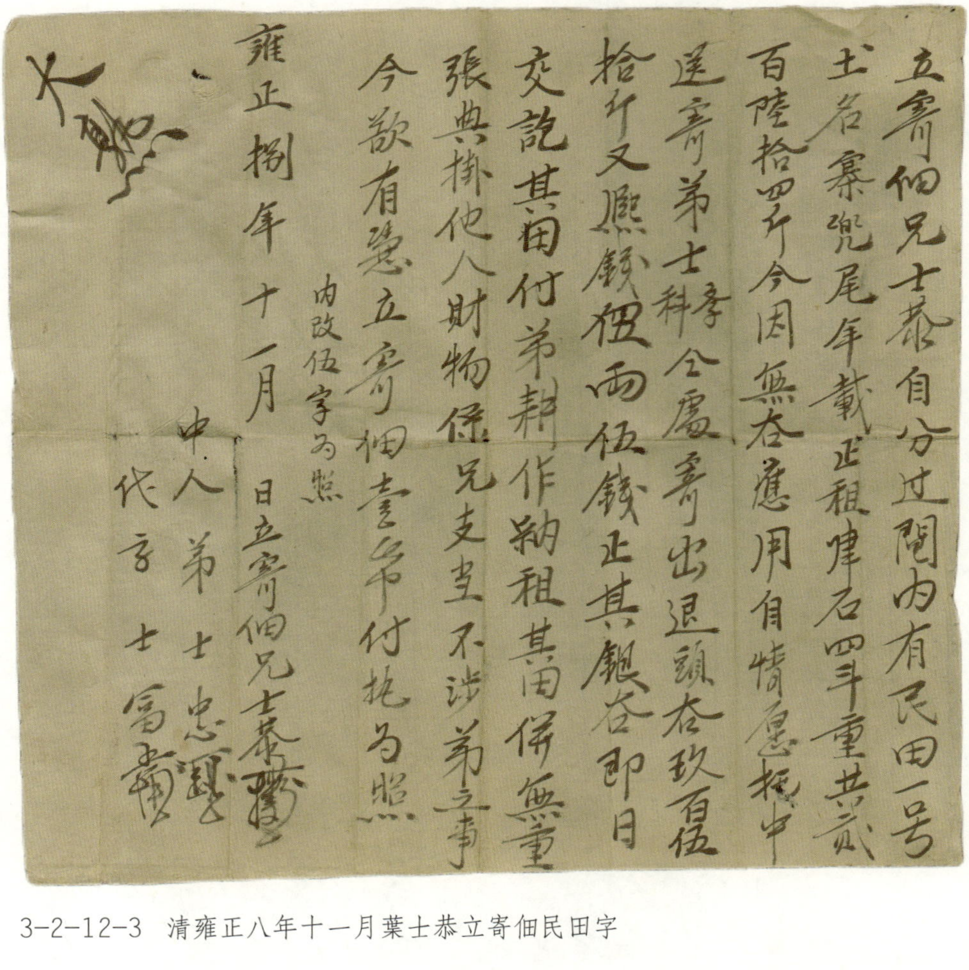

立寄佃兄士恭自分过閩内有民田一号
土名寨兜尾年載正租肆石四斗重共貳
百陸拾四斤今因無本應用自情愿托中
送寄弟士科季仝處寄出退頭本玖百伍
拾斤又照錢佰兩伍錢正其銀谷即日
交訖其田付弟耕作納租其田係無重
張典掛他人財物係兄支当不涉弟之事
今欲有憑立寄佃壹帋付执為照
内改伍字為照
雍正捌年十一月　日立寄佃兄士恭
中人　弟　士忠
代字　士富

3-2-12-3　清雍正八年十一月葉士恭立寄佃民田字

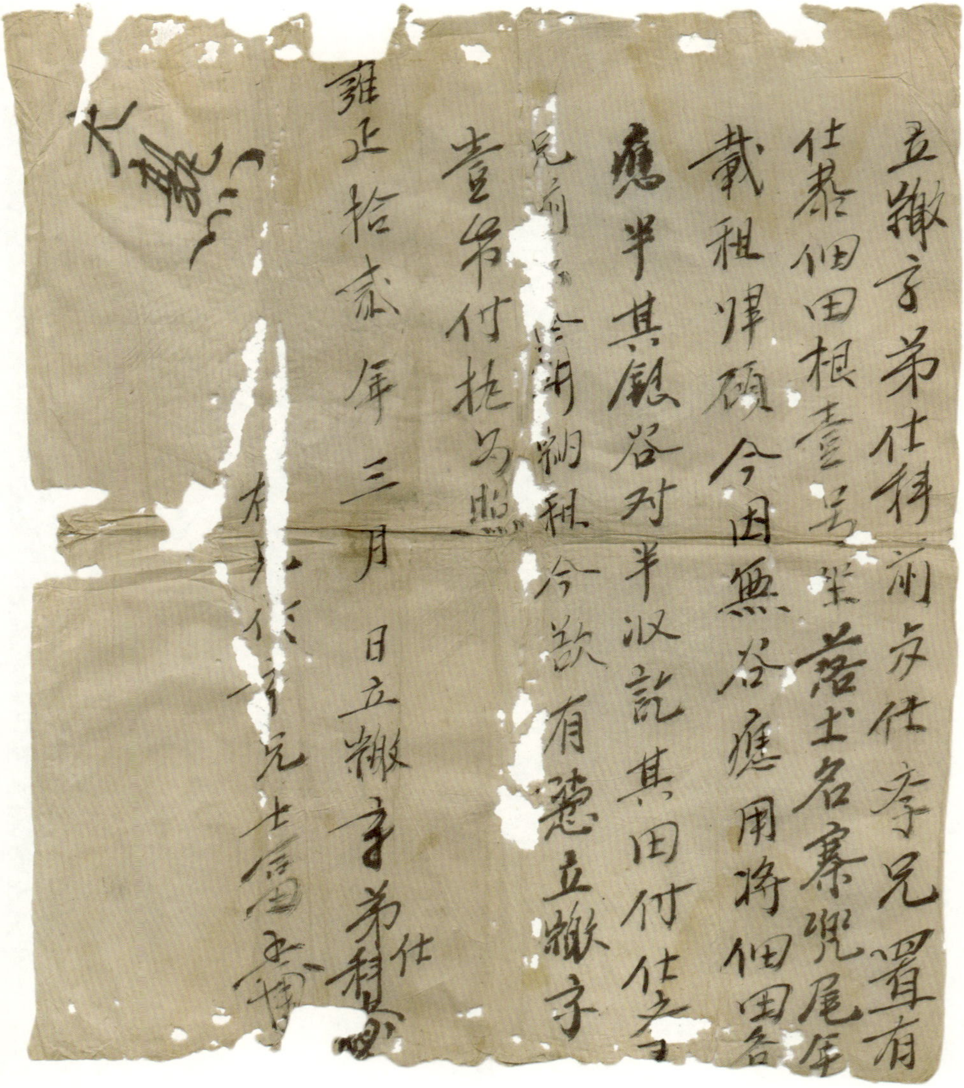

立繳字弟仕科，前與仕孝兄置有
仕泰佃田根壹號，坐落土名寨兜尾，年
載租肆碩。今因無谷應用，將佃田各
應半，其銀谷對半收訖，其田付仕孝
兄前去管耕收租。今欲有憑，立繳字
壹帋付執為照。
雍正拾貳年三月　日立繳字弟仕科（押）
在見代筆兄士富（押）

3-2-12-4　清雍正十二年三月葉仕科立繳佃田根字

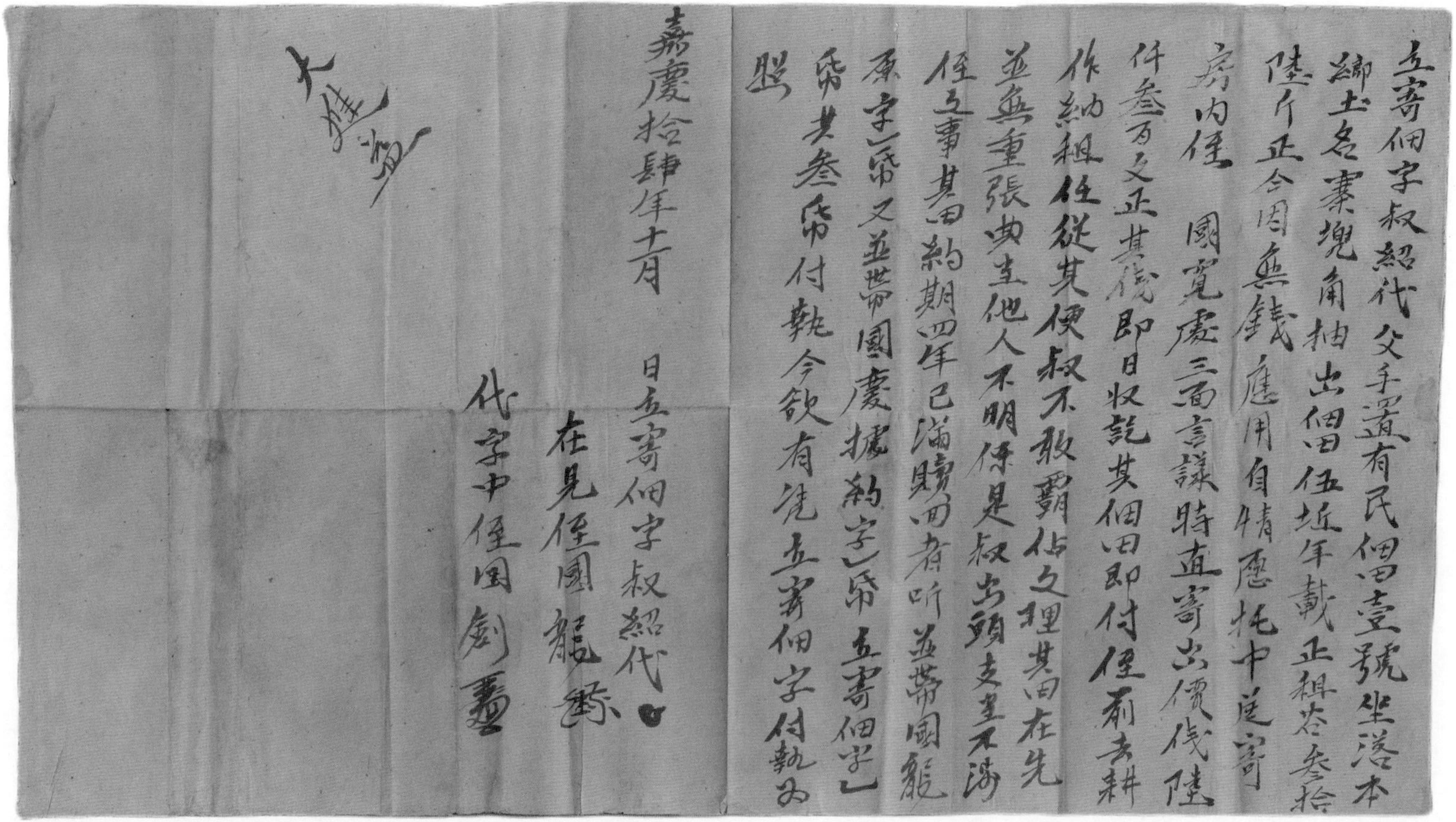

立寄佃字叔紹代父手置有民佃田壹號坐落本
鄉土名棗𡋉角抽出佃田伍坵年載正租谷叁拾
陸斤正今因無錢應用自情愿托中送寄
房内侄　國寬處三面言議時值寄出價錢陸
仟叁百文正其錢即日收訖其佃田即付侄前去耕
作納租任從其便叔不敢覇佔之理其田在先
並無重張典生他人不明係是叔出頭支理不涉
侄之事其田約期四年已滿贖田者听並帶國龍
原字乙紙又並帶國慶據約字乙紙　立寄佃字乙
紙共叁紙付執今欲有凭立寄佃字付執為
照

嘉慶拾肆年十一月　日立寄佃字叔紹代
在見侄國龍
代字中侄國釗
大佳

3-2-12-5　清嘉慶十四年十一月葉紹代立寄民佃田字

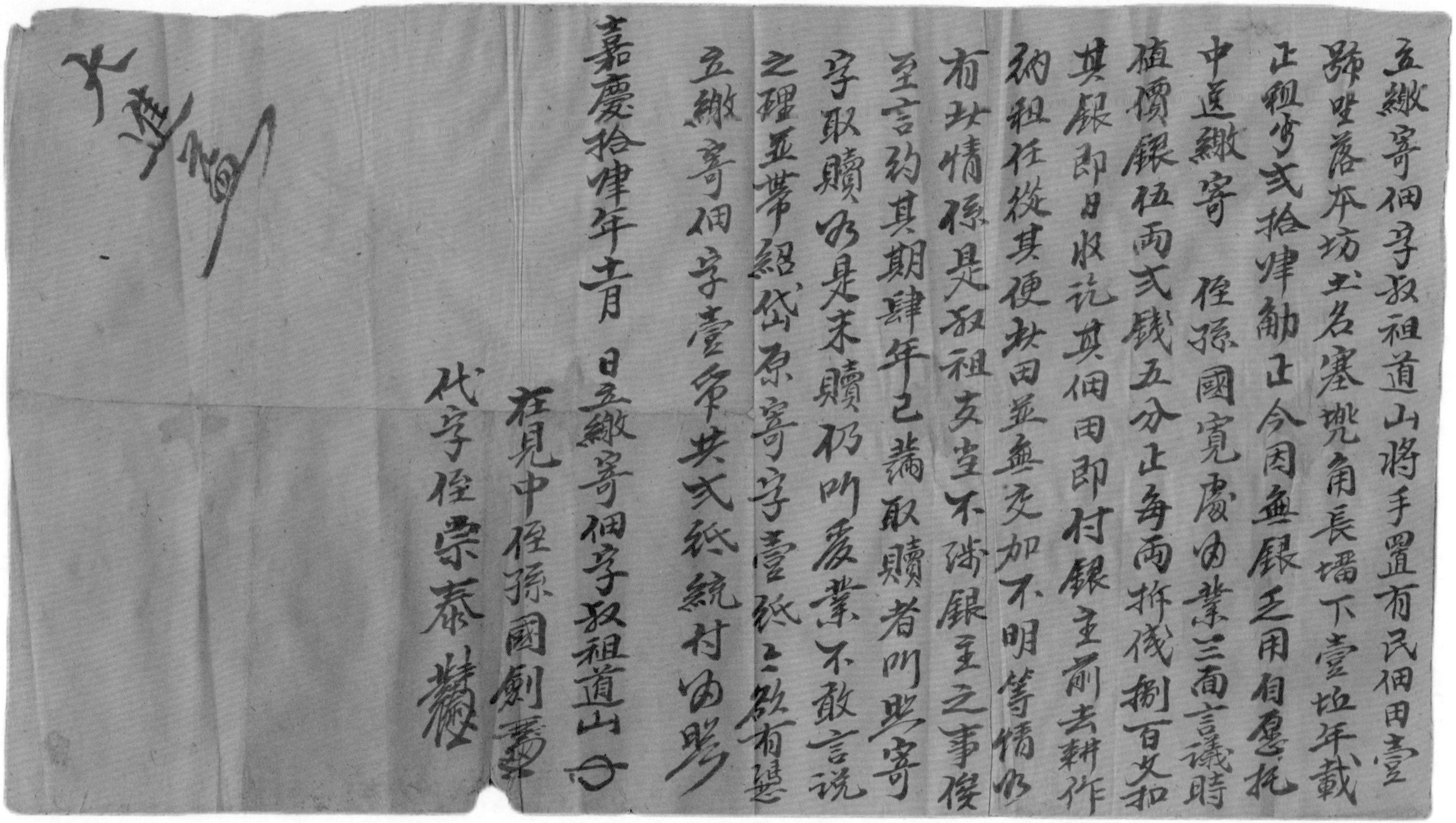

立繳寄佃字叔祖道山將手置有民佃田壹
號坐落本坊土名塞兜甬長墦下壹坵年載
正租谷弍拾肆觔正今因無銀乏用自愿托
中送繳寄　侄孫國寬處為業三面言議時
值價銀伍兩弍錢五分正每兩折錢捌百文和
其銀即日收訖其佃田即付銀主前去耕作
納租任從其便此田並無交加不明等情如
有此情係是叔祖支當不涉銀主之事從
至言約其期肆年已滿取贖者照寄
字取贖如是未贖仍聽管業不敢言說
之理並帶紹岱原寄字壹紙二紙有憑
立繳寄佃字壹帋共弍紙統付為照
嘉慶拾肆年十一月　日立繳寄佃字叔祖道山（押）
在見中侄孫國劍（押）
代字侄崇泰（押）

3-2-12-6　清嘉慶十四年十一月葉道山立繳寄民佃田字

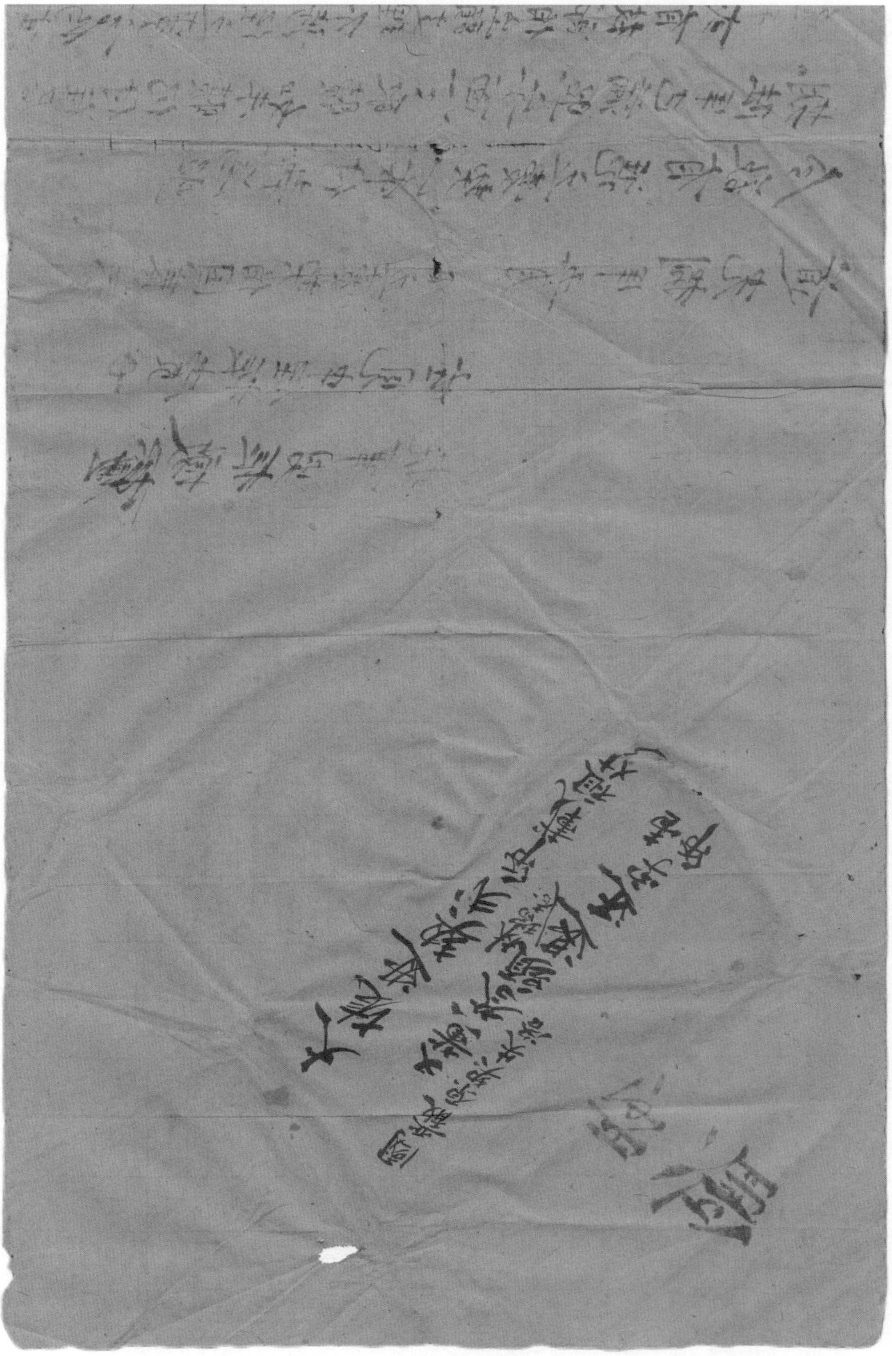

3-2-13-1　包契紙

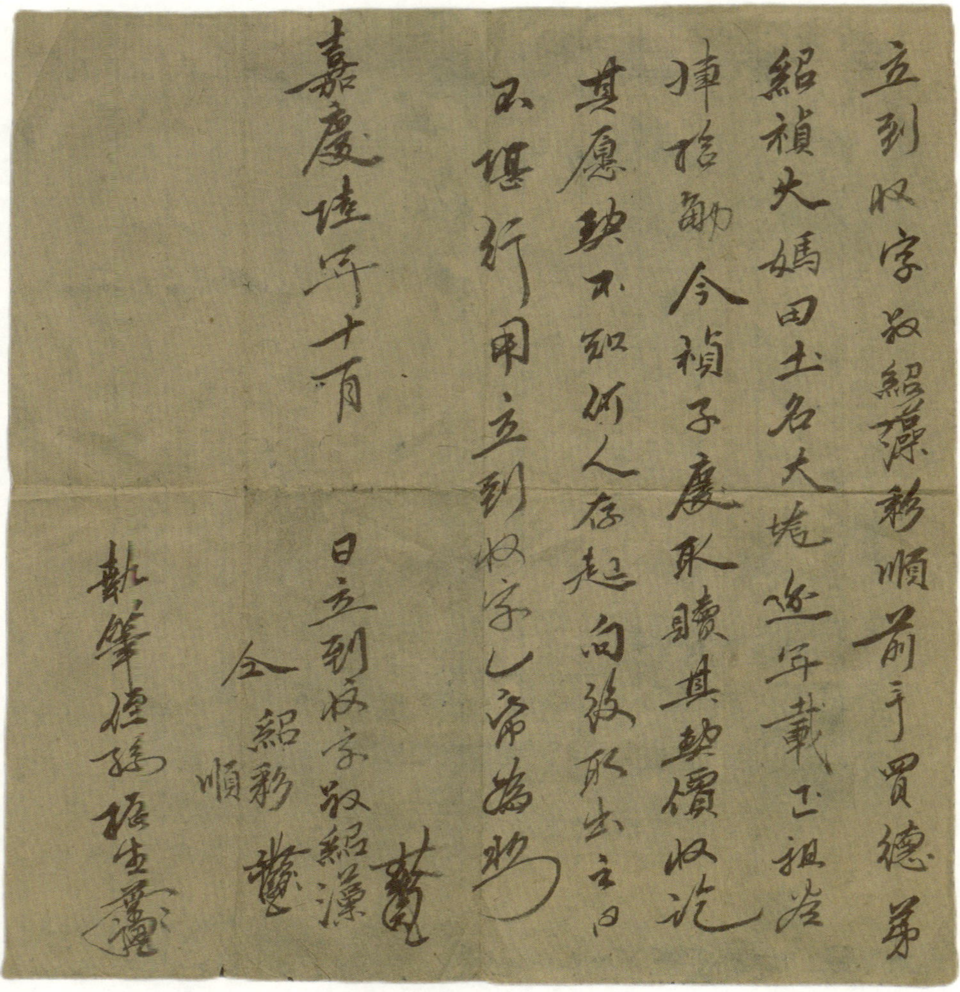
立到收字叔紹藻、彩、順，前手買德弟紹禎大媽田，土名大塊，逆年載正租谷陣拾觔。今禎子慶取贖，其契價收訖。其應缴不知何人存起，向後取出之日，不堪行用。立到收字一紙爲照。

嘉慶陸年十一月　日立到收字叔紹藻（押）
仝紹彩（押）
順
執筆侄孫振生（押）

3-2-13-2　清嘉慶六年十一月葉紹藻等立到收字

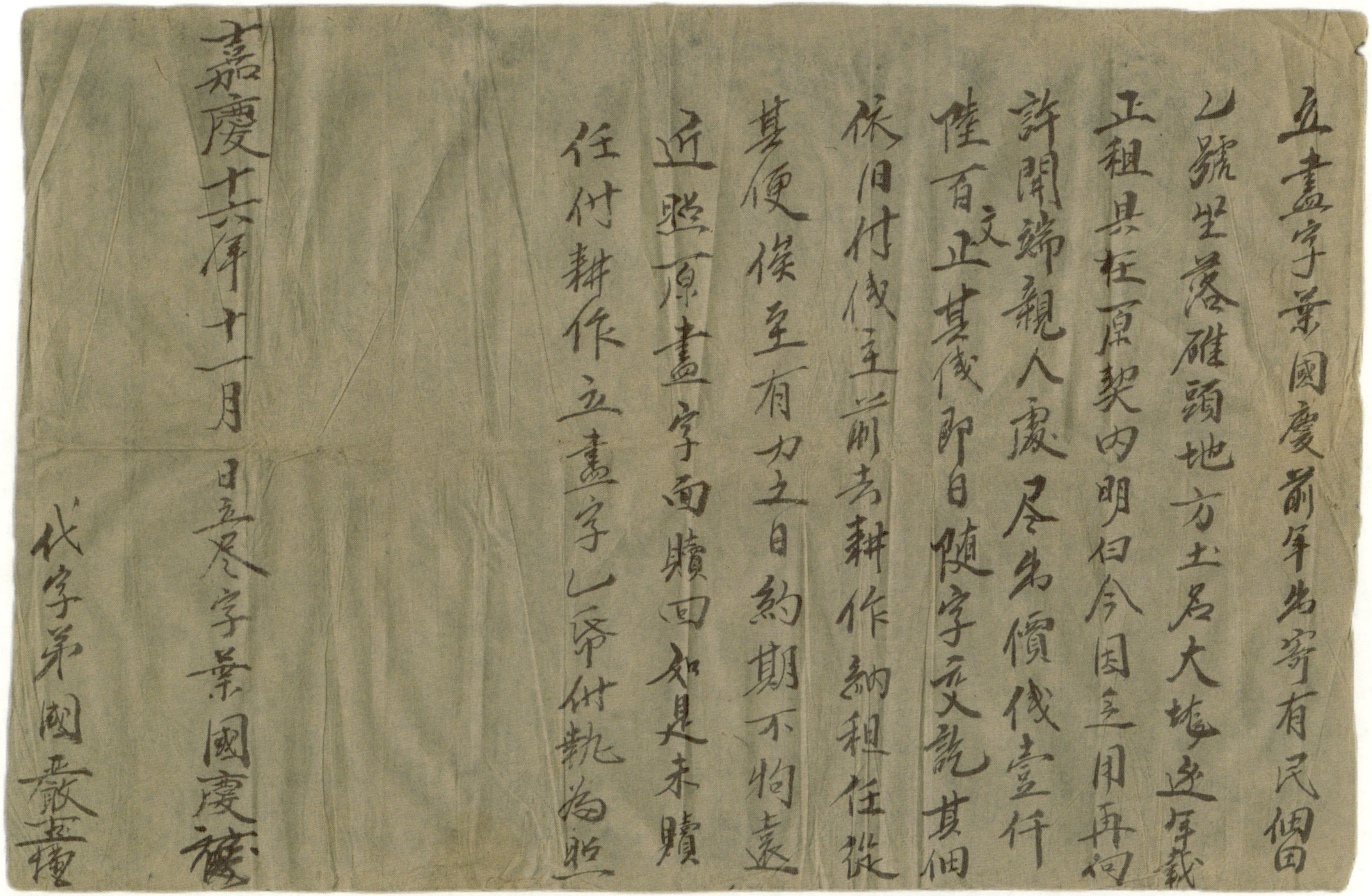
立盡字葉國慶前年出寄有民佃
山號坐落碓頭地方土名大墘迹年載
正租具在原契內明白今因乏用再向
許開端親人處盡出價錢壹仟
陸百文正其錢即日隨字交訖其佃
依旧付錢主前去耕作納租任從
其便僕至有力之日約期不拘遠
近照原盡字面贖回如是未贖
任付耕作立盡字乙帋付執為照
嘉慶十六年十一月　日立盡字葉國慶（押）
代字弟國[illegible]

3-2-13-3　清嘉慶十六年十一月葉國慶立盡民佃田字

3-2-14-1　包契紙

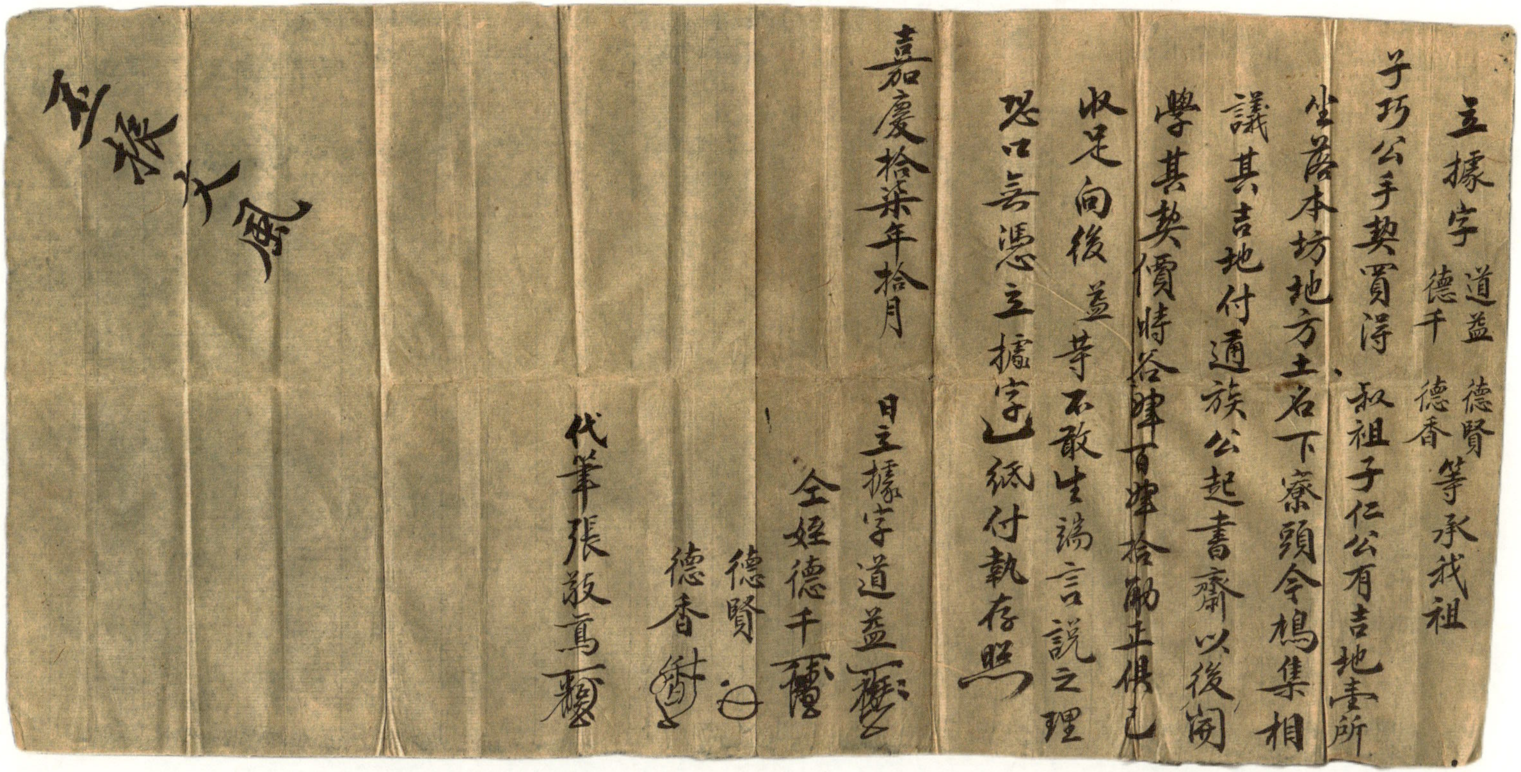
立據字道益、德千、德賢、德香等承我祖
子玚公手契買得叔祖子仁公有吉地壹所，
坐落本坊地方土名下寮頭，令鳩集相
議，其吉地付通族公起書齋，以後閱
學。其契價時谷肆百肆拾觔正，俱已
收足，向後益等不敢生端言說之理。
恐口無憑，立據字乙紙付執存照。
嘉慶拾柒年拾月　日立據字道益（押）
仝姪德千（押）
德賢（押）
德香（押）
代筆張敬篤（押）

3-2-14-2　清嘉慶十七年十月葉道益等立據字

3-2-15-1　包契紙

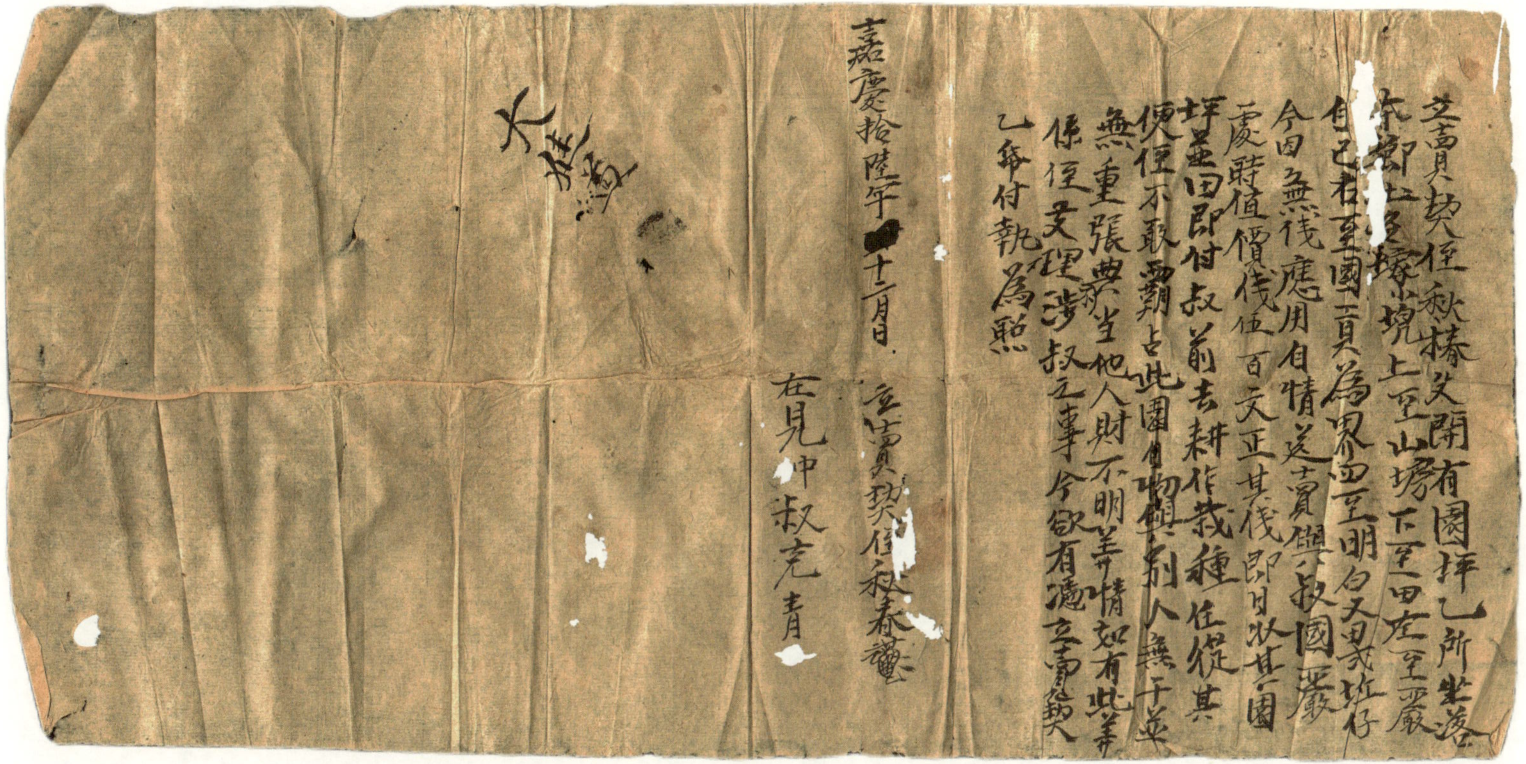
立賣契侄秋椿兄有園坪乙所坐落
本鄉土名□境上至山塝下至田左至巖
自己右至園賣為界四至明白又田式坵仔
今因無錢應用自情送賣與叔園巖
處時值價錢伍百文正其錢即日收其園
坪並田即付叔前去耕作栽種任從其
便侄不敢霸占此園田物與別人無干並
無重張典當他人財不明等情如有此等
係侄受理涉叔之事今欲有憑立賣契
乙紙付執為照

嘉慶拾陸年十二月日　立賣契侄秋春
在見中叔亮青

3-2-15-2　清嘉慶十六年十二月葉秋春立賣園坪契

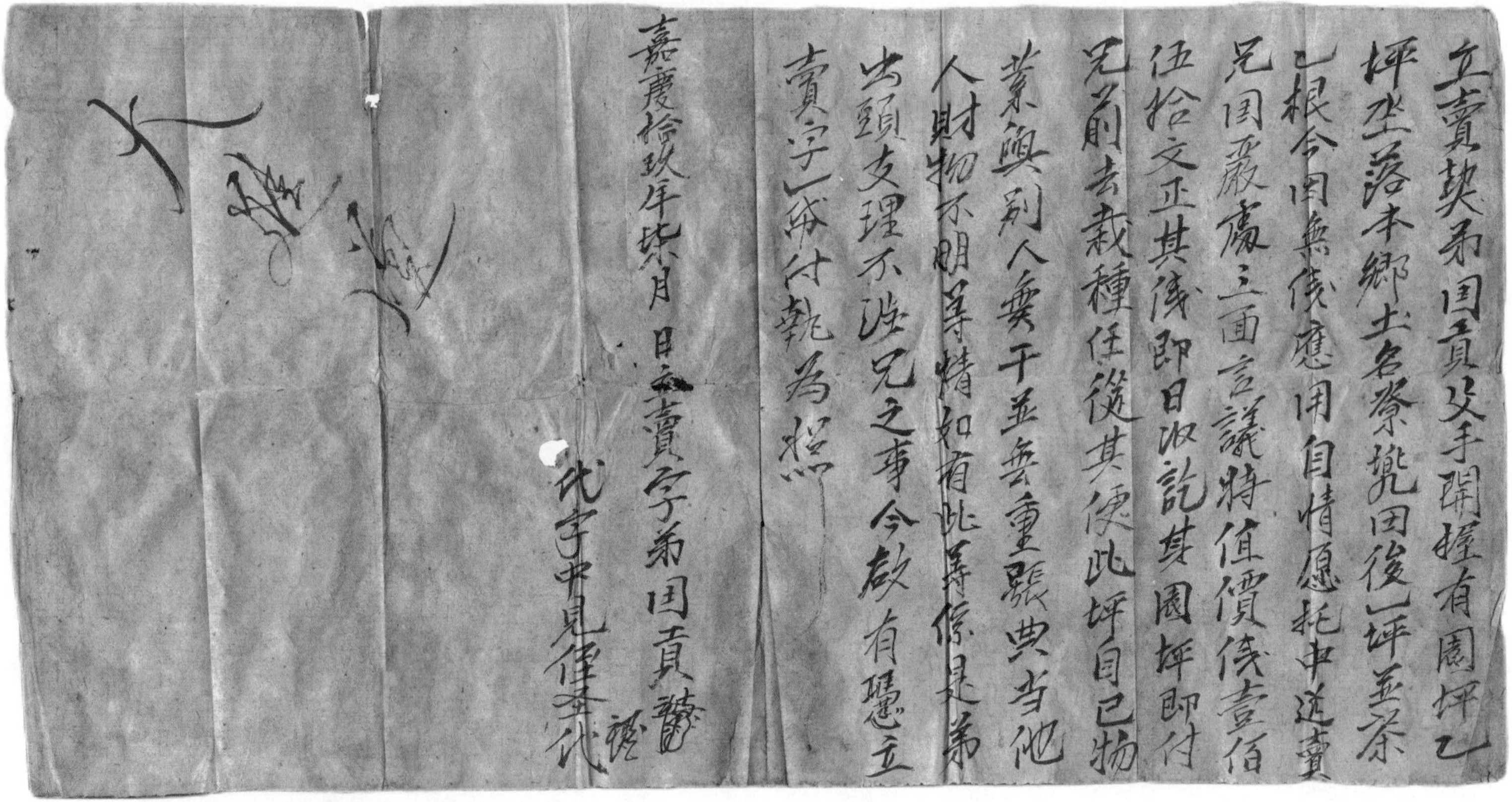

立賣契弟国貢父手閗握有園坪乙
坪坐落本鄉土名祭墘田後乙坪並茶
乙根今因無錢應用自情愿托中送賣
兄国厳處三面言議特值價錢壹佰
伍拾文正其錢即日收訖其園坪即付
兄前去栽種任從其便此坪自已物
業與別人無干並無重張典当他
人財物不明等情如有此等係是弟
出頭支理不涉兄之事今欲有憑立
賣字乙紙付執爲照

嘉慶拾玖年柒月　日立賣字弟国貢
代字中見侄孝代

3-2-15-3　清嘉慶十九年七月葉国貢立賣園坪契

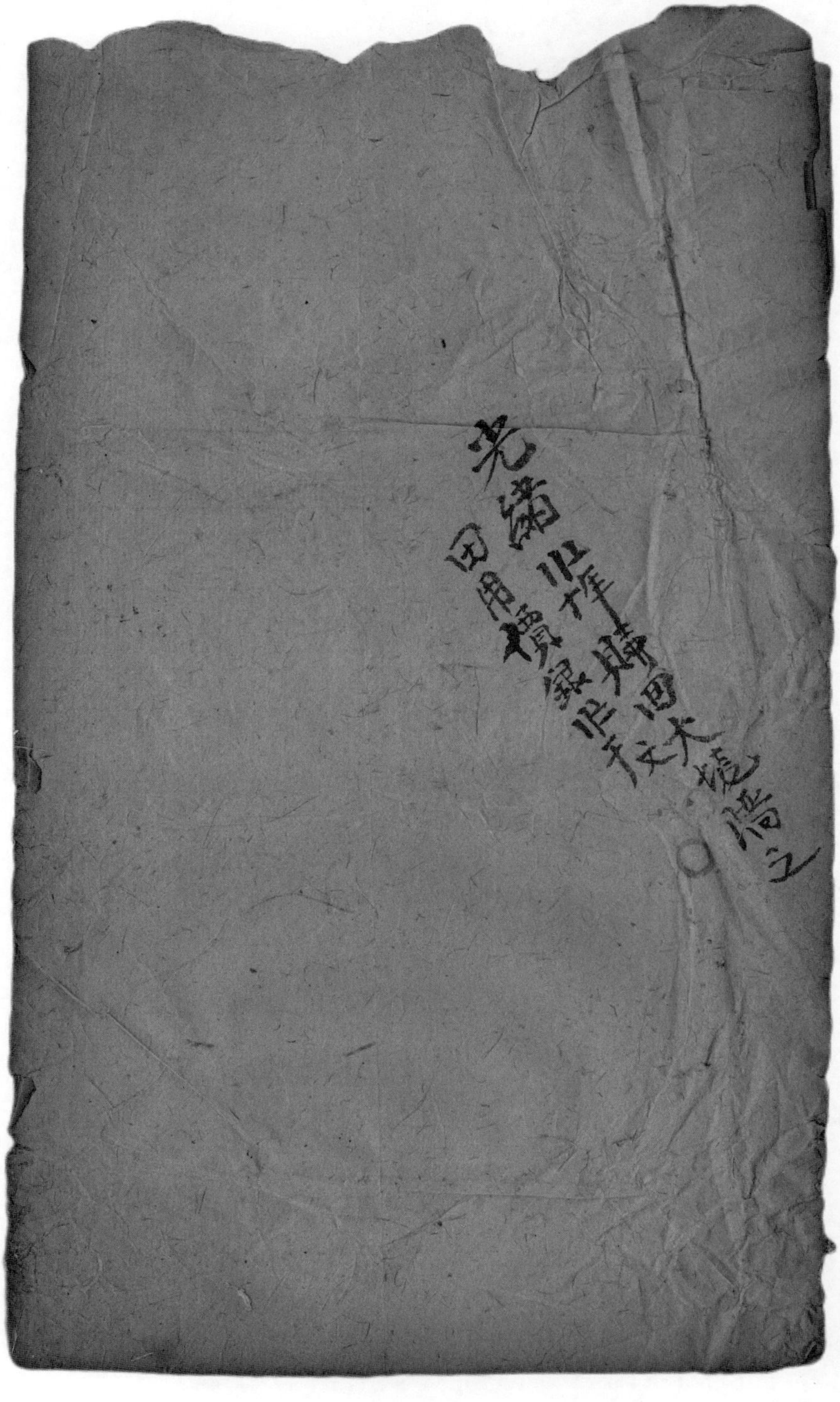

3-2-16-1　包契紙

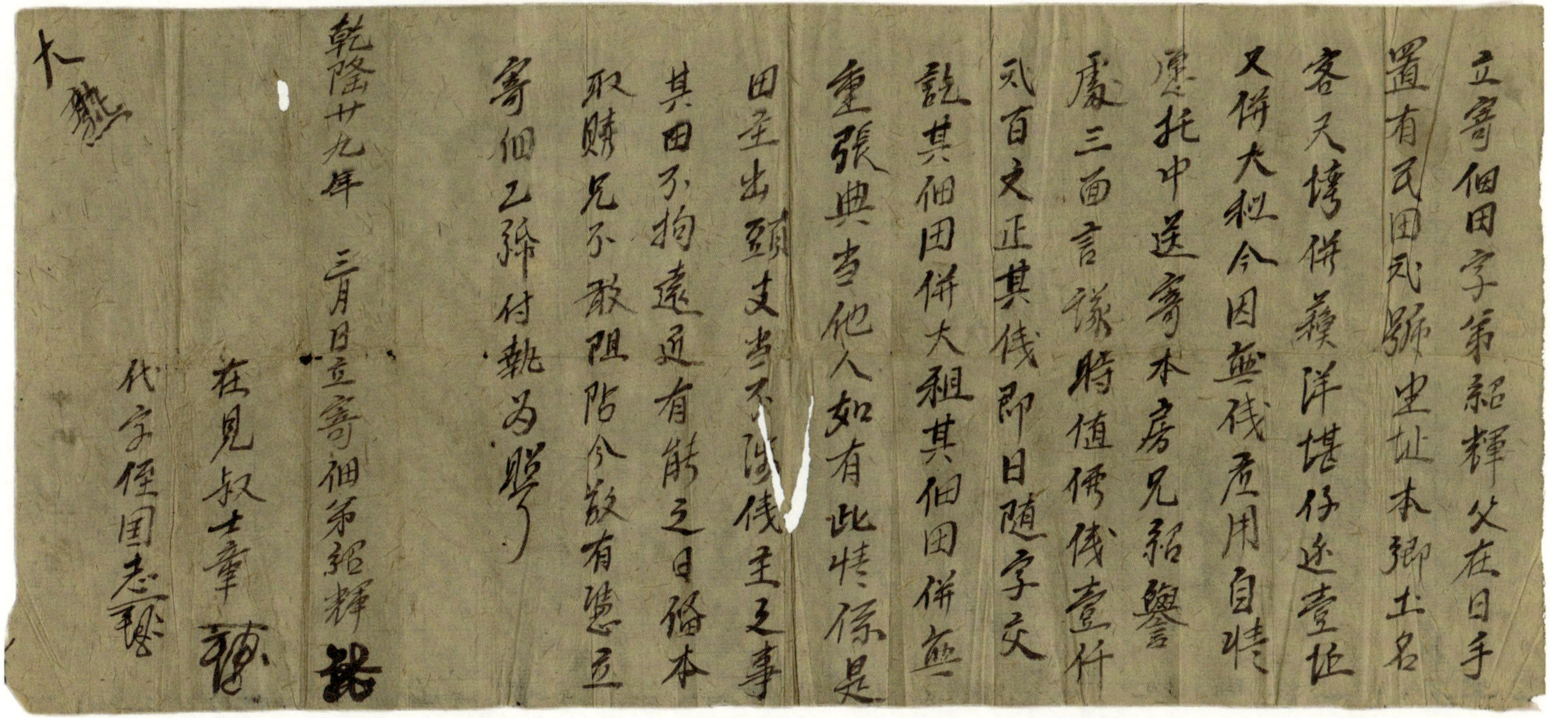

立寄佃田字弟紹輝父在日手
置有民田貳號坐址本鄉土名
客天塆併蘿洋堪仔坵壹坵
又併大杉仑因無錢應用自情
愿托中送寄本房兄紹鑾
處三面言議時值價錢壹仟
貳百文正其錢即日隨字交
訖其佃田併大租其佃田併無
重張典當他人如有此情係是
田主出頭支当不涉錢主之事
其田不拘遠近有能之日備本
取贖兄不敢阻阽今欲有憑立
寄佃乙紙付執為照

乾隆廿九年　三月日立寄佃弟紹輝（押）
在見叔士章（押）
代字侄国志（押）

十號

3-2-16-2　清乾隆二十九年三月葉紹輝立寄佃民田字

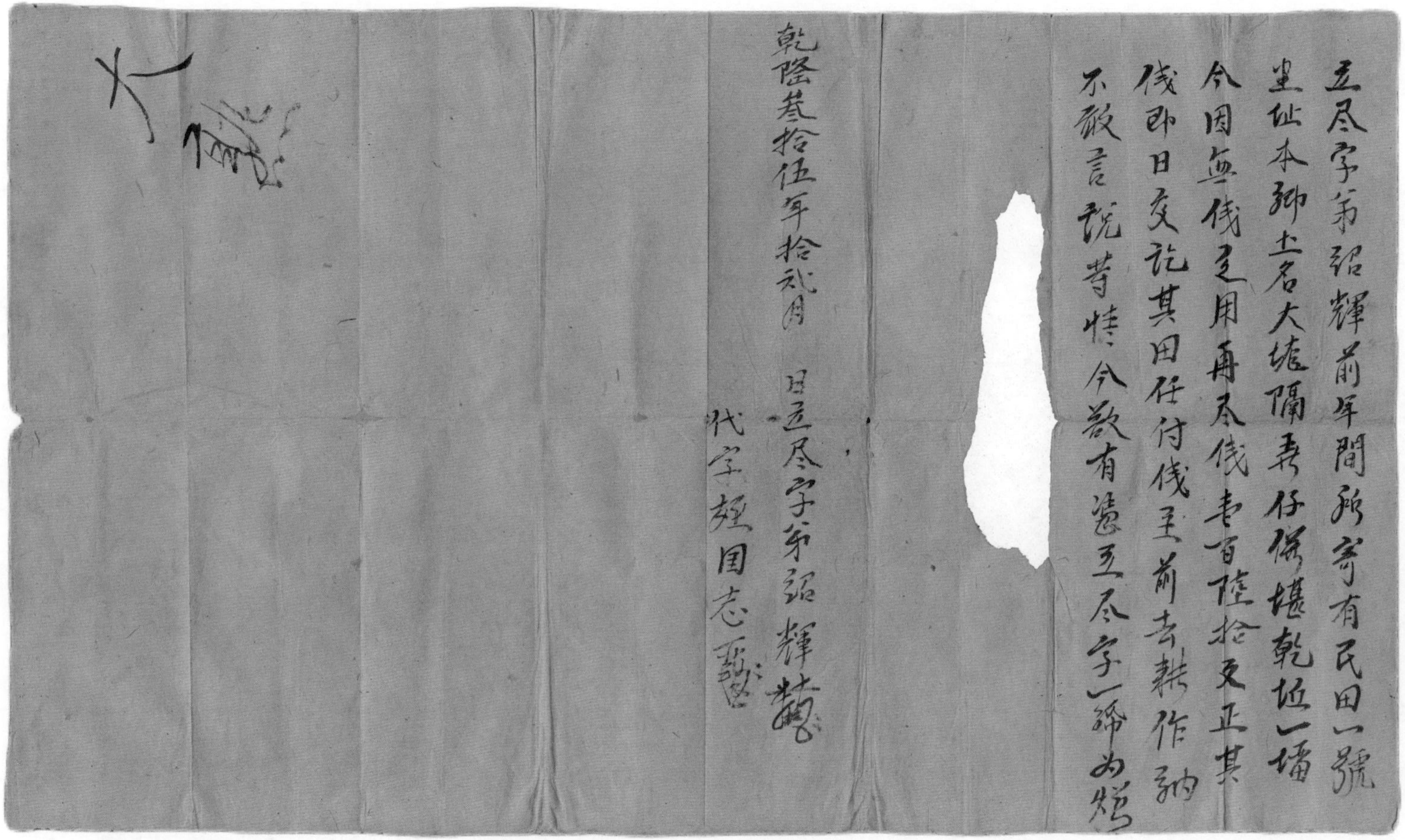

立尽字弟紹輝前年間所有民田一號
坐址本鄉土名大垅隔壽仔樣墈乾坵一墻
今因無錢乏用再尽錢壹百陸拾文正其
錢即日交訖其田仍付錢主前去耕作納
不敢言說昔情今欲有憑立尽字一紙為照
乾隆叁拾伍年拾贰月　日立尽字弟紹輝（押）
代字姪国志（押）

3-2-16-3　清乾隆三十五年十二月葉紹輝立盡民田字

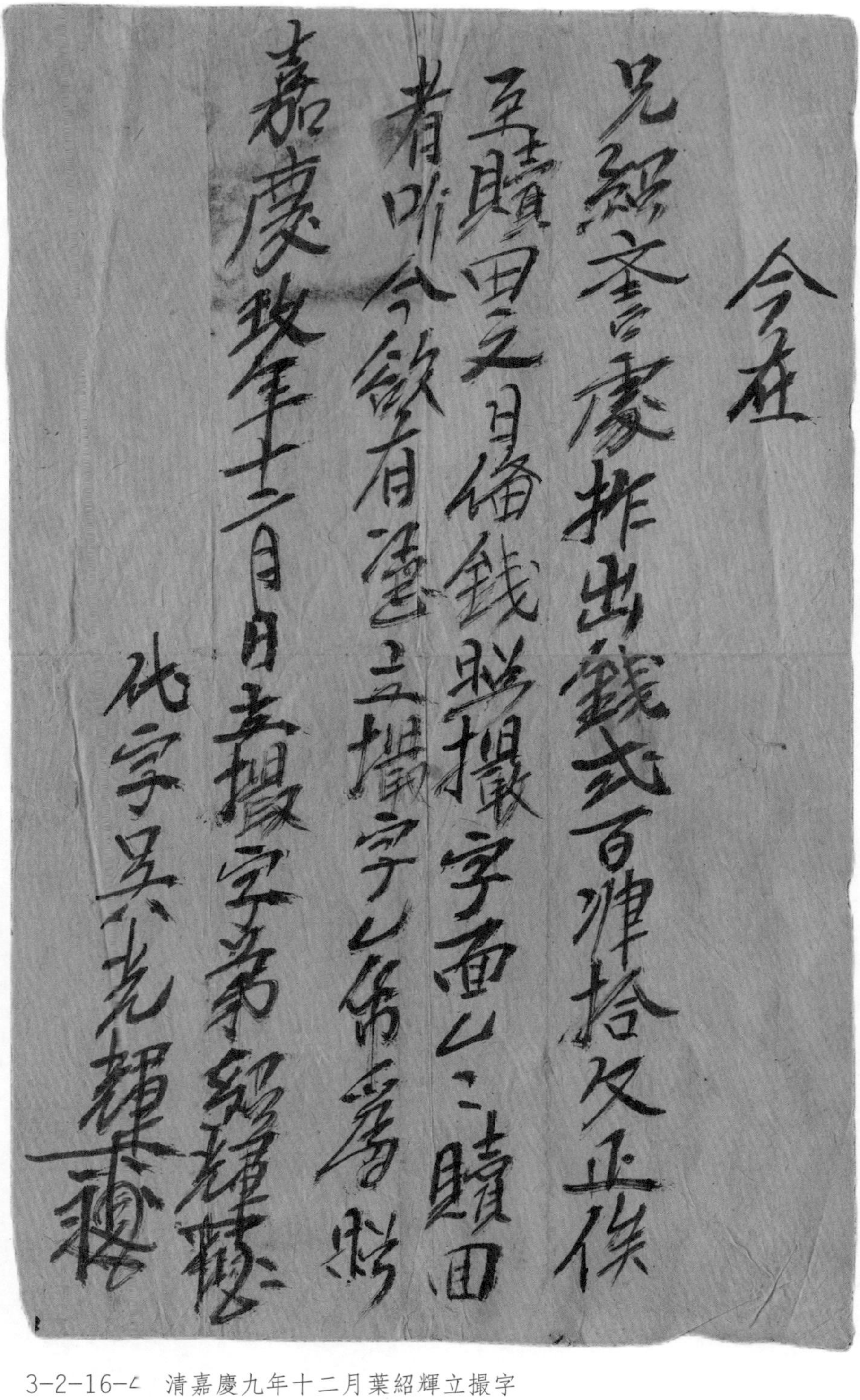

今在
兄紹奎處排出錢弍百肆拾文正係
至贖田之日備錢照撮字面ㄥ〻贖田
者此今欲有憑立撮字ㄥ為照
嘉慶玖年十二月　日立撮字弟紹輝（押）
代字吳光耀（押）

3-2-16-4　清嘉慶九年十二月葉紹輝立撮字

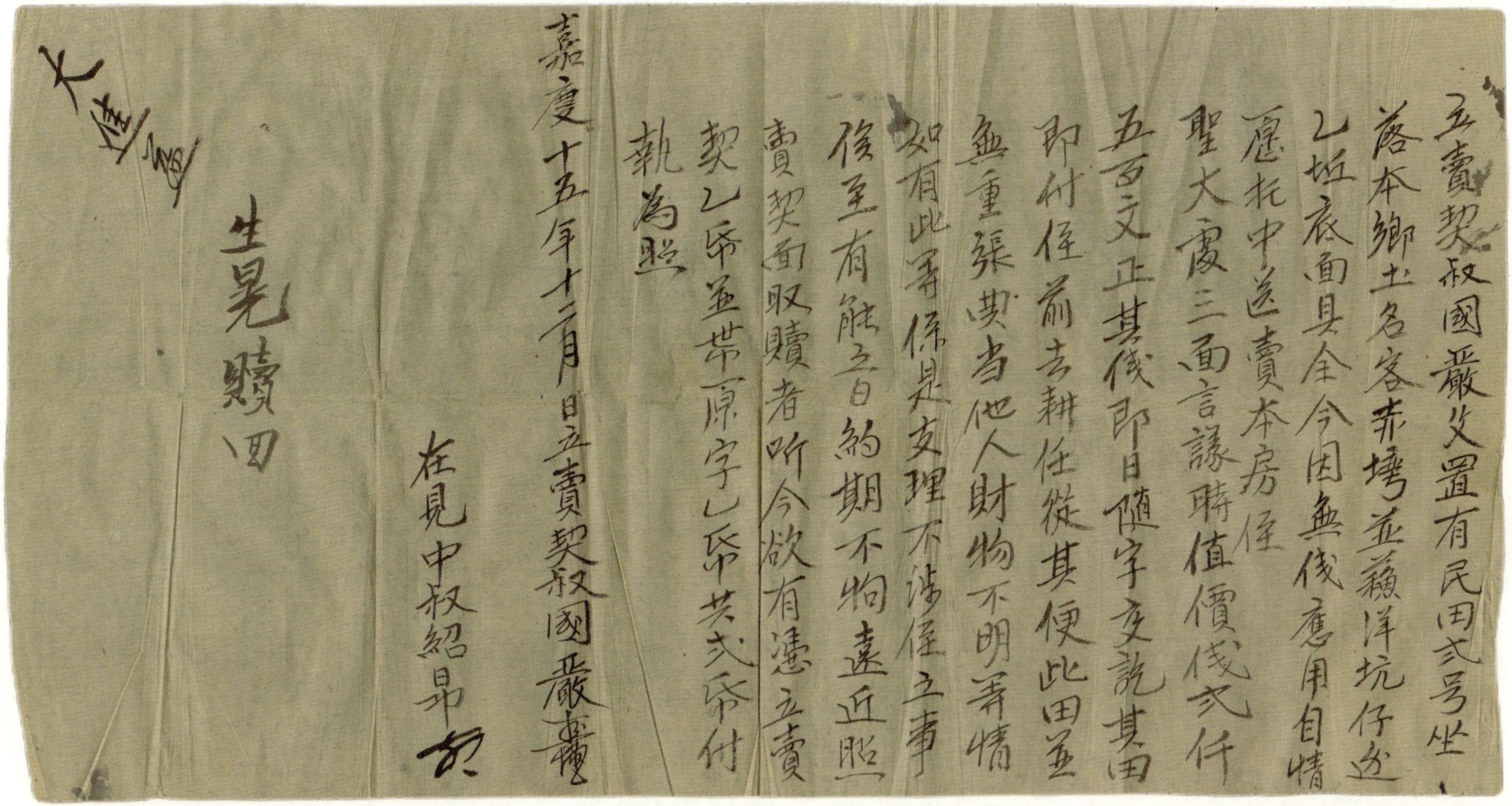
立賣契叔國嚴父置有民田弍号坐
落本鄉土名客赤塆並蘊洋坑仔边
乙坵底面具全今因無錢應用自情
愿托中送賣本房侄
聖大處三面言議時值價錢弍仟
五百文正其錢即日隨字交訖其田
即付侄前去耕作從其便此田並
無重張典當他人財物不明等情
如有此等係是支理不涉侄之事
後至有能之日約期不拘遠近照
賣契面取贖者聽今欲有憑立賣
契乙帋並帶原字乙帋共弍帋付
執為照
嘉慶十五年十二月　日立賣契叔國嚴
在見中叔紹昂
生晃贖回

3-2-16-5　清嘉慶十五年十二月葉國嚴立賣民田契

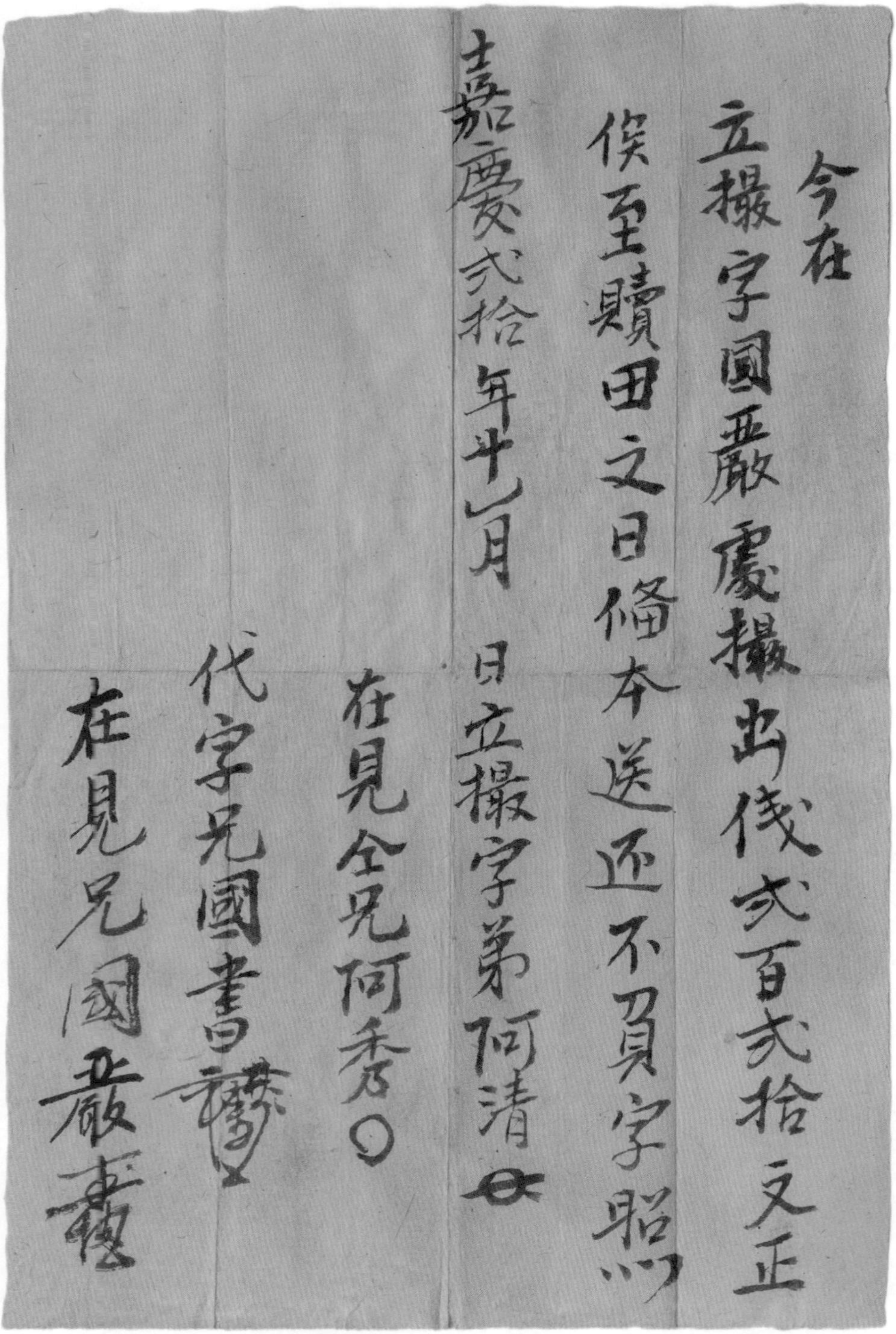

今在
立撮字國嚴處撮出錢弍百弍拾文正
俟至贖田之日僃本送还不負字照
嘉慶弍拾年十一月　日立撮字弟阿清（押）
在見仝兄阿秀（押）
代字兄國書（押）
在見兄國嚴（押）

3-2-16-6　清嘉慶二十年十一月葉阿清立撮字

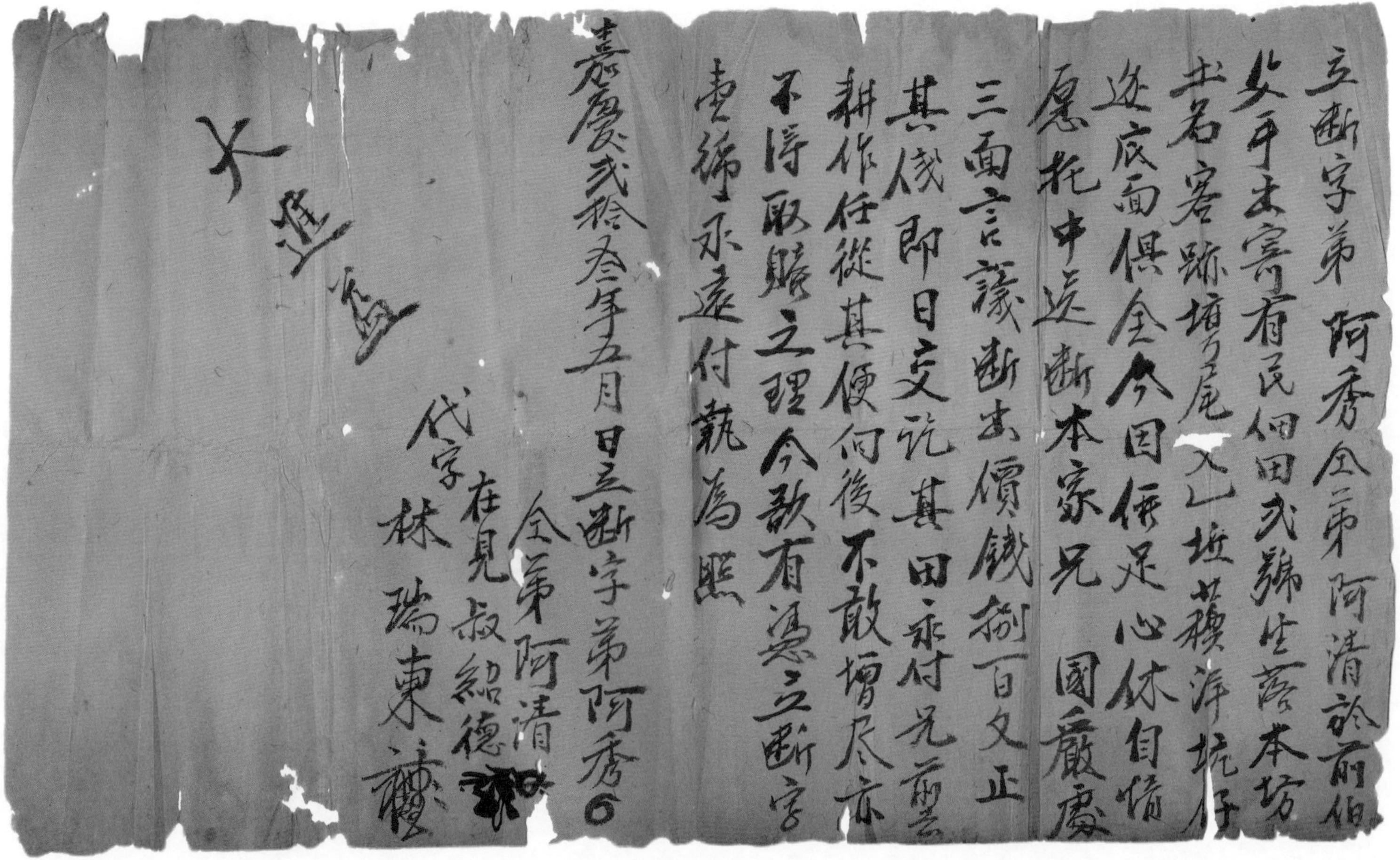
立斷字弟阿秀仝弟阿清於前伯
父手上置有民佃田弍號坐落本坊
土名窖跡塆尾大山坵横洋坑仔
坵底面俱全今因便足心休自情
愿托中送斷本家兄國嚴處
三面言議斷出價錢捌百文正
其錢即日交訖其田永付兄前去
耕作任從其便何後不敢增尽亦
不得取贖之理今欲有憑立斷字
壹紙永遠付執為照
嘉慶弍拾叁年五月日立斷字弟阿秀
仝弟阿清
在見叔紹德
代字林瑞東
大進

3-2-16-7　清嘉慶二十三年五月葉阿秀等立斷民佃田字

3-2-17-1 包契紙

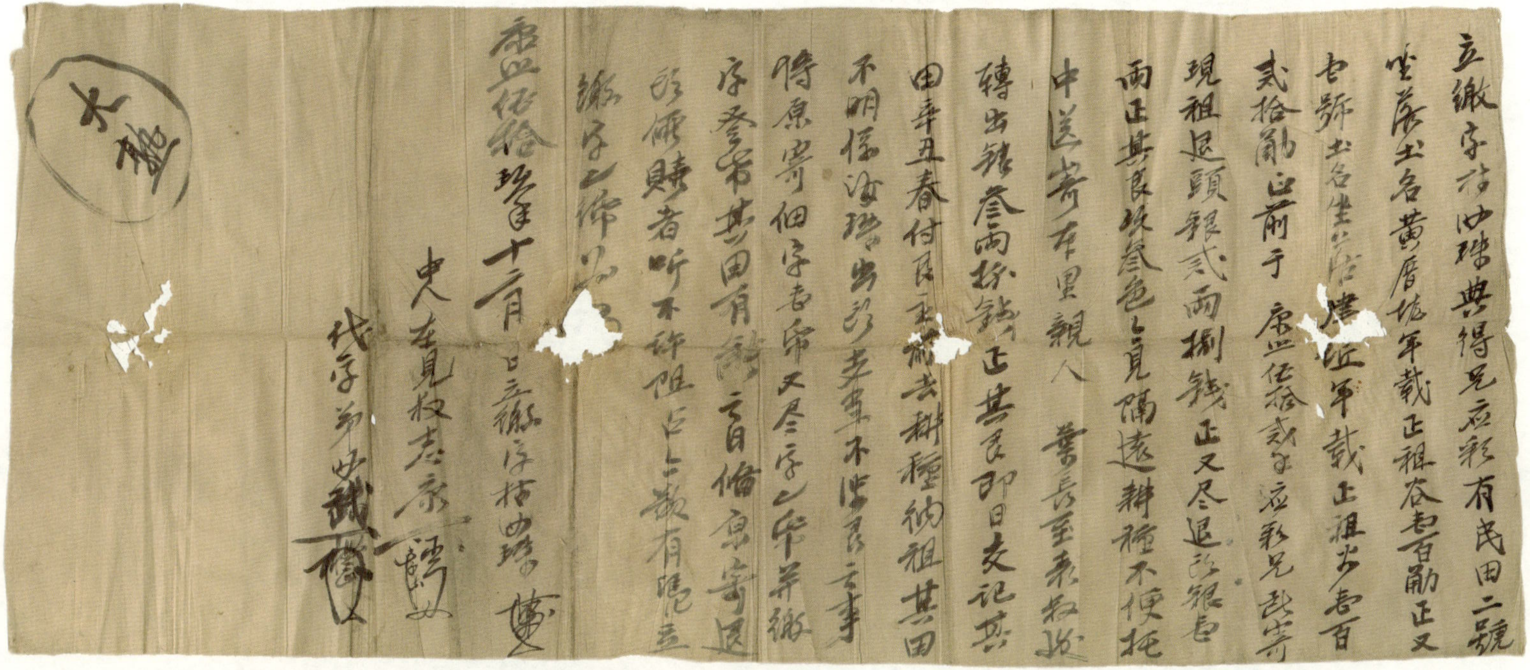

3-2-17-2　清康熙五十九年十二月林汝珠立繳民田字

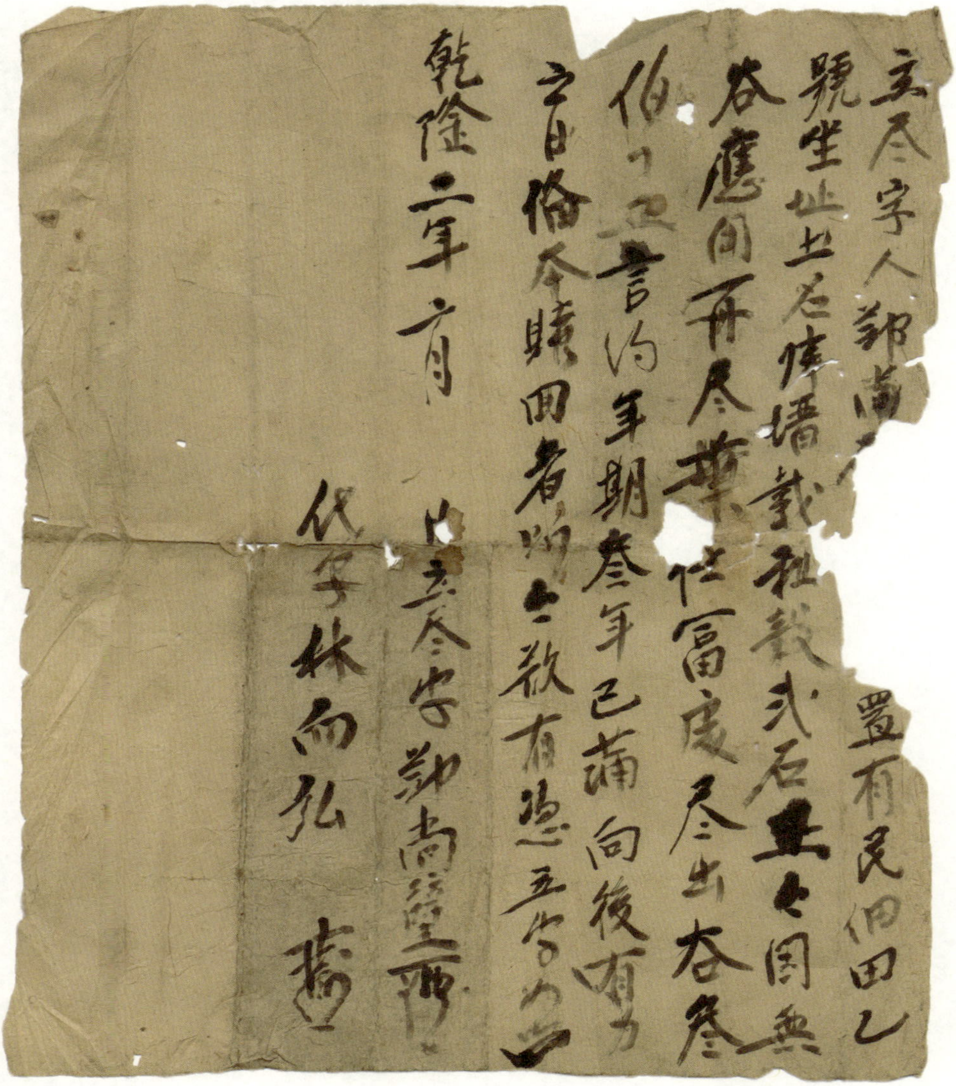
立盡字人鄭尚[illegible] 置有民佃田乙
號坐址土名倖墻載租穀弍石正，今因無
銀應用，再盡出業任富度盡出銀叁
佰[illegible]正，言約年期叁年已滿，向後有力
[illegible]備本贖田者，[illegible]，有憑立字為照。
乾隆二年二月　日立盡字鄭尚璧
代字林向弘

3-2-17-3　清乾隆二年二月鄭尚璧立盡民佃田字

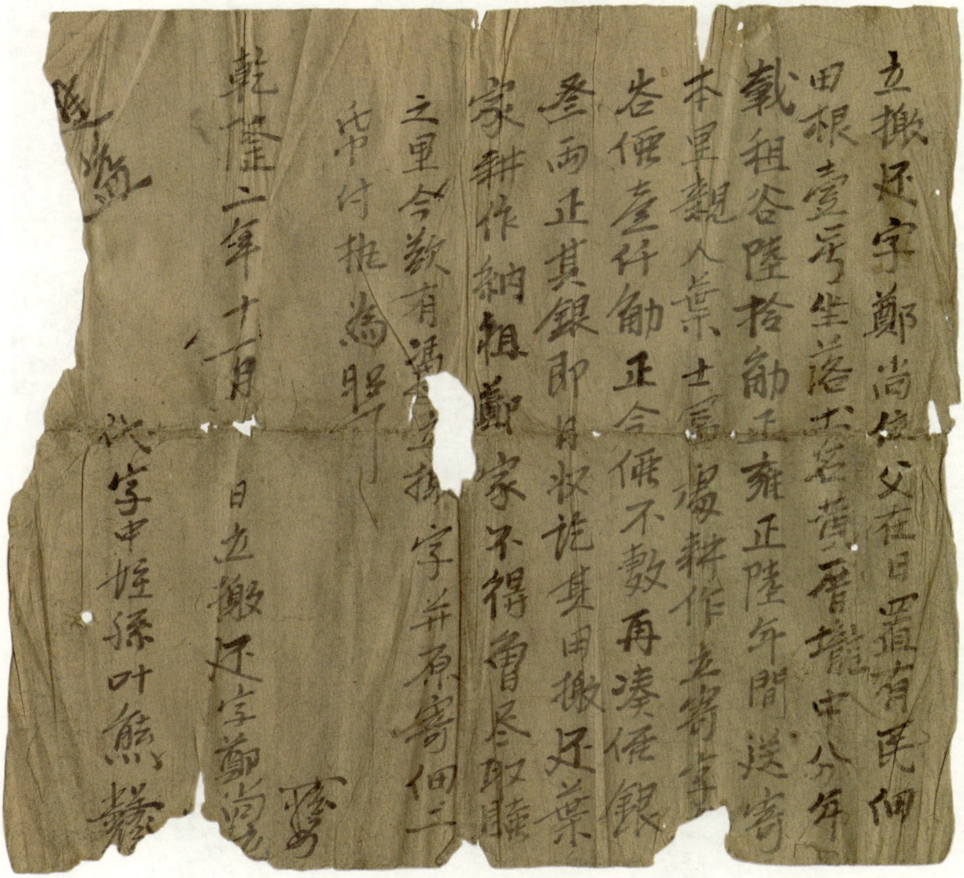

立繳还字鄭尚位父在日置有民佃
田根壹号坐落土名黄厝壠中分年
載租谷陆拾觔正雍正陆年間送寄
本里親人葉士富邊耕作立寄字
谷佃產什觔正今佃不敷再湊佃銀
叁两正其銀即日收訖其田繳还葉
家耕作納租鄭家不得會言取贖
之理今欲有憑立繳字并原寄佃字
帋付執為照
乾隆二年十一月　日立繳还字鄭尚位
代字中侄孫叶熊燦

3-2-17-4　清乾隆二年十一月鄭尚位立繳還民佃田根字

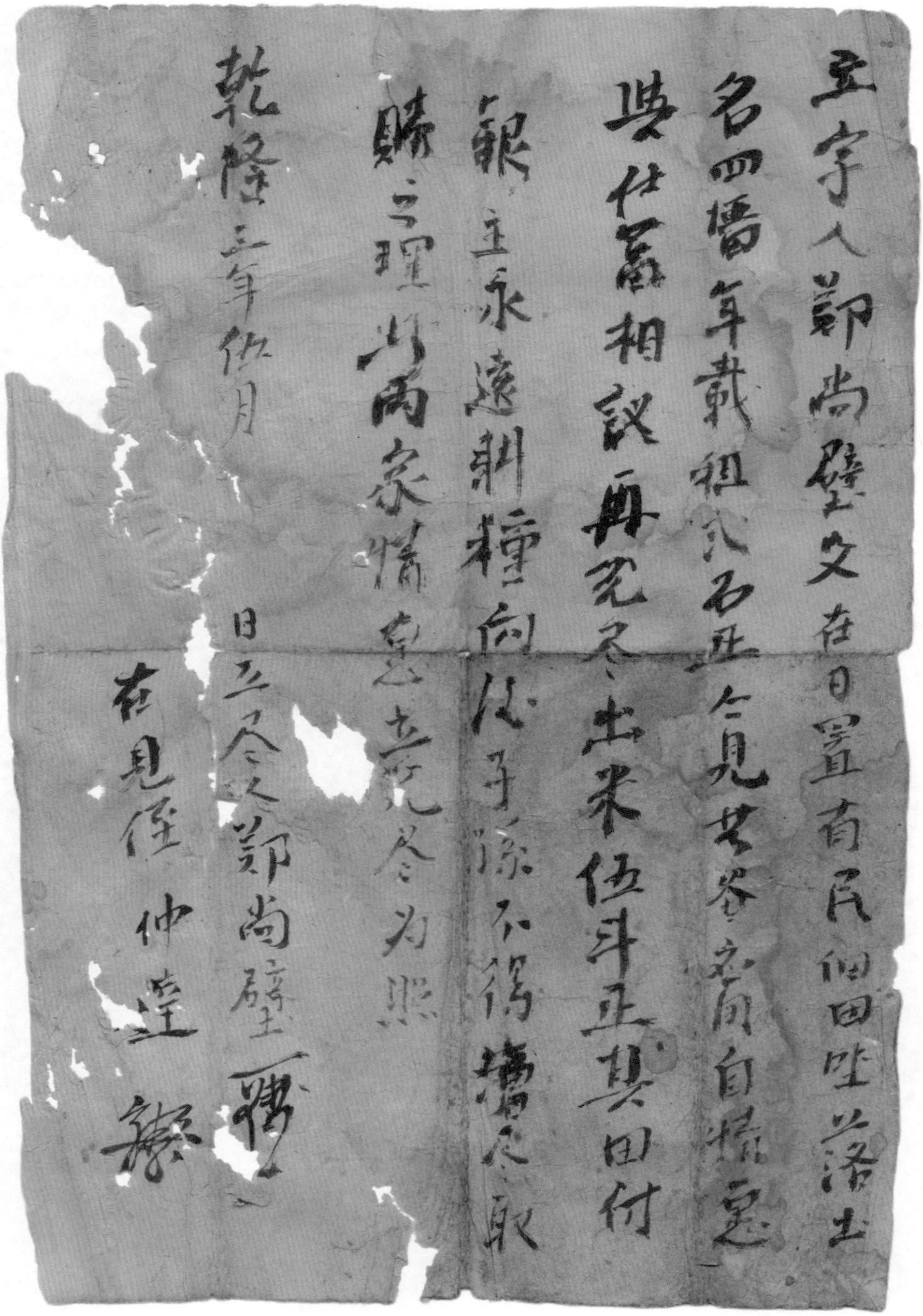
立字人鄭尚璧文在日置有民佃田坐址落土
名四畬年載租弍石正今見廿各家自情愿
與仕鬲相議再尽冬出米伍斗正其田付
銀主永遠耕種向後子孫不得爭取
贖之理此系兩家情愿立尽字為照
乾隆三年伍月　日立尽人鄭尚璧（押）
在見侄仲達（押）

3-2-17-5　清乾隆三年五月鄭尚璧立盡民佃田字

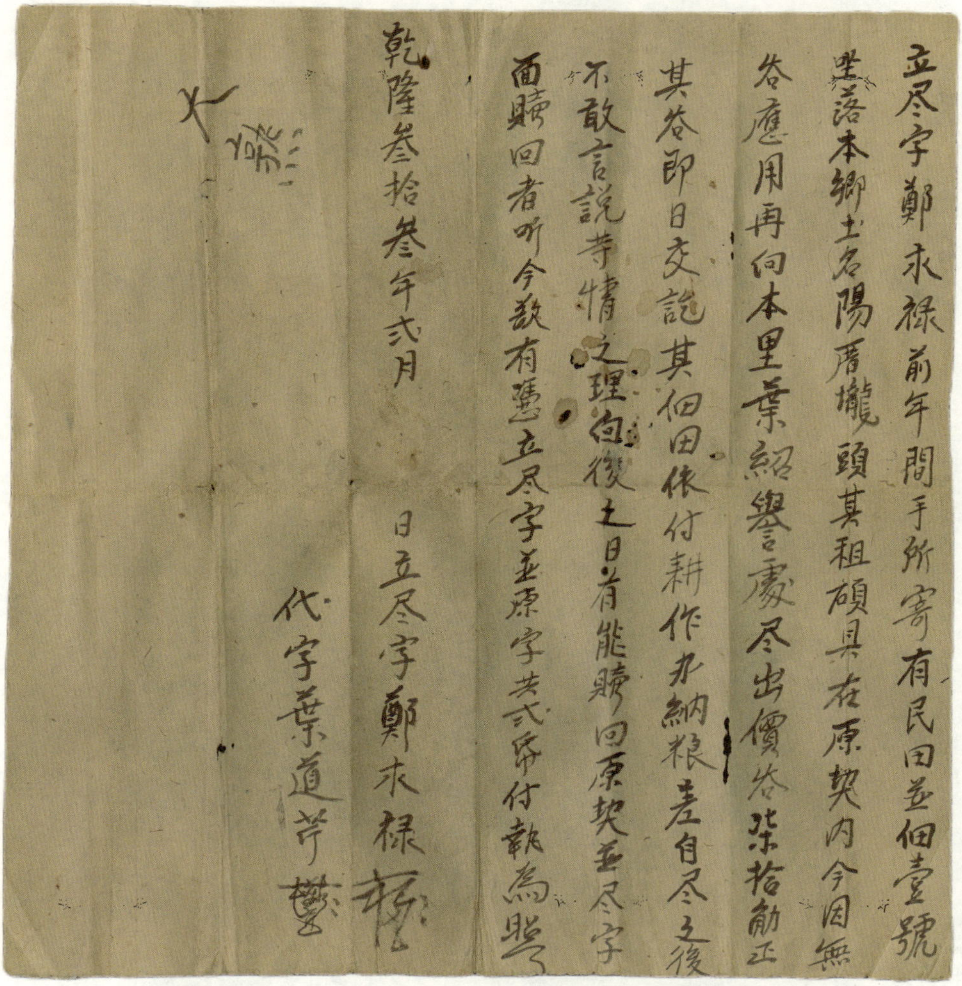

立尽字鄭永禄前年間手所寄有民田並佃壹號
坐落本鄉土名陽厝墘頭其租碩具在原契內今因無
銀應用再向本里葉紹譽處尽出價銀柒拾斛正
其銀即日交訖其佃田依付耕作办納粮差自尽之後
不敢言說苐情之理向後之日有能贖回原契並尽字
面贖回者所今欲有憑立尽字並原字共弍帋付執為照
乾隆叁拾叁年弍月 日立尽字鄭永禄（押）
代字葉道芹（押）

3-2-17-6 清乾隆三十三年二月鄭永禄立盡民田等字

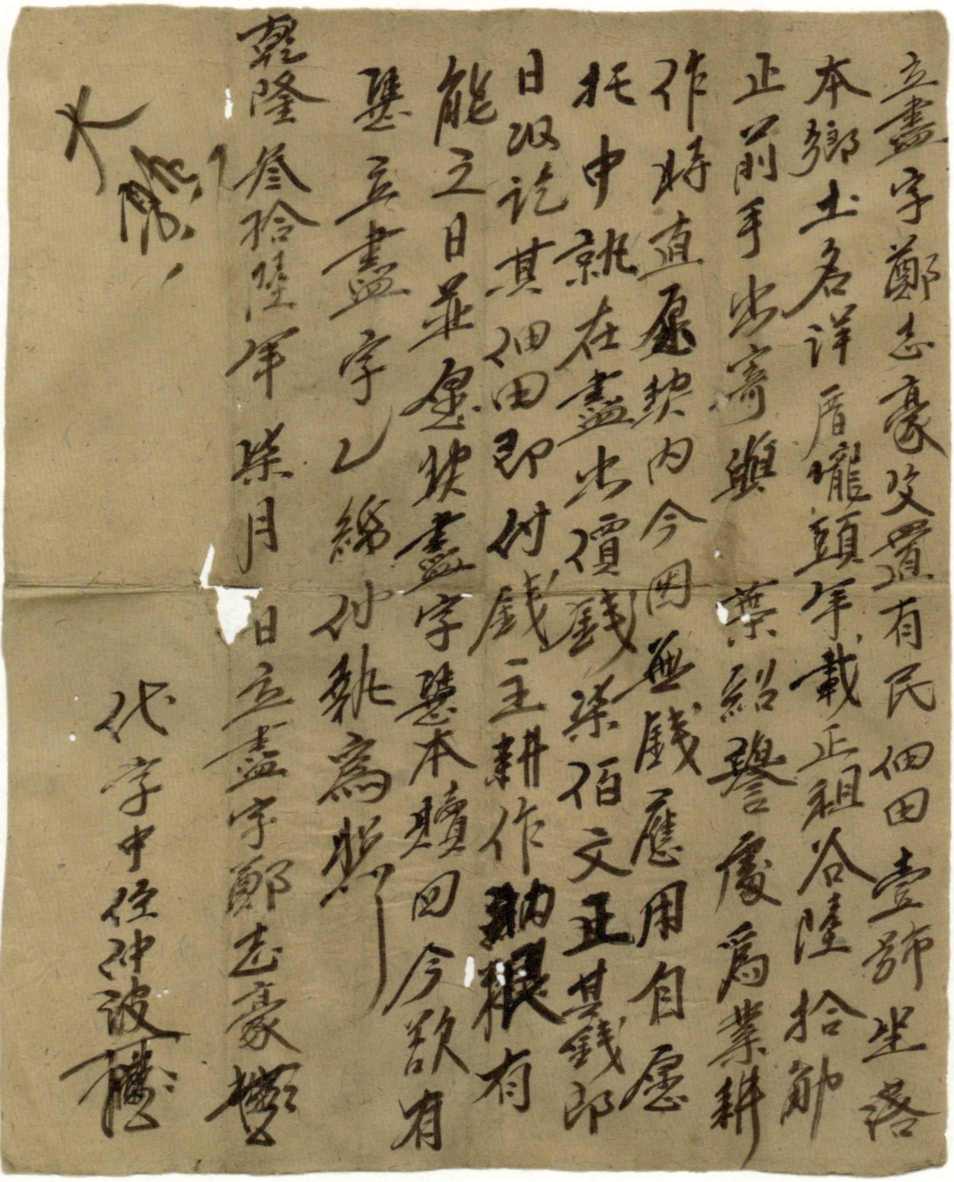
立盡字鄭志豪父置有民佃田壹跡坐落
本鄉土名洋厝壠頭年載正租谷陸拾觔
正前手出窩與葉紹鑾處爲業耕
作將直處契內今因無錢應用自愿
托中就在盡出價錢柒佰文正其錢即
日收訖其佃田即付錢主耕作納粮有
能立日並原契盡字憑本贖回今欲有
憑立盡字一紙付執爲照
乾隆叁拾陸年柒月　日立盡字鄭志豪押
代字中侄冲波押
大吉

3-2-17-7　清乾隆三十六年七月鄭志豪立盡民佃田字

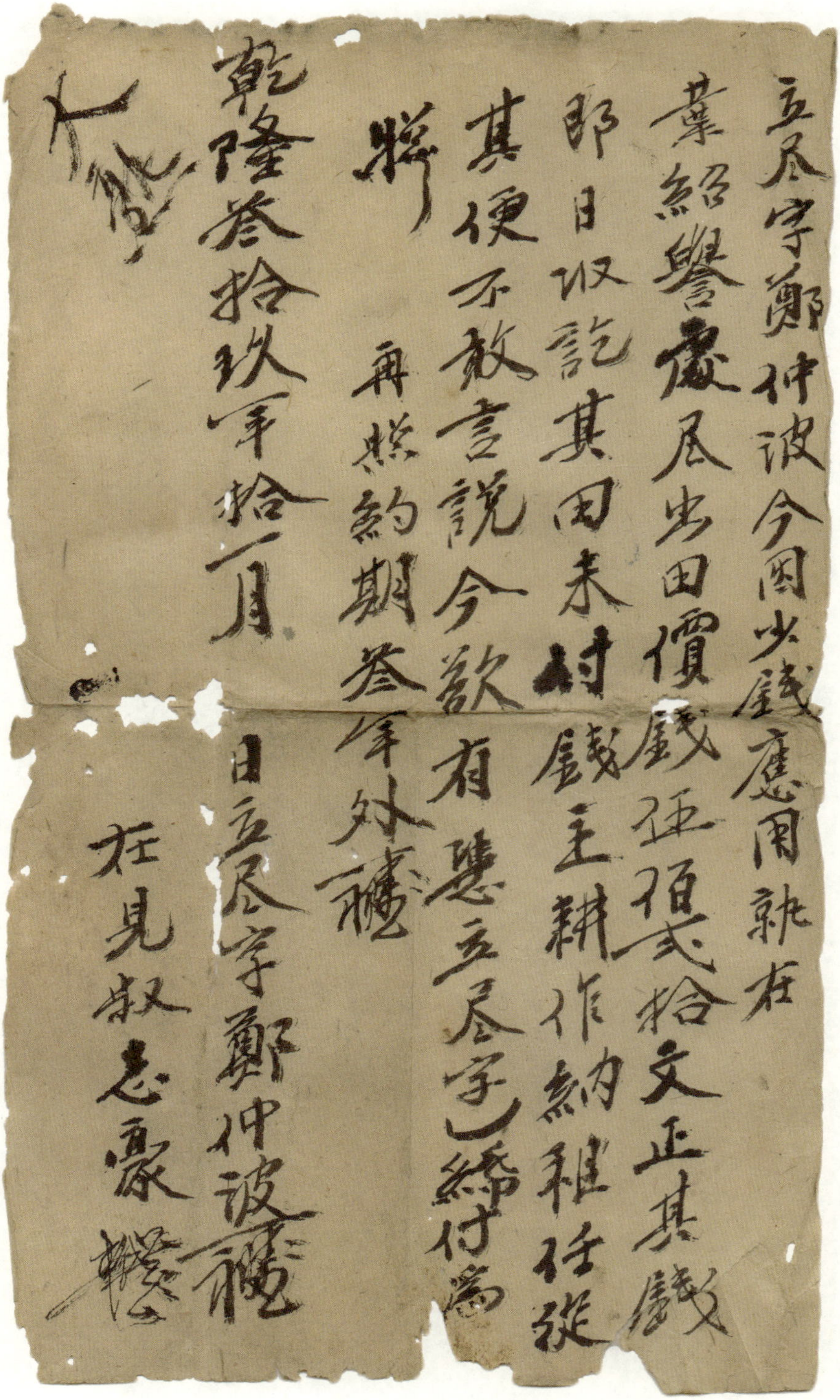

立尽字鄭仲波今因少錢應用就在
葉紹譽處尽出田價錢伍佰貳拾文正其錢
即日收訖其田未付錢主耕作納租任從
其便不敢言說今欲有憑立尽字一紙付為
照 再照約期叁年外（押）
乾隆叁拾玖年拾一月 日立尽字鄭仲波（押）
在見叔志豪

3-2-17-8 清乾隆三十九年十一月鄭仲波立盡田字

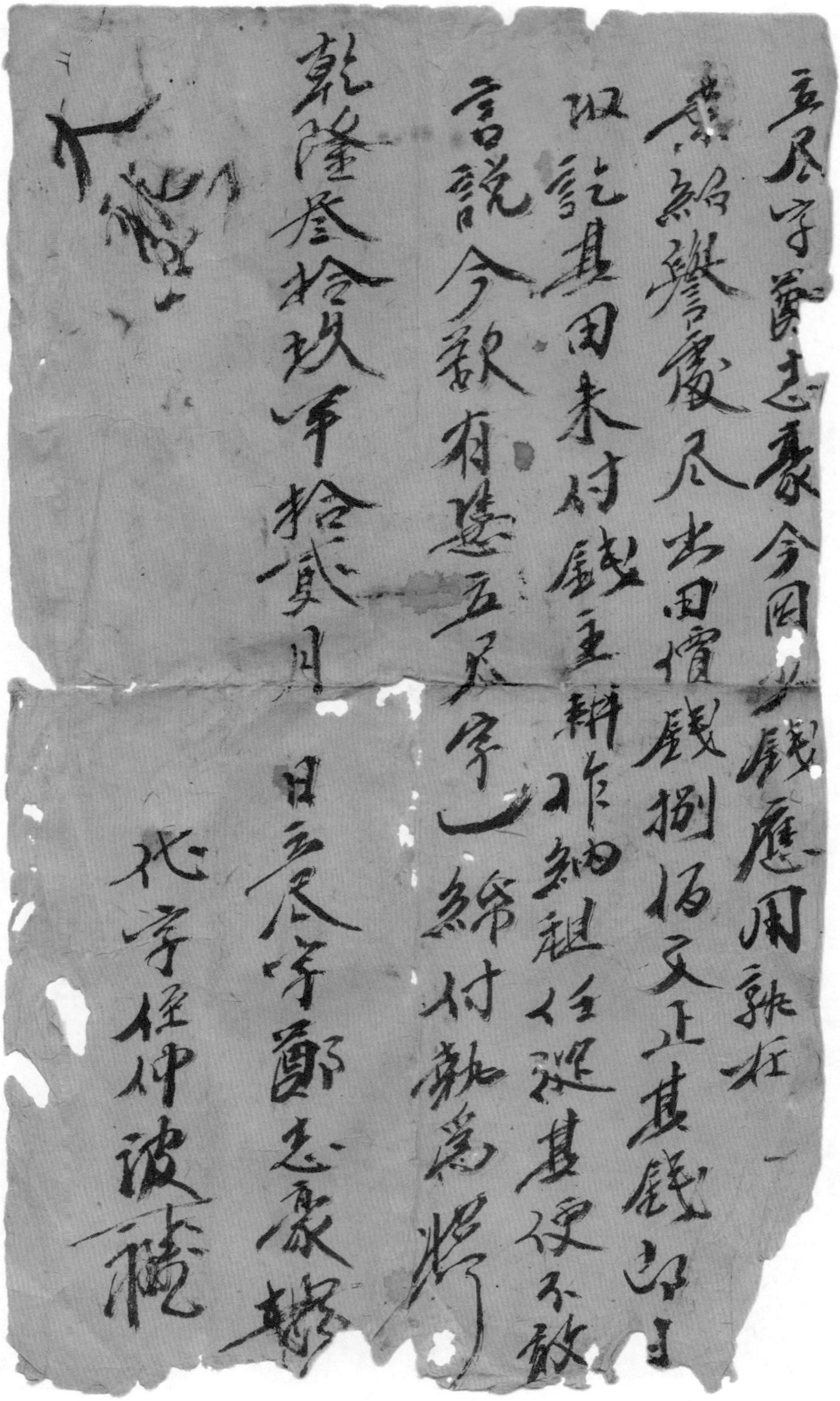

立尽字鄭志豪，今因乏錢應用，就在

庶□給與處尽出田價錢捌佰文正，其錢即日

收訖，其田來付錢主耕作納租，任從其便，不敢

言說。今欲有憑，立尽字一紙付執為照。

乾隆叁拾玖年拾貳月　日立尽字鄭志豪（押）

代字侄仲波（押）

3-2-17-9　清乾隆三十九年十二月鄭志豪立盡田字

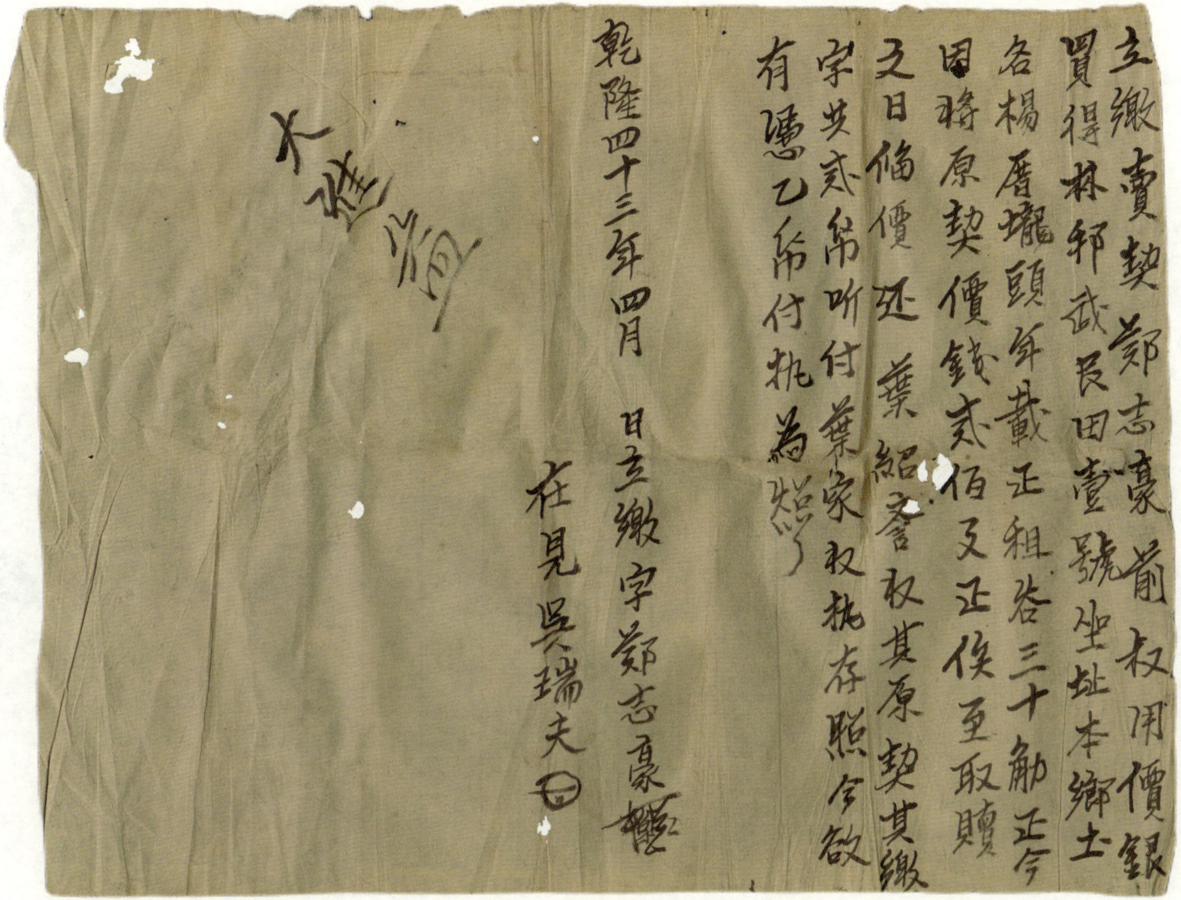

立缴賣契鄭志豪，前叔用價銀
買得林邦武民田壹號，坐址本鄉土
名楊厝壠頭，年載正租谷三十觔正，今
因將原契價錢弍佰叉正，俟至取贖
之日備價延葉紹審叔，其原契其缴
字共弍吊听付葉家叔執存照，今欲
有憑，乙紙付執為照。

乾隆四十三年四月　日立缴字鄭志豪（押）

在見吳瑞夫（押）

3-2-17-10　清乾隆四十三年四月鄭志豪立缴賣民田字

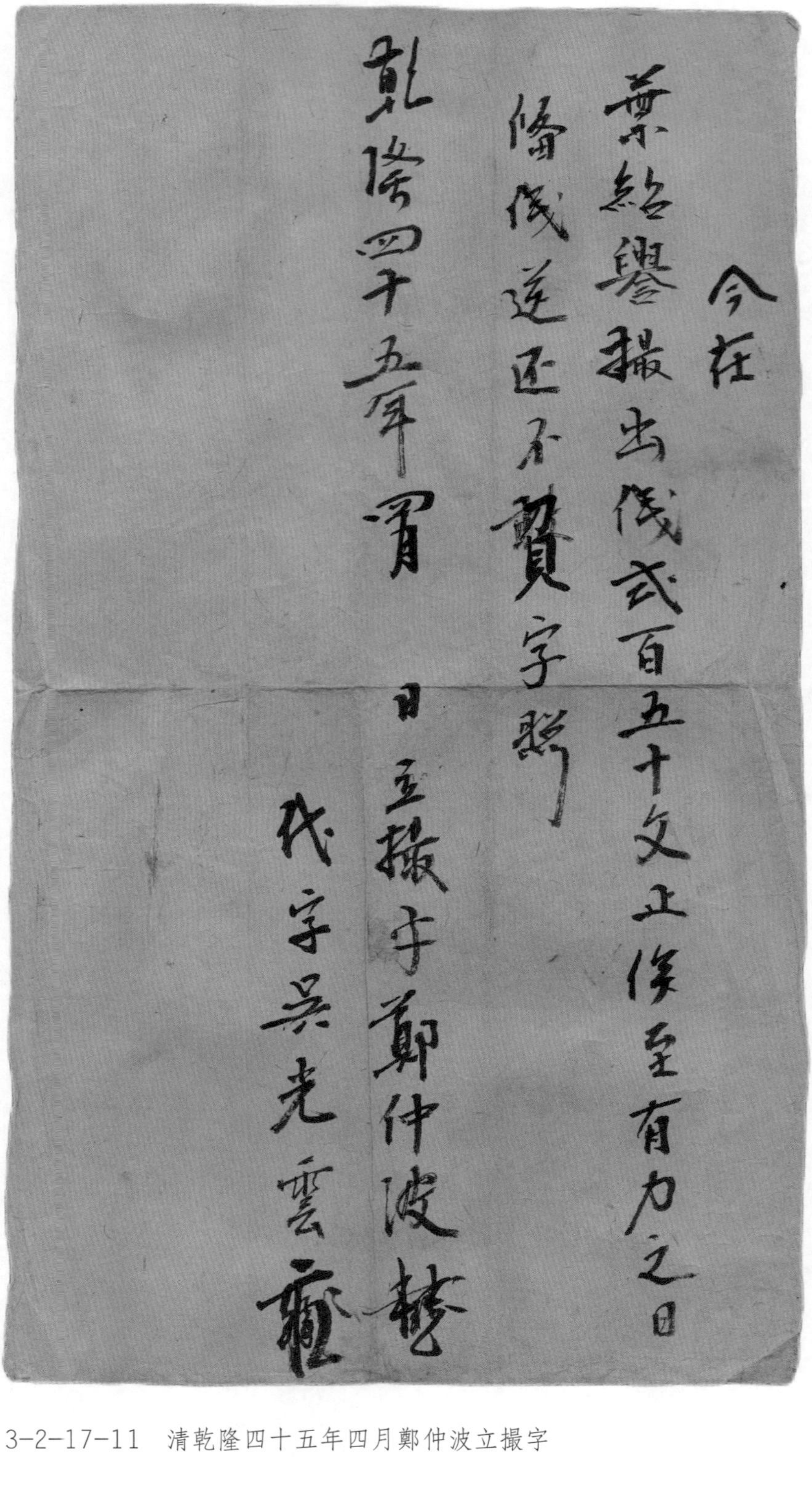
今在
葉紹譽撮出錢貳百五十文正俟至有力之日
備錢送还不負字照
乾隆四十五年四月　日立撮字鄭仲波（押）
代字吳光雲（押）

3-2-17-11　清乾隆四十五年四月鄭仲波立撮字

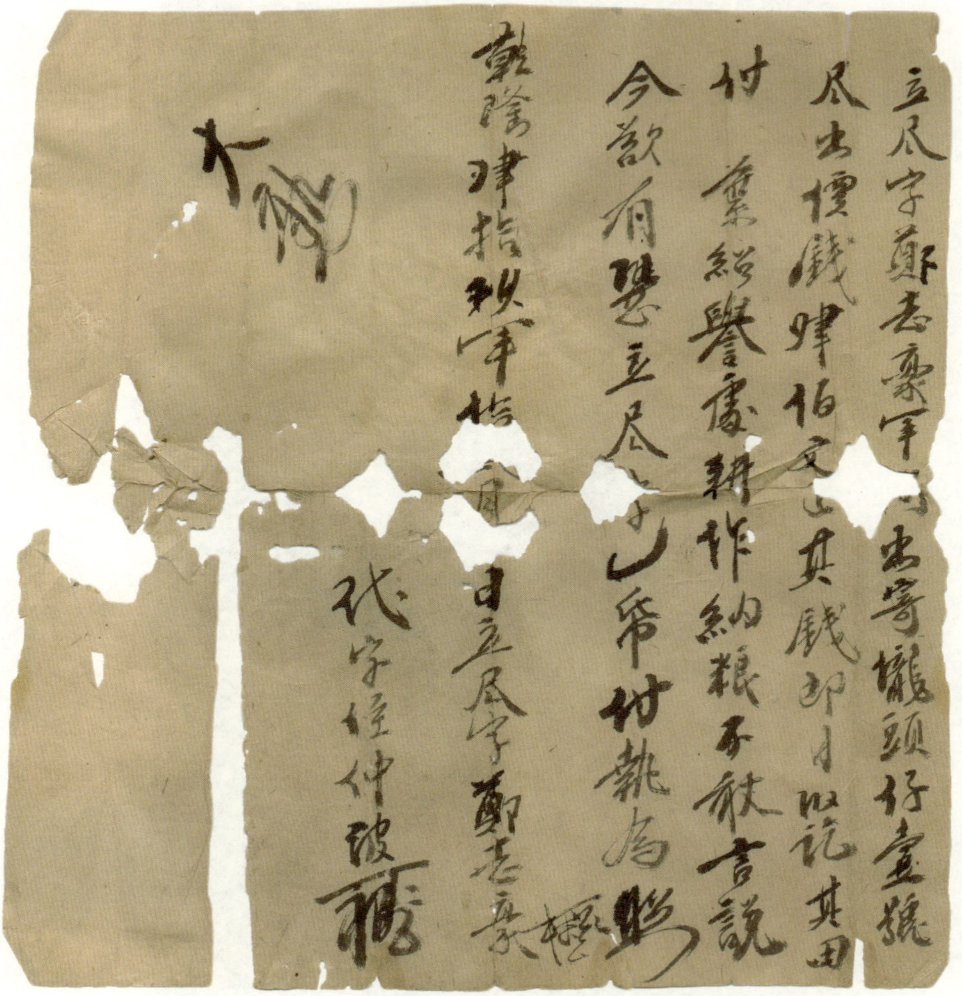

立尽字鄭志豪年[illegible]出寄碓頭仔壹號
尽出價錢肆伯文正其錢即日收訖其田
付葉綜譽處耕作納粮不敢言說
今欲有憑立尽字乙帋付執為照
乾隆肆拾玖年拾弍月　日立尽字鄭志豪（押）
代字侄仲波（押）

3-2-17-12　清乾隆四十九年十二月鄭志豪立盡田字

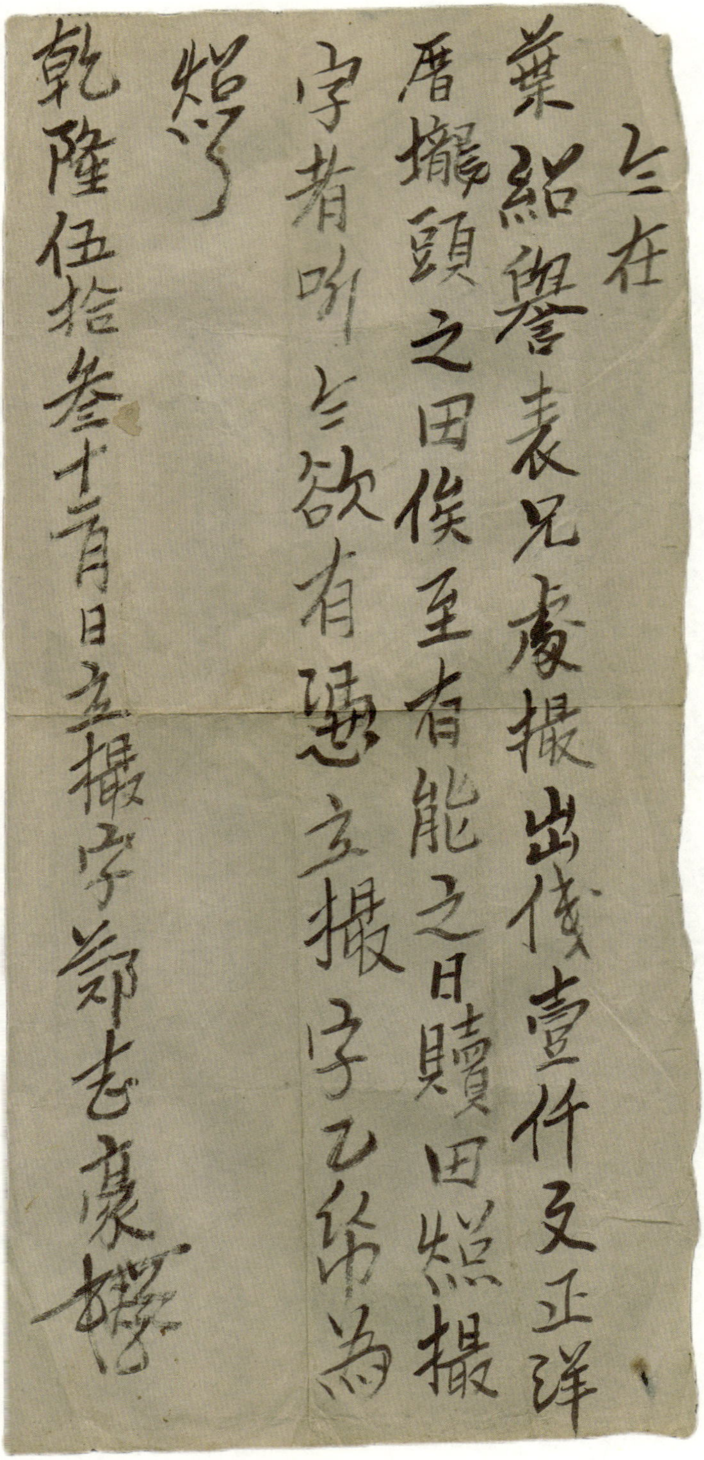
今在
葉紹譽表兄處撮出錢壹仟文正，詳
厝墘頭之田，候至有能之日贖田煠撮
字者吩。今欲有憑，立撮字乙紙為
照。
乾隆伍拾叁年十二月　日立撮字鄭志豪（押）

3-2-17-13　清乾隆五十三年十二月鄭志豪立撮字

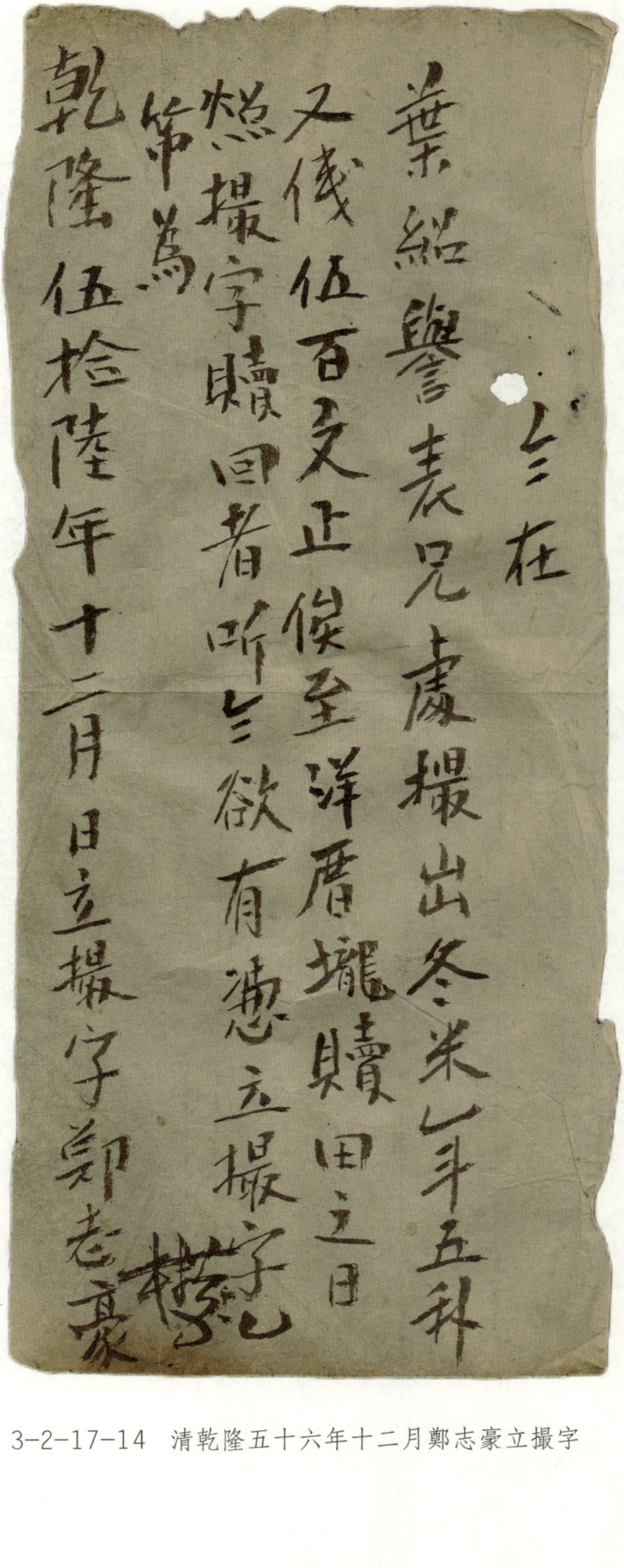

仝在
葉紹譽表兄處撮出冬米乙斗五升
又錢伍百文正俟至洋厝壠贖田之日
總撮字贖回者听仝欲有憑立撮字
第爲
乾隆伍拾陸年十二月　日立撮字鄭志豪

3-2-17-14　清乾隆五十六年十二月鄭志豪立撮字

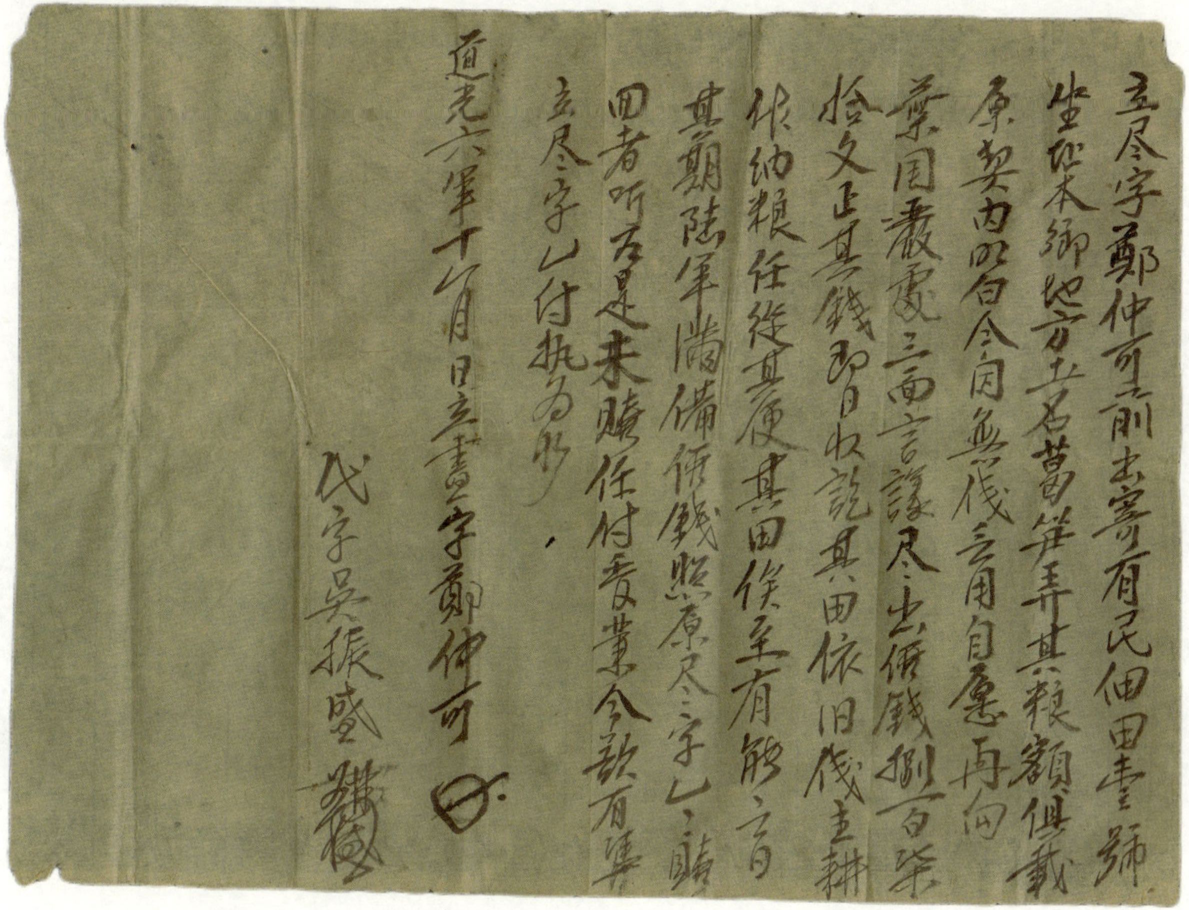

立尽字鄭仲可，前去寄有民佃田壹號，
坐址本鄉地方，土名葛笋弄，其粮額俱載
原契內明白。今因無錢應用，自愿再向
葉國叢處三面言議，尽出價錢捌百柴
拾文正，其錢即日收訖，其田依旧代主耕
作納粮，任從其便。其田倘至有能，言
其期陸年滿備價錢照原尽字贖
回者，听，不是未贖，任付受業。今欲有憑，
立尽字付執為炤。
道光六年十一月　日立盡字鄭仲可（押）
代字吴振盛（押）

3-2-17-15　清道光六年十一月鄭仲可立盡民佃田字

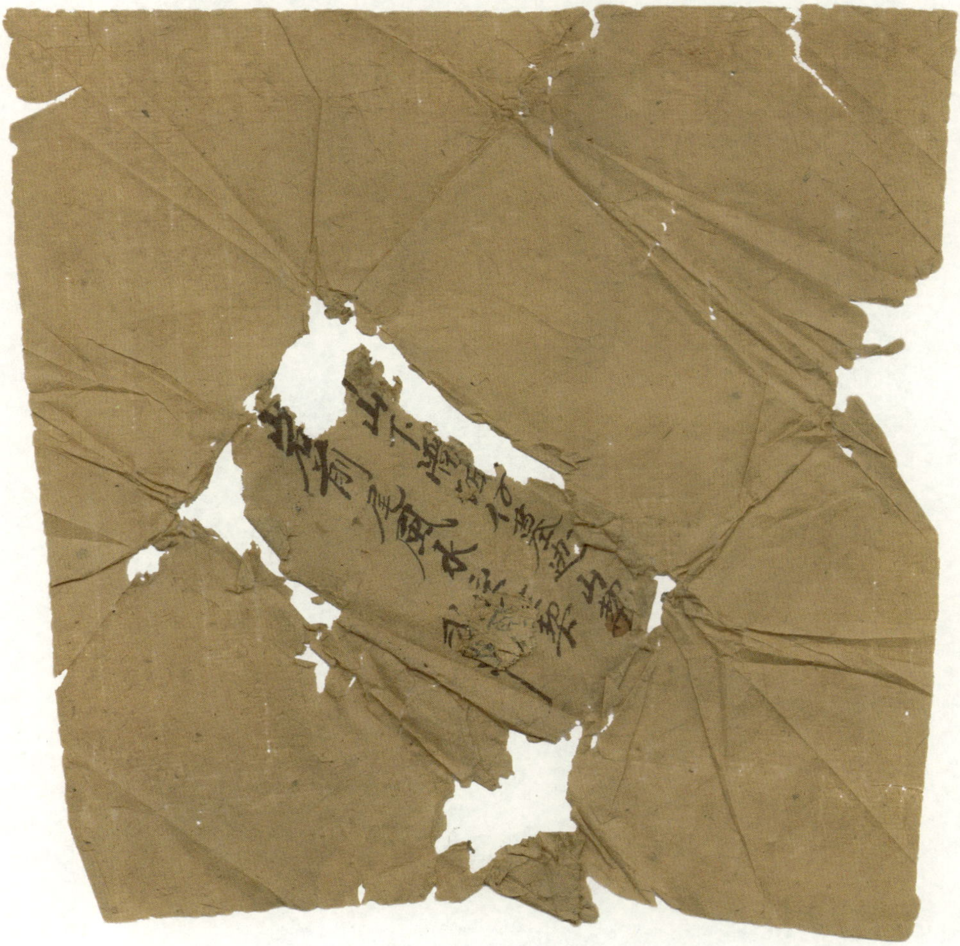

3-2-18-1　包契紙

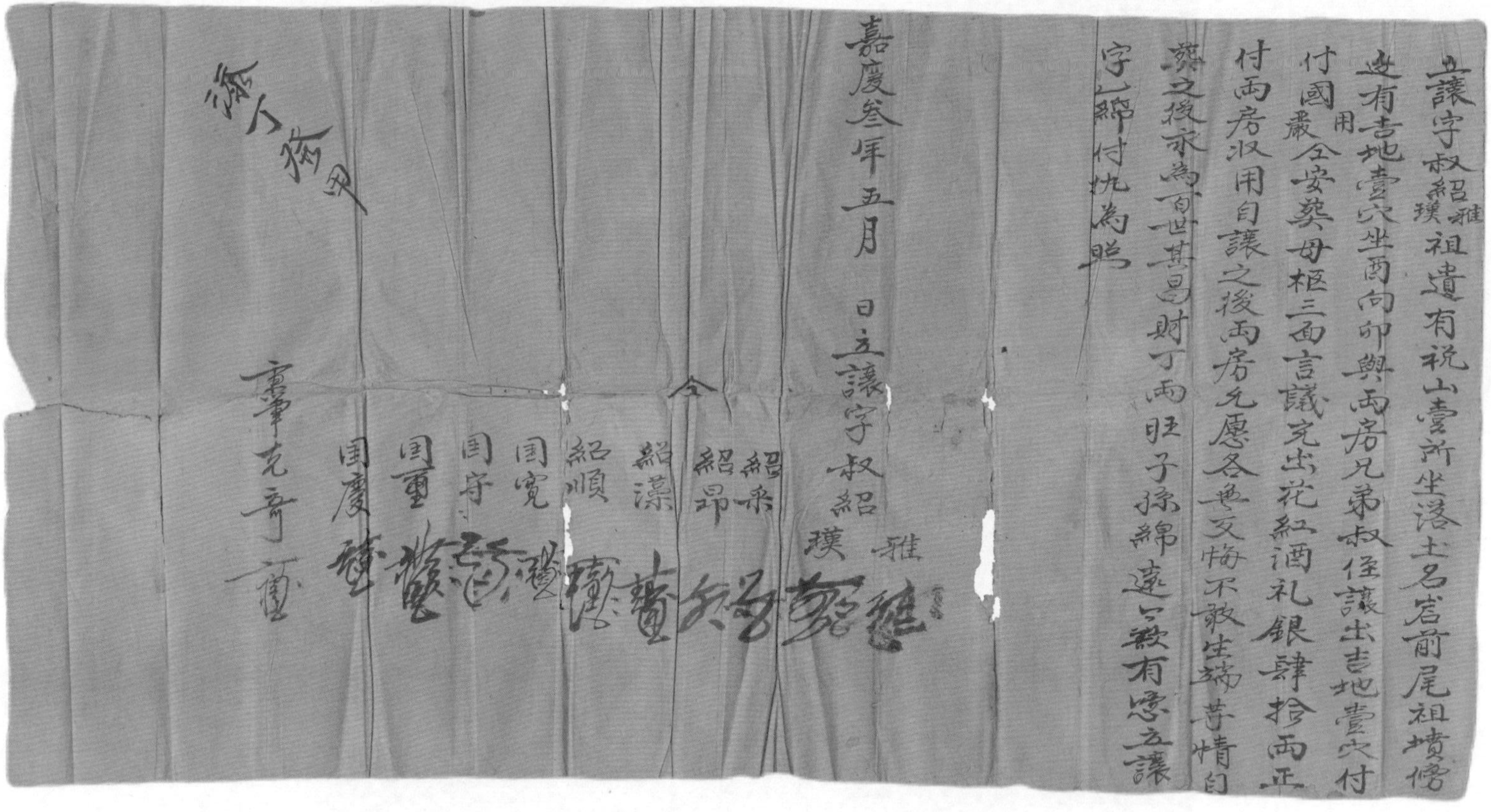

立讓字叔紹雅瑛祖遺有祝山壹所坐落土名岩前尾祖墳傍
边有吉地壹穴坐西向卯與兩房兄弟叔侄讓出吉地壹穴付
付國用嚴仝安葬母柩三面言議充出花紅酒礼銀肆拾兩正
付兩房収用自讓之後兩房允愿各無反悔不敢生端等情自
讓之後永為百世甚昌財丁兩旺子孫綿遠今欲有憑立讓
字一紙付執為照

嘉慶叁年五月　日立讓字叔紹雅瑛

仝　紹采　紹昂　紹藻　紹順　国寬　国守　国重　国慶

書筆　克齊

讓人孫男

3-2-18-2　清嘉慶三年五月葉紹雅等立讓吉地字

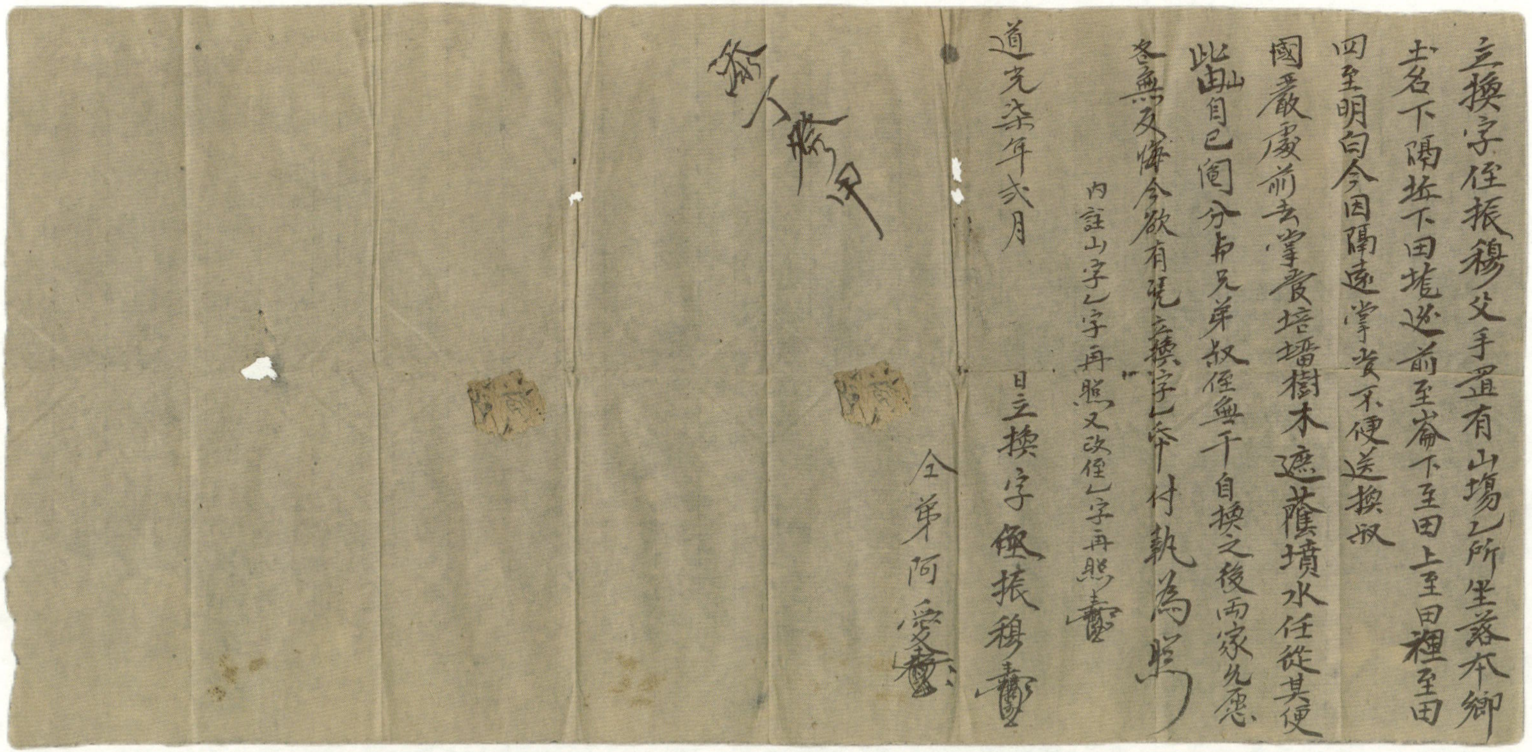

立換字侄振穆父手置有山場乙所坐落本鄉
土名下隔坵下田堘邊前至崙下至田上至田裡至田
四至明白今因隔遠掌管不便送換叔
國嚴處前去掌管培插樹木遮蔭墳水任從其便
此山自己閹分叔兄弟叔侄無干自換之後兩家允愿
各無反悔今欲有憑立換字乙紙付執為照
內註山字乙字再照又改侄乙字再照
道光柒年弍月　日立換字侄振穆
仝弟阿受
簽人穆甲

3-2-18-3　清道光七年二月葉振穆等立換山場字

3-2-19-1 包契紙

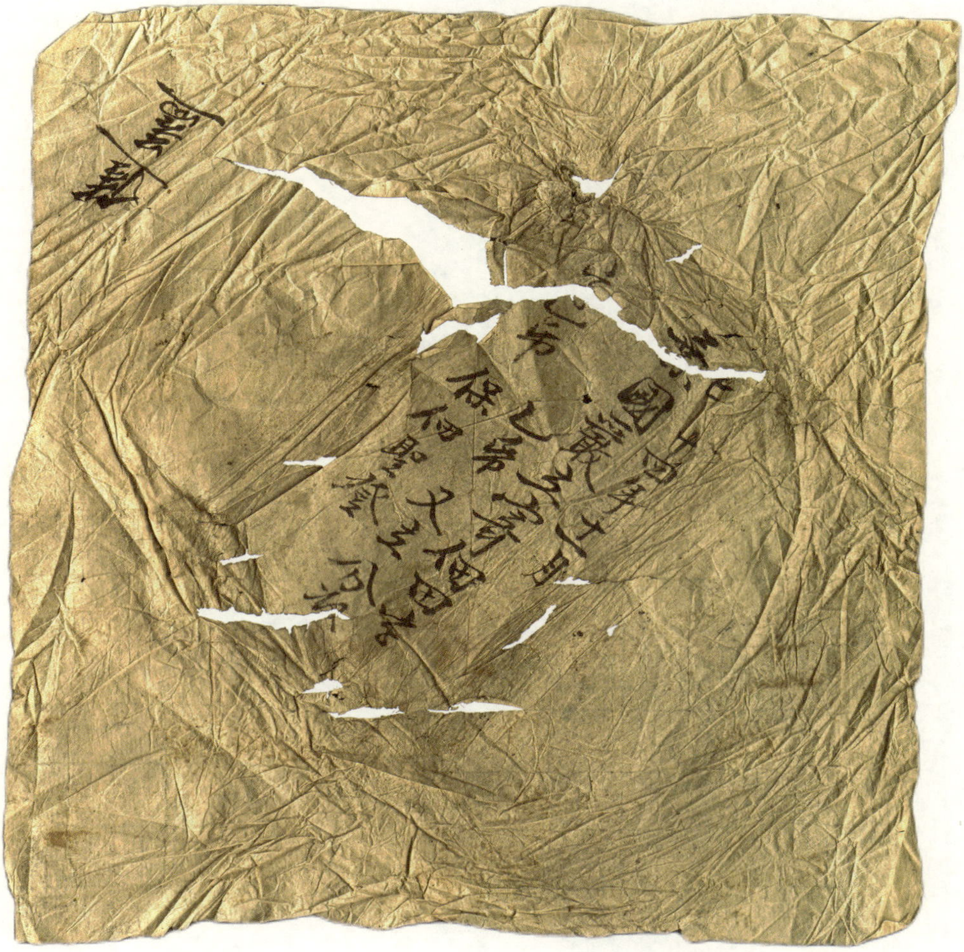

3-2-19-2 包契紙

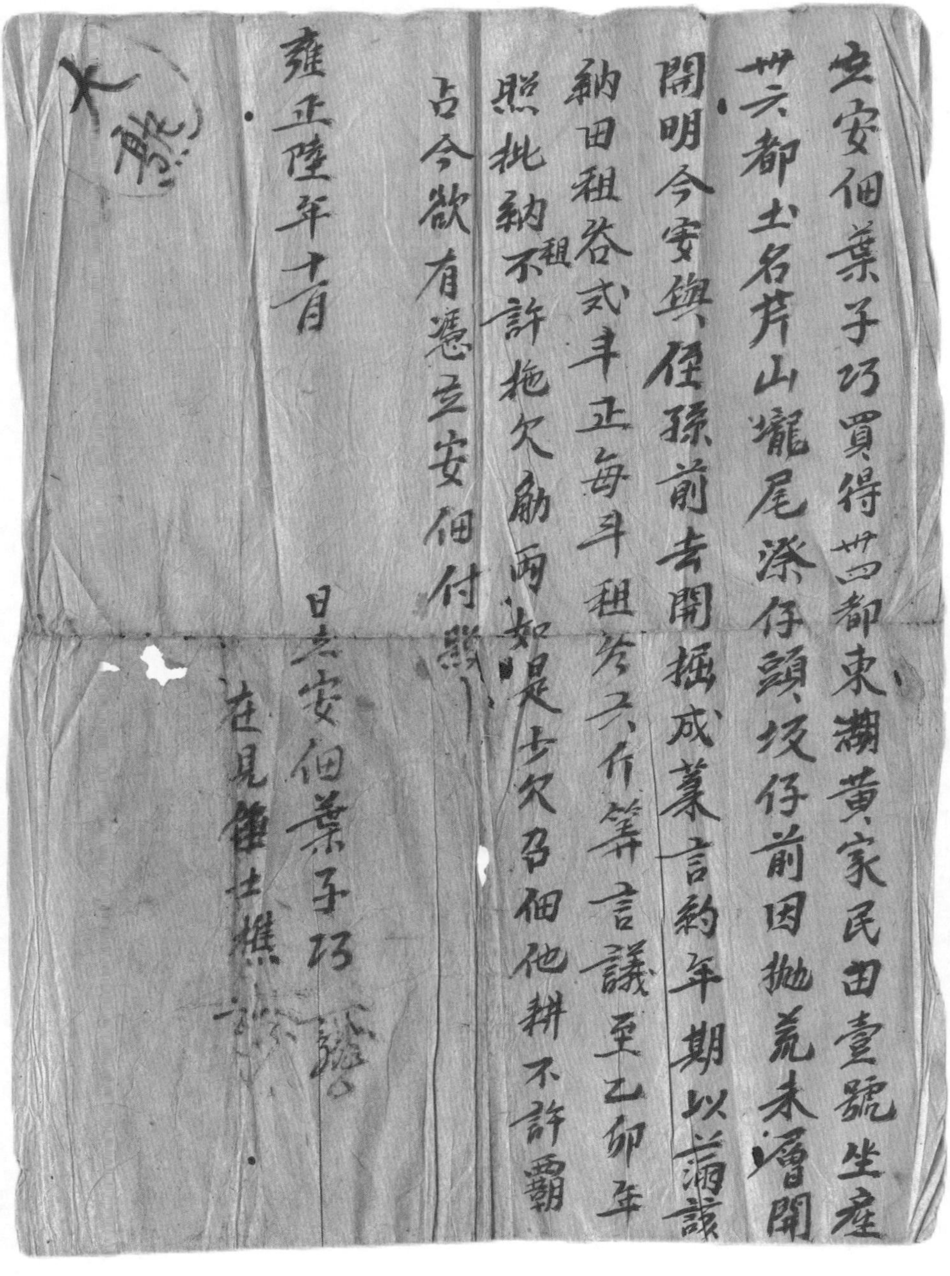

立安佃葉子巧買得卅四都東湖黃家民田壹號坐産
卅六都土名芹山壠尾漈仔頭坟仔前因拋荒未曾開
開明今要與侄孫前去開掘成業言約年期以滿議
納田租谷式斗正每斗租谷六斤筭言議至乙卯年
照批納租不許拖欠励兩如是去欠召佃他耕不許霸
占今欲有憑立安佃付照
雍正陸年十一月 日立安佃葉子巧
在見鍾仕樵

3-2-19-3 清雍正六年十一月葉子巧立安佃民田字

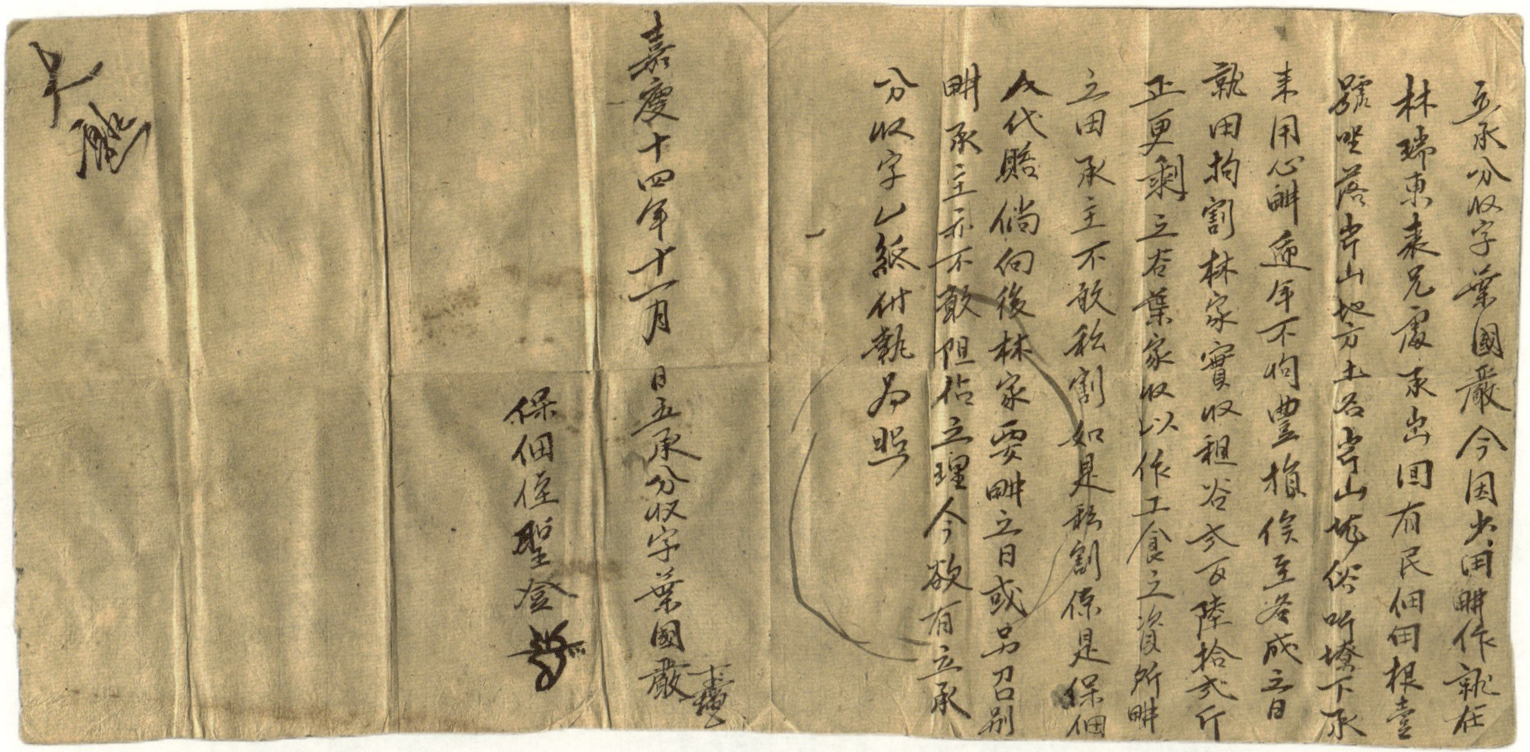

立承分收字葉國嚴，今因出田耕作，就在
林璉東、表兄處承出田有民佃田根壹
號，坐落嵩山地方，土名嵩山坵，俗叫墘下，承
來用心耕，遞年不拘豐損，俟至冬成之日
就田均割，林家實收租谷壹百陸拾弍斤
正，更剩之谷葉家收以作工食之資，所耕
之田承主不敢私割，如是私割，係是保佃
人代賠。倘向後林家要耕之日，或另召別
耕，承主亦不敢阻佔，之理，今欲有立承
分收字乙紙付執為照。一

嘉慶十四年十一月　日立承分收字葉國嚴（押）
保佃侄聖登（押）

[illegible]

3-2-19-4　清嘉慶十四年十一月葉國嚴立承分收民佃田根字（廢契）

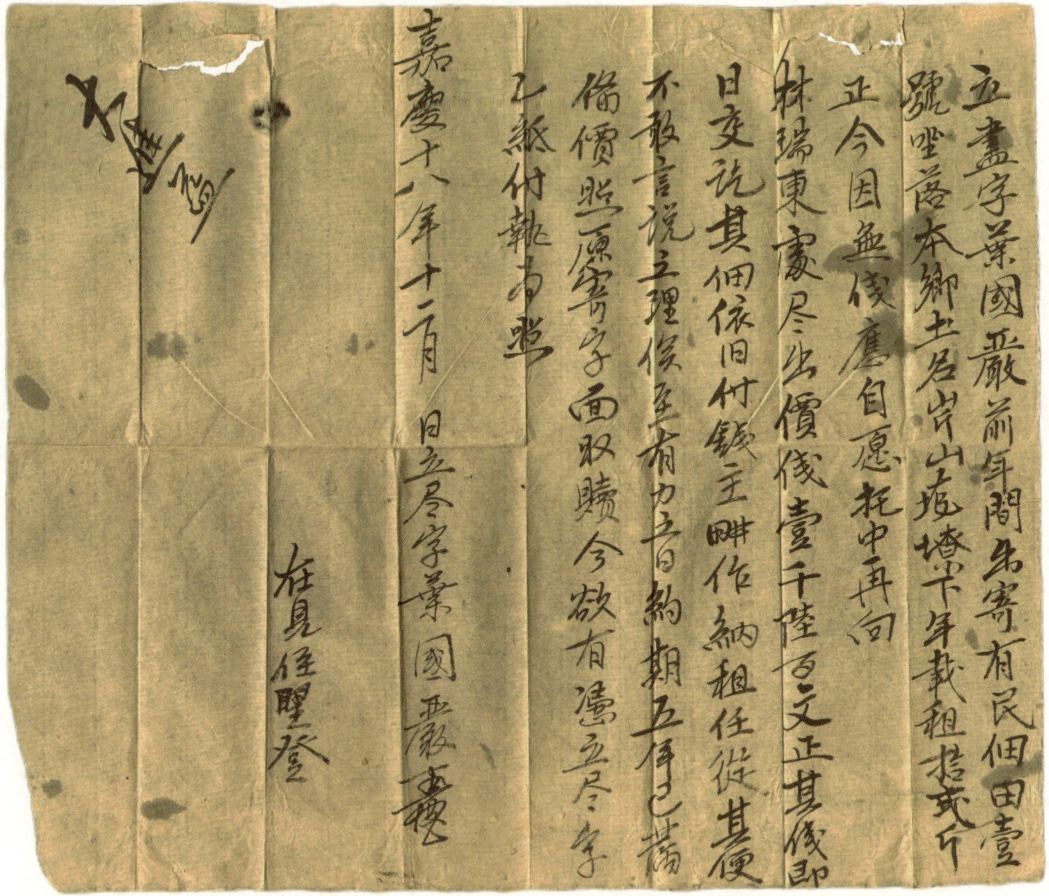
立盡字葉國嚴前年間承寄有民佃田壹
號坐落本鄉土名岸山垅墘下年載租搭貳斤
正今因無錢應用自愿托中再向
林瑞東處盡出價錢壹千陸百文正其錢即
日交訖其佃依旧付錢主贌作納租任從其便
不敢言說之理俟至有力之日約期五年已滿
備價照原字面取贖今欲有憑立盡字
一紙付執爲照
嘉慶十八年十二月　日立盡字葉國嚴（押）
在見任聖登
大吉

3-2-19-5　清嘉慶十八年十二月葉國嚴立盡民佃田字

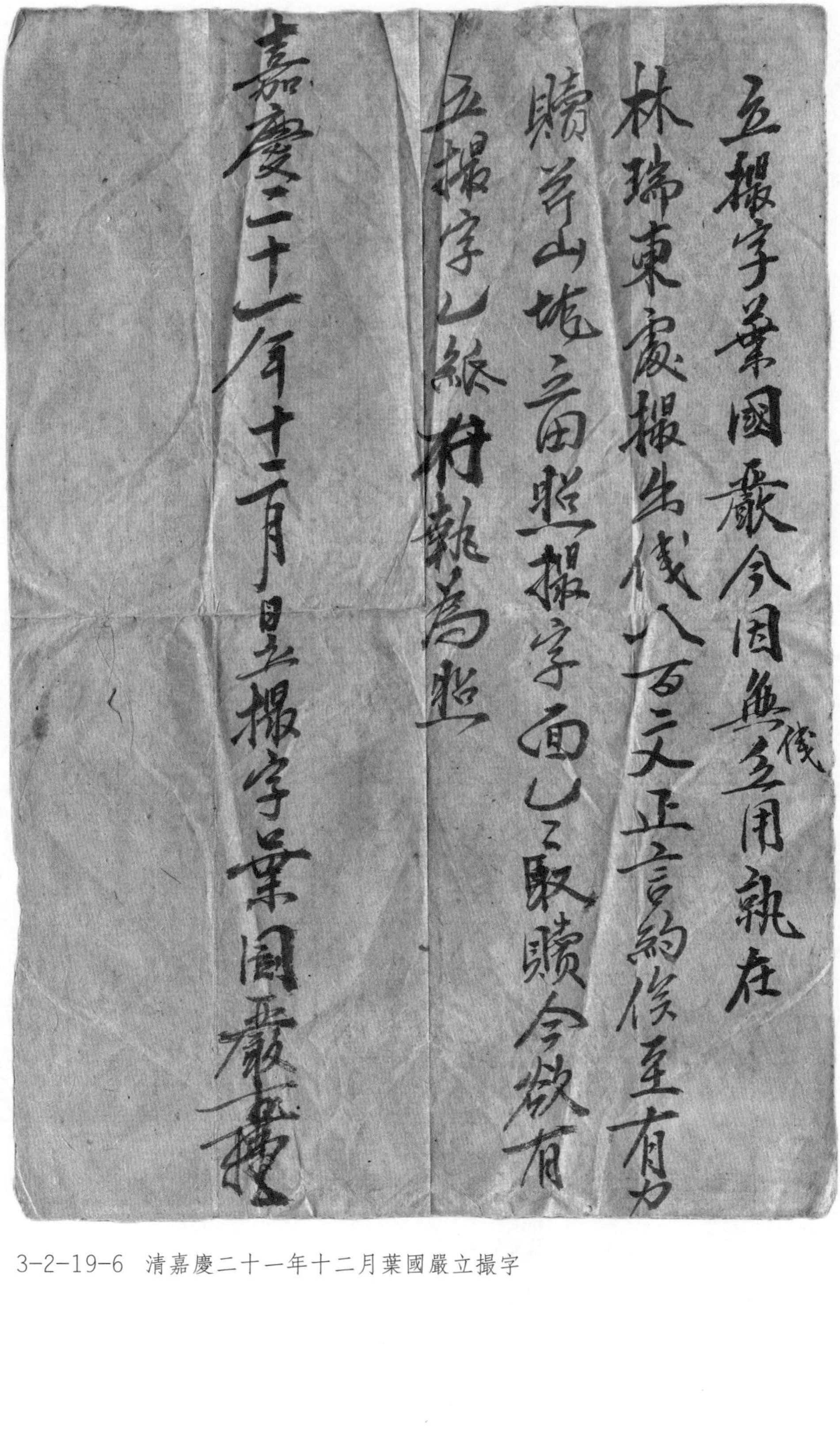

立撮字葉國嚴今因無錢乏用執在
林瑞東處撮出錢八百二文正言約俟至有力
贖此山塊二畝照撮字面乙乙取贖今欲有
立撮字乙紙付執爲照
嘉慶二十一年十二月日立撮字葉國嚴押

3-2-19-6 清嘉慶二十一年十二月葉國嚴立撮字

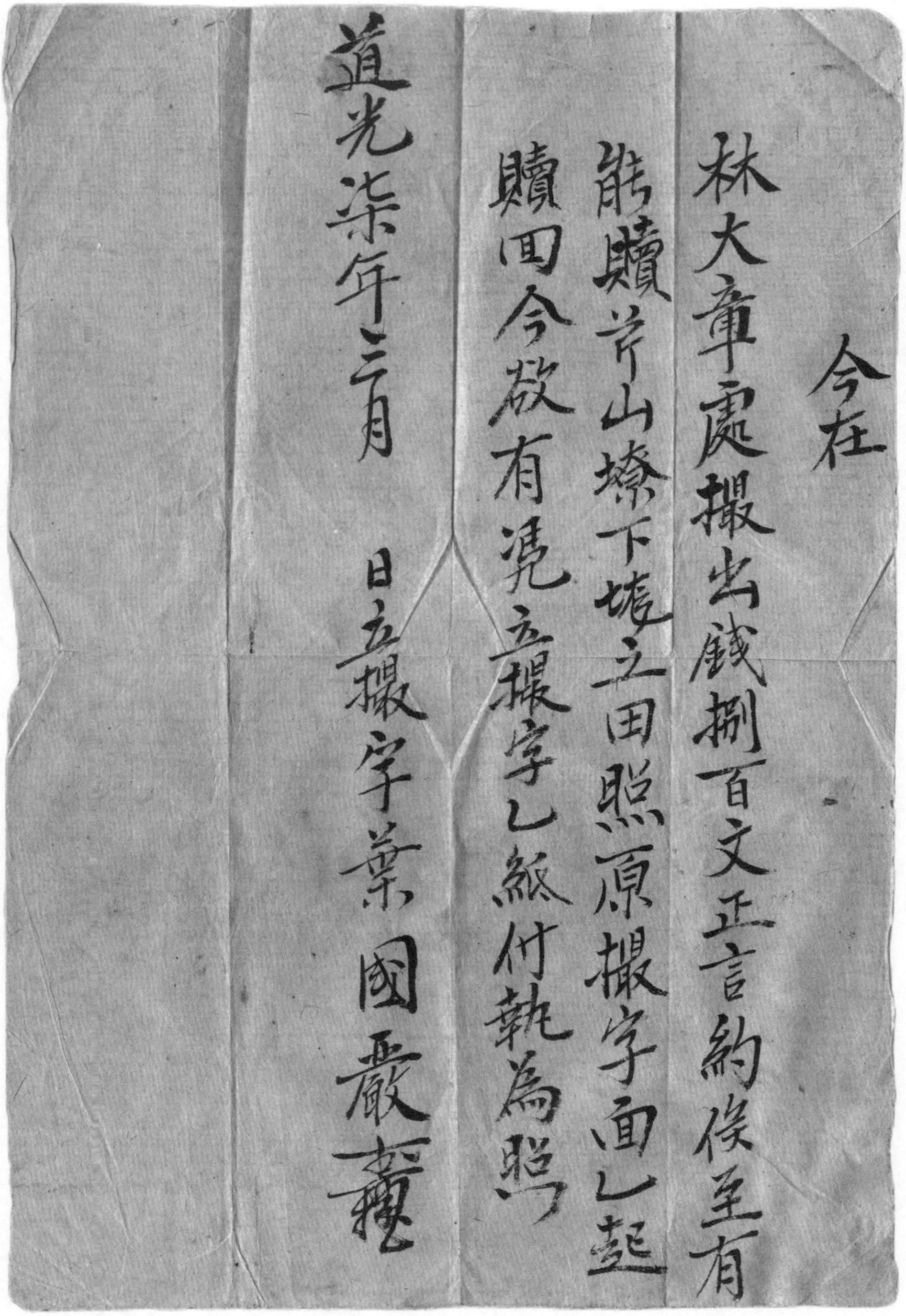
今在
林大章處撮出錢捌百文正言約後至有
能贖肯山塝下墘之田照原撮字面乙起
贖回今欲有憑立撮字乙紙付執爲照
道光柒年三月　日立撮字葉國嚴（押）

3-2-19-7　清道光七年三月葉國嚴立撮字

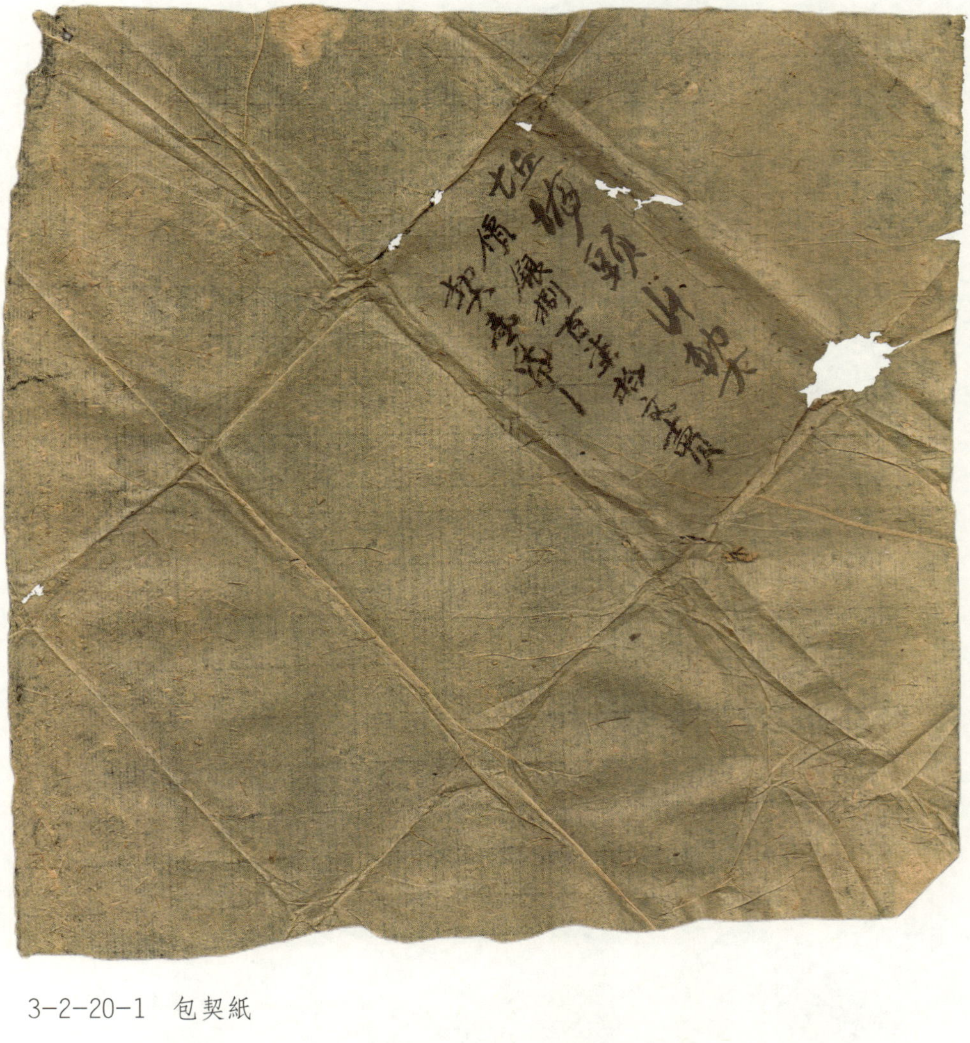

3-2-20-1　包契紙

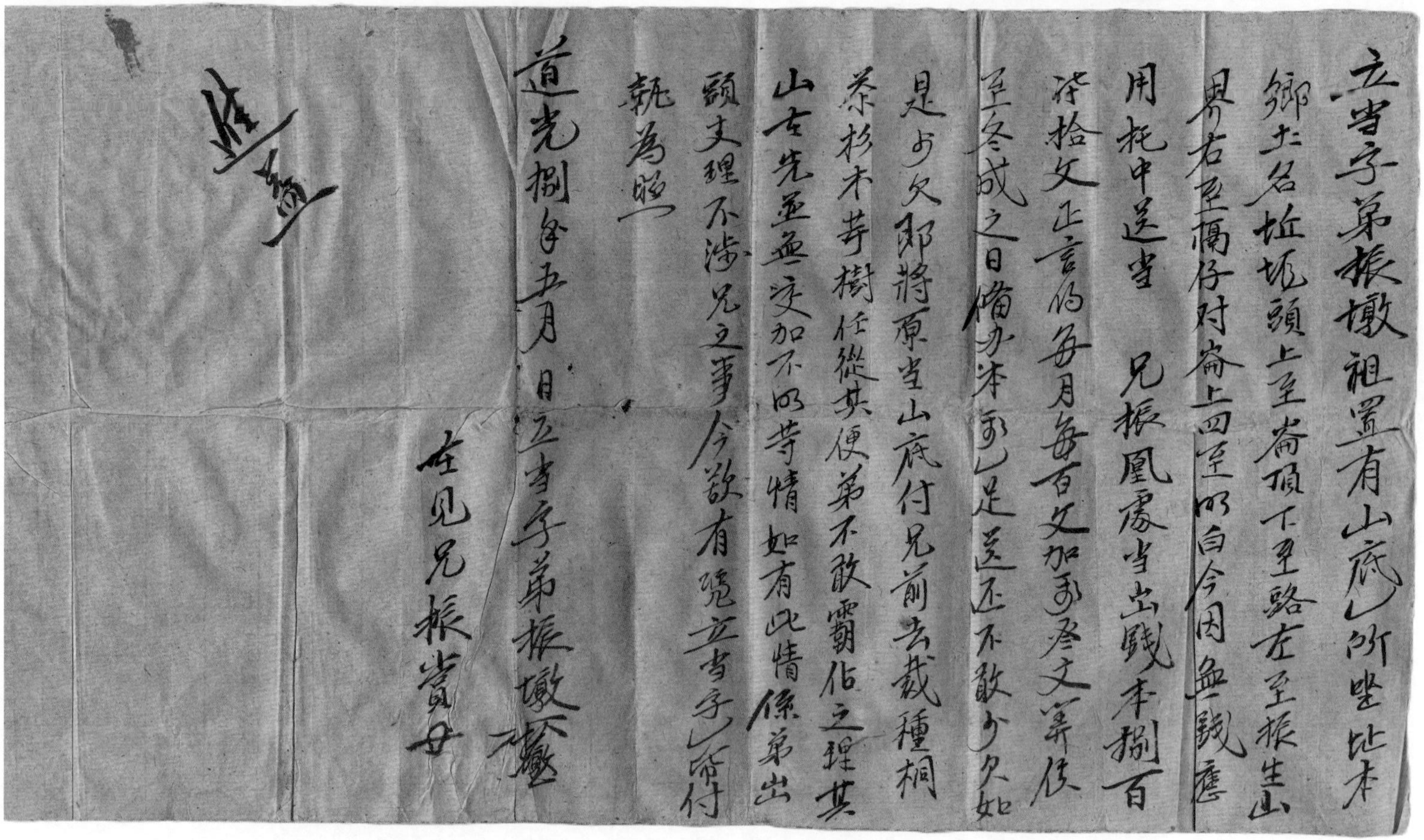

立当字弟振墩祖置有山底乙所坐址本
鄉土名坵坵頭上至崙頂下至路左至振生山
界右至㵎仔对崙上四至明白今因無錢應
用托中送当　兄振凰處当出錢本捌百
柒拾文正言約每月每百文加利叁文算俟
至冬成之日備办本利足送还不敢少欠如
是少欠即將原当山底付兄前去栽種桐
茶杉木等樹任從其便弟不敢霸佔之理其
山在先並無交加不明等情如有此情係弟出
頭支理不涉兄之事今欲有憑立当字乙紙付
執為照

道光捌年五月　日立当字弟振墩

在见兄振賞母

注銷

3-2-20-2　清道光八年五月葉振墩立當山底字

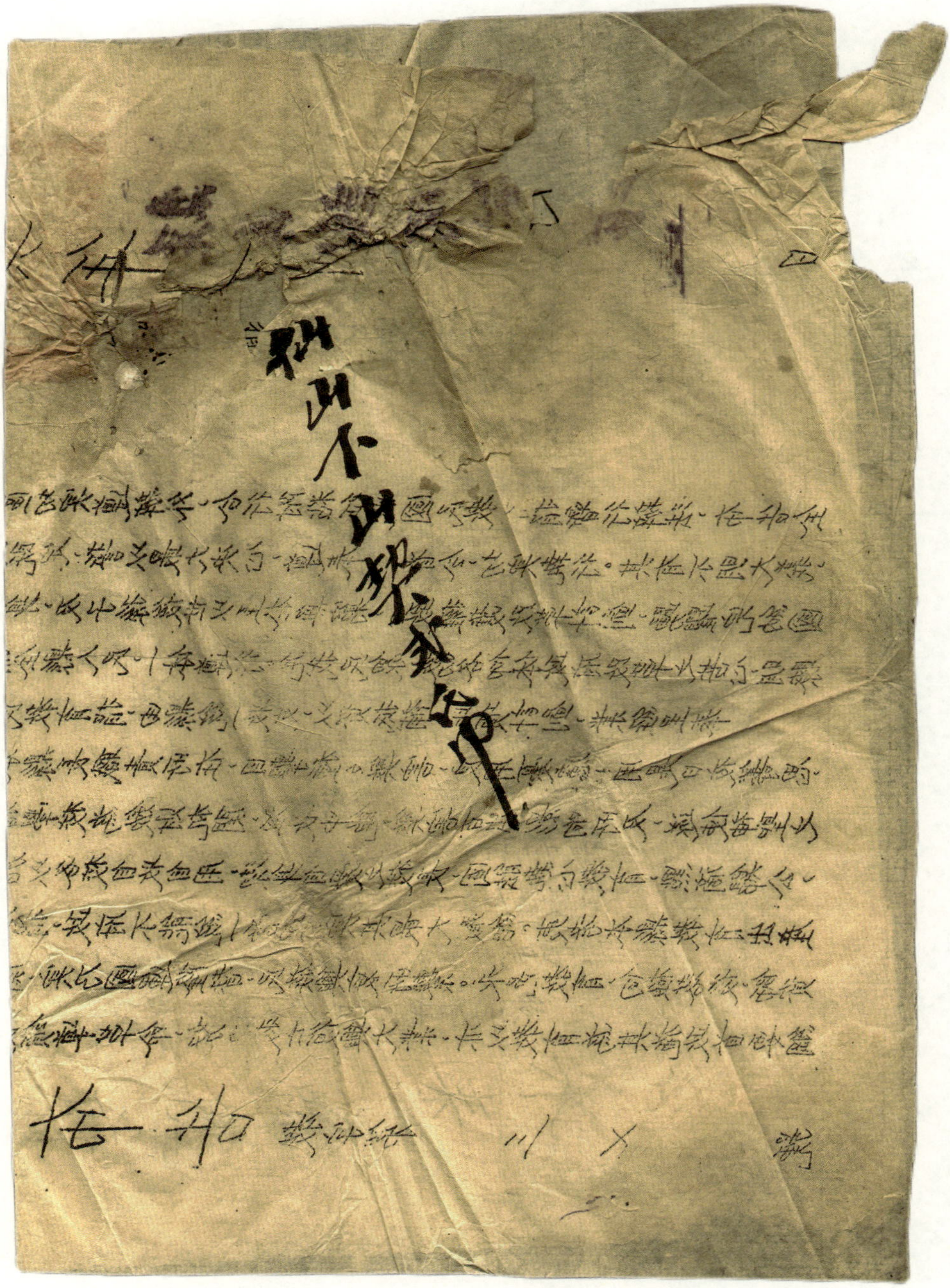

3-2-21-1　包契紙

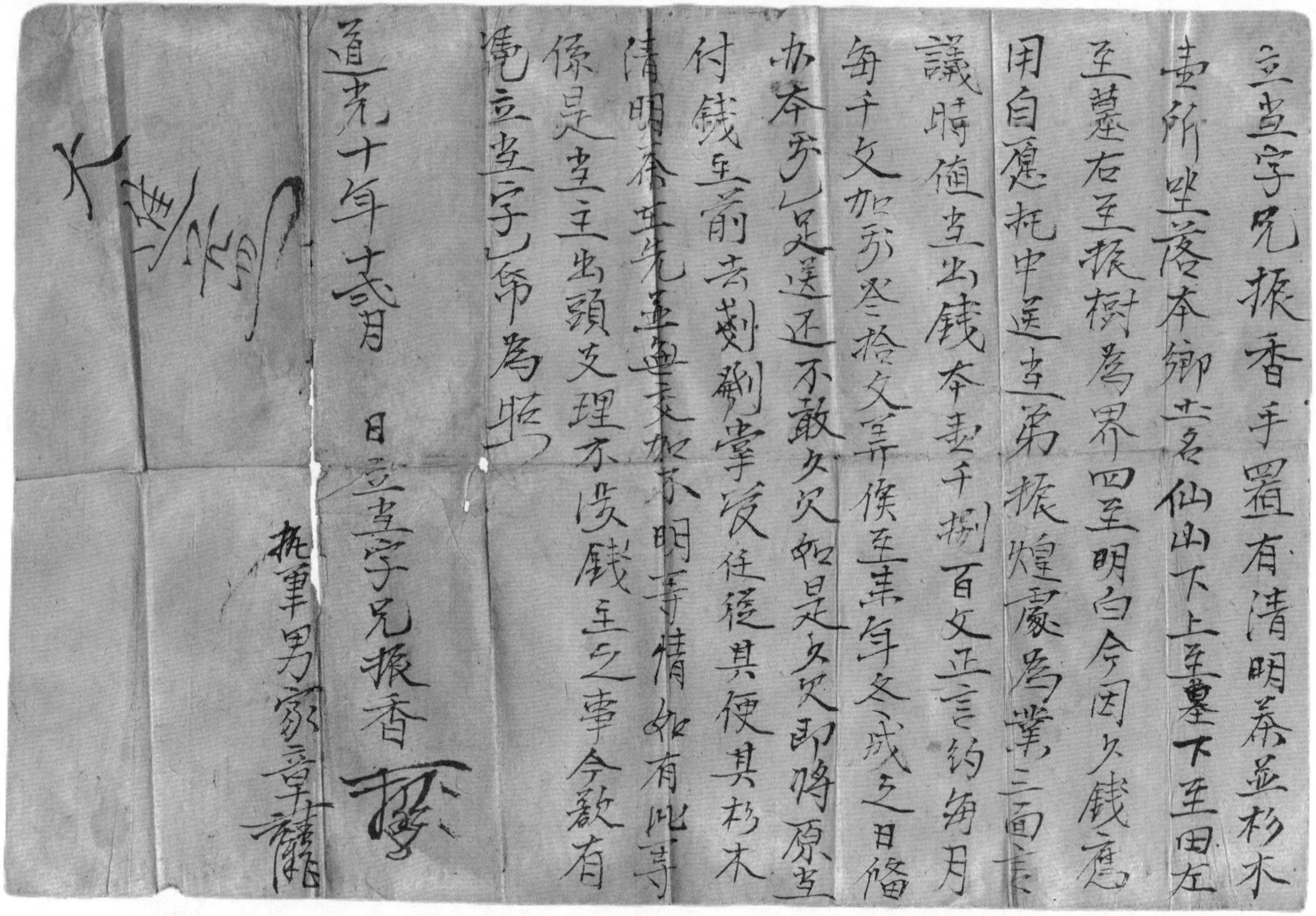

3-2-21-2 清道光十年十二月葉振香立當清明茶等字

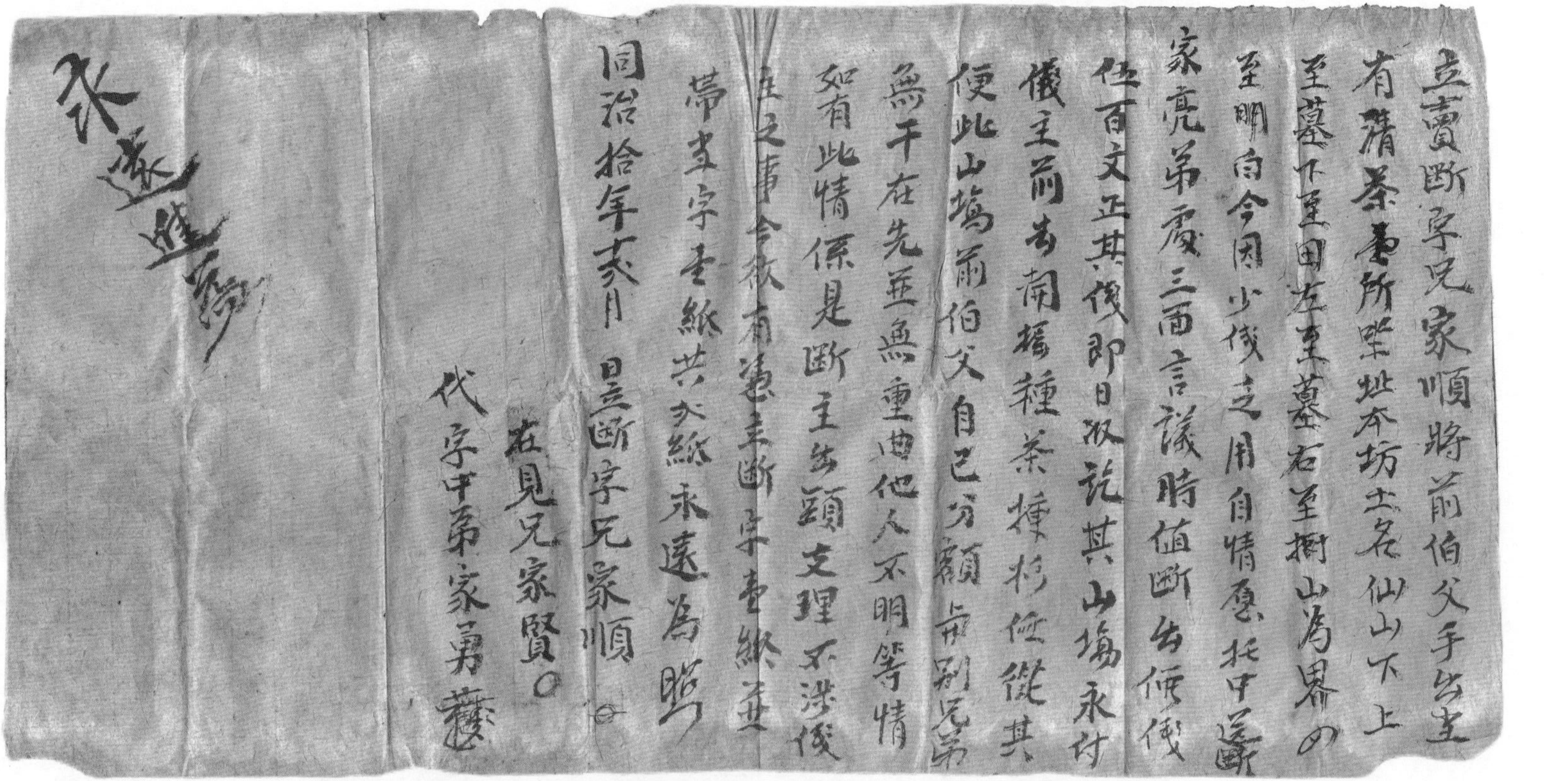
立賣斷字兄家順將前伯父手出生
有清茶壹所坐址本坊土名仙山下上
至墓下至田左至墓右至樹山為界の
至明白今因少錢之用自情愿托中送斷
家亮弟處三面言議時值斷出價錢
伍百文正其錢即日收訖其山場永付
儀主前去開掘種茶採摘任從其
便此山場前伯父自己分額弟別兄弟
爲干在先並無重典他人不明等情
如有此情係是斷主出頭支理不涉錢
主之事今欲有憑立斷字壹紙並
帶老字壹紙共弍紙永遠為照
同治拾年十二月　日立斷字兄家順
在見兄家賢
代字中弟家勇
永遠進發

3-2-21-3　清同治十年十二月葉家順立賣斷清明茶字

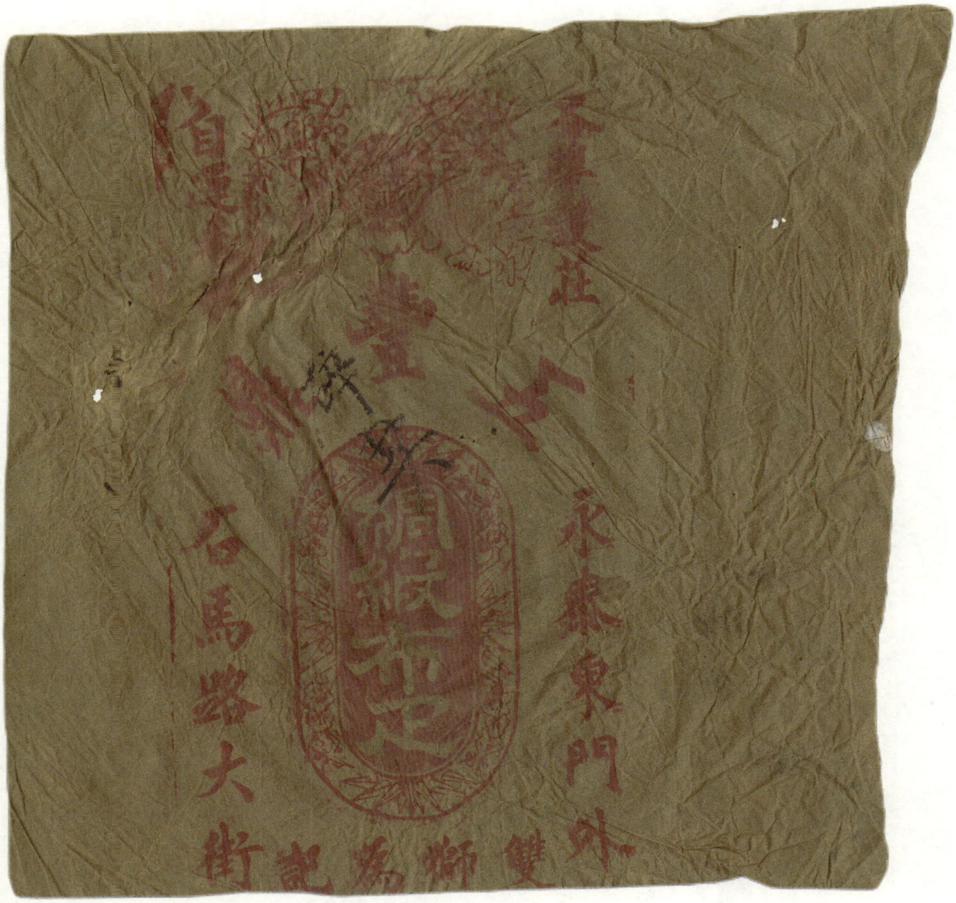

3-2-22-1　包契紙

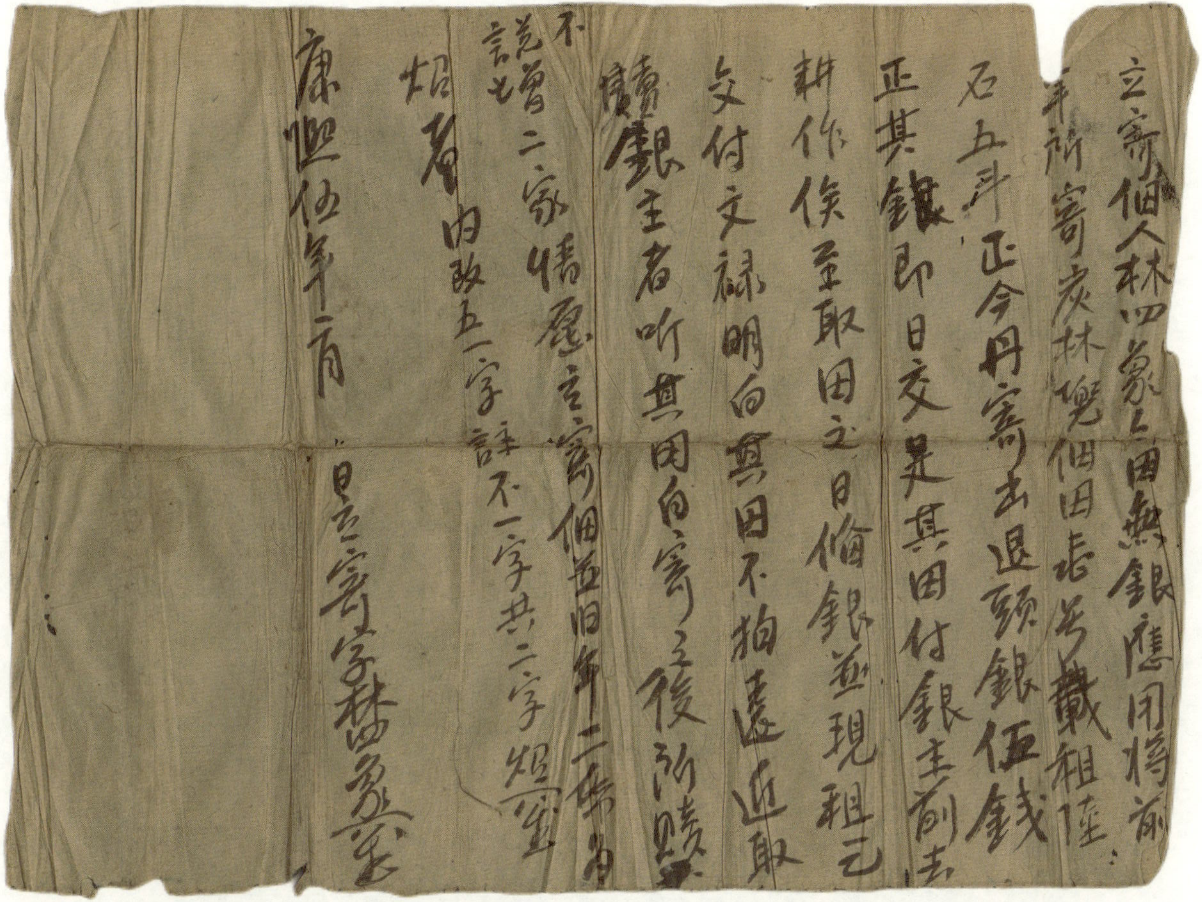
立寄佃人林四象，今因無銀應用，將前
年所寄炭林塆佃田，土名□□，載租壹
石五斗正，今再寄去退頭銀伍錢
正，其銀即日交足，其田付銀主前去
耕作，候至取田之日，備銀並現租，已
交付文契明白，其田不拘遠近，取
贖，銀主者听其田自寄之後，所贖
不
言也
先曾二家情愿，立寄佃並旧年二張為
炤。內改五字，詳不一字，共二字，炤
康熙伍年二月　日立寄字林四象（押）

3-2-22-2　清康熙五年二月林四象立寄佃田字

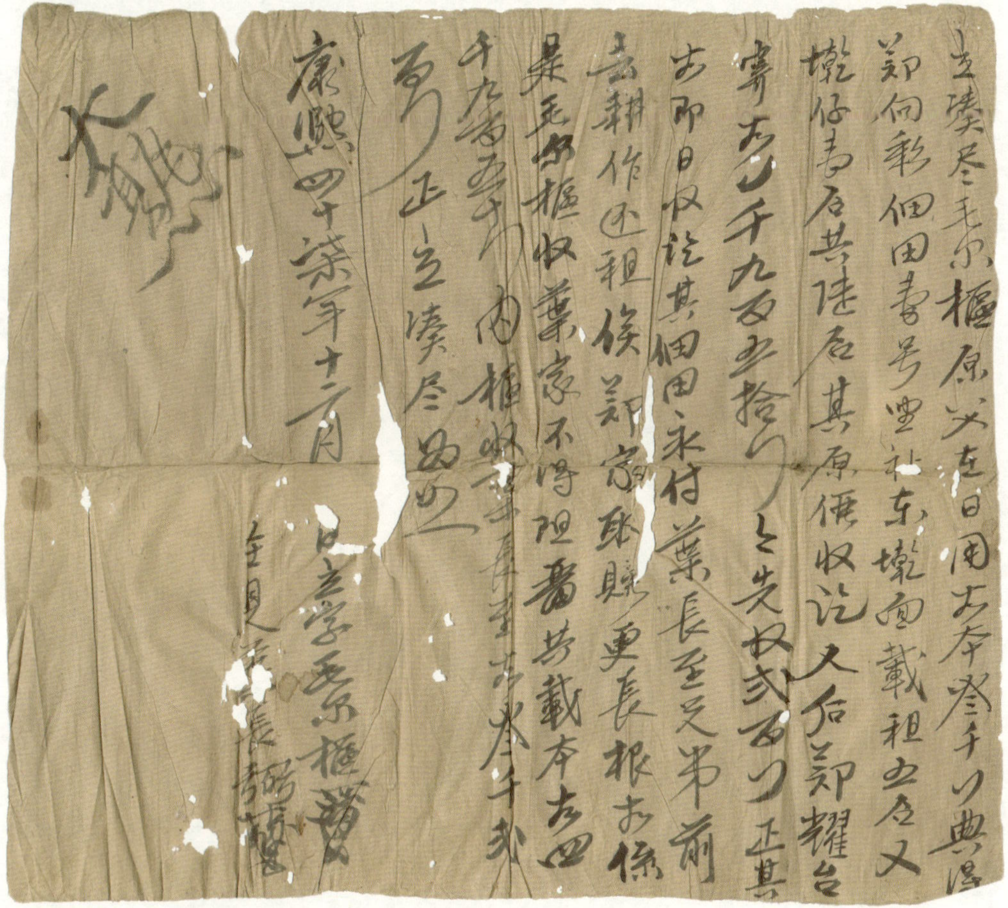

3-2-22-3 清康熙四十七年十二月毛尔樞立湊盡佃田字

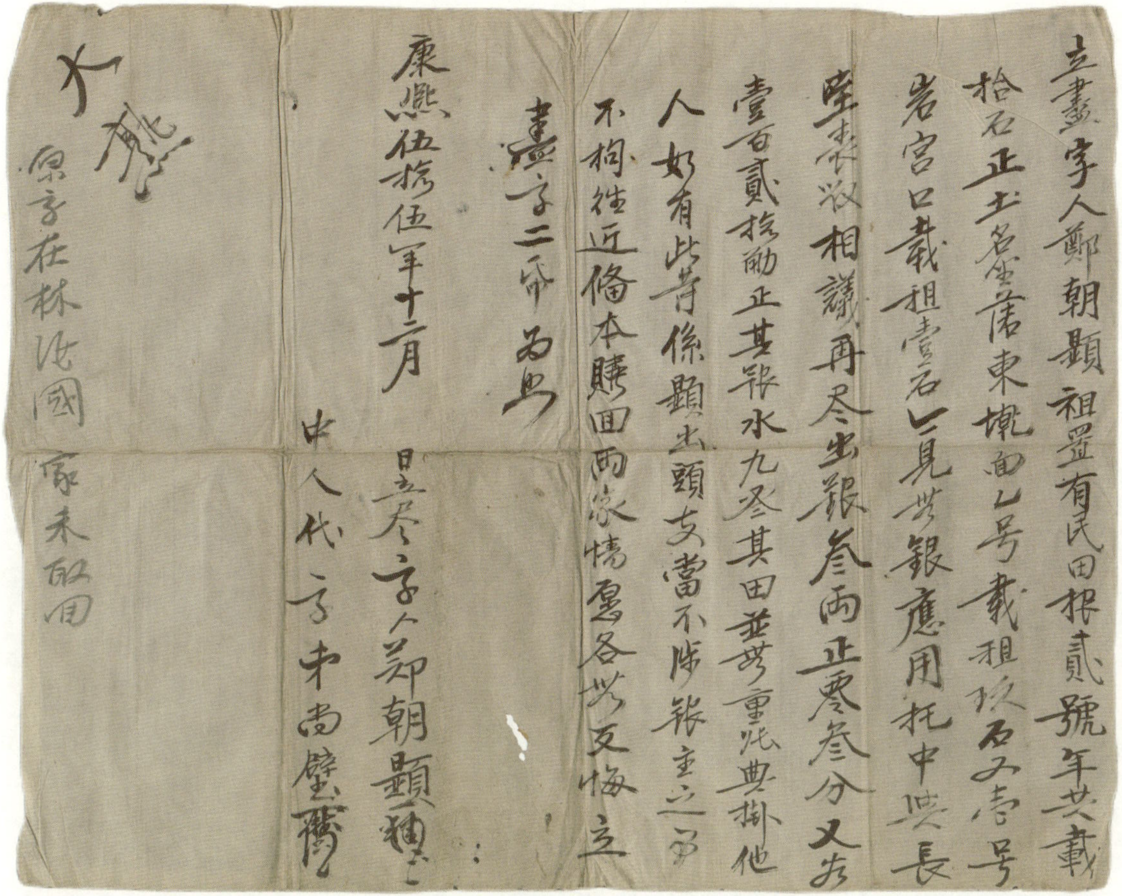

3-2-22-4　清康熙五十五年十二月鄭朝顯立盡民田根字

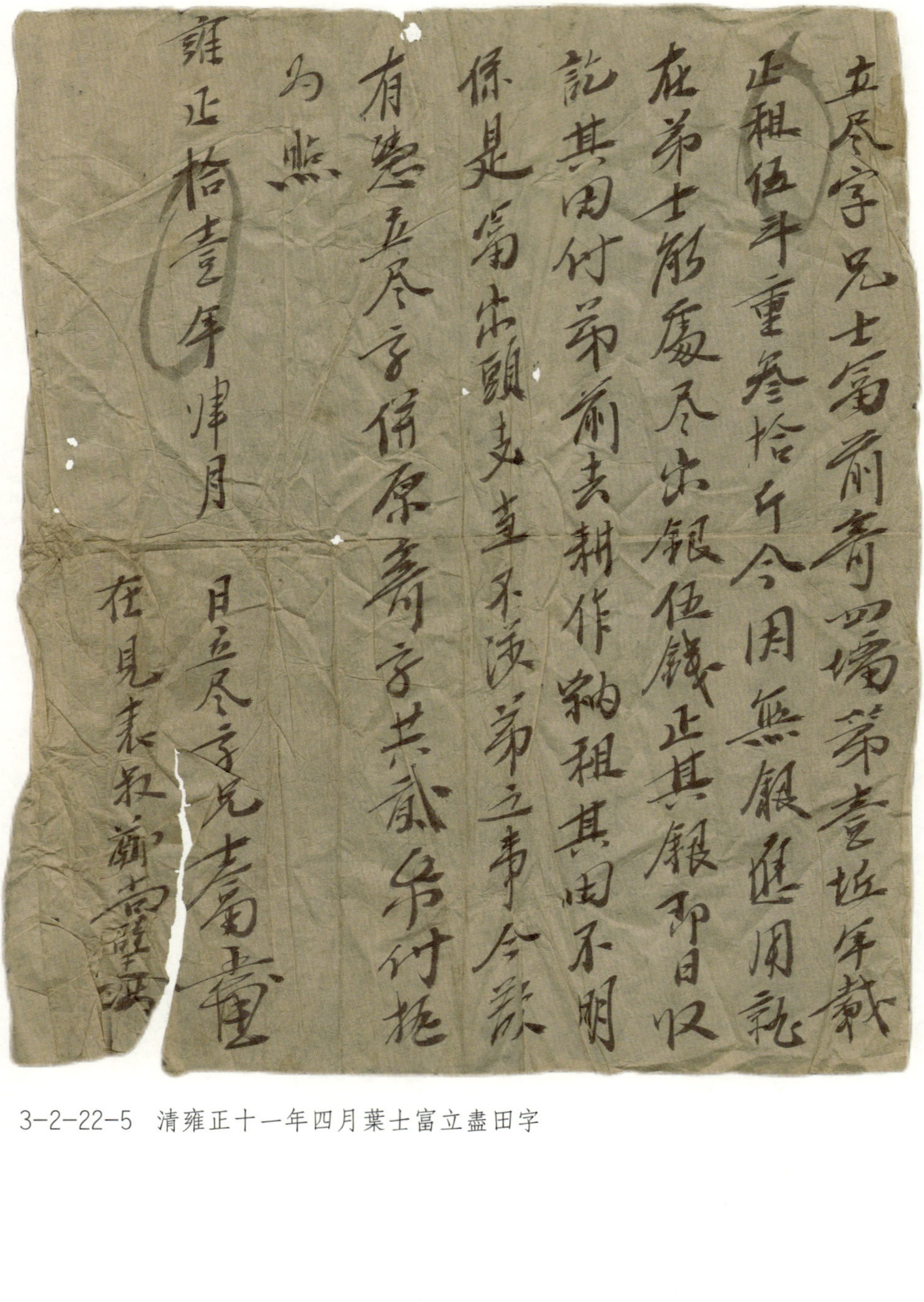

立尽字兄士富前有四堛弟壹坵年載
正租伍斗重叁拾斤今因無銀進用就
在弟士能處尽出銀伍錢正其銀即日收
訖其田付弟前去耕作納租其田不明
係是富出頭支當不涉弟之事今欲
有憑立尽字併原有字共貳紙付執
為照
雍正拾壹年肆月　　日立尽字兄士富（押）
在見表叔蕭尚璉

3-2-22-5　清雍正十一年四月葉士富立盡田字

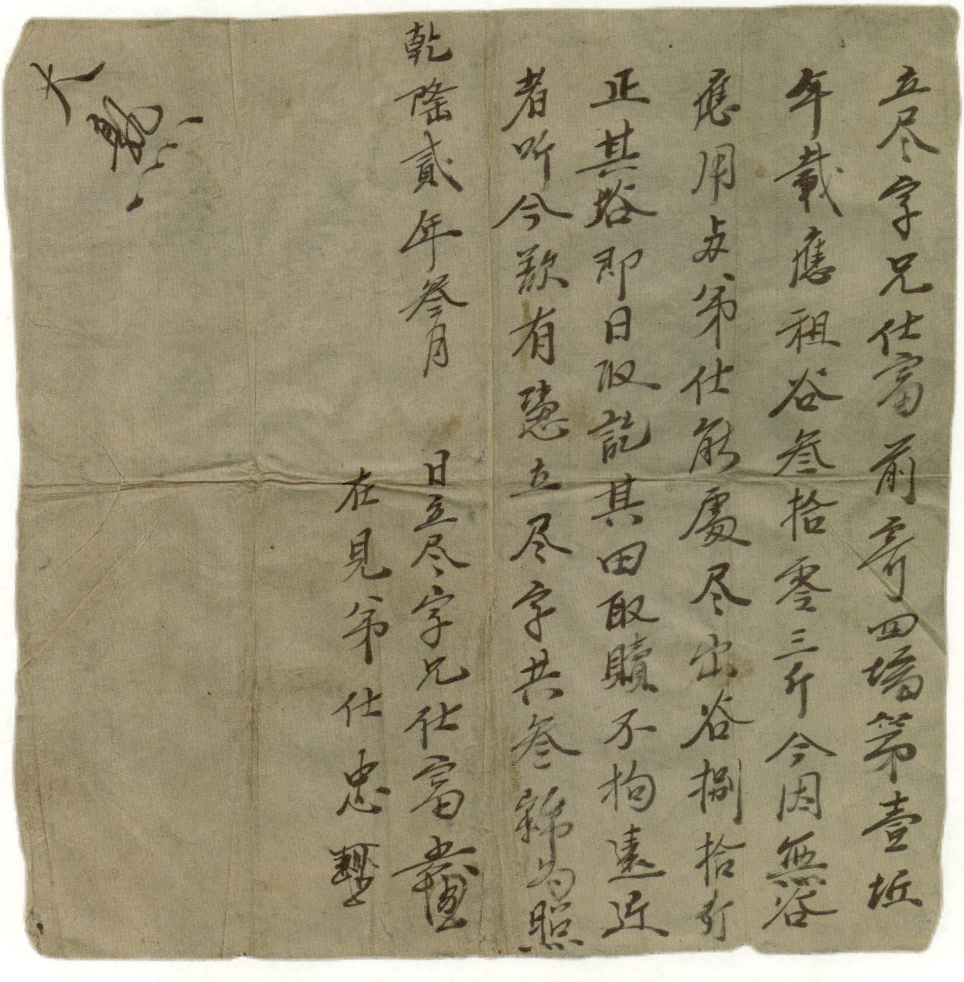
立尽字兄仕富前有田墑第壹坵
年載應租谷叁拾零三斤今因無谷
應用，安弟仕能處尽出谷捌拾斤
正其谷即日收訖其田取贖不拘遠近
者听今欲有憑立尽字共叁紙為照
乾隆貳年叁月　　日立尽字兄仕富（押）
在見弟仕忠（押）
大吉

3-2-22-6　清乾隆二年三月葉仕富立盡田字

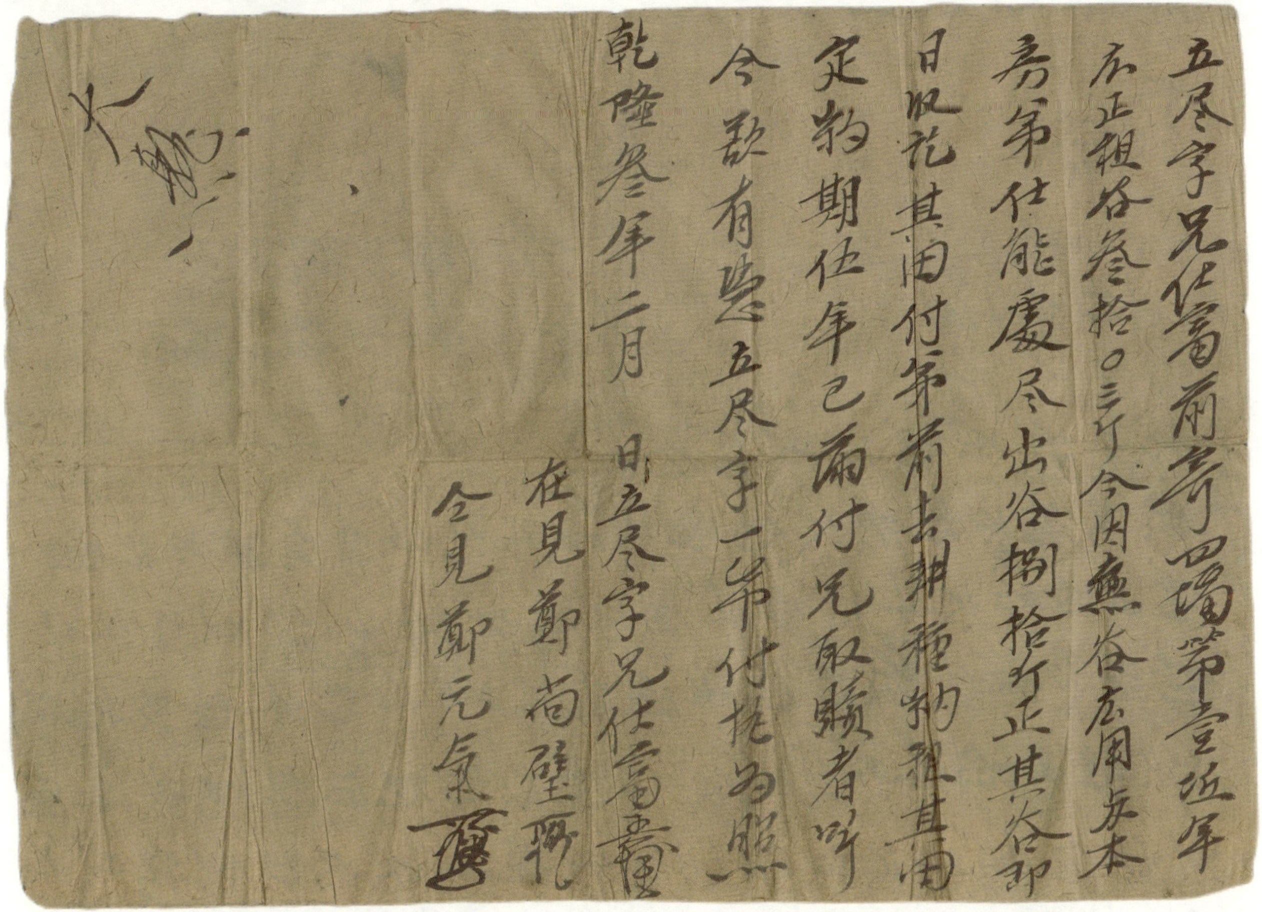

3-2-22-7　清乾隆三年二月葉仕富立盡田字

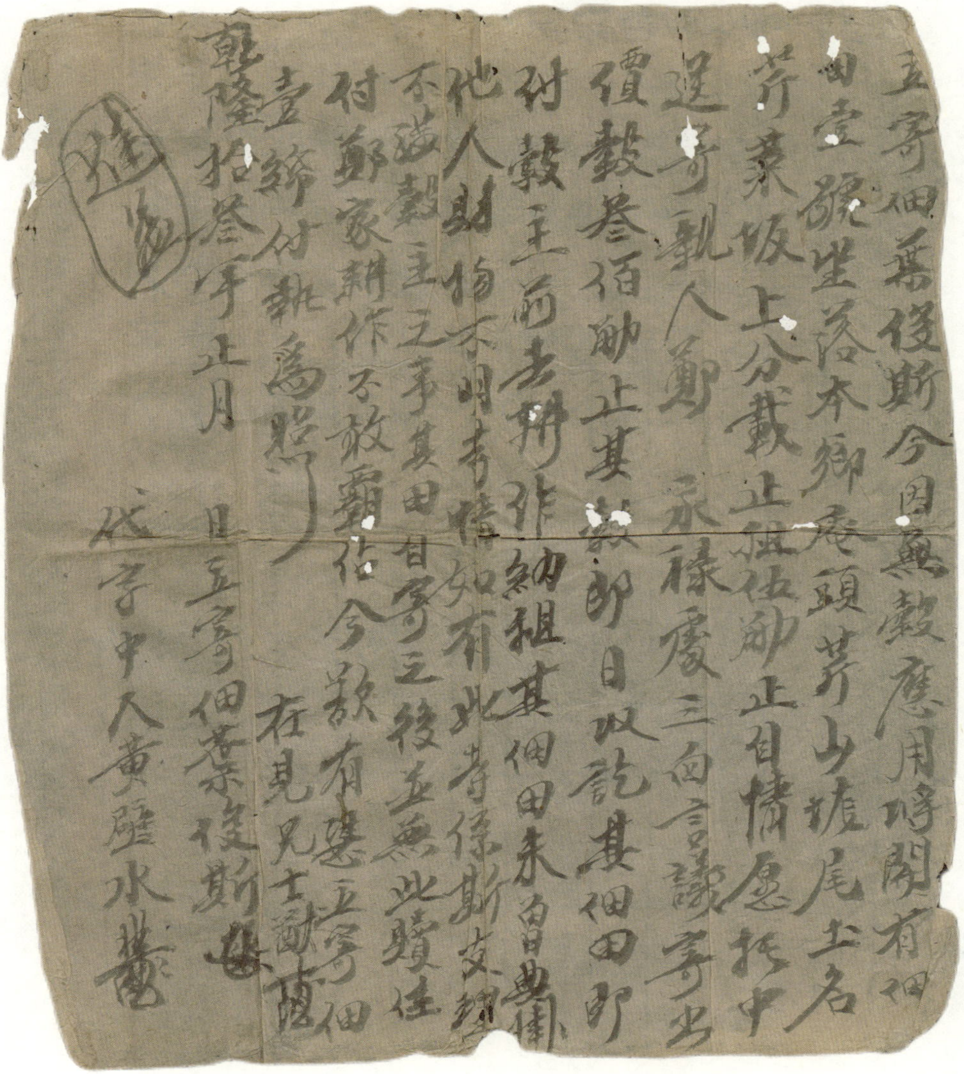

立寄佃葉俊斯，今因無穀應用，將開有佃
田壹號，坐落本鄉碓頭芹山塘尾，土名
芹菜坂上，分載正租伍斛正。自情愿托中
送寄與人鄭　承祿處，三面言議，寄出
價穀叁佰斛正。其穀即日收訖。其佃田即
付穀主前去耕作納租。其佃田未曾典掛
他人財物不明等情，如有此等，係斯支理，
不涉穀主之事。其田自寄之後，並無收贖，任
付鄭家耕作，不敢霸佔。今欲有憑，立寄佃
壹紙，付執為照。　在見兄士[illegible]
乾隆拾叁年正月　日　立寄佃葉俊斯
代字中人黄壁水[illegible]

3-2-22-8　清乾隆十三年正月葉俊斯立寄佃田字

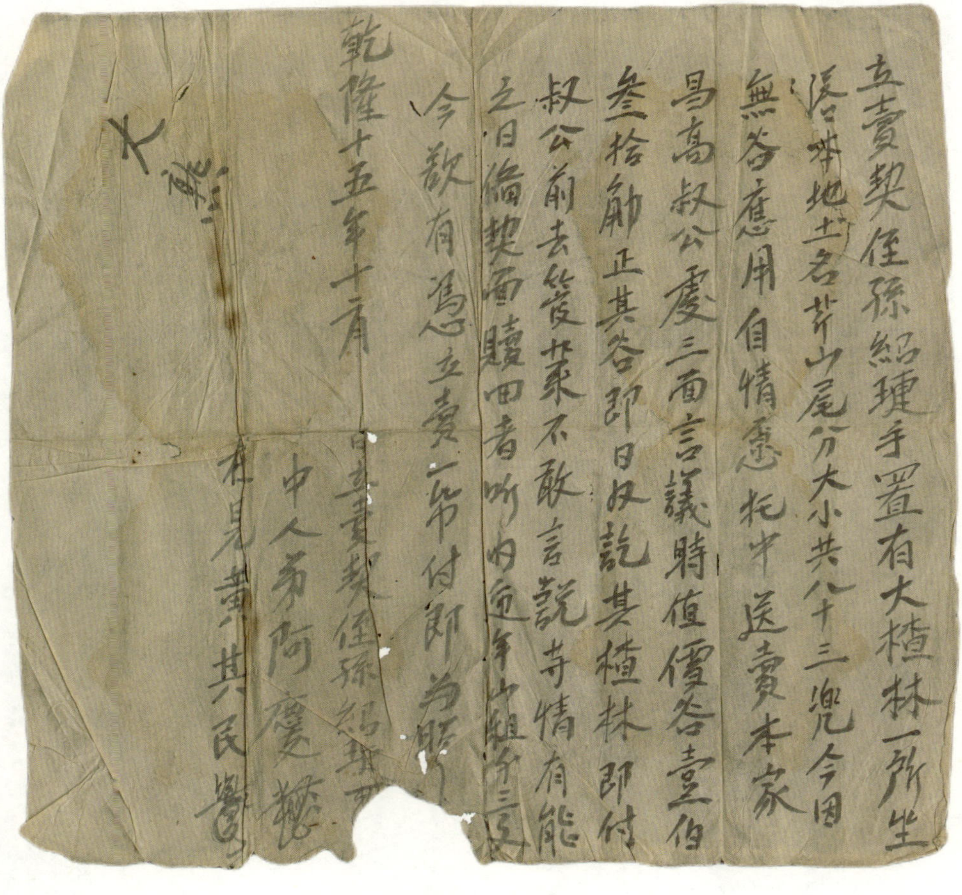
立賣契侄孫紹璉手置有大楂林一所坐
落本地土名芹山尾分大小共八十三兜今因
無銀應用自情愿托中送賣本家
昌高叔公處三面言議時值價銀壹佰
叁拾觔正其銀即日收訖其楂林即付
叔公前去管業不敢言說等情有能
之日備契面贖回者所內迴年山租分三
今欲有憑立賣一帋付郎為照
立賣契侄孫紹璉押
中人弟阿慶號
乾隆十五年十二月
在見堂兄其民押

3-2-22-9　清乾隆十五年十二月葉紹璉立賣大楂林契

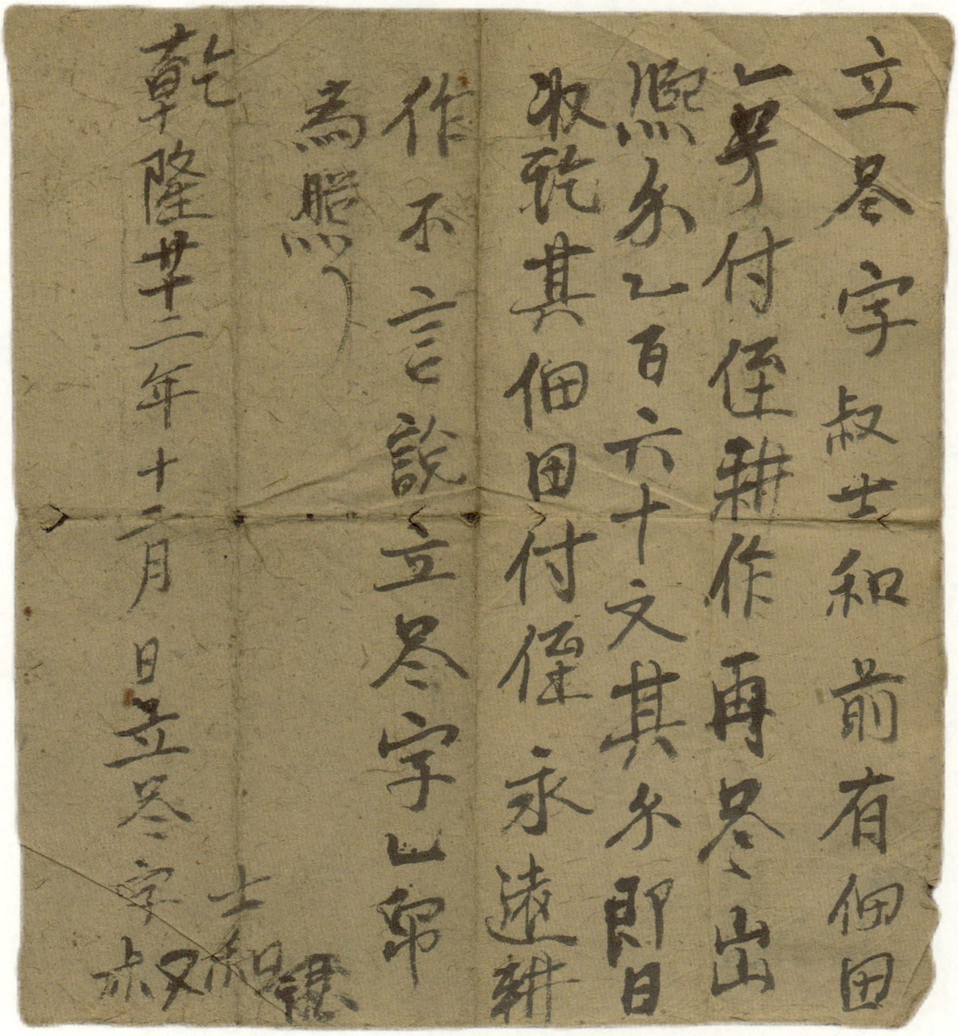
立尽字叔士和前有佃田一号付侄耕作再尽出價錢乙百六十文其錢即日收訖其佃田付侄永遠耕作不言說立尽字乙帋為照
乾隆廿二年十二月　日立尽字叔士和（押）

3-2-22-10　清乾隆二十二年十二月葉士和立盡佃田字

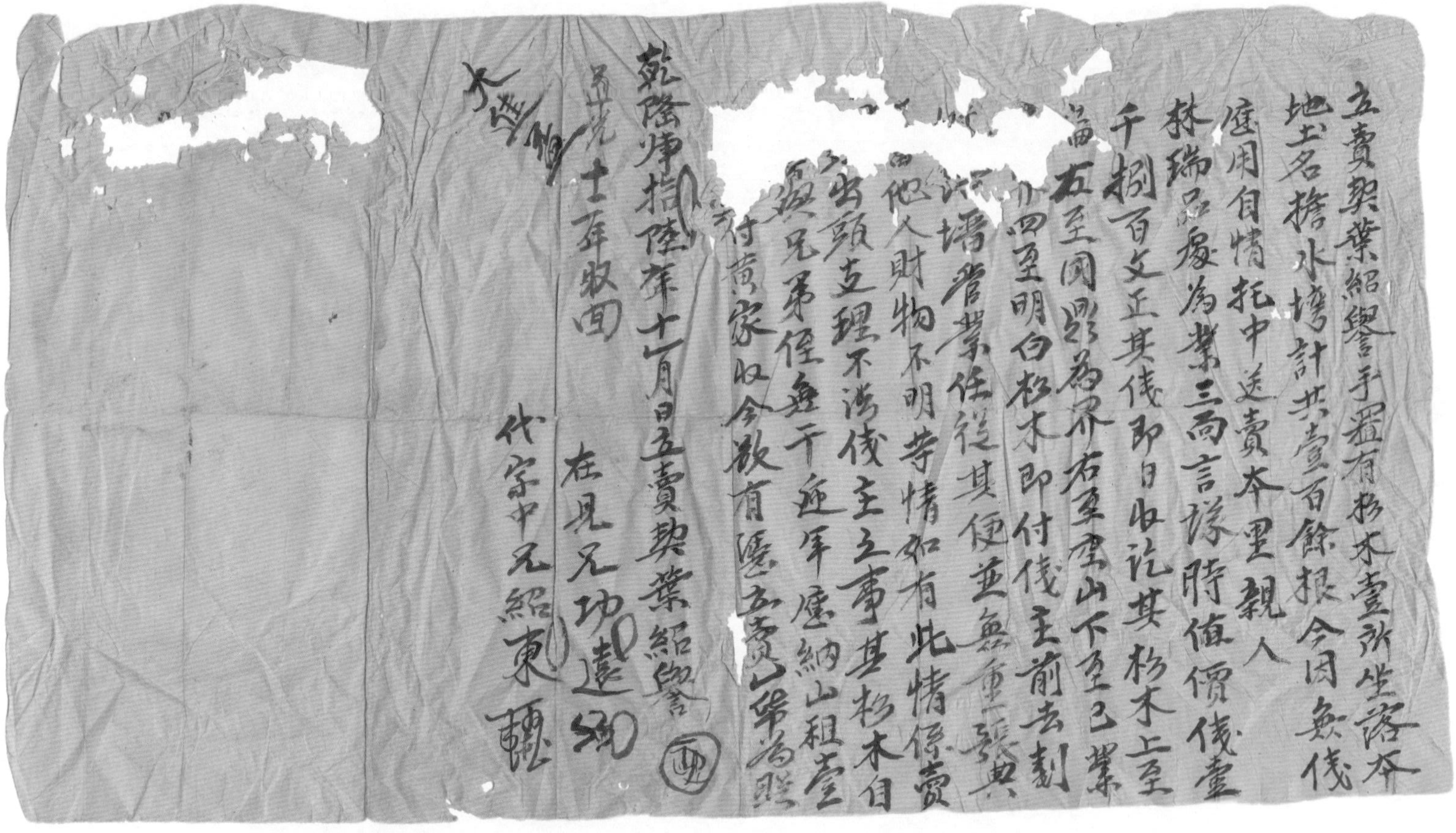

3-2-22-11　清乾隆四十六年十一月葉紹譽立賣杉木契

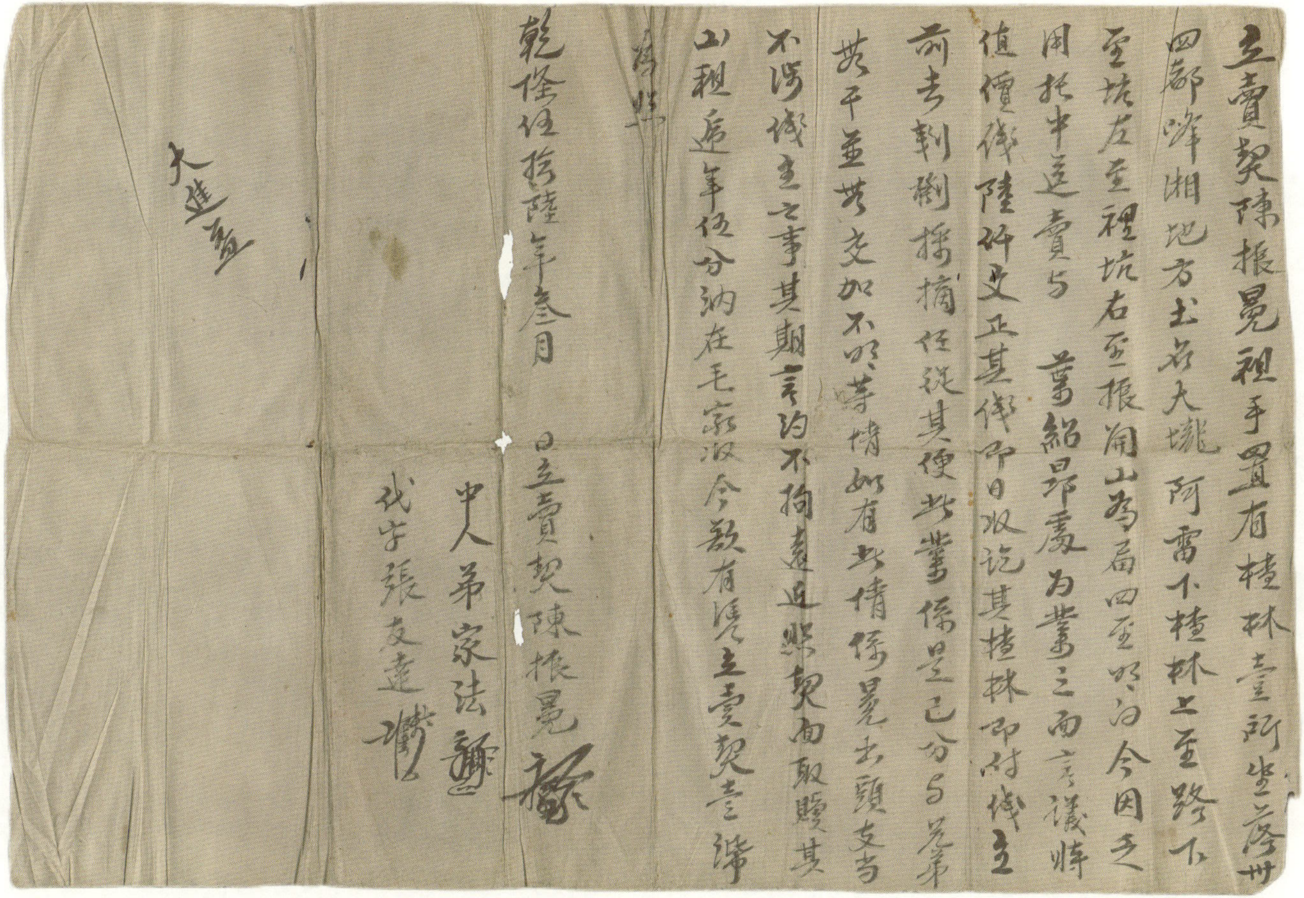
立賣契陳振晃祖手置有楂林壹所坐落卅
四都嶂湘地方土名大壠阿雷下楂林上至路下
至坑左至裡坑右至振閩山為界四至明白今因乏
用托中送賣与　葉紹昂處為業三面言議時
值價錢陸仟文正其錢即日收訖其楂林即付錢主
前去判劉掛摘任從其便此業係晃己分与兄弟
芟干並無交加不明等情如有此情係晃出頭支當
不涉錢主之事其期言約不拘遠近照契面取贖其
山租逐年仍分納在毛家收今欲有憑立賣契壹紙
為照
乾隆伍拾陸年叁月　日立賣契陳振晃
中人弟家法
代字張友達
大進益

3-2-22-12　清乾隆五十六年三月陳振晃立賣楂林契

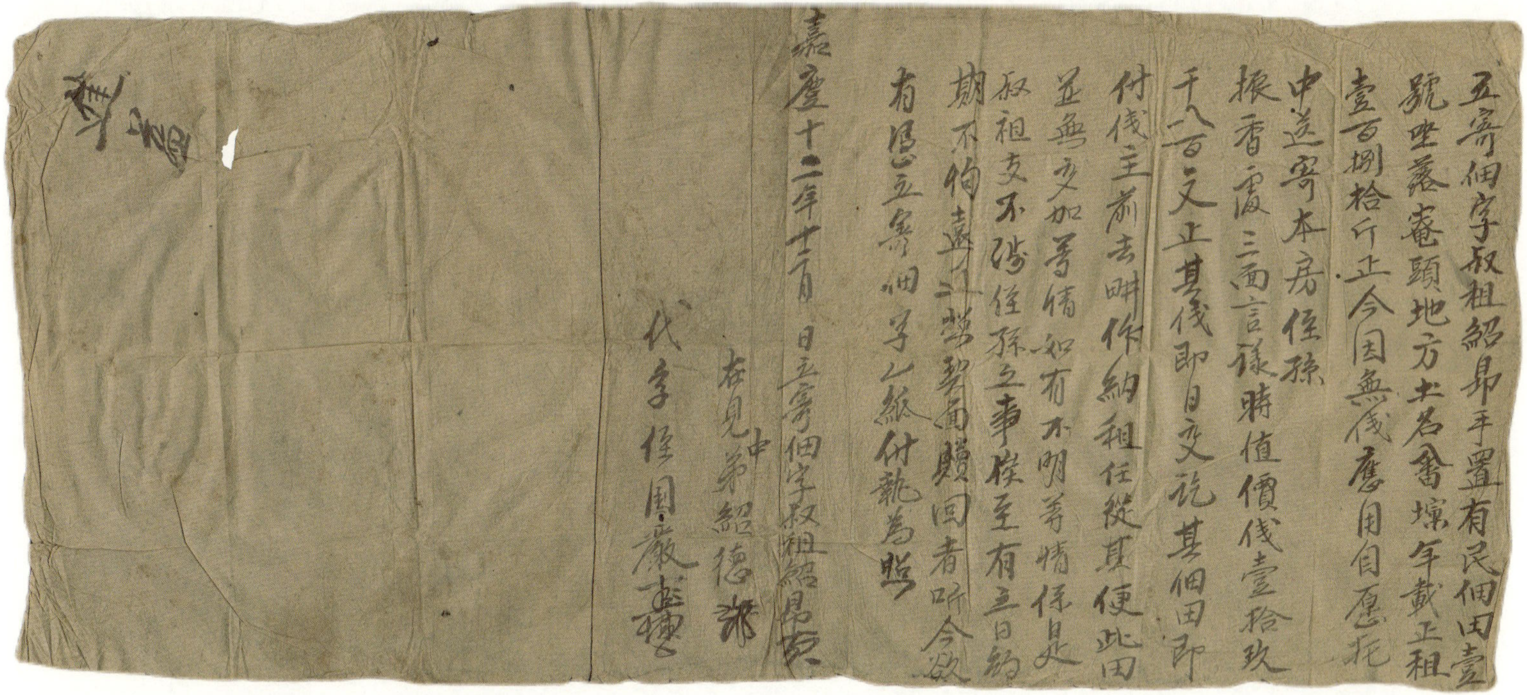

立寄佃字叔祖紹昂手置有民佃田壹
號坐落菴頭地方土名畬墘年載正租
壹百捌拾斤正今因無錢應用自愿托
中送寄本房侄孫
振香、霞三面言議時值價錢壹拾玖
千八百文正其錢即日交訖其佃田即
付錢主前去耕作納租任從其便此田
並無交加等情如有不明等情係是
叔祖支不涉侄孫之事候至有立日約
期不拘遠近照契面贖回者聽今欲
有憑立寄佃字一紙付執為照

嘉慶十二年十二月　日立寄佃字叔祖紹昂（押）
在見弟紹德（押）
中
代字侄周嚴（押）

3-2-22-13　清嘉慶十二年十二月葉紹昂立寄民佃田字

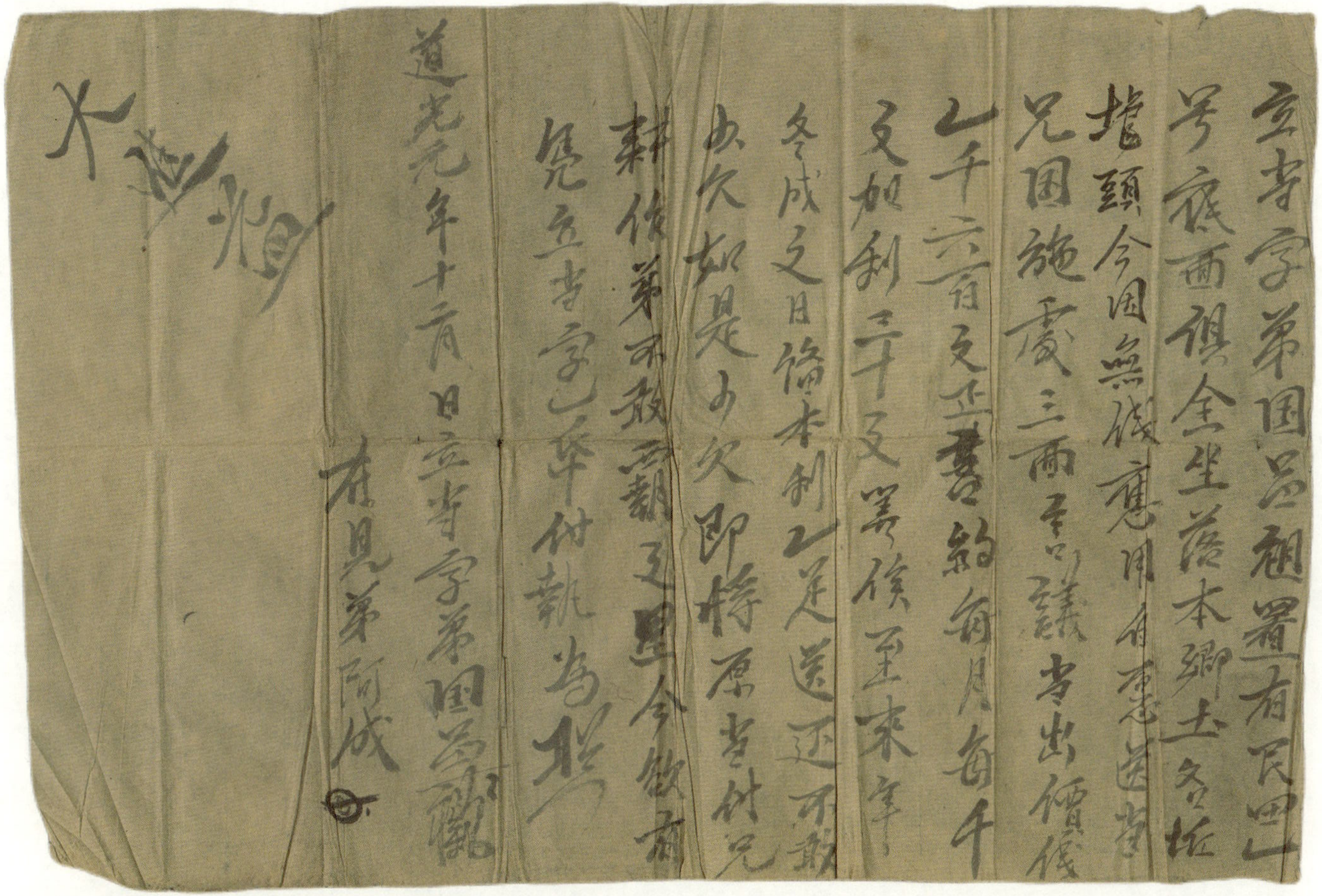

3-2-22-14　清道光元年十二月葉国昌立當民田字

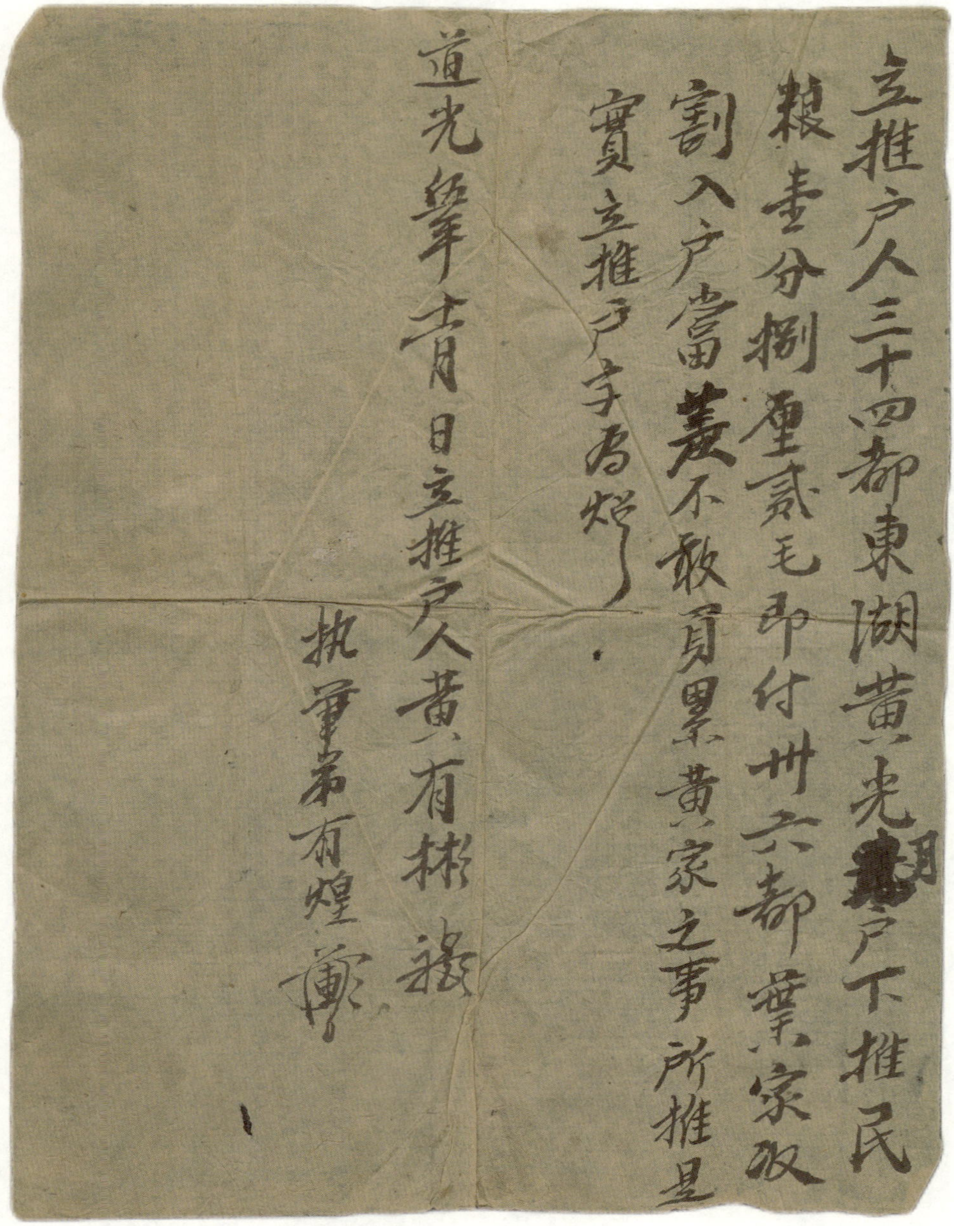
立推户人三十四都東湖黄光朝户下推民
粮壹分捌釐贰毛即付廿六都葉家收
割入户當差不敢負累黄家之事所推是
實立推户字為炤
道光伍年十一月　日立推户人黄有彬（押）
執筆弟有煌（押）

3-2-22-15　清道光五年十一月黄有彬立推民糧字

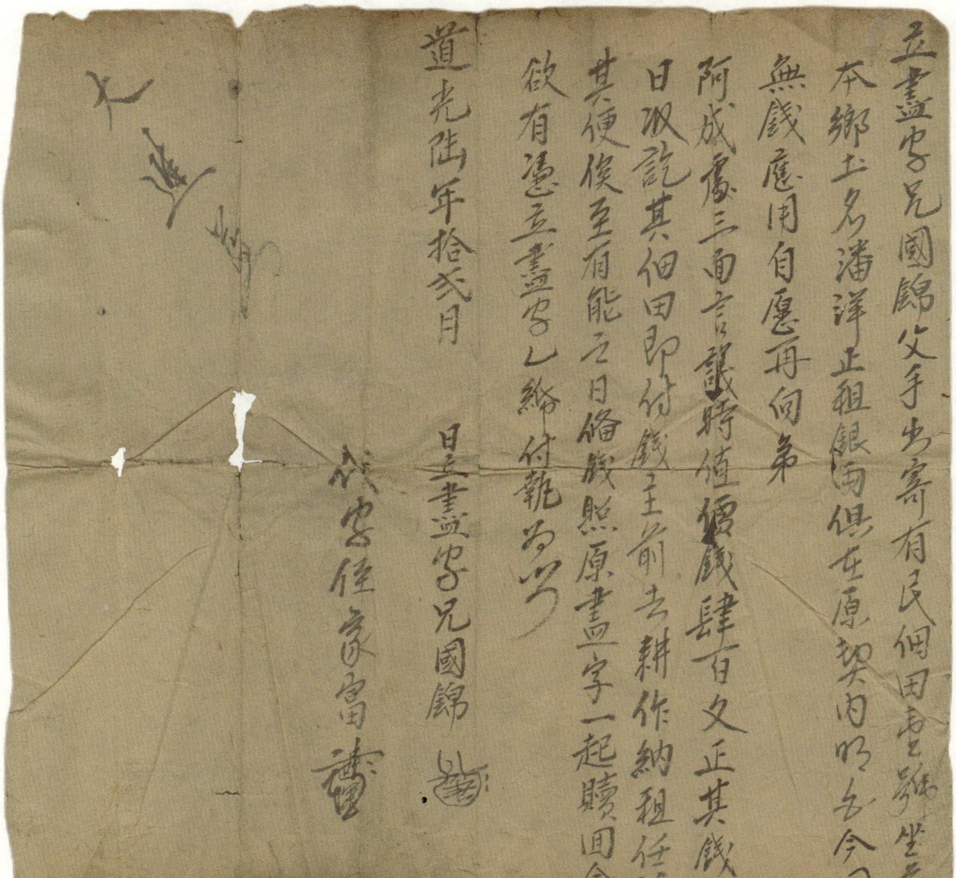

立盡字兄國錦父手出寄有民佃田壹號坐落
本鄉土名潘洋正租銀兩俱在原契內明今因
無錢應用自愿再向弟
阿成處三面言議時值價錢肆百文正其錢即
日收訖其佃田即付錢主前去耕作納租任從
其便後至有能之日備錢照原盡字一起贖回今
欲有憑立盡字乙紙付執為照
道光陸年拾弍月　日立盡字兄國錦（押）
代字侄家富（押）

3-2-22-16　清道光六年十二月葉國錦立盡民佃田字

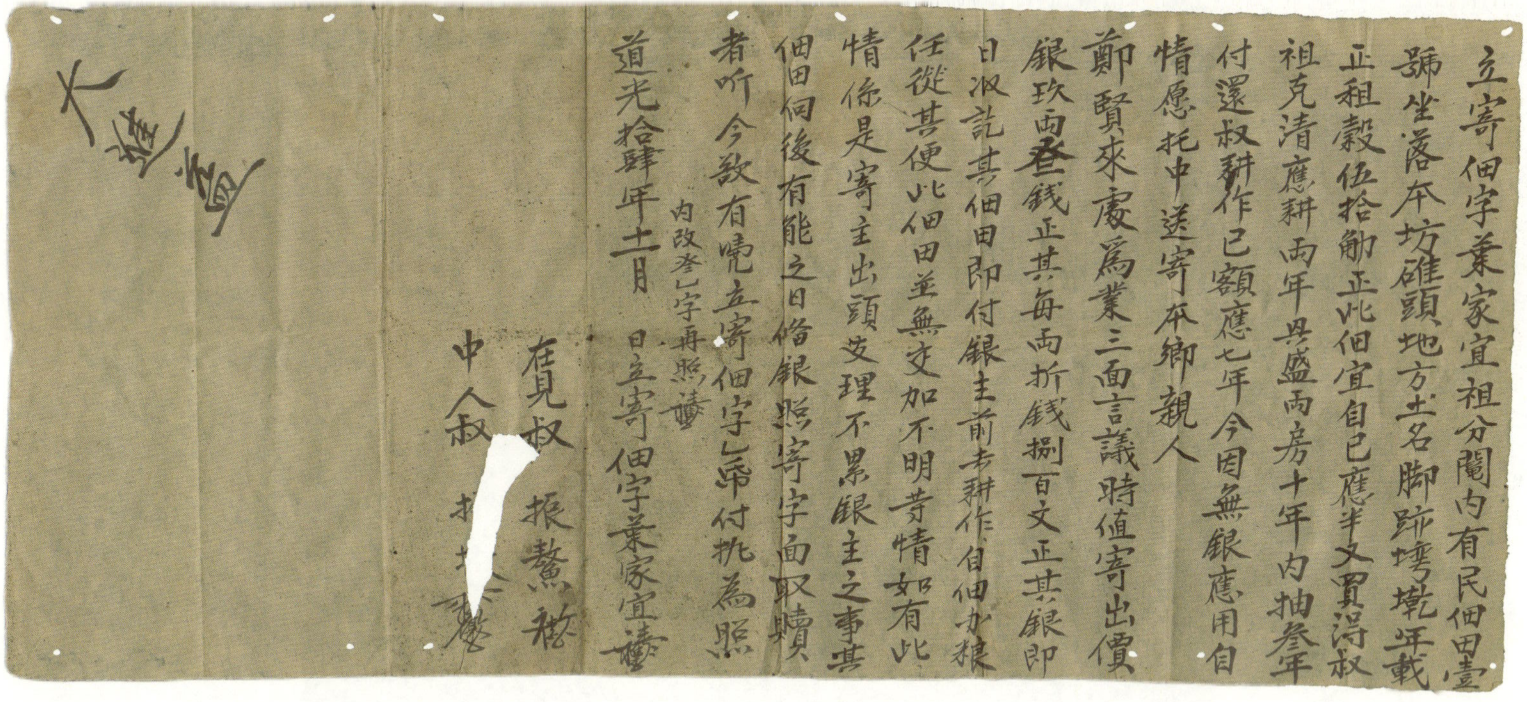
立寄佃字葉家宜祖分閹内有民佃田壹
號坐落本坊碓頭地方土名脚跡墩乾年載
正租穀伍拾觔正此佃宜自己應半文買得叔
祖克清應耕兩年與盛兩房十年內抽叁年
付還叔耕作已額應七年今因無銀應用自
情愿托中送寄本鄉親人
鄭賢來處爲業三面言議時值寄出價
銀玖兩叁錢正其每兩折錢捌百文正其銀即
日收訖其佃田即付銀主前去耕作自佃如粮
任從其便此佃田並無交加不明等情如有此
情係是寄主出頭支理不累銀主之事其
佃田伺後有能之日備銀照寄字面取贖
者听今欲有憑立寄佃字乙帋付執爲照
內改叁乙字再照 讀
道光拾肆年十一月 日立寄佃字葉家宜 讀
在見叔 振鰲 押
中人叔 振□ 押

3-2-22-17 清道光十四年十一月葉家宜立寄民佃田字

3-2-23-1　包契紙

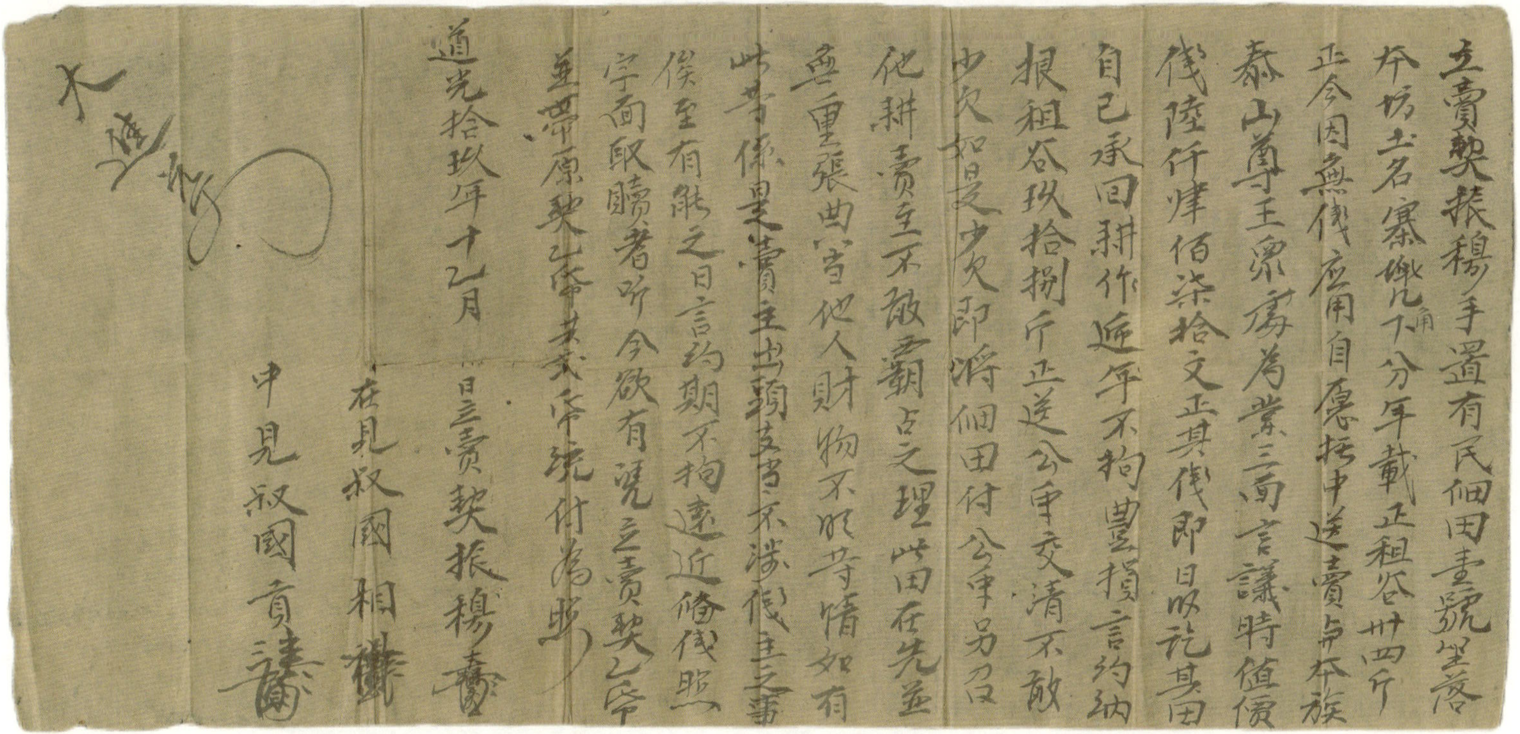
立賣契葉振穆，手置有民佃田壹號，坐落
本坊土名寨墘下分，年載正租谷卅四斤
正。今因無錢應用，自愿託中送賣與本族
泰山尊王眾房為業，三面言議，時值價
錢陸仟肆佰柒拾文正，其錢即日收訖，其田
自己承回耕作，逐年不拘豐歉，言約納
根租谷玖拾捌斤正，送公衆交清，不敢
少欠，如是少欠，即將佃田付公衆另召
他耕，賣主不敢霸占之理。此田在先並
無重張典當他人財物，不明等情，如有
此等，係是賣主出頭支當，不涉價主之事。
俟至有錢之日，言約期不拘遠近，備錢照
字面取贖，者所今欲有憑，立賣契乙紙，
並帶原契乙紙，共貳紙，付為照。
道光拾玖年十乙月　日立賣契葉振穆（押）
在見叔國相（押）
中見叔國賁（押）

3-2-23-2　清道光十九年十一月葉振穆立賣民佃田契

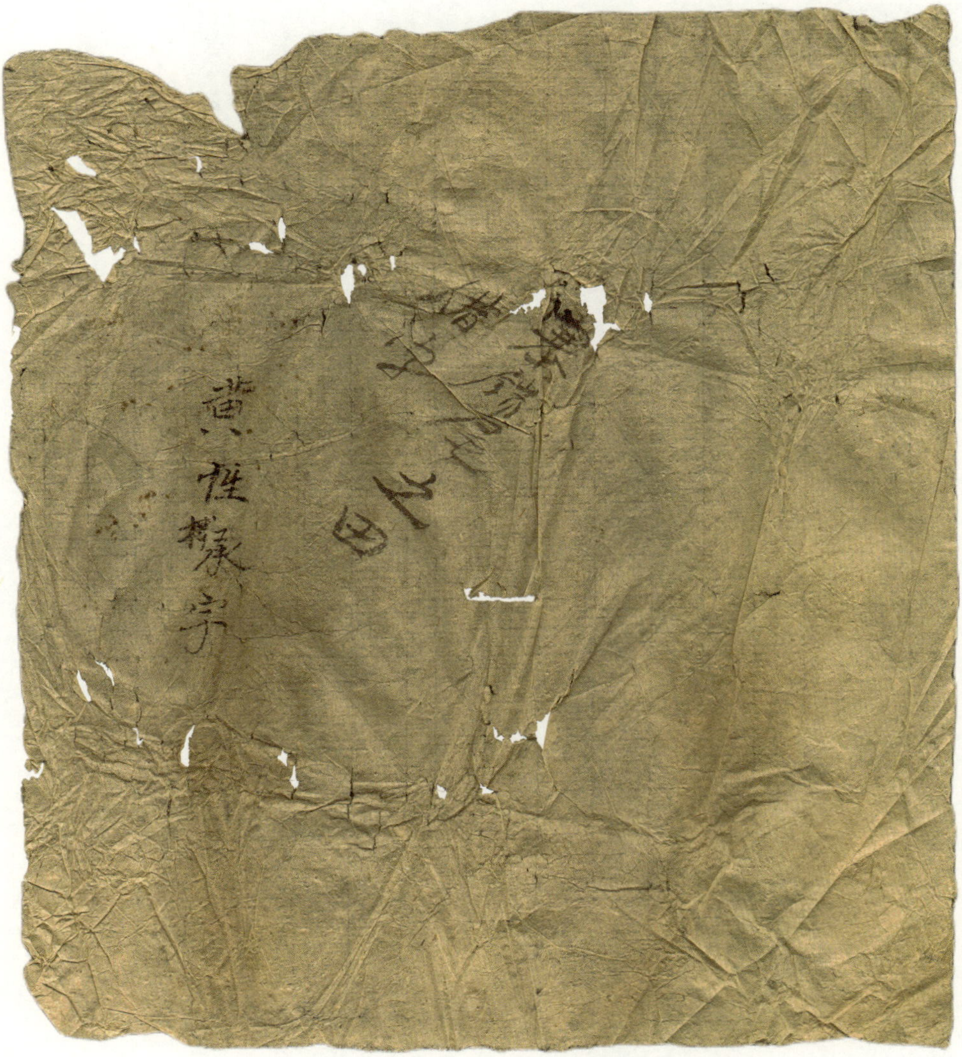

3-2-24-1　包契紙

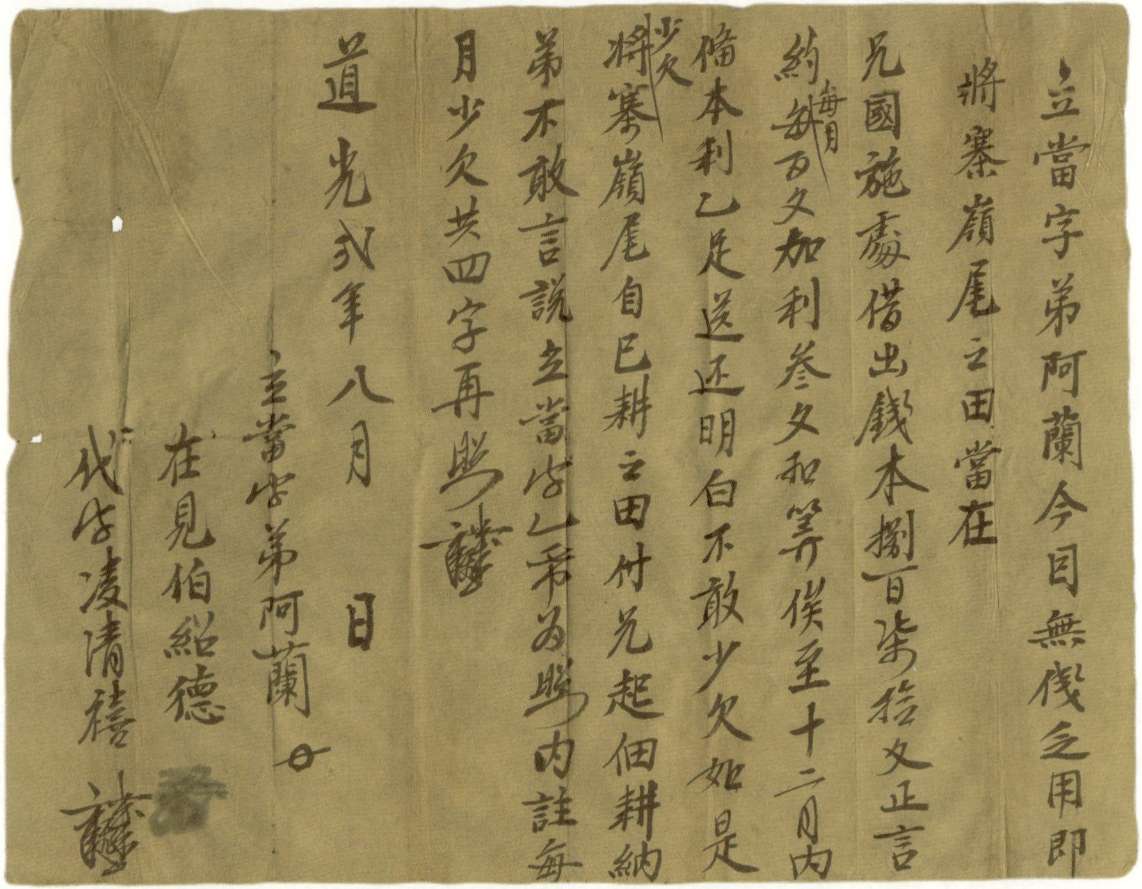
立當字弟阿蘭今因無錢乏用即
將寨嶺尾之田當在
兄國施處借出錢本捌百柒拾文正言
約每月每百文加利叁文和算俟至十二月內
備本利乙足送还明白不敢少欠如是
少欠將寨嶺尾自己耕之田付兄起佃耕納
弟不敢言說立當字乙帋為照內註每
月少欠共四字再照

道光貳年八月　　日　　立當字弟阿蘭
在見伯紹德
代字凌清禧

3-2-24-2　清道光二年八月葉阿蘭立當田字

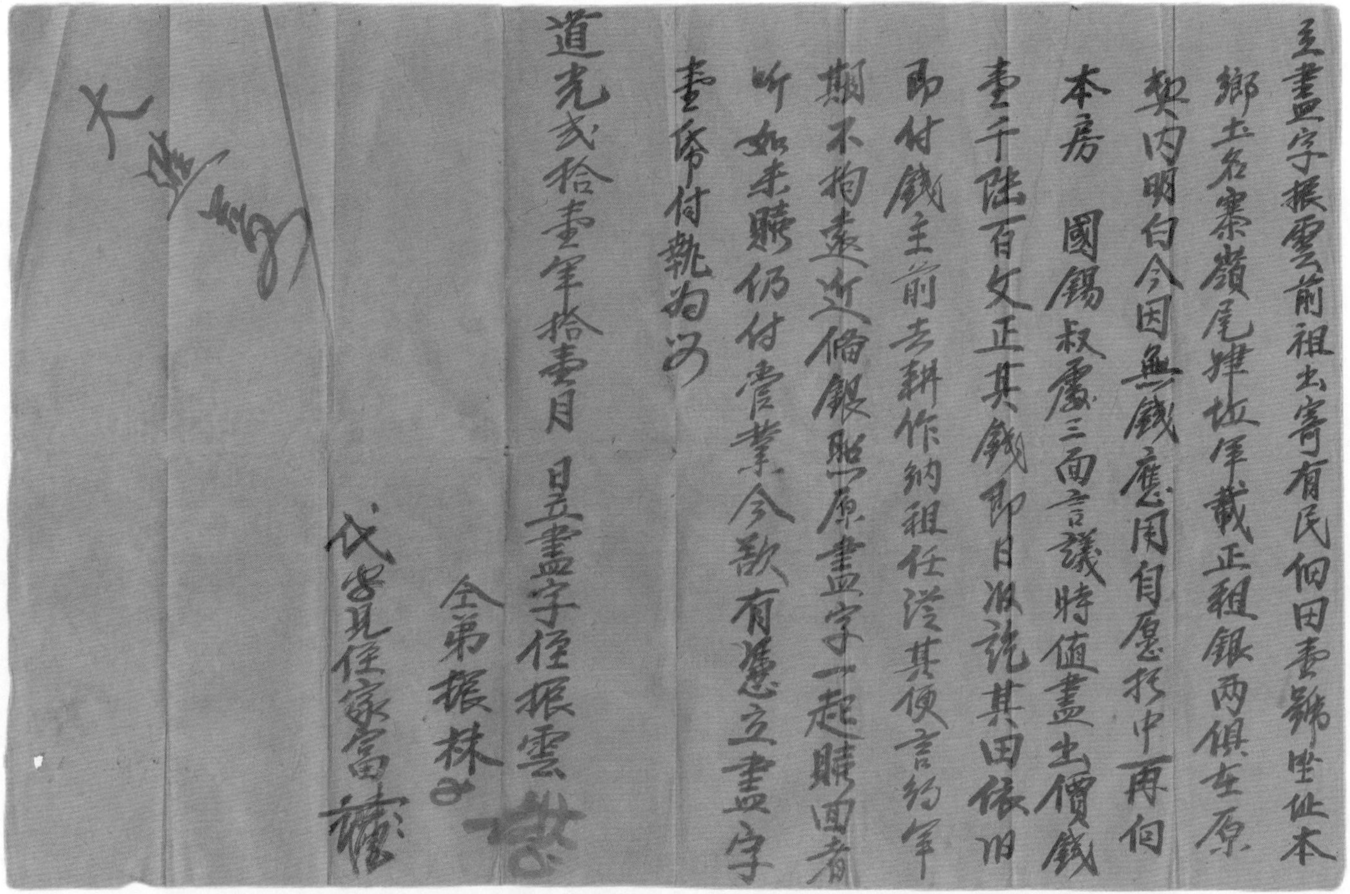

3-2-24-3　清道光二十一年十一月葉振雲等立盡民佃田字

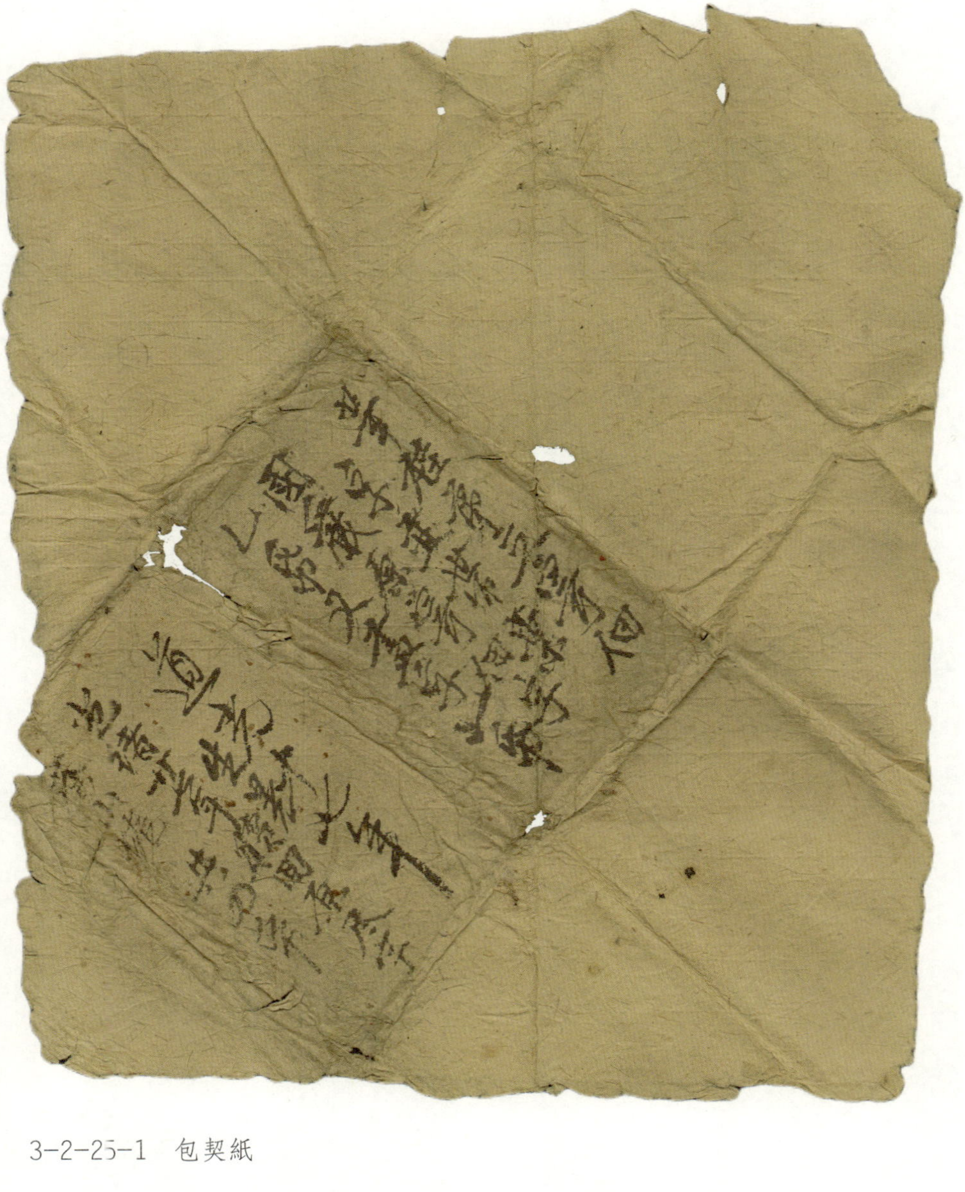

3-2-25-1　包契紙

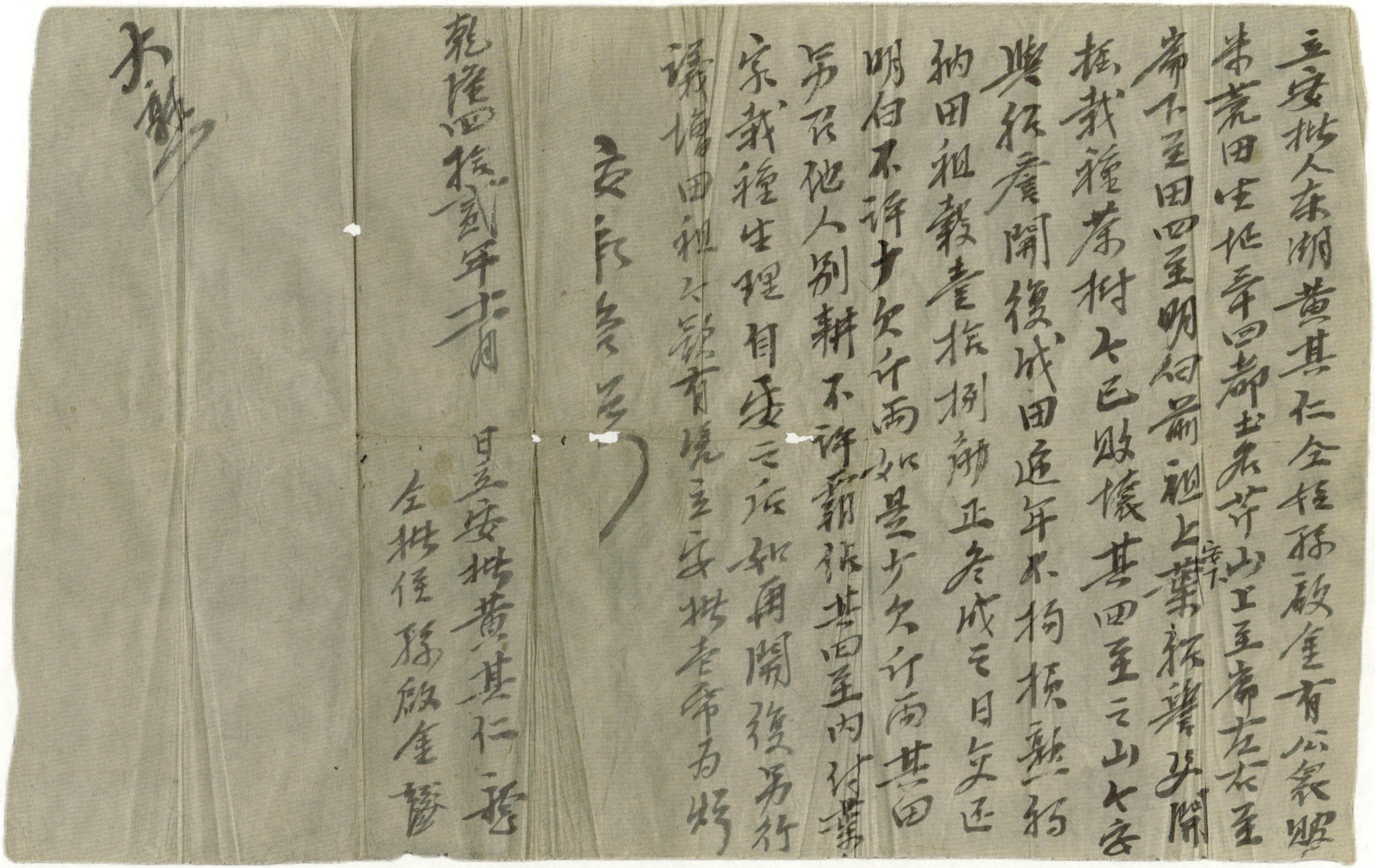
立安批人东湖黄其仁仝侄孫啟金有公衆股
業荒田坐址本四都土名芹山上至帶左右至
帶下至田四至明白前祖上葉孫譽承開
掘栽種茶樹今已敗壞其四至之山今安
與孫詹開復成田遞年不拘横熟均
納田租穀壹拾捌觔正冬成之日交还
明白不許少欠斤兩如是少欠斤兩其田
另召他人別耕不許霸佔其田至内付業
宗栽種生理自安之後如再開復另行
議增田租之穀有憑立安批壹帋為炤
安[illegible][illegible]
乾隆四拾貳年十一月　日立安批黄其仁
仝批侄孫啟金
[illegible]

3-2-25-2　清乾隆四十二年十一月黄其仁等立安批荒田字

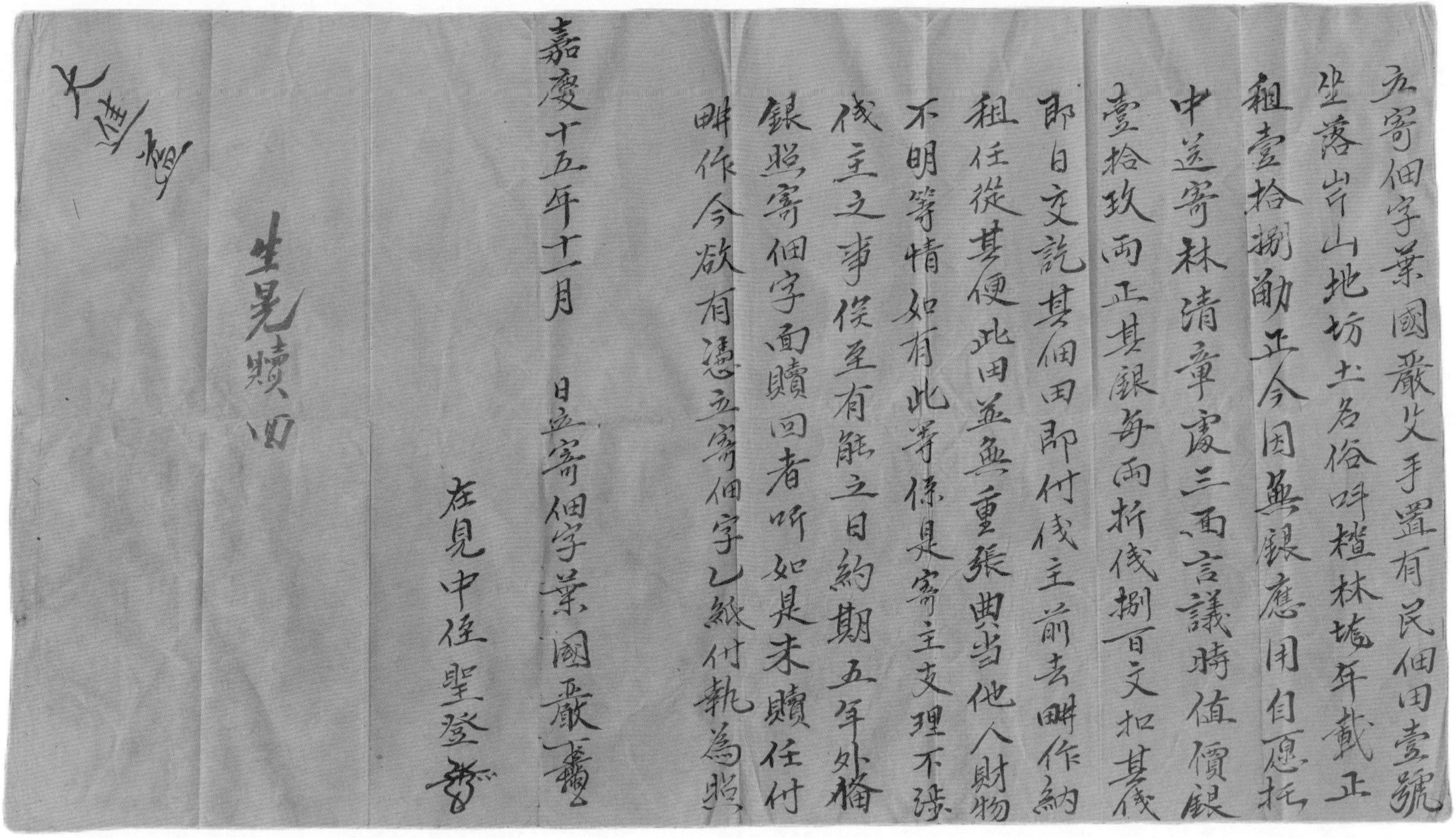
立寄佃字葉國嚴父手置有民佃田壹號
坐落岸山地坊土名俗呼楂林墘年載正
租壹拾捌觔正今因無銀應用自愿托
中送寄林清章處三面言議時值價銀
壹拾玖兩正其銀每兩折伐捌百文扣其伐
即日交訖其佃田即付伐主前去耕作納
租任從其便此田並無重張典当他人財物
不明等情如有此等係是寄主支理不涉
伐主之事從至有能立日約期五年外備
銀照寄佃字面贖回者听如是未贖任付
耕作今欲有憑立寄佃字乙紙付執為照

嘉慶十五年十一月　日立寄佃字葉國嚴（押）

在見中侄聖登（押）

生見贖回

大進意

3-2-25-3　清嘉慶十五年十一月葉國嚴立寄民佃田字

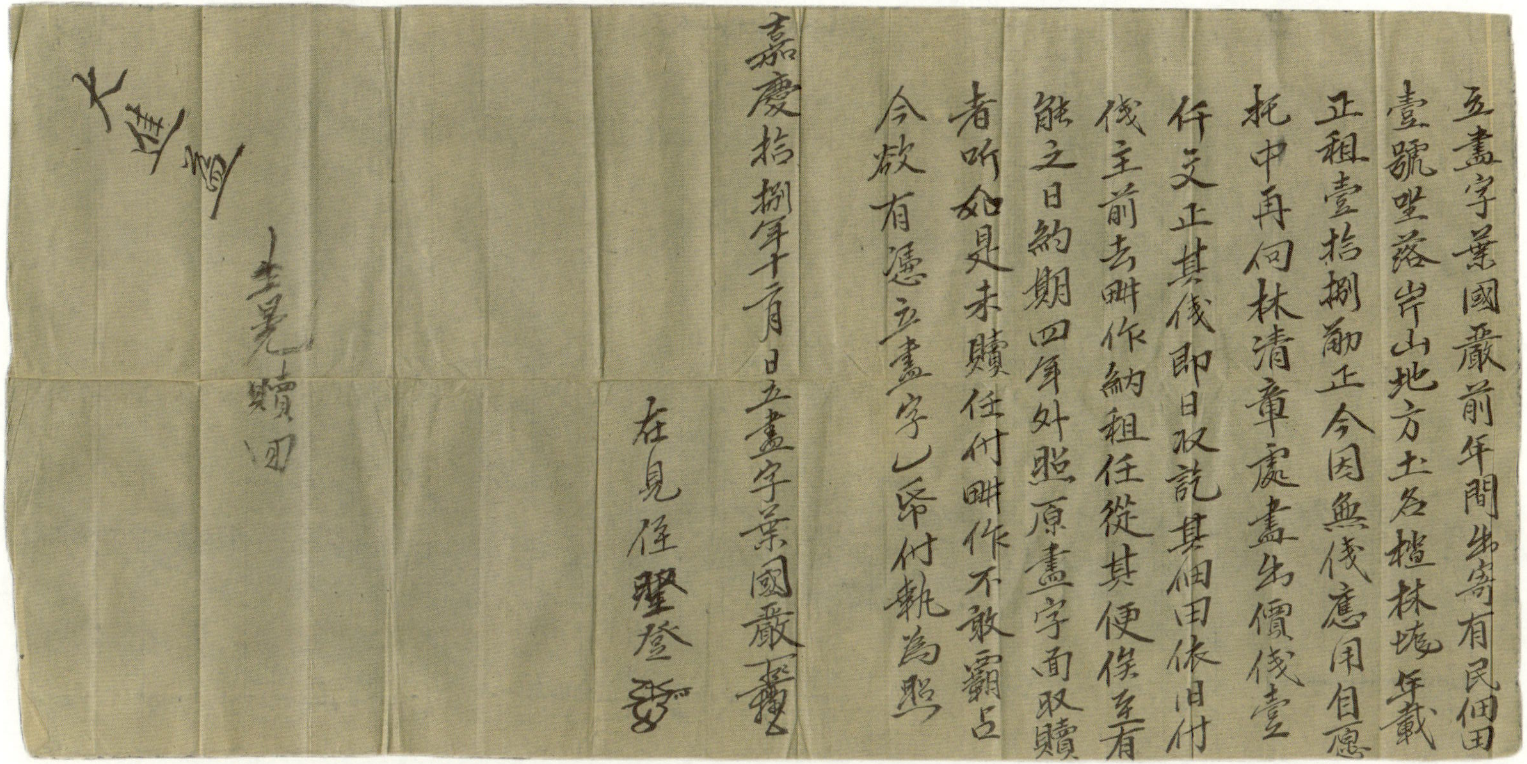
立盡字葉國嚴前年間出寄有民佃田
壹號坐落岸山地方土名樟林坑年載
正租壹拾捌觔正今因無錢應用自愿
托中再向林清章處盡出價錢壹
仟文正其錢即日收訖其佃田依旧付
錢主前去耕作納租任從其便倘有
能之日約期四年外照原盡字面取贖
者听如是未贖任付耕作不敢霸占
今欲有憑立盡字一紙付執為照

嘉慶拾捌年十二月日立盡字葉國嚴（押）
在見侄璧登（押）

生光贖回
大吉昌

3-2-25-4　清嘉慶十八年十二月葉國嚴立盡民佃田字

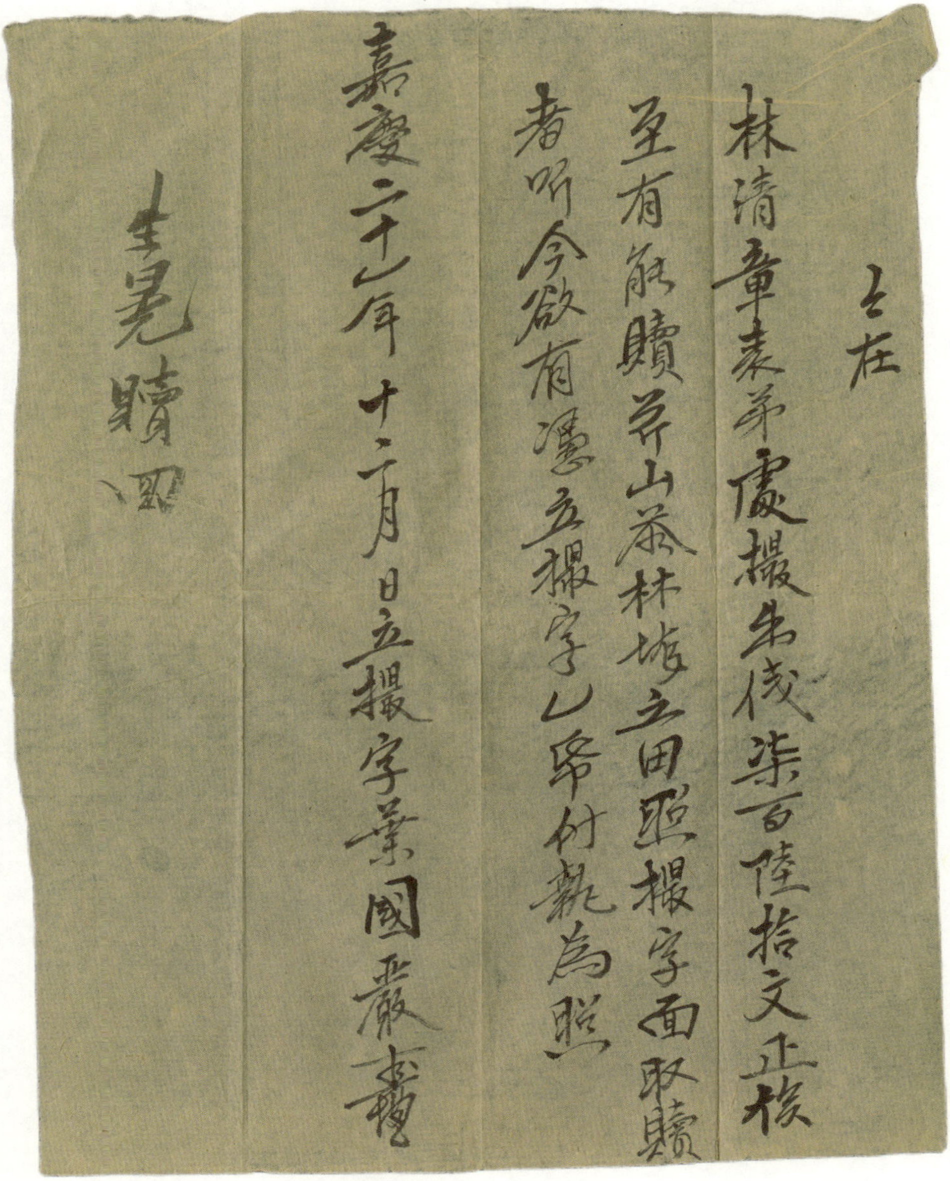
立在
林清章表弟處撮出錢柒百陸拾文正核
至有能贖茅山茶林墘之田照撮字面取贖
者聽今欲有憑立撮字乙紙付執為照
嘉慶二十乙年十二月　日立撮字葉國嚴親
年見贖回

3-2-25-5　清嘉慶二十一年十二月葉國嚴立撮字

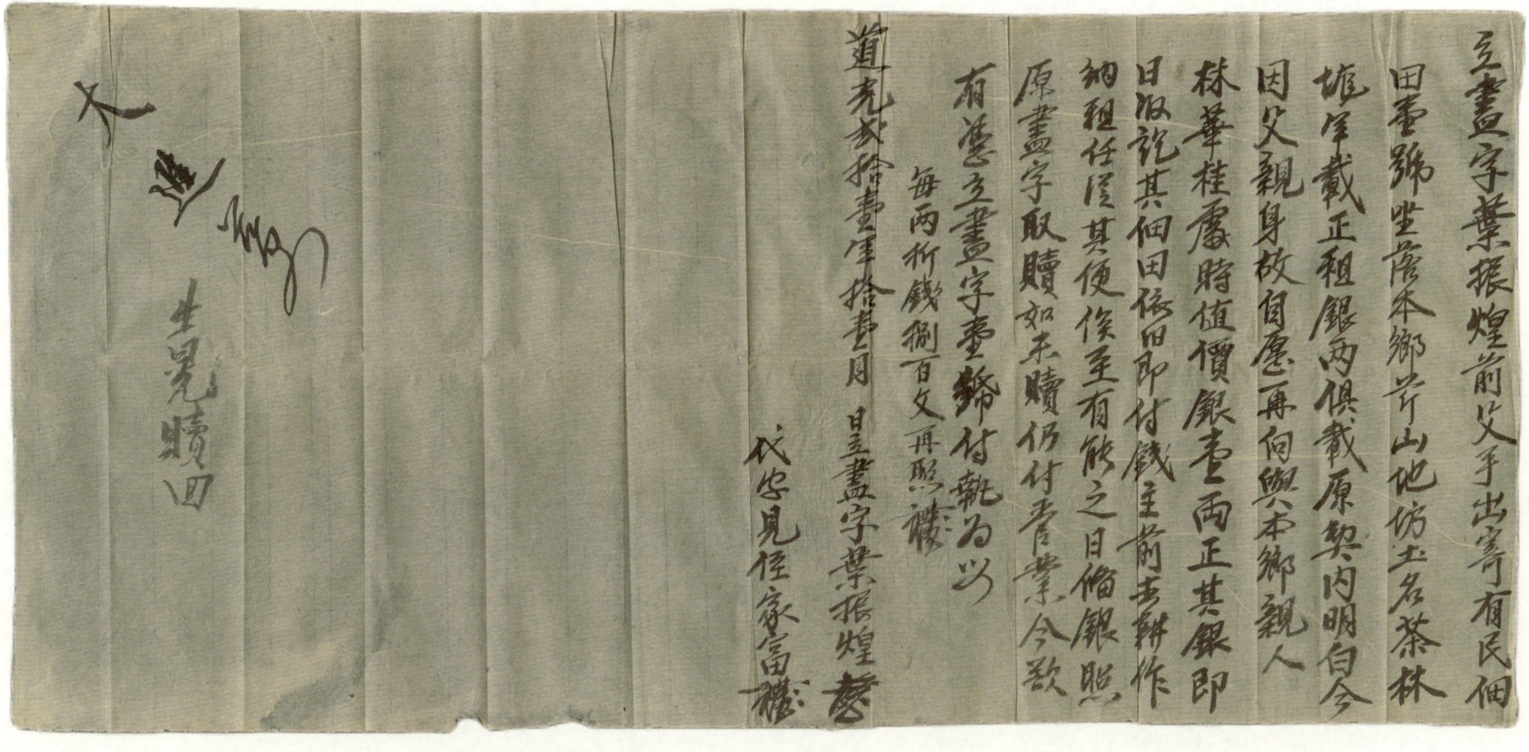
立盡字葉振煌前父手出贌有民佃
田壹號坐落本鄉芹山地坊土名茶林
墘年載正租銀兩俱載原契內明白今
因父親身故自愿再向與本鄉親人
林華桂處時值價銀壹兩正其銀即
日收訖其佃田即付錢主前去耕作
納租任從其便從後至有能之日備銀照
原盡字取贖如未贖仍付管業今欲
有憑立盡字壹紙付執為照
每兩折錢捌百文再照
道光貳拾壹年拾壹月 日立盡字葉振煌
代字見侄家富
大吉
生晃贖回

3-2-25-6 清道光二十一年十一月葉振煌立盡民佃田字

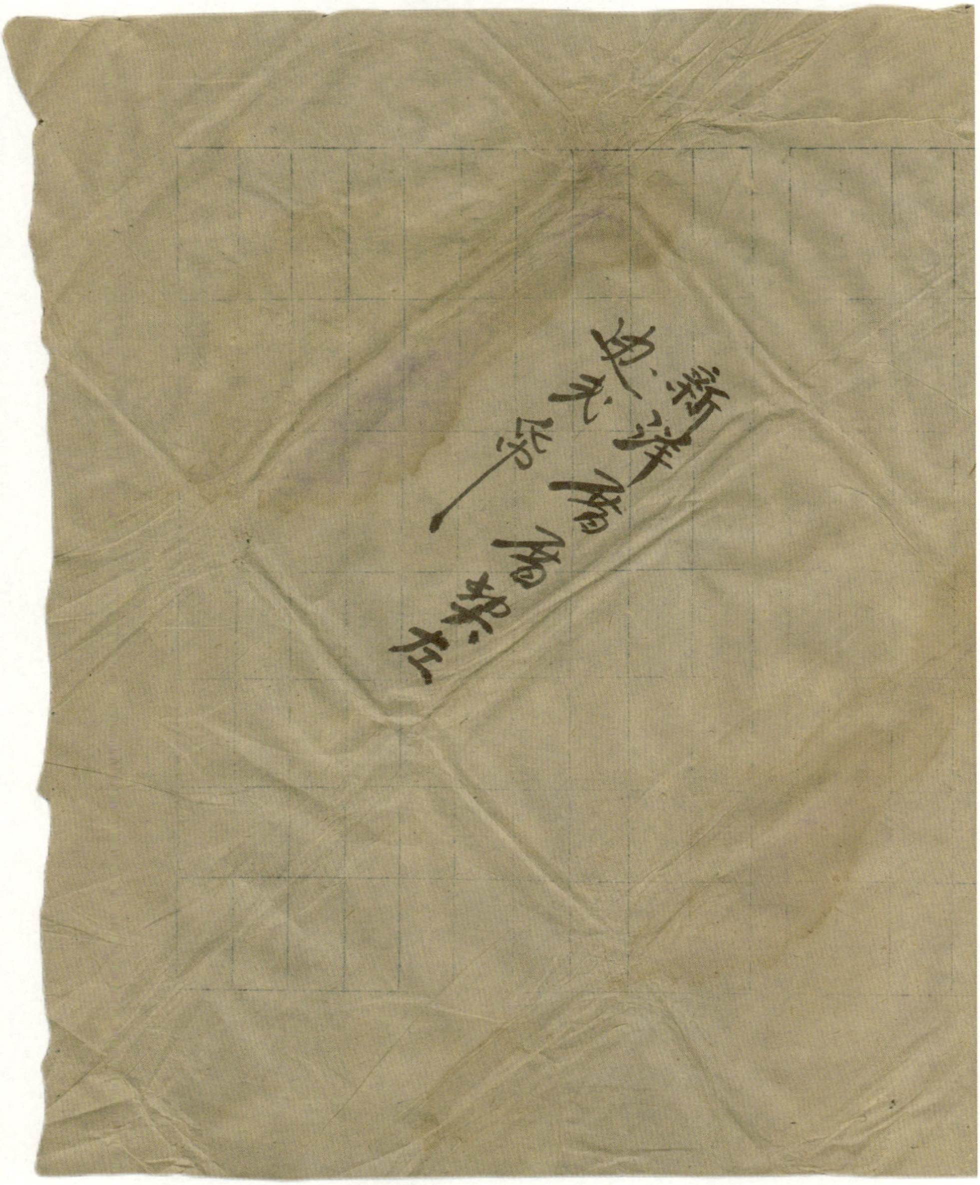

3-2-26-1　包契紙

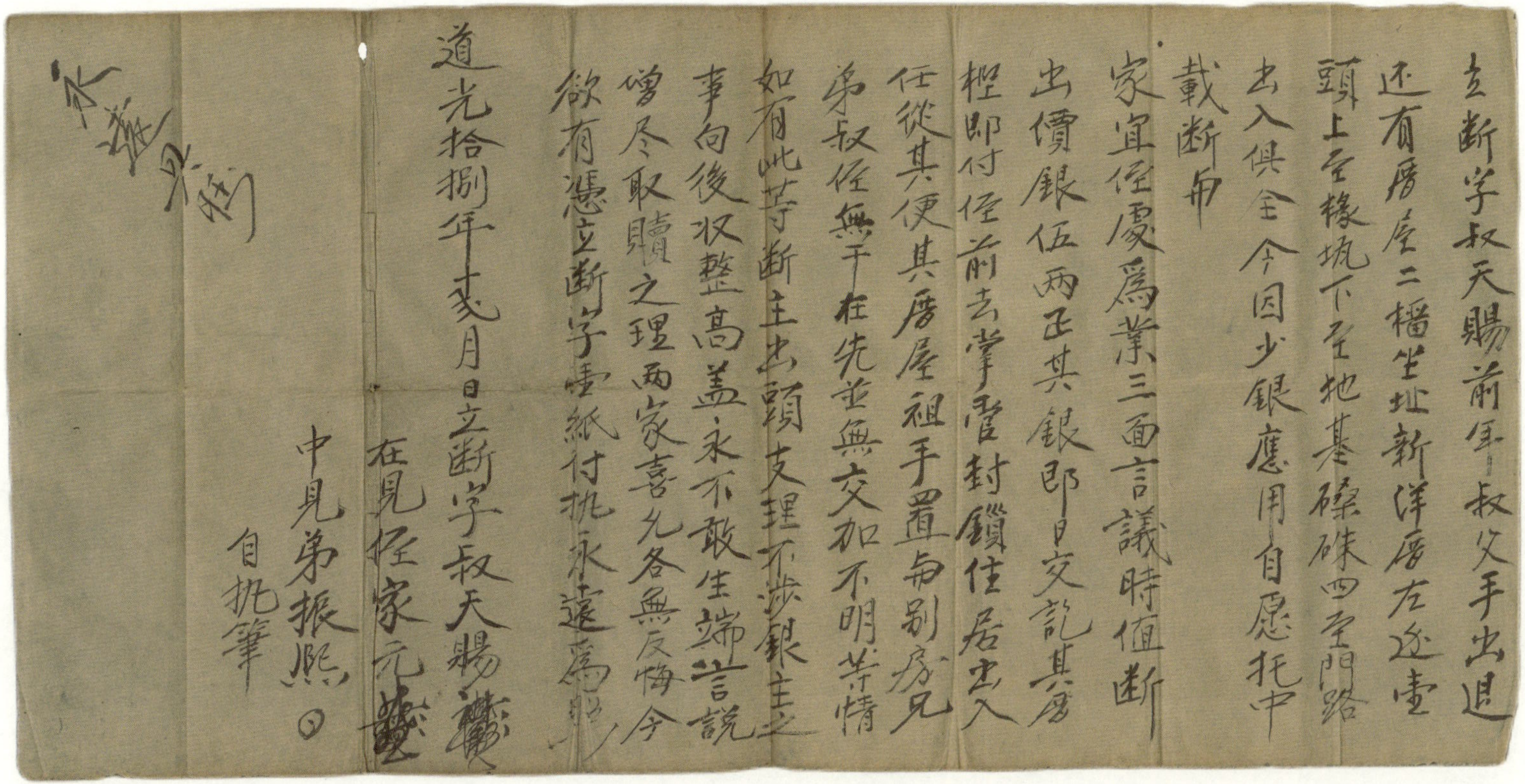

3-2-26-2　清道光十八年十二月葉天賜立斷厝屋字

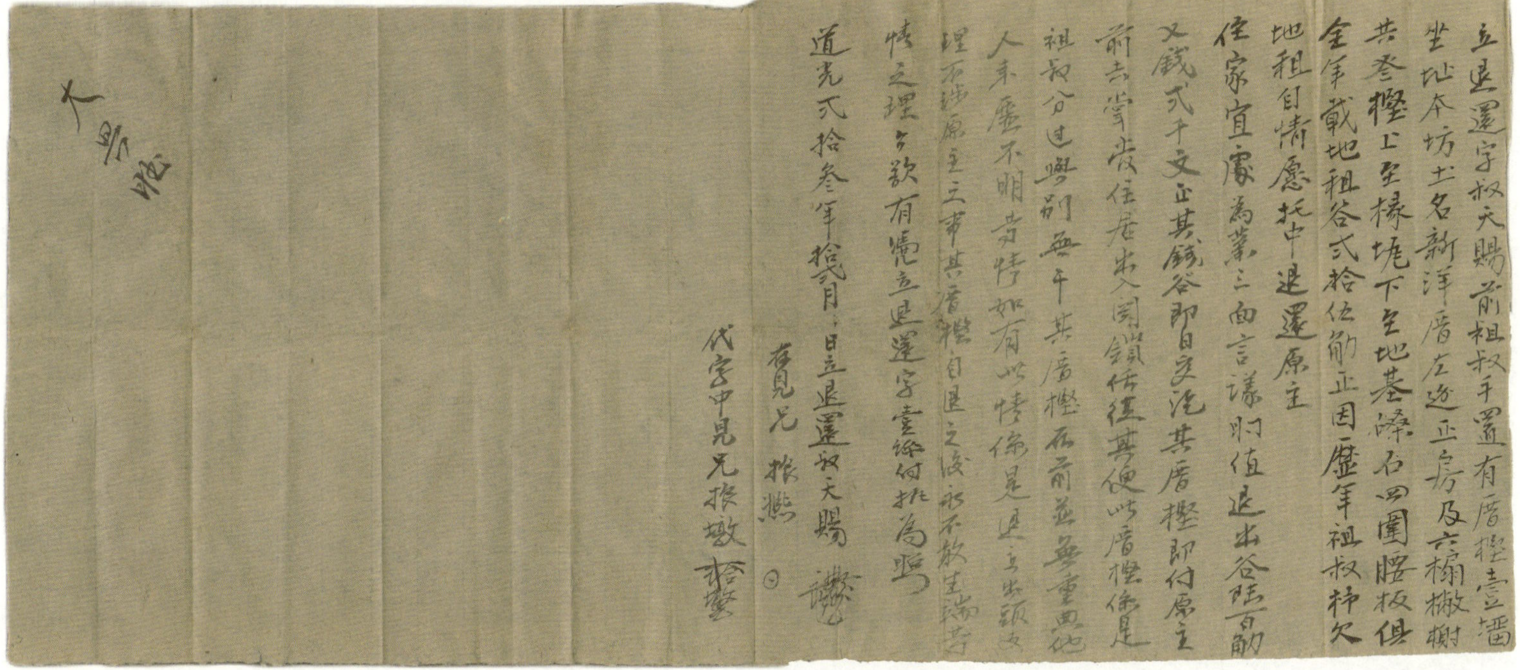

3-2-26-3　清道光二十三年十二月葉天賜立退還厝㮟字

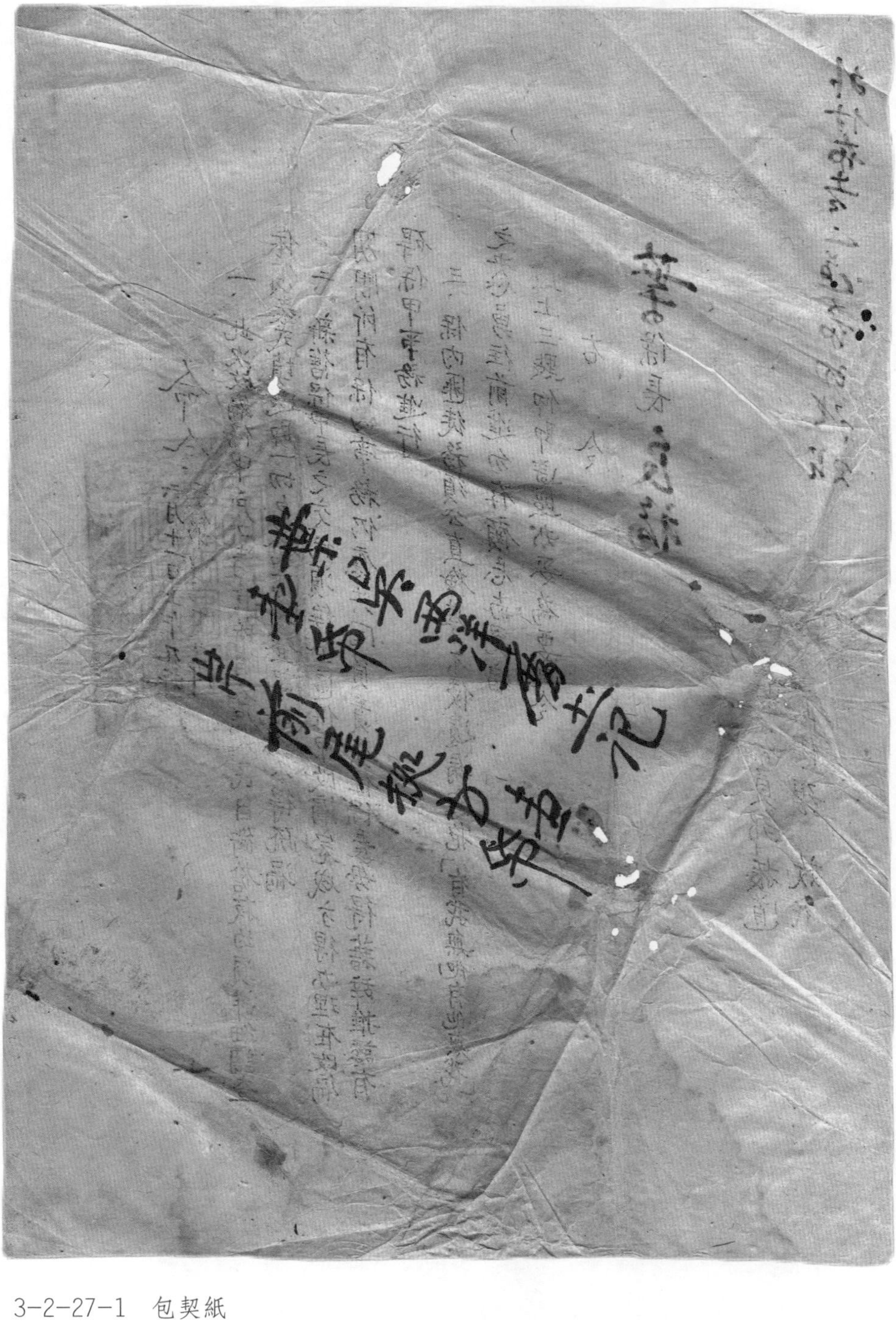

3-2-27-1　包契紙

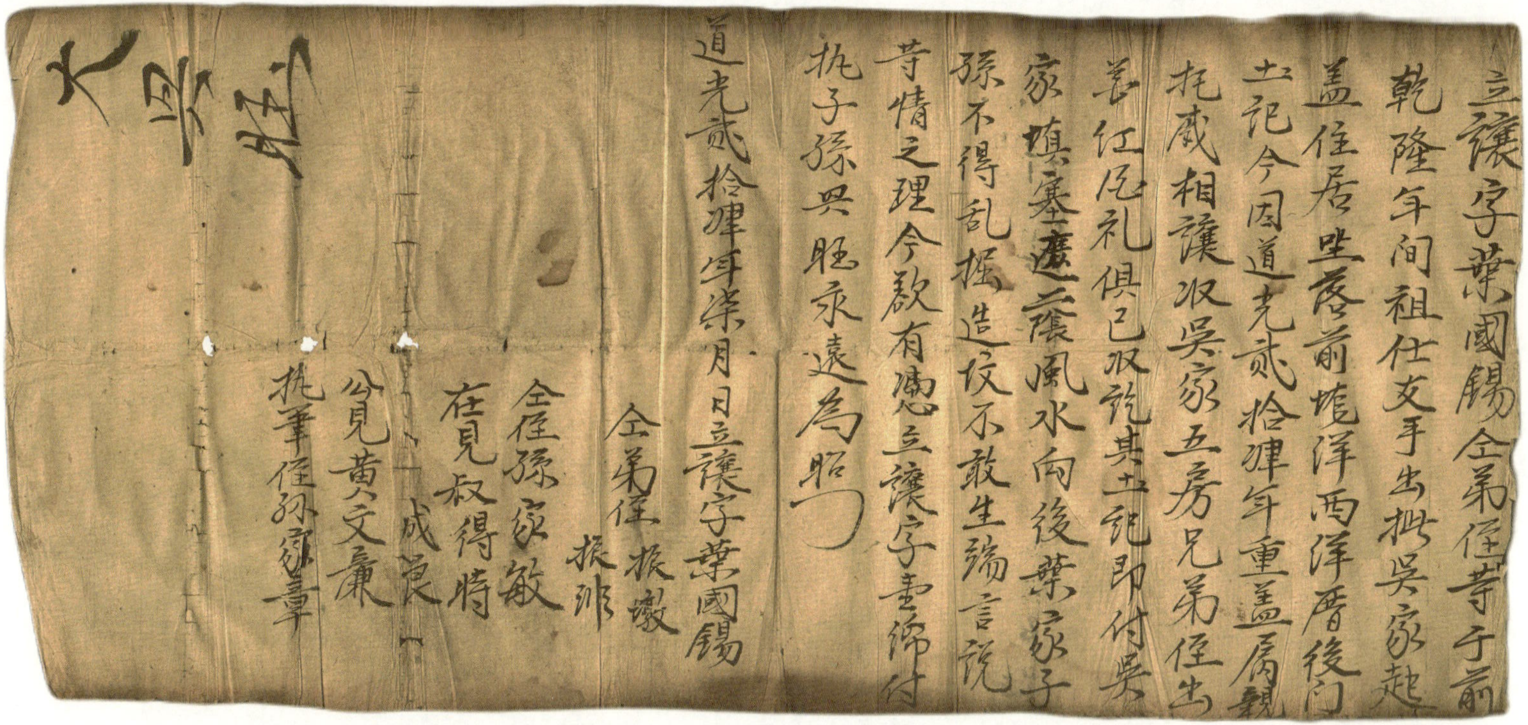

立讓字葉國錫仝弟侄等于前
乾隆年間祖仕文手出批吳家起
蓋住居坐落前墘洋西洋厝後門
土記今因道光貳拾肆年重蓋房親
托戚相讓收吳家五房兄弟侄出
花紅尼礼俱已收訖其土記即付吳
家填塞遮蔭風水向後葉家子
孫不得亂掘造做不敢生端言說
等情之理今欲有憑立讓字壹紙付
執子孫與照永遠為照

道光貳拾肆年柒月　日立讓字葉國錫
仝弟侄　振墩
　　　　振非
仝侄孫　家敏
在見叔得時
　　　成良
公見黃文廉
執筆侄孫家章

大吉利

3-2-27-2　清道光二十四年七月葉國錫等立讓土記字

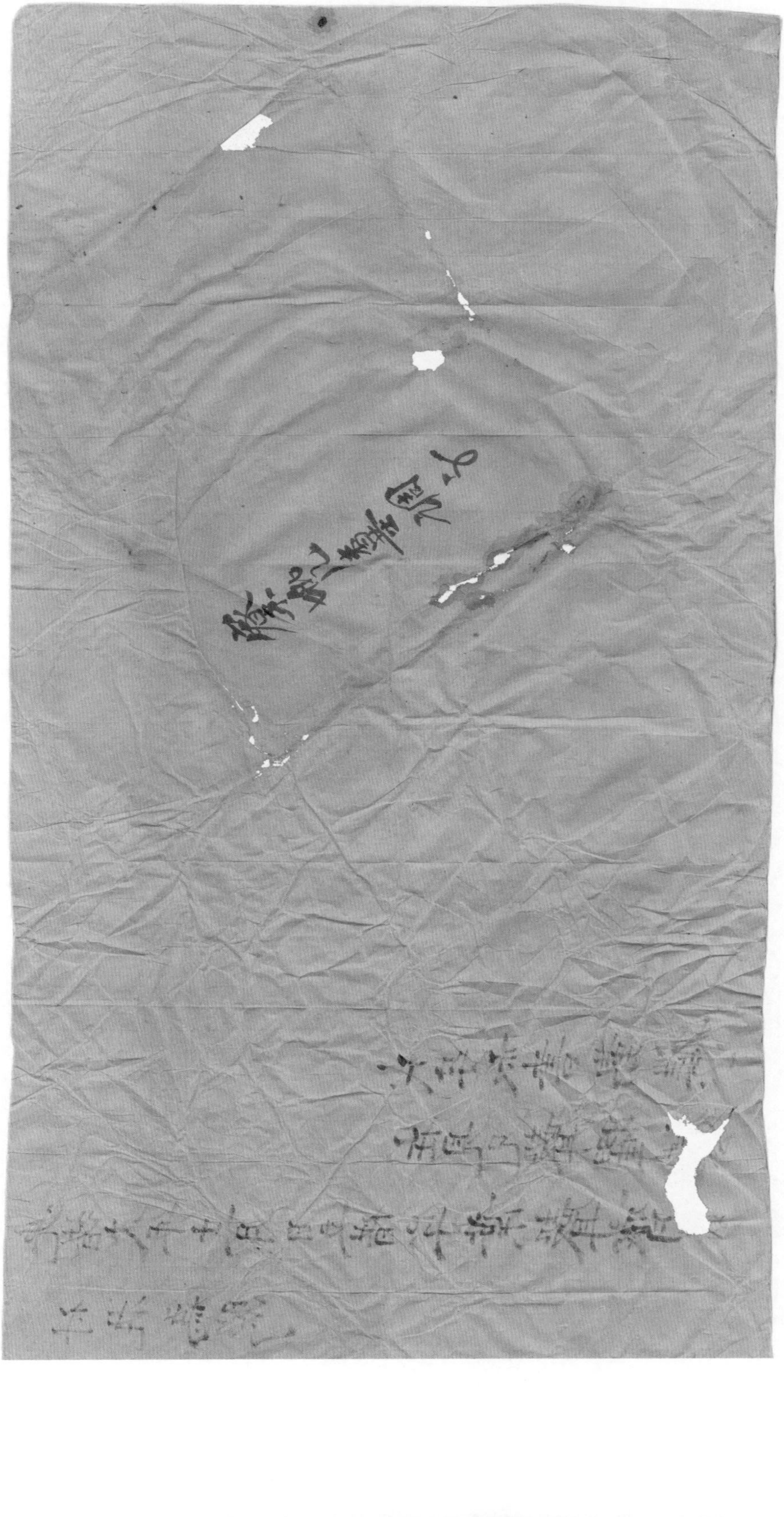

3-2-28-1　包契紙

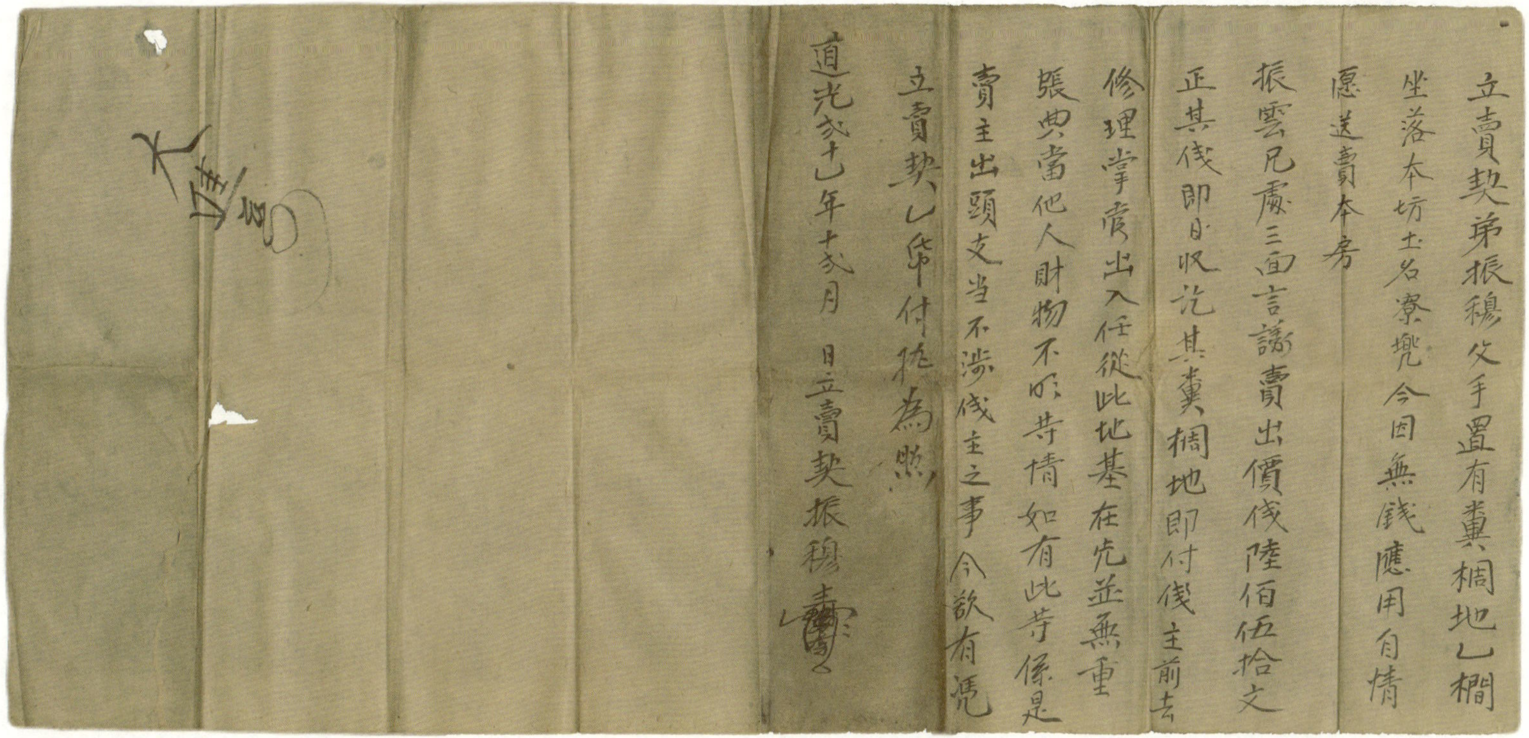

立賣契弟振穆父手置有糞桐地乙間
坐落本坊土名寮墘今因無錢應用自情
愿送賣本房
振雲兄處三面言議賣出價錢陸佰伍拾文
正其錢即日收訖其糞桐地即付錢主前去
修理掌管出入任從此地基在先並無重
張典當他人財物不明等情如有此等係是
賣主出頭支当不涉錢主之事今欲有凭
立賣契乙帋付執為照
道光念十乙年十弍月　日立賣契振穆（押）

3-2-28-2　清道光二十一年十二月葉振穆立賣糞桐契

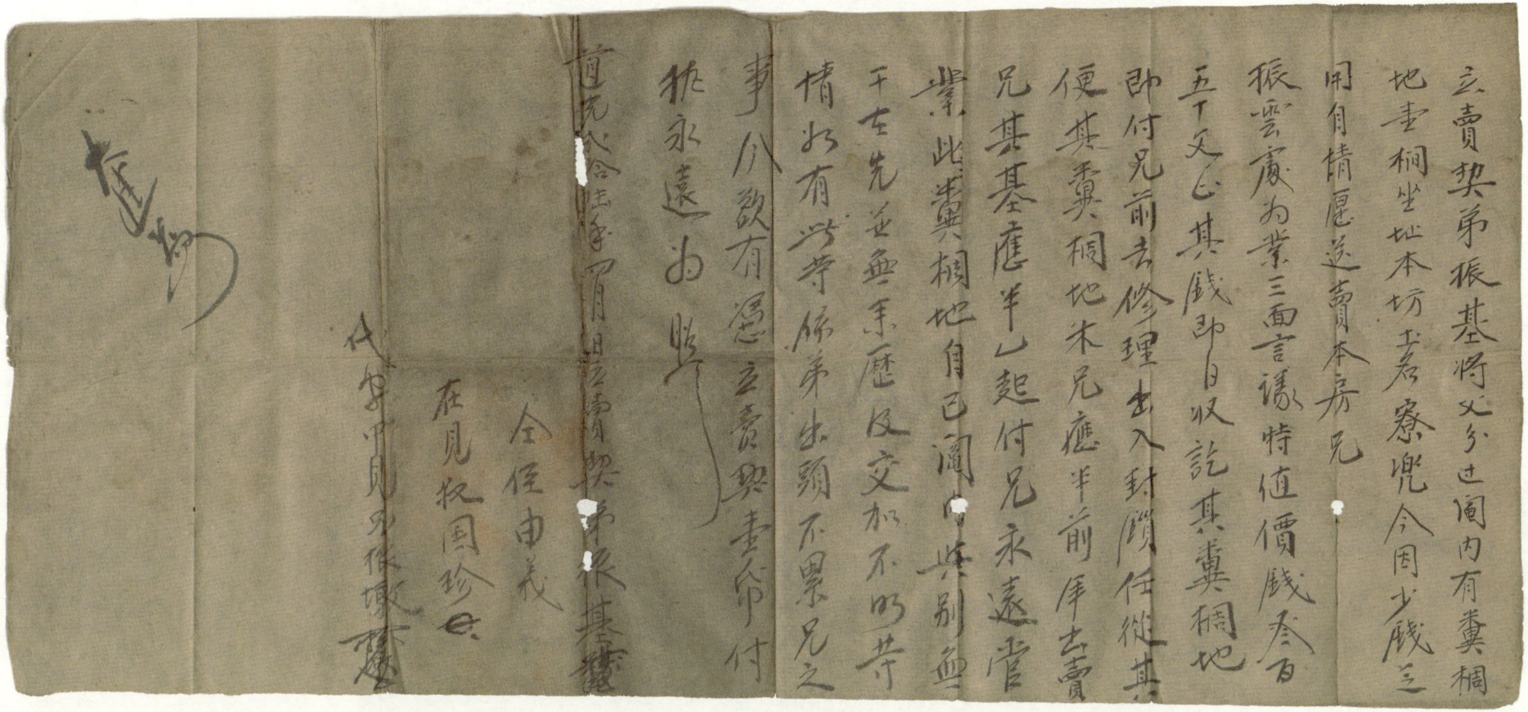
立賣契弟振基將父分过阄内有糞桐
地壹桐坐址本坊土名寮兜今因少錢乏
用自情愿送賣本房兄
振雲處為業三面言議特值價錢叁百
五十文正其錢即日收訖其糞桐地
即付兄前去修理出入耕作任從其
便其糞桐地木兄應半前年出賣
兄其基應半山起付兄永遠管
業此糞桐地自己阄内與别無
干上先並無來歷及交加不明等
情如有此等係弟出頭不累兄之
事今欲有憑立賣契壹紙付
執永遠為照
道光廿六年四月　日立賣糞桐契弟振基
全侄由義
在見叔国珍
代字中見叔

3-2-28-3　清道光二十六年四月葉振基等立賣糞桐契

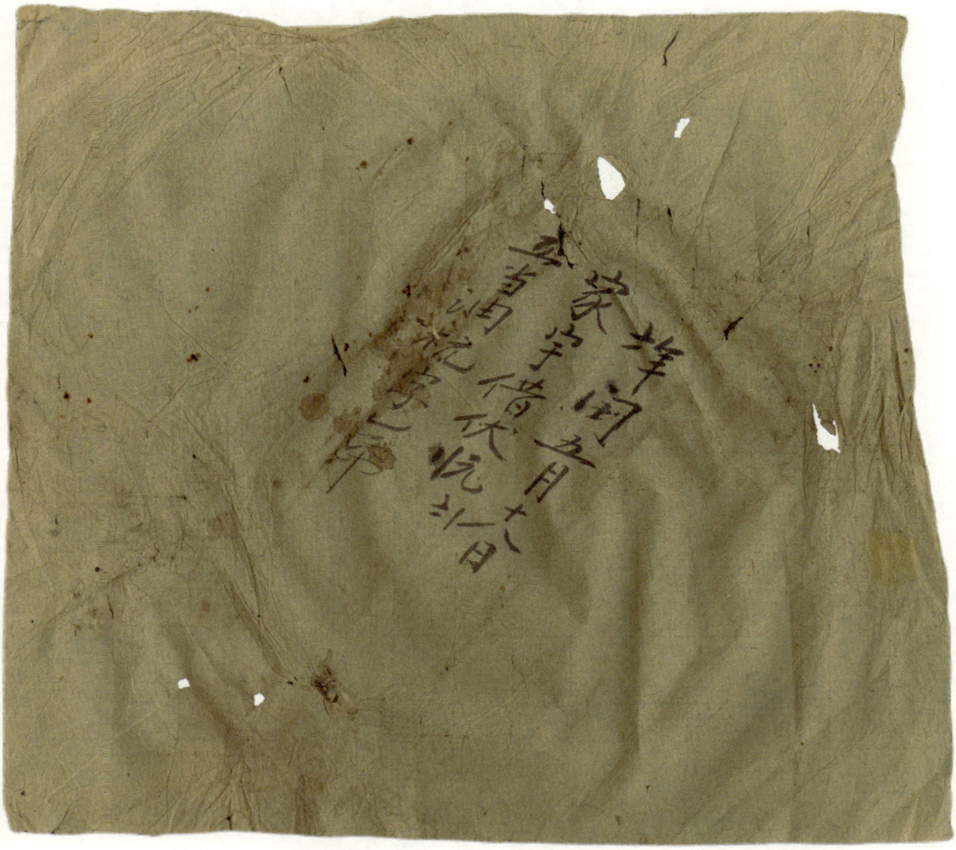

3-2-29-1　包契紙

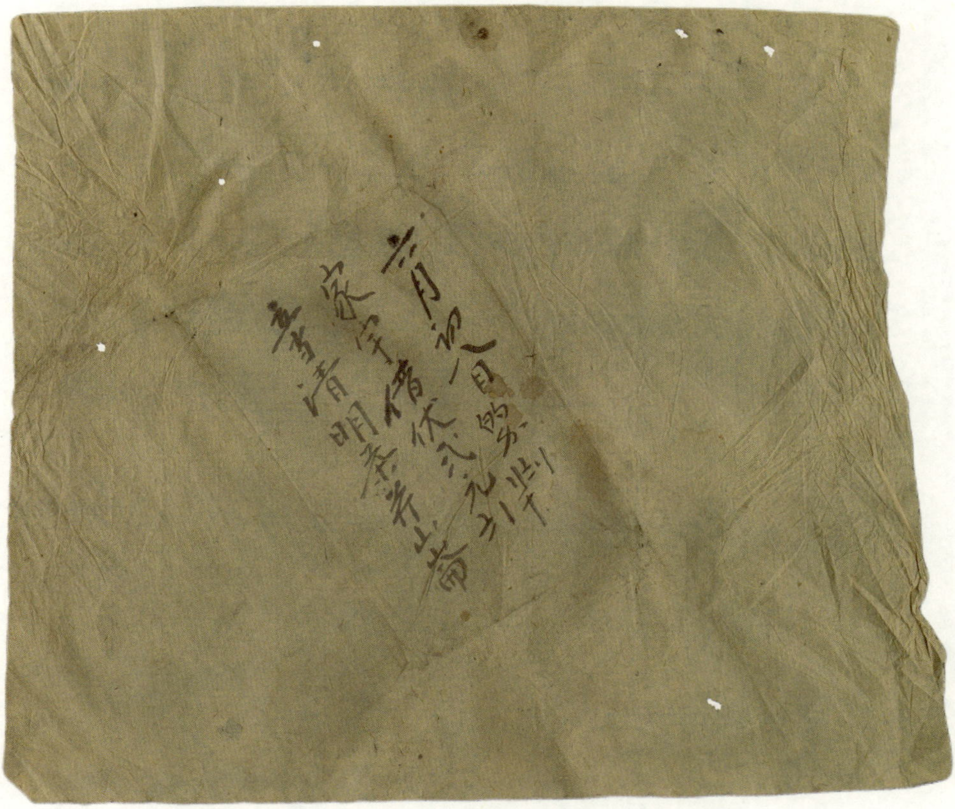

3-2-29-2　包契紙

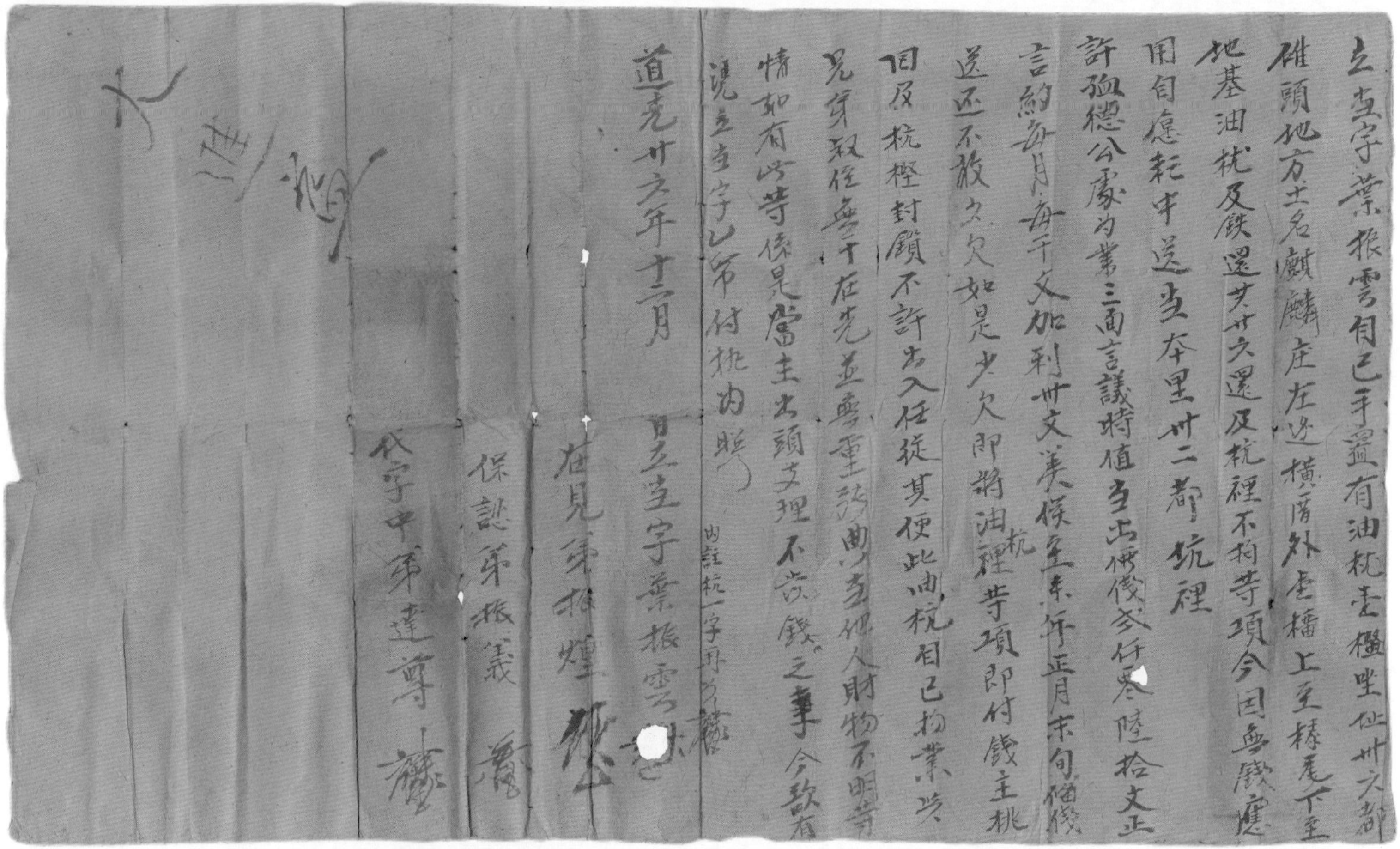

立當字葉振雲自己手置有油杭壹欉坐仕卅六都
碓頭地方土名麒麟庄左边橫席外壹墻上至樣尾下至
地基油杭及厥還卅六還及杭裡不拘等項今因無錢應
用自愿托中送当本里卅二都杭裡
許孤標公處為業三面言議時值当出佛銀叁仟陸拾文正
言約每月每千文加利卅文其錢至来年正月末旬備錢
送还不敢欠如是少欠即將油杭裡等項即付錢主挑
回及杭樫封鎖不許出入任從其便此油杭自己物業與
兄弟叔侄無干在先並無重張典當他人財物不明等
情如有此等係是當主出頭支理不涉錢主之事今欲有
憑立當字乙帋付執為照
内註杭一字再照
道光廿六年十二月　日立当字葉振雲
在見弟振煙
保認弟振義
代字中弟達尊

3-2-29-3　清道光二十六年十二月葉振雲立當油杭字

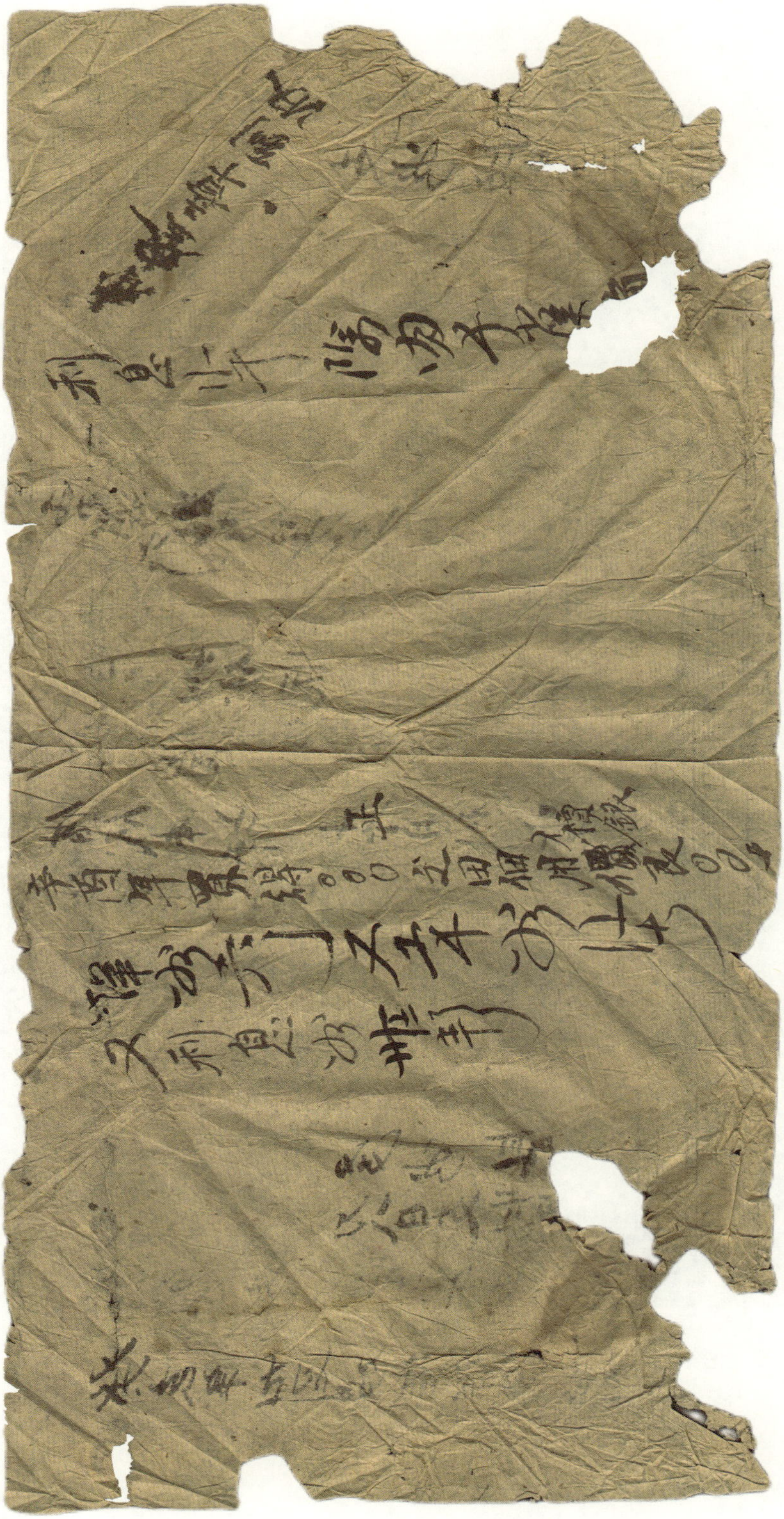

3-2-30-1　包契紙

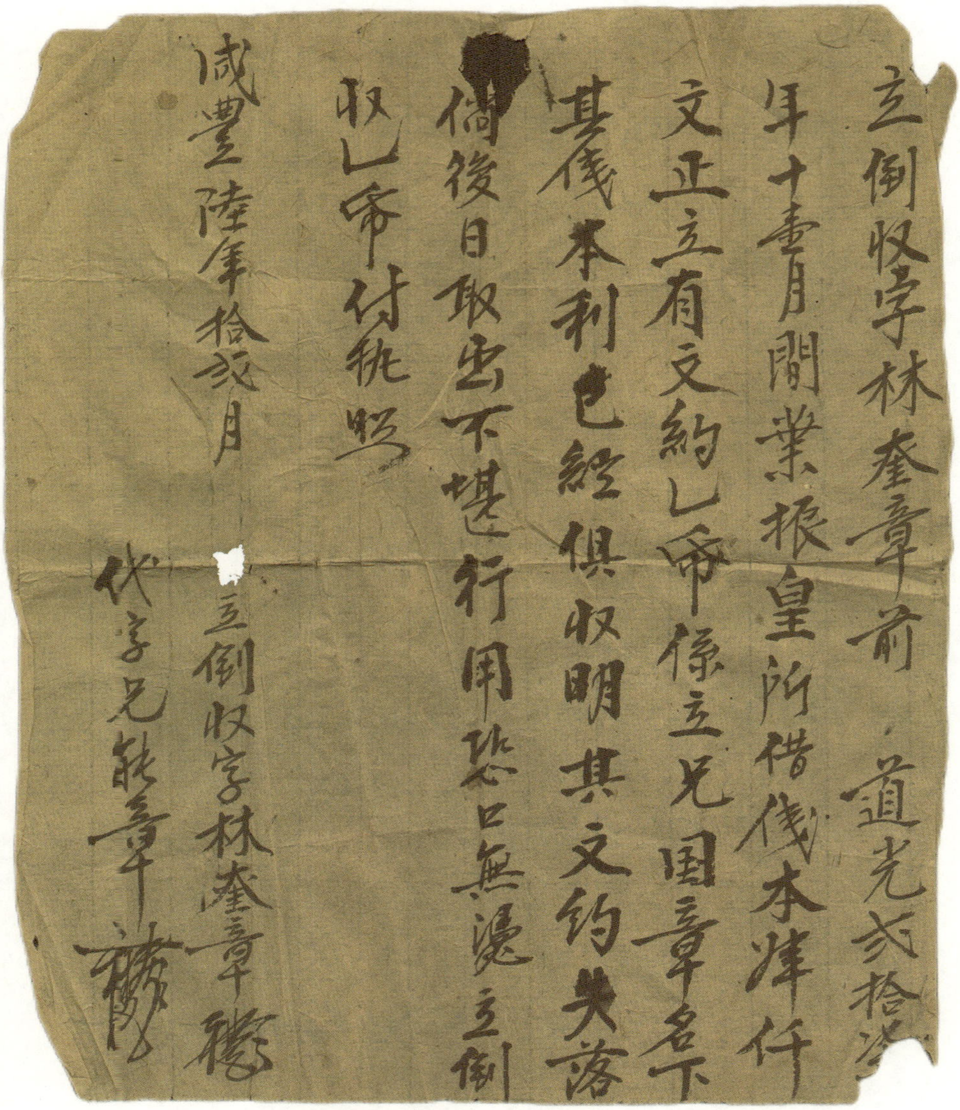

立倒收字林奎章前 道光弍拾柒
年十壹月間業振皇所借錢本洋仟
文正立有文約乙帋係立兄囯章名下
其錢本利已經俱收明其文約失落
倘後日取出不堪行用踫口無憑立倒
收乙帋付執照

咸豐陸年拾弍月 立倒收字林奎章押

代字兄能章押

3-2-30-2 清咸豐六年十二月林奎章立倒收字

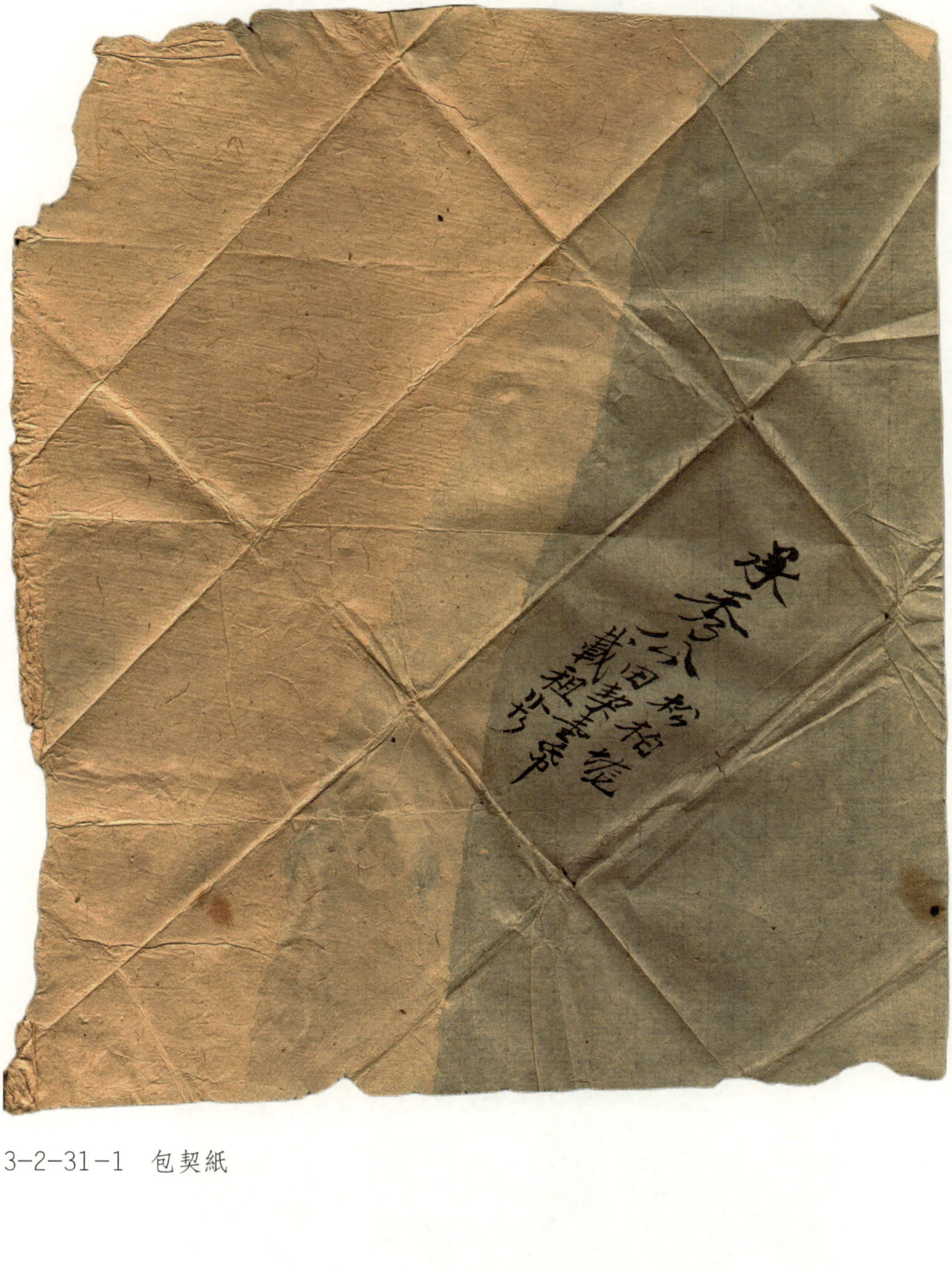

3-2-31-1　包契紙

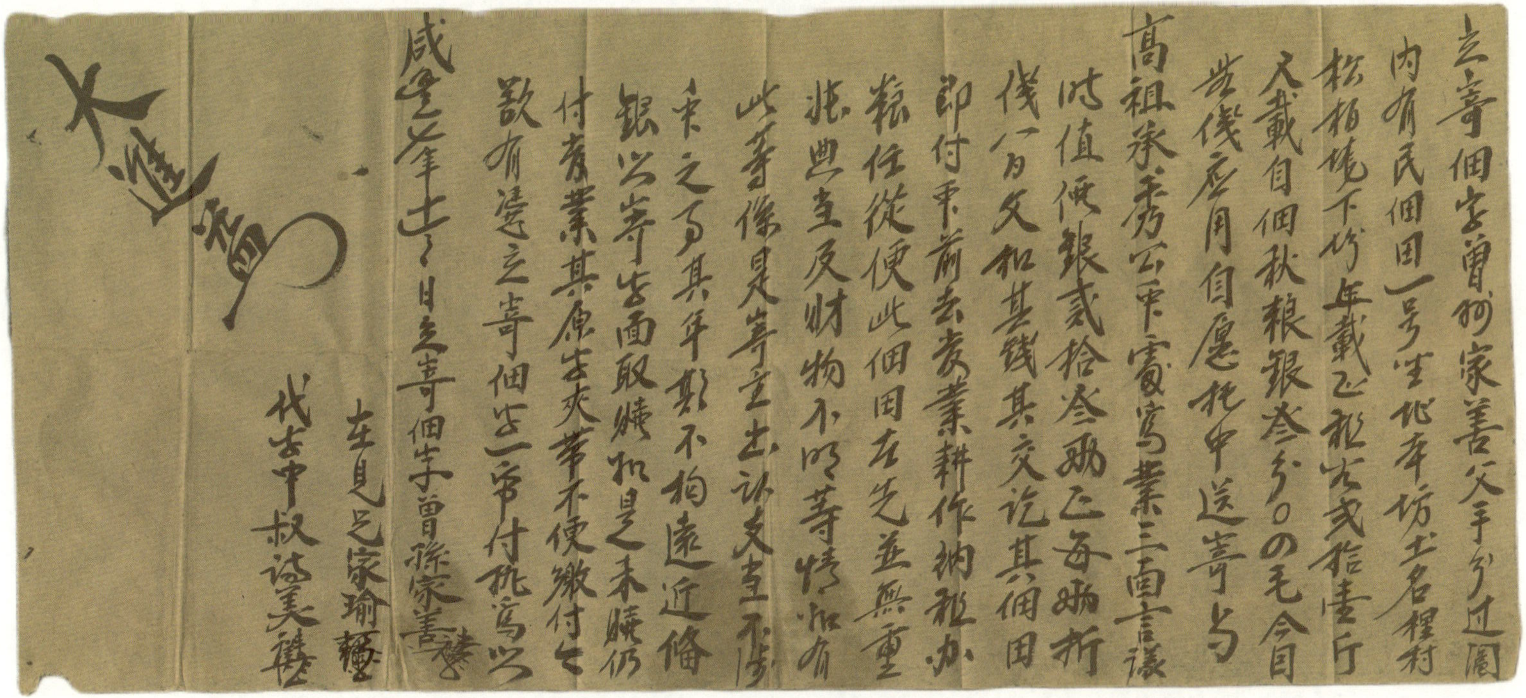
立寄佃字曾祖家善父手分过阖
内有民佃田一号坐北车坊土名程村
松柏垅下竹年載正租谷弍拾壹斤
大載自佃秋粮銀叁分〇四毛今因
無錢应用自愿托中送寄与
高祖承秀公派下處寫業三面言議
時值價銀貳拾叁两正每两折
錢一〇文和其錢其交訖其佃田
即付承前去為業耕作納租如
糧任從便此佃田在先並無重
張典主及財物不明等情如有
此等係是寄主出認支當不涉
承之事其年限不拘遠近備
銀照寄字面取贖執是未贖仍
付為業其原字夾帯不便繳付以
欵有憑立寄佃字一帋付執為照
咸豐七年十一月日立寄佃字曾孫家善(押)
在見兄家瑜(押)
代字中叔詒美(押)
大進寶

3-2-31-2 清咸豐七年十一月葉家善立寄民佃田字

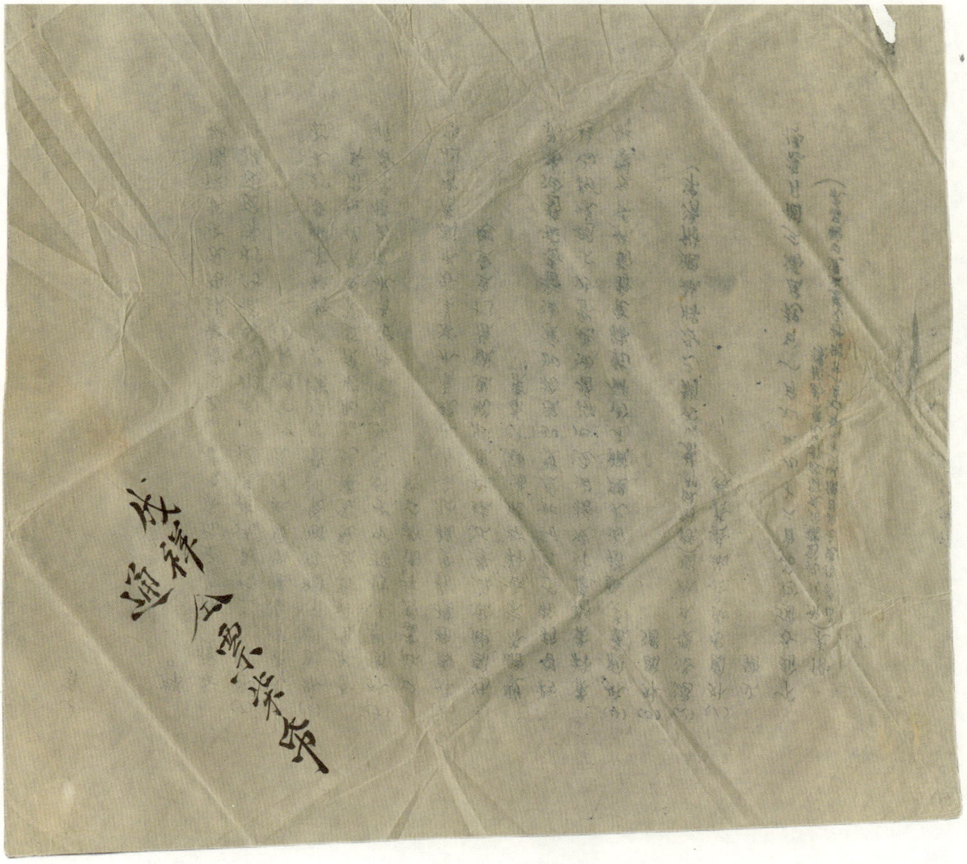

3-2-32-1　包契紙

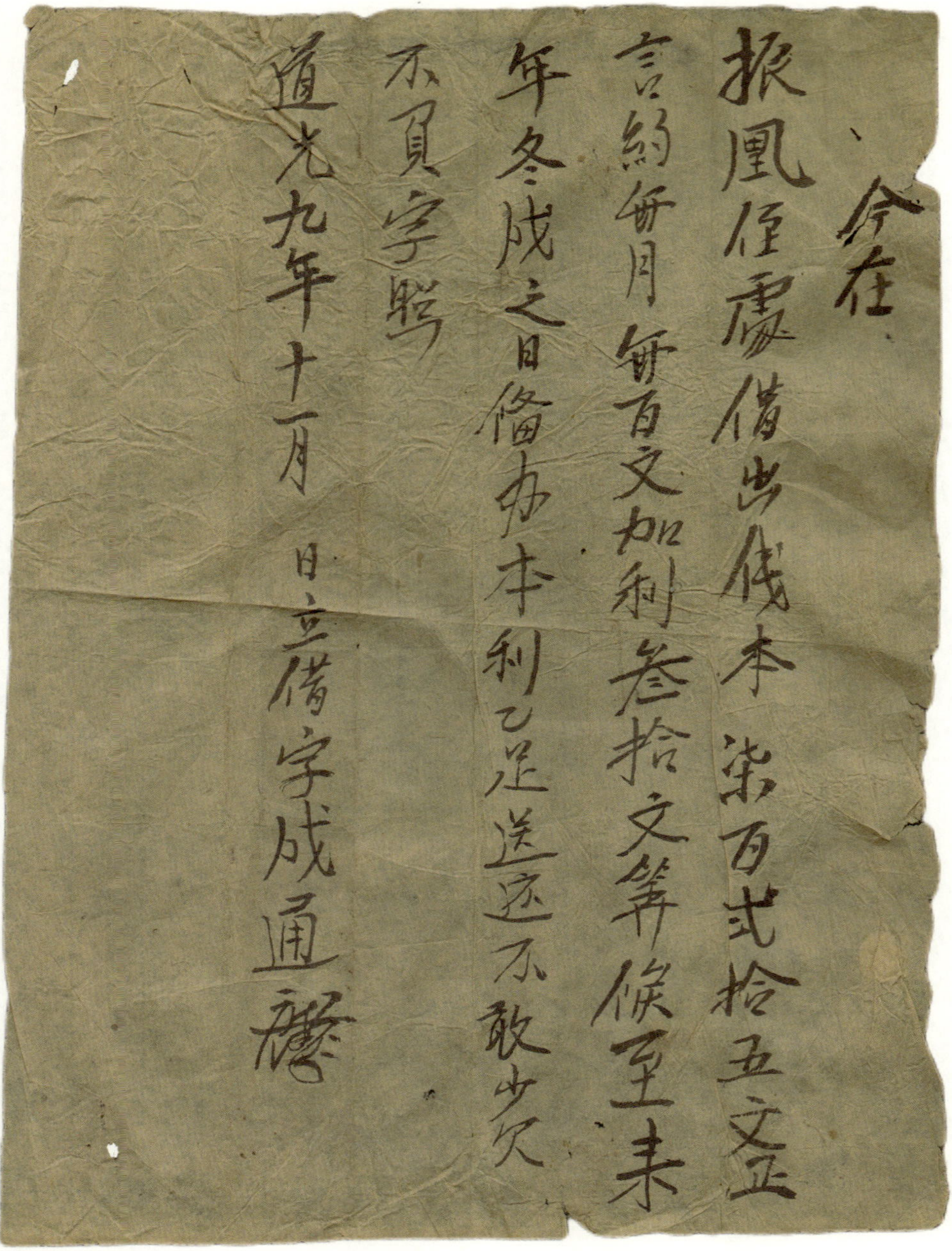

今在
振風侄處借出錢本柒百弍拾五文立
言約每月每百文加利叁拾文算候至来
年冬成之日備办本利乙足送还不敢少欠
不負字照
道光九年十一月　日立借字成通押

3-2-32-2　清道光九年十一月葉成通立借錢字

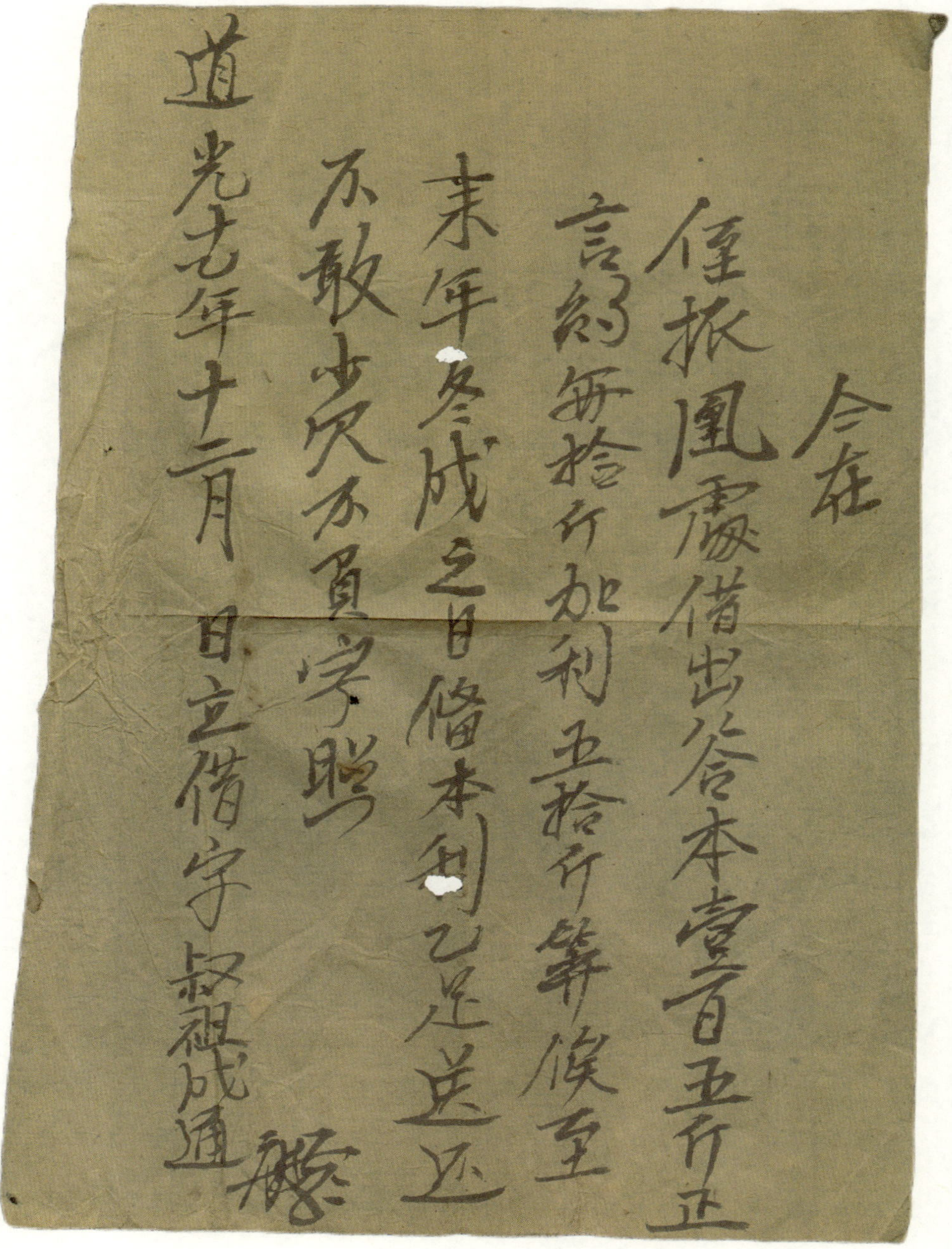
今在
侄振風處借出谷本壹百五斤正
言約每拾斤加利五拾斤等候至
來年冬成之日備本利一足送還
不敢少欠不負字照
道光十一年十二月　日立借字叔祖成通

3-2-32-3　清道光十一年十二月葉成通立借穀字

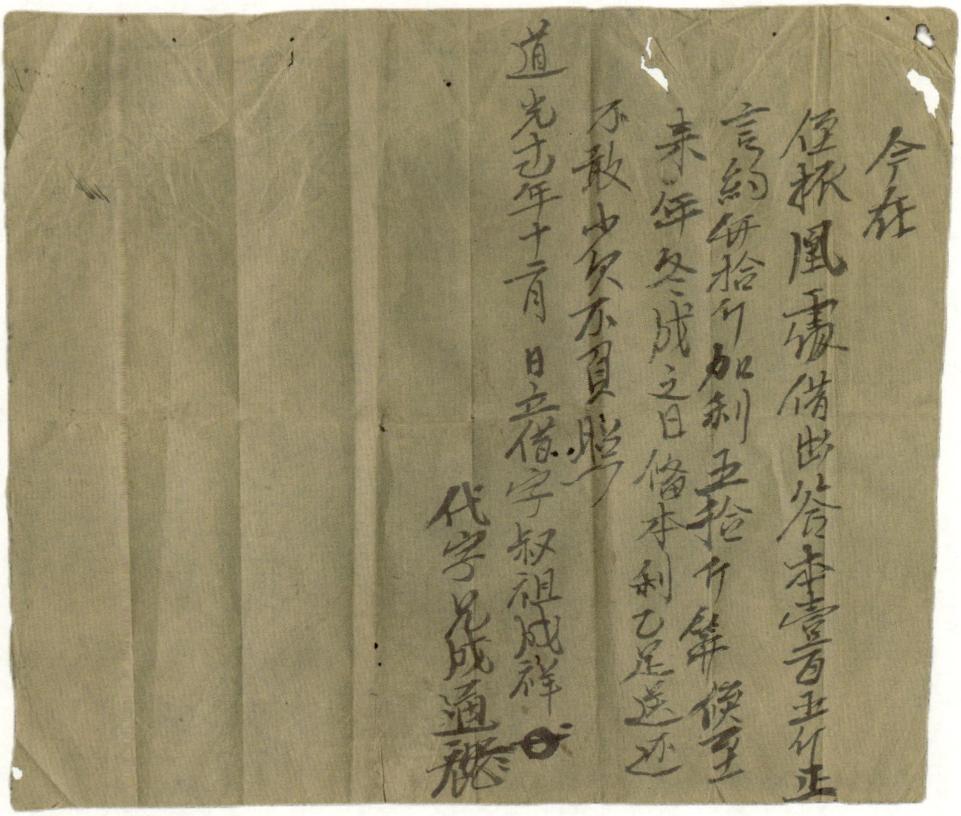
今在
侄孫鳳儀借出谷本壹百五斤正
言約每拾斤加利五拾斤算俟至
來年冬成之日備本利乙足送還
不敢少欠不負照
道光十一年十二月　日立借字叔祖成祥（押）
代字兄成通（押）

3-2-32-4　清道光十一年十二月葉成祥立借穀字

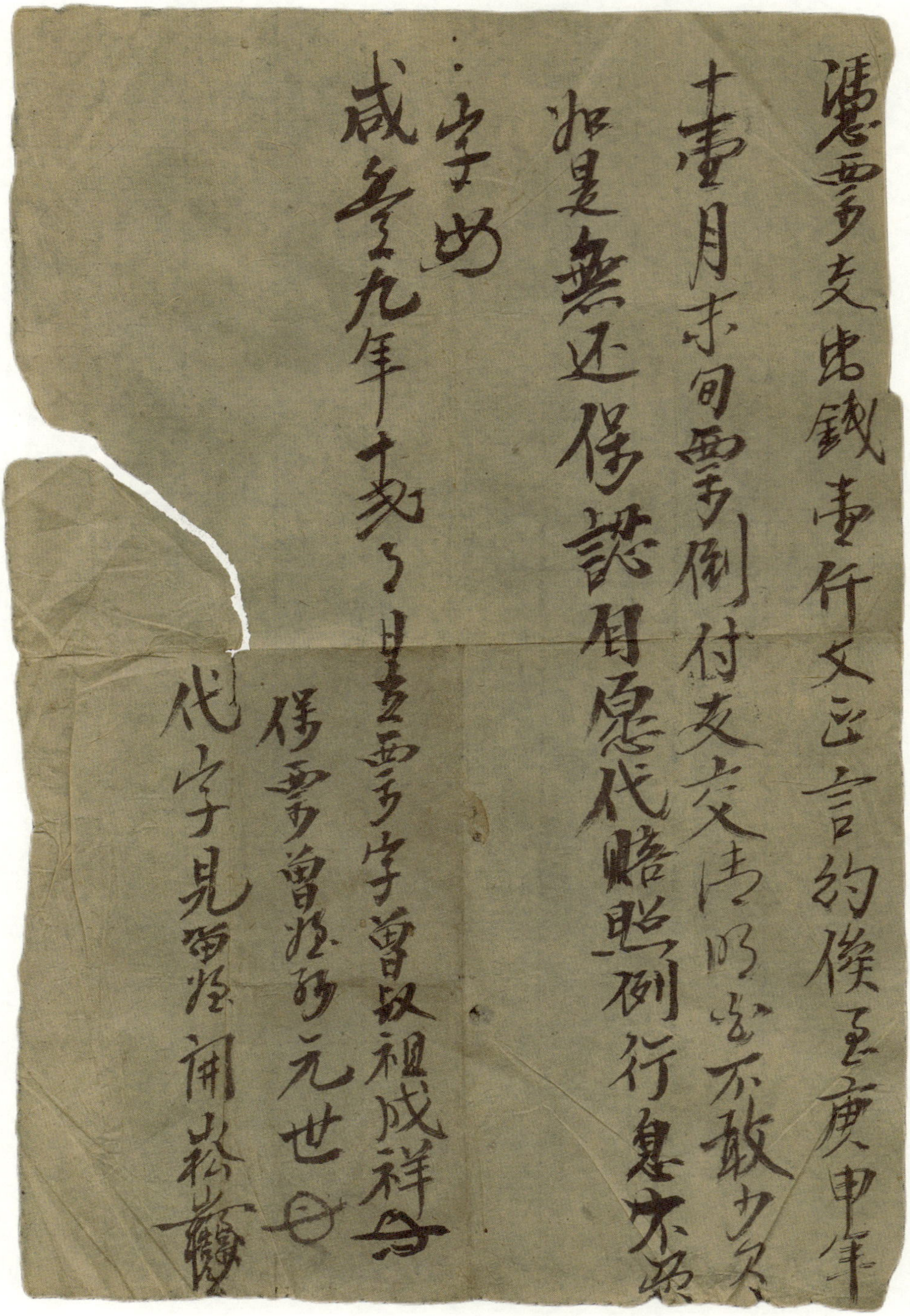

憑票支出錢壹仟文正言約係至庚申年
十壹月末旬票倒付支交清明不敢少欠
如是無還保認自愿代賠照例行息不辭
字此
咸豐九年十二月　日立票字曾叔祖成祥（押）
保票曾叔孫元世（押）
代字見面證　開崧（押）

3-2-32-5　清咸豐九年十二月葉成祥立支錢憑票

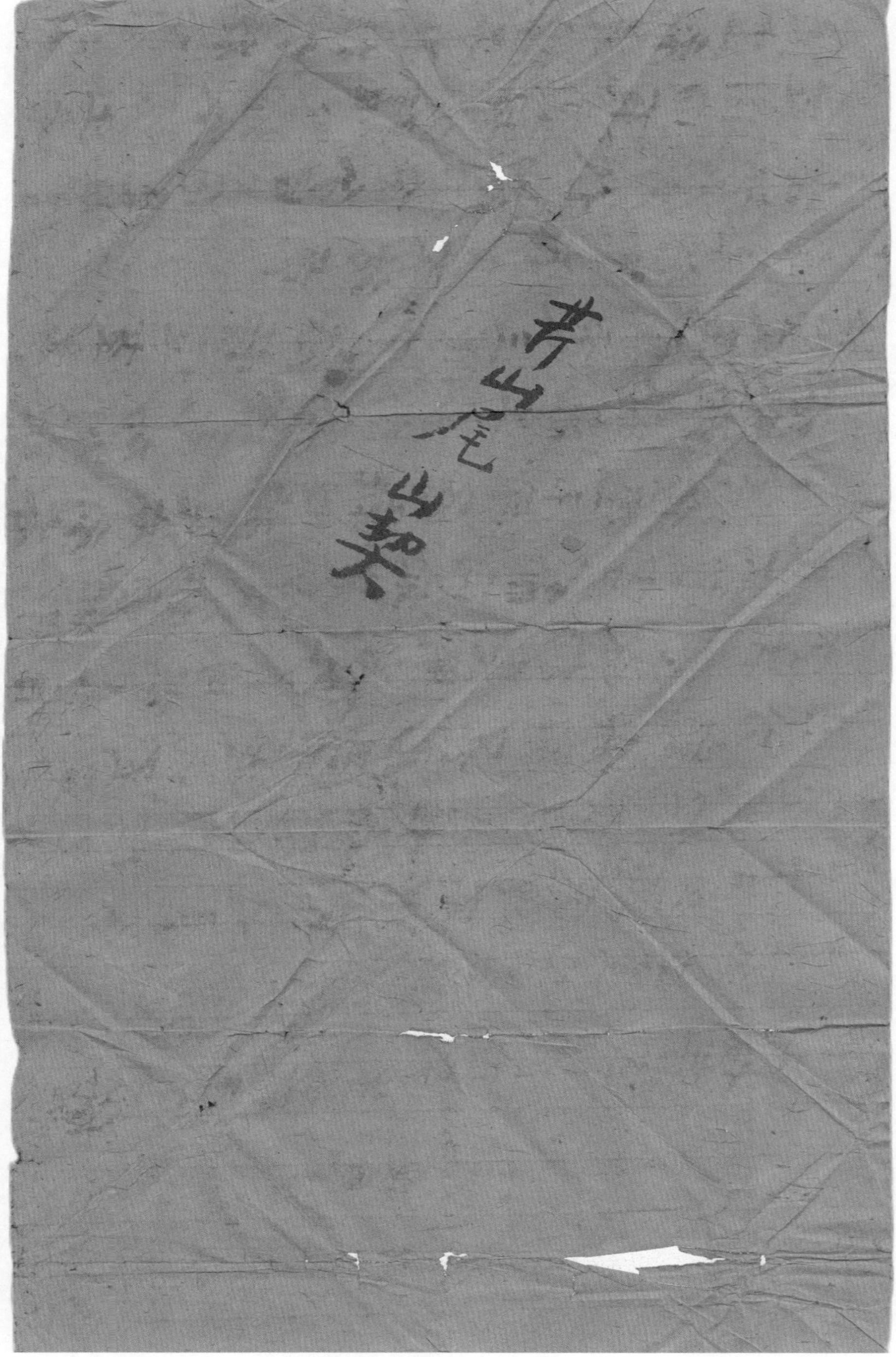
芹山尾山契

3-2-33-1　包契紙

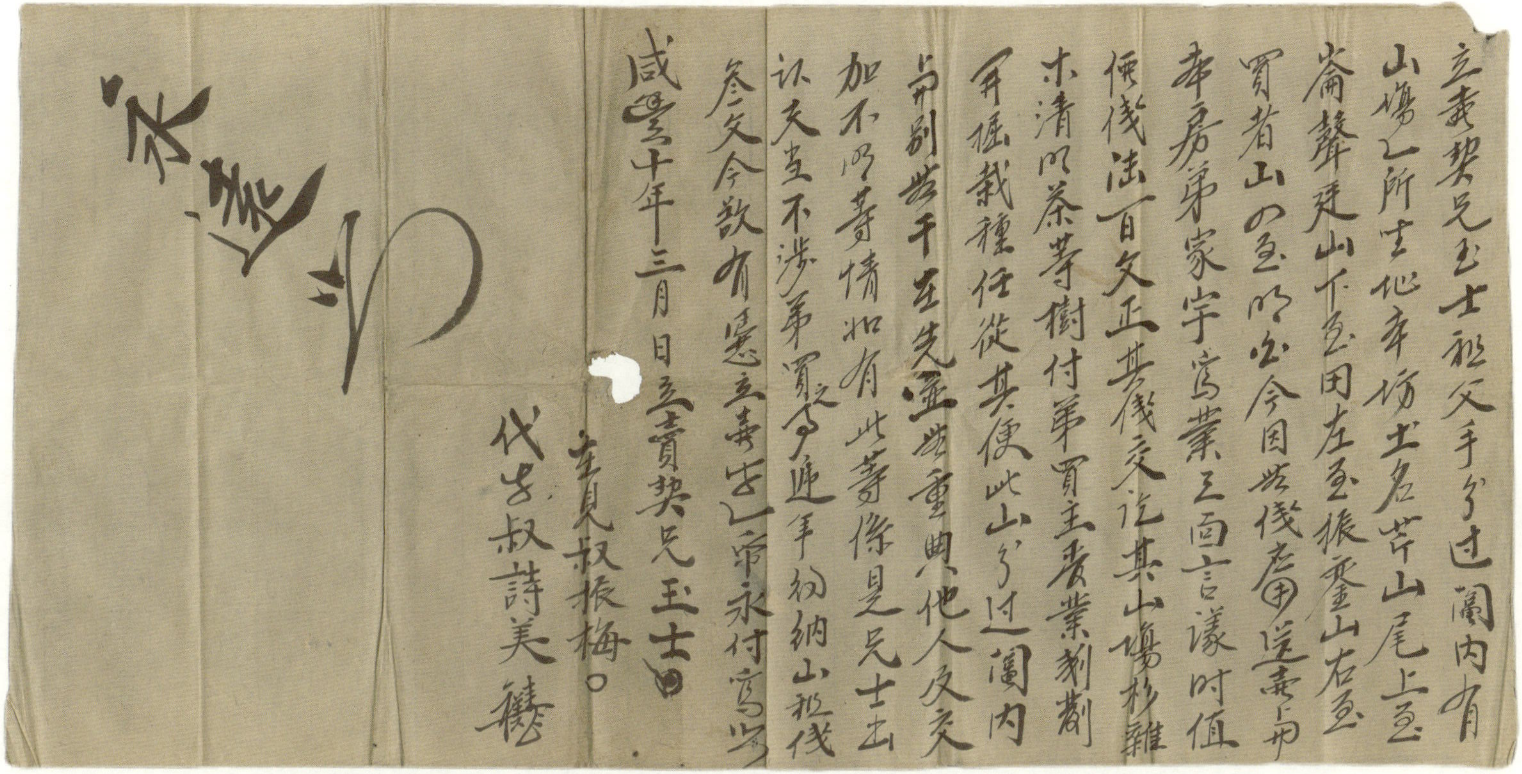

立賣契兄玉士祖父手分過鬮內有
山場一所坐址本坊土名苧山尾上至
崙巔下至山下田左至振鑾山右至
買者山四至明白今因無錢應用送賣与
本房弟家宇為業三面言議时值
價錢法一百文正其錢交訖其山場杉雜
木清明茶苧樹付弟買主前去業剗剷
耕種栽種任從其便此山分過鬮內
與別無干在先並無重典他人及交
加不明等情如有此等係是兄士出
认支當不涉弟買之事進手收納山稅錢
叁文今欲有憑立賣字一帋永付寫照
咸豐十年三月　日立賣契兄玉士（押）
在見叔振梅○
代书叔詩美（押）

3-2-33-2　清咸豐十年三月葉玉士立賣山場契

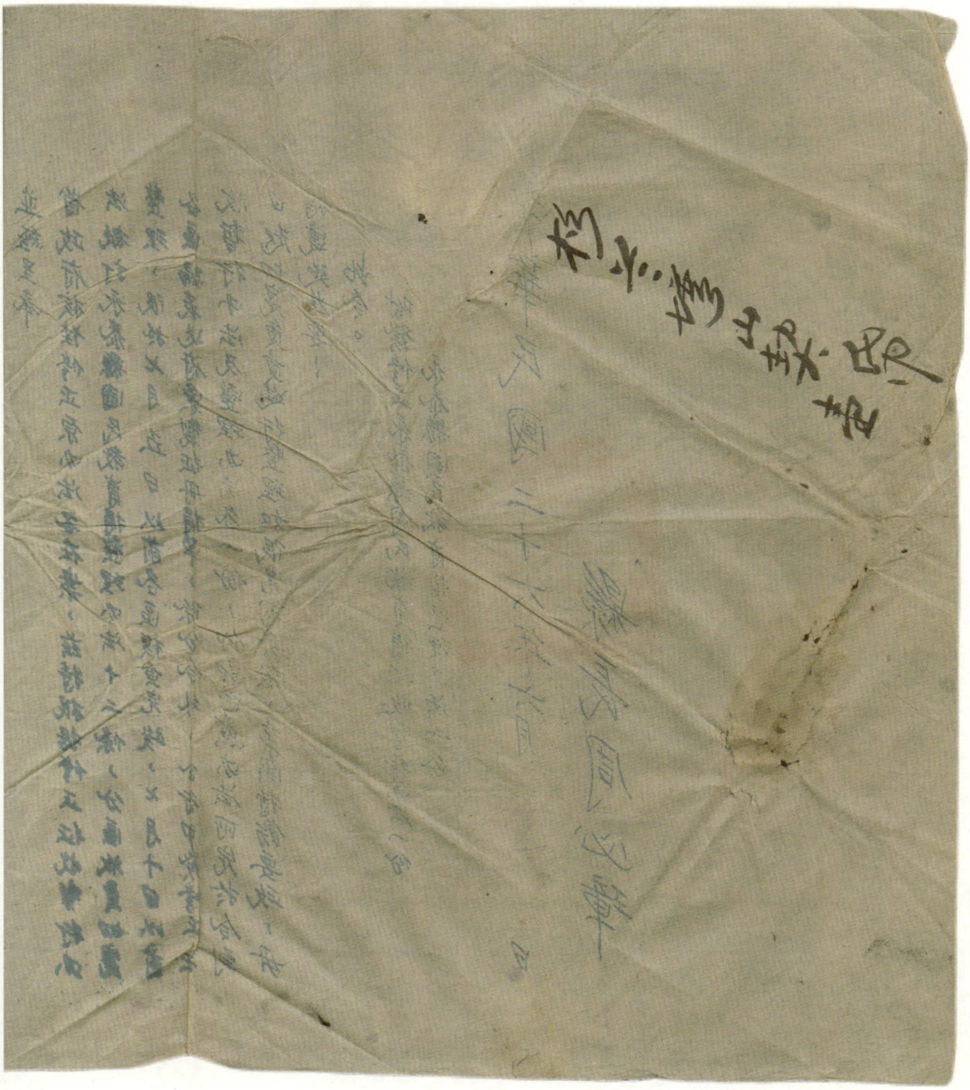

3-2-34-1　包契紙

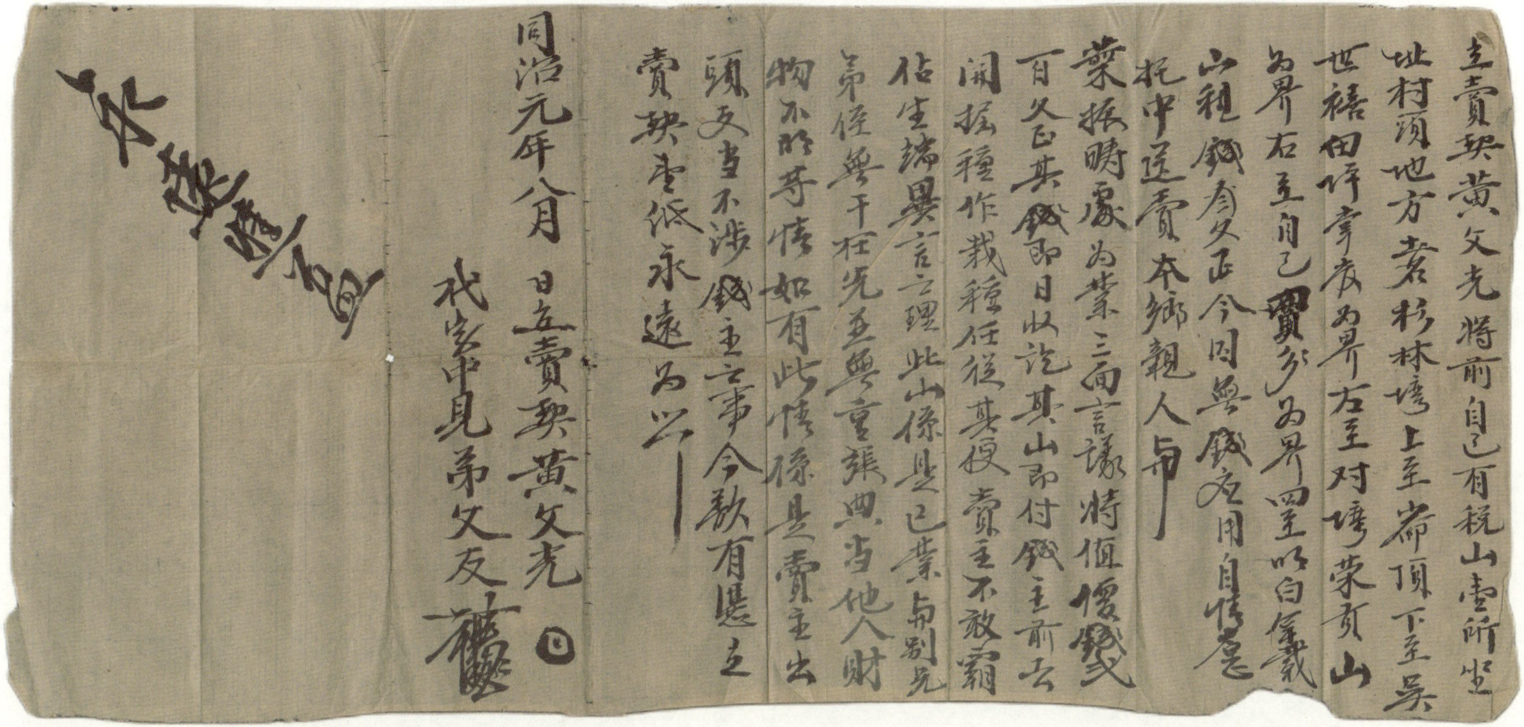
立賣契黃文光將前自己有稅山壹所坐
址村頭地方茗杉林壋上至嶺頂下至吳
世禧田坪彥良為界左至对壋葉貢山
為界右至自己買分為界四至明白俱載
山租錢今因乏錢應用自情愿
托中送賣本鄉親人弟
葉振暘處為業三面言議時值價錢
百文正其錢即日收訖其山即付錢主前去
開掘種作栽種任從其便賣主不敢霸
佔生端異言之理此山係是己業与别兄
弟侄無干在先並無重張典当他人財
物不明等情如有此情係是賣主出
頭支当不涉錢主之事今欲有憑立
賣契壹紙永遠為照
同治元年八月　日立賣契黃文光
代字中見弟文友

3-2-34-2　清同治元年八月黃文光立賣稅山契

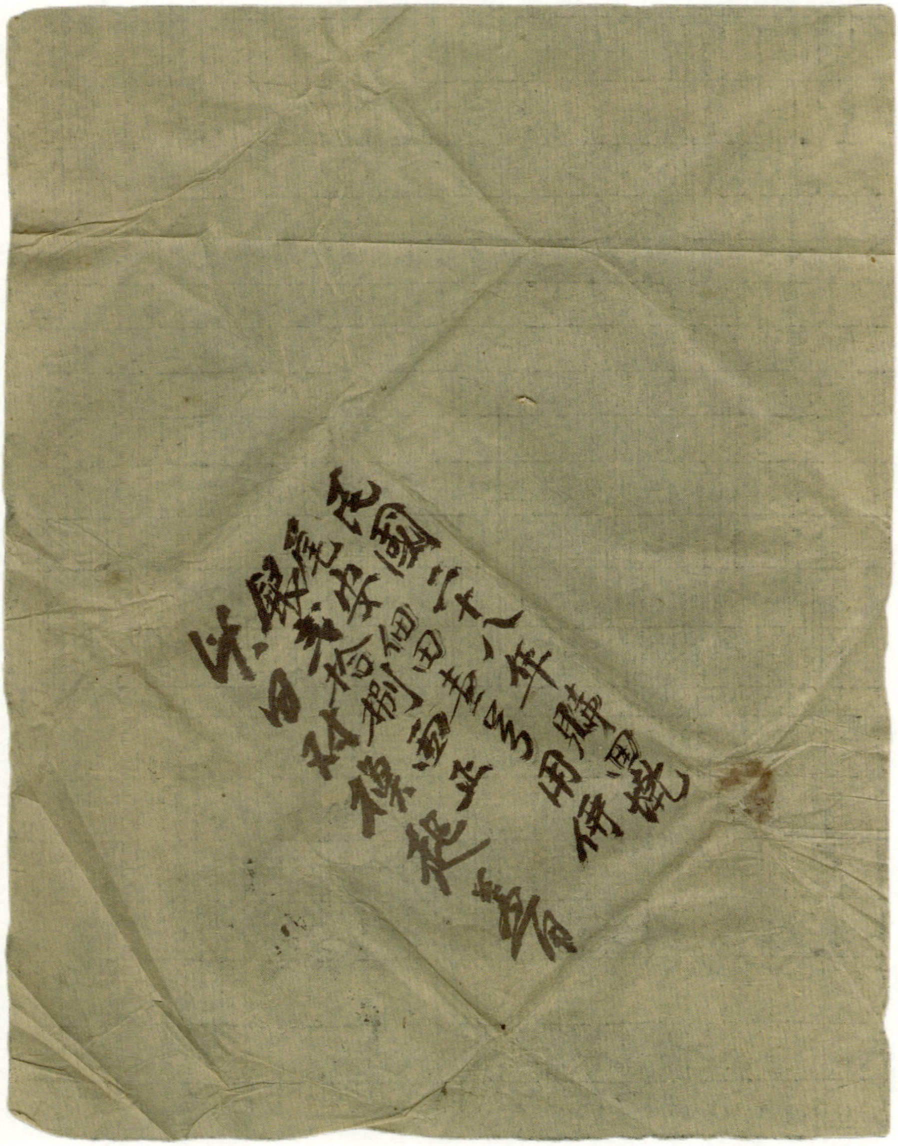

3-2-35-1　包契紙

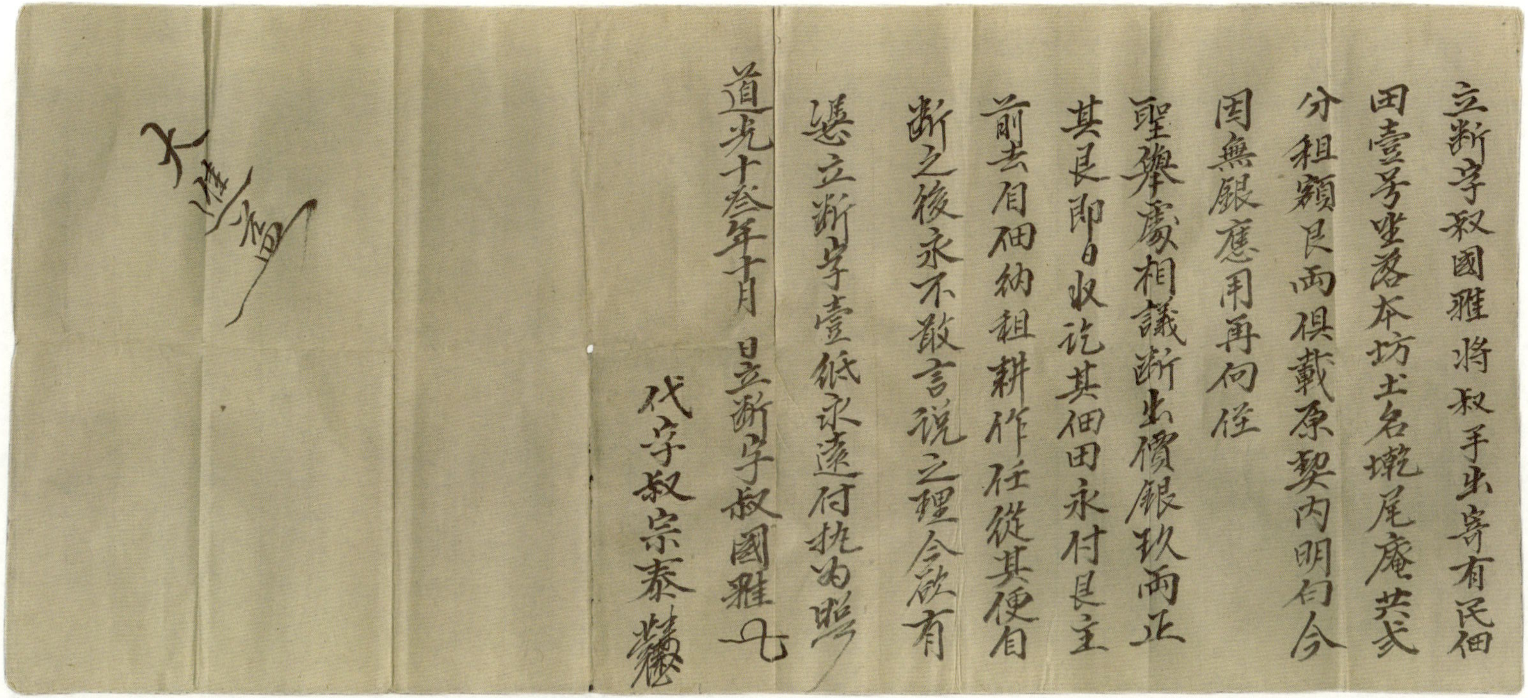

立斷字叔國雅將叔手出寄有民佃
田壹号坐落本坊土名墘尾庵共弍
分租額艮兩俱載原契內明白今
因無銀應用再向從
聖攀處相議斷出價銀玖兩正
其艮即日收訖其佃田永付艮主
前去自佃納租耕作任從其便自
斷之後永不敢言說之理今欲有
憑立斷字壹紙永遠付执爲照
道光十叁年十月　日立斷字叔國雅（押）
代字叔宗泰（押）
大吉

3-2-35-2　清道光十三年十月葉國雅立斷民佃田字

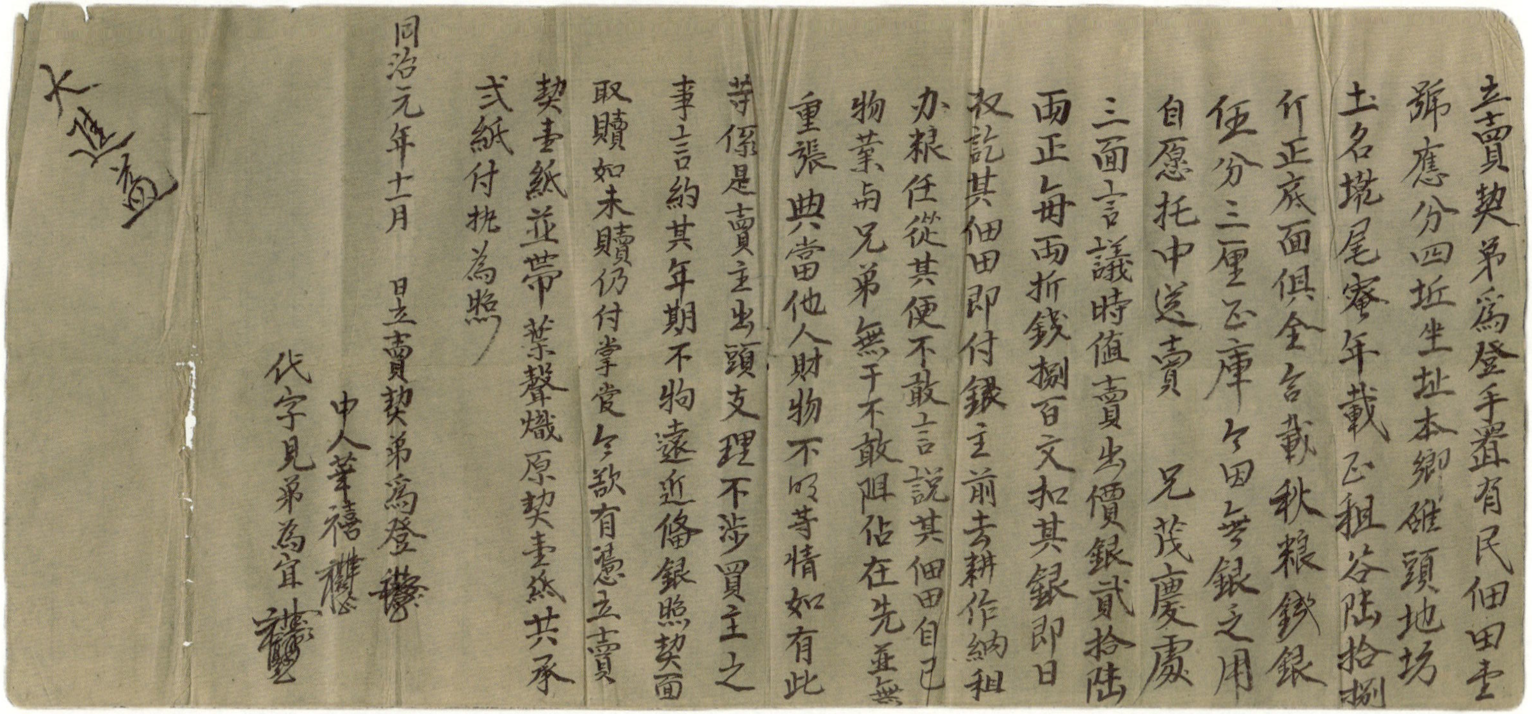
立賣契弟爲登手置有民佃田壹
號，應分四址，坐址本鄉碓頭地坊
土名垅尾，每年載正租谷陸拾捌
斤正，底面俱全，台載秋粮鈔銀
伍分三厘正庫，今因無銀之用，
自愿托中送賣　　兄茂慶處
三面言議，時值賣出價銀貳拾陸
兩正，每兩折錢捌百文，扣其銀即日
收訖。其佃田即付銀主前去耕作納租
办粮，任從其便，不敢言說。其佃田自己
物業，與兄弟無干，不敢阻佔。在先並無
重張典當他人財物，不明等情，如有此
等，係是賣主出頭支理，不涉買主之
事。言約其年期不拘遠近，備銀照契面
取贖，如未贖，仍付掌管。今欲有憑，立賣
契壹紙，並帶葉聲熾原契壹紙，共承
貳紙付執爲照。

同治元年十一月　　日立賣契弟爲登（押）
中人葉禧（押）
代字見弟爲宜（押）

大進[illegible]

3-2-35-3　清同治元年十一月葉爲登立賣民佃田契

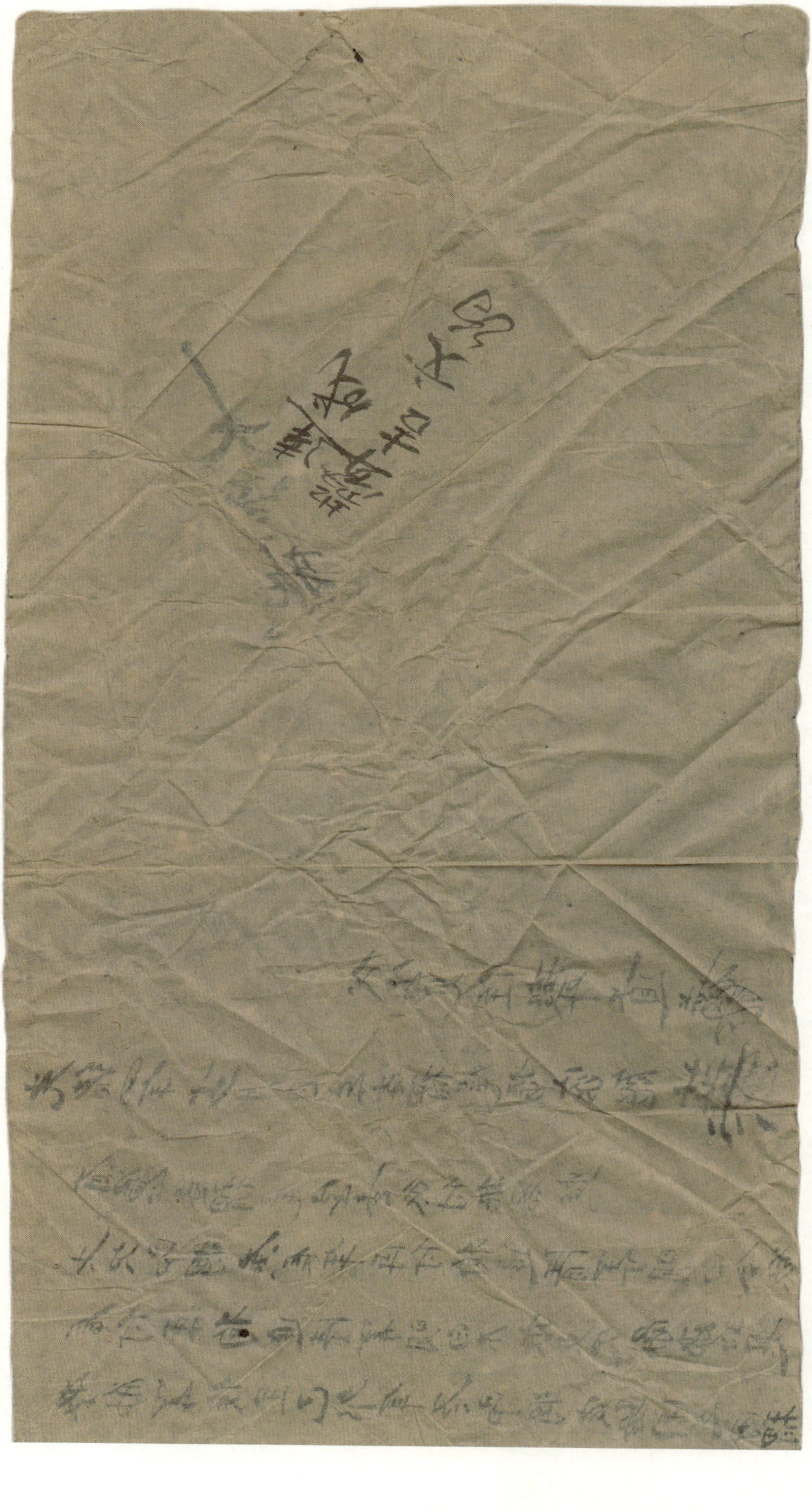

3-2-36-1　包契紙

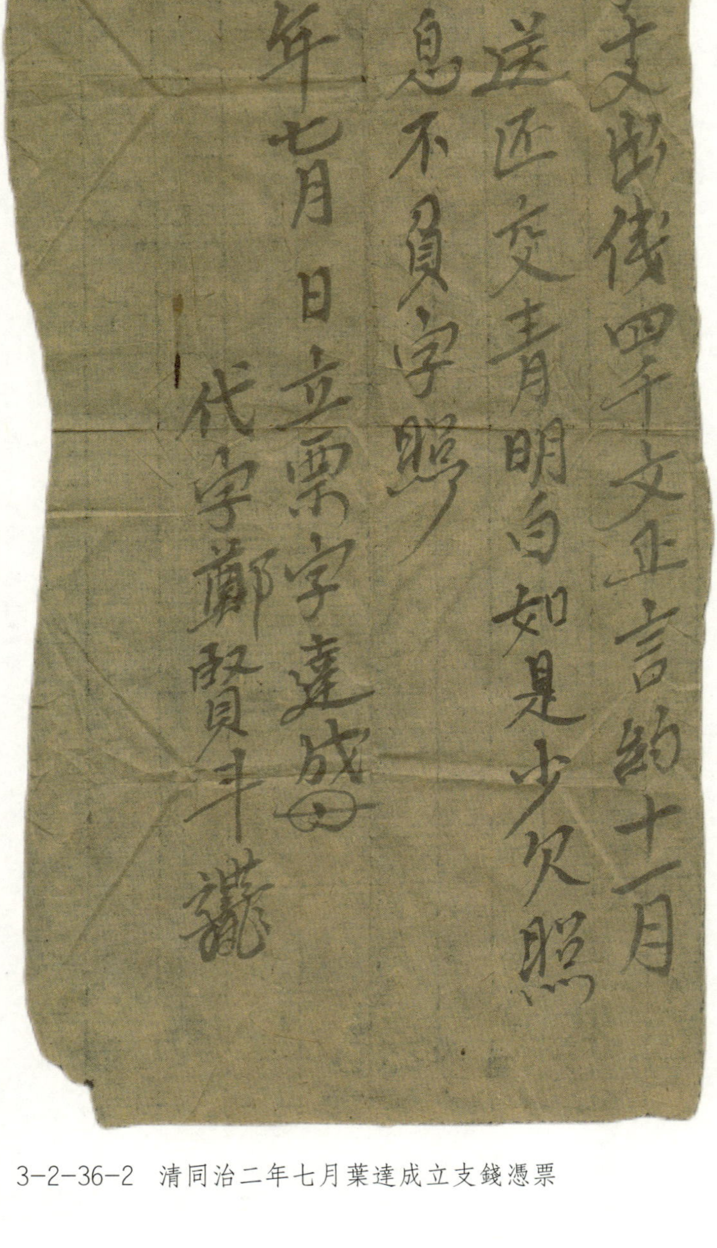
憑字支出錢四千文正言約十一月
初十日送匠交青明白如是少欠照
烈行息不負字照
同治二年七月 日立票字達成(押)
代字鄭賢丰識

3-2-36-2 清同治二年七月葉達成立支錢憑票

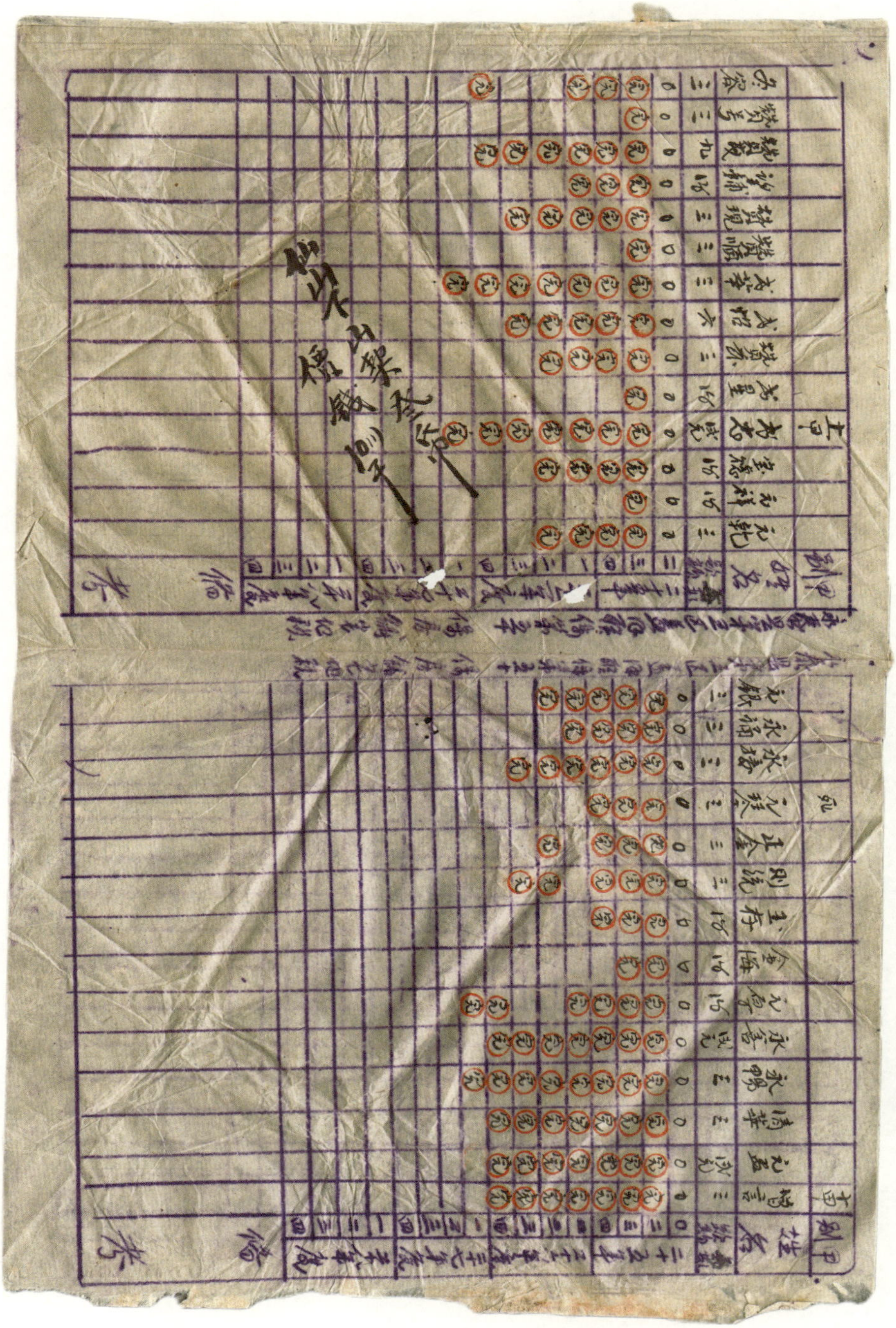

3-2-37-1　包契紙

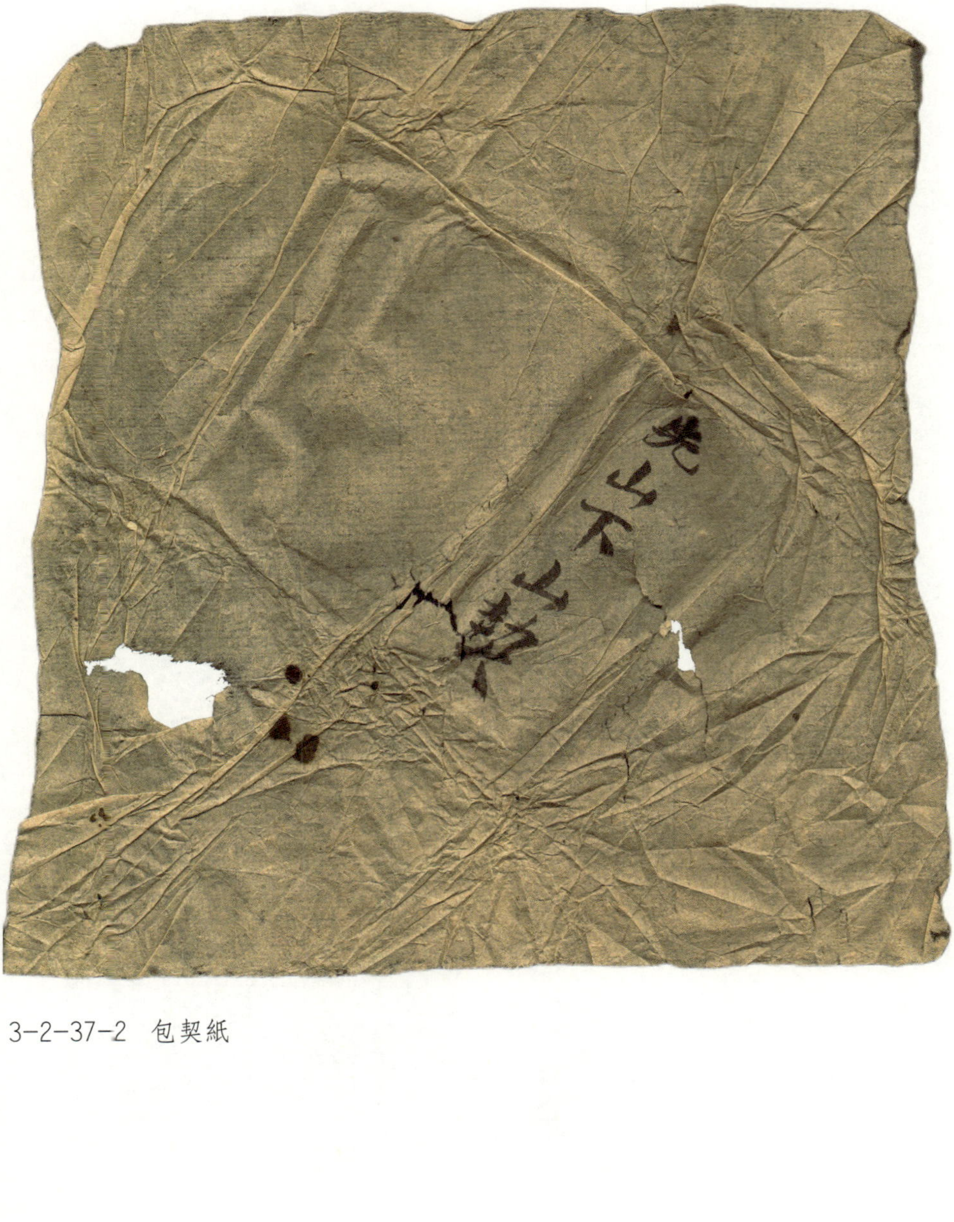

3-2-37-2 包契紙

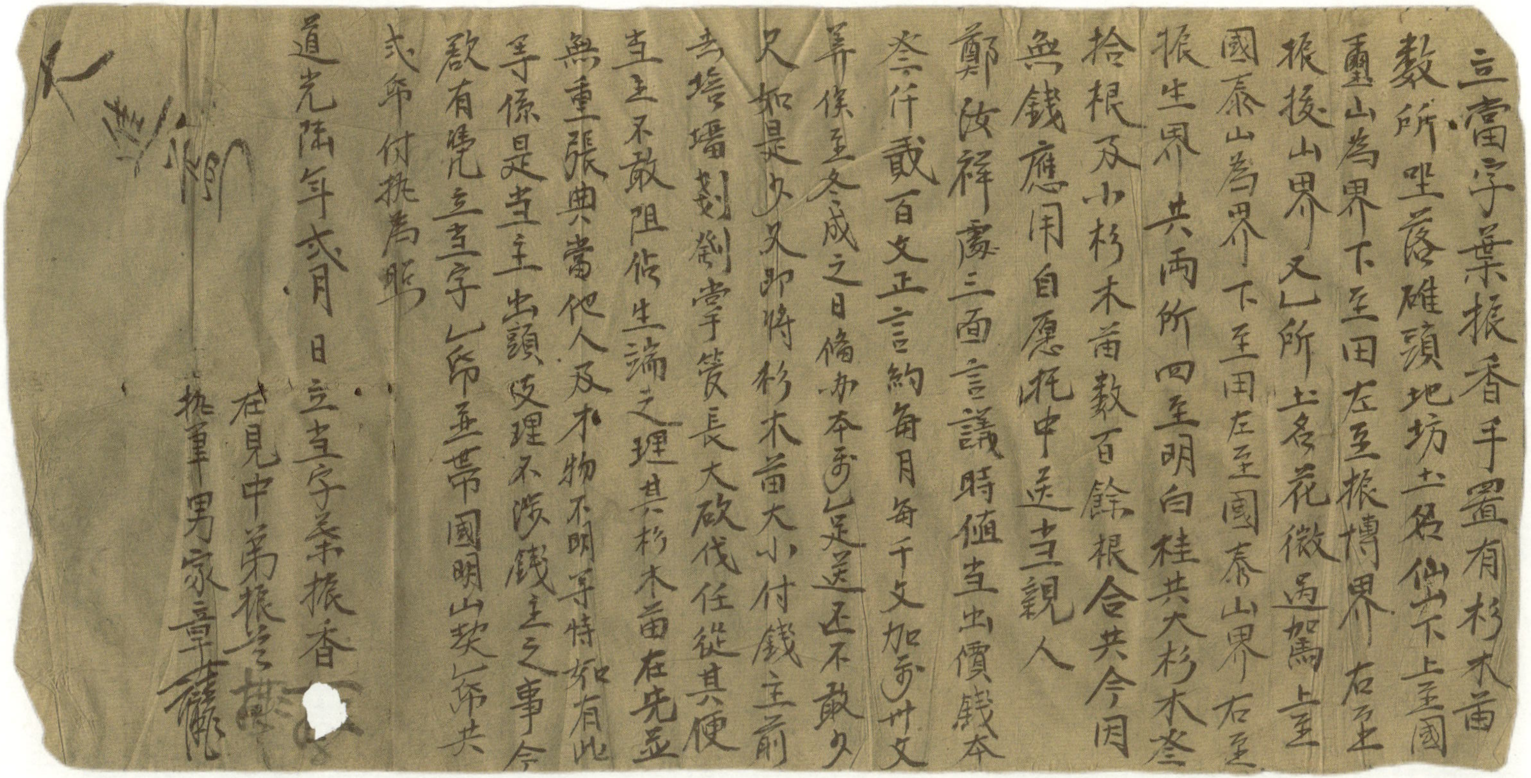

立當字葉振香手置有杉木苗
數所坐落碓頭地坊土名仙山下上至國
璽山為界下至田左至振博界右至
振捷山界又一所土名花徽過鴛上至
國泰山為界下至田左至國泰山界右至
振生界共兩所四至明白桂共大杉木叁
拾根及小杉木苗數百餘根合共今因
無錢應用自愿托中送當親人
鄭汝祥處三面言議時值當出價錢本
叁仟貳百文正言約每月每千文加五廿文
算係至冬成之日備办本利足足還不敢欠
欠如是欠又即將杉木苗大小付錢主前
去墻劉掌管長大砍伐任從其便
當主不敢阻佔生端之理其杉木苗在先並
無重張典當他人及來物不明等情如有此
等係是當主出頭支理不涉錢主之事今
欲有憑立當字山帋并帶國明山契山帋共
式帋付執為照
道光陆年貳月　日立當字葉振香（押）
在見中弟振之（押）
執筆男家章（押）

3-2-37-3　清道光六年二月葉振香立當杉木苗字

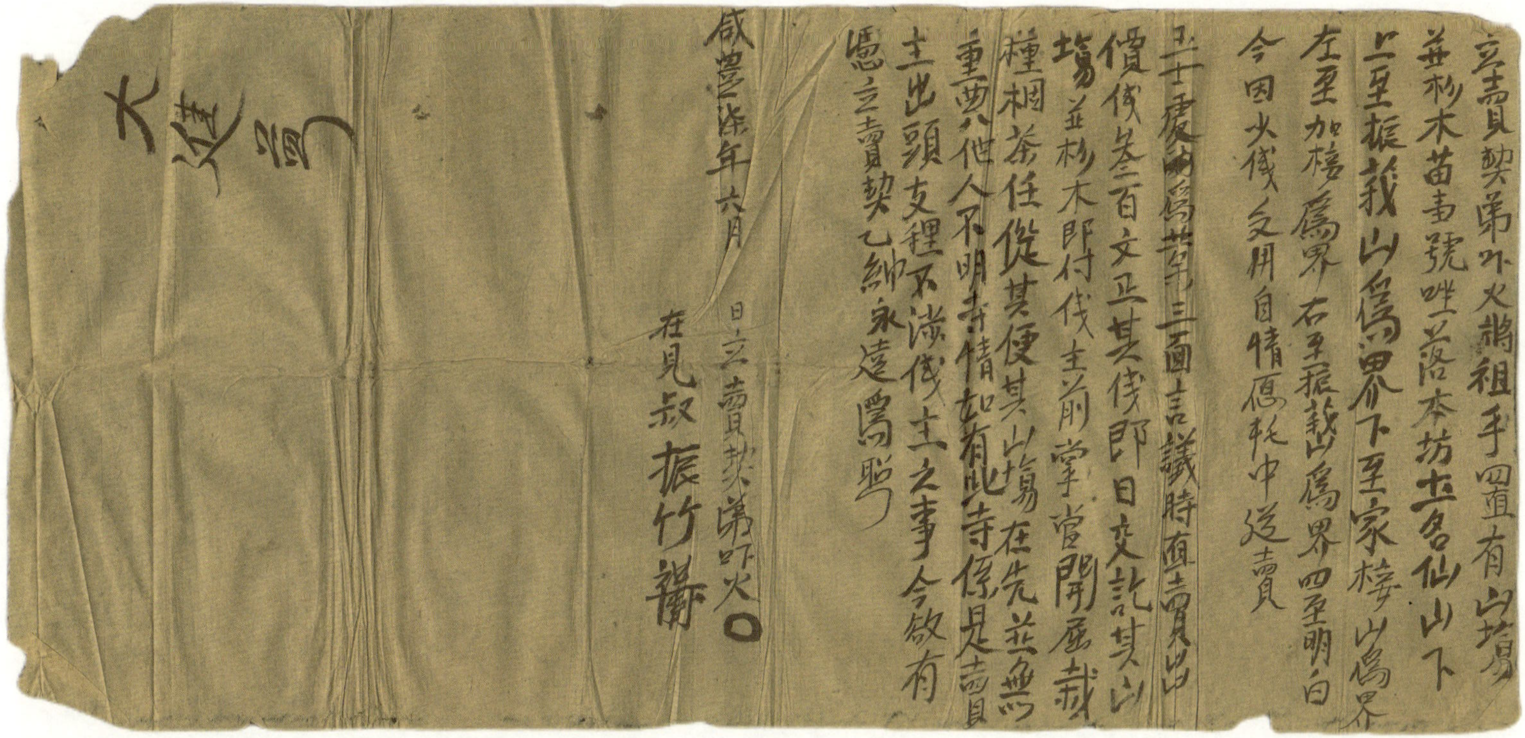

立賣契弟吓火鵲祖手置有山埸
並杉木苗壹號，坐落本坊土名仙山下
上至振義山爲界，下至家樓山爲界
左至加樓爲界，右至振義山爲界，四至明白
今因火錢乏用，自情愿托中送賣
與士慶兩爲業，三面言議時值賣價出
價錢叁百文正，其錢即日交訖。其山
埸並杉木即付錢主前掌管開墾栽
種桐茶，任從其便。其山埸在先並無
重典他人，不明等情。如有此等係是賣
主出頭支理，不涉錢主之事。今欲有
憑，立賣契乙紙永遠爲照。
咸豐柒年六月　日立賣契弟吓火〇
在見叔　振竹　押
大進昌

3-2-37-4　清咸豐七年六月葉吓火立賣山場等契

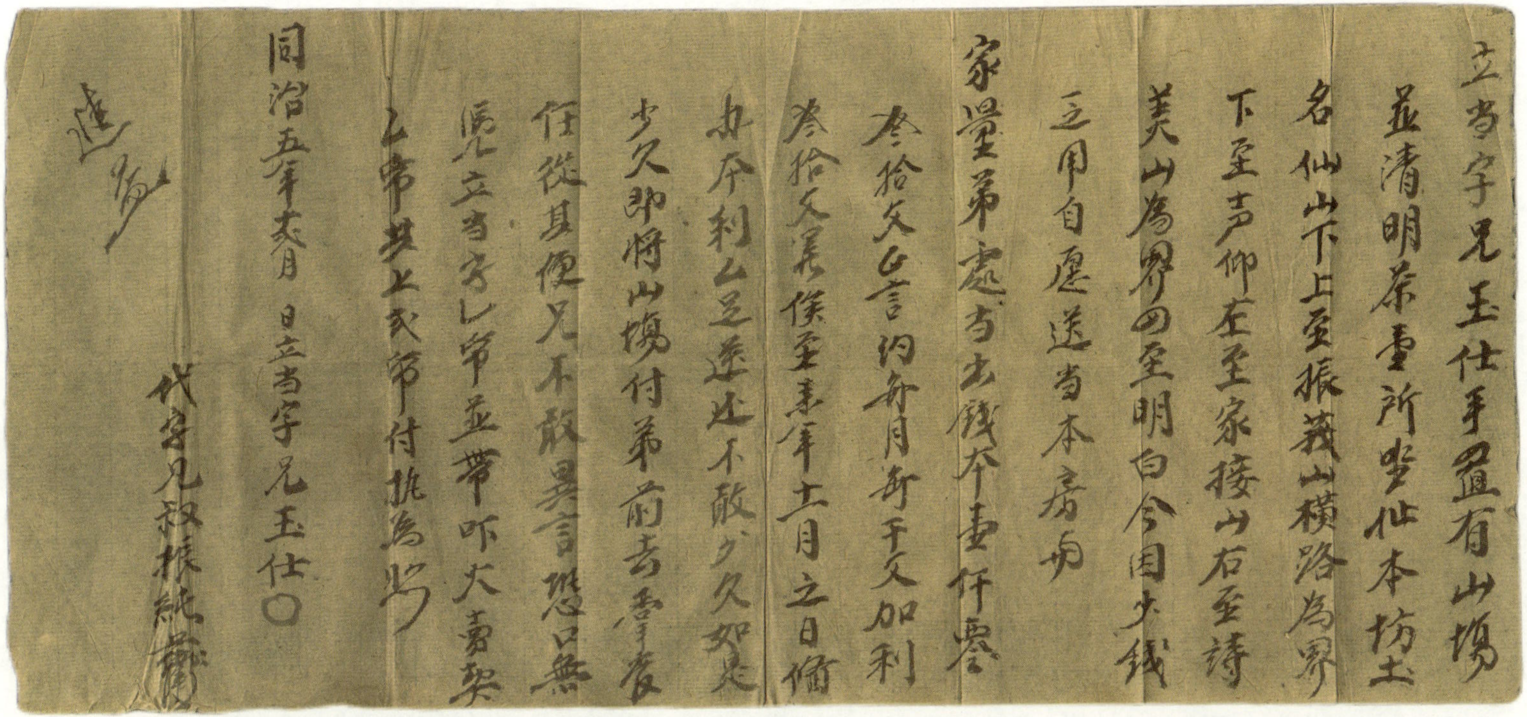
立當字兄玉仕手置有山場
並清明茶壹所坐址本坊土
名仙山下上至振義山橫路為界
下至芦仰左至家接山右至詩
美山為界四至明白今因乏錢
應用自愿送當本房弟
家量弟邊當出錢本壹仟零
叁拾文正言約每月每千文加利
叁拾文算係至來年十二月立日備
出本利山足送还不敢少欠如是
少欠即將山場付弟前去管業
任從其便兄不敢異言恐口無
憑兄立當字山帶並帶吓大萬契
一帶共上式帶付執為照
同治五年十二月　日立當字兄玉仕〇
代字兄叔榛紙
進房

3-2-37-5　清同治五年十二月葉玉仕立當山場等字

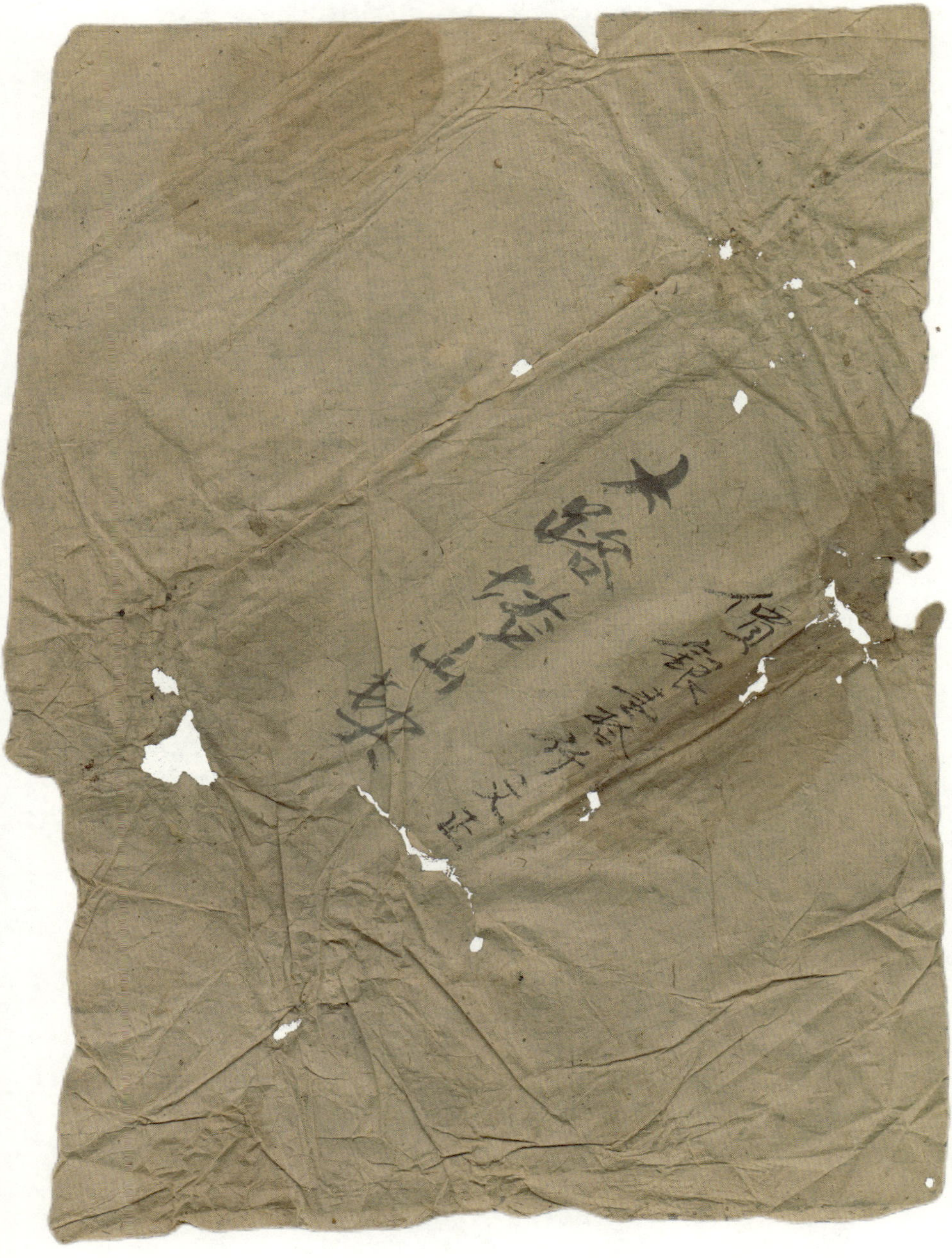

3-2-38-1 包契紙

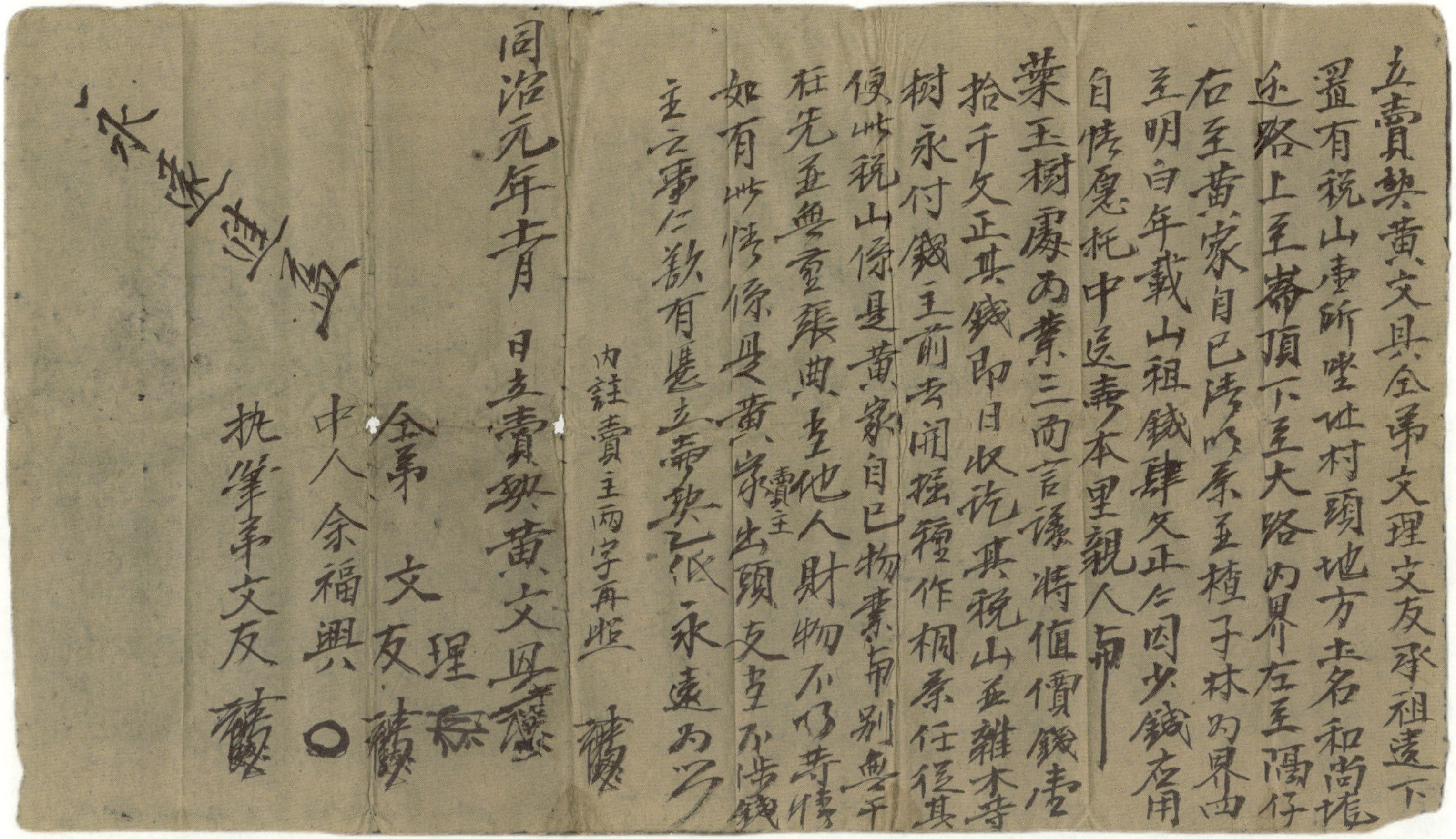

立賣契黄文呉仝弟文理文友承祖遗下
置有税山壹所坐址村頭地方土名和尚垅
逐路上至嵛頂下至大路為界左至陽仔
右至黄家自己塝以系至植子林為界四
至明白年載山租錢肆文正今因少錢應用
自情愿托中送與本里親人前
葉玉樹處為業三兩言議將值價錢壹
拾千文正其錢即日收訖其税山並雜木等
樹永付錢主前去開掘種作桐杂任從其
便此税山係是黄家自己物業與別無干
在先並無重張典（賣）主他人財物不明等情
如有此情係是黄家出頭支当不涉錢
主之事今欲有憑立賣契一紙永遠為照
內註賣主兩字再照

同治元年十一月 日立賣契黄文呉（押）
仝弟 文理（押）
文友（押）
中人 余福興 ○
執筆弟文友（押）

永遠管業

3-2-38-2 清同治元年十一月黄文呉等立賣税山契

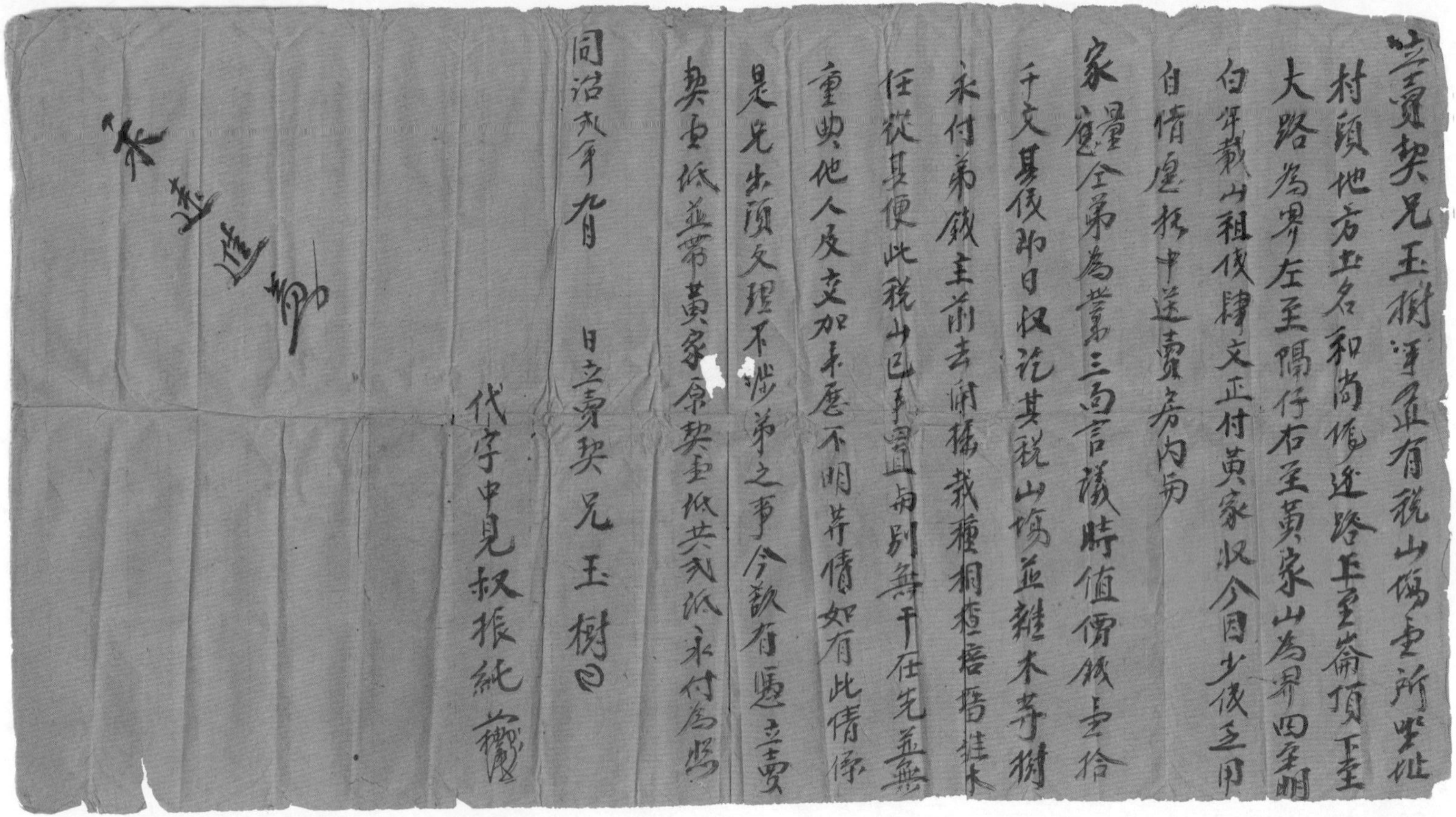
立賣契兄玉樹承有稅山場壹所坐址
村頭地方土名和尚塆述路上至崙頂下至
大路為界左至陽仔右至黃家山為界四至明
白年載山租錢肆文正付黃家收今因少錢乏用
自情愿托中送賣房內弟
家邊全弟為業三面言議時值價錢壹拾
千文其錢即日收訖其稅山場並雜木等樹
永付弟錢主前去開掘栽種桐查培植挂木
任從其便此稅山已賣過手別無干併先並無
重典他人及交加來歷不明并情如有此情係
是兄出頭支理不涉弟之事今欲有憑立賣
契壹紙並帶黃家原契壹紙共貳紙永付為照
同治貳年九月　日立賣契兄玉樹(押)
代字中見叔振紀(押)
永[illegible]達[illegible]

3-2-38-3　清同治二年九月葉玉樹立賣稅山場契

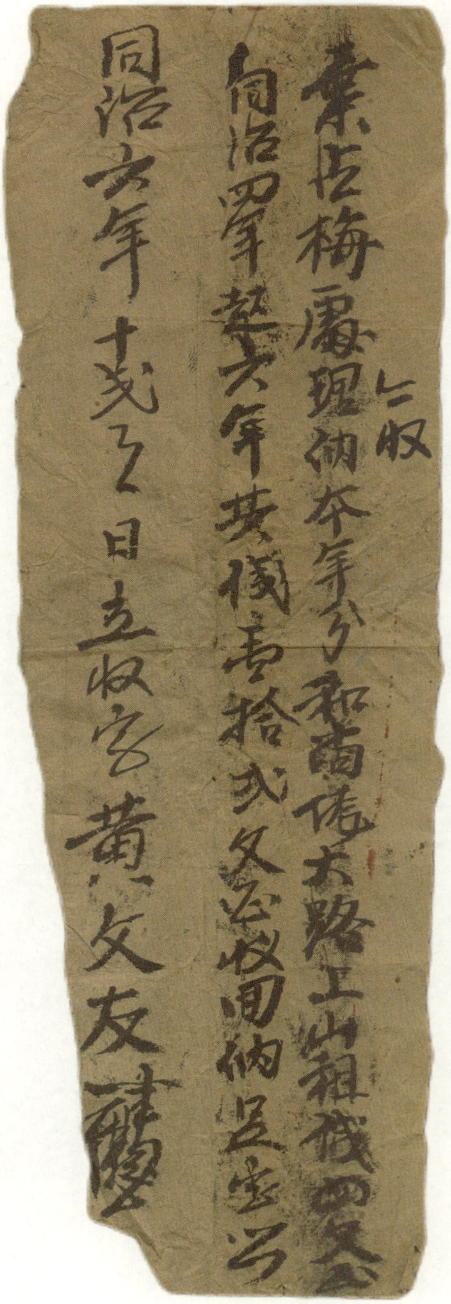
仝收
葉居梅處理納本年分和尚傳大路上山租錢四文正
自同治四年起六年共錢壹拾弍文正收回納足訖号
同治六年十弍月 日立收字 黃文友（押）

3-2-38-4 清同治六年十二月黃文友立收山租字

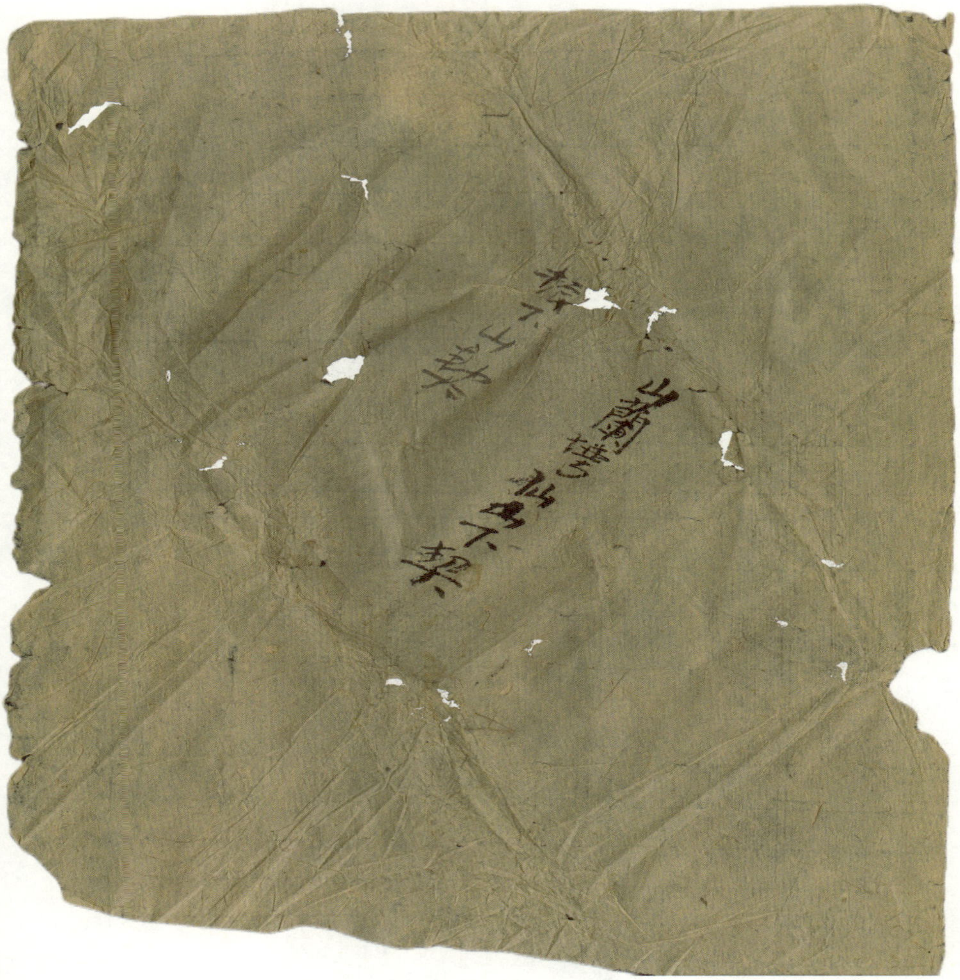

3-2-39-1　包契紙

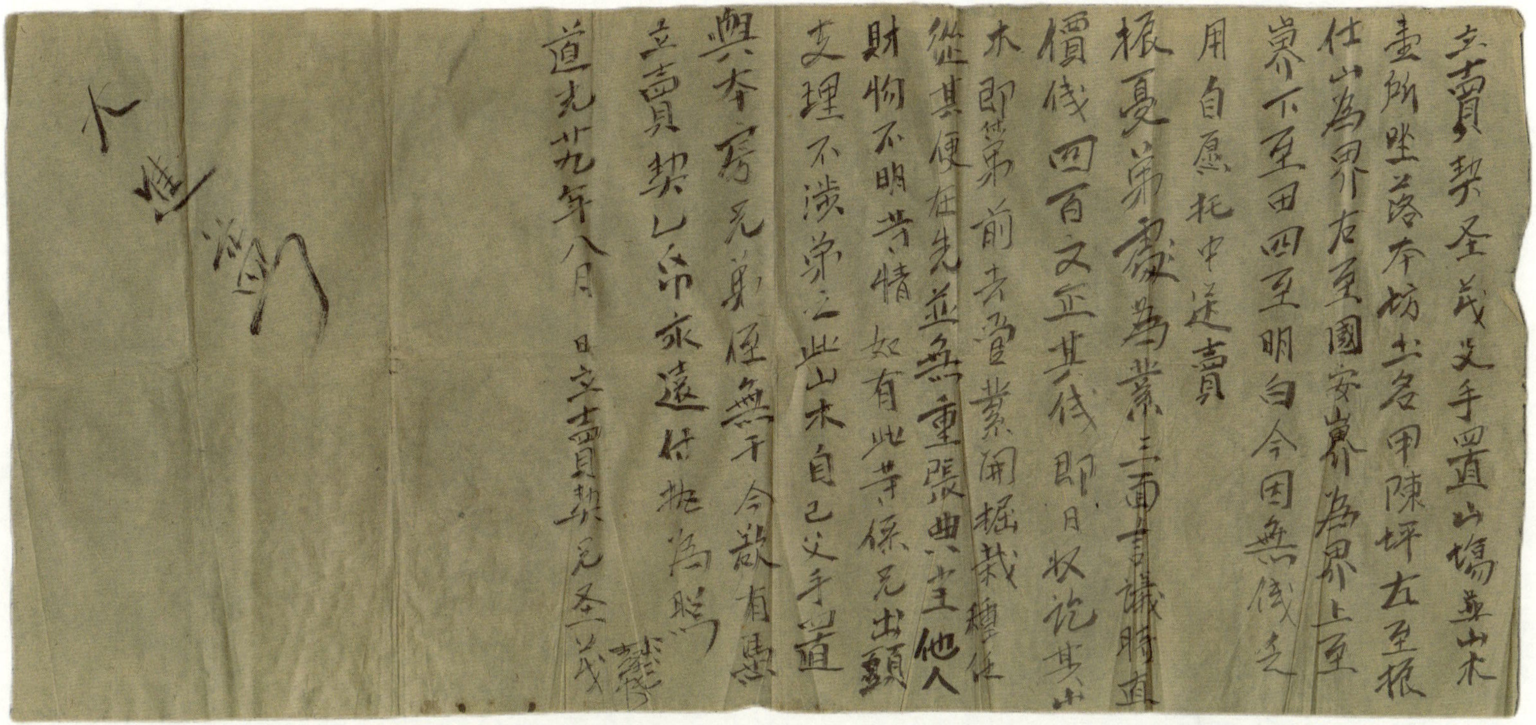
立賣契圣茂文手置山場並山木
壹所，坐落本坊土名甲陳坪，左至根
仕山為界，右至國安嶺界為界，上至
嶺，下至田，四至明白。今因無錢乏
用，自愿托中送賣
根憂弟處為業，三面言議，時值
價錢四百文正，其錢即日收訖，其山
木即聽弟前去管業開掘栽種，任
從其便，在先並無重張典掛他人
財物不明等情，如有此等，係兄出頭
支理，不涉弟之事。此山木自己手置，
與本房兄弟侄無干。今欲有憑，
立賣契山亦永遠付執為照。
道光廿九年八月　日立賣契兄圣茂（押）

3-2-39-2　清道光二十九年八月葉圣茂立賣山場等契

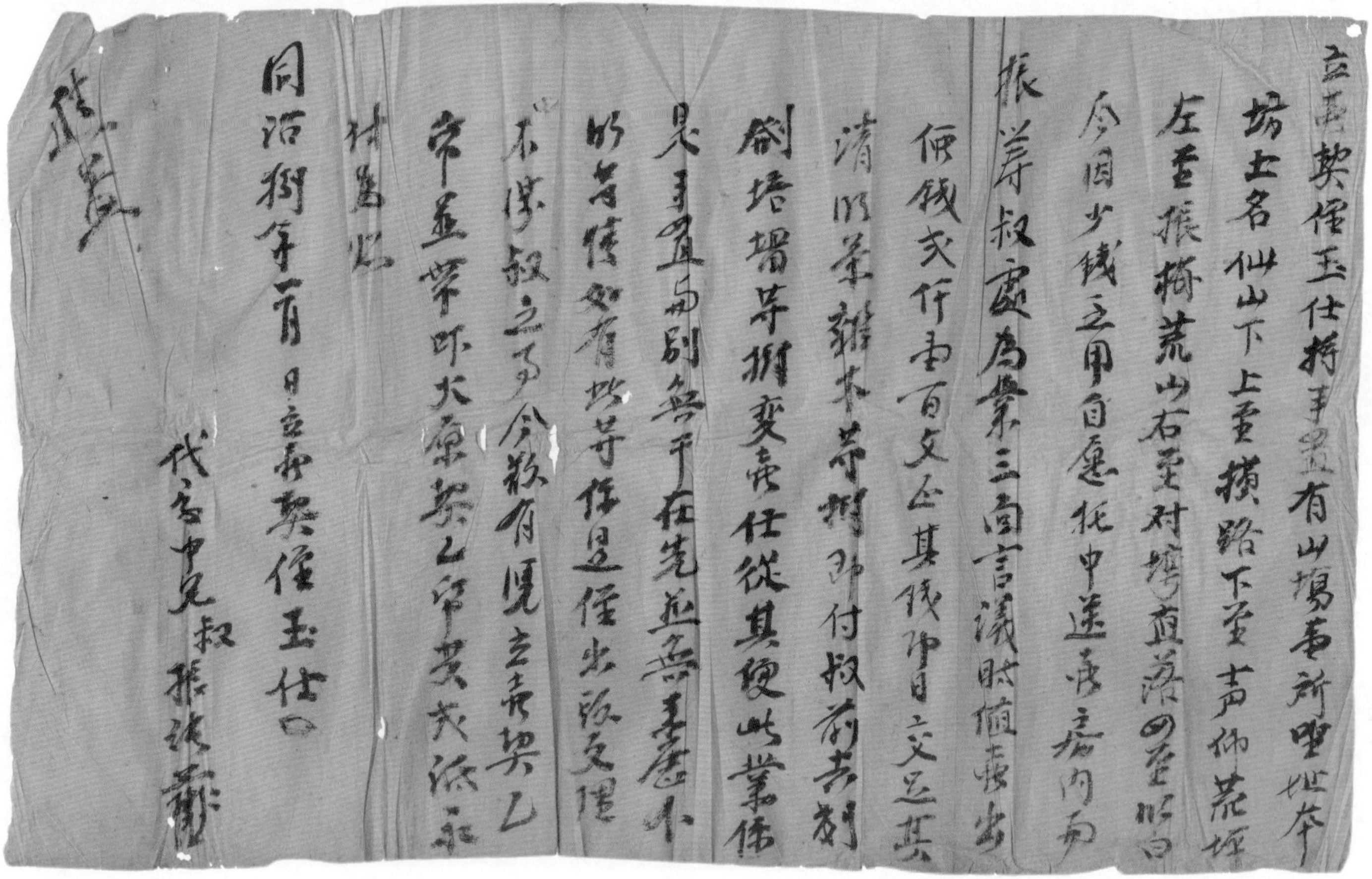
立賣契侄玉仕將手置有山場壹所坐址本
坊土名仙山下上至橫路下至吉声仰荒坪
左至振椅荒山右至对塆直落四至明白
今因少錢乏用自愿托中送賣与房内叔
振蔣叔處爲業三面言議時值賣出
價錢弍仟壹百文正其錢即日交足其
清明節辦茶苓樹即付叔前去割
劉培埋苓樹变賣任從其便此業係
是手置与别無干在先並無重張不
明等情如有此等任侄出頭支理
不涉叔之事今欲有憑立賣契乙
帋並帶昨大賣契乙帋共弍張永
付照
同治捌年一月　日立賣契侄玉仕（押）
代字中見叔　振波（押）

3-2-39-3　清同治八年一月葉玉仕立賣山場契

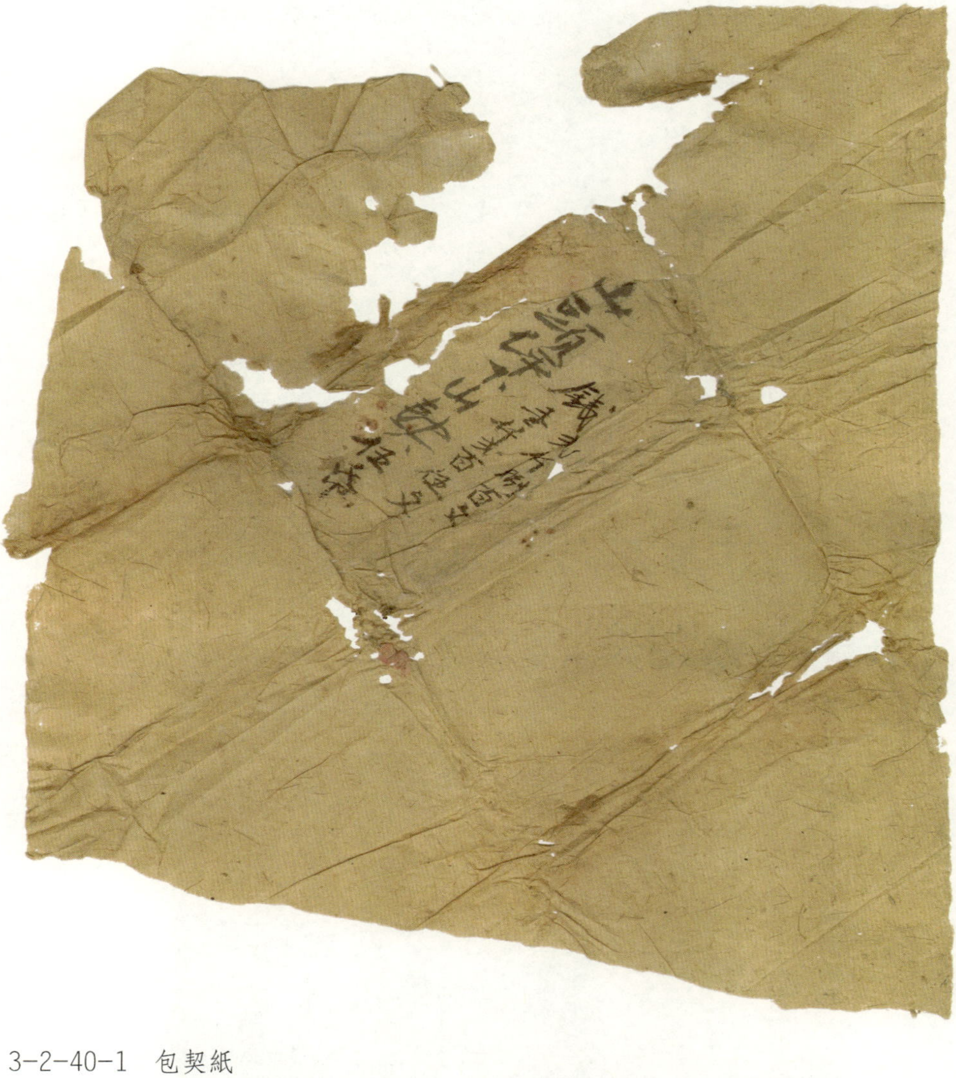

3-2-40-1　包契紙

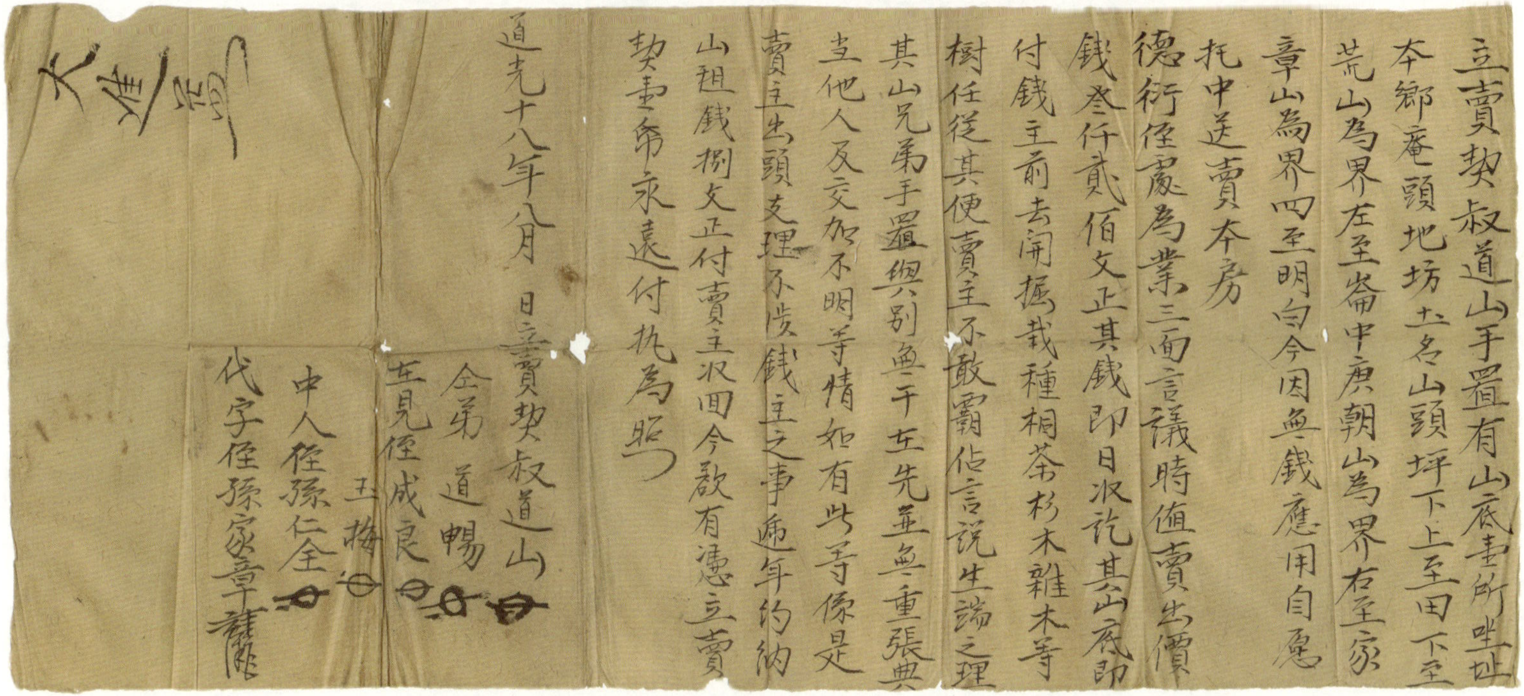

立賣契叔道山手置有山底壹所，坐址
本鄉庵頭地坊，土名山頭坪下，上至田，下至
荒山為界，左至崙中，庚朝山為界，右至家
章山為界，四至明白。今因無錢應用，自愿
托中送賣本房
德衍侄處為業，三面言議時值賣出價
錢叁仟貳佰文正。其錢即日收訖，其山底即
付錢主前去開掘，栽種桐茶杉木雜木等
樹，任從其便，賣主不敢霸佔言說生端之理。
其山兄弟手置，與別無干，在先並無重張典
立他人及交加不明等情，如有此等，係是
賣主出頭支理，不涉錢主之事。遞年約納
山租錢捌文正，付賣主收回。今欲有憑，立賣
契壹帋，永遠付執為照。
道光十八年八月　日立賣契叔道山（押）
仝弟　道暢（押）
在見侄成良（押）
玉梅（押）
中人侄孫仁全（押）
代字侄孫家章（押）
大吉昌

3-2-40-2　清道光十八年八月葉道山等立賣山底契

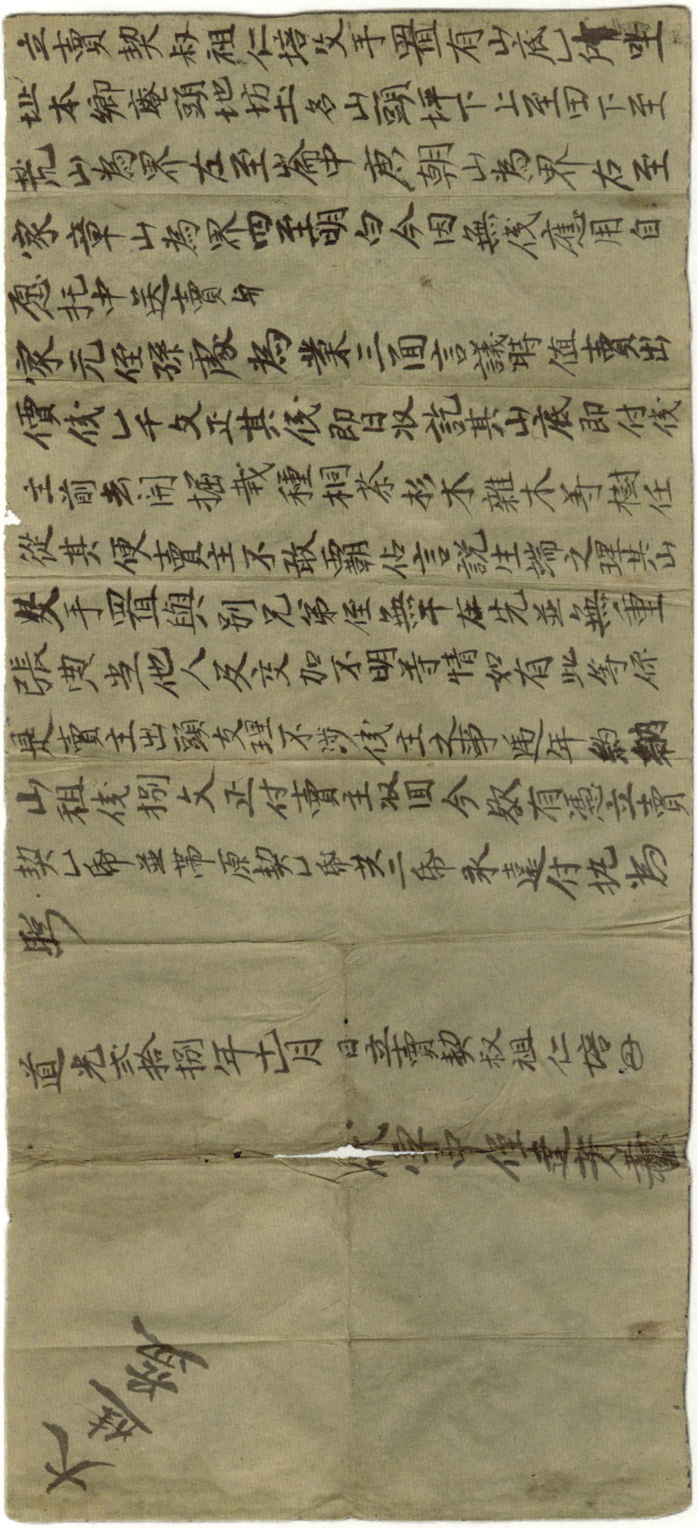
立賣契叔祖仁培，故父手置有山底一處，坐
址本鄉庵頭地坊，土名山頭坪下，上至田，下至
坐山為界，左至岩崙中，廣朝山為界，右至
家章山為界，四至明白。今因無錢應用，自
願托中送賣與
家兄侄孫慶為業，三面言議時值賣出
價錢一千文正，其錢即日收訖，其山底即付錢
主前去開掘栽種桐茶杉木雜木等樹，任
從其便，賣主不敢言翻悔言說往端之理。其山
是父手置，與別兄弟侄無干，並無重
張典當他人及交加不明等情，如有此等係
是賣主出頭支理，不涉錢主之事。此係年納
山租錢捌文，亦付賣主收回。今欲有憑，立賣
契一紙，並帶原契一紙，共二紙，永遠付執為
照。
道光二十捌年十一月　日立賣契叔祖仁培（押）
代字侄孫葉壽
大吉利

3-2-40-3　清道光二十八年十一月葉仁培立賣山底契

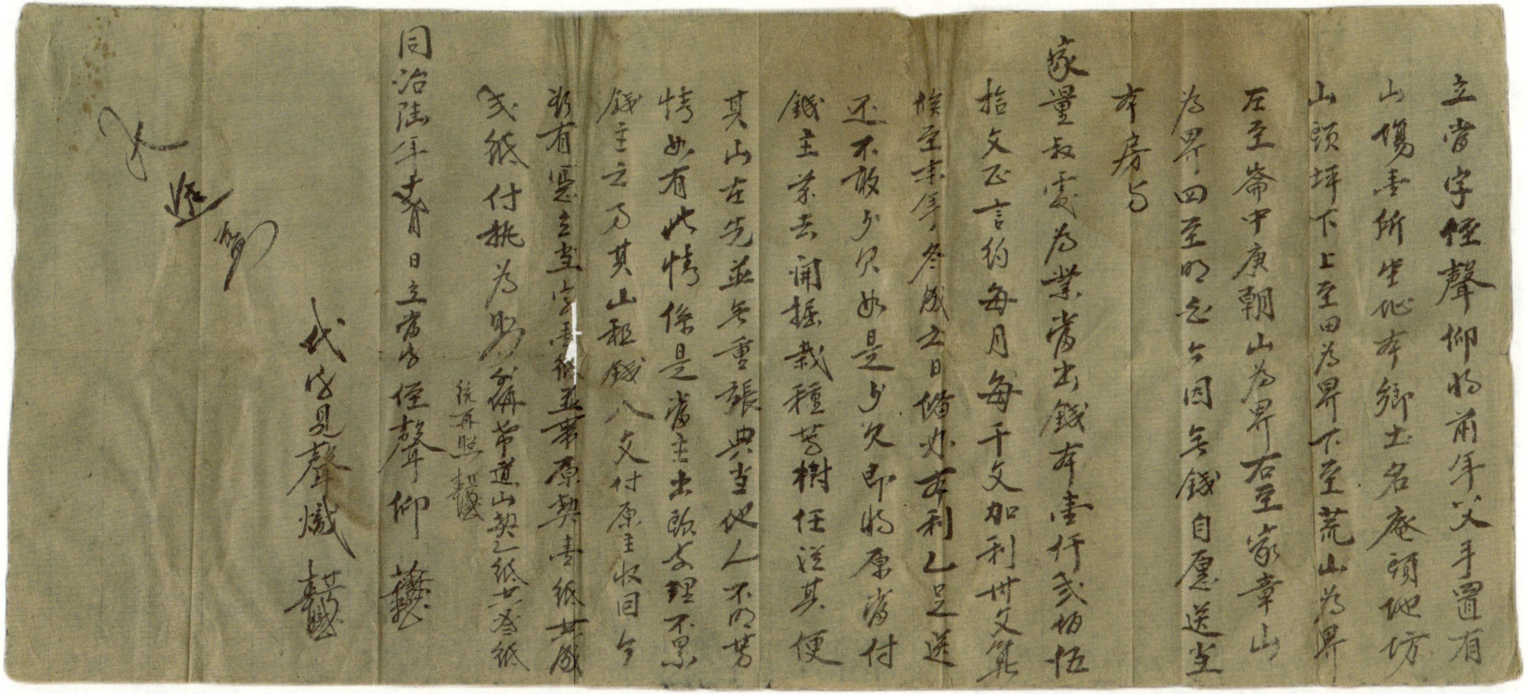

立當字侄聲仰將前年父手置有
山場壹所坐址本鄉土名庵頭地坊
山頭坪下上至田為界下至荒山為界
左至崙中庚朝山為界右至家章山
為界四至明白今因無錢自愿送至
本房与
家量叔處為業當出錢本壹仟貳佰伍
拾文足言約每月每千文加利卅文算
限至來年冬成之日備办本利一足送
还不敢少欠如是少欠即將原當付
錢主前去開掘栽種苦樹任從其便
其山在先並無重張典当他人不明等
情如有此情係是當主出頭料理不累
錢主之事其山租錢八文付原主收回今
欲有憑立當字壹紙並帶原契壹紙共成
式紙付執為照　外再帶道山契乙紙共叁紙
統再照批
同治陸年十二月　日立當字侄聲仰
代字見叔聲熾
大進

3-2-40-4　清同治六年十二月葉聲仰立當山場字

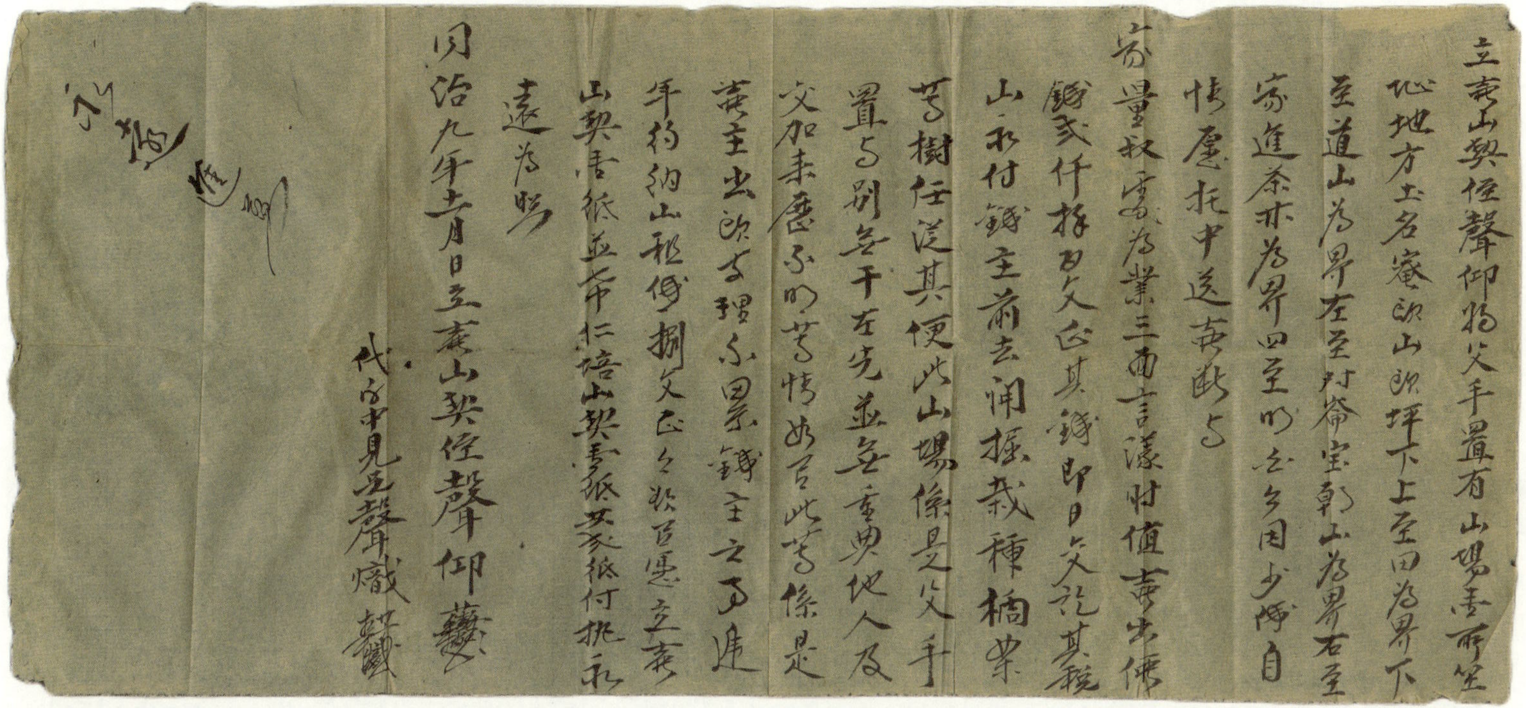
立賣山契侄聲仰承父手置有山場壹所坐
址地方土名寮頭山頭坪下，上至田為界，下
至道山為界，左至墳窠宜郎山為界，右至
窠進奈木為界，四至明白。今因少傅自
情愿托中送與叔邊
為量叔處為業，三面言議，时值賣出價
錢貳仟捌百文正，其錢即日交訖，其稅
山亦付錢主前去開掘栽種稿業
苗樹，任從其便。此山場係是父手
置已別，無干在先，並無重典他人及
交加未明不明等情。如有此等，係是
賣主出頭抵理，不累錢主之事。遞
年約納山租錢捌文正，今欲有憑，立賣
山契壹紙，並帶仁塘山契壹紙，共叁紙付執為
遠為照
同治九年十一月　日立賣山契侄聲仰（押）
代字中見兄聲熾（押）

3-2-40-5　清同治九年十一月葉聲仰立賣山場契

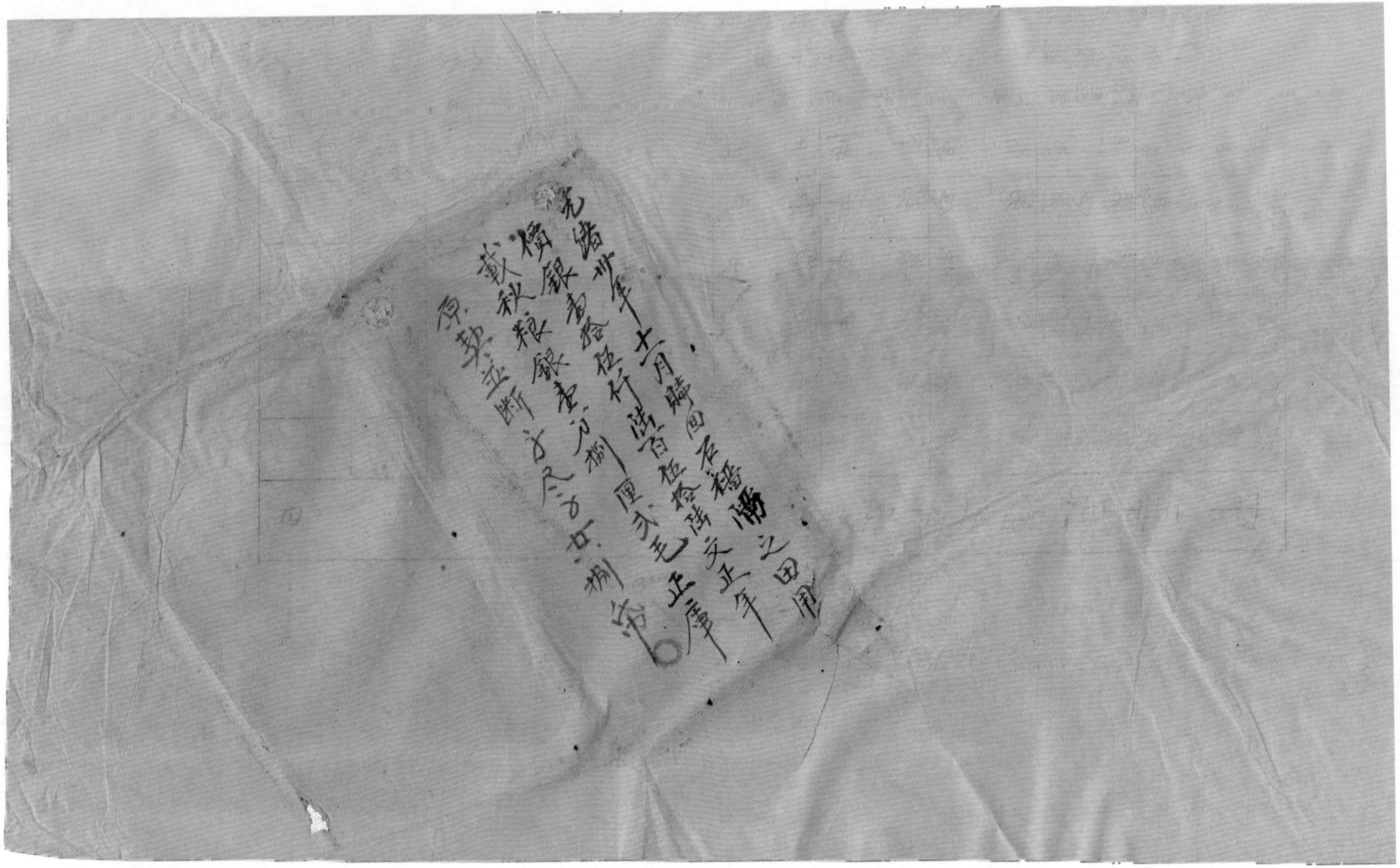
光緒廿年十二月贖回石[illegible]陽之田價
價銀壹拾伍仟陸百伍拾陸文正，年
載秋粮銀壹元捌釐弍毛正，庫
原契並斷[illegible]

3-2-41-1 包契紙

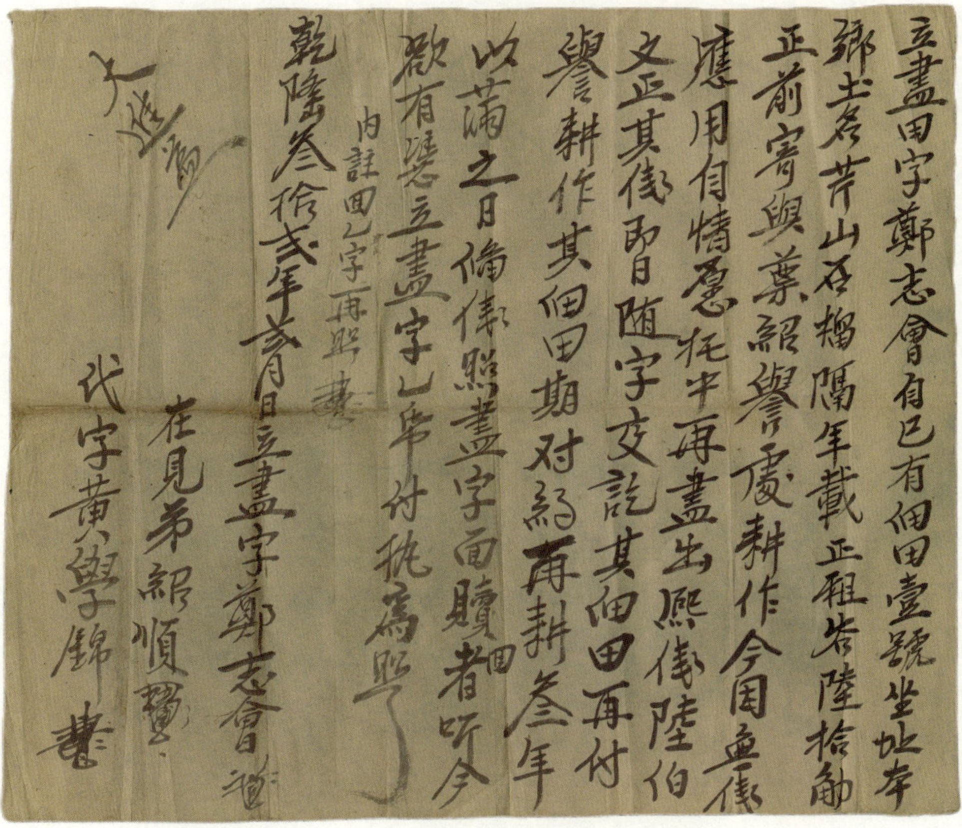
立盡田字鄭志會自己有佃田壹號坐址本
鄉土名芹山石榴陽年載正租谷陸拾觔
正前寄與葉紹譽處耕作今因無錢
應用自情愿託中再盡出與錢陸伯
文正其錢即日隨字交訖其佃田再付
譽耕作其佃田期对約再耕叁年
以滿之日備錢照盡字面贖田者听今
欲有憑立盡字一帋付執爲照
內註田乙字再照
乾隆叁拾弍年二月日立盡字鄭志會（押）
在見弟紹順（押）
代字黃學錦書
大進

3-2-41-2　清乾隆三十二年二月鄭志會立盡佃田字

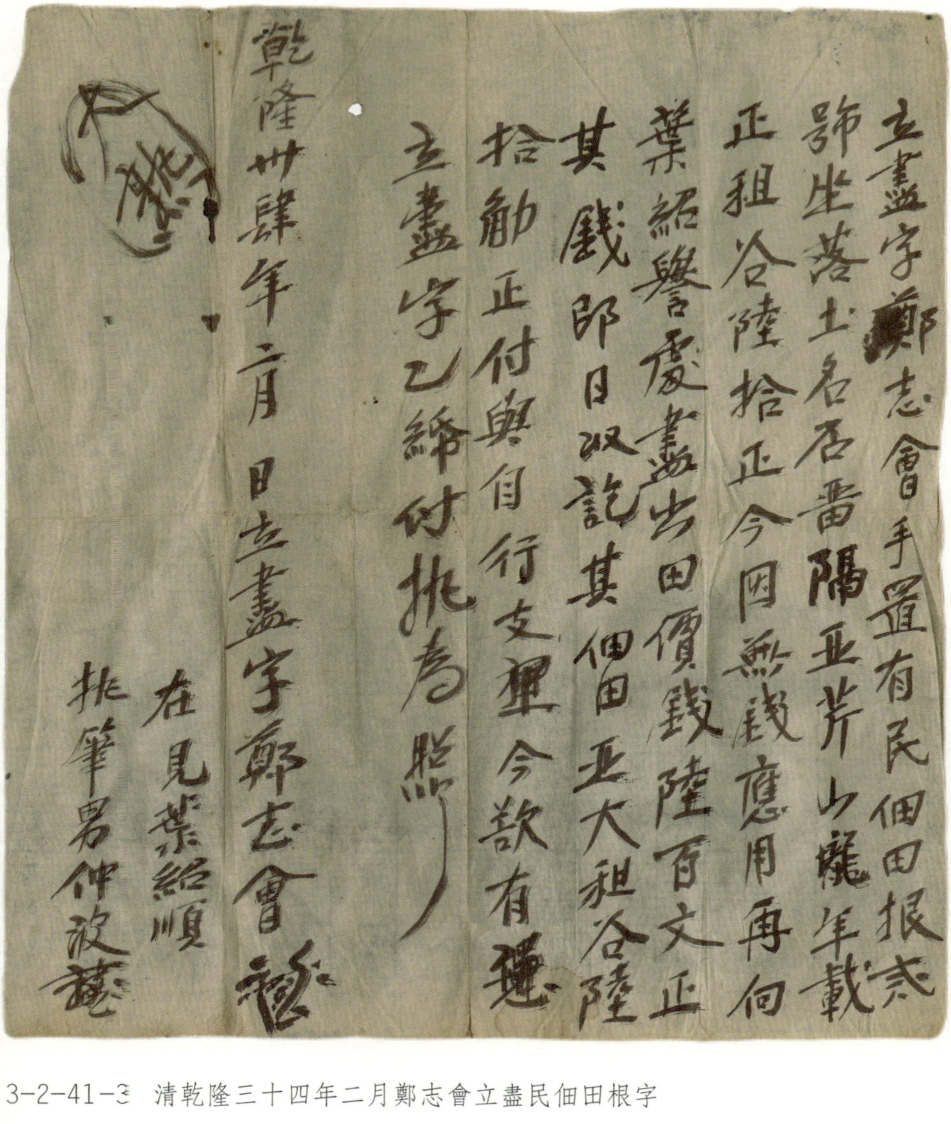
立盡字鄭志會手置有民佃田根弍
坵坐落土名石畨陽亞芹山壠年載
正租谷陸拾正今因無錢應用再向
葉紹譽處盡出田價錢陸百文正
其錢即日收訖其佃田亞大租谷陸
拾觔正付與自行支理今欲有憑
立盡字乙紙付執為照
乾隆卅肆年二月 日立盡字鄭志會
在見葉紹順
執筆男仲波

3-2-41-3 清乾隆三十四年二月鄭志會立盡民佃田根字

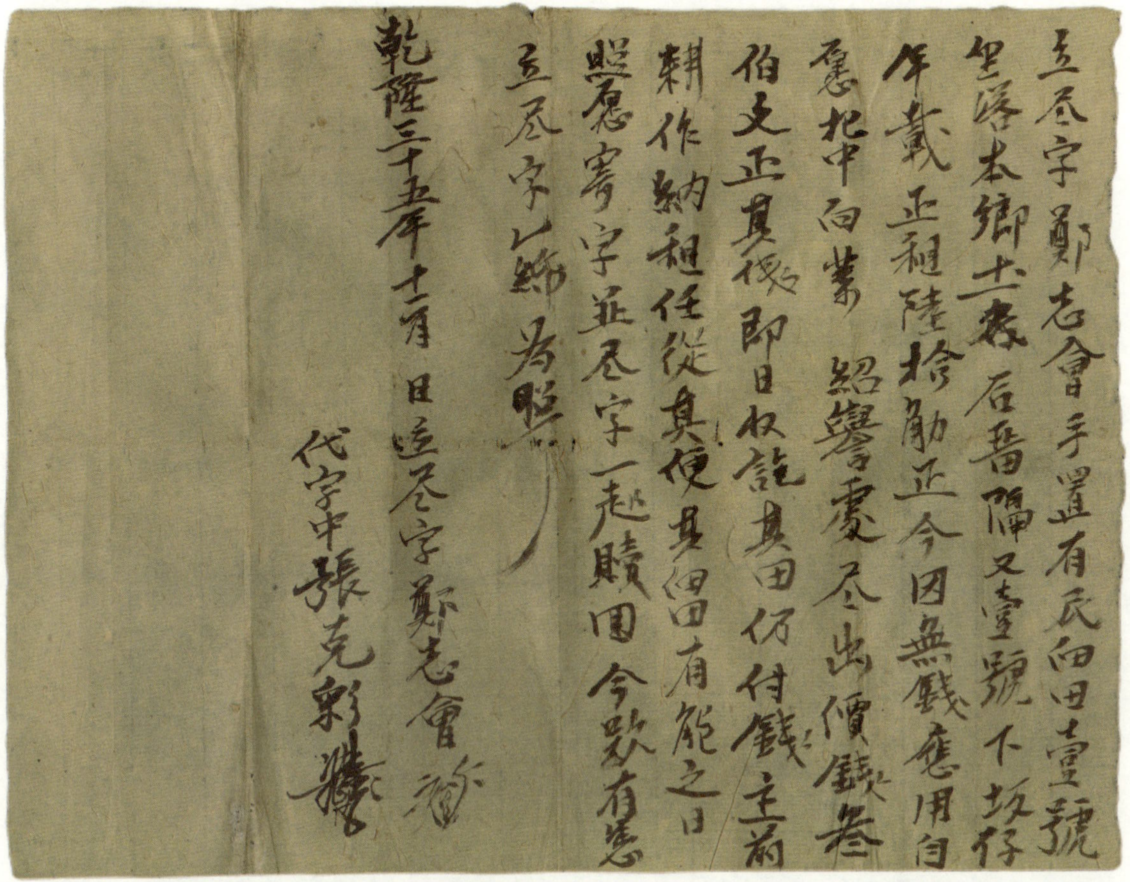

立盡字鄭志會手置有民佃田壹號
坐落本鄉土名后番隔又壹號下坂仔
伴載正租陸拾觔正今因無錢應用自
愿托中向業　紹鑾處盡出價錢叁
伯文正其錢即日收訖其田仍付錢主前
耕作納租任從其便其佃田有能之日
照愿寄字並盡字一起贖回今欲有憑
立盡字一紙為照

乾隆三十五年十二月　日立盡字鄭志會（押）
代字中張克彩（押）

3-2-41-4　清乾隆三十五年十二月鄭志會立盡民佃田字

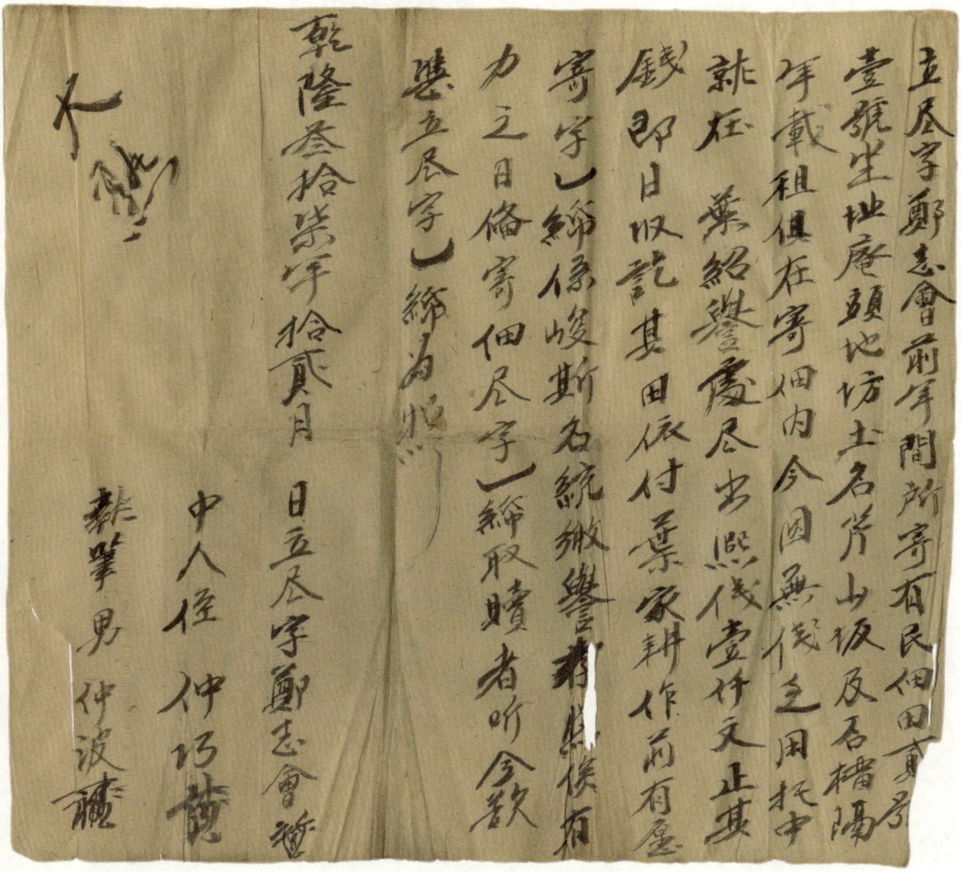

立尽字鄭志會前年間所寄有民佃田貳号
壹號坐址鹿頭地方土名芹山坂及石橹陽
年載租俱在寄佃內今因無錢乏用托中
就在 葉紹鑾處尽出價錢壹仟文正其
錢即日收訖其田依付葉家耕作前有塵
寄字一紙係峻斯名統繳鑾存照倘有
力之日備寄佃尽字一紙取贖者听今欲
恐口無憑立尽字一紙為照
乾隆叁拾柒年拾貳月 日立尽字鄭志會（押）
中人侄 仲巧（押）
執筆男 仲波（押）

3-2-41-5 清乾隆三十七年十二月鄭志會立盡民佃田字

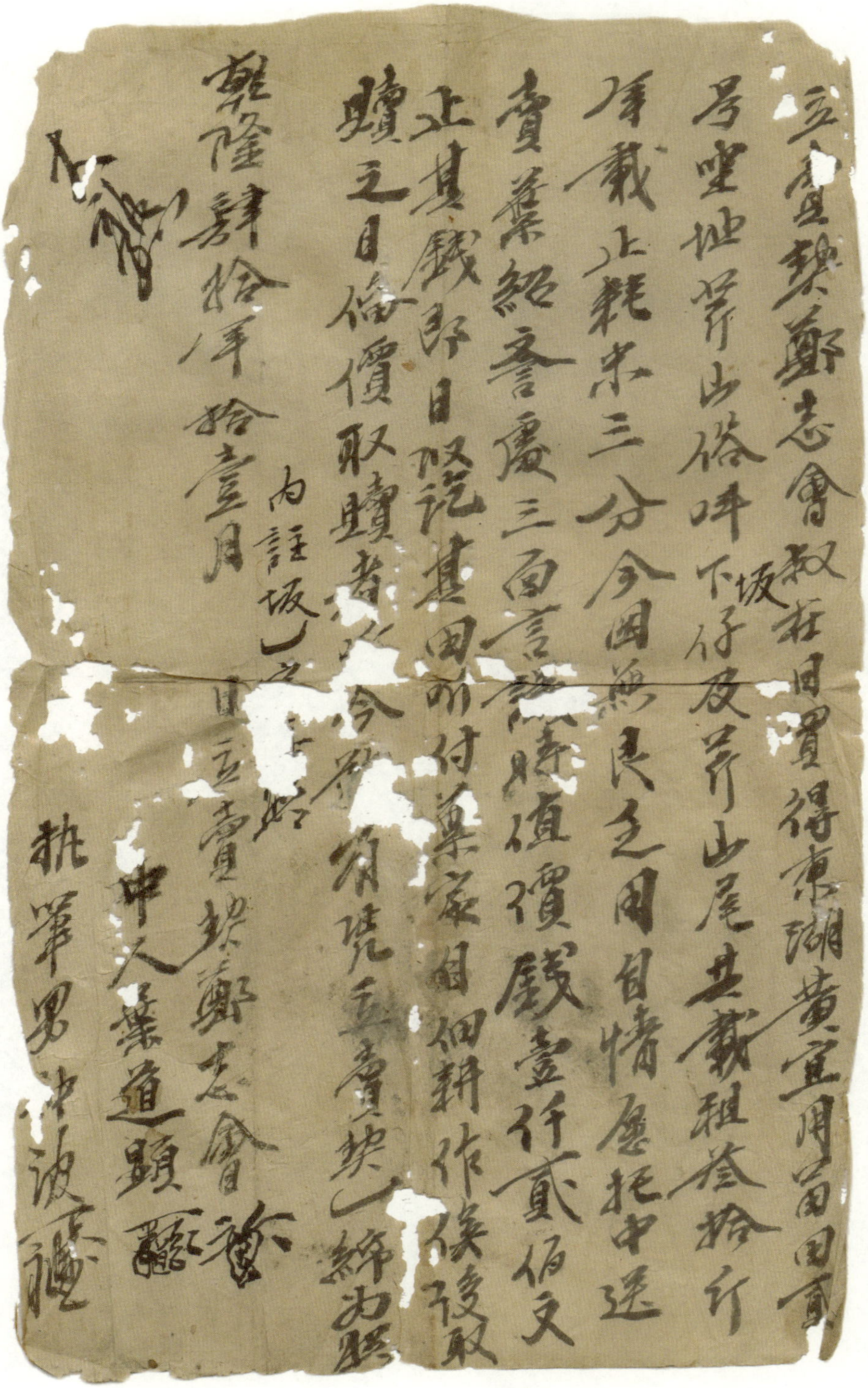

立賣契鄭志會叔在日買得東湖黃宜用苗田貳
號坐址芹山俗呼下仔坂及芹山尾共載租叁拾斤
年載上耗米三分今因無銀急用自情愿托中送
賣葉紹音處三面言議時值價錢壹仟貳佰文
正其錢即日收訖其田所付葉家自佃耕作候後取
贖之日備價取贖者□今欲有憑立賣契一紙為照

內註坂一字

乾隆肆拾年拾壹月　日立賣契鄭志會

中人葉道顯

執筆男沖波

3-2-41-6　清乾隆四十年十一月鄭志會立賣苗田契

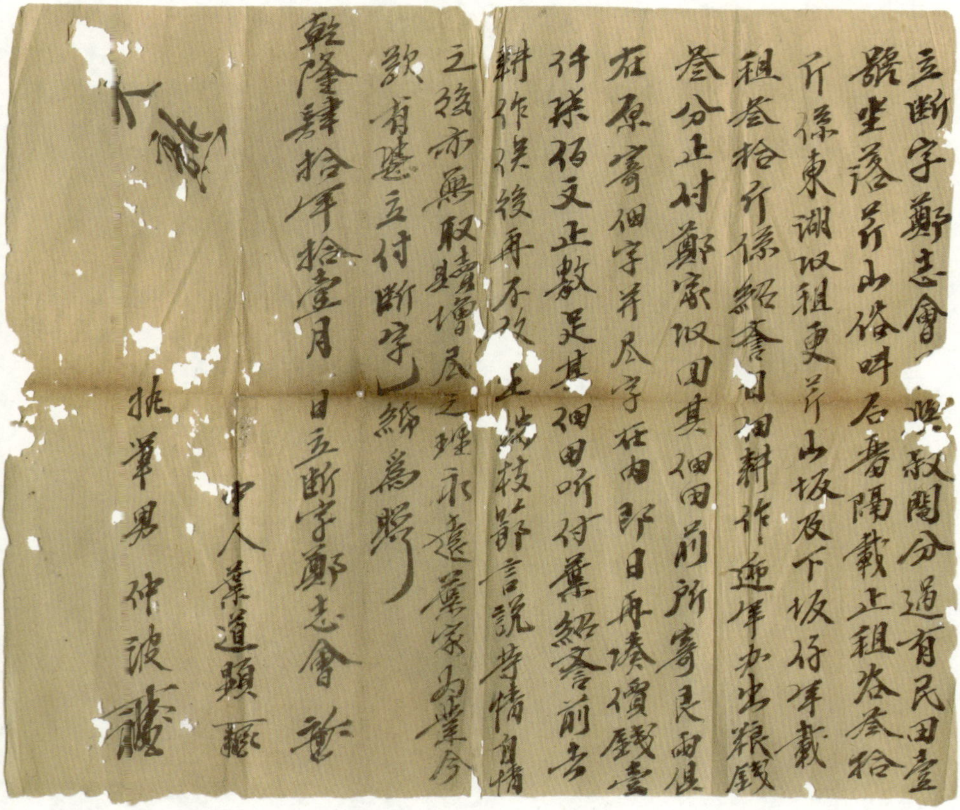
立斷字鄭志會[illegible]與叔閣分過有民田壹
號坐落芹山俗呼石番陽載上租谷叁拾
斤係東湖收租更芹山坂及下坂仔年載
租叁拾斤係紹參自佃耕作逐年办出粮錢
叁分正付鄭家收回其佃田前所寄艮兩俱
在原寄佃字并尽字在內即日再凑價錢壹
仟柒佰文正數足其佃田所付葉紹參前去
耕作供後再不敢生端枝節言說等情自情
之後亦無取贖增尽之理永遠葉家為業今
欲有憑立付斷字一紙為照
乾隆肆拾年拾壹月　日立斷字鄭志會
中人葉道顯
代筆男　仲波
大發

3-2-41-7　清乾隆四十年十一月鄭志會立斷民田字

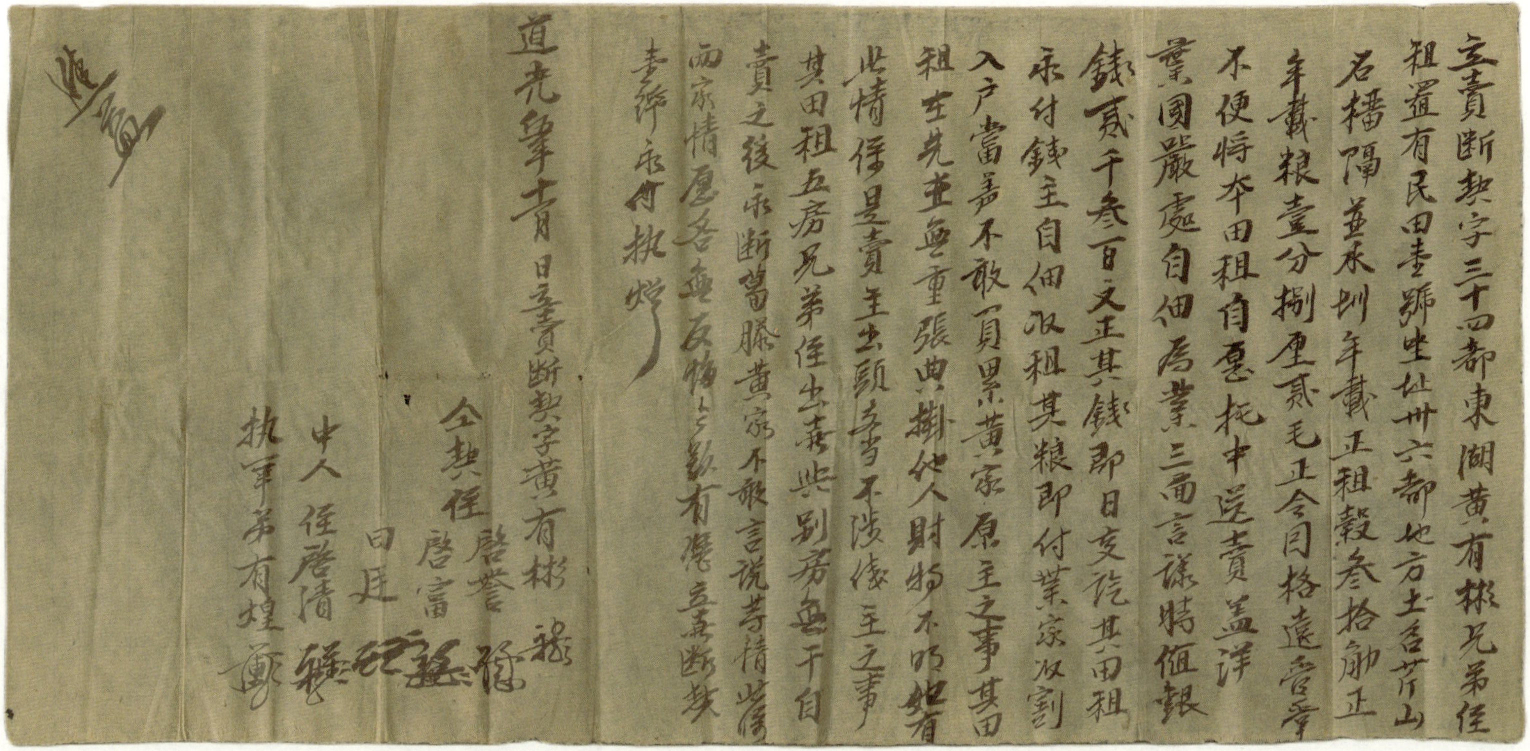

3-2-41-8　清道光五年十一月黃有彬等立賣斷民田字

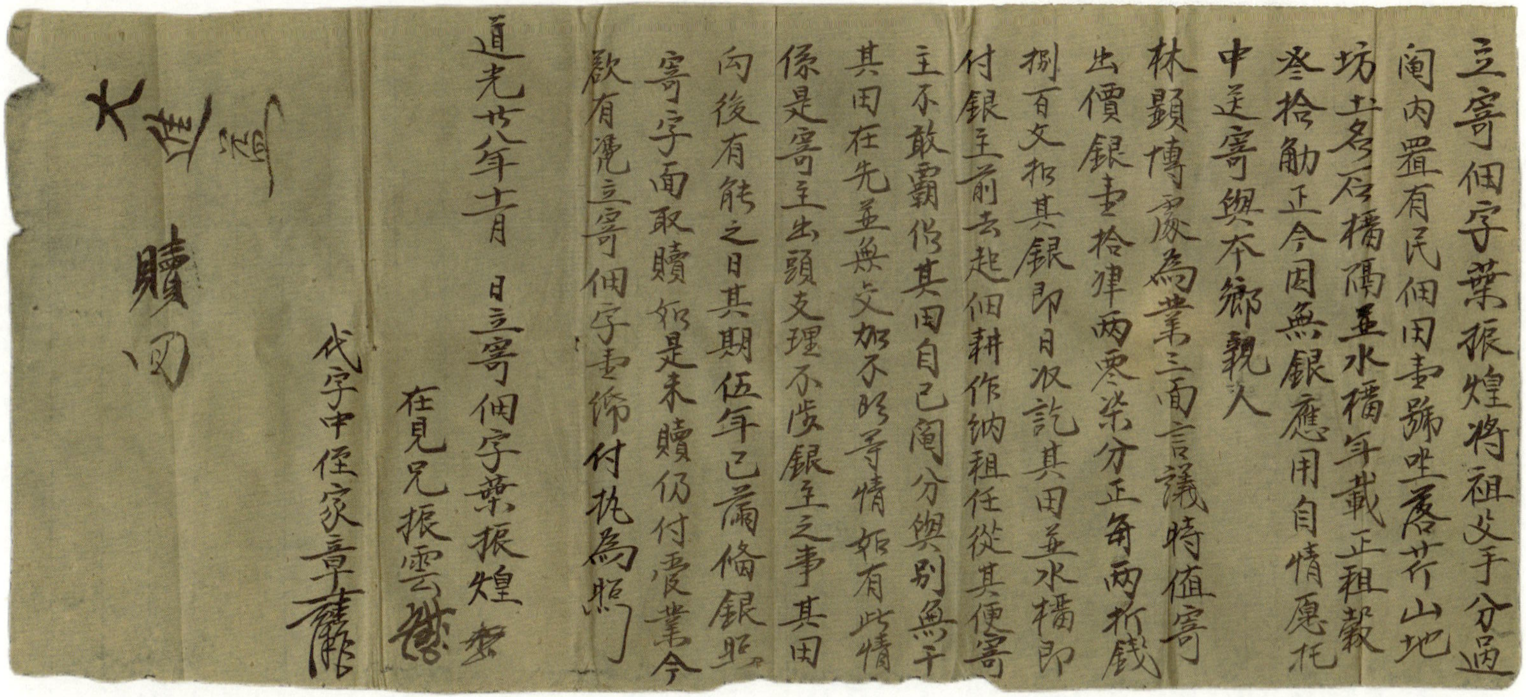

立寄佃字葉振煌將祖父手分過
閹內買有民佃田壹號坐落芹山地
坊土名石橋隔并水橋年載正租穀
叁拾觔正今因無銀應用自情愿托
中送寄與本鄉親人
林顯博處為業三面言議特值寄
出價銀壹拾肆兩柒柒分正每兩折錢
捌百文和其銀即日收訖其田并水橋即
付銀主前去起佃耕作納租任從其便寄
主不敢霸佔其田自己閹分與別無干
其田在先並無文加不明等情如有此情
係是寄主出頭支理不涉銀主之事其田
向後有能之日其期伍年已滿備銀照
寄字面取贖如是未贖仍付受業今
欲有憑立寄佃字壹紙付執為照

道光廿八年十一月　日立寄佃字葉振煌（押）
在見兄振雲（押）
代字中侄家章（押）

大吉　贖回

3-2-41-9　清道光二十八年十一月葉振煌立寄民佃田字

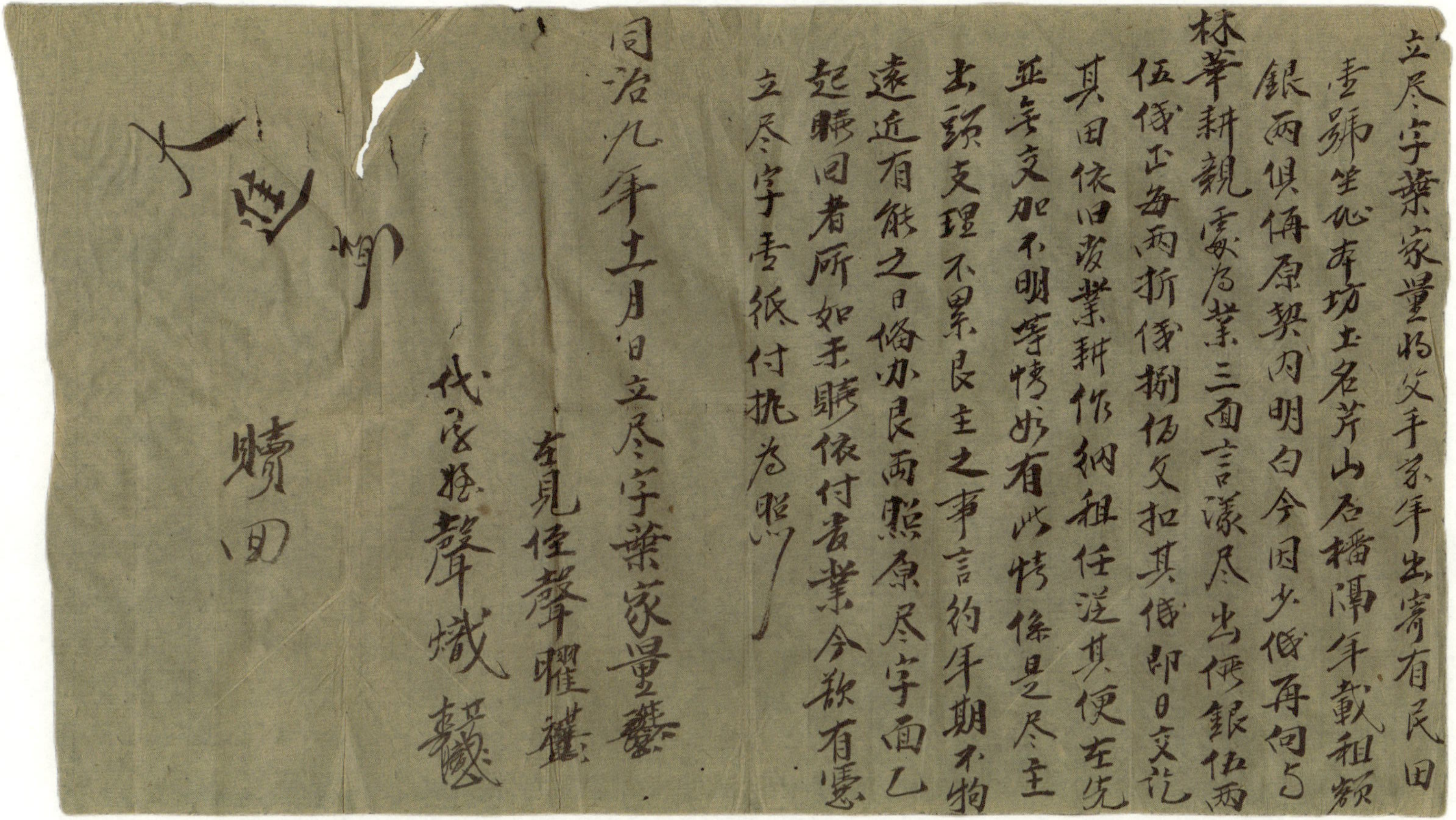

立盡字葉家量將父手承手出賣有民田
壹號坐𡉏本坊土名芹山石橎墱年載租額
銀兩俱備原契內明白今因少銀再向與
林華耕親處為業三面言議盡出價銀伍兩
伍錢正每兩折錢捌伯文扣其錢即日交訖
其田依舊歸葉耕作納租任從其便在先
並無交加不明等情如有此情係是盡主
出頭支理不累良主之事言約年期不拘
遠近有能之日備辦良兩照原盡字面乙
起贖回者所如未贖依付當業今欲有憑
立盡字壹紙付執為照

同治九年十一月　日立盡字葉家量（押）
在見侄聲耀（押）
代筆侄聲熾（押）

大進

贖田

3-2-41-10　清同治九年十一月葉家量立盡民田字

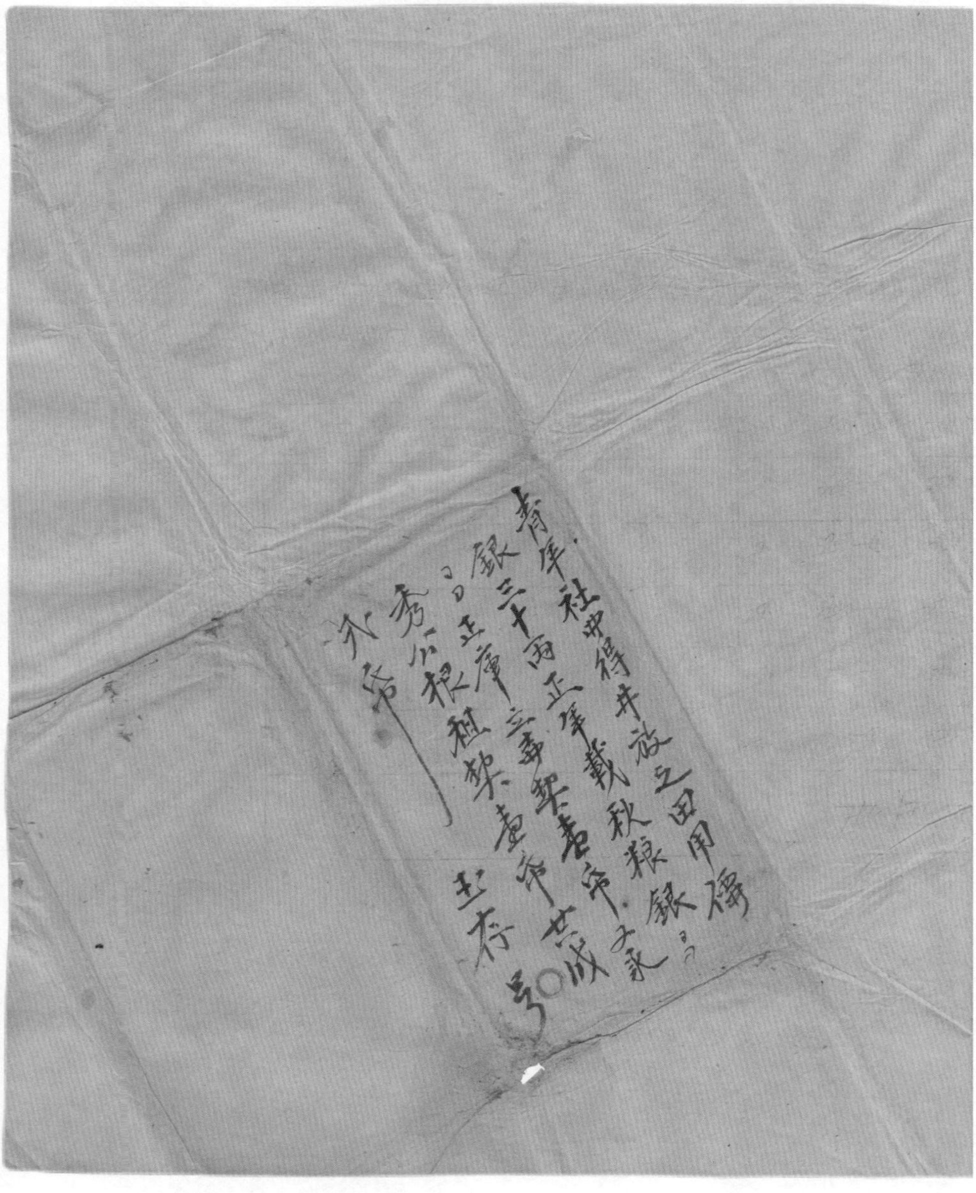

壽年社中得并收之田用價
銀三十兩正年載秋粮銀ㄖㄇ
ㄖㄖ正庫立壽契壹帝子承
秀公根租契壹帝廿成
封存號○
又帝

3-2-42-1　包契紙

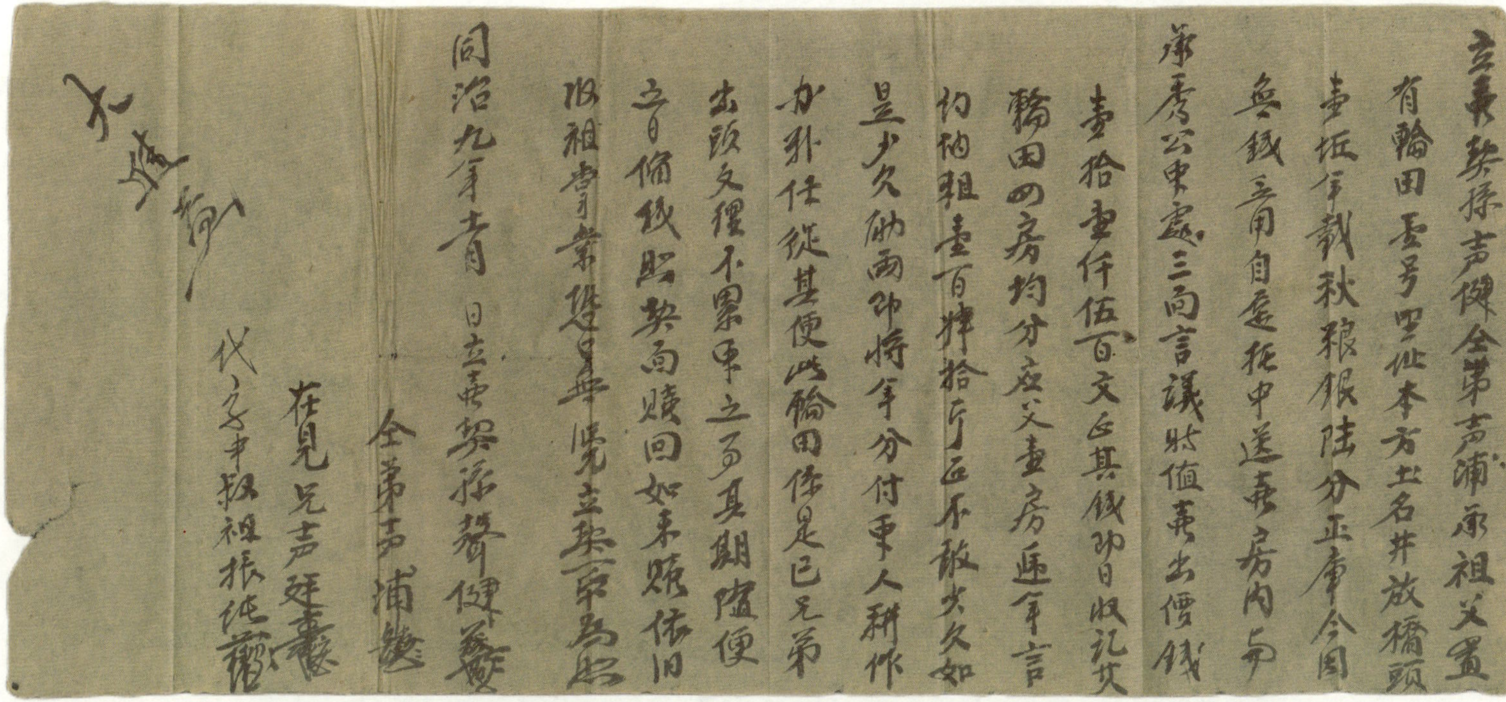
立賣契孫声健仝弟声浦承祖父置
有輪田壹号坐址本方土名井放橋頭
壹坵年載秋粮根陸分正今因
無錢应用自愿托中送賣房内与
弟秀公衆處三面言議時值賣出價錢
壹拾壹仟伍百文正其錢即日收訖其
輪田四房均分应父壹房逓年言
約納租壹百肆拾斤正不敢欠久如
是少欠欣两即将年分付事人耕作
办补任從其便此輪田係是已兄弟
出頭交理不累事立再其期隨便
辛備錢照契面贖回如未贖依旧
收租賣業退無悔恐立契字爲照
同治九年青　日立賣契孫聲健
仝弟声浦
在見兄声廷
代字叔祖振純
大吉利

3-2-42-2　清同治九年十一月葉聲健等立賣輪田契

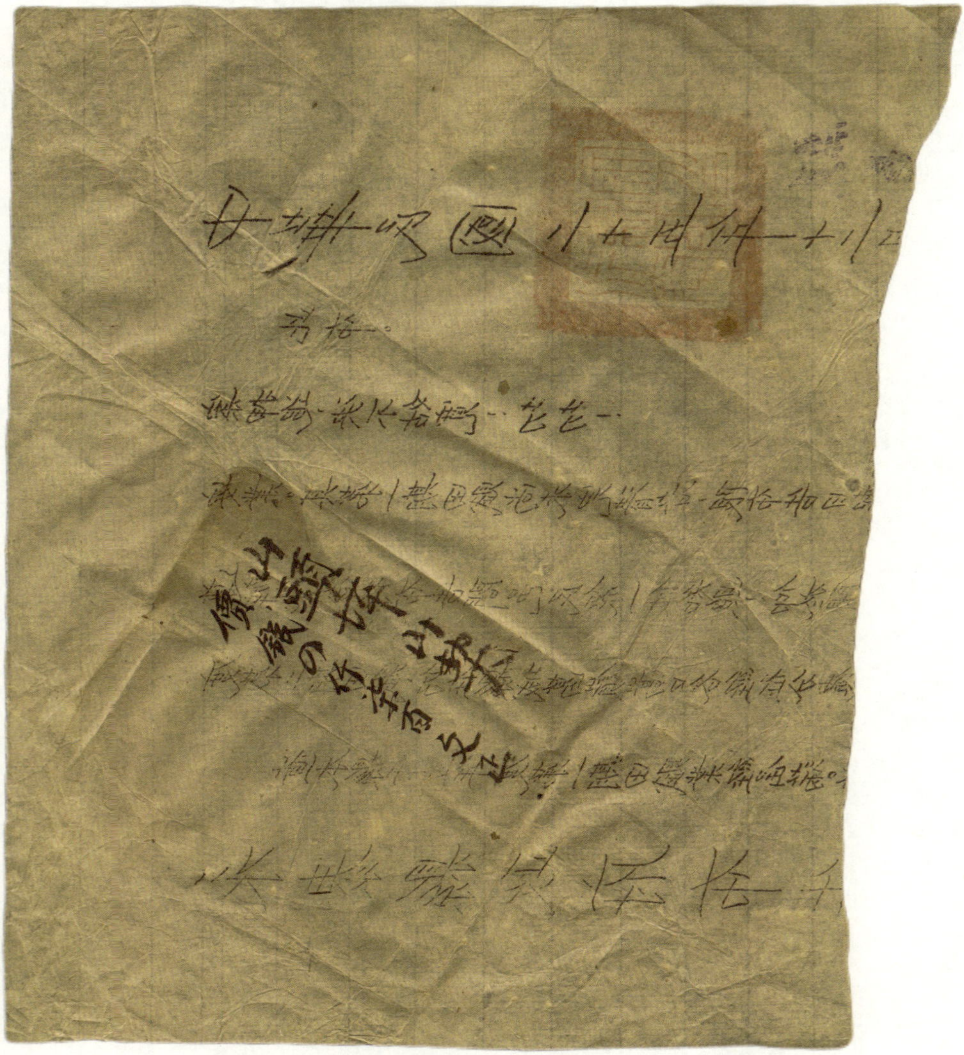

3-2-43-2　包契紙

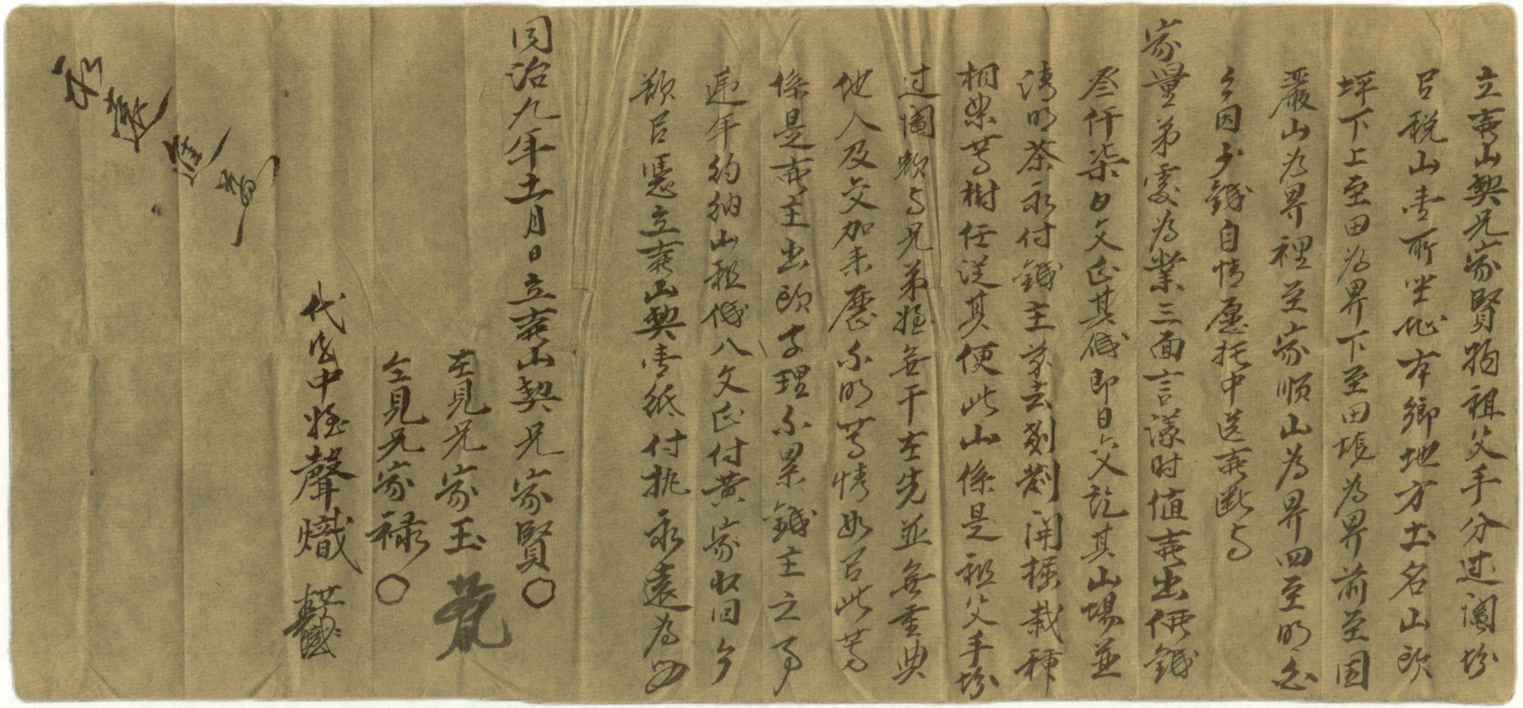

立賣山契兄家賢將祖父手分过阄份
已稅山壹所坐址本鄉地方土名山坑
坪下上至田為界下至田墘為界前至国
嚴山為界裡至家順山為界四至明白
今因少錢自情愿托中送賣與
家量弟處為業三面言議时值賣出價錢
叁仟柒百文正其錢即日仝文訖其山場並
清明茶禾付錢主掌去剗割開採栽種
桐梨等樹任從其便此山係是祖父手份
过阄物与兄弟姪無干並無重典
他人及交加未歷不明等情如有此等
係是賣主出頭抵理不累錢主之事
逐年納山稅錢八文正付黄家收回乞
願已憑立賣山契壹紙付執永遠為照

同治九年十一月日立賣山契兄家賢〇
在見兄家玉
在見兄家禄〇
代筆中姪聲熾

3-2-43-2 清同治九年十一月葉家賢立賣稅山契

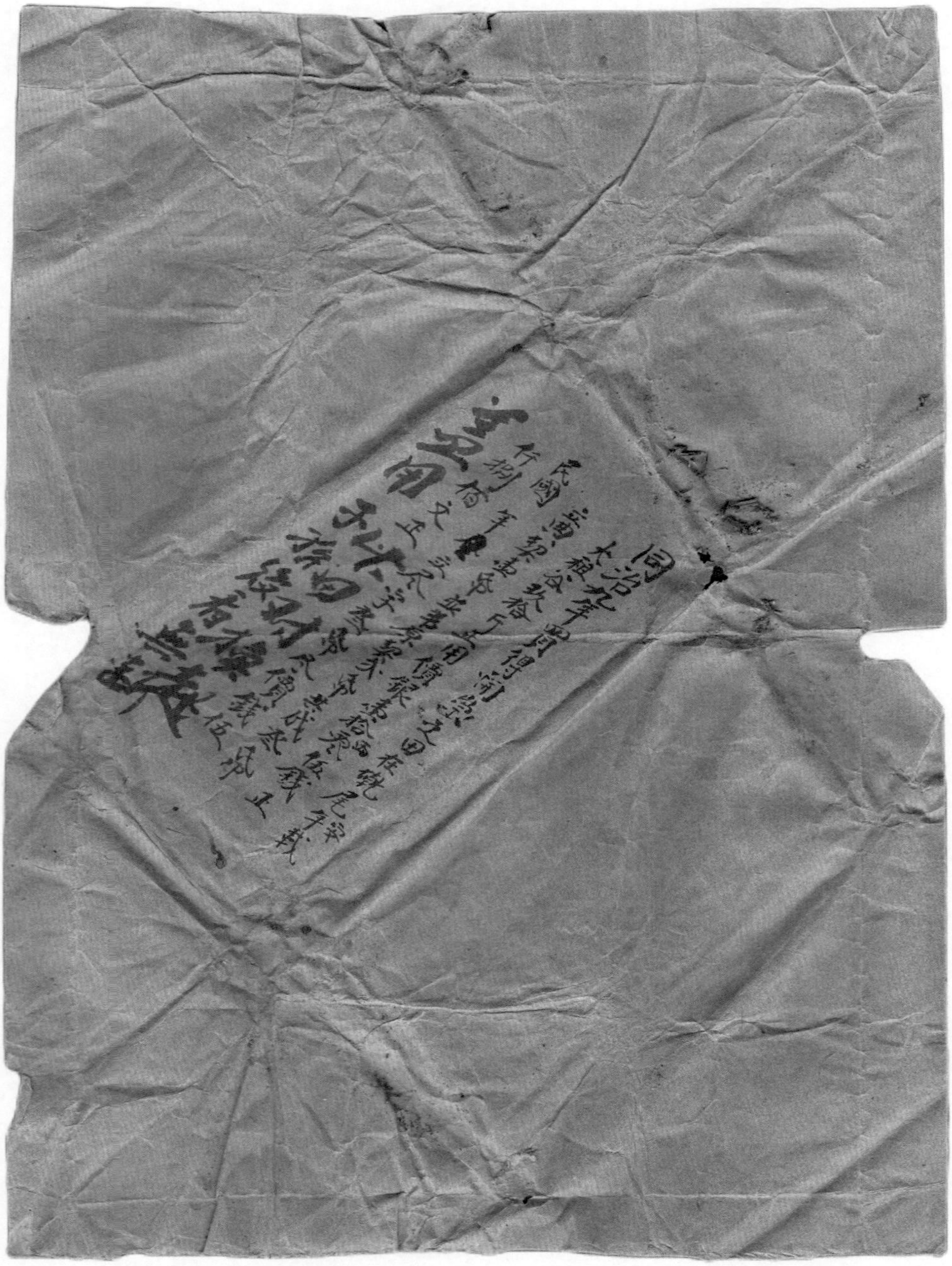

3-2-44-1　包契紙

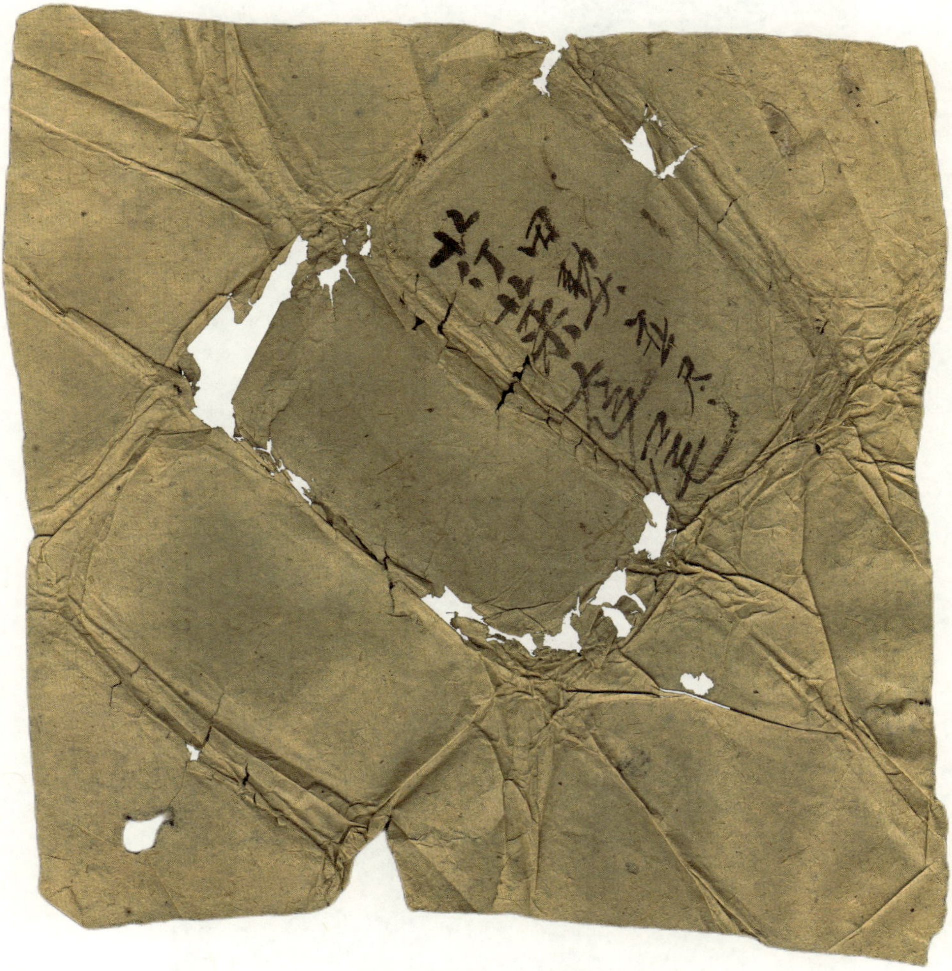

3-2-44-2　包契紙

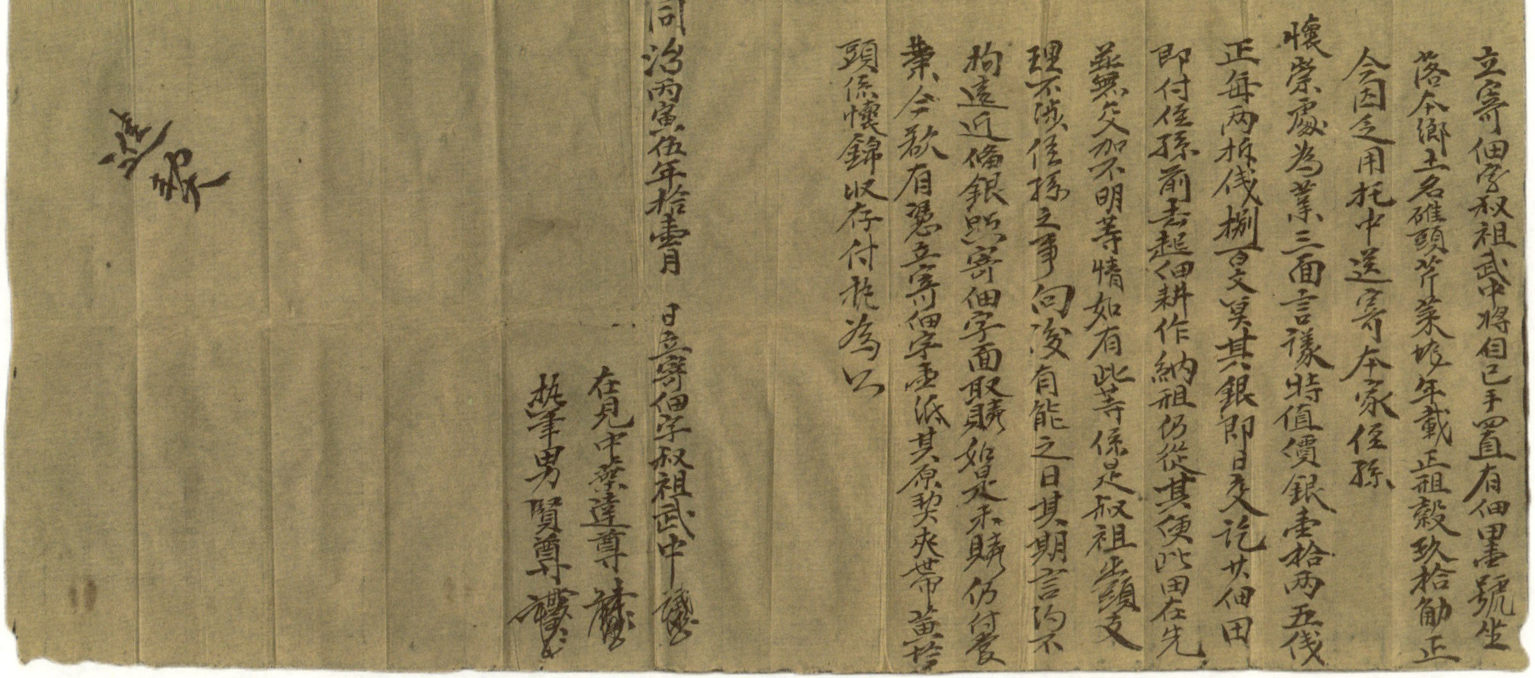
立寄佃字叔祖武中將自己手置有佃田壹號，坐
落本鄉土名碓頭芹菜坵，年載正租穀玖拾觔正，
今因乏用，托中送寄本家侄孫
懷崇處為業，三面言議，時值價銀壹拾兩五錢
正，每兩扣錢捌百文算，其銀即日交訖，其佃田
即付侄孫前去起佃耕作納租，仍從其便。此田在先
並無交加不明等情，如有此等，係是叔祖出頭支
理，不涉侄孫之事。向後有能之日，其期言約不
拘遠近，備銀照寄佃字面取贖；如是未贖，仍付農
業。今歆有憑，立寄佃字壹紙，其原契夾帶黃垟
頭係懷錦收存付執為照。
同治丙寅伍年拾壹月　日立寄佃字叔祖武中（押）
在見中叔葉達尊（押）
代筆男賢尊（押）

3-2-44-3　清同治五年十一月鄭武中立寄佃田字

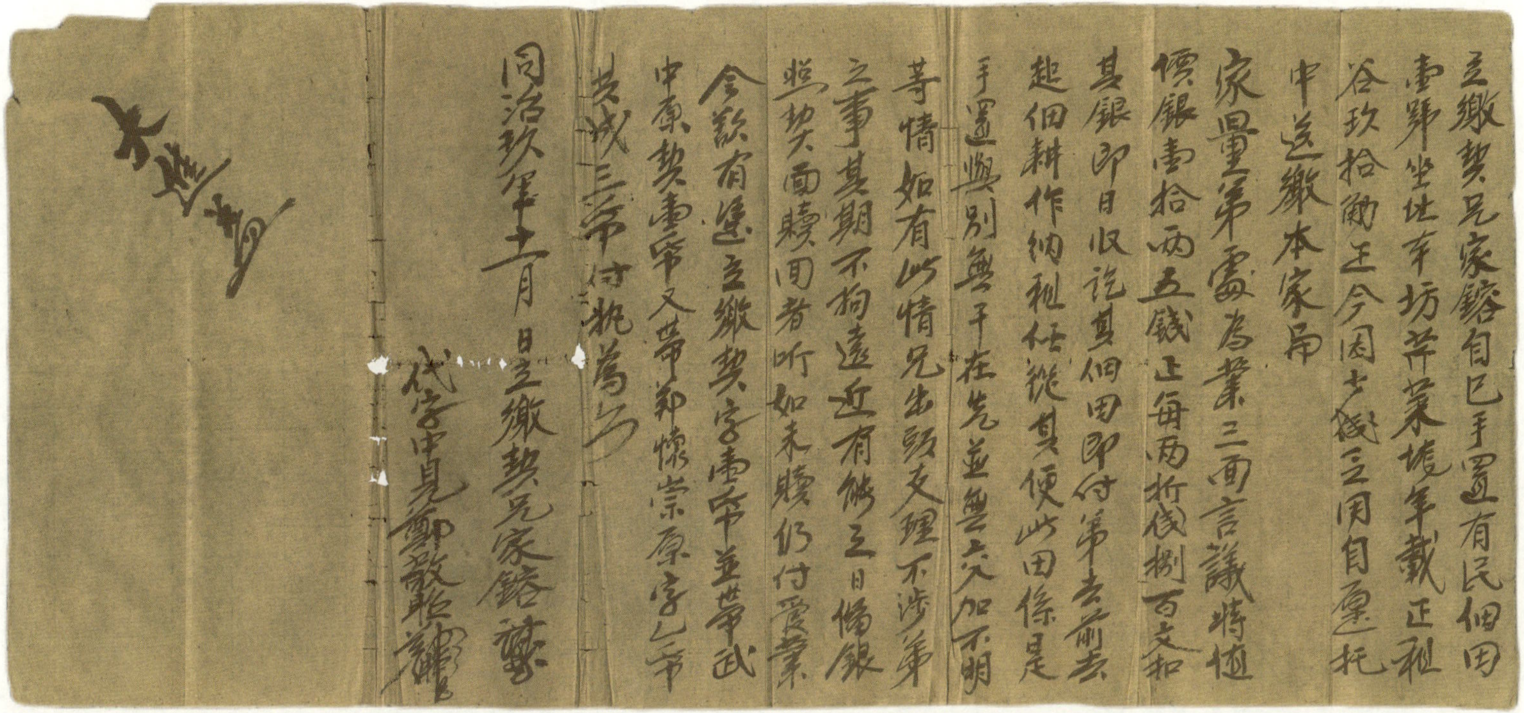
立繳契兄家鎔自己手置有民佃田
壹號坐址本坊苹菜塆年載正租
谷玖拾衡正今因乏錢應用自愿托
中送繳本家弟
家量弟處為業三面言議將値
價銀壹拾兩五錢正每兩折錢捌百文扣
其銀即日收訖其佃田即付弟前去
起佃耕作納租任從其便此田係是
手置與別無干在先並無交加不明
等情如有此情兄出頭支理不涉弟
之事其期不拘遠近有能之日備銀
照契面贖回者聽如未贖仍付管業
今欲有憑立繳契字壹帋並帶武
中原契壹帋又帶和懷崇原字乙帋
共成三帋付執為照
同治玖年十一月　日立繳契兄家鎔
代字中見鄭敬能

3-2-44-4　清同治九年十一月葉家鎔立繳民佃田契

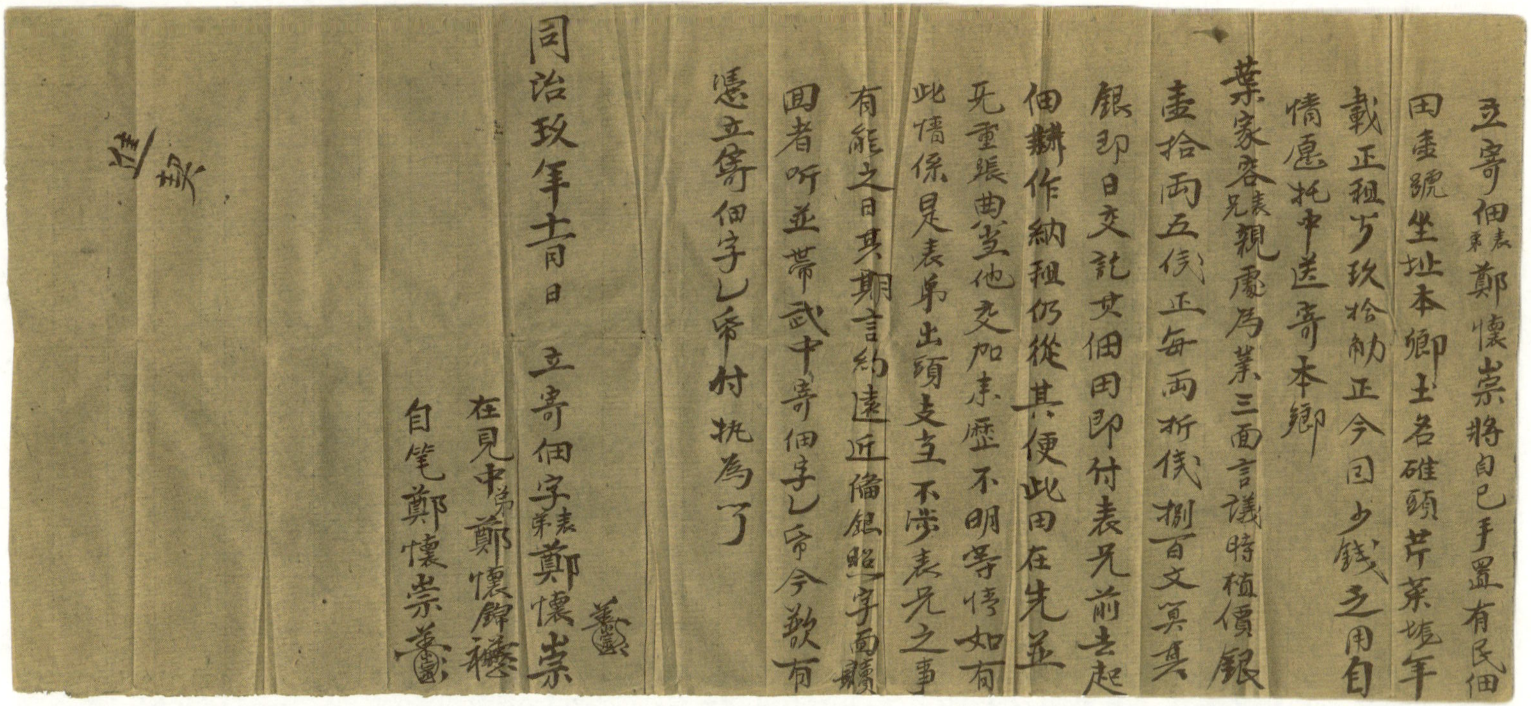
立寄佃表弟鄭懷崇將自己手置有民田
田壹號坐址本鄉土名碓頭苎菜塆年
載正租乙玖拾觔正今因乏錢之用自
情愿托中送寄本鄉
葉家客表兄親處爲業三面言議時植價銀
壹拾兩五錢正每兩折錢捌百文算其
銀即日交訖其佃田即付表兄前去起
佃耕作納租仍從其便此田在先並
无重張典當他处交加未歷不明等情如有
此情係是表弟出頭支當不涉表兄之事
有能之日其期言約遠近備銀照字面贖
回者听並帶武中寄佃字乙帋今欲有
憑立寄佃字乙帋付執爲了

同治玖年十一月　日　立寄佃字表弟鄭懷崇（押）
在見中弟鄭懷錦（押）
自筆鄭懷崇（押）

佳契

3-2-44-5　清同治九年十一月鄭懷崇立寄民佃田字

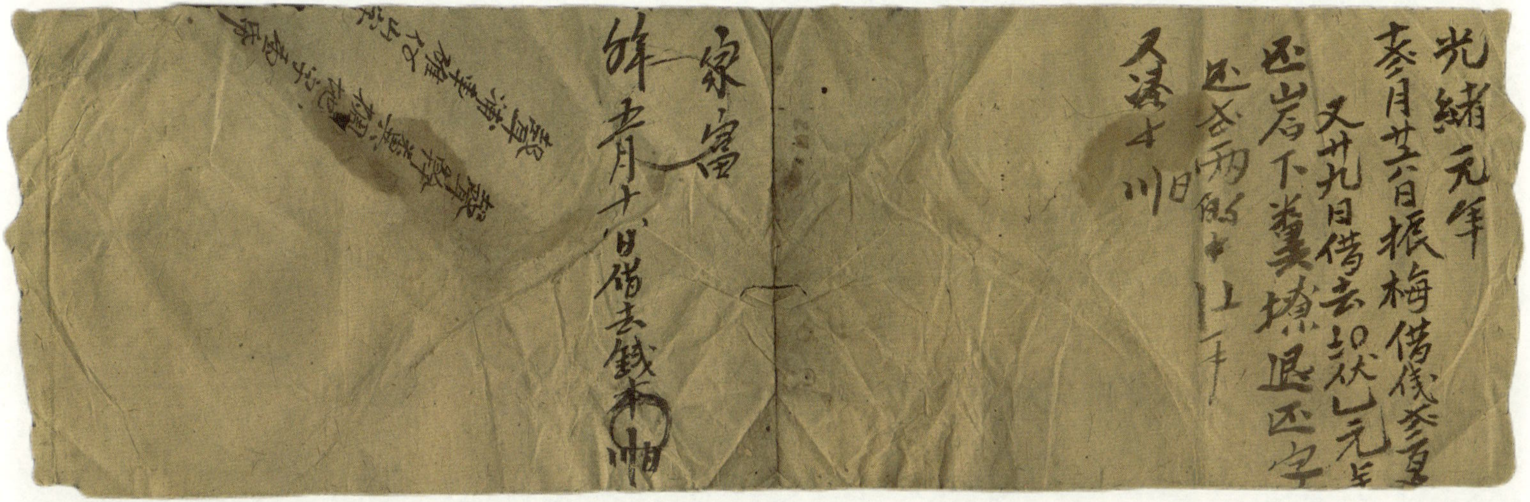

3-2-45-1　包契紙

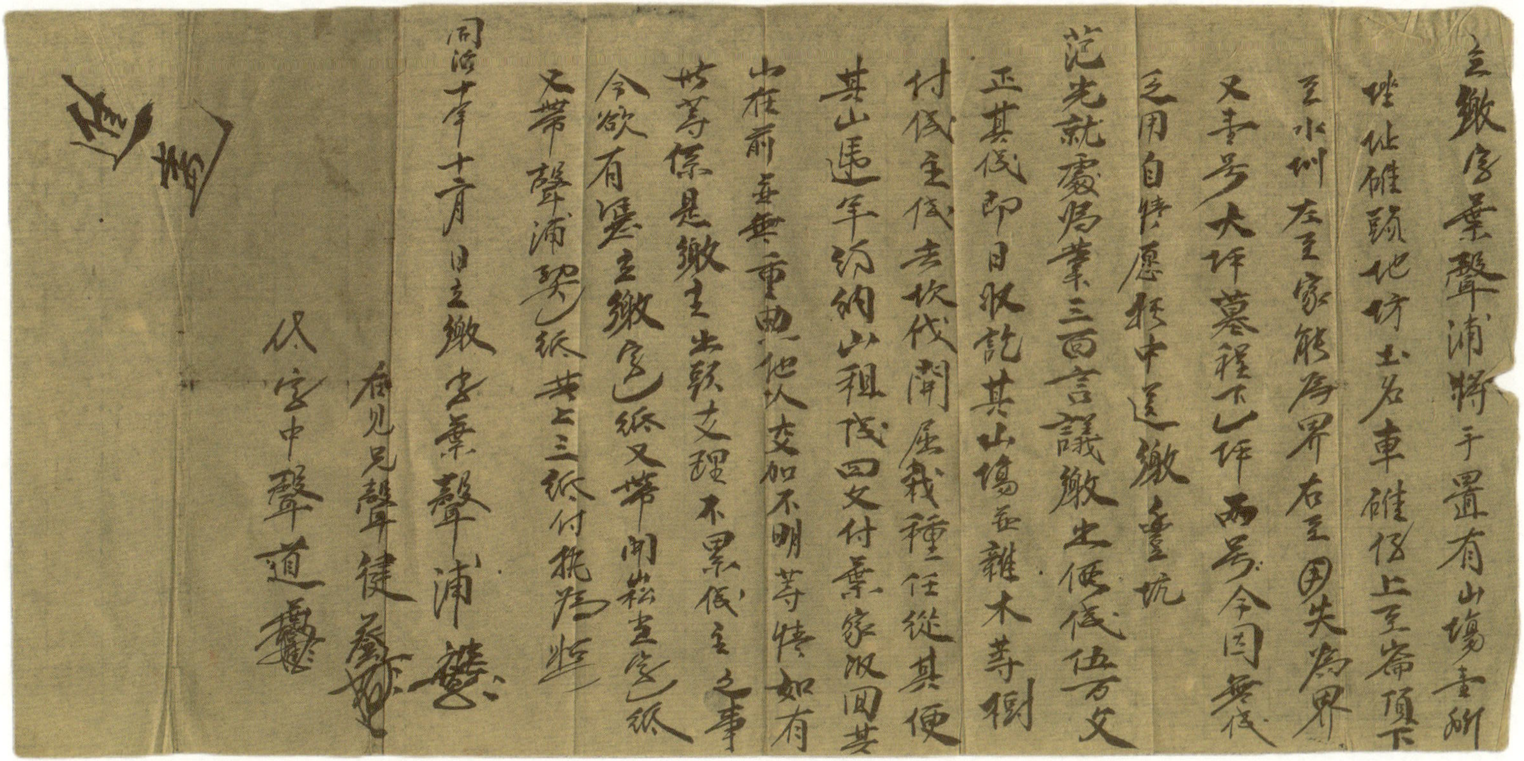

立繳字葉聲浦將手置有山場壹所
坐址雒頭地坊土名車碓仔上至崙頂下
至水圳左至家能爲界右至田尖爲界
又壹号大坪墓程下山坪兩号今因無銀
之用自情愿托中送繳壹坑
范光就處爲業三面言議繳出佛銀伍百文
正其銀即日収訖其山場苗雜木等樹
付銀主前去砍伐開墾栽種任從其便
其山逐年須納山租銀四文付葉家收回其
山在前並無重典他人交加不明等情如有
此等係是繳主出頭支理不累銀主之事
今欲有憑立繳字一紙又帶開墾字一紙
又帶聲浦契一紙共上三紙付执為照
同治十年十二月　日立繳字葉聲浦（押）
在見兄聲健（押）
代字中聲道（押）

3-2-45-2　清同治十年十二月葉聲浦立繳山場字

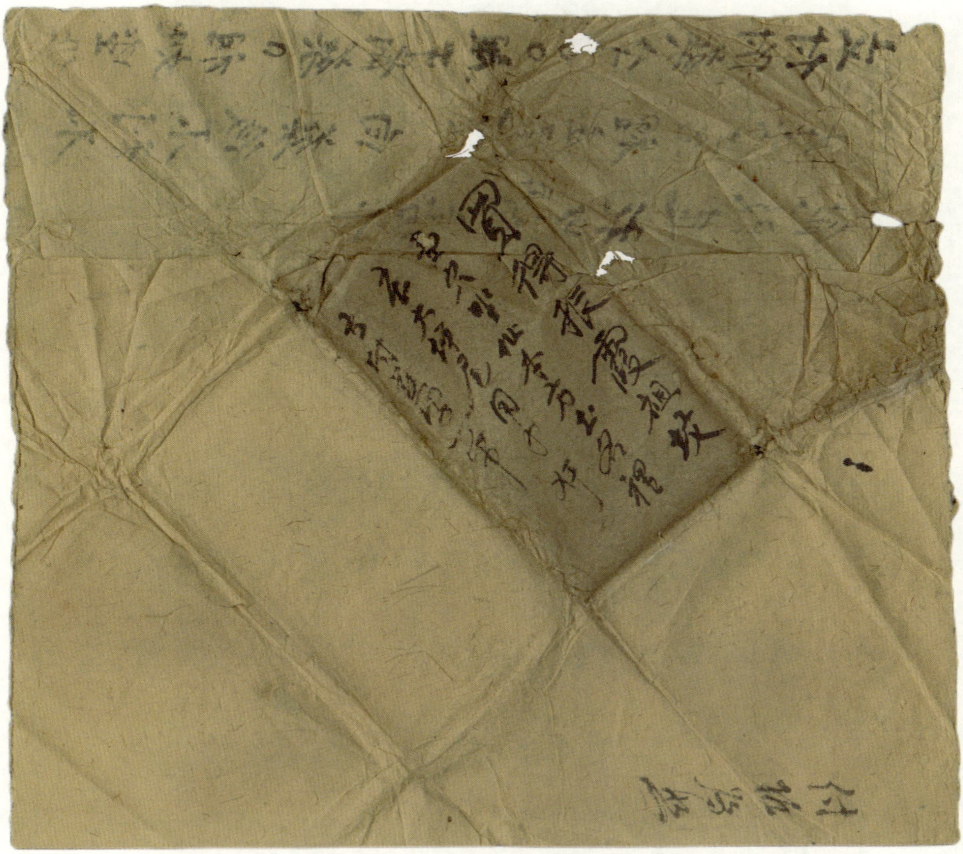

3-2-46-1　包契紙

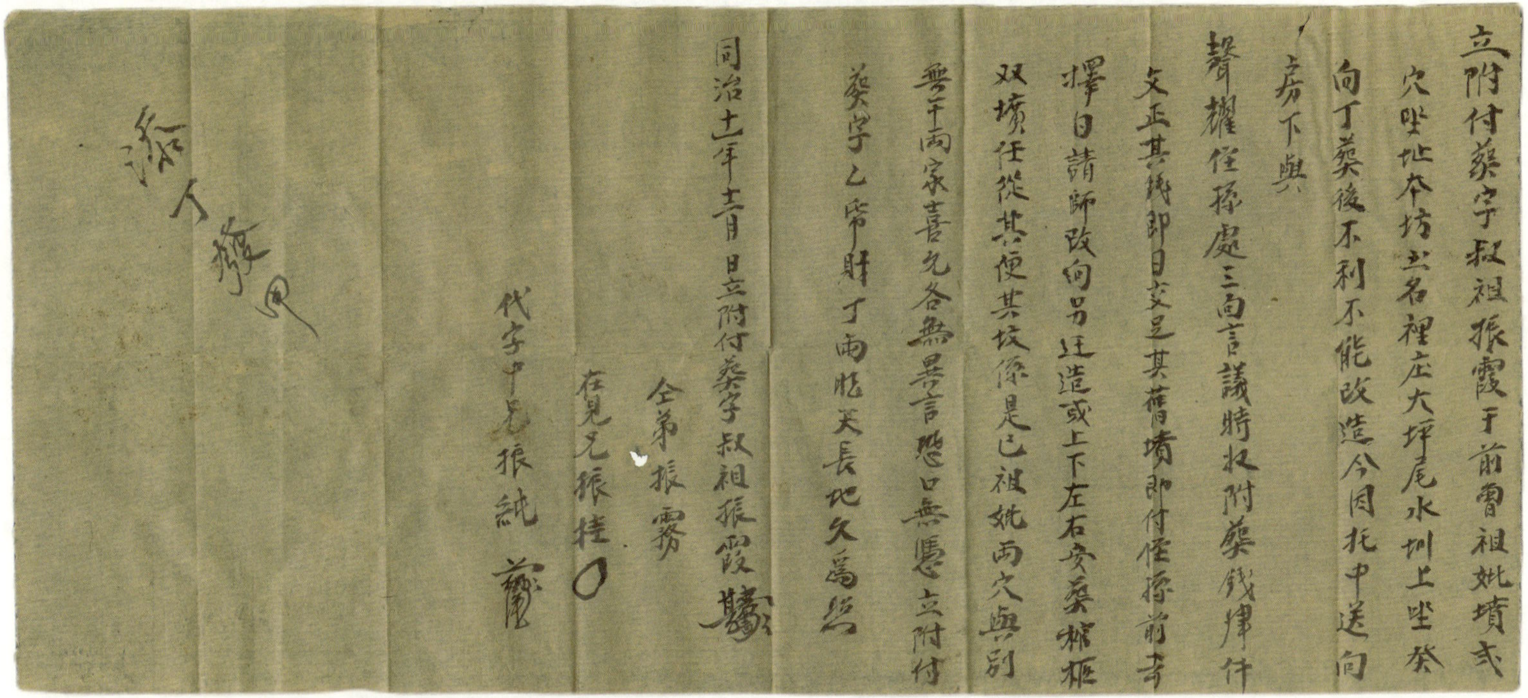
立附付葬字叔祖振霞于前曾祖妣墳弍
穴坐址本坊土名裡庄大坪尾水圳上坐癸
向丁葬後不利不能改造今同托中送向
房下與
聲耀侄孫處三面言議時收附葬錢肆仟
文正其錢即日交足其舊墳即付侄孫前去
擇日請師改向另迁造或上下左右安葬樞
双墳任從其便其坟係是己祖妣兩穴與別
無干兩家喜允各無異言恐口無憑立附付
葬字乙帋付丁兩枕天長地久為照
同治十一年十二月　日立附付葬字叔祖振霞[押]
仝弟振霧
在見兄振桂〇
代字中兄振純[押]
添丁發[押]

3-2-46-2　清同治十一年十二月葉振霞等立附付葬字

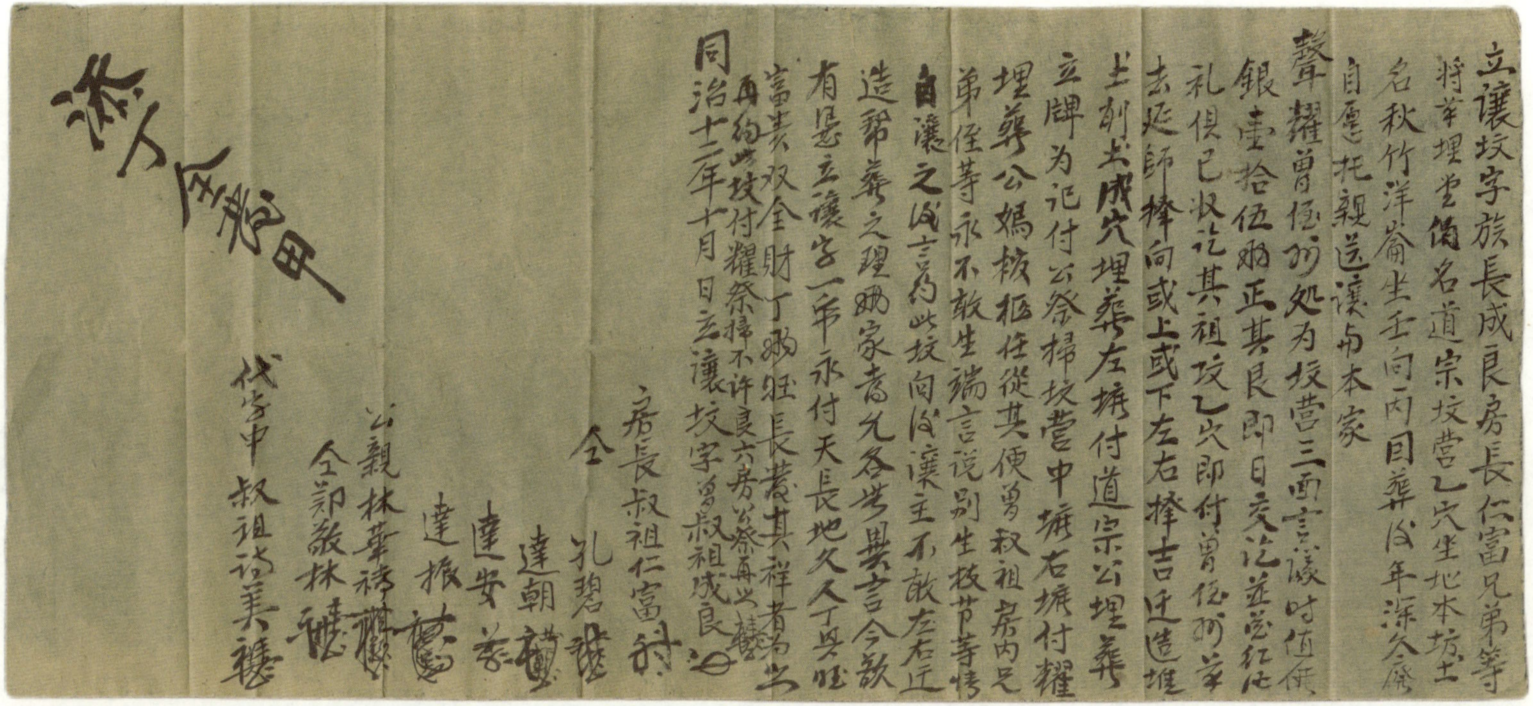

3-2-46-3　清同治十二年十月葉成良等立讓墳字

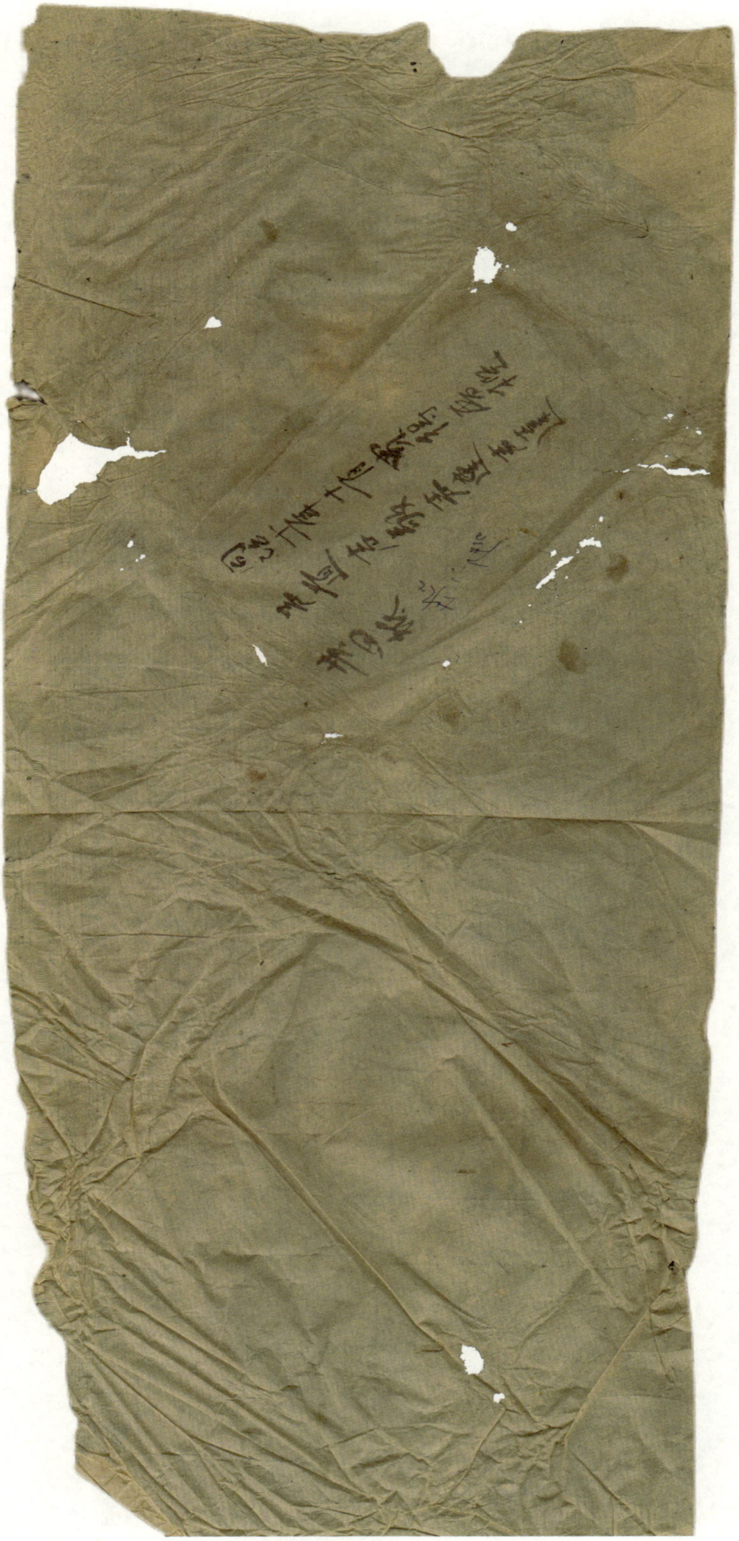

3-2-47-1　包契紙

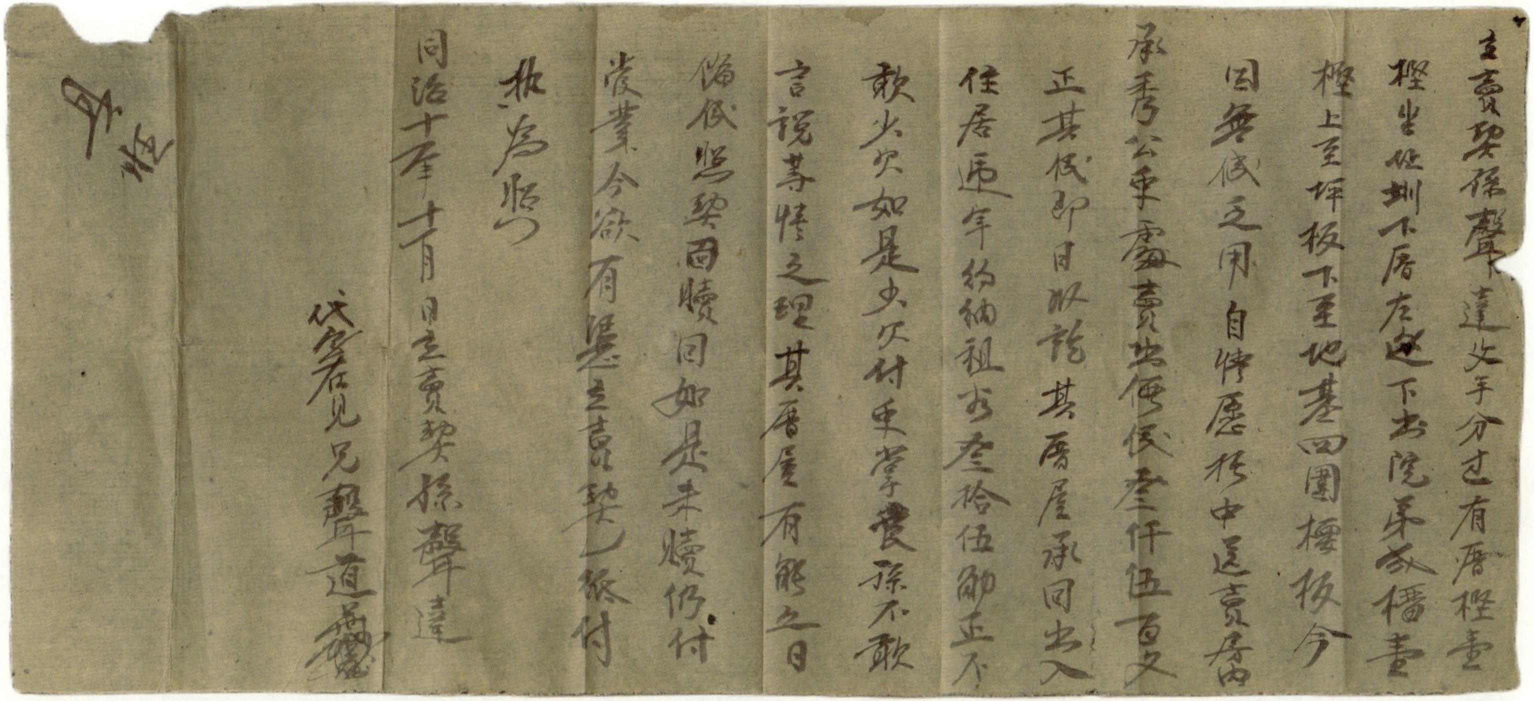
立賣契孫聲達父手分過有厝㮨壹
㮨坐址圳下厝左邊下书院[illegible]壹
㮨上至坪板下至地基四圍板今
因無錢之用自情愿托中送賣房内
承秀公手邊賣出佛銀壹仟伍百文
正其錢即日收訖其厝㮨承回出入
住居逐年納租谷壹拾伍觔正不
敢少欠如是少欠付東掌管孫不敢
言說等情之理其厝㮨有能之日
備錢照契面贖回如是未贖仍付
管業今欲有憑立賣契一紙付
執為照
同治十一年十一月　日立賣契孫聲達
代字房兄聲道

3-2-47-2　清同治十一年十一月葉聲達立賣厝㮨契

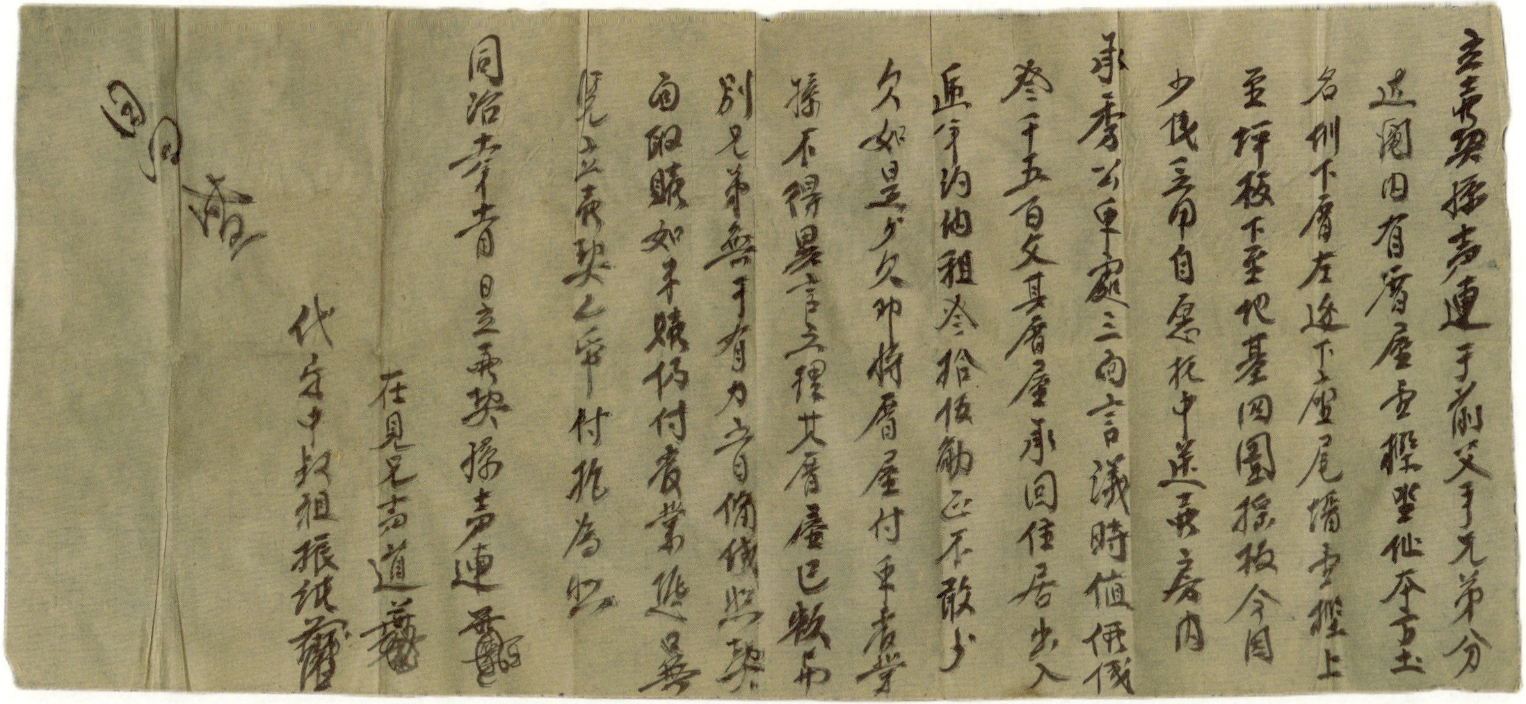
立賣契葉声連，今因父手兄弟分
過鬮田有厝屋壹植，坐址本方土
名坪下厝左邊下座尾墻壹植，上
至坪後，下至地基，四圍樑枝。今因
少錢，自愿托中送賣房內
承秀公衆處，三面言議，時值價錢
叁千五百文。其厝屋承回住居出入，
逐年納佃租叁拾伍觔，正不敢少
欠；如是少欠，即將厝屋付秉秀掌
採，不得異言之理。其厝屋已[illegible]
別兄弟無干。有力之日備錢照契
面取贖，如未贖，仍付秉業，恐口無
憑，立賣契乙紙付執為照。
同治十一年十一月　日立賣契葉声連（押）
在見兄声道（押）
代字中叔祖振[illegible]（押）

3-2-47-3　清同治十一年十一月葉声連立賣厝屋契

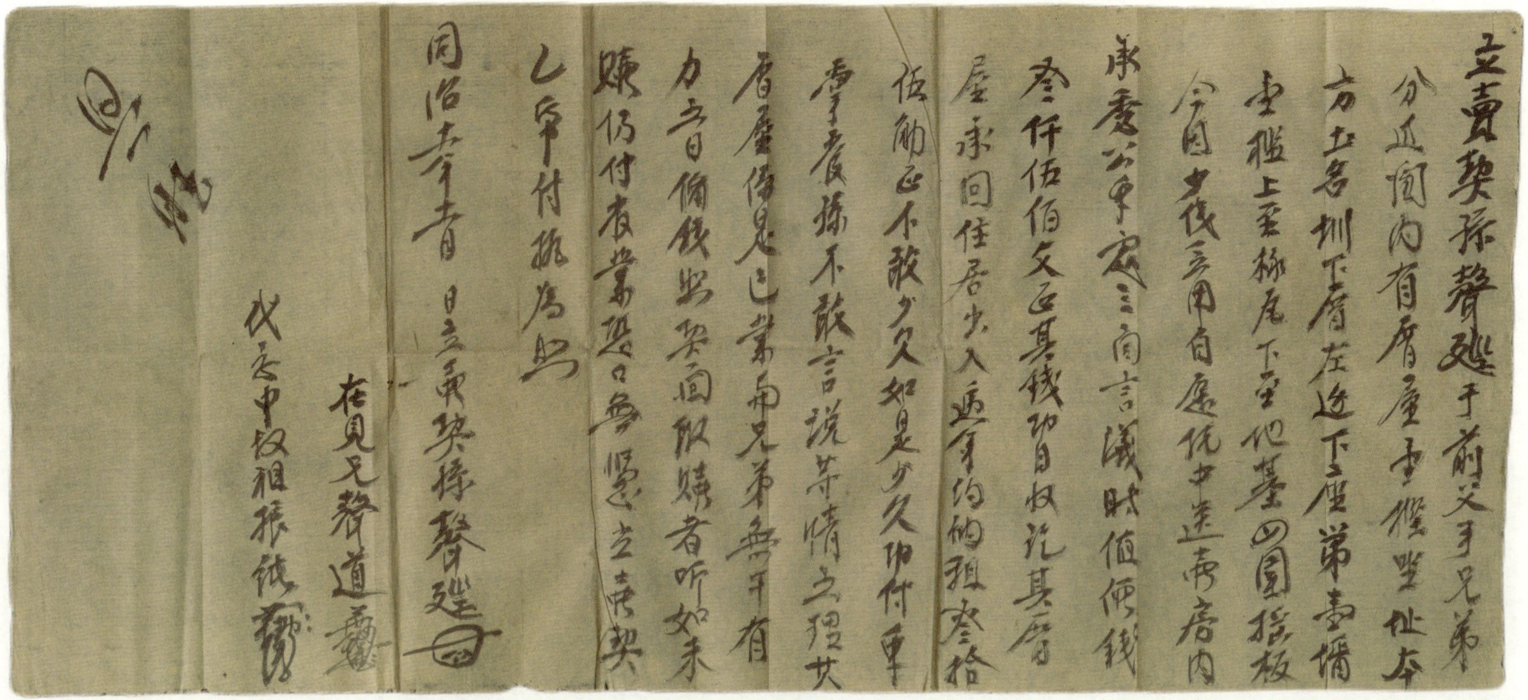
立賣契葉聲逕，于前父手兄弟
分立閹内有厝屋壹横，坐址本
方土名圳下厝左邊下屋第壹墻
壹扇，上至椓尾，下至地基，四圍摺板
全，今因乏錢應用，自願托中送與房内
承受，公中當三面言議，時值價錢
叁仟伍佰文正，其錢即日收訖。其厝
屋永回住居出入，逐年納租叁拾
伍觔正，不敢少欠，如是少欠，即付東
家起掇，不敢言說等情之理。其
厝屋係是己業，與兄弟無干。有
力之日備錢照契面取贖，者听如未
贖，仍付本業。恐口無憑，立賣契
乙紙付執為照。
同治壹拾壹年十一月　日立賣契葉聲逕
在見兄聲道
代筆中叔祖振錢

3-2-47-4　清同治十一年十一月葉聲逕立賣厝屋契

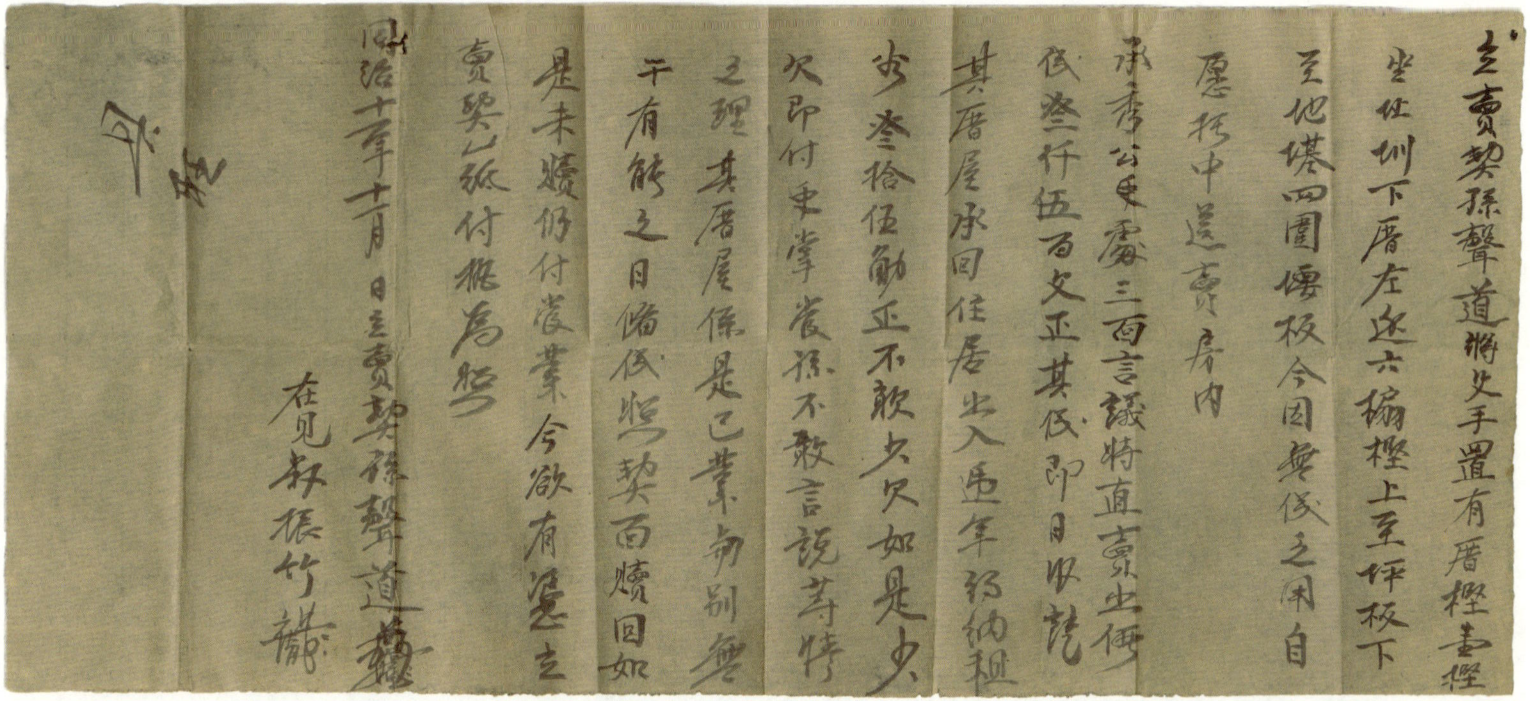
立賣契孫聲道將父手置有厝樫壹樫
坐仕圳下厝左邊六編樫上至坪枝下
至他墈四圍便枝今因無錢之用自
愿托中送賣房内
承孝公衆爲三面言議特直賣出佛
錢叁仟伍百文正其錢即日收訖
其厝屋承回住居出入逐年納租
錢叁拾伍勳正不敢少欠如是少
欠即付衆掌管孫不敢言說等情
之理其厝屋係是己業與别無
干有能之日備錢照契面贖回如
是未贖仍付掌業今欲有憑立
賣契山紙付收爲照
同治十一年十一月 日立賣契孫聲道
在見叔振竹

3-2-47-5 清同治十一年十一月葉聲道立賣厝樫契

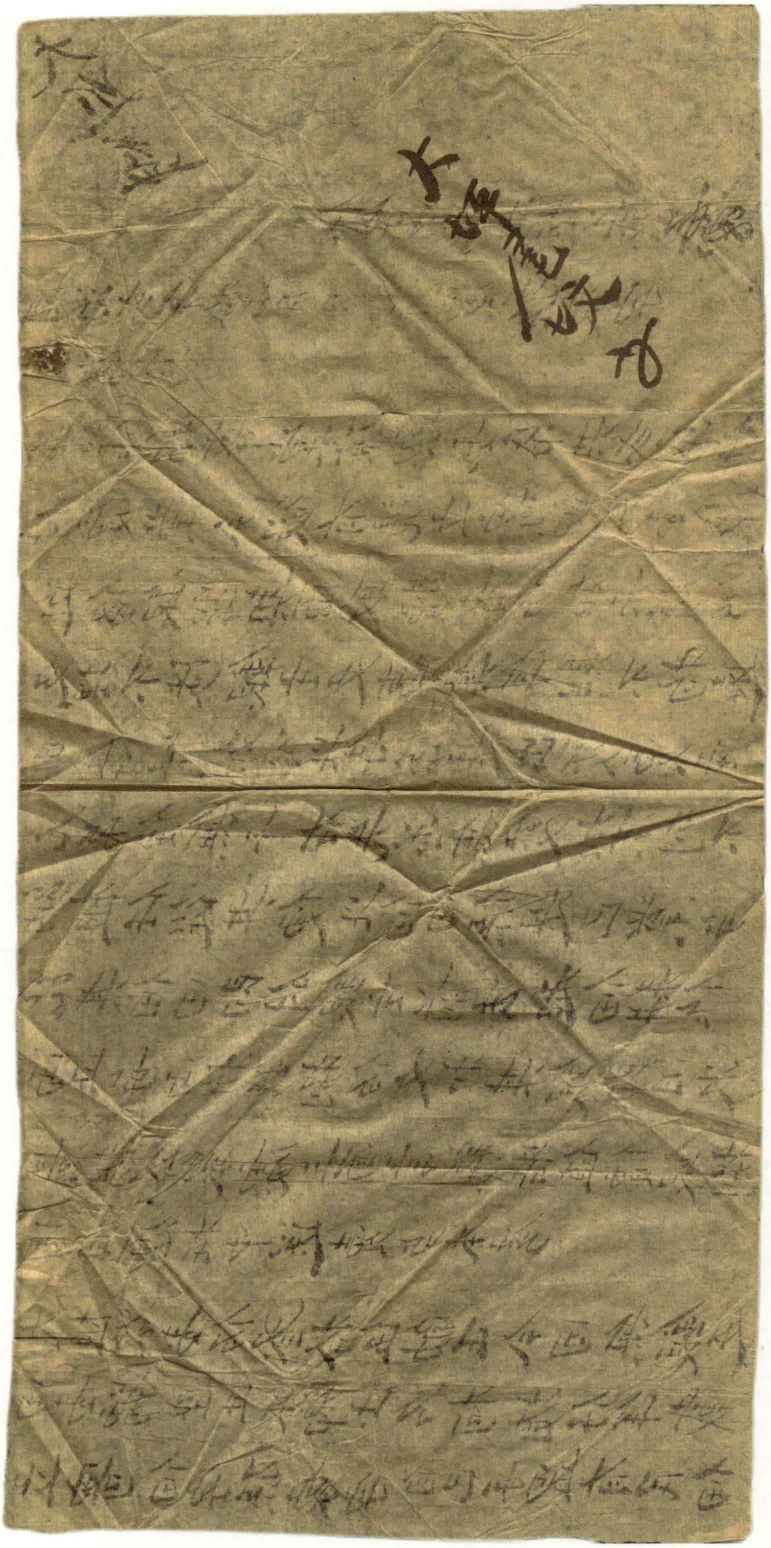

3-2-48-1　包契紙

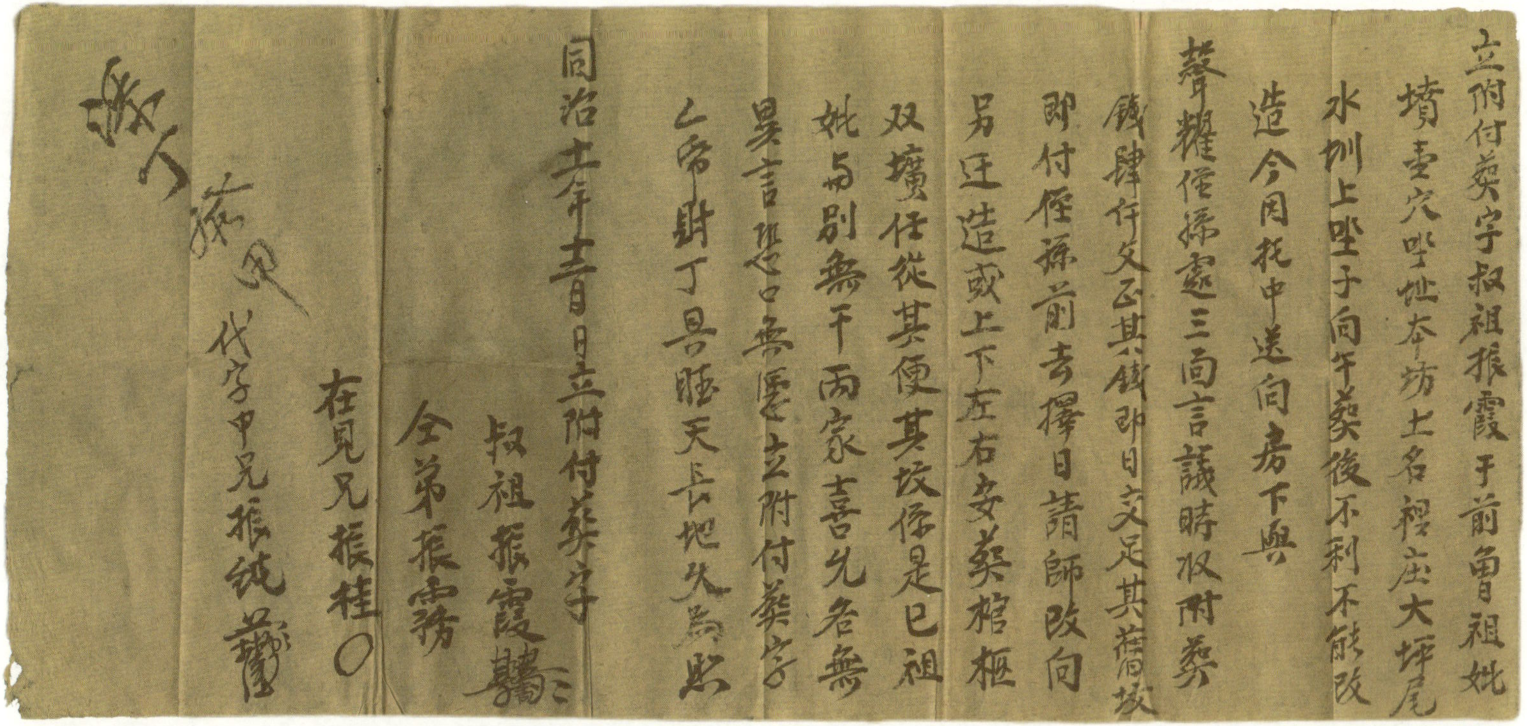
立附付葬字叔祖振霞，于前曾祖妣墳壹穴，坐址本坊土名稷庄大坪尾水圳上，坐子向午，葬後不利，不能改造，今因托中送向房下與聲耀侄孫處，三面言議，時收附葬錢肆仟文正，其錢即日交足，其墳坟即付侄孫前去擇日請師改向另迁造，或上下左右安葬棺柩双壙，任從其便，其坟係是已祖妣與別無干，兩家喜允，各無異言，恐口無憑，立附付葬字乙帋付丁昌耀天長地久為照。

同治十一年十二月　日立附付葬字　叔祖振霞（押）
仝弟振霧
在見兄振桂○
代字中見兄振銑（押）

3-2-48-2　清同治十一年十二月葉振霞等立附付葬字

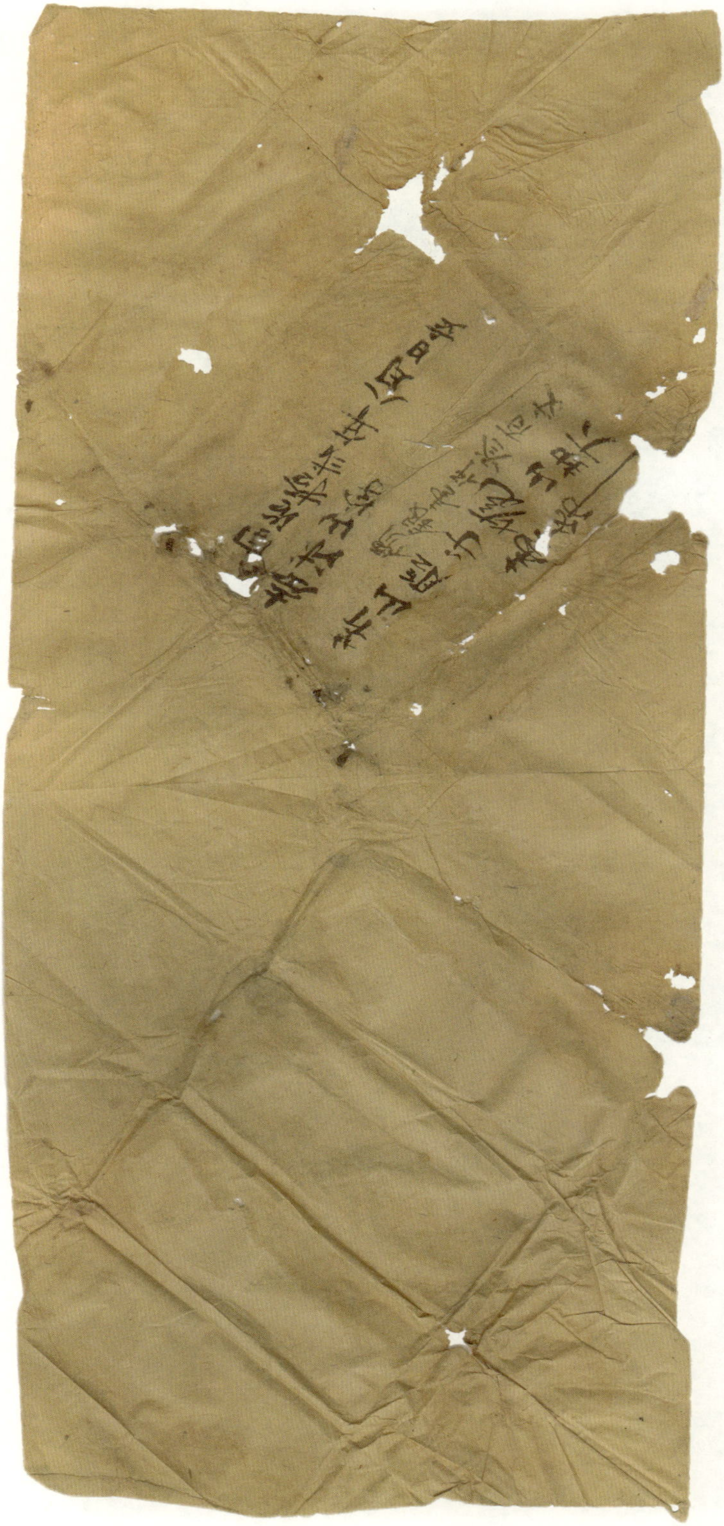

3-2-49-1　包契紙

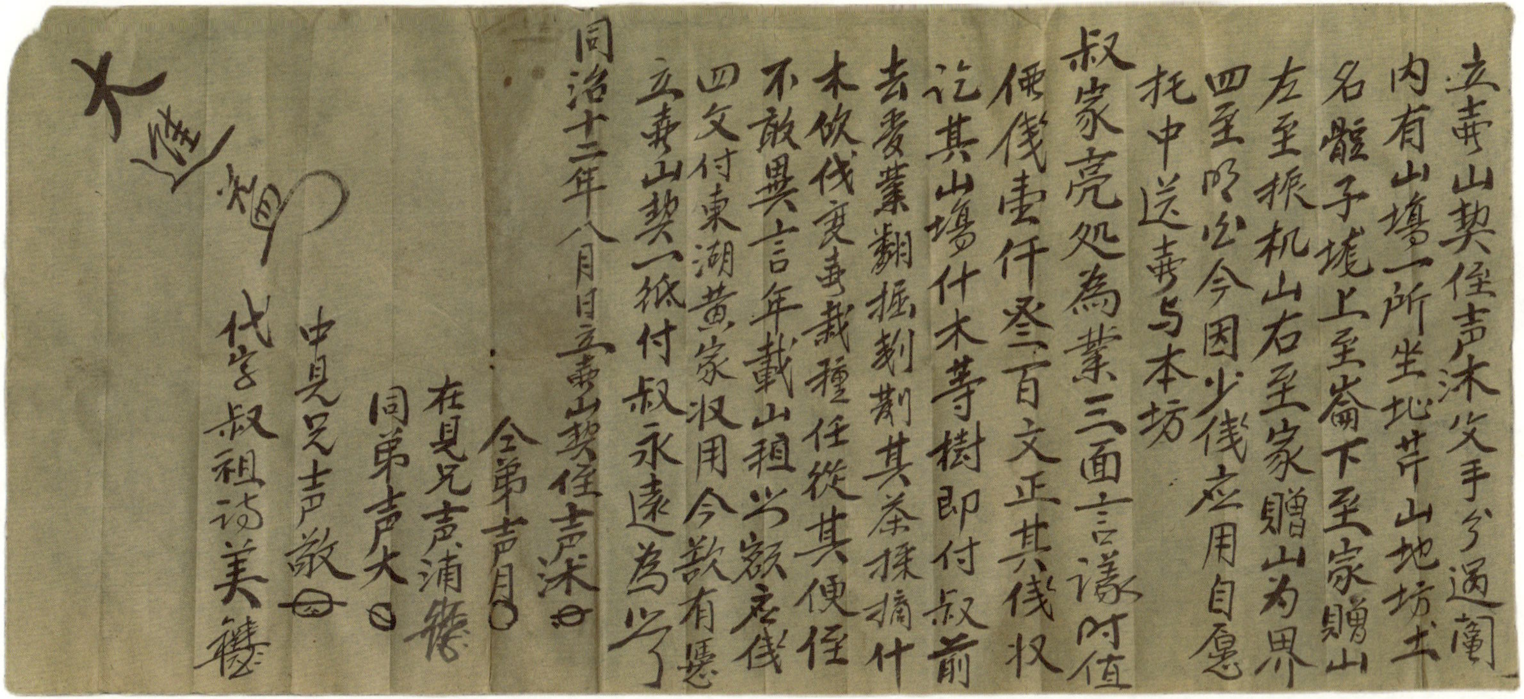
立賣山契侄声沐仝手分遥阑
内有山塲一所坐址芹山地坊土
名盤子垅上至崙下至宗贈山
左至振机山右至家贈山為界
四至明白今因少錢應用自愿
托中送賣與本坊
叔家亮處為業三面言議時值
價錢壹仟叁百文正其錢收
訖其山塲什木等樹即付叔前
去發業翻掘剃其茶棵摘什
木砍伐賣栽種任從其便侄
不敢異言年載山租出叔應錢
四文付東湖黃家收用今欲有憑
立賣山契一紙付叔永遠為照
同治十二年八月日立賣山契侄声沐（押）
仝弟声月（押）
在見兄声浦（押）
同弟声大（押）
中見兄声敬（押）
代字叔祖詩美（押）
大進

3-2-49-2　清同治十二年八月葉声沐等立賣山場契

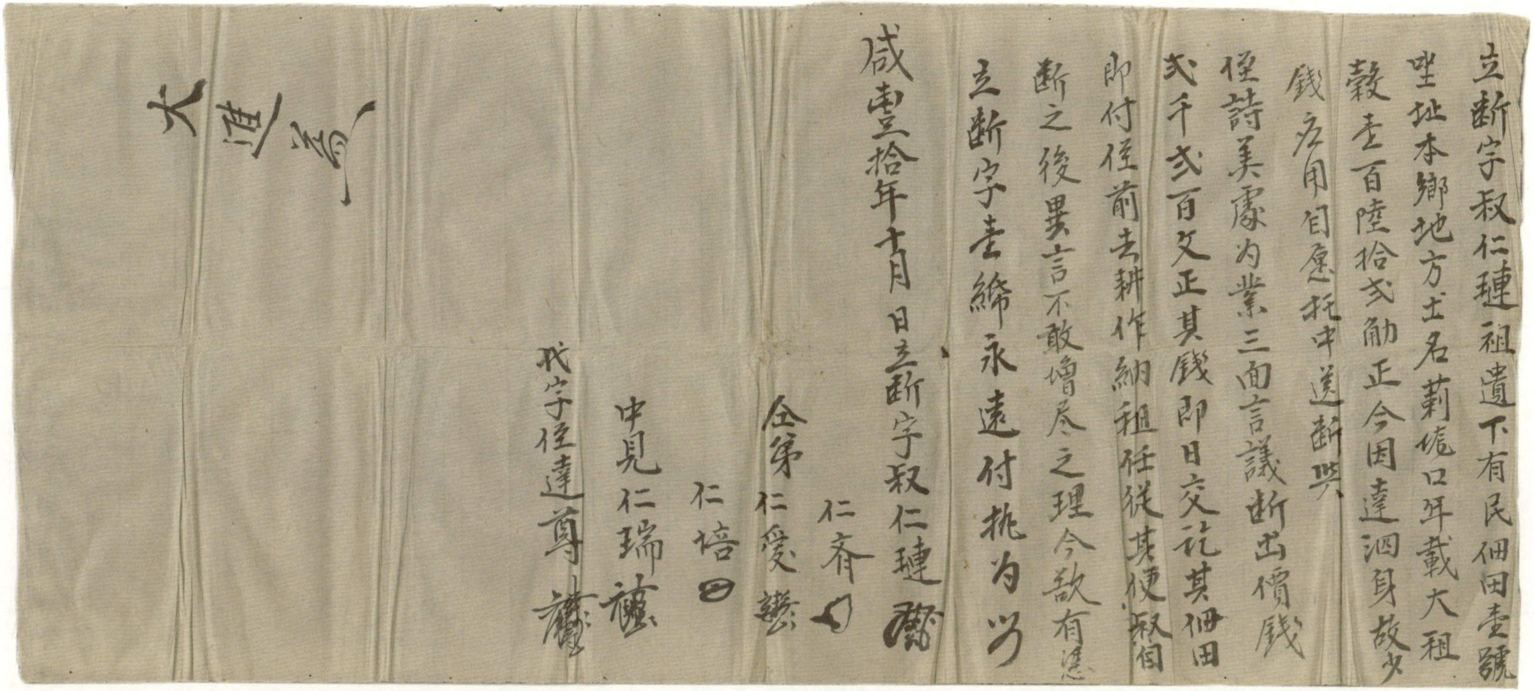
立斷字叔仁璉祖遺下有民佃田壹號
坐址本鄉地方土名莿坑口年載大租
穀壹百陸拾弍觔正今因達泗身故乏
錢應用自愿托中送斷與
侄詩美處為業三面言議斷出價錢
弍千弍百文正其錢即日交訖其佃田
即付侄前去耕作納租任從其便叔侄
斷之後毋言不敢增盡之理今欲有憑
立斷字壹紙永遠付執為照
咸豐拾年十月　日立斷字叔仁璉（押）
仁齊（押）
仝弟　仁愛（押）
仁培（押）
中見仁瑞（押）
代字侄達尊（押）

3-2-50-1　清咸豐十年十月葉仁璉等立斷民佃田字

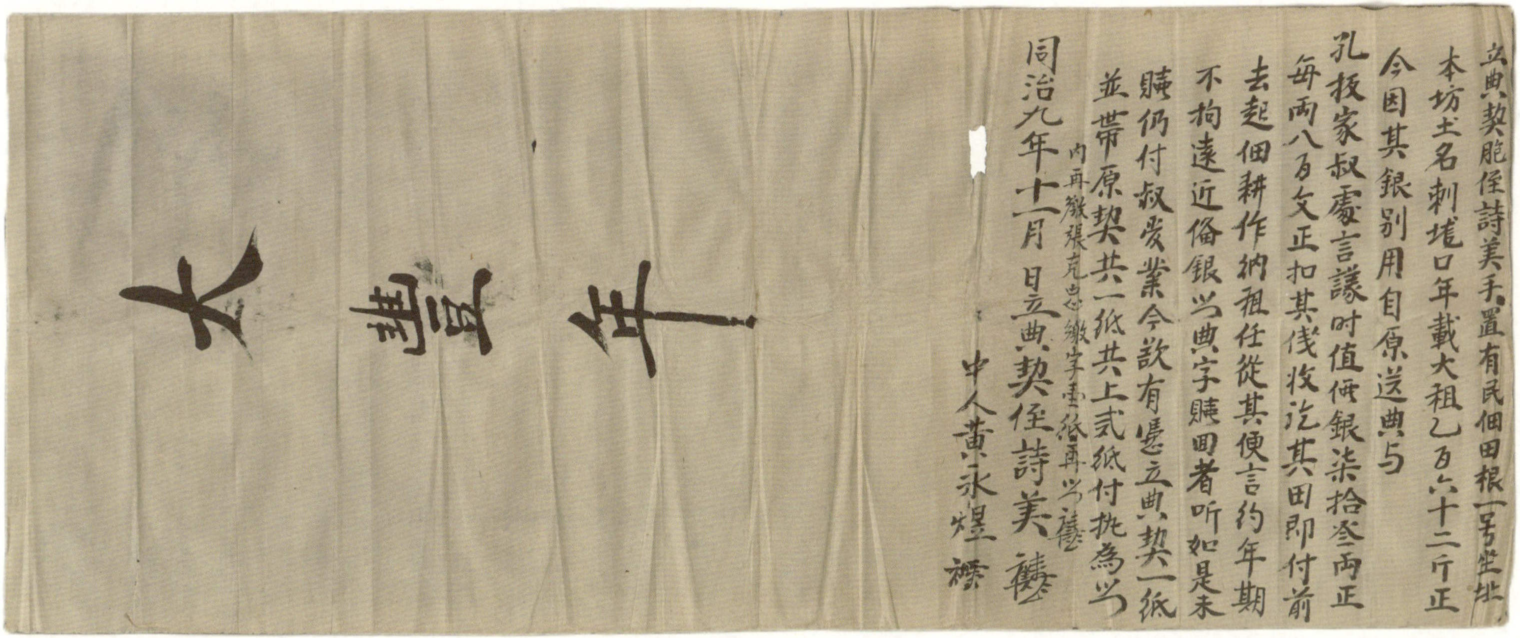
立典契胞侄詩美手置有民佃田根一号坐址
本坊土名刺墘口年載大租乙石六十二斤正
今因無銀別用自願送典与
孔枝家叔處言議时值價銀柒拾叁兩正
每兩八石文正扣其傢收讫其田即付前
去起佃耕作納租任從其便言约年期
不拘遠近備銀照典字贖回者听如是未
贖仍付叔處業今欲有憑立典契一紙
並帶原契共一紙共上貳紙付執為照
內再繳張克忠繳字壹紙再照
同治九年十一月　日立典契侄詩美（押）
中人黄永煌（押）

3-2-50-2　清同治九年十一月葉詩美立典民佃田根契

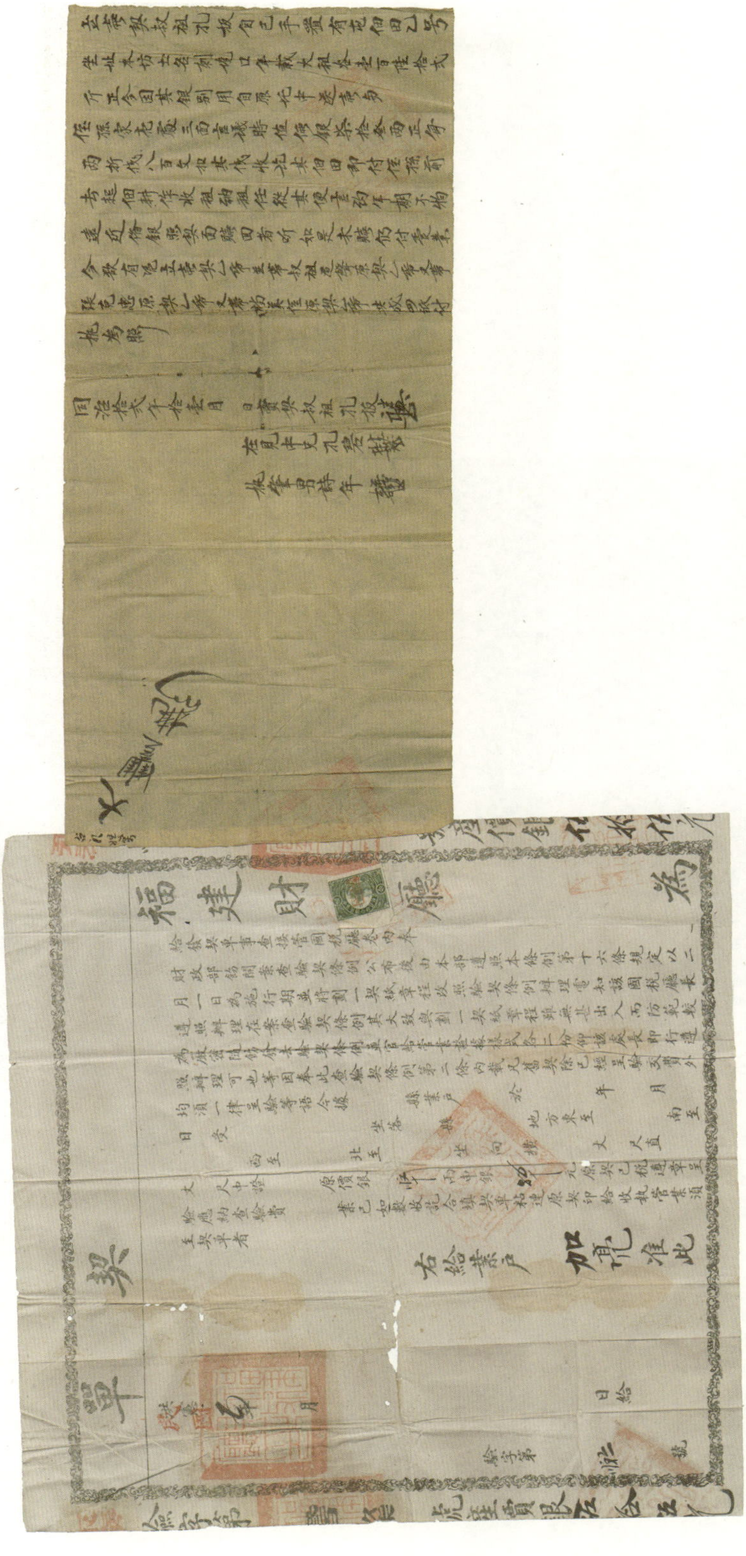

3-2-50-3　清同治十二年十一月葉孔板立賣屯佃田契（紅契）

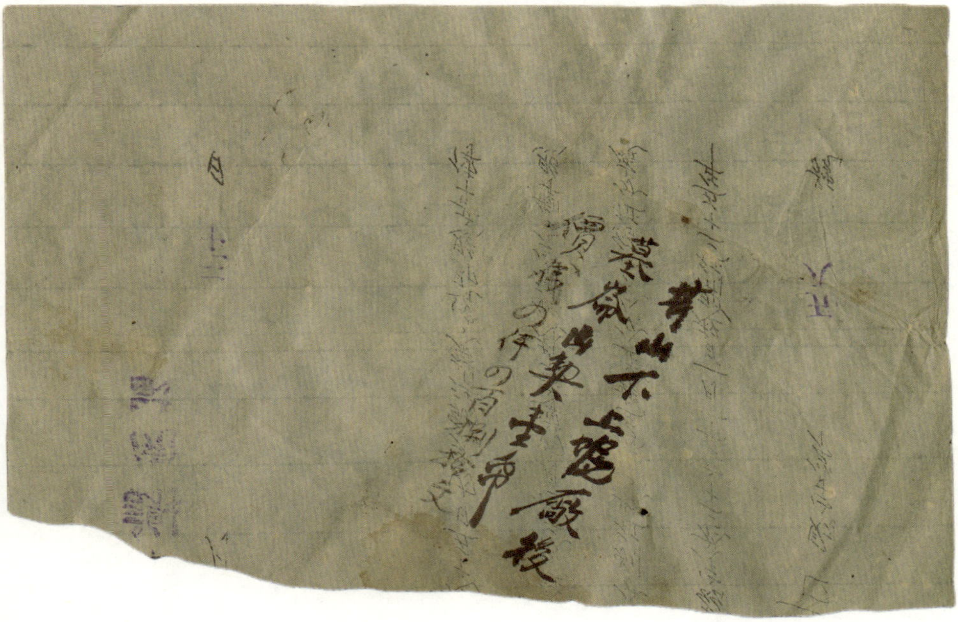

3-2-51-1　包契紙

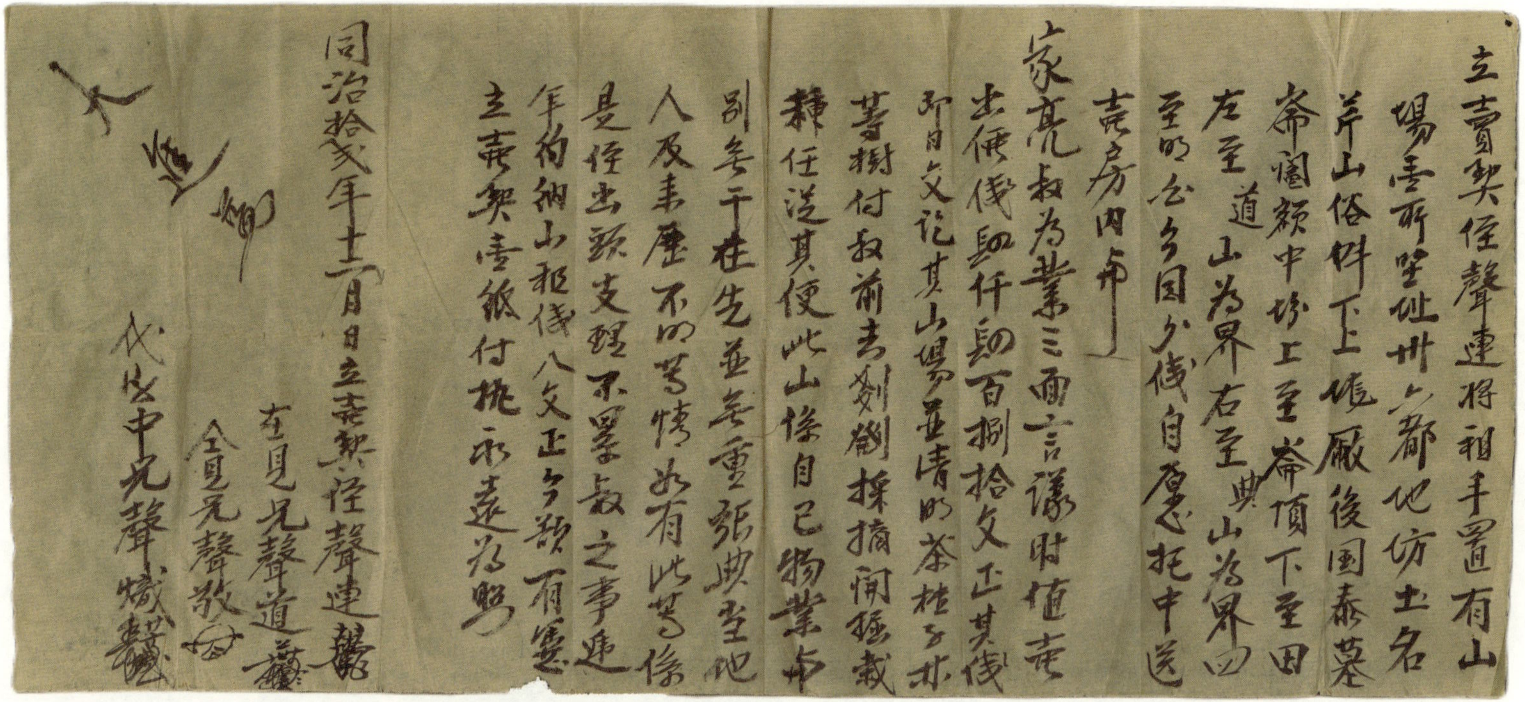
立賣契侄聲連將祖手置有山
場壹所坐址卅六都地坊土名
芹山塆坪下上塩廠後園赤墓
崙閣額中塆上至崙頂下至田
左至道 山為界右至典 山為界四
至明白今因乏錢自愿托中送
賣房内弟
家亮叔為業三面言議時值賣
出價錢銅仟銅百捌拾文正其錢
即日交訖其山場並青的茶柱等物
等樹付叔前去劉劏採摘開墾栽
耕任從其便此山係自己物業本
别無干在先並無重張典掛他
人及來歷不明等情如有此等係
是侄出頭支理不累叔之事連
年納山租錢八文正分歟有憑
立賣契壹紙付執永遠為照
同治拾貳年十二月 日立賣契侄聲連
在見兄聲道
仝見兄聲敬
代筆中兄聲熾

3-2-51-2　清同治十二年十二月葉聲連立賣山場契

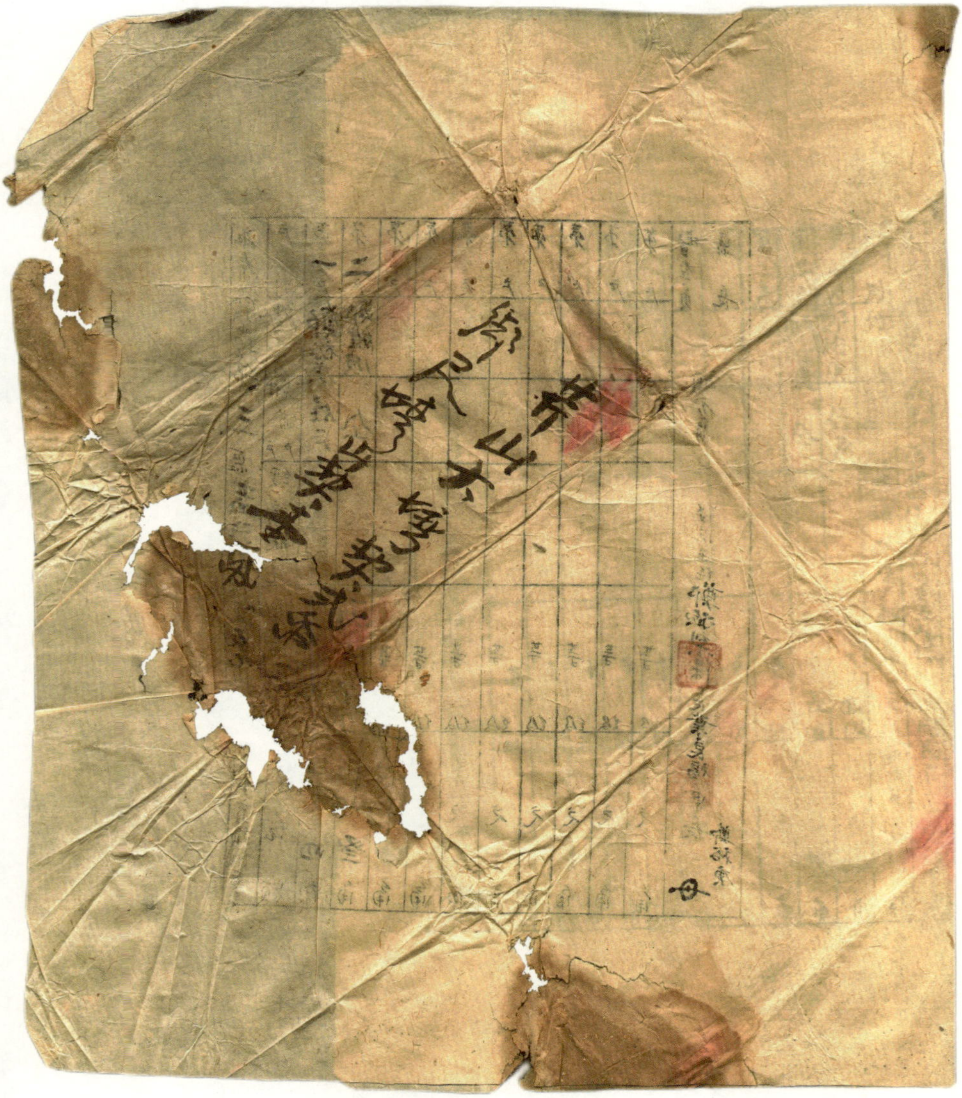

3-2-52-1　包契紙

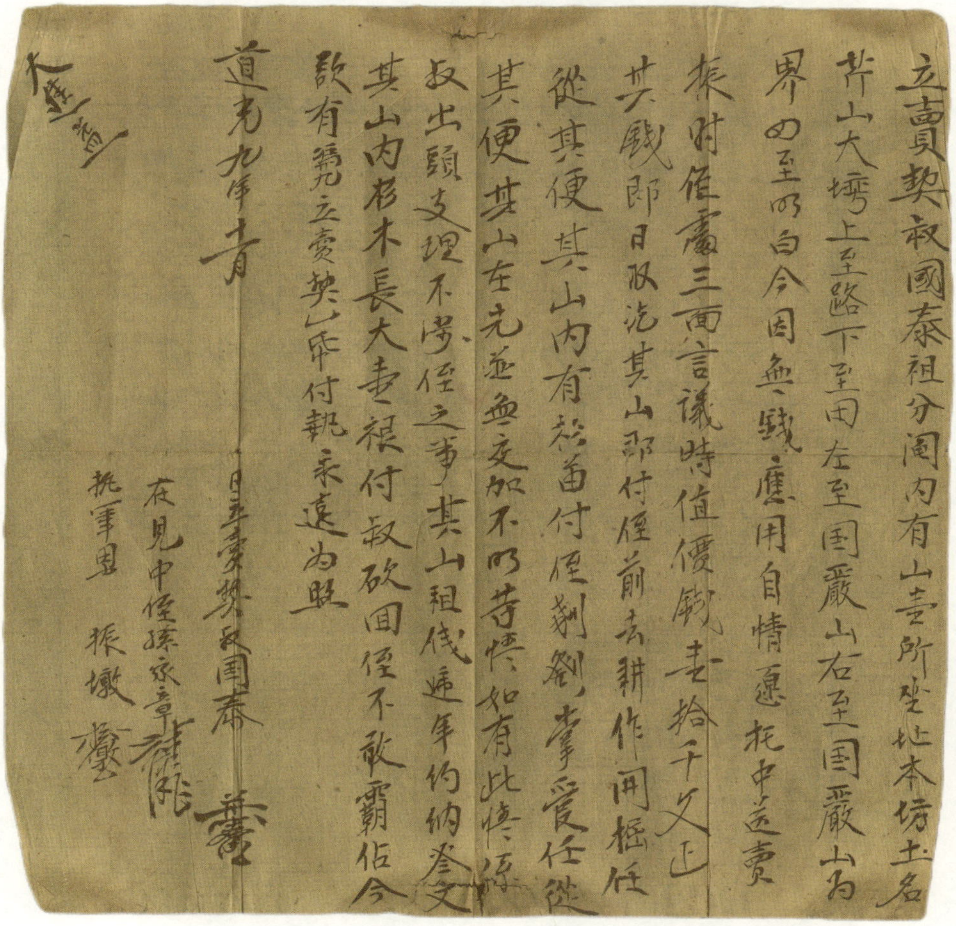
立賣契叔國泰祖分阄内有山壹所坐址本坊土名
芹山大塆上至路下至田左至国嚴山右至国嚴山為
界四至明白今因無錢應用自情愿托中送賣
振財侄處三面言議時值價錢壹拾千文正
其錢即日收訖其山即付侄前去耕作開掘任
從其便其山内有杉苗付侄剷劉掌管任從
其便其山在先並無交加不明等情如有此情係
叔出頭支理不涉侄之事其山租倈逐年约纳叁文
其山内杉木長大壹根付叔砍回侄不敢霸佔今
欲有憑立賣契山帋付執永遠為照
道光九年十一月　日立賣契叔国泰
在見中侄孫家章
執筆男　振墩

3-2-52-2　清道光九年十一月葉國泰立賣山契

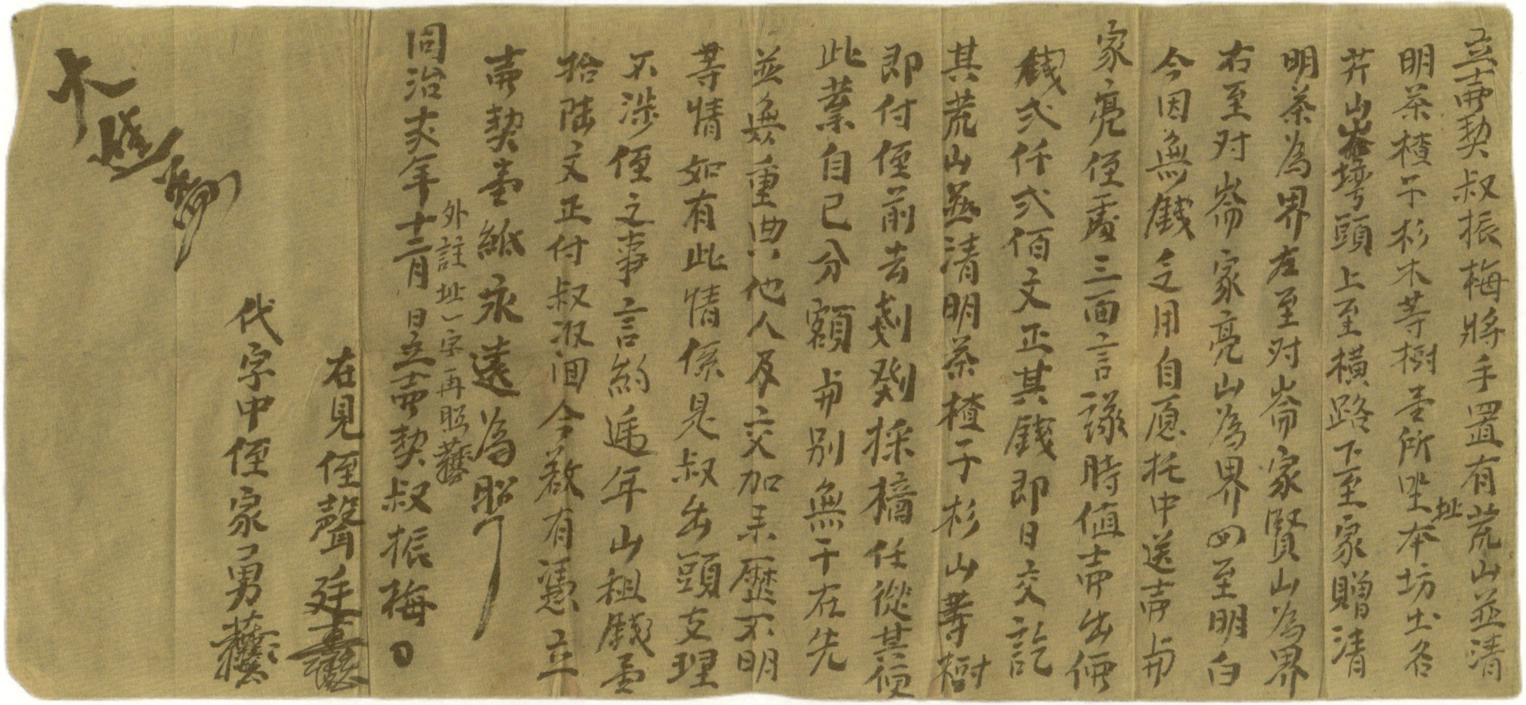
立賣契叔振梅將手置有荒山並清
明茶樍杉木等樹壹所坐址本坊土名
芹山崙埂頭上至橫路下至家贈清
明茶為界左至对岺家賢山為界
右至对岺家亮山為界四至明白
今因無錢乏用自愿托中送賣与
家亮侄處三面言議時值賣出價
錢弍仟弍佰文正其錢即日交訖
其荒山並清明茶樍杉山等樹
即付侄前去刧劉採樍任從其便
此業自己分額与別無干在先
並無重典他人及交加未歷不明
等情如有此情係是叔出頭支理
不涉侄之事言約延年山租錢壹
拾陸文正付叔收回今欲有憑立
賣契壹紙永遠為照
外註址一字再照
同治拾弍年十二月 日立賣契叔振梅
在見侄聲廷
代字中侄家勇
大[illegible]

3-2-52-3 清同治十二年十二月葉振梅立賣荒山等契

3-2-53-1　包契紙

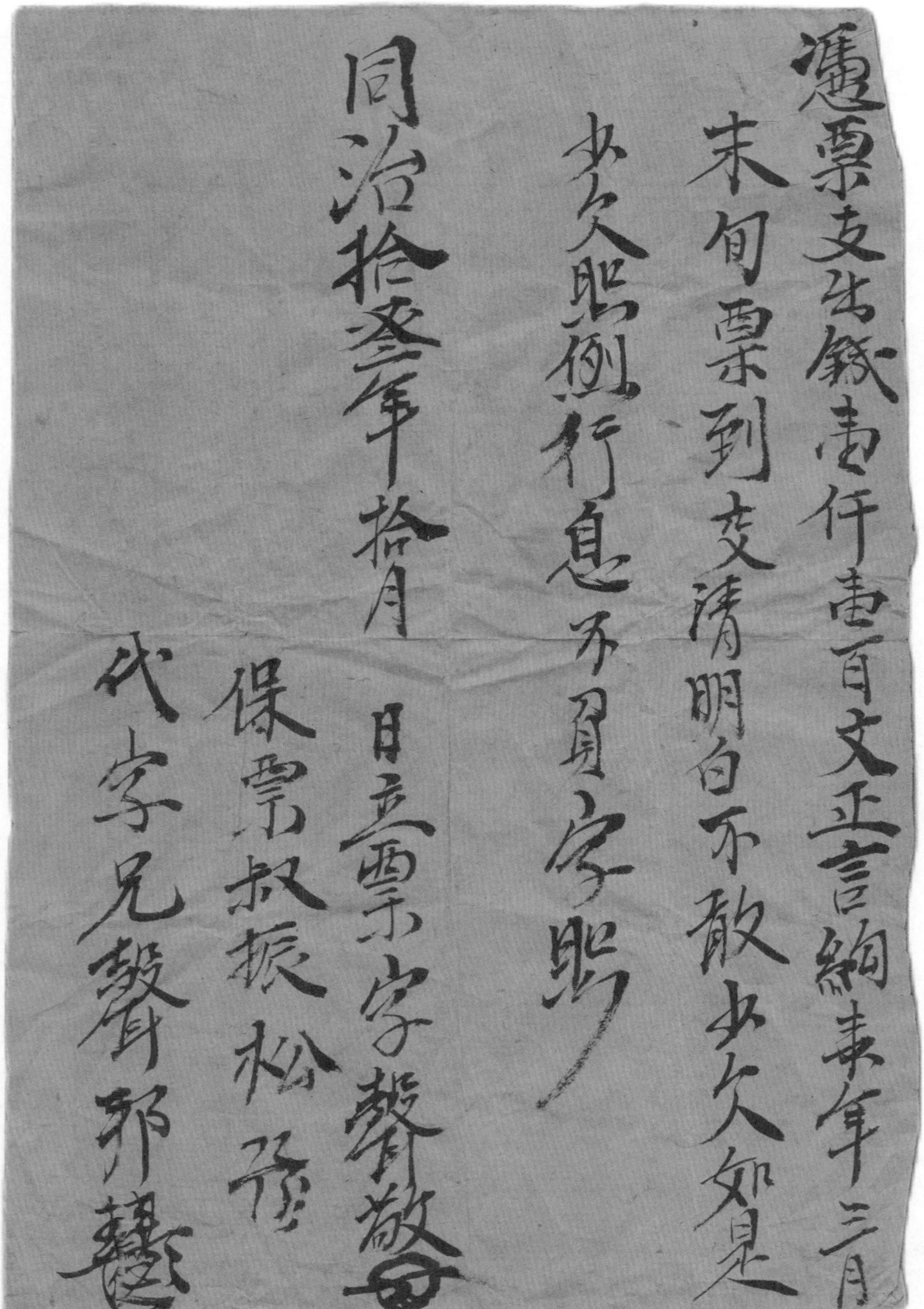
憑票支出錢壹仟壹百文正，言約來年三月末旬票到支清明白，不敢少欠，如是少欠，照例行息，不得字照。

同治拾叁年拾月　日立票字聲敬（押）

保票叔振松（押）

代字兄聲邦（押）

3-2-53-2　清同治十三年十月葉聲敬立支錢憑票

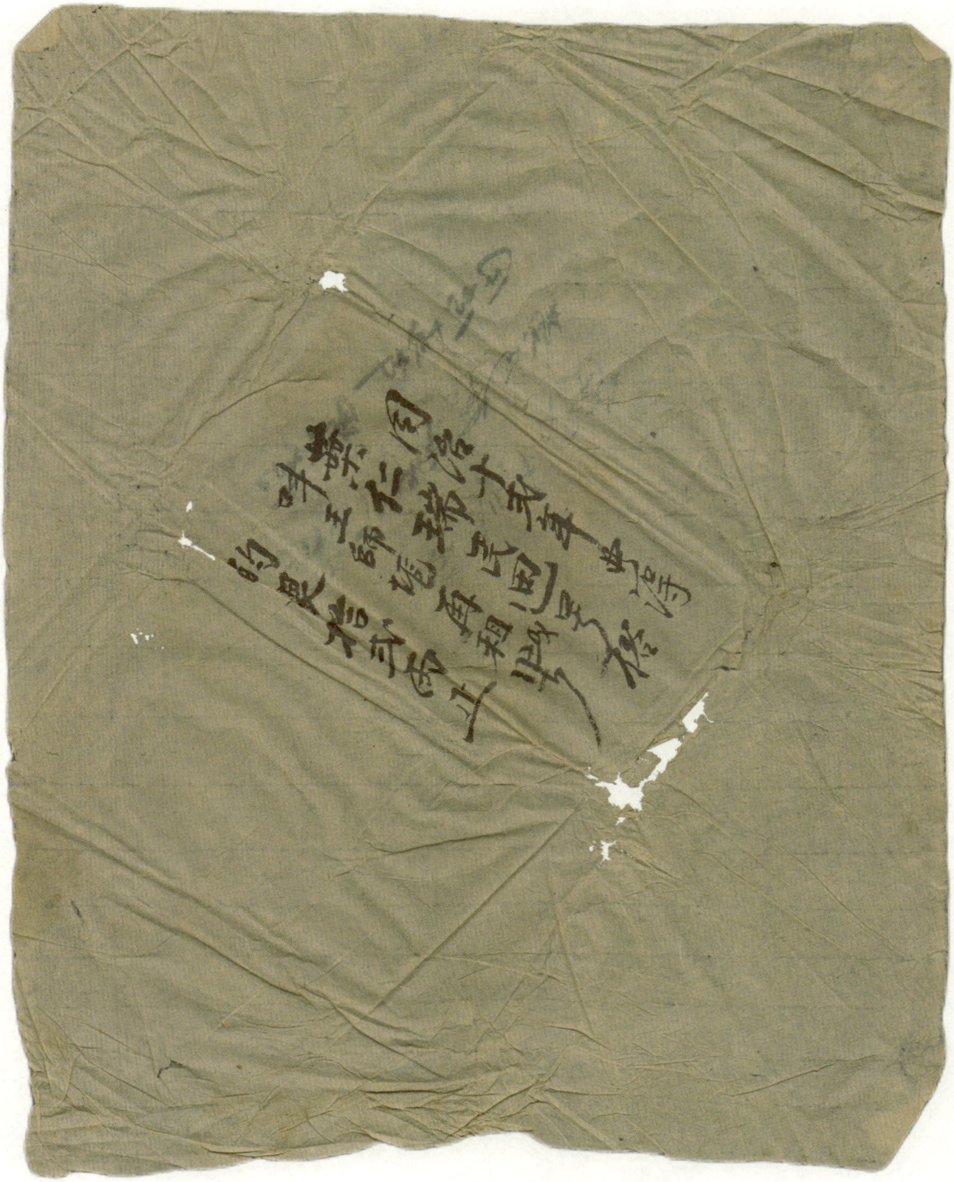

3-2-54-1　包契紙

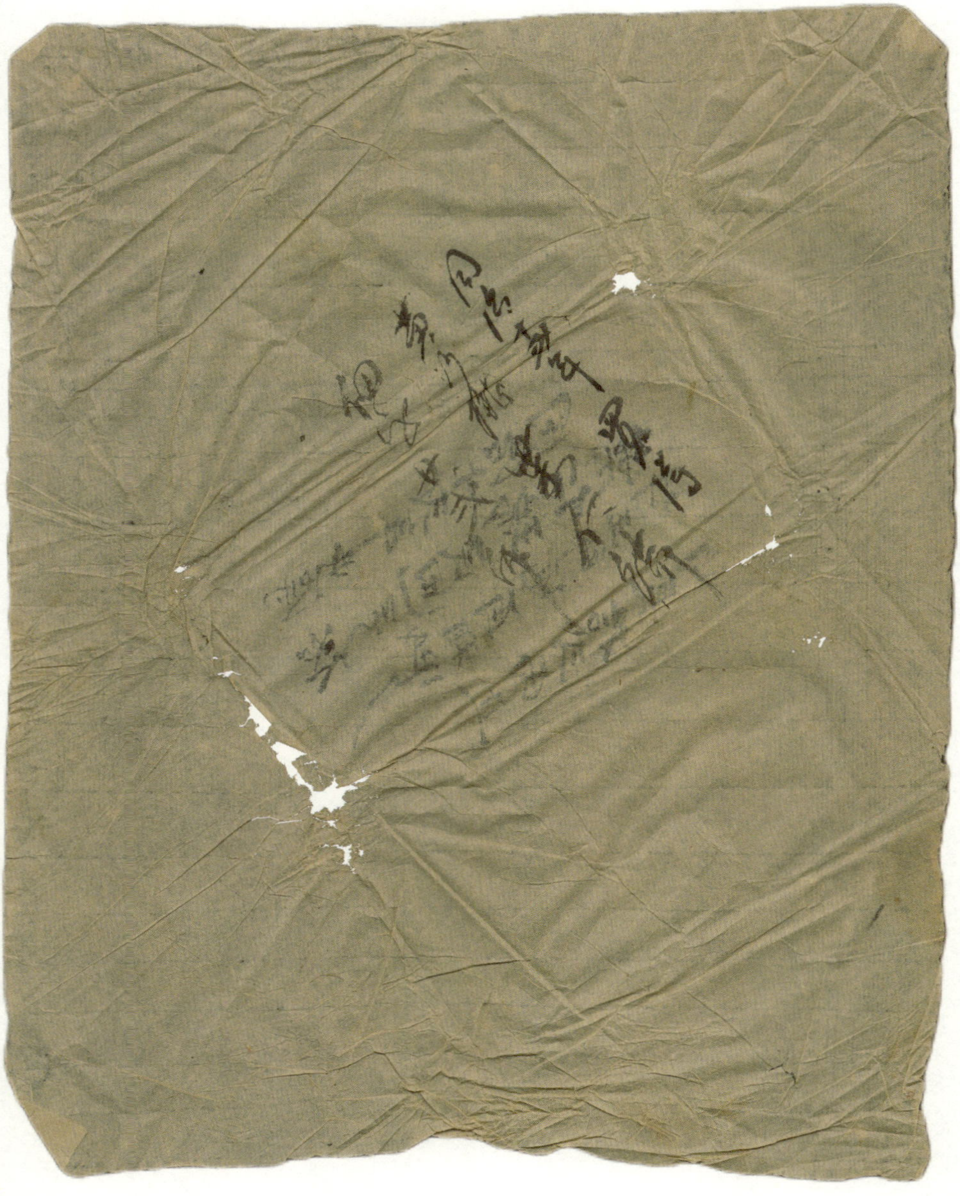

3-2-54-2　包契紙

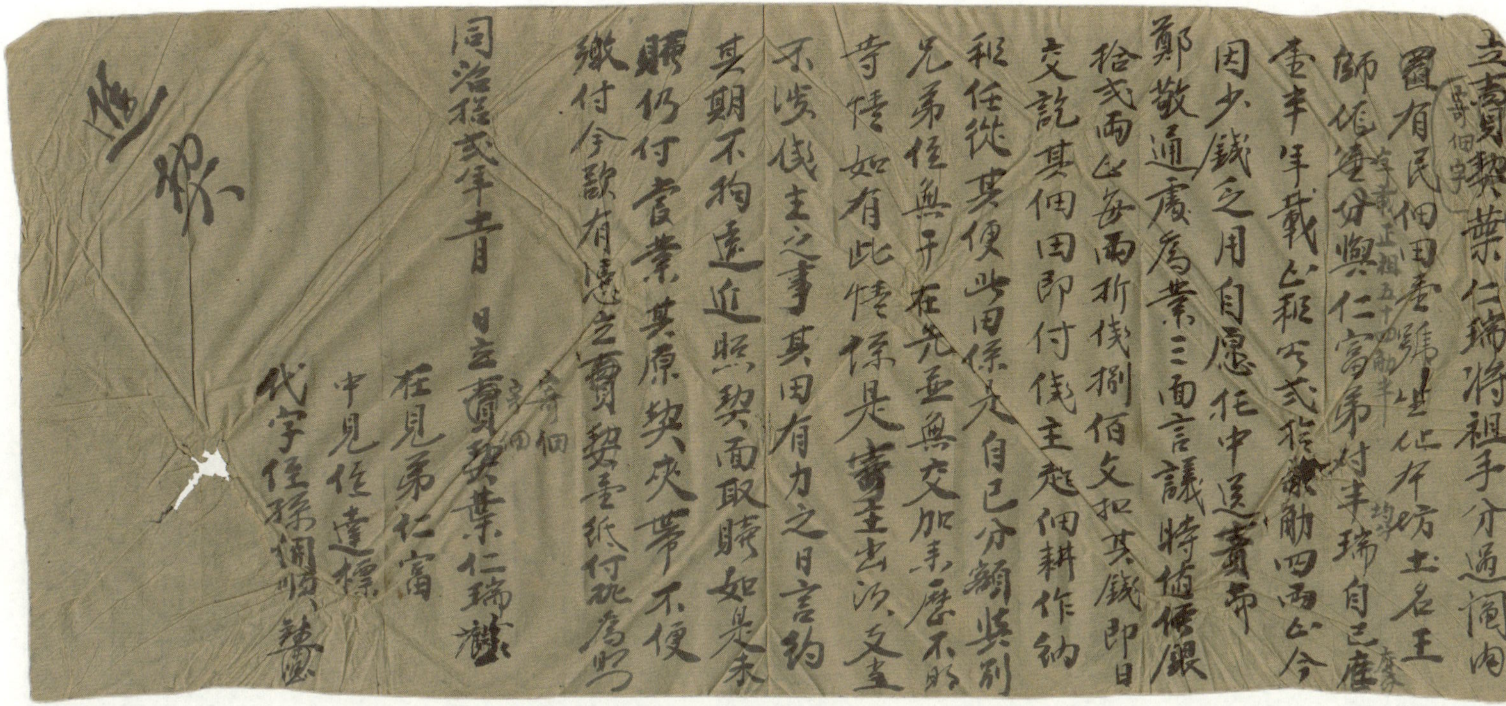
立賣契葉仁瑞將祖手分過鬮內
置有民佃田壹號，坐址本坊，土名王
師垄，併與仁富弟對半，瑞自己應
壹半，年載正租弍拾柒觔四兩正，今
因少錢之用，自愿托中送賣與
鄭敬通處為業，三面言議時值價銀
拾弍兩正，每兩折錢捌佰文扣，其錢即日
交訖，其佃田即付錢主起佃耕作納
租，任從其便。此田係是自己分額，與別
兄弟侄無干，在先並無交加來歷不明
等情，如有此情，係是賣主出頭支當，
不涉錢主之事。其田有力之日，言約
其期不拘遠近，照契兩取贖，如是未
贖，仍付管業。其原契夾帶不便
繳付。今欲有憑，立賣契壹紙付執為照。
同治拾弍年十一月　日立賣契葉仁瑞（押）
在見弟仁富
中見侄達標
代字侄孫調鑾

3-2-54-3　清同治十二年十一月葉仁瑞立寄民佃田字

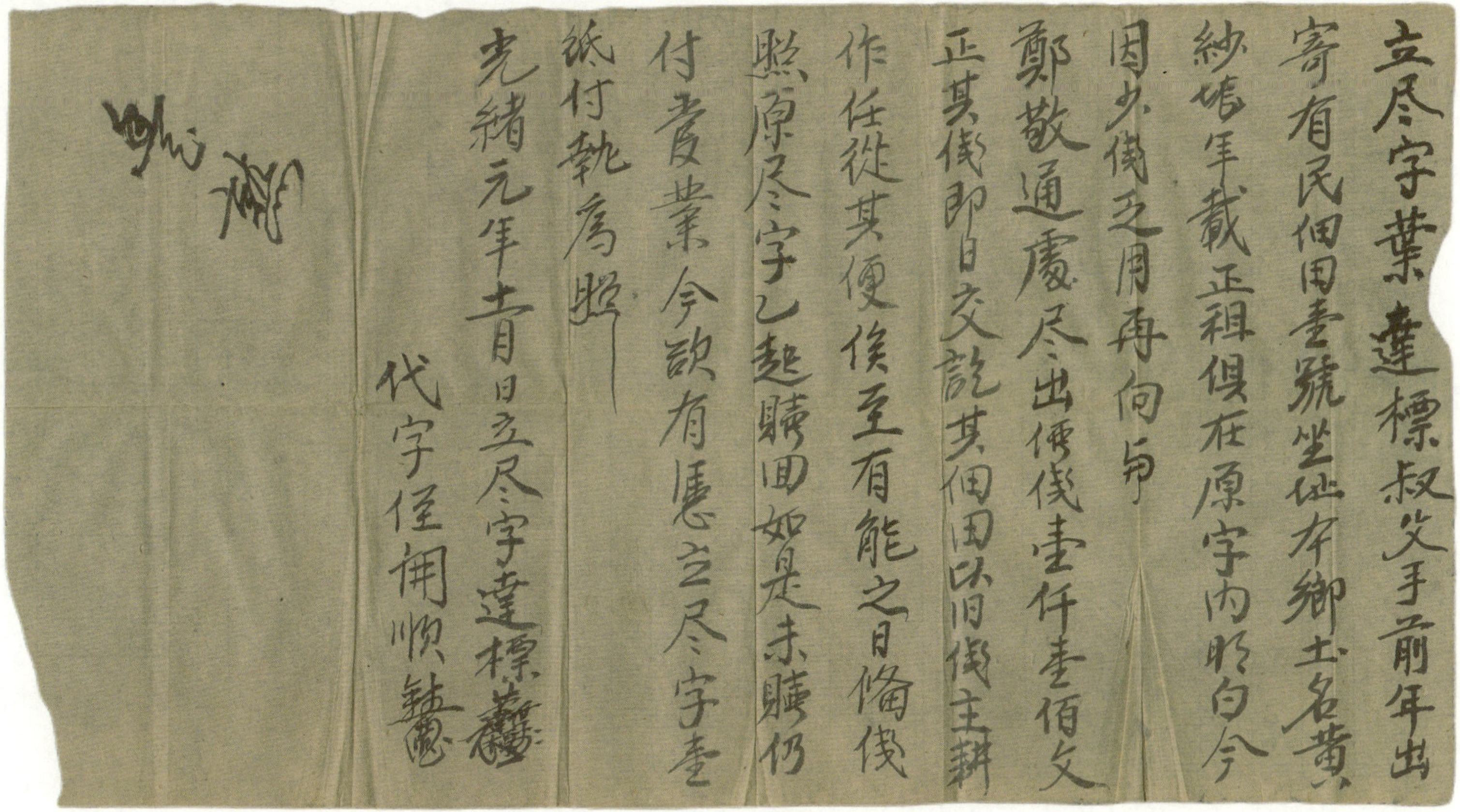

立尽字葉達標叔父手前年出
寄有民佃田壹號坐址本鄉土名黄
紗塘年載正租俱在原字內明白今
因少錢乏用再向與
鄭敬通處尽出價錢壹仟壹佰文
正其錢即日交訖其佃田以舊錢主耕
作任從其便後至有能之日備錢
照原尽字乙起贖田如是未贖仍
付耕業今欲有憑立尽字壹
紙付執爲照
光緒元年十一月日立尽字達標
代字侄佣順

3-2-54-4 清光緒元年十一月葉達標立盡民佃田字

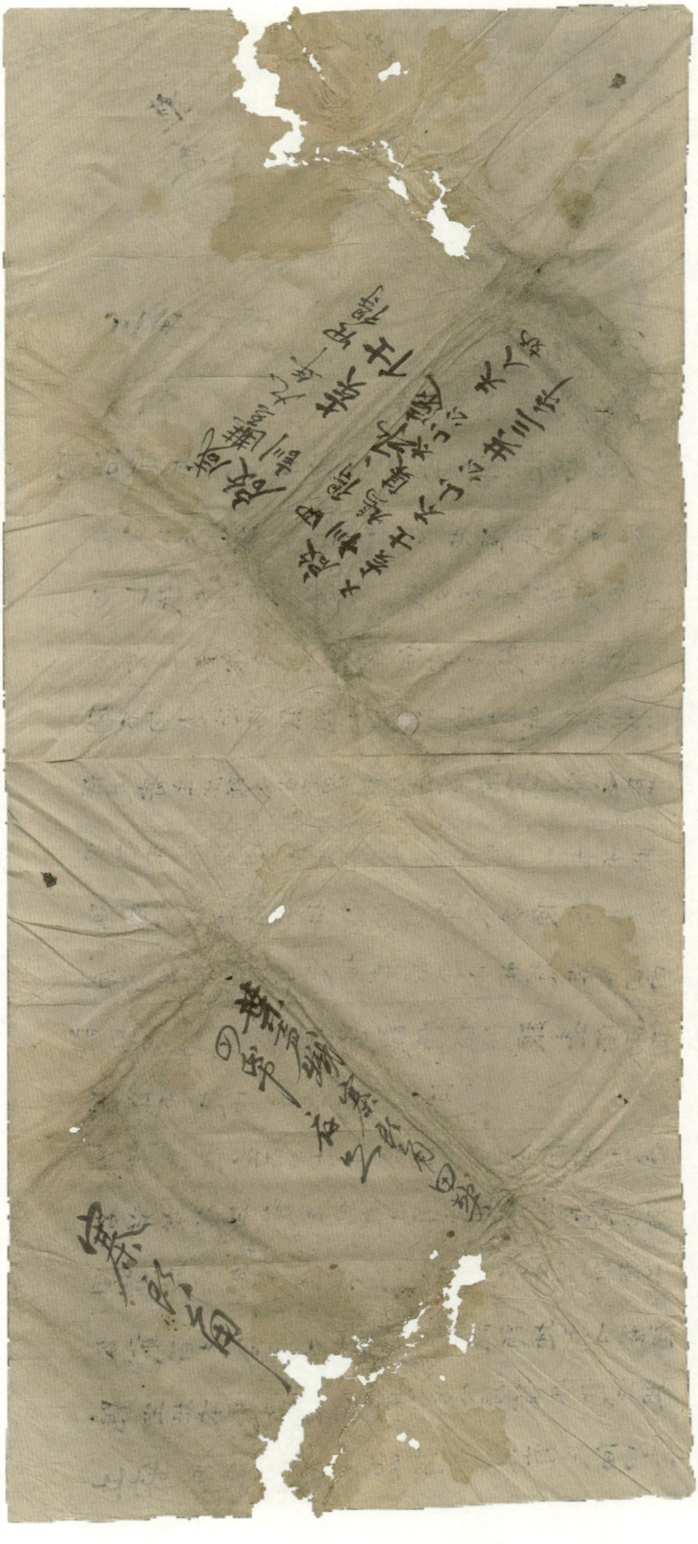

3-2-55-1　包契紙

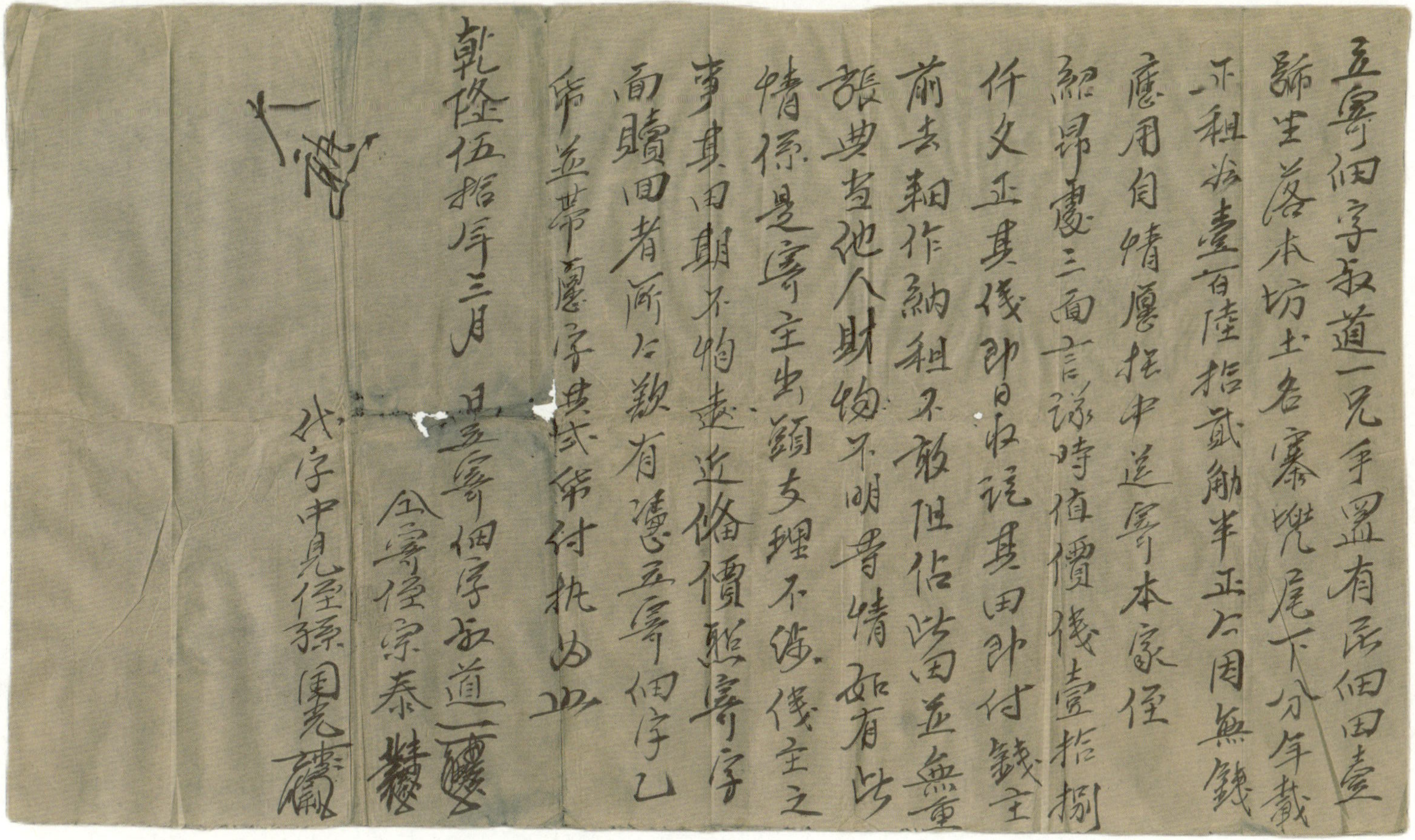
立寄佃字叔道一兄弟置有民佃田壹
號坐落本坊土名寨兜尾下分年載
米租谷壹百陸拾貳觔半正今因無錢
應用自情愿托中送寄本家侄
紹昂處三面言議時值價錢壹拾捌
仟文正其錢即日收訖其田即付錢主
前去耕作納租不敢阻佔此田並無重
張典當他人財物不明等情如有此
情係是寄主出頭支理不涉錢主之
事其田期不拘遠近備價照寄字
面贖回者今欲有憑立寄佃字乙
帋並帶盧字共貳帋付執為照
乾隆伍拾年三月　日立寄佃字叔道一（押）
仝寄侄宗泰（押）
代字中見侄孫國光（押）
一批

3-2-55-2　清乾隆五十年三月葉道一等立寄民佃田字

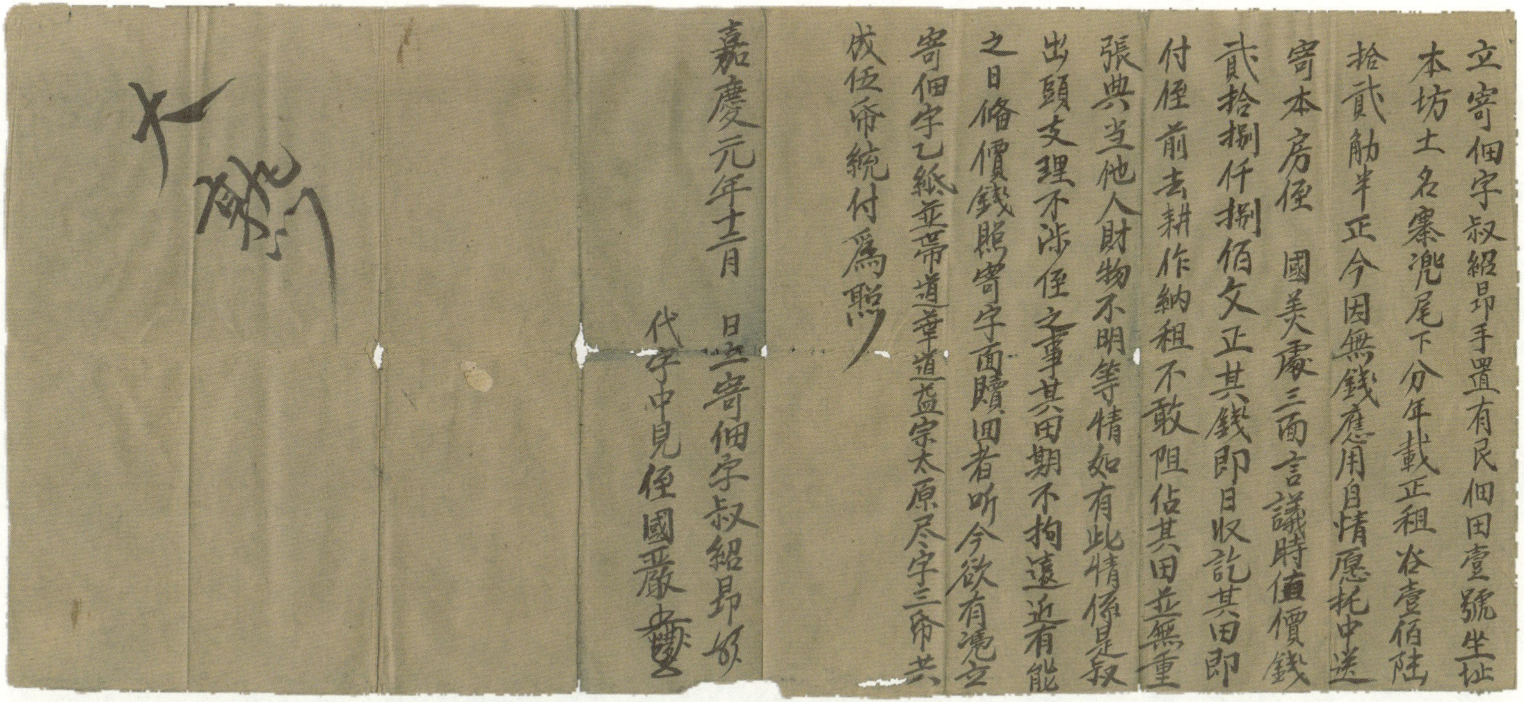

3-2-55-3　清嘉慶元年十二月葉紹昂立寄民佃田字

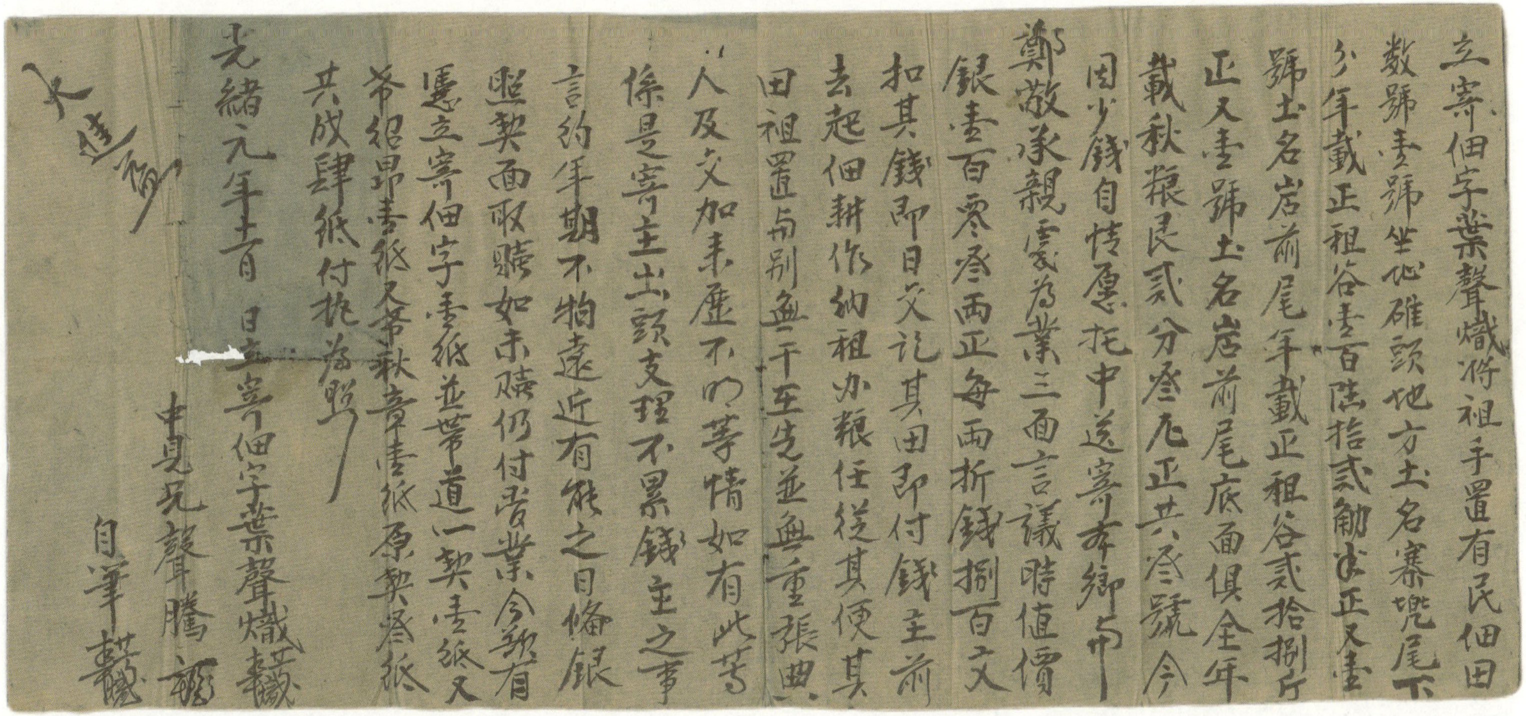
立寄佃字葉聲熾將祖手置有民佃田
數號壹號坐地碓頭地方土名寨兜尾下
乡年載正租谷壹百陸拾貳觔正又壹
號土名岩前尾年載正租谷貳拾捌斤
正又壹號土名岩前尾底面俱全年
載秋粮民貳分叁厘正共叁號今
因少錢自情愿托中送寄本鄉中
鄭敬承親處為業三面言議時值價
銀壹百零叁兩正每兩折錢捌百文
扣其錢即日交訖其田即付錢主前
去起佃耕作納租办粮任從其便其
田祖置与別無干至先並無重張典
人及交加未歷不明等情如有此等
係是寄主出頭支理不累錢主之事
言約年期不拘遠近有銀之日備銀
照契面取贖如未贖仍付當業今欲有
憑立寄佃字壹紙並帶道一契壹紙又
帶組畀壹紙又帶秋章壹紙原契叁紙
共成肆紙付執為照
光緒元年十一月　日立寄佃字葉聲熾（押）
中見兄聲騰（押）
自筆（押）
大進

3-2-55-4　清光緒元年十一月葉聲熾立寄民佃田字

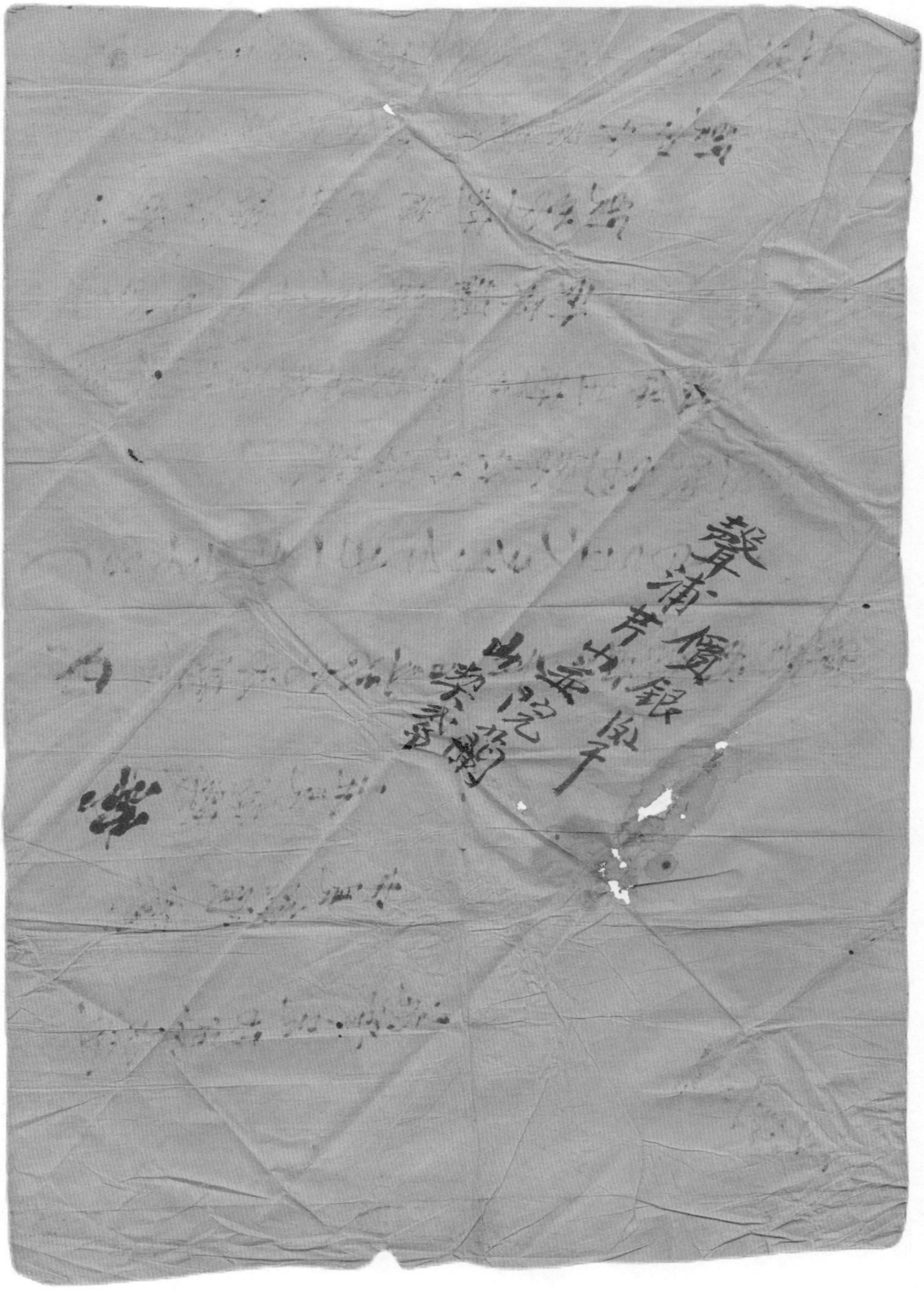

3-2-56-1　包契紙

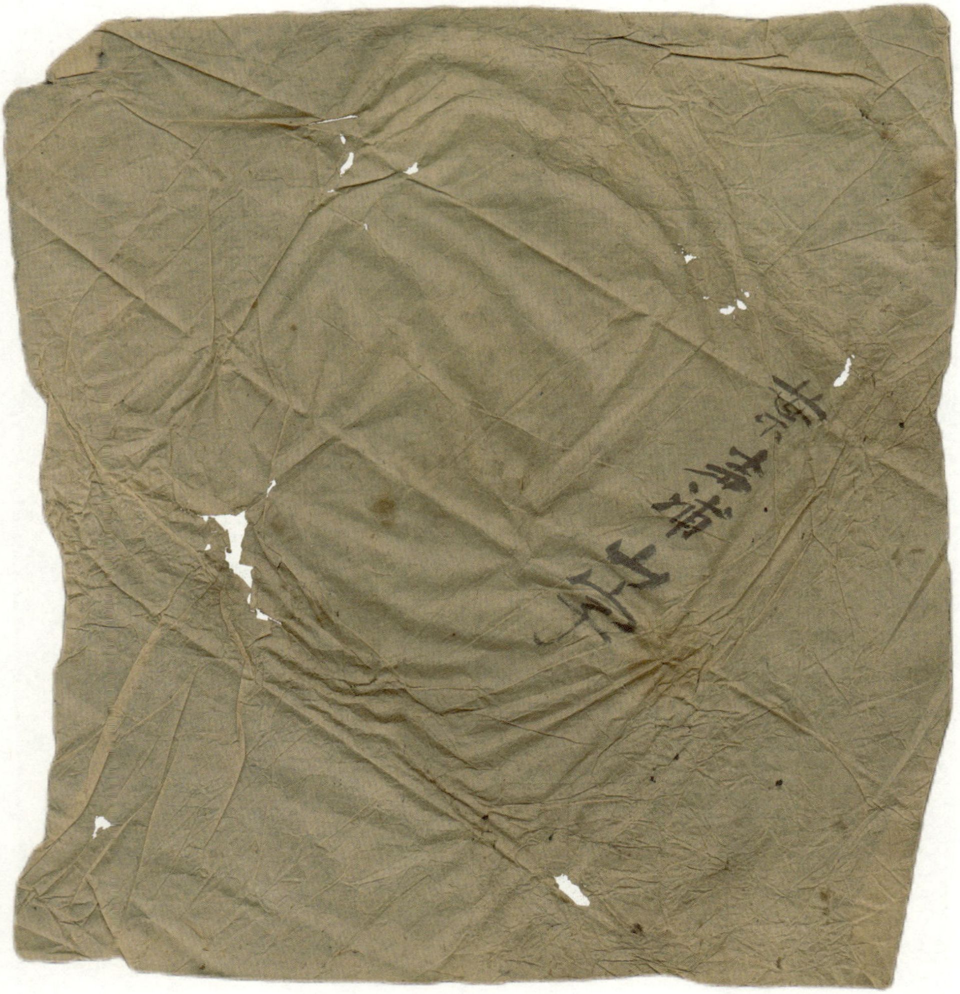

3-2-56-2　包契紙

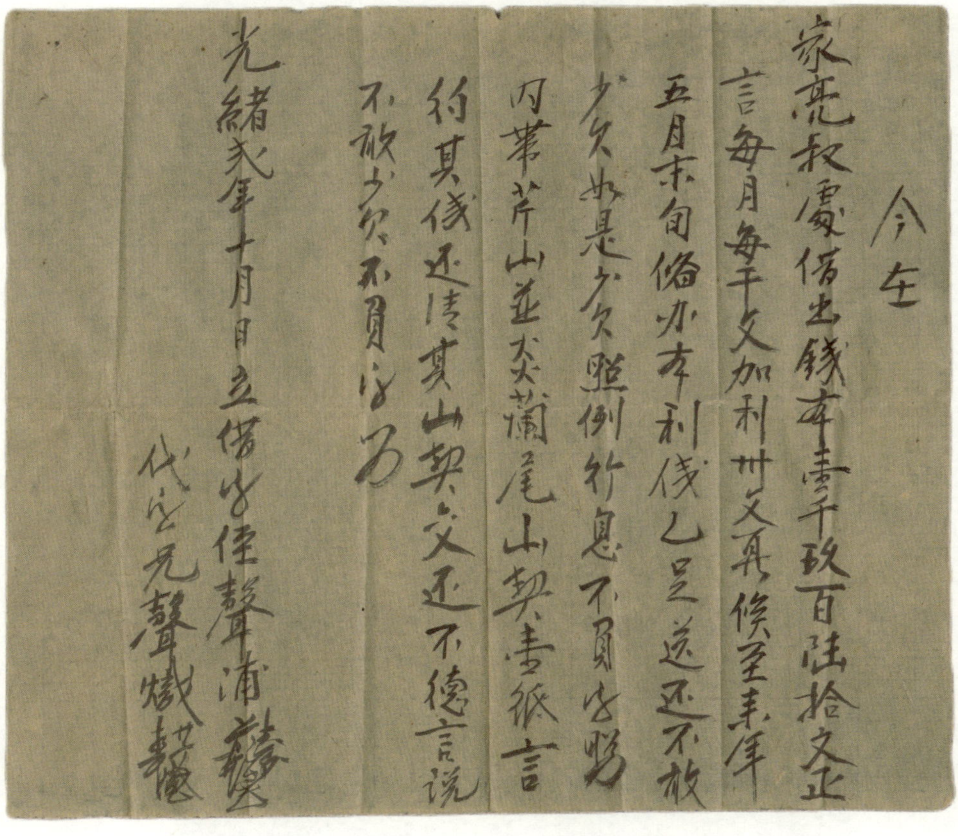
今在
家亮叔處借出錢本壹千玖百陆拾文正
言每月每千文加利卅文其俟至来年
五月末旬備办本利钱乙足送还不敢
少欠如是少欠照例行息不負字照
内苐芹山並癸蘭尾山契壹紙言
約其钱还清其山契文还不德言説
不敢少欠不負字照
光緒贰年十月日立借字侄聲浦（押）
代字兄聲鐵（押）

3-2-56-3　清光緒二年十月葉聲浦立借錢字

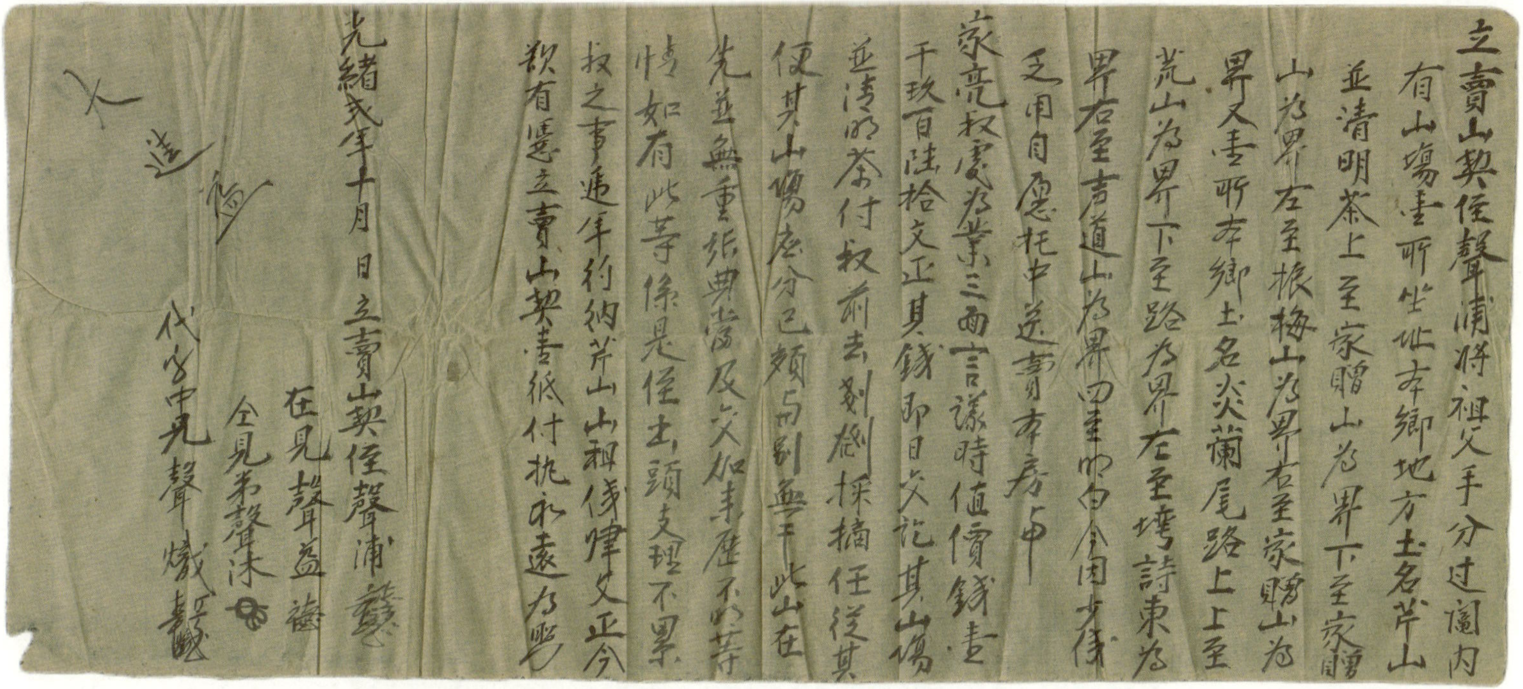
立賣山契侄聲浦將祖父手分过阄内
有山場壹所坐址本鄉地方土名芹山
並清明茶上至家贈山為界下至家贈
山為界左至根梅山為界右至家贈山為
界又壹所本鄉土名炎蘭尾路上上至
荒山為界下至路為界左至塆詩東為
界右至青道山為界四至明白今因少便
乏用自愿托中送賣本房中
家亮叔處為業三面言議時值價錢壹
千玖百陸拾文正其錢即日交訖其山場
並清明茶付叔前去剗樹採摘任從其
便其山場應分已願與别無干此山在
先並無重張典當及交加來歷不明等
情如有此等係是侄出頭支理不累
叔之事逓年约纳芹山山租錢肆文正今
欲有憑立賣山契壹紙付執永遠為照
光緒弍年十月　日立賣山契侄聲浦（押）
在見聲益（押）
仝見弟聲沐（押）
代字中見聲熾（押）
大造福

3-2-56-4　清光緒二年十月葉聲浦立賣山場契

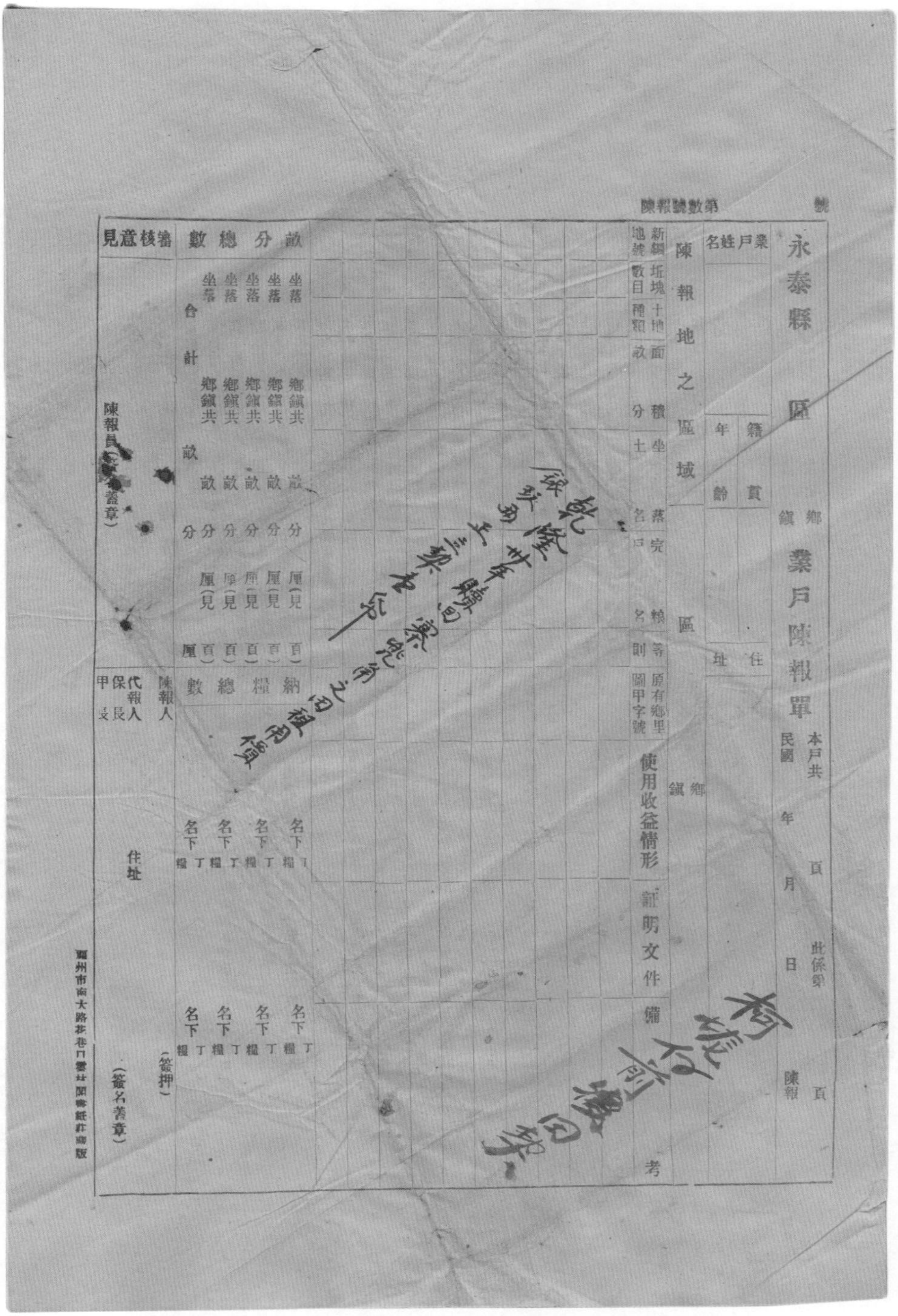
陳報號數第　號
永泰縣　區　鄉鎮
業戶陳報單
本戶共　頁
此係第　頁
民國　年　月　日　陳報
業戶姓名
籍貫
年齡
住址
陳報地之區域
區　鄉鎮
新編地號
坵地數目
土地種類
面積畝分
坐落土名
完糧戶名
糧則等
原有鄉里圖甲字號
使用收益情形
證明文件
備考
畝分總數
納糧總數
審核意見
陳報員（簽名蓋章）
陳報人
代報人
保長
甲長
住址
（簽押）
（簽名蓋章）
福州市南大路

3-2-57-1　包契紙

柯墘仔前後田契

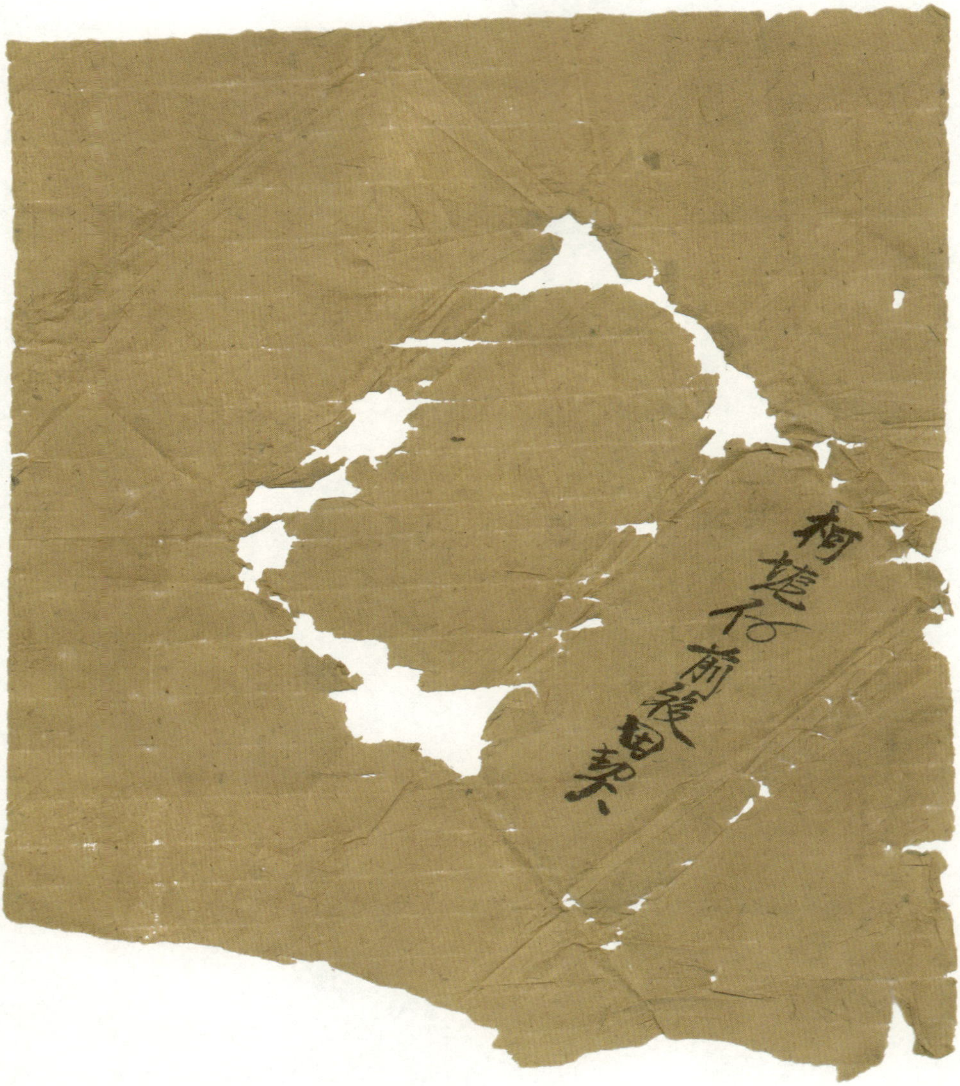

3-2-57-2 包契紙

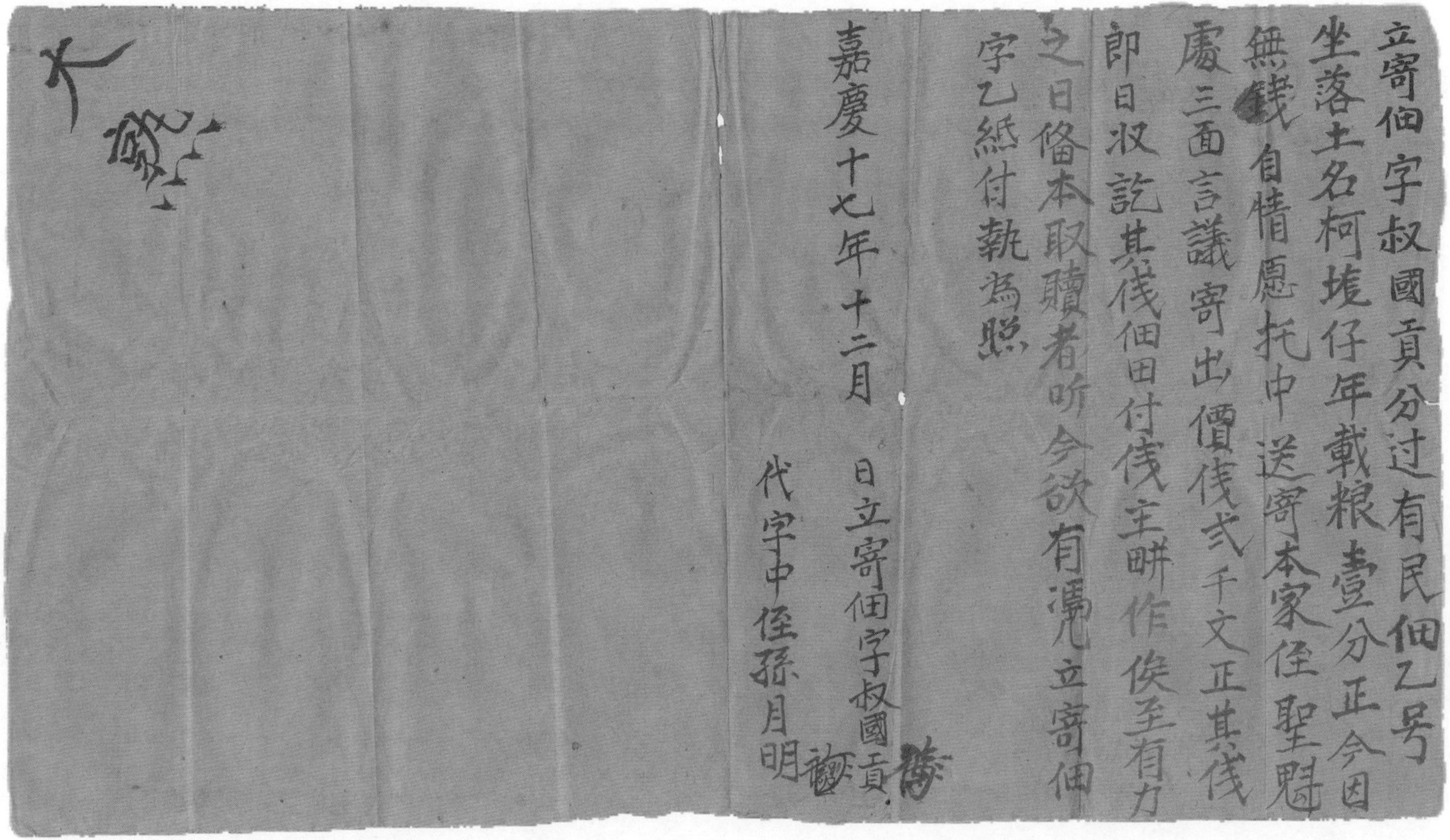

立寄佃字叔國貢分过有民佃乙号
坐落土名柯坵仔年載粮壹分正今因
無錢自情愿托中送寄本家侄聖魁
處三面言議寄出價伐式千文正其伐
即日収訖其伐佃田付伐主畊作俟至有力
之日備本取贖者听今欲有憑立寄佃
字乙紙付執為照

嘉慶十七年十二月　日立寄佃字叔國貢（押）

代字中侄孫月明（押）

大發

3-2-57-3　清嘉慶十七年十二月葉國貢立寄民佃田字

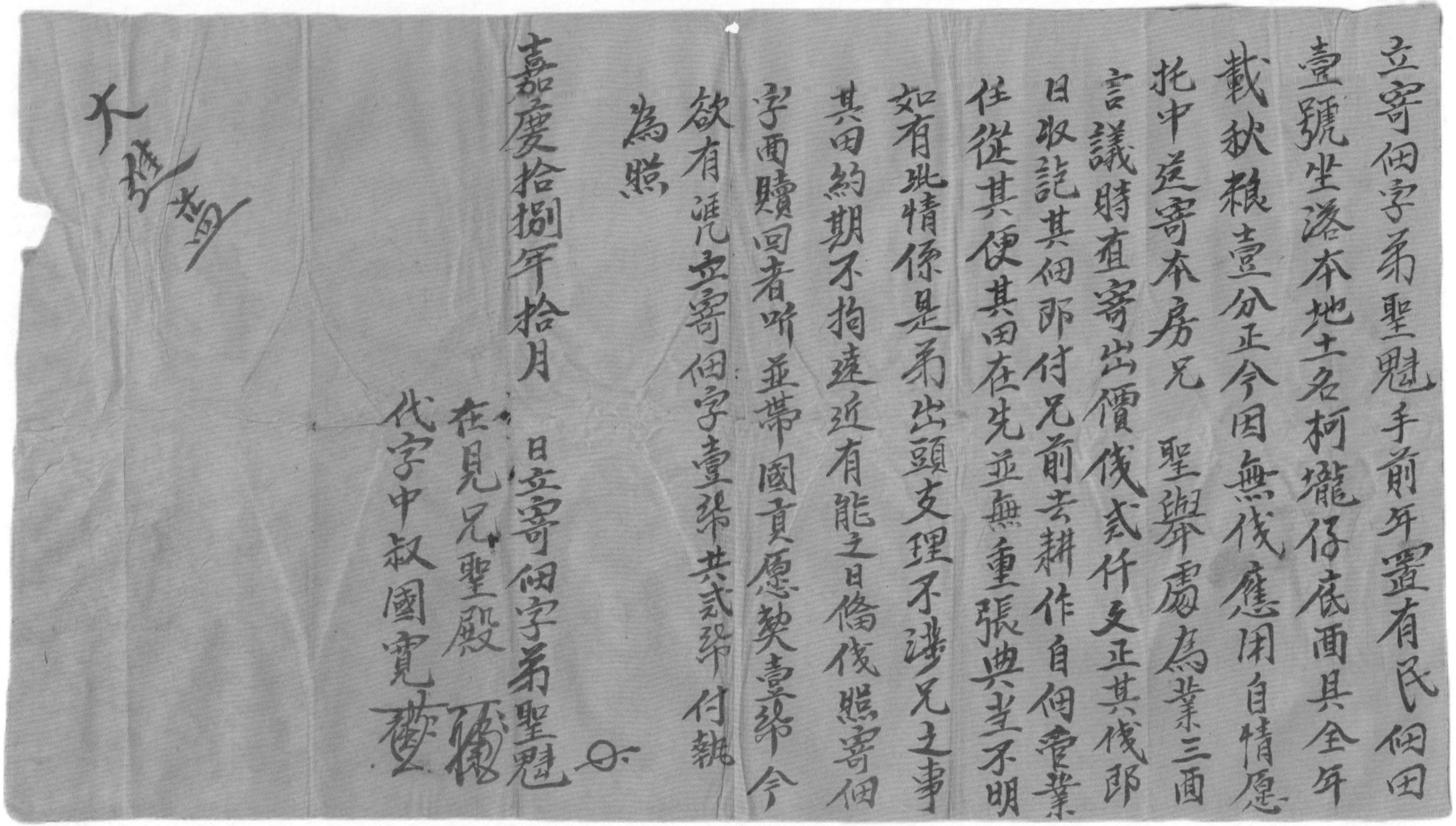
立寄佃字弟聖魁手前年置有民佃田
壹號坐落本地土名柯壠仔底面具全年
載秋粮壹分正今因無钱應用自情愿
托中送寄本房兄　聖舉處為業三面
言議時值寄出價钱式仟文正其钱即
日收訖其佃即付兄前去耕作自佃管業
任從其便其田在先並無重張典𡵓不明
如有此情係是弟出頭支理不涉兄之事
其田約期不拘遠近有能之日備钱照寄佃
字面贖回者听　並帶國貢愿契壹帋今
欲有凴立寄佃字壹帋共式帋付執
為照
嘉慶拾捌年拾月　日立寄佃字弟聖魁
在見兄聖殿
代字中叔國寬
大[illegible]

3-2-57-4　清嘉慶十八年十月葉聖魁立寄民佃田字

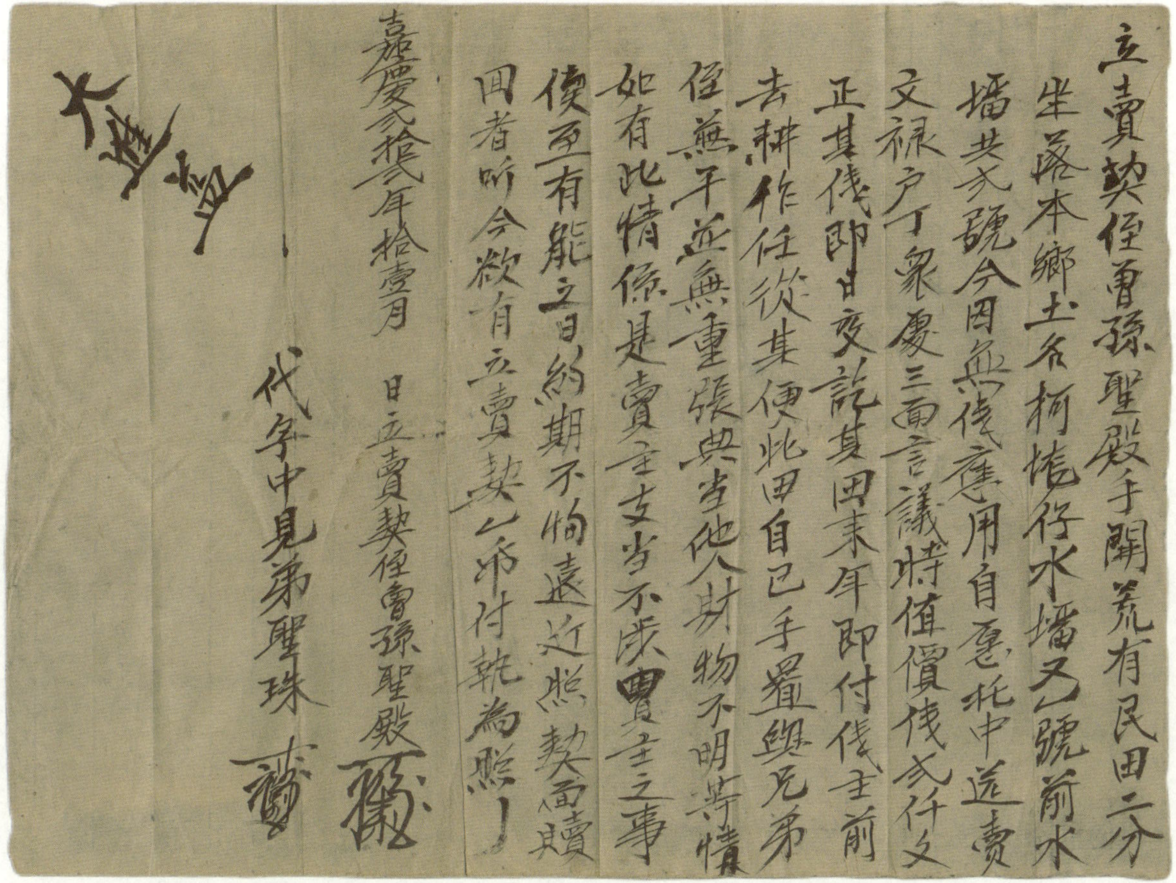

立賣契侄曾孫聖殿手闢荒有民田二分
坐落本鄉土名柯㙮仔水墻又號前水
墻共弍號今因無錢應用自愿托中送賣
文祿戶丁衆慶三面言議時值價錢弍仟文
正其錢即日交訖其田來年即付錢主前
去耕作任從其便此田自己手置與兄弟
侄無干並無重張典當他人財物不明等情
如有此情係是賣主支當不涉買主之事
便至有能之日約期不拘遠近照契面價贖
回者所今欲有立賣契一帋付執為照
嘉慶弍拾弍年拾壹月　日立賣契侄曾孫聖殿（押）
代字中見弟聖珠（押）
大吉

3-2-57-5　清嘉慶二十二年十一月葉聖殿立賣民田契

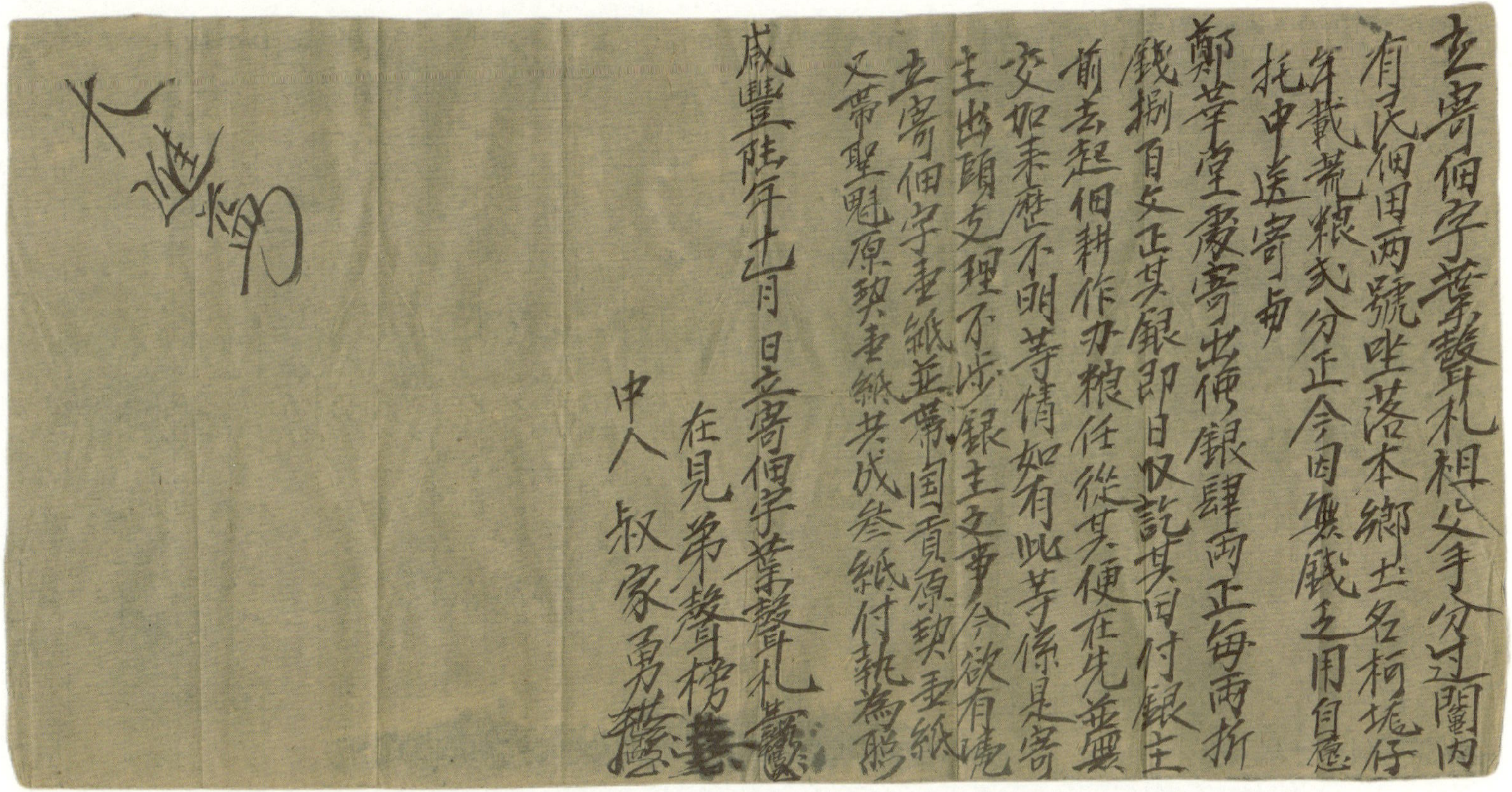

立寄佃字葉聲札，祖父手分過鬮内
有民佃田兩號，坐落本鄉土名柯坭仔，
年載荒粮弍分正。今因無錢應用，自愿
托中送寄與
鄭華堂處寄出佛銀肆兩正，每兩折
錢捌百文正。其銀即日收訖，其田付銀主
前去起佃耕作，办粮任從其便。在先並無
交加未歷不明等情，如有此等係是寄
主出頭支理，不涉銀主之事。今欲有憑，
立寄佃字壹紙，並帶国貢原契壹紙，
又帶聖魁原契壹紙，共成叁紙，付執為照。

咸豐陸年十一月　日立寄佃字葉聲札（押）

在見弟　葉聲榜（押）

中人　叔家勇（押）

3-2-57-6　清咸豐六年十一月葉聲札立寄民佃田字

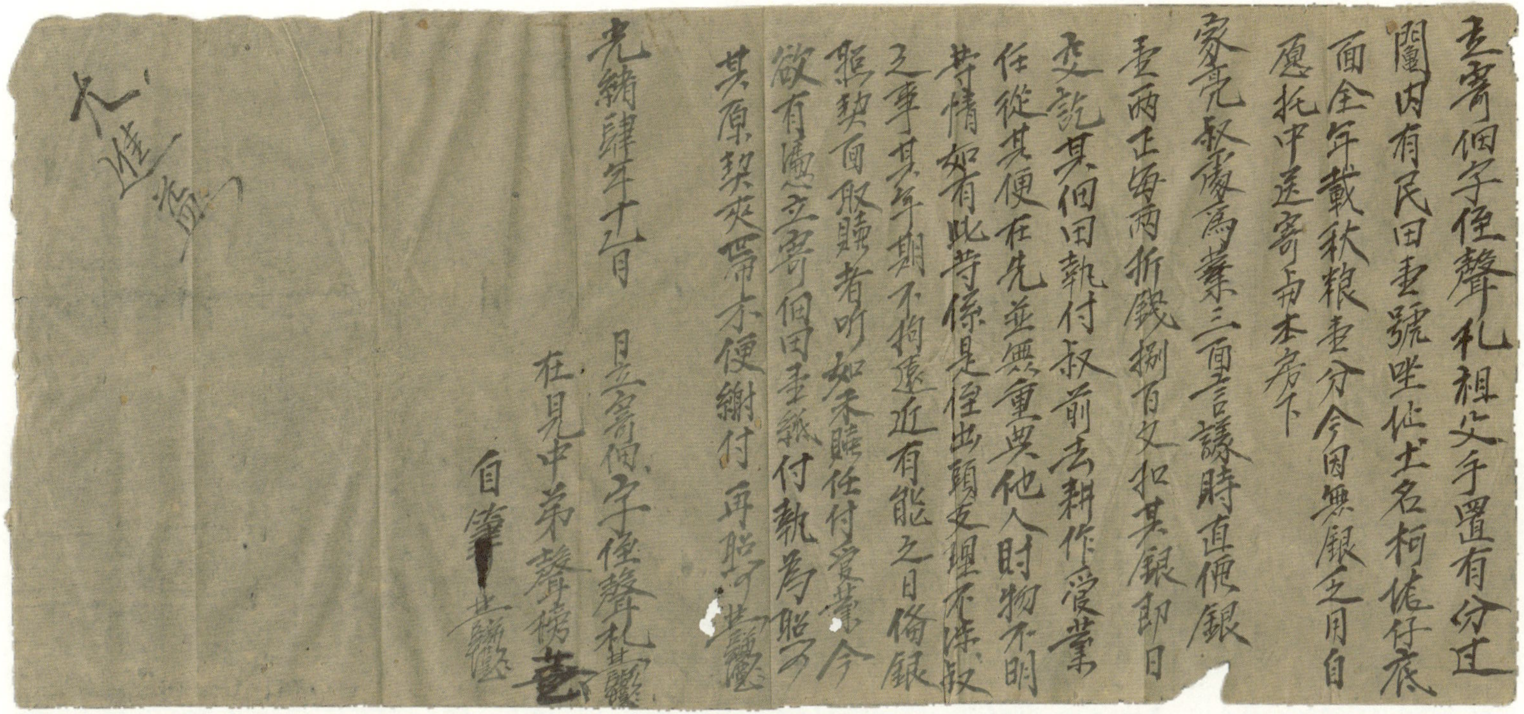

立寄佃字侄聲札，祖父手置有分过
闔內有民田壹號，坐仕土名柯坵仔底
面，全年載秋粮壹分。今因無銀乏用，自
愿托中送寄與本房下
家兄叔啓為業，三面言議，時直價銀
壹兩正，每兩折錢捌百文，扣其銀即日
交訖。其佃田執付叔前去耕作管業，
任從其便。在先並無重典他人財物不明
等情，如有此等，係是侄出頭支理，不涉叔
之事。其年期不拘遠近，有能之日備銀
照契面取贖者，叨如未贖，任付管業。今
欲有憑，立寄佃田壹紙付執為照。
其原契夾帶不便繳付，再照。（押）
光緒肆年十一月　日立寄佃字侄聲札（押）
在見中弟聲榜（押）
自筆（押）
大佳崙

3-2-57-7　清光緒四年十一月葉聲札立寄佃民田字

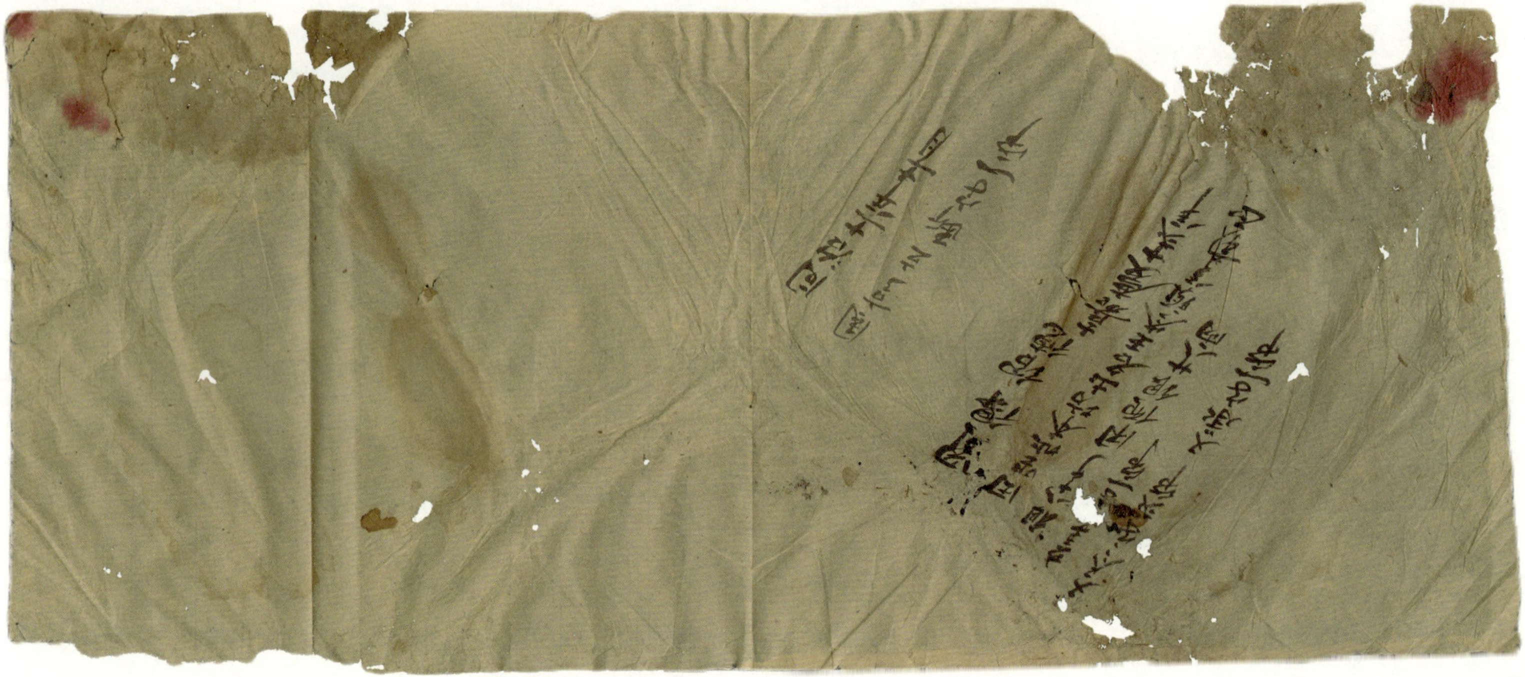

3-2-58-1　包契紙

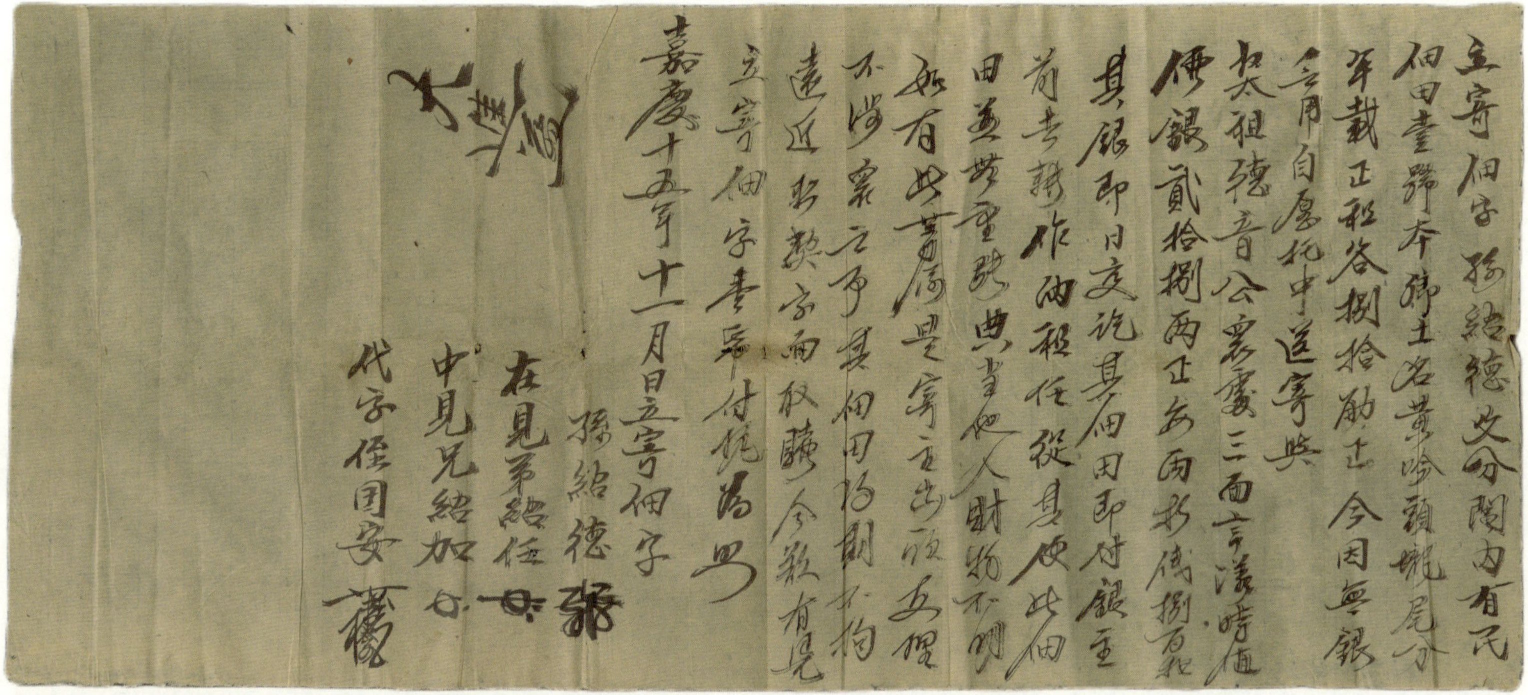
立寄佃字孫紹德父分鬮內有民
佃田壹號，坐本鄉土名黃岭頭號尾，
年載正租谷捌拾觔正，今因無銀
之用，自愿托中送寄與
契叔祖德音公衆處，三面言議時值
價銀貳拾捌兩正，其兩係捌兩
其銀即日交訖，其佃田即付銀主
前去耕作納租，任從其便。此佃
田並無重張典當他人財物不明，
如有此等，係是寄主出頭抵理，
不涉寄之事。其佃田限期不拘
遠近，備契字面取贖。今欲有憑，
立寄佃字壹紙付執爲照。
嘉慶十五年十一月　日立寄佃字
孫　紹德（押）
在見弟　紹任（押）
中見兄　紹加（押）
代字侄　國安（押）
大吉

3-2-58-2　清嘉慶十五年十一月葉紹德立寄民佃田字

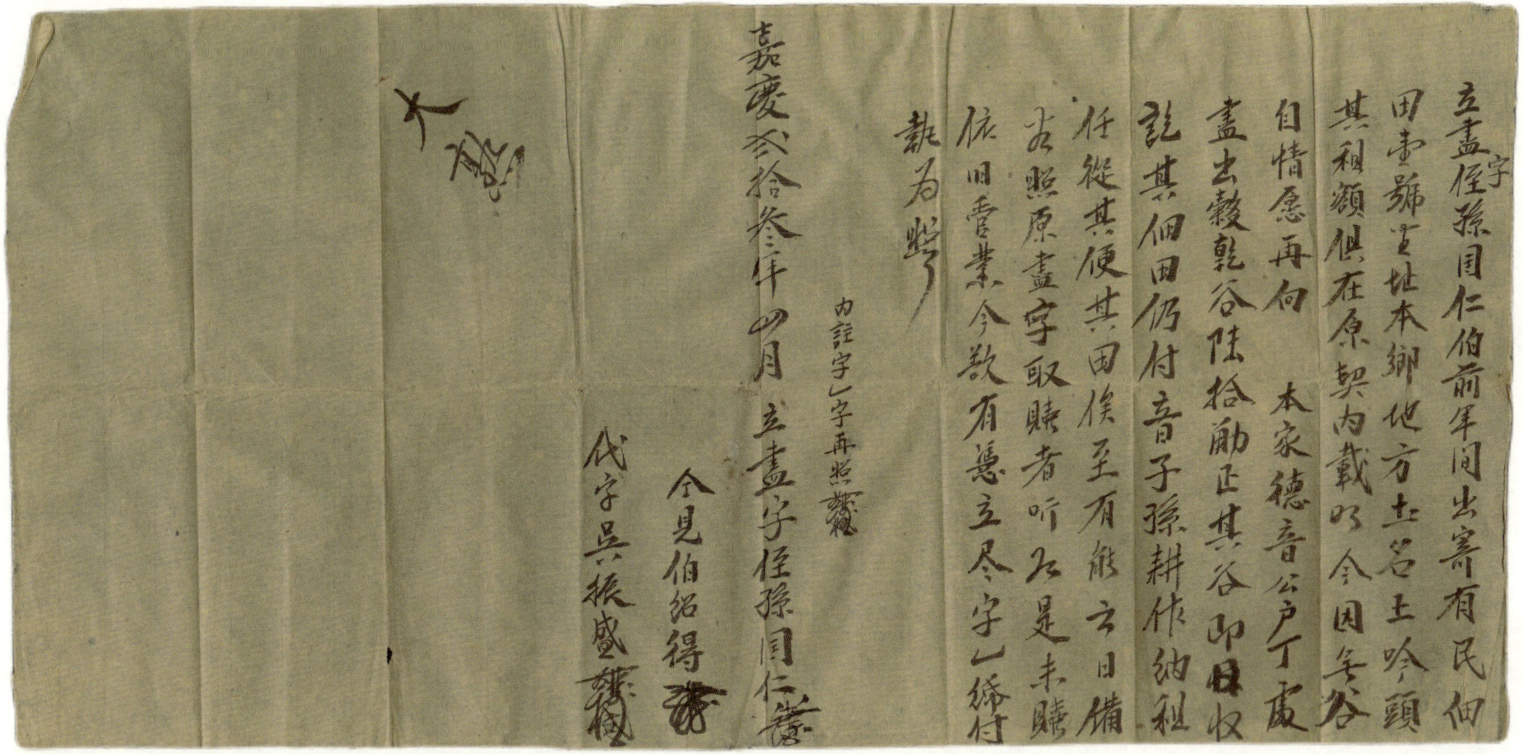
立盡侄孫国仁伯前年间出寄有民佃字
田壹號坐址本鄉地方土名土吟頭
其租額俱在原契内載明今因乏谷
自情愿再向　本家德音公户丁處
盡出穀乾谷陸拾觔正其谷即日收
訖其佃田仍付音子孫耕作納租
任從其便其田候至有能之日備
出照原盡字取贖者听不是未贖
依旧管業今欲有憑立盡字一紙付
執為照
内註字一字再照（押）
嘉慶貳拾叁年四月　立盡字侄孫国仁（押）
仝見伯绍得（押）
代字吳振盛（押）
大吉

3-2-58-3　清嘉慶二十三年四月葉国仁立盡民佃田字

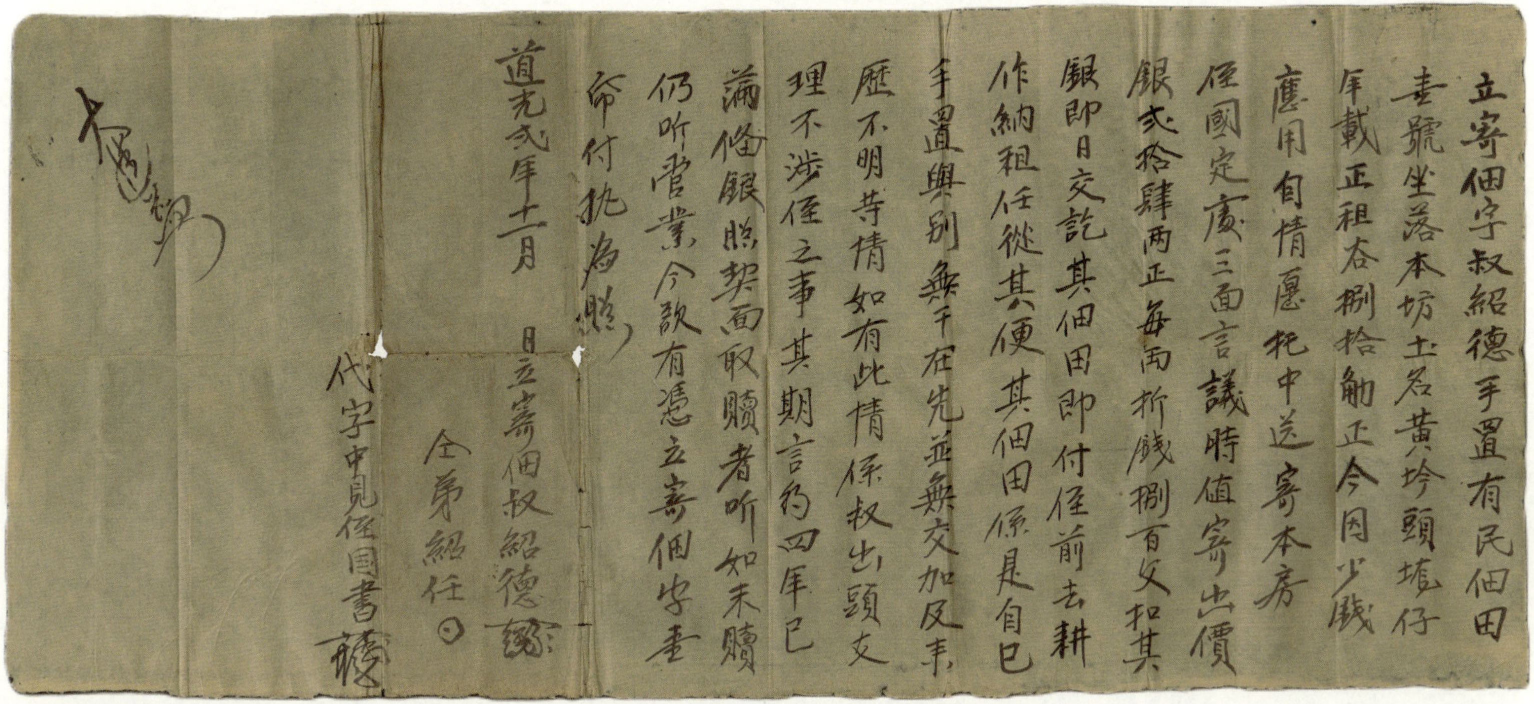

立寄佃字叔紹德手置有民佃田
壹號坐落本坊土名黃坽頭墘仔
年載正租谷捌拾觔正今因乏錢
應用自情愿托中送寄本房
侄國定處三面言議時值寄出價
銀弍拾肆兩正每兩折錢捌百文扣其
銀即日交訖其佃田即付侄前去耕
作納租任從其便其佃田係是自已
手置與别無干在先並無交加來
歷不明等情如有此情係叔出頭支
理不涉侄之事其期言約四年已
滿備銀照契面取贖者听如未贖
仍听管業今欲有憑立寄佃字壹
紙付執為照

道光弍年十一月　日立寄佃叔紹德（押）
全弟紹任（押）
代字中見侄國書（押）

[illegible]

3-2-58-4　清道光二年十一月葉紹德等立寄民佃田字

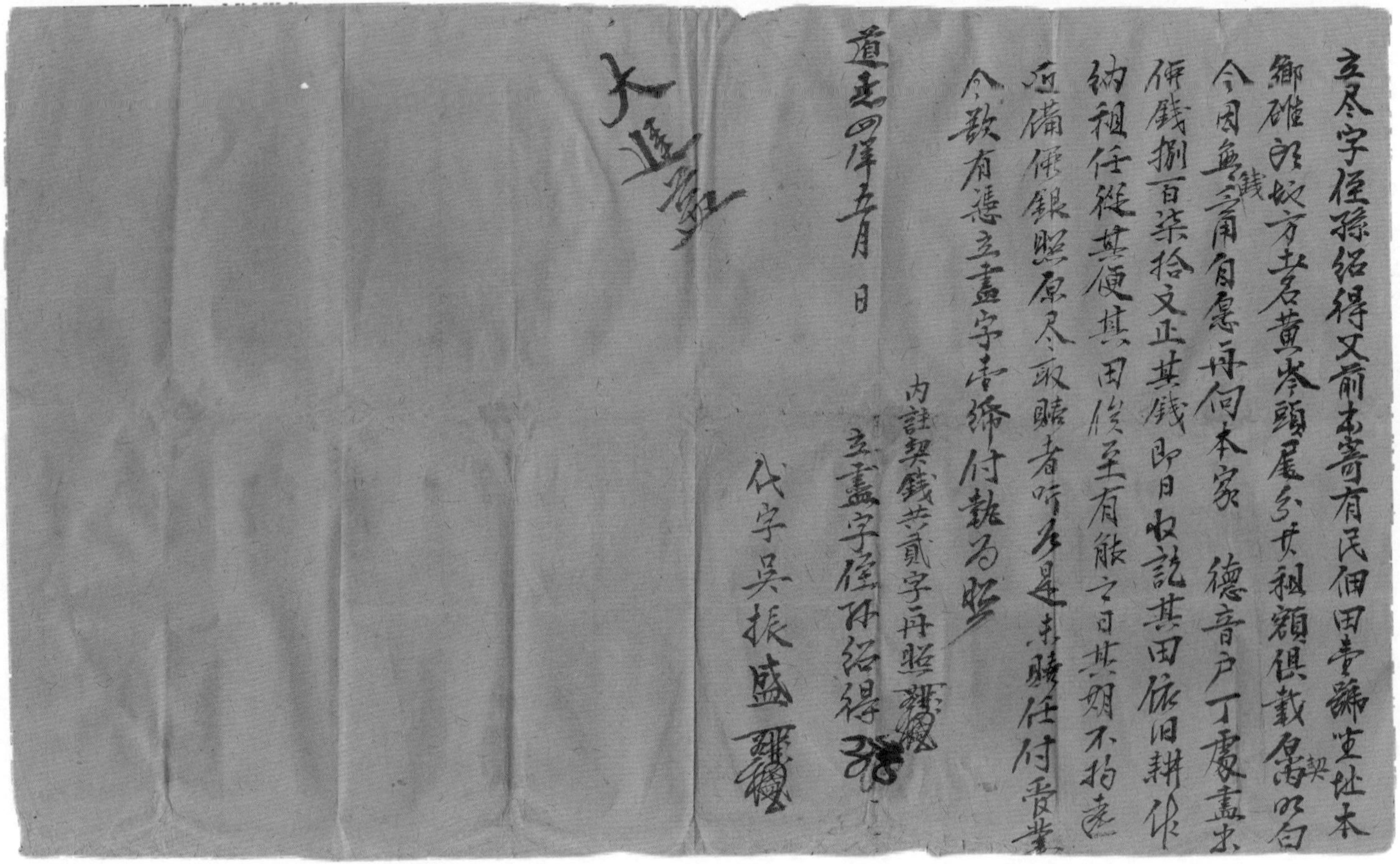
立盡字侄孫紹得又前本壽有民佃田壹號坐址本
鄉雄頭坂方土名黃岑頭尾系共租額俱載原契明白
今因無錢用自愿再向本家 德音戶丁處盡出
佃錢捌百柒拾文正其錢即日收訖其田依旧耕作
納租任從其便其田從至有能之日其朋不拘遠
近備價銀照原盡取贖者听多是未贖任付管業
今欲有憑立盡字壹紙付執為照
內註契錢共貳字再照
道光四年五月 日
立盡字侄孫紹得
代字吳振盛

3-2-58-5 清道光四年五月葉紹得立盡民佃田字

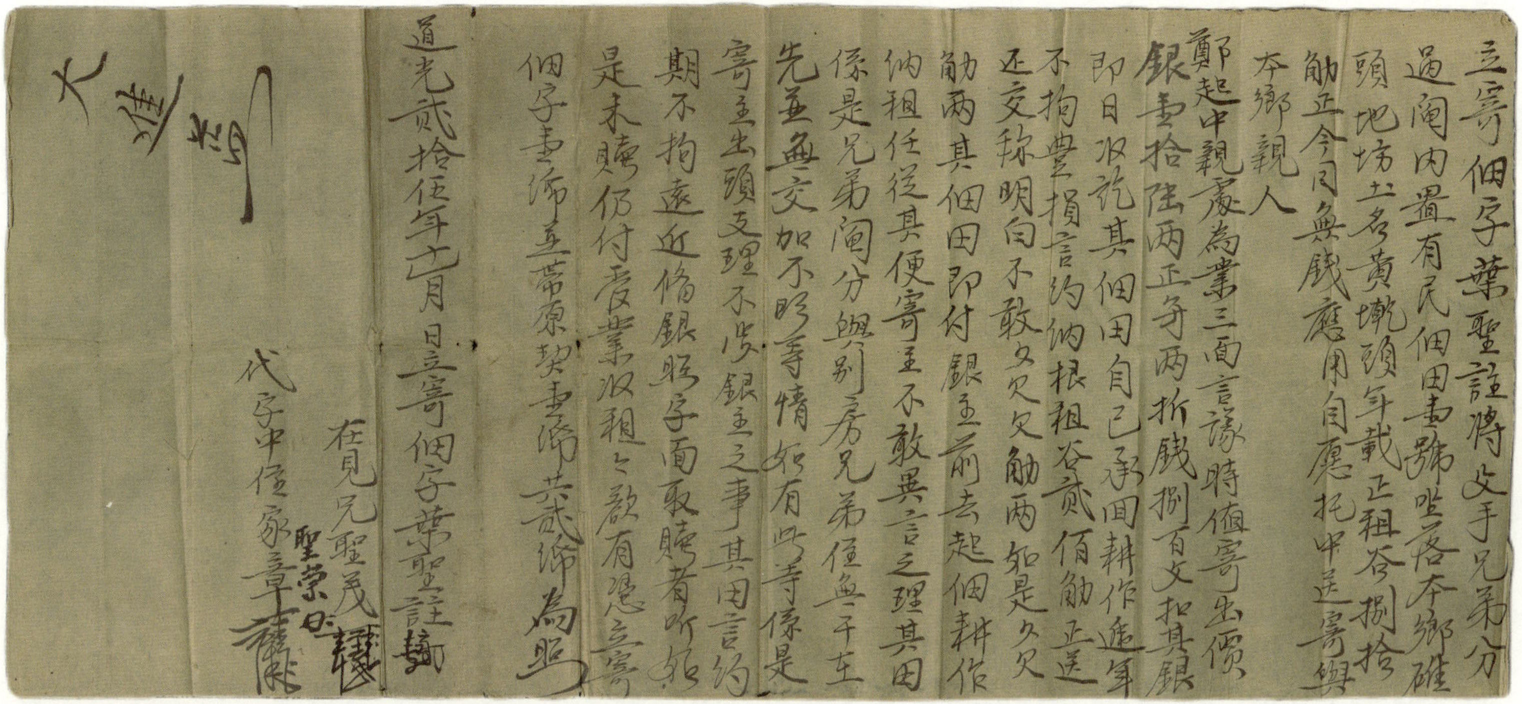

3-2-58-6　清道光二十五年十一月葉聖註立寄民佃田字

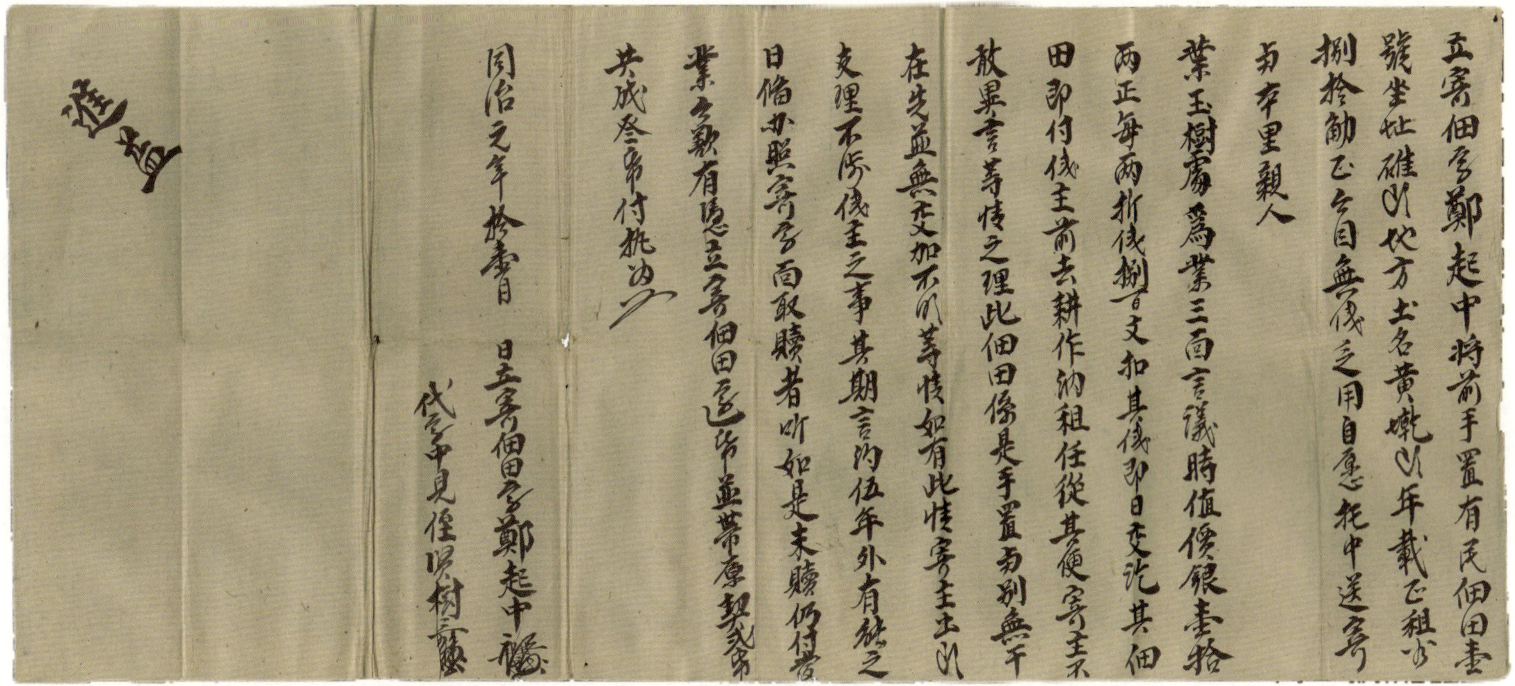

3-2-58-7　清同治元年十一月鄭起中立寄民佃田字

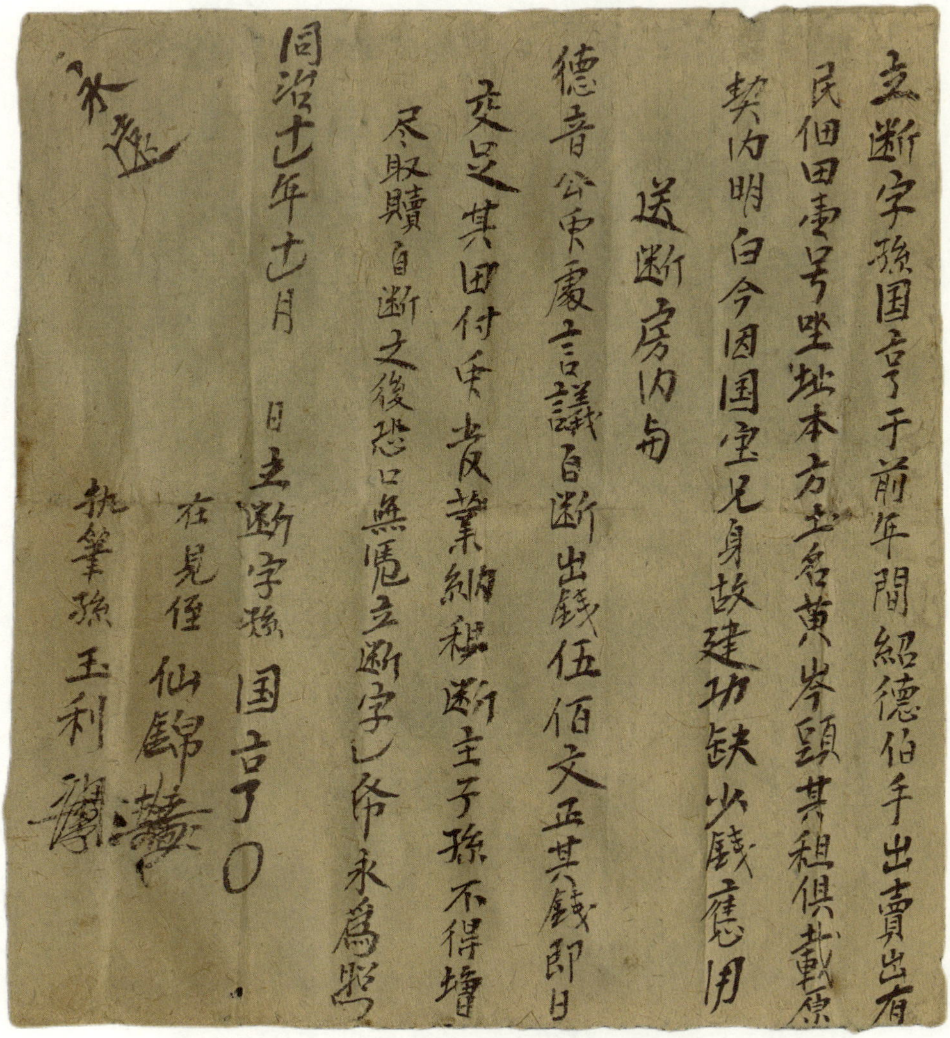

立斷字孫国亨于前年間紹德伯手出賣出有
民佃田壹号坐址本方土名黄岑頭其租俱載原
契内明白今因国宝兄身故建功缺少錢應用
送斷房内向
德音公衆處言議自斷出錢伍佰文正其錢即日
交足其田付衆前去管業納糧斷主子孫不得增
尽取贖自斷之後恐口無憑立斷字一紙永為照
同治十一年十一月　日　立斷字孫　国亨〇
在見侄　仙錦（押）
執筆孫　玉利（押）
永遠

3-2-58-8　清同治十一年十一月葉国亨立斷民佃田字

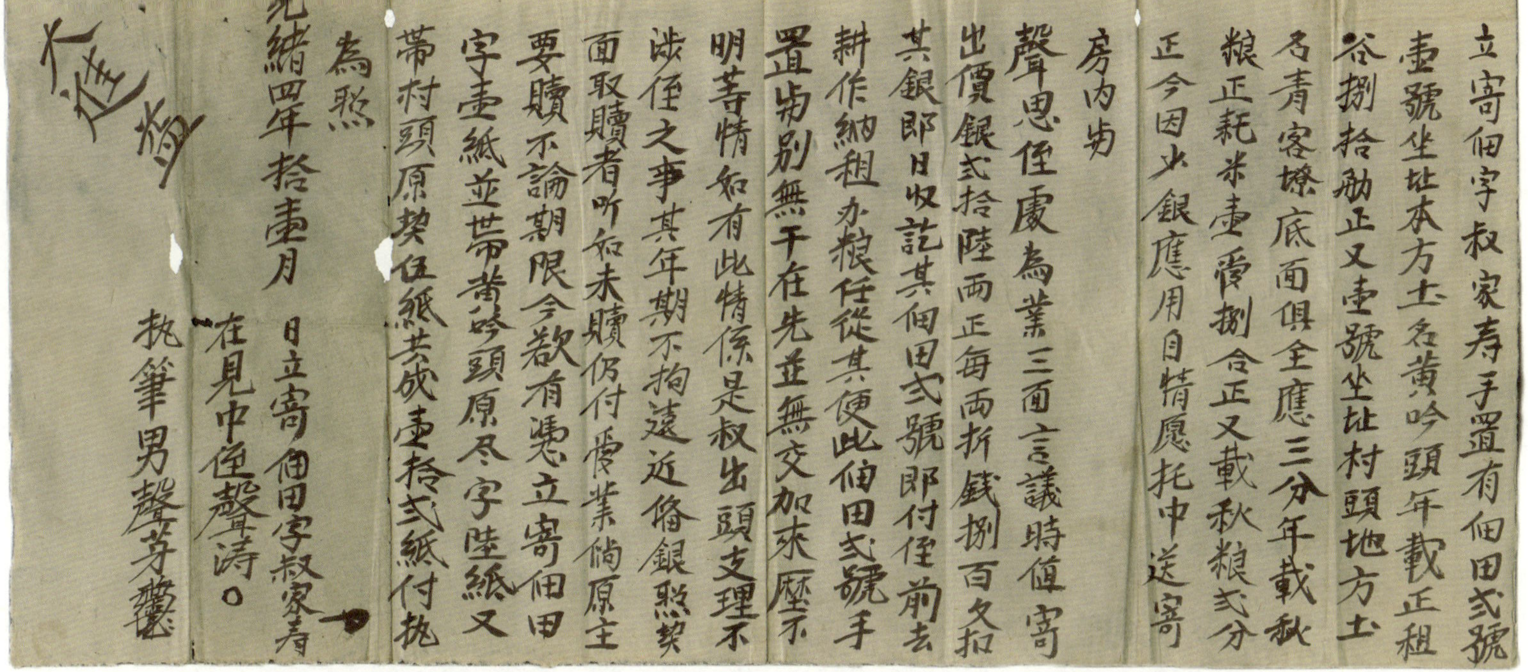
立寄佃字叔家寿，手置有佃田弍號
壹號坐址本方土名黃吟頭，年載正租
谷捌拾觔正；又壹號坐址村頭地方，土
名青客墩底，面俱全，應三分，年載秋
粮正耗米壹斗捌合正，又載秋粮弍分
正。今因乏銀應用，自情愿托中送寄
房内坊
聲思侄處為業，三面言議，時值寄
出價銀弍拾陸兩正，每兩折錢捌百文扣，
其銀即日收訖，其佃田弍號即付侄前去
耕作納租办粮，任從其便。此佃田弍號手
置步別無干在先，並無交加來歷不
明等情，如有此情，係是叔出頭支理，不
涉侄之事。其年期不拘遠近，备銀照契
面取贖，者听如未贖，仍付侄業佃原主
要贖，不論期限。今欲有憑，立寄佃田
字壹紙，並帶黃吟頭原尽字陸紙，又
帶村頭原契伍紙，共成壹拾弍紙，付執
為照。
光緒四年拾壹月　日立寄佃田字叔家寿（押）
在見中侄聲濤〇
執筆男聲芳（押）

3-2-58-9　清光緒四年十一月葉家寿立寄佃田字

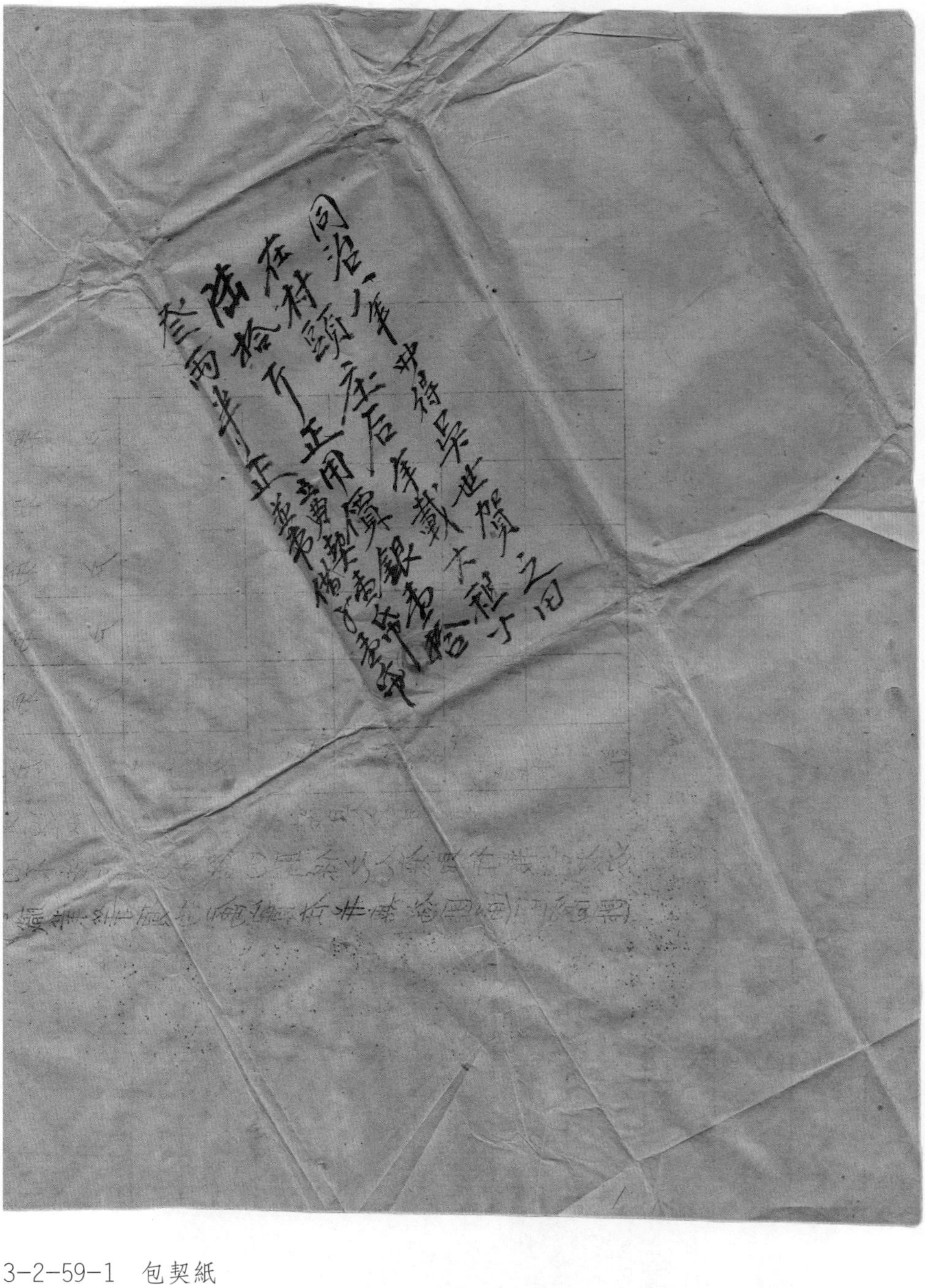
同治八年[illegible]得吳世賢之田
在村頭庄后年載大租丁
陸拾斤正用價銀壹拾
叁兩半正
其賣契壹紙
並[illegible][illegible]老契[illegible]

3-2-59-1　包契紙

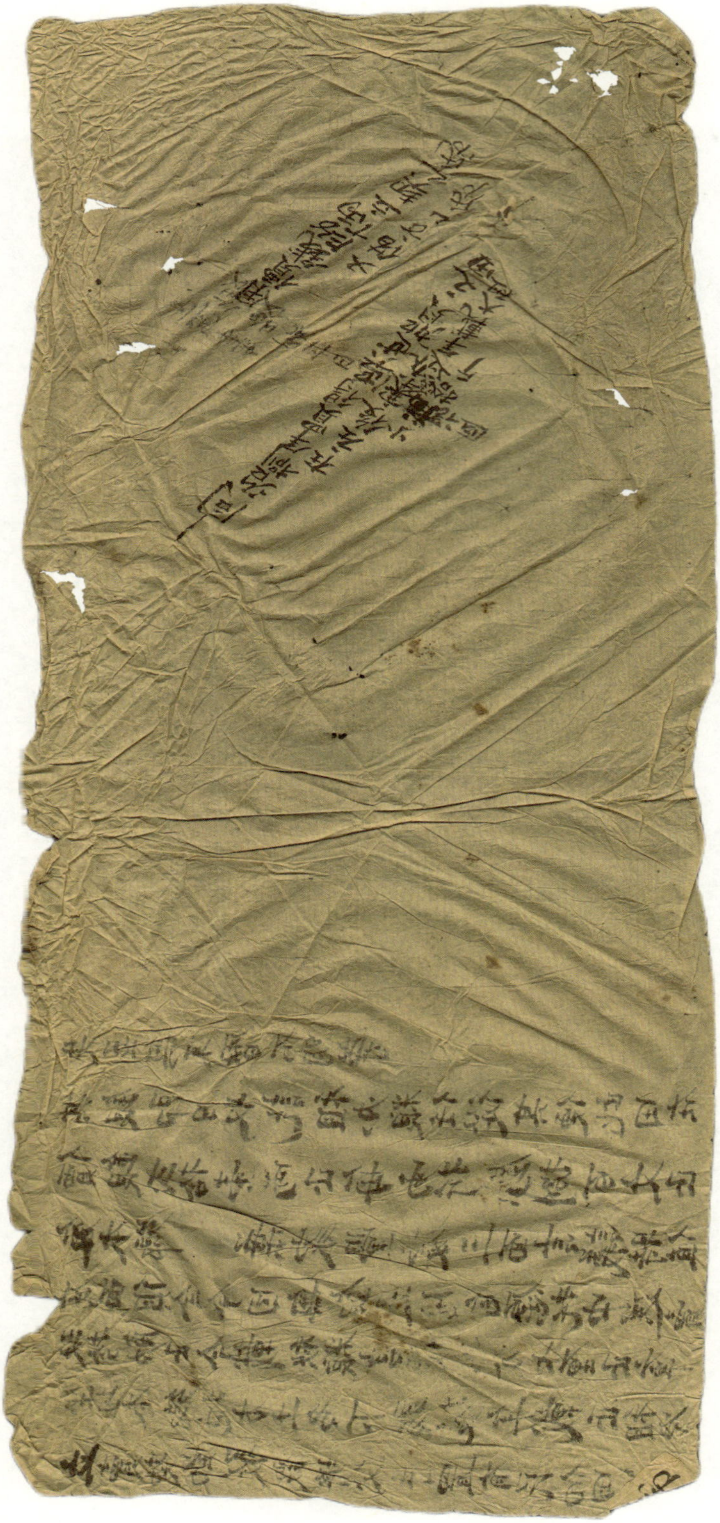

3-2-59-2　包契紙

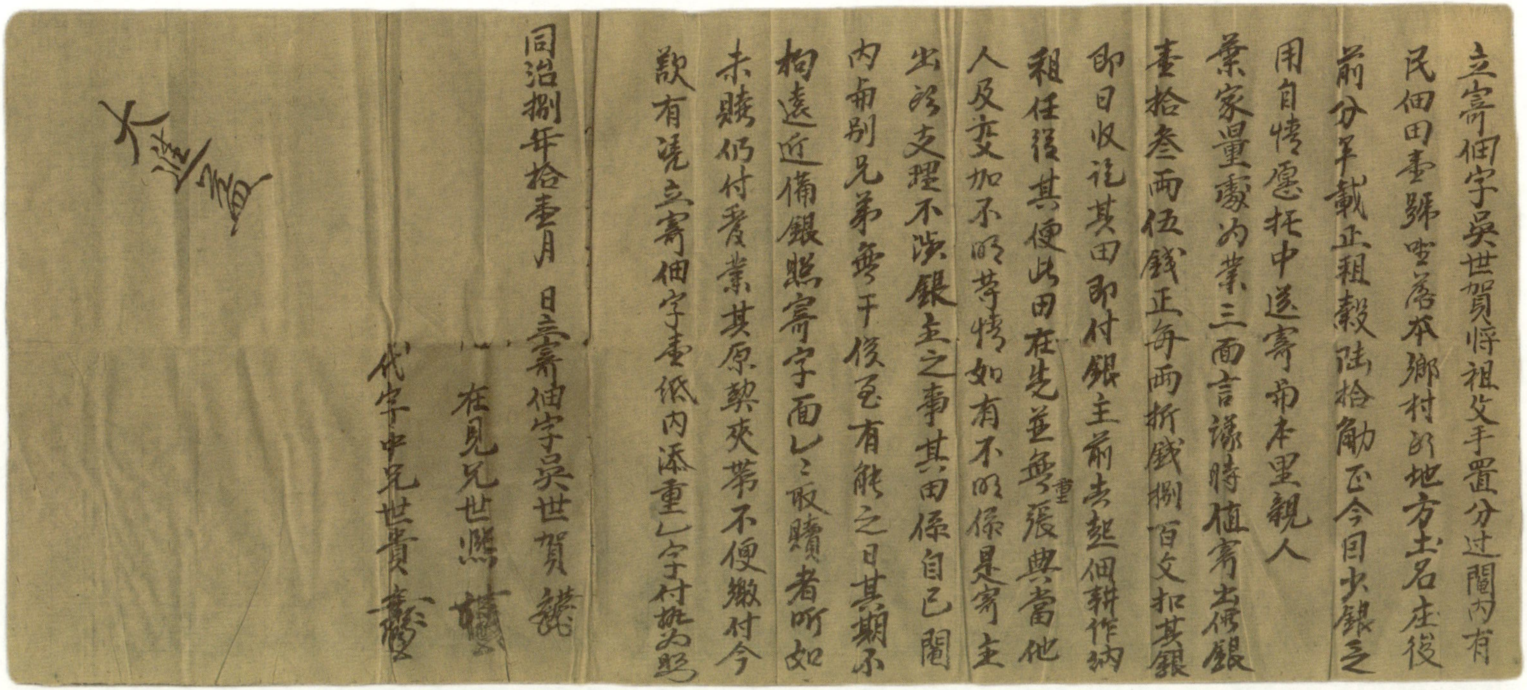

立寄佃字吳世賀將祖父手置分过閹内有
民佃田壹號坐落本鄉村的地方土名庄後
前分年載正租穀陆拾觔正今因少銀乏
用自情愿托中送寄本里親人
葉家量處為業三面言議時值寄出價銀
壹拾叁兩伍錢正每兩折錢捌百文扣其銀
即日收訖其田即付銀主前去起佃耕作納
租任從其便此田在先並無重張典當他
人及交加不明等情如有不明係是寄主
出頭支理不涉銀主之事其田係自己閹
内兩别兄弟無干係至有能之日其期不
拘遠近備銀照寄字面一一取贖者听如
未贖仍付處業其原契夾第不便繳付今
欲有憑立寄佃字壹紙内添重一字付執為照
同治捌年拾壹月 日立寄佃字吳世賀（號）
在見兄世燃（號）
代字中兄世貴（號）
大吉

3-2-59-3 清同治八年十一月吴世賀立寄民佃田字

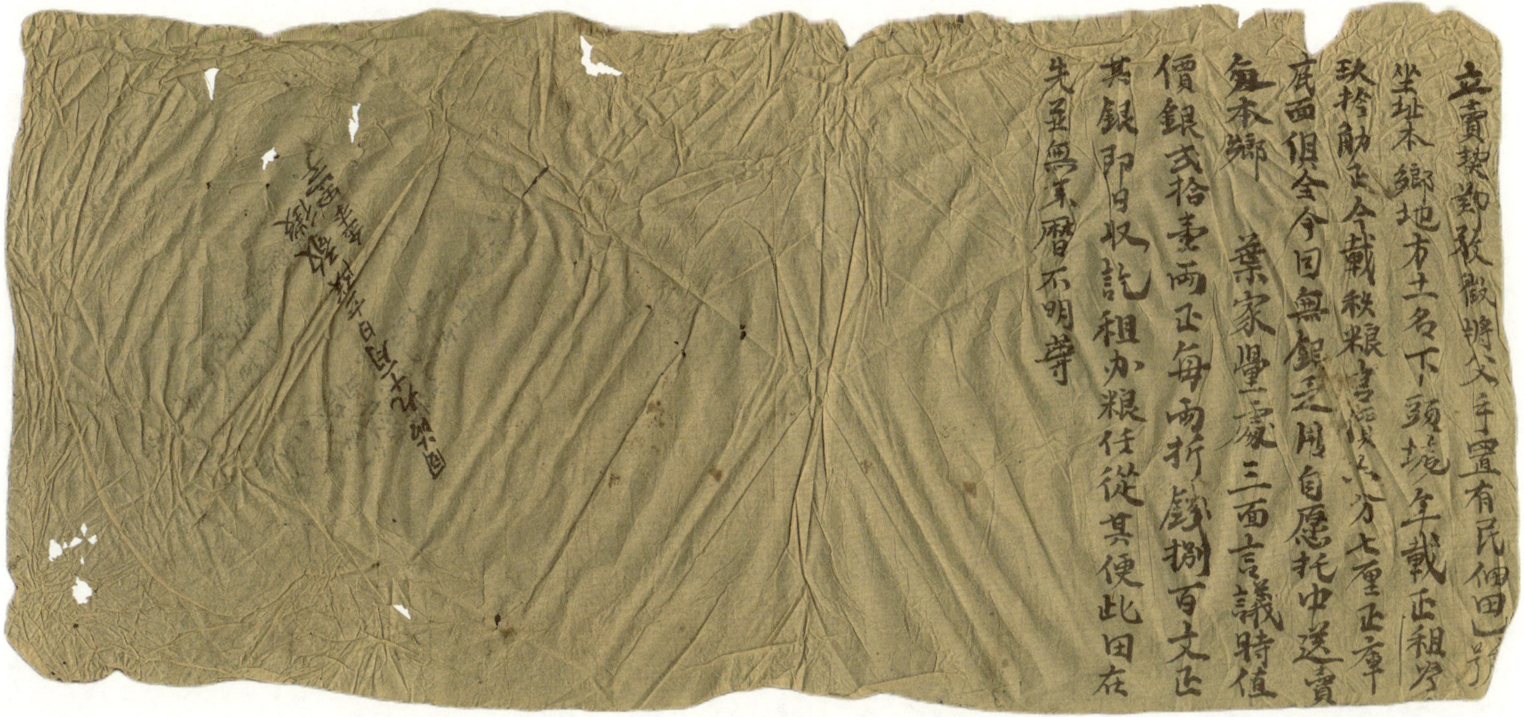

立賣契鄭敬徵將父手置有民佃田乙號
坐址本鄉地方土名下頭塆，年載正租谷
玖拾觔正，今載秋粮官民米七分七厘正，庫
底面俱全，今因無銀乏用，自愿托中送賣
與本鄉 葉家壆處三面言議，時值
價銀式拾壹兩正，每兩折錢捌百文正
其銀即日收訖，租办粮任從其便，此田在
先並無重曆不明等

3-2-59-4 清同治九年十一月鄭敬徵立賣民佃田契（草契）

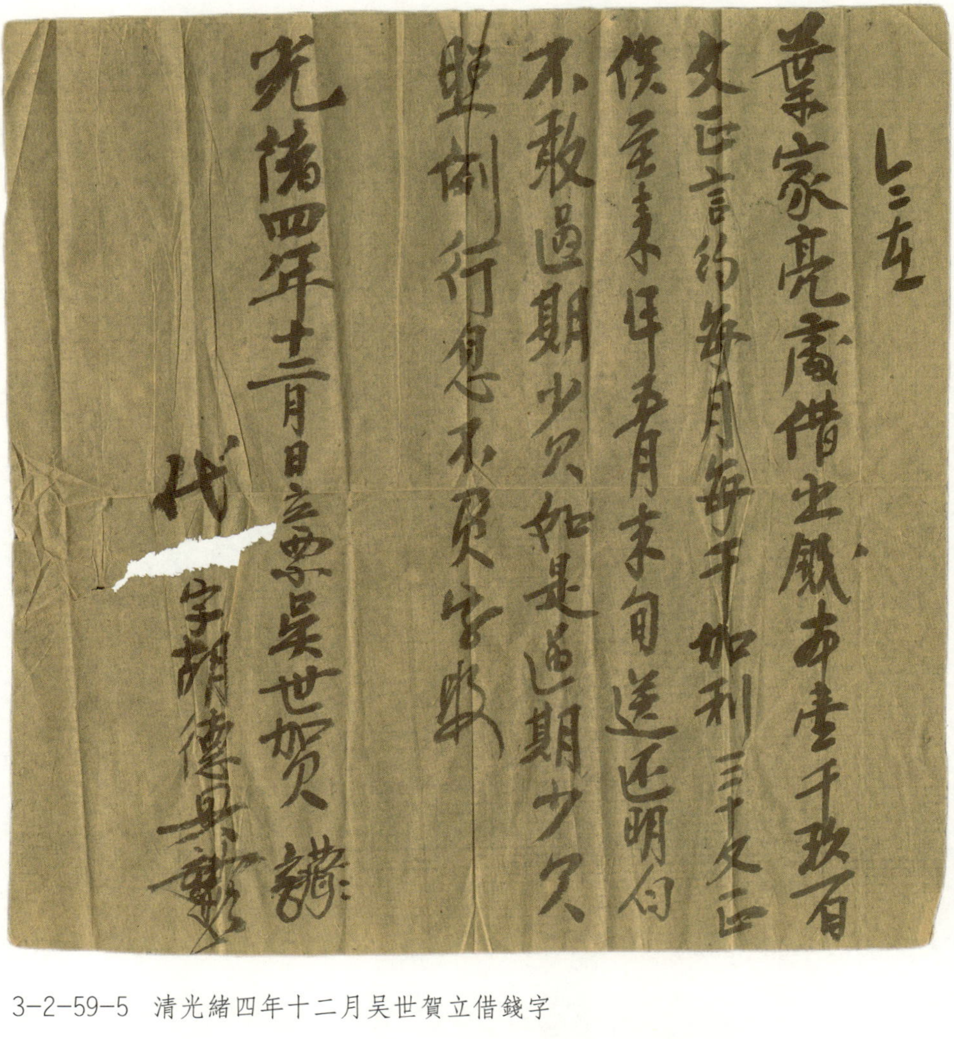
[illegible]在
葉家亮處借出風本壹千玖百
文正言約每月每千加利三十文正
俟至來年本月末旬送还明白
不敢過期少欠如是過期少欠
照例行息不[illegible][illegible][illegible]
光緒四年十二月日立票吳世賀 號
代字胡德興 押

3-2-59-5　清光緒四年十二月吳世賀立借錢字

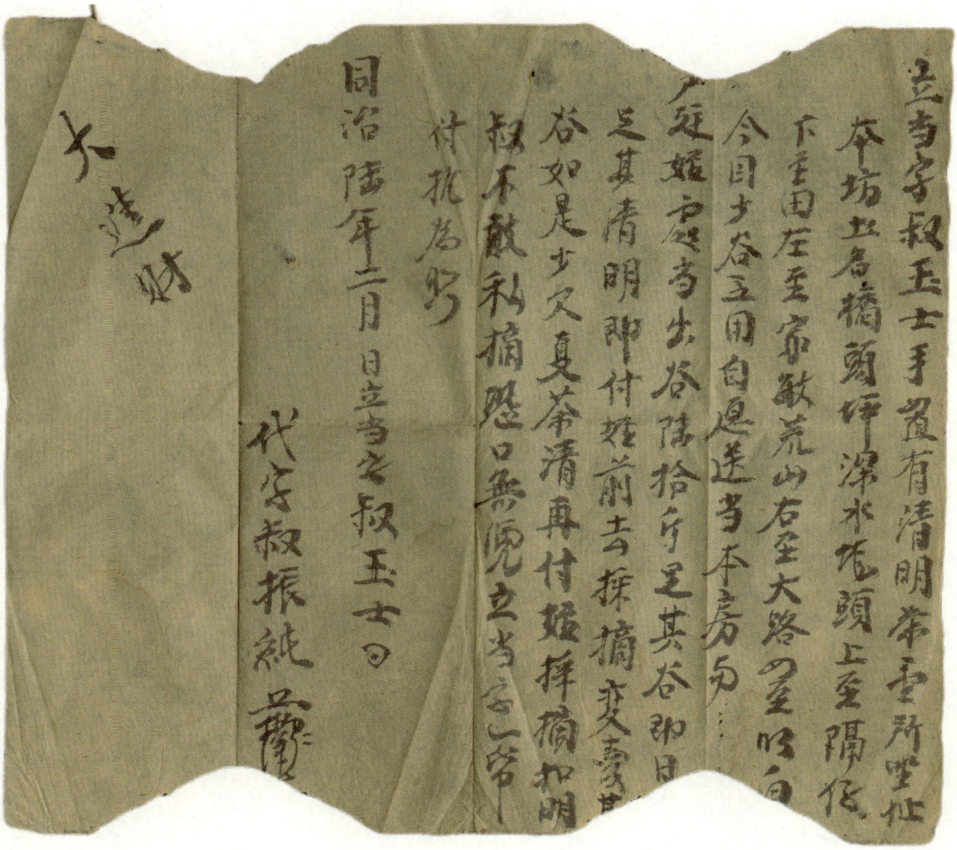

立当字叔玉士手置有清明茶壹所坐址
本坊土名橋頭坪深水垄頭上至陽役
下至田左至家敏荒山右至大路四至明白
今因少谷立用自愿送当本房弟
廷娌處当出谷陆拾斤足其谷即日
足其清明即付娌前去採摘变賣其
谷如是少欠夏茶清再付娌採摘扣明
叔不敢私摘恐口無凭立当字一帋
付執為照
同治陆年二月　日立当字叔玉士（押）
代字叔振純（押）
大
進財

3-2-60-1　清同治六年二月葉玉士立當清明茶字

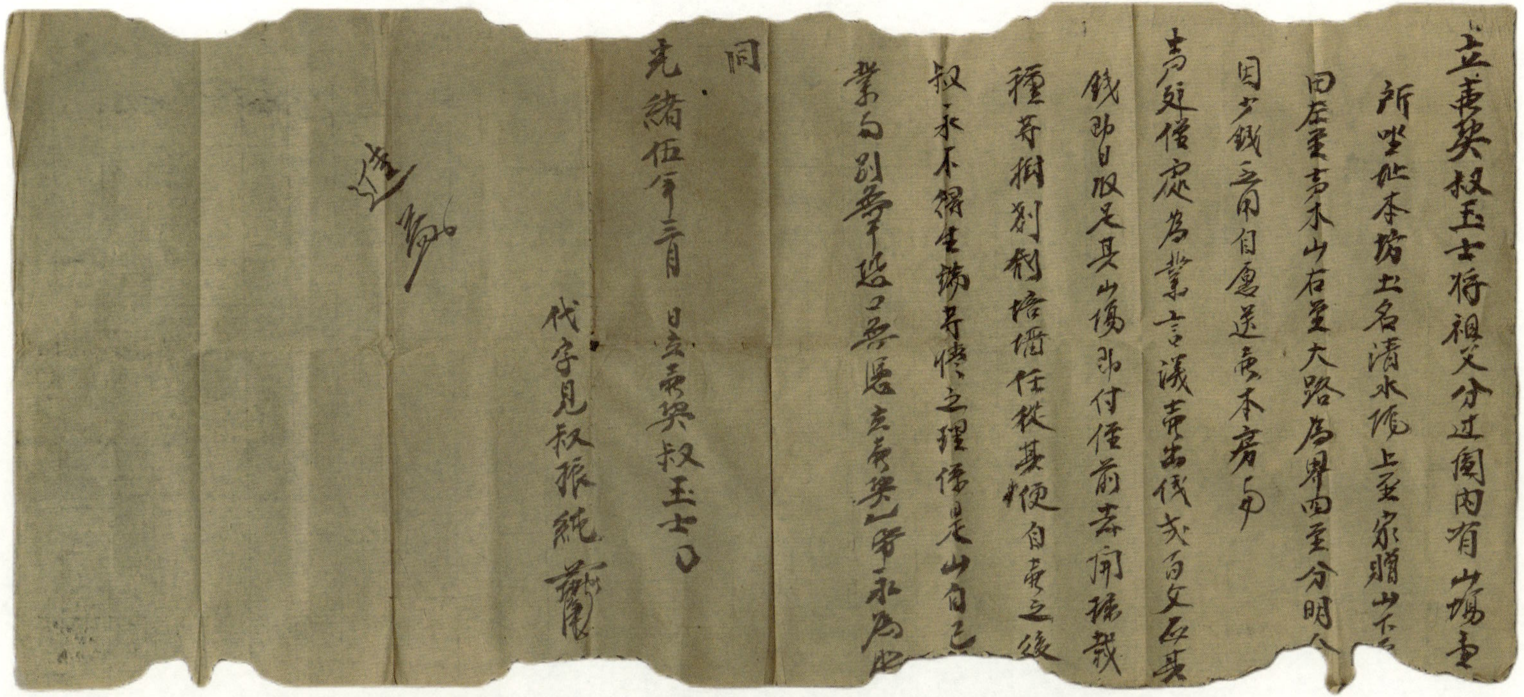
立賣契叔玉士將祖父分过園内有山場壹
所坐址本坊土名清水坑上至家贈山下至
田左至吉木山右至大路爲界四至分明今
因少錢应用自愿送賣與本房人
吉廷侄處爲業三言議出價錢弍百文正其
錢即日收足其山場即付侄前去開墾栽
種苛樹對剝培插任從其便自賣之後
叔永不得生端异悔之理係是山自己
業与别房無干恐口無憑立賣契山帋永爲照
同
光緒伍年三月　日立賣契叔玉士〇
代字見叔振純
達意

3-2-60-2　清光緒五年三月葉玉士立賣山場契

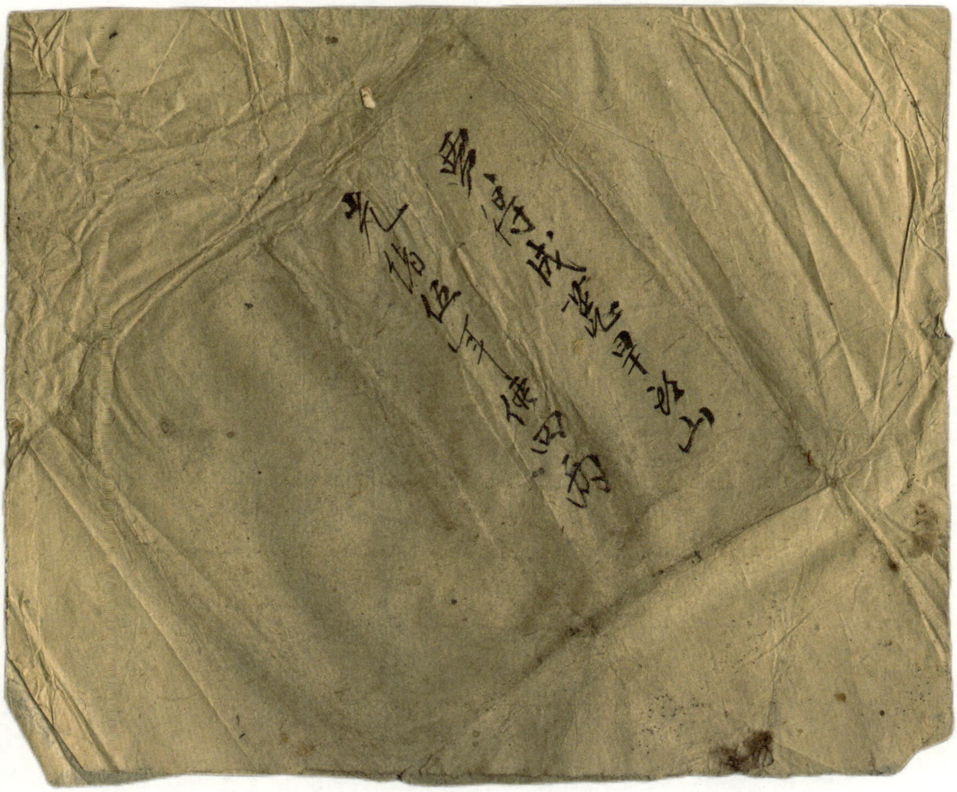

3-2-61-1　包契紙

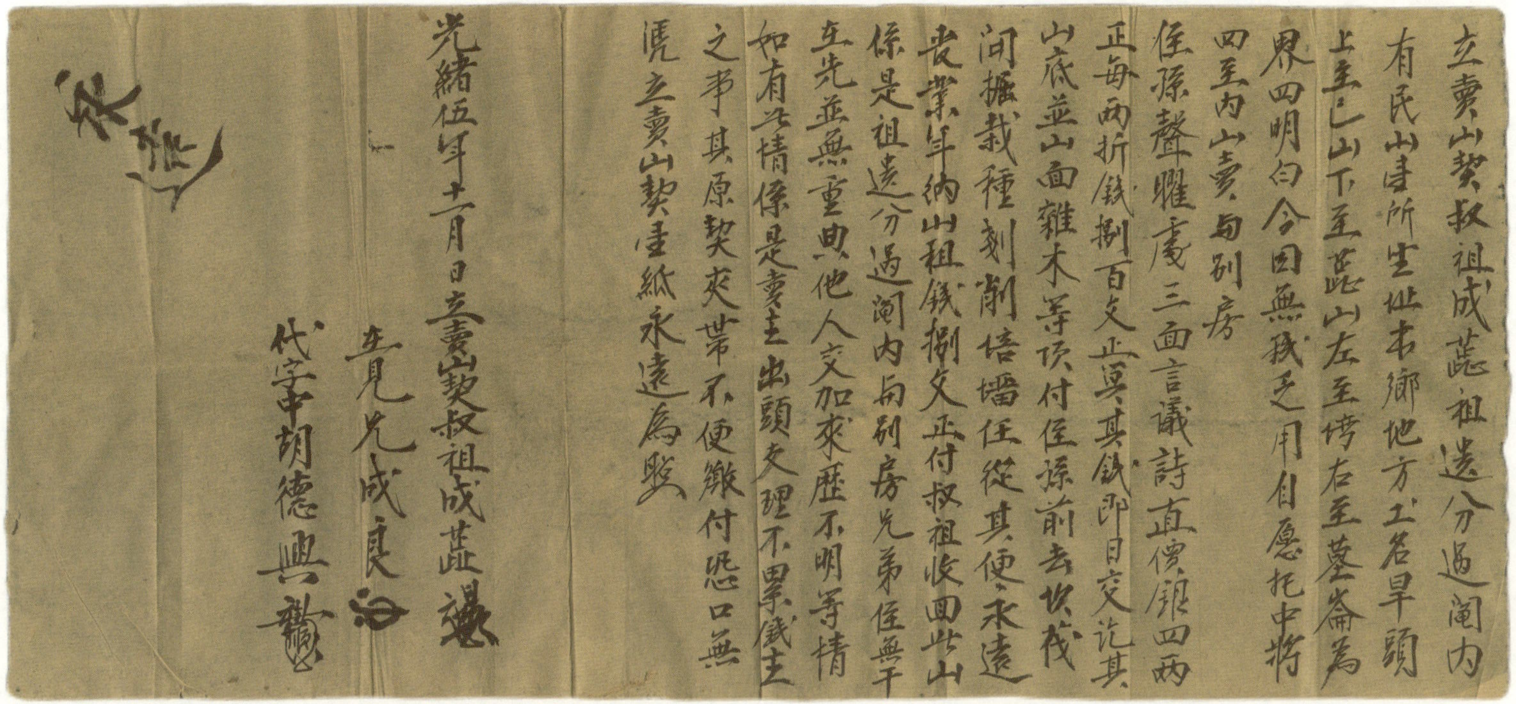

立賣山契叔祖成蓝祖遺分過閫內
有民山壹所坐址本鄉地方土名旱頭
上至己山下至蓝山左至塆右至墓崙為
界四明白今因無錢乏用自愿托中將
四至內山壹向別房
侄孫聲曜處三面言議時值價銀四兩
正每兩折錢捌百文正其錢即日交訖其
山底並山面雜木等項付侄孫前去砍伐
開墾栽種割削培塥任從其便永遠
管業年納山租錢捌文正付叔祖收回此山
係是祖遺分過閫內與別房兄弟侄無干
在先並無重典他人交加來歷不明等情
如有此情係是賣主出頭支理不累錢主
之事其原契夾帶不便繳付恐口無
憑立賣山契壹紙永遠為照

光緒伍年十一月　日立賣山契叔祖成蓝（押）
見兄成良（押）
代字中胡德興（押）

永照

3-2-61-2　清光緒五年十一月葉成蓝立賣民山契

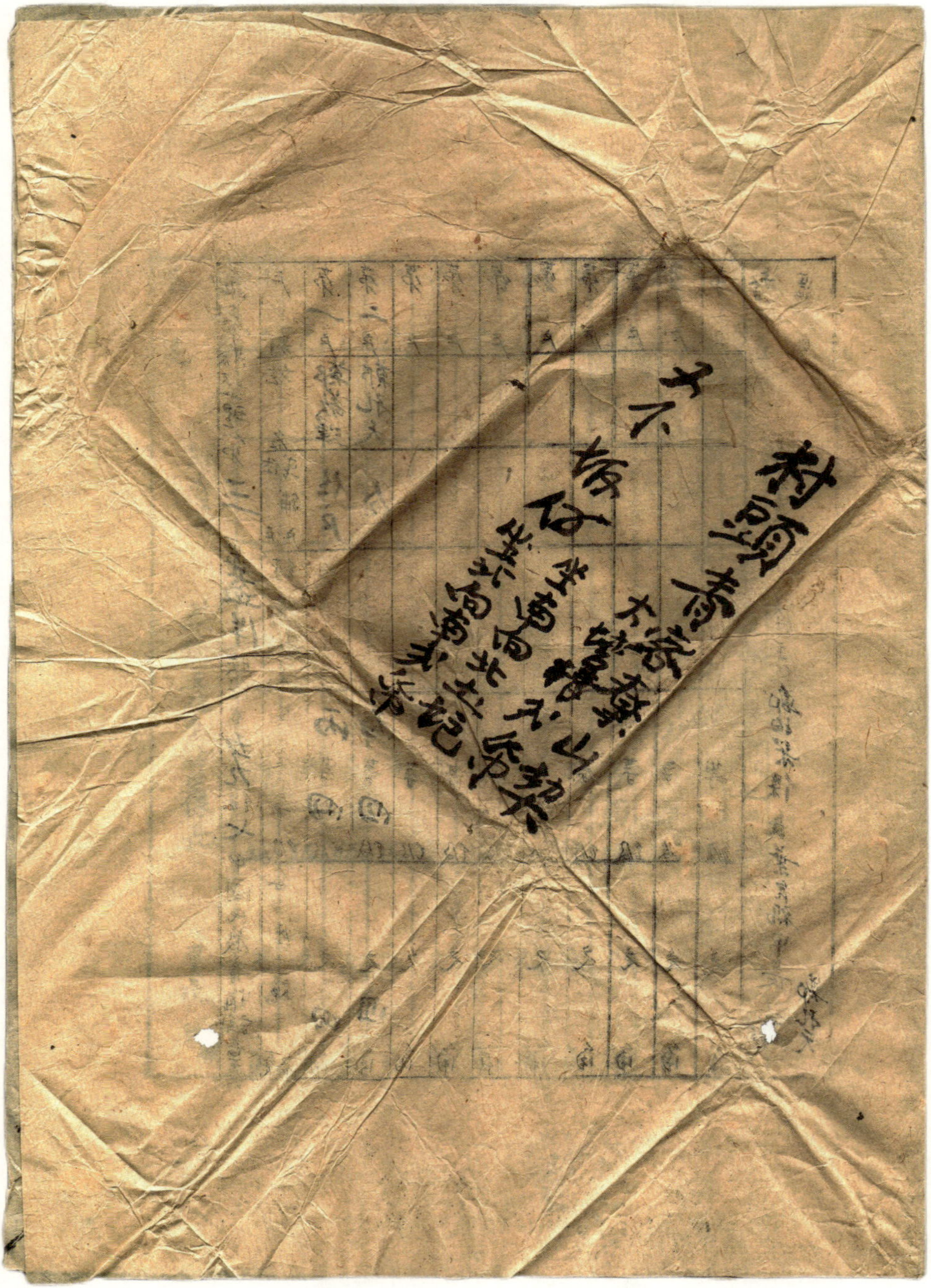

3-2-62-1　包契紙

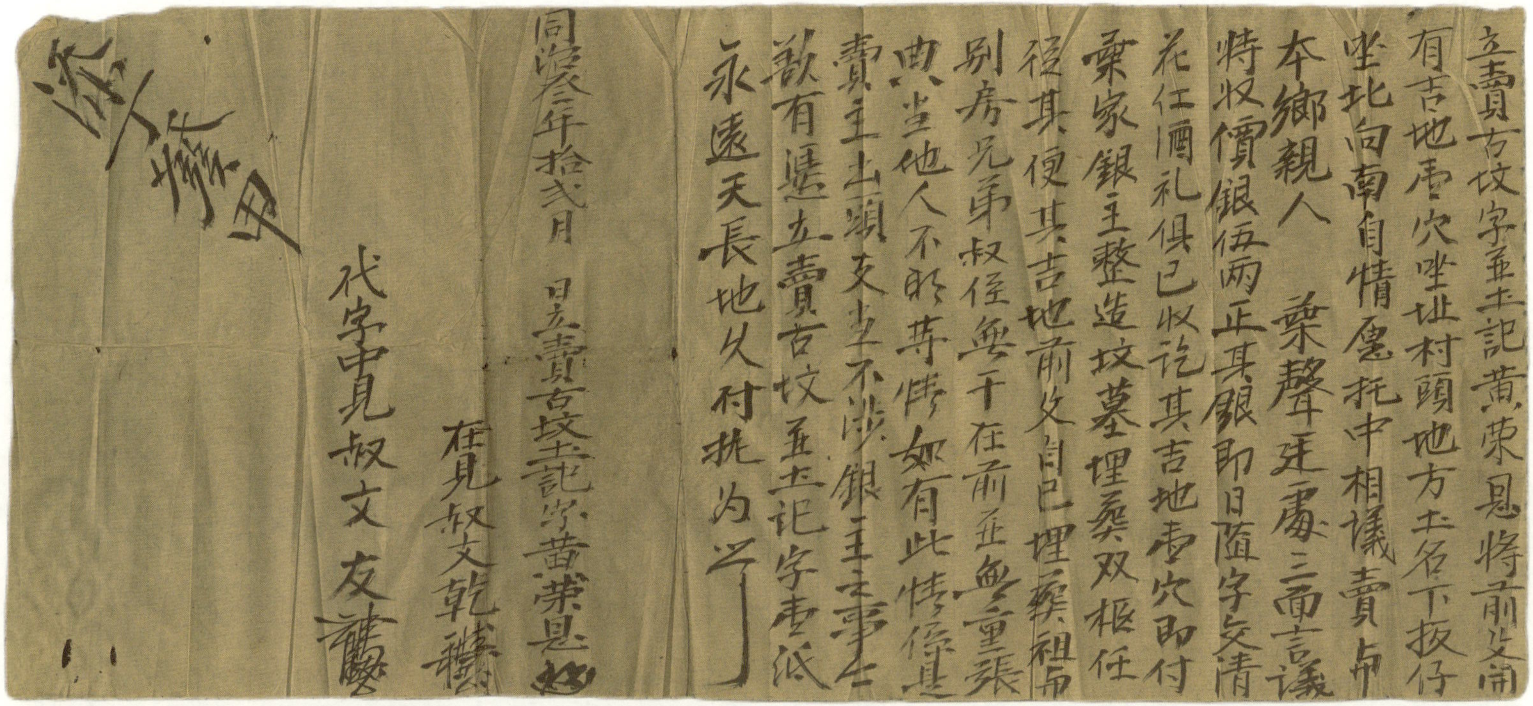

立賣古坟字並土記黄荣恩將前父所
有吉地壹穴坐址村頭地方土名下扳仔
坐北向南自情愿托中相議賣與
本鄉親人　葉聲廷處三面言議
特收價銀伍兩正其銀即日隨字交清
花仕酒礼俱已收訖其吉地壹穴即付
葉家銀主整造坟墓埋葬双棺任
從其便其吉地前父自己埋葬祖父
別房兄弟叔侄無干在前並無重張
典當他人不明等情如有此情係是
賣主出頭支当不涉銀主之事今
欲有憑立賣古坟並土記字壹紙
永遠天長地久付执為照

同治叁年拾弍月　日立賣古坟並土記字黄荣恩（押）

在見叔文乾（押）

代字中見叔文友（押）

添丁發甲

3-2-62-2　清同治三年十二月黄荣恩立賣古墳土記字

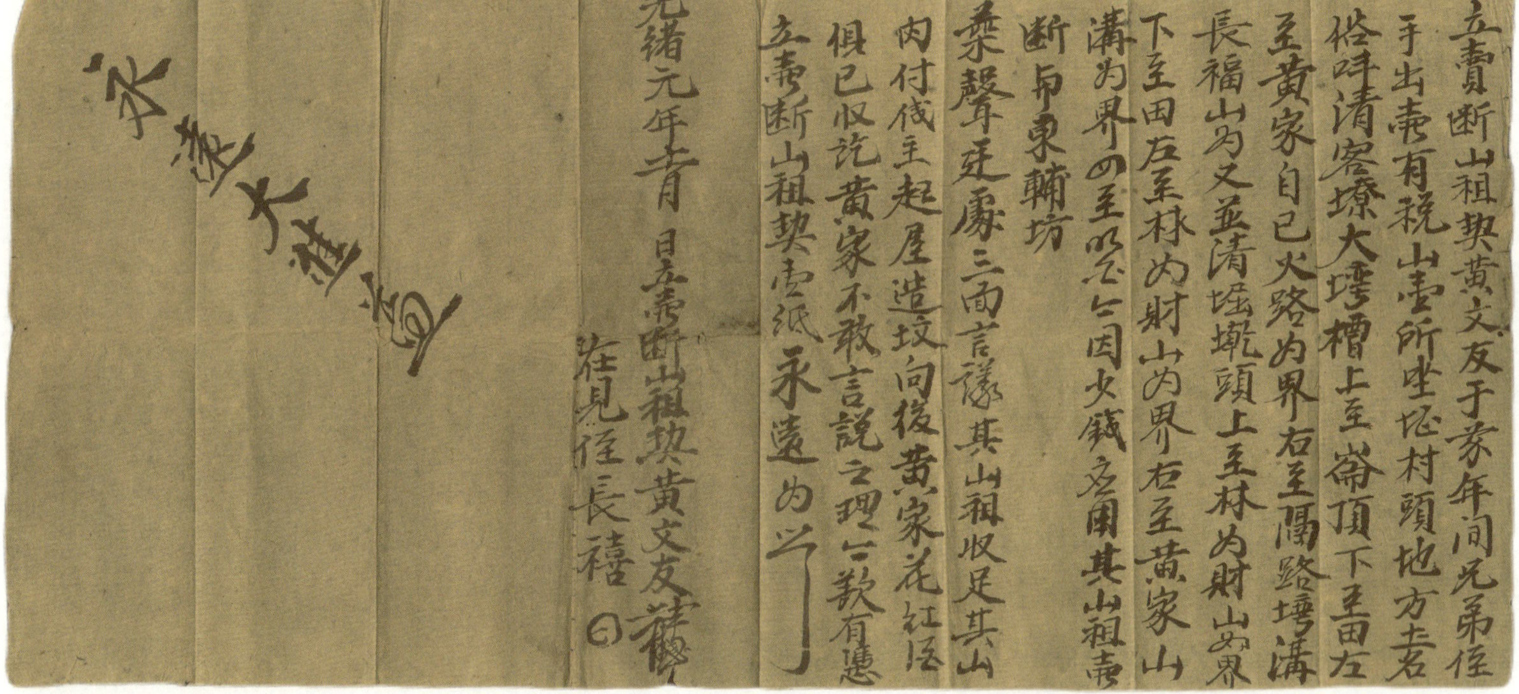

立賣斷山租契黄文友，于旁年间兄弟侄
手出壹有税山壹所，坐坵村頭地方，土名
裕时清客壕大墺槽，上至嵴頂，下至田，左
至黄家自己火路为界，右至隔路墺溝
長福山为又並清瑶墩頭，上至林为財山为界，
下至田，左至林为財山为界，右至黄家山
溝为界，四至明白。因火錢乏用，其山租壹
断与東輔坊
桑聲廷處三面言議，其山租收足，其山
内付錢主起屋造坟，向後黄家花红恁
俱已收訖，黄家不敢言說之理，亦（此）款有憑，
立壹断山租契壹紙，永遠为照。
光緒元年十一月　日立壹断山租契黄文友（押）
在見侄長禧（押）
永遠大進寶

3-2-62-3　清光緒元年十一月黄文友立賣斷山租契

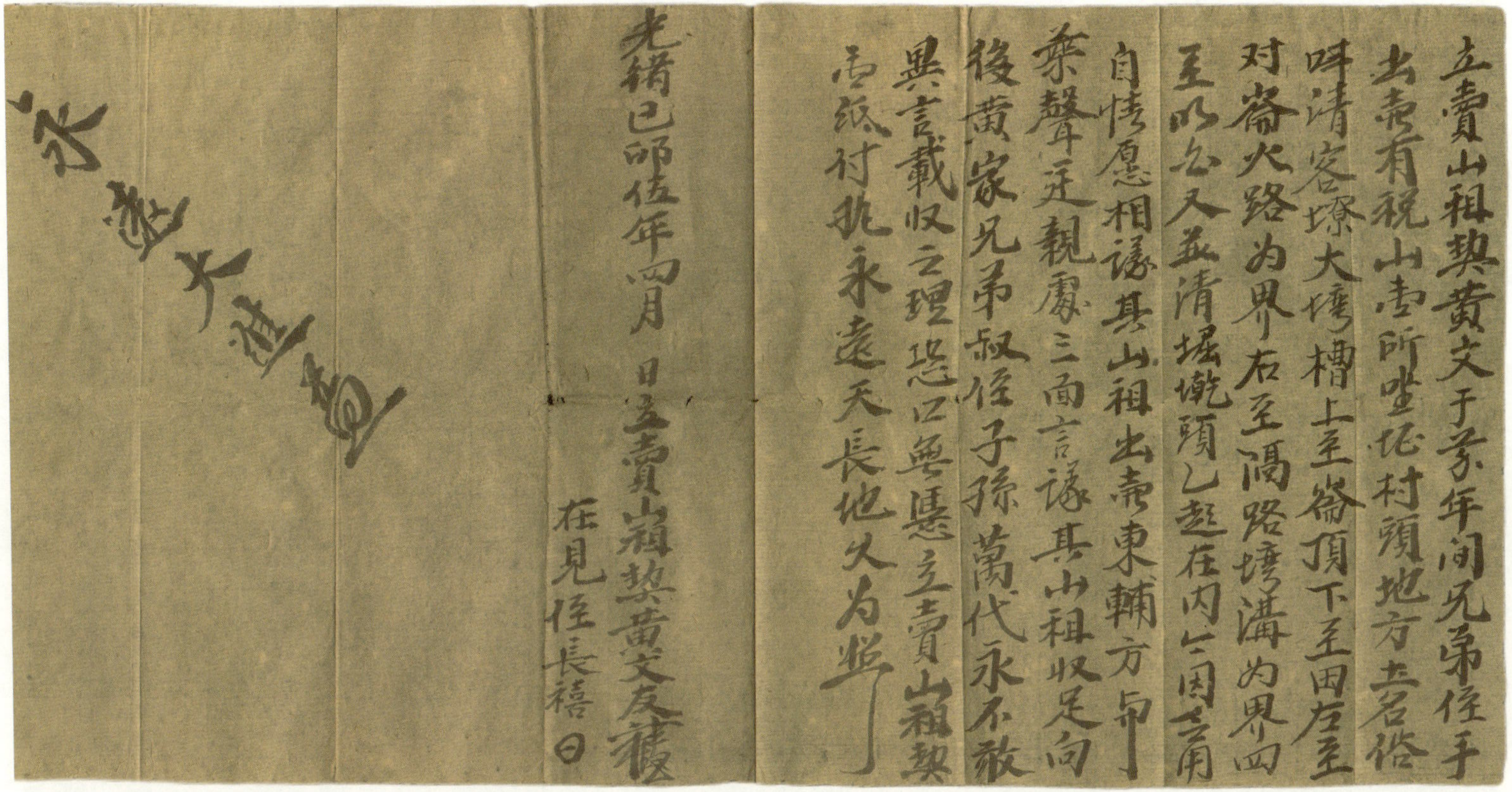
立賣山租契黄文于系年间兄弟侄手
出壹有稅山壹所坐㐂村頭地方土名𡊮
坪清客埁大塘槽上至嶺頂下至田左至
對嶺火路為界右至隔路塘溝為界四
至明白又並清摇塅頭山在內今因乏用
自情愿相議其山租出壹東輔方向
蔡聲廷親邊三面言議其山租收足向
後黄家兄弟叔侄子孫萬代永不敢
異言載收之理恐口無憑立賣山租契
壹紙付執永遠天長地久為照
光緒己卯伍年四月　日立賣山租契黄文友親
在見侄長禧　日
永遠大吉

3-2-62-4　清光緒五年四月黄文友立賣山租契

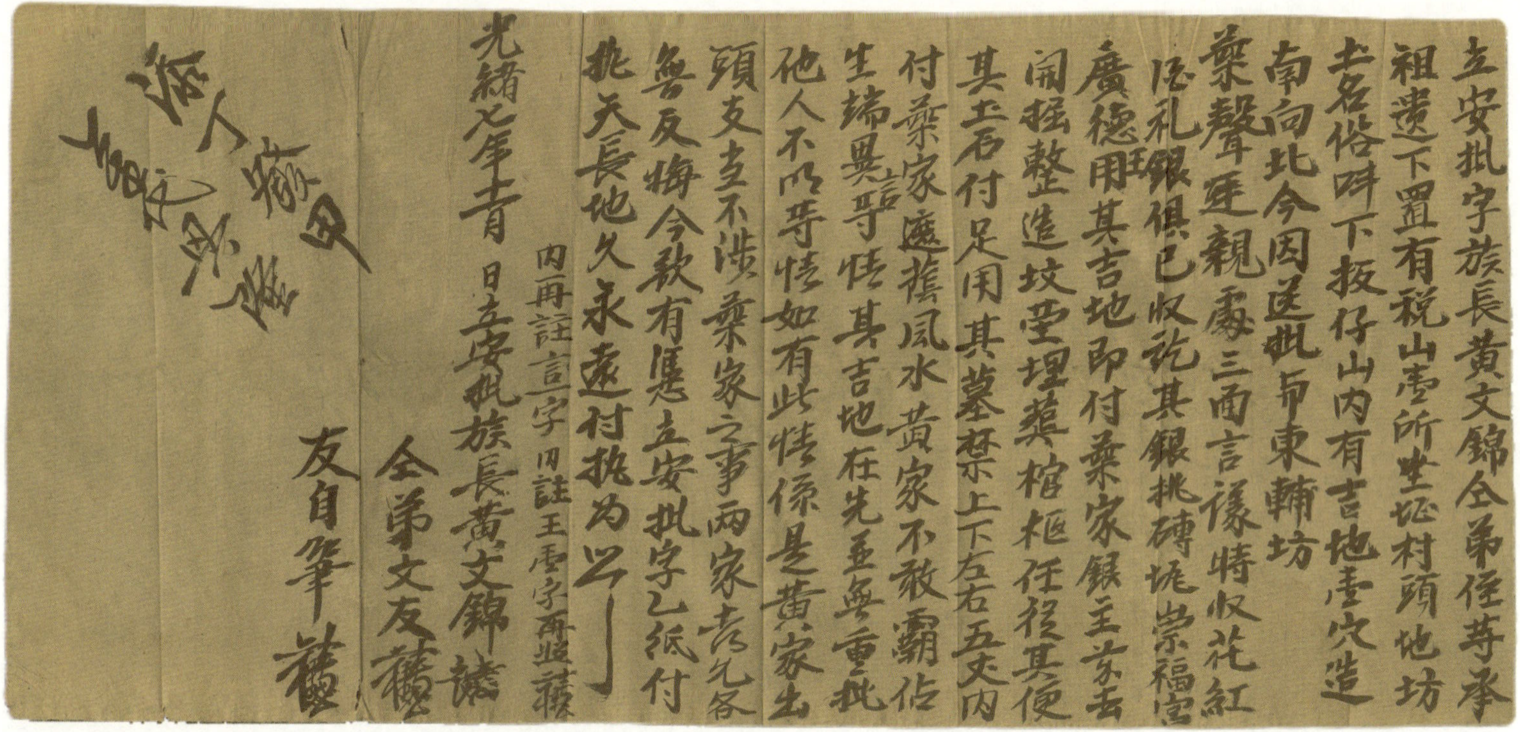
立安批字族長黃文錦仝弟侄等承
祖遺下置有稅山壹所坐址村頭地坊
土名俗呼下扳仔山內有吉地壹穴造
南向北今因送批與東轅坊
葉聲雁親房三面言議特收花紅
除禮銀俱已收訖其銀批磚帨崇福堂
廣德用其吉地即付葉家銀主前去
開掘整造坟塋埋葬棺柩任從其便
其土石付足用其墓丕上下左右五丈內
付葉家遮蔭風水黃家不敢霸佔
生端異言等情其吉地在先並無重批
他人不明等情如有此情係是黃家出
頭支當不涉葉家之事兩家甘允各
無反悔今欲有憑立安批字乙紙付
執天長地久永遠付執為照
內再註言一字 又註王壹字再照
光緒七年十一月 日立安批族長黃文錦 押
仝弟文友 押
友自筆 押
[illegible]

3-2-62-5 清光緒七年十一月黃文錦等立安批稅山字

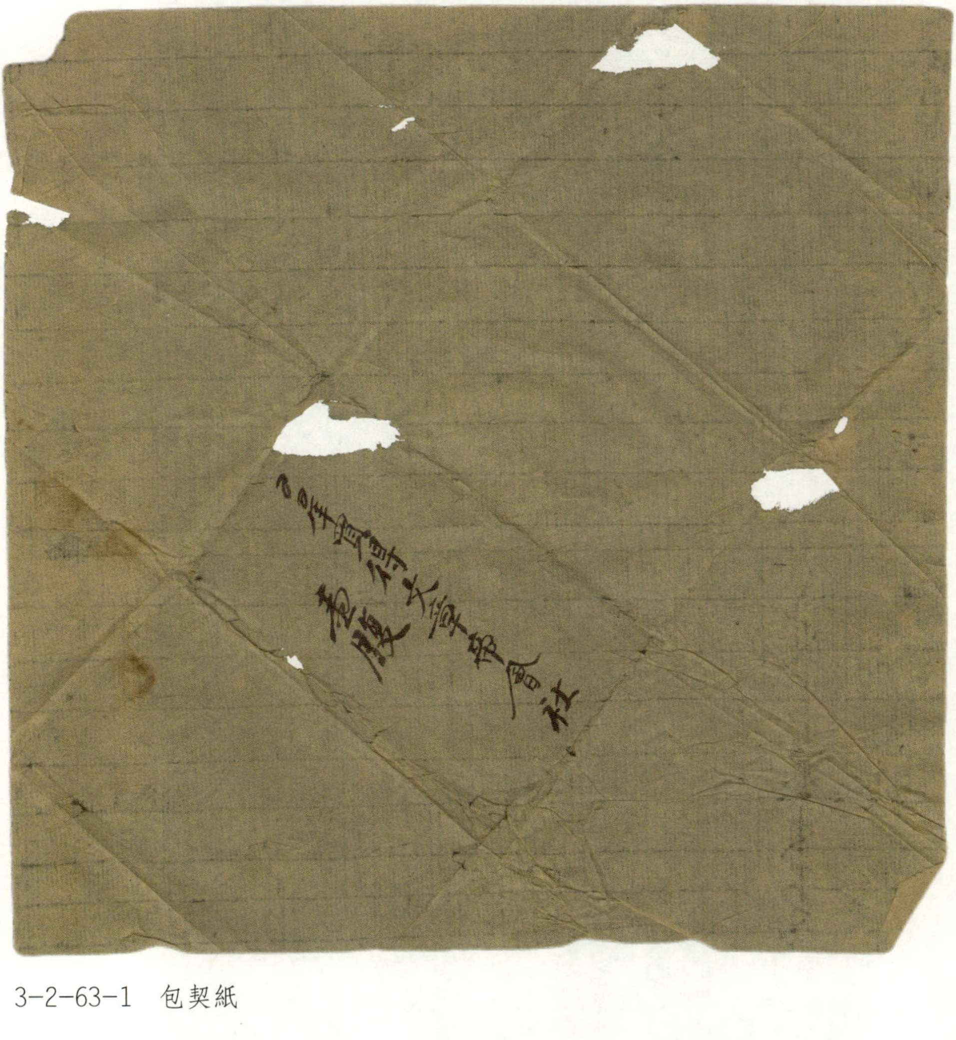

3-2-63-1　包契紙

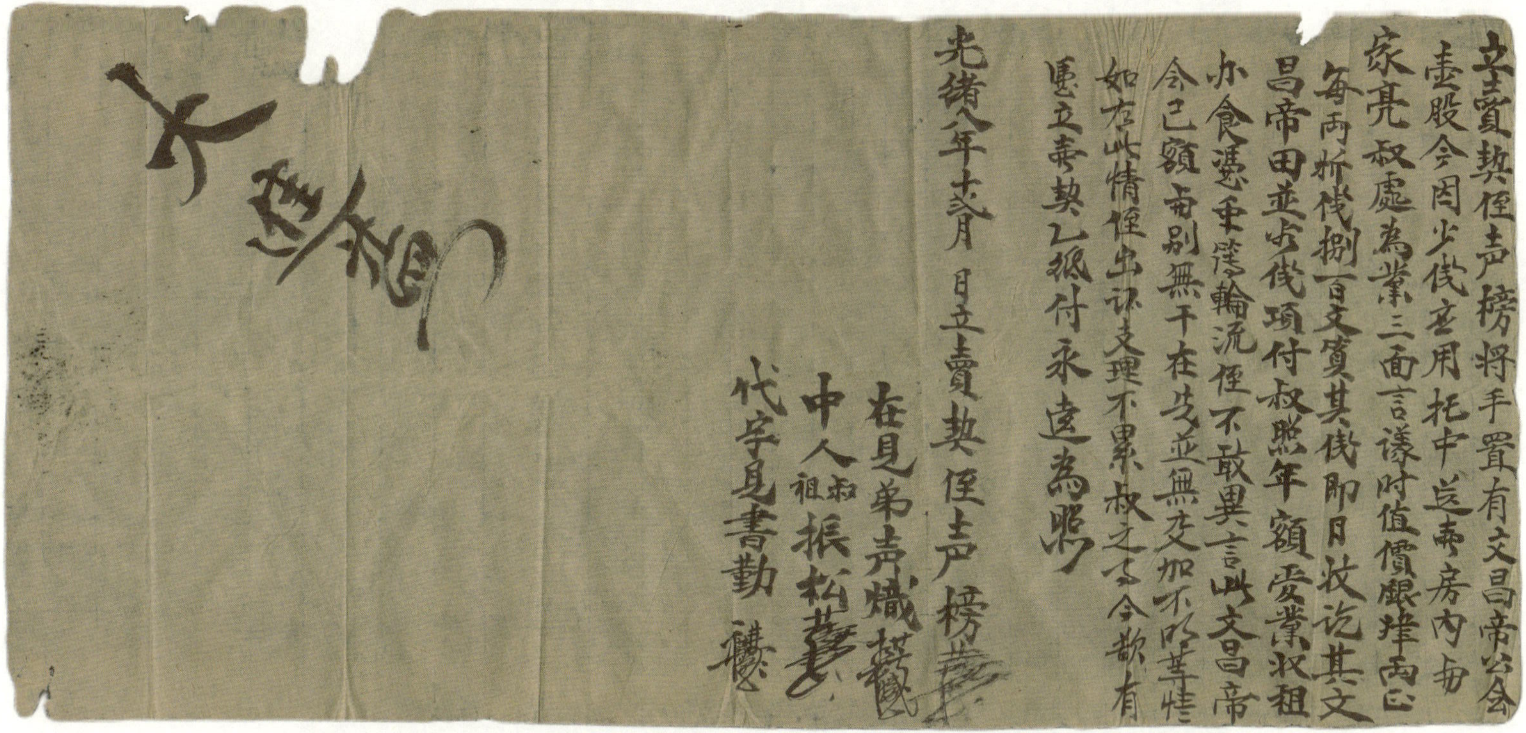

立賣契侄声榜将手置有文昌帝公会
壹股今因少銀應用托中送與房內叔
家亮叔處為業三面言議时值價銀肆両正
每両折錢捌百文其錢即日收訖其文
昌帝田並少錢項付叔照年額受業收租
亦食憑年簿輪流侄不敢異言此文昌帝
会已額而别無干在先並無交加不明等情
如有此情侄出承支理不累叔之事今欲有
憑立賣契一紙付永遠為照

光緒八年十二月　日立賣契侄声榜（押）
在見弟声職（押）
中人祖和振松（押）
代字見書勤（押）

3-2-63-2　清光緒八年十二月葉声榜立賣文昌帝公會社股份契

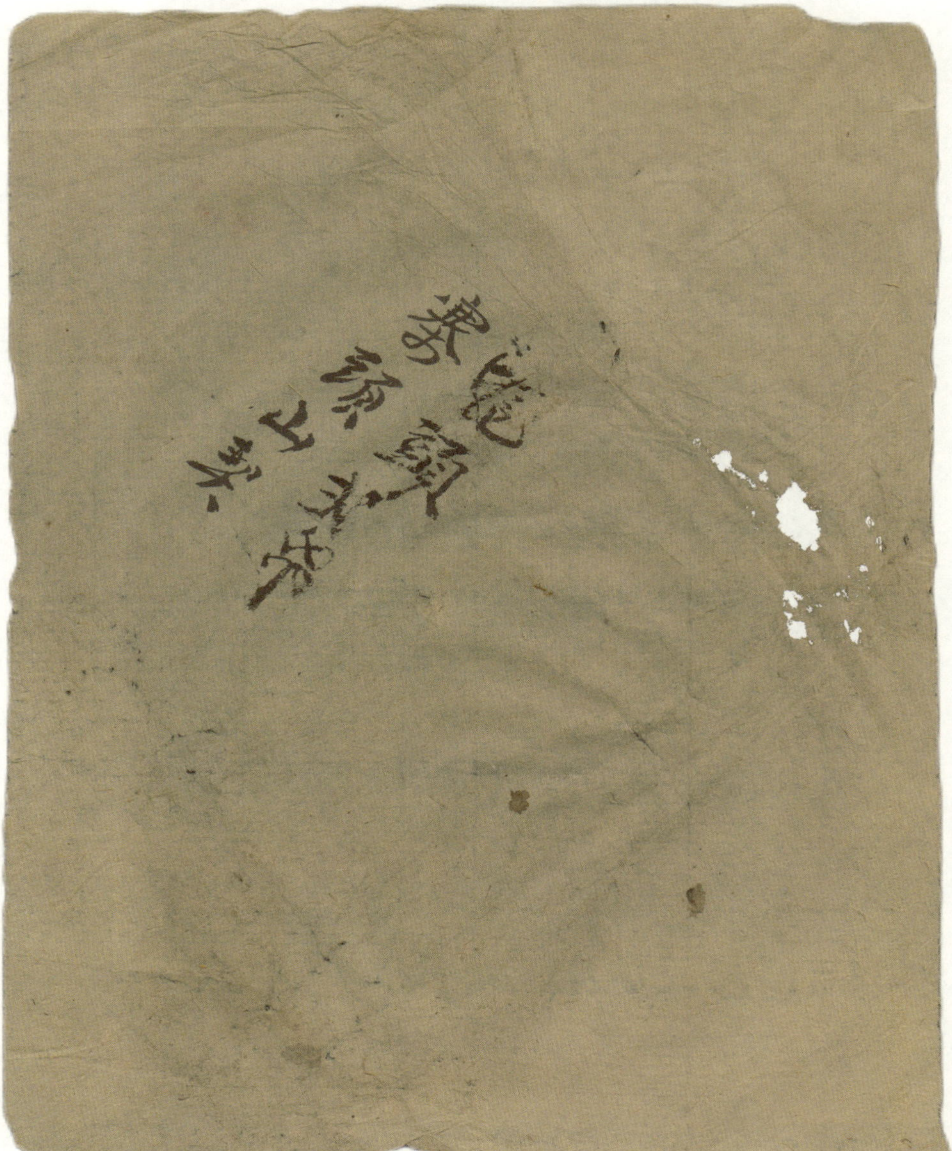

3-2-64-1　包契紙

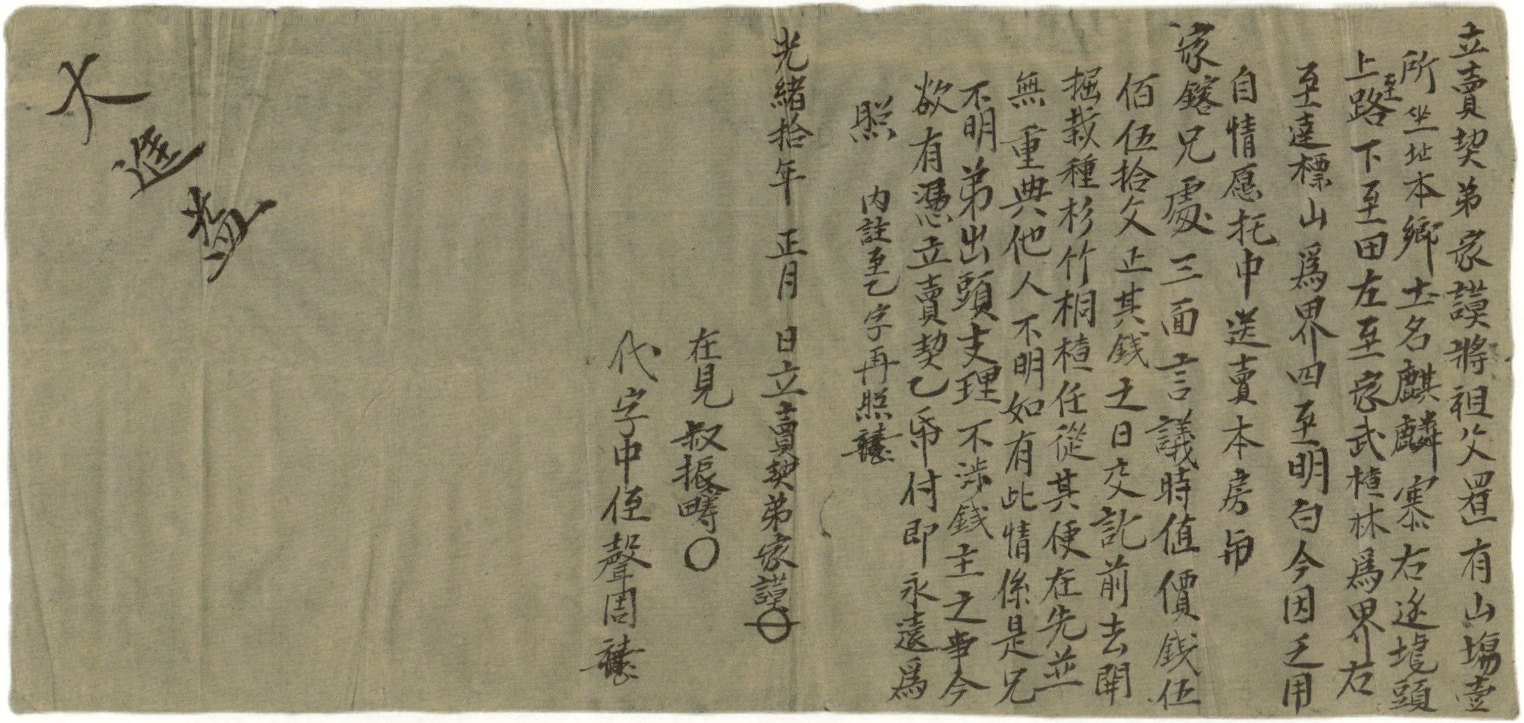
立賣契弟家謨將祖父置有山場壹
所坐址本鄉土名麒麟寨右迳墘頭
上至路下至田左至家武植林為界右
至達標山為界四至明白今因乏用
自情愿托中送賣本房弟
家鏗兄處三面言議時值價錢伍
佰伍拾文正其錢当日交訖前去開
掘栽種杉竹桐植任從其便在先並
無重典他人不明如有此情係是兄
不明弟出頭支理不涉錢主之事今
欲有憑立賣契乙帋付即永遠為
照　內註至乙字再批照據
光緒拾年　正月　日立賣契弟家謨（押）
在見　叔振疇○
代字中侄聲周據
不進契

3-2-64-2　清光緒十年正月葉家謨立賣山場契

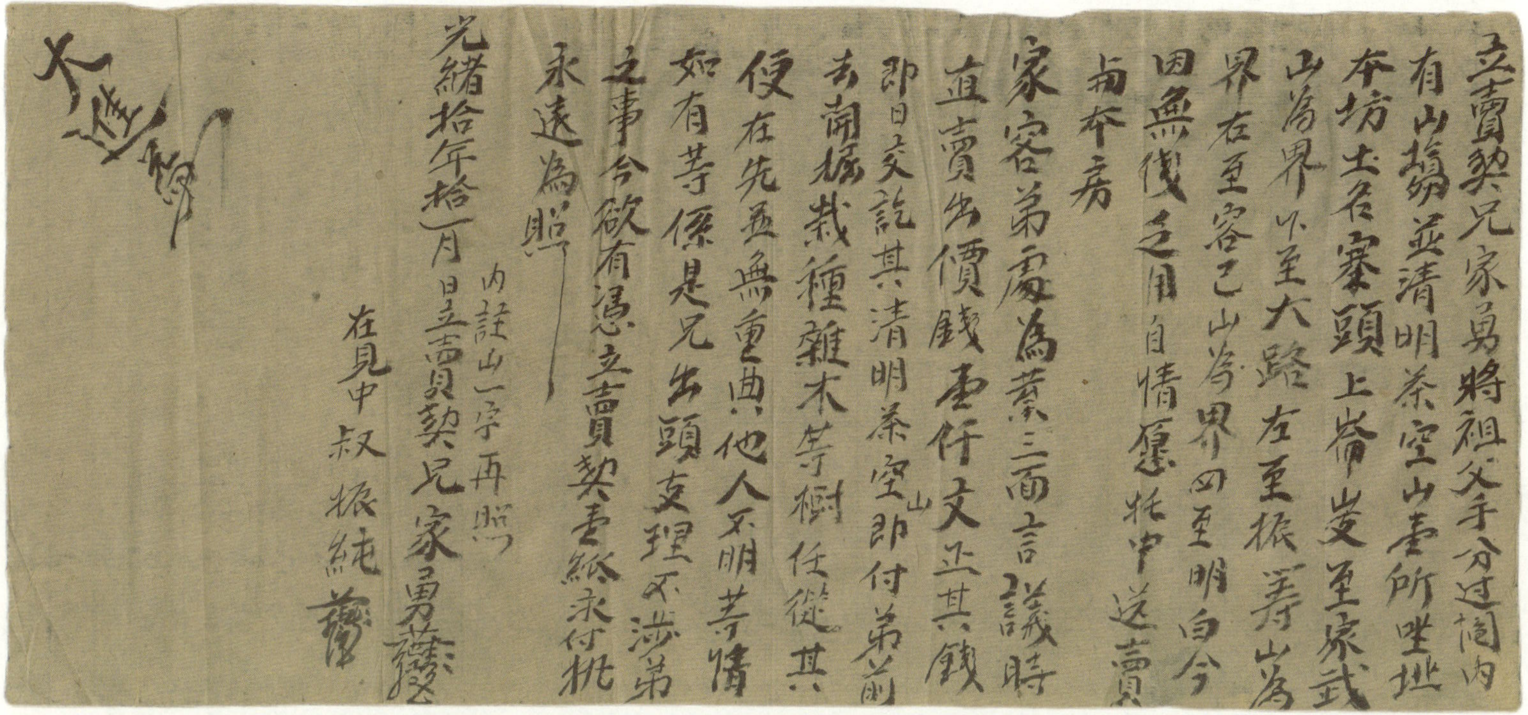

立賣契兄家勇將祖父手分過闔內
有山場並清明茶空山壹所坐址
本坊土名寨頭上嶺岌至家武
山為界 下至大路 左至振壽山為
界 右至容己山為界 四至明白 今
因無錢乏用 自情愿托中送賣
與本房
家容弟處為業 三面言議 時
值賣出價錢壹仟文正 其錢
即日交訖 其清明茶空山 即付弟前
去開掘栽種雜木等樹 任從其
便 在先並無重典他人 不明等情
如有等係是兄出頭支理 不涉弟
之事 今欲有憑 立賣契壹紙 永付批
永遠為照
內註山一字再照
光緒拾年拾一月 日立賣契兄家勇（押）
在見中叔 振純（押）

3-2-64-3　清光緒十年十一月葉家勇立賣山場等契

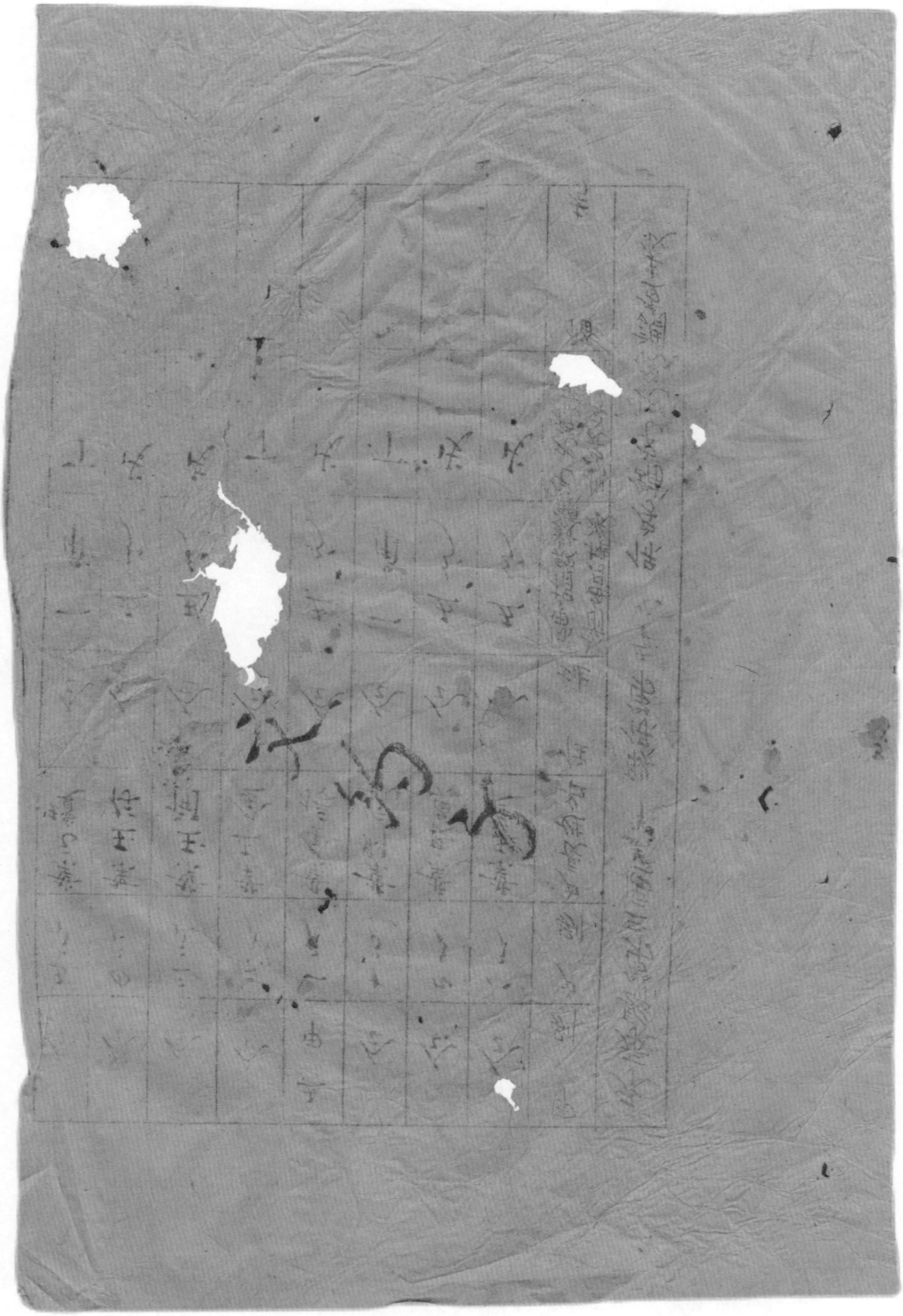

3-2-65-1 包契紙

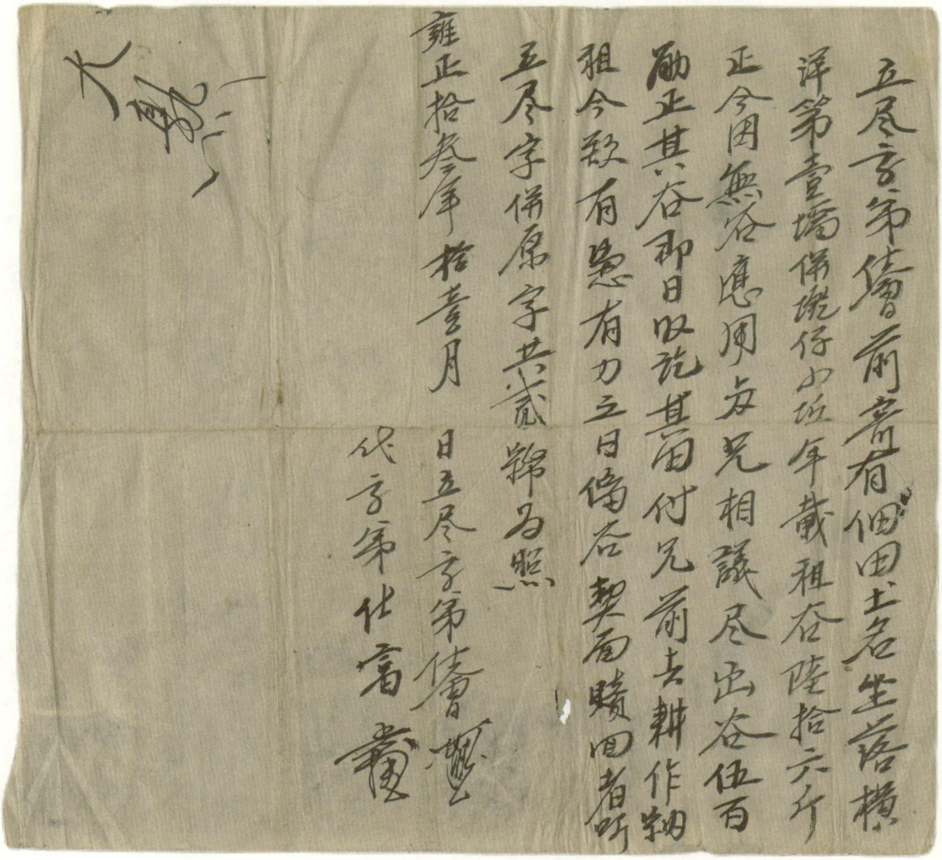

立尽字弟仕會前置有佃田土名生落横洋第壹墙係坐仔山坵年載租谷陸拾六斤正今因無谷應用向兄相議尽出谷伍百觔正其谷即日收訖其田付兄前去耕作納租今欲有憑有力之日備谷契面贖回者听

立尽字併原字共貳紙為照

雍正拾叁年拾壹月　日立尽字弟仕會（押）

代字弟仕富（押）

3-2-65-2　清雍正十三年十一月葉仕會立盡佃田字

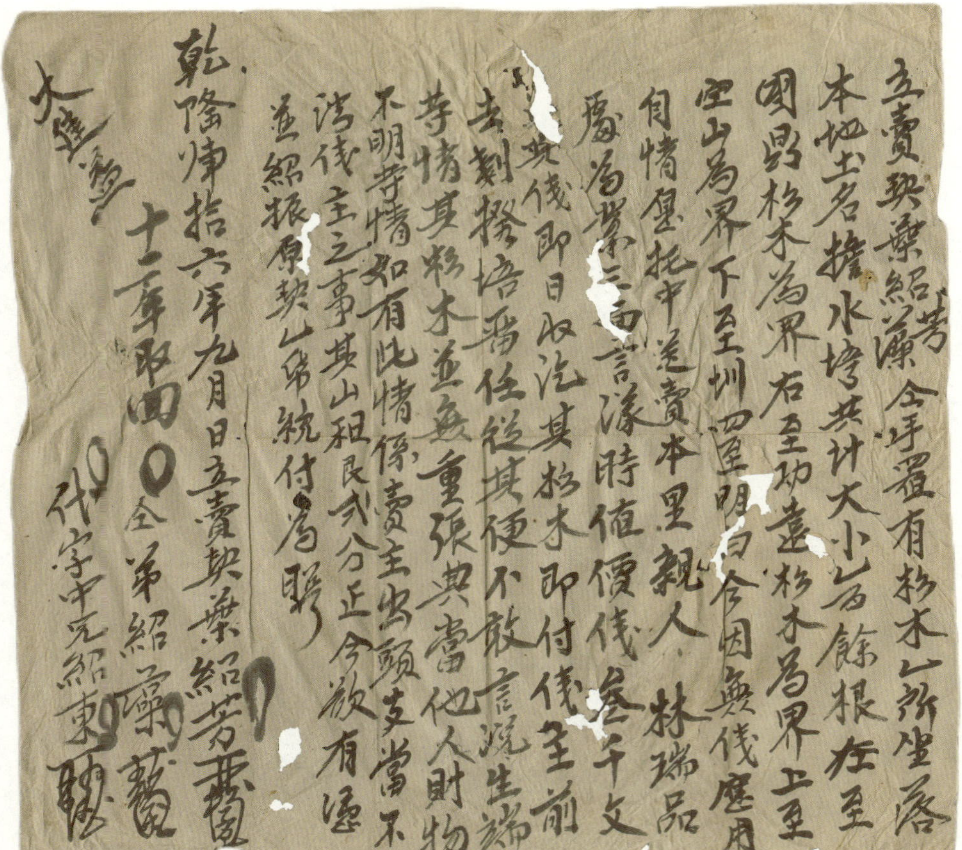

立賣契葉紹芳、紹藻今承買有杉木山一所坐落
本地土名擔水垮共計大小山场餘根在至
四址杉木為界右至功垄杉木為界上至
空山為界下至圳四至明白今因無錢應用
自情愿托中送賣本里親人林瑞品
處為業三面言議時值價錢叁千文
其錢即日收訖其杉木即付錢主前
去剃撥培蓄任從其便不敢言說生端
等情其杉木並無重張典當他人財物
不明等情如有此情係賣主出頭支當不
涉錢主之事其山租良弍分正今欲有憑
並紹根原契山串統付為照
乾隆肆拾六年九月日立賣契葉紹芳（押）
十二年取回　全弟紹藻（押）
代字中兄紹東（押）
大進益

3-2-65-3　清乾隆四十六年九月葉紹芳等立賣杉木契

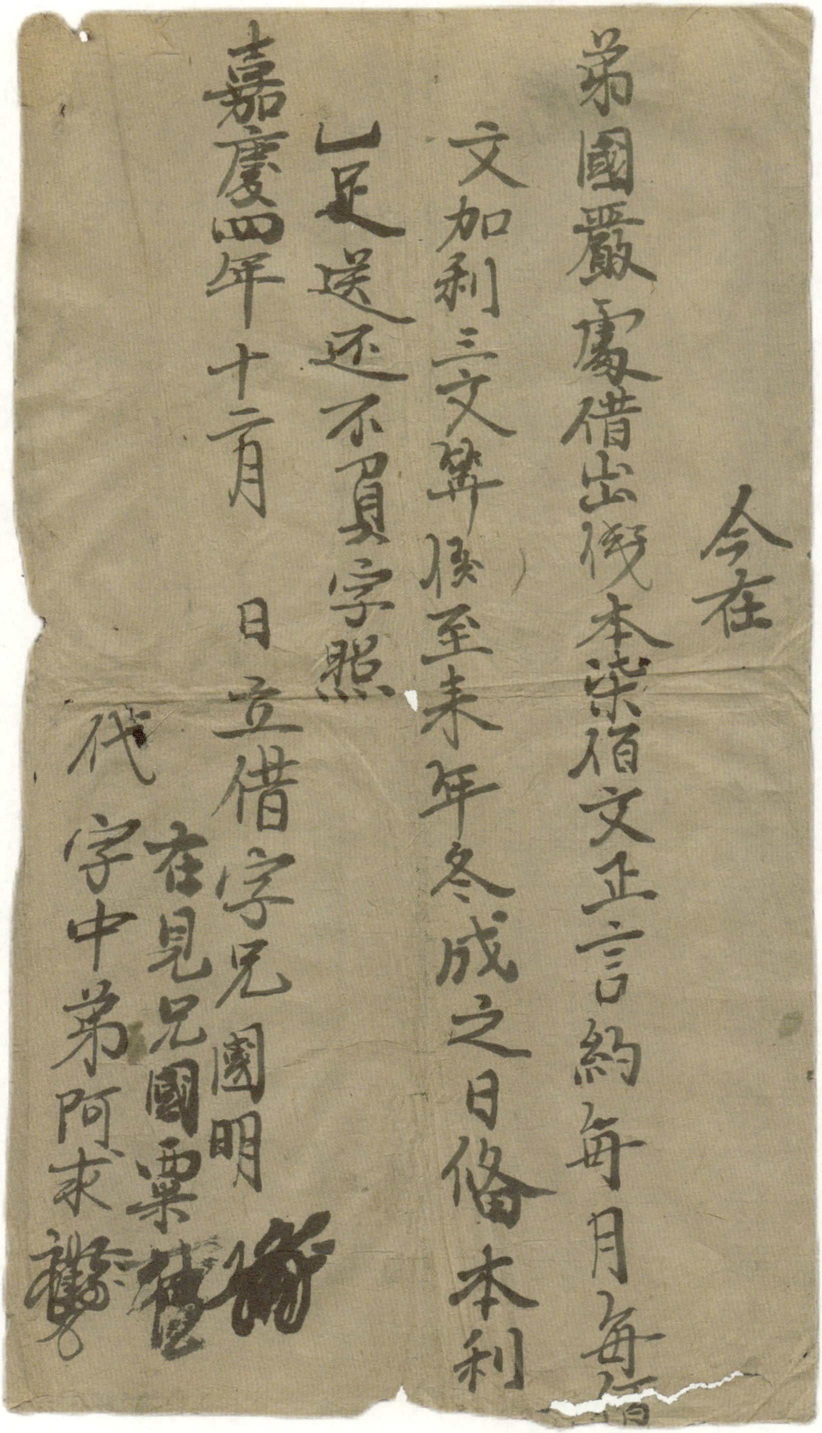
今在
弟國嚴處借出錢本柒佰文正言約每月每佰
文加利三文算候至未年冬成之日併本利
一足送还不負字照
嘉慶四年十二月　日立借字兄國明（押）
在見兄國粟（押）
代字中弟阿求（押）

3-2-65-4　清嘉慶四年十二月葉國明立借錢字

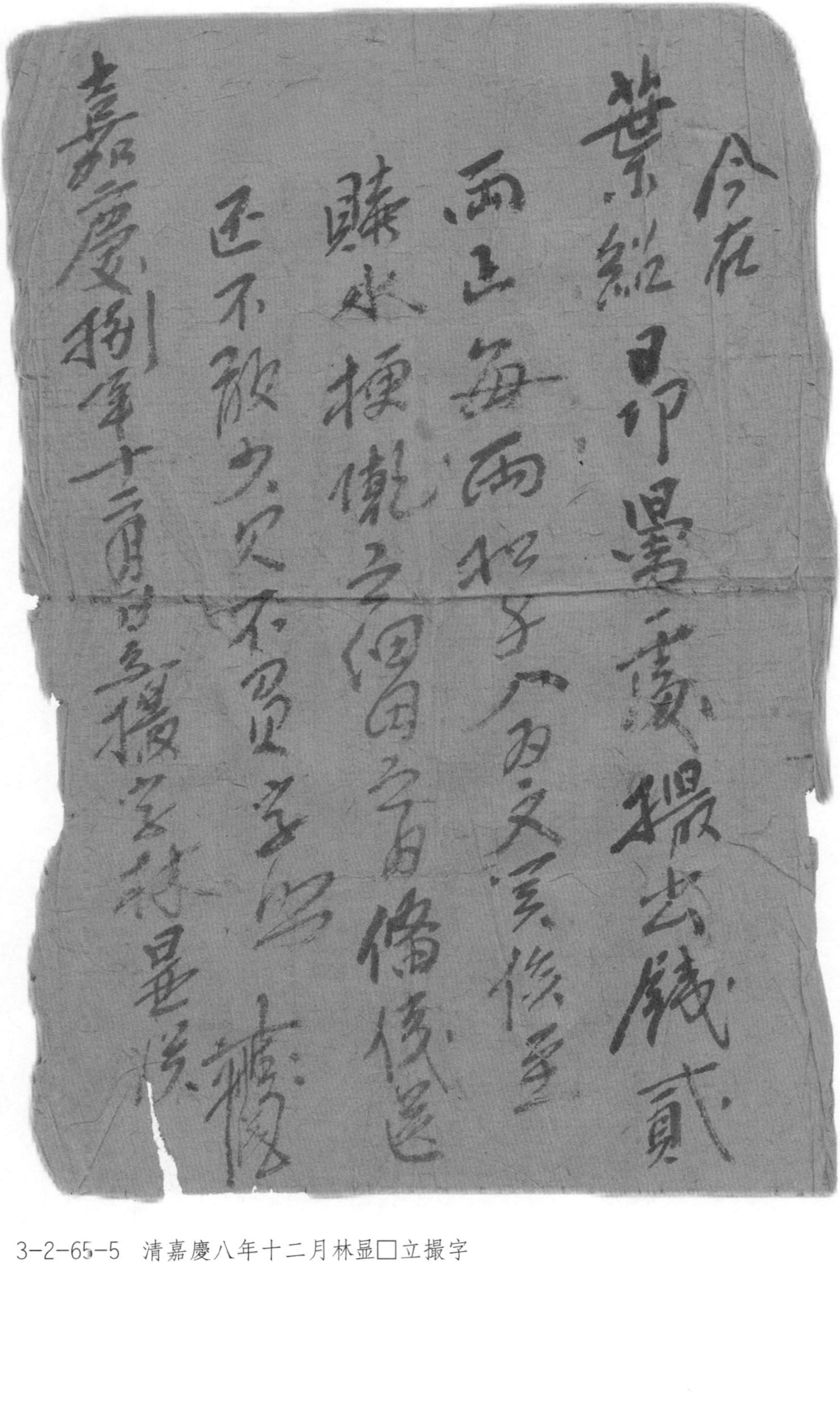
今在
葉紹[illegible]邊[illegible]撮出錢貳
兩正，每兩加子八[illegible]文算，係[illegible]
[illegible]來[illegible]之[illegible]備[illegible]
還不敢少欠，不[illegible]字照
據
嘉慶捌年十二月　日立撮字林昰[illegible]

3-2-65-5　清嘉慶八年十二月林昰□立撮字

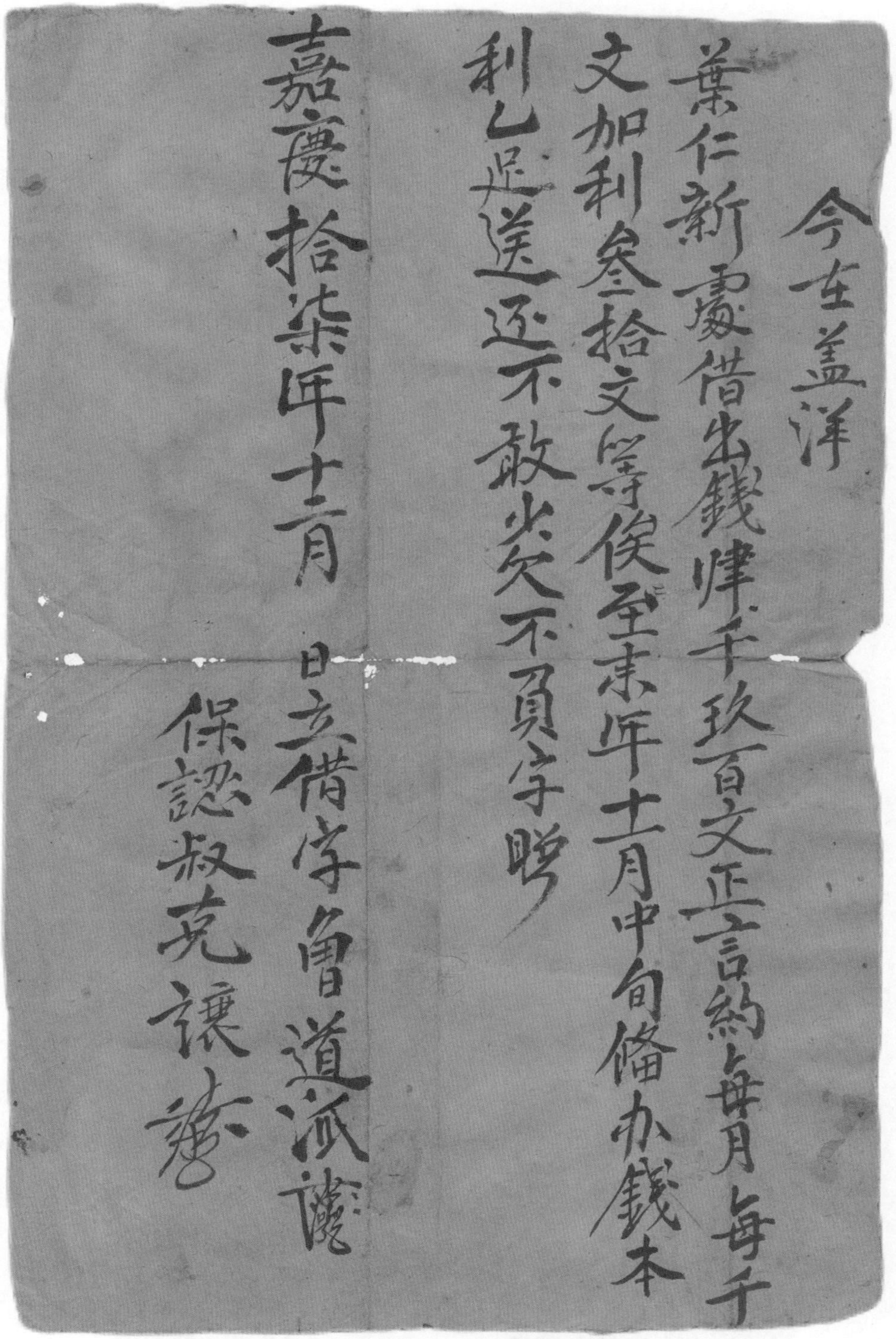

今在盖洋
葉仁新處借出錢肆千玖百文正言約每月每千
文加利叁拾文等係至來年十二月中旬備办錢本
利一足送还不敢少欠不負字照
嘉慶拾柒年十二月　日立借字曾道派（押）
保認叔克讓（押）

3-2-65-6　清嘉慶十七年十二月曾道派立借錢字

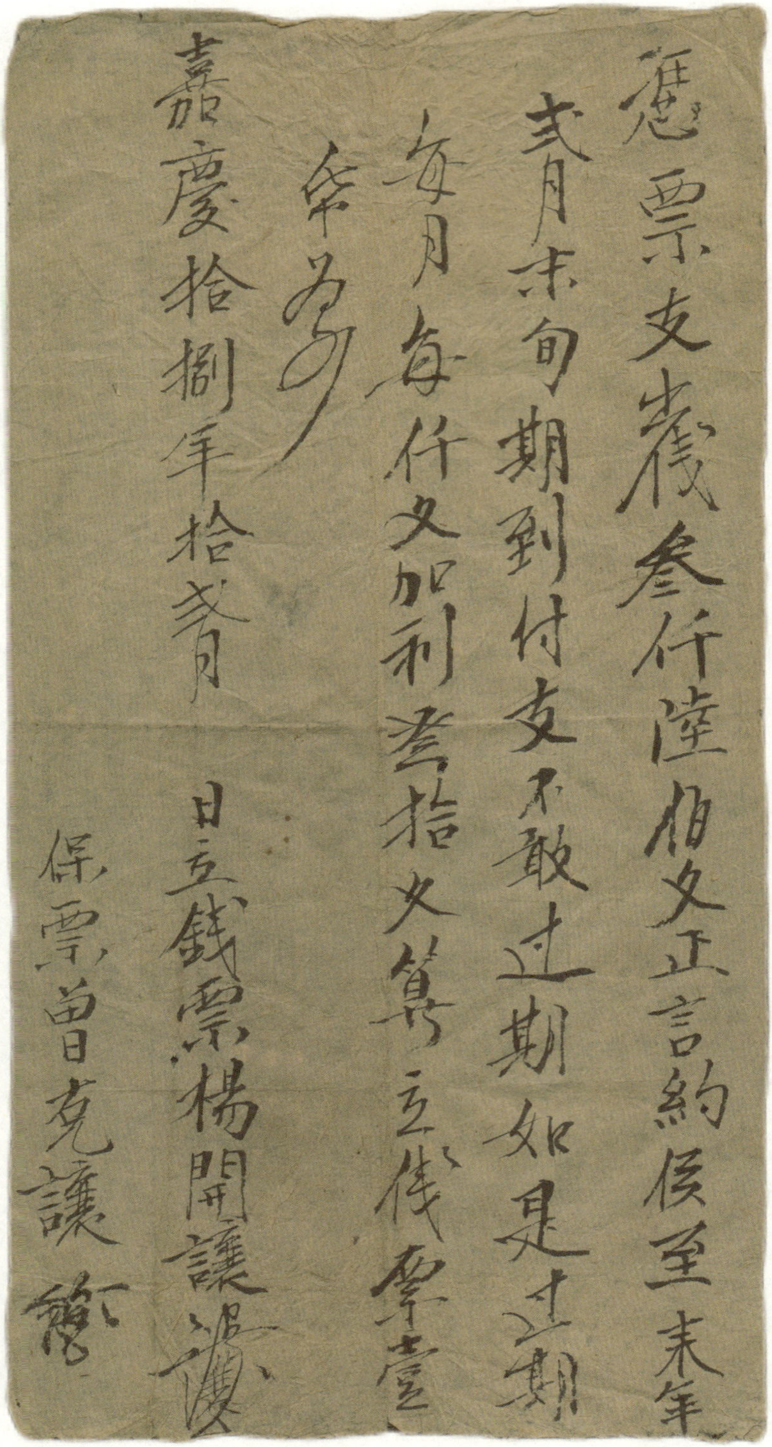
憑票支錢叁仟陸佰文正言約侯至来年
弍月末旬期到付支不敢过期如是过期
每月每仟文加利叁拾文算立錢票壹
紙為炤
嘉慶拾捌年拾弍月　日立錢票楊開讓（押）
保票曾克讓（押）

3-2-65-7　清嘉慶十八年十二月楊開讓立支錢憑票

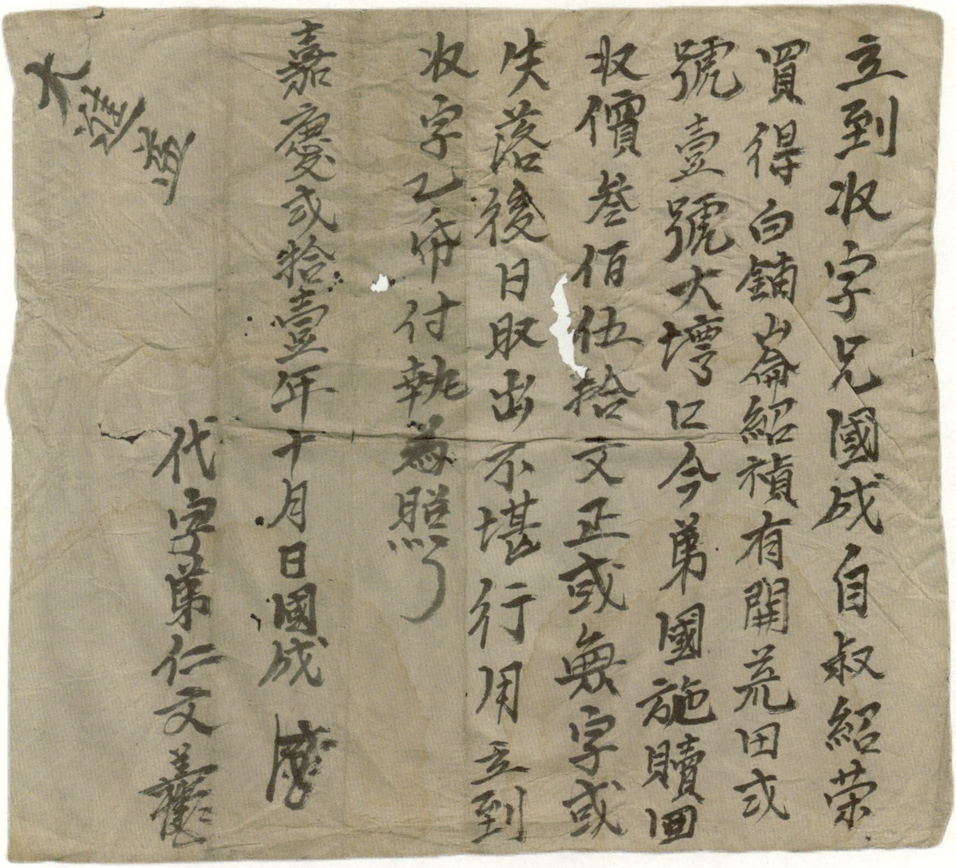

立到收字兄國成自叔紹榮
買得白鋪崙紹積有開荒田弍
號壹號大塆已今弟國施贖回
收價叁佰伍拾文正或無字或
失落後日取出不堪行用立到
收字乙帋付執為照了
嘉慶弍拾壹年十月日國成（押）
代字弟仁文（押）

3-2-65-8　清嘉慶二十一年十月葉國成立到收字

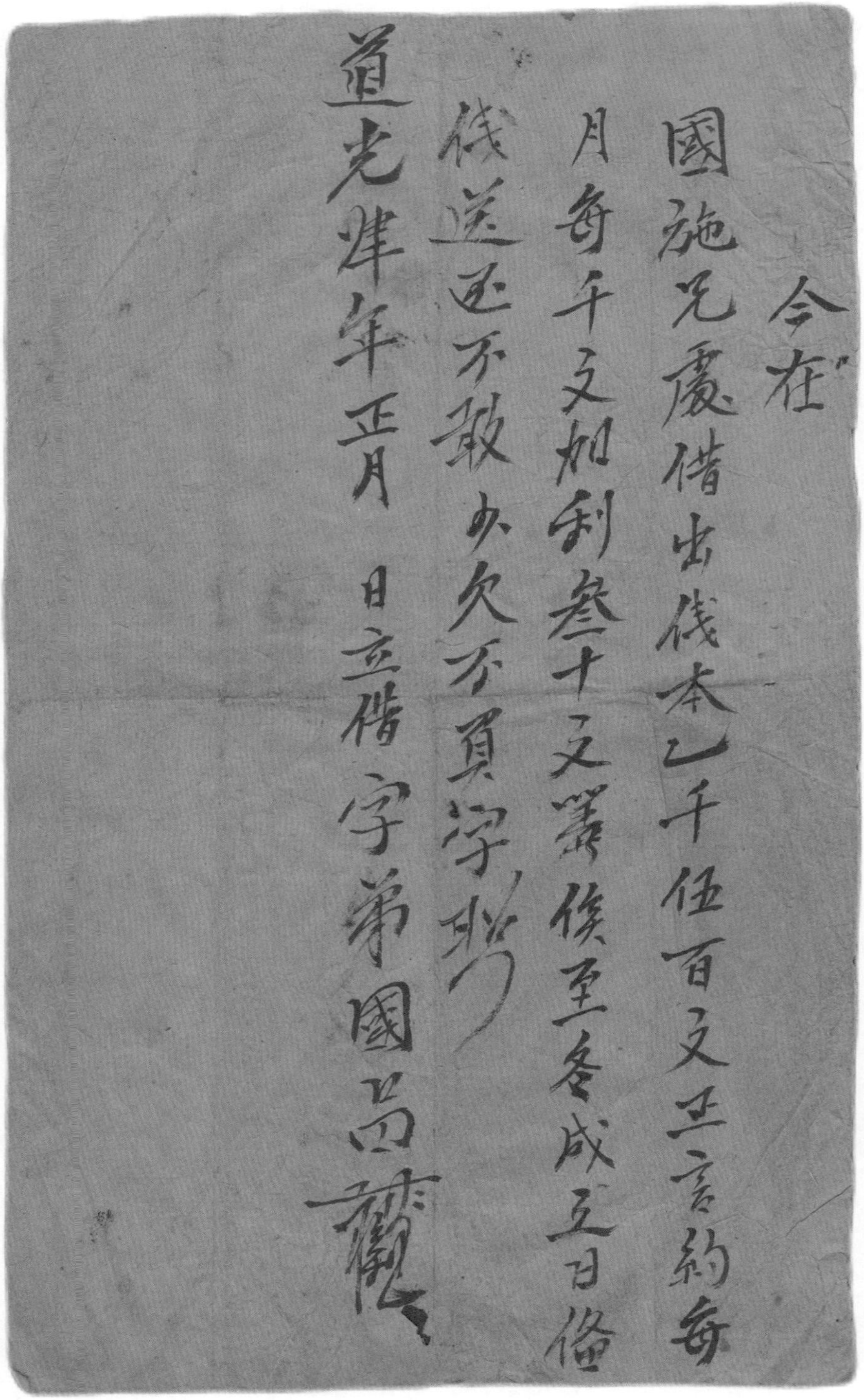

今在
國施兄處借出錢本乙千伍百文正言約每
月每千文加利叁十文算候至冬成之日備
錢送還不敢少欠不負字批
道光肆年正月　日立借字弟國品

3-2-65-9　清道光四年正月葉國品立借錢字

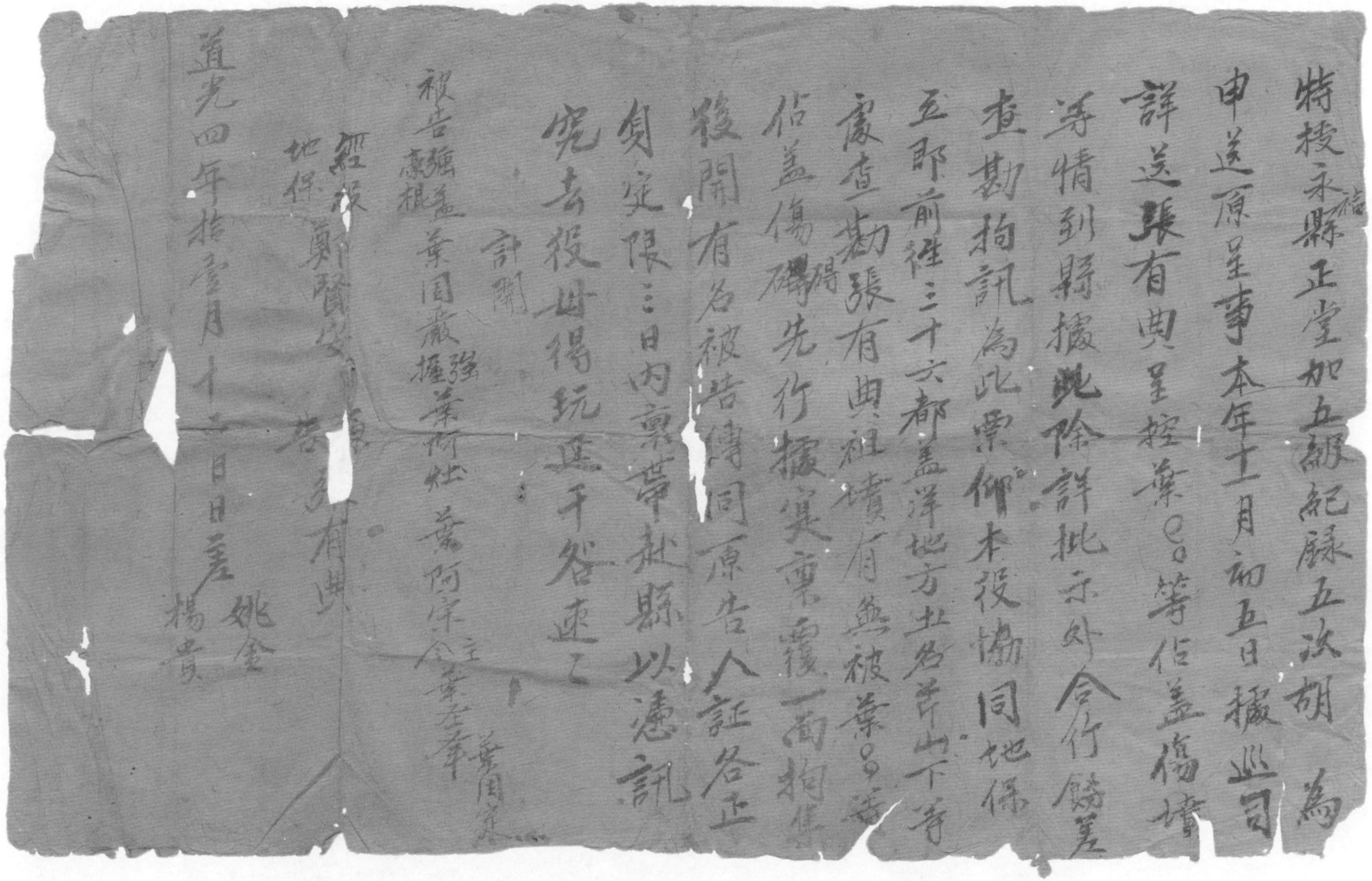

3-2-65-10　清道光四年十一月永福縣正堂胡立行票（抄件）

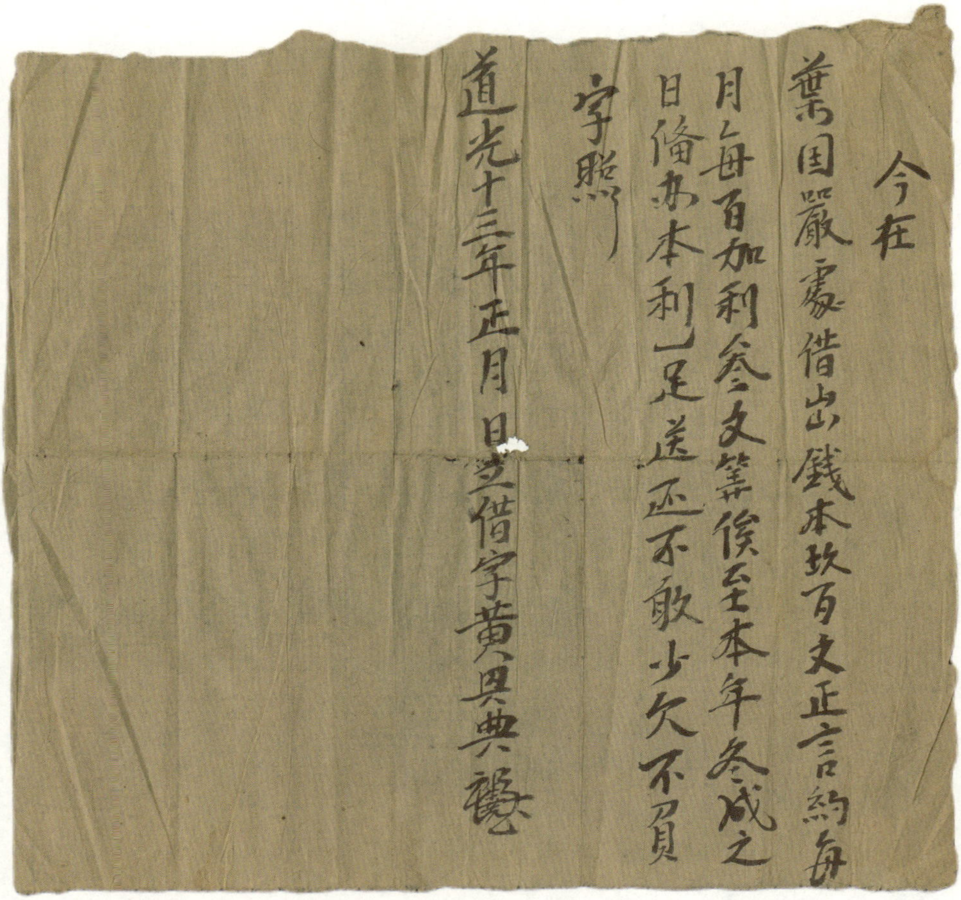
今在
葉国嚴處借出錢本玖百文正言約每
月每百加利叁文算俟至本年冬成之
日備办本利一足送还不敢少欠不負
字照
道光十三年正月　日立借字黃與典

3-2-65-11　清道光十三年正月黃與典立借錢字

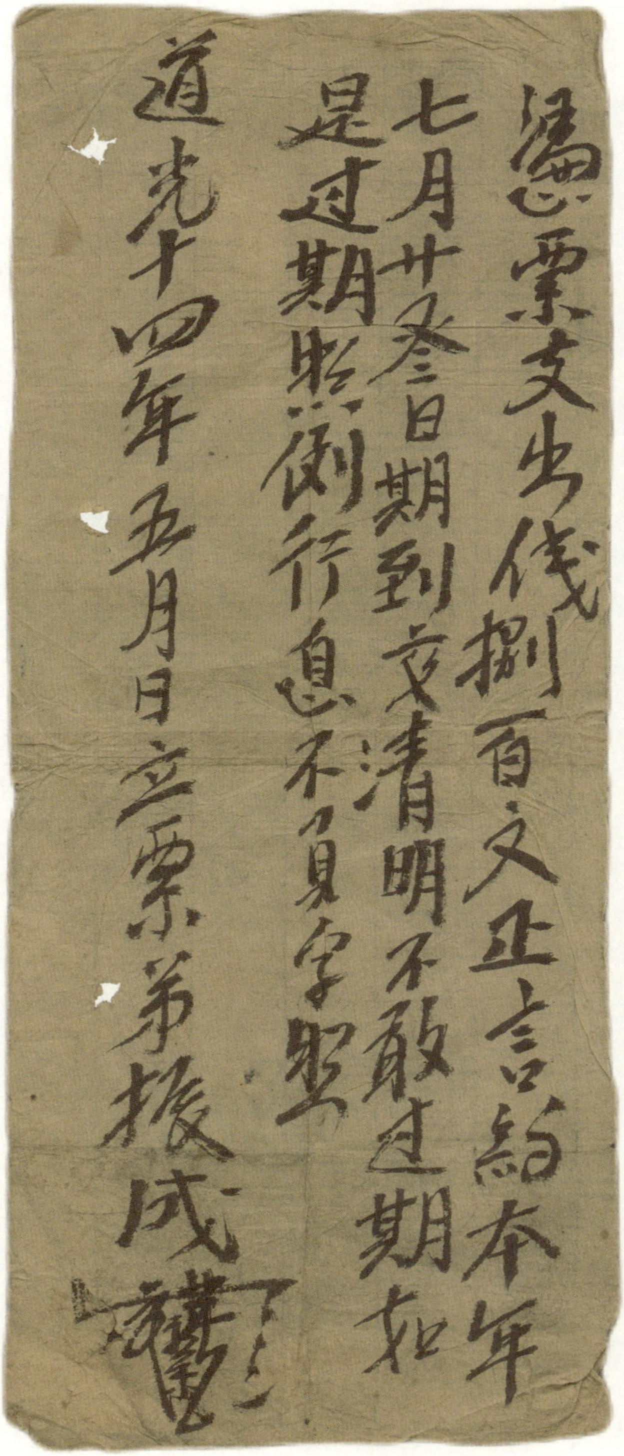

憑票支出錢捌百文正言約本年
七月廿叁日期到交清明不敢過期如
是过期照例行息不負字照
道光十四年五月日立票弟振成

3-2-65-12　清道光十四年五月葉振成立支錢憑票

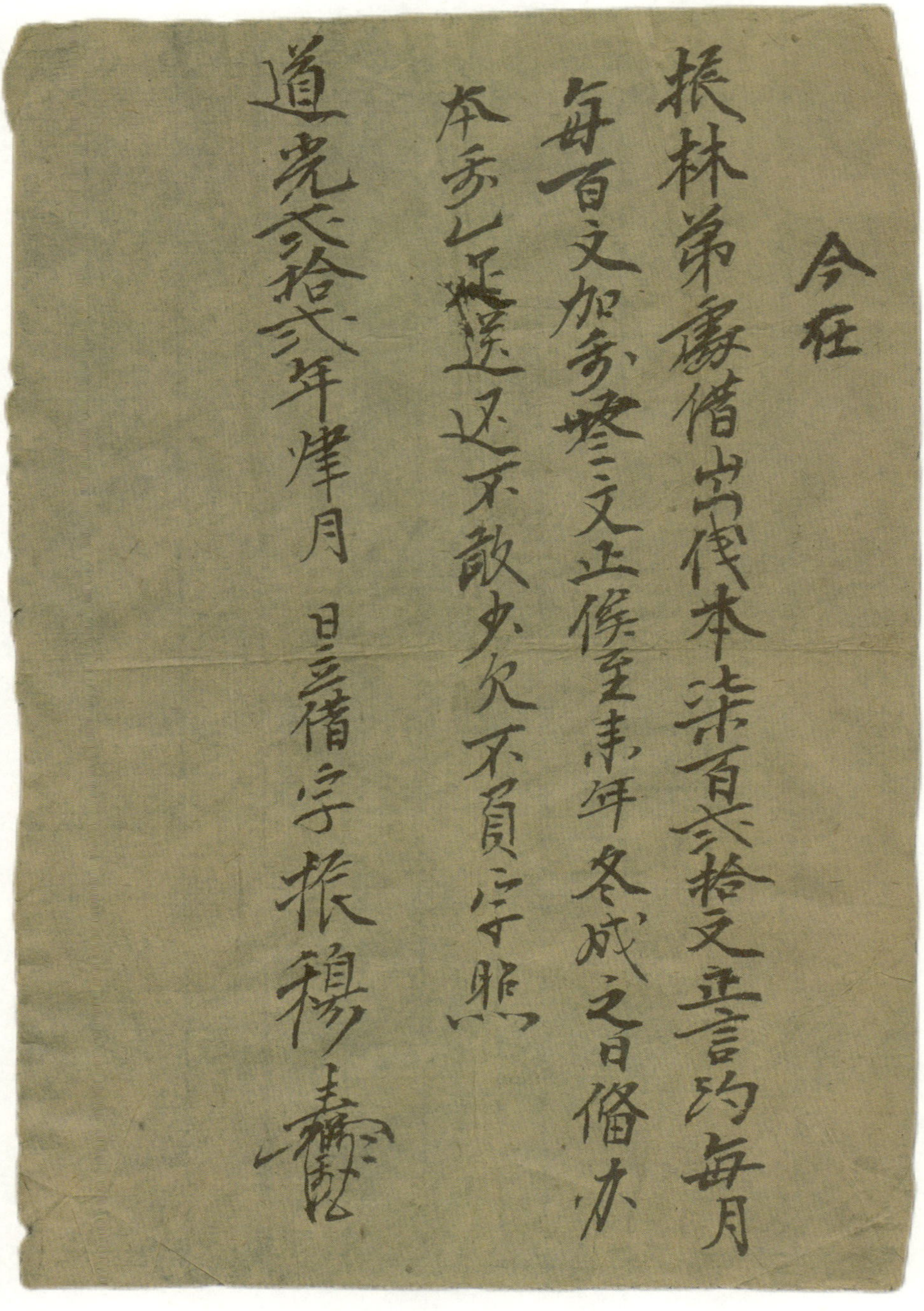
今在
振林弟處借出錢本柒百陸拾文正言約每月
每百文加利叁文正候至來年冬成之日備本
本利一足送還不敢少欠不負字照
道光弍拾弍年肆月　日立借字振穆（押）

3-2-65-13　清道光二十二年四月葉振穆立借錢字

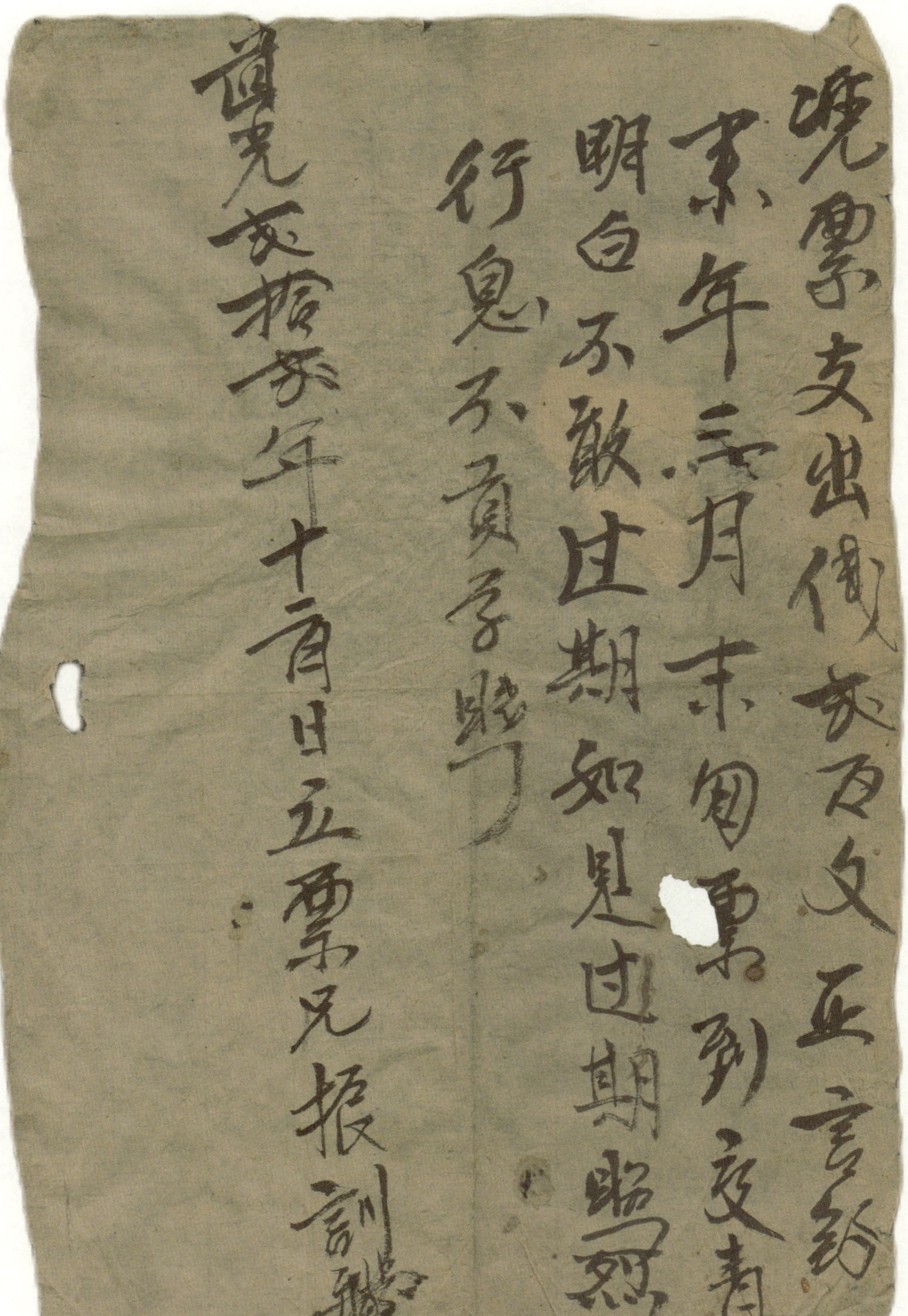

憑票支出錢叁百文正言約
來年三月末旬票到交清
明白不敢違期如是過期照
行息不負字照
道光弍拾弍年十二月日立票兄振訓

3-2-65-14　清道光二十二年十二月葉振訓立支錢憑票

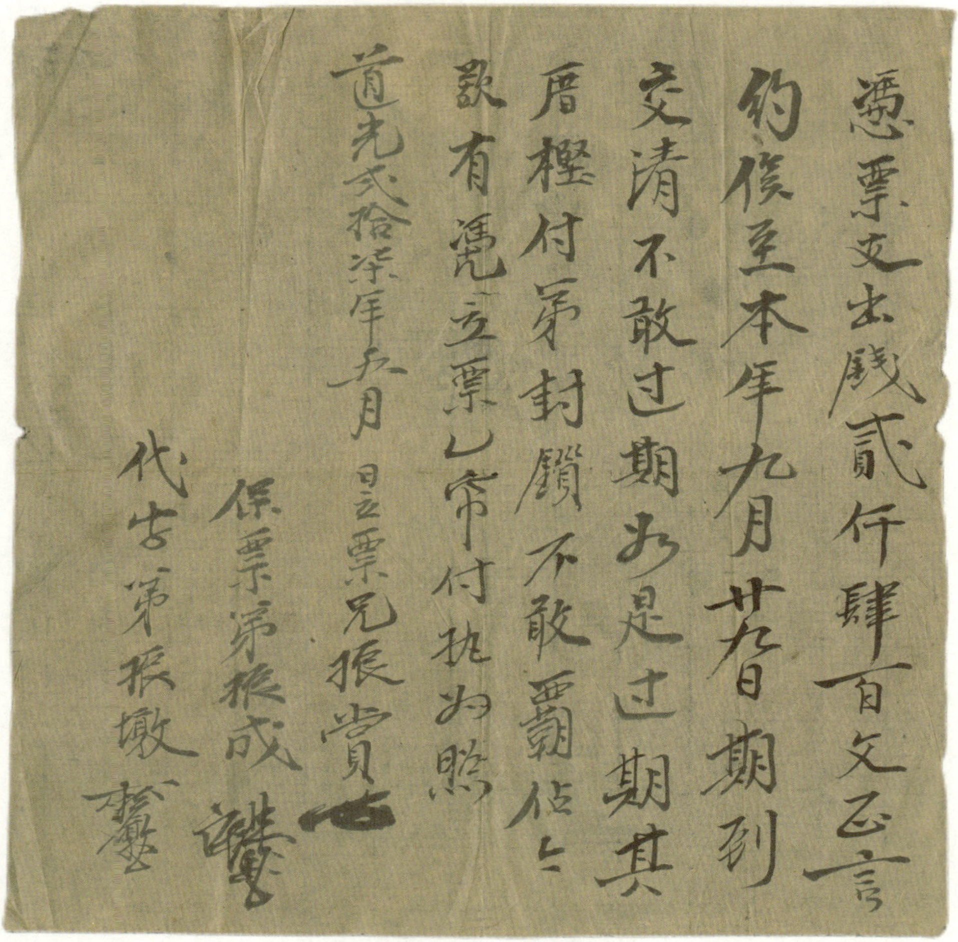

憑票支出錢貳仟肆百文正言
約俟至本年九月廿四日期到
交清不敢过期如是过期其
厝樫付弟封鎖不敢覇佔亡
款有憑立票乙帋付执为照
道光貳拾柒年五月 日立票兄振賞（押）
保票弟振成（押）
代书弟振墩（押）

3-2-65-15　清道光二十七年五月葉振賞立支錢憑票

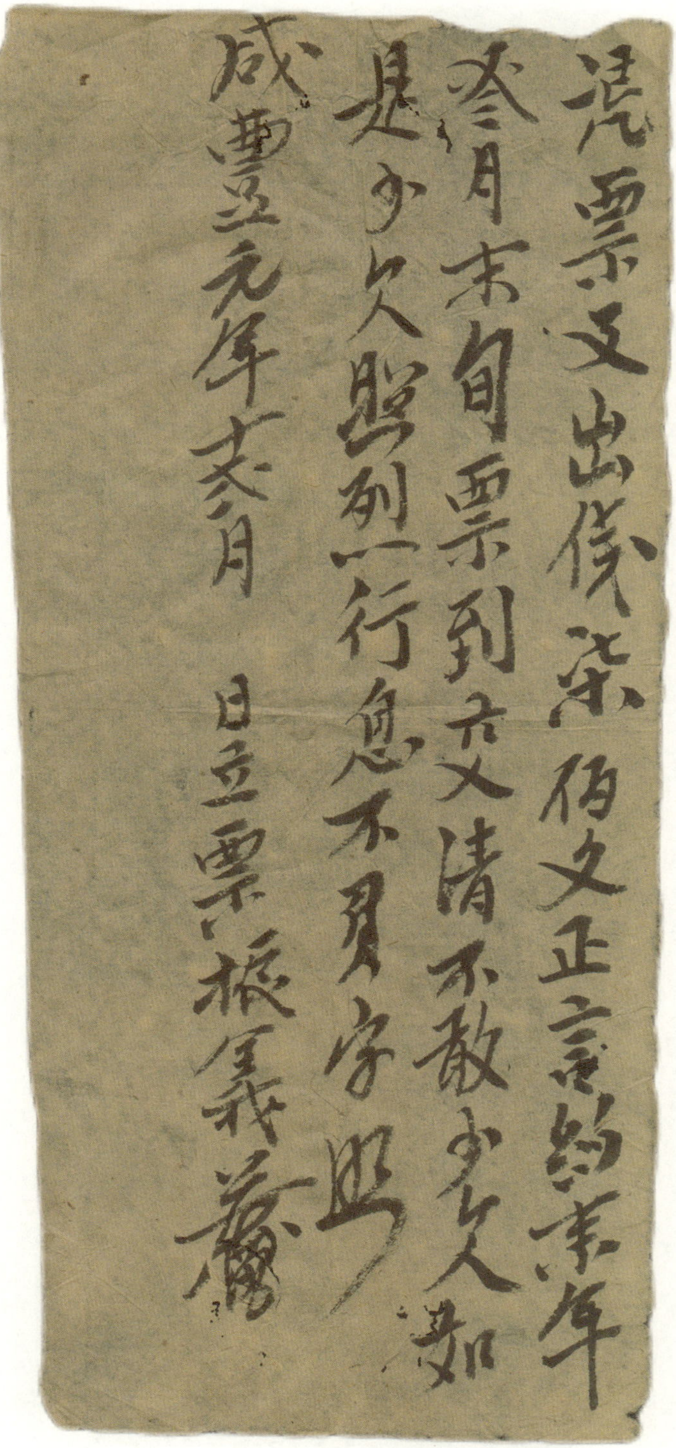
憑票支出錢柒佰文正言約來年
叁月末自票到支文清不敢少欠人如
是少欠照列一行息不另字照
咸豐元年十二月　日立票人振義

3-2-65-16　清咸豐元年十二月葉振義立支錢憑票

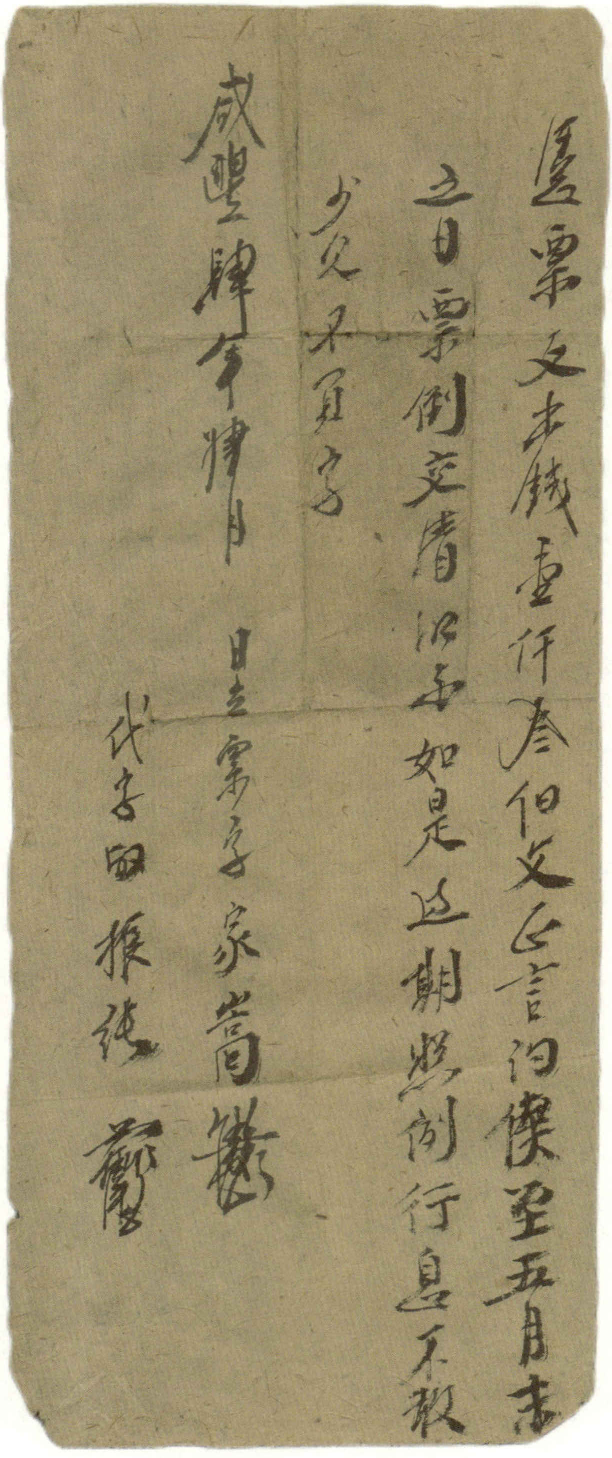
憑票支出錢壹仟叁佰文正，言約俟至五月末
立日票例交清收手，如是過期照例行息，不敢
少欠，不貳字。
咸豐肆年肆月　日立票字葉家嵩（押）
代字叔振德（押）

3-2-65-17　清咸豐四年四月葉家嵩立支錢憑票

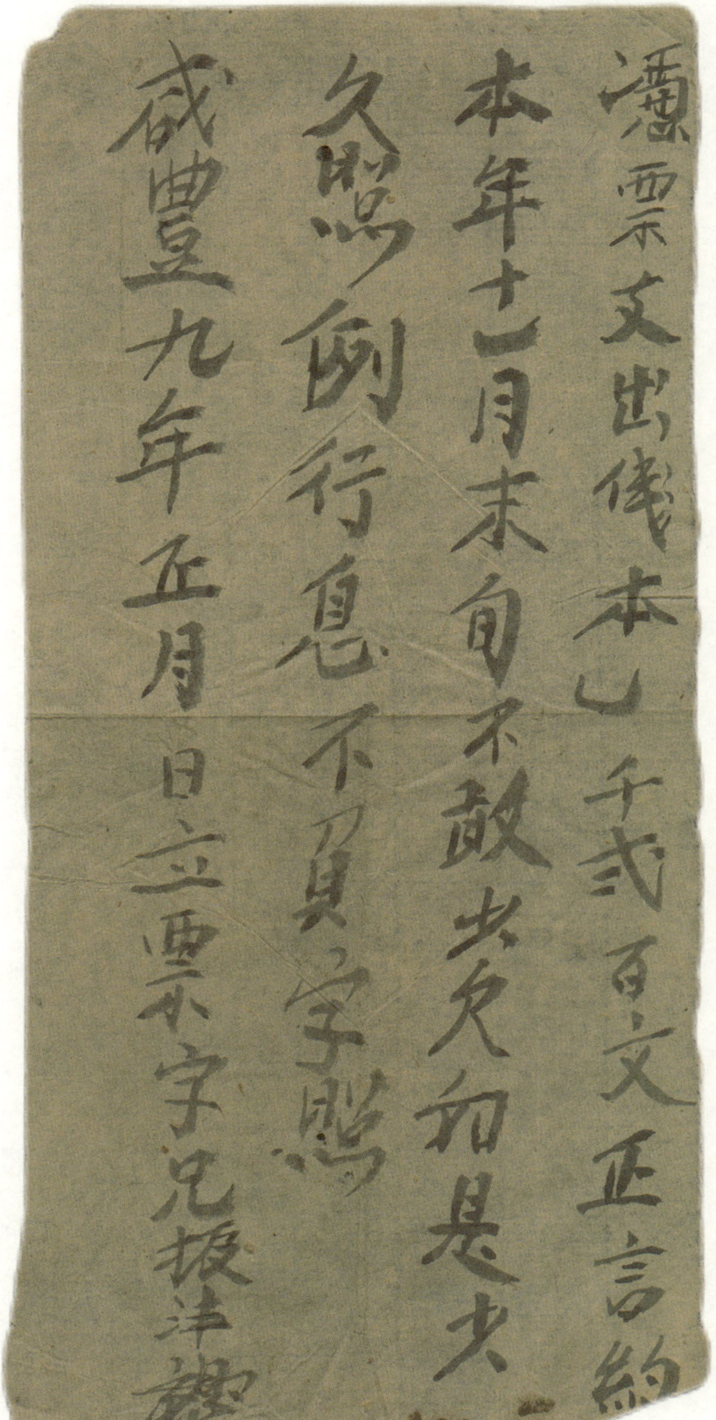
憑票支出錢本七千弍百文正言約
本年十一月末旬不敢出欠如是欠
久照例行息不負字照
咸豐九年正月日立票字兄振沣[illegible]

3-2-65-18　清咸豐九年正月葉振沣立支錢憑票

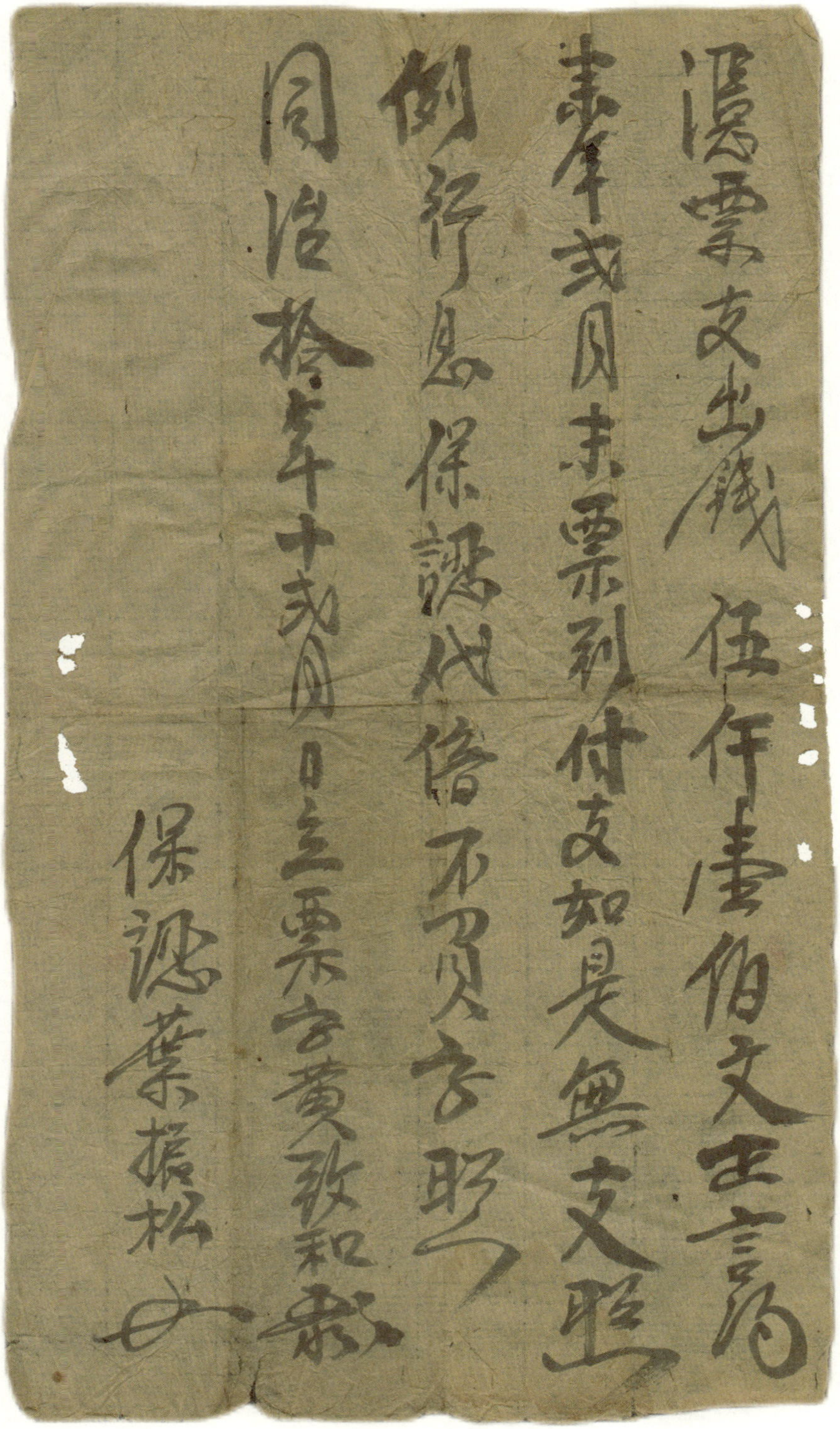

憑票支出錢伍仟壹佰文正，言為
本年弍月末票列付支，如是無支照
例行息，保認代償，不得言取。
同治拾年十弍月　日立票字黄致和
保認葉振松

3-2-65-19　清同治十年十二月黄致和立支錢憑票

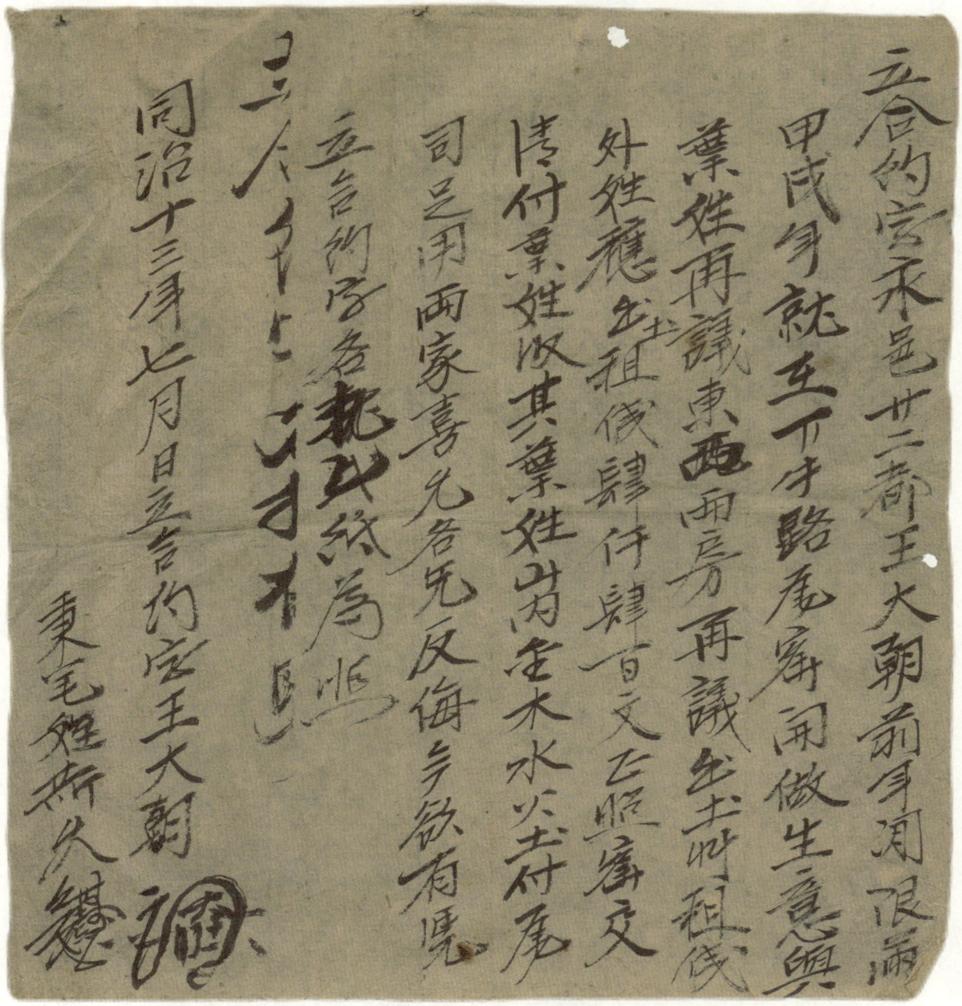

立合約字人邑廿二都王大朝前年間限滿
甲戌年就立下牛路尾寮開做生意與
葉姓再議東西兩房再議出土地租錢
外姓應出土租錢肆仟肆百文正照寮交
清付葉姓收其葉姓山內金木水火土付尾
司足用兩家喜允各无反悔今欲有憑
立合約字各執一紙為照
[illegible]
同治十三年七月　日立合約字王大朝
東宅姓[illegible]久鑾

3-2-65-20　清同治十三年七月王大朝立合約字

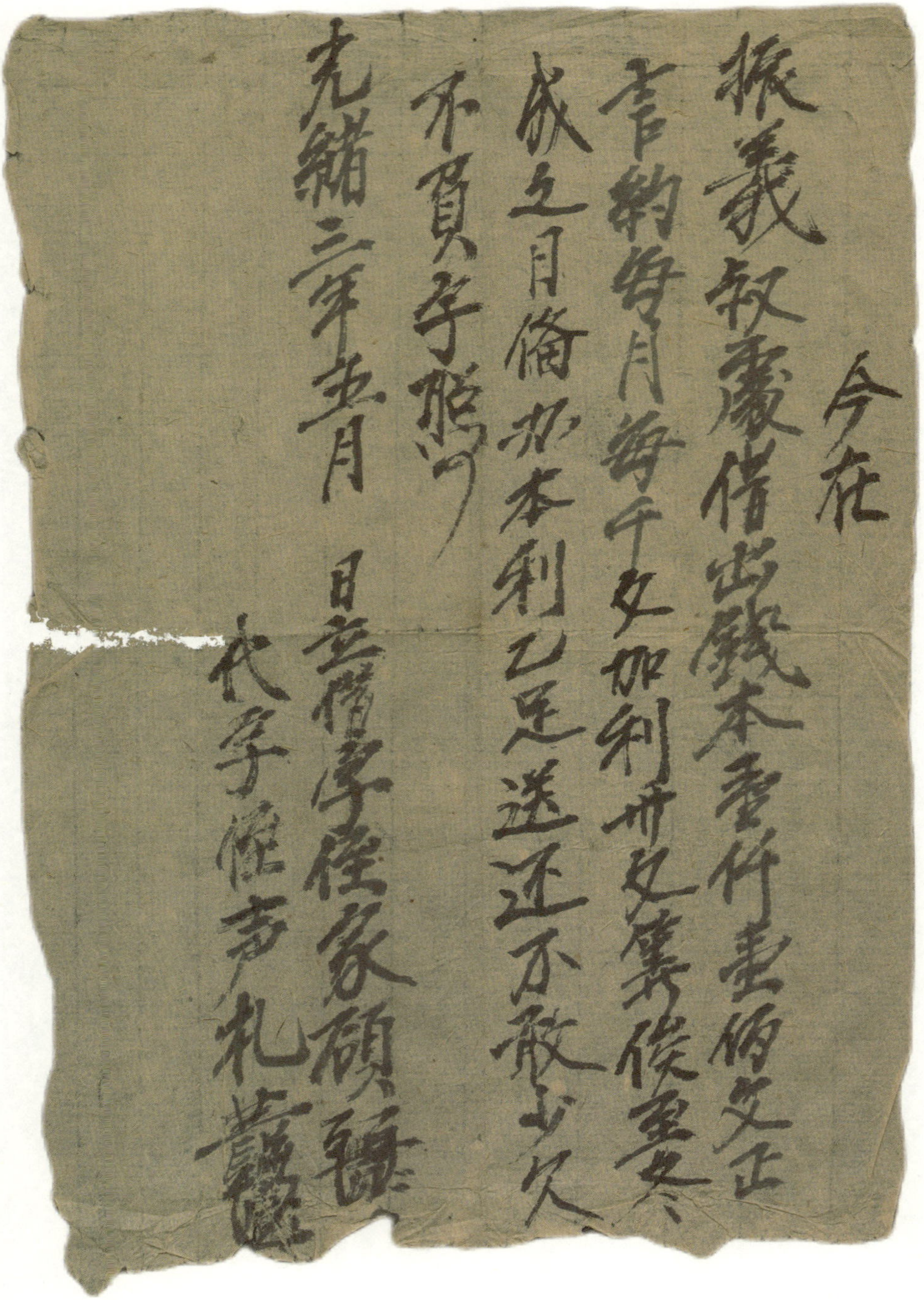
今在
振義叔處借出錢本壹仟壹佰文正
言約每月每千文加利卅文算候至冬
成之日備办本利乙足送还不敢少欠
不負字照
光緒三年五月　日立借字侄家碩
代字侄声礼

3-2-65-21　清光緒三年五月葉家碩立借錢字

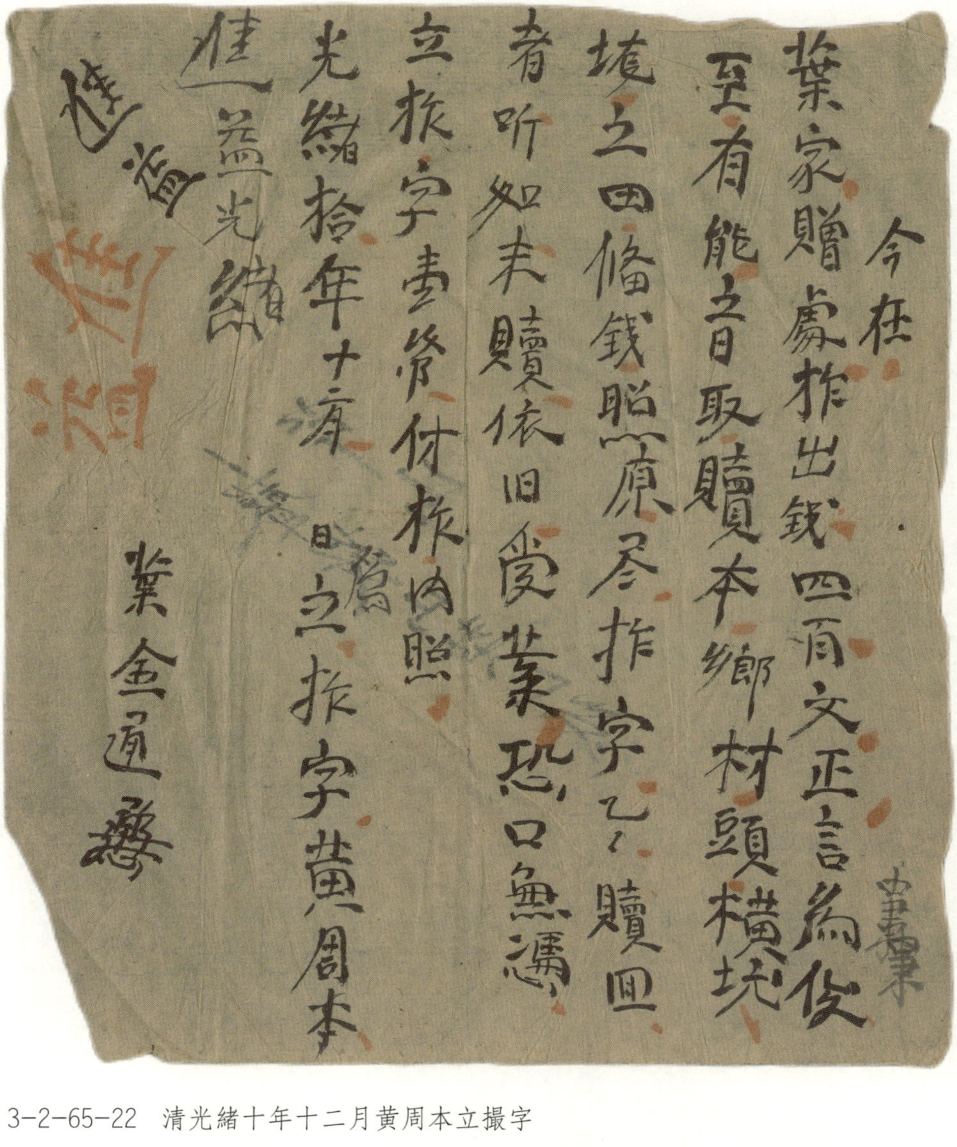

今在
葉家贈處作出錢四百文正言為後
至有能之日取贖本鄉村頭橫坑
墘之田借錢照原本作字乙乙贖回
者听如未贖依旧受葉恐口無憑
立撮字壹紙付撮內照
光緒拾年十二月　日立撮字黃周本
葉金通繇

3-2-65-22　清光緒十年十二月黃周本立撮字

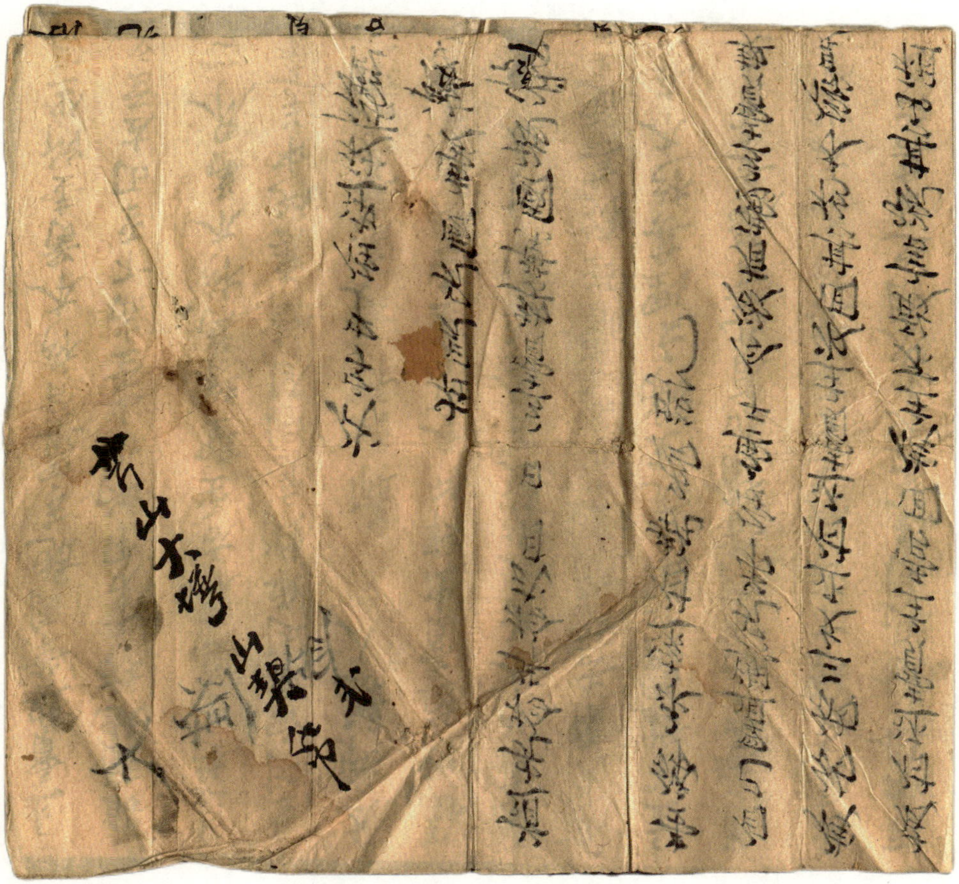

3-2-66-1　包契紙

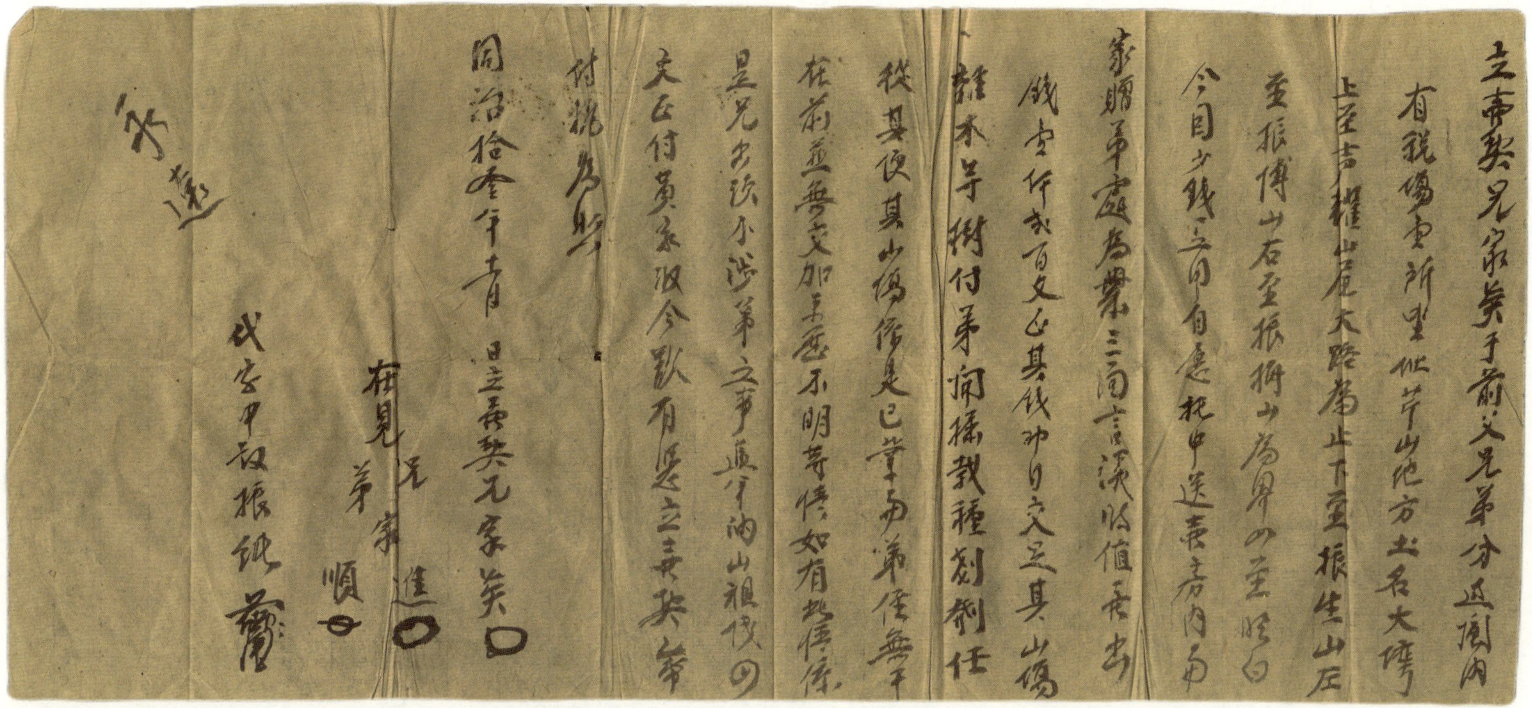

3-2-66-2　清同治十三年十一月葉家吴立賣税場契

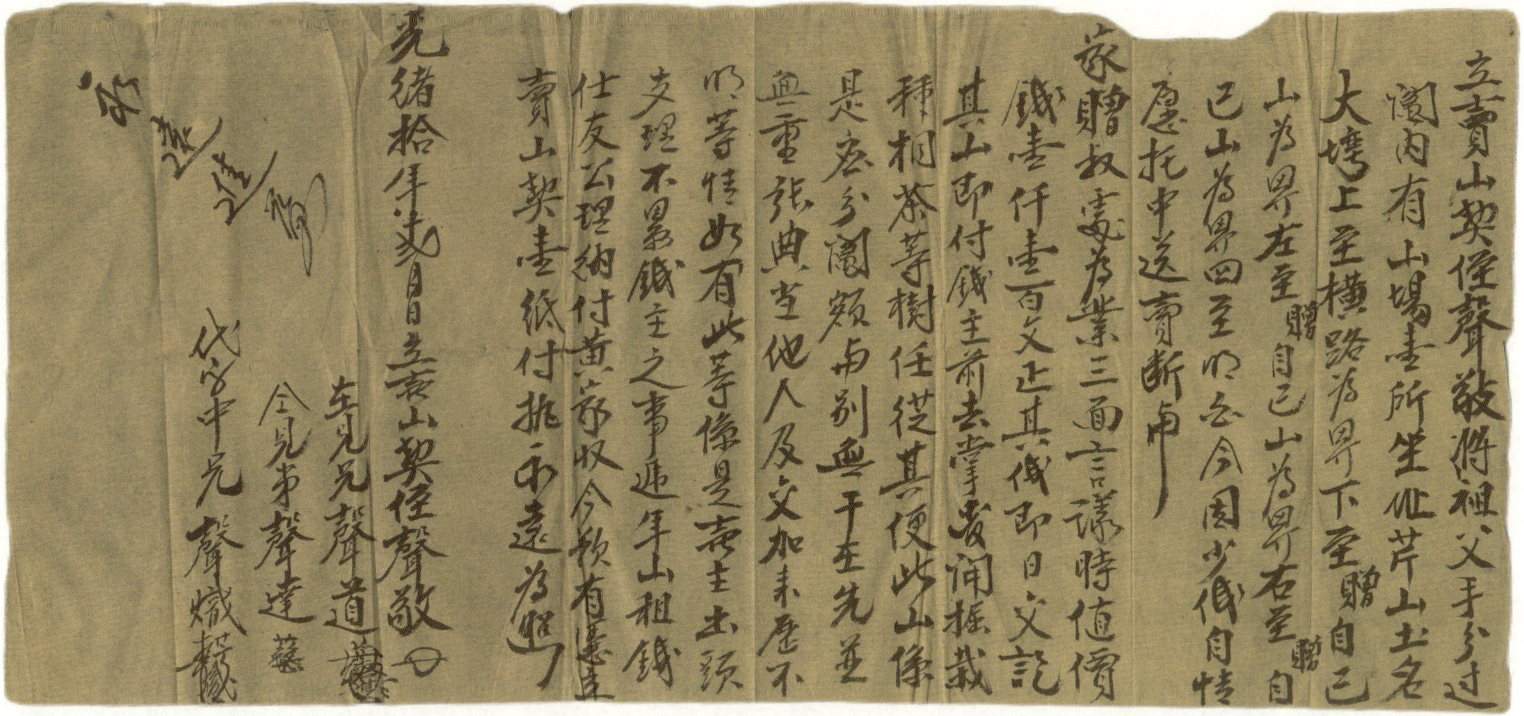
立賣山契侄聲敬將祖父手分過
闔內有山場壹所坐址芹山土名
大塘上至橫路為界下至贈自己
山為界左至贈自己山為界右至贈自
己山為界四至明白今因少錢自情
愿托中送賣斷與
家贈叔處為業三面言議時值價
錢壹仟壹百文正其錢即日交訖
其山即付錢主前去掌管開掘栽
種相茶等樹任從其便此山係
是本分闔額與別無干五先並
無重張典當他人及文加未歷不
明等情此有此等係是賣主出頭
支理不累錢主之事延年山租錢
仕友公理納付黄公家收今額有憑立
賣山契壹紙付執永遠為照

光緒拾年十二月日立賣山契侄聲敬（押）
在見兄聲道（押）
仝見弟聲達（押）
代字中兄聲熾（押）

3-2-66-3 清光緒十年十二月葉聲敬立賣山場契

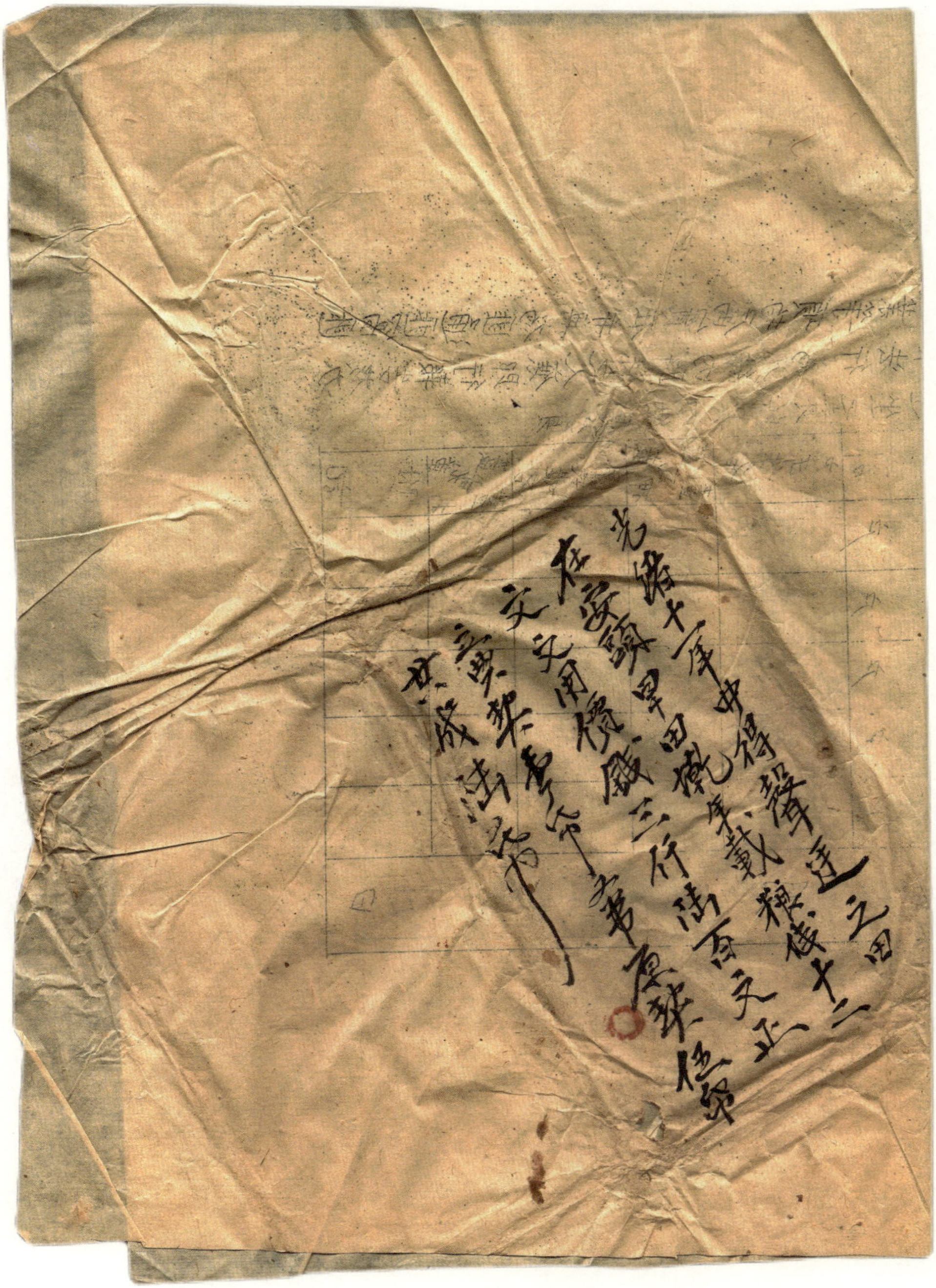

3-2-67-1　包契紙

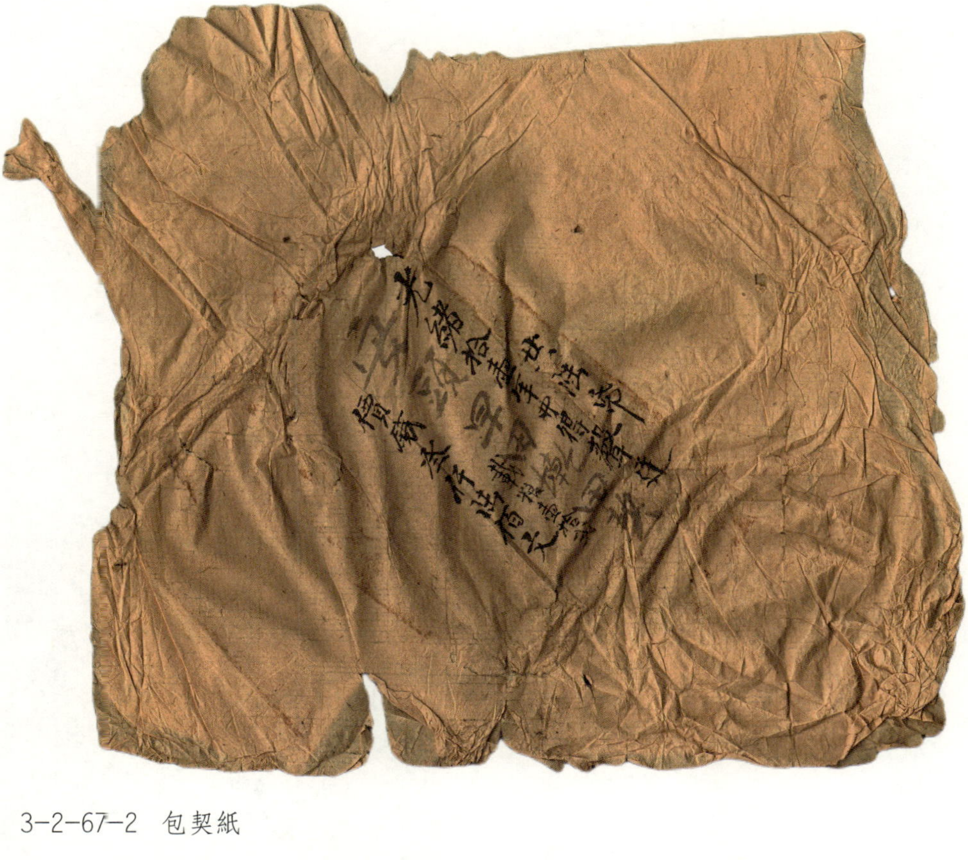

3-2-67-2 包契紙

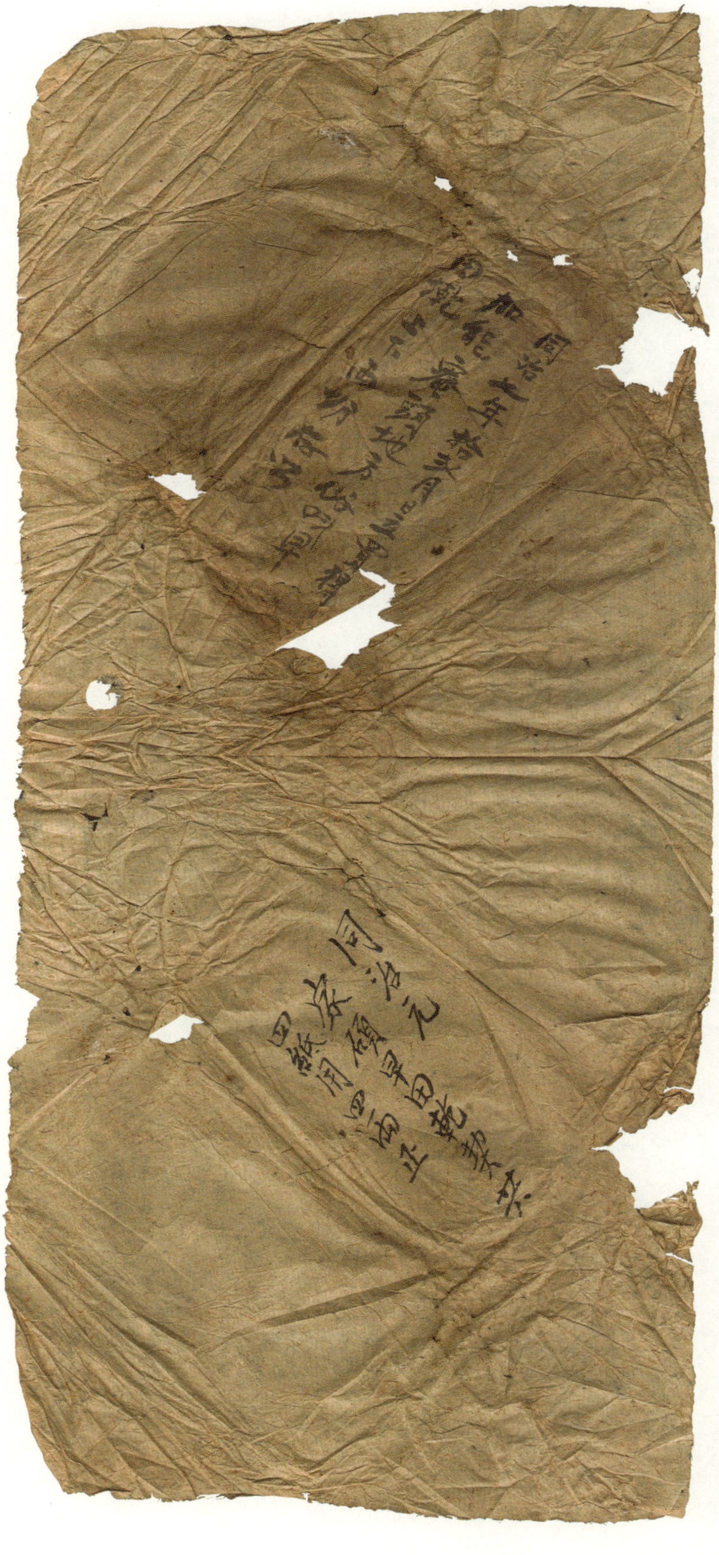

3-2-67-3　包契紙

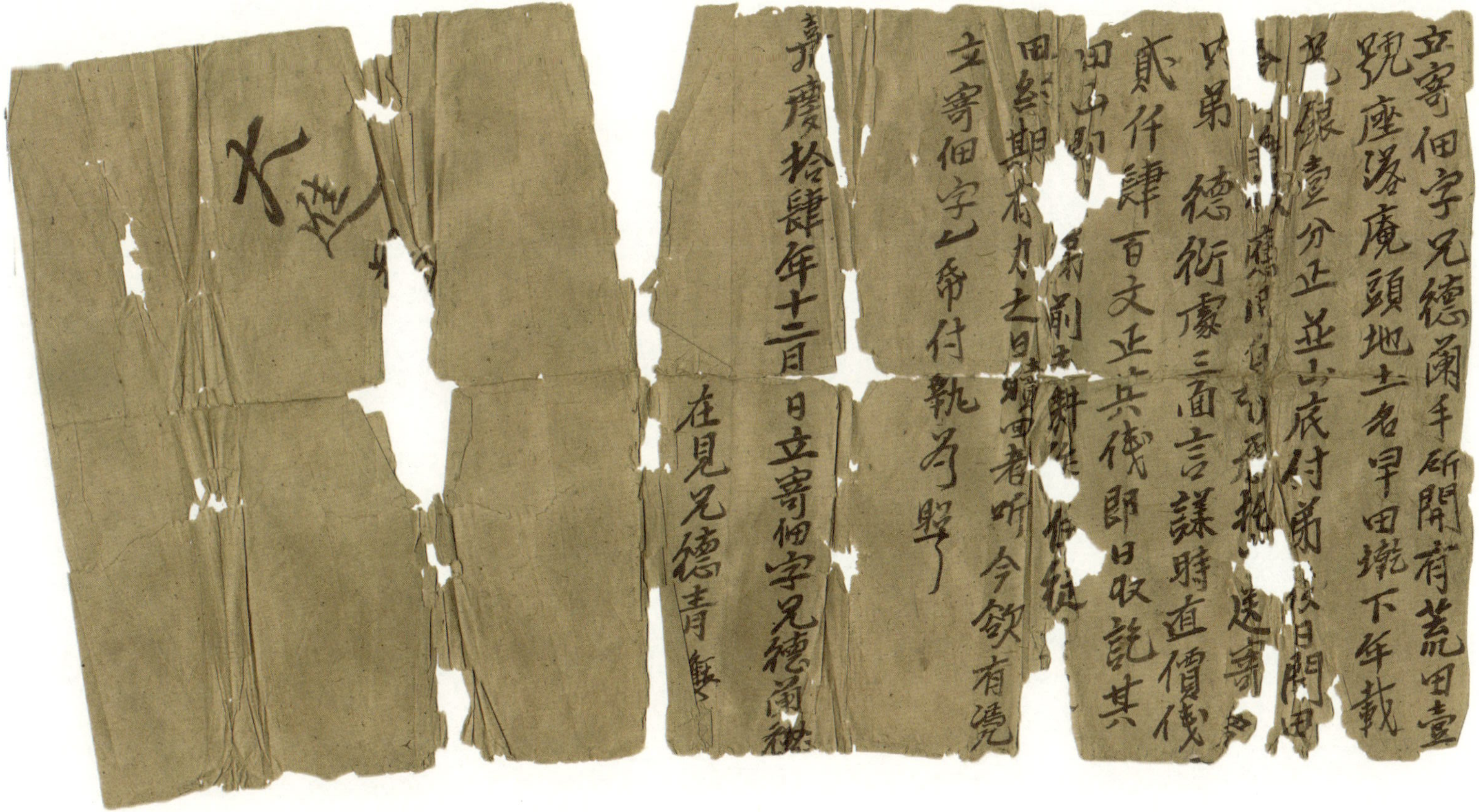
立寄佃字兄德蘭手所開有荒田壹
號座落庵頭地土名早田墘下年載
苗銀壹分正並山底付弟[illegible]開田
[illegible]德[illegible]送寄[illegible]
與弟德衍處三面言議時直價錢
貳仟肆百文正其錢即日收訖其
田山[illegible]弟前去耕作[illegible]
田[illegible]期有九之日贖回者听今欲有憑
立寄佃字一帋付執爲照
嘉慶拾肆年十二月　日立寄佃字兄德蘭（押）
在見兄德青（押）

3-2-67-4　清嘉慶十四年十二月葉德蘭立寄佃荒田字

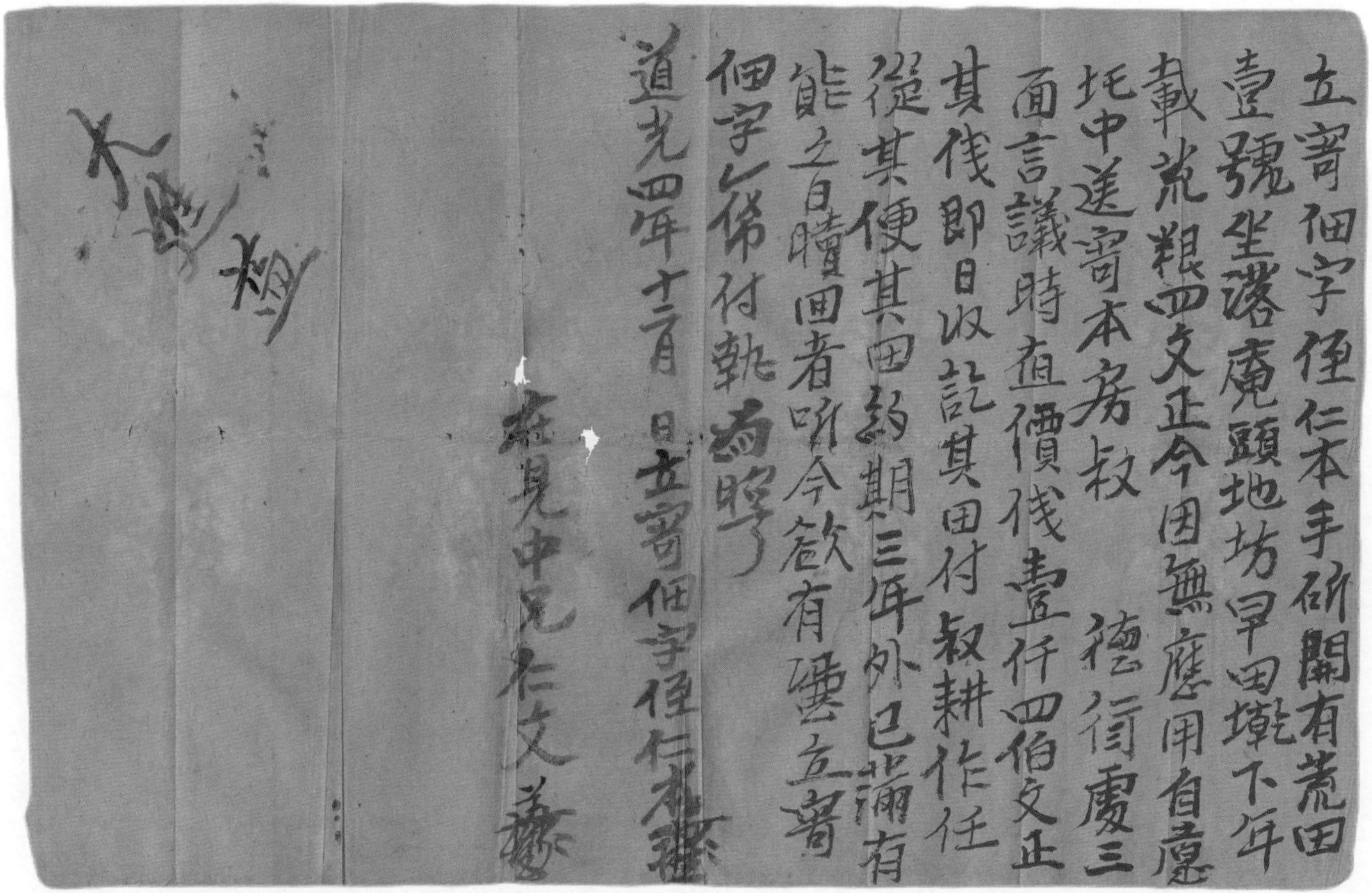

立寄佃字侄仁本手所闢有荒田
壹號坐落碓頭地坊早田壠下年
載荒粮四文正今因無應用自愿
托中送寄本房叔　德衍處三
面言議時值價錢壹仟四伯文正
其錢即日収訖其田付叔耕作任
從其便其田約期三年外已滿有
能之日贖回者听令歆有憑立寄
佃字爲付執爲照
道光四年十二月　日立寄佃字侄仁本
在見中兄仁文

3-2-67-5　清道光四年十二月葉仁本立寄佃荒田字

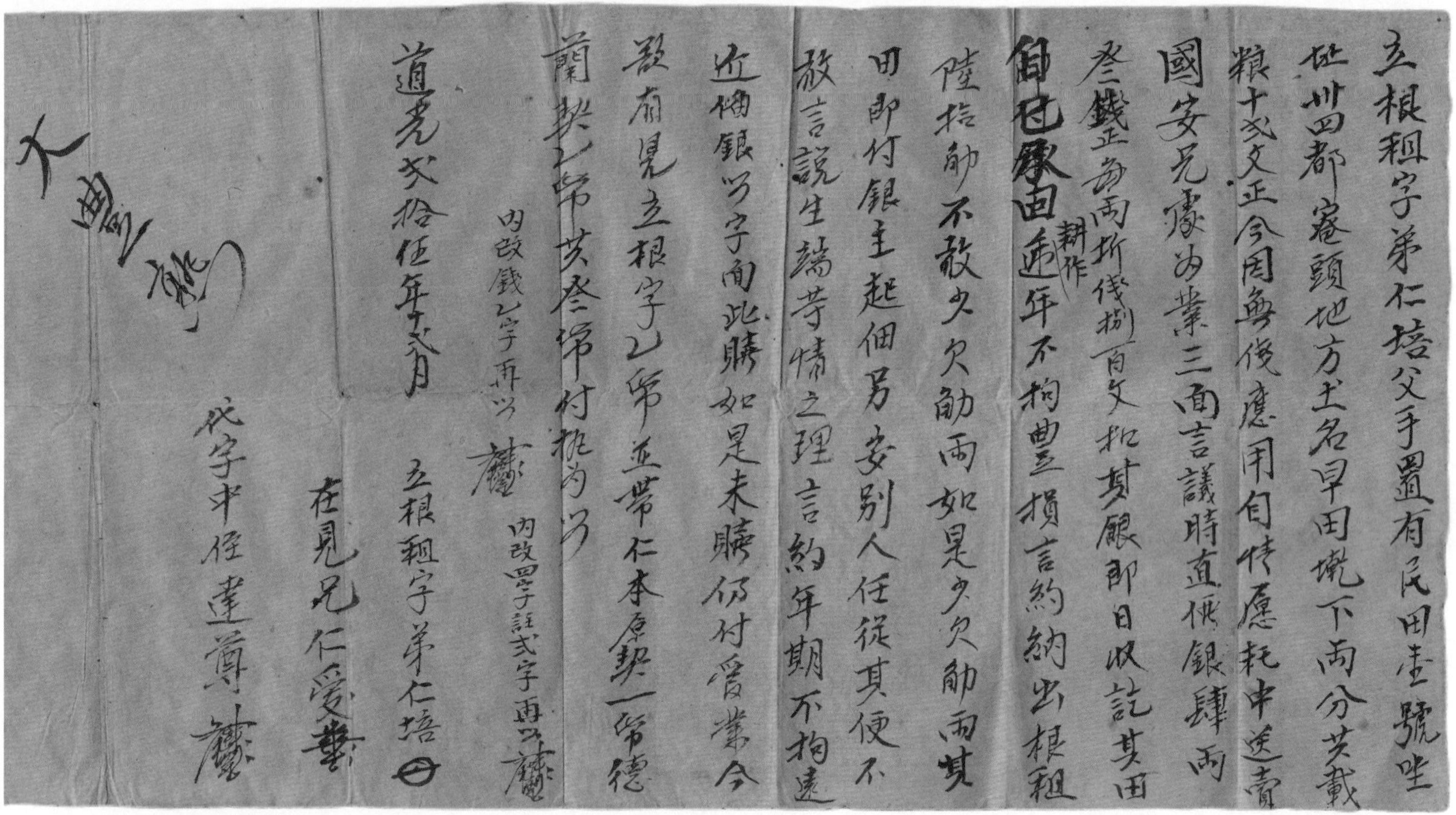
立根租字弟仁培父手置有民田壹號坐
址卅四都寮頭地方土名早田坑下田分苗載
粮十弍文正今因無錢應用自情愿托中送賣
國安兄處為業三面言議時值佛銀肆两
叁錢正每两折錢捌百文批其銀即日收訖其田
自己承佃耕作遞年不拘豐損言約納出根租
陸梧角不敢少欠角两如是少欠角两其
田即付銀主起佃另安別人任從其便不
敢言說生端等情之理言約年期不拘遠
近備銀叩字面兆贖如是未贖仍付管業今
欲有憑立根字乙帋並帶仁本原契一帋總
蘭契乙帋共叁帋付執為照
内改錢乙字再照 押
内改四字註弍字再照 押
道光弍拾伍年十二月
立根租字弟仁培 押
在見兄仁愛 押
代字中侄達尊 押

3-2-67-6　清道光二十五年十二月葉仁培立賣根租字

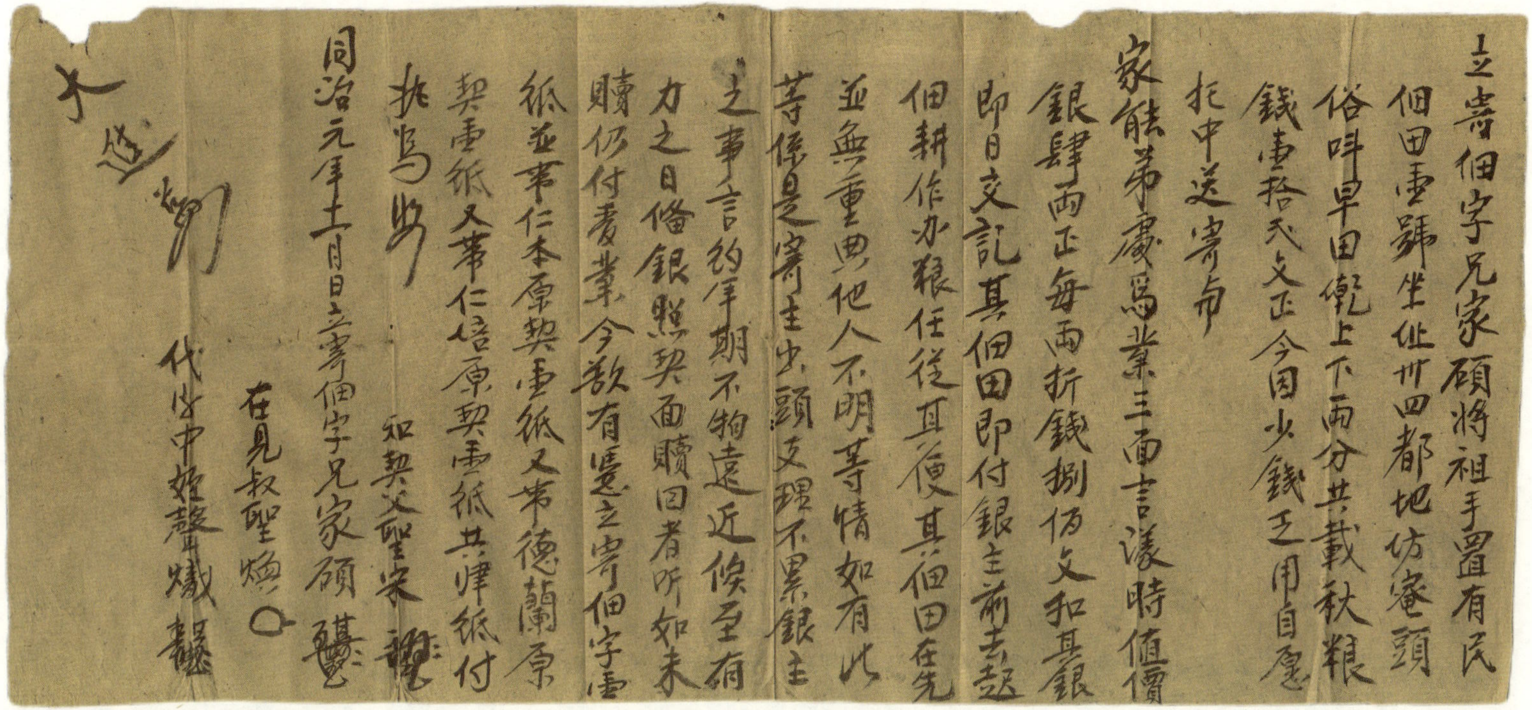

立寄佃字兄家頎將祖手置有民
佃田壹號坐址卅四都地坊碓頭
俗呌旱田墘上下兩分共載秋粮
錢壹拾文正今因乏錢乏用自愿
托中送寄與
家能弟處爲業三面言議時值價
銀肆兩正每兩折錢捌伯文和其銀
即日交訖其佃田即付銀主前去起
佃耕作辦粮任從其便其佃田在先
並無重典他人不明等情如有此
等係是寄主出頭支理不累銀主
之事言約年期不拘遠近倘至有
力之日備銀照契面贖回者所如未
贖仍付賣業今欲有憑立寄佃字壹
紙並弟仁本原契壹紙又弟德蘭原
契壹紙又弟仁培原契壹紙共肆紙付
執爲照

同治元年十一月日立寄佃字兄家頎
知契父聖宋
在見叔聖煥
代字中姪馨熾

3-2-67-7　清同治元年十一月葉家頎立寄民佃田字

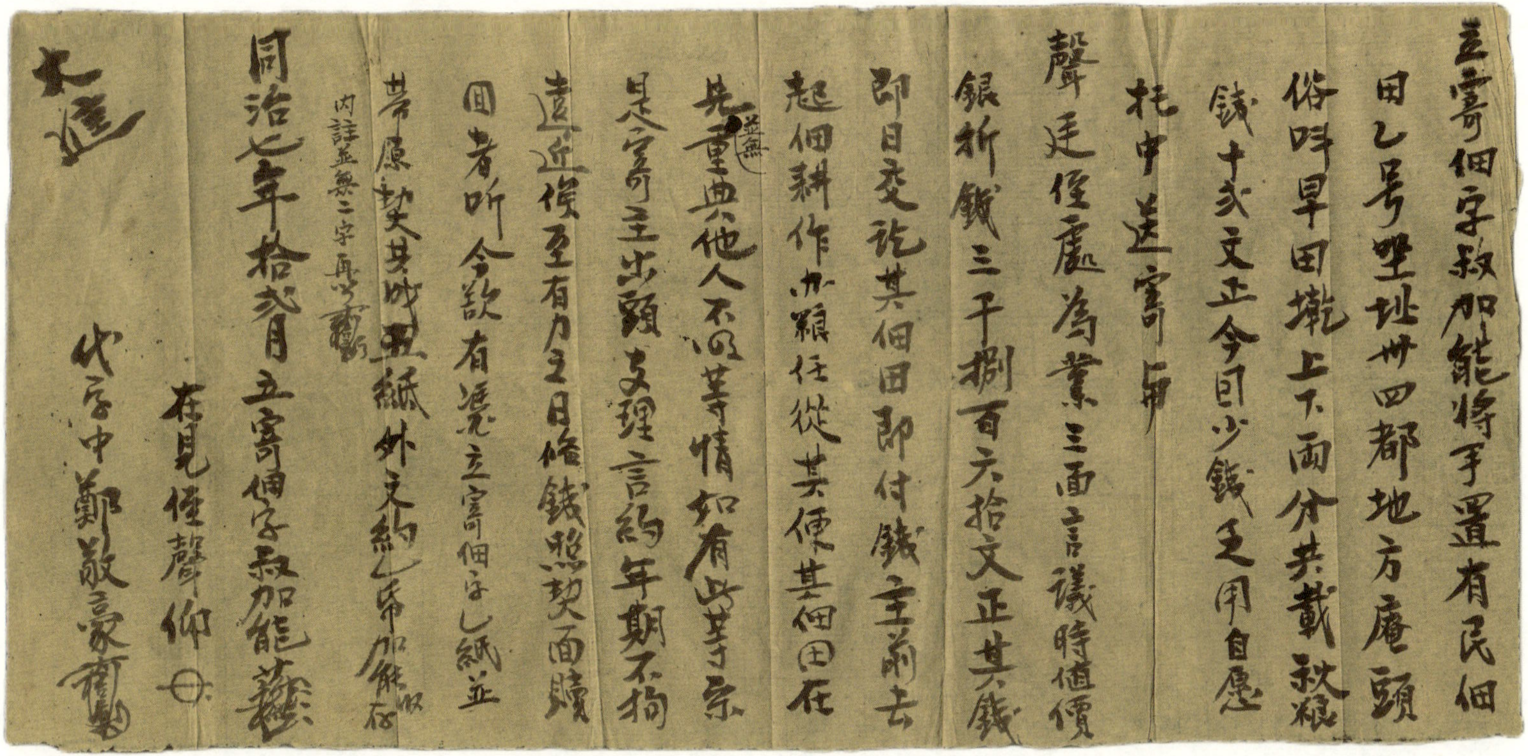
立寄佃字叔加能將手置有民佃
田乙号坐址卅四都地方庵頭
俗呼旱田壠上下兩分共載秋粮
錢十弍文正今因少錢乏用自愿
托中送寄与
聲廷侄處爲業三面言議時值價
銀折錢三千捌百六拾文正其錢
即日交訖其佃田即付錢主前去
起佃耕作办粮任從其便其佃田在
先並無重典他人不明等情如有此等宗
是寄主出頭支理言約年期不拘
遠近備至有力之日備錢照契面贖
回者听令欲有憑立寄佃字乙紙並
帶原契共成兩紙外又約乙帋加能收存
内註並無二字再照
同治七年拾弍月　立寄佃字叔加能（押）
在見侄聲仰（押）
代字中鄭敬豪（押）
大進

3-2-67-8　清同治七年十二月葉加能立寄民佃田字

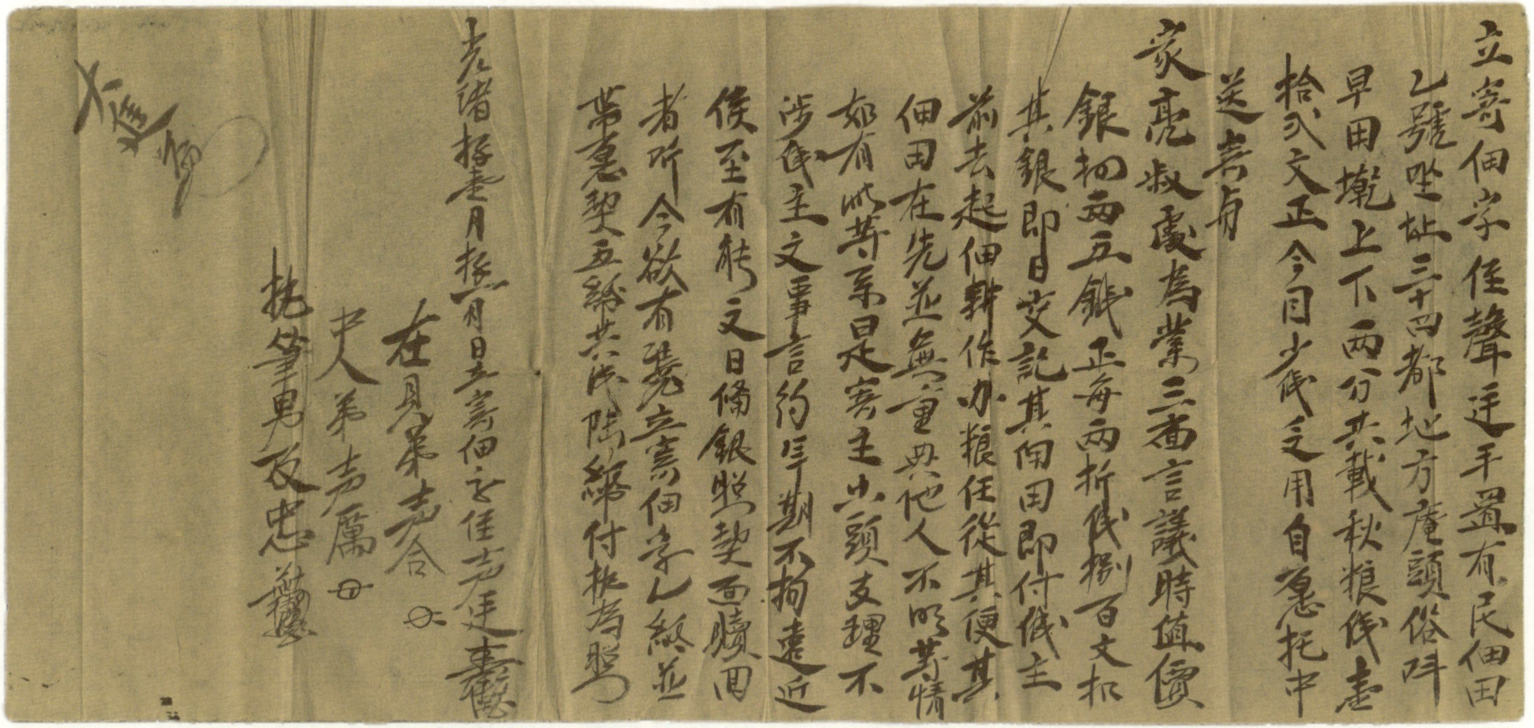
立寄佃字葉聲廷，手置有民佃田
山號坐址三十四都地方庵頭俗叫
早田墘上下兩分，共載秋粮錢壹
拾弍文正。今因少錢乏用，自愿托中
送與本
家亮叔處為業，三面言議時值價
銀捌兩五錢正，每兩折錢捌百文扣。
其銀即日交訖，其佃田即付錢主
前去起佃耕作，办粮任從其便。其
佃田在先並無重典他人，不明等情，
如有此等，系是寄主出頭支理，不
涉錢主之事。言约不拘遠近，
俟至有銀之日，備銀照契面贖回
者，不得阻執。今欲有憑，立寄佃字一紙，並
帶惠契五紙，共六紙，付執為照。
光緒拾壹年十一月　日立寄佃字葉聲廷（押）
在見弟聲合（押）
中人弟聲厲（押）
執筆男友忠（押）

3-2-67-9　清光緒十一年十一月葉聲廷立寄民佃田字

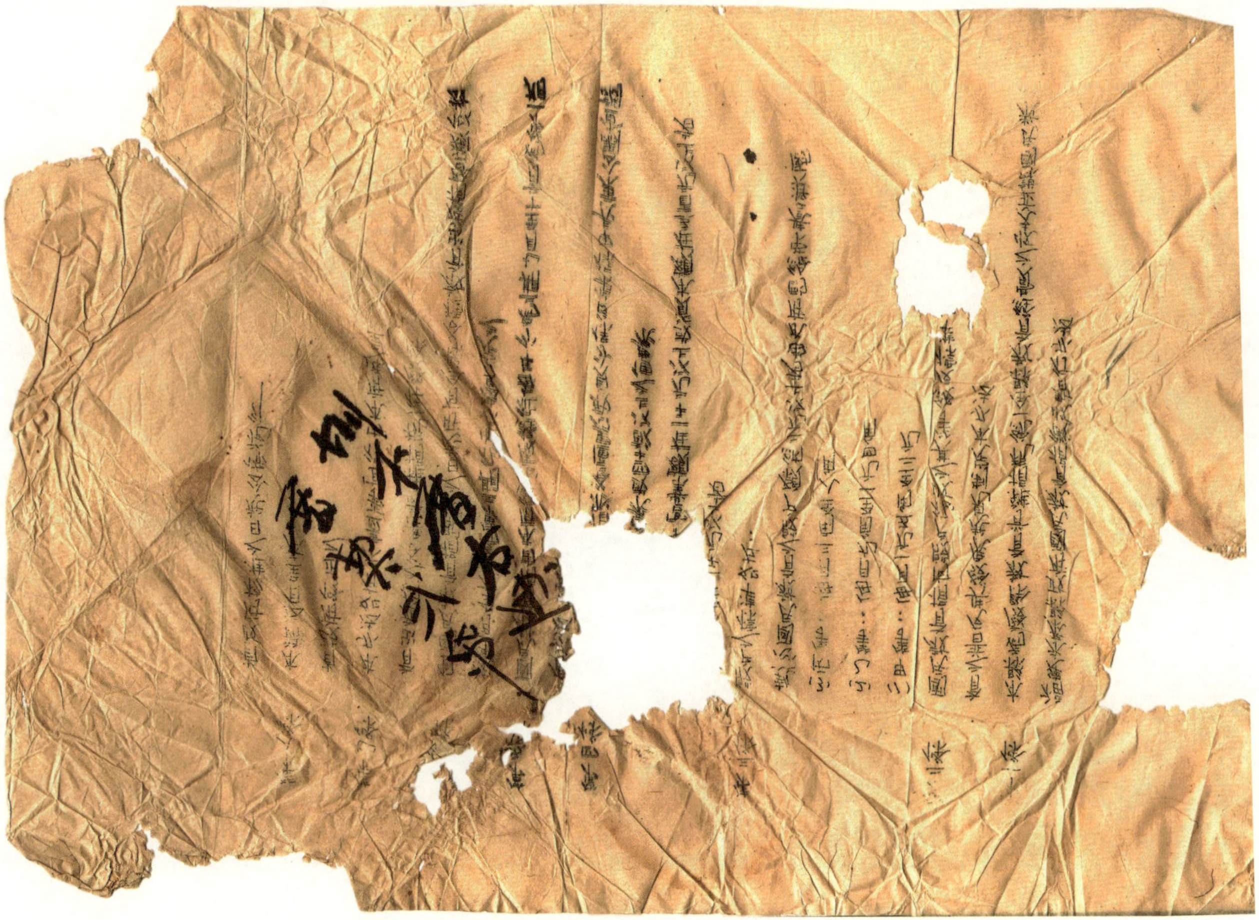

3-2-68-1　包契紙

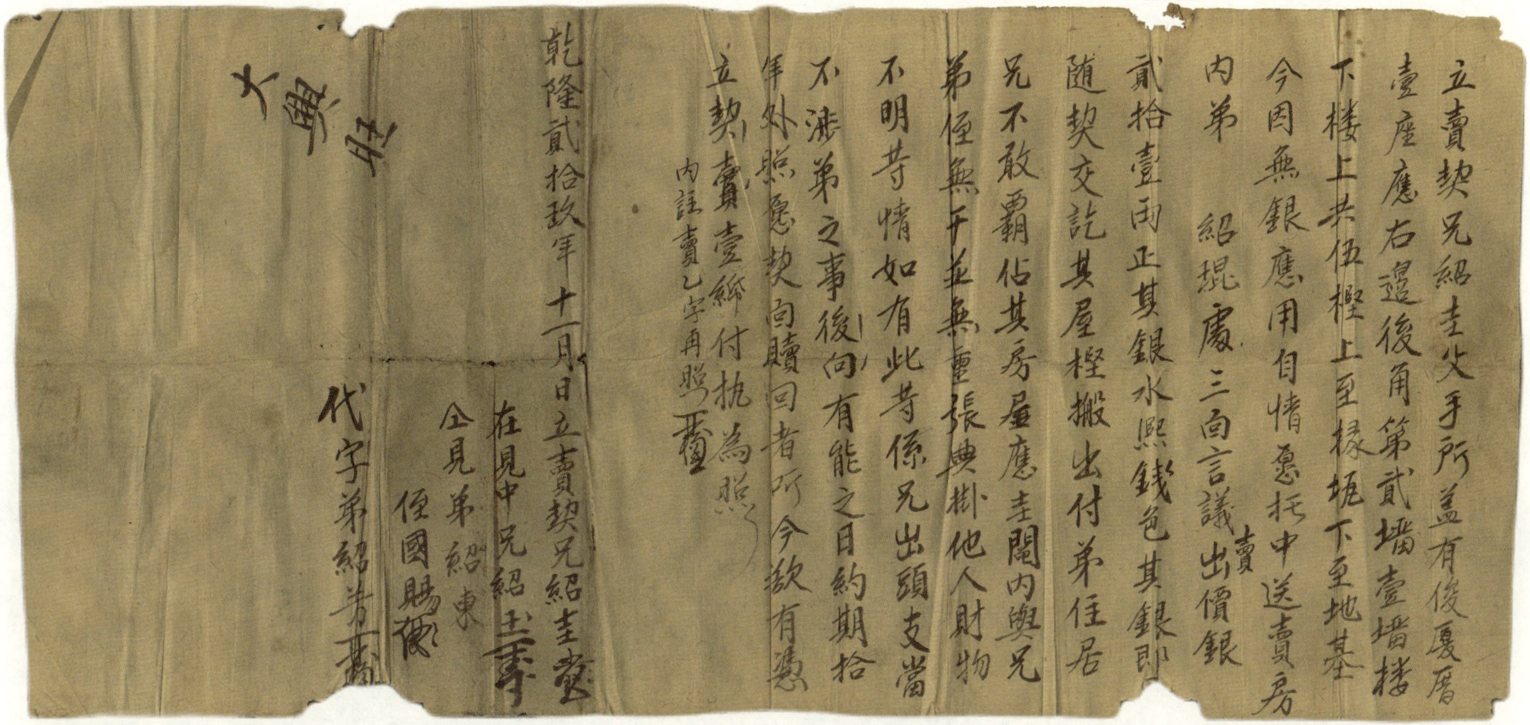

立賣契兄紹圭父手所蓋有後厦厝
壹座應右邊後角第貳墻壹堵樓
下樓上共伍椏上至椽㮰下至地基
今因無銀應用自情愿托中送賣房
內弟　紹琨處三面言議出賣價銀
貳拾壹兩正其銀水照錢色其銀即
隨契交訖其屋椏搬出付弟任居
兄不敢霸佔其房屋應圭閹內與兄
弟侄無干並無重張典掛他人財物
不明等情如有此等係兄出頭支當
不涉弟之事後向有能之日約期拾
年外照愿契向贖回者所今欲有憑
立契賣壹紙付執為照
內註賣乙字再照　押
乾隆貳拾玖年十一月　日立賣契兄紹圭　押
在見中兄紹玉　押
仝見弟紹東
侄國賜　押
代字弟紹芳　押
大吉

3-2-68-2　清乾隆二十九年十一月葉紹圭立賣厝契

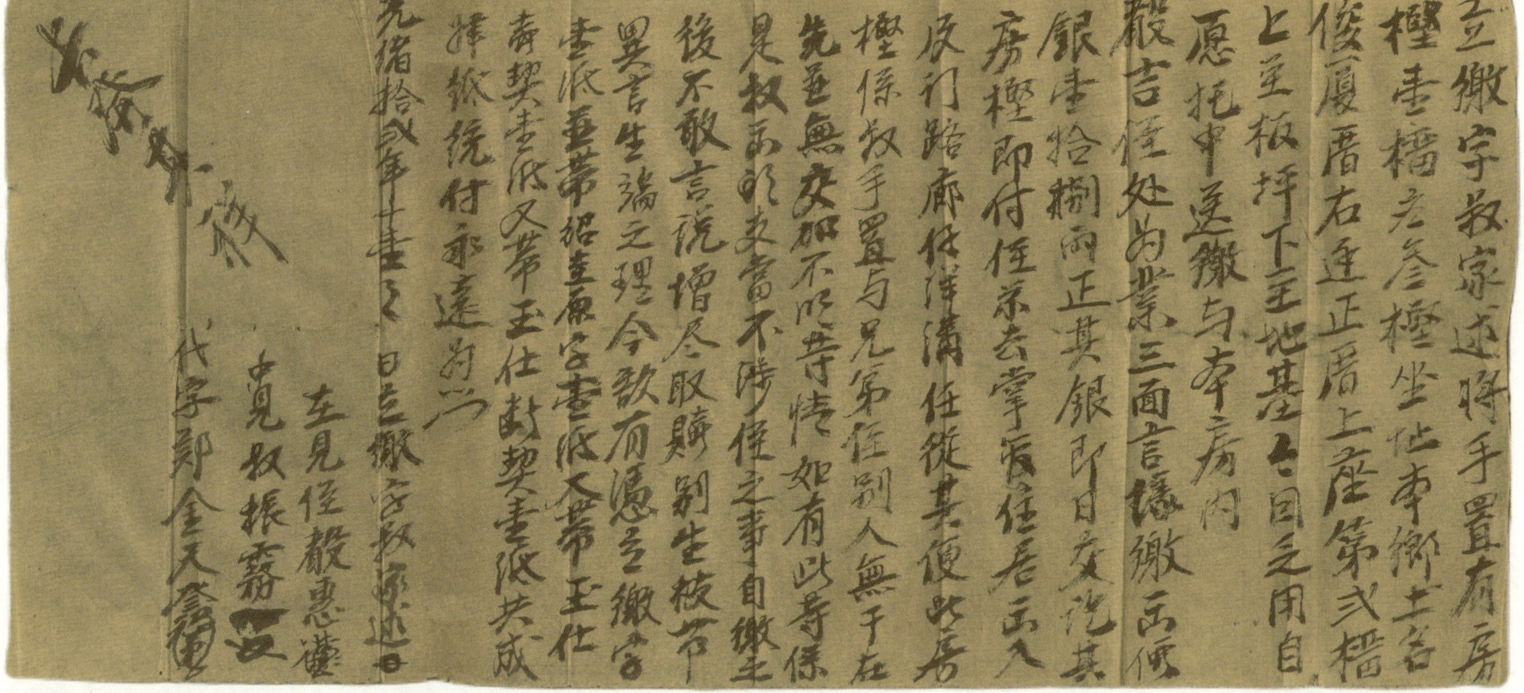

立繳字叔家述將手置有房
樫壹檔坐址本鄉土名
後厝厝右邊正厝上座第弍檔
上至板拼下至地基七回之用自
愿托中送繳與本房內
毅言侄处为業三面言議繳出價
銀壹拾捌兩正其銀即日交訖其
房樫即付侄前去掌管任居出入
及門路廊任從清任從其便此房
樫係叔手置与兄弟侄別人無干在
先並無交加不明等情如有此等係
是叔邊之支當不涉侄之事自繳之
後不敢言說增尽取贖別生枝节
異言生端之理今欲有憑立繳字
壹紙並帶绍壹原字壹紙又帶玉仕
壽契壹紙又帶玉仕對契壹紙共成
肆紙統付永遠为照

光緒拾弍年十一月 日立繳字叔家述
在見侄 毅惠
中見叔 振霧
代字 鄭金天

3-2-68-3　清光緒十二年十一月葉家述立繳房樫字

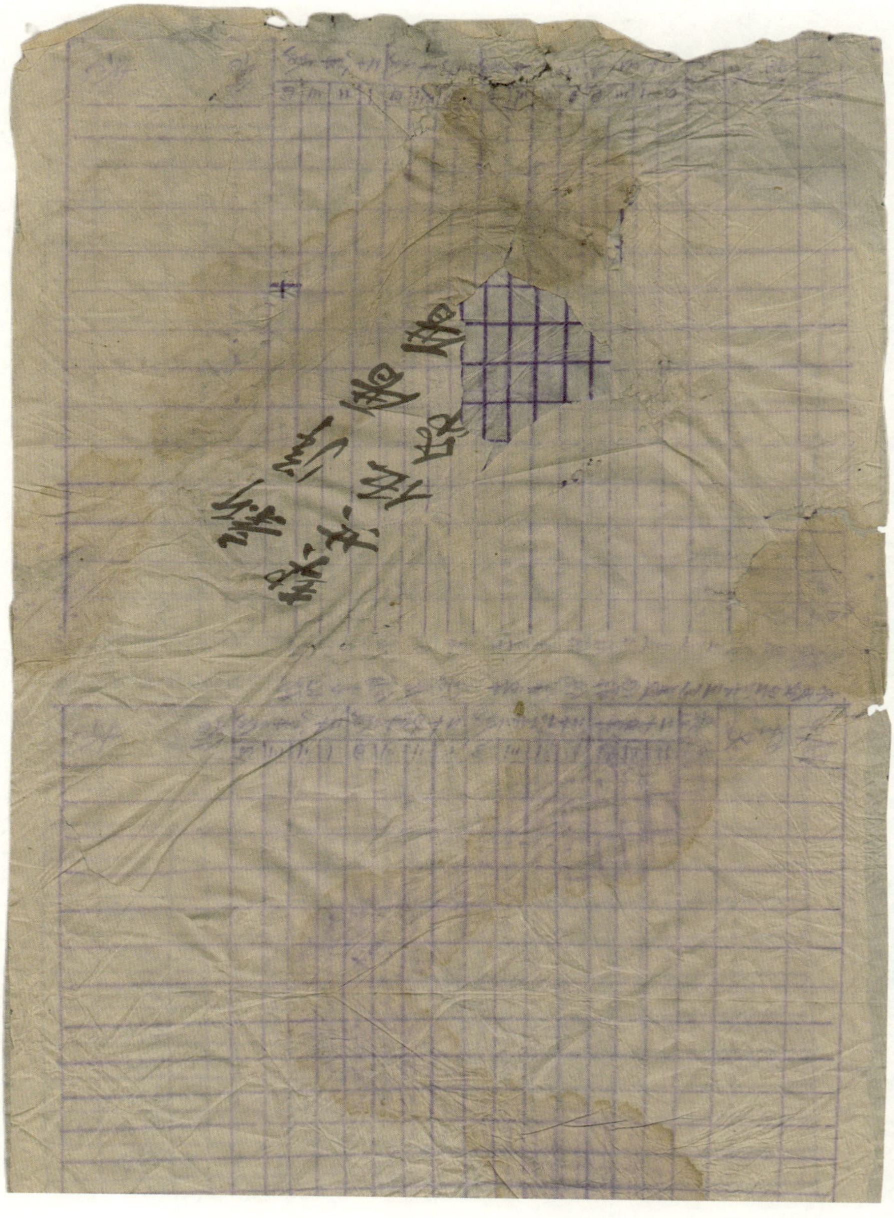

3-2-69-1　包契紙

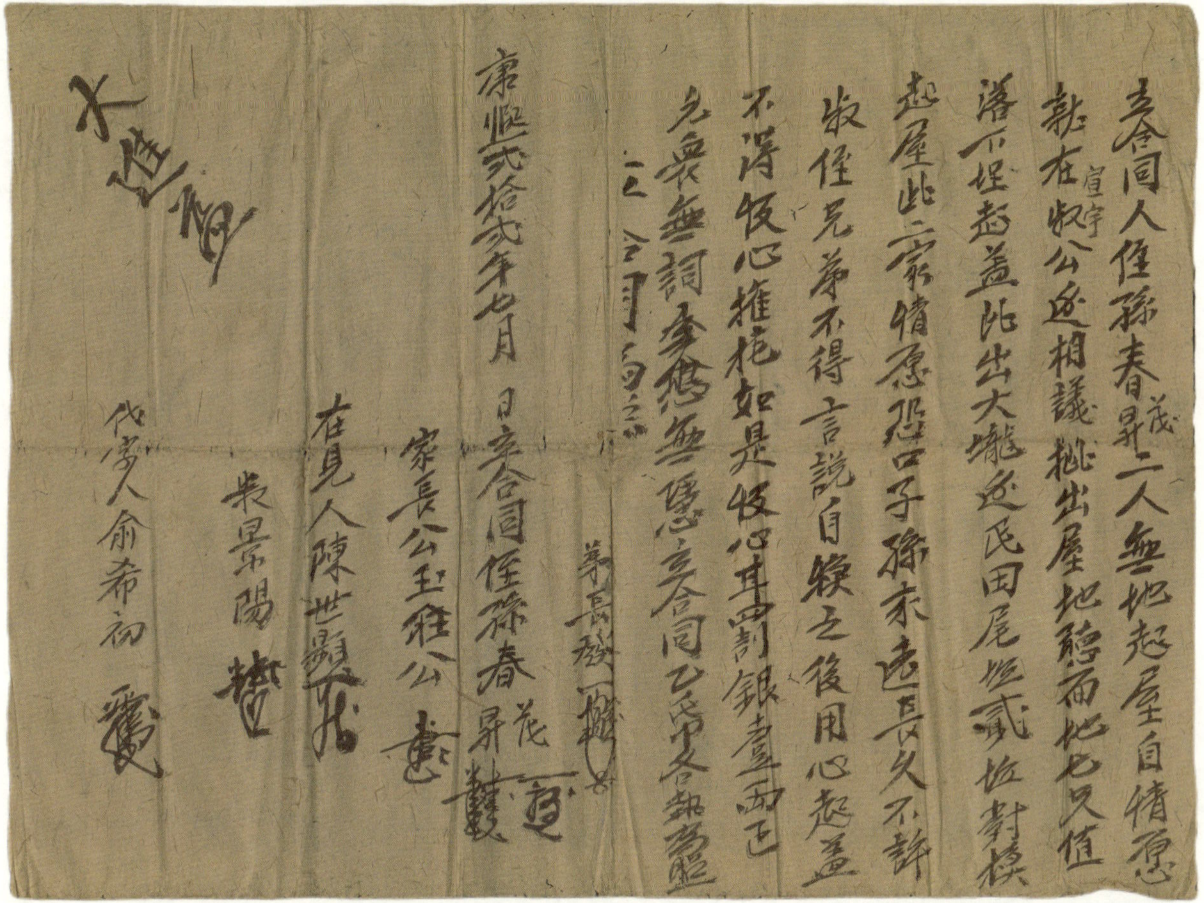
立合同人侄孫春茂昇二人無地起屋，自情愿
就在宣宇叔公邊相議，撥出屋地聽而地乜只值
落下埕起蓋，此出大壠邊氏田尾坵貳步坵對模
起屋，此二家情愿，恐口子孫來遠長久不許
叔侄兄弟不得言說，自賴之後用心起蓋，
不得反心推抱，如是反心，其罰銀壹兩正
充無詞，今恐無憑，立合同一樣各執爲照。
二合同為照
康熙貳拾貳年七月　日立合同侄孫春茂昇（花押）
弟長發（花押）
家長公玉雅公（花押）
在見人陳世顯（花押）
葉景陽（花押）
代字人俞希初（花押）
大[illegible]

3-2-69-2　清康熙二十二年七月葉春茂等立合同

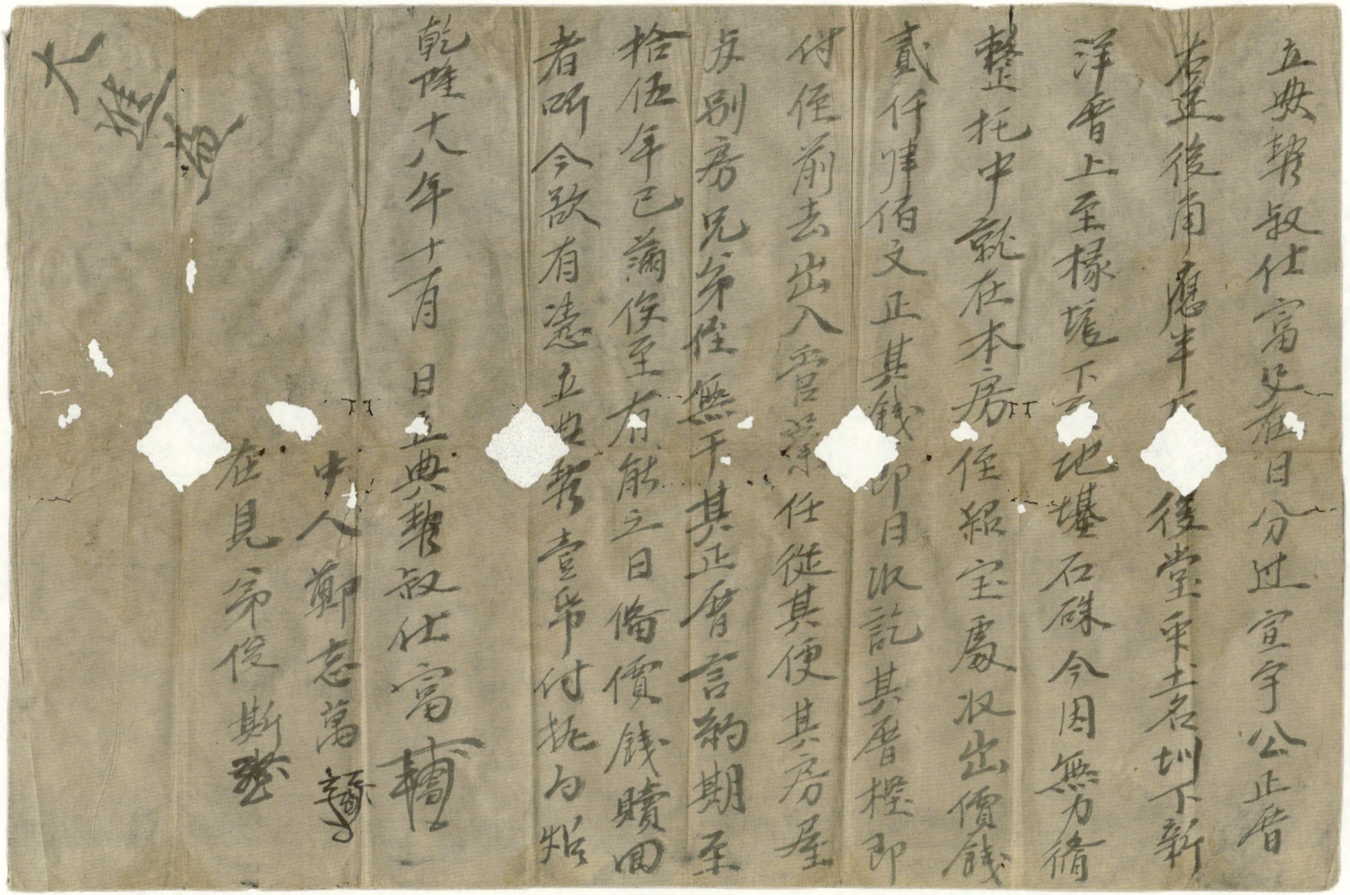

立典契叔仕富父在日分過宜字公正厝
壹直，後内廳半直，後堂半直，土名圳下新
洋，番上至椽瓦，下至地基石磉。今因無力備
整，托中就在本房侄紹宝處取出價錢
貳仟肆佰文正。其錢即日收訖，其厝聽即
付侄前去出入管業，任從其便。其房屋
並別房兄弟侄無干。其正厝言約期至
拾伍年已滿，俟至有能之日，備價錢贖回
者。所今欲有憑，立典契壹帋，付執為照。

乾隆十八年十一月　日立典契叔仕富（押）
中人　鄭志萬（押）
在見　弟俊斯（押）

大吉

3-2-69-3　清乾隆十八年十一月葉仕富立典正厝契

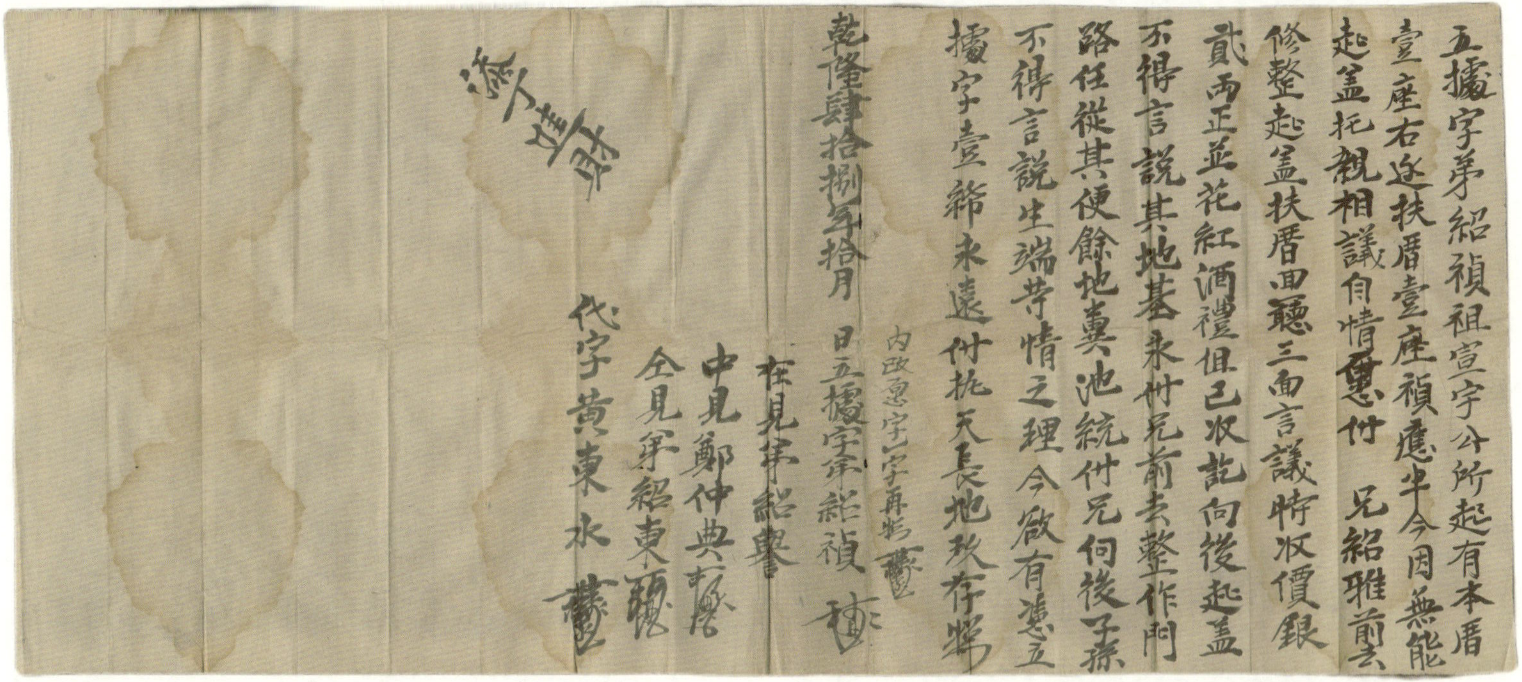
立據字弟紹禎祖宣宇公所起有本厝
壹座右邊扶厝壹座禎應分今因無能
起蓋托親相議自情愿付　兄紹雅前去
修整起蓋扶厝四廳三面言議備出價銀
貳兩正並花紅酒禮俱已收訖向後起蓋
不得言說其地基係付兄前去整作門
路任從其便餘地并池統付兄何後子孫
不得言說生端背情之理今欲有憑立
據字壹紙永遠付執天長地久存照
內改愿字一字再照
乾隆肆拾捌年拾月　日立據字弟紹禎
在見弟紹譽
中見鄭仲典
仝見弟紹東
代字黃東水
添丁進財

3-2-69-4　清乾隆四十八年十月葉紹禎立據字

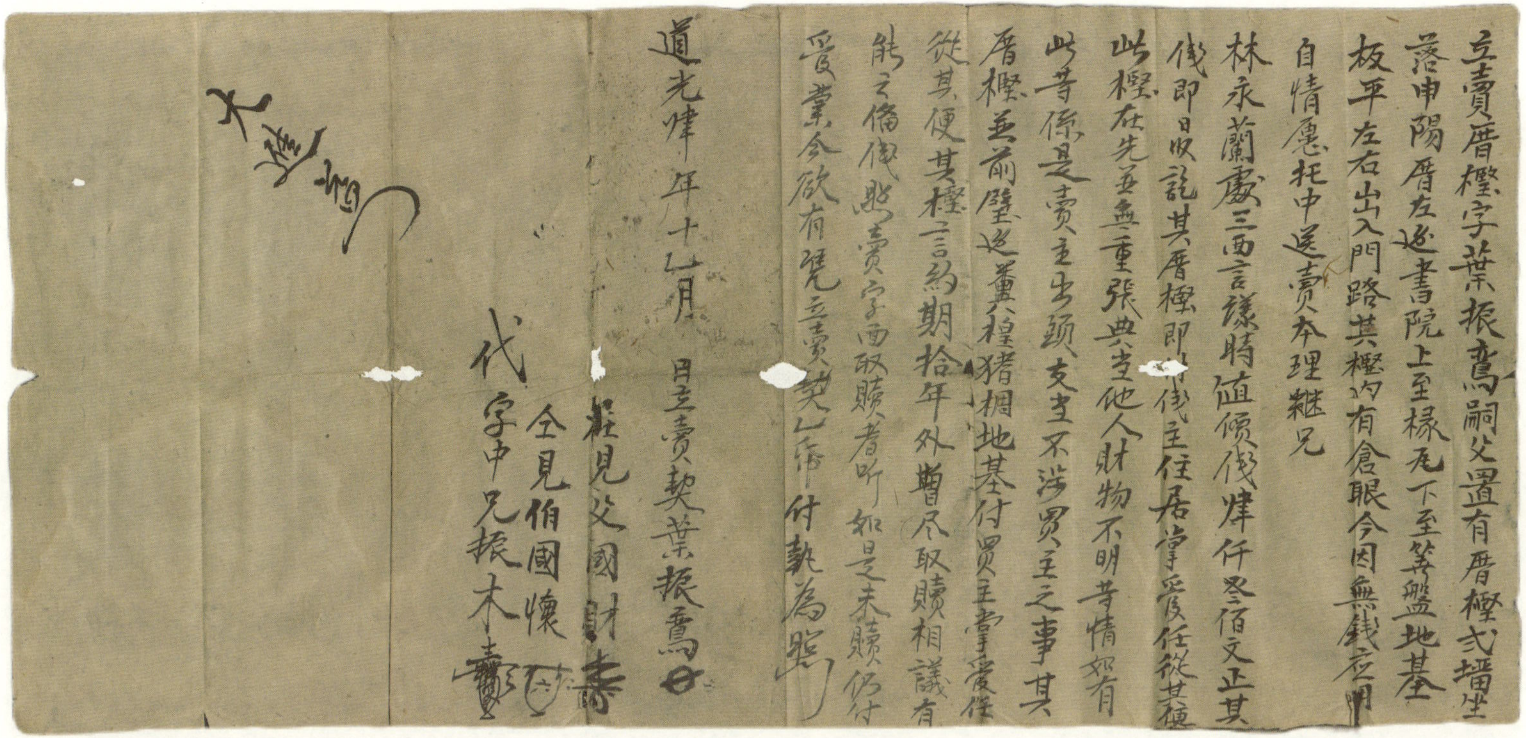
立賣厝樫字葉振鳶嗣父置有厝樫弍塆坐
落申陽厝左邊書院上至椽尾下至箕盤地基
板平左右出入門路其樫內有倉眼今因無錢应用
自情愿托中送賣本理継兄
林永蘭處三面言議時値價錢肆仟叁佰文止其
錢即日收訖其厝樫即付錢主住居掌管任從其便
此樫在先並無重張典当他人財物不明等情如有
此等係是賣主出頭支当不涉買主之事其
厝樫並前壁邊糞桯猪椆地基付買主掌管任
從其便其樫言約期拾年外備足取贖相議有
能亦備錢照賣字面取贖者聽如是未贖仍付
買業令欲有憑立賣契一紙付執為照
道光肆年十一月　日立賣契葉振鳶（押）
在見父國財（押）
仝見伯國懐（押）
代字中兄振木（押）
大吉

3-2-69-5　清道光四年十一月葉振鳶立賣厝樫契

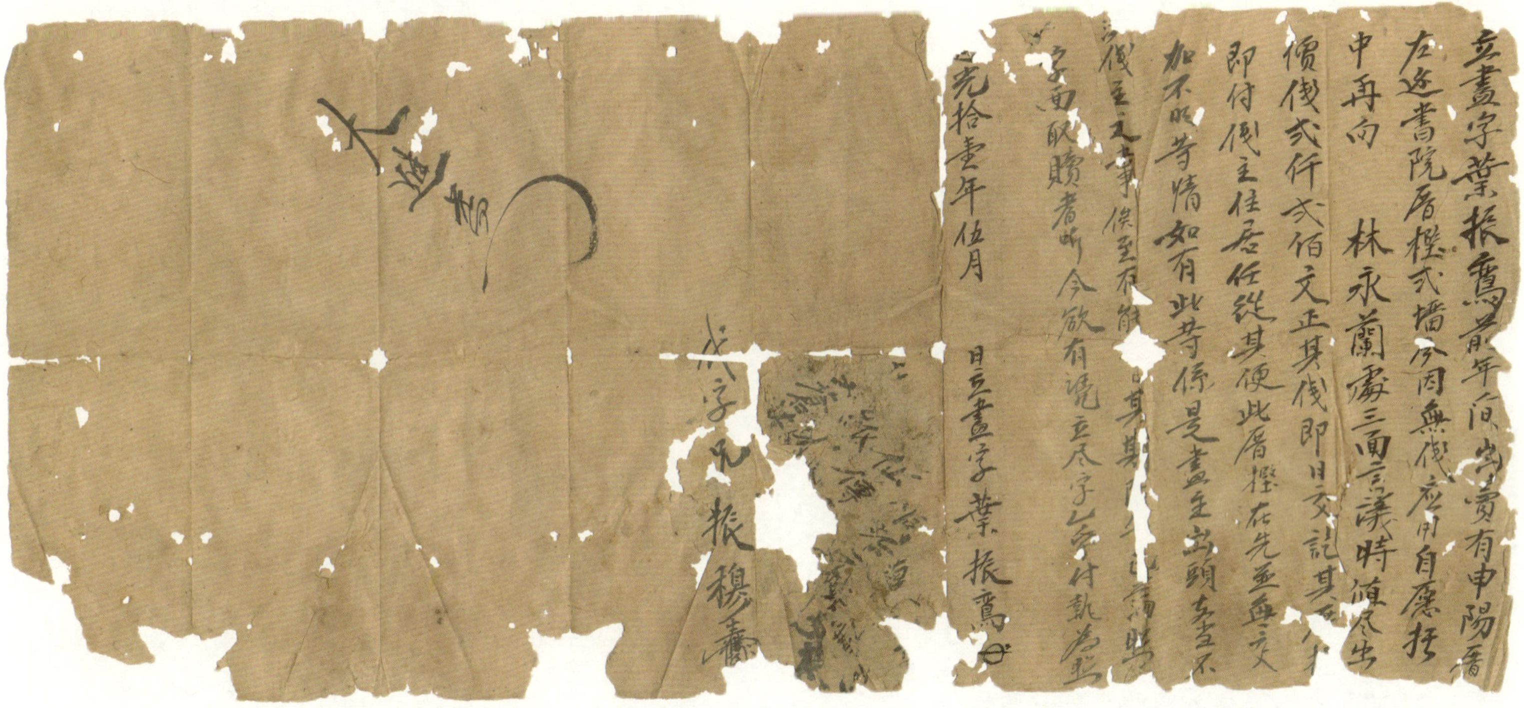

3-2-69-6　清道光十一年五月葉振鳶立盡厝樫字

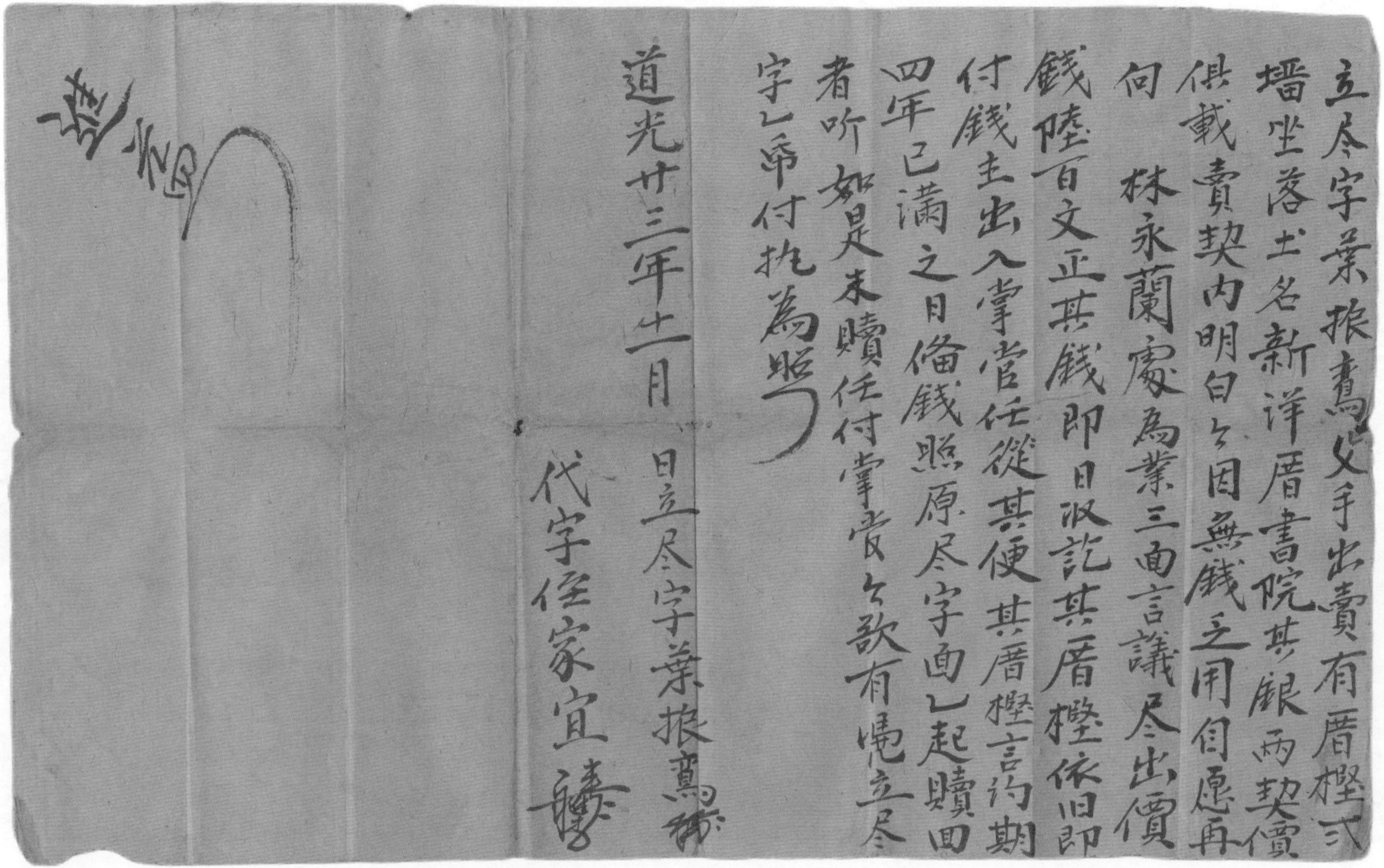

立尽字葉振鳶父手出賣有厝樫弍
墻坐落土名新洋厝書院其銀兩契價
俱載賣契內明白今因無錢乏用自愿再
向　林永蘭處為葉三面言議尽出價
錢陸百文正其錢即日収訖其厝樫依旧即
付錢主出入掌管任從其便其厝樫言約期
四年已滿之日備錢照原尽字面〻起贖回
者听如是未贖任付掌管今欲有憑立尽
字一帋付執為照

道光廿三年十一月　日立尽字葉振鳶
代字侄家宜

3-2-69-7　清道光二十三年十一月葉振鳶立盡厝樫字

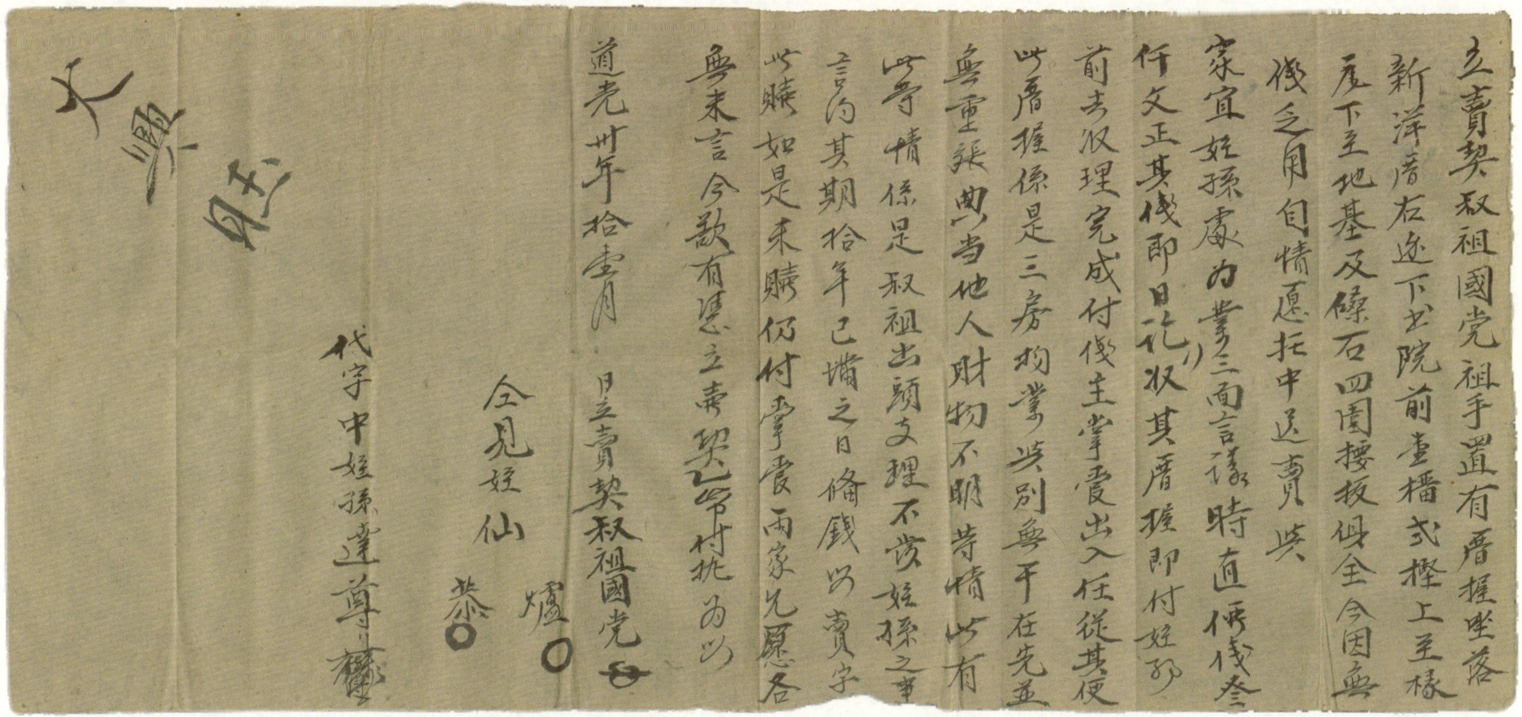

立賣契叔祖國党祖手置有厝榫坐落
新洋厝右邊下占院前壹檔弍楹上至椽
瓦下至地基及條石四圍樓板尽全今因無
錢乏用自情愿托中送賣與
家宜姪孫處爲業三面言議時值價錢叁
仟文正其錢即日訖收其厝榫即付姪孫
前去收理完成付錢主掌管出入任從其便
此厝榫係是三房均業并別無干在先並
無重張典當他人財物不明等情此有
此等情係是叔祖出頭支理不涉姪孫之事
言內其期拾年已備之日備錢照賣字
收贖如是未贖仍付掌管兩家允愿各
無末言今欲有憑立賣契一帋付執爲照

道光卅年拾壹月　日立賣契叔祖國党（押）

仝見姪仙爐〇
恭〇

代字中姪孫達尊（押）

大興旺

3-2-69-8　清道光三十年十一月葉國党立賣厝榫契

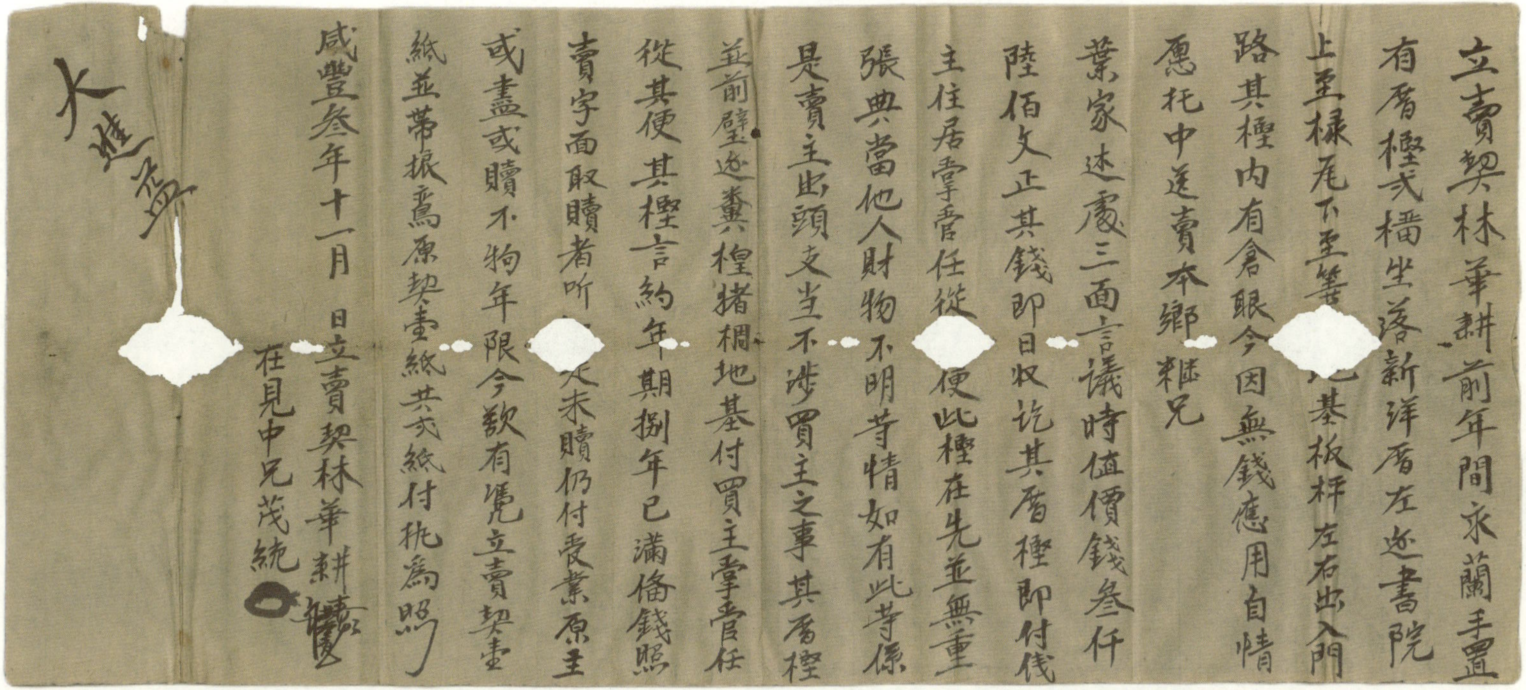
立賣契林華耕前年間永蘭手置
有厝墘弍榀坐落新洋厝左邊書院
上至椂尾下至[illegible]基板枰左右出入門
路其墘內有倉眼今因無錢應用自情
憑托中送賣本鄉糕兄
葉家邊處三面言議時値價錢叁仟
陸佰文正其錢即日收訖其厝墘即付钱
主住居掌管任從[illegible]便此墘在先並無重
張典當他人財物不明等情如有此等係
是賣主出頭支当不涉買主之事其厝墘
並前壁邊糞楻猪椆地基付買主掌管任
從其便其墘言約年期捌年已滿備錢照
賣字面取贖者听[illegible]之未贖仍付原業原主
或盡或贖不拘年限今欲有憑立賣契壹
紙並帶振爲原契壹紙共弍紙付执爲照
咸豐叁年十一月　日立賣契林華耕
在見中兄茂統
大進[illegible]

3-2-69-9　清咸豐三年十一月林華耕立賣厝墘契

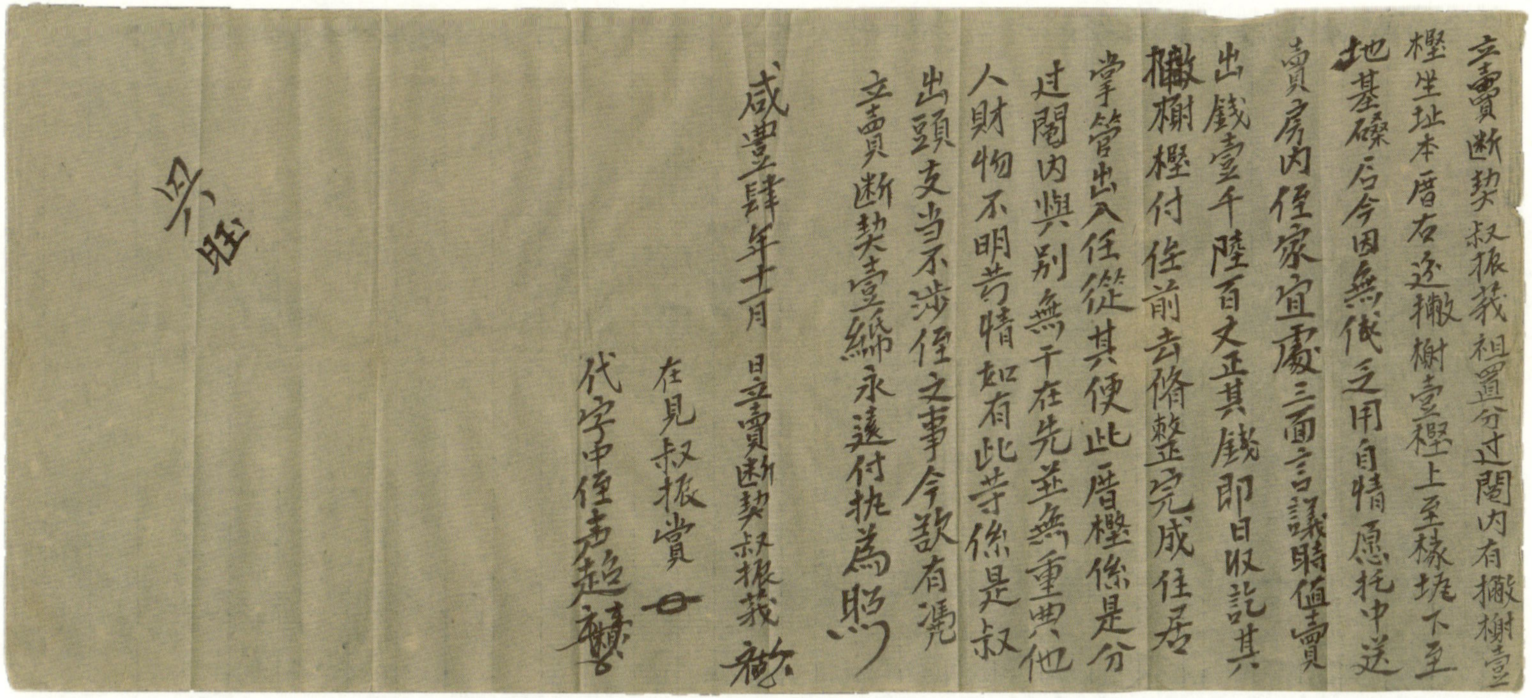
立賣斷契叔振莪祖置分过閣内有橵樹壹
樫坐址本厝右邊橵樹壹樫上至椽垾下至
地基礫石今因無錢乏用自情愿托中送
賣房内侄家宜處三面言議時值賣
出錢壹千陸百文正其錢即日收訖其
橵樹樫付侄前去脩整完成任居
掌管出入任從其便此厝樫係是分
过閣内與别無干在先並無重典他
人財物不明若情如有此等係是叔
出頭支当不涉侄之事今欲有憑
立賣斷契壹紙永遠付執為照
咸豐肆年十一月　日立賣斷契叔振莪
在見叔振賞
代字中侄吉趨

3-2-69-10　清咸豐四年十一月葉振莪立賣斷橵樹契

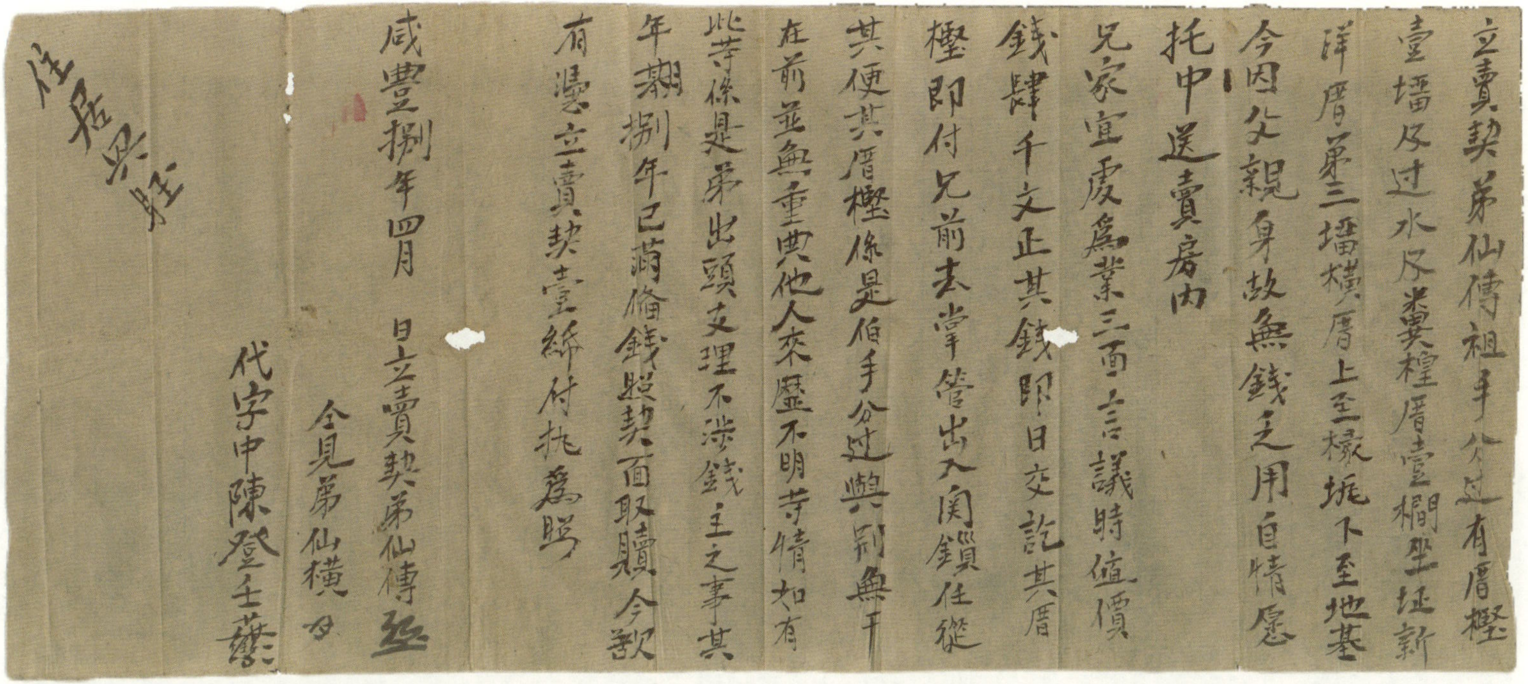
立賣契弟仙傳祖手分过有厝㯼
壹墙及过水尽糞𥞴厝壹榴坐址新
洋厝第三墙横厝上至椽坭下至地基
今因父親身故無錢乏用自情愿
托中送賣房內
兄家宣處爲業三面言議時值價
錢肆千文正其錢即日交訖其厝
㯼即付兄前去掌管出入関鎖任從
其便其厝㯼係是伯手分过與别無干
在前並無重典他人來歷不明等情如有
此等係是弟出頭支理不涉錢主之事其
年捌捌年已満備錢照契面取贖今欲
有憑立賣契壹紙付执爲照
咸豐捌年四月　日立賣契弟仙傳（押）
仝見弟仙横（押）
代字中陳登壬（押）
住居吳駐

3-2-69-11　清咸豐八年四月葉仙傳立賣厝㯼契

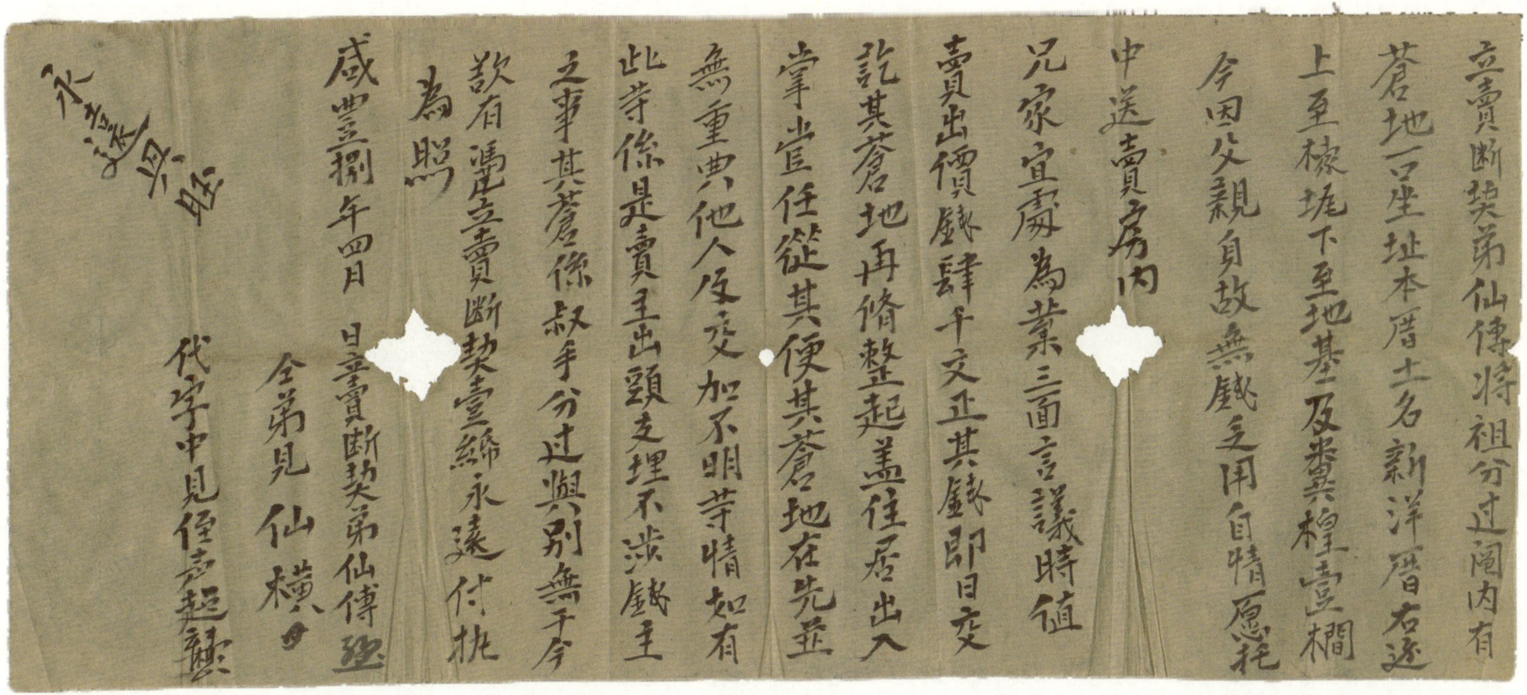
立賣斷契弟仙傳將祖分过阄内有
蒼地一口坐址本厝土名新洋厝右边
上至椽堀下至地基及糞模壹欄
今因父親身故無錢乏用自情愿托
中送賣房内
兄家宜麻為業三面言議時值
賣出價錢肆千文正其錢即日交
訖其蒼地再脩整起盖住居出入
掌当任從其便其蒼地在先並
無重典他人及交加不明等情如有
此等係是賣主出頭支理不涉錢主
之事其蒼係叔手分过與別無干今
欲有憑立賣斷契壹紙永遠付执
為照
咸豐捌年四月 日立賣斷契弟仙傳（押）
仝弟見 仙横（押）
代字中見侄志超（押）
永遠發旺

3-2-69-12 清咸豐八年四月葉仙傳立賣斷倉地契

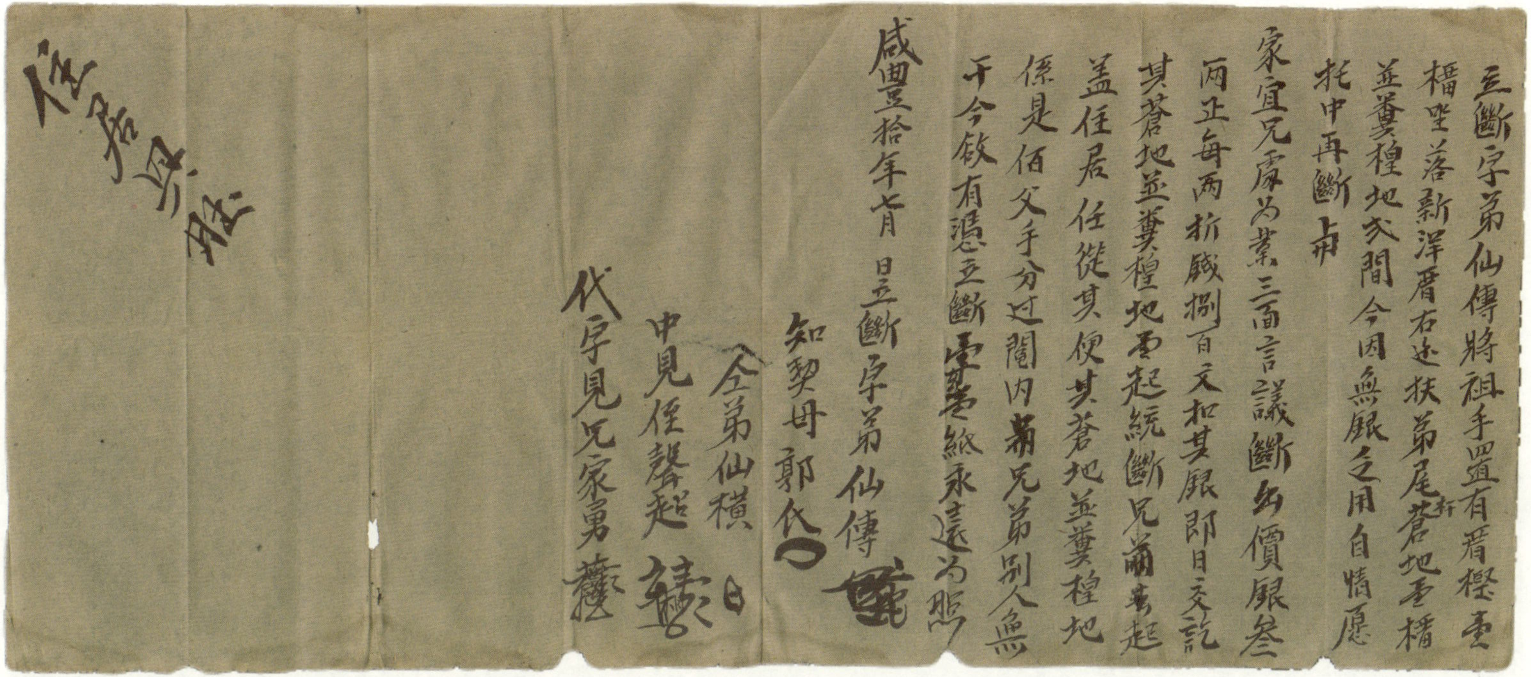
立斷字弟仙傳將祖手置有厝樫壹
槽坐落新洋厝右边扶弟尾析蒼地壹槽
並糞樫地分間今因無銀之用自情愿
托中再斷
家宜兄處為業三面言議斷出價銀叁
兩正每兩折錢捌百文其銀即日交訖
其蒼地並糞樫地壹起統斷兄前為起
蓋任居任從其便其蒼地並糞樫地
係是伯父手分过闔內叔兄弟別人無
干今欲有憑立斷字壹紙永遠為照

咸豐拾年七月　日立斷字弟仙傳（押）
知契母郭氏（押）
仝弟仙積（押）
中見侄馨起（押）
代字見兄家舅（押）

3-2-69-13　清咸豐十年七月葉仙傳立斷厝樫字

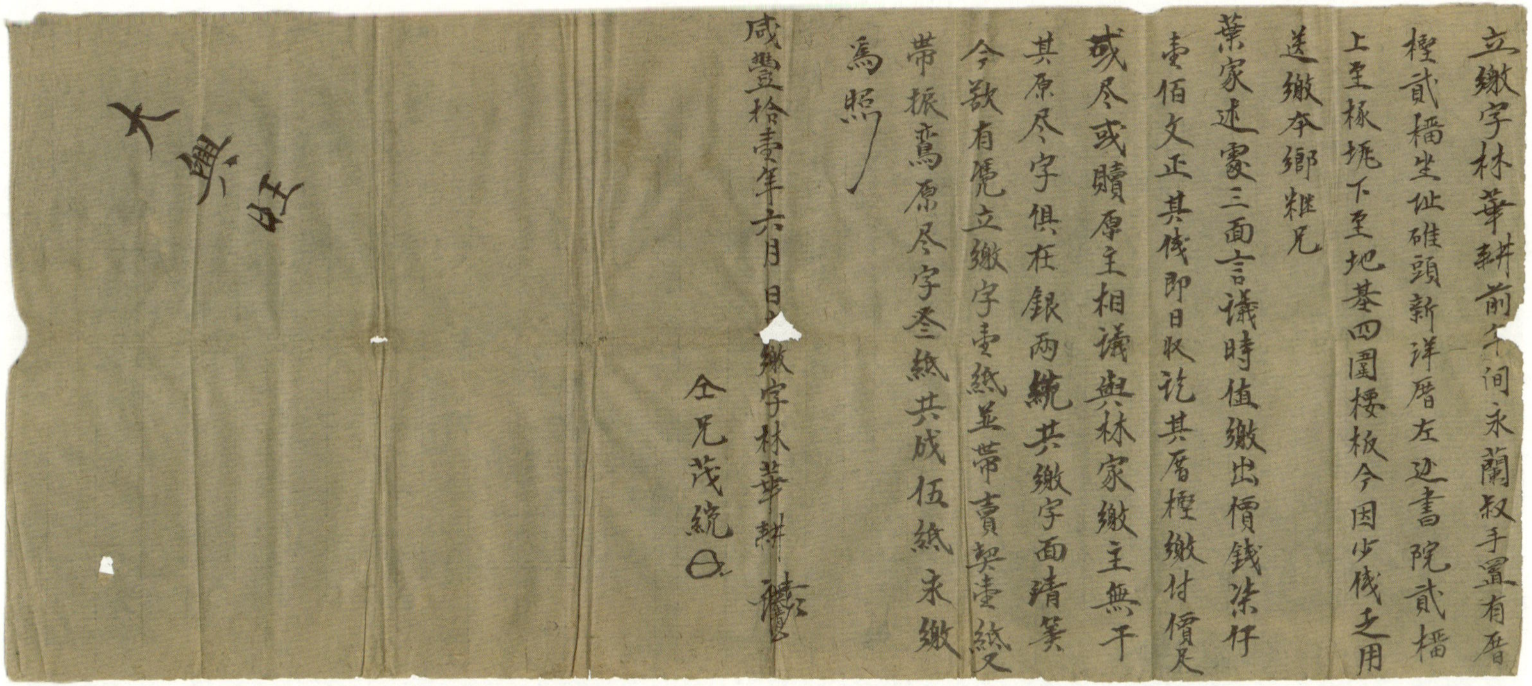
立繳字林華耕前年间永蘭叔手置有厝
樫貳檑坐址碓頭新洋厝左边書院貳檑
上至椽坭下至地基四圍樓板今因少钱乏用
送繳本鄉雒兄
葉家边處三面言議時值繳出價钱柒仟
壹佰文正其钱即日收讫其厝樫繳付價兄
或尽或贖原主相議與林家繳主無干
其原尽字俱在銀兩繳共繳字面瓊筴
今欲有憑立繳字壹紙並帶賣契壹紙又
帶振鳶原尽字叁紙共成伍紙來繳
爲照
咸豐拾壹年六月　日立繳字林華耕
仝兄茂統
大興　号

3-2-69-14　清咸豐十一年六月林華耕等立繳厝樫字

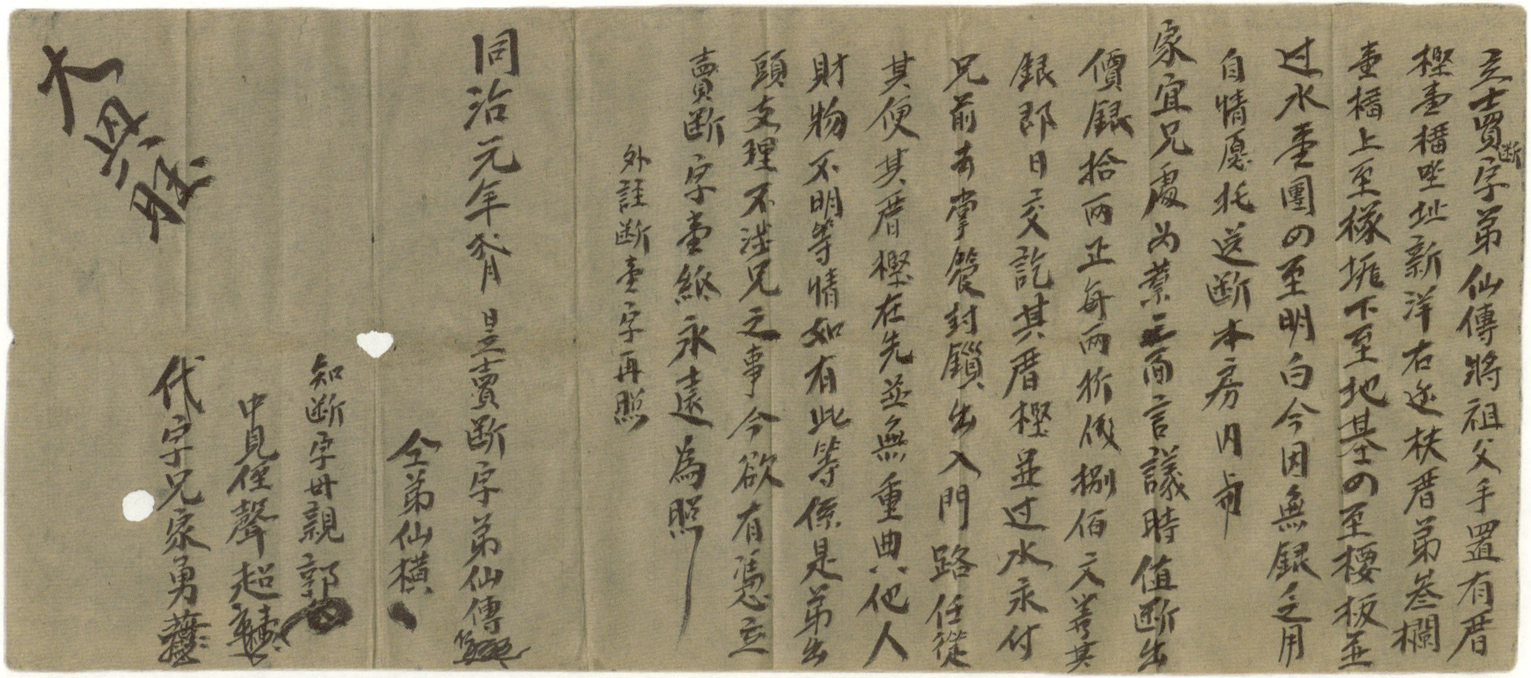
立賣斷字弟仙傳將祖父手置有厝
樫壹播坐址新洋右边茯厝第叁欄
壹播上至椽堀下至地基四至樓板並
过水壹團四至明白今因無銀乏用
自情愿托送斷本房内弟
家宜兄處为業三面言議時值斷出
價銀拾兩正每兩折錢捌佰文善其
銀即日交訖其厝樫並过水永付
兄前去掌管封鎖出入門路任從
其便其厝樫在先並無重典他人
財物不明等情如有此等係是弟出
頭支理不涉兄之事今欲有憑立
賣斷字壹紙永遠為照
外註斷壹字再照
同治元年貳月　日立賣斷字弟仙傳（押）
仝弟仙横（押）
知斷字母親郭氏（押）
中見侄聲超（押）
代字兄家勇（押）
大發

3-2-69-15　清同治元年二月葉仙傳等立賣斷厝樫字

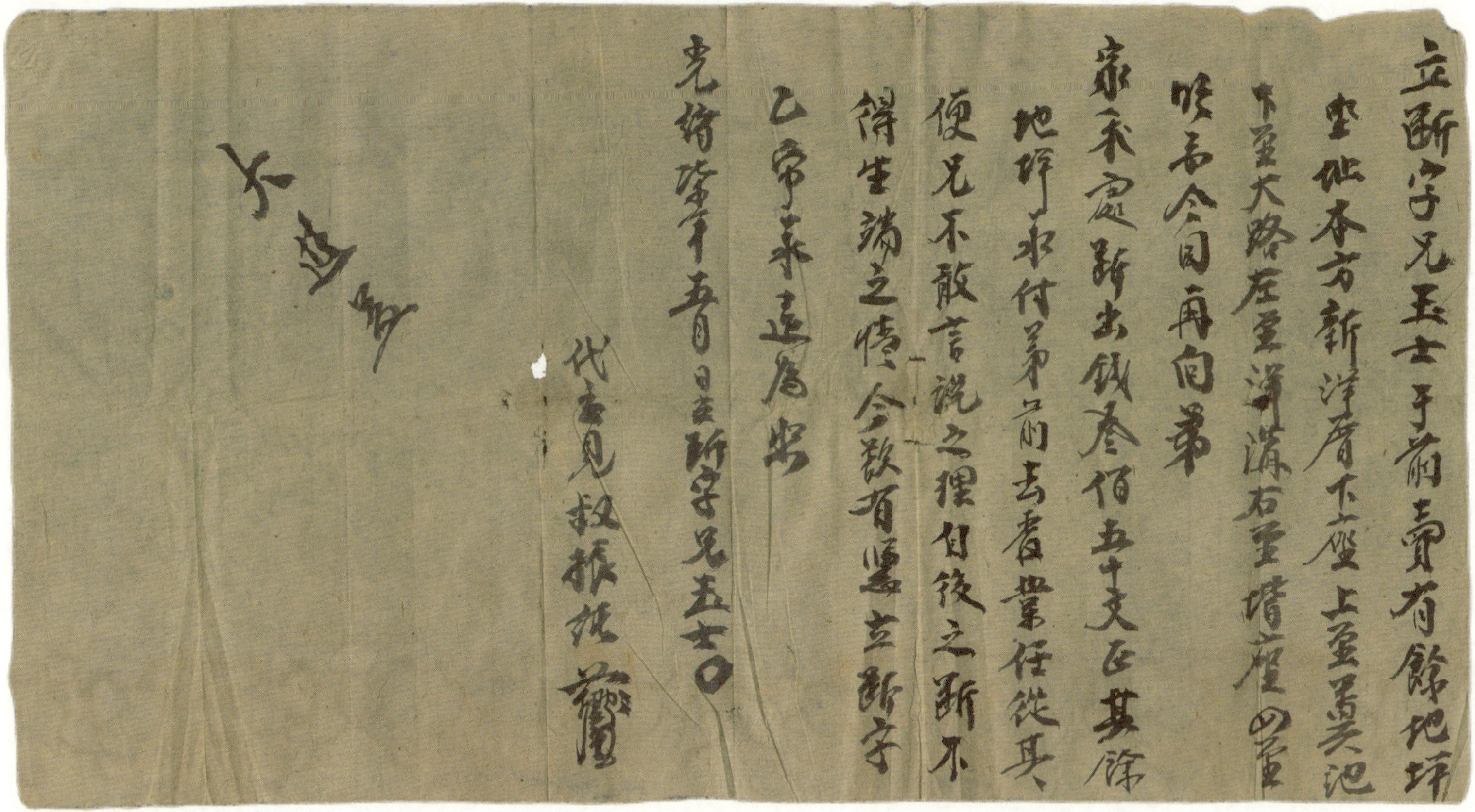
立斷字兄玉士，予前賣有餘地坪
壹址，本方新洋厝下，坐上至吳𡋣，
下至大路，左至洋溝，右至墙壢，四至
明白，今因再向弟
家永處斷出錢叁佰五十文正，其餘
地坪永付弟前去耆業，任從其
便，兄不敢言說之理，自後之斷不
得生端之情。今欲有憑，立斷字
乙帋，永遠為照。
光緒柒年五月　日立斷字兄玉士〇
代書見叔振拔（押）

3-2-69-16　清光緒七年五月葉玉士立斷餘地坪字

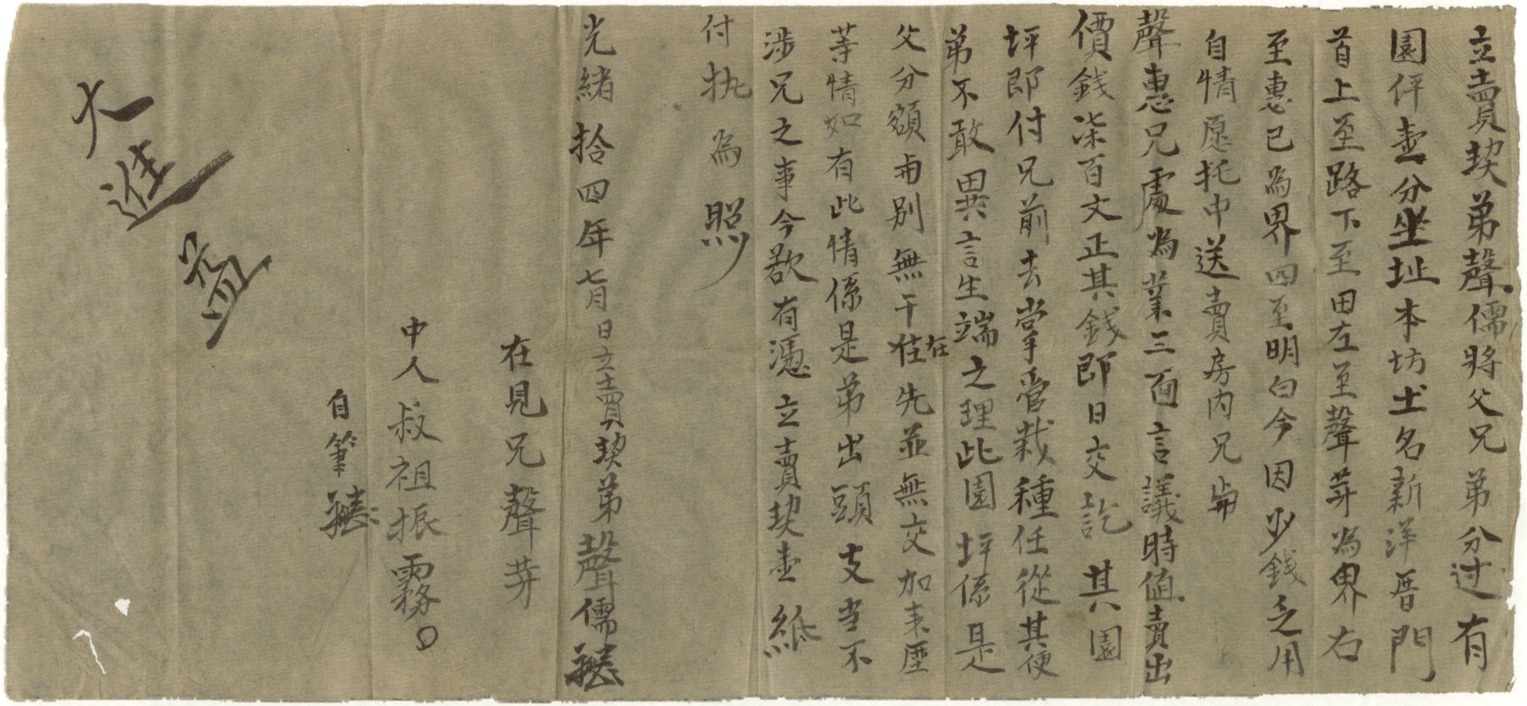
立賣契弟聲儒將父兄弟分过有
園坪壹分坐址本坊土名新洋厝門
首上至路下至田左至聲芽為界右
至惠已為界四至明白今因乏錢之用
自情愿托中送賣房内兄弟
聲惠兄處為業三面言議時值賣出
價錢柒百文正其錢即日交訖　其園
坪即付兄前去掌管栽種任從其便
弟不敢異言生端之理此園坪係是
父分額布別無干在先並無交加来歷
等情如有此情係是弟出頭支當不
涉兄之事今欲有憑立賣契壹紙
付執為照
光緒拾四年七月日立賣契弟聲儒號
在見兄聲芽
中人叔祖振霧〇
自筆號
大進益

3-2-69-17　清光緒十四年七月葉聲儒立賣園坪契

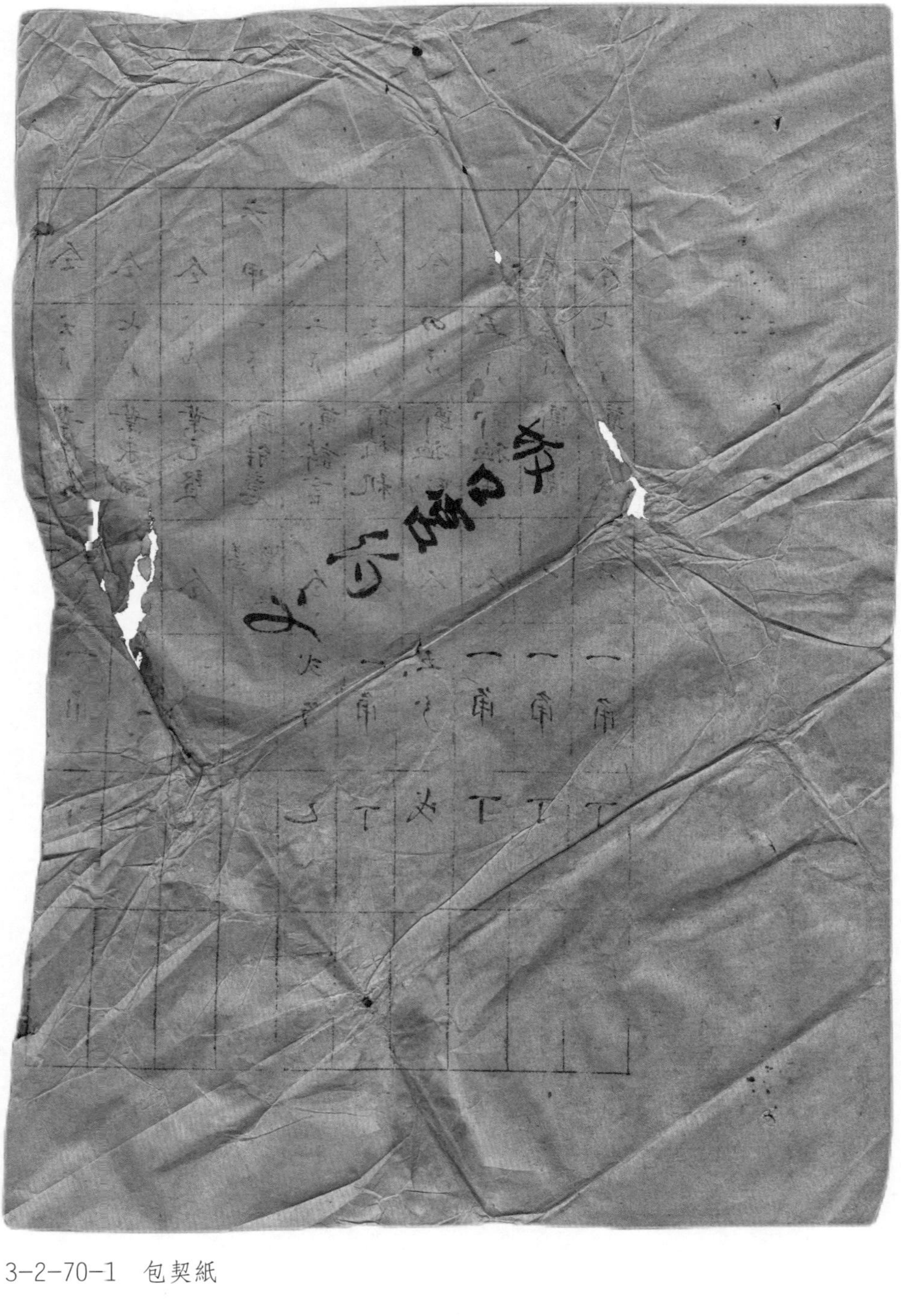

3-2-70-1　包契紙

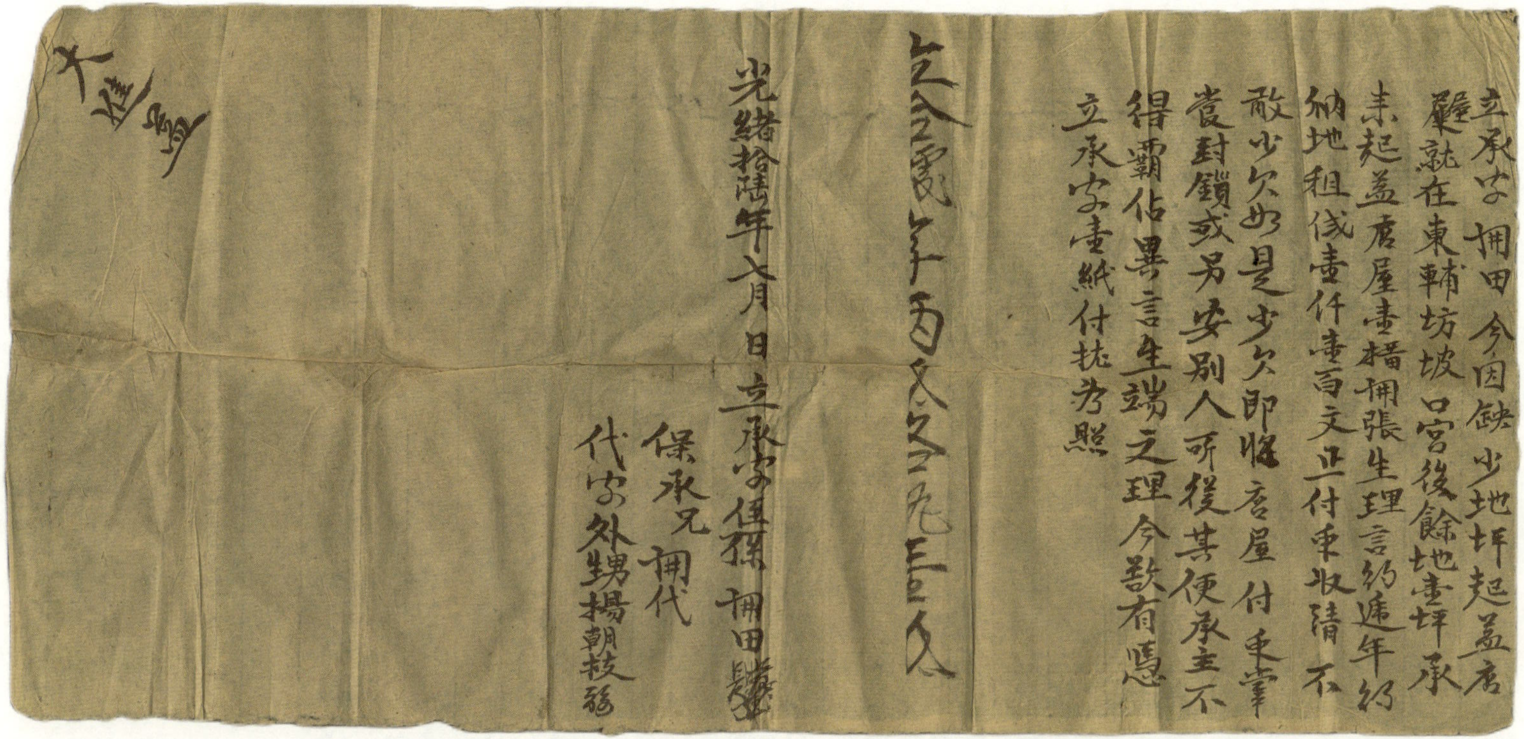
立承字拥田今因缺少地坪起蓋唐
屋就在東輔坊坡口宮後餘地壹坪承
来起蓋唐屋壹播拥張生理言約逓年約
納地租錢壹仟壹百文正付東收清不
敢少欠如是少欠即將唐屋付東掌
管封鎖或另安别人所從其便承主不
得霸佔異言生端之理今欲有憑
立承字壹紙付执为照
[illegible]
光緒拾陸年七月　日立承字侄孫　拥田
保承兄　拥代
代字外甥楊朝拔
[illegible]

3-2-70-2　清光緒十六年七月葉開田立承地坪字

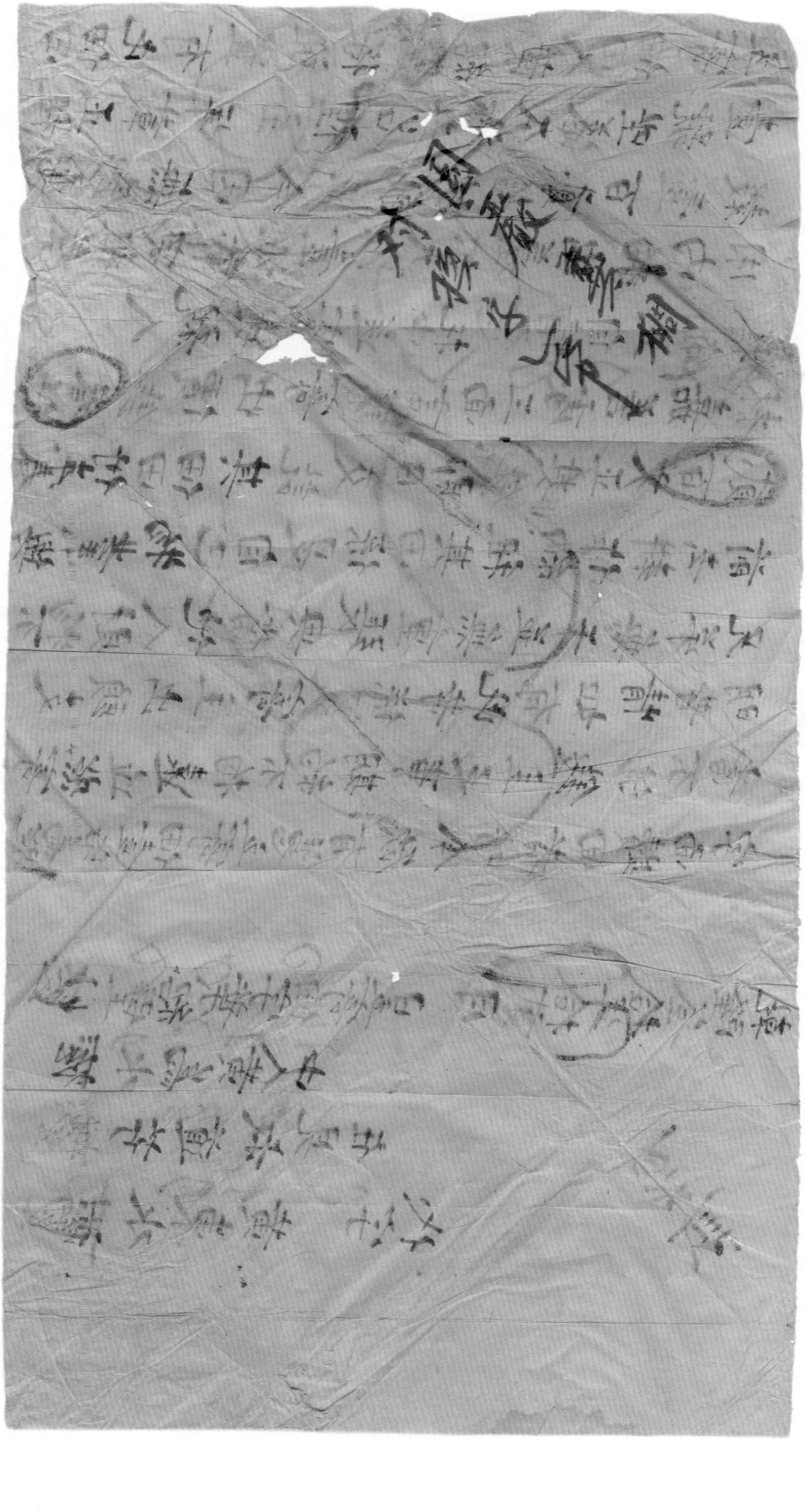

3-2-71-1　包契紙

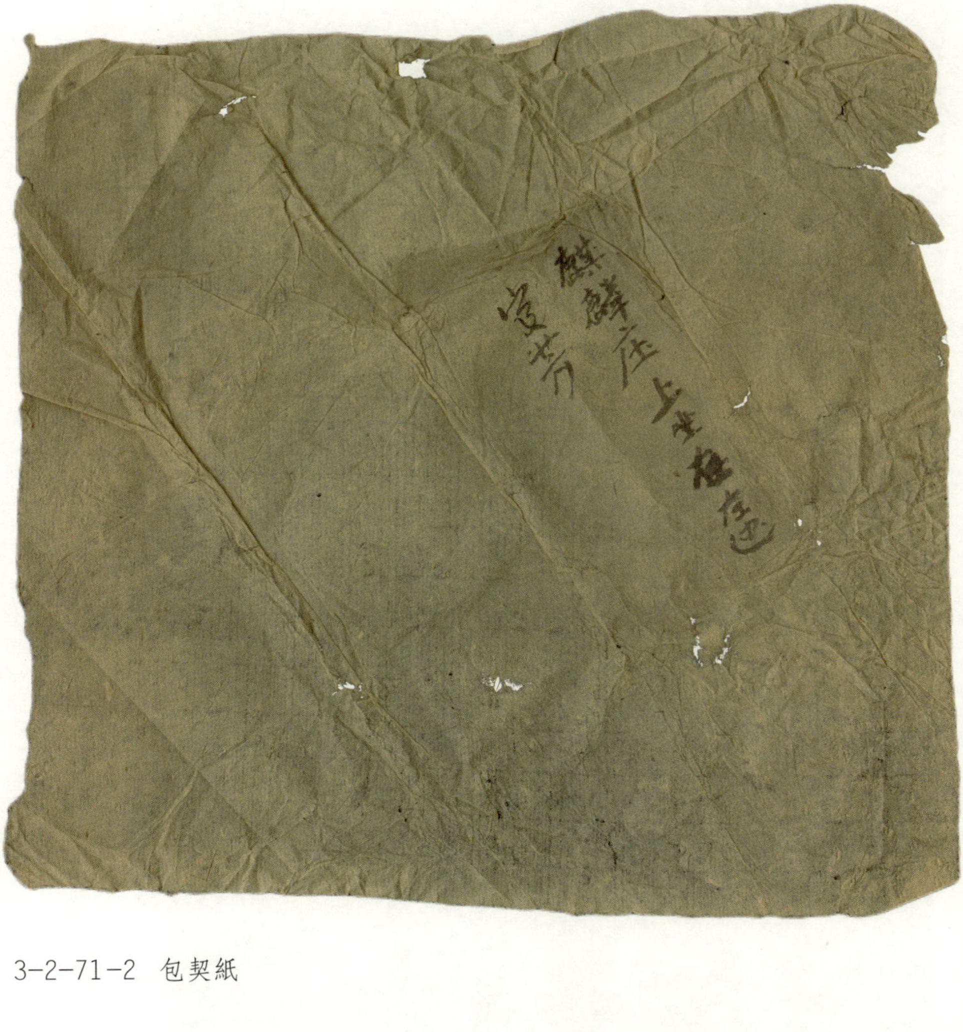

3-2-71-2　包契紙

立字人葉景陽原有祖基壹穴坐落衆地觀○
麟窟起屋壹座共用銀貳拾陸兩正今
見文祿弟無厝住居進前與兄景
陽相議通共律分四分出壹分西邊前
貳擺并拴壹擺共叁擺并廳即下裡共
應壹分付弟住居即收厝料工貿銀陸
兩正其銀收訖其厝即付文祿弟永表
住居天長地久向後兄弟子孫
言說此二家情愿各無反悔立字付照者
其有[illegible]肆分[illegible]應壹分書院地基
衞弟壹分西邊前[illegible]半葉照[illegible]
康熙拾柒年三月十五日立字人葉景陽
公見葉玉旺
在見俞[illegible]
天長地久

3-2-71-3　清康熙十七年三月葉景陽立賣祖基衆地字

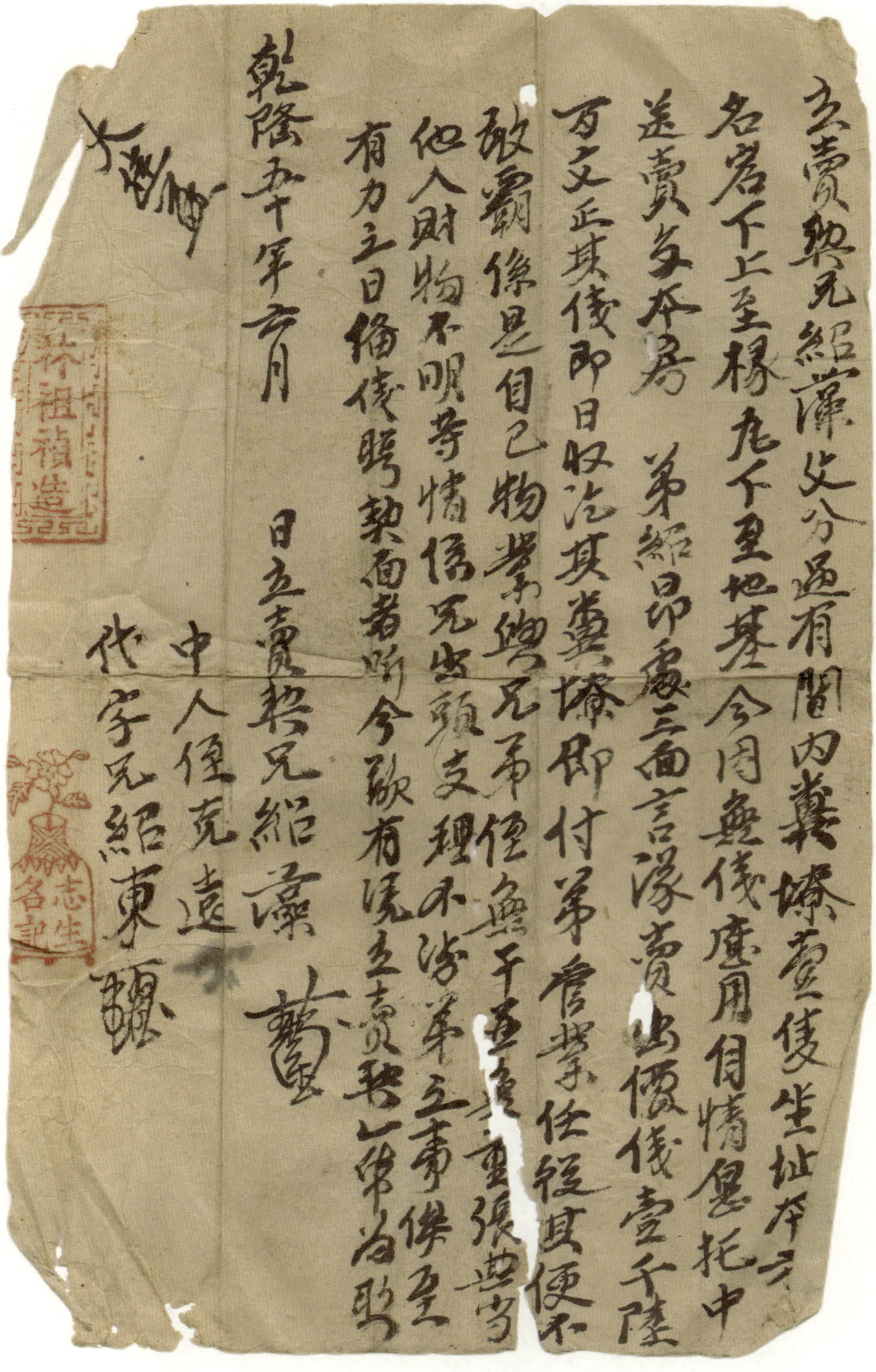

立賣契兄紹藻父分遺有閒內糞壙壹隻坐址本土
名岩下上至楊厝下至地基今因無錢應用自情愿托中
送賣與本房　弟紹昂處三面言議賣出價錢壹千陸
百文正其錢即日收訖其糞壙即付弟會業任從其便不
敢霸阻係是自己物業與兄弟侄無干並無重張典當
他人財物不明等情倘有此頭支理不涉弟之事係兄
有力之日備錢照契面者贖今欲有憑立賣契一紙為照
乾隆五十年六月　日立賣契兄紹藻
中人　侄克遠
代字兄紹東

3-2-71-4　清乾隆五十年六月葉紹藻立賣糞壙契

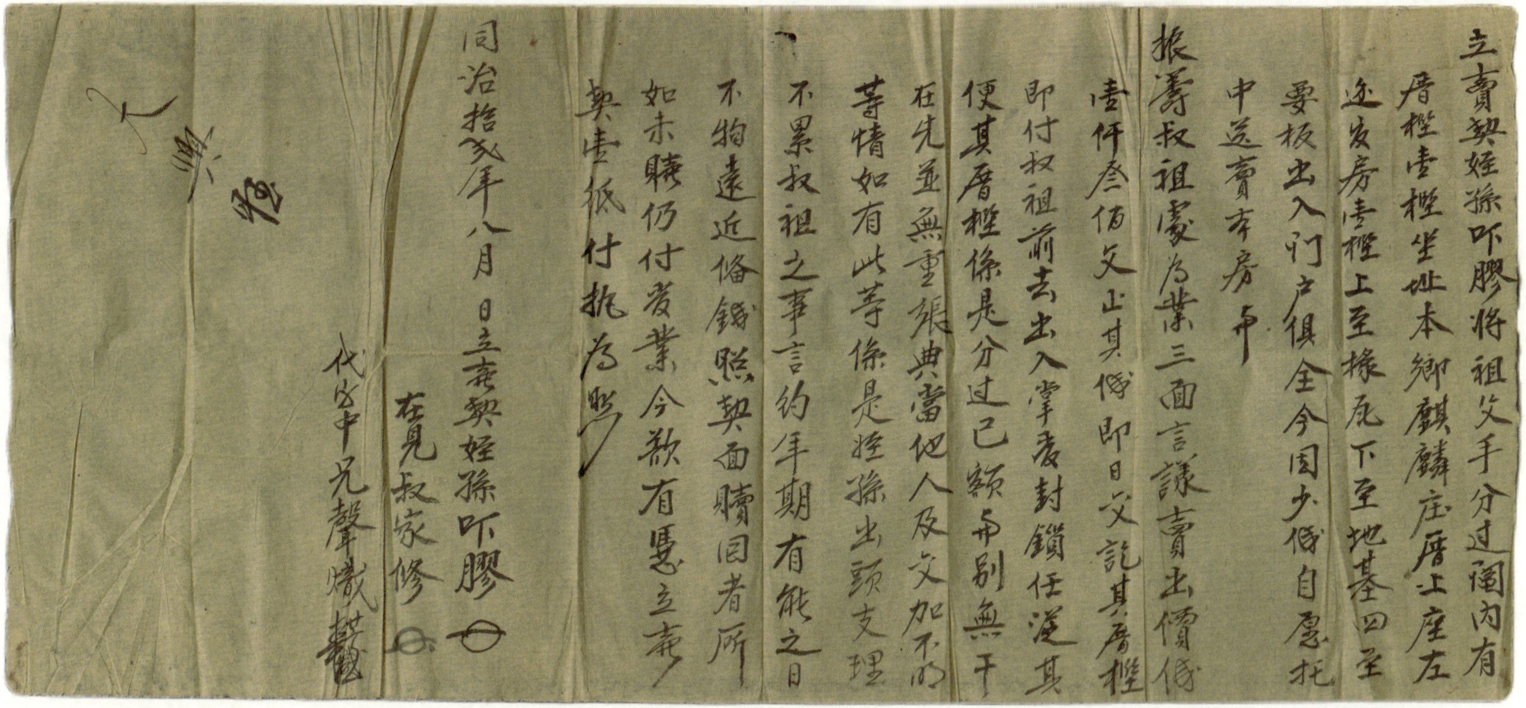
立賣契侄孫吓膠將祖父手分過鬮內有
厝榁壹榁坐址本鄉麒麟庄厝上座左
边安房壹榁上至椽尾下至地基四至
要板出入门户俱全今因少錢自愿托
中送賣本房弟
振壽叔祖處為業三面言議賣出價錢
壹仟叁佰文正其錢即日交訖其厝榁
即付叔祖前去出入掌度封鎖任從其
便其厝榁係是分过己額本别無干
在先並無重張典當他人及文加不明
等情如有此等係是侄孫出頭支理
不累叔祖之事言約年期有能之日
不拘遠近備錢照契面贖回者所
如未贖仍付管業今欲有憑立賣
契壹紙付执為照
同治拾弍年八月　日立賣契侄孫吓膠
在見叔家修
代字中兄聲熾

3-2-71-5　清同治十二年八月葉吓膠立賣厝榁契

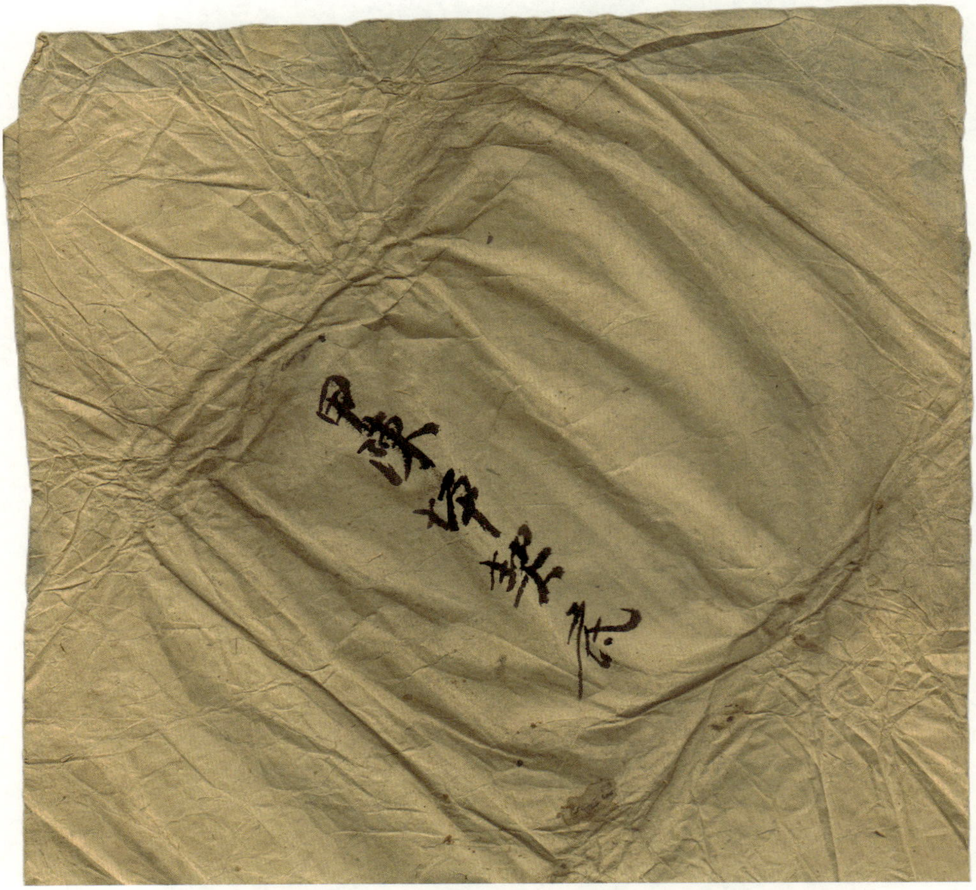

3-2-72-1　包契紙

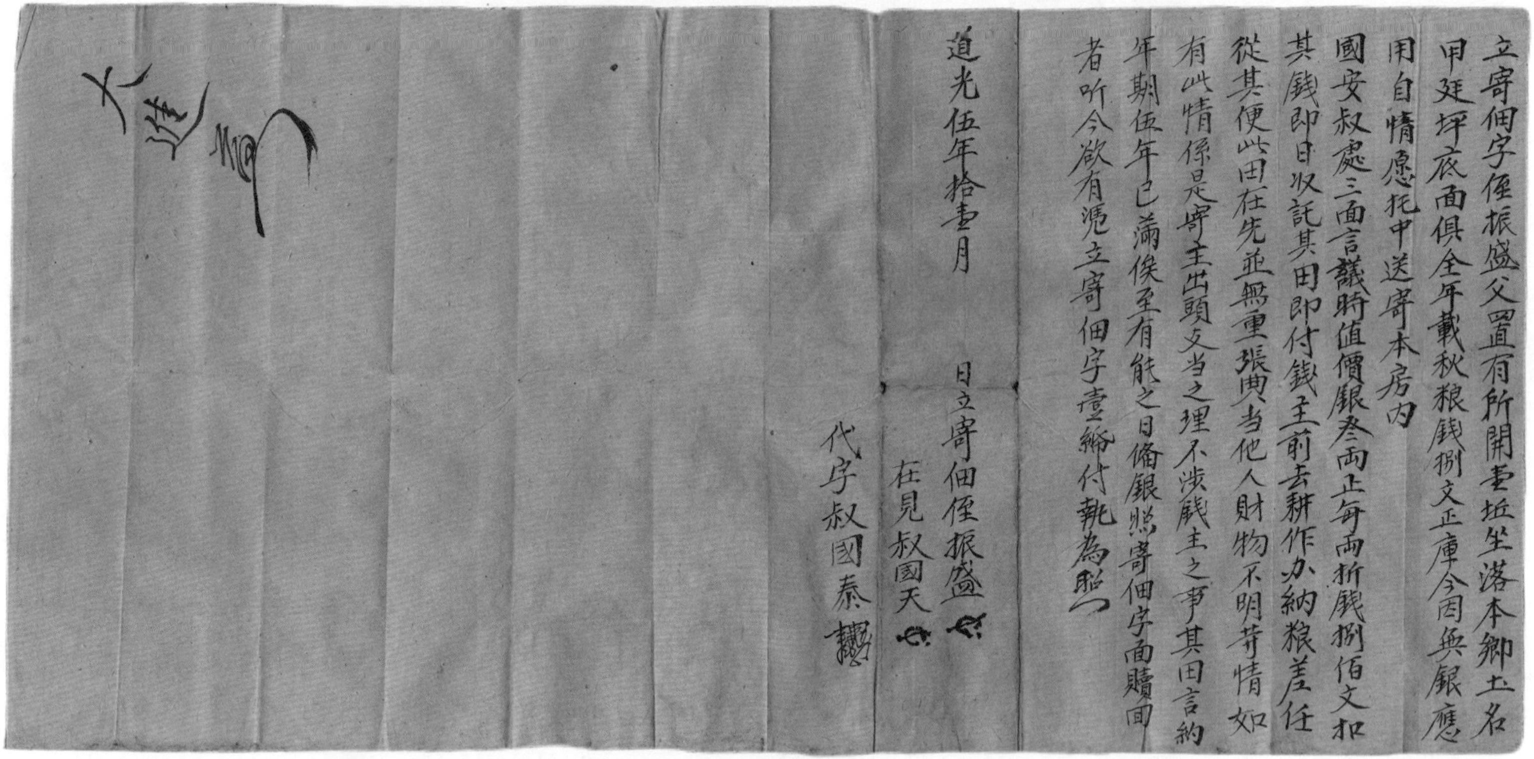
立寄佃字侄振盛父置有所開垦坵坐落本鄉土名
甲廷坪底面俱全年載秋粮錢捌文正庫今因無銀應
用自情愿托中送寄本房内
國安叔處三面言議時值價銀叁両正每両折錢捌佰文扣
其錢即日收訖其田即付錢主前去耕作办納粮差任
從其便此田在先並無重張典当他人財物不明等情如
有此情係是寄主出頭支当之理不涉錢主之事其田言約
年期伍年已滿候至有能之日備銀照寄佃字面贖回
者今欲有憑立寄佃字壹紙付執為照
道光伍年拾壹月　　日立寄佃侄振盛（押）
在見叔國天（押）
代字叔國泰（押）

3-2-72-2　清道光五年十一月葉振盛立寄佃字

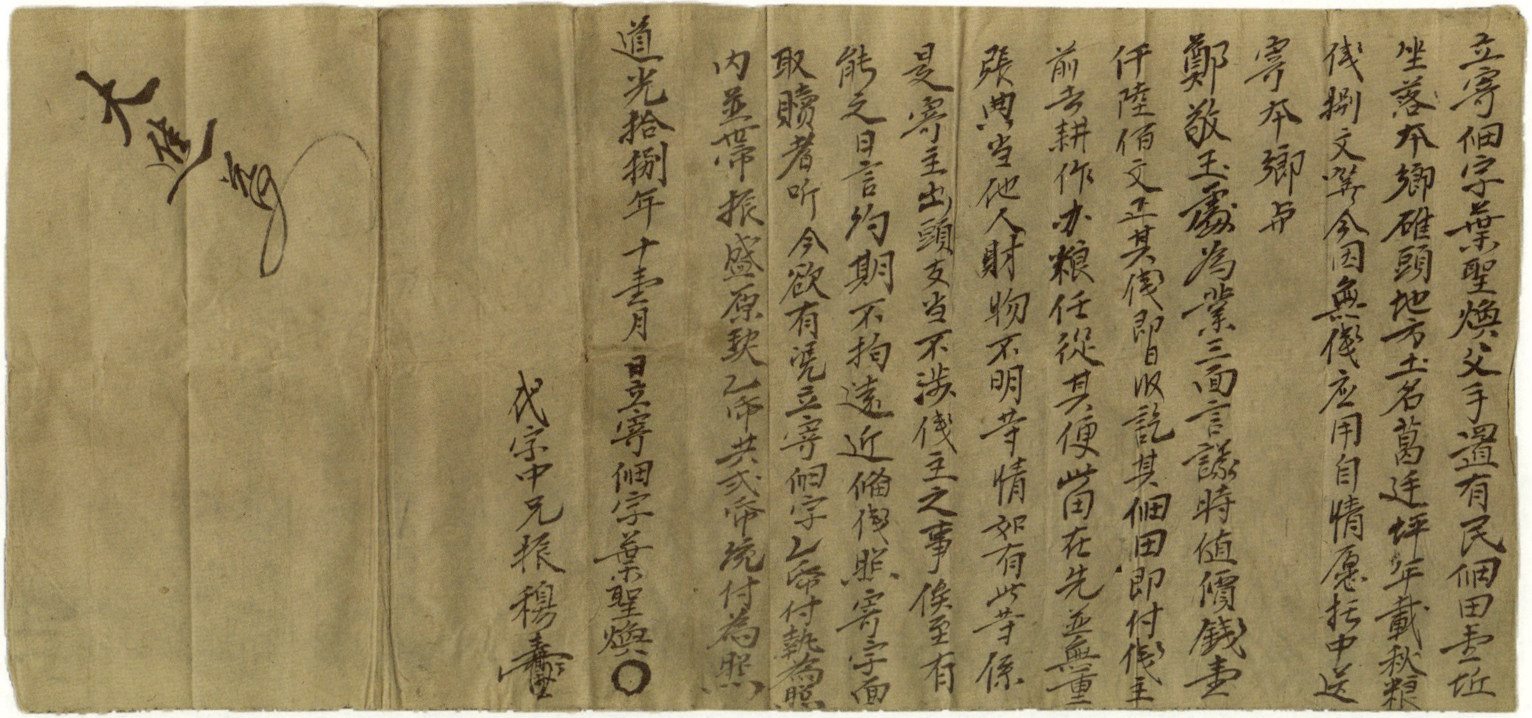
立寄佃字葉聖煥，父手置有民佃田壹坵，
坐落本鄉碓頭地方，土名葛迭坪，年載秋粮
伐捌文。今因無錢應用，自情愿托中送
寄本鄉户
鄭敬玉處為業，三面言議時值價錢壹
仟陸佰文正。其錢即日收訖，其佃田即付錢主
前去耕作，本粮任從其便。此田在先並無重
張典當他人財物不明等情，如有此等，係
是寄主出頭支當，不涉錢主之事。俟至有
能之日，言約期不拘遠近，備價照寄字面
取贖者听。今欲有憑，立寄佃字一帋，付執為照。
內並帶振盛原契一帋，共弍帋，繳付為照。
道光拾捌年十壹月　日立寄佃字葉聖煥○
代字中兄振穆
大吉

3-2-72-3　清道光十八年十一月葉聖煥立寄民佃田字

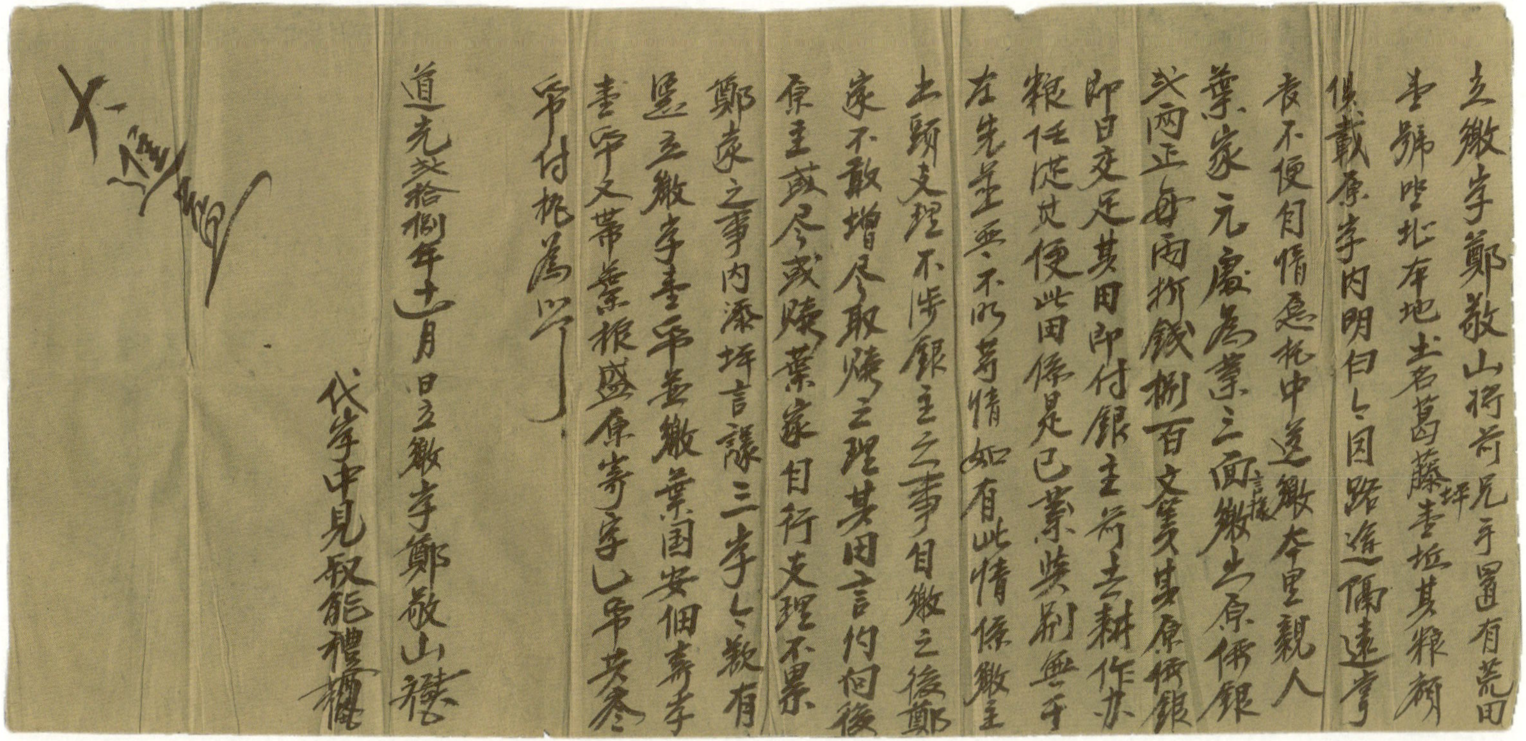

3-2-72-4 清道光二十八年十一月鄭敬山立繳荒田字

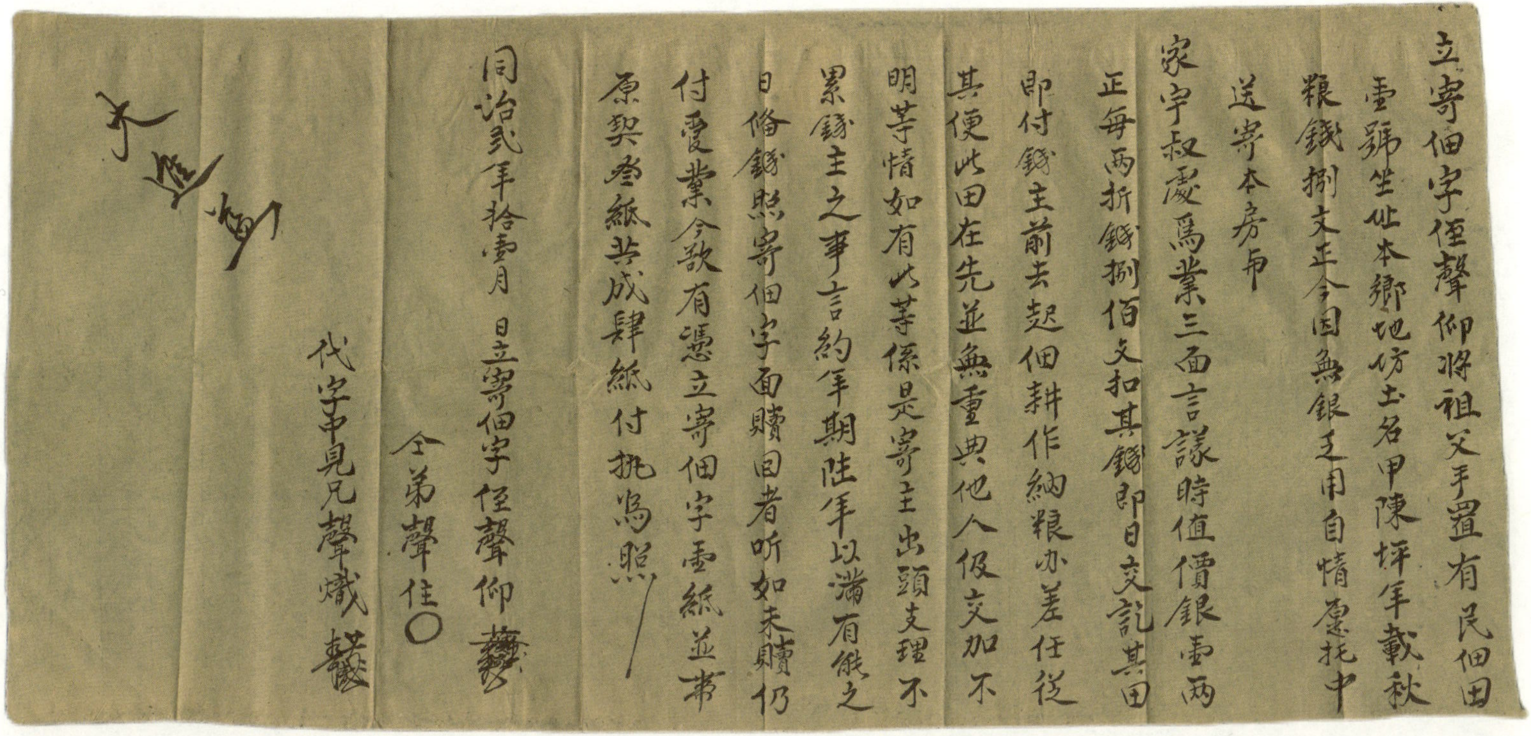
立寄佃字侄聲仰將祖父手置有民佃田
壹號坐址本鄉地方土名甲陳坪年載秋
粮錢捌文正今因無銀乏用自情愿托中
送寄本房弟
家宇叔慶爲業三面言議時值價銀壹兩
正每兩折錢捌佰文扣其錢即日交訖其田
即付錢主前去起佃耕作納粮亦差任從
其便此田在先並無重典他人很交加不
明等情如有此等係是寄主出頭支理不
累錢主之事言約年期陸年以滿有銀之
日備錢照寄佃字面贖回者听如未贖仍
付受業今欲有憑立寄佃字壹紙並帯
原契叁紙共成肆紙付執爲照
同治貳年拾壹月　日立寄佃字侄聲仰
仝弟聲住〇
代字中見兄聲熾
大進宜

3-2-72-5　清同治二年十一月葉聲仰等立寄民佃田字

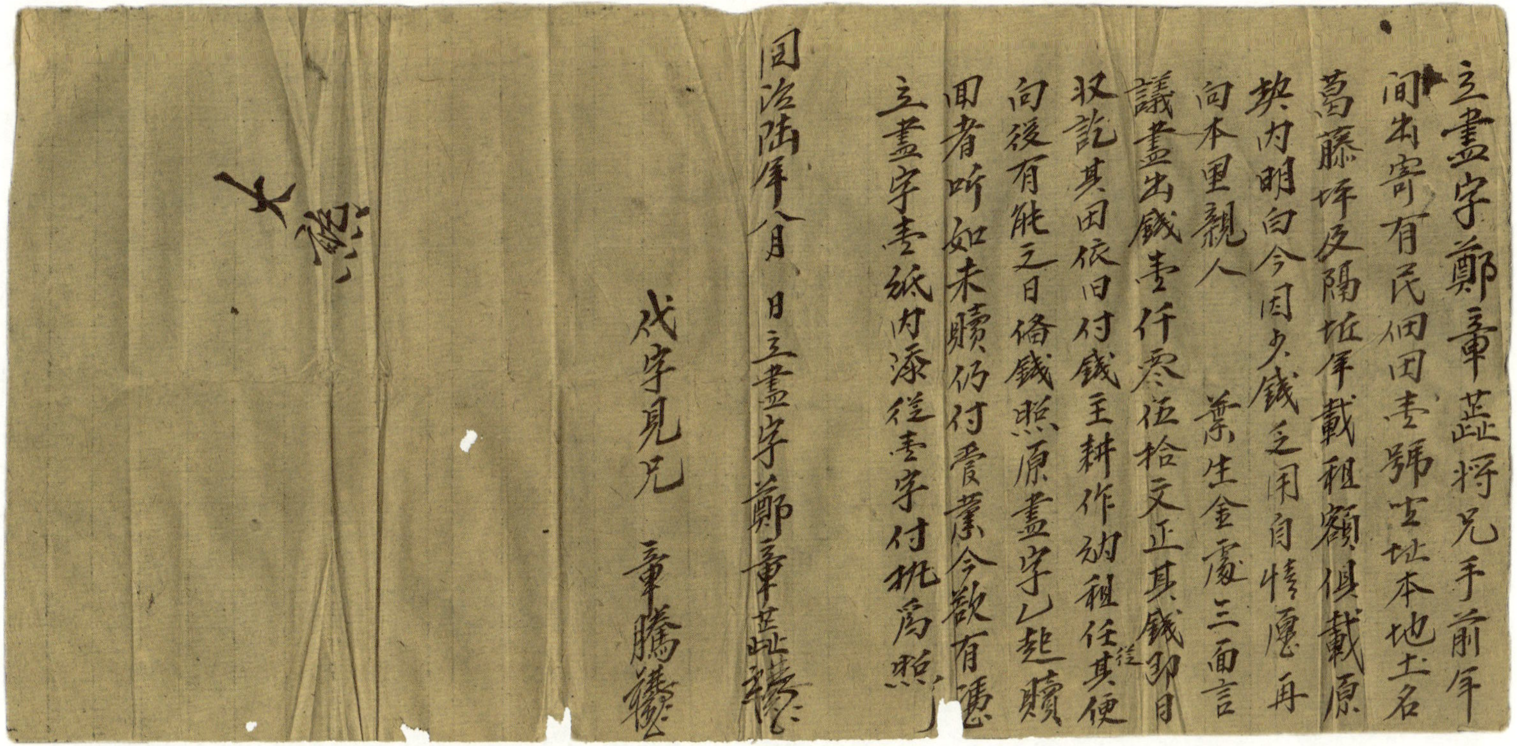

立盡字鄭章蓝将兄手前年
間出寄有民佃田壹號坐址本地土名
葛藤坪及隔垅年載租額俱載原
契内明白今因少錢乏用自情愿再
向本里親人　　葉生金處三面言
議盡出錢壹仟叁伍拾文正其錢即日
收訖其田依旧付錢主耕作納租任從其便
向後有能之日倍錢照原盡字乙起贖
田者所如未贖仍付壹業今欲有憑
立盡字壹紙内添從壹字付執為照
同治陸年八月　日立盡字鄭章蓝
代字見兄　章騰
大發

3-2-72-6　清同治六年八月鄭章蓝立盡民佃田字

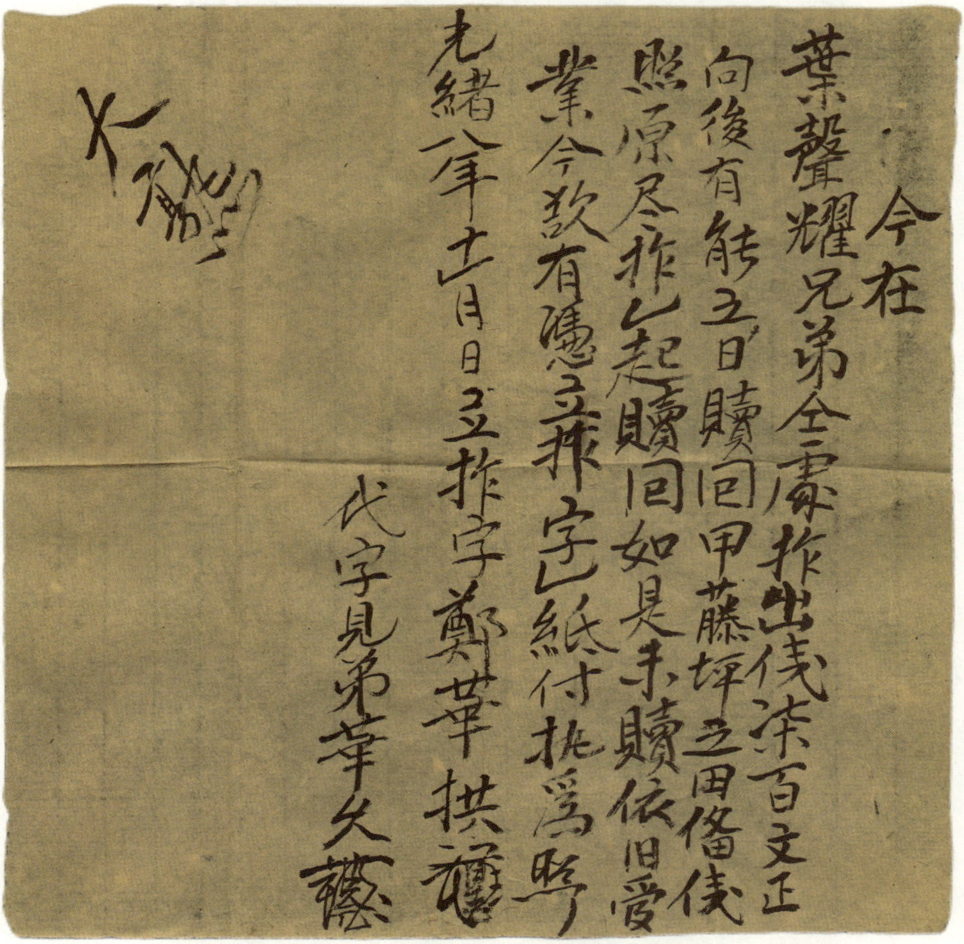

今在
葉聲耀兄弟仝處撮出錢柒百文正
向後有能之日贖回甲藤坪之田備錢
照原尽撮起贖回如是未贖依旧管
業今欲有憑立撮字乙紙付执爲照
光緒八年十一月日立撮字鄭華拱（押）
代字見弟華久（押）

3-2-72-7　清光緒八年十一月鄭華拱立撮字

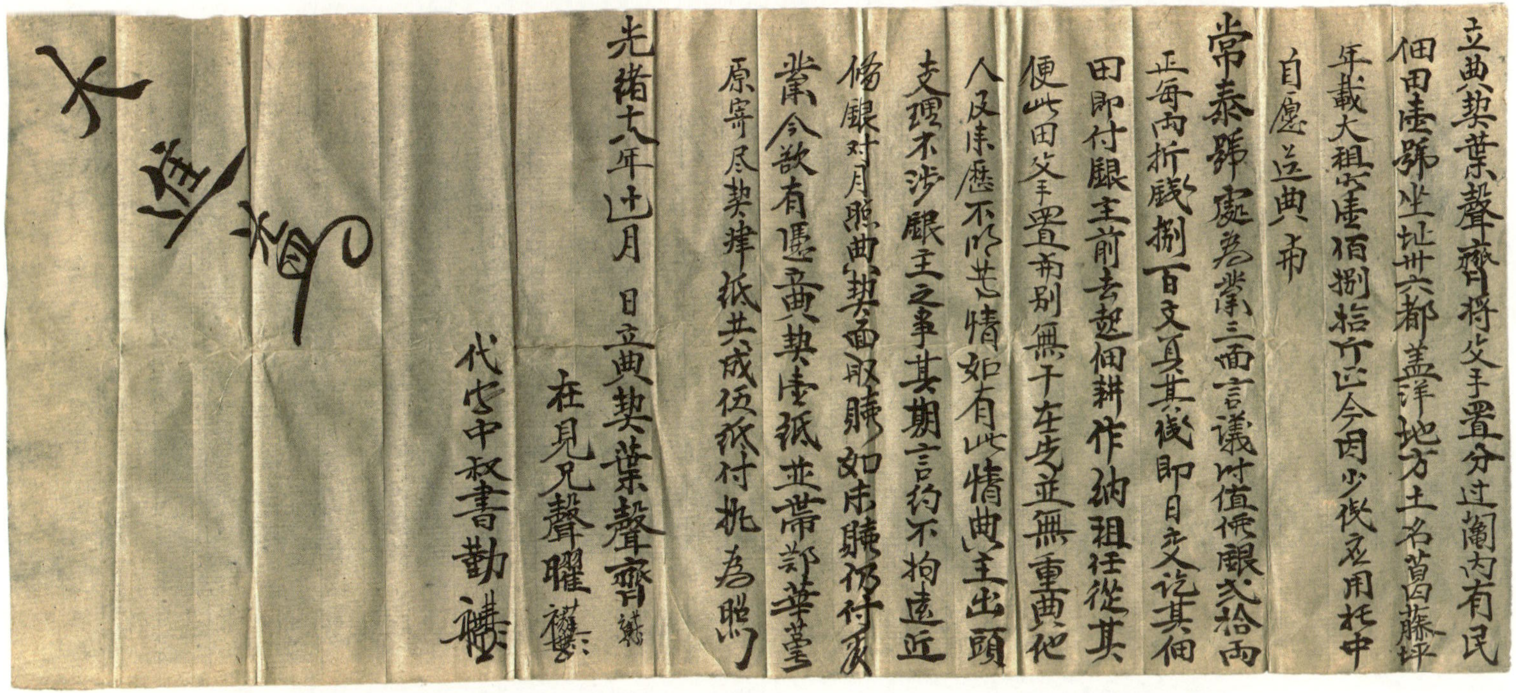

立典契葉聲齊將父手置分過鬮內有民
佃田壹號坐址廿六都蓋洋地方土名菖蒲坪
年載大租谷壹佰捌拾斤正今因少錢應用托中
自愿立典與本
常泰號處爲業三面言議付值佛銀弍拾兩
正每兩折錢捌百文其錢即日交訖其佃
田即付銀主前去起佃耕作納租任從其
便此田父手置兩別無干在先並無重典他
人及來歷不明等情如有此情典主出頭
支理不涉銀主之事其期言約不拘遠近
備銀對月照典契面取贖如未贖仍付原
業今欲有憑立典契壹紙並帶鄧華基
原寄盡契肆紙共成伍紙付執爲照
光緒十八年十一月　日立典契葉聲齊
在見兄聲曜
代字中叔書勳

3-2-72-8　清光緒十八年十一月葉聲齊立典民佃田契

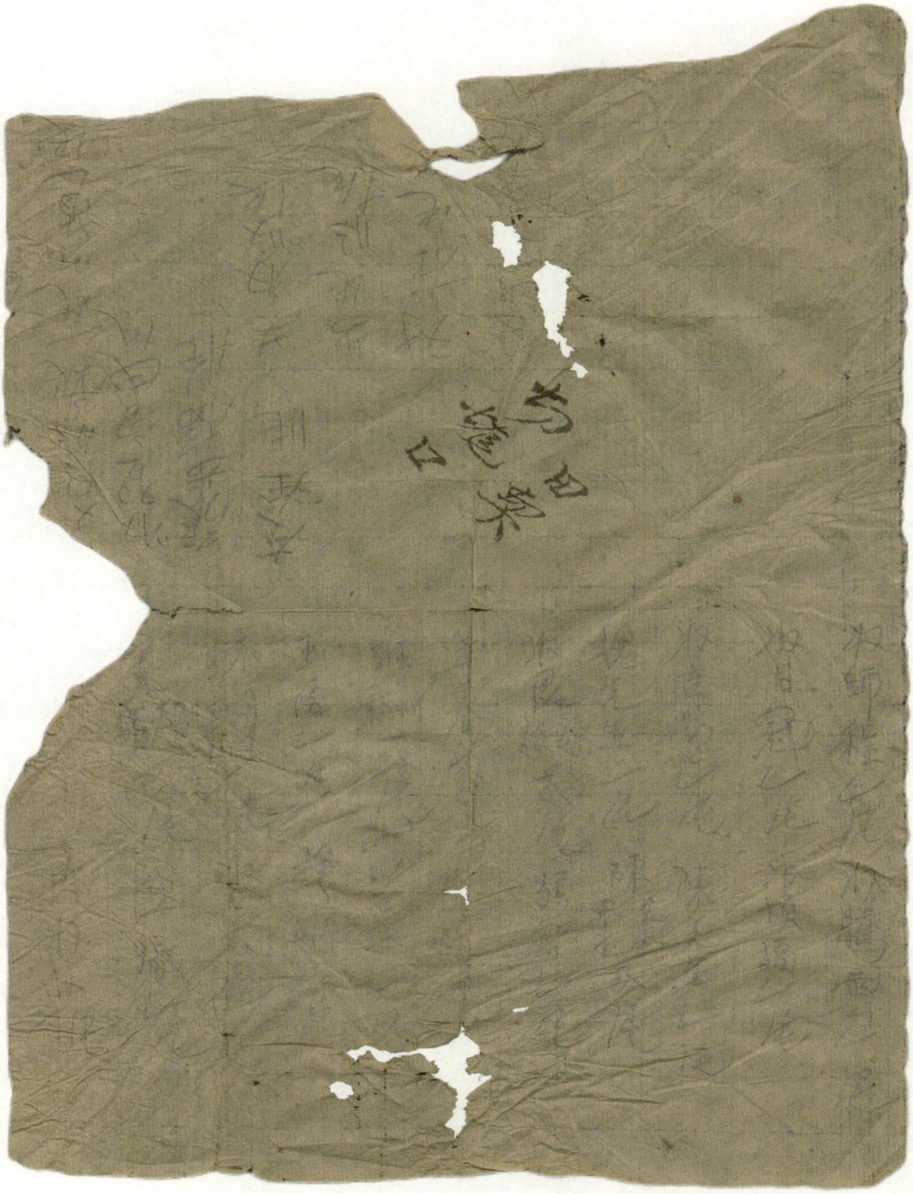

3-2-73-1　包契紙

3-2-73-2　包契紙

立寄佃字葉道聲鬮分內有民屯佃田貳號坐址蓋洋
地方土名莿壠口年載民租穀陸拾觔正又載屯租
穀壹百零貳觔正今因無銀穀應用但情愿托中送
寄親人張　克忠處三面言議寄出價穀叁仟
陸百觔正又銀壹拾叁兩正水照錢色其銀穀隨
字交訖其佃田即付谷主前去耕作納租寄主不
敢霸佔言說等情其田並無重張典当他人財物
不明等情如有此情係寄主出頭支理不涉穀主之
事其佃田期約耕五年外有銀之日照寄字面贖
回者听今欲有憑立寄佃字乙紙付執為照

乾隆叁拾壹年十一月　日立寄佃字葉道聲（押）
在見林應天（押）
中人兄道敎（押）
代字弟道然（押）

大發

3-2-73-3　清乾隆三十一年十一月葉道聲立寄民屯佃田字

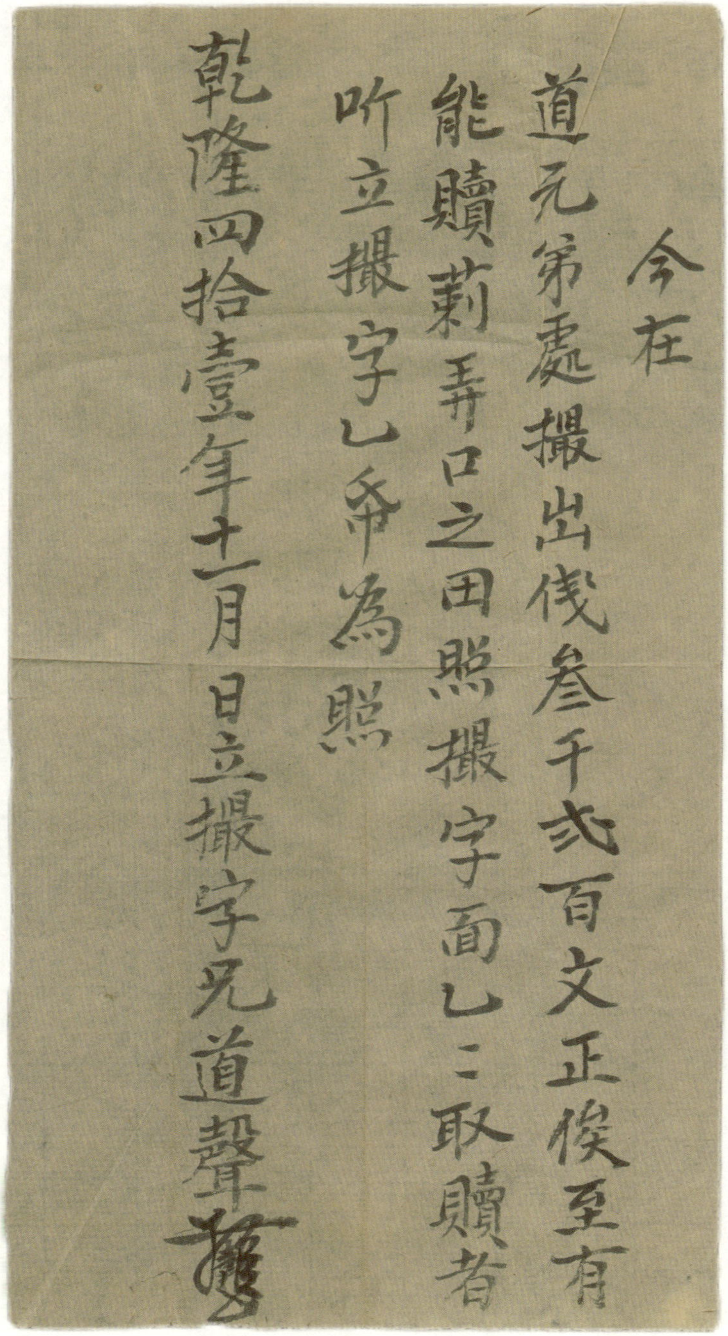

今在
道元弟處撮出錢叁千弍百文正，俟至有
能贖莉弄口之田照撮字面〻〻取贖者
听立撮字乙帋為照
乾隆四拾壹年十一月　日立撮字兄道聲（押）

3-2-73-4　清乾隆四十一年十一月葉道聲立撮字

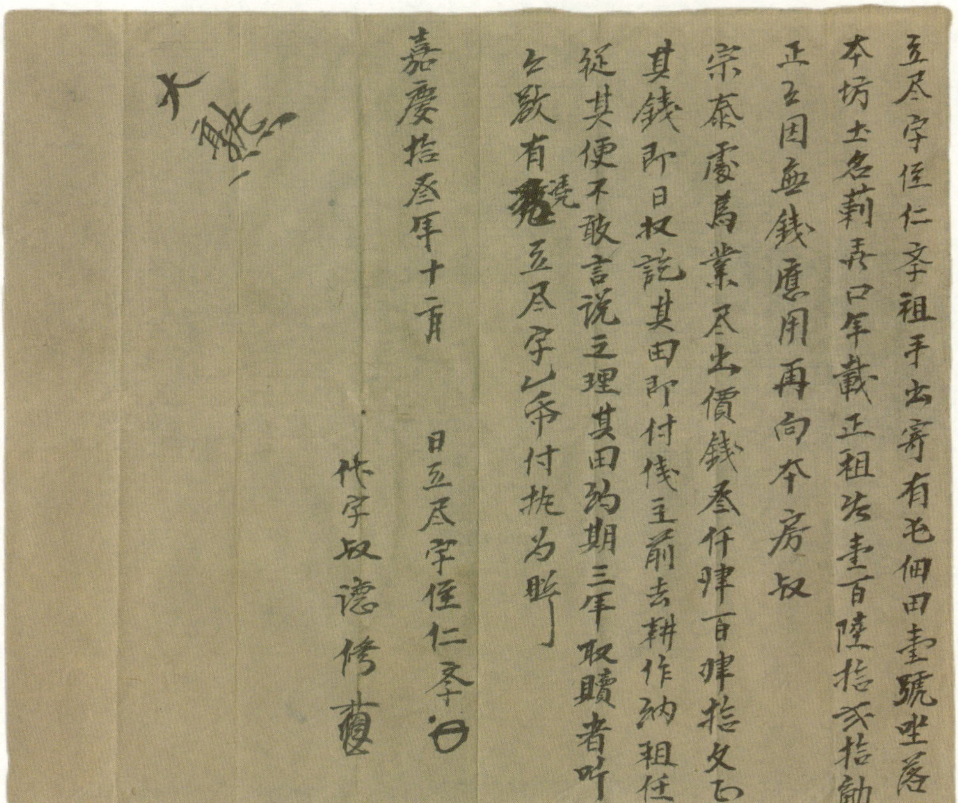
立盡字侄仁孝祖手出寄有屯佃田壹號坐落
本坊土名莿森口年載正租谷壹百陸拾弍拾觔
正立因無錢應用再向本房叔
宗泰處爲業盡出價錢叁仟肆百肆拾文正
其錢即日收訖其田即付錢主前去耕作納租任
從其便不敢言說立理其田約期三年取贖者听
立欵有憑 立盡字乙紙付執爲照
嘉慶拾叁年十二月　日立盡字侄仁孝（押）
代字叔德傳（押）
大發

3-2-73-5　清嘉慶十三年十二月葉仁孝立盡屯佃田字

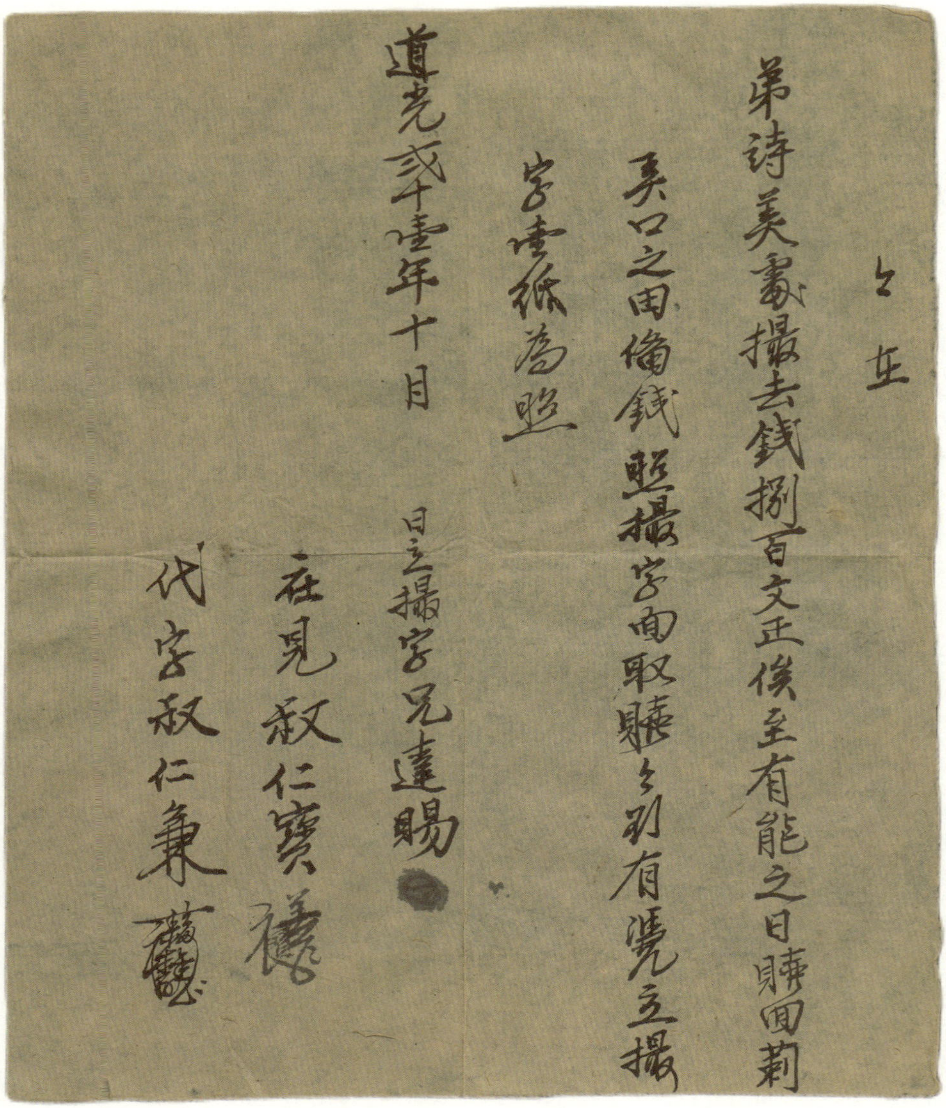

今在弟詩美處撮去錢捌百文正，俟至有能之日贖回莿美口之田，備錢照撮字面取贖，今欲有憑，立撮字壹紙為照。

道光貳拾壹年十月　日立撮字兄達賜（押）

在見叔仁寶（押）

代字叔仁秉（押）

3-2-73-6　清道光二十一年十月葉達賜立撮字

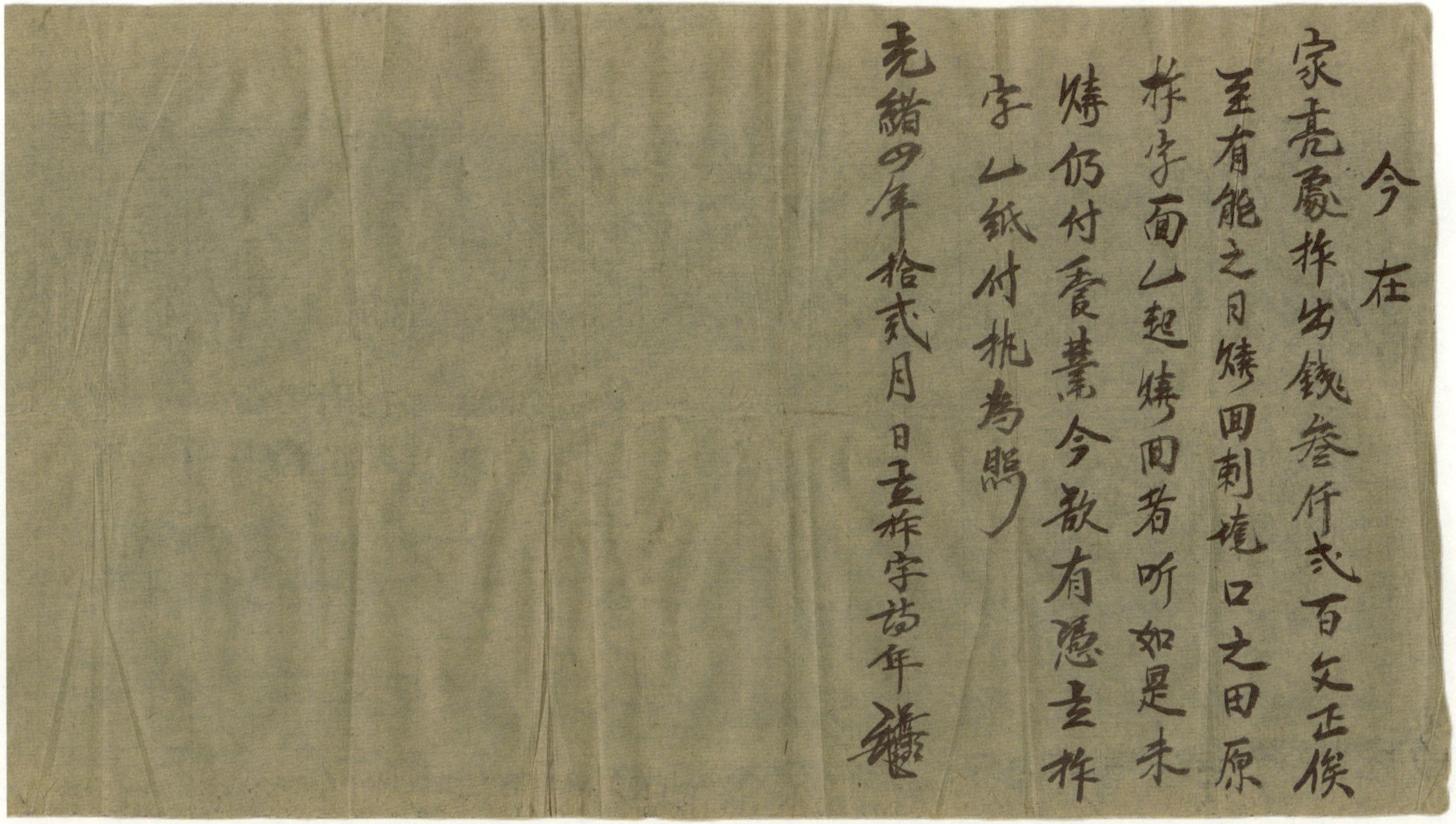
今在
家亮處撮出錢叁仟弍百文正，俟
至有能之日，贖回刺墘口之田，原
撮字面山起贖回，若听如是，未
贖仍付耕業。今欲有憑，立撮
字一紙付執為照。
光緒四年拾弍月　日立撮字詩年（押）

3-2-73-7　清光緒四年十二月葉詩年立撮字

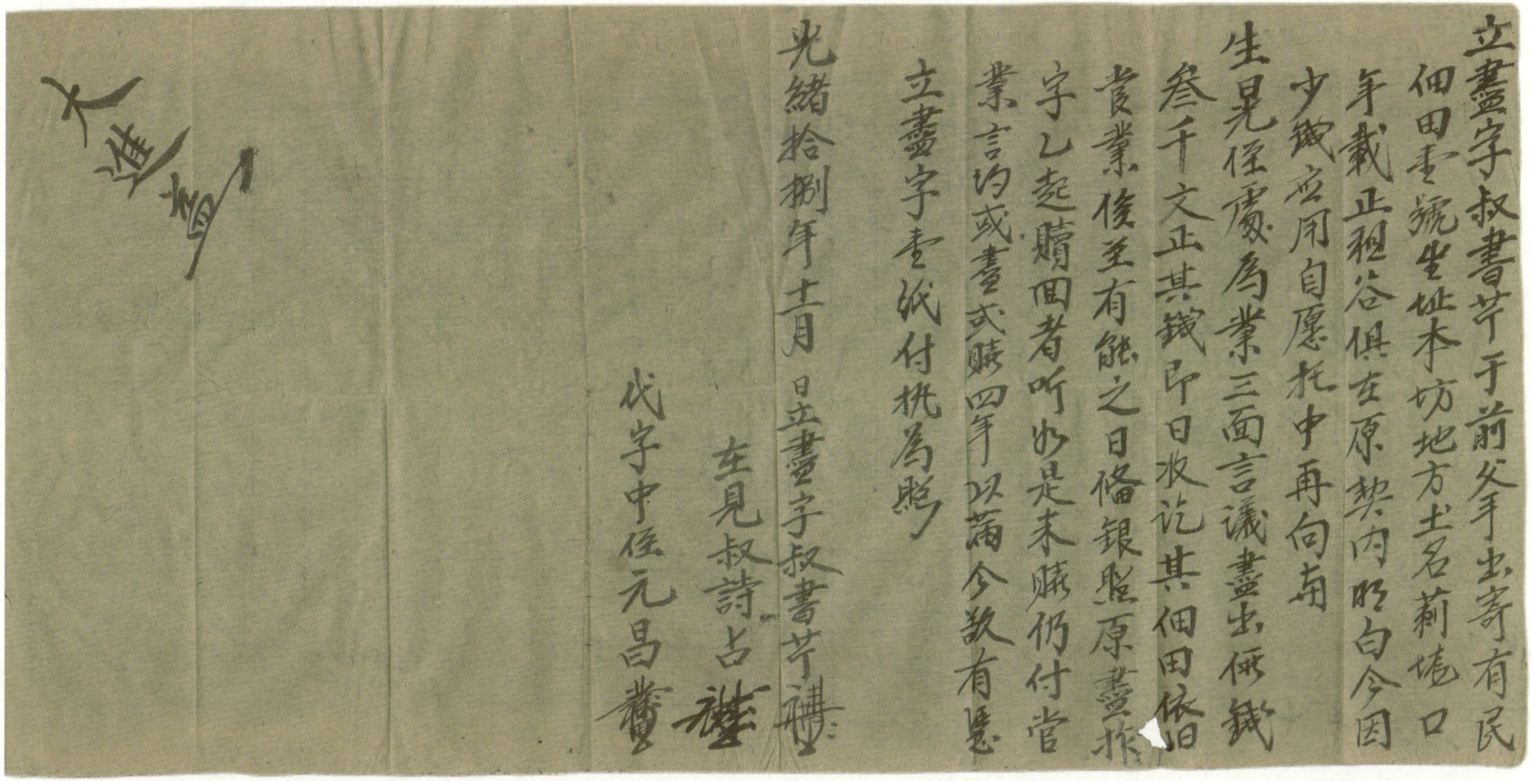

立盡字叔書芹于前父手出寄有民
佃田壹號坐址本坊地方土名莿墘口
年載正租谷俱在原契內明白今因
少錢應用自愿托中再向南
生見侄處為業三面言議盡出佃錢
叁千文正其錢即日收訖其佃田依舊
貴業後並有能之日備銀照原盡抽
字乙起贖佃者听如是未贖仍付當
業言約或壹式贖四年以滿今欲有憑
立盡字壹紙付執為照
光緒拾捌年十一月　日立盡字叔書芹（押）
在見叔詩占（押）
代字中侄元昌（押）
大進

3-2-73-8　清光緒十八年十一月葉書芹立盡民佃田字

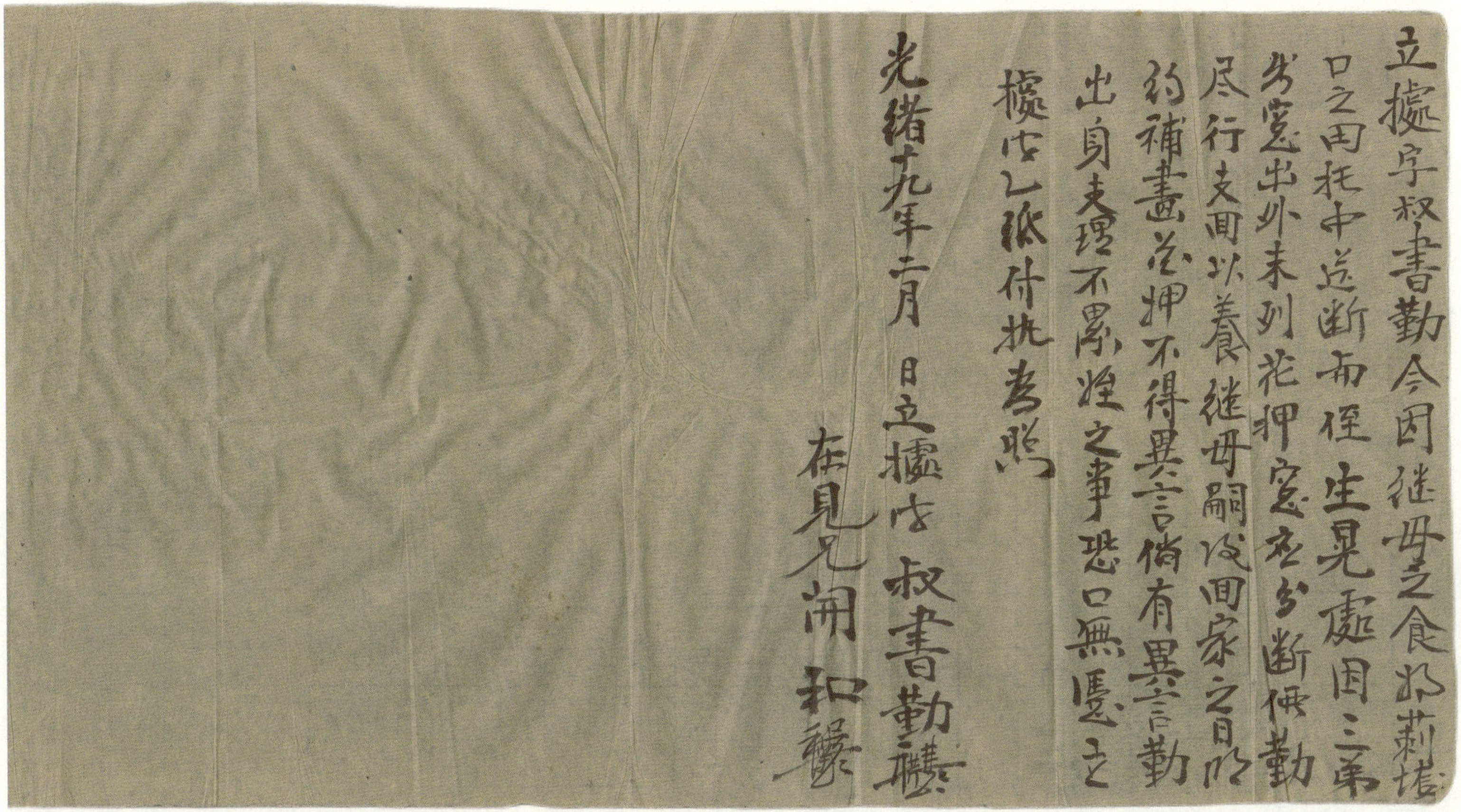
立據字叔書勤今因继母之食將莿墘
口之田托中送斷而侄生晃處因三弟
出寔出外未到花押寔在乡斷價勤
尽行支回以養继母嗣後回家之日仍
約補畫花押不得異言倘有異言勤
出身支理不累姪之事恐口無憑立
據付执為照
光緒十九年二月　日立據字　叔書勤（押）
在見兄　開和（押）

3-2-73-9　清光緒十九年二月葉書勤立據字

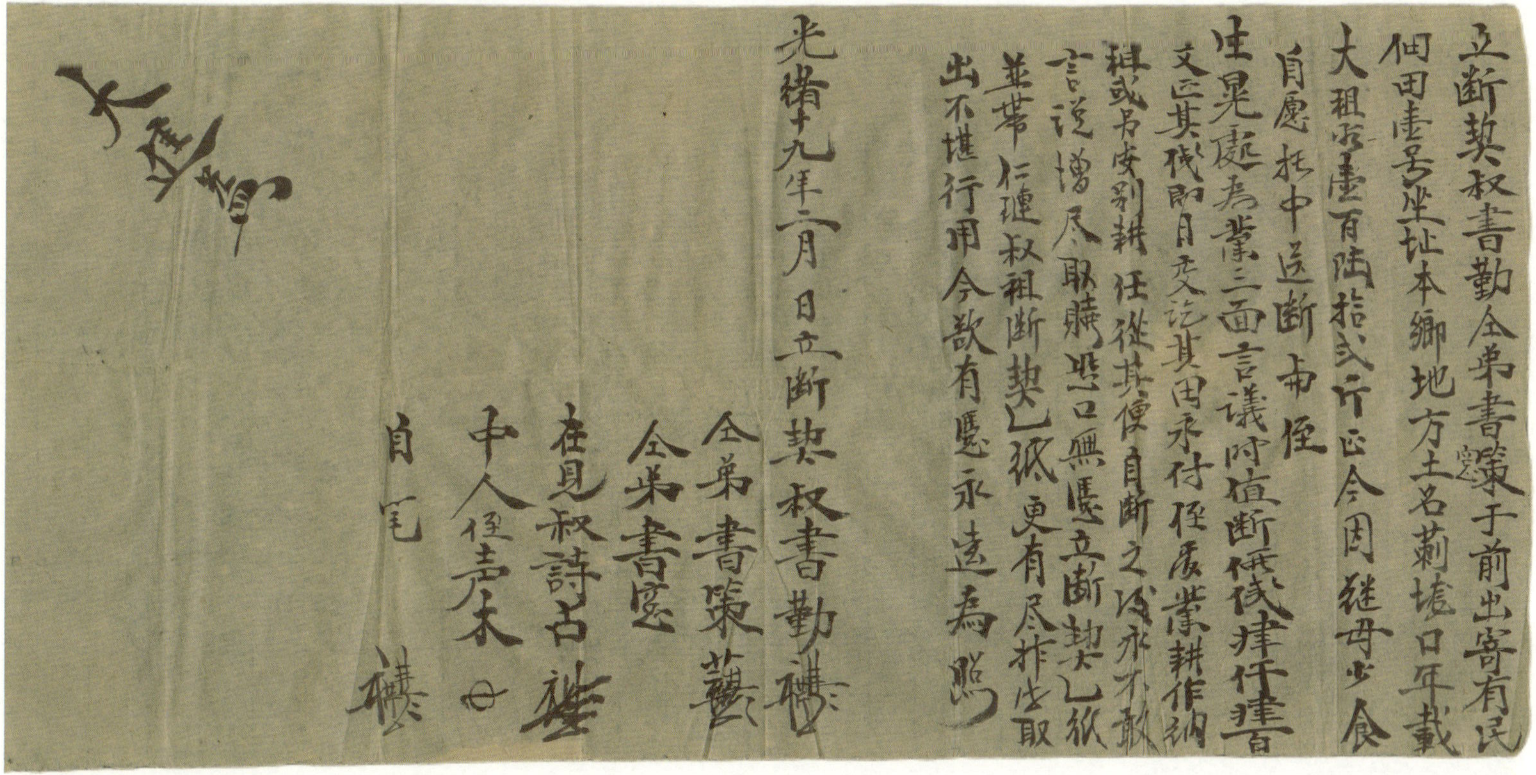
立斷契叔書勤仝弟書策于前出寄有民
佃田壹号坐址本鄉地方土名蒯墘口年載
大租谷壹百陆拾弍斤正今因継母歩食
自愿托中送断与侄
生晃處為業三面言議时值断價錢肆仟肆百
文正其錢即日交訖其田永付侄晃業耕作納
租或另安别耕任從其便自断之後永不敢
言找增尽取贖此口無憑立断契乙紙
並帯仁連叔租断契乙紙更有尽推生取
出不堪行用今欲有憑永遠為照
光緒十九年二月　日立断契叔書勤
仝弟書策
仝弟書憲
在見叔詩古
中人侄声木
自笔

3-2-73-10　清光緒十九年二月葉書勤等立斷民佃田契

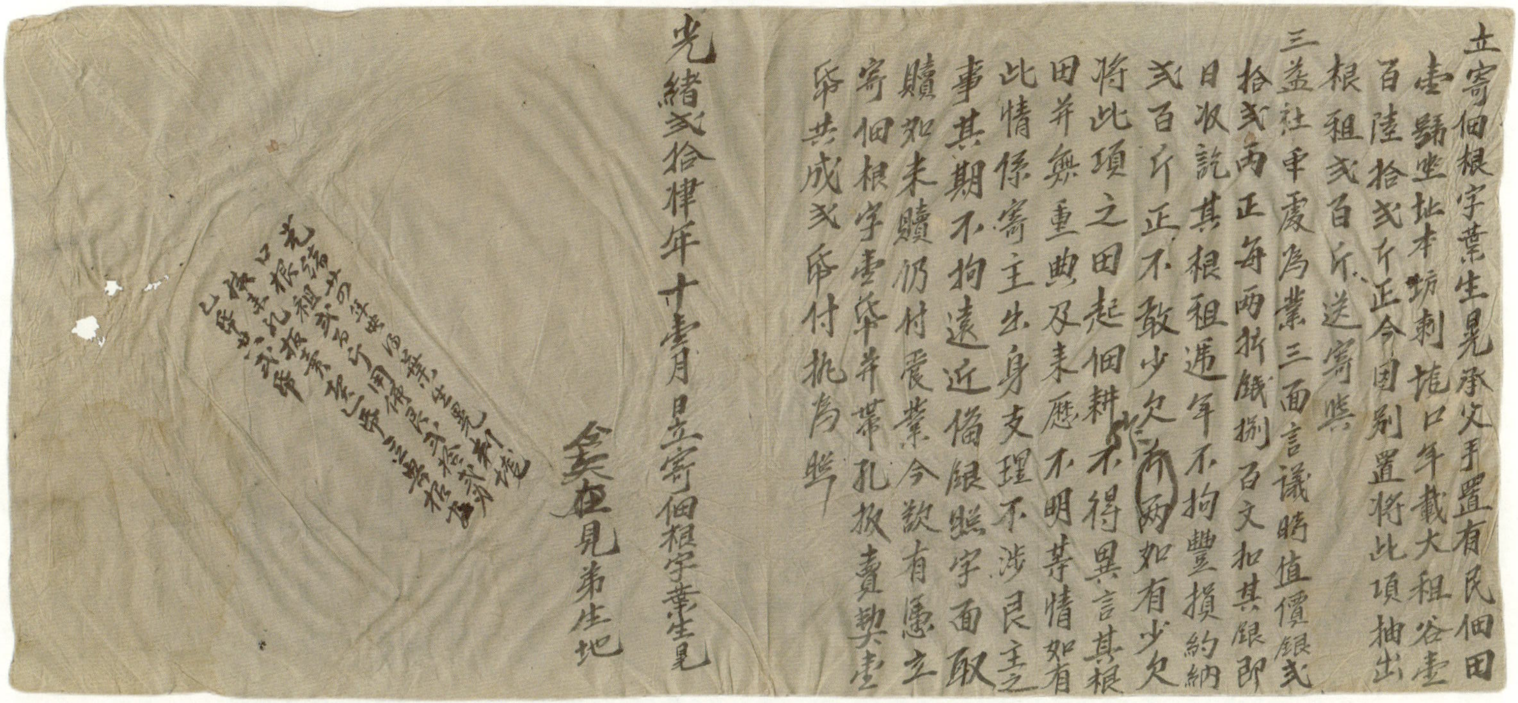
立寄佃根字葉生晃承父手置有民佃田壹號坐址本坊刺𡍼口年載大租谷壹百陸拾弍斤正，今因别置，將此項抽出根租弍百斤送寄與三盖社甲霞為業，三面言議時值價銀弍拾弍两正，每两折餞捌百文，和其銀即日收訖。其根租遞年不拘豐歉，約納弍百斤正，不敢少欠，如有少欠，將此項之田起佃耕作，不得異言。其根田并無重典及来歷不明等情，如有此情，係寄主出身支理，不涉艮主之事。其期不拘遠近，備銀照字面取贖，如未贖，仍付霞業。今欵有憑，立寄佃根字壹帋，并葉孔敉賣契壹帋，共成弍帋，付執為照。

光緒弍拾肆年十壹月　日立寄佃根字葉生晃
　　　　　　　　　　　全在見弟生地

3-2-73-11　清光緒二十四年十一月葉生晃立寄民佃田根字（草契）

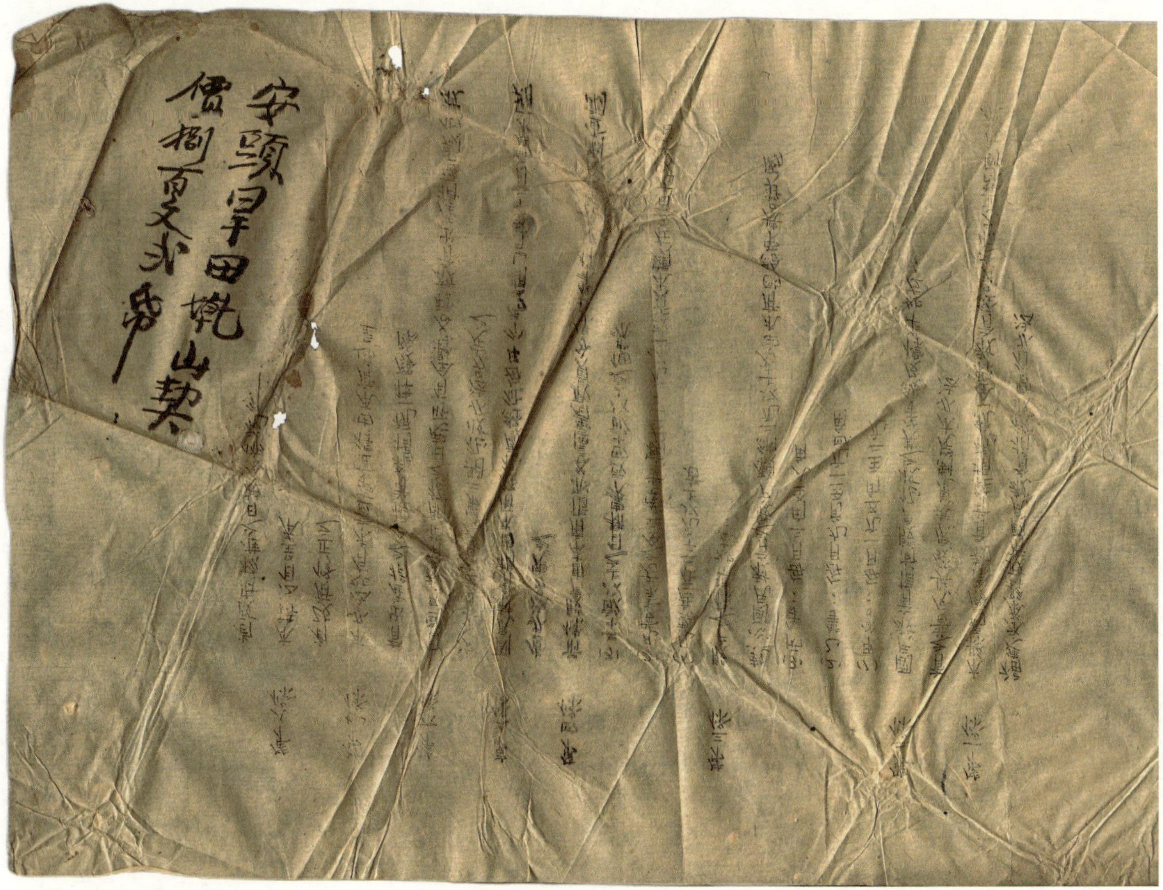

3-2-74-1　包契紙

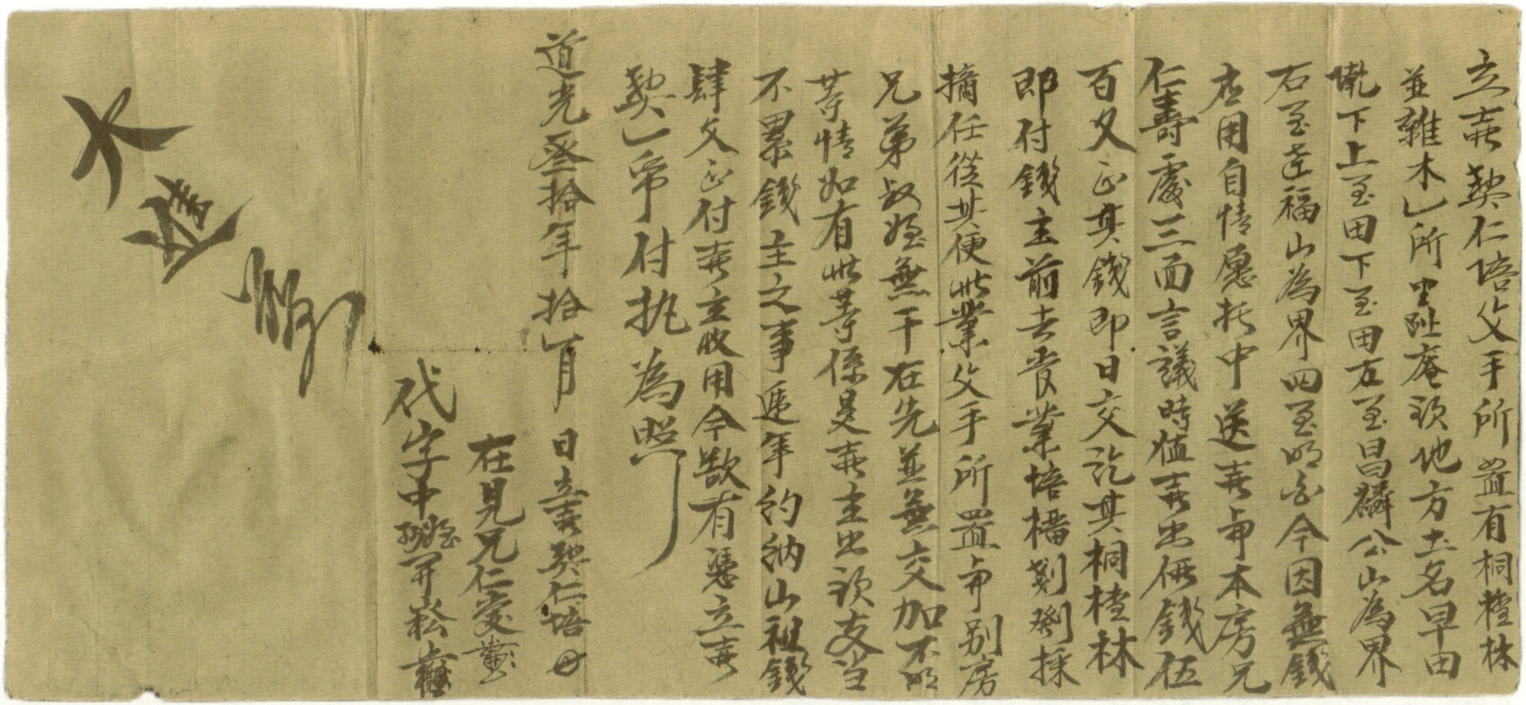

立賣契仁培父手所置有桐楂林
並雜木山一所，坐址庵頭地方，土名旱田
墘下，上至田，下至田，左至昌麟公山為界，
右至益福山為界，四至明白。今因無錢
應用，自情愿托中送賣本房兄
仁壽處三面言議，時值賣出價錢伍
百文正，其錢即日交訖，其桐楂林
即付錢主前去業培播劉採
摘，任從其便。此業父手所置，本房別房
兄弟叔侄無干，在先並無交加不明
等情，如有此等，係是賣主出頭支當，
不累錢主之事。逐年納山租錢
肆文正，付賣主收用。今欲有憑，立賣
契一帋，付執為照。

道光叁拾年拾一月　日立賣契仁培（押）
在見兄仁宴（押）
代字中孫開松（押）

3-2-74-2　清道光三十年十一月葉仁培立賣桐楂林等契

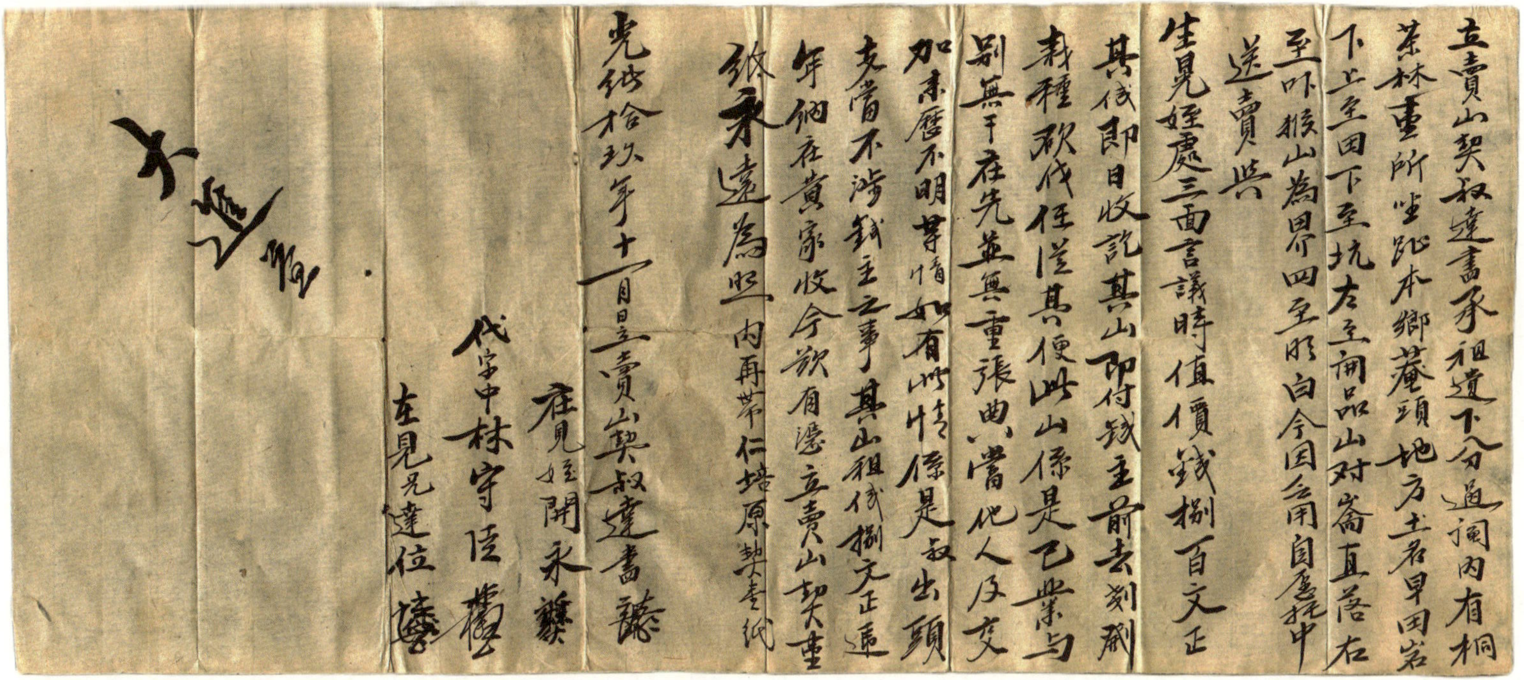
立賣山契叔達書承祖遺下分過閫內有桐
茶林壹所坐䑓本鄉菴頭地方土名早田岩
下上至田下至坑左至崗品山对崙直落右
至吓猴山為界四至明白今因乏用自愿托中
送賣與
生見姪處三面言議時值價錢捌百文正
其錢即日收訖其山即付錢主前去剡斫
栽種砍伐任從其便此山係是己業与
别無干在先並無重張典當他人及交
加來歷不明等情如有此情係是叔出頭
支當不涉錢主之事其山祖代捌文正逓
年納在貴家收今欲有憑立賣山契壹
紙永遠為照　内再帶仁塔原契壹紙
光緒拾玖年十一月日立賣山契叔達書（押）
在見姪開永（押）
代字中林守臣（押）
在見兄達位（押）

3-2-74-3　清光緒十九年十一月葉達書立賣桐茶林契

3-2-75-1　包契紙

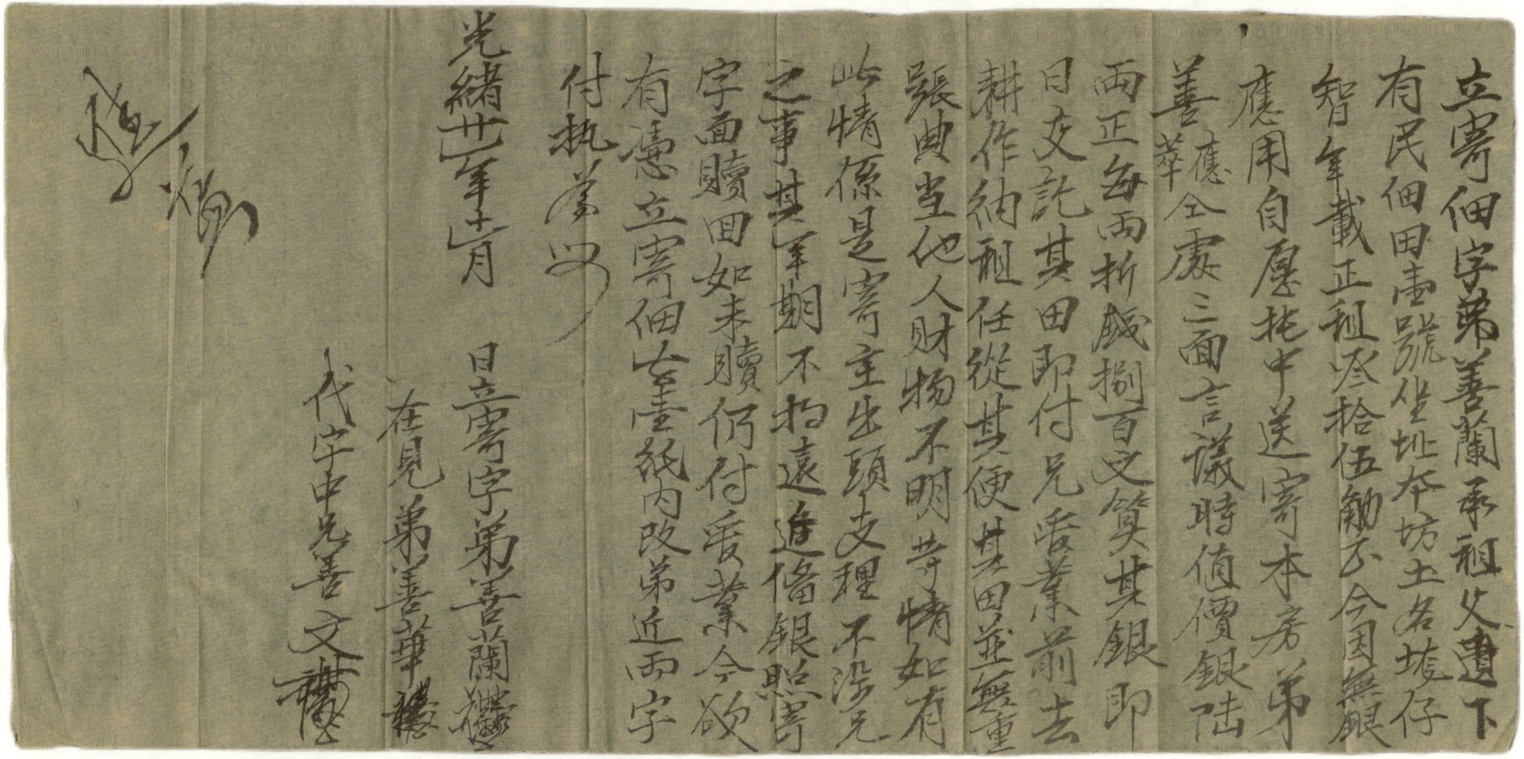
立寄佃字弟善蘭承祖父遺下
有民佃田壹號坐址本坊土名坡仔
智年載正租叁拾伍觔正今因無銀
應用自愿托中送寄本房弟
善華應仝處三面言議時值價銀陸
兩正每兩折錢捌百文算其銀即
日交訖其田即付兄管業前去
耕作納租任從其便其田並無重
張典當他人財物不明等情如有
此情係是寄主出頭支理不涉兄
之事其年朔不拘遠近備銀照寄
字面贖田如未贖仍付管業今欲
有憑立寄佃字壹紙內改弟近兩字
付執爲照
光緒廿一年十一月　日立寄字弟善蘭
在見弟善華
代字中兄善文

3-2-75-2　清光緒二十一年十一月葉善蘭立寄民佃田字

3-2-76-1　包契紙

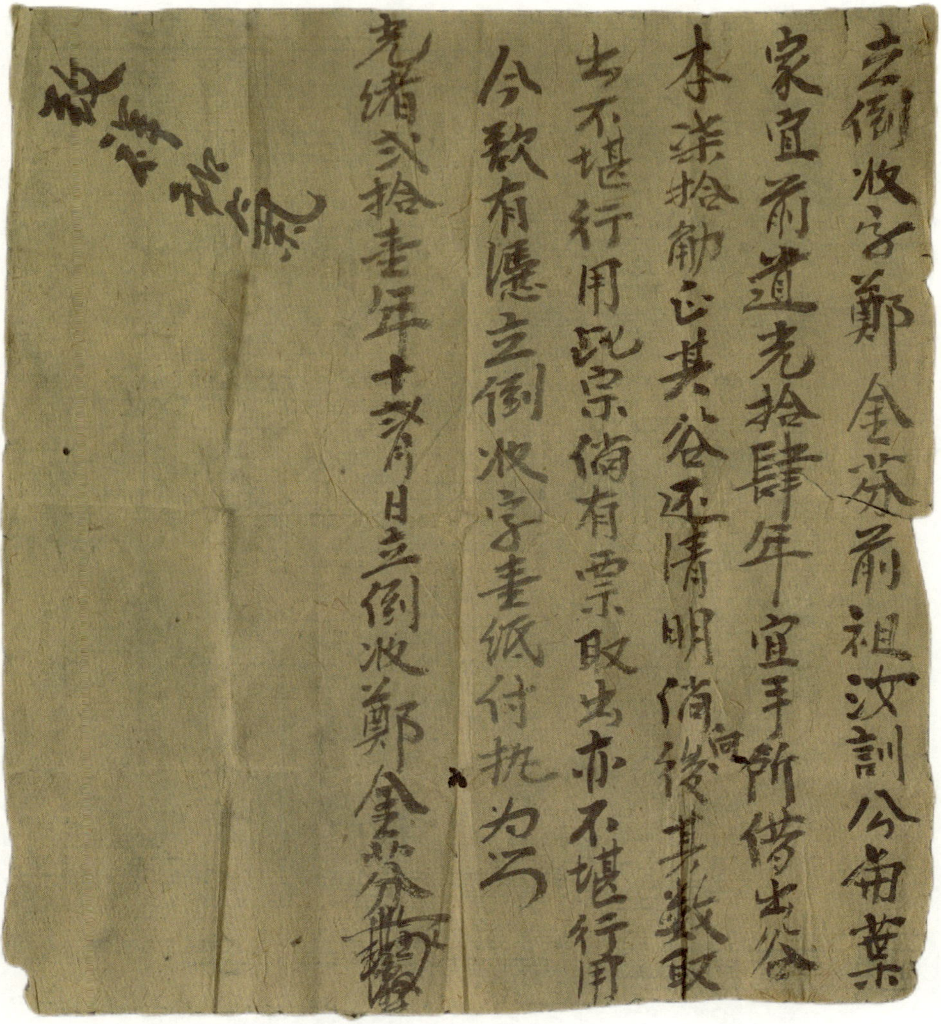
立倒收字鄭金芬前祖汝訓公弟葉
家宜前道光拾肆年宜手所借出谷
本柒拾觔正其谷還清明倘向後其數取
出不堪行用此票倘有票取出亦不堪行用
今欲有憑立倒收字壹紙付執為照
光緒弍拾壹年十弍月日立倒收鄭金芬

3-2-76-2　清光緒二十一年十二月鄭金芬立倒收字

3-2-77-1　包契紙

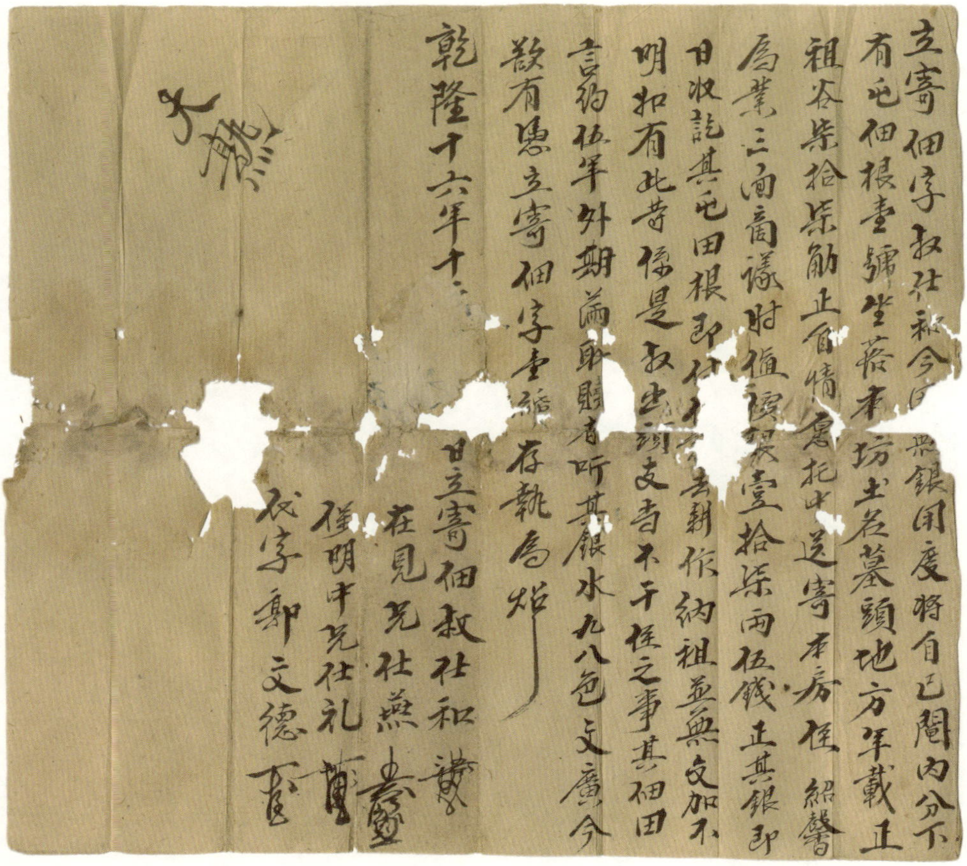
立寄佃字叔仕和今因無銀用度將自己鬮內分下
有屯佃根壹鋪坐落本坊土名墓頭地方年載正
租谷柒拾柒觔正自情愿托中送寄本房侄紹馨
爲業三面商議時值價銀壹拾柒兩伍錢正其銀即
日收訖其屯田根即付侄前去耕作納租並無欠加不
明如有此等情是叔出頭支當不干侄之事其佃田
言約伍年外期滿取贖者听其銀水九八色交價今
欲有憑立寄佃字壹紙付侄存執爲炤
乾隆十六年十二月　日立寄佃叔仕和（押）
在見兄仕燕（押）
仕明中兄仕礼（押）
代字鄭文德（押）
大熊

3-2-77-2　清乾隆十六年十二月葉仕和立寄屯佃根字

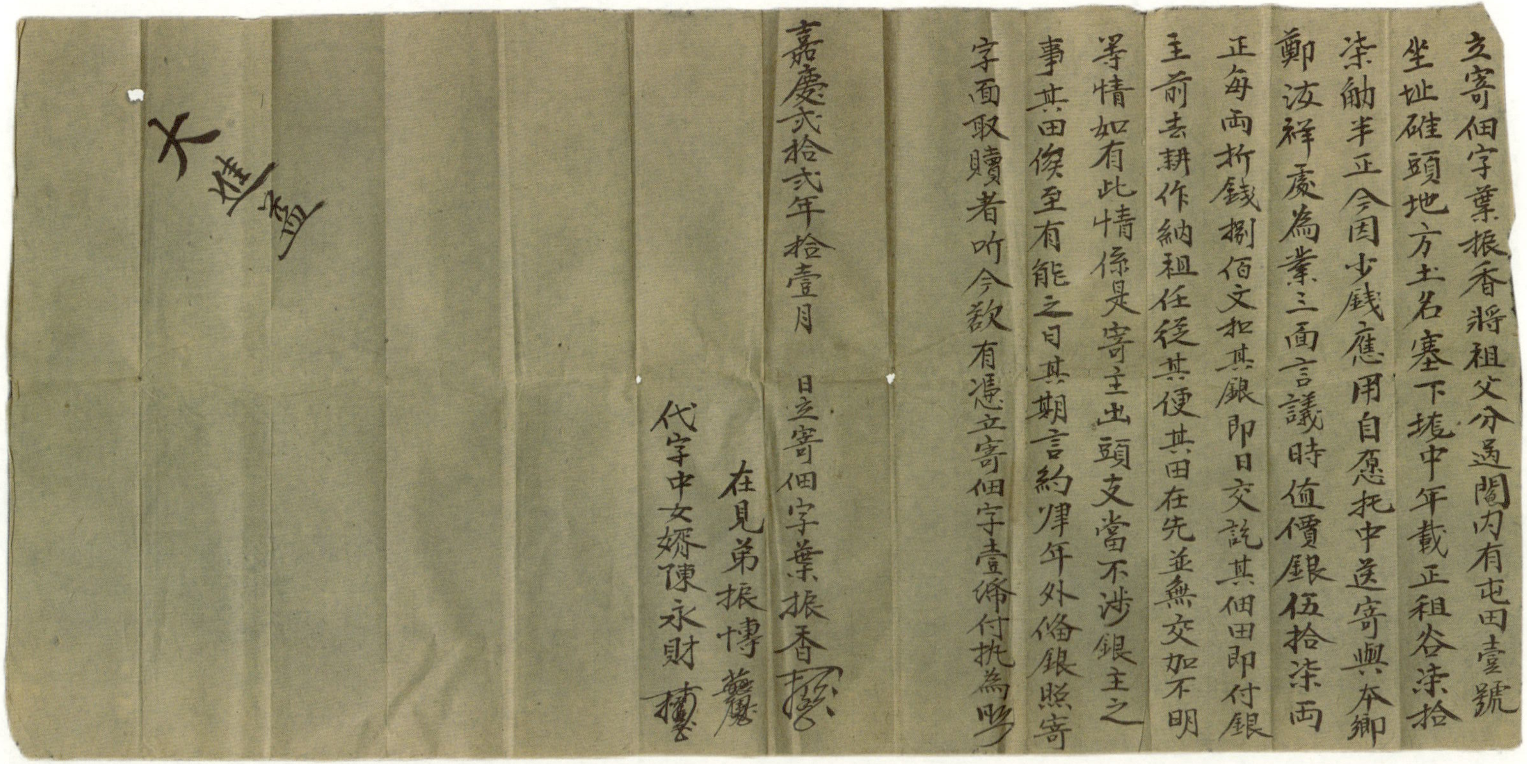

立寄佃字葉振香將祖父分過鬮内有屯田壹號
坐址碓頭地方土名塞下坵中年載正租谷柒拾
柒觔半正今因乏錢應用自愿托中送寄與本鄉
鄭汝祥處爲業三面言議時值價銀伍拾柒兩
正每兩折錢捌佰文扣其銀即日交訖其佃田即付銀
主前去耕作納租任從其便其田在先並無交加不明
等情如有此情係是寄主出頭支當不涉銀主之
事其田候至有能之日其期言約伻年外備銀照寄
字面取贖者吋今欲有憑立寄佃字壹帋付執爲照

嘉慶弍拾弍年拾壹月　日立寄佃字葉振香（押）
在見弟振博（押）
代字中女婿陳永財（押）

大進壹

3-2-77-3　清嘉慶二十二年十一月葉振香立寄佃屯田字

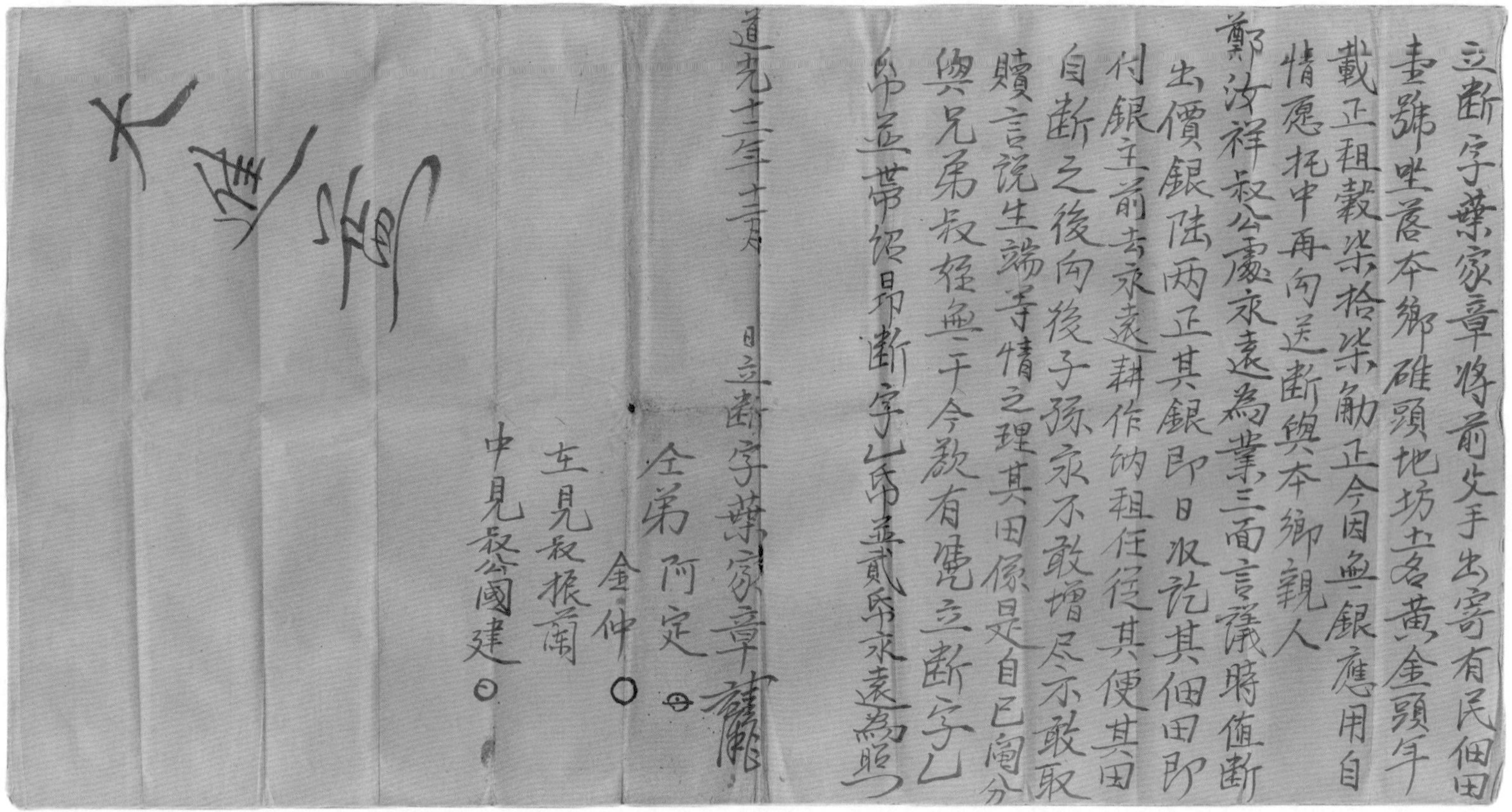

立斷字葉家章將前父手出寄有民佃田
壹號坐落本鄉碓頭地坊土名黃金頭年
載正租穀柒拾柒觔正今因無銀應用自
情愿托中再向送斷與本鄉親人
鄭汝祥叔公處永遠為業三面言議時值斷
出價銀陸兩正其銀即日收訖其佃田即
付銀主前去永遠耕作納租任從其便其田
自斷之後向後子孫永不敢增盡不敢取
贖言說生端等情之理其田係是自己阄分
與兄弟叔侄無干今欲有憑立斷字乙
紙並帶佃帖斷字乙紙並貳紙永遠為照

道光十二年十二月　日立斷字葉家章
仝弟　阿定
金仲
在見叔振蘭
中見叔公國建

3-2-77-4　清道光十二年十二月葉家章等立斷民佃田字

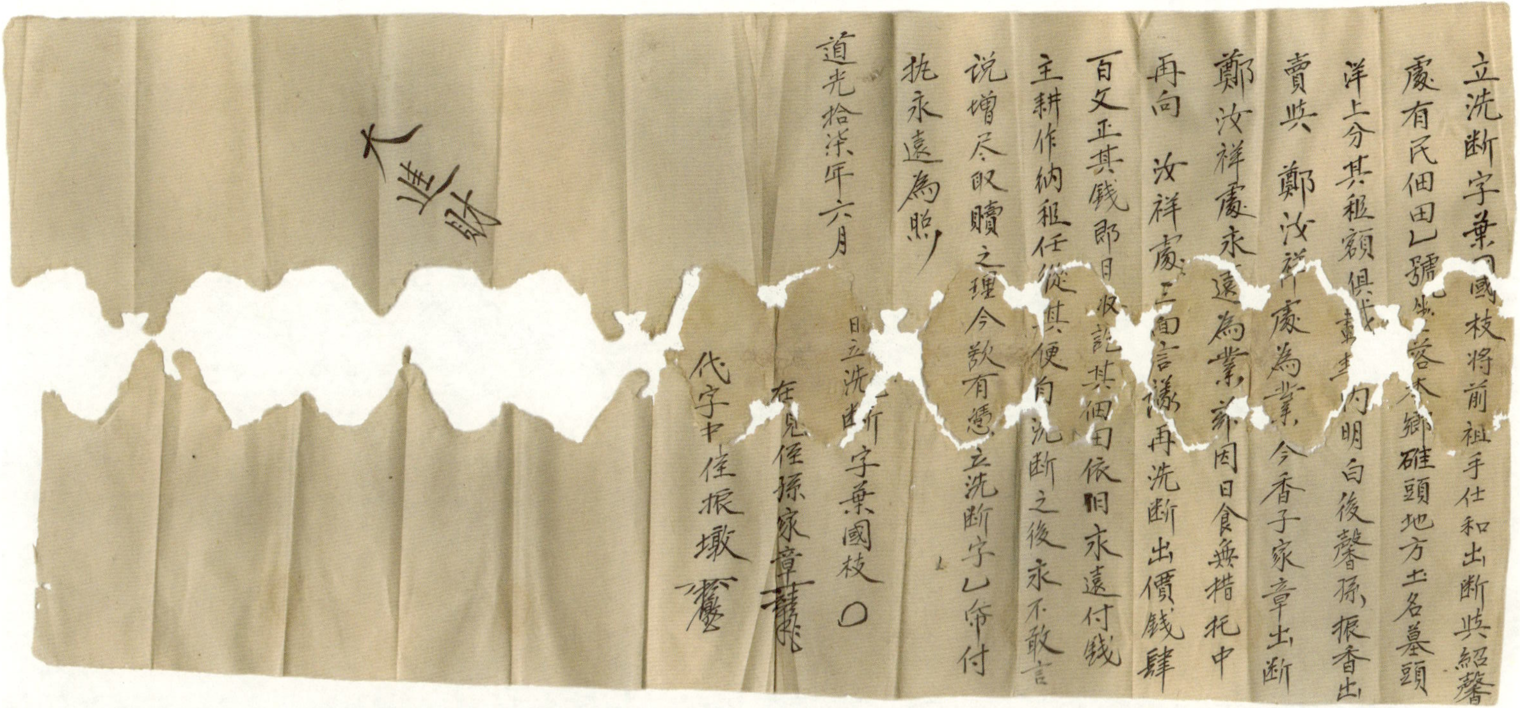
立洗断字葉國枝將前祖手仕和出断與紹馨
處有民佃田乙號坐落本鄉碓頭地方土名墓頭
洋上分其租額俱載[illegible]内明白後馨孫振香出
賣與　鄭汝祥處為業，今香子家章出断
鄭汝祥處永遠為業，茲因日食無措托中
再向　汝祥處三面言議再洗断出價錢肆
百文正其錢即日收訖其佃田依旧永遠付錢
主耕作納租任從其便自洗断之後永不敢言
説增尽取贖之理今欲有憑立洗断字乙帋付
執永遠為照。
道光拾柒年六月　日立洗断字葉國枝〇
在見侄孫家章(押)
代字中侄振墩(押)

3-2-77-5　清道光十七年六月葉國枝立洗斷民佃田字

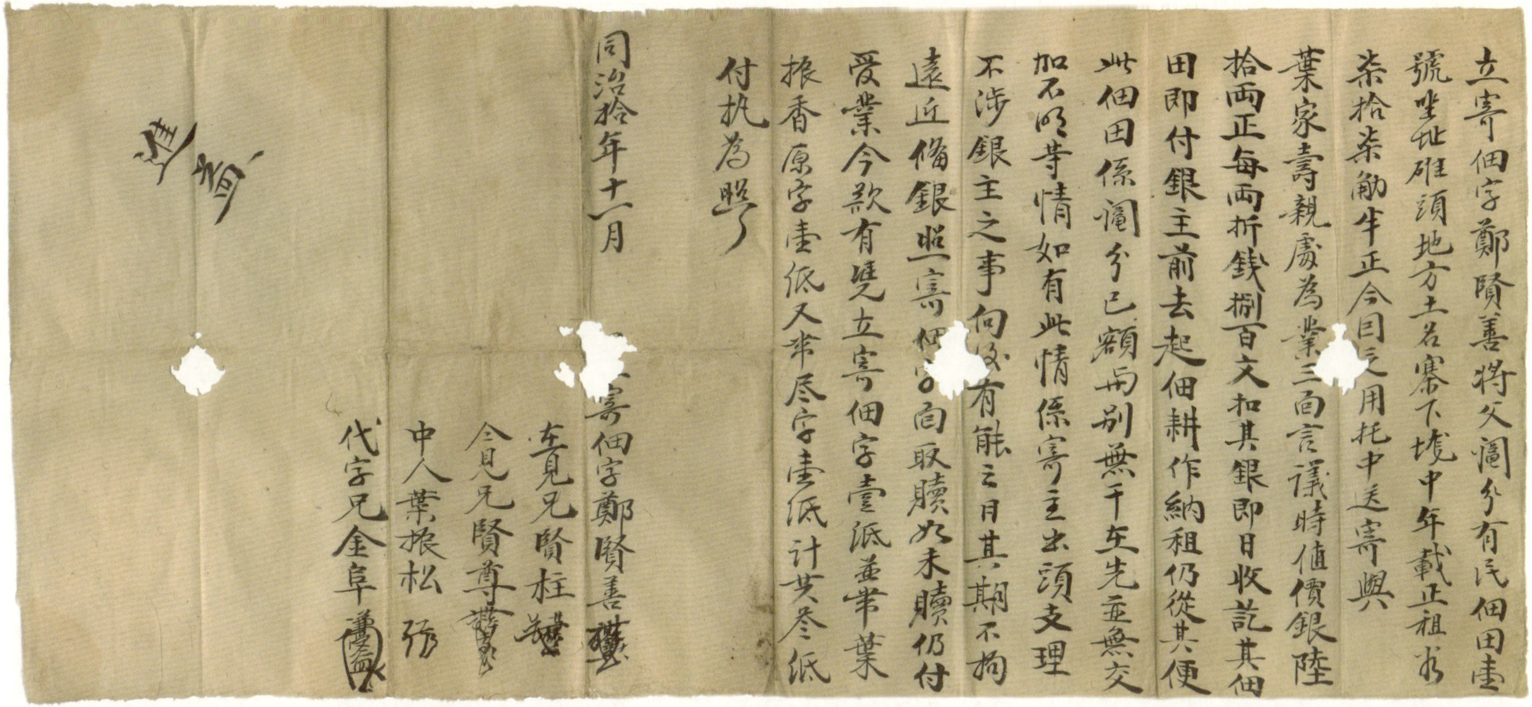

立寄佃字鄭賢善將父鬮分有民佃田壹
號坐址硿頭地方土名寨下墘中年載正租米
柒拾柒觔半正今因乏用托中送寄與
葉家壽親處為業三面言議時值價銀陸
拾兩正每兩折錢捌百文和其銀即日收訖其佃
田即付銀主前去起佃耕作納租仍從其便
此佃田係鬮分己額與別無干在先並無交
加不明等情如有此情係寄主出頭支理
不涉銀主之事向後有能之日其期不拘
遠近備銀照寄佃[illegible]向取贖如未贖仍付
受業今欲有憑立寄佃字壹紙並帶業
根香原字壹紙又串尽字壹紙計共叁紙
付執為照

同治拾年十一月　日立寄佃字鄭賢善（押）
在見兄賢柱（押）
全見兄賢尊（押）
中人葉根松（押）
代字兄金阜（押）

建壽

3-2-77-6　清同治十年十一月鄭賢善立寄民佃田字

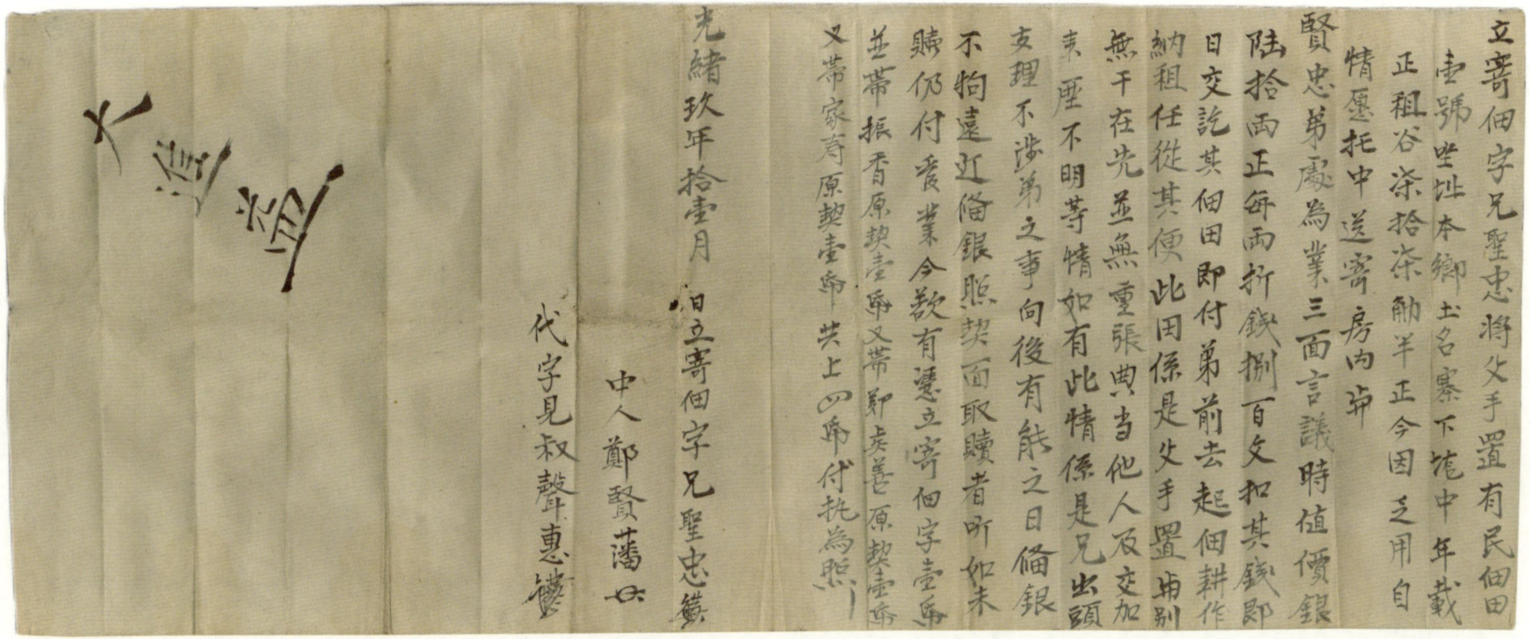
立寄佃字兄聖忠將父手置有民佃田
壹號坐址本鄉土名寨下墘中年載
正租谷柒拾柒觔半正今因乏用自
情愿托中送寄房內弟
賢忠弟處為業三面言議時值價銀
陸拾両正每両折錢捌百文扣其錢即
日交訖其佃田即付弟前去起佃耕作
納租任從其便此田係是父手置物别
無干在先並無重張典當他人及交加
來歷不明等情如有此情係是兄出頭
支理不涉弟之事向後有能之日備銀
不拘遠近備銀照契面取贖者听如未
贖仍付養業今欲有憑立寄佃字壹紙
並帶振香原契壹紙又帶鄭炎善原契壹紙
又帶家寄原契壹紙　共上四紙付執為照。
光緒玖年拾壹月　日立寄佃字兄聖忠（押）
中人鄭賢藩（押）
代字見叔聲惠（押）

3-2-77-7　清光緒九年十一月葉聖忠立寄民佃田字

立尽字鄭賢善[illegible]前年出寄黄玲頭
立田租額俱載原[illegible]内明白今因乏錢應
用自情愿再送[illegible]
葉進爲親房爲業三面言議時值尽出
價錢壹千弍百文正其錢即日交訖其田
向後有能之日備錢照原尽字取贖如是
未贖仍付管業今欲有凴立尽字
壹紙付执爲[illegible]
光緒弍拾弍年[illegible]字再照
[illegible]立尽字鄭賢善
侄煌昌
执筆

3-2-77-8　清光緒二十二年鄭賢善立盡田租字

3-2-78-1　包契紙

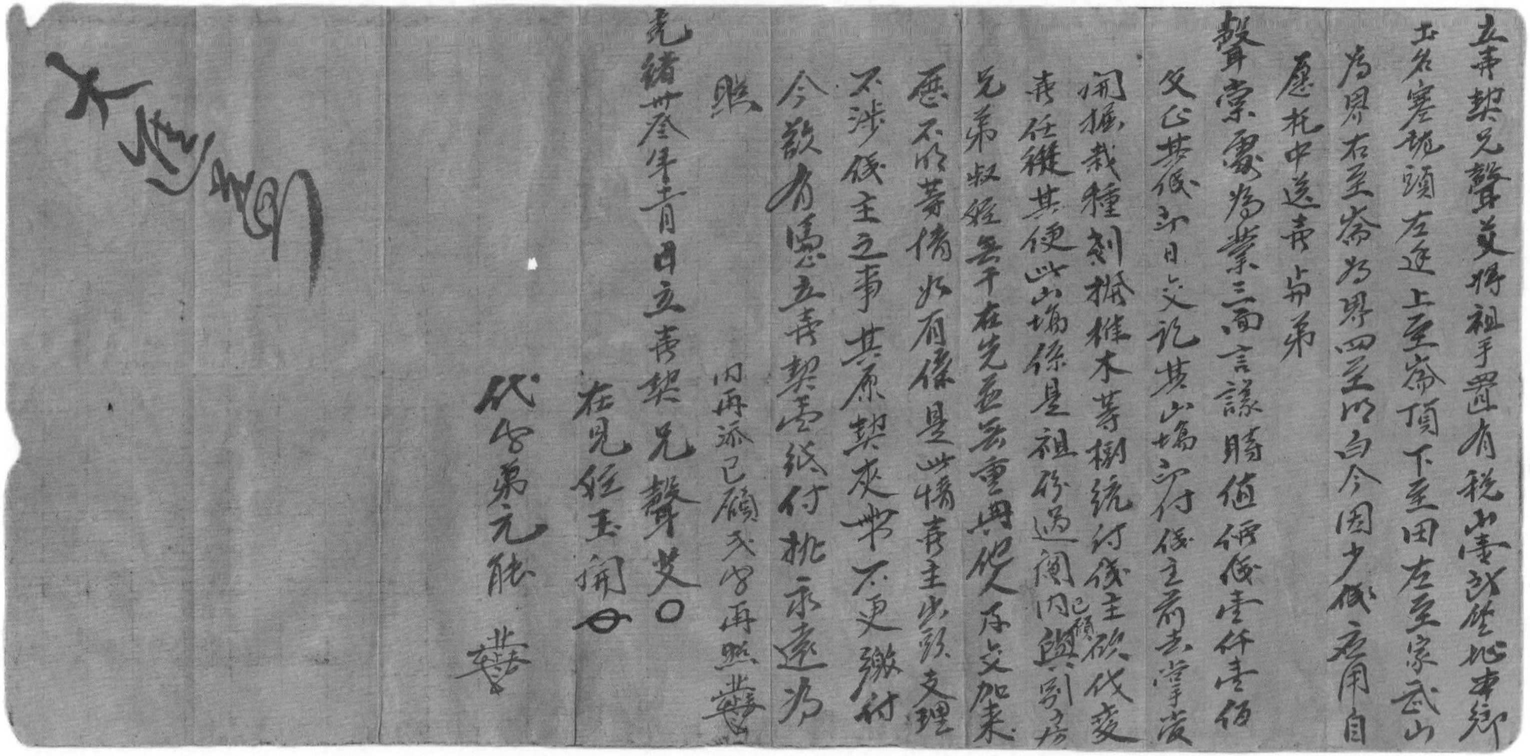
立賣契兄聲艾將祖手置有稅山壹號坐址本鄉
土名塞跪頭左近上至崙頂下至田左至家武山
為界右至崙為界四至明白今因少錢應用自
願托中送賣与弟
聲棠處為業三面言議時值價錢壹仟壹佰
文正其錢即日交訖其山塲即付錢主前去掌管
開掘栽種剎掘椎木等樹統付錢主砍伐變
賣任從其便此山塲係是祖遺關內已領與別房
兄弟叔姪無干在先並無重典他人存交加來
歷不明等情如有係是此情賣主出頭支理
不涉錢主之事其原契夾帶不更繳付
今欲有憑立賣契壹紙付執永遠為
照
內再添已領弍字再照 艾
光緒卅叁年十一月日立賣契兄聲艾〇
在見姪玉開
代字弟元能 艾

3-2-78-2　清光緒三十三年十一月葉聲艾立賣稅山契

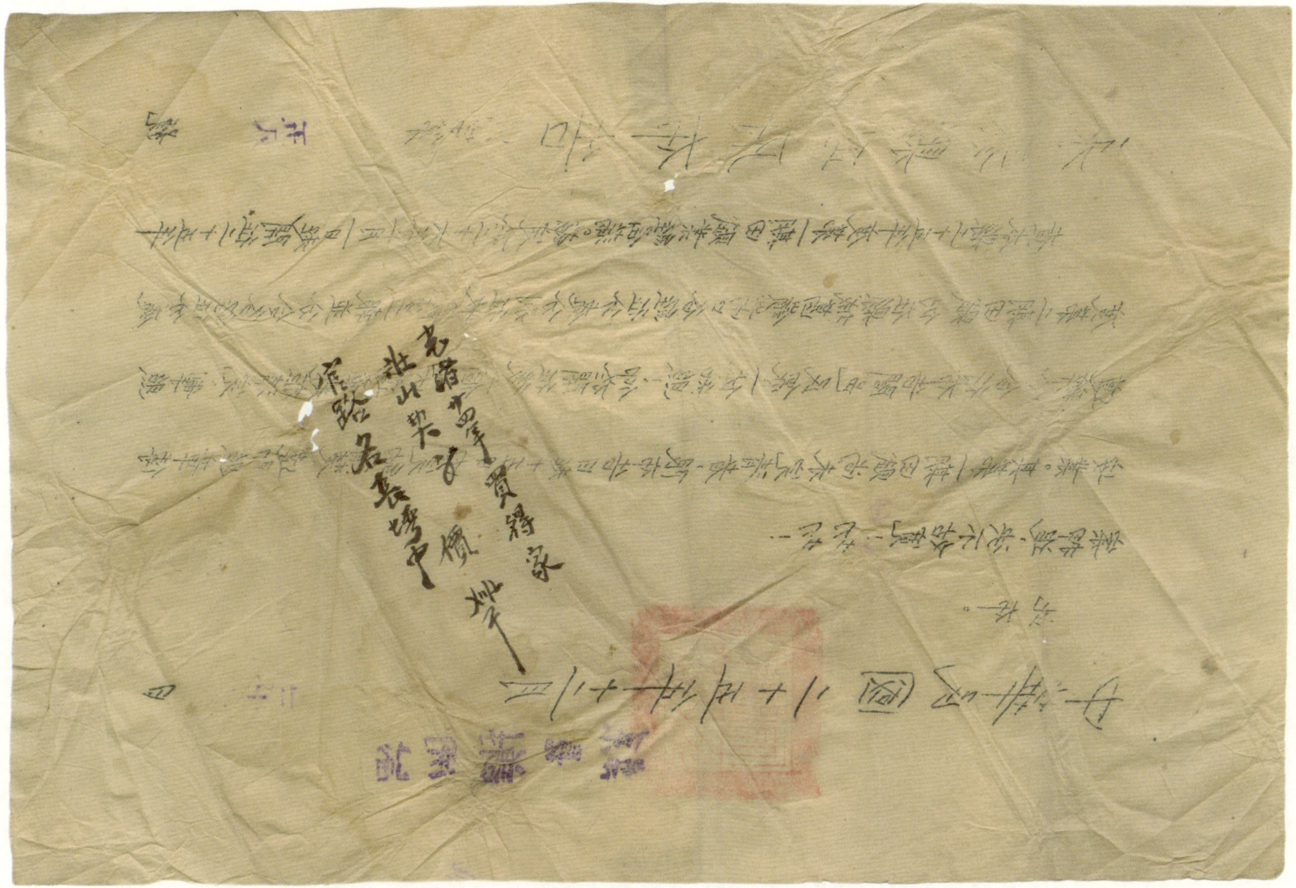

3-2-79-1　包契紙

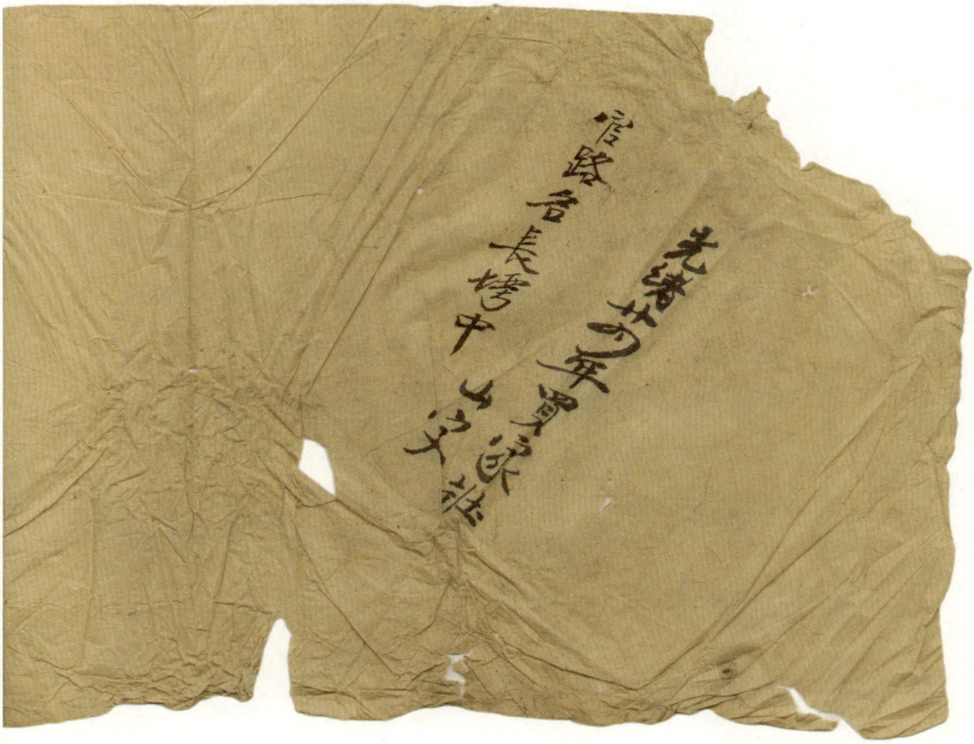

3-2-79-2 包契紙

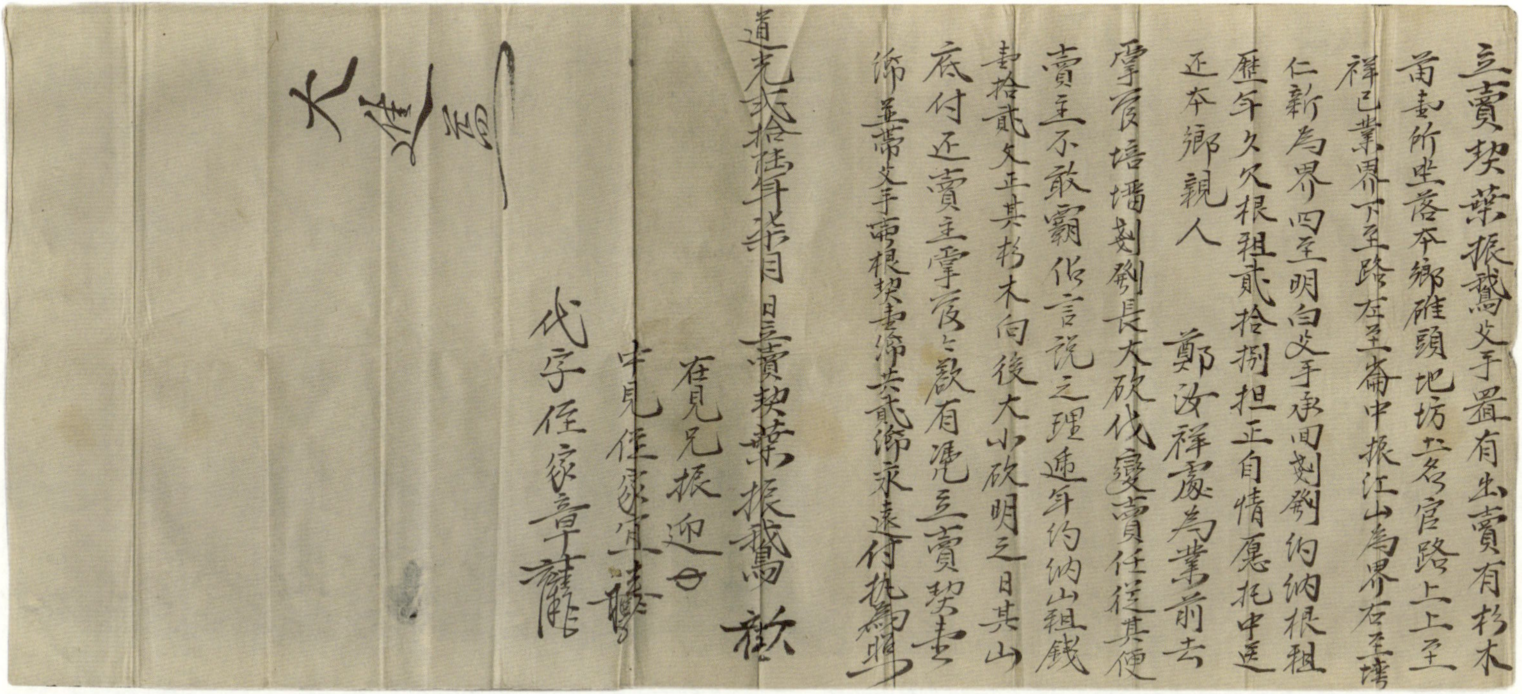
立賣契葉振鷟父手置有出賣有杉木
苗壹所，坐落本鄉碓頭地方，土名官路上，上至
祥已業界，下至路，左至崙中振江山為界，右至墻
仁新為界，四至明白。父手承佃剗劉納根租
歷年久欠根租貳拾捌担正，自情愿托中送
还本鄉親人　鄭汝祥處為業。前去
掌管培播剗劉長大砍伐變賣，任從其便。
賣主不敢霸佔言說之理。逓年約納山租錢
壹拾貳文正。其杉木向後大小砍明之日，其山
底付还賣主掌管。今欲有憑，立賣契壹
紙，並帶父手兩根契壹紙，共貳紙，永遠付執為照。
道光貳拾陸年柒月　日立賣契葉振鷟（押）
在見兄振迎（押）
中見侄家寶（押）
代字侄家章（押）
大吉

3-2-79-3　清道光二十六年七月葉振鷟立賣杉木苗契

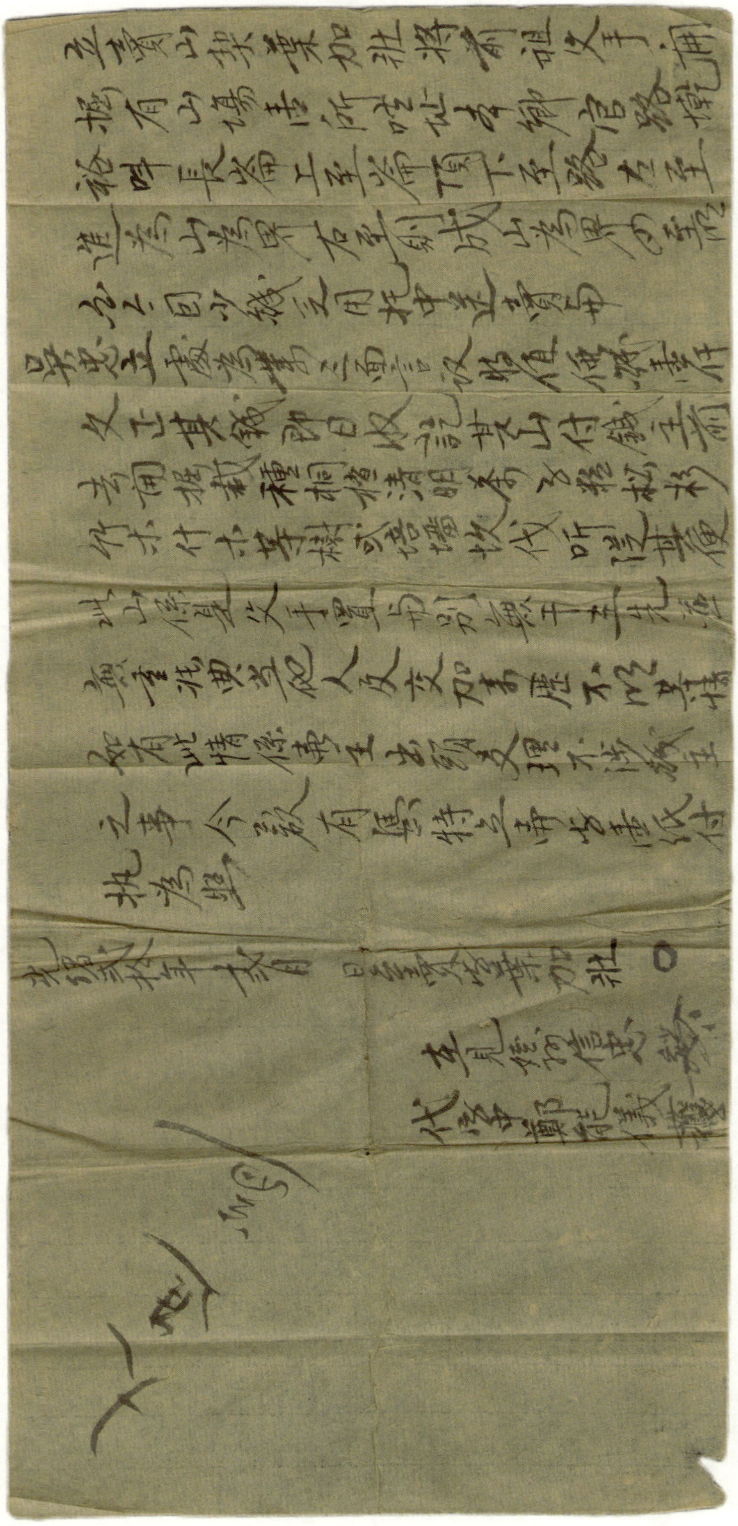

3-2-79-4　清光緒二十年十二月葉加壯立賣山場契

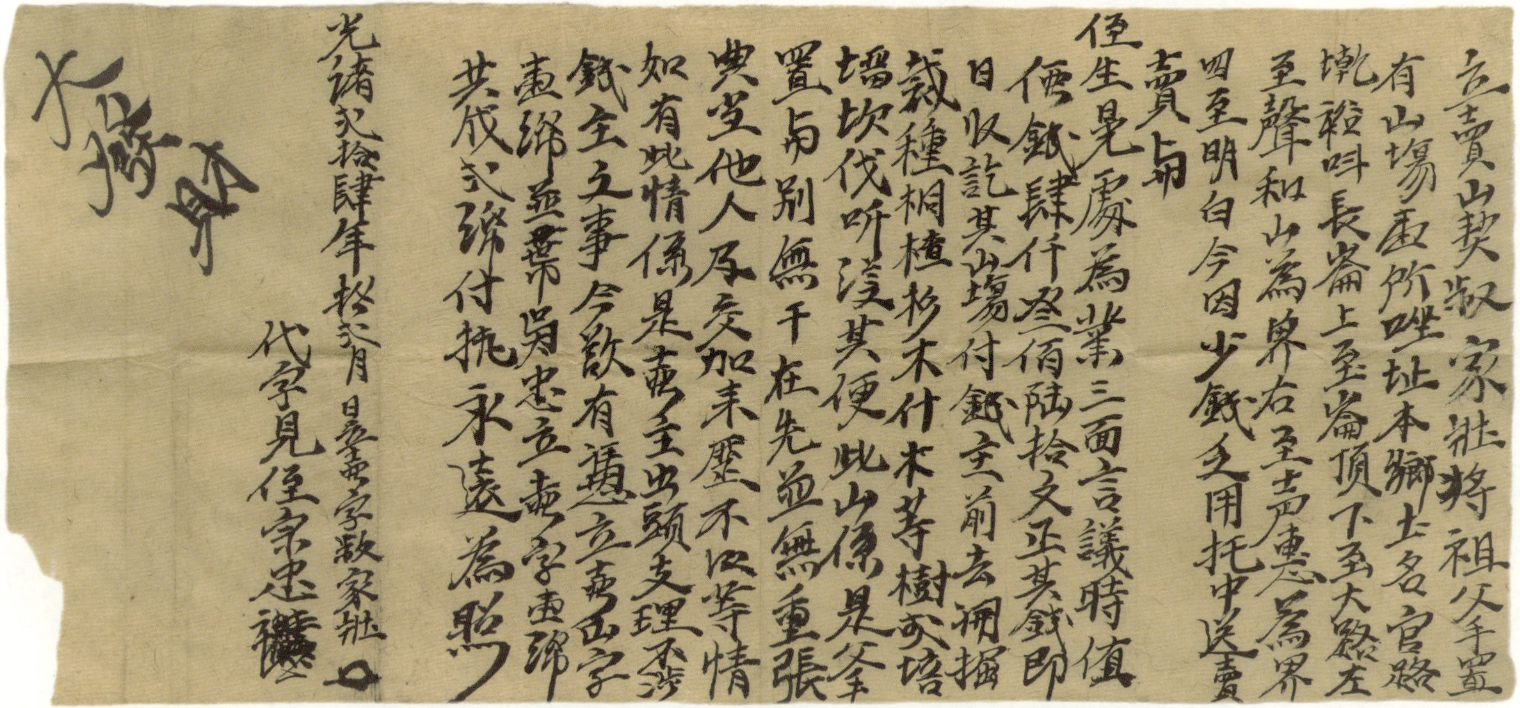

3-2-79-5　清光緒二十四年十二月葉家壯立賣山場契

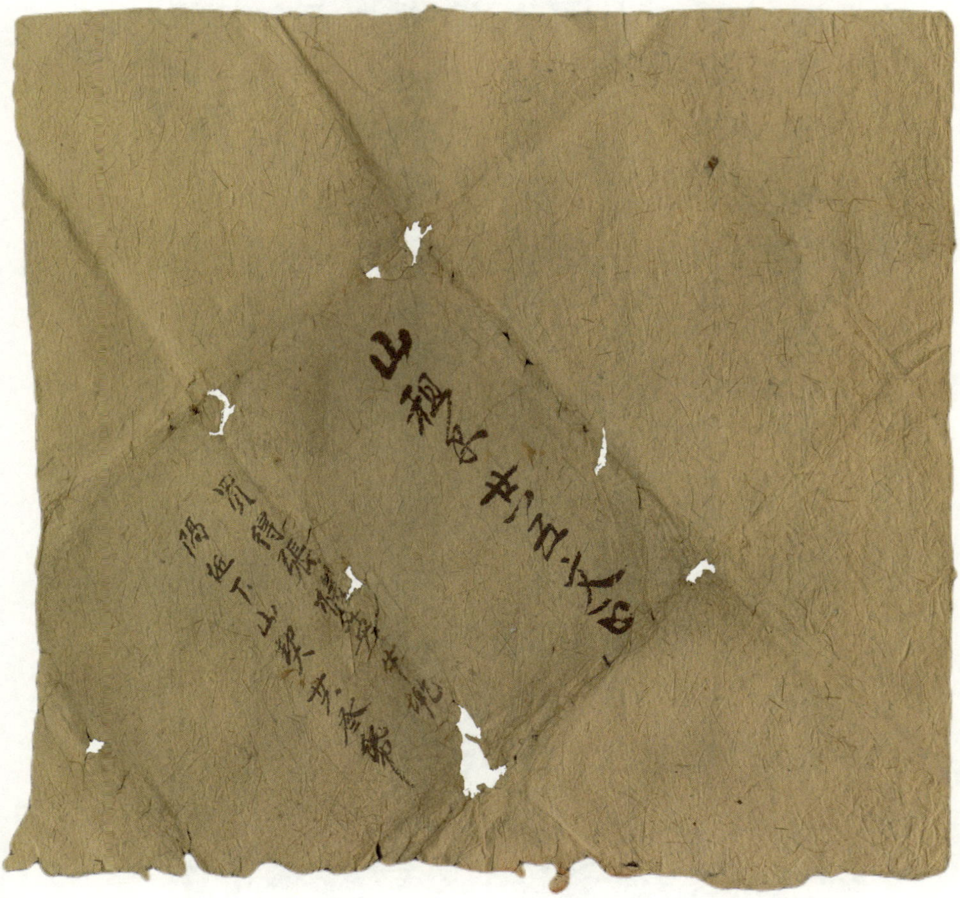

3-2-80-1　包契紙

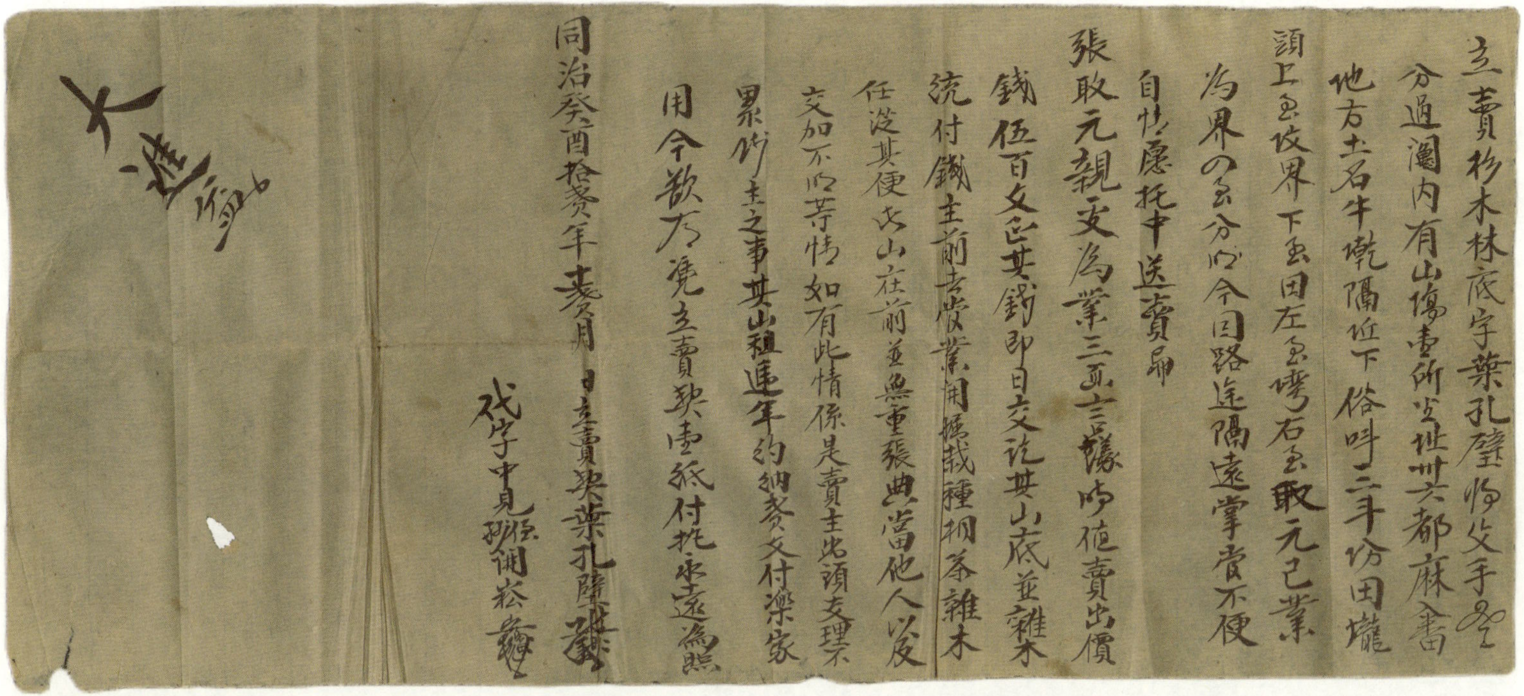

立賣杉木林底字葉孔璧，今父手分過鬮內有山場壹所，坐址卅六都麻畲地方，土名牛乾隔坵下，俗呼二手坊田壠頭上，至坟界，下至田，左至墘，右至耿元己業為界，四至分明。今因路途隔遠，掌管不便，自情愿托中送賣與張耿元親交為業。三面言議，時值賣出價錢伍百文正，其錢即日交訖。其山底並雜木流付錢主前去管業，開掘栽種桐茶雜木，任從其便。此山在前並無重張典當他人，以及交加不明等情，如有此情，係是賣主出頭支理，不累錢主之事。其山租逐年約納參文付梁家用。今欲有憑，立賣契壹紙付執，永遠為照。

同治癸酉拾貳年拾貳月　日立賣契葉孔璧（押）

代字中見孫[illegible]

大進

3-2-80-2　清同治十二年十二月葉孔璧立賣山場等契

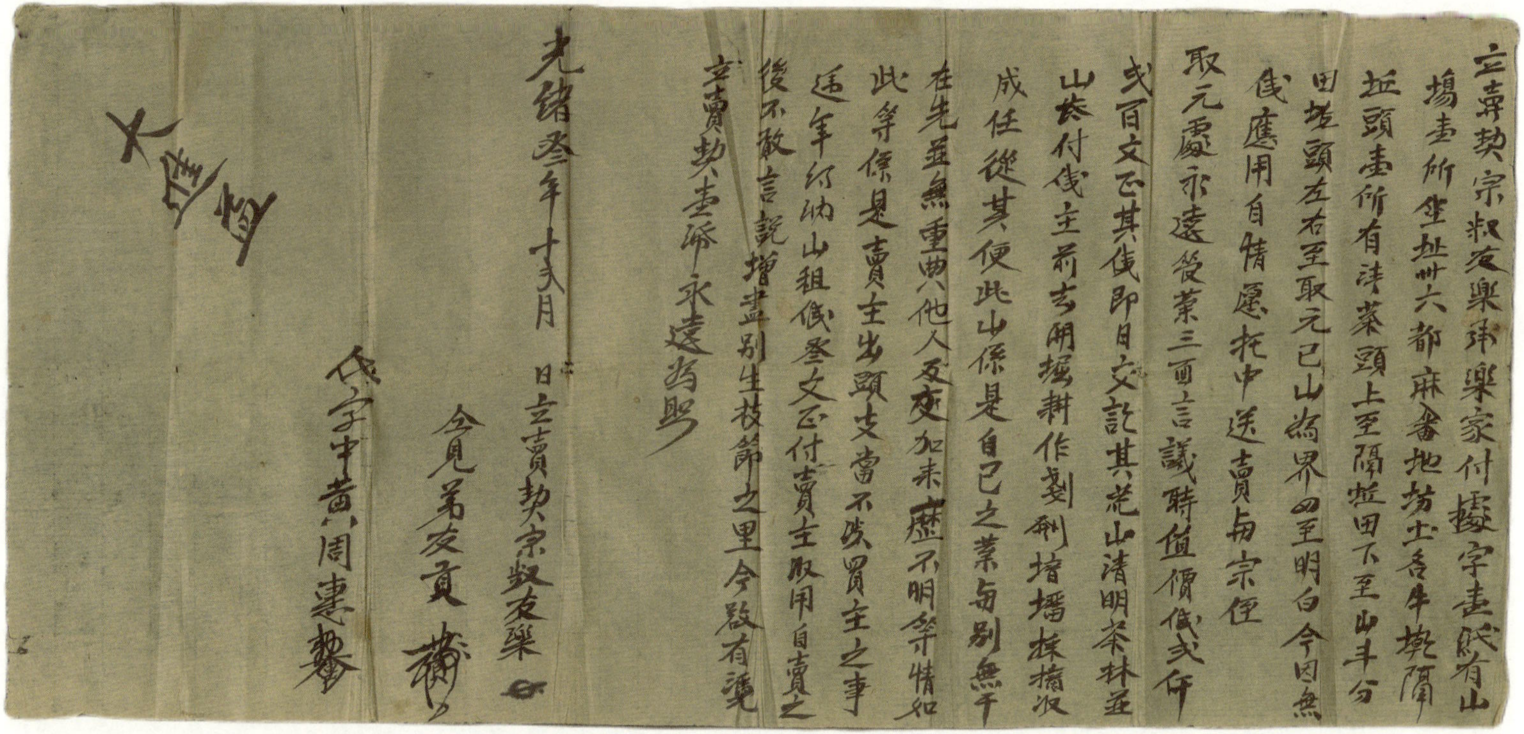

3-2-80-3 清光緒三年十二月葉友樂立賣山場契

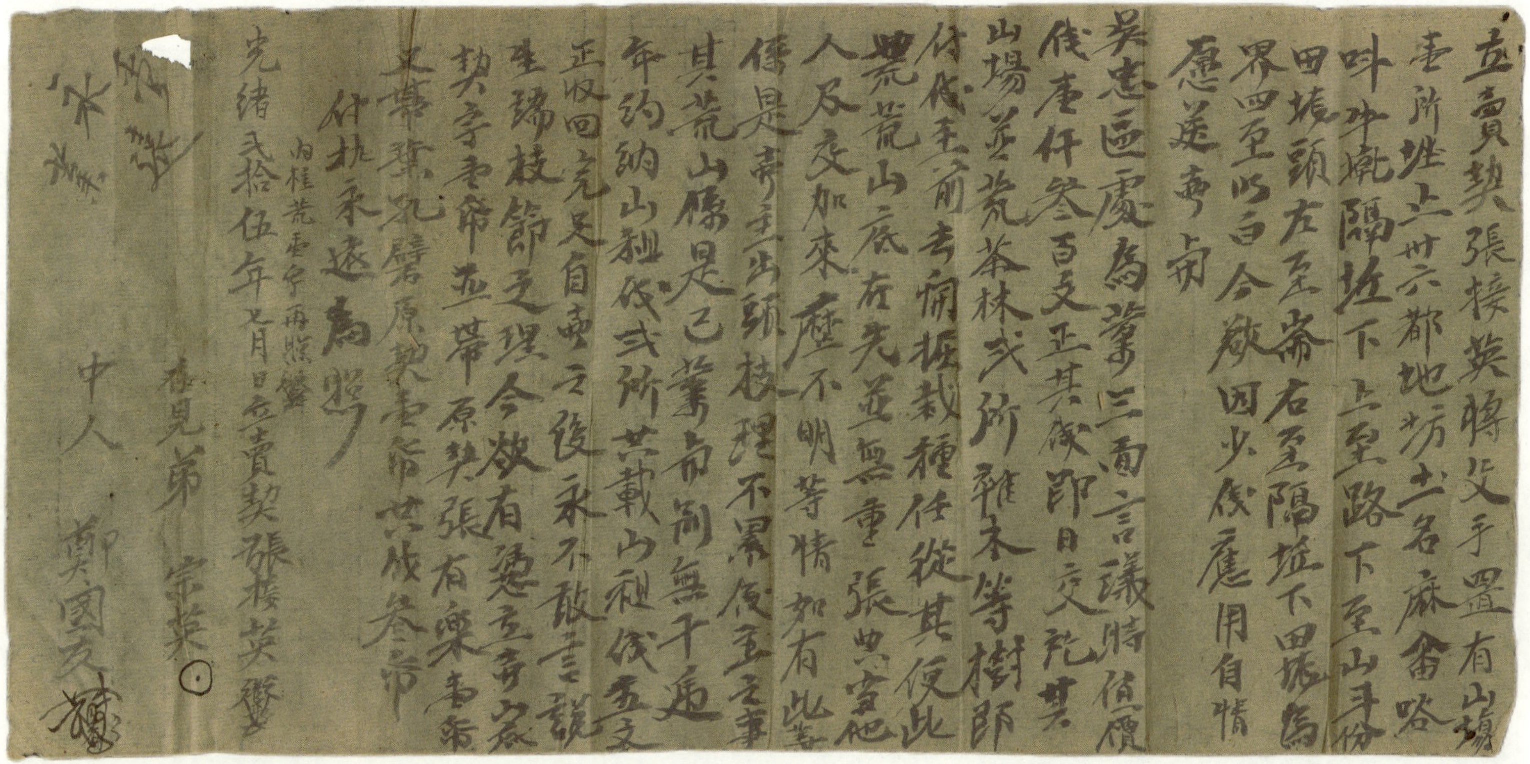
立賣契張接英轉父手置有山塲
壹所址在廿六都地坊土名麻畲路
叶坪墘隔垅下上至路下下至山耳份
田垅頭左至崙右至隔垅下田垅為
界四至明白今欲因少錢應用自情
願送與房
英惠邊處為業三面言議時值價
錢壹仟叁百文正其錢即日交訖其
山場並荒茶林式所雜木等樹即
付錢主前去開掘栽種任從其便此
業荒山底在先並無重張典當他
人及交加來歷不明等情如有此等
係是賣主出頭枝理不累錢主之事
其荒山係是已業前無干涉
每年納山租錢式所共載山租錢壹文
正收回完足自賣之後永不敢言說
生端枝節之理今欲有憑立賣字
契字壹帋並帶原契張有樂壹帋
又帶葉兒碧原契壹帋共成叁帋
付執永遠為照
內桂荒壹字再照
光緒式拾伍年七月　日立賣契孫張接英
在見弟　宗英
中人　鄭國友
代筆　宗蓬

3-2-80-4　清光緒二十五年七月張接英立賣山場契

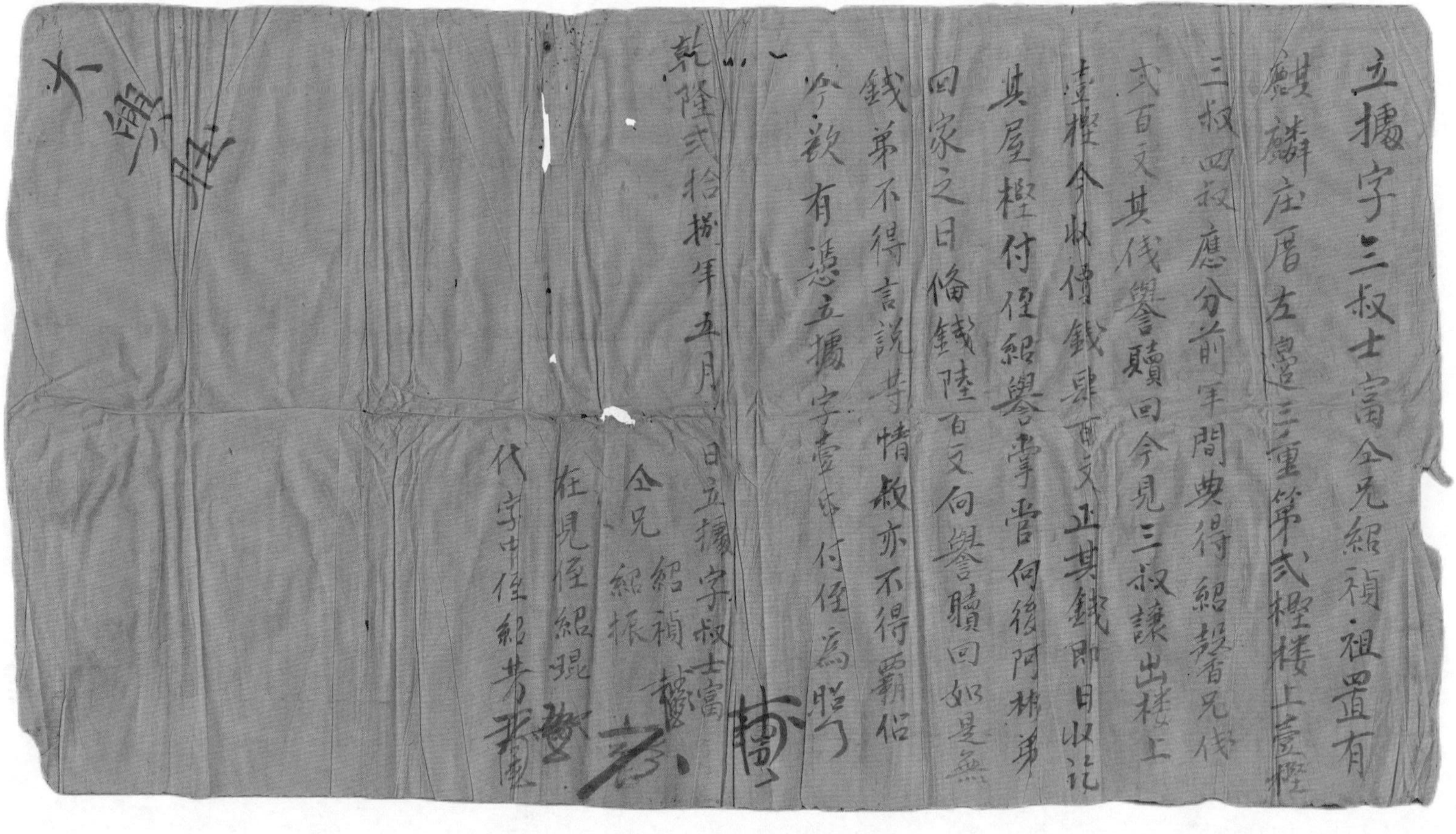

3-2-81-1　清乾隆二十八年五月葉士富等立據字

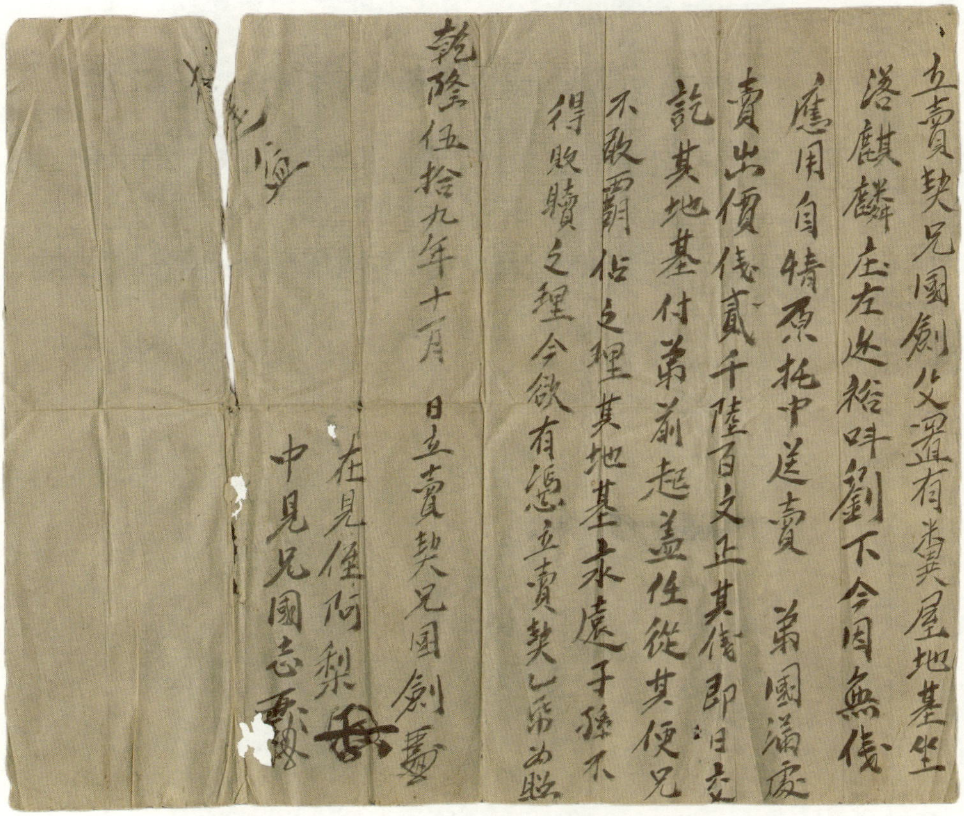
立賣契兄國劍父遺有糞屋地基坐
落麒麟左左迯裕畔劉下今因無錢
應用自情愿托中送賣　弟國滿處
賣出價錢貳千陸百文正其錢即日交
訖其地基付弟前起蓋任從其便兄
不敢覇佔之理其地基永遠子孫不
得取贖之理今欲有憑立賣契一紙為照
乾隆伍拾九年十一月　日立賣契兄國劍（押）
在見侄阿梨（押）
中見兄國志（押）

3-2-81-2　清乾隆五十九年十一月葉國劍立賣糞屋地基契

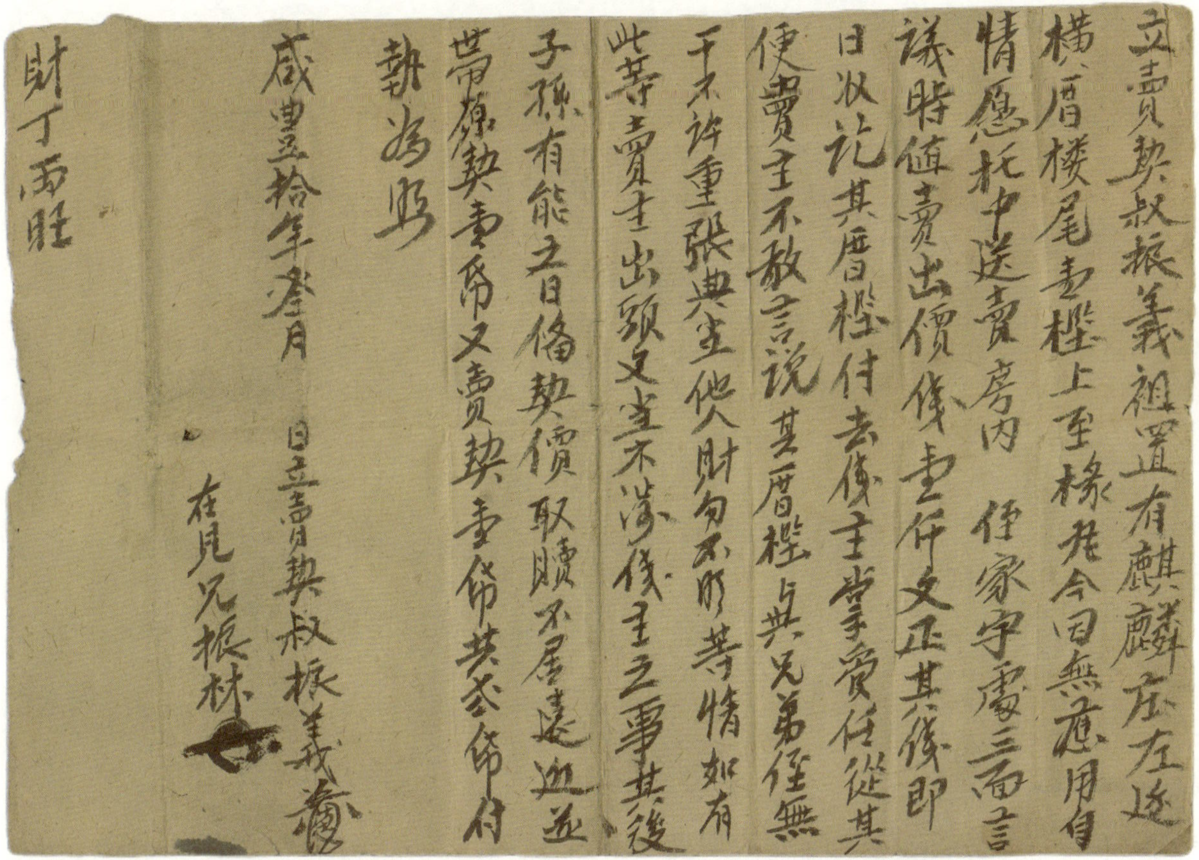
立賣契叔振義祖置道有麒麟庄左邊
横厝樓尾壹楹上至椽桷今因無應用自
情愿托中送賣房内　侄家守處三面言
議時值賣出價錢壹仟文正其錢即
日收訖其厝樓付去侄主掌管任從其
便賣主不敢言說其厝樓与其兄弟侄無
干不許重張典當他人財物不明等情如有
此等賣主出頭支當不涉錢主之事其後
子孫有能之日備契價取贖不居遠近並
帶原契壹紙又賣契壹紙共叁紙付
執為照
咸豐拾年叁月　日立賣契叔振義
在見兄振林
財丁兩旺

3-2-81-3　清咸豐十年三月葉振義立賣厝樫契

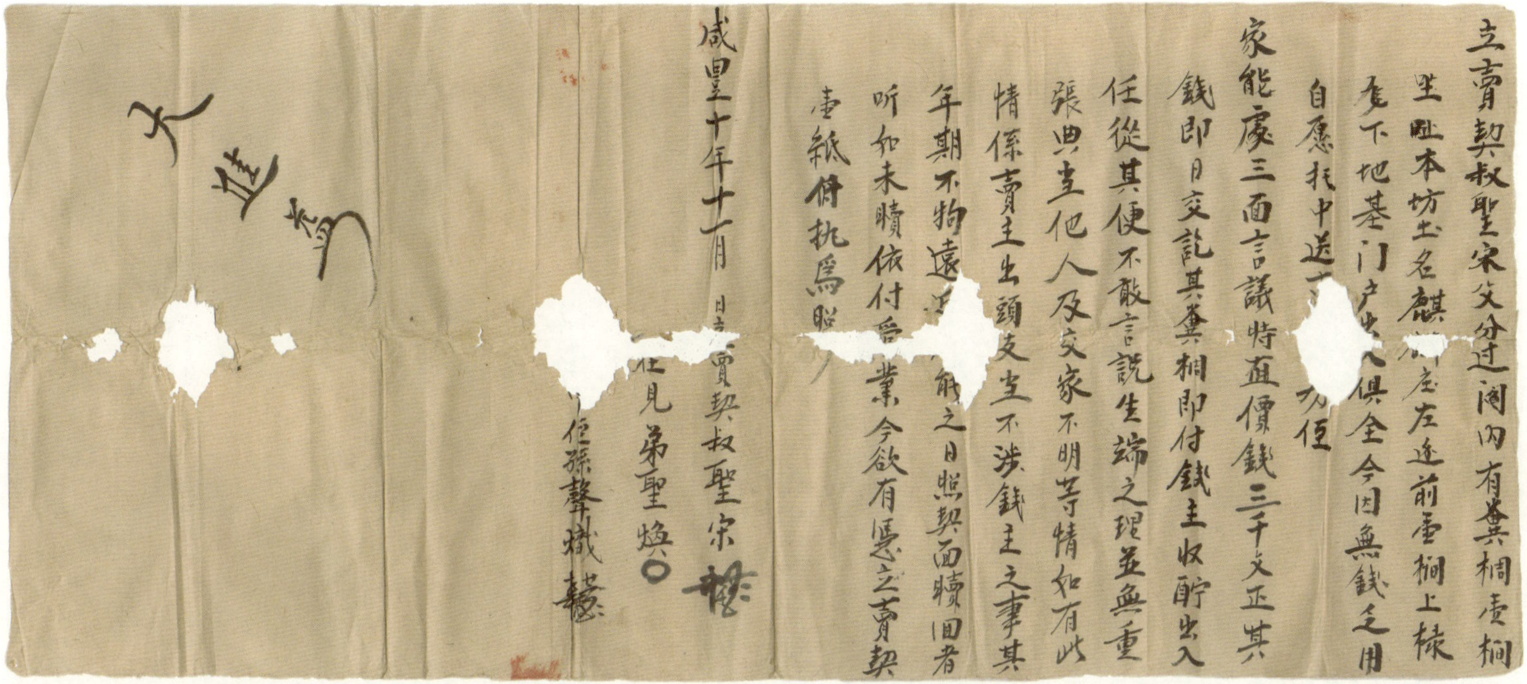

立賣契叔聖宋父分過閩內有糞桐壹桐
坐址本坊土名麒[illegible]左左近前壹桐上椽
處下地基门户出入俱全今因無錢乏用
自愿托中送[illegible]房侄
家能處三面言議特值價錢三千文正其
錢即日交訖其糞桐即付錢主收管出入
任從其便不敢言說生端之理並無重
張典當他人及交家不明等情如有此
情係賣主出頭支當不涉錢主之事其
年期不拘遠近辦之日照契面贖回者
所如未贖依付管業今欲有憑立賣契
壹紙付執爲照

咸豐十年十一月　日立賣契叔聖宋（押）
在見弟聖煥〇
侄孫聲熾（押）

大進壹

3-2-81-4　清咸豐十年十一月葉聖宋立賣糞桐契

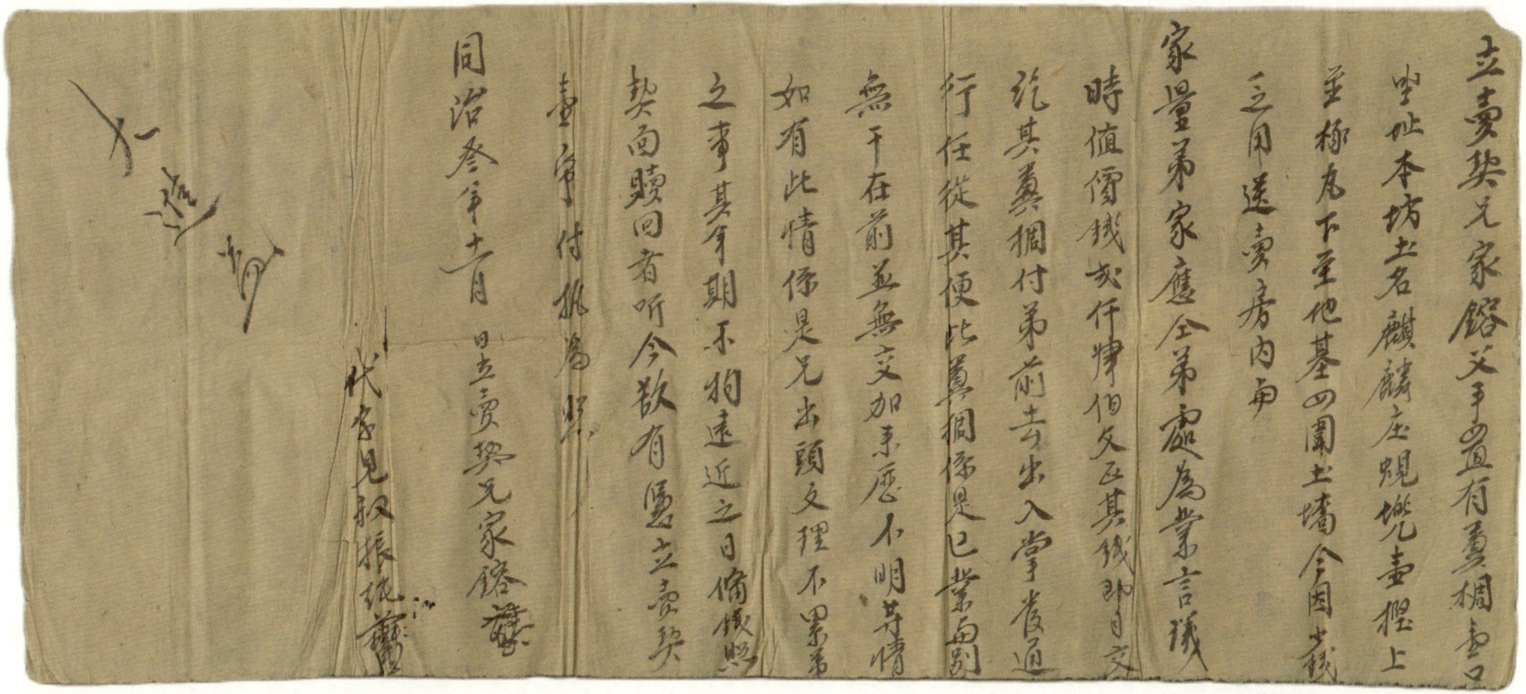

立賣契兄家鎔父手遺有糞桶壹口
坐址本坊土名麒麟座蜆墘兄壹擔上
至柳龟下至他基四圍土墻全周共栽
立用送賣房內弟
家量弟家應全弟處為業言議
時值價錢弍仟肆伯文正其錢即日交
訖其糞桶付弟前去出入掌管道
行任從其便此糞桶係是已業與別
無干在前並無交加來歷不明等情
如有此情係是兄出頭支理不累弟
之事其年期不拘遠近之日備錢照
契面贖回者听今欲有憑立賣契
壹紙付執為照
同治叁年十一月　日立賣契兄家鎔
代字見叔振綿

3-2-81-5　清同治三年十一月葉家鎔立賣糞桶契

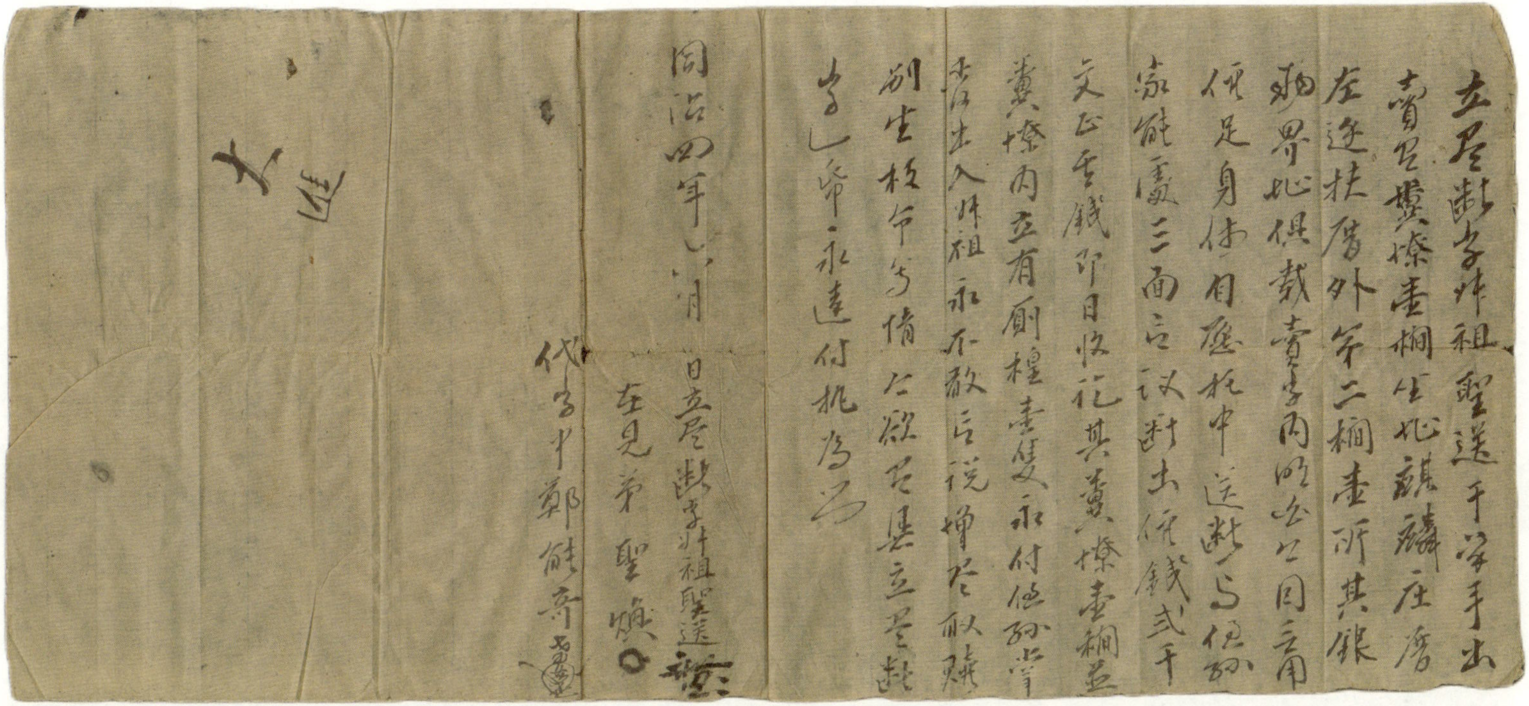

3-2-81-6　清同治四年六月葉聖送立盡斷糞埃字

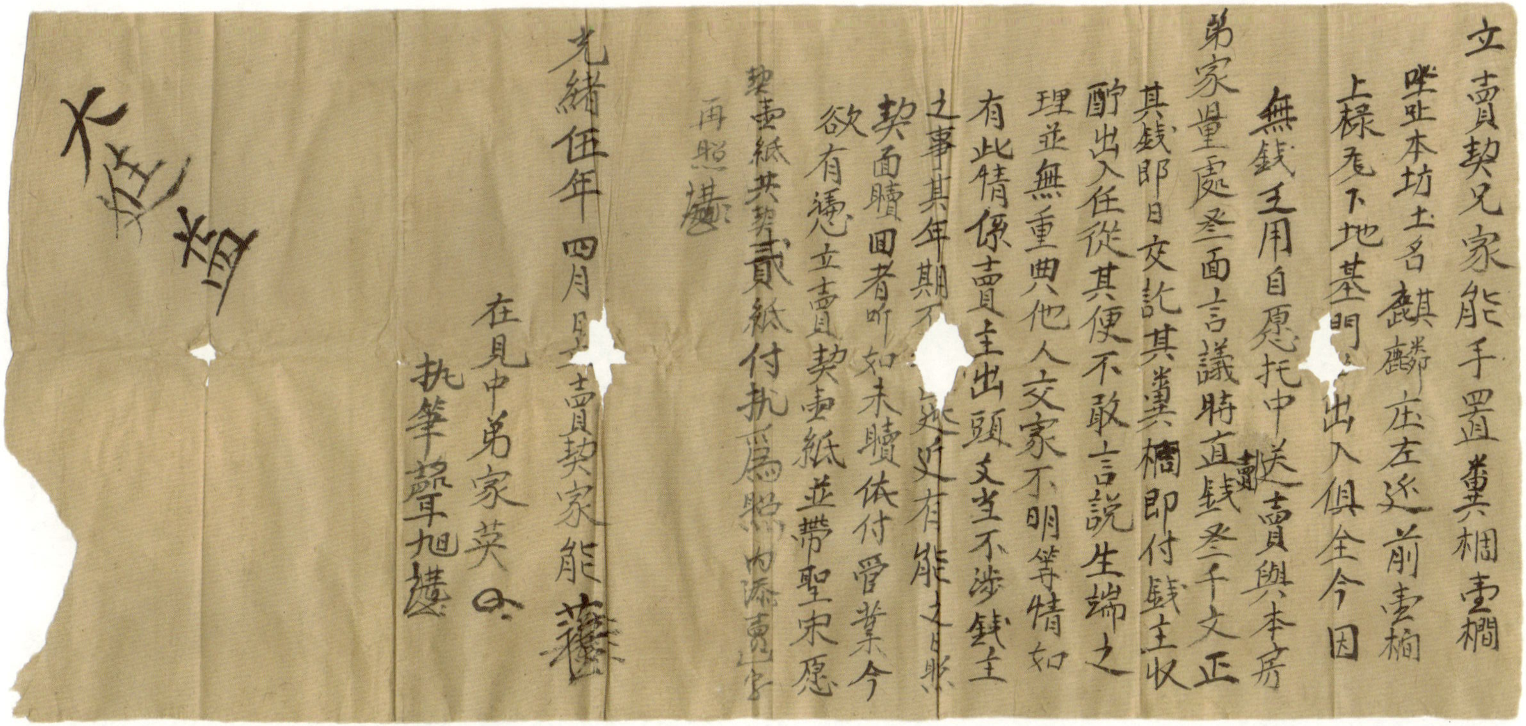
立賣契兄家能手置壹糞桶壹個
坐址本坊土名麒麟庄左邊前壹桶
上祿兎下地基門〻出入俱全今因
無錢王用自愿托中送賣與本房
弟家量處三面言議時直錢叁千文正
其錢即日交訖其糞桶即付錢主收
酌出入任從其便不敢言說生端之
理並無重典他人文家不明等情如
有此情係賣主出頭支当不涉錢主
之事其年期不□遠近有能之日照
契面贖回者听如未贖依付管業今
欲有憑立賣契壹紙並帶聖宋愿
契壹紙共契貳紙付执爲照 内添貳字
再照 據
光緒伍年四月 日立賣契家能
在見中弟家英
执筆聲旭據
大吉昌

3-2-81-7 清光緒五年四月葉家能立賣糞桶契

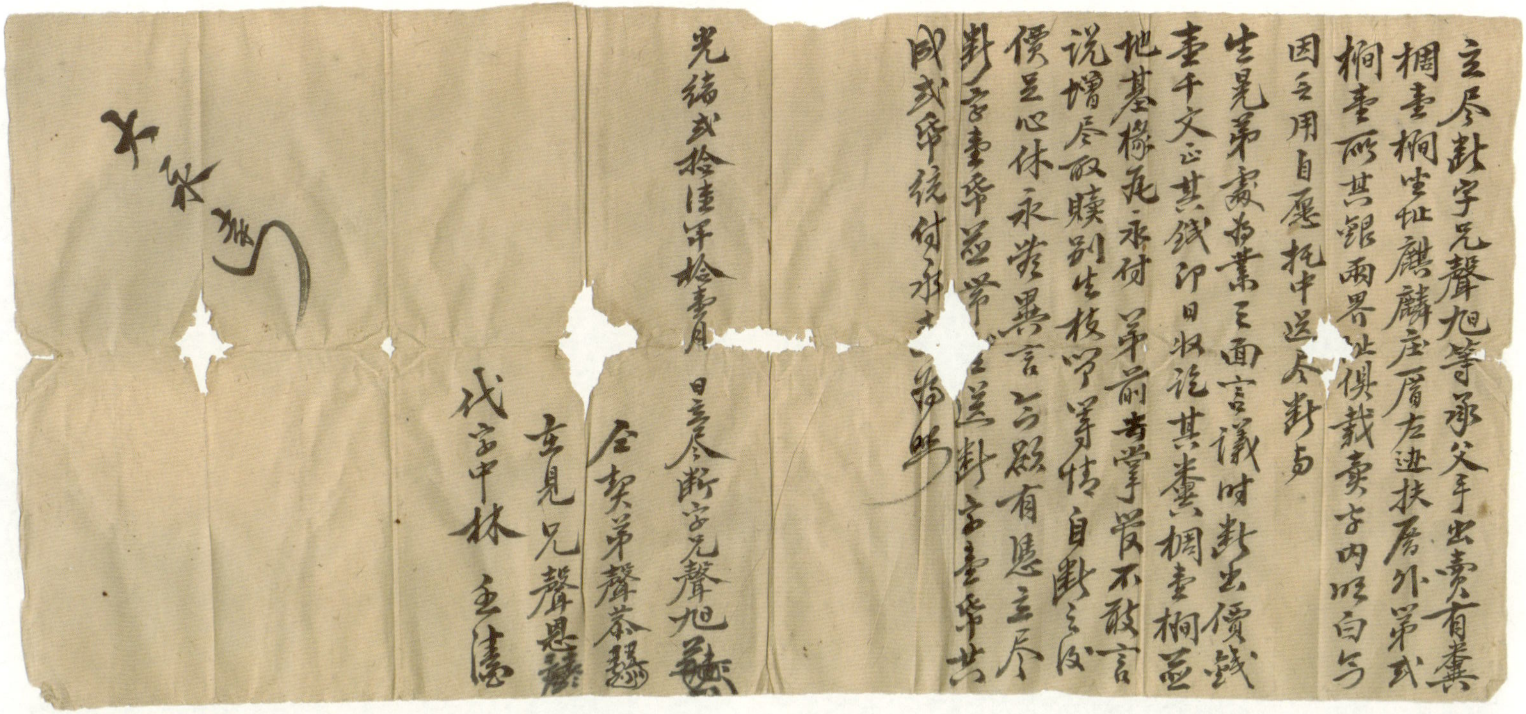
立盡斷字兄聲旭等承父手出賣有龔
桐壹桐坐址麒麟庄眉左边扶厝外第弍
桐壹所其銀兩界址俱載賣字內明白今
因乏用自愿托中送盡斷與
生晃弟處為業三面言議時斷出價錢
壹千文正其錢即日收訖其壹桐壹桐並
地基椽瓦永付弟前去掌管不敢言
說增盡取贖別生枝節等情自斷之後
價足心休永無異言今欲有憑立盡
斷字壹紙並帶上送斷字壹紙共
成弍紙統付永遠為照
光緒弍拾陸年拾壹月　日立盡斷字兄聲旭（押）
仝契弟聲恭（押）
在見兄聲恩（押）
代字中林　垂德
大吉利

3-2-81-8　清光緒二十六年十一月葉聲旭等立盡斷龔桐字

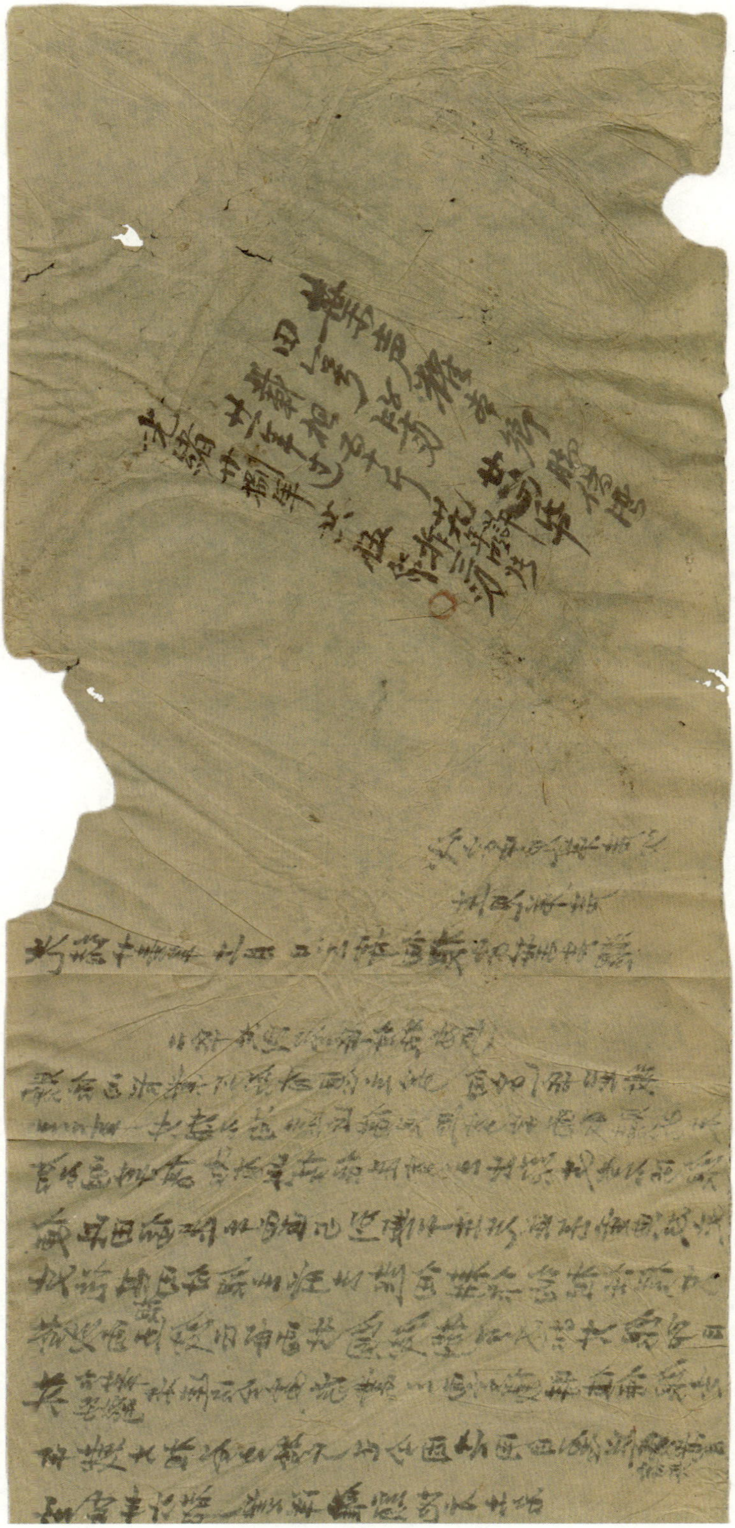

3-2-82-1　包契紙

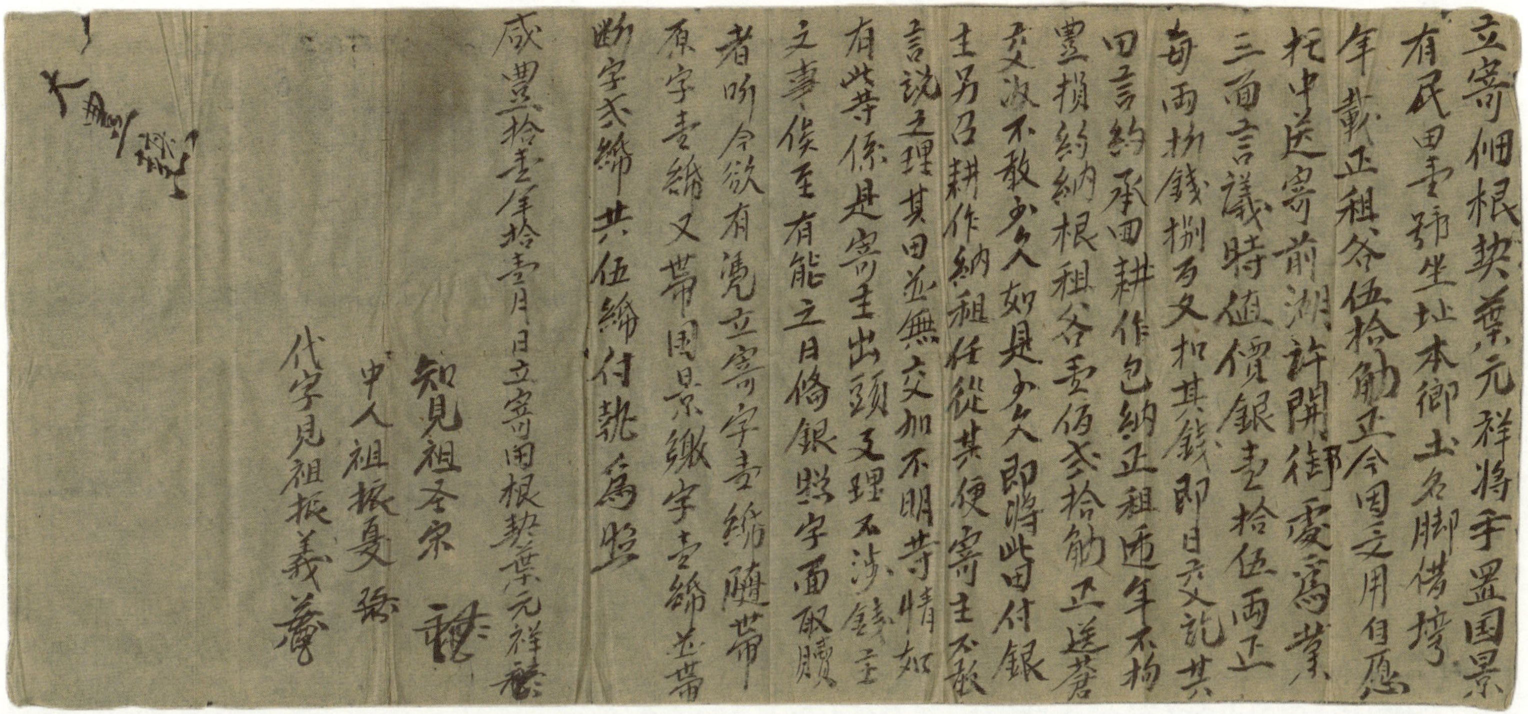

立寄佃根契葉元祥將手置園景
有民田壹號坐址本御土名腳借墘
年載正租谷伍拾觔正今因乏用自愿
托中送寄前湖許開御處爲業
三面言議時值價銀壹拾伍兩正
每兩扣錢捌百文扣其錢即日交訖其
田言約承佃耕作包納正租逓年不拘
豐損約納根租谷壹佰叁拾觔正送蒼
交收不敢少欠如是少欠即將此田付銀
主另召耕作納租任從其便寄主不敢
言說支理其田並無交加不明等情如
有此等係是寄主出頭支理不涉錢主
之事。俟至有能之日備銀照字面取贖
者。今欲有憑立寄字壹紙隨帶
原字壹紙又帶國景繳字壹紙並帶
斷字叁紙共伍紙付執爲照
咸豐拾壹年拾壹月　日立寄佃根契葉元祥（押）
知見祖圣宗（押）
中人祖振夏（押）
代字見祖振義（押）

3-2-82-2　清咸豐十一年十一月葉元祥立寄佃民田根契

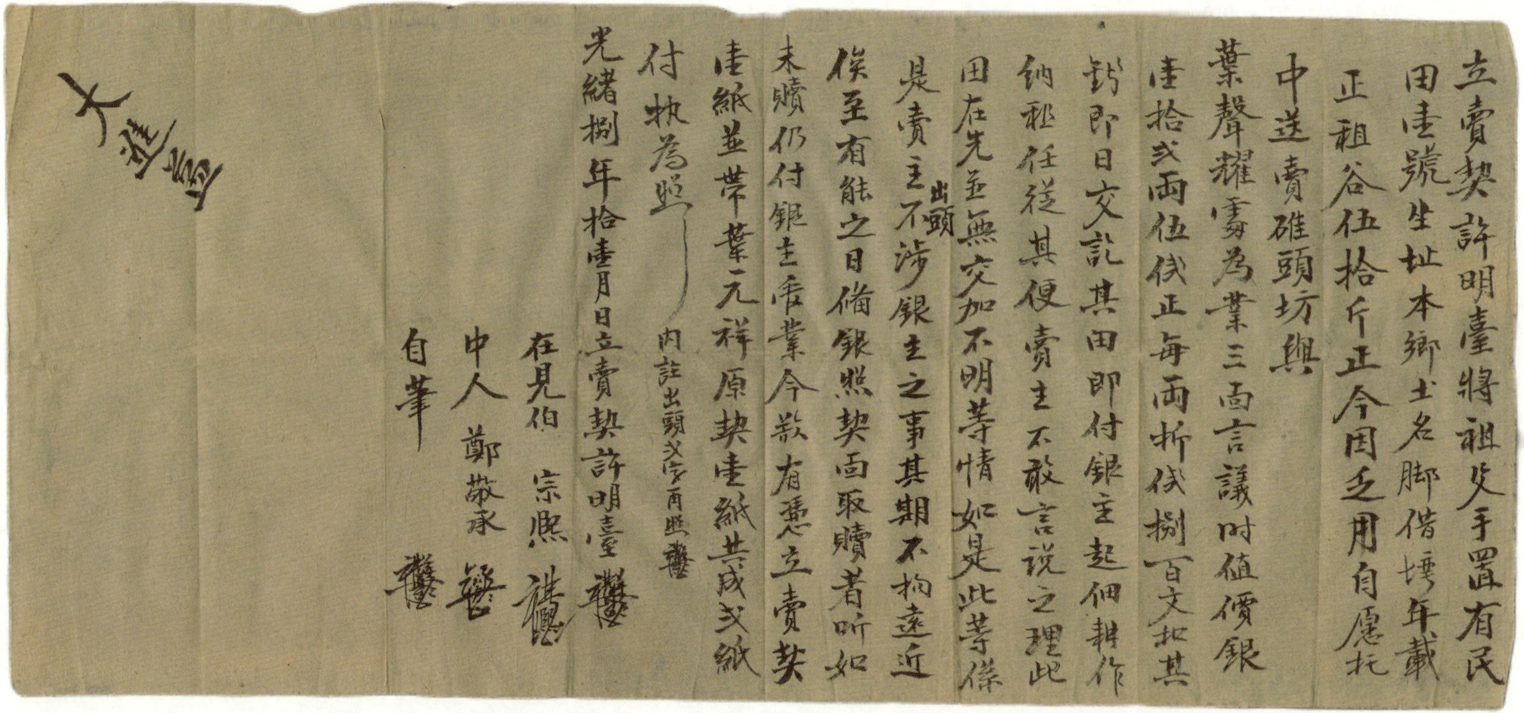
立賣契許明臺將祖父手置有民
田壹號生址本鄉土名脚借墈年載
正租谷伍拾斤正今因乏用自愿托
中送賣碓頭坊與
葉聲耀處為業三面言議时值價銀
壹拾弍兩伍錢正每兩折錢捌百文扣共
錢即日交訖其田即付銀主起佃耕作
納私任從其便賣主不敢言說之理此
田在先並無交加不明等情如是此等係
是賣主出頭不涉銀主之事其期不拘遠近
倘至有能之日備銀照契面取贖者听如
未贖仍付銀主永業今欲有憑立賣契
壹紙並帶葉元祥原契壹紙共成弍紙
付執為照
內註出頭弍字再照
光緒捌年拾壹月日立賣契許明臺
在見伯 宗熙
中人 鄭敬承
自筆
大進壹

3-2-82-3 清光緒八年十一月許明臺立賣民田契

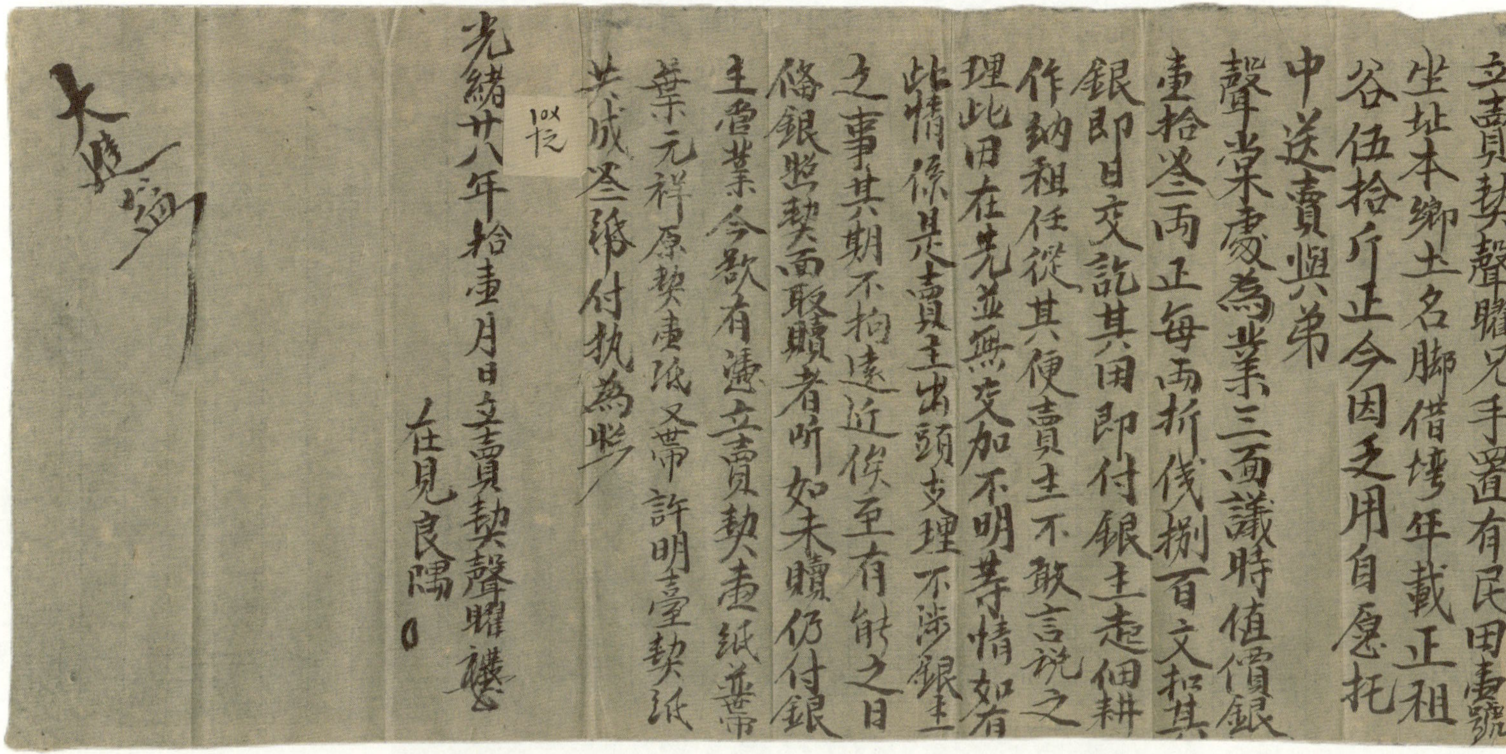
立賣契聲曜兄手置有民田壹號
坐址本鄉土名脚借塆年載正租
谷伍拾斤正今因乏用自愿托
中送賣與弟
聲棠處為業三面議時值價銀
壹拾叁兩正每兩折錢捌百文和其
銀即日交訖其田即付銀主起佃耕
作納租任從其便賣主不敢言說之
理此田在先並無交加不明等情如有
此情係是賣主出頭支理不涉銀主
之事其期不拘遠近依至有能之日
備銀照契面取贖者听如未贖仍付銀
主管業今欲有憑立賣契壹紙并帶
葉元祥原契壹張又帶許明臺契紙
共成叁張付執為照
光緒廿八年拾壹月日立賣契聲曜
在見良陽

3-2-82-4　清光緒二十八年十一月葉聲曜立賣民田契

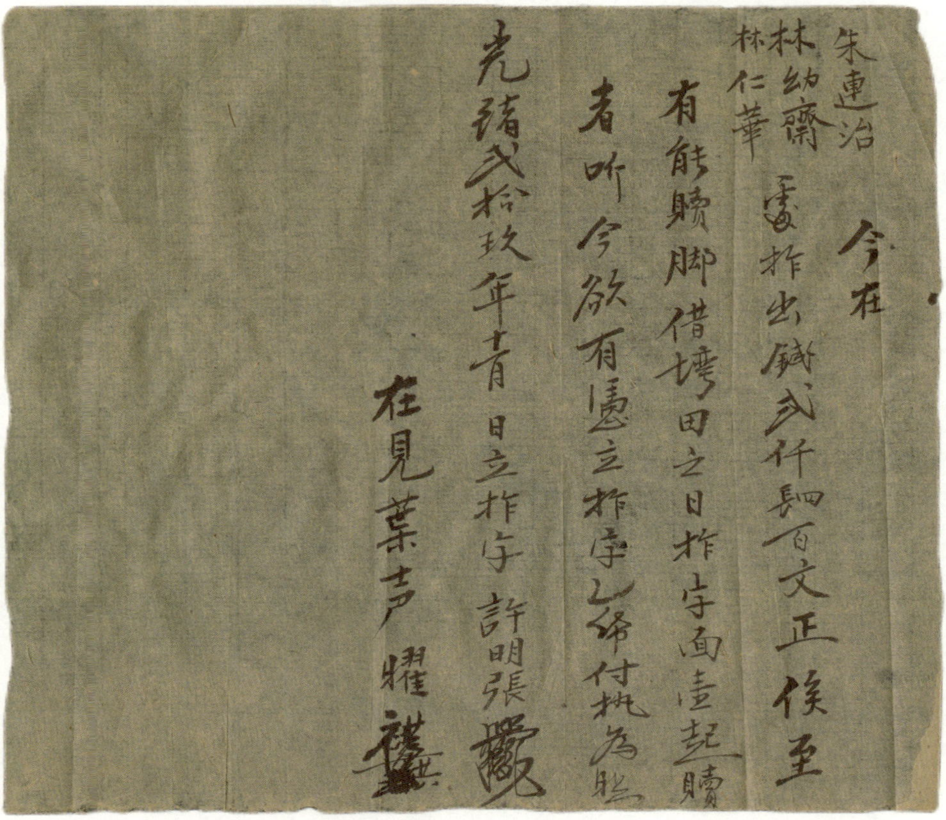

今在

朱連治
林紡齋
林仁華

處拃出錢貳仟肆佰文正，俟至有能贖腳借塝田之日拃字面壹起贖者聽。今欲有憑，立拃字壹紙付執為照。

光緒貳拾玖年十一月　日立拃字　許明張（押）

在見　葉声耀（押）

3-2-82-5　清光緒二十九年十一月許明張立撮字

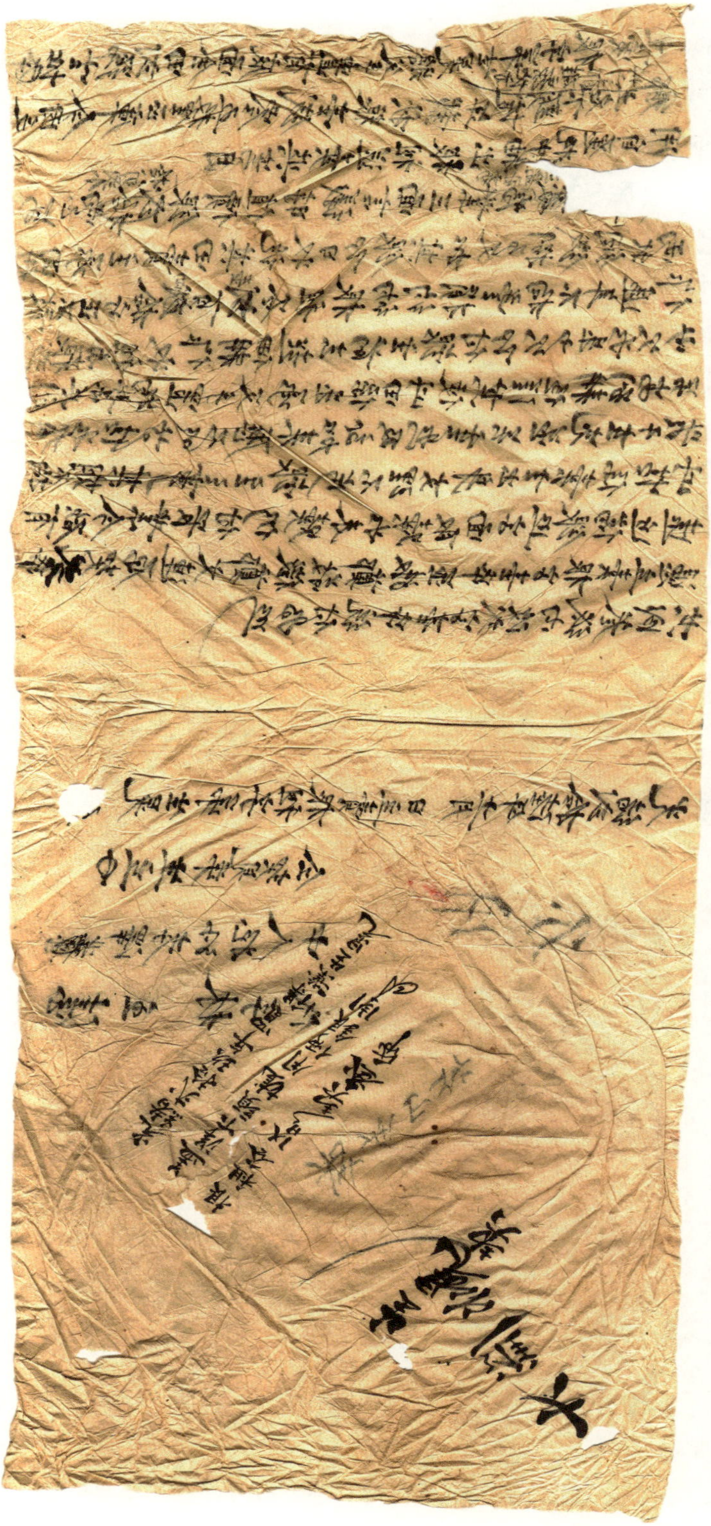

3-2-83-1　包契紙

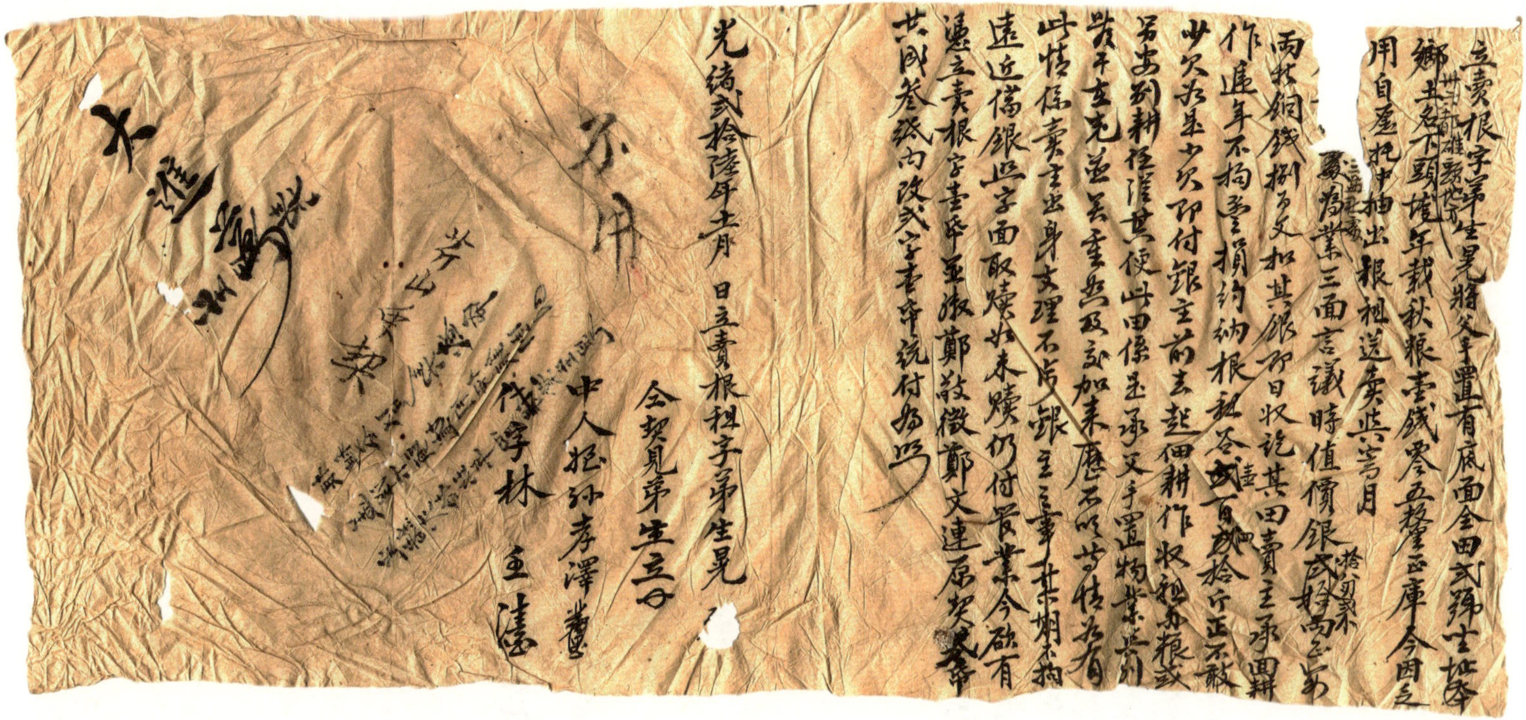

3-2-83-2 清光緒二十六年十一月葉生晃立賣底面全田契（廢契）

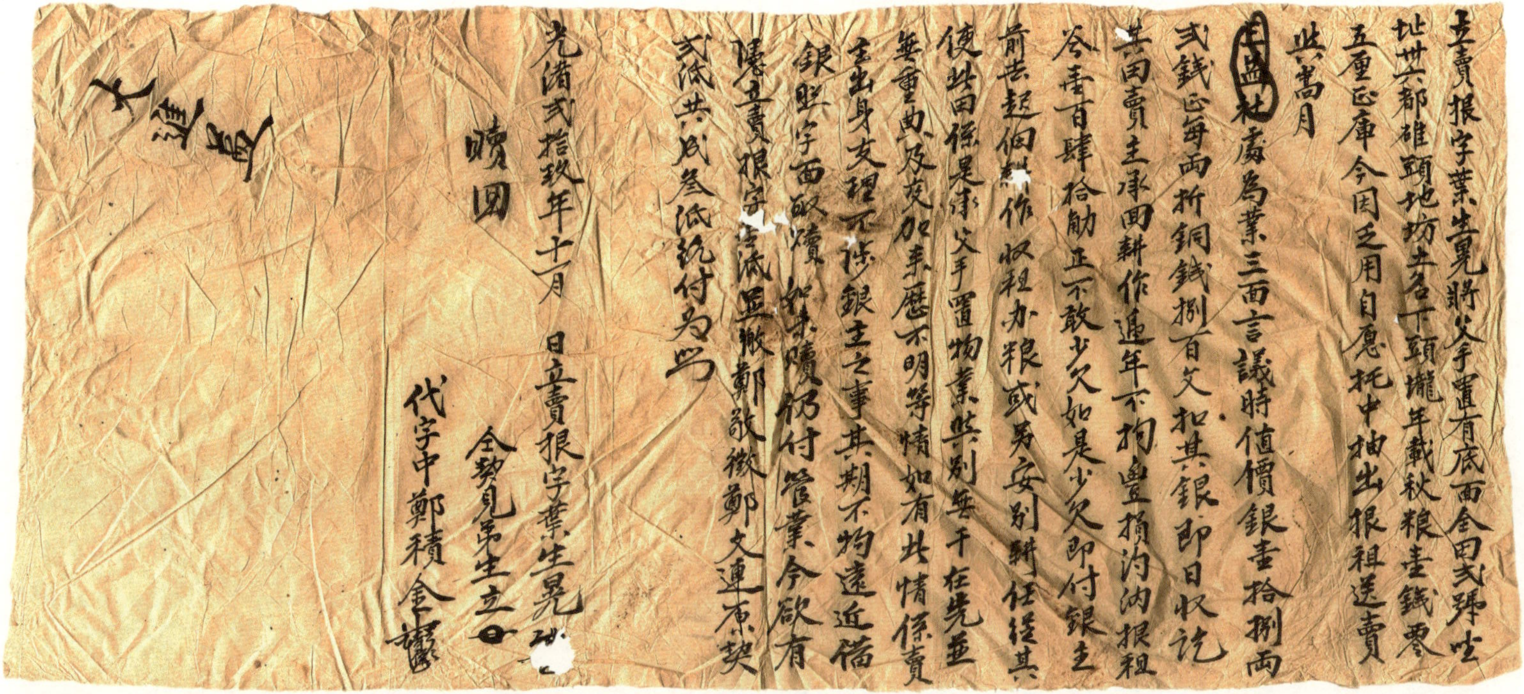

立賣根字葉生晃將父手置有底面全田弍號坐
址卅六都雄頭地坊土名下頭壠年載秋粮壹錢零
五厘正庫今因乏用自愿托中抽出根租送賣
與嵩月
社處爲業三面言議時值價銀壹拾捌兩
弍錢正每兩折銅錢捌百文扣其銀即日收訖
其田賣主承田耕作逐年不拘豐歉納根租
谷壹百肆拾觔正不敢少欠如是少欠即付銀主
前去起佃耕作收租办粮或另安別耕任從其
便此田係是承父手置物業與別無干在先並
無重典及交加來歷不明等情如有此情係賣
主出身支理不涉銀主之事其期不拘遠近備
銀照字面取贖如未贖仍付管業今欲有
憑立賣根字壹紙更繳鄭敬徽鄭文連原契
弍紙共成叁紙統付爲照

光緒弍拾玖年十一月　日立賣根字葉生晃（押）
在見弟生立（押）
代字中鄭積金（押）

贖回

3-2-83-3　清光緒二十九年十一月葉生晃立賣底面全田根字（廢契）

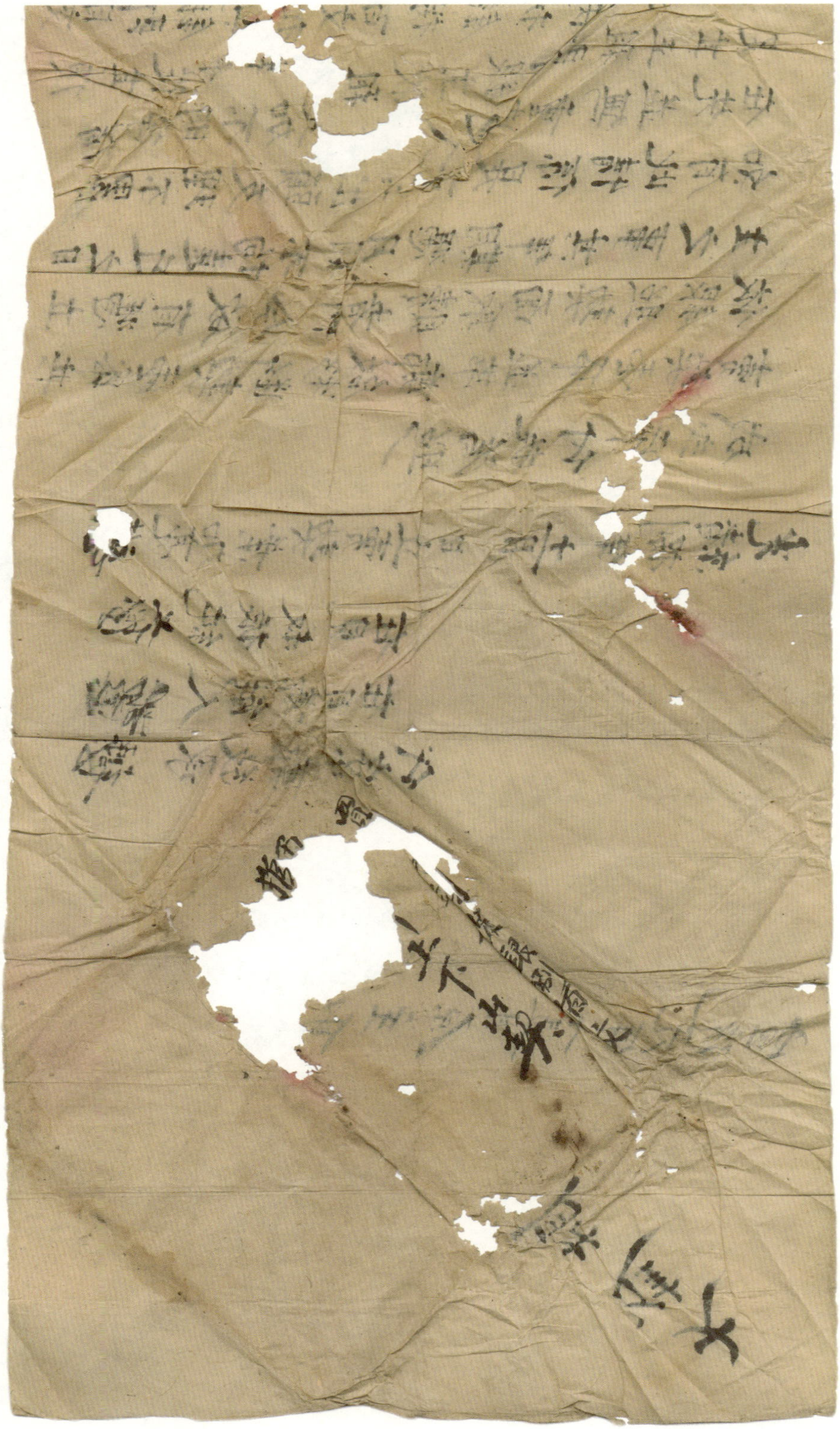

3-2-84-1　包契紙

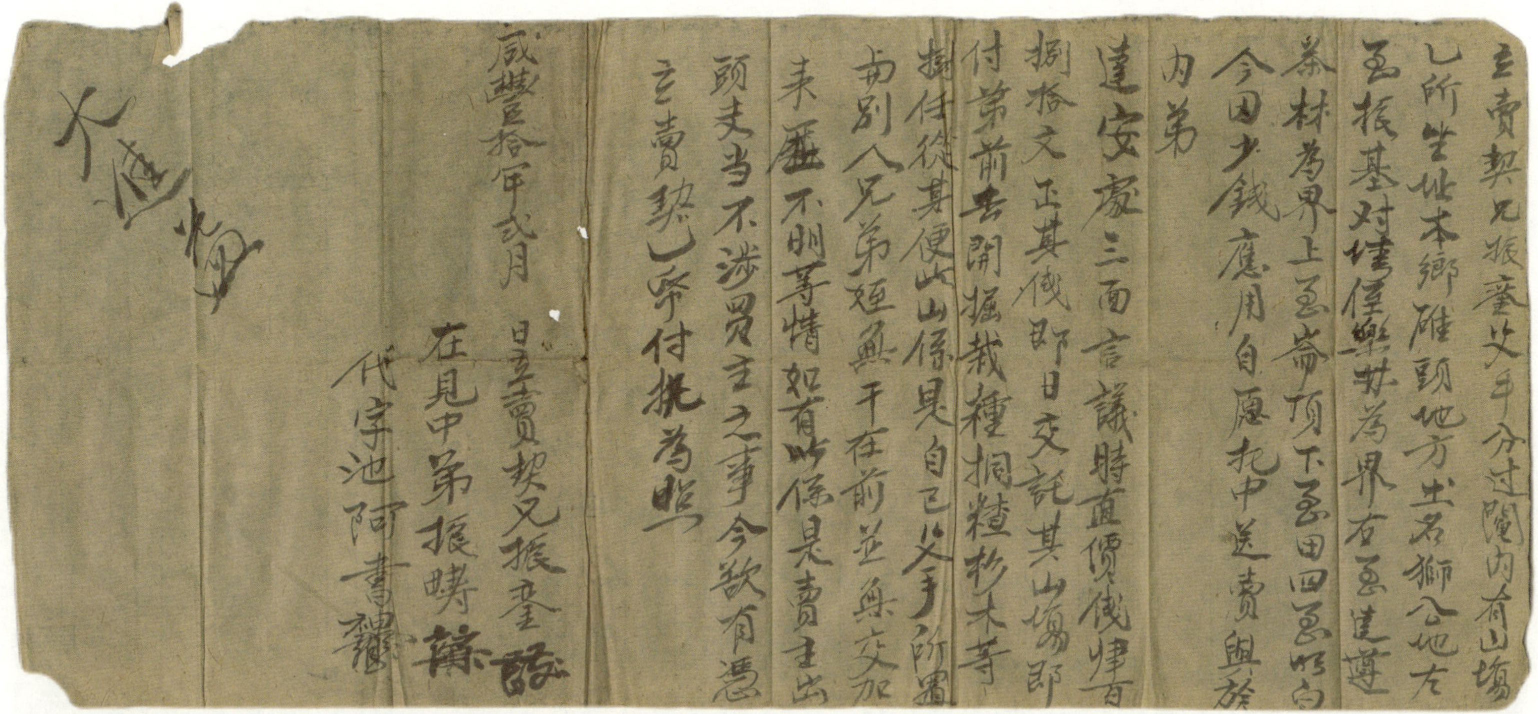
立賣契兄振鑾，父手分过閬內有山場
乙所，坐址本鄉碓頭地方，土名獅公地，左
至振基对埕俚樂林為界，右至建遊
茶林為界，上至崙頂，下至田，四至明白。
今因少錢應用，自愿托中送賣與於
內弟
建安家三面言議，時直價錢肆百
捌拾文正，其錢即日交訖，其山場即
付弟前去開掘栽種桐樝杉木等
掛付從其便。此山係是自己父手所置，
与別人兄弟短無干，在前並無交加
来歷不明等情，如有此係是賣主出
頭支当，不涉買主之事。今欲有憑，
立賣契一帋付執為照。
咸豐拾年貳月　日立賣契兄振鑾（押）
在見中弟振疇（押）
代字池阿書（押）

3-2-84-2　清咸豐十年二月葉振銮立賣山場契

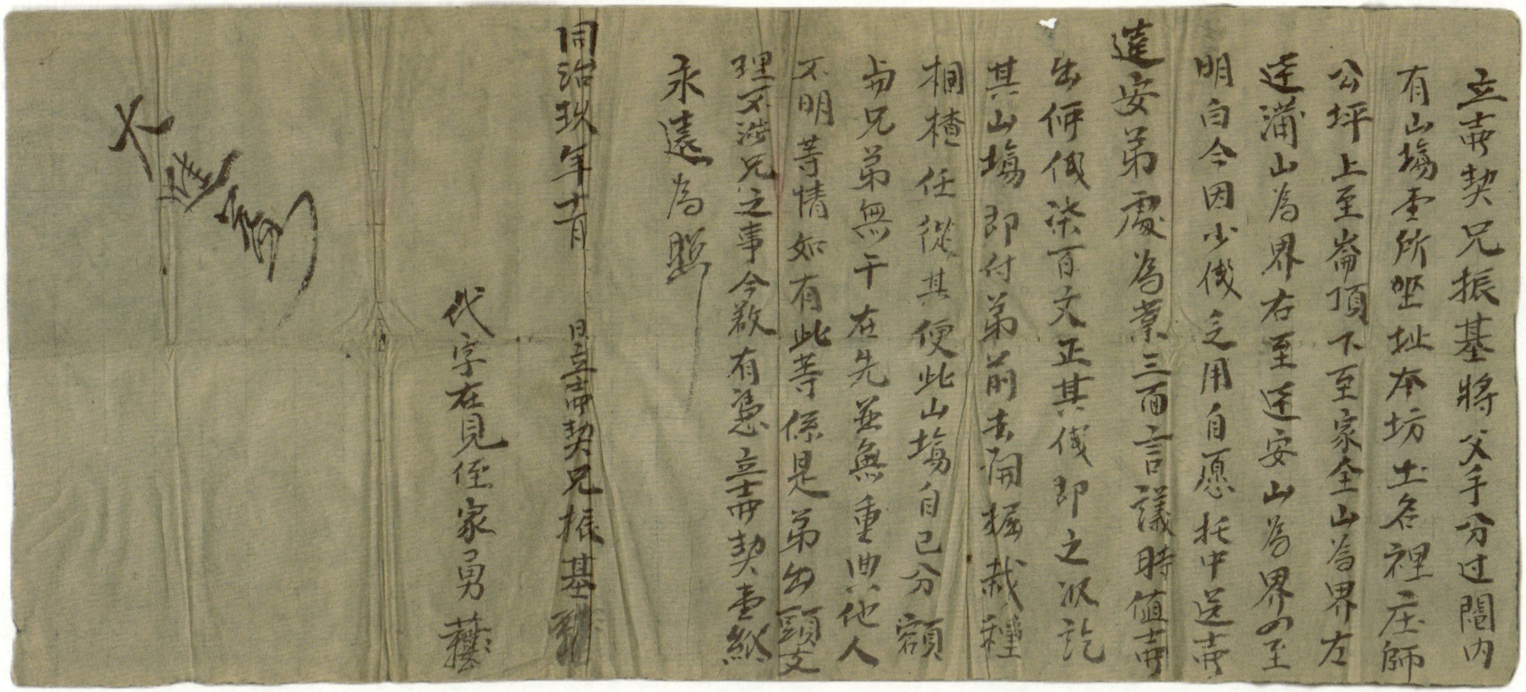

立賣契兄振基將父手分过閩内
有山場壹所坐址本坊土名裡庄師
公坪上至崙頂下至家全山為界左
至滿山為界右至廷安山為界四至
明白今因少錢乏用自愿托中送賣
廷安弟處為業三面言議時值賣
出價錢柒百文正其錢即之收訖
其山場即付弟前去開墾栽種
桐樹任從其便此山場自己分額
與兄弟無干在先並無重典他人
不明等情如有此等係是弟出頭支
理不涉兄之事今欲有憑立賣契壹紙
永遠為照
同治玖年十一月　日立賣契兄振基
代字在見侄家勇

3-2-84-3　清同治九年十一月葉振基立賣山場契

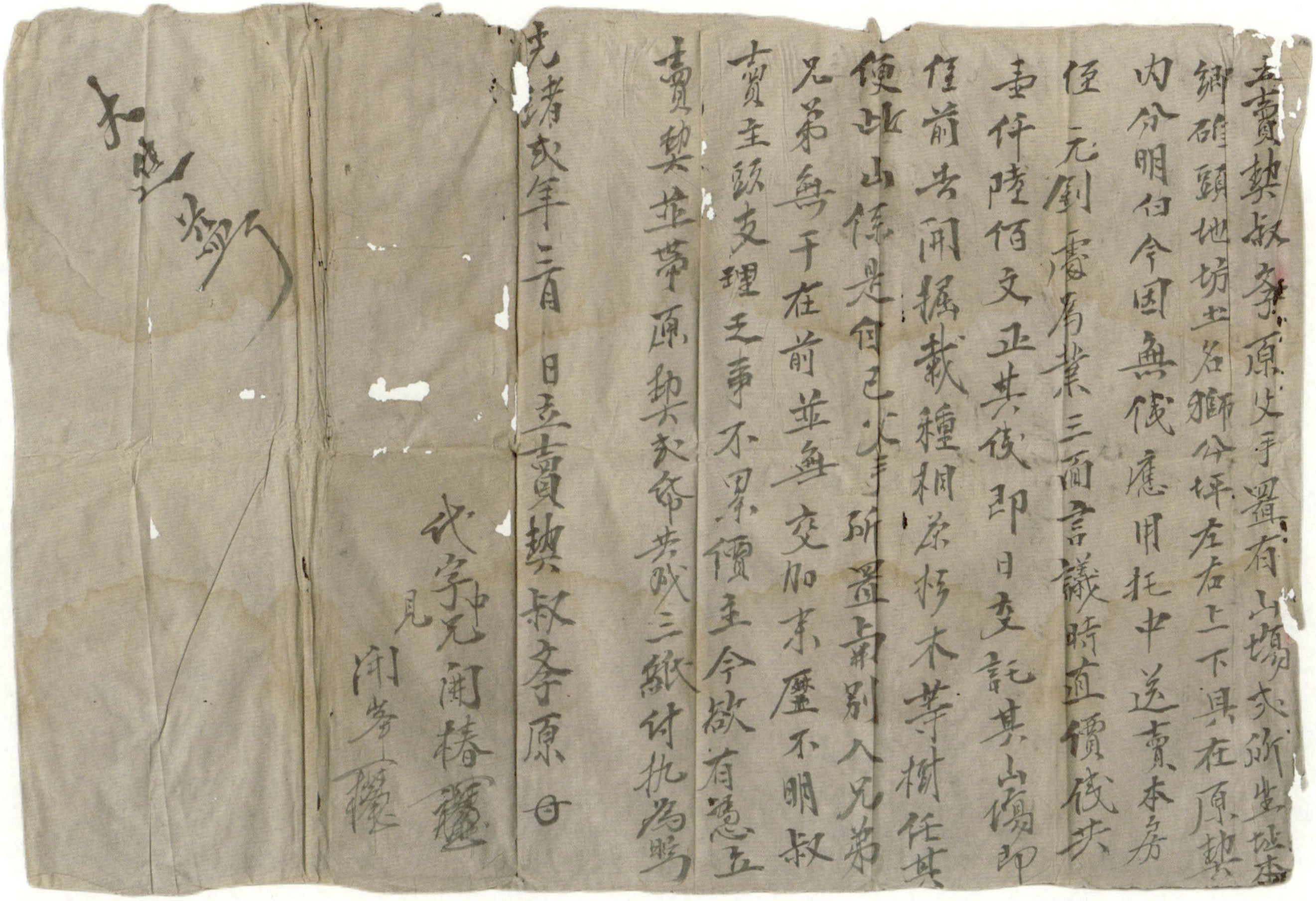
立賣契叔孝原父手置有山場壹所，坐址本
鄉碓頭地坊，土名獅分坪，左右上下具在原契
内分明。今因無錢應用，托中送賣本房
侄元劉處爲業，三面言議時值價錢共
壹仟陸佰文正，其錢即日交訖，其山場即
任前去開掘栽種松杉木等樹，任其
便。此山係是自己父手所置，與别人兄弟
兄弟無干，在前並無交加來歷不明，叔
賣主頭支理，主事不累價主。今欲有憑，立
賣契並帶原契共叁紙，付執爲照。
光緒貳年三月　日立賣契叔孝原（押）
代字兄閑椿（押）
見　閑岑（押）
大吉利

3-2-84-4　清光緒二年三月葉孝原立賣山場契

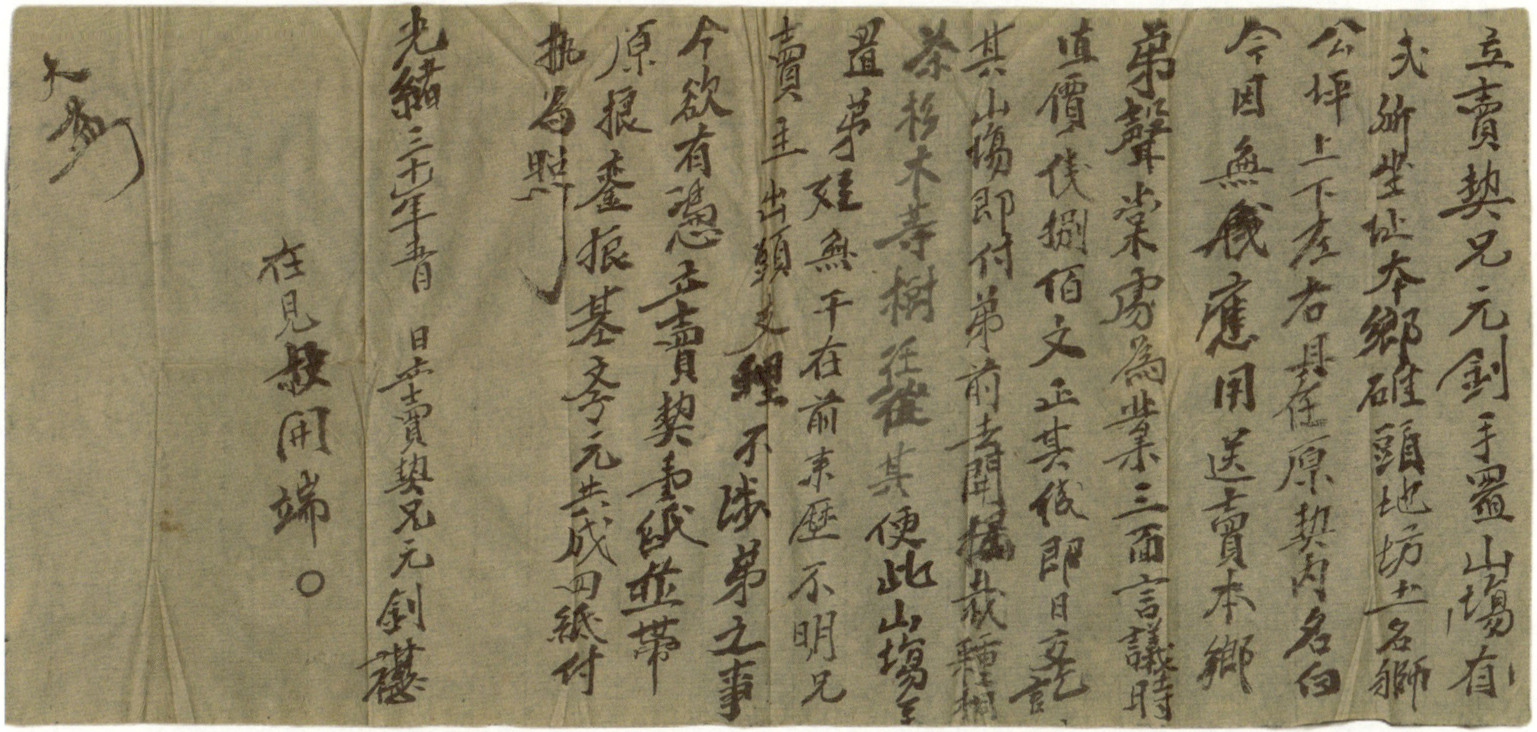
立賣契兄元釗手置山場有
弍所坐址本鄉碓頭地坊土名獅
公坪上下左右具在原契內名白
今因無錢應用送賣本鄉
弟聲棠處為業三面言議時
值價錢捌佰文正其錢即日交訖
其山場即付弟前去開掘栽種樹
茶杉木寺樹任從其便此山場
置弟姪無干在前來歷不明兄
賣主出頭支理不涉弟之事
今欲有憑立賣契壹紙並帶
原根壹根基字元共成四紙付
執為照
光緒三十一年五月　日立賣契兄元釗押
在見叔用端○
大吉

3-2-84-5　清光緒三十一年五月葉元釗立賣山場契

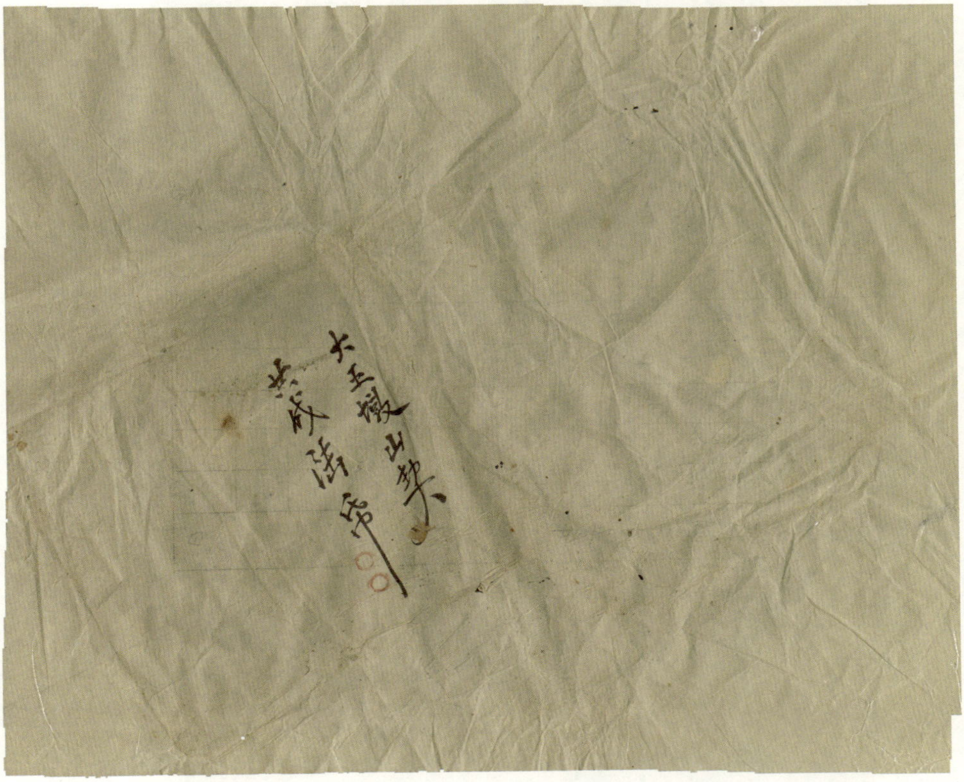

3-2-85-1　包契紙

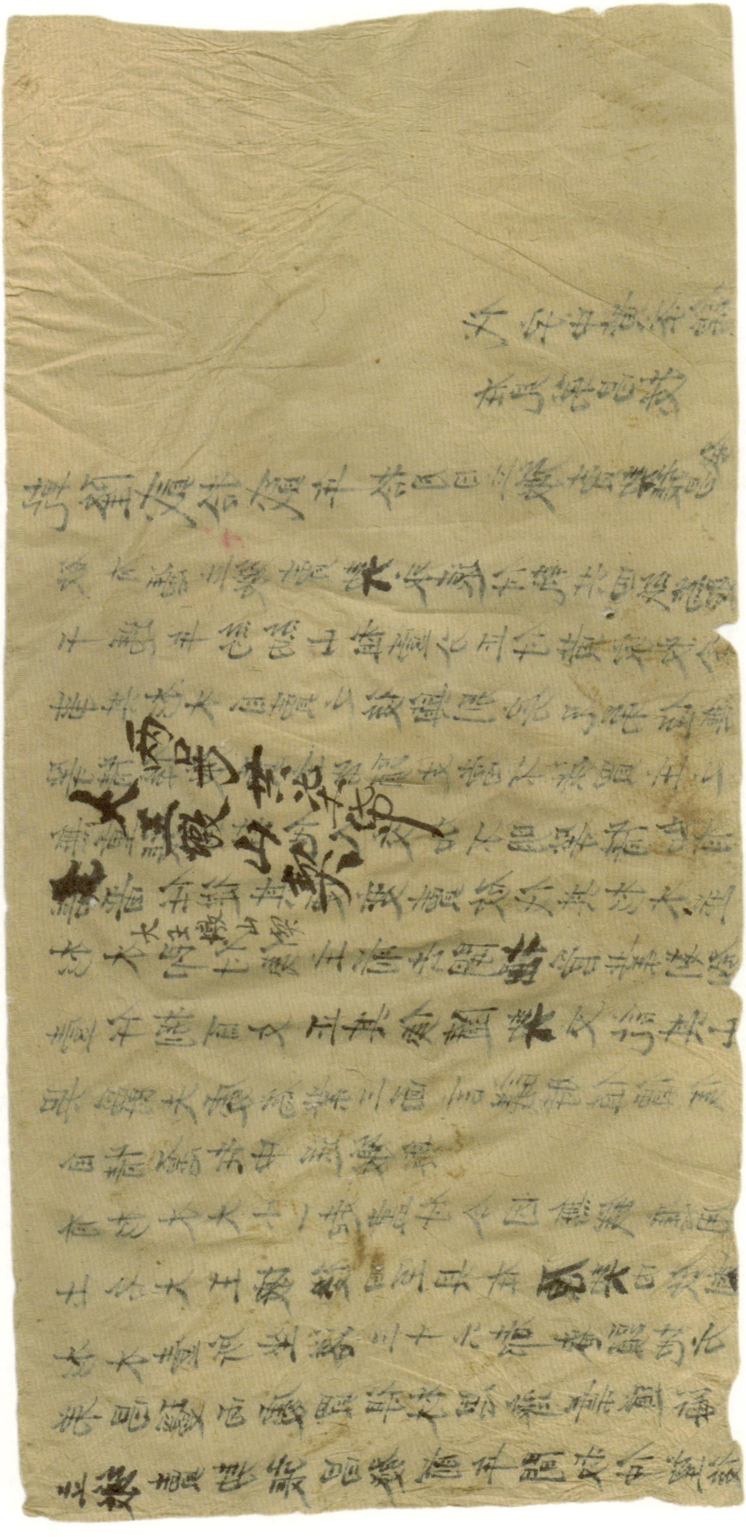

3-2-85-2　包契紙

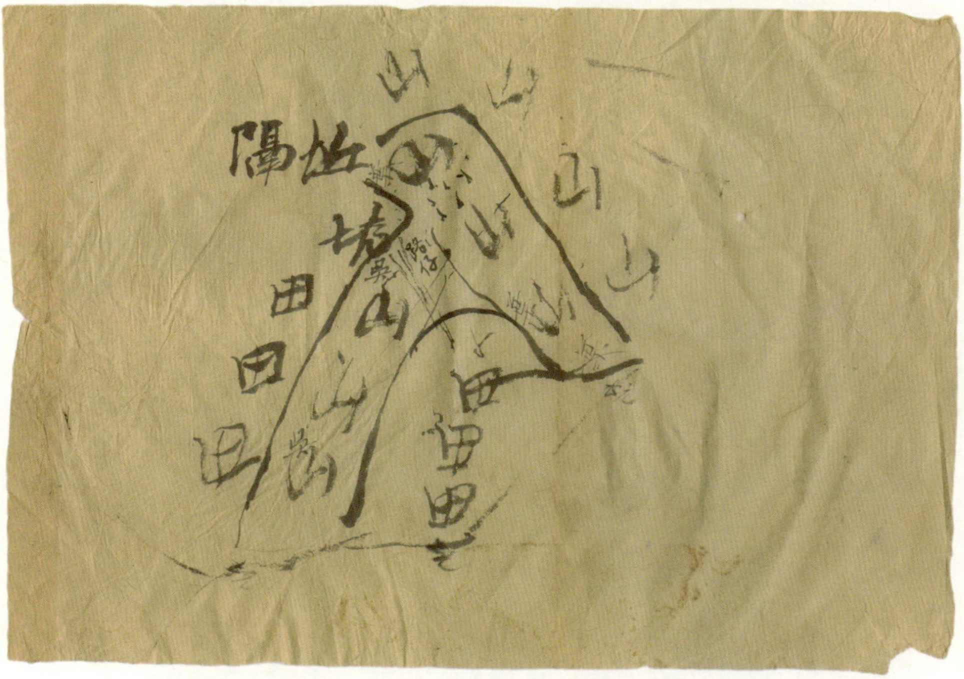

3-2-85-3　包契紙

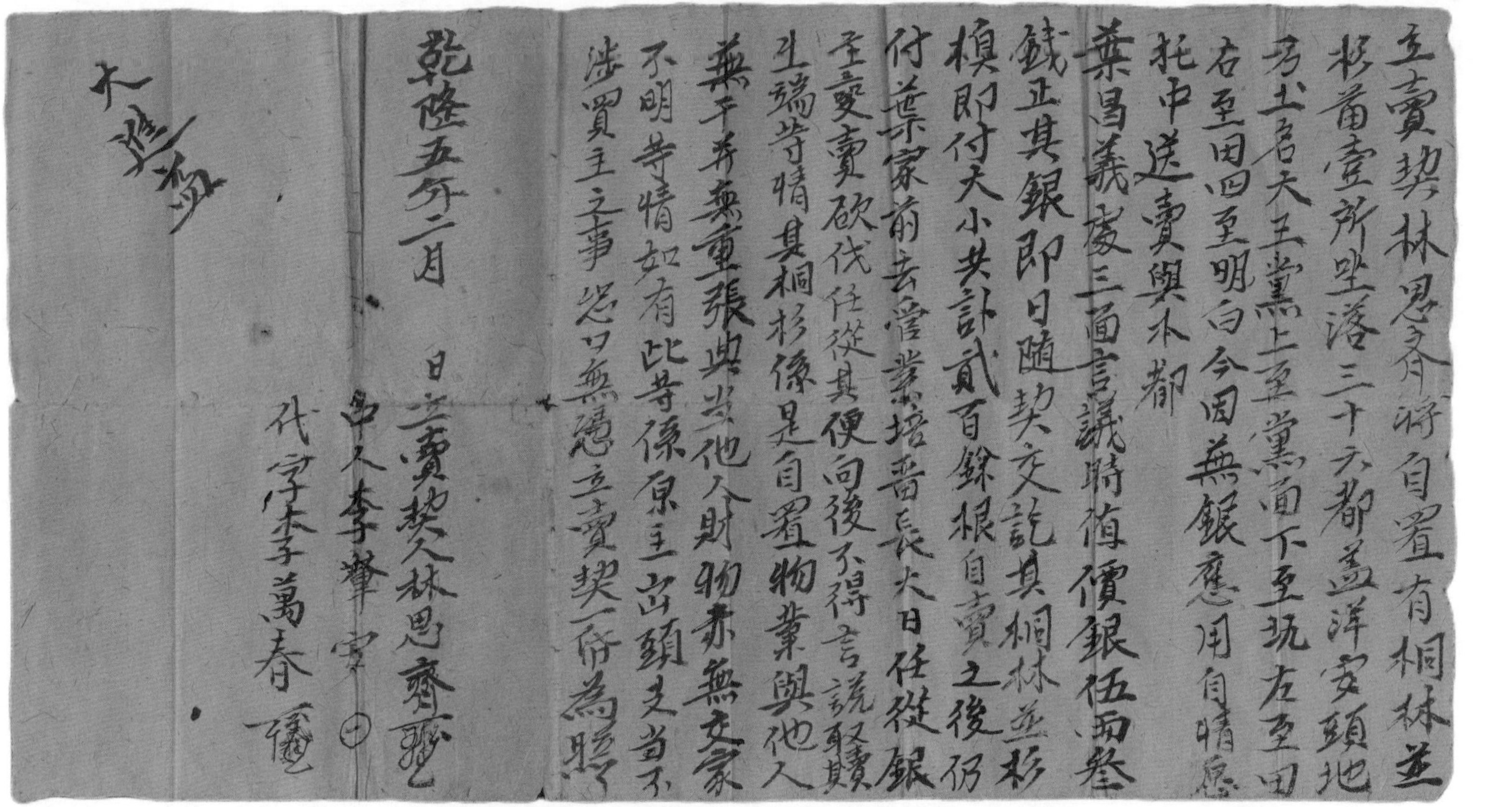
立賣契林思齊將自置有桐林並
杉苗壹所坐落三十六都盖洋安頭地
方土名天王黨上至黨面下至坑左至田
右至田四至明白今因無銀應用自情愿
托中送賣與本都
葉昌義處三面言議時值價銀伍兩叁
錢正其銀即日隨契交訖其桐林並杉
模即付大小共計貳百餘根自賣之後仍
付葉家前去管業培番長大日任從銀
主變賣砍伐任從其便向後不得言說取贖
生端等情其桐杉係是自置物業與他人
兼干并無重張典当他人財物亦無交家
不明等情如有此等係原主出頭支当不
涉買主之事恐口無憑立賣契一紙為照
乾隆五年二月　日立賣契人林思齊（押）
中人李肇字 ㊀
代字李萬春（押）
大進[illegible]

3-2-85-4　清乾隆五年二月林思齊立賣桐林等契

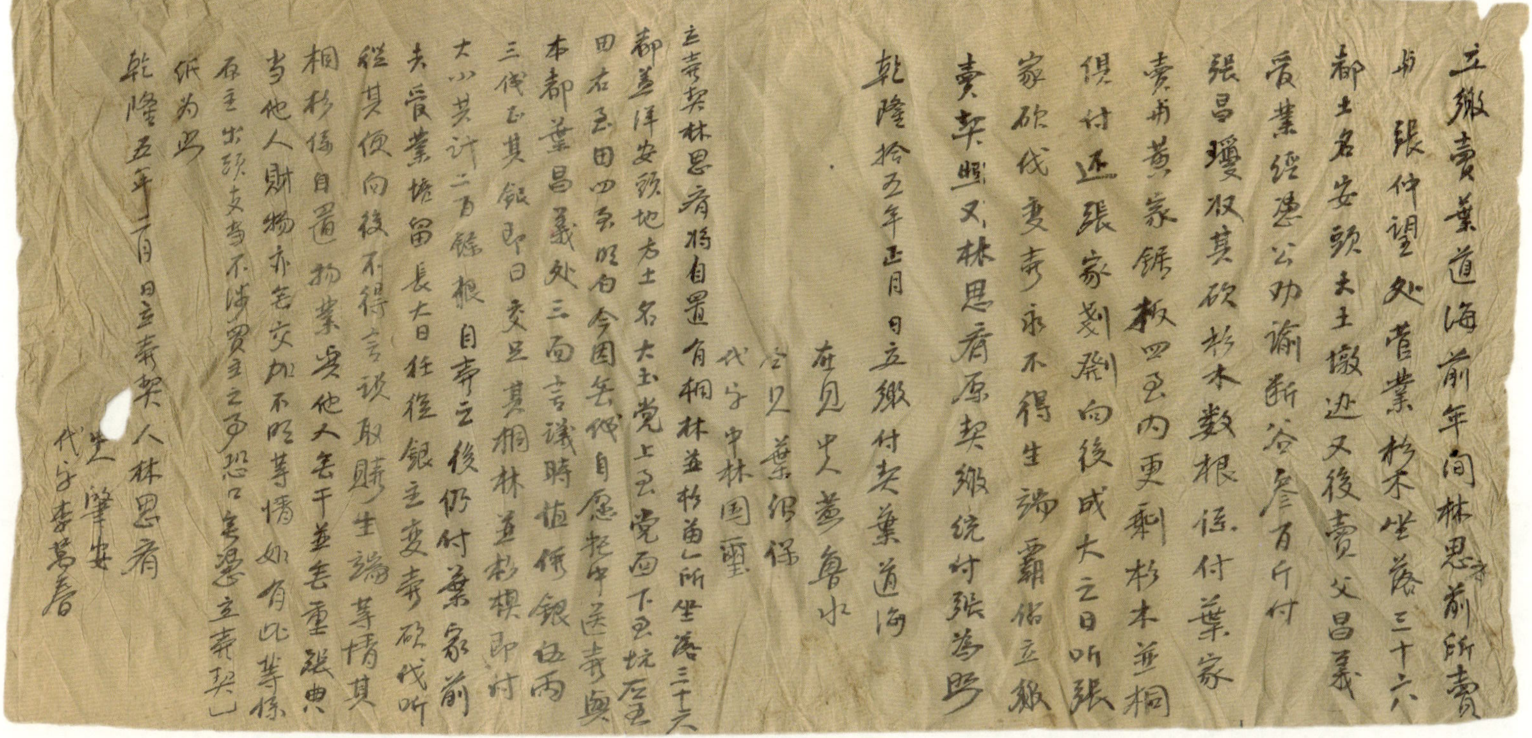
立繳賣葉道海前年向林思前所賣
本 張仲望處管業杉木坐落三十六
都土名安頭大王墩邊又後賣與文昌義
管業經憑公劝諭斷谷叁百斤付
張昌攢收其砍杉木數根係付葉家
賣來其家鋸板四至內更剩杉木並桐
俱付還張家劉剷向後成大之日听張
家砍伐變賣永不得生端覇佔立繳
賣契四又林思前原契繳繞付張為照
乾隆拾五年正月　日立繳付契葉道海
在見中人葉魯水
公見葉泗保
代字中林國璽
立賣契林思前將自置有桐林並杉苗一所坐落三十六
都蓋洋安頭地方土名大王党上至党面下至坑左至
田右至田四至明白今因缺錢自愿托中送賣與
本都葉昌義處三面言議時值價銀伍兩
三錢正其銀即日交足其桐林並杉模即付
大小共計二百餘根自賣之後仍付葉家前
去管業培留長大日任從銀主変賣砍伐听
從其便向後不得言說取贖生端等情其
桐杉係自置物業與他人無干並無重張典
当他人財物亦無交加不明等情如有此等條
在主出頭支当不涉買主之事恐口無憑立賣契
紙為照
乾隆五年二月　日立賣契人林思前
生肇安
代字李萬春

3-2-85-5　清乾隆十五年正月葉道海立繳賣杉木契（草契）

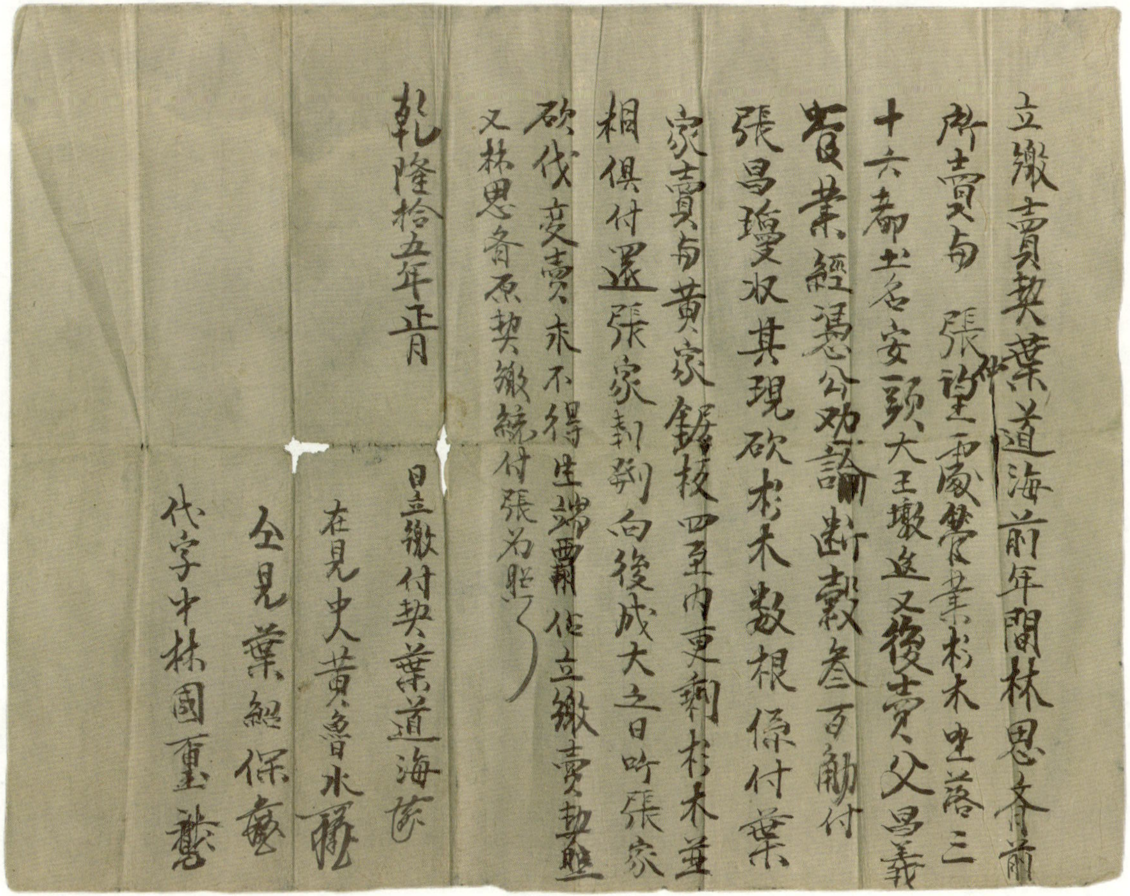

3-2-85-6 清乾隆十五年正月葉道海立繳賣杉木契

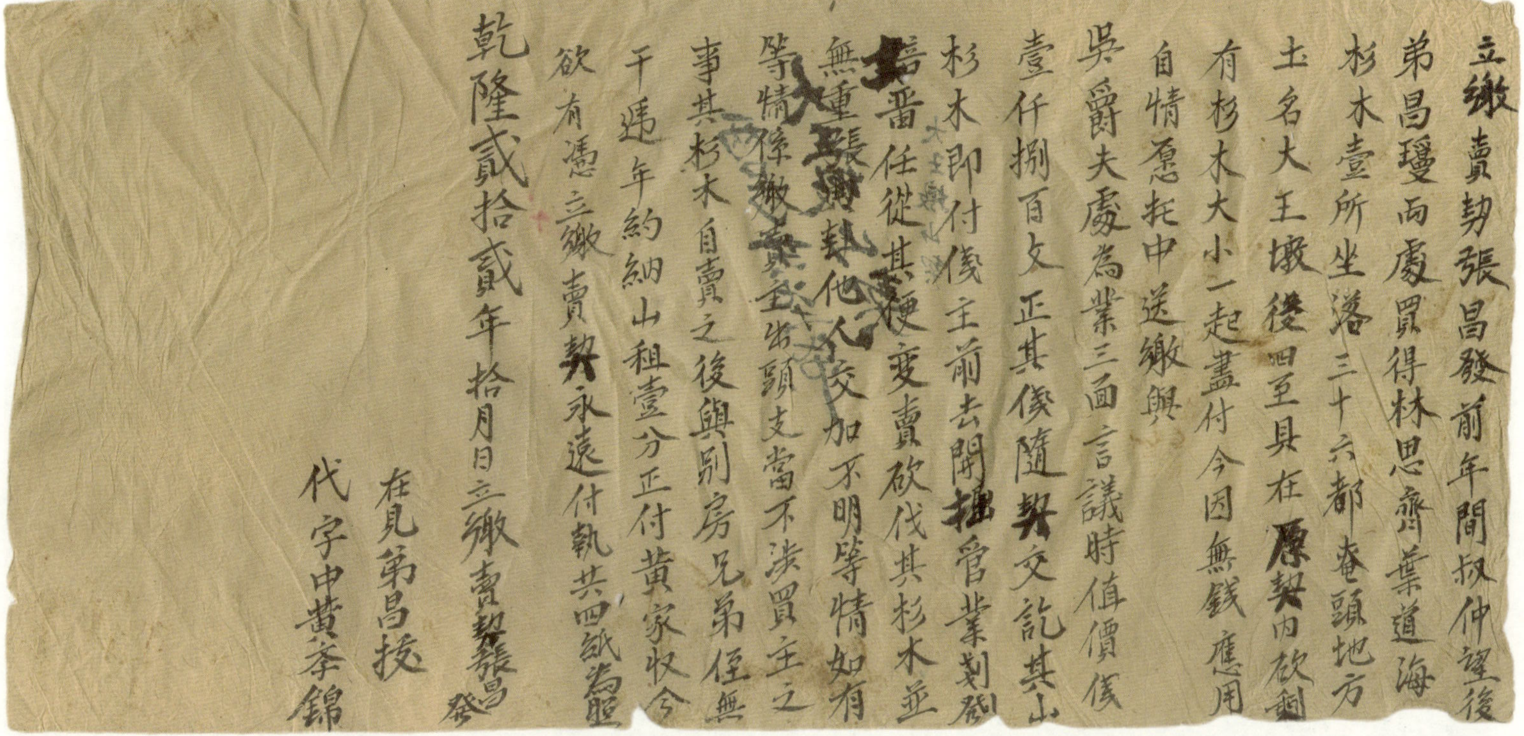
立繳賣契張昌發前年間叔仲望後
弟昌璗兩處買得林思齊葉道海
杉木壹所坐落三十六都奄頭地方
土名大王墩後四至具在原契內砍劃
有杉木大小一起盡付今因無錢應用
自情愿托中送繳與
吳爵夫處為業三面言議時值價銀
壹仟捌百文正其銀隨契交訖其山
杉木即付銀主前去開掘管業劃
搭番任從其便變賣砍伐其杉木並
無重張典掛他人交加不明等情如有
等情係繳賣主出頭支當不涉買主之
事其杉木自賣之後與別房兄弟侄無
干遞年納山租壹分正付黃家收今
欲有憑立繳賣契永遠付執共四紙為照
乾隆貳拾貳年拾月日立繳賣契張昌發
在見弟昌捷
代字中黃李錦

3-2-85-7 清乾隆二十二年十月張昌發立繳賣杉木契（草契）

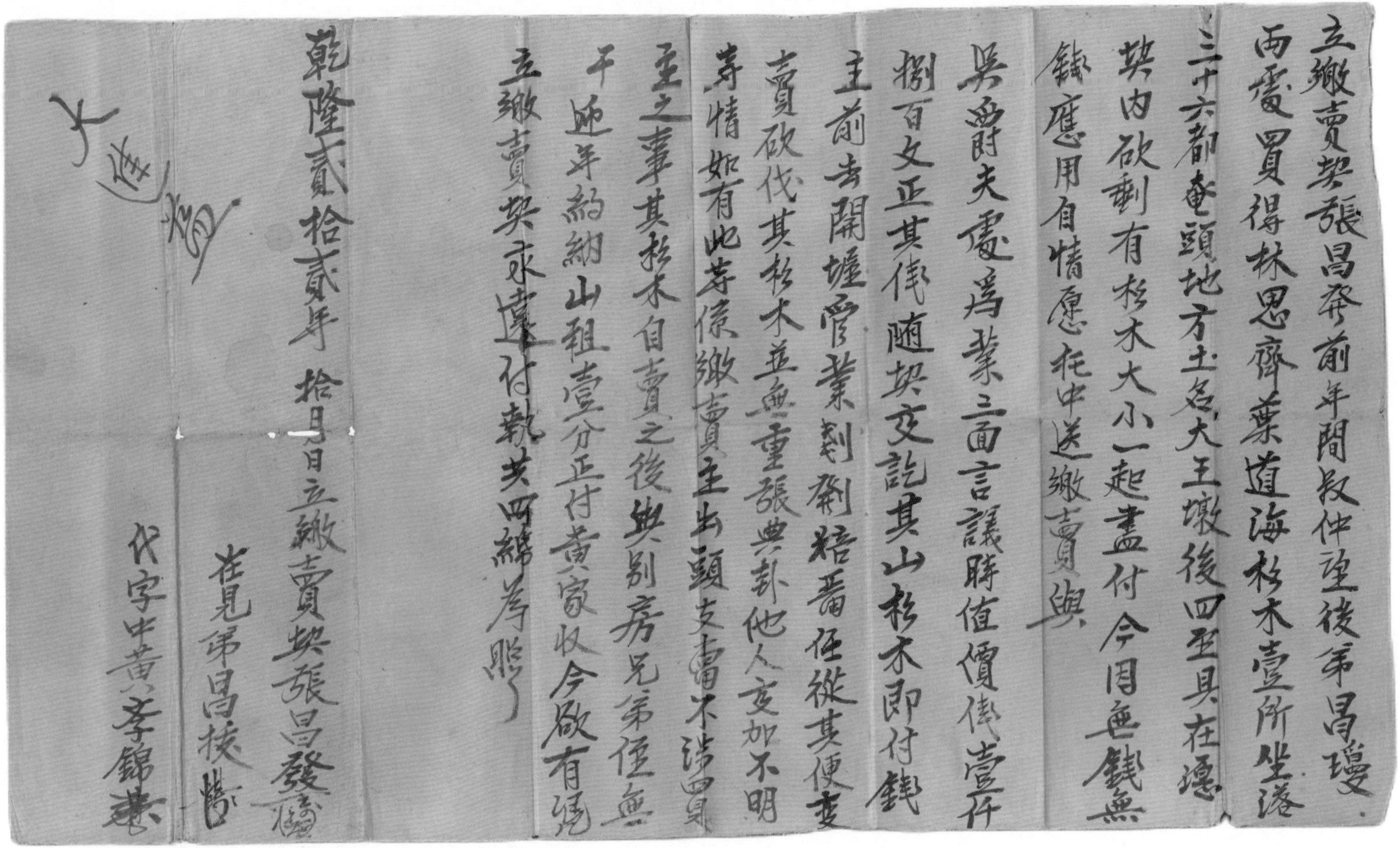

立繳賣契張昌發前年間叔仲望後弟昌瓊
兩處買得林恩齊葉道海杉木壹所坐落
三十六都奄頭地方土名大王墩後四至具在
契內砍剩有杉木大小一起盡付今因無錢
鈥應用自情愿在中送繳賣與
吳爵夫處爲業三面言議時值價錢壹仟
捌百文正其錢隨契交訖其山杉木即付錢
主前去開墾管業剗劄栽蓄任從其便吏
賣砍伐其杉木並無重張典卦他人交加不明
等情如有此等係繳賣主出頭支當不涉買
主之事其杉木自賣之後與別房兄弟侄無
干迹年納山租壹分正付黃家收今欲有憑
立繳賣契永遠付執共四綿存照
乾隆貳拾貳年　拾月日立繳賣契張昌發（押）
在見弟昌模（押）
代字中黃孝錦（押）

3-2-85-8　清乾隆二十二年十月張昌發立繳賣杉木契

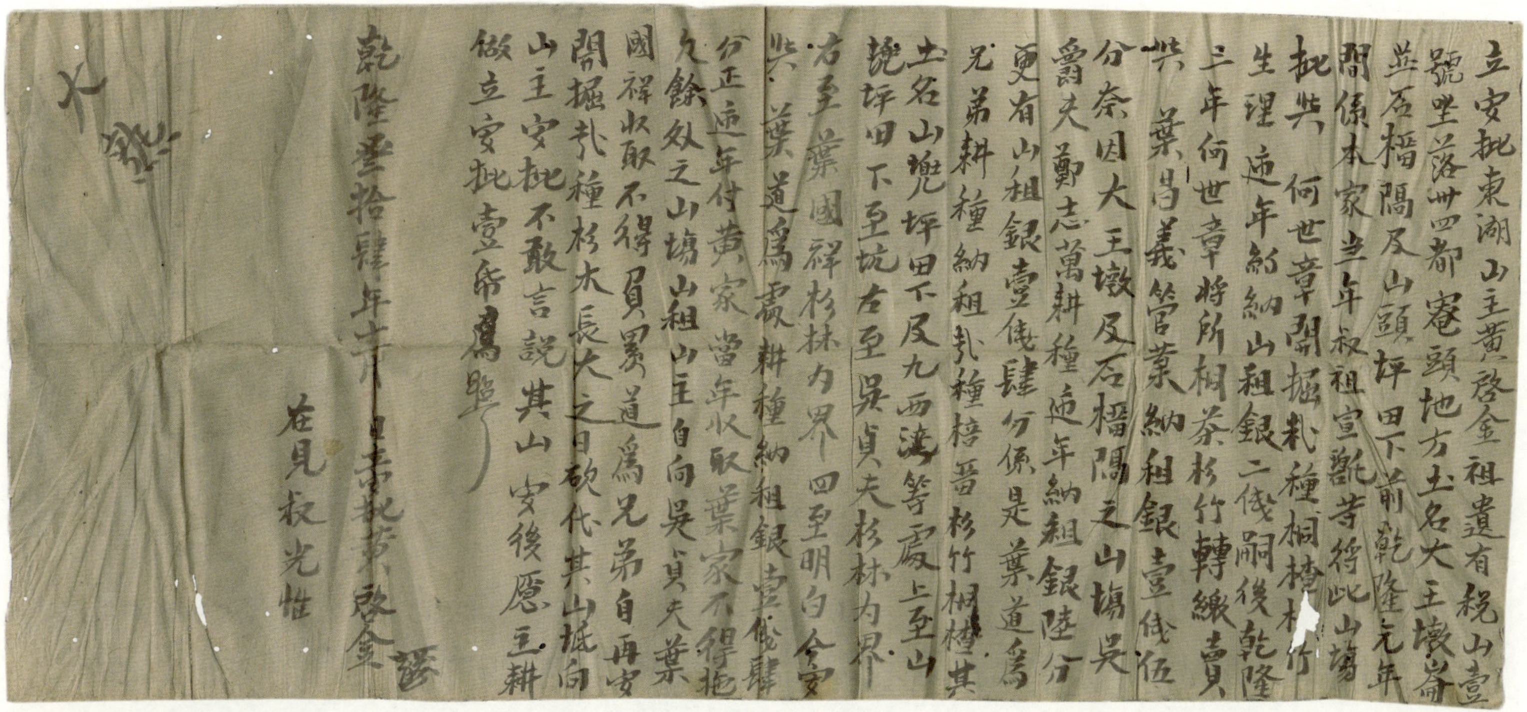
立安批東湖山主黃啓金祖遺有稅山壹
號坐落卅四都寇頭地方土名大王墩崙
並石榴陽及山頭坪田下前乾隆元年
間係本家並年叔祖宣龍等将此山場
批與何世章開掘栽種桐椿竹木
生理逓年納山租銀二錢嗣後乾隆
三年何世章将所栽桐茶杉竹轉繳賣
與葉昌義管業納租銀壹錢伍
分奈因大王墩及石榴陽之山場是
爵夫鄭志萬耕種逓年納租銀陸分
更有山租銀壹錢肆分係是葉道爲
兄弟耕種納租扎種梧晋杉竹桐樟其
土名山兜坪田下及九西湾等處上至山
嶺坪田下至坑左至吳貞夫杉林为界
右至葉國祥杉林为界四至明白今安
與葉道爲家耕種納租銀壹錢肆
分正逓年付黃家當年收取葉家不得拖
欠餘外之山場山租山主自向吳貞夫葉
國祥收取不得買累道爲兄弟自再安
開掘扎種杉木長大之日砍代其山抵向
山主安批不敢言說其山安後愿至耕
做立安批壹紙爲照
乾隆叁拾肆年十一月　日立安批黃啓金
在見叔光性
大發

3-2-85-9　清乾隆三十四年十一月黃啓金立安批稅山字

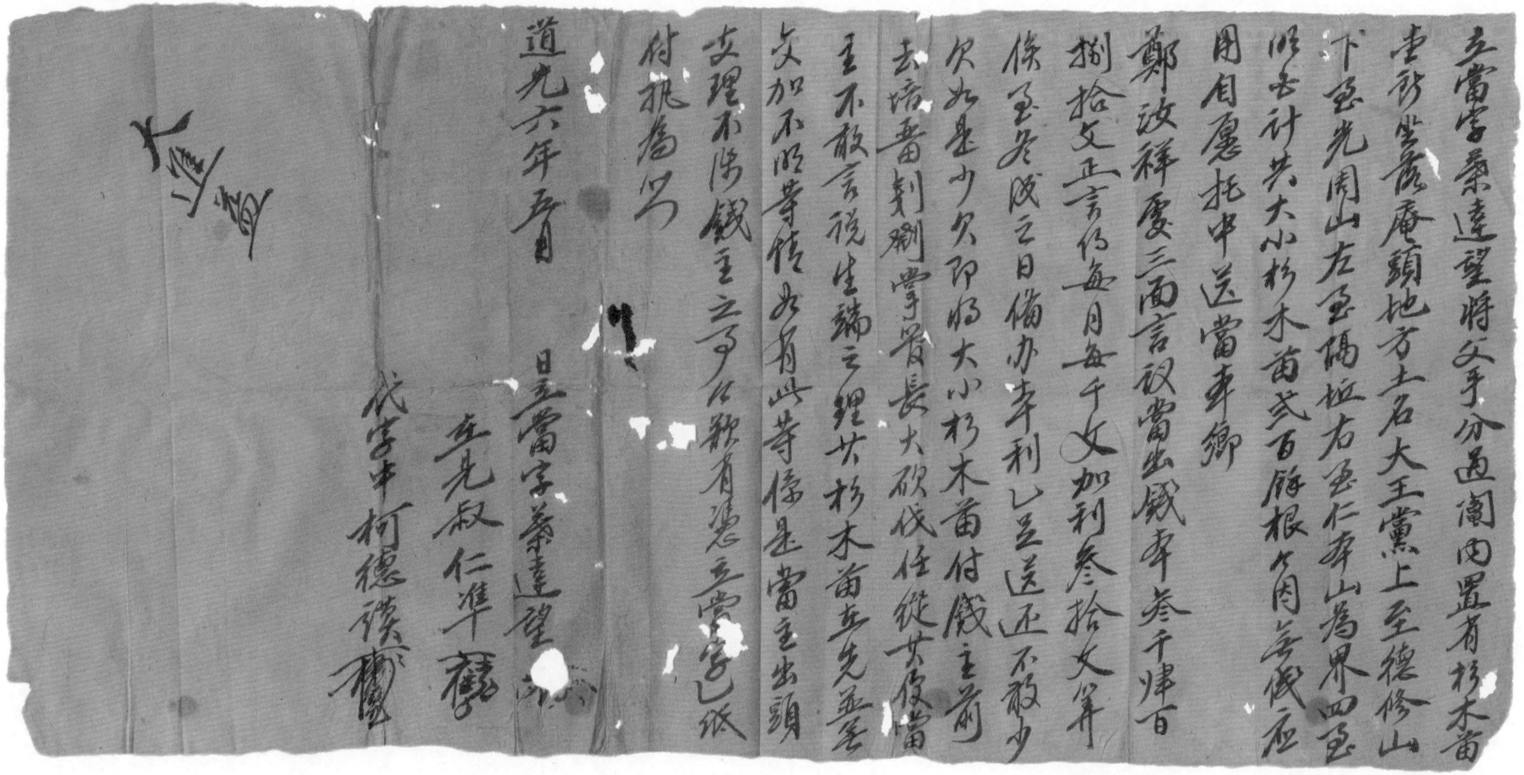
立當字葉達望將父手分過鬮內置有杉木苗
壹所坐落庵頭地方土名大王黨上至德修山
下至光開山左至陽柱右至仁本山為界四至
明白計共大小杉木苗弍百餘根今因無錢應
用自愿托中送當本鄉
鄭汝祥處三面言議當出錢本叁千肆百
捌拾文正言約每月每千文加利叁拾文算
係至冬成之日備办本利一足送还不敢少
欠如是少欠即將大小杉木苗付錢主前
去培番剃劉掌管長大砍伐任從其便當
主不敢言說生端之理其杉木苗在先並無
文加不明等情如有此等係是當主出頭
支理不涉錢主之事今欲有憑立當字一紙
付執為照
道光六年五月　日立當字葉達望
在見叔仁準
代字中柯德璞

3-2-85-10　清道光六年五月葉達望立當杉木苗字

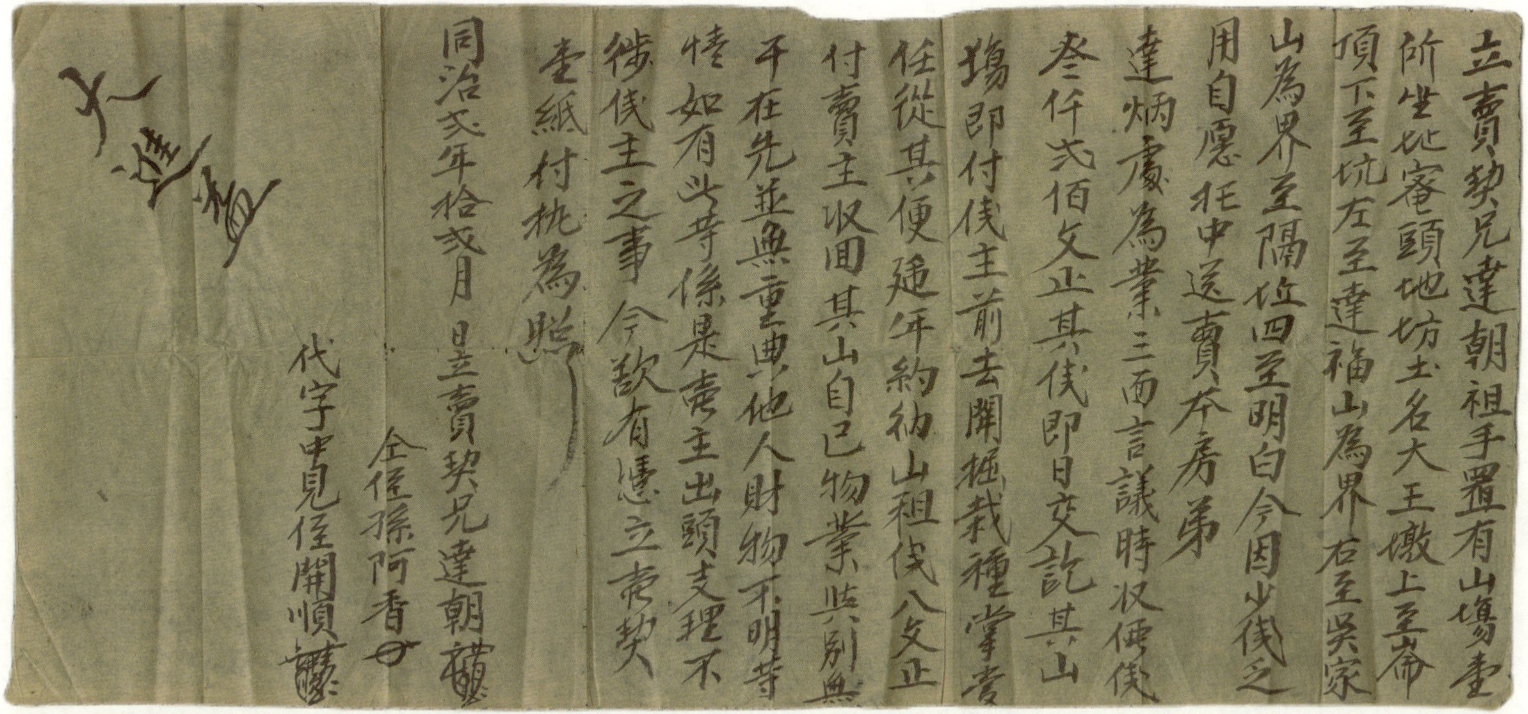

立賣契兄達朝祖手置有山場壹
所坐址寨頭地坊土名大王墩上至希
頂下至坑左至達福山為界右至吳家
山為界至隔坵四至明白今因乏錢之
用自愿托中送賣本房弟
達炳處為業三面言議時收價錢
叁仟弍佰文正其錢即日交訖其山
場即付錢主前去開掘栽種掌管
任從其便逐年約納山租錢八文正
付賣主收回其山自己物業與別無
干在先並無重典他人財物不明等
情如有此等係是賣主出頭支理不
涉錢主之事今欲有憑立賣契
壹紙付執為照

同治弍年拾弍月　日立賣契兄達朝（押）
全侄孫阿香（押）
代字中見侄開順（押）

3-2-85-11　清同治二年十二月葉達朝等立賣山場契

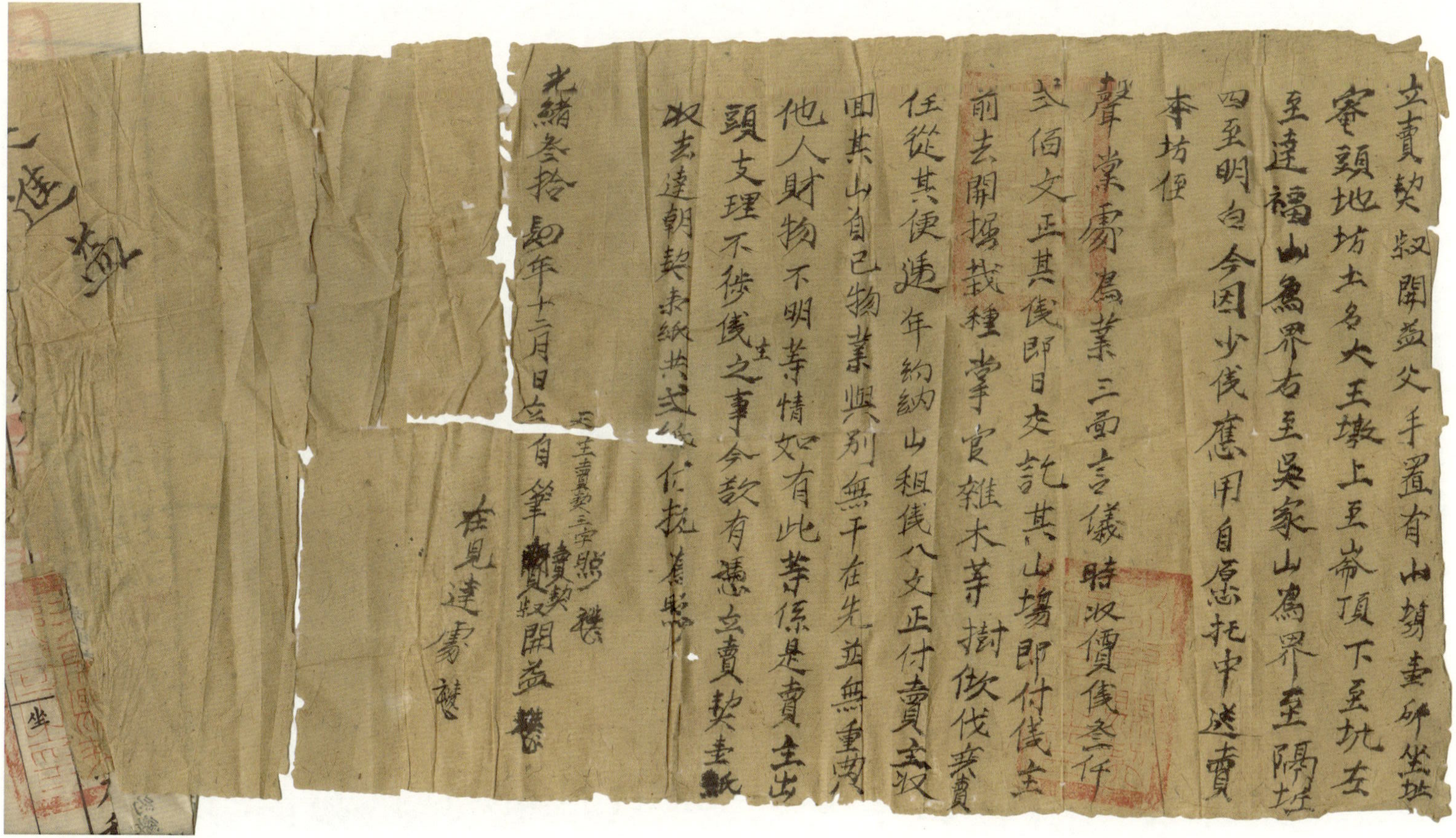

立賣契叔開益父手置有山場壹所坐址
審頭地坊土名大王墩上至崙頂下至坑左
至達福山為界右至吳家山為界至隔坵
四至明白今因少錢應用自愿托中送賣
本坊侄
聲棠爵爲業三面言議時收價錢叁仟
叁佰文正其錢即日交訖其山場即付錢主
前去開掘栽種掌管雜木等樹砍伐賣
任從其便逓年納山租錢八文正付賣主收
回其山自己物業與別無干在先並無重典
他人財物不明等情如有此等係是賣主出
頭支理不涉錢主之事今欲有憑立賣契壹紙
收去達朝契尾紙共弍紙付執為照
光緒叁拾肆年十二月日立 天主賣契三字照 自筆賣契叔開益
在見達爵

3-2-85-12 清光緒三十四年十二月葉開益立賣山場契（紅契）

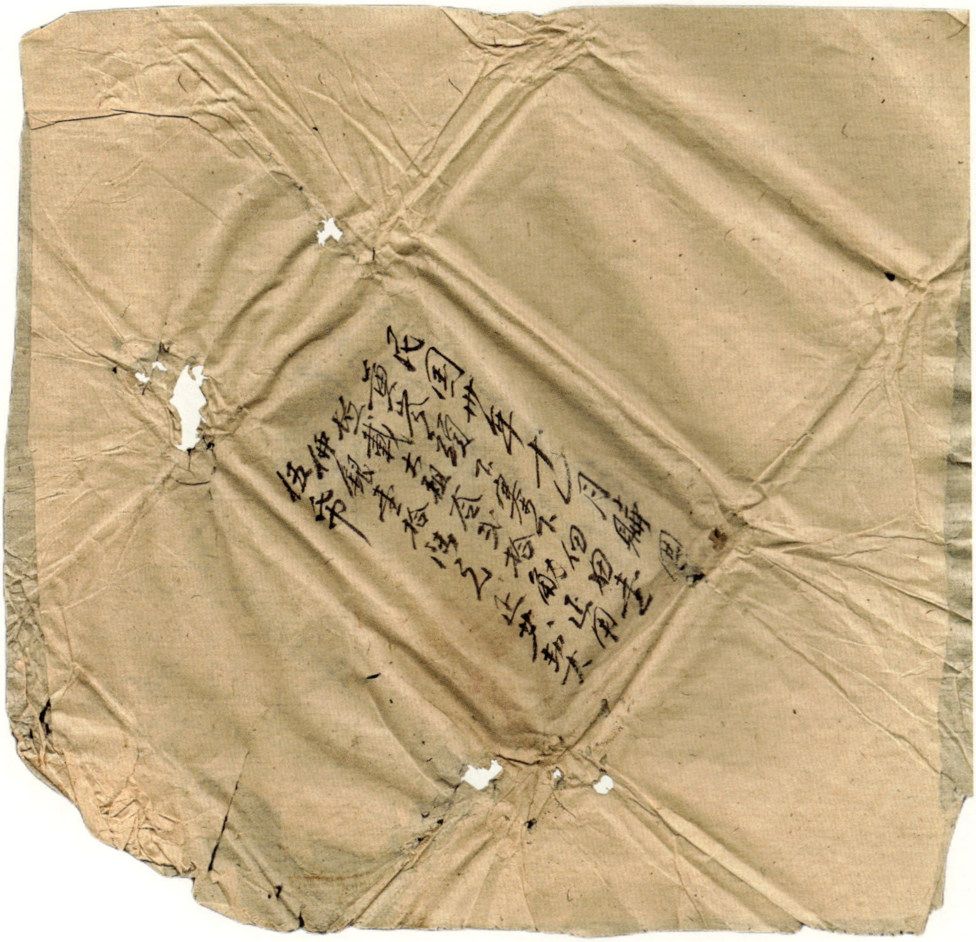

3-2-86-1　包契紙

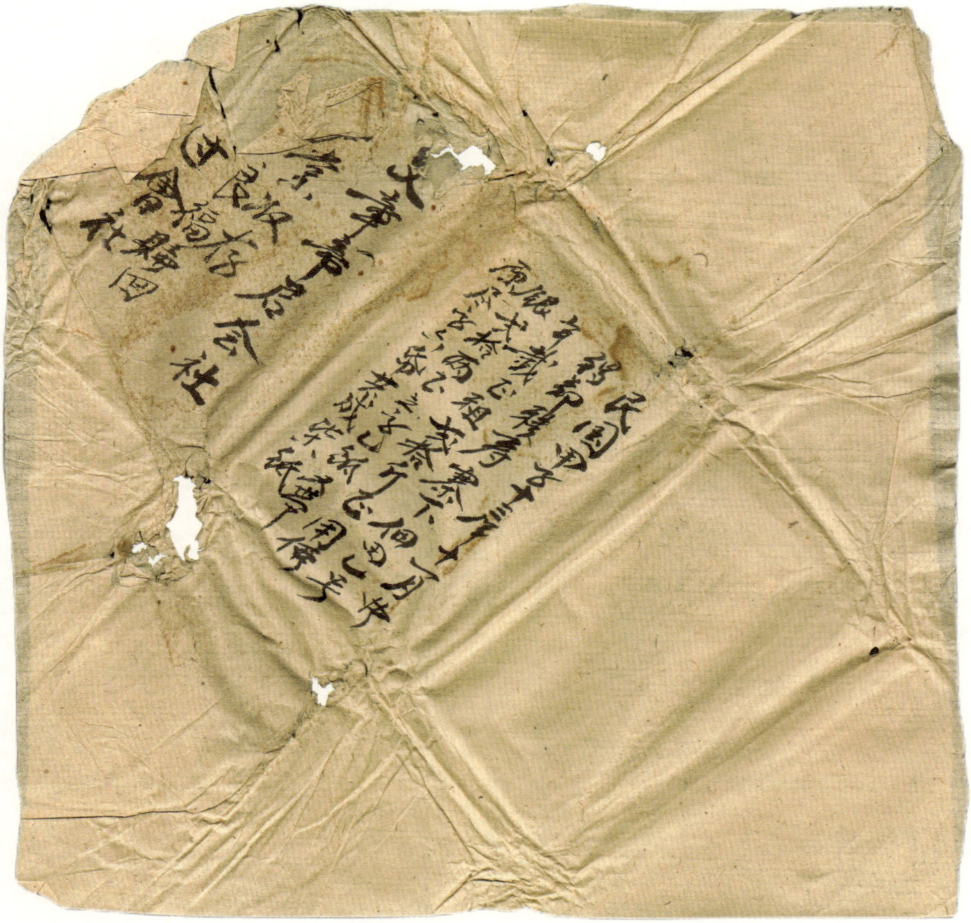

3-2-86-2　包契紙

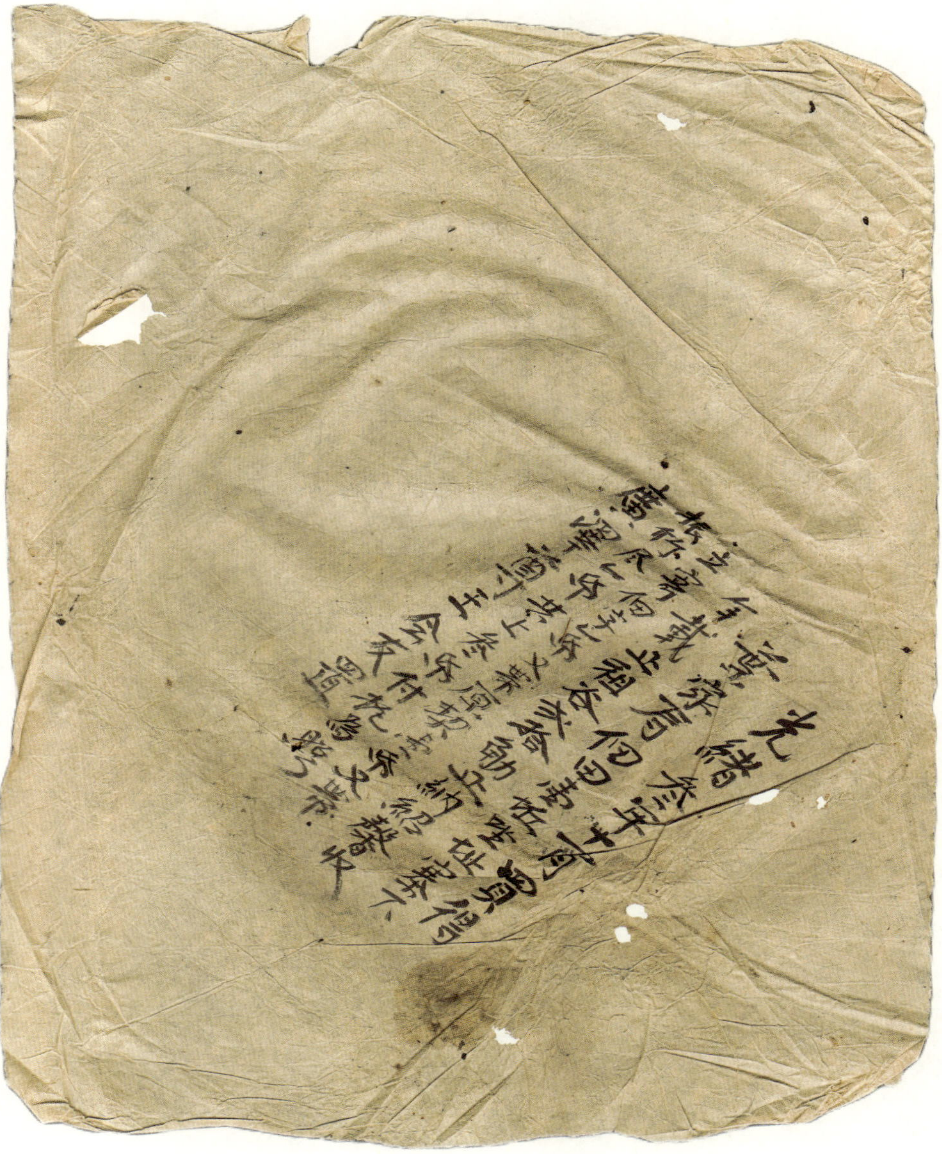

3-2-86-3　包契紙

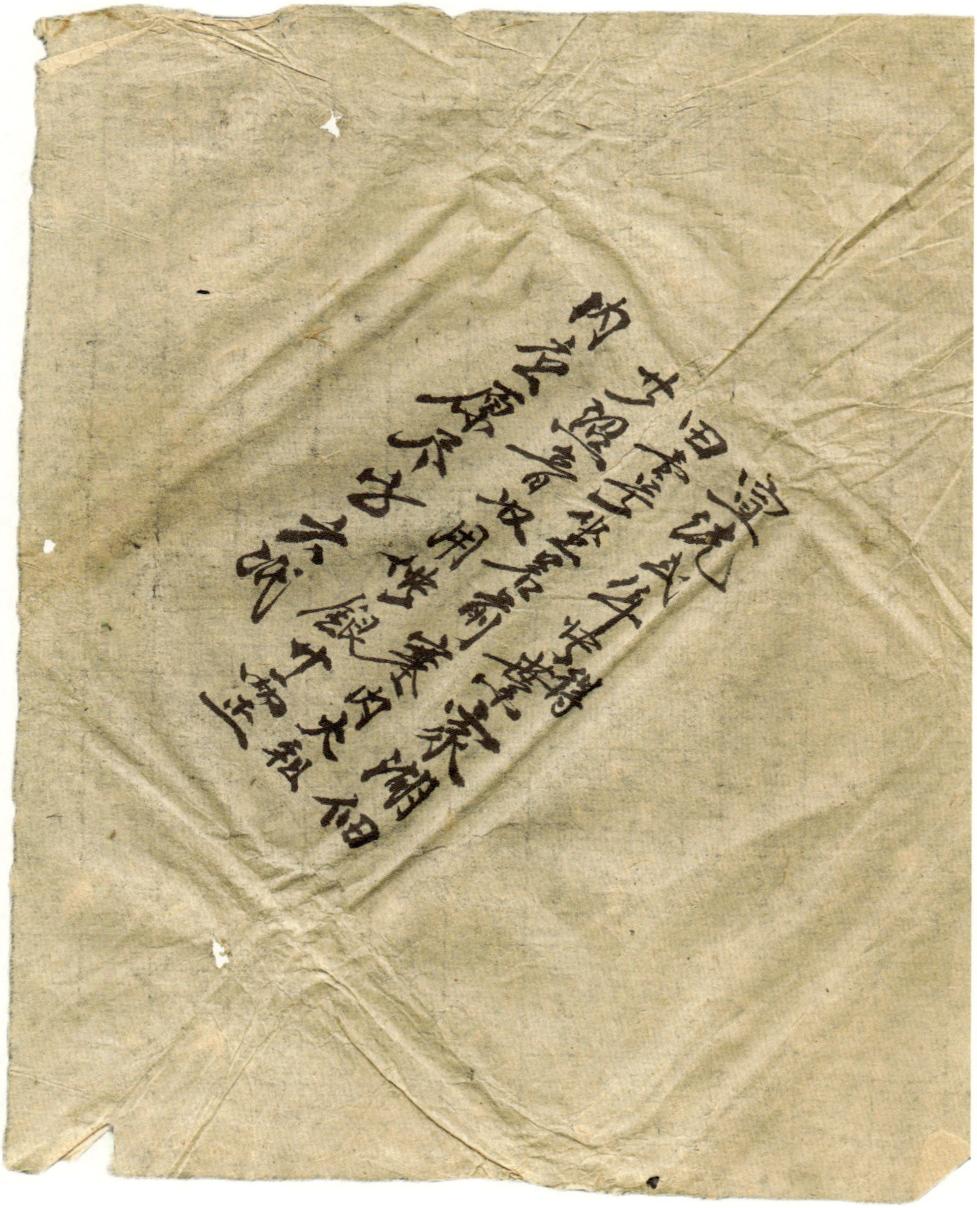

3-2-86-4　包契紙

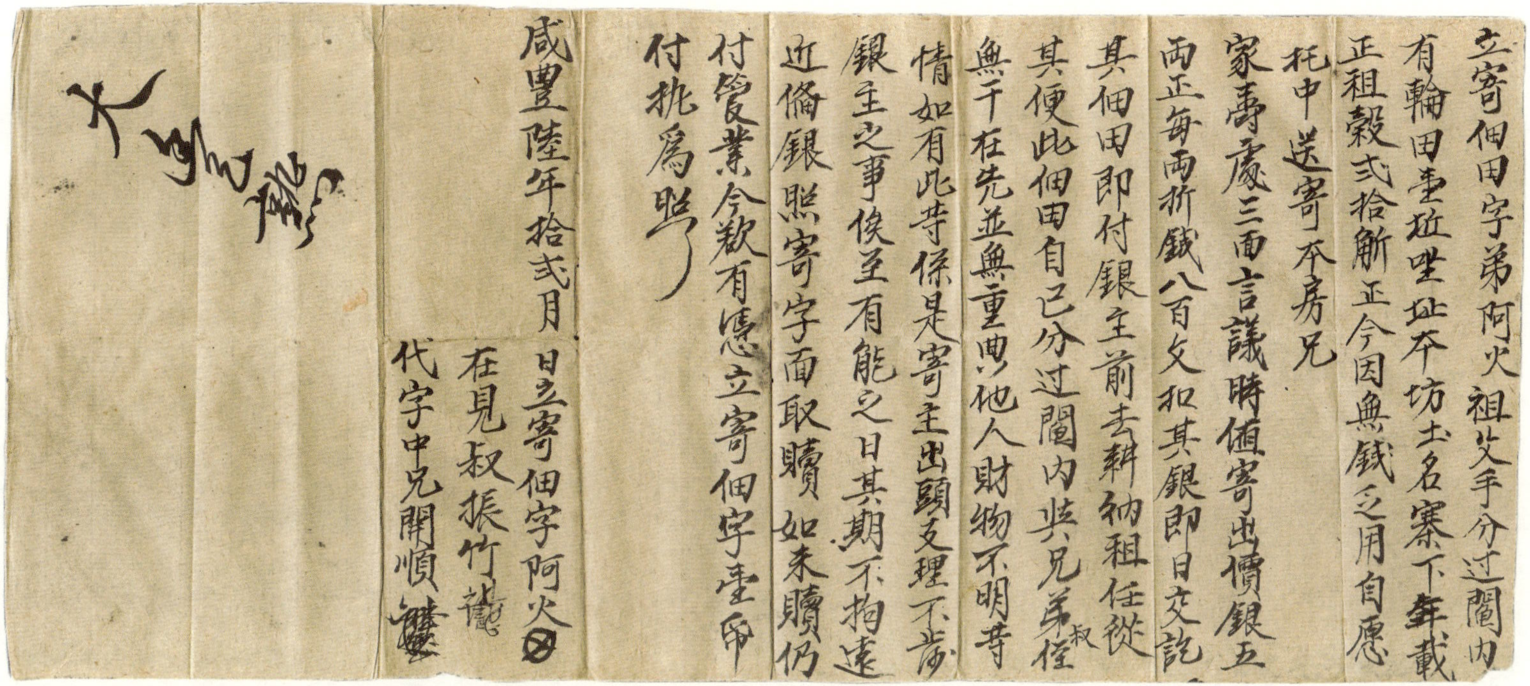

立寄佃田字弟阿火　祖父手分过閻内
有輪田壹坵坐址本坊土名寨下年載
正租穀弍拾觔正今因無銭乏用自愿
托中送寄本房兄
家壽處三面言議時値寄出價銀五
两正每两折錢八百文扣其銀即日交訖
其佃田即付銀主前去耕納租任從
其便此佃田自己分过閻内與兄弟叔侄
無干在先並無重典他人財物不明等
情如有此等係是寄主出頭支理不涉
銀主之事候至有能之日其期不拘遠
近備銀照寄字面取贖如未贖仍
付管業今欲有憑立寄佃字壹帋
付執爲照

咸豐陸年拾弍月　日立寄佃字阿火（押）
在見叔振竹（押）
代字中兄開順（押）

3-2-86-5　清咸豐六年十二月葉阿火立寄佃輪田字

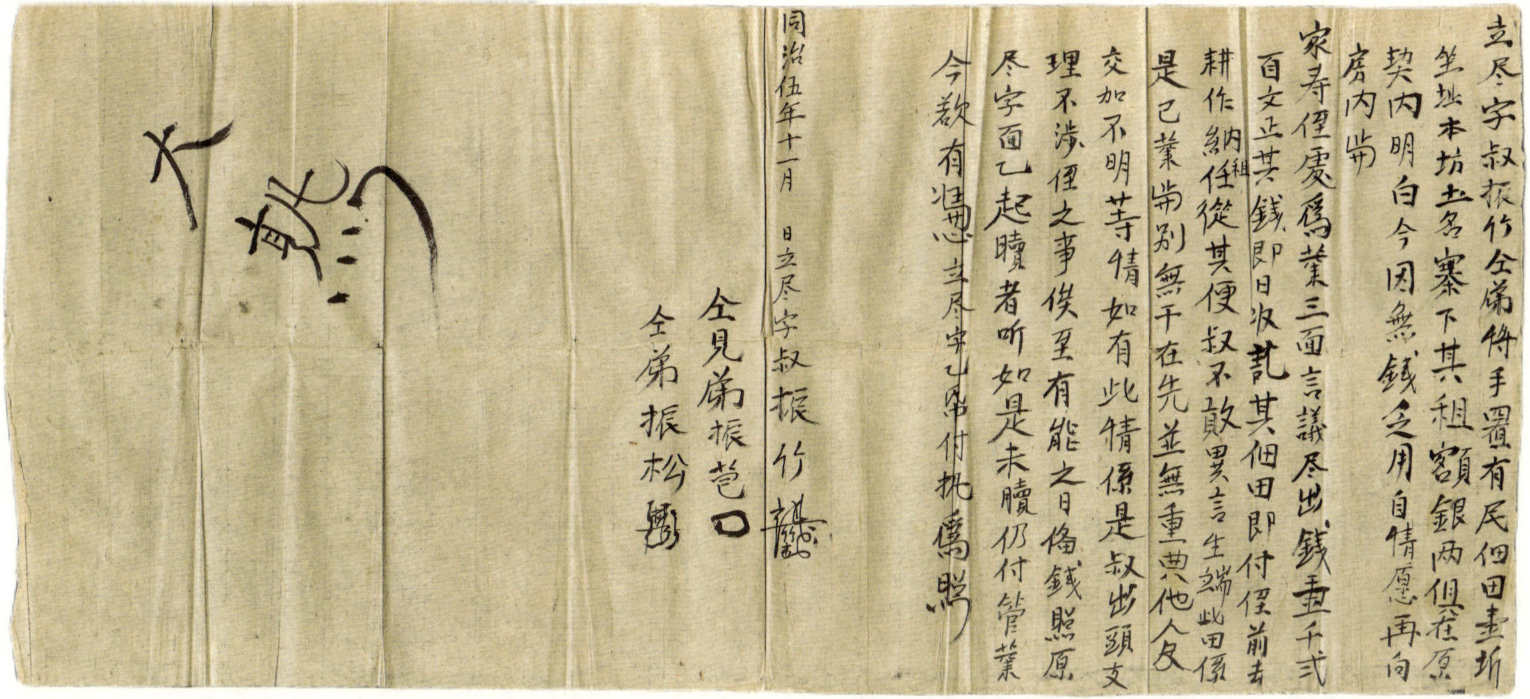

3-2-86-6 清同治五年十一月葉振竹等立盡民佃田字

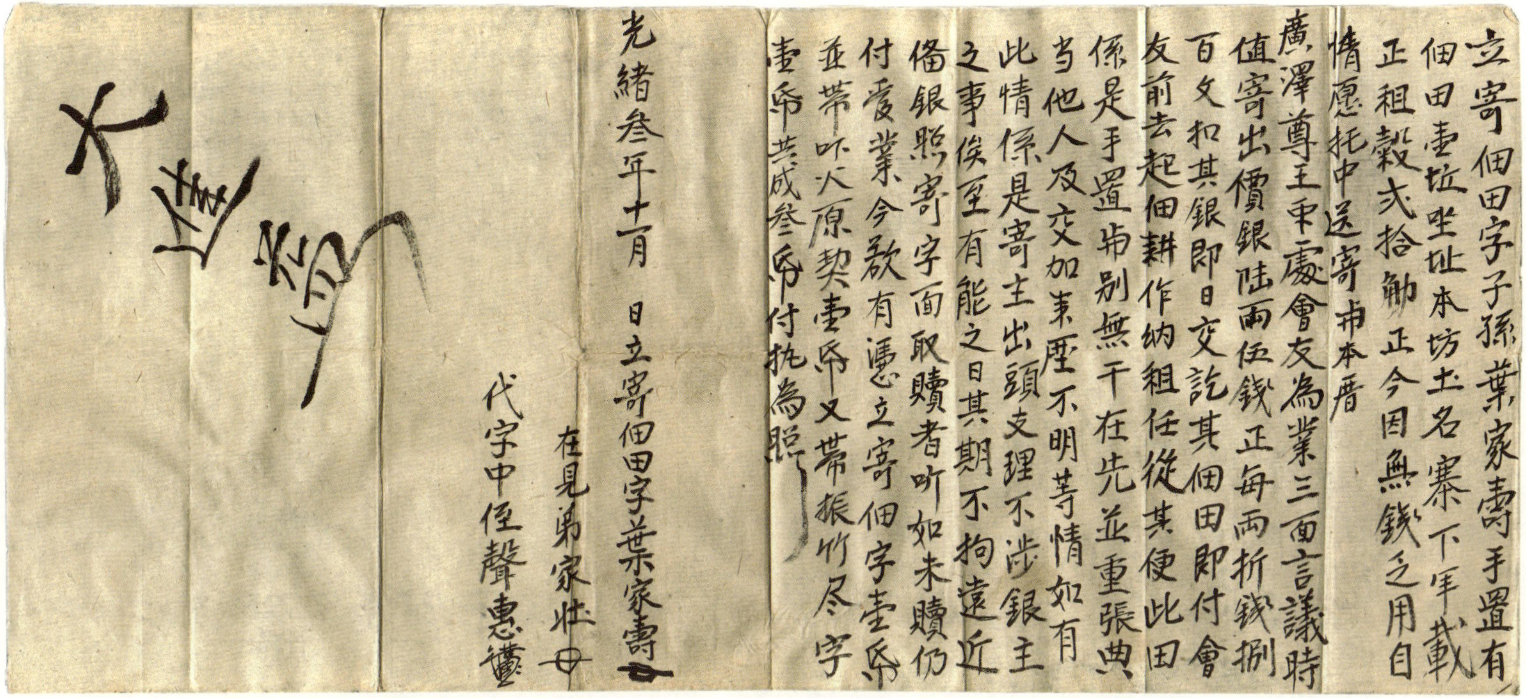
立寄佃田字子孫葉家壽手置有佃田壹坵坐址本坊土名寨下垟載正租穀弍拾觔正今因無錢乏用自情愿托中送寄與本厝廣澤尊王東處會友為業三面言議時值寄出價銀陸兩伍錢正每兩折錢捌百文和其銀即日交訖其佃田即付會友前去起佃耕作納租任從其便此田係是手置帋別無干在先並重張典当他人及交加來歷不明等情如有此情係是寄主出頭支理不涉銀主之事俟至有能之日其期不拘遠近備銀照寄字面取贖者听如未贖仍付會業今欲有憑立寄佃字壹帋並帶吓大原契壹帋又帶振竹尽字壹帋共成叁帋付執為照。

光緒叁年十一月　日立寄佃田字葉家壽（押）

在見弟家壯（押）

代字中侄聲惠（押）

3-2-86-7　清光緒三年十一月葉家壽立寄佃田字

立尽字振松將祖手置有民佃田壹號坐
址本坊土名寨下，其租額銀兩俱在原契
内明白。今因無錢乏用，自情愿再向與
廣潭萬王處三面言議，尽出價銀肆仟
肆百文正，其錢即日收訖，其佃田即付會
有起佃耕作，納租任從其便，不敢異言
生端。此田係是己業，與别無干，在先並
無重典他人及交加不明等情，如有此情，
係是出頭支理，不涉錢主之事。侯至有能
之日，備錢照原尽字面壹起贖回者，聽；如
是未贖，仍付管業。今欲有憑，立尽字
壹紙付執為照。

光緒拾叁年十一月　日立尽字振松（押）

執筆在見子求旺（押）

大吉

3-2-86-8　清光緒十三年十一月葉振松立盡民佃田字

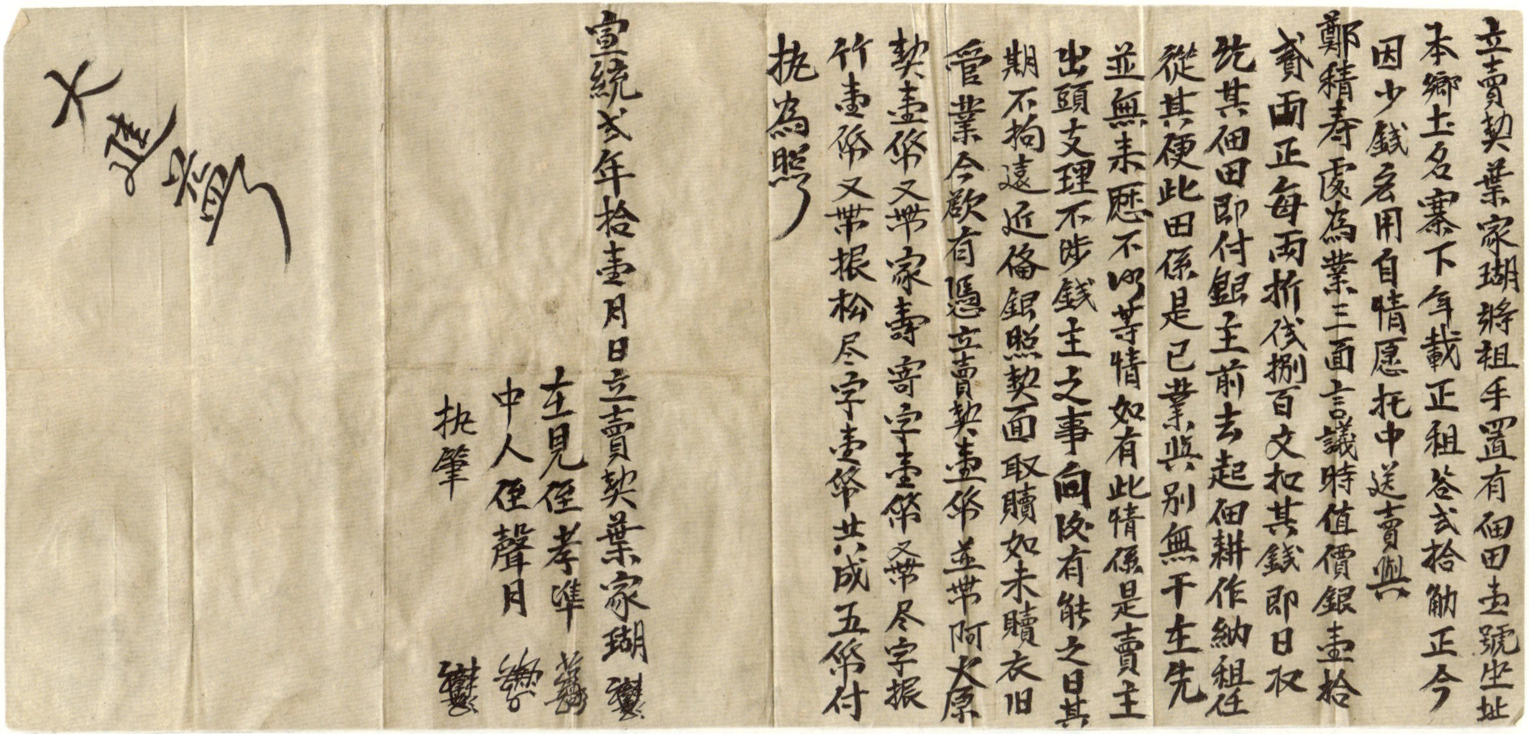

立賣契葉家瑚將祖手置有佃田壹號坐址
本鄉土名寨下年載正租谷貳拾觔正今
因少錢應用自情愿托中送賣與
鄭積寿處為業三面言議時值價銀壹拾
貳兩正每兩折伐捌百文扣其錢即日收
訖其佃田即付銀主前去起佃耕作納租任
從其便此田係是己業與別無干在先
並無未歷不明等情如有此情係是賣主
出頭支理不涉錢主之事向後有能之日其
期不拘遠近備銀照契面取贖如未贖衣旧
管業今欲有憑立賣契壹紙並帶阿大原
契壹紙又帶家壽字壹紙又帶尽字振
竹壹紙又帶振松尽字壹紙共成五紙付
执為照

宣統貳年拾壹月　日立賣契葉家瑚（押）
在見侄孝準（押）
中人侄聲月（押）
执筆（押）

大吉

3-2-86-9　清宣統二年十一月葉家瑚立賣佃田契

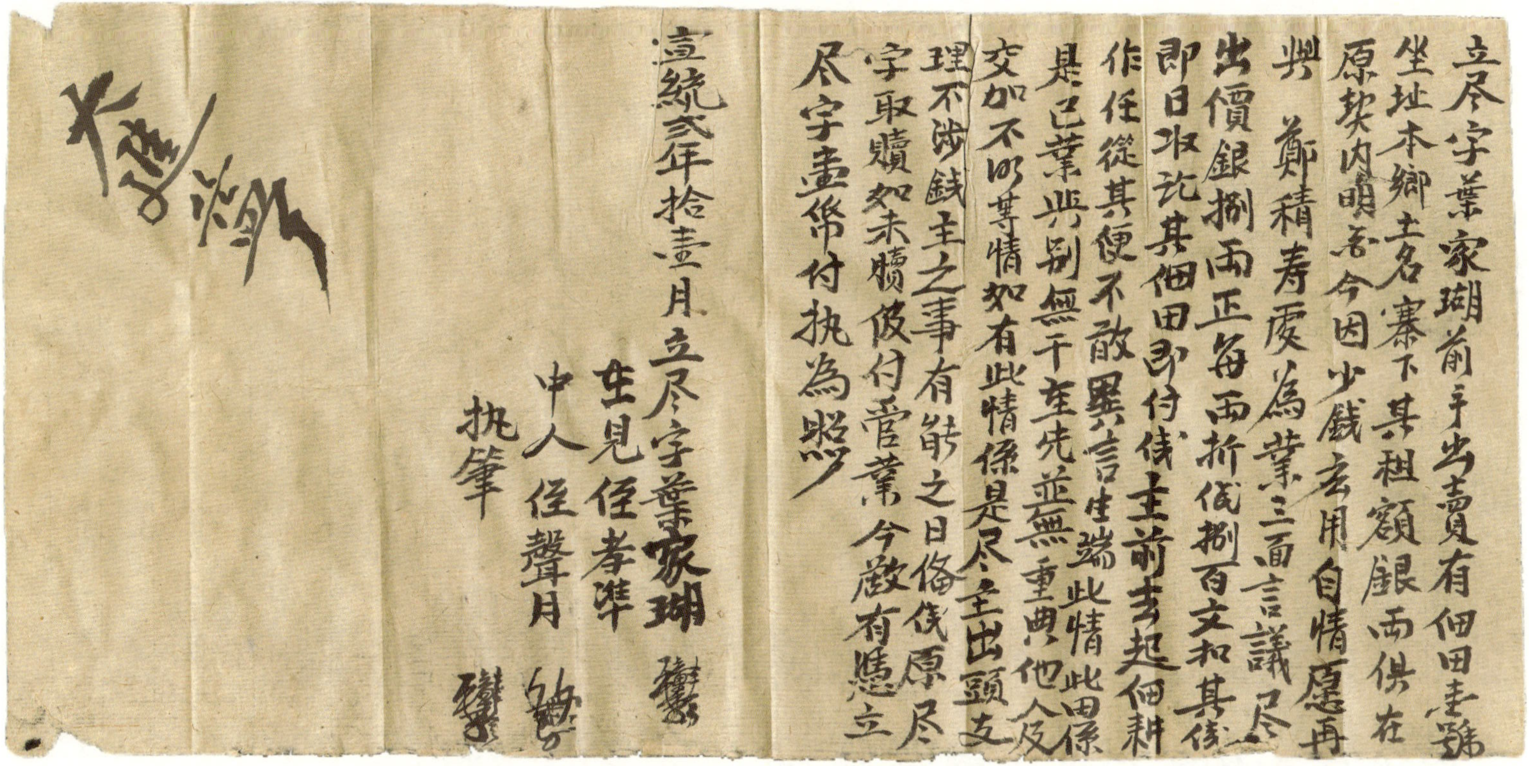

立尽字葉家瑚前手出賣有佃田壹號
坐址本鄉土名寨下其租額銀兩俱在
原契內明去今因少錢去用自情愿再
與 鄭積寿處為業三面言議尽
出價銀捌兩正每兩折伐捌百文和其伐
即日收訖其佃田即付伐主前去起佃耕
作任從其便不敢異言生端此情此田係
是己業與別無干並先並無重典他人交
加不明等情如有此情係是尽主出頭支
理不涉錢主之事有能之日備伐原尽
字取贖如未贖復付壹葉今欲有憑立
尽字壹帋付執為照

宣統弍年拾壹月 立尽字葉家瑚
在見侄孝準
中人 侄聲月
執筆

3-2-86-10 清宣統二年十一月葉家瑚立盡佃田字

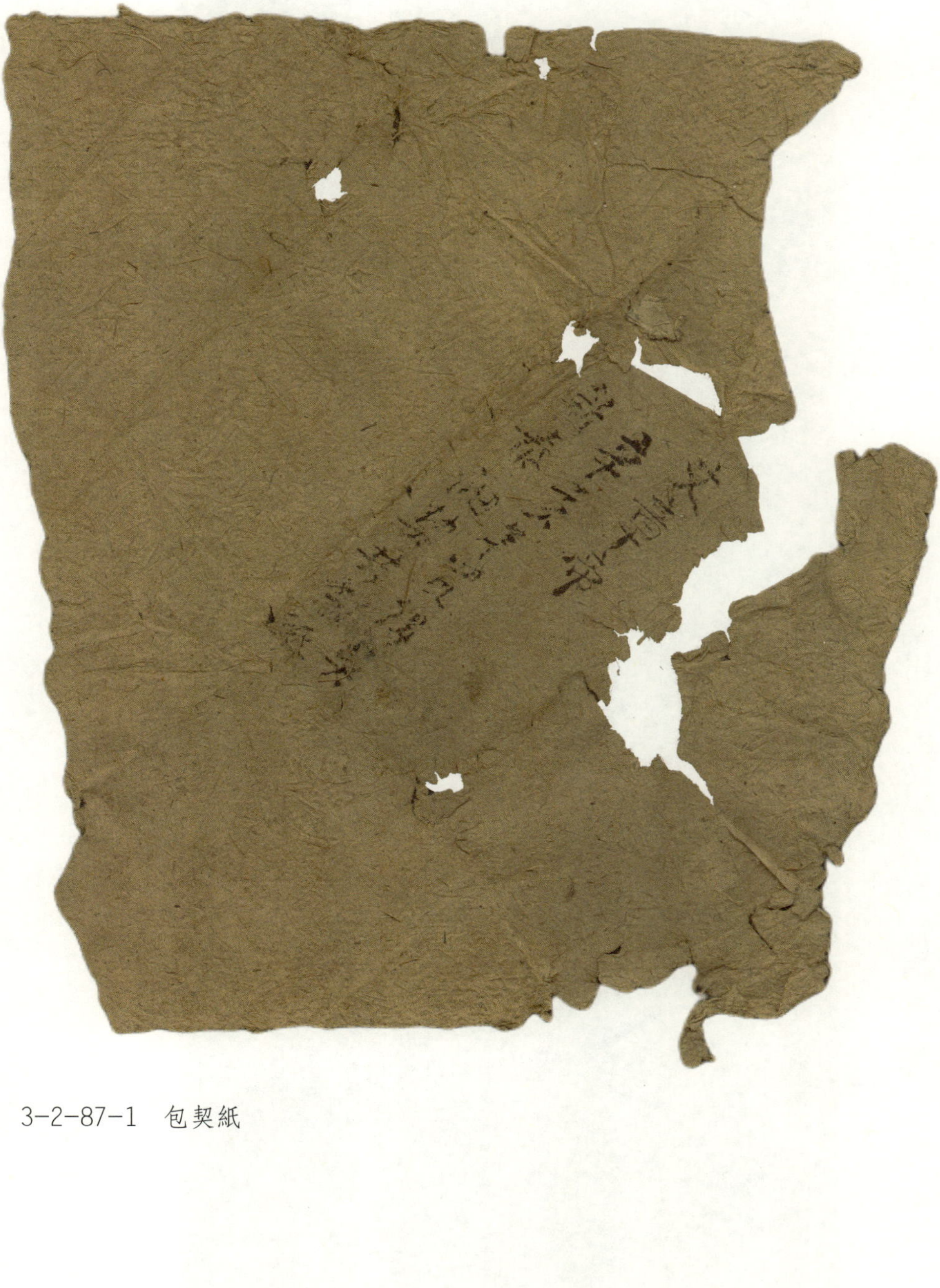

3-2-87-1　包契紙

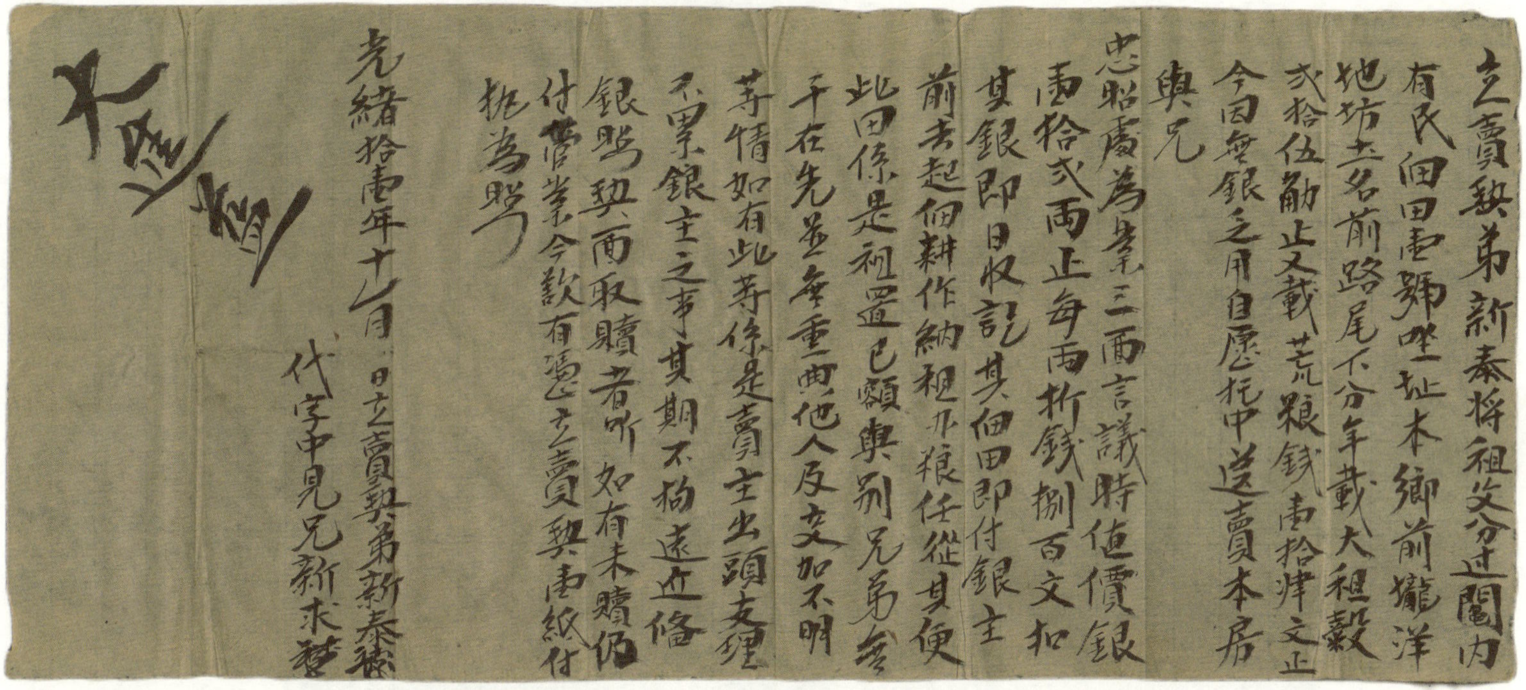
立賣契弟新泰將祖父分過鬮内
有民佃田壹號坐址本鄉前壠洋
地方土名前路尾不分年載大租穀
弍拾伍觔止又載荒粮钱壹拾肆文止
今因無銀乏用自愿托中送賣本房
與兄
忠貽處為業三面言議時值價銀
壹拾弍兩止每兩折钱捌百文扣
其銀即日收訖其佃田即付銀主
前去起佃耕作納租办粮任從其便
此田係是祖置已額與别兄弟無
干在先並無重典他人及交加不明
等情如有此等係是賣主出頭支理
不累銀主之事其期不拘遠近備
銀照契面取贖者听如有未贖仍
付管業今欲有憑立賣契壹紙付
執為照
光緒拾壹年十一月　日立賣契弟新泰（押）
代字中見兄新求（押）

3-2-87-2　清光緒十一年十一月吳新泰立賣民佃田契

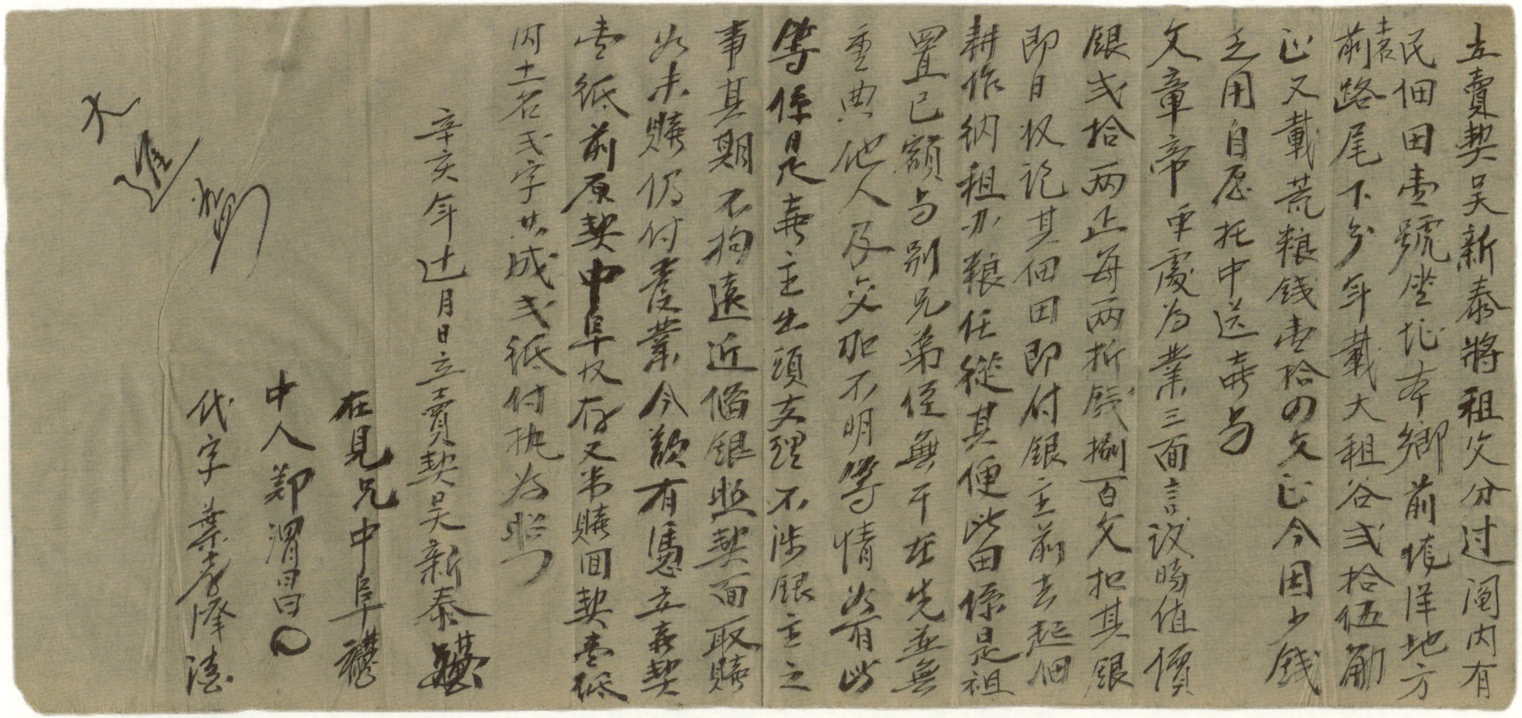

3-2-87-3　清宣統三年十一月吳新泰立賣民佃田契

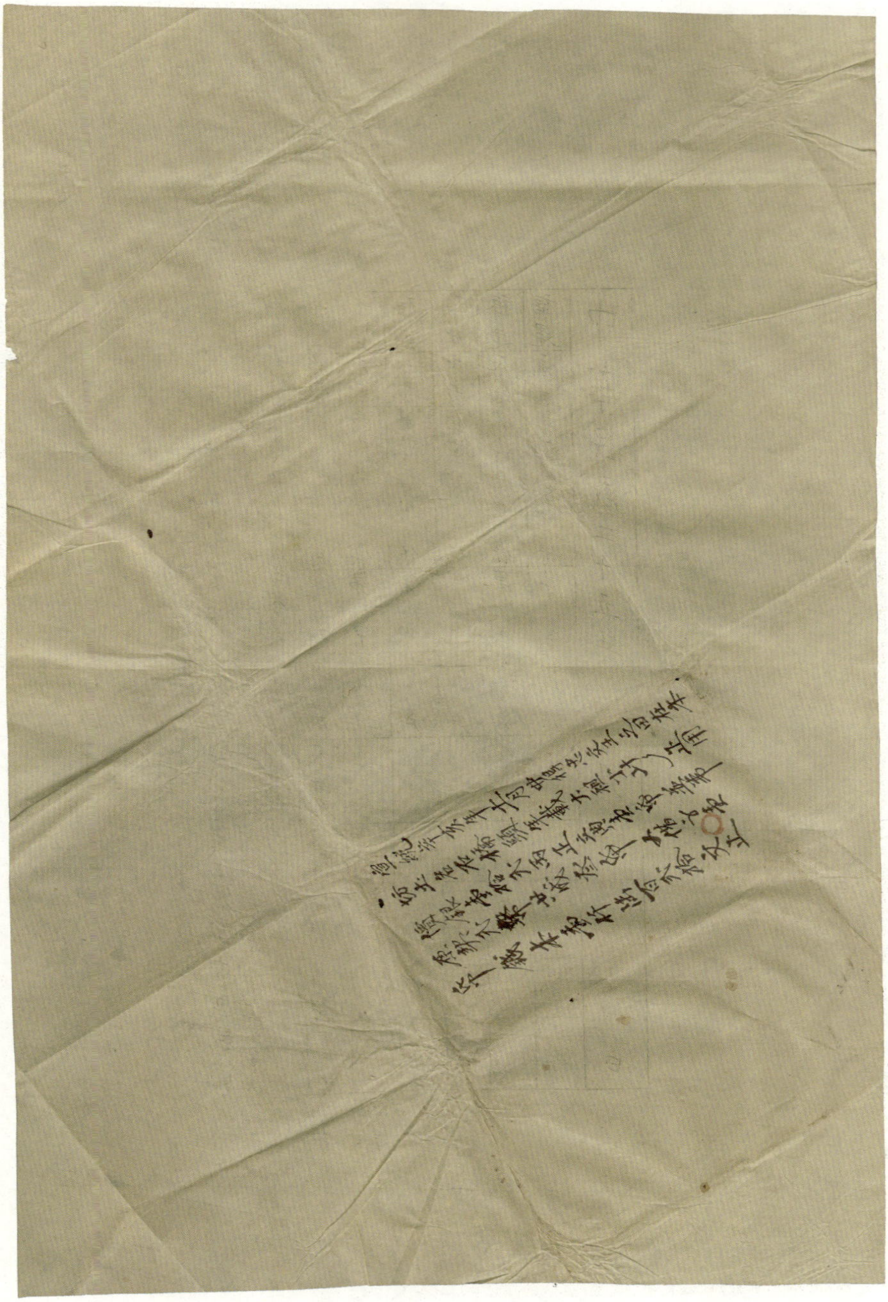

3-2-88-1　包契紙

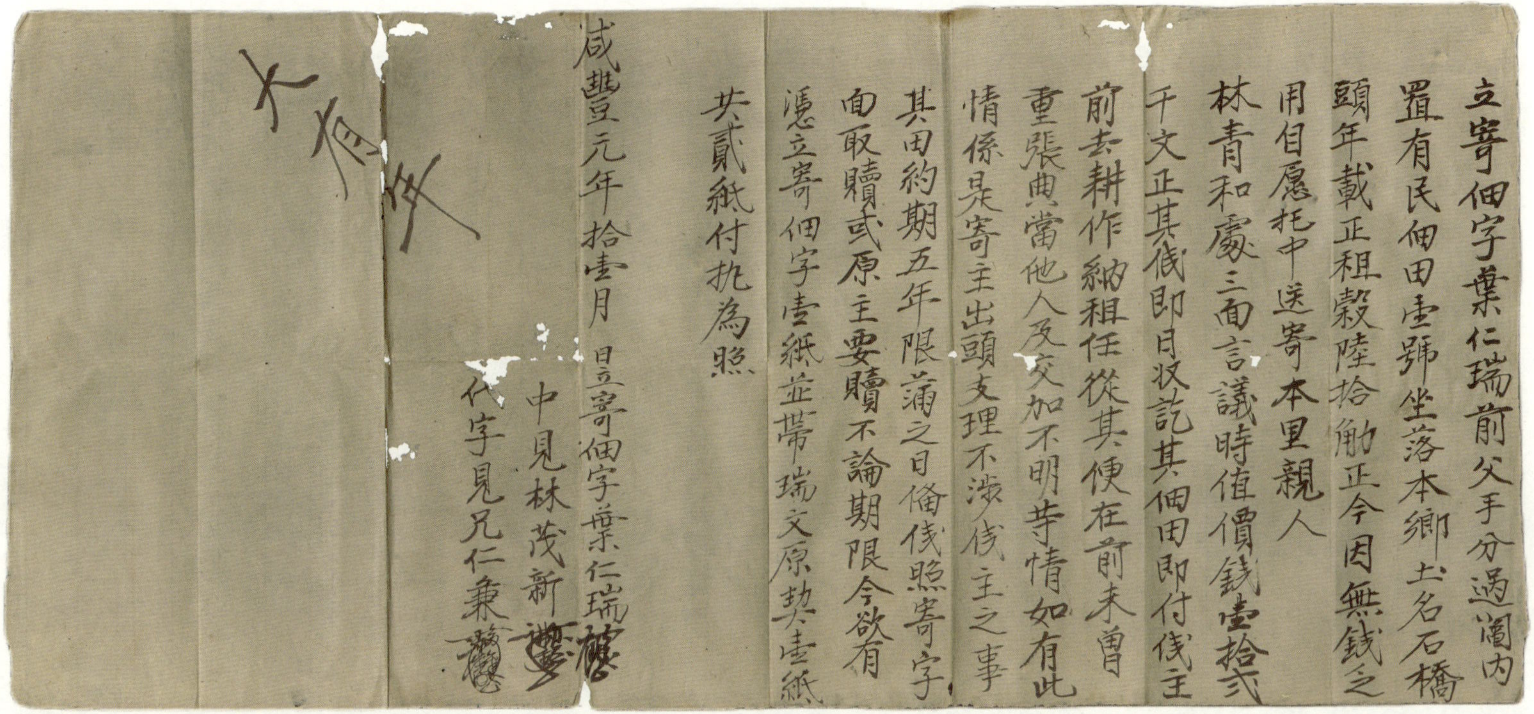
立寄佃字葉仁瑞前父手分過鬮内
置有民佃田壹號坐落本鄉土名石橋
頭年載正租穀陸拾觔正今因無錢乏
用自愿托中送寄本里親人
林青和處三面言議時值價錢壹拾弍
千文正其錢即日收訖其佃田即付錢主
前去耕作納租任從其便在前未曾
重張典當他人及交加不明等情如有此
情係是寄主出頭支理不涉錢主之事
其田約期五年限滿之日備錢照寄字
面取贖或原主要贖不論期限今欲有
憑立寄佃字壹紙並帶瑞文原契壹紙
共貳紙付執為照
咸豐元年拾壹月　日立寄佃字葉仁瑞（押）
中見林茂新（押）
代字見兄仁秉（押）

3-2-88-2　清咸豐元年十一月葉仁瑞立寄民佃田字

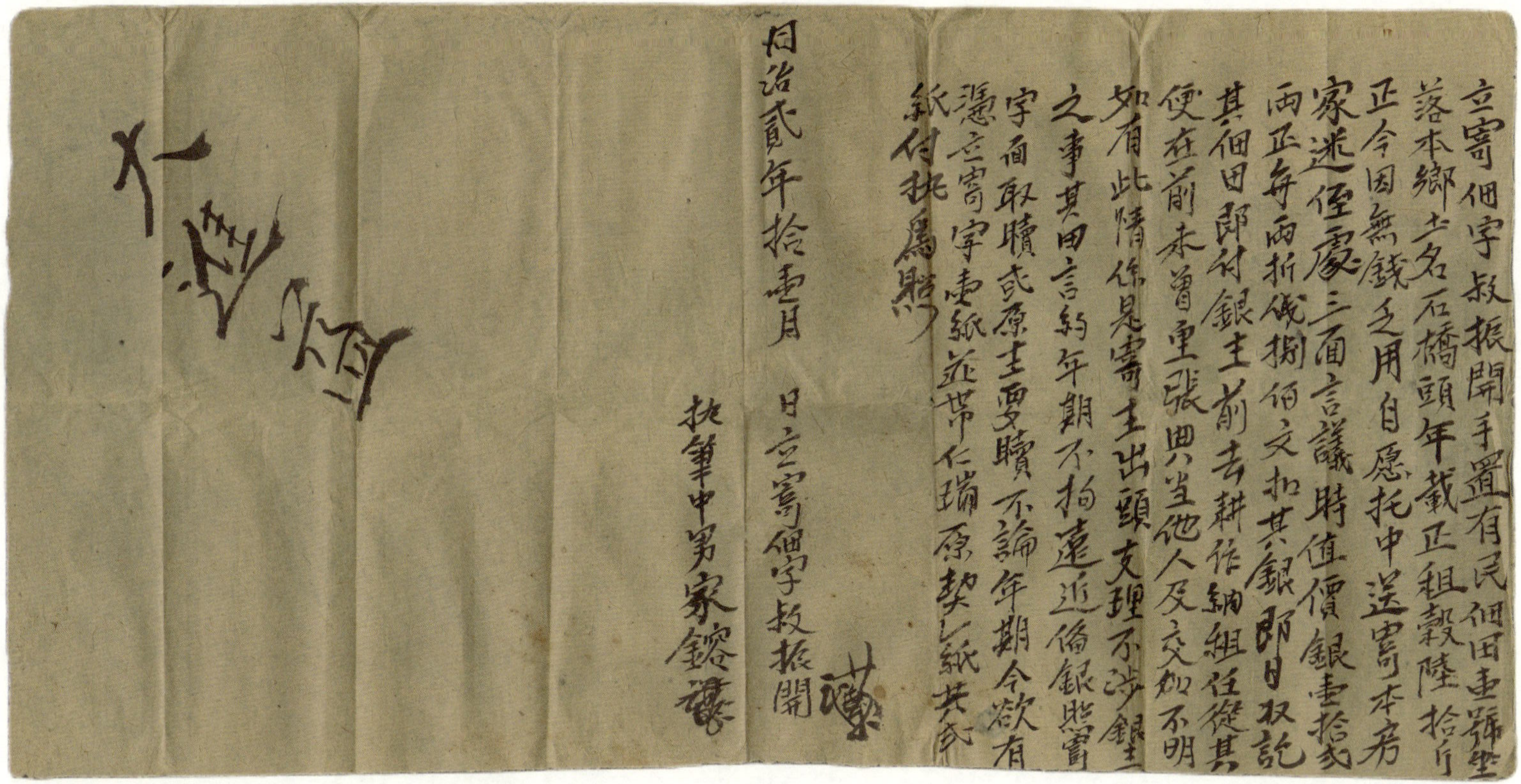
立寄佃字叔振開手置有民佃田壹號坐
落本鄉土名石橋頭年載正租穀陸拾斤
正今因無錢乏用自愿托中送寄本房
家迷侄處三面言議時值價銀壹拾弍
兩正每兩折錢捌佰文扣其銀即日收訖
其佃田即付銀主前去耕作納租任從其
便在前未曾重張典當他人及交加不明
如有此情係是寄主出頭支理不涉銀主
之事其田言約年期不拘遠近備銀贖
字面取贖弍原主要贖不論年期今欲有
憑立寄字壹紙並帶仁瑞原契乙紙共弍
紙付執為照

同治貳年拾壹月　日立寄佃字叔振開（押）

執筆中男家鎔（押）

3-2-88-3　清同治二年十一月葉振開立寄民佃田字

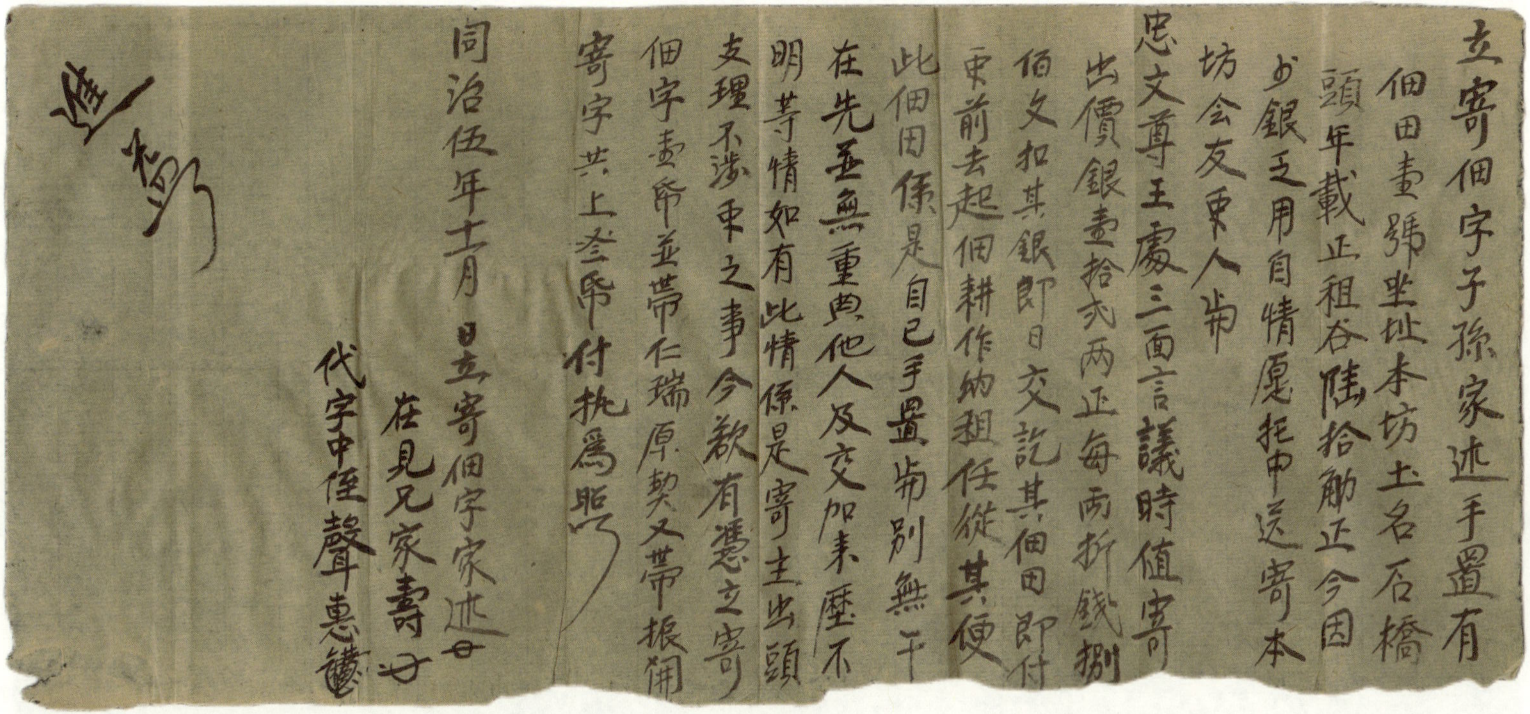

立寄佃字子孫家述手置有
佃田壹號坐址本坊土名石橋
頭年載正租谷陸拾觔正今因
乏銀乏用自情愿托中送寄本
坊会友東人爲
忠文尊王處三面言議時值寄
出價銀壹拾弍两正每两折錢捌
佰文扣其銀即日交訖其佃田即付
東前去起佃耕作納租任從其便
此佃田係是自己手置爲別無干
在先並無重典他人及交加來歷不
明等情如有此情係是寄主出頭
支理不涉東之事今欲有憑立寄
佃字壹帋並帶仁瑞原契又帶振開
寄字共上叁帋付執爲照
同治伍年十一月　日立寄佃字家述
在見兄家壽
代字中侄聲惠

3-2-88-4　清同治五年十一月葉家述立寄佃田字

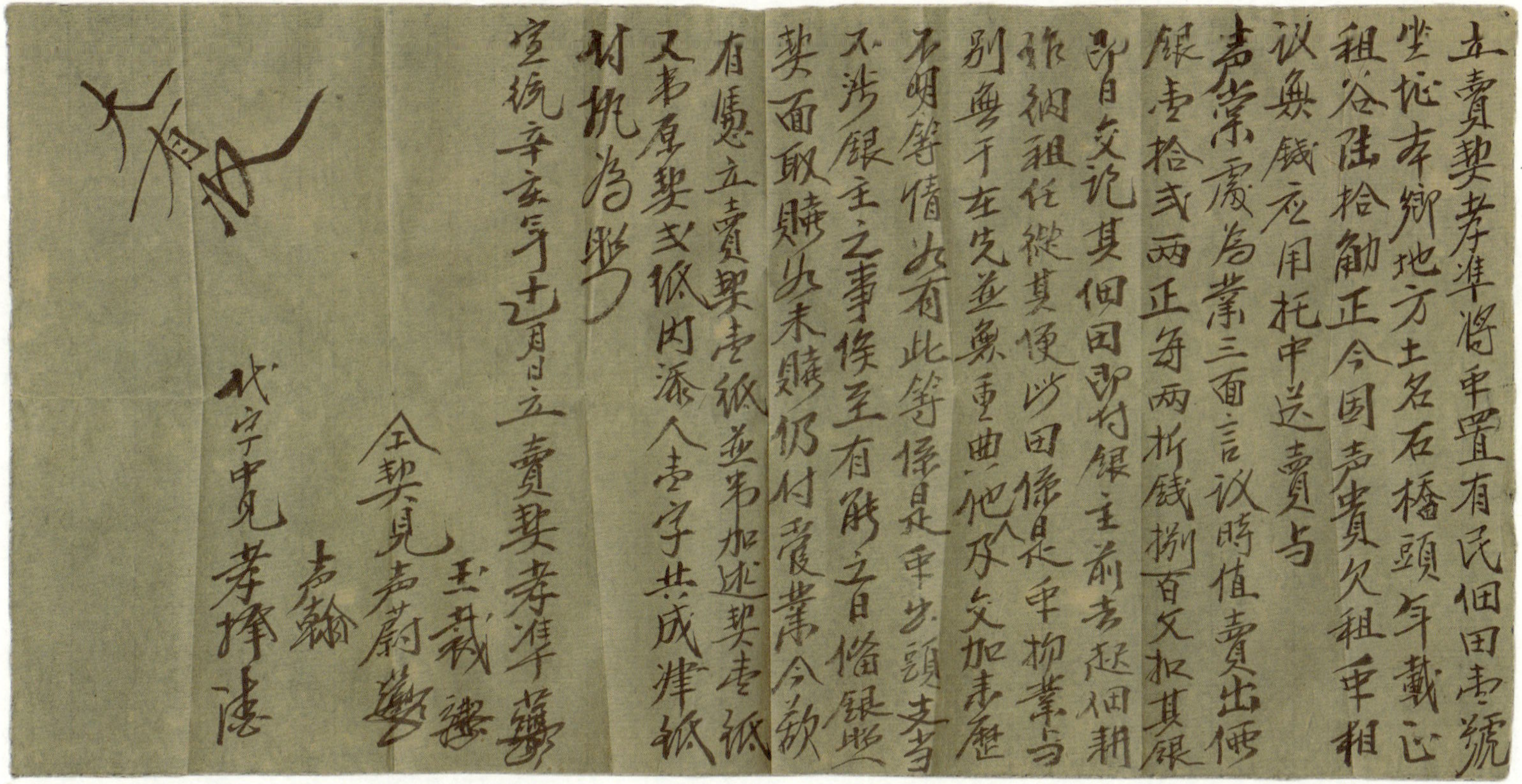
立賣契孝準將承置有民佃田壹號，坐址本鄉地方，土名石橋頭，年載正租谷陸拾觔正。今因乏錢欠租，承相議無錢應用，托中送賣與聲榮處為業。三面言議，時值賣出價銀壹拾弍兩正，每兩折錢捌百文，扣其銀即日交訖。其佃田即付銀主前去起佃耕種，納租任從其便。此田係是承抑業，與別無干，在先並無重典他人及文加未歷不明等情，如有此等，係是承出頭吉當，不涉銀主之事。候至有能之日，備銀照契面取贖，如未贖，仍付管業。今欲有憑，立賣契壹紙，並承加述契壹紙，又本原契弍紙，內添人壹字，共成肆紙，付執為照。

宣統辛亥年十一月 日立賣契孝準（押）

全契見 玉戟（押） 聲蔚（押） 聲翰

代字中見 孝擇（押）

[illegible]

3-2-88-5 清宣統三年十一月葉孝準立賣民佃田契

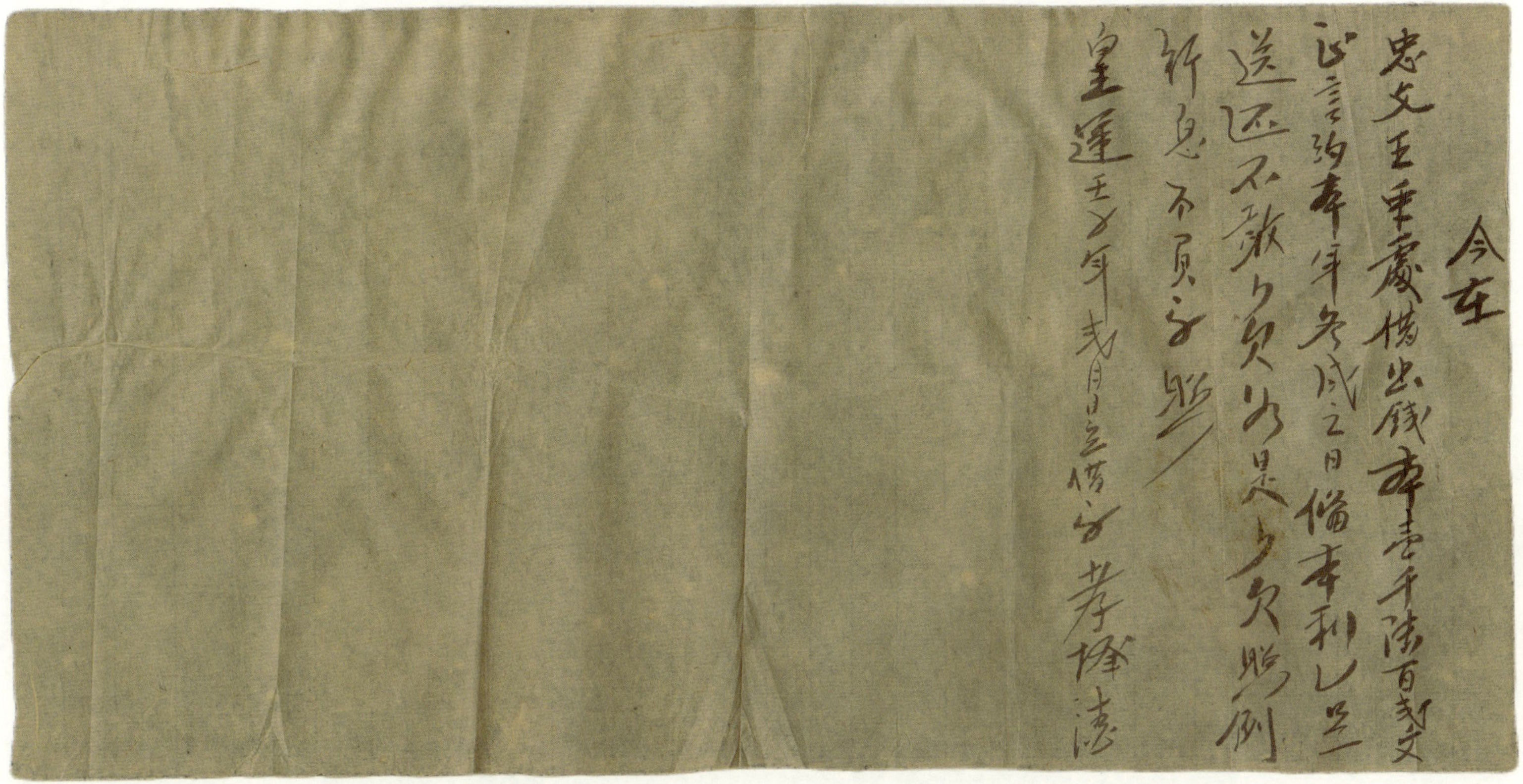

今在
忠文王平處借出錢本壹千陸百弍文
正言約本年冬成之日備本利一足一
送还不敢少欠如是少欠照例
行息不負字照
皇運壬子年弍月日立借字　孝擇

3-2-88-6　民國元年二月葉孝擇立借錢字

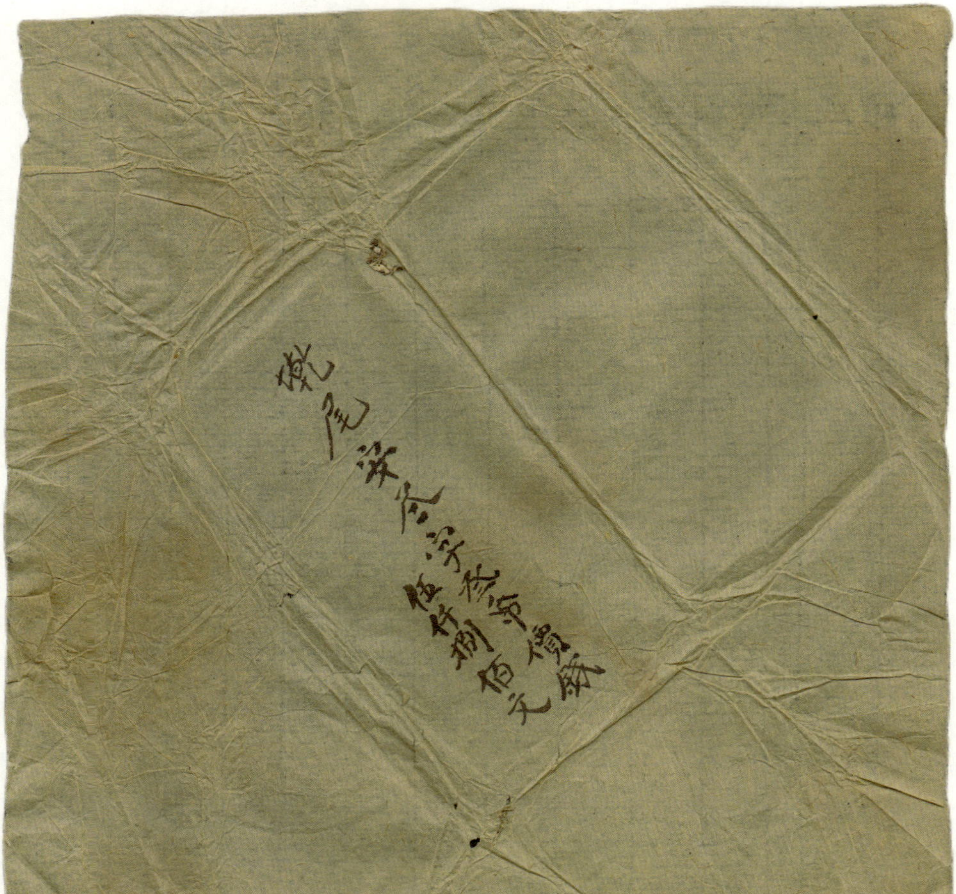

3-2-89-1　包契紙

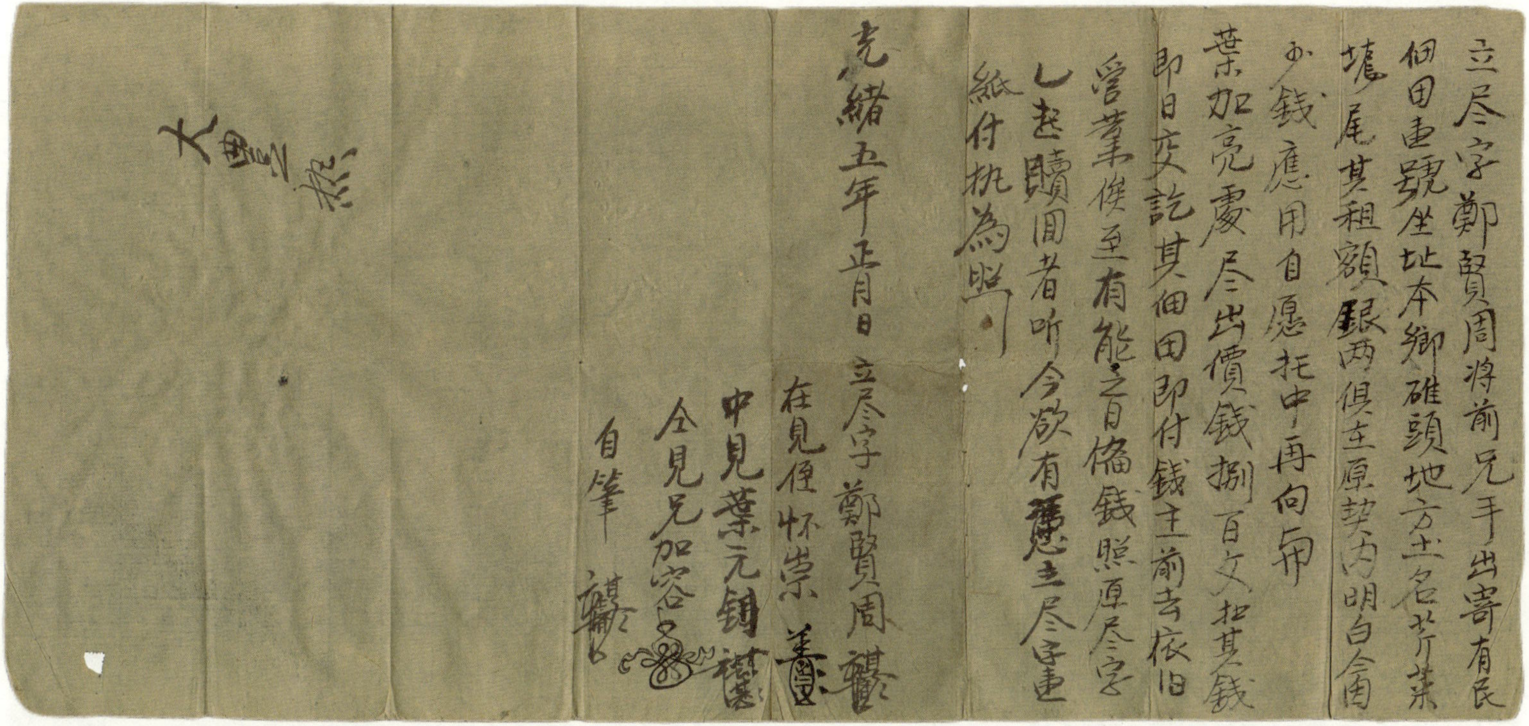
立盡字鄭賢周將前兄手出寄有民
佃田壹號坐址本鄉碓頭地方土名芹菜
壠尾其租額銀兩俱在原契內明白今因
少錢應用自愿托中再向本
葉加亮處盡出價錢捌百文扎其錢
即日交訖其佃田即付錢主前去依旧
管業俟至有能之日備錢照原盡字
乙起贖回者聽今欲有憑立盡字連
紙付執為照

光緒五年正月　日　立盡字鄭賢周（押）
在見侄懷崇（押）
中見葉元錫（押）
仝見兄加容（押）
自筆（押）

3-2-89-2　清光緒五年正月鄭賢周立盡民佃田字

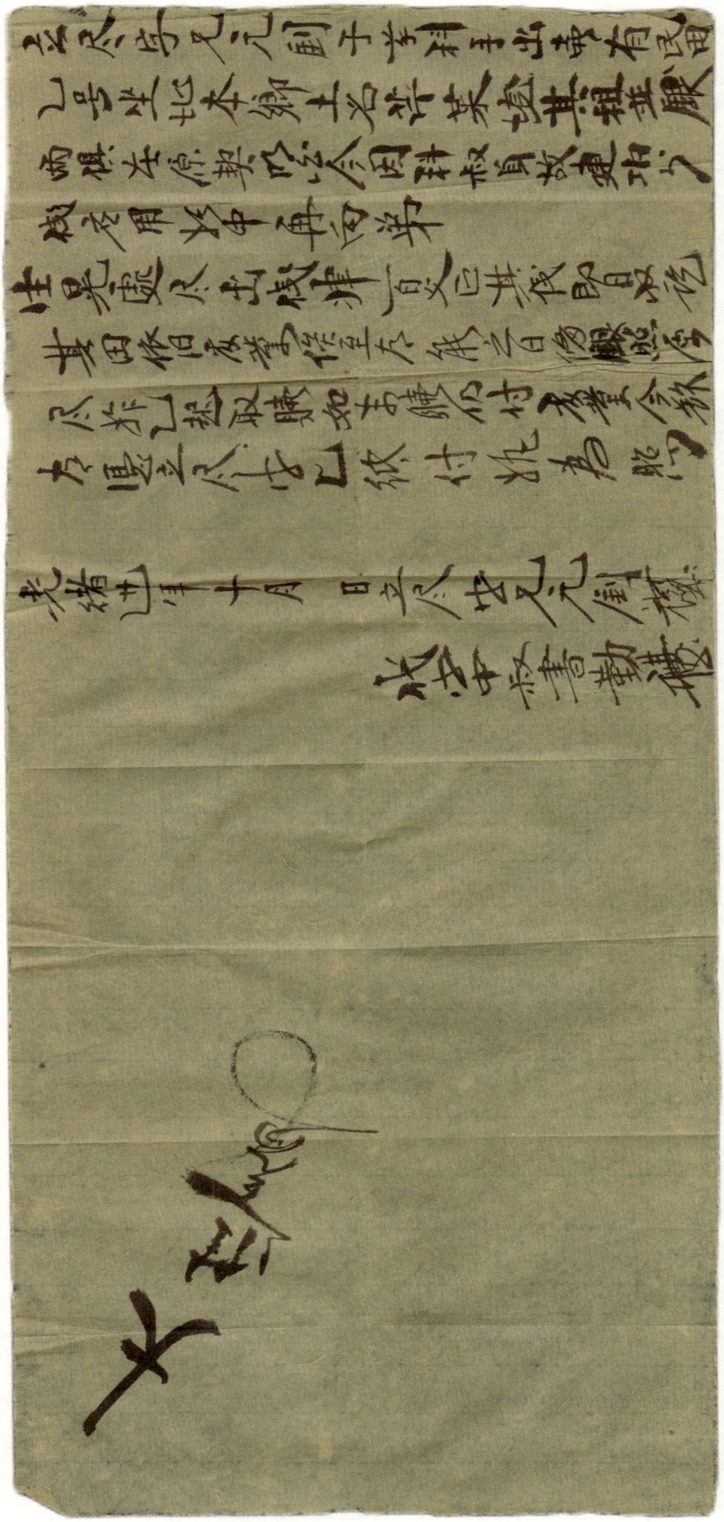

3-2-89-3　清光緒二十一年十月葉元釗立盡民田字

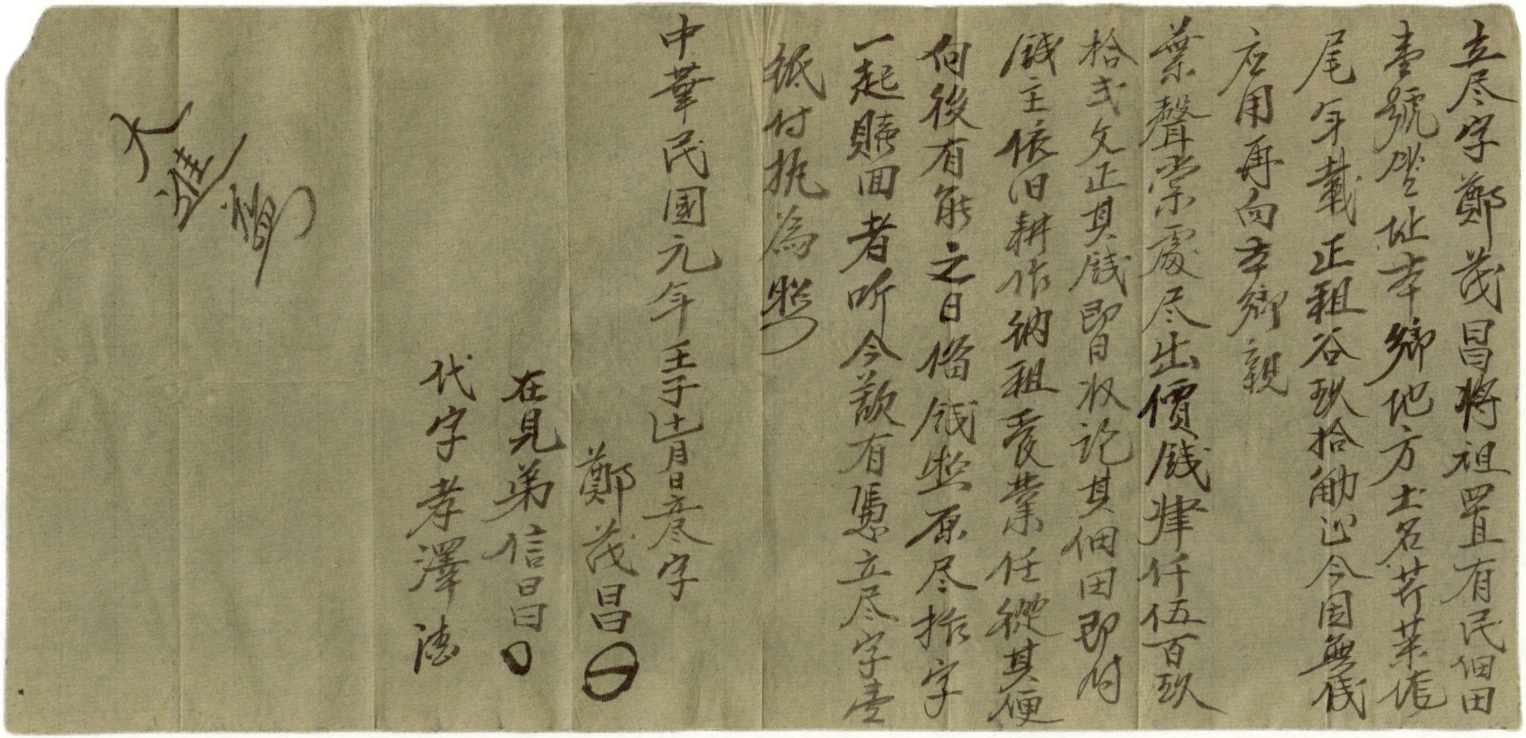
立盡字鄭茂昌將祖置有民佃田
壹號坐址本鄉地方土名芹菜堀
尾年載正租谷玖拾觔正今因無錢
應用再向本鄉親
葉聲棠處盡出價錢肆仟伍百玖
拾弍文正其錢即日收訖其佃田即付
錢主依舊耕作納租農業任從其便
向後有能之日備錢照原盡指字
一起贖回者听今欲有憑立盡字壹
紙付執為照
中華民国元年壬子十一月日立盡字 鄭茂昌（押）
在見弟 信昌（押）
代字 孝澤（押）
大達順

3-2-89-4 民國元年十一月鄭茂昌立盡民佃田字

3-2-90-1　包契紙

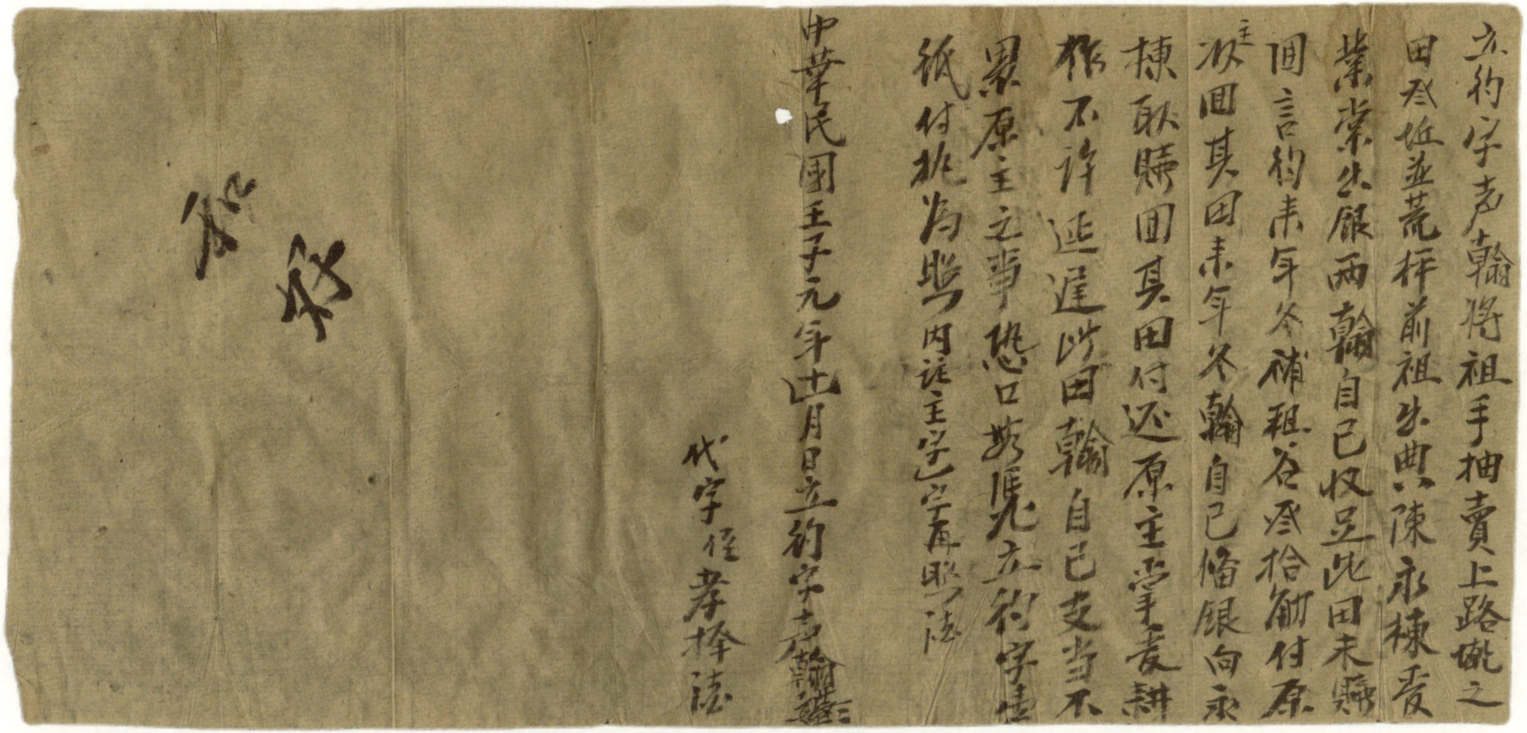

立約字声翰將祖手抽賣上路碓之
田壹坵並荒坪前祖出典陳永棟處
業出限兩翰自己收足此田未歸
回言約本年冬補租谷叁拾觔付原
主次回其田本年冬翰自己備銀向永
棟取贖回其田付還原主掌管耕
作不許延遲此田翰自己支當不
累原主之事恐口無憑立約字壹
紙付執為照　內註主字乙字再照　誌
中華民國壬子元年十一月日立約字声翰
代字侄孝梓誌

3-2-90-2　民國元年十一月葉声翰立約字

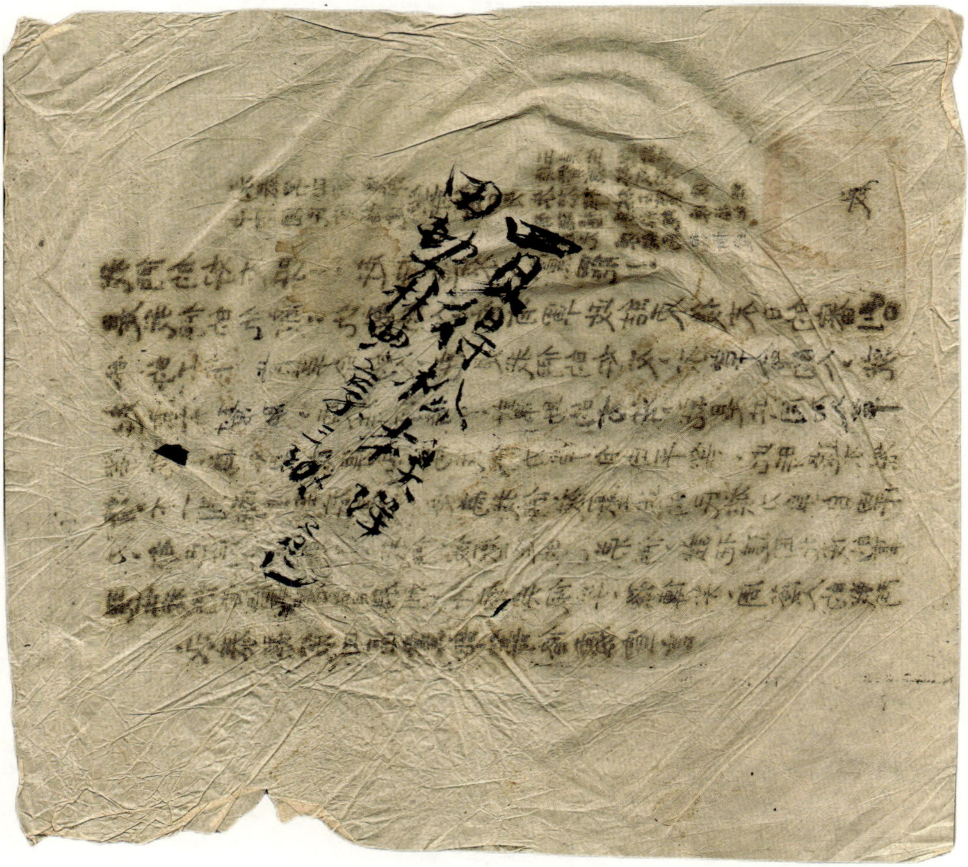

3-2-91-1　包契紙

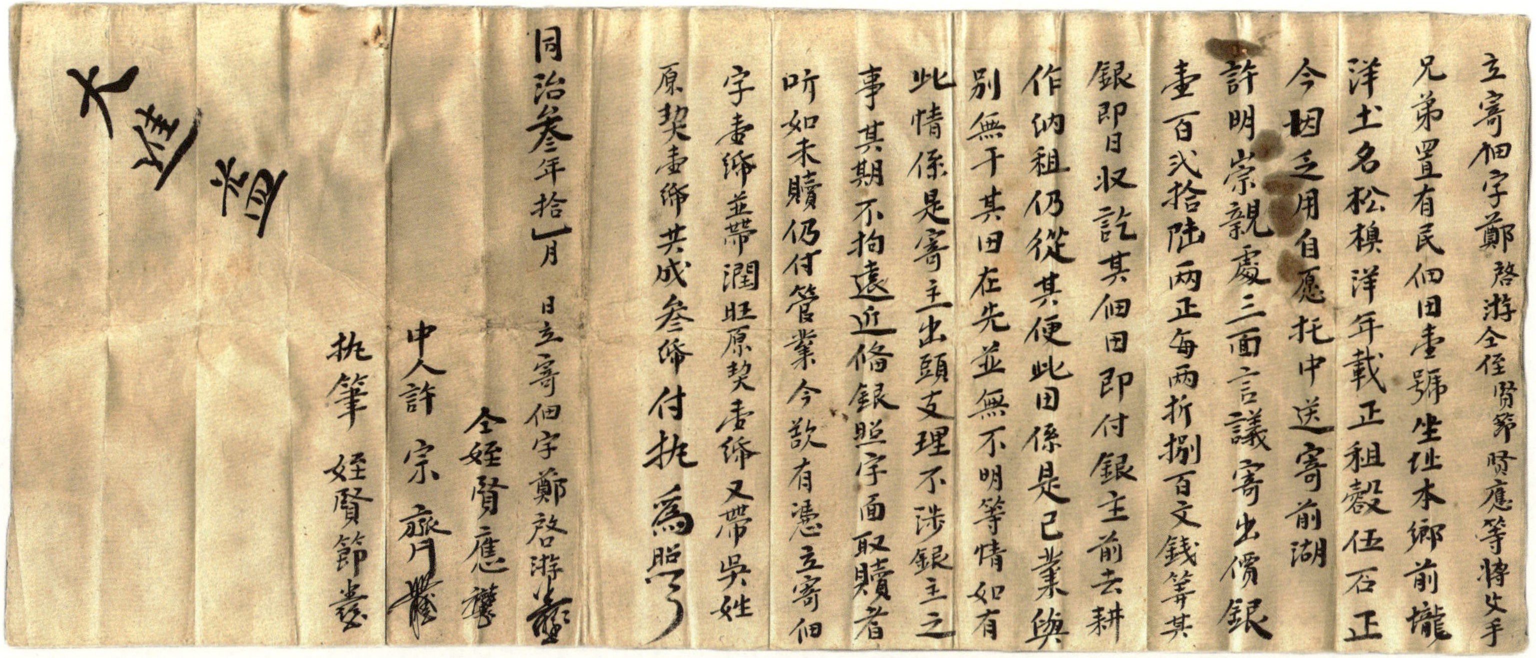

立寄佃字鄭啓游仝侄賢郊、賢應等，將父手
兄弟置有民佃田壹號，坐址本鄉前壠
洋，土名松模洋，年載正租穀伍石正。
今因乏用，自愿托中送寄前湖
許明宗親處，三面言議，寄出價銀
壹百弍拾陸兩正，每兩折捌百文錢，等其
銀即日收訖，其佃田即付銀主前去耕
作納租，仍從其便。此田係是已業，與
別無干，其田在先並無不明等情，如有
此情，係是寄主出頭支理，不涉銀主之
事。其期不拘遠近，備銀照字面取贖，者
听如未贖，仍付管業。今欲有憑，立寄佃
字壹紙，並帶潤旺原契壹紙，又帶吳姓
原契壹紙，共成叁紙，付執為照。

同治叁年拾一月　日立寄佃字鄭啓游（押）
仝侄賢應（押）
中人許宗齊（押）
執筆侄賢節（押）

3-2-91-2　清同治三年十一月鄭啓游等立寄民佃田字

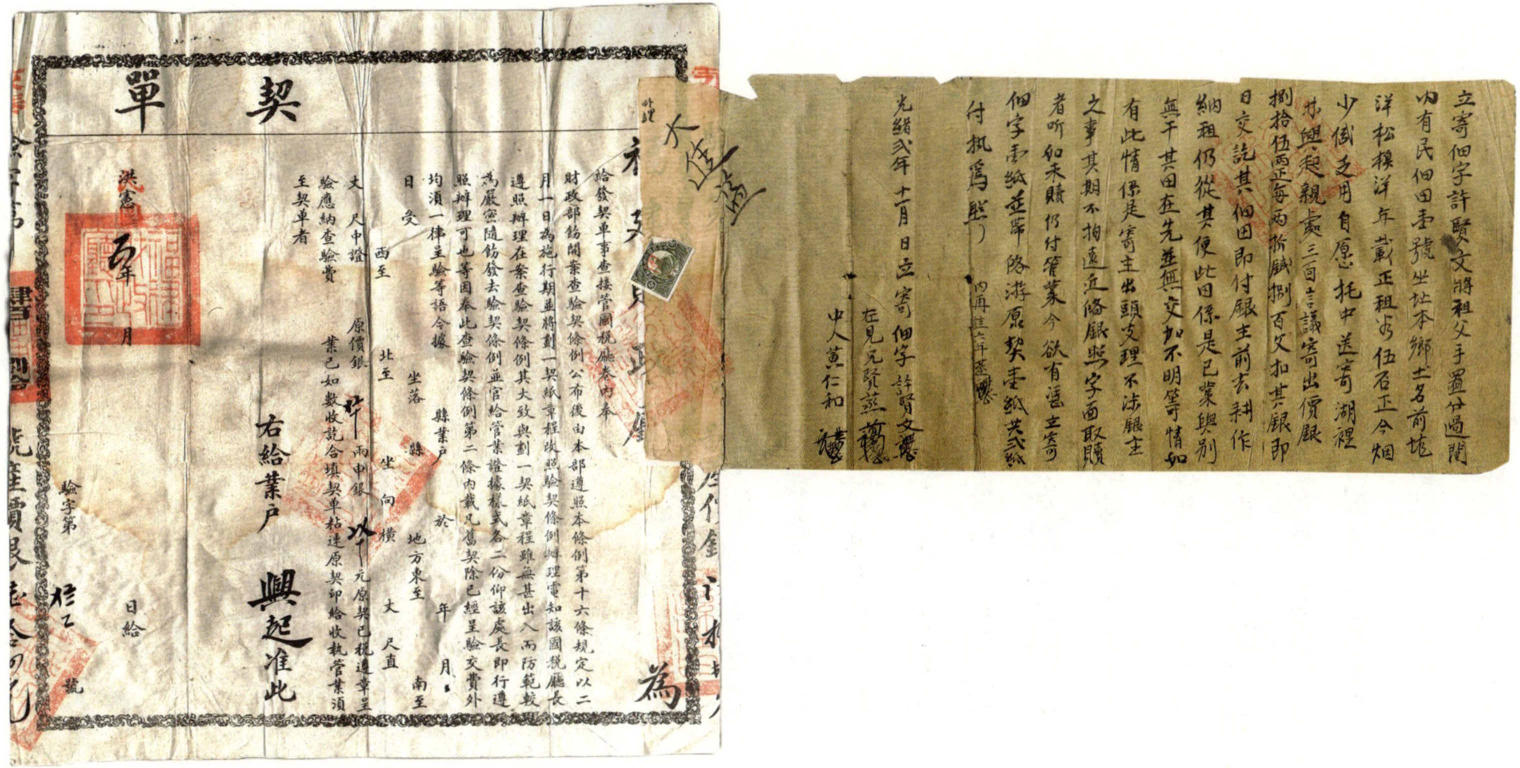

3-2-91-3　清光緒二年十一月許賢文立寄民佃田字（紅契）

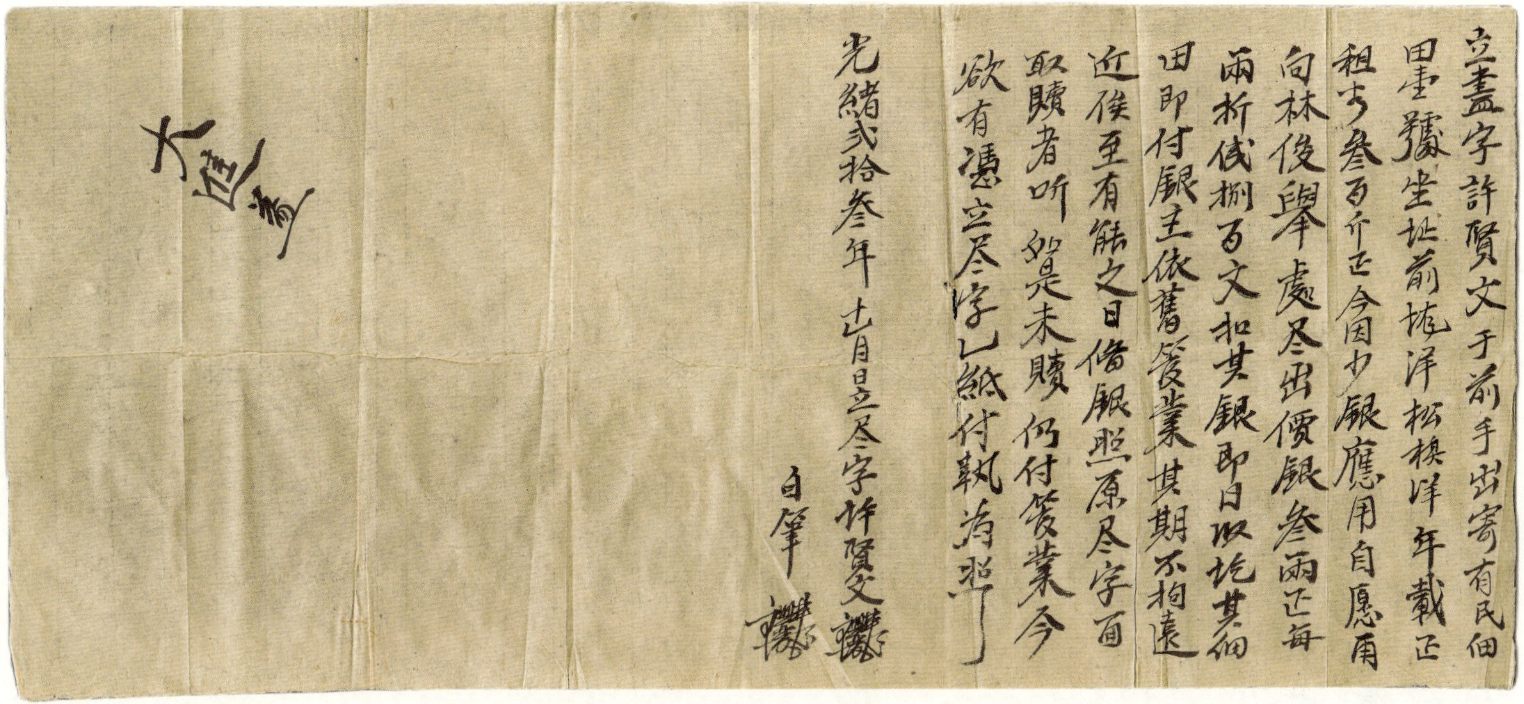
立盡字許賢文于前手出寄有民佃
田壹號坐址前坑洋松模洋年載正
租十叁百斤正今因乏銀應用自愿甫
向林俊舉處盡出價銀叁兩正每
兩折錢捌百文扣其銀即日收訖其佃
田即付銀主依舊管業其期不拘遠
近從至有銀之日備銀照原盡字面
取贖者听如是未贖仍付管業今
欲有憑立盡字一紙付執為照
光緒弍拾叁年十一月　日立盡字許賢文
自筆
大吉

3-2-91-4　清光緒二十三年十一月許賢文立盡民佃田字

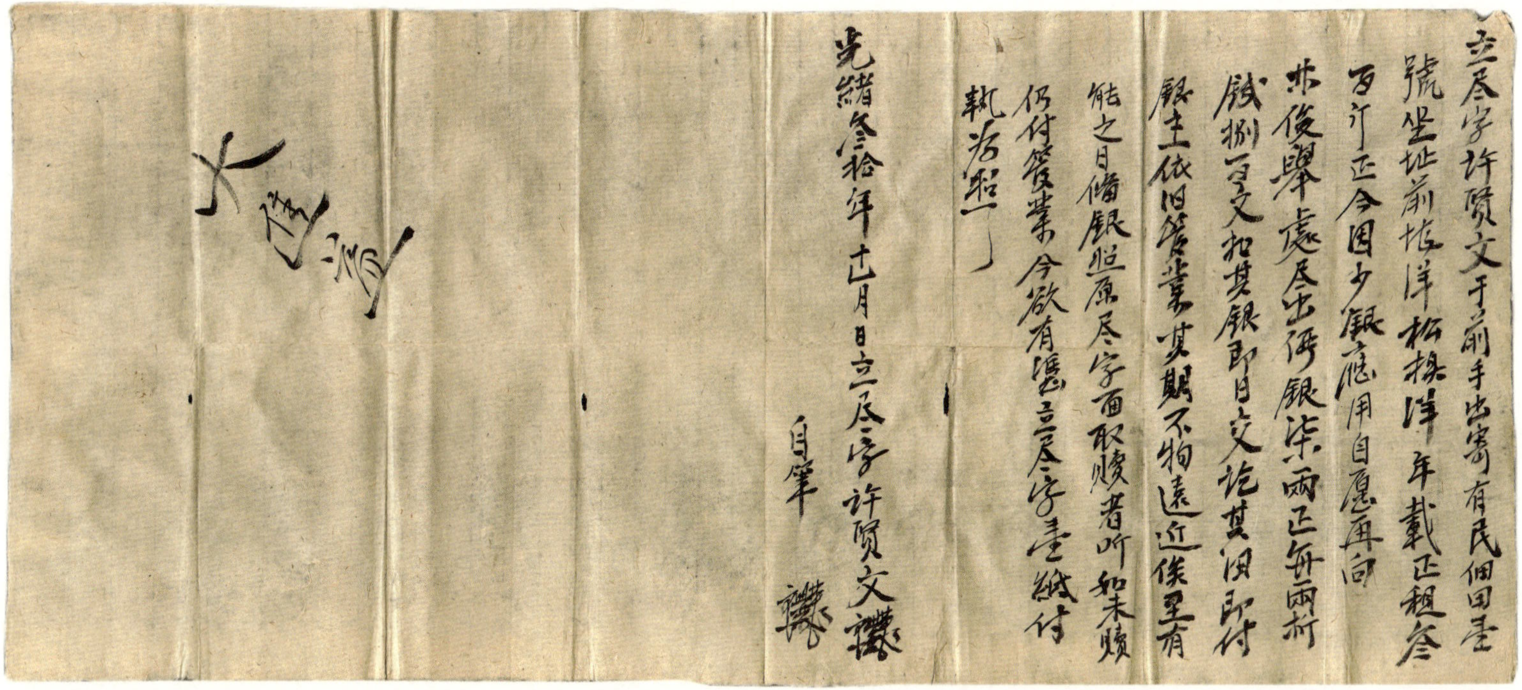
立盡字許賢文，于前手出寄有民佃田壹
號，坐址前坂洋松林洋，年載正租叁
百斤正。今因乏銀應用，自愿再向
本後舉處盡出佛銀柒兩正，每兩折
錢捌百文，扣其銀即日交訖，其田即付
銀主依旧管業，其期不拘遠近，候至有
能之日備銀照原盡字面取贖者听，如未贖
仍付管業。今欲有憑，立盡字壹紙付
執為照。

光緒叁拾年十一月　日立盡字許賢文
自筆

3-2-91-5　清光緒三十年十一月許賢文立盡民佃田字

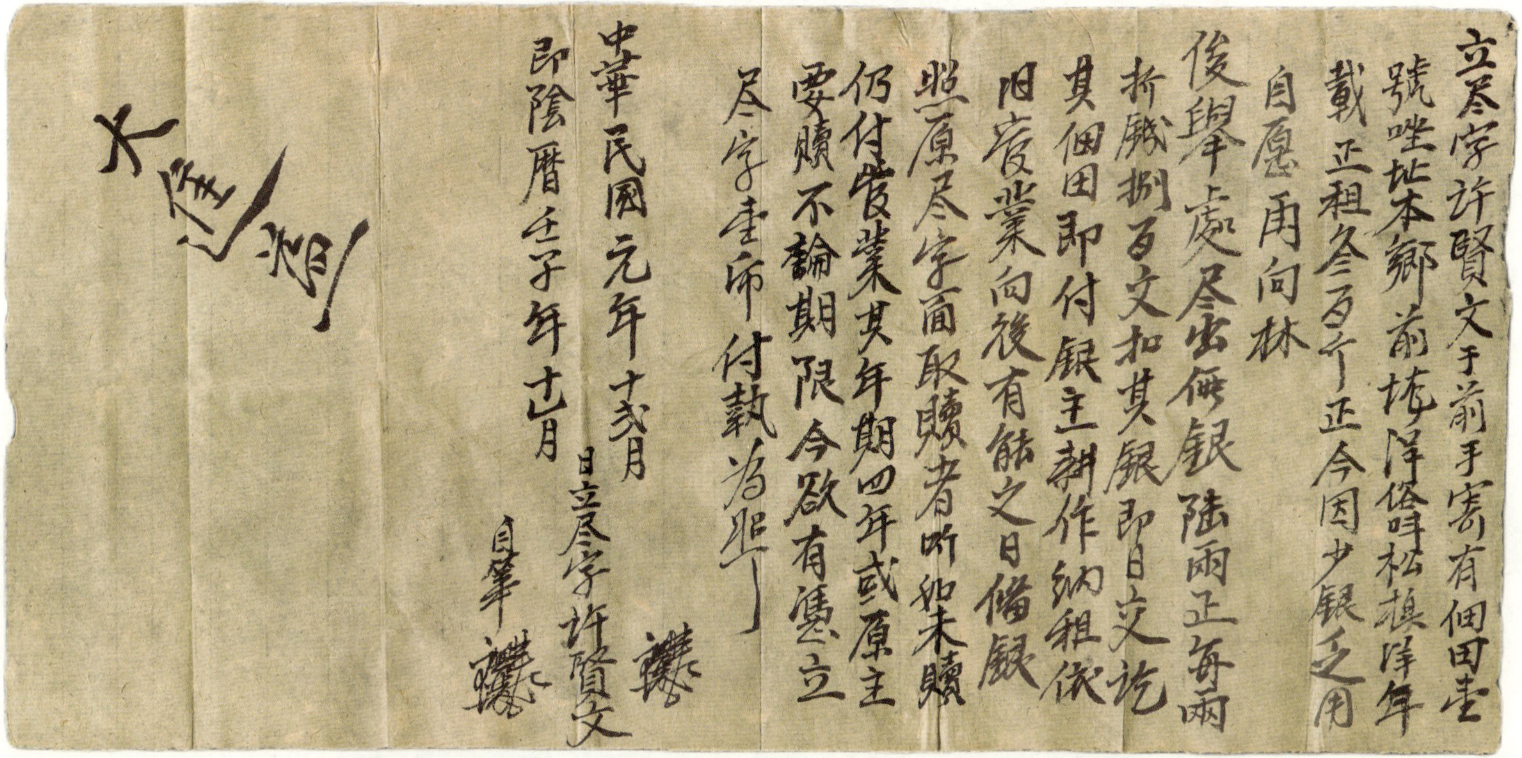
立盡字許賢文，于前手置有佃田壹
號，坐址本鄉前坑洋，俗呼松楨洋，年
載正租叁百斤正，今因乏銀之用，
自愿再向林
俊舉處盡出佛銀陸兩正，每兩
折錢捌百文，扣其銀即日交訖，
其佃田即付銀主耕作納租，依
舊管業。向後有餘之日備銀
照原盡字面取贖，者時如未贖
仍付管業，其年期四年或原主
要贖，不論期限。今欲有憑，立
盡字壹紙付執為照。

中華民國元年十二月　日立盡字許賢文
即陰曆壬子年十一月　自筆

3-2-91-6　民國元年十二月許賢文立盡佃田字

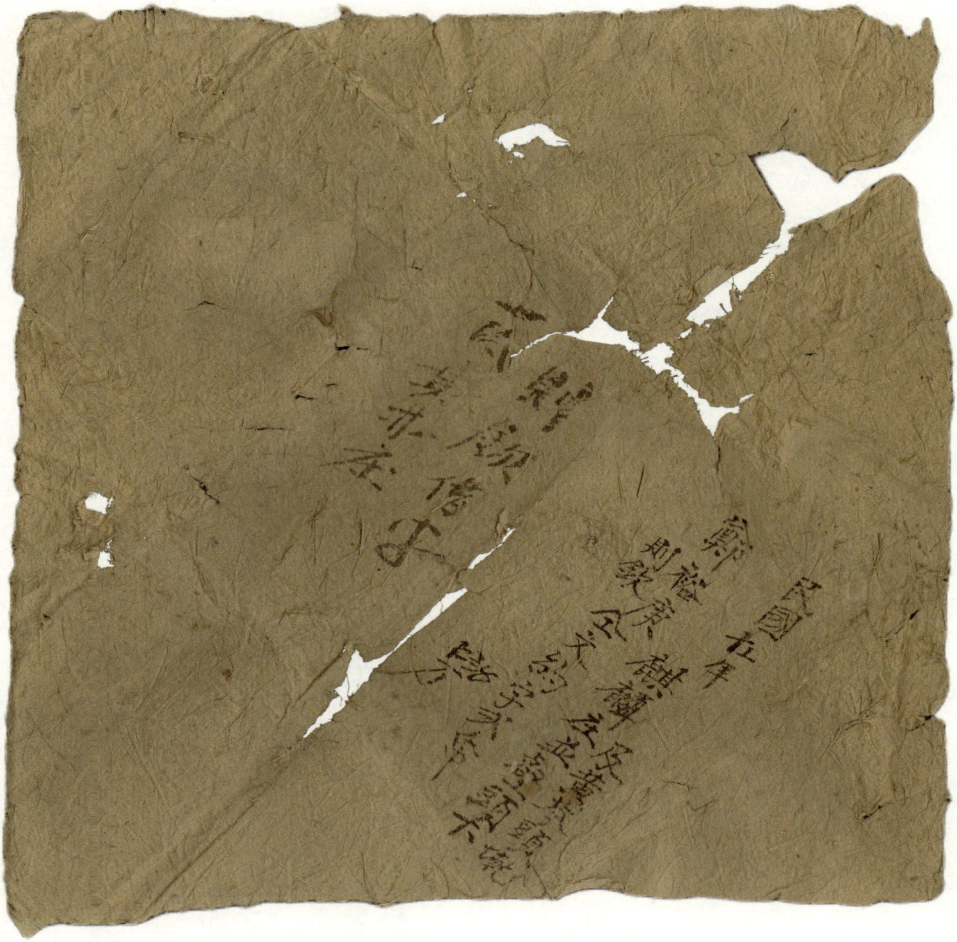

3-2-92-1　包契紙

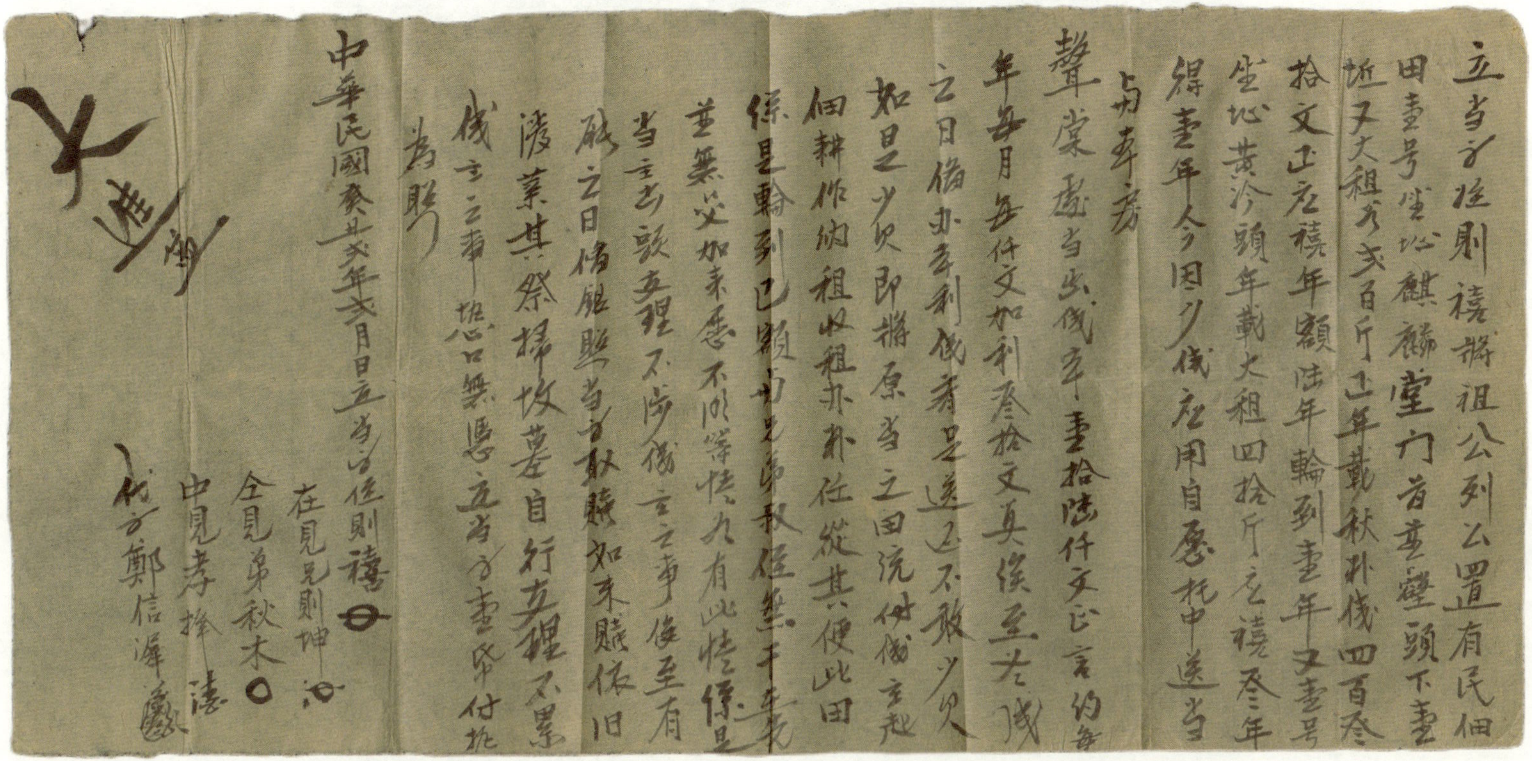

3-2-92-2　民國二年二月葉則禧立當民佃田字

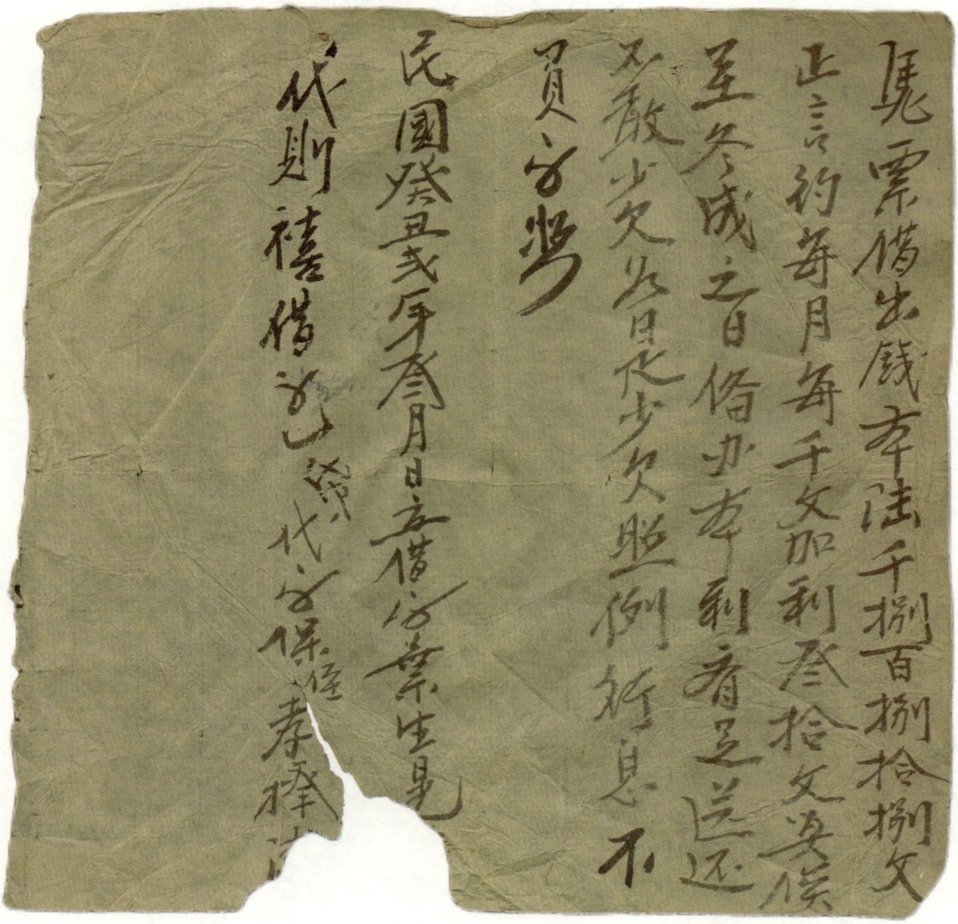

晃需借出錢本法千捌百捌拾捌文
止言約每月每千文加利叁拾文逐候
至冬成之日備办本利清足送还
不敢少欠如有少欠照例行息不
負字照
民國癸丑貳年叁月日立借字葉生晃
代則禧借錢 代字保侄 孝[illegible]

3-2-92-3 民國二年三月葉生晃立借錢字

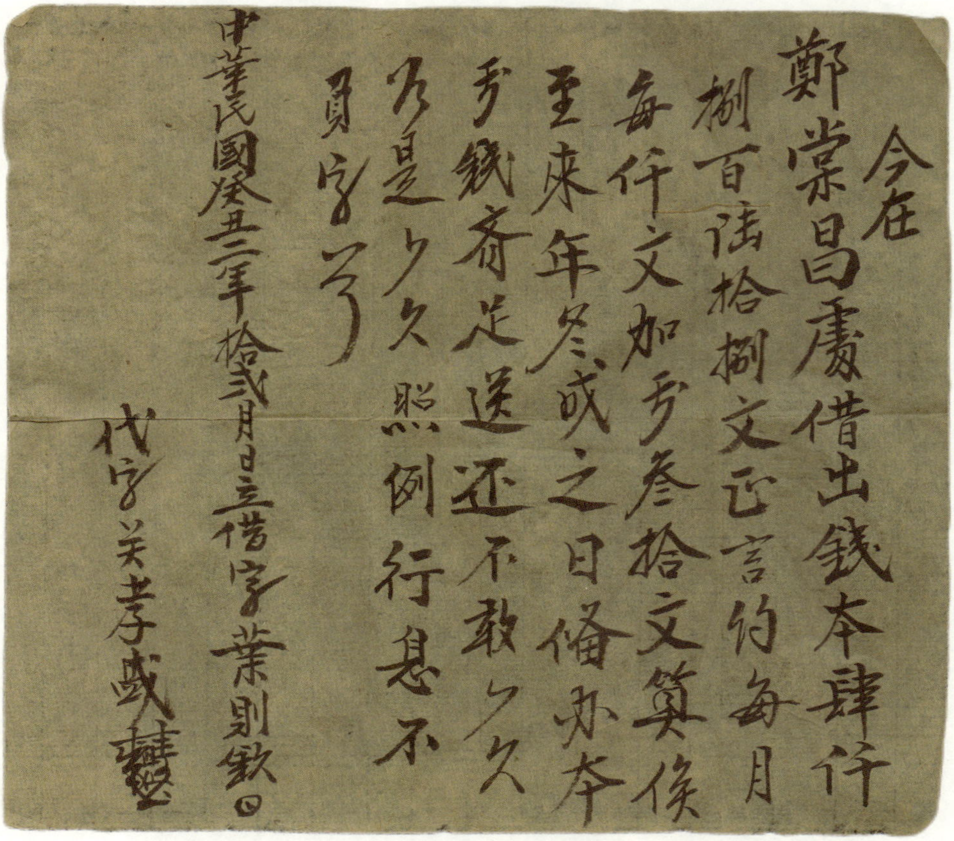

今在
鄭棠昌處借出錢本肆仟
捌百陆拾捌文正言约每月
每仟文加利叁拾文算條
至來年冬成之日備办本
利錢齐足送还不敢少欠
如是少欠照例行息不
負字可
中華民國癸丑二年拾弍月　日立借字葉則欽（押）
代字吴孝盛（押）

3-2-92-4　民國二年十二月葉則欽立借錢字

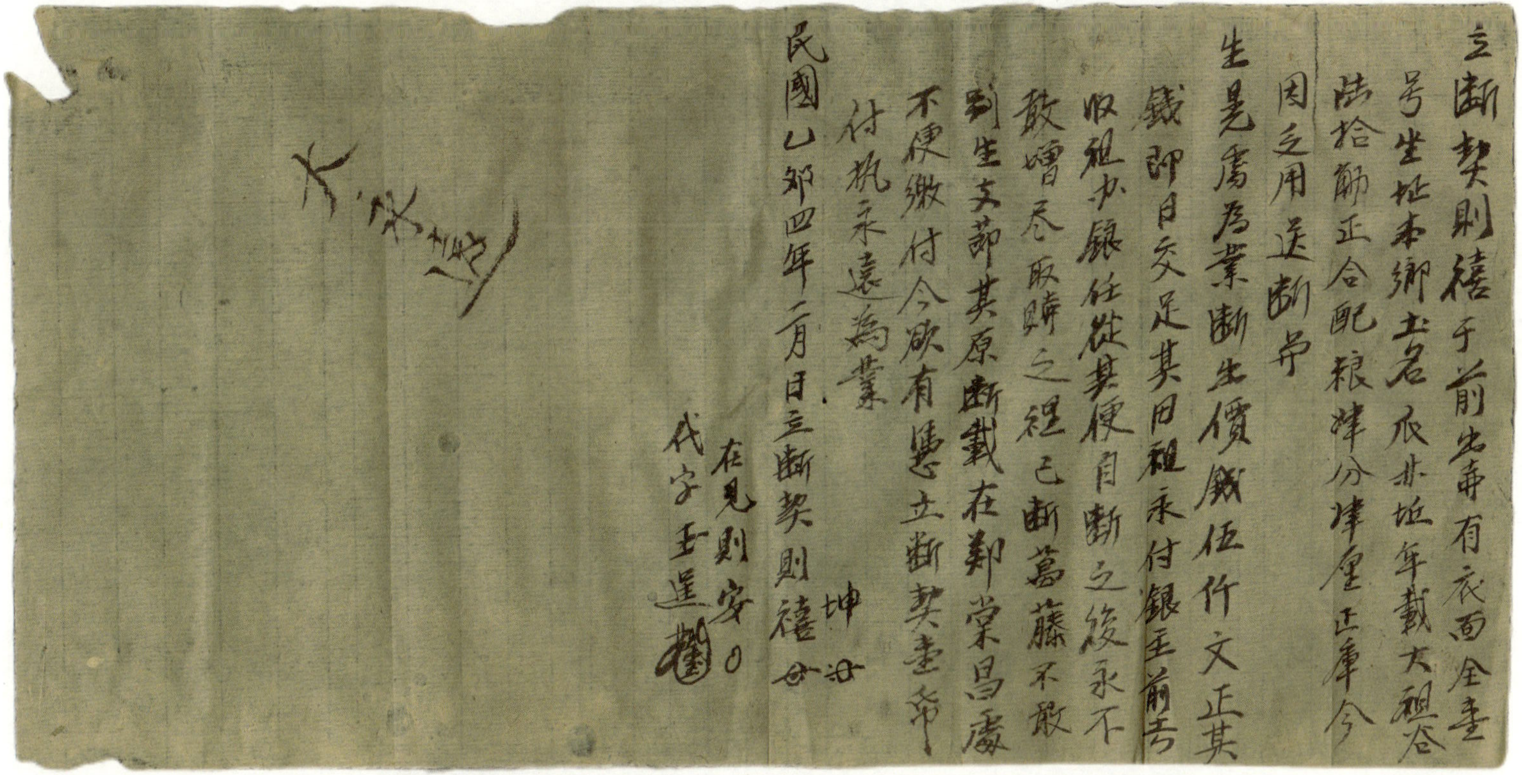
立斷契則禧于前出有衣面全臺
号生址本鄉土名瓜址年載大租谷
陆拾觔正合配粮肆分肆厘正庫今
因乏用送斷与
生是儒為業斷出價錢伍仟文正其
錢即日交足其田租永付銀主前去
收租办粮任從其便自斷之後永不
敢增尽取贖之理已斷葛藤不敢
别生支節其原斷載在鄭棠昌處
不便繳付今欲有憑立斷契壹帋
付執永遠為業
民國乙卯四年二月日立斷契則禧 坤
在見則安
代字玉遅

3-2-92-5　民國四年二月葉則禧等立斷底面全田契

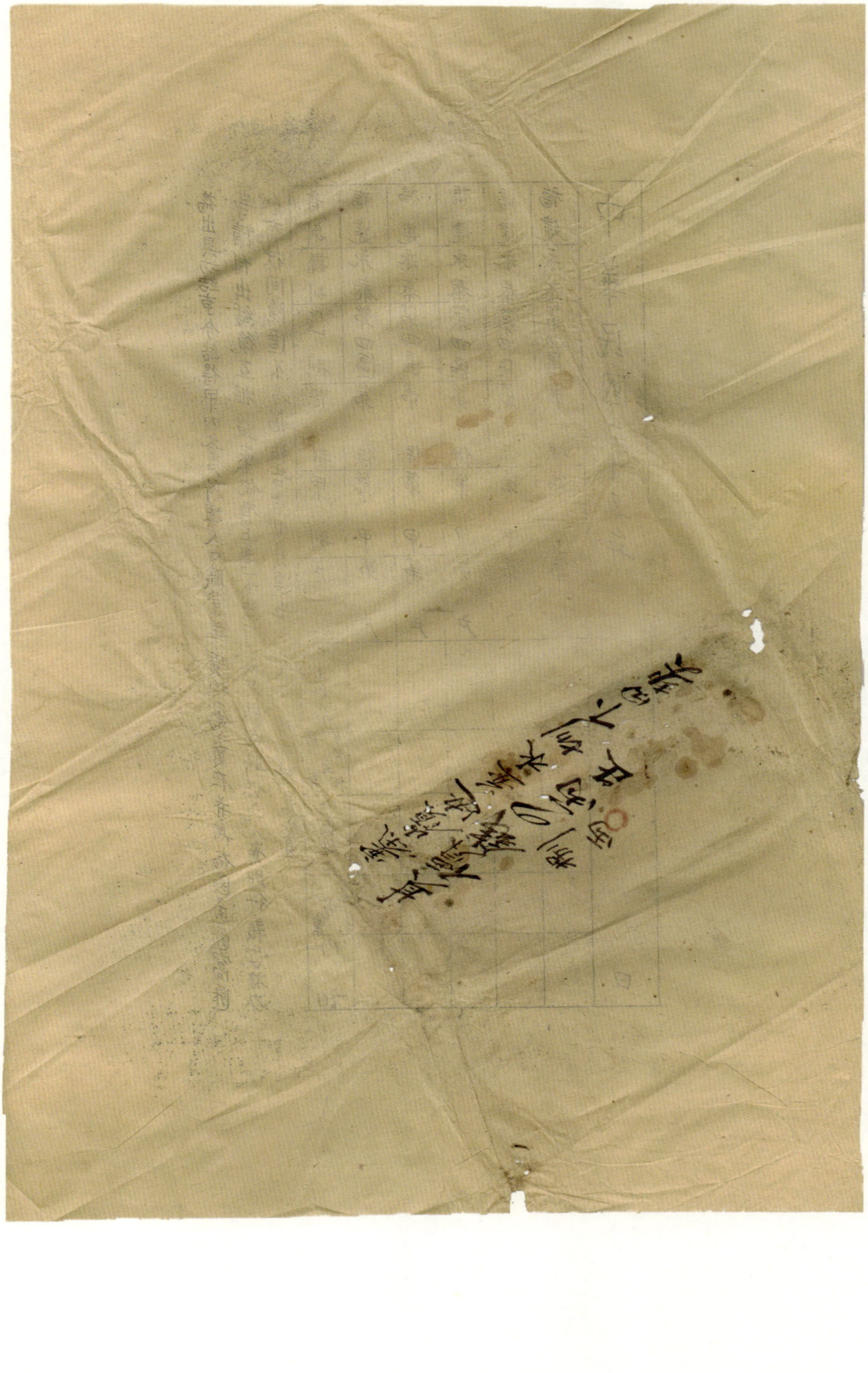

3-2-93-1 包契紙

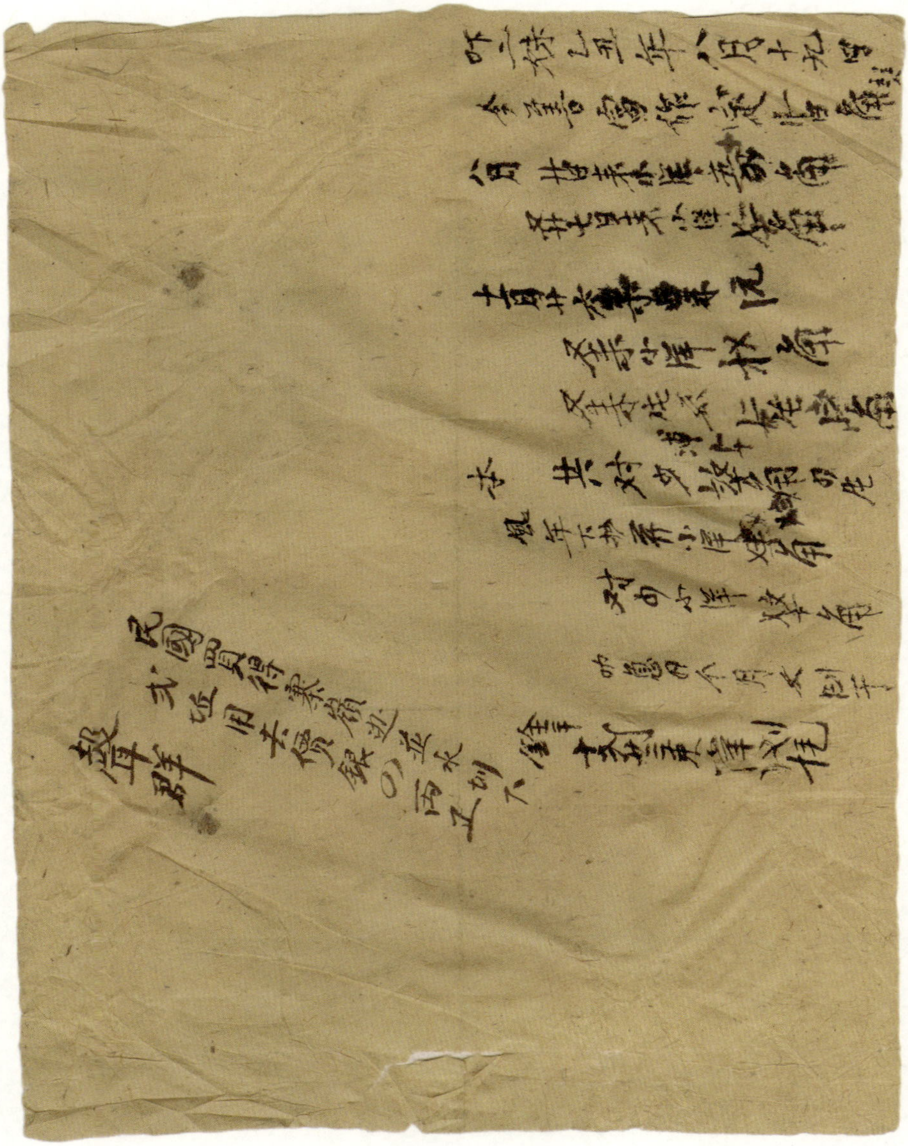

3-2-93-2　包契紙

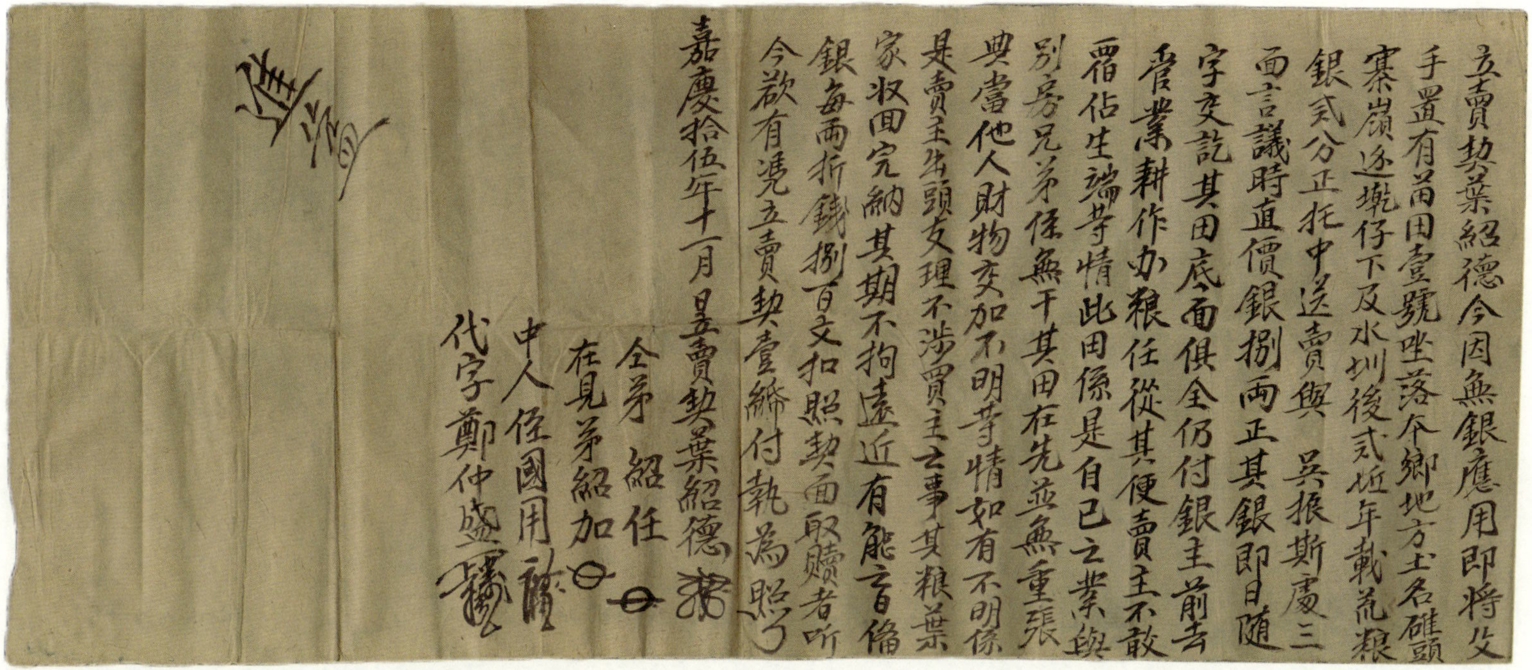
立賣契葉紹德今因無銀應用即將父
手置有苗田壹號坐落本鄉地方土名碓頭
寨嶺逕墘仔下及水圳後式坵年載苗粮
銀式分正托中送賣與　吳振斯處三
面言議時直價銀捌兩正其銀即日隨
字交訖其田底面俱全仍付銀主前去
管業耕作办粮任從其便賣主不敢
覔佔生端等情此田係是自己之業與
別房兄弟侄無干其田在先並無重張
典當他人財物交加不明等情如有不明係
是賣主出頭支理不涉買主之事其粮業
家收回完納其期不拘遠近有能言備
銀每兩折錢捌百文扣照契面取贖者听
今欲有憑立賣契壹紙付執為照。
嘉慶拾伍年十一月　日立賣契葉紹德（押）
仝弟　紹任（押）
在見弟紹加（押）
中人　任國用（押）
代字　鄭仲盛（押）

3-2-93-3　清嘉慶十五年十一月葉紹德等立賣苗田契

立寄佃字吴振斯手置有民佃田
壹號坐址本鄉土名碓頭寨嶺邊
垅仔下及水圳後弍坵年載荒粮銀
弍分正今因無錢應用自愿托中送
寄與鄭瑞檜公衆下三面言議時值
錢伍仟文正其錢即日交訖其田仍
面俱全佃付錢主前去耕作納粮任
從其便此田係是己業與别房無干
在先並無重張典當他人財物不明等
情如有此等係是寄主出頭支理不涉
錢主之事言約其期不拘近後至有能
之日備錢照寄字面取贖者听如未贖任
付管業今欲有憑立寄佃字乙紙並帶
愿契乙紙共弍紙付執為照

道光拾四年三月　日立寄佃字吴振斯（押）

仝見男連俊（押）

执筆男能康（押）

今在

鄭瑞檜公處借出錢本貳仟玖佰壹拾文
正言約每月每仟文加利叁拾文其錢至
冬成之日備办本利送還不敢少欠不負字
照

道光拾四年叁月　日立借字吴振斯（押）

执筆男能康（押）

3-2-93-4　清道光十四年三月吴振斯立寄民佃田字

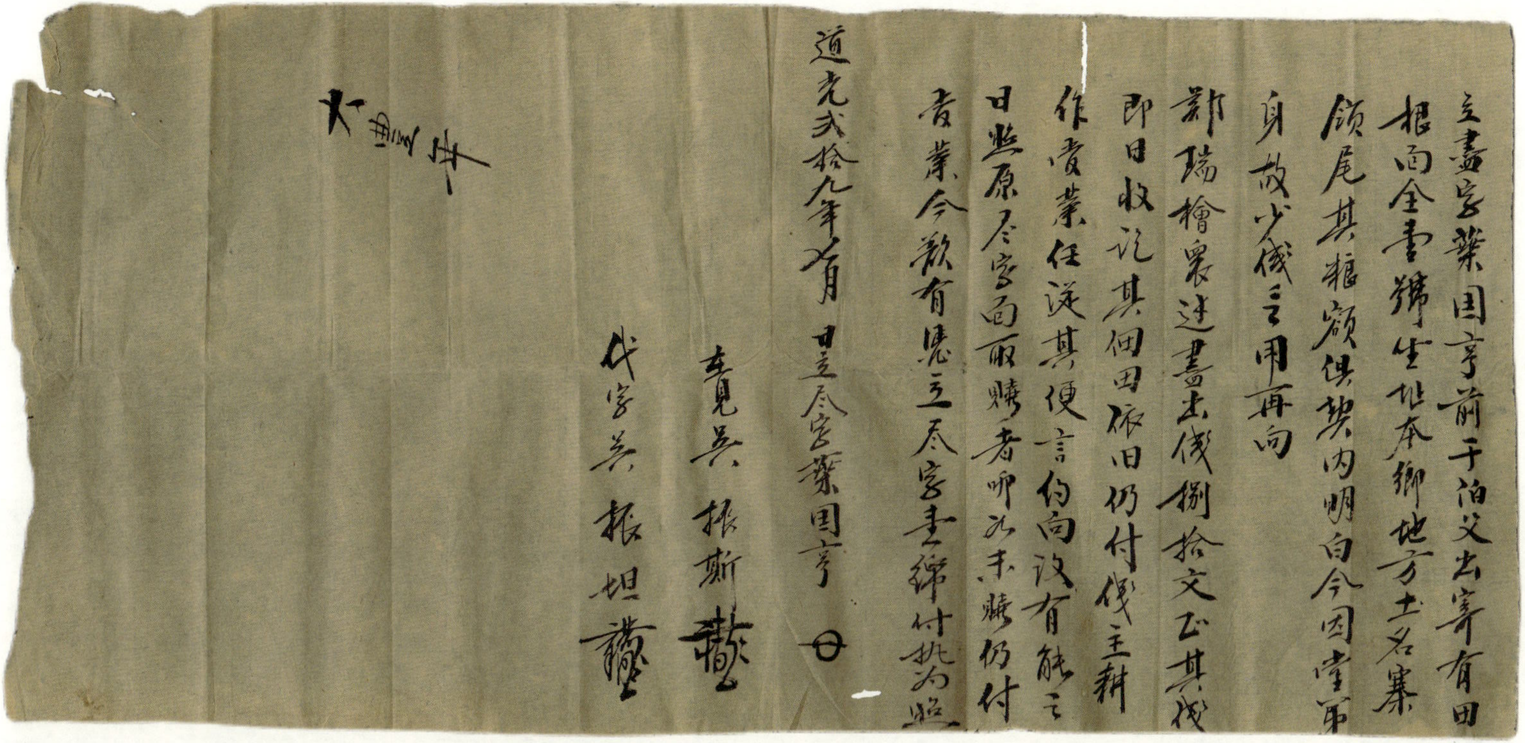

立盡字葉囯亨前于伯父出寄有田
根面全壹號坐址本鄉地方土名寨
頭尾其粮額俱契內明白今因堂弟
身故少錢之用再向
鄭瑞檜衆邊盡出錢捌拾文正其錢
即日收訖其佃田依旧仍付錢主耕
作管業任從其便言約向後有能之
日照原尽字面取贖者聽如未贖仍付
管業今欲有憑立尽字壹紙付執為照

道光弍拾九年七月　日立尽字葉囯亨（押）

在見兄　根斯（押）

代字兄　根坦（押）

大[illegible]

3-2-93-5　清道光二十九年七月葉囯亨立盡根面全田字

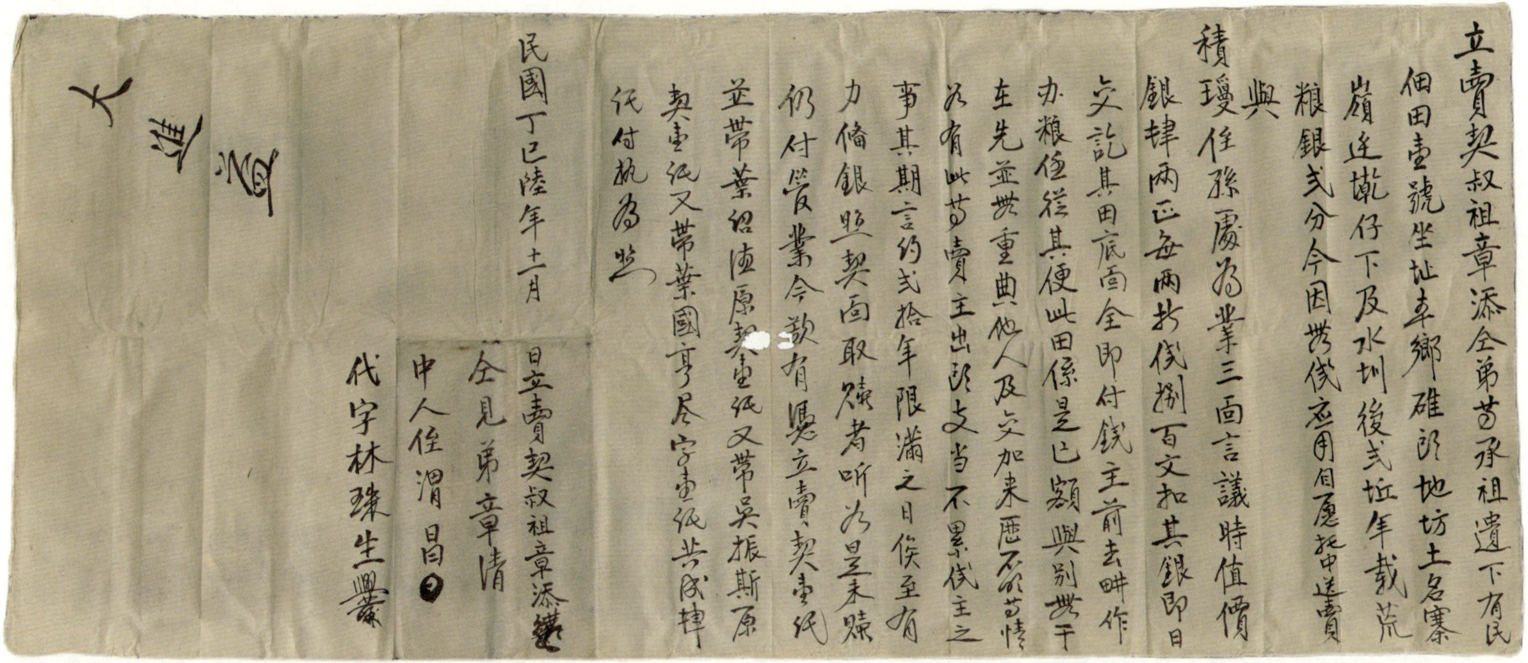
立賣契叔祖章添仝弟𦍑承祖遺下有民
佃田壹號坐址本鄉碓頭地坊土名寨
嶺迭墘仔下及水圳後弍坵年載荒
粮銀弍分今因無錢应用自愿托中送賣
與
積璦侄孫處為業三面言議時值價
銀肆兩正每兩折錢捌百文扣其銀即日
交訖其田底面全即付錢主前去耕作
办粮任從其便此田係是己額與別無干
在先並無重典他人及交加來歷不明等情
如有此等賣主出頭支当不累錢主之
事其期言約弍拾年限滿之日侯至有
力備銀照契面取贖者听如是未贖
仍付管業今欲有憑立賣契壹紙
並帶葉紹渲原契壹紙又帶吳振斯原
契壹紙又帶葉國享尽字壹紙共成肆
紙付執為照
民國丁巳陸年十一月
日立賣契叔祖章添（押）
仝見弟章清
中人侄渭昌（押）
代字林珠生（押）
大[illegible]

3-2-93-6　民國六年十一月葉章添立賣民佃田契

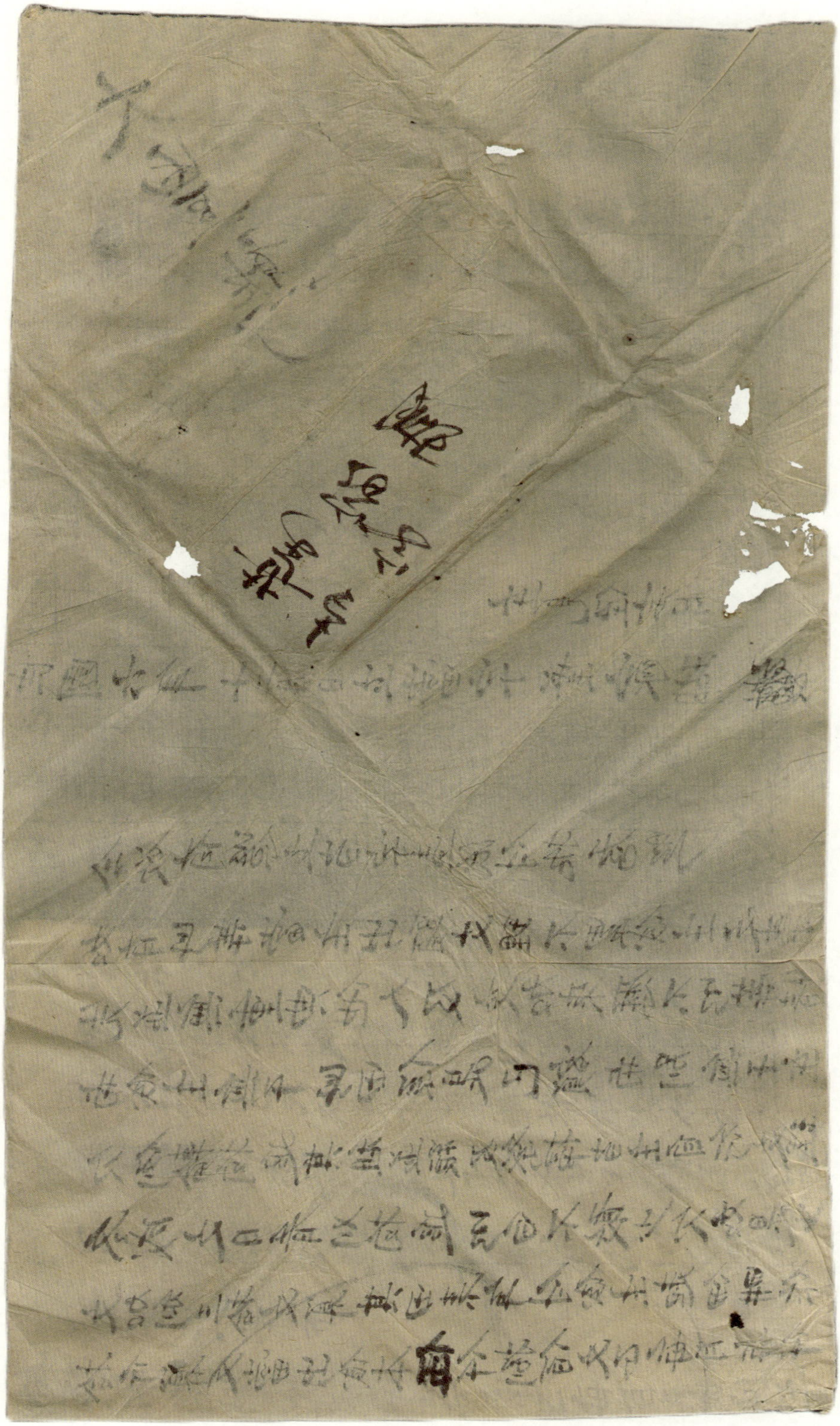

3-2-94-1　包契紙

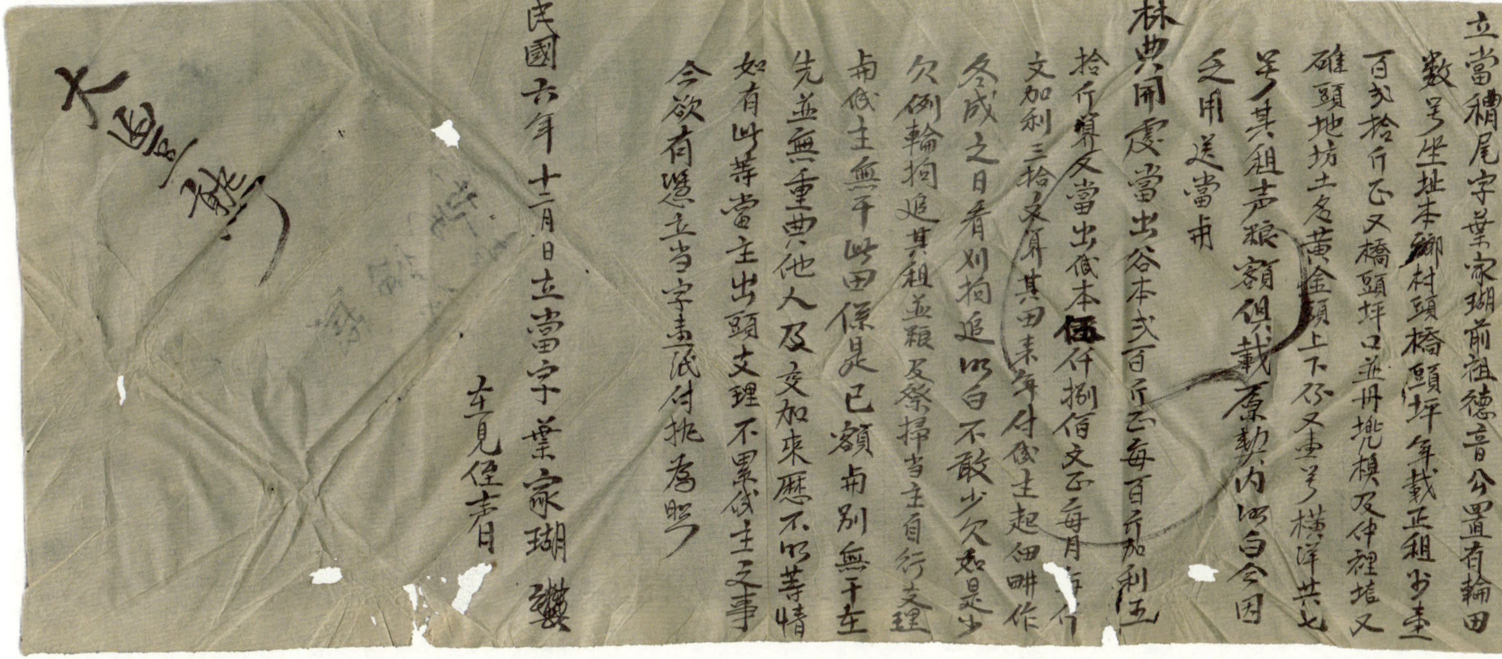
立當稍尾字葉家瑚前祖德音公置有輪田
數号坐址本鄉村頭橋頭坪年載正租谷壹
百弍拾斤正又橋頭坪口並丹塍横及伸裡堆又
碓頭地坊土名黄金圳上下仍又壹号横洋共七
号其租声粮額俱載原契內明白今因
乏用送當中
林典開處當出谷本弍百斤正每百斤加利五
拾斤算又當出錢本伍仟捌佰文正每月每仟
文加利三拾文其田未年付錢主起佃耕作
冬成之日看刈拘追明白不敢少欠如是少
欠例輪拘追其租並粮及祭掃當主自行支理
弗錢主無干此田係是己額弗別無干在
先並無重典他人及交加來歷不明等情
如有此等當主出頭支理不累錢主之事
今欲有憑立當字壹紙付執為照
民國六年十二月日立當字葉家瑚
在見侄声[illegible]
大[illegible]

3-2-94-2 民國六年十二月葉家瑚立當稍尾字（草契）

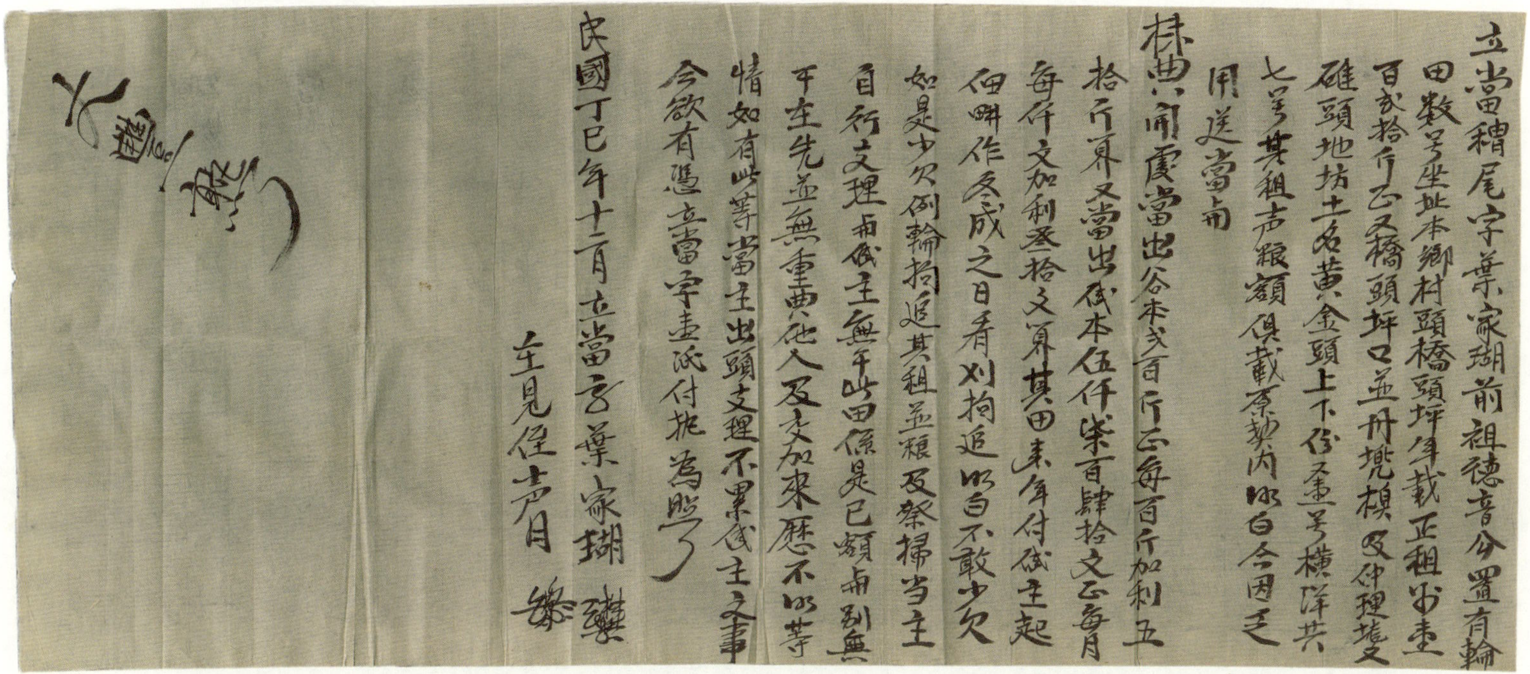
立當稍尾字葉家瑚前祖德音分置有輪
田數号坐址本鄉村頭橋頭坪年載正租谷壹
百貳拾斤正又橋頭坪口并丹境楨及仲理莖
碓頭地坊土名黃金頭上下仔叁号横洋共
七号其租声粮額俱載原契内明白今因乏
用送當南
林典俞虔當出谷本貳百斤正每百斤加利五
拾斤算又當出谷本伍仟柒百肆拾文正每月
每仟文加利叁拾文算其田來年付谷主起
佃耕作冬成之日看刈掏追明白不敢少欠
如是少欠例輪掏追其租并粮及祭掃当主
自行支理與谷主無干此田係是已額與別無
干係先并無重典他人及交加來歷不明等
情如有此等當主出頭支理不累谷主之事
今欲有憑立當字壹紙付執為照
民國丁巳年十二月 立當字葉家瑚（押）
在見侄声月（押）

3-2-94-3 民國六年十二月葉家瑚立當稍尾字

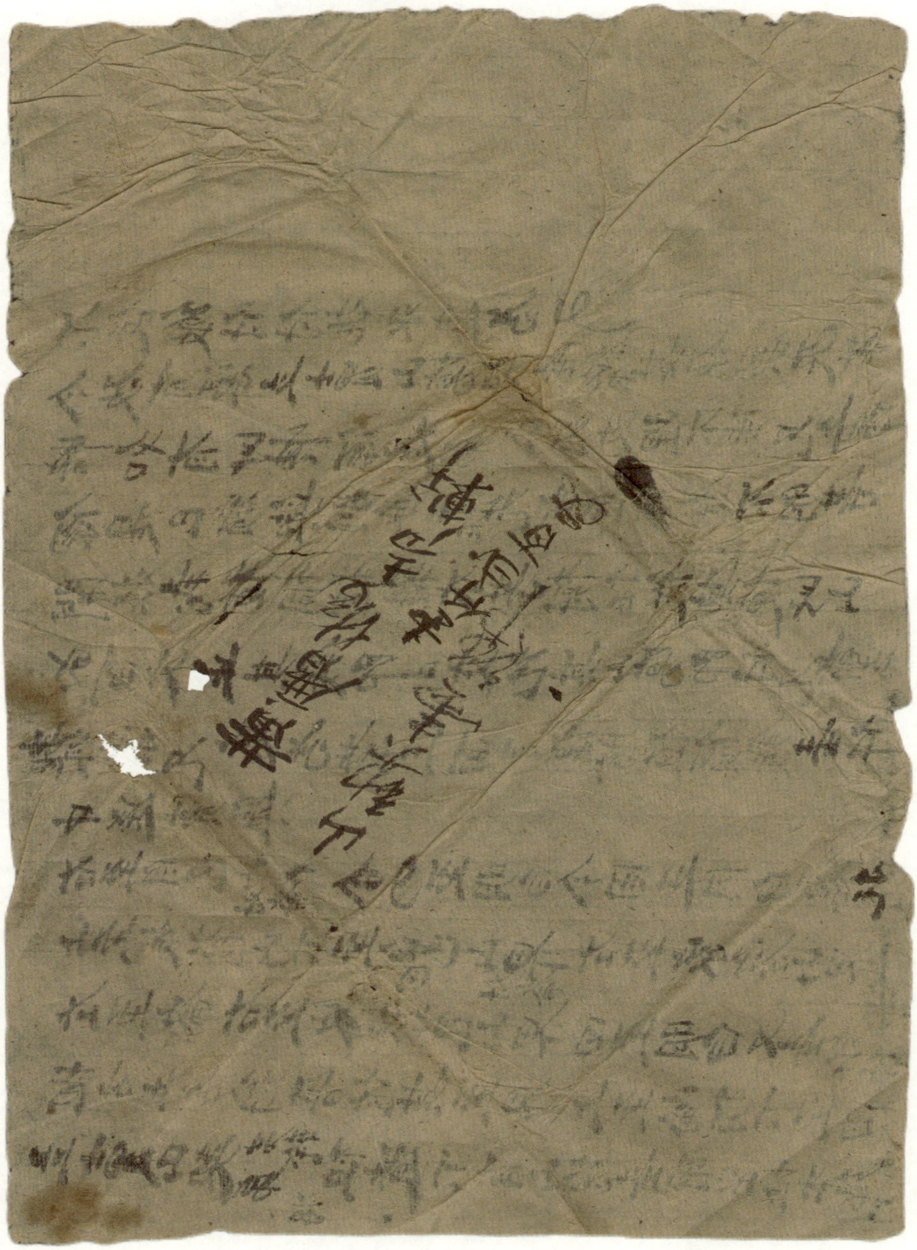

3-2-95-1　包契紙

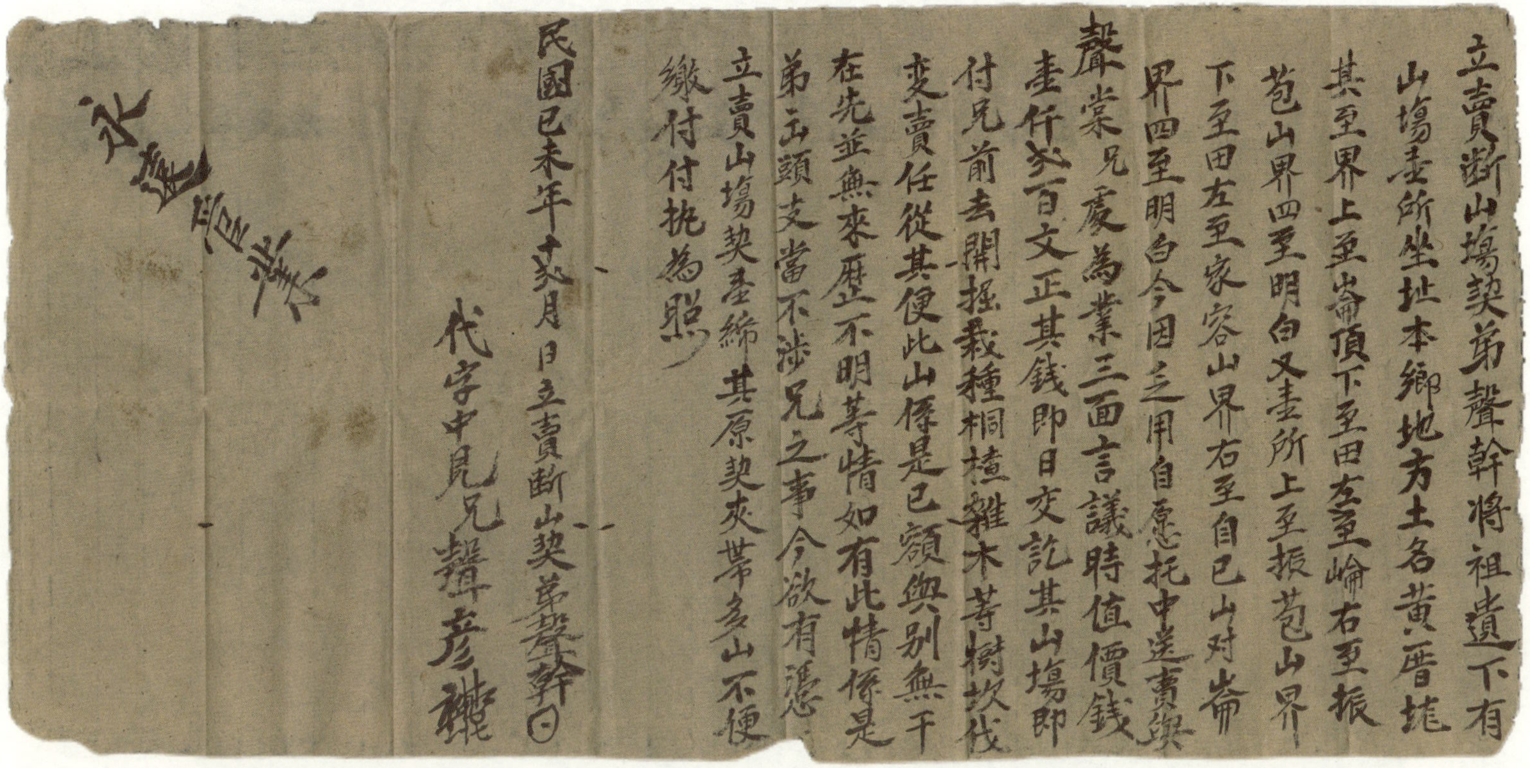
立賣斷山場契弟聲幹將祖遺下有
山場壹所坐址本鄉地方土名黃厝墘
其至界上至崙頂下至田左至崙右至振
苞山界四至明白又壹所上至振苞山界
下至田左至家容山界右至自己山对崙
界四至明白今因乏用自愿托中送賣與
聲棠兄處為業三面言議時值價錢
壹仟叁百文正其錢即日交訖其山場即
付兄前去開掘栽種桐植雜木等樹砍伐
變賣任從其便此山係是己額與別無干
在先並無來歷不明等情如有此情係是
弟一頭支當不涉兄之事今欲有憑
立賣山場契壹紙　其原契夾帯乡山不便
繳付付挑為照
民國己未年十二月　日立賣斷山契弟聲幹（押）
代字中見兄聲彥（押）
永遠管業

3-2-95-2　民國八年十二月葉聲幹立賣斷山場契

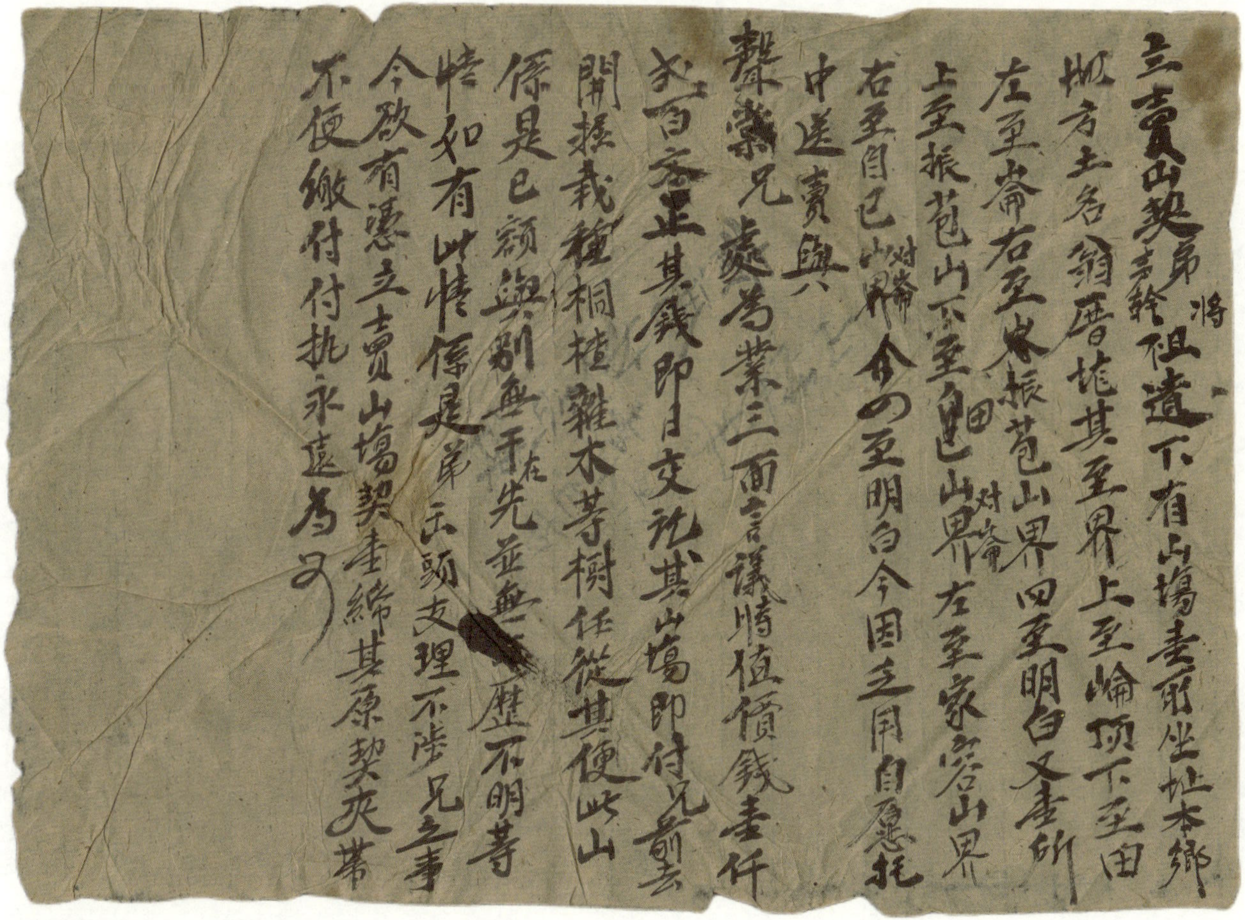

3-2-95-3　民國時期葉聲幹立賣山場契（草契）

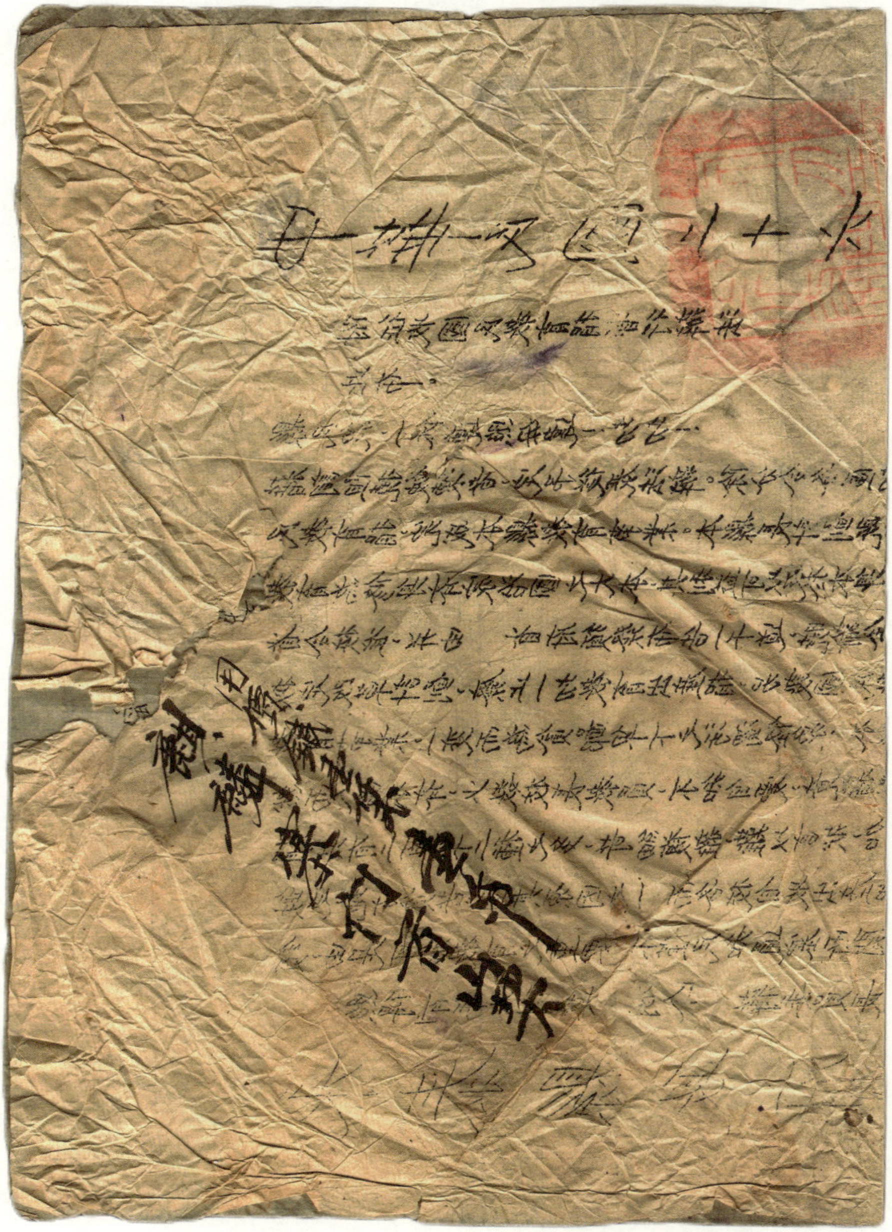

3-2-96-1　包契紙

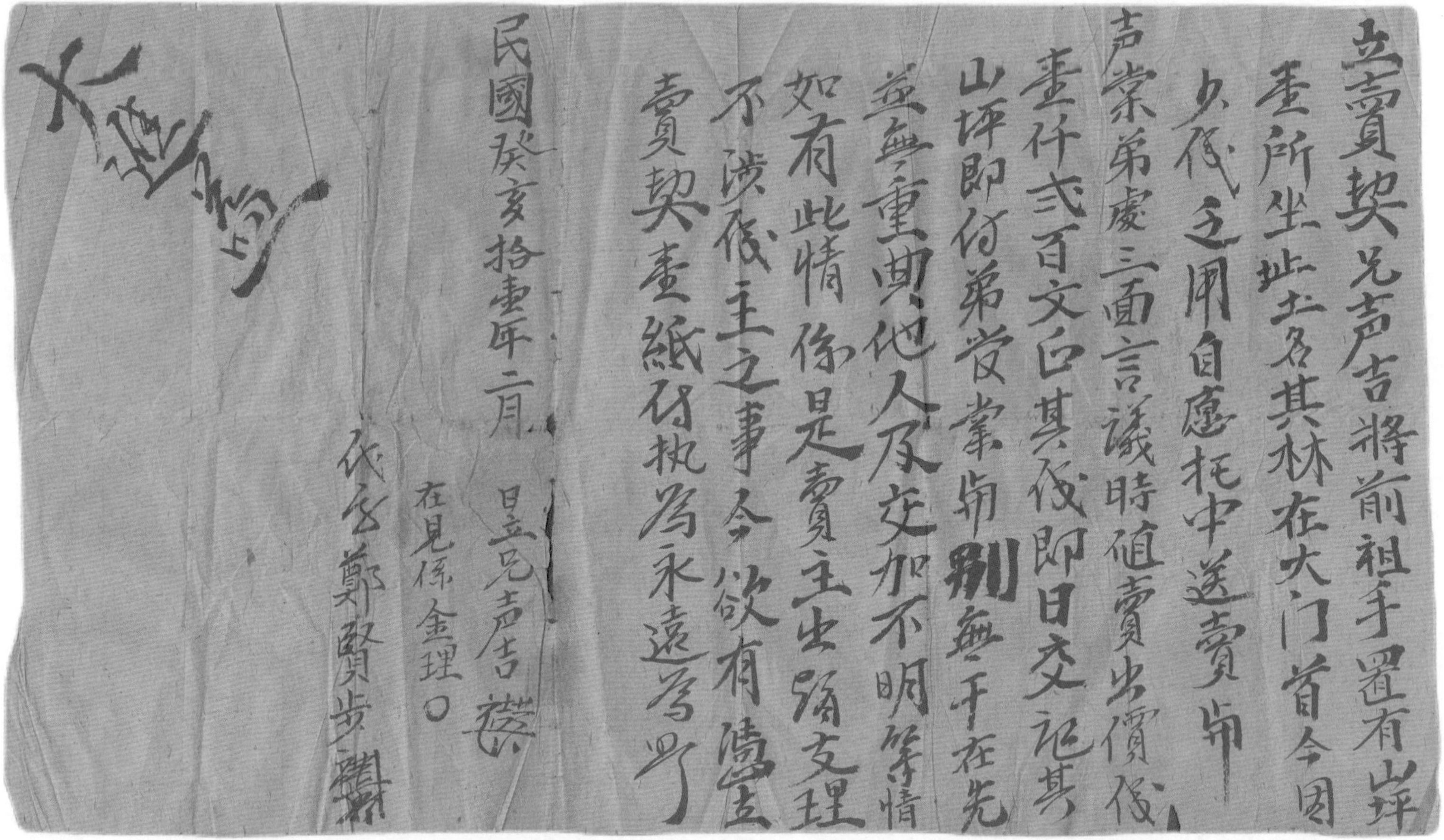
立賣契兄声吉將前祖手置有山坪
壹所坐址土名其林在大门首今因
乏伐之用自愿托中送賣與
声棠弟處三面言議時值賣出價伐
壹仟弍百文正其伐即日交訖其
山坪即付弟管業與別無干在先
並無重典他人及交加不明等情
如有此情係是賣主出頭支理
不涉伐主之事今欲有憑立
賣契壹紙付執為永遠為照
民國癸亥拾壹年二月　日立兄声吉
在見係金理○
代筆鄭賢步

3-2-96-2　民國十一年二月葉声吉立賣山坪契

八閩文庫

八閩文庫

專題彙編

第二種

福建民間契約文書

廈門大學民間歷史文獻研究中心 編

鄭振滿 主編

15

海峽出版發行集團
THE STRAITS PUBLISHING & DISTRIBUTING GROUP
福建人民出版社

本册目録

第三卷　永泰縣蓋洋鄉碓頭村契約文書（四）

第二帙　葉信村户

第三卷　永泰縣蓋洋鄉碓頭村契約文書（四）

本卷主編　周焜翔

第二帙　葉信村户

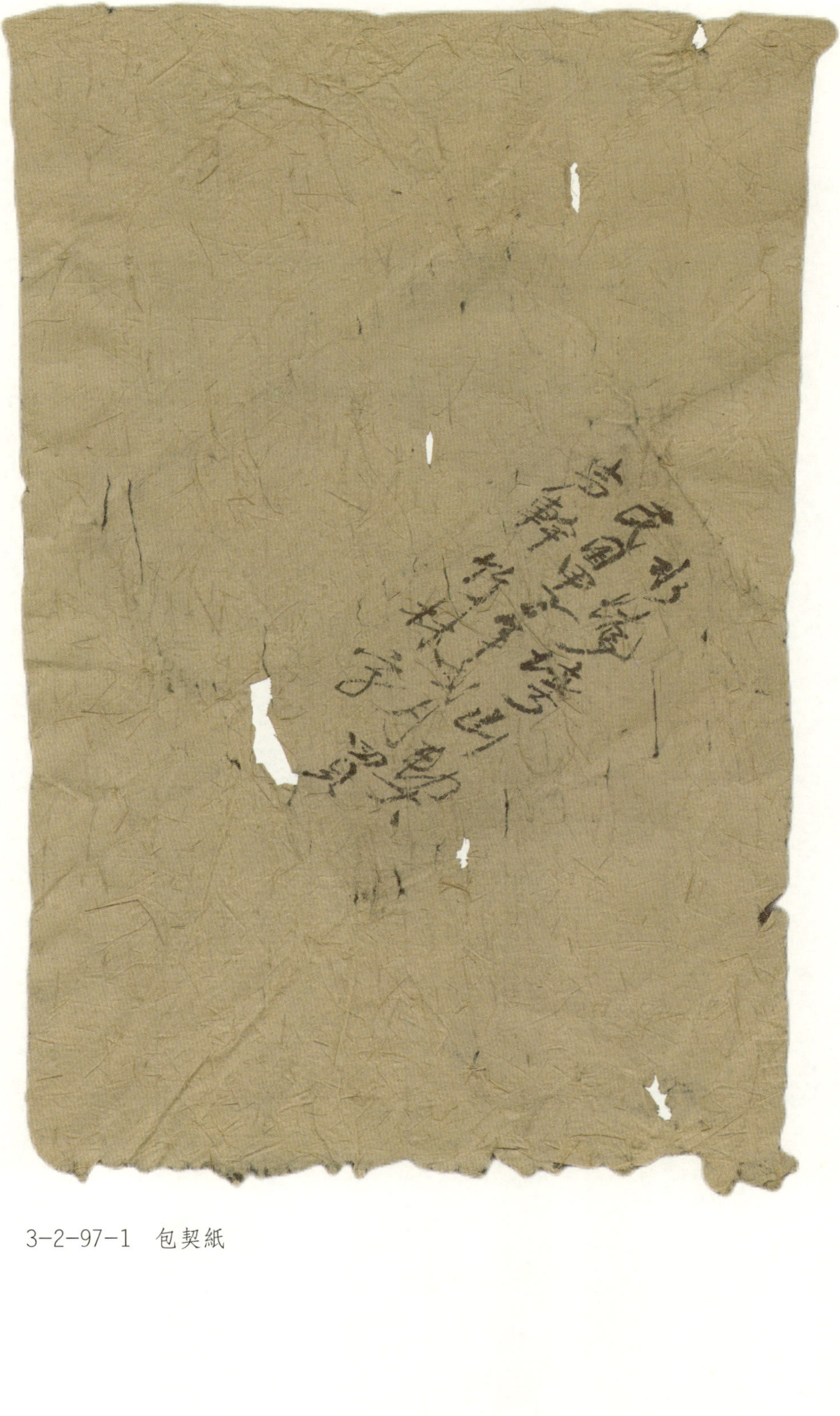

3-2-97-1　包契紙

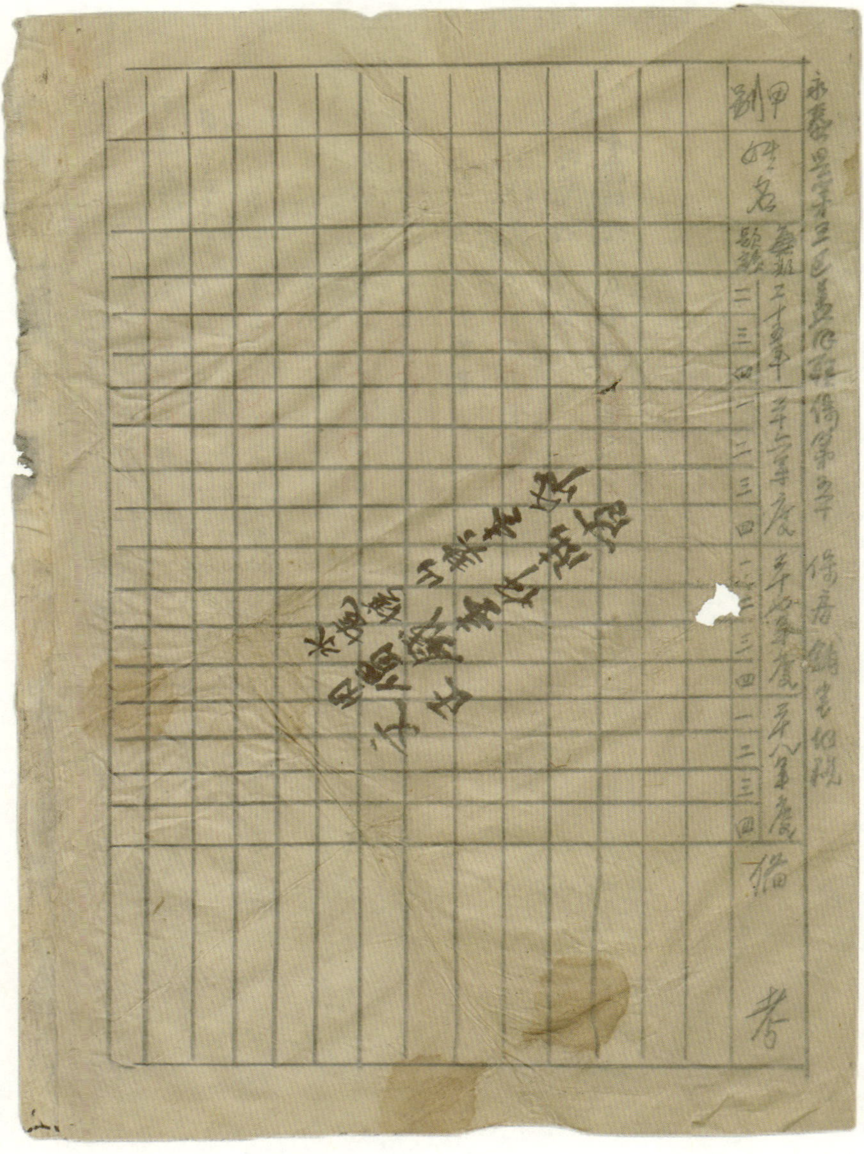

甲別	姓名	款額	二十五年			二十六年度				二十七年度				二十八年度			備考
			二	三	四	一	二	三	四	一	二	三	四	一	二	三	四

3-2-97-2　包契紙

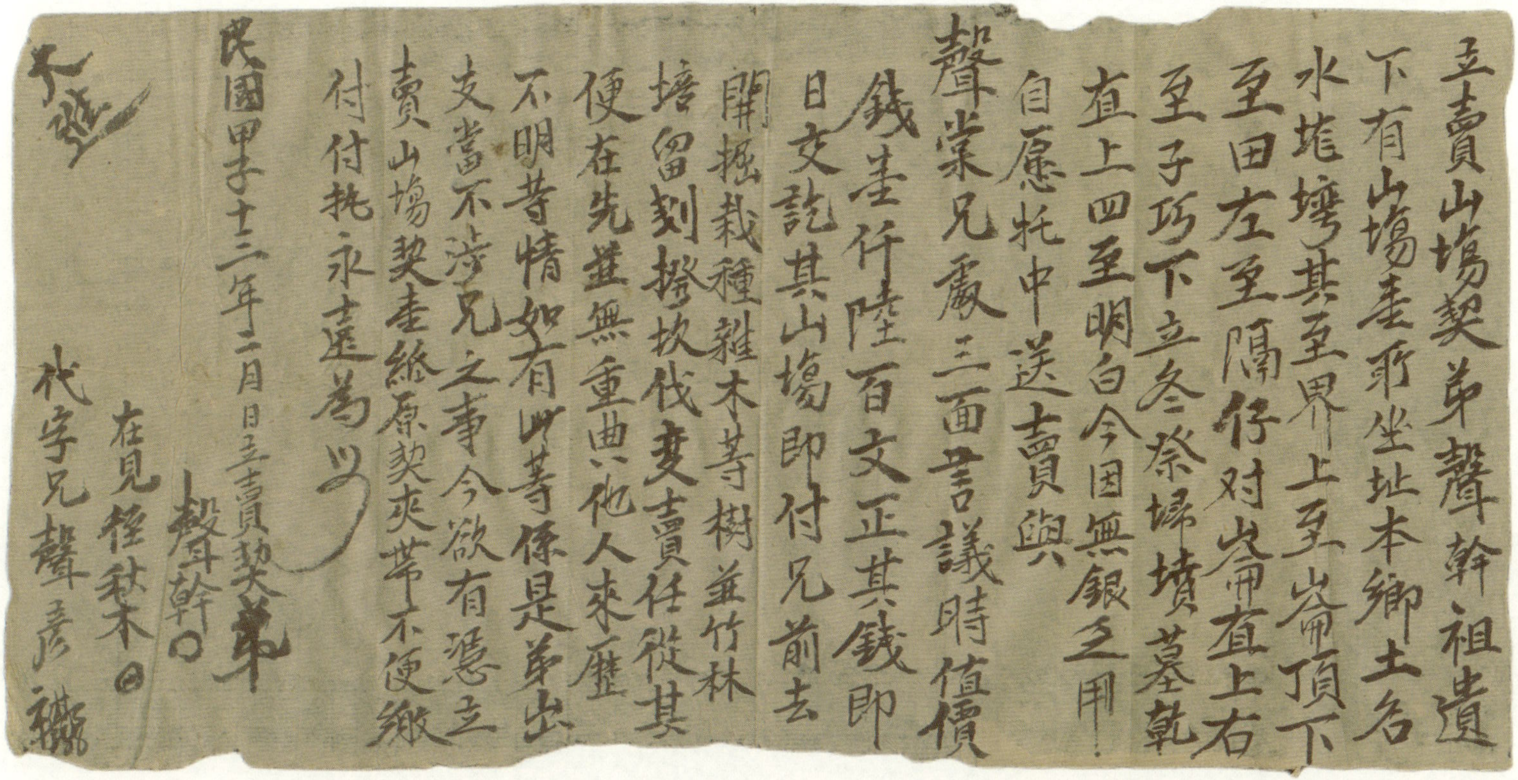

立賣山場契弟聲幹，祖遺
下有山場壹所，坐址本鄉土名
水垅壋，其至界上至崙頂，下
至田，左至隔仔对崙直上，右
至子巧下立冬祭埽墳墓乾
直上，四至明白。今因無銀乏用，
自愿托中送賣與
聲棠兄處，三面言議時值價
錢壹仟陸百文正，其錢即
日交訖，其山場即付兄前去
開掘栽種雜木等樹並竹林，
培留刻撥砍伐，變賣任從其
便。在先並無重典他人來歷
不明等情，如有此等，係是弟出
支當，不涉兄之事。今欲有憑，立
賣山場契壹紙，原契夾帶不便繳
付，付批，永遠為照。
民國甲子十三年二月　日立賣契弟
聲幹（押）
在見侄秋木（押）
代字兄聲彥（押）
大吉

3-2-97-3　民國十三年二月葉聲幹立賣山場契

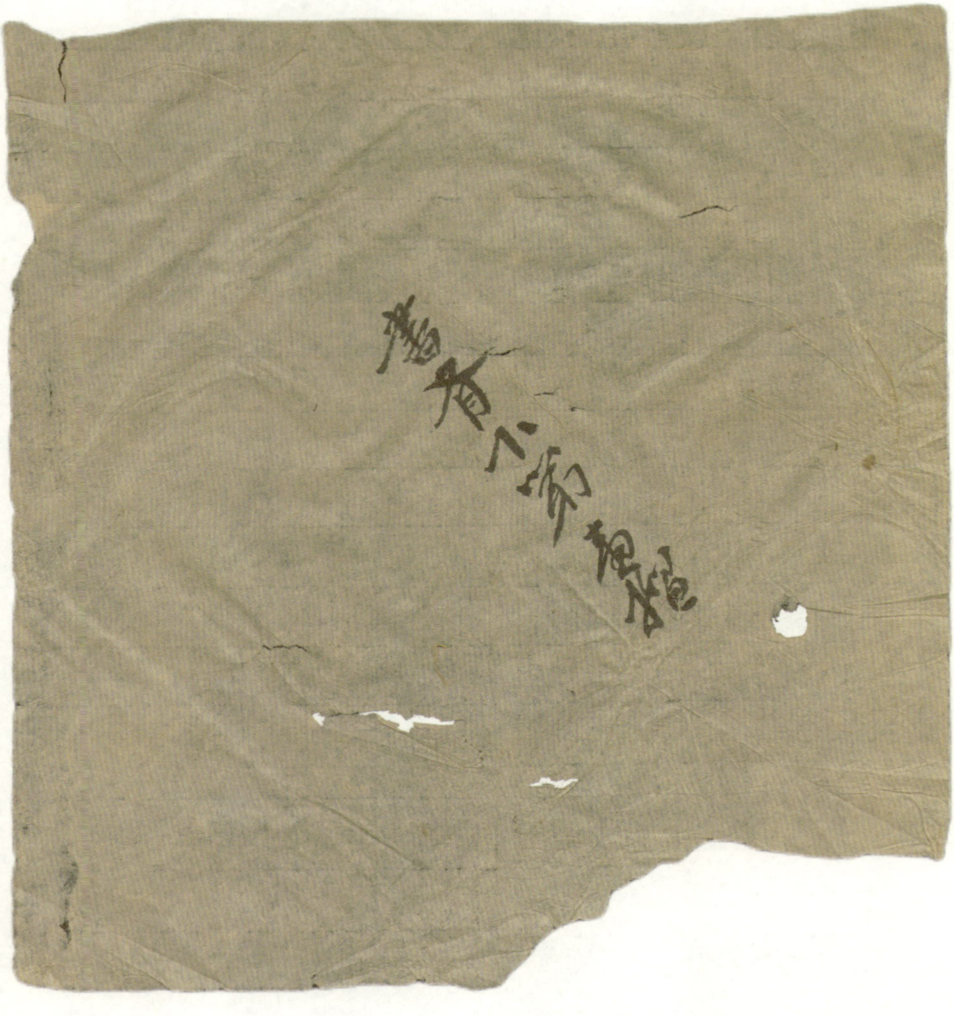

3-2-58-1　包契紙

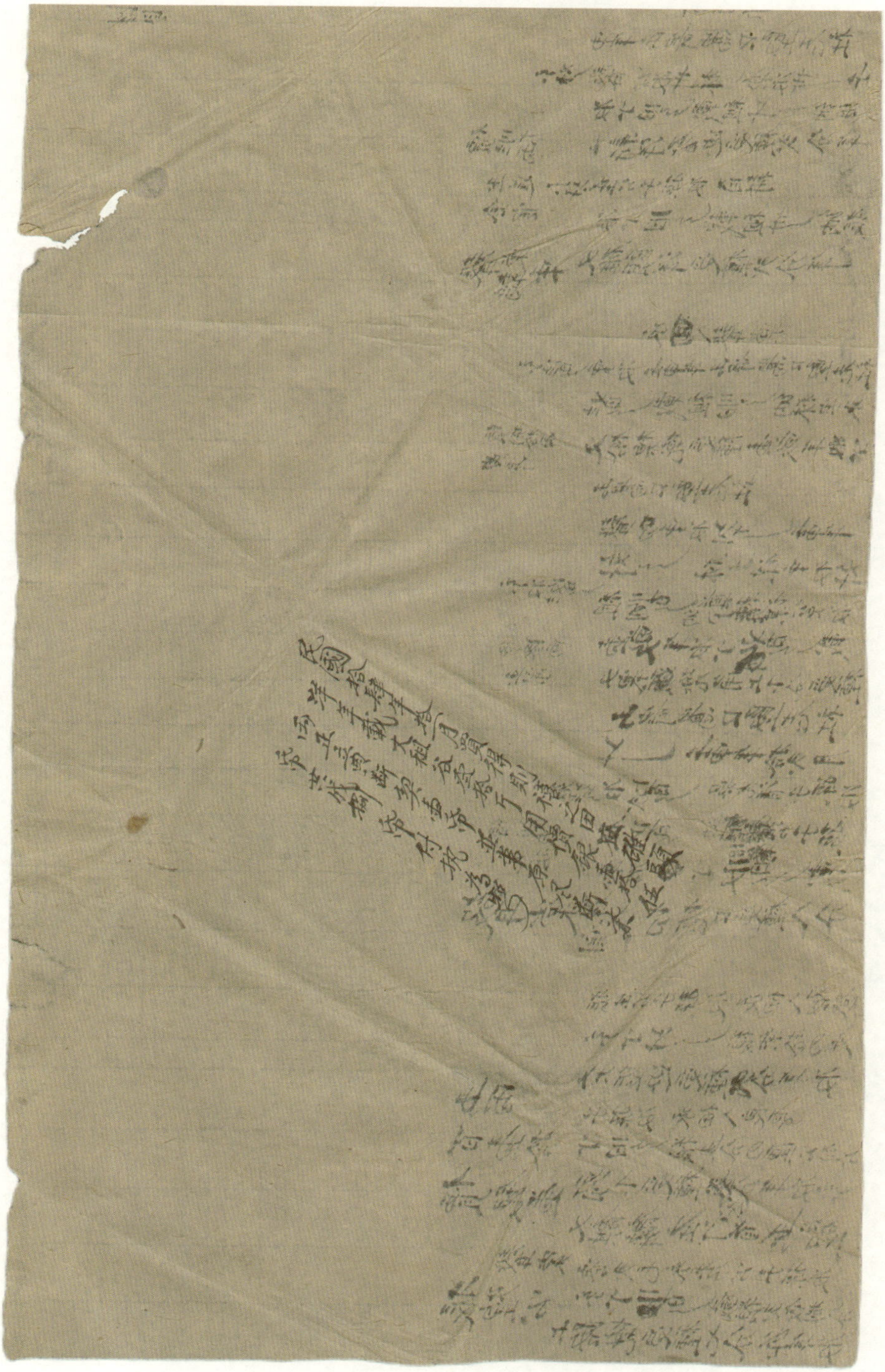

3-2-98-2　包契紙

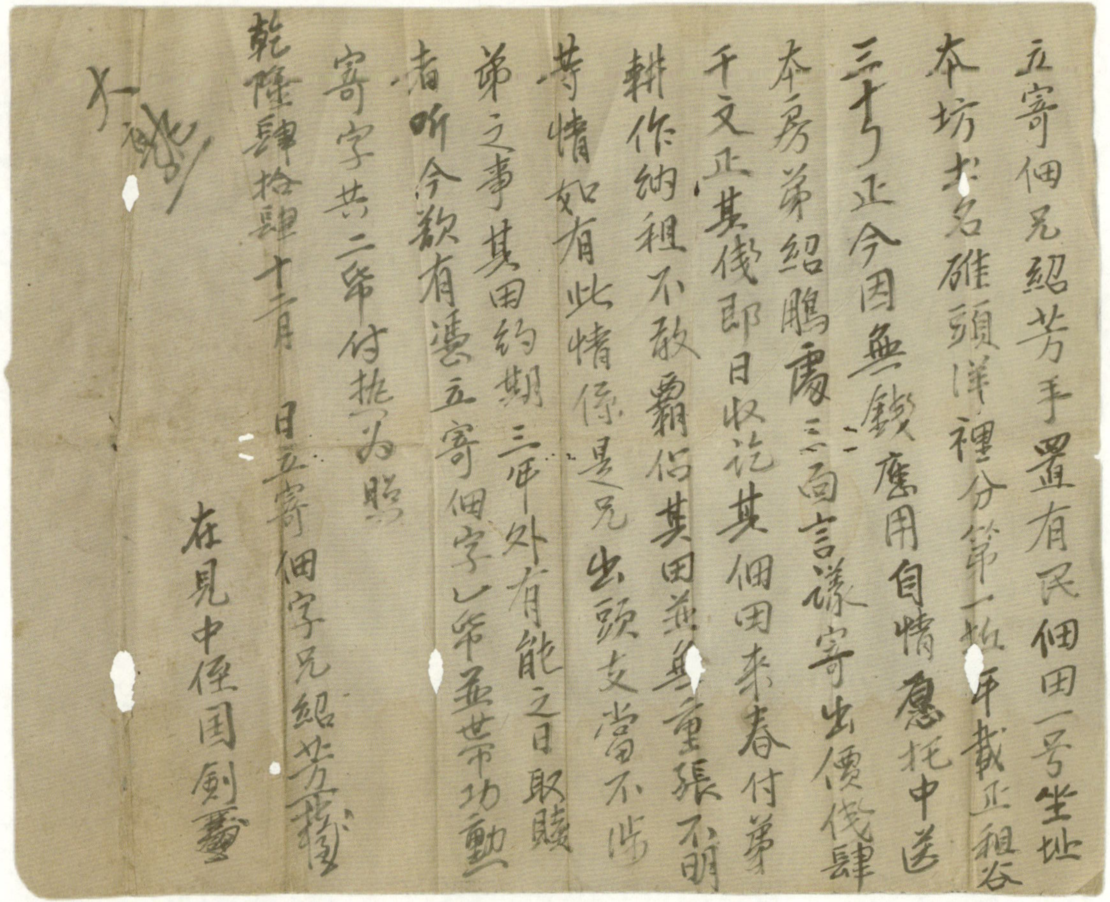

立寄佃兄紹芳手置有民佃田一号坐址
本坊土名碓頭洋裡分第一坵年載正租谷
三斗正今因無錢應用自情愿托中送
本房弟紹鵬處三面言議寄出價錢肆
千文正其錢即日收訖其佃田來春付弟
耕作納租不敢霸佔其田並無重張不明
等情如有此情係是兄出頭支當不涉
弟之事其田約期三年外有能之日取贖
恁听今欲有憑立寄佃字一帋並世帋功勳
寄字共二帋付批為照
乾隆肆拾肆年十二月　日立寄佃字兄紹芳（押）
在見中侄国劍（押）

3-2-98-3　清乾隆四十四年十二月葉紹芳立寄民佃田字

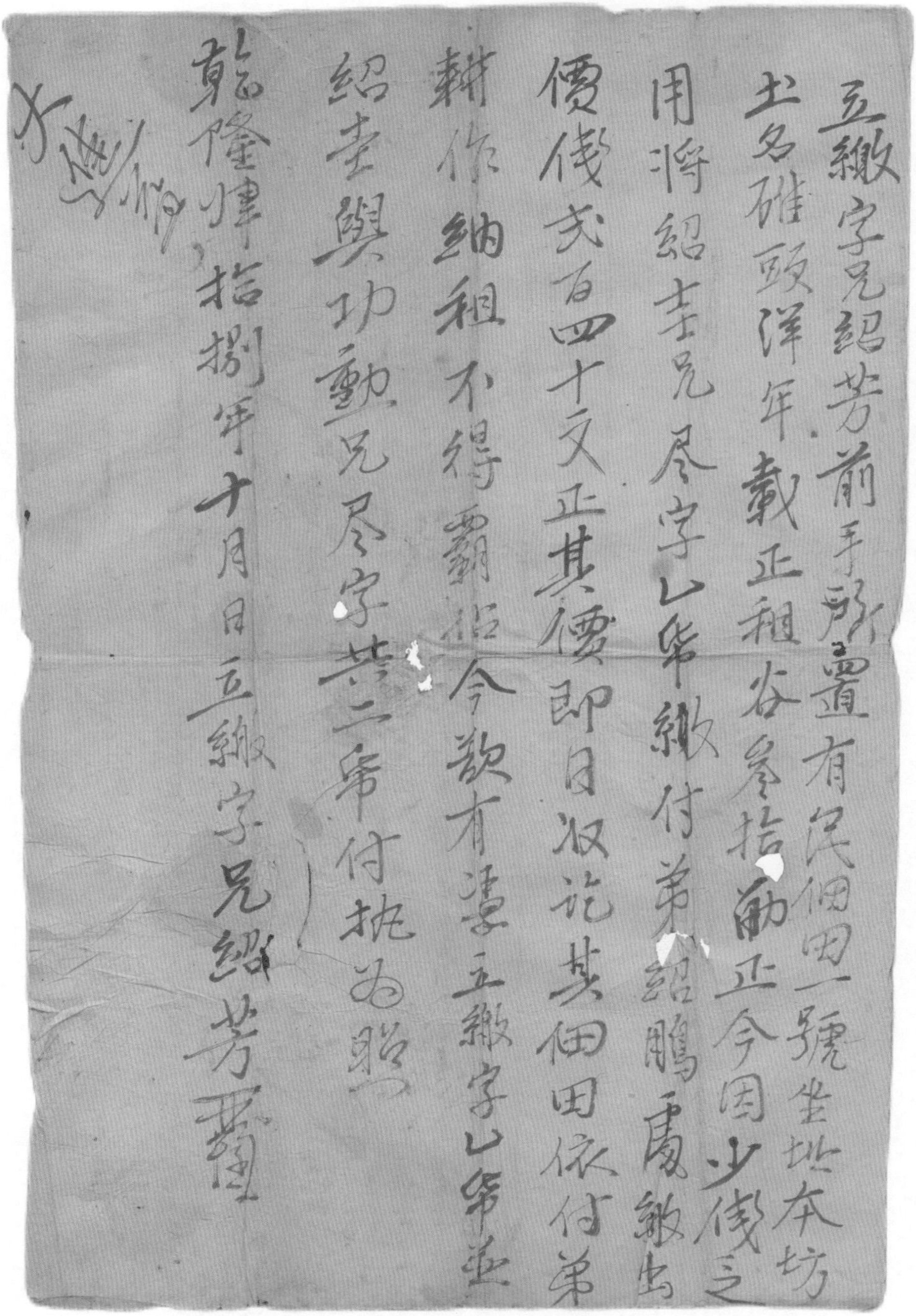

立繳字兄紹芳前手所置有民佃田一號坐址本坊
土名碓頭洋年載正租谷叁拾觔正今因少錢之
用將紹圭兄尽字山帋繳付弟紹鵬處繳出
價錢弍百四十文正其價即日收訖其佃田依付弟
耕作納租不得霸佔今欲有憑立繳字山帋並
紹圭與功勳兄尽字共二帋付執為照
乾隆肆拾捌年十月日立繳字兄紹芳（押）
代筆紹伯

3-2-98-4　清乾隆四十八年十月葉紹芳立繳民佃田字

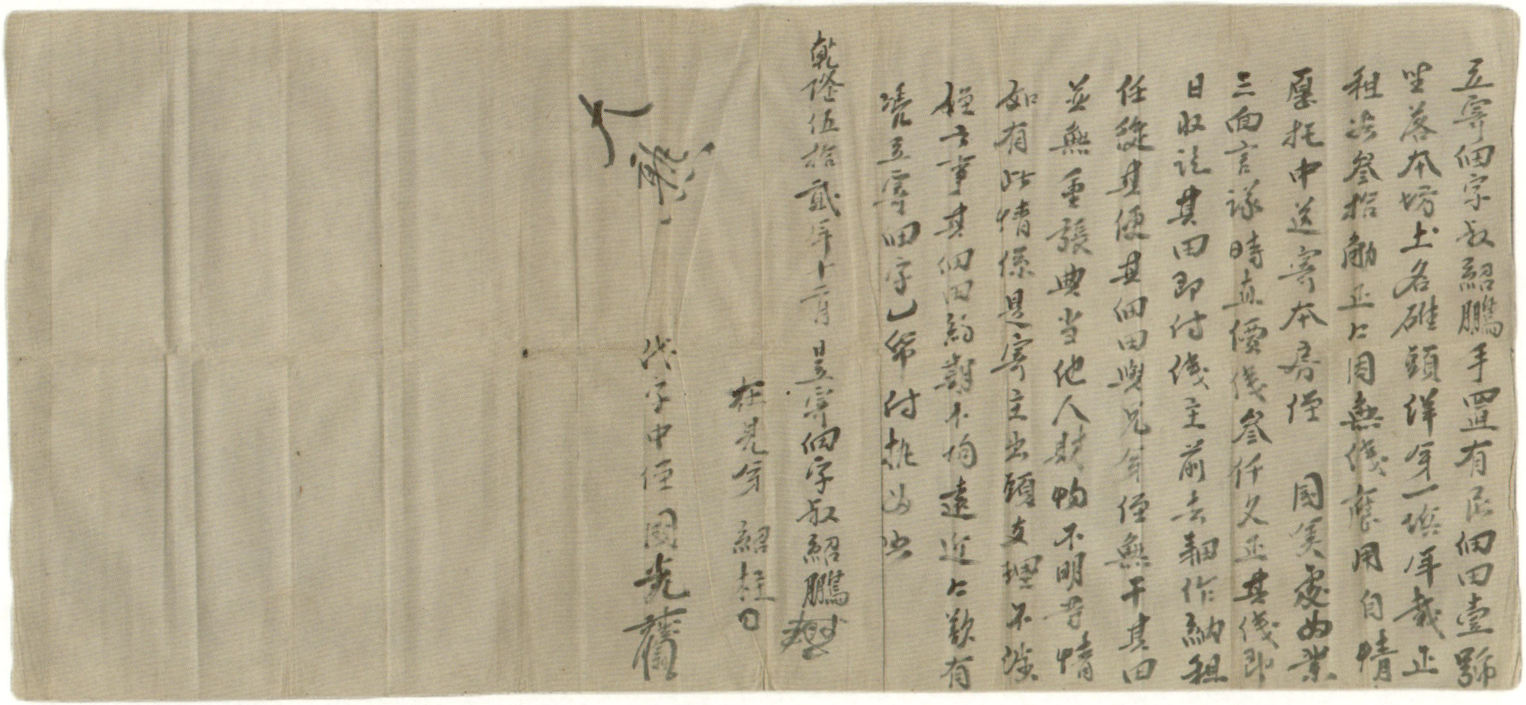
立寄佃字叔紹鵬手置有民佃田壹號
坐落本墻土名碓頭洋，年一冬，年載正
租谷叁拾觔正，今因無錢應用，自情
愿托中送寄本房侄 國美處為業，
三面言議，時值價錢叁仟文正，其錢即
日收訖，其田即付錢主前去耕作納租，
任從其便，其佃田與兄侄無干。其田
並無重張典當他人財物不明等情，
如有此情，係是寄主出頭支理，不涉
耕主之事。其佃田約斷不拘遠近上歎有
憑立寄佃字一紙付執為照
乾隆伍拾貳年十二月 日立寄佃字叔紹鵬（押）
在見兄 紹桂（押）
代字中侄 國光（押）
大發

3-2-98-5 清乾隆五十二年十二月葉紹鵬立寄民佃田字

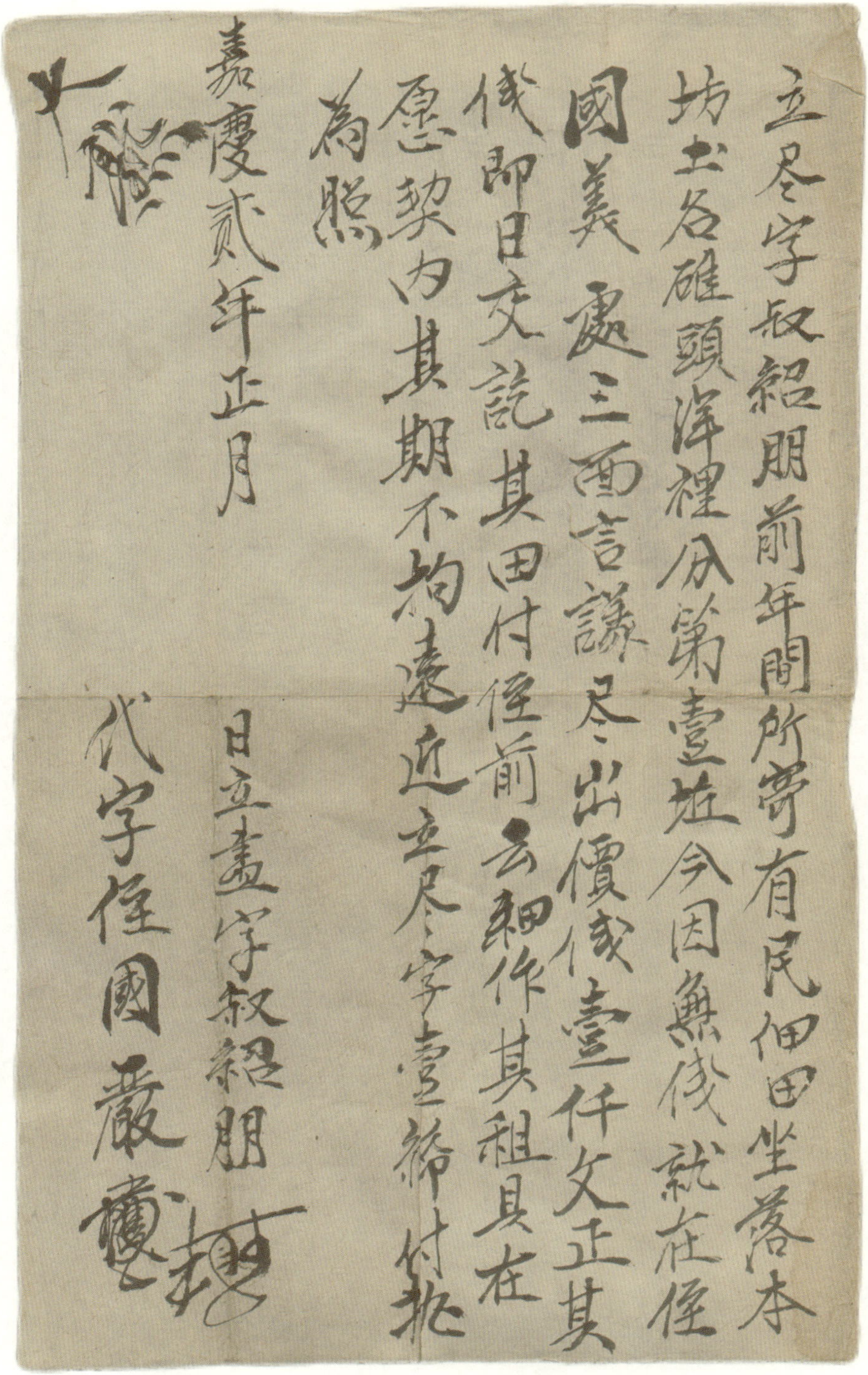
立盡字叔紹朋前年間所寄有民佃田坐落本
坊土名碓頭洋裡成第壹坵今因無錢就在侄
國義處三面言議盡出價錢壹仟文正其
錢即日交訖其田付侄前去細作其租具在
愿契内其期不拘遠近立盡字壹紙付批
為照
嘉慶貳年正月　日立盡字叔紹朋
代字侄國蕨

3-2-98-6　清嘉慶二年正月葉紹朋立盡民佃田字

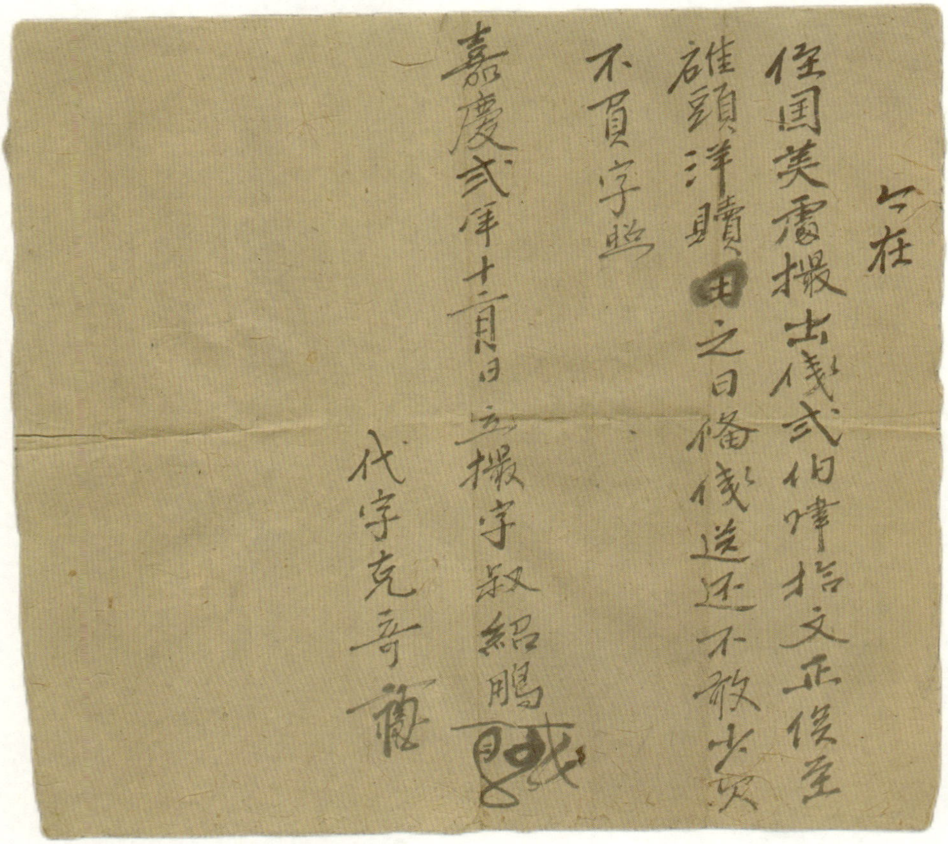
今在
侄国英處撥出錢弍伯肆拾文正候至
碓頭洋贖田之日備錢送还不敢少欠
不負字照
嘉慶弍年十二月日　立撥字叔紹鵬（押）
代字克哥（押）

3-2-98-7　清嘉慶二年十二月葉紹鵬立撥字

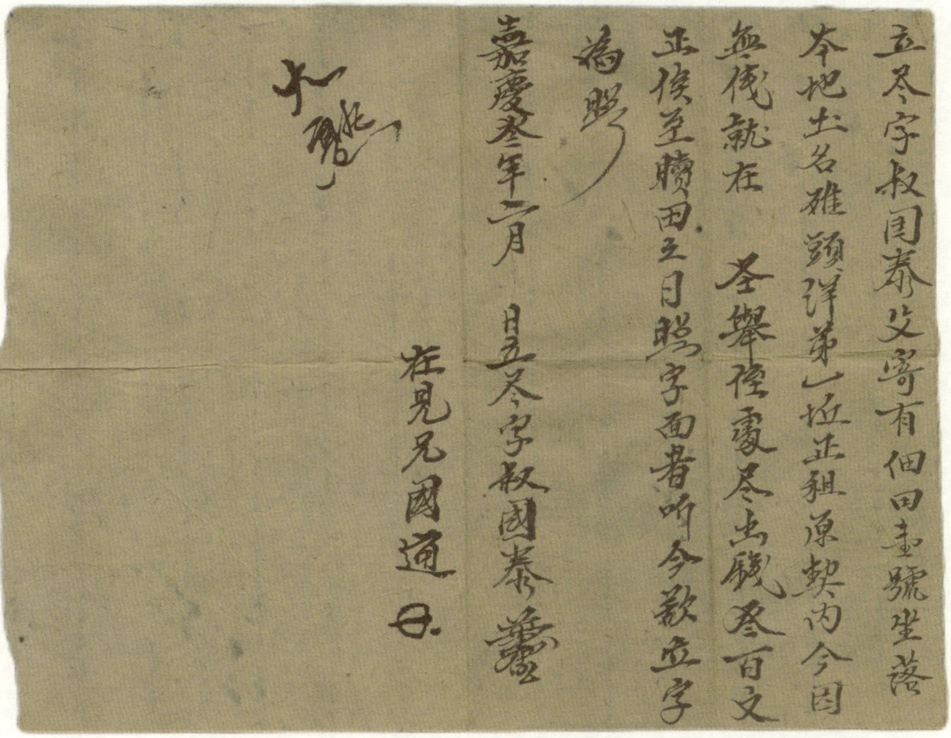

立盡字叔國泰父手有佃田壹號坐落
本地土名碓頭洋第山坵土祖原契內今因
無從就在 侄舉侄處盡出錢叁百文
其後至贖田之日照字面者听今欲立字
為照
嘉慶叁年二月 日立盡字叔國泰（押）
在見兄國通（押）

3-2-98-8 清嘉慶三年二月葉國泰立盡佃田字

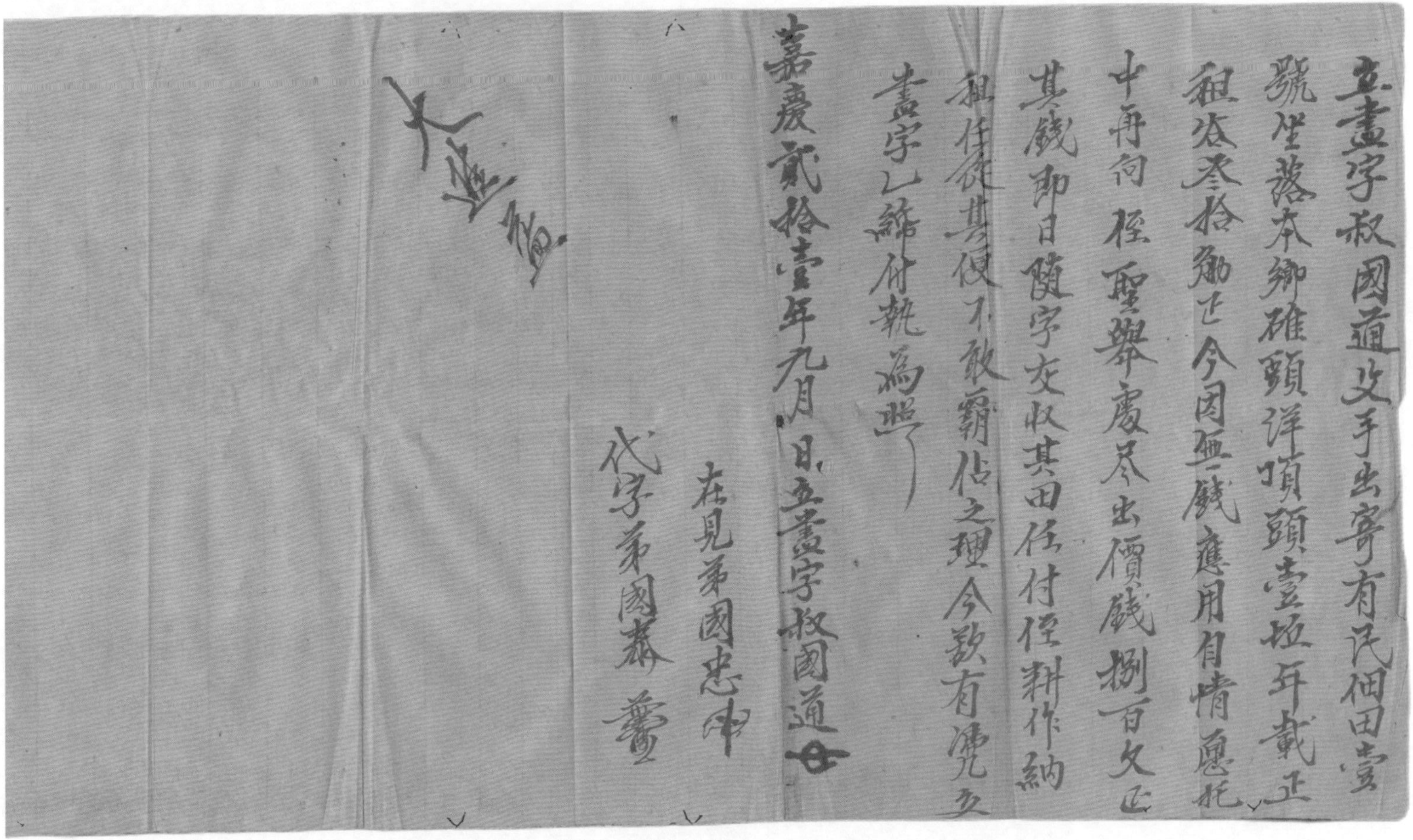
立盡字叔國通父手出寄有民佃田壹
號坐落本鄉碓頭洋墳頭壹坵年載正
租谷叁拾觔正今因無錢應用自情愿托
中再向 姪 聖舉處盡出價錢捌百文正
其錢即日隨字交收其田任付姪耕作納
租任從其便不敢霸佔之理今欲有憑立
盡字一紙付執為照
嘉慶貳拾壹年九月 日立盡字叔國通
在見弟國忠
代字弟國泰
大吉

3-2-98-9 清嘉慶二十一年九月葉國通立盡民佃田字

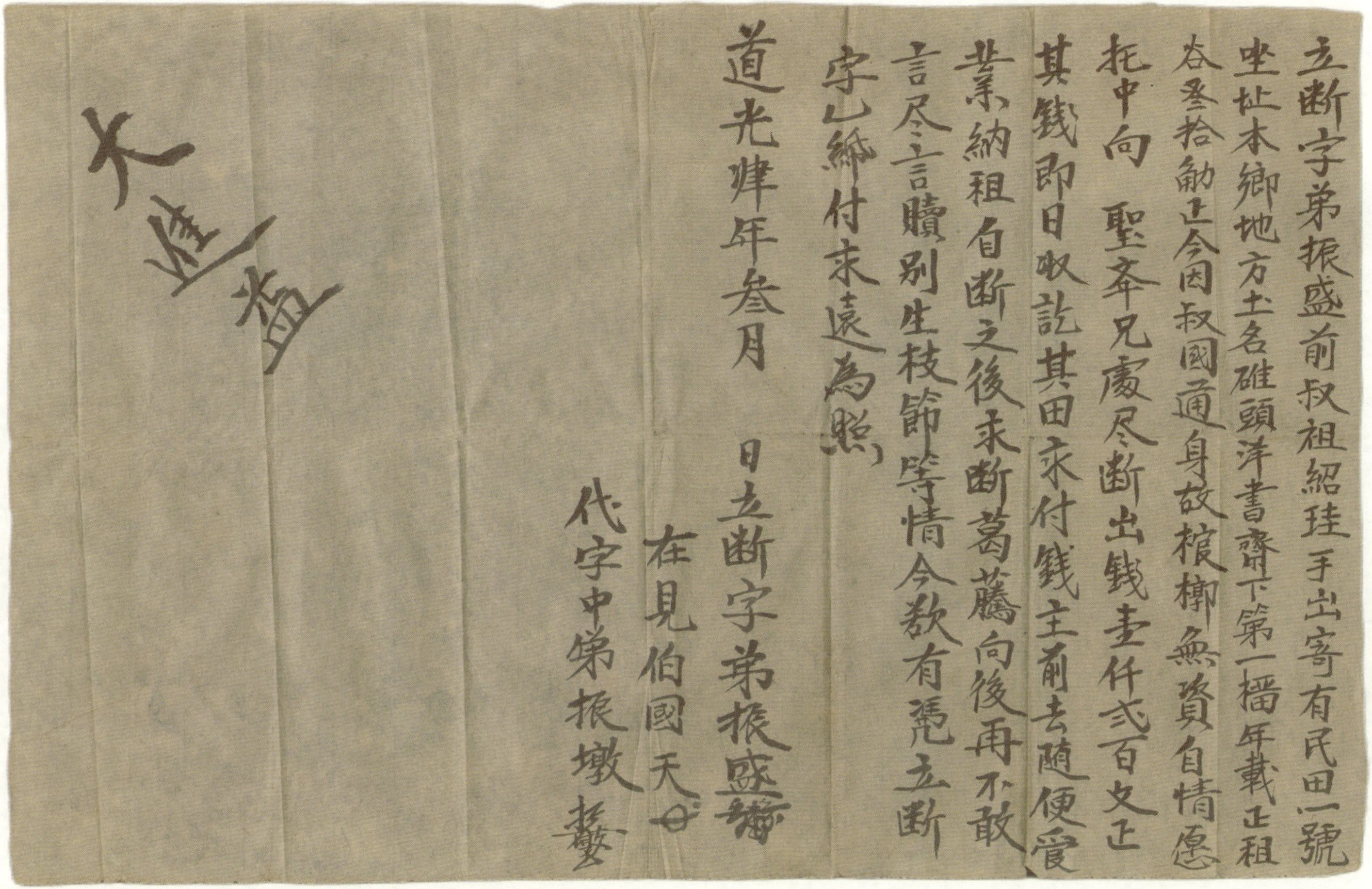
立断字弟振盛前叔祖紹珪手出寄有民田一號
坐址本鄉地方土名碓頭洋書齋下第一墻年載正租
谷叁拾觔正今因叔國通身故棺槨無資自情愿
托中向 聖夆兄處尽断出钱壹仟弍百文正
其钱即日收訖其田永付钱主前去随便管
業納租自断之後永断葛藤向後再不敢
言尽言贖别生枝節等情今欲有凴立断
字一紙付末遠為照
道光肆年叁月 日立断字弟振盛
在見伯國天
代字中弟振墩
大吉

3-2-98-10 清道光四年三月葉振盛立斷民田字

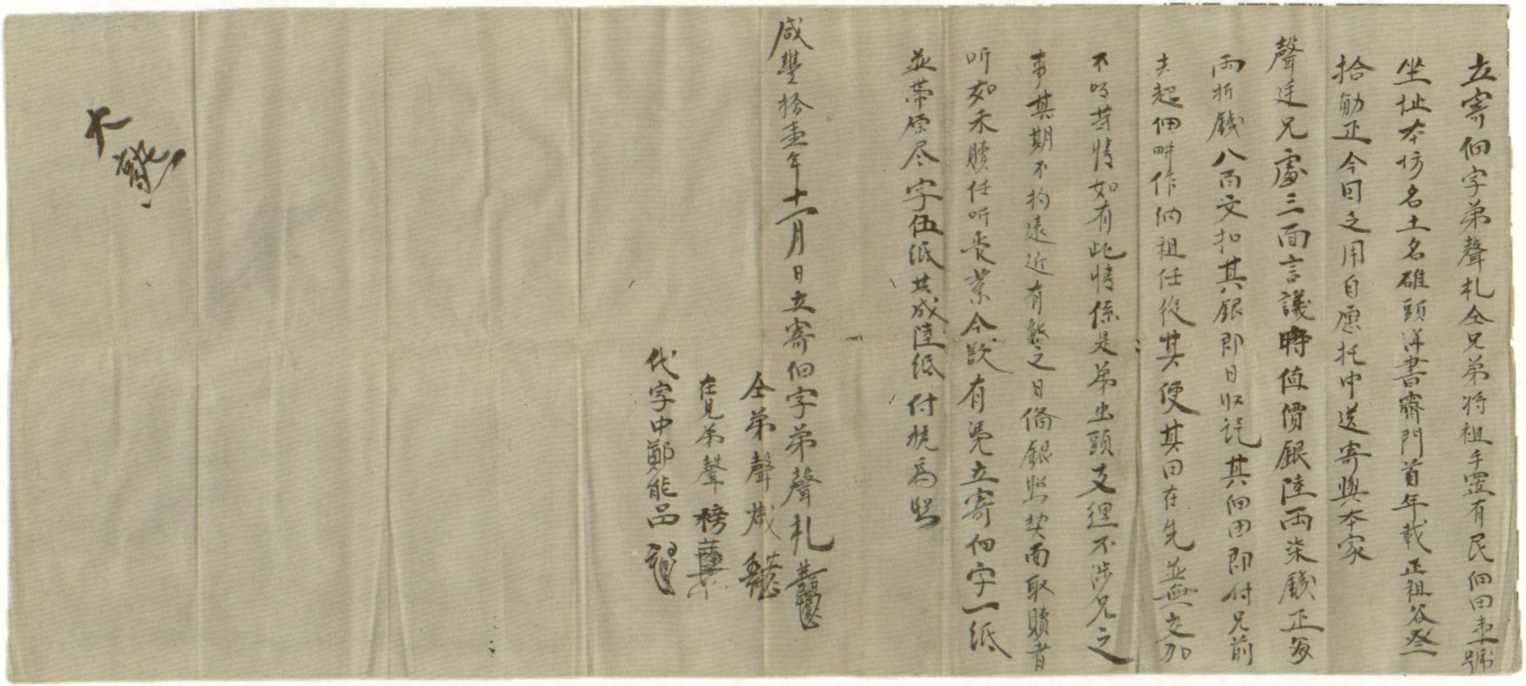
立寄佃字弟聲札仝兄弟將祖手置有民佃田壹號
坐址本坊土名碓頭洋書齋門首年載正租谷叁
拾觔正今因乏用自愿托中送寄與本家
聲廷兄處三面言議時值價銀陸兩柒錢正又
兩折錢八百文扣其銀即日收訖其佃田即付兄前
去起佃耕作納租任從其便其田在先並無交加
不明等情如有此情係是弟出頭支理不涉兄之
事其期不拘遠近有銀之日備銀照契面取贖耳
听如未贖任听管業今欲有憑立寄佃字一紙
並帶原尽字伍紙共成陸紙付執為照

咸豐拾壹年十一月　日立寄佃字弟聲札（押）
仝弟聲燃（押）
在見弟聲榜（押）
代字中鄭能品（押）

不贖

3-2-98-11　清咸豐十一年十一月葉聲札等立寄民佃田字

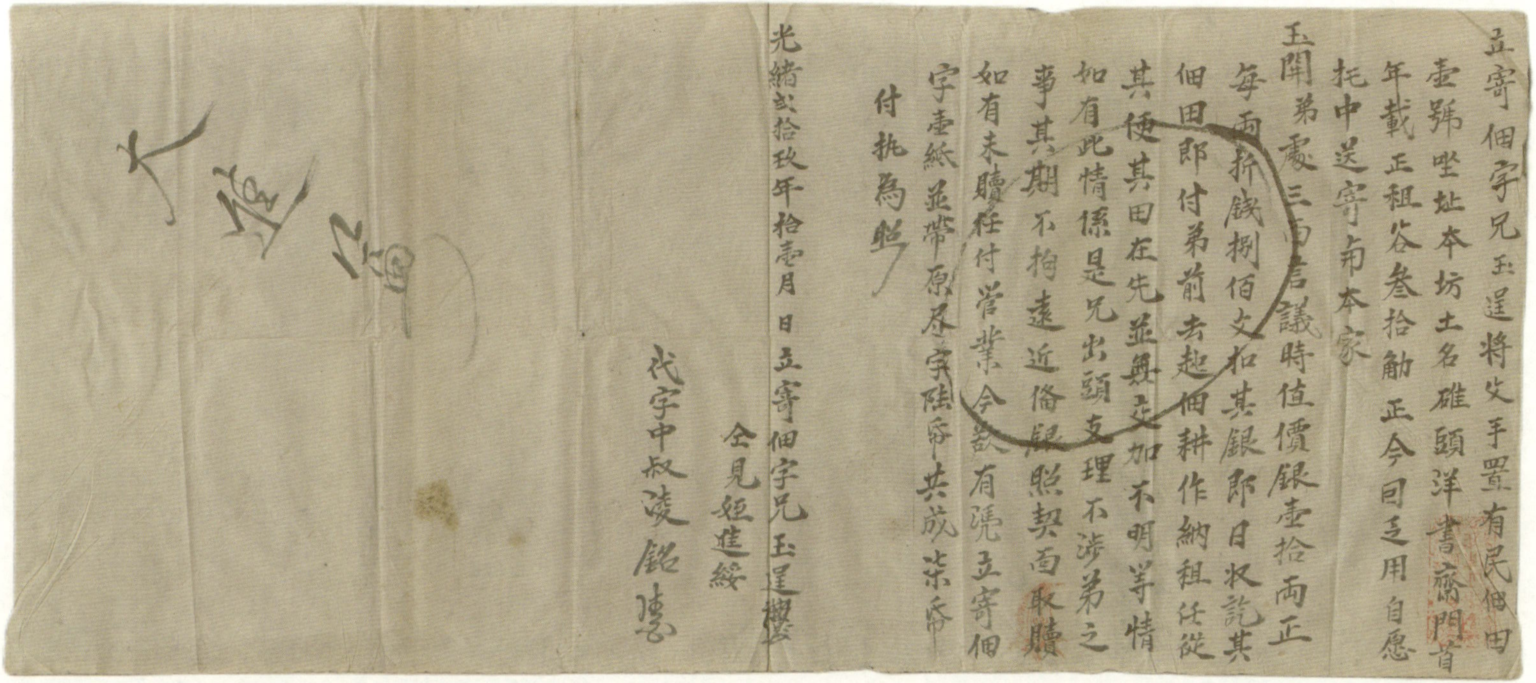

立寄佃字兄玉逞將父手置有民佃田
壹號坐址本坊土名碓頭洋書齋門首
年載正租谷叁拾觔正今因乏用自愿
托中送寄房本家
玉開弟處三面言議時值價銀壹拾兩正
每兩折錢捌佰文其銀即日收訖其
佃田即付弟前去起佃耕作納租任從
其便其田在先並無重加不明等情
如有此情係是兄出頭支理不涉弟之
事其期不拘遠近備銀照契面取贖
如有未贖任付管業今欲有憑立寄佃
字壹紙並帶原契字陸紙共成柒紙
付執為照

光緒弍拾玖年拾壹月　日　立寄佃字兄玉逞（押）
仝見姪進綏
代字中叔淩銘（押）

3-2-98-12　清光緒二十九年十一月葉王逞立寄民佃田字（廢契）

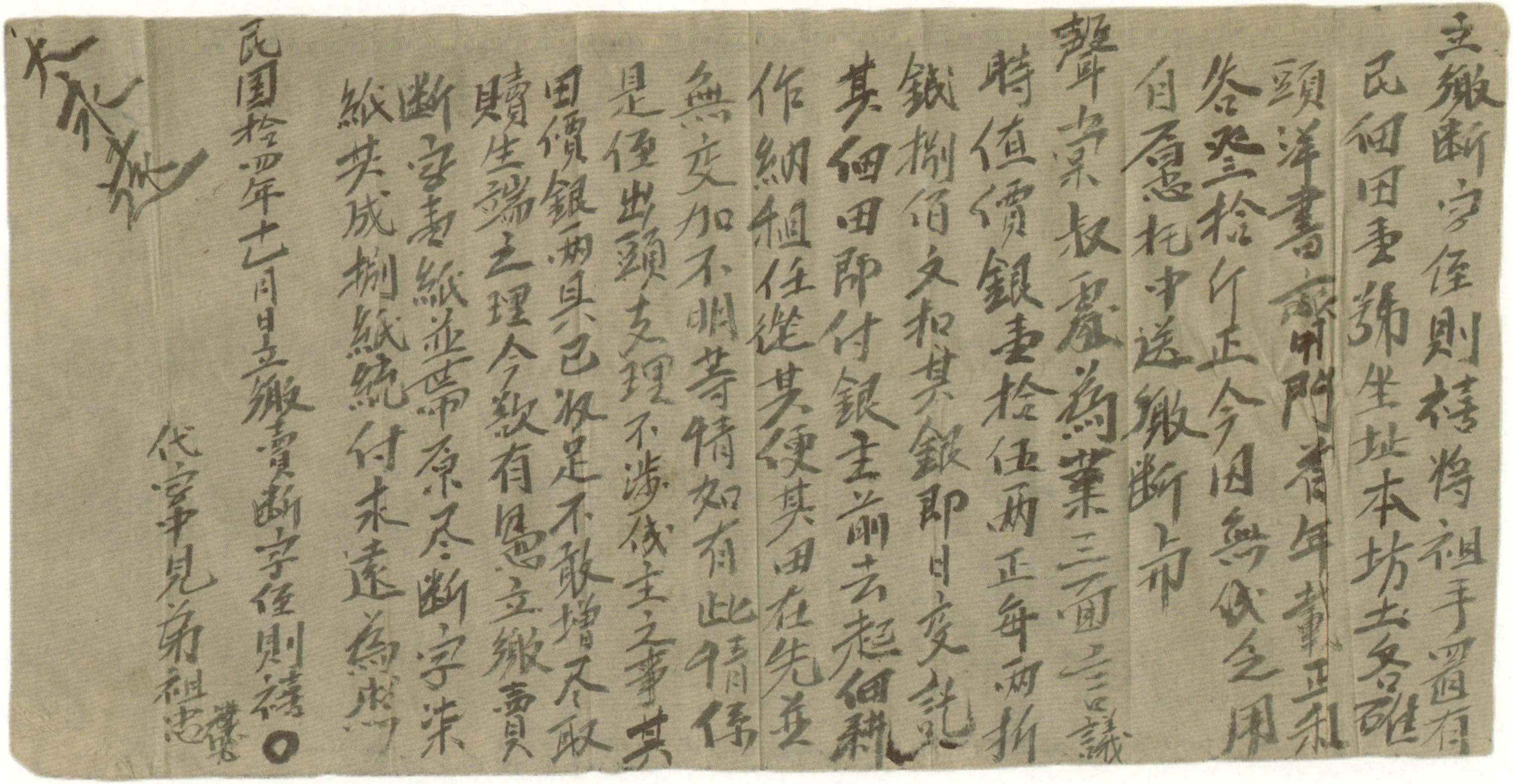
立缴断字侄則禧將祖手置有
民佃田壹號坐址本坊土名雖
頭洋書齋門首年載正租
谷叁拾斤正今因無錢乏用
自愿托中送缴斷常
聲叔處為業三面言議
時值價銀壹拾伍兩正每兩折
錢捌佰文和其銀即日交訖
其佃田即付銀主前去起佃耕
作納租任從其便其田在先並
無交加不明等情如有此情係
是侄出頭支理不涉錢主之事其
田價銀兩具已收足不敢增不敢
贖生端土理今欲有憑立缴賣
斷字壹紙並帶原尽斷字柒
紙共成捌紙統付來遠為照
民國拾四年十一月日立缴賣斷字侄則禧 ○
代字中見弟祖忠 葉
大吉

3-2-98-13 民國十四年十一月葉則禧立繳賣斷民佃田字

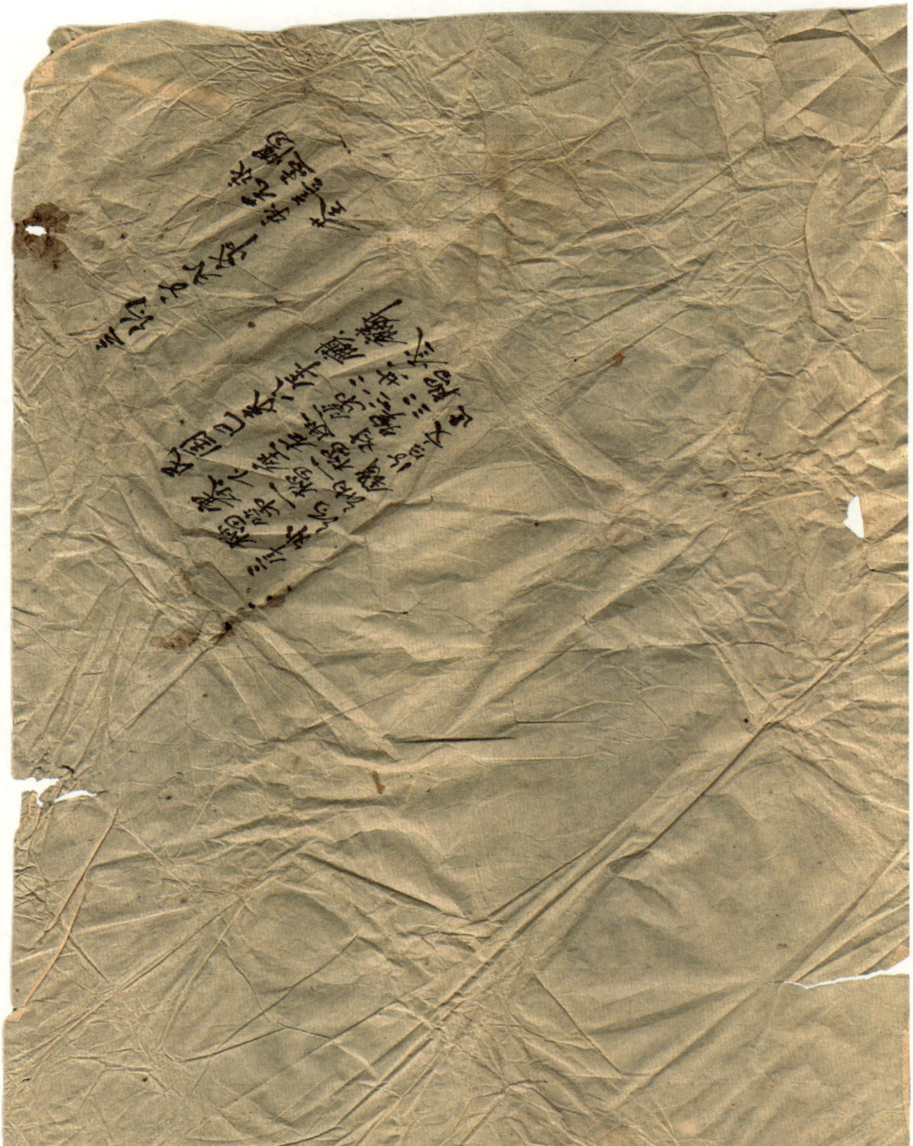

3-2-99-1　包契紙

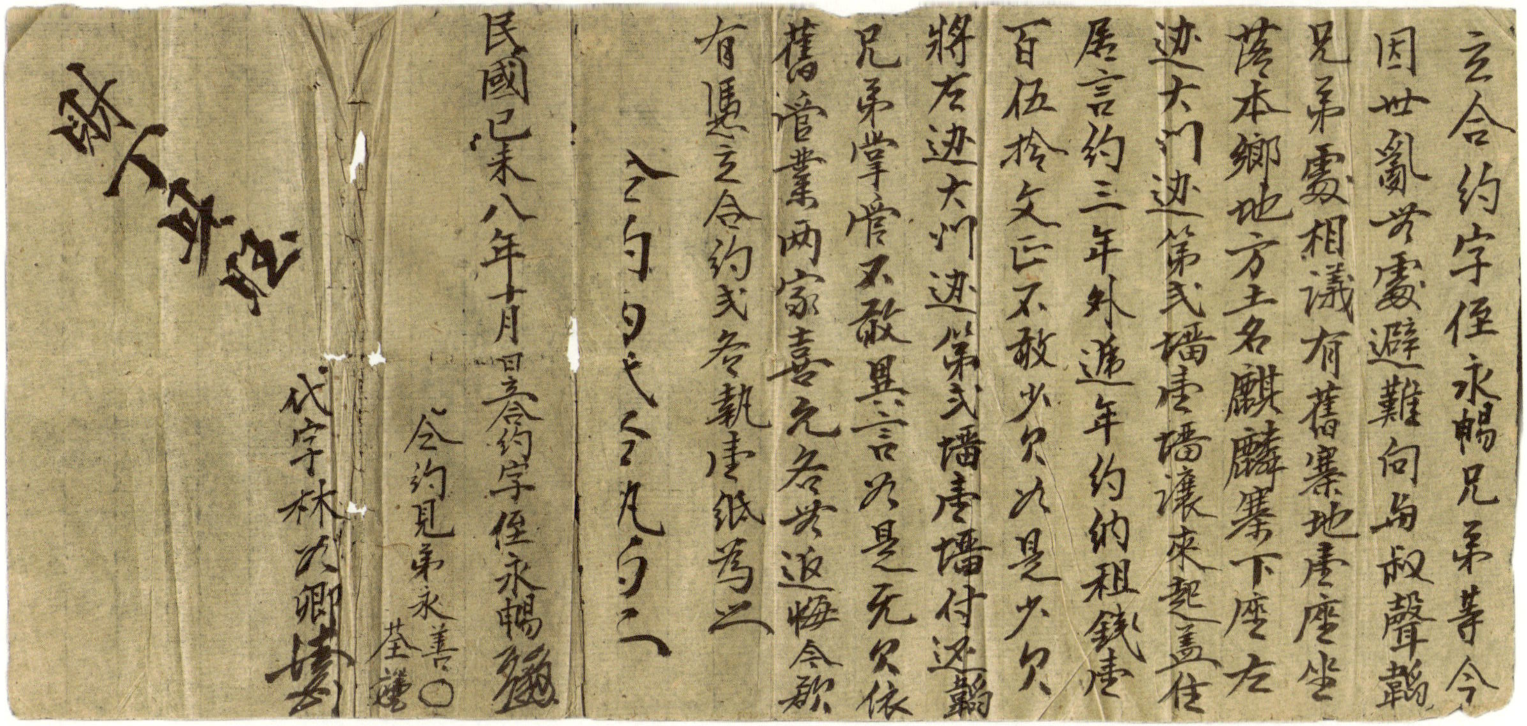

立合約字侄永暢兄弟等今
因世亂共處避難向與叔聲鵲
兄弟處相議有舊寨地塵塵坐
落本鄉地方土名麒麟寨下塵左
迹大門迹第弍播壹播讓來起蓋住
居言約三年外逓年約納租錢壹
百伍拾文正不敢少欠如是少欠
將左迹大門迹第弍播壹播付返鵲
兄弟掌管不敢異言如是充欠依
舊管業兩家喜允各無返悔今欲
有憑立合約弍各執壹紙爲之

民國己未八年十月日立合約字侄永暢
合約兄弟永善○
奎
代字林成卿

3-2-99-2　民國八年十月葉永暢立合約字

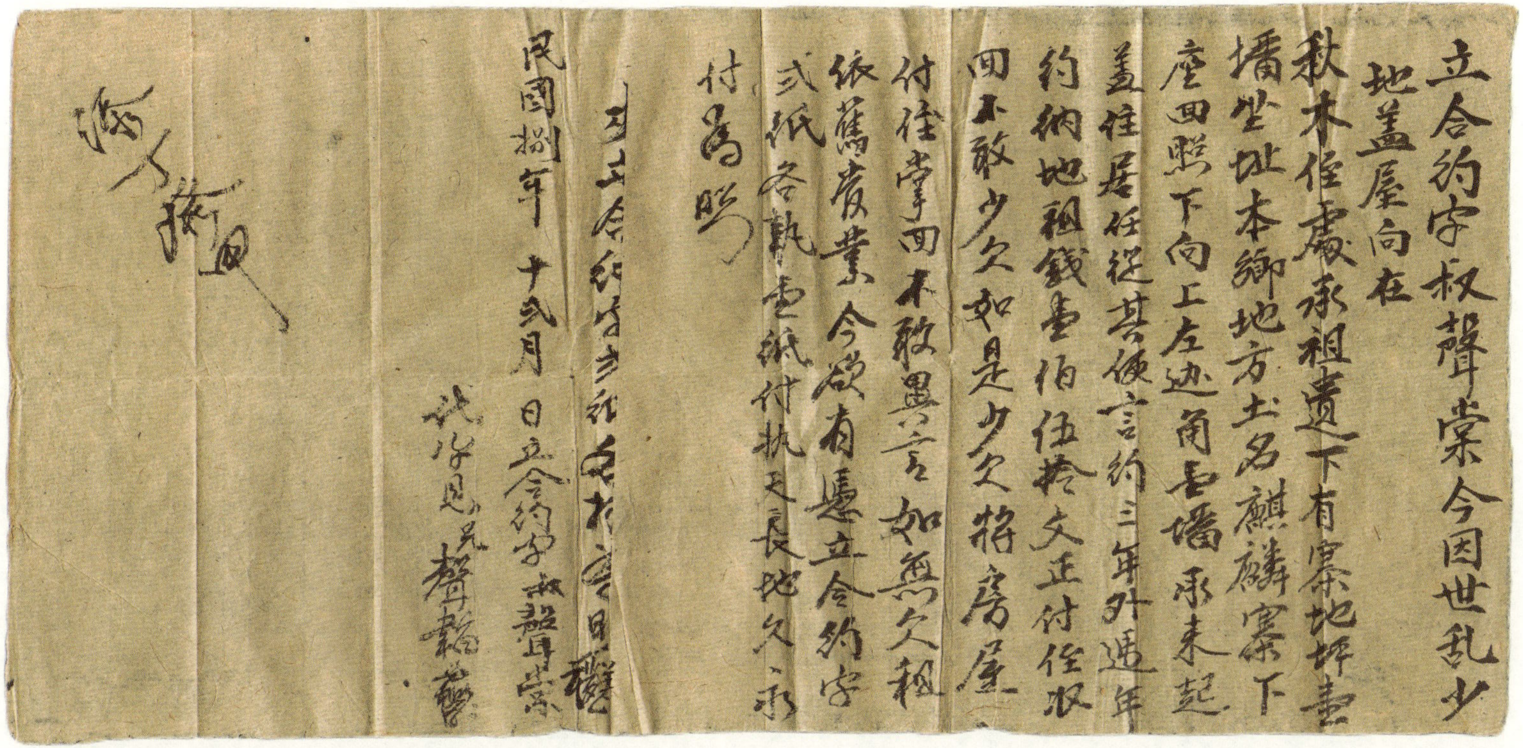
立合約字叔聲棠今因世乱少
地蓋屋向在
秋木住處承祖遺下有寮地坪壹
墻坐址本鄉地方土名麒麟寮下
座田點下向上左边角壹墻承未起
蓋住居任從其便言約三年外逐年
約納地租錢壹佰伍拾文正付侄收
回不敢少欠如是少欠將房屋
付侄掌回不敢異言如無欠租
依舊貴業今欲有憑立合約字
弍紙各執壹紙付執又良地久永
付爲照
[illegible]
民國捌年十二月　日立合約字叔聲棠
代字兄　聲[illegible]
[illegible]

3-2-99-3　民國八年十二月葉聲棠立合約字

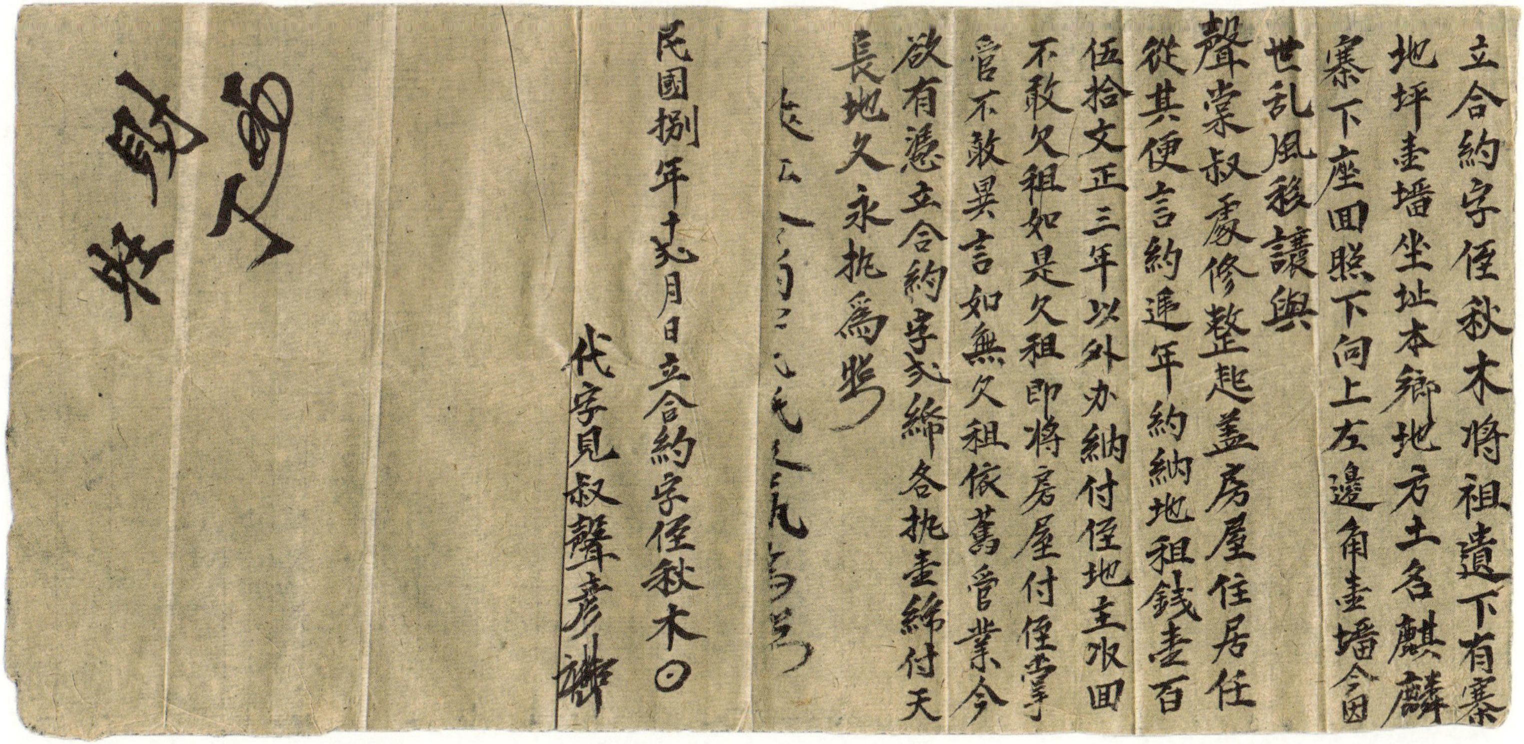
立合約字侄秋木將祖遺下有寨
地坪壹塆坐址本鄉地方土名麒麟
寨下座田照下向上左邊角壹塆仝田
世乱風殺讓與
聲棠叔處修整起盖房屋住居住
從其便言約逐年約納地租錢壹百
伍拾文正三年以外办納付侄地主收回
不敢欠租如是欠租即將房屋付侄掌
管不敢異言如無欠租依舊管業今
欲有憑立合約字弍紙各執壹紙付天
長地久永執為照
[illegible]
民國捌年十弍月日立合約字侄秋木〇
代字見叔聲彥（押）
[illegible]

3-2-99-4　民國八年十二月葉秋木立合約字

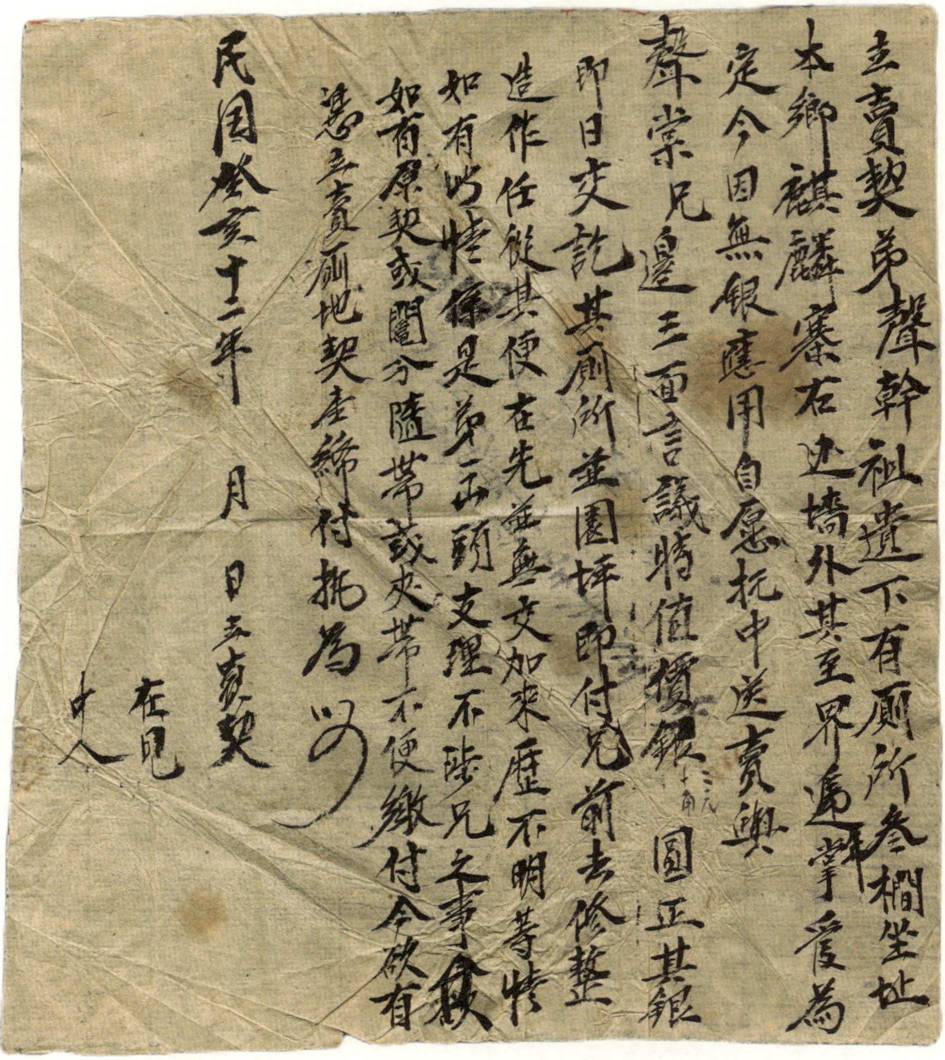

立賣契弟聲幹祖遺下有厠所叁榴坐址
本鄉麒麟寨右边墙外其至界憑弟掌管為
定今因無銀應用自愿托中送賣與
聲棠兄邊三面言議時值價銀　圓正其銀
即日交訖其厠所並園坪即付兄前去修整
造作任從其便在先並無文加來歷不明等情
如有此情係是弟一力頭支理不涉兄之事[illegible]
如有原契或鬮分隨帶或夾帶不便繳付今欲有
憑立賣厠地契壹紙付執為照
民國癸亥十二年　月　日立賣契
在見
中人

3-2-99-5　民國十二年葉聲幹立賣厠所契（草契）

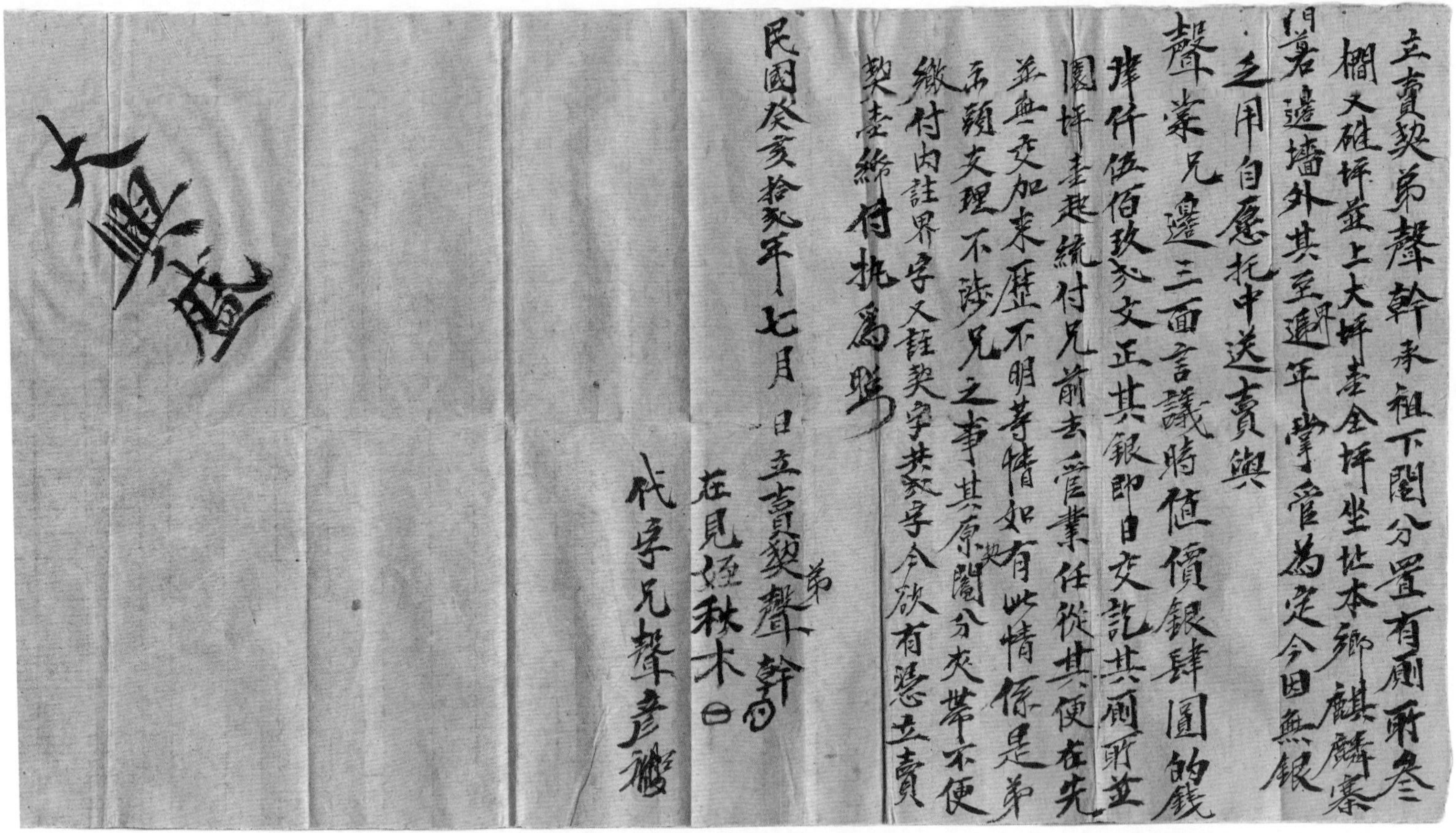

立賣契弟聲幹承祖下閹分置有厠所叁
欄又碓坪並上大坪壹全坪坐址本鄉麒麟寨
門首邊墻外其至遞年掌管為定今因無銀
之用自愿托中送賣與
聲棠兄邊三面言議時值價銀肆圓的錢
肆仟伍佰玖拾文正其銀即日交訖其厠所並
園坪壹趣統付兄前去管業任從其便在先
並無交加來歷不明等情如有此情係是弟
出頭支理不涉兄之事其原閹分夾帯不便
繳付內註界字又註契字共叁字今欲有憑立賣
契壹紙付執為照
民國癸亥拾貳年七月 日立賣契弟聲幹（押）
在見姪秋木（押）
代字兄聲彥（押）
大興盛

3-2-99-6 民國十二年七月葉聲幹立賣厠所等契

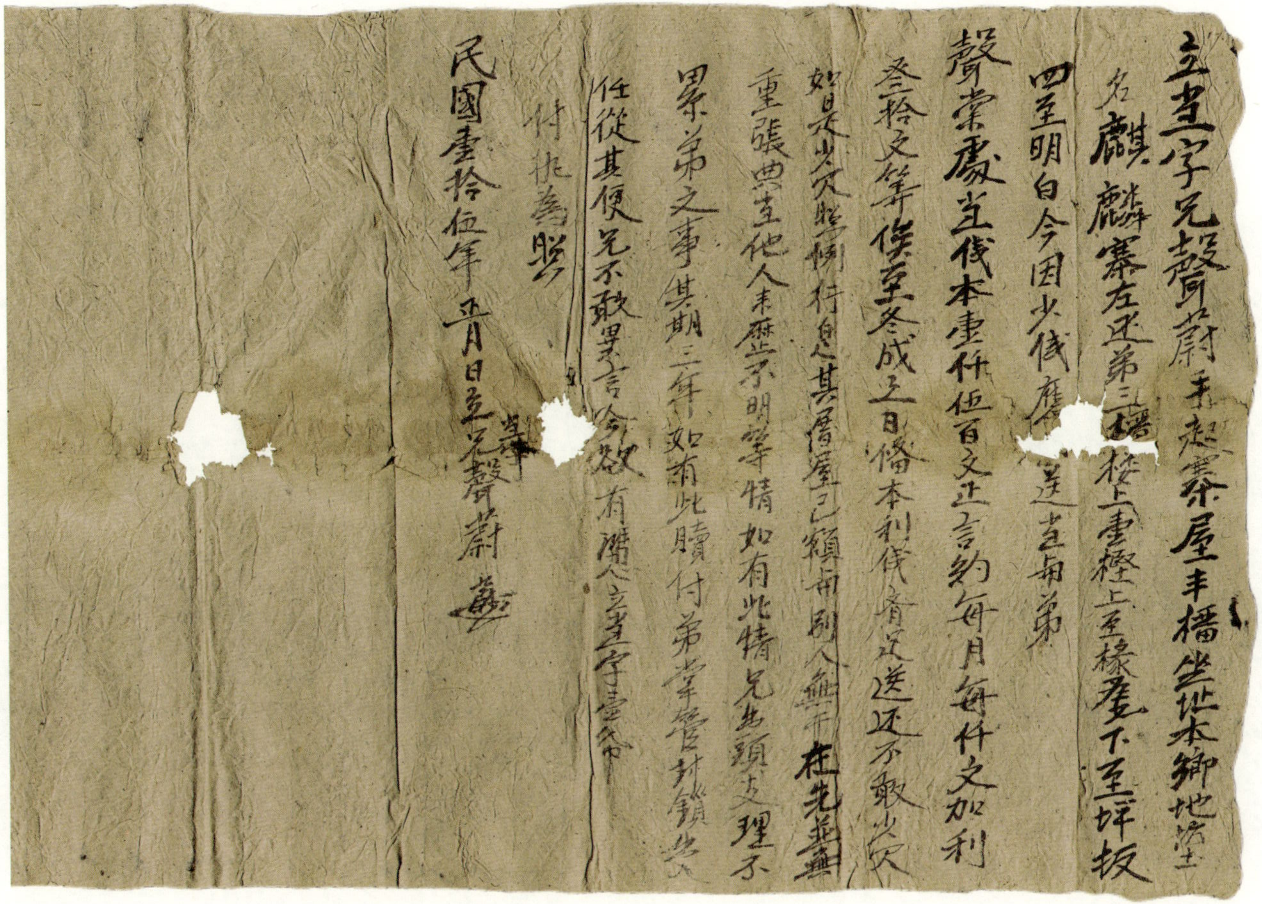
立當字兄聲蔚，承起寨屋壹橺，坐址本鄉地方土
名麒麟寨左边第三橺，樓上重樫，上至椽，下至坪坂，
四至明白。今因少錢應用，自情愿送當與弟
聲棠處，當出錢本壹仟伍百文正，言約每月每仟文加利
叁拾文算，俟至冬成之日，備本利錢齊，送还不敢少欠。
如是少欠，照約付息，其屋寨已領前列人無干，在先並無
重張典當他人，來歷不明等情，如有此情，兄出頭支理，不
累弟之事。其期三年，如有此贖，付弟掌管封鎖，無
任從其便，兄不敢異言。今欲有憑，立當字壹紙
付執為照。
民國壹拾伍年正月　日立當兄聲蔚（押）

3-2-99-7　民國十五年正月葉聲蔚立當寨屋字（一）

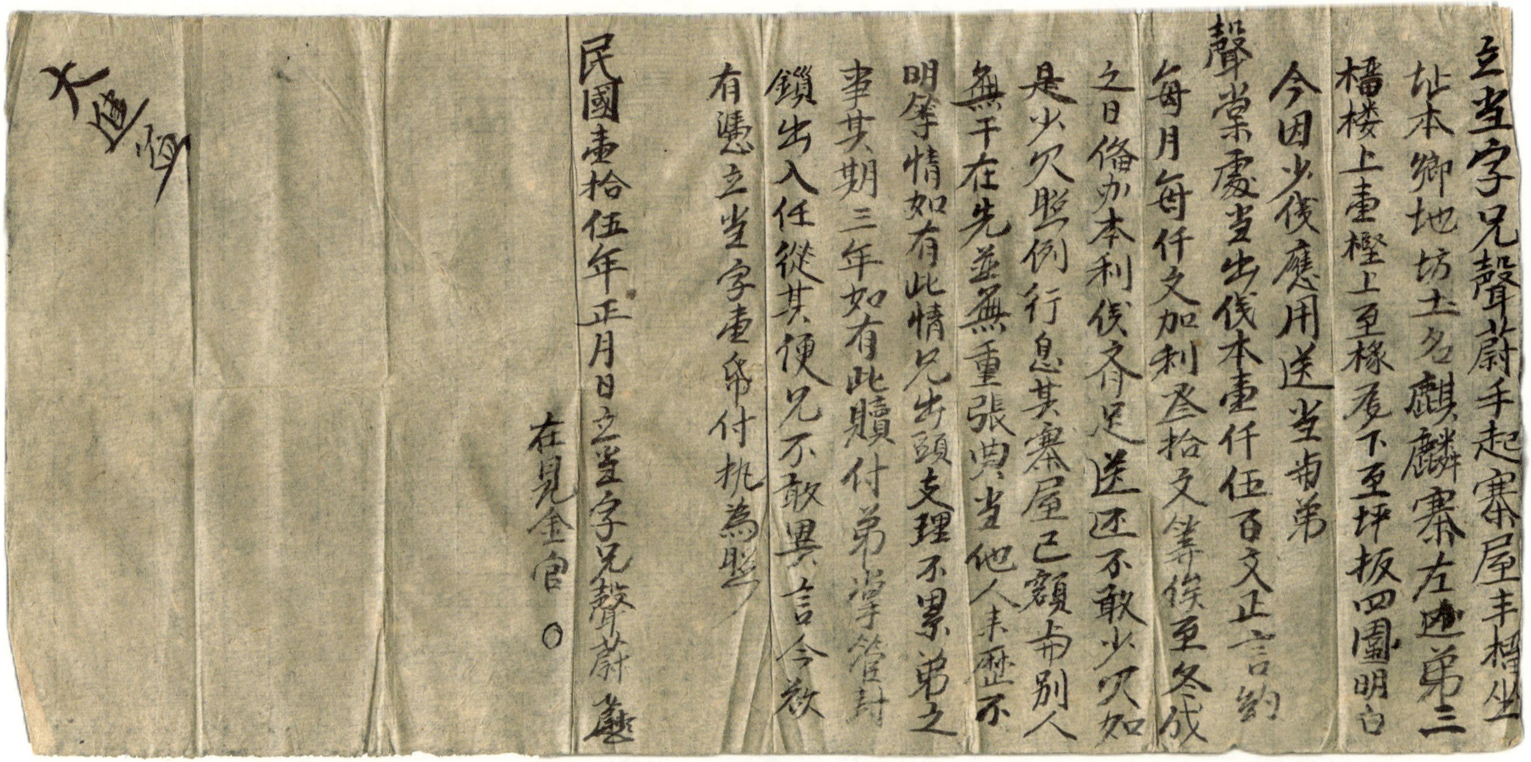
立当字兄聲蔚手起寨屋壹座坐
址本鄉地坊土名麒麟寨左邊第三
楯樓上壹櫈上至椽瓦下至坪板四圍明白
今因少錢應用送当苐弟
聲棠處当出錢本壹仟伍百文正言約
每月每仟文加利叁拾文算俟至冬成
之日備办本利錢齊足送还不敢少欠如
是少欠照例行息其寨屋已額[illegible]别人
無干在先並無重張典当他人來歷不
明等情如有此情兄出頭支理不累弟之
事其期三年如有此贖付弟掌管封
鎖出入任從其便兄不敢異言今欲
有憑立当字壹帋付执為照
民國壹拾伍年正月日立当字兄聲蔚（押）
在見金官 ○
大進

3-2-99-8　民國十五年正月葉聲蔚立當寨屋字（二）

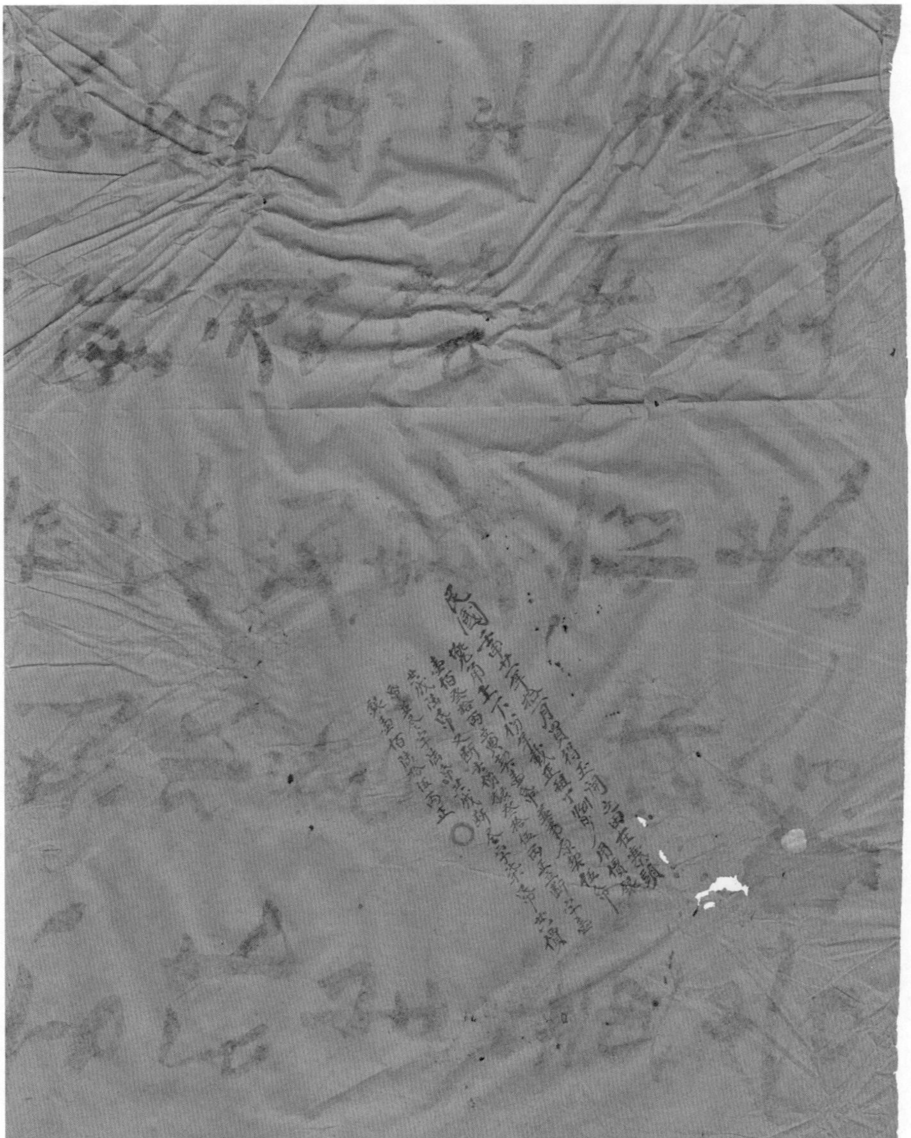

3-2-100-1 包契紙

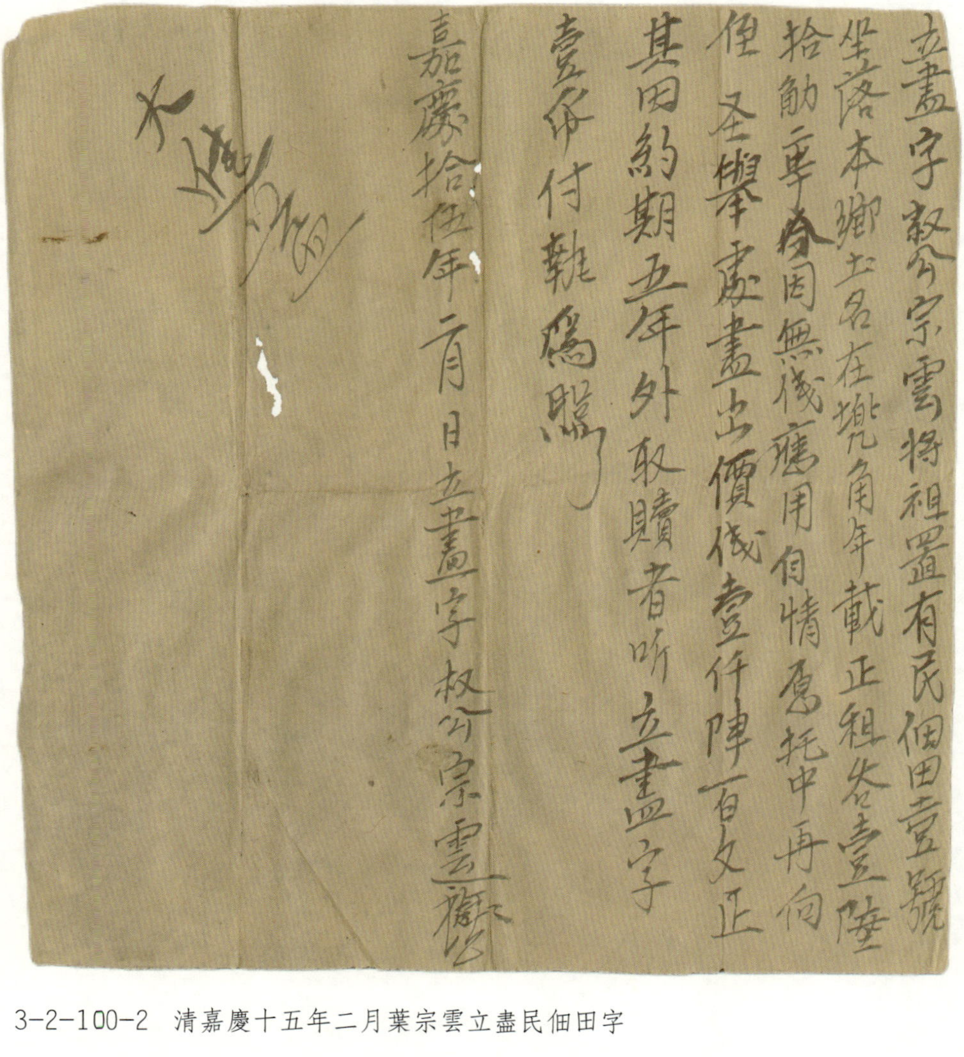

立盡字叔父宗雲將祖置有民佃田壹號坐落本鄉土名在坭角年載正租谷壹陸拾觔，年今因無錢應用，自情愿托中再向侄丕攀處盡出價錢壹仟陸百文正。其田約期五年外取贖者，听立盡字壹紙付執為照。

嘉慶拾伍年二月　日立盡字叔父宗雲（押）

3-2-100-2　清嘉慶十五年二月葉宗雲立盡民佃田字

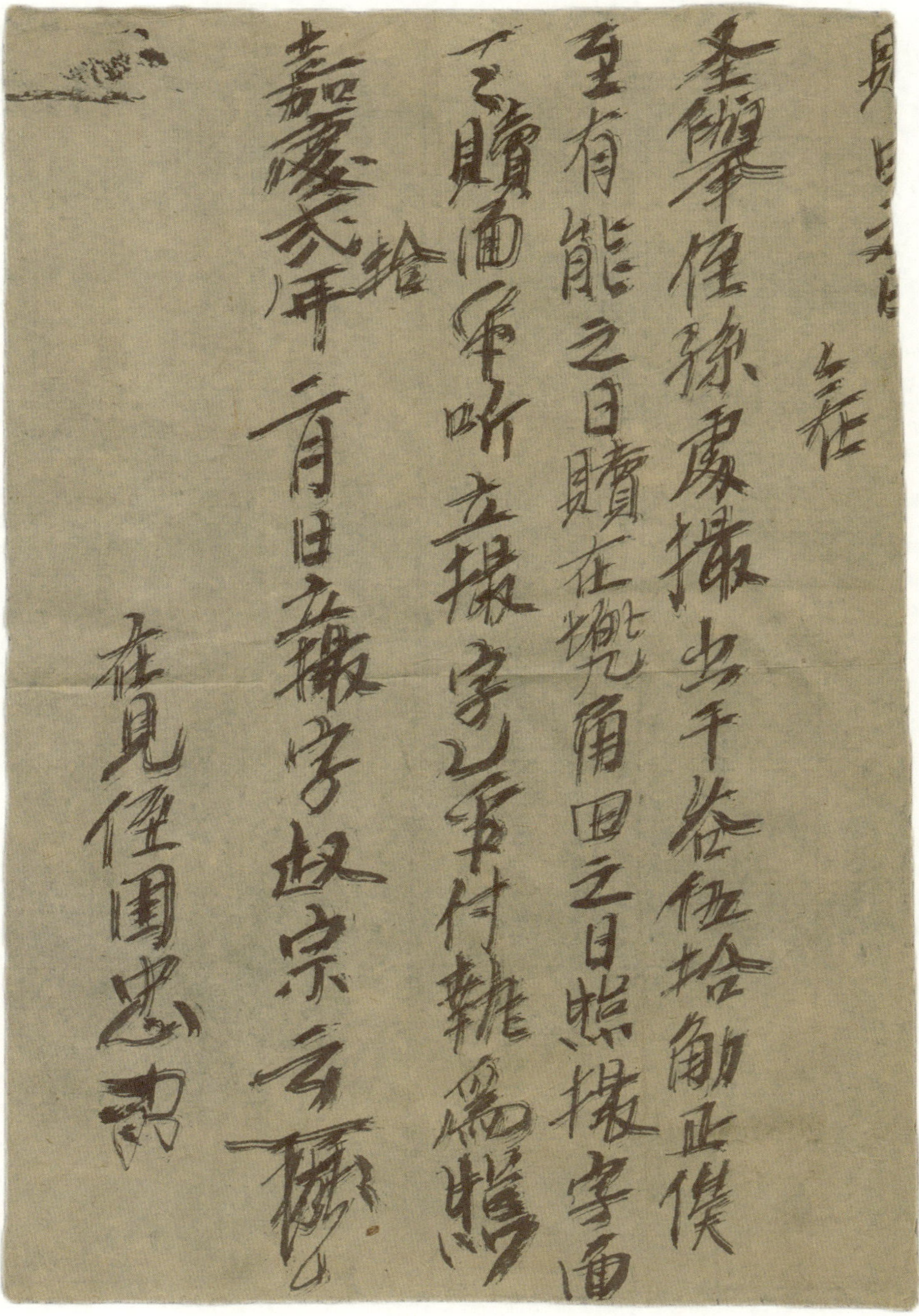

3-2-100-3 清嘉慶二十年二月葉宗云立撮字

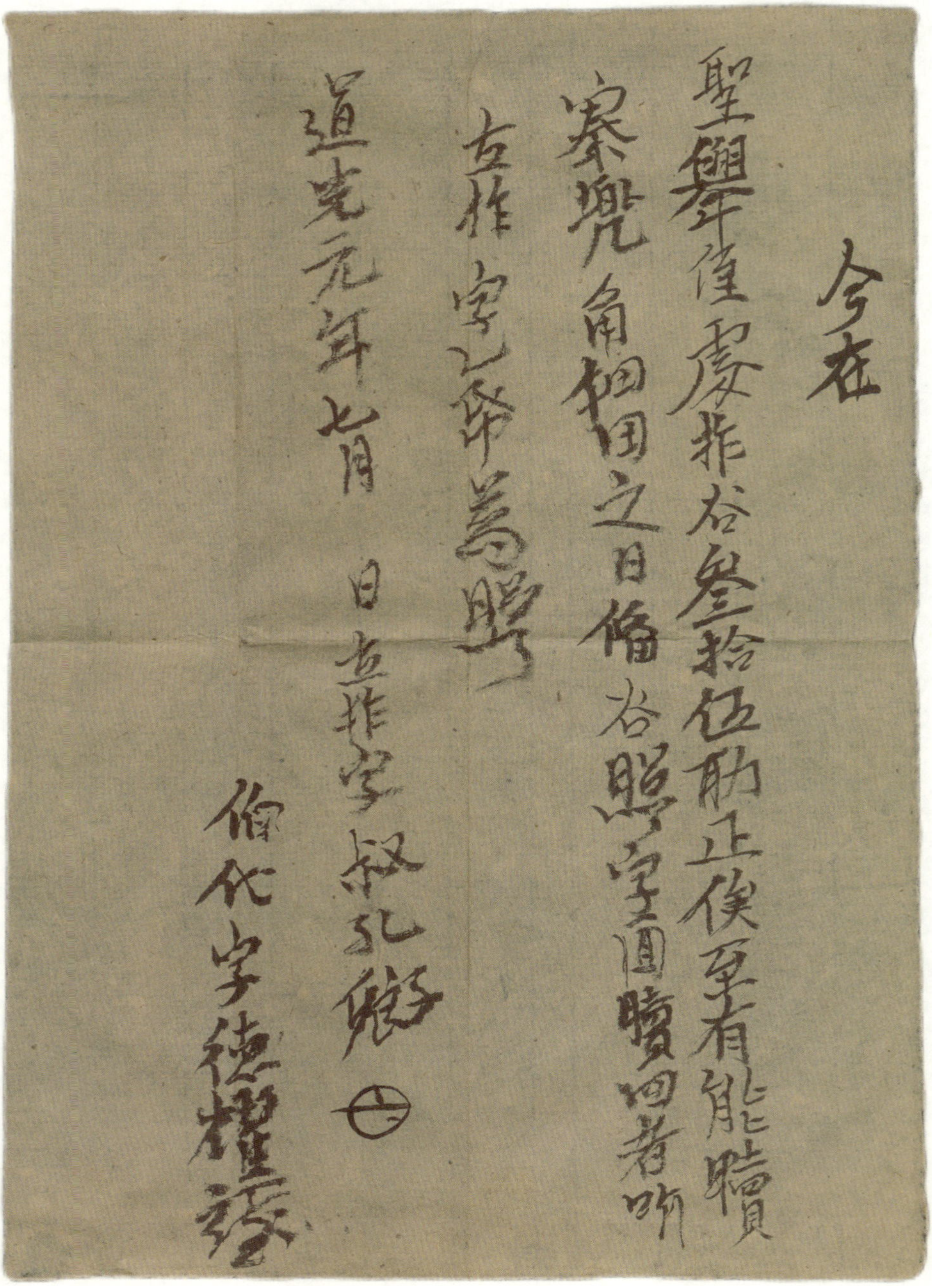

今在

聖興侄處撮谷叁拾伍觔正，俟至有能贖

寨兜角抽田立日備谷照字回贖回者，听

立作字乙紙爲照。

道光元年七月　日立撮字叔孔卿（押）

倩代字德權（押）

3-2-100-4　清道光元年七月葉孔卿立撮字

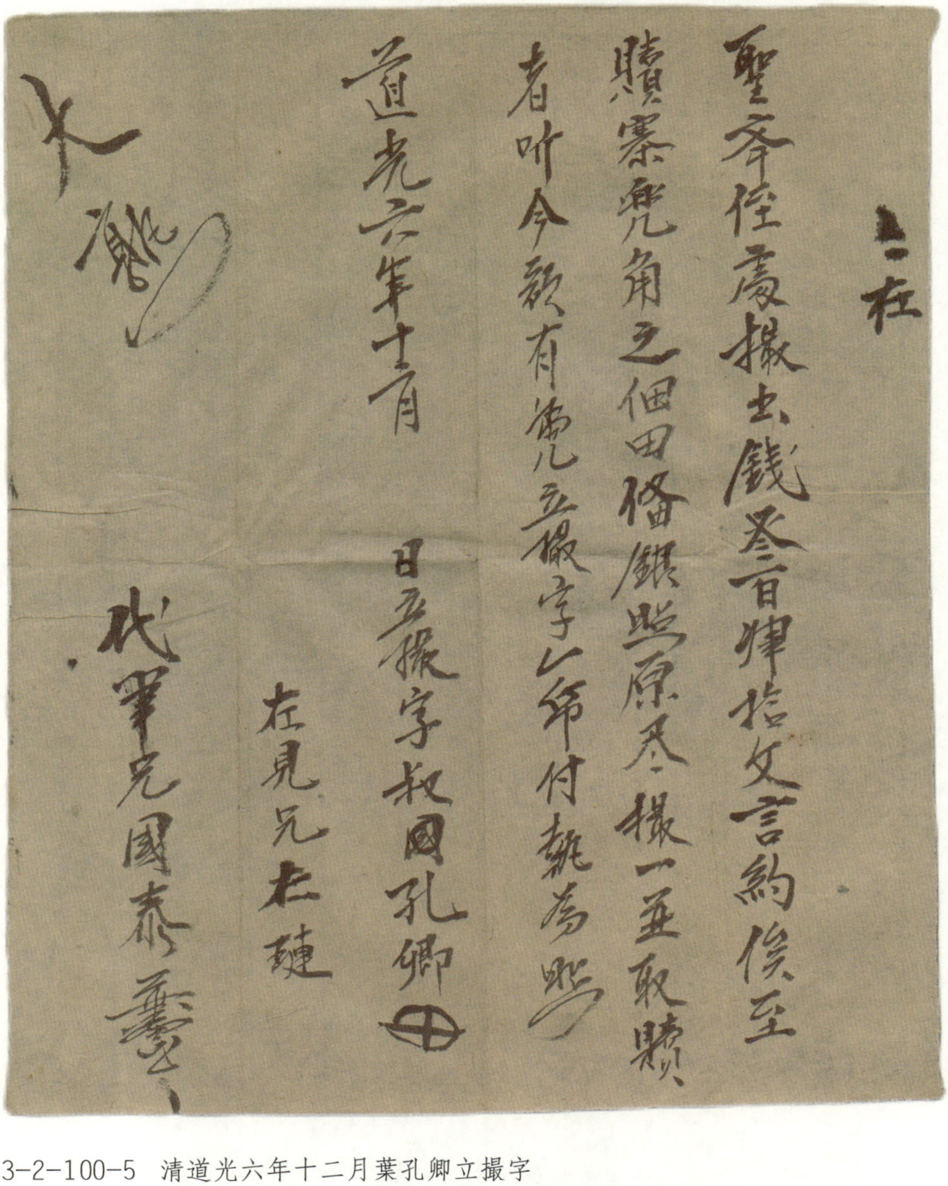

聖春侄處撮出錢叁百肆拾文言約俟至
贖寨兜几角之佃田將銀照原叁撮一并取贖
者聽今欲有憑几立撮字乙紙付執爲照
道光六年十二月　日立撮字叔國孔卿
在見兄老璉
代筆兄國泰

3-2-100-5　清道光六年十二月葉孔卿立撮字

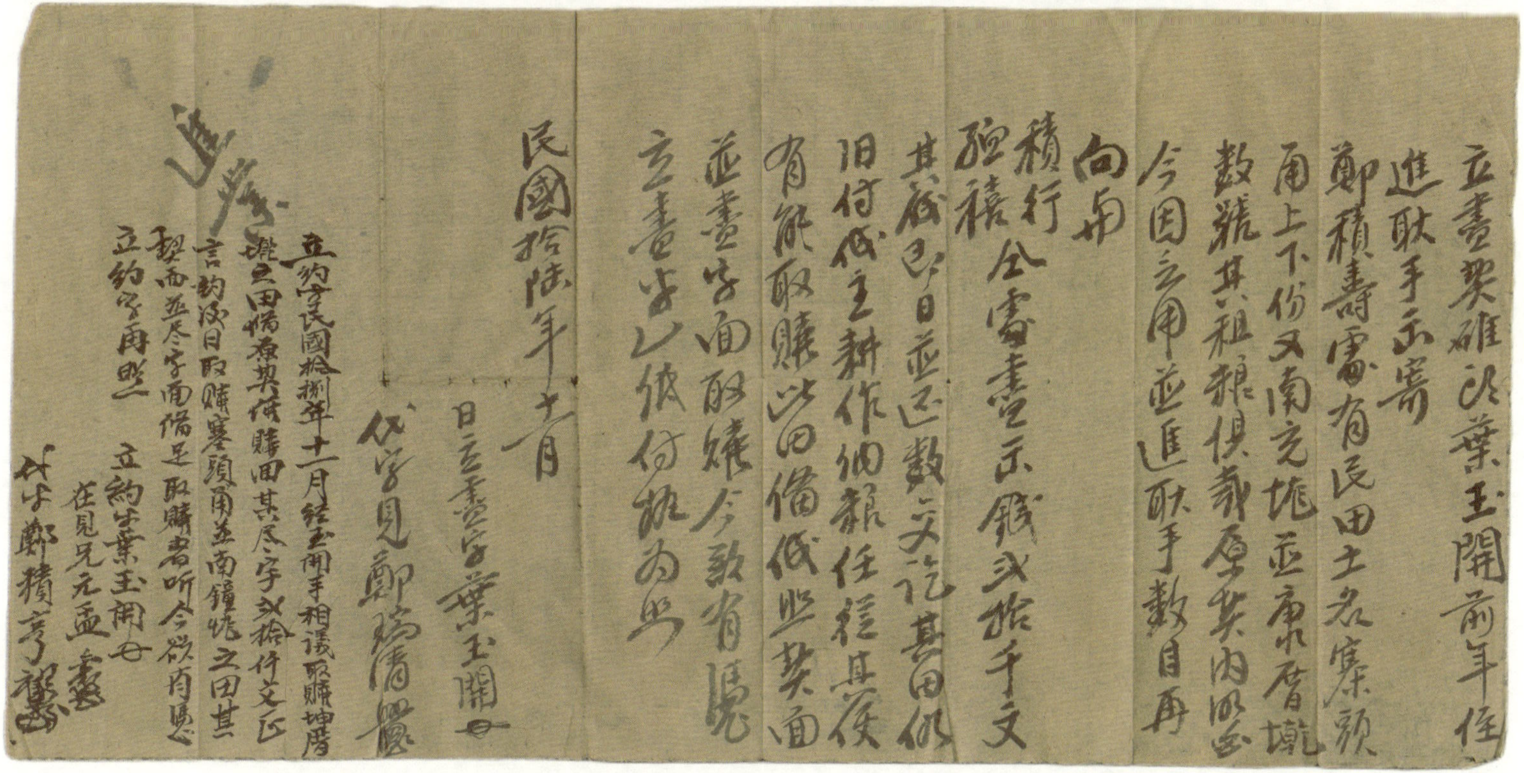
立盡契雖民葉玉開前年經
進耿手承買
鄭積壽處有民田土名寨頭
南上下份又南充坵並東暦壠
數號其租粮俱載原契内明白
今因乏用並進耿手數目再
向
積行
聰積公處盡出錢弍拾千文
其錢即日並收足訖其田仍
旧付低主耕作納粮任從其便
有能取贖此田備低此契面
並盡字面取贖今欲有憑
立盡字山紙付執為照
民國拾陸年十一月　日立盡字葉玉開（押）
代字見鄭瑞清（押）
立約字民國拾捌年十一月經玉開手相議取贖坤厝
壠並田備原契併贖田其盡字弍拾仟文正
言約後日取贖塞頭南並南鐘塘之田其
契面並盡字面備足取贖書听今欲有憑
立約字再照
立約字葉玉開（押）
在見兄元孟（押）
代字鄭積亭（押）

3-2-100-6　民國十六年十一月葉玉開立盡民田字

3-2-101-1　包契紙

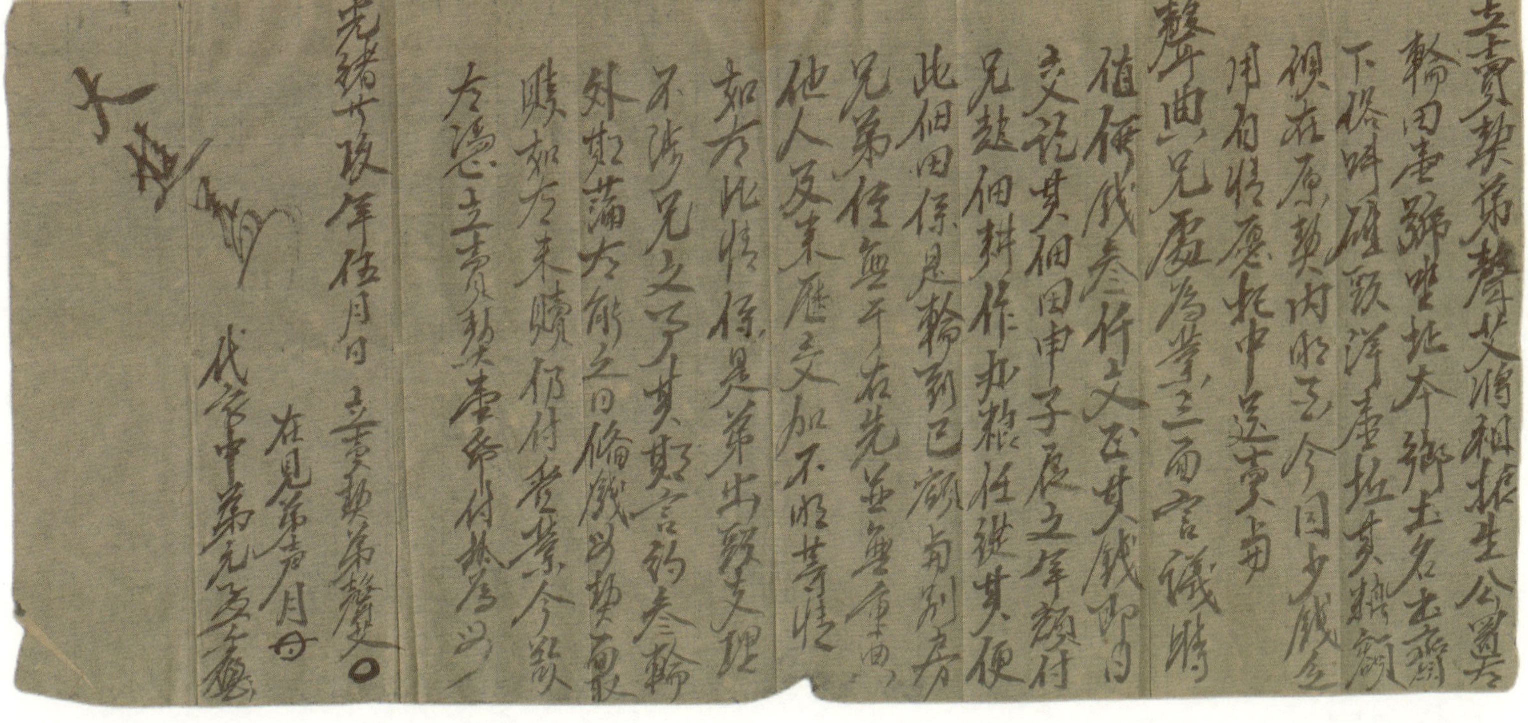
立賣契弟聲艾，將祖援生公置有
輪田壹號，坐址本鄉土名土窟
下，俗叫碓頭洋壹坵，其糧額
載在原契內明白。今因乏錢急
用，自情愿托中送賣與
聲曲兄處為業，三面言議，時
值價錢叁仟文正，其錢即日
交訖，其田甲子辰立年，額付
兄起佃耕作，收糧任從其便。
此佃田係是輪到已額，與別房
兄弟侄並干，在先並無重典、
他人及來歷交加不明等情，
如有此情，係是弟出頭支理，
不涉兄之事。其錢言約叁輪
外，其蒲在能之日，倫錢以契面
贖，如有未贖，仍付兄業。今欲
有憑，立賣契壹紙，付執為照。
光緒廿玖年伍月　日　立賣契弟聲艾○
在見弟聲月
代字中弟光□□
大吉

3-2-101-2　清光緒二十九年五月葉聲艾立賣輪田契

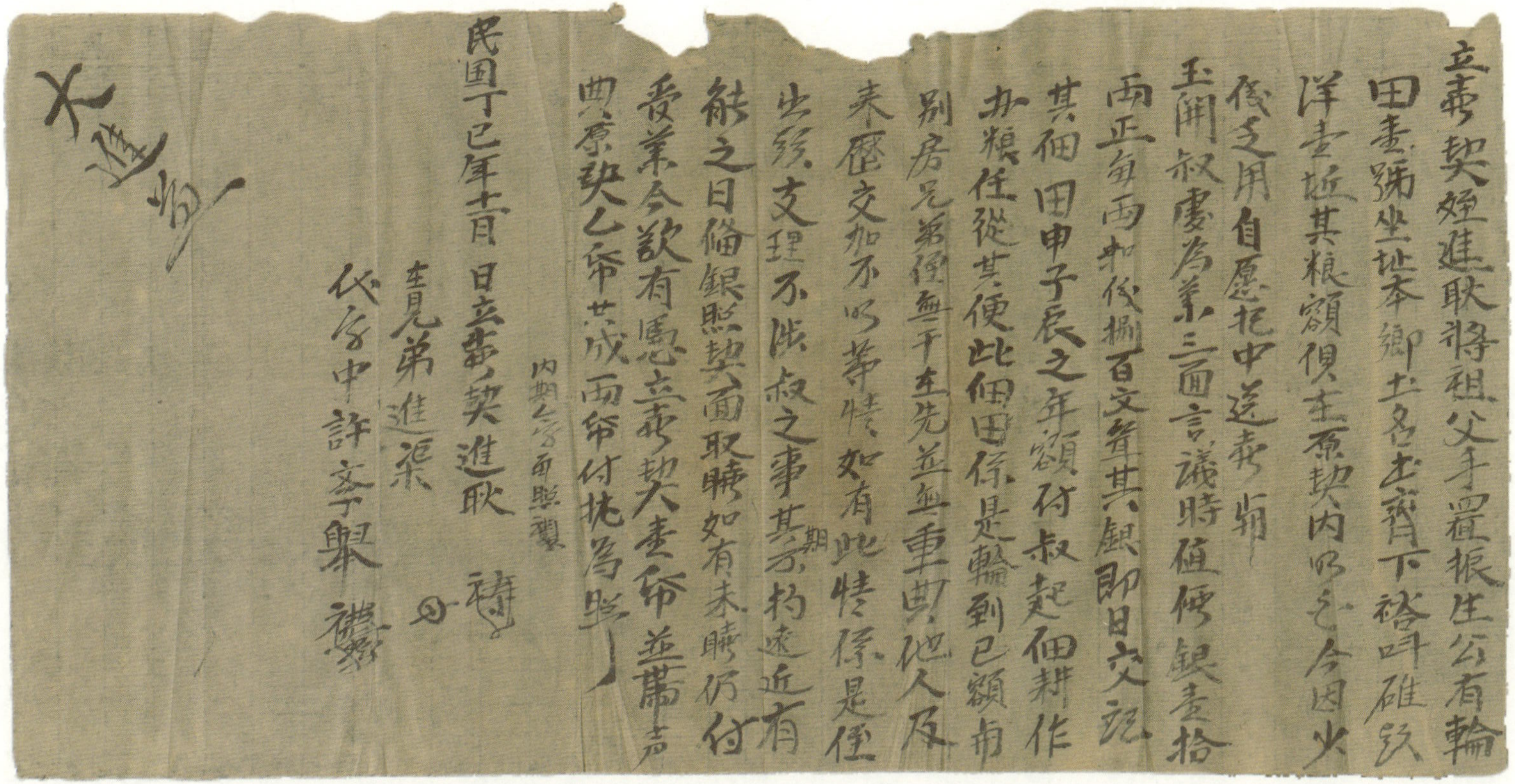
立賣契姪進耿將祖父手置振生公有輪
田壹號坐址本鄉土名坐落下硲吽碓頭
洋壹坵其粮額俱在原契內明白今因乏
銀乏用自愿托中送賣與
玉開叔處爲業三面言議時值價銀壹拾
兩正每兩加伐捌百文其銀即日交訖
其佃田甲子辰之年額付叔起佃耕作
办粮任從其便此佃田係是輪到己額再
別房兄弟侄無干未先並無重典他人及
来歷交加不明等情如有此情係是侄
出頭支理不涉叔之事其期約遠近有
能之日備銀照契面取贖如有未贖仍付
管業今欲有憑立賣契壹紙並帶上手
典原契乙紙共成兩紙付执爲照
内契乙紙面照
民国丁巳年十一月 日立賣契姪進耿
在見弟進渠
代字中許文槳
大進寶

3-2-101-3 民國六年十一月葉進耿立賣輪田契

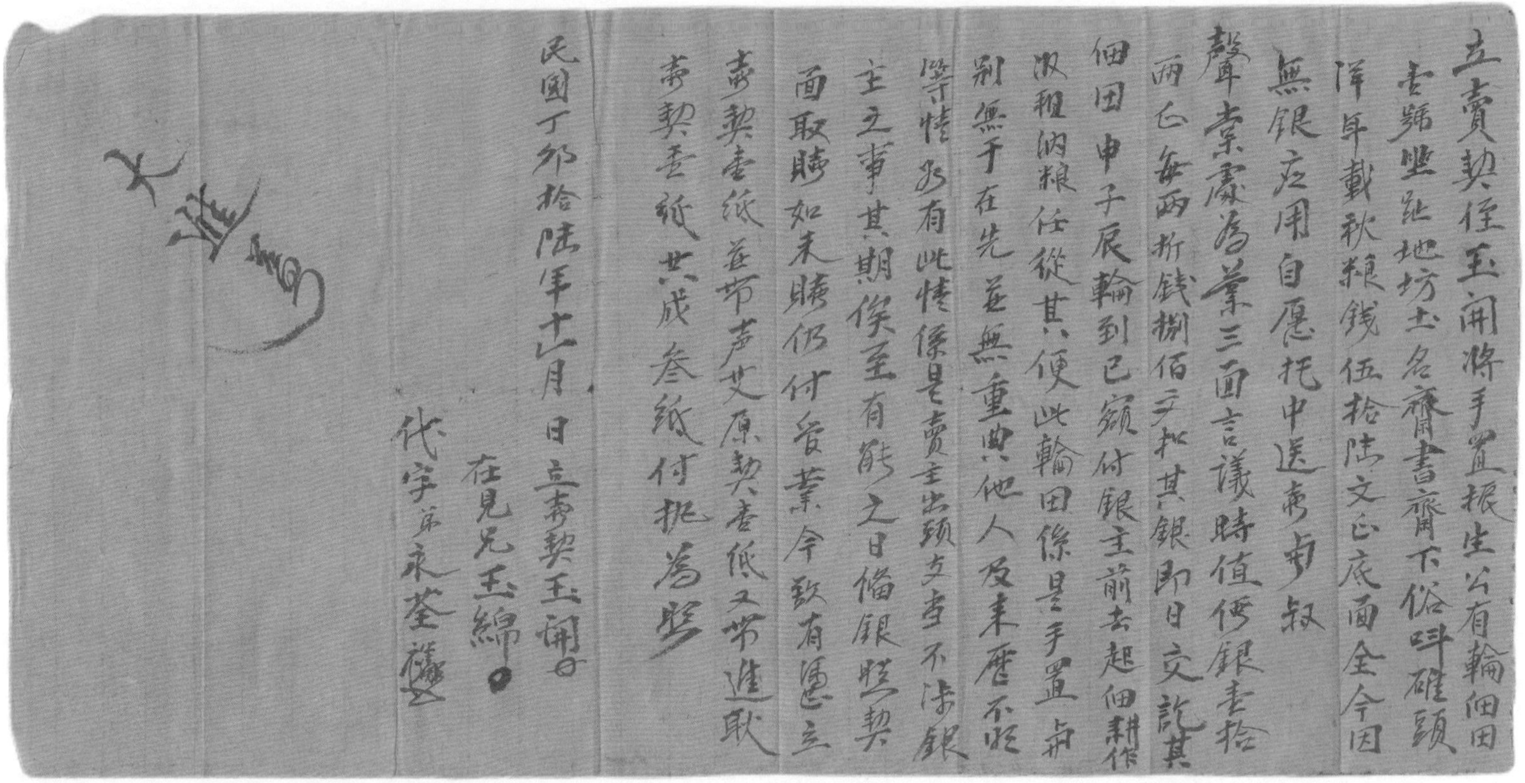

3-2-101-4　民國十六年十一月葉玉開立賣輪佃田契

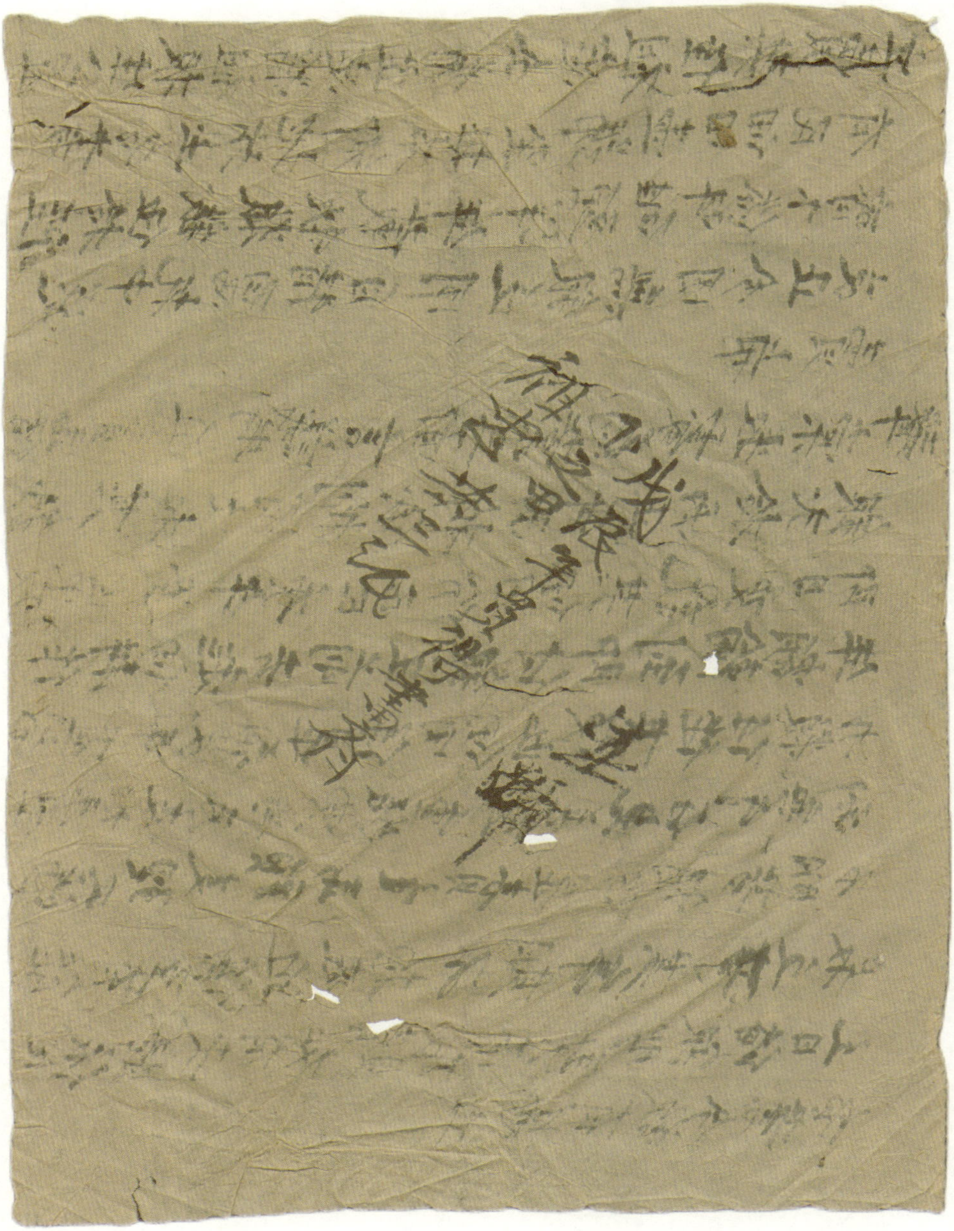

3-2-102-1　包契紙

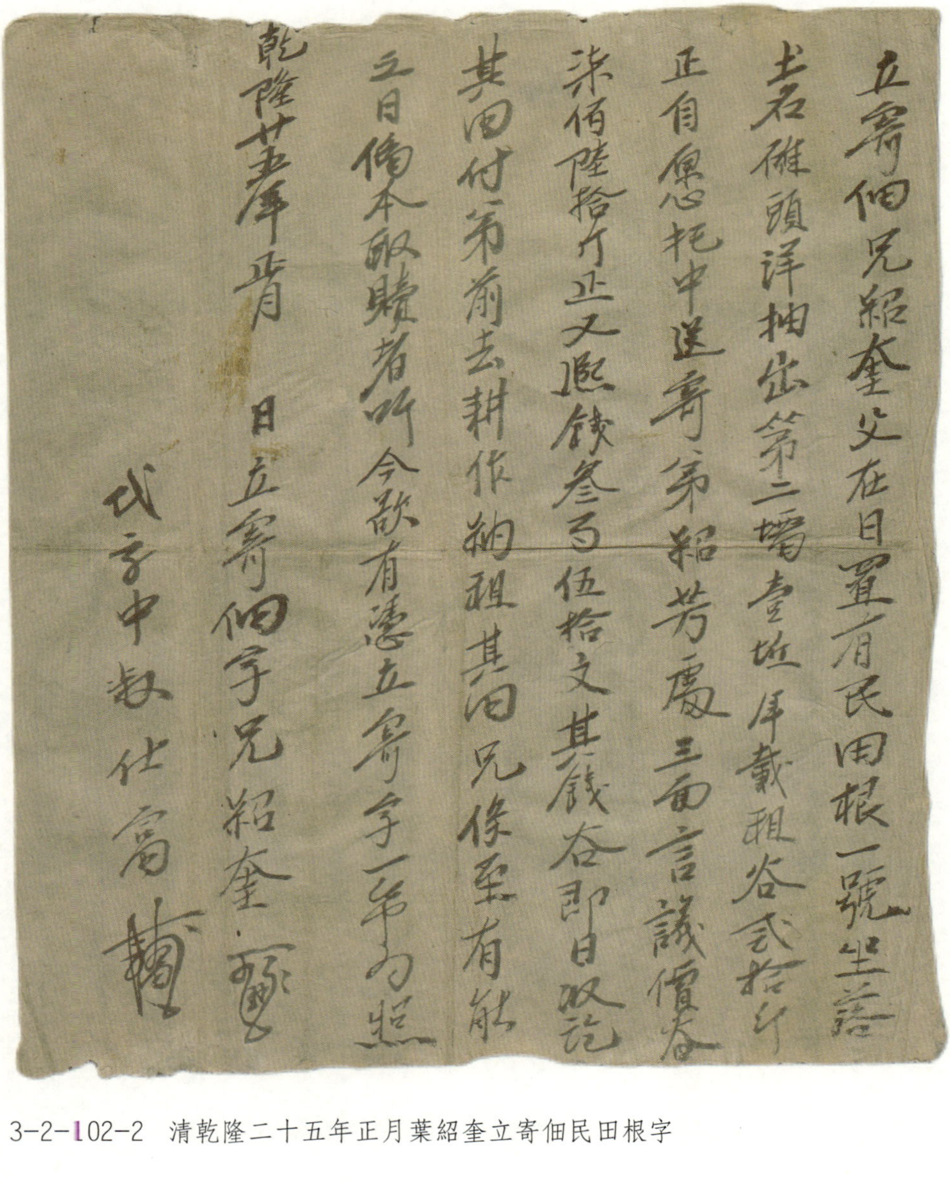
立寄佃兄紹奎父在日置有民田根一號坐落
土名碓頭洋抽出第二墻壹坵年載租谷貳拾斤
正自愿托中送寄弟紹芳處三面言議價谷
柒佰陸拾斤正又貼錢叁百伍拾文其錢谷即日收訖
其田付弟前去耕作納租其田兄係至有能
之日備本取贖者聽今欲有憑立寄字一帋為照
乾隆廿五年正月　日立寄佃字兄紹奎（押）
代字中叔仕富（押）

3-2-102-2　清乾隆二十五年正月葉紹奎立寄佃民田根字

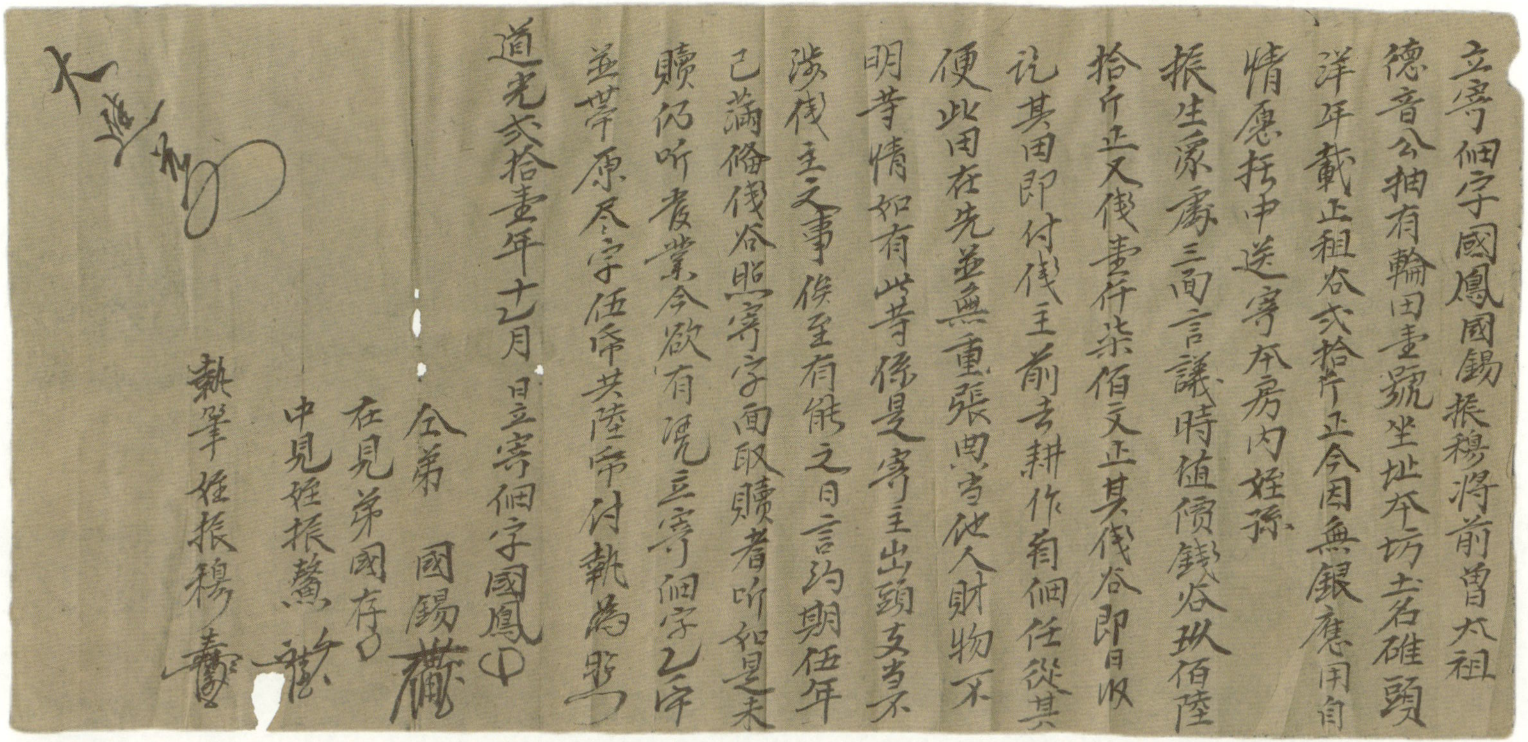

立寄佃字國鳳、國錫、振穆，將前曾太祖
德音公抽有輪田壹號，坐址本坊土名碓頭
洋，年載正租谷式拾斤正。今因無銀應用，自
情愿托中送寄本房内姪孫
振生、家壽三面言議，時值價錢谷玖佰陸
拾斤正，又錢壹仟柒佰文正，其錢谷即日收
訖。其田即付錢主前去耕作，有佃任從其
便。此田在先並無重張典當他人財物，不
明等情，如有此等，係是寄主出頭支當，不
涉錢主之事。候至有能之日，言約期伍年
已滿，備錢谷照寄字面取贖者，听；如是未
贖，仍听管業。今欲有憑，立寄佃字乙帋，
並帶原本字伍帋，共陸帋，付執為照。
道光式拾壹年十乙月　日立寄佃字　國鳳（押）
仝弟　國錫（押）
在見弟　國存（押）
中見姪　振鰲（押）
執筆姪　振穆（押）

3-2-102-3　清道光二十一年十一月葉國鳳等立寄佃輪田字

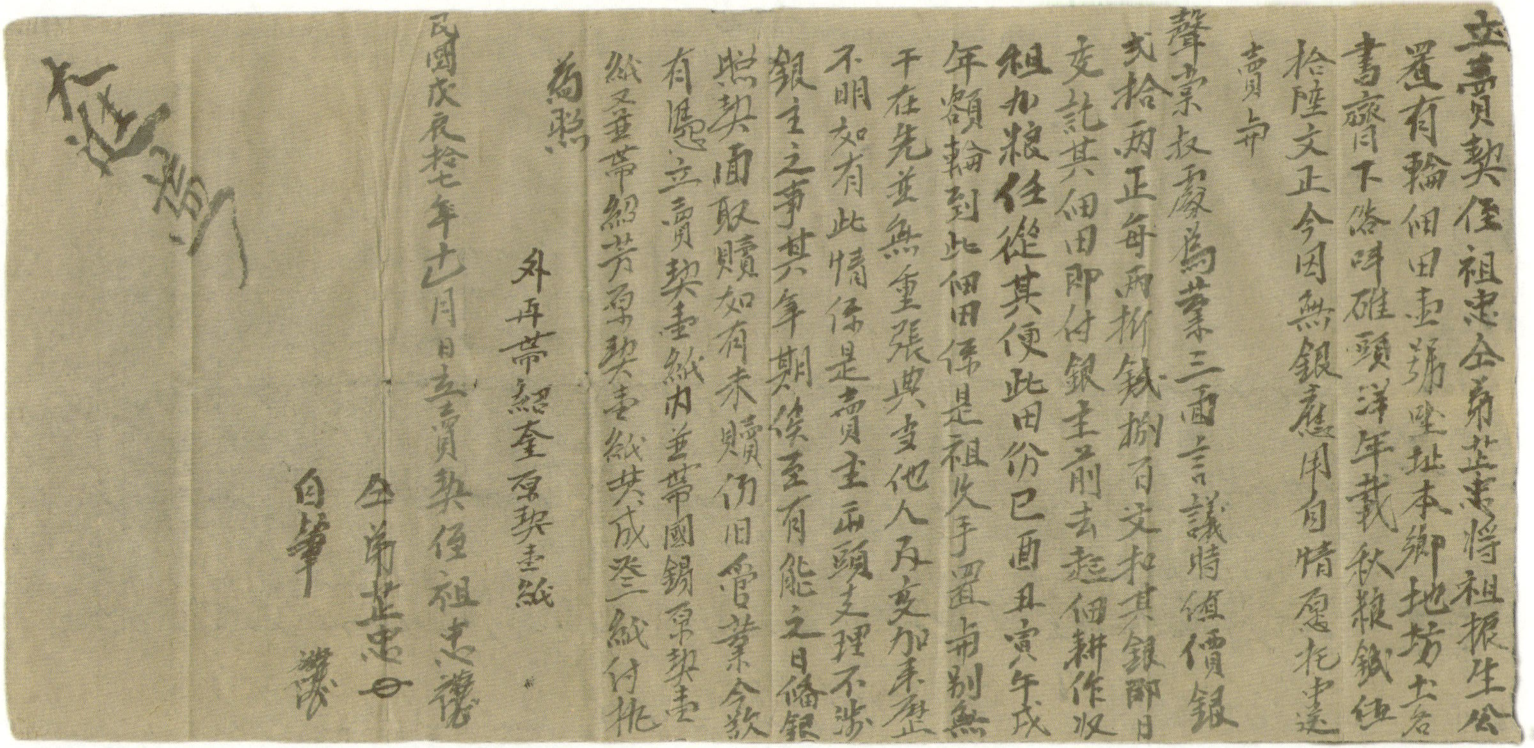
立賣契侄祖忠仝弟苙忠將祖根生公
置有輪佃田壹號坐址本鄉地方土名
書齋下洛畔碓頭洋年載秋粮銀伍
拾陸文正今因無銀應用自情愿托中送
賣與
聲棠叔處為業三面言議時值價銀
弍拾兩正每兩折錢捌百文扣其銀即日
交訖其佃田即付銀主前去起佃耕作收
租办粮任從其便此田份已酉丑寅午戌
年額輪到此佃田係是祖父手置本別無
干在先並無重張典支他人及交加來歷
不明如有此情係是賣主出頭支理不涉
銀主之事其年期後至有能之日備銀
照契面取贖如有未贖仍旧管業今欲
有憑立賣契壹紙內並帶國錫原契壹
紙又並帶紹芳原契壹紙共成叁紙付批
為照
外再帶紹奎原契壹紙
民國戊辰拾七年十一月日立賣契侄祖忠
仝弟苙忠
自筆

3-2-102-4 民國十七年十一月葉祖忠等立賣輪佃田契

立寄佃字兄玉瑶將父手置有民佃
田乙号坐址本坊土名碓頭洋書齋
門首年載正租谷叁拾觔正今因乏
用自愿托中送寄本家弟
玉開弟處

3-2-103-1　包契紙

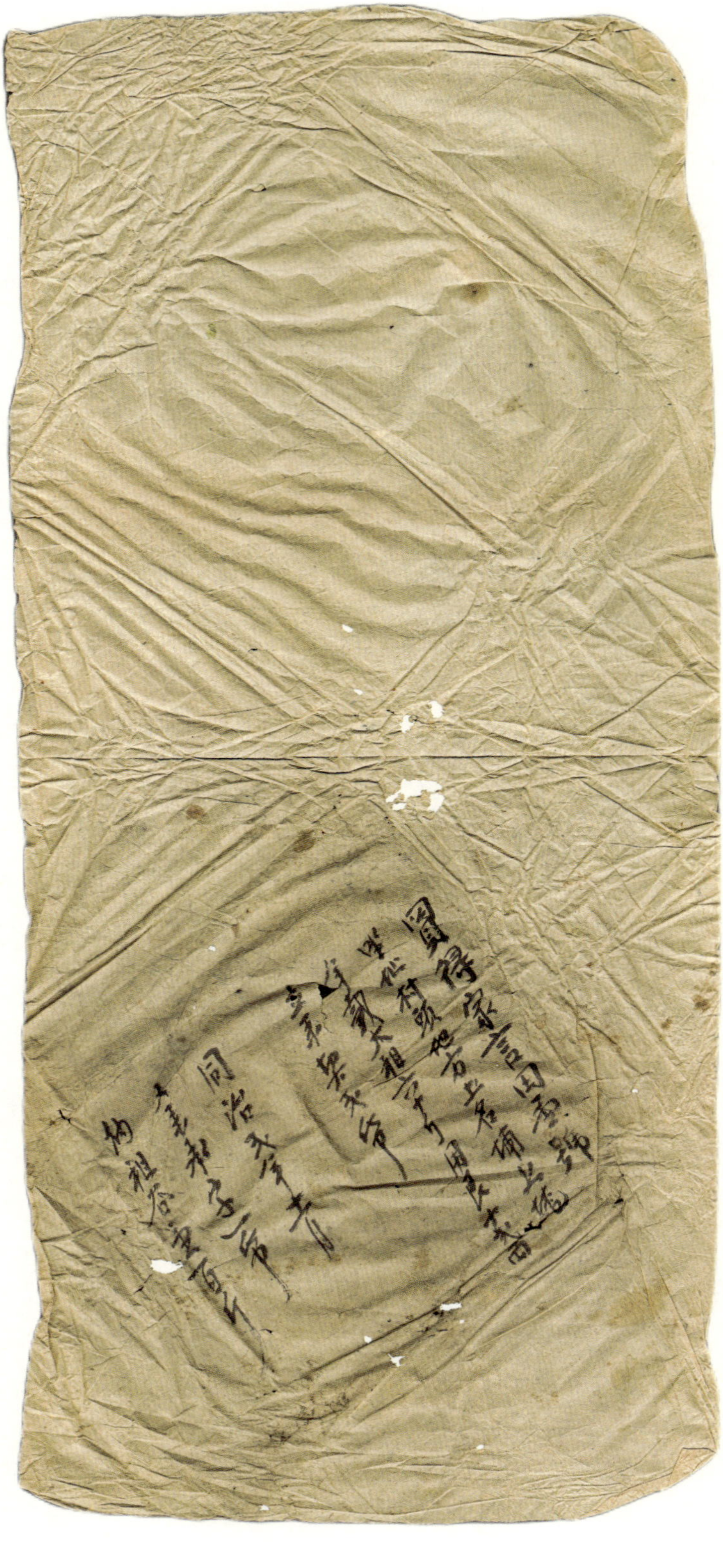

3-2-103-2　包契紙

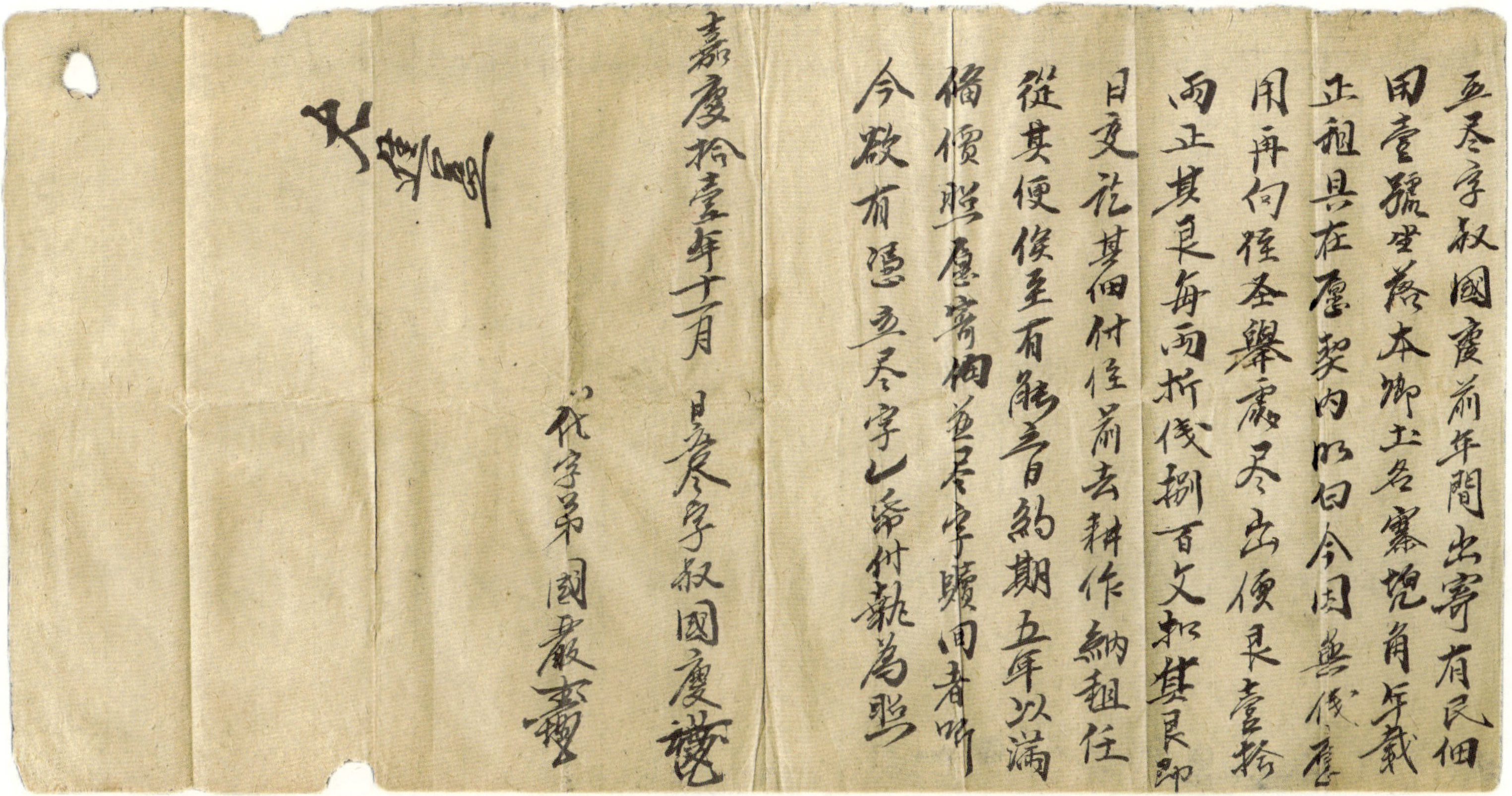
立盡字叔國慶前年間出寄有民佃
田壹號坐落本鄉土名寨垅角年載
正租具在塵契内明白今因無錢應
用再向侄登舉處盡出價艮壹拾
兩正其艮每兩折錢捌百文扣其艮即
日交訖其田付侄前去耕作納租任
從其便侯至有能之日約期五年以满
備價照原寄價並盡字贖回者听
今欲有憑立盡字一紙付執為照
嘉慶拾壹年十一月　日立盡字叔國慶(押)
代字弟國嚴(押)
大吉昌

3-2-103-3　清嘉慶十一年十一月葉國慶立盡民佃田字

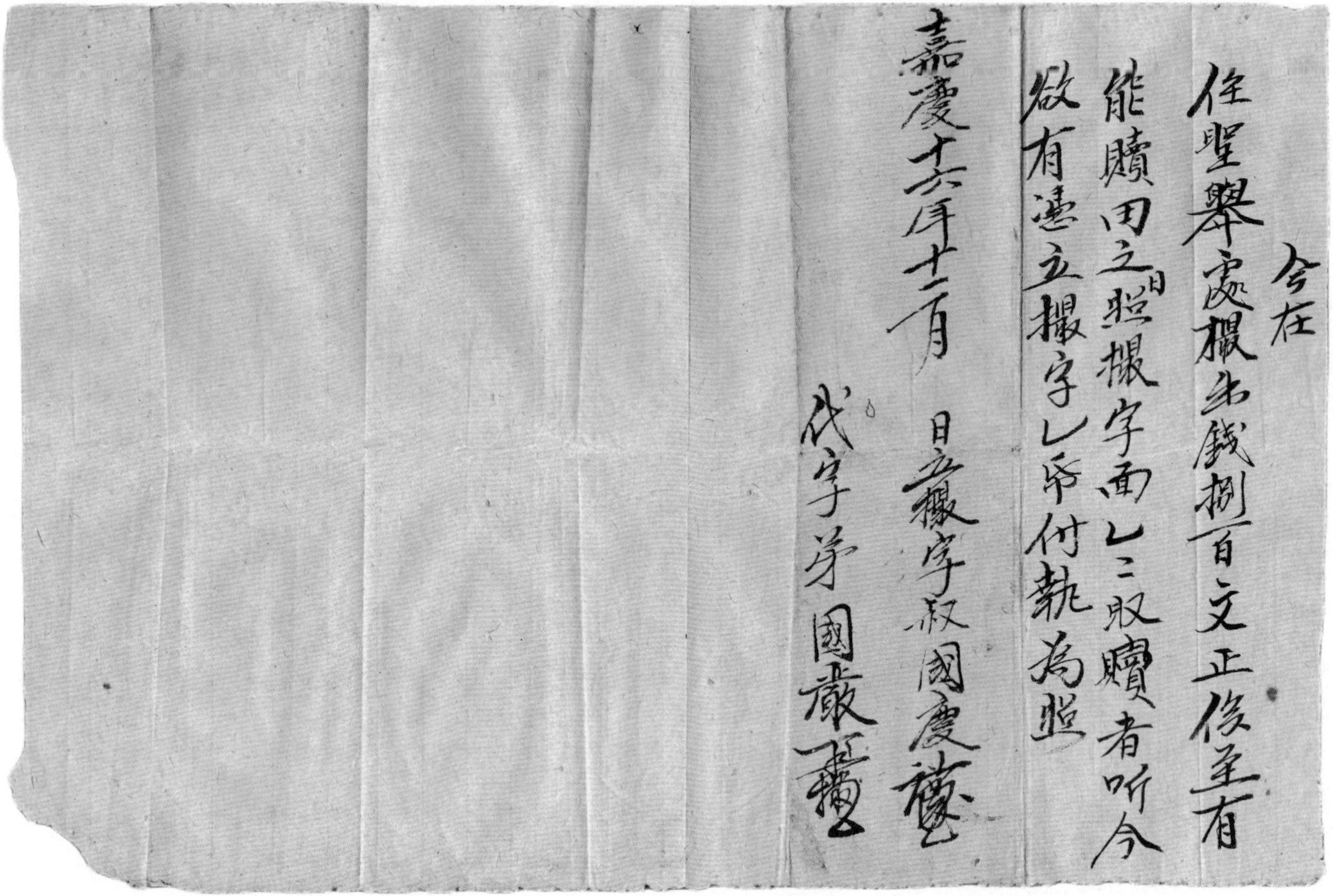
今在
侄聖舉處撮出錢捌百文正，後至有
能贖田之日，照撮字面々二取贖者，听今
欲有憑，立撮字乙帋付執為照。
嘉慶十六年十二月　　日立撮字叔國慶（押）
代字弟國葳（押）

3-2-103-4　清嘉慶十六年十二月葉國慶立撮字

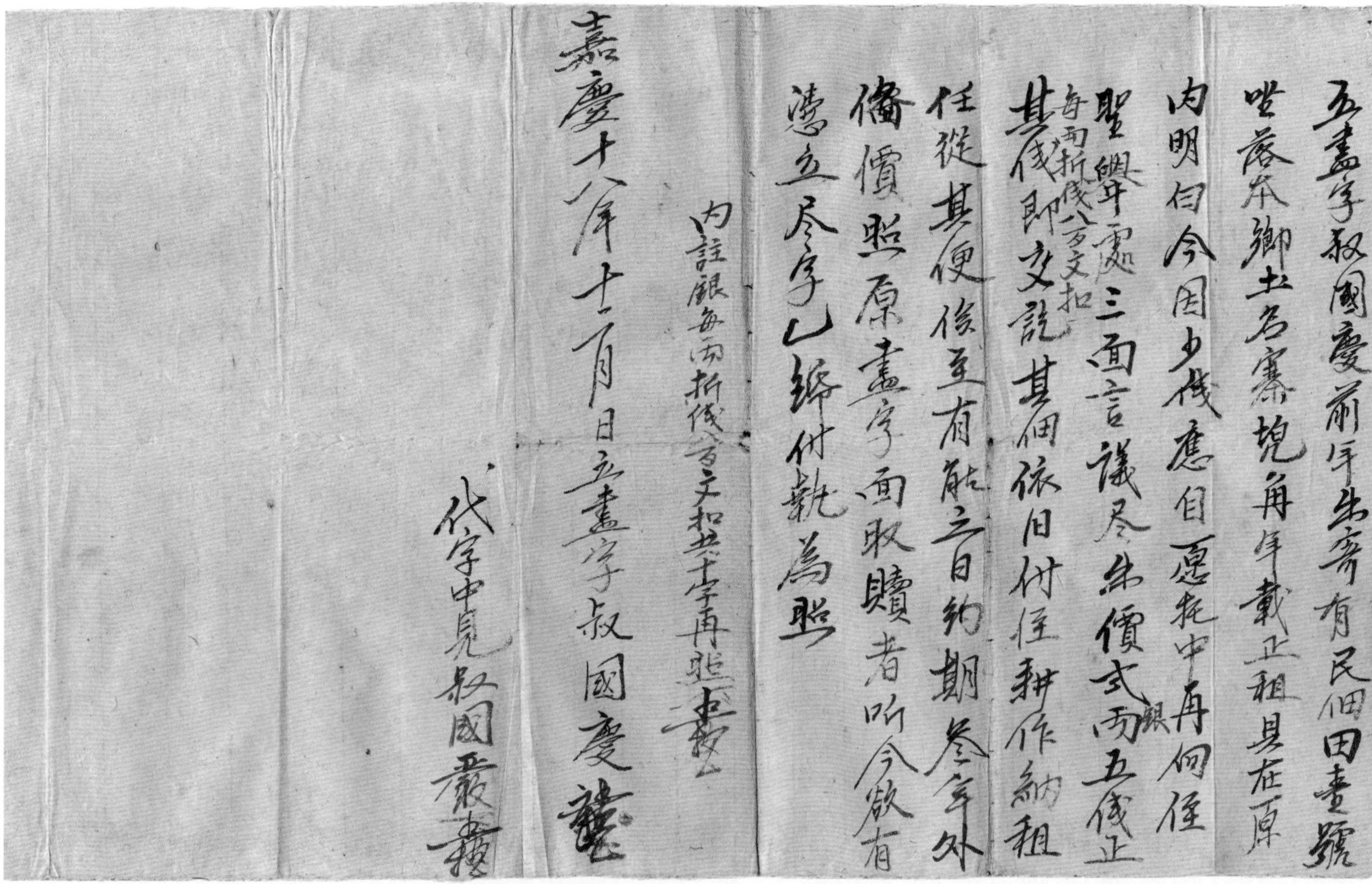
立盡字叔國慶前年出賣有民佃田壹號
坐落本鄉土名寨垅角年載正租具在原
內明白今因少钱應用自愿托中再向侄
聖與處三面言議盡出價弍两銀五钱正每两折钱八百文扣
其钱即交訖其佃依旧付侄耕作納租
任從其便後至有能之日約期叁年外
備價照原盡字面取贖者听今欲有
憑立盡字乙紙付執為照
內註銀每两折钱八百文扣共十字再照　立盡
嘉慶十八年十二月　日立盡字叔國慶（押）
代字中見叔國霖（押）

3-2-103-5　清嘉慶十八年十二月葉國慶立盡民佃田字

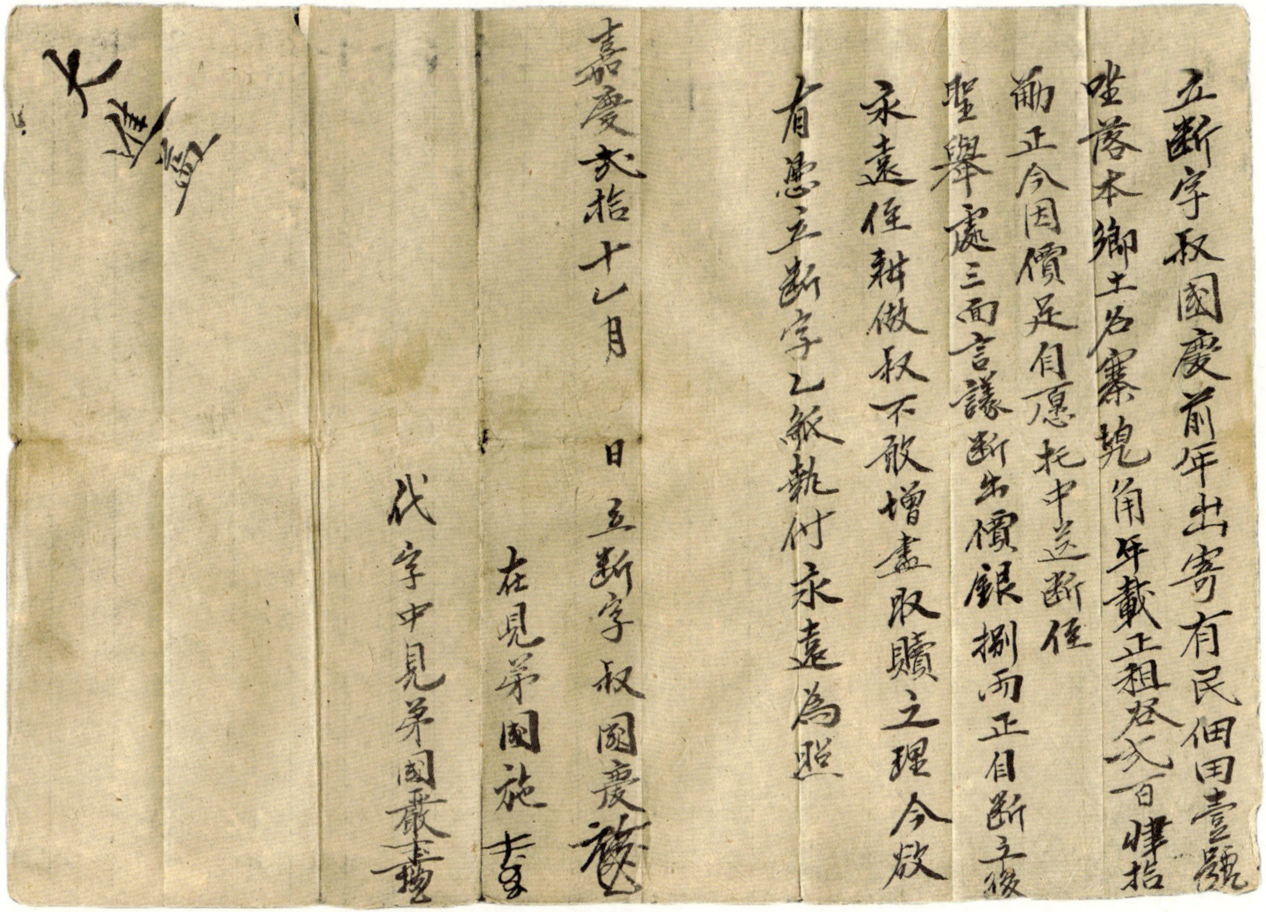
立斷字叔國慶前年出寄有民佃田壹號
坐落本鄉土名寨墘角年載正租谷弍佰肆拾
觔正今因價足自愿托中送斷往
聖舉處三面言議斷出價銀捌両正自斷之後
永遠任耕做叔不敢增盡取贖之理今欲
有憑立斷字乙紙執付永遠為照
嘉慶弍拾十乙月　日　立斷字叔國慶（押）
在見弟國施（押）
代字中見弟國㝎（押）
大吉

3-2-103-6　清嘉慶二十年十一月葉國慶立斷民佃田字

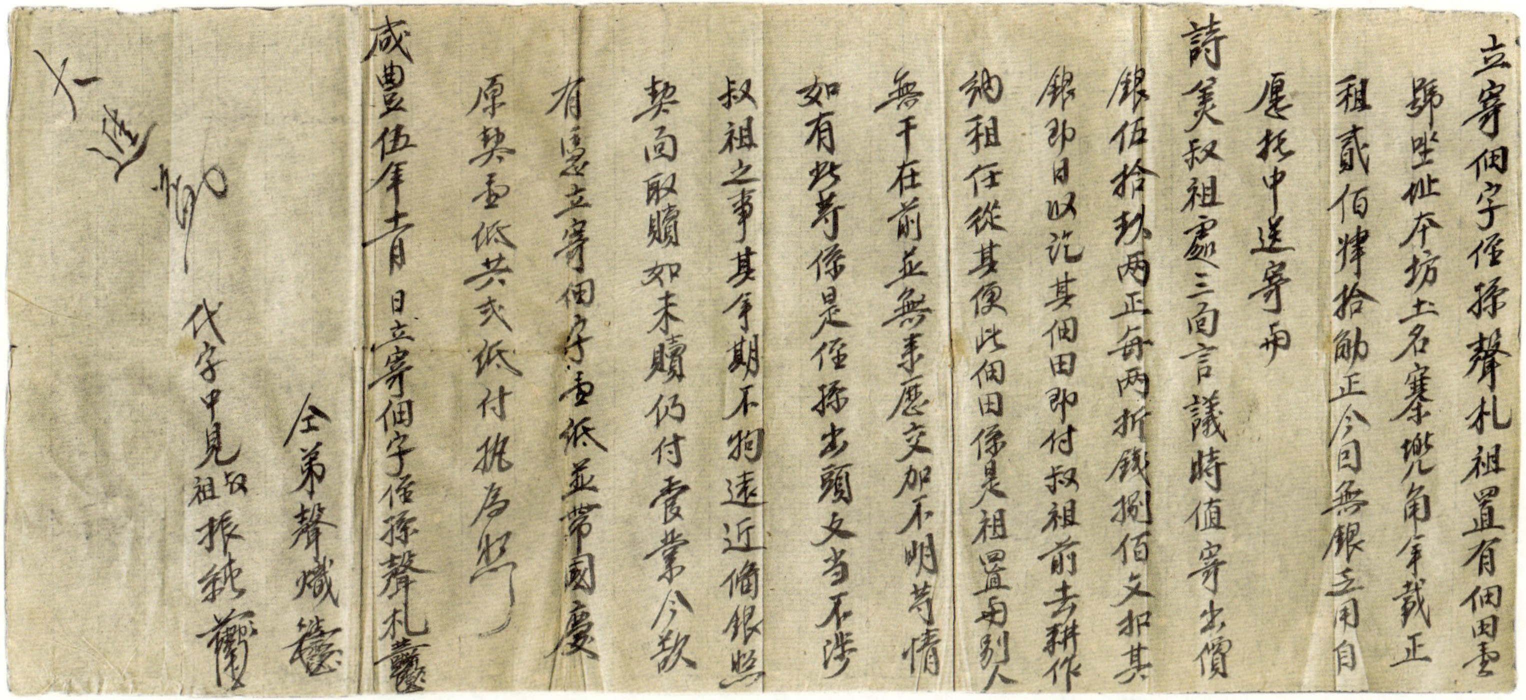

立寄佃字侄孫聲札祖置有佃田壹
號坐址本坊土名寨兜角年載正
租貳佰肆拾觔正今因無銀應用自
愿托中送寄与
詩美叔祖處三面言議時值寄出價
銀伍拾玖兩正每兩折錢捌佰文扣其
銀即日收訖其佃田即付叔祖前去耕作
納租任從其便此佃田係是祖置與別人
無干在前並無重張交加不明等情
如有此等係是侄孫出頭支當不涉
叔祖之事其年期不拘遠近備銀照
契面取贖如未贖仍付管業今欲
有憑立寄佃字壹紙並帶國慶
原契壹紙共弍紙付執為照
咸豐伍年十一月　日立寄佃字侄孫聲札（押）
仝弟聲熾（押）
代字中見叔祖振純（押）
[illegible]

3-2-103-7　清咸豐五年十一月葉聲札等立寄佃田字

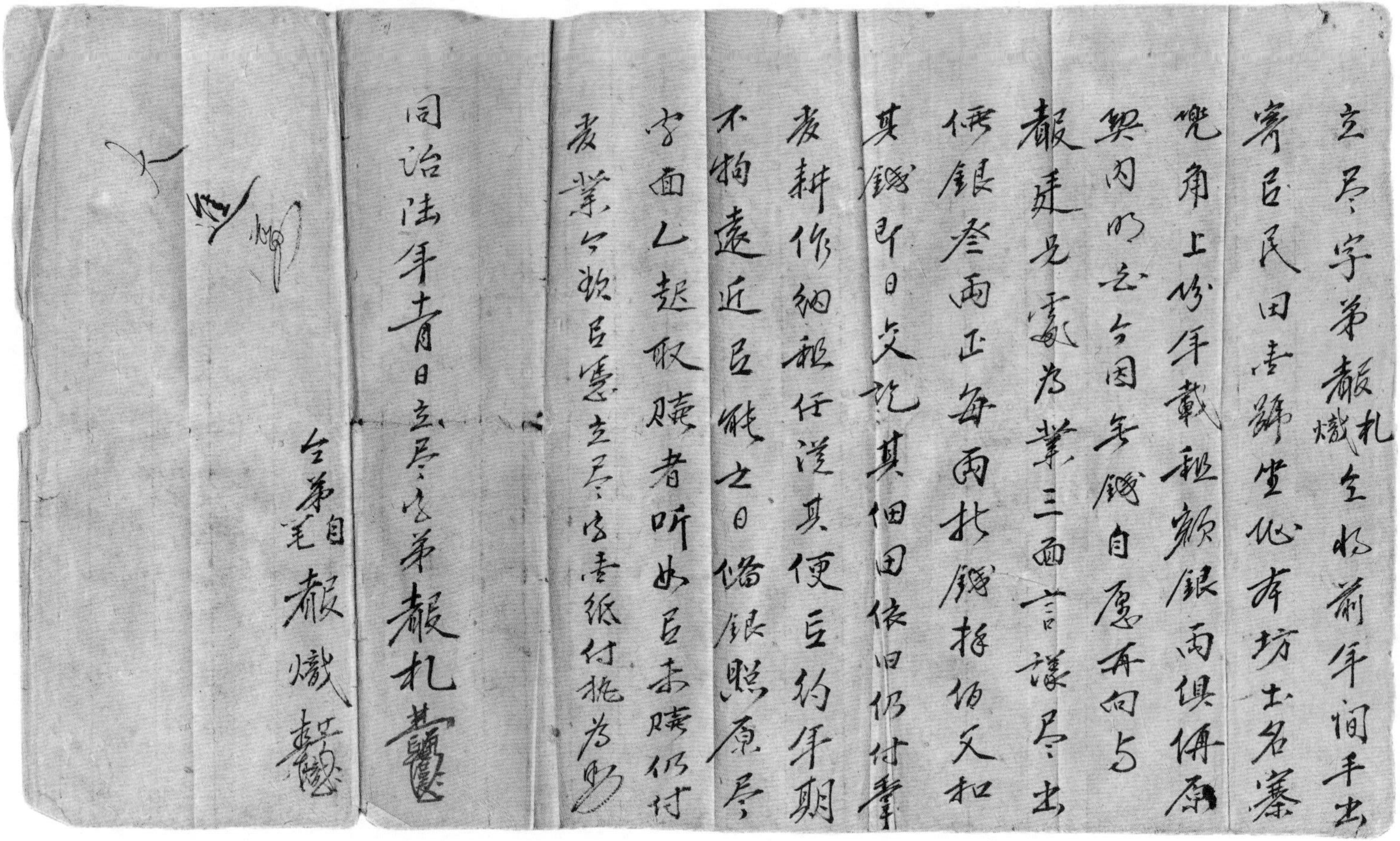
立盡字弟聲札、熾仝收前年間手出
賣民田壹號坐仳本坊土名寨
兜角上，仍年載租谷銀兩俱係原
契內明白，今因無錢，自愿再向與
聲廷兄處為業，三面言議，盡出
佛銀叁兩正，每兩折錢捌佰文扣
其錢即日交訖。其佃田依旧仍付業
主耕作，納租任從其便，亘約年期
不拘遠近，已備之日，備銀照原盡
字面人起取贖者，聽如已未贖，仍付
主業。今欲已憑，立盡字壹紙付執為照。
同治陸年十一月日立盡字弟聲札（押）
仝弟自筆 聲熾（押）

3-2-103-8　清同治六年十一月葉聲札等立盡民田字

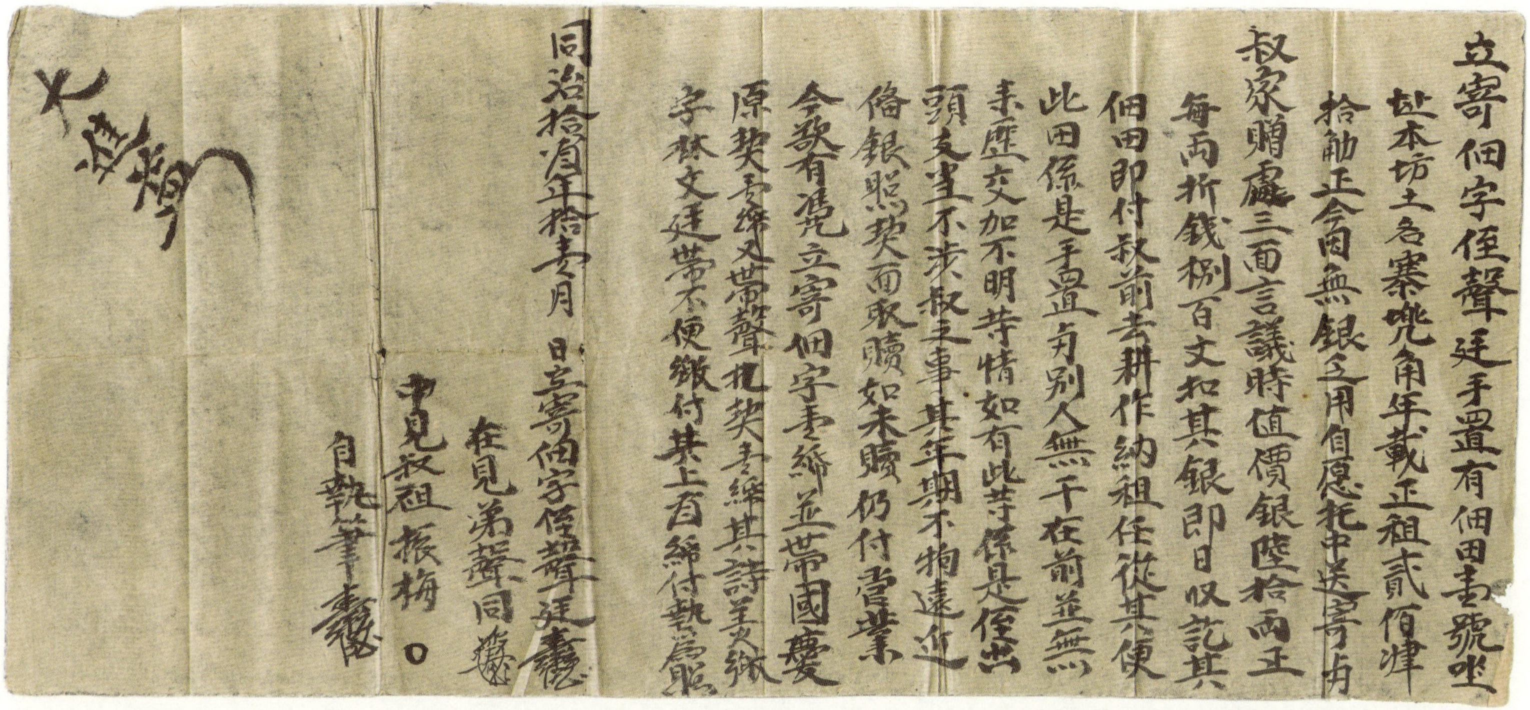

立寄佃字侄聲廷，手置有佃田壹號，坐
址本坊土名寨兜角，年載正租貳佰肆
拾觔正。今因無銀乏用，自愿托中送寄與
叔家瓚處，三面言議時值價銀陸拾兩正，
每兩折錢捌百文，扣其銀即日收訖。其
佃田即付秋前去耕作納租，任從其便。
此田係是手置，與別人無干，在前並無
來歷交加不明等情，如有此等，係是侄出
頭支當，不涉叔之事。其年期不拘遠近，
備銀照契面取贖，如未贖，仍付管業。
今欲有憑，立寄佃字壹紙，並帶國慶
原契壹紙，又帶聲北契壹紙，其詩美文紙
字林文廷帶不便繳付，其上首紙付執為照。

同治拾叁年拾壹月　日立寄佃字侄聲廷（押）
在見弟聲同（押）
中見叔祖振梅　○
自執筆（押）

大吉

3-2-103-9　清同治十三年十一月葉聲廷立寄佃田字

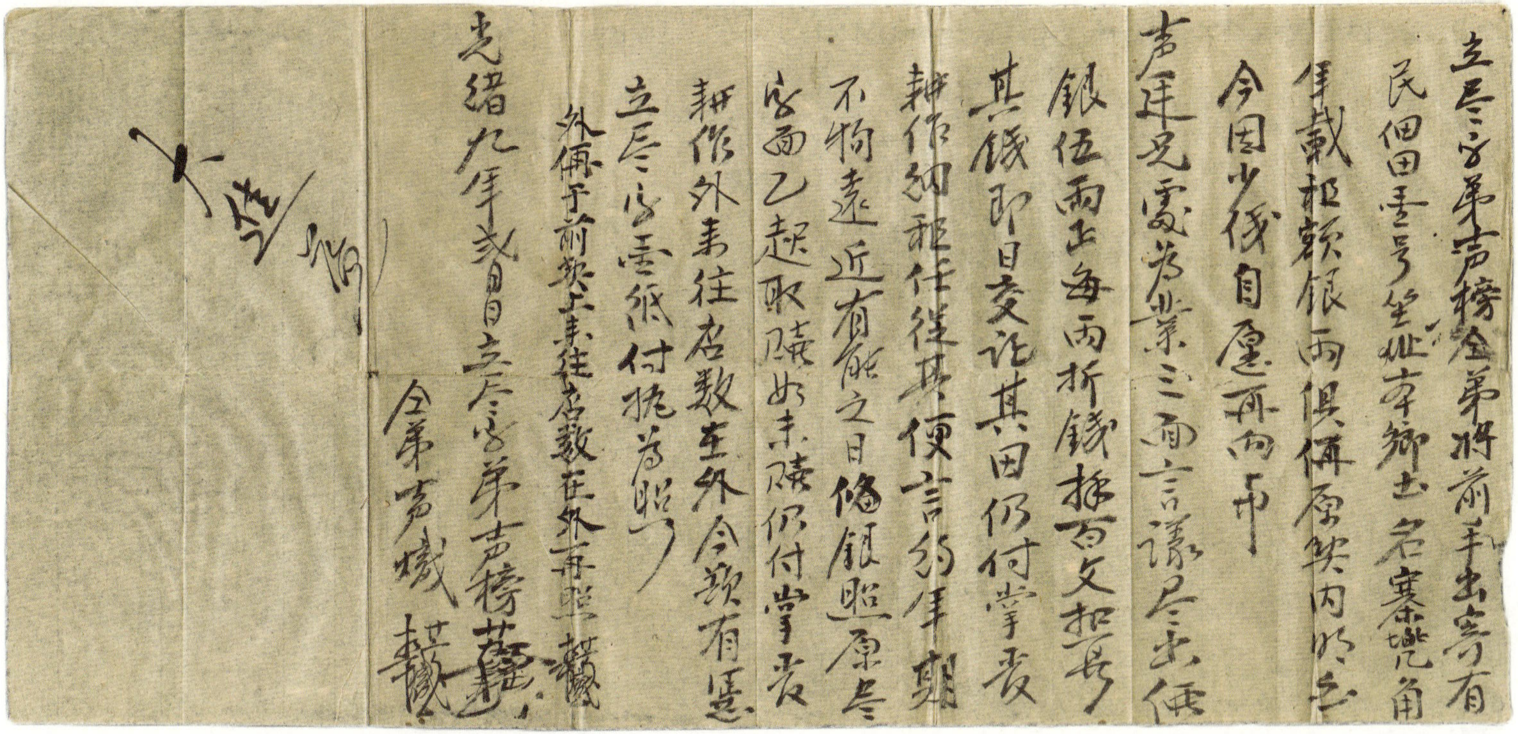

3-2-103-10 清光緒九年二月葉聲榜等立盡民佃田字

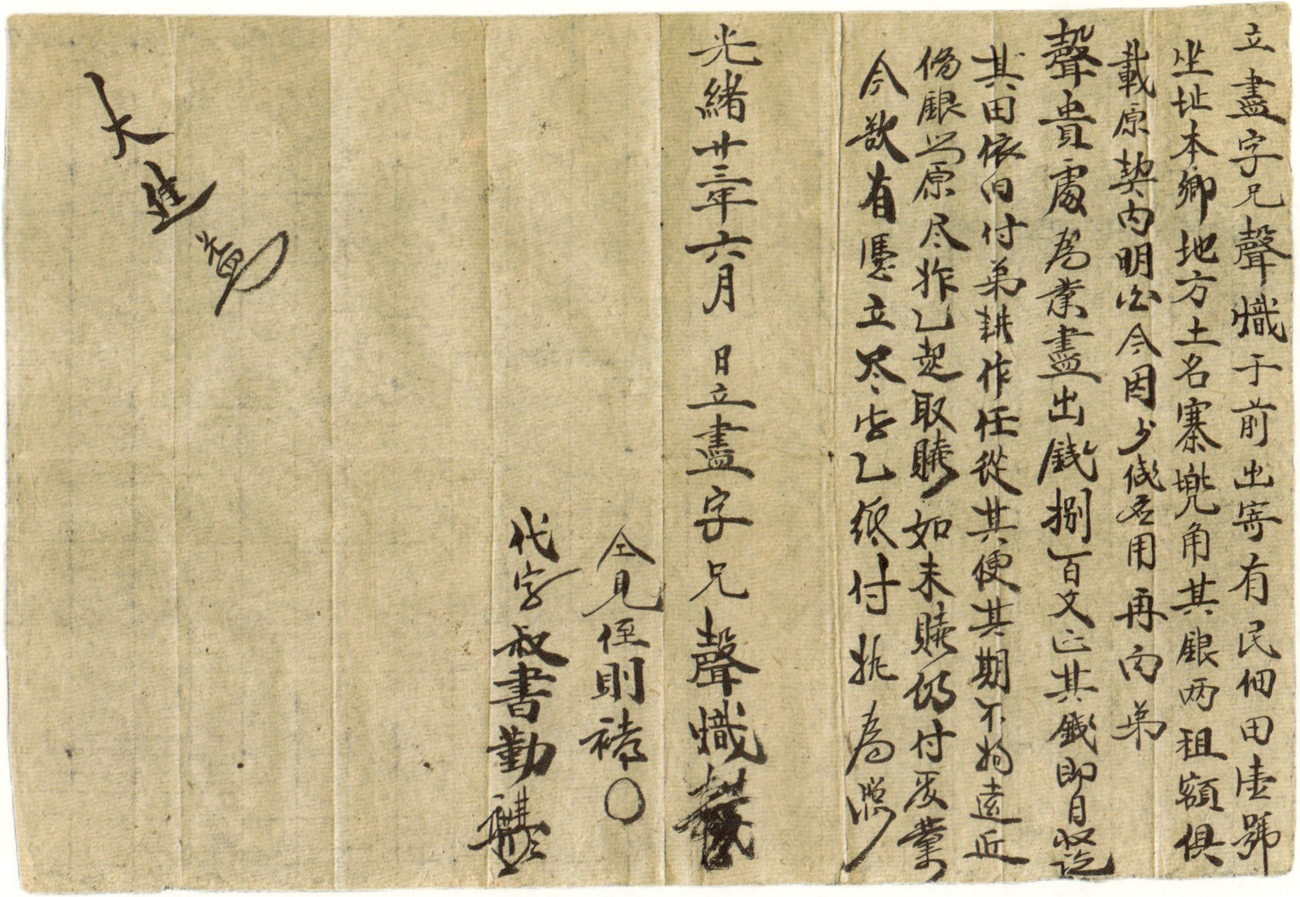
立盡字兄聲熾，于前出寄有民佃田壹號，
坐址本鄉地方，土名寨兜角，其銀兩租額俱
載原契內明白。今因乏錢應用，再向弟
聲貴處爲業，盡出錢捌百文正，其錢即日收訖。
其田依舊付弟耕作，任從其便，其期不拘遠近，
備銀照原盡並乙起取贖，如未贖，仍付原業。
今欲有憑，立盡字乙紙付執爲照。

光緒廿三年六月　日立盡字兄聲熾（押）
仝見侄朋禧○
代字叔書勤（押）

大進（押）

3-2-103-11　清光緒二十三年六月葉聲熾立盡民佃田字

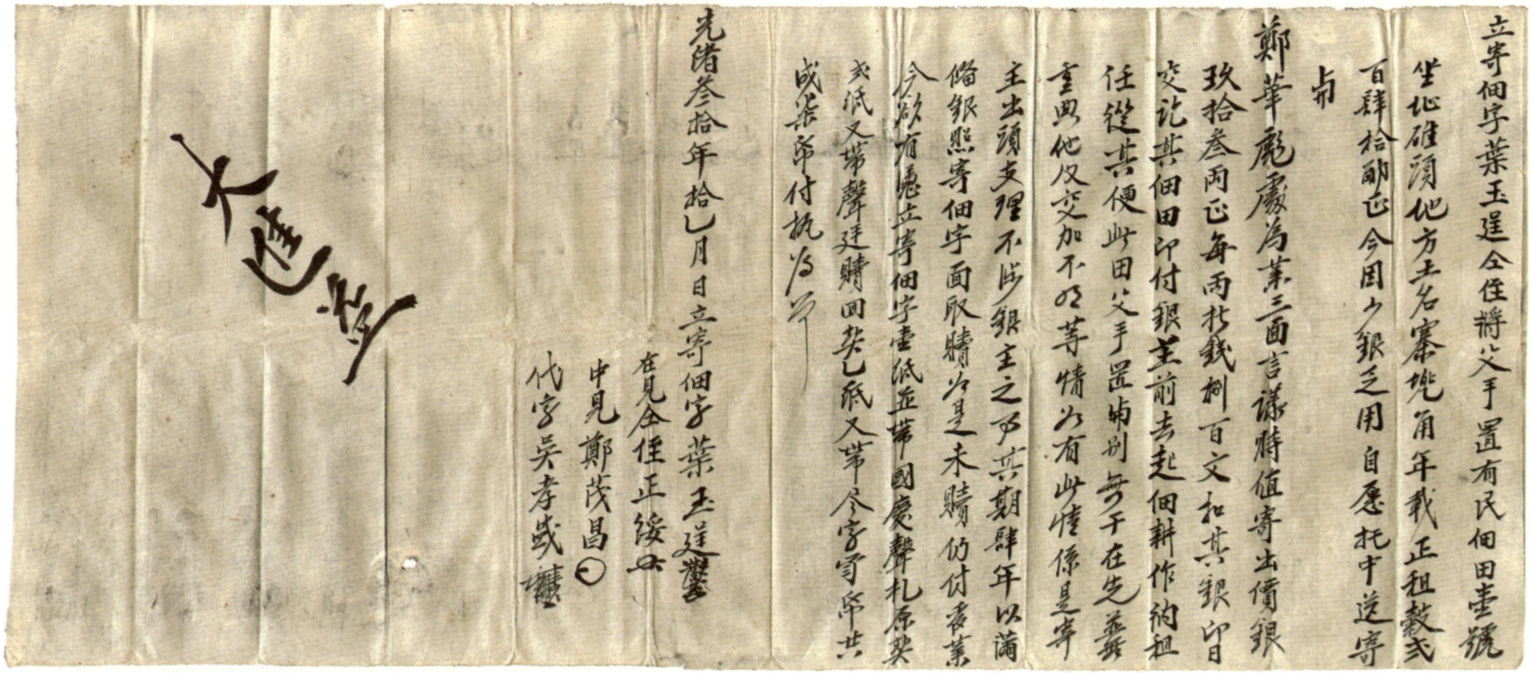
立寄佃字葉玉逞仝侄將父手置有民佃田壹號
坐址碓頭他方土名寨垙角年載正租穀弍
百肆拾觔正今因乏銀乏用自愿托中送寄
与
鄭華彪處為業三面言議時值寄出價銀
玖拾叁両正每両扣錢捌百文扣其銀即日
交訖其佃田即付銀主前去起佃耕作納租
任從其便此田父手置明別無干在先並無
重典他及交加不明等情如有此情係是寄
主出頭支理不涉銀主之事其期肆年以滿
備銀照寄佃字面取贖如是未贖仍付寄業
今欲有憑立寄佃字壹紙並帶國庫聲札原契
弍紙又帶聲廷贖回契乙紙又帶仝字寄帋共
成柒帋付執為照

光緒叁拾年拾乙月日立寄佃字葉玉逞
在見仝侄正綬
中見鄭茂昌
代字吳孝咸

3-2-103-12　清光緒三十年十一月葉玉逞立寄民佃田字

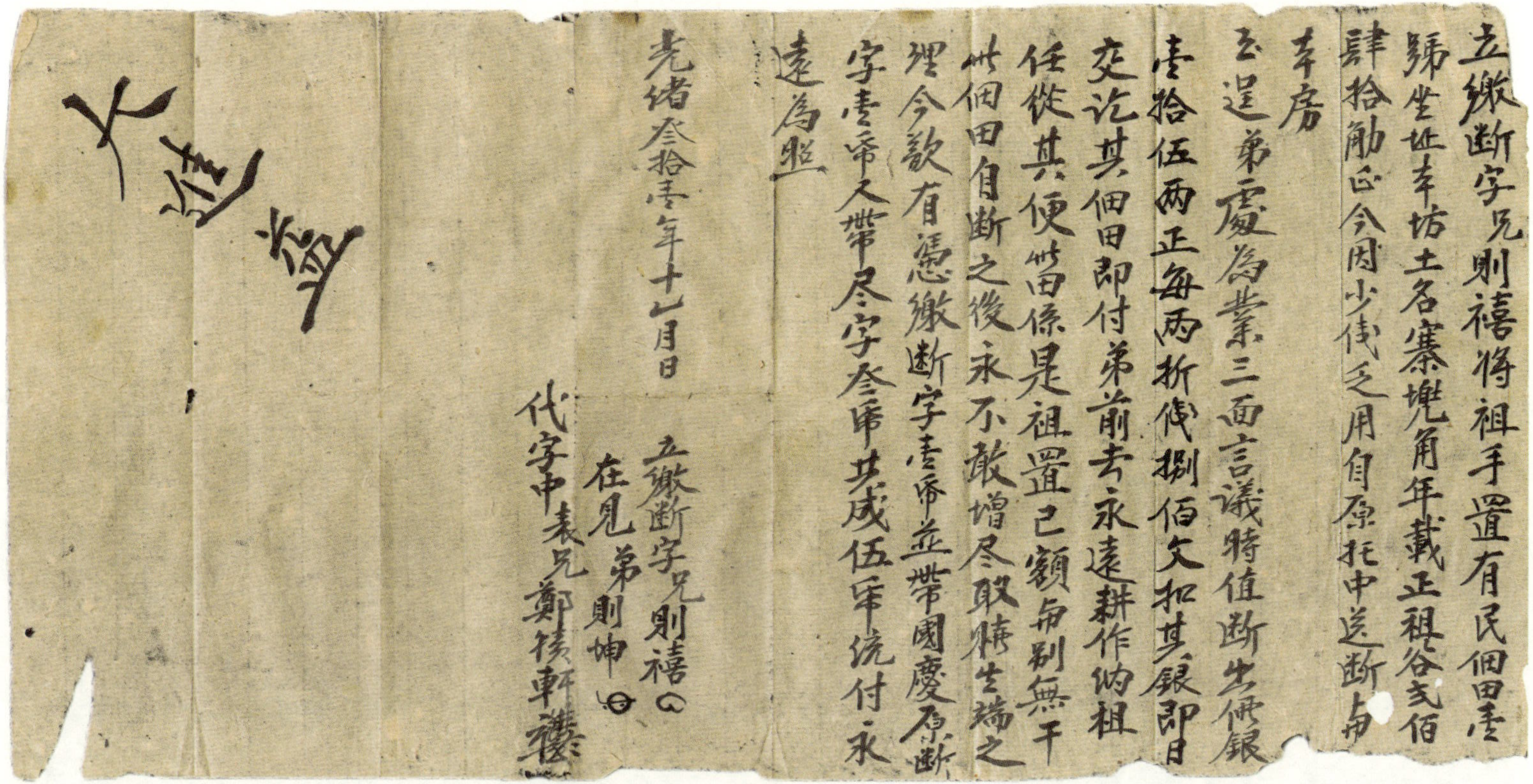

立繳斷字兄則禧將祖手置有民佃田壹
號坐址本坊土名寨墘角年載正租谷弍佰
肆拾觔正今因少錢乏用自原托中送斷與
本房
玉逞弟處爲業三面言議特值斷出佛銀
壹拾伍兩正每兩折錢捌佰文扣其銀即日
交訖其佃田即付弟前去永遠耕作納租
任從其便當係是祖置已額與別無干
此佃田自斷之後永不敢增盡取贖生端之
理今欲有憑繳斷字壹帋並帶國慶原斷
字壹帋又帶盡字叁帋共成伍帋繳付永
遠為照
光緒叁拾壹年十一月日
立繳斷字兄則禧
在見弟則坤
代字中表兄鄭侯軒

3-2-103-13 清光緒三十一年十一月葉則禧立繳斷民佃田字

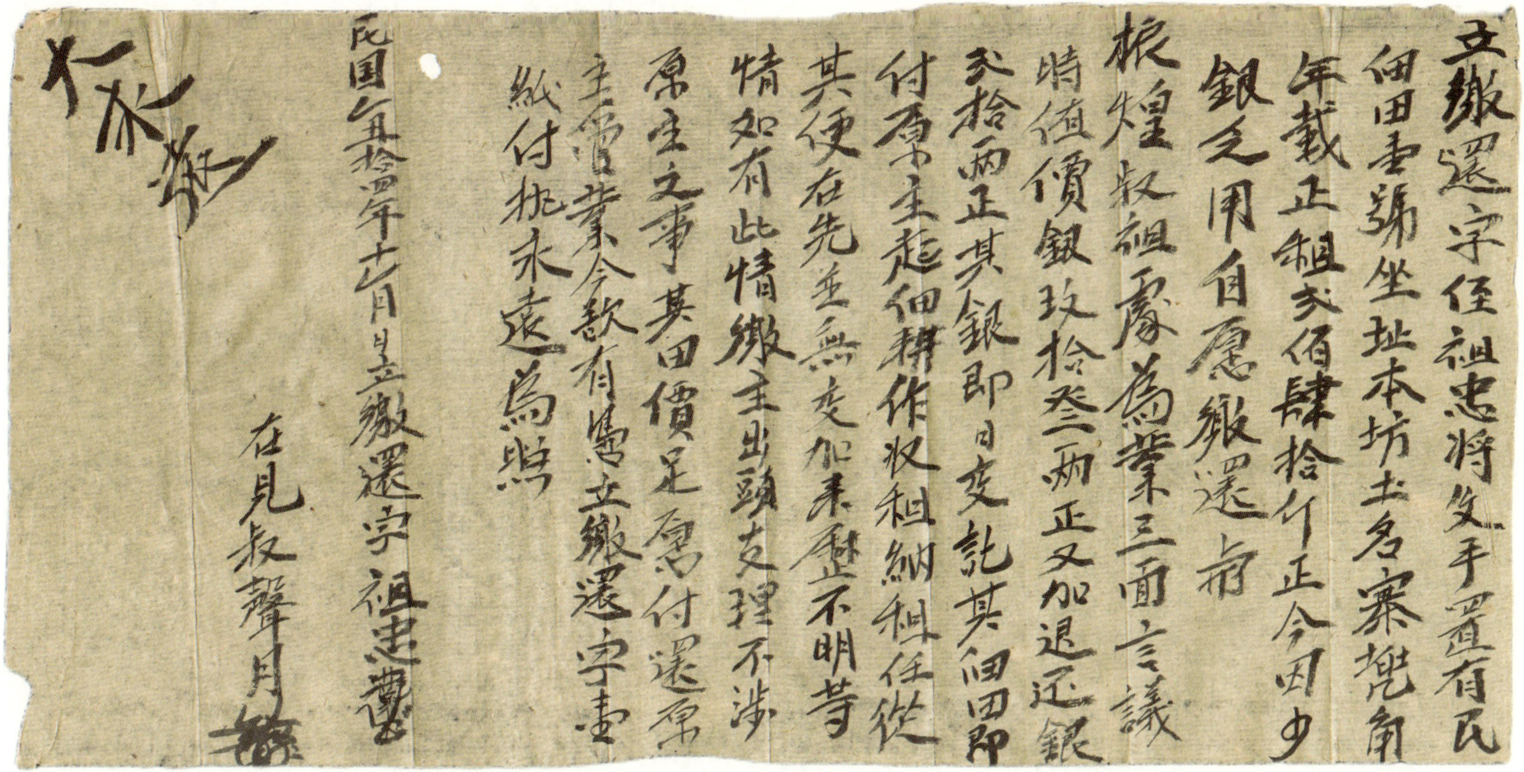
立繳還字侄祖忠將父手置有民
佃田壹號坐址本坊土名寒墘角
年載正租弍佰肆拾斤正今因少
銀乏用自愿繳還與
椽煌叔祖處爲業三面言議
時值價銀玖拾叁兩正又加退还銀
弍拾兩正其銀即日交訖其佃田即
付原主起佃耕作收租納租任從
其便在先並無交加來歷不明等
情如有此情繳主出頭支理不涉
原主之事其田價足愿付還原
主管業今欲有憑立繳還字壹
紙付執永遠爲照
民国乙丑拾四年十一月日立繳還字祖忠（押）
在見叔聲月（押）

3-2-103-14　民國十四年十一月葉祖忠立繳還民佃田字

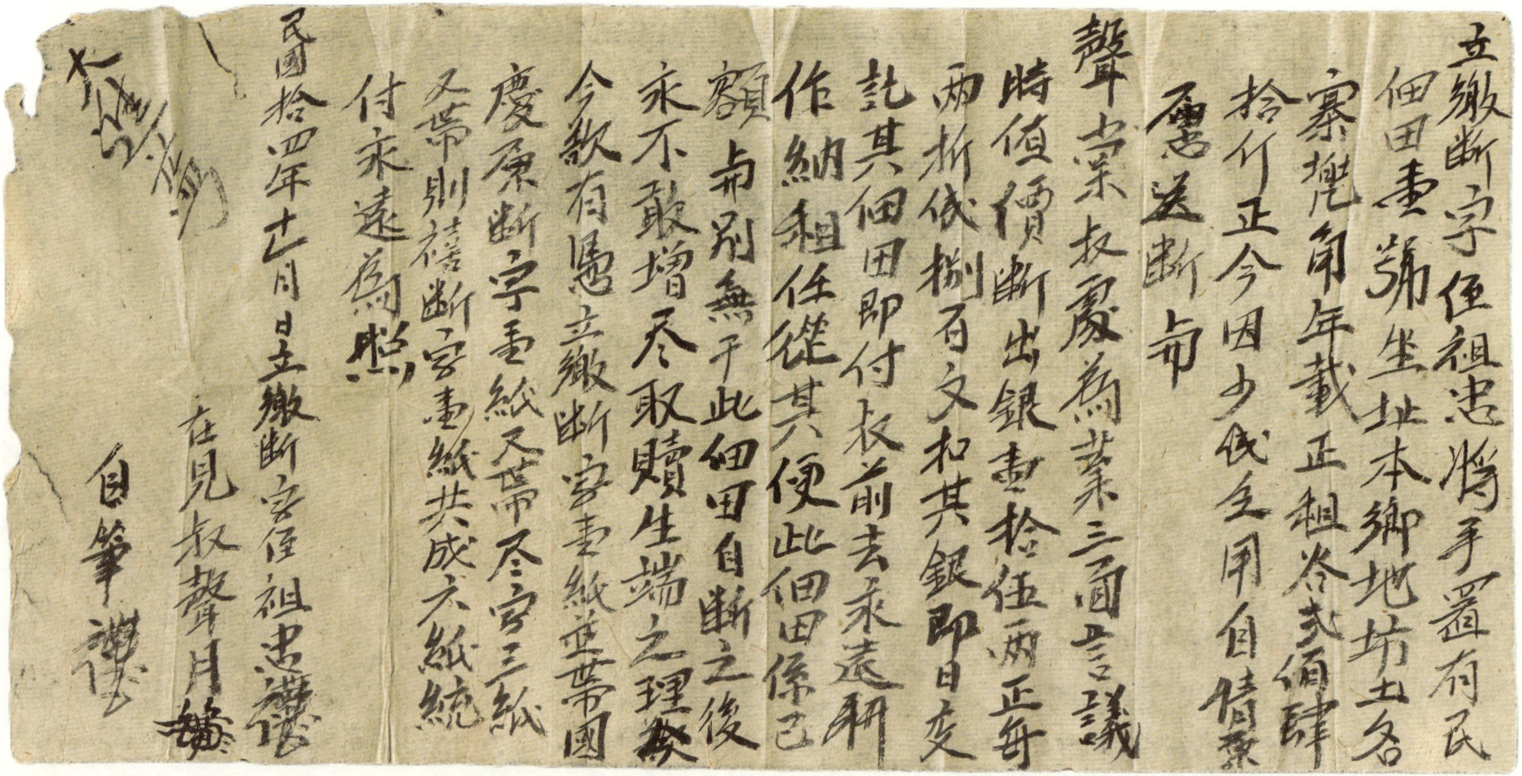

立繳斷字侄祖忠將手置有民
佃田壹號坐址本鄉地坊土名
寨垱角年載正租谷弍佰肆
拾斤正今因少錢乏用自情
愿送斷與
聲宗叔處爲業三面言議
時值價斷出銀壹拾伍兩正其
兩折代捌百文和其銀即日交
訖其佃田即付叔前去永遠耕
作納租任從其便此佃田係己
額與別無干此佃田自斷之後
永不敢增添取贖生端之理恐
今欲有憑立繳斷字壹紙並帶國
慶原斷字壹紙又帶灰字三紙
又帶則稿斷字壹紙共成六紙統
付永遠爲照
民國拾四年十一月日立繳斷字侄祖忠（押）
在見叔聲月（押）
自筆（押）

3-2-103-15　民國十四年十一月葉祖忠立繳斷民佃田字

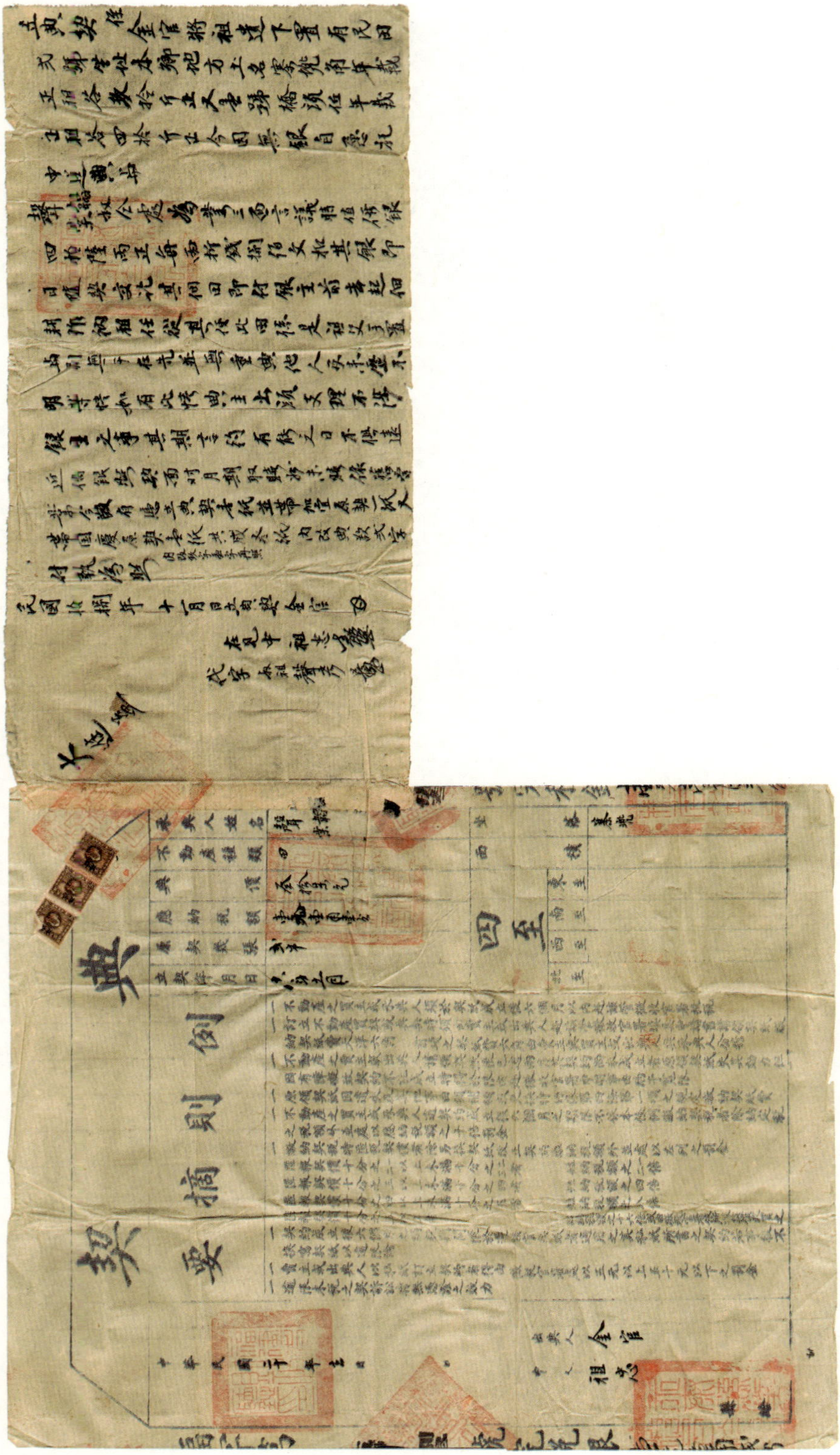

3–2–103–16　民國十八年十一月葉金官立典民田契（紅契）

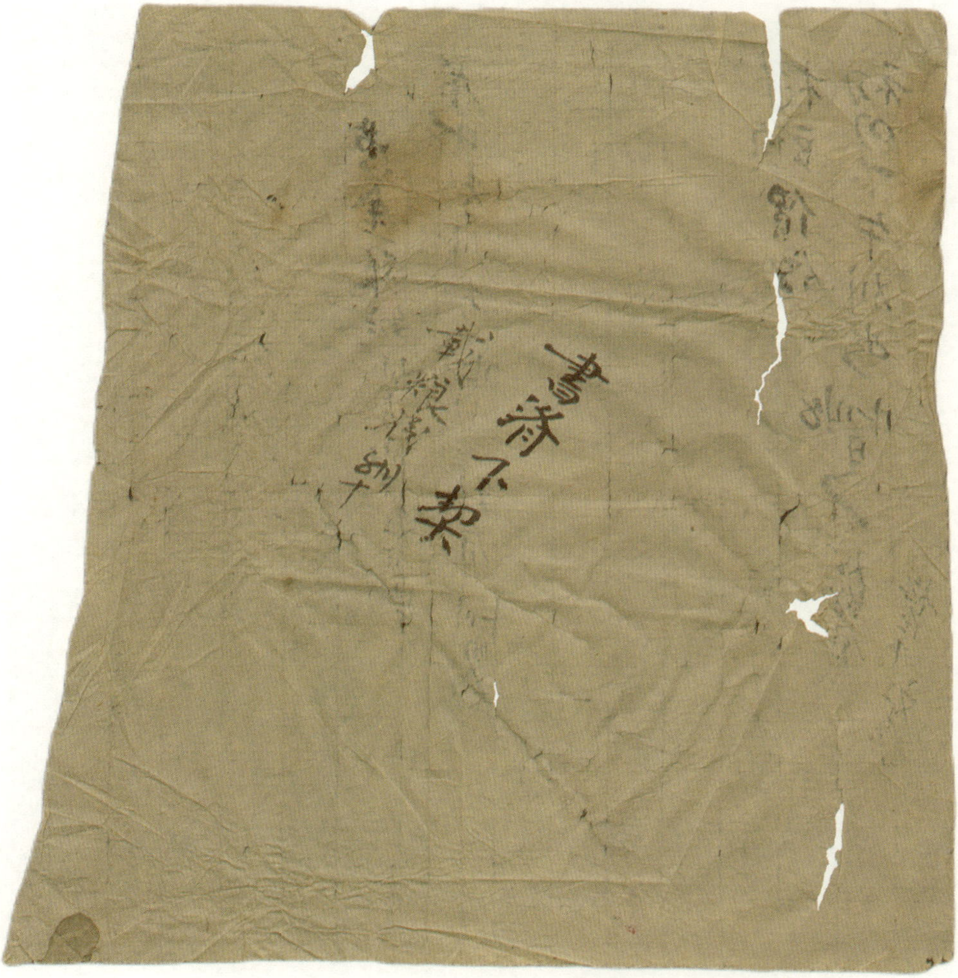

3-2-104-1　包契紙

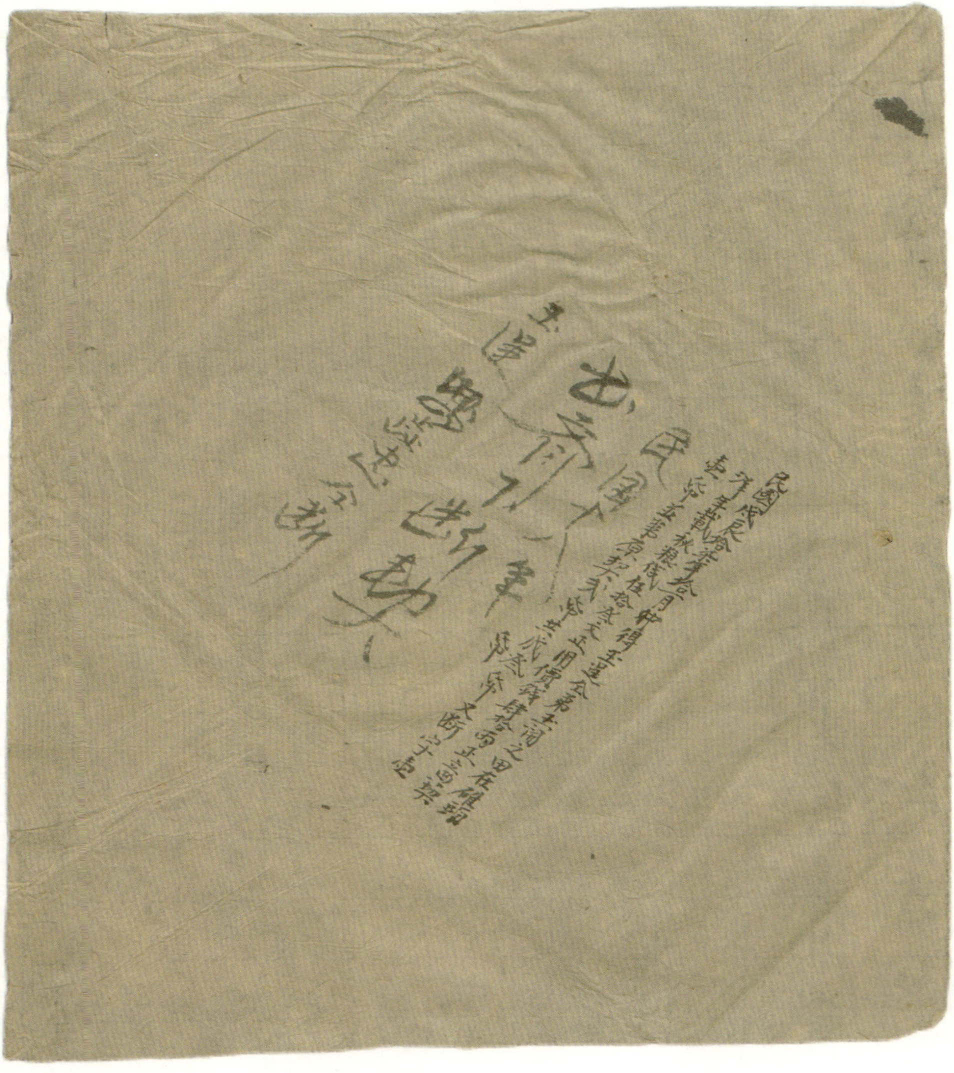

3-2-104-2　包契紙

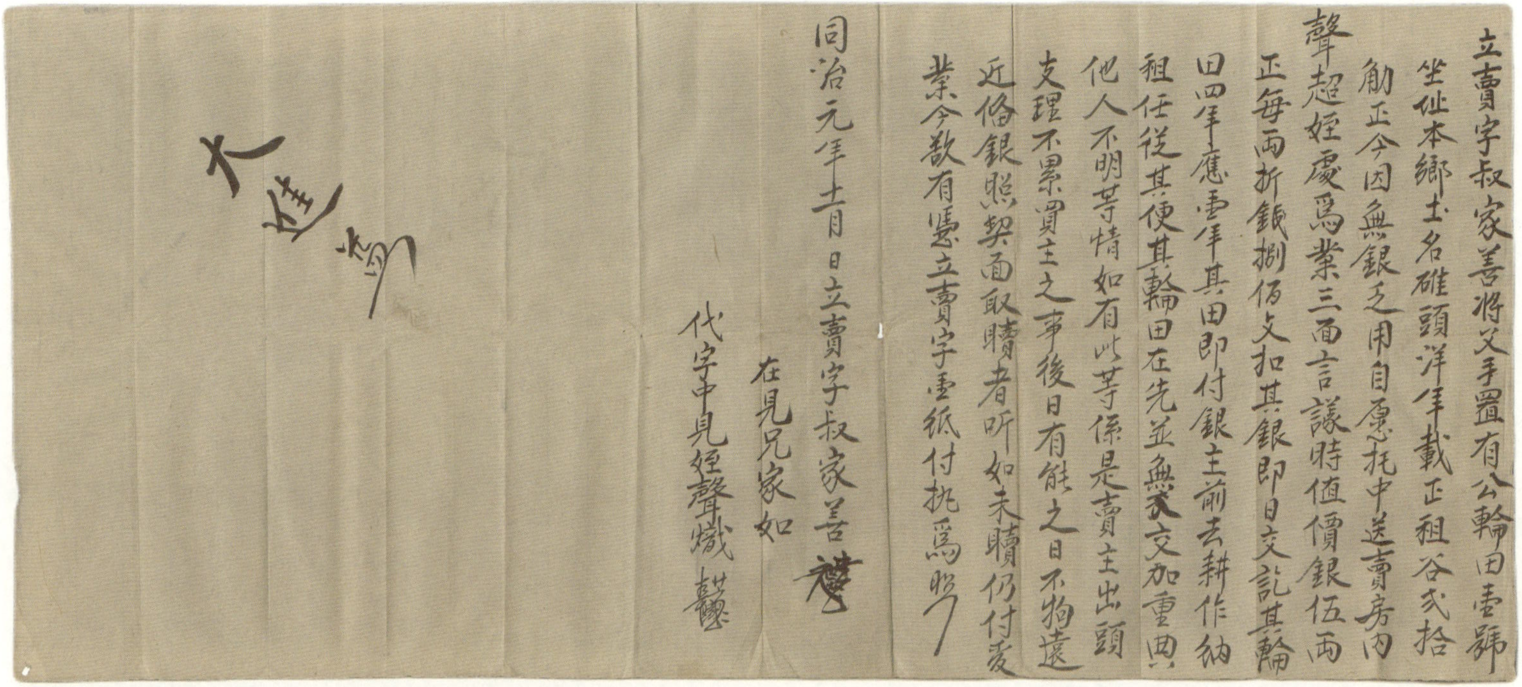

立賣字叔家善將父手置有公輪田壹號
坐址本鄉土名碓頭洋年載正租谷弍拾
觔正今因無銀乏用自愿托中送賣房內
聲超姪慶爲業三面言議時值價銀伍兩
正每兩折錢捌佰文扣其銀即日交訖其輪
田四年應壹年其田即付銀主前去耕作納
租任從其便其輪田在先並無文加重典
他人不明等情如有此等係是賣主出頭
支理不累買主之事後日有能之日不拘遠
近備銀照契面取贖者听如未贖仍付爲
業今欲有憑立賣字壹紙付執爲照

同治元年十一月　日立賣字叔家善（押）
在見兄家如
代字中見姪聲熾（押）

3-2-104-3　清同治元年十一月葉家善立賣公輪田字

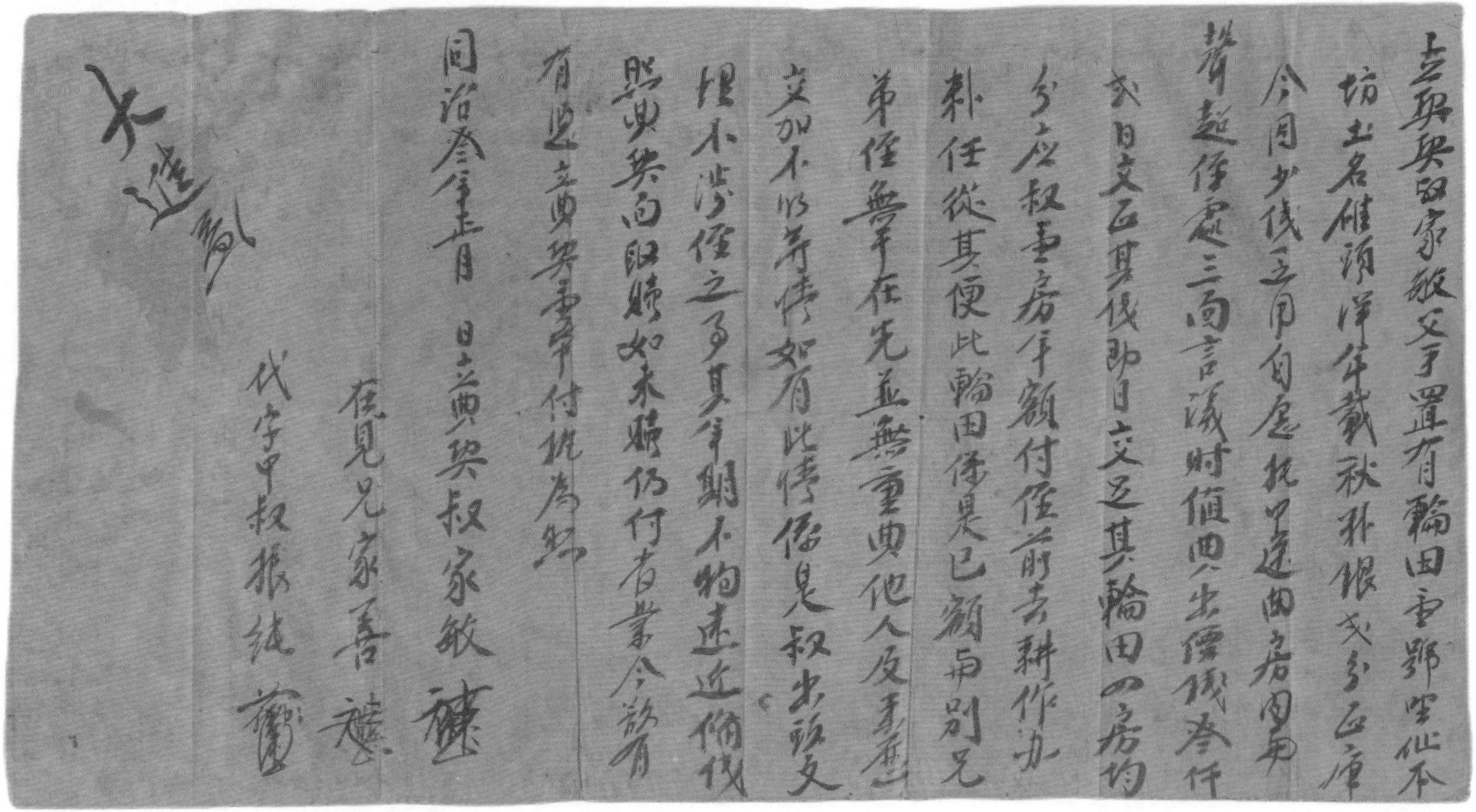

3-2-104-4　清同治三年正月葉家敏立典輪田契

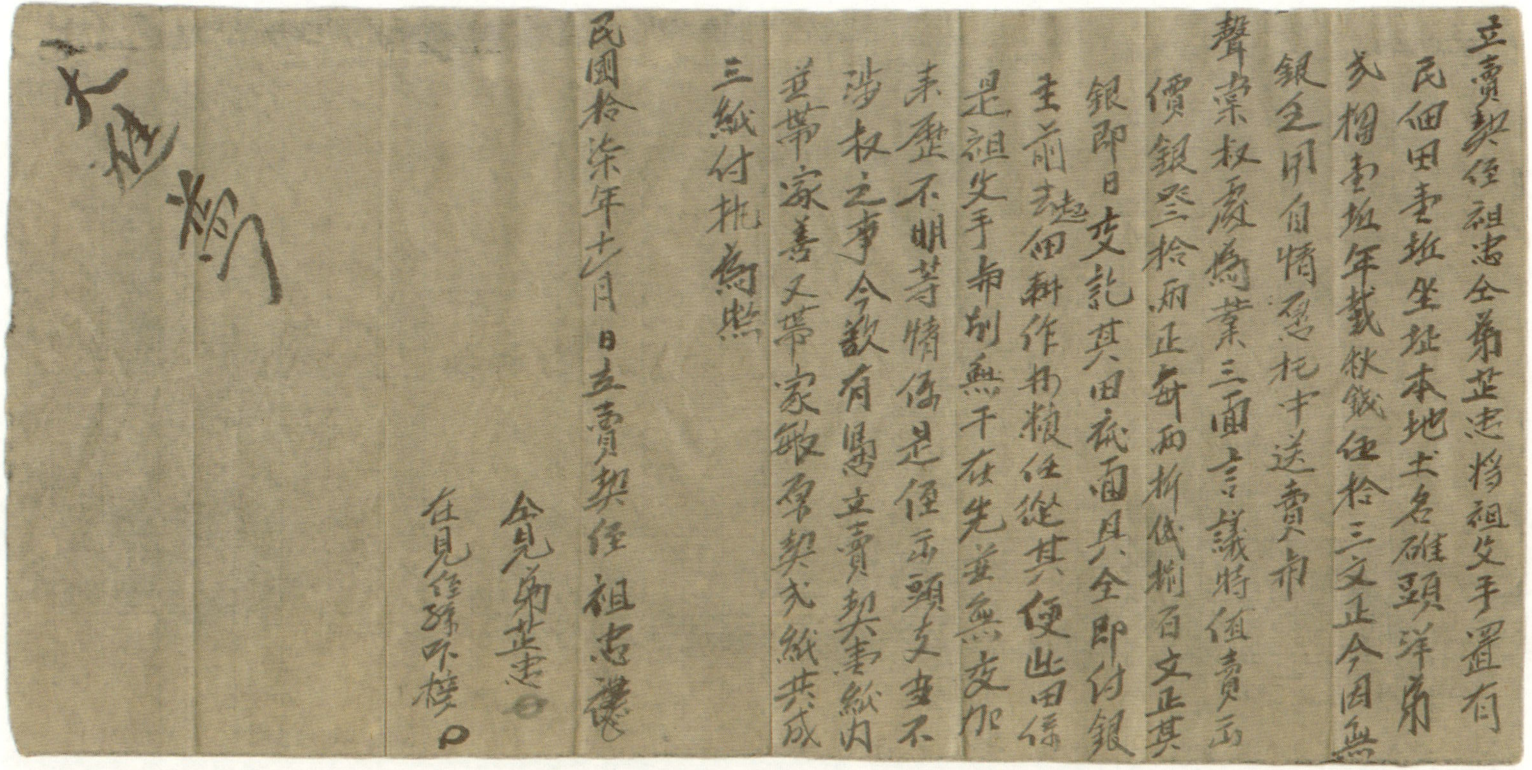
立賣契侄祖忠仝弟芷忠將祖父手置有
民佃田壹坵坐址本地土名碓頭洋爿
弍擔壹坵年載秋餞伍拾三文正今因無
銀應用自情愿托中送賣本
聲棠叔處爲業三面言議時值賣出
價銀叁拾兩正每兩折低捌百文正其
銀即日交訖其田祇面具全即付銀
主前去起佃耕作利賴任從其便此田係
是祖父手置別無干在先並無交加
未歷不明等情係是侄出頭支當不
涉叔之事今欲有憑立賣契壹紙內
並帶家善又帶家嫩原契弍紙共成
三紙付批爲照
民國拾柒年十一月　日立賣契侄祖忠（押）
仝見弟芷忠（押）
在見侄孫吓模（押）

3-2-104-5　民國十七年十一月葉祖忠等立賣民佃田契

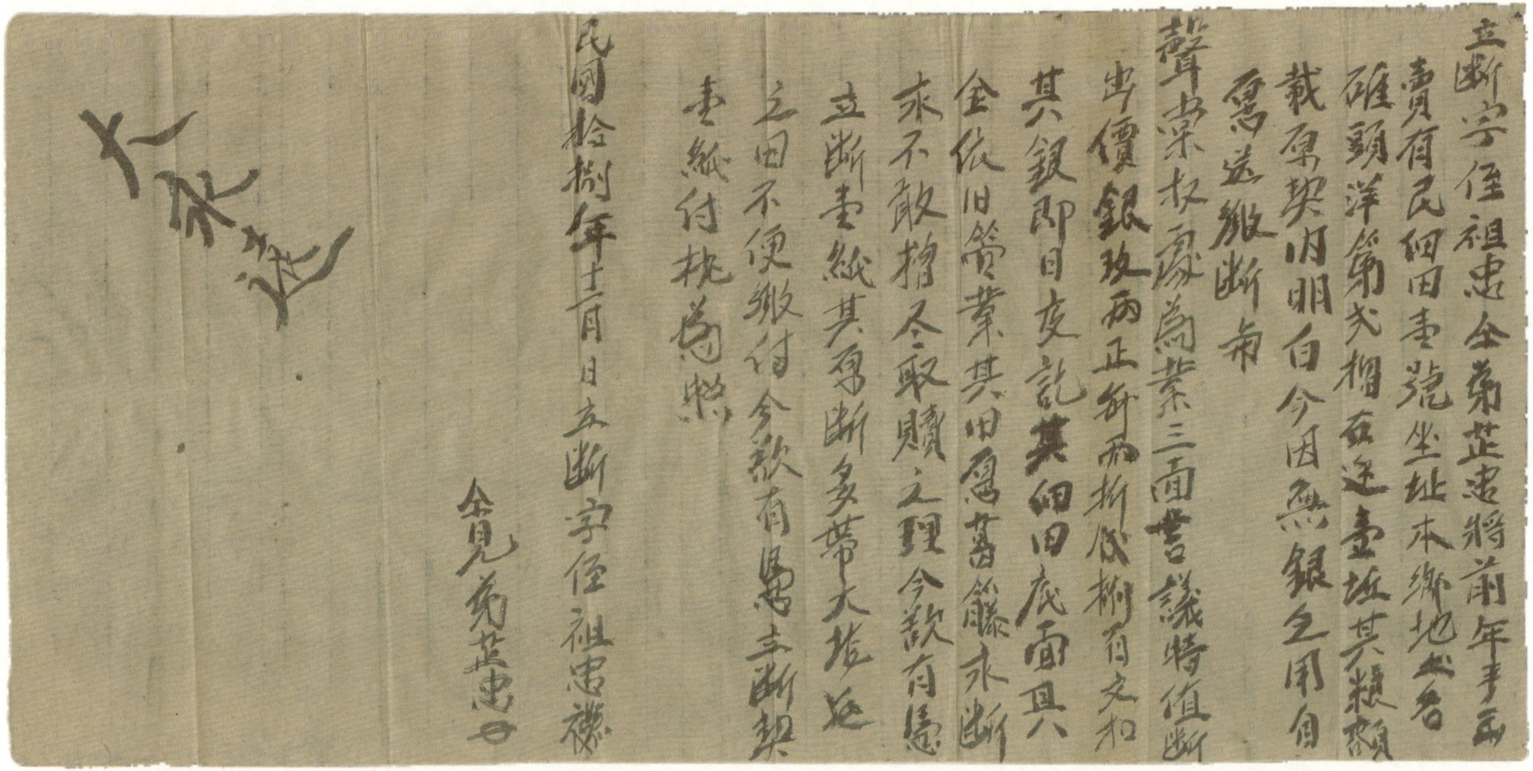

立斷字侄祖忠仝弟芷忠將前年手承
買有民佃田壹號坐址本鄉地名
碓頭洋第弍相在逆壹坵其糧額
載原契內明白今因無銀乏用自
愿送與斷本
聲棠叔爲業三面言議特值斷
出價銀玖兩正折兩折成捌角文扣
其銀即日交訖其佃田底面具八
全依旧管業其田愿舊籐永斷
永不敢增找取贖之理今欲有憑
立斷壹紙其原斷多帶大塍延
之田不便繳付今欲有憑立斷契
壹紙付執爲照
民國拾捌年十二月 日立斷字侄祖忠（押）
仝見弟芷忠（押）
大吉

3-2-104-6 民國十八年十二月葉祖忠等立斷民佃田字

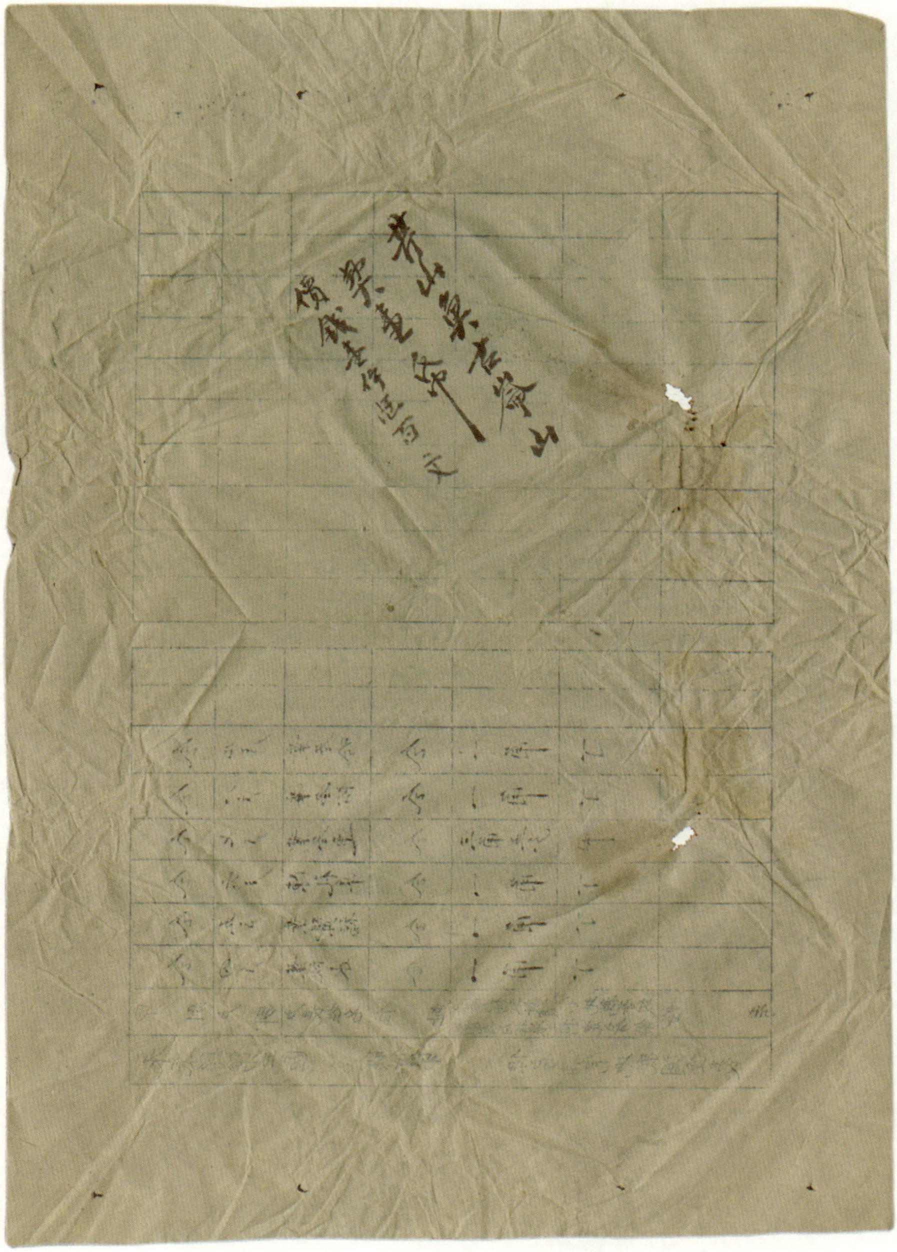

3-2-105-1 包契紙

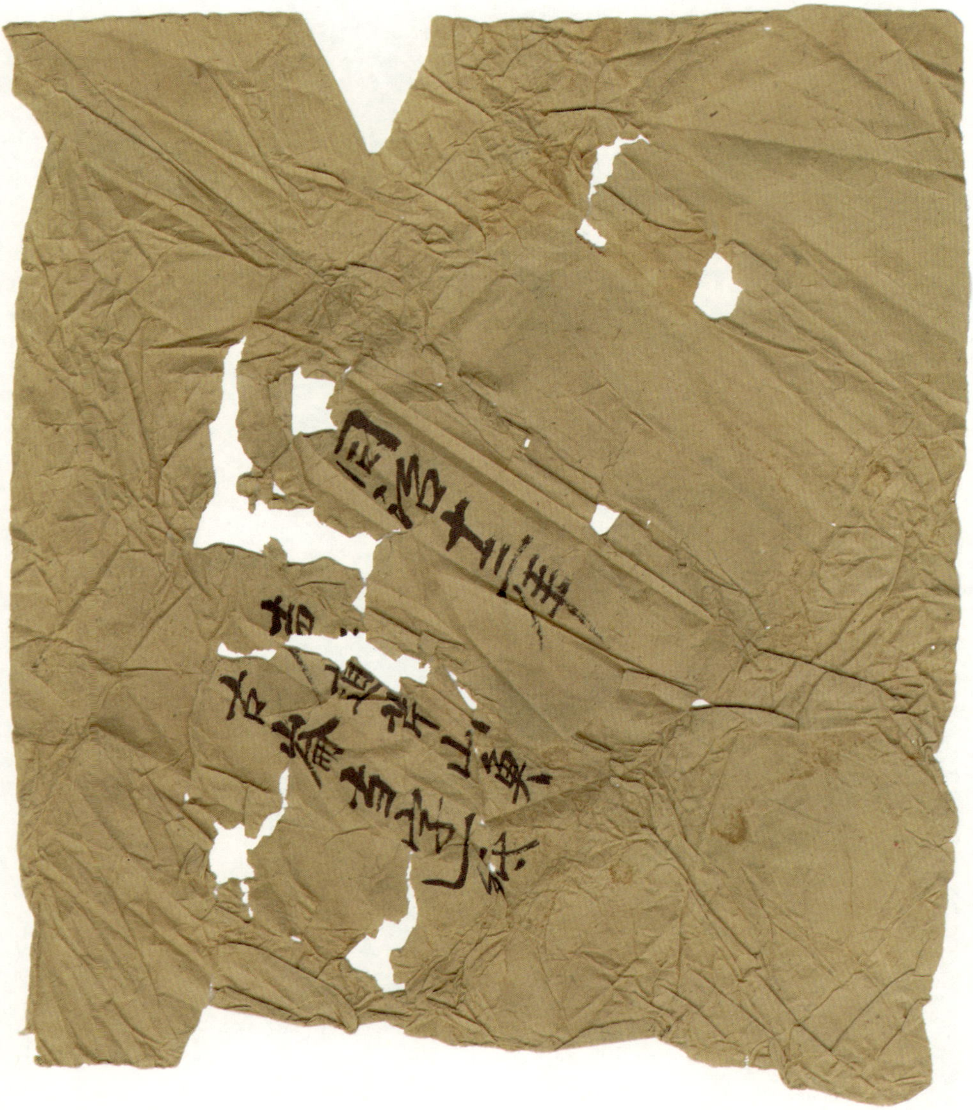

3-2-105-2　包契紙

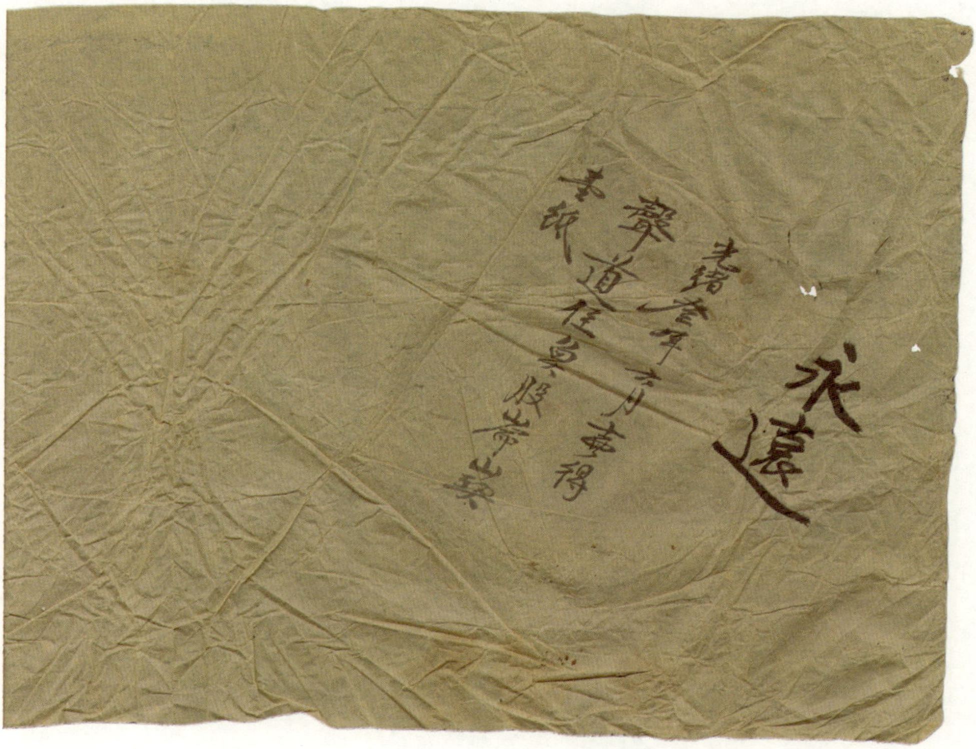

永遠

光緒叁年六月吉得

舉首道任吳股嵜山契

壹紙

3-2-105-3 包契紙

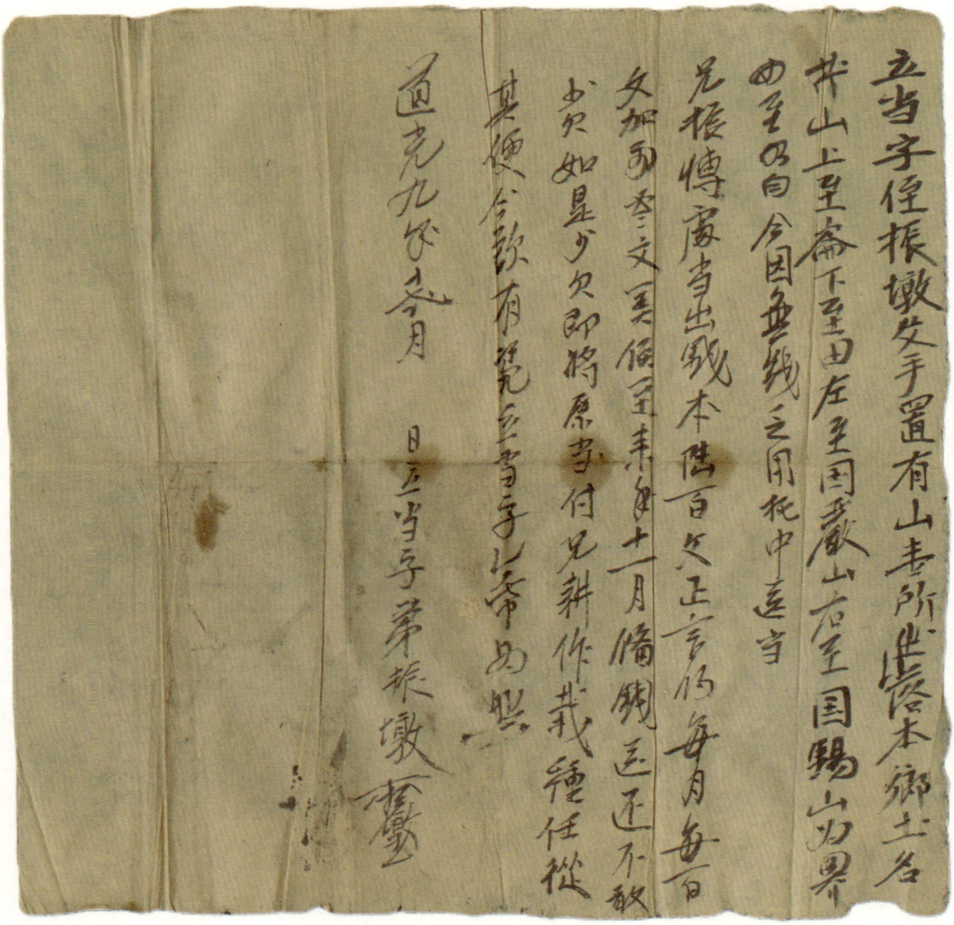

立当字侄振墩先手置有山壹所坐落本鄉土名
井山上至峰下至田左至国藏山右至国錫山为界
四至明白今因無钱應用托中送当
兄振傳處当出钱本陆百文正言約每月每百
文加利叁文其侄至来年十一月備钱送还不敢
少欠如是少欠即將原字付兄耕作栽種任從
其便今欲有憑立当字一帋为照
道光九年十二月　日立当字叶振墩（押）

3-2-105-4　清道光九年十二月葉振墩立當山字

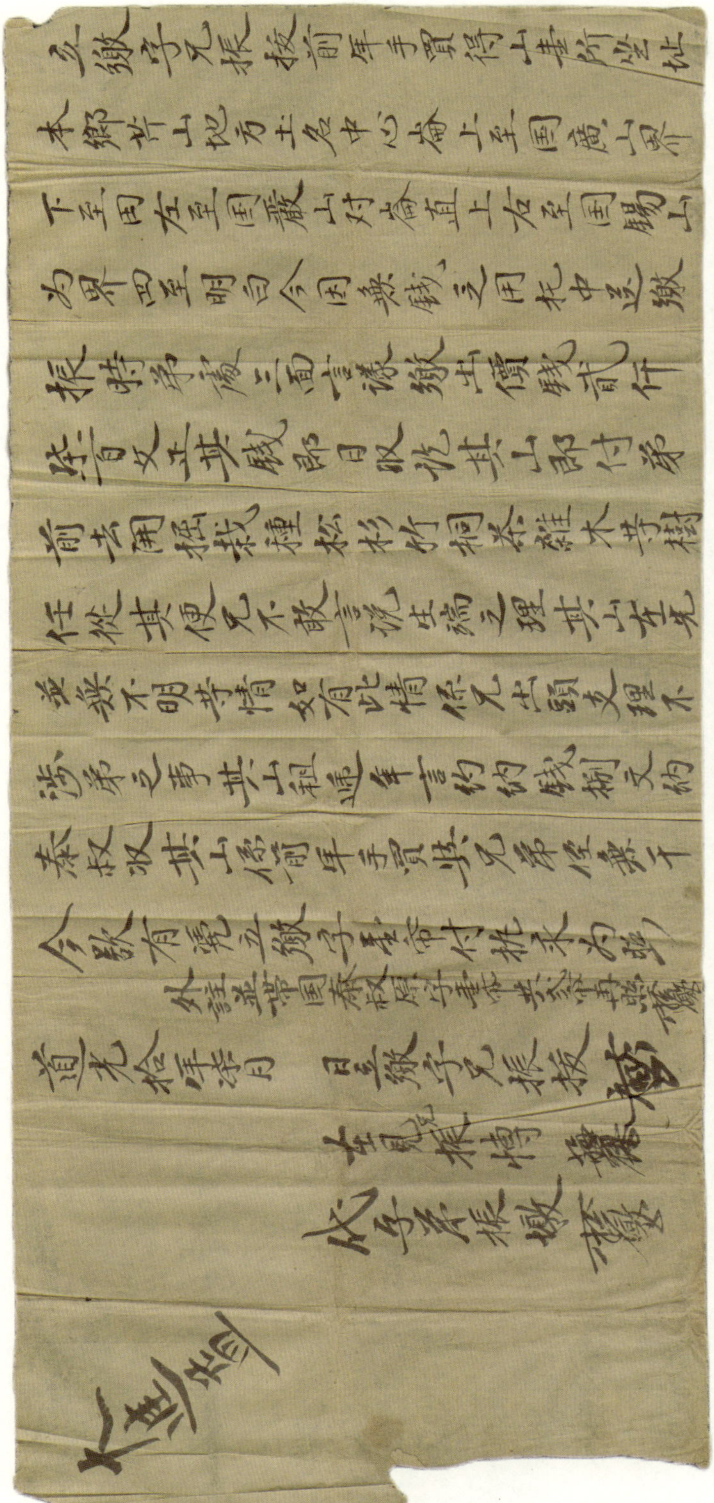

立繳字兄振拔前年手買得山業附坐址
本鄉地方土名中心崙上至園墘山界
下至園左至園嚴山對崙直上右至園賜山
為界四至明白今因乏錢之用托中送繳
振將弟處三面言議繳出價錢貳仟
陸百文正其錢即日收訖其山即付弟
前去開掘栽種松杉竹桐茶雜木等樹
任從其便兄不敢言說生端之理其山若先
並無不明等情如有此情係兄出頭支理不
涉弟之事其山祖遞年言約納錢捌文納
泰叔收其山係前年手買其兄弟侄無干
今欲有憑立繳字壹紙付振求為照
外註並帶周泰叔原字壹紙並交付弟為據
道光拾年柒月　日立繳字兄振拔（押）
在見兄振椅（押）
代字弟振椒（押）
大進光明

3-2-105-5　清道光十年七月葉振拔立繳山字

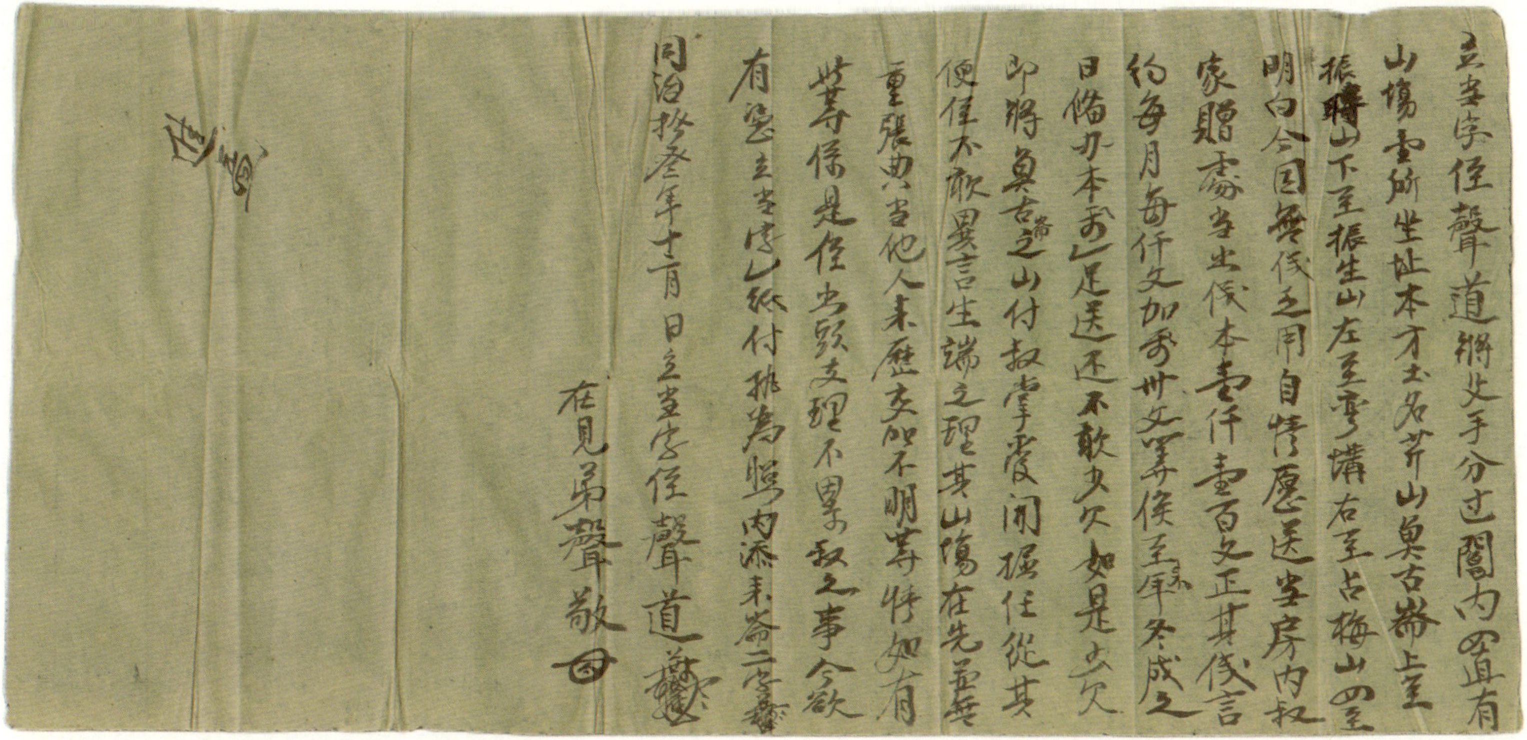
立当字侄聲道將此手分过阄内[illegible]直有
山塲壹所坐址本才土名芹山奠古嶺上至
振瞬山下至振生山左至[illegible]溝右至占梅山四至
明白今因無錢乏用自情愿送当房内叔
家贈處当出錢本壹仟壹百文正其錢言
約每月每仟文加利廿文算係至本年冬成之
日備办本利足送还不敢少欠如是少欠
即將奠古嶺之山付叔掌管開掘任從其
便侄不敢異言生端之理其山塲在先並無
重張典当他人来歷交加不明等情如有
此等係是侄出頭支理不累叔之事今欲
有憑立当字山紙付執為照 内添未尾二字
同治拾叁年十二月 日立当字侄聲道
在見弟聲敬

3-2-105-6 清同治十三年十二月葉聲道立當山場字

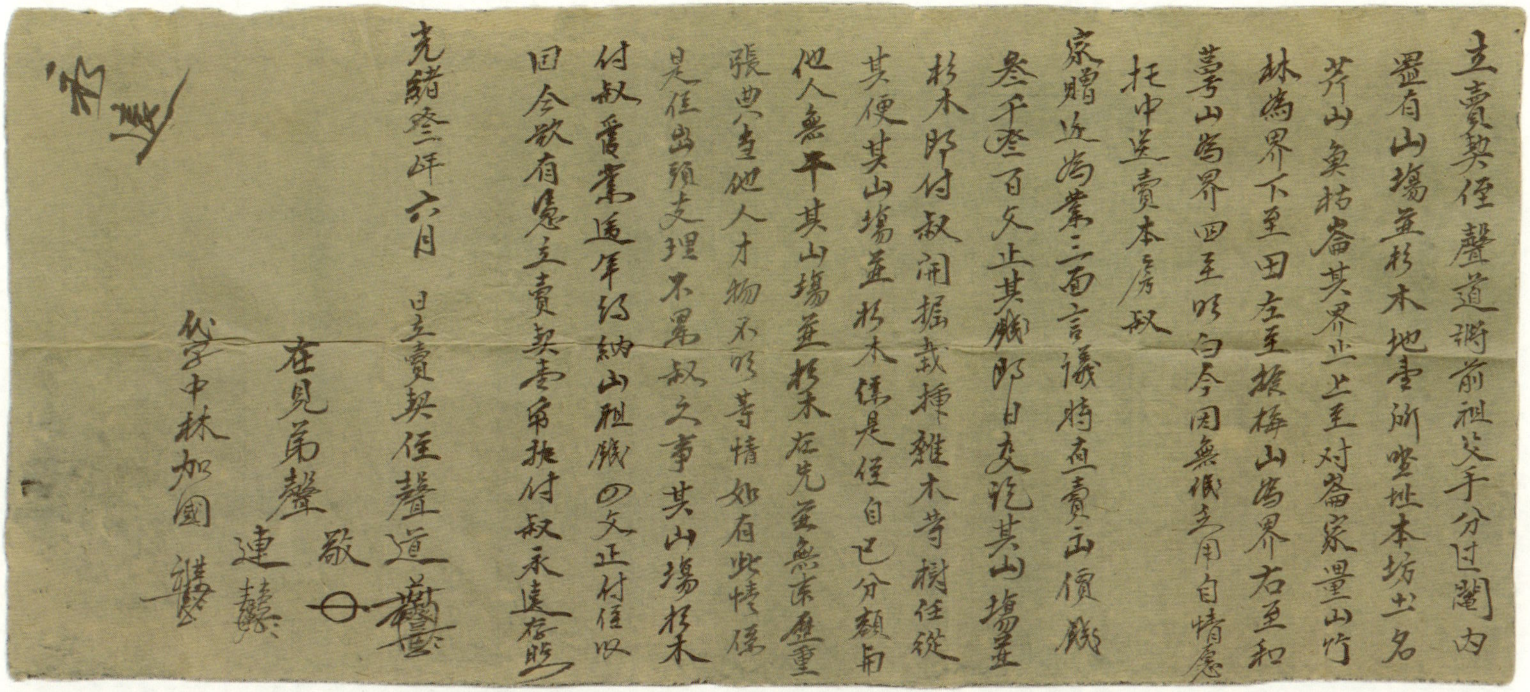
立賣契侄聲道，將前祖父手分过閣内
置有山場並杉木地壹所，坐址本坊土名
芹山奧枯畬，其界止上至对畬家壘山竹
林為界，下至田，左至旗梅山為界，右至和
蔞山為界，四至明白。今因無银應用，自情愿
托中送賣本房叔
家贈近為業。三面言議，時值出賣山價錢
叁千叁百文正，其錢即日交訖，其山場並
杉木即付叔開掘栽種雜木等樹，任從
其便。其山場並杉木係是侄自己分額，與
他人無干。其山場並杉木在先並無家重
張典當他人寸物不明等情，如有此情，係
是侄出頭支理，不累叔之事。其山場杉木
付叔管業，逐年仍納山租錢四文正付侄收
回。今欲有憑，立賣契壹帋，付叔永遠存照。
光緒叁年六月　日立賣契侄聲道（押）
在見弟聲敬（押）
連（押）
代字中林加國（押）

3-2-105-7　清光緒三年六月葉聲道立賣山場等契

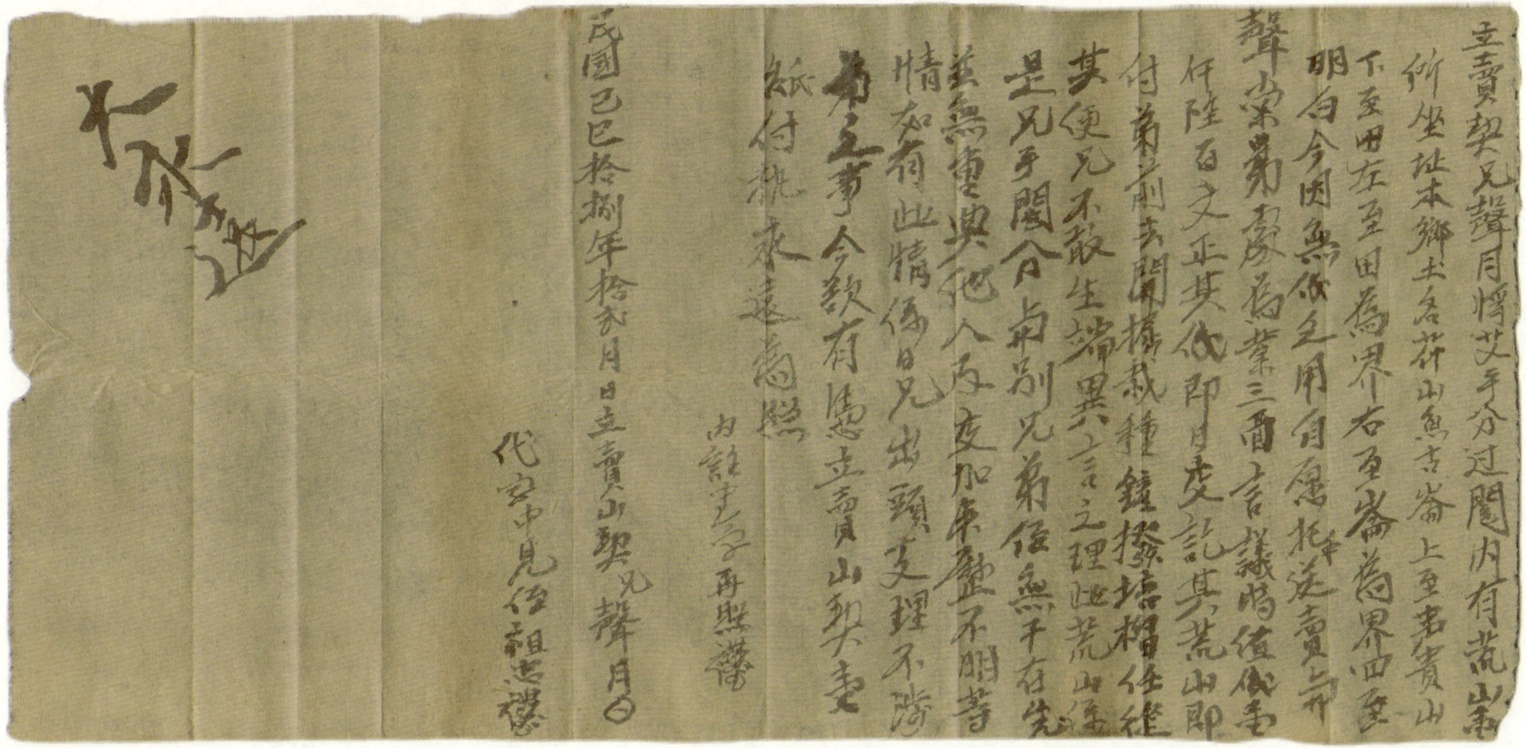

3-2-105-8 民國十八年十二月葉聲月立賣荒山契

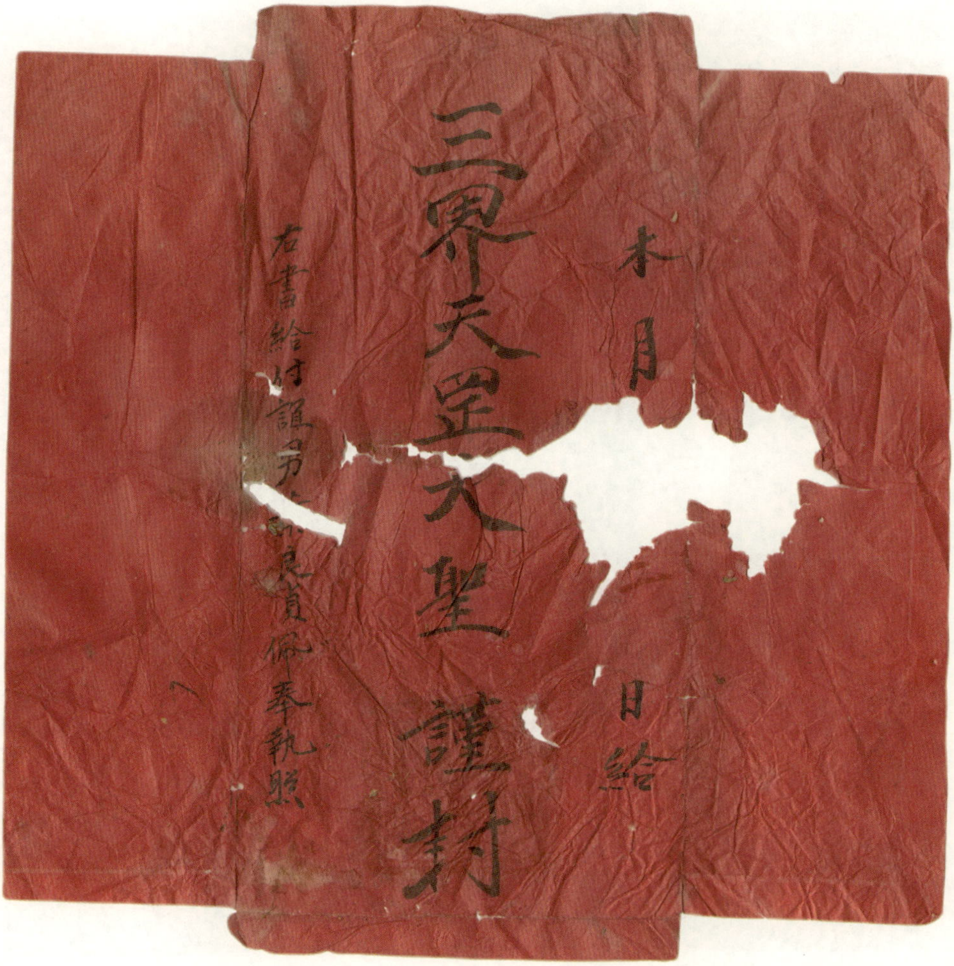
三界天呈大聖謹封
本月　日給
右書給付誼男[illegible][illegible]良首修奉執照

3-2-106-1　包契紙

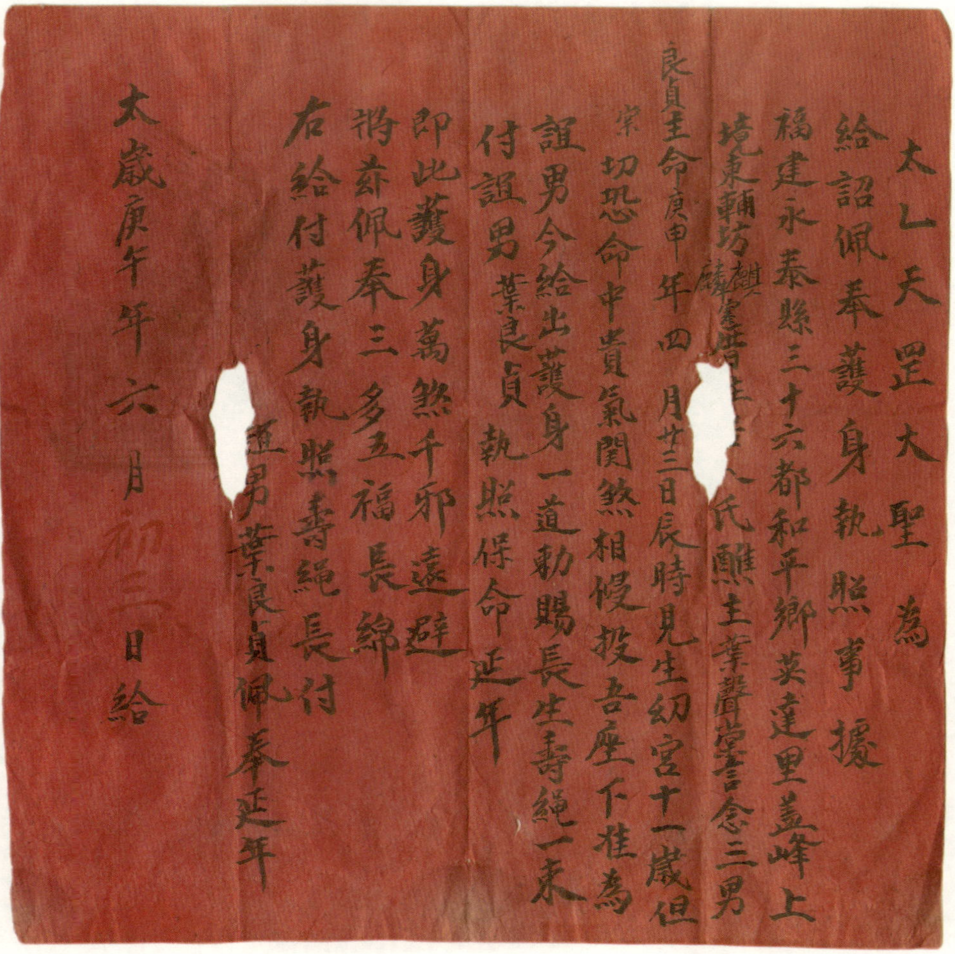

太乙天罡大聖 為
給詔佩奉護身執照事據
福建永泰縣三十六都和平鄉英達里蓋峰上
境東輔坊麒麟宮皆主[illegible]人氏醮主葉聲嘗言念三男
良貞主命庚申年四月廿三日辰時見生幼宮十一歲但
宗 切恐命中貴氣閡煞相侵投吾座下推為
誼男今給出護身一道勅賜長生壽繩一束
付誼男 葉良貞 執照保命延年
即此護身萬煞千邪遠避
將爵佩奉三多五福長綿
右給付護身執照壽繩長付
誼男葉良貞佩奉延年
太歲庚午年六月初三日給

3-2-106-2 民國十九年六月葉良貞過關文書

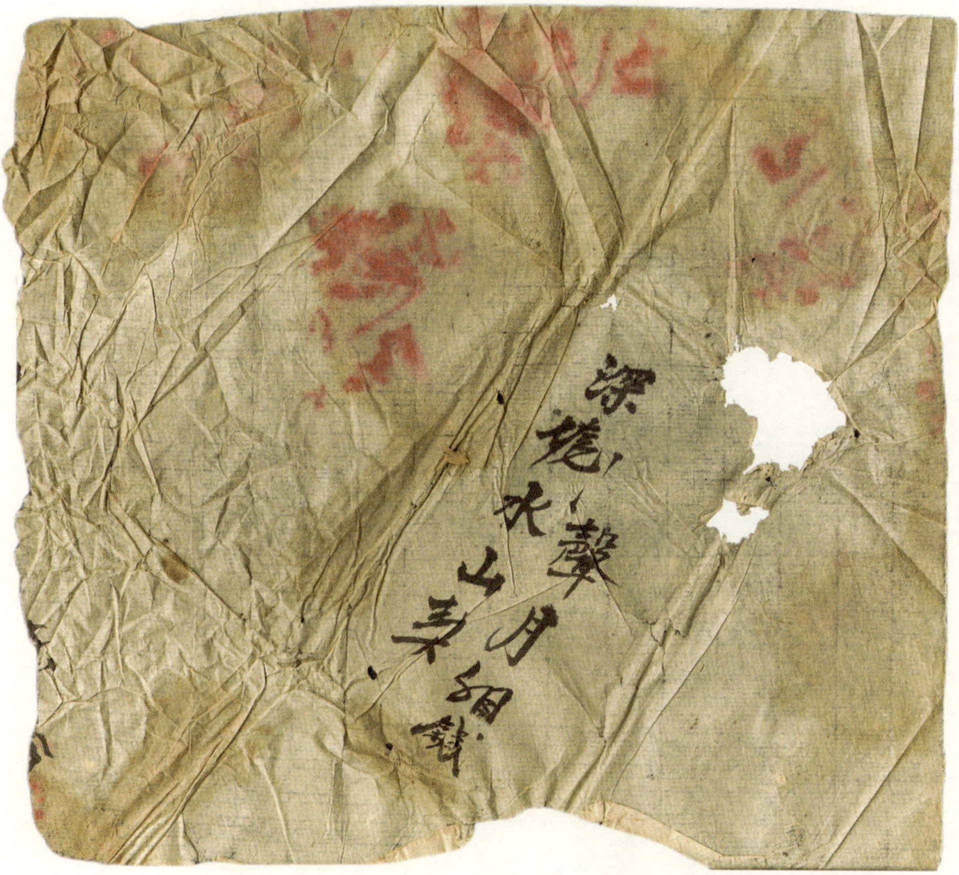

3-2-107-1　包契紙

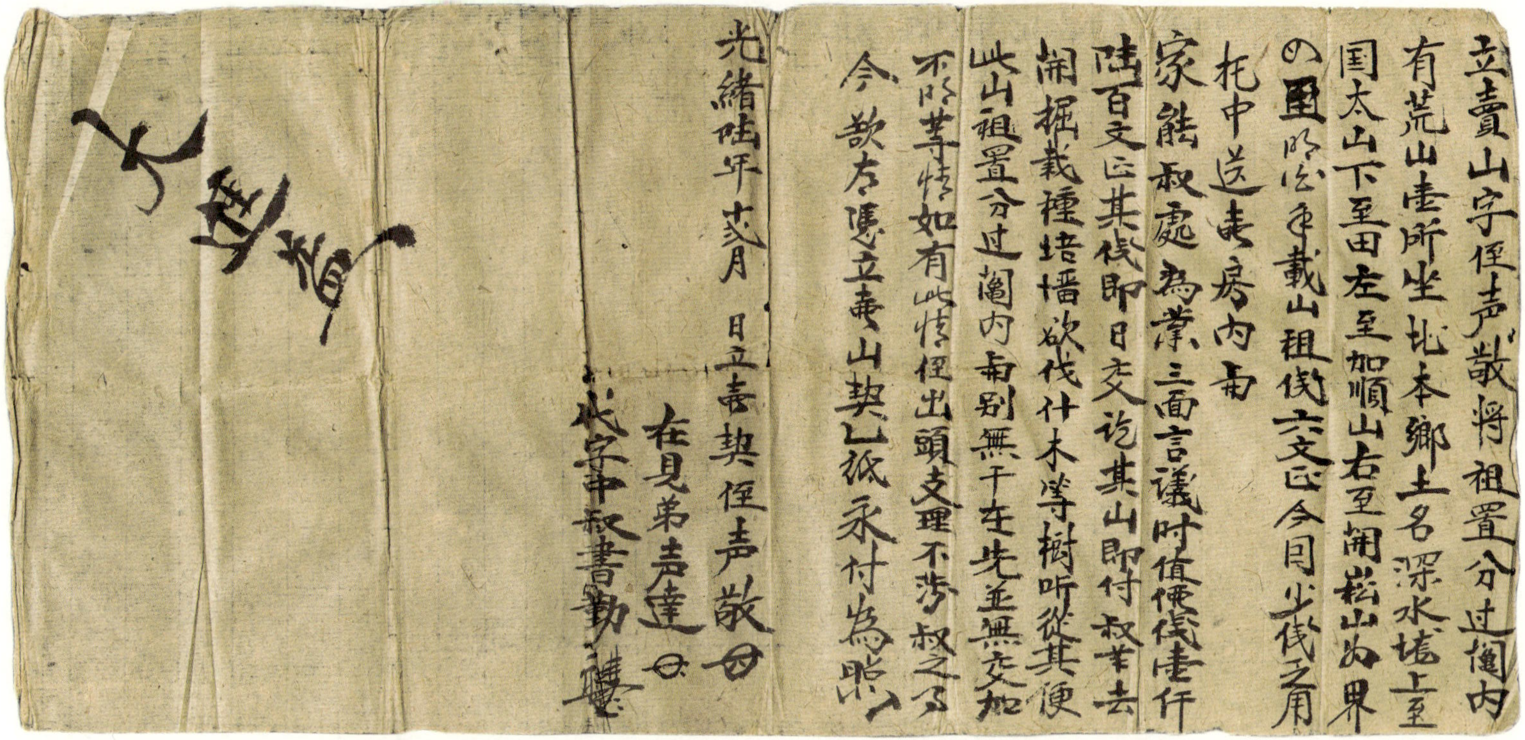

立賣山字侄声敬將祖置分过阄内
有荒山壹所坐址本鄉土名深水垅上至
国太山下至田左至加順山右至開崧山為界
四至明白今載山租钱六文正今因少钱乏用
托中送與房内
家叔處為業三面言議时值價钱壹仟
陆百文正其钱即日交讫其山即付叔葉去
開掘栽種培播砍伐什木等樹听從其便
此山祖置分过阄内与别無干在先並無交加
不明等情如有此情侄出頭支理不涉叔之事
今欲有憑立賣山契一紙永付為照
光緒陆年十弍月 日立賣契侄声敬（押）
在見弟声達（押）
代字叔書勤（押）

3-2-107-2　清光緒六年十二月葉声敬立賣荒山契

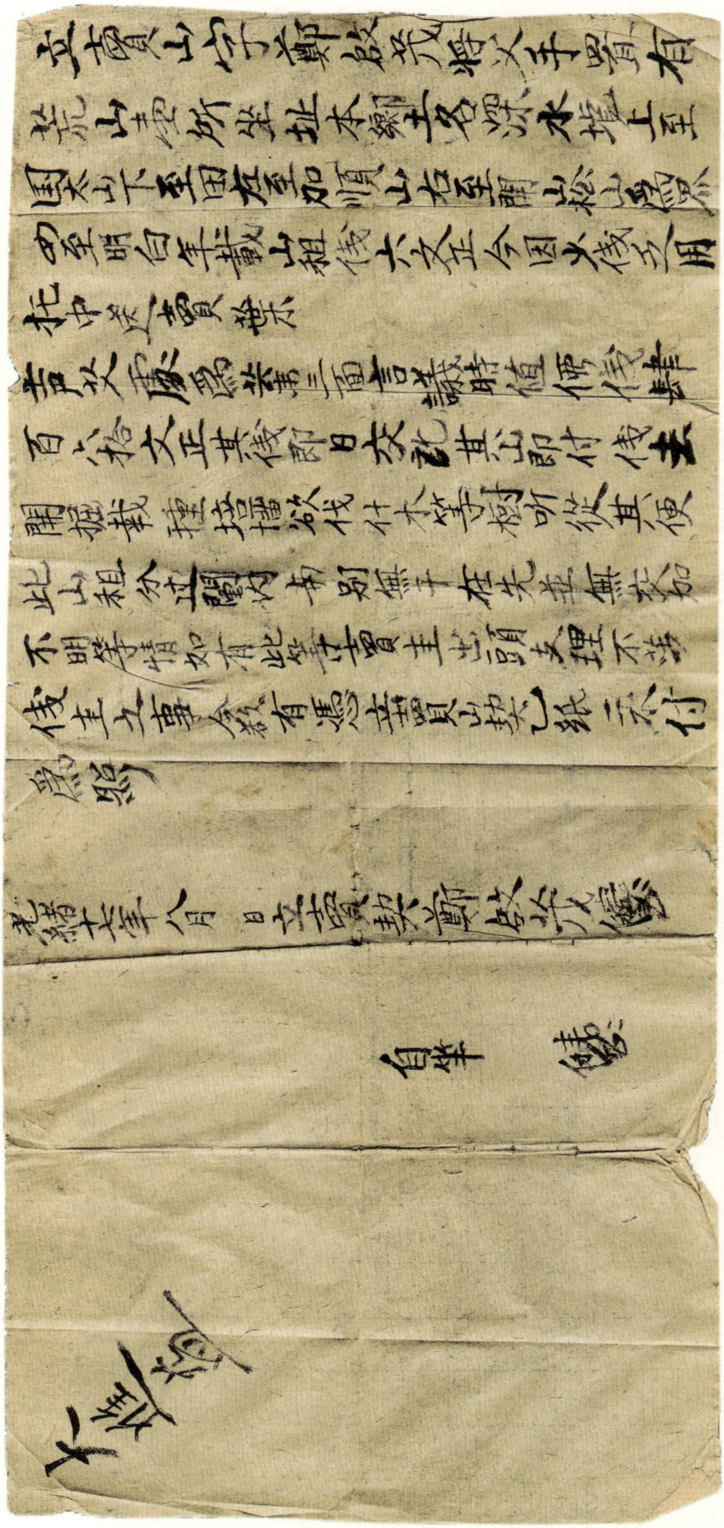
立賣山字人鄭啓茂兄弟今將父手置有
荒山壹處坐址本鄉土名[illegible]承墘上至
園頭山下至田左至加順山右至鄭山嶺為界
四至明白年載山租錢六文正今因乏錢應用
托中送上賣與葉[illegible]
葉[illegible]為業三面言議時值價錢肆
百六拾文正其錢即日交訖其山即付錢主
開掘栽種插種杉松竹木等樹聽從其便
此山祖分並與房內伯叔兄弟無干在先並無交加
不明等情如有此色出賣主出頭支理不涉
錢主之事今欲有憑立賣山契一紙永遠付
為照
光緒十七年八月　日立賣山契人鄭啓茂（押）
自筆（押）
大[illegible]

3-2-107-3　清光緒十七年八月鄭啓茂立賣荒山契

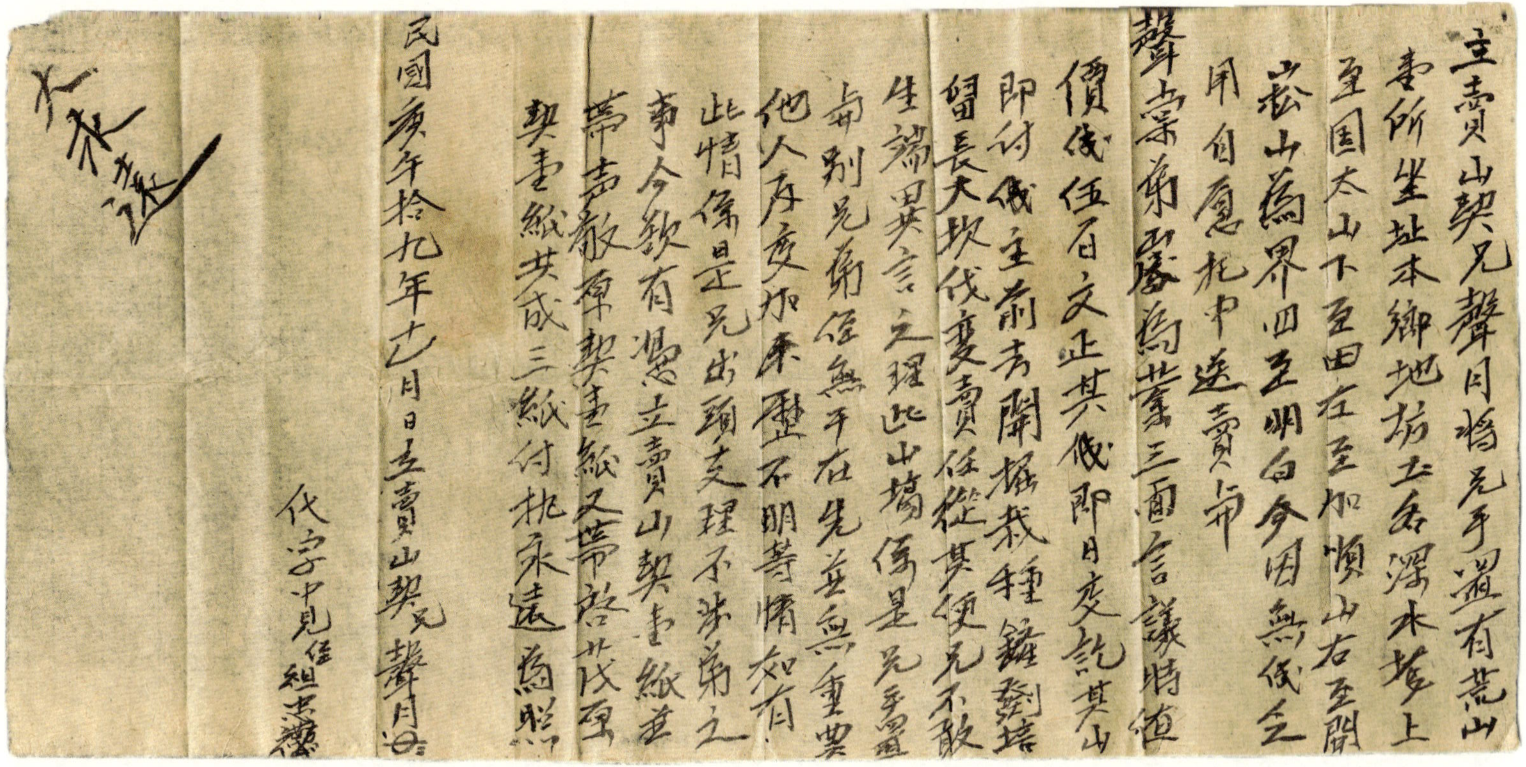

3-2-107-4　民國十九年十一月葉聲月立賣荒山契

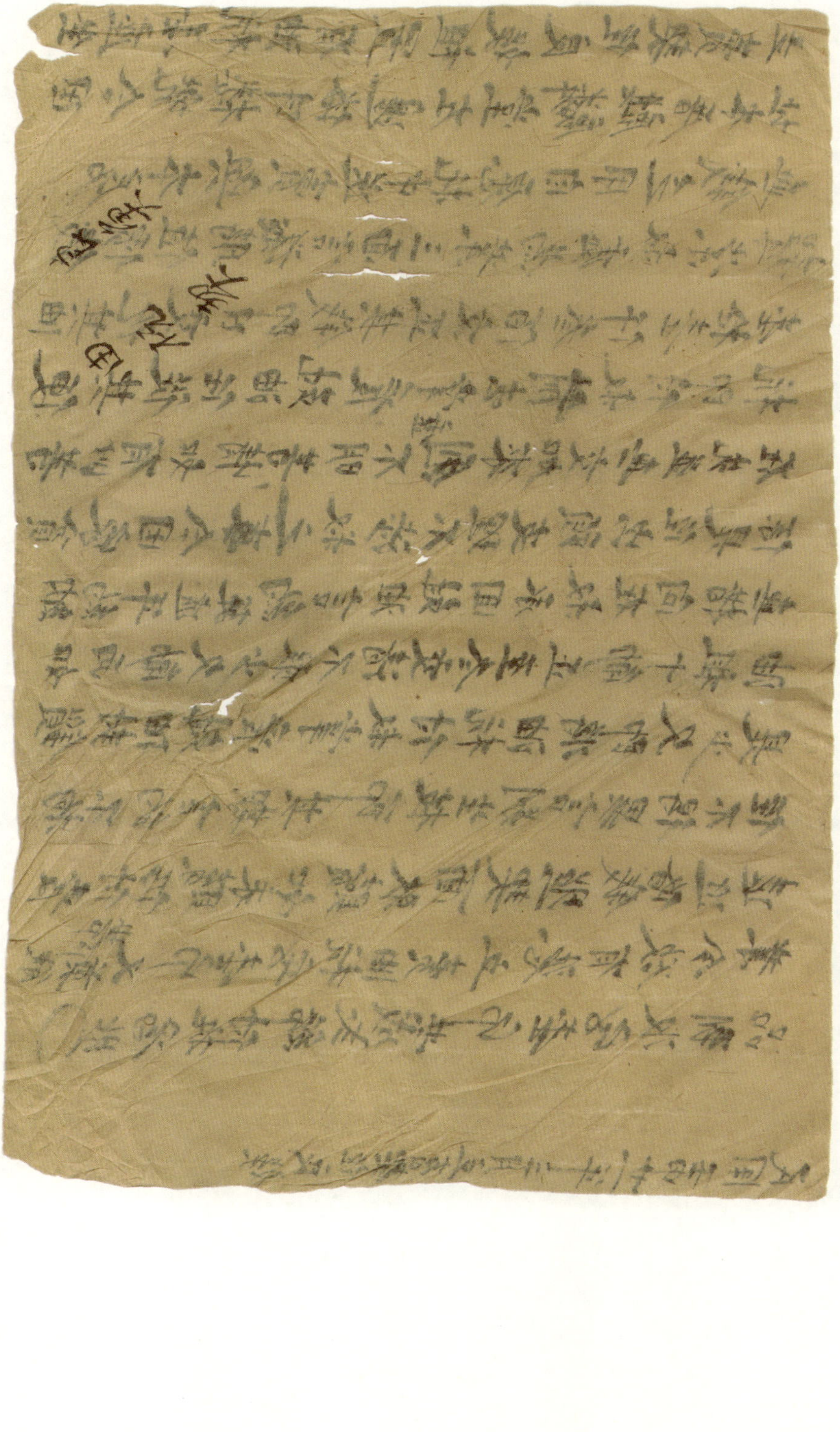

3-2-108-1　包契紙

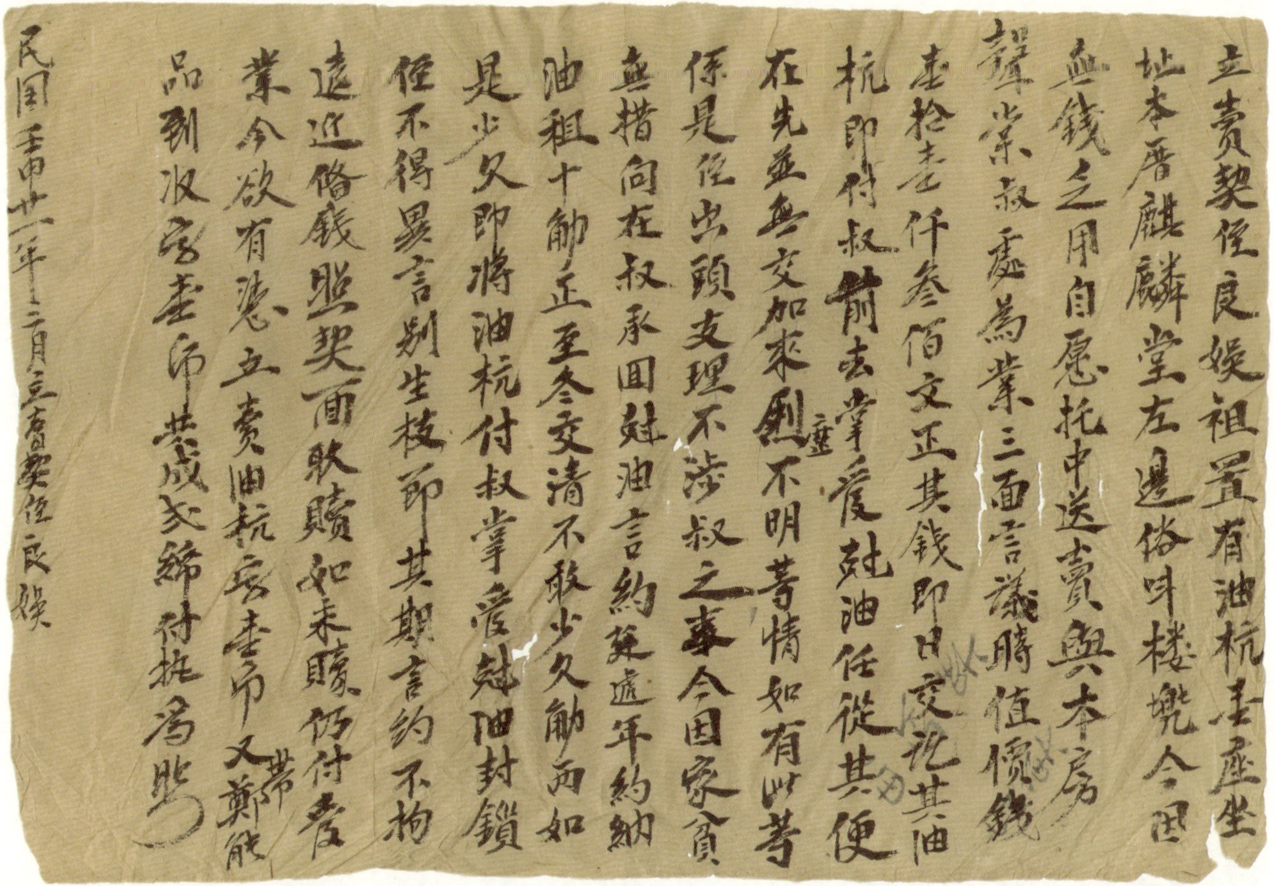
立賣契侄良娱祖置有油杭壹座坐
址本厝麒麟堂左邊俗呌樓兜今因
無錢之用自愿托中送賣與本房
叔紫叔處爲業三面言議時值價錢
壹拾壹仟叁佰文正其錢即日交訖其油
杭即付叔前去掌管起油任從其便
在先並無交加來歷不明等情如有此等
係是侄出頭支理不涉叔之事今因家貧
無措向在叔承回起油言約逐年約納
油租十觔正至冬交清不敢少欠觔両如
是少欠即將油杭付叔掌管起油封鎖
侄不得異言别生枝節其期言約不拘
遠近備錢照契面取贖如未贖仍付叔管
業今欲有憑立賣油杭字壹帋又帶贌帋
品剝汲字壹帋共成弍紙付執爲照
民國壬申廿一年三月立賣契侄良娱

3-2-108-2 民國二十一年三月葉良娱立賣油杭契（草契）

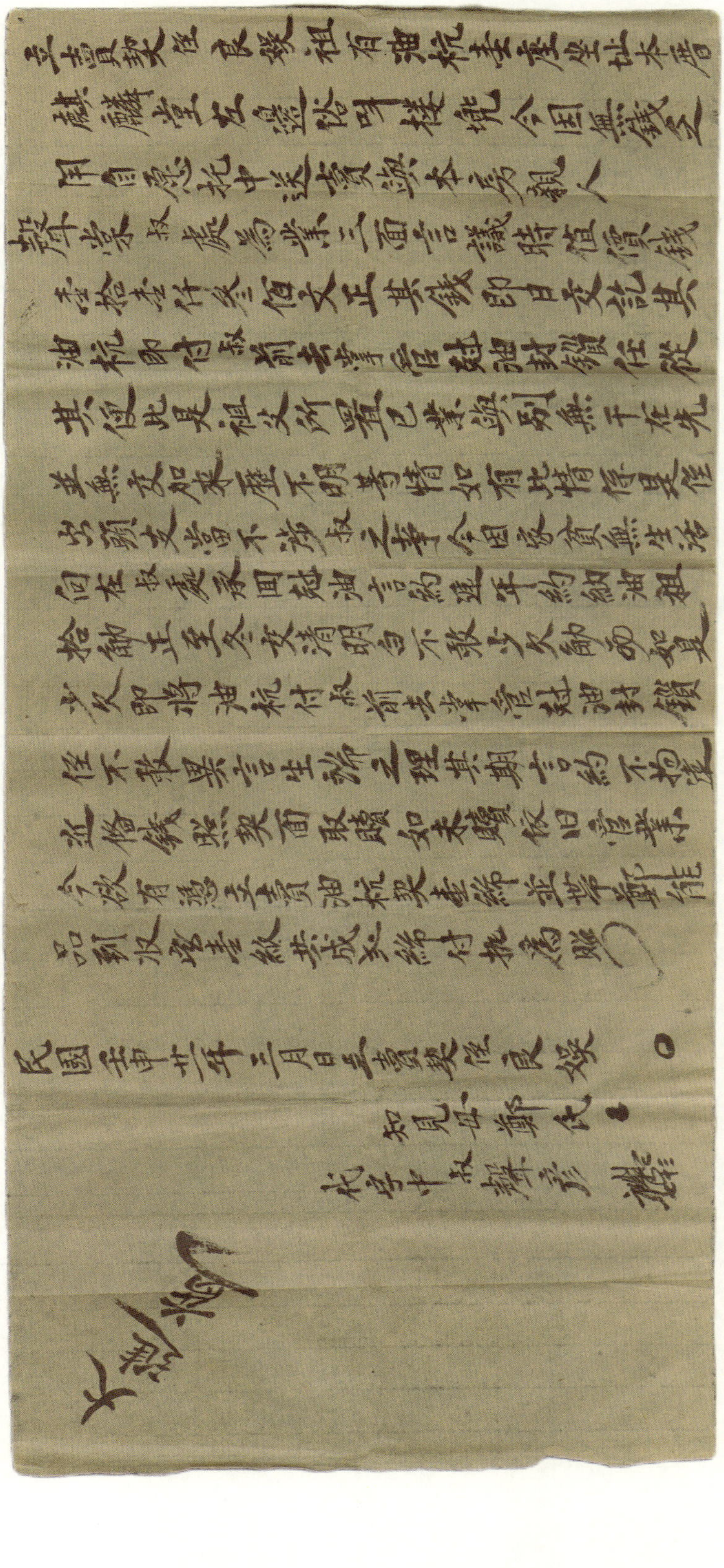

立賣契人侄良娱承祖有油杭壹座坐址本居

碓頭蘭亭坑邊路明樓壚下今因無錢乏

用自愿托中送與本房親人

聲淳叔處為業三面言議時值價錢

壹拾壹仟叁佰文正其錢即日交訖其

油杭即付叔前去掌管鉆油封鑽任從

其便此是祖父所置己業與別房無干在先

並無交加來歷不明等情如有此情侄自

出頭支當不涉叔之事今因家貧無生活

向在叔處承回鉆油言約逐年納鉆油租

拾[illegible]正至冬交清明白不敢少欠如是

少欠即將油杭付叔前去掌管鉆油封鑽

任從叔另召別人鉆油之理其期言約不拘遠

近備價錢照契面取贖如未贖依旧管業此

今欲有憑立賣油杭契壹紙並批字壹紙

[illegible]壹紙共成弍紙付執為照

民國壬申廿一年三月日立賣契侄良娱

知見母鄭氏

代字中叔聲彩

大[illegible]

3-2-108-3 民國二十一年三月葉良娱立賣油杭契

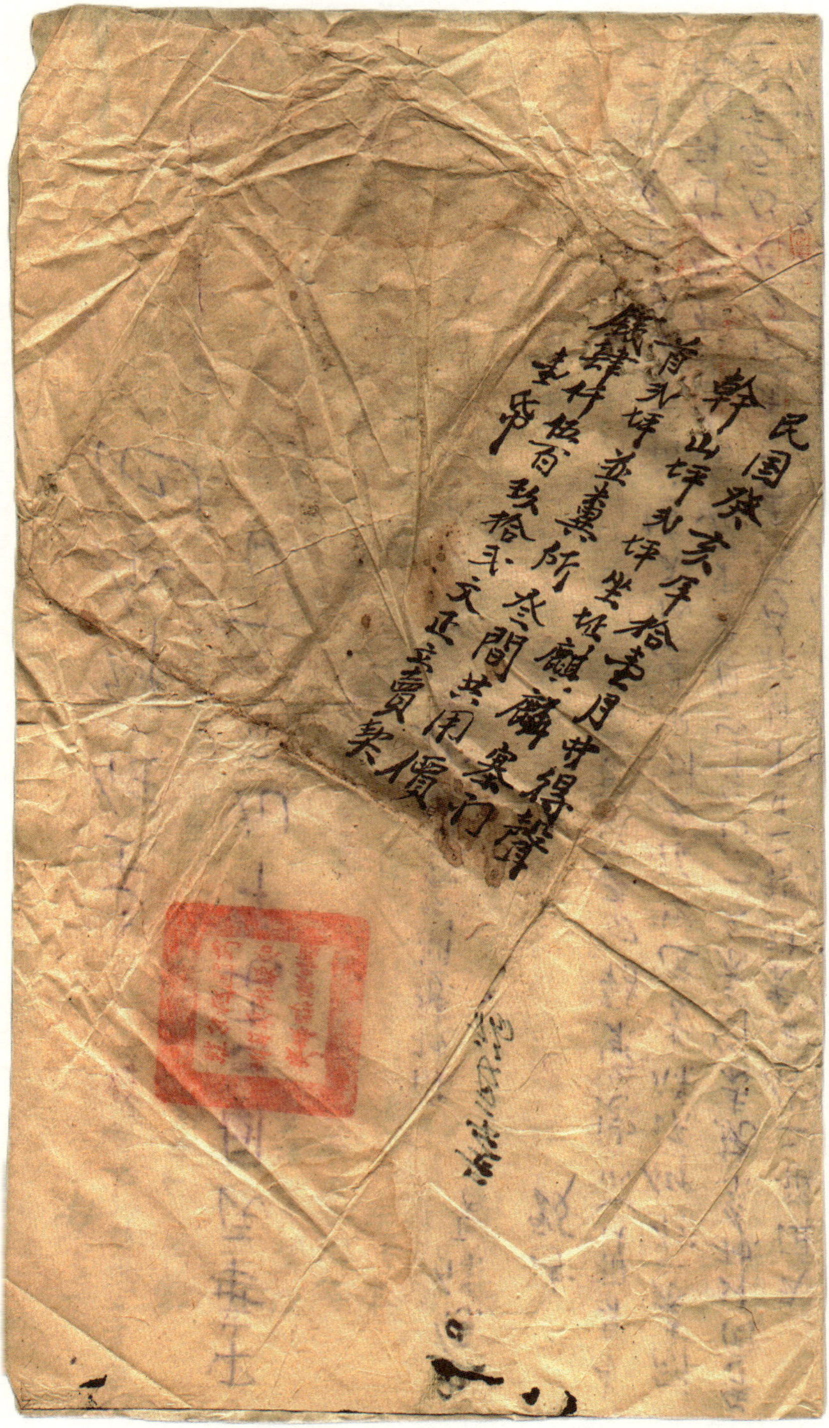
民国癸亥年拾壹月廿得贌
幹山坪丸坪坐坵麟廨塞门
青丸坪並菓所尽間共闱價
錢肆仟伍百玖拾弍文正
壹帋 立賣契

3-2-109-1 包契紙

3-2-109-2 包契紙

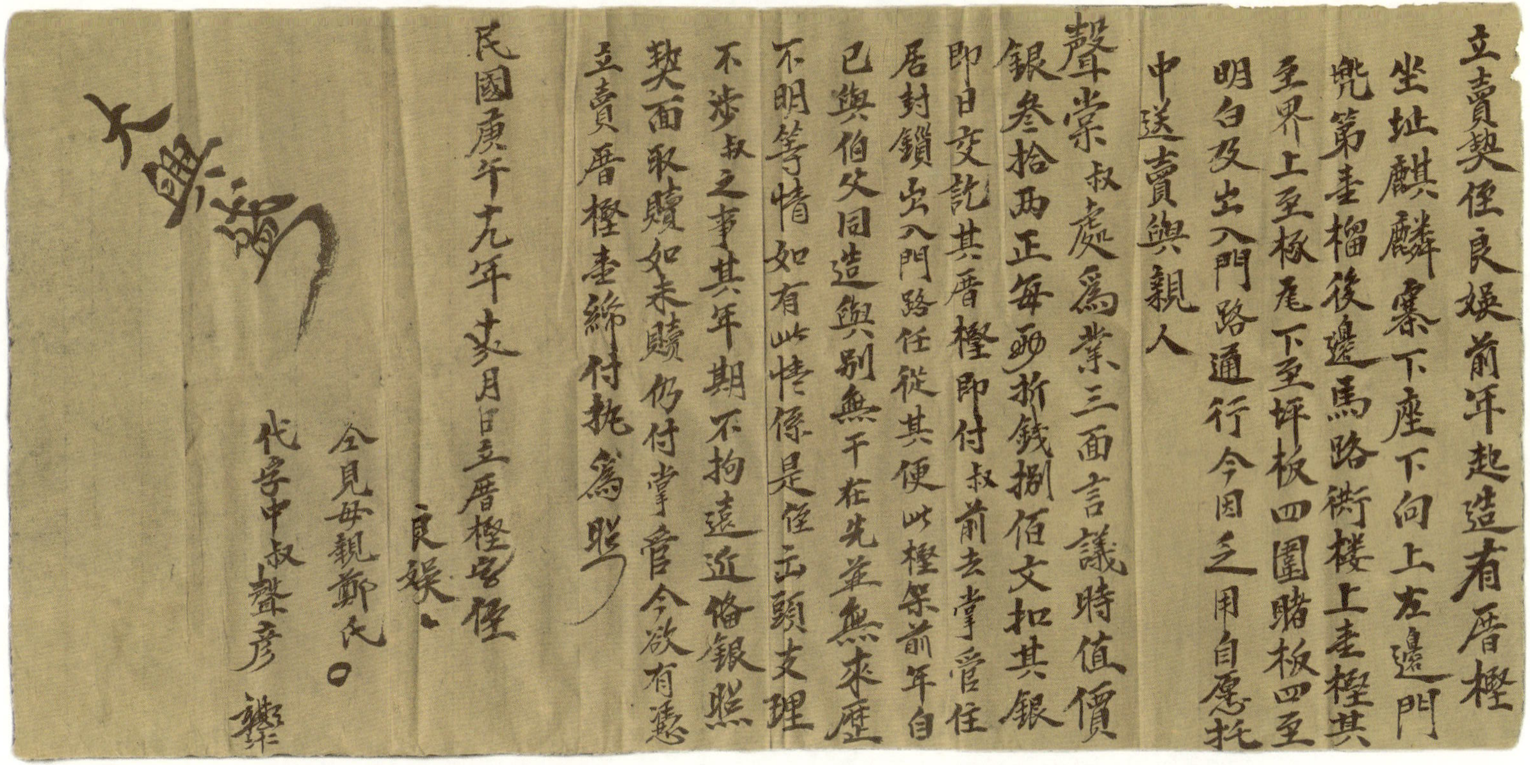

立賣契侄良娛前年起造有厝樫
坐址麒麟寨下座下向上左邊門
兜第壹榴後邊馬路街樓上壹樫其
至界上至椽尾下至坪板四圍賭板四至
明白及出入門路通行今因乏用自愿托
中送賣與親人
聲棠叔處爲業三面言議時值價
銀叁拾兩正每兩折錢捌佰文扣其銀
即日交訖其厝樫即付叔前去掌管住
居封鎖出入門路任從其便此樫係前年自
己與伯父同造與别無干在先並無來歷
不明等情如有此情係是侄出頭支理
不涉叔之事其年期不拘遠近備銀照
契面取贖如未贖仍付掌管今欲有憑
立賣厝樫壹紙付執爲照
民國庚午十九年十二月　日立厝樫字侄
良娛
仝見母親鄭氏〇
代字中叔聲彥

3-2-109-3　民國十九年十二月葉良娛立賣厝樫契

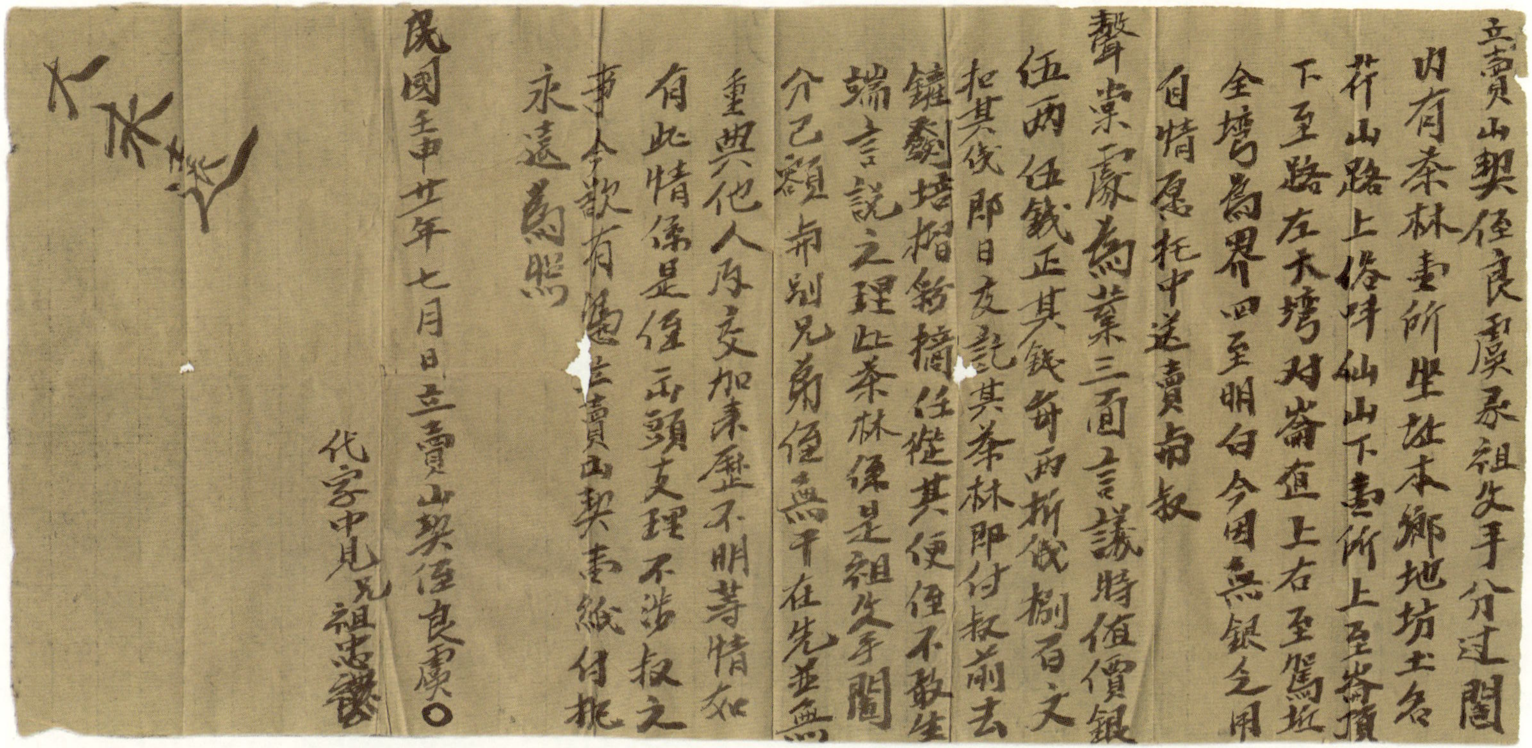

立賣山契侄良虞承祖父手分過閬
內有茶林壹所坐址本鄉地坊土名
苻山路上洛畔仙山下壹所上至崙頂
下至路左大塆对崙直上右至篤垭
全塆為界四至明白今因無銀乏用
自情愿托中送賣與叔
聲棠邊為業三面言議時值價銀
伍兩伍錢正其錢每两折錢捌百文
扣其錢即日交訖其茶林即付叔前去
鋤鍬培插修摘任從其便侄不敢生
端言說之理此茶林係是祖父手閬
分己額與別兄弟侄無干在先並無
重典他人存交加來歷不明等情如
有此情係是侄一力頭支理不涉叔之
事今欲有憑立賣山契壹紙付執
永遠為照

民國壬申廿一年七月　日立賣山契侄良虞〇
代字中見兄祖忠

大吉[illegible]

3-2-109-4　民國二十一年七月葉良虞立賣茶林契

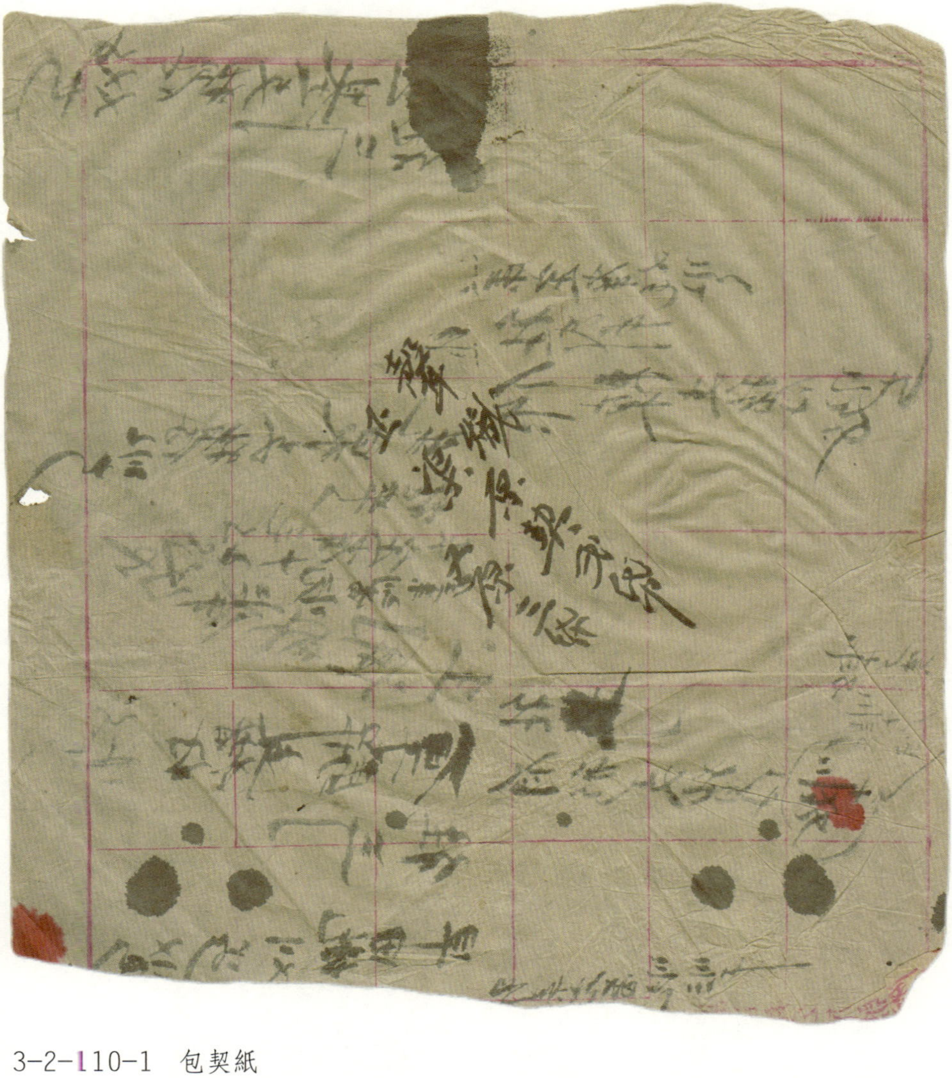

3-2-110-1 包契紙

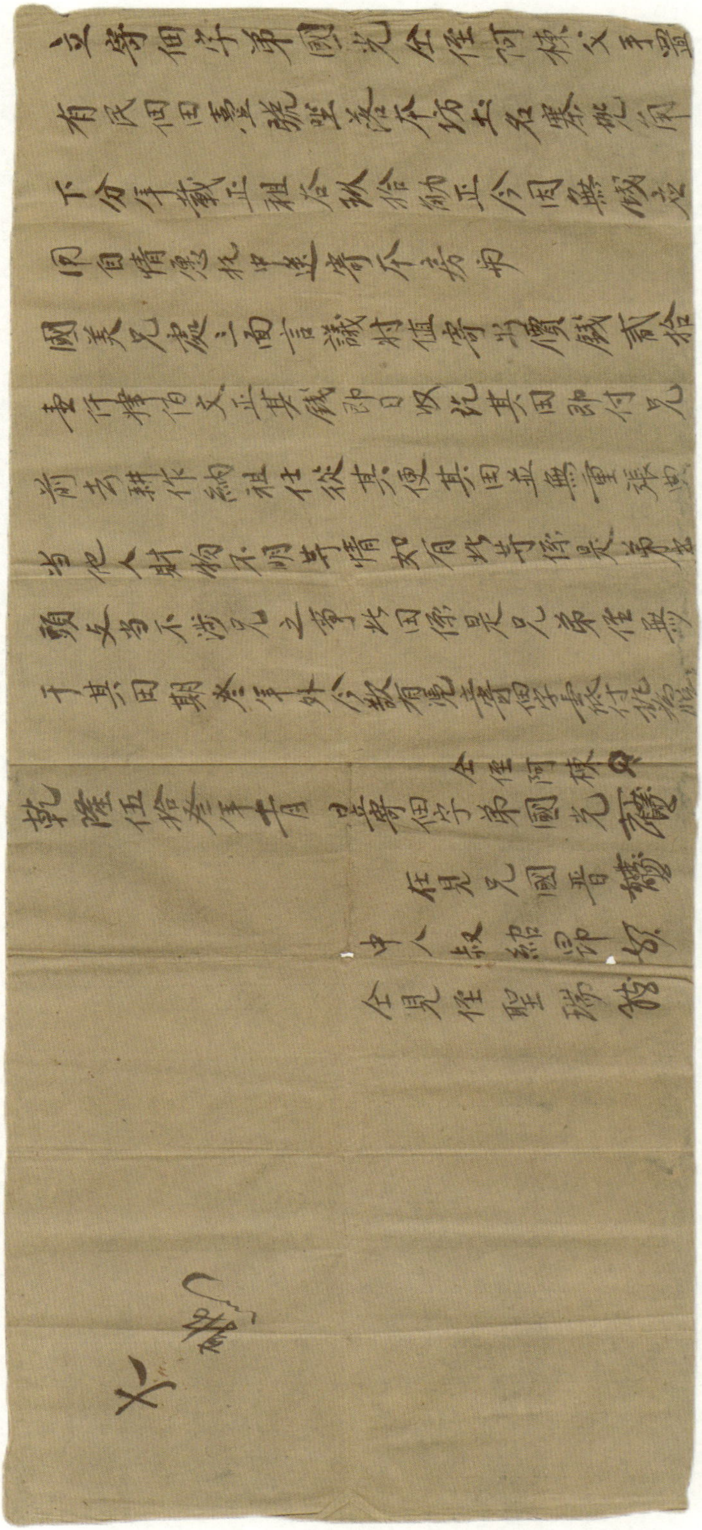
立寄佃字弟國光仝侄河林父子，盟
有民田壹號，坐落本坊土名寨坑仔
下，分得載正租谷拾斛正。今因無錢乏
用，自情愿托中送寄本房叔
國美兄處，三面言議時值寄佃價錢貳拾
壹仟肆佰文正。其錢即日收訖，其田即付兄
前去耕作納租仕收。其田並無重張典
當他人財物，不明等情，如有此等，係是弟侄
自支當，不涉兄之事。此田係是兄弟侄照
于其田期叁年外，今欲有憑，立寄佃字付兄為照。
仝侄河林（押）
乾隆伍拾叁年十一月 日立寄佃字弟國光（押）
在見兄國番（押）
中人叔紹日（押）
仝見侄聖勝（押）

3-2-110-2 清乾隆五十三年十一月葉國光等立寄民佃田字

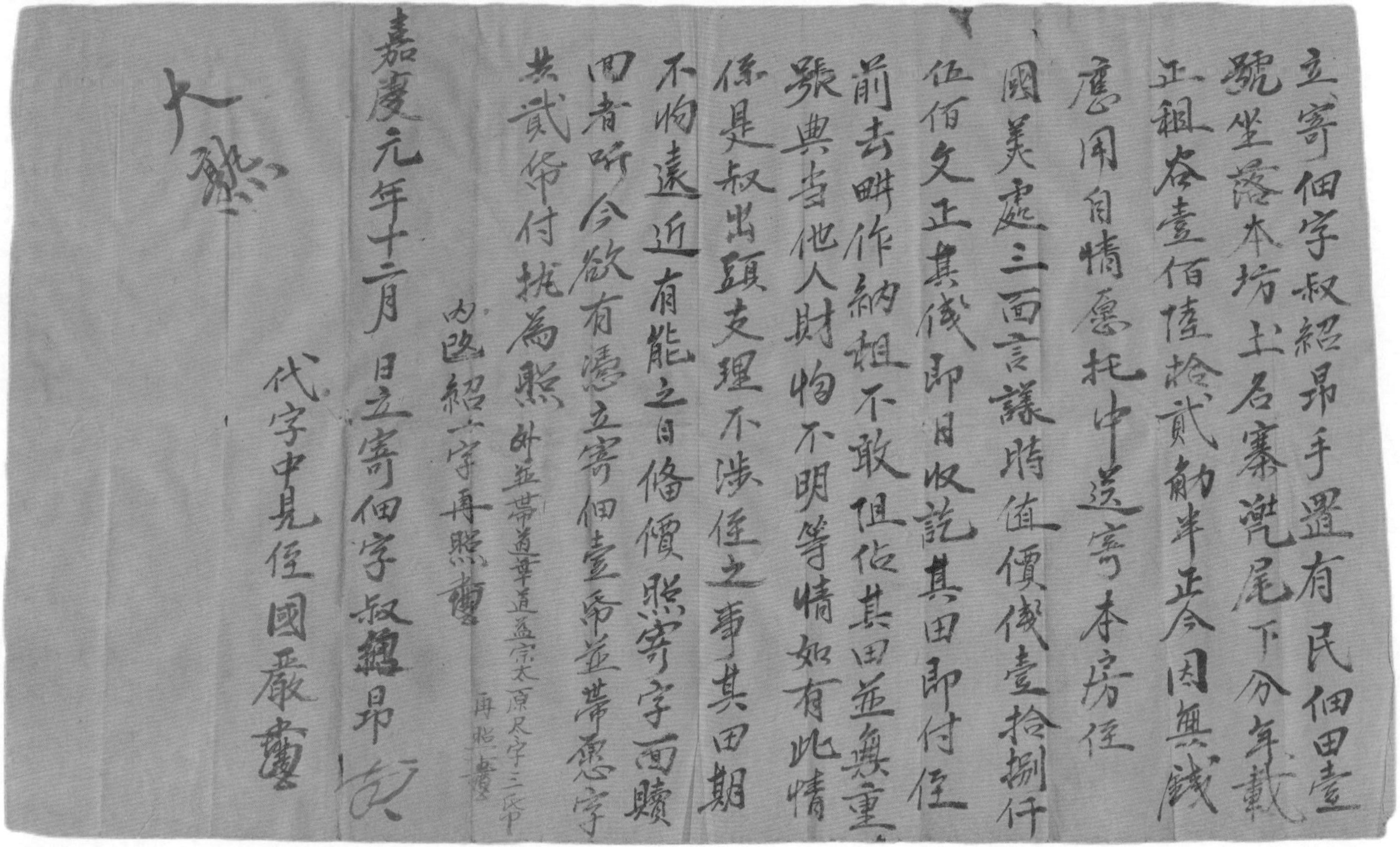
立寄佃字叔紹昂手置有民佃田壹
號坐落本坊土名寨湾尾下分年載
正租谷壹佰陸拾貳觔半正今因無錢
應用自情愿托中送寄本房侄
國美處三面言議時值價錢壹拾捌仟
伍佰文正其錢即日收訖其田即付侄
前去畊作納租不敢阻佔其田並無重
號典當他人財物不明等情如有此情
係是叔出頭支理不涉侄之事其田期
不拘遠近有能之日備價照寄字面贖
回者听今欲有憑立寄佃壹紙並帶愿字
共貳紙付挑為照 外並帶道華道益宗太原尺字三紙 再照
內塗紹一字再照
嘉慶元年十二月 日立寄佃字叔葉紹昂
代字中見侄國嚴
大熟

3-2-110-3 清嘉慶元年十二月葉紹昂立寄民佃田字

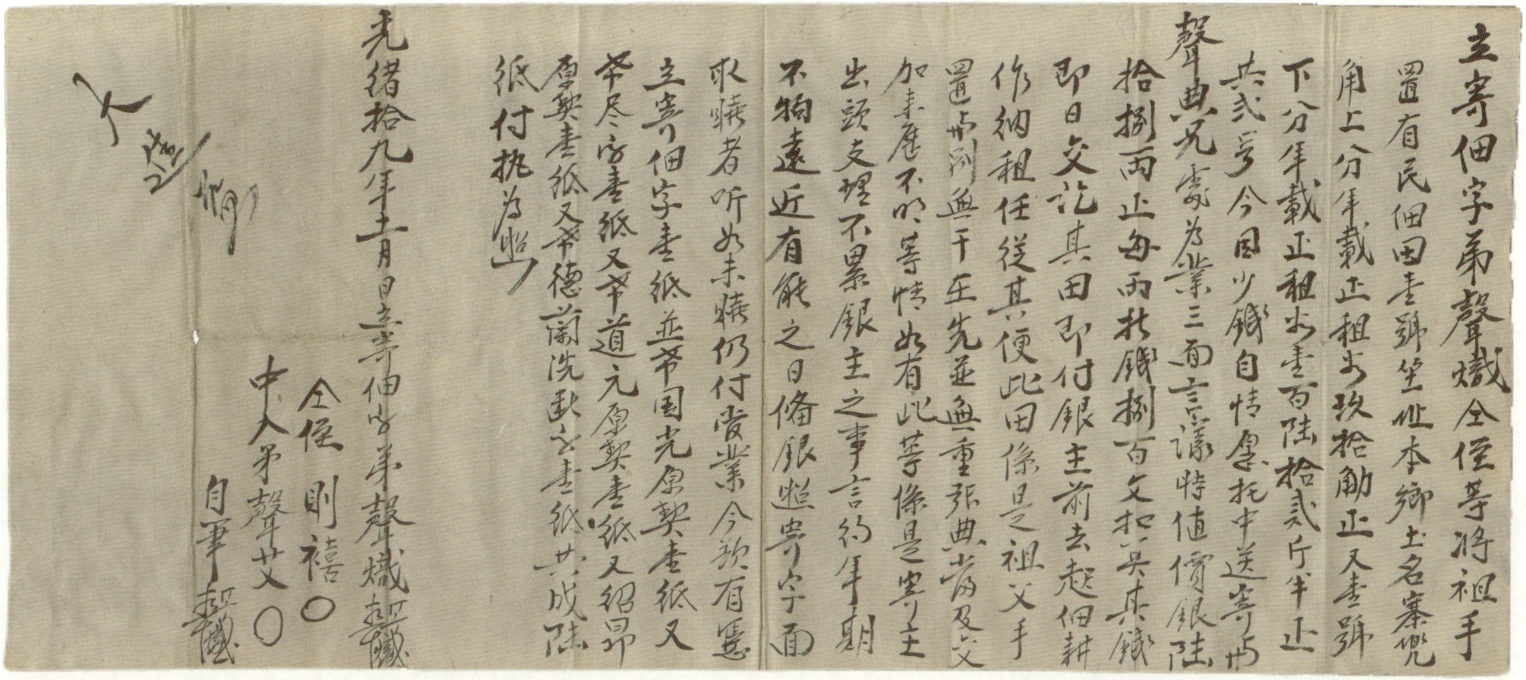
立寄佃字弟聲熾仝侄等將祖手
置有民佃田壹號坐址本鄉土名寨兜
角上分年載正租大玖拾觔正又壹號
下分年載正租大壹百陸拾貳斤半正
共貳号今因少錢自情愿托中送寄與
聲典兄處為業三面言議時值價銀陸
拾捌兩正每兩扣錢捌百文扣共英銀
即日交訖其田即付銀主前去起佃耕
作納租任從其便此田係是祖父手
置與別無干在先並無重張典當及交
加來歷不明等情如有此等係是寄主
出頭支理不累銀主之事言約年朔
不拘遠近有銀之日備銀照寄字面
取贖者聽如未贖仍付寄業今欲有憑
立寄佃字壹紙並弟国光原契壹紙又
弟尽官壹紙又弟道元原契壹紙又紹昂
原契壹紙又弟德蘭洗找字壹紙共成陸
紙付執為照
光緒拾九年十一月　日立寄佃字弟聲熾（押）
仝侄　則禧〇
中人弟聲艾〇
自筆聲熾
大吉利

3-2-110-4　清光緒十九年十一月葉聲熾等立寄民佃田字

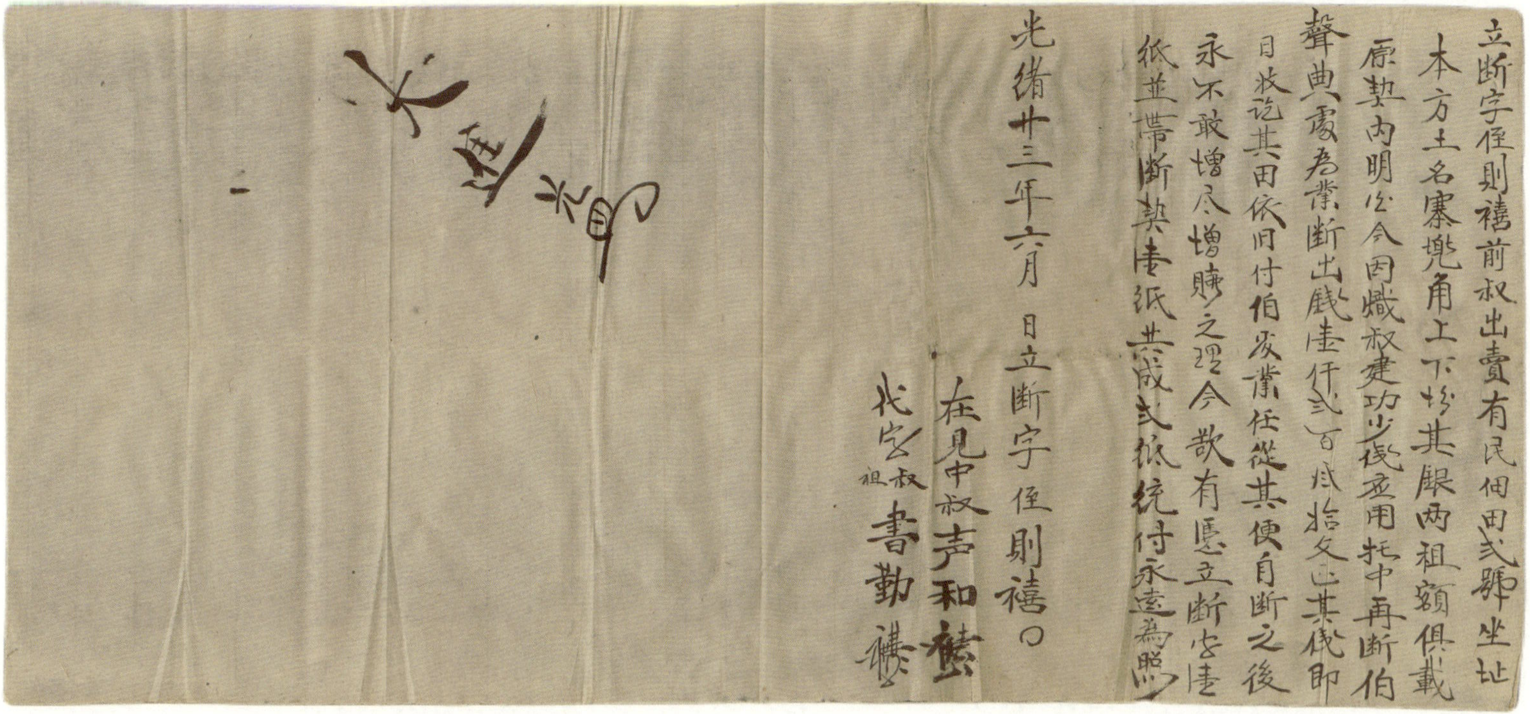
立断字侄則禧前叔出賣有民佃田弍號坐址
本方土名寨兜角上下坵其粮两祖額俱載
原契内明白今因織叔建功少钱应用托中再断伯
聲典處為業断出钱壹仟弍百文正其钱即
日收訖其田依旧付伯家業任從其便自断之後
永不敢增尽增贖之理今欲有憑立断字壹
紙並帶断契壹紙共成弍紙統付永遠為照
光緒廿三年六月　日立断字侄則禧
在見中叔声和
代字祖叔書勤

3-2-110-5　清光緒二十三年六月葉則禧立斷民佃田字

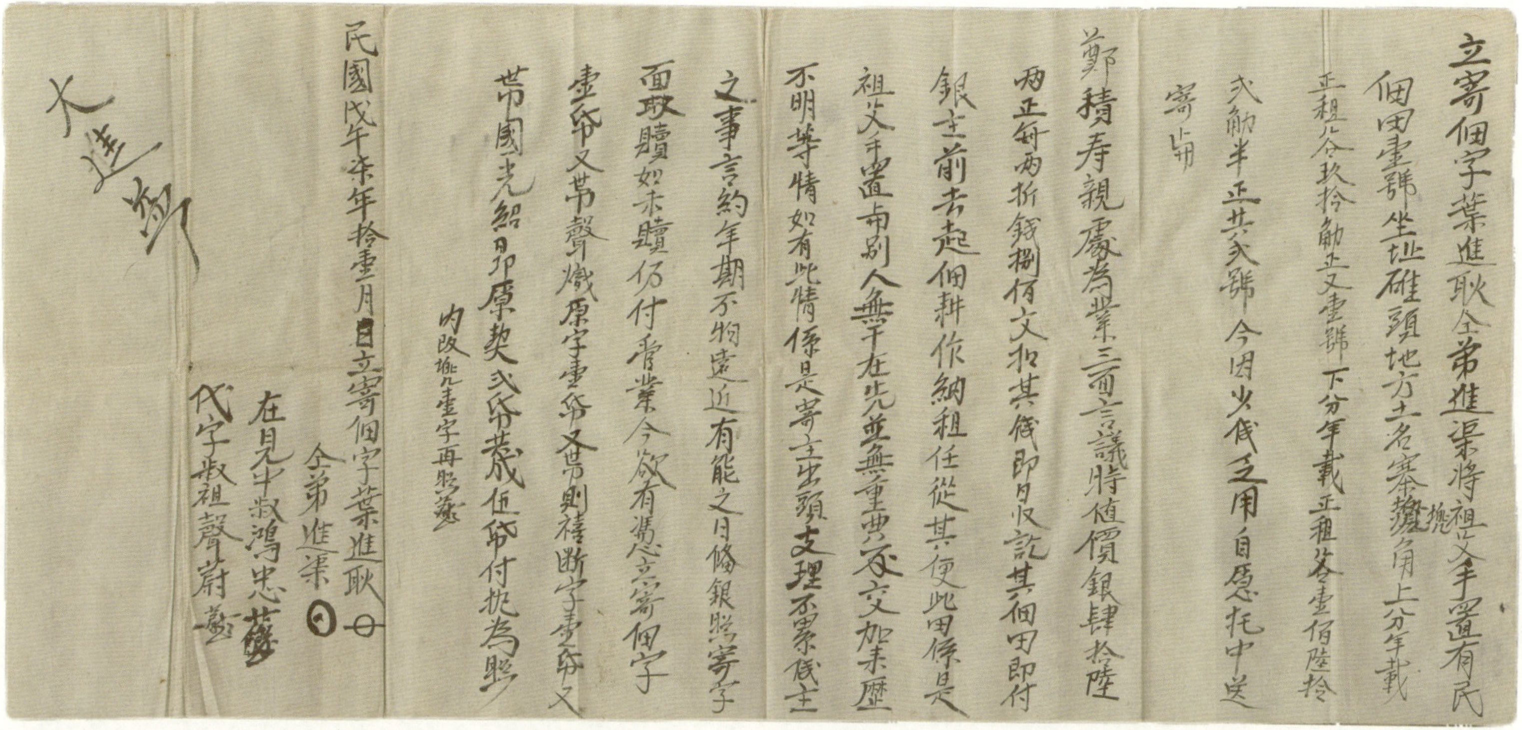

立寄佃字葉進耿仝弟進渠，將祖父手置有民
佃田壹號，坐址碓頭地方，土名寨[illegible]角，上分年載
正租谷玖拾觔，又壹號，下分年載正租谷壹佰陸拾
弍觔半，正共弍號。今因乏錢應用，自愿托中送
寄與
鄭積寿親處為業，三面言議，時值價銀肆拾陸
兩正，每兩折錢捌伯文，扣其錢即日收訖，其佃田即付
銀主前去起佃耕作，納租任從其便。此田係是
祖父手置，與別人無干，在先並無重典交加來歷
不明等情，如有此情，係是寄主出頭支理，不累錢主
之事。言約年期不拘遠近，有能之日備銀照寄字
面取贖，如未贖仍付管業。今欲有憑，立寄佃字
壹帋，又帶聲[illegible]原字壹帋，又帶則[illegible]斷字壹帋，又
帶國光紹印原契弍帋，並帶伍帋付執為照。
內改[illegible]壹字再照。
民國戊午柒年拾壹月　日立寄佃字葉進耿
仝弟進渠
在見中叔鴻忠
代字叔祖聲蔚
大進[illegible]

3-2-110-6　民國七年十一月葉進耿等立寄民佃田字

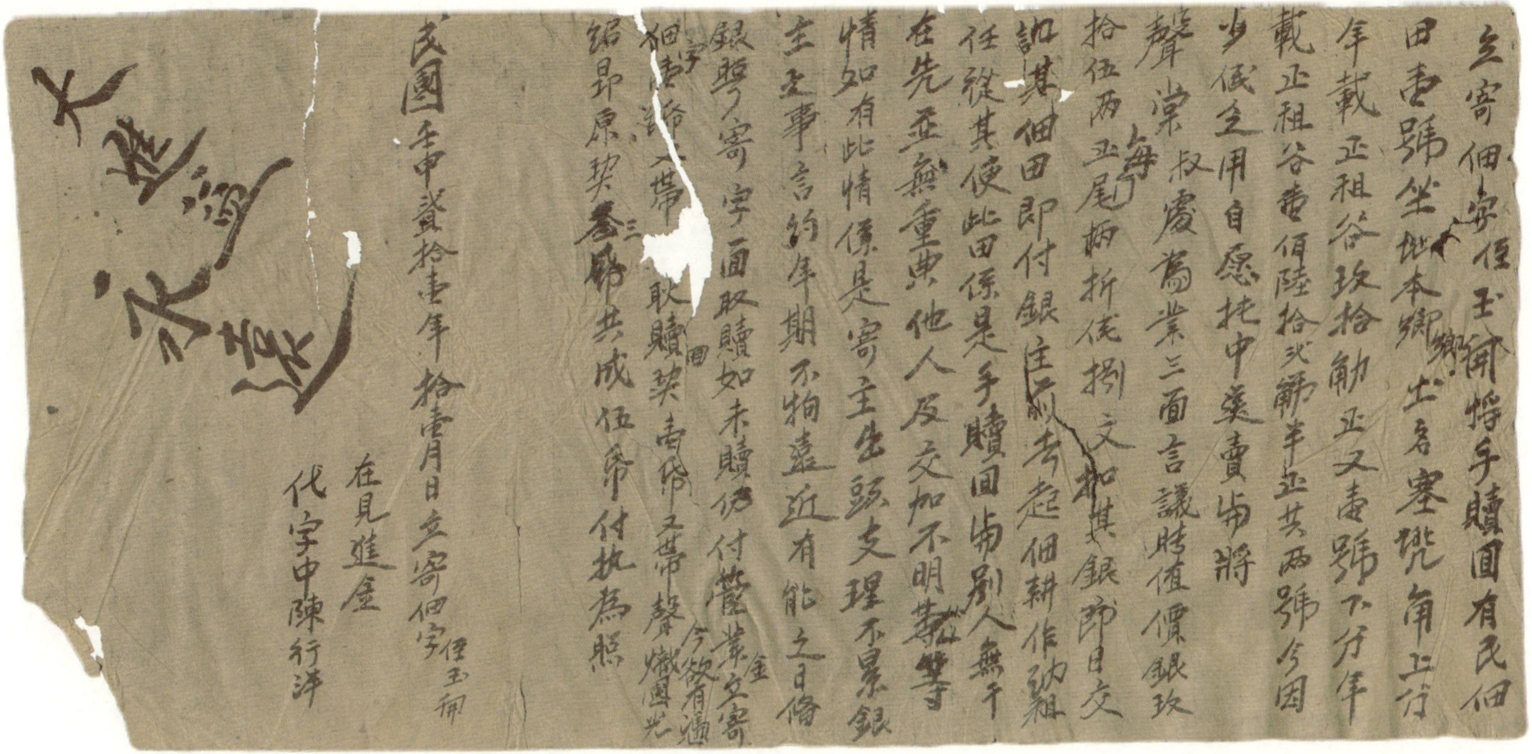
立寄佃字侄玉開將手續回有民佃
田壹號坐址本鄉土名塞墘角上分
年載正租谷玖拾觔正又壹號下分年
載正租谷壹佰陸拾弍觔半正共兩號今因
少鈔乏用自愿托中送賣與將
聲棠叔處為業三面言議時值價銀玖
拾伍兩正尾柄折佐捌文加其銀即日交
訖其佃田即付銀主前去起佃耕作納租
任從其便此田係是手續回與別人無干
在先並無重典他人及交加不明等
情如有此情係是寄主出頭支理不累銀
主之事言約年期不拘遠近有能之日備
銀照寄字面取贖如未贖仍付業主寄
佃字壹紙又帶取贖契壹紙又帶聲繳園光
今欲有憑
銀即原契叁紙共成伍紙付執為照
民國壬申貳拾壹年拾壹月日立寄佃字侄玉開
在見進金
代字中陳行泮
大進永遠

3-2-110-7 民國二十一年十一月葉玉開立寄民佃田字（草契）

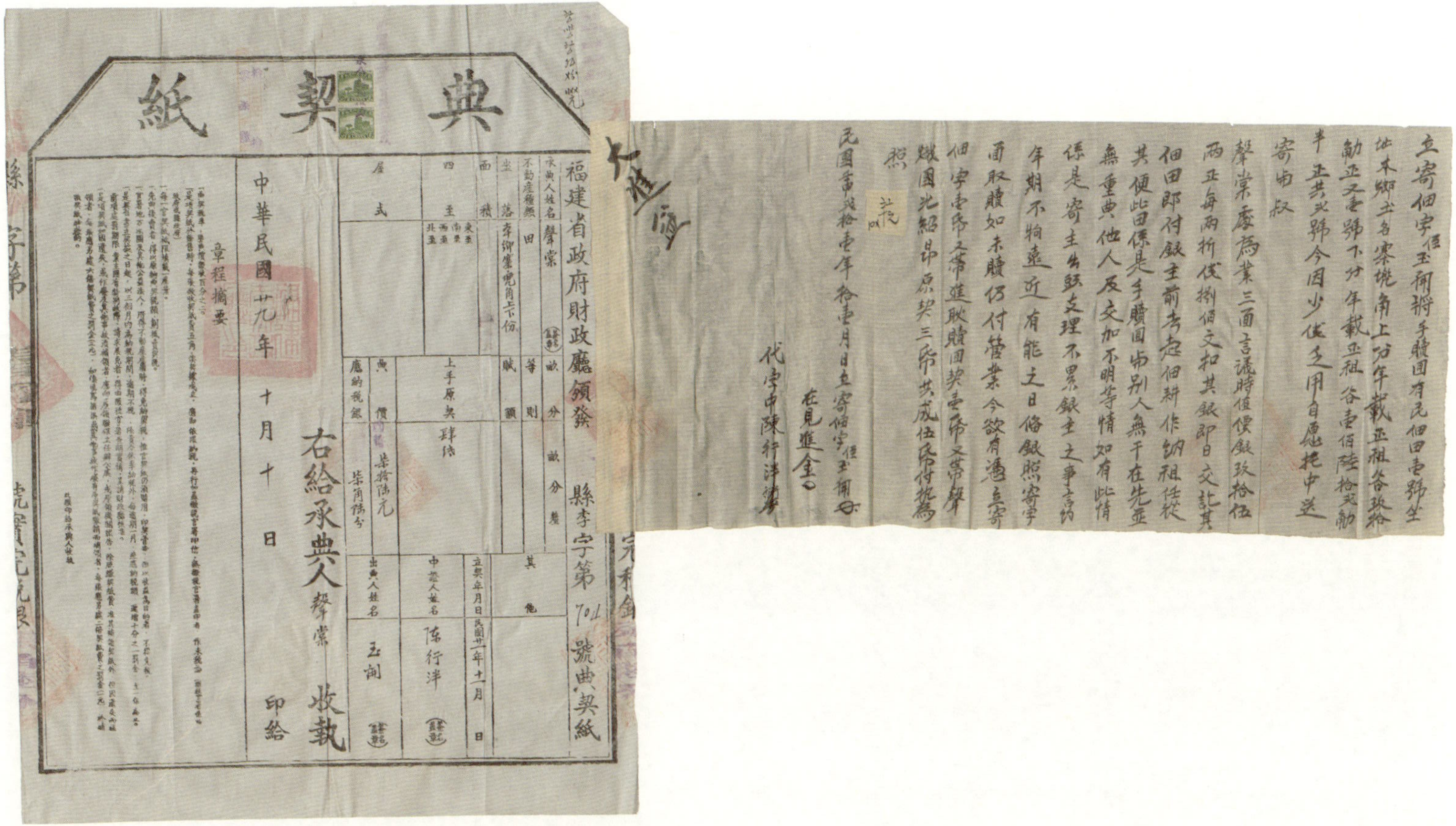

3-2-110-8　民國二十一年十一月葉玉開立寄民佃田字（紅契）

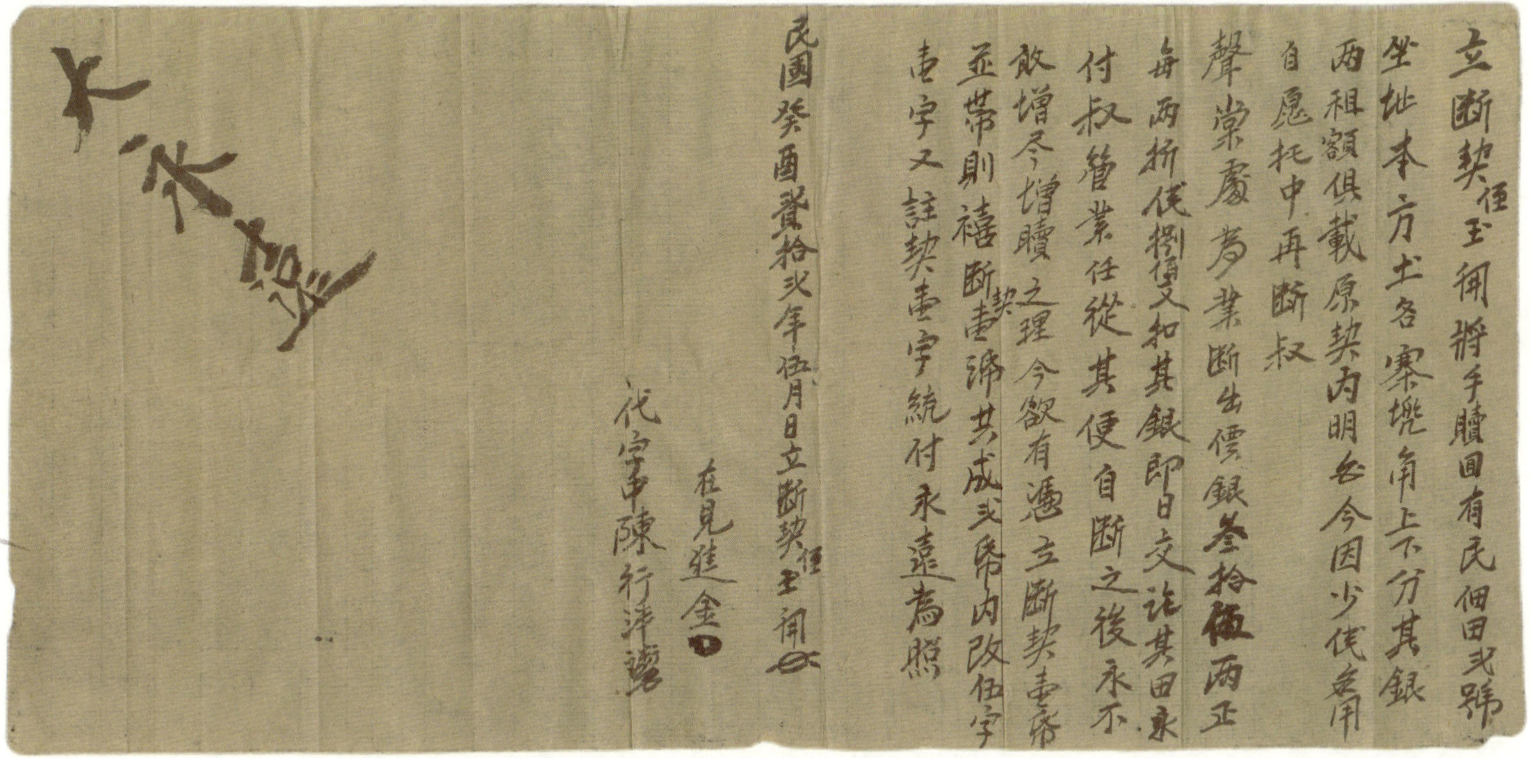
立斷契侄玉開將手贖回有民佃田弍號
坐址本方土名寨墘角上下分其銀
兩租額俱載原契內明今因少錢應用
自愿托中再斷叔
聲棠處爲業斷出價銀叁拾伍兩正
每兩折錢捌仟文扣其銀即日交訖其田永
付叔管業任從其便自斷之後永不
敢增呑增贖之理今欲有憑立斷契壹紙
並帶則禧斷契壹紙共成弍紙內改伍字
壹字又註契壹字統付永遠爲照
民國癸酉貳拾弍年伍月日立斷契侄玉開
在見姪金
代字中陳行澤

3-2-110-9　民國二十二年五月葉玉開立斷民佃田契

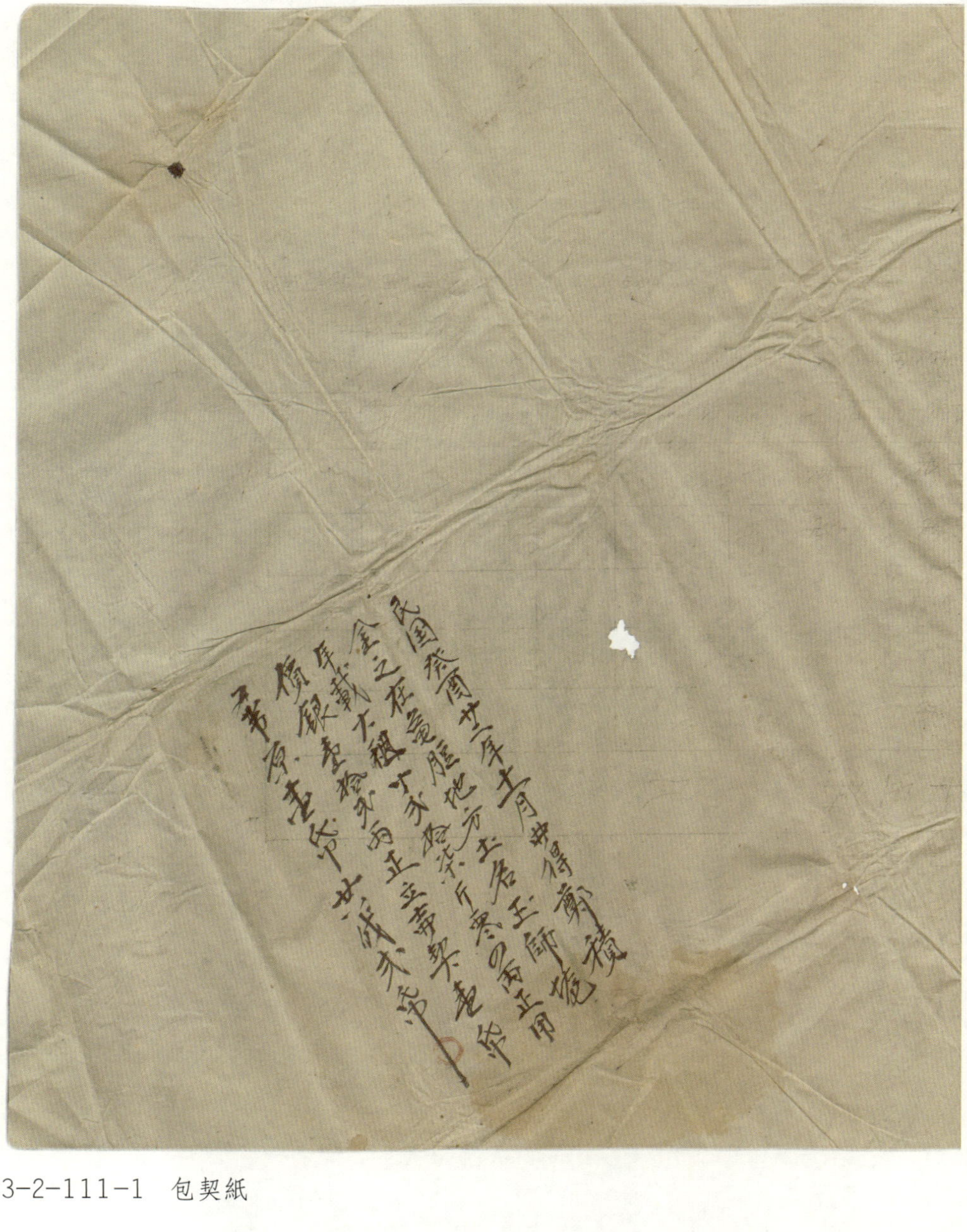
民国癸酉廿二年十二月卅得鄭積寬
全之在壹腿地方土名王師坑
年載大租廿弍拾柒斤零四兩正用
價銀壹拾弍兩正立賣契壹紙
又其存壹紙廿伍弍紙

3-2-111-1　包契紙

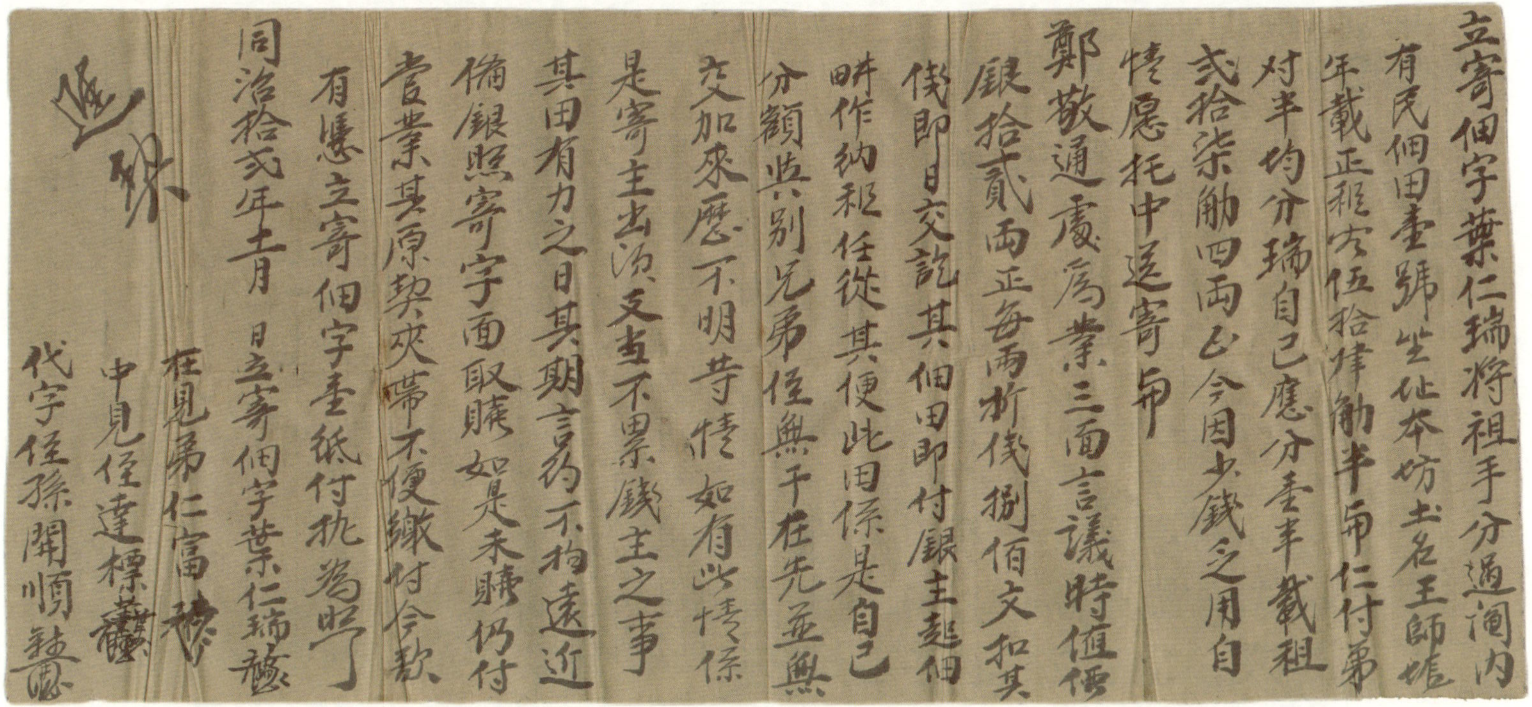
立寄佃字葉仁瑞將祖手分過閩內
有民佃田壹號坐址本坊土名王師墟
年載正租穀伍拾肆觔半帀仁付弟
对半均分瑞自己應分壹半載租
弍拾柒觔四兩正今因乏錢之用自
情愿托中送寄与
鄭敬通處爲業三面言議時值價
銀拾貳兩正每兩折錢捌佰文扣其
錢即日交訖其佃田即付銀主起佃
耕作納租任從其便此田係是自己
分額與別兄弟侄無干在先並無
交加來歷不明等情如有此情係
是寄主出頭支当不累錢主之事
其田有力之日其期言爲不拘遠近
備銀照寄字面取贖如是未贖仍付
壹業其原契夾帶不便繳付今欲
有憑立寄佃字壹紙付執爲照了
同治拾弍年十一月　日立寄佃字葉仁瑞（押）
在見弟仁富（押）
中見侄達標（押）
代字侄孫闌順（押）

3-2-111-2　清同治十二年十一月葉仁瑞立寄民佃田字

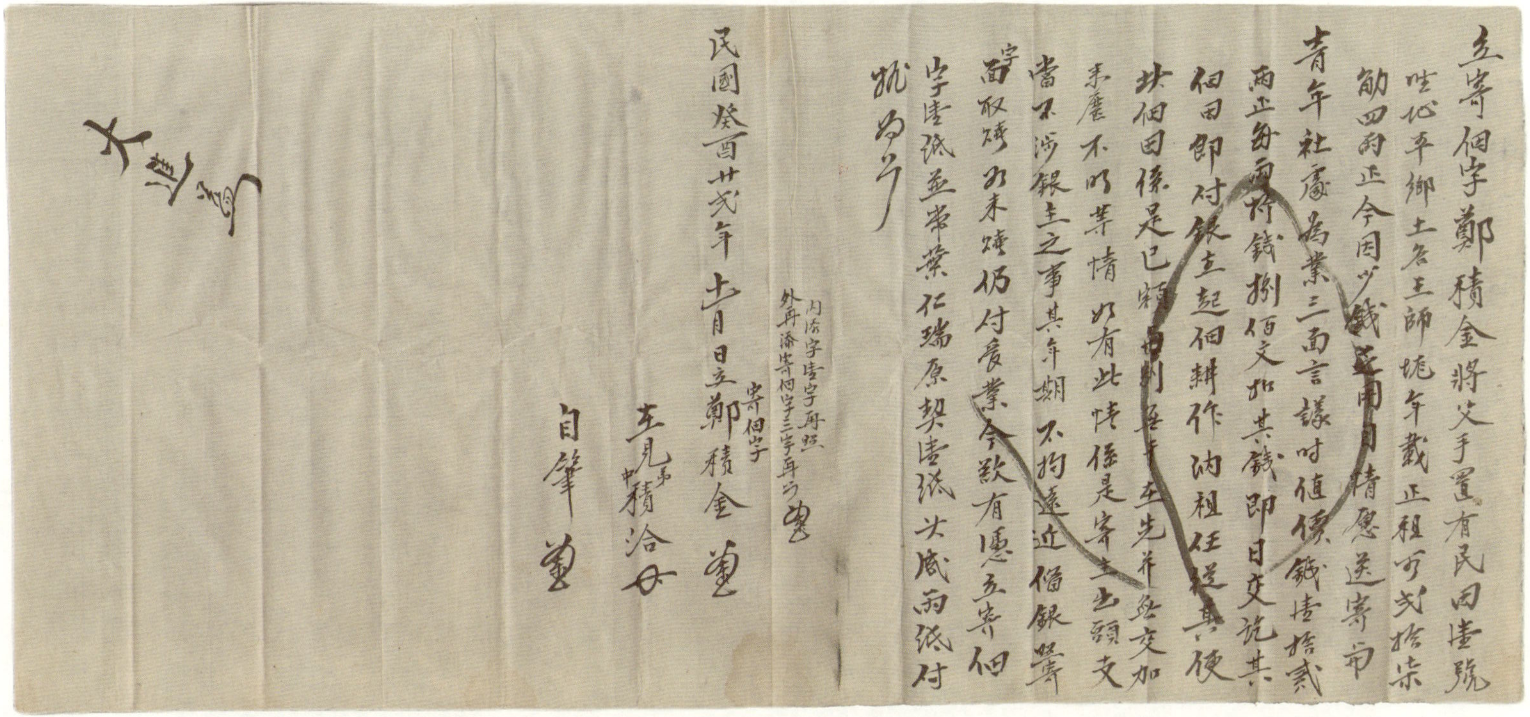

立寄佃字鄭積金將父手置有民田壹號
坐化平鄉土名王師坵年載正租可式拾柒
觔四兩正今因乏錢應用自情愿送寄与
青年社處爲業三面言議时值價錢壹拾貳
兩正每兩作錢捌佰文加其錢即日交訖其
佃田即付銀主起佃耕作納租任從其便
此佃田係是已額自則無干叔兄弟侄並無交加
未曾不明等情如有此情係是寄主出頭支
當不涉銀主之事其年期不拘遠近備銀贖
回取贖如未贖仍付管業今欲有憑立寄佃
字壹紙並帶葉仁瑞原契壹紙共成兩紙付
執爲照

內添字壹字再照
外再添寄佃字三字再照

民國癸酉廿弍年十一月 日立寄佃字鄭積金（押）
中見弟積洽（押）
自筆（押）

3-2-111-3 民國二十二年十一月鄭積金立寄佃民田字（廢契）

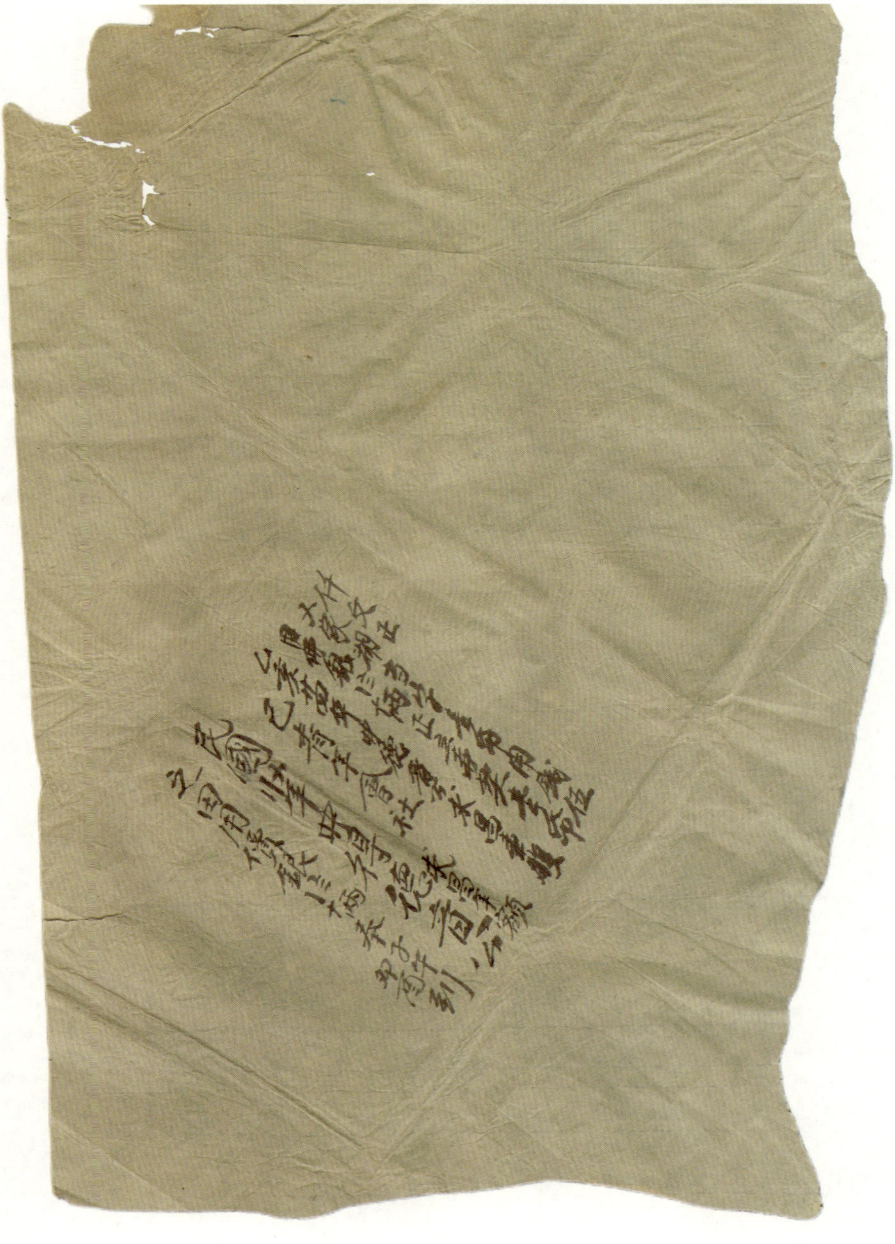

3-2-112-1　包契紙

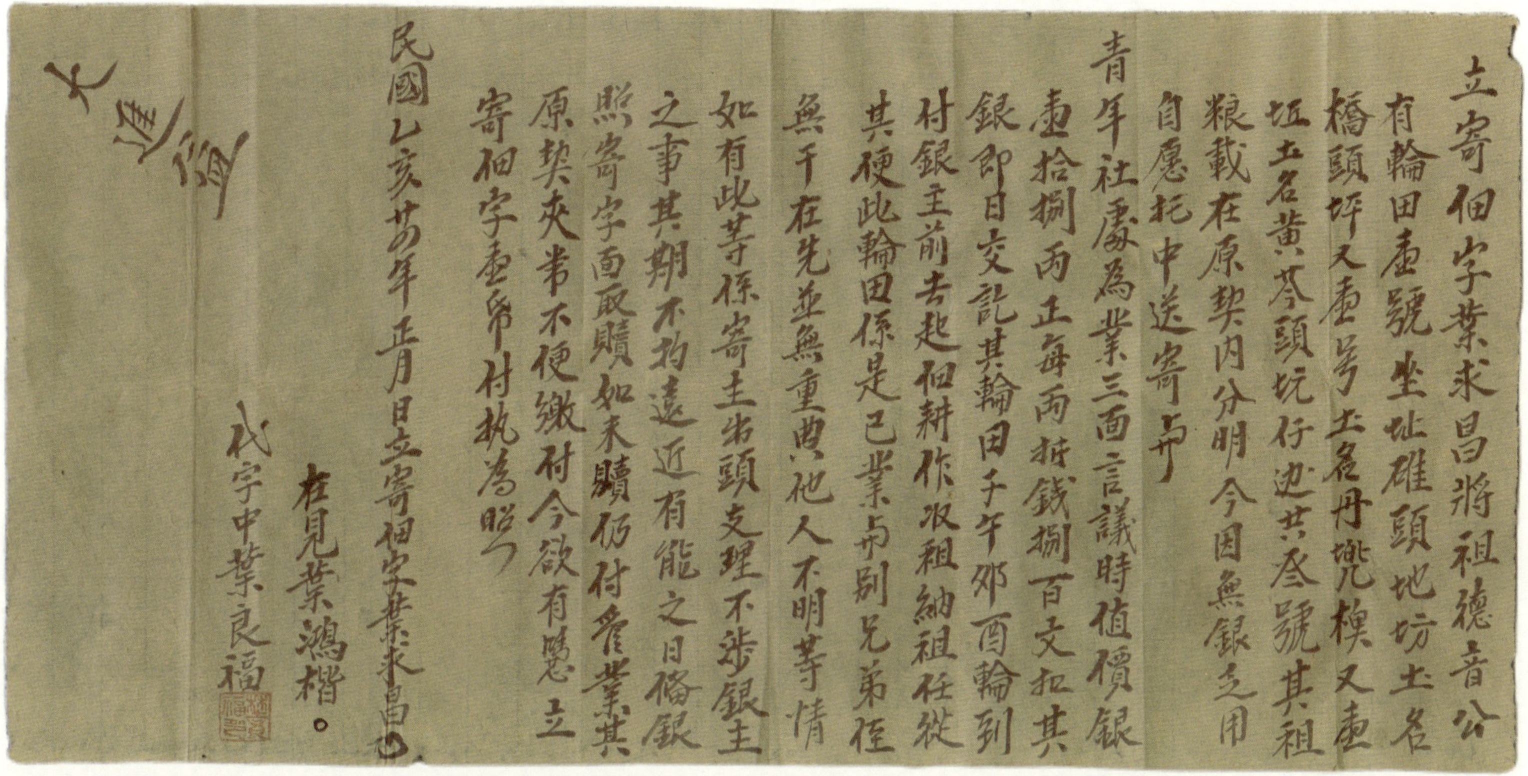

3-2-112-2 民國二十四年正月葉求昌立寄佃輪田字

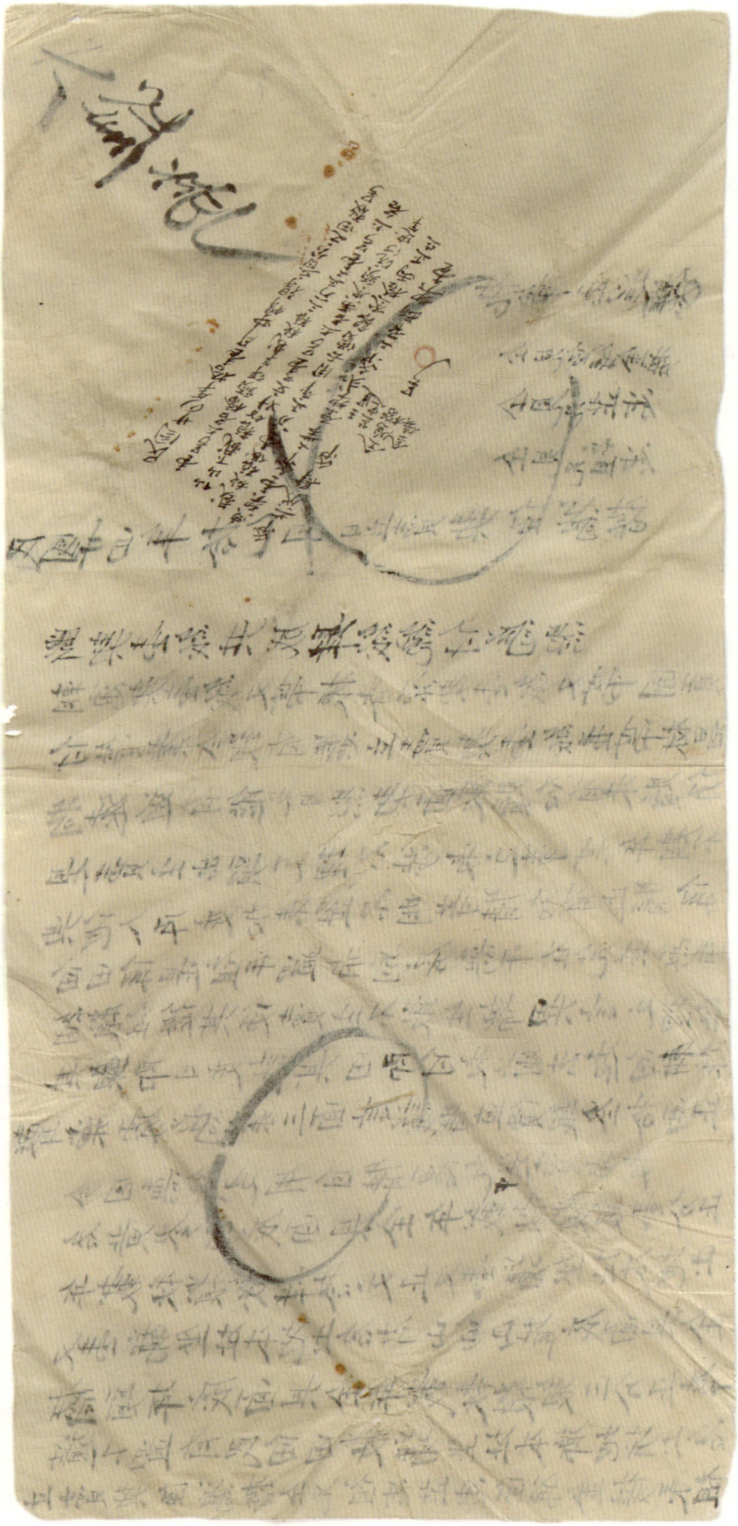

3-2-113-1　包契紙

OAKLAND TRIBUNE, S
D
Readjustment After Misfortune
Is Easier for Them, Says
Mrs. Henry T. Rainey, Wife of
the Speaker of the United States
Lending

3-2-113-2　包契紙

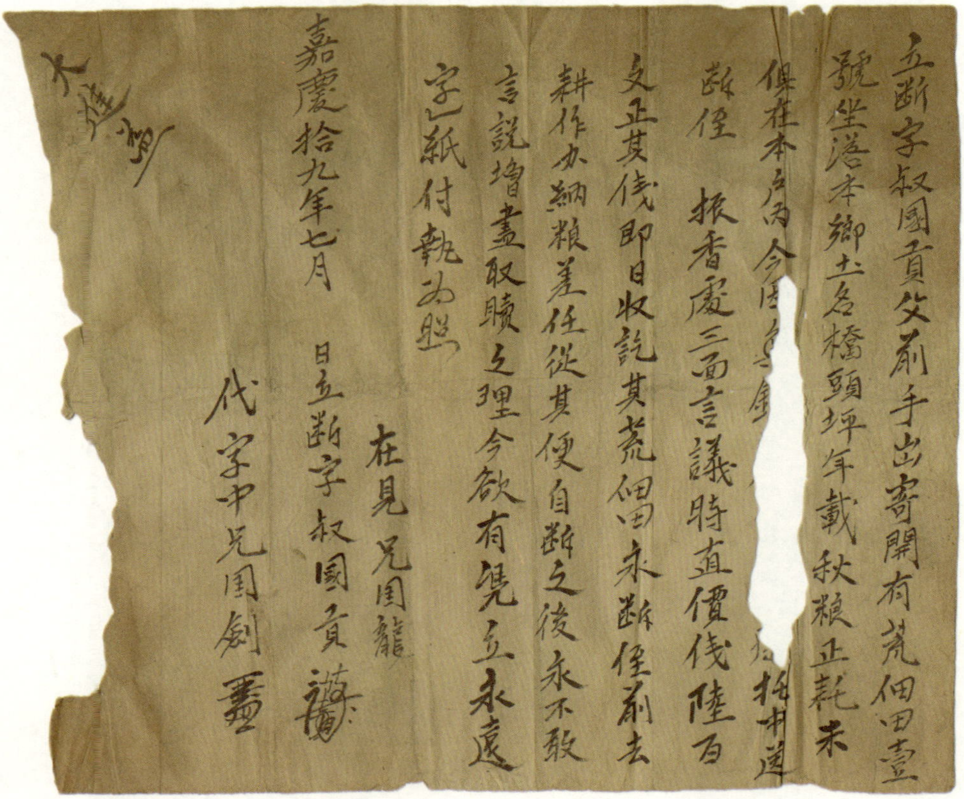
立斷字叔國貢父荊手出寄開有荒佃田壹
號坐落本鄉土名橋頭坪年載秋粮正耗米
俱在本戶內今因無錢[illegible]托中道
斷侄 振香處三面言議時直價錢陸百
文正其錢即日收訖其荒佃田永斷侄荊去
耕作办納粮差任從其便自斷之後永不敢
言說增盡取贖之理今欲有憑立永遠
字一紙付執為照
嘉慶拾九年七月 日立斷字叔國貢（押）
在見兄國龍
代字中兄國劍（押）

3-2-113-3 清嘉慶十九年七月葉國貢立斷荒佃田字

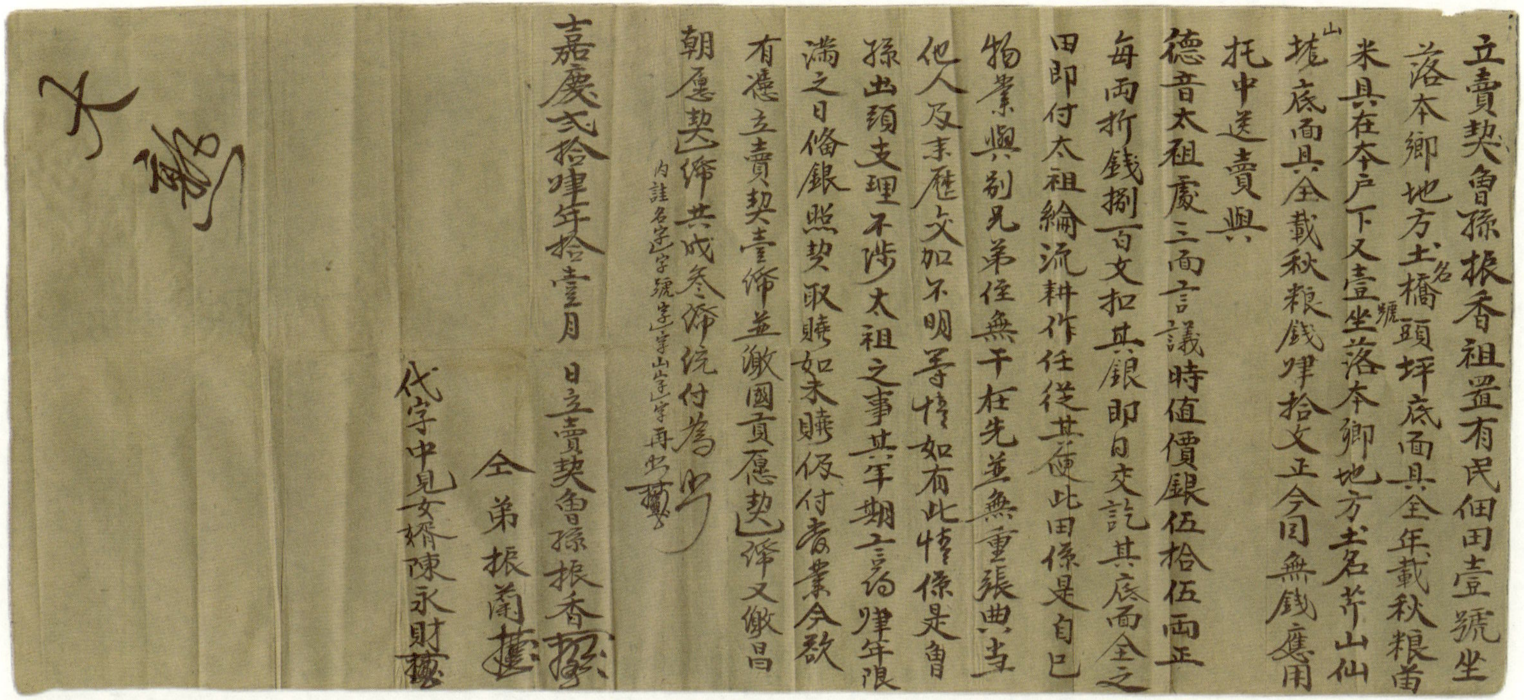

立賣契曾孫振香祖置有民佃田壹號坐
落本鄉地方土名橋頭坪底面具全年載秋粮苗
米具在本户下又壹坐落本鄉地方土名芹山仙山
垅底面具全載秋粮錢肆拾文正今因無錢應用
托中送賣與
德音太祖處三面言議時值價銀伍拾伍兩正
每兩折錢捌百文扣其銀即日交訖其底面全之
田即付太祖輪流耕作任從其便此田係是自己
物業與别兄弟侄無干在先並無重張典當
他人及來歷文加不明等情如有此情係是曾
孫出頭支理不涉太祖之事其年期言論肆年限
滿之日倫銀照契取贖如未贖仍付耆業全款
有憑立賣契壹紙並繳國貢原契一紙又繳昌
朝原契一紙共成叁紙統付為照
內註名字壹字號字壹字山字壹字再照
嘉慶貳拾肆年拾壹月　日立賣契曾孫振香
全　弟振蘭
代字中見女婿陳永財
大吉

3-2-113-4　清嘉慶二十四年十一月葉振香等立賣民佃田契

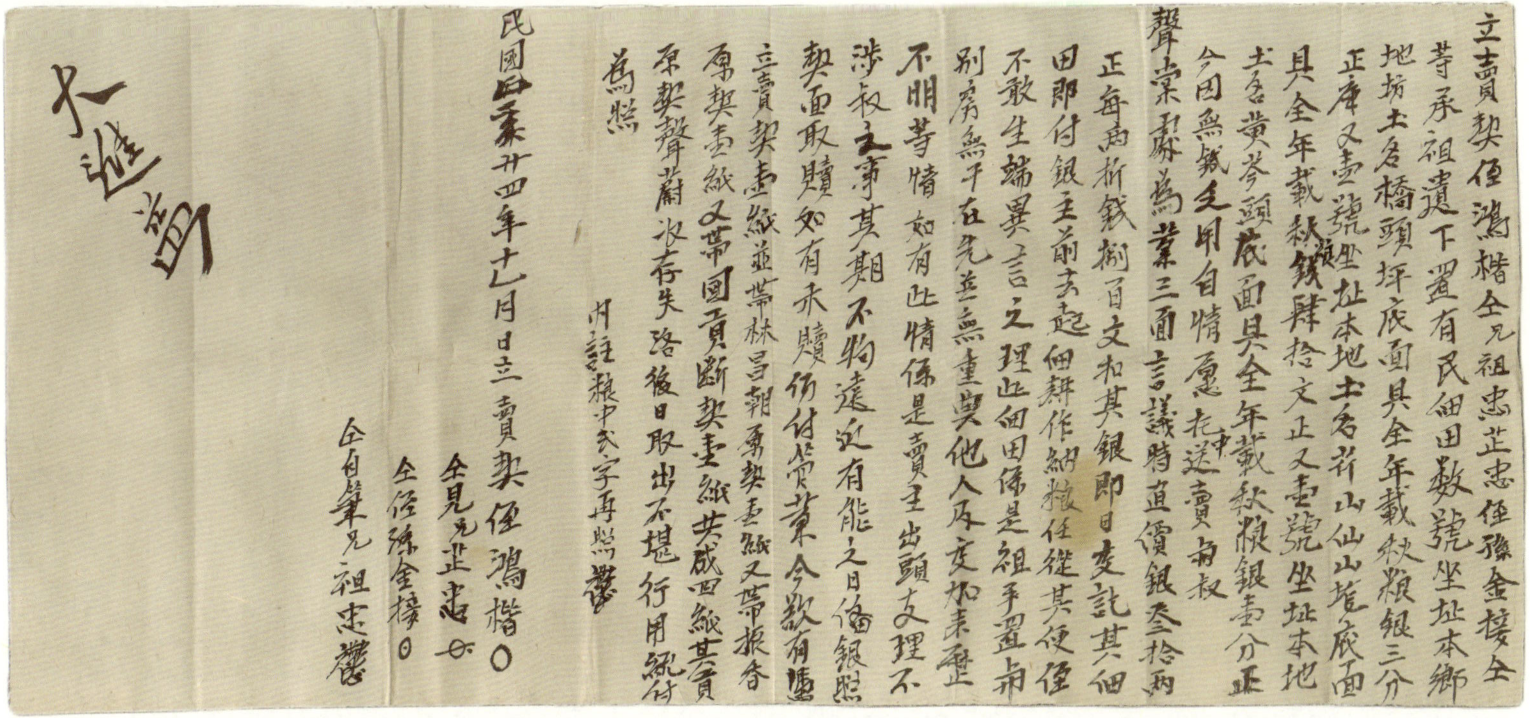
立賣契侄鴻楷仝兄祖忠芷忠侄孫金樓仝
等承祖遺下置有民佃田數號坐址本鄉
地坊土名橋頭坪底面具全年載秋粮銀三分
正庫又壹號坐址本地土名前山仙山坵底面
具全年載秋粮錢肆拾文正又壹號坐址本地
土名黃岑頭底面具全年載秋粮銀壹分正
今因無錢支用自情愿托中送賣與叔
聲棠爲業三面言議時值價銀叁拾兩
正每兩折錢捌百文和其銀即日交訖其佃
田即付銀主前去起佃耕作納粮任從其便侄
不敢生端異言之理此佃田係是祖手置本
别房無干在先並無重典他人不定如未歷
不明等情如有此情係是賣主出頭支理不
涉叔之事其期不拘遠近有能之日備銀照
契面取贖叔有不贖侄仍付管業今欲有憑
立賣契壹紙並帶林昌朝原契壹紙又帶振香
原契壹紙又帶國貢斷契壹紙共成四紙其貢
原契聲蔚收存失落後日取出不堪行用紙付
爲照
内註粮中弍字再照

民國廿四年十一月　日立賣契侄鴻楷○
仝見兄芷忠
仝侄孫金樓○
仝自筆兄祖忠

大進當

3-2-113-5　民國二十四年十一月葉鴻楷等立賣民佃田契

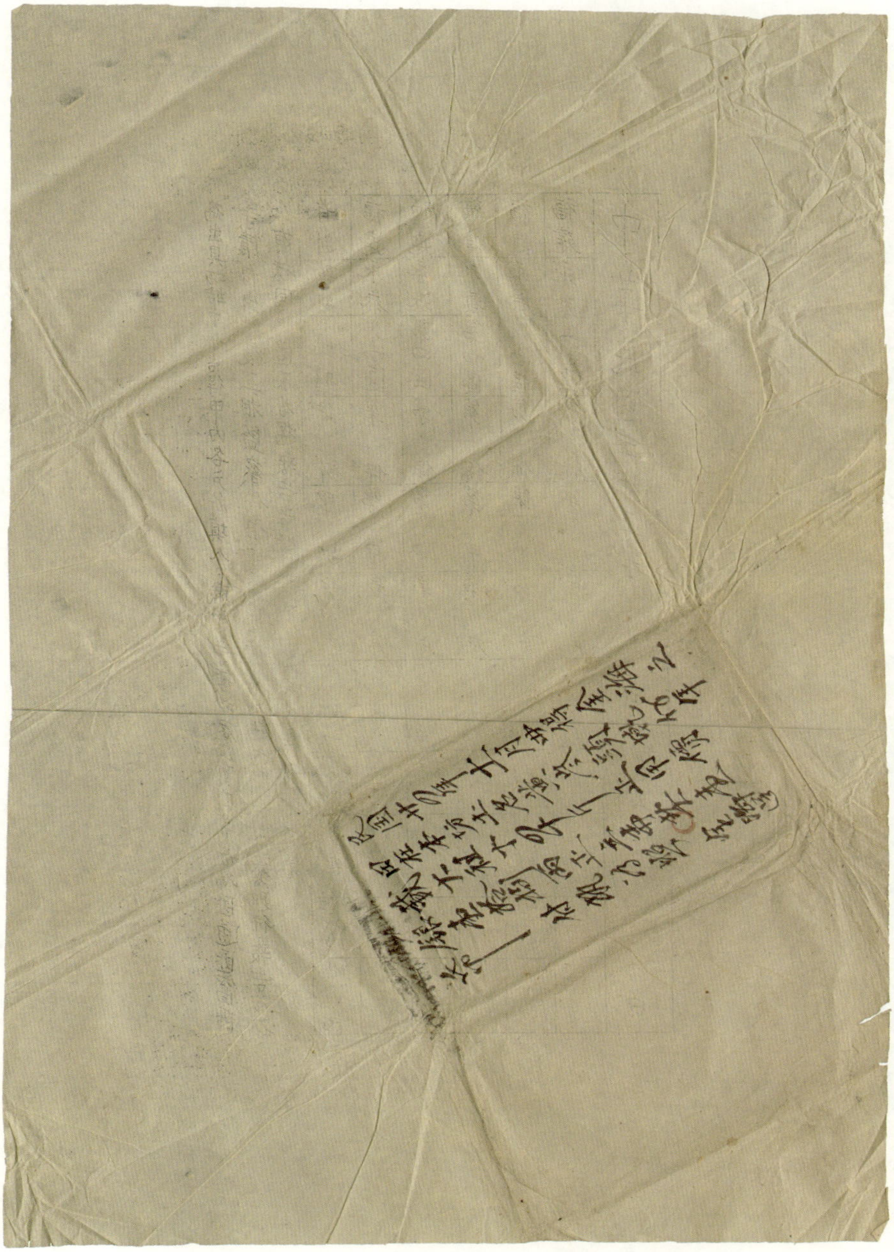

3-2-114-1 包契紙

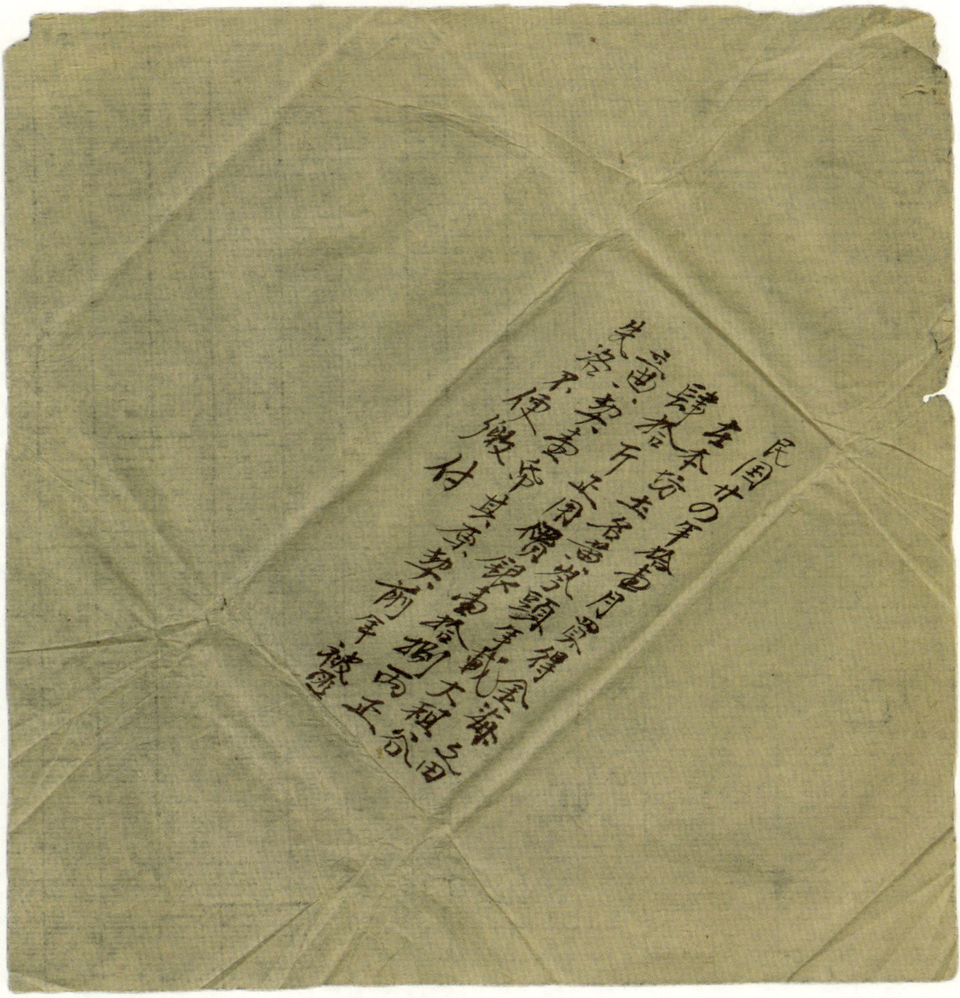

3-2-114-2 包契紙

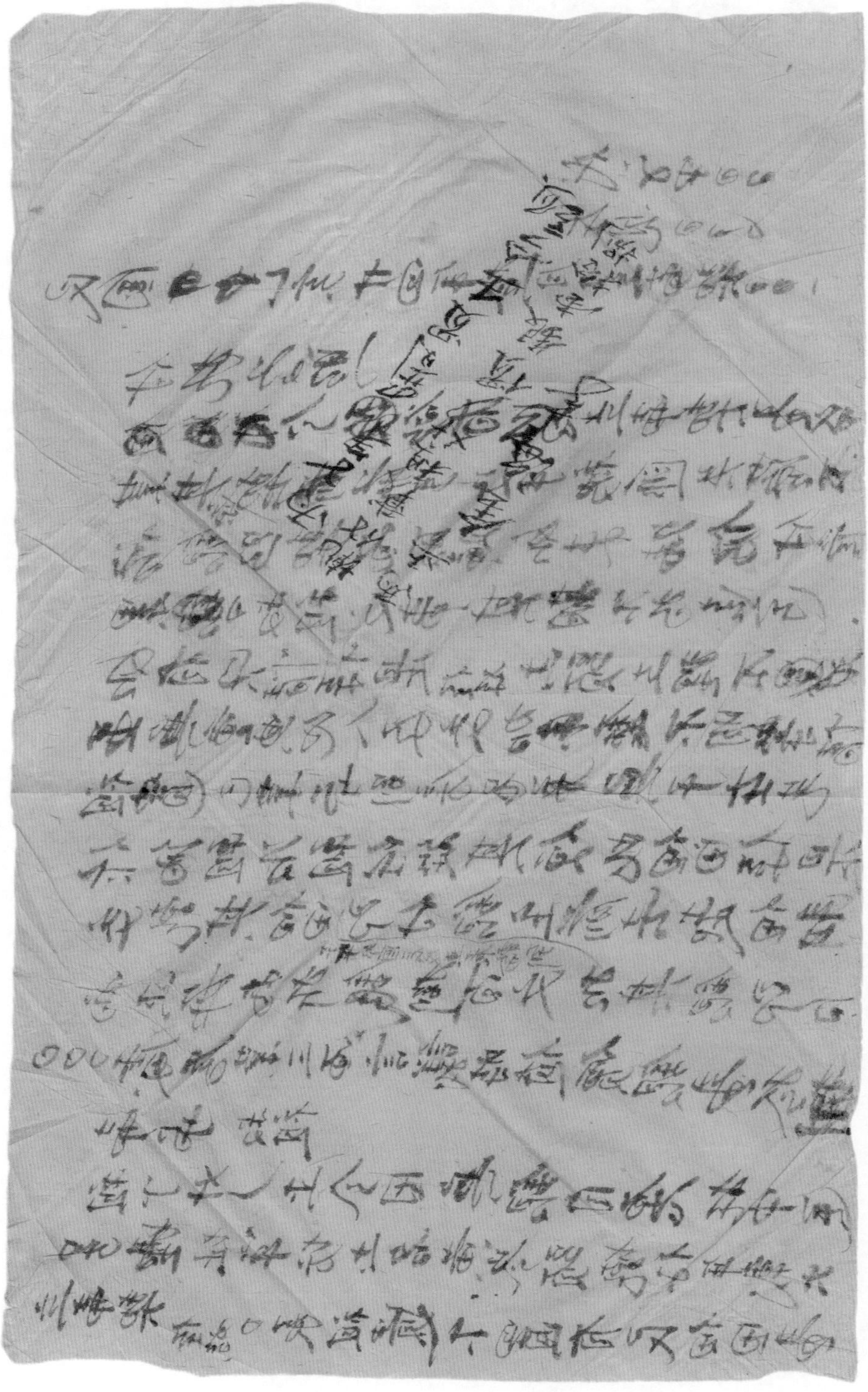

3-2-114-3 包契紙

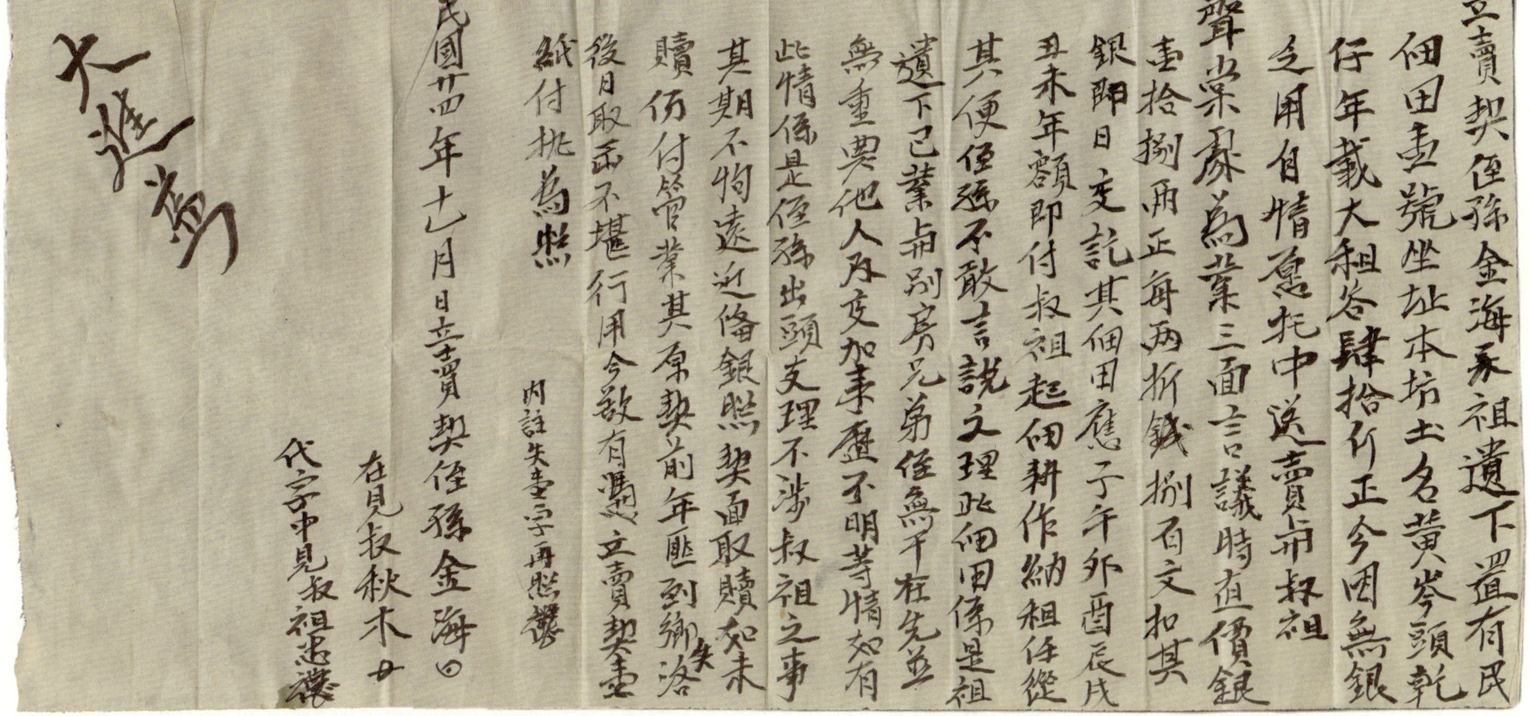

立賣契侄孫金海承祖遺下置有民
佃田壹號坐址本坊土名黄岑頭乾
仔年載大租谷肆拾斤正今因無銀
乏用自情愿托中送賣與叔祖
聲棠房爲業三面言議時值價銀
壹拾捌两正每两折錢捌百文和其
銀即日交訖其佃田應于午卯酉辰戌
丑未年額即付叔祖起佃耕作納租任從
其便侄孫不敢言説之理此佃田係是祖
遺下己業與别房兄弟侄無干在先並
無重典他人及交加未歷不明等情如有
此情係是侄孫出頭支理不涉叔祖之事
其期不拘遠近備銀照契面取贖如未
贖仍付管業其原契前年壓到鄉洛失
後日取出不堪行用今欲有憑立賣契壹
紙付批爲照

內註失壹字再照

民國廿四年十一月日立賣契侄孫金海（押）

在見叔秋木（押）

代字中見叔祖退讓

大進寶

3-2-114-4 民國二十四年十一月葉金海立賣民佃田契

3-2-115-1　包契紙

立寄佃字侄玉逞將父手置有民佃田壹號
坐址碓頭地方土名寨兜角年載正租谷
弍佰肆拾觔正今因乏用自愿托中送寄
本鄉叔
生晃處爲業三面言議時值寄出價銀玖拾叁
兩正每兩折錢捌佰文扣其銀即日交
訖其佃田即付銀主前去起佃耕作
納租任從其便此田係父手置立剔
無干在先並無重典他人交加不明等
情如有此情寄主出頭支理不涉銀
主之事其期肆年外備銀照契面
取贖如未備仍付展業今欲有憑
立寄佃字壹紙並帶國處原契壹紙
又本斷契壹紙共貳紙付執爲
照

民國二十四年十一月　日立寄佃字侄玉逞（押）
在見弟玉開（押）
代字中陳行洋（押）

典契紙

福建省政府財政廳頒發　永泰縣李字第740號典契紙

承典人姓名	生晃
不動產種類	田
坐落	碓頭寨頭角
上手原契	弍紙
典價	柒拾肆元肆角
應納稅銀	柒角肆分
立契年月日	民國廿四年十一月　日
中證人姓名	陳行洋
出典人姓名	玉逞

右給承典人生晃收執

中華民國廿九年十月十日

章程摘要

印給

3-2-115-2　民國二十四年十一月葉玉逞立寄民佃田字（紅契）

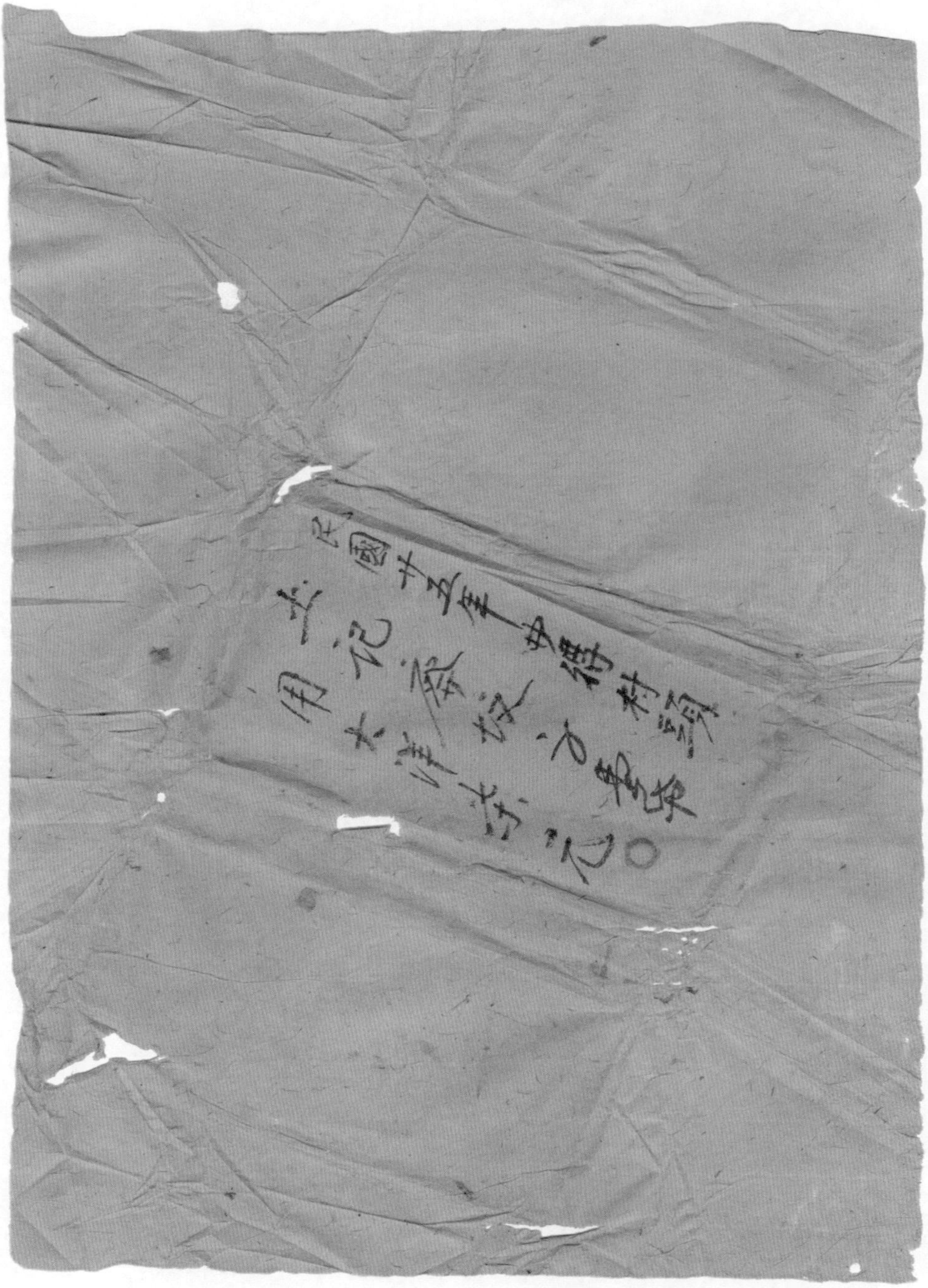

民國廿五年[illegible]得村頭
土名花[illegible]小[illegible]块
用大洋[illegible]元〇

3-2-116-1　包契紙

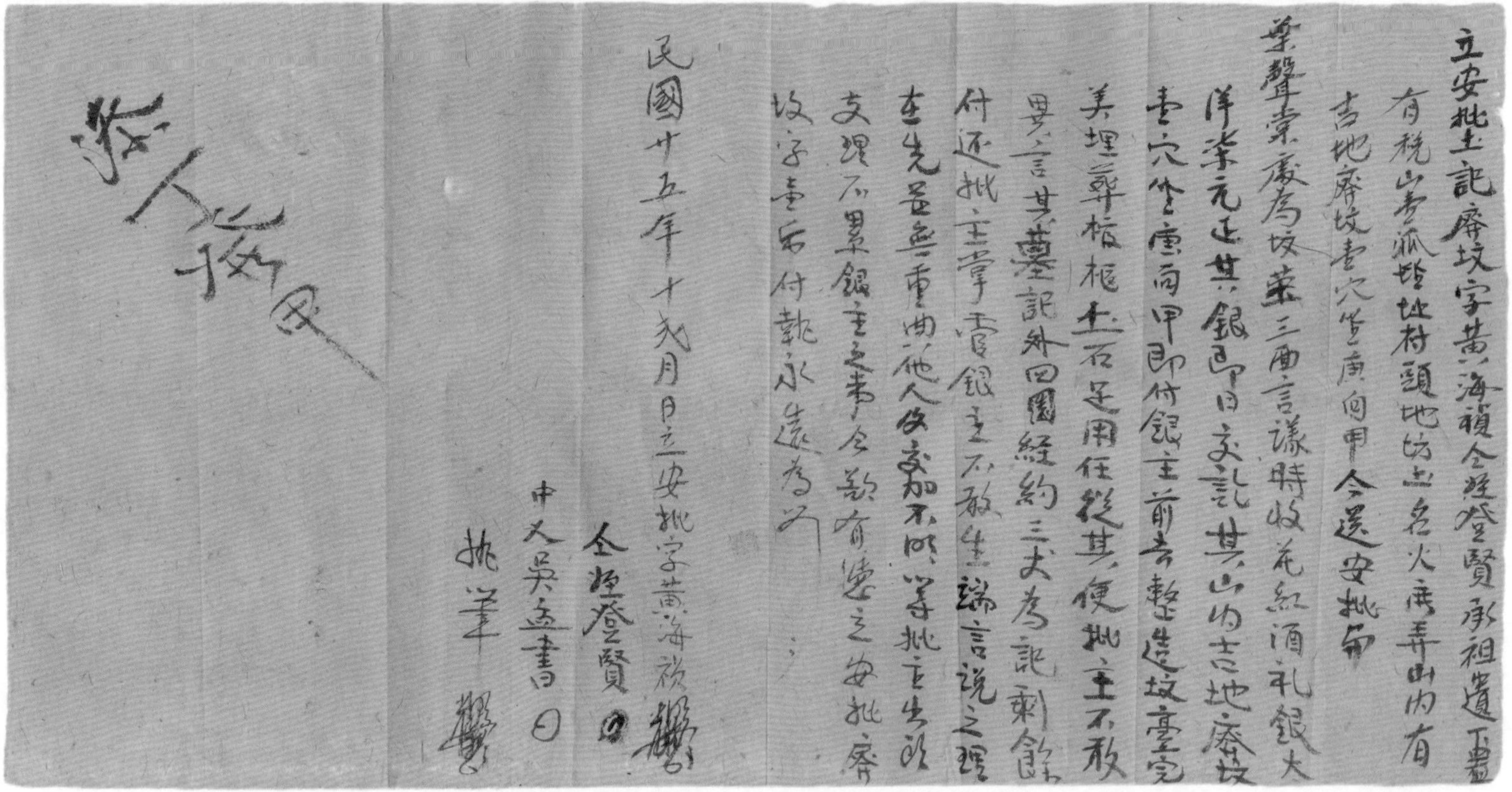

立安批山記廓坟字黃海禎仝姪登賢承祖遺下畫
有稅山壹孤址村頭地坊土名火燒弄山內有
吉地廓坟壹穴坐庚向甲今送安批與
葉聲棠處為坟葬三面言議時收花紅酒礼銀大
洋柒元正其銀即日交訖其山內吉地廓坟
壹穴坐庚向甲即付銀主前去整造坟墓完
美埋葬棺柩土石足用任從其便批主不敢
異言其墓記外四圍經約三丈為記剩餘
付還批主掌管銀主不敢生端言說之理
本先邑無重典他人及交加不明等批主出頭
支理不累銀主之事今欲有憑立安批廓
坟字壹紙付執永遠為照

民國廿五年十弍月　日立安批字黃海禎
仝姪登賢
中人吳孟書
批筆

3-2-116-2　民國二十五年十二月黃海禎等立安批稅山字

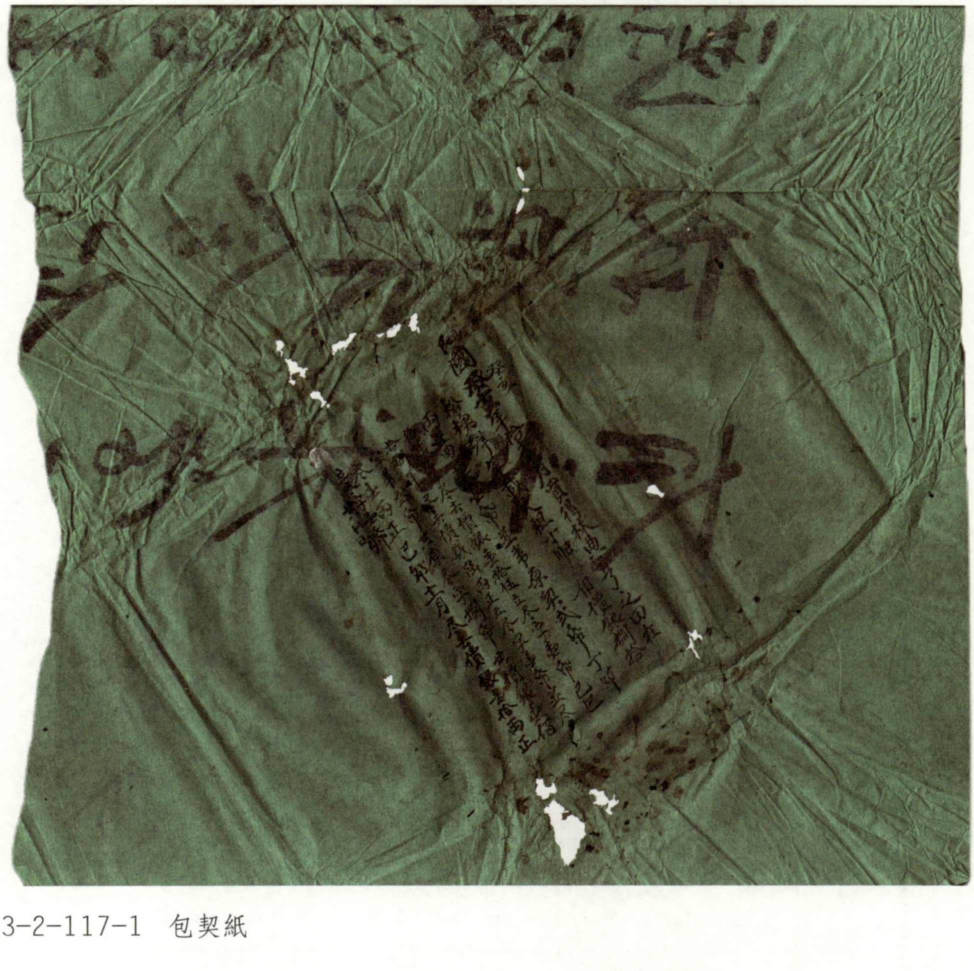

3-2-117-1　包契紙

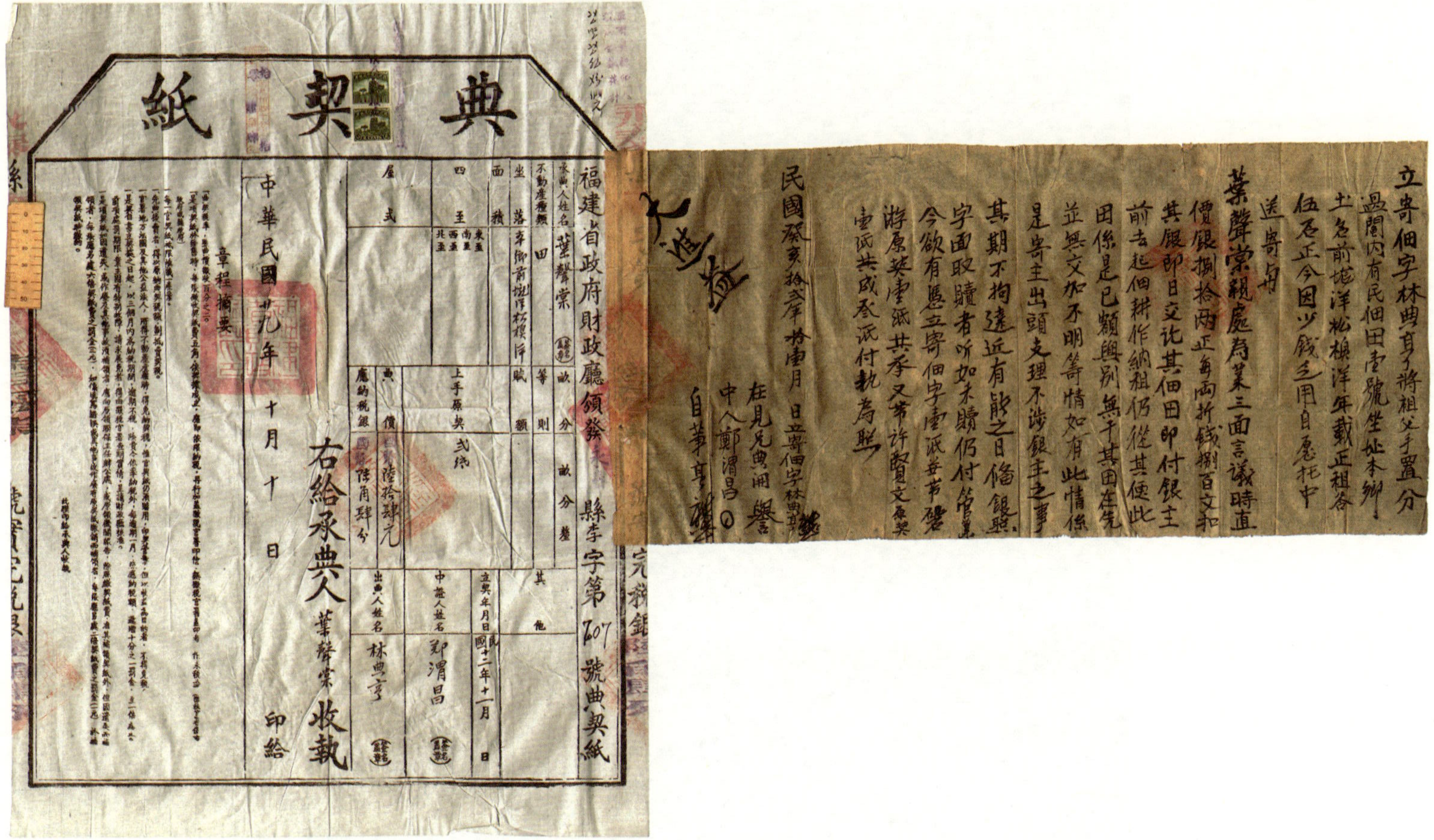

典契紙

福建省政府財政廳頒發 縣李字第207號典契紙

承典人姓名	葉聲棠
不動產種類	田
坐落	本鄉前垱洋松𣏌坪
面積	畝 分 釐
等則	
賦額	
四至	東至 南至 西至 北至
屋式	
上手原契	弍紙
典價	陸拾肆元
應納稅銀	陸角肆分
立契年月日	民國十二年十一月 日
中證人姓名	鄭渭昌
出典人姓名	林典亨
其他	

右給承典人 葉聲棠 收執

中華民國十九年十月十日 印給

章程摘要

立寄佃字林典亨將祖父手置分
過閬內有民佃田壹號坐址本鄉
土名前垱洋松𣏌洋年載正租谷
伍石正今因乏錢應用自愿托中
送寄與
葉聲棠親處為業三面言議時直
價銀捌拾兩正每兩折錢捌百文和
共銀即日交訖其佃田即付銀主
前去起佃耕作納租仍從其便此
田係是已額與別無干其田在先
並無文加不明等情如有此情係
是寄主出頭支理不涉銀主之事
其期不拘遠近有能之日備銀照
字面取贖者听如未贖仍付管業
今欲有憑立寄佃字壹紙并帶聲
游原契壹紙共參又帶許照文壹契
壹紙共成叁紙付執為照

民國癸亥拾貳年拾壹月 日立寄佃字林典亨
在見兄典涌
中人鄭渭昌
自筆

大進益

3-2-117-2 民國十二年十一月林典亨立寄民佃田字（紅契）

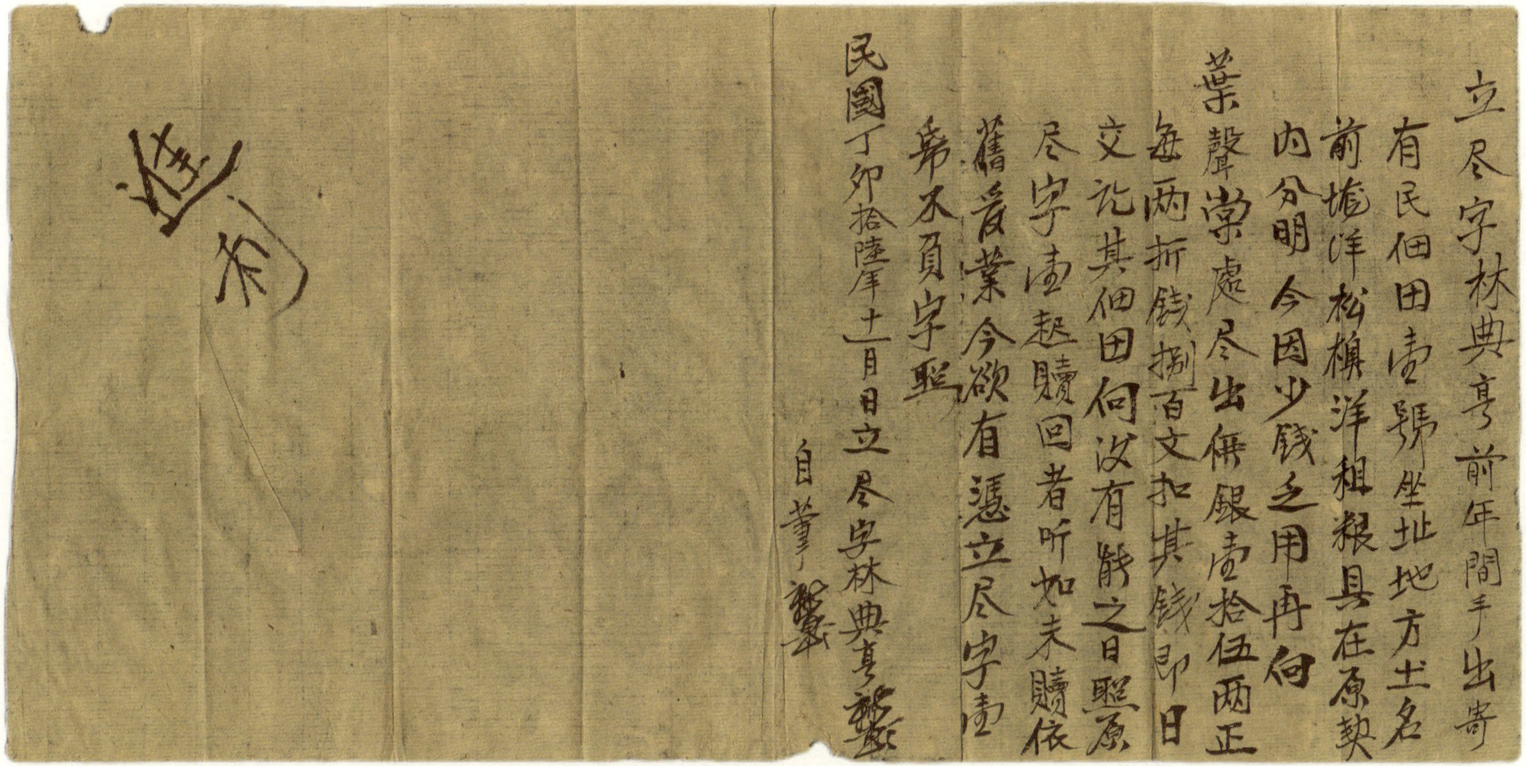

立尽字林典亨前年間手出寄
有民佃田壹號坐址地方土名
前墘洋松模洋租粮具在原契
内分明今因少錢乏用再向
葉聲棠處尽出佛銀壹拾伍兩正
每兩折錢捌百文扣其錢即日
交訖其佃田向没有贖之日照原
尽字壹趂贖回者听如未贖依
舊管業今欲有憑立尽字壹
帋不負字照
民國丁卯拾陸年十一月日立尽字林典亨〔押〕
自筆〔押〕

3-2-117-3　民國十六年十一月林典亨立盡民佃田字

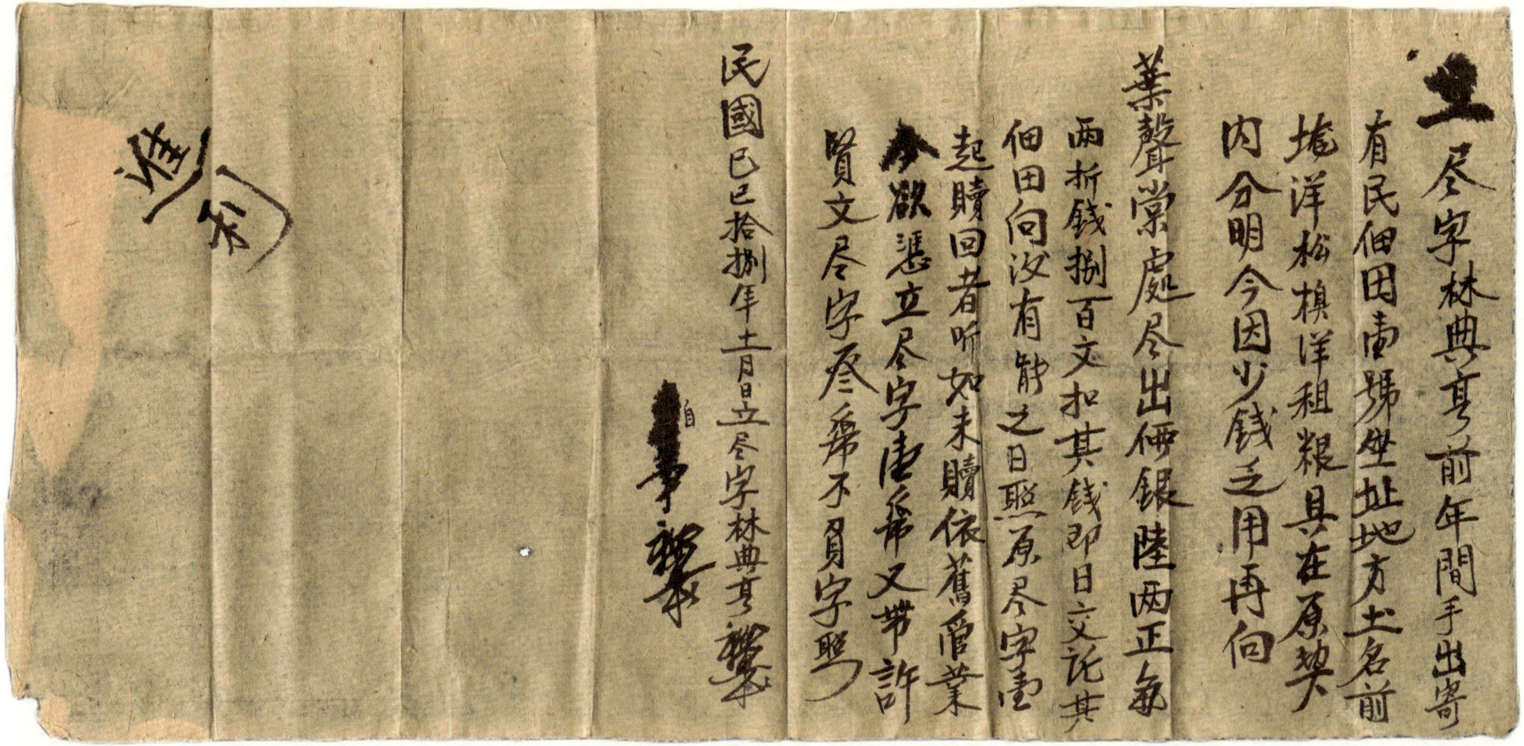
立盡字林典亨前年間手出寄
有民佃田壹號坐址地方土名前
墘洋松楨洋租粮具在原契
内分明今因乏錢應用再向
葉聲棠處盡出價銀陸兩正系
兩折錢捌百文扣其錢即日交訖其
佃田向後有贖之日照原盡字壹
起贖回若[illegible]如未贖依舊留葉
[illegible][illegible]憑立盡字壹帋又帶許
買文盡字叁帋不貿字照
民國己巳拾捌年十一月日立盡字林典亨（押）
自筆（押）

3-2-117-4 民國十八年十一月林典亨立盡民佃田字

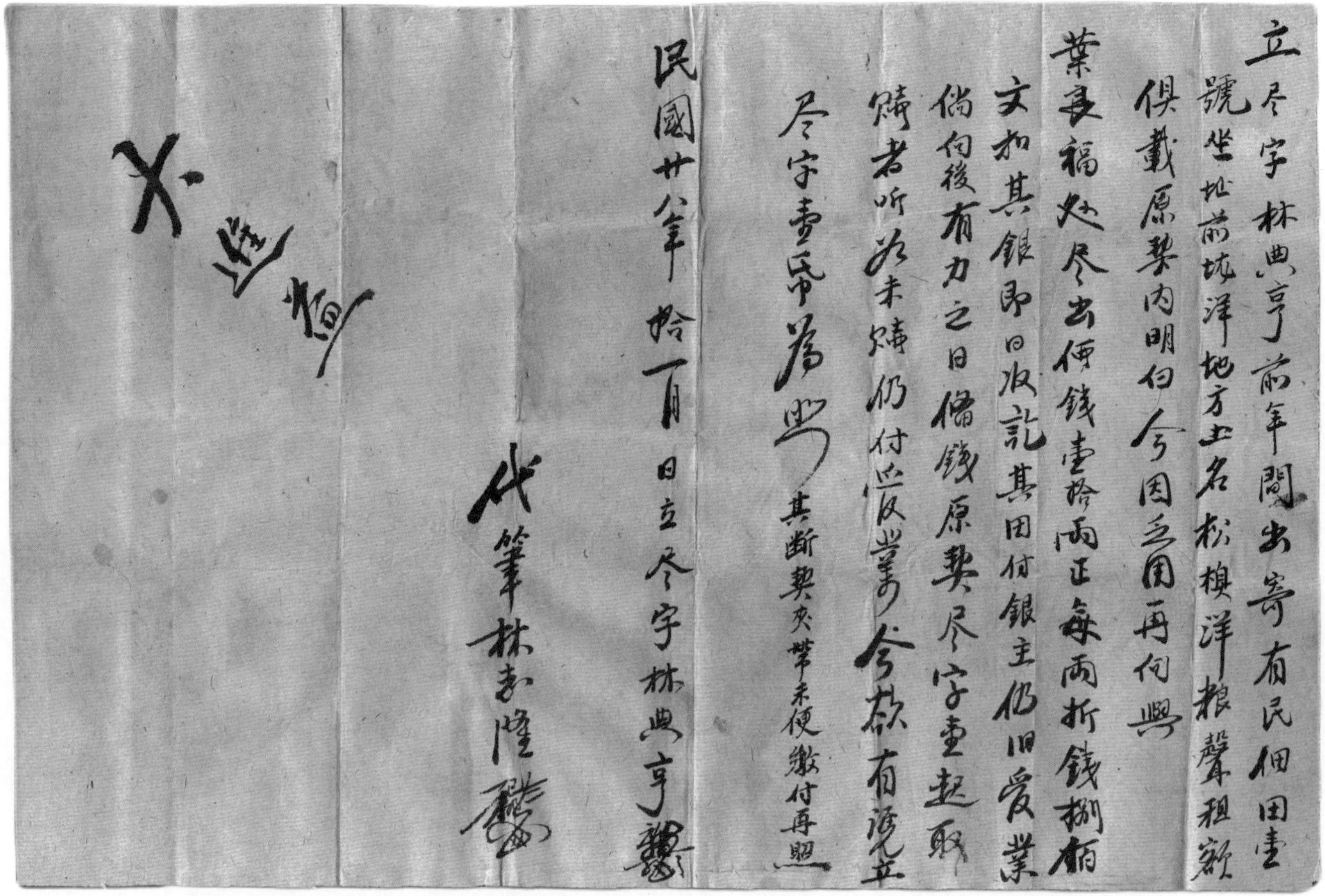

立盡字林典亨前年間出寄有民佃田壹
號坐址前坑洋地方土名松模洋粮聲租額
俱載原契內明白今因乏用再向與
葉長福處盡出價錢壹拾兩正每兩折錢捌佰
文加其銀即日收訖其田付銀主仍旧管業
倘向後有力之日備錢原契盡字壹起取
贖者听如未贖仍付照依管業今欲有憑立
盡字壹紙爲照　其斷契夾帶未便繳付再照
民國廿八年拾一月　日立盡字林典亨（押）
代筆林志隆（押）

3-2-117-5　民國二十八年十一月林典亨立盡民佃田字

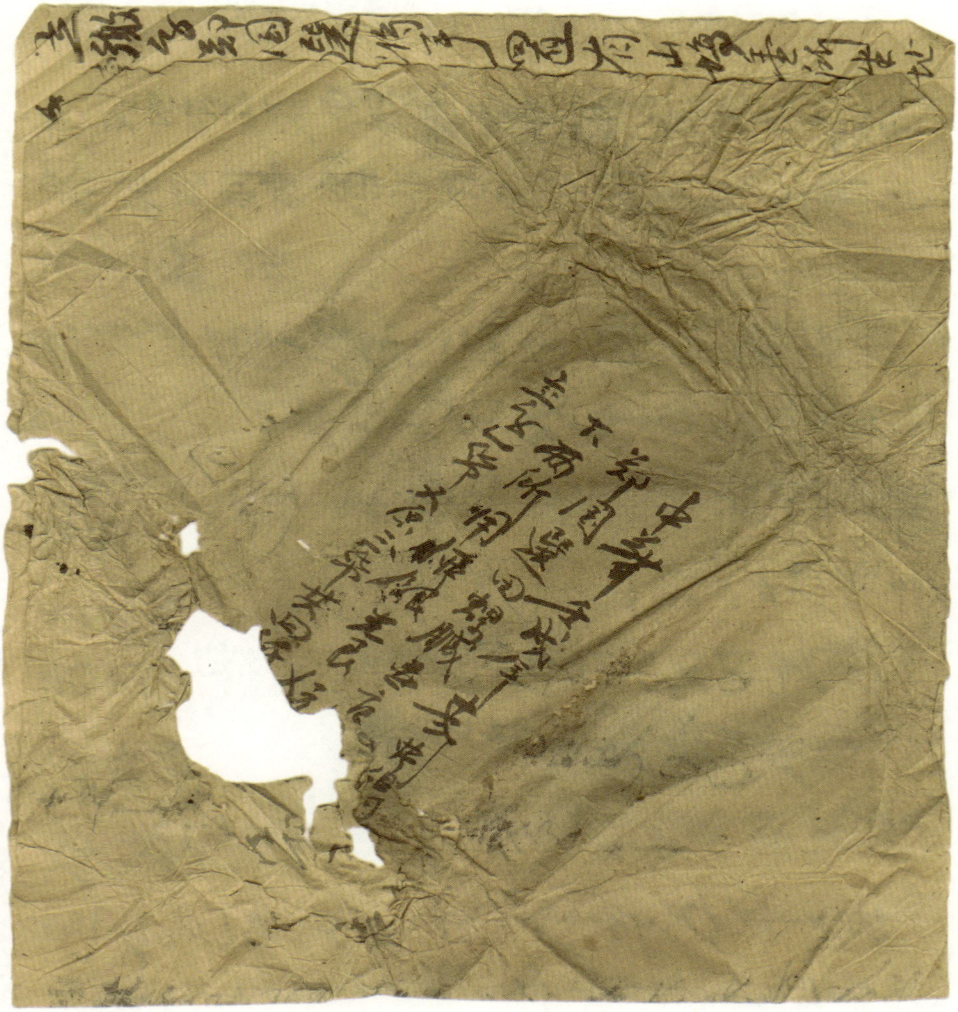

3-2-113-1　包契紙

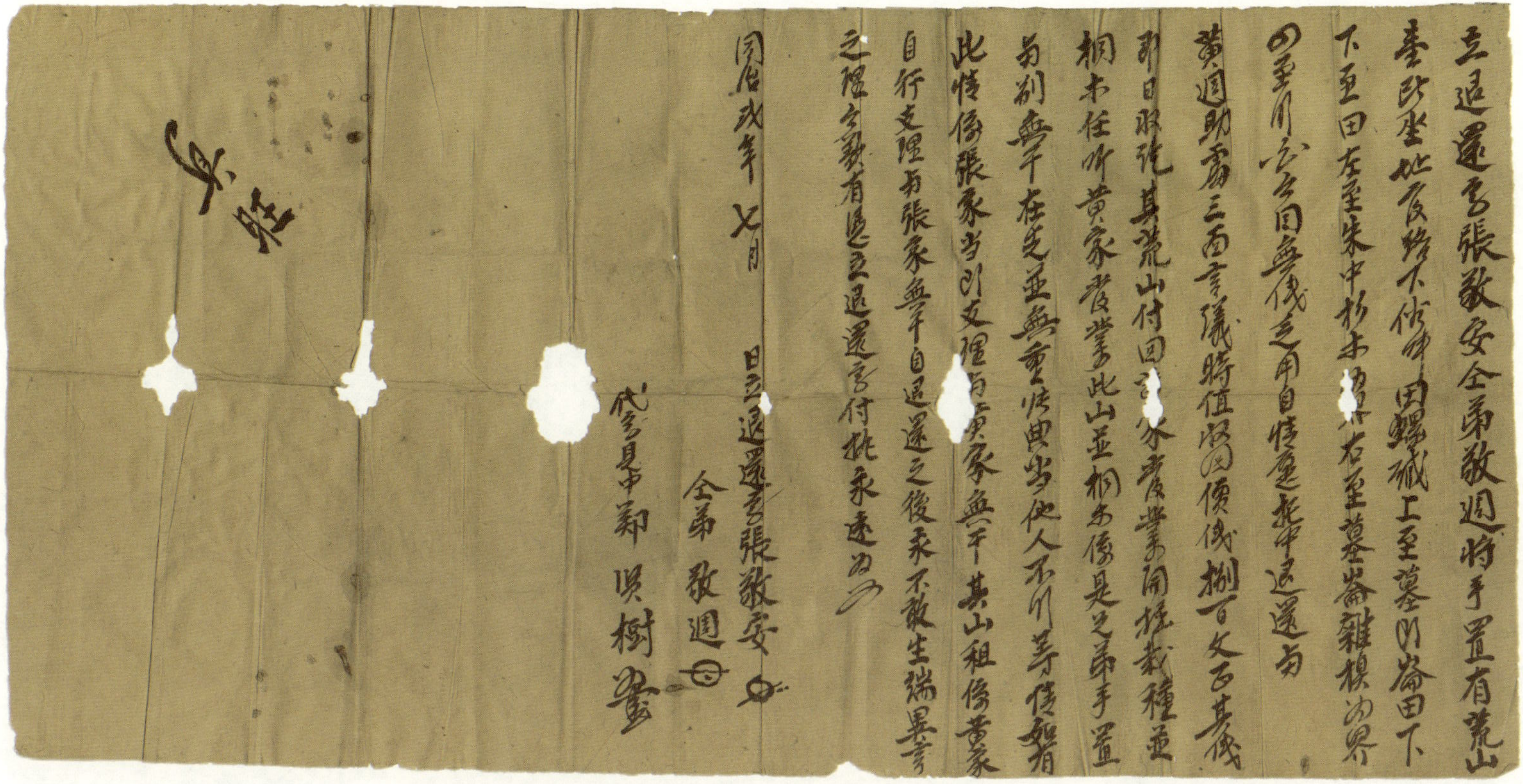

3-2-118-2　清同治二年七月張敬安等立退還荒山字

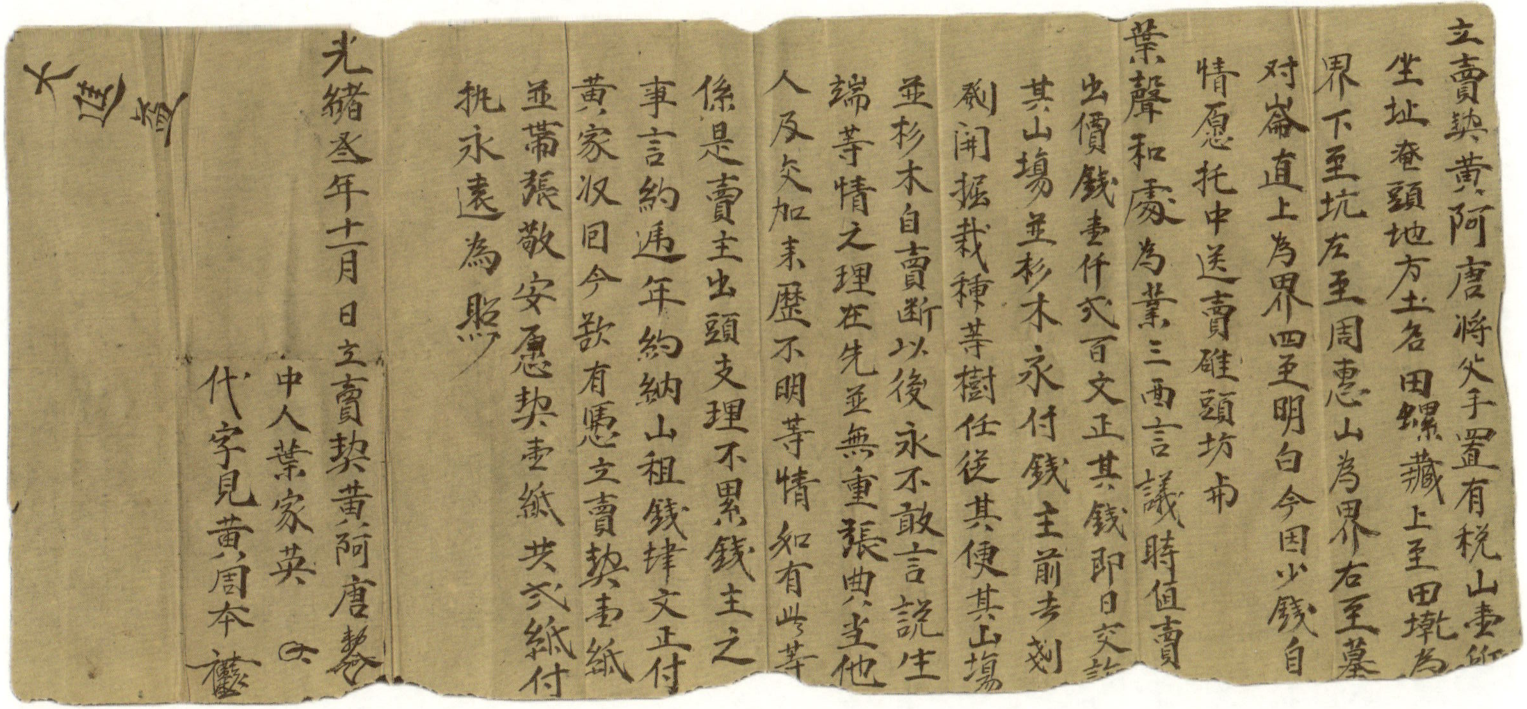
立賣契黃阿唐將父手置有稅山壹所
坐址庵頭地方土名田螺藏上至田墈為
界下至坑左至周惠山為界右至墓
对崙直上為界四至明白今因少錢自
情愿托中送賣碓頭坊布
葉聲和處為業三面言議時值賣
出價錢壹仟弍百文正其錢即日交訖
其山塲並杉木永付錢主前去剗
剗開掘栽種等樹任從其便其山塲
並杉木自賣斷以後永不敢言說生
端等情之理在先並無重張典当他
人及文加未歷不明等情如有此等
係是賣主出頭支理不累錢主之
事言約逓年約納山租錢肆文正付
黃家收回今欲有憑立賣契壹紙
並蒂張敬安愿契壹紙共弍紙付
執永遠為照
光緒叁年十一月日立賣契黃阿唐(押)
中人葉家英(押)
代字見黃周本(押)
大進益

3-2-118-3　清光緒三年十一月黃阿唐立賣稅山契

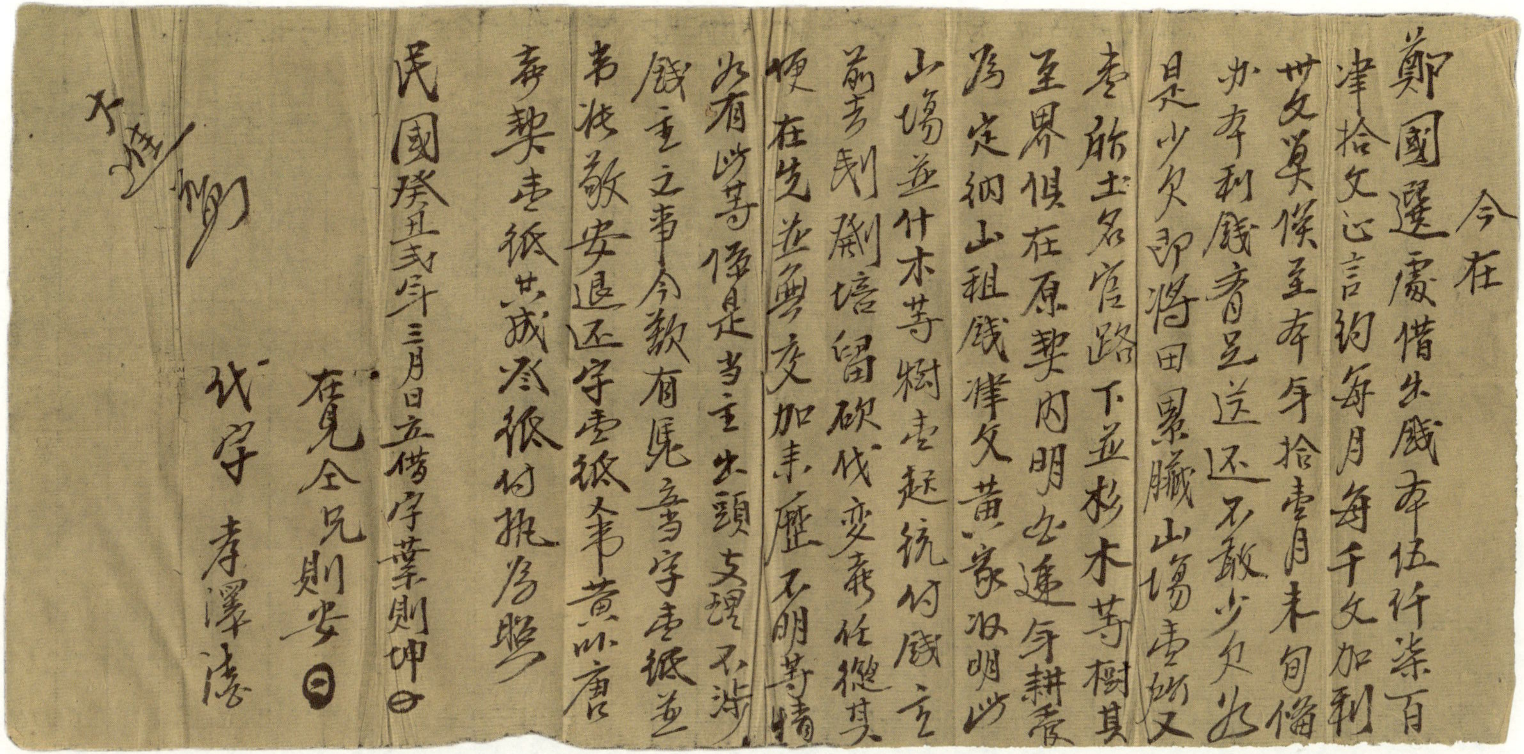

今在
鄭國選處借出錢本伍仟柒百
肆拾文，言約每月每千文加利
廿文算，其錢至本年拾壹月末旬備
办本利錢者足送还，不敢少欠。如
是少欠，即將田墨臓山場壹所，又
壹所土名宮路下，並杉木等樹，其
至界俱在原契內明出，逐年耕管
爲定，佃山租錢肆文，黄家收明。此
山場並什木等樹壹趕抗付錢主
前去剷墻留砍，伐变任從其
便。在先並無交加来歷不明等情，
如有此等，係是当主出頭支理，不涉
錢主之事。今欲有憑，立借字壹紙，並
串帖敬安退还字壹紙，𠋫黄以唐
来契壹紙，共成叁紙，付執爲照。

民國癸丑貳年三月日立借字葉則坤（押）

在見仝兄則安（押）

代字 李澤淩

[illegible]

3-2-118-4 民國二年三月葉則坤等立借錢字

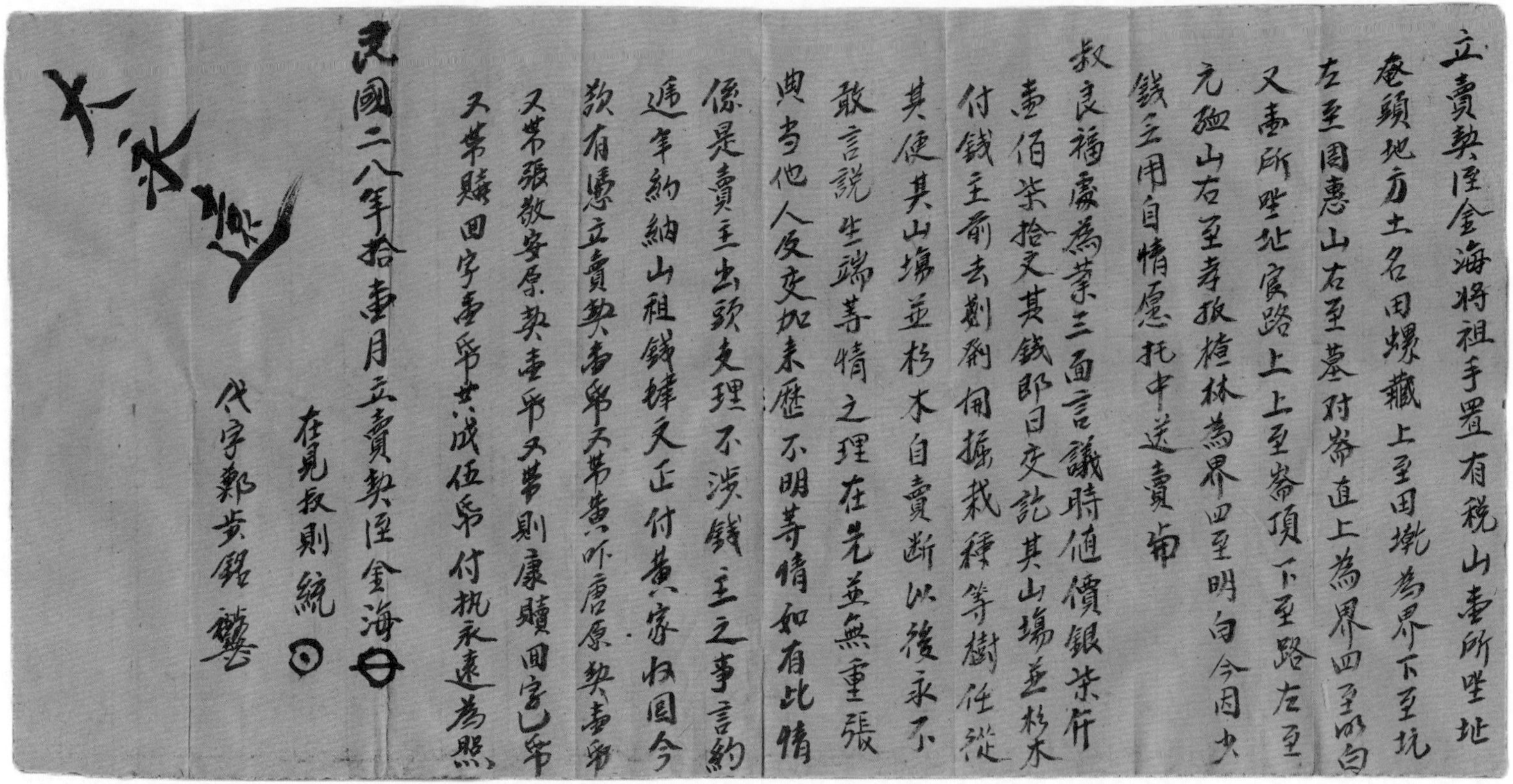
立賣契侄金海将祖手置有稅山壹所坐址
庵頭地方土名田螺藏上至田墘為界下至坑
左至周惠山右至墓对崙直上為界四至明白
又壹所坐址官路上上至崙頂下至路左至
元弼山右至孝孫檀林為界四至明白今因欠
錢乏用自情愿托中送賣與
叔良福處為業三面言議時值價銀柒仟
壹佰柒拾元其錢即日交訖其山塲並杉木
付錢主前去劉刷佃振栽種等樹任從
其便其山塲並杉木自賣斷以後永不
敢言說生端等情之理在先並無重張
典当他人反交加來歷不明等情如有此情
係是賣主出頭支理不涉錢主之事言約
進年納山租錢肆元正付黃家收回今
欲有憑立賣契壹帋又帋黃吓唐原契壹帋
又帋張敬安原契壹帋又帋則康贖回字乙帋
又帋贖回字壹帋共成伍帋付执永遠為照
民國二八年拾壹月立賣契侄金海（押）
在見叔則統（押）
代字鄭黃銘（押）

3-2-118-5 民國二十八年十一月葉金海立賣稅山契

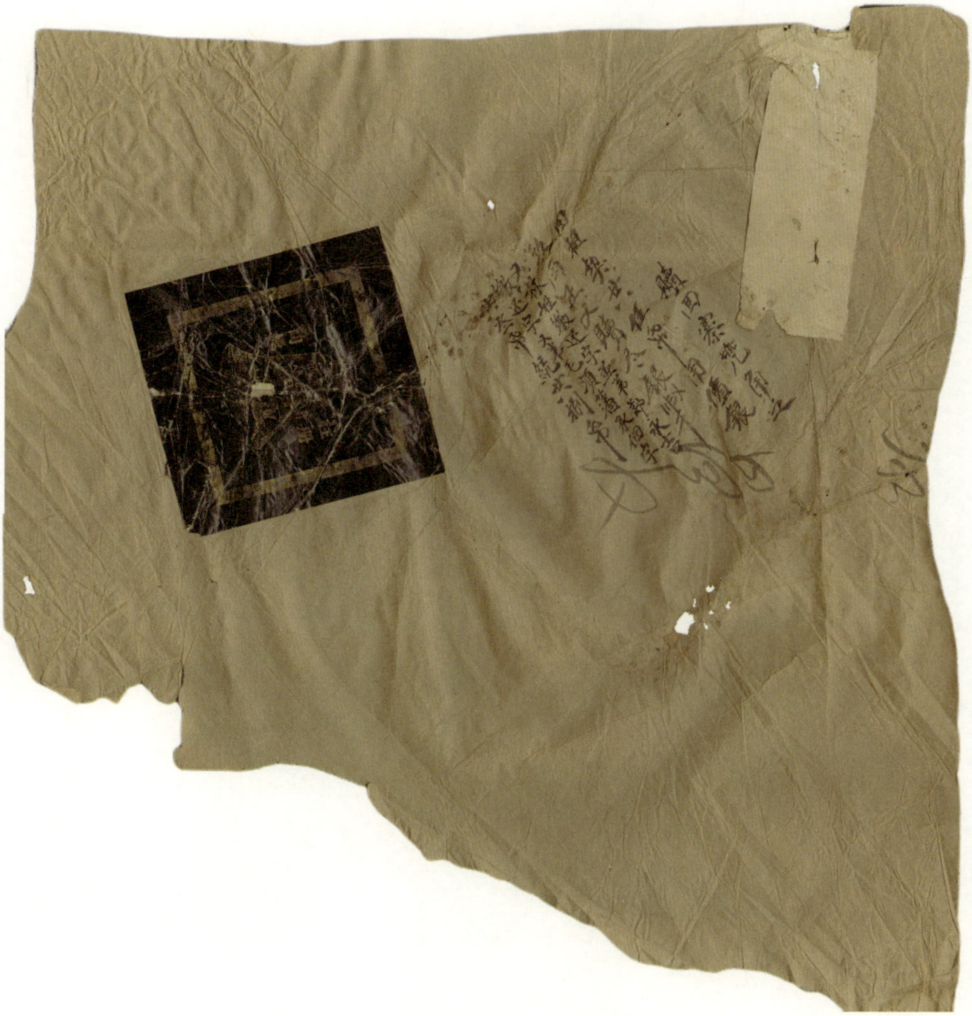

3-2-119-1 包契紙

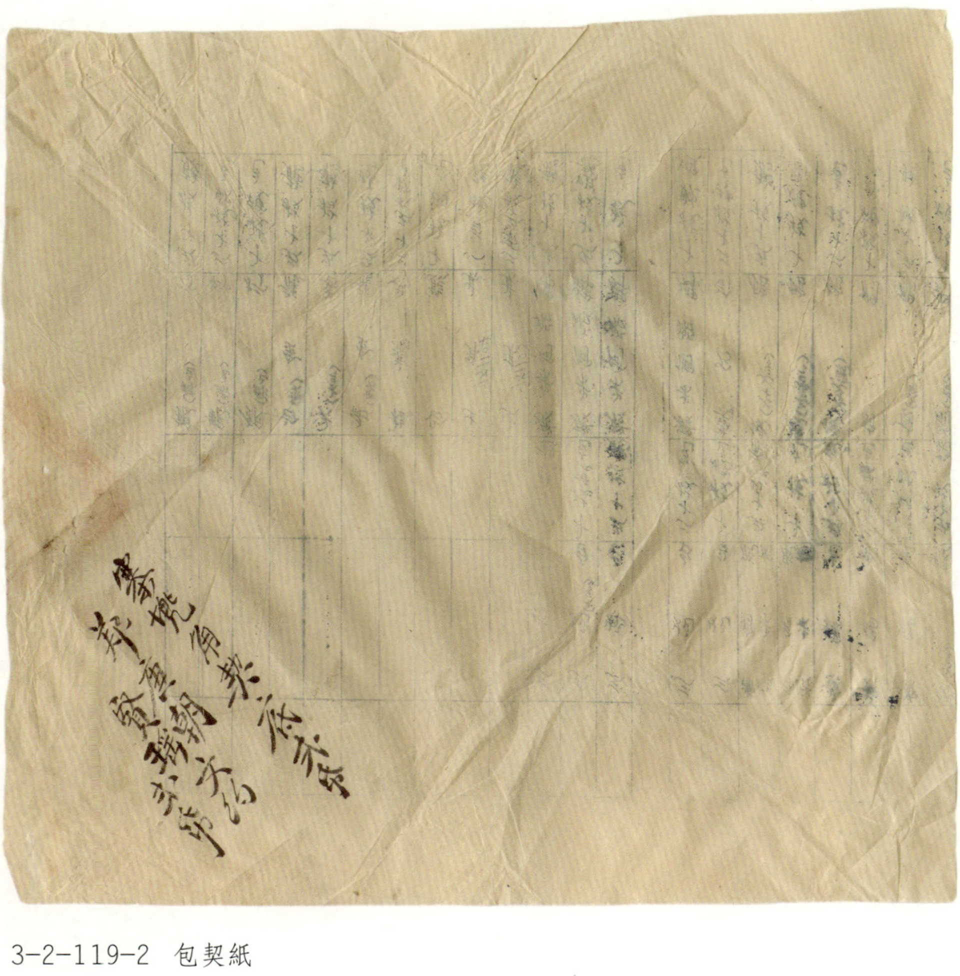

3-2-119-2 包契紙

3-2-119-3 包契紙

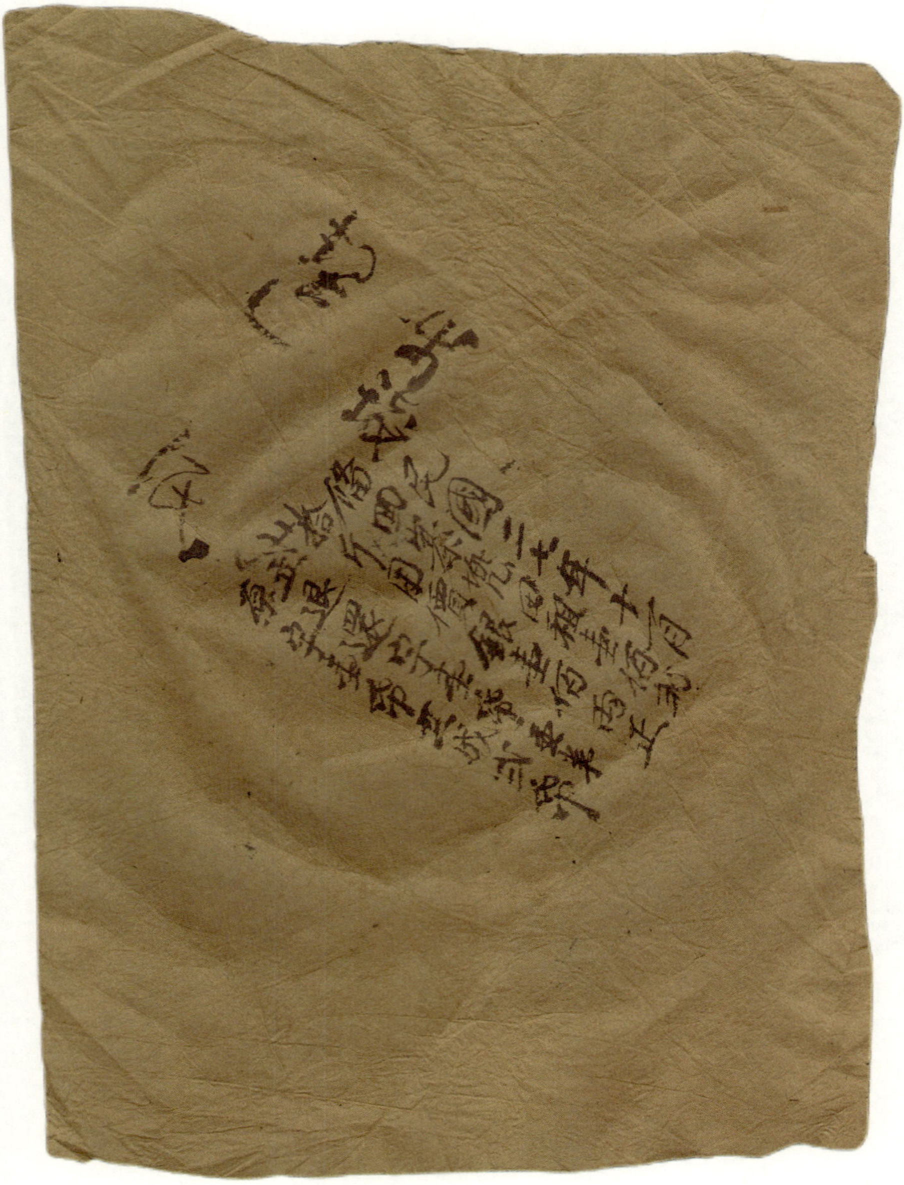

3-2-119-4　包契紙

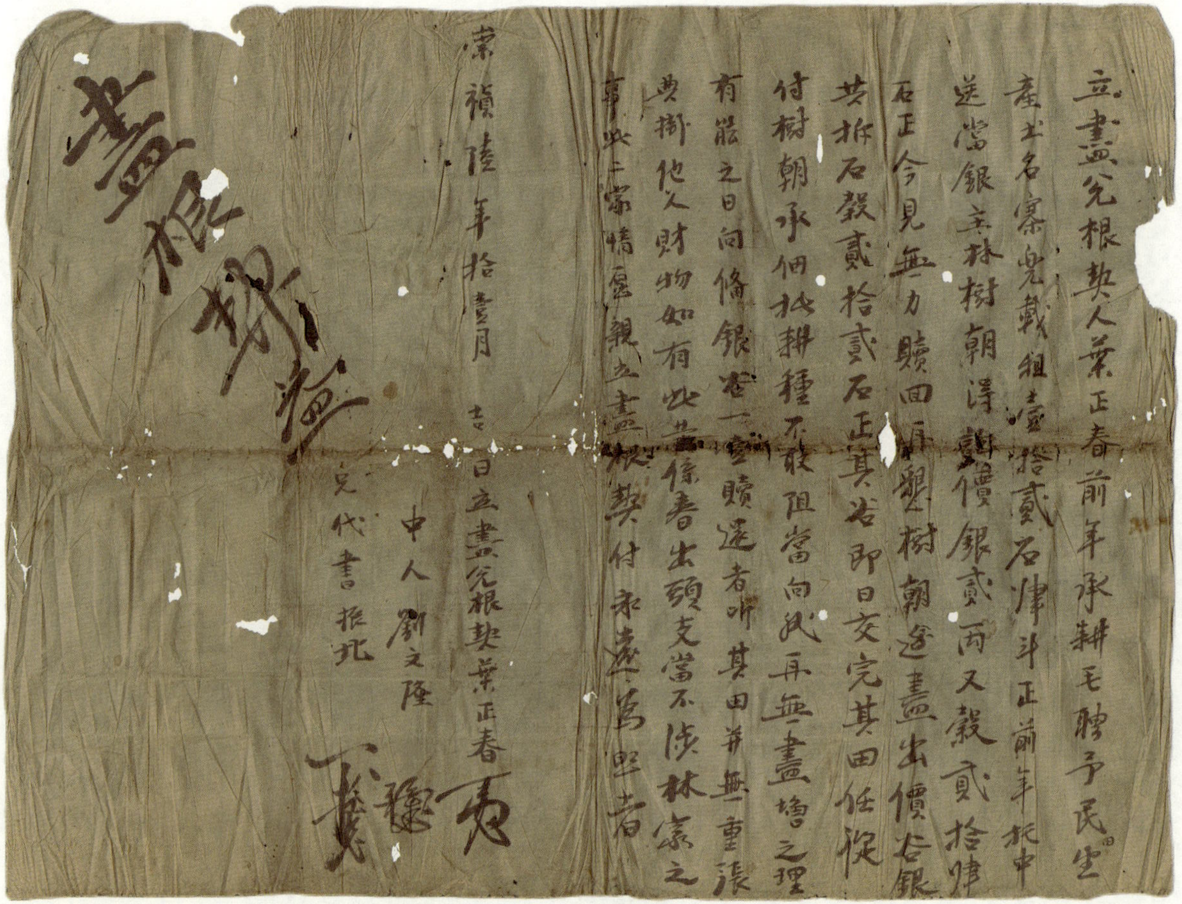

立盡兑根契人葉正春前年承耕毛騰予民田坐
產土名寮兜載租壹拾貳石津斗正前年抵中
送當銀并林樹朝得讚價銀貳兩又穀貳拾肆
石正今見無力贖回再與樹朝邊盡出價谷銀
共折石穀貳拾貳石正其谷即日交完其田任從
付樹朝承佃耕種不敢阻當向氏再無盡增之理
有照之日向備銀谷一並贖還者听其田并無重張
典掛他人財物如有此等係春出頭支當不涉林家之
事此二家情愿親立盡根契付永遠為照者

崇禎陸年拾壹月　　日立盡兑根契葉正春（押）
中人劉文陞
兄代書振玘

盡根契據

3-2-119-5　明崇禎六年十一月葉正春立盡兑民田根契

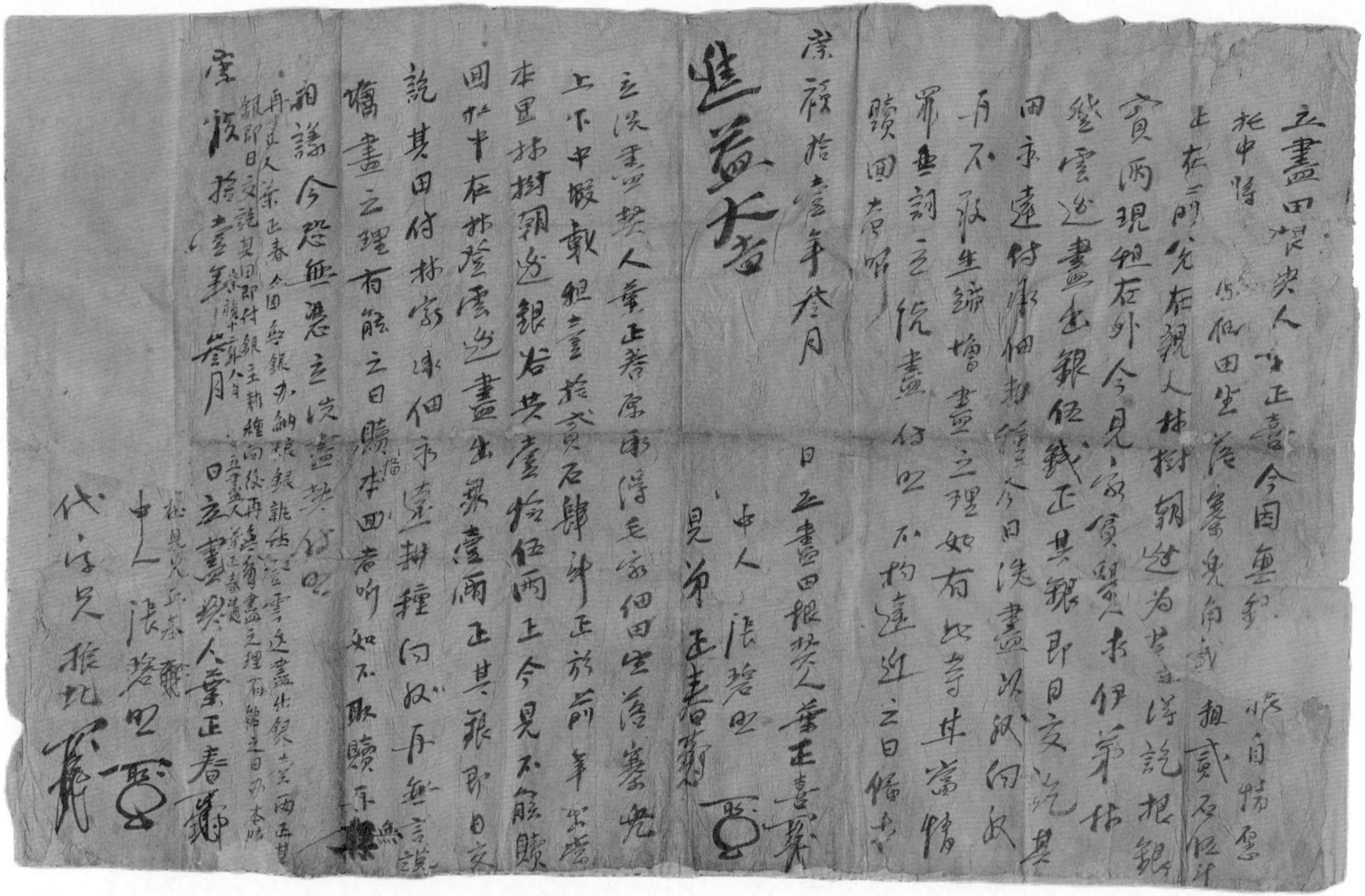

3-2-119-6　明崇禎十一年三月葉正喜立盡佃田根契

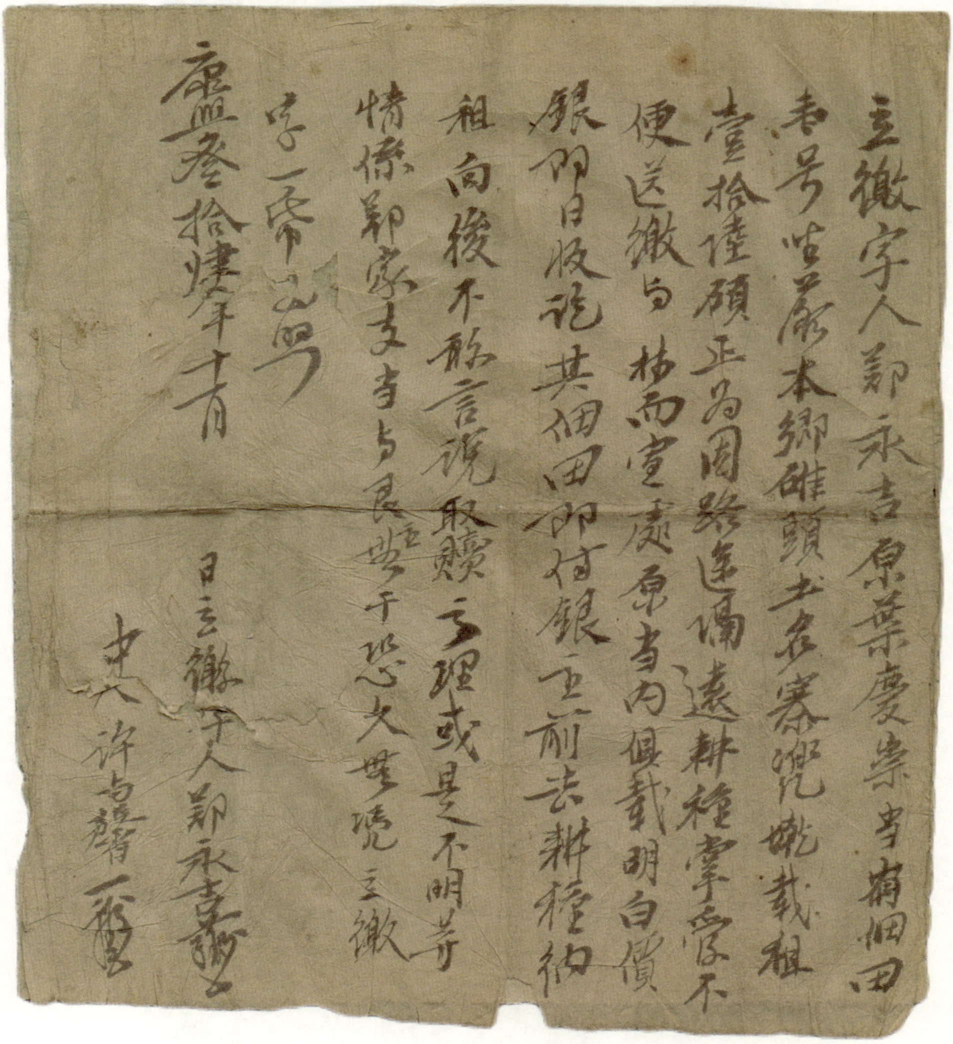
立繳字人鄭永吉原葉慶崇有佃田
壹号坐落本鄉碓頭土名寨兜坑載租
壹拾肆碩正為因路途隔遠耕種掌管不
便送繳與林而宣處原有內佃載明白價
銀即日收訖其佃田即付銀主前去耕種納
租向後不敢言說取贖之理或是不明并
情係鄭家支當與銀主無干恐久無憑立繳
字一帋存照
康熙叁拾肆年十一月　日立繳字人鄭永吉（押）
中人　許与璿　（押）

3-2-119-7　清康熙三十四年十一月鄭永吉立繳佃田字

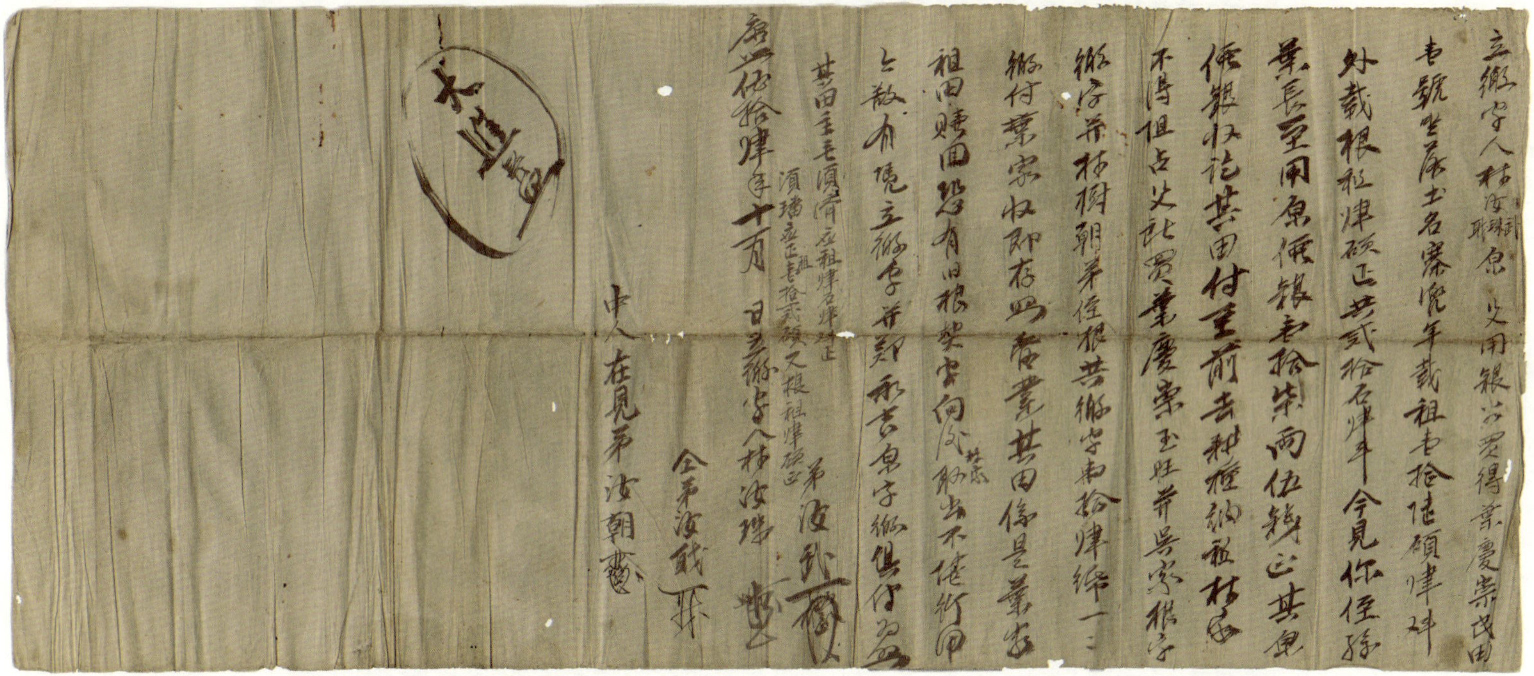

3-2-119-8 清康熙五十四年十一月林汝珠等立繳民田字

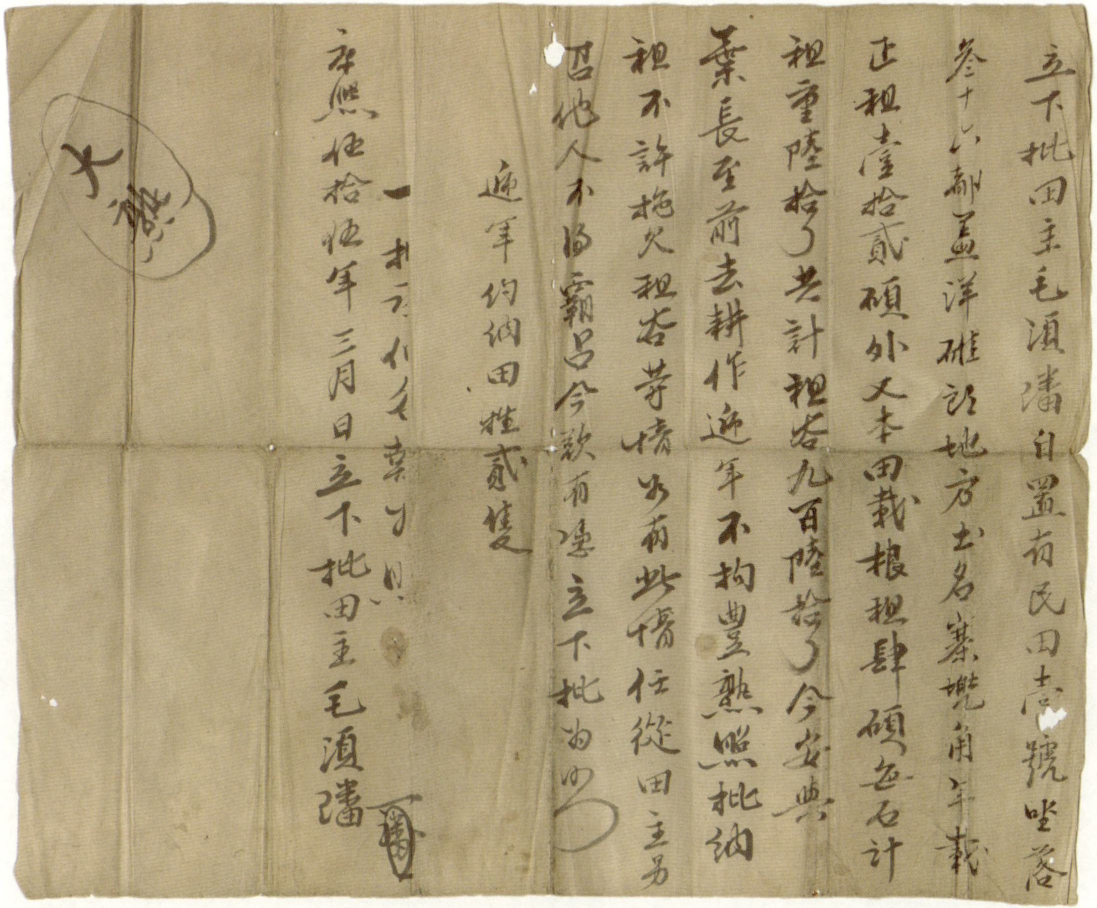
立下批田主毛須潘，自置有民田壹號，坐落
叁十八都蓋洋碓頭地方，土名寨塆角，年載
正租壹拾貳碩，外又本田載粮租肆碩，每石計
租重陸拾斤，共計租谷九百陸拾斤，今安典
葉長至前去耕作，逐年不拘豐熟，照批納
租，不許拖欠租谷，若有此情，任從田主另
召他人，不得霸占。今欲有憑，立下批為照。
逐年約納田粧貳隻
一批[illegible]
康熙伍拾伍年三月　日立下批田主毛須潘（押）

3-2-119-9　清康熙五十五年三月毛須潘立下批民田字

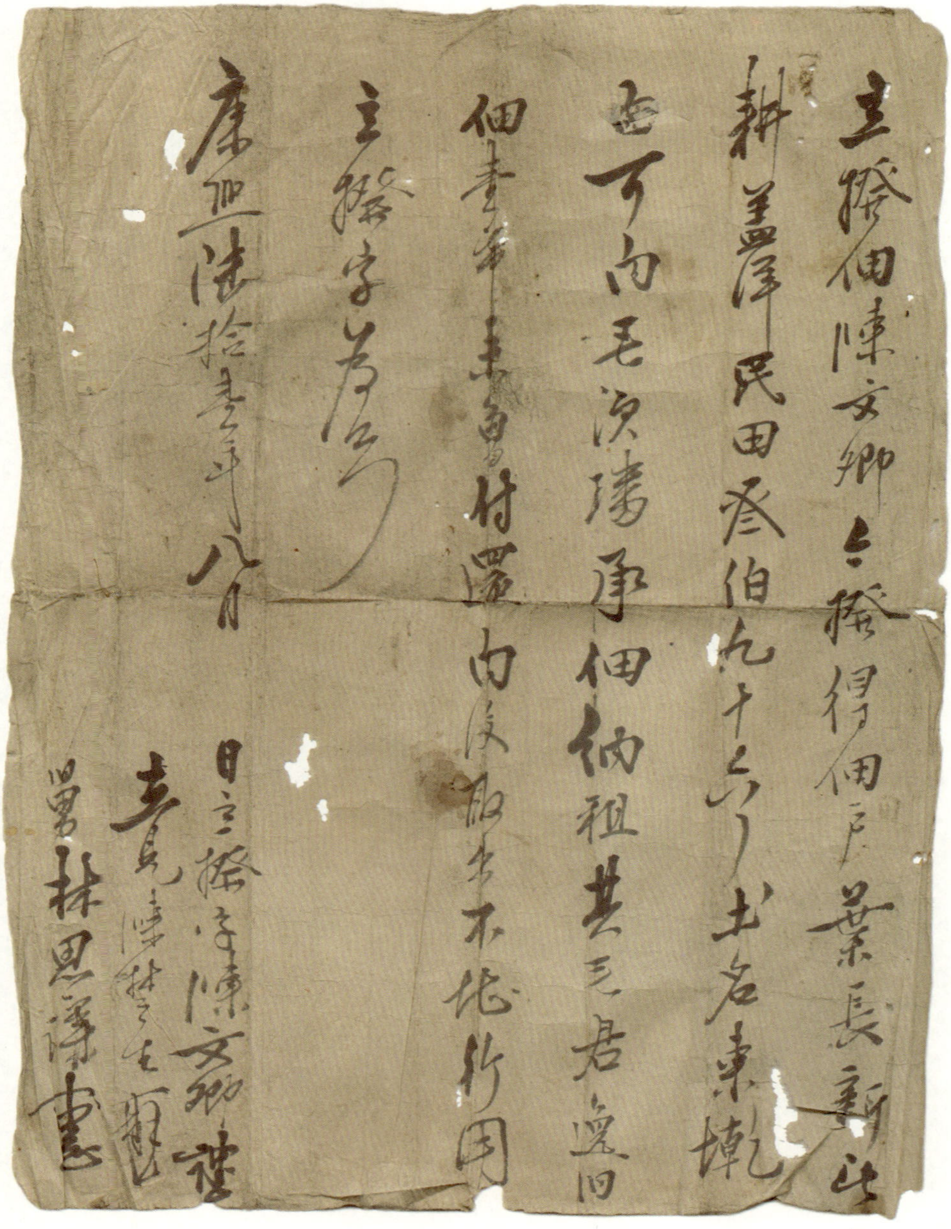

立撥佃陳文卿今撥得佃戶葉長新出
耕蓋岸民田叁伯九十六斤土名東墘
坵下白毛洋瑤承佃納租其元君邊回
佃壹年未曾付還白皮銀不能行用
立撥字為照
康熙陸拾壹年八月
日立撥字陳文卿 押
書見 陳林生 押
代筆 林思謙 押

3-2-115-10　清康熙六十一年八月陳文卿立撥民田字

立賣契葉門陳氏仝男國劍將夫在日置有
民田壹號坐落本坊土名寨垙角柚出正租貳
石正每石重陸拾觔正仝載秋粮正耗米伍升正其
粮納在葉承貴戶下今因無銀應用自情愿托
中送賣本家夫叔祖　道元處為業三面言議
時值賣出價銀玖兩叁肆錢正其銀水九八色
其銀即日收訖其田即付銀主前去自佃耕作
办納粮差賣主不敢霸佔其田並無重張典当他人
財物不明等情如有此等係是賣主出頭支理不涉
銀主之事其田自賣之後不敢言說增畫之理候至有
能之日備價贖田如未贖任付管業之款有憑立賣
契乙紙付執為照

乾隆貳拾肆年伍月　日立賣契葉門陳氏○
仝男國劍（押）
在見中夫侄國晉（押）
代字鄭心朝（押）

大吉

3-2-119-11　清乾隆二十四年五月葉門陳氏等立賣民田契

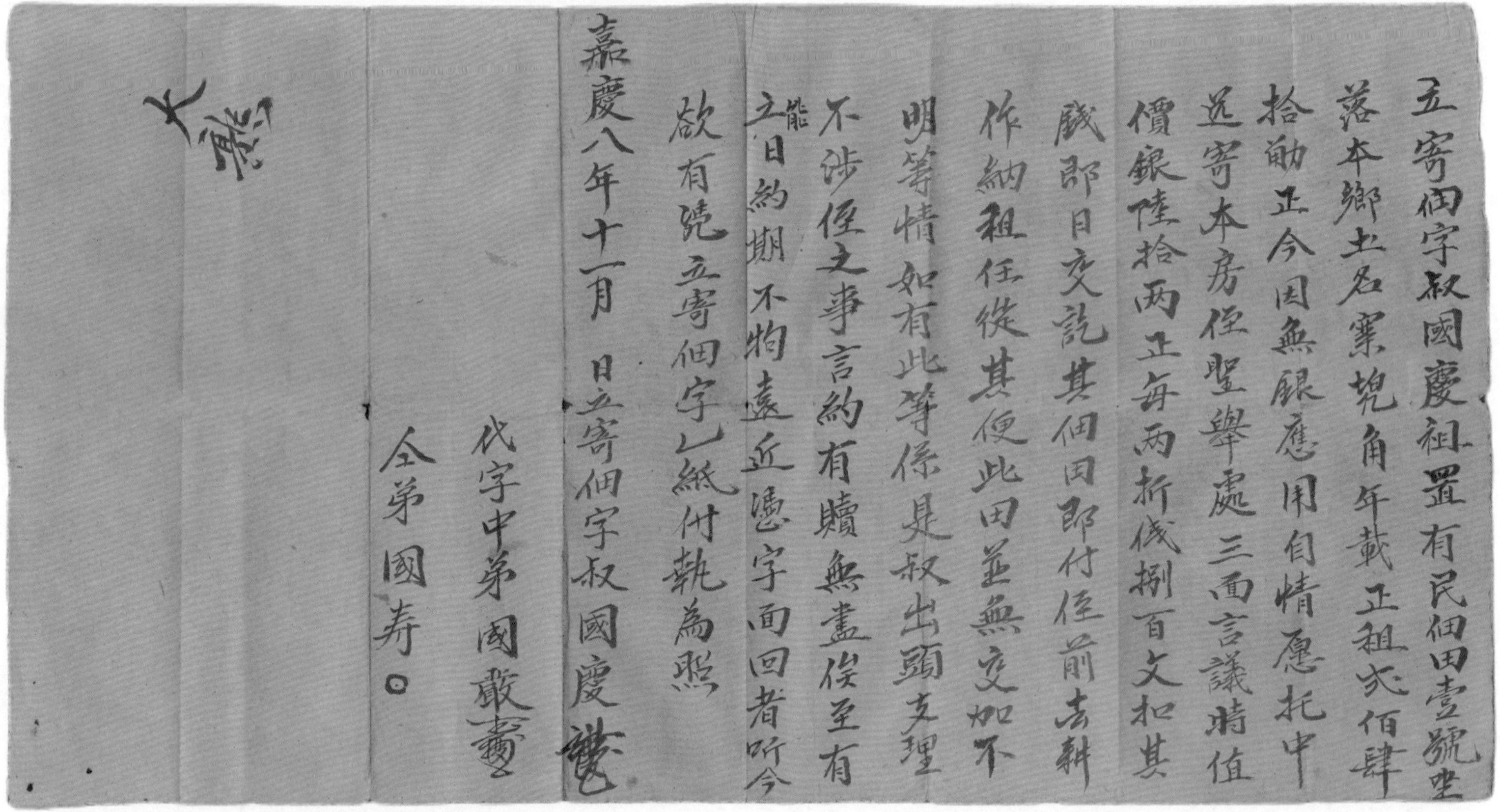
立寄佃字叔國慶祖置有民佃田壹號坐
落本鄉土名葉墘角年載正租弍佰肆
拾觔正今因無銀應用自情愿托中
送寄本房侄聖舉處三面言議時值
價銀陸拾兩正每兩折錢捌百文和其
錢即日交訖其佃田即付侄前去耕
作納租任從其便此田並無交加不
明等情如有此等係是叔出頭支理
不涉侄之事言約有贖無盡俟至有
能之日約期不拘遠近憑字面回者听今
欲有憑立寄佃字乙紙付執為照
嘉慶八年十一月　日立寄佃字叔國慶
代字中弟國藏
仝弟國寿〇
大發

3-2-119-12　清嘉慶八年十一月葉國慶立寄民佃田字

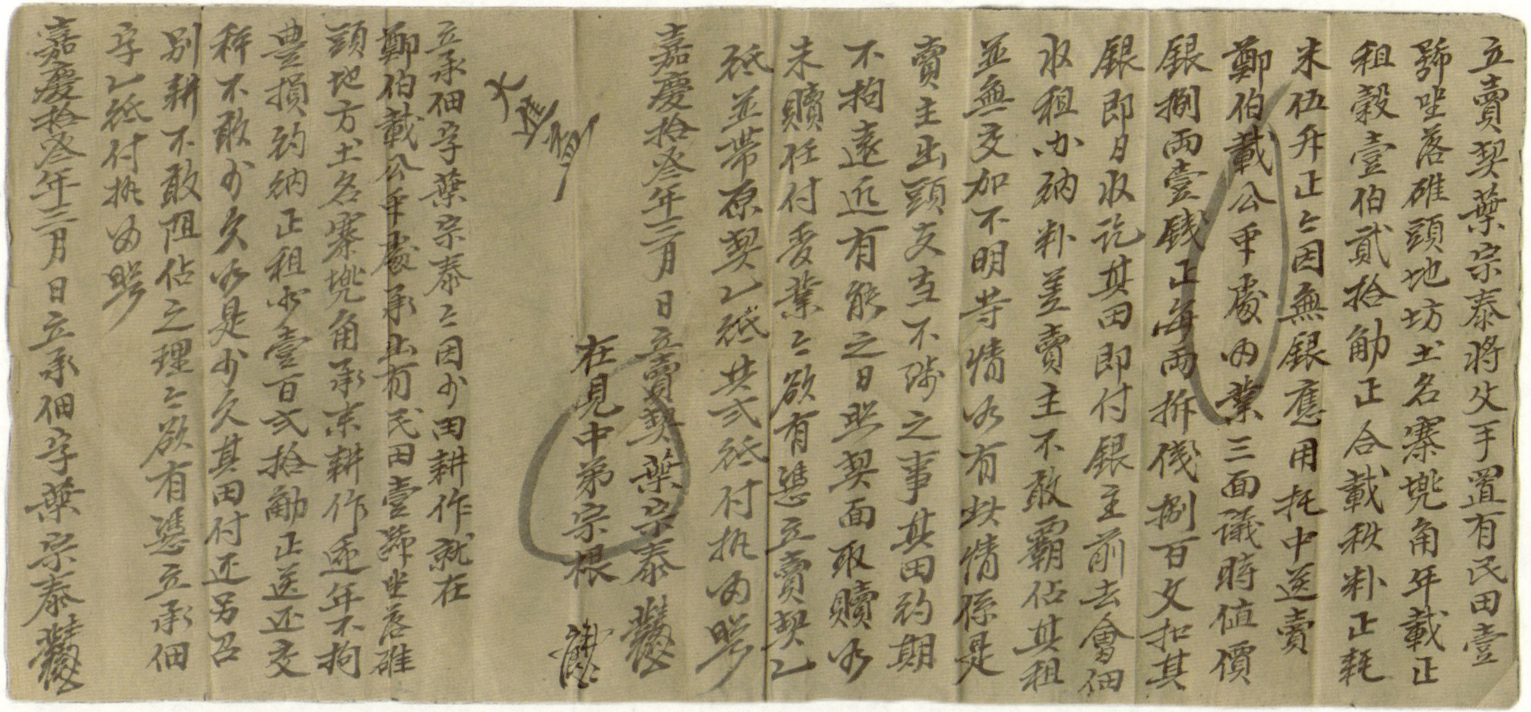

立賣契葉宗泰將父手置有民田壹
號坐落碓頭地坊土名寨兜角年載正
租穀壹伯貳拾觔正合載秋米正耗
米伍升正今因無銀應用托中送賣
鄭伯載公手處爲業三面議時值價
銀捌兩壹錢正每兩折錢捌百文扣其
銀即日收訖其田即付銀主前去會佃
收租办納米差賣主不敢霸佔其租
並無交加不明等情如有此情係是
賣主出頭支当不涉之事其田約朗
不拘遠近有能之日照契面取贖如
未贖任從受業之欲有憑立賣契乙
紙並帶原契乙紙共弍紙付執爲照
嘉慶拾叁年三月　日立賣契葉宗泰
在見中弟宗根
大吉
立承佃字葉宗泰今因無田耕作就在
鄭伯載公手處承出有民田壹號坐落碓
頭地方土名寨兜角承來耕作逐年不拘
豐損約納正租穀壹百弍拾觔正送还交
秤不敢少欠如是少欠其田付还另召
別耕不敢阻佔之理今欲有憑立承佃
字乙紙付執爲照
嘉慶拾叁年三月　日立承佃字葉宗泰

3-2-119-13　清嘉慶十三年三月葉宗泰立賣民田契（廢契）

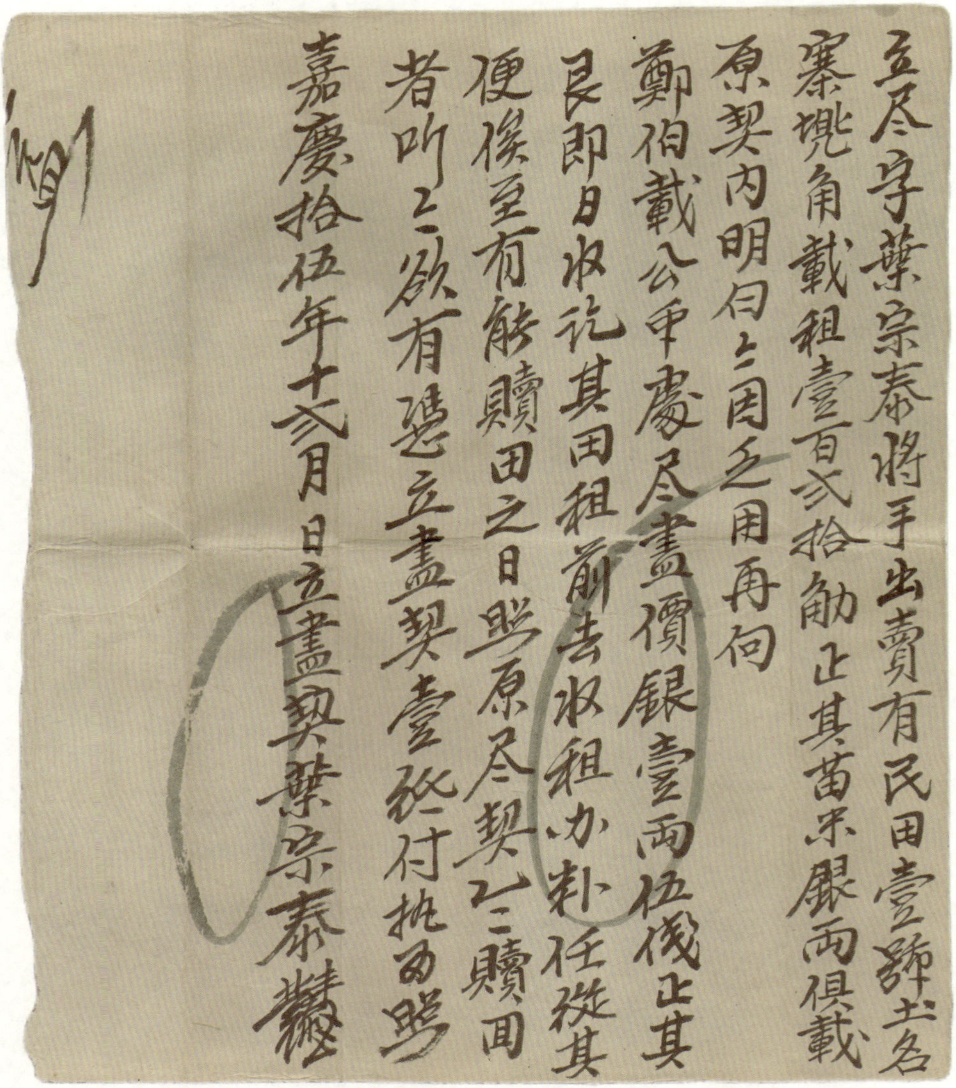

立尽字葉宗泰將手出賣有民田壹跡土名
寨垅角載租壹百弍拾觔正其苗米銀兩俱載
原契内明白今因乏用再向
鄭伯載入公平處尽盡價銀壹兩伍錢正其
艮即日收訖其田租前去收租办粮任從其
便後至有能贖田之日照原尽契乙二贖回
者今二欲有憑立盡契壹紙付执为照
嘉慶拾伍年十二月日立盡契葉宗泰

3-2-119-14　清嘉慶十五年十二月葉宗泰立盡民田字（廢契）

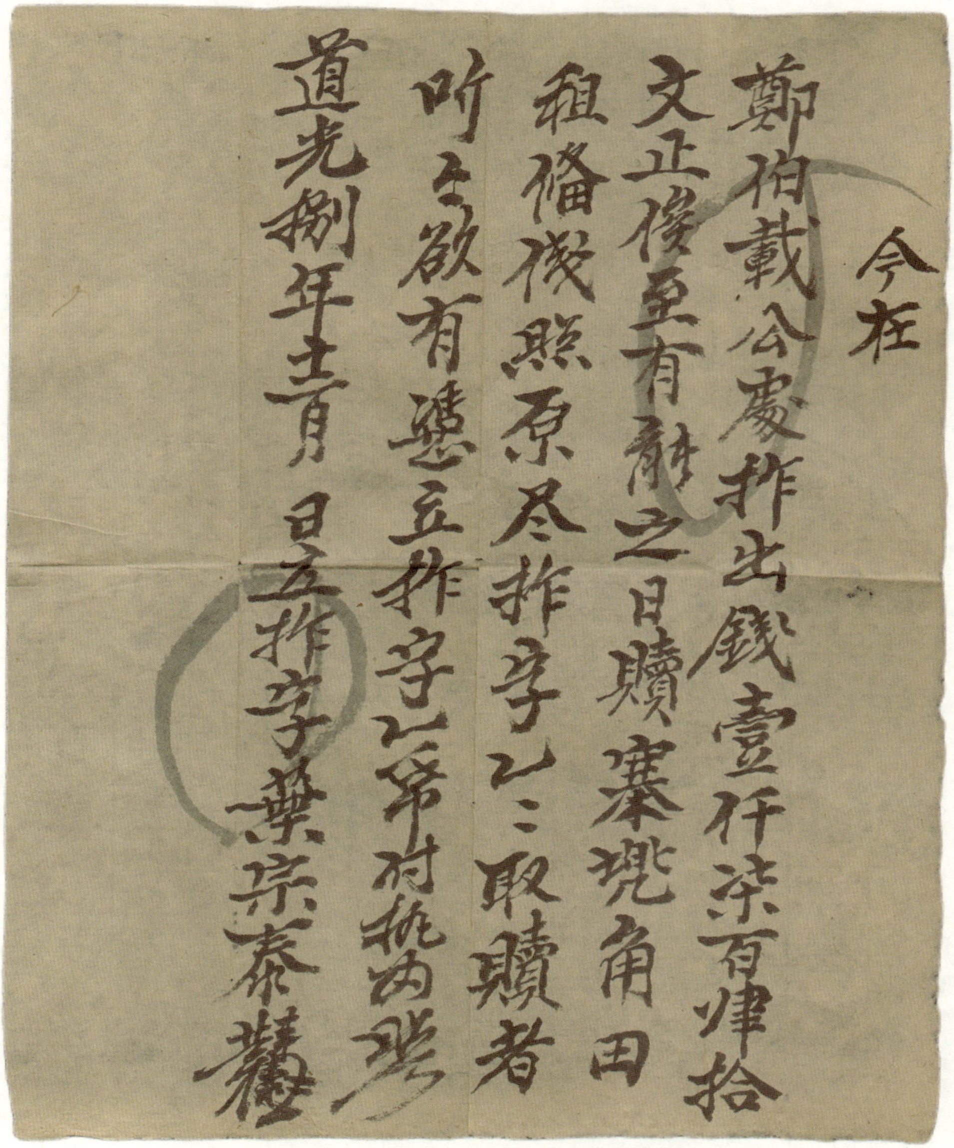

今在
鄭伯載公處撮出錢壹仟柒百肆拾
文正後至有錢之日贖寨墘角田
租穀後照原盡撮字一一取贖者
所口欲有憑立撮字一帋付執為照
道光捌年十二月 日立撮字葉宗泰（押）

3-2-119-15 清道光八年十二月葉宗泰立撮字（廢契）

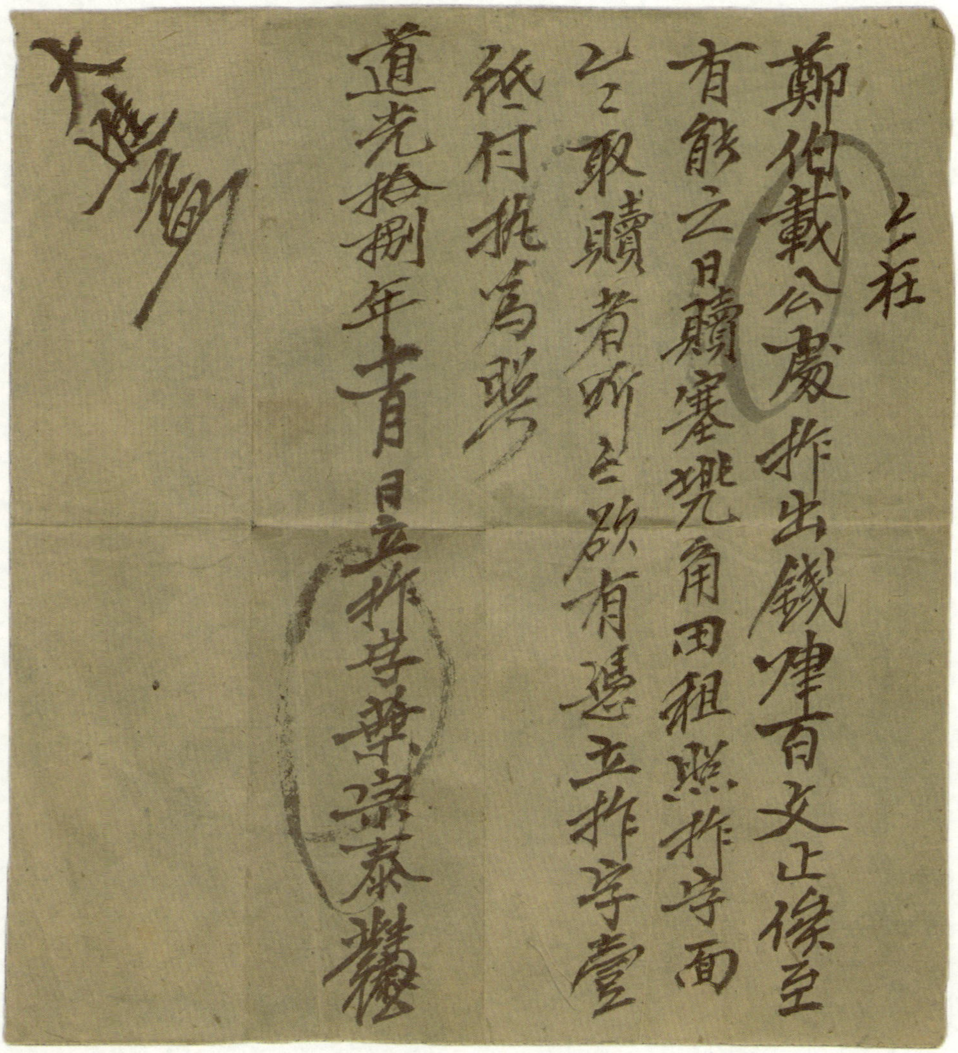

仝在
鄭伯載公處撮出錢肆百文止，候至
有能之日贖塞垅角田租照撮字面
仝仝取贖者，所之欲有憑，立撮字壹
紙付執爲照。
道光拾捌年十一月 日立撮字葉宗泰（押）

3-2-119-16　清道光十八年十一月葉宗泰立撮字（廢契）

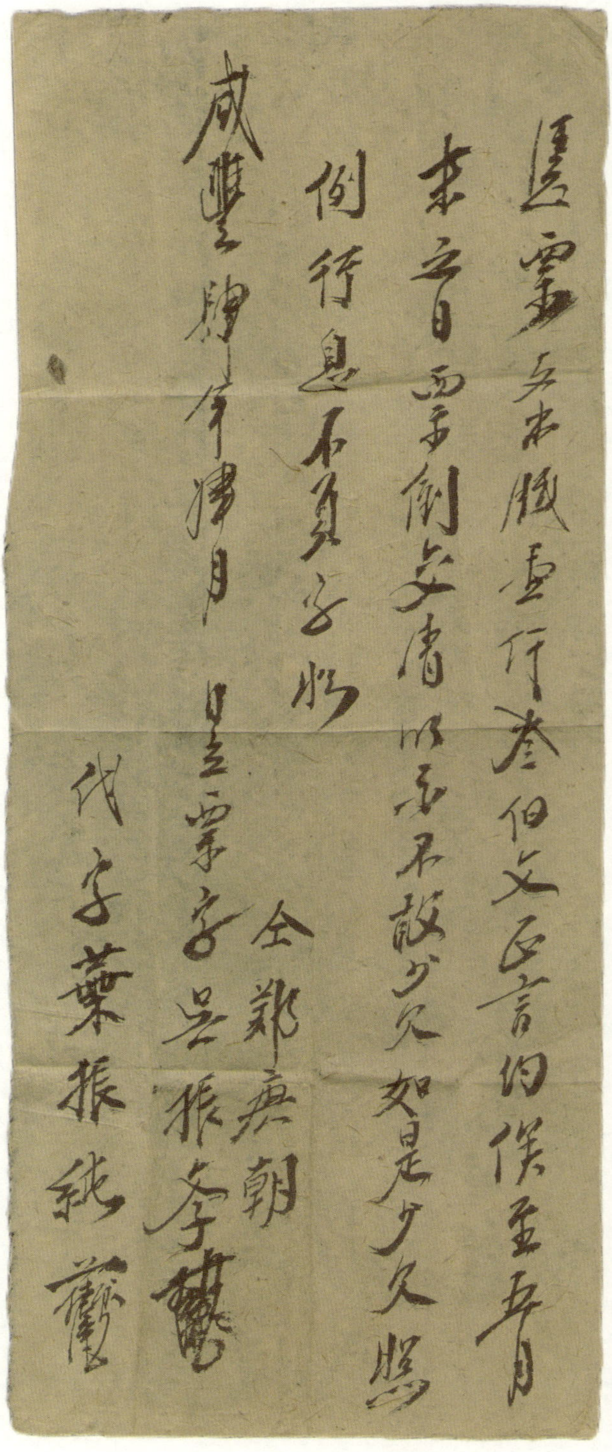

廷雲兄來錢壹仟叁伯文正言約俟至五月
末旬西雲倒安清收來不敢少欠如是少欠照
例行息不負字據
咸豐肆年肆月　日立票字吳振孛
仝鄭興朝
代字葉振統

3-2-119-17　清咸豐四年四月吳振孛等立支錢憑票

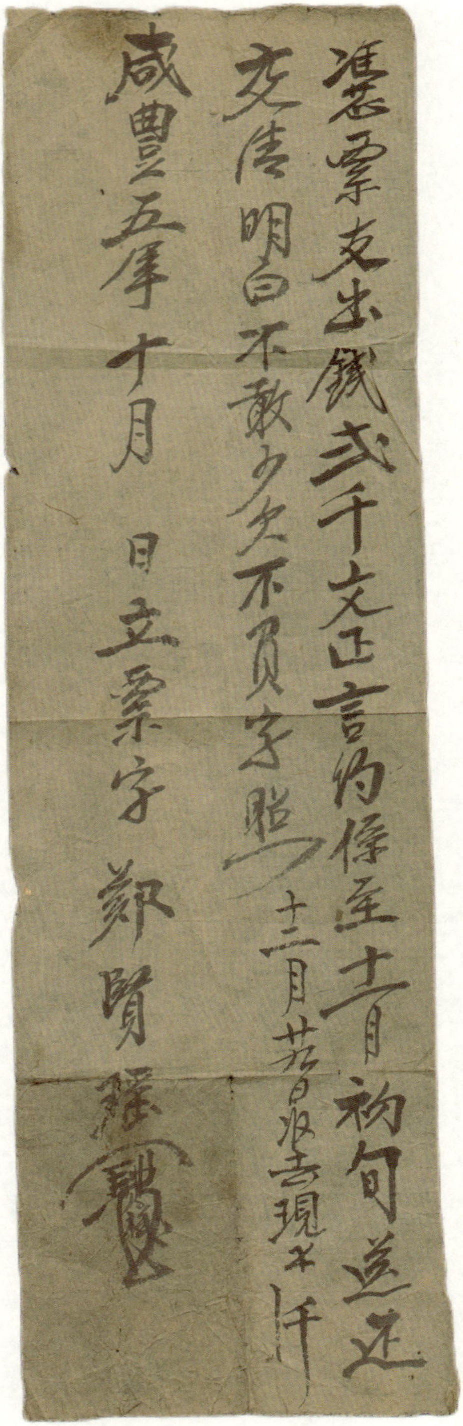
憑票支出錢弍千文正，言約係至十二月初旬送还，
交清明白，不敢少欠，不負字照。
十二月廿五日收去現半仟
咸豐五年十月　日立票字　鄭賢瑤（押）

3-2-119-18　清咸豐五年十月鄭賢瑤立支錢憑票

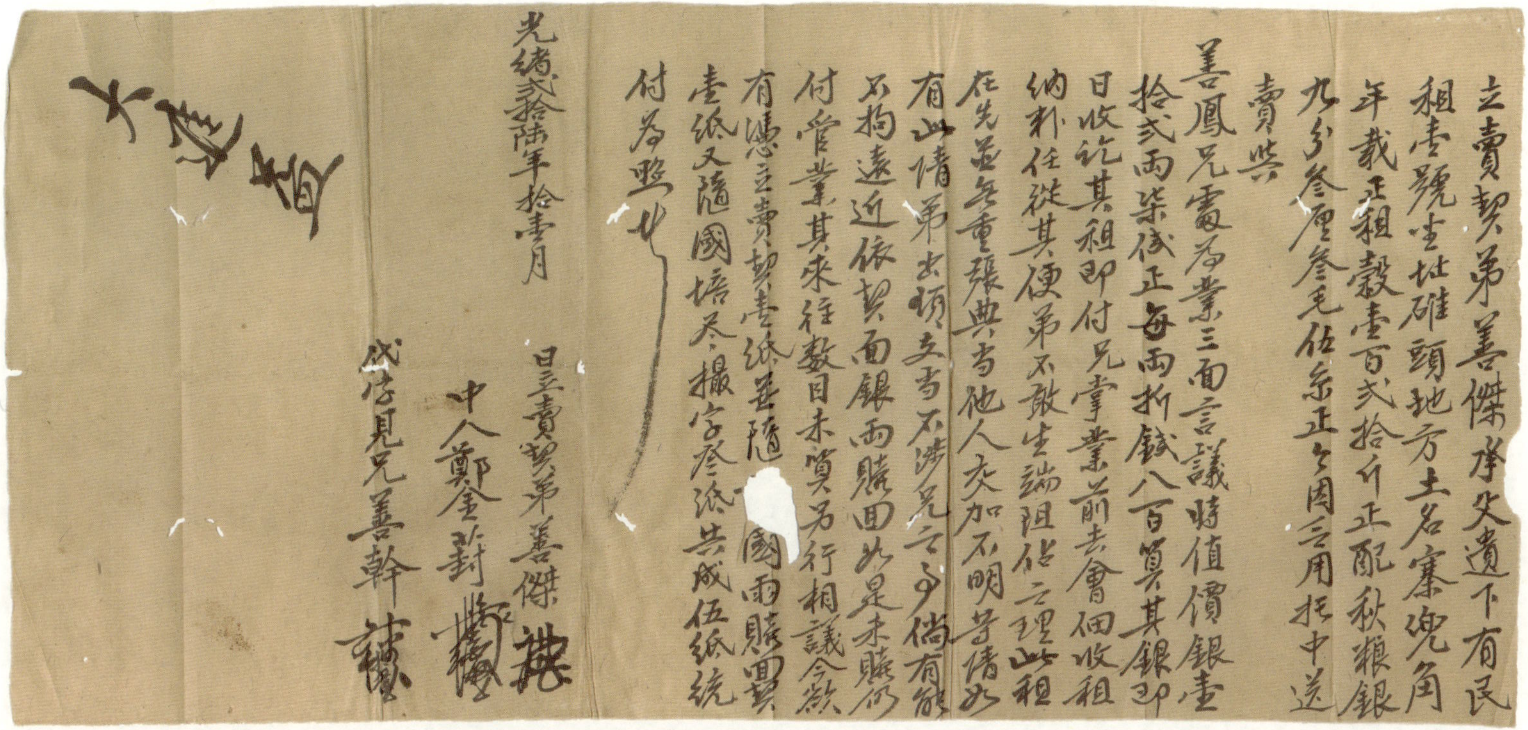
立賣契弟善傑承父遺下有民
租壹號坐址碓頭地方土名寨兜角
年載正租穀壹百弍拾斤正配秋粮銀
九分叁厘叁毛伍系正今因乏用托中送
賣與
善鳳兄處為業三面言議時值價銀壹
拾弍兩柒錢正每兩折錢八百算其銀即
日收訖其租即付兄掌業前去會佃收租
納利任從其便弟不敢生端阻佔之理此租
在先並無重張典當他人交加不明等情如
有此情弟出頭支當不涉兄之事倘有能
不拘遠近依契面銀兩贖回如是未贖仍
付管業其來往數目未算另行相議今欲
有憑立賣契壹紙並隨[illegible]國兩賠賣契
壹紙又隨國墻叁撮字叁紙共成伍紙統
付為照也

光緒弍拾陸年拾壹月　日立賣契弟善傑
中人鄭金對
代字見兄善幹

3-2-119-19　清光緒二十六年十一月葉善傑立賣民田租契

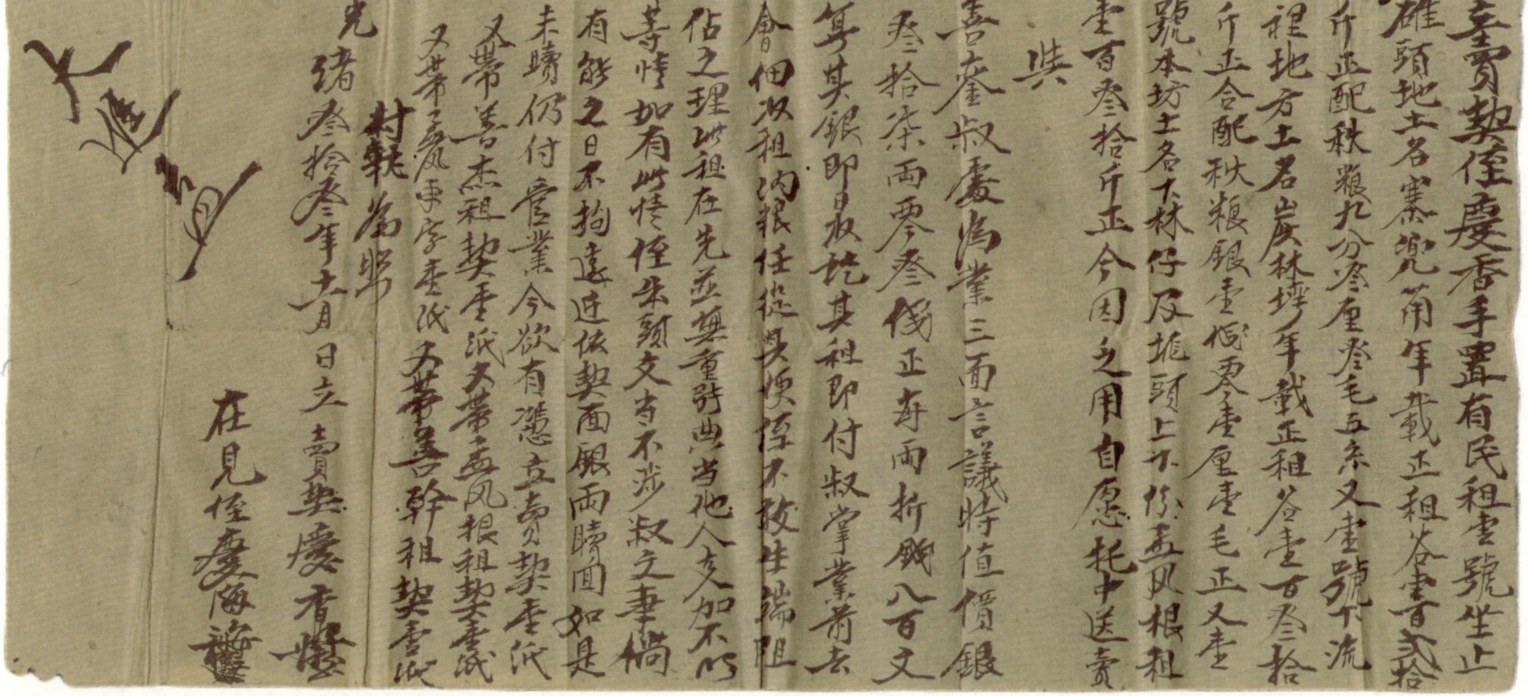

立賣契侄慶香手置有民租壹號坐止
碓頭地土名寨兜兩年載正租谷壹百貳拾
斤正配秋粮九分叁厘叁毛五系又壹號仍流
程地右土名岸林坪年載正租谷壹百叁拾
斤正合配秋粮銀壹錢零壹厘壹毛正又壹
號本坊土名下林仔及堀頭上下係亞凡根租
壹百叁拾斤正今因乏用自愿托中送賣
與
善奎叔慶湖業三面言議時值價銀
叁拾柒兩零叁錢正每兩折錢八百文
其銀即日叔收其租即付叔掌業前去
會佃收租納粮任從與便侄不敢生端阻
佔之理此租在先並無重疊典當他人交加不明
等情如有此情侄出頭支當不涉叔之事倘
有能之日不拘遠近依契面銀兩贖回如是
未贖仍付管業今欲有憑立賣契壹紙
又帶善杰租契壹紙又帶亞凡根租契壹紙
又帶亞凡手字壹紙又帶善幹租契壹紙
村執爲照
光緒叁拾叁年十一月日立賣契慶香
在見侄慶海

3-2-119-20 清光緒三十三年十一月葉慶香立賣民田租契

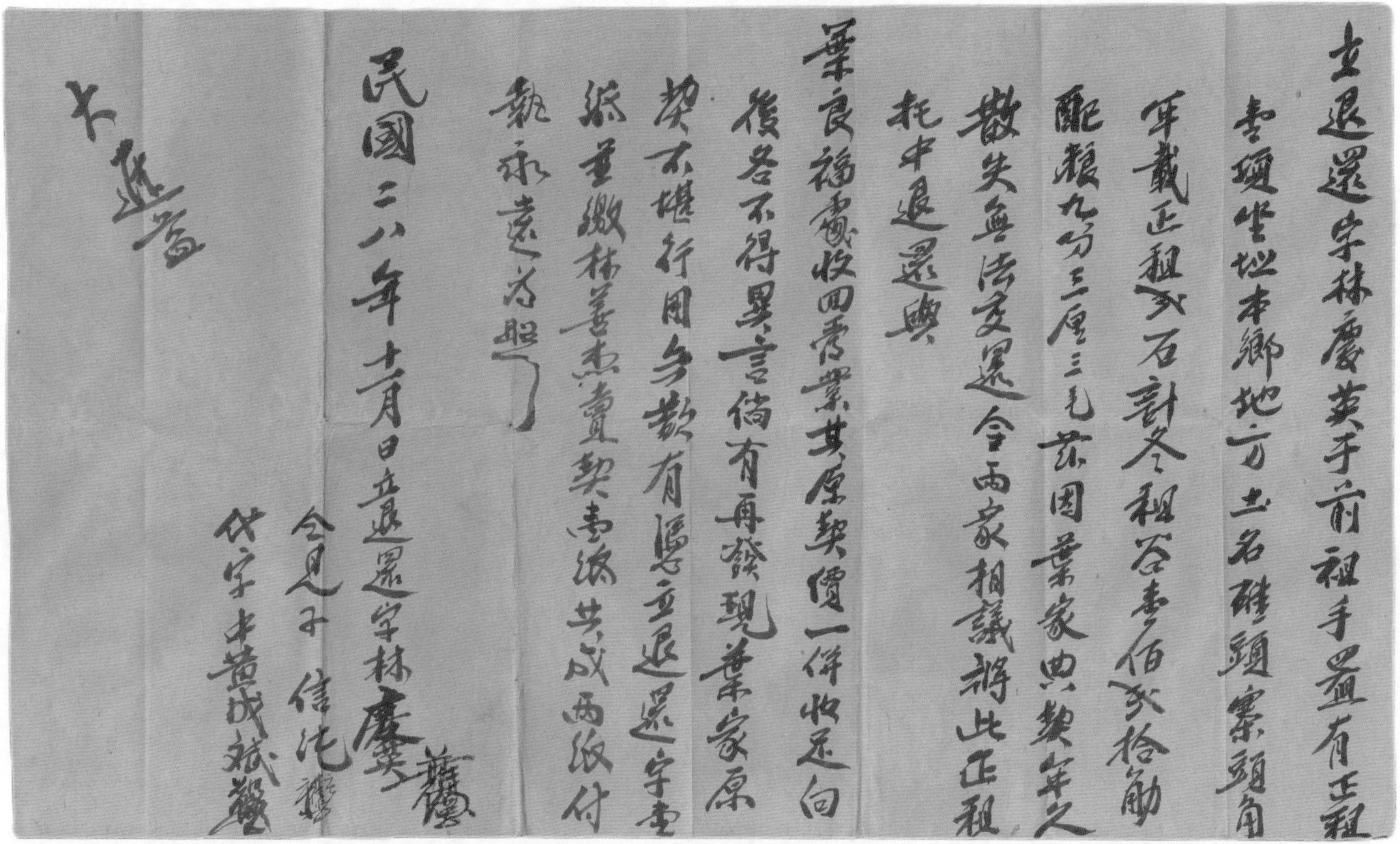

立退還字林慶英手前祖手置有正租
壹號坐址本鄉地方土名碓頭寨頭角
年載正租貳石對冬租谷壹佰貳拾觔
配糧九分三厘三毛茲因葉家典契年久
散失無法交還今兩家相議將此正租
托中退還與
葉良福處收回管業其原契價一併收足向
後各不得異言倘有再發現葉家原
契不堪行用多數有憑立退還字壹
紙並繳林善杰賣契壹紙共成兩紙付
執永遠為照

民國二十八年十一月　日立退還字林慶英
仝見子　信汔
代字中　黃成斌

大進富

3-2-119-21　民國二十八年十一月林慶英立退還正租字

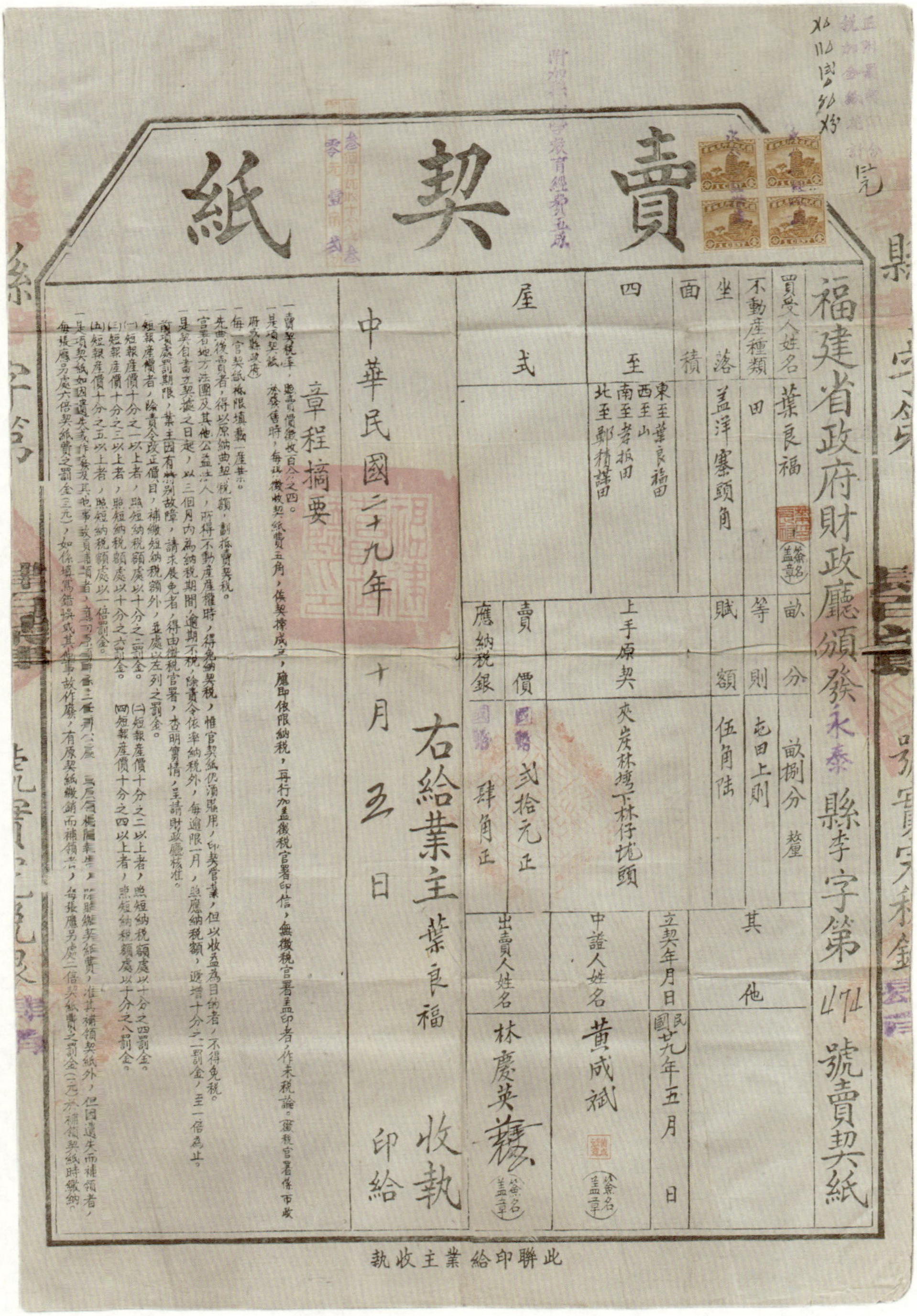

賣契紙

福建省政府財政廳頒發永泰縣李字第474號賣契紙

買受人姓名	葉良福
不動產種類	田
坐落	蓋洋寨頭角
面積	
四至	東至葉良福田 西至山 南至李振田 北至鄭精謀田
屋式	
畝分	畝捌分整
等則	屯田上則
賦額	伍角陆
其他	
上手原契	夾岸林墘下林仔坑頭
賣價	國幣貳拾元正
應納稅銀	國幣肆角正
立契年月日	民國廿九年五月 日
中證人姓名	黄成斌
出賣人姓名	林慶英

章程摘要

一賣契稅率，照賣價徵收百分之四。

一是項契紙發售時，每張徵收契紙費五角，俟契據成立，應即依限納稅，再行加蓋徵稅官署印信，無徵稅官署蓋印者，作未稅論。（徵稅官署係市政府或縣政府）

一每一官契紙祗限填載一產業。

一先典後賣者，得以原納典契稅額，劃抵賣契稅。

一官署地方法團及其他公益法人，所得不動產產權時，得免納契稅，惟官契紙仍須照用，印契管業，但以收益為目的者，不得免稅。

一是契自書立契據之日起，以三個月內為納稅期間，逾期不稅，除責令依率納稅外，每逾限一月，照應納稅額，遞增十分之二罰金，至一倍為止。

前項處罰期限，業主因有特別故障，請求展免者，得由徵稅官署，查明實情，呈請財政廳核准。

一短報產價者，除責令改正價目，補繳短納稅額外，並處以左列之罰金。

(一)短報產價十分之一以上者，照短納稅額處以十分之二罰金。

(二)短報產價十分之二以上者，照短納稅額處以十分之四罰金。

(三)短報產價十分之三以上者，照短納稅額處以十分之六罰金。

(四)短報產價十分之四以上者，照短納稅額處以十分之八罰金。

(五)短報產價十分之五以上者，照短納稅額處以一倍罰金。

一是項契紙如因遺失或作廢及其他事故須補請者，應……除照繳契紙費外，准其補領契紙外，但因遺失而補領者，每張應另處二倍契紙費之罰金（一元）於補領契紙時繳納。每張應另處六倍契紙費之罰金（三元），如係填寫錯誤或其他事故作廢，有原契紙繳銷而補領者……

中華民國二十九年十月五日

右給業主葉良福收執

印給

此聯印給業主收執

3-2-119-22 民國二十九年十月五日林慶英賣屯田官契

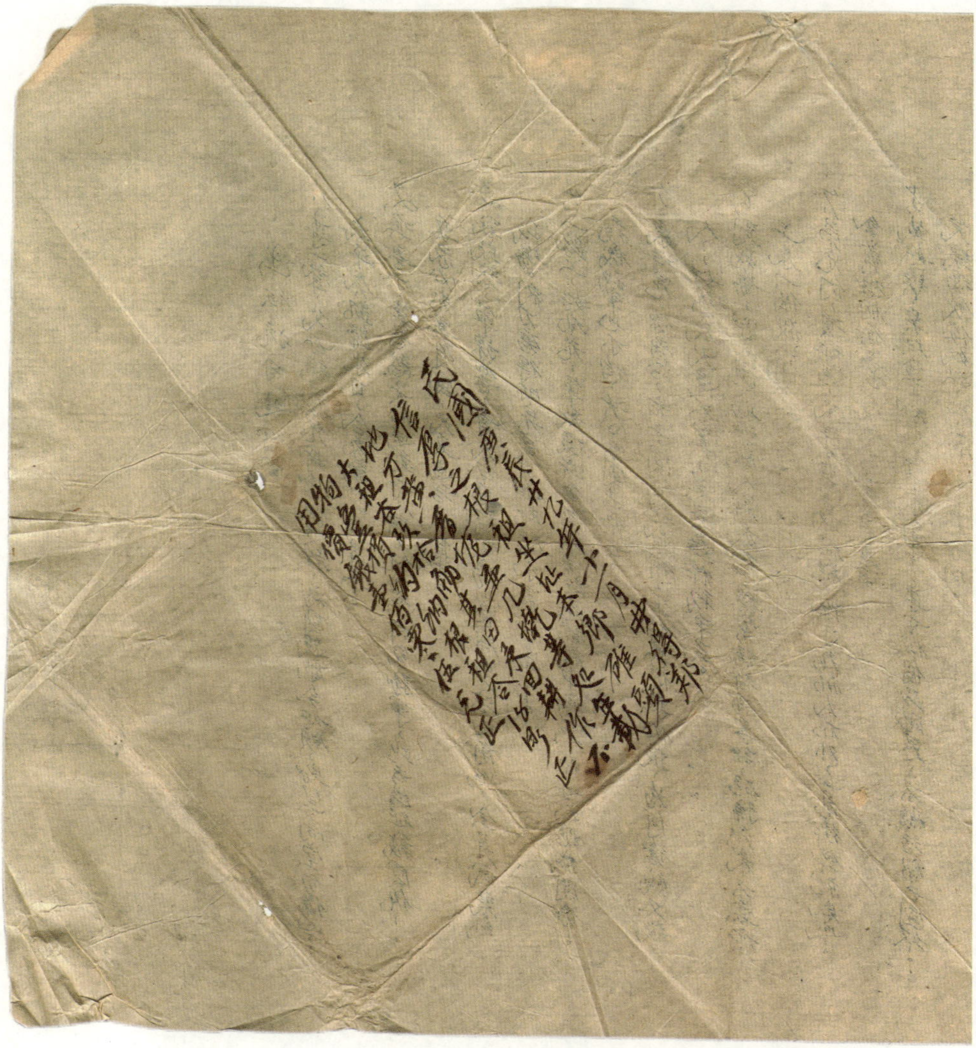

3-2-120-1　包契紙

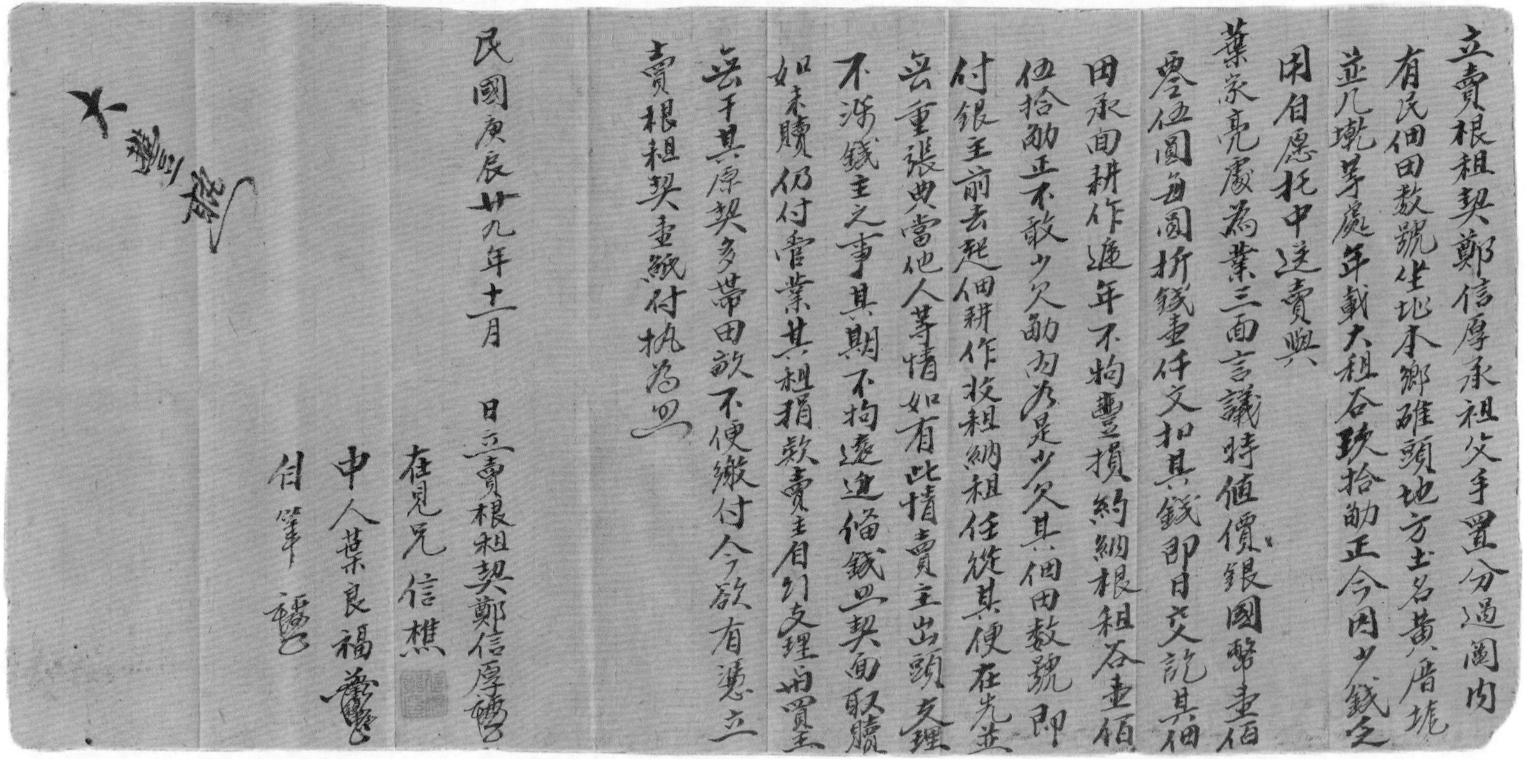
立賣根租契鄭信厚承祖父手置分過阄内
有民佃田數號坐址本鄉碓頭地方土名黄厝垅
并凡坵等處年載大租谷玖拾觔正今因少錢乏
用自愿托中送賣與
葉家亮處為業三面言議特值價銀國幣壹佰
叁伍圓每圓折錢壹仟文扣其錢即日交訖其佃
田承佃耕作逐年不拘豐損約納根租谷壹佰
伍拾觔正不敢少欠觔兩如是少欠其佃田數號即
付銀主前去起佃耕作收租納租任從其便在先並
無重張典當他人等情如有此情賣主出頭支理
不涉錢主之事其期不拘遠近備錢照契面取贖
如未贖仍付管業其租捐款賣主自行支理與買主
無干其原契多帶田畝不便繳付今欲有憑立
賣根租契壹紙付執為照
民國庚辰廿九年十一月　日立賣根租契鄭信厚
在見兄信棋
中人葉良福
代筆

3-2-120-2　民國二十九年十一月鄭信厚立賣民佃田根租契

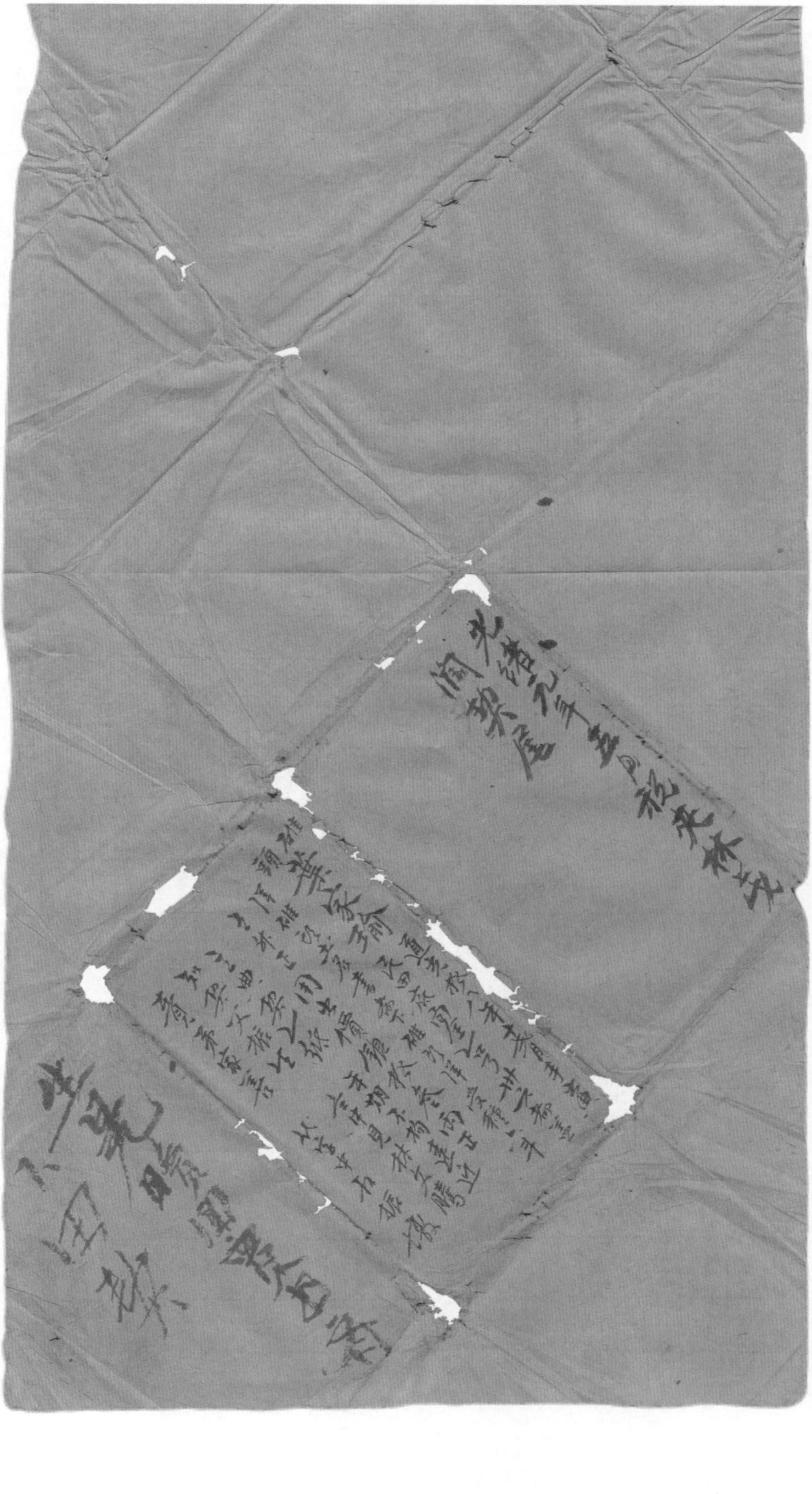

3-2-121-1　包契紙

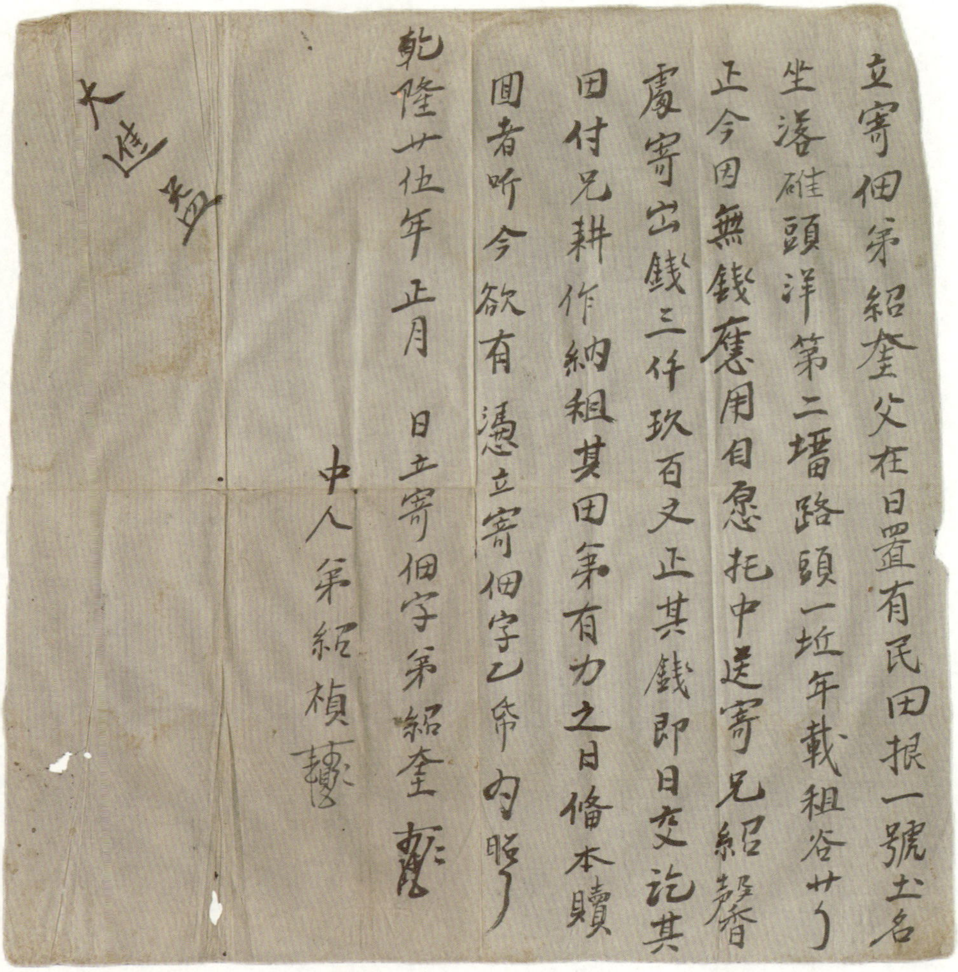
立寄佃弟紹奎父在日置有民田根一號土名
坐落碓頭洋第二墻路頭一坵年載租谷廿[illegible]
正今因無錢應用自愿托中送寄兄紹馨
處寄出錢三仟玖百文正其錢即日交訖其
田付兄耕作納租其田弟有力之日備本贖
回者听今欲有憑立寄佃字乙帋為照
中人弟紹楨
乾隆廿伍年正月　日立寄佃字弟紹奎
大進益

3-2-121-2　清乾隆二十五年正月葉紹奎立寄佃民田根字

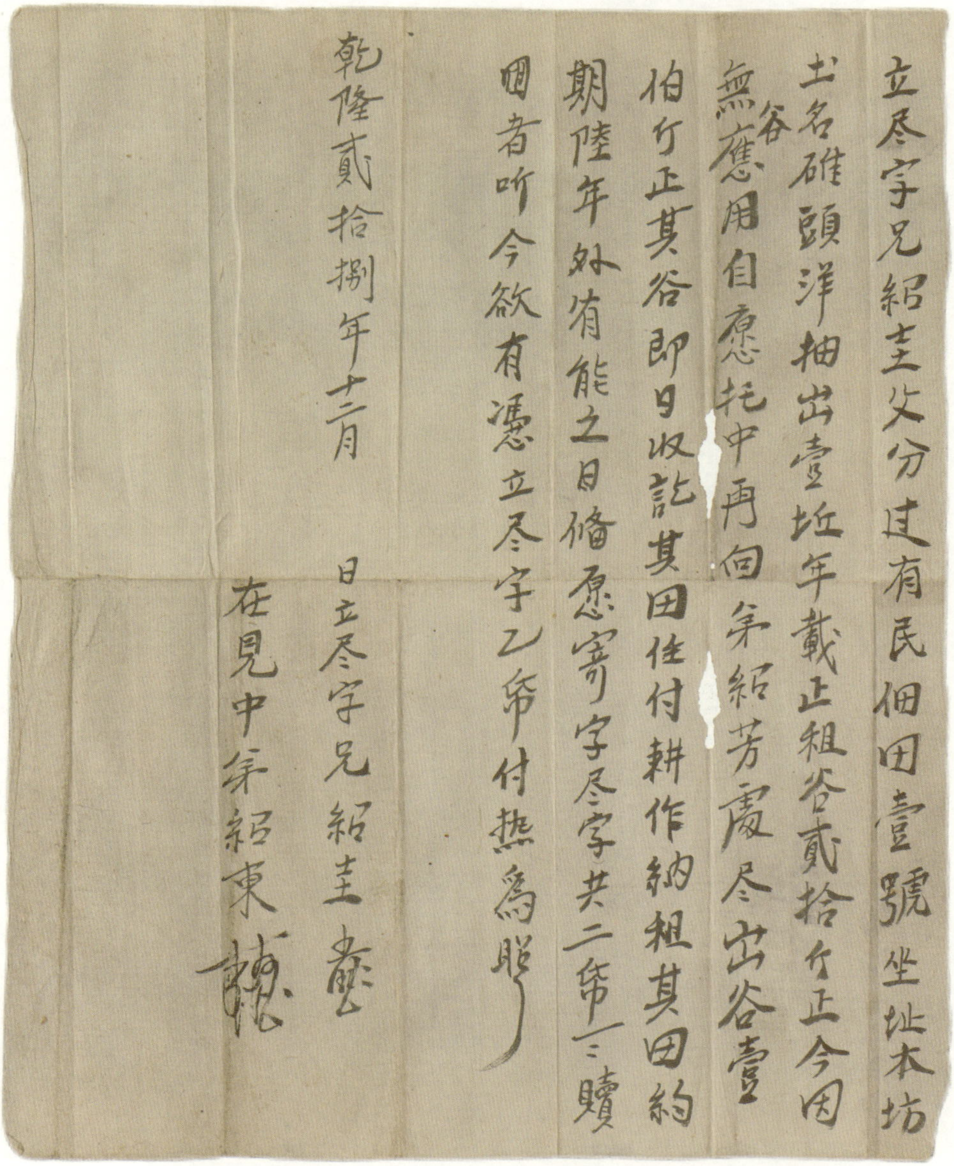

立尽字兄紹圭丈分过有民佃田壹號坐址本坊
土名碓頭洋抽出壹坵年載正租谷貳拾斤正今因
無谷應用自愿托中再向弟紹芳處尽出谷壹
伯斤正其谷即日收訖其田仕付耕作納租其田約
期陸年外有能之日備愿寄字尽字共二帋一贖
回者听今欲有憑立尽字乙帋付热為照

乾隆貳拾捌年十二月　日立尽字兄紹圭（押）

在見中弟紹東（押）

3-2-121-3　清乾隆二十八年十二月葉紹圭立盡民佃田字

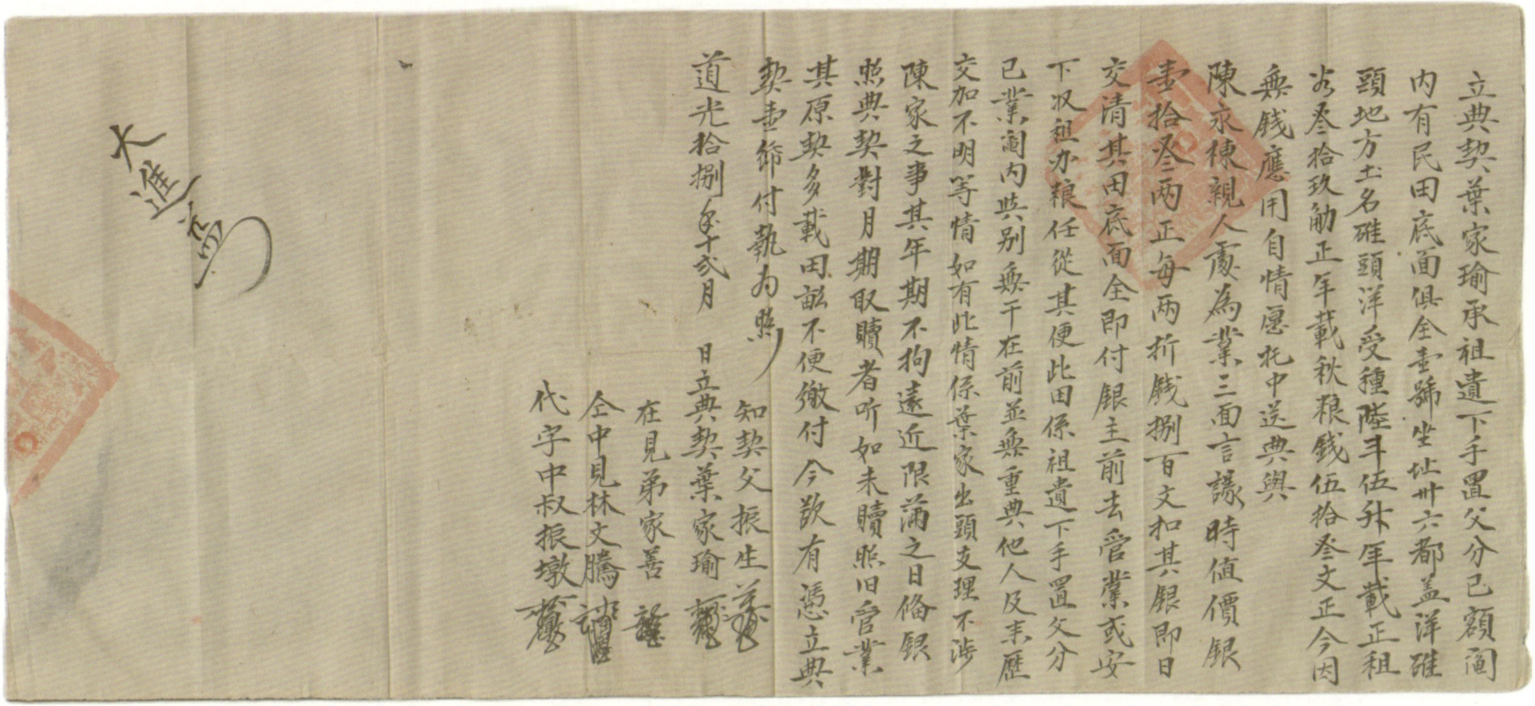
立典契葉家瑜承祖遺下手置父分已額閬
内有民田底面俱全壹號坐址卅六都盖洋碓
頭地方土名碓頭洋受種陸斗伍升年載正租
谷叁拾玖觔正年載秋粮錢伍拾叁文正今因
無錢應用自情愿托中送典與
陳永棟親人處為業三面言議時值價銀
壹拾叁兩正每兩折錢捌百文和其銀即日
交清其田底面全即付銀主前去管業或安
下収租办粮任從其便此田係祖遺下手置父分
已業閬内共別無干在前並無重典他人及未歷
交加不明等情如有此情係葉家出頭支理不涉
陳家之事其年期不拘遠近限滿之日備銀
照典契對月期取贖者听如未贖照旧管業
其原契多載田畝不便繳付今欲有憑立典
契壹紙付執為照
知契父振生（押）
道光拾捌年十弍月　日立典契葉家瑜（押）
在見弟家善（押）
仝中見林文騰（押）
代字中叔振墩（押）

3-2-121-4　清道光十八年十二月葉家瑜立典底面全民田契（紅契）

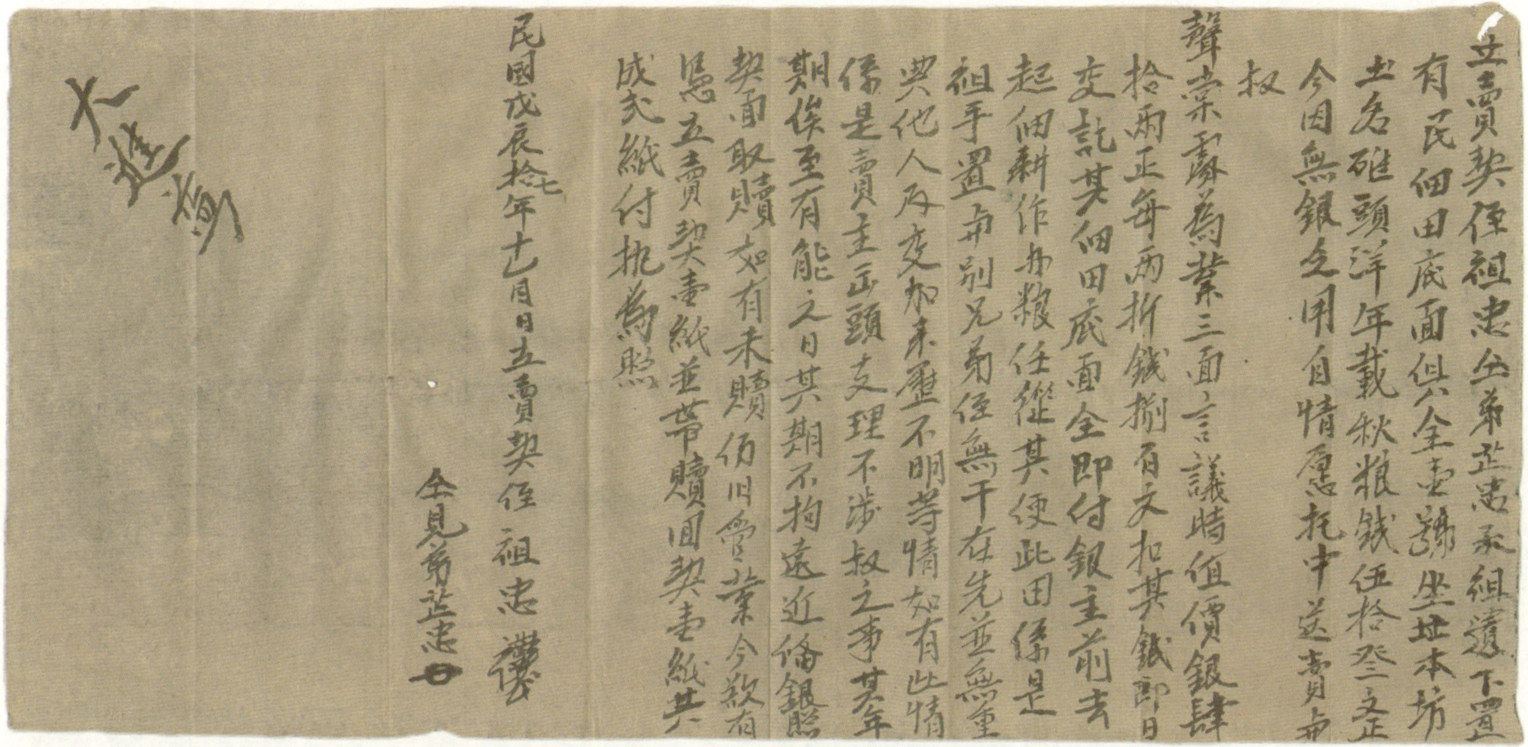
立賣契侄祖忠仝弟並忠承祖遺下置
有民佃田底面俱全壹號坐址本坊
土名碓頭洋年載秋粮錢伍拾叁文正
今因無銀應用自情愿托中送賣與
叔
輝棠爲業三面言議時值價銀肆
拾兩正每兩折錢捌百文扣其錢即日
交訖其佃田底面全即付銀主前去
起佃耕作办粮任從其便此田係是
祖手置與別兄弟侄無干在先並無重
典他人及交加來歷不明等情如有此情
係是賣主出頭支理不涉叔之事其年
期限至有能之日其期不拘遠近備銀
契面取贖如有未贖仍旧賣業今欲有
憑立賣契壹紙並帶贖回契壹紙共
成式紙付執爲照
民國戊辰拾七年十一月日立賣契侄祖忠（押）
仝見弟並忠（押）

3-2-121-5 民國十七年十一月葉祖忠等立賣底面全民佃田契

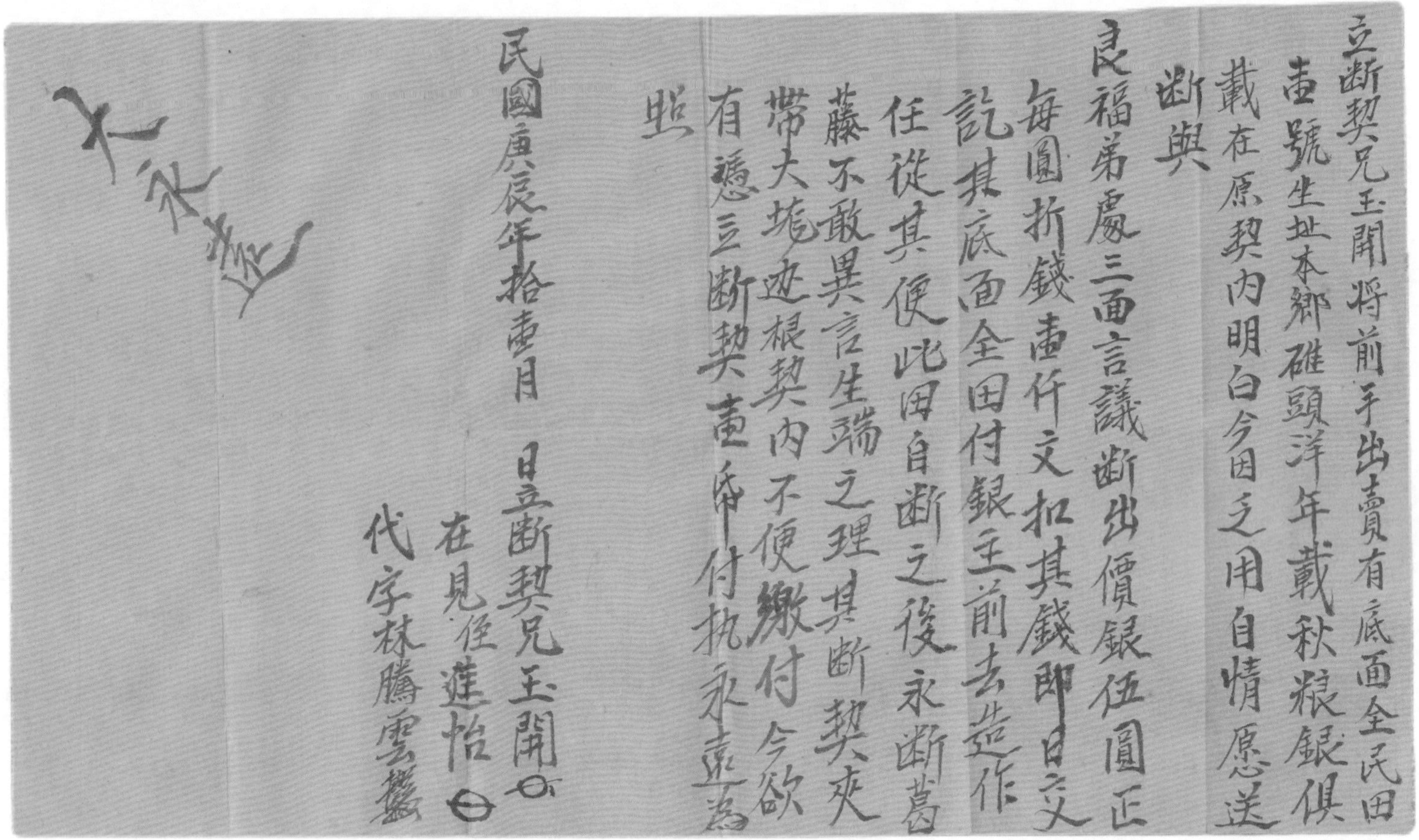

立斷契兄玉開將前手出賣有底面全民田
壹號生址本鄉碓頭洋年載秋粮銀俱
載在原契内明白今因乏用自情愿送
斷與
良福弟處三面言議斷出價銀伍圓正
每圓折錢壹仟文扣其錢即日交
訖其底面全田付銀主前去造作
任從其便此田自斷之後永斷葛
藤不敢異言生端之理其斷契夾
帶大堍迹根契内不便繳付今欲
有憑立斷契壹帋付执永遠為
照

民國庚辰年拾壹月　日立斷契兄玉開（押）
在見侄蓮怡（押）
代字林騰雲（押）

3-2-121-6　民國二十九年十一月葉玉開立斷底面全民田契

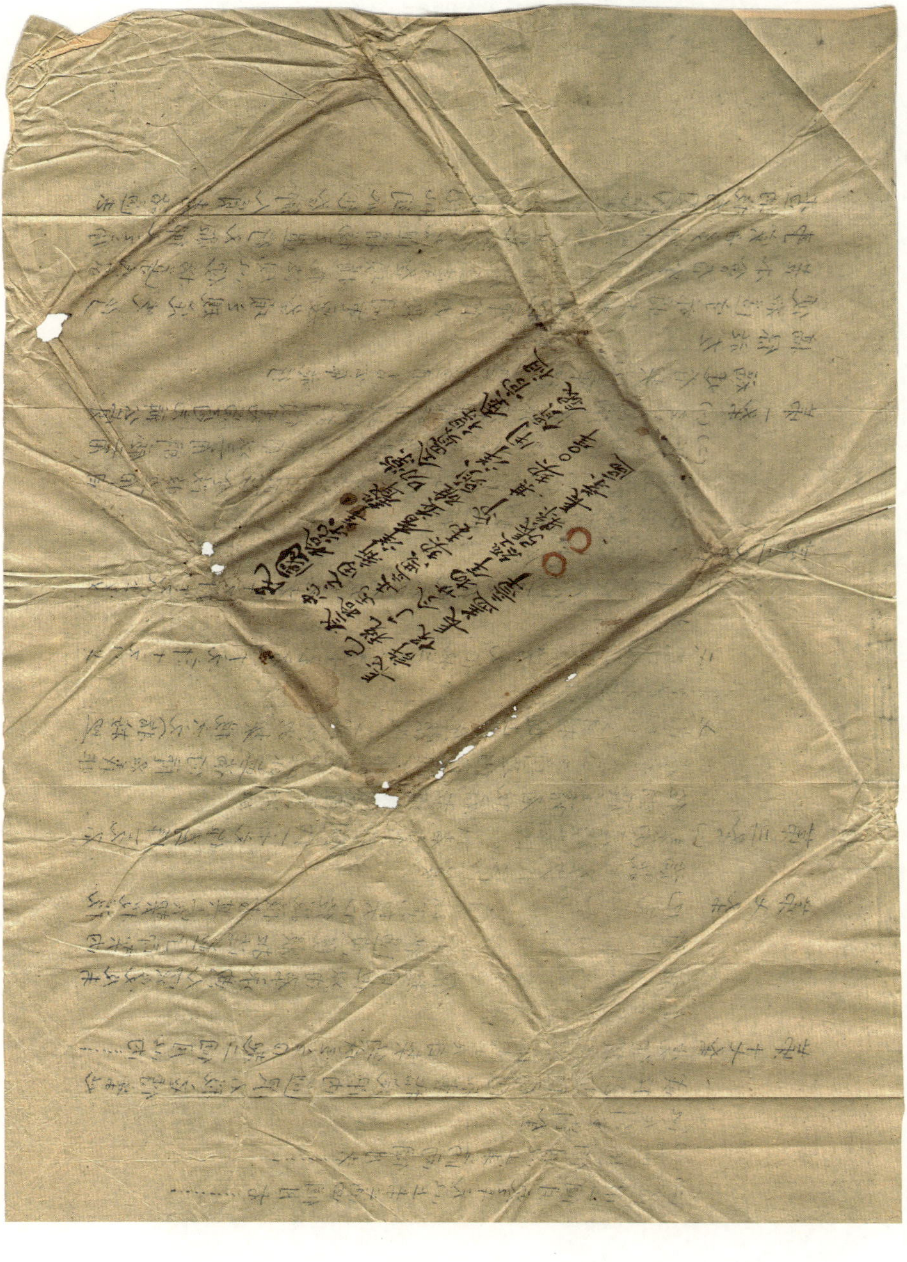

3-2-122-1　包契紙

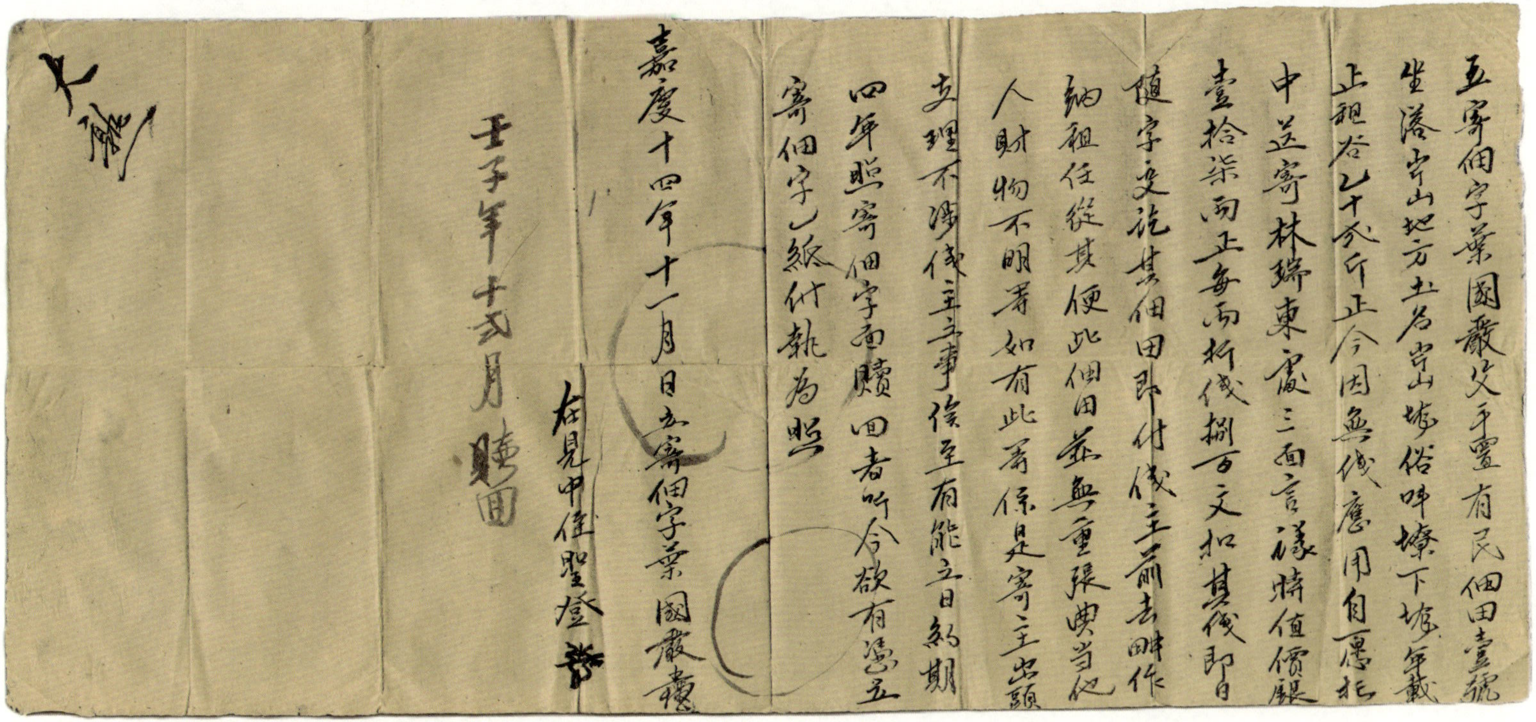
立寄佃字葉國嚴父手置有民佃田壹號坐落岩山地方土名岩山垰俗呼墘下垰年載上租谷七十六斤正今因無錢應用自愿托中送寄林瑞東處三面言議時值價銀壹拾柒兩正每兩折錢捌百文扣其錢即日隨字交訖其佃田即付錢主前去耕作納租任從其便此佃田並無重張典當他人財物不明等如有此等係是寄主出頭支理不涉錢主之事倘至有能之日約期四年照寄佃字面贖回者聽今欲有憑立寄佃字一紙付執為照

嘉慶十四年十一月日立寄佃字葉國嚴

在見中侄聖登

壬子年十弍月贖回

3-2-122-2 清嘉慶十四年十一月葉國嚴立寄民佃田字（廢契）

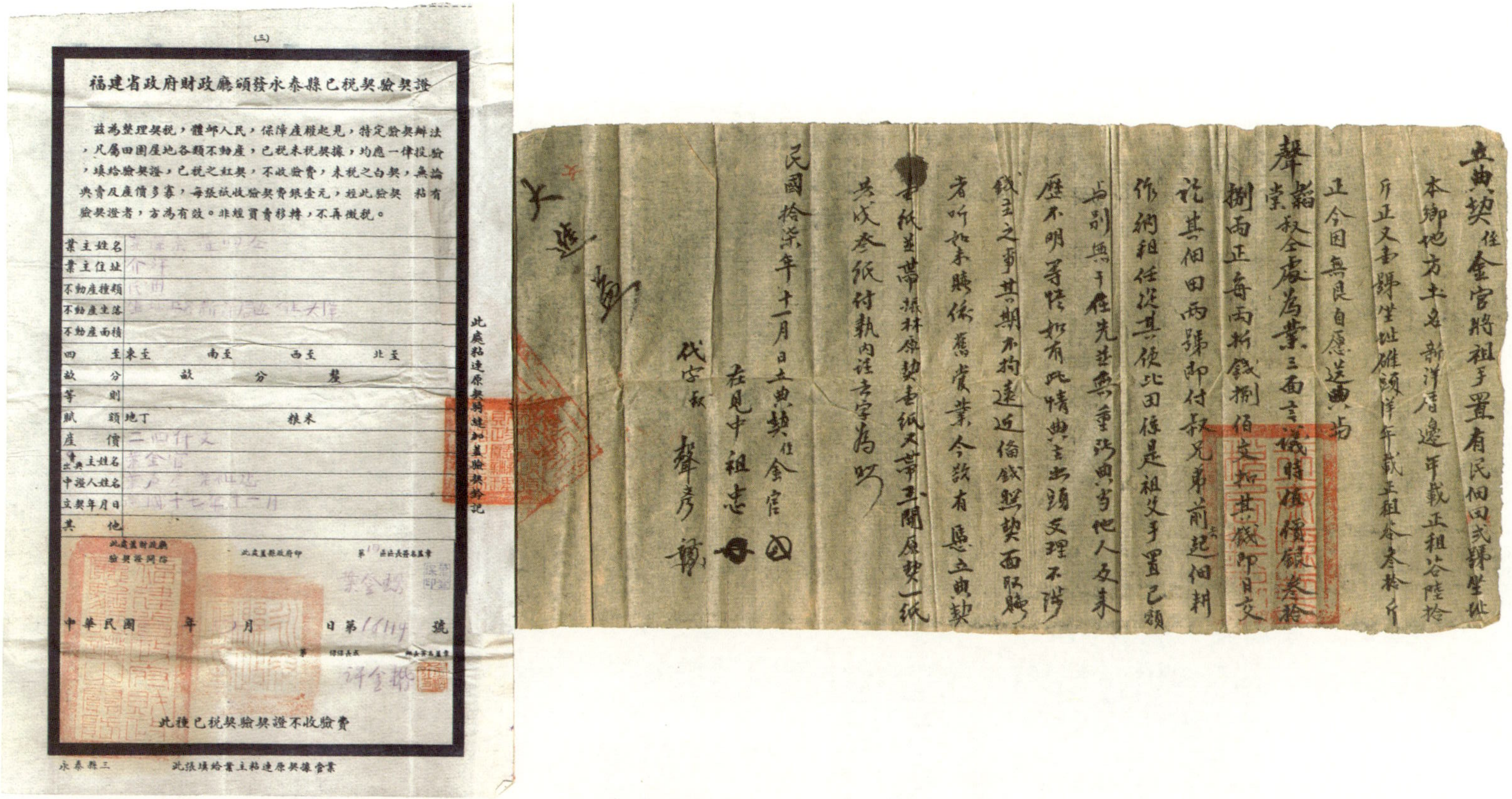
(三)

福建省政府財政廳頒發永泰縣已税契驗契證

茲為整理契税，體卹人民，保障產權起見，特定驗契辦法，凡屬田園屋地各類不動產，已税未税契據，均應一律投驗，填給驗契證，已税之紅契，不收驗費，未税之白契，無論典賣及產價多寡，每張祇收驗契費銀壹元，粘此驗契證者，方為有效。非經買賣移轉，不再徵税。

業主姓名	
業主住址	
不動產種類	
不動產坐落	
不動產面積	
四至	東至　南至　西至　北至
畝分	畝　分　釐
等則	
賦額	地丁　粮米
產價	
出典主姓名	
中證人姓名	
立契年月日	
其他	

中華民國　年　月　日第　號

此種已税契驗契證不收驗費

此處粘連原契騎縫加蓋驗契戳記

3-2-122-3　民國十七年十一月葉金官立典民佃田契（紅契）

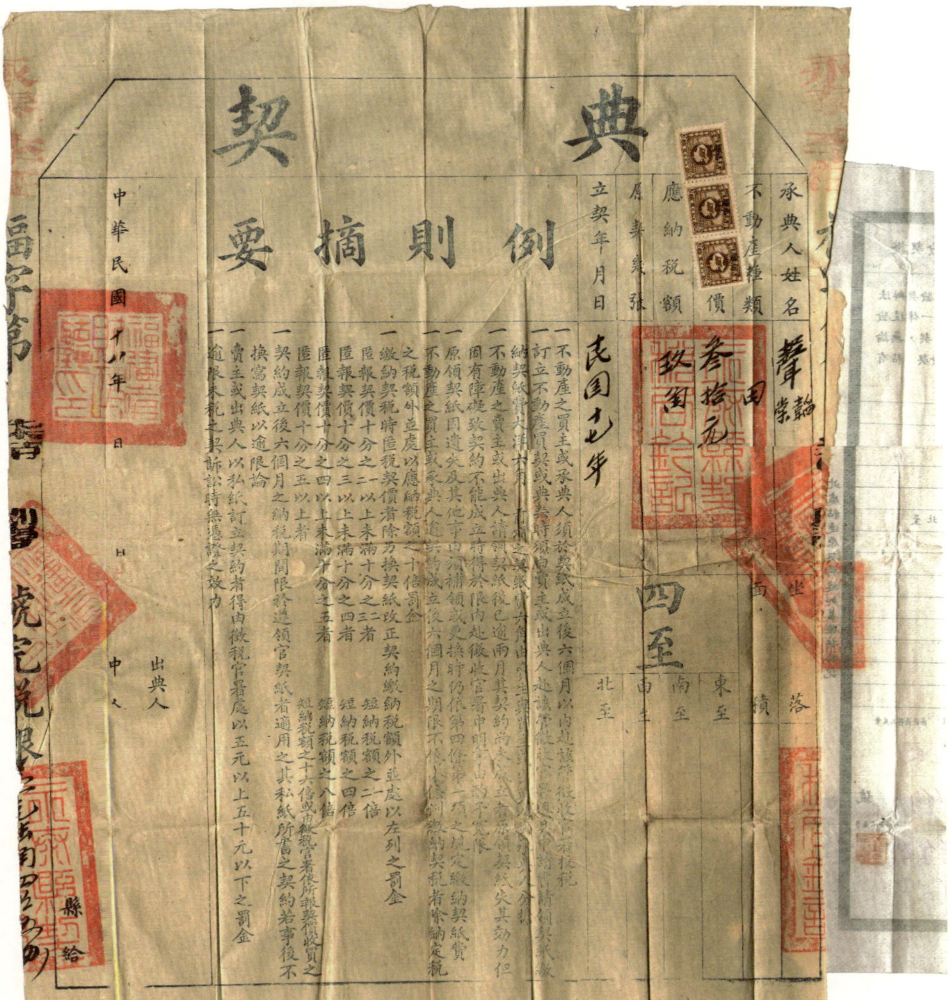
典契

承典人姓名 龔崇齡

不動產種類 田

價 叁拾元

應納稅額 玖角

原契幾張

立契年月日 民国十七年

坐落

面積

四至

東至 南至 西至 北至

例則摘要

一不動產之買主或承典人須於契紙成立後六個月以內赴該管徵收官署投稅

一訂立不動產買契或典契時須由賣主或出典人赴該管徵收官署請領契紙繳納契紙費大洋[illegible]

一不動產之賣主或出典人請領契紙後已逾兩月其契約尚未成立者[illegible]其效力但因有障礙致契約不能成立時得於限內赴徵收官署申明[illegible]

一原領契紙因遺失及其他事由須補領或更換時仍依第四條第一項之規定繳納契紙費

一不動產之買主或承典人逾契約成立後六個月之期限不依[illegible]繳納契稅者除納定稅之稅額外並處以應納稅額之十倍罰金

一繳納契稅時匿稅契價者除另換契紙改正契約繳納稅額外並處以左列之罰金

匿報契價十分之一以上未滿十分之三者 短納稅額之二倍

匿報契價十分之三以上未滿十分之四者 短納稅額之四倍

匿報契價十分之四以上未滿十分之五者 短納稅額之八倍

匿報契價十分之五以上者 短納稅額之十六倍或由徵稅官署依所報契價收買之

一契約成立後六個月之納稅期間限於適領官契紙者適用之其私紙所書之契約若事後不換寫契紙以逾限論

一賣主或出典人以私紙訂立契約者得由徵稅官署處以五元以上五十元以下之罰金

一逾限未稅之契訴訟時無憑證之效力

中華民國　年　月　日

出典人

中人

縣給

3-2-122-4　民國十七年十一月葉金官立典民佃田契

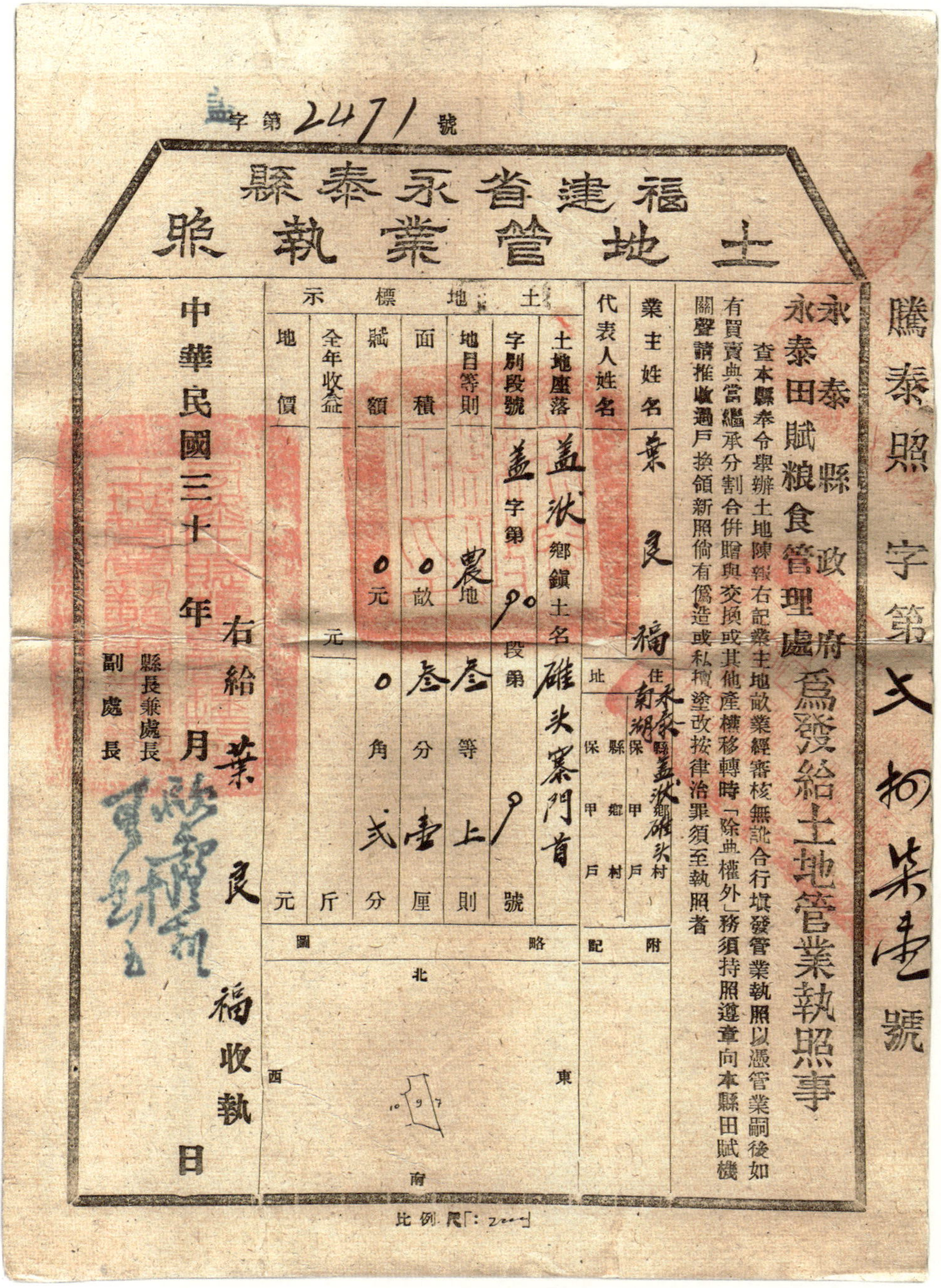

盖字第2471號

福建省永泰縣
土地管業執照

騰泰照字第文柯柒壹號

永泰縣政府
永泰田賦粮食管理處　爲發給土地管業執照事

查本縣奉令舉辦土地陳報右記業主地畝業經審核無訛合行填發管業執照以憑管業嗣後如有買賣典當繼承分割合併贈與交換或其他產權移轉時「除典權外」務須持照遵章向本縣田賦機關聲請推收過戶換領新照倘有僞造或私擅塗改按律治罪須至執照者

業主姓名　葉良福

代表人姓名

住址　永泰縣盖洋鄉碓头村　保　甲　戶

附記

土地標示	
土地座落	盖洋鄉鎮　土名碓头寨門首
字別段號	盖字第90段第1號
地目等則	農地叁等上則
面積	0畝叁分壹厘
賦額	0元0角弍分
全年收益	元　斤
地價	元

略圖

北　東　西　南

比例尺　1:2000

中華民國三十年　月　日

右給　葉良福　收執

縣長兼處長

副處長

3-2-122-5　民國三十年葉良福户土地管業執照

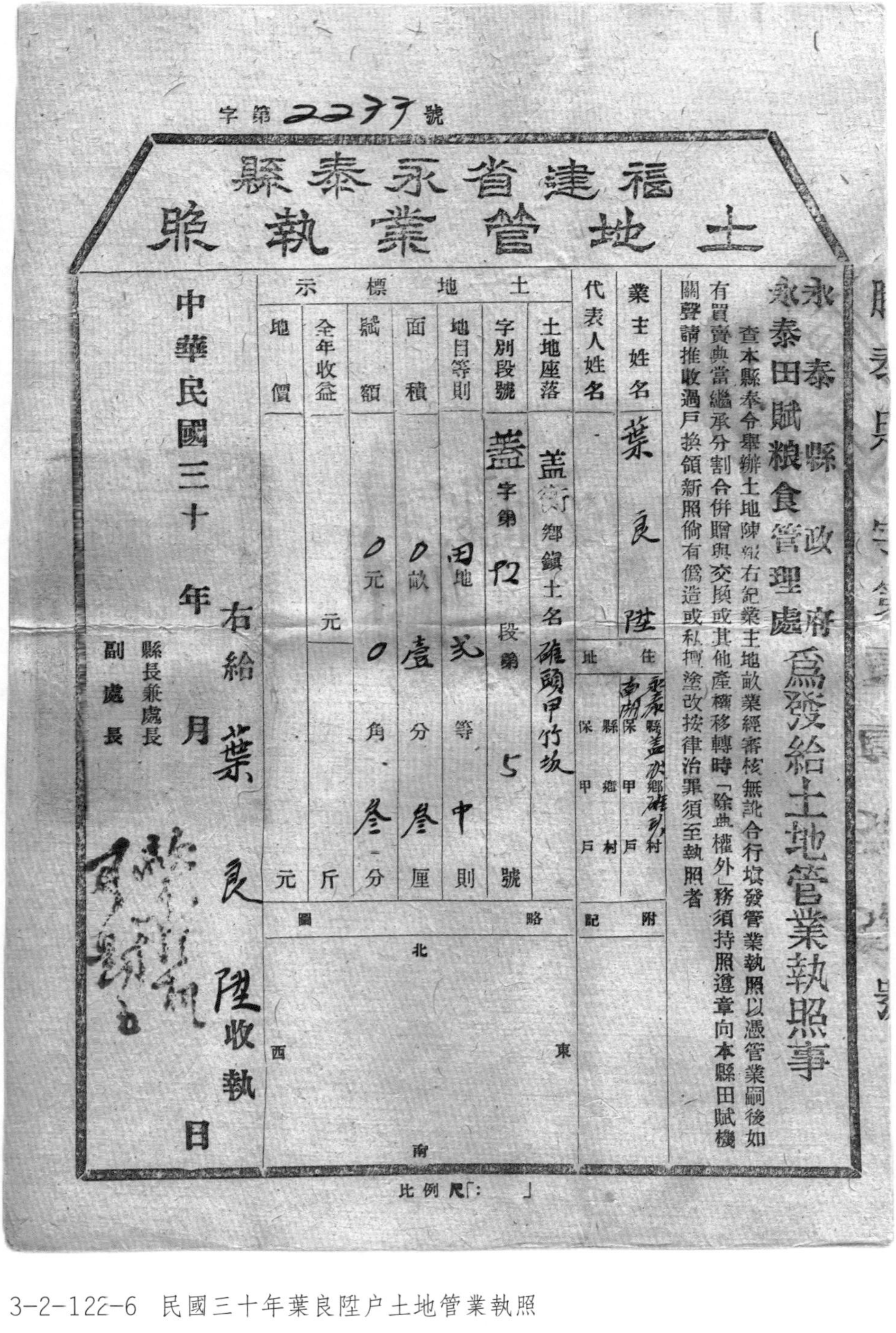
字第2237號

福建省永泰縣

土地管業執照

永泰縣政府
永泰田賦粮食管理處　爲發給土地管業執照事

查本縣奉令舉辦土地陳報，右記業主地畝業經審核無訛，合行塡發管業執照，以憑管業。嗣後如有買賣、典當、繼承、分割、合併、贈與、交换或其他產權移轉時（「除典權外」），務須持照遵章向本縣田賦機關聲請推收過戶，換領新照。倘有僞造或私擅塗改，按律治罪，須至執照者。

業主姓名：葉良陞

代表人姓名：

住址：永泰縣蓋洋鄉碓頭村　南湖保　甲　戶

附記：

土地標示

土地座落	字別段號	地目等則	面積	賦額	全年收益	地價
蓋洋鄉鎮土名碓頭甲竹坂	蓋字第12段第5號	田地弍等中則	0畝壹分叁厘	0元0角叁一分	元　斤	元

略圖：北、東、南、西

比例尺「：　」

右給葉良陞收執

縣長兼處長

副處長

中華民國三十年　月　日

3-2-122-6　民國三十年葉良陞户土地管業執照

3-2-123-1　包契紙

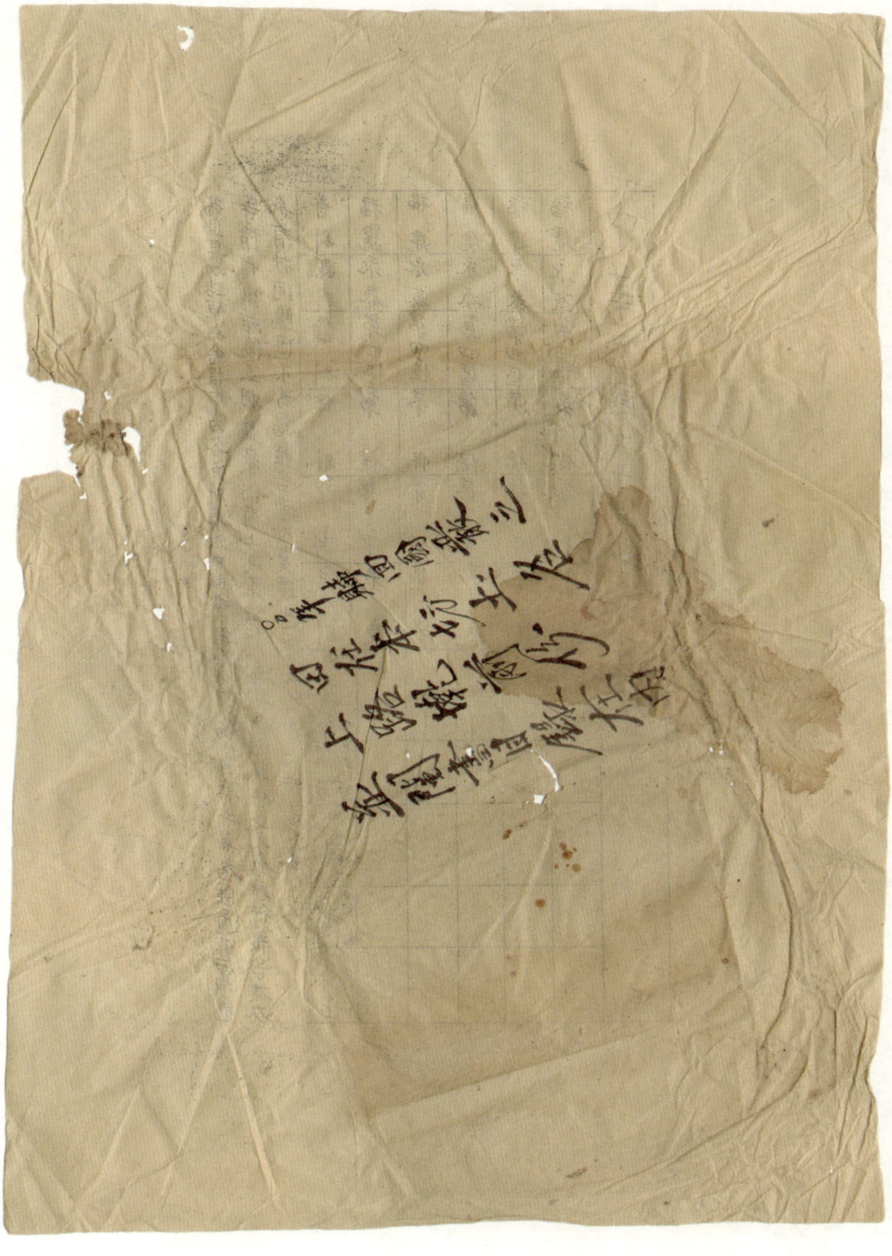

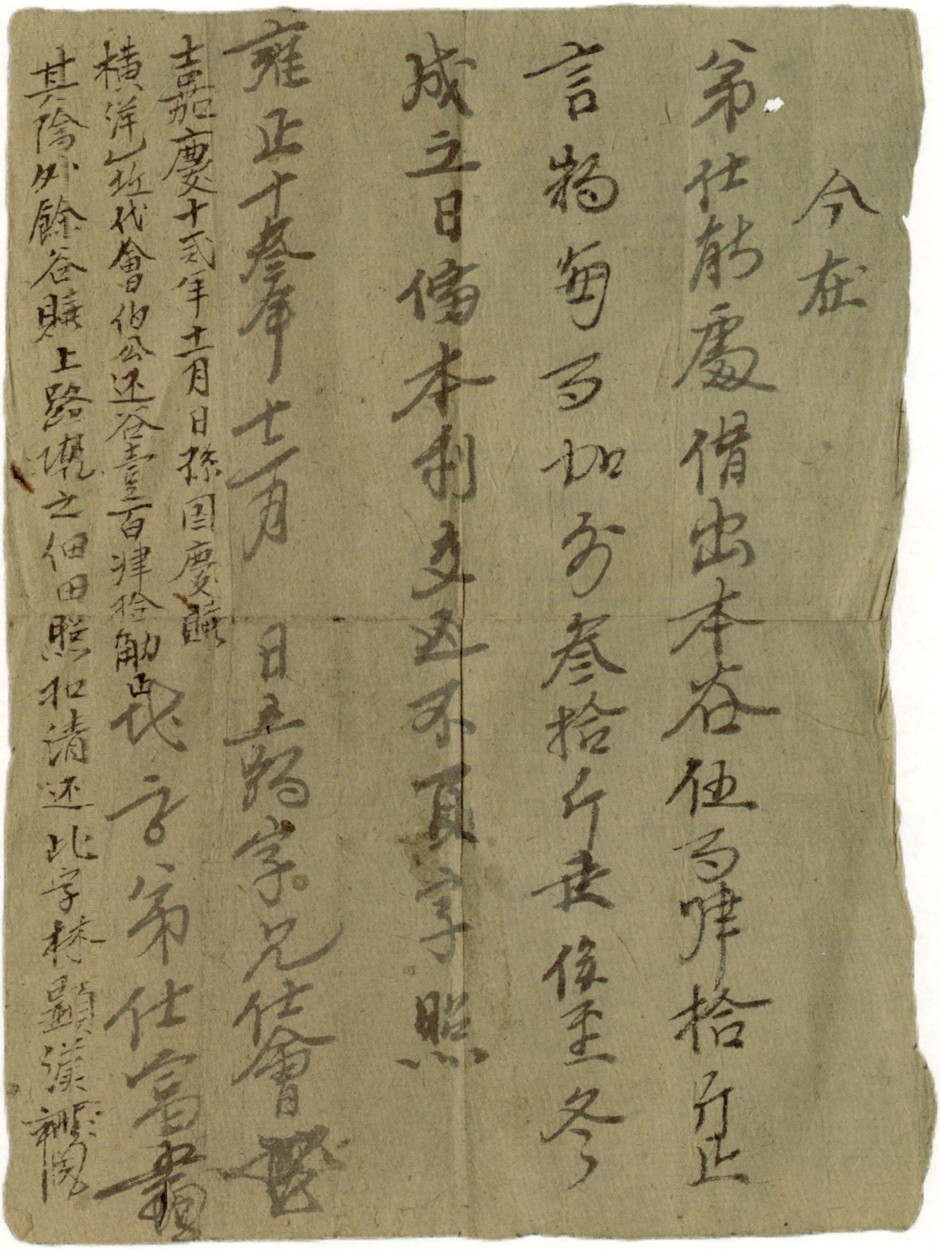

今在
弟仕能處借出本谷伍百肆拾斤正
言稿每百加利叁拾斤其谷係至冬
成立日備本利送还不負字照
雍正十叁年十二月　日立借字兄仕會（押）
　　　　　　　　　代言弟仕富（押）
嘉慶十弍年十二月日孫国慶贖
横洋山坵代會伯公还谷壹百肆拾觔正
其陰外餘谷照上路坑之佃田照知請还此字林顯漢補閱

3-2-123-2　清雍正十三年十二月葉仕會立借穀字

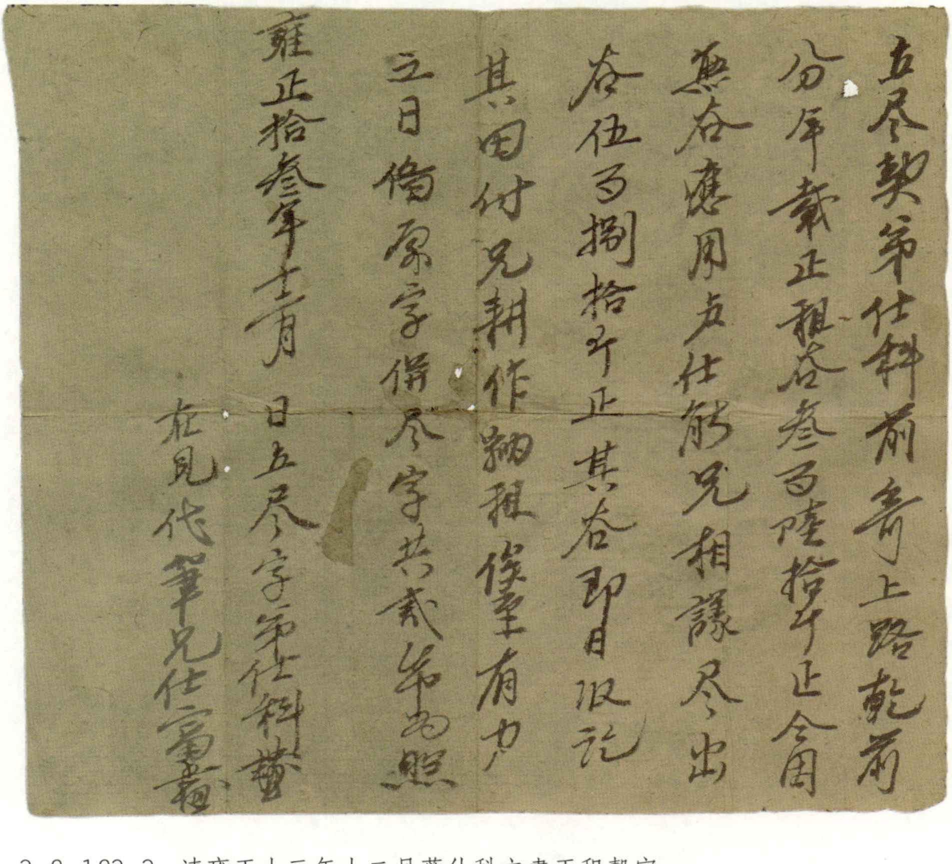

立盡契弟仕科前青上路乾前
分年載正租谷叁百陸拾斤正今因
無谷應用立仕能兄相議盡出
谷伍百捌拾斤正其谷即日收訖
其田付兄耕作納租俟豐有力
立日偹原字併盡字共貳紙為照
雍正拾叁年十二月　日立盡字弟仕科（押）
在見代筆兄仕富（押）

3-2-123-3　清雍正十三年十二月葉仕科立盡正租穀字

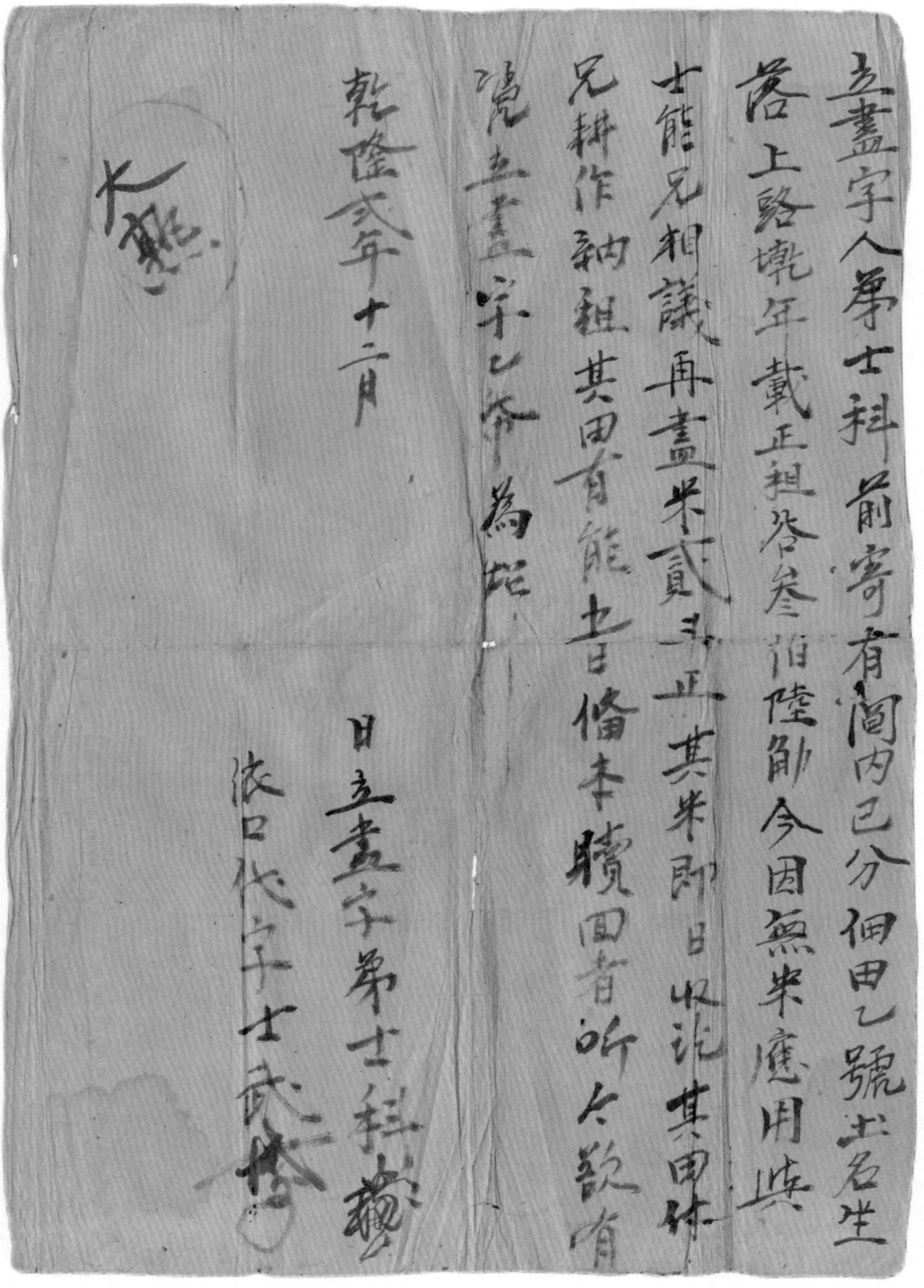

立盡字人叶士科前寄有間内已分佃田乙號土名坐
落上路墘年載正租谷叁佰陸觔今因無米應用與
士能兄相議再盡米貳斗正其米即日收訖其田付
兄耕作納租其田有能之日備本贖回者听之欲有
憑立盡字乙帋為炤

乾隆弍年十二月　　日立盡字叶士科（押）

依口代字士武（押）

3-2-123-4　清乾隆二年十二月葉士科立盡佃田字

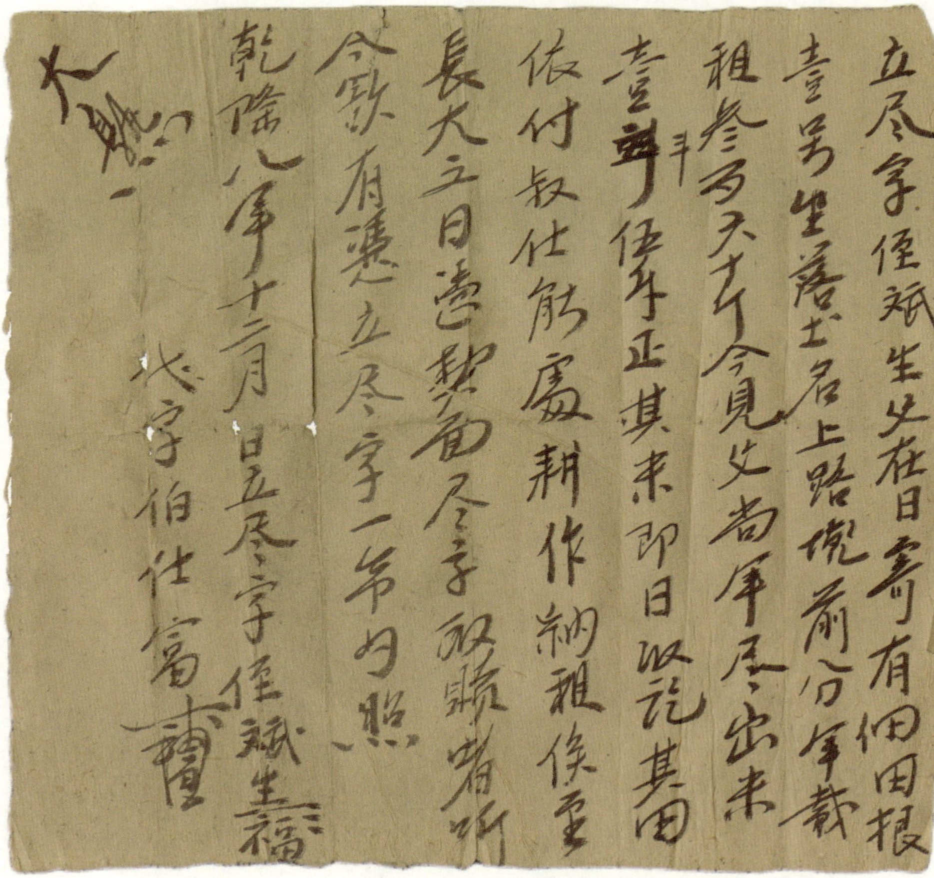

立盡字侄斌生父在日壽有佃田根
壹号坐落土名上路墘前分年載
租叁石大斗今見父為年盡出来
壹斗升侄等正其来即日收訖其田
依付叔仕能處耕作納租係至
長大之日憑契面盡字取贖者所
今欲有憑立盡字一帋為照
乾隆八年十二月　日立盡字侄斌生
代字伯仕富
大興

3-2-123-5　清乾隆八年十二月葉斌生立盡佃田根字

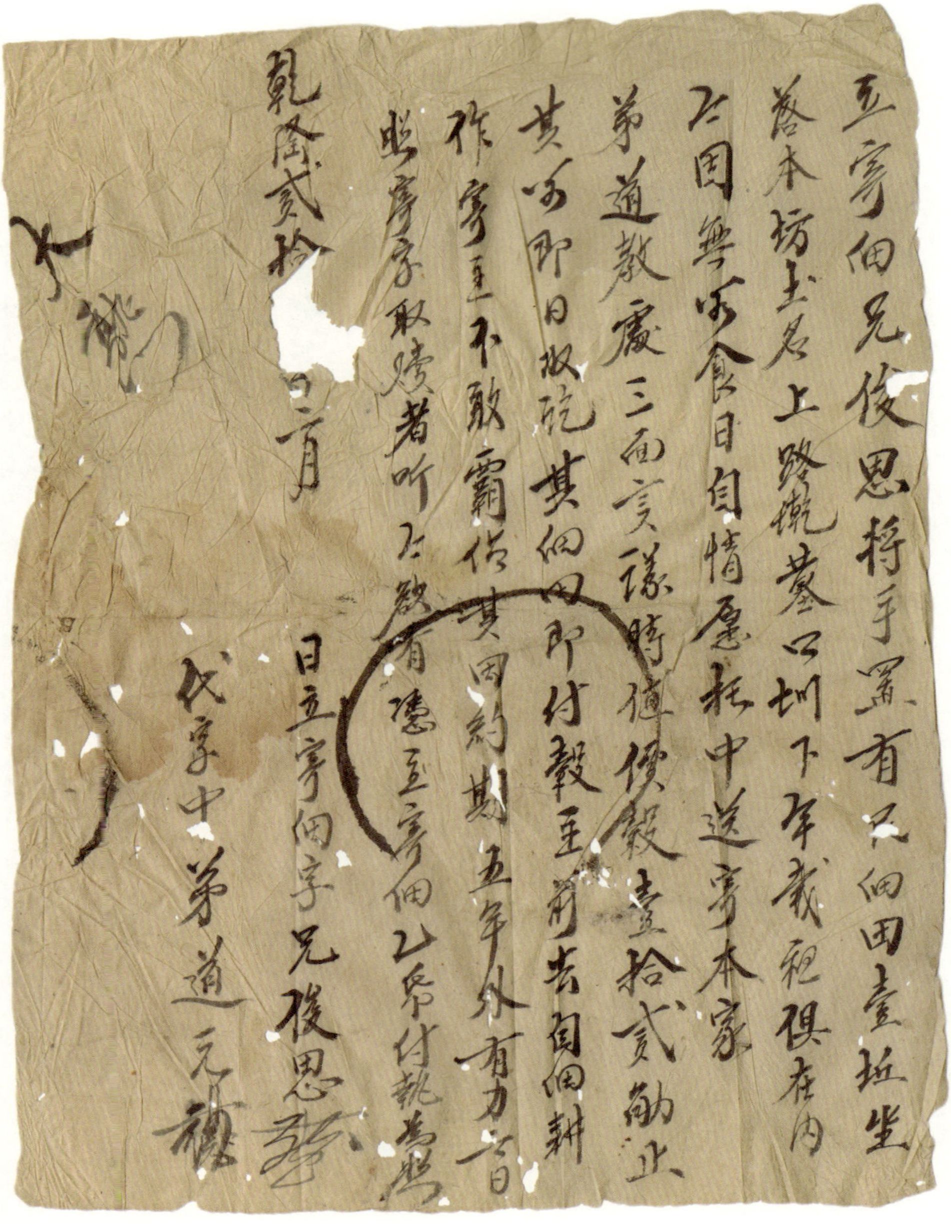

立寄佃兄俊思將手置有民佃田壹坵坐
落本坊土名上路撓茶口圳下年載租俱在內
今因無錢食用自情愿托中送寄本家
弟道教處三面言議時值價穀壹拾貳觔正
其穀即日收訖其佃田即付穀主前去自佃耕
作寄主不敢霸佔其田約期五年外有力
照寄字取贖者听今欲有憑立寄佃字付執為照
乾隆貳拾□年二月　日立寄佃字兄俊思（押）
代字中弟道元（押）

3-2-123-6　清乾隆二十□年二月葉俊思立寄民佃田字（廢契）

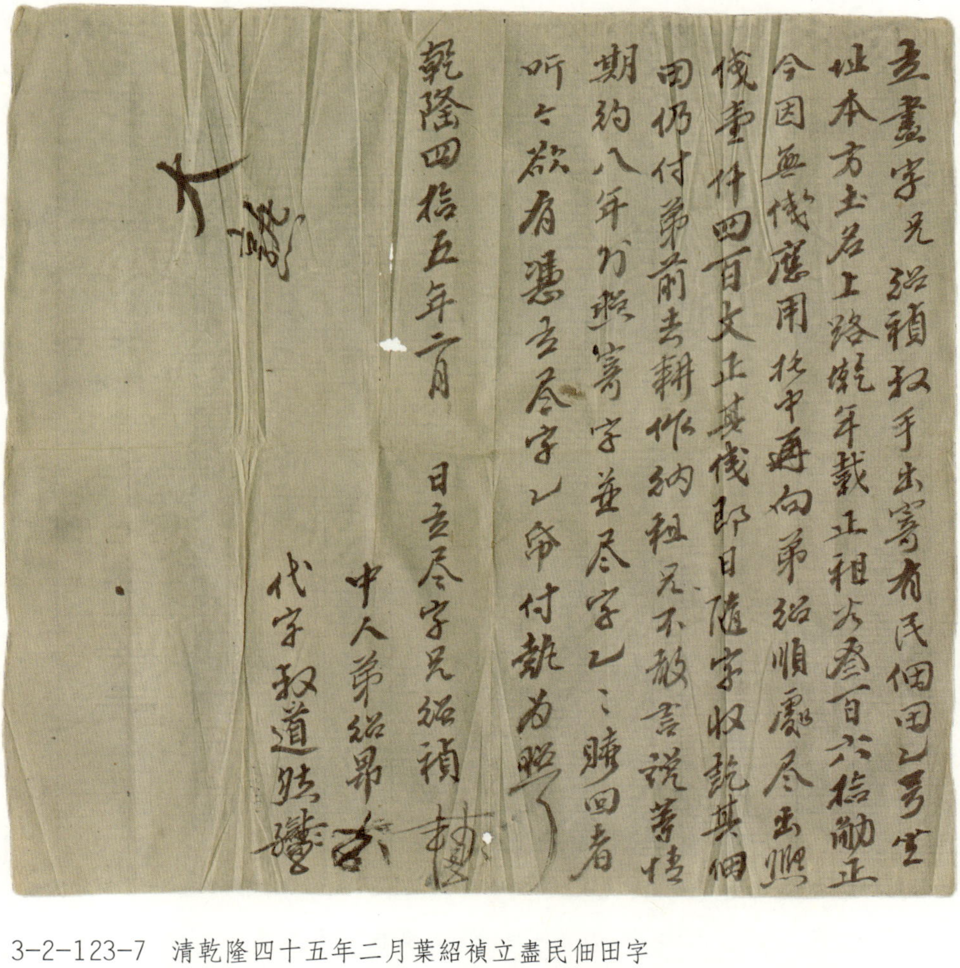

立盡字兄紹禎叔手出寄有民佃田乙号坐
址本方土名上路垅年載正租大叁百六拾觔正
今因無錢應用托中再向弟紹順處盡出價
錢壹仟四百文正其錢即日隨字收訖其佃
田仍付弟前去耕作納租兄不敢言說等情
期約八年外照寄字並盡字乙乙贖回者
听乙欲有憑立盡字乙帋付執為照

乾隆四拾五年二月　日立盡字兄紹禎（押）
中人弟紹昂（押）
代字叔道弦（押）

3-2-123-7　清乾隆四十五年二月葉紹禎立盡民佃田字

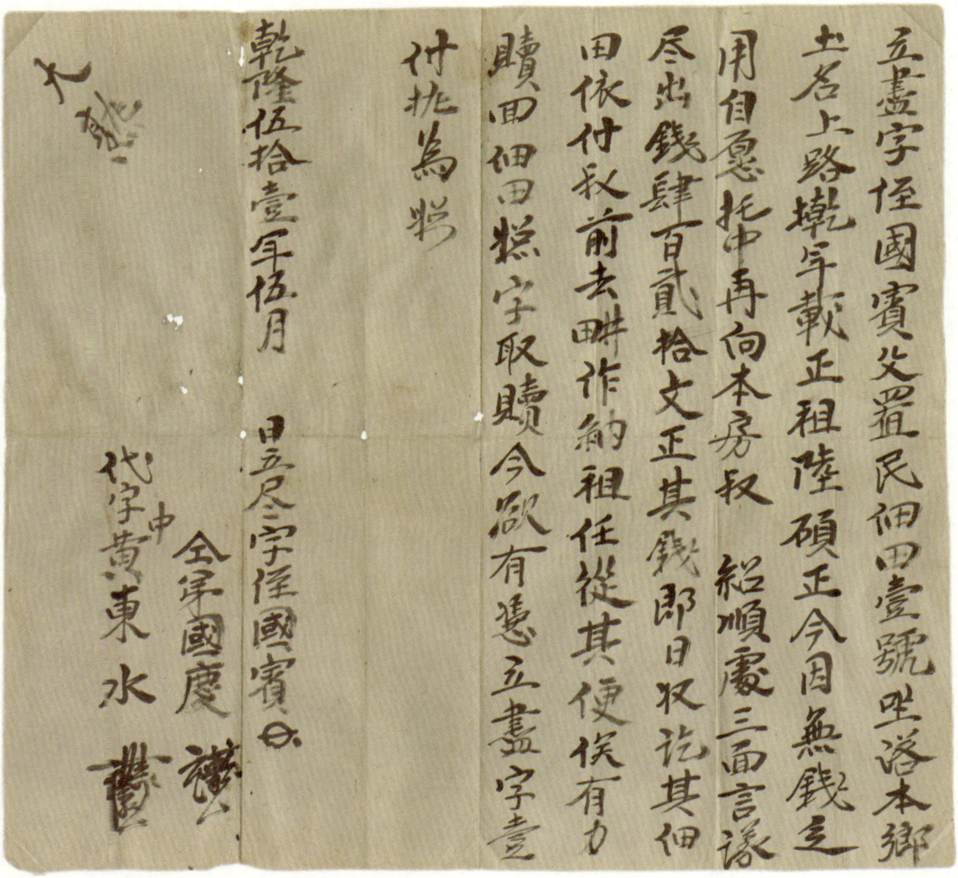
立盡字侄國賓父置民佃田壹號坐落本鄉
土名上路墘年載正租陸碩正今因無錢乏
用自愿托中再向本房叔　紹順處三面言議
尽出錢肆百貳拾文正其錢即日收訖其佃
田依付叔前去耕作納租任從其便侯有力
贖田佃田憑字取贖今欲有憑立盡字壹
付批為照
乾隆伍拾壹年伍月　日立尽字侄國賓（押）
仝弟國慶（押）
中 代字黃東水（押）
大吉

3-2-123-8　清乾隆五十一年五月葉國賓等立盡民佃田字

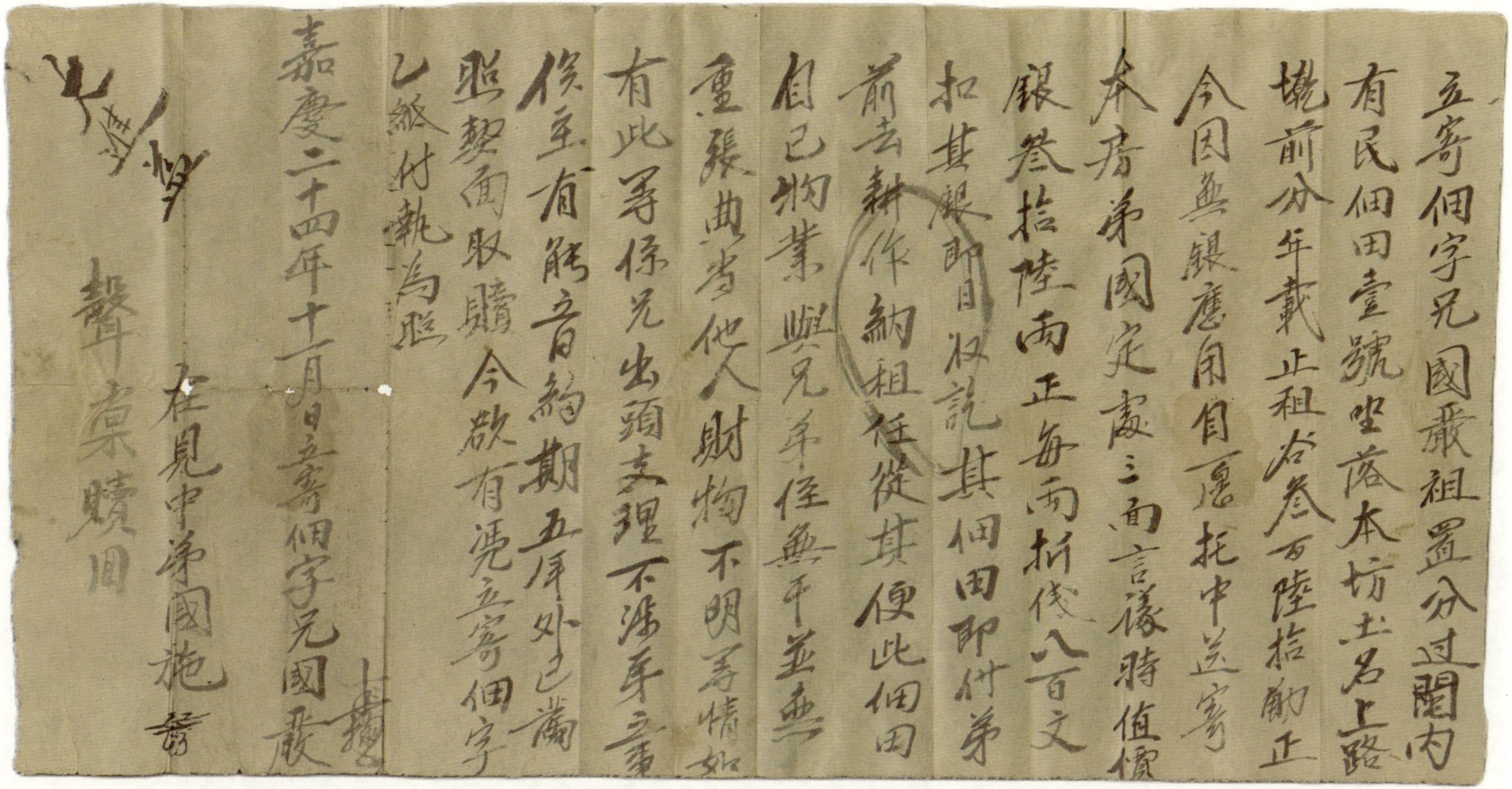
立寄佃字兄國嚴祖置分过閩内
有民佃田壹號坐落本坊土名上路
墘前分年載止租谷叁石陸拾觔正
今因無銀應用自愿托中送寄
本房弟國定處三面言議時值價
銀叁拾陸兩正每兩折伐八百文
扣其銀即日收訖其佃田即付弟
前去耕作納租任從其便此佃田
自己物業與兄弟侄無干並無
重張典當他人財物不明等情如
有此等係兄出頭支理不涉弟之事
俟至有能音約期五年外已滿
照契面取贖今欲有憑立寄佃字
乙紙付執為照
嘉慶二十四年十一月　日立寄佃字兄國嚴
在見中弟國施
聲票贖回
大吉

3-2-123-9　清嘉慶二十四年十一月葉國嚴立寄民佃田字

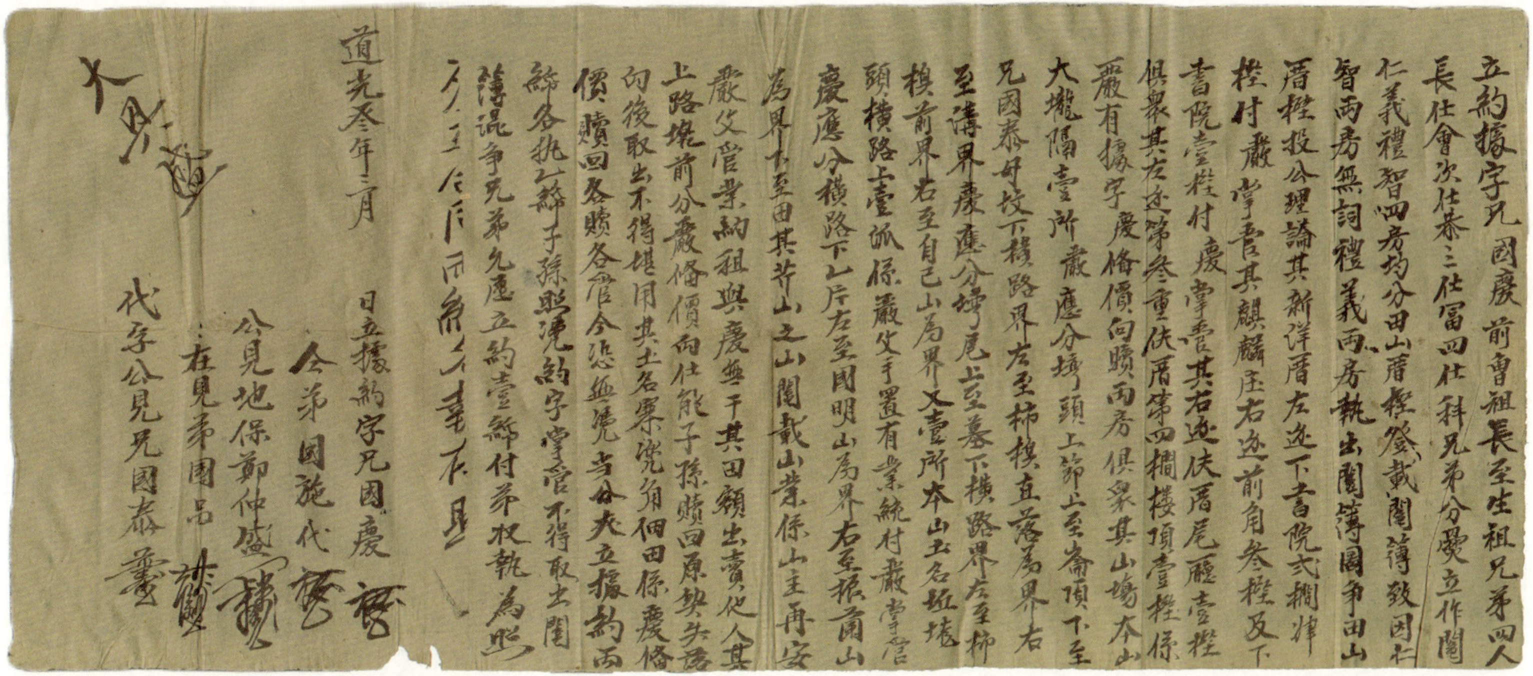
立約據字兄國慶前曾祖長至生祖兄弟四人
長仕會次仕恭三仕富四仕科兄弟分爨立作閹
仁義禮智四房均分田山厝糧登載閹簿致因仁
智兩房無詞禮義兩房執出閹簿國爭田山
厝糧投公理論其新詳厝左邊下書院式棚肆
糧付叔掌管其麒麟庄右邊前角叁糧及下
書院壹糧付慶掌管其右邊伏厝尾壹糧
俱衆其左邊第叁重伏厝第四棚樓頂壹糧係
叔有據字慶備價向贖兩房俱衆其山場本山
大墘陽壹所叔應分埆頭上節山至崙頂下至
兄國泰母坟下横路界左至柿模直落為界右
至溝界慶應分埆尾山至墓下横路界左至柿
模前界右至自己山為界又壹所本山土名坵墘
頭横路上壹派係叔父手置有業統付叔掌管
慶應分横路下山片左至國明山為界右至振蘭山
為界下至田其芊山之山閹載山業係山主再安
叔父管業納租與慶無干其田額出賣他人其
上路墘前分叔備價向仕能子孫贖回原契失落
向後取出不得堪用其土名果洋角佃田係慶備
價贖回各贖各管今恐無憑當公衆立據約兩
紙各執一紙子孫照憑約字掌管不得取出閹
簿混爭兄弟允愿立約壹紙付弟收執為照
又八王合斤同魚七毫正

道光叁年三月　日立據約字兄國慶（押）
仝弟國施代（押）
公見地保鄭仲盛（押）
在見弟國品（押）
代字公見兄國泰（押）
大[illegible]

3-2-123-10　清道光三年三月葉國慶立約據字

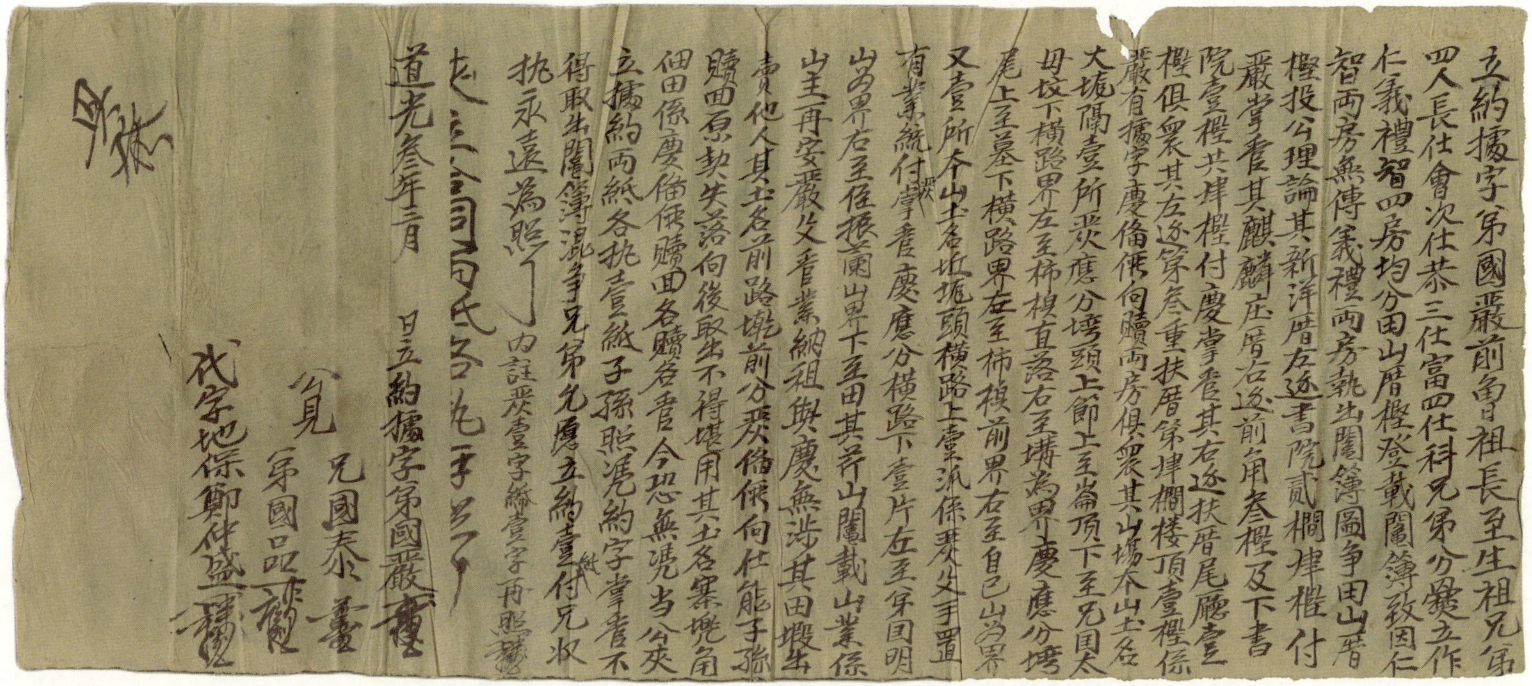
立約據字弟國嚴前曾祖長至生祖兄弟
四人長仕會次仕恭三仕富四仕科兄弟分爨立作
仁義禮智四房均分田山厝楻登載鬮簿致因仁
智兩房無傳義禮兩房執出鬮簿圖争田山厝
楻投公理論其新洋厝左边書院貳櫊肆楻付
嚴掌管其麒麟庄厝右边前角叁楻及下書
院壹楻共肆楻付慶掌管其右边扶厝尾廳壹
楻俱衆其左边第叁重扶厝第肆櫊楼頂壹楻係
嚴有據字慶備價向贖兩房俱衆其山場本山土名
大墘陽壹所嚴應分墘頭上節上至崙頂下至兄国太
母坟下橫路界左至柿模直落右至墙為界慶應分墘
尾上至墓下橫路界左至柿模前界右至自己山為界
又壹所本山土名坵墘頭橫路上壹派係嚴父手置
有業統付嚴掌管慶應分橫路下壹片左至弟国明
山為界右至侄根蘭山界下至田其荇山鬮載山業係
山主再安嚴父香業納祖與慶無涉其田搬出
賣他人其土名前路墘前分嚴備價向仕能子孫
贖田原契失落向後取出不得堪用其土名寨塆角
佃田係慶備價贖田各贖各管今恐無凭当公来
立據約兩紙各执壹紙子孫照凭約字掌管不
得取出鬮簿混争兄弟兄應立約壹紙付兄收
执永遠為照 内註嚴壹字綿壹字再照
[illegible]
道光叁年三月 日立約據字弟國嚴
公見 兄國泰
弟國品
代字地保鄭仲盛

3-2-123-11 清道光三年三月葉國嚴立約據字

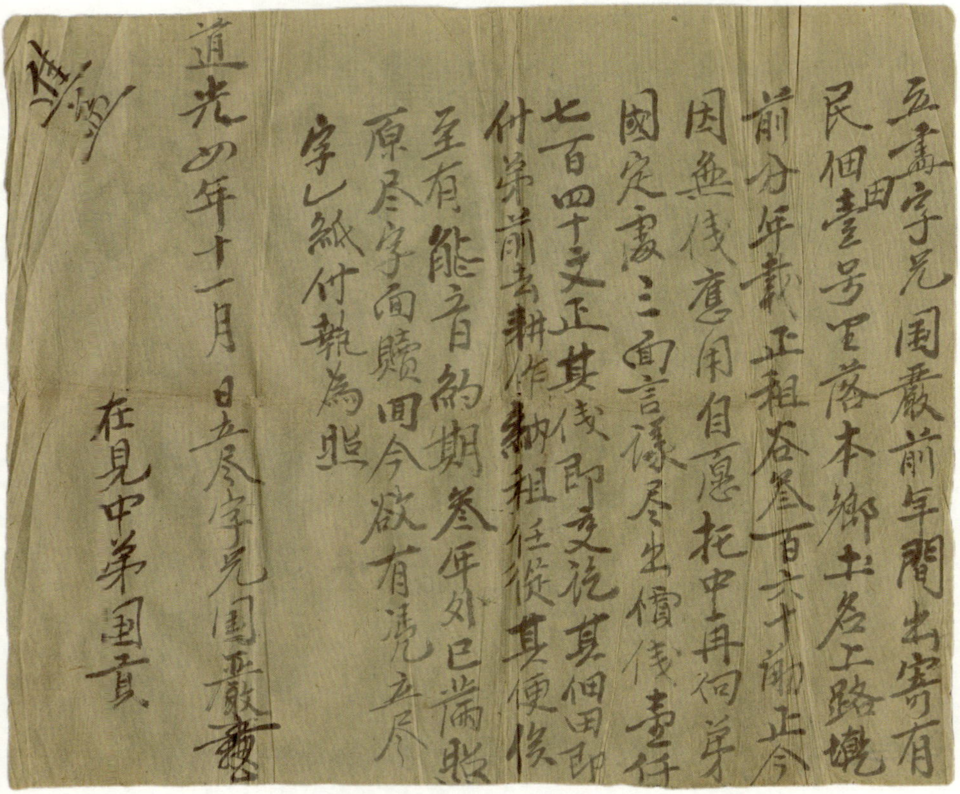

立盡字兄國嚴前年間出寄有
民佃田壹号坐落本鄉土名上路塊
前分年載正租谷叁百六十觔正今
因無錢應用自愿托中再向弟
國定處三面言議盡出價錢壹仟
七百四十文正其錢即交訖其佃田即
付弟前去耕作納租任從其便俟
至有能者約期叁年外已滿照
原盡字面贖回今欲有憑立盡
字乙紙付執為照
道光四年十一月 日立盡字兄國嚴書
在見中弟國貴

3-2-123-12 清道光四年十一月葉國嚴立盡民佃田字

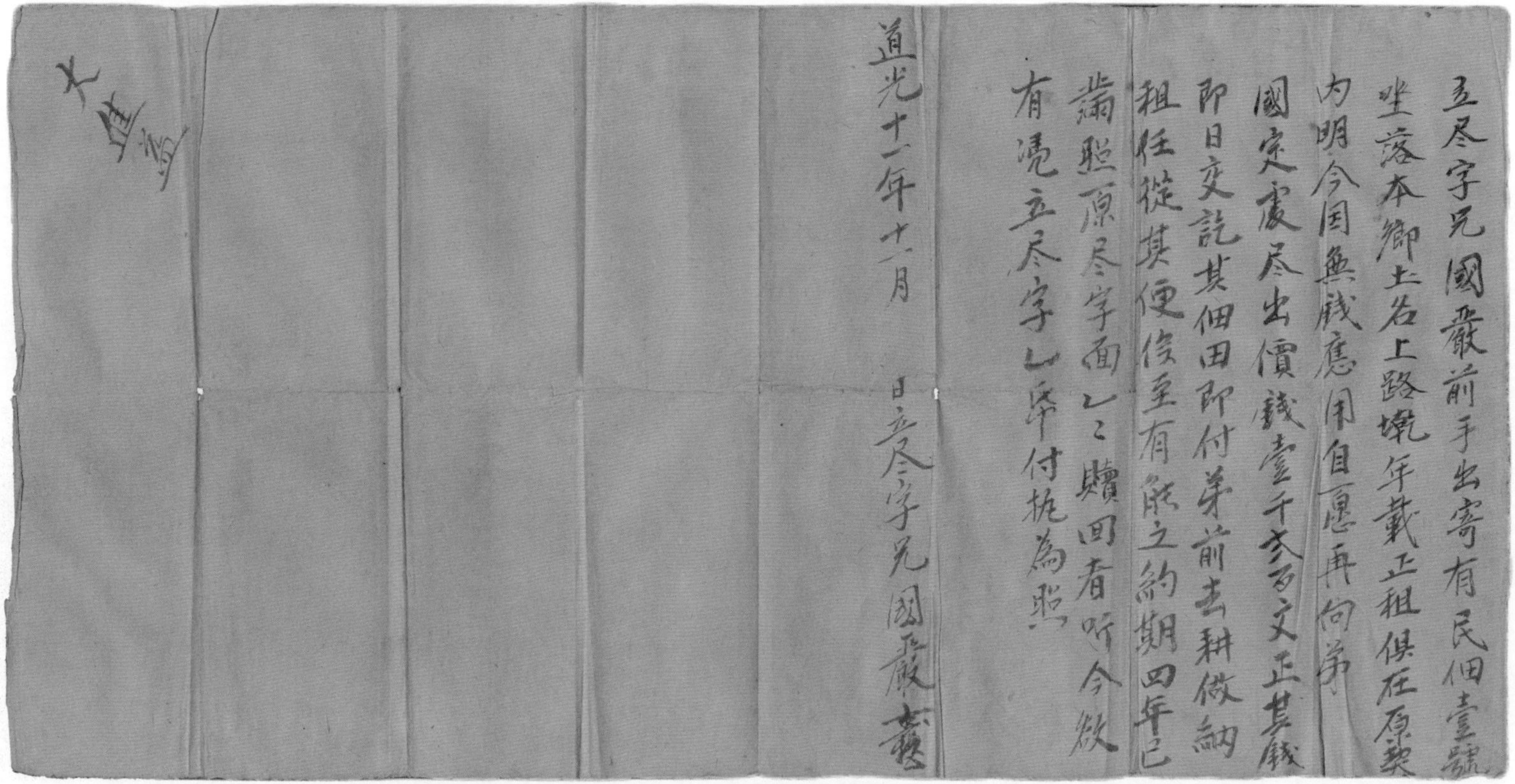
立尽字兄國嚴前手出寄有民佃壹號
坐落本鄉土名上路墘年載正租俱在原契
内明今因無錢應用自愿再向弟
國定處尽出價錢壹千六百文正其錢
即日交訖其佃田即付弟前去耕作納
租任從其便倘至有能立約期四年已
满聽原尽字面上之贖回春听今欲
有憑立尽字一帋付執為照
道光十一年十一月　日立尽字兄國嚴（押）

3-2-123-13　清道光十一年十一月葉國嚴立盡民佃田字

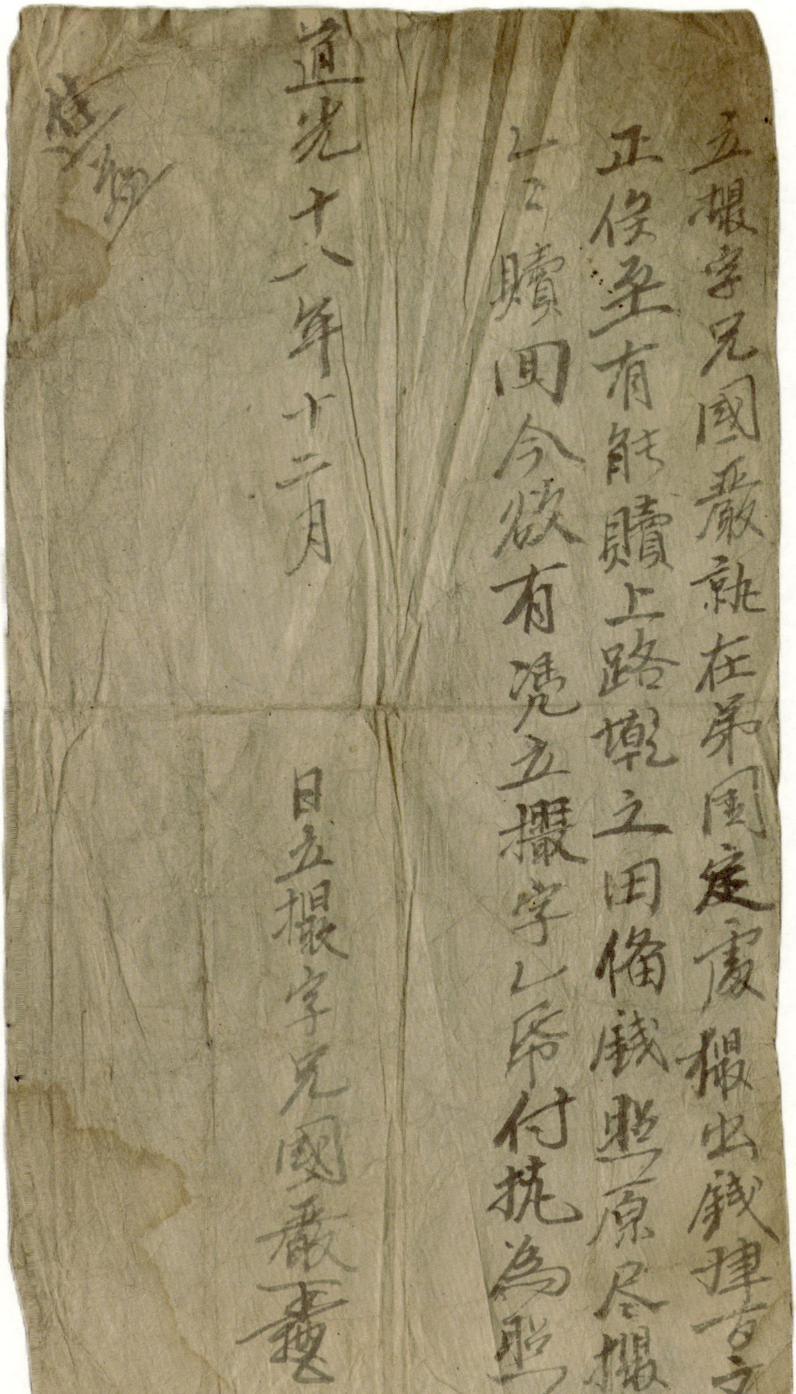
立撮字兄國嚴就在弟國定處撮出錢肆百文
正係是有能贖上路墘立田備錢照原尽撮
亡贖回今欲有憑立撮字一紙付執為照
道光十八年十二月　日立撮字兄國嚴（押）

3-2-123-14　清道光十八年十二月葉國嚴立撮字

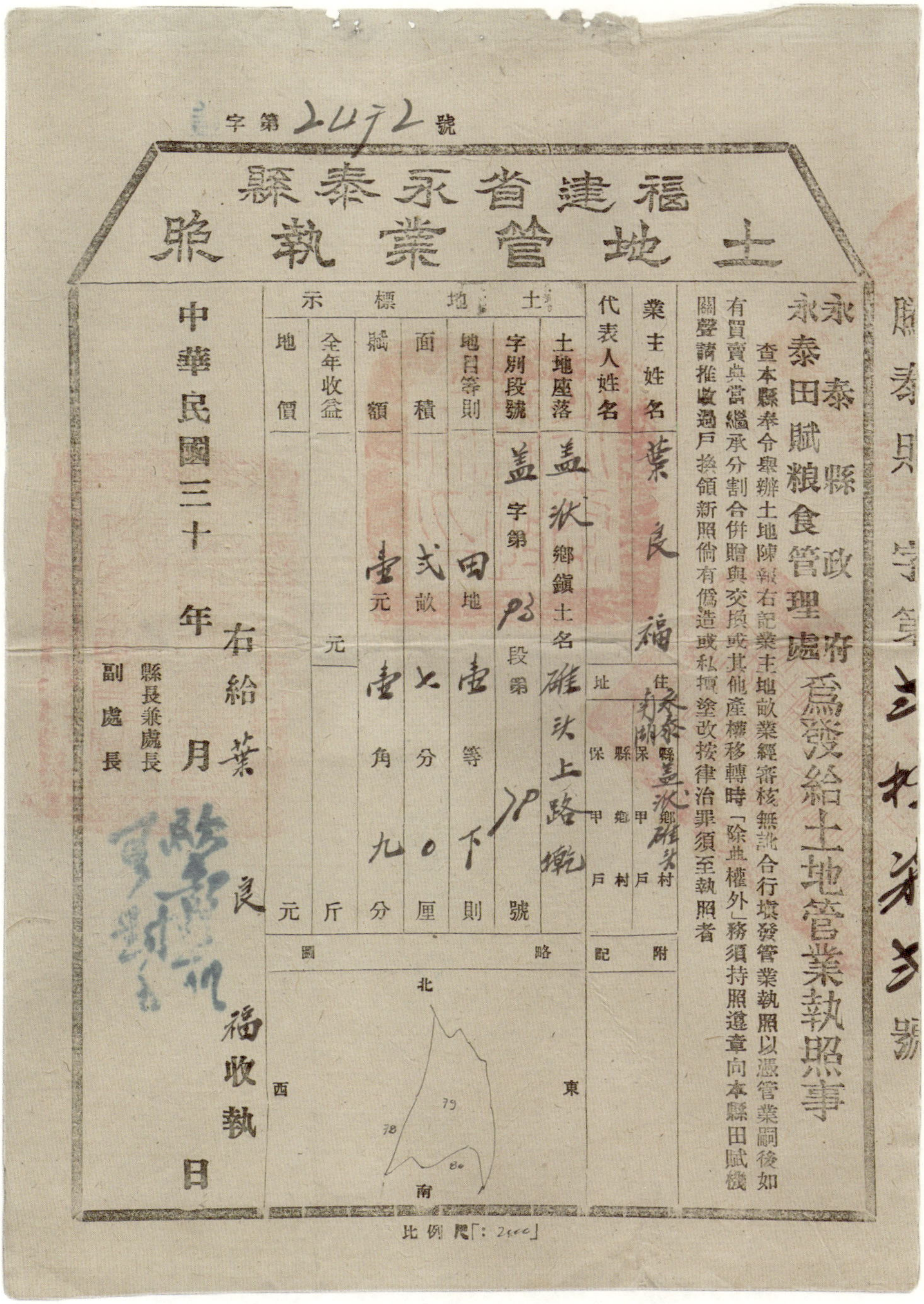
字第2472號

福建省永泰縣
土地管業執照

永泰縣政府
永泰田賦粮食管理處　爲發給土地管業執照事

查本縣奉令舉辦土地陳報，右記業主地畝業經審核無訛，合行填發管業執照，以憑管業。嗣後如有買賣與當、繼承、分割、合併、贈與、交換或其他產權移轉時（除典權外），務須持照遵章向本縣田賦機關聲請推收過戶，換領新照。倘有僞造或私擅塗改，按律治罪。須至執照者。

業主姓名：葉良福
代表人姓名：
住址：永泰縣蓋洑鄉碓头村　保　甲　户
縣　鄉　村　保　甲　户

土地標示
土地座落：蓋洑鄉鎮土名碓头上路墘
字別段號：蓋字第73段第78號
地目等則：田地壹等下則
面積：弍畝七分〇厘
賦額：壹元壹角九分
全年收益：　元　斤
地價：　元

附記：

路圖
北
西　東
南
79
78
80

比例尺1：2500

右給葉良福收執

縣長兼處長
副處長

中華民國三十年　月　日

縣泰貝字第三村第五號

3-2-123-15　民國三十年葉良福户土地管業執照

3-2-124-1　包契紙

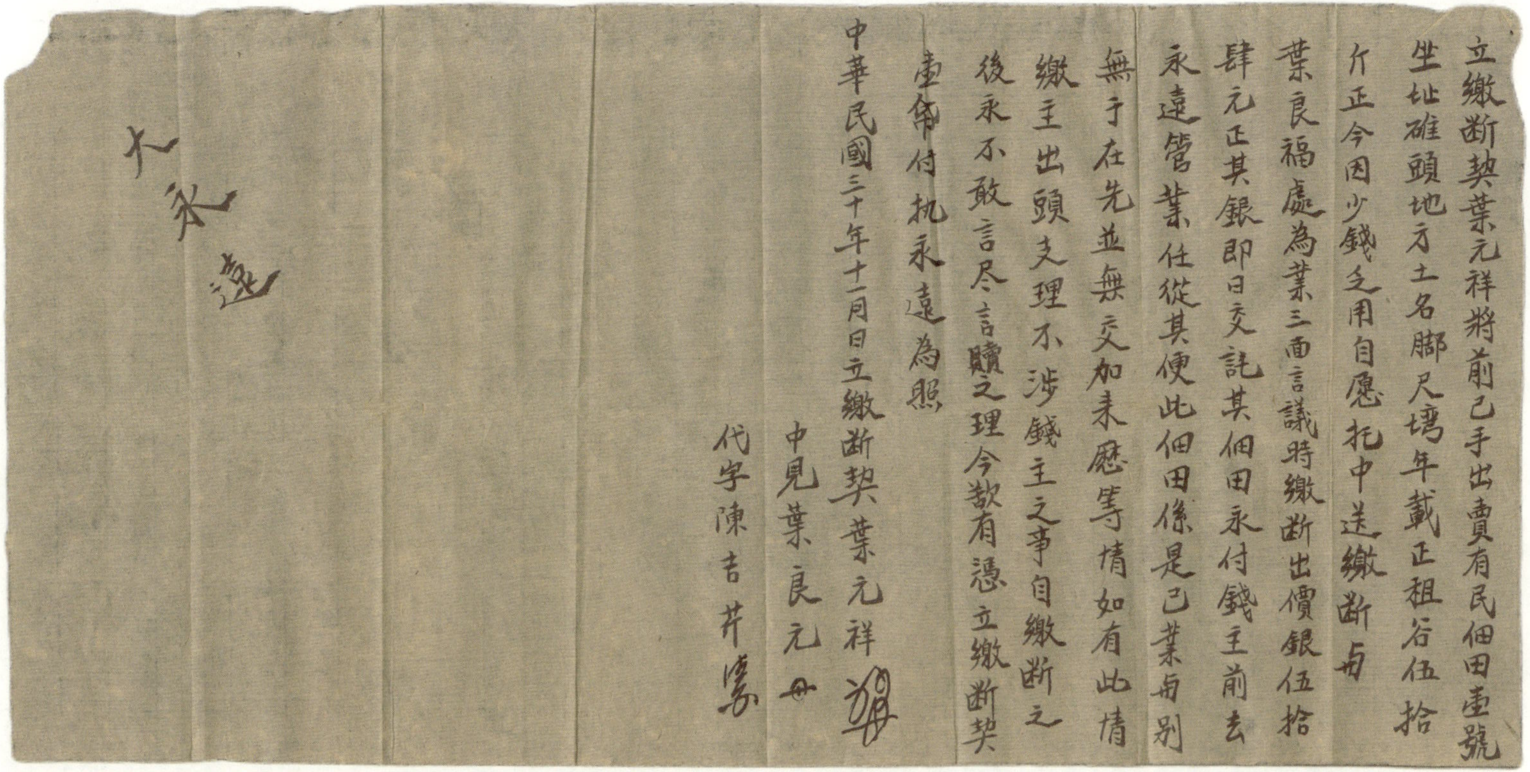

立繳斷契葉元祥將前己手出賣有民佃田壹號
坐址碓頭地方土名腳尺墘年載正租谷伍拾
斤正今因少錢乏用自愿托中送繳斷與
葉良福處為業三面言議時繳斷出價銀伍拾
肆元正其銀即日交訖其佃田永付錢主前去
永遠管業任從其便此佃田係是己業與別
無干在先並無交加未歷等情如有此情
繳主出頭支理不涉錢主之事自繳斷之
後永不敢言盡言贖之理今欲有憑立繳斷契
壹紙付執永遠為照

中華民國三十年十一月日立繳斷契葉元祥（押）
中見葉良元（押）
代字陳吉卉（押）

大永遠

3-2-124-2　民國三十年十一月葉元祥立繳斷民佃田契（一）

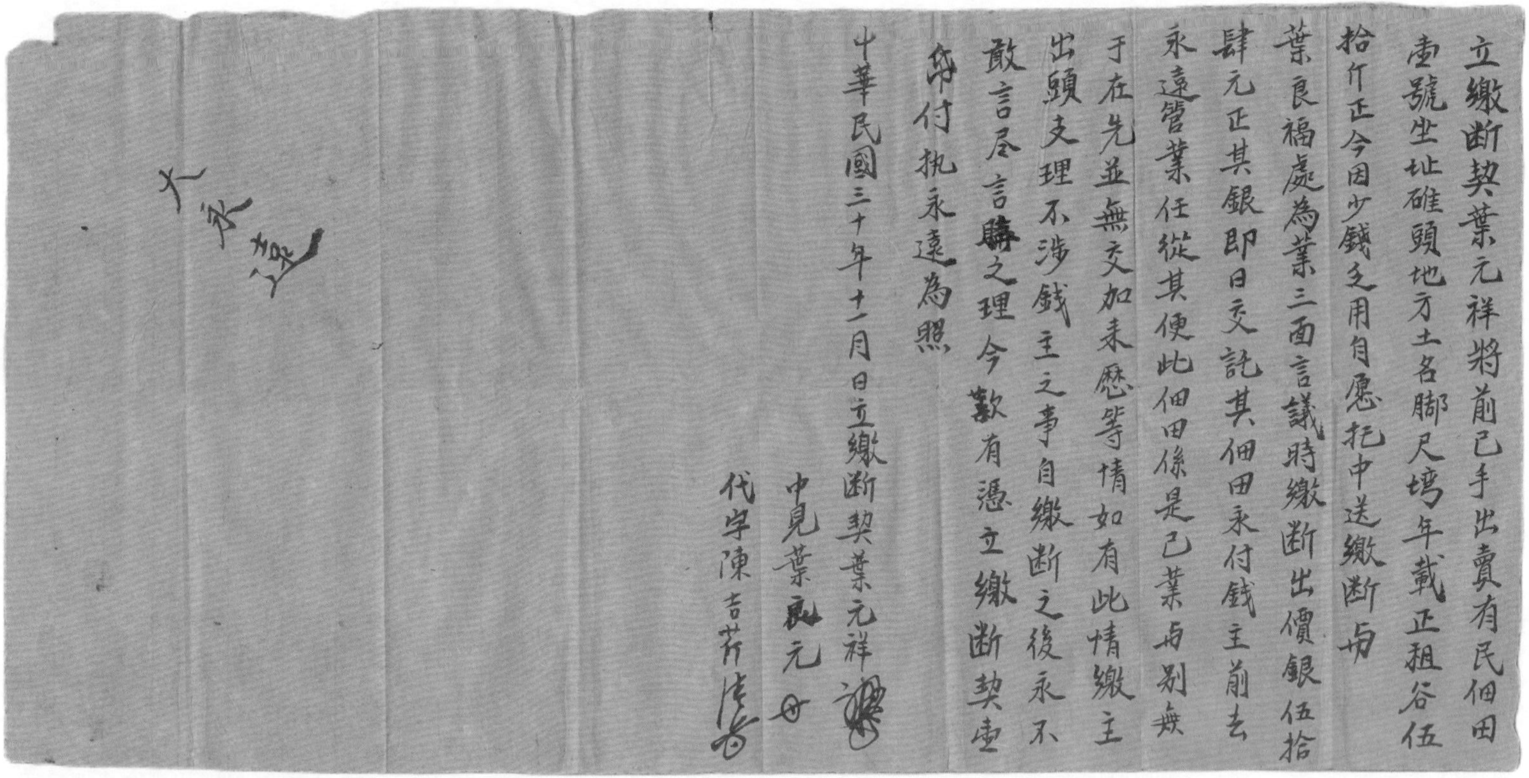

3-2-124-3　民國三十年十一月葉元祥立繳斷民佃田契（二）

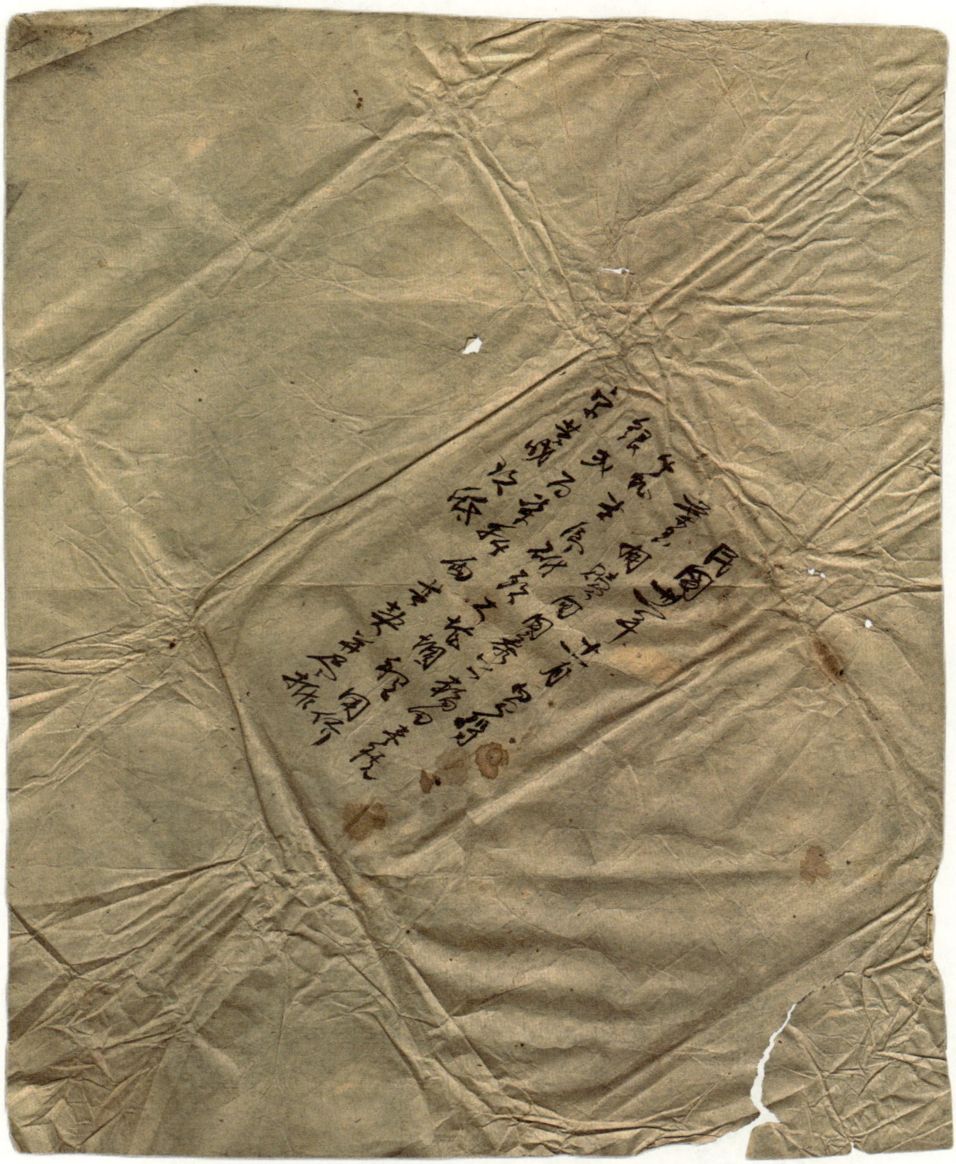

3-2-125-1　包契紙

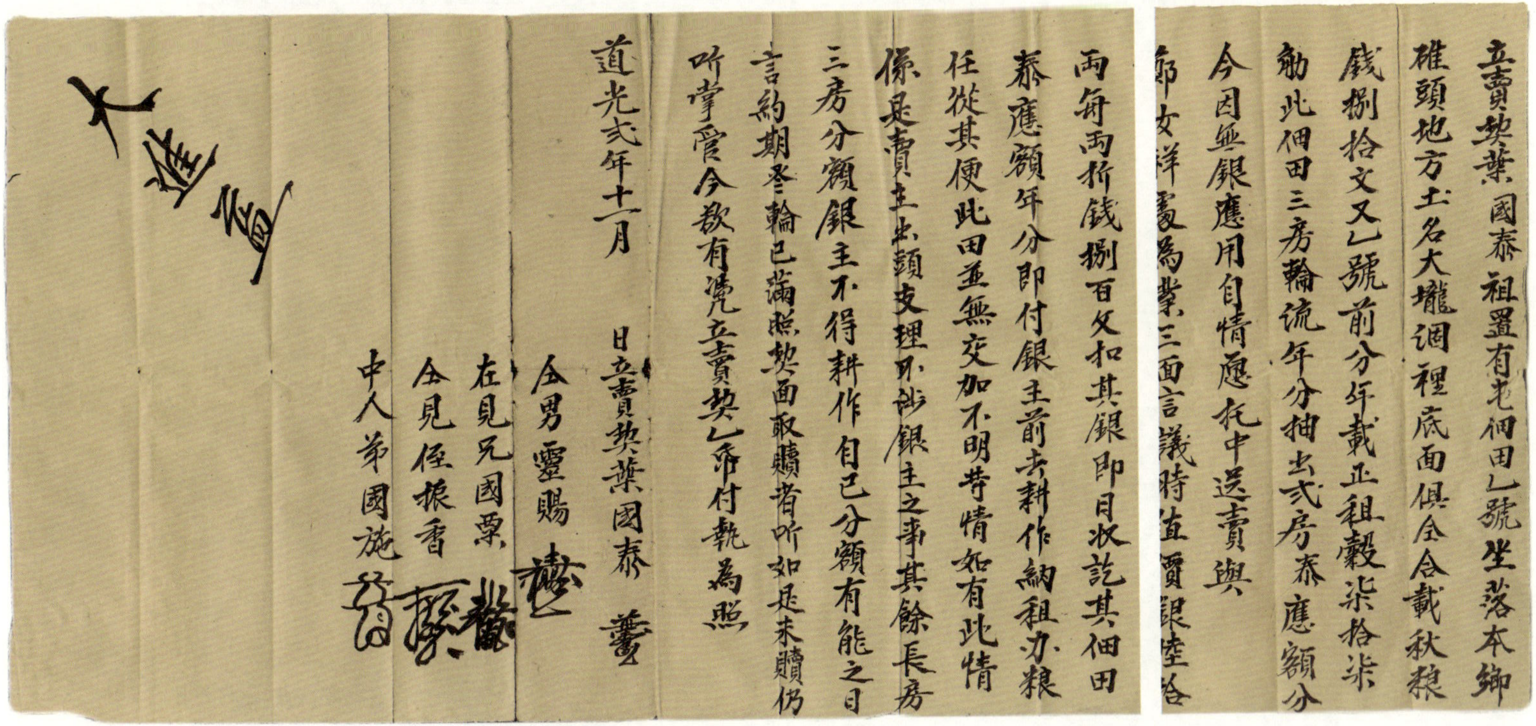

立賣契葉國泰祖置有屯佃田乙號坐落本鄉
碓頭地方土名大壠𡋟裡底面俱全合載秋粮
錢捌拾文又乙號前分年載正租穀柒拾柒
觔此佃田三房輪流年分抽出弍房泰應額分
今因無銀應用自情愿托中送賣與
鄭女洋處爲業三面言議時值價銀陸拾
兩毎兩折錢捌百文扣其銀即日收訖其佃田
泰應額年分即付銀主前去耕作納租办粮
任從其便此田並無交加不明等情如有此情
係是賣主出頭支理不涉銀主之事其餘長房
三房分額銀主不得耕作自己分額有能之日
言約期冬輪已滿照契面取贖者听如是未贖仍
听掌管今欲有憑立賣契乙帋付執爲照

道光弍年十一月　日立賣契葉國泰（押）
仝男靈賜（押）
在見兄國粟（押）
仝見侄振香（押）
中人弟國施（押）

大進[illegible]

3-2-125-2　清道光二年十一月葉國泰等立賣屯佃田契

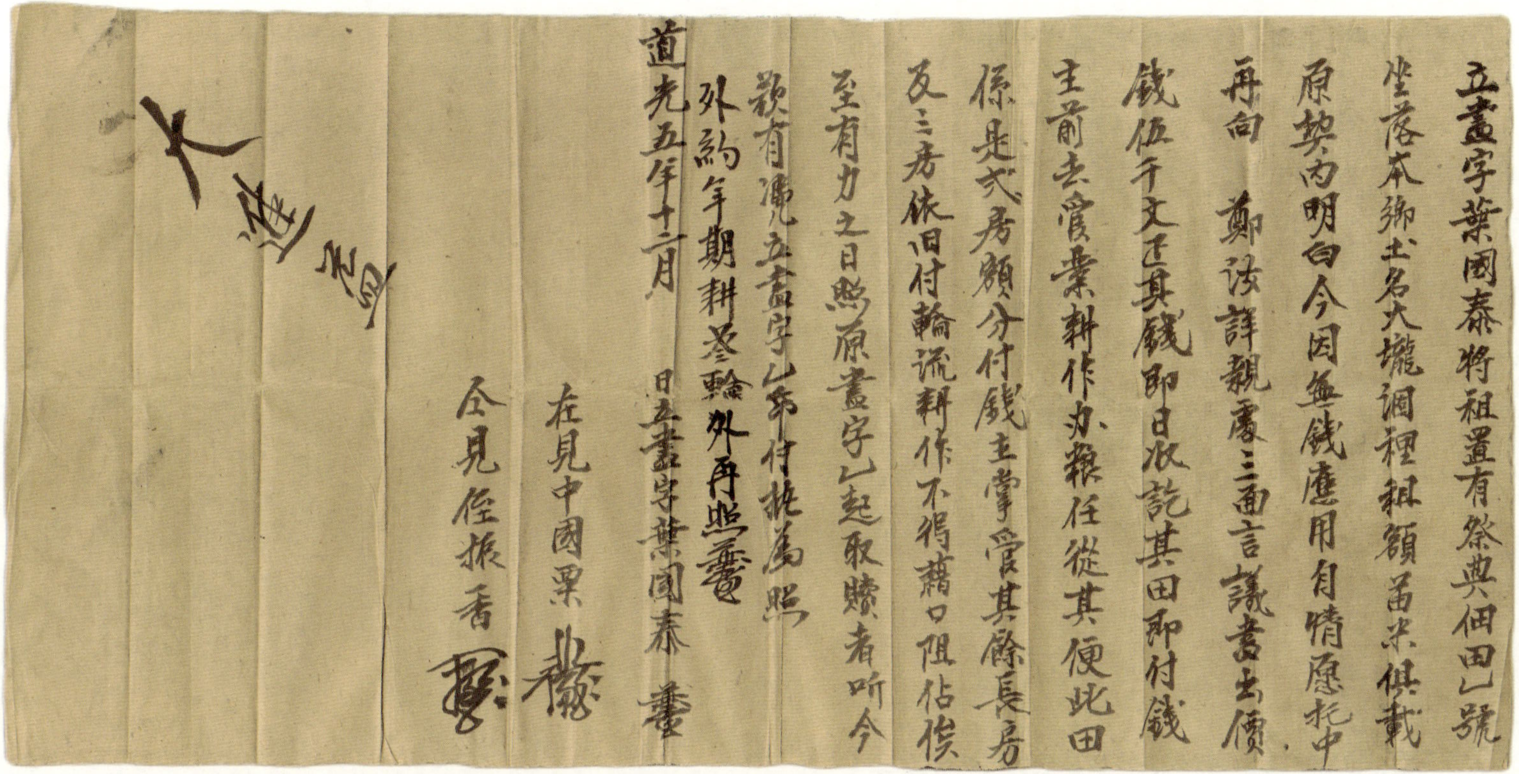

立盡字葉國泰將祖置有祭典佃田山號
坐落本鄉土名大壠垌裡租額苗米俱載
原契內明白今因無錢應用自情愿托中
再向　鄭諺詳親處三面言議盡出價
錢伍千文正其錢即日收訖其田即付錢
主前去管業耕作办粮任從其便此田
係是弍房頒分付錢主掌管其餘長房
及三房依旧付輪流耕作不得藉口阻佔俟
至有力之日照原盡字山起取贖者听今
欲有憑立盡字山帋付執爲照
外約年期耕叁輪外再照
道光五年十二月　日立盡字葉國泰（押）
在見中國果（押）
仝見侄振香（押）
大吉昌

3-2-125-3　清道光五年十二月葉國泰立盡祭典佃田字

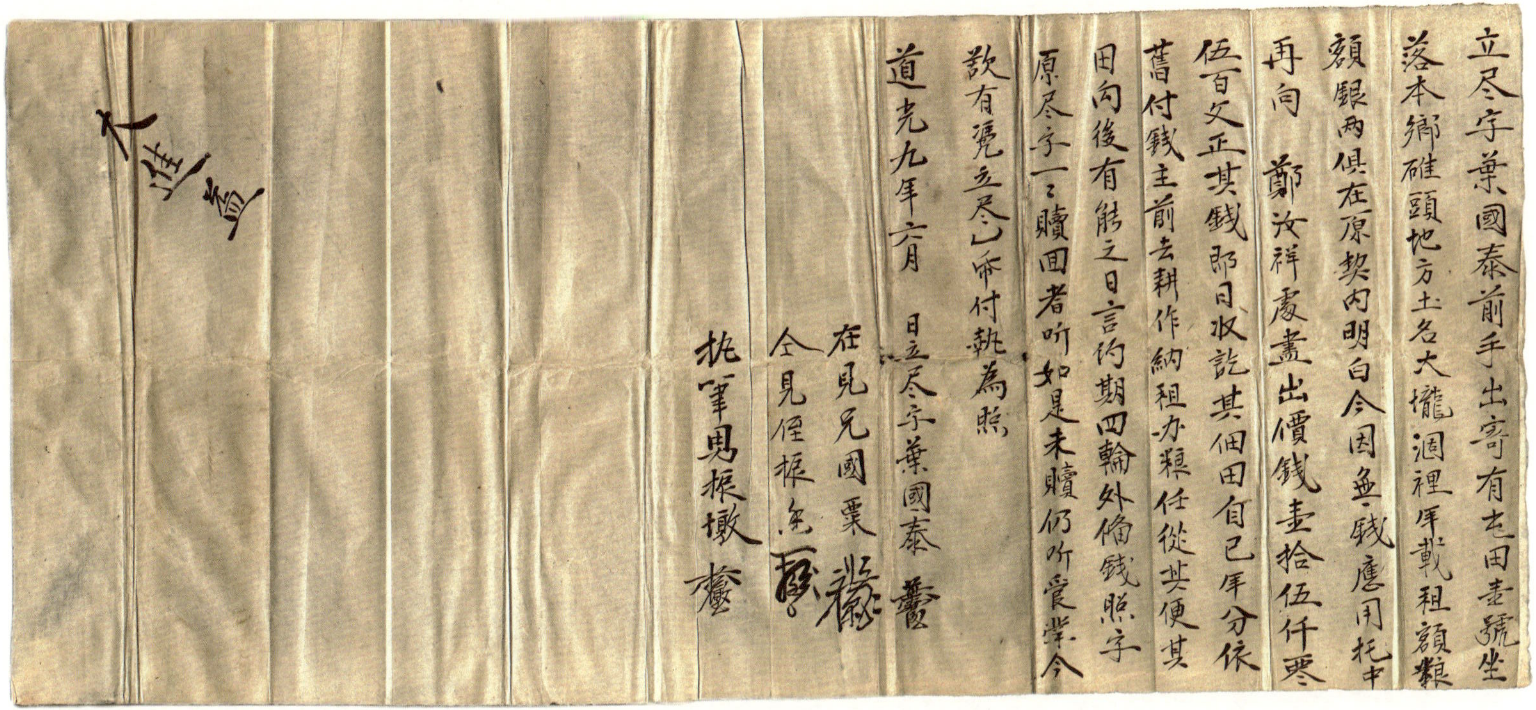

3-2-125-4　清道光九年六月葉國泰立盡屯田字

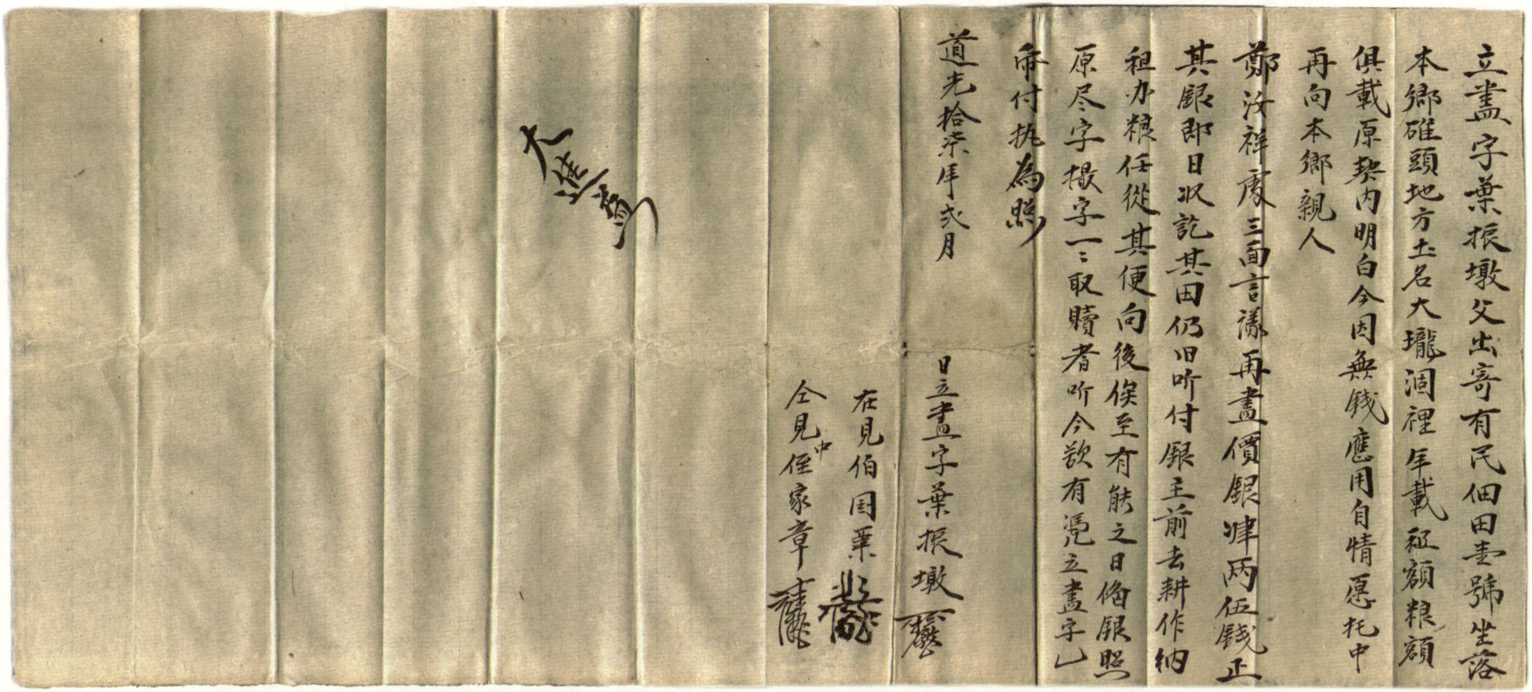
立盡字葉振墩父出寄有民佃田壹號坐落
本鄉碓頭地方土名大壠洞裡年載秈額粮額
俱載原契内明白今因無錢應用自情愿托中
再向本鄉親人
鄭汝祥處三面言議再盡價銀肆两伍錢正
其銀即日収訖其田仍旧听付銀主前去耕作納
租办粮任從其便向後俟至有能之日備銀照
原尽字撥字一一取贖者听今欲有憑立盡字山
帋付执為照
道光拾柒年弍月　日立盡字葉振墩
在見伯国栗
仝見中侄家章

3-2-125-5　清道光十七年二月葉振塾立盡民佃田字

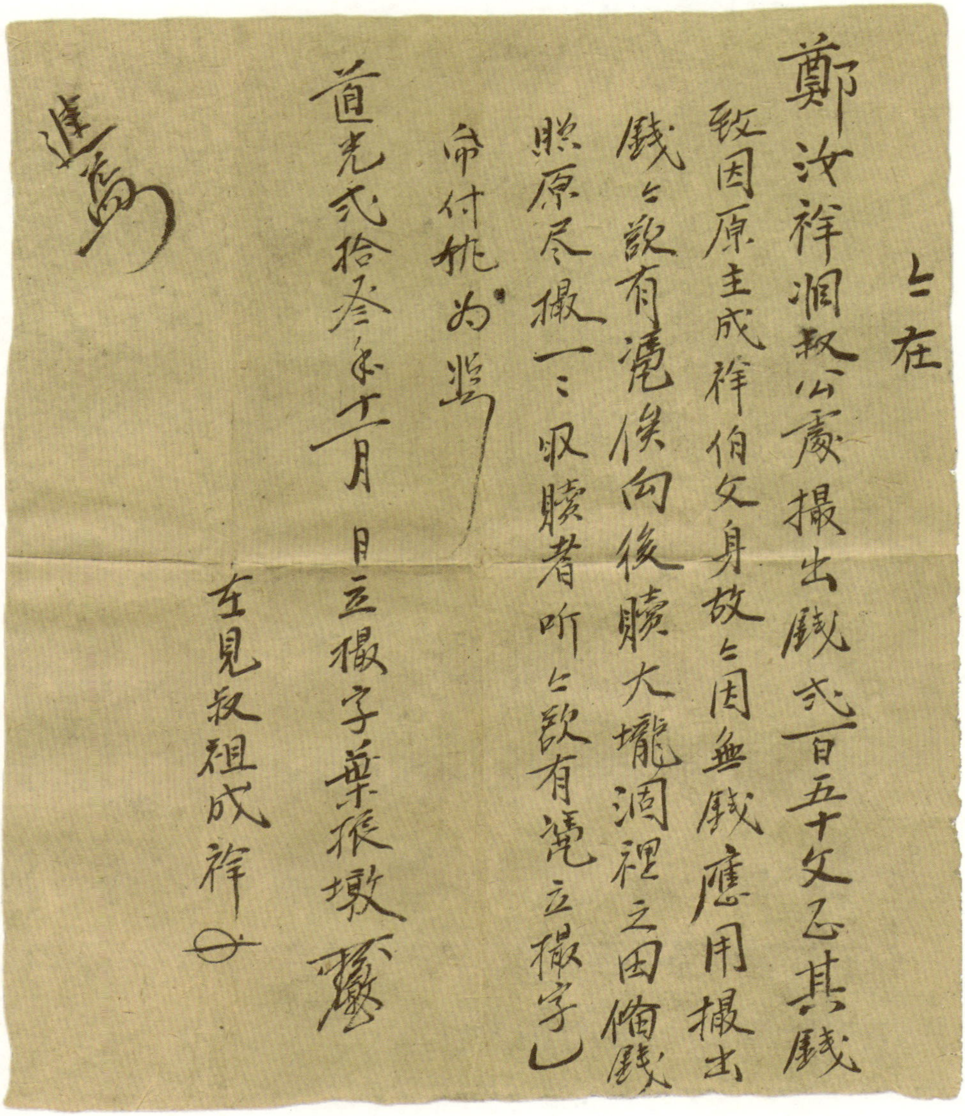

今在鄭汝祥涧叔公處撮出錢弍百五十文正其錢
致因原主成祥伯父身故々因無錢應用撮出
錢々欵有滝俟向後贖大壠涧裡之田備錢
照原尽撤一々收贖者听々欵有滝立撮字
命付執為照
道光弍拾叁年十一月　日立撮字葉振墩（押）
在見叔祖成祥（押）

3-2-125-6　清道光二十三年十一月葉振墩立撮字

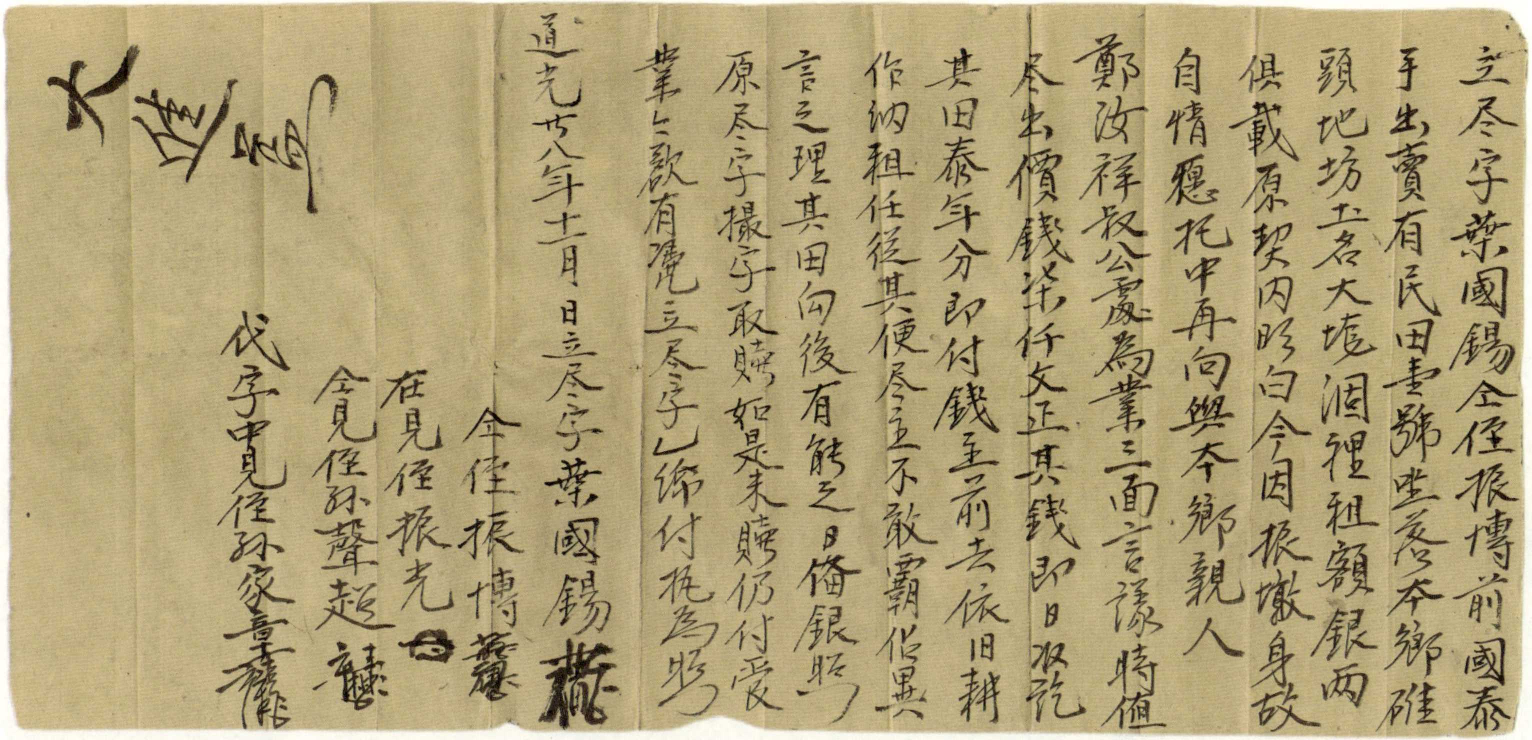
立盡字葉國錫仝侄振博前國泰
手出賣有民田壹號坐落本鄉碓
頭地方土名大埯洄裡租額銀兩
俱載原契內明白今因振墩身故
自情愿托中再向與本鄉親人
鄭汝祥叔公處為業三面言議時值
盡出價錢柒仟文正其錢即日收訖
其田春冬分即付錢主前去依旧耕
作納租任從其便盡主不敢霸佔異
言之理其田向後有能之日備銀照
原盡字撮字取贖如是未贖仍付管
業之款有憑立盡字乙紙付執為照
道光廿八年十一月　日立盡字葉國錫（押）
仝侄振博（押）
在見侄振光（押）
仝見侄孫聲超（押）
代字中見侄孫家壹（押）
大吉

3-2-125-7　清道光二十八年十一月葉國錫等立盡民田字

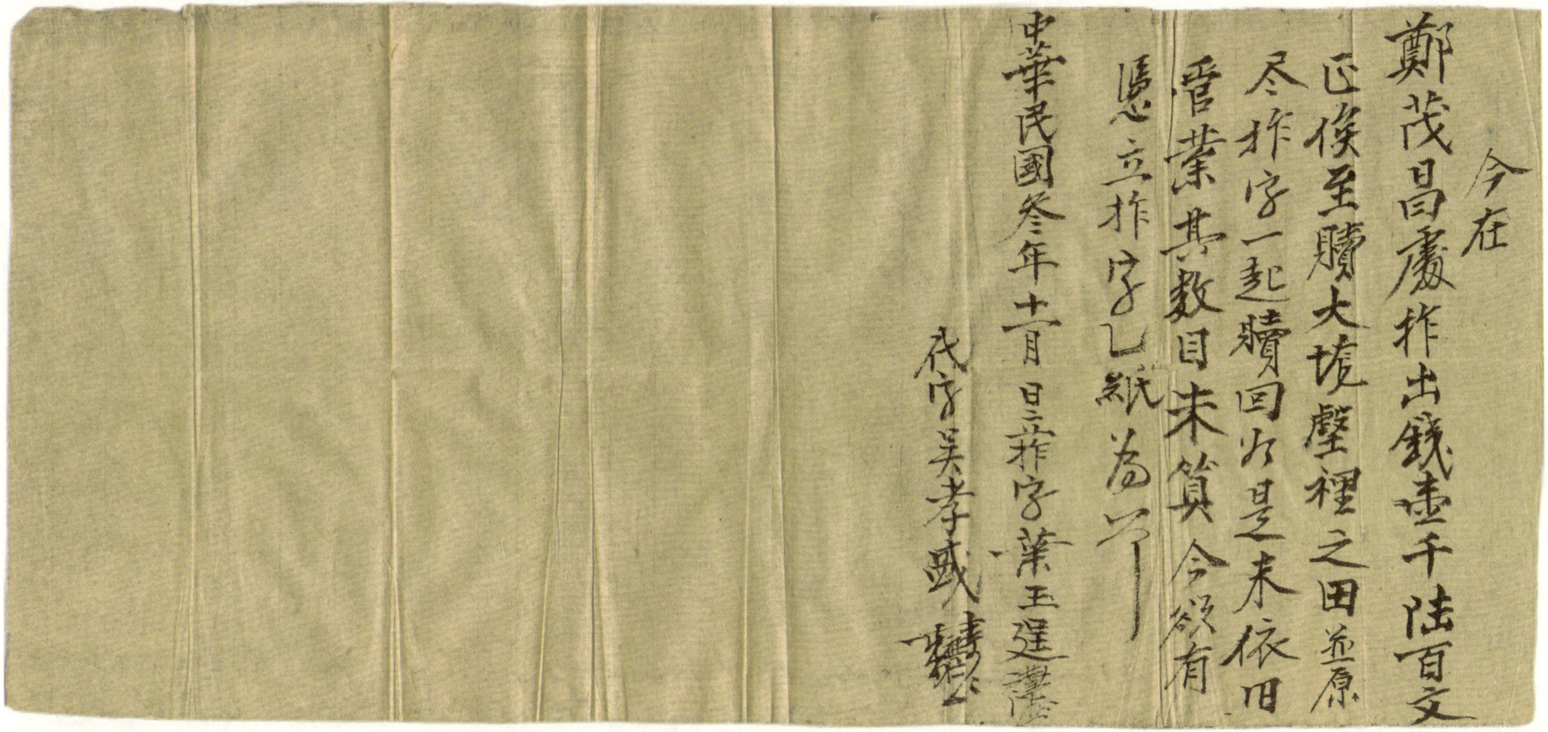
今在
鄭茂昌處抔出錢壹千陸百文
正係至贖大垅壁裡之田並原
尽抔字一起贖回此是未依旧
晉業其數目未算今欲有
憑立抔字乙紙為照
中華民國叁年十一月　日立抔字葉玉逞
代字吴孝盛

3-2-125-8　民國三年十一月葉玉逞立撮字

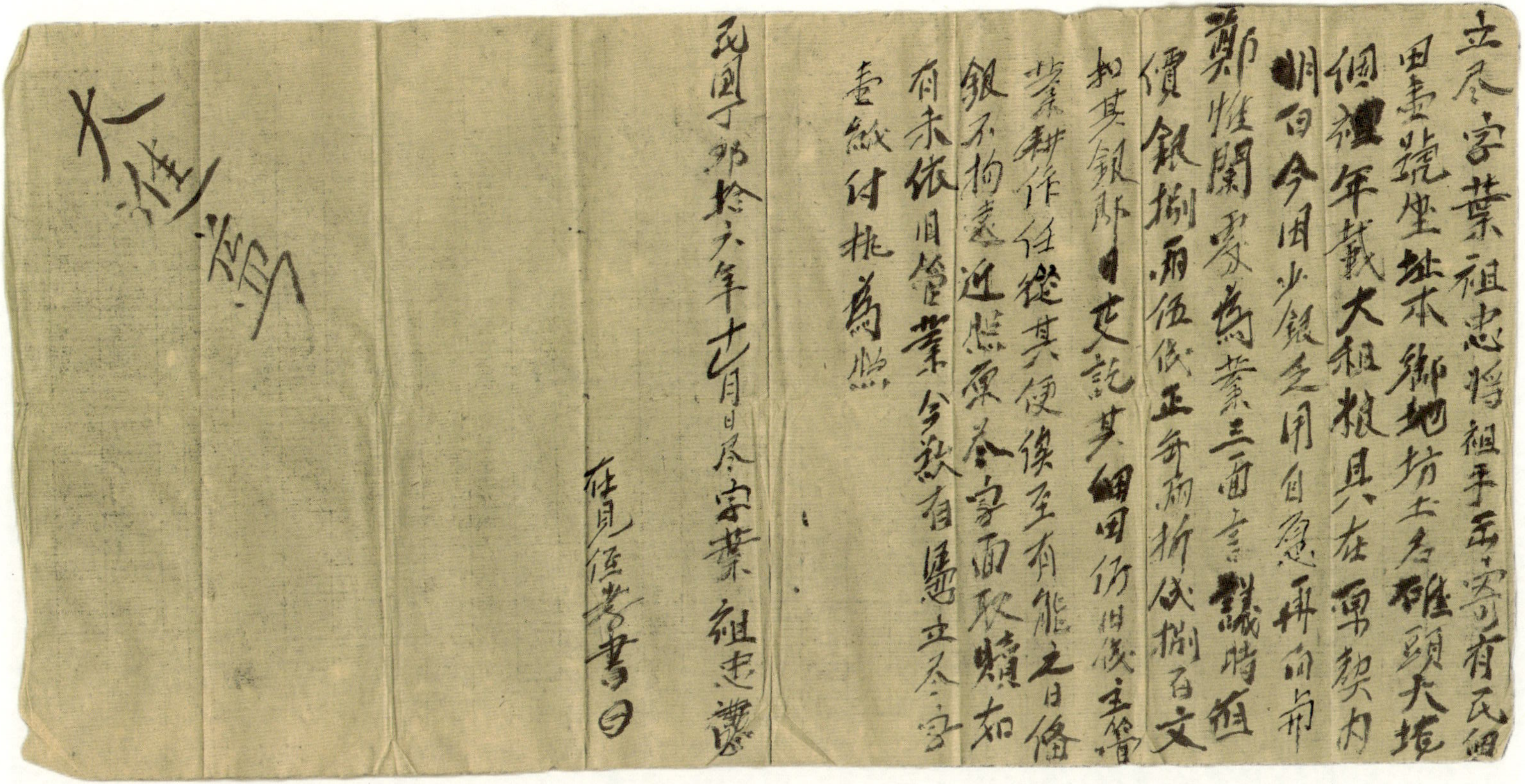
立盡字葉祖忠將祖手置有民佃
田壹號坐址本鄉地坊土名碓頭大垅
佃種年載大租粮具在單契內
明。今因乏銀應用，自愿再向房
鄭惟開處爲業，三面言議時值
價銀捌兩伍錢正，每兩折伏捌百文
扣。其銀即日交訖，其佃田仍旧歸主會
業耕作，任從其便。後至有能之日，備
銀不拘遠近，照原本字面取贖，如
有未依，旧管業。今欲有憑，立盡字
壹紙付执爲照。
民國丁卯拾六年十一月　日立盡字葉祖忠（押）
在見侄孝書（押）
大進寶

3-2-125-9　民國十六年十一月葉祖忠立盡民佃田字

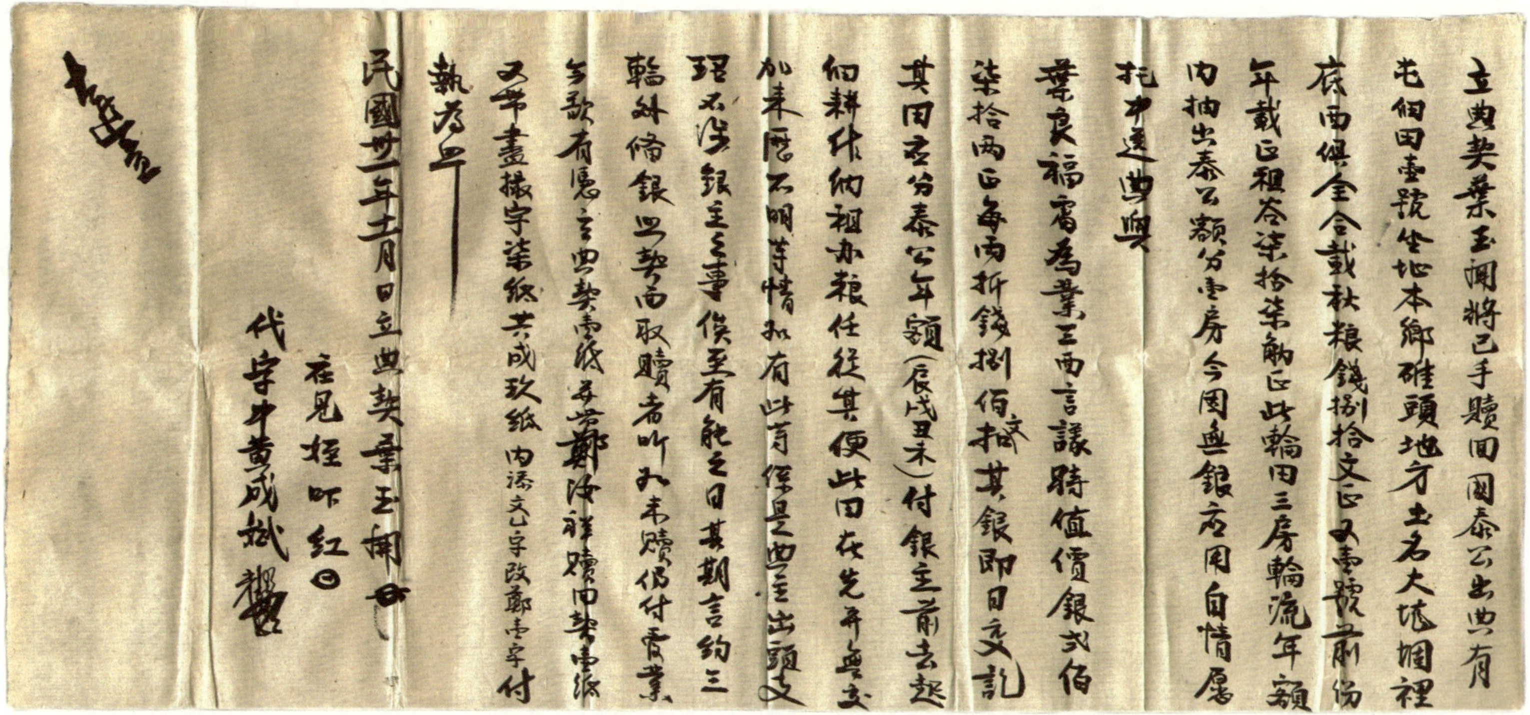
立典契葉玉開將己手贖回園泰公出典有
屯佃田壹號坐址本鄉碓頭地方土名大坵垌裡
底面俱全合載秋粮錢捌拾文正又壹號前份
年載正租谷柒拾柒觔正此輪田三房輪流年額
內抽出泰公額分壹房今因無銀應用自情愿
托中送典與
葉良福嘗為業三面言議時値價銀弍佰
柒拾兩正每兩折錢捌佰拾文其銀即日交訖
其田面分泰公年額（辰戌丑未）付銀主前去起
佃耕作納租办粮任從其便此田在先并無文
加未曾不明等情如有此情俱是典主出頭支
理不涉銀主之事俟至有能之日其期言約三
輪外備銀照契面取贖者必不未贖仍付管業
今欲有憑立典契壹紙并帶鄭汝祥贖回契壹紙
又本畫撥字柒紙共成玖紙　內添文[illegible]字改鄭壹字　付
執為照
民國卅一年十一月　日立典契葉玉開
在見侄　昕紅
代字中　黃成斌

3-2-125-10　民國三十一年十一月葉玉開立典屯佃田契

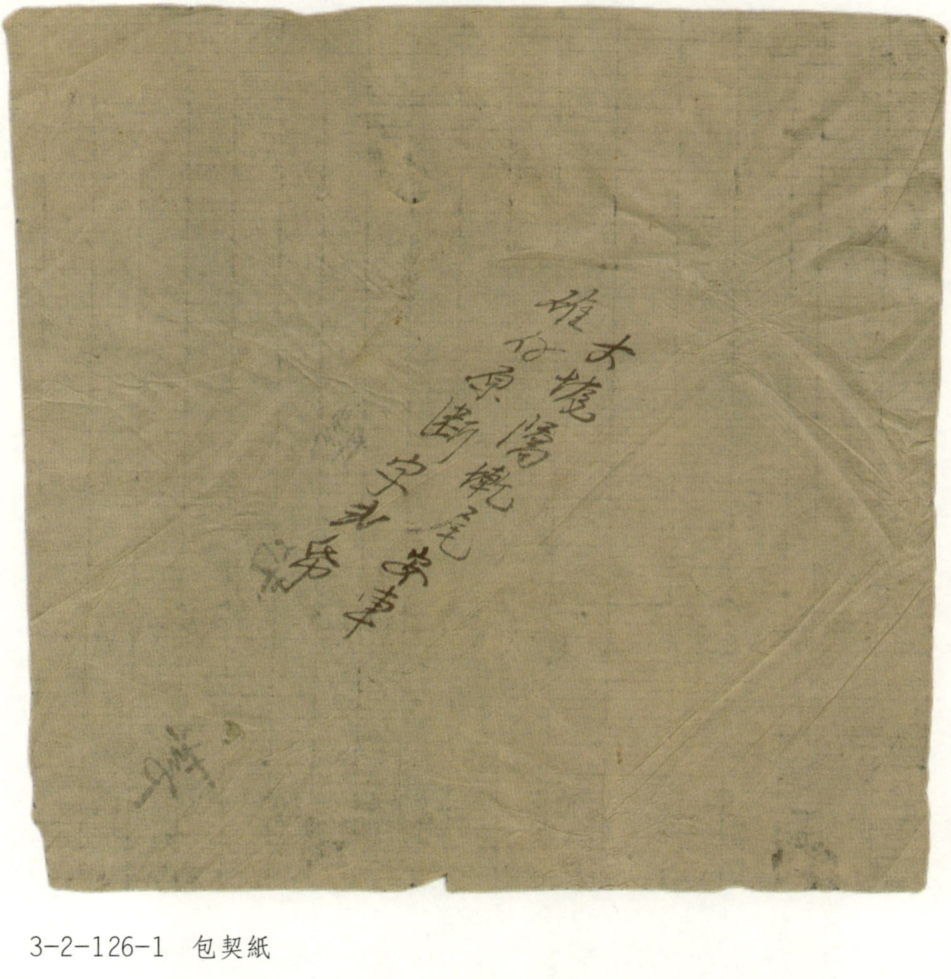

3-2-126-1　包契紙

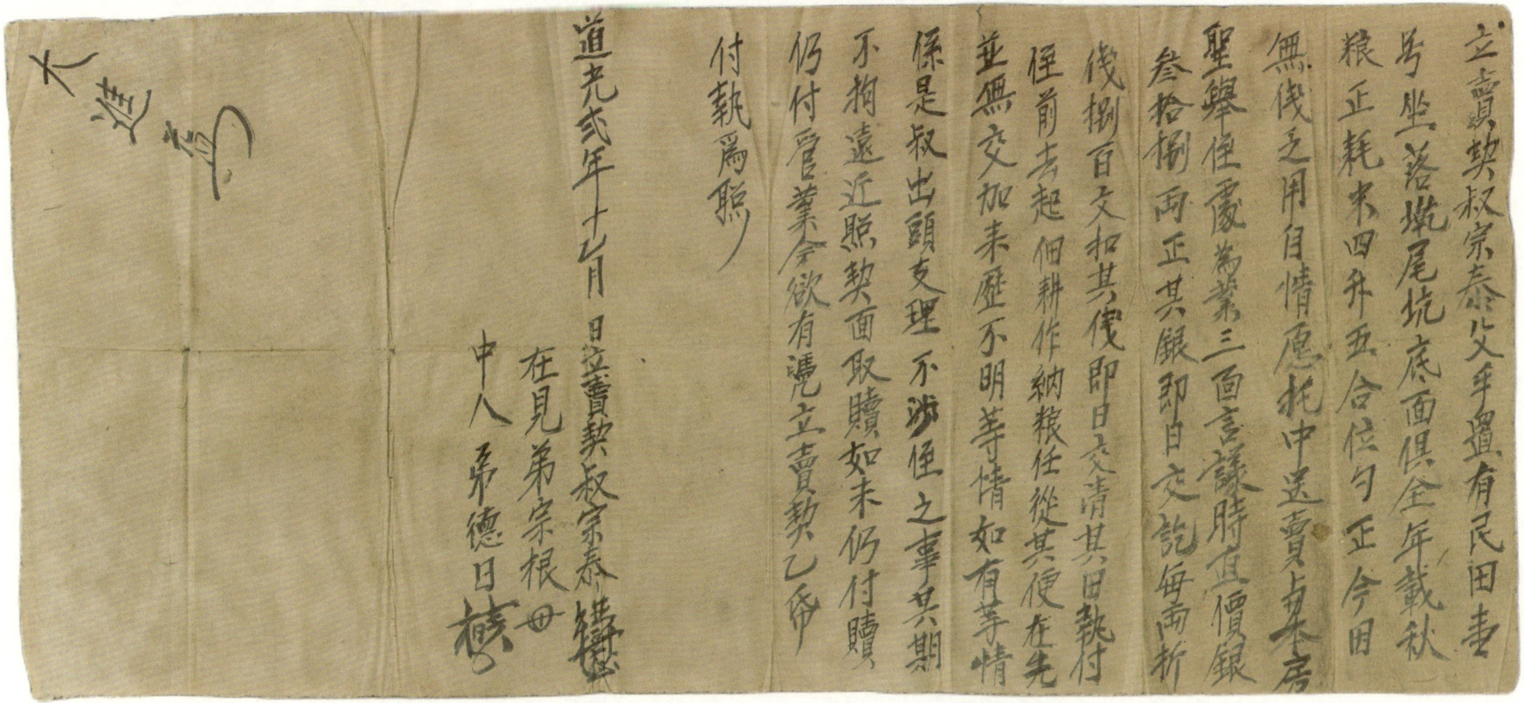
立賣契叔宗泰父手置有民田壹
号坐落墘尾坑底面俱全年載秋
粮正耗米四升五合位匀正今因
無錢乏用自情愿托中送賣与本房
聖舉侄處爲業三面言議時值價銀
叁拾捌两正其銀即日交訖每两折
錢捌百文扣其錢即日交清其田執付
侄前去起佃耕作納粮任從其便在先
並無交加未歷不明等情如有等情
係是叔出頭支理不涉侄之事其期
不拘遠近照契面取贖如未仍付贖
仍付厝葉今欲有憑立賣契乙帋
付執爲照
道光贰年十一月　日立賣契叔宗泰（押）
在見弟宗根（押）
中人　弟德日（押）
大進

3-2-126-2　清道光二年十一月葉宗泰立賣民田契

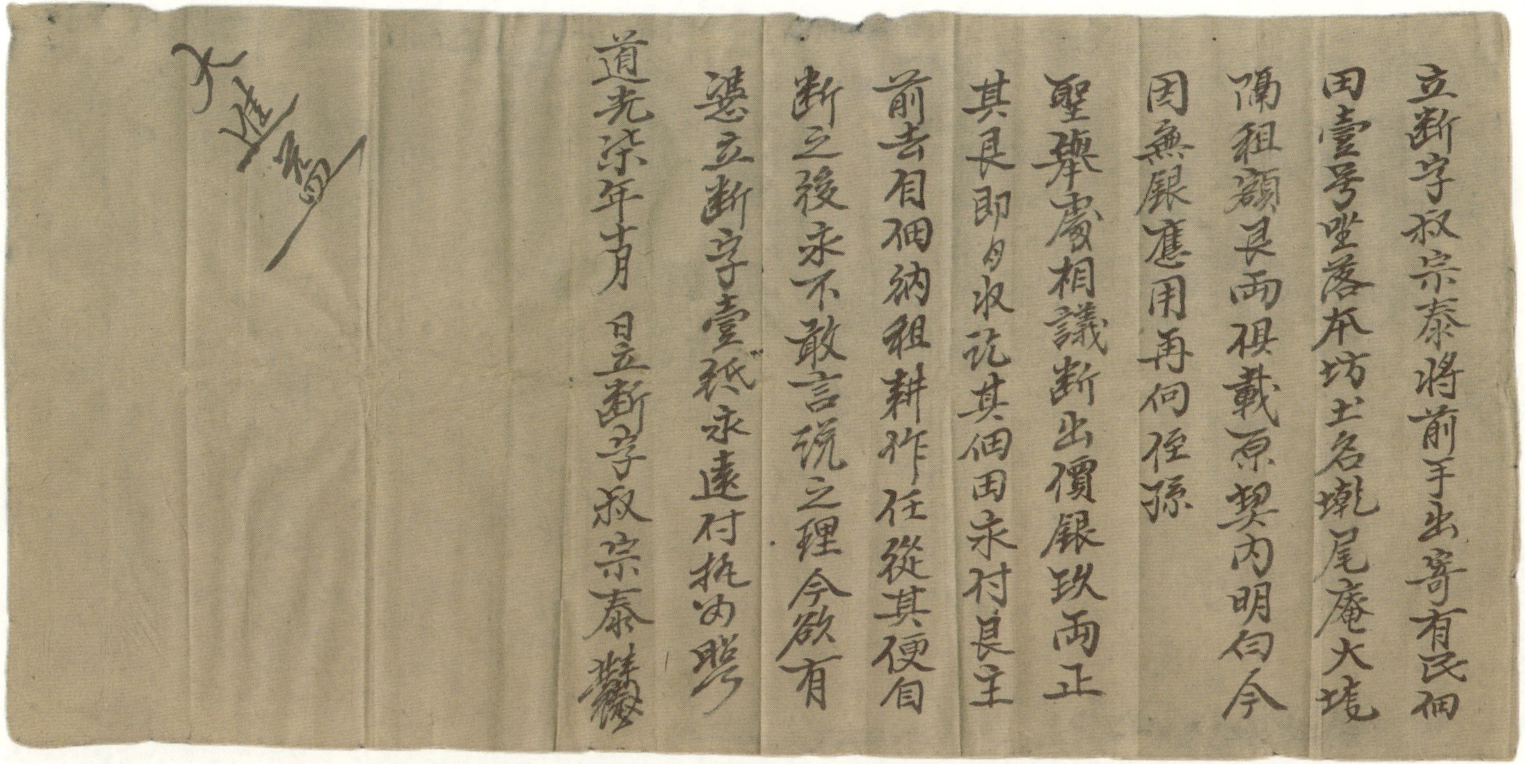
立斷字叔宗泰將前手出寄有民佃
田壹號坐落本坊土名塆尾庵大坵
隔租額具兩棋載原契內明白今
因無銀應用再向侄孫
聖舉處相議斷出價銀玖兩正
其艮即日收訖其佃田永付艮主
前去自佃納租耕作任從其便自
斷之後永不敢言說之理今欲有
憑立斷字壹紙永遠付執為照
道光柒年十月　日立斷字叔宗泰（押）

3-2-126-3　清道光七年十月葉宗泰立斷民佃田字

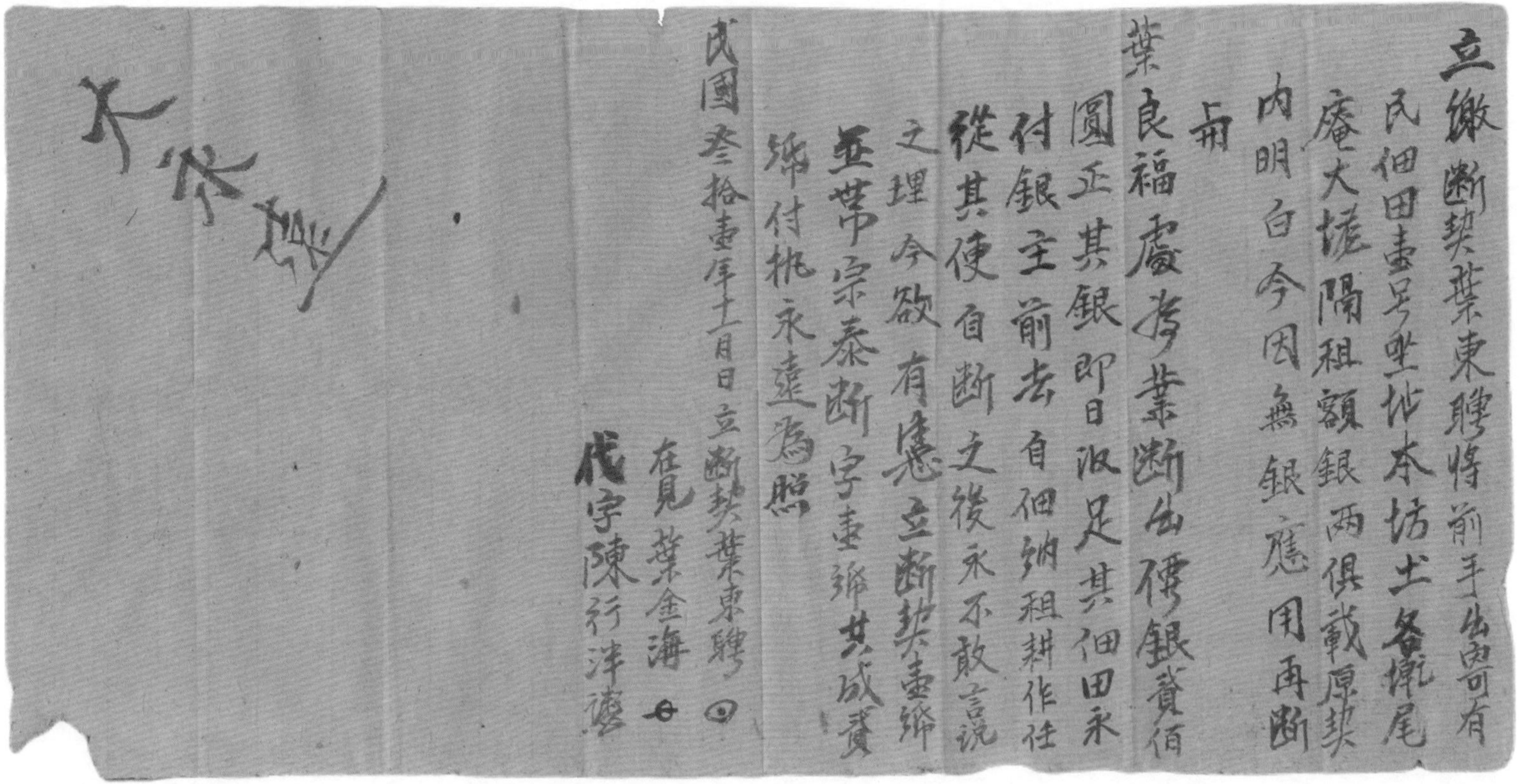

3-2-126-4　民國三十一年十一月葉東聘立繳斷民佃田契

民國廿五年斷德玉遥立佃田
坐址橋頭圩卅兜模坑仔边
断出價銀壹拾伍両正立
断契壹帋五年原契叁
帋共成四帋

3-2-127-1　包契紙

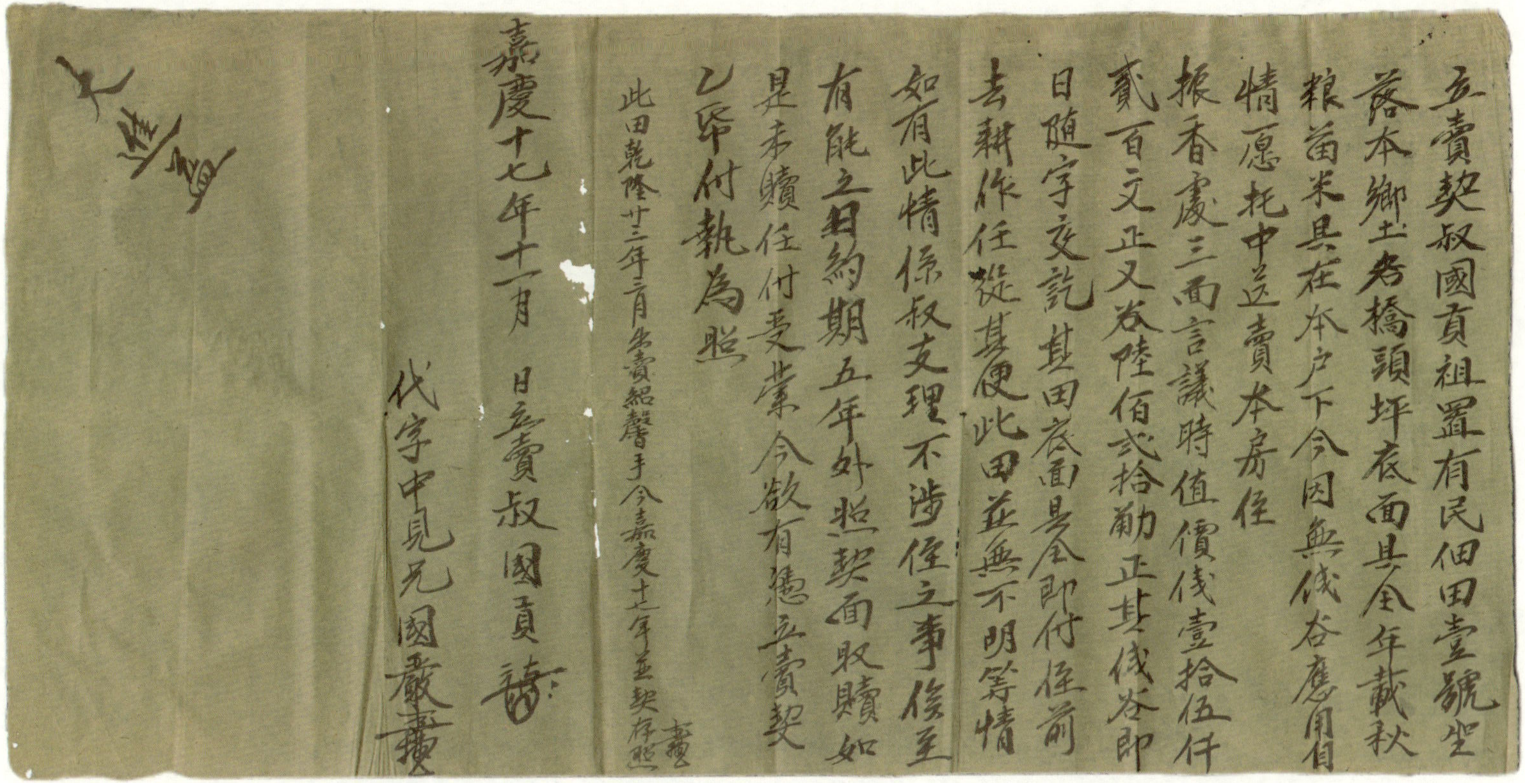

立賣契叔國貢祖置有民佃田壹號坐落本鄉土名橋頭坪底面其全年載秋粮苗米具在本户下今因無錢谷應用自情愿托中送賣本房侄振香處三面言議時值價錢壹拾伍仟貳百文正又谷陸佰貳拾觔正其錢谷即日隨字交訖其田底面具全即付侄前去耕作任從其便此田並無不明等情如有此情係叔支理不涉侄之事候至有能之日約期五年外照契面取贖如是未贖任付受業今欲有憑立賣契乙帋付執為照

此田乾隆廿三年十二月出賣紹馨手今嘉慶十七年立契存照

嘉慶十七年十一月　日立賣叔國貢（押）

代字中見兄國厳（押）

大吉

3-2-127-2　清嘉慶十七年十一月葉國貢立賣民佃田契

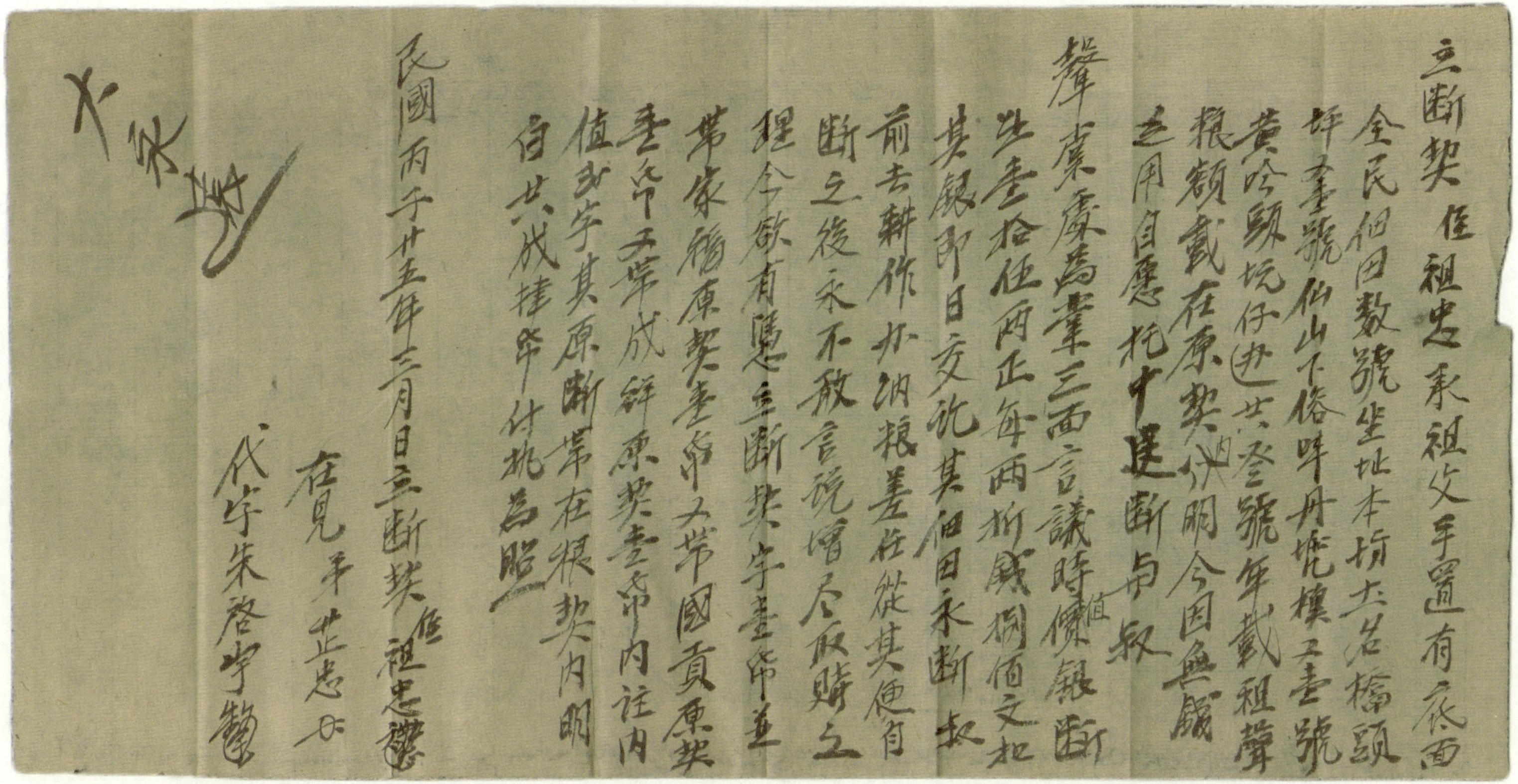
立斷契侄祖忠承祖父手置有底面
全民佃田數號坐址本坊土名橋頭
坪壹號仙山下(?)畔丹坵(?)模(?)又壹號
黃吟頭坑仔边共叁號年載租穀
粮額載在原契注明今因無銀
應用自愿托中送斷與叔
聲虞處爲業三面言議時值價銀斷
出壹拾伍两正每两折錢捌佰文扣
其銀即日交訖其佃田永斷叔
前去耕作办納粮差任從其便自
斷之後永不敢言說增尽取贖之
理今欲有憑立斷契字壹帋並
帶家藏原契壹帋又帶國貢原契
壹帋又帶成(?)餅原契壹帋內註內
值(?)式字其原斷帶在根契內明
白共成(?)挂帋付执為照
民國丙子廿五年三月日立斷契侄祖忠
在見半(?)芷忠
代字朱啓宇
大吉(?)

3-2-127-3 民國二十五年三月葉祖忠立斷底面全民佃田契

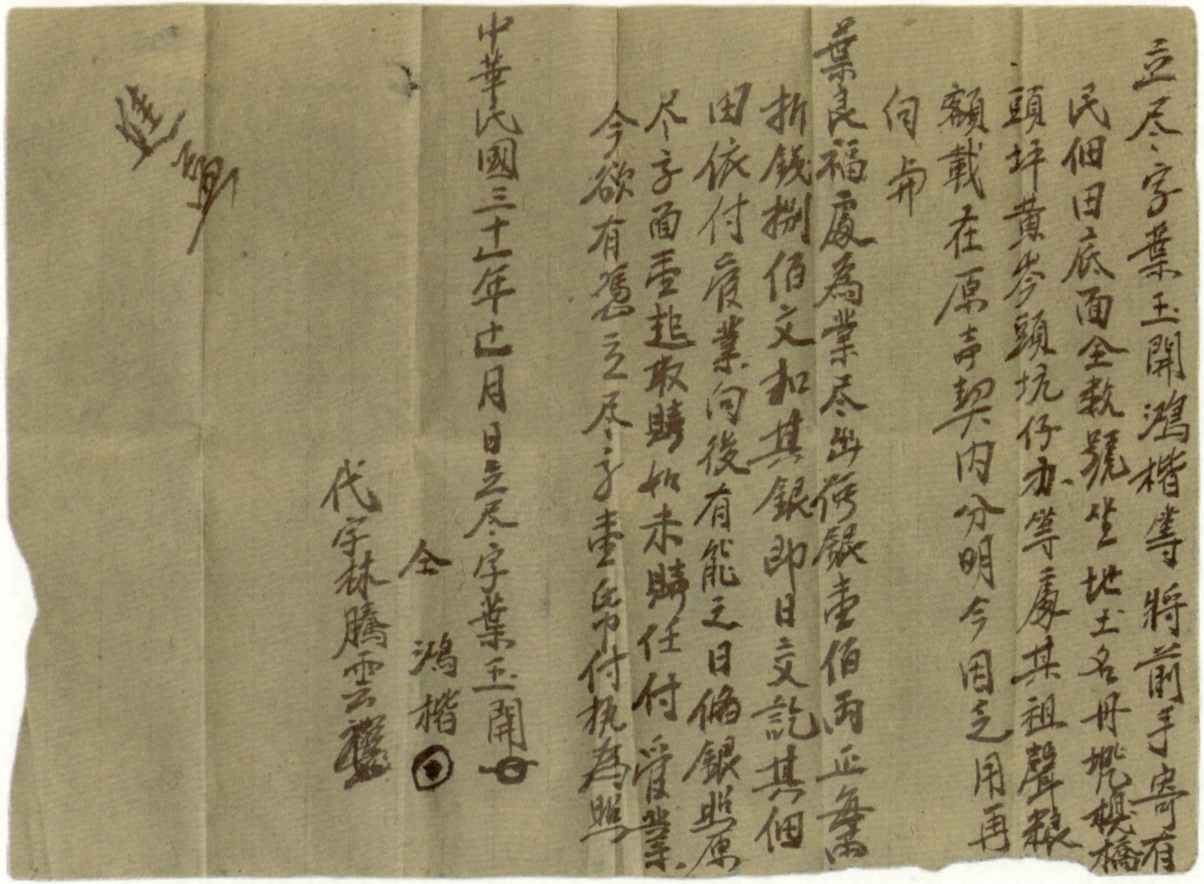
立盡字葉玉開、鴻楷等，將前手寄有
民佃田底面全數，號坐址土名丹㮊橋
頭坪、黄岑頭、坑仔亦等處，共租聲粮
額載在原寺契内分明。今因乏用，再
向布
葉良福處為業，盡出價銀壹佰兩正，無
折錢捌佰文，扣其銀即日交訖。其佃
田依付眼業，向後有能之日，備銀照原
盡字面壹趙取贖，如未贖，任付管業。
今欲有憑，立盡字壹帋付執為照。
中華民國三十一年十一月　日立盡字葉玉開
仝　鴻楷
代字林騰雲
筵書

3-2-127-4　民國三十一年十一月葉玉開等立盡底面全民佃田字

MEN.... have you shoes repaired while-you-wait in one of our large, comfortable chairs.
MORE
Needle-Art Gifts
STAMPED PIECES, READY FOR YOUR HANDIWORK
59c
They'll be so easy to complete... they cost so little... but they'll be such lovely gifts? Many pieces need but a few stitches!
You can save 10c on half-soles
WE DYE SHOES
ZINKE'S
406 South Broadway . 48 Arcade Building
710 South Hill Street . 641 South Olive Street
6670 Hollywood Blvd. . 6372 Hollywood Blvd.
Nine stores to serve you—Los Angeles, Hollywood, Pasadena, Glendale, Huntington Park
21-in. Sail Boats
$1.95
14-in. Baby Dolls
$1.19
RUSS
Women G
Rushin' P
Men like to dress up
going to bed! Why
a pair of glamour-le
broadcloth, in gorgeo
ished with Russian en
Certainly you'll save,
RADIUM
What a gift! Men like
well! Soft, washable,
white, blue, tan, green.
a wonderful Christmas

3-2-128-1 包契紙

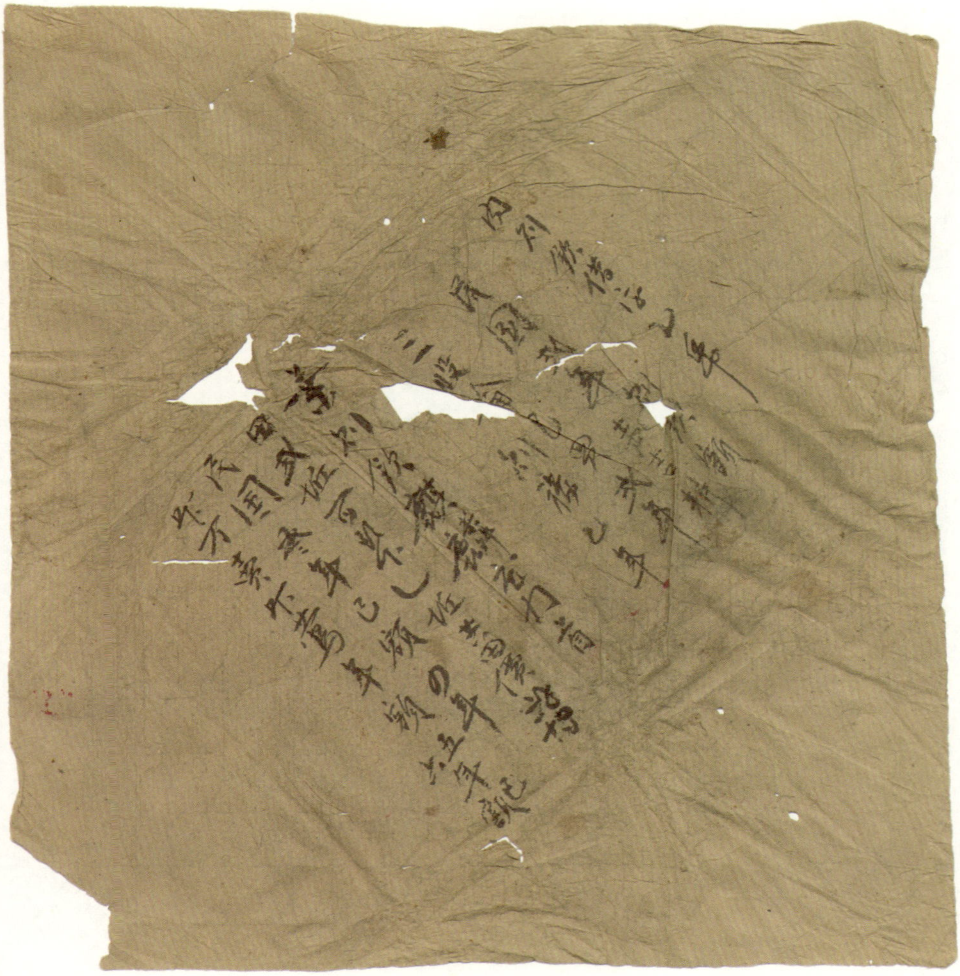

3-2-128-2 包契紙

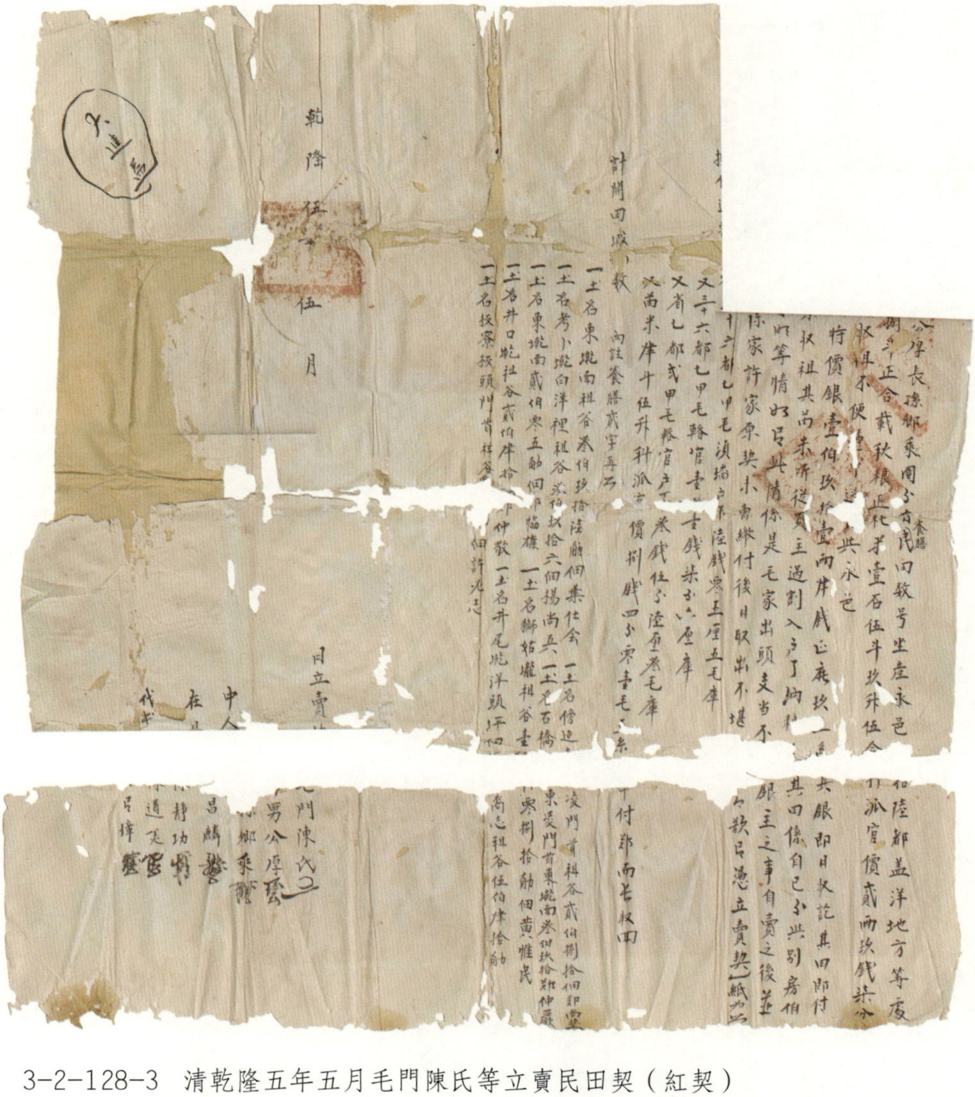

3-2-128-3　清乾隆五年五月毛門陳氏等立賣民田契（紅契）

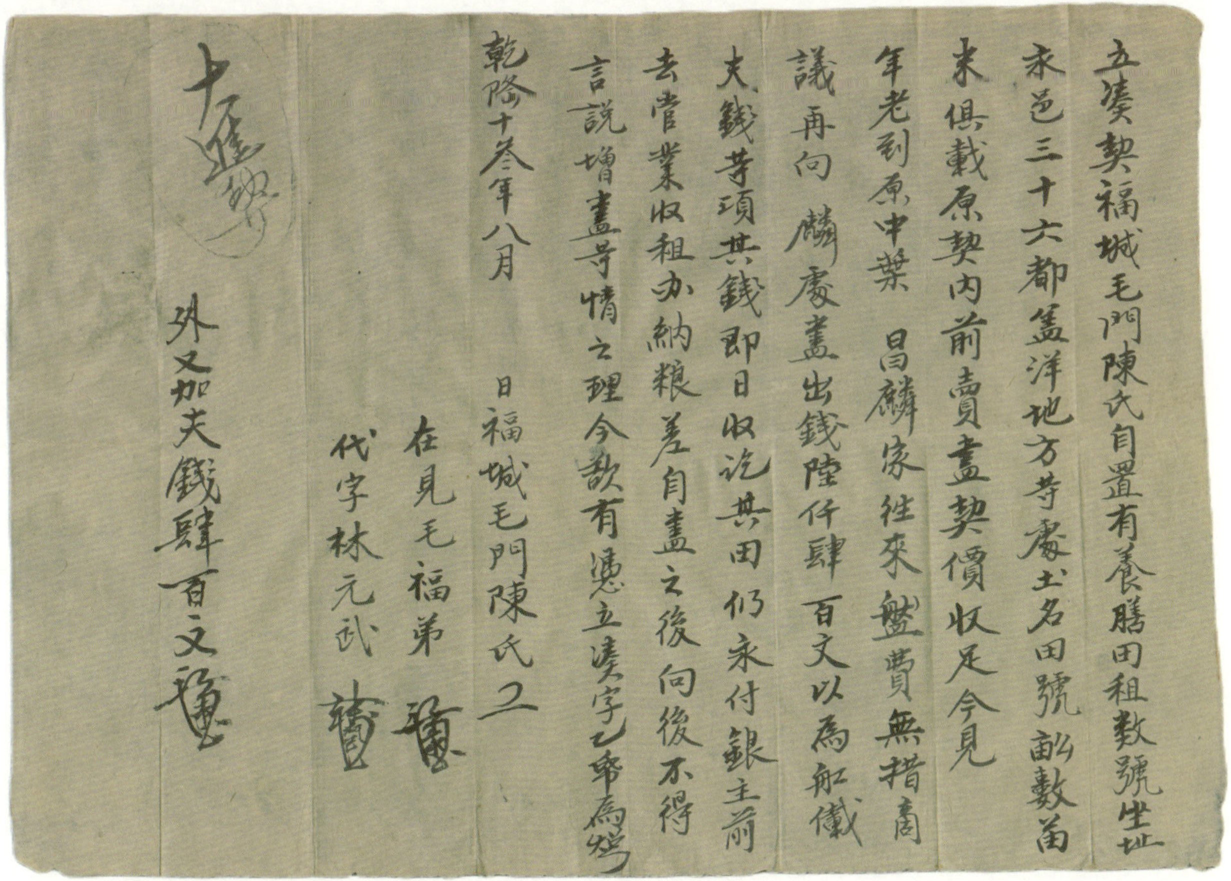
立湊契福城毛門陳氏自置有養膳田租數號坐址
永邑三十六都蓋洋地方等處土名田號畝數苗
米俱載原契内前賣盡契價收足今見
年老到原中葉　昌麟家往來盤費無措商
議再向　麟處盡出錢陸仟肆百文以為船儀
夫錢等項其錢即日收訖其田仍永付銀主前
去管業收租办納粮差自盡之後向後不得
言說增盡等情之理今欲有憑立湊字乙帋為照
乾隆十叁年八月　日福城毛門陳氏立
在見毛福弟
代字林元武
外又加夫錢肆百文

3-2-128-4　清乾隆十三年八月福州毛門陳氏立凑養膳田租契

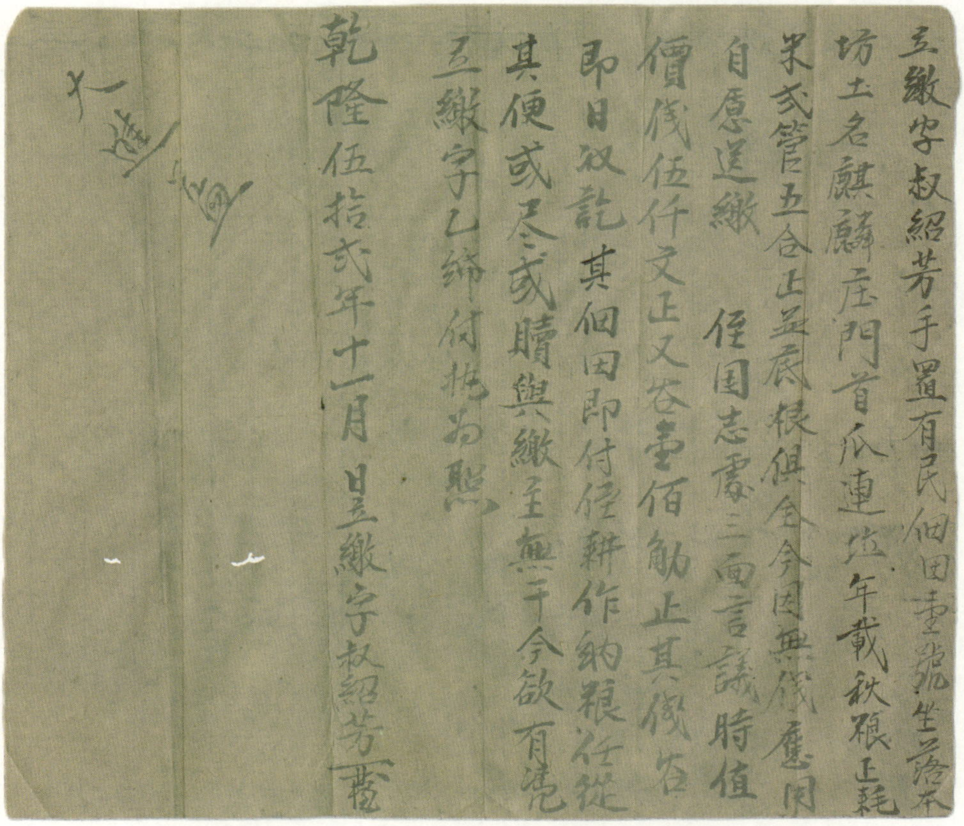

立繳字叔紹芳手置有民佃田壹號坐落本
坊土名麒麟庄門首瓜連坵年載秋租正耗
米弍管五合正并底根俱全今因無錢應用
自愿送繳　侄因志震三面言議時值
價錢伍仟文正又谷壹佰觔止其錢谷
即日收訖其佃田即付侄耕作納租任從
其便或尽或贖與繳主無干今欲有憑
立繳字乙紙付執為照
乾隆伍拾弍年十一月　日立繳字叔紹芳（押）

3-2-128-5　清乾隆五十二年十一月葉紹芳立繳民佃田字

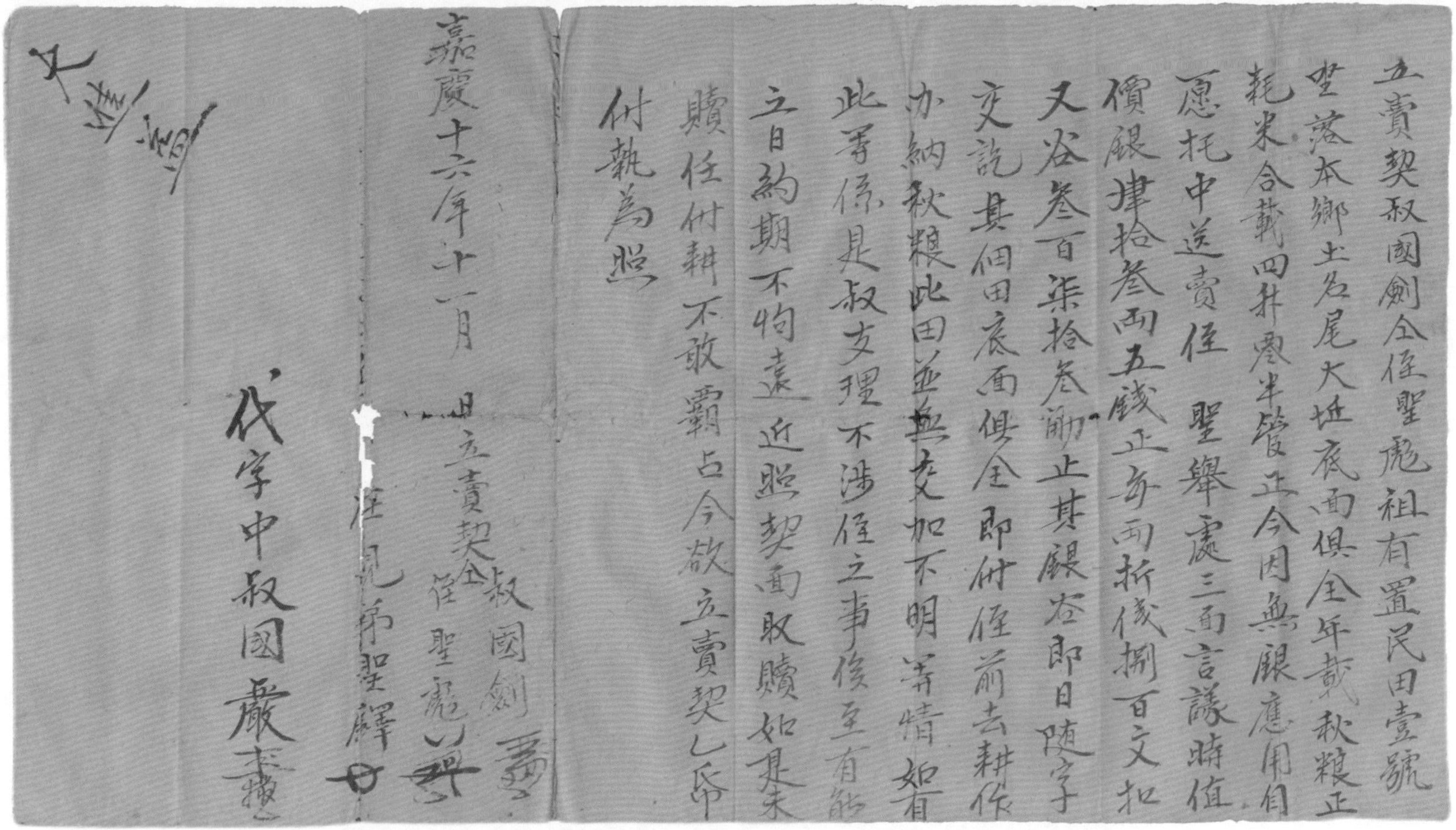
立賣契叔國劍仝侄聖彪祖有置民田壹號
坐落本鄉土名尾大坵底面俱全年載秋粮正
耗米合載四升零半管正今因無銀應用自
愿托中送賣侄 聖舉處三面言議時值
價銀肆拾叁兩五錢正每兩折錢捌百文扣
又谷叁百柒拾叁觔正其銀谷即日隨字
交訖其佃田底面俱全即付侄前去耕作
办納秋粮此田並無交加不明等情如有
此等係是叔支理不涉侄之事後至有能
立日約期不拘遠近照契面取贖如是未
贖任付耕不敢霸占今欲立賣契乙帋
付執為照
嘉慶十六年十一月　日立賣契仝叔國劍（押）
侄聖彪（押）
在見弟聖驛（押）
代字中叔國嚴（押）

3-2-128-6　清嘉慶十六年十一月葉國劍等立賣民田契

立盡字叔國劍前年間手出寄有民佃田壹號坐落本鄉土名其壽庄門首尾大垣底面俱全年載秋粮俱在原契内明白今因無錢應用自情愿托中再向侄聖舉處三面言議盡出價錢壹仟文正其錢即交訖其田底面付侄自佃耕做納粮任從其便後至有能之日約期五年已滿照原盡字面取贖者所今欲有憑立盡字一紙付執為照

嘉慶二十一年十一月　日立盡字叔國劍（押）

代字中人弟國嶽（押）

大[illegible]

3-2-128-7　清嘉慶二十一年十一月葉國劍立盡民佃田字

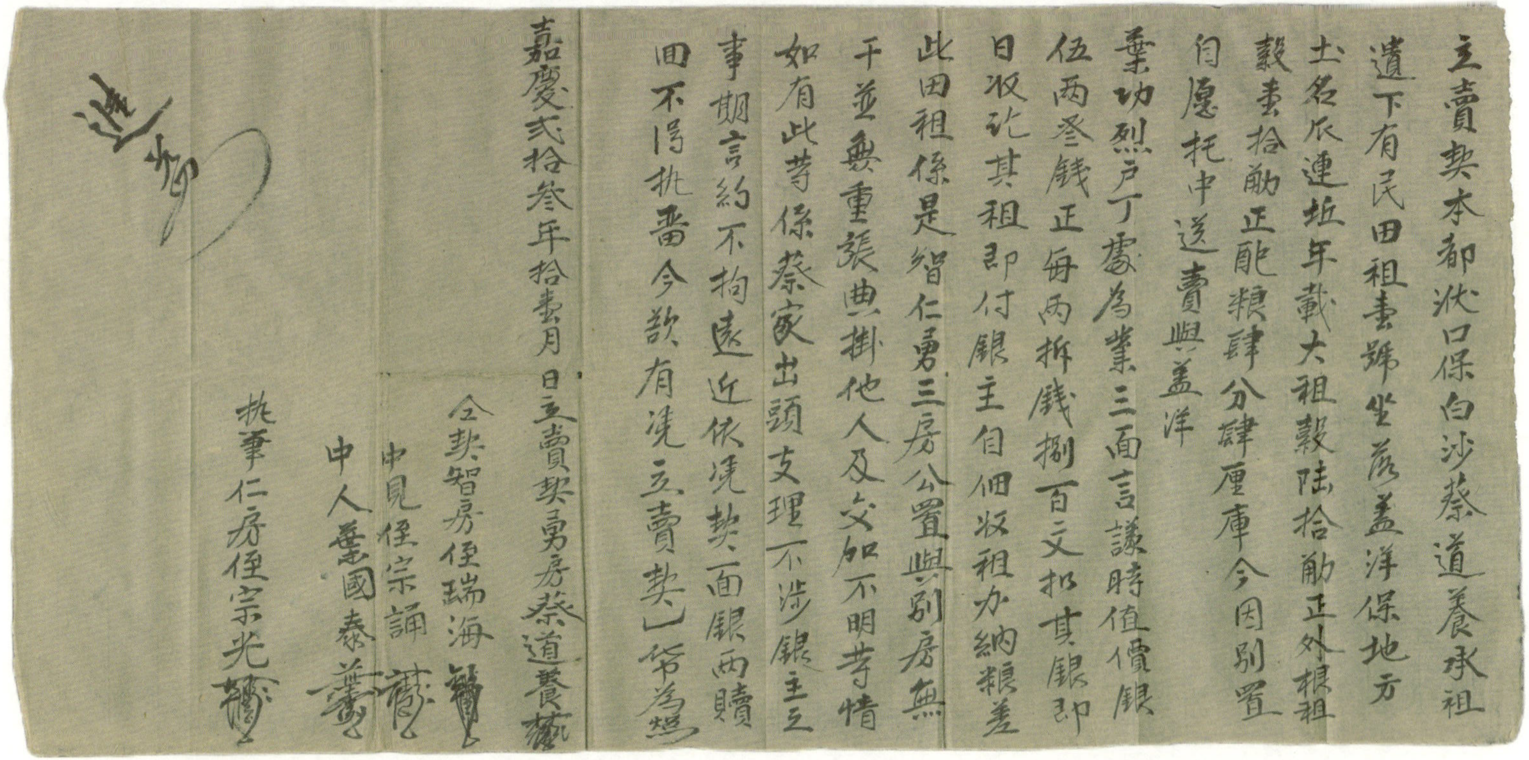

立賣契本都洑口保白沙蔡道養承祖
遺下有民田租壹號坐落盖洋保地方
土名依連垃年載大租穀陸拾觔正外根租
穀壹拾觔正能粮肆分肆厘庫今因別置
自愿托中送賣與盖洋
葉功烈戶丁處為業三面言議時值價銀
伍兩叁錢正每两拆錢捌百文扣其銀即
日收訖其租即付銀主自佃收租办納粮差
此田租係是智仁勇三房公置與別房無
干並無重張典掛他人及交加不明等情
如有此等係蔡家出頭支理不涉銀主之
事期言約不拘遠近依凭契面銀两贖
回不得执番今欲有凭立賣契一帋為照
嘉慶式拾叁年拾壹月 日立賣契勇房蔡道養
仝契智房侄瑞海
中見侄宗韻
中人葉國泰
执筆仁房侄宗光

3-2-128-8 清嘉慶二十三年十一月蔡道養等立賣民田租契

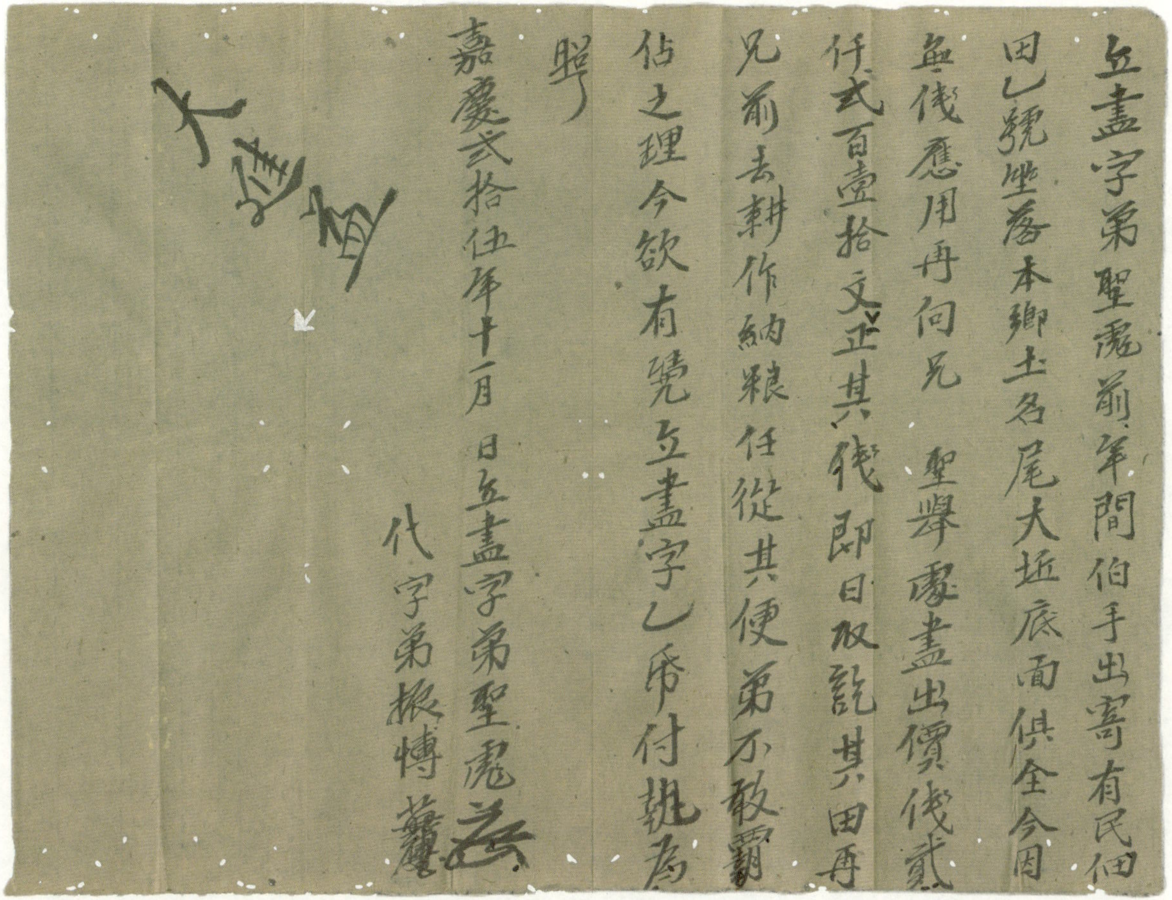
立盡字弟聖彪前年間伯手出寄有民佃
田乙號坐落本鄉土名尾大垣底面俱全今因
無錢應用再向兄 聖舉處盡出價錢貳
仟貳百壹拾文正其錢即日收訖其田再
兄前去耕作納粮任從其便弟不敢霸
佔之理今欲有憑立盡字乙紙付執為
照
嘉慶貳拾伍年十一月 日立盡字弟聖彪（押）
代字弟振博（押）

3-2-128-9 清嘉慶二十五年十一月葉聖彪立盡民佃田字

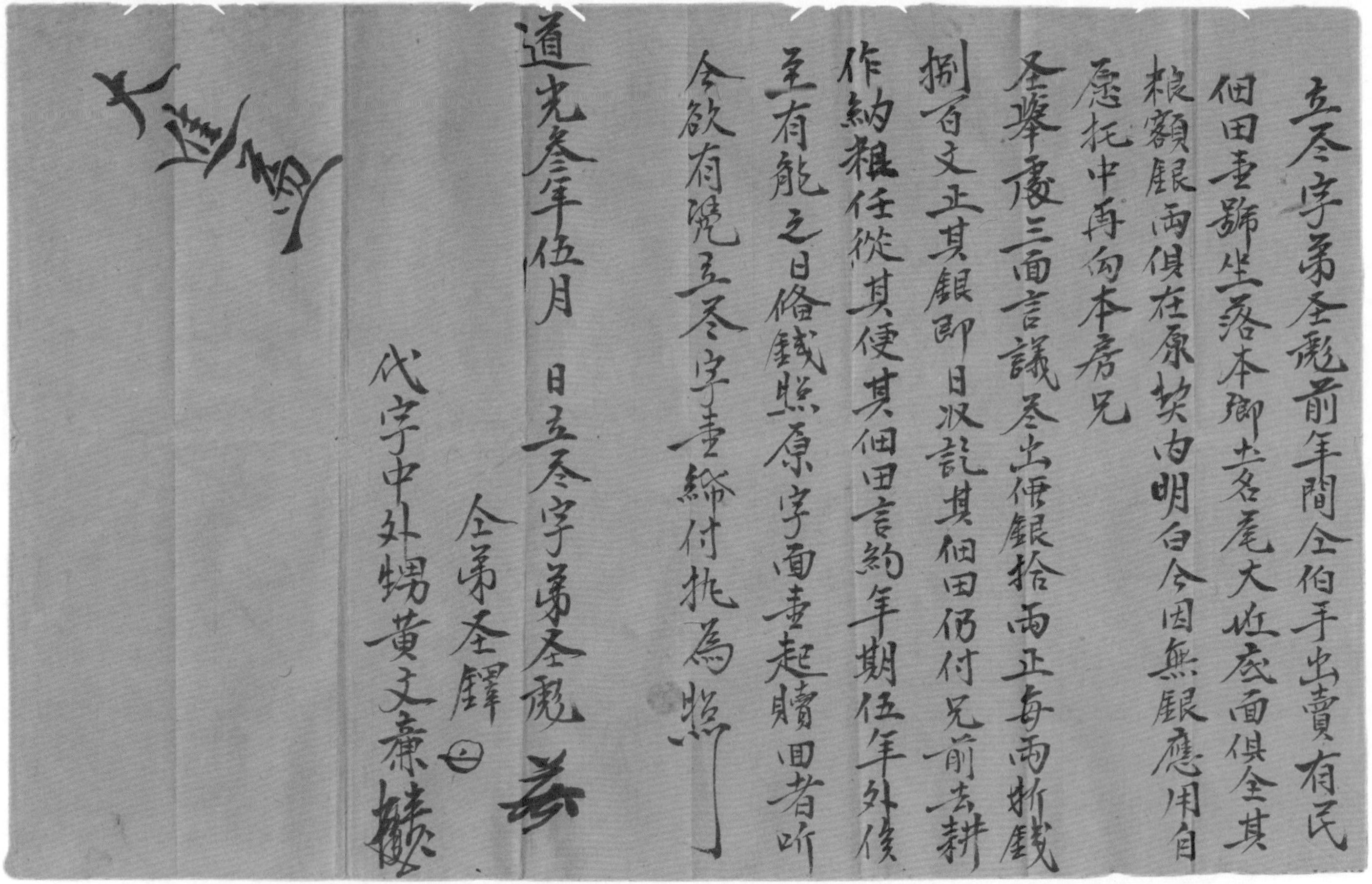
立盡字弟聖彪前年間仝伯手出賣有民
佃田壹號坐落本鄉土名尾大近㘭面俱全其
粮額銀兩俱在原契內明白今因無銀應用自
愿托中再向本房兄
聖舉處三面言議盡出佛銀拾兩正每兩折錢
捌百文正其銀即日收訖其佃田仍付兄前去耕
作納租任從其便其佃田言約年期伍年外後
至有能之日備錢照原字面壹起贖佃者听
今欲有憑立盡字壹紙付執為照

道光叁年伍月　日立盡字弟聖彪（押）
仝弟聖鐸（押）
代字中外甥黄文康（押）

大[illegible]

3-2-128-10　清道光三年五月葉聖彪等立盡民佃田字

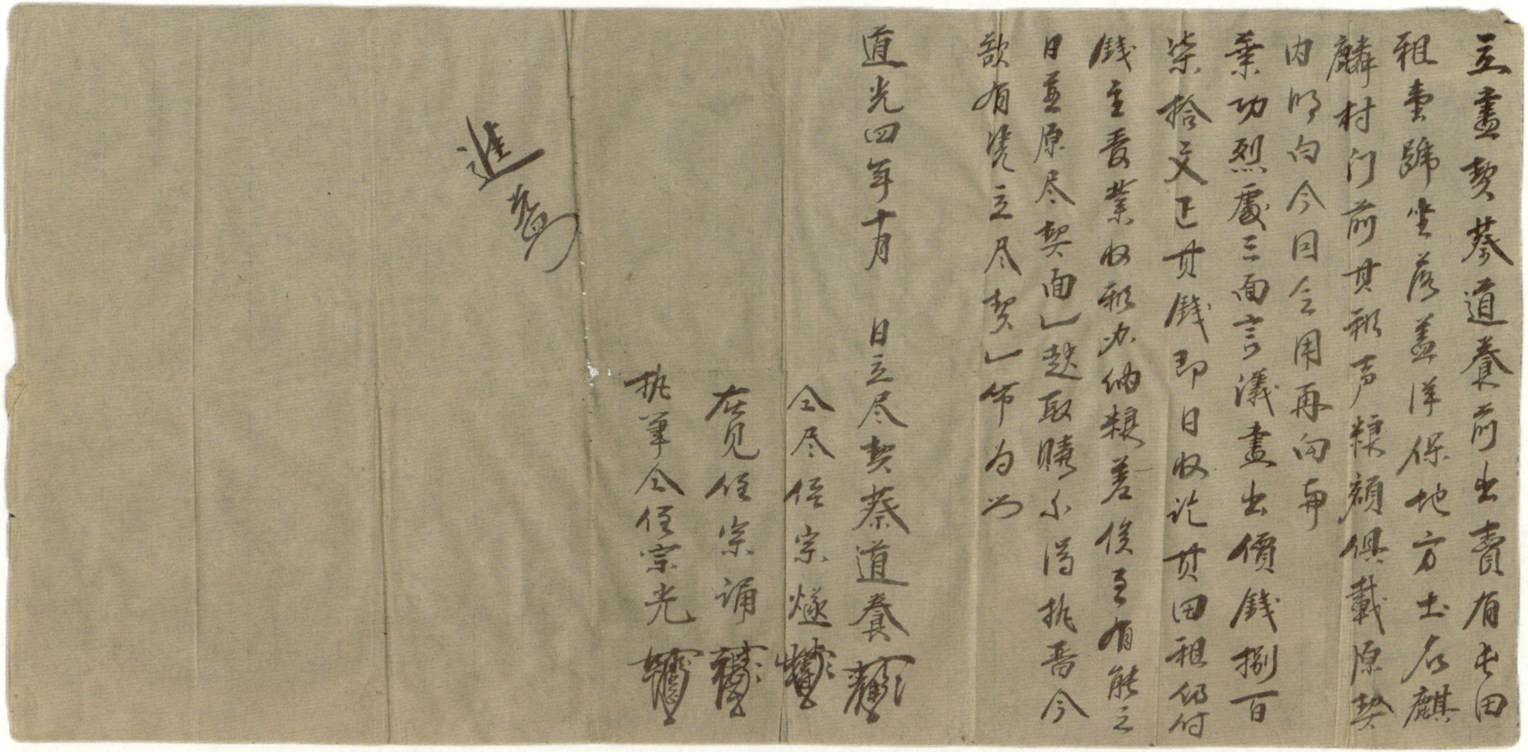

立盡契蔡道養有屯田
租壹號，坐落蓋洋保地方，土名麒
麟村门前，其租声粮額俱載原契
内。今因乏用，再向
葉功烈處三面言議盡出價錢捌百
柒拾文正，其錢即日收訖，其田租仍付
錢主管業收租，沈納粮差。後日有能之
日照原契面贖取，贖不得執吝。今
欲有憑，立盡契一帋為照。

道光四年十月　日立盡契蔡道養
仝盡侄宗燧
在見侄宗诵
执筆仝侄宗光

進叁

3-2-128-11　清道光四年十月蔡道養等立盡屯田租契

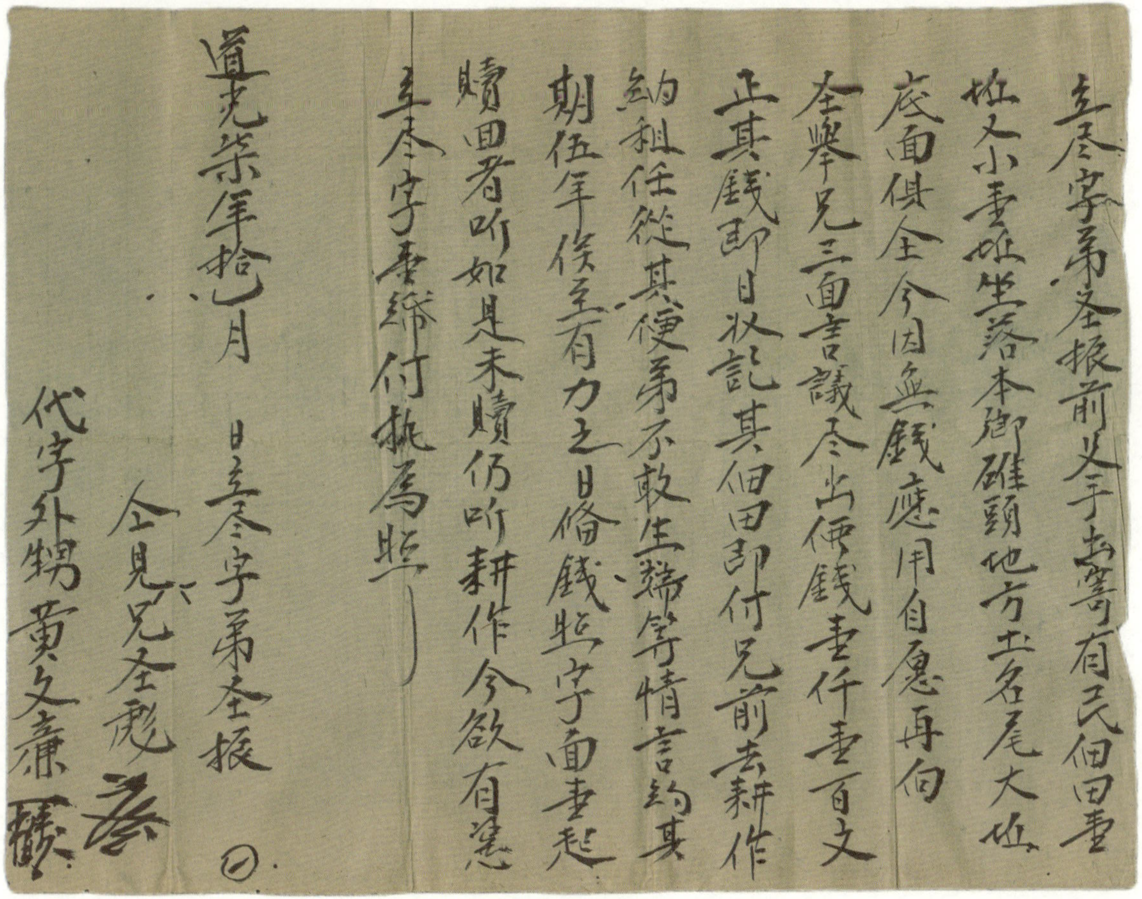

立盡字弟圣振前父手置有民佃田壹
坵，又小壹坵，坐落本鄉碓頭地方，土名尾大坵，
底面俱全。今因無錢應用，自愿再向
全峯兄三面言議，盡出便錢壹仟壹百文
正。其錢即日收訖，其佃田即付兄前去耕作
納租，任從其便，弟不敢生端等情。言約其
期伍年，候至有力之日，備錢照字面壹起
贖。田者听如是，未贖仍听耕作。今欲有憑，
立盡字壹紙付執為照。

道光柒年拾壹月　日立盡字弟圣振（押）
仝見兄圣彪（押）
代字外甥黄文廉（押）

3-2-128-12　清道光七年十一月葉圣振等立盡民佃田字

立盡字侄孫圣振前父手出寄有民田壹坵
坐址本鄉碓頭地方土名份連坵底面俱全年載秋
粮津拾文正今因無錢應用自愿再向
公列子孫年房三面言議盡出佛錢壹千一百文
正其錢即日收訖其民田即付列子孫年人耕
作办粮侄孫不敢生端等情言约其期伍年
後至有力之日備錢照字面取贖者听如未
贖仍听耕作今欲有憑立盡字一紙付执
為照

道光柒年拾一月　日立盡字侄孫圣振 ㊀
在見兄圣彪（押）
代字外甥黄文肅（押）

3-2-128-13　清道光七年十一月葉圣振立盡民田字

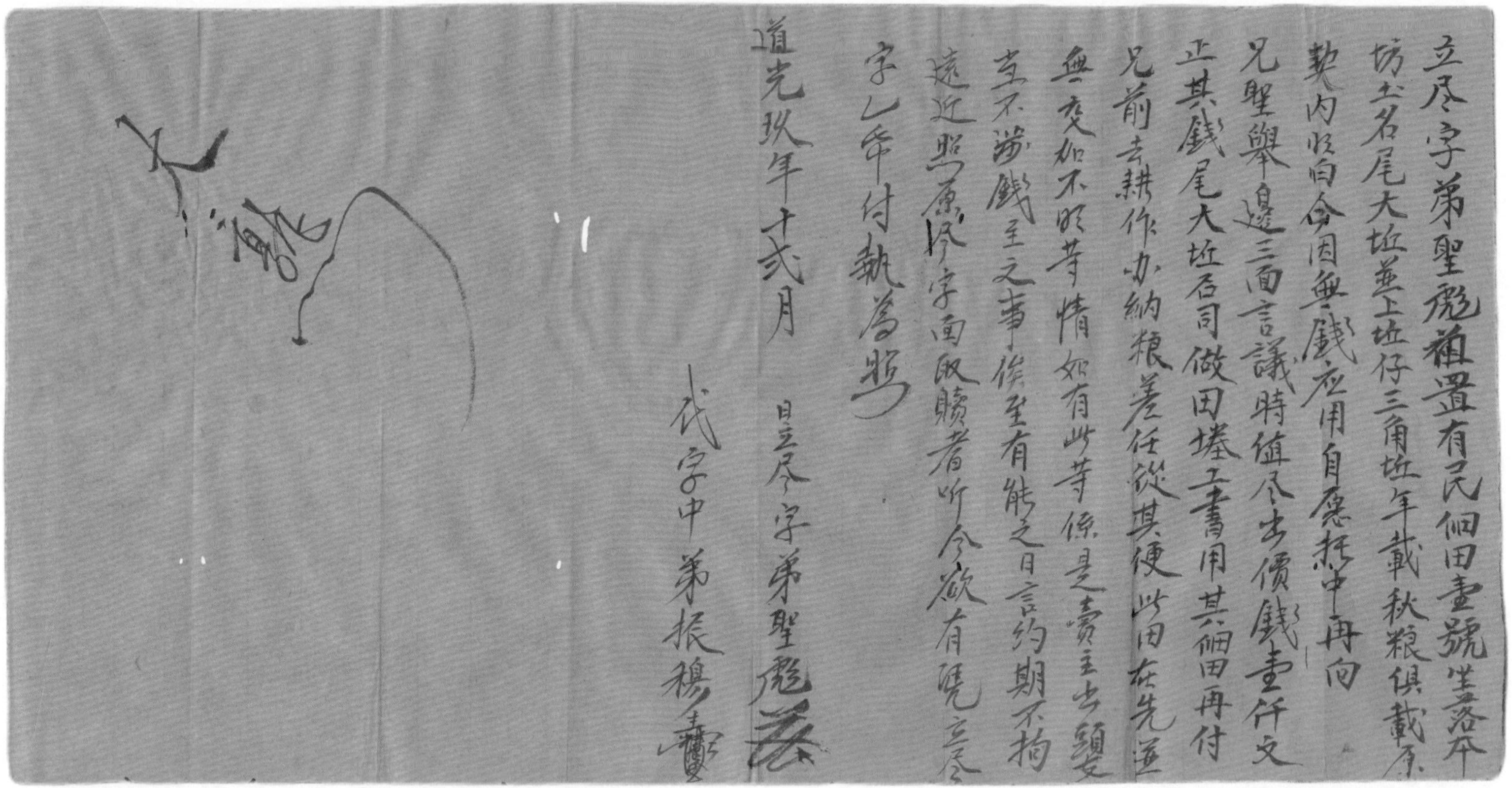

立尽字弟聖彪祖置有民佃田壹號坐落本
坊土名尾大垯並上垯仔三角垯年載秋粮俱載原
契內明白今因無錢應用自愿托中再向
兄聖舉邊三面言議時值尽出價錢壹仟文
正其錢尾大垯石司做田塍工書用其佃田再付
兄前去耕作办納粮差任從其便此田在先並
無交加不明等情如有此等係是賣主出頭
支不涉錢主之事俟至有能之日言約期不拘
遠近照原尽字面取贖者听今欲有凭立尽
字一紙付執為照

道光玖年十弍月　日立尽字弟聖彪（押）
代字中弟振穆（押）

3-2-128-14　清道光九年十二月葉聖彪立盡民佃田字

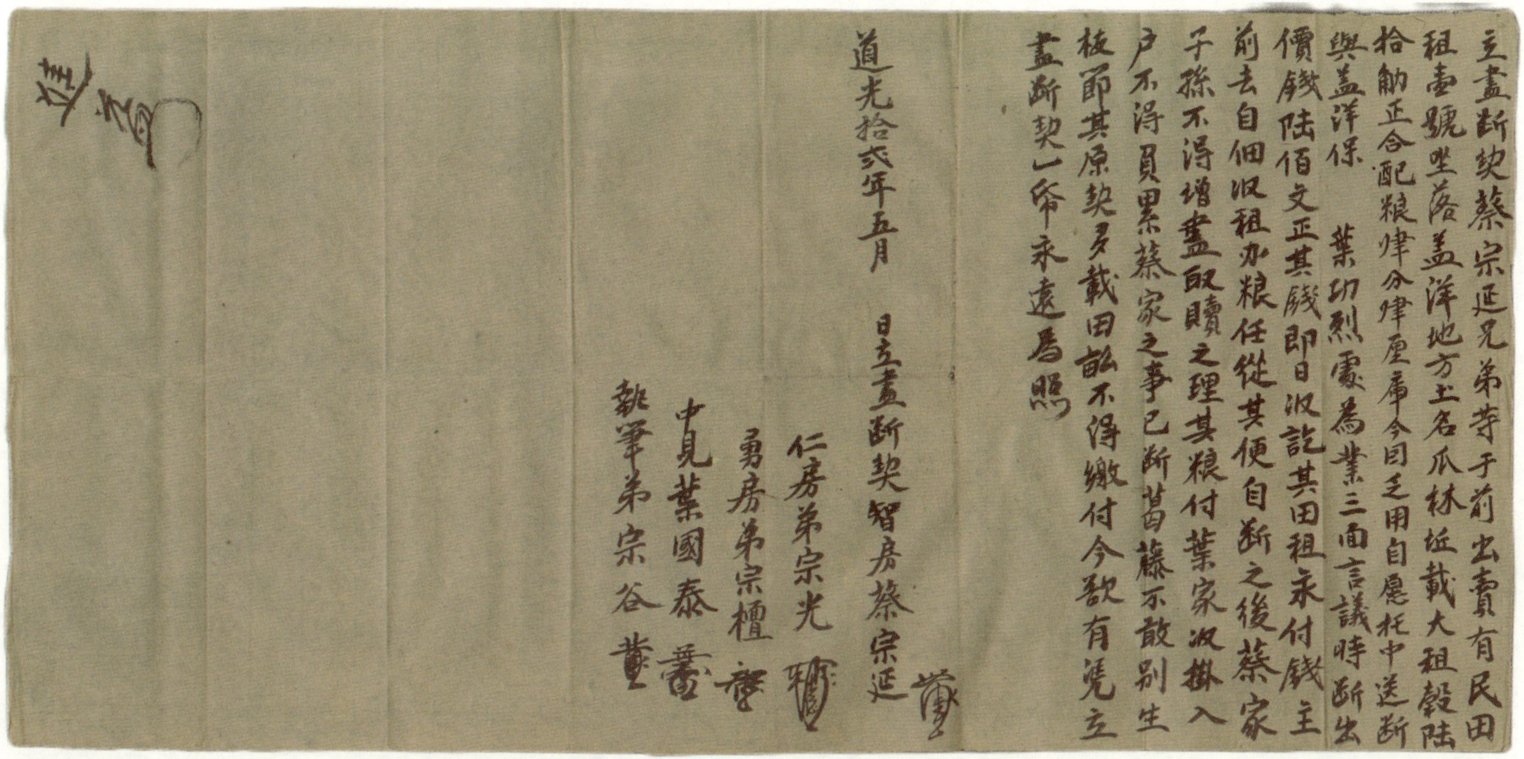

3-2-128-15　清道光十二年五月蔡宗延等立盡斷民田租契

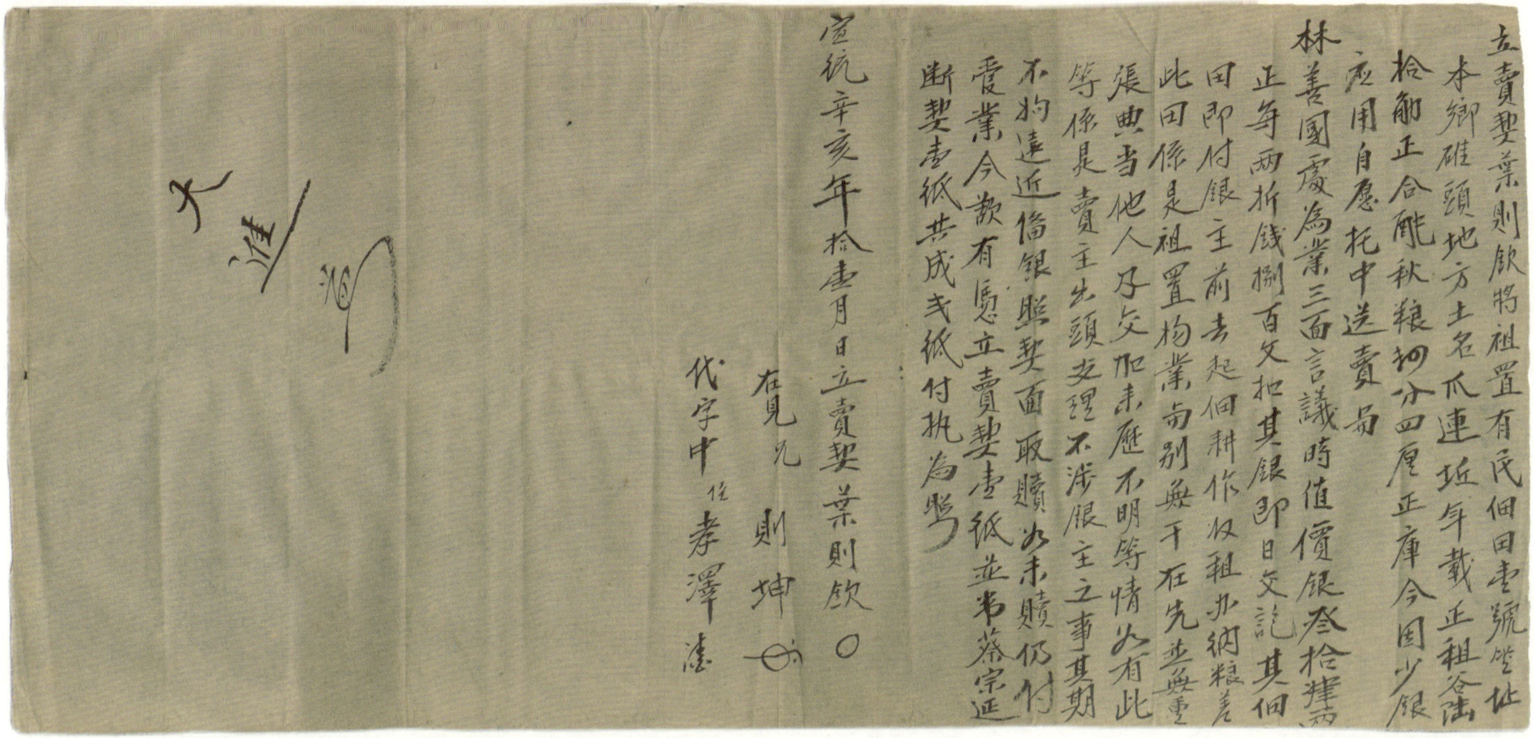
立賣契葉則欽將祖置有民佃田壹號坐址
本鄉碓頭地方土名瓜連垃年載正租谷[illegible]
拾角正合配秋粮捌分四厘正庫今因少銀
應用自愿托中送賣與
林善國處為業三面言議時值價銀叁拾肆两
正每兩折錢捌百文扣其銀即日交訖其佃
田即付銀主前去起佃耕作收租办納粮差
此田係是祖置物業與别無干在先並無重
張典当他人及交加未歷不明等情如有此
等係是賣主出頭支理不涉銀主之事其期
不拘遠近備銀照契面取贖如未贖仍付
受業今欲有憑立賣契壹紙並串蔡宗廷
斷契壹紙共成弍紙付執為照

宣統辛亥年拾壹月日立賣契葉則欽○
在見兄 則坤
代字中人 孝澤
大進

3-2-128-16 清宣統三年十一月葉則欽立賣民佃田契

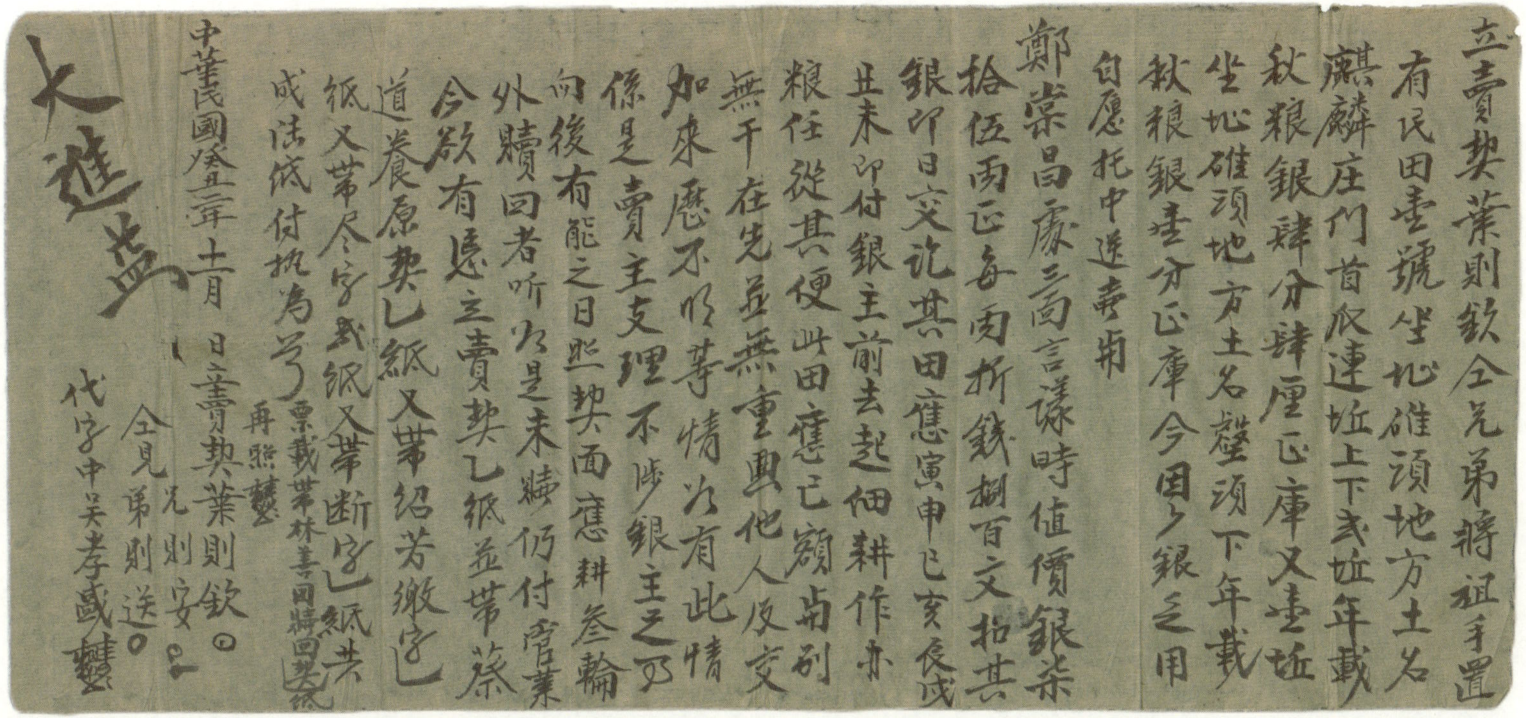
立賣契葉則欽仝兄弟將祖手置
有民田壹號坐址碓頭地方土名
麒麟庄門首坂連坵上下弍坵年載
秋粮銀肆分肆厘正庫又壹坵
坐址碓頭地方土名壠頭下年載
秋粮銀壹分正庫今因乏銀之用
自愿托中送與本甲
鄭崇昌處三面言議時值價銀柒
拾伍両正每両折錢捌百文抬其
銀即日交訖其田憑寅申巳亥依戌
丑未即付銀主前去起佃耕作亦
粮任從其便此田應已額尚別
無干在先並無重典他人及交
加來歷不明等情如有此情
係是賣主支理不涉銀主之事
向後有能之日照契面應耕叁輪
外贖回者听次是未贖仍付管業
合欲有憑立賣契乙紙並帶蔡
道養原契乙紙又帶紹芳繳字乙
紙又帶全字弍紙又帶斷字乙紙共
成活紙付執為照　票載帶林善回贖回契紙
再照
中華民國癸丑年十一月　日立賣契葉則欽
仝見兄弟則安
則送
代字中吳孝盛
大進益

3-2-128-17　民國二年十一月葉則欽等立賣民田契

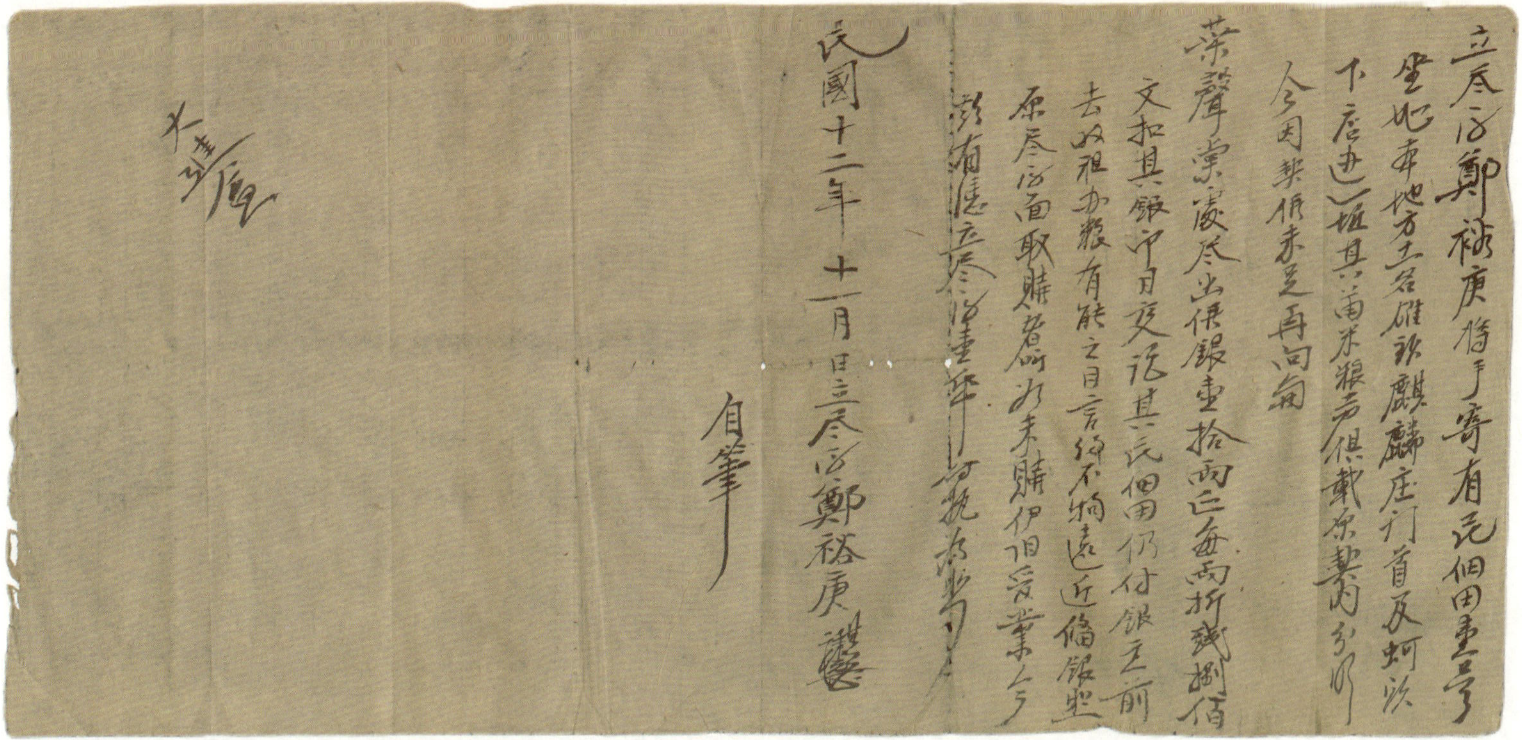
立盡民鄭裕庚將手置有民佃田壹号
坐址本地方土名碓頭麒麟庄打首及坷頭
下一坵，其苗米粮亩俱載原契內分明。
今因契價未足，再問向
蔡聲棠處盡出佛銀壹拾兩正，每兩折錢捌佰
文，和其銀即日交訖，其民佃田仍付銀主前
去收租办粮，有能之日，言約不拘遠近，備銀照
原盡價面取贖，如未贖，伊得管業。今
欲有憑，立盡民佃字壹紙為照。
民國十二年十一月　日立盡民鄭裕庚
自筆
大吉

3-2-128-18　民國十二年十一月鄭裕庚立盡民佃田字

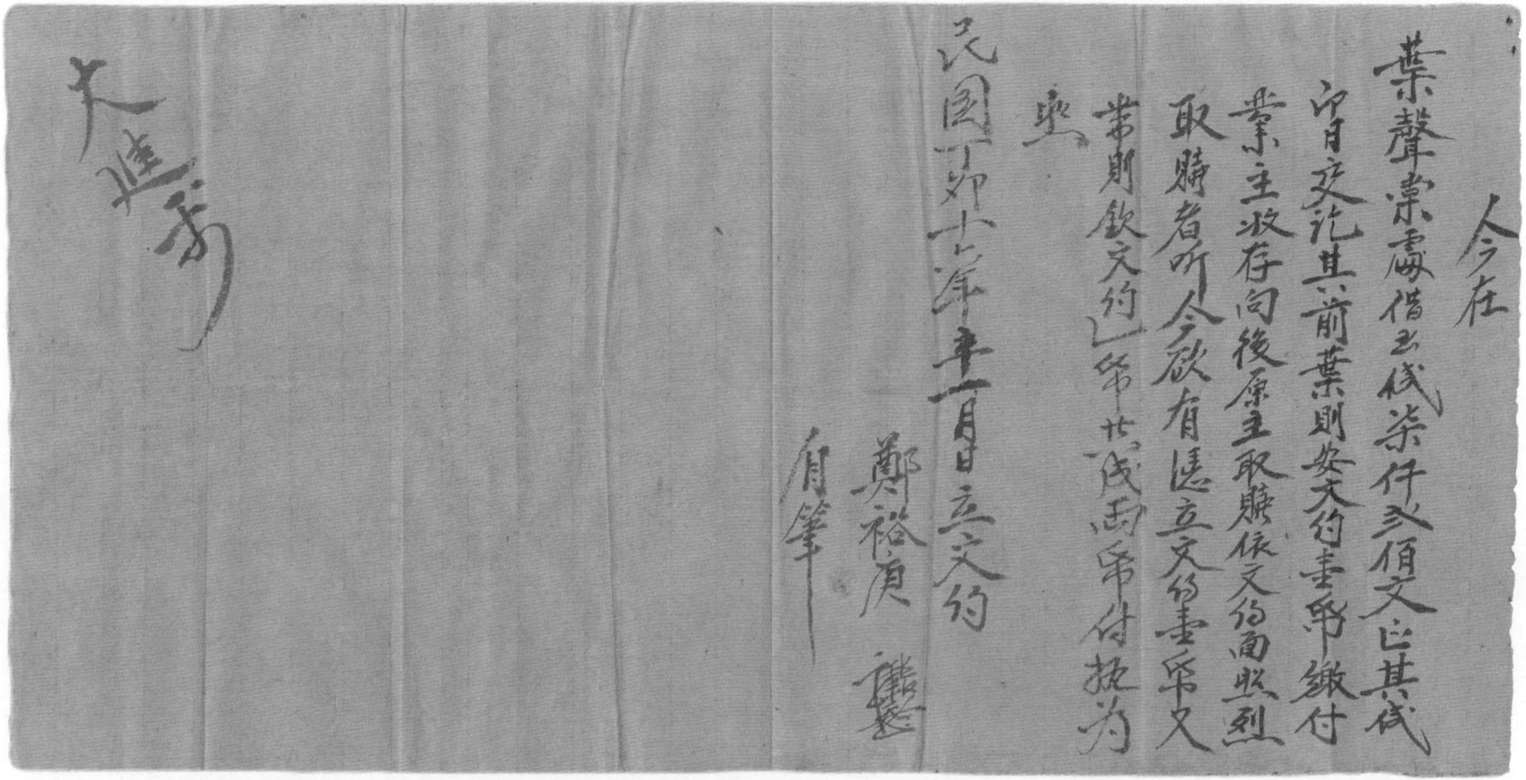

今在
葉聲棠處借出錢柒仟叁佰文，已其錢
當日交訖。其前葉則安文約壹紙繳付
業主收存，向後原主取贖，依文約面照劑
取贖者，所今欲有憑，立文約壹紙，又
業則欽文約一紙，共成兩紙付執為
照。
民國丁卯十六年十一月　日立文約 鄭裕庚（押）
自筆
大進[illegible]

3-2-128-19 民國十六年十一月鄭裕庚立文約

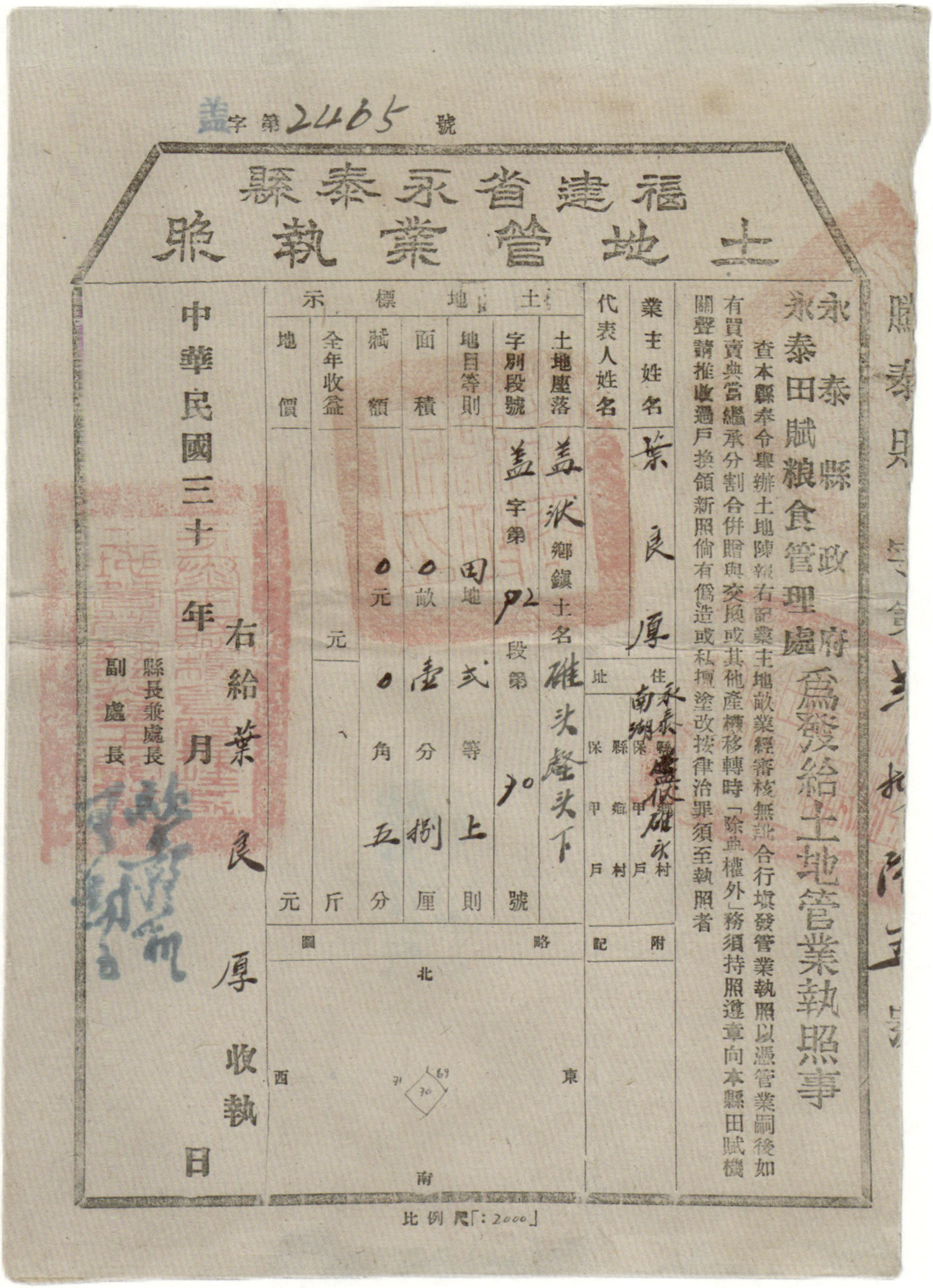

盖字第2465號

福建省永泰縣
土地管業執照

永泰縣政府
永泰田賦糧食管理處 爲發給土地管業執照事

查本縣奉令舉辦土地陳報，右記業主地畝業經審核無訛，合行塡發管業執照，以憑管業。嗣後如有買賣典當繼承分割合併贈與交換或其他產權移轉時，「除典權外」務須持照遵章向本縣田賦機關聲請推收過戶，換領新照。倘有僞造或私擅塗改，按律治罪。須至執照者。

業主姓名	葉良厚
住址	永泰縣盖洋鄉碓永村南湖保　甲　戶
代表人姓名	
住址	縣　鄉　村　保　甲　戶
附記	

土地標示

土地坐落	字別段號	地目等則	面積	賦額	全年收益	地價
盖洋鄉鎮土名碓头壟头下	盖字第72段第70號	田地弍等上則	0畝壹分捌厘	0元0角五分	元、斤	元

略圖：北、東、南、西；69、70、71

比例尺「1:2000」

右給葉良厚收執

縣長兼處長
副處長

中華民國三十年　月　日

3-2-128-20　民國三十年葉良厚户土地管業執照（一）

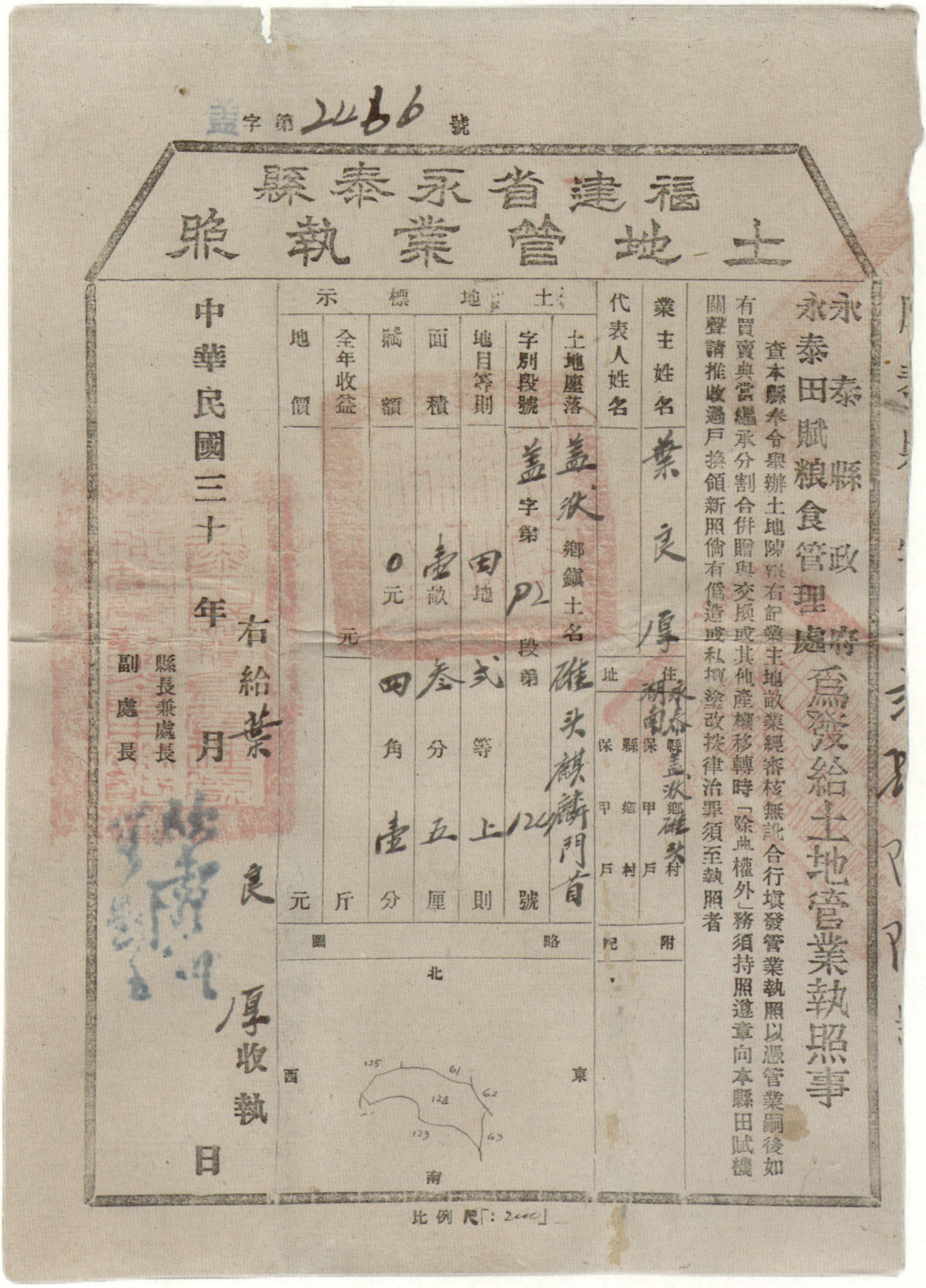
蓋字第2466號

福建省永泰縣
土地管業執照

永泰縣政府
永泰田賦糧食管理處　爲發給土地管業執照事

查本縣奉令舉辦土地陳報右記業主地畝業經審核無訛合行填發管業執照以憑管業嗣後如有買賣典當繼承分割合併贈與交換或其他產權移轉時「除典權外」務須持照遵章向本縣田賦機關聲請推收過戶換領新照倘有僞造或私擅塗改按律治罪須至執照者

業主姓名：葉良厚
住址：永泰縣蓋洑鄉碓头村　保　甲　戶
代表人姓名：
住址：　縣　鄉鎮　村　保　甲　戶
附記：

土地標示
土地坐落：蓋洑鄉鎮土名碓头麒麟門首
字別段號：蓋字第P2段第124號
地目等則：田地弍等上則
面積：壹畝叁分五厘
賦額：0元四角壹分
全年收益：　元　斤
地價：　元

圖略
北
西　東
125　61　62　124　123　63
南
比例尺1：2000

右給葉良厚收執
中華民國三十年　月　日
縣長兼處長
副處長

3-2-128-21　民國三十年葉良厚户土地管業執照（二）

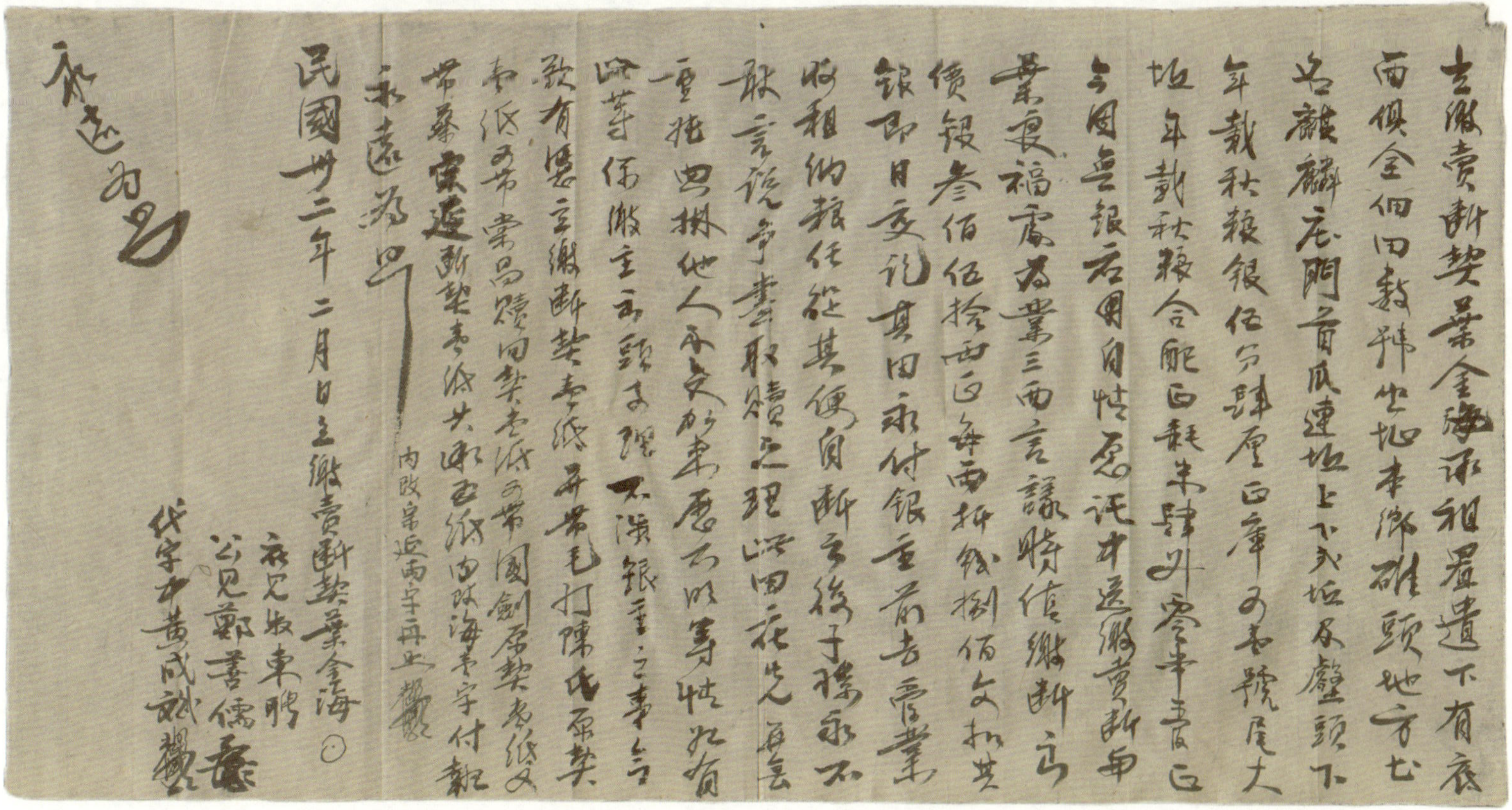

3-2-128-22　民國三十二年二月葉金海立繳賣斷底面俱全佃田契

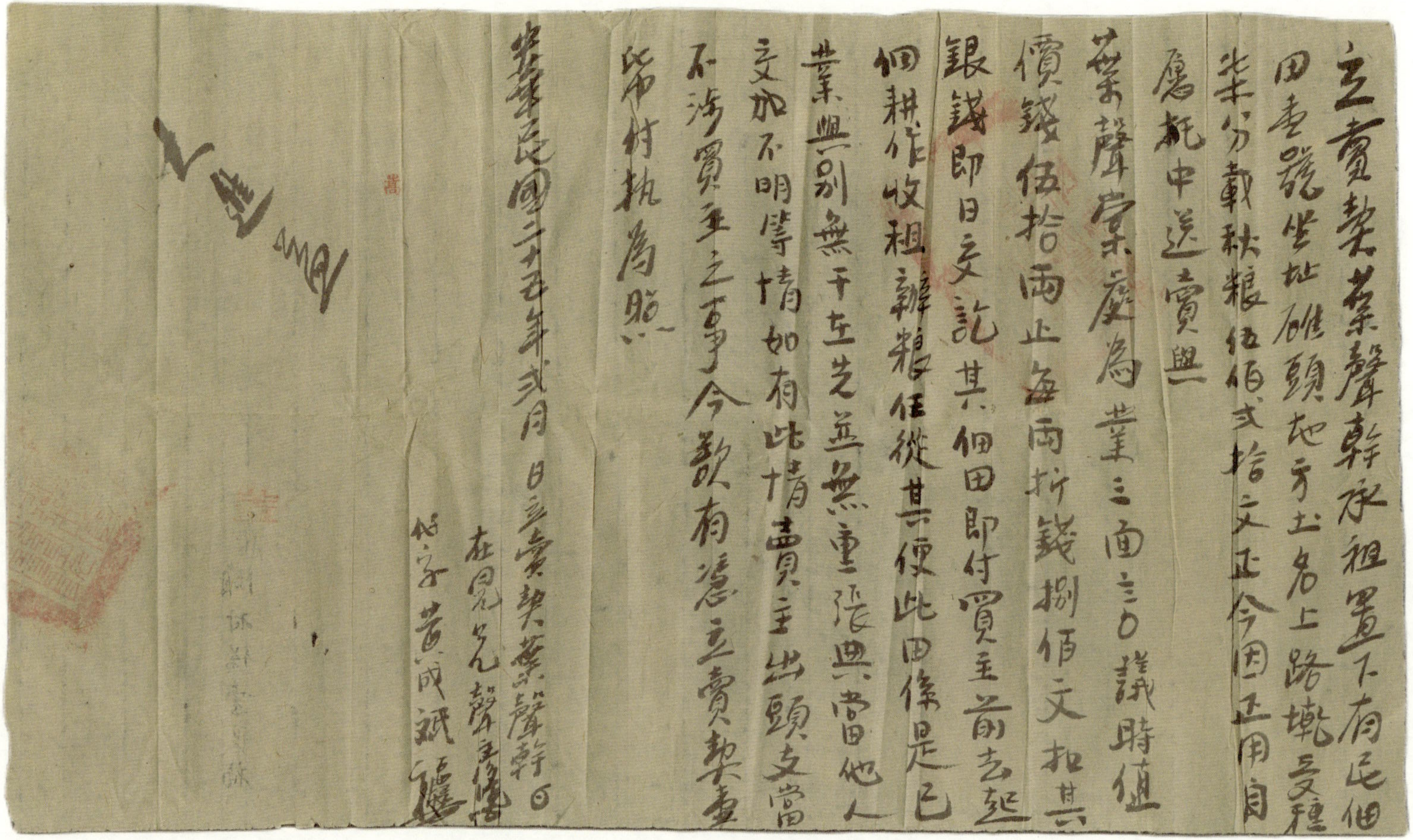
立賣契葉聲幹承祖置有民佃
田壹號坐址碓頭地方土名上路墘受種
柒分載秋粮伍佰弍拾文正今因正用自
愿托中送賣與
葉聲棠、慶為、業三、由三、白議時值
價錢伍拾兩正每兩折錢捌佰文扣其
銀錢即日交訖其佃田即付買主前去起
佃耕作收租辦粮任從其便此田係是已
業與別無干在先並無重張典當他人
交加不明等情如有此情賣主出頭支當
不涉買主之事今欲有憑立賣契壹
帋付執為照。
中華民國二十五年弍月　日立賣契葉聲幹（押）
在見兄葉聲（押）
代字黃成誠（押）

3-2-129-1　民國二十五年二月葉聲幹立賣民佃田契（紅契）

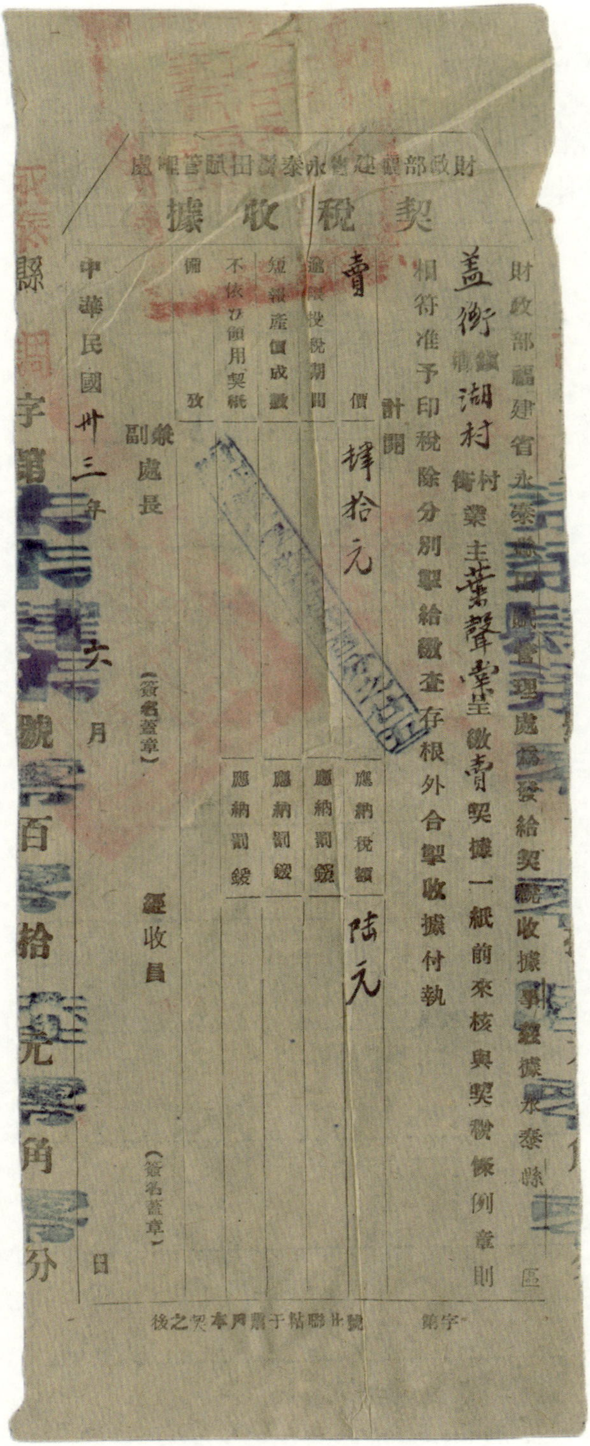

財政部福建省永泰縣田賦管理處

契稅收據

財政部福建省永泰縣田賦管理處發給契稅收據事茲據永泰縣

盖衙鎮湖村村業主葉聲棠呈繳賣契據一紙前來核與契稅條例章則

相符准予印稅除分別鑿給繳查存根外合鑿收據付執

計開

賣價 肆拾元	應納稅額 陸元
逾限投稅期間	應納罰鍰
短報產價成數	應納罰鍰
不依乙種用契紙	應納罰鍰
備考	

兼副處長（簽名蓋章）　經收員（簽名蓋章）

中華民國卅三年六月　日

字第　號此聯粘貼于業戶本契之後

3-2-129-2　民國三十三年葉聲棠契稅收據

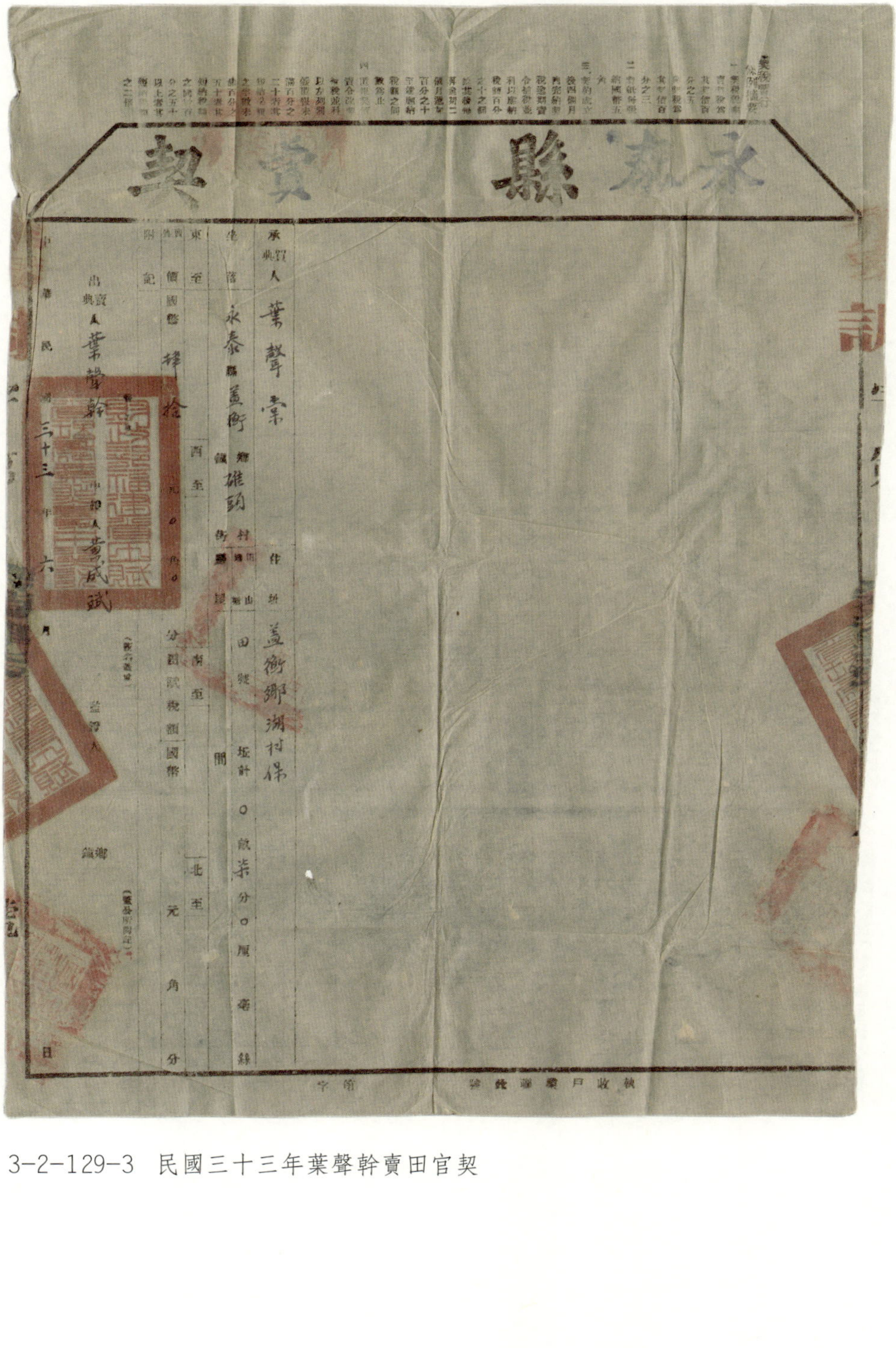

永泰縣賣契

承買人　葉聲棠

作坍　蓋衙鄉湖村保

坐落　永泰縣蓋衙鄉碓頭村

田　坵計〇畝柒分〇厘　毫　絲

價國幣　肆拾　元〇角〇分

出賣人　葉聲幹

中證人　黃成斌

中華民國三十三年六月　日

3-2-129-3　民國三十三年葉聲幹賣田官契

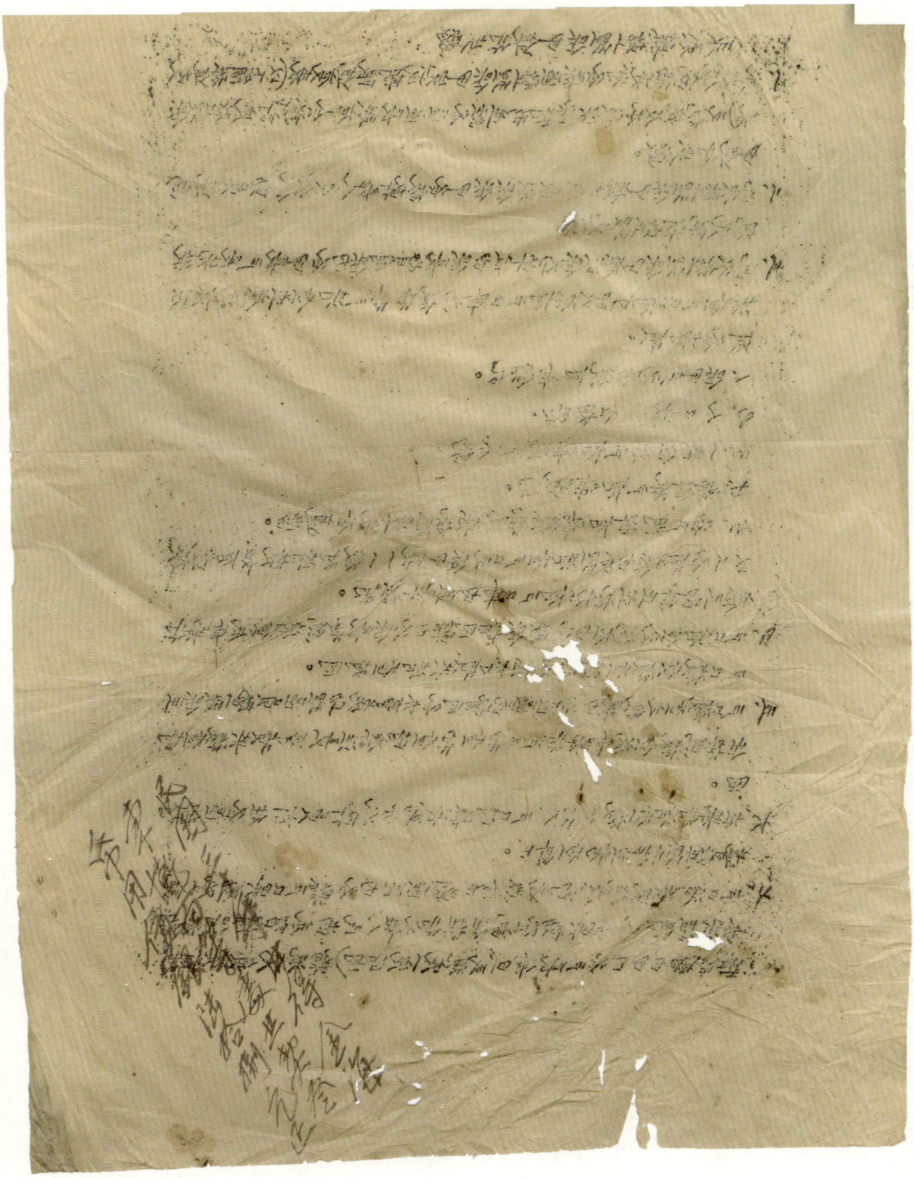

3-2-130-1　包契紙

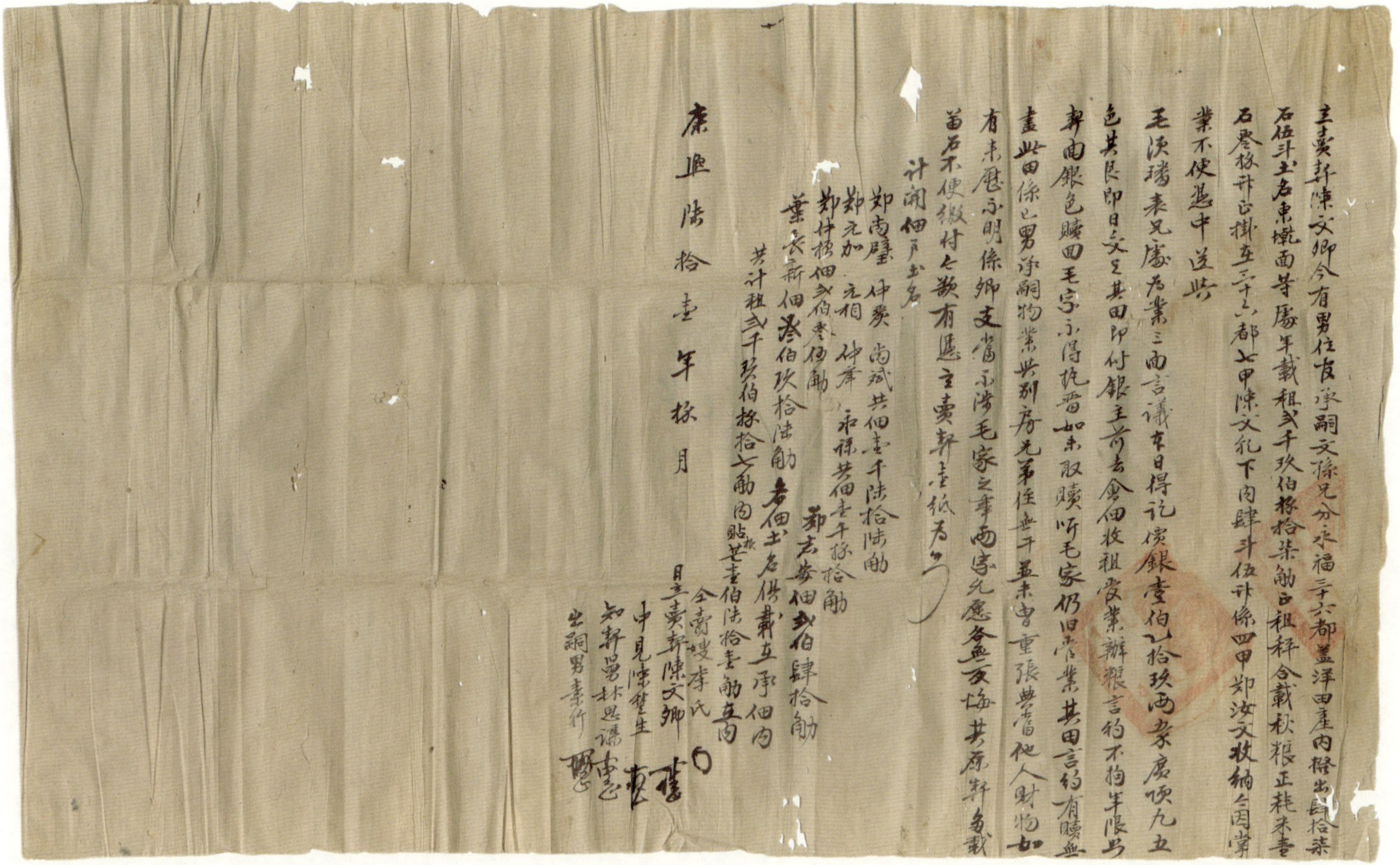

立賣契陳文卿今有男位良承嗣文孫兄分承福三十六都蓋洋田產內撥出肆拾柒
石伍斗，土名東墘面等處，年載租貳千玖伯捌拾柒觔，已租秤合載秋粮正耗米壹
石叁拾升，已掛在三十六都七甲陳文礼下內肆斗伍升，係四甲鄭汝文收納。今因乏
業不便，憑中送與
王洪瑞表兄處為業，三面言議，本日得訖價銀壹伯肆拾玖两，系庫頃九五
色，其艮即日交足，其田即付銀主前去會佃收租管業辦粮，言約不拘年限，此
契面銀色贖回，毛宗不得執留；如未取贖，聽毛家仍舊管業。其田言約有贖無
盡。此田係已男承嗣物業，與別房兄弟侄無干，並未曾重張典當他人財物。如
有來歷不明，係卿支當，不涉毛家之事。两家允愿，各無反悔。其原契多載
苗石，不便繳付，今欲有憑，立賣契壹紙為照。

計開佃戶土名：
鄭尚謹　仲愛　尚斌　共佃壹千陸拾陸觔
鄭元加　元相　仲岸　永祿　共佃壹千捌拾觔
鄭仲梧佃貳伯叁伍觔
鄭志安佃貳伯肆拾觔
葉長新佃叁伯玖拾陸觔
吾佃土名佛巢立承佃內
共計租貳千玖伯捌拾柒觔，內貼批芒壹伯陸拾壹觔五两

康熙陸拾壹年捌月　日立賣契陳文卿（押）
仝賣嫂李氏
中見陳聖生（押）
知契男林恩讓（押）
出嗣男素行（押）

3-2-130-2　清康熙六十一年八月陳文卿等立賣田契（紅契）

具推付狀三十六都七甲陳文乾有民田數號坐產
蓋洋地方載苗米陆斗叁升正今因收粮不便合當
退推與毛須璠收入本都七甲名下辦納粮差不
得負累所推是實

雍正三年正月　　日具推付陳文卿　謹

3-2-130-3　清雍正三年正月陳文卿具推付狀

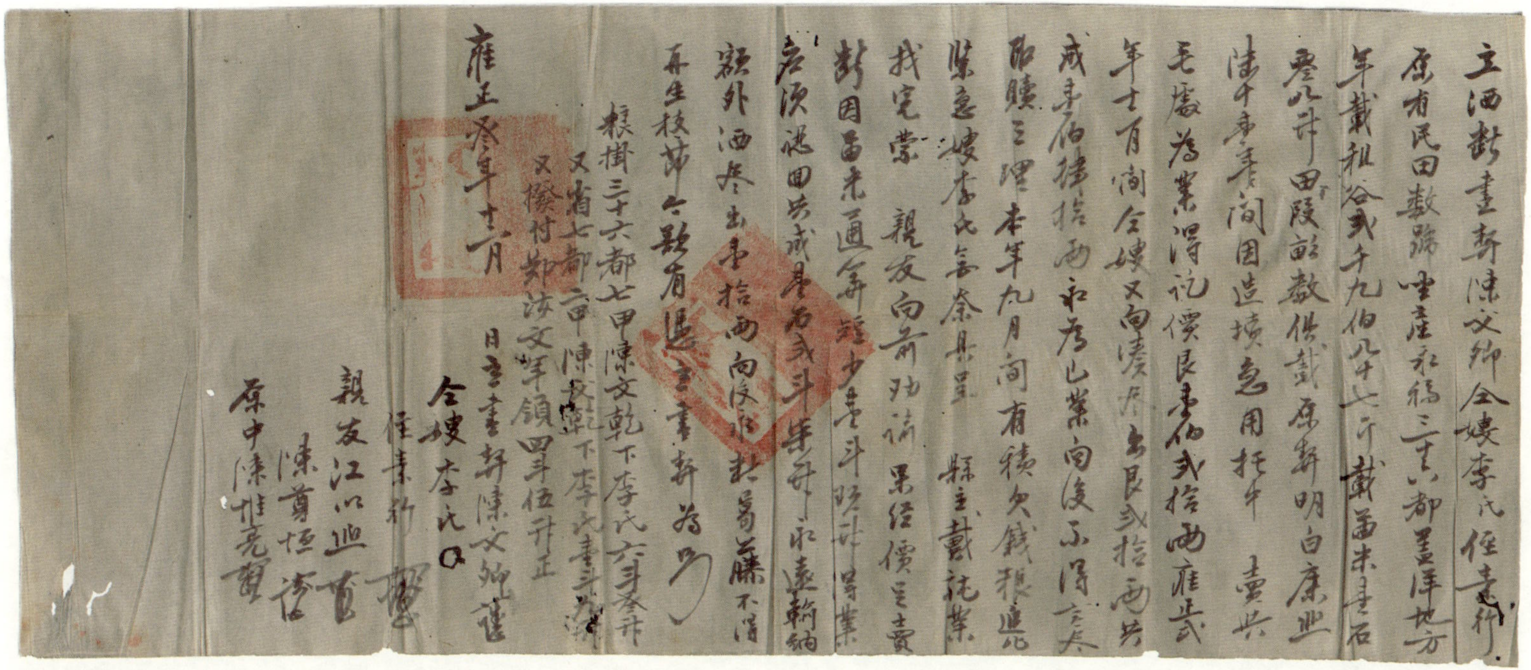

3-2-130-4　清雍正三年十二月陳文卿等立洒斷盡民田契（紅契）

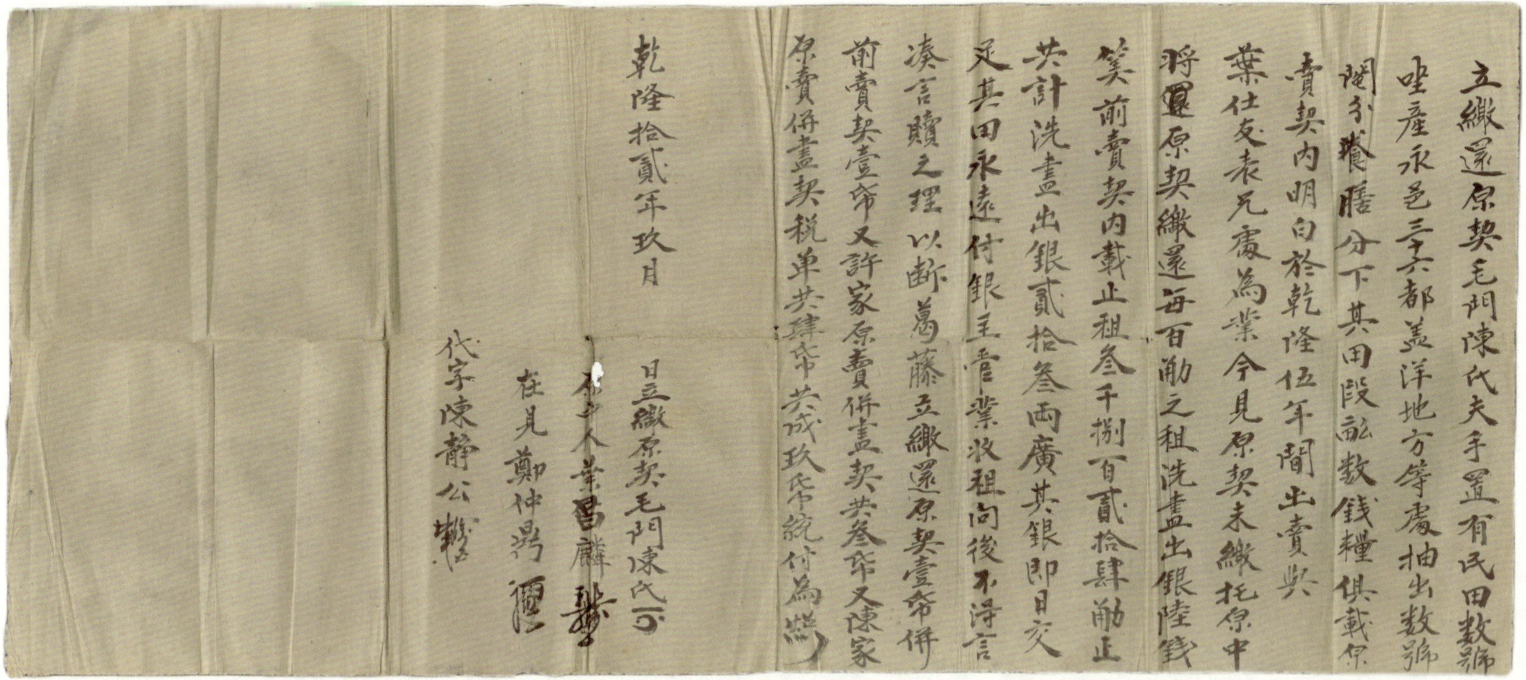

3-2-130-5　清乾隆十二年九月毛門陳氏立繳還民田契

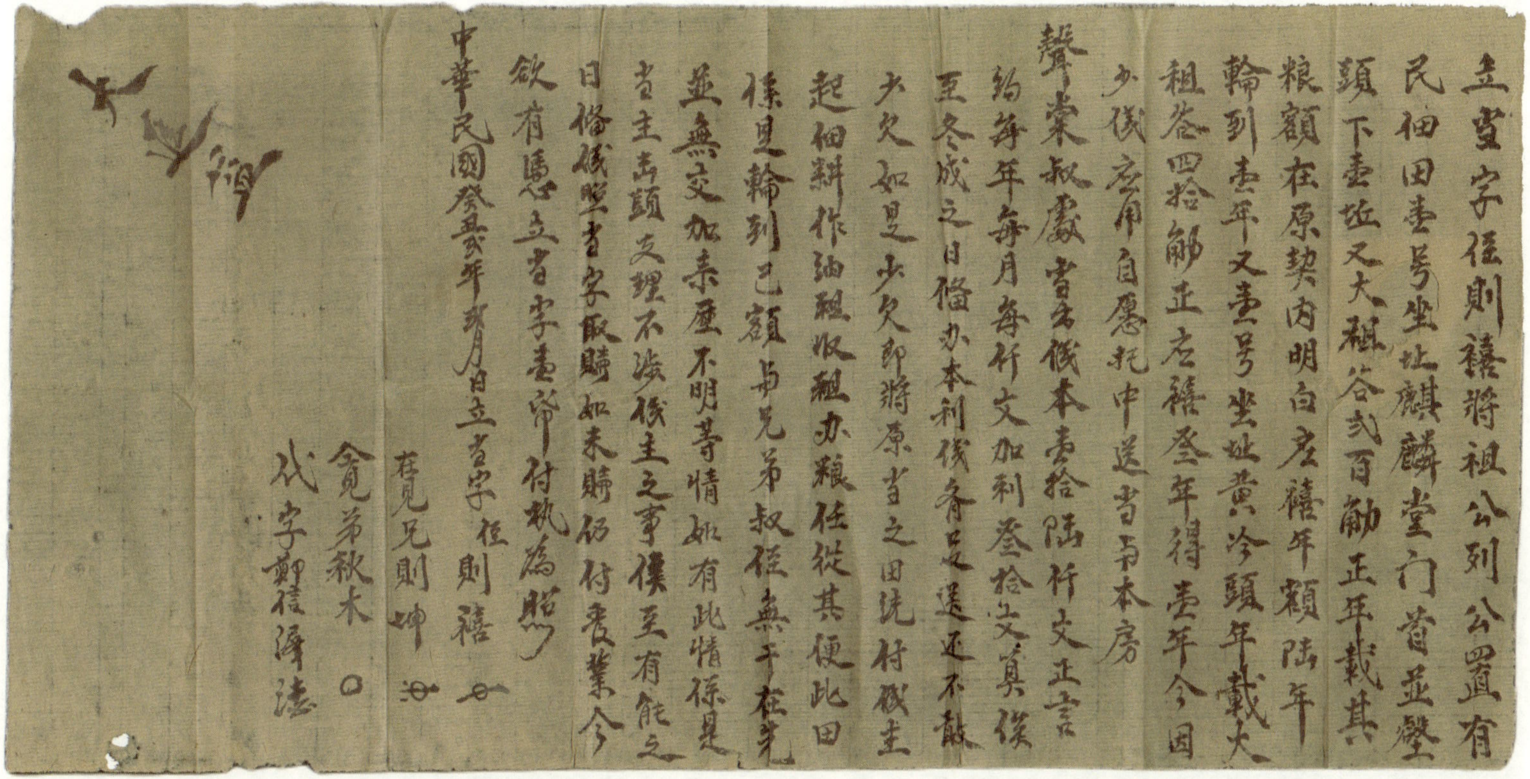

立當字葉則禧，將祖公到公四道有
民佃田壹段，坐址蘇坑厝門首透坐墜
頭下壹坵，又大社谷弍百觔正，年載其
粮額在房發內明白，又禧年額陸斗
穀到壹年，又壹百四拾觔，坐址黃洋今頭年載大
租谷四拾觔正，又隨穀叄年，得壹年。今因
少欠應用，自愿托中送當與本房
葉寶業叔處，當出佛銀本壹拾陸附文正言
約每年每月每拾文加利叄拾文貨償，
至冬成之日將本利併清還，不敢
少欠，如是少欠，即將原當之田付與主
起佃耕作收租，收租亦總阻執其佃此田
係自己輪到己額，中見弟叔侄無干叔事，
並無交加來歷不明等情，如有此情，係是
當主出頭支理，不涉銀主之事，係至有能之
日將原當字取贖，如未贖，約將業今
欲有憑，立當字壹紙付執為照。
中華民國癸丑年貳月　日立當字葉則禧（押）
在見兄則坤（押）
爲見弟蔭木（押）
代字堂姪禧清達

3-2-130-6　民國二年二月葉則禧立當民佃田字

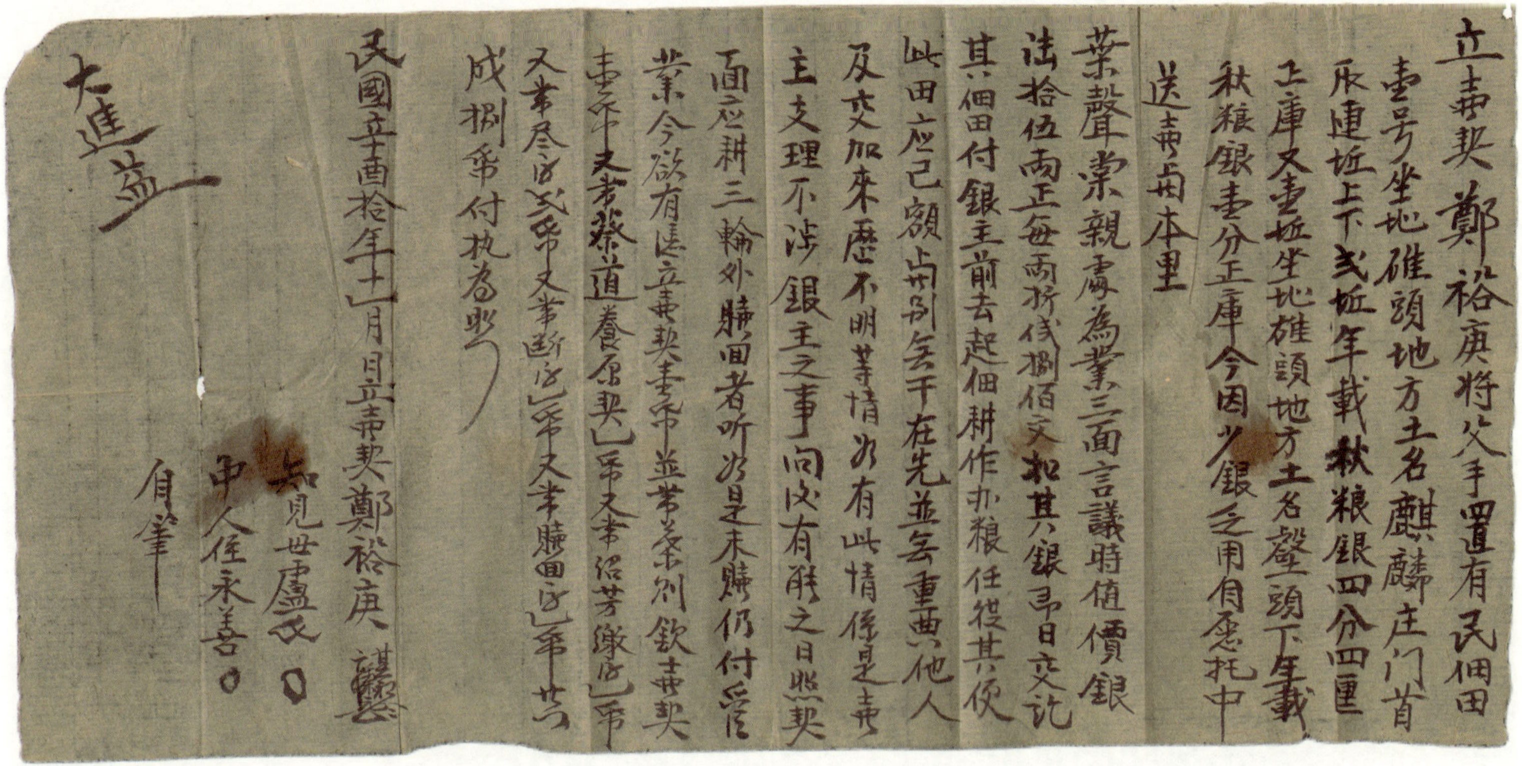

立賣契鄭裕庚將父手置有民佃田
壹号坐址碓頭地方土名麒麟庄门首
承連坵上下弍坵年載秋粮銀四分四厘
正庫又壹坵坐址碓頭地方土名磐頭下年載
秋粮銀壹分正庫今因少銀乏用自愿托中
送賣與本里
葉聲棠親處為業三面言議時值價銀
法拾伍兩正每兩折钱捌佰文扣其銀即日交訖
其佃田付銀主前去起佃耕作办粮任從其便
此田乃己額與别人無干在先並無重典他人
及交加來歷不明等情如有此情係是賣
主支理不涉銀主之事向後有贖之日照契
面應耕三輪外贖回者所如是未贖仍付管
業今欲有憑立賣契壹帋並帶參到(?)欽賣契
壹帋又帶蔡道養原契一帋又帶紹芳缴(?)的一帋
又帶尽(?)的弍帋又帶断的一帋又帶贖回的一帋共
成捌帋付执為照
民國辛酉拾年十一月 日立賣契鄭裕庚（押）
知見 母盧氏 ○
中人 侄永善 ○
自筆
大進益

3-2-130-7　民國十年十一月鄭裕庚立賣民佃田契

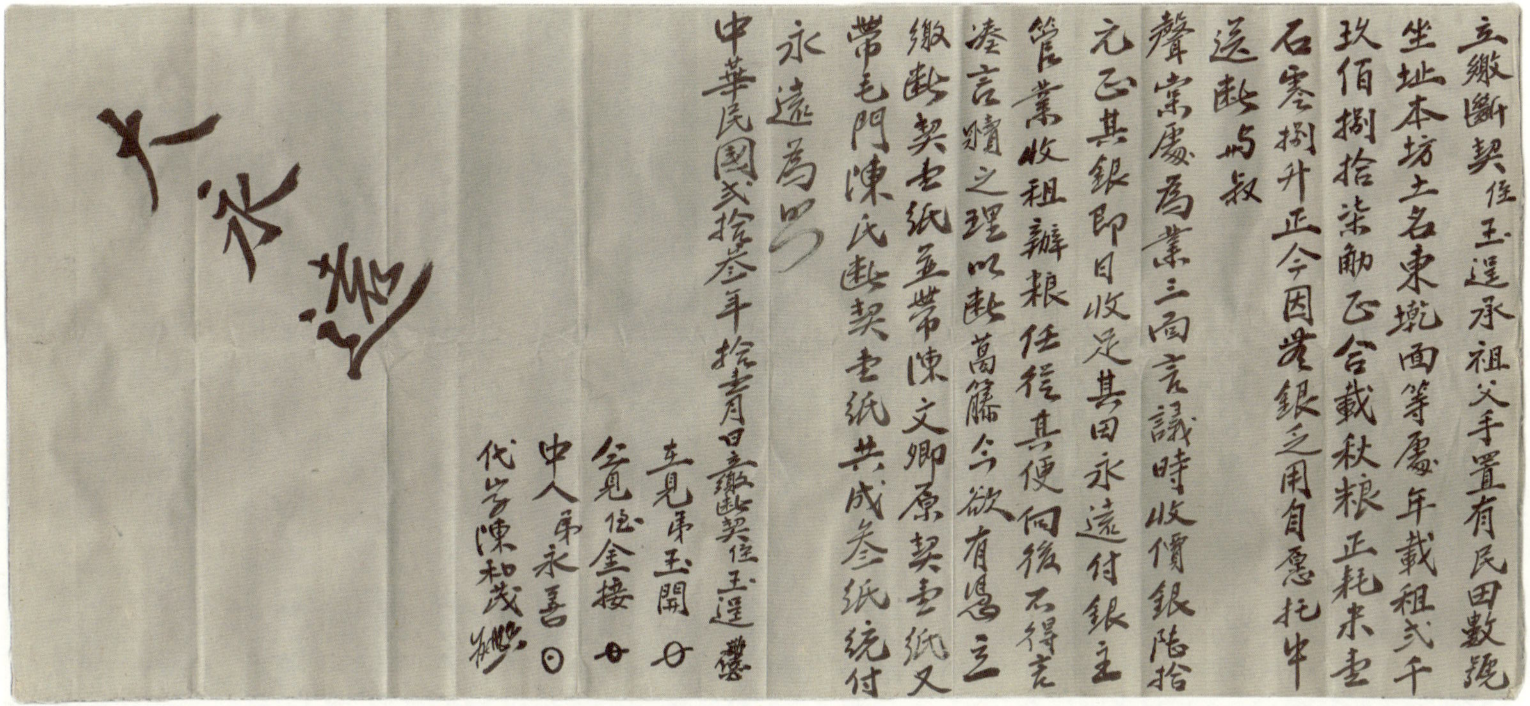
立繳斷契侄玉逞承祖父手置有民田數號
坐址本坊土名東墘面等處年載租弍千
玖佰捌拾柒觔正谷載秋粮正耗米壹
石零捌升正今因乏銀之用自愿托中
送斷與叔
聲崇處爲業三面言議時收價銀陆拾
元正其銀即日收足其田永遠付銀主
管業收租辦粮任從其便向後不得言
凑言贖之理此斷葛藤今欲有憑立
繳斷契壹紙並帶陳文卿原契壹紙又
帶毛門陳氏斷契壹紙共成叁紙統付
永遠爲照
中華民國弍拾叁年拾壹月　日立繳斷契侄玉逞（押）
在見弟玉開（押）
全見侄金接（押）
中人弟永喜（押）
代字陳和茂（押）

3-2-130-8　民國二十三年十一月葉玉逞立繳斷民田契

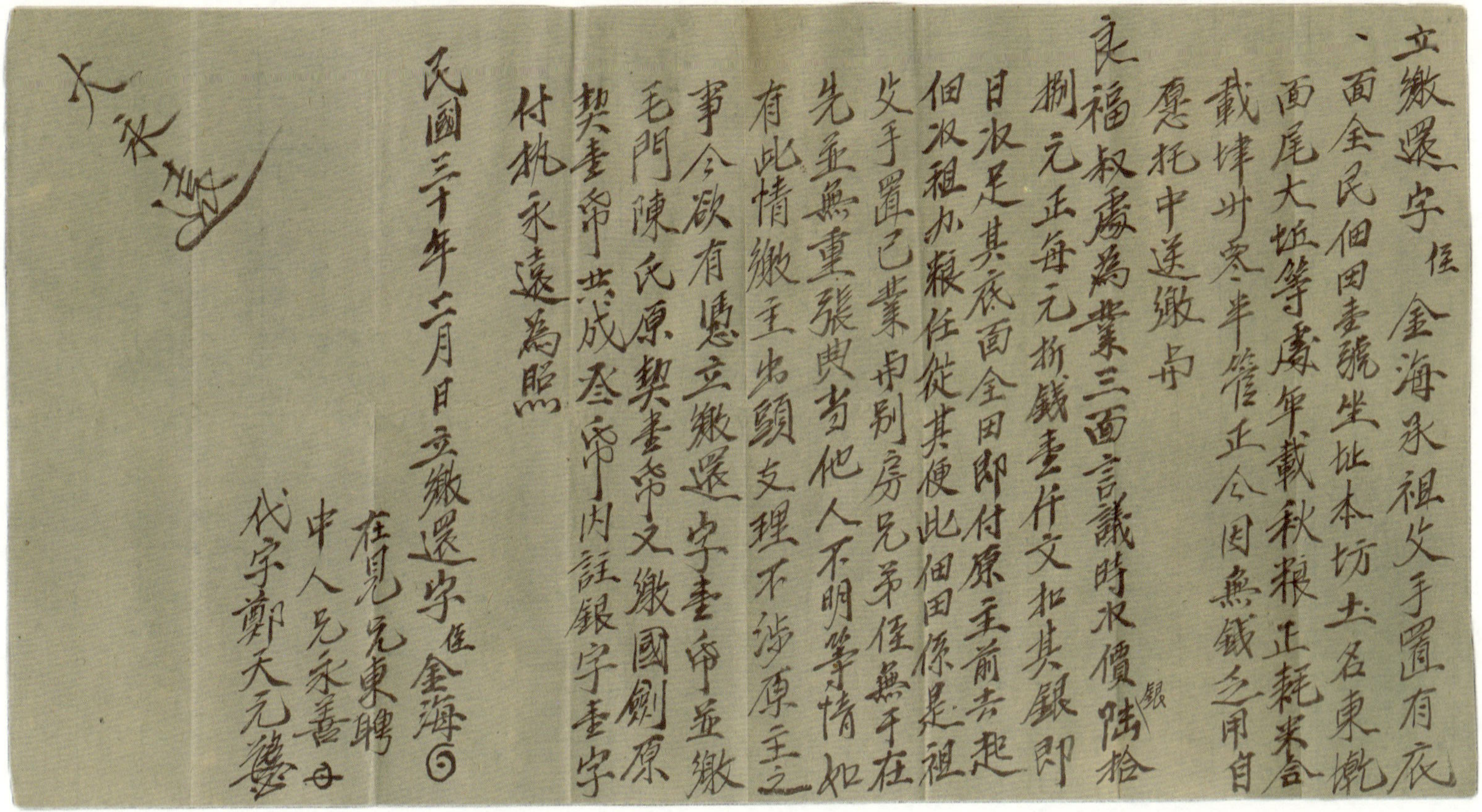

3-2-130-9　民國三十年二月葉金海立繳還底面全民佃田字

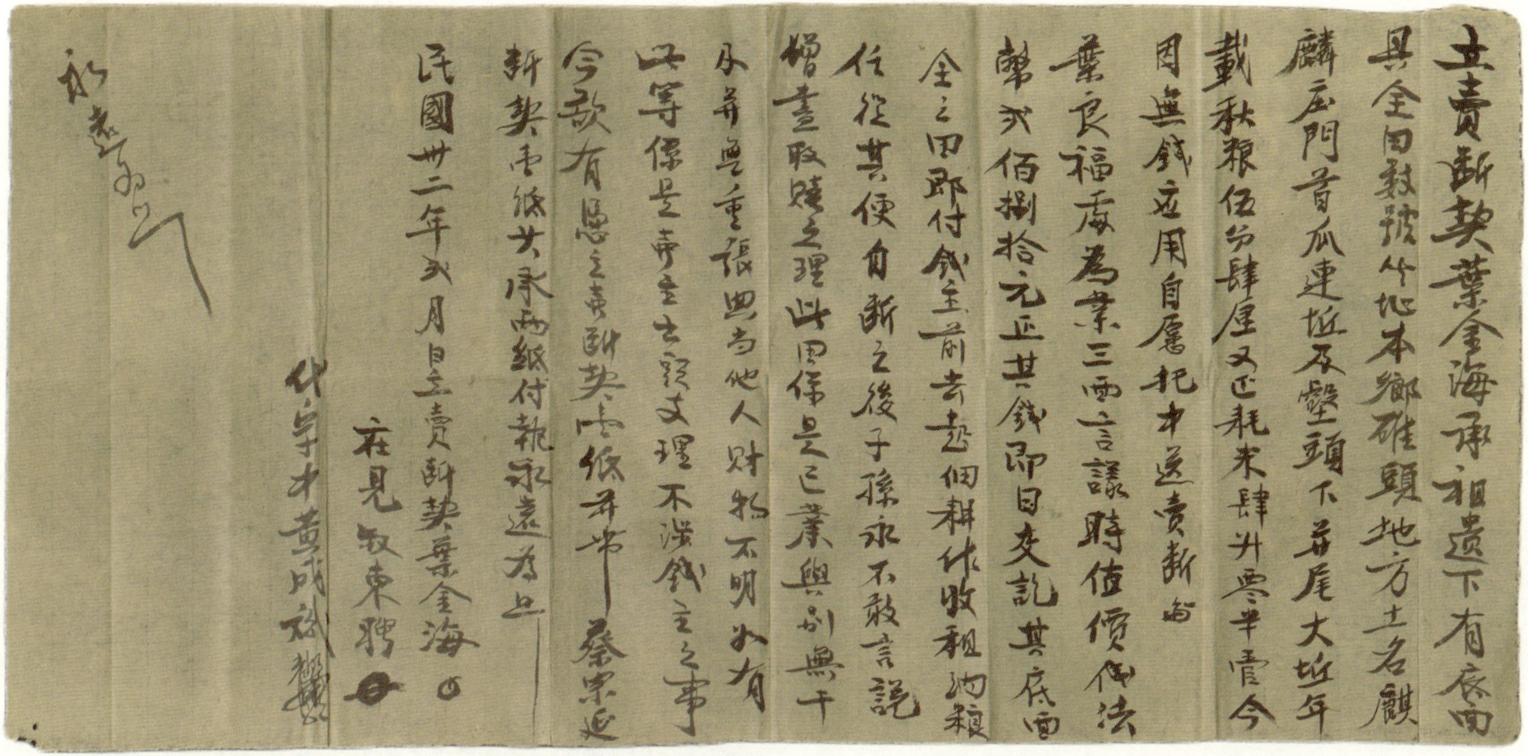
立賣斷契葉金海承祖遺下有底面
具全田穀拔竹地本鄉碓頭地方土名麒
麟庄門首瓜連坵及壟頭下并尾大坵年
載秋粮伍分肆厘又正耗米肆升零半今
因無錢應用自愿托中送賣斷與
葉良福處為業三面言議時值價法
幣弍佰捌拾元正其錢即日交訖其底面
全之田即付錢主前去起佃耕作收租納粮
任從其便自斷之後子孫永不敢言說
增盡取贖之理此田係是已業與别無干
亦并無重張典與他人財物不明如有
此等係是賣主支理不涉錢主之事
今欲有憑立賣斷契壹紙并帶一　蔡宗延
新契壹紙共成兩紙付執永遠為照
民國卅二年弍月　日立賣斷契葉金海（押）
在見叔東鵬（押）
代字中黃成福（押）

3-2-130-10　民國三十二年二月葉金海立賣斷底面全田契

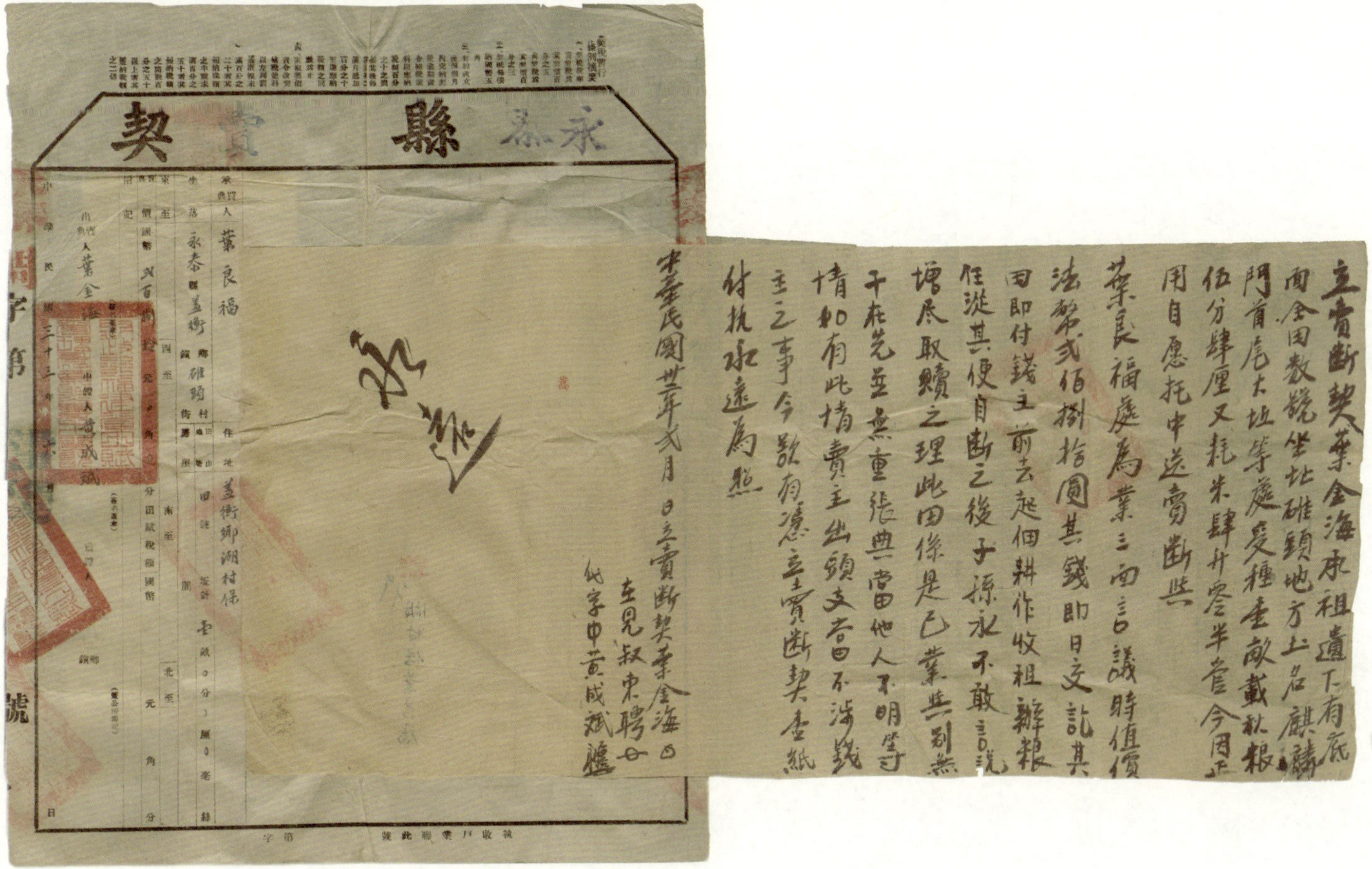

立賣斷契人葉金海承祖遺下有底
面全田數號坐址碓頭地方土名麒麟
門首屋大坵等處受種壹畝載秋粮
伍分肆厘又耗米肆升零半合今因正
用自愿托中送賣斷與
葉良福處為業三面言議時值價
法幣弍佰捌拾圓其錢即日交訖其
田即付錢主前去起佃耕作收租辦粮
任從其便自斷之後子孫永不敢言說
增盡取贖之理此田係是己業與別無
干 並無重張典當他人不明等
情如有此情賣主出頭支當不涉錢
主之事今欲有憑立賣斷契壹紙
付執永遠為照

中華民國卅二年弍月 日立賣斷契葉金海
在見叔 東聘
代字中 黃成斌

3-2-130-11　民國三十二年二月葉金海立賣斷底面全田契（紅契）

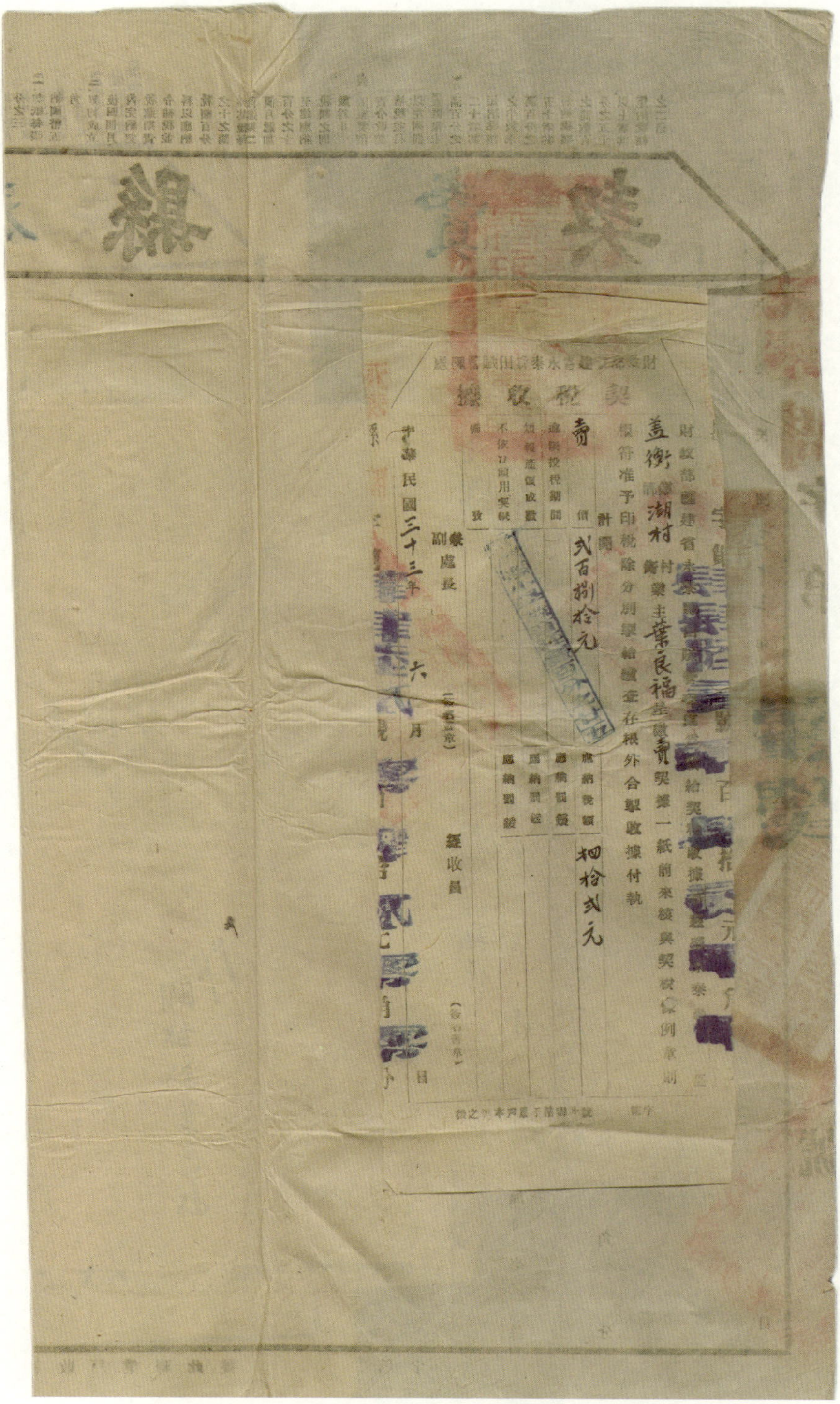

3-2-130-12　民國三十三年六月葉良福田賦契稅收據

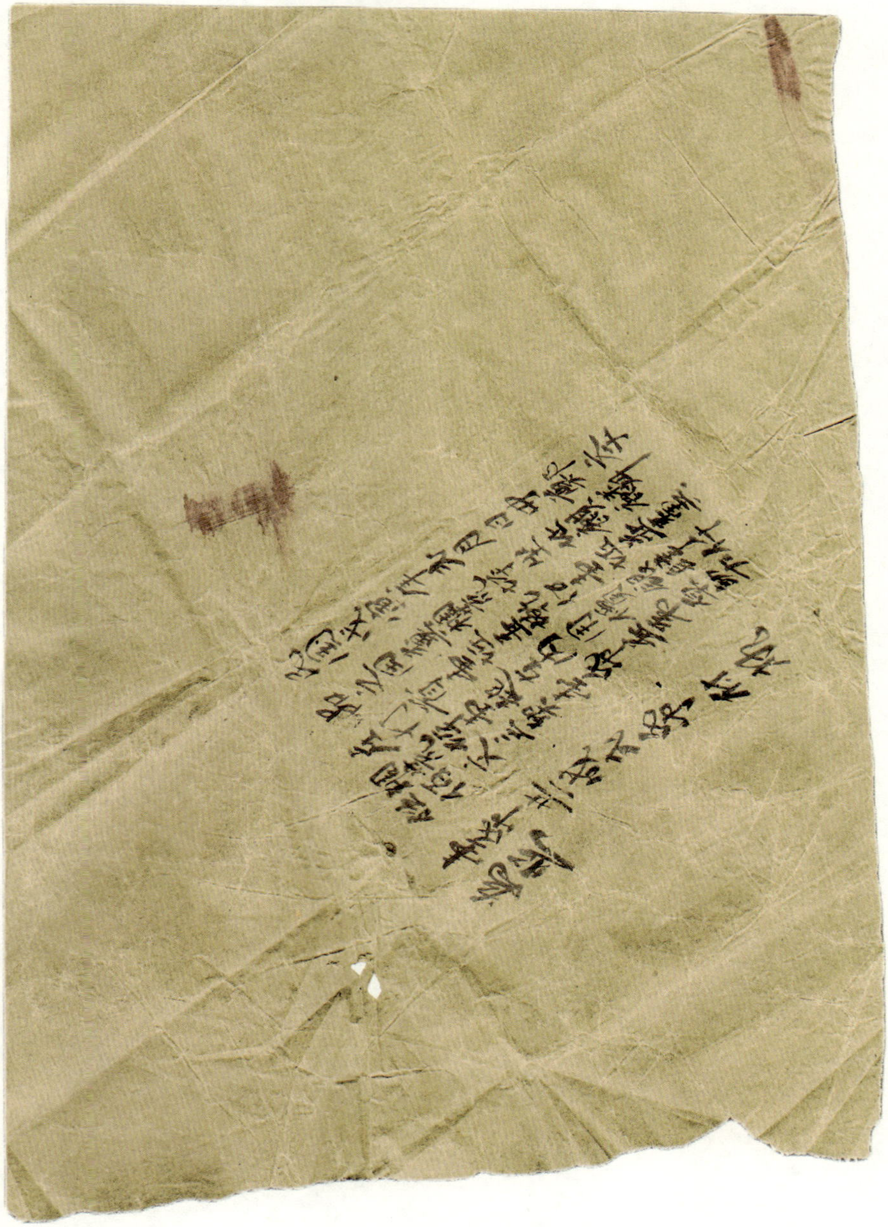

3-2-131-1　包契紙

立賣契葉金海將祖手置有民佃田壹号
坐址碓頭鄉麒麟堂門首月池坵半坵又
壹坵门首墘仔壹坵又左边壹棚園坪壹
坪合起秋粮伐十二文正今因少钱之用
自愿送賣与
鄭孝炳處為業三面言議時值價錢捌
仟文正其錢即日交訖其田並坪即付
錢主前去起佃耕作納粮任從其便在
先並無重典他人未歷不明等情
如有此情係是賣主出頭支理不涉
銀主之事其期不拘遠近備銀照契面
取贖如未贖依旧管業其原契因前
失落不办夾帯内註不壹字今欲有憑立賣
契壹紙付执為照

民國丁丑弍拾陆年十一月　日立賣契葉金海○

在見叔寶德
代字叔良楊

大進益

3-2-131-2　民國二十六年十一月葉金海立賣民佃田等契

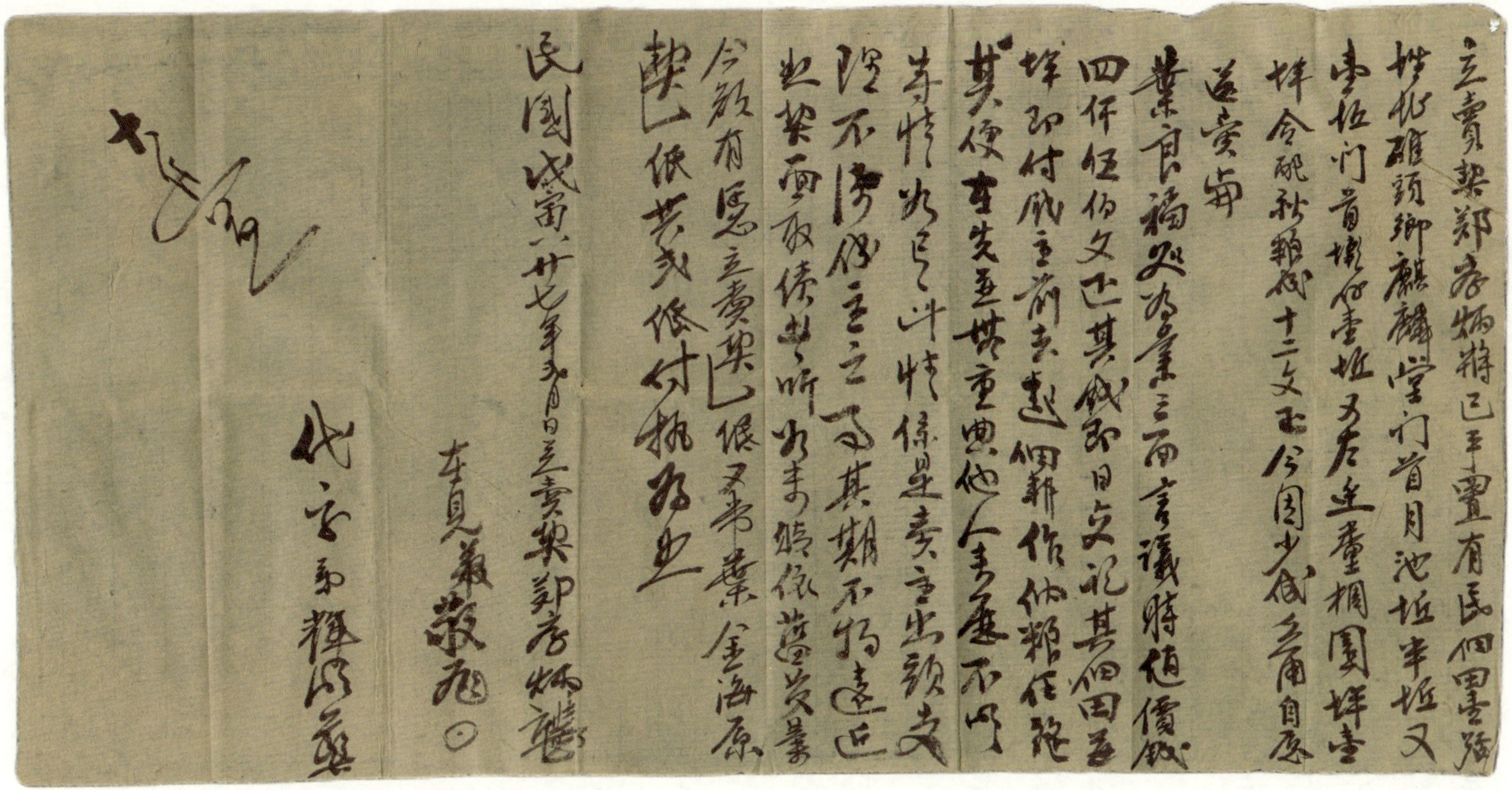

3-2-131-3　民國二十七年二月鄭孝炳立賣民佃田等契

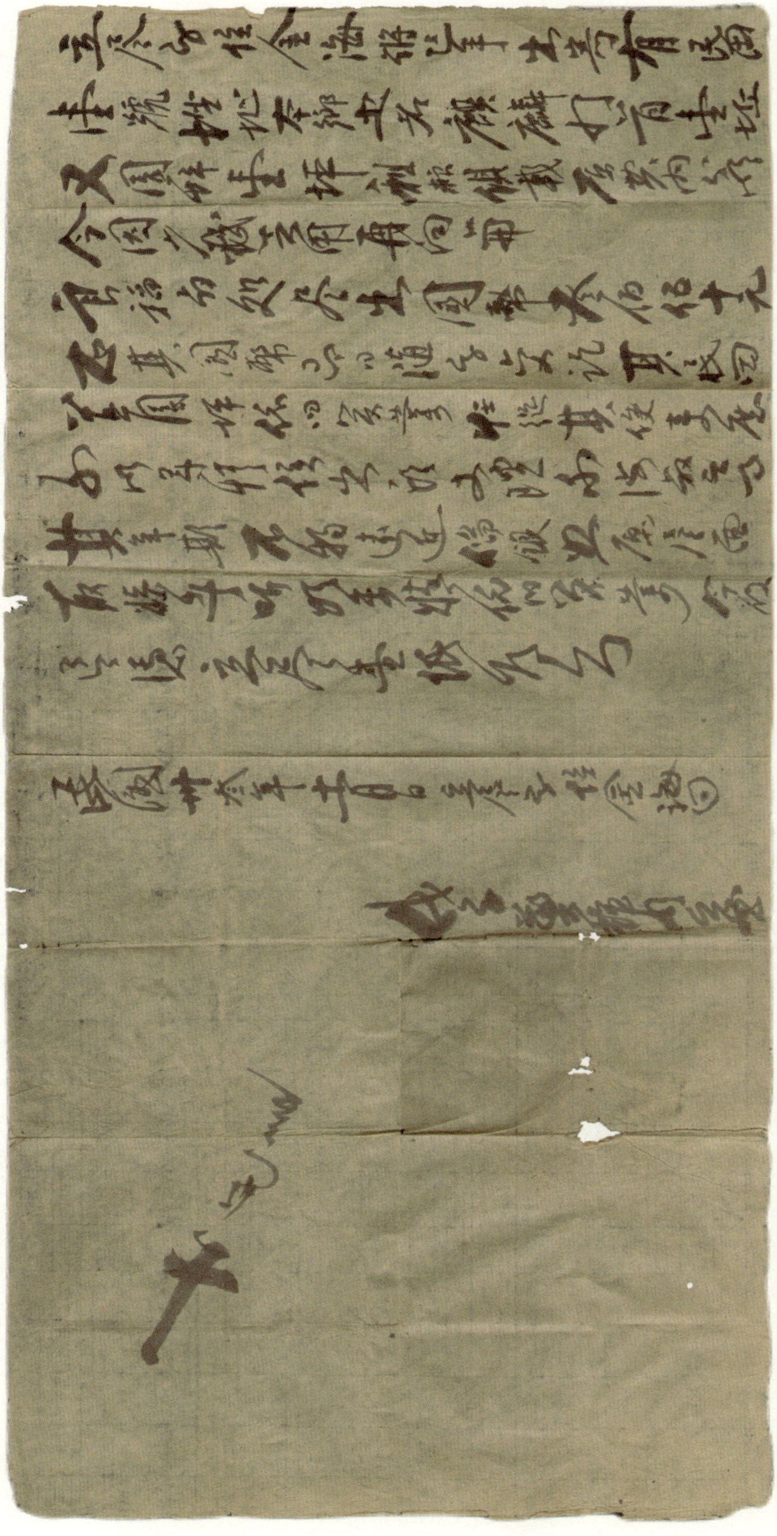

3-2-131-4　民國三十三年十一月葉金海立盡民田等字

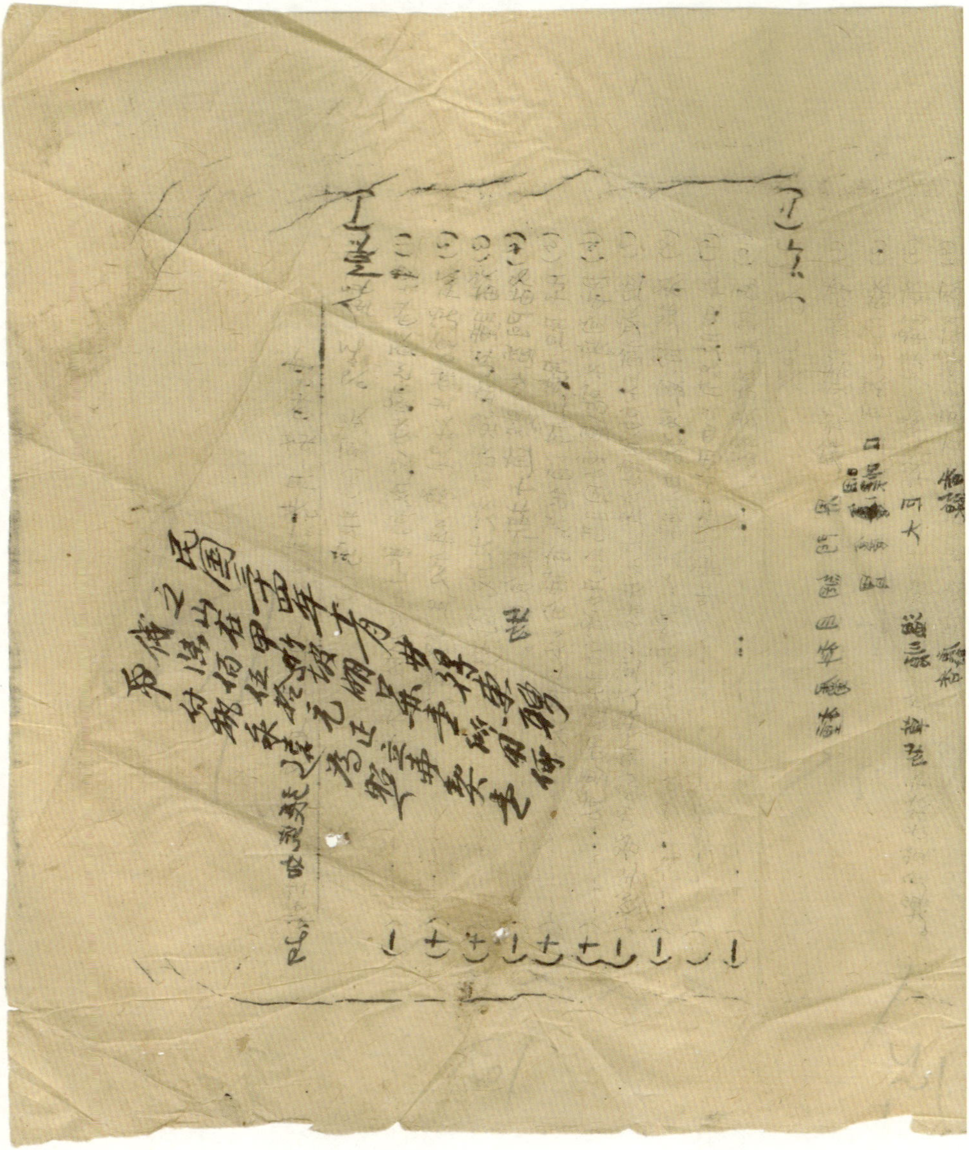

3-2-132-1　包契紙

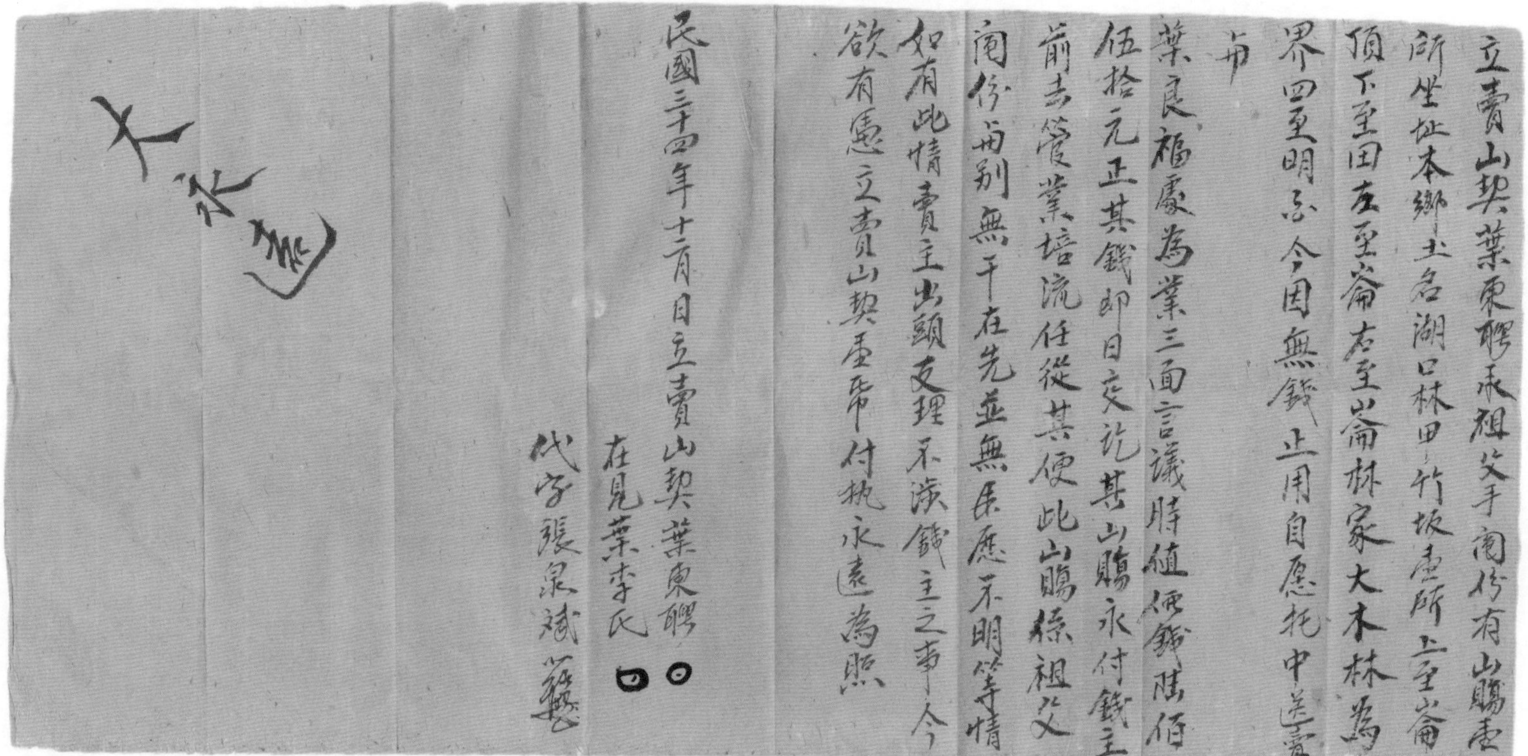
立賣山契葉東聘承祖父手阄份有山場壹
所坐址本鄉土名湖口林田竹坂處所上至崙
頂下至田左至崙右至崙林家大木林為
界四至明白今因無錢正用自愿托中送賣
與
葉良福處為業三面言議時值價錢陆佰
伍拾元正其錢即日交訖其山場永付錢主
前去管業培流任從其便此山場係祖父
阄份爾別無干在先並無兵應不明等情
如有此情賣主出頭支理不涉錢主之事今
欲有憑立賣山契壹帋付執永遠為照
民國三十四年十二月日立賣山契葉東聘
在見葉李氏
代字張泉斌

3-2-132-2　民國三十四年十二月葉東聘立賣山場契

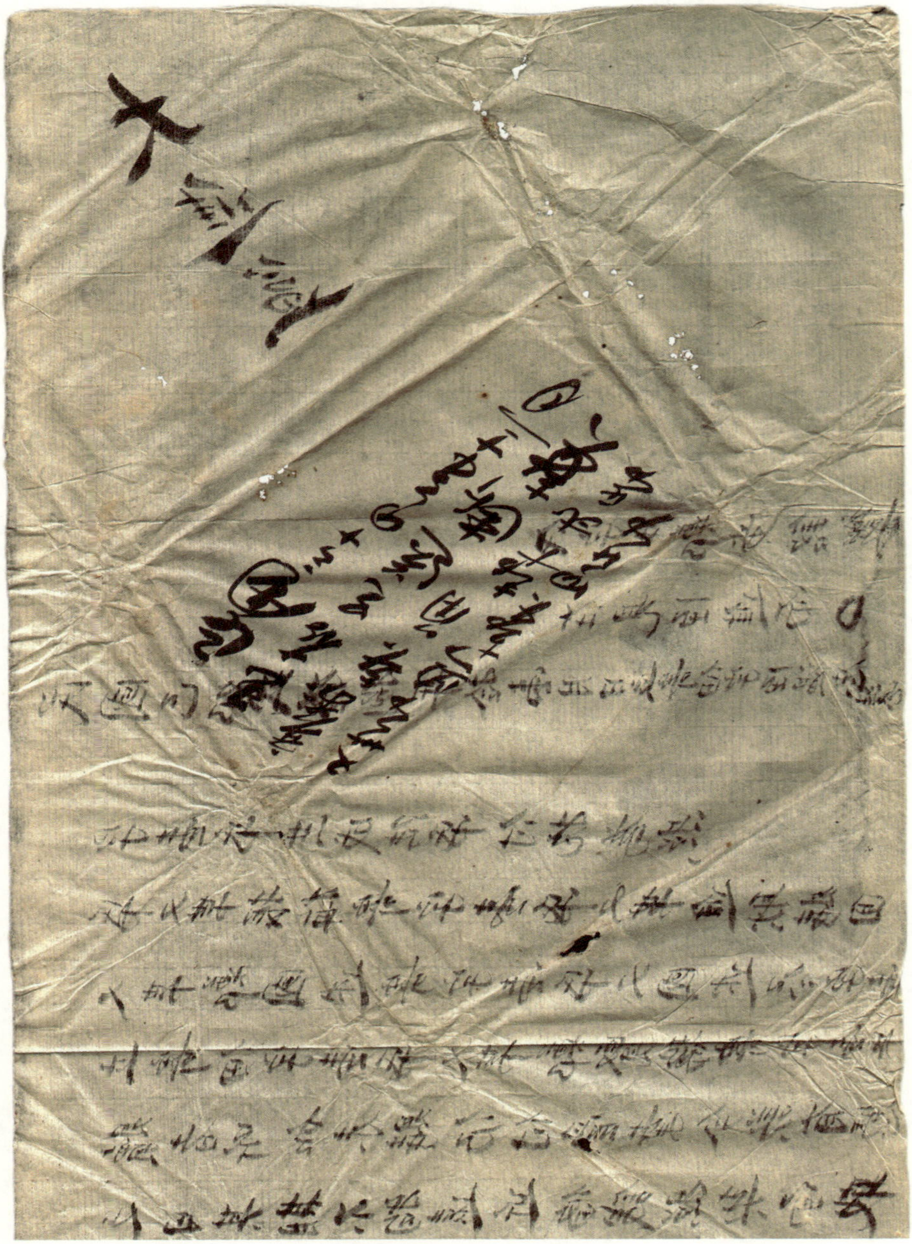

3-2-133-1 包契紙

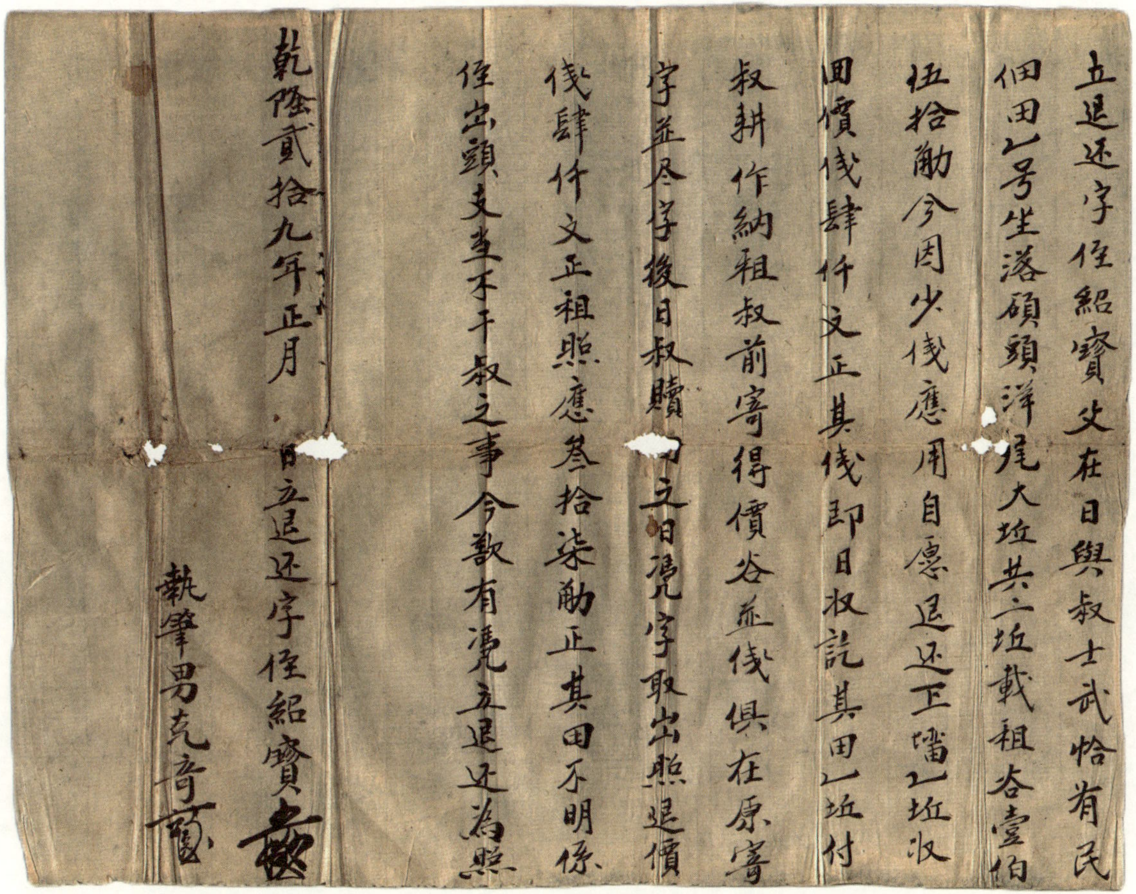

立退还字侄紹寶父在日與叔士武恰有民
佃田一号坐落碩頭洋尾大坵共二坵載租谷壹伯
伍拾觔今因少伐應用自愿退还上當一坵收
回價伐肆什文正其伐即日收訖其田一坵付
叔耕作納租叔前寄得價谷並伐俱在原寄
字並尽字後日叔贖回之日憑此字取出照退價
伐肆什文正祖照應叁拾柒觔正其田不明係
侄出頭支當不干叔之事今歆有憑立退还為照
乾隆貳拾九年正月　日立退还字侄紹寶（押）
執筆男克奇（押）

3-2-133-2　清乾隆二十九年正月葉紹寶立退還民佃田字

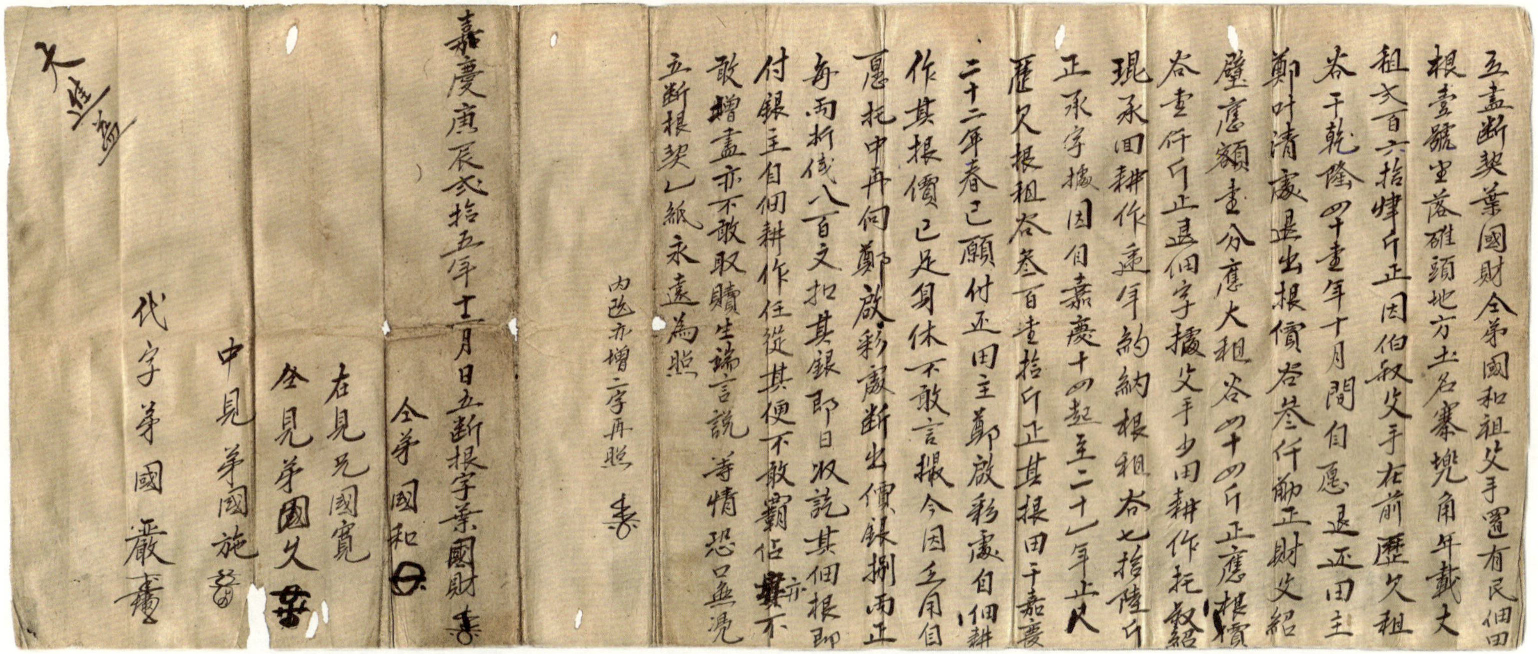
立盡斷契葉國財仝弟國和祖父手置有民佃田根壹號坐落碓頭地方土名寨垅角年載大租文百六拾肆斤正因伯叔父手在前歷欠租谷于乾隆四十壹年十月間自愿退还田主鄭叶清處退出根價谷叁仟觔正財父紹壁應額壹分應大租谷四十四斤正應根價谷壹仟斤正退佃字據父手少田耕作托叔紹現承田耕作遞年納根租谷七拾陸斤正承字據因自嘉慶十四起至二十一年止共欠歷欠根租谷叁百壹拾斤正其根田于嘉慶二十二年春已願付还田主鄭啟彩處自佃耕作其根價已足身休不敢言根今因乏用自愿托中再向鄭啟彩處斷出價銀捌兩正每兩折錢八百文扣其銀即日收訖其佃根即付銀主自佃耕作任從其便不敢霸佔亦不敢增盡亦不敢取贖生端言說等情恐口無憑立斷根契一紙永遠為照

内涂亦增二字再照　押

嘉慶庚辰貳拾五年十二月　日立斷根字葉國財　押

仝弟國和　押

在見兄國寬

仝見弟國父　押

中見弟國施　押

代字弟國嚴　押

大進益

3-2-133-3　清嘉慶二十五年十二月葉國財等立斷民佃田根契

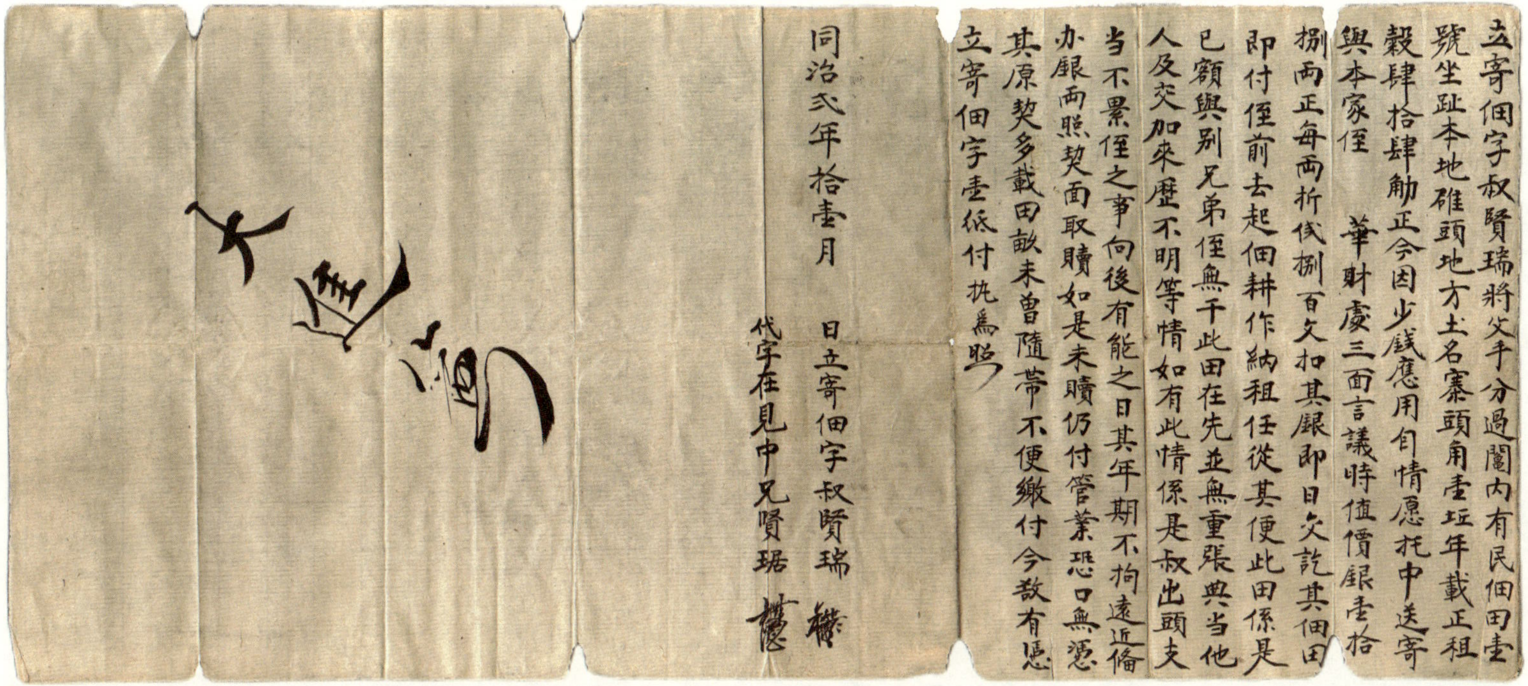
立寄佃字叔賢瑞將父手分過鬮内有民佃田壹
號坐趾本地碓頭地方土名寨頭角壹坵年載正租
穀肆拾肆觔正今因少錢應用自情愿托中送寄
與本家侄　華財慶三面言議時值價銀壹拾
捌兩正每兩折伐捌百文扣其銀即日交訖其佃田
即付侄前去起佃耕作納租任從其便此田係是
已額與别兄弟侄無干此田在先並無重張典当他
人及交加來歷不明等情如有此情係是叔出頭支
当不累侄之事向後有能之日其年期不拘遠近備
办銀両照契面取贖如是未贖仍付管業恐口無憑
其原契多載田畝未曾隨帶不便繳付今欲有憑
立寄佃字壹紙付執爲照

同治弍年拾壹月　日立寄佃字叔賢瑞（押）
代字在見中兄賢琚（押）

3-2-133-4　清同治二年十一月葉賢瑞立寄民佃田字

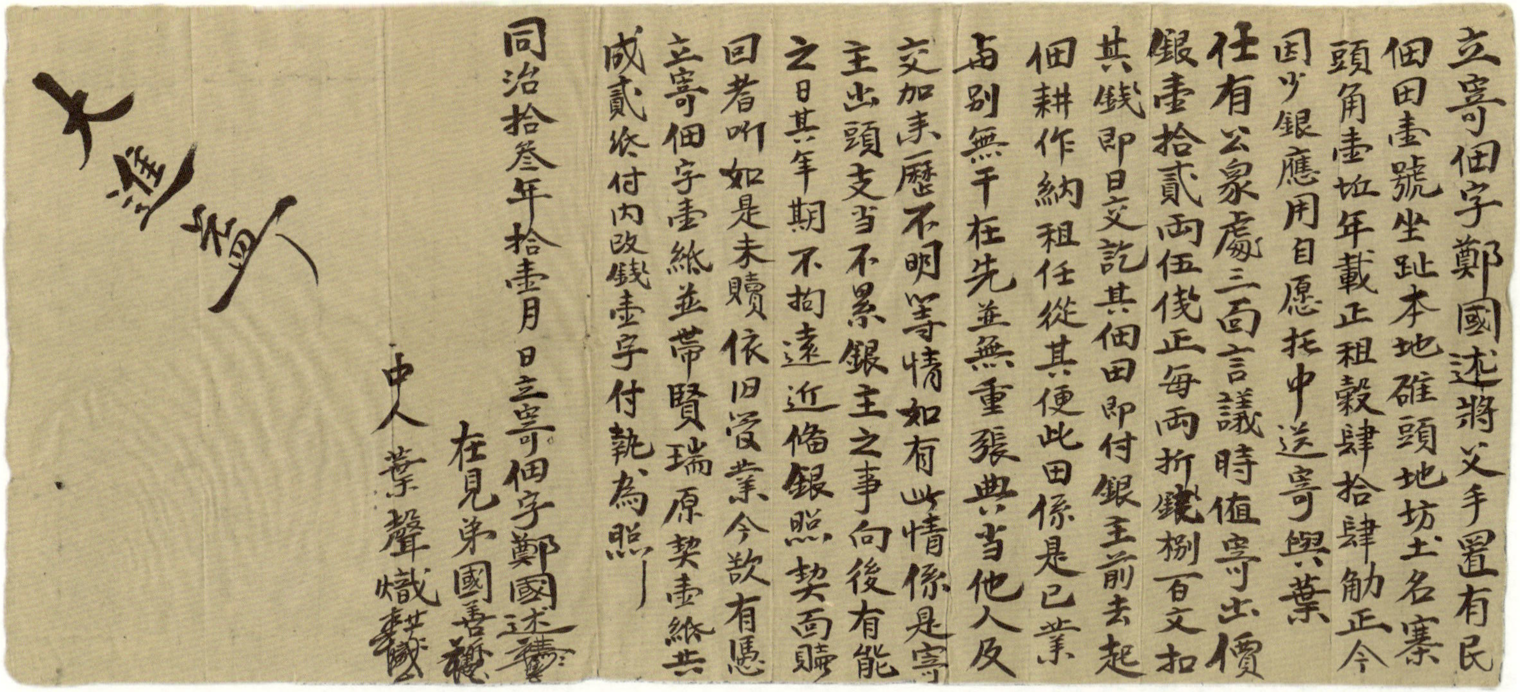

立寄佃字鄭國述將父手置有民
佃田壹號坐址本地碓頭地坊土名寨
頭角壹坵年載正租穀肆拾肆觔正今
因乏銀應用自愿托中送寄與葉
宅有公象處三面言議時值寄出價
銀壹拾貳兩伍錢正每兩折錢捌百文扣
共錢即日交訖其佃田即付銀主前去起
佃耕作納租任從其便此田係是已業
與別無干在先並無重張典當他人及
交加來歷不明等情如有此情係是寄
主出頭支當不累銀主之事向後有能
之日其年期不拘遠近備銀照契面贖
回者所如是未贖依旧管業今欲有憑
立寄佃字壹紙並帶賢瑞原契壹紙共
成貳紙付內改錢壹字付執為照。
同治拾叁年拾壹月　日立寄佃字鄭國述
在見弟國喜
中人　葉聲熾

3-2-133-5　清同治十三年十一月鄭國述立寄民佃田字

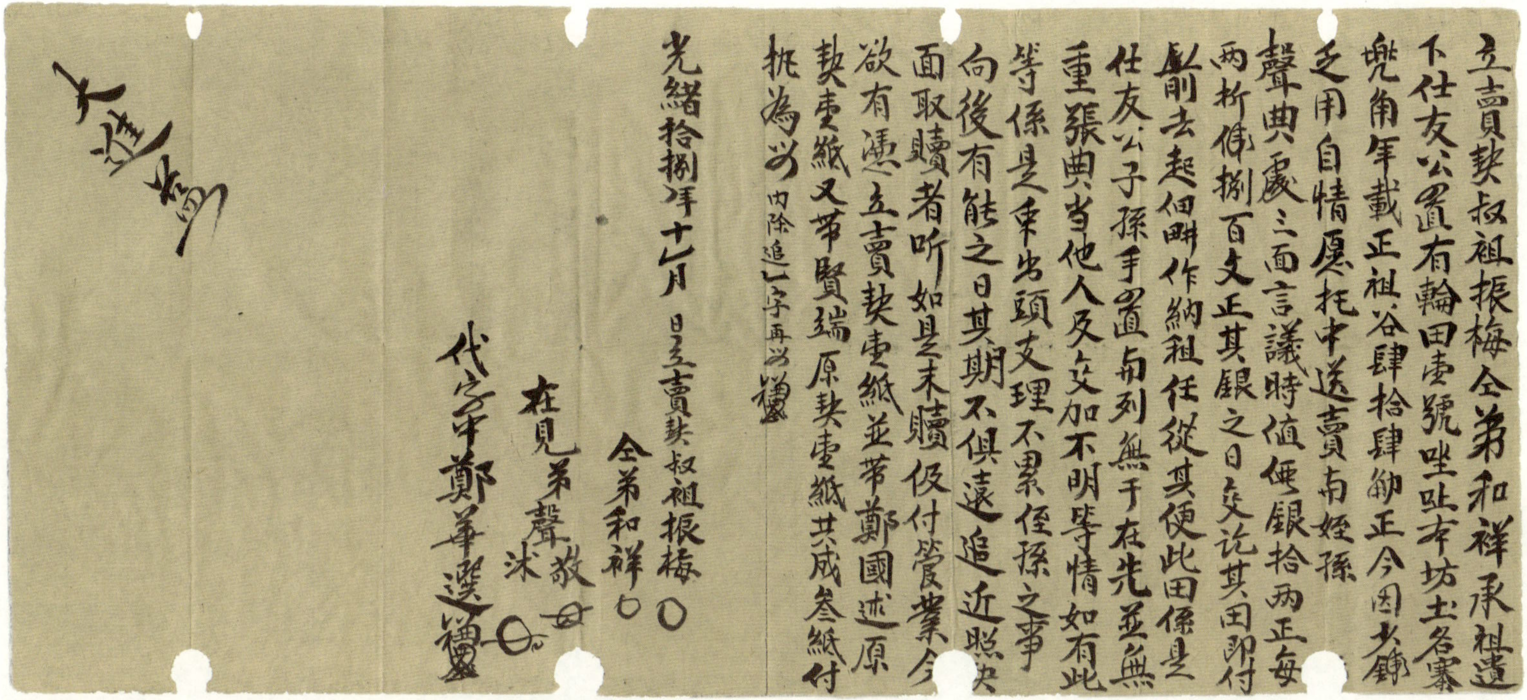

立賣契叔祖振梅仝弟和祥承祖遺
下仕友公置有輪田壹號坐址本坊土名寨
兜角年載正租谷肆拾肆觔正今因乏銀
乏用自情愿托中送賣与姪孫
聲典處三面言議時值價銀拾兩正每
兩折估捌百文正其銀之日交訖其田即付
姪前去起佃耕作納租任從其便此田係是
仕友公子孫手置与列無干在先並無
重張典當他人及交加不明等情如有此
等係是本出頭支理不累姪孫之事
向後有能之日其期不俱遠近照契
面取贖者听如是未贖仍付管業今
欲有憑立賣契壹紙並帶鄭國述原
契壹紙又帶賢端原契壹紙共成叁紙付
执為炤　内除追一字再炤

光緒拾捌年十一月　日立賣契叔祖振梅
仝弟和祥
在見弟聲敬
沭
代字中鄭華選

大進大吉

3-2-133-6　清光緒十八年十一月葉振梅等立賣輪田契

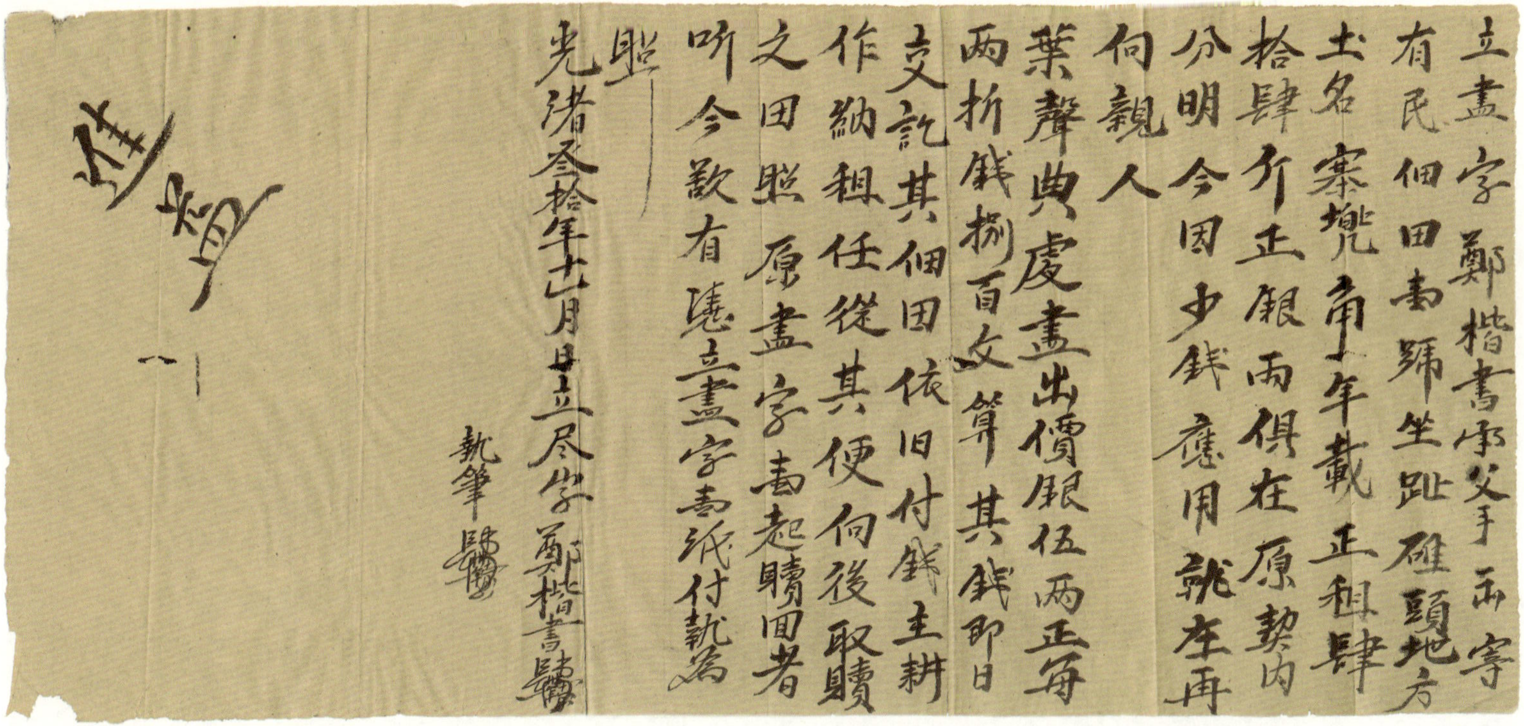
立盡字鄭楷書承父手置寄有民佃田壹號，坐址碓頭地方，土名寨墘角，年載正租肆拾肆斤正，銀兩俱在原契內分明。今因乏錢應用，就本再向親人葉聲典處盡出價銀伍兩正，每兩折錢捌百文算，其錢即日交訖。其佃田依旧付錢主耕作納租，任從其便。向後取贖之田照原盡字面起贖回者。今歉有憑，立盡字面紙付執為照。

光緒叁拾年十一月　日立尽字鄭楷書（押）

執筆　騰（押）

准盡

3-2-133-7　清光緒三十年十一月鄭楷書立盡民佃田字

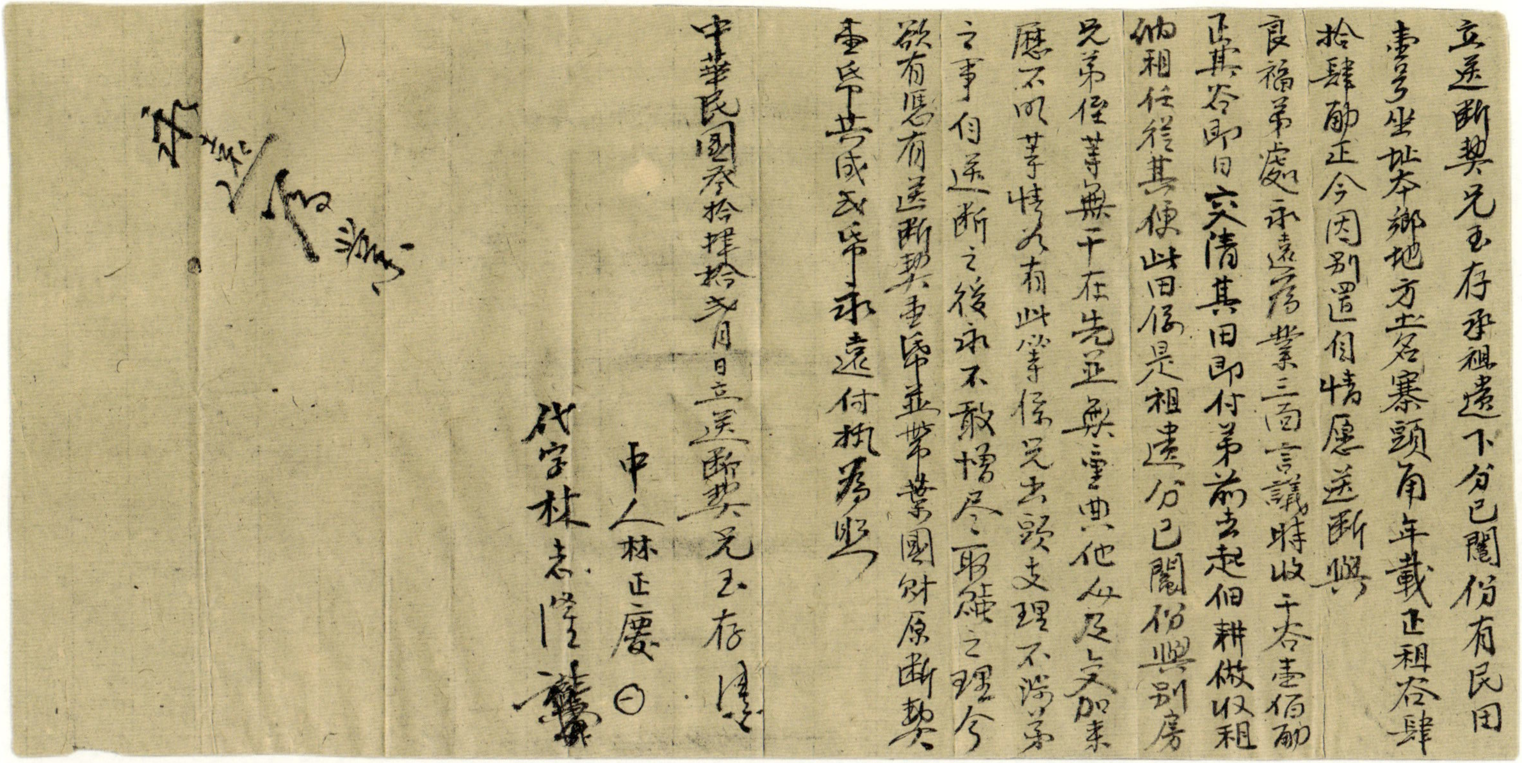
立送斷契兄玉存承祖遺下分已閹份有民田
壹号坐址本鄉地方土名寨頭角年載正租谷肆
拾肆觔正今因別置自情愿送斷與
良福弟處永遠為業三面言議時收干谷壹佰觔
正其谷即日交清其田即付弟前去起佃耕做收租
納糧任從其便此田係是祖遺分已閹份與別房
兄弟侄等無干在先並無重典他人及交加來
歷不明等情如有此等係兄出頭支理不涉弟
之事自送斷之後永不敢增尽取贖之理今
欲有憑有送斷契壹紙並帶葉園財原斷契
壹紙共成弍紙永遠付執為照
中華民國叁拾肆拾弍月　日立送斷契兄玉存（押）
中人林正慶（押）
代字林志隆（押）

3-2-133-8　民國三十四年十二月葉玉存立送斷民田契

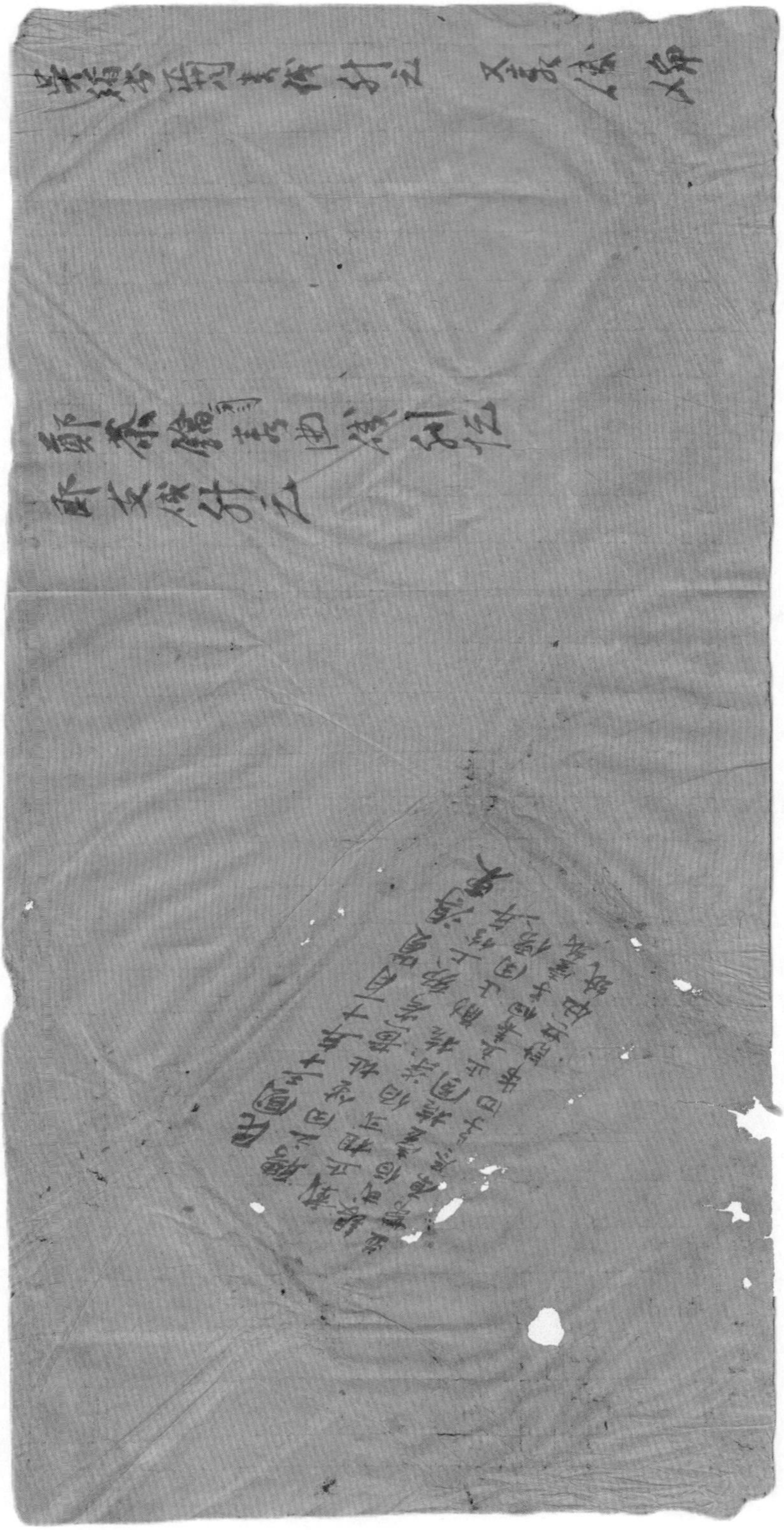

3-2-134-1　包契紙

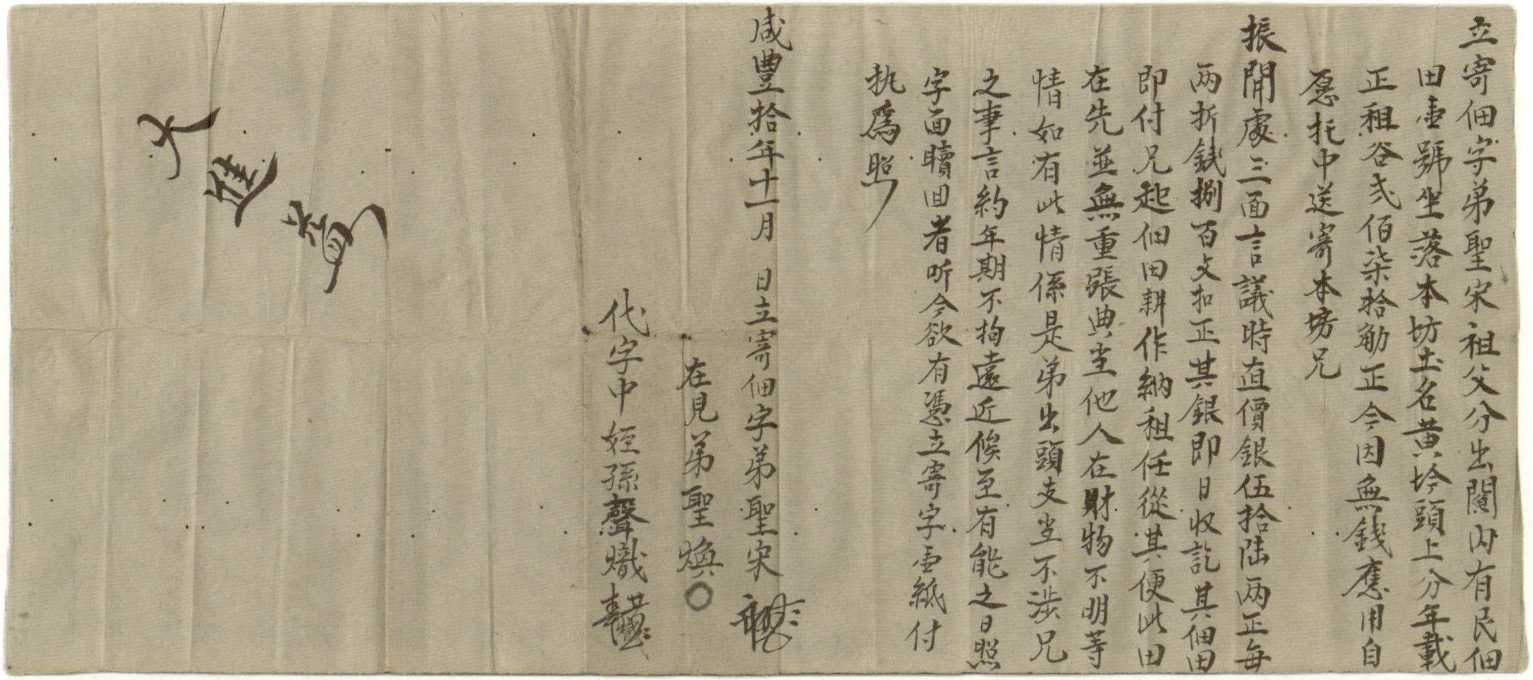
立寄佃字弟聖宋祖父分出閹內有民佃
田壹號坐落本坊土名黄ㄟ岭頭上分年載
正租谷弍佰柒拾觔正今因無錢應用自
愿托中送寄本房兄
振開處三面言議時值價銀伍拾陆两正每
两折錢捌百文扣正其銀即日收訖其佃田
即付兄起佃田耕作納租任從其便此田
在先並無重張典生他人在財物不明等
情如有此情係是弟出頭支生不涉兄
之事言約年期不拘遠近候至有能之日照
字面贖田者听令欲有憑立寄字壹紙付
执爲照

咸豐拾年十一月　日立寄佃字弟聖宋（押）
在見弟聖煥○
代字中侄孫聲熾（押）

3-2-134-2　清咸豐十年十一月葉聖宋立寄民佃田字

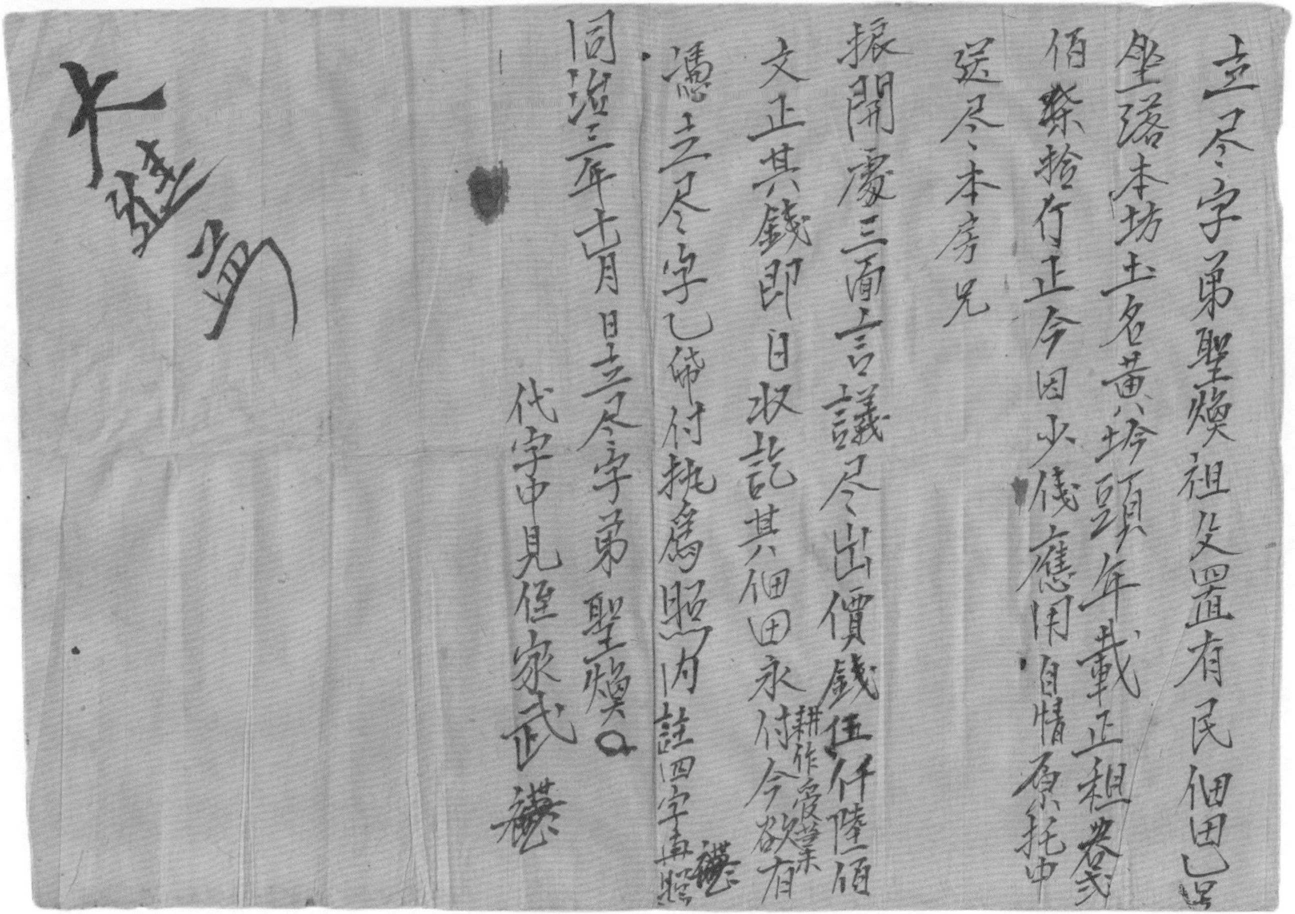
立尽字弟聖煥祖父置有民佃田一號
坐落本坊土名黃垮頭年載正租叁
佰柒拾斤正今因少錢應用自情愿托中
送尽本房兄
振開處三面言議尽出價錢伍仟陸佰
文正其錢即日收訖其佃田永付兄耕作管業今欲有
憑立尽字乙紙付執為照 内註四字再照
同治三年十一月 日立尽字弟 聖煥
代字中見侄 家武
大吉昌

3-2-134-3 清同治三年十一月葉聖煥立盡民佃田字

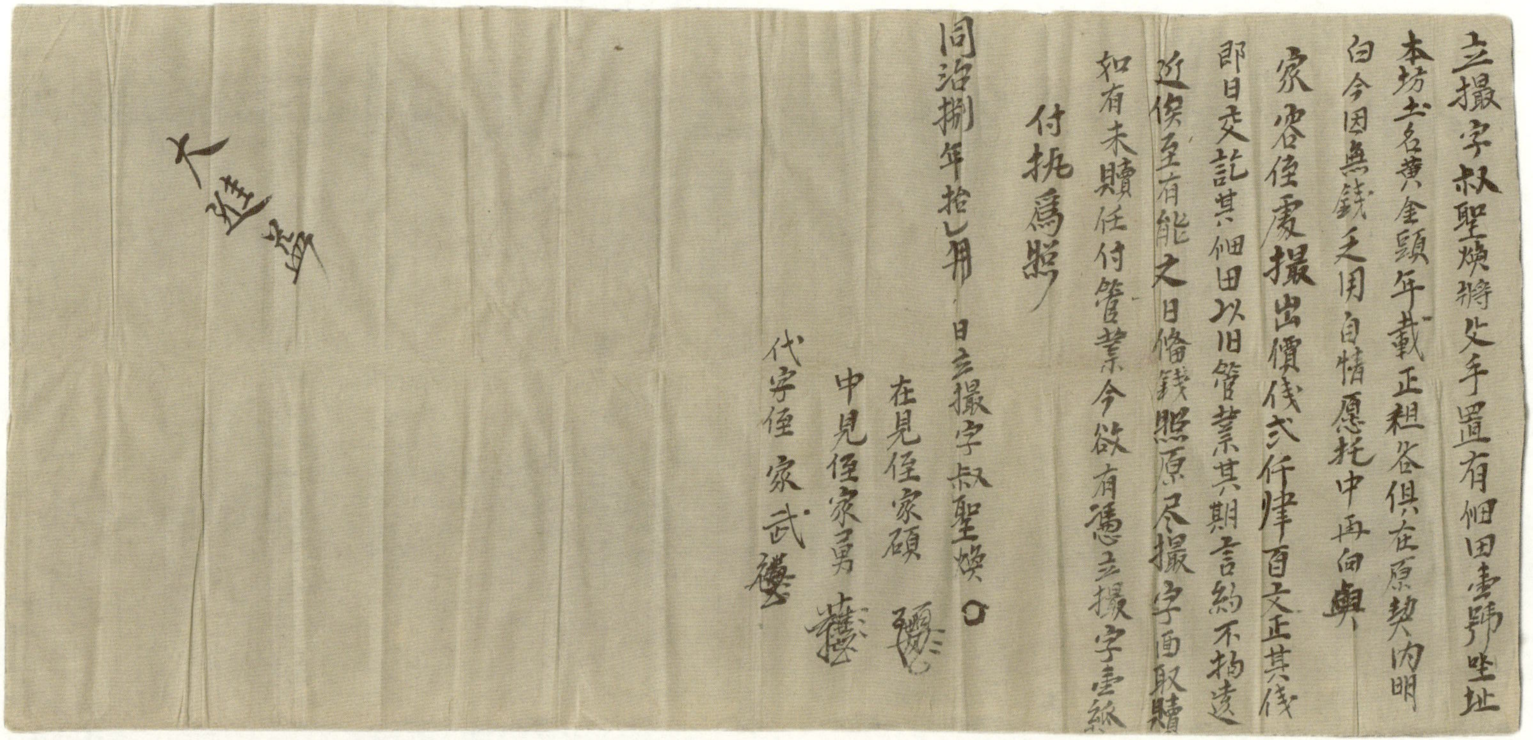

立撮字叔聖煥將父手置有佃田壹號坐址
本坊土名黄金頭年載正租谷俱在原契內明
白今因無錢乏用自情愿托中再向與
家啓侄處撮出價錢弍仟肆百文正其錢
即日交訖其佃田以旧管業其期言約不拘遠
近俟至有能之日備錢照原尽撮字面取贖
如有未贖任付管業今欲有憑立撮字壹紙
付執為照

同治捌年拾一月　日立撮字叔聖煥
在見侄家頤
中見侄家勇
代字侄家武

3-2-134-4　清同治八年十一月葉聖煥立撮字

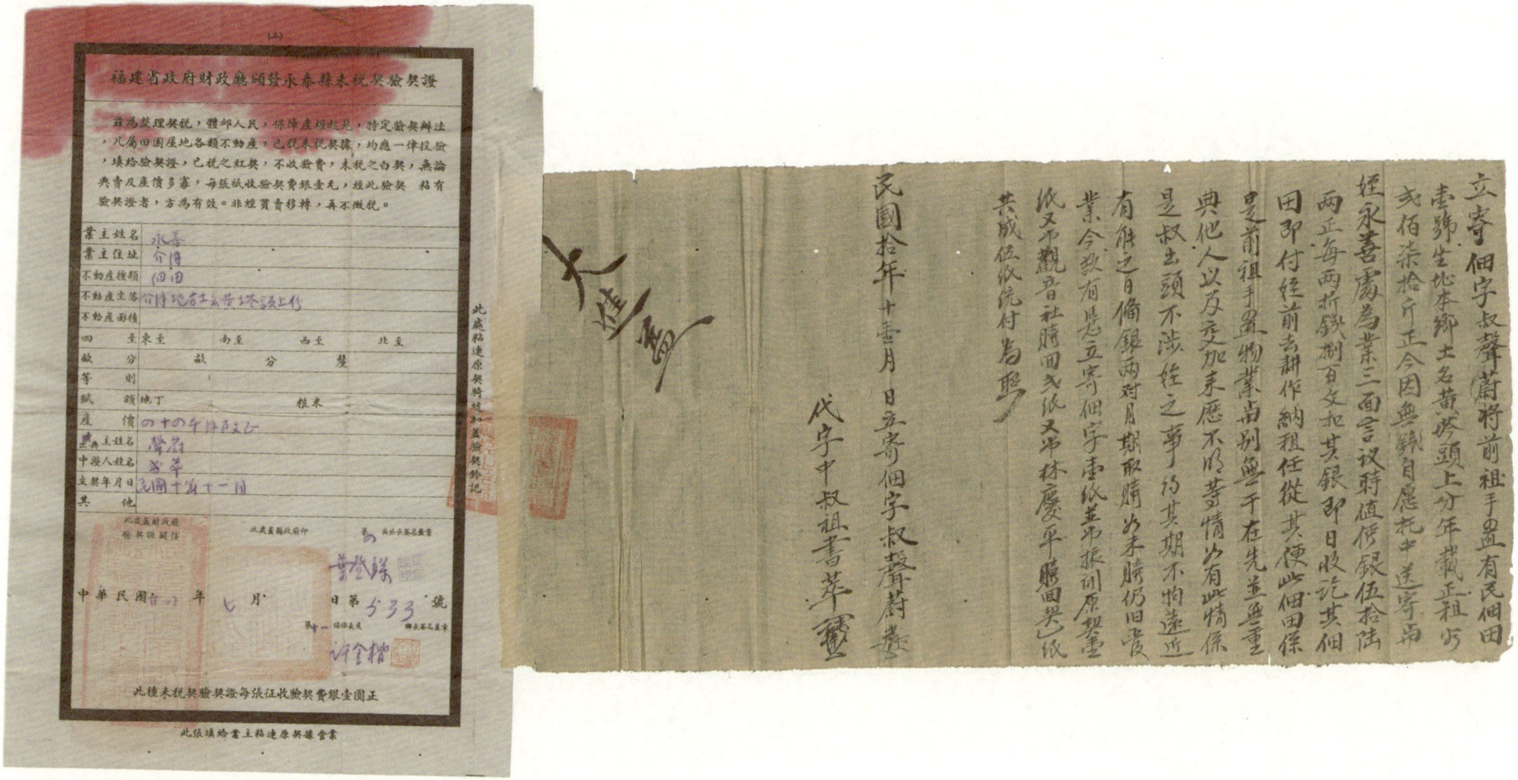
福建省政府財政廳頒發永春縣未稅契驗契證

茲為整理契稅，體卹人民，保障產權起見，特定驗契辦法，凡屬田園屋地各類不動產，已稅未稅契據，均應一律投驗，填給驗契證，已稅之紅契，不收驗費，未稅之白契，無論典賣及產價多寡，每張祇收驗契費銀壹元，經此驗契 粘有驗契證者，方為有效。非經買賣移轉，再不徵稅。

業主姓名	永喜
業主住址	[illegible]
不動產種類	佃田
不動產坐落	[illegible]
不動產面積	
四至	東至 南至 西至 北至
畝分	畝 分 釐
等則	
賦額	地丁 糧米
產價	[illegible]
出典主姓名	聲蔚
中證人姓名	書萃
立契年月日	民國十年十一月
其他	

中華民國[illegible]年 七月 日第533號

此種未稅契驗契證每張征收驗契費銀壹圓正

立寄佃字叔聲蔚將前祖手置有民佃田
壹號坐址本鄉土名黃墩頭上分年載正租谷
弍佰柒拾斤正今因無錢自愿托中送寄與
姪永喜處為業三面言議時值價銀伍拾陸
兩正每兩折錢制百文和其銀即日收訖其佃
田即付姪前去耕作納租任從其便此佃田係
是前祖手置物業與別無干在先並無重
典他人以及交加未歷不明等情如有此情係
是叔出頭不涉姪之事乃其期不拘遠近
有銀之日備銀兩對月取贖如未贖仍舊管
業今欲有憑立寄佃字壹紙並帶根詞原契壹
紙又帶觀音社贖田弍紙又帶林慶平贖田契壹紙
共成伍紙統付為照

民國拾年十壹月 日立寄佃字叔聲蔚
代字中叔祖書萃

3-2-134-5 民國十年十一月葉聲蔚立寄民佃田字（紅契）

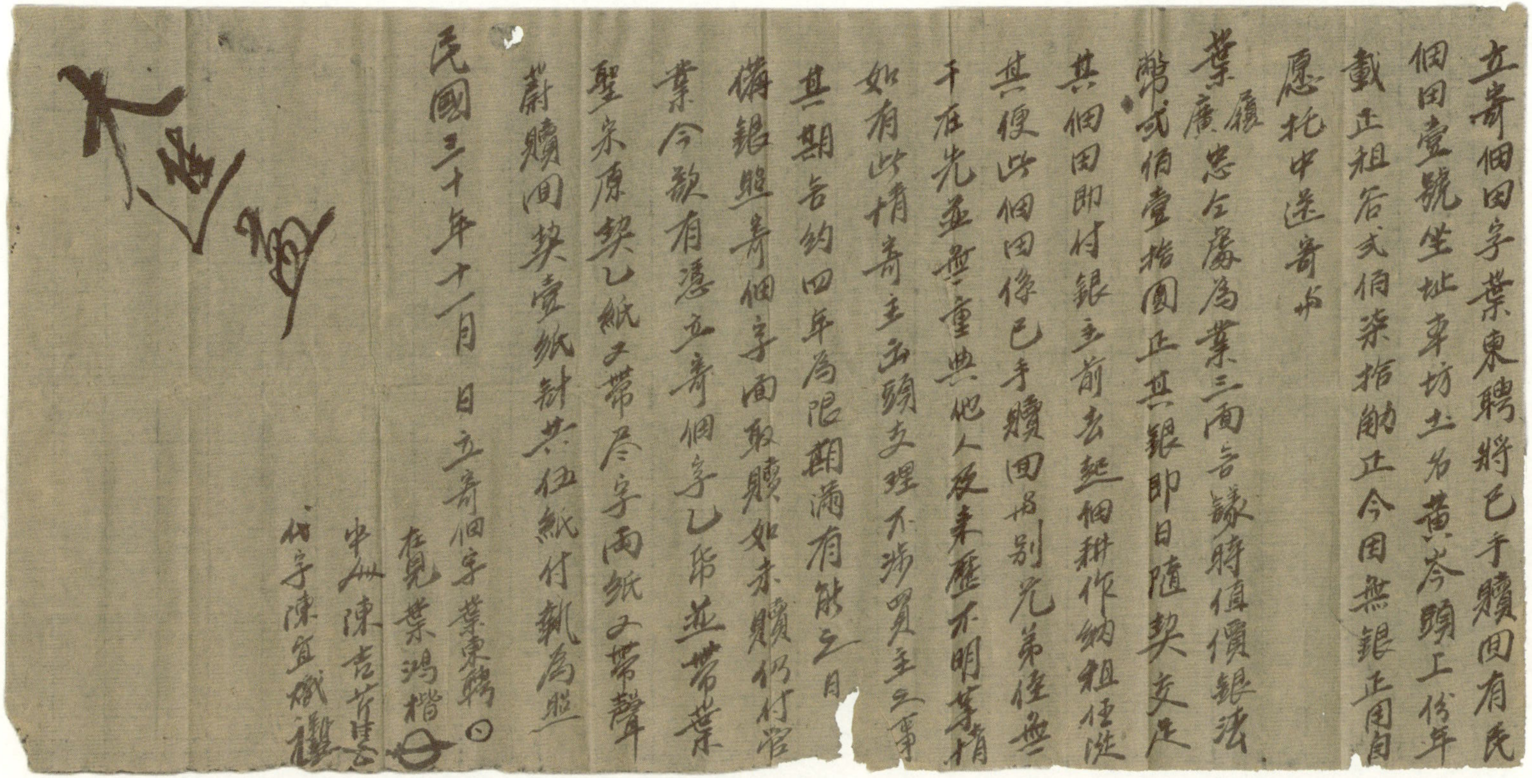
立寄佃田字葉東聘將己手贖回有民
佃田壹號坐址本坊土名黄岺頭上伙年
載正租谷弍佰柒拾觔正今因無銀正用自
愿托中送寄與
葉鑲廣忠合處為業三面言議時值價銀法
幣弍佰壹拾圓正其銀即日隨契交足
其佃田即付銀主前去起佃耕作納租任從
其便此佃田係己手贖回與別兄弟侄無
干在先並無重典他人及來歷不明等情
如有此情寄主出頭支理不涉買主之事
其期言約四年為限期滿有能之日
備銀照寄佃字面取贖如未贖仍付管
業今欲有憑立寄佃字乙帋並帶葉
聖眾原契乙紙又帶岺字兩紙又帶聲
蔚贖回契壹紙計共伍紙付執為照
民國三十年十一月　日立寄佃字葉東聘
在見葉鴻楷
中人陳吉昔
代字陳宜熾

3-2-134-6 民國三十年十一月葉東聘立寄民佃田字

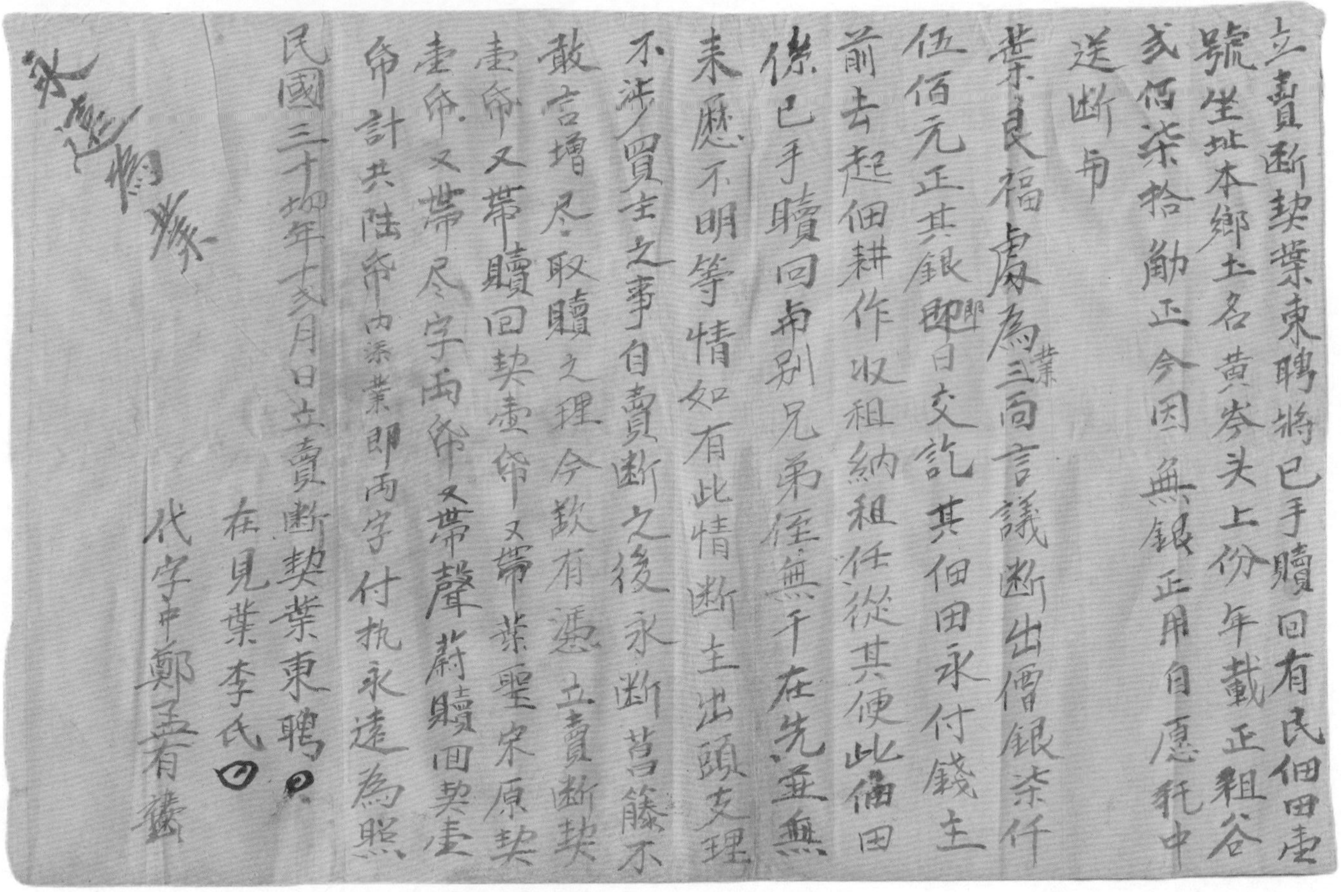
立賣斷契葉東聘將已手贖回有民佃田壹
號坐址本鄉土名黄岑头上份年載正租谷
貳佰柒拾觔正今因無銀正用自愿托中
送斷予
葉良福處為業三面言議斷出價銀柒仟
伍佰元正其銀即日交訖其佃田永付錢主
前去起佃耕作收租納租任從其便此佃田
係已手贖回弟別兄弟侄無干在先並無
來歷不明等情如有此情斷主出頭支理
不涉買主之事自賣斷之後永斷葛藤不
敢言增尽取贖之理今欲有憑立賣斷契
壹紙又帶贖回契壹紙又帶葉聖宋原契
壹紙又帶尽字兩紙又帶聲蔚贖回契壹
紙計共陆紙内添葉即兩字付执永遠為照
民國三十四年十弍月日立賣斷契葉東聘（押）
在見葉李氏（押）
代字中鄭孟有（押）
永遠管業

3-2-134-7　民國三十四年十二月葉東聘立賣斷民佃田契（一）

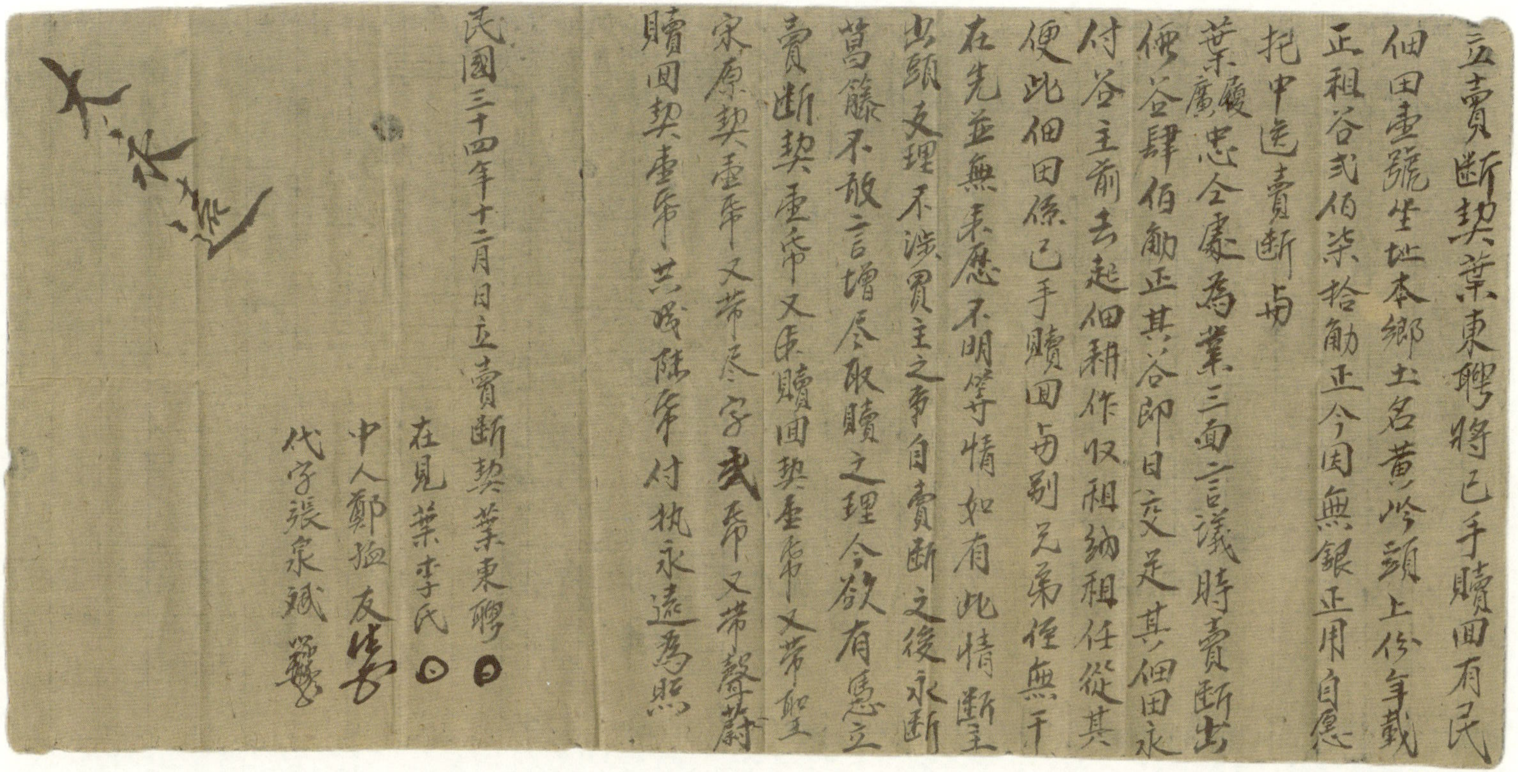

立賣斷契葉東聘將己手贖田有民
佃田壹號坐址本鄉土名黃嶺頭上份年載
正租谷弍佰柒拾觔正今因無銀正用自愿
托中送賣斷與
葉履廣忠仝康為業三面言議時賣斷出
價谷肆佰觔正其谷即日交足其佃田永
付谷主前去起佃耕作收租納租任從其
便此佃田係己手贖田與別兄弟侄無干
在先並無來歷不明等情如有此情斷主
出頭支理不涉買主之事自賣斷之後永斷
葛藤不敢言增尽取贖之理今欲有憑立
賣斷契壹帋又原贖田契壹帋又帯聖
宋原契壹帋又帯尽字弍帋又帯聲蔚
贖田契壹帋共成陸帋付執永遠為照
民國三十四年十二月日立賣斷契葉東聘（押）
在見葉李氏（押）
中人鄭捱友（押）
代字張泉斌（押）

3-2-134-8　民國三十四年十二月葉東聘立賣斷民佃田契（二）

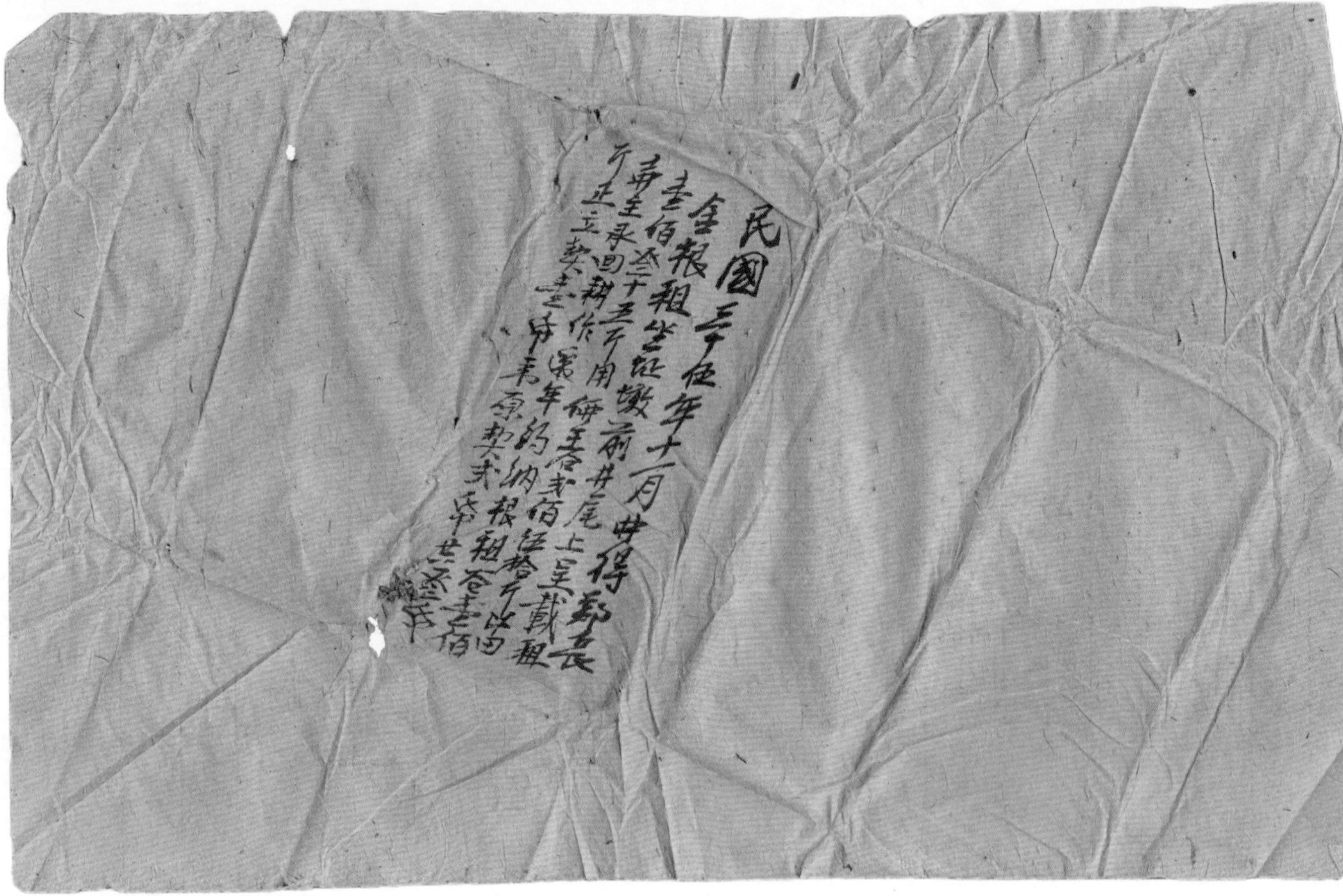

民國三十伍年十一月廿得鄭長
金根租坐址墩前井尾上呈截租
壹佰叁十三斤用價壹谷式佰伍拾斤收回
每主承回耕作遞年約納根租谷壹佰
斤正立契壹、中弟來原契式共廿叁紙

3-2-135-1　包契紙

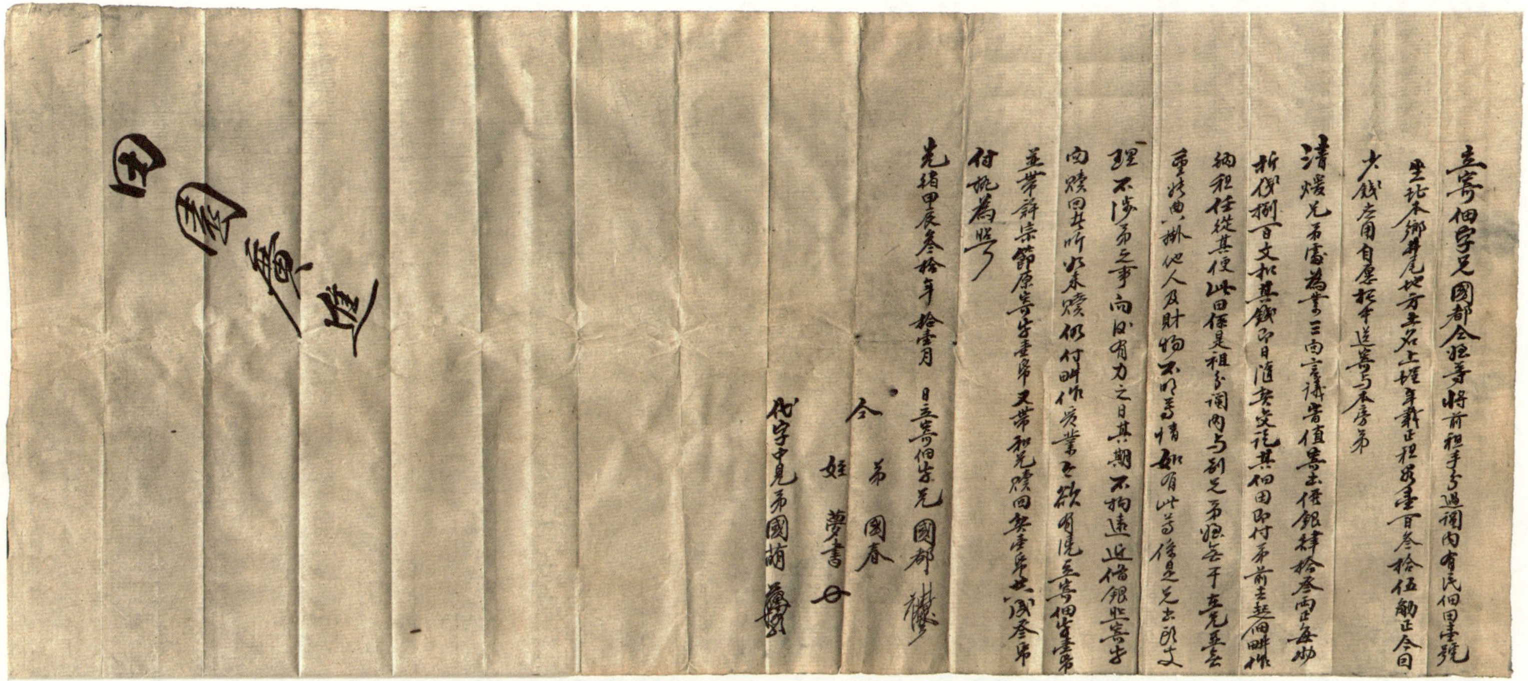

立寄佃字兄國都仝姪等，將前祖手分過閫內有民佃田壹號，
坐址本鄉井尾地方，土名上垅，年載正租谷壹百叁拾伍觔正。今因
乏錢應用，自愿托中送寄与本房弟
清煖兄弟處爲業。三面言議，時值寄出價銀肆拾叁兩正，每兩
折作捌百文，其錢即日隨契交訖。其佃田即付弟前去起佃耕作
納租，任從其便。此田係是祖分閫內之物，与別兄弟姪無干。立兄并無
重張典掛他人及財物不明等情，如有此等，係是兄出頭支
理，不涉弟之事。向日有力之日，其期不拘遠近，備銀照寄字
內贖回；其所以未贖，仍付耕作爲業。今欲有憑，立寄佃字壹帋，
并帶肆宗節原寄字壹帋，又帶初兄贖回契壹帋，共成叁帋，
付執爲照。

光緒甲辰叁拾年拾壹月　日立寄佃字兄國都（押）
仝　弟　國春
姪　夢書（押）
代字中見弟國葫（押）

3-2-135-2　清光緒三十年十一月葉國都等立寄民佃田字

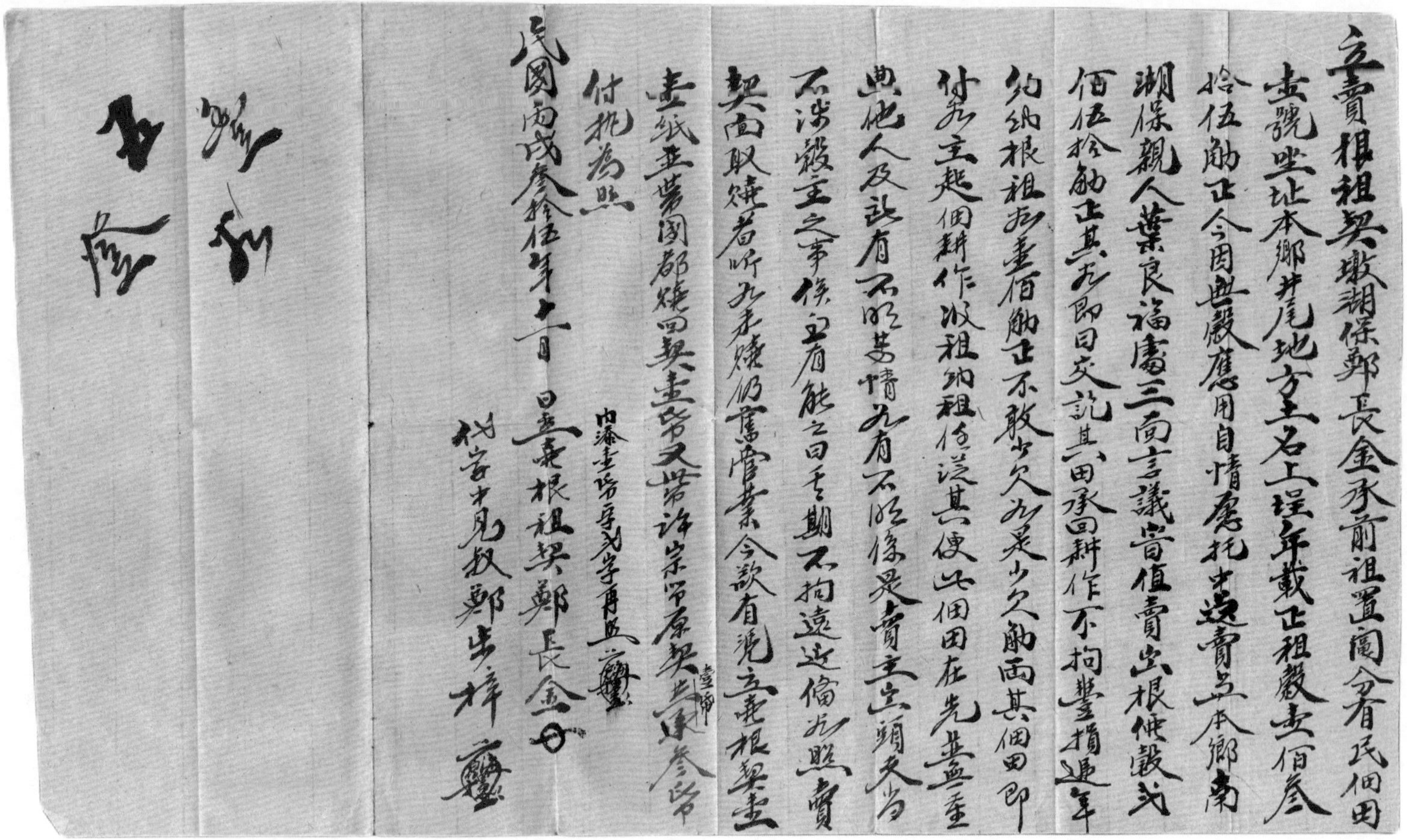

立賣根租契墩湖保鄭長金承前祖置鬮分有民佃田
壹號坐址本鄉井尾地方土名上埕年載正租穀壹佰叁
拾伍觔正今因無穀應用自情愿托中送賣與本鄉南
湖保親人葉良福處三面言議當值賣出根價穀弍
佰伍拾觔正其穀即日交訖其田承回耕作不拘豐歉逐年
約納根租穀壹佰觔正不敢少欠如是少欠觔兩其佃田即
付與主起佃耕作收租納租任從其便此佃田在先并無重
典他人及設有不明等情如有不明係是賣主出頭支當
不涉穀主之事係已有能之日壹期不拘遠近備出照賣
契面取贖肴聽如未贖仍舊管業今欲有憑立賣根契壹
壹紙并帶闔部贖回契壹紙又帶許宗帶原契壹帶叁紙
付執為照
民國丙戌叁拾伍年十一月　日立賣根租契鄭長金（押）
內添壹紙字再照（押）
代字中見叔鄭步梓（押）

3-2-135-3　民國三十五年十一月鄭長金立賣民佃田根租契

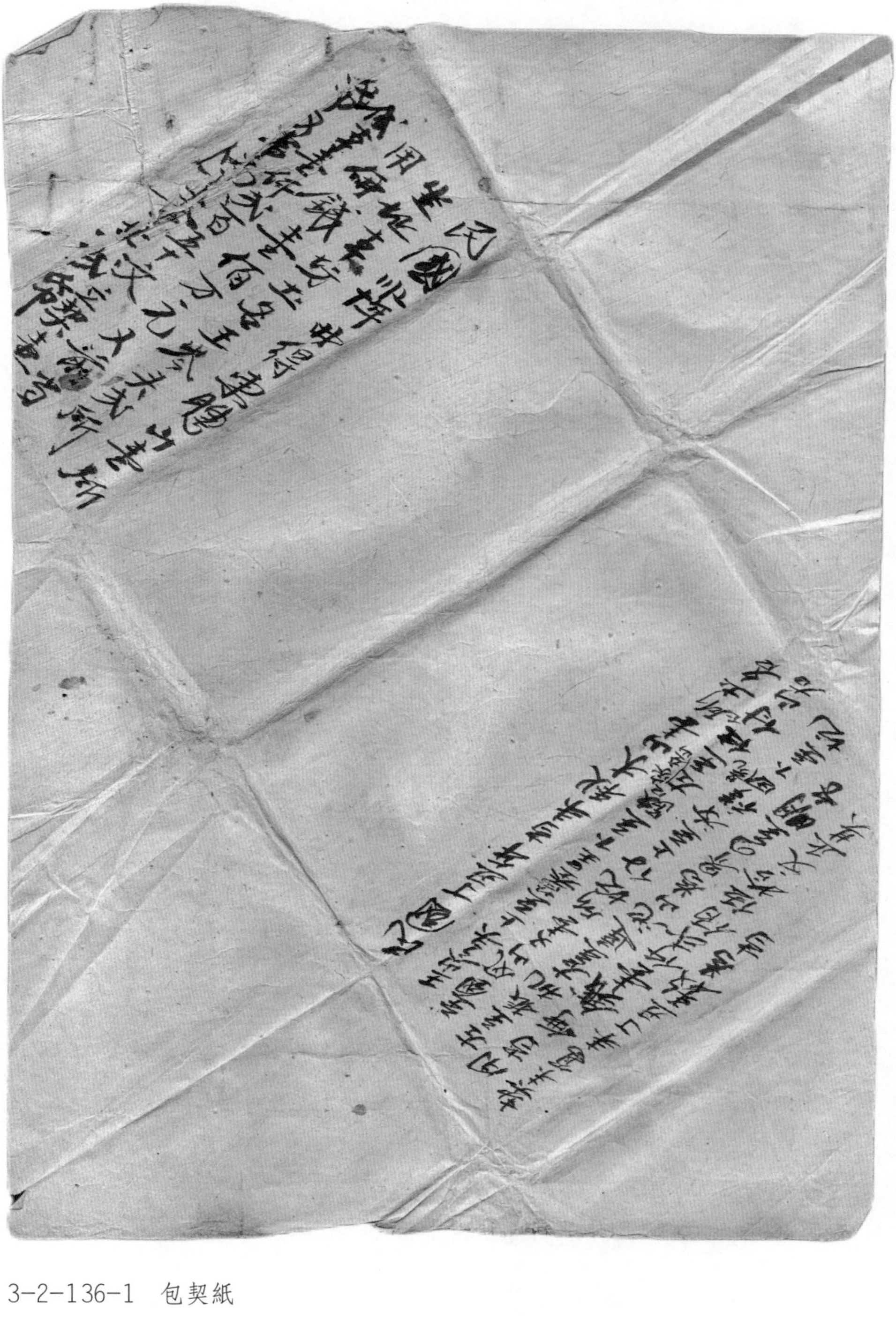

3-2-136-1　包契紙

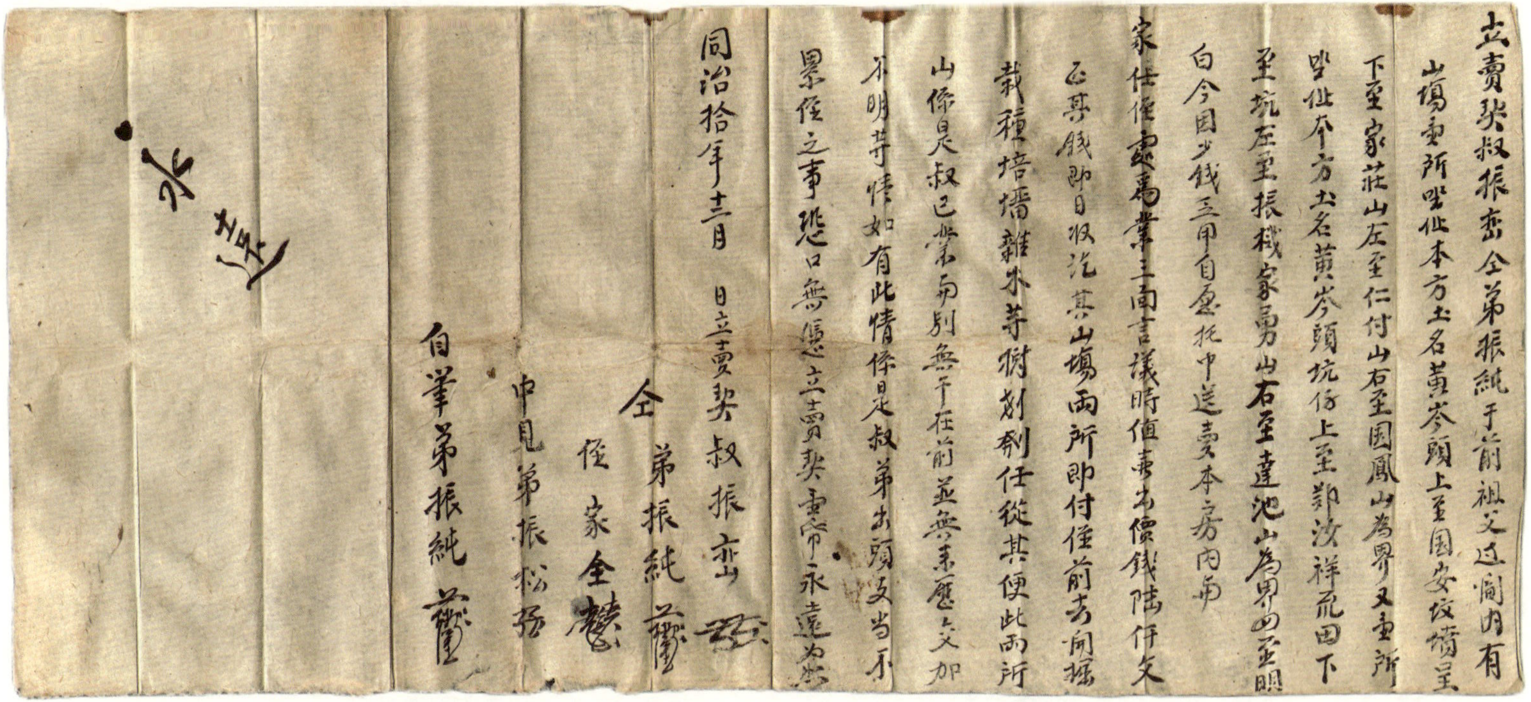
立賣契叔振峦仝弟振純于前祖父边間內有
山場壹所坐址本方土名黄岑頭上至国安坟墙呈
下至家莊山左至仁付山右至国鳳山為界又壹所
坐址本方土名黄岑頭坑仔上至鄭汝祥瓦田下
至坑左至振栈家另山右至達池山為界四至明
白今因少钱三甲自愿托中送賣本房内弟
家任侄處為業三面言議時值價钱陆仟文
正其钱即日收讫其山場兩所即付侄前去開掘
栽種培播雜木等樹刻刹任從其便此兩所
山係是叔已業与别無干在前並無來歷文加
不明等情如有此情係是叔弟出頭支当不
累侄之事恐口無憑立賣契壹帋永遠為照
同治拾年十二月　日立賣契叔振峦（押）
仝　弟振純（押）
侄家全（押）
中見弟振松（押）
自筆弟振純（押）

3-2-136-2　清同治十年十二月葉振峦等立賣山場契

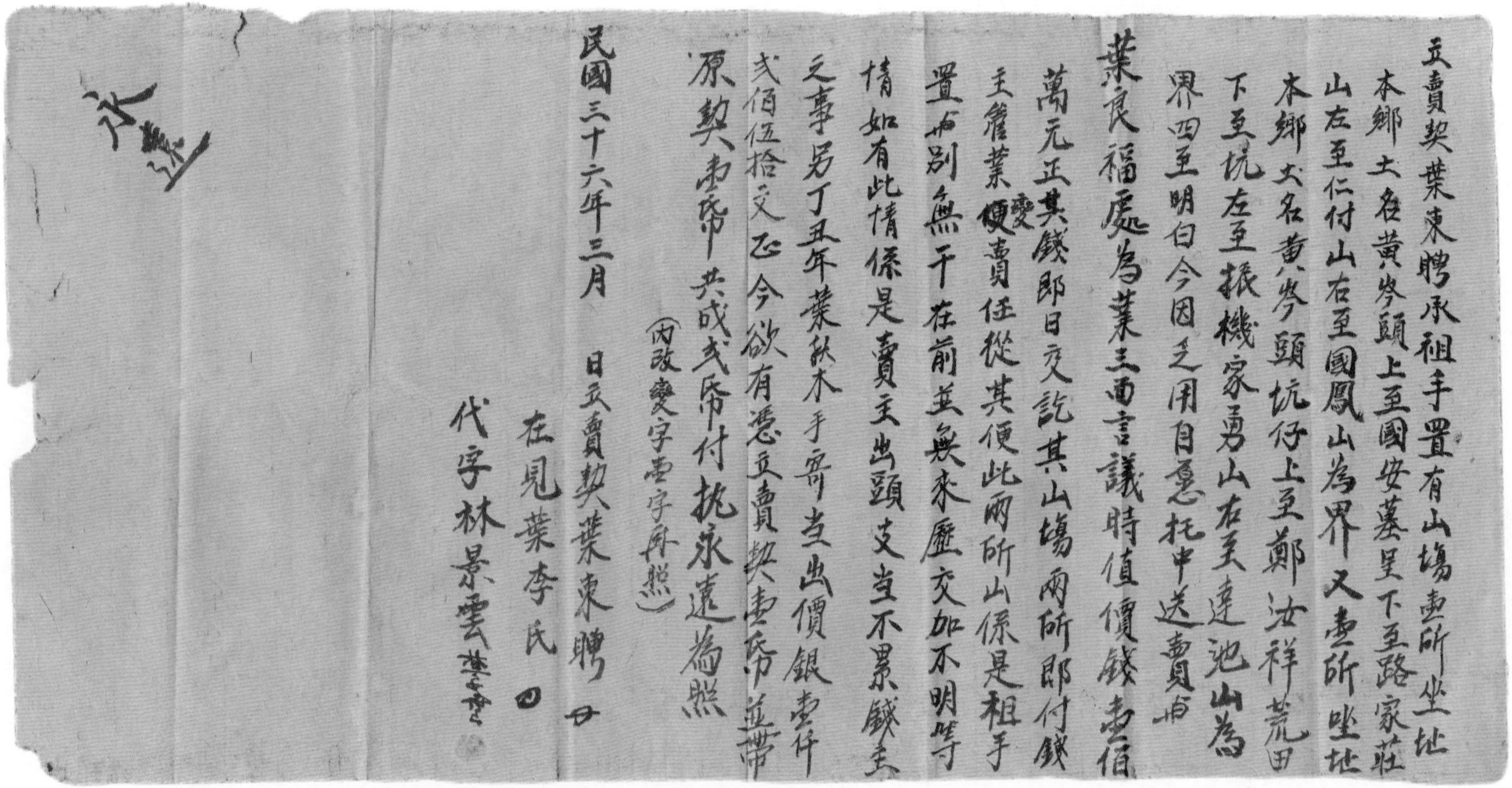
立賣契葉東聘承祖手置有山場壹所坐址
本鄉土名黃岑頭上至國安墓呈下至路家莊
山左至仁付山右至國鳳山為界又壹所坐址
本鄉土名黃岑頭坑仔上至鄭汝祥荒田
下至坑左至振機家勇山右至達池山為
界四至明白今因乏用自愿托中送賣與
葉良福處為業三面言議時值價錢壹佰
萬元正其錢即日交訖其山場兩所即付錢
主管業變便賣任從其便此兩所山係是祖手
置與別無干在前並無來歷交加不明等
情如有此情係是賣主出頭支当不累錢主
之事另丁丑年葉秋木手寄出價銀壹仟
弍佰伍拾文正今欲有憑立賣契壹紙並帶
原契壹紙共成弍紙付執永遠為照
（內改變字壹字再照）
民國三十六年三月　日立賣契葉東聘（押）
在見葉李氏（押）
代字林景雲（押）

3-2-136-3　民國三十六年三月葉東聘立賣山場契

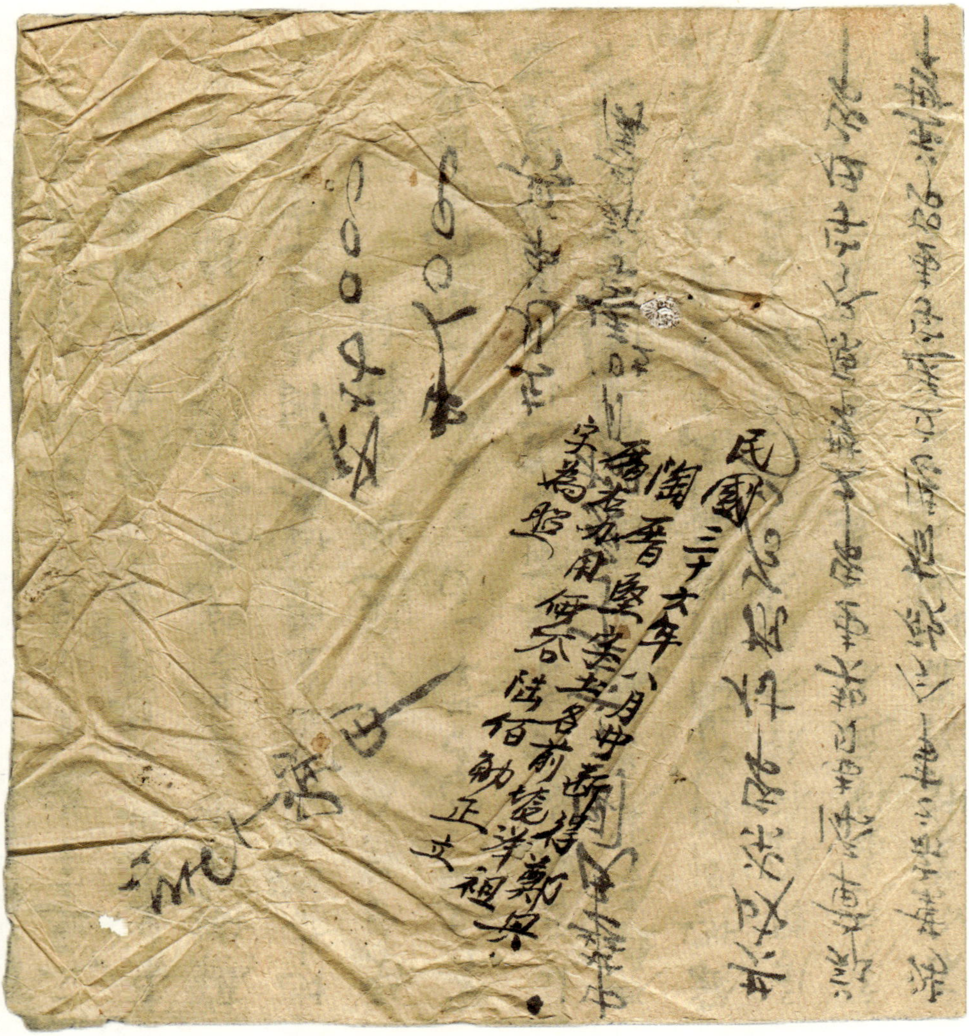
民國三十六年八月廿一日新得
閩看墨業土名前墘洋鄭與祖
為石如用每谷陆佰觔正立
字為照

3-2-137-1　包契紙

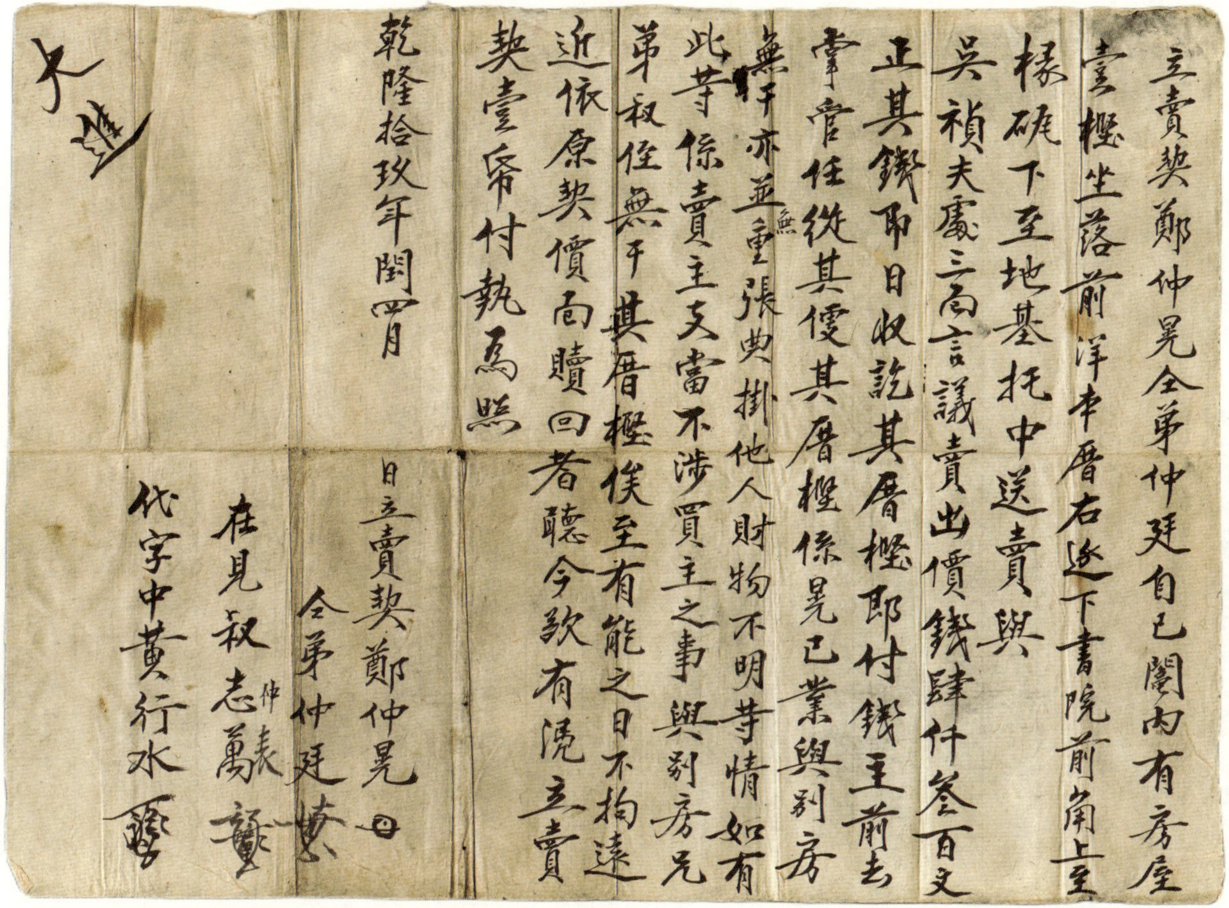
立賣契鄭仲晃仝弟仲廷自己閹内有房屋
壹植坐落前洋本厝右邊下書院前角上至
椽硃下至地基托中送賣與
吳禎夫處三面言議賣出價錢肆仟叁百文
正其錢即日收訖其厝植即付錢主前去
掌管任從其便其厝植係晃己業與别房
無干亦並無重張典掛他人財物不明等情如有
此等係賣主支當不涉買主之事與别房兄
弟叔侄無干其厝植俟至有能之日不拘遠
近依原契價面贖回者聽今欲有憑立賣
契壹帋付執為照
乾隆拾玖年閏四月 日立賣契鄭仲晃（押）
仝弟仲廷（押）
在見叔志萬 仲表（押）
代字中黄行水（押）
大吉

3-2-137-2 清乾隆十九年閏四月鄭仲晃等立賣房屋契

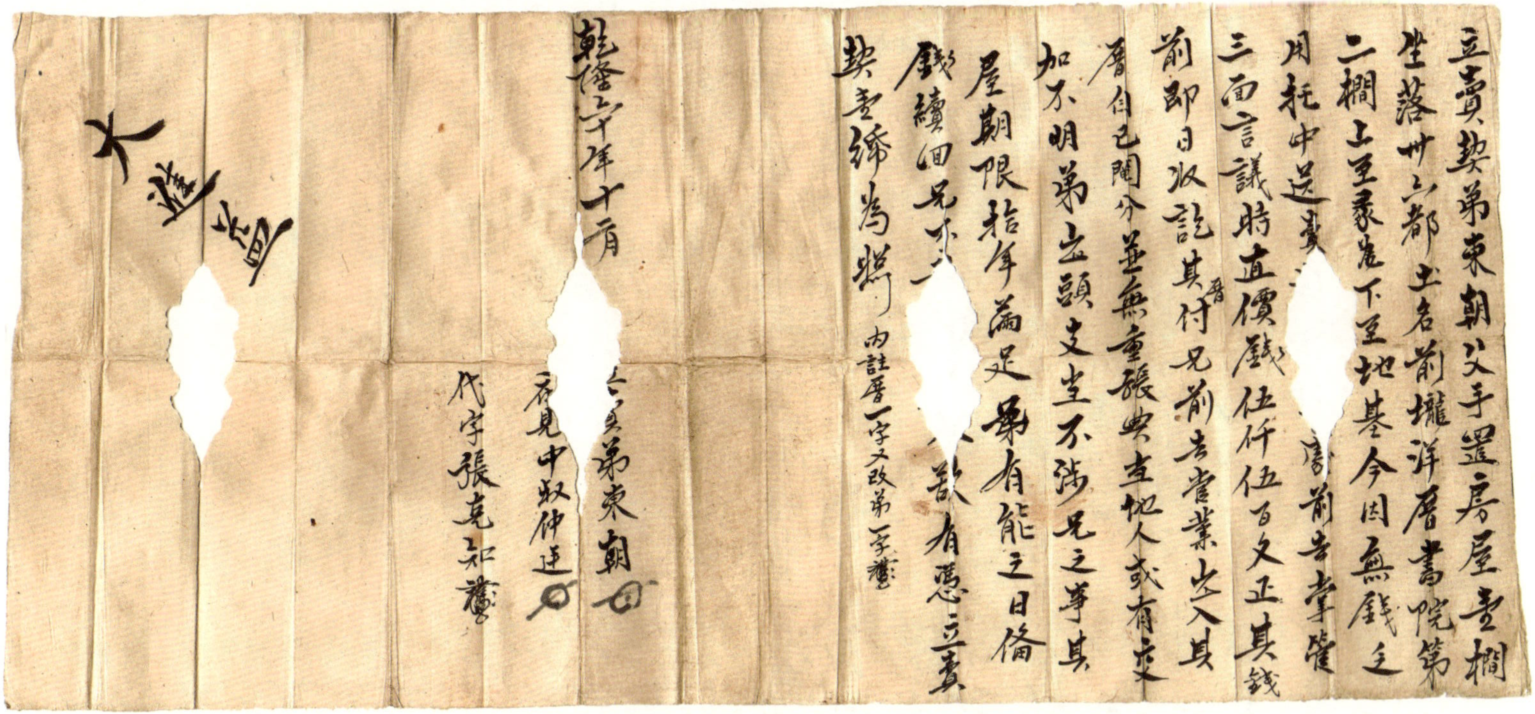
立賣契弟東朝，父手置房屋壹棝，
坐落廿六都土名前壠洋厝書院第
二棝，上至椽下至地基。今因無錢乏
用，托中送[illegible]房前去掌管。
三面言議時直價錢伍仟伍百文正，其錢
前即日收訖，其厝付兄前去管業出入。其
厝自己閫分，並無重張典當他人，或有來
歷不明，弟出頭支當，不涉兄之事。其
屋期限拾年滿足，弟有能之日備
錢續回，兄不[illegible]歡，有憑立賣
契壹紙為照。　內註厝一字又改弟一字。押
乾隆六十年十二月　日　立賣契弟東朝（押）
在見中叔伸廷（押）
代字張克知（押）
大[illegible]

3-2-137-3　清乾隆六十年十二月葉東朝立賣房屋契

立繳賣契叔爲朝，于前年間弟買得本房弟東朝
屋樫坐址本厝前蓋洋厝右邊下書院第弍桐
東朝應前壹樫，自己應後壹樫，共壹番弍樫，上
至椽瓦，下至柱磉礤石、地基、前後通廊，四至明白。
今因無銀之用，自愿托中送賣與本房天寶侄
邊，三面言議，時值價銀壹拾兩正，每兩折錢捌百
文，和其銀即日隨契文訖。其屋樫付侄前去住
任從其便。其屋樫自己閹內與別[illegible]
弟叔侄無干，在先並無重張典掛他人，不明等情，
如此情係是叔出頭支理，不涉侄之事。其言約期
貳拾年外，侄至有能之日，備銀照契面取贖，者听。
恐是未贖任付掌受，今欲有憑，立繳賣契共弍
紙付執爲照。

道光叁年拾弍月　日　立繳賣契叔爲朝（押）
仝男文占（押）
在見侄文聚（押）
代字中吳振盛（押）

大進壹

3-2-137-4　清道光三年十二月葉爲朝等立繳賣屋樫契

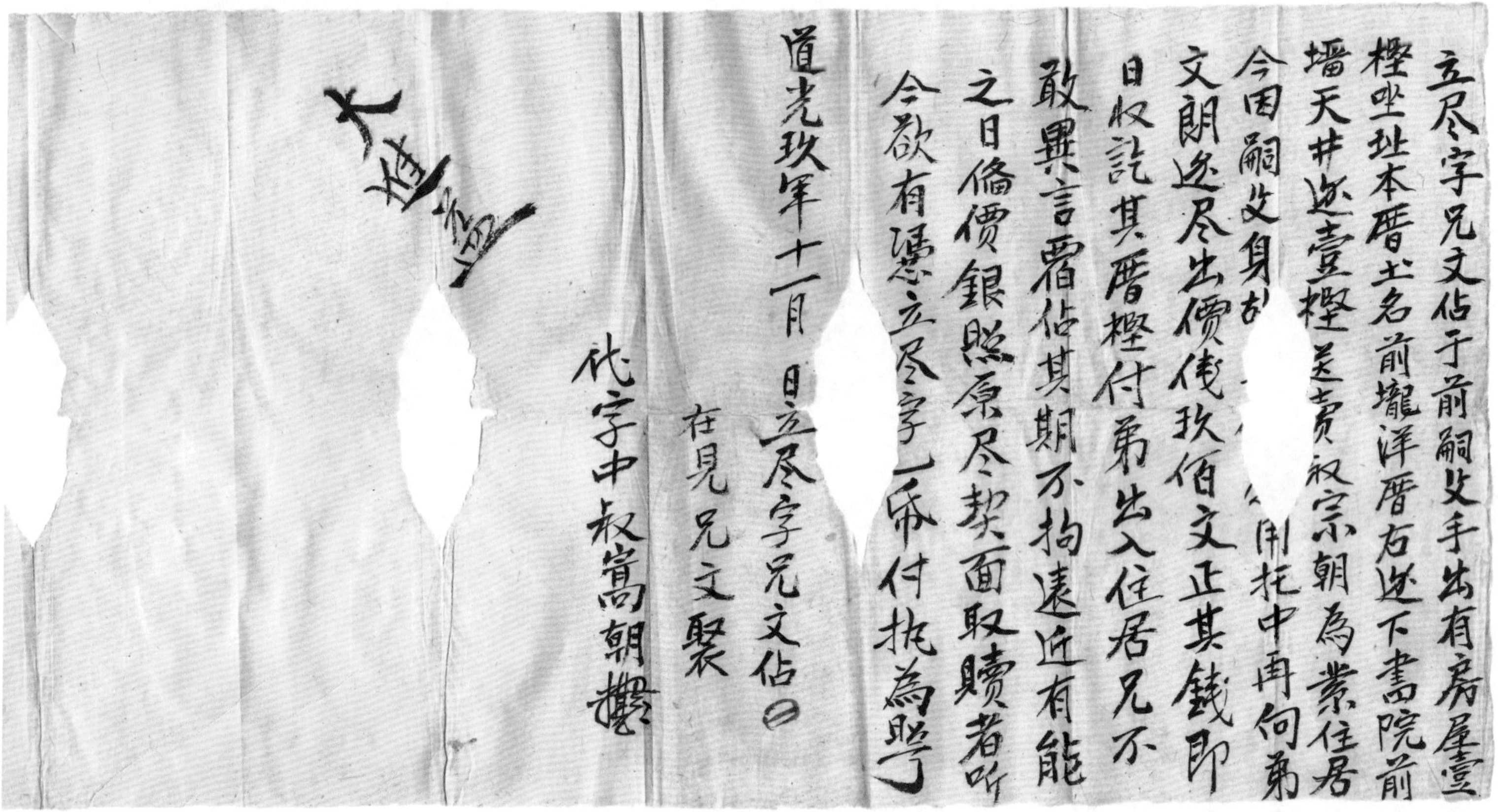

立尽字兄文佔于前嗣叟手出有房屋壹
樫坐址本厝土名前壠洋厝右边下書院前
墙天井边壹樫送賣叔宗朝為業住居
今因嗣叟身故□□用托中再向弟
文朗边尽出價伐玖佰文正其錢即
日收訖其厝樫付弟出入住居兄不
敢異言覇佔其期不拘遠近有能
之日備價銀照原尽契面取贖者听
今欲有憑立尽字一帋付执為照
道光玖年十一月　日立尽字兄文佔㊀
在見兄文聚
代字中叔嵩朝

3-2-137-5　清道光九年十一月葉文佔立盡房屋字

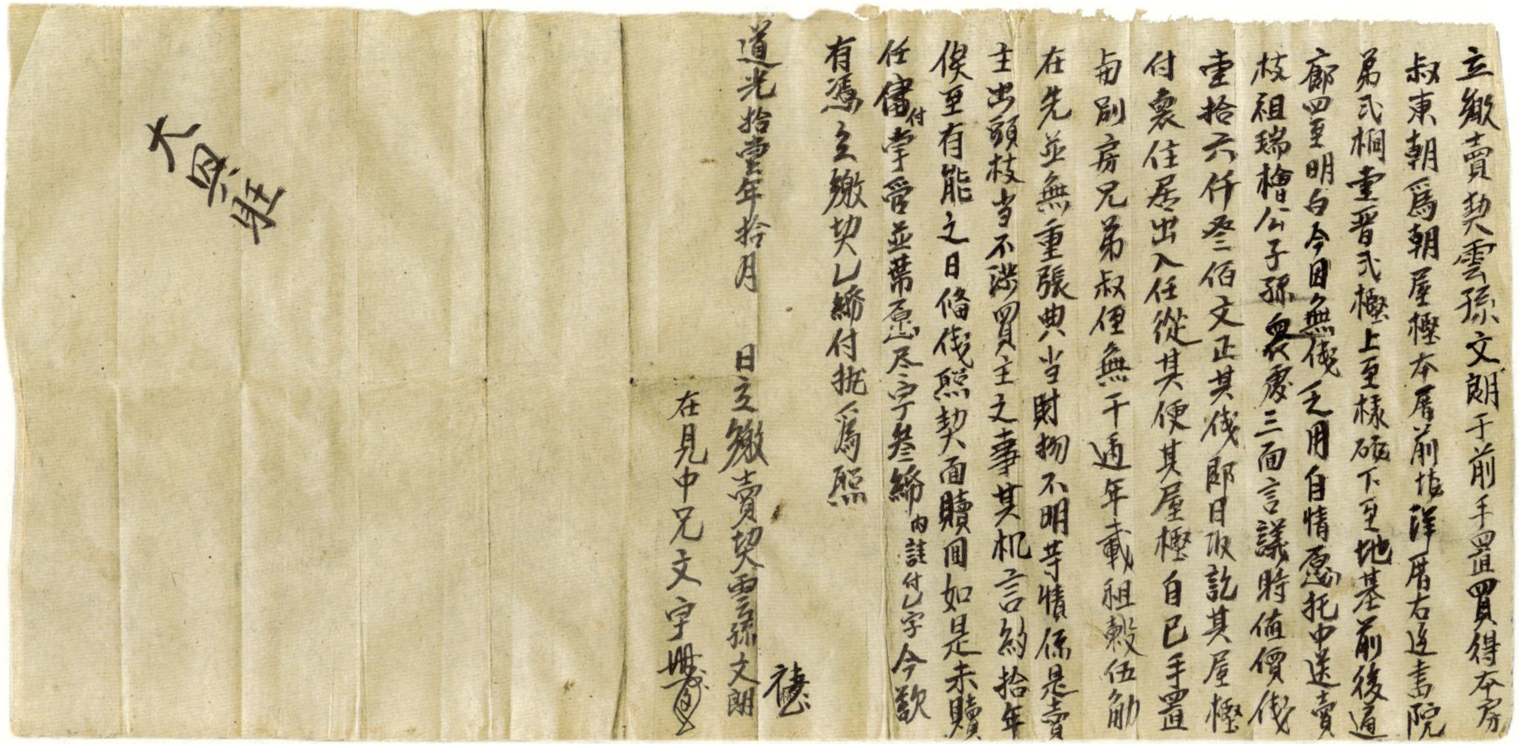
立繳賣契雲孫文朗于前手置買得本房
叔東朝爲朝屋樫本厝前拖洋厝右邊書院
曷弍桐壹晋弍極上至椽磁下至地基前後道
廊四至明白今因無錢乏用自情愿托中送賣
枝祖瑞檜公子孫衆處三面言議時値價錢
壹拾六仟叁佰文正其錢即日收訖其屋樫
付衆住居出入任從其便其屋樫自己手置
與别房兄弟叔侄無干邇年載租穀伍觔
在先並無重張典当財物不明等情係是賣
主出頭枝当不諑買主之事其机言約拾年
後至有能之日備錢照契面贖回如是未贖
任儲付掌管並帶愿尽字叁綿内註付山字今欲
有憑立繳契山綿付批爲照
道光拾壹年拾月　日立繳賣契雲孫文朗 號
在見中兄文字 押
大貝莊

3-2-137-6　清道光十一年十月葉文朗立繳賣屋樫契

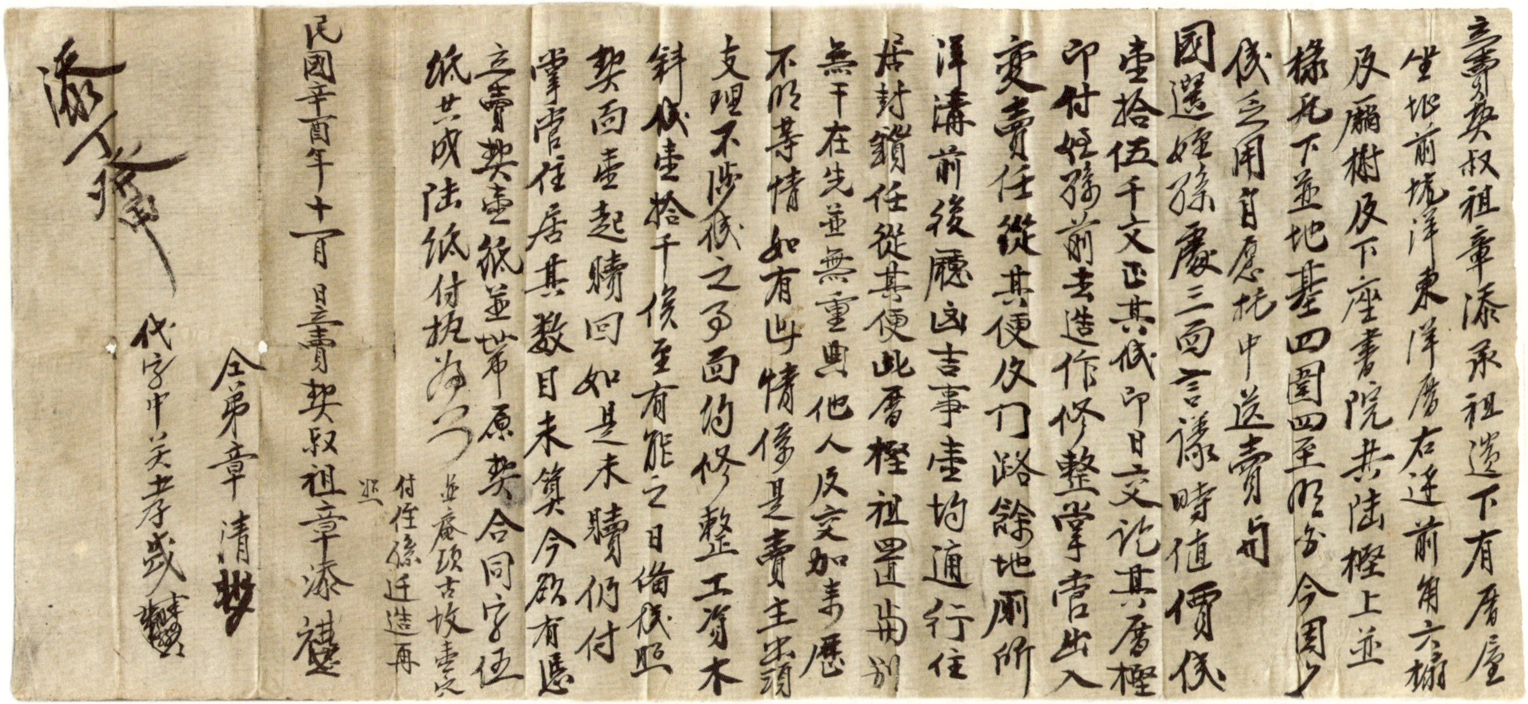

3-2-137-7　民國十年十一月葉章添等立賣厝屋契

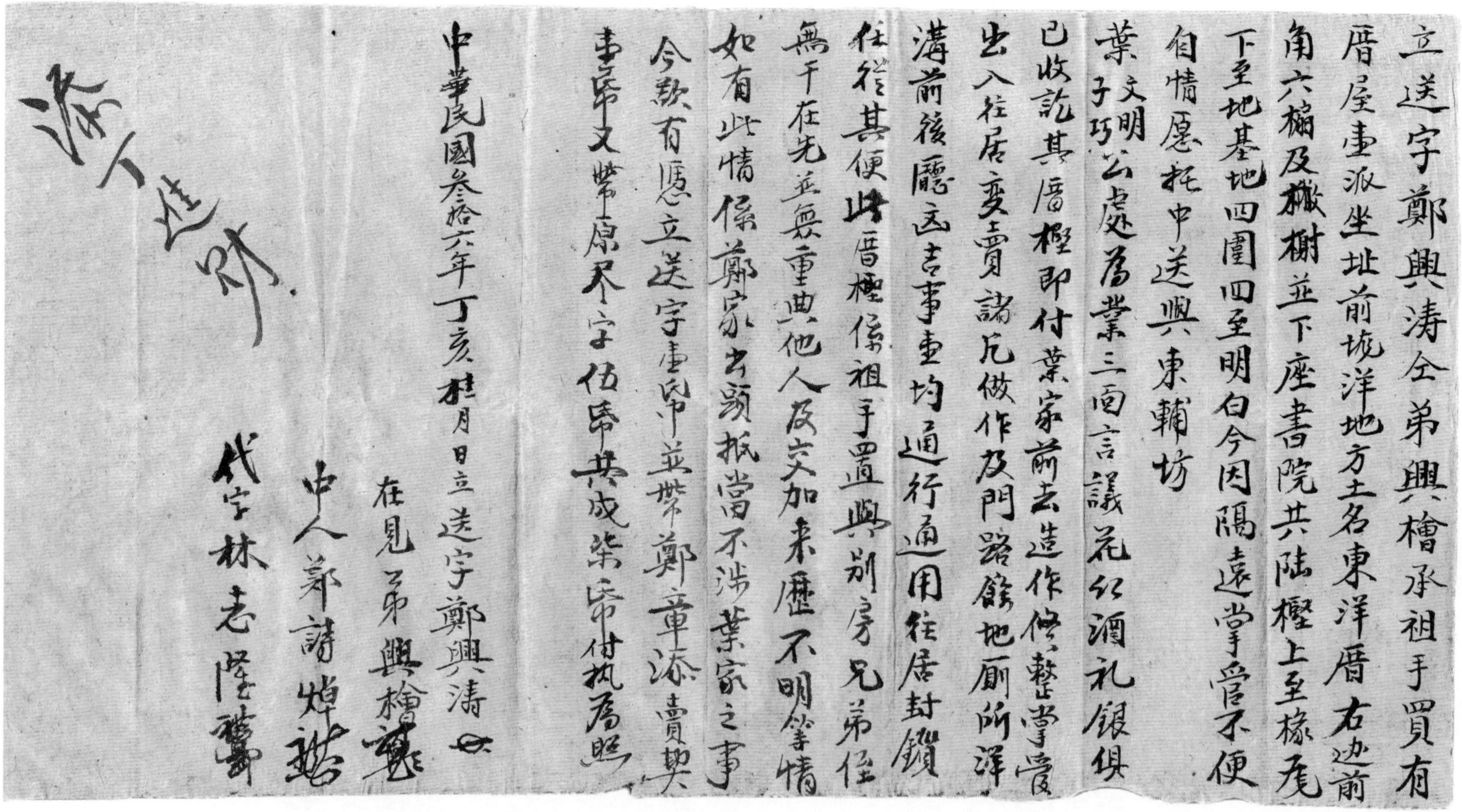

立送字鄭興涛仝弟興檜承祖手買有
厝屋壹派坐址前垅洋地方土名東洋厝右边前
角六榀及櫬樹並下座書院共陸櫁上至椽尾
下至地基地四圍四至明白今因隔遠掌管不便
自情愿托中送與東輔坊
葉文明子巧公處為業三面言議花紅酒礼銀俱
已收訖其厝櫁即付葉家前去造作修整掌管
出入住居变賣諸凡做作及門路餘地厕所洋
溝前後廳區吉事壹均通行通用住居封鎖
任從其便此厝櫁係祖手置與別房兄弟侄
無干在先並無重典他人及交加来歷不明等情
如有此情係鄭家出頭抵當不涉葉家之事
今欲有憑立送字壹帋并帶鄭軍添賣契
壹帋文帶原尽字伍帋共成柒帋付執為照
中華民國叁拾六年丁亥桂月日立送字鄭興涛（押）
在見弟興檜（押）
中人鄭請焯（押）
代字林志隆（押）
添入送叶

3-2-137-8　民國三十六年八月鄭興濤等立送厝屋字

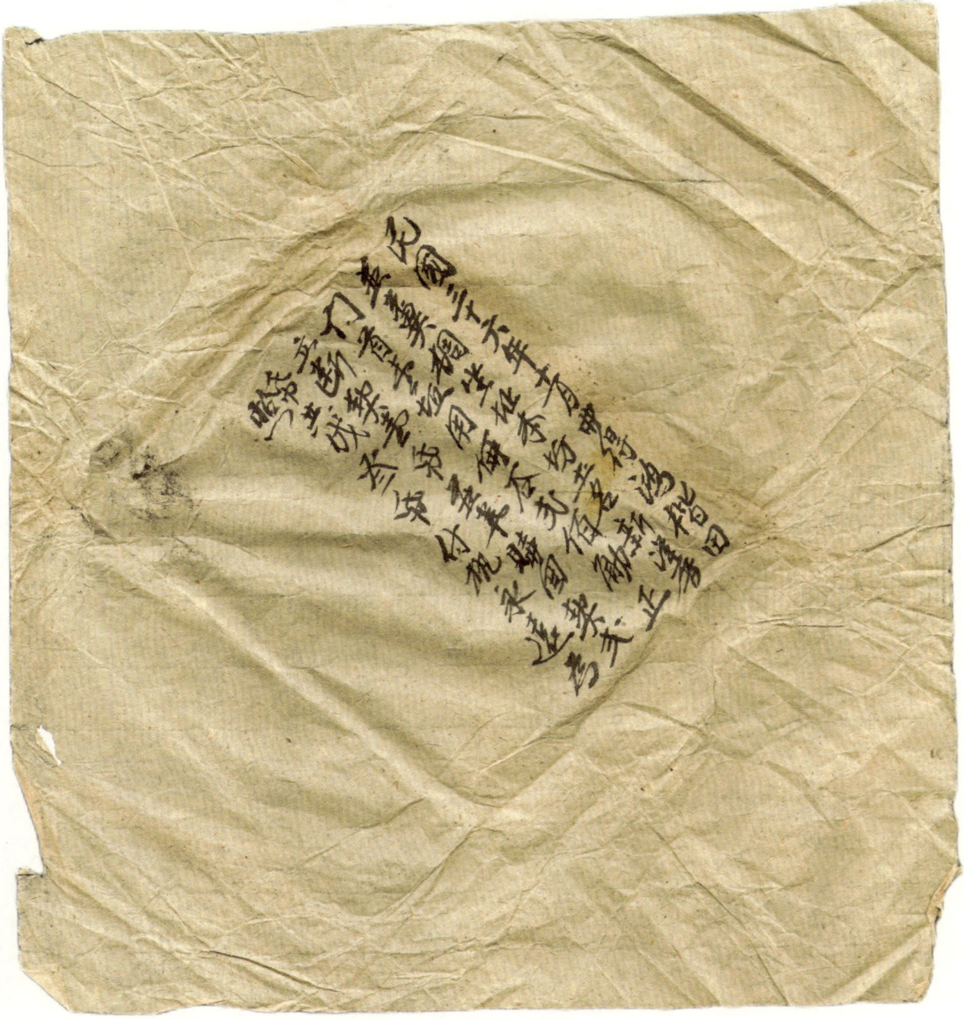

3-2-13Ɛ-1　包契紙

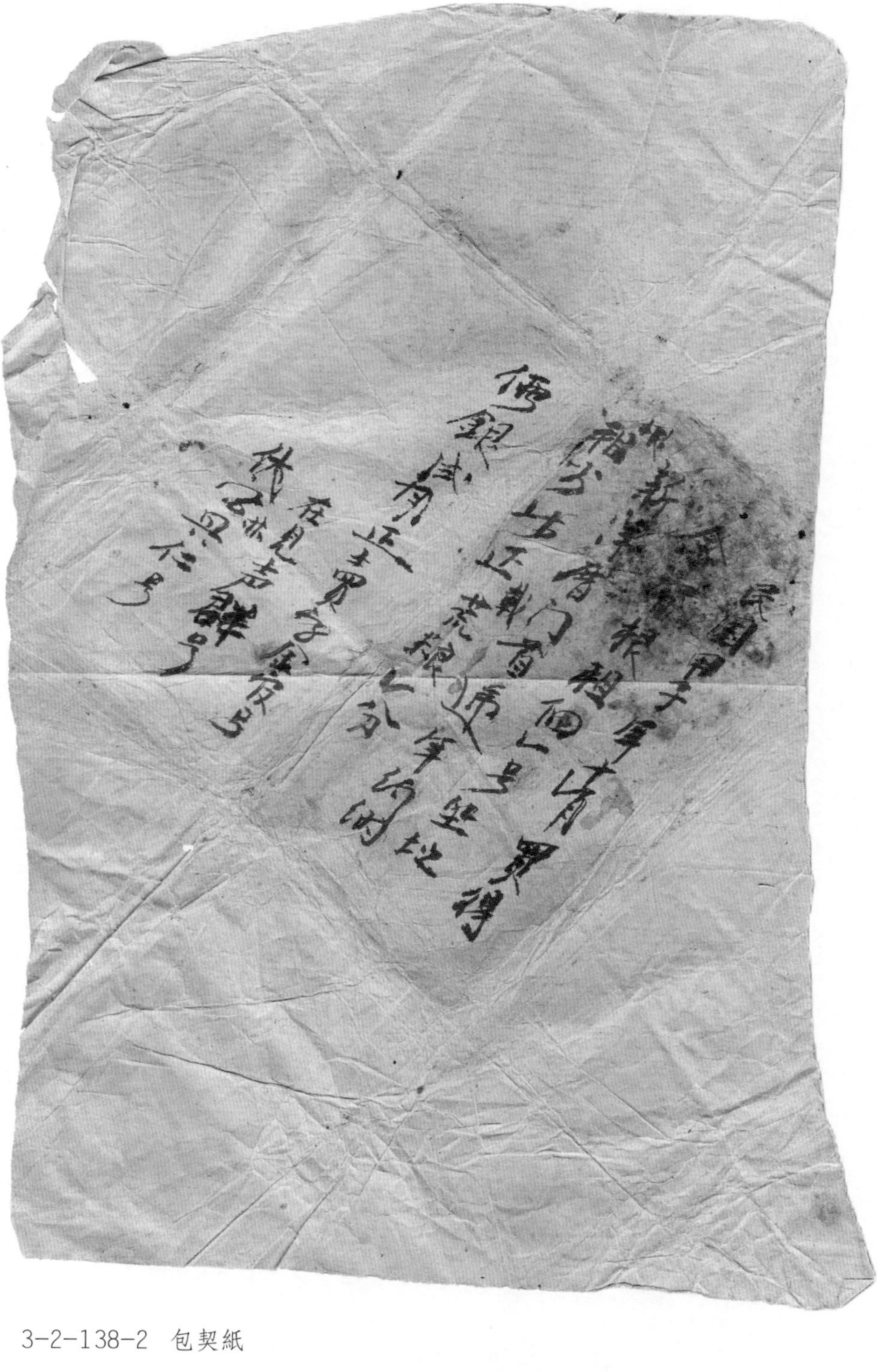

3-2-138-2　包契紙

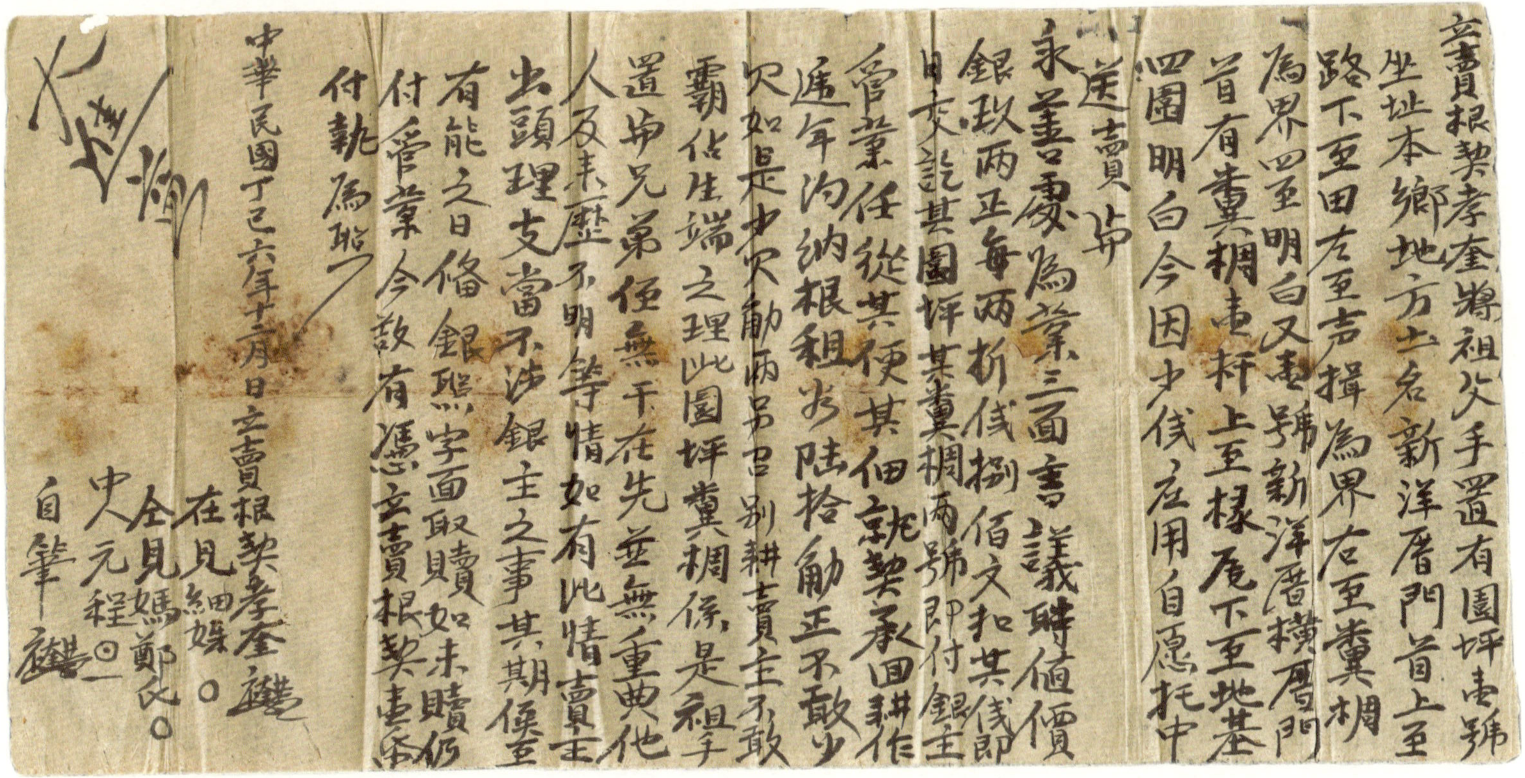
立賣根契孝奎將祖父手置有園坪壹號
坐址本鄉地方土名新洋厝門首上至
路下至田左至吉揖為界右至糞桐
為界四至明白又壹號新洋厝横厝門
首有糞桐壹杆上至椽尾下至地基
四圍明白今因少錢應用自愿托中
送賣與
永善處為業三面言議時值價
銀玖兩正每兩折錢捌佰文加其錢即
日交訖其園坪其糞桐兩號即付銀主
管業任從其便其佃就契承回耕作
逓年納根租谷陸拾觔正不敢少
欠如是少欠觔兩另召別耕賣主不敢
霸佔生端之理此園坪糞桐係是祖手
置與兄弟侄無干在先並無重典他
人及来歷不明等情如有此情賣主
出頭理支當不涉銀主之事其期係至
有能之日備銀照字面取贖如未贖仍
付管業今欲有憑立賣根契壹紙
付執為照
中華民國丁巳六年十二月日立賣根契孝奎（押）
在見細妹○
全見媽鄭氏○
中人元程○
自筆（押）

3-2-138-3　民國六年十二月葉孝奎立賣園坪糞桐根契

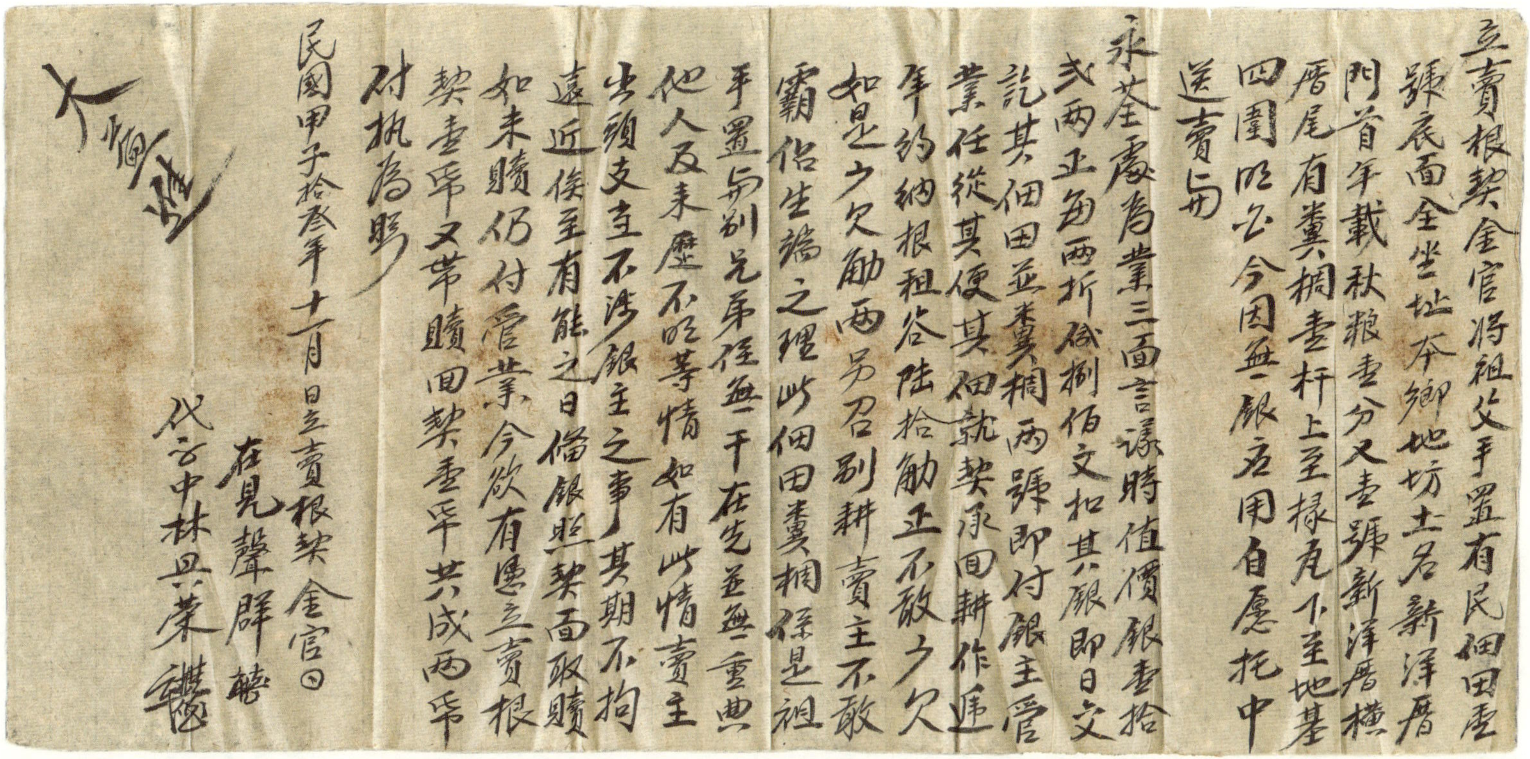
立賣根契金官將祖父手置有民佃田壹
號底面全坐址本鄉地坊土名新洋厝
門首年載秋粮壹分又壹號新洋厝横
厝尾有糞捐壹杆上至祿兄下至地基
四圍明白今因無銀应用自愿托中
送賣与
永荃處為業三面言議時值價銀壹拾
弍兩正每两折錢捌佰文扣其銀即日交
訖其佃田並糞捐兩號即付銀主管
業任從其便其佃就契承回耕作逐
年約納根租谷陸拾觔正不敢欠少
如是欠少觔兩另召別耕賣主不敢
霸佔生端之理此佃田糞捐係是祖
手置另別兄弟侄無干在先並無重典
他人及來歷不明等情如有此情賣主
出頭支当不涉銀主之事其期不拘
遠近候至有能之日備銀照契面取贖
如未贖仍付管業今欲有憑立賣根
契壹紙又帶贖回契壹紙共成兩紙
付执為照
民國甲子拾叁年十一月日立賣根契金官〇
在見聲群（押）
代字中林興業（押）

3-2-138-4　民國十三年十一月葉金官立賣民佃田等根契

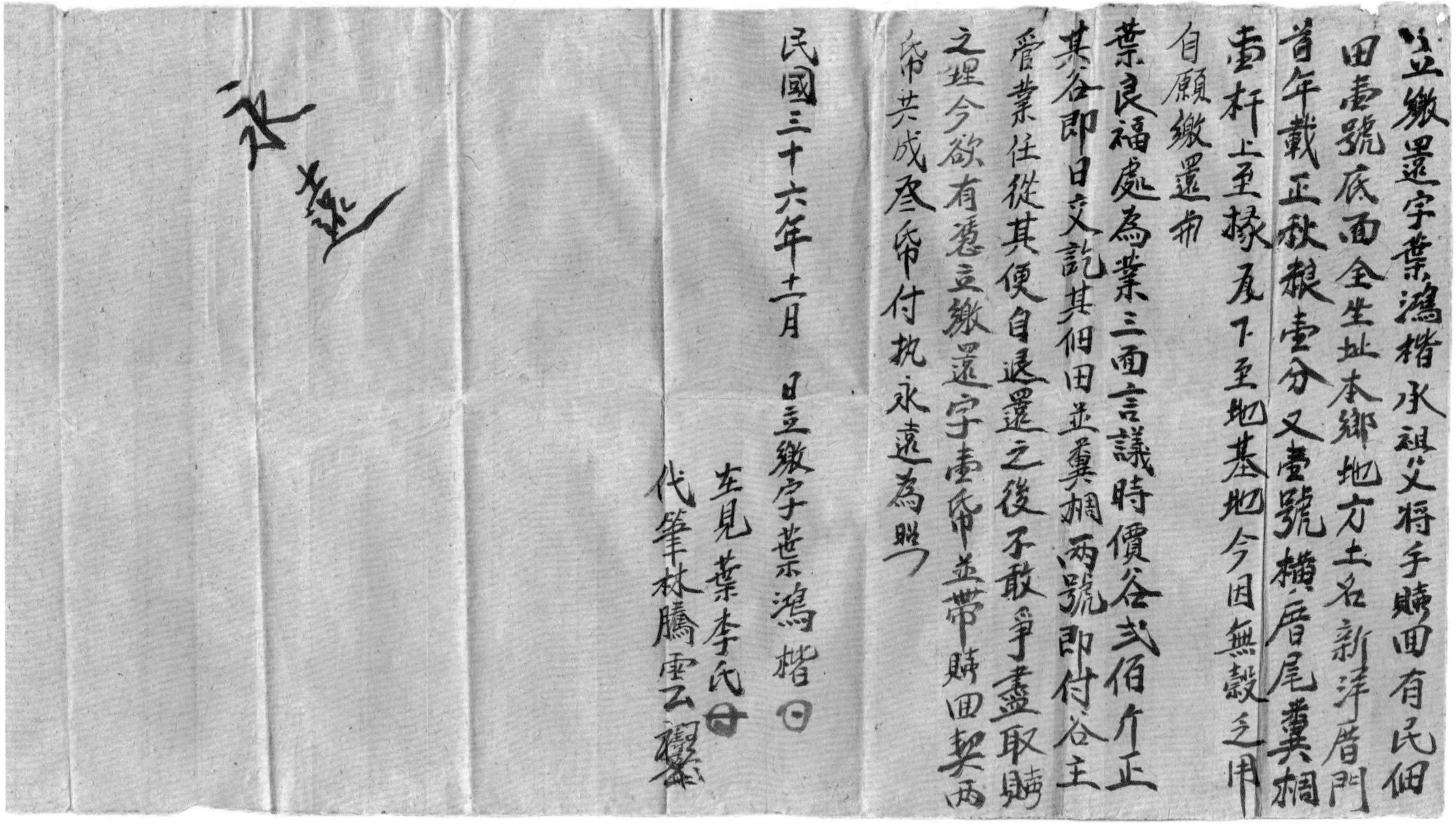
立繳還字葉鴻楷承祖父将手贖田有民佃
田壹號底面全生址本鄉地方土名新洋厝門
首年載正秋粮壹分又壹號橫厝尾糞桶
壹杆上至椽皮下至地基地今因無穀乏用
自願繳還布
葉良福處為業三面言議時價谷弍佰斤正
其谷即日交訖其佃田並糞桶兩號即付谷主
管業任從其便自退還之後不敢爭盡取贖
之理今欲有憑立繳還字壹帋並帶贖田契兩
帋共成叁帋付執永遠為照

民國三十六年十一月　日立繳字葉鴻楷（押）
在見葉李氏（押）
代筆林騰雲（押）

永遠

3-2-138-5　民國三十六年十一月葉鴻楷立繳還民佃田字

FOURTEEN — EVENING NEWS

Roosevelt's aims for 4 yea[r]

War plans on greed mapped

(Continued from Page 1)

will prove sympathetic to a demand from organized labor that the old-age benefit program, belabored by Republicans in the pay envelope campaign, be revised to throw more of the financial burden on income taxation—which means on profits.

Another attempt will be made to pass food and drug legislation for the protection of consumers.

Roosevelt's promise to keep fighting for shorter hours, higher wages, abolition of monopoly, and unfair competition and dishonest trade practices, plus a promise to protect consumers against "unnecessary price spreads," will find expression in various ways—with a federal law to regulate corporations the goal.

According to present plans, the administration will resume its gradual attack on holding companies, which it regards as "milking machines" as well as devices for controlling other people's money.

Present policy is to slowly increase the federal tax on intercorporate dividends, which now amounts to about 2½ per cent, and give the holding companies time to dissolve.

Principal of the graduated corporation income tax, which discourages bigness in finance and industry, probably will be extended.

The tax on undivided corporation surpluses may be revised, but not in the interests of big corporations. Roosevelt reasons that those surpluses are the war chest of monopoly which enables Big Business to grow bigger by starting new enterprises which either gobble up or drive out the little fellows.

An early request for new federal legislation as to investment companies is probable, since they have become an important instrument of concentrated financial control.

The fight for a federal corpora-

Mrs. Penner's boy Joe in bad

Maybe he kept his duck in the parlor.

At any rate—whatever he kept in the parlor, Joe Penner, radio, air and screen comedian was hard on furniture in the house he leased from Clair Smith for eight months last year.

That's what was charged today in a $3315.25 damage suit filed against the actor. Mrs. Smith asserts he leased her home at 1019 North Roxbury drive on October 5, 1935, and had damaged the furnishings to that extent when he left last June.

Marshal 'on spot' in strike

(Continued from Page 1)

had sobered. They have also turned over five wanted men to the police.

Two men, however, were arrested by the police. They are O. O. Dunnigan and Raymond L. Harding, both of 822 West 14th street, San Pedro, who were taken into custody when they assertedly followed a truck to the waterfront. Arresting officers said they found the men armed with clubs.

There are now 52 idle ships in the harbor. An innovation in west coast strike tactics was reported aboard one of these, the Grace liner Santa Rosa, which arrived yesterday with 115 passengers.

The crew announced that starting today, between 8 a. m. and 4 p. m., they would stage a "sit down" strike.

The Norwegian tanker Glittre was branded unfair, and the Ferryboatmen's union was notified not to handle her lines or furnish a pilot, after the crew reputedly loaded several hundred tons of oil ... considered longshore-

Loyalists still fight for city

(Continued from Page 1)

began and in recent nights, have tried to add to confusion by firing from housetops.

Miaja gave all citizens until midnight tonight to surrender arms to police. After that, any private individuals who bear arms will be considered rebels and will be dealt with under martial law—shot.

The new Loyalist Foreign legion gave promise of being an asset of first rate importance to the Loyalists. The men seem to be army veterans. Most of them are Russians. They wear trim khaki uniforms and khaki berets. They march and handle their rifles like real soldiers. One of those to whom I spoke, a Russian captain with hand grenades strung about his uniform, spoke perfect French.

Each day the Nationalist airplane attacks are intensified. There was no remaining doubt, because of the suddenness with which fleets of rebel planes appeared over the city, that the Nationalists have established an air base close to the city and have massed their planes there.

So suddenly do the planes appear that there is no warning until an anti-aircraft gun fires and the bombs begin dropping.

Fifty-three Americans now are sheltered in the American embassy and American newspaper correspondents are making their homes there.

Held back firmly on the other side of the Manzanares river, the Nationalists sought in their latest operations to find a weak spot in the Loyalist line.

Their principal point of attack, after unsuccessful thrusts by their extreme right and left wings, was the Casa Del Campo on the west side of the city.

They shelled heavily the new "University City," which when completed is intended to make Spain the envy of the world. I visited the city late yesterday and learned from the men there that the rebels succeeded in entering ... the Loy-

Headliner

A GRADUATE of the strip-tease ranks in burlesque, Gypsy Rose Lee, above, was chosen to lead the grand march at the senior formal dance of Columbia University. Jointly invited with Miss Lee, who now is a Follies headliner, were Mae West, Marlene Dietrich and Claudette Colbert, all film stars. The annual dance is one of Columbia's brightest social functions.

U. S. moves to heal strike rift

(Continued from Page 1)

own employes. This is in opposition to the unions' demand for continued control of the hiring halls. The unions also are demanding preferential employment and increased wage scales.

Admiral Harry G. Hamlet meanwhile announced postponement of the national maritime committee's fact-finding hearing into the maritime industry. This move was designed to clear the way for McGrady's peace drive.

The strike continued to spread into allied industries. Shipbuild-

3-2-139-1　包契紙

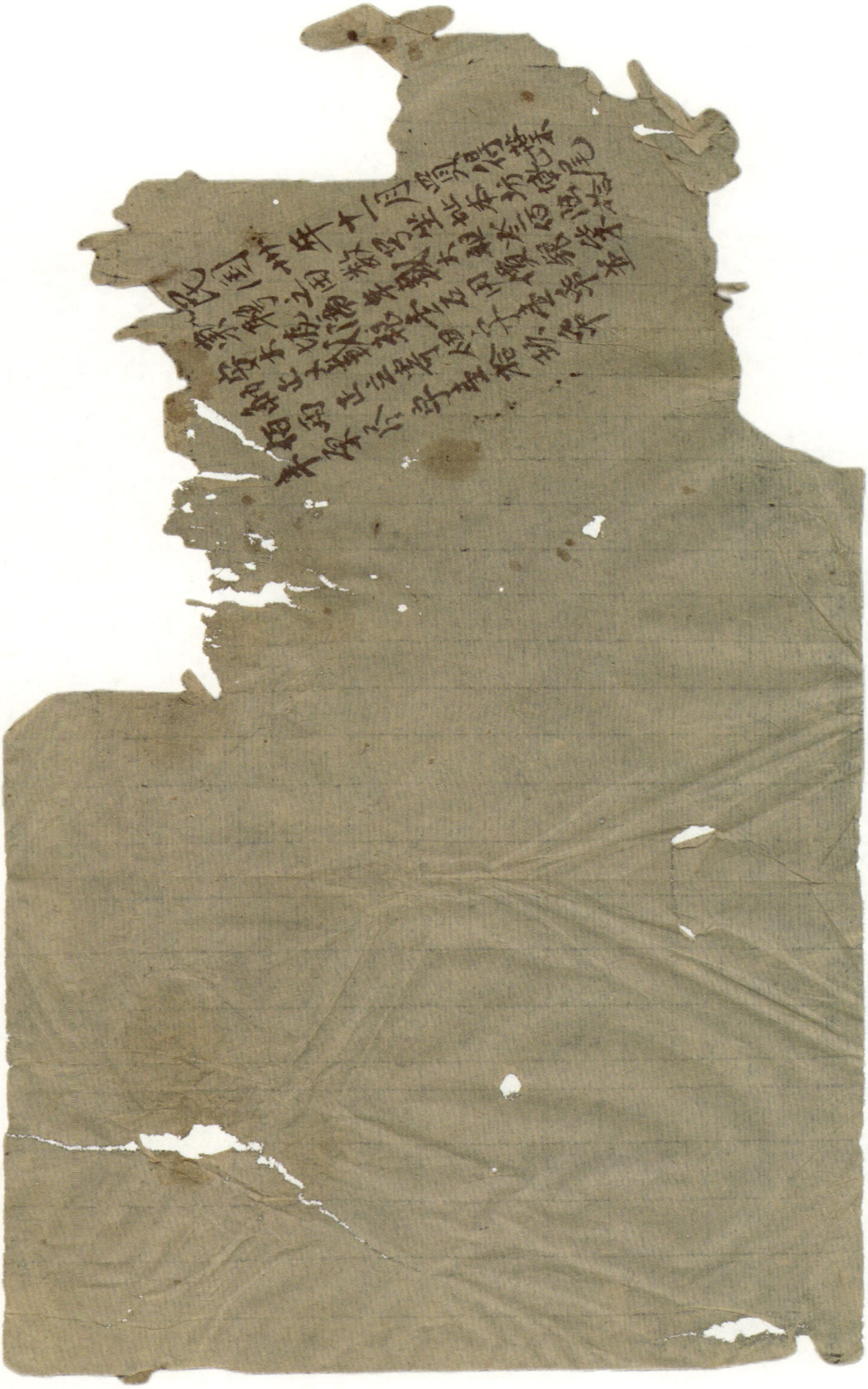

3-2-139-2 包契紙

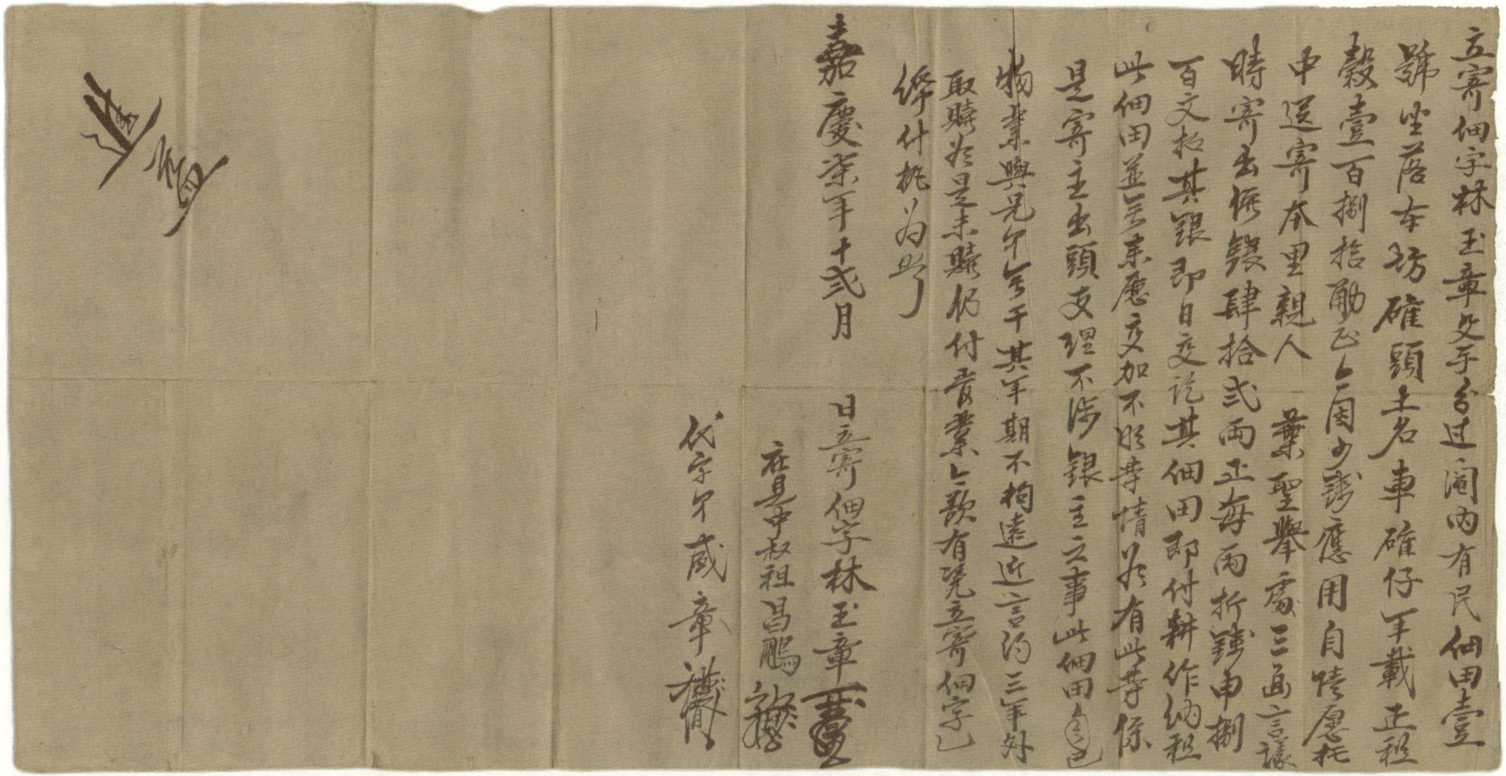

立寄佃字林玉章父手置过閩内有民佃田壹
號坐落本坊碓頭土名車碓仔年載正租
穀壹百捌拾觔正今因乏錢應用自情愿托
中送寄本里親人 葉聖舉處三面言議
時寄出價銀肆拾弍兩正每兩折錢串捌
百文扣其銀即日交訖其佃田即付耕作納租
此佃田並無來歷交加不明等情如有此等係
是寄主出頭支理不涉銀主之事此佃田
物業與兄弟子姪無干其年期不拘遠近言約三年外
取贖於是未贖仍付當業人耕有憑立寄佃字
係付執為照
嘉慶柒年十弍月 日立寄佃字林玉章
在見堂叔祖昌鵬
代字 章

3-2-139-3 清嘉慶七年十二月林玉章立寄民佃田字

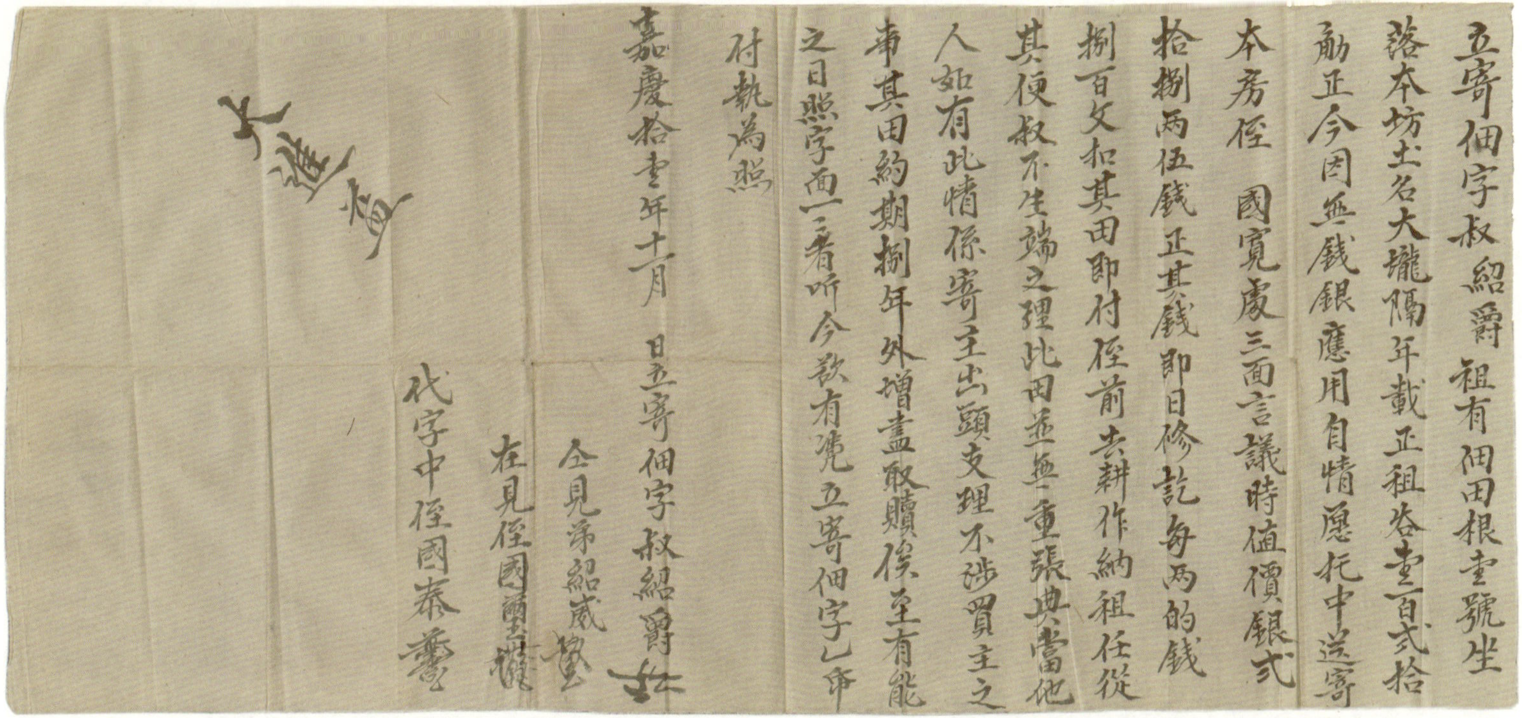
立寄佃字叔紹爵祖有佃田根壹號坐
落本坊土名大壠隔年載正租谷壹百弍拾
勳正今因無錢銀應用自情愿托中送寄
本房侄國寬處三面言議時值價銀弍
拾捌兩伍錢正其錢即日收訖每兩的錢
捌百文和其田即付侄前去耕作納租任從
其便叔不生端之理此田並無重張典當他
人如有此情係寄主出頭支理不涉買主之
事其田約期捌年外增盡取贖侄至有能
之日照字面一三看听今欲有憑立寄佃字山帝
付執為照
嘉慶拾壹年十一月　日立寄佃字叔紹爵押
仝見弟紹威
在見侄國爾
代字中侄國泰

3-2-139-4　清嘉慶十一年十一月葉紹爵立寄佃田根字

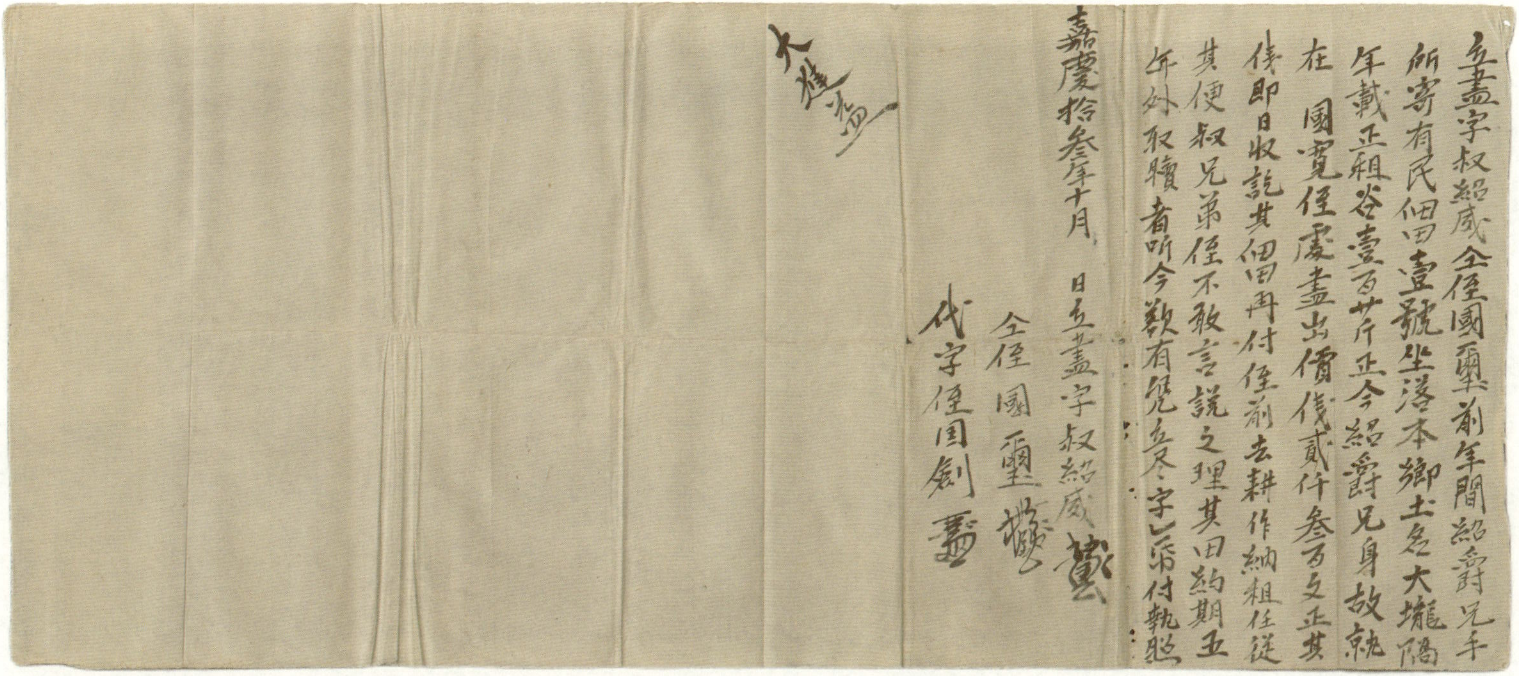
立盡字叔紹威仝侄國璽前年間紹爵兄手
所寄有民佃田壹號坐落本鄉土名大壠隔
年載正租谷壹百廿斤正今紹爵兄身故就
在　國璽侄處盡出價錢貳仟叁百文正其
錢即日收訖其佃田再付侄前去耕作納租任從
其便叔兄弟侄不敢言說之理其田約期五
年外取贖者听今欲有憑立盡字一帋付執照
嘉慶拾叁年十月　日立盡字叔紹威（押）
仝侄國璽（押）
代字侄國劍（押）
大進元

3-2-139-5　清嘉慶十三年十月葉紹威等立盡民佃田字

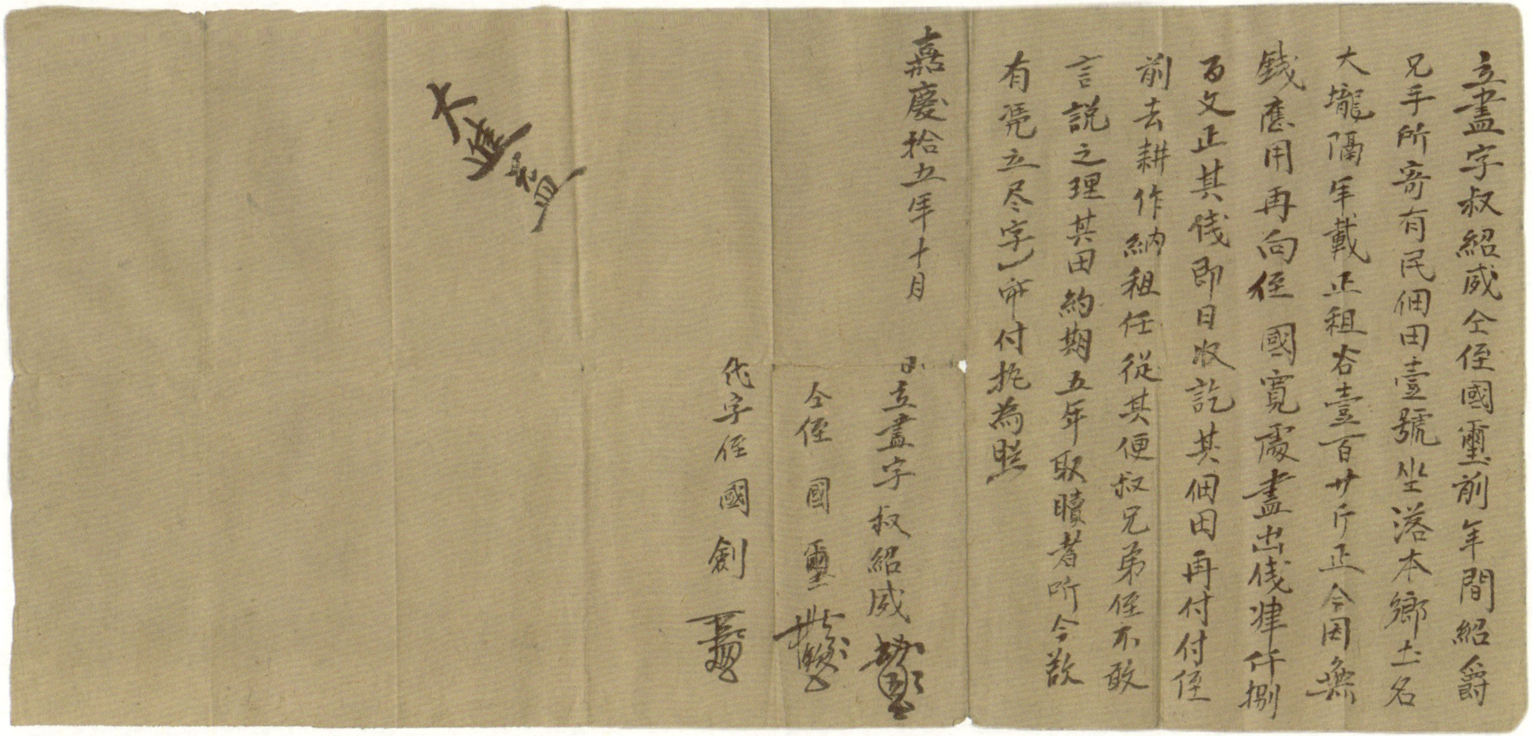
立盡字叔紹威仝侄國壐前年間紹爵兄手所寄有民佃田壹號坐落本鄉土名大壠隔年載正租谷壹百廿斤正今因乏錢應用再向侄國寬處盡出錢肆仟捌百文正其錢即日收訖其佃田再付付侄前去耕作納租任從其便叔兄弟侄不敢言說之理其田約期五年取贖者听令啟有憑立盡字一紙付執為照

嘉慶拾五年十月　日　立盡字叔紹威

仝侄國壐

代字侄國劍

大進

3-2-139-6　清嘉慶十五年十月葉紹威等立盡民佃田字

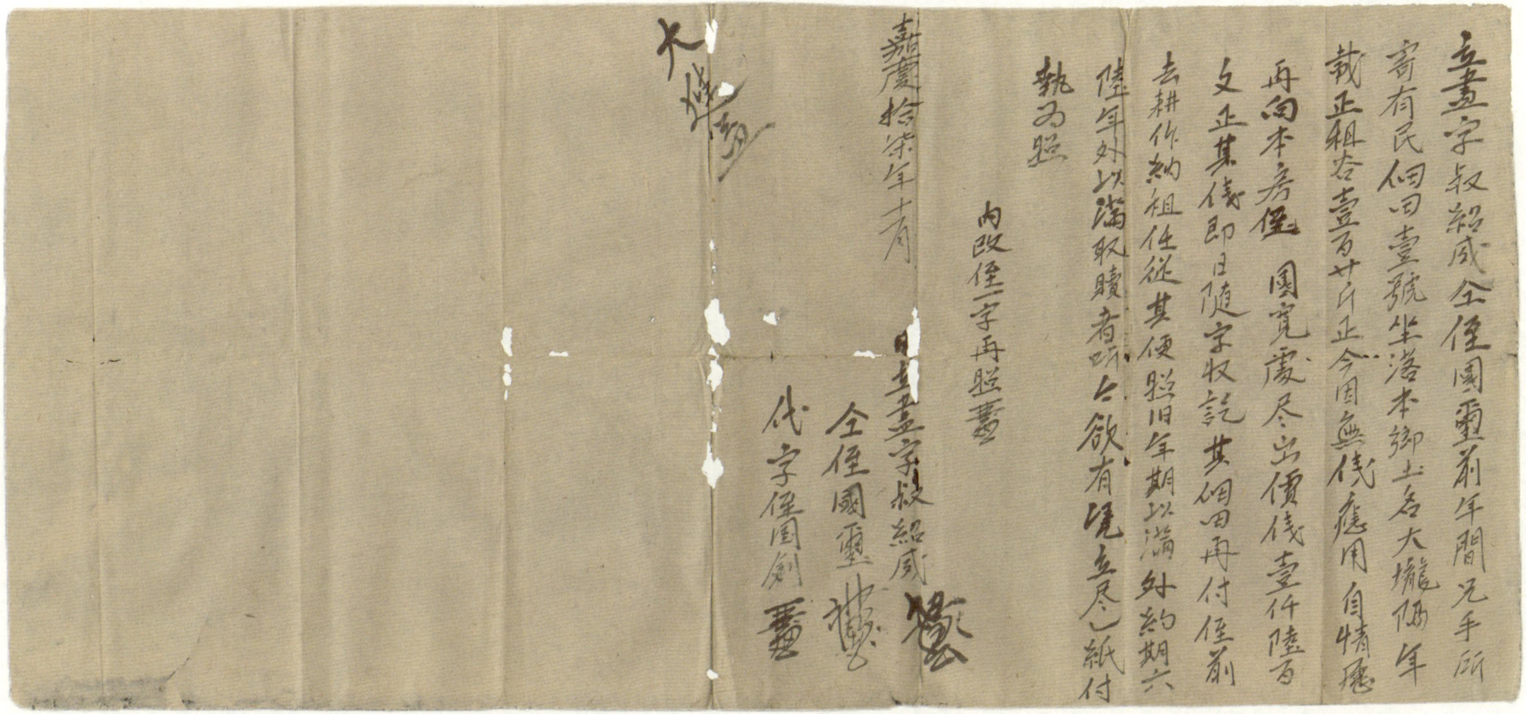
立盡字叔紹威仝侄國璽前年間兄手所
寄有民佃田壹號坐落本鄉土名大壠陸年
載正租谷壹百廿斤正今因無錢應用自情愿
再向本房侄　國寬處尽出價錢壹仟陸百
文正其錢即日隨字收訖其佃田再付侄前
去耕作納租任從其便照旧年期以滿外約期六
陸年外以滿取贖看明今欲有憑立尽一紙付
執為照
內改侄一字再照
嘉慶拾柒年十一月　日立盡字叔紹威
仝侄國璽
代字侄國劍

3-2-139-7　清嘉慶十七年十一月葉紹威等立盡民佃田字

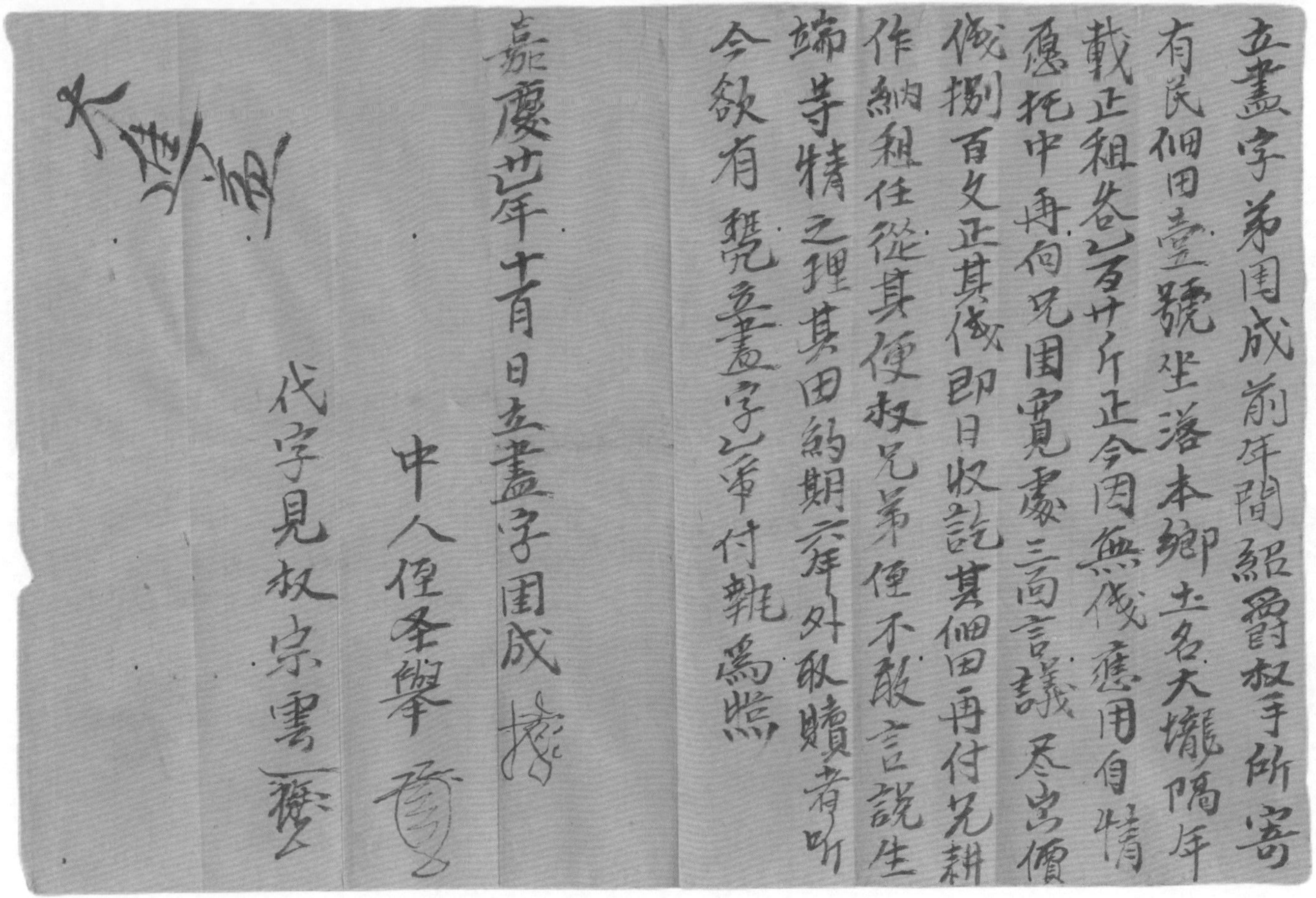
立盡字弟国成前年間紹爵叔手所寄
有民佃田壹號坐落本鄉土名大壠隔年
載正租谷山百廿斤正今因無錢應用自情
愿托中再向兄国寬處三面言議盡出價
錢捌百文正其錢即日收訖其佃田再付兄耕
作納租任從其便叔兄弟侄不敢言說生
端等情之理其田約期六年外取贖者听
今欲有憑立盡字山帋付執為照
嘉慶廿一年十一月日立盡字国成(押)
中人侄圣舉(押)
代字見叔宗雲(押)
大吉[illegible]

3-2-139-8 清嘉慶二十一年十一月葉国成立盡民佃田字

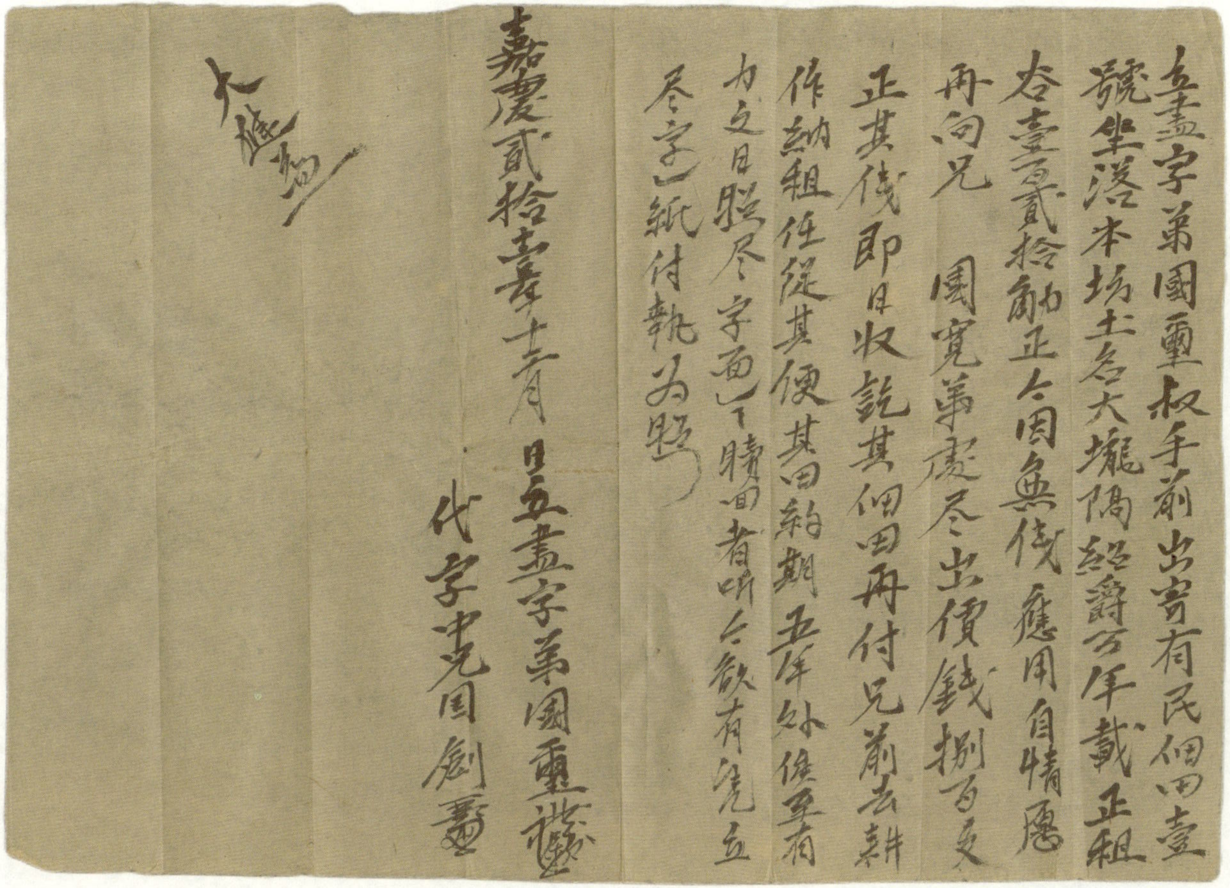

立盡字葉國璽叔手前出有民佃田壹
號坐落本坊土名大壠隔經管多年載正租
谷壹百貳拾觔正今因無錢應用自情愿
再向兄　國寬弟處盡出價錢捌百文
正其錢即日收訖其佃田再付兄前去耕
作納租任從其便其田約期五年外俟至有
力之日照盡字面上贖回者聽之欲有憑立
盡字一紙付執為照

嘉慶貳拾壹年十二月　日立盡字葉國璽（押）
代字叔光同劍（押）

大繼知

3-2-139-9　清嘉慶二十一年十二月葉國璽立盡民佃田字

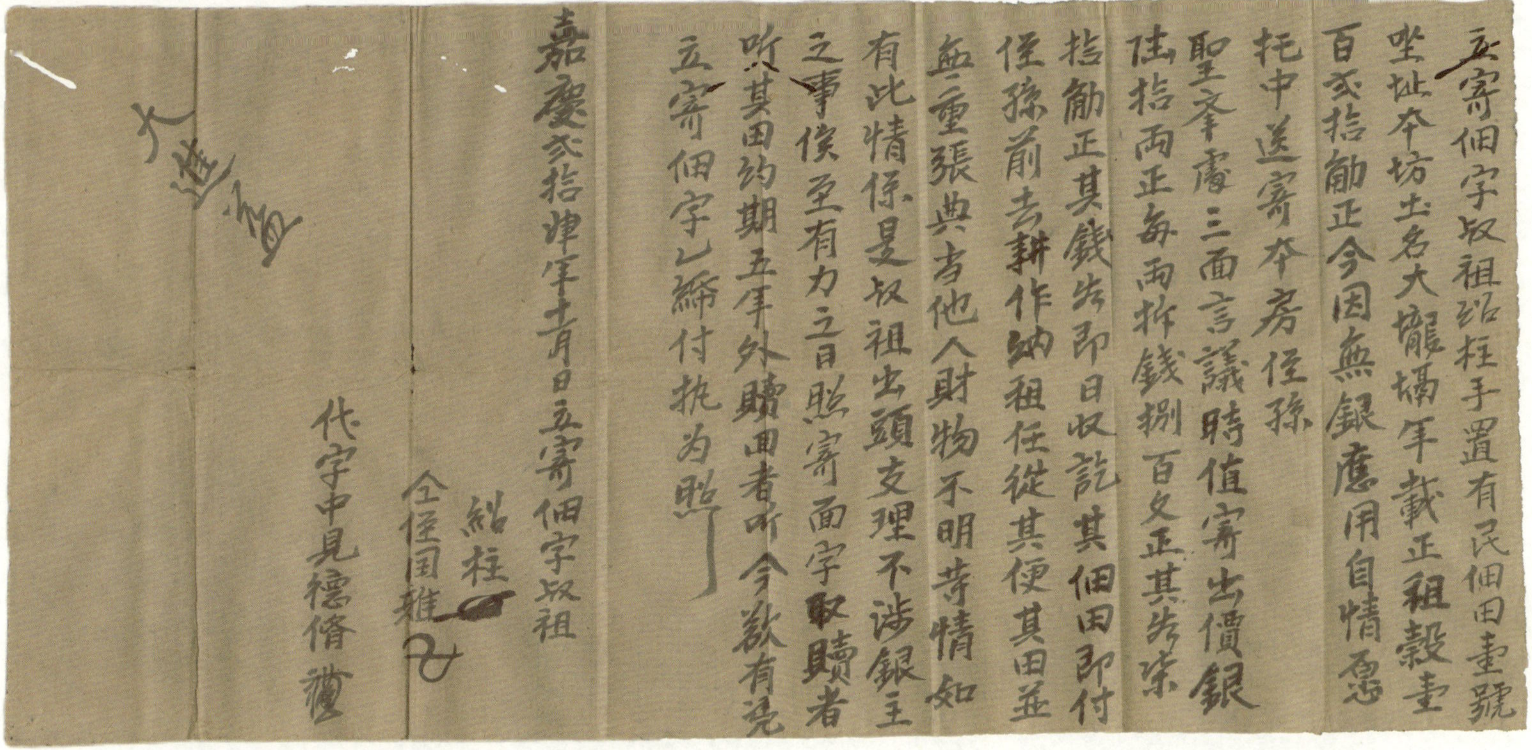
立寄佃字奴祖紹柱手置有民佃田壹號
坐址本坊土名大壠墘年載正租穀壹
百弍拾觔正今因無銀應用自情愿
托中送寄本房侄孫
聖峯處三面言議時值寄出價銀
陆指兩正每兩折錢捌百文正其出柒
指觔正其錢出即日收訖其佃田即付
侄孫前去耕作納租任從其便其田並
無重張典當他人財物不明等情如
有此情係是奴祖出頭支理不涉銀主
之事候至有力之日照寄面字取贖者
聽其田約期五年外贖田者聽今欲有憑
立寄佃字一紙付執為照
嘉慶弍指肆年十一月日立寄佃字奴祖
紹柱
仝侄国雄
代字中見德脩 禮

3-2-139-10　清嘉慶二十四年十一月葉紹柱等立寄民佃田字

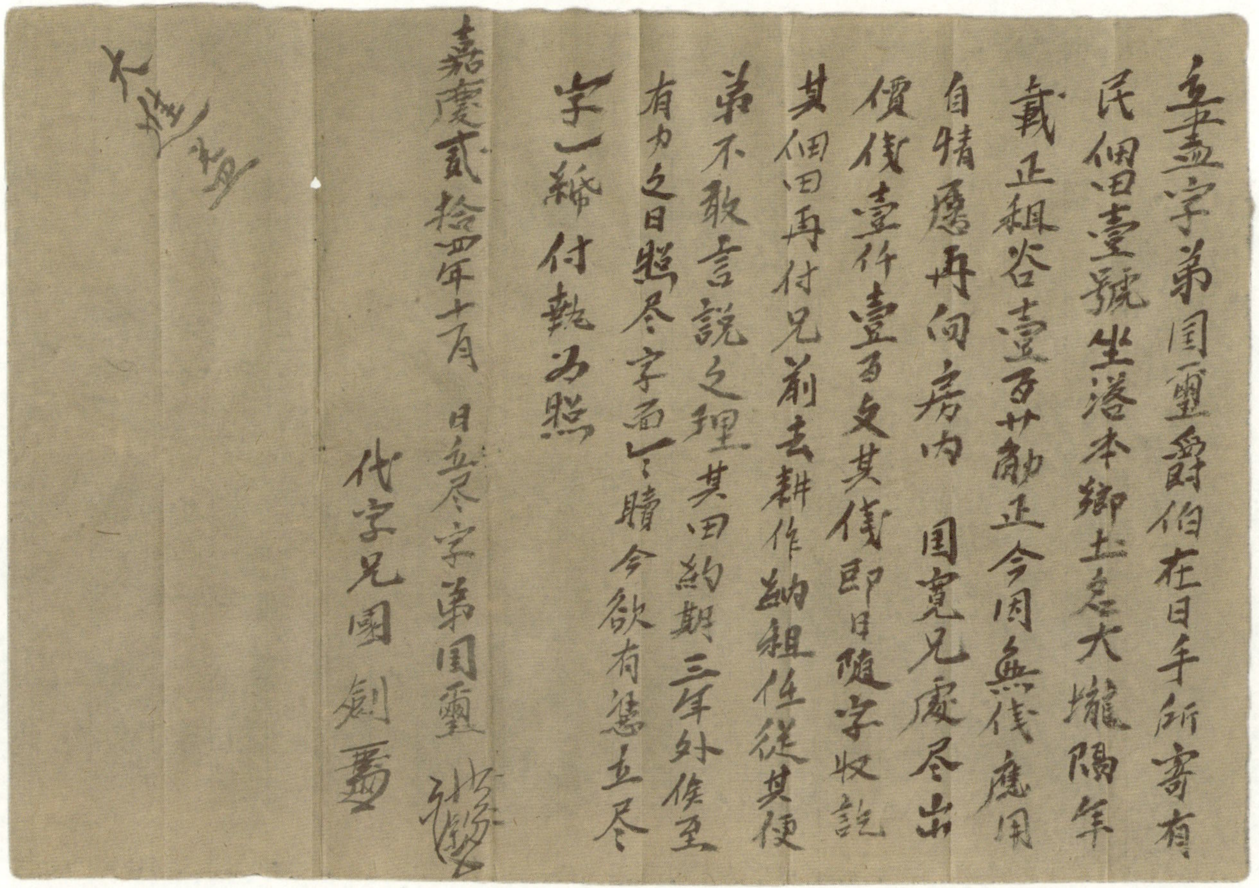

立盡字弟国璽爵伯在日手所寄有
民佃田壹號坐落本鄉土名大壠陽年
載正租谷壹百廿觔正今因無錢應用
自情愿再向房内　国寬兄處盡出
價錢壹仟壹百文其錢即日隨字收訖
其佃田再付兄前去耕作納租任從其便
弟不敢言說之理其田約期三年外往至
有力之日照盡字面一了贖今欲有憑立盡
字一紙付執為照

嘉慶貳拾四年十一月　日立盡字弟国璽（押）
代字兄國劍（押）

大吉[illegible]

3-2-139-11　清嘉慶二十四年十一月葉国璽立盡民佃田字

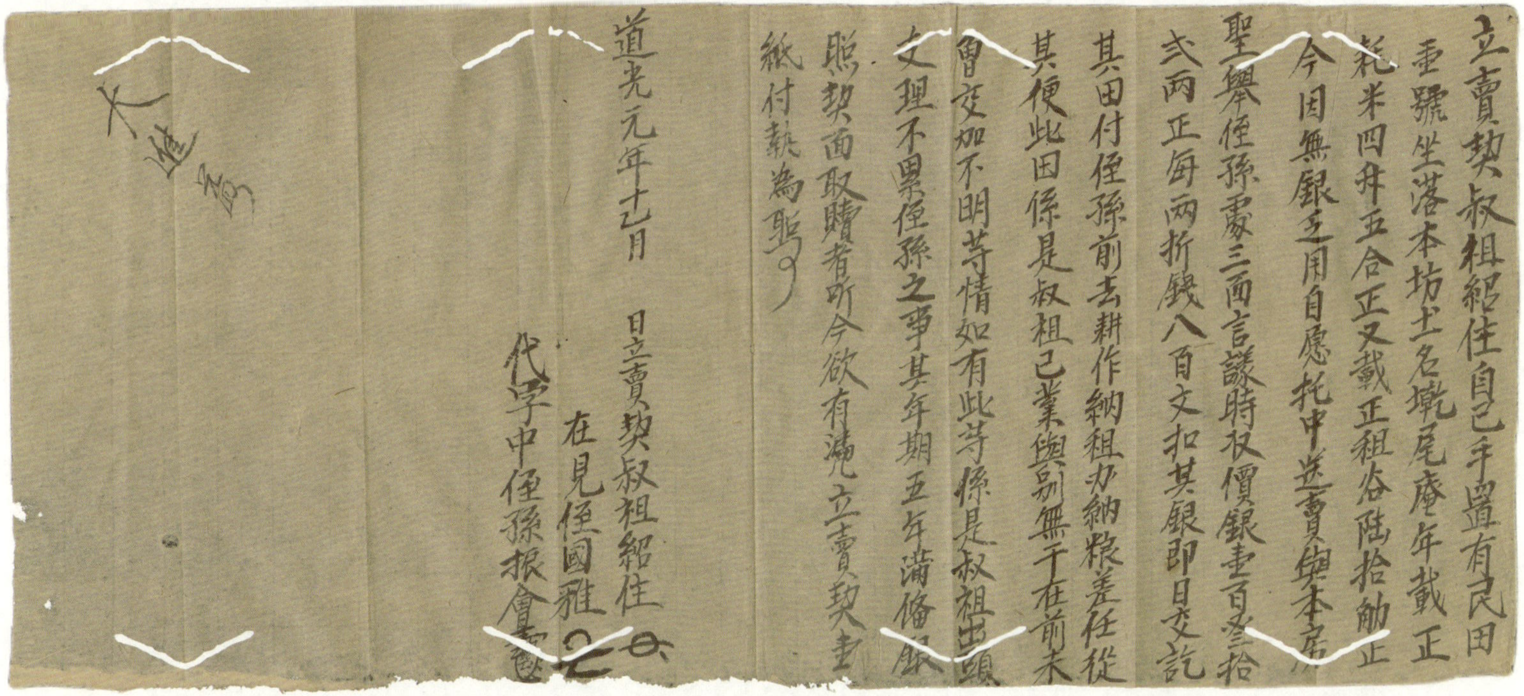
立賣契叔祖紹住自己手置有民田壹號，坐落本坊，土名墘尾壠，年載正耗米四升五合正，又載正租谷陆拾觔正。今因無銀乏用，自愿托中送賣與本房聖舉侄孫處，三面言議時價銀壹百叁拾弍兩正，每兩折錢八百文，扣其銀即日交訖。其田付侄孫前去耕作納租，办納粮差，任從其便。此田係是叔祖己業，與别無干，在前未曾交加不明等情。如有此等，係是叔祖出頭支理，不累侄孫之事。其年期五年滿，備原照契面取贖者听。今欲有憑，立賣契壹紙付執為照。

道光元年十一月　日立賣契叔祖紹住（押）

在見侄國雅（押）

代字中侄孫振會（押）

3-2-139-12　清道光元年十一月葉紹住立賣民田契

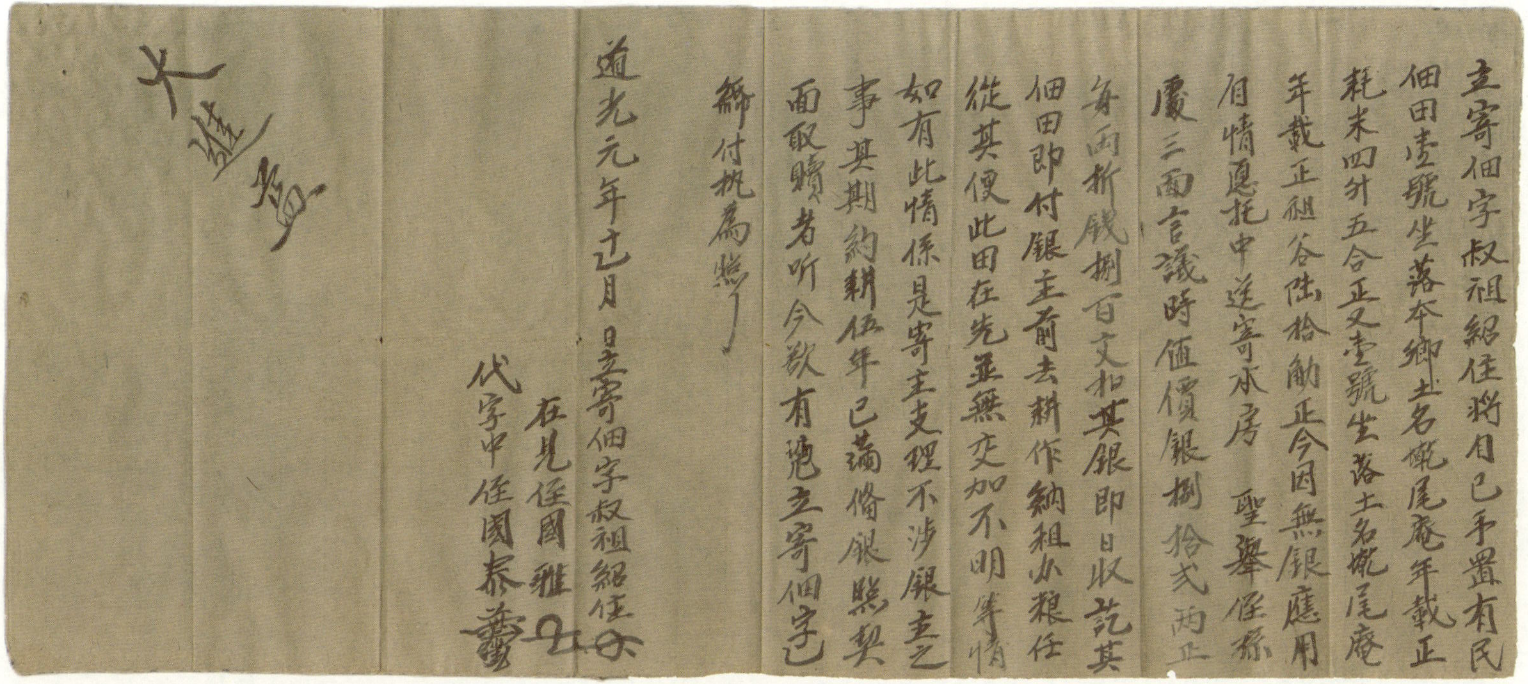

立寄佃字叔祖紹住將自己手置有民
佃田壹號坐落本鄉土名𡵓尾庵年載正
耗米四升五合正又壹號坐落土名𡵓尾庵
年載正租谷陸拾觔正今因無銀應用
自情愿托中送寄承房　聖舉侄孫
處三面言議時值價銀捌拾弍兩正
每兩折錢捌百文扣其銀即日收訖其
佃田即付銀主前去耕作納租办粮任
從其便此田在先並無交加不明等情
如有此情係是寄主支理不涉銀主之
事其期約耕伍年已满備銀贖契
面取贖者听今欲有憑立寄佃字
爲付執爲照

道光元年十一月　日立寄佃字叔祖紹住（押）
在見侄國雅（押）
代字中侄國泰（押）

大進受

3-2-139-13　清道光元年十一月葉紹住立寄民佃田字

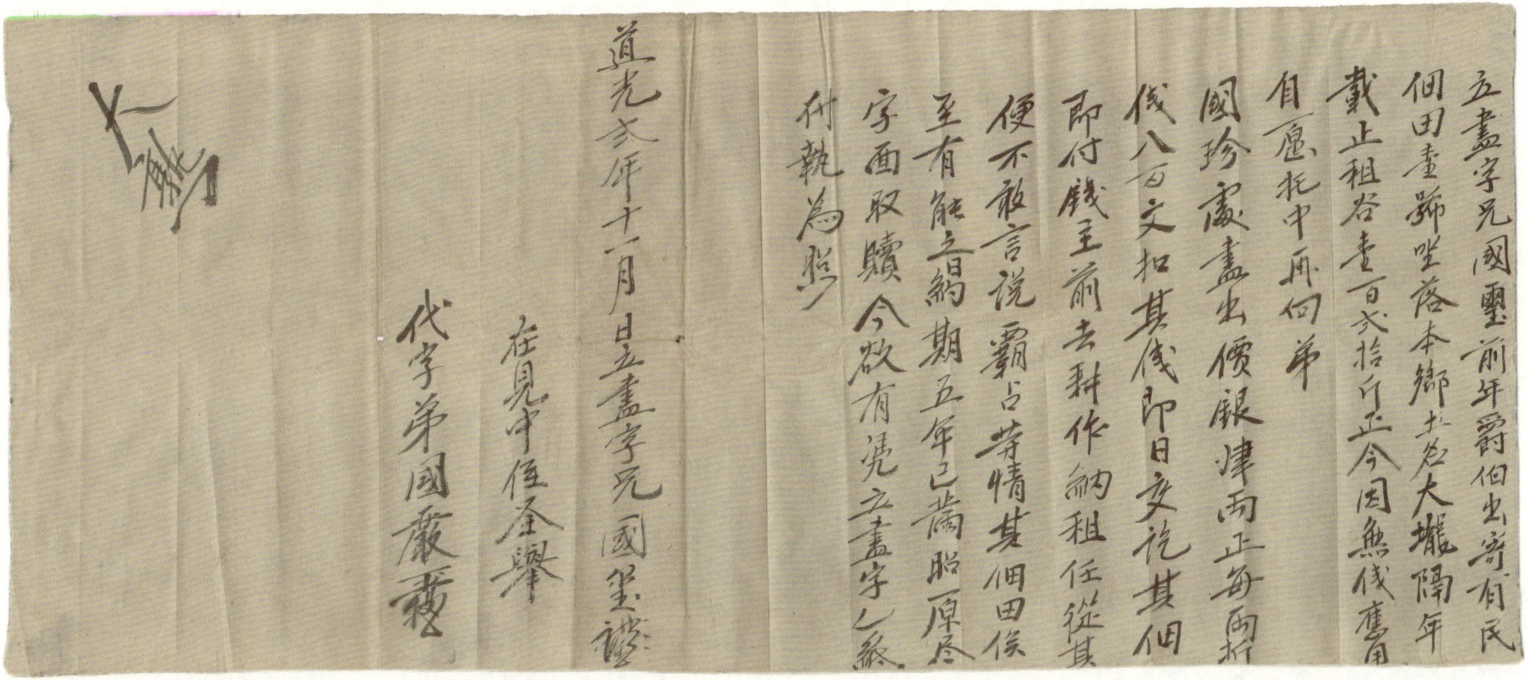
立盡字兄國璽前年爵佃出寄有民
佃田壹號坐落本鄉土名大壠隔年
載正租谷壹百弍拾斤正今因無錢應用
自愿托中再向弟
國珍處盡出價銀肆兩正每兩折
錢八百文扣其錢即日交訖其佃
即付錢主前去耕作納租任從其
便不敢言說霸占等情其佃田係
至有能之日約期五年已滿照原
字面取贖今欲有憑立盡字乙紙
付執為照
道光弍年十一月　日立盡字兄國璽
在見中侄奎舉
代字弟國嚴

3-2-139-14　清道光二年十一月葉國璽立盡民佃田字

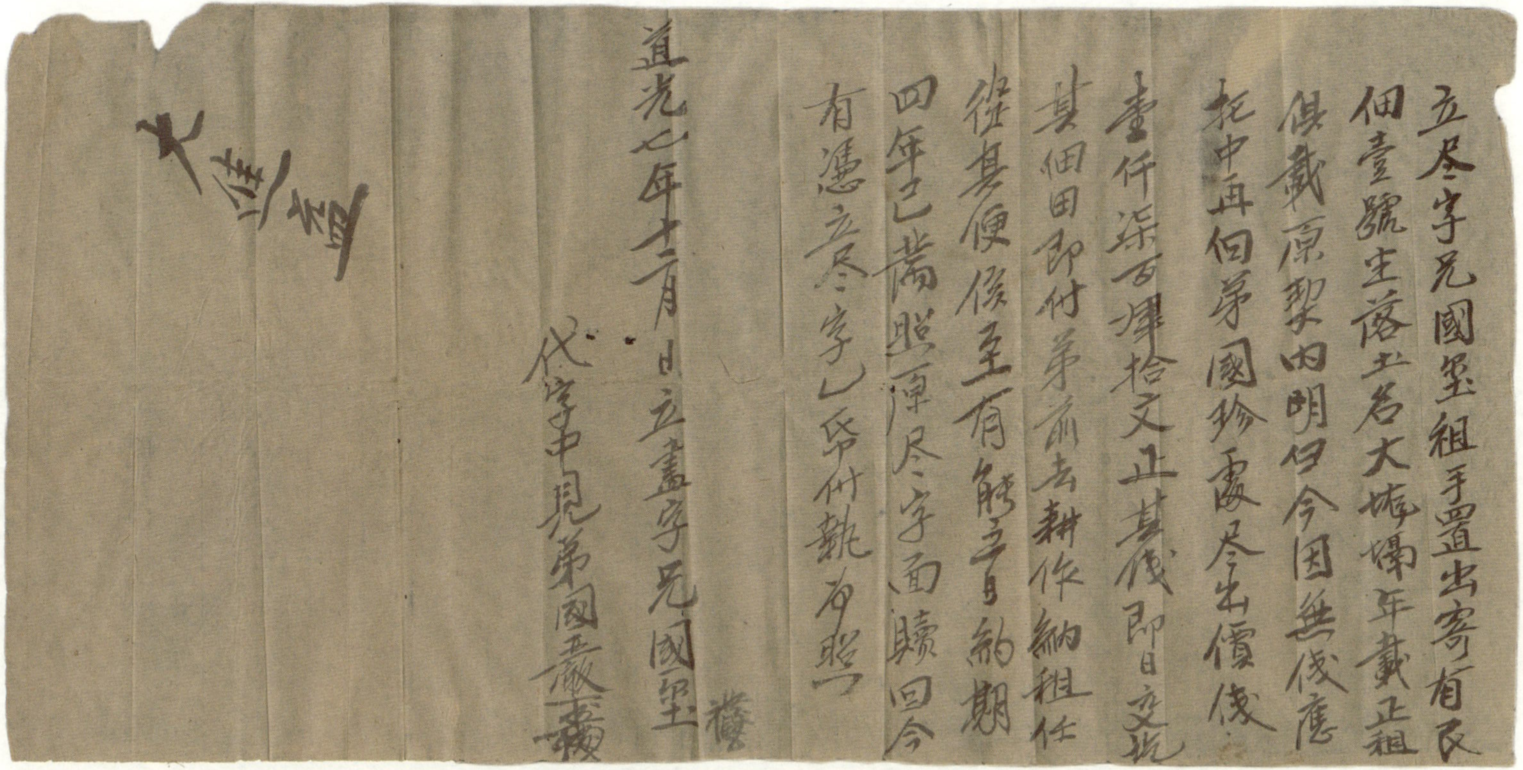

立盡字兄國璽祖手置出寄有民
佃壹號坐落土名大塘坪年載正租
俱載原契內明白今因無錢應
托中再向弟國珍處盡出價錢
壹仟柒百肆拾文正其錢即日交訖
其佃田即付弟前去耕作納租任
從其便係至有能之日約期
四年已滿照原盡字面贖回今
有憑立盡字一紙付執爲照

道光七年十二月　日立盡字兄國璽

代字中見弟國[illegible]

大吉

3-2-139-15　清道光七年十二月葉國璽立盡民佃田字

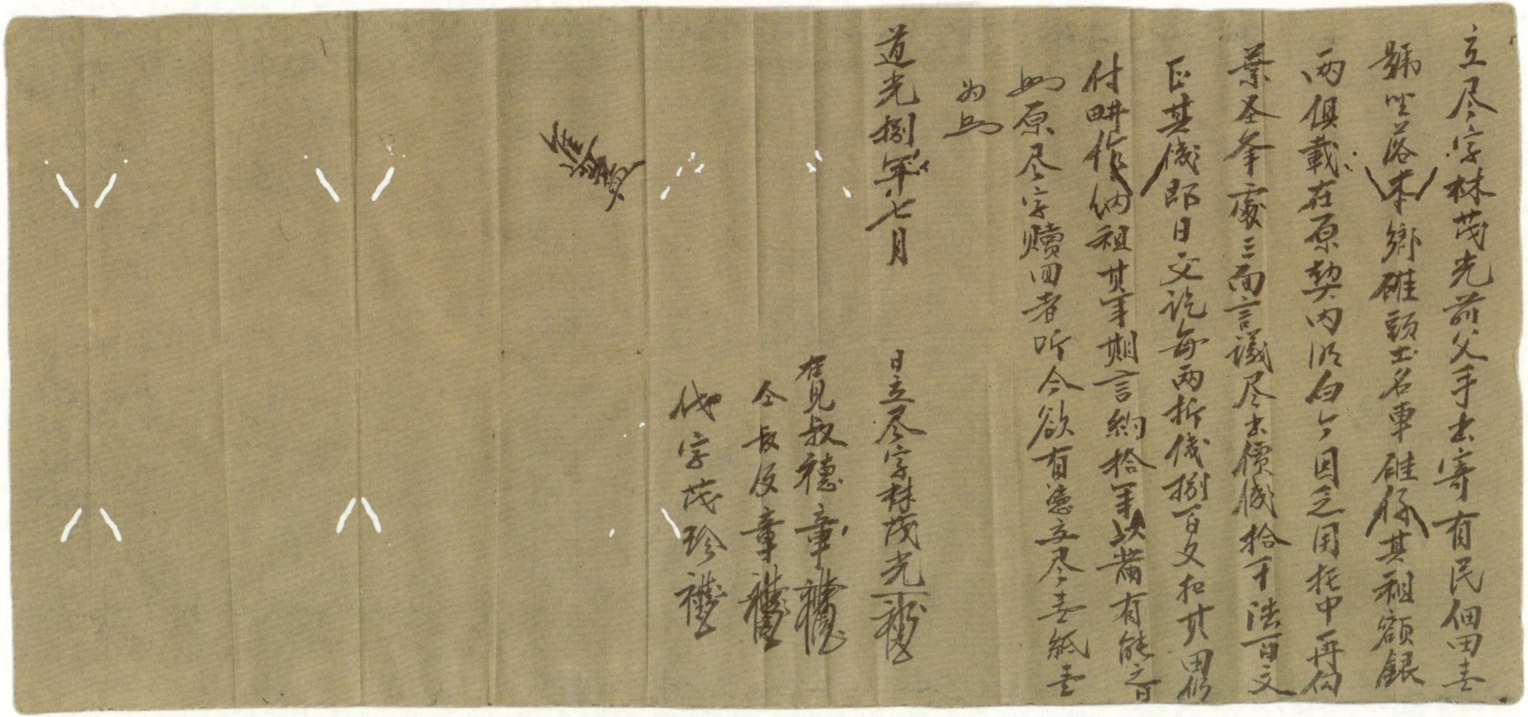

立盡字林茂光前父手太寄有民佃田壹
號坐落本鄉碓頭土名車碓仔其租額銀
兩俱載在原契內訖向亡因乏用托中再向
業主本家三面言議盡出價錢拾千陸百文
正其錢即日交訖每兩折錢捌百文和其田仍
付耕作納租其年期言約拾年以滿有能之日
如原盡字贖回者聽今欲有憑立盡字壹紙壹
為照

道光捌年七月　日立盡字林茂光（押）
見叔穗章（押）
仝叔反章（押）
代字茂珍（押）

3-2-139-16　清道光八年七月林茂光立盡民佃田字

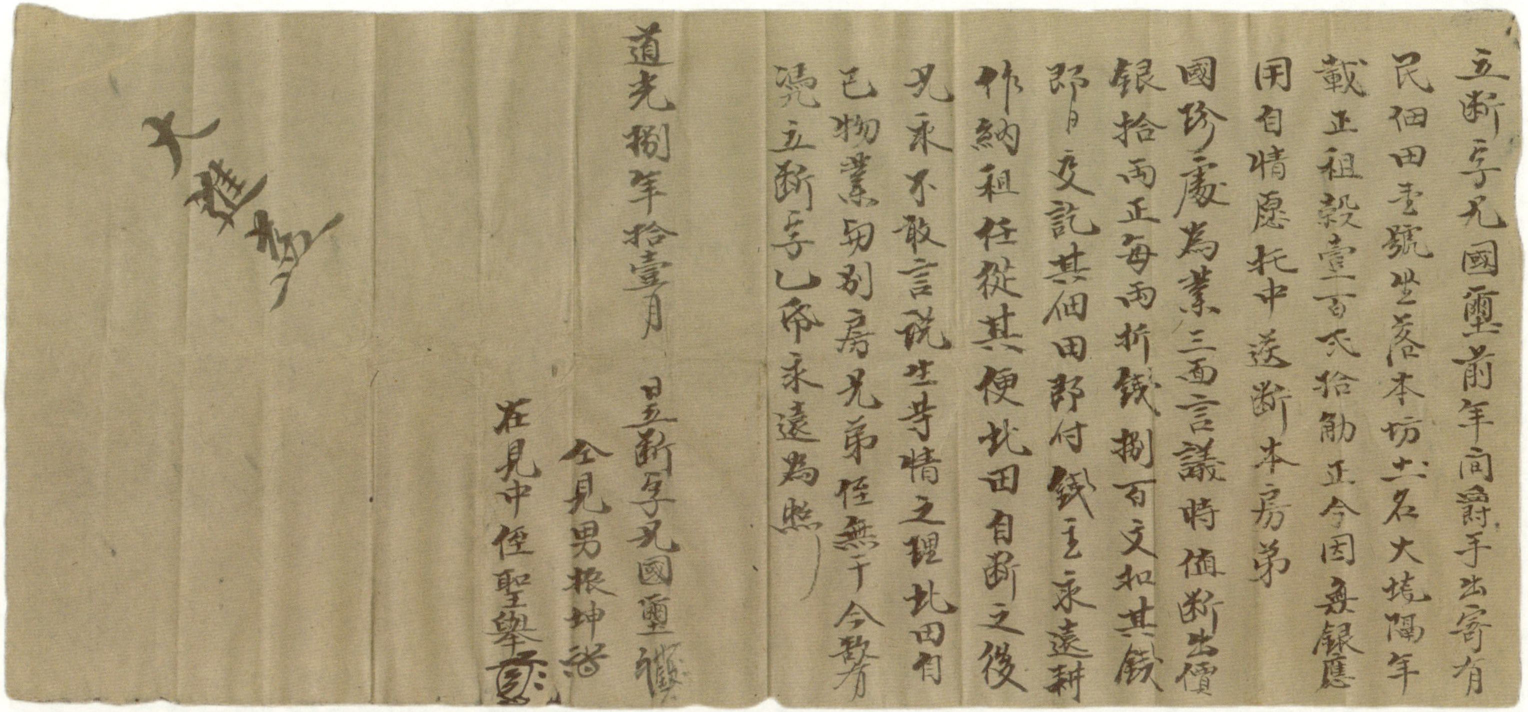

立斷字人國璽，前年向爵手出寄有
民佃田壹號，坐落本坊土名大境，隔年
載正租穀壹百弍拾觔正。今因無銀應
用，自情愿托中送斷本房弟
國珍處為業，三面言議時值斷出價
銀拾両正，每両折錢捌百文，扣其錢
即日交訖，其佃田即付錢主永遠耕
作納租，任從其便。此田自斷之後
兄永不敢言說生寺情之理。此田的
已物業，與別房兄弟侄無干。今欲有
憑，立斷字乙帋永遠為照。

道光捌年拾壹月　日立斷字人國璽（押）
仝見男根坤（押）
在見中侄聖舉（押）

3-2-139-17　清道光八年十一月葉國璽立斷民佃田字

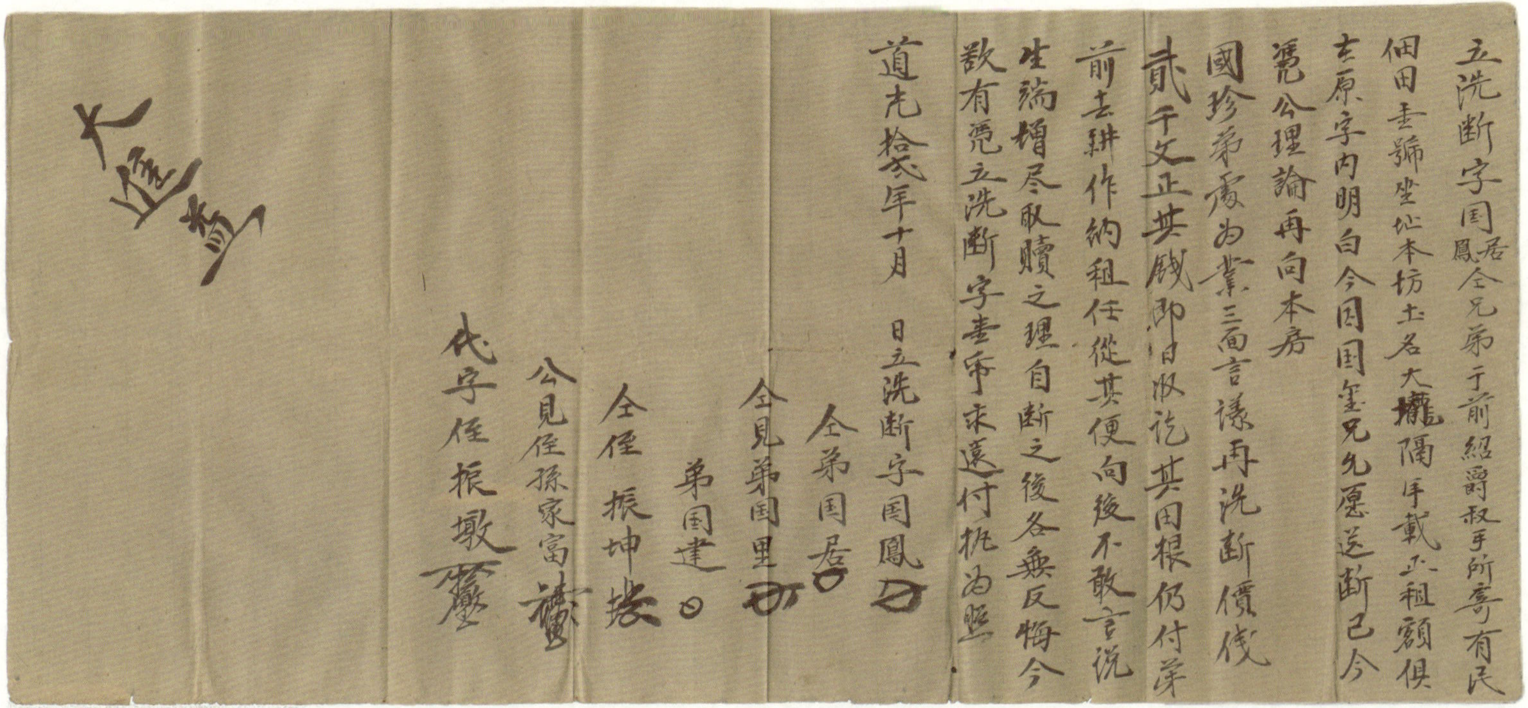
立洗断字国鳳居仝兄弟于前紹爵叔手所置有民
佃田壹號坐址本坊土名大壠隔乎載正租額俱
去原字内明白今因国等兄弟愿送断已今
憑公理諭再向本房
國珍弟處為業三面言議再洗断價伐
貳千文正其錢即日收訖其田根仍付業
前去耕作納租任從其便向後不敢言洗
生端增尽取贖之理自断之後各無反悔今
欲有憑立洗断字壹紙付執為照
道光拾貳年十月　日立洗断字国鳳（押）
仝弟国居（押）
仝見弟国里（押）
弟国建（押）
仝侄振坤（押）
公見侄孫家富（押）
代字侄振墩（押）

3-2-139-18　清道光十二年十月葉國鳳等立洗斷民佃田字

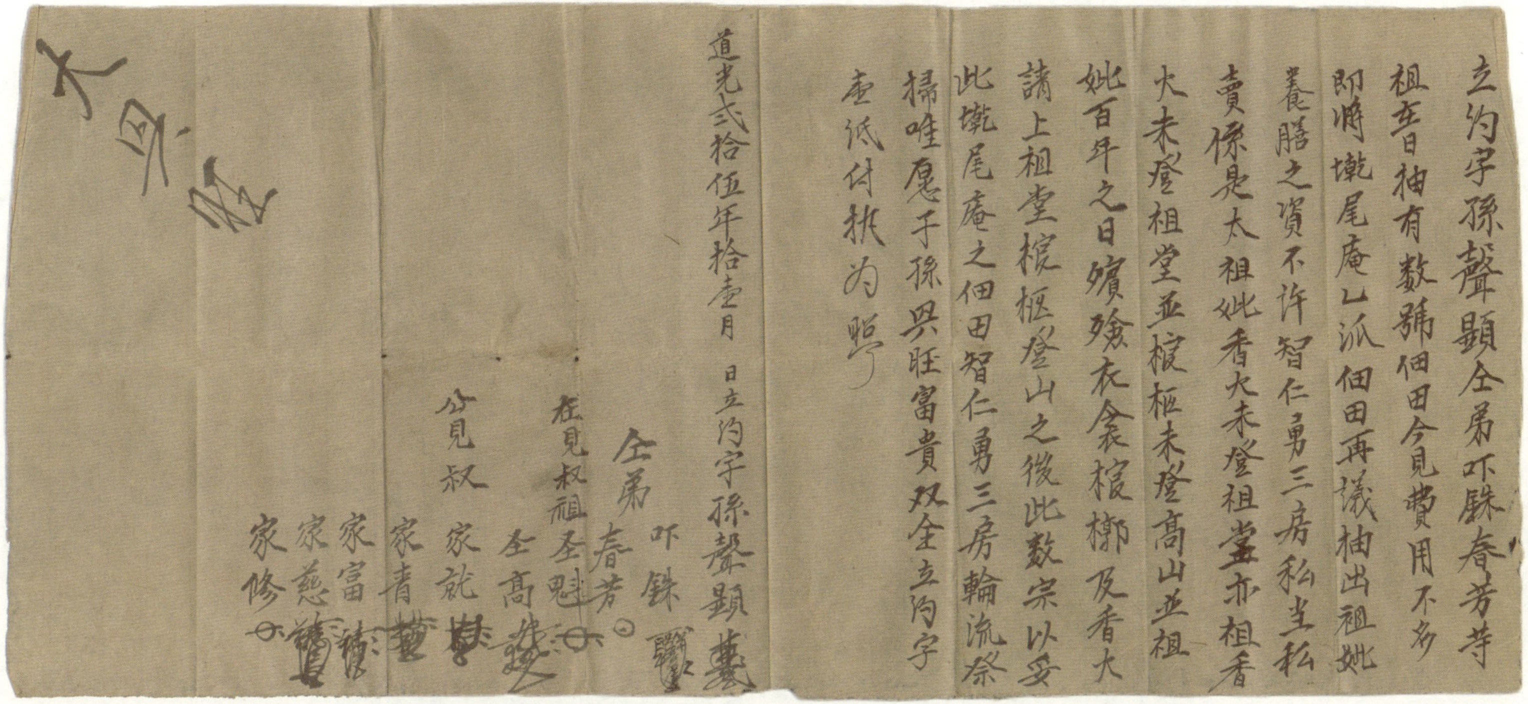

立约字孫聲顕仝弟吓鉌春芳等
祖在日抽有数踊佃田今見費用不多
即將墘尾庵山派佃田再議抽出祖妣
養膳之資不許智仁勇三房私生私
賣係是太祖妣香火未登祖堂亦相香
火未登祖堂並棺柩未登高山並祖
妣百年之日殯殮衣衾棺槨及香火
請上祖堂棺柩登山之後此数宗以妥
此墘尾庵之佃田智仁勇三房輪流祭
掃唯恩子孫與旺富貴双全立约字
壹紙付执为照

道光弍拾伍年拾壹月 日立约字孫聲顕

仝弟 吓鉌 春芳

在見叔祖 圣魁 圣高

公見叔 家就 家青 家富 家慈 家修

3-2-139-19 清道光二十五年十一月葉聲顕等立約字

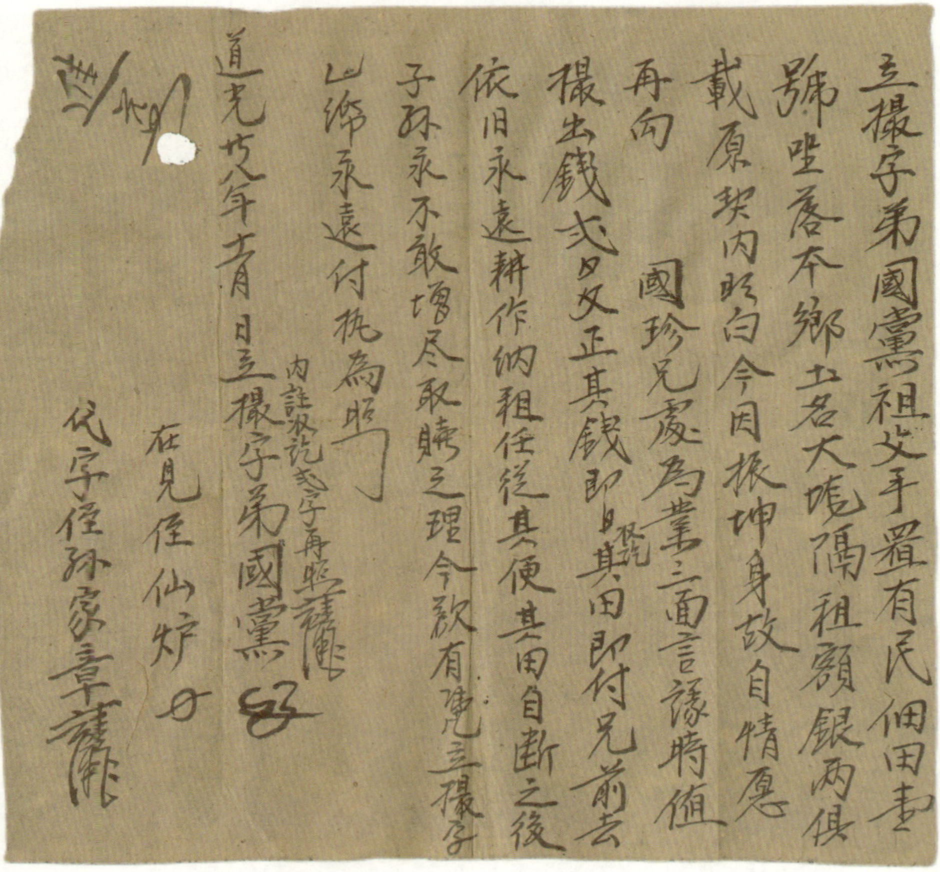
立撮字弟國黨祖父手置有民佃田壹
號坐落本鄉土名大坵隔租額銀兩俱
載原契內明白今因振坤身故自情愿
再向　國珍兄處為業三面言議時值
撮出錢弍千文正其錢即日收訖其田即付兄前去
依旧永遠耕作納租任從其便其田自斷之後
子孫永不敢增尽取贖之理今欲有憑立撮字
一紙永遠付執為照
内註收訖弍字再照
道光廿八年十一月　日立撮字弟國黨
在見侄仙炉
代字侄孫家章

3-2-139-20　清道光二十八年十一月葉國黨立撮字

立寄佃根字葉聲札仝弟聲熾等將祖手
置有民佃田數號壹號坐址本鄉碓頭地坊土名墘
尾庵年載正耗米肆升五合正又載正租谷陸拾
觔正又壹號坐址本鄉碓頭地坊土名大坵隔年
載正租谷壹佰貳拾觔正又壹號坐址本鄉碓頭
地坊土名車碓仔年載正租谷壹佰捌拾觔正合
共叁號合載正租谷叁佰陸拾觔正今因無銀乏
用自愿托中送寄本里親人
許明嵩處爲業三面言議時值寄出價銀貳
佰肆拾壹兩正每兩折錢捌佰文扣其銀即日
隨字交足其佃田即付銀主前去起佃耕作
納租办粮任從其便寄主不敢異言之理此田
在前並無交加不明等情如有此情係是寄主
出頭支理不涉銀主之事其年期不拘遠近之
日備銀照字面取贖者听今欲有憑立寄佃字
壹紙並帶紹住原契貳紙又帶林王章原契壹
紙又帶林茂光尽字壹紙合共伍紙付执爲照

咸豐拾年拾壹月　日立寄佃根字葉聲札（押）
仝弟聲熾（押）
代字中見叔祖振純（押）

大吉昌

3-2-139-21　清咸豐十年十一月葉聲札等立寄民佃田根字

3-2-139-22　清同治元年十一月葉家全立寄佃田字（紅契）

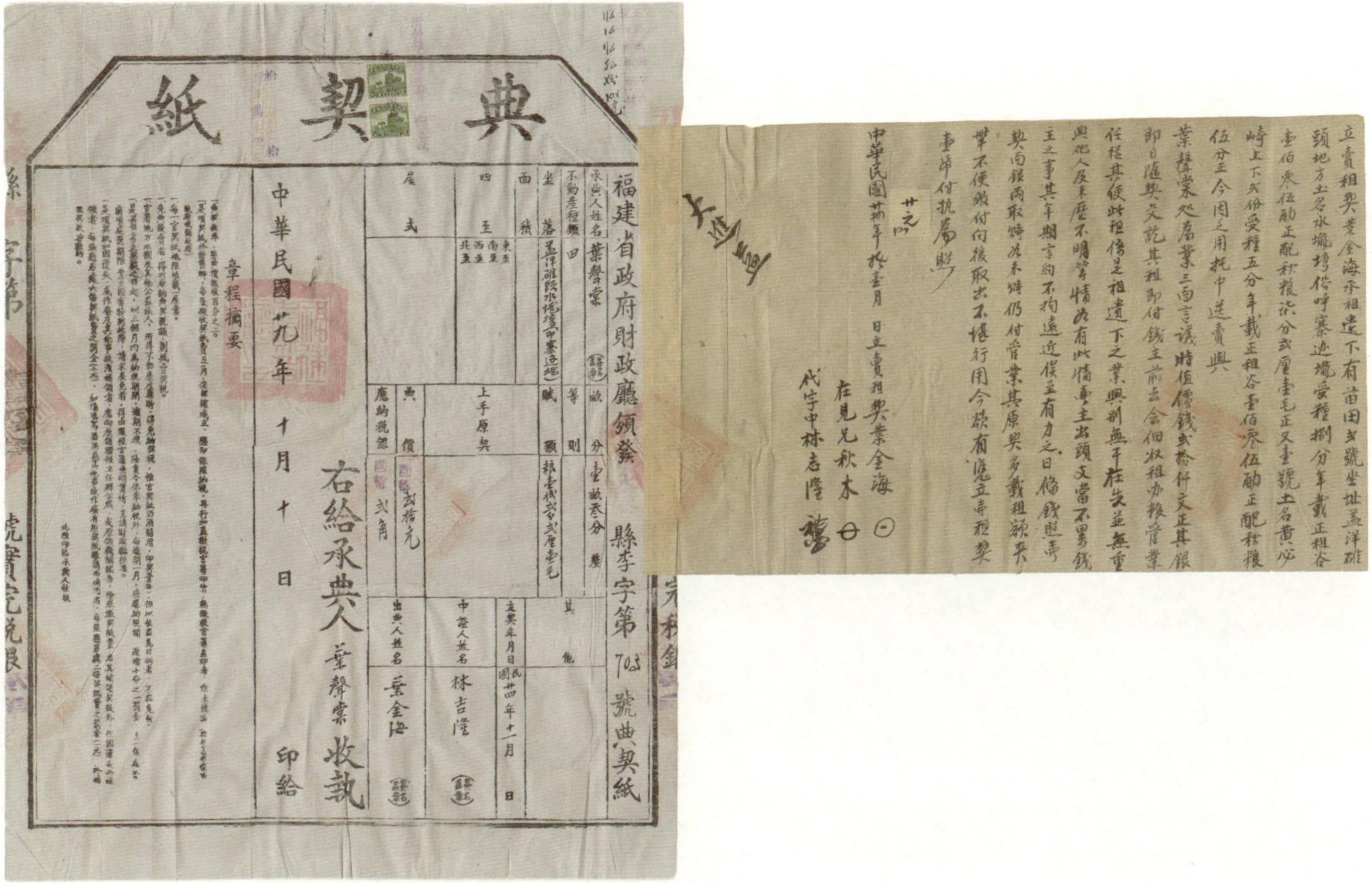

3-2-139-23　民國二十四年十一月葉金海立賣苗田租契（紅契）

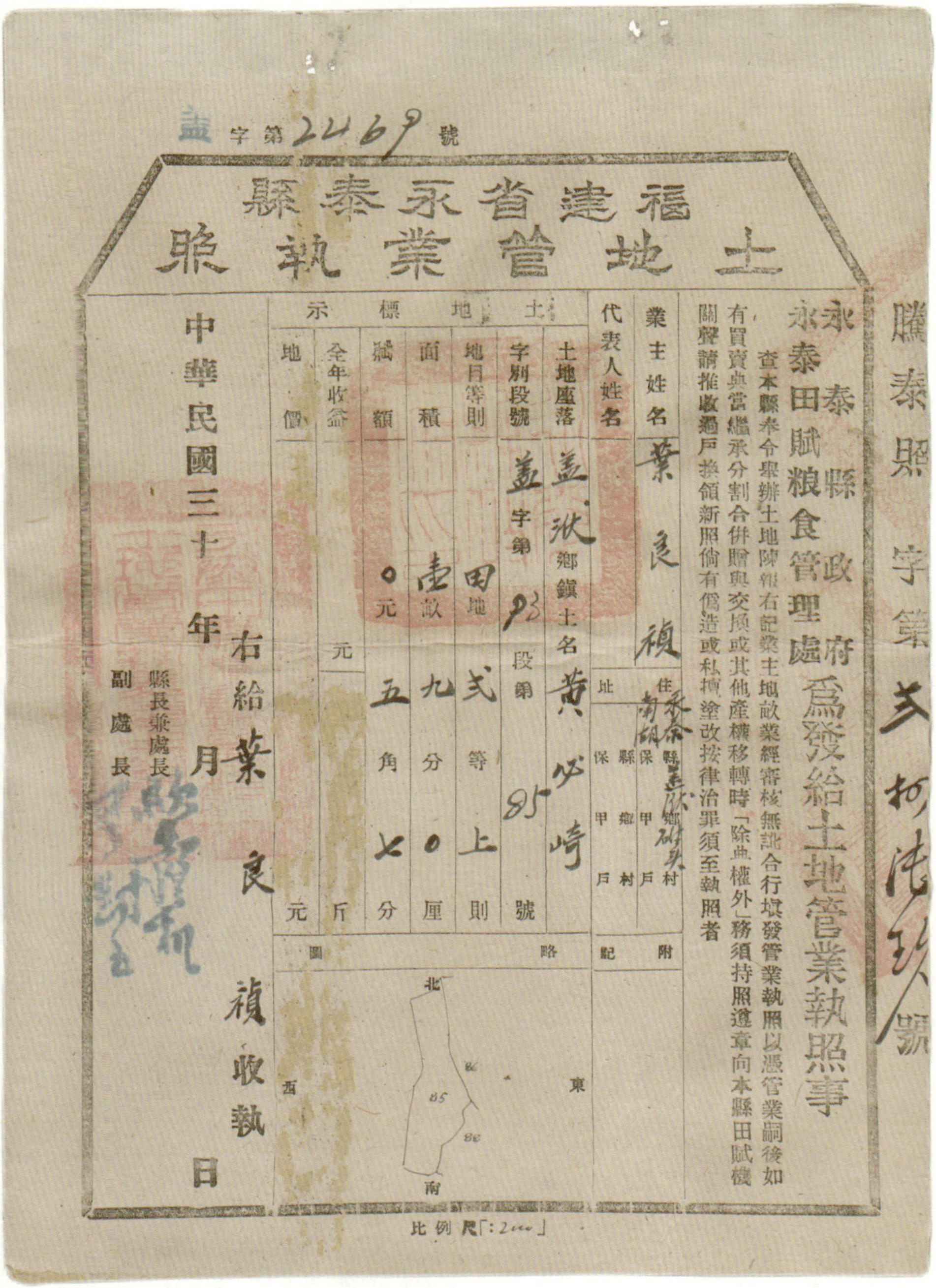
盖字第2269號

福建省永泰縣
土地管業執照

永泰縣政府
永泰田賦粮食管理處　爲發給土地管業執照事

查本縣奉令舉辦土地陳報，右記業主地畝業經審核無訛，合行塡發管業執照，以憑管業。嗣後如有買賣典當、繼承、分割、合併、贈與、交換或其他產權移轉時，「除典權外」務須持照遵章向本縣田賦機關聲請推收過户，換領新照。倘有僞造或私擅塗改，按律治罪。須至執照者。

業主姓名：葉良禎

住址：永泰縣盖洋鄉硋头村　南胡保　甲　戶

代表人姓名：

住址：　縣　鄉　村　保　甲　戶

土地標示						
土地座落	字別段號	地目等則	面積	賦額	全年收益	地價
盖洋鄉鎮土名黄必崎	盖字第73段第85號	田地式等上則	壹畝九分〇厘	〇元五角七分	元　斤	元

附記

圖略

北　東　南　西　85　86　88

比例尺「1:2000」

右給葉良禎收執

縣長兼處長
副處長

中華民國三十年　月　日

騰泰照字第2269號

3-2-139-24　民國三十年葉良禎户土地管業執照（一）

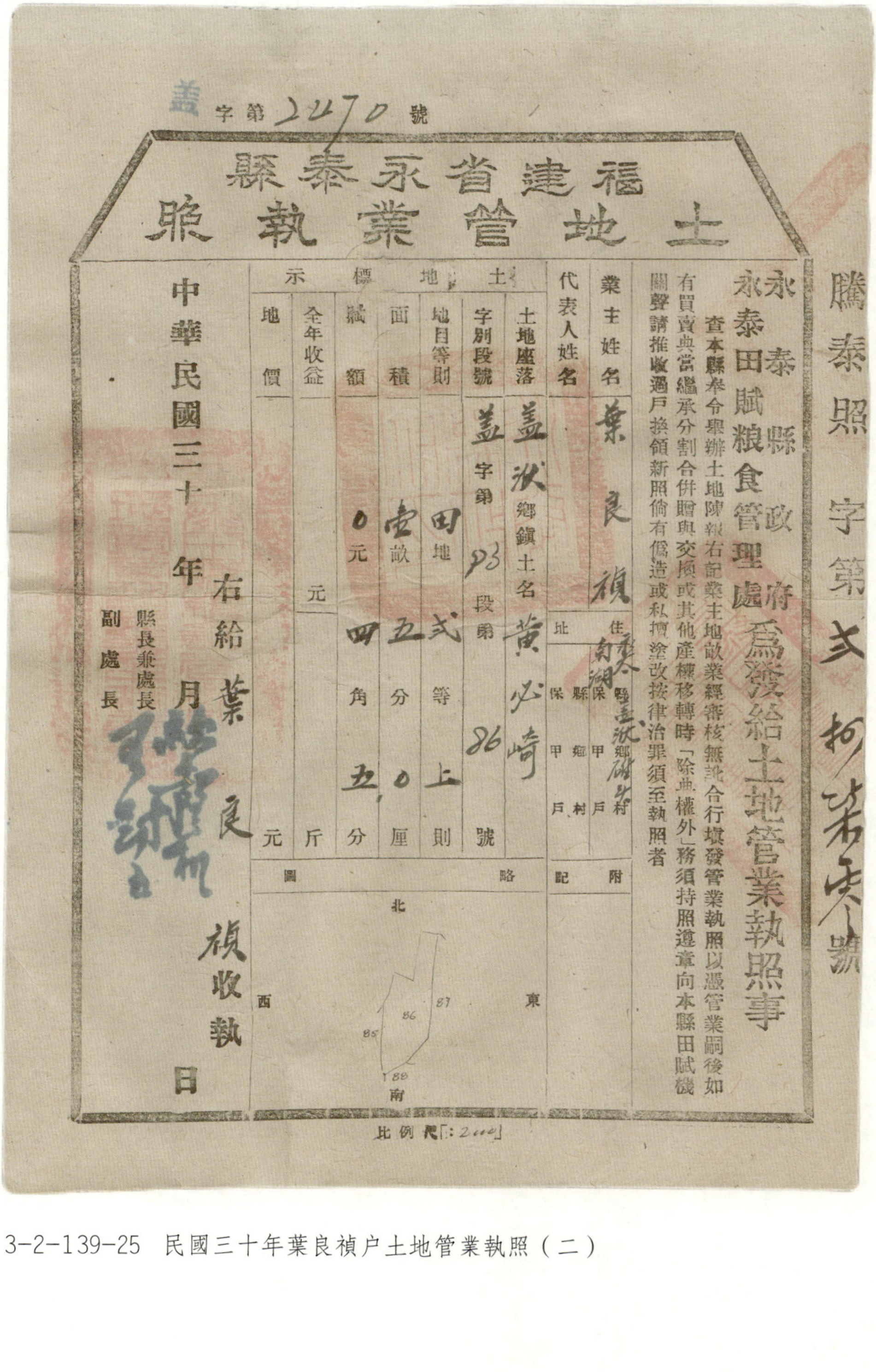

騰泰照字第式柳［illegible］號

蓋字第2470號

福建省永泰縣

土地管業執照

永泰縣政府
永泰田賦糧食管理處 爲發給土地管業執照事

查本縣奉令舉辦土地陳報右記業主地畝業經審核無訛合行填發管業執照以憑管業嗣後如有買賣典當繼承分割合併贈與交換或其他產權移轉時「除典權外」務須持照遵章向本縣田賦機關聲請推收過戶換領新照倘有僞造或私擅塗改按律治罪須至執照者

業主姓名：葉良禎

代表人姓名：

住址：［illegible］湖　縣　蓋洑鄉碓头村　保　甲　户

土地座落	字別段號	地目等則	面積	賦額	全年收益	地價
蓋洑鄉鎮土名黄必崎	蓋字第93段第86號	田地式等上則	壹畝五分0厘	0元四角五分	元　斤	元

附記

略圖

比例尺 1:2000

中華民國三十年　月　日

右給葉良禎收執

縣長兼處長［illegible］

副處長［illegible］

3-2-139-25　民國三十年葉良禎户土地管業執照（二）

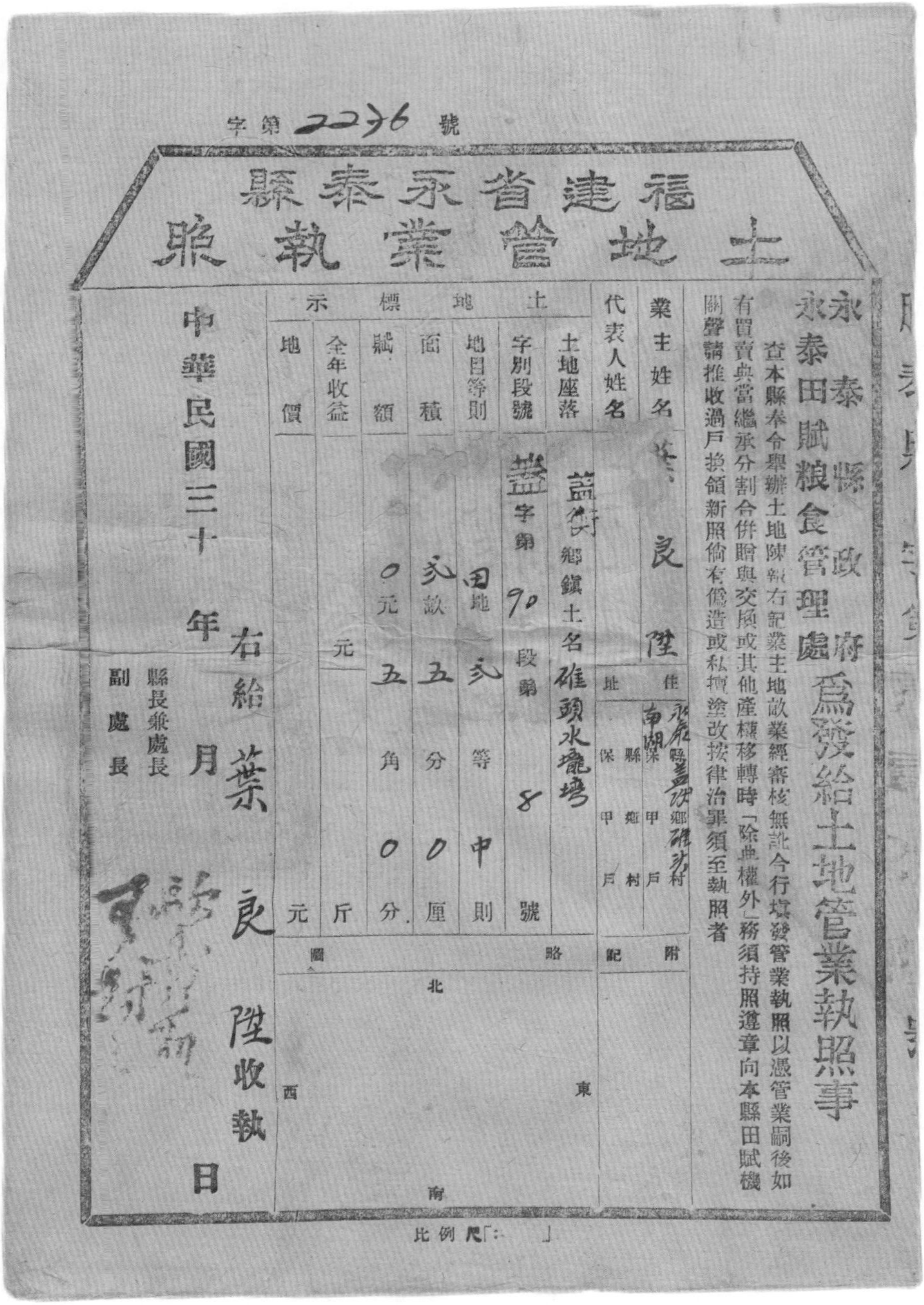

字第2236號

福建省永泰縣

土地管業執照

永泰縣政府
永泰田賦糧食管理處　爲發給土地管業執照事

查本縣奉令舉辦土地陳報右記業主地畝業經審核無訛今行塡發管業執照以憑管業嗣後如有買賣典當繼承分割合併贈與交换或其他產權移轉時「除典權外」務須持照遵章向本縣田賦機關聲請推收過戶換領新照倘有僞造或私擅塗改按律治罪須至執照者

業主姓名：葉良陞

代表人姓名：

住址：永泰縣盖洋鄉碓頭村　南湖保　甲　戶　　縣　鄉　村　保　甲　戶

附記：

土地標示

土地座落	字別段號	地目等則	面積	賦額	全年收益	地價
嵩街鄉鎮土名碓頭水碓塆	益字第90段第8號	田地叁等中則	叁畝五分〇厘	〇元五角〇分	元　斤	元

路圖：北　東　西　南

比例尺「：　」

右給葉良陞收執

中華民國三十年　月　日

縣長兼處長

副處長

3-2-139-26　民國三十年葉良陞户土地管業執照

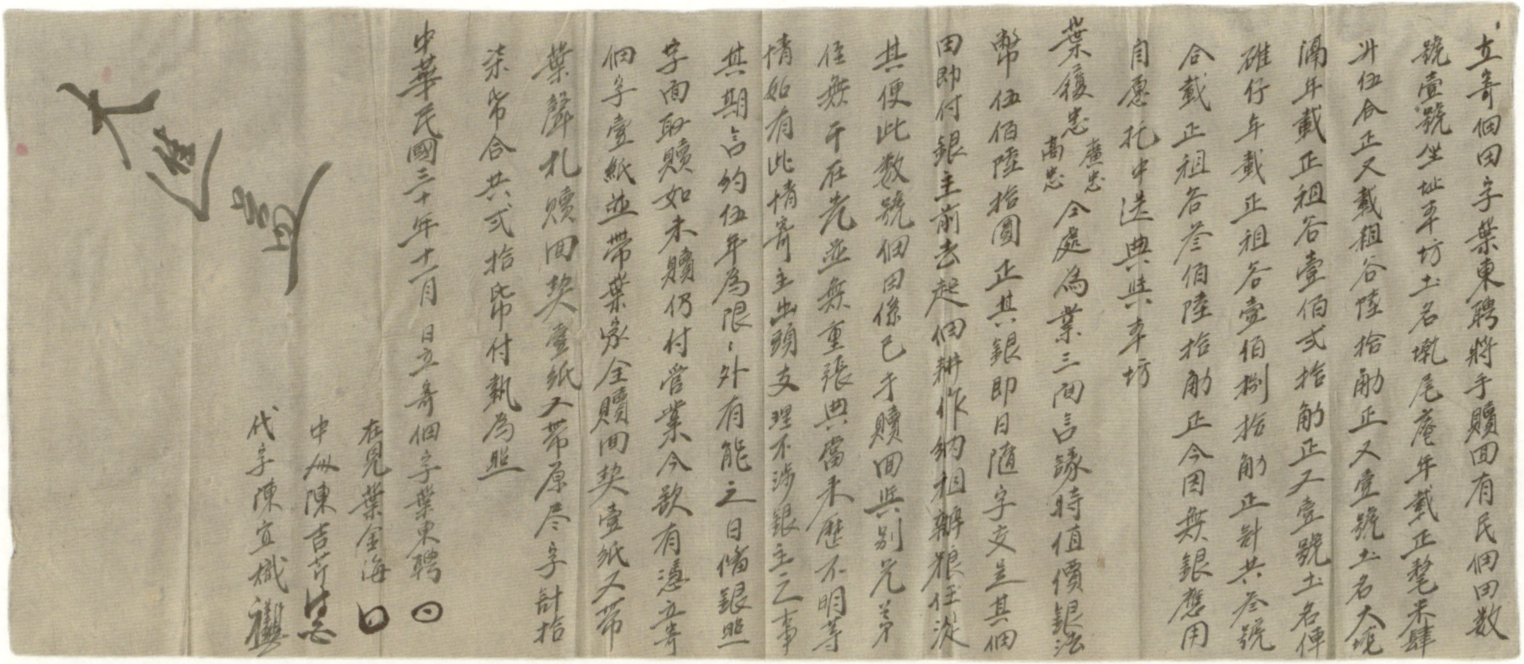

立寄佃田字葉東聘將手贖田有民佃田數
號壹號坐址本坊土名㘭尾庵年載正苞米肆
斗伍合正又載租谷陸拾觔正又壹號土名大墘
漏年載正租谷壹佰式拾觔正又壹號土名俾
碓仔年載正租谷壹佰捌拾觔正計共叁號
合載正租谷叁佰陸拾觔正今因無銀應用
自愿托中送與本坊
葉復忠 廣忠 高忠 仝處為業三面言議時值價銀法
幣伍佰陸拾圓正其銀即日隨字交足其佃
田即付銀主前去起佃耕作納租辦粮任從
其便此數號佃田係己手贖田與別兄弟
侄無干在先並無重張典當未歷不明等
情如有此情寄主出頭支理不涉銀主之事
其期言約伍年為限，外有能之日備銀照
字面取贖如未贖仍付管業今欲有憑立寄
佃字壹紙並帶葉家全贖田契壹紙又帶
葉馞札贖田契壹紙又帶原尽字計指
柒[illegible]合共式指[illegible]付執為照
中華民國三十年十一月　日立寄佃字葉東聘
在見葉金海
中人陳吉芹
代字陳立熾

3-2-139-27　民國三十年十一月葉東聘立寄民佃田字

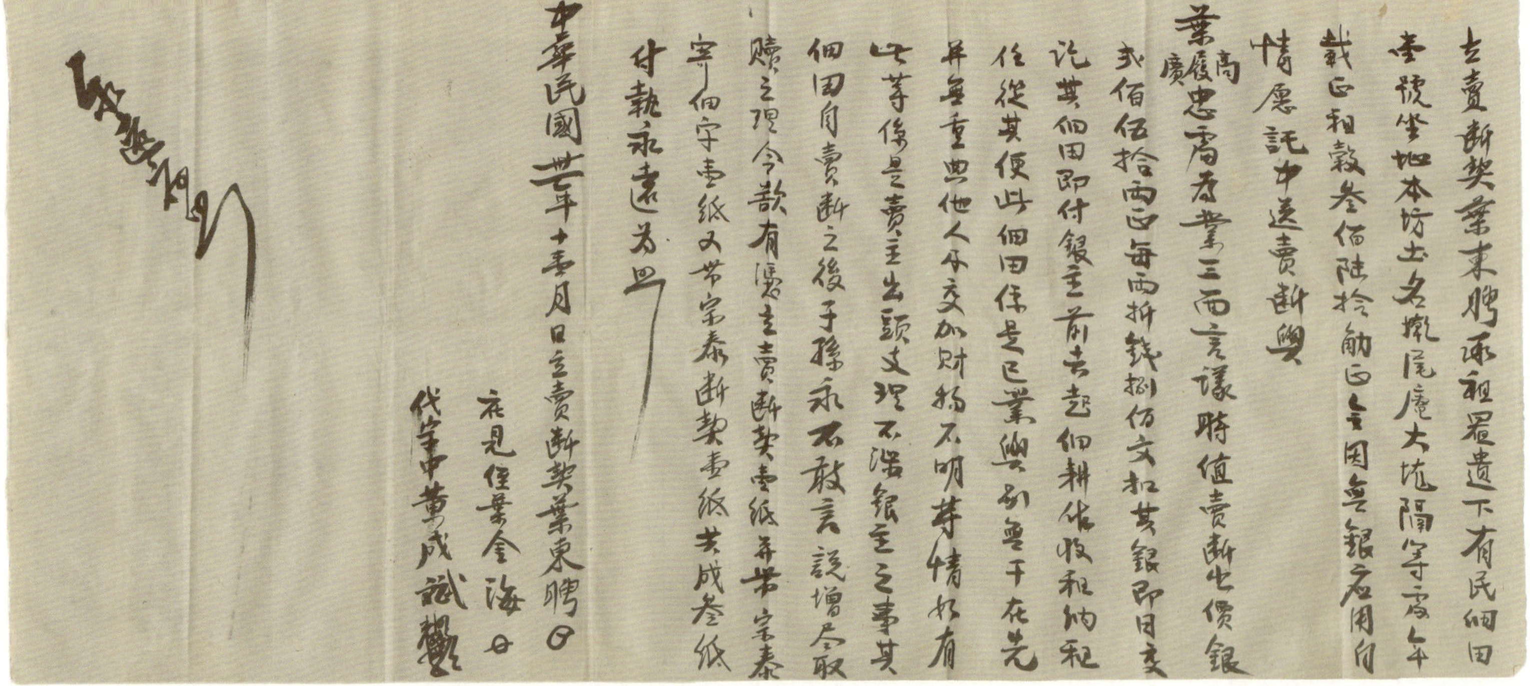

3-2-139-28　民國三十一年十一月葉東聘立賣斷民佃田契

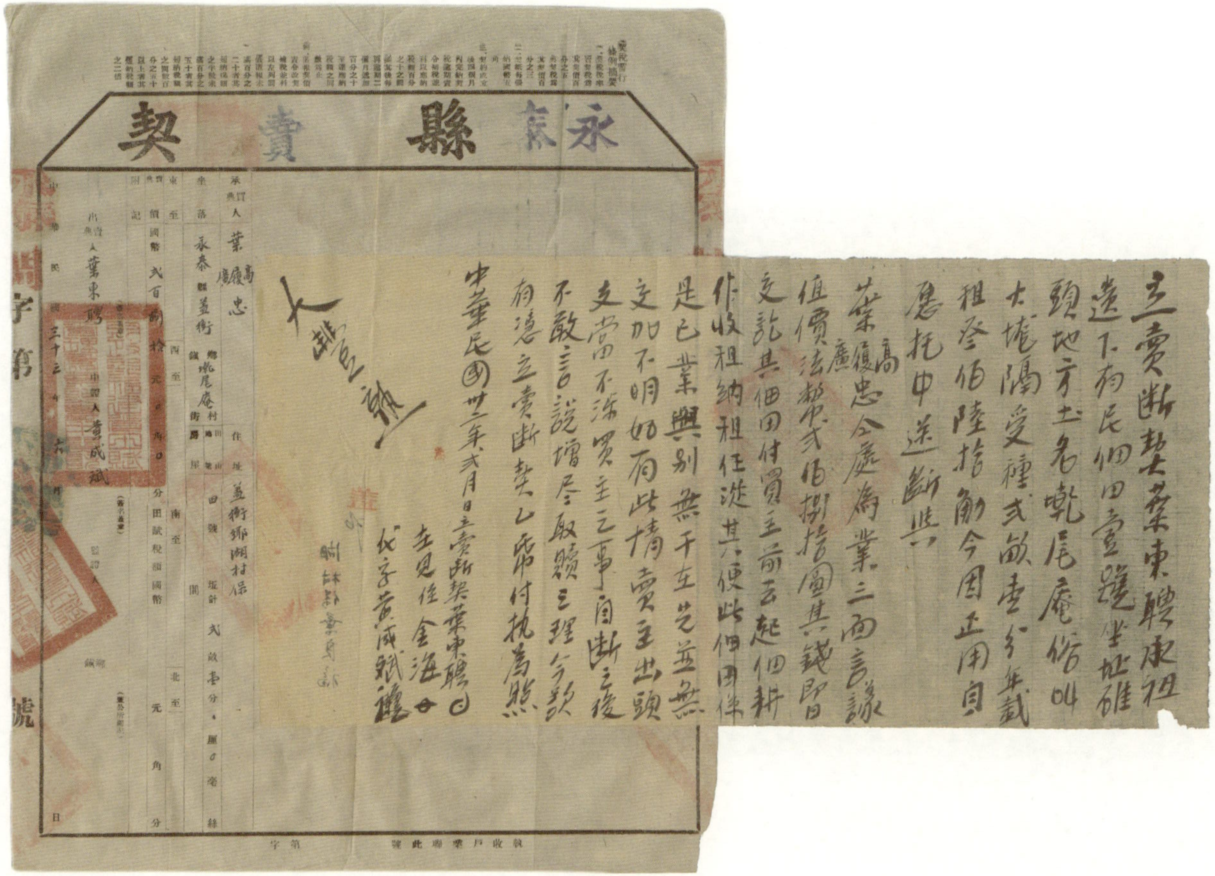

立賣斷契葉東聘承祖
遺下有民佃田壹號坐址碓
頭地方土名乾尾庵俗叫
大墘陽受種式畝壹分正載
租叁佰陸拾觔今因乏用自
愿托中送斷與
葉高應復忠合處為業三面言議
值價法幣式伯捌拾圓其錢即
交訖其佃田付買主前去起佃耕
作收租納租任從其便此佃田係
是己業與別無干在先並無
交加不明如有此情賣主出頭
支當不涉買主之事自斷之後
不敢言說增添取贖三理分款
有憑立賣斷契乙帋付執為照
中華民國卅二年式月日立賣斷契葉東聘
在見侄金海
代字黃成賦

3-2-139-29　民國三十二年二月葉東聘立賣斷民佃田契（紅契）

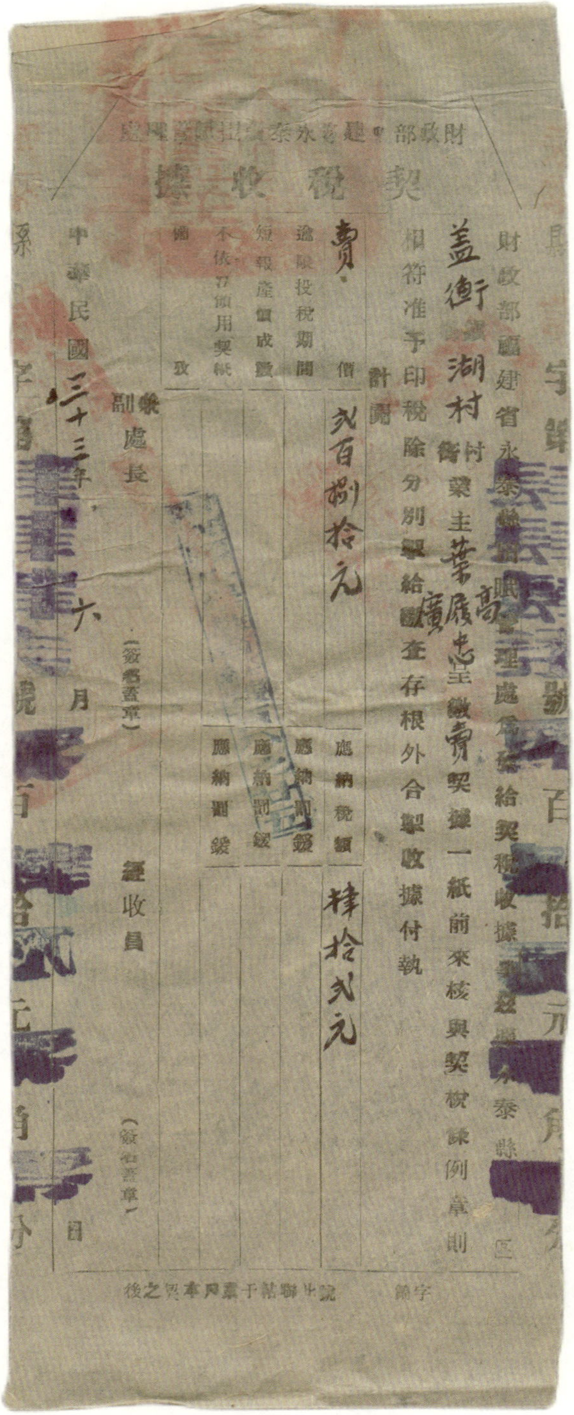
財政部福建省永泰縣田賦管理處

契稅收據

財政部福建省永泰縣田賦管理處為給發契稅收據事茲據永泰縣　區

蓋衢湖村村衢業主葉高忠廣呈繳賣契據一紙前來核與契稅條例章則

相符准予印稅除分別填給查存根外合製收據付執

計開

賣價	貳百捌拾元
逾限投稅期間	應納稅額 肆拾貳元
短報產價成數	應納罰鍰
不依式用契紙	應納罰鍰
備致	應納罰鍰

中華民國三十三年六月　日

兼副處長　（簽名蓋章）　經收員　（簽名蓋章）

字第　號　此聯粘于業戶本契之後

3-2-139-30　民國三十三年六月葉高忠等契稅收據

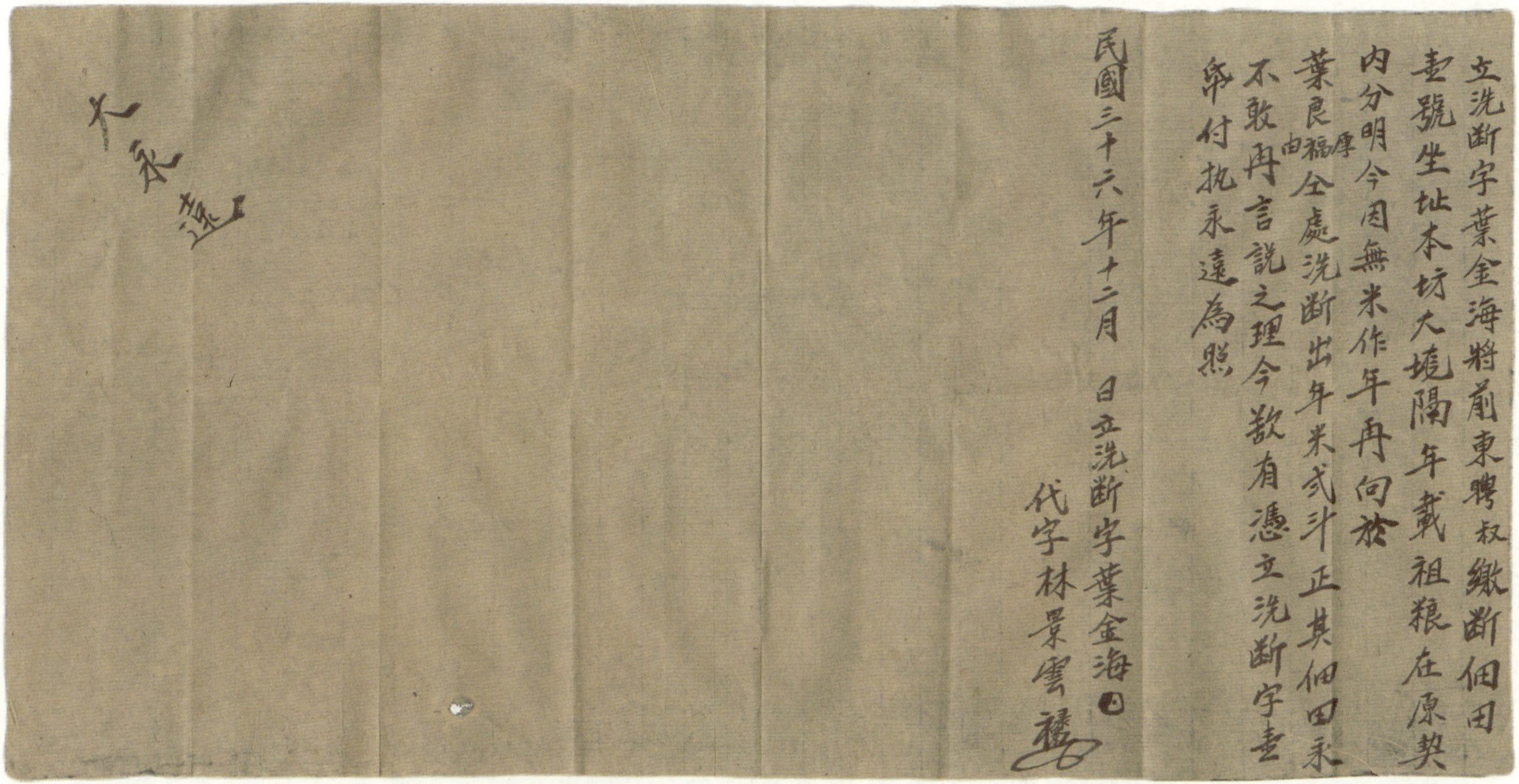

立洗斷字葉金海將前東聘叔繳斷佃田
壹號生址本坊大墘隔年載祖粮在原契
內分明今因無米作年再向於
葉良福（由厚）仝處洗斷出年米式斗正其佃田永
不敢再言說之理今欲有憑立洗斷字壹
帋付執永遠為照

民國三十六年十二月　日立洗斷字葉金海（押）
代字林景雲（押）

永遠

3-2-139-31　民國三十六年十二月葉金海立洗斷佃田字

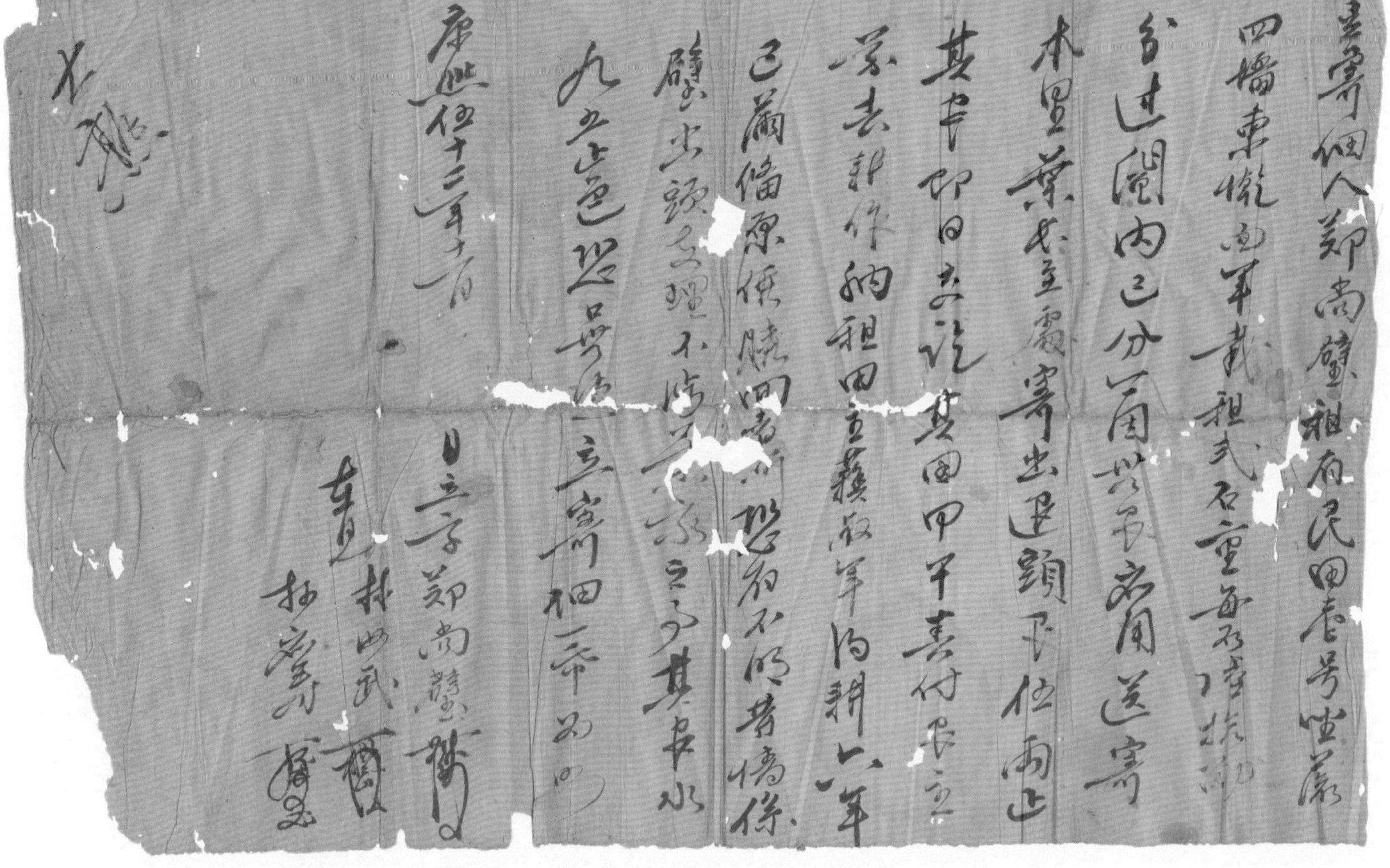

3-2-140-1　清康熙五十二年十一月鄭尚璧立寄佃民田字

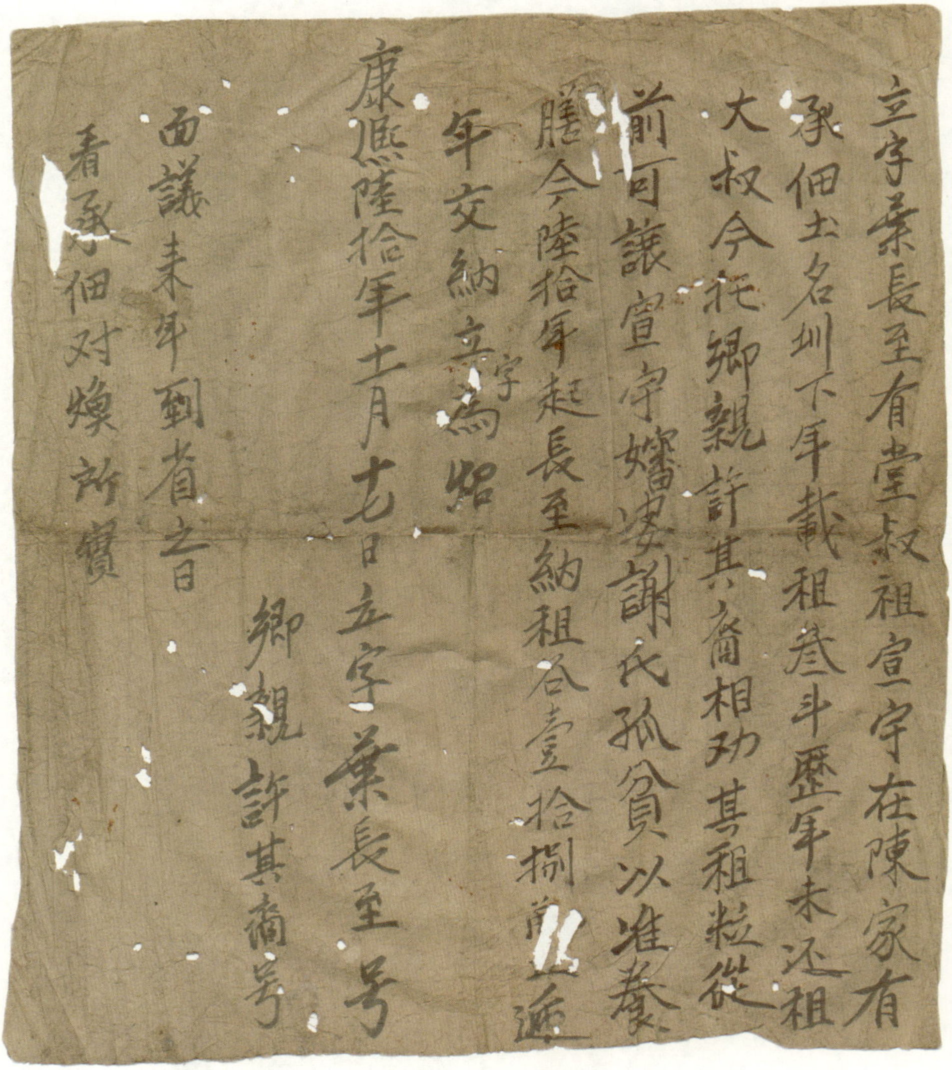
立字葉長至有堂叔祖宣字在陳家有
承佃土名圳下年載租叁斗歷年未还租
大叔今托鄉親許其裔相劝其祖粒從
前可讓宣字孀婆謝氏孤貧以准養
膳今陸拾年起長至納租谷壹拾捌觔遞
年交納立字為照
康熙陸拾年十一月十七日立字葉長至号
鄉親許其裔号
面議来年到着之日
看承佃对換所賣

3-2-140-2　清康熙六十年十一月葉長至立納租穀字

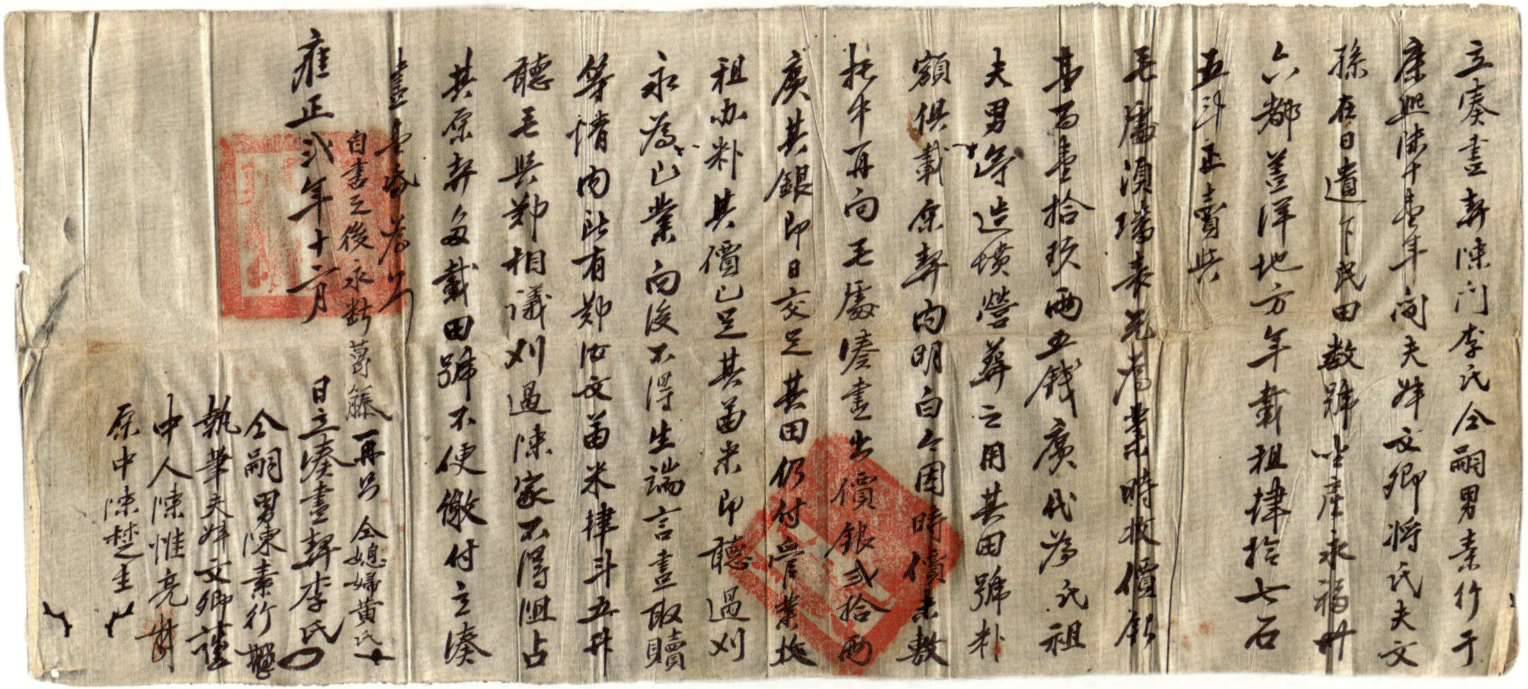

3-2-140-3 清雍正二年十二月陳門李氏等立湊盡民田契（紅契）

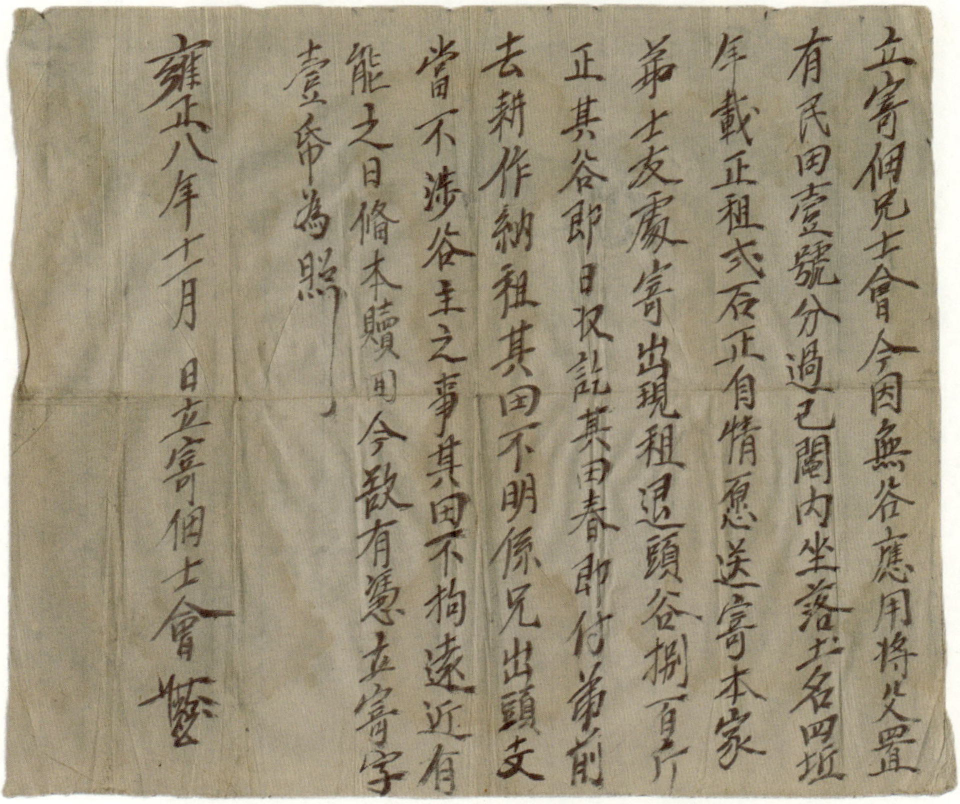
立寄佃兄士會今因無谷應用將父置
有民田壹號分過己闔內坐落土名四坵
年載正租弍石正自情愿送寄本家
弟士友處寄出現租退頭谷捌百斤
正其谷即日收訖其田春即付弟前
去耕作納租其田不明係兄出頭支
當不涉谷主之事其田不拘遠近有
能之日備本贖回今欲有憑立寄字
壹帋為照
雍正八年十一月　日立寄佃士會

3-2-140-4　清雍正八年十一月葉士會立寄佃民田字

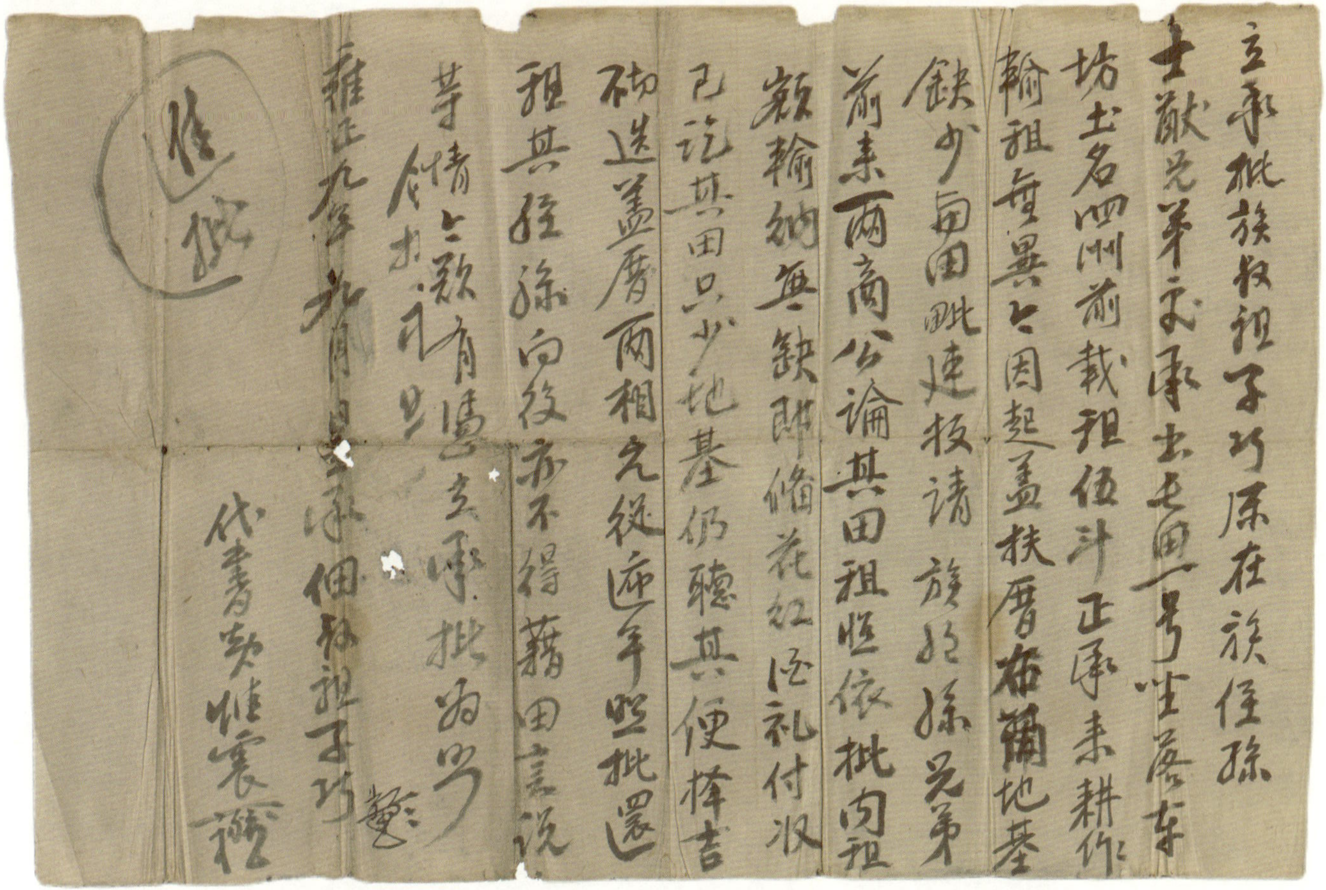

3-2-140-5　清雍正九年九月葉子巧立承佃屯田字

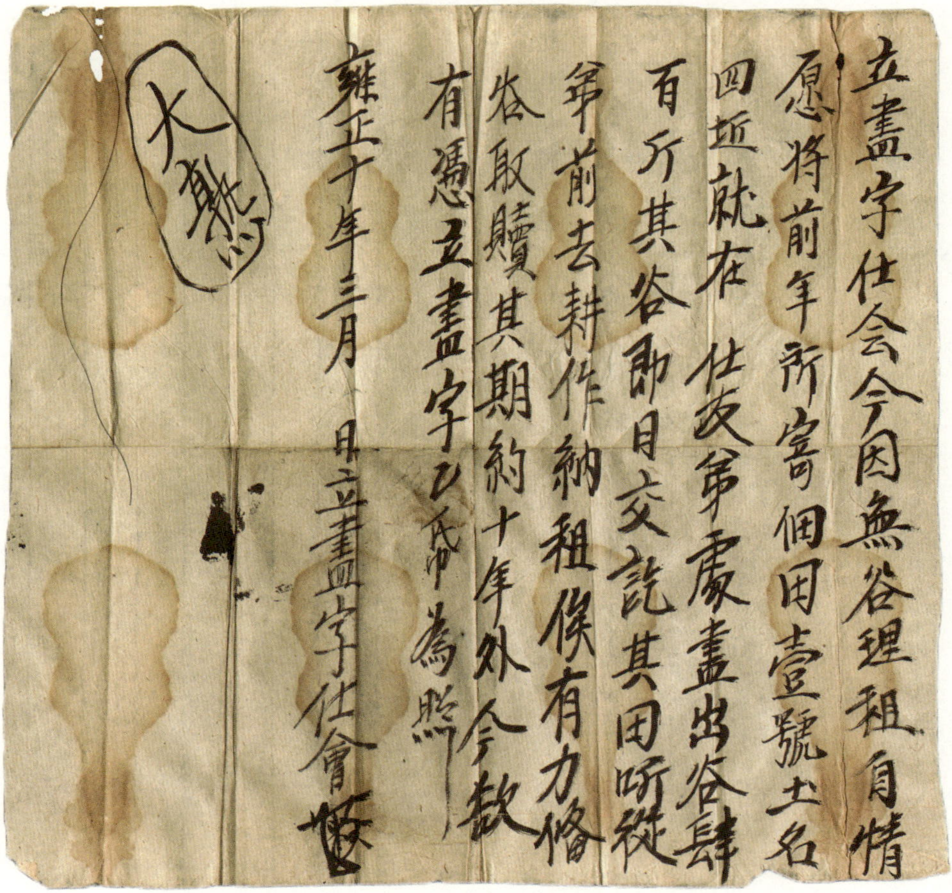
立盡字仕会今因無谷理租自情
愿將前年所寄佃田壹號土名
四坵就在 仕友弟處盡出谷肆
百斤其谷即日交訖其田听從
弟前去耕作納租倘有力備
谷取贖其期約十年外今欲
有憑立盡字乙紙為照
雍正十年三月 日立盡字仕會

3-2-140-6 清雍正十年三月葉仕會立盡佃田契

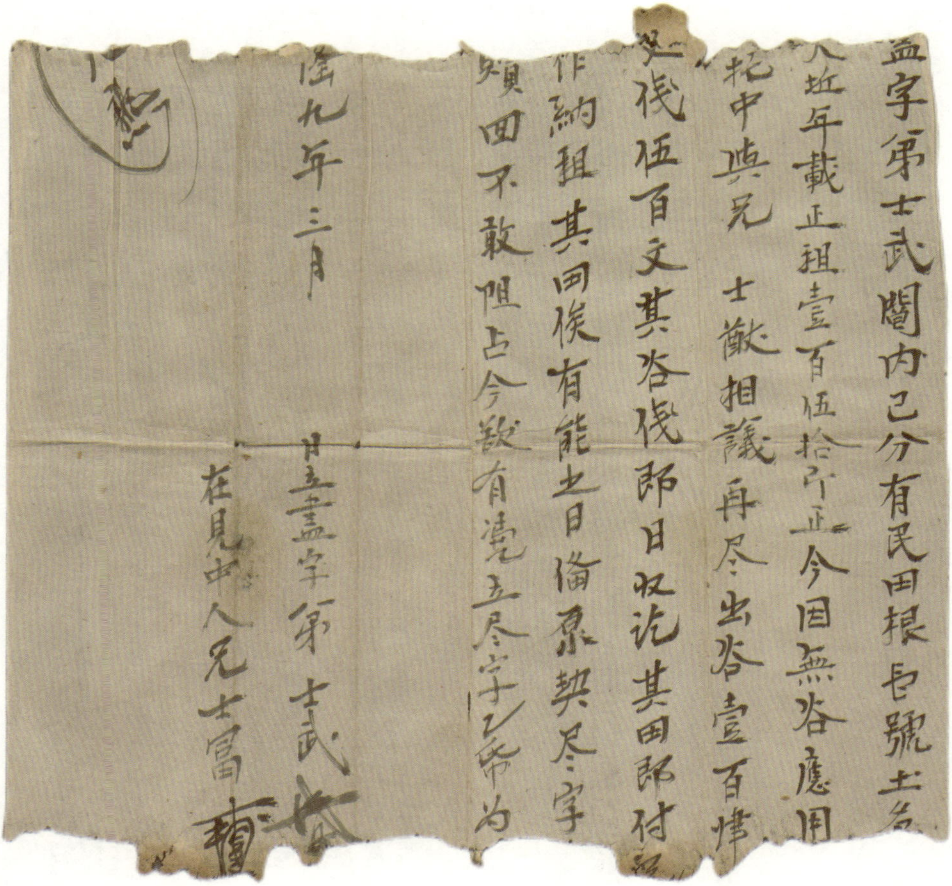
盡字第士武鬮内已分有民田根壹號土名
人坵年載正租壹百伍拾斤正今因無咨應用
托中與兄 士歡相議再尽出咨壹百肆
足錢伍百文其咨錢即日收訖其田即付
作納租其田後有能土日倫原契尽字
贖田不敢阻占今欲有憑立尽字乙帋為
隆九年三月 日立盡字第 士武
在見中人兄士富

3-2-140-7 清乾隆九年三月葉士武立盡民田根字

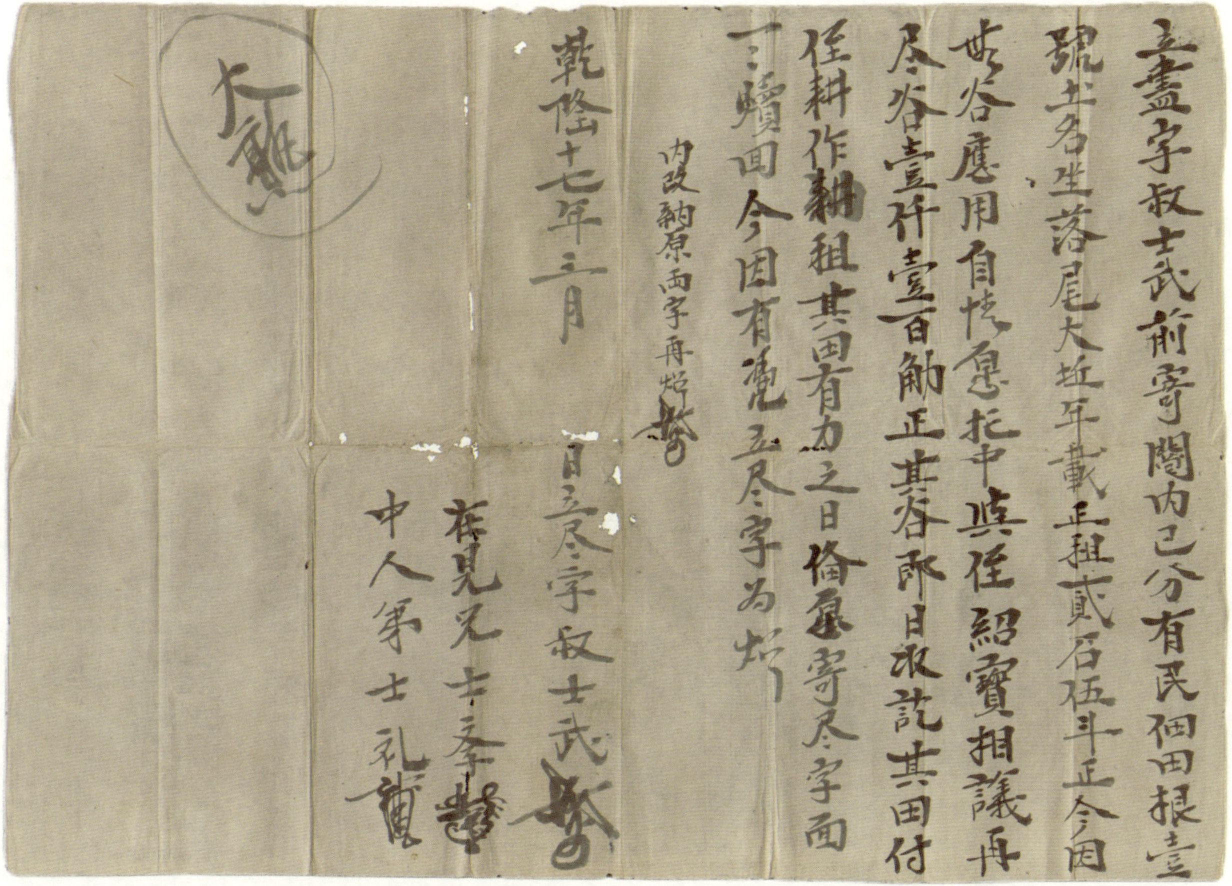

3-2-140-8　清乾隆十七年三月葉士武立盡民佃田根字

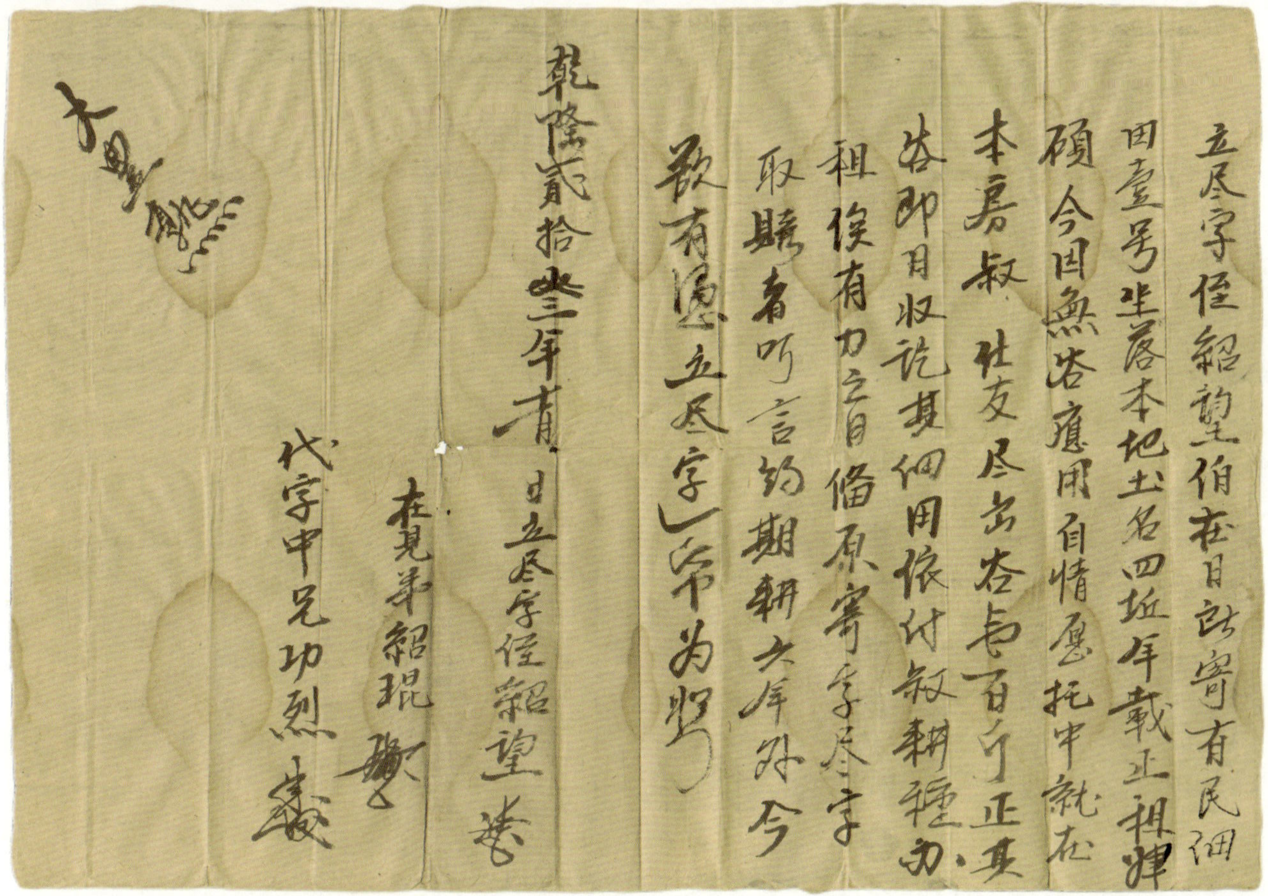

立尽字侄紹望伯在日向寄有民佃
田壹号坐落本地土名四坵年載止租肆
碩今因無咨顧用自情愿托中就在
本房叔 壮支尽出谷壹百斤正其
谷即日收訖其佃田依付叔耕種為
租俟有力之日備原寄字尽字
取贖肴听言约期耕六年外今
欲有憑立尽字一紙爲照
乾隆貳拾叁年十一月 日立尽字侄紹望（押）
在見弟紹琨（押）
代字中兄功烈（押）

3-2-140-9 清乾隆二十三年十一月葉紹望立盡民佃田字

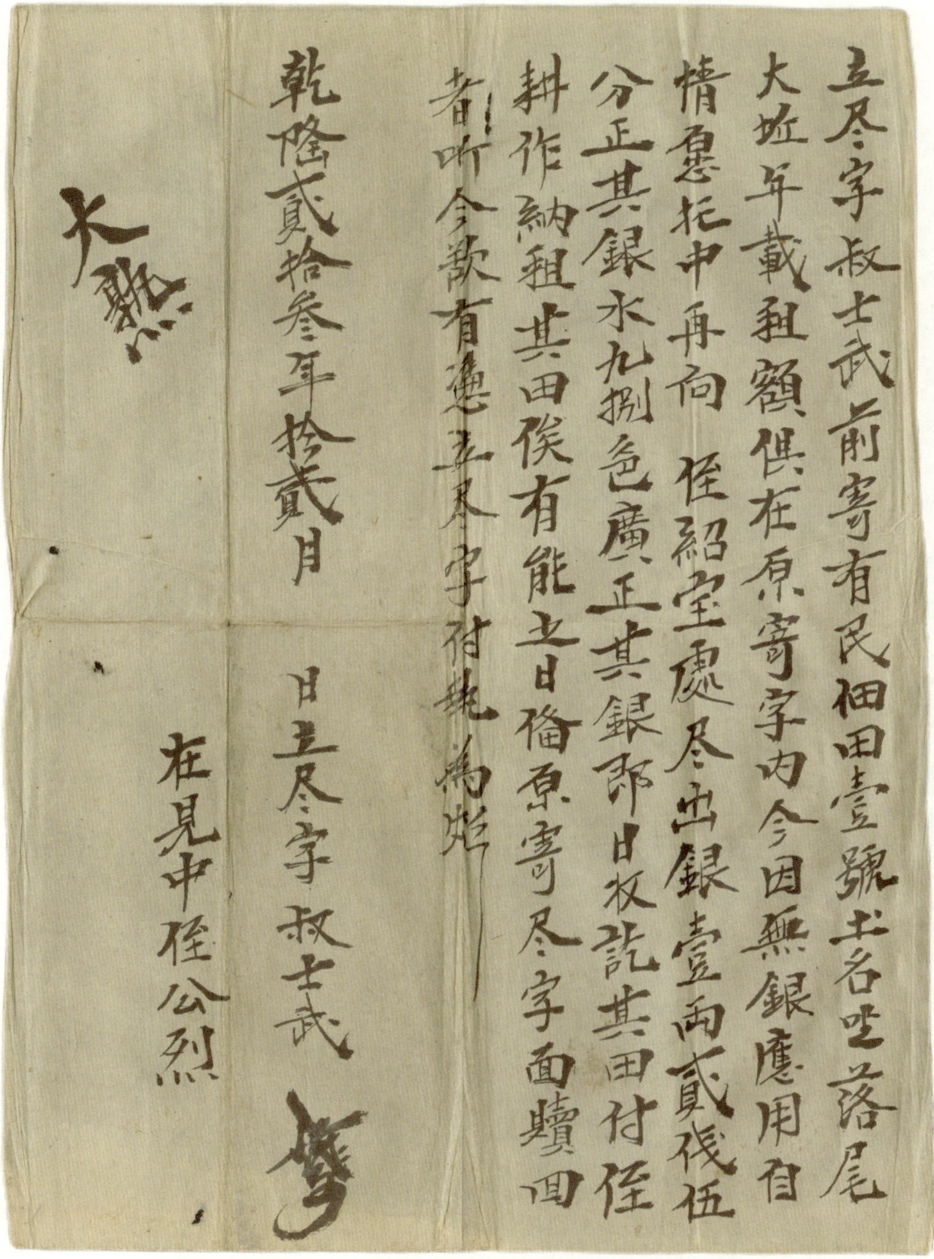

立尽字叔士武前寄有民佃田壹號土名坐落尾大埡年載租額俱在原寄字内今因無銀應用自情愿托中再向 侄紹室處尽出銀壹両貳錢伍分正其銀水九捌色廣正其銀即日收訖其田付侄耕作納租其田倘有能立日備原寄尽字面贖回者聽今欲有憑立尽字付執為炤

乾隆貳拾叁年拾貳月 日立尽字叔士武（押）

在見中侄公烈

大熟

3-2-140-10 清乾隆二十三年十二月葉士武立盡民佃田字

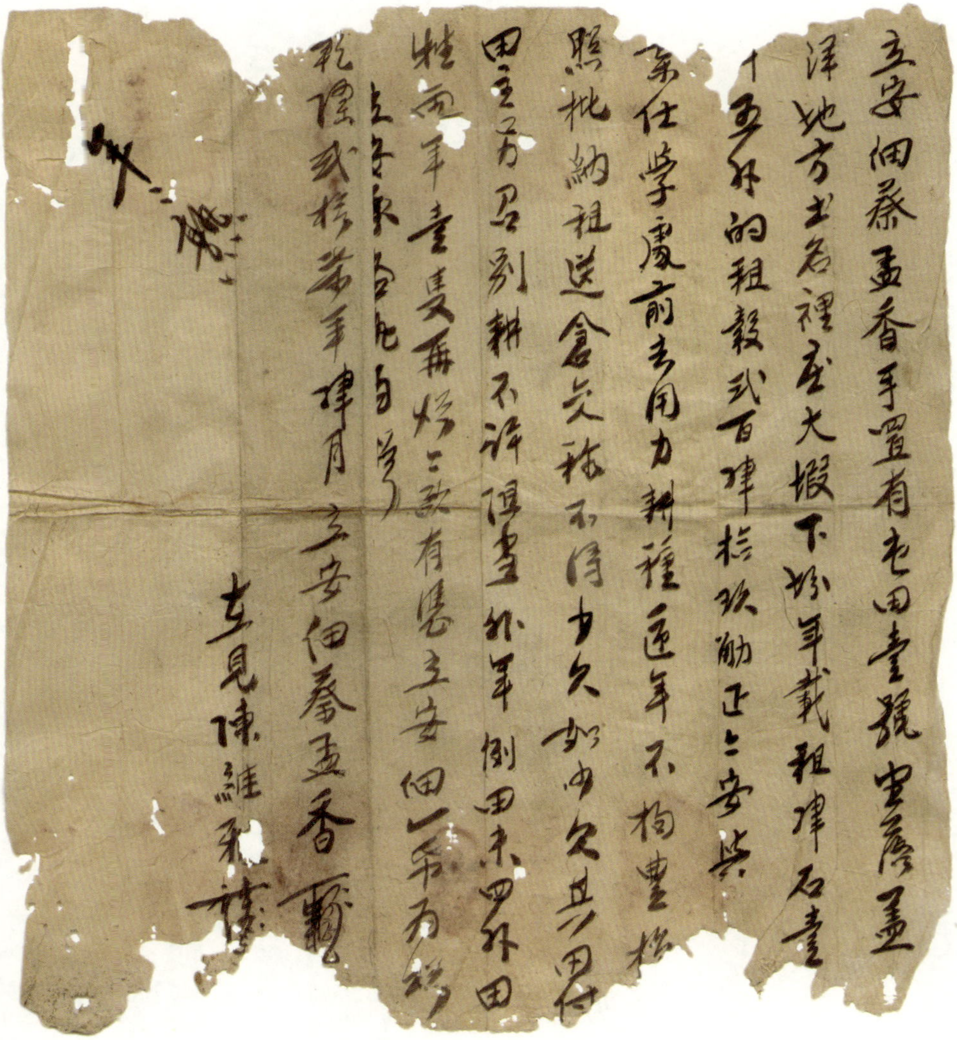
立安佃蔡孟香手置有屯田壹號，坐廣益
洋地方，土名裡厝大墩下坵，年載租肆石壹
斗五升，的租穀貳百肆拾玖觔正。今安與
蔡任學處前去用力耕種，逐年不拘豐歉，
照批納租，送倉交稅，不得少欠。如少欠，其田任
田主另召別耕，不許阻霸。外年倒田，米四升田
牲兩年壹隻，再炤之。欲有憑，立安佃一紙為炤。
立字承認為炤
乾隆貳拾柒年肆月　立安佃蔡孟香（押）
在見陳維和（押）

3-2-140-11　清乾隆二十七年四月蔡孟香立安佃屯田字

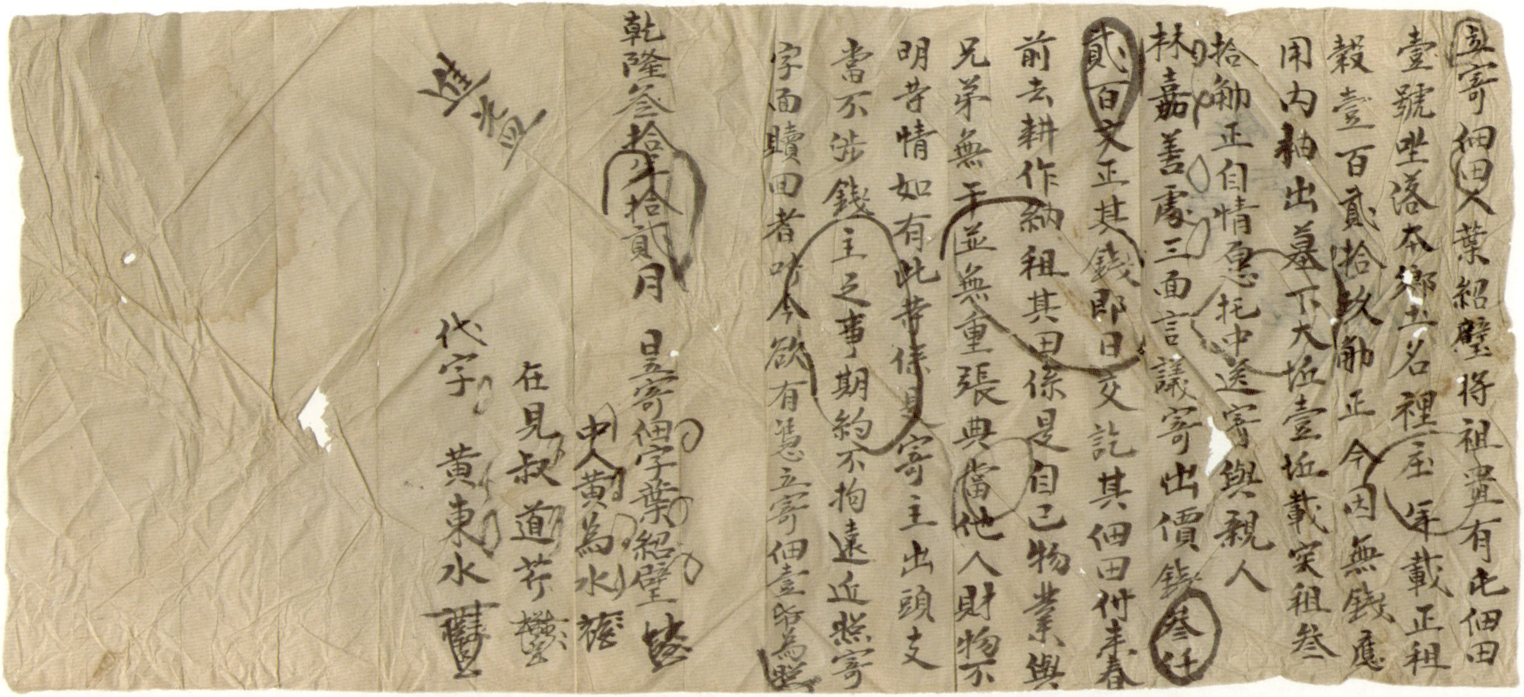
立寄佃田人葉紹壁，將祖置有屯佃田
壹號，坐落本鄉土名裡𡊨，年載正租
穀壹百貳拾肆觔正，今因無錢應
用，內抽出墓下大坵壹坵，載実租叁
拾觔正，自情息托中送寄與親人
林嘉善處，三面言議寄出價錢叁仟
貳百文正，其錢即日交訖，其佃田付春
前去耕作納租，其田係是自己物業，與
兄弟無干，並無重張典當他人財物不
明等情，如有此等，係是寄主出頭支
當，不涉錢主之事，期約不拘遠近，照寄
字面贖田者，吋今欲有憑，立寄佃壹帋為照。
乾隆叁拾年拾貳月　日　立寄佃字葉紹壁（押）
中人黄爲水（押）
在見叔道芳（押）
代字黄東水（押）
[illegible]

3-2-140-12　清乾隆三十年十二月葉紹壁立寄屯佃田字（廢契）

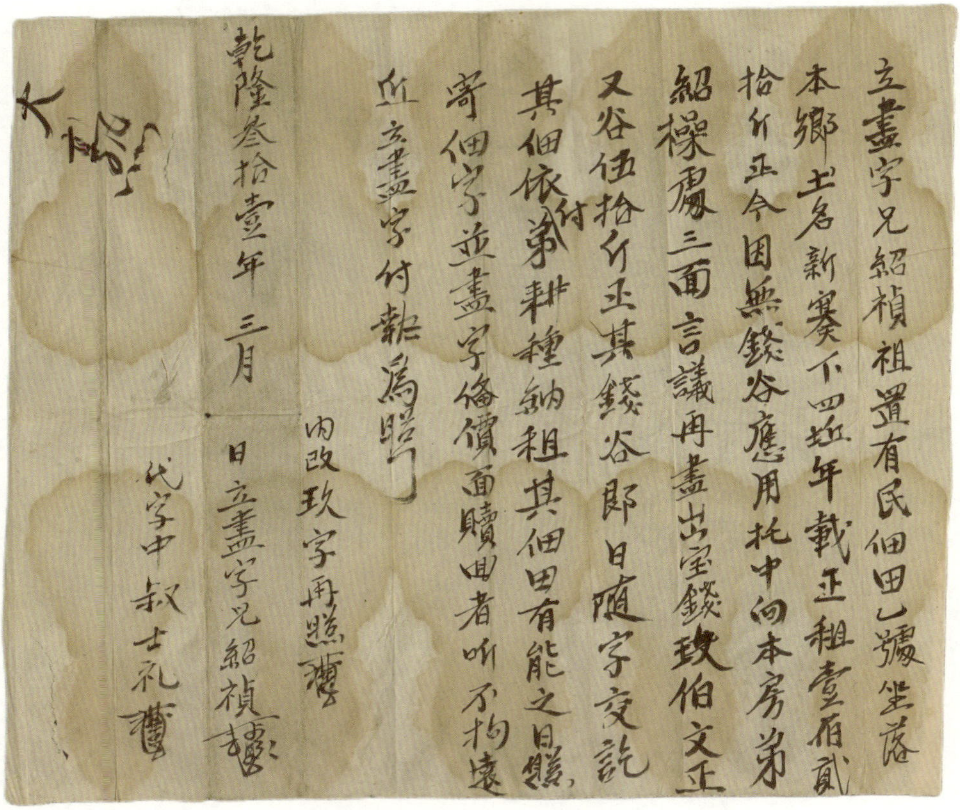
立盡字兄紹禎祖置有民佃田乙號坐落
本鄉土名新寮下四坵年載正租壹佰貳
拾斤正今因無錢應用托中向本房弟
紹樑處三面言議再盡出定錢玖伯文正
又谷伍拾斤正其錢谷即日隨字交訖
其佃依付弟耕種納租其佃田有能之日照
寄佃字並盡字備價面贖回者听不拘遠
近立盡字付執為照
內改玖字再照
乾隆叁拾壹年 三月 日立盡字兄紹禎
代字中叔士礼

3-2-140-13 清乾隆三十一年三月葉紹禎立盡民佃田字

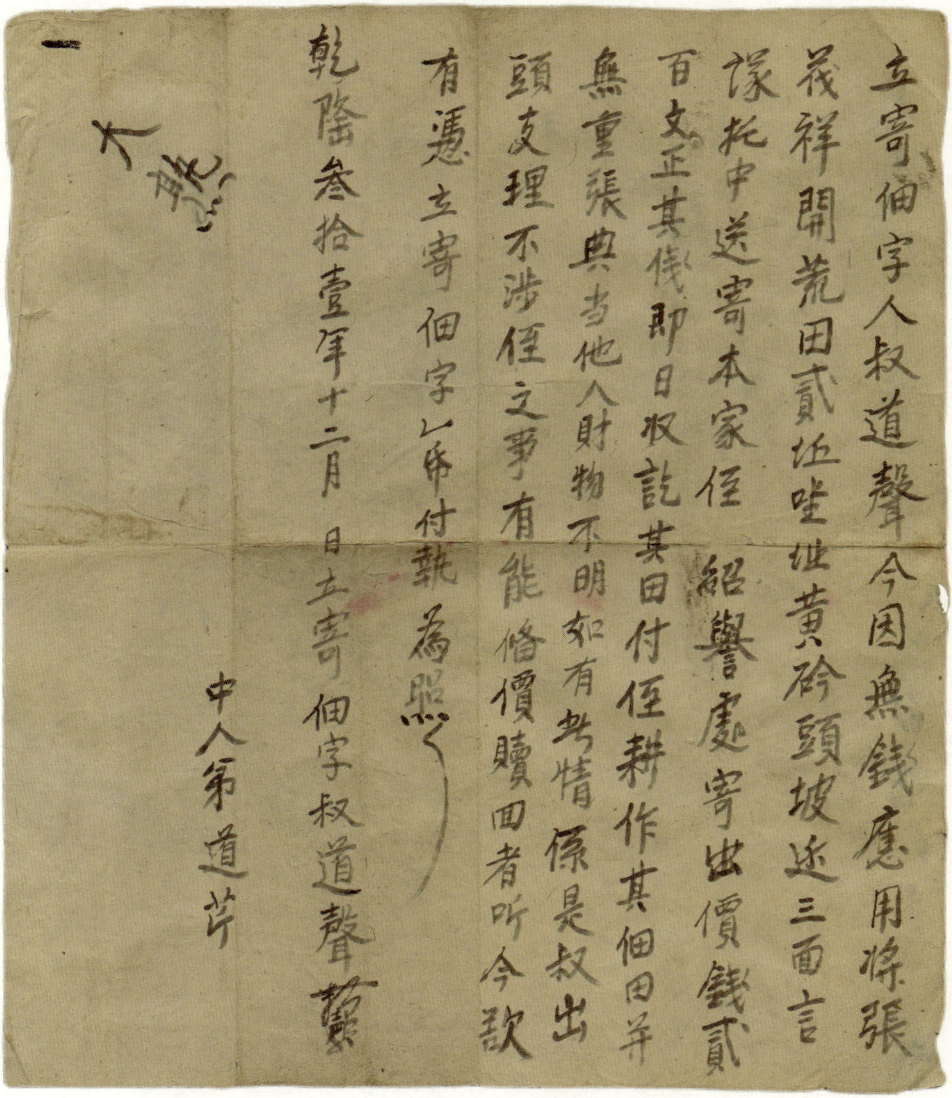

立寄佃字人叔道聲今因無錢應用將張
𦿁祥開荒田貳坵坐址黄砱頭坡迹三面言
議托中送寄本家侄　紹譽處寄出價錢貳
百文正其錢即日收訖其田付侄耕作其佃田并
無重張典當他人財物不明如有此情係是叔出
頭支理不涉侄之事有能備價贖回者听今欲
有憑立寄佃字一紙付執為照
乾隆叁拾壹年十二月　日立寄佃字叔道聲（押）
中人弟道芹

3-2-140-14　清乾隆三十一年十二月葉道聲立寄佃荒田字

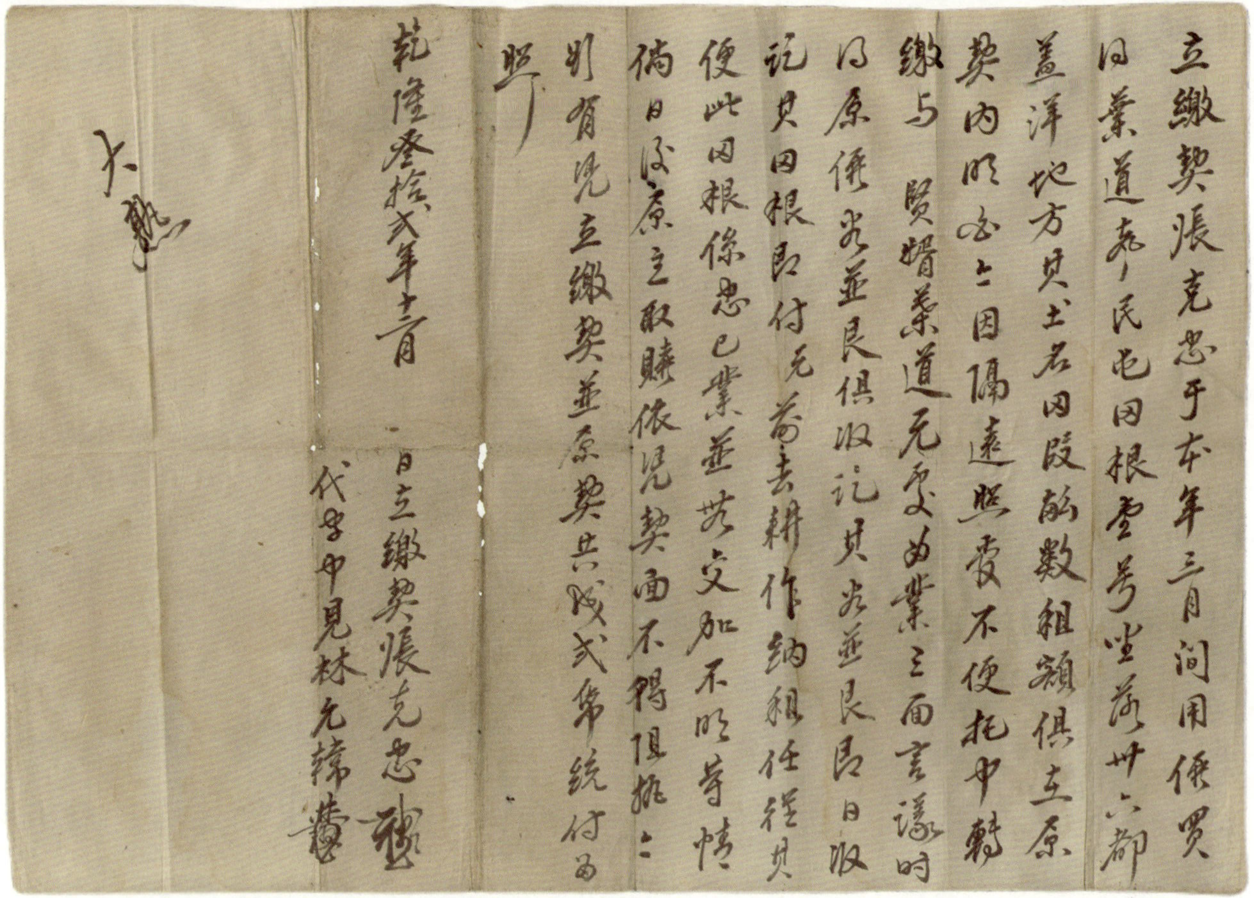
立繳契張克忠于本年三月間用價買
因業道泰民屯田根壹号坐落卅六都
蓋洋地方其土名田段畝數租額俱立原
契內明今因隔遠照管不便托中轉
繳與 賢婿葉道元處為業三面言議時
因原價並民俱收訖其價並民即日收
訖其田根即付元前去耕作納租任從其
便此田根係忠己業並無交加不明等情
倘日後原主取贖依憑契面不得阻執二
比有憑立繳契並原契共成貳紙付為
照
乾隆叁拾貳年十二月 日立繳契張克忠
代字中見林元禧

3-2-140-15 清乾隆三十二年十二月張克忠立繳民屯田根契

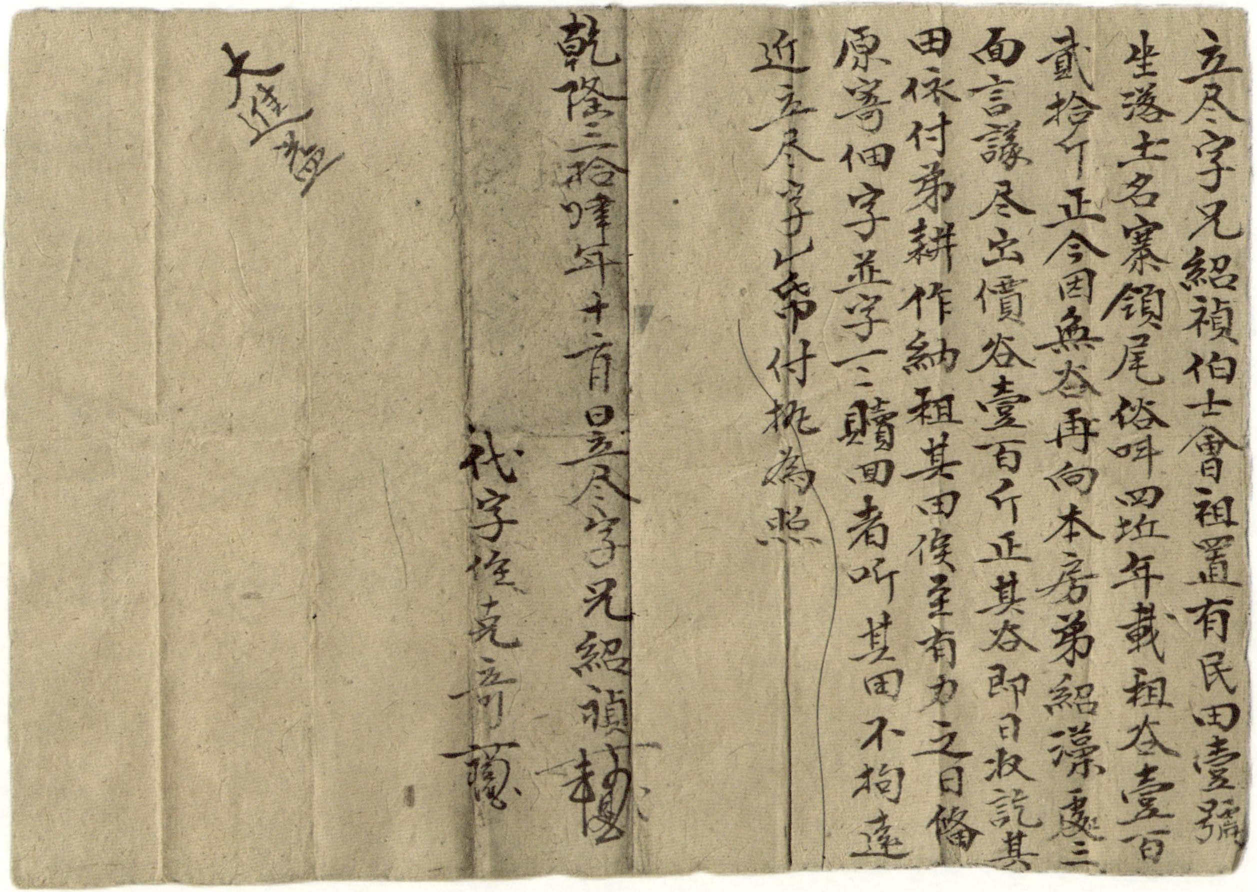
立盡字兄紹禎伯士曾祖置有民田壹號
坐落土名寨領尾俗呌四坵年載租谷壹百
貳拾斤正今因無谷再向本房弟紹濚處三
面言議盡出價谷壹百斤正其谷即日收訖其
田係付弟耕作納租其田侯至有力之日備
原寄佃字並字一二贖田者听其田不拘遠
近立盡字一紙付執為照
乾隆三拾肆年十二月日立盡字兄紹禎（押）
代字侄克立（押）
大進益

3-2-140-16　清乾隆三十四年十二月葉紹禎立盡民田字

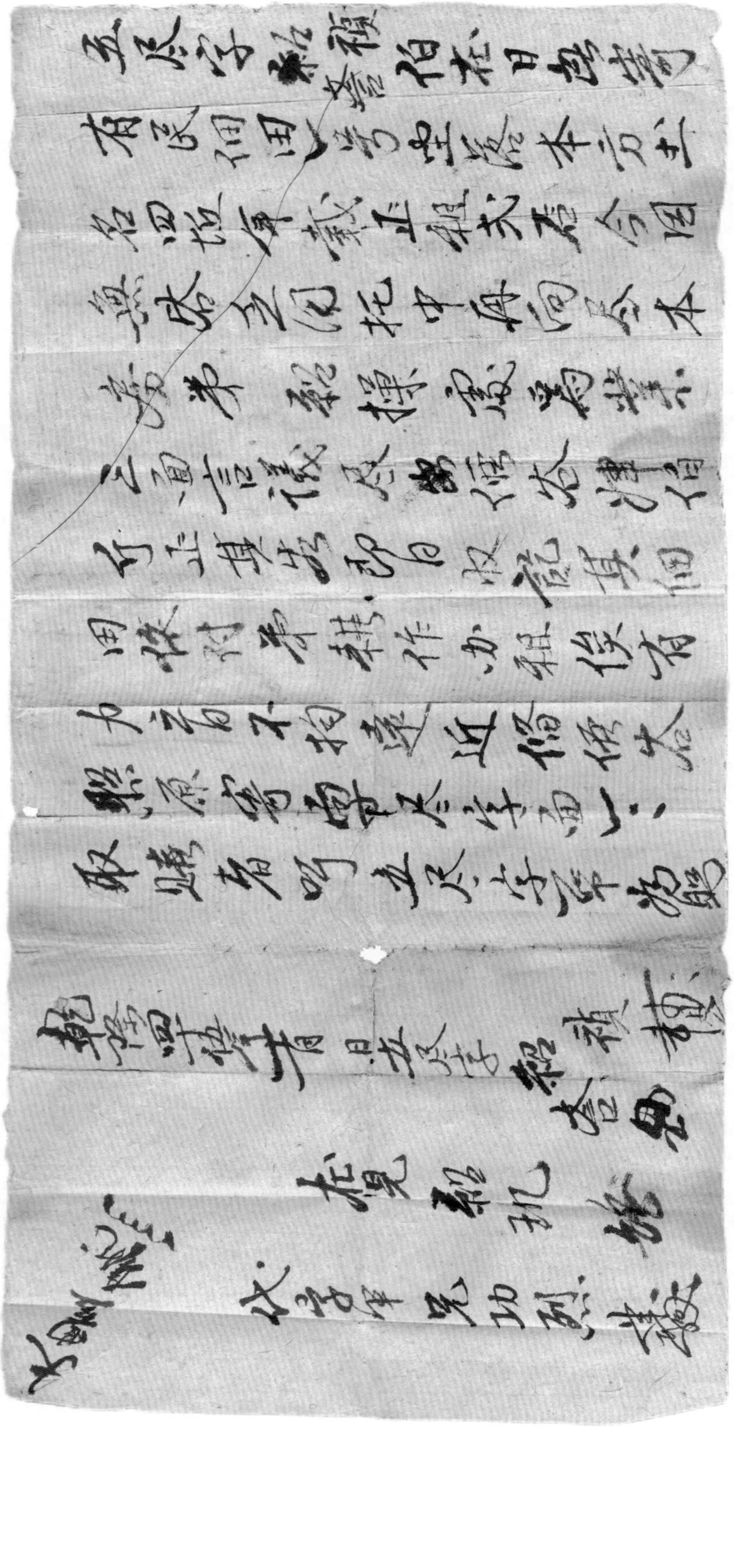

3-2-140-17　清乾隆四十五年十一月葉紹禎等立盡民佃田字

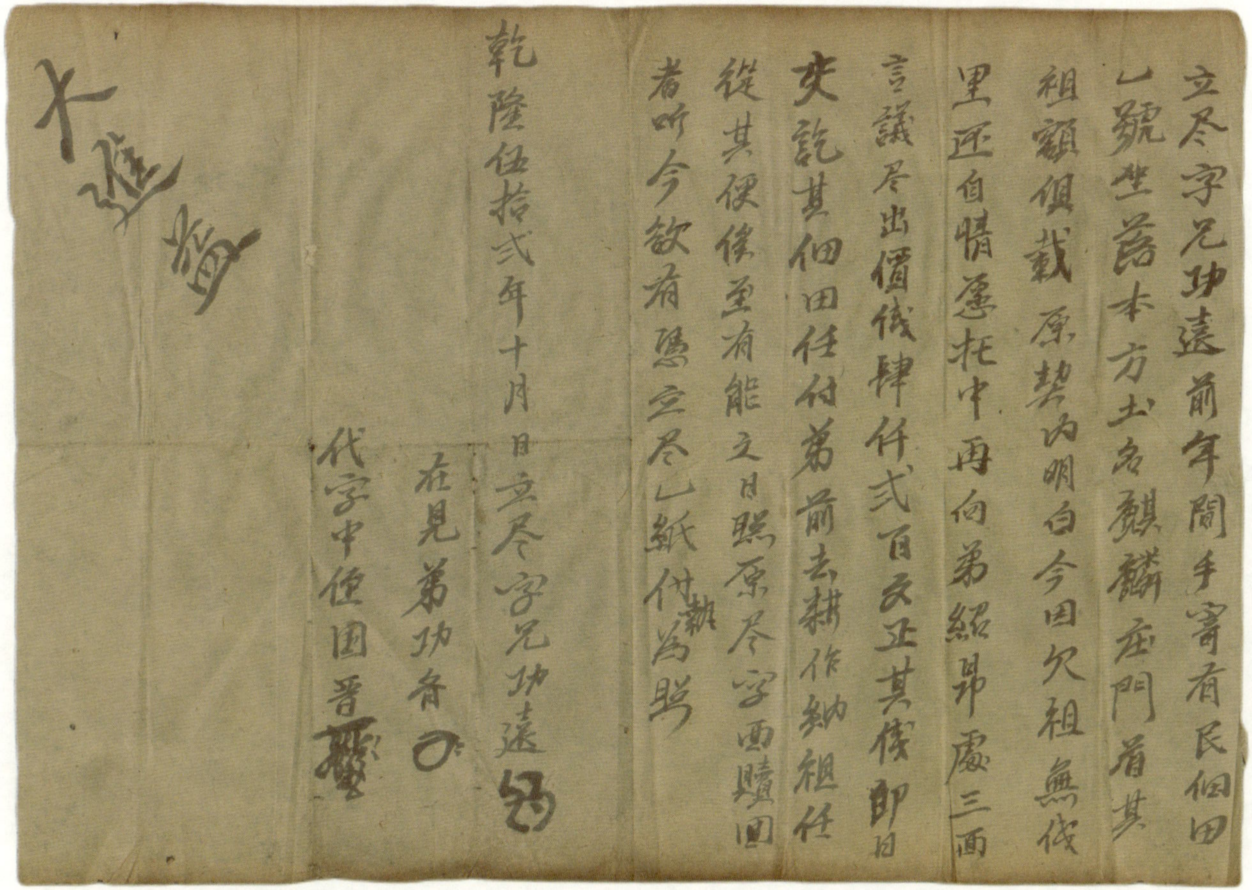
立盡字兄功遠前年間手置有民佃田
乙號坐落本方土名麒麟座門前其
租額俱載原契內明白今因欠祖無從
里逐自情愿托中再向弟紹昂處三面
言議盡出價錢肆仟貳百文正其錢即日
交訖其佃田任付弟前去耕作納租任
從其便侄至有能之日照原盡字面贖回
者所今欲有憑立盡山紙付執為照
乾隆伍拾貳年十月　日　立盡字兄功遠（押）
在見弟功青（押）
代字中侄國晉（押）
大進益

3-2-140-18　清乾隆五十二年十月葉功遠立盡民佃田字

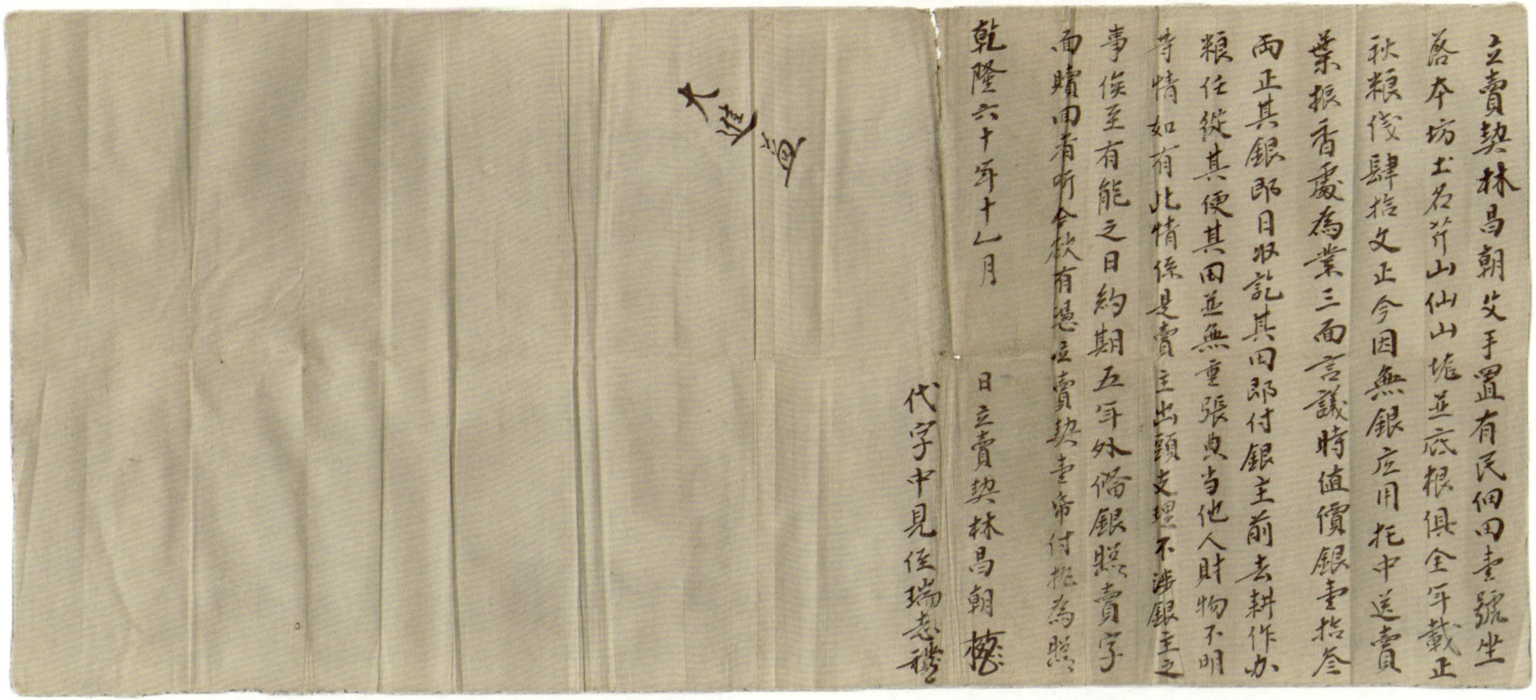
立賣契林昌朝父手置有民佃田壹號坐
落本坊土名芹山仙山垅並戊根俱全年載正
秋粮伐肆拾文正今因無銀應用托中送賣
業振香處為業三面言議時值價銀壹拾叁
両正其銀即日收訖其田即付銀主前去耕作办
粮任從其便其田並無重張典当他人財物不明
等情如有此情係是賣主出頭支理不涉銀主之
事俟至有能之日約期五年外備銀照賣字
面贖田有听今欲有憑立賣契壹帋付执為照
乾隆六十年十一月　日立賣契林昌朝
代字中見侄瑞志

3-2-140-19　清乾隆六十年十一月林昌朝立賣民佃田契

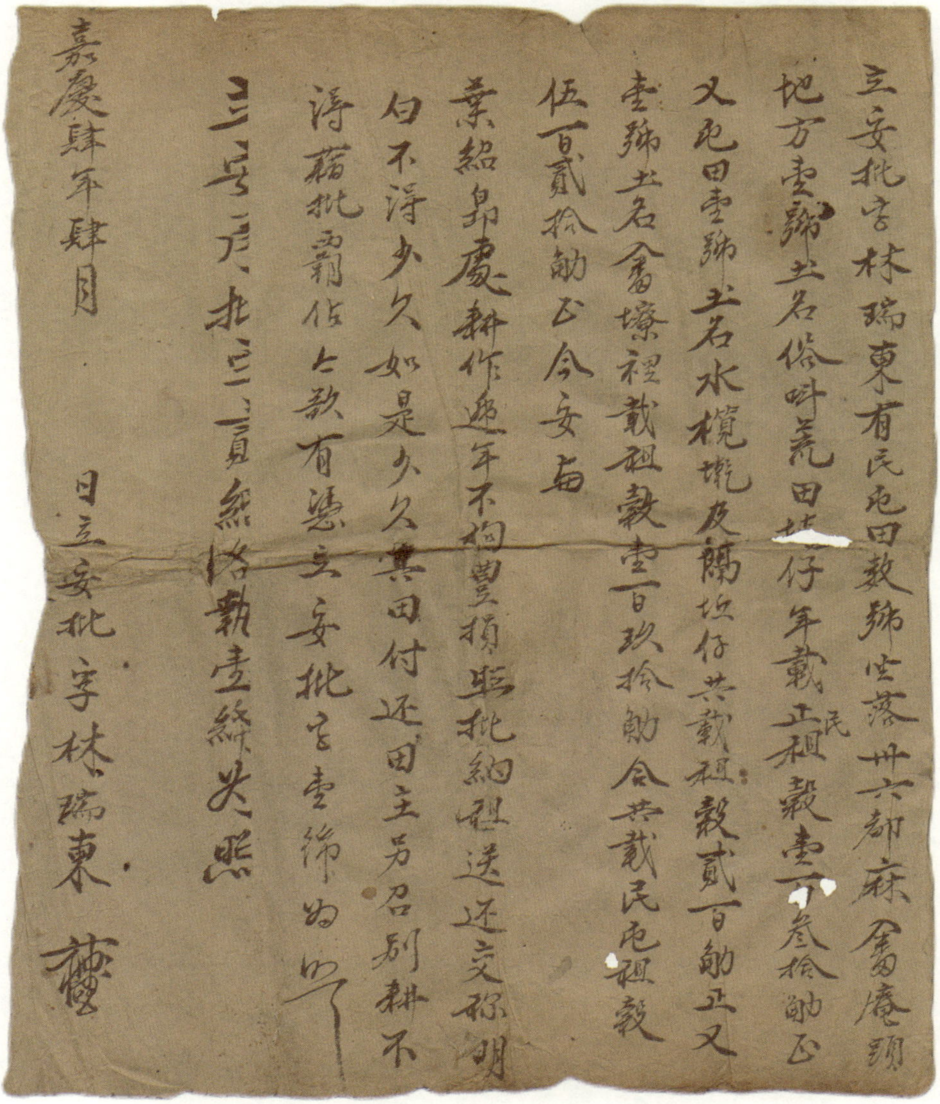
立安批字林瑞東有民屯田數號坐落廿六都麻畲磡頭
地方壹號土名俗叫荒田坵仔年載正民租穀壹石叁拾觔正
又屯田壹號土名水欖墘及鷂坵仔共載租穀貳百觔正又
壹號土名畲壕裡載租穀壹百玖拾觔合共載民屯租穀
伍百貳拾觔正今安與
業紹鼎處耕作逐年不拘豐歉照批納租送還交秤明
白不得少欠如是少欠其田付還田主另召別耕不
得藉批霸佔亡款有憑立安批字壹紙為照
立安字、批立、貳紙各執壹紙為照
嘉慶肆年肆月　　日立安批字林瑞東

3-2-140-20　清嘉慶四年四月林瑞東立安批民屯田字

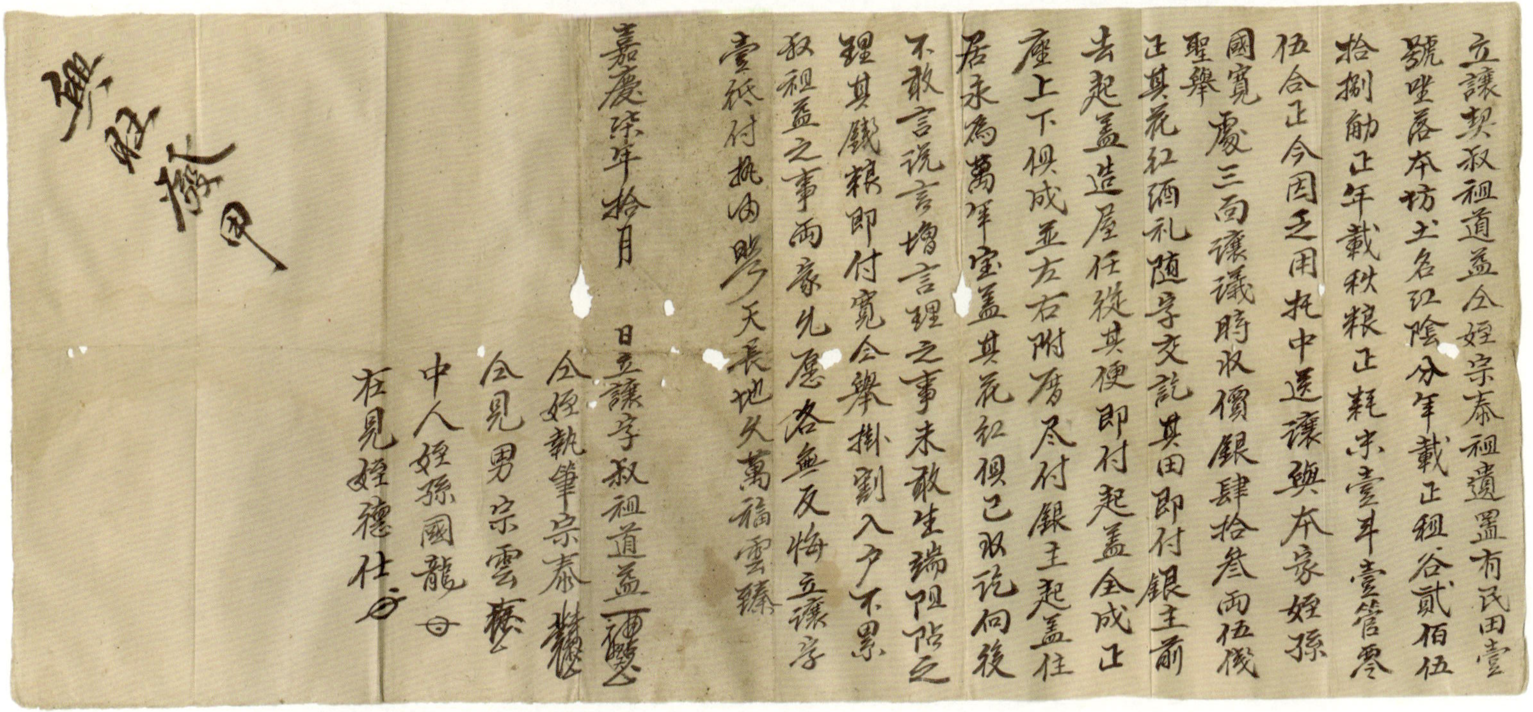
立讓契叔祖道益仝姪宗泰祖遺置有民田壹
號坐落本坊土名江陰分年載正租谷貳佰伍
拾捌觔正年載秋粮正耗米壹斗壹管零
伍合正今因乏用托中送讓與本家姪孫
國寬處三面讓議時收價銀肆拾叁兩伍錢
聖舉
正其花紅酒礼隨字交訖其田即付銀主前
去起蓋造屋任從其便即付起蓋全成正
座上下俱成並左右附厝盡付銀主起蓋住
居永為萬年宝蓋其花紅俱已收訖向後
不敢言說言增言理之事未敢生端阻阽之
理其錢粮即付寬仝舉掛割入户不累
叔祖益之事兩家允愿各無反悔立讓字
壹紙付執爲照 天長地久萬福雲臻
嘉慶柒年拾月 日立讓字叔祖道益（押）
仝姪執筆宗泰（押）
仝見男宗雲（押）
中人姪孫國龍（押）
在見姪禮仕（押）

3-2-140-21　清嘉慶七年十月葉道益等立讓民田字

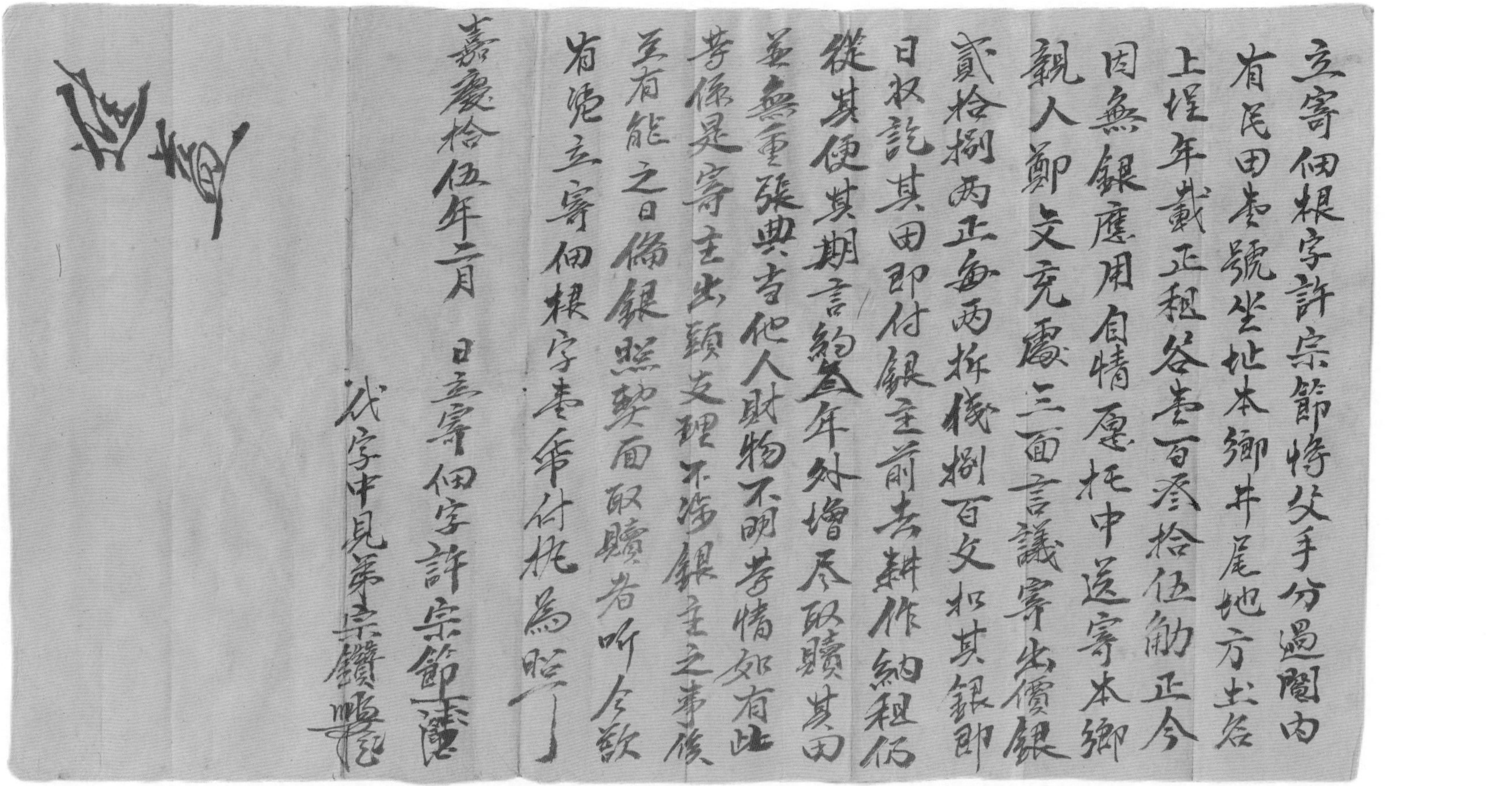

立寄佃根字許宗節將父手分過閩内
有民田壹號坐址本鄉井尾地方土名
上埕年載正租谷壹百叁拾伍觔正今
因無銀應用自情愿托中送寄本鄉
親人鄭文充處三面言議寄出價銀
貳拾捌兩正每兩折錢捌百文扣其銀即
日收訖其田即付銀主前去耕作納租仍
從其便其期言約五年外增尽取贖其田
並無重張典寺他人財物不明等情如有此
等係是寄主出頭支理不涉銀主之事倘
至有能之日備銀照契面取贖者听令欵
有憑立寄佃根字壹紙付執為照　一
嘉慶拾伍年二月　日立寄佃字許宗節（押）
代字中見弟宗鑽（押）

3-2-140-22　清嘉慶十五年二月許宗節立寄佃民田根字

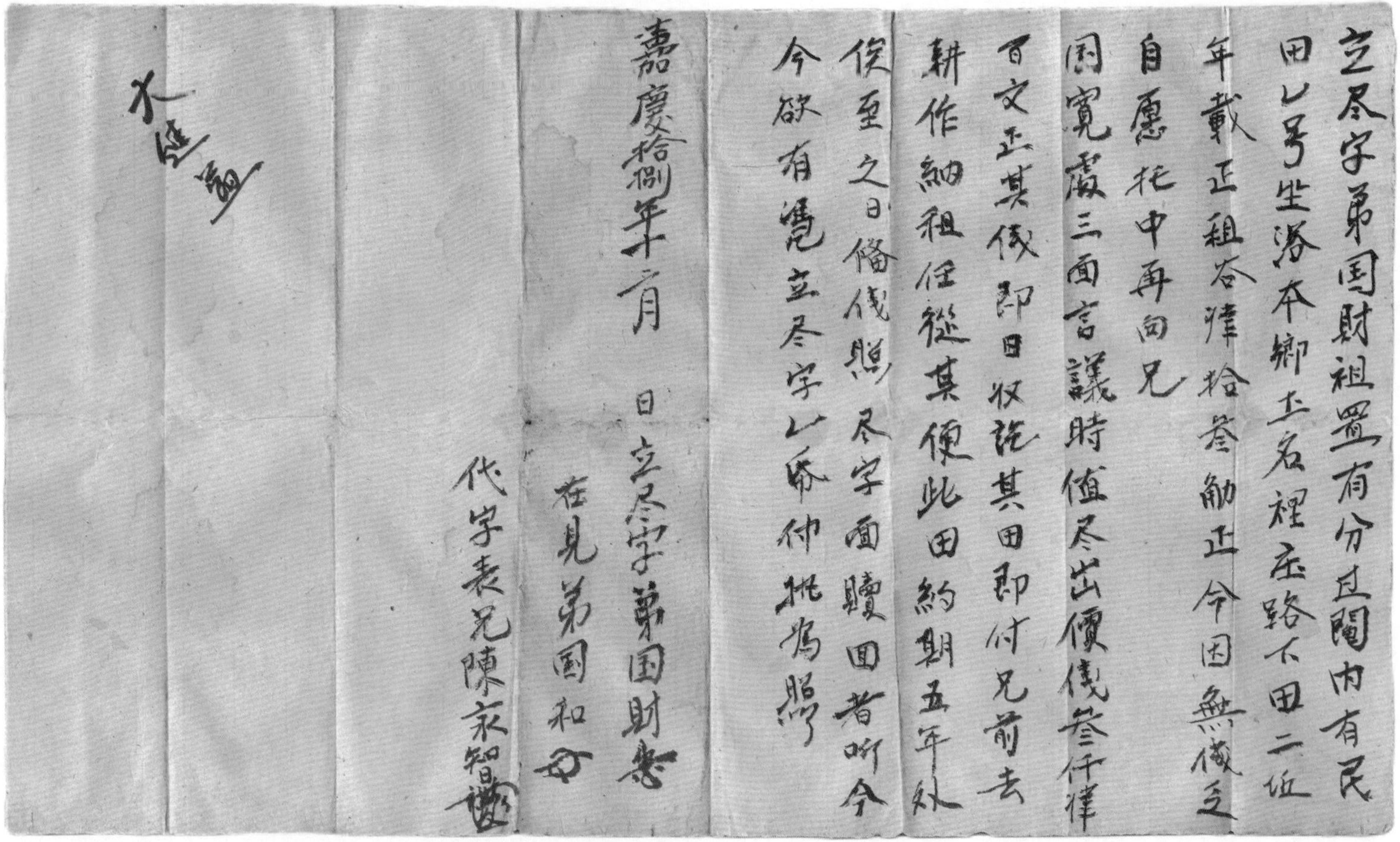
立尽字弟国財祖置有分过閹内有民
田乙号坐落本鄉土名裡庄路下田二丘
年載正租谷津拾叁觔正今因無銭乏
自應托中再向兄
国寛處三面言議時值尽出價銭叁仟律
百文正其銭即日收訖其田即付兄前去
耕作納租任從其便此田約期五年外
俟至之日備銭照尽字面贖田者听今
今欲有憑立尽字乙紙付執為照
嘉慶拾捌年十二月　日立尽字弟国財（押）
在見弟国和（押）
代字表兄陳家智（押）
不准贖

3-2-140-23　清嘉慶十八年十二月葉国財立盡民田字

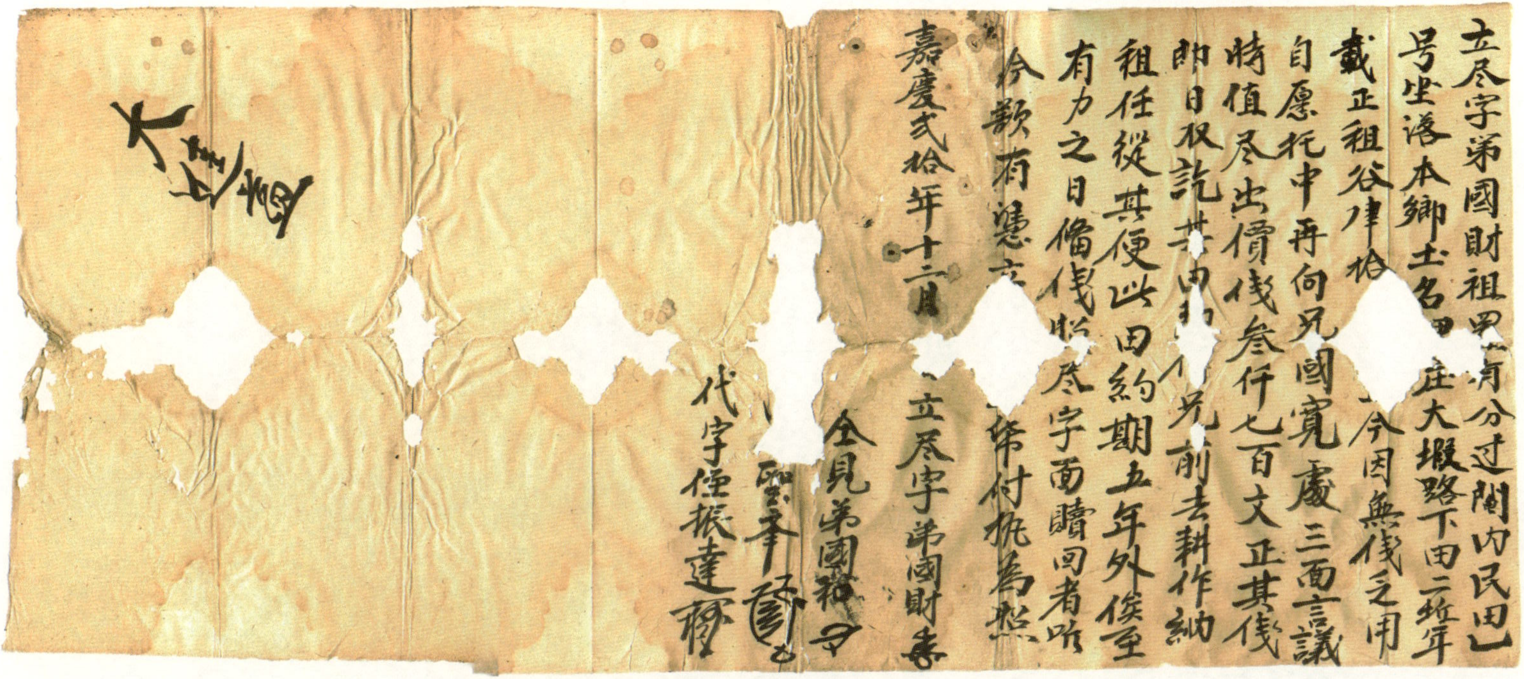
立尽字弟國財祖置有分过閩内民田一
号坐落本鄉土名[illegible]庄大堰路下田二坵年
載正租谷律拾[illegible]今因無錢乏用
自愿托中再向兄國寬處三面言議
特值尽出價錢叁仟七百文正其錢
即日収訖其田[illegible]兄前去耕作納
租任從其便此田約期五年外俟至
有力之日備錢將尽字面贖回者聽
今欲有憑立[illegible]字付挽為照
嘉慶弍拾年十二月　立尽字弟國財
全見弟國[illegible]
[illegible]
代字侄振達

3-2-140-24　清嘉慶二十年十二月葉國財立盡民田字

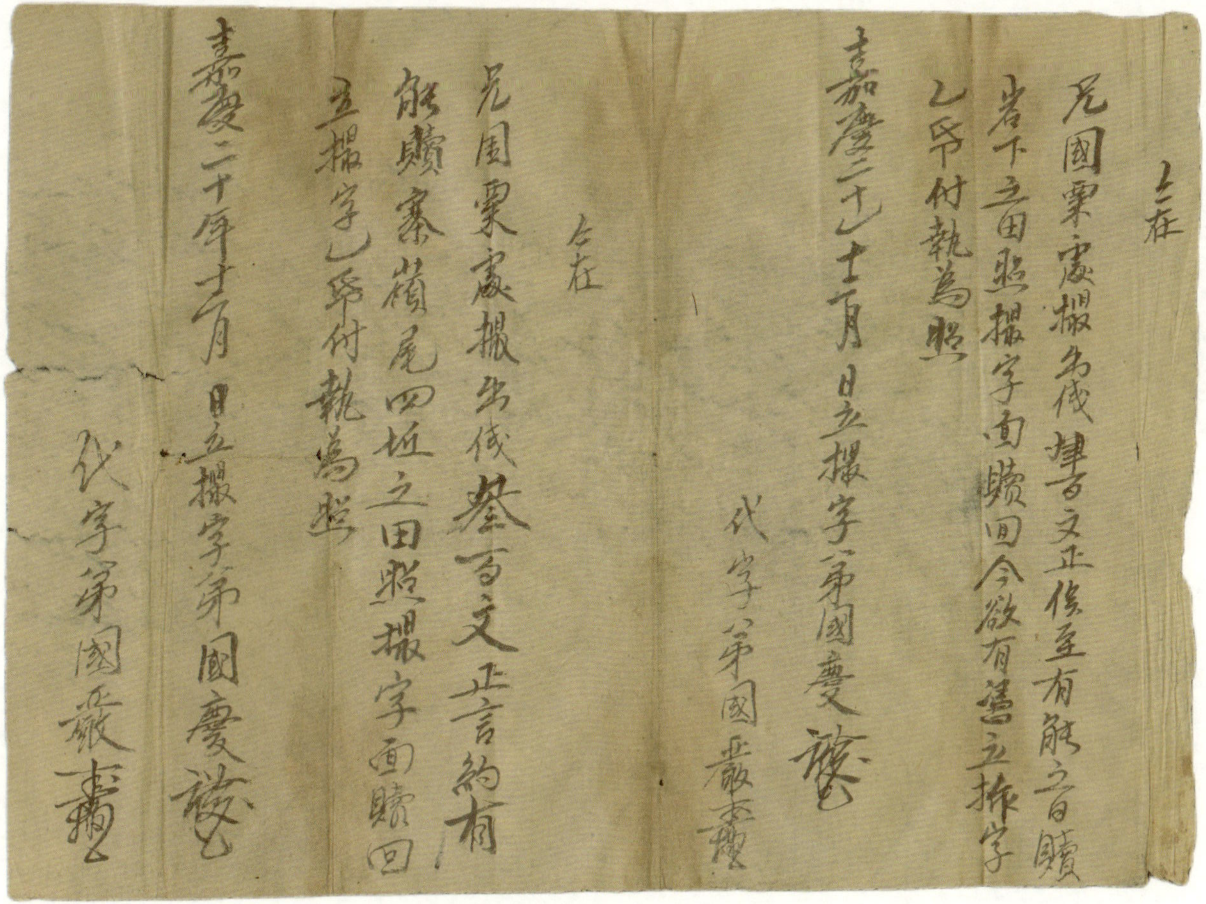
上在

兄國粟處撮出代肆百文正候至有能之日贖

岩下之田照撮字面贖回今欲有憑立撮字

一紙付執為照

嘉慶二十一年十二月　日立撮字弟國慶（押）

代字弟國巖（押）

上在

兄國粟處撮出代叁百文正言約有

能贖寨嶺尾田垃之田照撮字面贖回

立撮字一紙付執為照

嘉慶二十年十二月　日立撮字弟國慶（押）

代字弟國巖（押）

3-2-140-25　清嘉慶二十一年十二月葉國慶立撮字

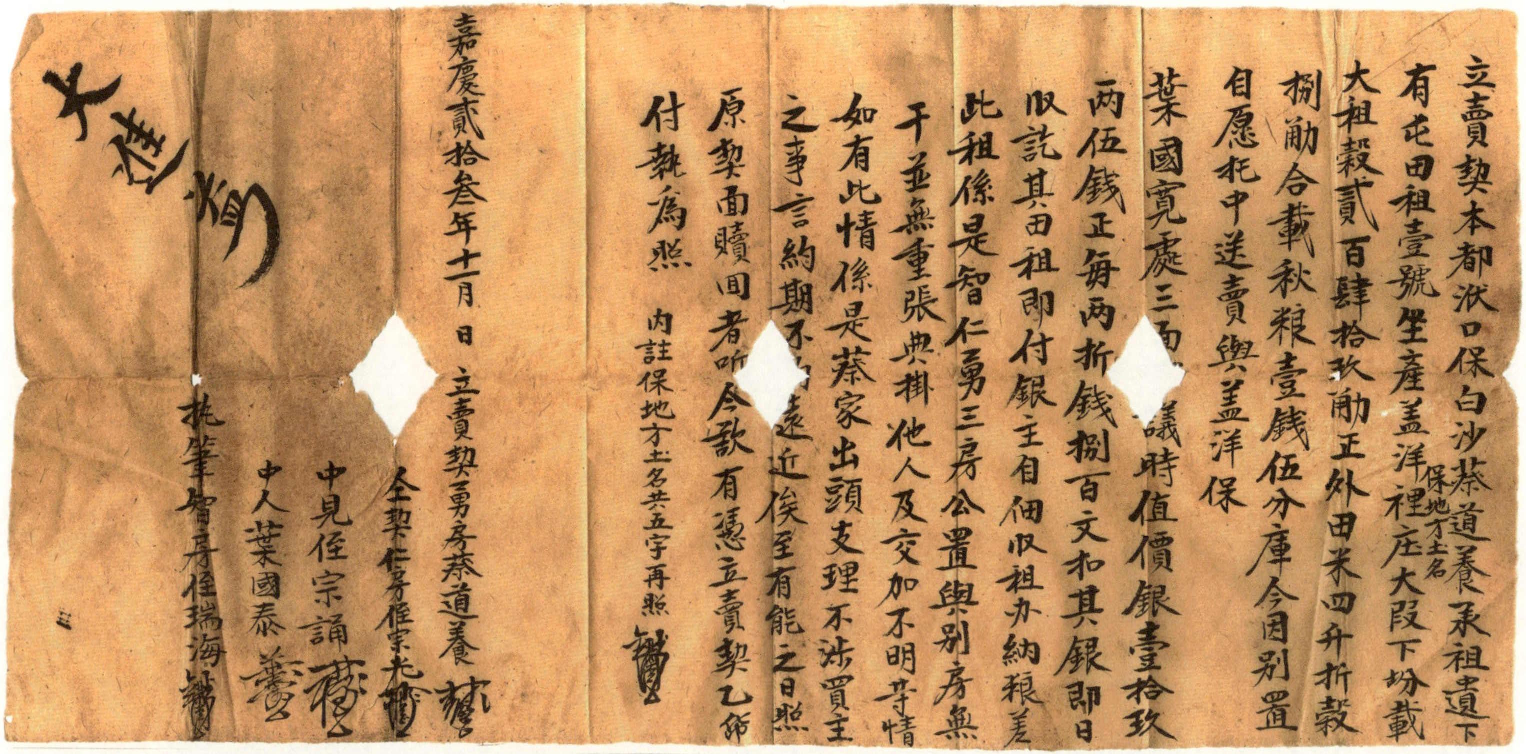
立賣契本都洑口保白沙蔡道養承祖遺下
有屯田租壹號坐產蓋洋保地方土名裡庄大段下坋載
大租穀貳百肆拾玖觔正外田米四升折穀
捌觔合載秋粮壹錢伍分庫今因別置
自愿托中送賣與蓋洋保
葉國寬處三面議時值價銀壹拾玖
兩伍錢正每兩折錢捌百文和其銀即日
收訖其田租即付銀主自佃收租办納粮差
此租係是智仁勇三房公置與別房無
干並無重張典掛他人及交加不明等情
如有此情係是蔡家出頭支理不涉買主
之事言約期不限遠近俟至有能之日照
原契面贖回者听今欲有憑立賣契乙紙
付執為照
內註保地方土名共五字再照
嘉慶貳拾叁年十一月　日　立賣契勇房蔡道養
全契仁房侄宗光
中見侄宗誦
中人葉國泰
執筆智房侄瑞海
大吉

3-2-140-26　清嘉慶二十三年十一月蔡道養立賣屯田租契

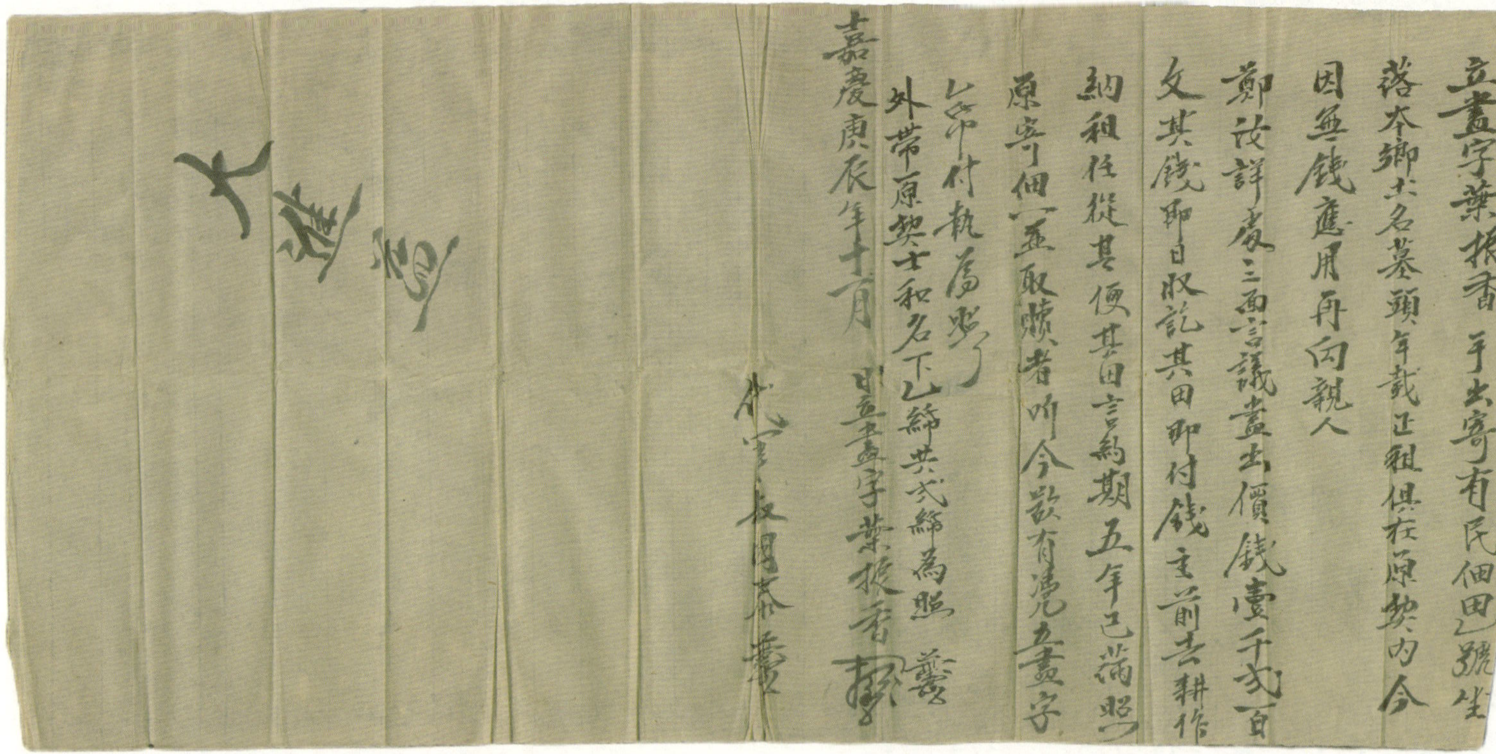
立盡字葉振香，手出寄有民佃田乙號，坐
落本鄉土名墓頭，年載正租俱在原契內，今
因無錢應用，再向親人
鄭汝詳處三面言議盡出價錢壹千弍百
文，其錢即日收訖，其田即付錢主前去耕作
納租，任從其便，其田言約期五年已滿，照
原寄佃一並取贖者，聽。今欲有憑，立盡字
乙帋付執為照。
外帶原契壹和名下山締共弍締為照。
嘉慶庚辰年十一月　日立盡字葉振香（押）
代字叔國泰（押）

3-2-140-27　清嘉慶二十五年十一月葉振香立盡民佃田字

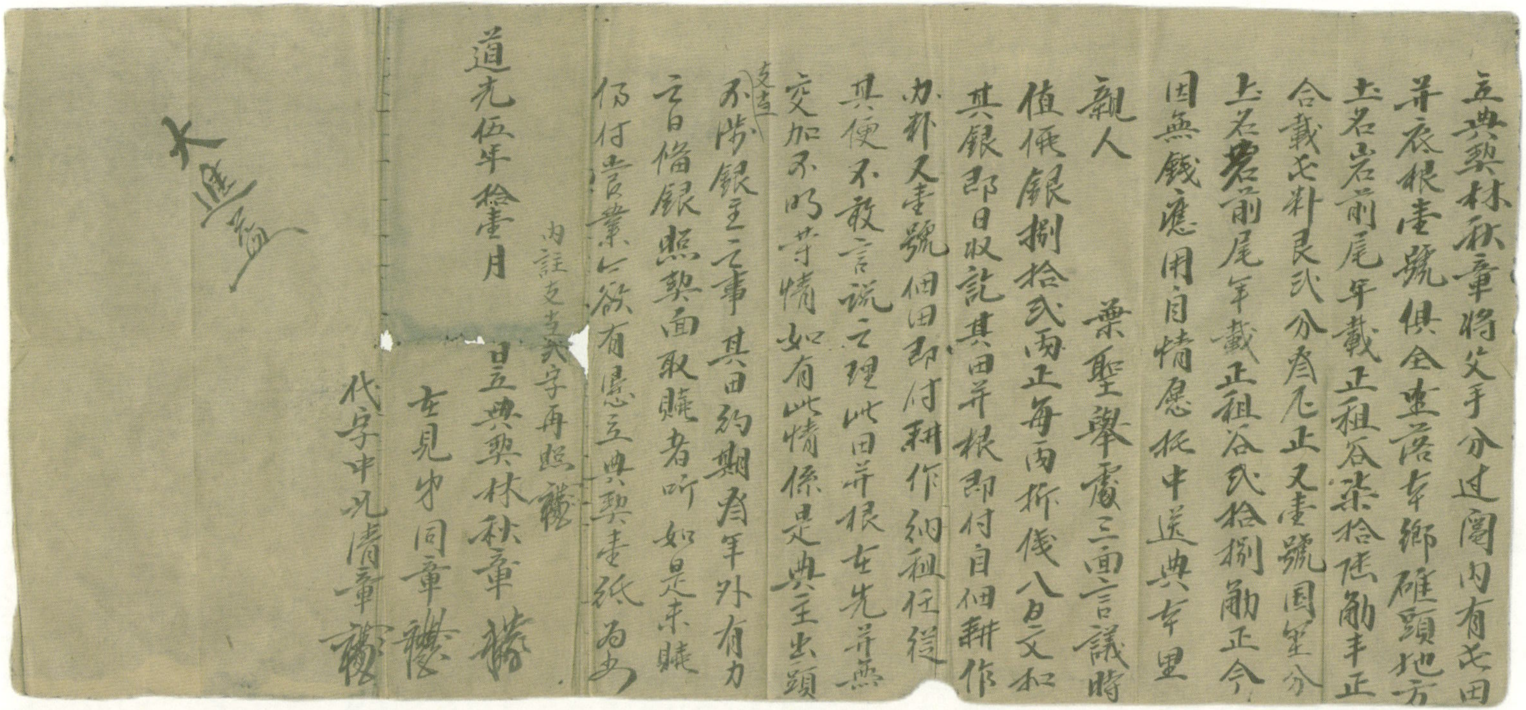
立典契林秋章將父手分过阄内有屯田
并底根壹號俱坐落本鄉碓頭地方
土名岩前尾年載正租谷柒拾陆觔丰正
合載屯糧民米分叁厘正又壹號国坐分
土名岩前尾年載正租谷弍拾捌觔正今
因無錢應用自情愿托中送典本里
親人 葉聖舉處三面言議時
值價銀捌拾弍兩正每兩折錢八百文和
其銀即日收訖其田并根即付自佃耕作
办补又壹號佃田即付耕作納租任從
其便不敢言説之理此田并根在先并無
交加不明等情如有此情係是典主出頭
不涉銀主之事其田約期叁年外有力
之日備銀照契面取贖者听如是未贖
仍付壹業以欲有憑立典契壹紙為照
內註支吉弍字再照
道光伍年拾壹月 日立典契林秋章
在見中同章
代字中允清章
大進益

3-2-140-28 清道光五年十一月林秋章立典屯田并底根契

立換字弟國嚴父手置有民田衣壹号
坐落本鄉土名穢洋坑仔丘今因執在
國萬兄弟侄相議送換其麟庄左丘
楼下起蓋少地将之田付兄前去整造
椆糞[illegible]椆任從其便自換之後兩家
允愿各無反悔今欲有憑立換字
乙紙永遠為照

道光柒年弍月　　日立換字弟國嚴（押）

在見兄國慶（押）

大吉

3-2-140-29　清道光七年二月葉國嚴立換田字

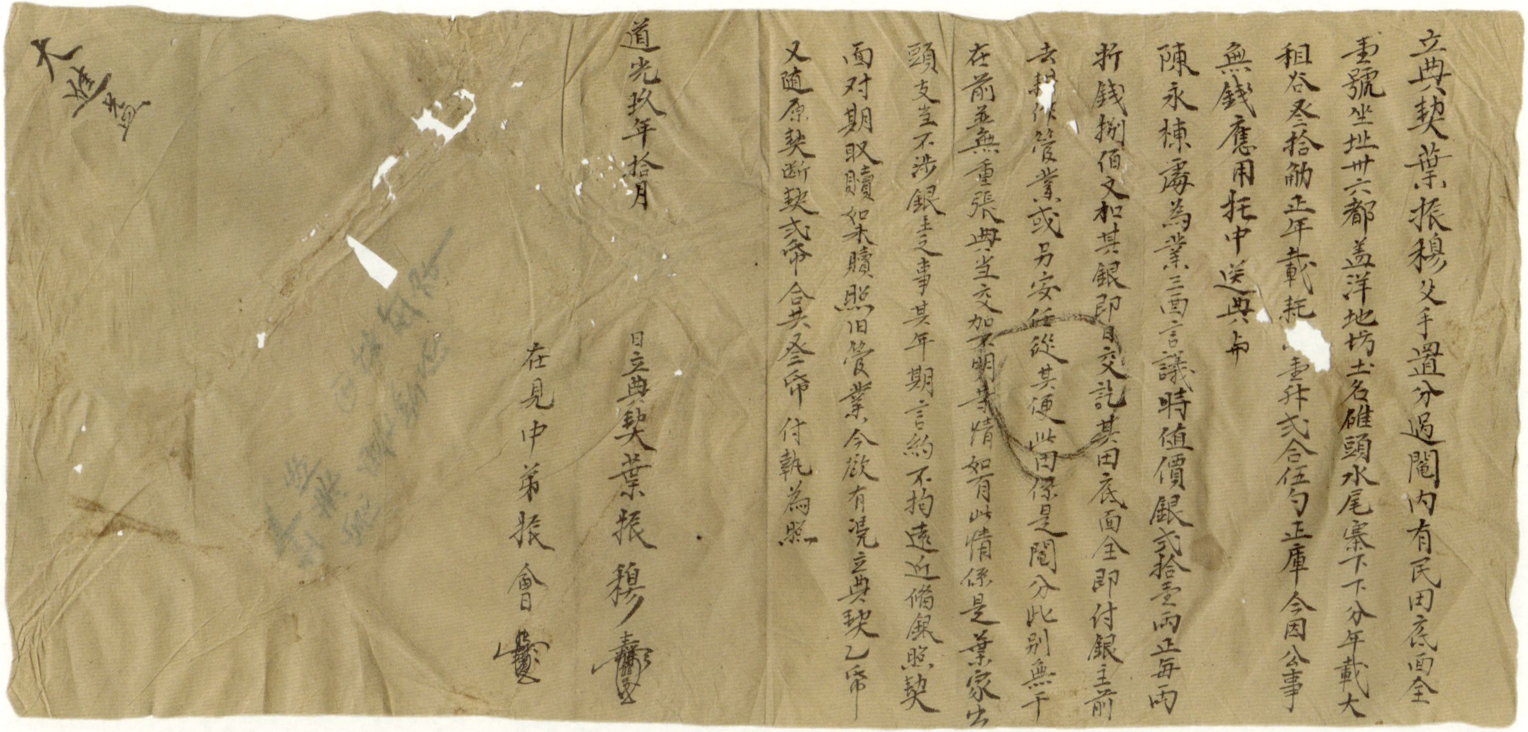
立典契人葉振穆父手置分過鬮內有民田底面全
壹號坐址廿六都蓋洋地坊土名碓頭水尾寨下下分年載大
租谷叁拾觔正年載耗壹秤式合伍勺正庫今因公事
無錢應用托中送與本
陳永棟為業三面言議時值價銀式拾壹兩正每兩
折錢捌佰文和其銀即日交訖其田底面全即付銀主前
去耕作管業或另安佃任從其便此田係是鬮分此别無干
在前並無重張典當文加不明等情如有此情係是葉家出
頭支當不涉銀主之事其年期言約不拘遠近備銀照契
面对期取贖如未贖照旧管業今欲有憑立典契乙帋
又随原契断契式帋合共叁帋付執為照
道光玖年拾月　日立典契人葉振穆
在見中弟葉振會

3-2-140-30　清道光九年十月葉振穆立典底面全民田契（廢契）

立寄佃字葉國廣，祖置有民佃田乙號，坐落本鄉土名水壋下，年載正租谷六十斤正。今因無銀應用，自情愿托中送寄仙邑張阿三處，三面言議，時值價錢陸千文正。其錢即日收訖，其田挑付錢主前去耕作納租，任從其便。此田並無重張典當他人等情，如有此情，係寄主出頭支理，不涉錢主之事。今欲有憑，立寄佃字乙紙付執為照。

道光拾年四月　日立寄佃字葉國廣（押）

在見兄國粟（押）

代字中兄國泰（押）

今在張阿三處借出錢本肆千伍百文正，言約每月每千加利叁拾文算，俟至冬成之日備办本利乙足送还，不敢少欠。如是無还，即將原寄佃田付錢主耕作納租，不負字照。

道光拾年四月　日立借字葉國廣（押）

保認兄國施

代字兄國泰（押）

大進吉

3-2-140-31　清道光十年四月葉國廣立寄民佃田字

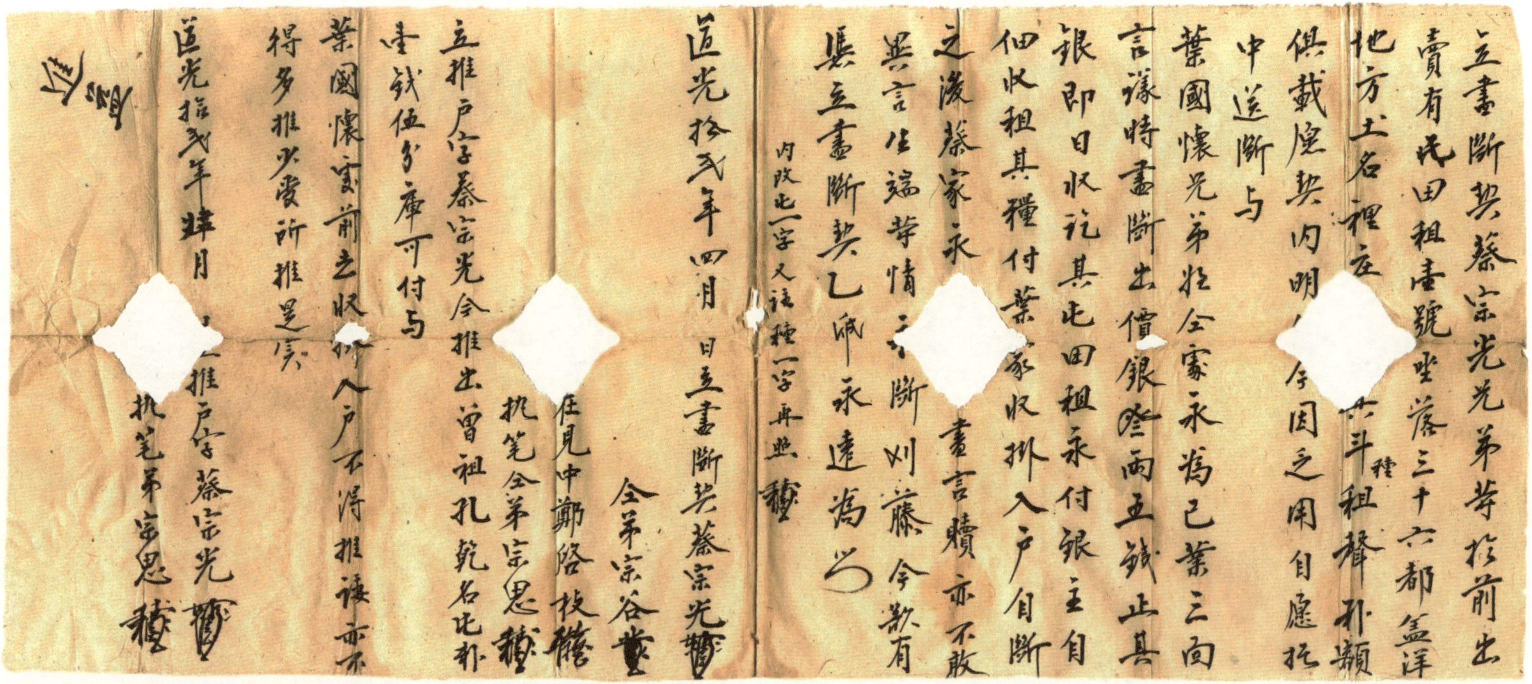
立盡斷契蔡宗光光弟等於前出
賣有民田租壹號坐落三十六都蓋洋
地方土名裡庄 六斗種租聲朴顯
俱載原契內明 今因乏用自愿托
中送斷与
葉國懷兄弟往仝處永爲己業三面
言議時盡斷出價銀叁兩五錢止其
銀即日收訖其北田租永付銀主自
佃收租其糧付葉家收挑入户自斷
之後蔡家永 盡言贖亦不敢
與言生端等情一斷刈藤今欲有
憑立盡斷契乙紙永遠爲照
內改乙一字又注種一字再照
道光拾弍年四月 日立盡斷契蔡宗光
仝弟宗谷
在見中鄭路枝
执笔仝弟宗思
立推户字蔡宗光今推出曾祖孔乾名北朴
壹錢伍分庫可付与
葉國懷前去收 入户不得推諉亦不
得多推少處所推是實
道光拾弍年肆月 日立推户字蔡宗光
执笔弟宗思

3-2-140-32 清道光十二年四月蔡宗光等立盡斷民田租契

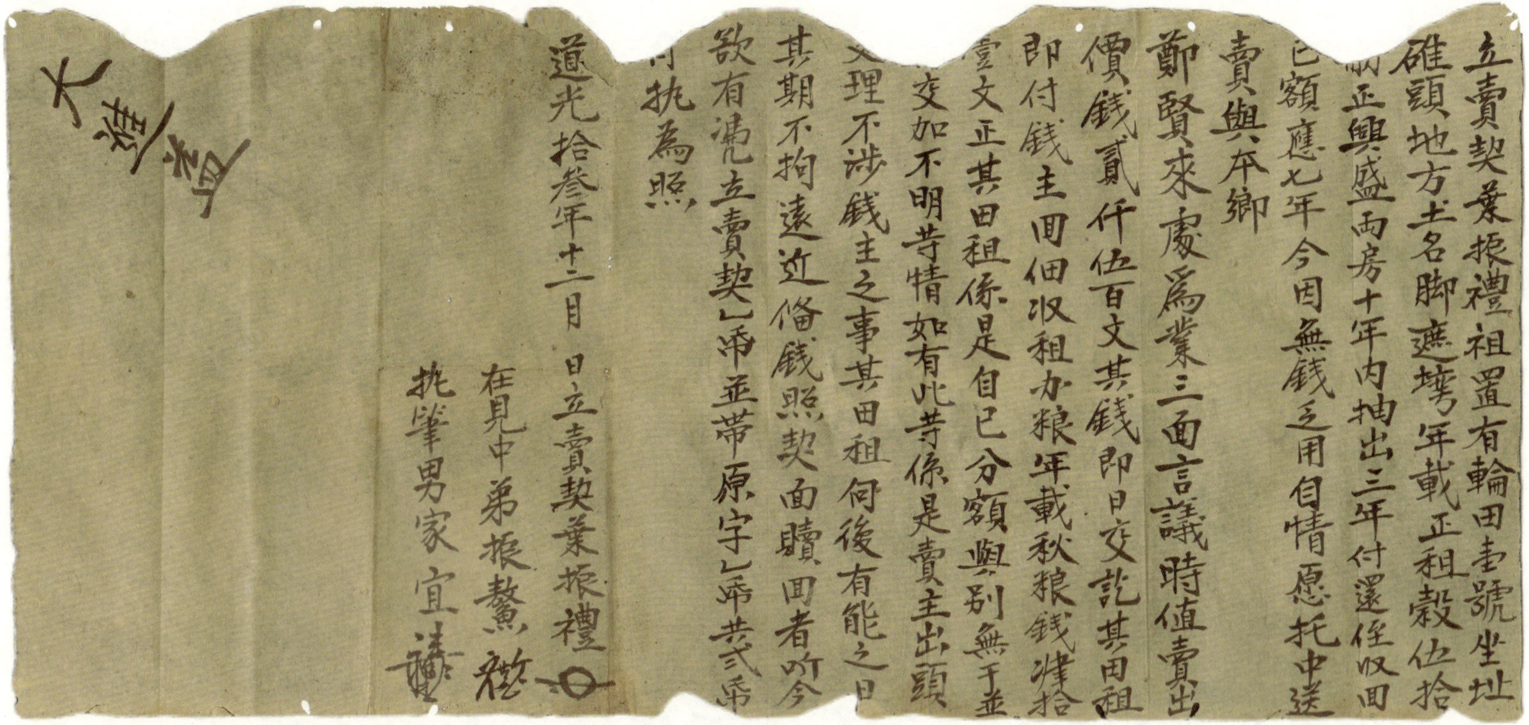
立賣契葉振禮祖置有輪田壹號坐址
碓頭地方土名腳遮墈年載正租穀伍拾
硐正興盛丙房十年内抽出三年付還任收田
已額應七年今因無錢乏用自情愿托中送
賣與本鄉
鄭賢來處爲業三面言議時值賣出
價錢貳仟伍百文其錢即日交訖其田租
即付錢主更佃收租办粮年載秋粮錢肆拾
壹文正其田租係是自己分額與别無干並
交加不明等情如有此等係是賣主出頭
支理不涉錢主之事其田租何後有能之日
其期不拘遠近備錢照契面贖回者听今
欲有憑立賣契一紙並帶原字一紙共弍紙
付執爲照。
道光拾叁年十二月　日立賣契葉振禮（押）
在見中弟振鰲（押）
執筆男家宜（押）
大吉

3-2-140-33　清道光十三年十二月葉振禮立賣輪田契

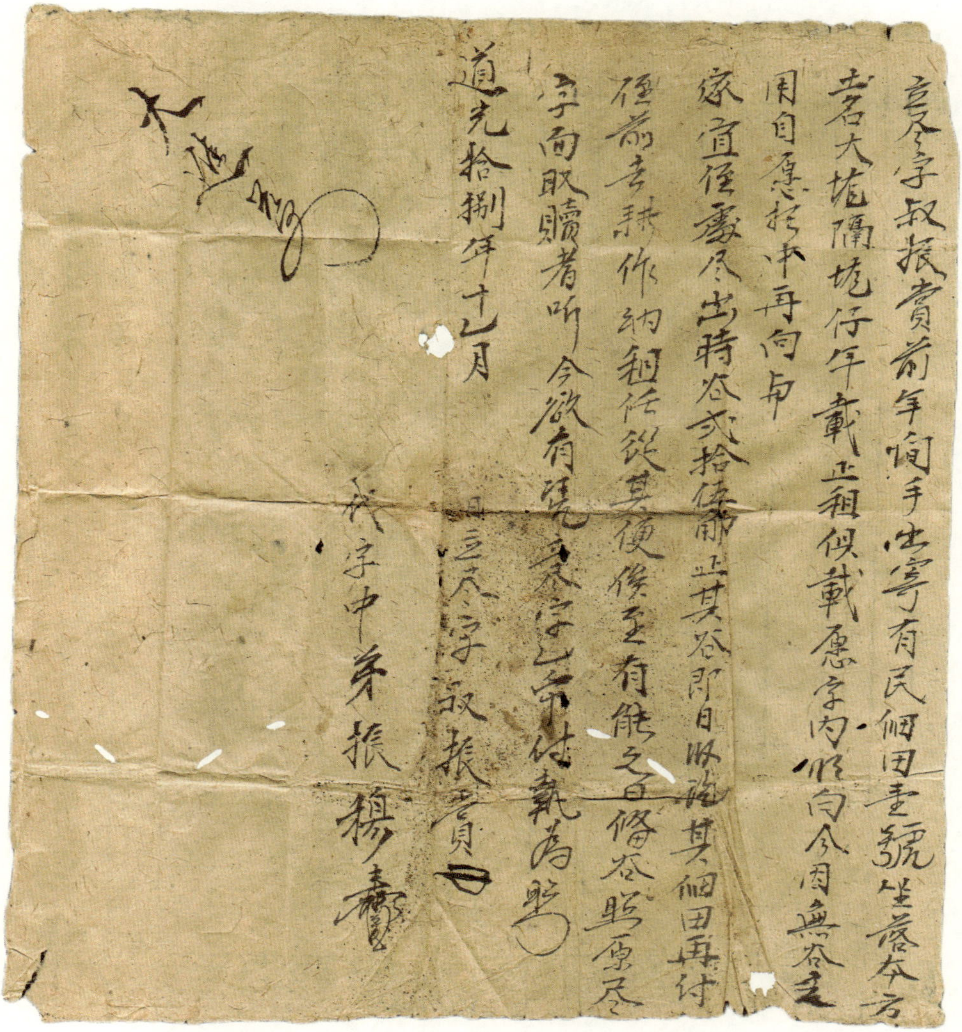

立尽字叔振賞前年向手出寄有民佃田壹號坐落本右
吉名大垅隔垅仔年載正租但載原字内明白今因無谷之
用自愿托中再向
家直侄處尽出時谷式拾倸斤正其谷即日收訖其佃田再付
侄前去耕作納租任從其便後至有能之日備谷照原尽
字向取贖者听今欲有憑立尽字一帋付執為照
道光拾捌年十一月 日立尽字叔振賞
在見字中弟振揚

3-2-140-34　清道光十八年十一月葉振賞立盡民佃田字

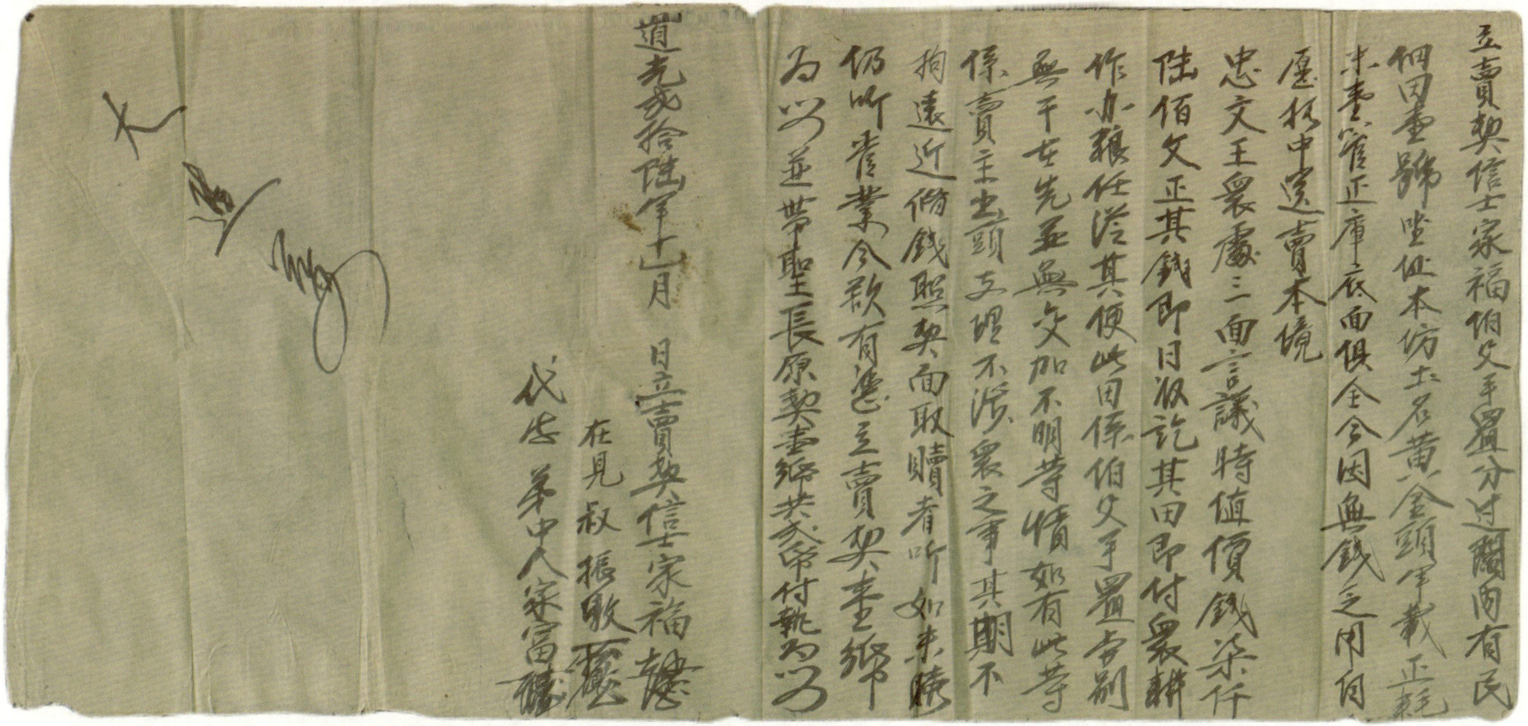
立賣契信士家福伯父手置分过闔有民
佃田壹號坐址本坊土名黄金頭伴載正耗
米壹石正庫底面俱全今因無錢乏用自
歷托中送賣本境
忠文王衆處三面言議特值價錢柒仟
陸佰文正其錢即日收訖其田即付衆耕
作收粮任從其便此田係伯父手置并别
無干在先並無交加不明等情如有此等
係賣主出頭支理不涉衆之事其期不
拘遠近備錢照契面取贖者听如未贖
仍听管業今欲有憑立賣契壹紙
為照並帶墾上手長原契壹紙共貳紙付執為照
道光貳拾陸年十一月 日立賣契信士家福（押）
在見叔 振敬（押）
代筆 中人 宗富（押）

3-2-140-35 清道光二十六年十一月葉家福立賣民佃田契

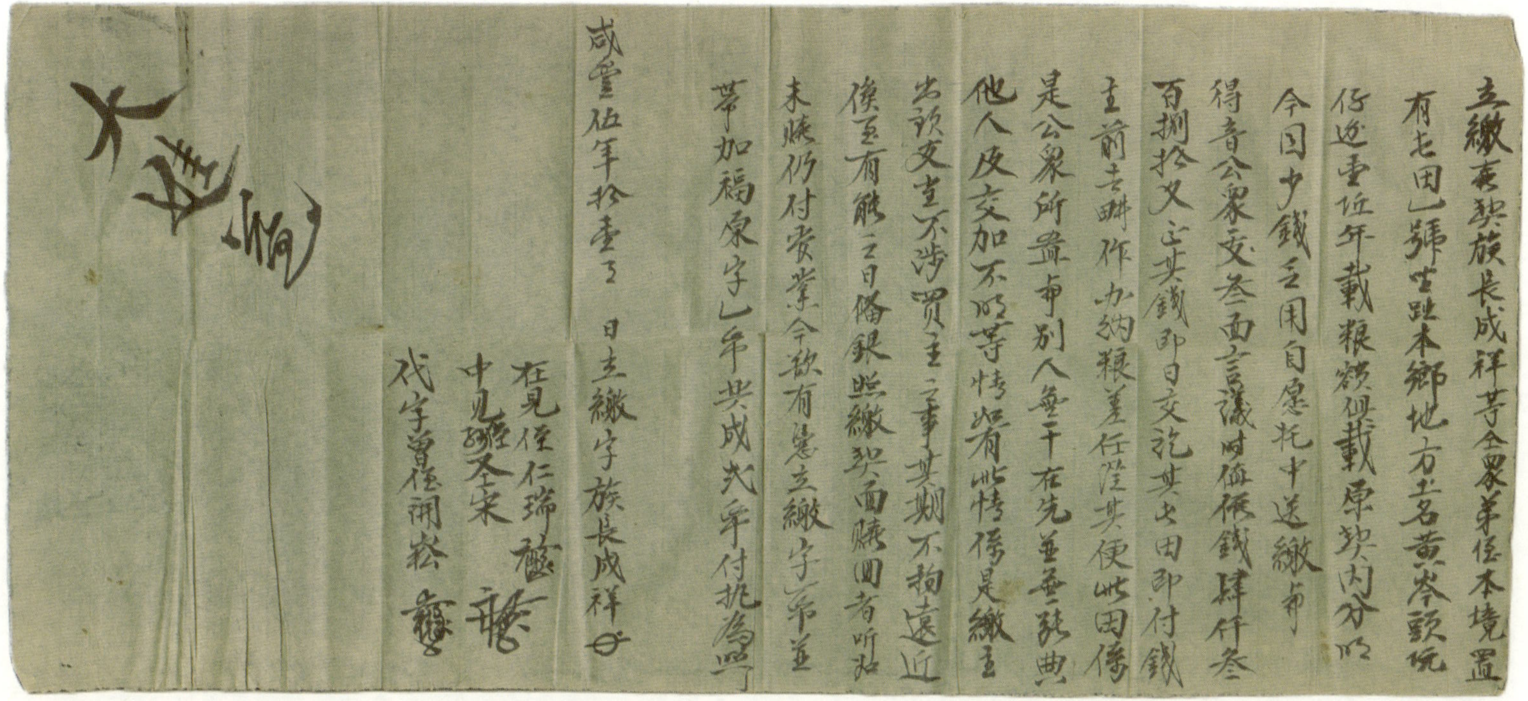

3-2-140-36　清咸豐五年十一月葉成祥等立繳賣屯田契

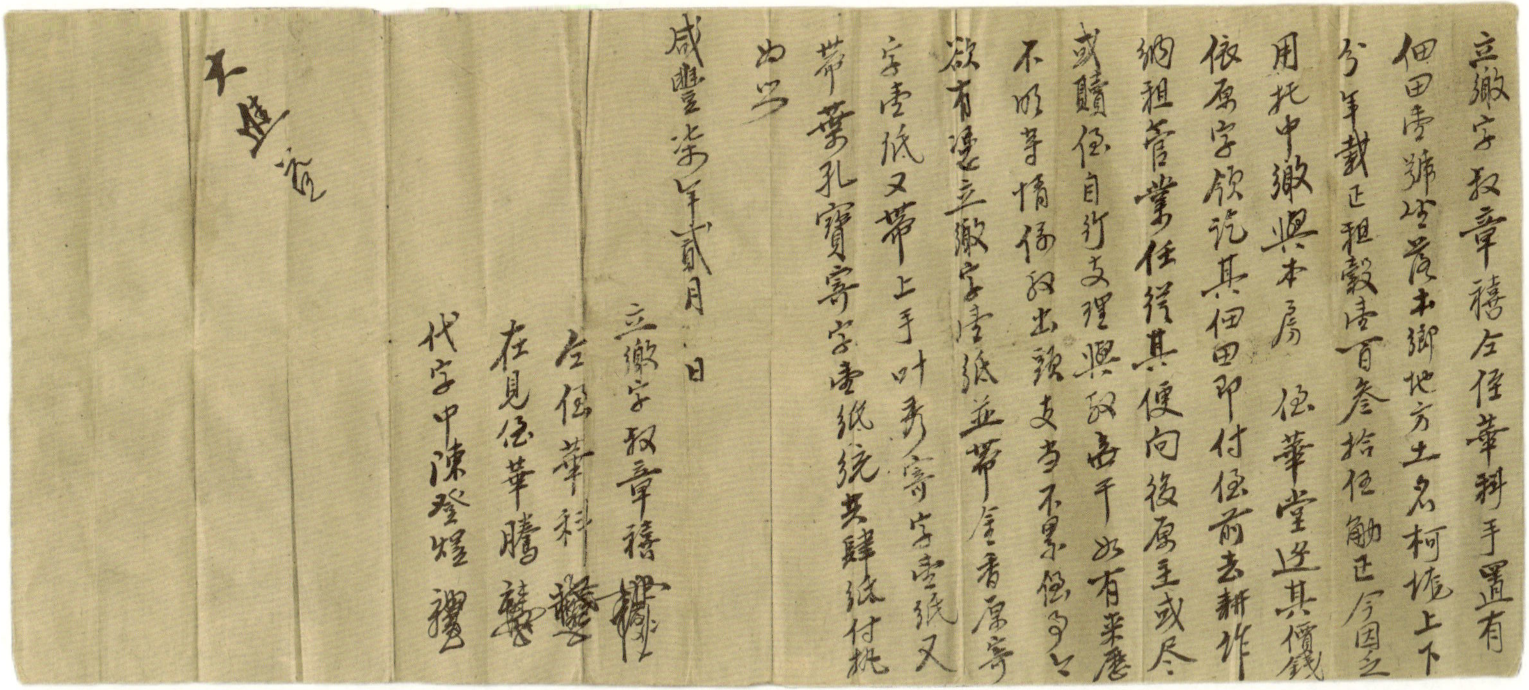
立繳字叔章禧仝侄華科手置有
佃田壹號坐落本鄉地方土名柯墘上下
分年載正租穀壹百叁拾伍觔正今因乏
用托中繳與本房　侄華堂送其價錢
依原字領訖其佃田即付侄前去耕作
納租管業任從其便向後原主或尽
或贖侄自行支理與叔無干此有來歷
不明等情係叔出頭支當不累侄事今
欲有憑立繳字壹紙並帶金香原寄
字壹紙又帶上手叶秀寄字壹紙又
帶葉孔寶寄字壹紙統共肆紙付執
為照

咸豐柒年貳月　日　立繳字叔章禧
仝侄華科
在見侄華騰
代字中陳登煌

大進溪

3-2-140-37　清咸豐七年二月葉章禧等立繳佃田字

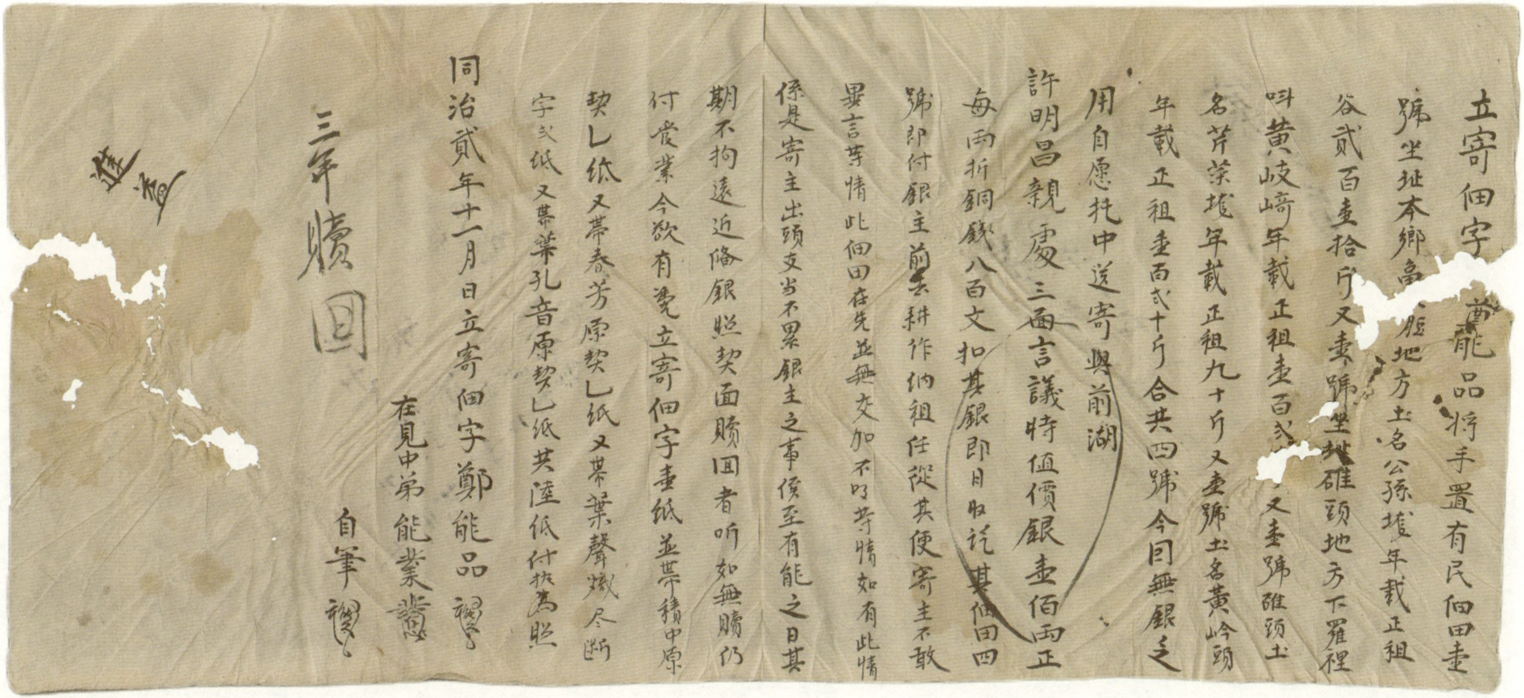

立寄佃字鄭能品將手置有民佃田壹
號坐址本鄉[illegible]垣地方土名公孫墘年載正租
谷貳百壹拾斤又壹號坐址碓頭地方下羅裡
叫黃岐崎年載正租壹百弍[illegible]又壹號碓頭土
名芹菜墘年載正租九十斤又壹號土名黃嶺頭
年載正租壹百弍十斤合共四號今因無銀乏
用自愿托中送寄與前湖
許明昌親處三面言議時值價銀壹佰兩正
每兩折銅錢八百文扣其銀即日收訖其佃田四
號即付銀主前去耕作納租任從其便寄主不敢
異言等情此佃田在先並無交加不明等情如有此情
係是寄主出頭支当不累銀主之事俟至有能之日其
期不拘遠近備銀照契面贖回者听如無贖仍
付受業今欲有憑立寄佃字壹紙並帶積中原
契乙紙又帶春芳原契乙紙又帶葉聲[illegible]盡断
字弍紙又帶葉孔音原契乙紙共陸紙付執為照

同治貳年十一月　日立寄佃字鄭能品（押）
在見中弟能業（押）
自筆（押）

三年贖回

[illegible]

3-2-140-38　清同治二年十一月鄭能品立寄民佃田字（廢契）

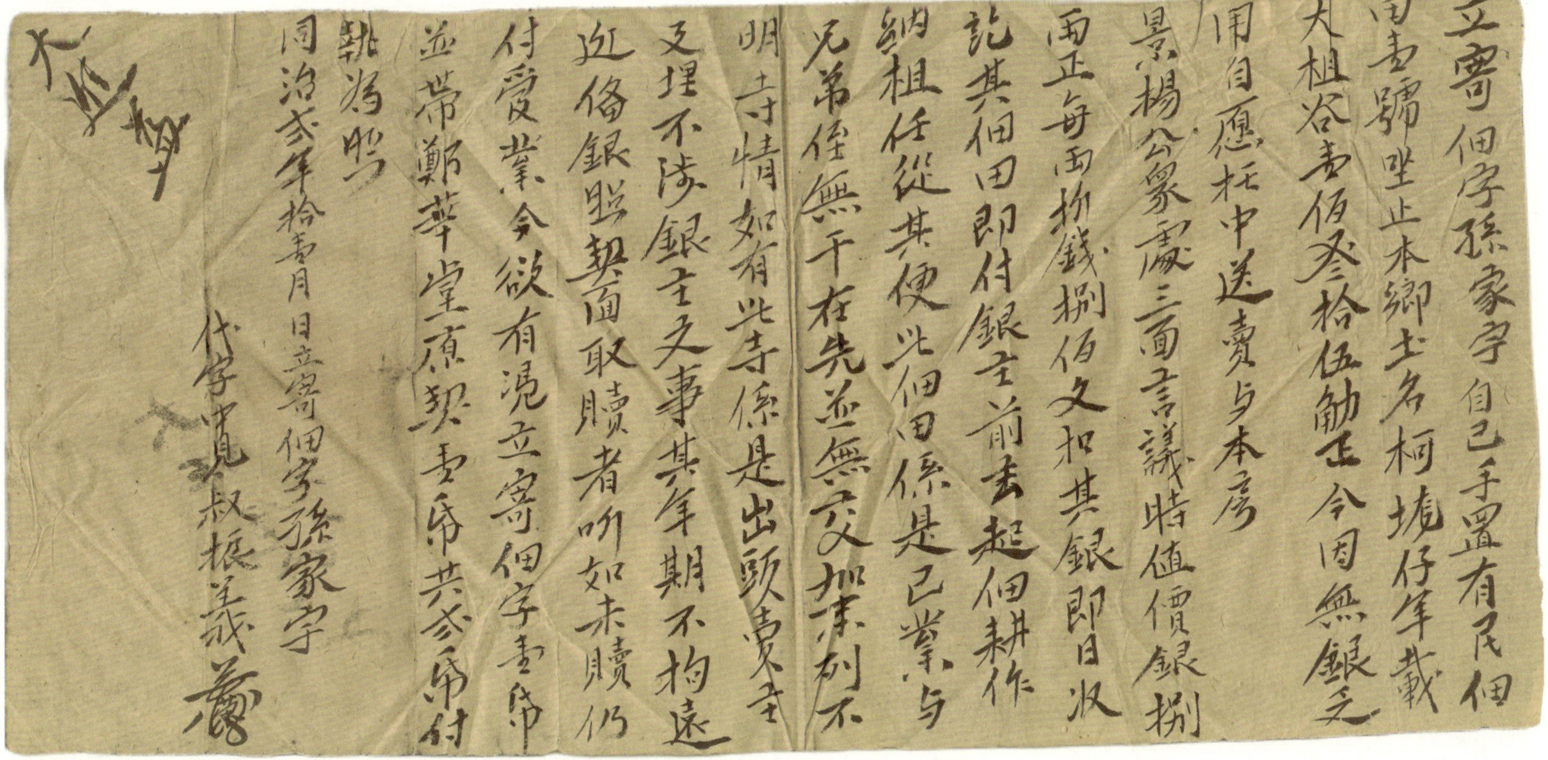
立寄佃字孫家宇自己手置有民佃
田壹號坐止本鄉土名柯境仔年載
大租谷壹佰叁拾伍觔正，今因無銀乏
用，自愿托中送賣與本房
景楊公衆處，三面言議時值價銀捌
兩正，每兩扣錢捌佰文，扣其銀即日收
訖，其佃田即付銀主前去起佃耕作
納租，任從其便。此佃田係是己業，與
兄弟侄無干，在先並無交加[illegible]不
明等情，如有此等係是出頭當[illegible]
支理，不涉銀主之事。其年期不拘遠
近，備銀照契面取贖者，聽；如未贖，仍
付[illegible]業。今欲有憑，立寄佃字壹帋，
並帶鄭華堂原契壹帋，共叁帋付
執為照。
同治[illegible]年拾壹月　日立寄佃字孫家宇
代字中見叔振義

3-2-140-39　清同治二年十一月葉家宇立寄民佃田字

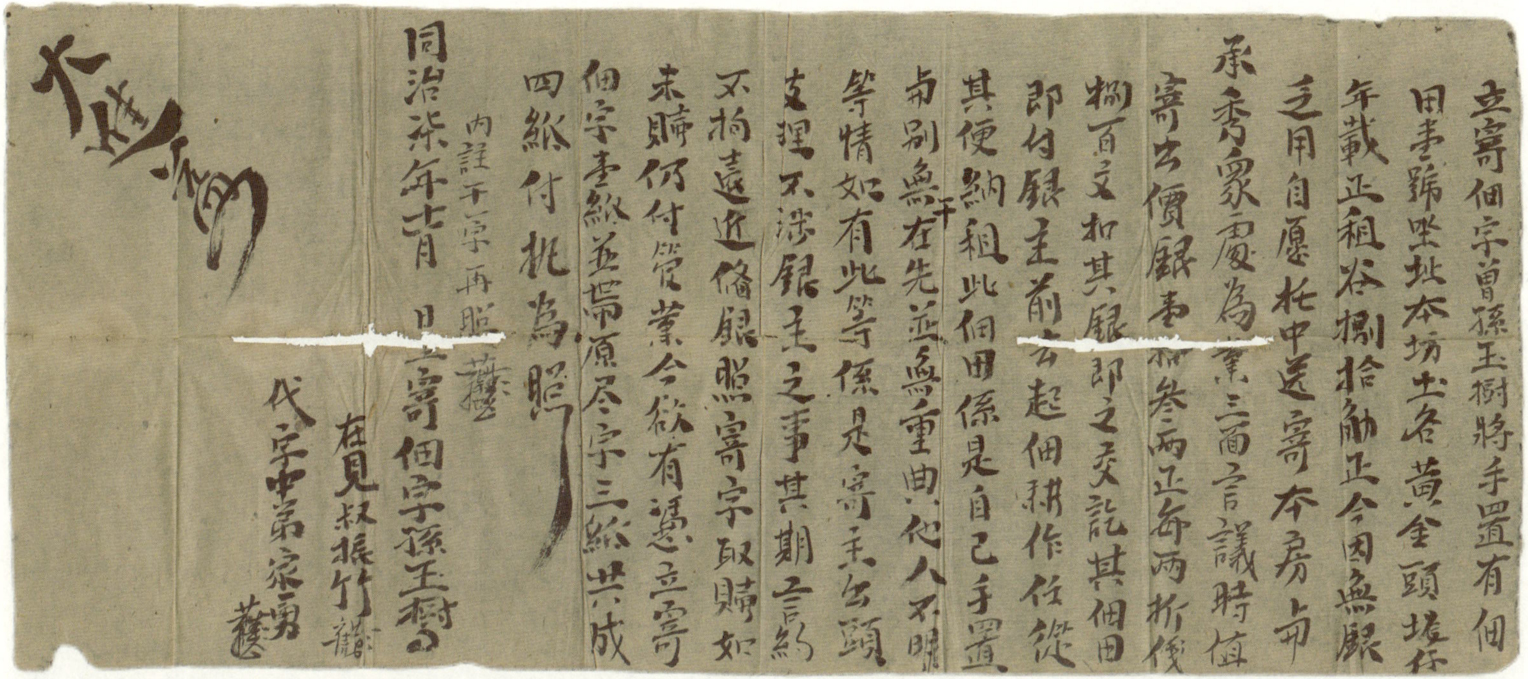
立寄佃字曾孫玉樹將手置有佃
田壹號坐址本坊土名黃金頭埕仔
年載正租谷捌拾觔正今因無銀
乏用自愿托中送寄本房叔
承秀家處為業三面言議時值
寄出價銀壹拾叁兩正每兩折錢
捌百文扣其銀即之交訖其佃田
即付銀主前去起佃耕作任從
其便納租此佃田係是自己手置
與別無干在先並無重典他人不明
等情如有此等係是寄主出頭
支理不涉銀主之事其期言約
不拘遠近備銀照寄字取贖如
未贖仍付管業今欲有憑立寄
佃字壹紙並帶原尽字三紙共成
四紙付執為照
內註干字再照
同治柒年十一月　日立寄佃字孫玉樹
在見叔振竹
代字中弟家勇

3-2-140-40　清同治七年十一月葉玉樹立寄佃田字

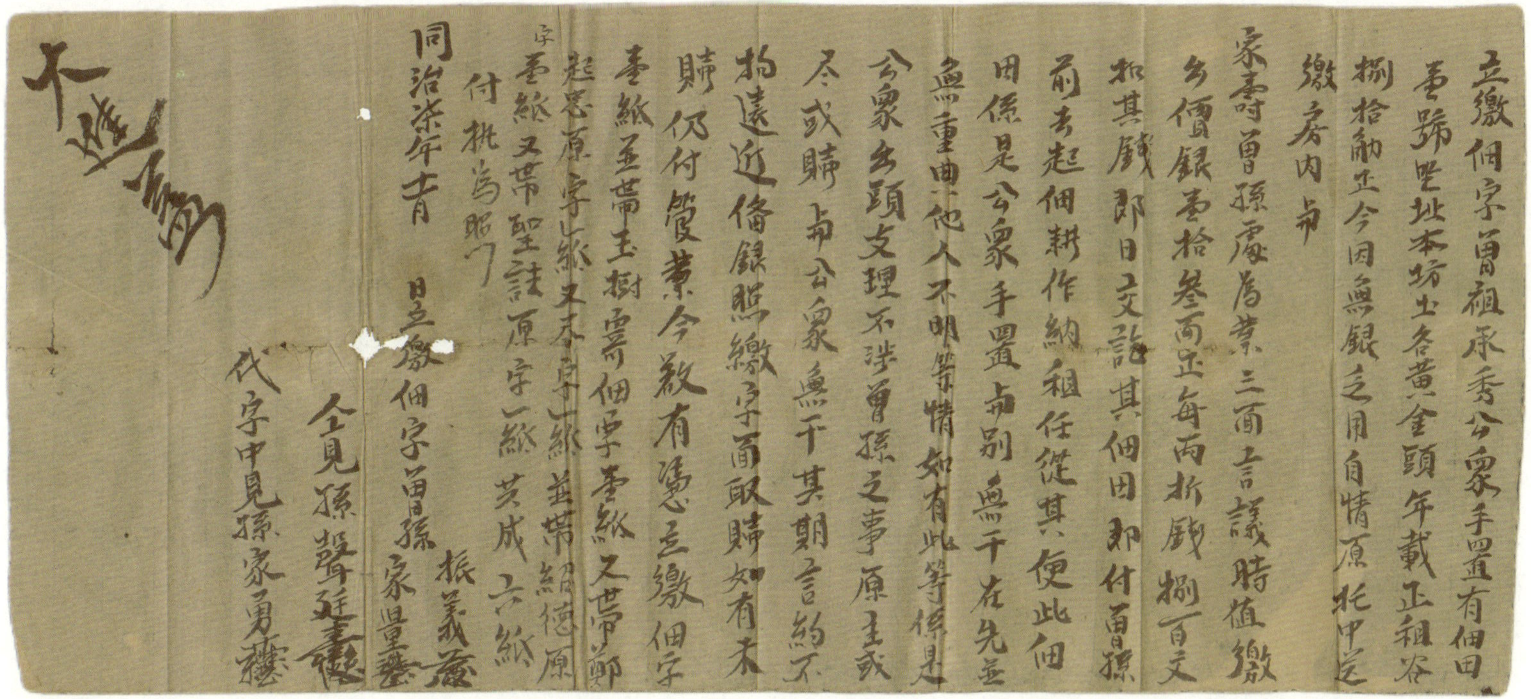
立繳佃字曾祖承秀公衆手置有佃田
壹號坐址本坊土名黄金頭年載正租谷
捌拾觔正今因無銀乏用自情愿托中送
繳房内弟
家壽曾孫處爲業三面言議時值繳
出價銀壹拾叁両正每両折錢捌百文
折其錢即日交訖其佃田即付曾孫
前去起佃耕作納租任從其便此佃
田係是公衆手置弟别無干在先並
無重典他人不明等情如有此等係是
公衆出頭支理不涉曾孫之事原主或
不或贖弟公衆無干其期言約不
拘遠近備銀照繳字面取贖如有未
贖仍付管業今欲有憑立繳佃字
壹紙並帶老契佃字壹紙又帶鄭
起忠原字一紙又本字一紙並帶紹德原
字壹紙又帶聖註原字一紙共成六紙
付執爲照
同治柒年十一月 日立繳佃字曾孫 振義 家量
仝見孫 聲廷
代字中見孫 家勇
不准贖

3-2-140-41　清同治七年十一月葉振義等立繳佃田字

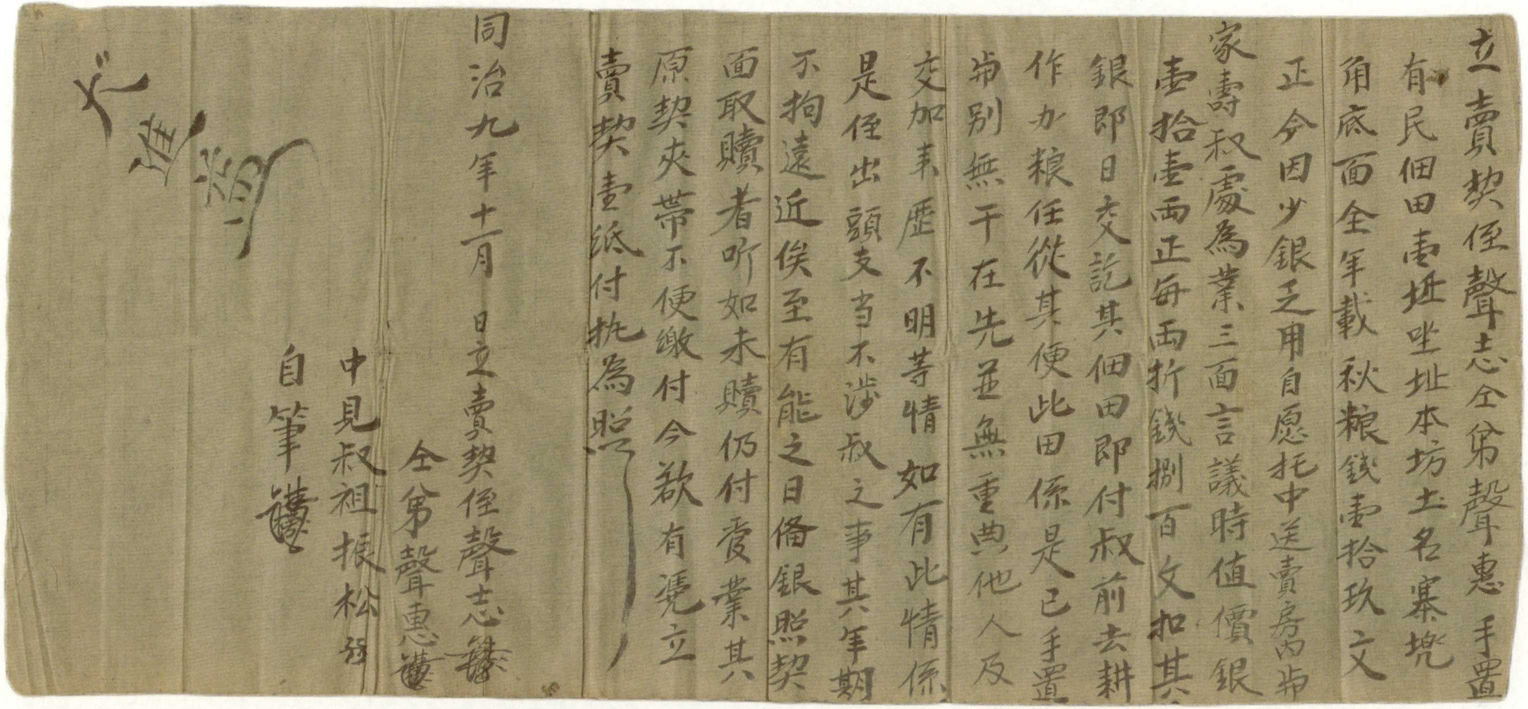
立賣契侄聲志仝弟聲惠手置
有民佃田壹坵坐址本坊土名寨墘
角底面全年載秋粮錢壹拾玖文
正今因少銀乏用自愿托中送賣房内叔
家壽叔處為業三面言議時值價銀
壹拾壹兩正每兩折錢捌百文加其
銀即日交訖其佃田即付叔前去耕
作办粮任從其便此田係是已手置
業別無干在先並無重典他人反
交加未歷不明等情　如有此情係
是侄出頭支当不涉叔之事其年期
不拘遠近侯至有能之日備銀照契
面取贖者听如未贖仍付侄業其
原契夾帶不便繳付今欲有憑立
賣契壹紙付執為照
同治九年十一月　日立賣契侄聲志（押）
仝弟聲惠（押）
中見叔祖振松（押）
自筆（押）

3-2-140-42　清同治九年十一月葉聲志等立賣民佃田契

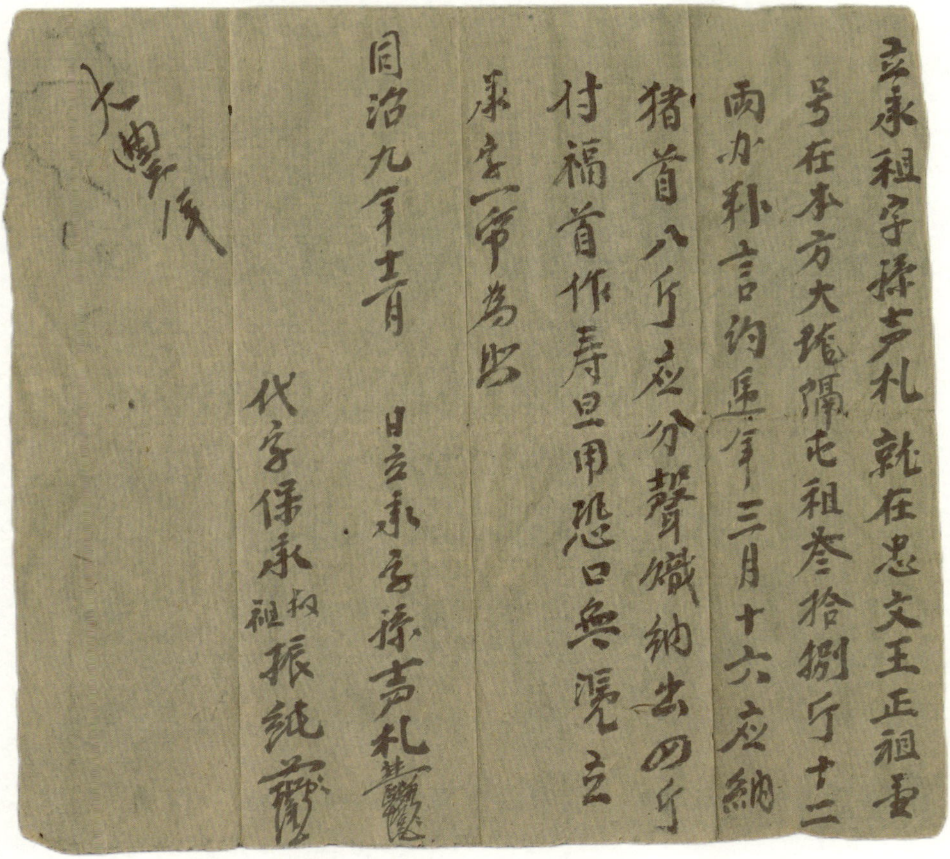
立承祖字孫聲札就在忠文王正祖壹
号在本方大路隔屯租叁拾捌斤十二
兩办补言約廷年三月十六應納
猪首八斤應分聲職納出四斤
付福首作壽旦用恐口無憑立
承字一帋為照
同治九年十二月　日立承字孫聲札（押）
代字保承叔祖振統（押）

3-2-140-43　清同治九年十二月葉聲札立承屯租字

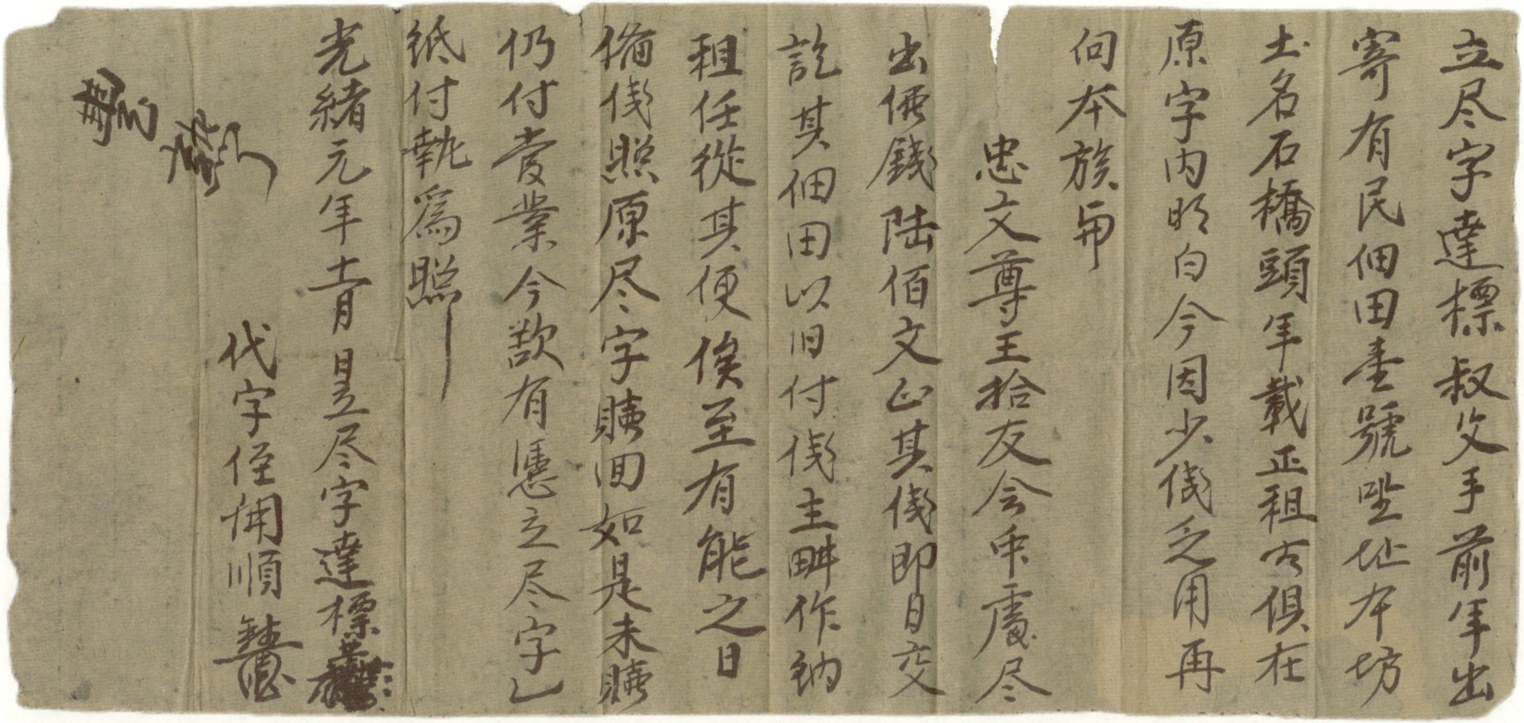
立尽字達標叔父手前年出
寄有民佃田壹號坐址本坊
土名石橋頭年載正租壹石俱在
原字内明白今因少錢乏用再
向本族弟
忠文尊王拾友会乘處尽
出便錢陆佰文正其錢即日交
訖其佃田以旧付錢主耕作納
租任從其便侯至有能之日
備錢照原尽字贖回如是未贖
仍付耆業今欲有憑立尽字乙
紙付執爲照一
光緒元年十一月　日立尽字達標（押）
代字侄俑順（押）

3-2-140-44　清光緒元年十一月葉達標立盡民佃田字

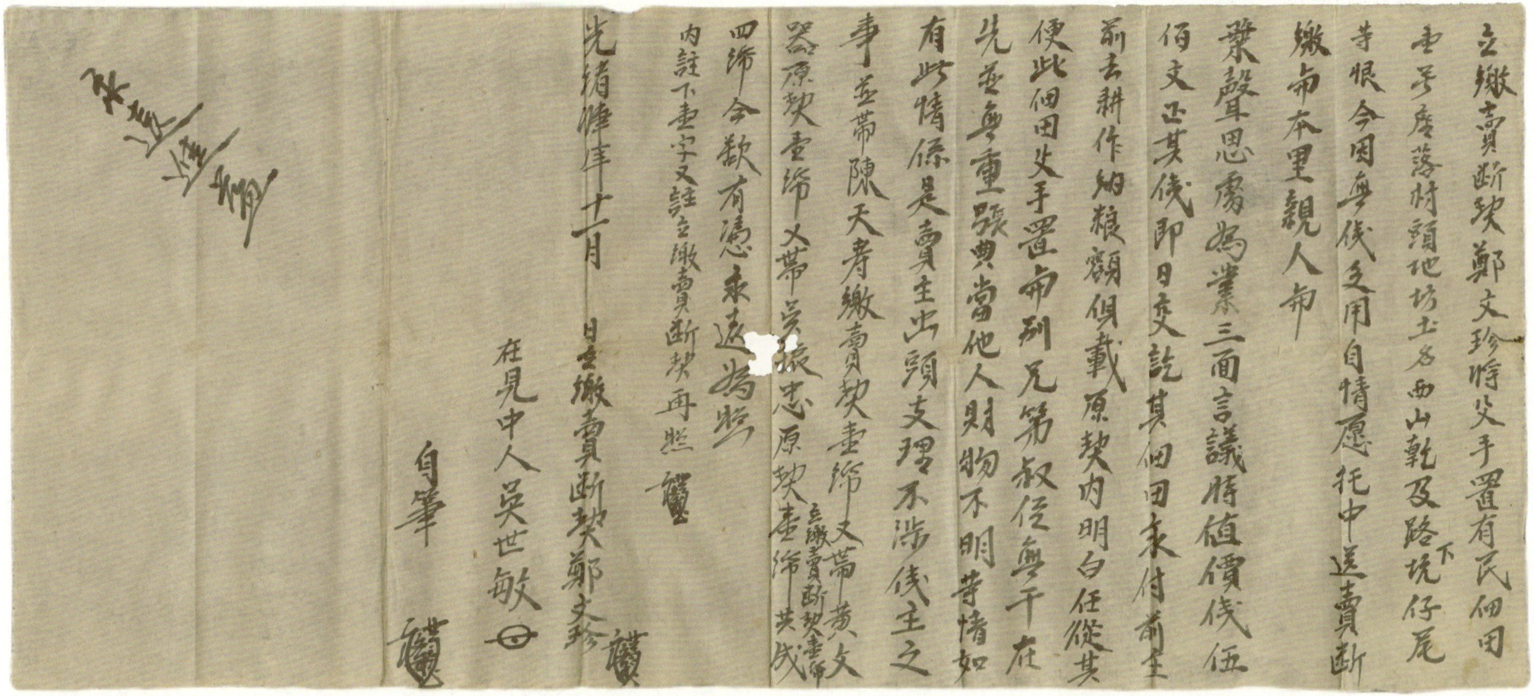
立繳賣斷契人鄭文珍將父手置有民佃田
壹号，座落村頭地坊土名西山乾及路坑下仔尾
等根。今因無錢乏用，自情愿托中送賣斷
繳布本里親人布
聚聲思處為業。三面言議時值價錢伍
佰文正，其錢即日交訖，其佃田來付前主
前去耕作納粮，額俱載原契內明白，任從其
便。此佃田父手置布列兄弟叔侄無干，在
先並無重張典當他人財物不明等情。如
有此情，係是賣主出頭支理，不涉錢主之
事。並帶陳天青繳賣契壹紙、又帶黃文
器原契壹紙、又帶吳振志原契壹紙，立繳賣斷契壹紙，共成
四紙。今欲有憑，永遠為照。
內註下壹字，又註立繳賣斷契再照
光緒肆年十一月　日立繳賣斷契人鄭文珍
在見中人吳世敏
自筆
永遠管業

3-2-140-45　清光緒四年十一月鄭文珍立繳賣斷民佃田契

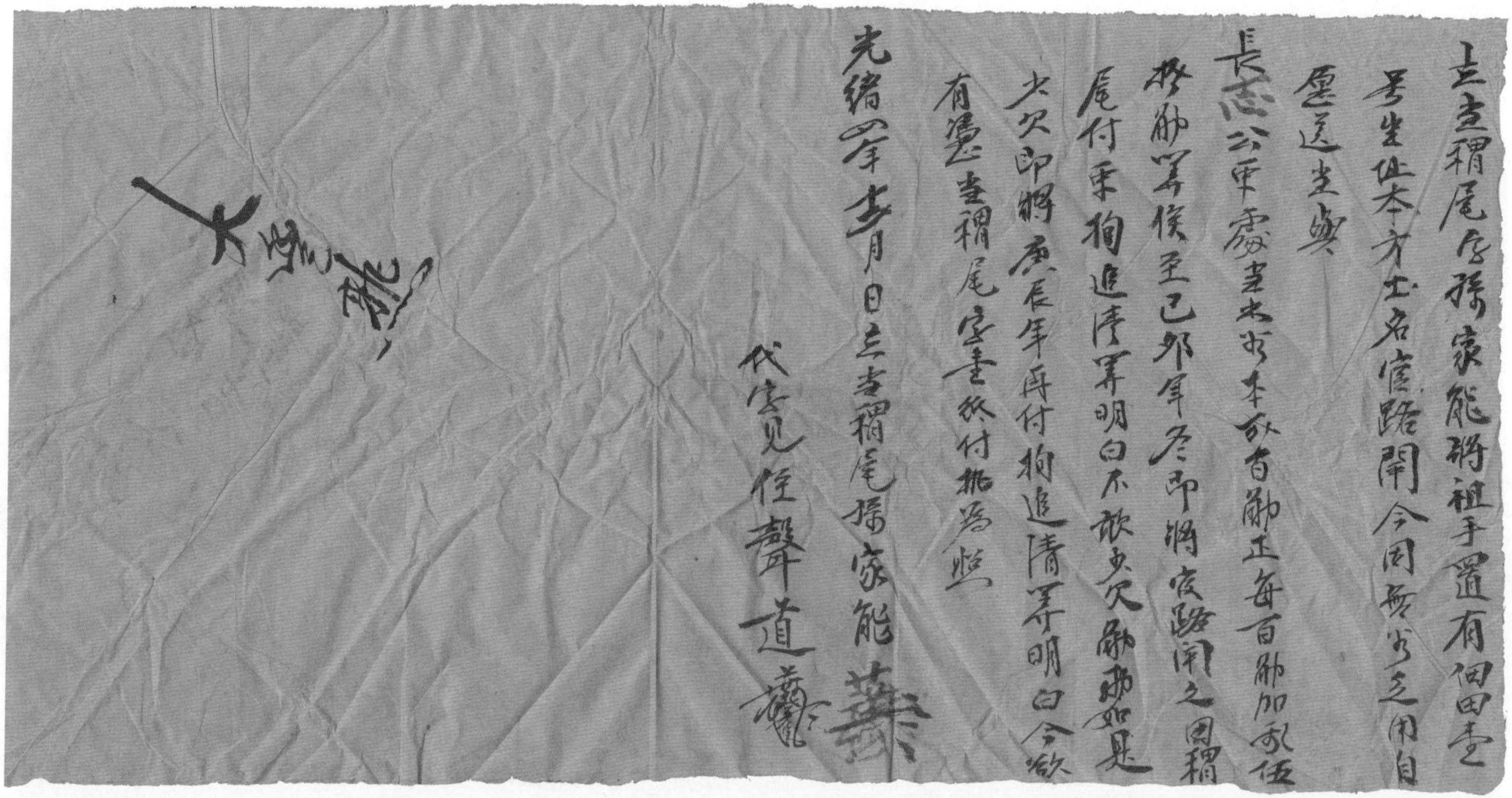
立當稠尾字葉家能承祖手置有佃田壹
號坐址本方土名官路開，今因無錢應用，自
愿送出與
長志公手處當出錢本番六百文正，每百文加貳伍
行息，其錢至己卯年冬即將官路開之田稠
尾付手掏退，清算明白，不敢少欠文分。如是
少欠，即將庚辰年再付掏退，清算明白。今欲
有憑，立當稠尾字壹紙付執為照。
光緒四年十二月　日立當稠尾葉家能（押）
代字見侄聲道（押）
大吉

3-2-140-46　清光緒四年十二月葉家能立當稠尾字

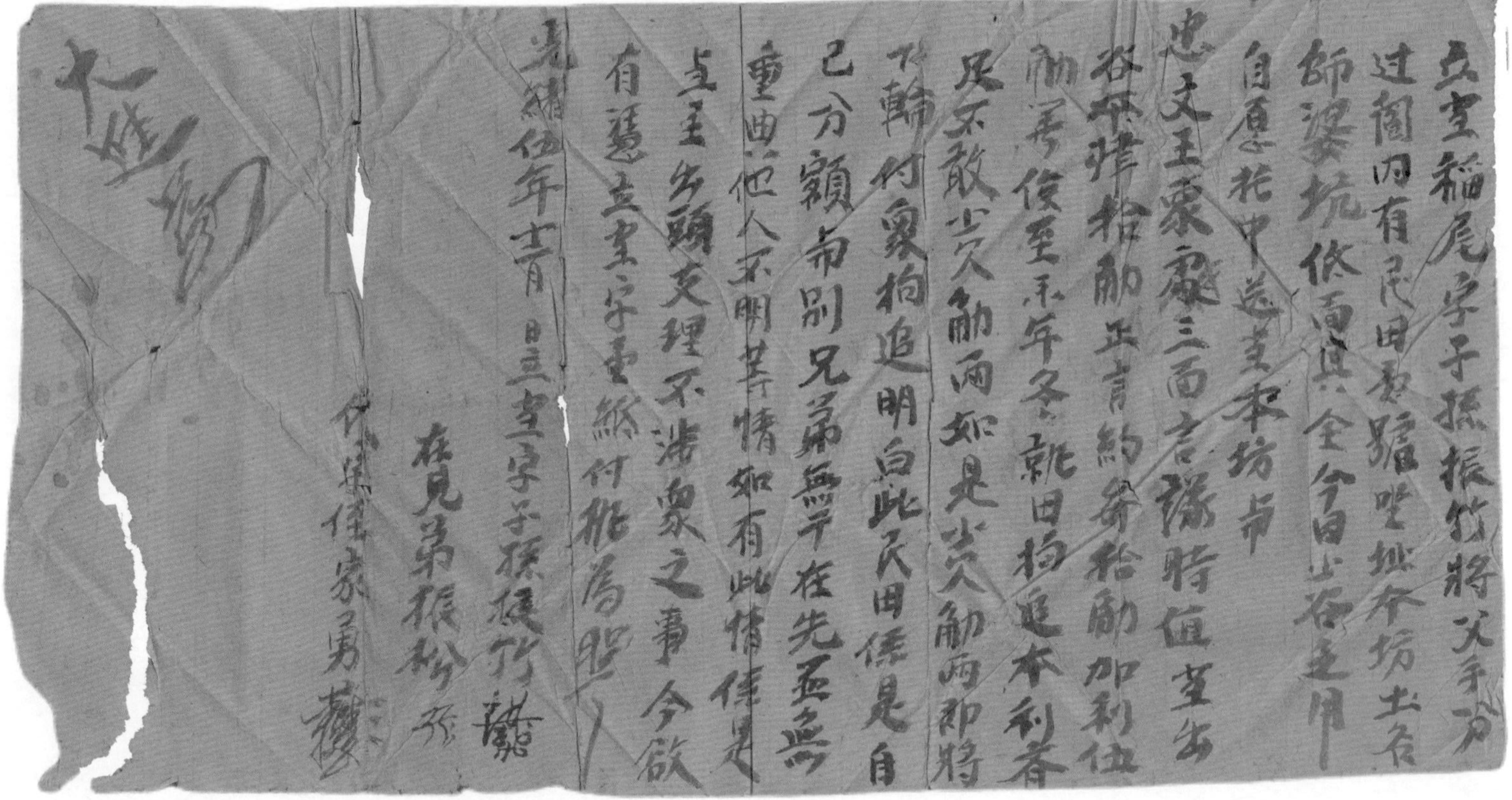

立當稻尾字子孫振竹將父手分
过鬮內有民田壹號坐址本坊土名
師婆坑依面具全今因出谷乏用
自愿托中送至本坊卓
忠文王衆處三面言議時值當出
谷平秤拾觔正言約每拾觔加利伍
觔候至來年冬冬就田稱還本利谷
足不敢少欠觔兩如是少欠觔兩即將
竹輪付衆掏追明白此民田係是自
己分額與別兄弟無干在先並無
重典他人不明等情如有此情係是
竹主出頭支理不涉衆之事今欲
有憑立當字壹紙付衆為照
光緒伍年十二月　日立當字子孫振竹（押）
在見弟振松（押）
代筆侄家勇（押）
大進

3-2-140-47　清光緒五年十二月葉振竹立當稻尾字

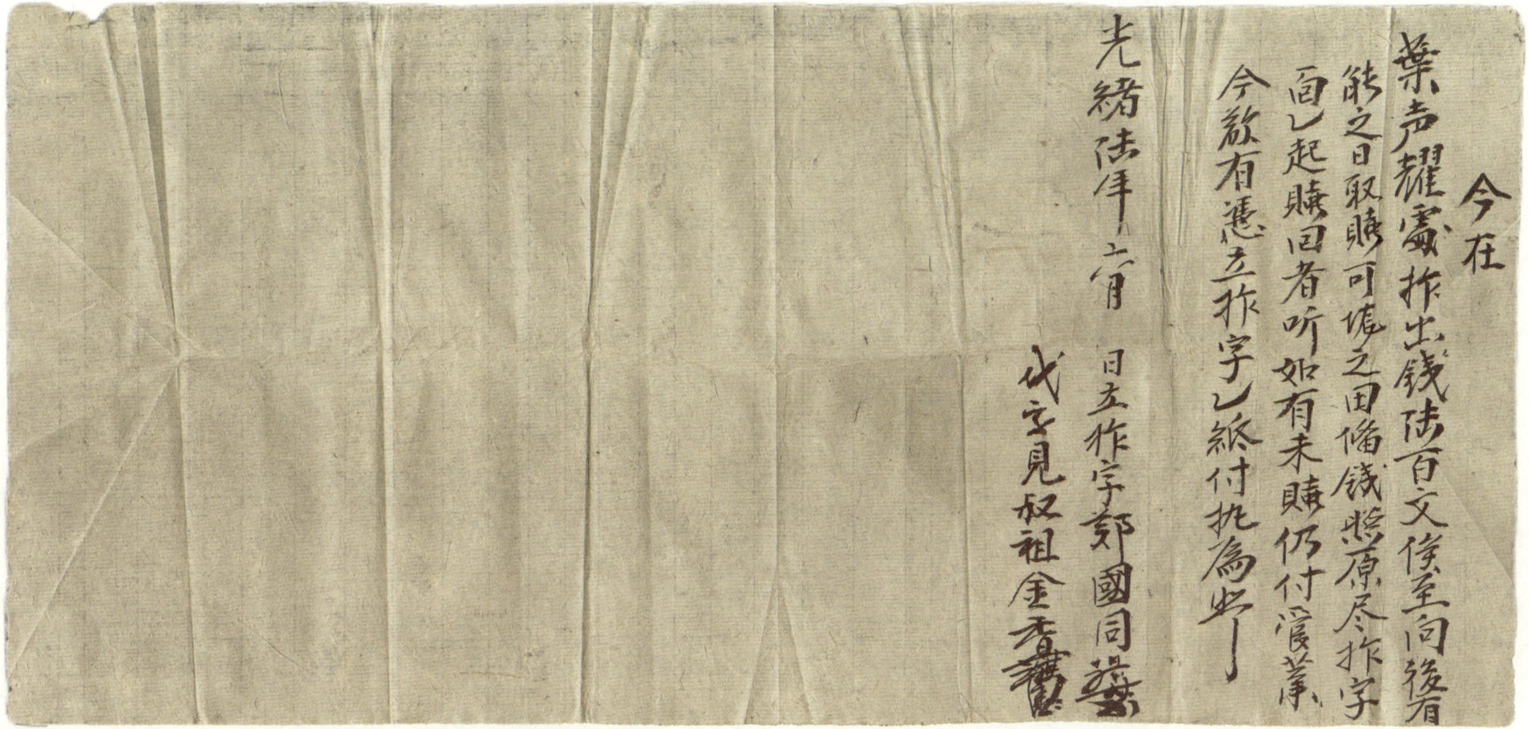
今在
葉声耀處拃出錢陸百文係至向後有
能之日取贖可據之田備錢照原尽拃字
回乙起贖回者听如有未贖仍付管業
今欲有憑立拃字乙紙付执為照
光緒陸年六月　日立拃字鄭國同（押）
代字見叔祖金香（押）

3-2-140-48　清光緒六年六月鄭國同立撮字

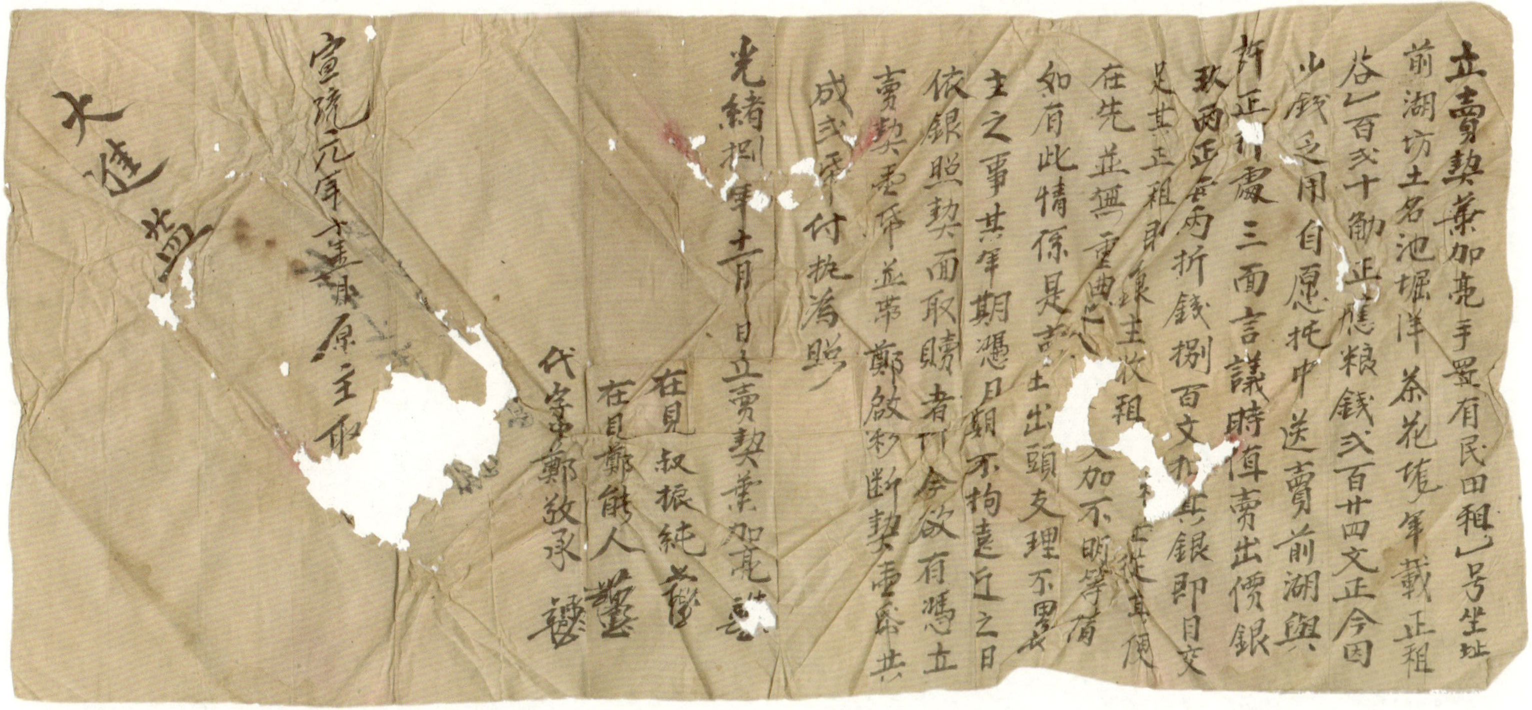
立賣契葉加亮手置有民田租[illegible]号坐址
前湖坊土名池堀洋茶花塆年載正租
谷[illegible]百弍十觔正隨粮錢弍百廿四文正今因
乏錢乏用自愿托中送賣前湖與
許正行處三面言議時值賣出價銀
玖兩正每两折錢捌百文其銀即日交
足其正租即[illegible]主收租[illegible]從其便
在先並無重典[illegible]人加不明等情
如有此情係是賣主出頭支理不累[illegible]
主之事其年期憑日期不拘遠近之日
依銀照契面取贖者[illegible]今欲有憑立
賣契壹帋並帶鄭啟彩斷契壹帋共
成弍帋付執為照
光緒捌年十一月　日立賣契葉加亮
在見叔振純
在見鄭能人
代字鄭啟承
宣統元年十一月[illegible]原主取
大進益

3-2-140-49　清光緒八年十一月葉加亮立賣民田租契

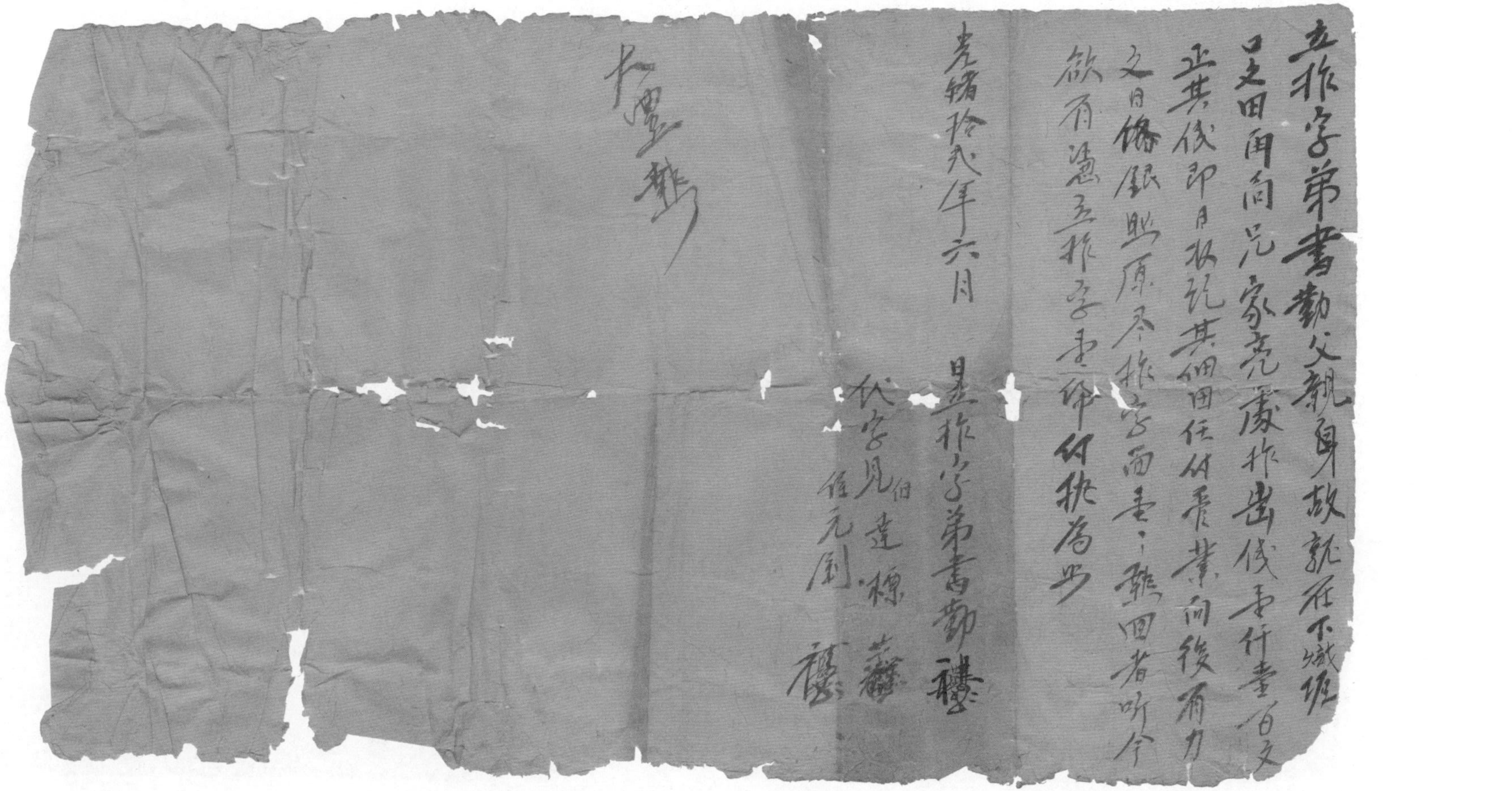
立撮字弟書勤父親身故就在下墘垅
口土田両向兄家亮處撮出錢壹仟壹佰文
正其錢即日收訖其田任付兄業向後有力
之日備銀照原不撮字面言，贖田者听仝
欲有憑立撮字壹紙付執爲照

光緒拾弍年六月　日立撮字弟書勤（押）
代字兄伯達標（押）
侄元剛（押）

[illegible]

3-2-140-50　清光緒十二年六月葉書勤立撮字

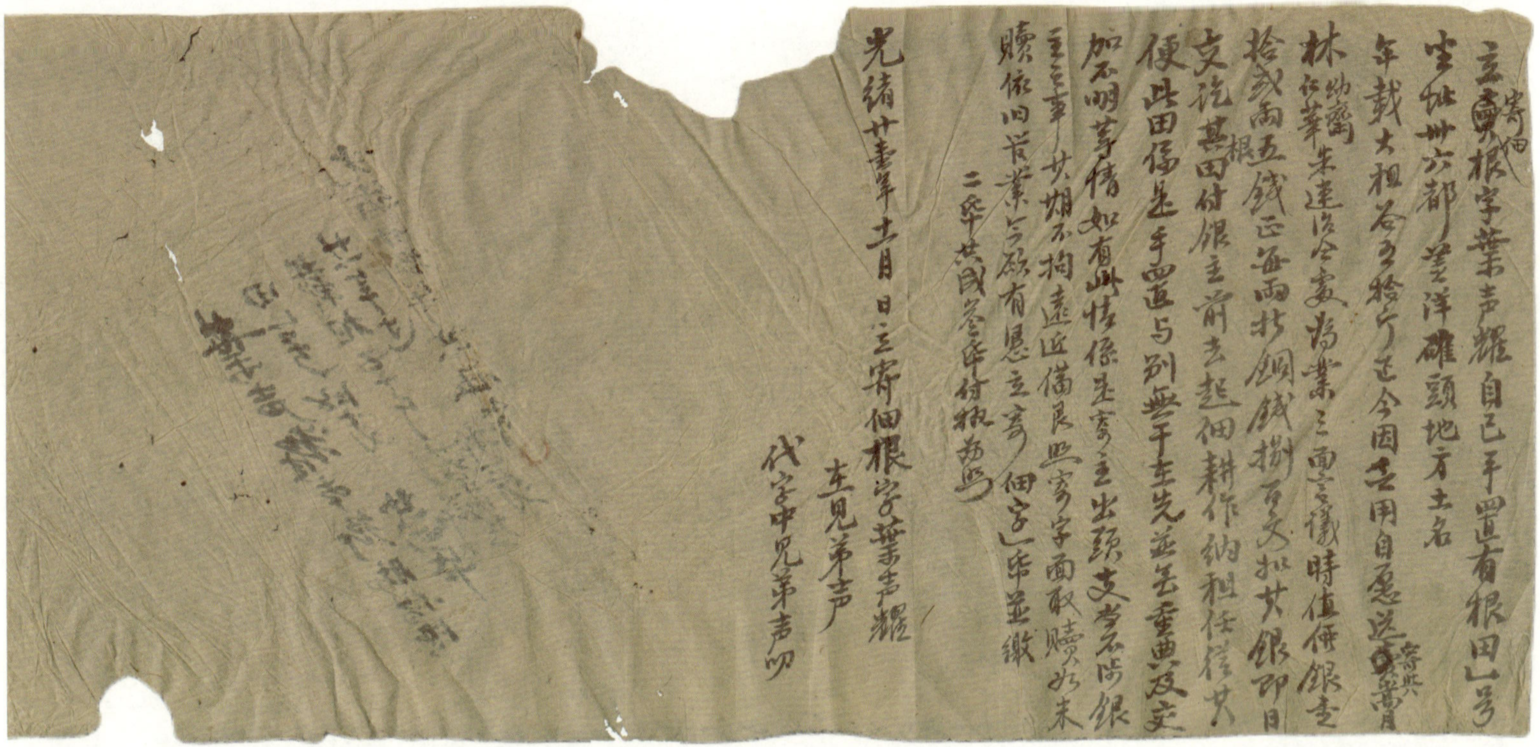

3-2-140-51　清光緒二十一年十一月葉聲耀立寄佃田根字（草契）

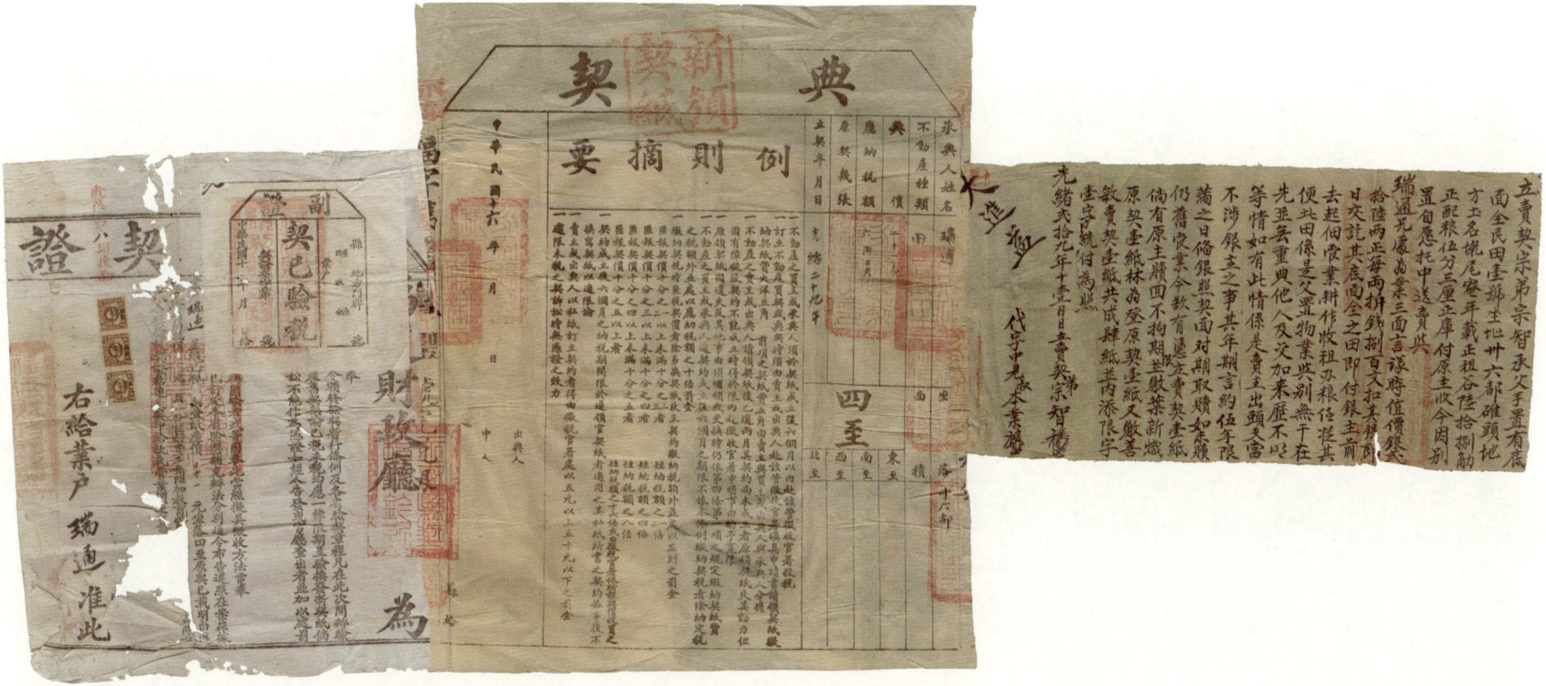

3-2-140-52　清光緒二十九年十一月葉宗智立賣底面全民田契（紅契）

立当字葉進爲承祖遺下分过閭内有輸
佃田壹號坐址地方土名山垅後年載
正租米玖拾觔当主自己納租其田進
爲進標子弍年額辛酉壬戌今因
米谷送与弟
聲棠處借出米本弍佰任拾四觔
于足每年每佰觔加利任拾觔其
干足以至冬成之日通知米主約
進備送利米斉足送还不敢
欠欠如是欠欠即將下輪年額
載付米主耕作約進不敢依言今
欲有憑立当字壹紙付執爲
照

中華民國丁巳六年十二月日立当字葉進爲(押)
在見叶仁
知見吉蔚

大進

3-2-140-53　民國六年十二月葉進爲立當輸佃田字

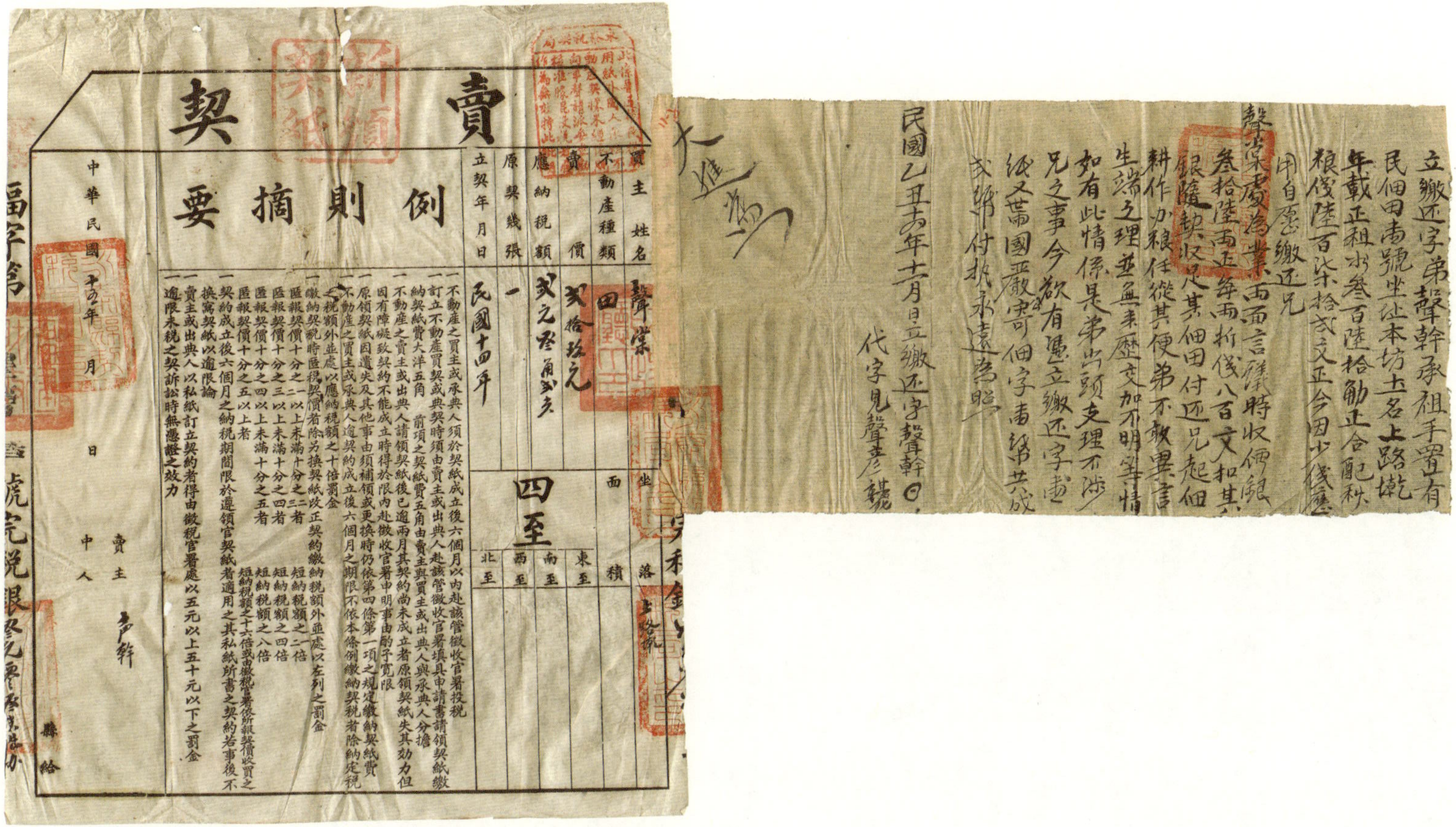

立繳还字弟聲幹承祖手置有
民佃田壹號坐址本坊土名上路墘
年載正租谷叁百陸拾觔正合配秋
粮僟陸百柒拾弍文正今因少錢應
用自愿繳还兄
聲棠處為業面言價時收價銀
叁拾陸兩正每兩折錢八百文扣其
銀隨契收兄其佃田付还兄起佃
耕作办粮任從其便弟不敢異言
生端之理並無未歷交加不明等情
如有此情係是弟出頭支理不涉
兄之事今欲有憑立繳还字壹
紙又帶國厳契佃字壹紙共成
弍紙付執永遠為照
民國乙丑十四年十一月　日立繳还字聲幹（押）
代字兄聲彥（押）

賣契

買主姓名	不動產種類	賣價	應納稅額	原契幾張	立契年月日
聲棠	田	弍拾玖元	弍元叁角[illegible]	一	民國十四年

坐落　面積

四至：東至　南至　西至　北至

例則摘要

一 不動產之買主或承典人須於契紙成立後六個月以內赴該管徵收官署投稅
一 訂立不動產買契或典契時須由賣主或出典人赴該管徵收官署填具申請書請領契紙繳納契紙費大洋五角　前項之契紙費五角由賣主與買主或出典人與承典人分擔
一 不動產之賣主或出典人請領契紙後已逾兩月其契約尚未成立者原領契紙失其効力但因有障礙致契約不能成立時得於限內赴徵收官署申明事由酌予寬限
一 原領契紙因遺失及其他事由須補領或更換時仍依第四條第一項之規定繳納契紙費
一 不動產之買主或承典人逾契約成立後六個月之期限不依本條例繳納契稅者除納定稅額外並處以應納稅額之十倍罰金
一 繳納契稅時匿報契價者除另換契紙改正契約繳納稅額外並處以左列之罰金
匿報契價十分之一以上未滿十分之二者　短納稅額之二倍
匿報契價十分之二以上未滿十分之三者　短納稅額之四倍
匿報契價十分之三以上未滿十分之四者　短納稅額之八倍
匿報契價十分之五以上者　短納稅額之十六倍或徵稅官署依照報價收買之
一 契約成立後六個月之納稅期間限於遵領官契紙者適用之其私紙所書之契約若事後不換寫契紙以逾限論
一 賣主或出典人以私紙訂立契約者得由徵稅官署處以五元以上五十元以下之罰金
一 逾限未稅之契訴訟時無憑證之效力

中華民國十四年　月　日
賣主　聲幹
中人
縣給

3-2-140-54　民國十四年十一月葉聲幹立繳還民佃田字（紅契）

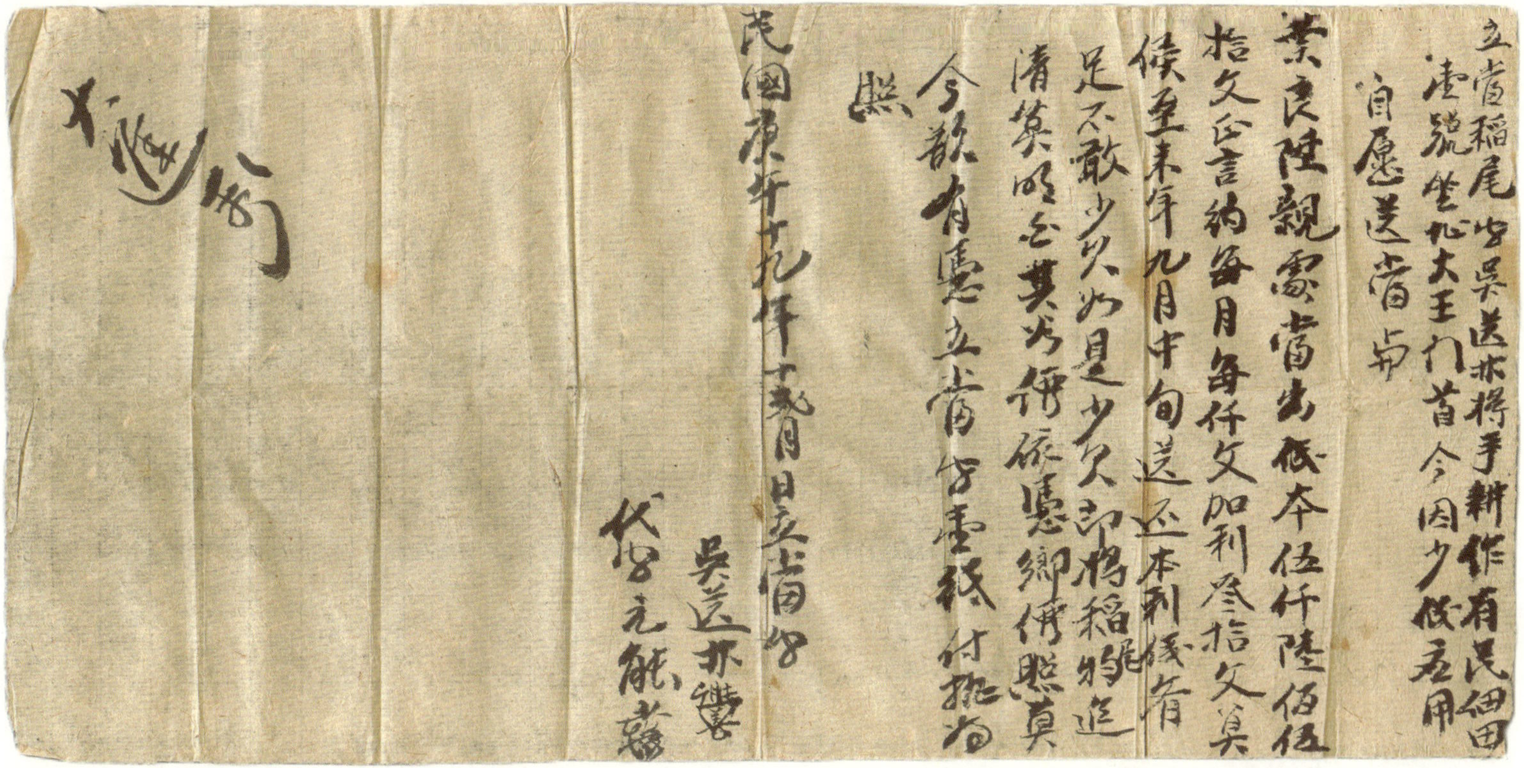

3-2-140-55　民國十九年十二月吴送林立當稻尾字

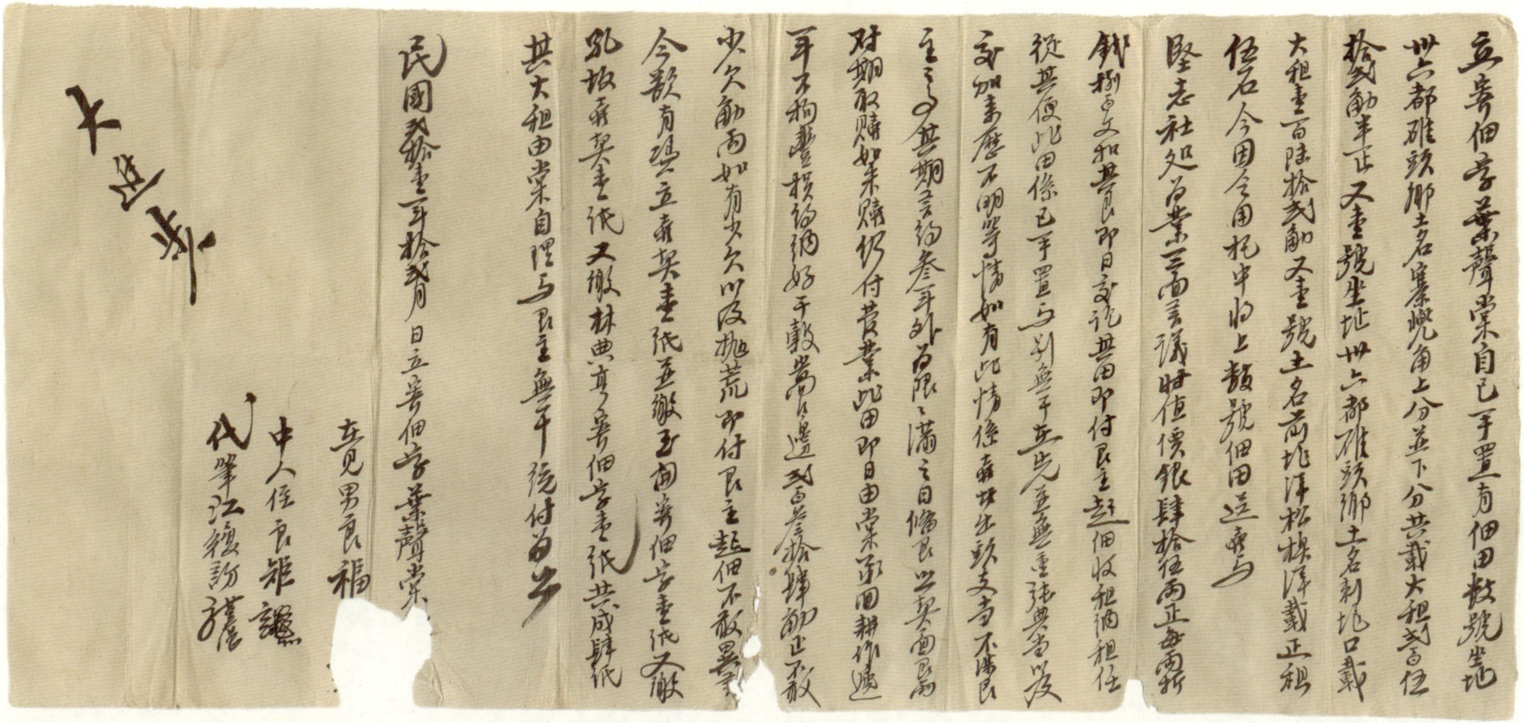
立寄佃字葉聲棠自己手置有佃田數號坐址
卅六都碓頭鄉土名寨坑角上分並下分共載大租穀壹佰
拾貳觔半正，又壹號坐址卅六都碓頭鄉土名新坵口載
大租壹百陸拾貳觔，又壹號土名高坵洋松㮚洋載正租
伍石，今因缺用托中將上數號佃田送寄與
堅志社処名業三面言議時值價銀肆拾伍兩正，每兩折
錢捌百文和共銀即日交訖，其田即付銀主起佃收租納租，任
從其便。此田係己手置與別無干，並無重張典當等
又如來歷不明等情，如有此情係寄出頭支當，不涉銀
主之事。其期言約叁年外為限，限滿之日備銀照契面取
贖，如未贖，仍付其業。此田即日由棠承回耕作，遞
年不拘豐歉，納佃好乾穀當面送到叁拾肆觔正，不敢
少欠觔兩，如有欠少以及拋荒，即付銀主起佃，不敢異言。
今欲有憑，立寄契壹紙，並繳上手典寄佃字壹紙，又繳
外批：寄契壹紙，又繳林典寄佃字壹紙，共成肆紙。
其大租由棠自理，與銀主無干，俾付為照。
民國貳拾壹年拾貳月　日立寄佃字葉聲棠
在見男良福
中人任良雄
代筆江積訪
大吉昌

3-2-140-56　民國二十一年十二月葉聲棠立寄佃田字

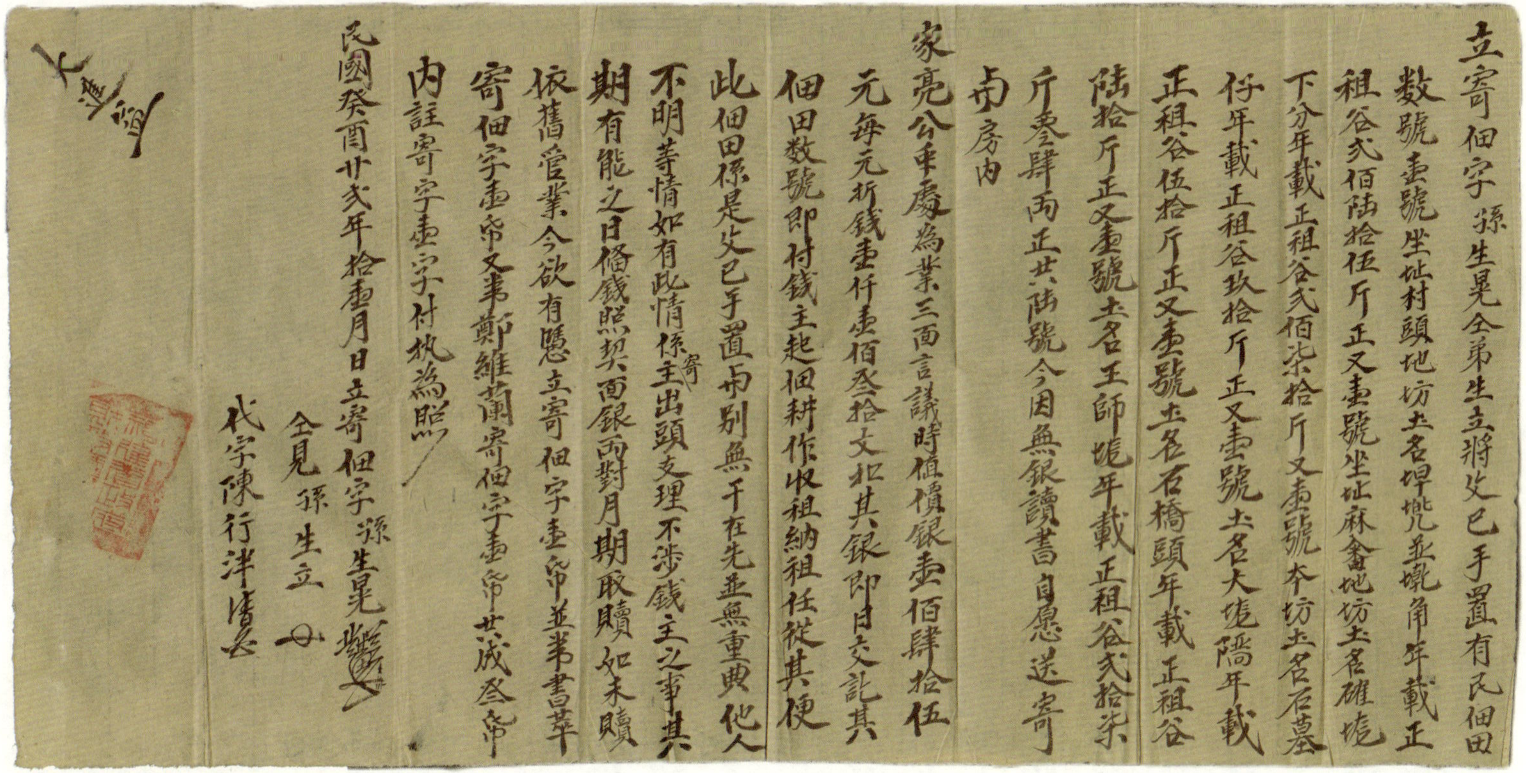

立寄佃字孫生晃仝弟生立將父已手置有民佃田
数號壹號坐址村頭地坊土名埤墘并墘角年載正
租谷弍佰陆拾伍斤正又壹號坐址麻畲地坊土名碓墘
下分年載正租谷弍佰柒拾斤又壹號本坊土名石墓
仔年載正租谷玖拾斤正又壹號土名大墘隔年載
正租谷伍拾斤正又壹號土名石橋頭年載正租谷
陆拾斤正又壹號土名王師墘年載正租谷弍拾柒
斤叁肆兩正共陆號今因無銀讀書自愿送寄
本房内
家亮公派下爲業三面言議時值價銀壹佰肆拾伍
元每元折钱壹仟壹佰叁拾文訛其銀即日交訖其
佃田数號即付钱主起佃耕作收租納租任從其便
此佃田係是父已手置本房別無干在先並無重典他人
不明等情如有此情係寄主出頭支理不涉钱主之事其
期有能之日備钱照契面銀兩對月期取贖如未贖
依舊管業今欲有憑立寄佃字壹帋并帶書昌華
寄佃字壹帋又弟鄭維蘭寄佃字壹帋共成叁帋
内註寄字壹字付執爲照
民國癸酉廿弍年拾壹月日立寄佃字孫生晃（押）
仝見孫生立（押）
代字陳行洋（押）

3-2-140-57 民國二十二年十一月葉生晃立寄民佃田字（紅契）

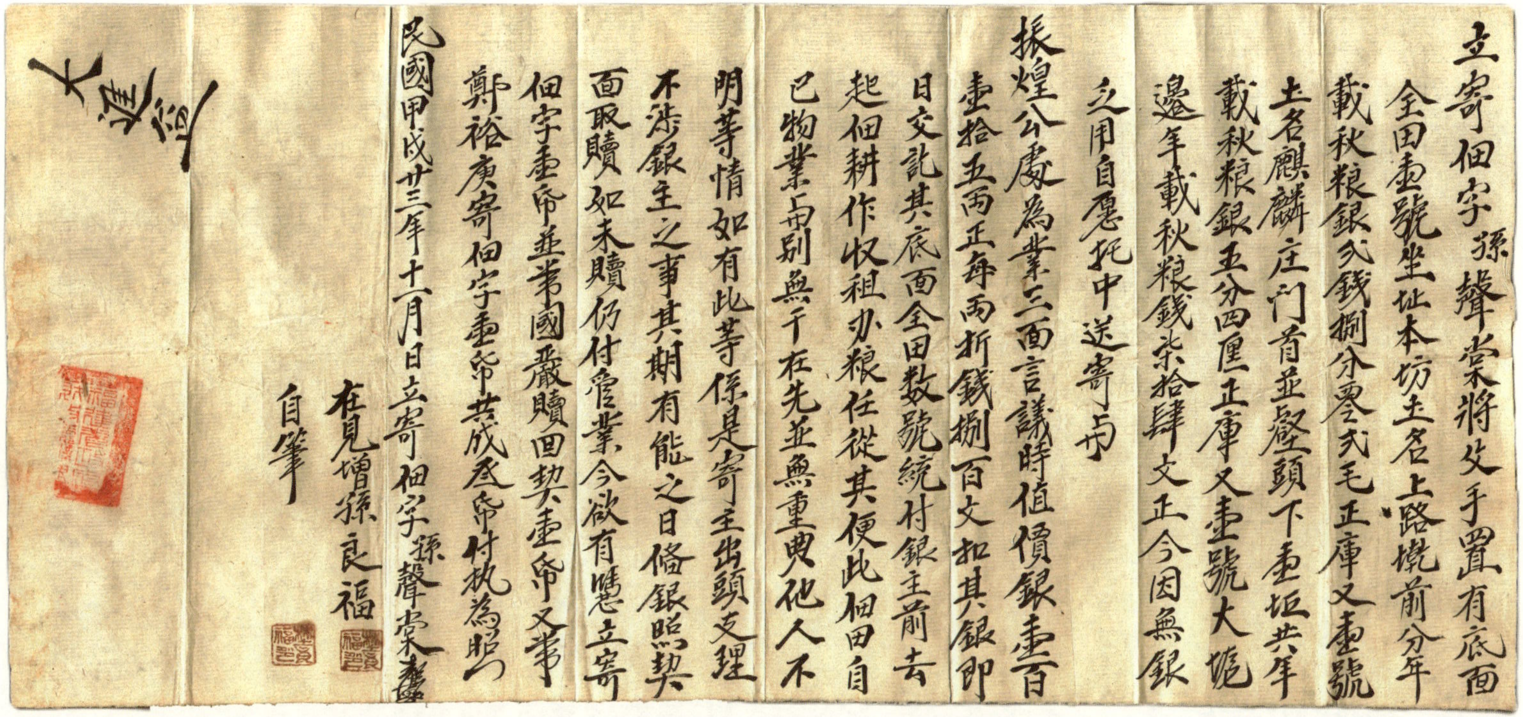
立寄佃字孫聲棠將父手置有底面
全田壹號坐址本坊土名上路墘前分年
載秋粮銀弍錢捌分零弍毛正庫又壹號
土名麒麟庄门首並壑頭下壹坵共年
載秋粮銀五分四厘正庫又壹號大墘
邊年載秋粮錢柒拾肆文正今因無銀
乏用自愿托中送寄与
振煌公處為業三面言議時值價銀壹百
壹拾五两正每两折錢捌百文扣其銀即
日交訖其底面全田数號統付銀主前去
起佃耕作收租办粮任從其便此佃田自
已物業与别無干在先並無重典他人不
明等情如有此等係是寄主出頭支理
不涉銀主之事其期有能之日備銀照契
面取贖如未贖仍付管業今欲有憑立寄
佃字壹帋並帶國嚴贖回契壹帋又帶
鄭裕庚寄佃字壹帋共成叁帋付執為照
民國甲戌廿三年十一月日立寄佃字孫聲棠
在見增孫良福
自筆
大吉

3-2-140-58　民國二十三年十一月葉聲棠立寄佃底面全田字（紅契）

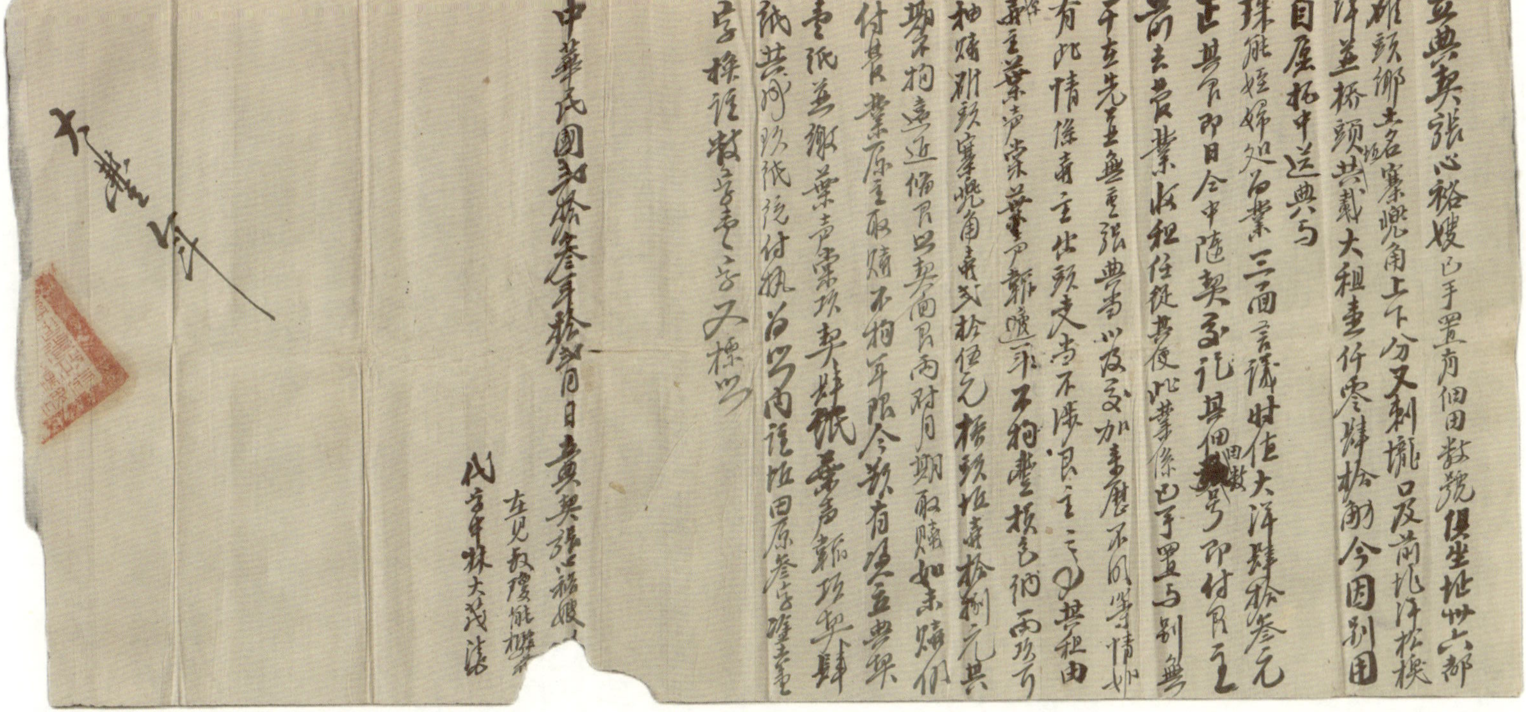

3-2-140-59　民國二十三年十二月張心裕嫂立典佃田契（紅契）

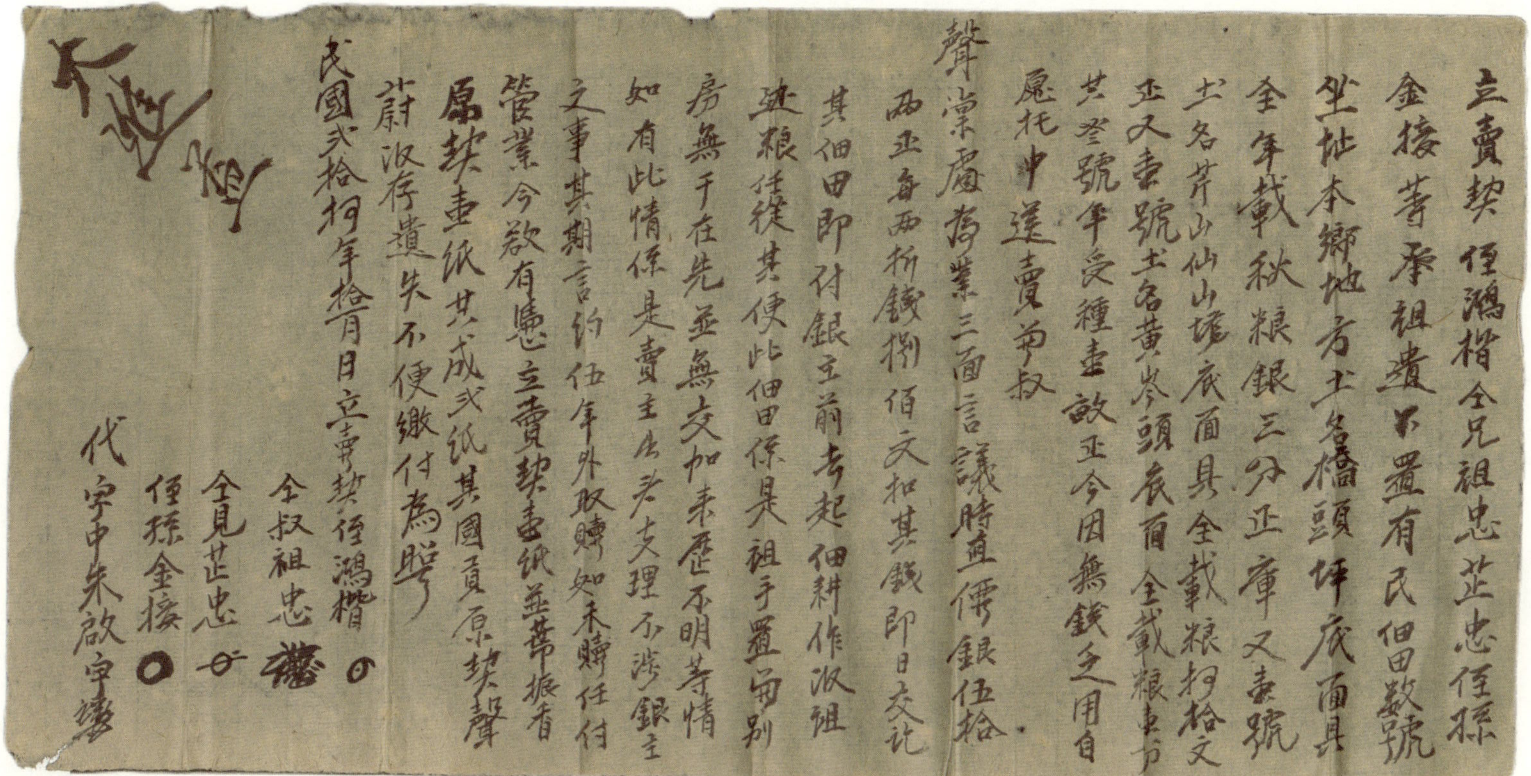
立賣契 侄鴻楷仝兄祖忠並忠侄孫
金接等承祖遺下置有民佃田數號
坐址本鄉地方土名橋頭坪底面具
全年載秋粮銀三分正庫又壹號
土名芹山仙山壠底面具全載粮柒拾文
正又壹號土名黃岑頭底面全載粮壹文
共叁號年受種壹畝正今因無錢乏用自
愿托中送賣弟叔
聲棠處為業三面言議時值價銀伍拾
兩正每兩折錢捌佰文扣其錢即日交訖
其佃田即付銀主前去起佃耕作收租
立粮任從其便此佃田係是祖手置留別
房無干在先並無交加未歷不明等情
如有此情係是賣主出头支理不涉銀主
之事其期言約伍年外取贖如未贖任付
管業今欲有憑立賣契壹紙並帶振香
原契壹紙共成弍紙其國貢原契聲
蔚汝存遺失不便繳付為照
民國弍拾肆年拾壹月日立賣契侄鴻楷
仝叔祖忠
仝兄並忠
侄孫金接
代字中朱啟宇

3-2-140-60 民國二十四年十一月葉鴻楷等立賣民佃田契

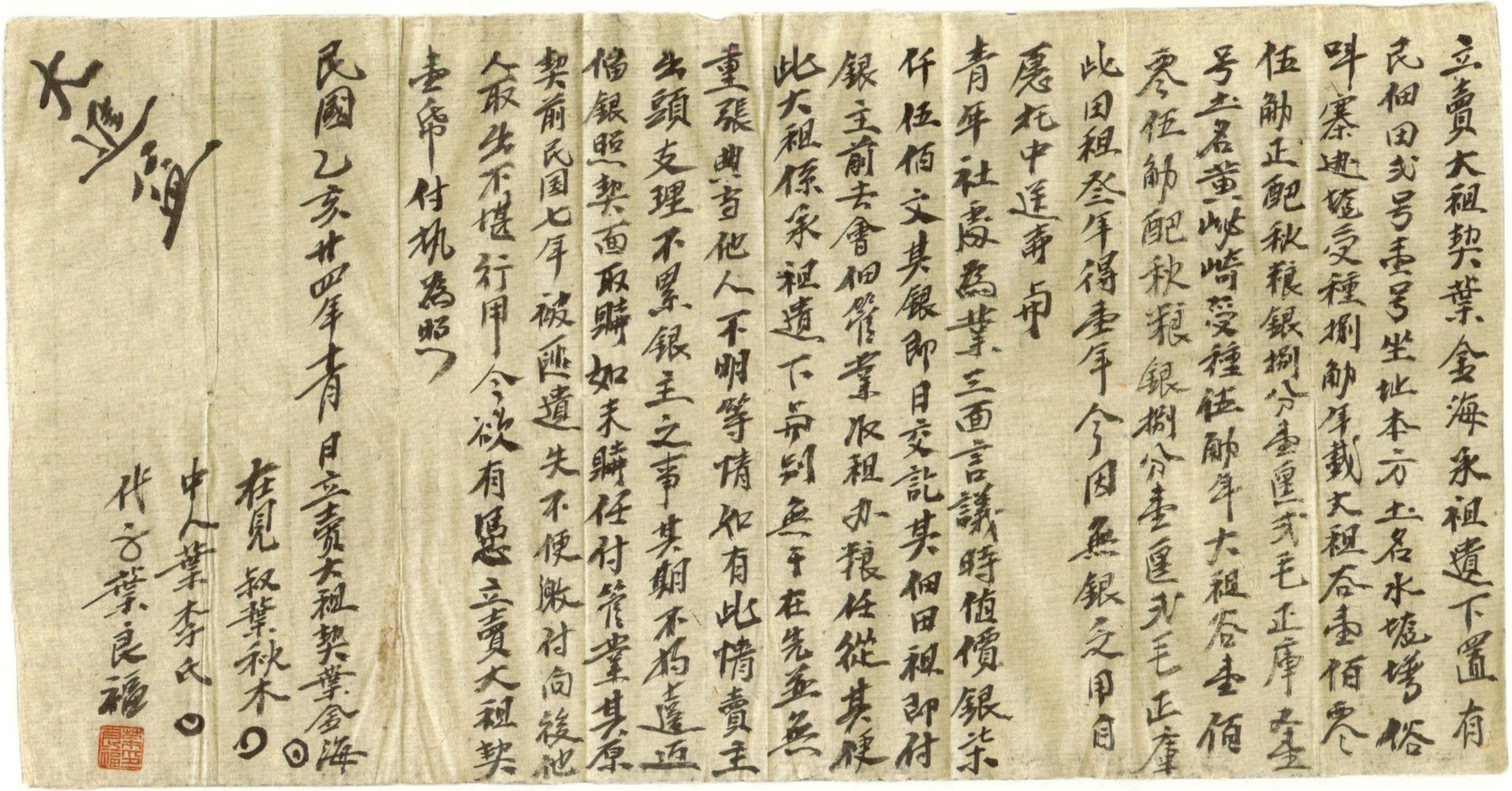
立賣大祖契葉金海承祖遺下置有
民佃田弍号壹号坐址本方土名水墘壋俗
呌寨邊墘受種捌斛年載大祖谷壹佰零
伍斛正配秋粮銀捌分壹厘弍毛正又壹
号土名黄岐崎受種伍斛年大祖谷壹佰
零伍斛配秋粮銀捌分壹厘弍毛正庫
此田租叁年得壹年今因無銀乏用自
愿托中送華卓
青年社處為業三面言議時值價銀柒
仟伍佰文其銀即日交訖其佃田租即付
銀主前去會佃管業收租办粮任從其便
此大祖係承祖遺下分與無干在先並無
重張典當他人不明等情如有此情賣主
出頭支理不累銀主之事其期不拘遠近
備銀照契面取贖如未贖任付管業其原
契前民国七年被匪遺失不便繳付向後如
人取出不堪行用今欲有憑立賣大祖契
壹帋付執為昭
民國乙亥廿四年青月日立賣大祖契葉金海
在見叔葉秋木
中人葉李氏
代字葉良福

3-2-140-61　民國二十四年十一月葉金海立賣民佃田大租契

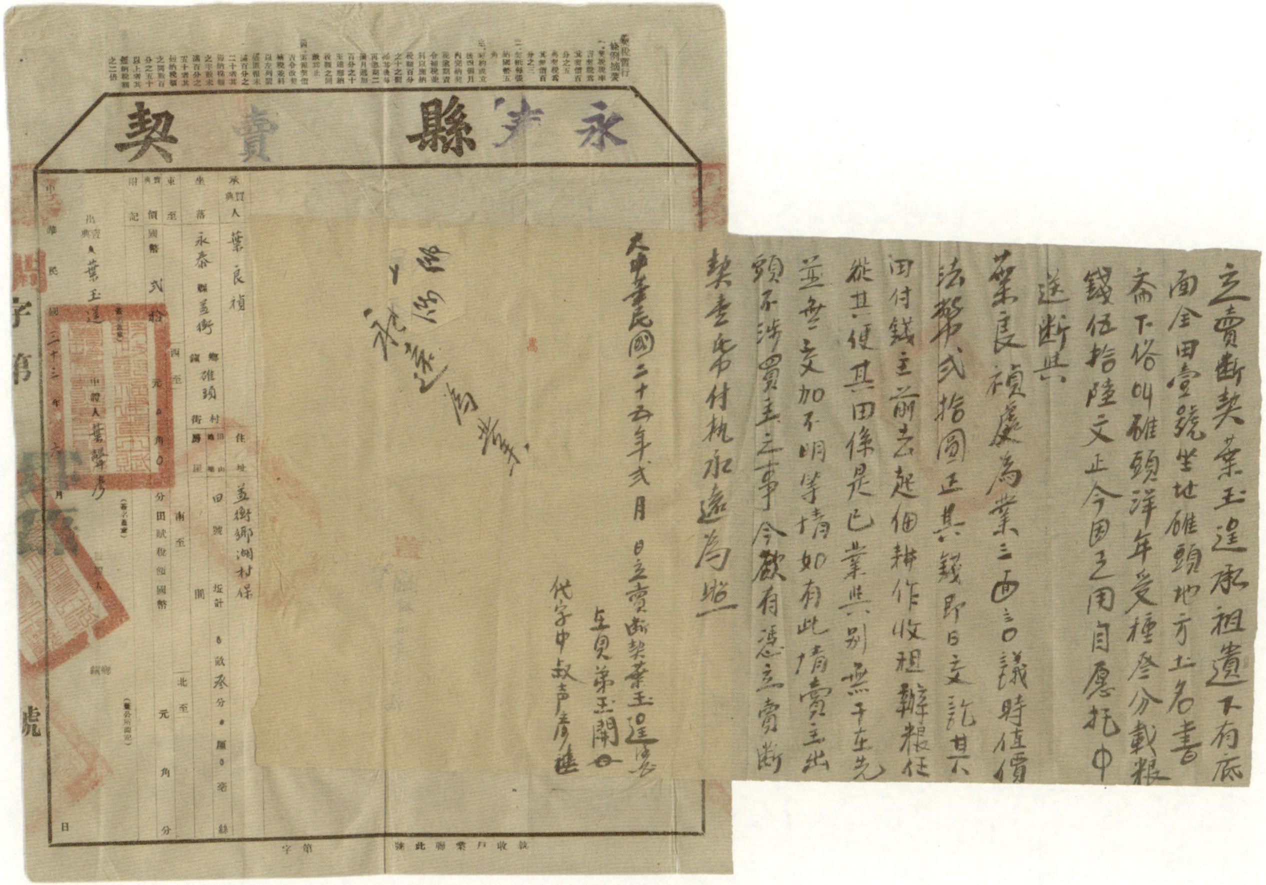

立賣斷契葉玉逞承祖遺下有底
面全田壹號坐址碓頭地方土名書
齋下俗叫碓頭洋年受種叁分載粮
錢伍拾陸文正今因乏用自愿托中
送斷與
葉良禎處爲業三面言議時值價
法幣弍拾圓正其錢即日交訖其
田付錢主前去起佃耕作收租辦粮任
從其便其田係是己業與別無干在先
並無交加不明等情如有此情賣主出
頭不涉買主之事今欲有憑立賣斷
契壹帋付執永遠爲照
大中華民國二十五年弍月　日立賣斷契葉玉逞（押）
在見弟玉閣（押）
代字中叔声庚（押）

3-2-140-62　民國二十五年二月葉玉逞立賣斷底面全田契（紅契）

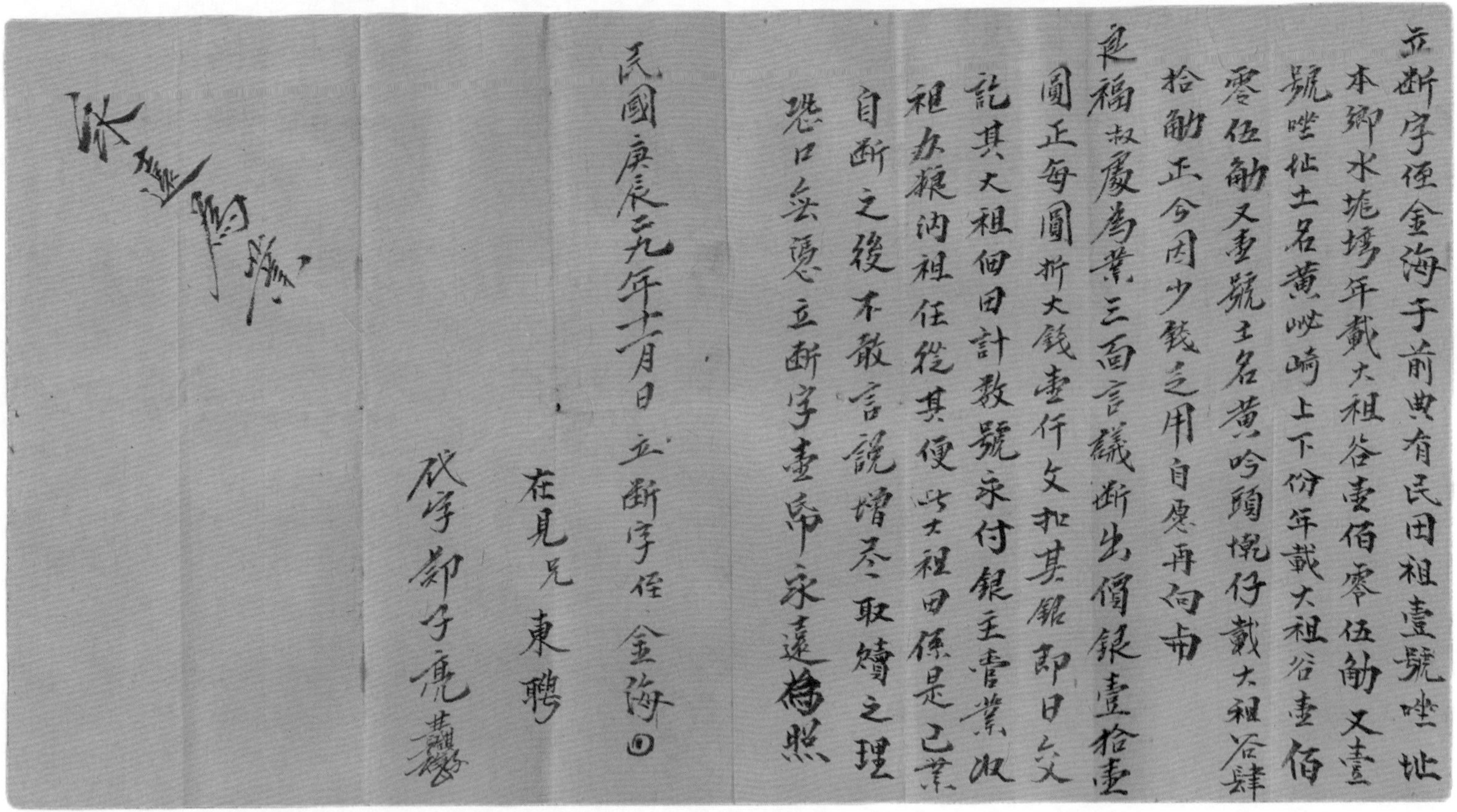

立斷字侄金海于前典有民田租壹號坐址
本鄉水垬塆年載大祖谷壹佰零伍觔又壹
號坐址土名黃沙崎上下份年載大祖谷壹佰
零伍觔又壹號土名黃吟頭梘仔載大租谷肆
拾觔正今因少錢乏用自愿再向本
疋福叔處爲業三面言議斷出價銀壹拾壹
圓正每圓折大錢壹仟文扣其銀即日交
訖其大祖佃田計數號永付銀主壹業收
祖办粮納祖任從其便此大祖田係是己業
自斷之後不敢言說增盡取贖之理
恐口無憑立斷字壹帋永遠爲照

民國庚辰廿九年十一月日 立斷字侄 金海（押）

在見兄 東聘

代字 鄭子亮

永遠斷賣

3-2-140-63　民國二十九年十一月葉金海立斷民田租字

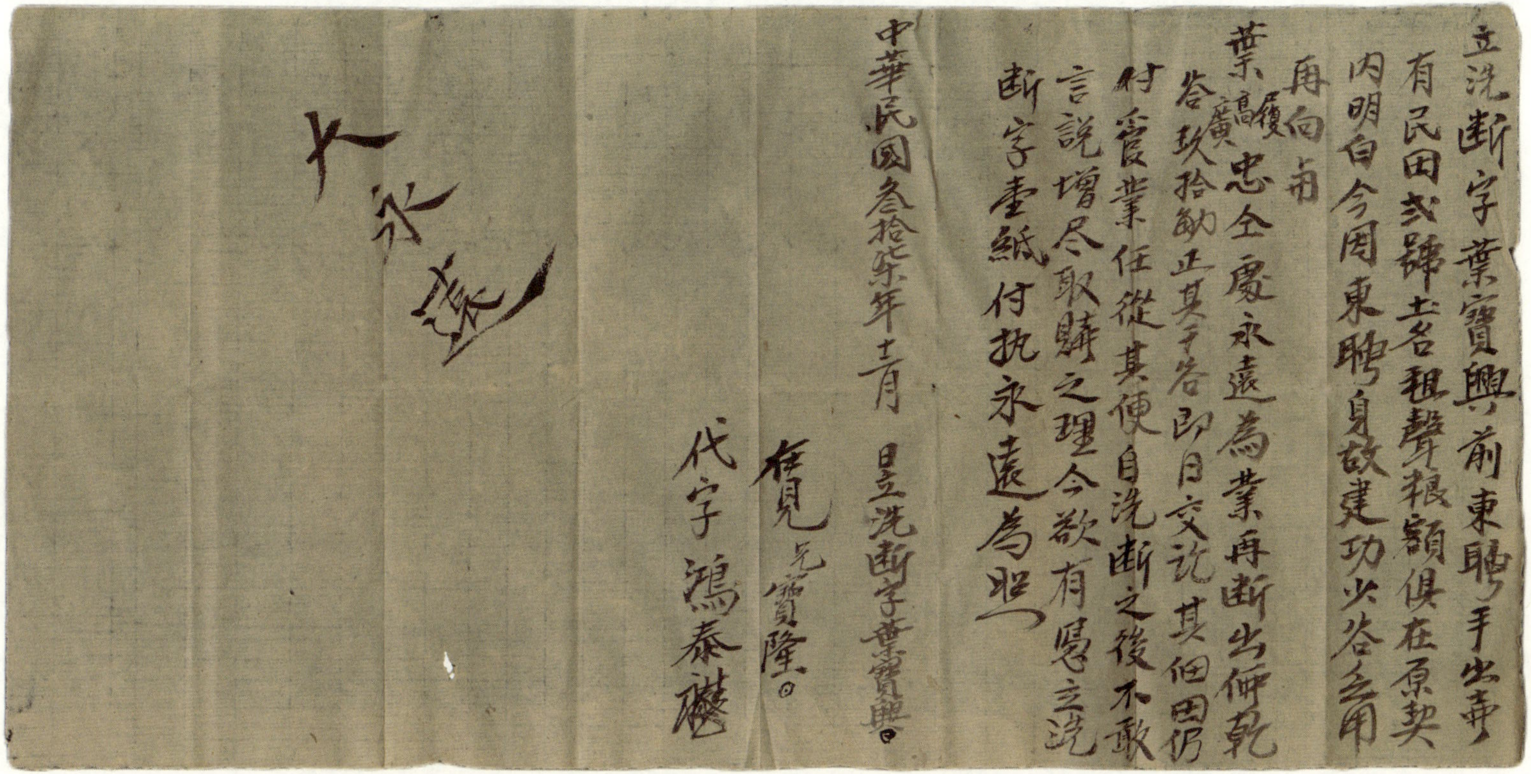

立洗斷字葉寶興，前東聘手出賣
有民田弍號，共苗租聲根額俱在原契
内明白。今因東聘身故，建功少谷乏用，
再向甫
葉高廣復忠全處永遠為業，再斷出価乾
谷玖拾觔正，其谷即日交訖，其佃田仍
付管業任從其便。自洗斷之後，不敢
言説增尽取贖之理。今欲有憑，立洗
斷字壹紙付執永遠為照。
中華民國叁拾柒年十二月　日立洗斷字葉寶興（押）
在見兄寶隆（押）
代字鴻泰（押）
大永遠

3-2-140-64　民國三十七年十二月葉寶興立洗斷民田字

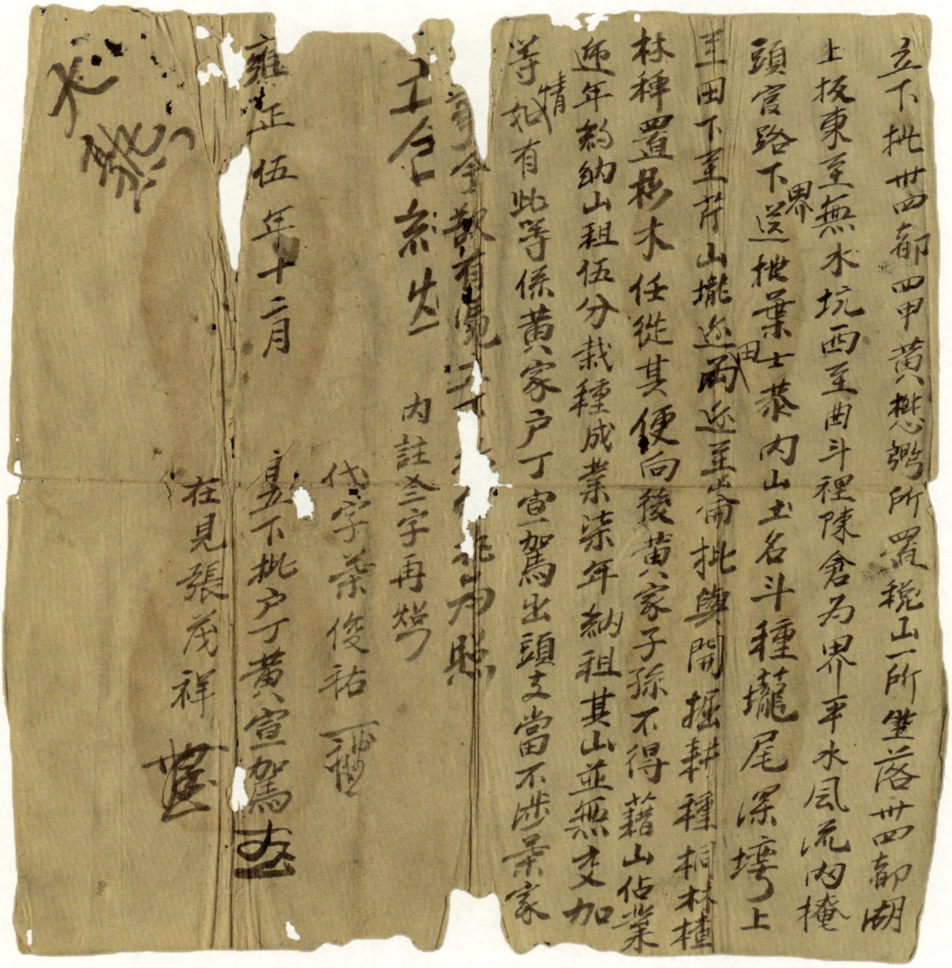
立下批廿四都四甲黄〻懋鸑所買稅山一所坐落廿四都湖
上坂東至無水坑西至曲斗裡陳倉為界平水風流內掩
頭宮路下界送㘸葉士恭內山土名斗種壠尾深塝上
至田下至荇山壠邊田兩邊至崙批與開掘耕種桐林植
林稗置杉木任從其便向後黃〻家子孫不得藉山佔業
逐年約納山租伍分栽種成業柒年納租其山並無丈加
等情 批有此等係黃〻家戶丁宣駕出頭支當不涉業家
事〻今欲有憑立□批為照
土名糸出
內註叁字再照
代字 柔俊祜
雍正伍年十二月 日立下批戶丁黃宣駕
在見張茂祥

3-2-141-1　清雍正五年十二月黃宣駕立下批稅山契

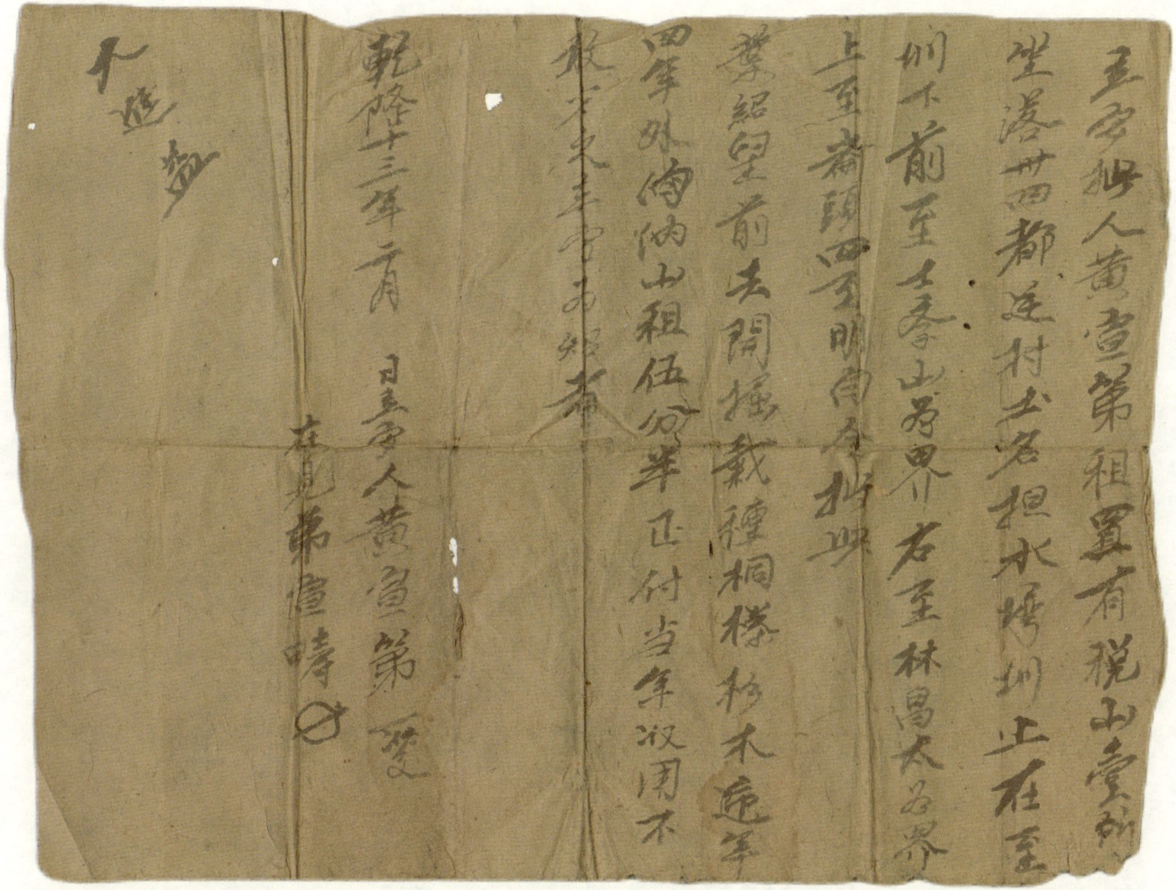

立安批人黄宣第，祖置有税山壹所，
坐落卅四都迷村，土名坦水塆圳，上在至
圳，下前至壬季山為界，右至林昌太為界，
上至崙頭，四至明白。今批與
葉紹望前去開墾栽種桐梓杉木，遞年
四季外，内納山租伍分半正，付当年收用，不
敢少欠，立字為照存。

乾隆十三年二月　日立安人黄宣第（押）
在見弟黄宣時（押）

不退契

3-2-141-2　清乾隆十三年二月黄宣第立安批税山字

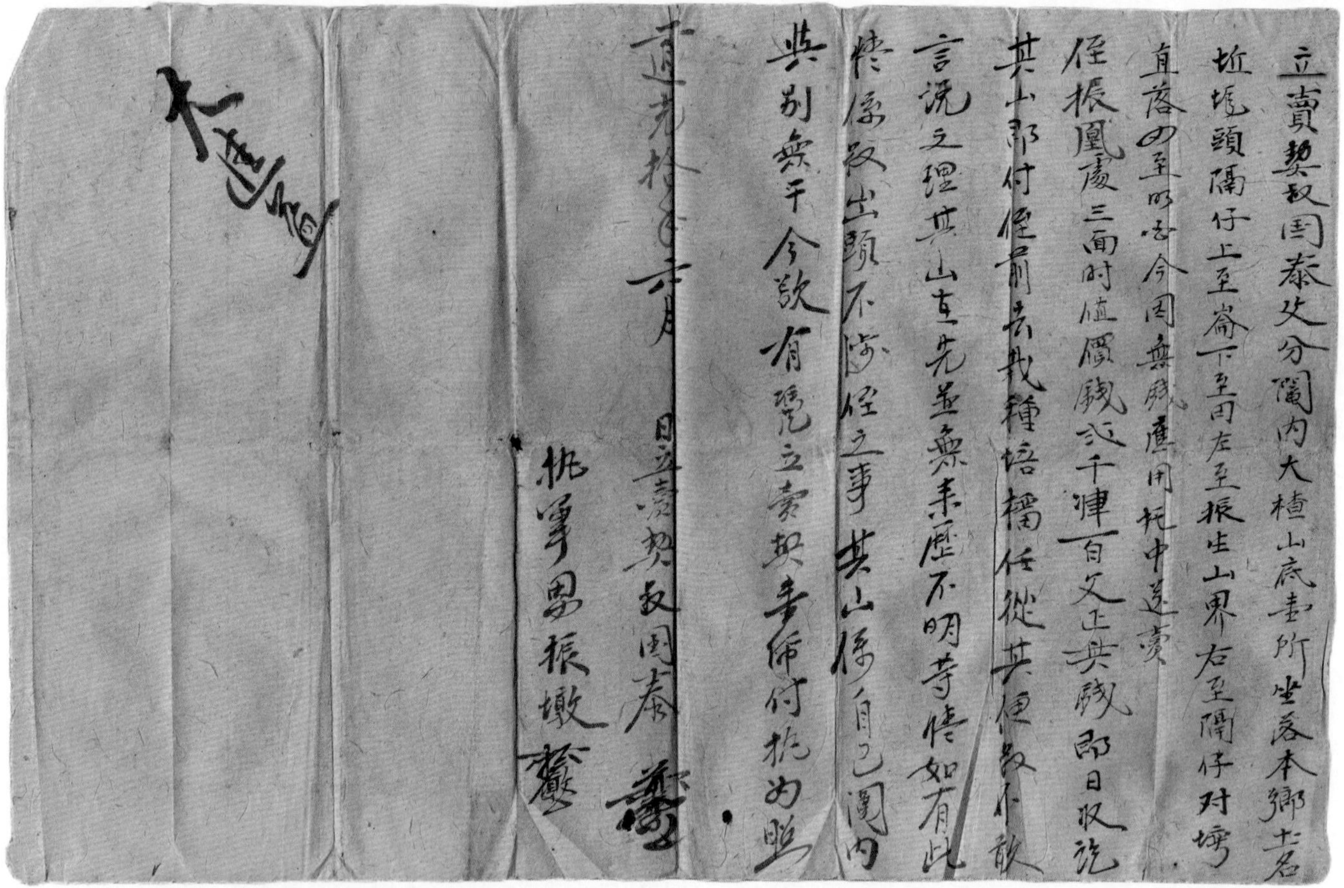

立賣契叔國泰父分闔内大楂山底壹所坐落本鄉土名

垬垊頭隔仔上至崙下至田左至振生山界右至隔仔对塆

直落四至明白今因無錢應用託中送賣

侄振鳳處三面时値價錢弍千肆百文正其錢即日收訖

其山即付侄前去栽種培禱任從其便叔不敢

言說之理其山直先並無來歷不明等情如有此

情係叔出頭不干侄之事其山係自己闔内

與别無干今欲有憑立賣契壹帋付執为照

道光拾年六月　日立賣契叔國泰（押）

執筆男振墩（押）

大楂山底

3-2-141-3　清道光十年六月葉國泰立賣大楂山底契

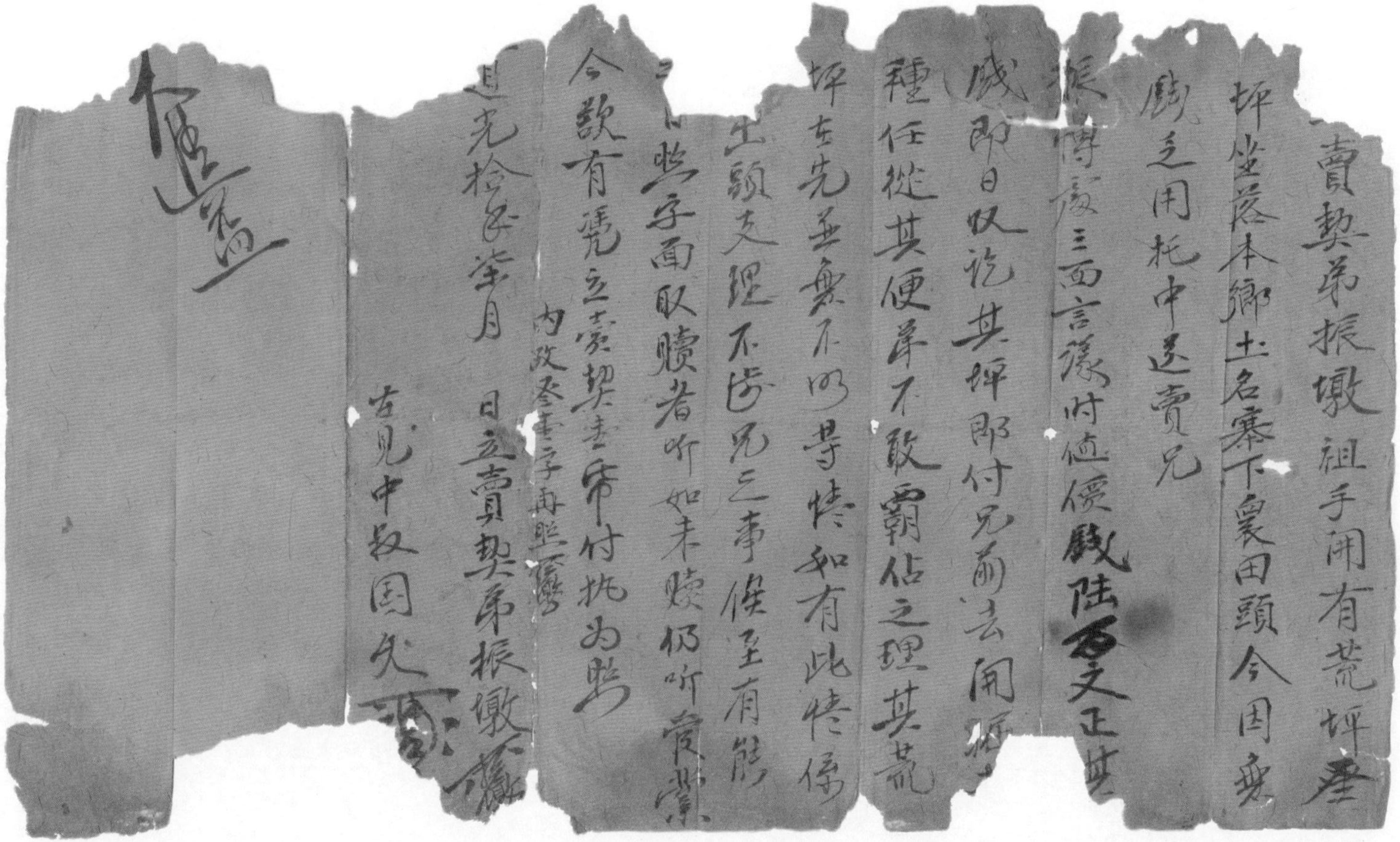
立賣契弟振墩，祖手開有荒坪壹
坪，坐落本鄉土名寨下裏田頭，今因要
錢乏用，托中送賣兄
振傳處，三面言議，時值價錢陸佰文正，其
錢即日收訖，其坪即付兄前去開墾
種，任從其便，弟不敢霸佔之理。其荒
坪在先並無不明等情，如有此情，係
出頭支理，不涉兄之事。倘至有能
之日照字面取贖者，聽；如未贖，仍聽管業。
今欲有憑，立賣契壹帋付執為照。
內改叁字再照
道光拾年柒月　日立賣契弟振墩
在見中叔國文

3-2-141-4　清道光十年七月葉振墩立賣荒坪契

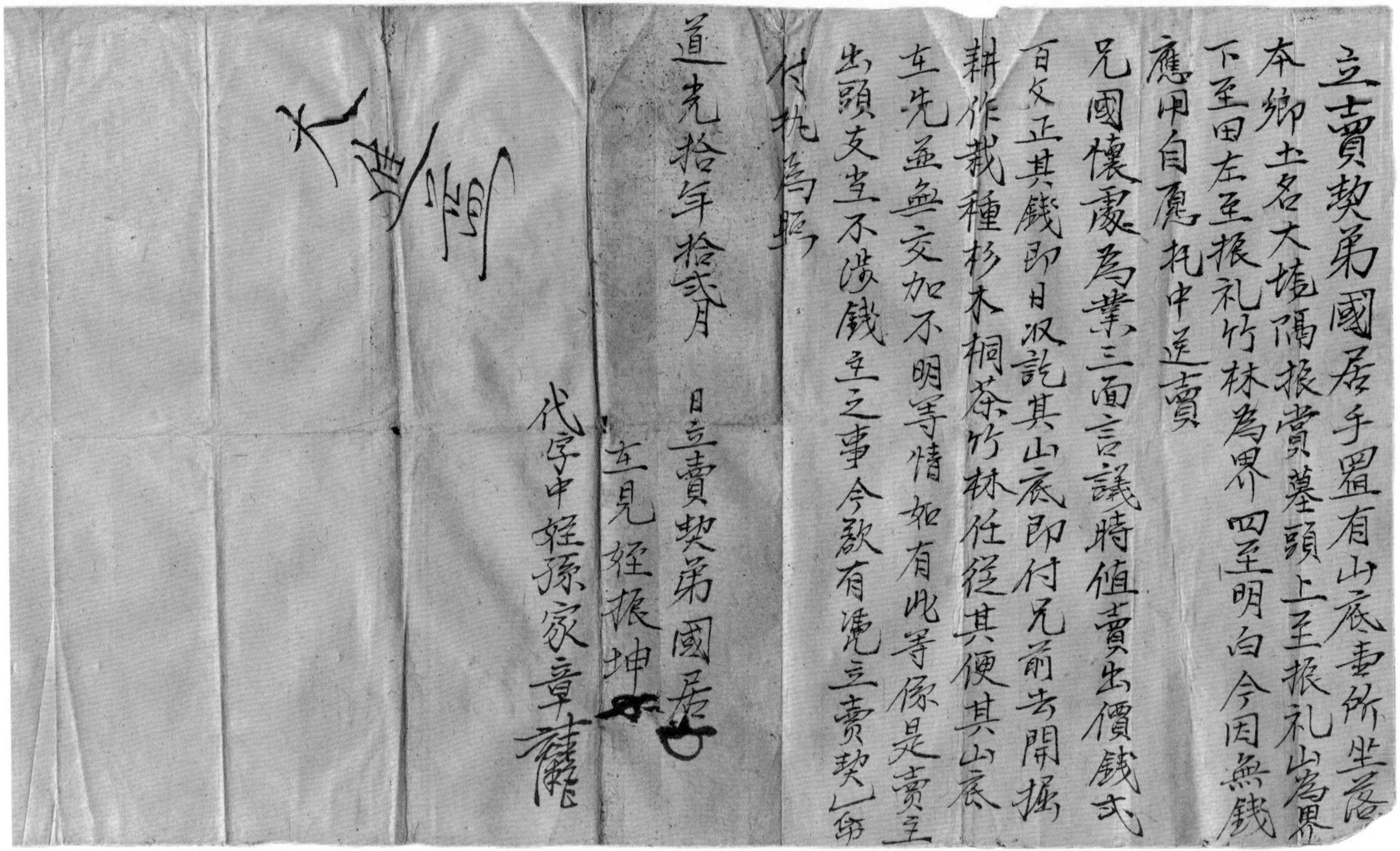

立賣契弟國居手置有山底壹所坐落
本鄉土名大墘隔振賞墓頭上至振礼山為界
下至田左至振礼竹林為界四至明白今因無錢
應用自愿托中送賣
兄國懷處為業三面言議時值賣出價錢弍
百文正其錢即日收訖其山底即付兄前去開掘
耕作栽種杉木桐茶竹林任從其便其山底
在先並無交加不明等情如有此等係是賣主
出頭支当不涉錢主之事今欲有憑立賣契山底
付執為照
道光拾年拾弍月　日立賣契弟國居（押）
在見侄振坤（押）
代字中侄孫家章（押）
大興利

3-2-141-5　清道光十年十二月葉國居立賣山底契

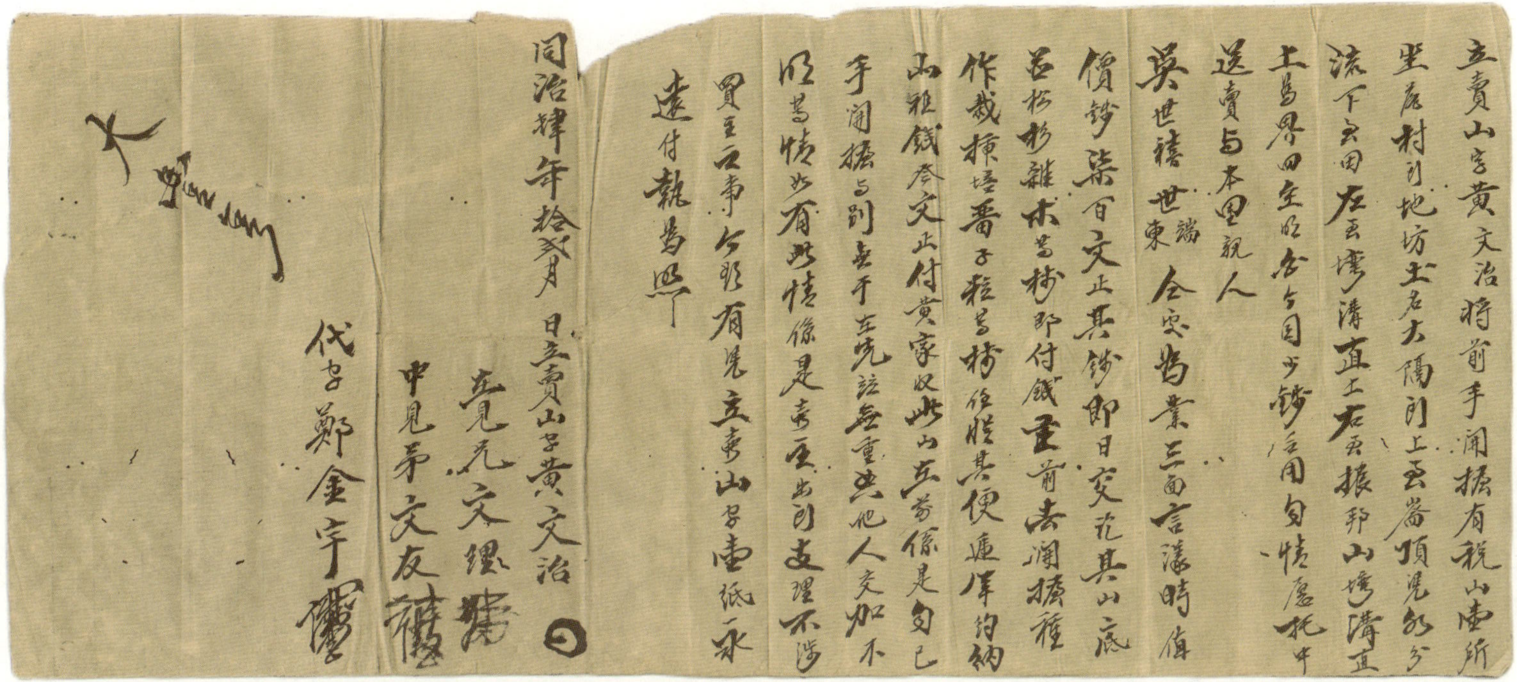

3-2-141-6　清同治四年十二月黄文治立賣税山契

立賣斷山契人本房姪聖忠仝弟賢忠于前年
父手與叔同置有山場坐址本地土名秋竹洋
草鐵形壋中壹派，上至達成山，下至田，左至
聖珠山，右至家能山為界，四至分明。今因乏
用，托中送賣叔聲儒處，三面言議時值
價錢柒百弍拾文正，其錢即日交訖。其山場
即付錢主前去割劃開掘栽插培畜任掌
管，任從其便。此山在先並無重典，來歷不明
等情，如不明，本主支理，不及錢主之事。其山場
自己之業，與別無干。自賣之後，不得異言生端
等情。今欲有憑，立賣斷山契壹紙付執為照。

光緒拾年三月　日立賣山契姪聖忠（押）

仝賣弟賢忠（押）

在見外祖鄭啟代（押）

代字元邑庠院陳文欽（押）

3-2-141-7　清光緒十年三月葉聖忠等立賣山場契

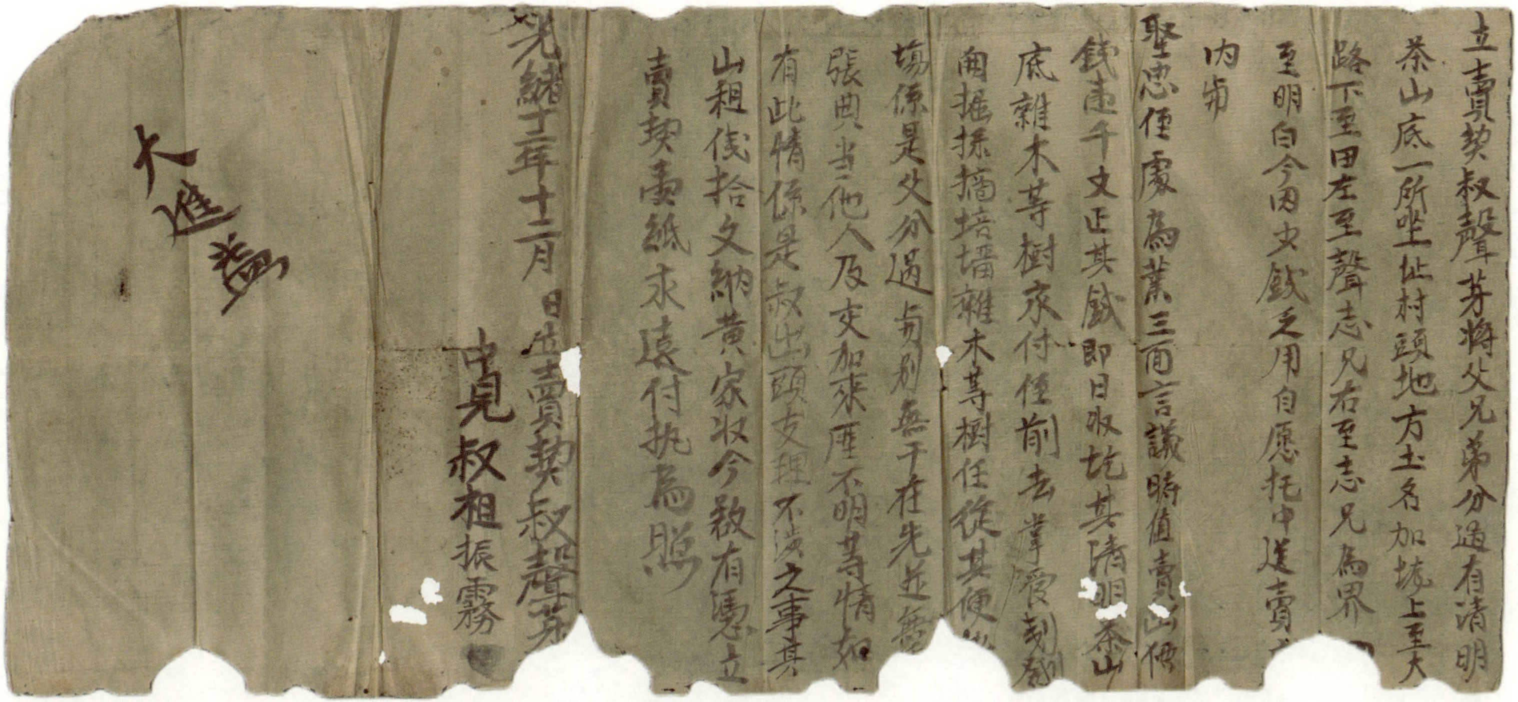

立賣契叔聲芽將父兄弟分過有清明
茶山底一所坐址村頭地方土名加垅上至大
路下至田左至聲志兄右至志兄為界
至明白今因乏錢應用自愿托中送賣
內弟
聖恩侄處為業三面言議時值賣山價
錢壹千文正其錢即日收訖其清明茶山
底雜木等樹永付侄前去掌管起剳
開掘採摘培墻雜木等樹任從其便
場係是父分過旬別無干在先並無
張典当他人及交加來歷不明等情如
有此情係是叔出頭支理不涉之事其
山租係拾文納黃家收今欲有憑立
賣契壹紙永遠付執為照
光緒十二年十二月　日立賣契叔聲芽
中見叔祖振霧
大進業

3-2-141-8　清光緒十二年十二月葉聲芽立賣清明茶山底契

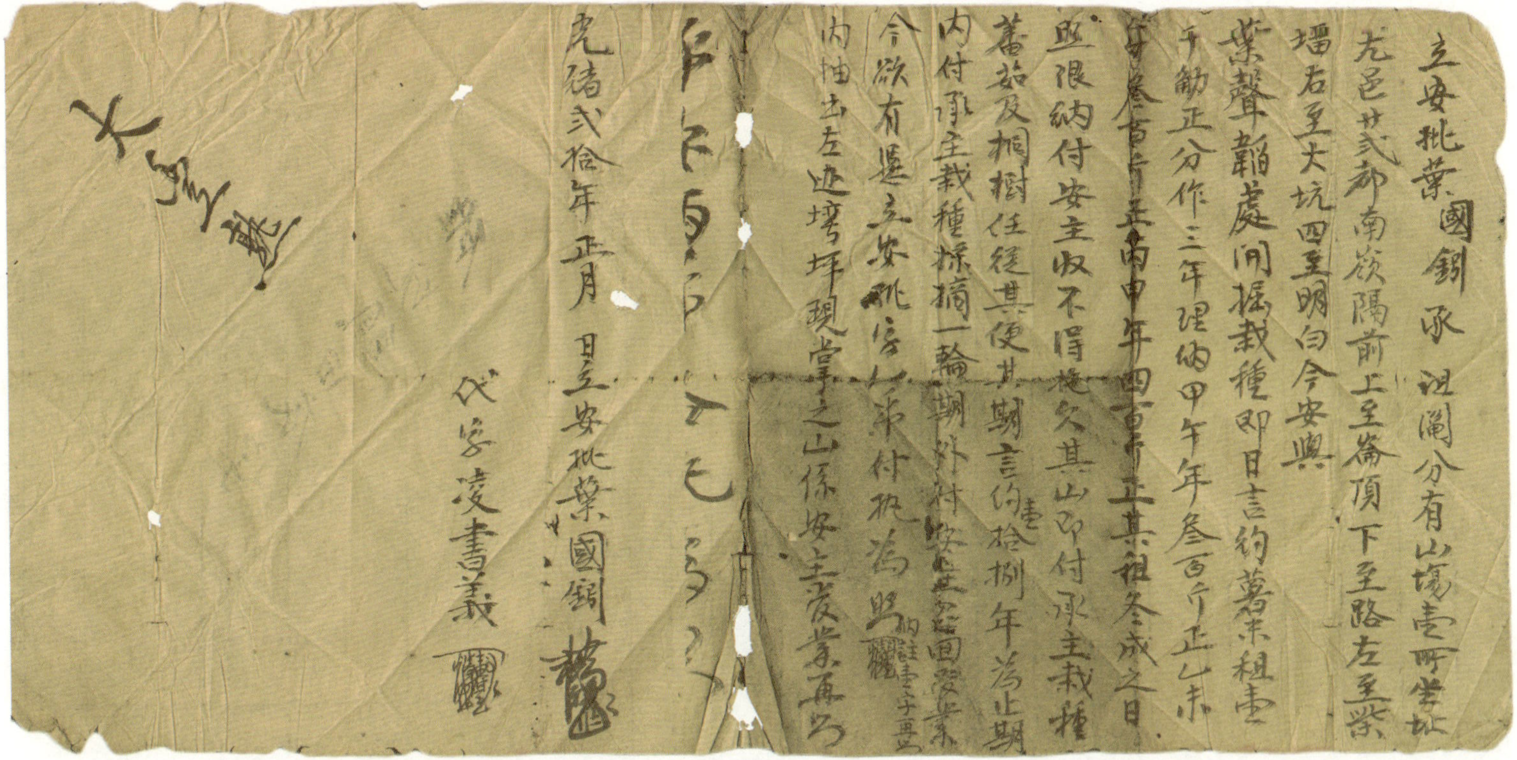
立安批葉國釗，承祖闔分有山場壹所，坐址
光邑廿弍都南嶺陽前，上至崙頂，下至路，左至
墙，右至大坑，四至明白。今安與
葉聲韜處開掘栽種，即日言約薯米租壹
千觔正，分作三年理納，甲午年叁百斤，乙未
年叁百斤，丙申年四百斤，立其租冬成之日
照限納付安主收，不得拖欠。其山即付承主栽種
蕃茹及桐樹，任從其便。其期言約壹拾捌年為止，期
內付承主栽種採摘一輪，期外付安主回管業。
合欲有憑，立安批字一紙付執為照。內註壹字再照
內抽出左邊壙坪現掌之山係安主管業再照
光緒弍拾年正月　日立安批葉國釗（押）
代字凌書義（押）

3-2-141-9　清光緒二十年正月葉國釗立安批山場字

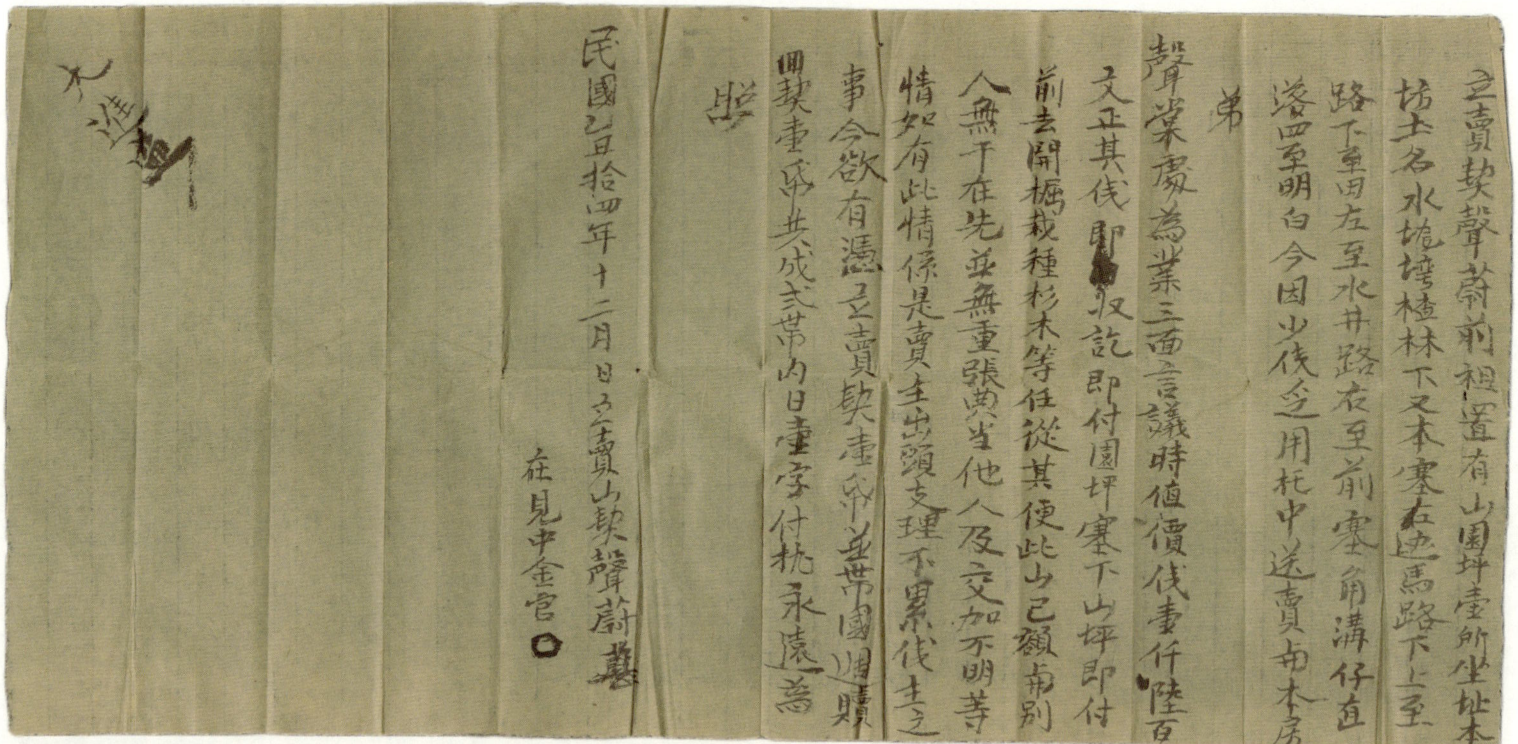
立賣契聲蔚前祖置有山園坪壹所坐址本
坊土名水墘塆植林下又本寨左邊馬路下上至
路下重田左至水井路右至前寨角溝仔直
落四至明白今因乏錢應用托中送賣與本房
弟
聲棠處為業三面言議時值價錢壹仟陸百
文正其錢即收訖即付園坪寨下山坪即付
前去開墾栽種杉木等任從其便此山已額弟別
人無干在先並無重張典當他人及交加不明等
情如有此情係是賣主出頭支理不累錢主之
事今欲有憑立賣契壹紙並帶國週贖
回契壹紙共成弍紙內日壹字付執永遠為
照
民國乙丑拾四年十二月日立賣山契聲蔚（押）
在見中金官（押）
大[illegible]

3-2-141-10　民國十四年十二月葉聲蔚立賣山園坪契

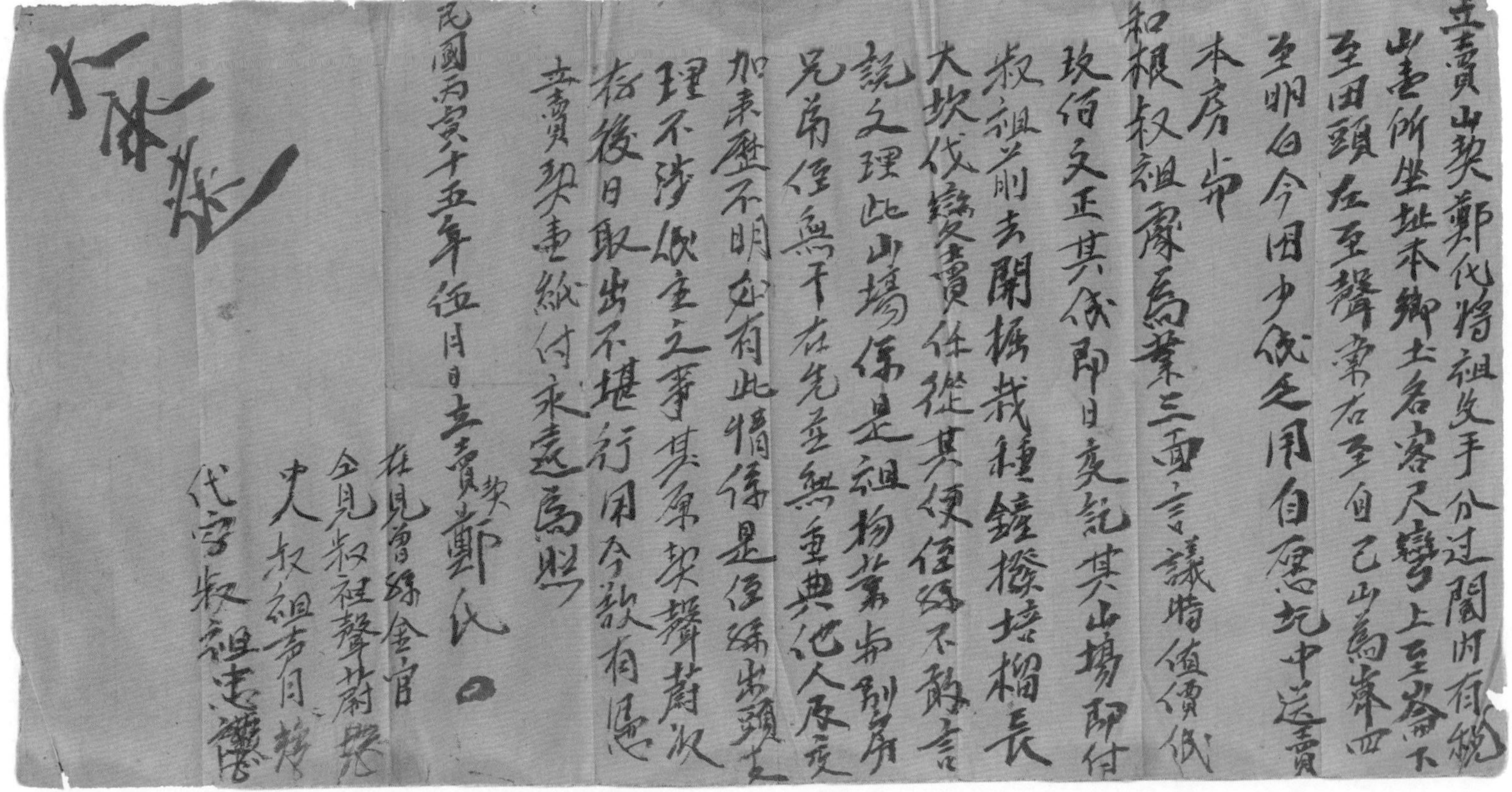

立賣山契鄭代猜祖父手分过闔内有稅
山壹所坐址本鄉土名容尺彎上至崙下
至田頭左至聲棠右至自己山爲界四
至明白今因少銭乏用自愿托中送賣
本房弟
和根叔祖爲業三面言議時值價銭
玖佰文正其銭即日交訖其山場即付
叔祖前去開掘栽種鐘擦培榴長
大砍伐變賣任從其便侄孫不敢言
說之理此山場係是祖物業弟別房
兄弟侄爲干在先並無重典他人來歷
加來歷不明如有此情係是侄孫出頭支
理不涉叔主之事其原契聲蔚收
存後日取出不堪行用今款有憑
立賣契壹紙付永遠爲照
民國丙寅十五年伍月　日　立賣契鄭氏
在見曾孫金官
全見叔祖聲蔚
中人叔祖声月
代字叔祖忠讚

3-2-141-11　民國十五年五月鄭氏立賣稅山契

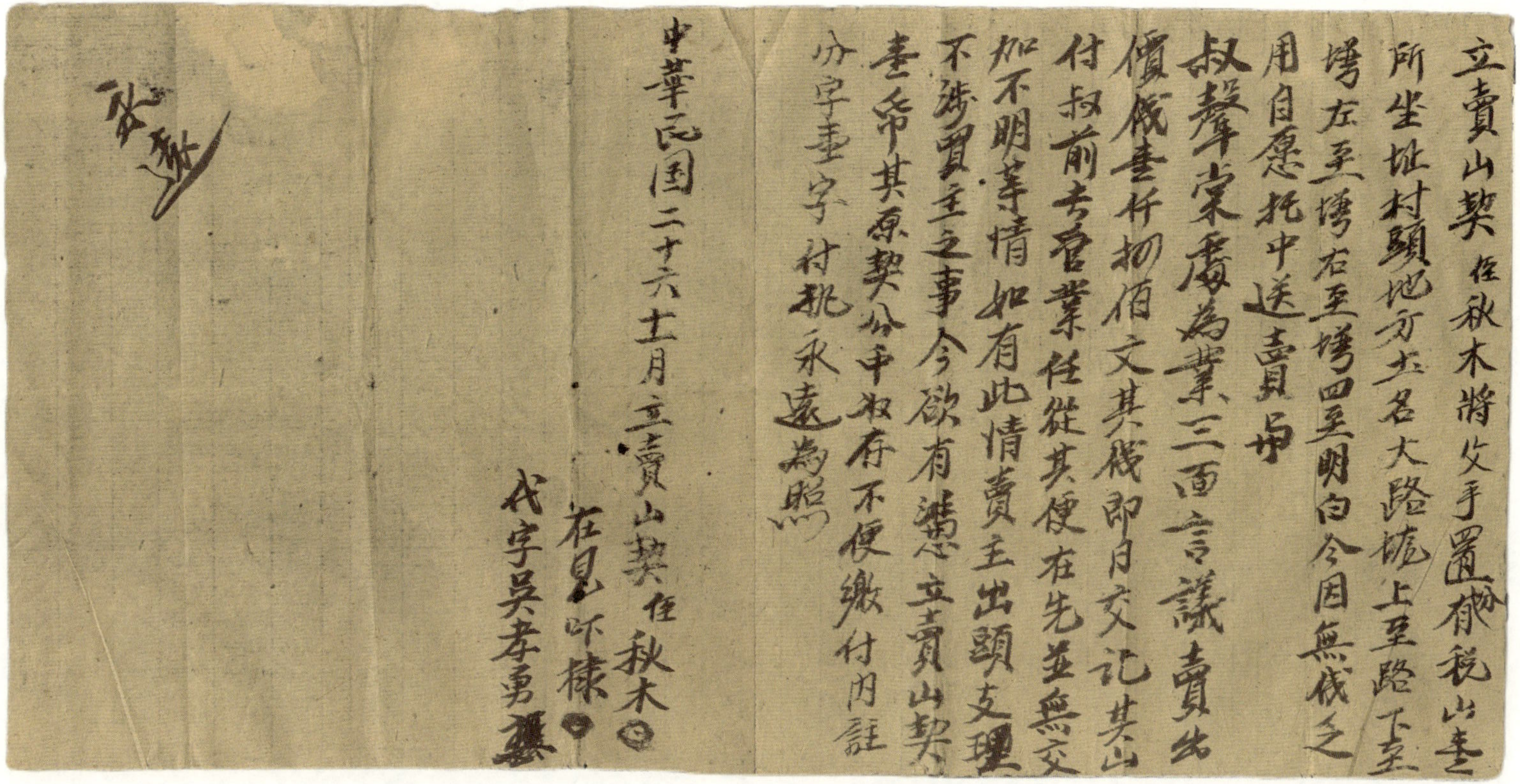

立賣山契侄秋木將父手置有稅山壹
所坐址村頭地方土名大路墘上至路下至
墘左至墘右至墘四至明白今因無錢乏
用自愿托中送賣與
叔聲棠處為業，三面言議賣出
價錢壹仟捌佰文其錢即日交訖其山
付叔前去管業任從其便在先並無交
加不明等情如有此情賣主出頭支理
不涉買主之事今欲有憑立賣山契
壹帋其原契分手叔存不便繳付内註
分字壹字付執永遠為照

中華民国二十六年十一月　立賣山契侄　秋木（押）
在見　叔　棣（押）
代字　吴孝勇（押）

[illegible]

3-2-141-12　民國二十六年十一月葉秋木立賣稅山契

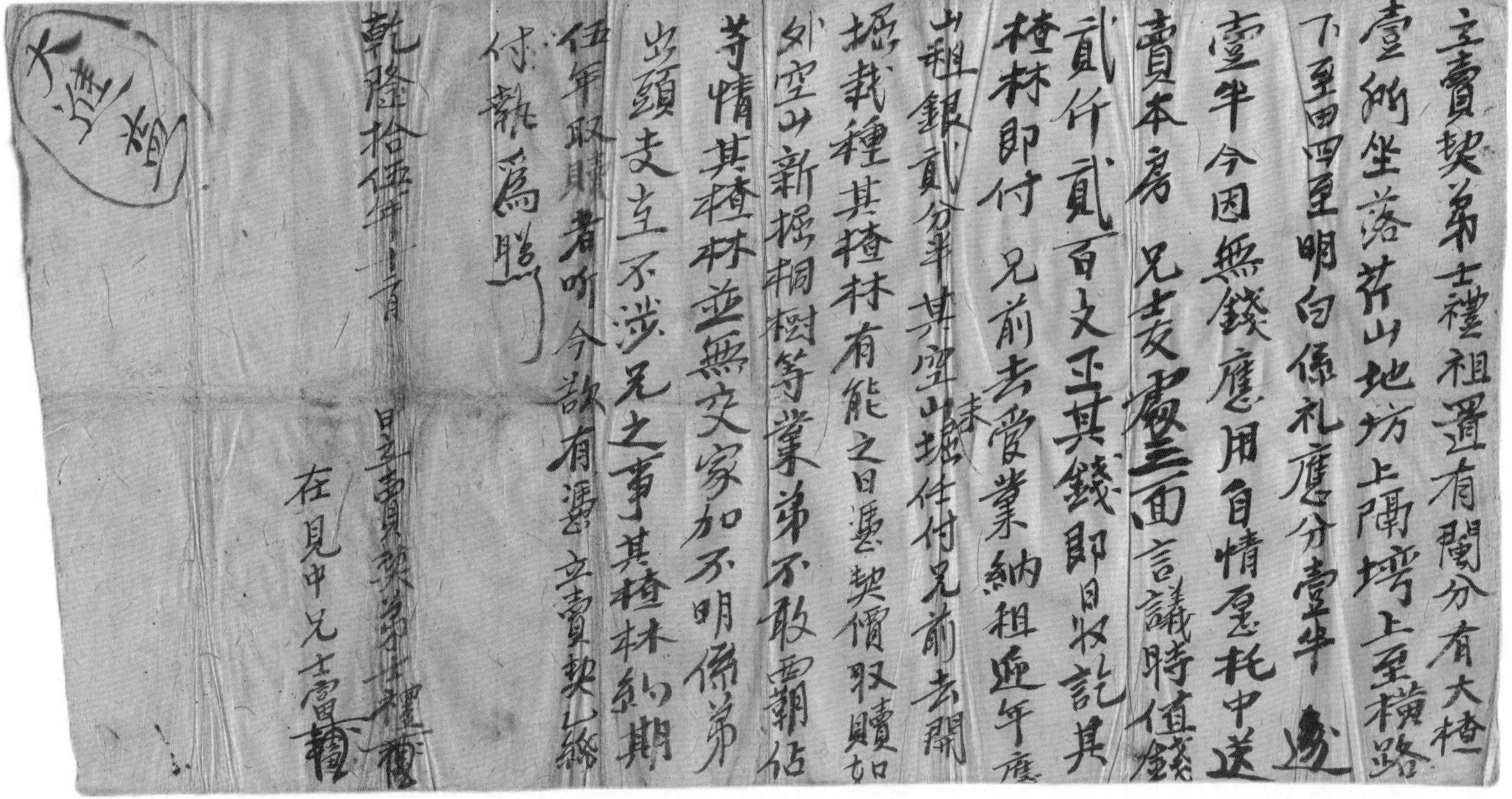
立賣契弟士禮祖置有鬮分有大楂一
壹所坐落芹山地坊上南墩上至橫路
下至田四至明白係礼應分壹半邊
壹半今因無錢應用自情愿托中送
賣本房兄士友處三面言議時值錢
貳仟貳百文正其錢即日收訖其
楂林即付兄前去管業納租遞年應
山租銀貳分半其空山地任付兄前去開
掘栽種其楂林有能之日憑契價取贖如
外空山新掘桐樹等業弟不敢霸佔
等情其楂林並無交家加不明係弟
出頭支當不涉兄之事其楂林約期
伍年取贖者听今欲有憑立賣契一紙
付執爲照
乾隆拾伍年十二月　日立賣契弟士禮
在見中兄士富

3-2-142-1　清乾隆十五年十二月葉士禮立賣大楂契

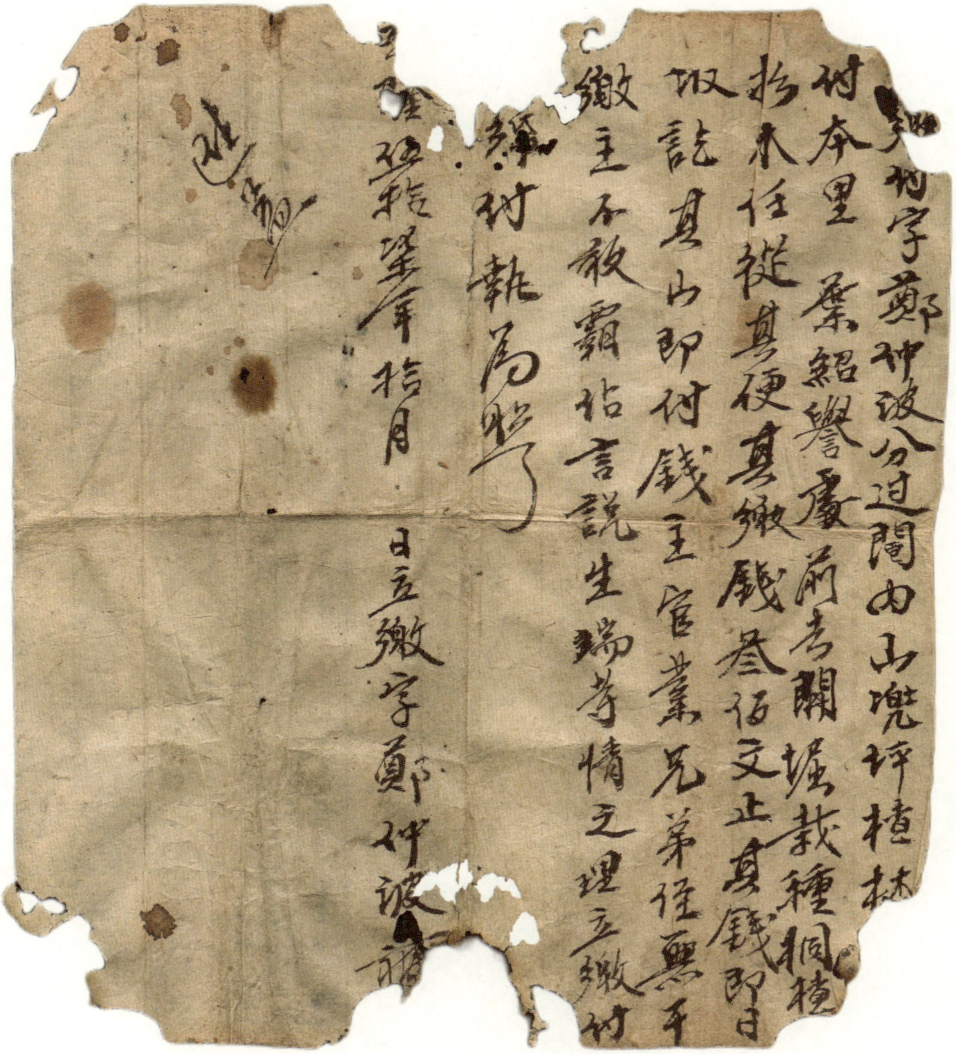
立缴杉字鄭仲波今分过闆内山兜坪楂林
杉本里葉紹譽處前去開墾栽種桐楂
杉木任從其便其缴錢叁佰文正其錢即日
收訖其山即付錢主官業兄弟侄無干
缴主不敢霸佔言説生端等情立理立缴杉
缴杉執為照
乾隆伍拾柒年拾月　日立缴字鄭仲波

3-2-142-2　清乾隆五十七年十月鄭仲波立繳楂林字

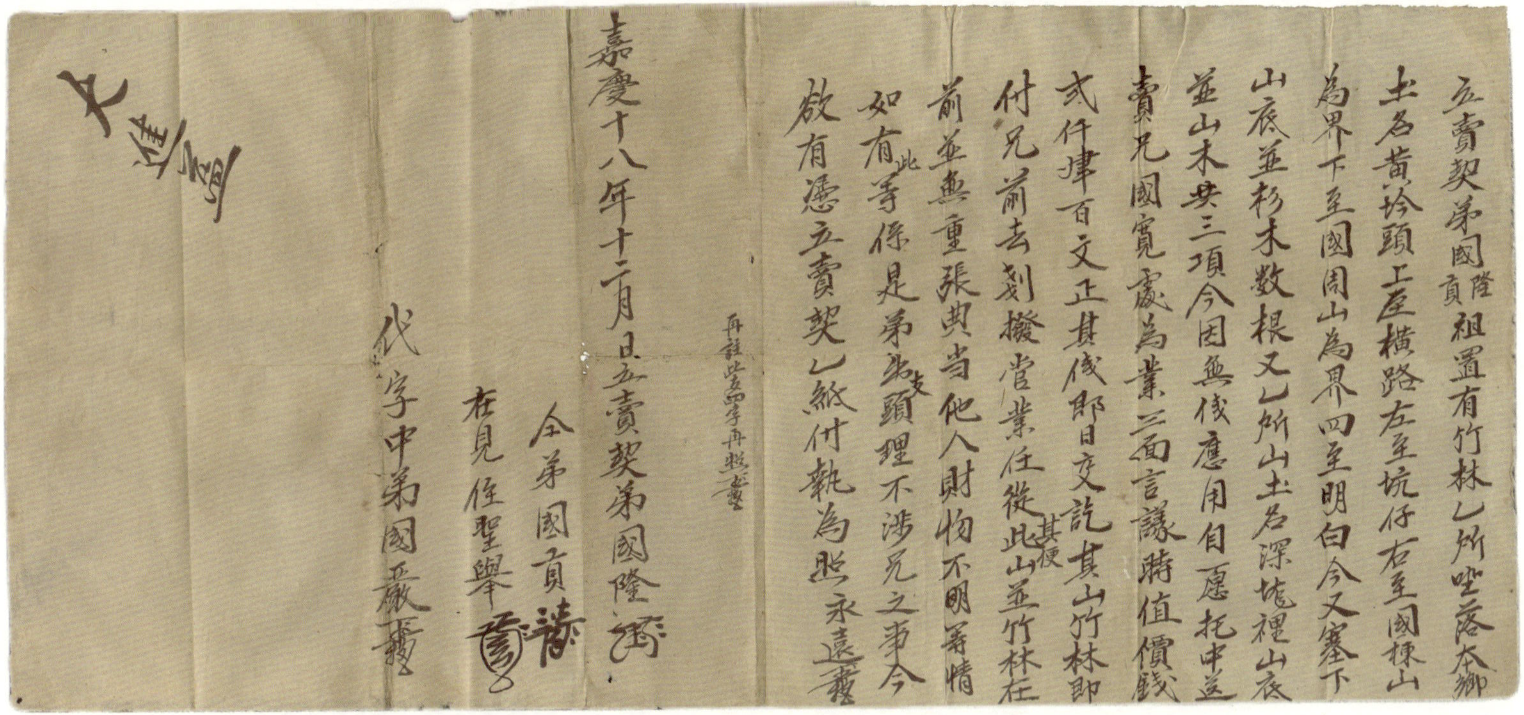

立賣契弟國隆、貢，祖置有竹林乙所，坐落本鄉土名黃蛉頭上座橫路，左至坑仔，右至國棟山為界，下至國周山為界，四至明白。今又塞下山底並杉木数根，又乙所山土名深坑裡山底並山木，共三項。今因無銭應用，自愿托中送賣兄國寬處為業，三面言議時值價錢弍仟肆百文正。其銭即日交訖，其山竹林即付兄前去劉撥管業，任從其便。此山並竹林在前並無重張典当他人財物不明等情，如有此等，係是弟出支頭理，不涉兄之事。今欲有憑，立賣契乙紙付執為照。永遠。

再註此弍字再照。

嘉慶十八年十二月　日立賣契弟國隆（押）

仝弟國貢（押）

在見侄聖舉（押）

代字中弟國[illegible]（押）

3-2-142-3　清嘉慶十八年十二月葉國隆等立賣竹林契

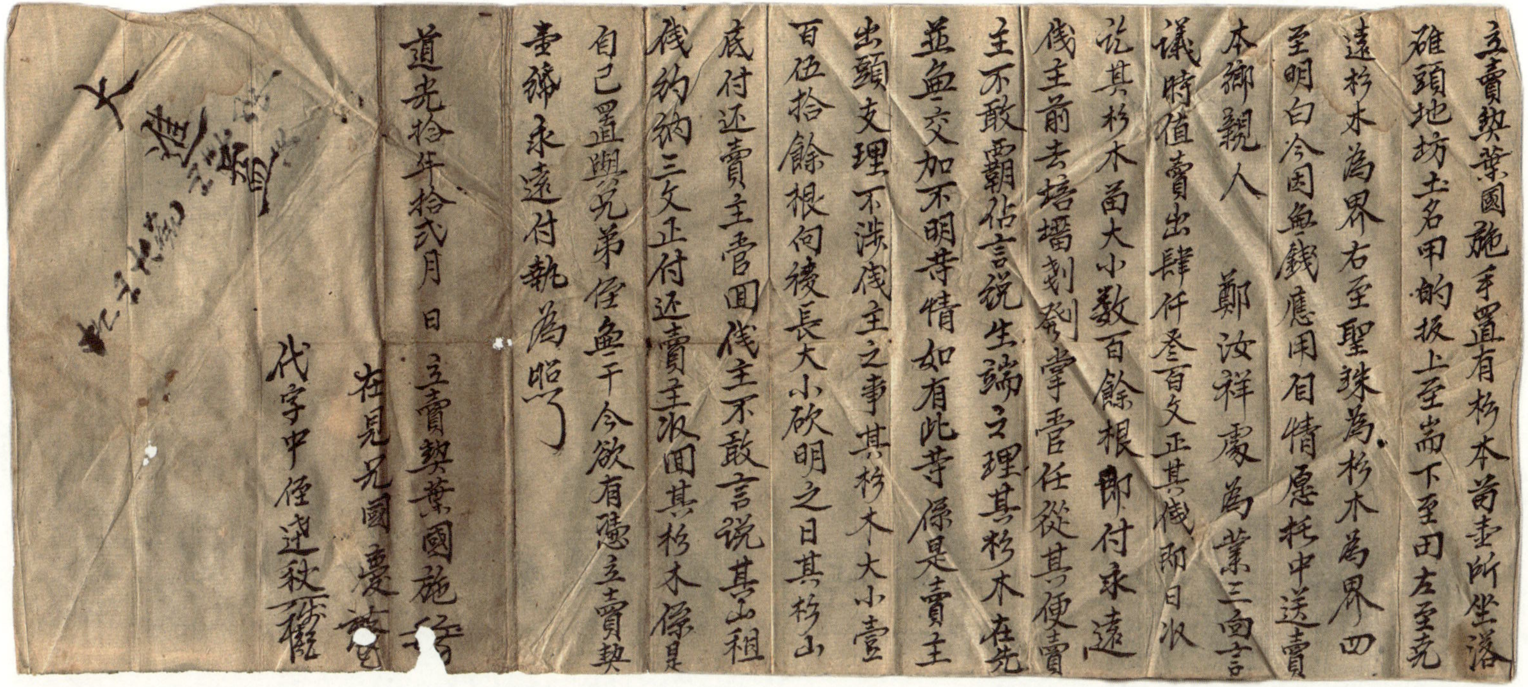
立賣契葉國施手置有杉木苗壹所坐落
碓頭地坊土名甲的坂上至崙下至田左至兄
遠杉木為界右至聖琳為杉木為界四
至明白今因無錢應用自情愿托中送賣
本鄉親人　鄭汝祥處為業三面言
議時值賣出肆仟叁百文正其錢即日収
訖其杉木苗大小數百餘根即付永遠
錢主前去培擂割劉掌管任從其便賣
主不敢霸佔言說生端之理其杉木在先
並無交加不明等情如有此等係是賣主
出頭支理不涉錢主之事其杉木大小壹
百伍拾餘根向後長大小砍明之日其杉山
底付还賣主管囬錢主不敢言說其山租
錢納三文正付还賣主収囬其杉木係是
自己置與兄弟侄無干今欲有憑立賣契
壹紙永遠付執為照
道光拾年拾弍月　日　立賣契葉國施
在見兄國慶
代字中侄迎秋
大

3-2-142-4　清道光十年十二月葉國施立賣杉木苗契

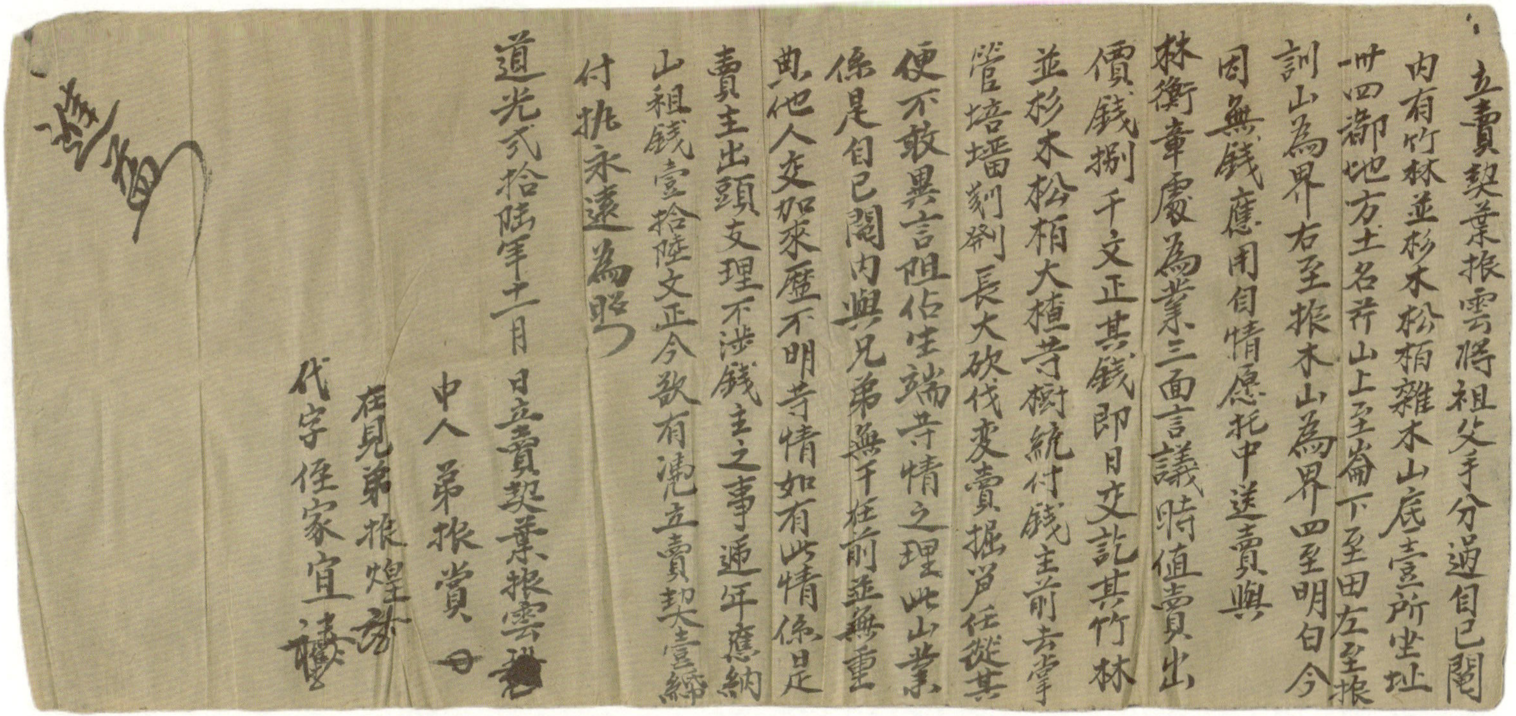
立賣契葉振雲將祖父手分遺自己閹
内有竹林並杉木松栢雜木山底壹所坐址
卅四都地方土名岕山上至崙下至田左至振
訓山為界右至振木山為界四至明白今
因無錢應用自情愿托中送賣與
林衛章處為業三面言議時值賣出
價錢捌千文正其錢即日交訖其竹林
並杉木松栢大植苛樹統付錢主前去掌
管培墙劉刜長大砍伐变賣掘筍任從其
便不敢異言阻佔生端苛情之理此山業
係是自己閹内與兄弟無干在前並無重
典他人交加來歷不明苛情如有此情係是
賣主出頭支理不涉錢主之事逓年應納
山租錢壹拾陸文正今欲有憑立賣契壹紙
付執永遠為照

道光貳拾陸年十一月　日立賣契葉振雲（押）
中人　弟振賞（押）
在見弟振煌（押）
代字侄家宜（押）

遂意

3-2-142-5　清道光二十六年十一月葉振雲立賣竹林等契

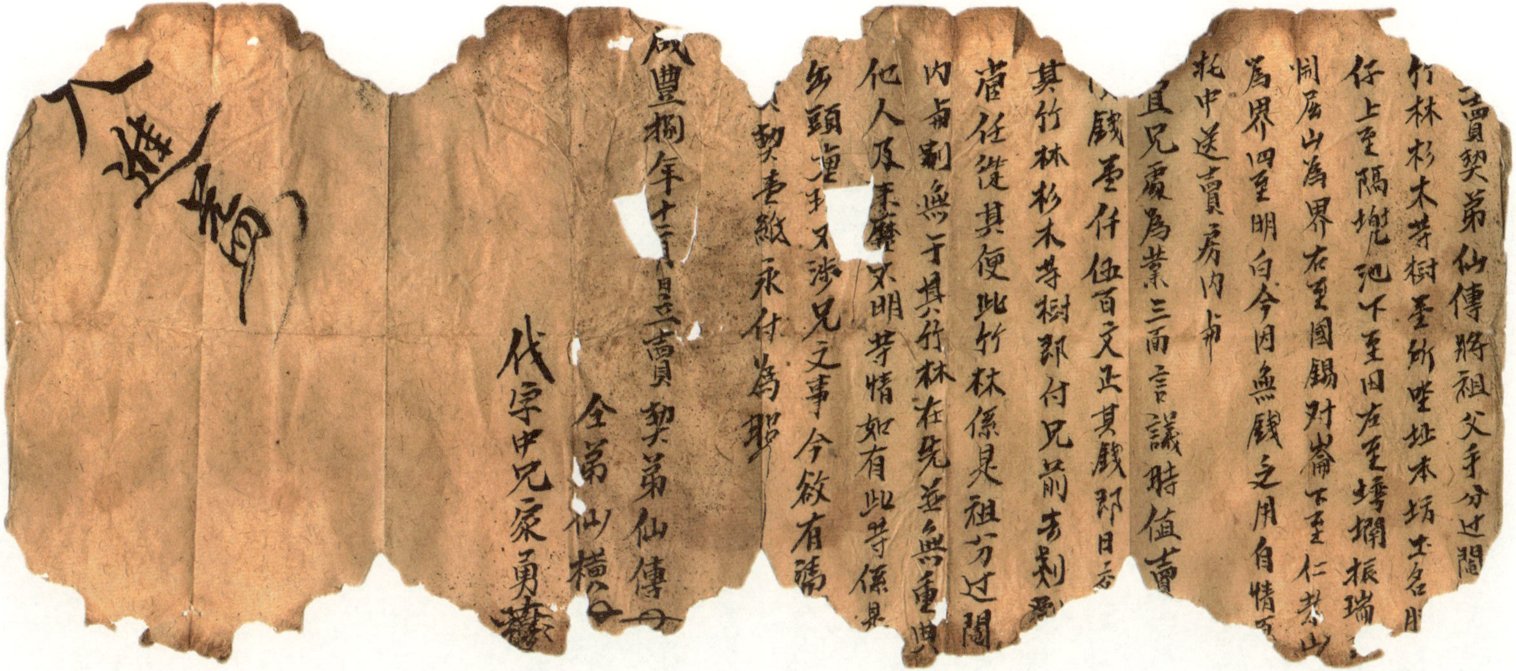

3-2-142-6　清咸豐八年十二月葉仙傳等立賣竹林等契

立當楂林契侄孫金海將祖手置有楂林壹所坐
址官路下上至路下至圳左至吳忠祥山右至元孟山為
界四至明白又稅山壹所坐址官路上上至嶺頂下至路左
至元孟山右至孝板楂林為界四至明白又壹所坐址奄
頭地場土名田螺藏上至田路下至坑左至國惠山右至
叔公直上為界四至明白今因乏錢應用自愿
送當山冊
元孟叔祖處當出錢本伍仟陸佰伍拾文正
言約每月每仟文加利卅文算并依至本年十二月末
旬備母本利送還不敢少欠如是少欠
即將楂林並稅山繳付錢主前去剷刷墻播砍
伐栽種並雜木等樹變賣任從其便此楂林
稅山祖手置有別無兄弟叔侄重當他人之
處不明等情如有此情係是當主出頭支理不涉
錢主之事今欲有憑立當楂林字一紙並帶上手
老契壹紙又帶張叔安退還字一紙又帶則
坤賣田契字一紙共成四紙內添每字一個永遠
為照

民國丙子廿五年十二月日立當楂林契侄孫金海⊙
在見保德
代筆輝炳押

3-2-142-7　民國二十五年十二月葉金海立當楂林契

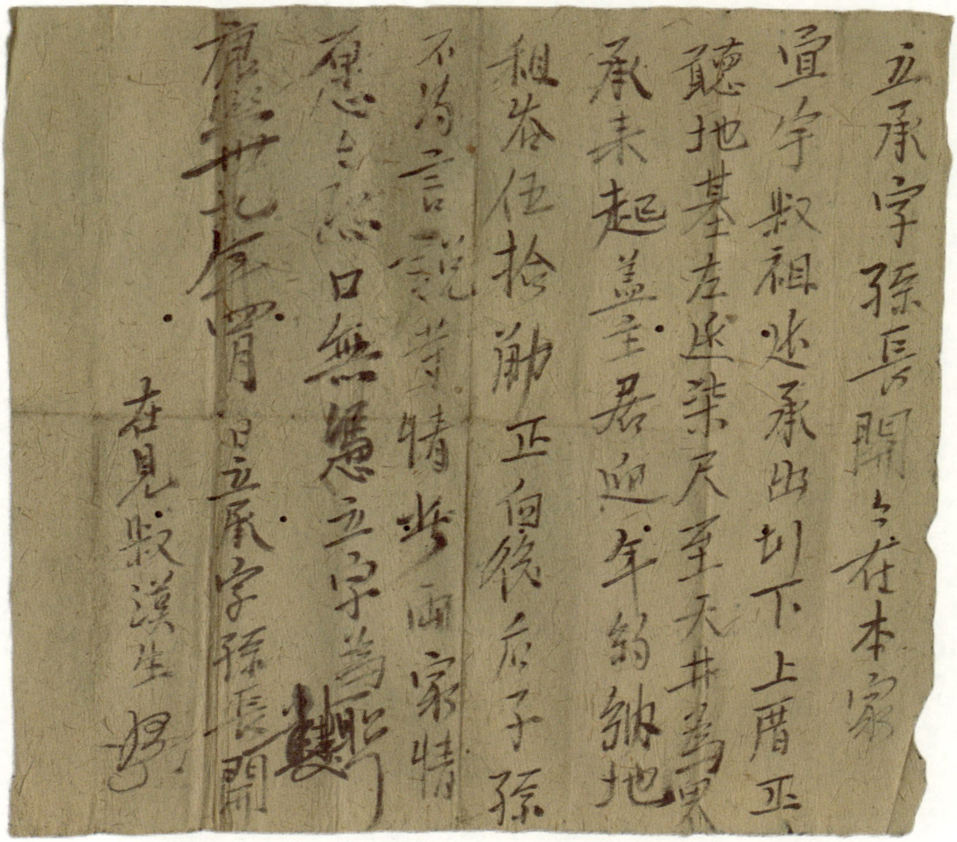
立承字孫長開〻在本家
宜字敬祖迷承出坵下上厝巫
聽地基左延柒尺至天井為界
承來起蓋居迎年納地
租谷伍拾觔正自後子孫
不得言說等情此係兩家情
愿〻恐口無憑立字為照
康熙卅九年四月　日立承字孫長開
在見敬漢坐　押

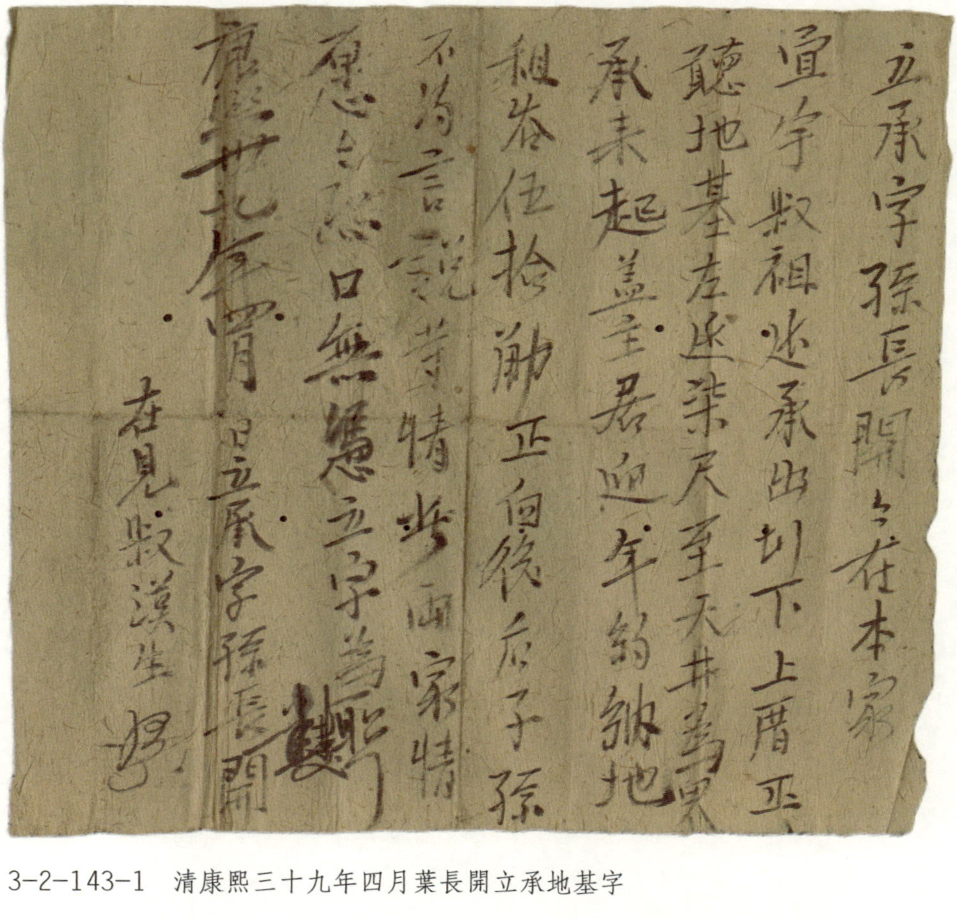

3-2-143-1　清康熙三十九年四月葉長開立承地基字

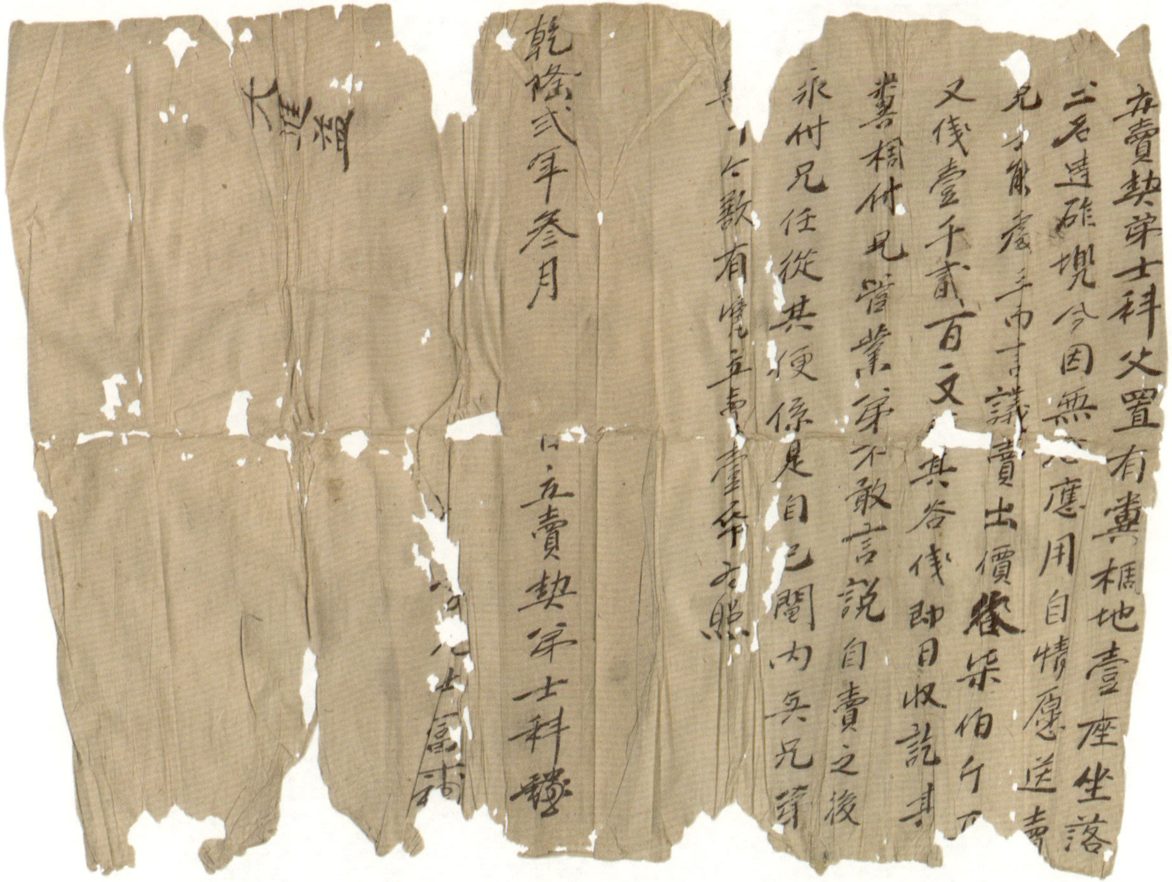

立賣契葉士科父置有龔橋地壹座坐落
二石遠碓坝今因無錢應用自情愿送賣
兄士龍處三面言議賣出價錢柒伯[illegible]
又錢壹千貳百文，其各錢即日收訖，其
龔橋付兄管業，弟不敢言說，自賣之後
永付兄任從其便，係是自己閹內與兄弟
[illegible]有憑，立賣契壹紙付照
乾隆弍年叁月　日立賣契弟士科（押）
[illegible]

3-2-143-2　清乾隆二年三月葉士科立賣龔橺地契

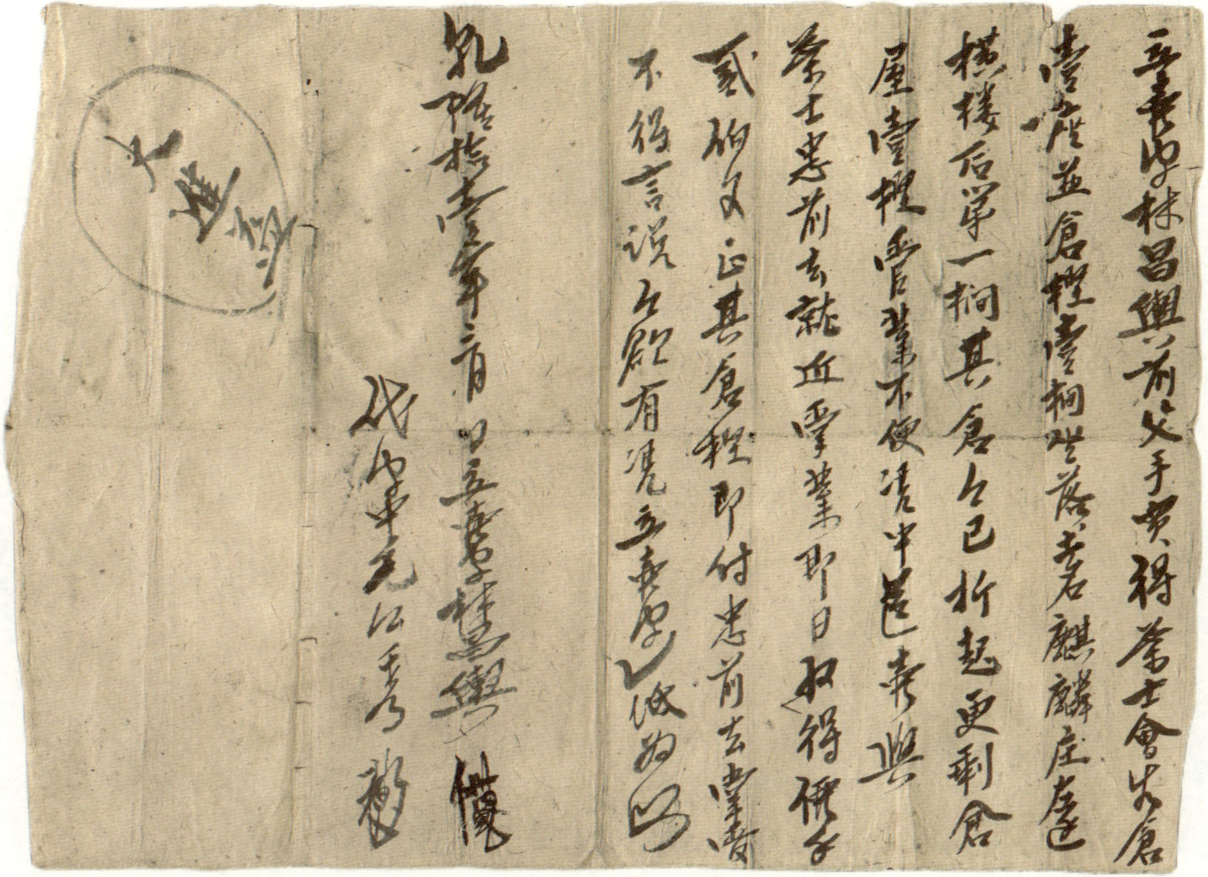

3-2-143-3　清乾隆十一年三月林昌輿立賣穀倉等契

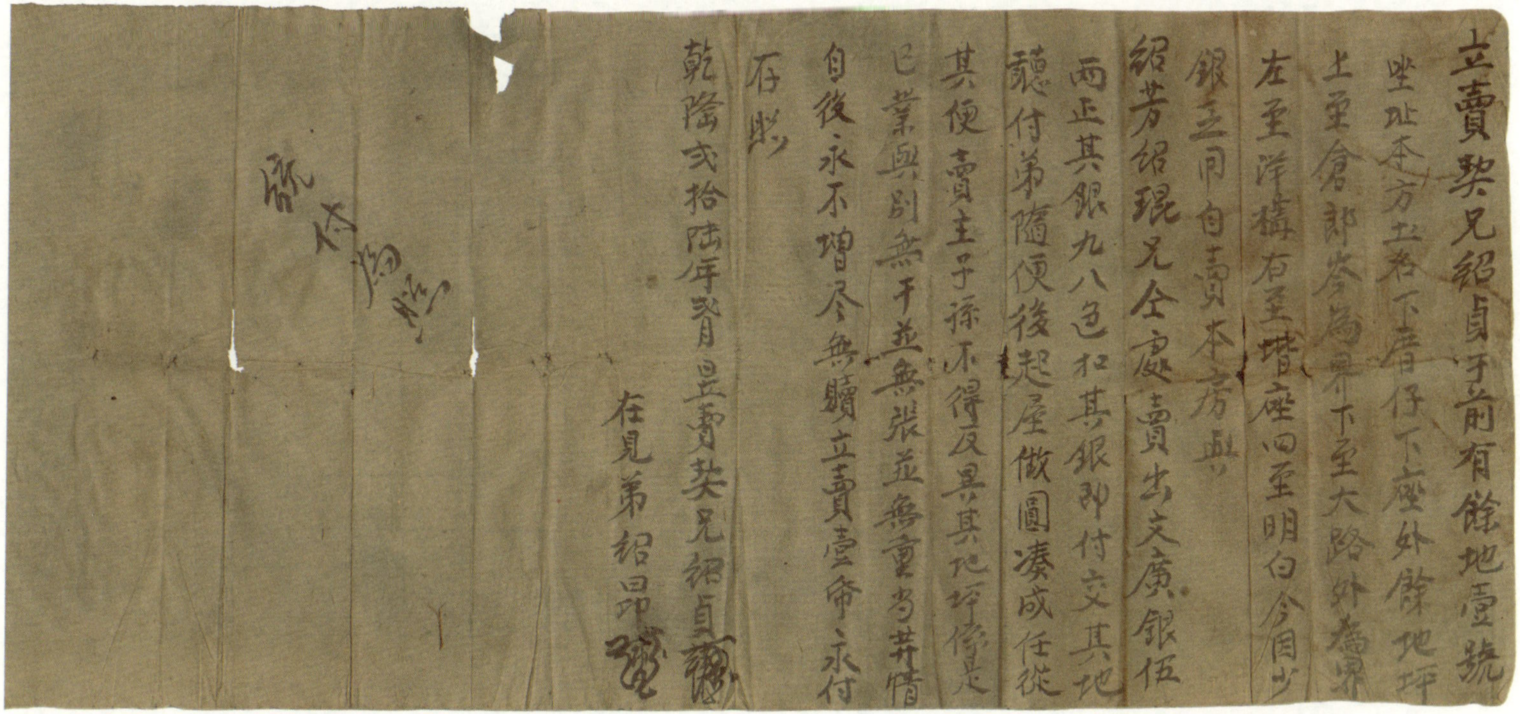
立賣契兄紹貞，今因有餘地壹號，坐址本方土名下唐仔下座外餘地坪，上至倉郎岑爲界，下至大路外爲界，左至洋樠，右至增座，四至明白。今因乏銀應用，自賣本房與紹芳、紹琨兄仝處，賣出文廣銀伍兩正。其銀九八色扣，其銀即付交，其地聽付弟隨便後起屋做圓湊成，任從其便，賣主子孫不得反異。其地坪係是已業，與別無干，並無張並無重爲等情。自後永不增，尽無贖。立賣壹帋，永付存照。

乾隆弍拾陆年貳月　日立賣契兄紹貞（押）

在見弟紹昂（押）

3-2-143-4　清乾隆二十六年二月葉紹貞立賣餘地契

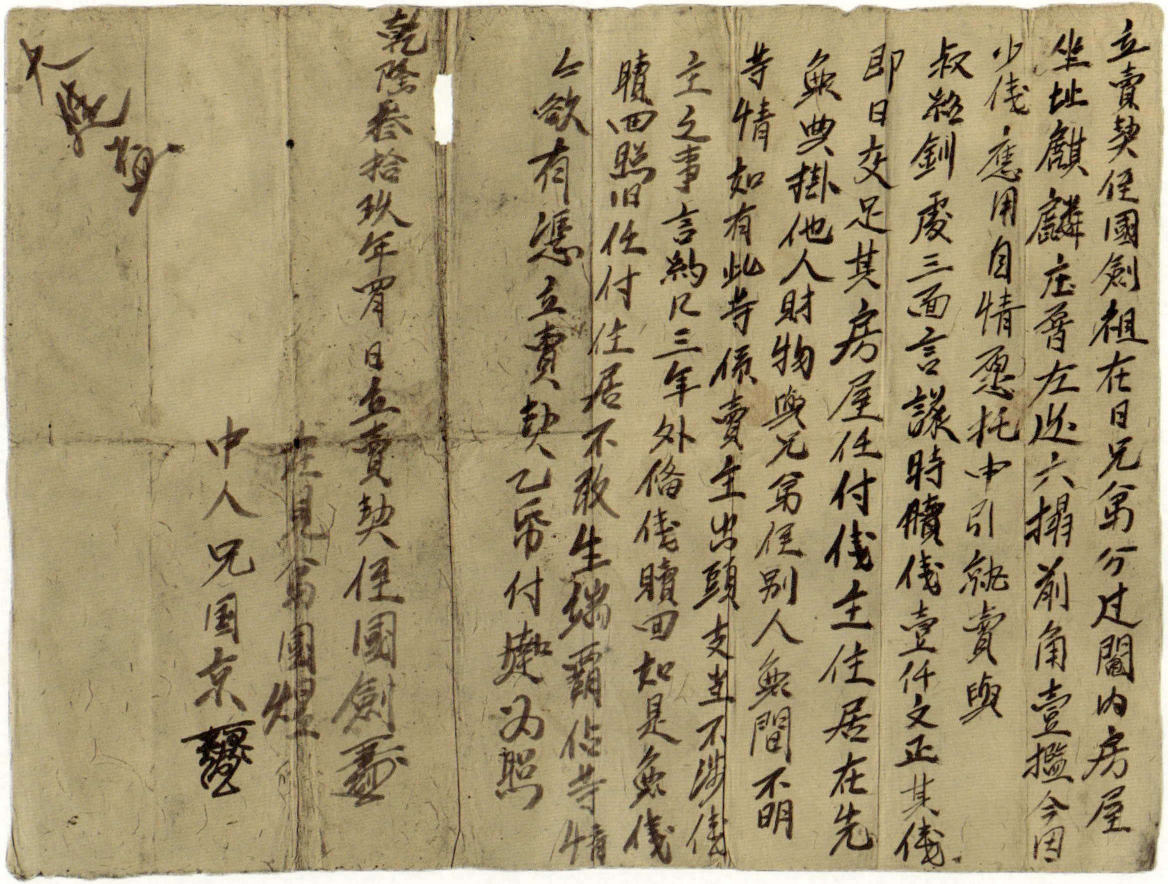
立賣契侄國劍祖在日兄弟分过闔内房屋
坐址麒麟庄厝左迸六捐前角壹擋今因
少錢應用自情愿托中引就賣與
叔粉劍處三面言議時價錢壹仟文正其錢
即日交足其房屋任付錢主住居在先
無典掛他人財物與兄弟侄別人無關不明
等情如有此等係賣主出頭支当不涉錢
主之事言約乙三年外備錢贖回如是無錢
贖回照旧任付住居不敢生端霸佔等情
今欲有憑立賣契乙帋付熯为照
乾隆叁拾玖年四月日立賣契侄國劍（押）
在見兄弟國煌
中人兄国京（押）
不准找

3-2-143-5　清乾隆三十九年四月葉國劍立賣房屋契

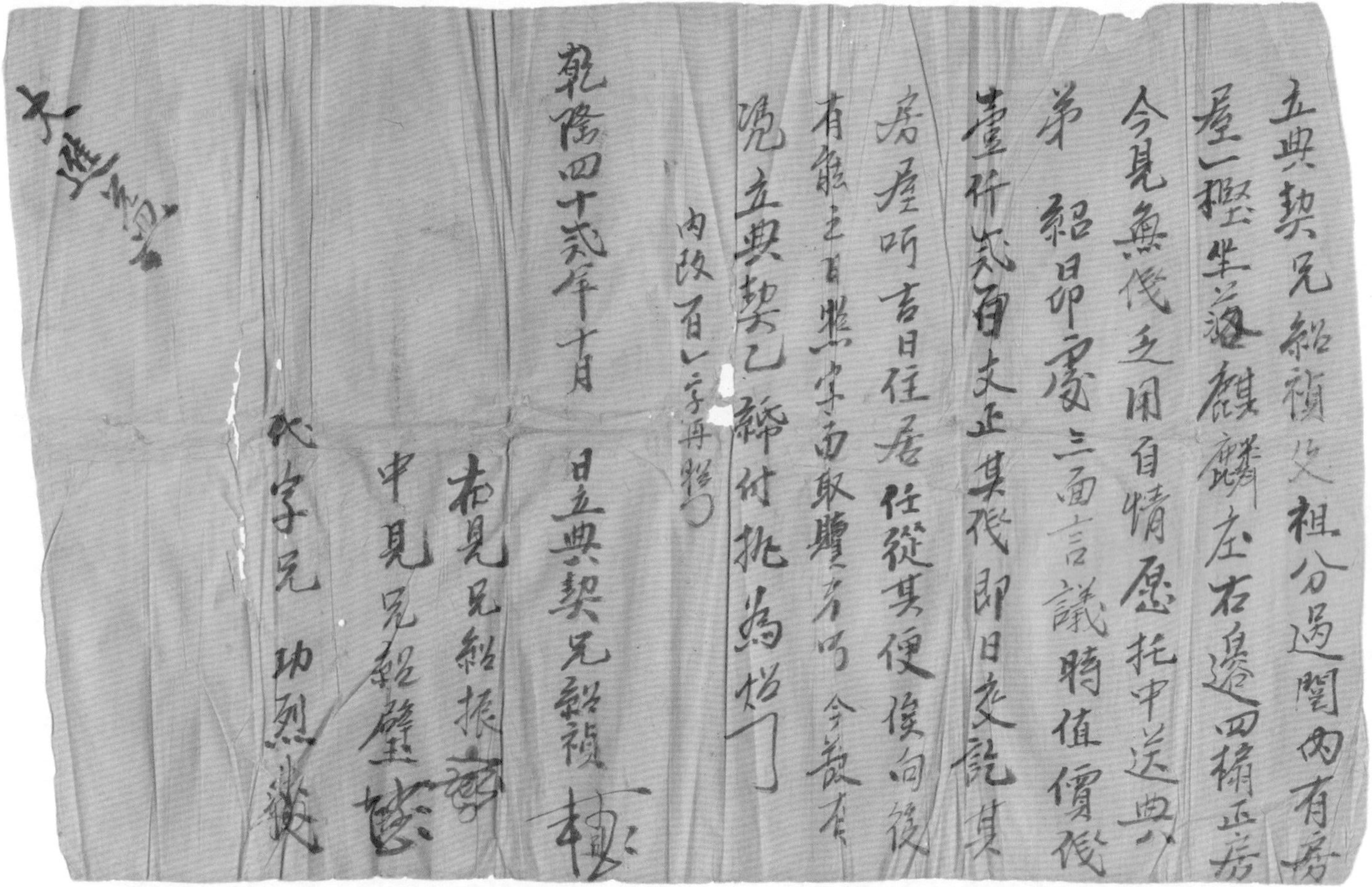

立典契兄紹禎父祖分過閣內有房
屋一植坐落麒麟左右邊四檔正房
今見無錢乏用自情愿托中送典
弟紹昂處三面言議時值價錢
壹仟貳百文正其錢即日交訖其
房屋聽吉日住居任從其便倘向後
有能之日照字面取贖不可 今欲有
憑立典契乙紙付執為照
內改百一字再照
乾隆四十貳年十月 日立典契兄紹禎
在見兄紹振
中見兄紹璧
代字兄 功烈

3-2-143-6 清乾隆四十二年十月葉紹禎立典房屋契

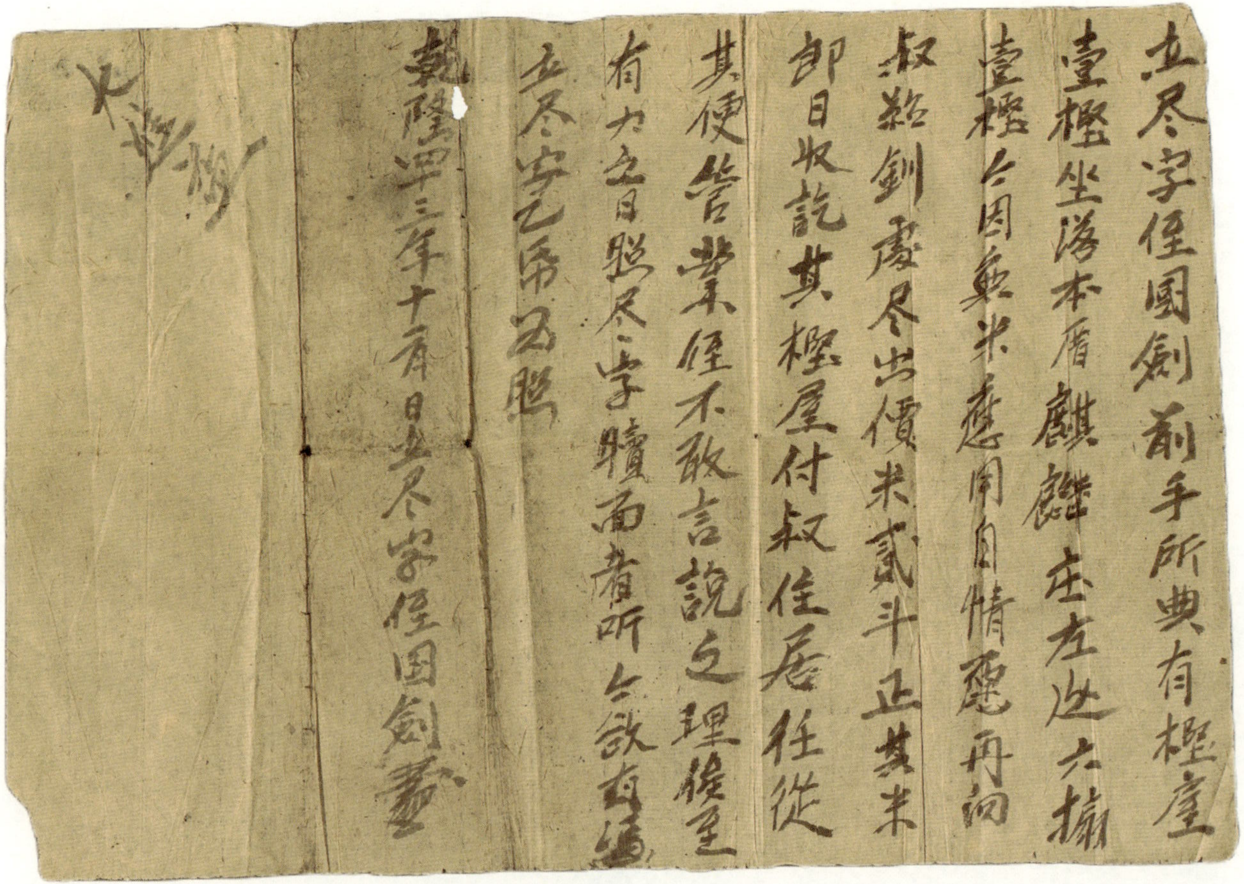
立尽字侄國劍前手所典有樫屋
壹樫坐落本厝麒麟左右边六捕
壹樫今因無米應用自情愿再向
叔邊劍處尽出價米貳斗正其米
即日收訖其樫屋付叔住居任從
其便管業侄不敢言說之理後至
有力之日照尽字贖回者所不敢有違
立尽字乙帋爲照
乾隆四十三年十二月　日立尽字侄國劍（押）

3-2-143-7　清乾隆四十三年十二月葉國劍立盡樫屋字

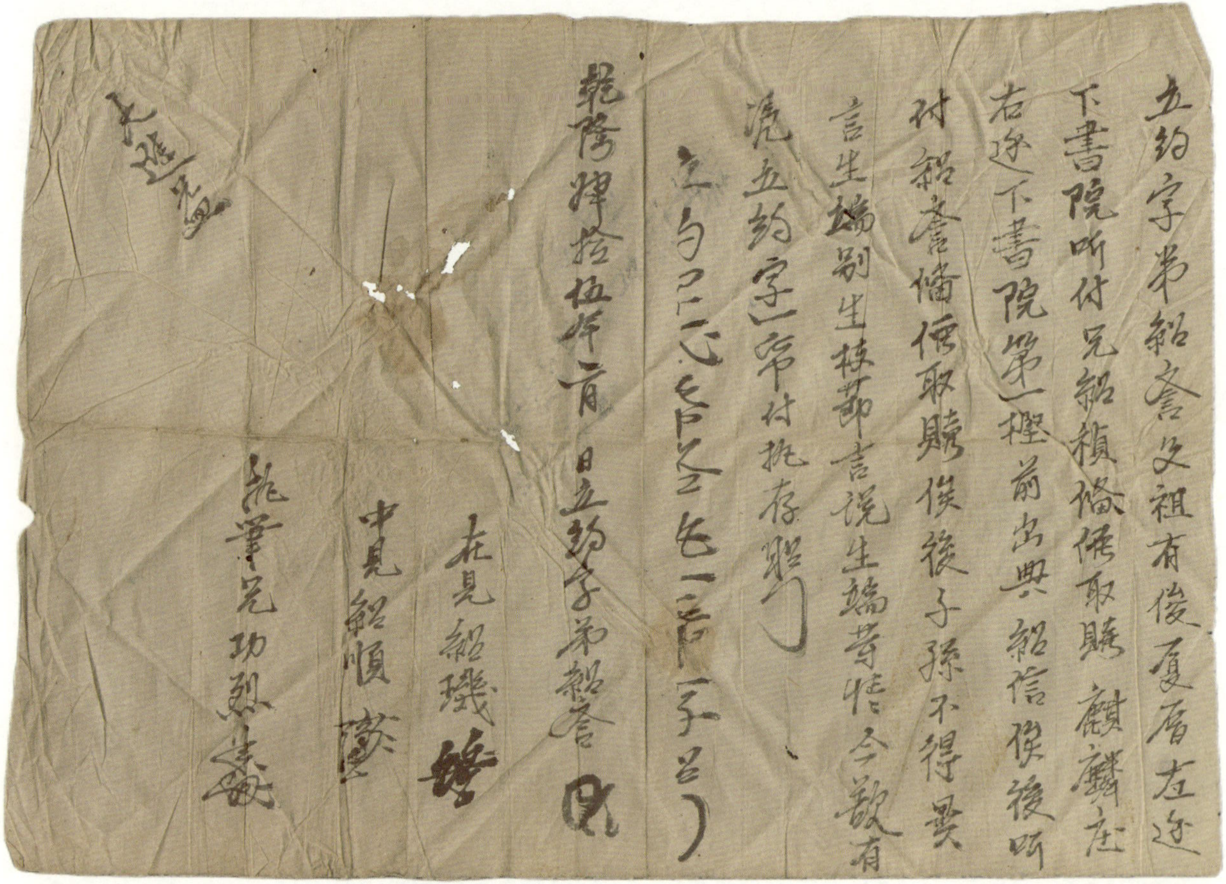
立約字弟紹耆父祖有後厝左邊
下書院听付兄紹禎、紹佈取贖，麒麟左
右邊下書院第一榍前出典紹信，後後听
付紹耆、紹佈取贖，俟後子孫不得異
言生端別生枝節言說生端等情，今欲有
憑，立約字一帋付執存照。
乾隆肆拾伍年二月　日立約字弟紹耆（押）
在見紹璣（押）
中見紹順（押）
執筆兄功烈（押）

3-2-143-8　清乾隆四十五年二月葉紹耆立約字

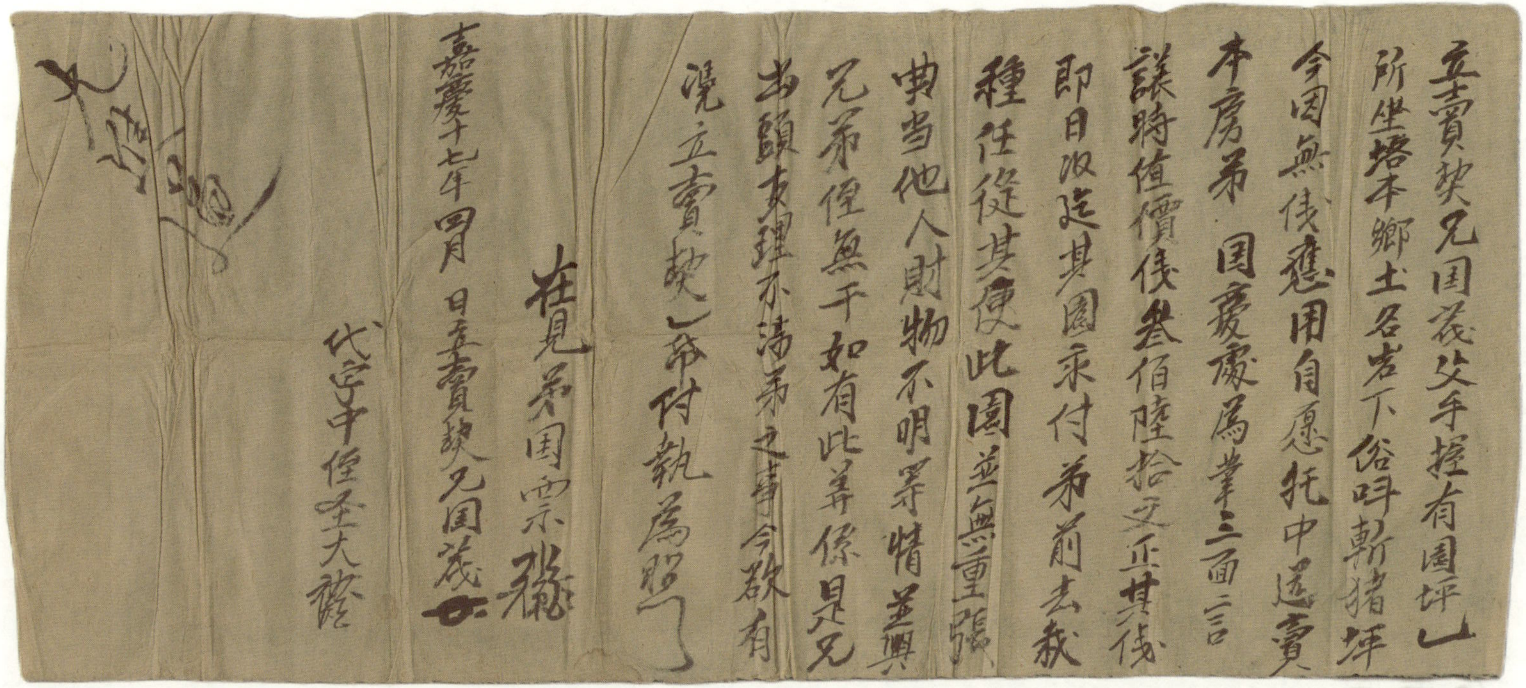

立賣契兄国茂父手置有園坪山
所坐塔本鄉土名岩下俗呼新猪坪
今因無錢應用，自愿托中送賣
本房弟国慶處爲業。三面言
議，時值價錢叁佰陸拾文正。其錢
即日收足，其園來付弟前去栽
種，任從其便。此園並無重張
典当他人財物不明等情，並與
兄弟侄無干。如有此等，係是兄
出頭支理，不涉弟之事。今欲有
憑，立賣契一帋付執爲照。

在見弟国棠（押）

嘉慶十七年四月 日立賣契兄国茂（押）

代字中侄聖大（押）

3-2-143-9 清嘉慶十七年四月葉国茂立賣園坪契

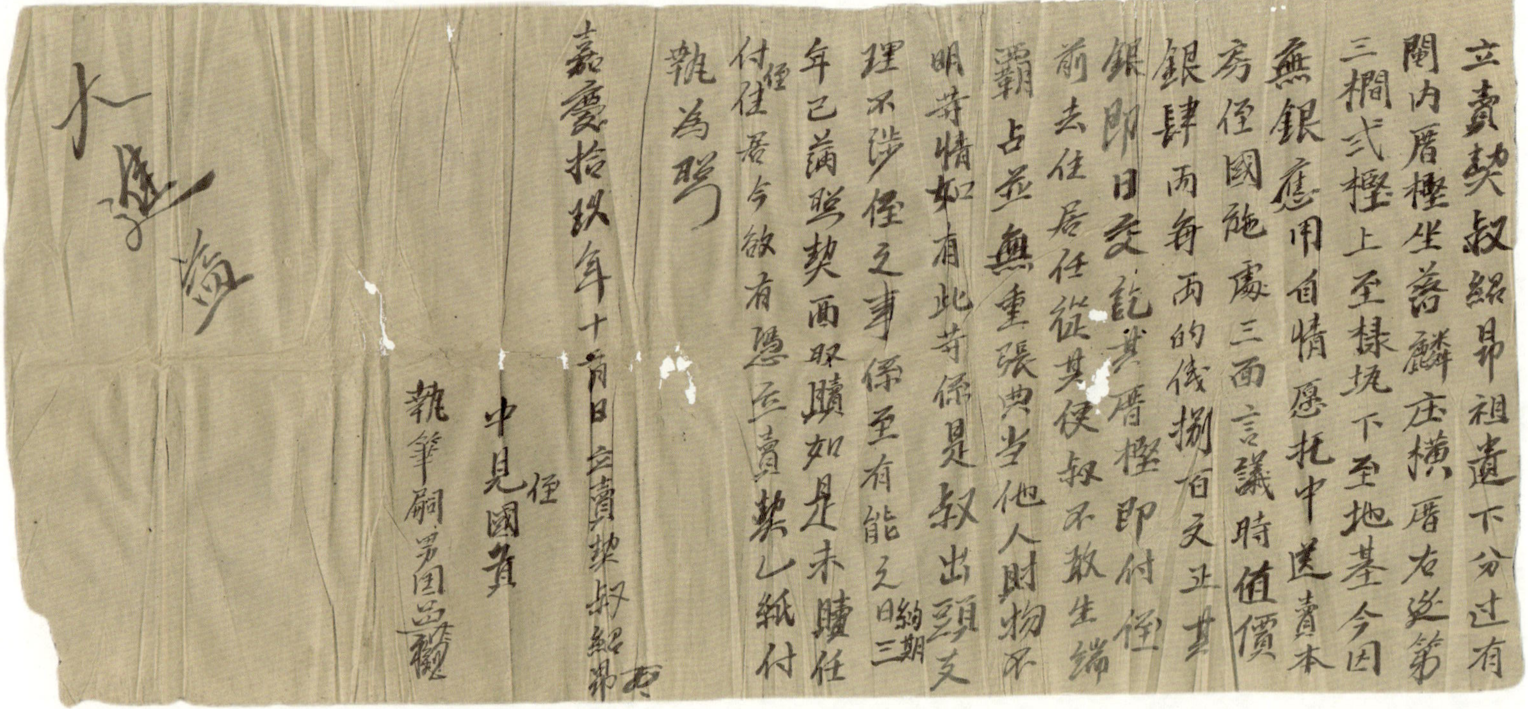

立賣契叔紹昂祖遺下分过有
閩内厝樫坐落麟庄橫厝右边第
三棡弍樫上至棣坑下至地基今因
無銀應用自情愿托中送賣本
房侄國施處三面言議時值價
銀肆兩每兩的伐捌佰文正其
銀即日交訖其厝樫即付侄
前去任居任從其便叔不敢生端
覇占並無重張典当他人財物不
明等情如有此等係是叔出頭支
理不涉侄之事係至有能之日約三期
年已滿照契面取贖如是未贖任
付侄住居今欲有憑立賣契乙紙付
執為照

嘉慶拾玖年十二月日立賣契叔紹昂（押）

中見侄國貴

執筆嗣男國亞觀

3-2-143-10 清嘉慶十九年十二月葉紹昂立賣厝樫契

立賣契兄國貢祖置道分過閫內麒麟座厝右邊橫
厝第弍榴弍槿並過水及土龍地上至椽桷下至地基
今因無銀應用自情托中送賣房內
弟國施處三面言議時值賣出價銀伍兩正每
兩折錢捌伯文其錢即日收訖其厝槿及過水
土龍地付弟掌管住居任從其便此厝槿在先
並無重張典賣他人財物不明等情如有此等係
是賣主出頭支當不涉買主之事其厝槿言約
年期拾伍年已滿後至有能之日備原照契一
取贖者聽今欲有憑立賣契一紙付執為照
內改三字此字再照書
嘉慶弍拾伍年八月　日立賣契兄國貢（押）
在見叔紹昂（押）
代字中侄振木（押）
大吉

3-2-143-11　清嘉慶二十五年八月葉國貢立賣厝屋契

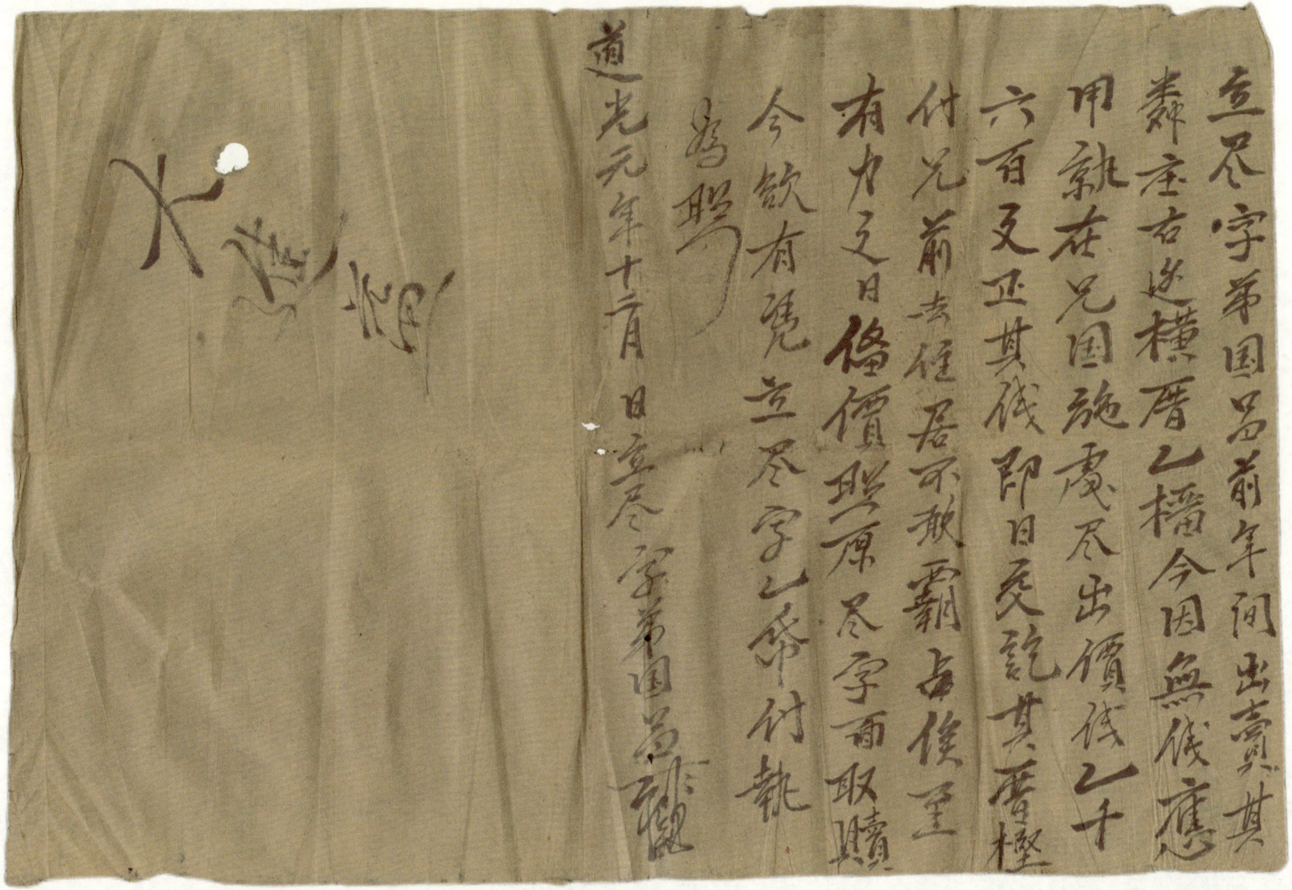

立尽字弟国昌前年间出賣其
葬座古迹横厝山墵今因無钱應
用就在兄国施處尽出價钱乙千
六百文正其钱即日交訖其厝墵
付兄前去经居不敢霸占後至
有力之日俻價照原尽字面取赎
今欲有凭立尽字乙帋付執
為照

道光元年十二月　日立尽字弟国昌（押）

3-2-143-12　清道光元年十二月葉国昌立盡横厝字

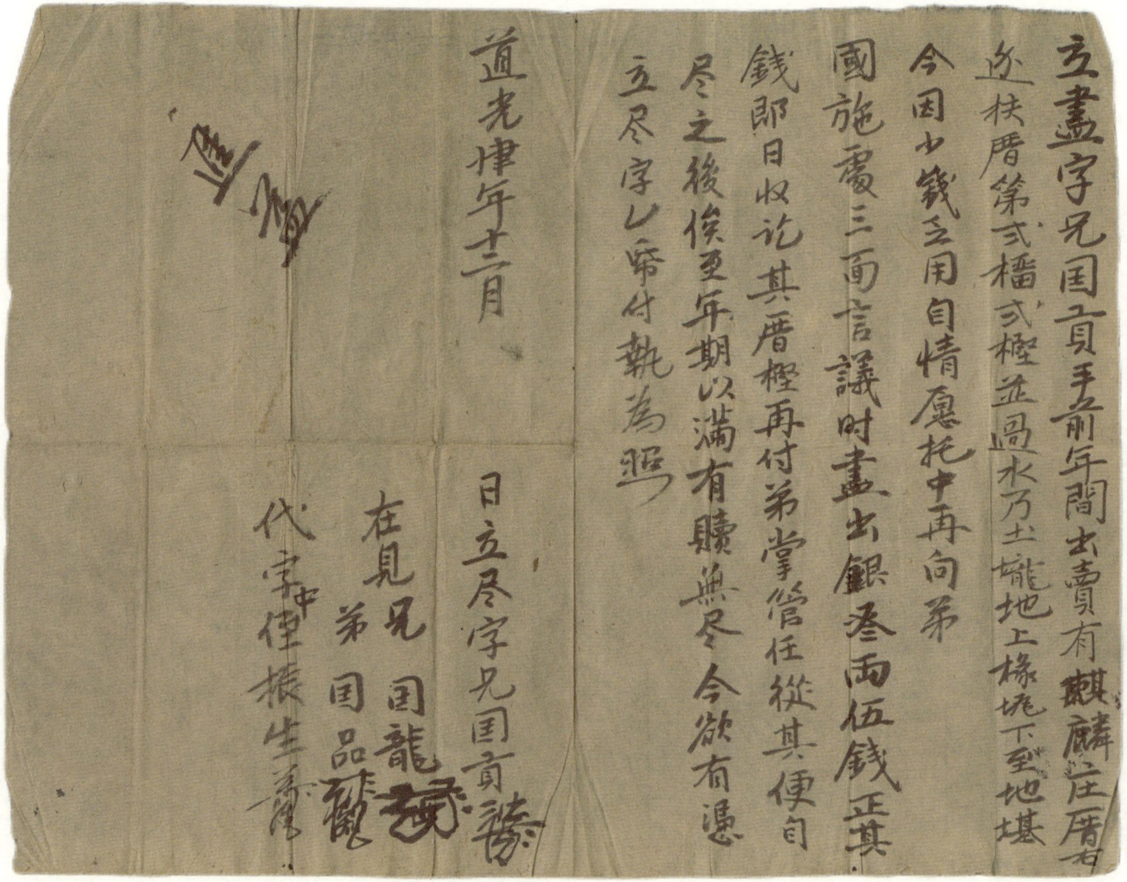

立盡字兄国貢手前年間出賣有𧰼麟莊厝右
邊扶厝第弍㮔弍槿並過水乃土壠地上椽𣘯下至地基
今因少錢乏用自情愿托中再向弟
國施處三面言議时盡出銀叁両伍錢正其
錢卽日收訖其厝樫再付弟掌管任從其便自
盡之後俟至年期以滿有贖無盡今欲有憑
立盡字乙帋付執為照

道光肆年十二月　日立盡字兄国貢
在見兄　国龍
弟　国品
代字中侄　振生

3-2-143-13　清道光四年十二月葉国貢立盡扶厝字

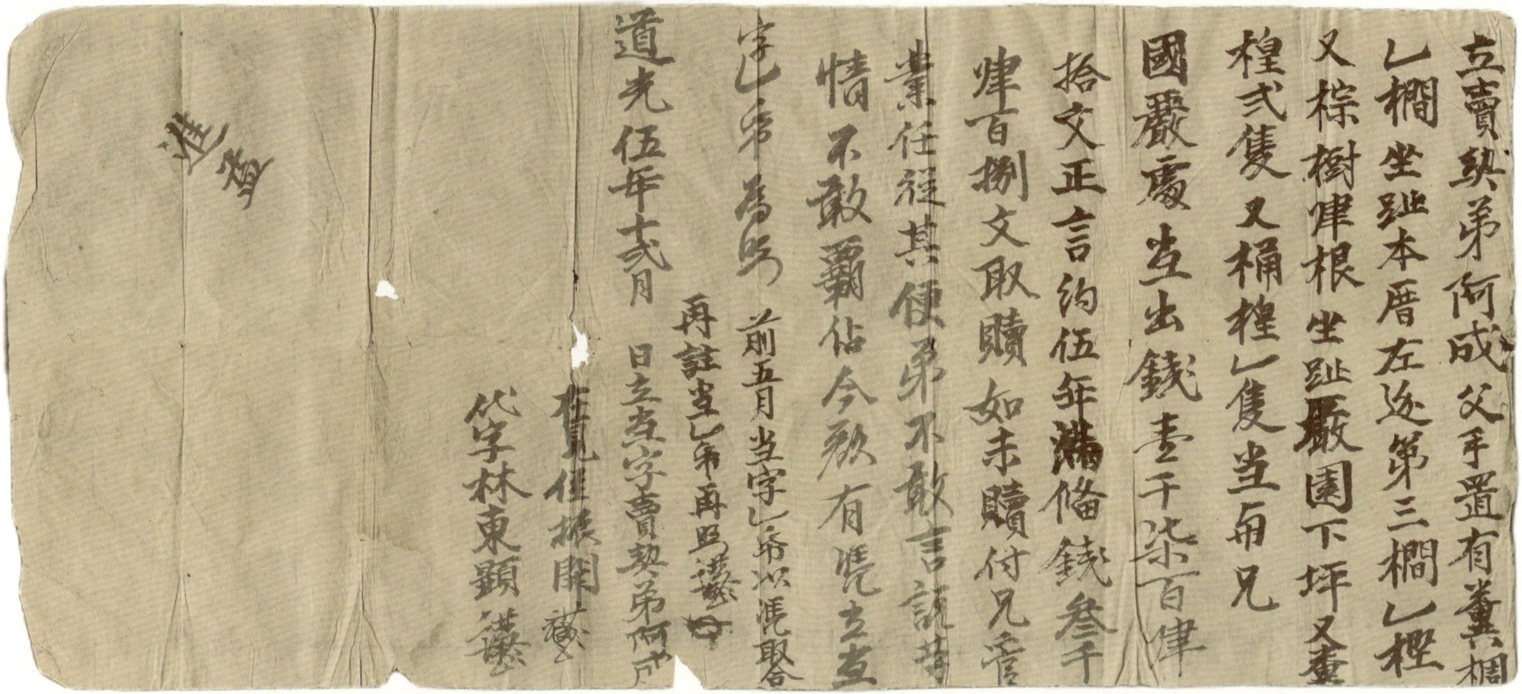
立賣契弟阿成，父手置有糞桶
乙桶，坐址本厝左邊第三桶乙桯，
又棕樹肆根，坐址厝園下坪，又糞
桯弍隻，又桶桯乙隻，出賣與兄
國嚴處，出出錢壹千柒百肆
拾文正，言約伍年滿，備錢叁千
肆百捌文取贖，如未贖，付兄壹
業任從其便，弟不敢言說，其
情不敢霸佔，今欲有憑，立立
字乙帋為照。　前五月出字乙帋以憑取合
再註出乙帋再照。
道光伍年十弍月　日立出字賣契弟阿成
在見侄振開
代字林東顯
進益

3-2-143-14　清道光五年十二月葉阿成立賣糞桶契

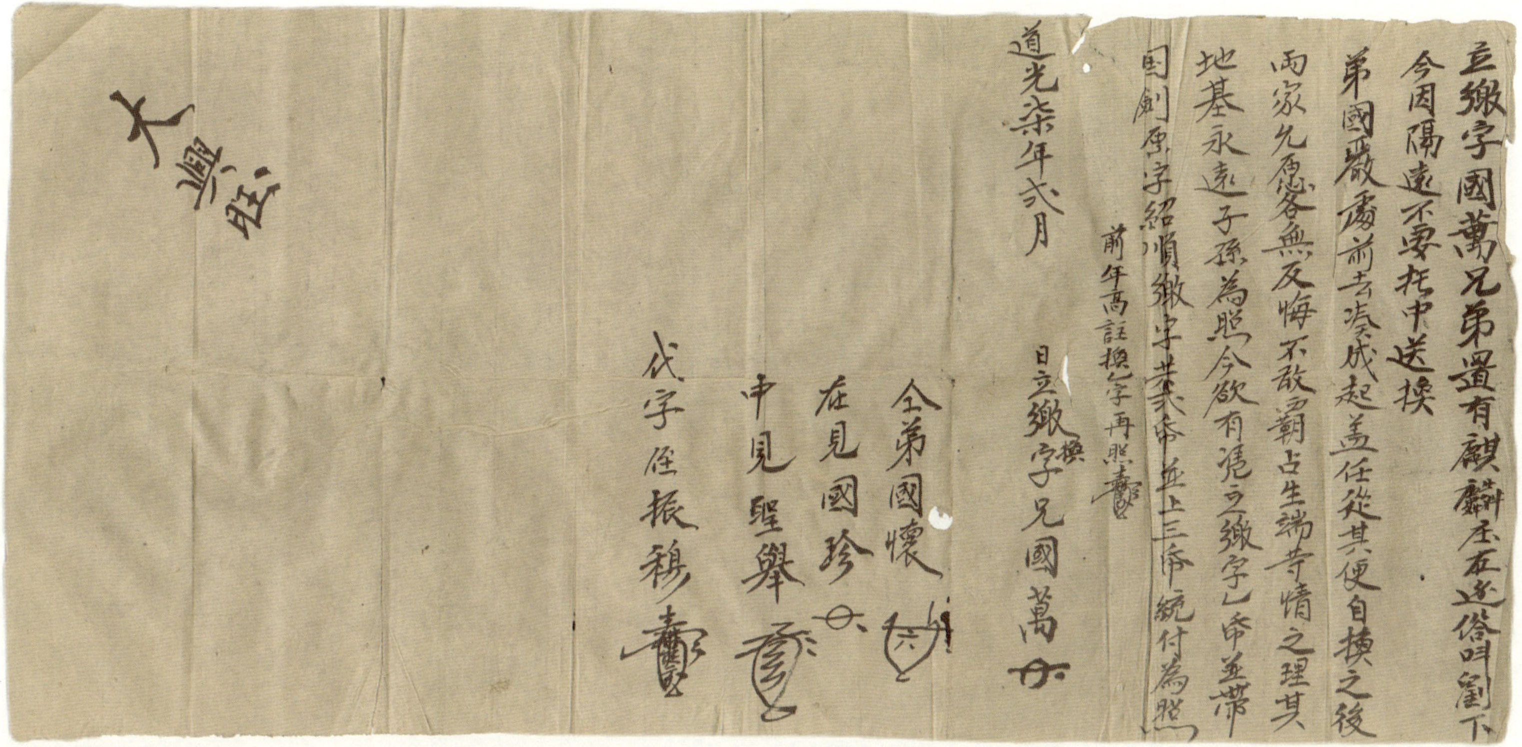

立繳字國萬兄弟置有麒麟丘在[illegible]俗叫劉下
今因陽遠不要，托中送換
弟國藏處前去湊成起蓋，任從其便。自換之後
兩家允愿，各無反悔，不敢霸占生端等情之理。其
地基永遠子孫為照。今欲有憑，立繳字乙帋，並帶
田劄原字紹順繳字共弍帋，並上三帋，繳付為照。
前年高註換乙字再照。書

道光柒年弍月　日立繳換字兄國萬

全弟國懷
在見國珍
中見聖舉
代字侄振穆

大興旺

3-2-143-15　清道光七年二月葉國萬等立繳換地基字

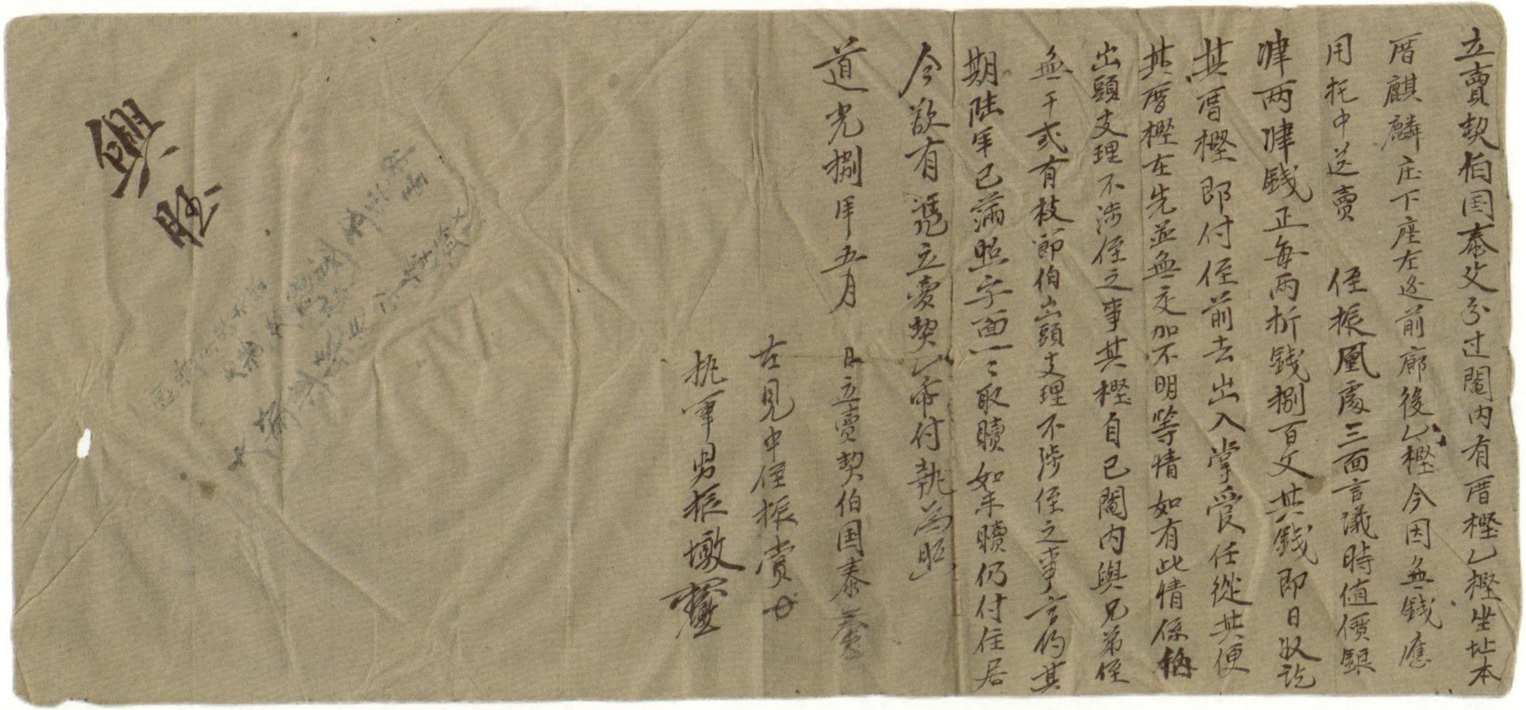
立賣契伯国泰父子过閹内有厝樫乙樫坐址本
厝麒麟庄下座左边前廊後乙樫今因無钱應
用托中送賣　侄振凰處三面言議時値價銀
肆两肆钱正每两折钱捌百文共钱即日收訖
其厝樫即付侄前去出入掌管任從其便
其厝樫在先並無文加不明等情如有此情係伯
出頭支理不涉侄之事其樫自己閹内與兄弟侄
無干式有枝節伯出頭支理不涉侄之事言約其
期陆年已滿照字面一二取贖如年贖仍付侄居
今欲有憑立賣契乙帋付執為照
道光捌年五月　日立賣契伯国泰（押）
在見中侄振貴（押）
執筆男振墩（押）

3-2-143-16　清道光八年五月葉国泰立賣厝樫契

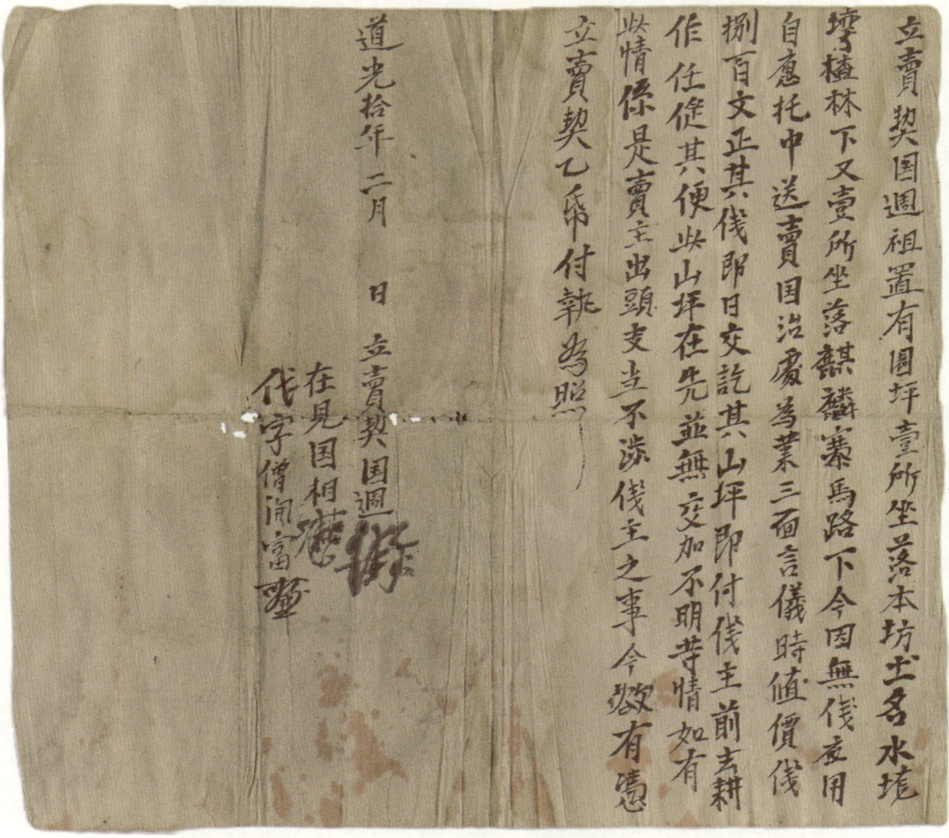
立賣契国週祖置有園坪壹所坐落本坊土名水垱
壋植林下又壹所坐落麒麟寨馬路下今因無錢應用
自愿托中送賣国治處為業三面言儀時值價錢
捌百文正其錢即日交訖其山坪即付錢主前去耕
作任從其便此山坪在先並無交加不明等情如有
此情係是賣主出頭支当不涉錢主之事今欲有憑
立賣契乙帋付執為照
道光拾年二月　日　立賣契国週（押）
在見国相（押）
代字僧润富（押）

3-2-143-17　清道光十年二月葉国週立賣園坪契

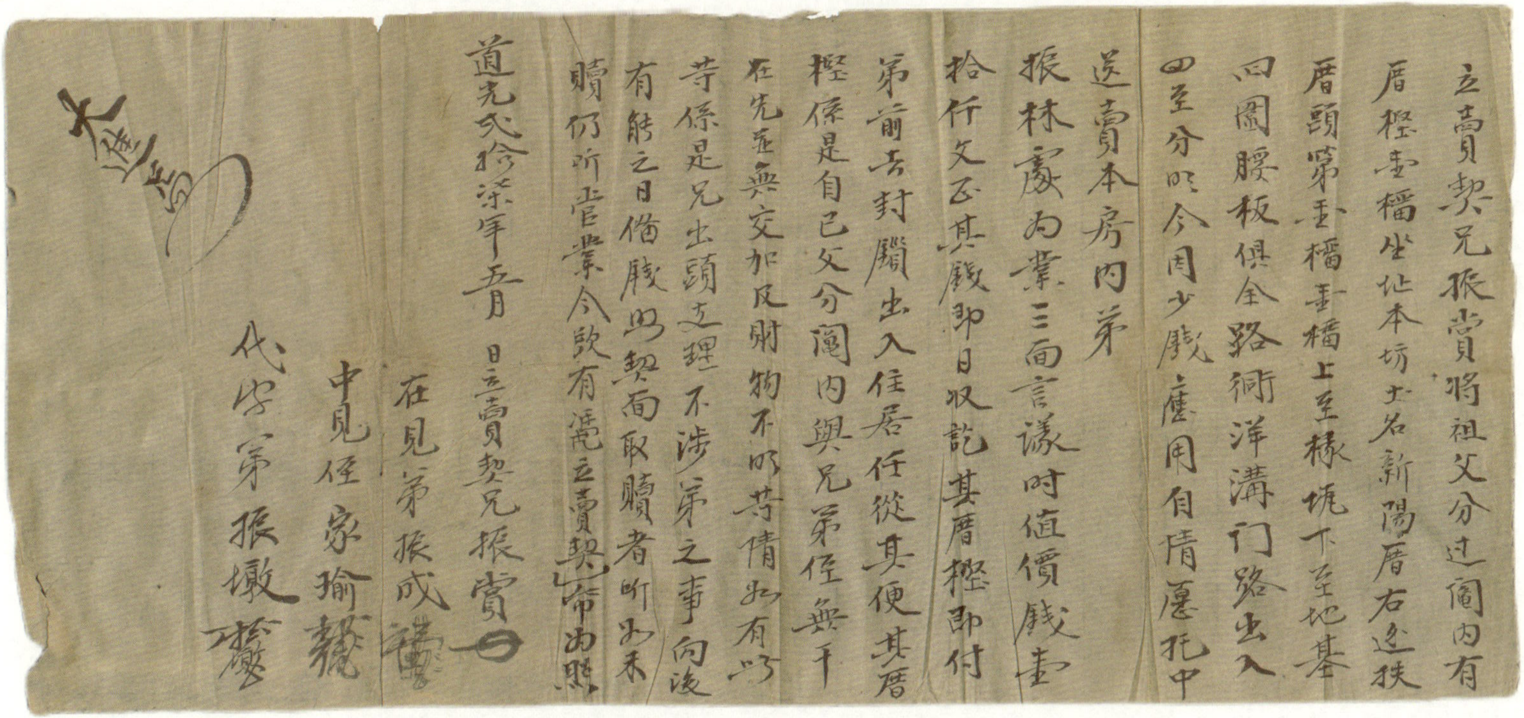
立賣契兄振賞將祖父分过阄内有
厝樫壹檑坐址本坊土名新陽厝右边扶
厝頭第壹檑壹檑上至椽坭下至地基
四圍腰板俱全路衕洋溝门路出入
四至分明今因少錢應用自情愿托中
送賣本房内弟
振林處為業三面言議时值價錢壹
拾仟文正其錢即日收訖其厝樫即付
弟前去封闢出入住居任從其便其厝
樫係是自己父分阄内與兄弟侄無干
在先並無交加及財物不明等情如有明
等係是兄出頭之理不涉弟之事向後
有能之日備錢照契面取贖者听弟不
贖仍听管業今欲有憑立賣契一帋為照
道光弍拾柒年五月 日立賣契兄振賞
在見弟振成
中見侄家瑜
代字弟振墩

3-2-143-18 清道光二十七年五月葉振賞立賣厝樫契

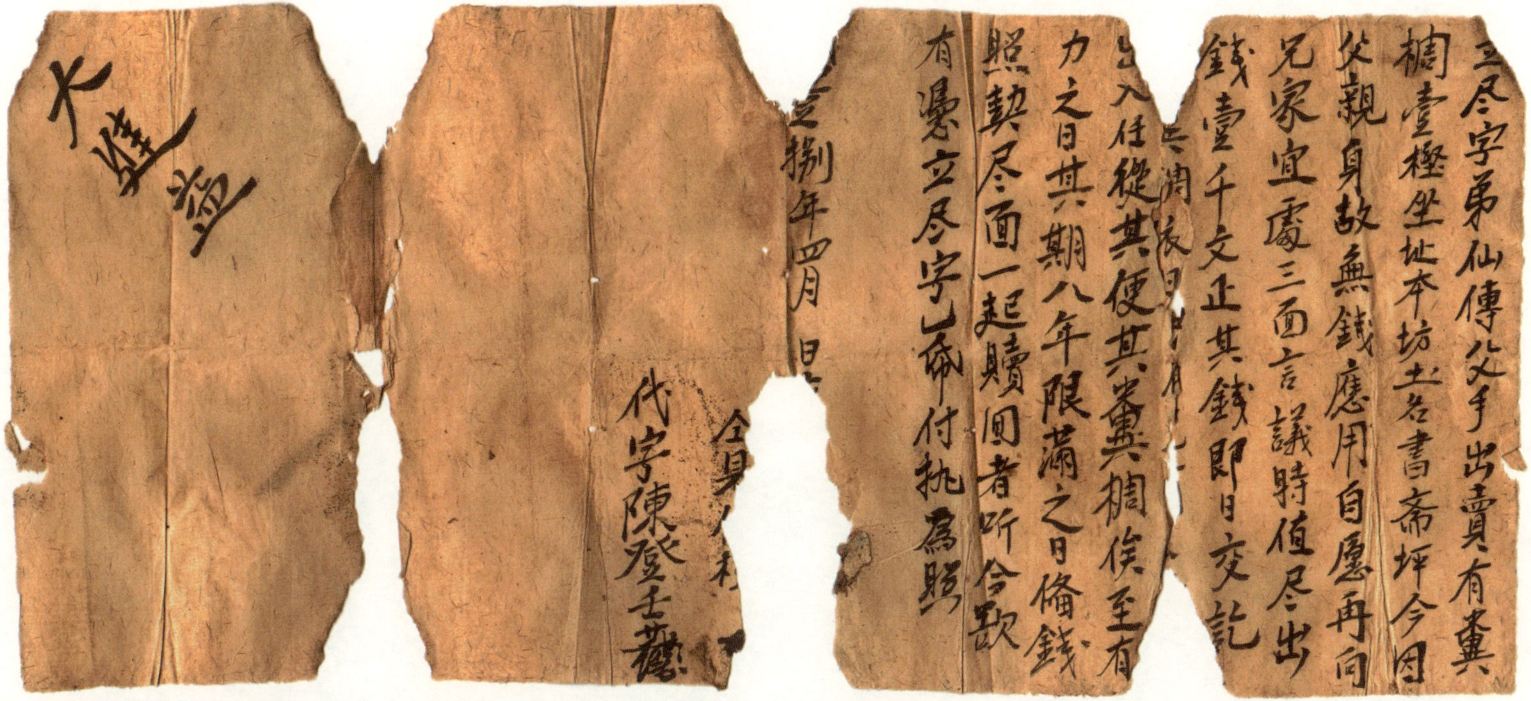
立盡字弟仙傳父手出賣有糞
桐壹極坐址本坊土名書斋坪今因
父親身故無錢應用自愿再向
兄家宜處三面言議時值盡出
錢壹千文正其錢即日交訖
其[illegible]
出入任從其便其糞桐侯至有
力之日其期八年限满之日備錢
照契盡面一起贖回者听合欵
有憑立盡字[illegible]付執爲照
[illegible]捌年四月日[illegible]
仝見人[illegible]
代字陳登壬[illegible]
大[illegible]

3-2-143-19　清咸豐八年四月葉仙傳立盡糞桐字

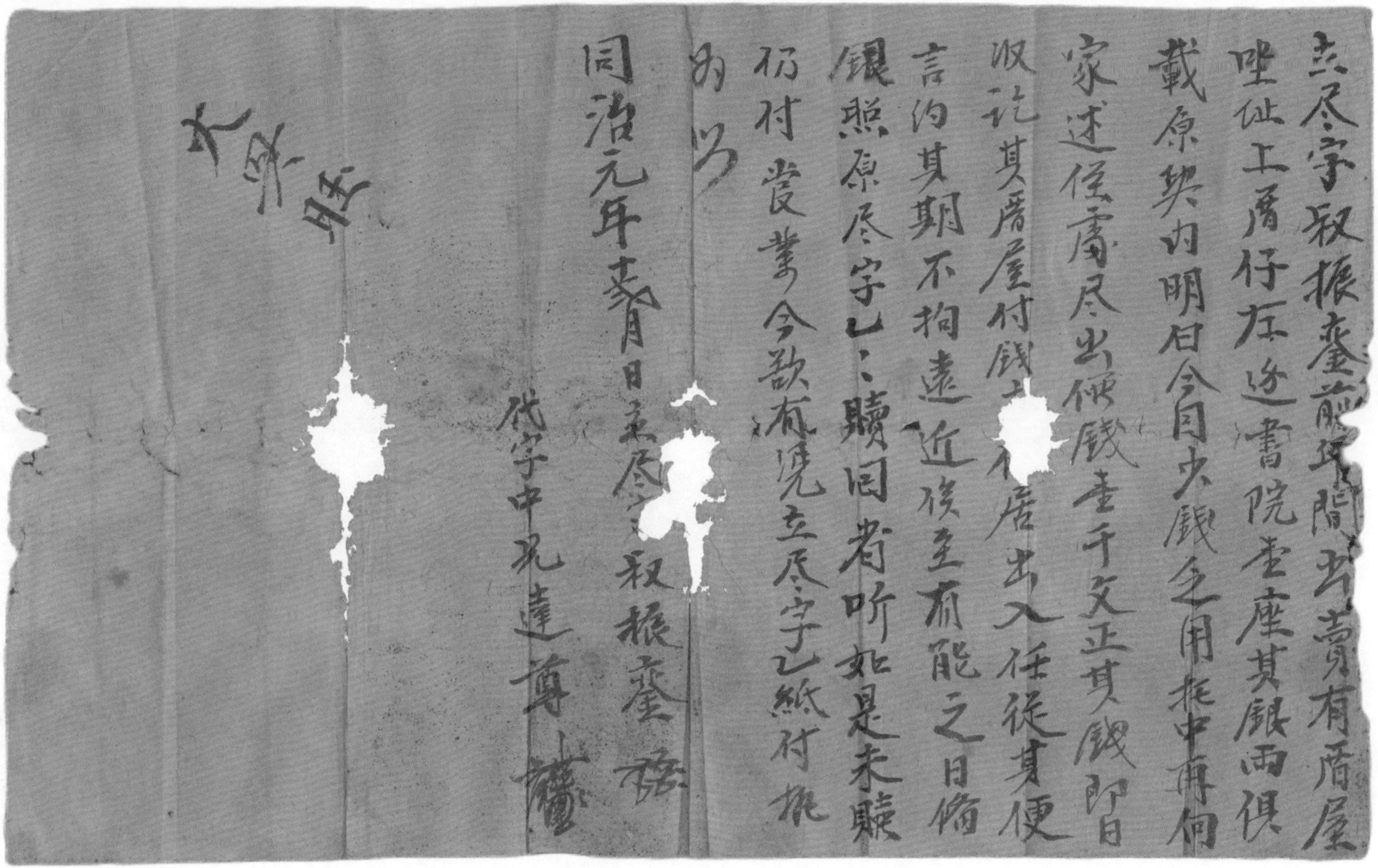

3-2-143-20　清同治元年十二月葉振銮立盡厝屋字

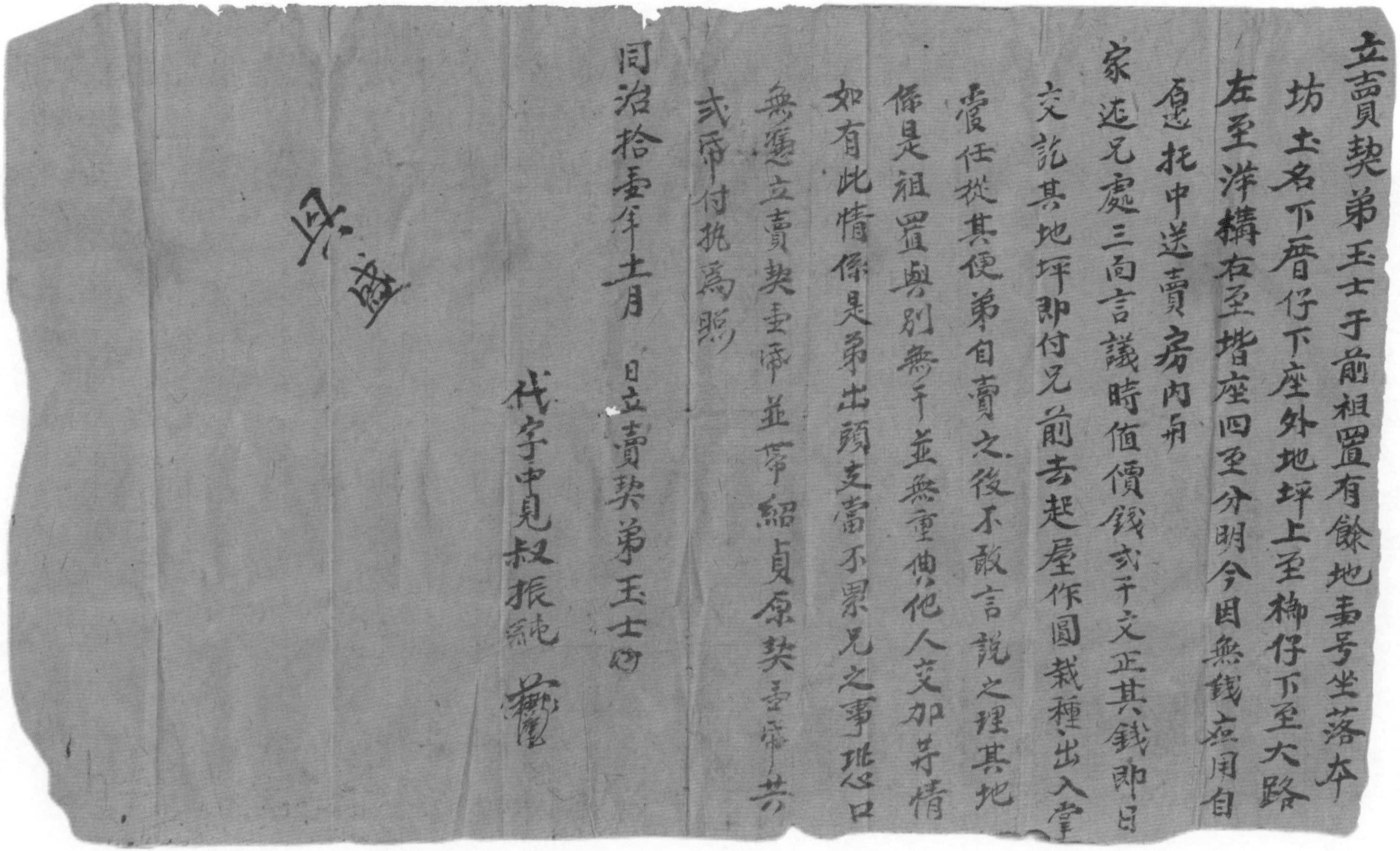
立賣契弟玉士于前祖置有餘地壹号坐落本
坊土名下厝仔下座外地坪上至梅仔下至大路
左至洋構右至增座四至分明今因無錢應用自
愿托中送賣房内弟
家逵兄處三面言議時值價錢贰千文正其錢即日
交訖其地坪即付兄前去起屋作圓栽種出入掌
管任從其便弟自賣之後不敢言說之理其地
係是祖置與别無干並無重典他人交加等情
如有此情係是弟出頭支當不累兄之事恐口
無憑立賣契壹帋並帶紹貞原契壹帋共
贰帋付執爲照
同治拾壹年十一月　日立賣契弟玉士（押）
代字中見叔振純（押）
成交

3-2-143-21　清同治十一年十一月葉玉士立賣餘地契

立讓字兄振義將祖手置分過阄內
本厝下坐小廷後正房壹𡐓上至椽磃
下至地基今因乏錢送讓弟
振疇處三面言議讓出價艮弍拾兩正
每兩折錢捌百扣其艮即日交訖其厝
屋付弟管業任從其便在先並無交加
不明等情如有此等兄出頭支理不涉弟之事
俟至有能之日備艮贖讓字面取贖如是未
贖仍付管業今欲有憑立讓字壹紙付
執爲照

同治拾叁年七月 日立讓字兄振義（押）

在見兄振林〇

代字侄書勤（押）

大達利

3-2-143-22 清同治十三年七月葉振義立讓厝㮣字

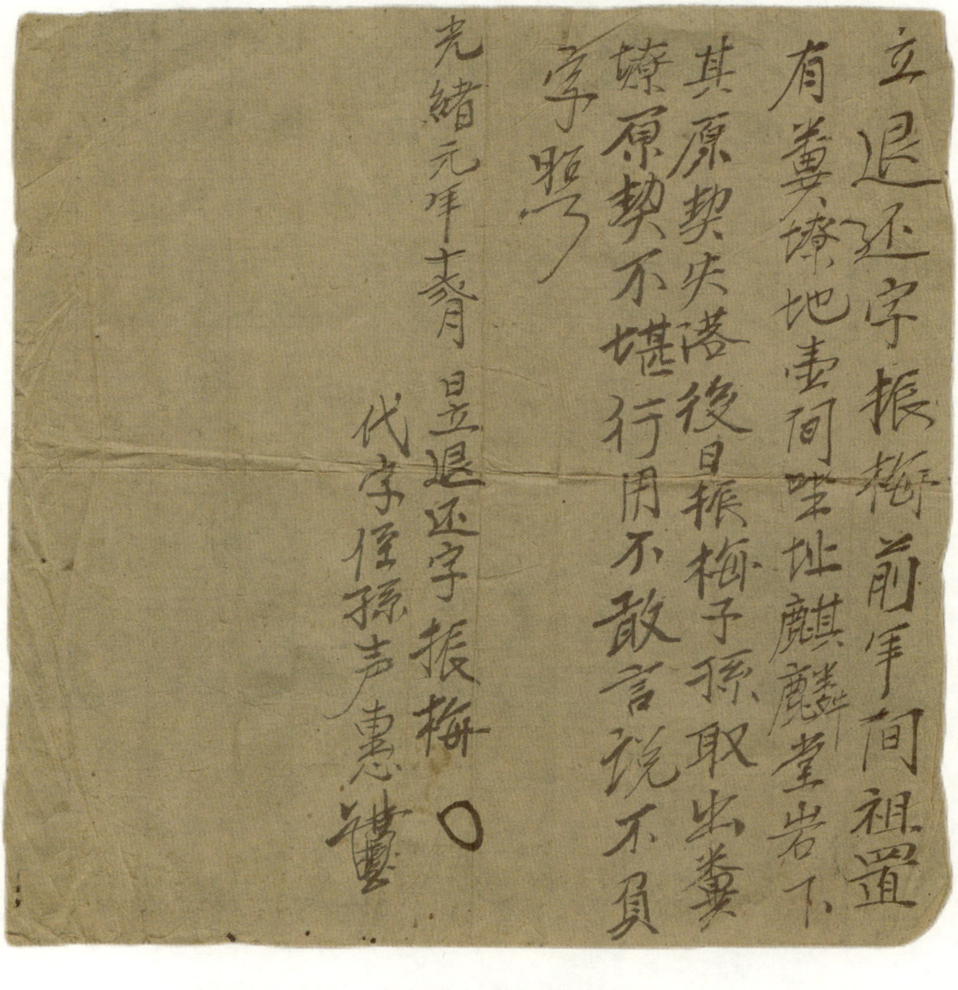

立退还字振梅前年间祖置
有糞⿰土尞地壹间坐址麒麟堂岩下
其原契失落後日振梅子孫取出糞
⿰土尞原契不堪行用不敢言说不負
字照

光緒元年十二月　日立退还字振梅　〇
代字侄孫声惠　書

3-2-143-23　清光緒元年十二月葉振梅立退還糞⿰土尞地契

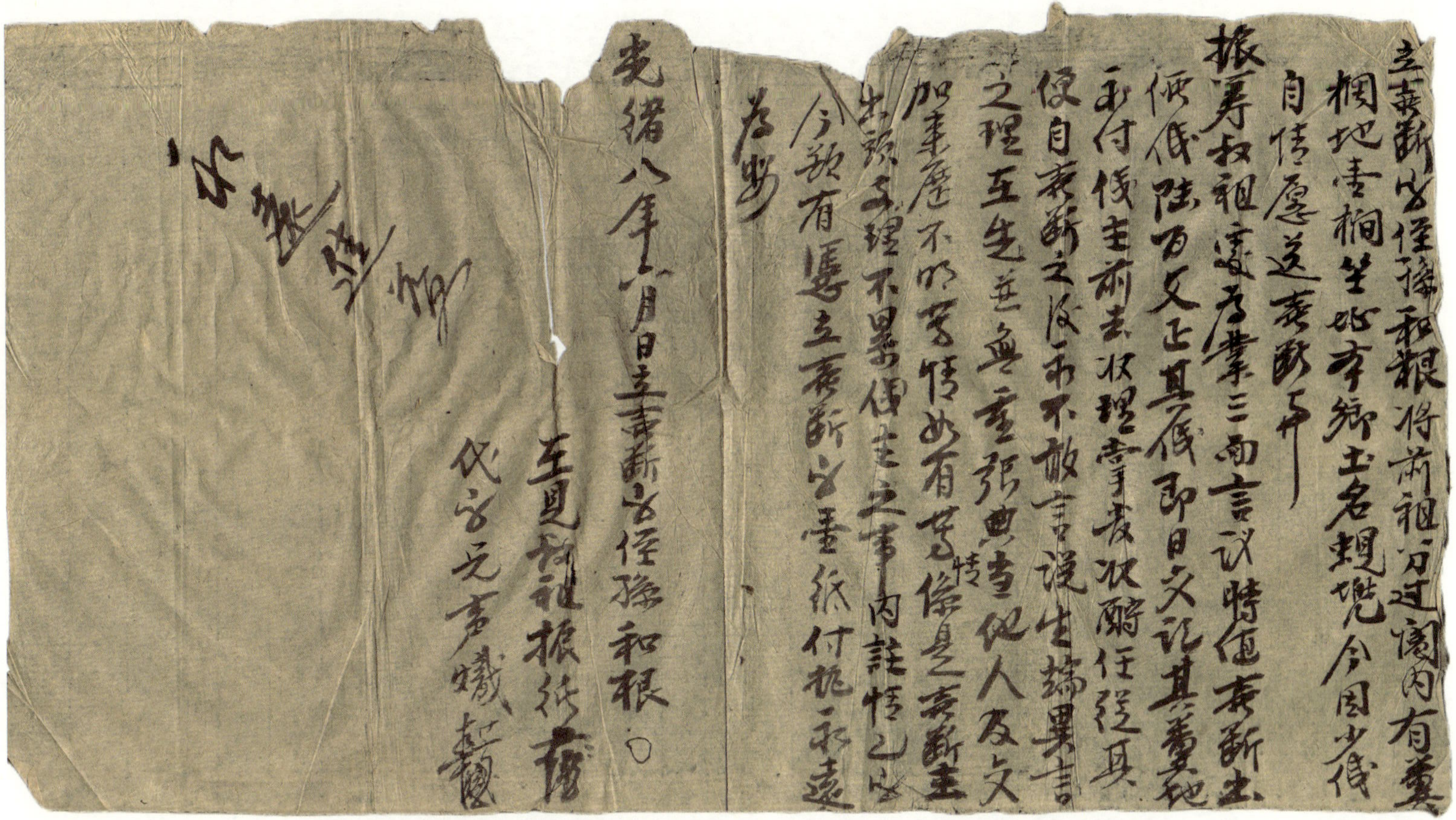

3-2-143-24　清光緒八年六月葉和根立賣斷糞桐地字

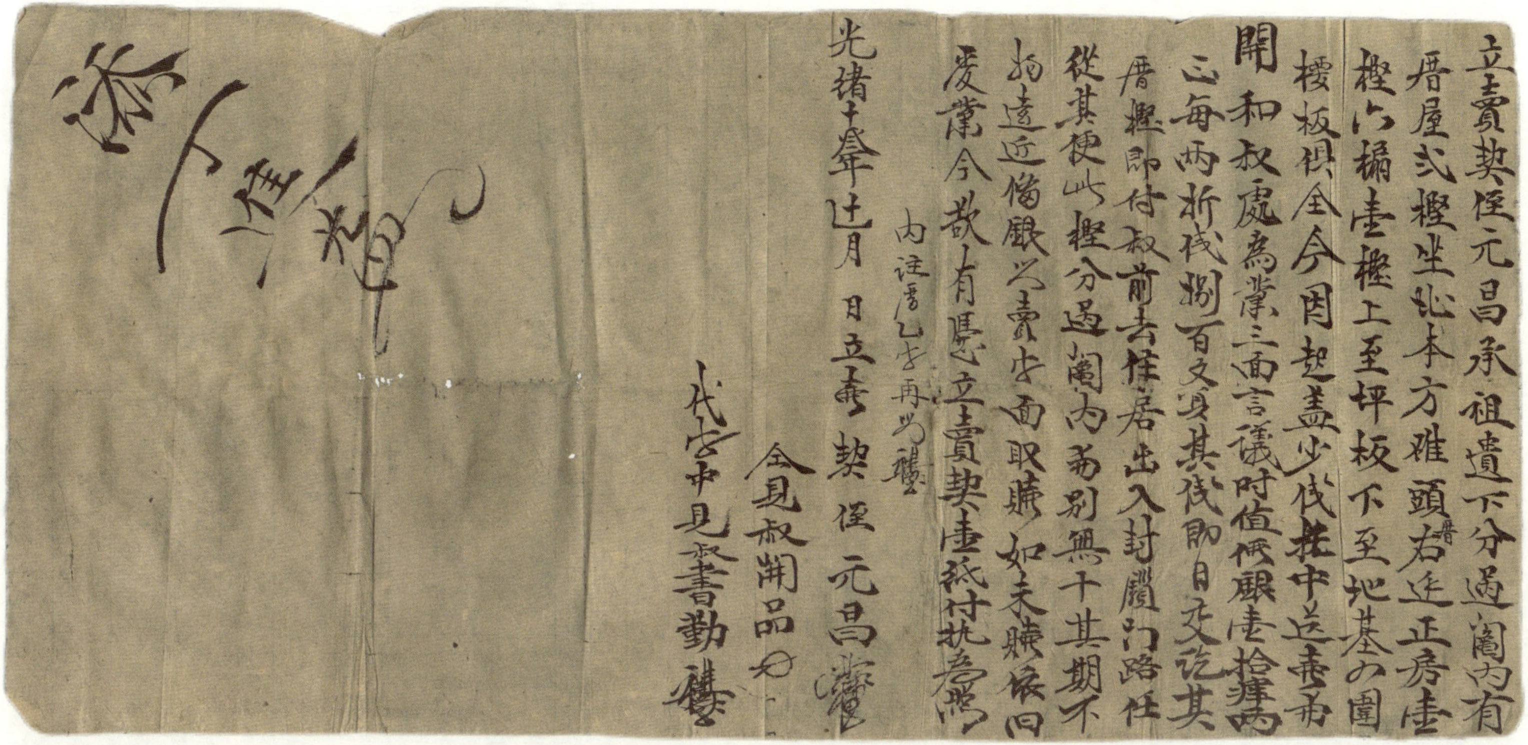
立賣契侄元昌承祖遺下分過閹內有
厝屋弍栬坐址本方碓頭右邊正房壹
栬六𥳑壹栬上至坪板下至地基又園
樓板俱全今因起盖少錢托中送賣與
開和叔處為業三面言議時值價銀壹拾肆兩
正每兩折錢捌百文其錢即日交訖其
厝栬即付叔前去住居出入封鎖門路任
從其便此栬分過閹內兩別無干其期不
拘遠近備銀照契面取贖如未贖依回
爰業今欲有憑立賣契壹紙付執為照
內注厝乙字再照
光緒十三年十一月　日立賣契侄元昌（押）
仝見叔開品（押）
代字中見叔書勤（押）

3-2-143-25　清光緒十三年十一月葉元昌立賣厝屋契

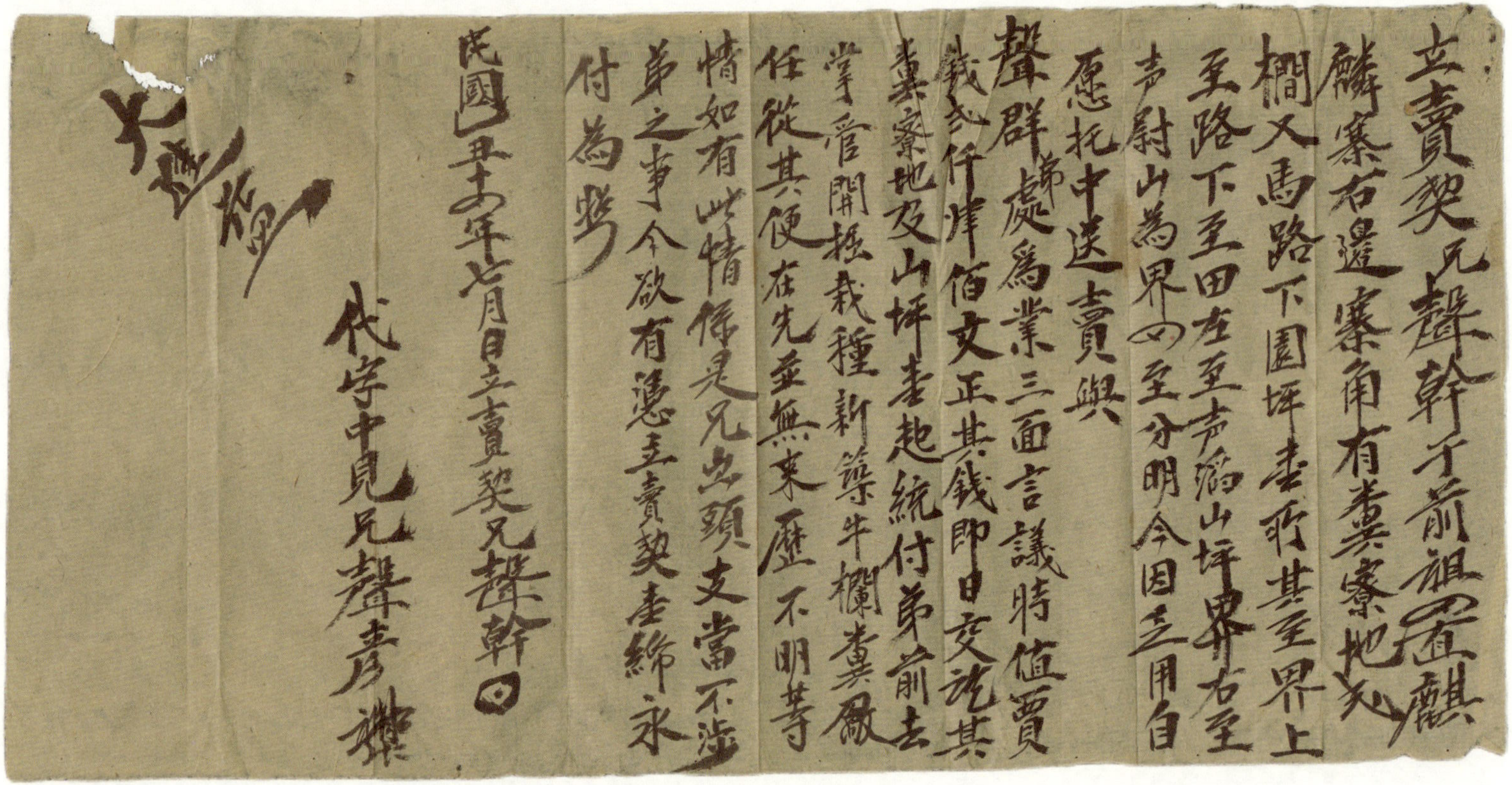
立賣契兄聲幹于前祖遺麒
麟寨右邊寨角有糞寮地一所
椆又馬路下園坪立所其至界上
至路下至田左至声稻山坪界右至
声尉山為界四至分明今因乏用自
愿托中送賣與
聲群弟處為業三面言議時值賣
錢弍仟肆佰文正其錢即日交訖其
糞寮地及山坪立起統付弟前去
掌管開掘栽種新築牛欄糞廠
任從其便在先並無來歷不明等
情如有此情係是兄出頭支當不涉
弟之事今欲有憑立賣契壹紙永
付為照
民國十四年七月日立賣契兄聲幹（押）
代字中見兄聲彥（押）
大[illegible][illegible]

3-2-143-26　民國十四年七月葉聲幹立賣糞寮地契

立賣堅裡字侄秋木自己手置有
寨堅面堅坐址地方土名麒麟寨左邊
下書院第二墻後面堅上至椽下至地
基地四圍腰枚具全，今因乏錢自愿
托中送賣與叔
盤掌處爲業，三面言議時值價銀肆
仟文正，其銀即日交訖，其寨堅付叔掌管
住居，出入任從其便。此寨堅係自己
手置，與別無干，在先並無重張典當，亦
人不明等情，如有此情，侄出頭支當，
不涉叔之事。其寨堅有贖之日，備
錢照契取贖，如未贖依舊管業。今
欲有憑，立賣堅裡字，書内註其銀
弍字，付執爲照。

民國廿三年十一月 日 立賣堅裡字侄秋木
在見和根母李氏
代筆鄭天元

3-2-143-27 民國二十三年十一月葉秋木立賣堅裡字

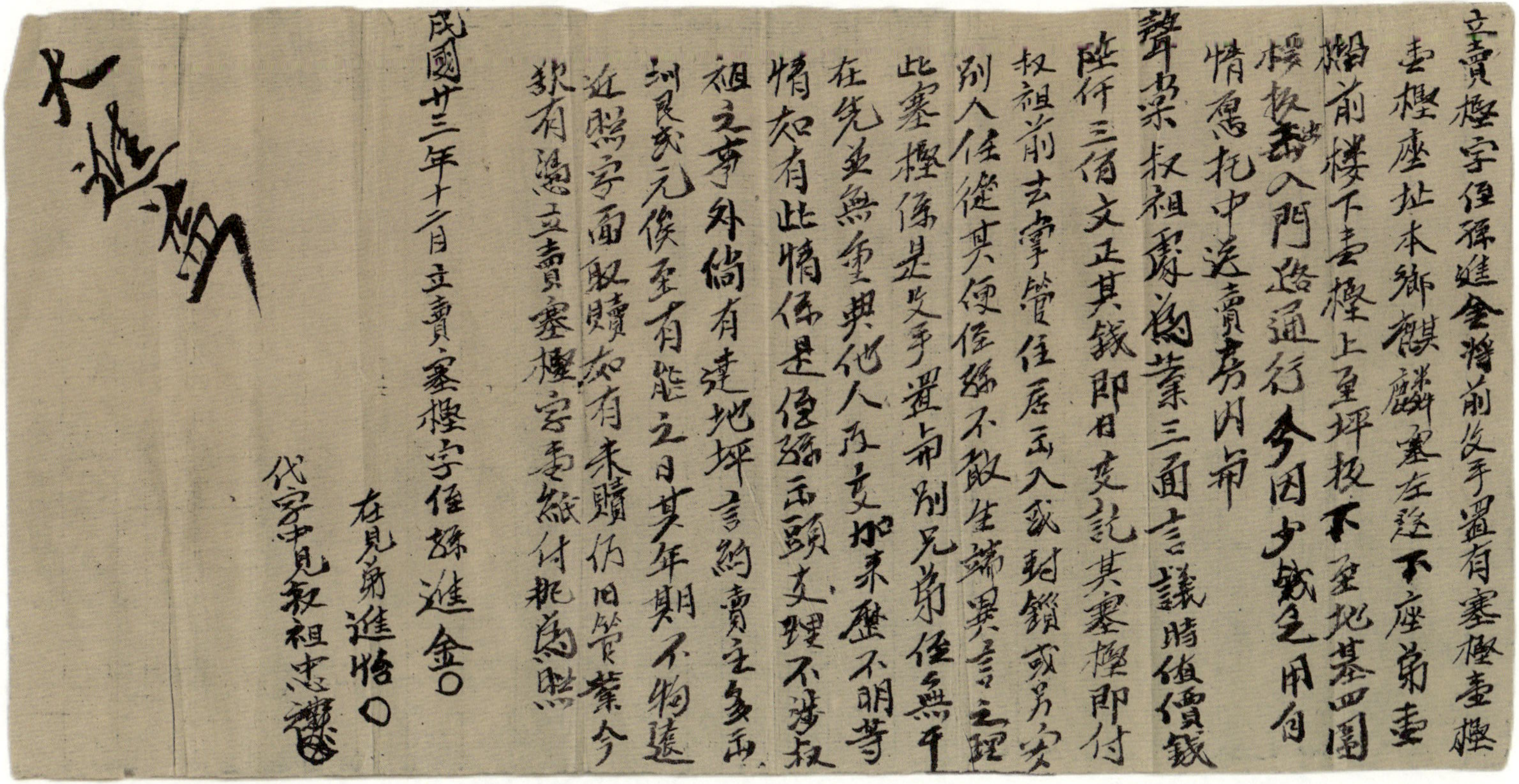
立賣樫字侄孫進金將前父手置有寨樫壹樫
壹樫座址本鄉麒麟寨左邊下座弟壹
樹前樓下壹樫上至坪枝下至地基四圍
樓枝壹半入門路通行今因少錢乏用自
情愿托中送賣房內弟
聲棠叔祖處為業三面言議時值價錢
陸仟三佰文正其錢即日交訖其寨樫即付
叔祖前去掌管住居或入或封鎖或另安
別人住從其便侄孫不敢生端異言之理
此寨樫係是父手置而別兄弟侄無干
在先並無重典他人及交加來歷不明等
情如有此情係是侄孫出頭支理不涉叔
祖之事外倘有建地坪言約賣主多出
訓艮弍元候至有能之日其年期不拘遠
近照字面取贖如有未贖仍旧管業今
欲有憑立賣寨樫字壹紙付執為照
民國廿三年十二月 立賣寨樫字侄孫進金〇
在見弟進恰〇
代字中見叔祖忠灤

3-2-143-28 民國二十三年十二月葉進金立賣寨樫字

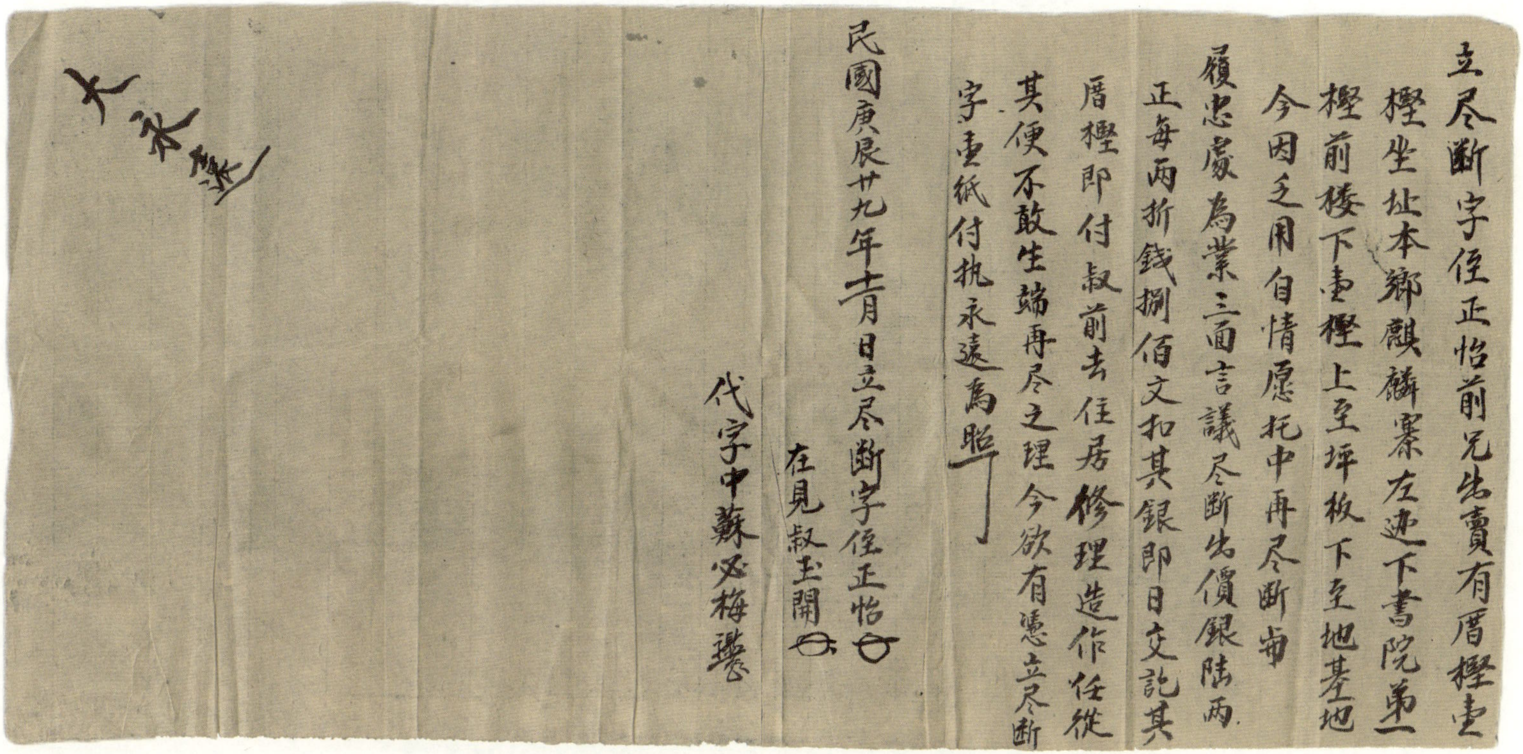
立尽断字侄正怡前兄出賣有厝樫壹
樫坐址本鄉麒麟寨左边下書院第一
樫前楼下壹樫上至坪枚下至地基地
今因乏用自情愿托中再尽断出
履忠處為業三面言議尽断出價銀陆两
正每两折钱捌佰文和其銀即日交訖其
厝樫即付叔前去住居修理造作任從
其便不敢生端再尽之理今欲有憑立尽断
字壹紙付执永遠為照
民國庚辰廿九年十一月日立尽断字侄正怡（押）
在見叔玉開（押）
代字中蘇必梅（押）
大永遠

3-2-143-29　民國二十九年十一月吴正怡立盡斷厝樫字

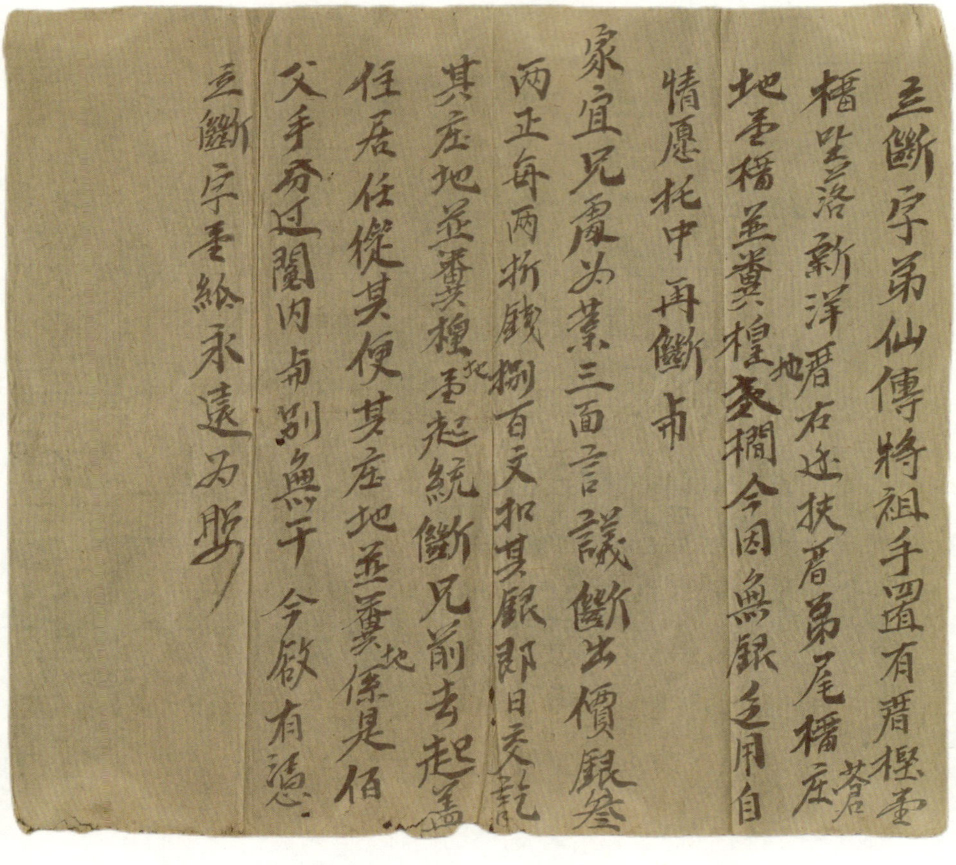

立斷字弟仙傳將祖手置有厝㮕壹
墦坐落新洋厝右邊扶厝弟尾墦庄蒼石
地壹墦並糞楻地叁欄今因無銀乏用自
情愿托中再斷与
家宜兄處爲業三面言議斷出價銀叁
兩正每兩折錢捌百文扣其銀即日交訖
其庄地並糞楻地壹起統斷兄前去起蓋
任居任從其便其庄地並糞地係是伯
父手分过闔内弟别無干今欲有憑
立斷字壹紙永遠爲照

3-2-143-30　清咸豐年間葉仙傳立斷厝㮕字（草契）

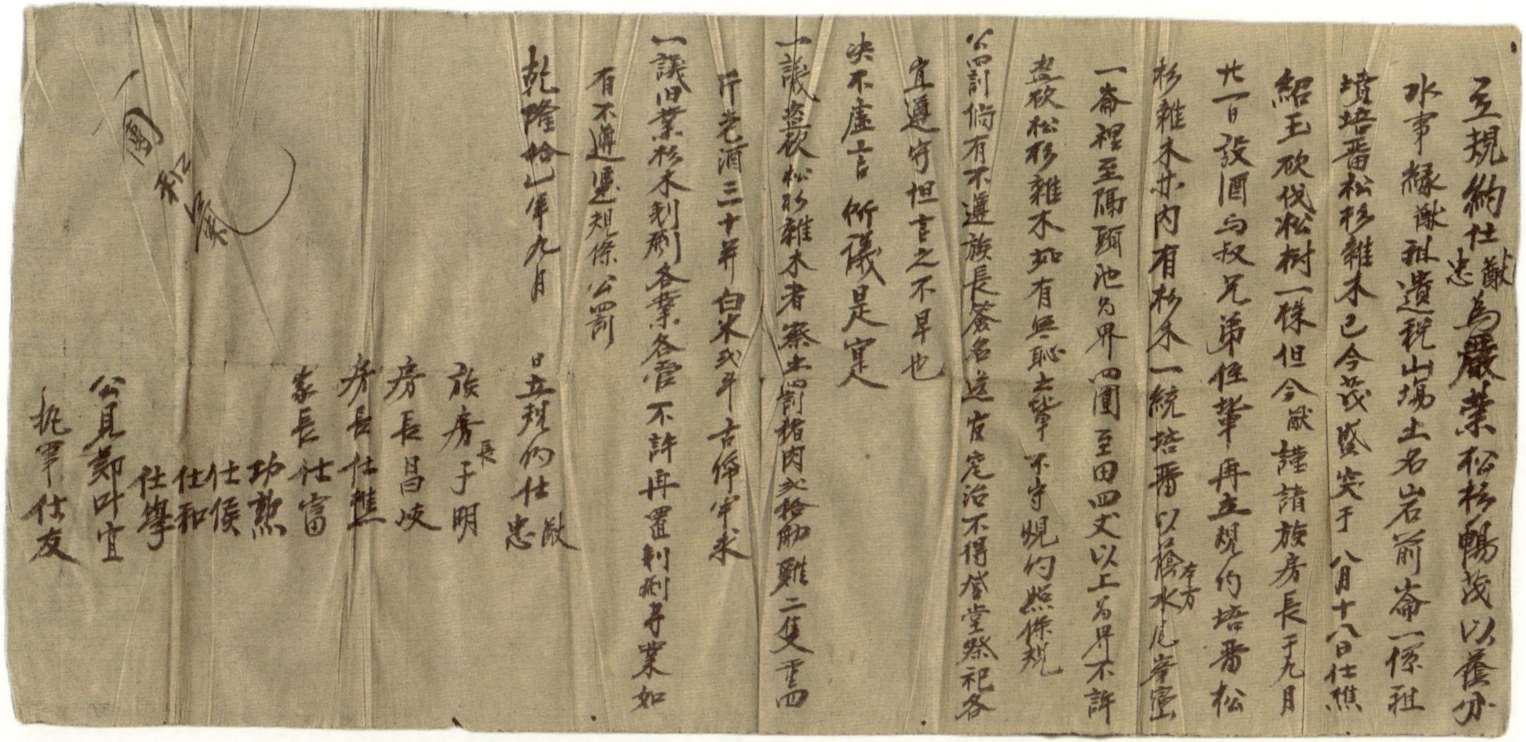

立規約仕猷、忠為嚴禁松杉暢茂以蔭風
水事緣猷祖遺稅山場土名岩前崙一條祖
墳培番松杉雜木已今茂盛矣于八月十八日仕樵
紹王砍伐松樹一株但今猷謹請族房長于九月
廿一日設酒與叔兄弟侄輩再立規約培番松
杉雜木其内有杉木一統培番以蔭左方水尾岸壟
一崙裡至隔頭池為界四圍至田四丈以上為界不許
盜砍松杉雜木如有無恥之輩不守規約照條規
公罰倘有不遵族長簽名送官究治不得嗇堂祭祀各
宜遵守但言之不早也
決不虛言　所議是實
一議盜砍松杉雜木者察出罰豬肉弍拾觔雞二隻壹
斤老酒三十斤白米弍斗吉仔字求
一議田業杉木斫砍各業各管不許再置斫砍等業如
有不遵照規條公罰
乾隆拾壹年九月　日立規約仕猷
仕忠
族房長子明
房長昌峽
房長仕樵
家長仕富
仕煎
仕侯
仕和
仕學
公見鄭叶宜
執筆仕友

3-2-144-1　清乾隆十一年九月葉仕猷等立山場規約

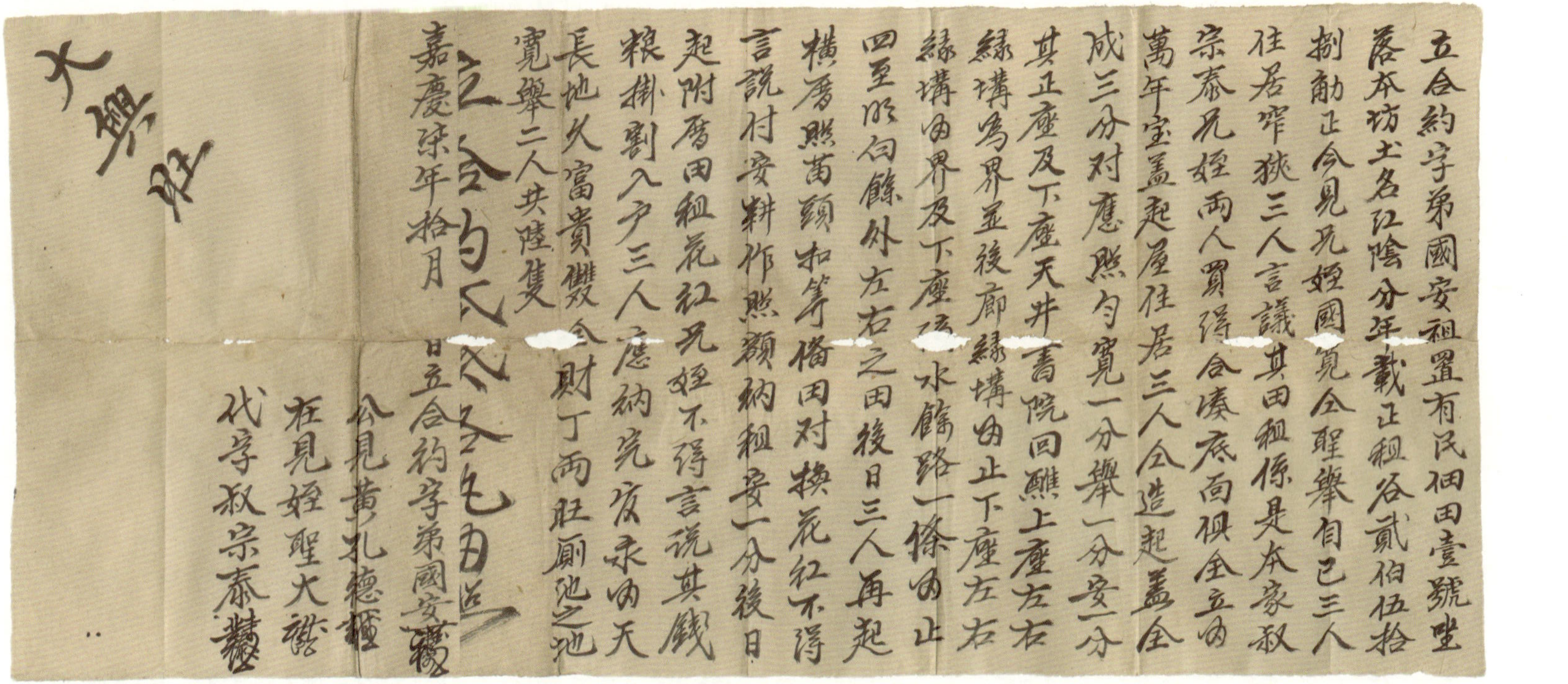

立合約字弟國安祖置有民佃田壹號坐
落本坊土名江陰分年載正租谷貳伯伍拾
捌觔正仝見兄姪國寬仝聖舉自己三人
住居窄狹三人言議其田租係是本家叔
宗泰兄姪兩人買得合湊底面俱全立與
萬年宝蓋起屋住居三人仝造起蓋全
成三分对應照勻寬一分舉一分安一分
其正座及下座天井書院回廳上座左右
綠構為界並後廊綠構與止下座左右
綠構為界及下座　水餘路一條為止
四至明白餘外左右之田後日三人再起
横厝照萬額和等播田对換花紅不得
言說付安耕作照額納租安一分後日
起附厝田租花紅兄姪不得言說其錢
粮掛割入户三人應納完交永為天
長地久富貴雙全財丁兩旺廟池之池
寬舉二人共陸隻
嘉慶柒年拾月　日立合約字弟國安
公見黄孔德
在見姪聖大
代字叔宗泰

3-2-144-2　清嘉慶七年十月葉國安立合約字

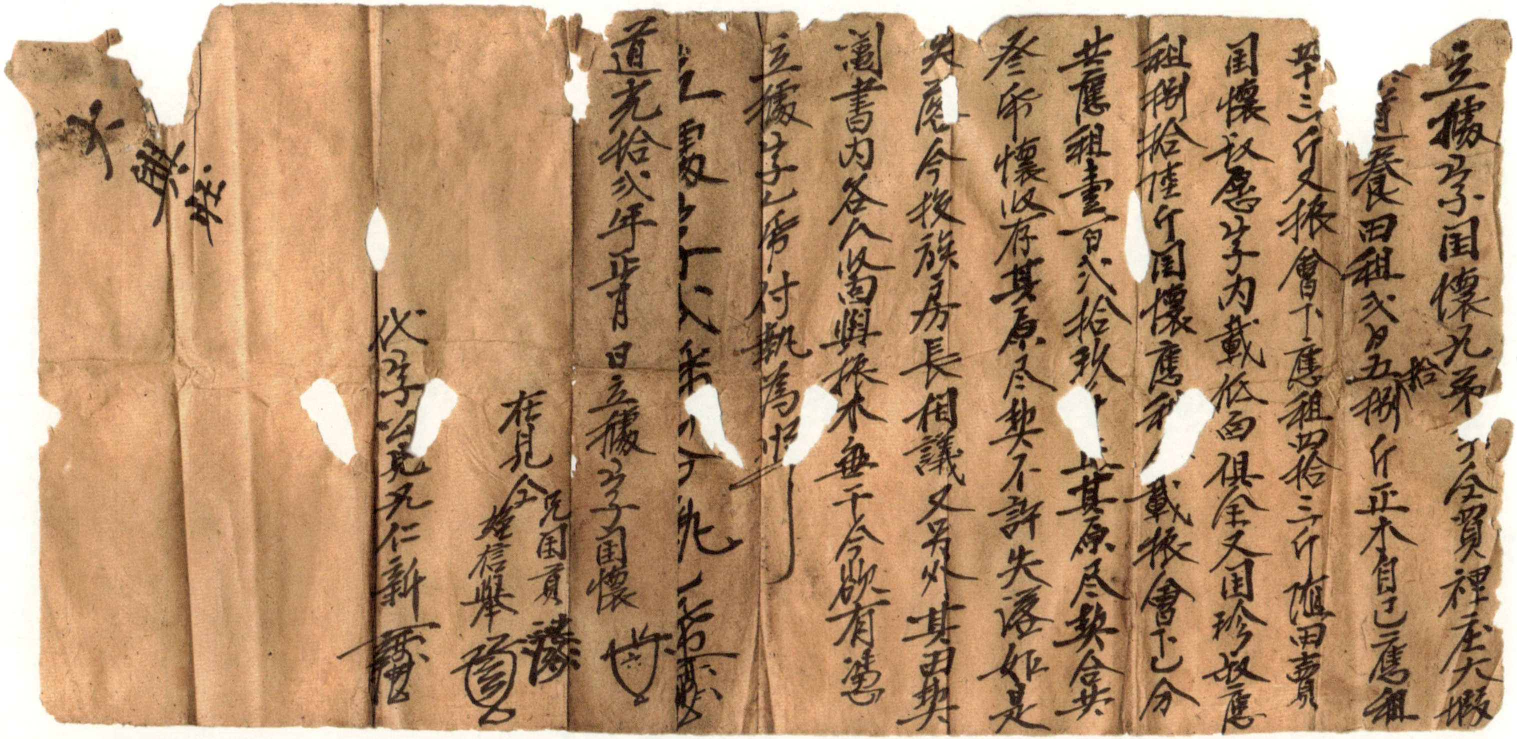

3-2-144-3　清道光十二年正月葉国懷立據字

3-2-144-4　清光緒九年七月葉氏胞嬸鄭氏立付家業字

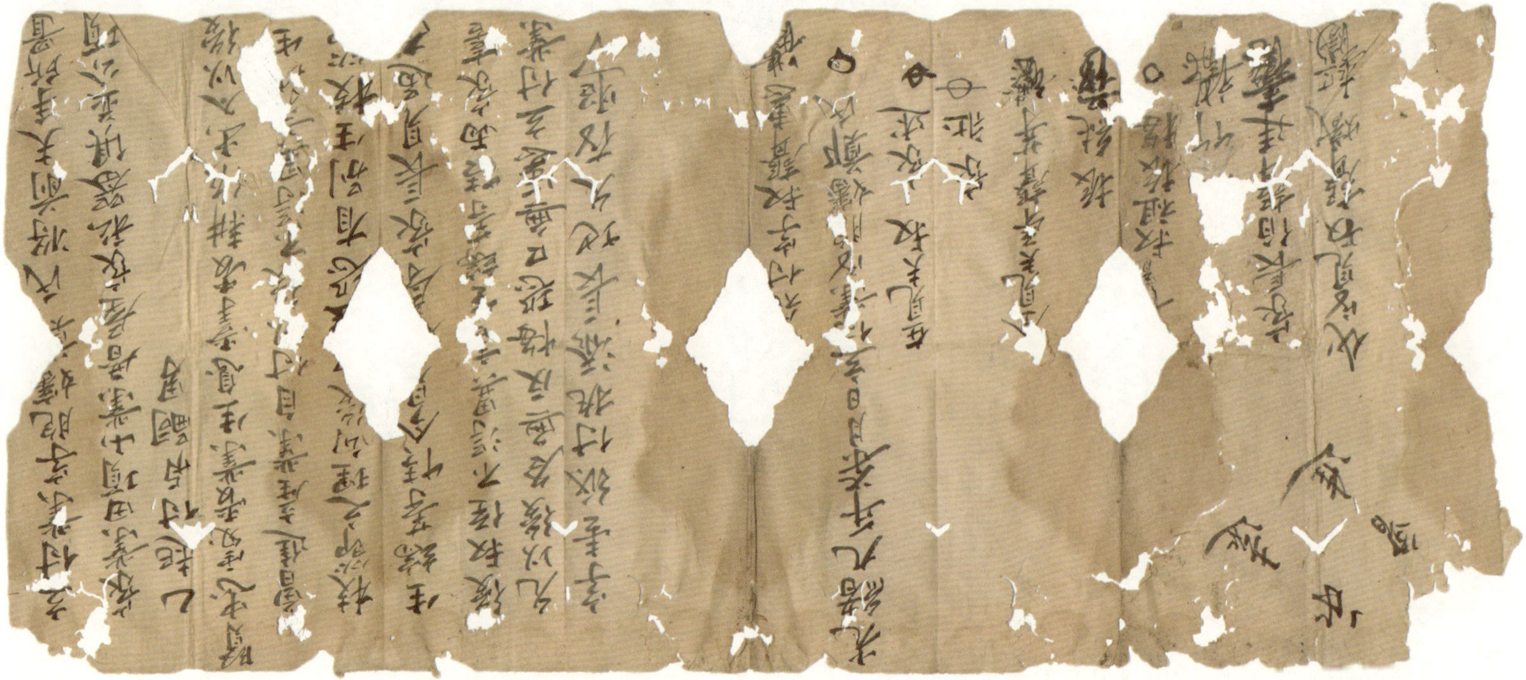

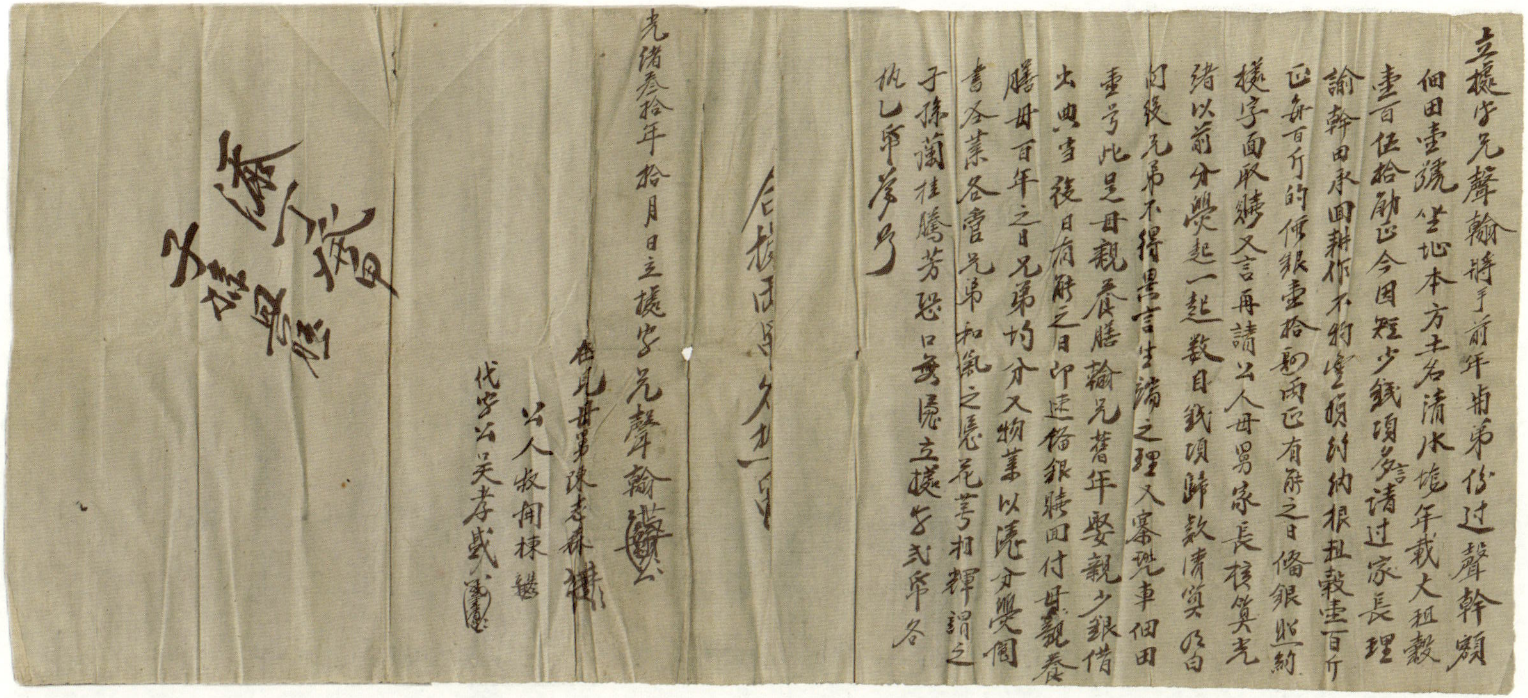

立據字兄聲翰將手前年與弟仍过聲幹額
佃田壹號，坐址本方，土名清水墘，年載大租穀
壹百伍拾觔正。今因短少錢項，多言請过家長理
諭，幹田承回耕作，不將全項討納根租穀壹百斤
正，每百斤的價銀壹拾貳兩正，有錢之日備銀照約
據字面取贖。又言再請公人、母舅、家長核算光
緒以前分關起一起數目錢項歸款清算外，自
間後兄弟不得異言生端之理。又案現車佃田
壹號，此是母親養膳，翰兄舊年娶親，少銀借
出典，當後日有錢之日，即速備銀贖回付母親養
膳。母百年之日，兄弟均分。又物業以照分關
書各業各管，兄弟和氣之處，花萼相輝，謂之
子孫蘭桂騰芳。恐口無憑，立據字弍帋，各
執乙帋存照。

光緒叁拾年拾月　日立據字兄聲翰（押）
在見母舅陳志森（押）
公人叔開棟（押）
代字公吳孝盛（押）

3-2-144-5　清光緒三十年十月葉聲翰立據字

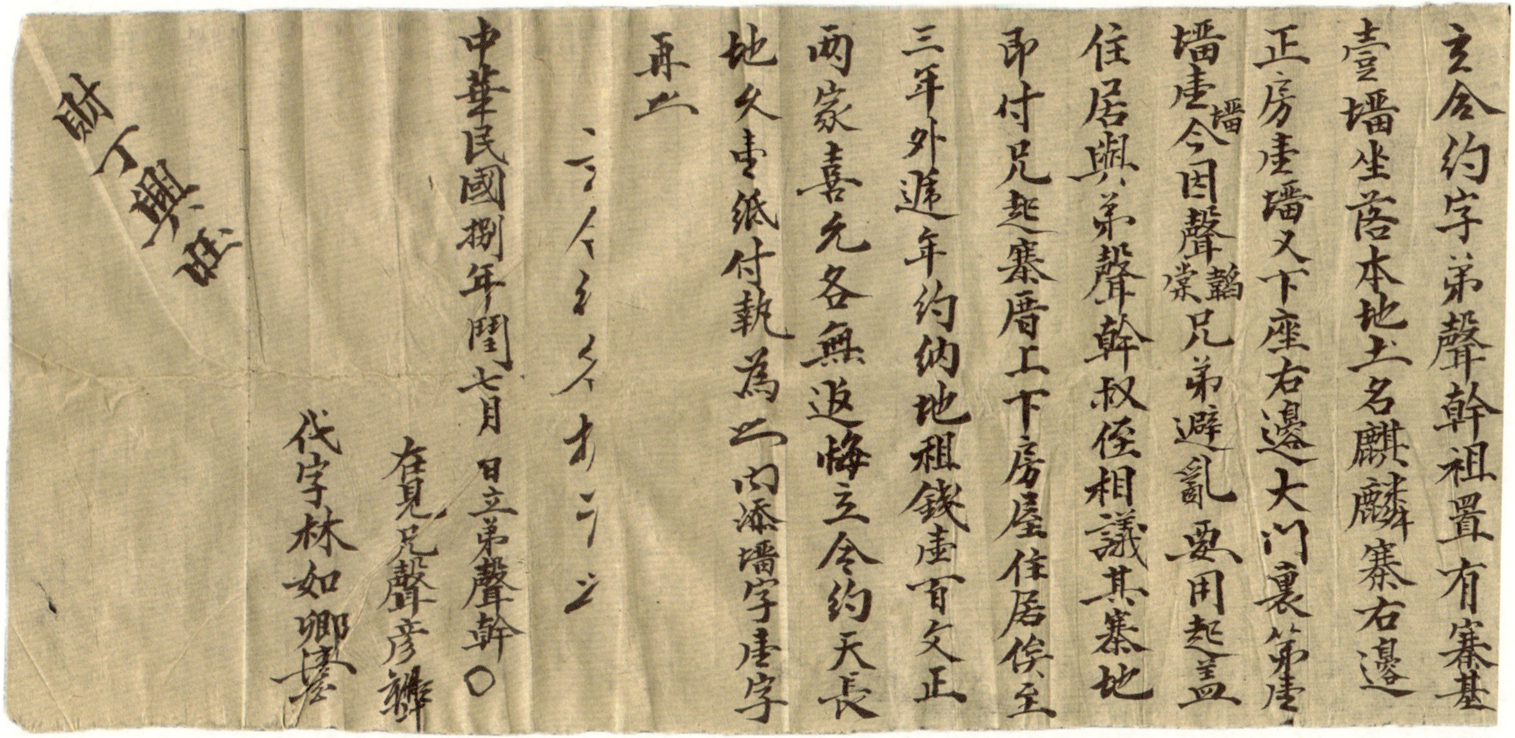
立合約字弟聲幹祖置有寨基
壹墻坐落本地土名麒麟寨右邊
正房座墻又下座右邊大门裏第座
墻座墻今因聲鎔棠兄弟避亂要用起蓋
住居與弟聲幹叔侄相議其寨地
即付兄起蓋厝上下房屋住居俟至
三年外還年約納地租錢壹百文正
兩家喜允各無返悔立合約天長
地久壹紙付執為照 内添墻字壹字
再照
[illegible]
中華民國捌年閏七月　日立弟聲幹〇
在見兄聲彦（押）
代字林如卿（押）
財丁興旺

3-2-144-6　民國八年閏七月葉聲幹立合約字

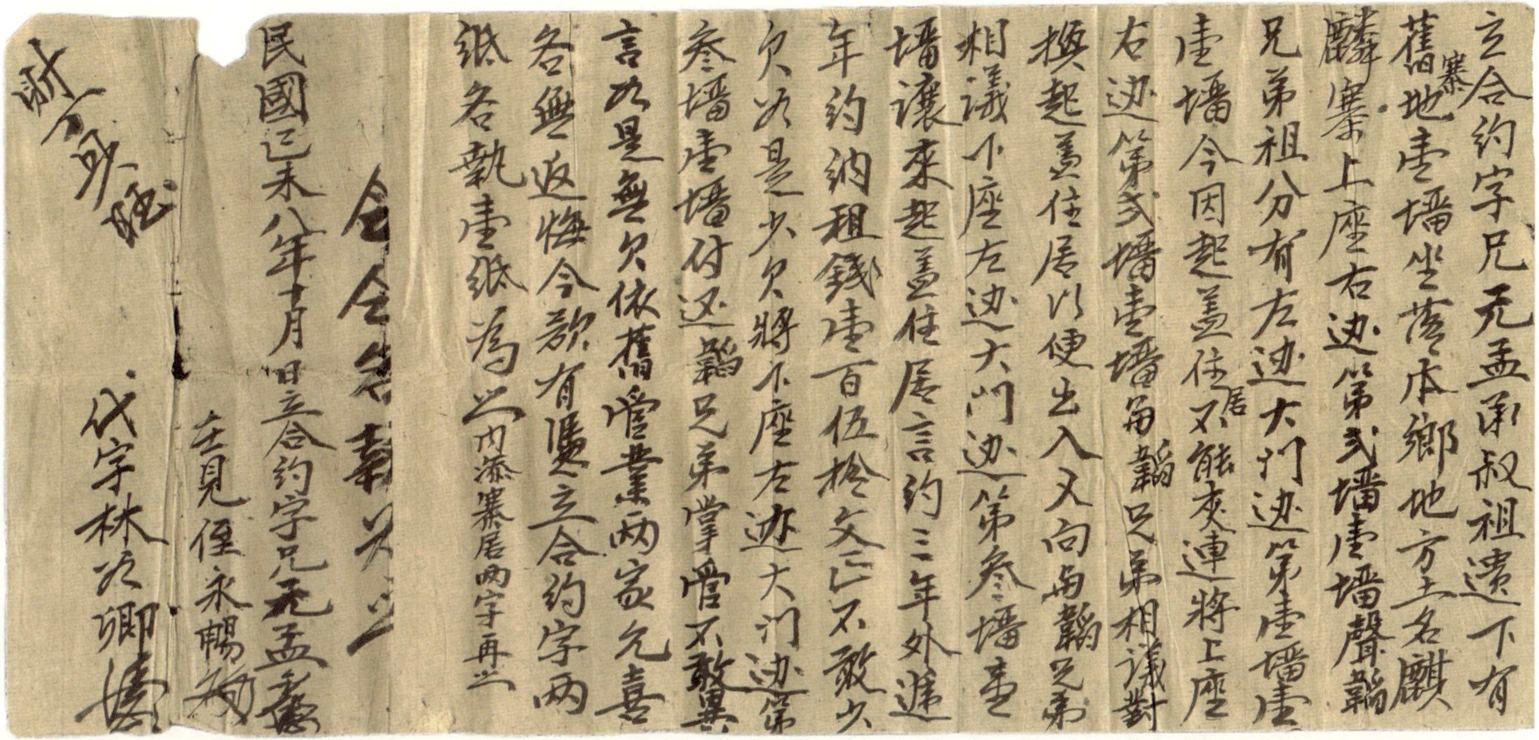

立合約字兄元孟弟叔祖遺下有
舊寨地壹墻坐落本鄉地方土名麒
麟寨上座右边第弍墻壹墻聲翰
兄弟祖分有右边大门边第壹墻壹
壹墻今因起盖住居不能來連將上座
右边第弍墻壹墻與翰兄弟相議對
换起盖住居以便出入又向與翰兄弟
相議下座左边大门边第叁墻壹
墻讓來起盖住居言約三年外進
年約納租錢壹百伍拾文正不敢少
欠如是少欠將下座右边大门边第
叁墻壹墻付还翰兄弟掌管不敢異
言如是無欠依舊管業兩家允喜
各無返悔今欲有憑立合約字兩
紙各執壹紙為照　内添寨居兩字再照
[illegible]
民國己未八年十月　日立合約字兄元孟
在見侄永暢
代字林玫卿
對合為照

3-2-144-7　民國八年十月葉元孟立合約字

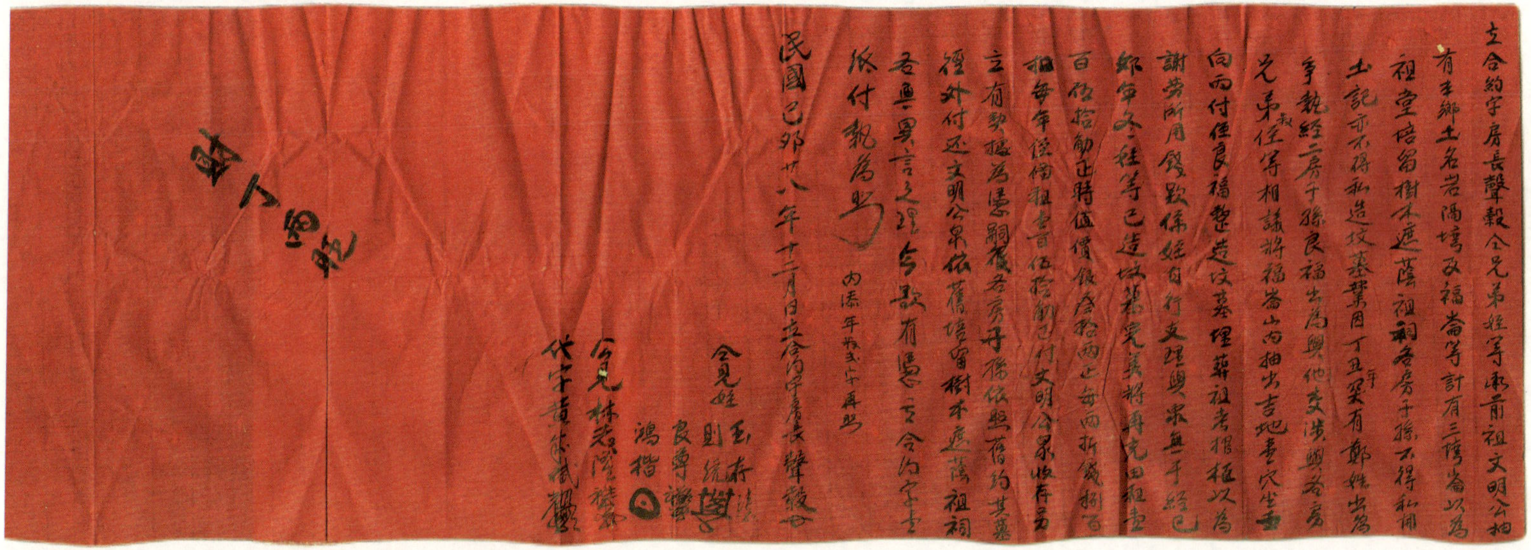
立合約字房長聲穀仝兄弟姪等承前祖文明公抽
有本鄉土名岩陽墘及福崙等計有三墳崙以為
祖堂培留樹木遮蔭祖祠各房子孫不得私補
土記亦不得私造坟墓葉因丁丑年冬有鄭姓出為
手執經二房子孫良福出為與他交涉興各房
兄弟叔侄等相議將福崙山內抽出吉地壹穴坐壹
向西付侄良福整造坟墓埋葬祖考相植以為
謝勞所用錢款係姪自行支理與眾無干經已
卯年冬姪等已造坟墓完美將再充田租壹
百伍拾觔正時值價銀叁兩正每兩折錢捌百
租每年從備租壹百伍拾觔已付文明公眾收存為
立有契據為憑嗣後各房子孫依照舊約其墓
徑外付還文明公眾依舊培留樹木遮蔭祖祠
各無異言之理今欲有憑立合約字壹
紙付執為照
內添年叔弍字再照
民國己卯廿八年十二月日立合約字房長聲穀
仝見姪 玉森 則綂 良尊 鴻楷
仝見 林茂隆
代字 黃

3-2-144-8　民國二十八年十二月葉聲穀等立合約字

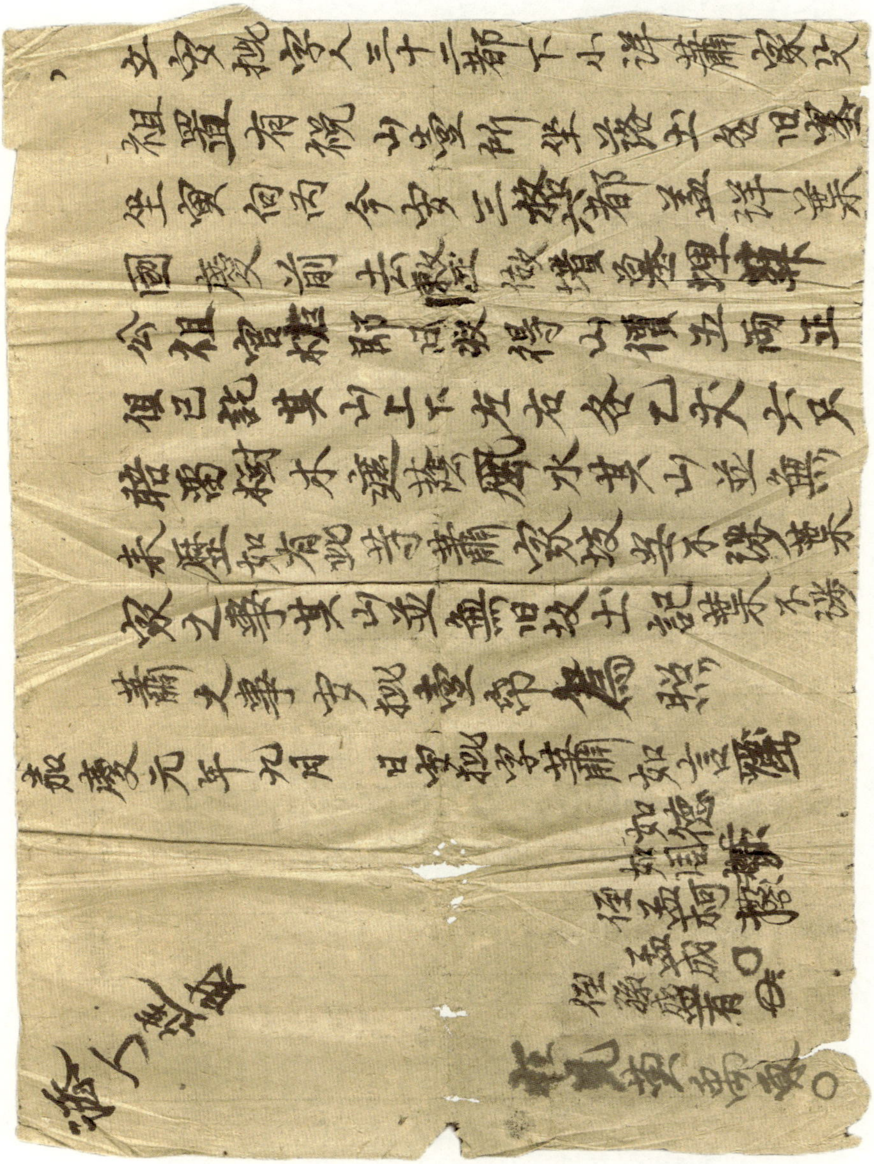
立安批字人三十二都下小洋蕭家次
祖置有稅山壹所，坐落土名旧峯
坐寅向內，今安三十都蓋洋葉宗
國慶前去[illegible]
[illegible]祖[illegible]前後得山價并兩正
[illegible]其山上下左右各[illegible]丈六尺
[illegible]樹木遮蔭風水，其山並無
[illegible]蕭家[illegible]不得[illegible]葉宗
家之事，其山並無旧墳土記，葉宗不涉
蕭家之事。安批壹帋為照。
嘉慶元年九月　日立安批字蕭如言（押）
[illegible]
[illegible]

3-2-145-1　清嘉慶元年九月蕭如言等立安批稅山字

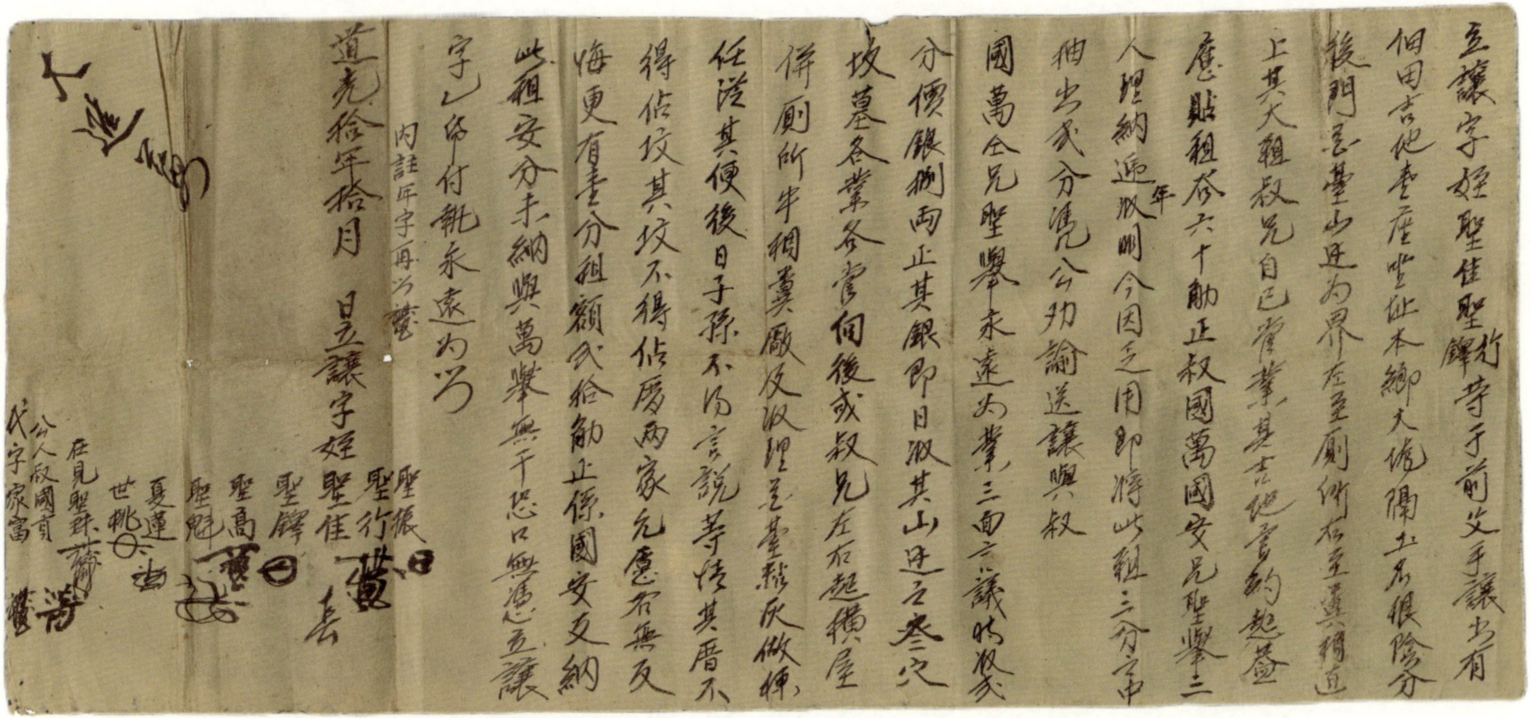

立讓字姪聖佳、聖鏵、聖行等，今因前父手讓出有
佃田吉地壹座，坐址本鄉大德陽，土名根除分
後門邑墓山，近為界，左至廁所，右至濠稍直
上，其大路叔兄自己掌業，其吉地當約埋葬，
應貼租谷六十觔正，叔國萬、國安兄聖舉三
人理納遞年，照明。今因乏用，即將此租三分之中
抽出弍分，憑公劝諭，送讓與叔
國萬仝兄聖舉永遠為業，三面言議時價
分價銀捌兩正，其銀即日收，其山近之叁穴
坟墓各業各掌。向後或叔兄左右起構屋
併廁所牛稠糞廄，及收埋尸墓糞灰做炖，
任從其便，後日子孫不得言說等情，其厝不
得佔坟，其坟不得佔厝，兩家允愿，各無反
悔，更有壹分租額弍拾觔正，係國安交納
此租，安分未納，與萬、舉無干。恐口無憑，立讓
字一紙付執，永遠為照。
內註年字再照證
道光拾年拾月　日立讓字姪聖佳、聖行、聖振、聖鏵、聖高、聖魁
夏蓮
世桃
在見聖珠
公人叔國貢
代字家富

3-2-145-2　清道光十年十月葉聖佳等立讓佃田吉地字

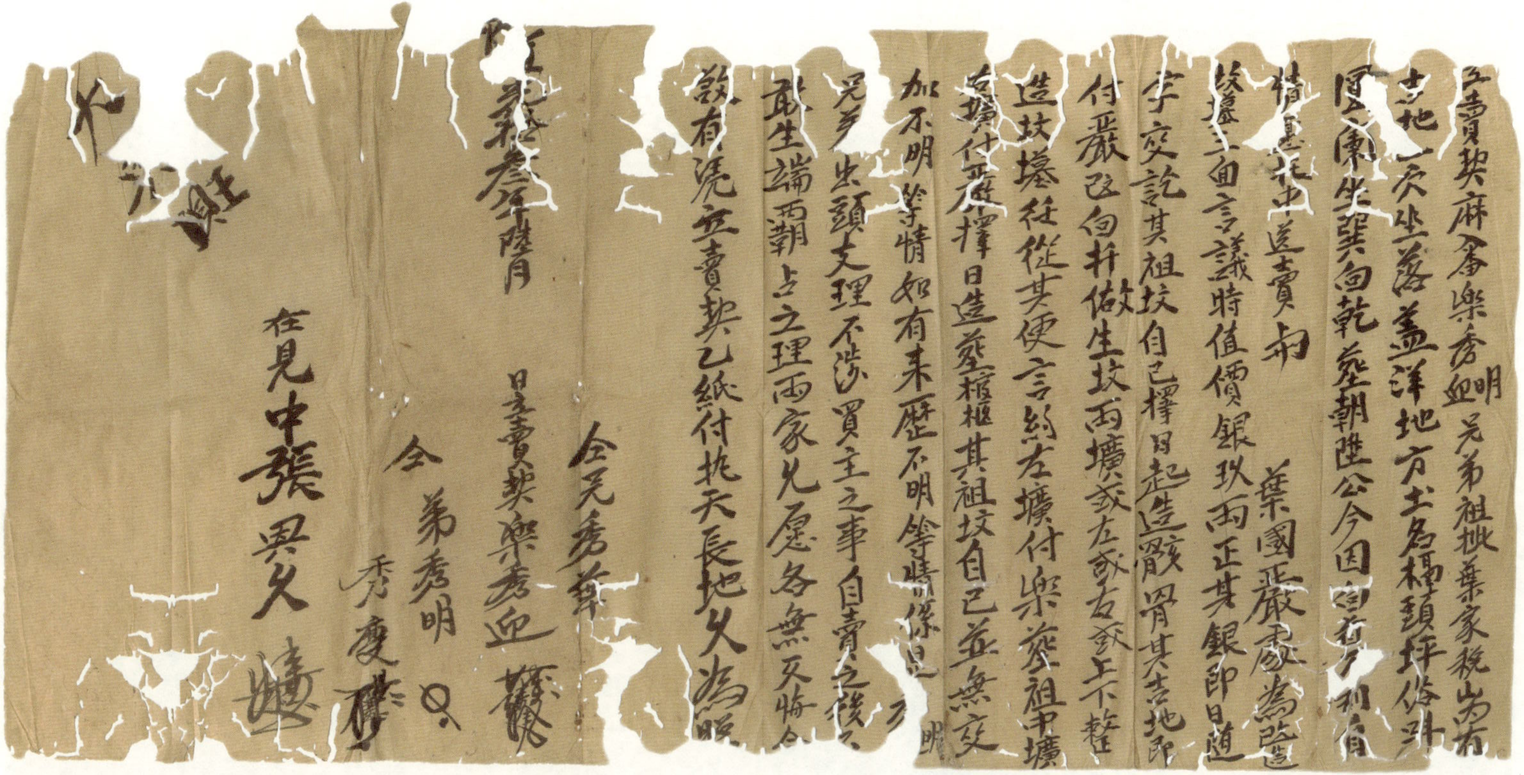
立賣契□人樂秀迎明兄弟祖批葉家税山爲有
吉地一穴坐落蓋洋地方土名梯頭坪後斗
□□坐巽向乾兼巽朝迎公今因□□利用
情愿托中送賣與
葉國正嚴盛爲造
坟墓三面言議時值價銀玖兩正其銀即日隨
手交訖其祖坟自己擇日起造嚴買其吉地即
付嚴改向扦做生坟兩壙弍左弍右上下整
造坟壙任從其便言約左壙付樂家祖中壙
右壙付嚴擇日造葬棺柩其祖坟自己並無交
加不明等情如有來歷不明等情係自□明
兄弟出頭支理不涉買主之事自賣之後
□生端兩朝上之理兩家允愿各無反悔
欲有憑立賣契乙紙付執天長地久爲照
道光拾叁年陸月　日立賣契樂秀迎
仝兄秀華
仝弟秀明
秀慶
在見中張異久
□□

3-2-145-3　清道光十三年六月樂秀明等立賣吉地契

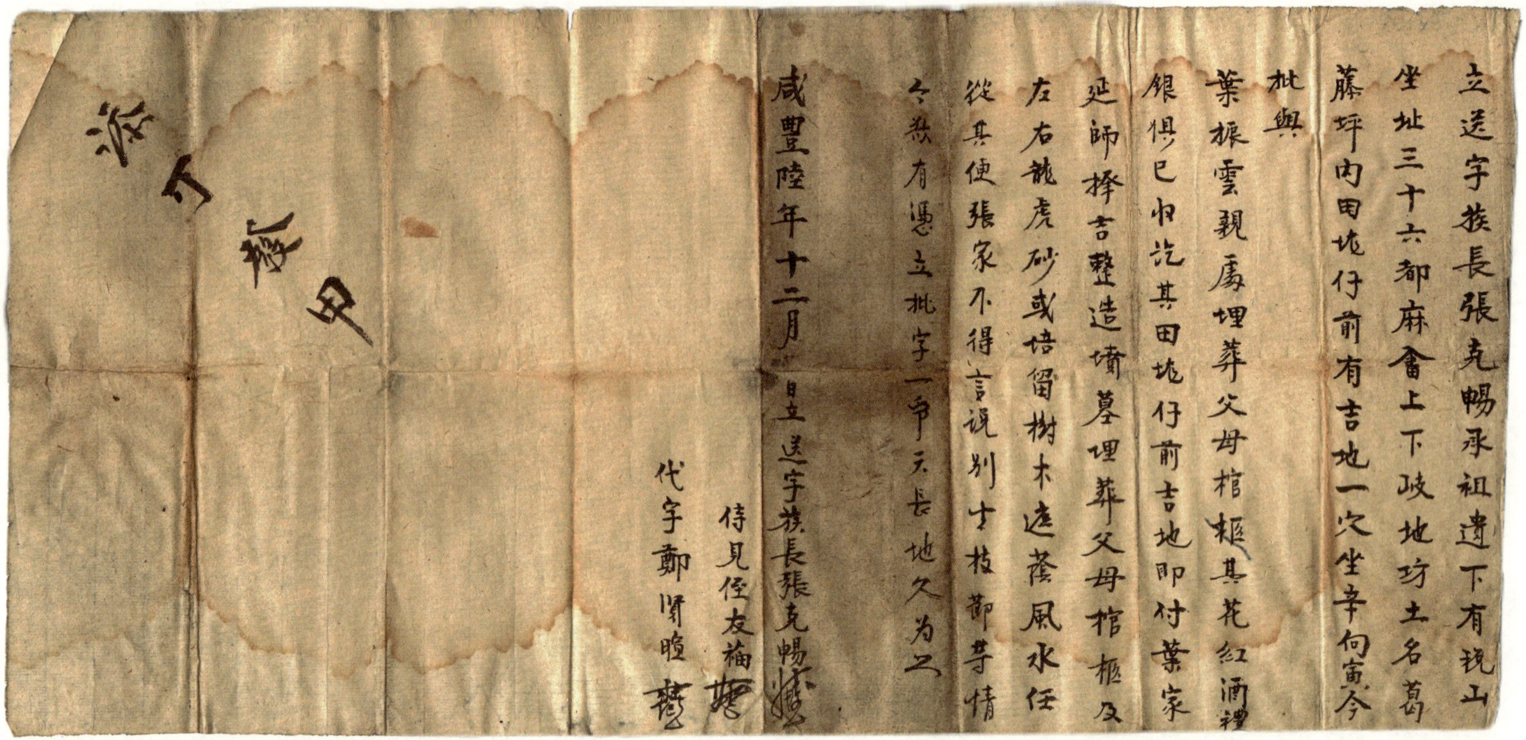

立送字族長張克暢承祖遺下有稅山
坐址三十六都麻畬上下歧地坊土名葛
藤坪內田坵仔前有吉地一穴坐辛向寅今
批與
葉振雲親處埋葬父母棺柩其花紅酒禮
銀俱已收訖其田坵仔前吉地即付葉家
延師擇吉整造墳墓埋葬父母棺柩及
左右龍虎砂或培留樹木遮蔭風水任
從其便張家不得言說別寸枝節等情
今欲有憑立批字一帋天長地久為照
咸豐陸年十二月　日立送字族長張克暢（押）
侍見侄友福（押）
代字鄭賢暄（押）
添丁發甲

3-2-145-4　清咸豐六年十二月張克暢立送吉地字

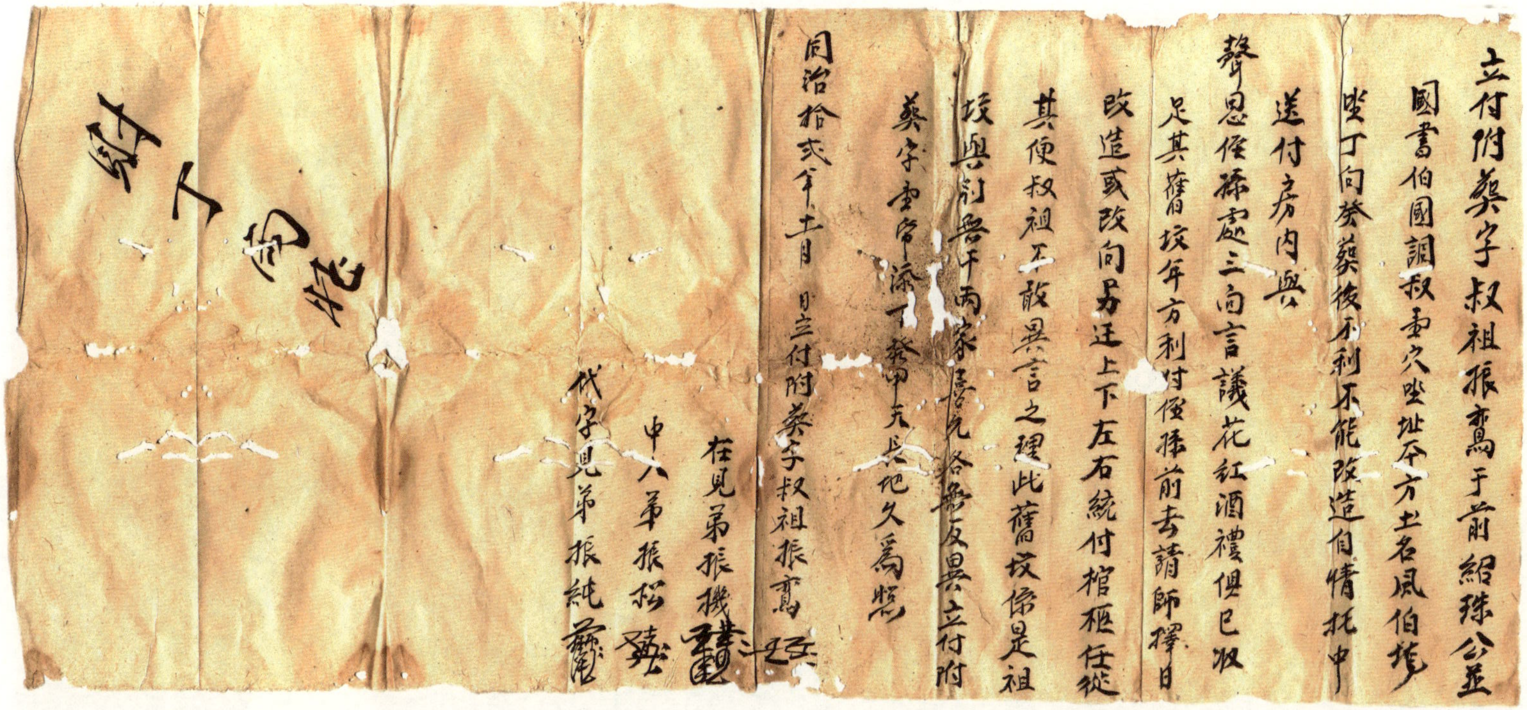

立付附葬字叔祖振鳶于前紹珠公並
國書伯國詞叔垂穴坐址本方土名鳳伯垅
坐丁向癸葬後不利不能改造自情托中
送付房内與
聲恩侄孫處三面言議花紅酒禮俱已收
足其舊坟年方利付侄孫前去請師擇日
改造或改向另迁上下左右統付棺柩任從
其便叔祖不敢異言之理此舊坟係是祖
坟與别無干兩家喜允各無反異立付附
葬字壹帋添丁發甲天長地久為照
同治拾貳年十一月　日立付附葬字叔祖振鳶（押）
在見弟振機（押）
中人弟振松（押）
代字見弟振純（押）

3-2-145-5　清同治十二年十一月葉振鳶立付附葬字

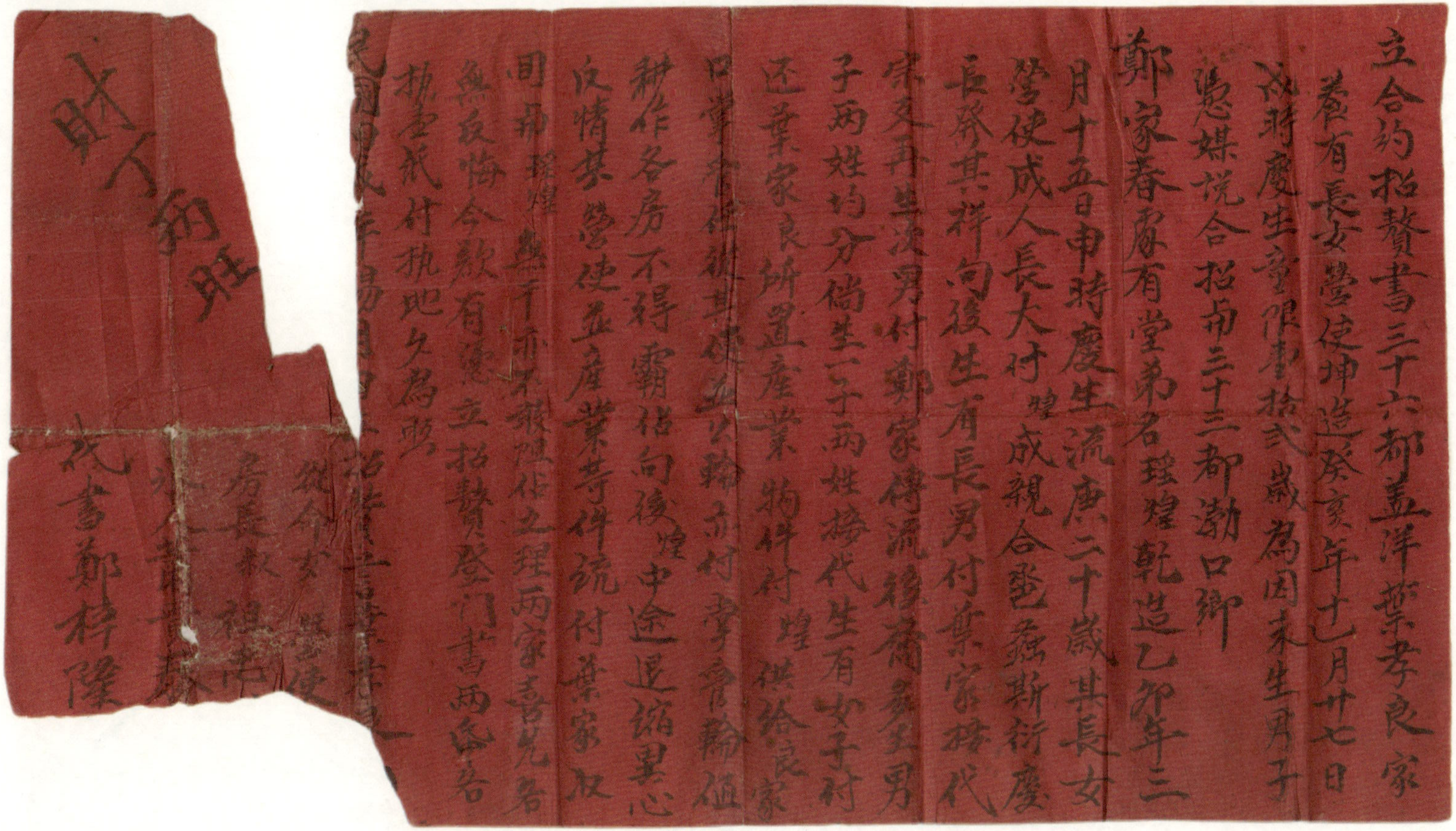

立合約招贅書三十六都盖洋葉孝良家
養有長女營使，坤造癸亥年十一月廿七日
戌時慶生，童限本拾弍歲，爲因未生男子，
憑媒説合招布三十三都渤口鄉
鄭家春，蔭有堂弟名瑞煌，乾造乙卯年三
月十五日申時慶生，流庚二十歲，其長女
營使成人長大，付煌成親合巹，螽斯衍慶，
長發其祥。向後生有長男，付葉家接代
宗支；再生次男，付鄭家傳流。移養多生男
子，兩姓均分；倘生一子，兩姓接代；生有女子，付
還葉家。良所置產業物件，付煌供給良家
口食，并任其終身，亦付孝食輪值
耕作，各房不得霸佔。向後煌中途退縮異心
負情，其營使並產業等件，統付葉家收
回，瑞煌無干，亦不敢阻佔之理。兩家喜允，各
無反悔。今欲有憑，立招贅登門書兩紙，各
執壹紙，付執炤久爲照。
民國甲戌年拾月　日　立招贅書[illegible]
從命女　營使
房長叔　祖光
在見　[illegible]
代書　鄭梓隆
文人約照

3-2-146-1　民國二十三年十月葉孝良立招贅書

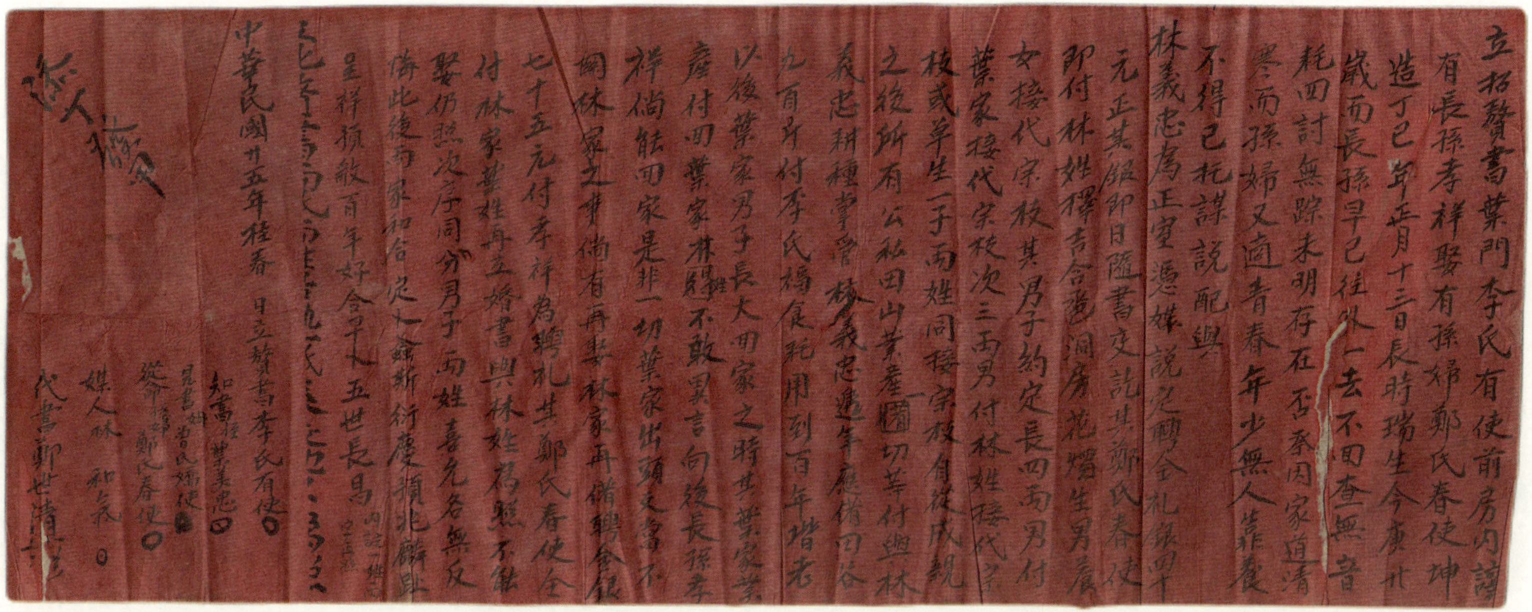

立招贅書葉門李氏有使前房內諱
有長孫李祥娶有孫婦鄭氏春使坤
造丁巳年正月十三日長時瑞生今庚廿
歲而長孫早已往外一去不回查無音
耗四討無踪未明存在否李因家道清
寒而孫婦又適青春年少無人靠養
不得已托謀說配與
林義忠為正室憑媒說定聘金禮銀四十
元正其銀即日隨書交訖其鄭氏春使
即付林姓擇吉合巹洞房花燭生男養
女接代宗枝其男子約定長四兩男付
葉家接代宗枝次三兩男付林姓接代宗
枝式早生一子兩姓同接宗枝自從成親
之後所有公私田山業產圖切並付與林
義忠耕種掌管林義忠逐年應備田谷
九百斤付李氏[illegible]食耗用到百年增老
以後葉家男子長大回家之時其葉家業
產付回葉家林姓不敢異言向後長孫李
祥倘能回家是非一切葉家出頭支當不
關林家之事倘有再娶林家再備聘金銀
七十五元付李祥為聘禮其鄭氏春使全
付林家葉姓再立婚書與林姓為照不能
娶仍照次序同分男子兩姓喜允各無反
悔此後兩家和合[illegible]一鑑斯衍慶猶兆麟趾 [illegible]
呈祥損毅百年好合子孫五世長昌
[illegible]
中華民國廿五年桂春　日立招贅書李氏有使
知書侄葉美忠
見書姆曾氏嬌使
從命孫媳鄭氏春使
媒人林和義
代書鄭世清
[illegible]

3-2-146-2　民國二十五年桂春葉門李氏有使立招贅書

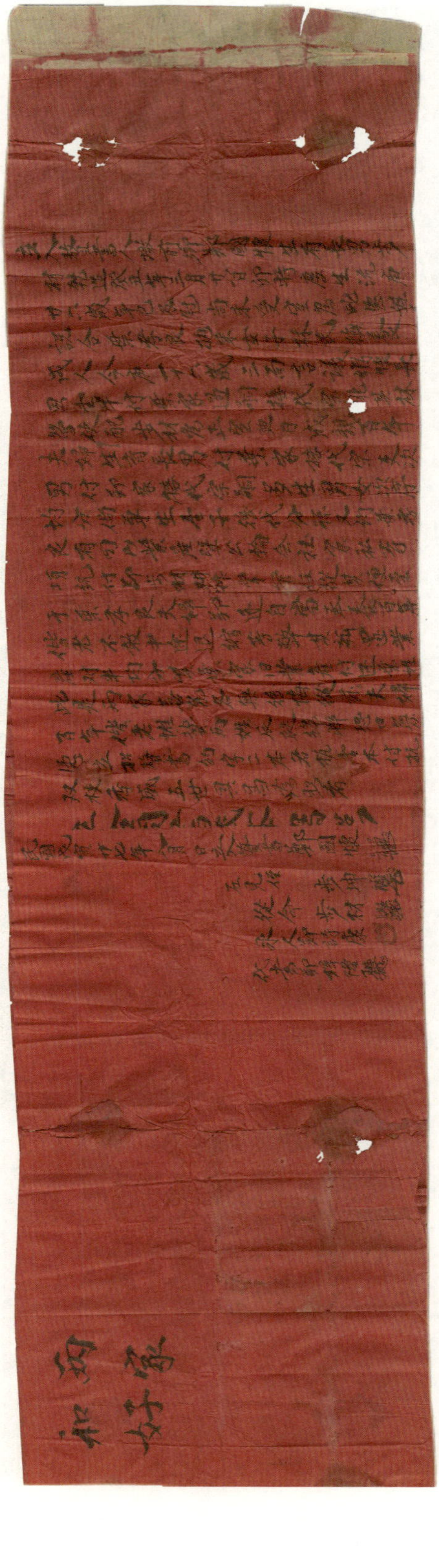

3-2-146-3 民國二十七年八月鄭國懷立人贅書

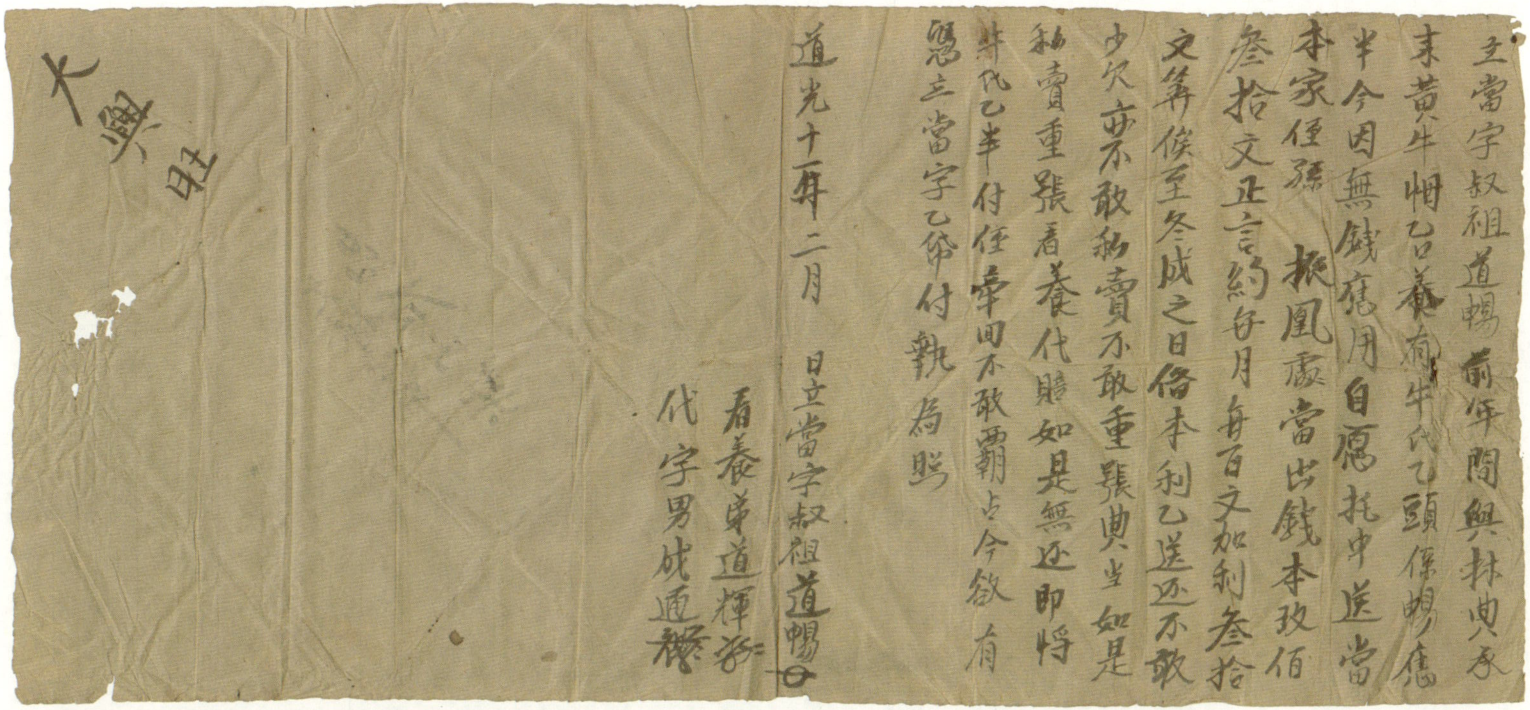

立當字叔祖道暢，前年間與林典承
來黃牛牸乙只，養有牛仔乙頭，係暢應
半。今因無錢應用，自愿托中送當
本家侄孫　振鳳處，當出錢本玖佰
叁拾文正，言約每月每百文加利叁拾
文算，俟至冬成之日，備本利乙送還，不敢
少欠，亦不敢私賣，不敢重張典當。如是
私賣重張，看養代賠，如是無還，即將
牛仔乙半付侄孫掌回，不敢霸占。今欲有
憑，立當字乙紙付執為照。

道光十一年二月　　日立當字叔祖道暢（押）
看養弟道輝（押）
代字男成通（押）

3-2-147-1　清道光十一年二月葉道暢立當黃牛牸字

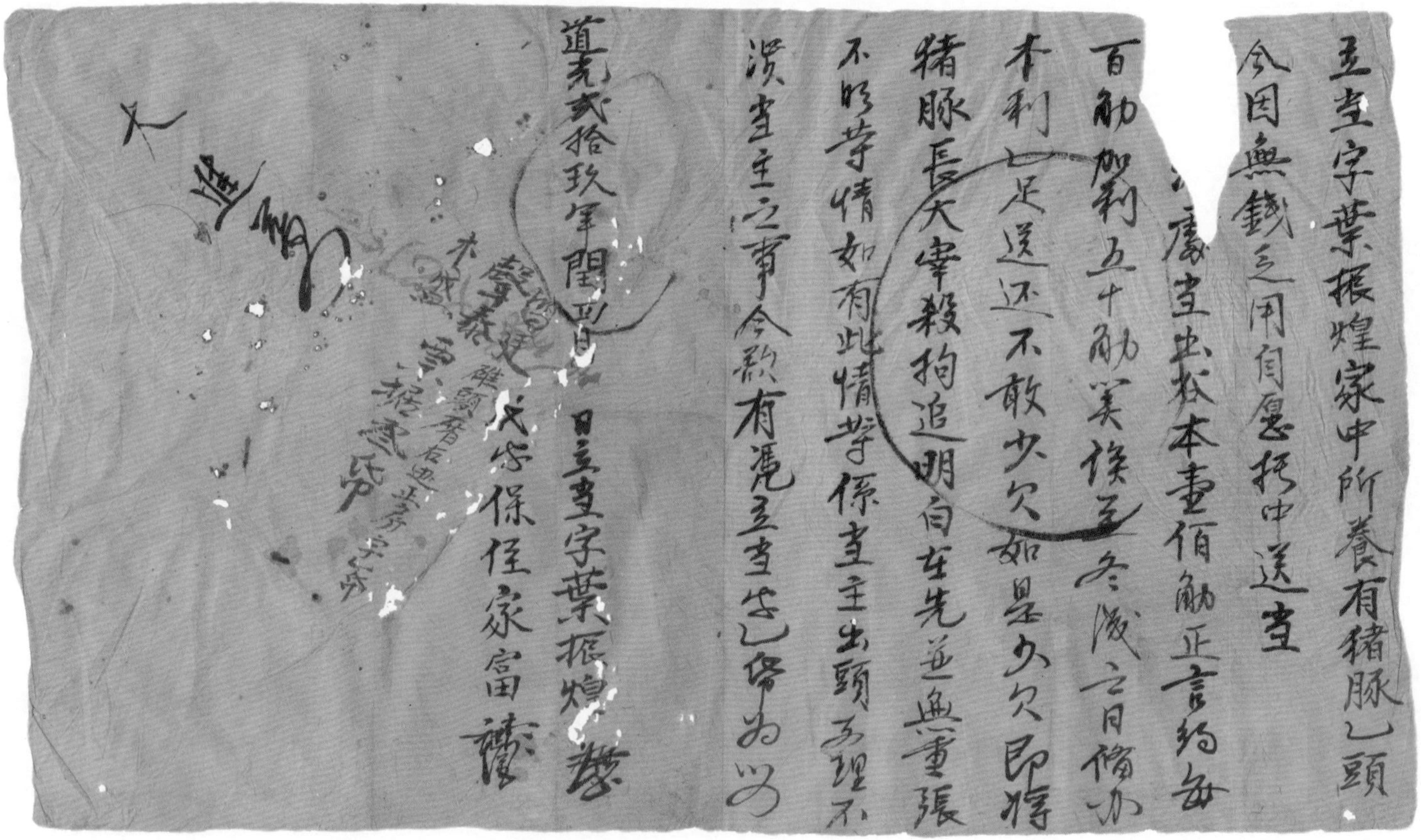

3-2-147-2 清道光二十九年閏四月葉振煌立當猪豚字（廢契）

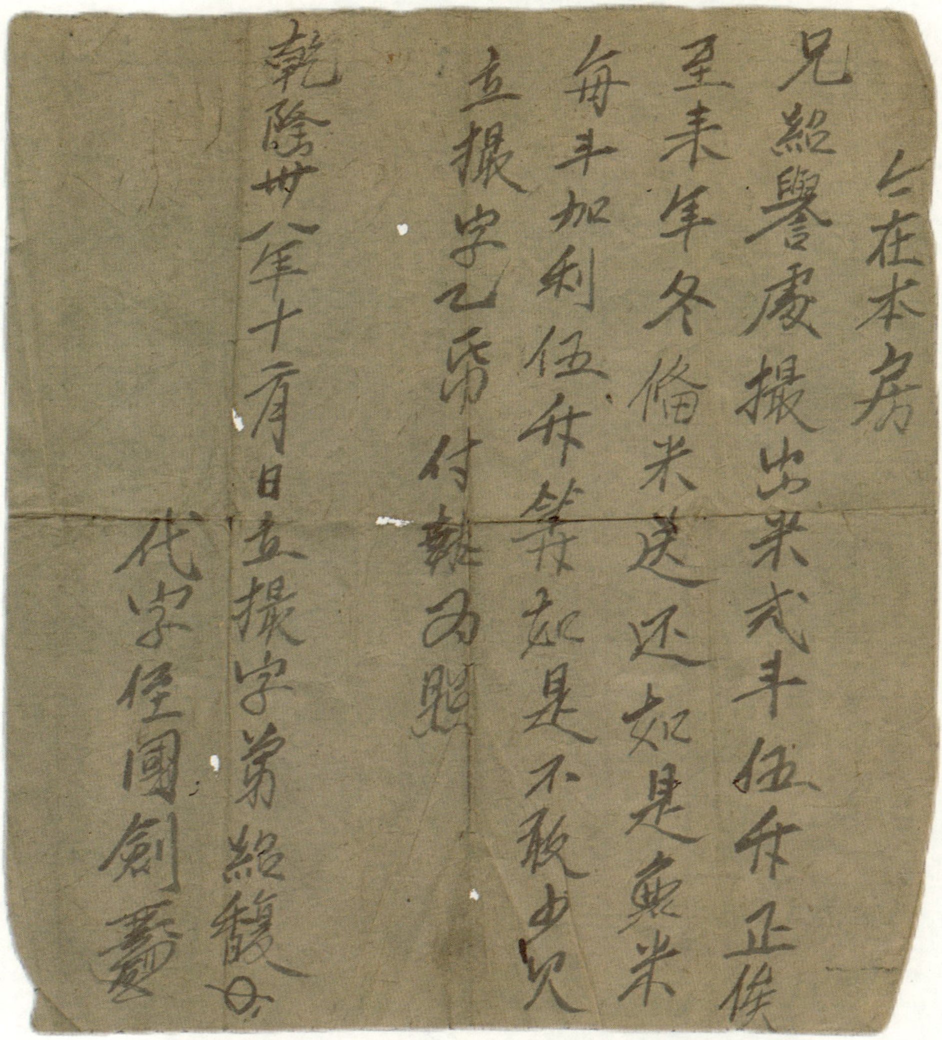
今在本房
兄紹譽處撮出米弍斗伍升正，俟
至來年冬備米送還，如是其米
每斗加利伍升，筭如是不敢少欠。
立撮字乙紙付執為照。
乾隆卅八年十二月日立撮字弟紹馥（押）
代字侄國劍（押）

3-2-148-1　清乾隆三十八年十二月葉紹馥立撮字

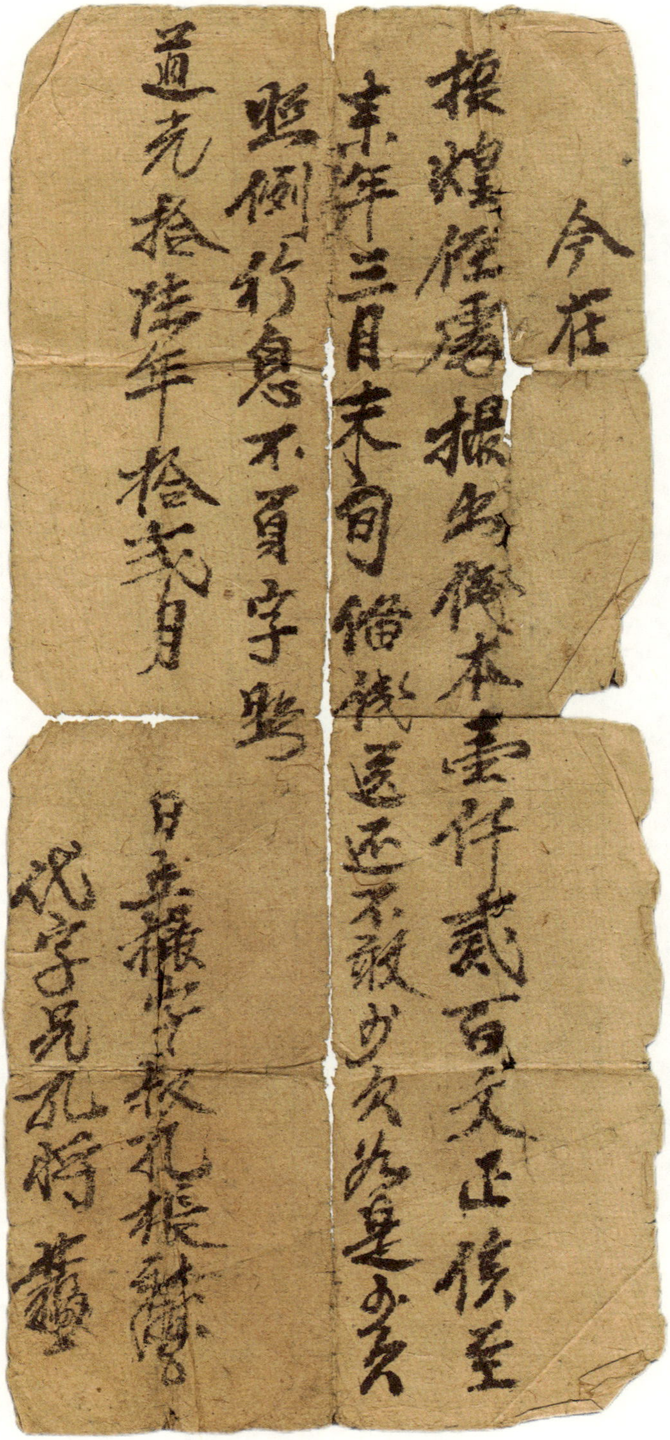

今在
振煌侄處撮出錢本壹仟貳百文正，俟至
来年三月末旬備錢送还，不敢少欠，如是少欠，
照例行息，不負，字照。
道光拾陆年拾弍月　日立撮字叔孔根（押）
代字兄孔待（押）

3-2-148-2　清道光十六年十二月葉孔根立撮字

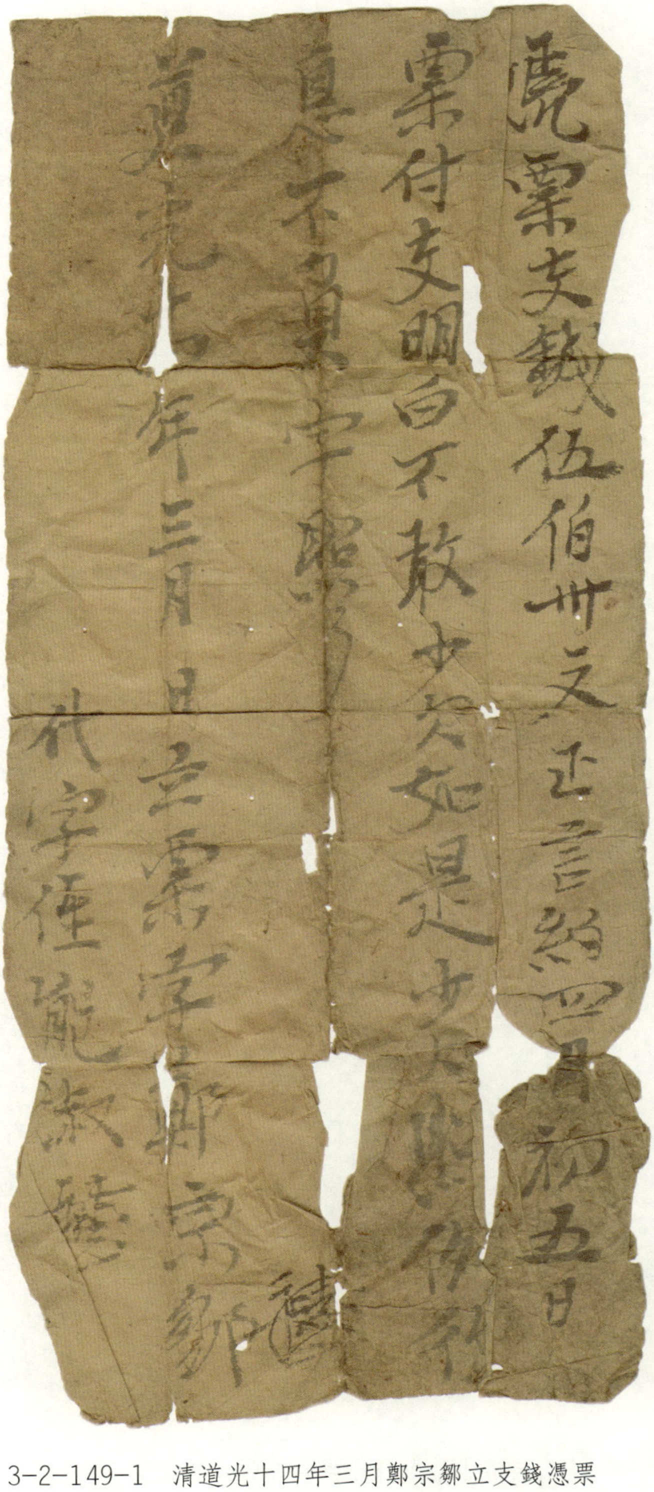
憑票支錢伍佰卅文正言約四月初五日
票付支明白不敢少欠如是少欠錢仍利
恐口不足具字照
道光十四年三月　日立票字鄭宗鄉（押）
代字侄瓏澂筆

3-2-149-1　清道光十四年三月鄭宗鄉立支錢憑票

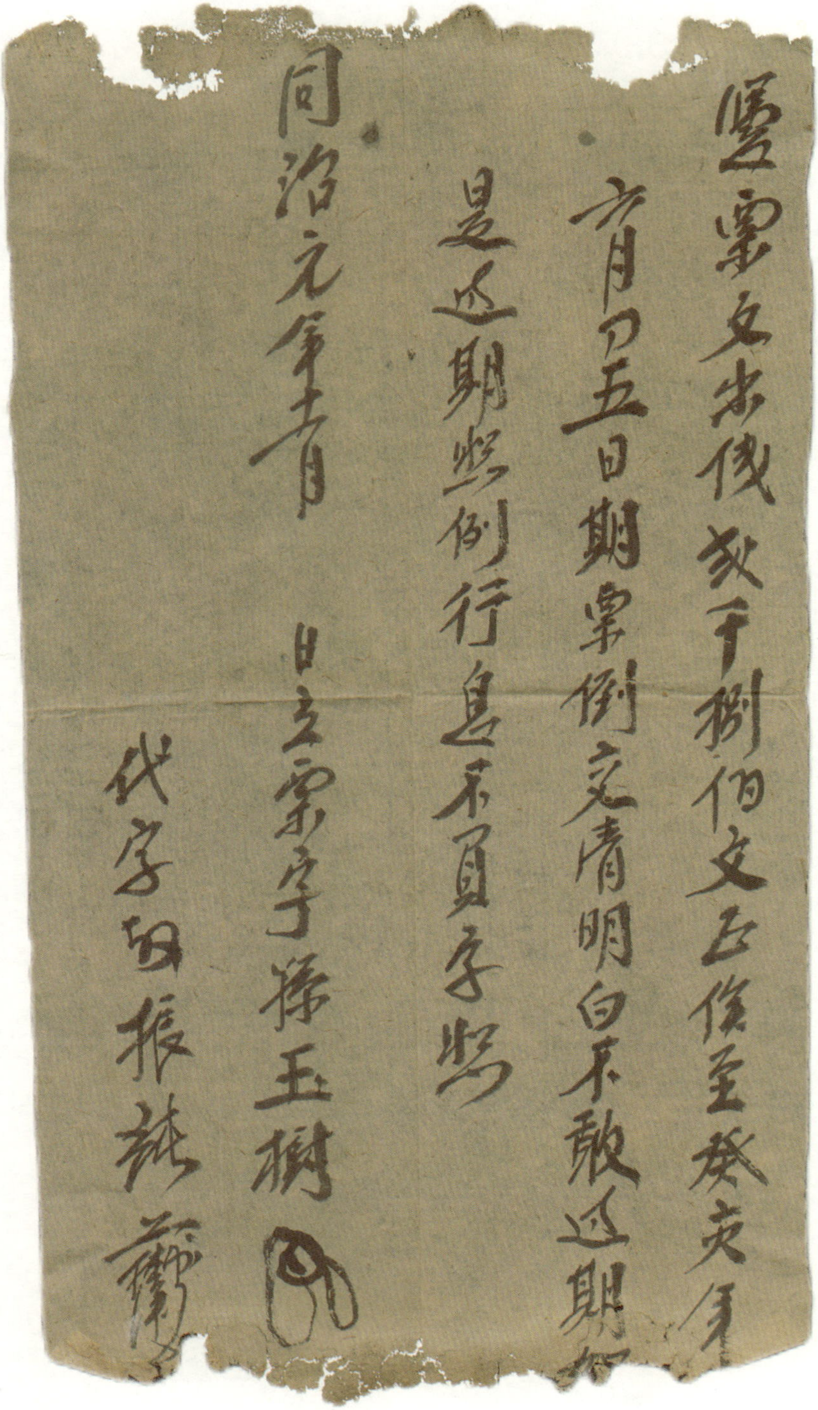
憑票支出錢拾千樹伯文正候至癸亥年

六月廿五日期票例交清明白不敢逾期如

是逾期照例行息不負字照

同治元年十一月　日立票字葉玉樹（押）

代字胡振鋭

3-2-149-2　清同治元年十一月葉玉樹立支錢憑票

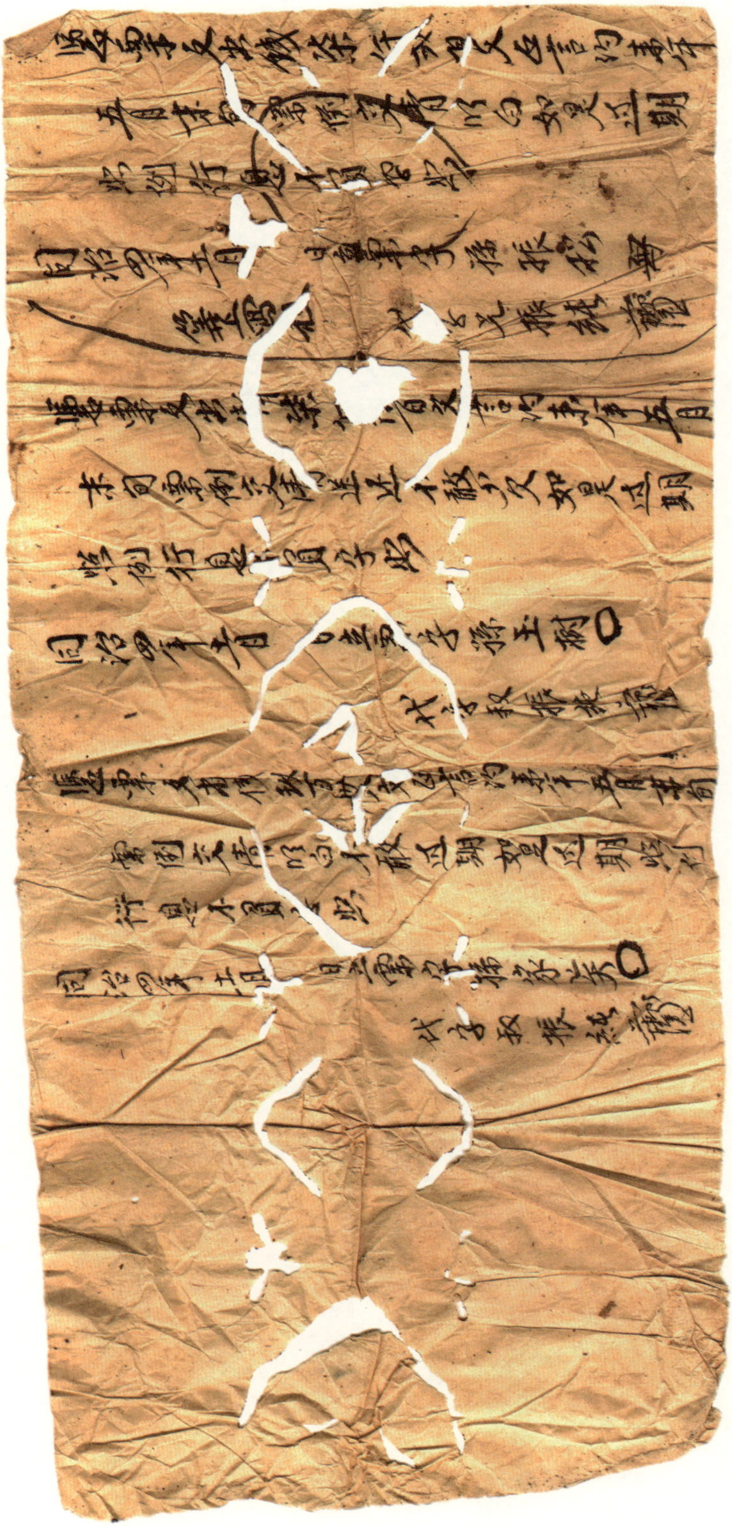

3-2-149-3 清同治四年十一月葉振松立支錢憑票

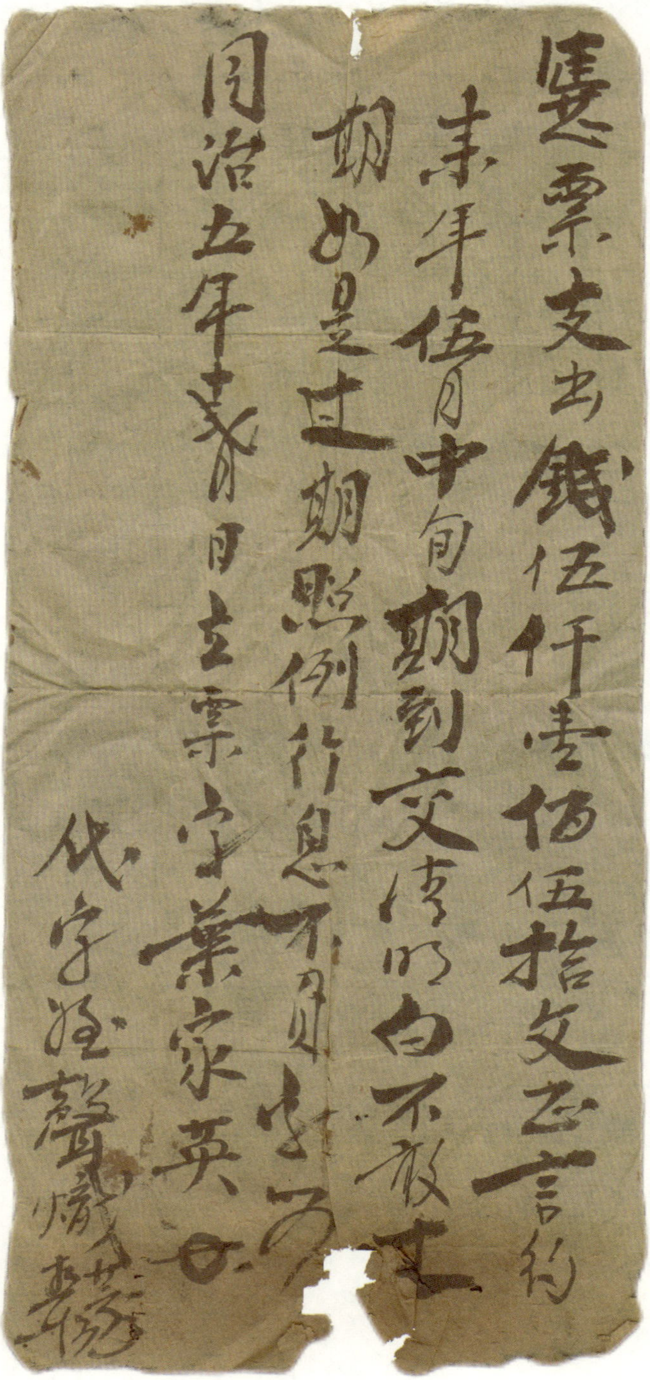
憑票支出錢伍仟壹佰伍拾文正言約
來年伍月中旬期到交清明白不敢少
期如是過期照例行息不得生[illegible]
同治五年十二月　日立票字葉家英（押）
代字侄[illegible]

3-2-149-4　清同治五年十二月葉家英立支錢憑票

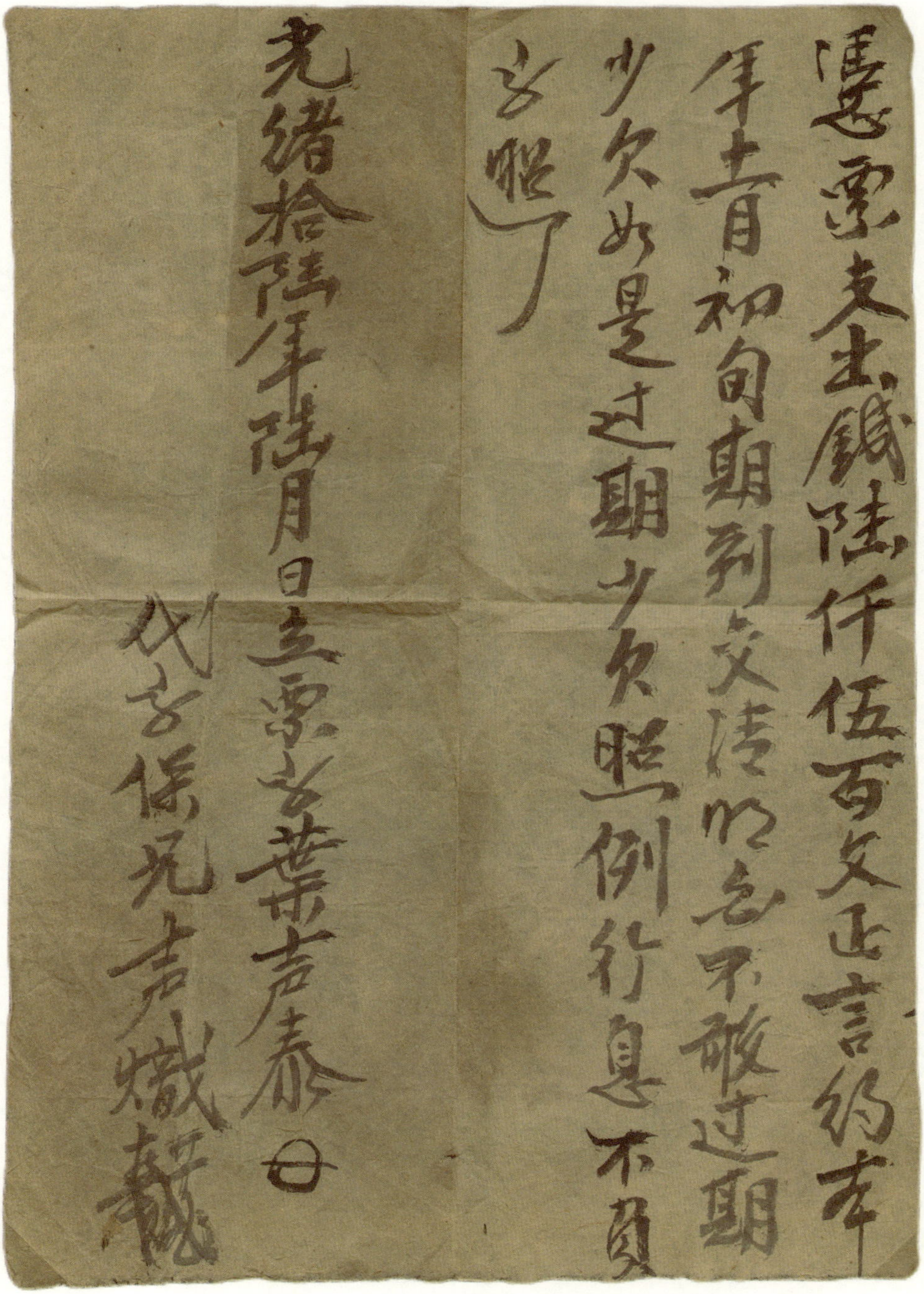

憑票支出錢陸仟伍百文正言約本
年十二月初旬期到交清以免不敢过期
少欠如是过期少欠照例行息不負
立照
還了
光緒拾陸年陸月　日立票者葉声泰
代字保兄声熾

3-2-149-5　清光緒十六年六月葉声泰立支錢憑票

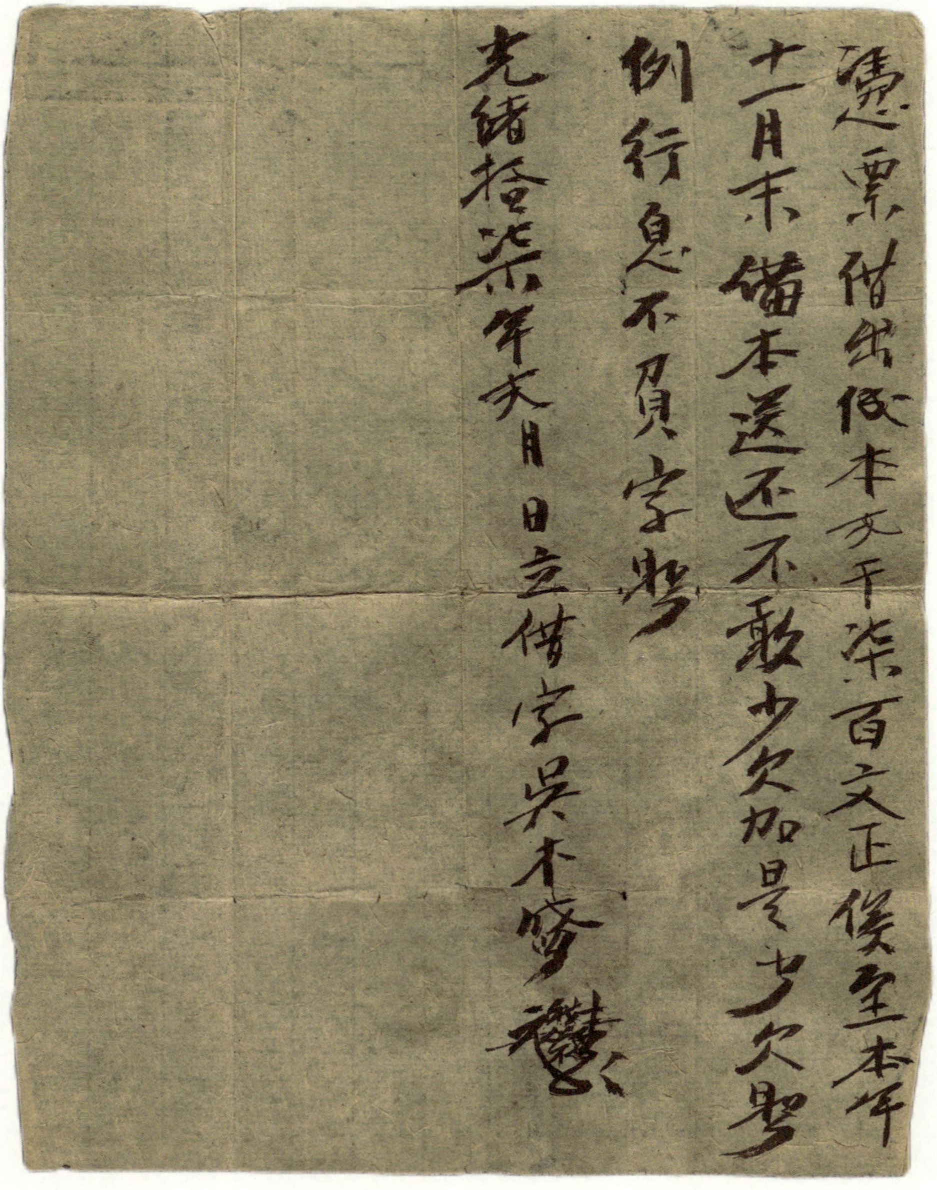

憑票借錢低本文千柒百文正俟至本年
十二月末備本送还不敢少欠加是少欠照
例行息不負字照
光緒拾柒年二月 日立借字吴木盛

3-2-149-6 清光緒十七年二月吴木盛立借錢憑票

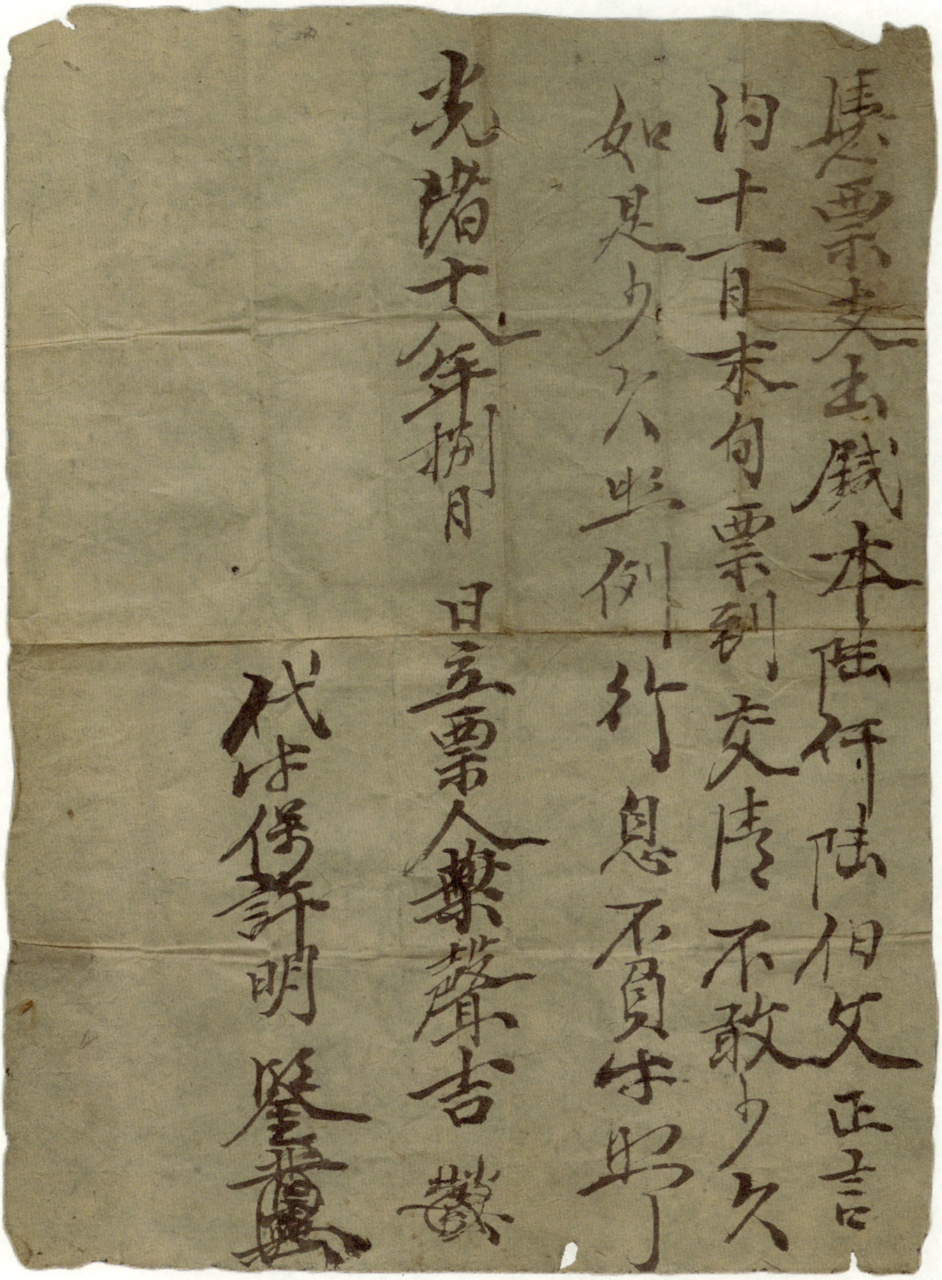
憑票支去錢本陸仟陸伯文正言

约十一月末旬票到交清不敢少欠

如是少欠八出例行息不負字照

光緒十八年捌月　日立票人葉聲吉

代字保許明鑒

3-2-149-7　清光緒十八年八月葉聲吉立支錢憑票

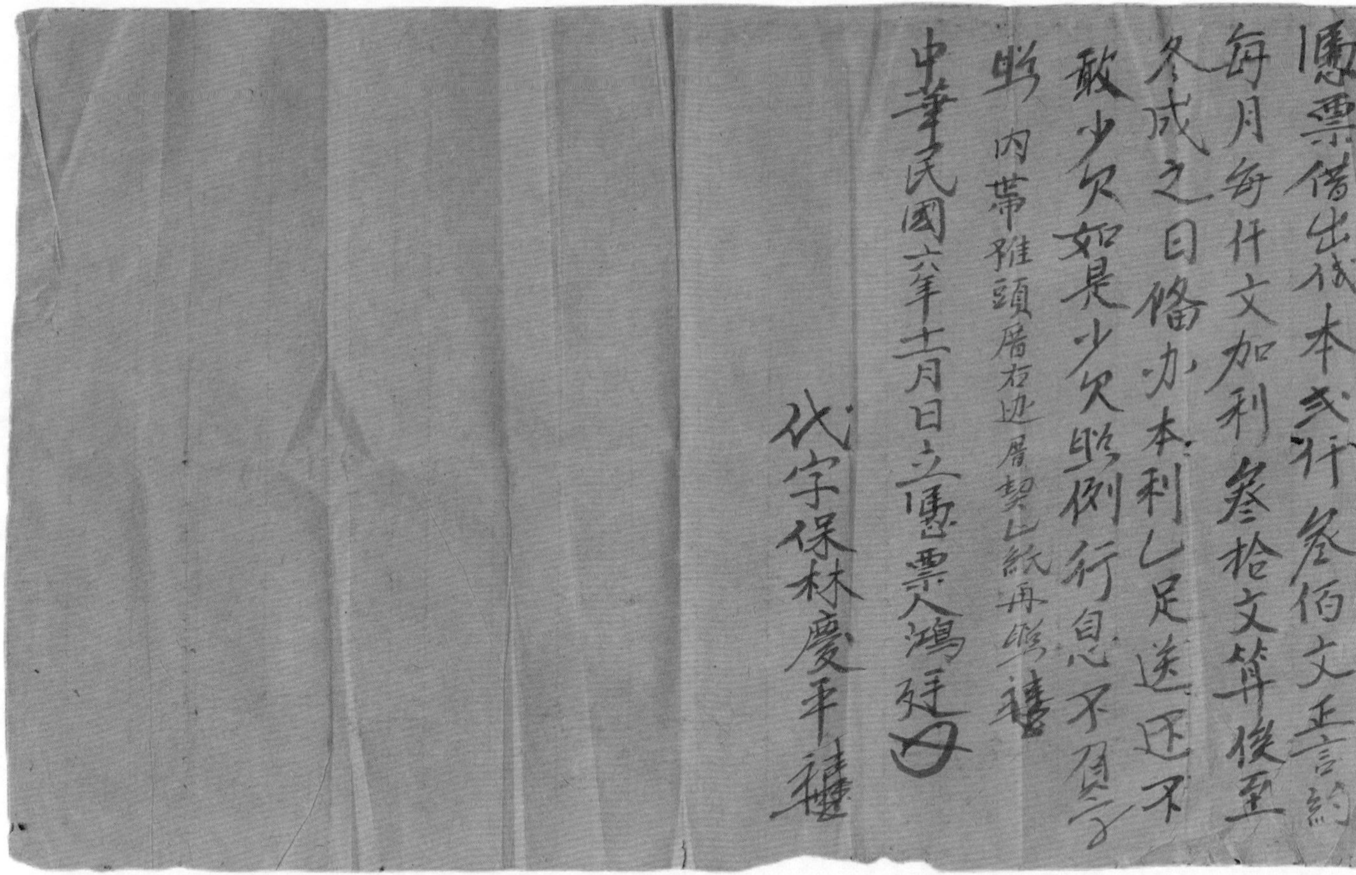
憑票借出錢本弍仟叁佰文正言約
每月每仟文加利叁拾文算後至
冬成之日將本利足送還不
敢少欠如是少欠照例行息不得了
照 內帶雅頭厝右边厝契山紙再照據
中華民國六年十一月日立憑票人鴻廷（押）
代字保林慶平據

3-2-149-8　民國六年十一月葉鴻廷立借錢憑票

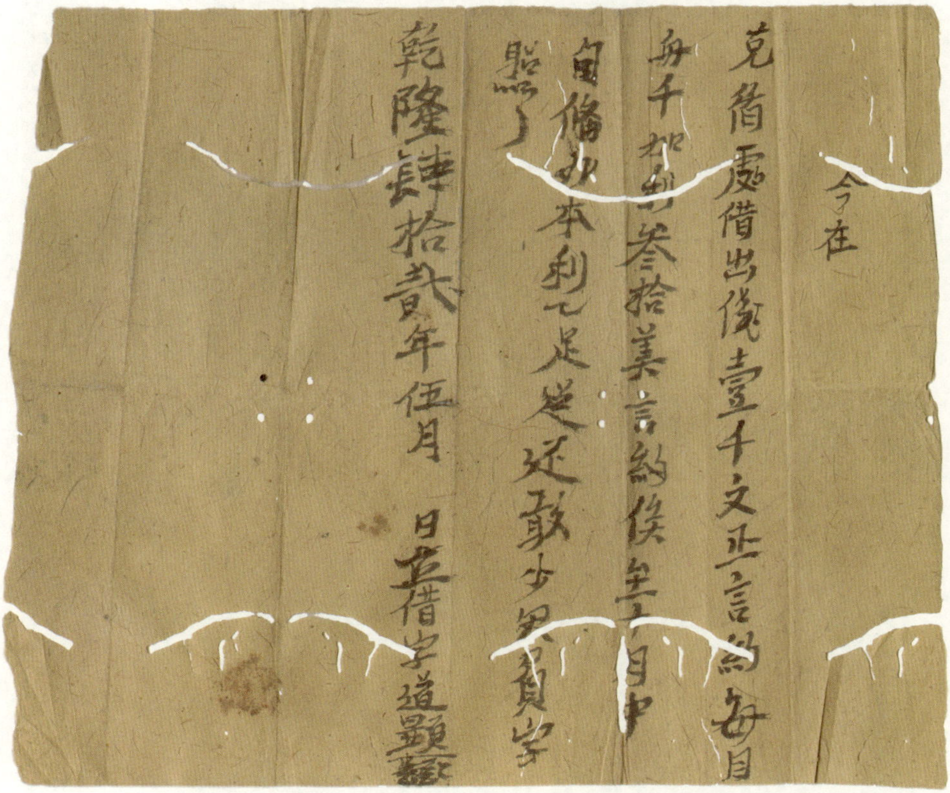

今在
克旹處借出錢壹千文正言約每月
每千加利叁拾美言約俟至十月中
自備錢本利一足送還不敢少累負字
照ノ
乾隆肆拾貳年伍月 日立借字道顯

3-2-150-1 清乾隆四十二年五月葉道顯立借錢字

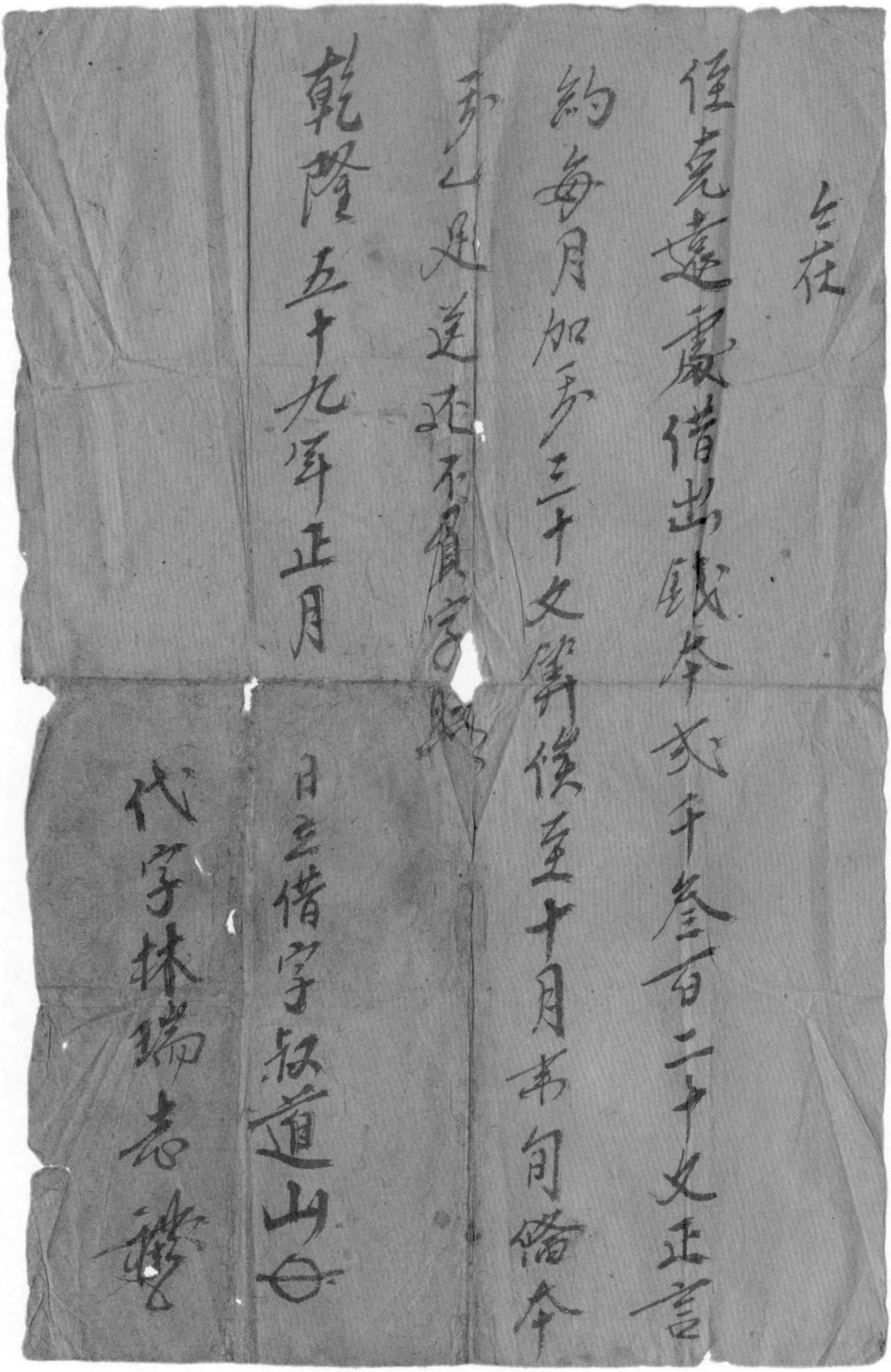

仝在
侄克遠處借出錢本貳千叁百二十文正言
約每月加利三十文算，候至十月中旬備本
利山足送還不負字照
乾隆五十九年正月　日立借字叔道山
代字林瑞志

3-2-150-2　清乾隆五十九年正月葉道山立借錢字

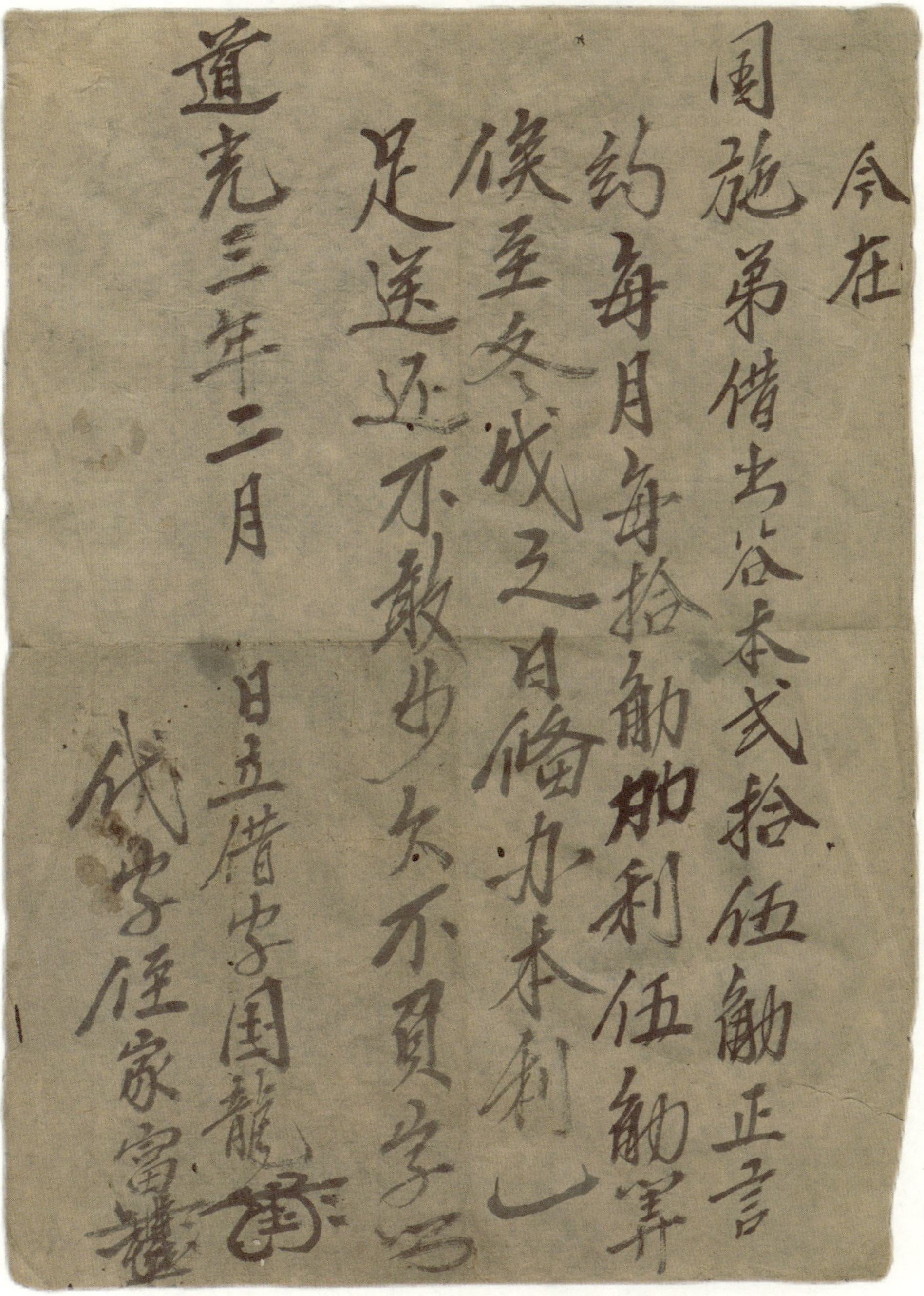

今在
国施弟借出谷本弍拾伍觔正言
約每月每拾觔加利伍觔算
候至冬成之日倫办本利
足送还不敢少欠不負字号
日立借字国龍（押）
代字侄家富（押）
道光三年二月

3-2-150-3　清道光三年二月葉国龍立借穀字

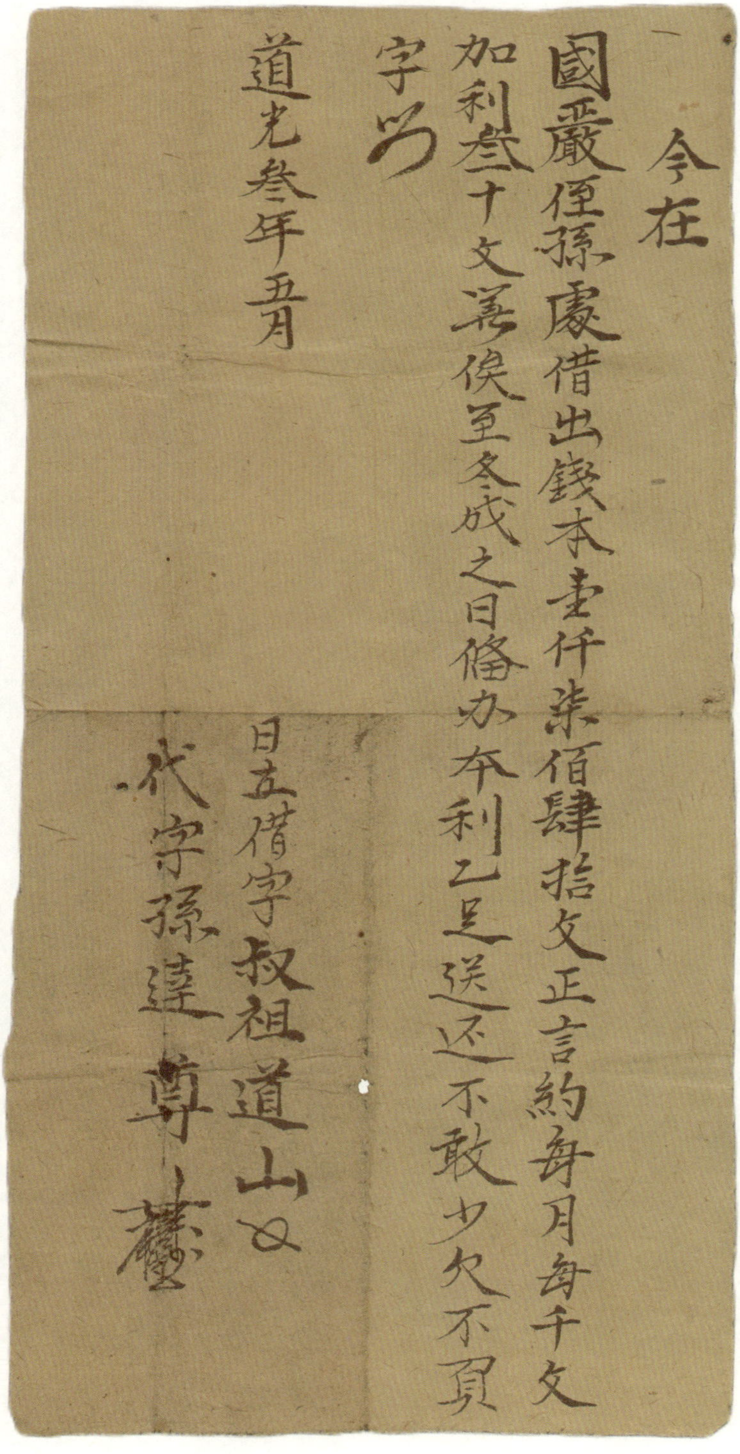

今在
國嚴侄孫處借出錢本壹仟柒佰肆拾文正言約每月每千文
加利叁十文算俟至冬成之日備办本利一足送还不敢少欠不負
字照
道光叁年五月　　日立借字叔祖道山(押)
代字孫達尊(押)

3-2-150-4　清道光三年五月葉道山立借錢字

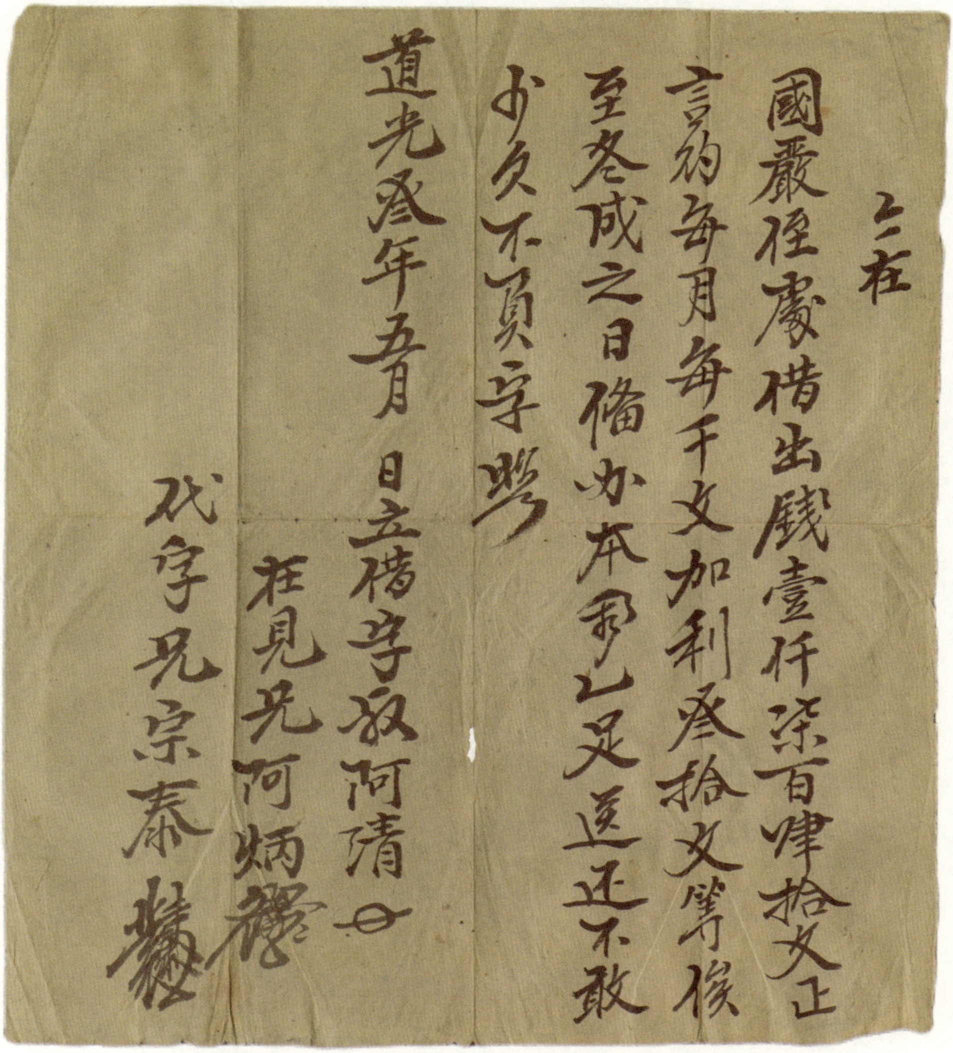

今在
國嚴侄處借出錢壹仟柒百肆拾文正
言約每月每千文加利叁拾文等候
至冬成之日備辦本利一足送还不敢
少欠不負字照
道光叁年五月　日立借字叔阿清
在見兄阿炳
代字兄宗泰

3-2-150-5　清道光三年五月葉阿清立借錢字

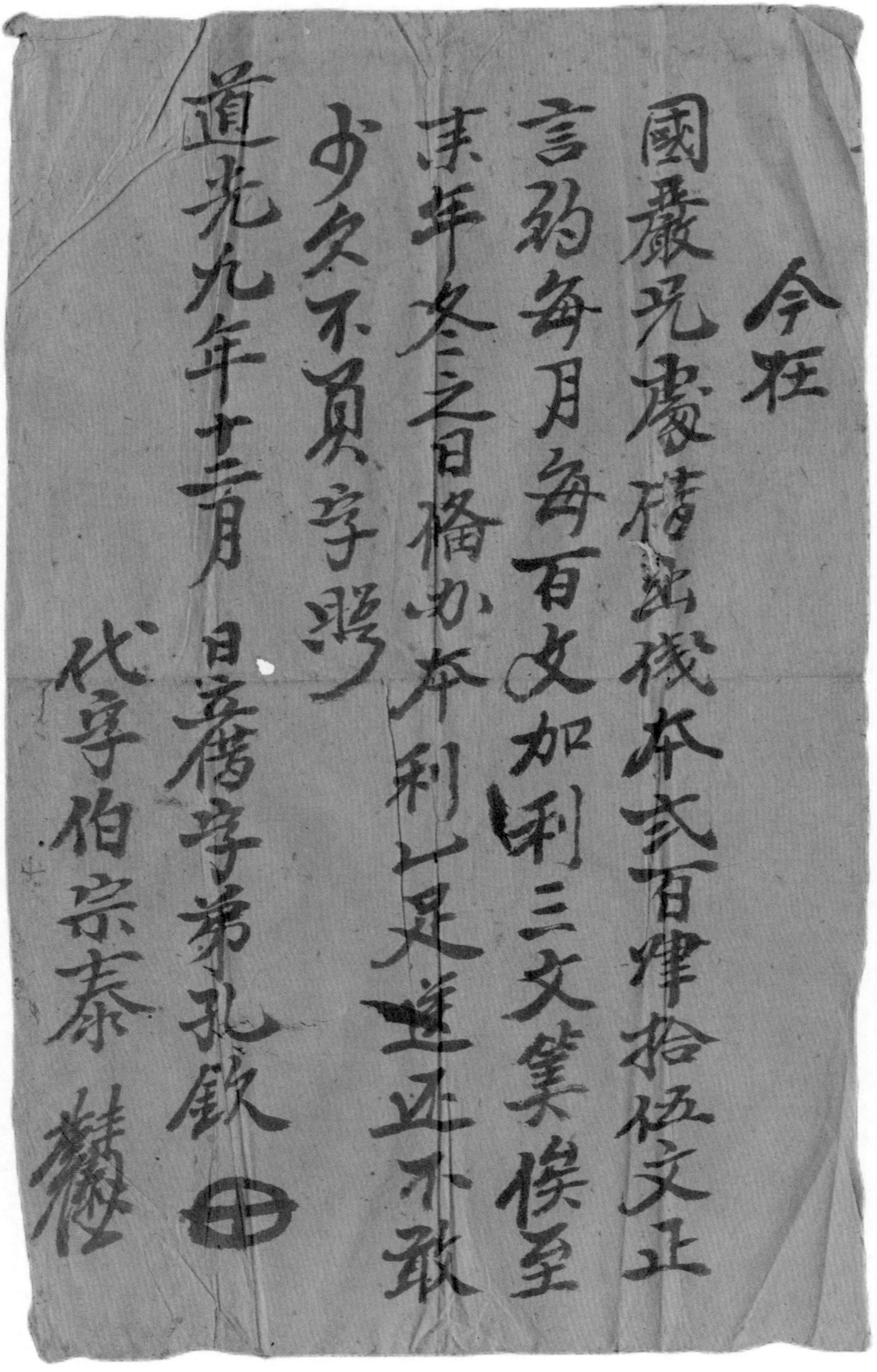
今在
國嚴兄處借出錢本弍百肆拾伍文正
言約每月每百文加利三文算候至
來年冬之日備办本利一足送還不敢
少欠不負字照
道光九年十二月　日立借字弟孔欽
代字伯宗泰

3-2-150-6　清道光九年十二月葉孔欽立借錢字

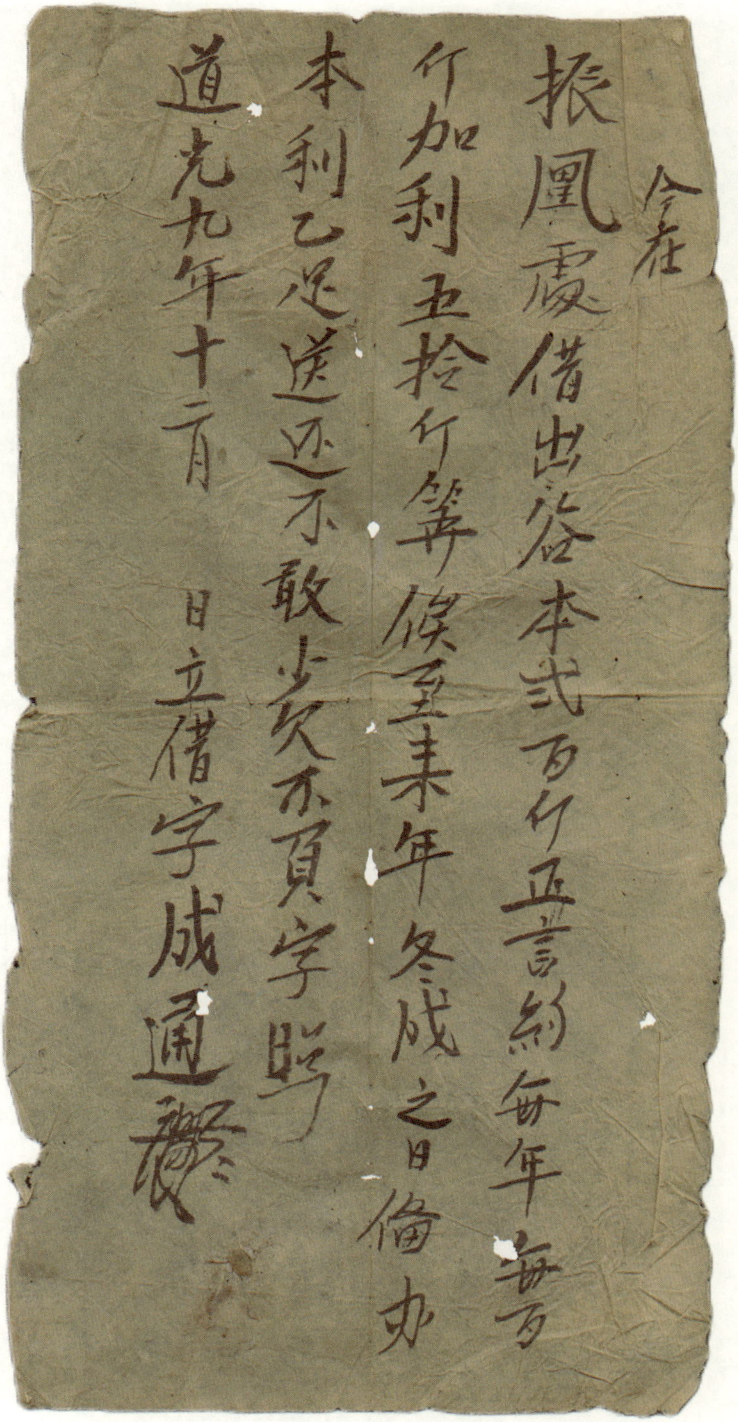

今在
振鳳處借出谷本弍百斤五言約每年每百
斤加利五拾斤筭候至來年冬成之日備办
本利乙足送还不敢少欠不負字照
道光九年十二月　日立借字成通（押）

3-2-150-7　清道光九年十二月葉成通立借穀字

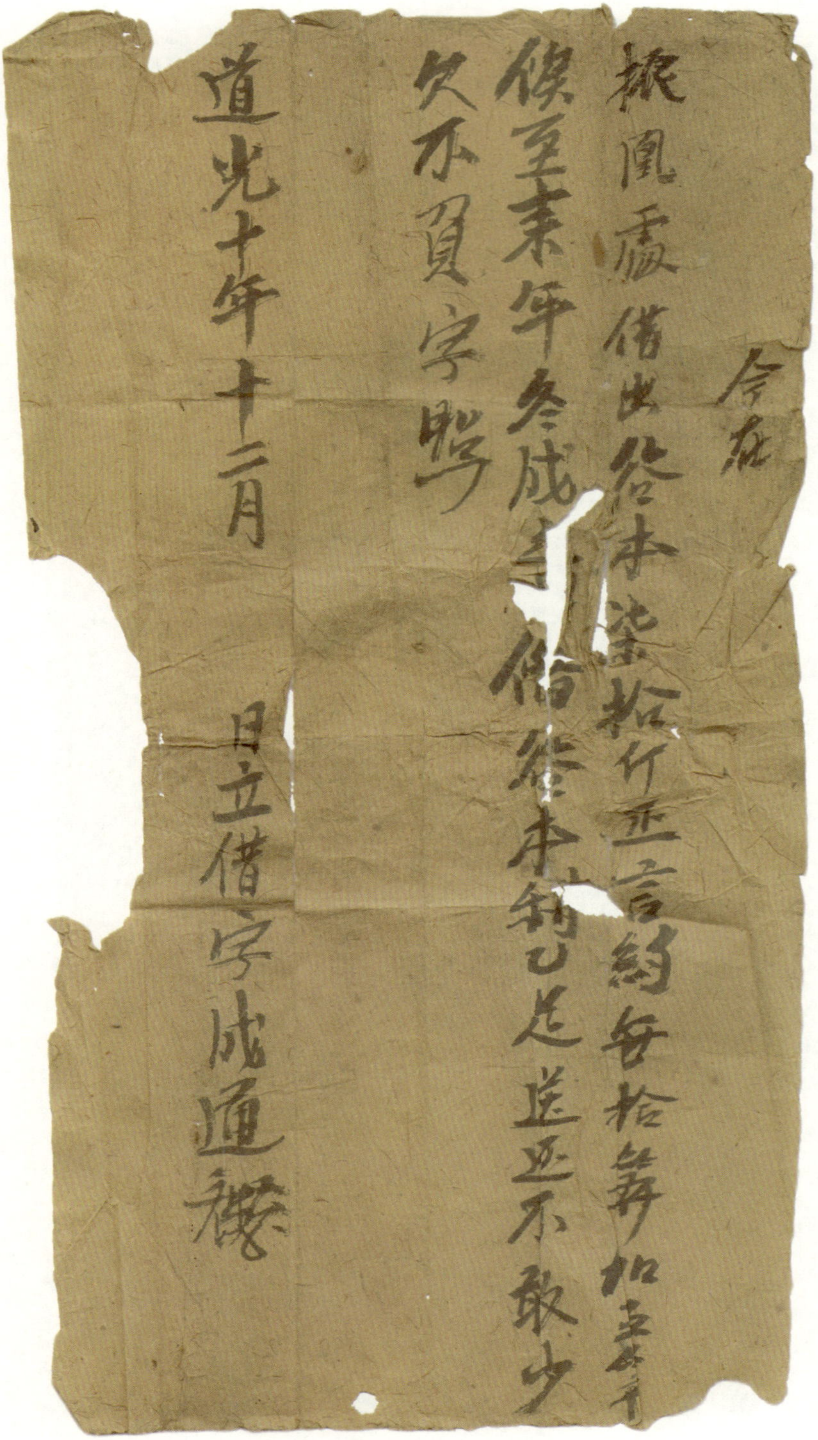
今在
親鳳處借出谷本柒拾斤正言約每拾觔加五斤
係至末年冬成手備谷本利一足送還不敢少
欠不負字照
道光十年十二月　日立借字成通（押）

3-2-150-8　清道光十年十二月葉成通立借穀字

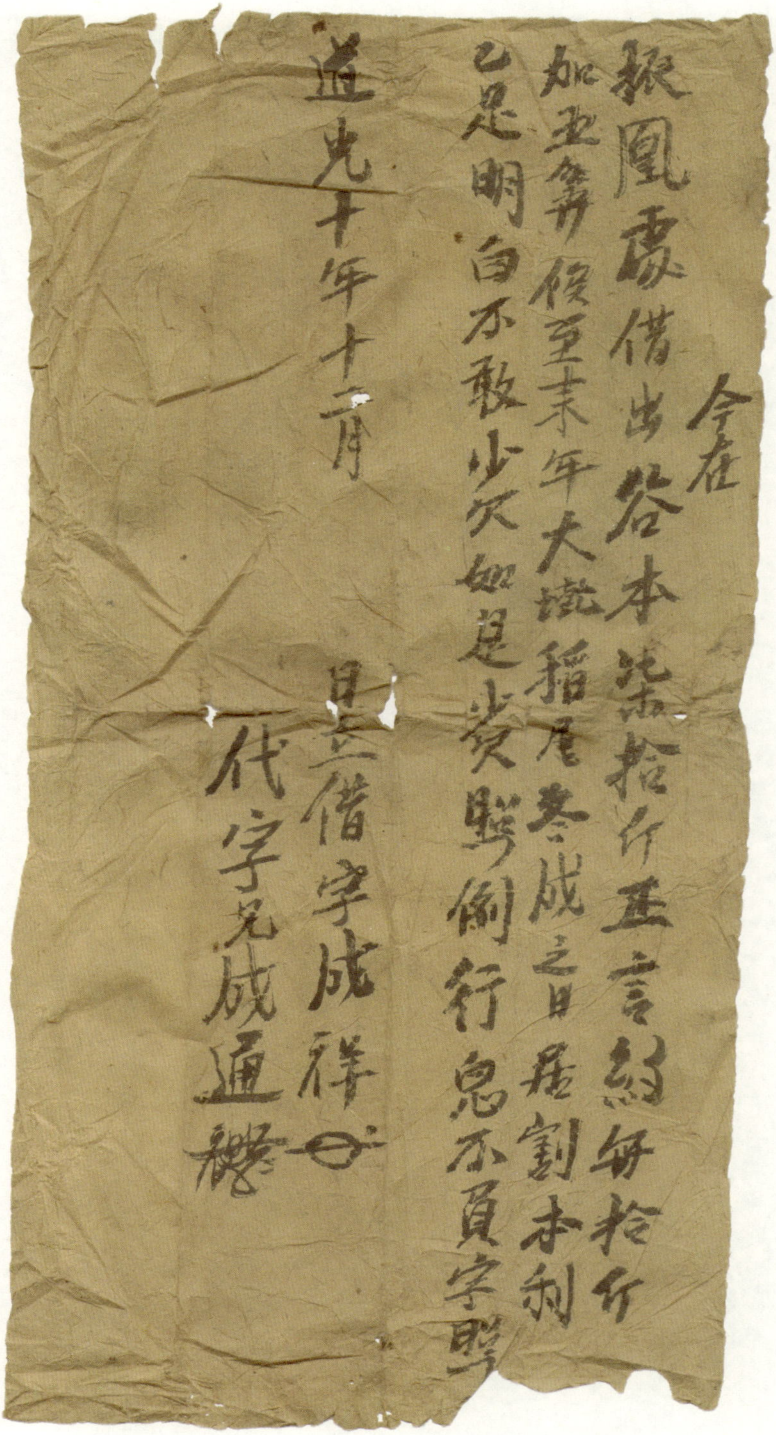

今在
親鳳處借出谷本柒拾斤正言約每拾斤
加叁斤候至来年大熟稻尾登成之日居割本利
乙足明白不敢少欠如是少欠照例行息不負字照
道光十年十二月　日立借字成祥（押）
代字兄成通（押）

3-2-150-9　清道光十年十二月葉成祥立借穀字

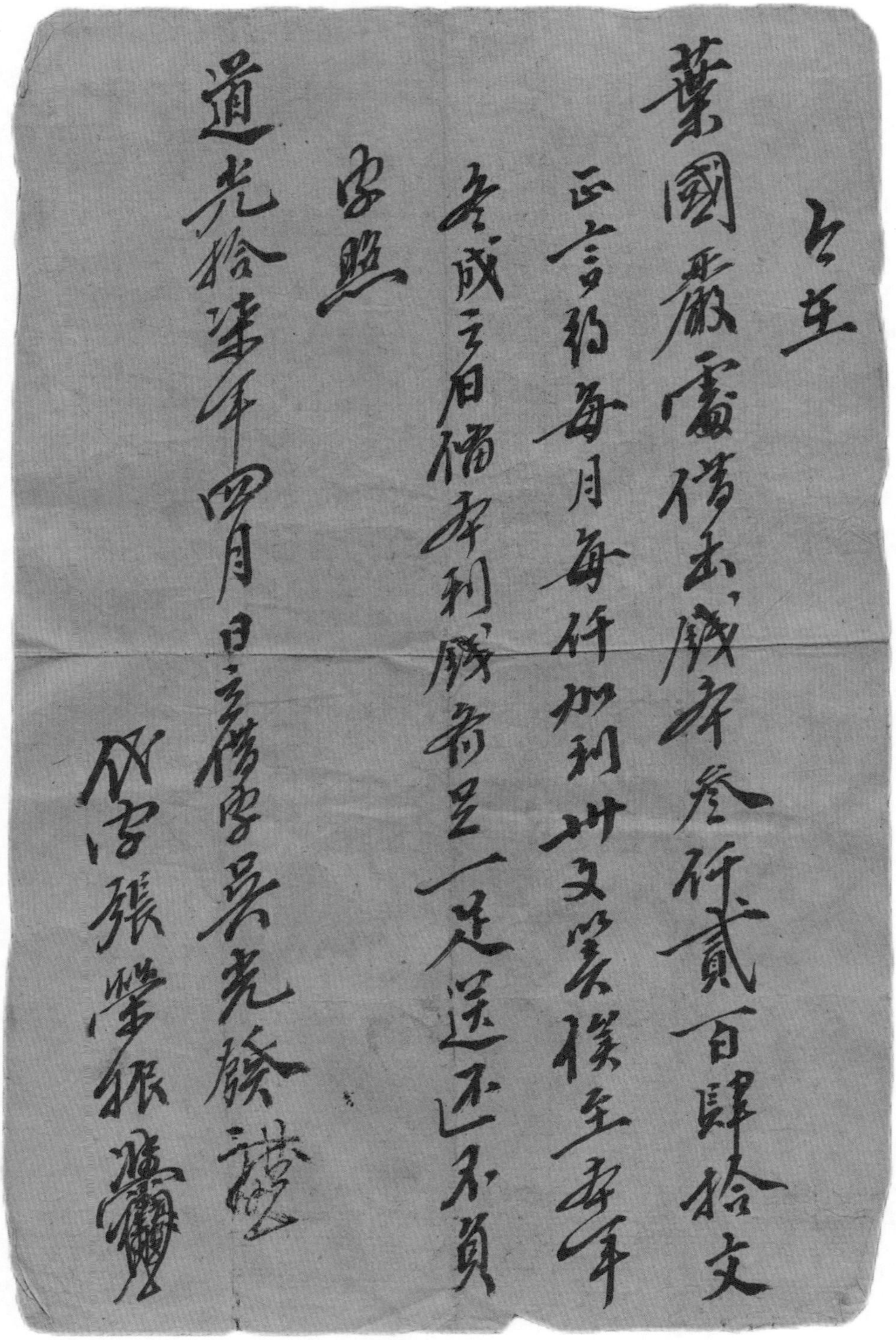
立生
葉國嚴靈借去錢本叁仟貳百肆拾文
正言約每月每仟加利卅文算，候至本年
冬成之日備本利錢齊呈一足送還不負
字照
道光拾柒年四月　日立借字吴光發
代字張學張

3-2-150-10　清道光十七年四月吴光發立借錢字

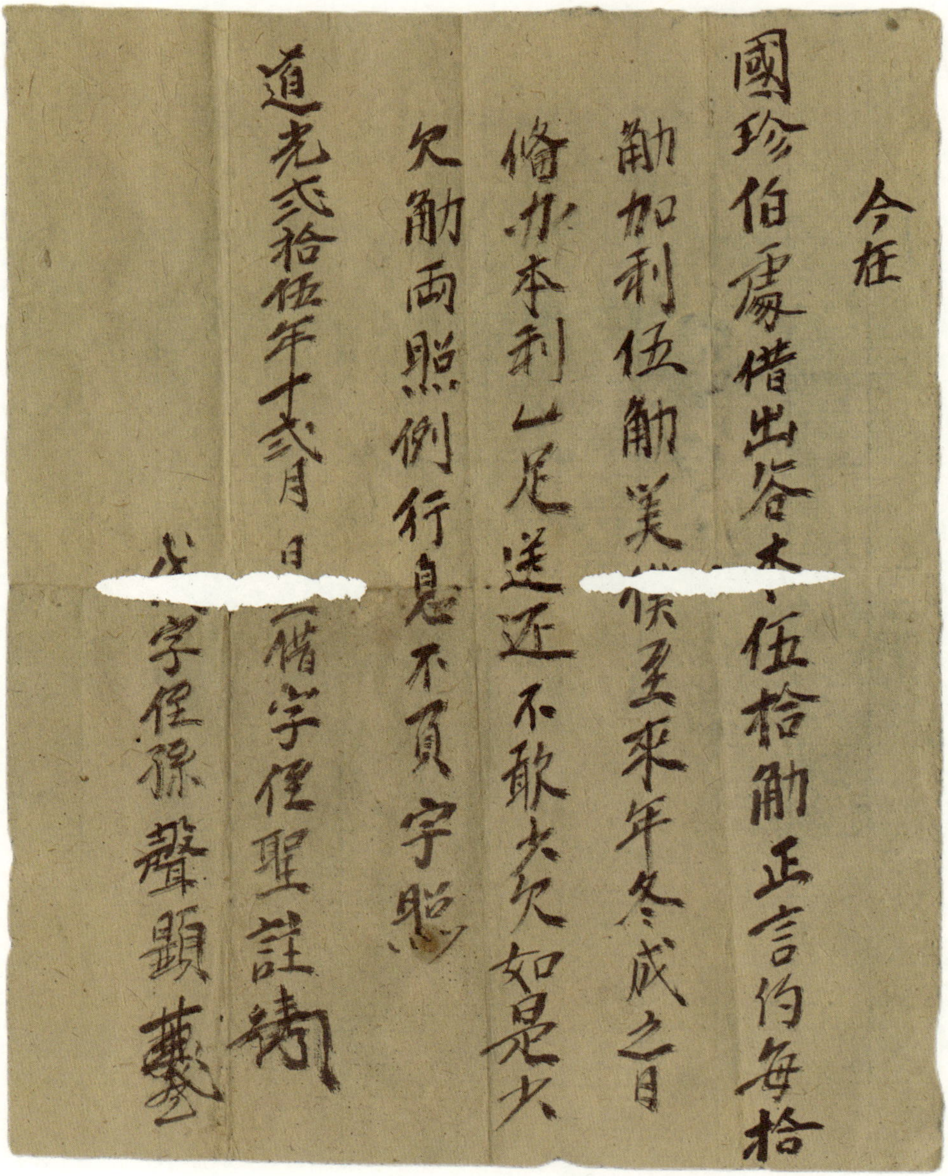

今在
國珍伯處借出谷[illegible]伍拾觔正言約每拾
觔加利伍觔美[illegible]俟至來年冬成之日
脩办本利一足送还不敢少欠如是欠
欠觔両照例行息不負字照
道光弍拾伍年十弍月　日　借字侄聖註
代字侄孫聲顕

3-2-150-11　清道光二十五年十二月葉聖註立借穀字

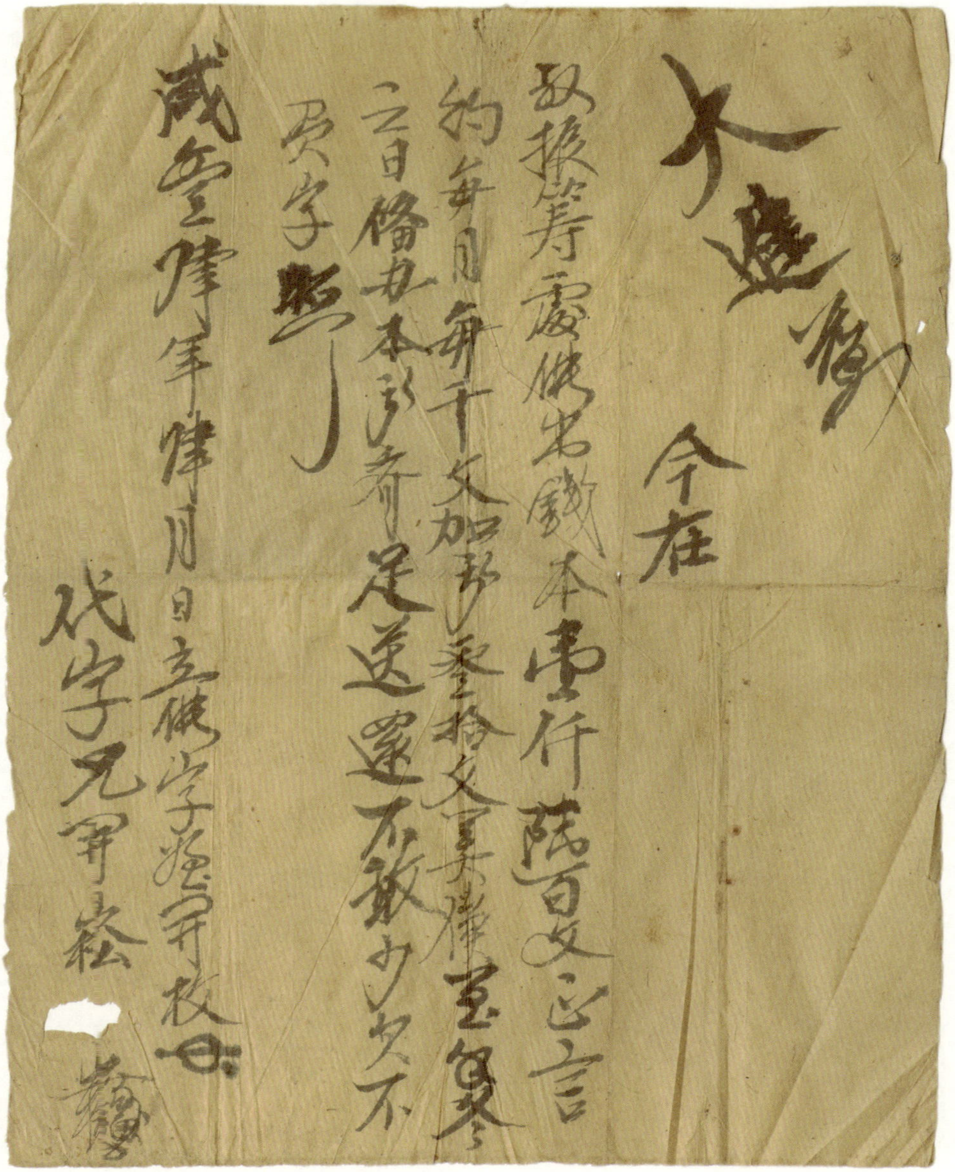
大進兄　今在

敢振壽處借出錢本壹仟陸百文正言

約每月每千文加利叁拾文其錢至冬

之日備母本利錢齊足送還不敢少欠不

負字照

咸豐肆年肆月日立借字葉開枚（押）

代字兄開崧

3-2-150-12　清咸豐四年四月葉開枚立借錢字

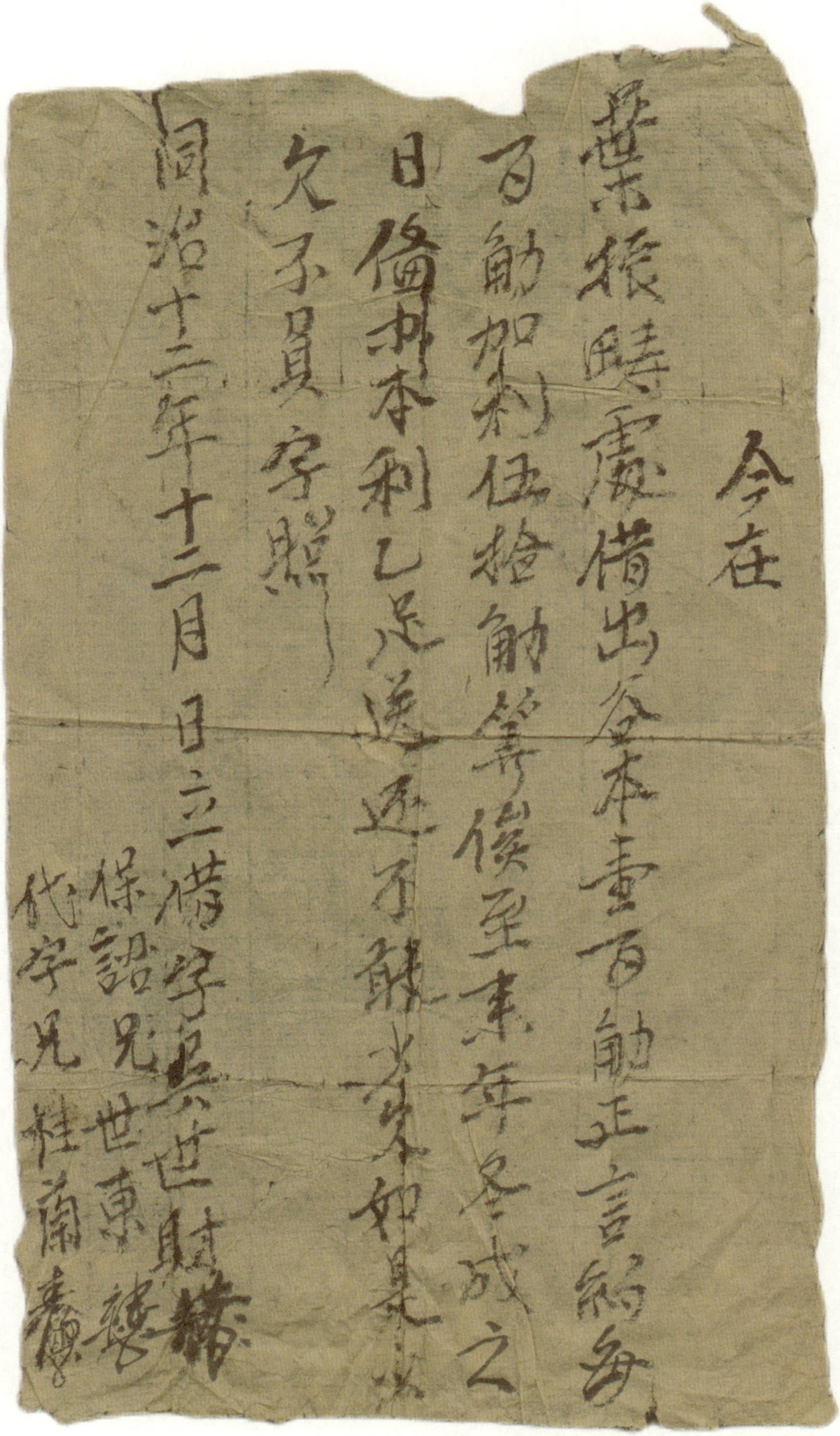

今在
葉猿騎處借出谷本壹百觔正言約每
百觔加利伍拾觔籌俟至來年冬成之
日備办本利乙足送還不敢少欠如是
欠不員字照
同治十二年十二月　日立借字吳世財（押）
保認兄世東（押）
代字兄桂蘭（押）

3-2-150-13　清同治十二年十二月吴世財立借穀字

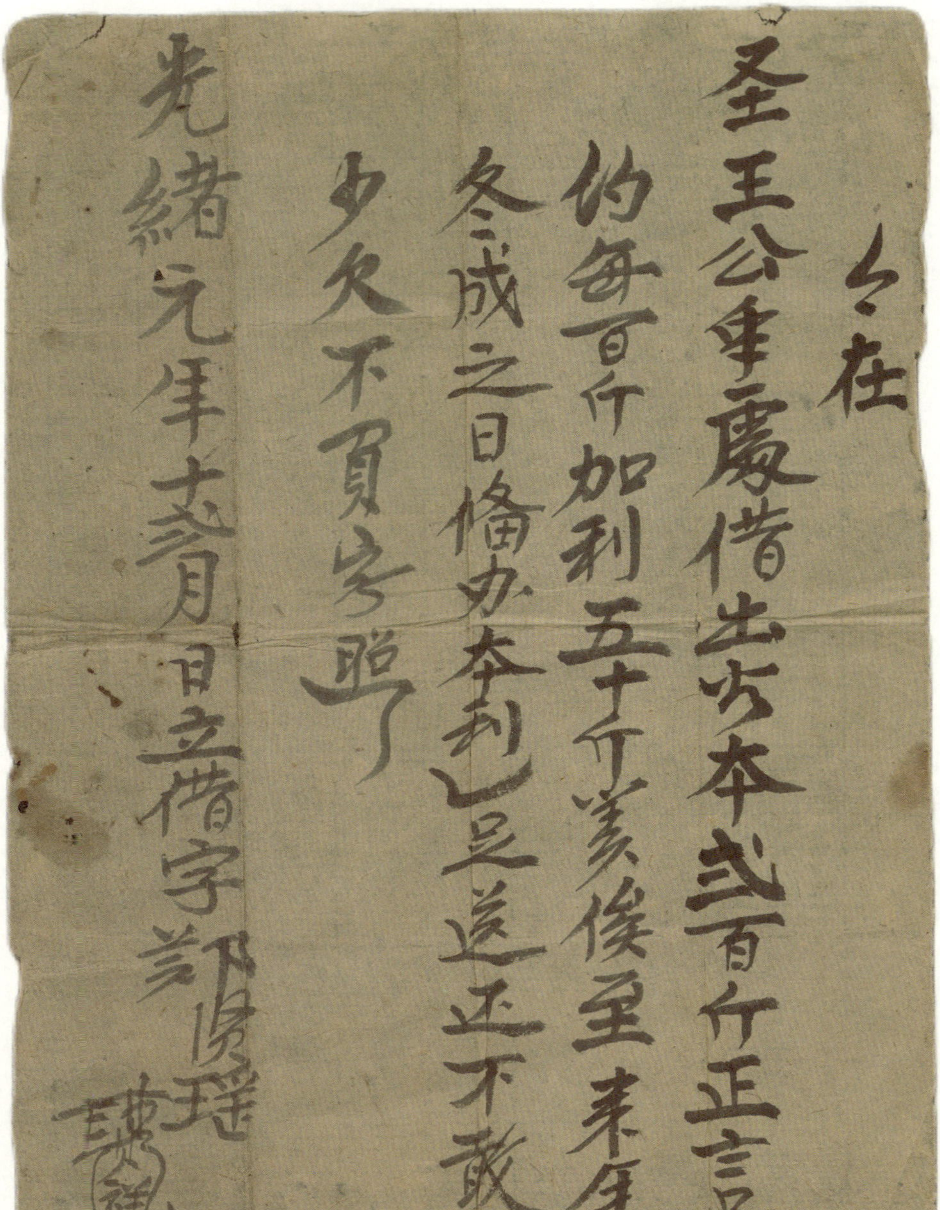
仝在
聖王公手處借出谷本貳百斤正，言
約每百斤加利五十斤，美俟至來年
冬成之日備办本利一足送还，不敢
少欠不負，字照了
光緒元年十二月日立借字鄭賢瑶
[illegible]

3-2-150-14　清光緒元年十二月鄭賢瑶立借穀字

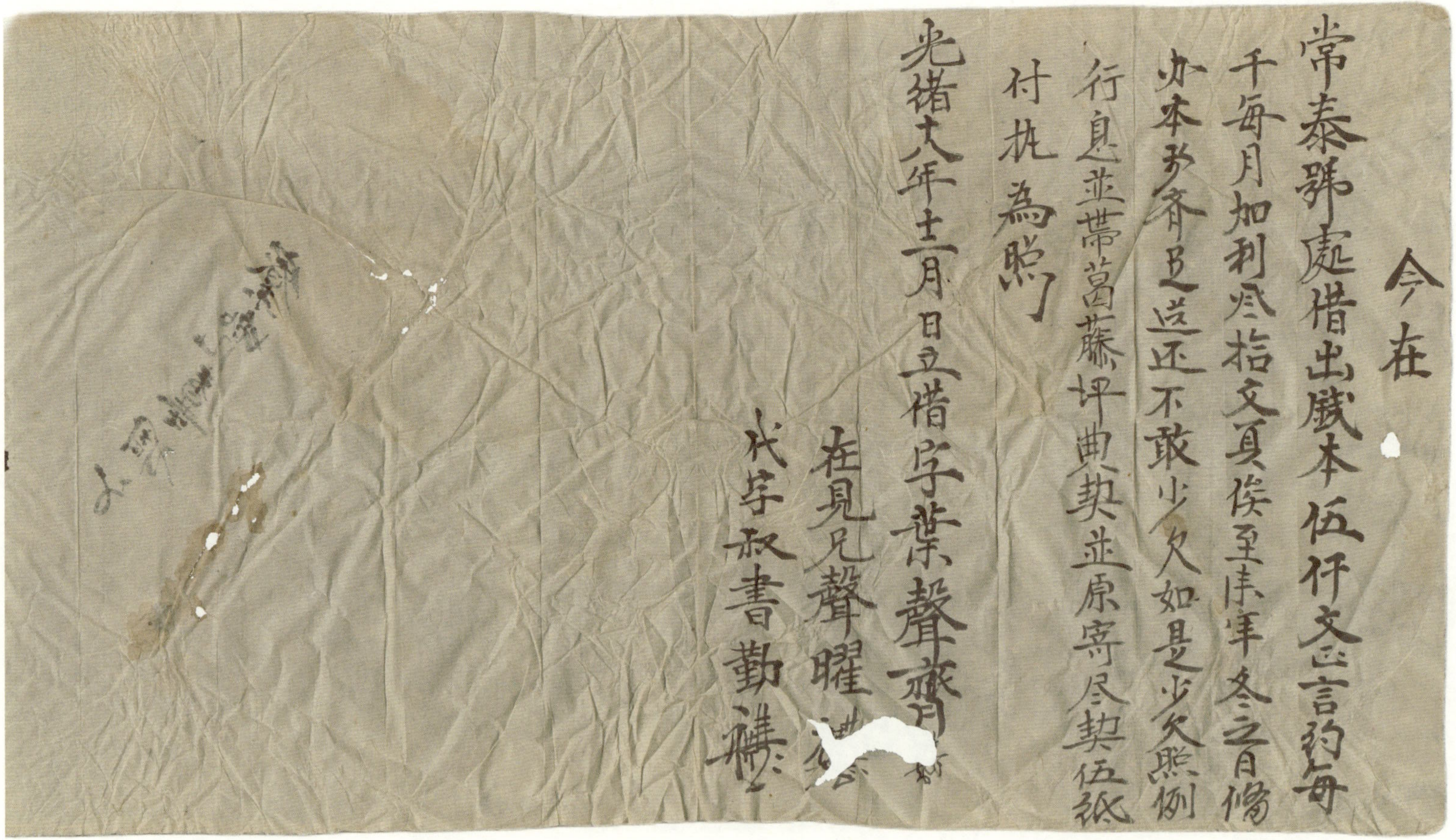

今在
常泰號處借出錢本伍仟文正，言約每
千每月加利貳拾文算，候至本年冬之月備
办本利齊足送还，不敢少欠，如是少欠，照例
行息，並帶當藤坪典契並原寄尽契伍紙
付执為照。
光緒十八年十二月　日立借字葉聲齊（押）
在見兄聲曜（押）
代字叔書勤（押）

3-2-150-15　清光緒十八年十二月葉聲齊立借錢字

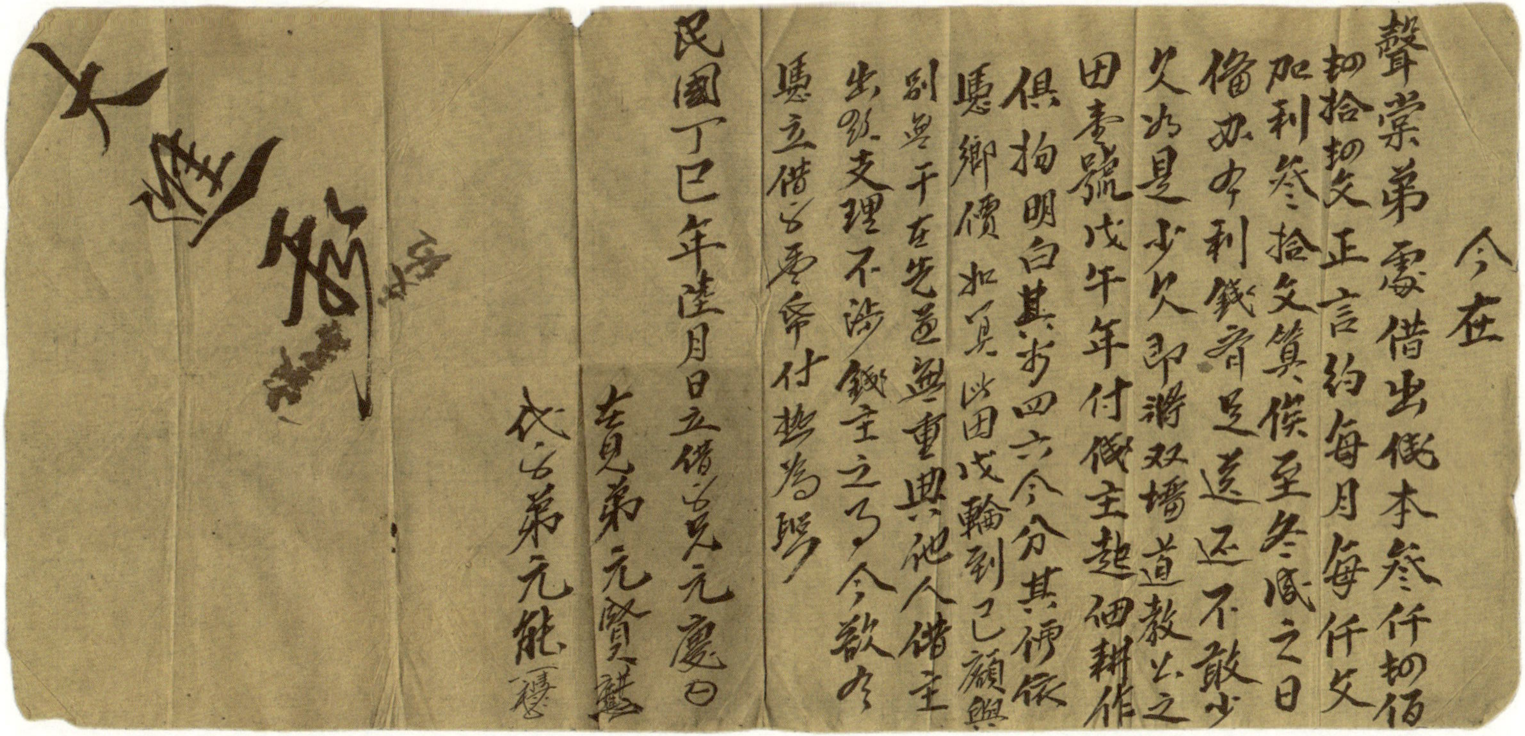
今在
聲棠弟處借出佛本叁仟捌佰
捌拾捌文正，言約每月每仟文
加利叁拾文算，候至冬底之日
備办本利錢齊足送还，不敢少
欠。如是少欠，即將双壋道教山之
田壹號，戊午年付與錢主起佃耕作，
俱拘明白。其田四六分，其佃依
憑鄉價扣算。此田戊輪到己，願與
別無干，在先並無重典他人，借主
出頭支理，不涉錢主之事。今欲有
憑，立借字壹紙付執為照。
民國丁巳年陸月　日立借字人元慶（押）
在見弟元賢（押）
代字弟元能（押）

3-2-150-16　民國六年六月葉元慶立借錢字

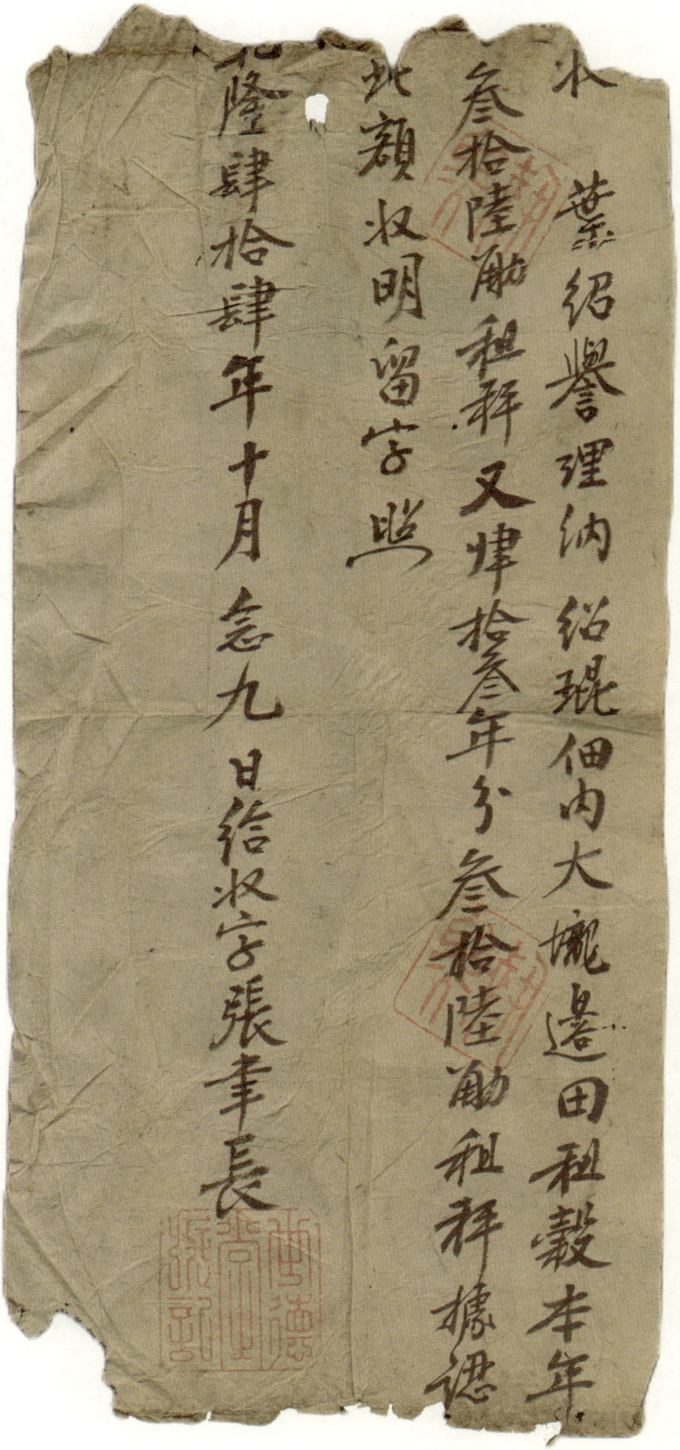

收葉紹譽理納紹琨佃內大墈邊田租穀本年
叁拾陸觔租秤又肆拾叁年分叁拾陸觔租秤據遞
地額收明留字照
乾隆肆拾肆年十月念九日給收字張聿長

3-2-151-1　清乾隆四十四年十月張聿長立收田租字

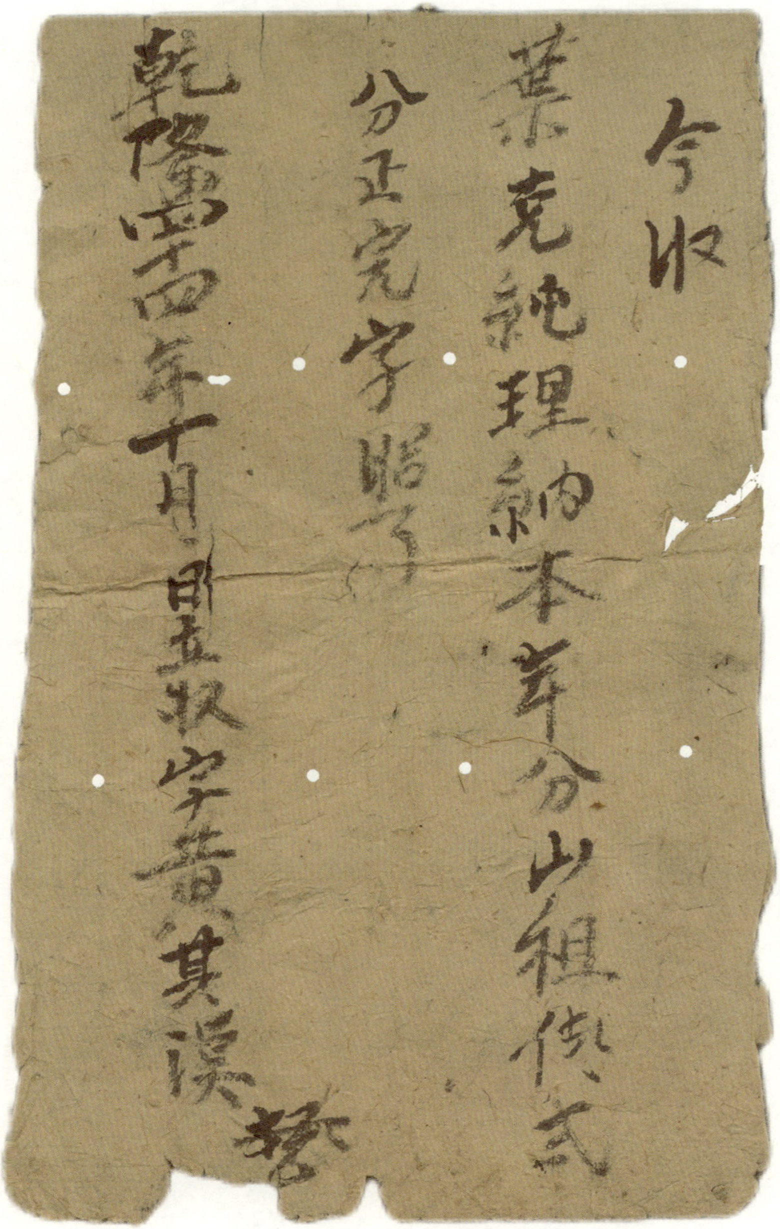
今收
葉克純理納本年分山租俱弍
分正完字照
乾隆四十四年十月　日立收字黄其漢

3-2-151-2　清乾隆四十四年十月黄其漢立收山租字

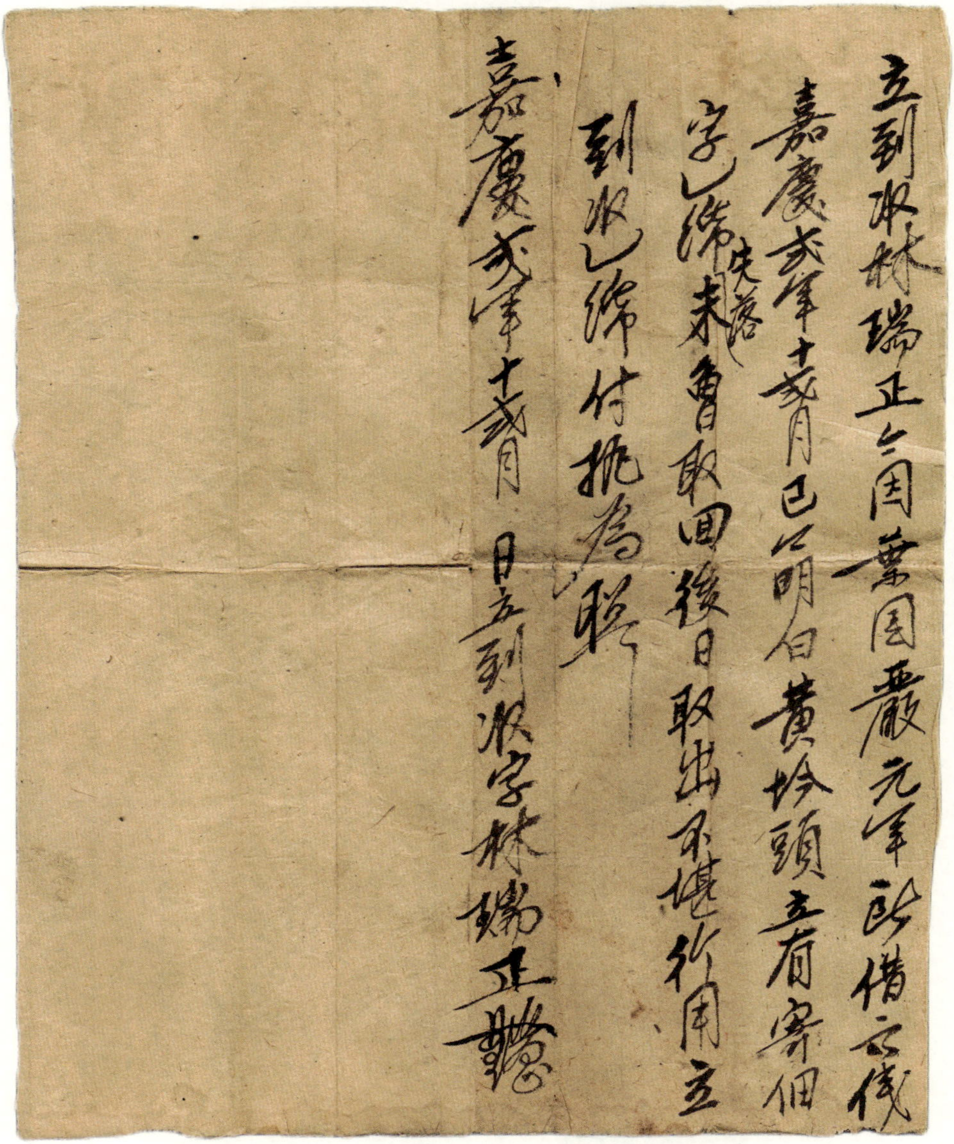
立到收林瑞正亼因葉国嚴元年所借之錢
嘉慶貳年十二月已亼明白黃坽頭立有寄佃
字乙紙先落未曾取回後日取出不堪行用立
到收乙紙付挑為照
嘉慶貳年十二月 日立到收字林瑞正押

3-2-151-3 清嘉慶二年十二月林瑞正立到收字

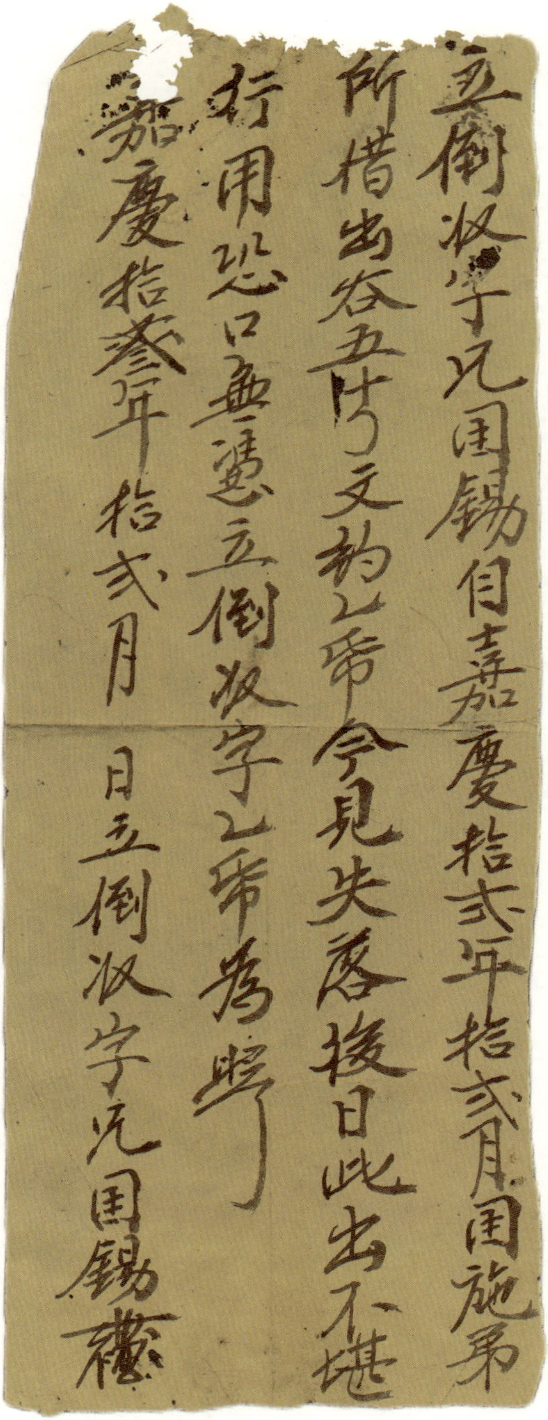
立倒收字兄国錫自嘉慶拾弍年拾弍月国施弟所借出谷五斗文約乙帋今見失落接日此出不堪行用恐口無憑立倒收字乙帋為照

嘉慶拾叁年拾弍月　日立倒收字兄国錫禮

3-2-151-4　清嘉慶十三年十二月葉国錫立倒收字

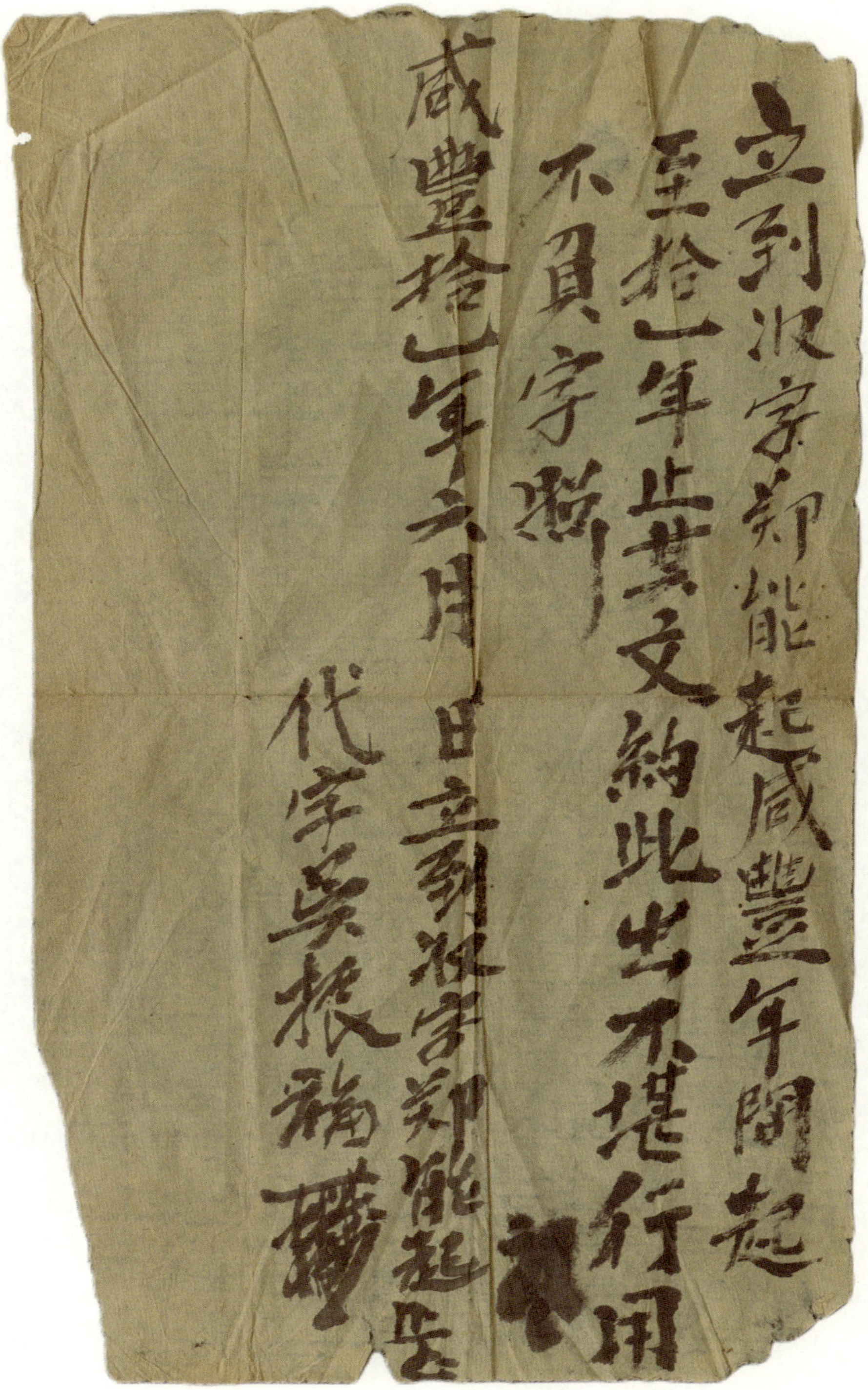
立到收字鄭能起咸豐年間起
至拾一年止其文約此出不堪行用
不負字照
咸豐拾一年六月　日立到收字鄭能起
代字吳根福

3-2-151-5　清咸豐十一年六月鄭能起立到收字

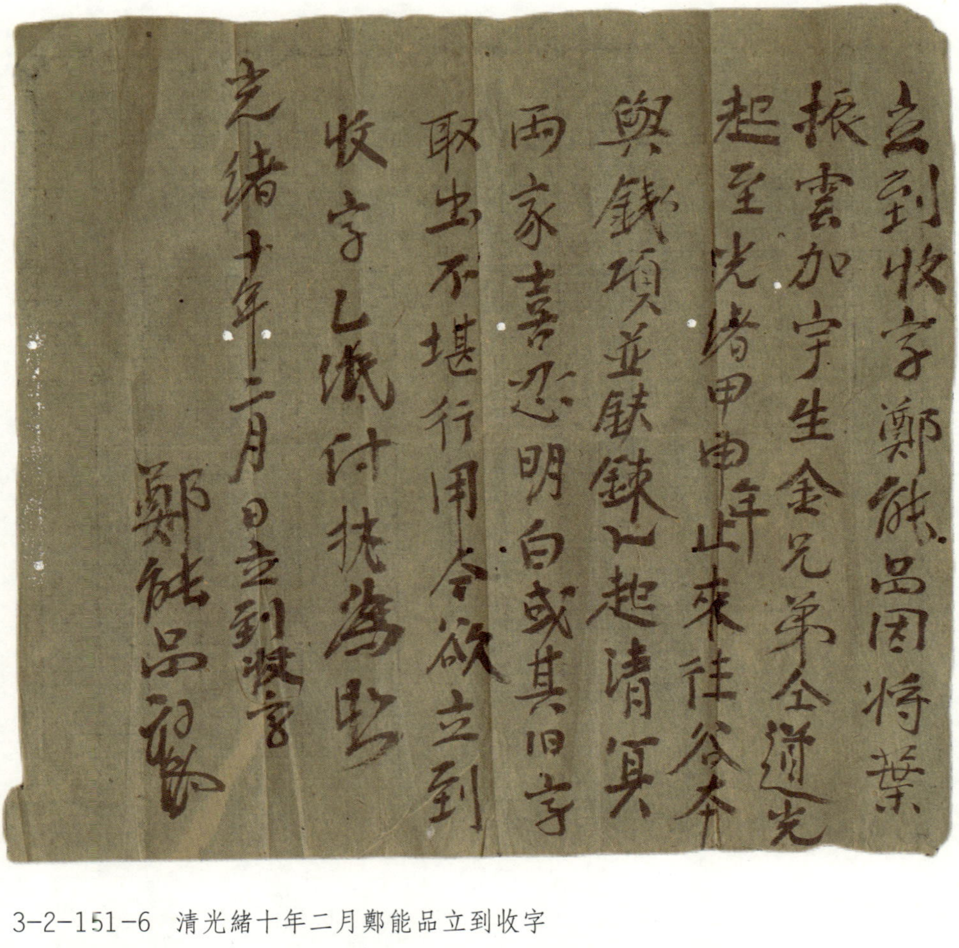
立到收字鄭能品因將葉
振雲加字生金兄弟仝道光
起至光緒甲申年止來往谷本
與錢項並缺錄乙起清算
兩家喜悉明白或其旧字
取出不堪行用今欲立到
收字乙紙付执為照
光緒十年二月 日立到收字
鄭能品親筆

3-2-151-6 清光緒十年二月鄭能品立到收字

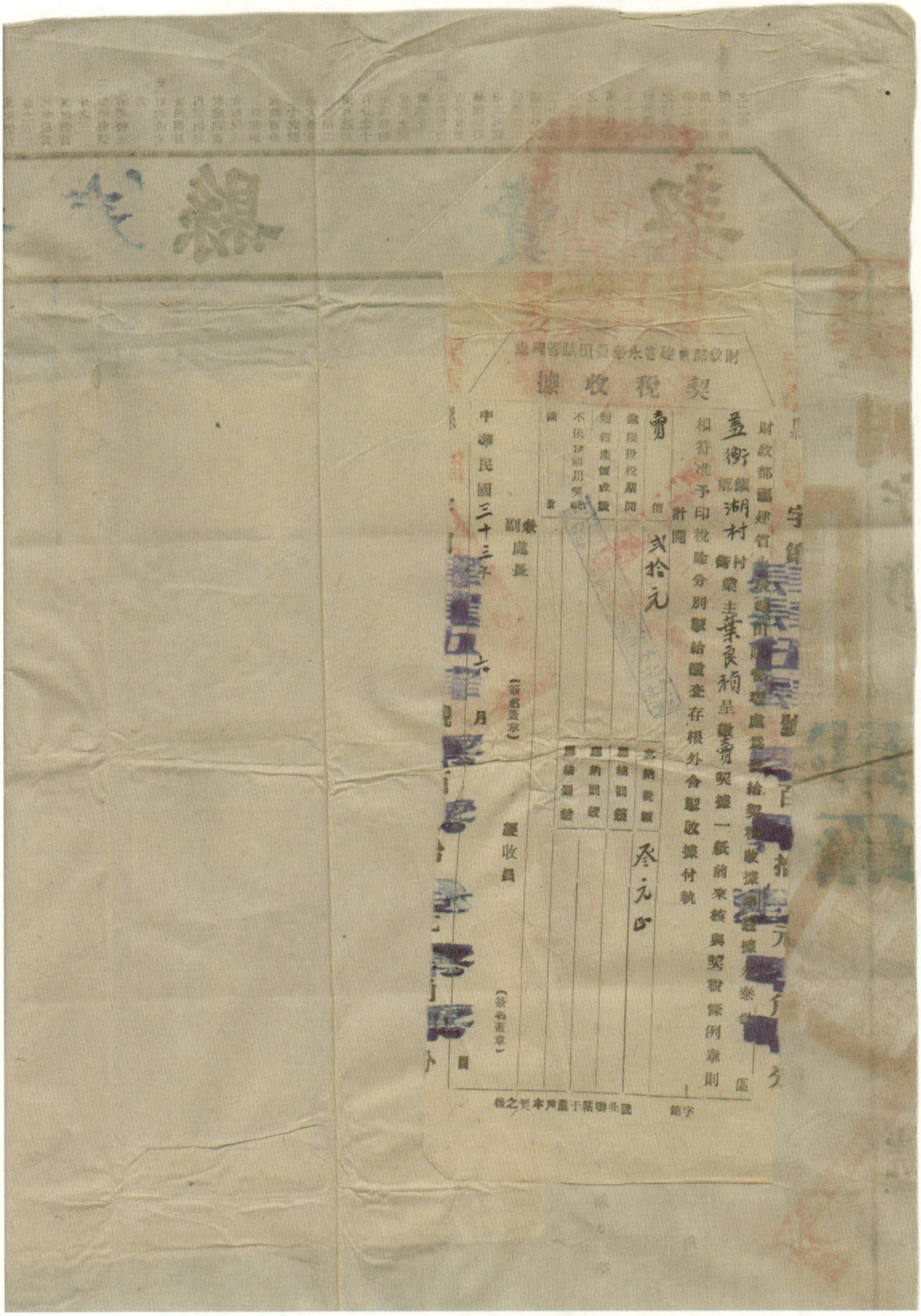
財政部福建省永泰縣田賦管理處

契稅收據

財政部福建省永泰縣田賦管理處為發給契稅收據事據永泰縣　區
蓋衙鄉湖村村業主葉良禎呈繳賣契據一紙前來核與契稅條例章則
相符准予印稅除分別掣給鑑查存根外合掣收據付執

計開

賣價	逾限投稅期間	短報產價成數	不依法領用契紙	備考
弍拾元				

應納稅額	應納罰鍰	應納罰鍰	應納罰鍰
叁元正			

處長
副處長
（簽名蓋章）

經收員
（簽名蓋章）

中華民國三十三年六月　日

字第　號此聯粘于業戶本契之後

3-2-151-7　民國三十三年六月葉良禎契稅收據

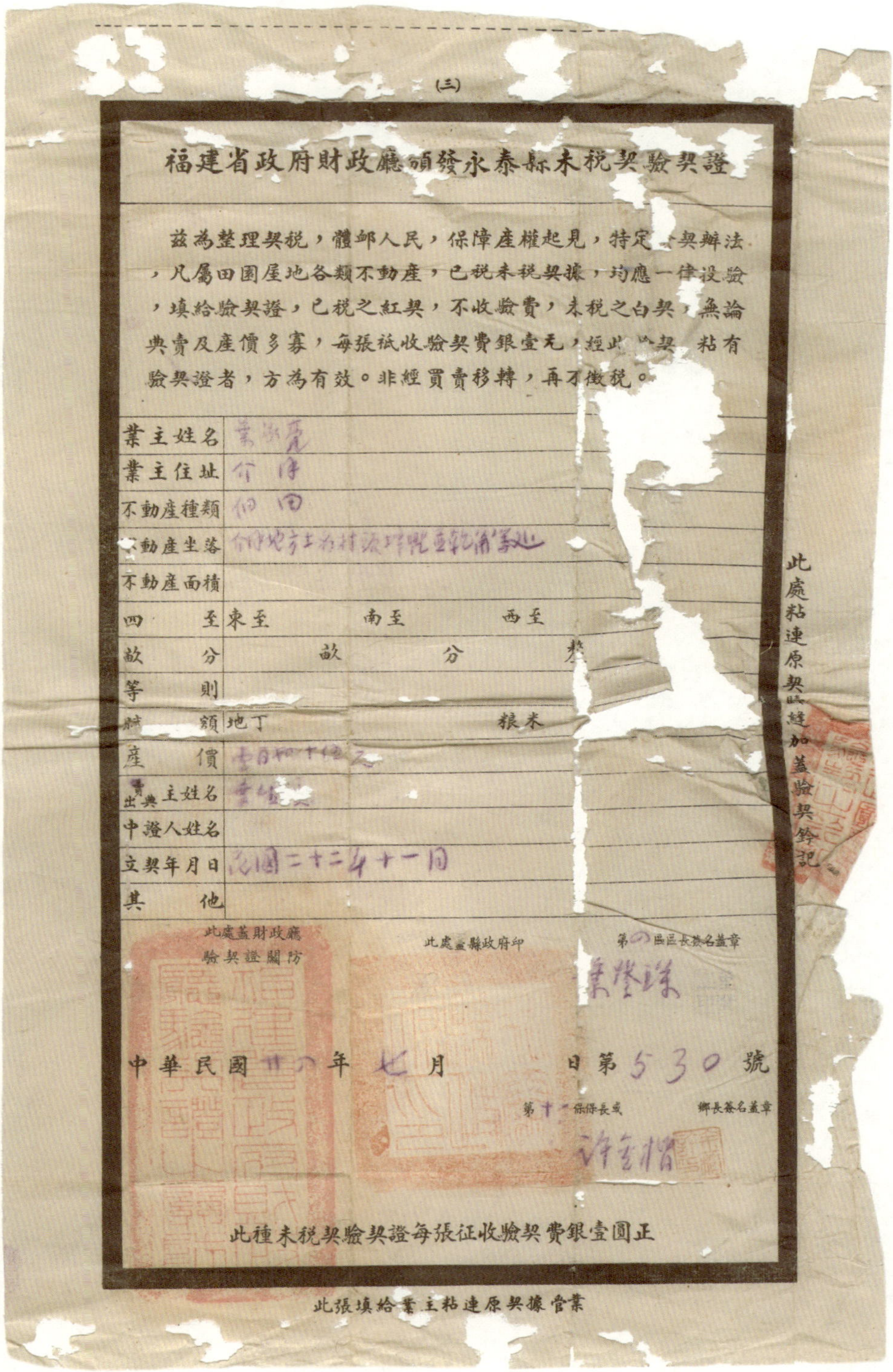

（三）

福建省政府財政廳頒發永泰縣未税契驗契證

兹為整理契税，體卹人民，保障産權起見，特定［驗］契辦法，凡屬田園屋地各類不動産，已税未税契據，均應一律投驗，填給驗契證，已税之紅契，不收驗費，未税之白契，無論典賣及産價多寡，每張祗收驗契費銀壹元，經此［驗］契［粘］有驗契證者，方為有效。非經買賣移轉，再不徵税。

業主姓名	葉家亮
業主住址	分坪
不動産種類	田
不動産坐落	[illegible]
不動産面積	
四至	東至　　南至　　西至
畝分	畝　　分　　釐
等則	
賦額	地丁　　粮米
産價	壹百四十伍元
出賣（典）主姓名	葉[illegible]
中證人姓名	
立契年月日	民國二十二年十一月
其他	

此處蓋財政廳驗契證關防

此處蓋縣政府印

第○區區長簽名蓋章　葉鎣瑛

中華民國廿八年七月　日第530號

第十［］保保長或鄉長簽名蓋章　許宗楷

此種未税契驗契證每張征收驗契費銀壹圓正

此處粘連原契騎縫加蓋驗契鈐記

此張填給業主粘連原契據管業

3-2-152-1　民國二十四年七月葉家亮户驗契證

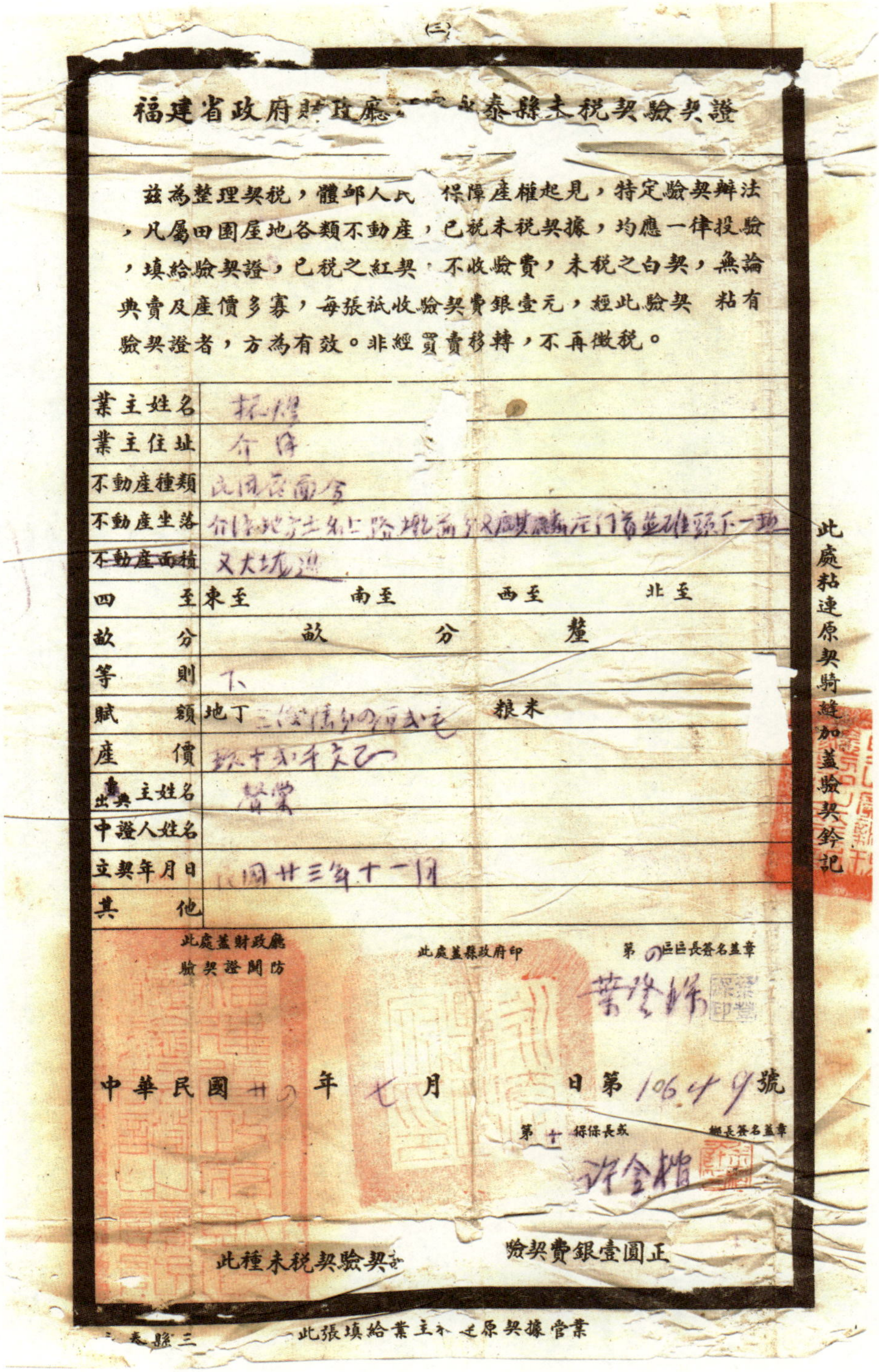

（三）

福建省政府財政廳□□永泰縣未稅契驗契證

茲為整理契稅，體卹人民　保障產權起見，特定驗契辦法，凡屬田園屋地各類不動產，已稅未稅契據，均應一律投驗，填給驗契證，已稅之紅契，不收驗費，未稅之白契，無論典賣及產價多寡，每張祇收驗契費銀壹元，經此驗契　粘有驗契證者，方為有效。非經買賣移轉，不再徵稅。

業主姓名	振煌
業主住址	[illegible]
不動產種類	[illegible]
不動產坐落	[illegible]
~~不動產面積~~	[illegible]
四至	東至　　南至　　西至　　北至
畝分	畝　　分　　釐
等則	下
賦額	地丁[illegible]　　糧米
產價	[illegible]
出典（賣）主姓名	[illegible]
中證人姓名	
立契年月日	民國廿三年十一月
其他	

此處蓋財政廳驗契證關防　　此處蓋縣政府印　　第四區區長簽名蓋章　葉[illegible]

中華民國廿四年七月　日第10649號

第十保保長或甲長簽名蓋章　許金楷

此種未稅契驗契證　驗契費銀壹圓正

此處粘連原契騎縫加蓋驗契鈐記

永泰縣　三　此張填給業主連原契據管業

3-2-152-2　民國二十四年七月葉振煌户驗契證

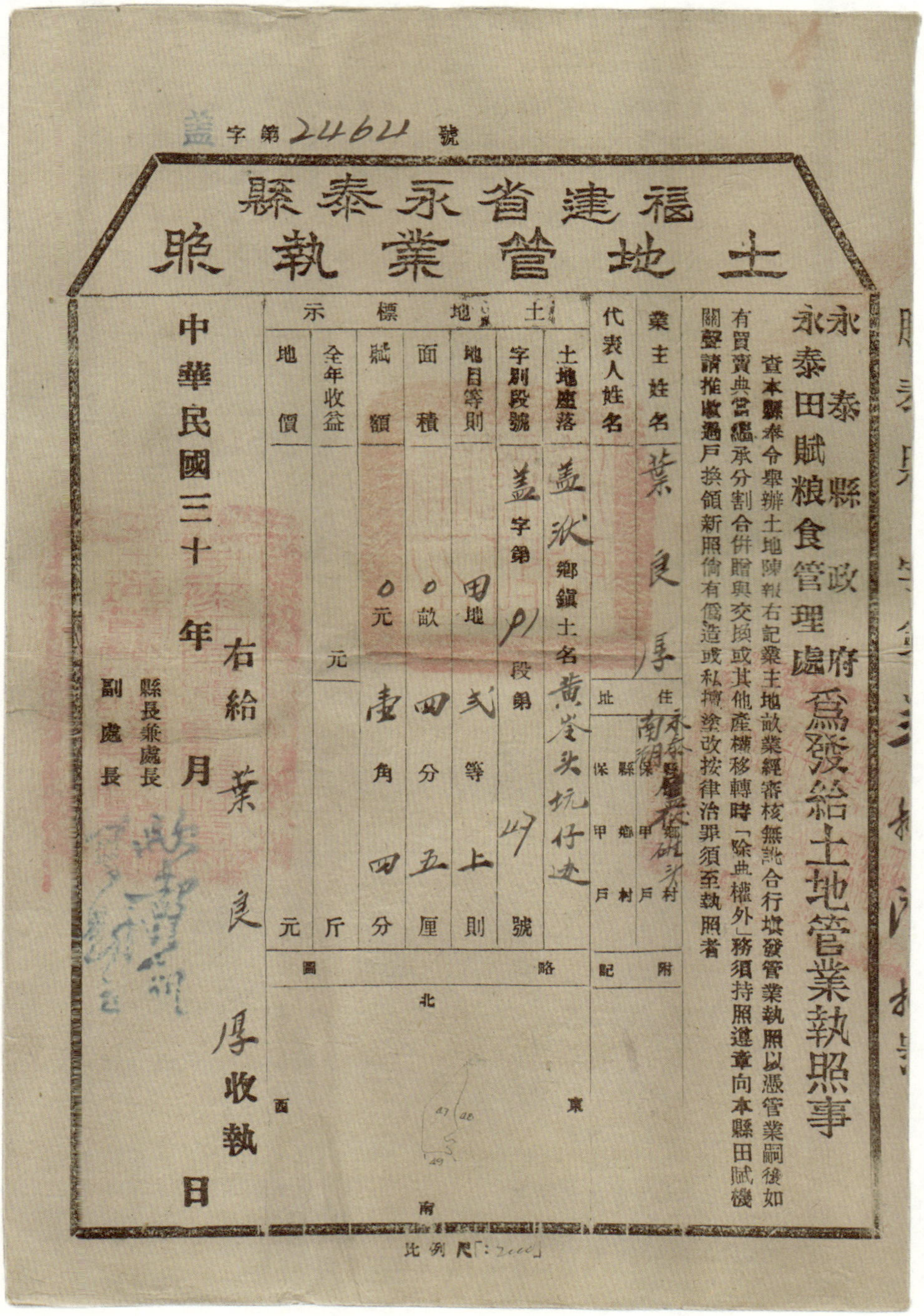

益字第24621號

福建省永泰縣

土地管業執照

永泰縣政府
永泰田賦粮食管理處 爲發給土地管業執照事

查本縣奉令舉辦土地陳報右記業主地畝業經審核無訛合行填發管業執照以憑管業嗣後如有買賣典當繼承分割合併贈與交换或其他產權移轉時「除典權外」務須持照遵章向本縣田賦機關聲請推收過户换領新照倘有僞造或私擅塗改按律治罪須至執照者

業主姓名：葉良厚

住址：永泰縣[illegible]鄉[illegible]村 南湖保 甲 户

代表人姓名：

住址：縣 鄉 村 保 甲 户

附記

土地標示

土地座落	字別段號	地目等則	面積	賦額	全年收益	地價
盖洑鄉鎮土名黄岸头坑仔边	盖字第71段第49號	田地弍等上則	0畝四分五厘	0元壹角四分	元 斤	元

路 圖

北 西 東 南

比例尺1:2000

中華民國三十年 月 日

右給葉良厚收執

縣長兼處長

副處長

3-2-152-3 民國三十年葉良厚户土地管業執照

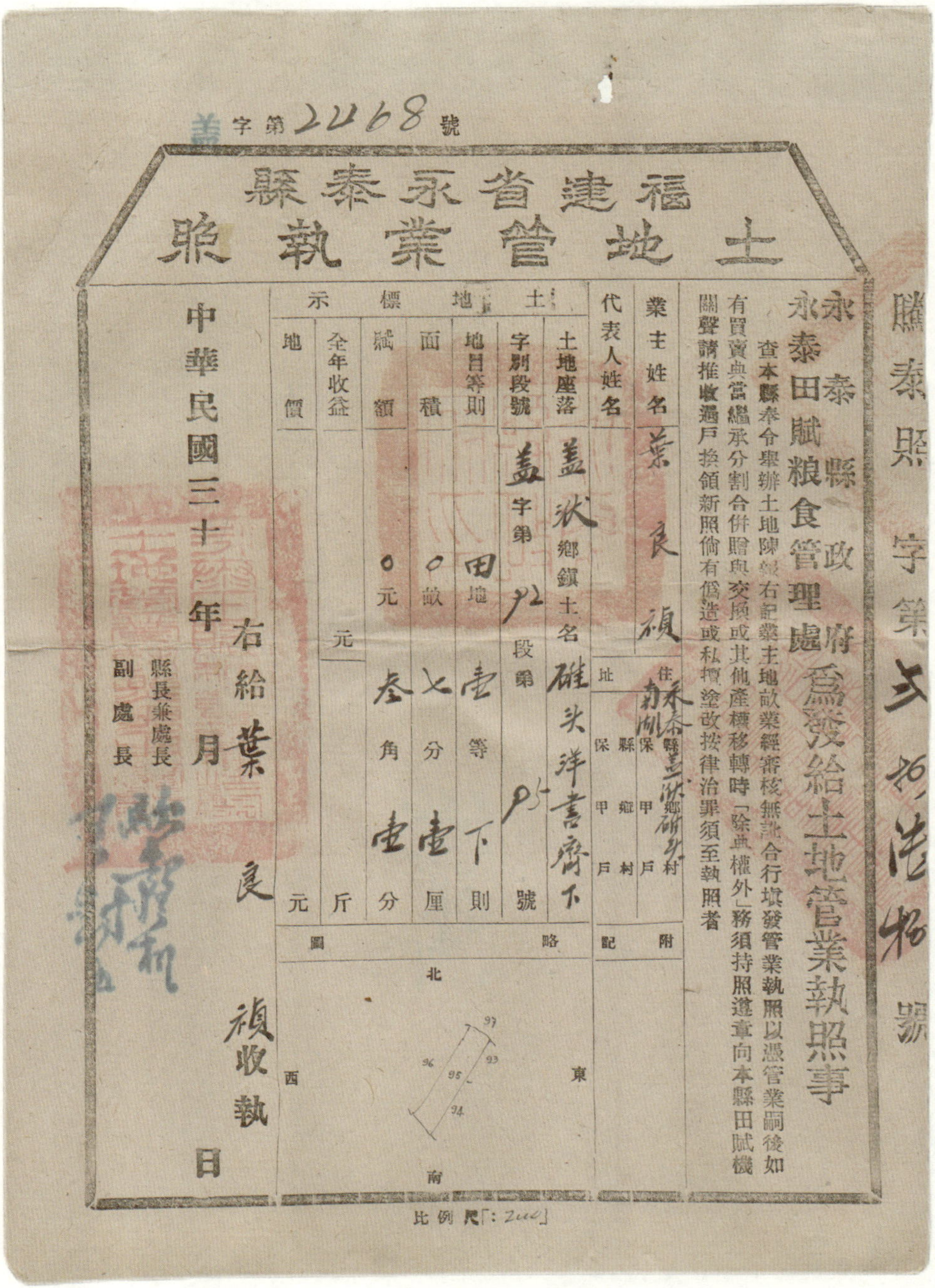
字第2268號

福建省永泰縣
土地管業執照

永泰縣政府
永泰田賦粮食管理處　爲發給土地管業執照事

查本縣奉令舉辦土地陳報右記業主地畝業經審核無訛合行填發管業執照以憑管業嗣後如有買賣典當繼承分割合併贈與交換或其他産權移轉時「除典權外」務須持照遵章向本縣田賦機關聲請推收過戶換領新照倘有僞造或私擅塗改按律治罪須至執照者

業主姓名：葉良禎
代表人姓名：
住址：永泰縣盖洋鄉硸头村　保　甲　戶

土地標示

土地座落	字別段號	地目等則	面積	賦額	全年收益	地價
盖洑鄉鎮土名硸头洋書齊下	盖字第九段第95號	田地壹等下則	0畝七分壹厘	0元叁角壹分	元　斤	元

附記

圖略：北、西、東、南；97、96、95、93、94

比例尺1:2000

右給葉良禎收執

縣長兼處長
副處長

中華民國三十年　月　日

縣泰照字第弍[illegible]捌號

3-2-152-4　民國三十年葉良禎户土地管業執照（一）

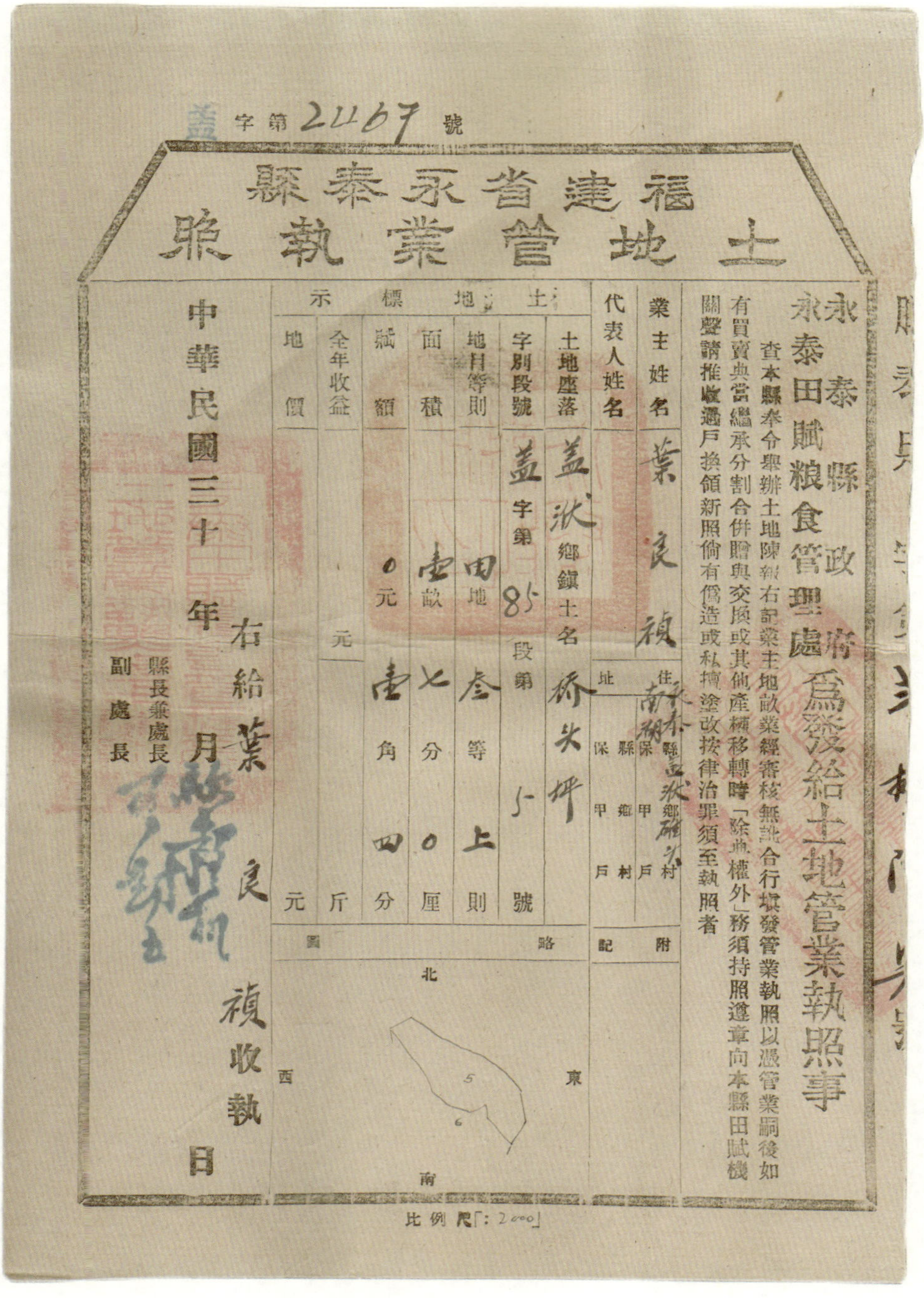

蓋字第2467號

福建省永泰縣

土地管業執照

永泰縣政府
永泰田賦粮食管理處 為發給土地管業執照事

查本縣奉令舉辦土地陳報右記業主地畝業經審核無訛合行填發管業執照以憑管業嗣後如有買賣典當繼承分割合併贈與交換或其他產權移轉時「除典權外」務須持照遵章向本縣田賦機關聲請推收過戶換領新照倘有偽造或私擅塗改按律治罪須至執照者

業主姓名	葉良禎
住址	永泰縣蓋洑鄉磜尖村 保 甲 戶
代表人姓名	
住址	縣 鄉 村 保 甲 戶
附記	

土地標示

土地座落	蓋洑鄉鎮 土名磜尖坪
字別段號	蓋字第85段第5號
地目等則	田地 叁等 上則
面積	壹畝 七分 〇厘
賦額	〇元 壹角 四分
全年收益	元 斤
地價	元

路圖

北 西 東 南

比例尺1:2000

中華民國三十年 月 日

右給 葉良禎 收執

縣長兼處長

副處長

3-2-152-5 民國三十年葉良禎户土地管業執照（二）

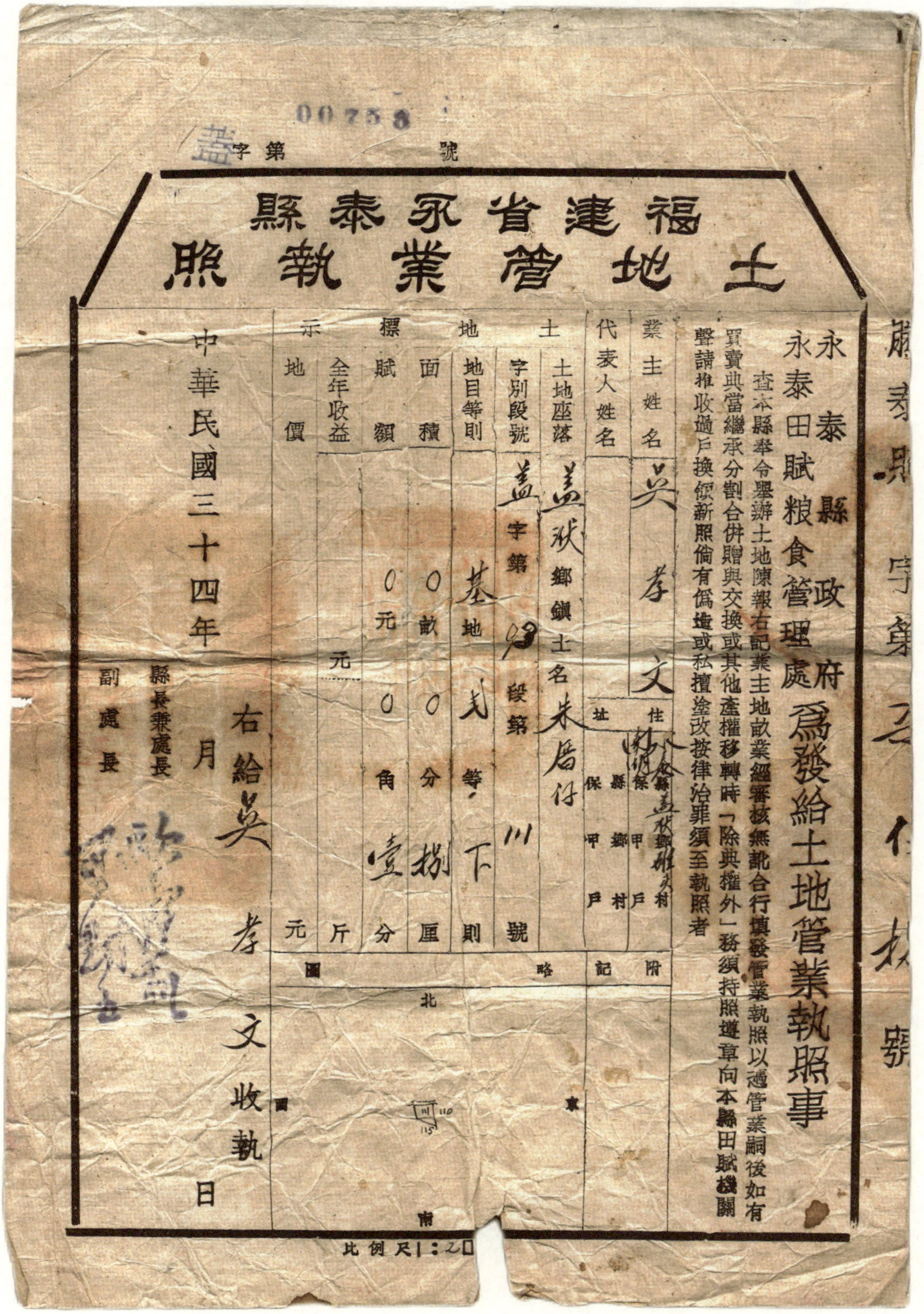

00758

蓋字第　號

福建省永泰縣

土地管業執照

永泰縣政府
永泰田賦粮食管理處

爲發給土地管業執照事

查本縣奉令舉辦土地陳報右記業主地畝業經審核無訛合行填發管業執照以憑管業嗣後如有買賣典當繼承分割合併贈與交換或其他產權移轉時「除典權外」務須持照遵章向本縣田賦機關聲請推收過戶換領新照倘有僞造或私擅塗改按律治罪須至執照者

業主姓名：吴孝文

住址：縣　鄉　村　保　甲　戶

代表人姓名：

土地座落：蓋洋鄉鎮土名朱厝仔

字別段號：蓋字第四段第川號

地目等則：基地弍等下則

面積：0畝0分捌厘

賦額：0元0角壹分

全年收益：元　斤

地價：元

附記

略圖　北　東　南　西

比例尺1：200

右給吴孝文收執

中華民國三十四年　月　日

縣長兼處長

副處長

蓋字第　號

3-2-152-6　民國三十四年吴孝文户土地管業執照

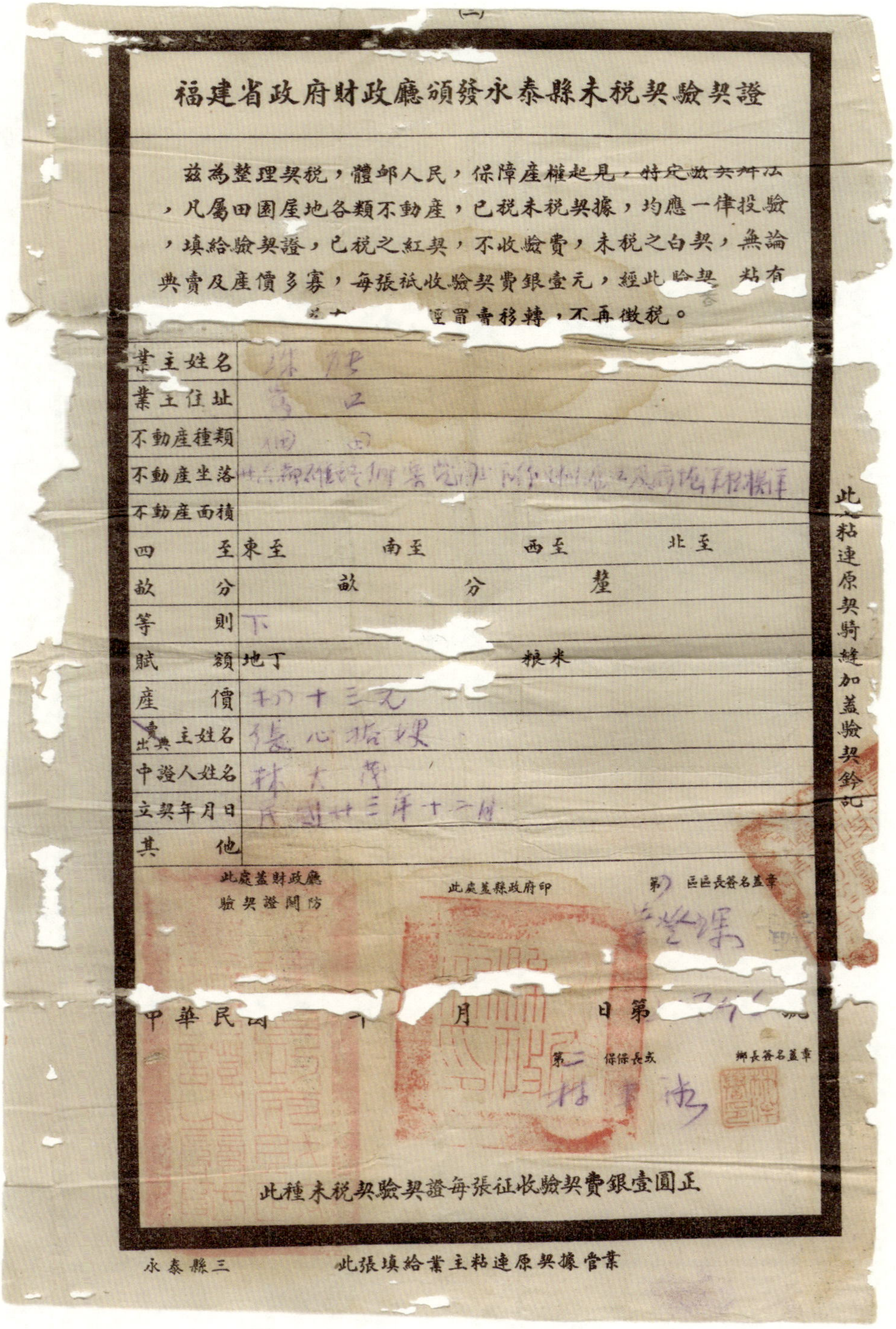

（二）

福建省政府財政廳頒發永泰縣未稅契驗契證

茲為整理契稅，體卹人民，保障產權起見，特定[illegible]，凡屬田園屋地各類不動產，已稅未稅契據，均應一律投驗，填給驗契證，已稅之紅契，不收驗費，未稅之白契，無論典賣及產價多寡，每張祇收驗契費銀壹元，經此驗契，粘有[illegible]買賣移轉，不再徵稅。

業主姓名	珠能
業主住址	[illegible]口
不動產種類	田
不動產坐落	[illegible]
不動產面積	
四至	東至　南至　西至　北至
畝分	畝　分　釐
等則	下
賦額	地丁　糧米
產價	捌十三元
出賣典主姓名	張心[illegible]
中證人姓名	林大[illegible]
立契年月日	民國卅三年十二月
其他	

此處蓋財政廳驗契證關防

此處蓋縣政府印

第　區區長簽名蓋章

中華民國　年　月　日第　號

第　保保長或鄉長簽名蓋章

此種未稅契驗契證每張征收驗契費銀壹圓正

永泰縣三　此張填給業主粘連原契據管業

此處粘連原契騎縫加蓋驗契鈐記

3-2-152-7　民國時期葉珠能户驗契證

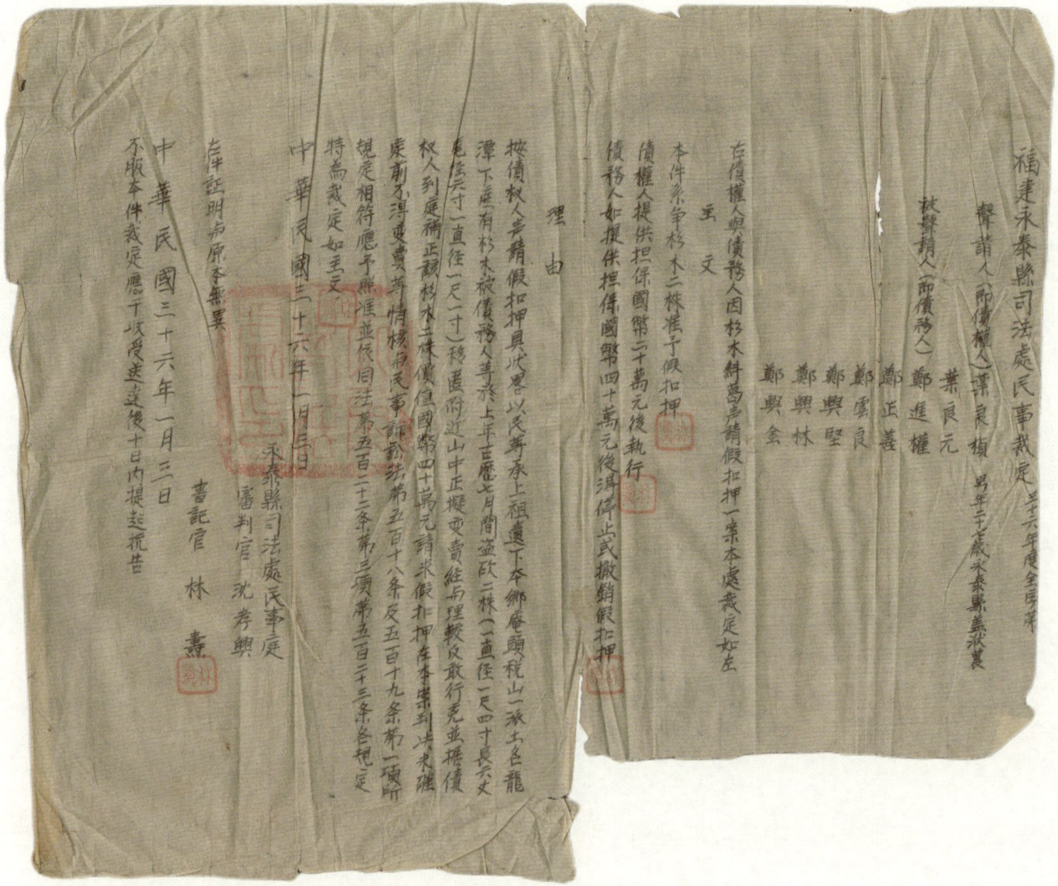
福建永泰縣司法處民事裁定 三十六年度全字第

聲請人(即債權人)葉良楨 男年二十七歲永泰縣蓋洋裏

被聲請人(即債務人)鄭進權

葉良元

鄭正善

鄭雲良

鄭興堅

鄭興林

鄭興金

右債權人與債務人因杉木糾葛聲請假扣押一案本處裁定如左

主文

本件系爭杉木二株准予假扣押

債權人提供担保國幣二十萬元後執行

債務人如提供担保國幣四十萬元後得停止或撤銷假扣押

理由

按債權人聲請假扣押具狀略以民等承上祖遺下本鄉庵頭稅山一派土名龍潭下座有杉木被債務人等於上年古曆七月間盜砍二株(一直徑一尺四寸長六丈另徑六寸一直徑一尺一寸)移匿附近山中正擬變賣經向理較反敢行兇並據債權人到庭補正該杉木二株價值國幣四十萬元請求假扣押在本案判決未確定前不得變賣等情核與民事訴訟法第五百十八條及五百十九條第一項所規定相符應予照准並依同法第五百二十二條第三項第五百二十三條各規定特為裁定如主文

中華民國三十六年一月三日

永泰縣司法處民事庭

審判官 沈孝輿

書記官 林壽

右件証明與原本無異

中華民國三十六年一月三日

不服本件裁定應于收受送達後十日內提起抗告

3-2-153-1 民國三十六年一月永泰縣司法處民事判決書

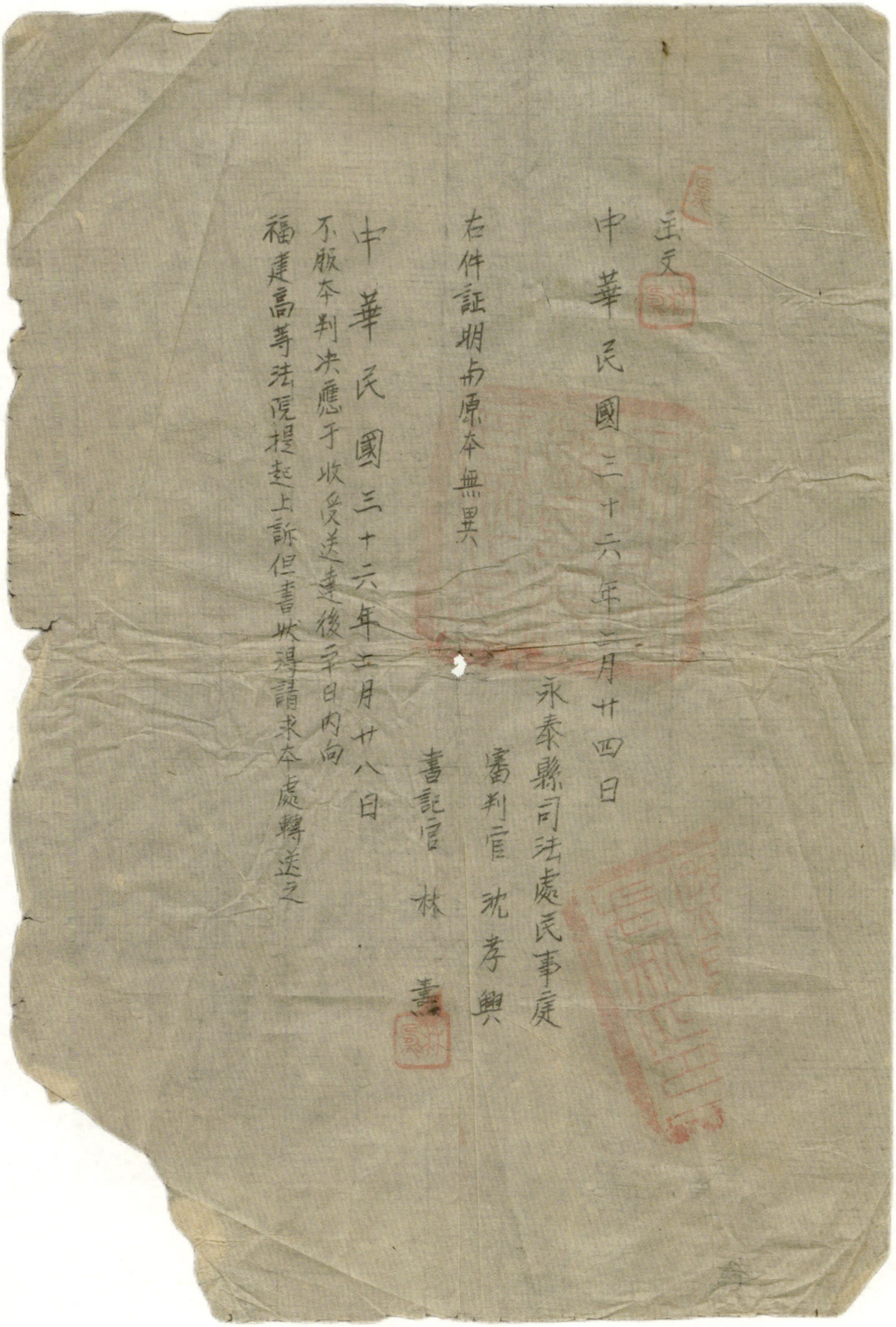
玉文
中華民國三十六年二月廿四日
永泰縣司法處民事庭
審判官 沈孝興
書記官 林 書
右件証明与原本無異
中華民國三十六年二月廿八日
不服本判決應于收受送達後十日内向
福建高等法院提起上訴但書狀得請求本處轉送之

3-2-153-2 民國三十六年二月永泰縣司法處民事判決書

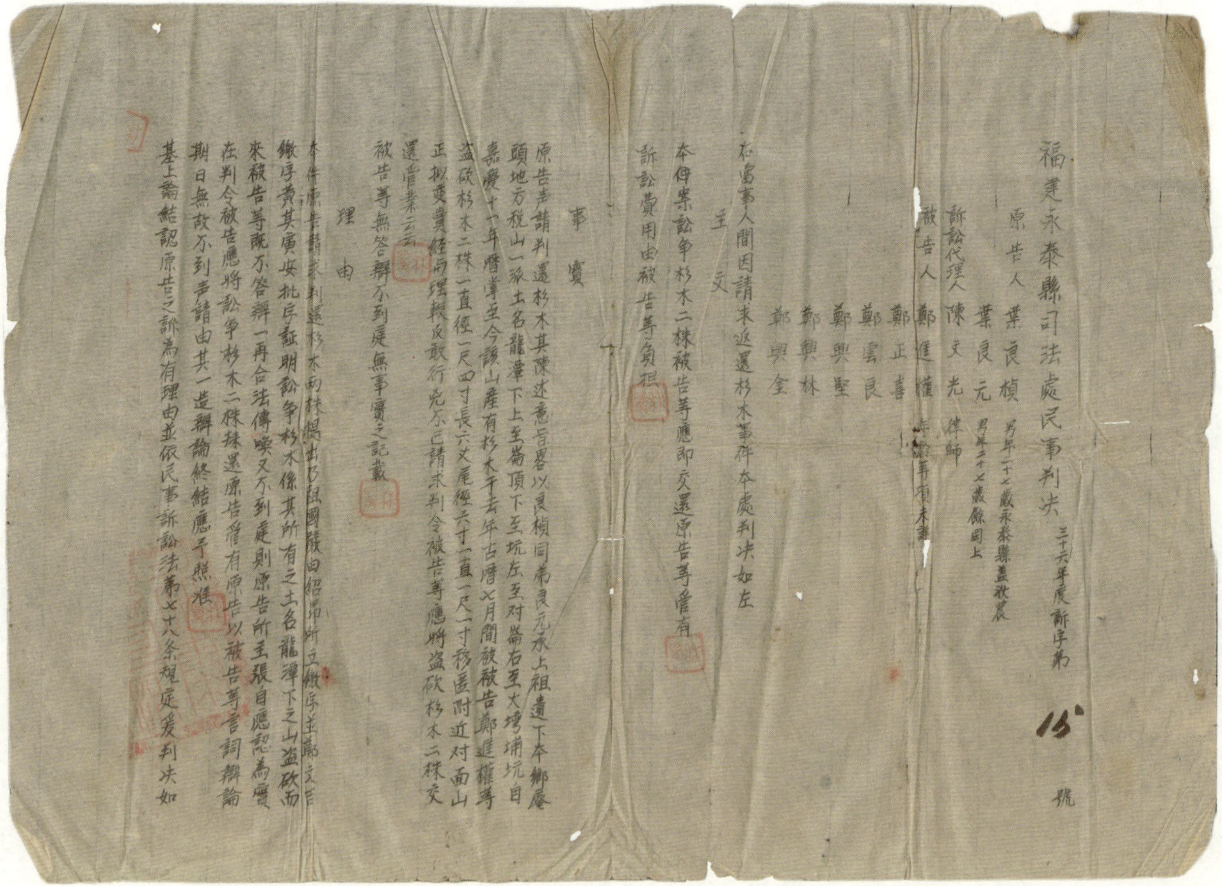
福建永泰縣司法處民事判決　三十六年度訴字第15號
原告人　葉良楨　男年二十七歲永泰縣盖洋農
葉良元　男年二十七歲餘同上
訴訟代理人　陳文光　律師
被告人　鄭進權　年籍等不詳
鄭正喜
鄭雲良
鄭興堅
鄭興林
鄭興全
右當事人間因請求返還杉木事件本處判決如左
主文
本件係爭杉木二株被告等應即交還原告等管有
訴訟費用由被告等負担
事實
原告聲請判還杉木其陳述意旨畧以良楨同弟良元承上祖遺下本鄉碓
頭地方稅山一號土名龍潭下上至崙頂下至坑左至對崙右至大墿埔坑自
嘉慶十一年曆掌至今該山產有杉木于去年古曆七月間被被告鄭進權等
盜砍杉木二株一直徑一尺四寸長六丈尾徑六寸一直一尺一寸移置附近對面山
正擬變賣經雨理輒反敢行兇不已請求判令被告等應將盜砍杉木二株交
還管業云云
被告等無答辯不到庭無事實之記載
理由
本件原告請求判還杉木兩株提出[illegible]由紹昂所立繳字並鄭文苣
繳字黃其廣安批字証明訟爭杉木係其所有之土名龍潭下之山盜砍而
來被告等既不答辯一再合法傳喚又不到庭則原告所主張自應認為實
在判令被告應將訟爭杉木二株抹還原告管有原告以被告等言詞辯論
期日無故不到聲請由其一造辯論終結應予照准
基上論結認原告之訴為有理由並依民事訴訟法第七十六条規定爰判決如

3-2-153-3　民國三十六年永泰縣司法處民事判決書

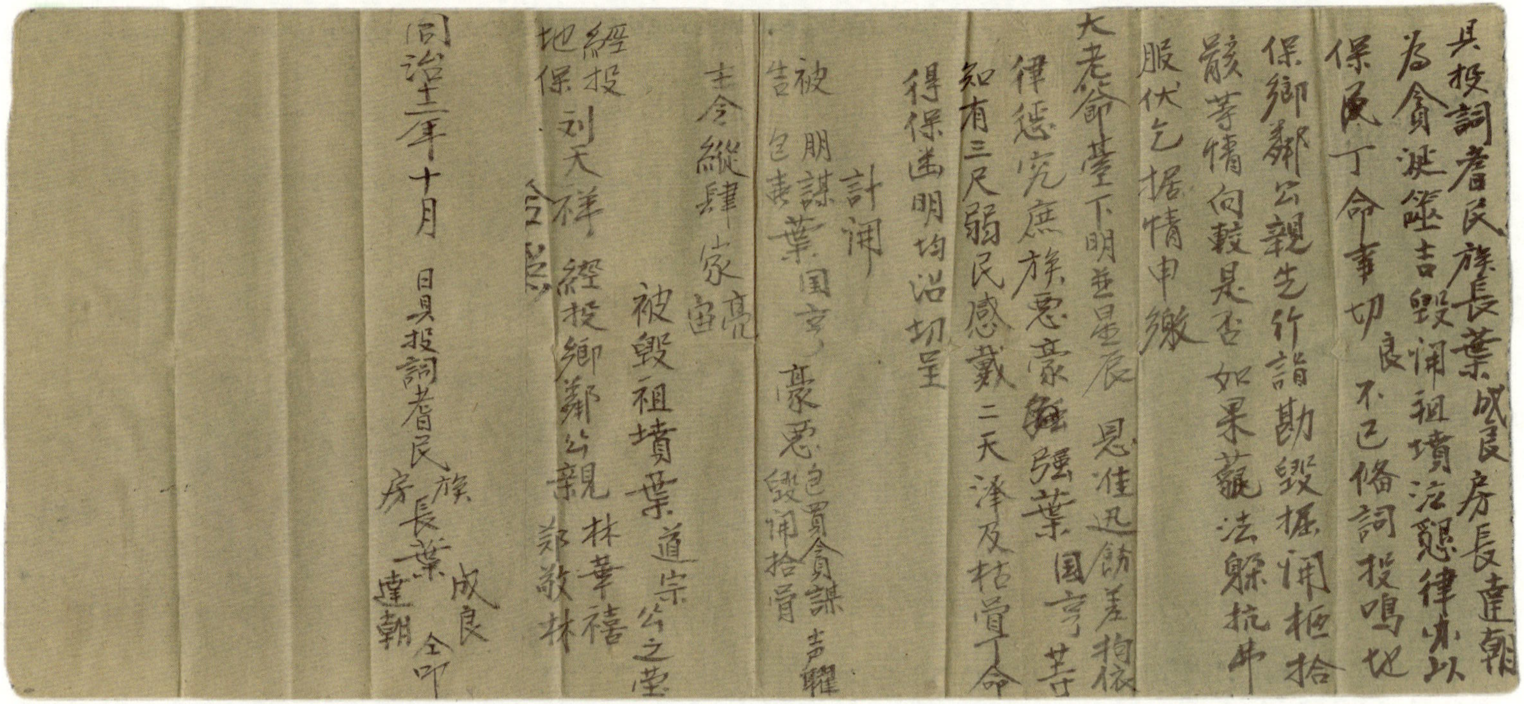

3-2-154-1　清同治十二年十月葉成良等具投詞狀

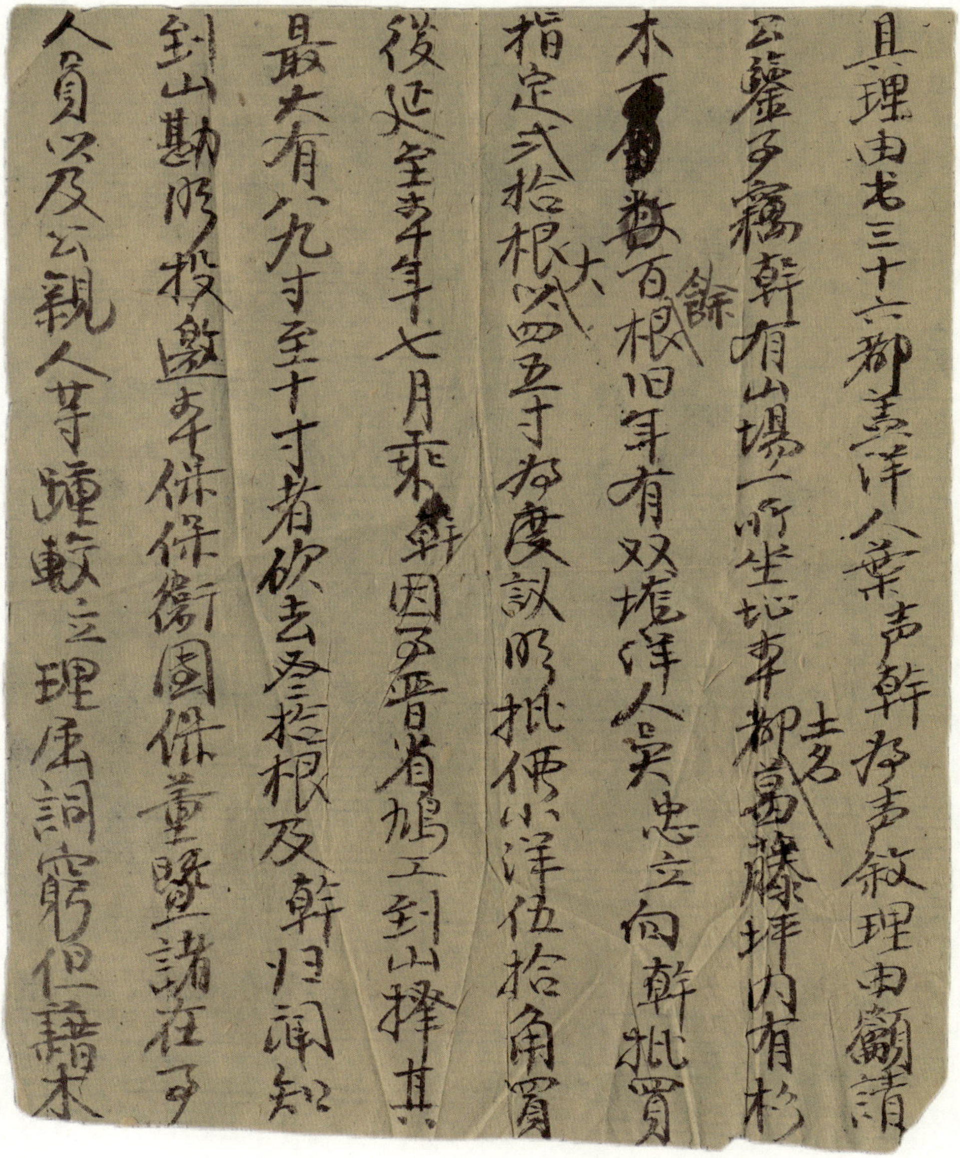
具理由书三十六都盖洋人叶声幹为声叙理由勸請
公鑒事窃幹有山場一所坐址本都土名葛藤坪内有杉
木数百餘根旧年有双垄洋人吴忠立向幹抵買
指定式拾根大以四五寸为度议明抵價小洋伍拾角買
後延至本年七月乘幹因事晋省雇工到山择其
最大有八九寸至十寸者砍去叁拾根及幹归闻知
到山勘明投邀本保保衛團保董暨諸在事
人員以及公親人等理較立理屈詞窮但藉木

3-2-154-2　民國時期葉聲幹具理由書

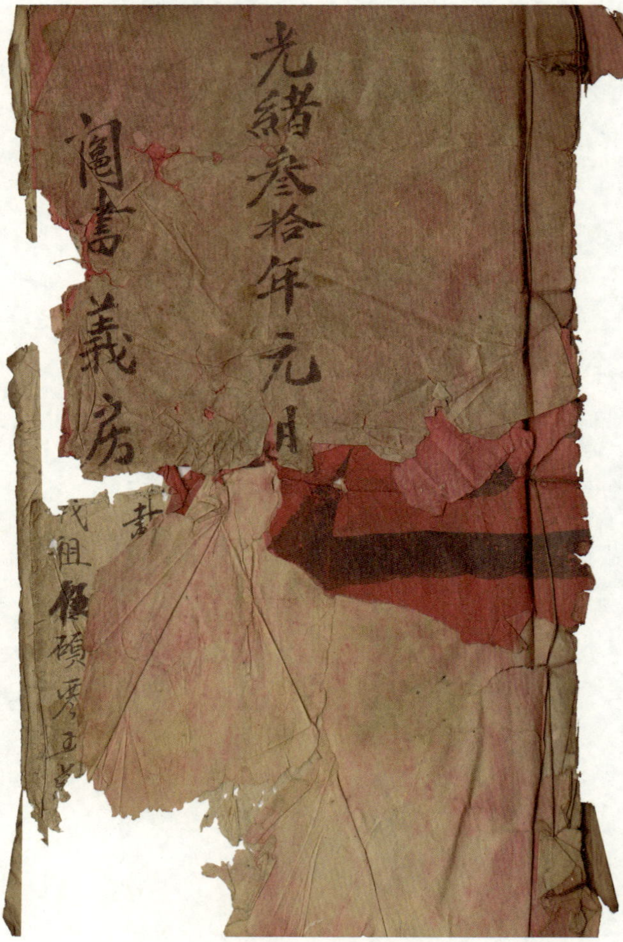

3-2-155-1　清光緒三十九年葉氏仁義禮智房鬮書（一）

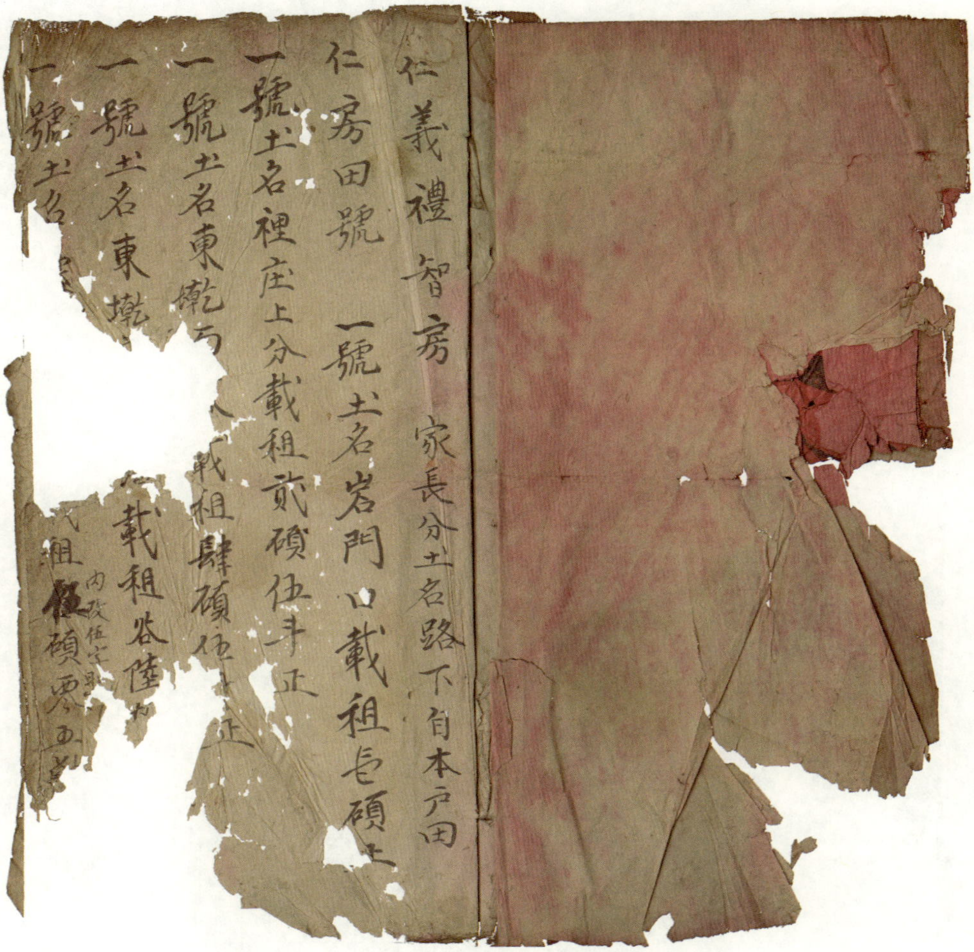
仁義禮智房　家長分土名路下自本戶田
仁房田號　一號土名岩門口載租乜碩上
一號土名裡庄上分載租貳碩伍斗正
一號土名東[illegible]載租肆碩伍斗正
一號土名東墘[illegible]載租谷陸[illegible]
一號土名[illegible]租伍碩[illegible]

3-2-155-2　清光緒三十九年葉氏仁義禮智房鬮書（二）

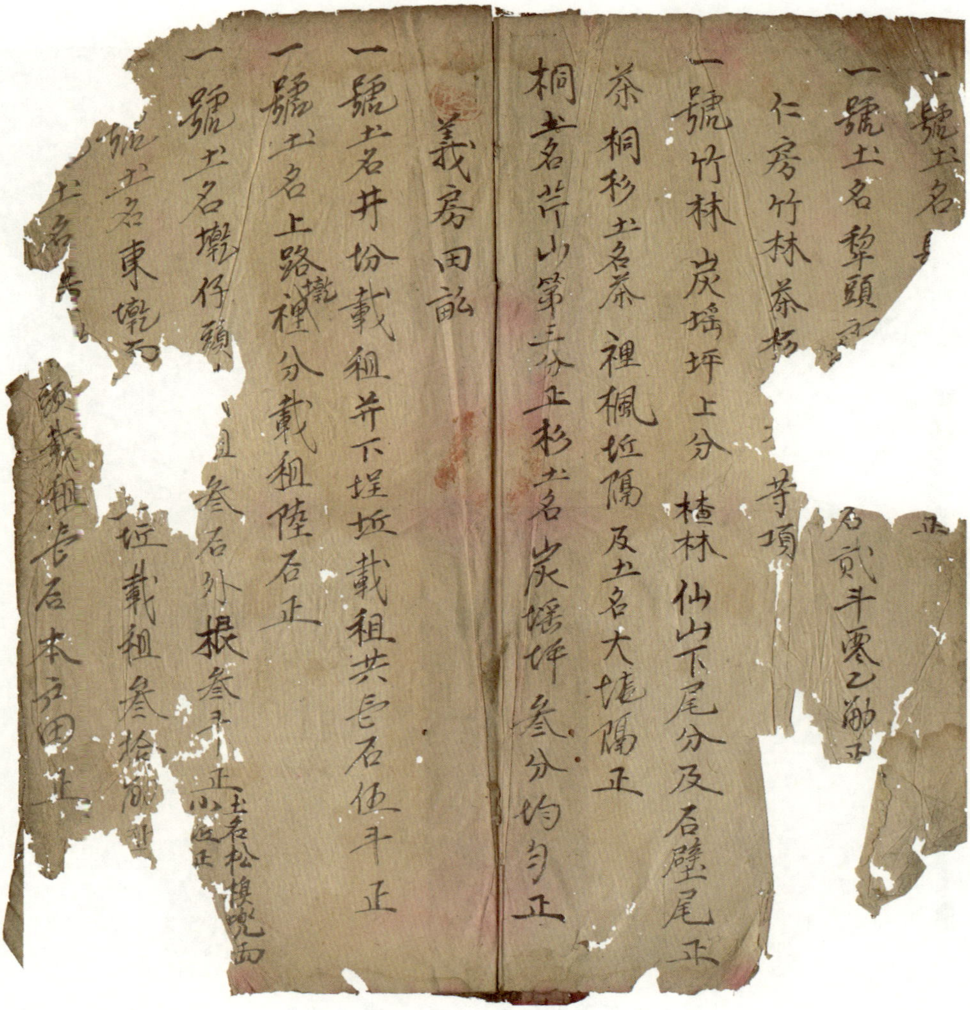

一號土名[illegible]
一號土名犂頭[illegible]……石貳斗零乙斛正
仁房竹林茶杉[illegible]等項
一號竹林 炭窯坪上分 植林 仙山下尾分及石壁尾正
茶桐杉土名茶裡楓坵陽及土名大墘陽正
桐土名芹山第三分正 杉土名炭窯坪叁分均匀正
義房田畝
一號土名井坋載租并下埕坵載租共壹石伍斗正
一號土名上路墘裡分載租陸石正
一號土名墘仔頭[illegible]租叁石外根叁斗正 土名松樹兜西小坵正
一號土名東墘[illegible]坵載租叁拾斛[illegible]
[illegible]土名[illegible]頭載租壹石本丘田正

3-2-155-3 清光緒三十九年葉氏仁義禮智房鬮書（三）

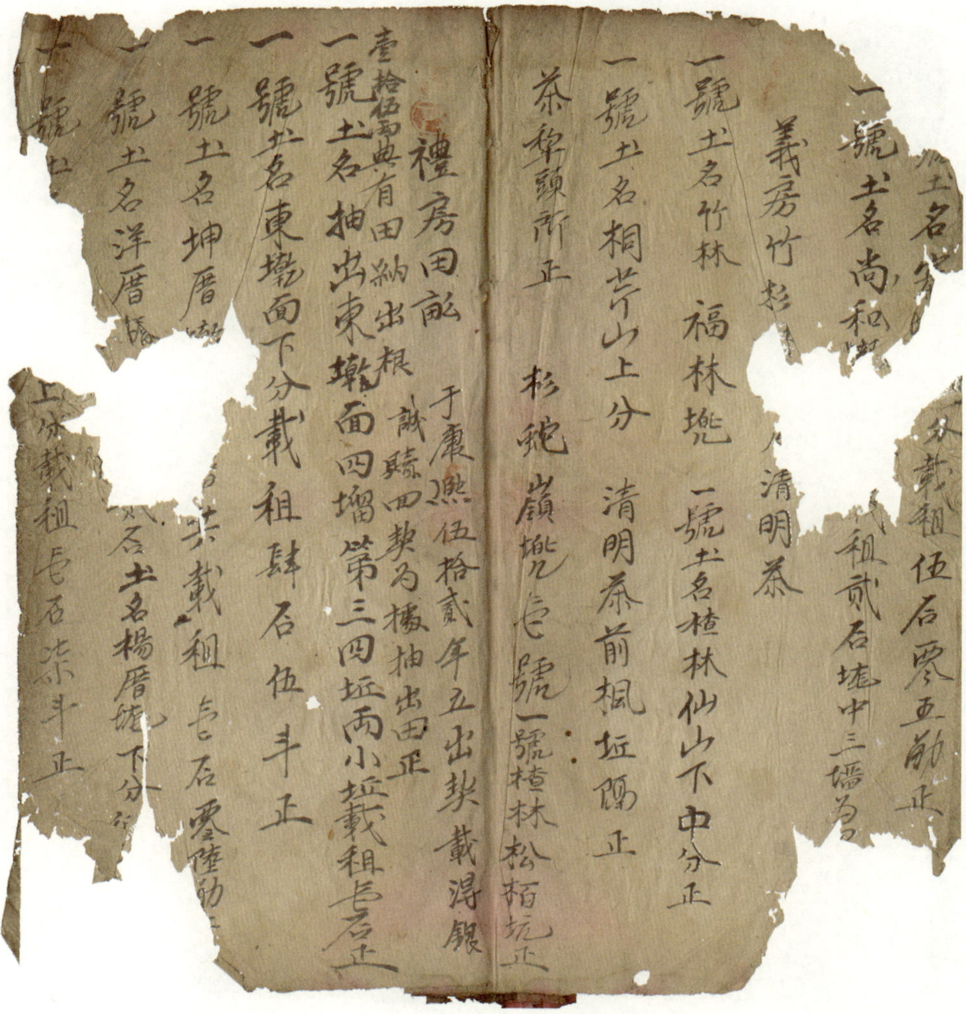
……土名……
……分載租伍石零五觔正
一號土名尚和……
……租貳石埞中三壋為……
義房竹杉……清明茶
一號土名竹林　福林墘
一號土名楂林仙山下中分正
一號土名桐苧山上分　清明茶前楓垣陽正
茶犁頭所正　杉牠嶺墘壹號一號楂林松栢坑正
禮房田畝　于康熙伍拾貳年立出契載渴銀
壹拾伍兩正典有田納出根　識賠回契為據抽出田正
一號土名抽出東墩面四墻第三四坵兩小坵載租壹石正
一號土名東墩面下分載租肆石伍斗正
一號土名坤厝……　……共載租壹石零陸觔
一號土名洋厝……　……石土名楊厝埞下分……
一號土……　上分載租壹石柒斗正

3-2-155-4　清光緒三十九年葉氏仁義禮智房鬮書（四）

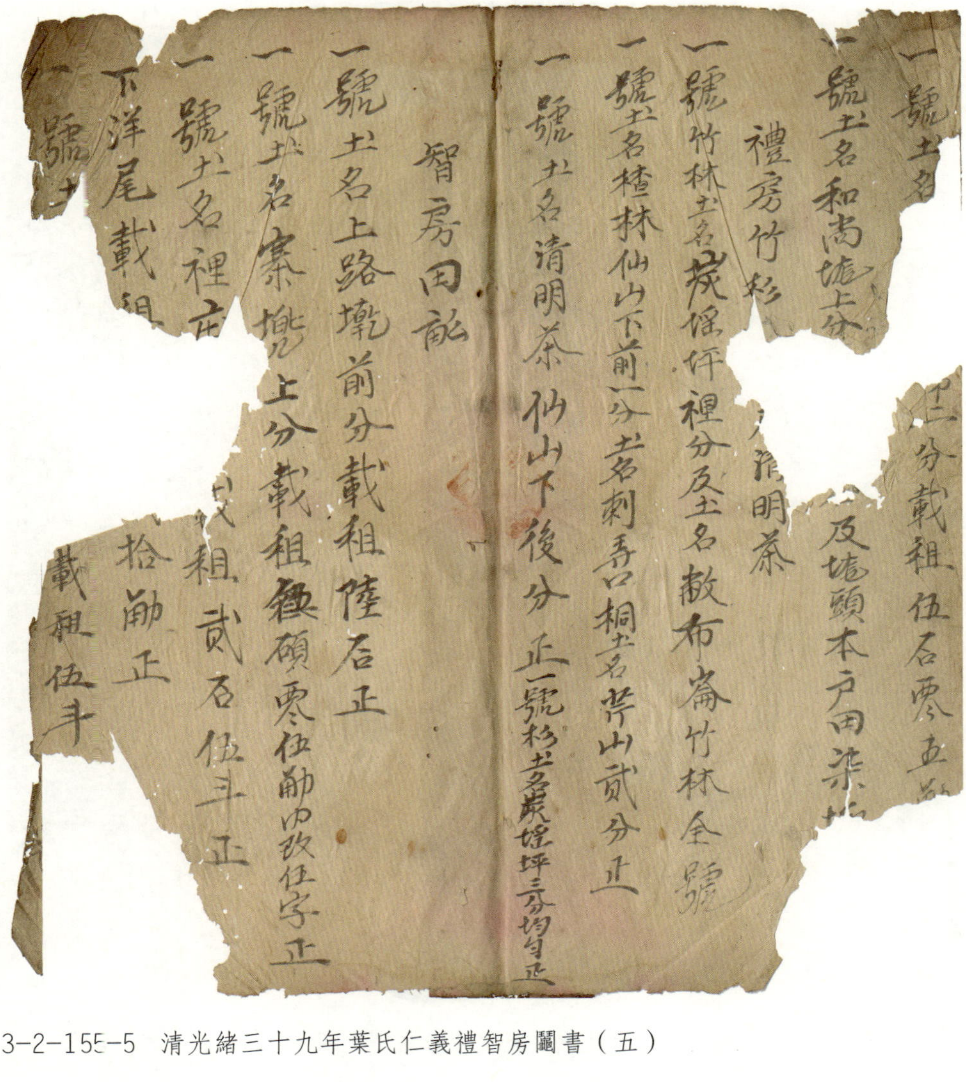

一號土名……仁二分載租伍石零五斗
一號土名和尚墘上分……及墘頭本戶田柒坵
禮房竹杉
一號竹林土名炭堀坪裡分及土名敝布崙竹林全號
……清明茶
一號土名楂林仙山下前一分土名刺弄口桐土名苧山貳分正
一號土名清明茶仙山下後分正一號杉土名炭堀坪三分均勻正
智房田畝
一號土名上路墘前分載租陸石正
一號土名寨墘上分載租肆碩零伍觔加玖仟字正
一號土名裡庄……租貳石伍斗正
一下洋尾載租……拾觔正
一號土……載租伍斗

3-2-155-5　清光緒三十九年葉氏仁義禮智房鬮書（五）

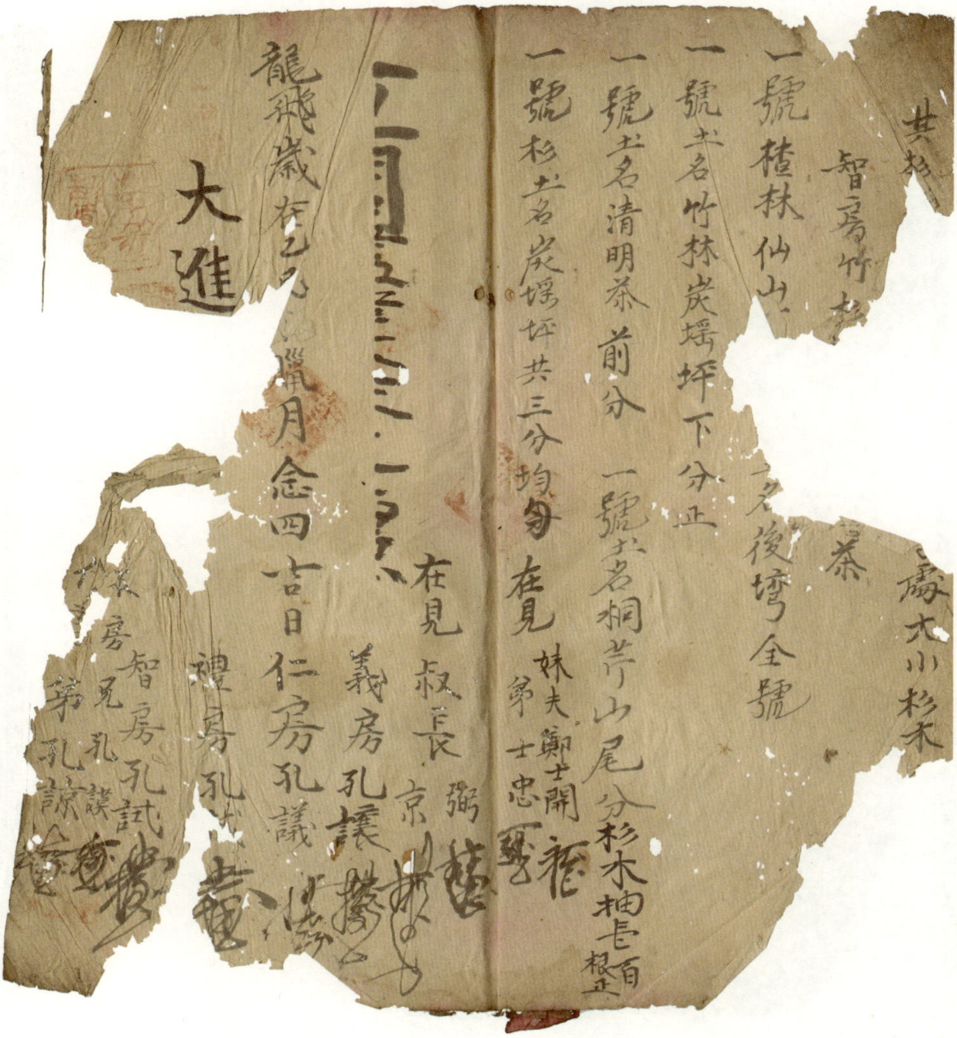

共[illegible]

處大小杉木

智房竹[illegible]　[illegible]茶

一號楂林仙山[illegible]名後塆全號

一號土名竹林炭𡍼坪下分止

一號土名清明茶前分　一號土名桐芹山尾分杉木柚壹百根止

一號杉土名炭𡍼坪共三分均分

在見　妹夫鄭士開　弟士忠

在見　叔長京

大進

龍飛歲在乙卯臘月念四日　仁房孔議

義房孔讓

禮房孔[illegible]

智房孔試

房兄孔謨

弟孔諒

3-2-155-6　清光緒三十九年葉氏仁義禮智房鬮書（六）

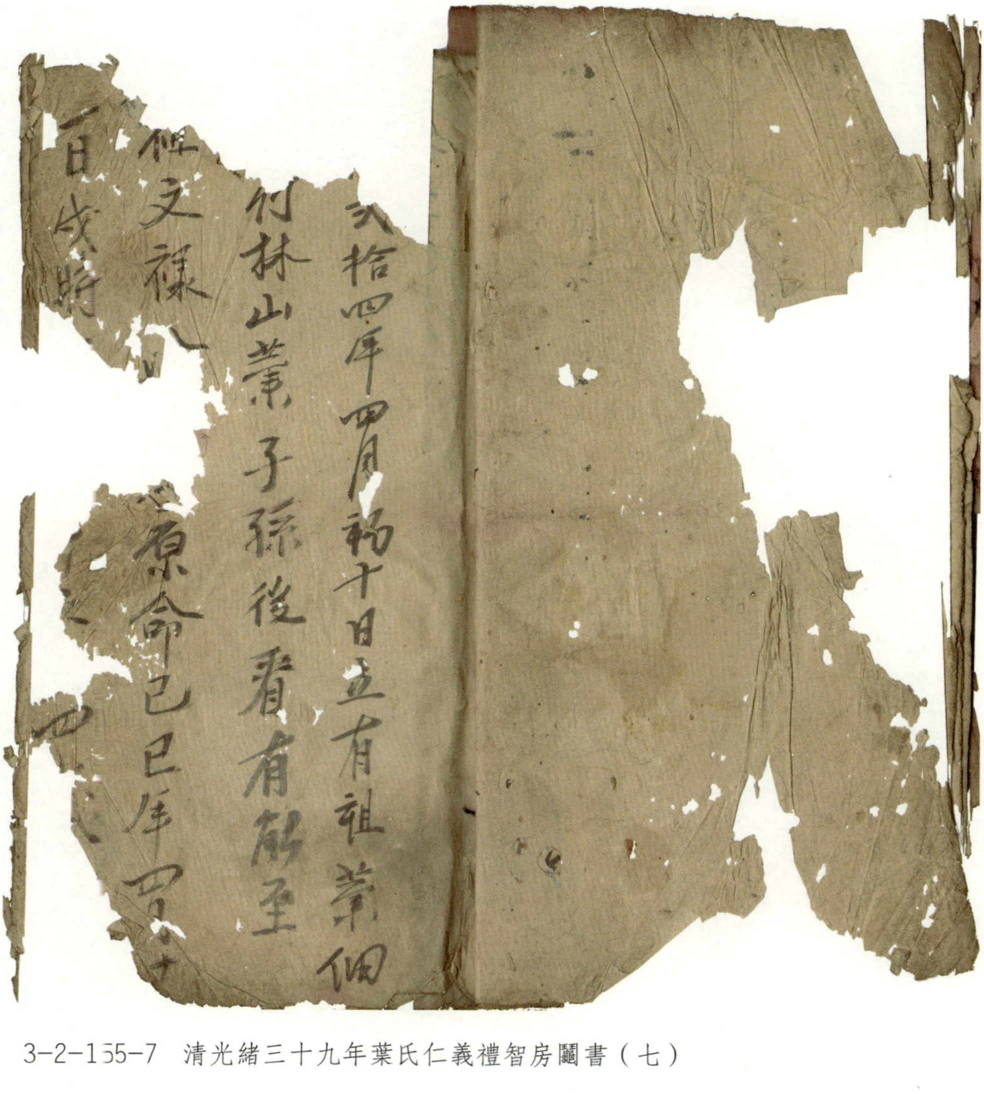
貳拾四年四月初十日立有祖業佃
付林山業子孫後看有願至
係文祿
原命己巳年四月十
日戌時
四

3-2-155-7 清光緒三十九年葉氏仁義禮智房鬮書（七）

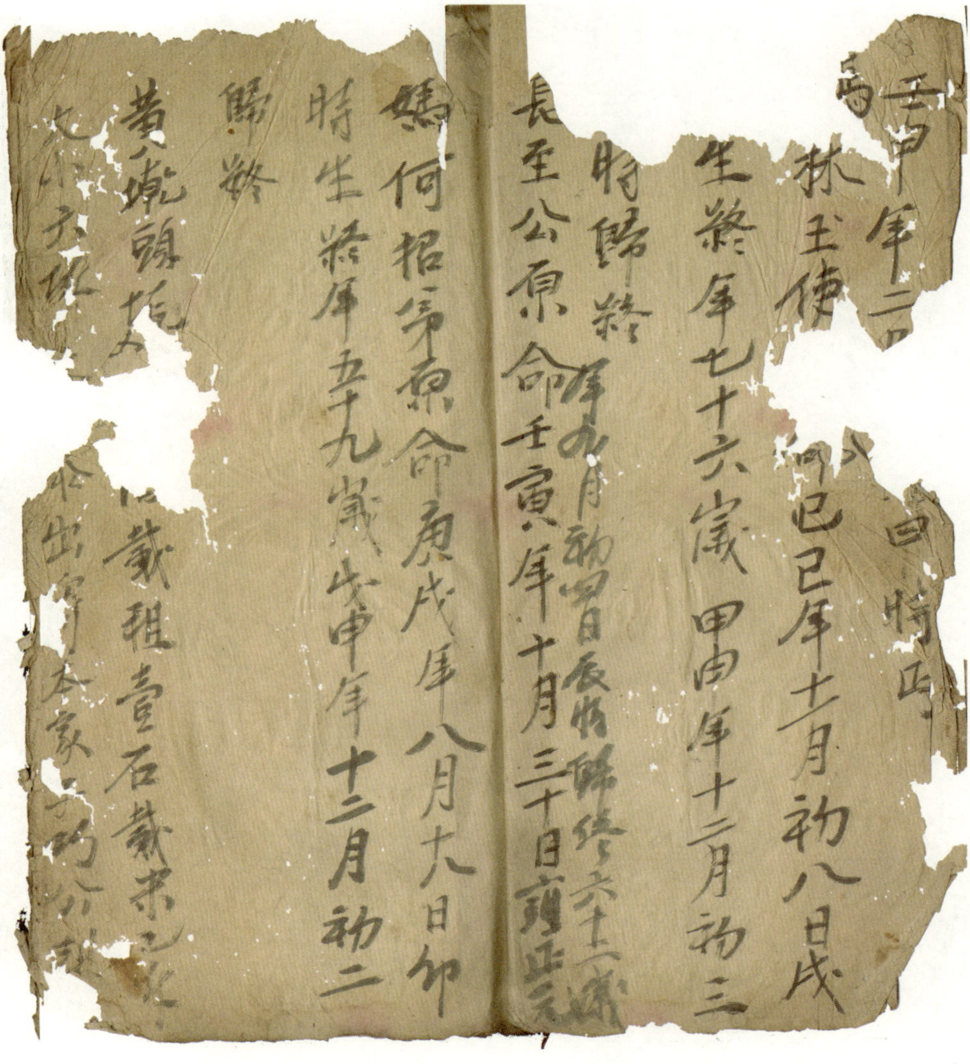
壬申年二……四日時正
為林玉使命己巳年十二月初八日戌
生終年七十六歲甲申年十二月初三
時歸終
長至公原命壬寅年十月三十日寅正元
年九月初四日辰時歸終六十八歲
媽何招弟原命庚戌年八月廿八日卯
時生終年五十九歲戊申年十二月初二
歸終
黃墩頭坑
……坑大坂……
……戴租壹石戴米……
……出賣本家……

3-2-155-8　清光緒三十九年葉氏仁義禮智房鬮書（八）

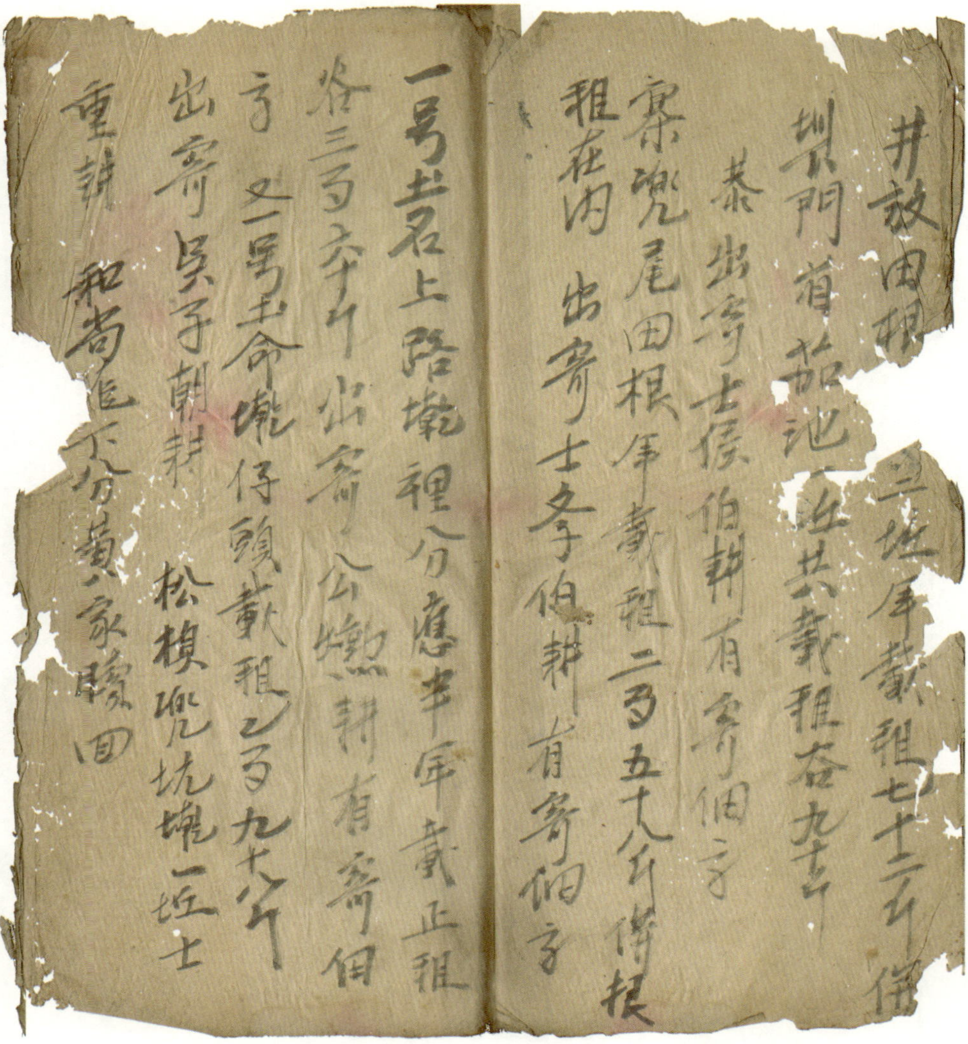

井放田根一丘年載租七十二斤併

圳門首茄池一丘共載租谷九十斤

恭出寄士侯伯耕有寄佃字

寨墘尾田根年載租二百五十八斤併根

租在内 出寄士冬伯耕 有寄佃字

一號土名上路墘裡八分應半年載正租

谷三百六十斤 出寄公燃耕有寄佃

字 又一號土名墘仔頭載租乙百九十八斤

出寄吳孚朝耕 松模墘坑塊一丘士

重耕 和尚崔下分黄家壠田

3-2-155-9 清光緒三十九年葉氏仁義禮智房鬮書（九）

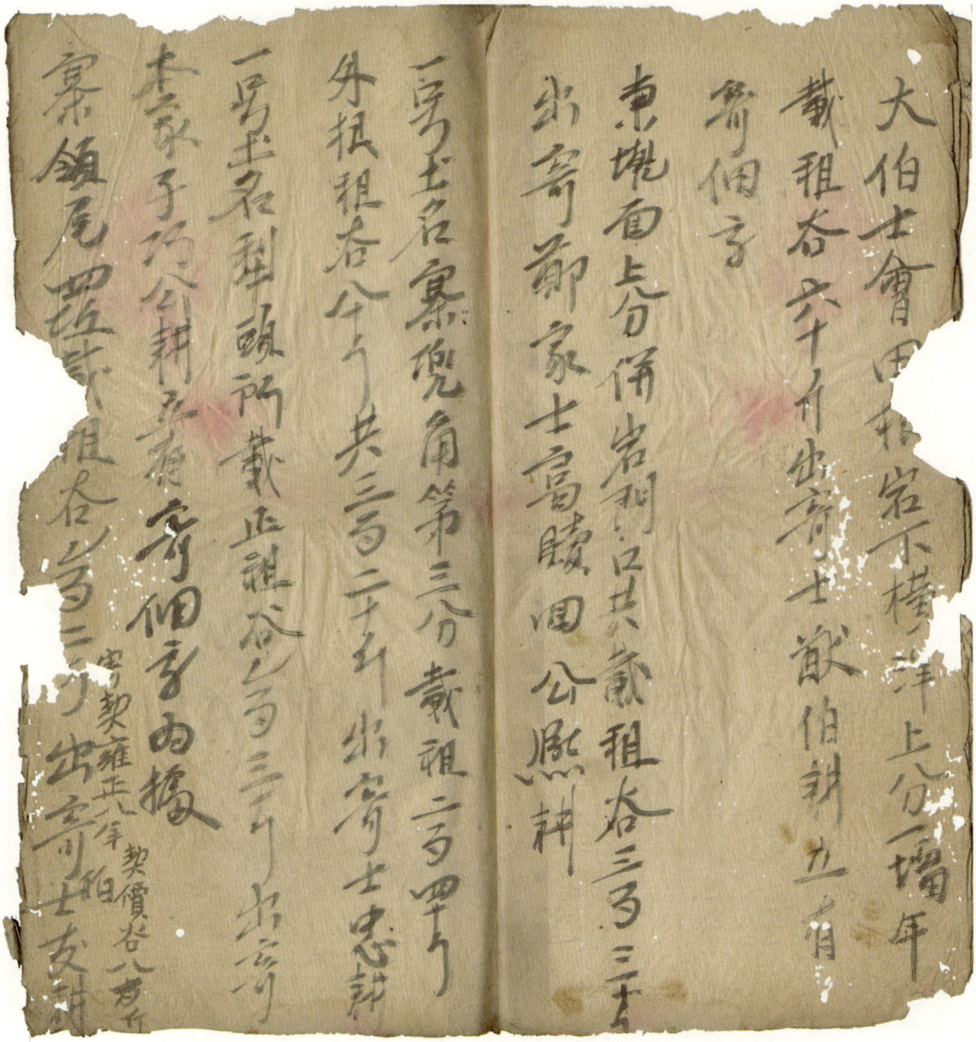

大伯士會田租岩下樓洋上分一墻年
載租谷六十斤出寄士歆伯耕五有
寄佃字
東塊面上分佛岩坪□口共載租谷三百三十
出寄鄭家士富贖回公衆耕
一号土名寨兜角第三分載租二百四斤
外租租谷八斤共三百二十斤出寄士忠耕
一号土名犁頭所載正租谷八百三十斤出寄
本家子孫公耕无存寄佃字兩據
寨嶺尾四坵載租谷八百二斤出寄可士友耕
寄契雍正九年 契價谷八百斤 伯

3-2-155-10 清光緒三十九年葉氏仁義禮智房鬮書（一〇）

士科叔田一号寨墘尾上分第一分
年載租二百四十斤外根租谷八十斤共
三百二十斤出寄公嫐作立有寄佃字
一号土名上路墘前分年載租谷三百六
十斤出寄士能耕立有寄佃字
一号土名裡厝墘下分載正租谷乙百五十斤
應半水壋值出出寄士能耕乾隆十一
年經士富贖回公郎耕出寄紹東耕
寄俊祐谷三百五十斤錢乙仟六百文子朗

六

3-2-155-11　清光緒三十九年葉氏仁義禮智房鬮書（一一）

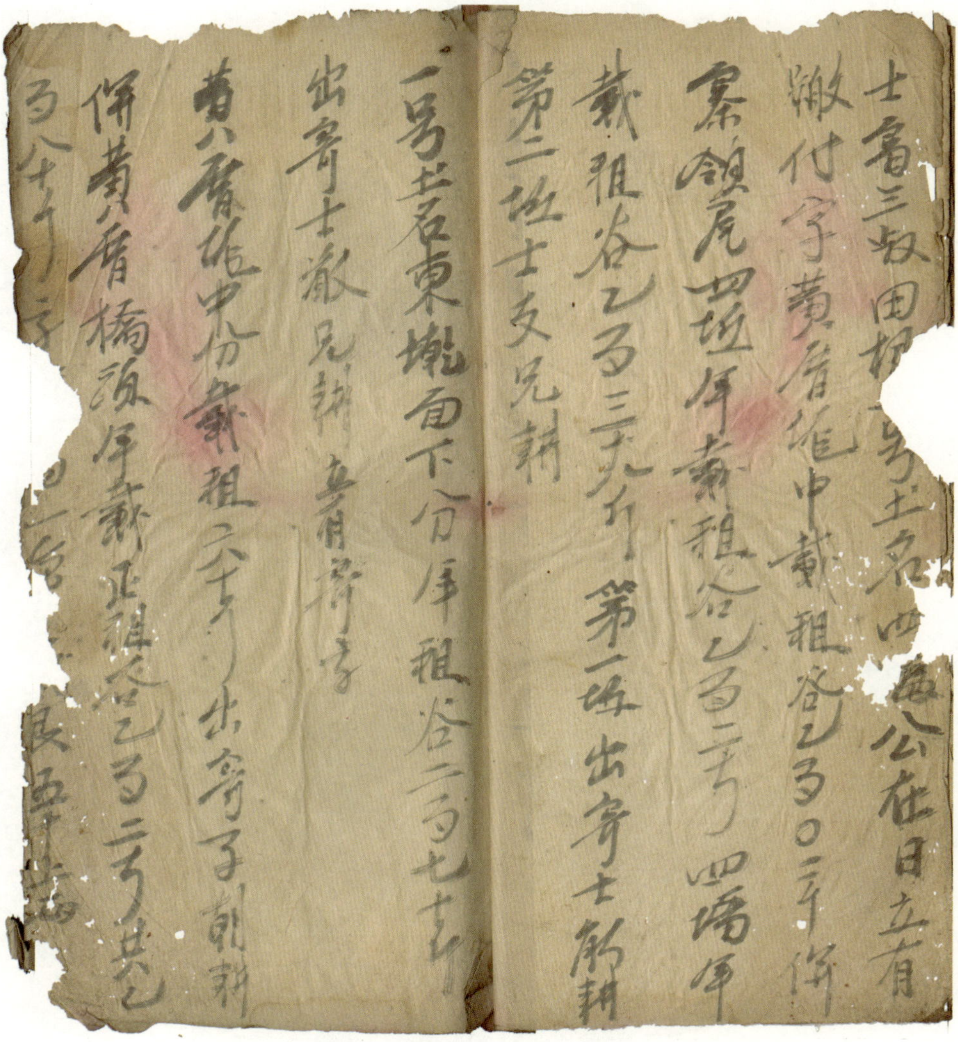

士畜三奴田坵一号土名[illegible]公在日立有
缴付字黄眉垅中載租谷乙石〇二斤併
案領尾四坵年載租谷乙石二斤四塆年
載租谷乙石三十九斤 第一坵出寄士[illegible]耕
第二坵士支兄耕
一号土名東墩面下分年租谷二石七十斤
出寄士淑兄耕 [illegible]
黄八眉垅中分年載租二十斤 出寄子前耕
併黄眉橋頭年載正租谷乙石二十斤共乙
石八十斤 [illegible]

3-2-155-12　清光緒三十九年葉氏仁義禮智房鬮書（一二）

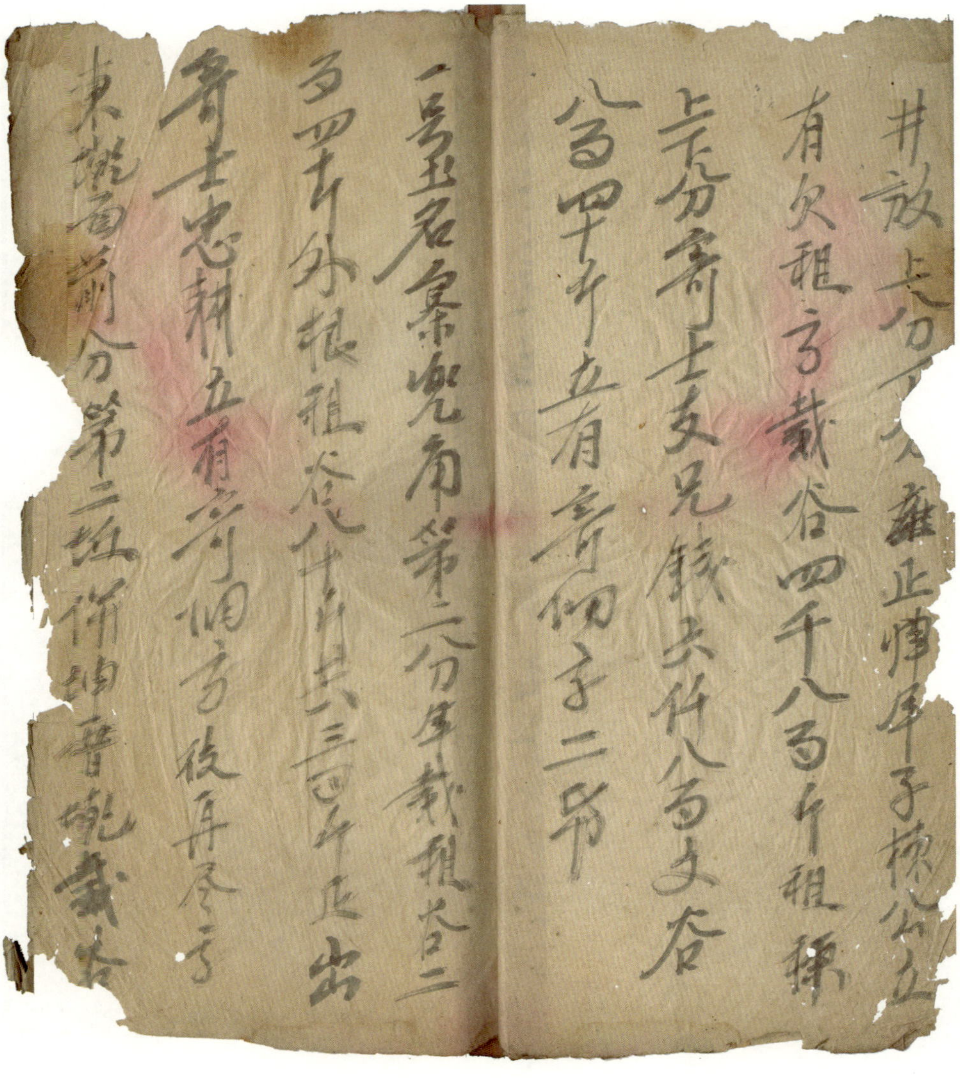

井放上八分又又雍正肆年子孫公立
有欠租子載谷四千八百斤租孫
上八分壽士支兄錢共仟八百文谷
八百四斤立有壽何子二吊
一號土名塆兜角第二八分年載租谷二
百四斤外根租谷八十斤共三百斤正出
壽士忠耕立有壽何子後再尽子
東瓏面前八分第二班併與晉晚載谷

3-2-155-13　清光緒三十九年葉氏仁義禮智房鬮書（一三）

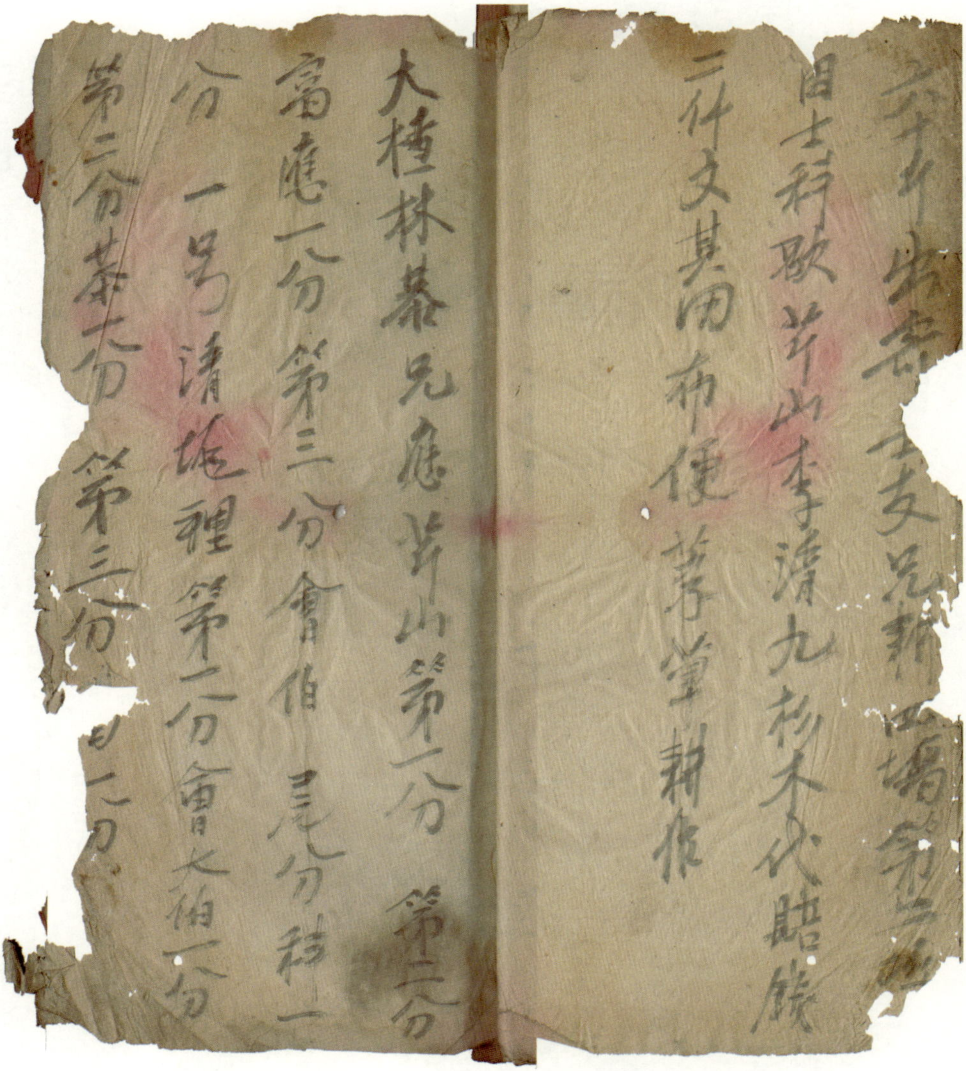

六十斤出息仝支兄耕山塲第二分
田土稅歇芹山李清九杉木代賠錢
二仟文其田布便茅堂耕作
大樓林慕兄應芹山第一分　第二分
富應一分第三分會伯　三房分稅一
分　一号清施理第一分會大伯一分
第二分茶大分　第三分　田一分

3-2-155-14　清光緒三十九年葉氏仁義禮智房鬮書（一四）

各項出業

3-2-155-15　清光緒三十九年葉氏仁義禮智房鬮書（一五）

3-2-155-16　清光緒三十九年葉氏仁義禮智房鬮書（一六）

八閩文庫

八閩文庫

專題彙編

第二種

福建民間契約文書

廈門大學民間歷史文獻研究中心 編

鄭振滿 主編

16

海峽出版發行集團
THE STRAITS PUBLISHING & DISTRIBUTING GROUP
福建人民出版社

本册目録

第三卷　永泰縣蓋洋鄉碓頭村契約文書（五）

第三帙　葉善政户

第三卷　永泰縣蓋洋鄉碓頭村契約文書（五）

本卷主編　周煜翔

第三帙　葉善政户

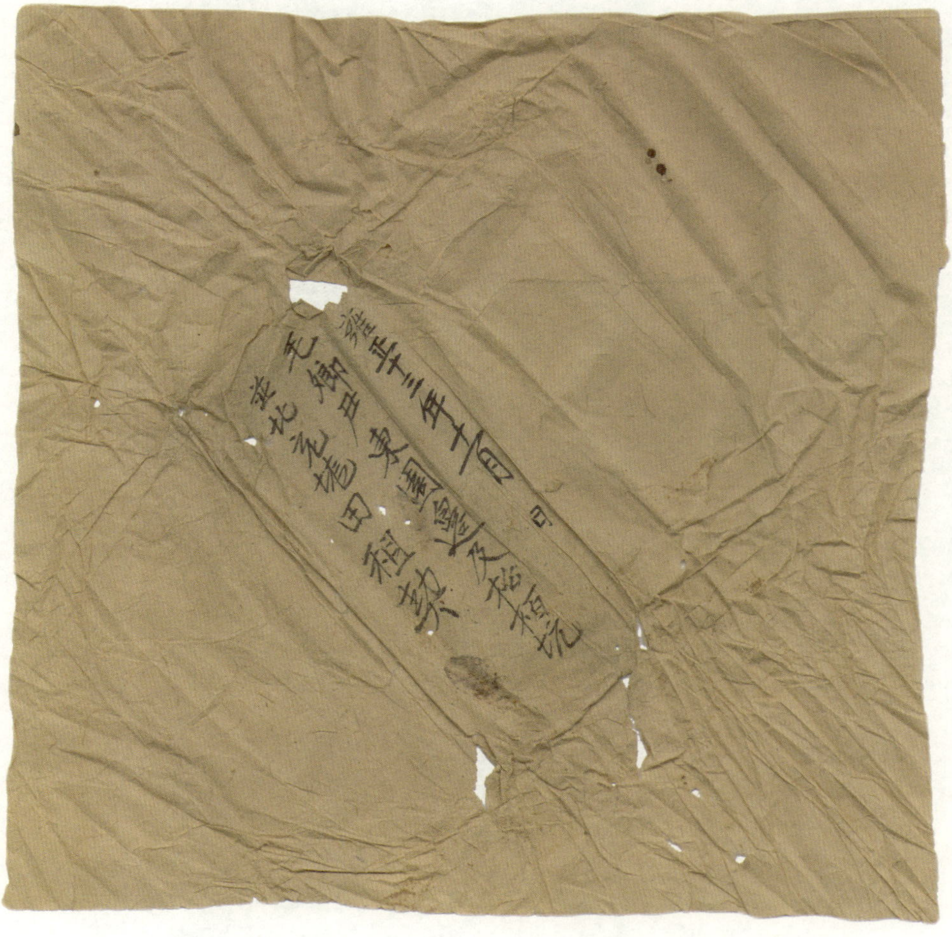

3-3-1-1　包契紙

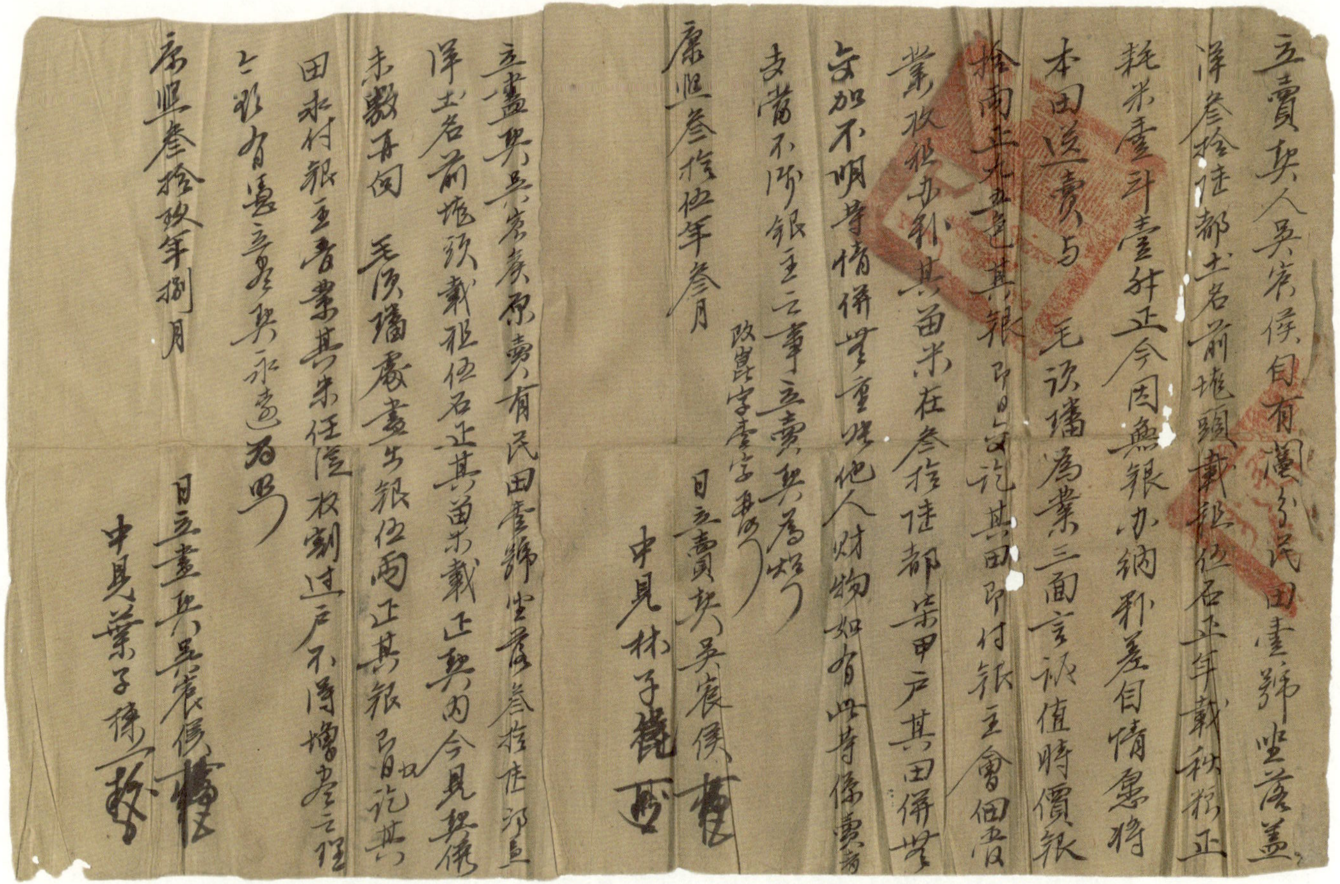
立賣契人吳宸侯，自有承分民田壹號，坐落蓋洋叁拾陸都，土名前堰頭，載租伍石正，年載秋糧正耗米壹斗壹升正。今因無銀用納私差，自情愿將本田送賣與 毛瑞為業，三面言議，值時價銀捌兩玖錢五分正，其銀即日交訖，其田即付銀主會佃管業收租，其苗米在叁拾陸都宋甲戶。其田係與宗加不明等情，係是重張他人財物，如有此等，係賣主當，不干銀主之事。立賣契為照。

改田字壹字再照

康熙叁拾伍年叁月　日立賣契人吳宸侯（押）

中見林子魁（押）

立盡契人吳宸侯，原賣有民田壹號，坐落叁拾陸都蓋洋，土名前堰頭，載租伍石正，其苗米載正契內，今見契價未敷，再向 毛瑞處盡出銀伍兩正，其銀即日收訖，其田永付銀主管業，其米任從收割過戶，不得增盡之理，一盡千休，立盡契永遠為照。

康熙叁拾玖年捌月　日立盡契人吳宸侯（押）

中見葉子祿（押）

3-3-1-2　清康熙三十五年三月吳宸侯立賣民田契（紅契）

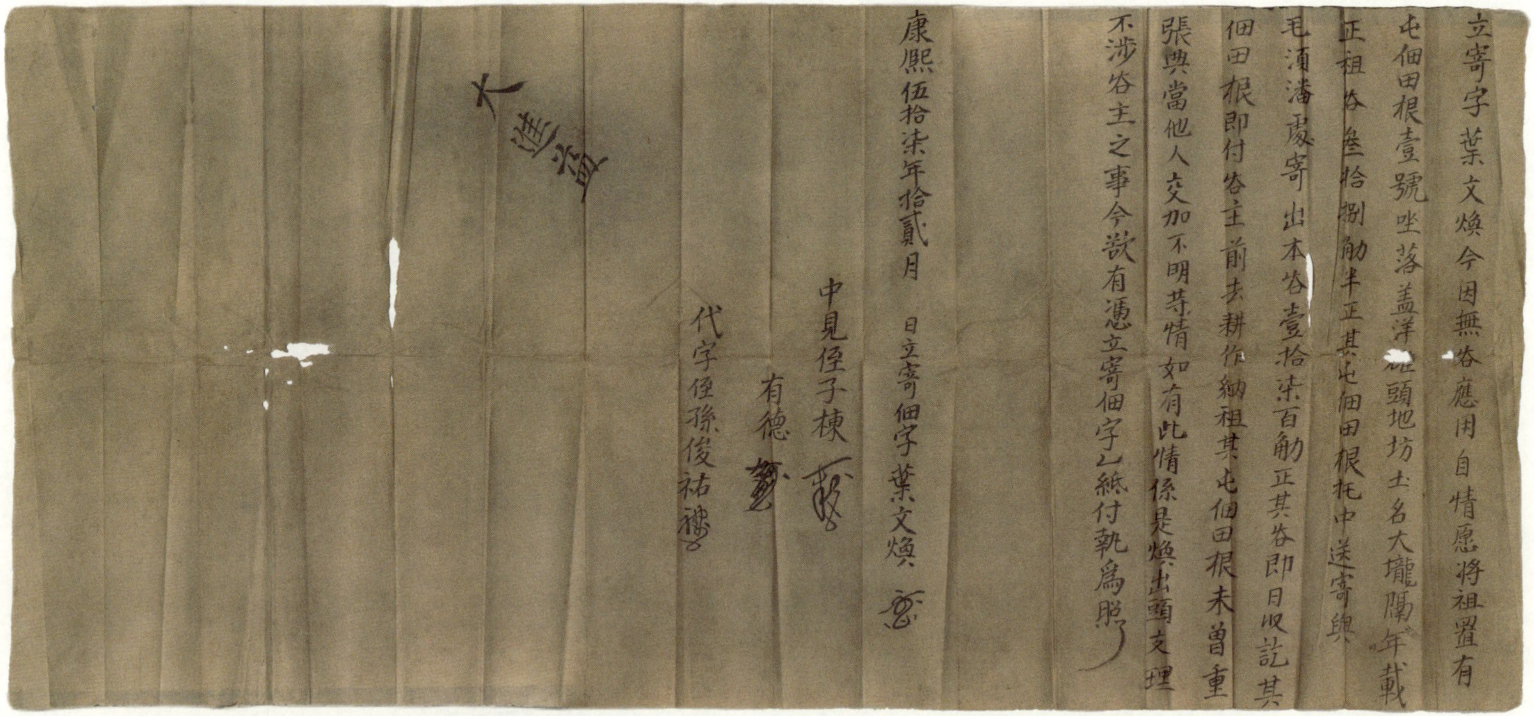
立寄字葉文煥今因無谷應用自情愿將祖置有
屯佃田根壹號坐落蓋洋碓頭地坊土名大壠隔年載
正祖谷叁拾捌觔半正其屯佃田根托中送寄與
毛湏潘處寄出本谷壹拾柒百觔正其谷即日收訖其
佃田根即付谷主前去耕作納祖其屯佃田根未曾重
張典當他人交加不明等情如有此情係是煥出頭支理
不涉谷主之事今欲有憑立寄佃字乙紙付執為照

康熙伍拾柒年拾貳月　日立寄佃字葉文煥（押）
中見侄子棟（押）
有德（押）
代字侄孫俊祐（押）

3-3-1-3　清康熙五十七年十二月葉文煥立寄屯佃田根字

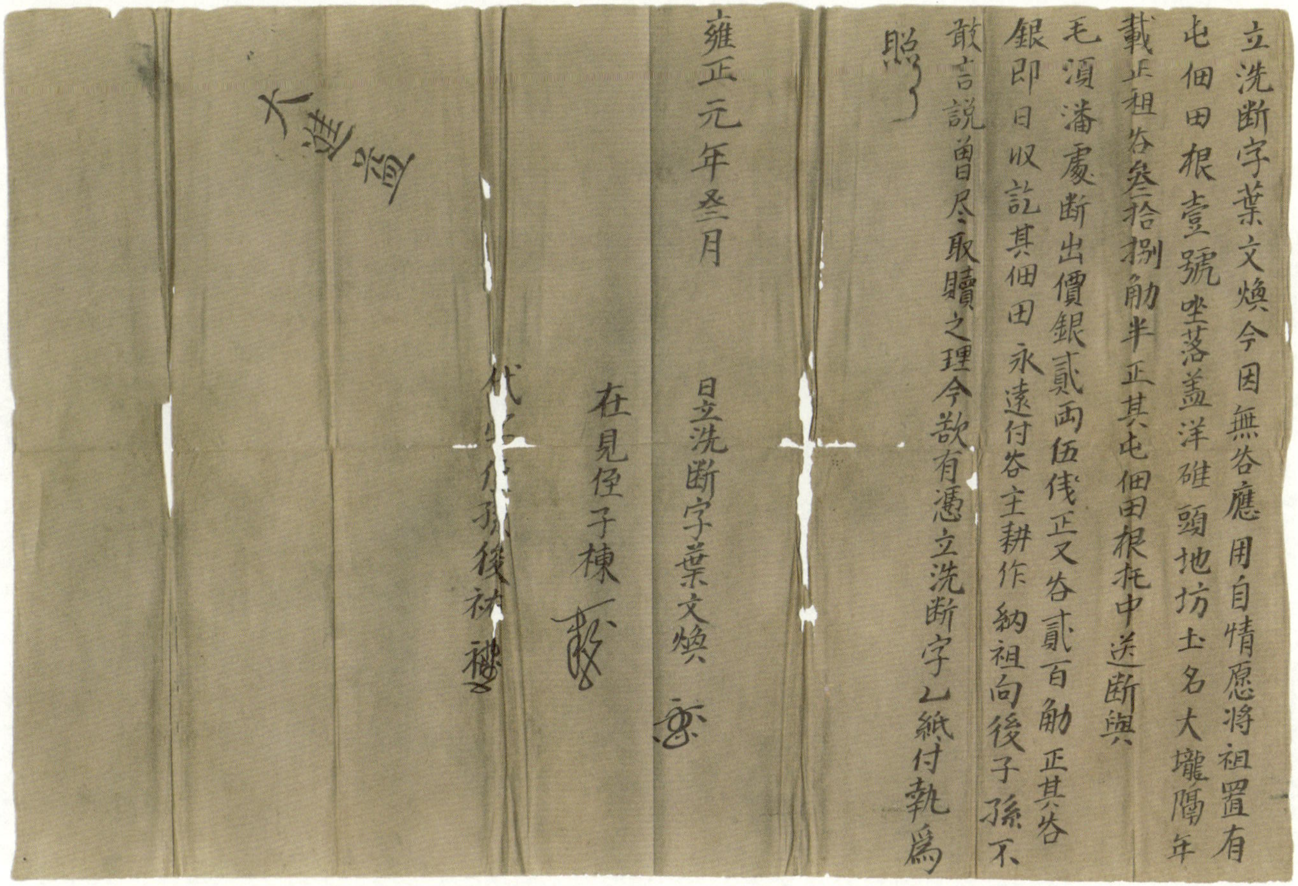

立洗斷字葉文煥今因無咨應用自情愿將祖置有屯佃田根壹號坐落蓋洋碓頭地坊土名大壠屬年載正租谷叁拾捌觔半正其屯佃田根托中送斷與毛須藩處斷出價銀貳兩伍錢正又谷貳百觔正其谷銀即日收訖其佃田永遠付谷主耕作納租向後子孫不敢言說借盡取贖之理今欲有憑立洗斷字山紙付執爲照

雍正元年叁月　日立洗斷字葉文煥（押）

在見侄子棟（押）

代字孫後袖（押）

大吉昌

3-3-1-4　清雍正元年三月葉文煥立洗斷屯佃田根字

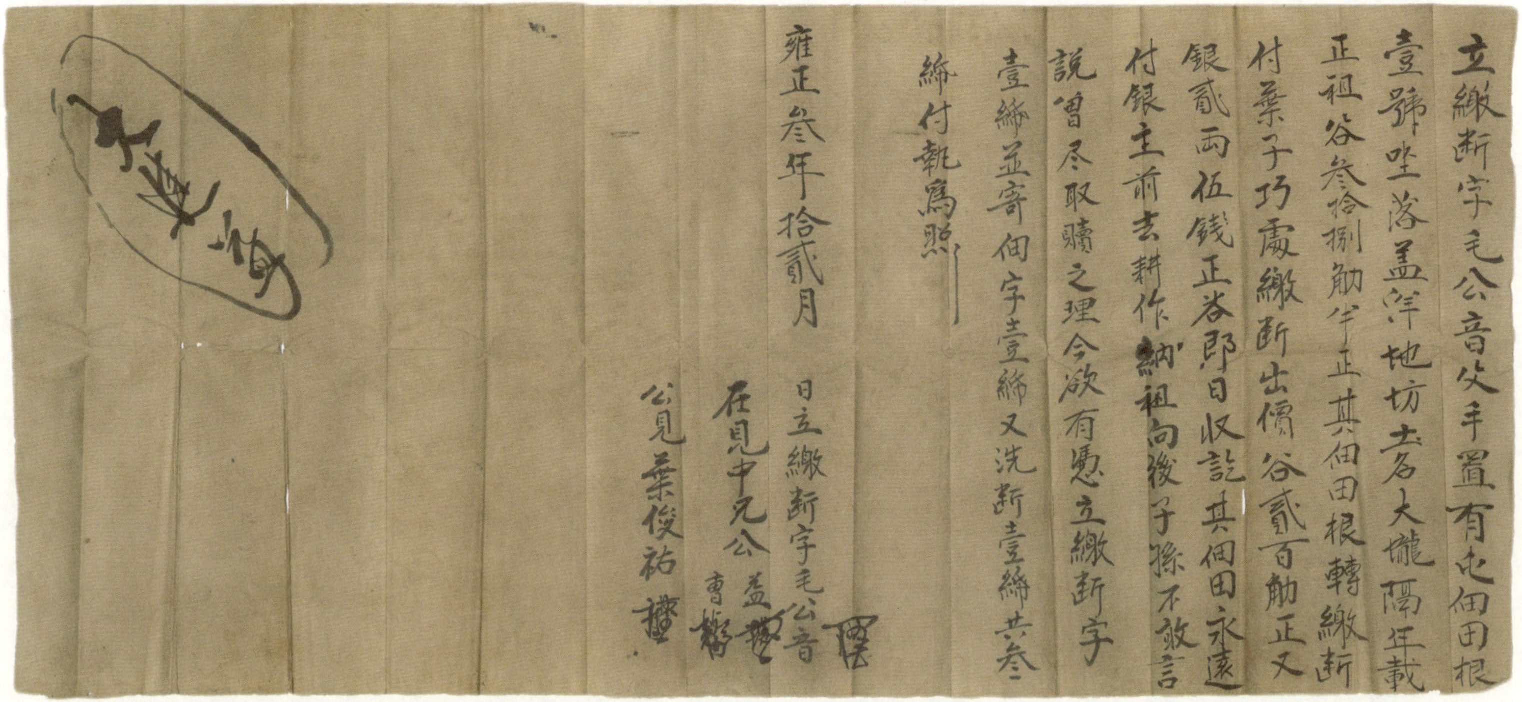
立繳斷字毛公音父手置有屯佃田根
壹號坐落蓋洋地坊土名大壠隔年載
正租谷叁拾捌觔半正其佃田根轉繳斷
付葉子巧處繳斷出價谷貳百觔正又
銀貳兩伍錢正各即日收訖其佃田永遠
付銀主前去耕作納租向後子孫不敢言
説曾尽不取贖之理今欲有憑立繳斷字
壹紙並寄佃字壹紙又洗斷壹紙共叁
紙付執爲照
雍正叁年拾貳月　日立繳斷字毛公音
在見中兄公蓋　曹[illegible]
公見葉俊祐

3-3-1-5　清雍正三年十二月毛公音立繳斷屯佃田根字

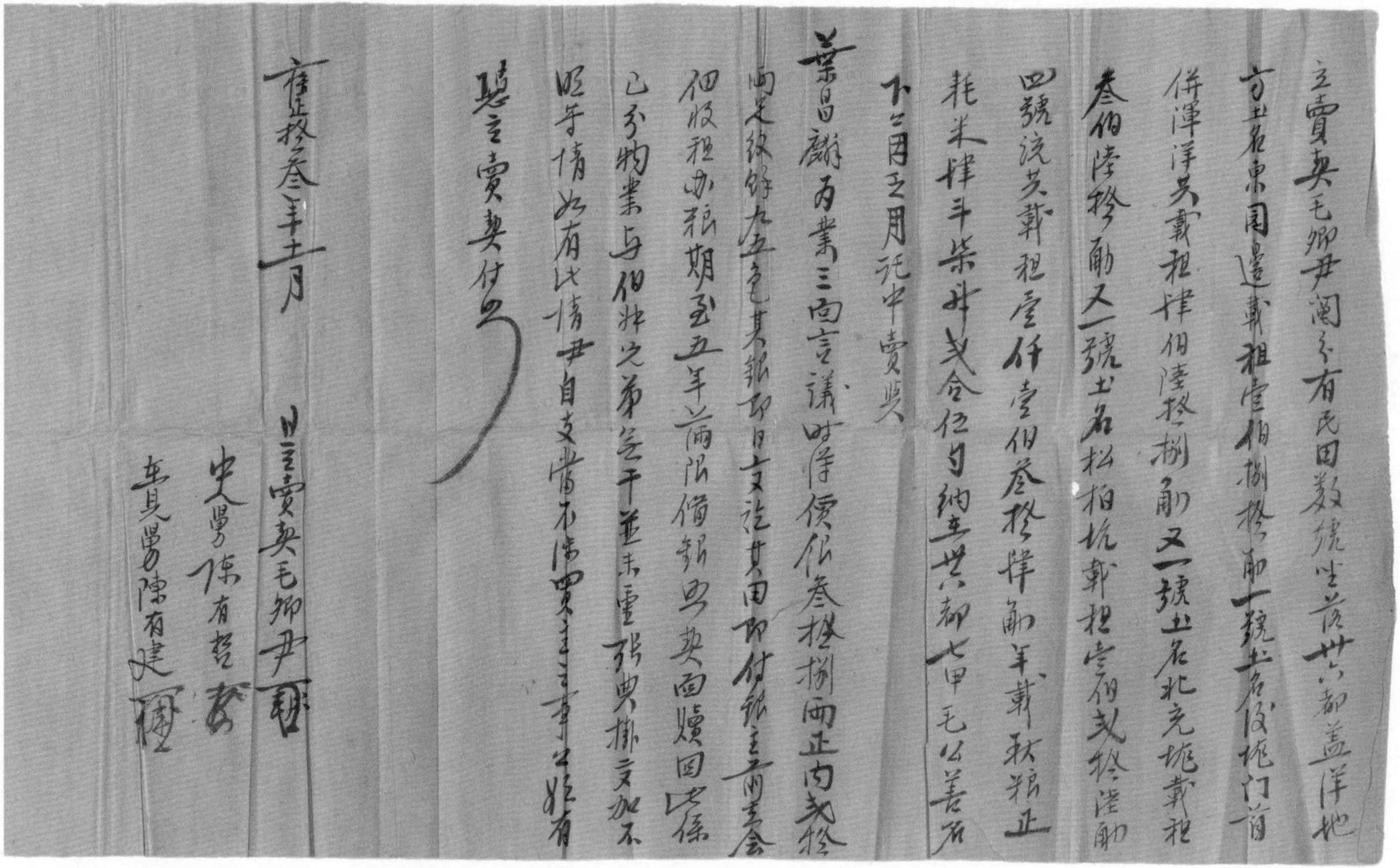

立賣契毛卿尹闔家有民田數號坐落廿六都蓋洋地
方土名東周邊載租壹伯捌拾斤一號土名後垅门首
併洋洋共載租肆伯陸拾捌斤又一號土名北充垅載租
叁伯陸拾斤又一號土名松柏坑載租壹伯叁拾陸斤
四號統共載租壹仟壹伯叁拾肆斤年載秋粮正
耗米肆斗柒升弍合仍納廿六都七甲毛公善名
下之用今托中賣與
葉昌勝為業三面言議時價紋銀叁拾捌兩正內弍拾
兩足紋錢九五色其銀即日交訖其田即付銀主前去管
佃收租出粮期至五年滿限備銀照契面贖回此係
已分物業与伯叔兄弟并無干涉未重張典掛交加不
明等情如有此情尹自支當不涉買主之事今欲有憑
立賣契付照

雍正拾叁年十一月　日立賣契毛卿尹（押）
中見舅陳有哲（押）
在見舅陳有建（押）

3-3-1-6　清雍正十三年十一月毛卿尹立賣民田契

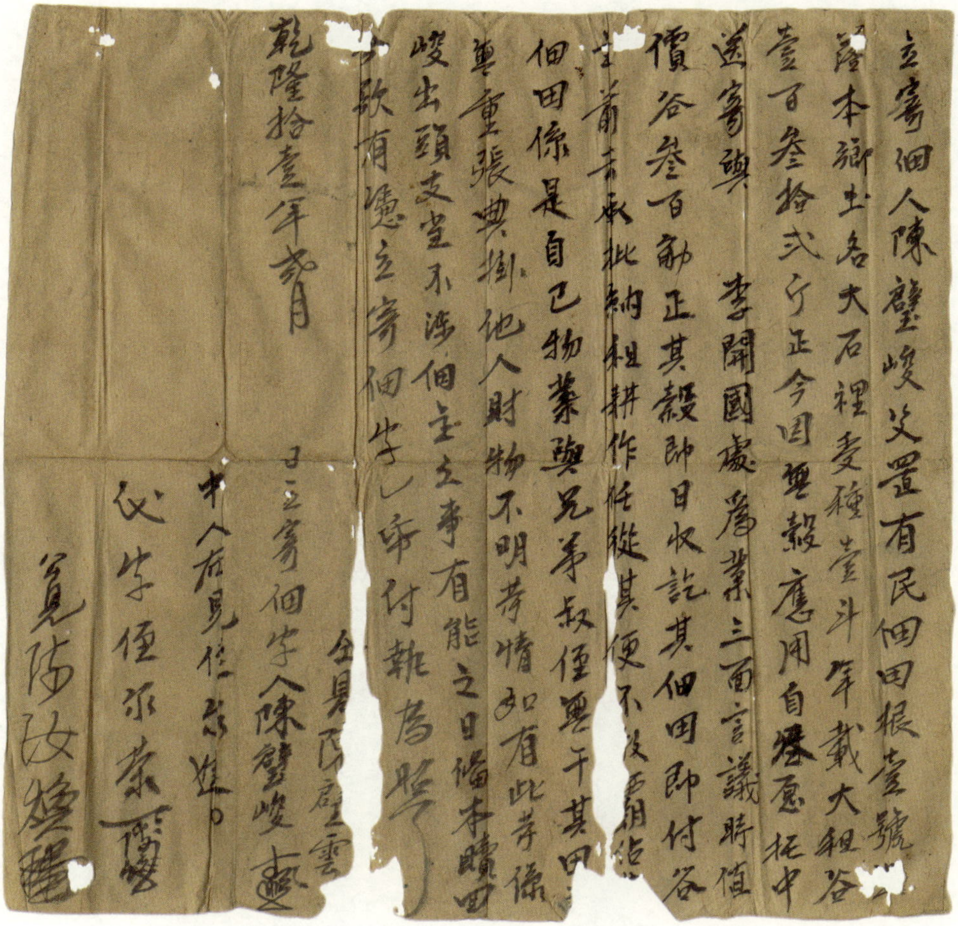

立寄佃人陳璧峻父置有民佃田根壹號[illegible]
坐落本鄉土名大石裡受種壹斗年載大租谷
壹百叁拾弍斤正今因無穀應用自情愿托中
送寄與　李開國處為業三面言議時值
價谷叁百觔正其穀即日收訖其佃田即付谷
主前去批納租耕作任從其便不敢霸佔
佃田係是自己物業與兄弟叔侄無干其田[illegible]
無重張典掛他人財物不明等情如有此等係
峻出頭支當不涉佃主之事有能之日備本贖田
不欺有憑立寄佃字一紙付執為照
乾隆拾壹年貳月　日立寄佃字人陳璧峻（押）
仝男陳啟雲
中人在見侄[illegible]姓
代字侄孫榮
見[illegible]陳[illegible]

3-3-2-1　清乾隆十一年二月陳璧峻立寄民佃田根字

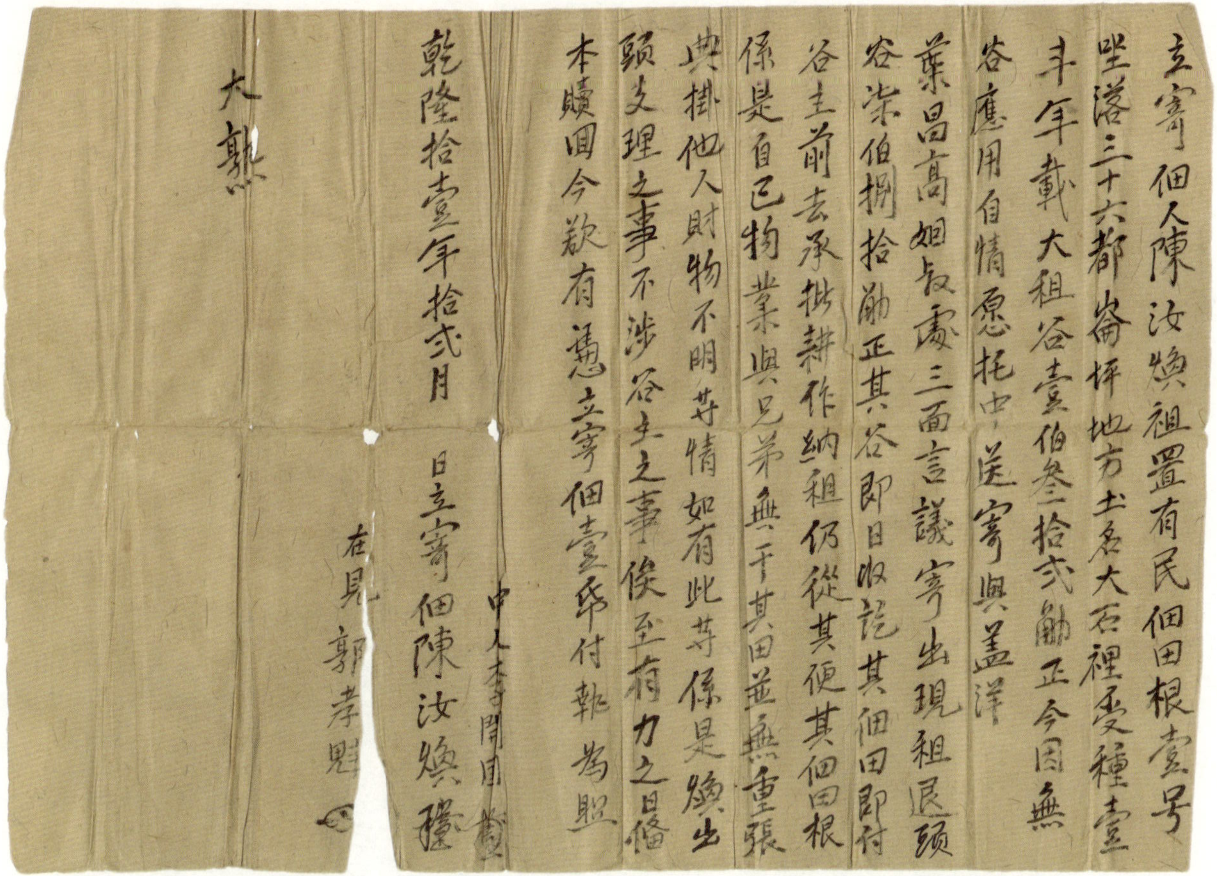

立寄佃人陳汝煥祖置有民佃田根壹号
坐落三十六都崙坪地方土名大石裡受種壹
斗年載大租谷壹伯叁拾弍觔正今因無
谷應用自情愿托中送寄與蓋洋
葉昌高姻叔處三面言議寄出現祖退頭
谷柒伯捌拾觔正其谷即日收訖其佃田即付
谷主前去承批耕作納租仍從其便其佃田根
係是自己物業與兄弟無干其田並無重張
典掛他人財物不明等情如有此等係是煥出
頭支理之事不涉谷主之事候至有力之日備
本贖回今欲有憑立寄佃壹紙付執為照

中人李開用

乾隆拾壹年拾弍月　日立寄佃陳汝煥

在見郭孝魁

大熟

3-3-2-2　清乾隆十一年十二月陳汝煥立寄民佃田根字

3-3-3-1　包契紙

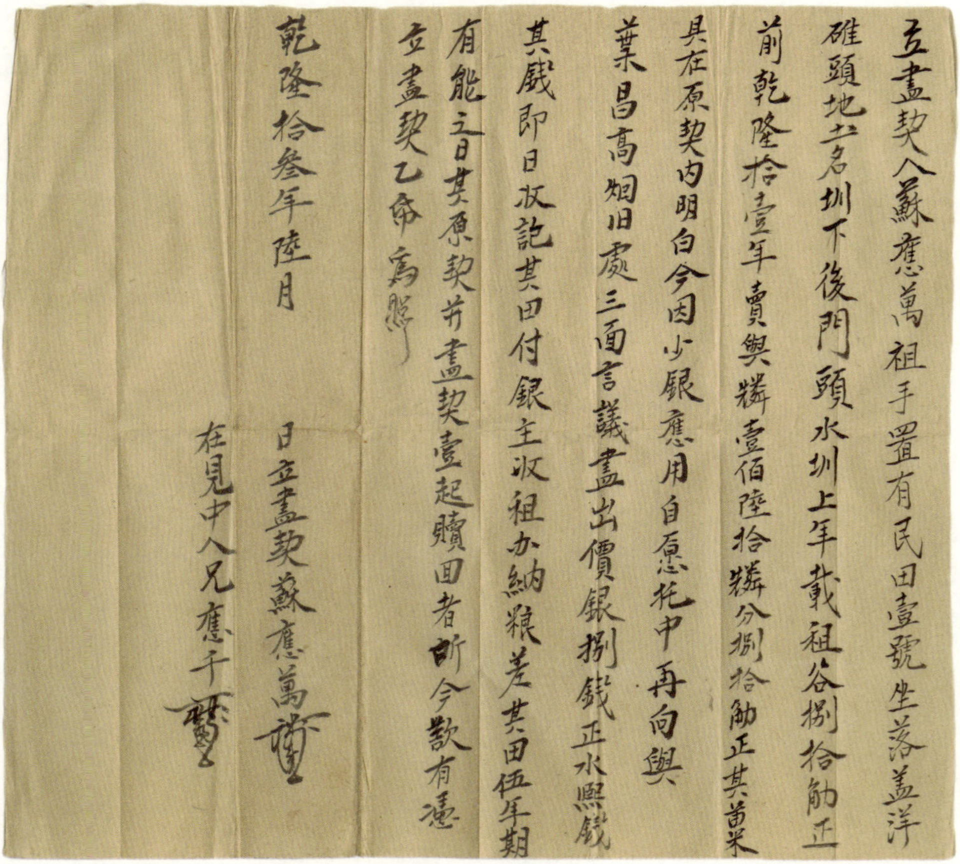

立盡契人蘇應萬祖手置有民田壹號坐落盖洋
碓頭地土名圳下後門頭水圳上年載租谷捌拾觔正
前乾隆拾壹年賣與[illegible]壹佰陸拾[illegible]分捌拾觔正其苗米
具在原契内明白今因少銀應用自愿托中再向與
葉昌高姻旧處三面言議盡出價銀捌錢正水照錢
其錢即日收訖其田付銀主收租办納粮差其田伍年期
有能之日其原契并盡契壹起贖田者聽今欲有憑
立盡契乙紙為照
乾隆拾叁年陸月　日立盡契蘇應萬（押）
在見中人兄應千（押）

3-3-3-2　清乾隆十三年六月蘇應萬立盡民田契

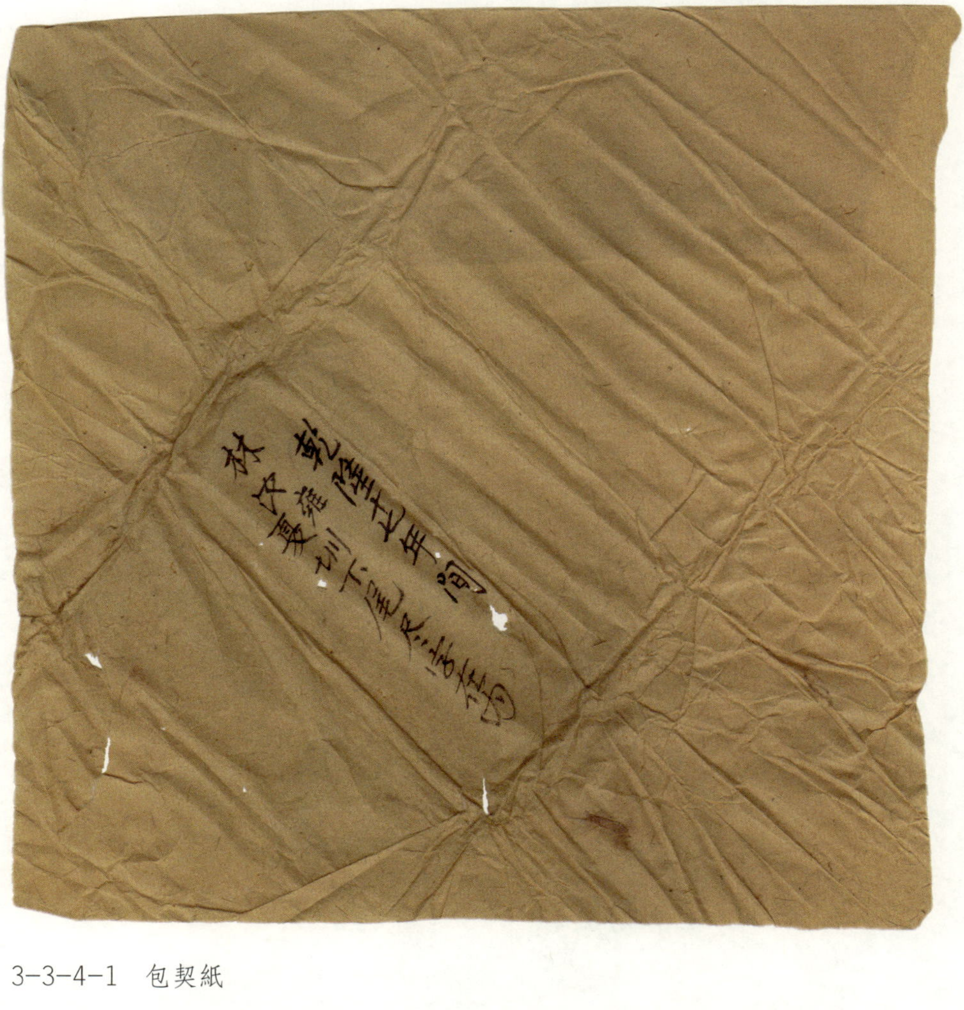

3-3-4-1　包契紙

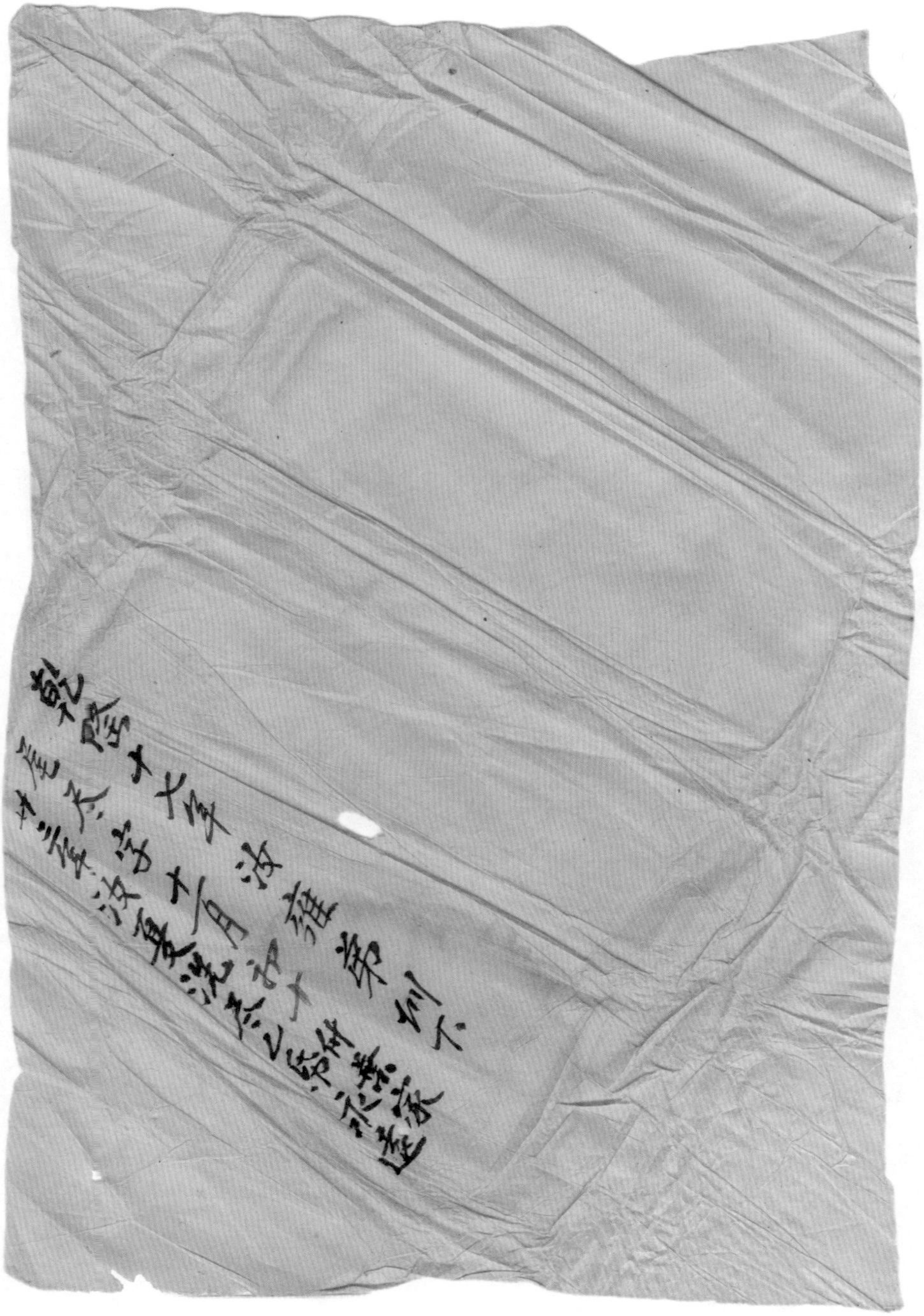

3-3-4-2　包契紙

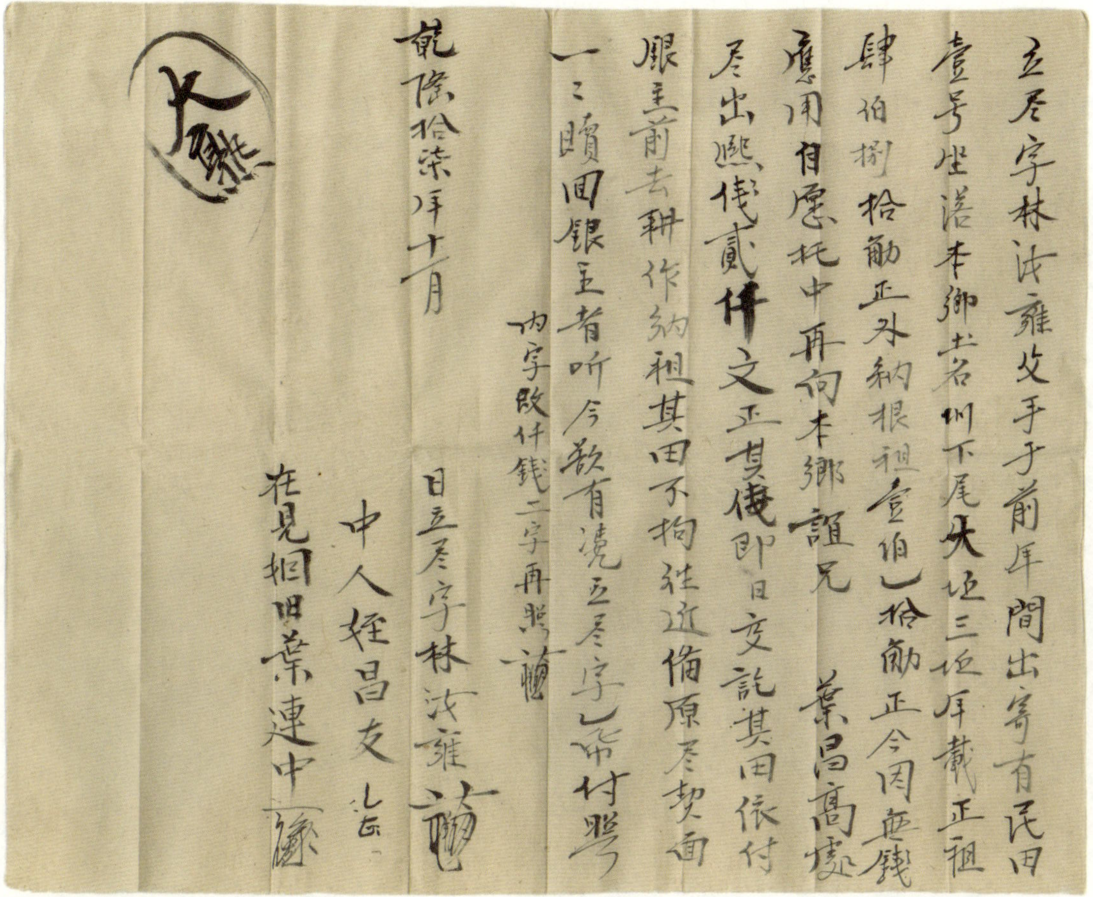
立盡字林汝雍父手于前年間出寄有民田
壹号坐落本鄉土名州下尾大坵三坵年載正租
肆伯捌拾觔正外納根租壹伯一拾觔正今因無錢
應用自愿托中再向本鄉　誼兄　葉昌高處
盡出價錢貳仟文正其價即日交訖其田依付
銀主前去耕作納租其田不拘往近備原盡契面
一一贖回銀主聽今欲有憑立盡字一紙付照
內字改仟錢二字再照
乾隆拾柒年十一月　日立盡字林汝雍
中人侄昌友
在見相田葉連中

3-3-4-3　清乾隆十七年十一月林汝雍立盡民田字

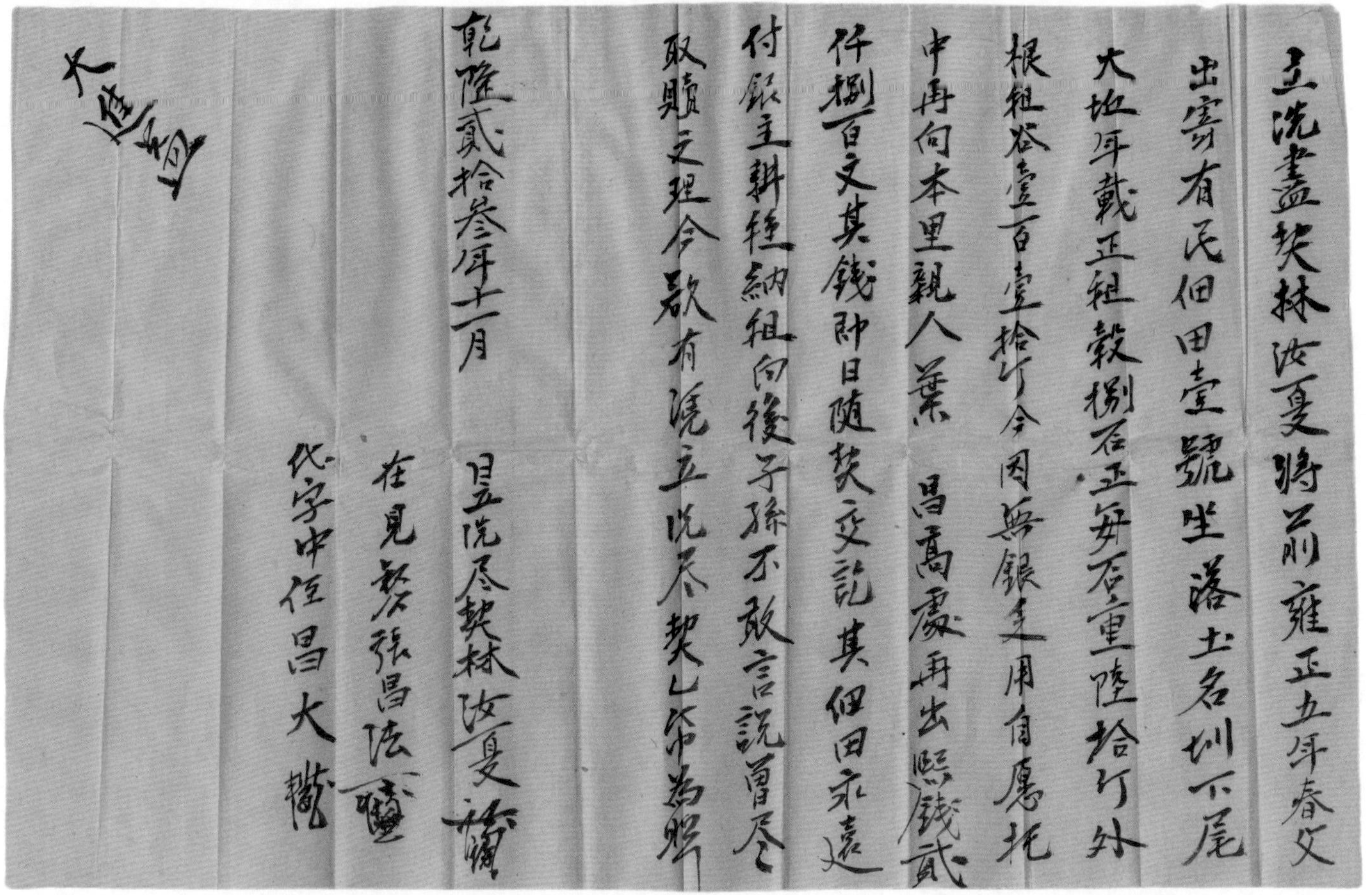
立洗盡契林汝夏將前雍正五年春又
出賣有民佃田壹號坐落土名圳下尾
大坵年載正租穀捌石正每石重陸拾斤外
根租谷壹百壹拾斤今因無銀走用自應托
中再向本里親人葉 昌高處再出賜錢貳
仟捌百文其錢即日隨契交訖其佃田永遠
付銀主耕種納租向後子孫不敢言說曽尽
取贖之理今欲有憑立洗尽契乙帋為照
乾隆貳拾叁年十一月 日立洗尽契林汝夏
在見叔張昌法
代字中侄昌大
大進宮

3-3-4-4 清乾隆二十三年十一月林汝夏立洗盡民佃田契

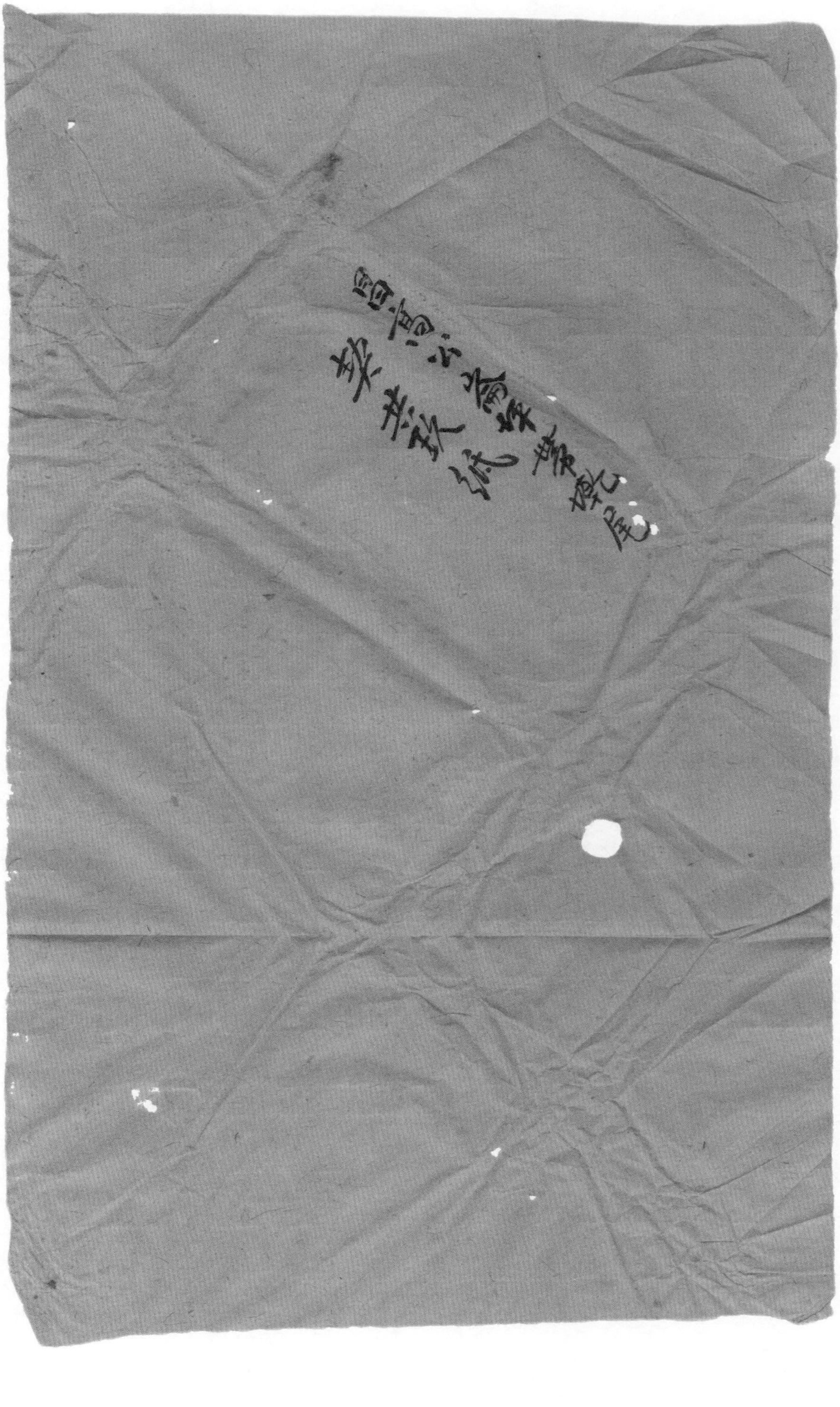

3-3-5-1　包契紙

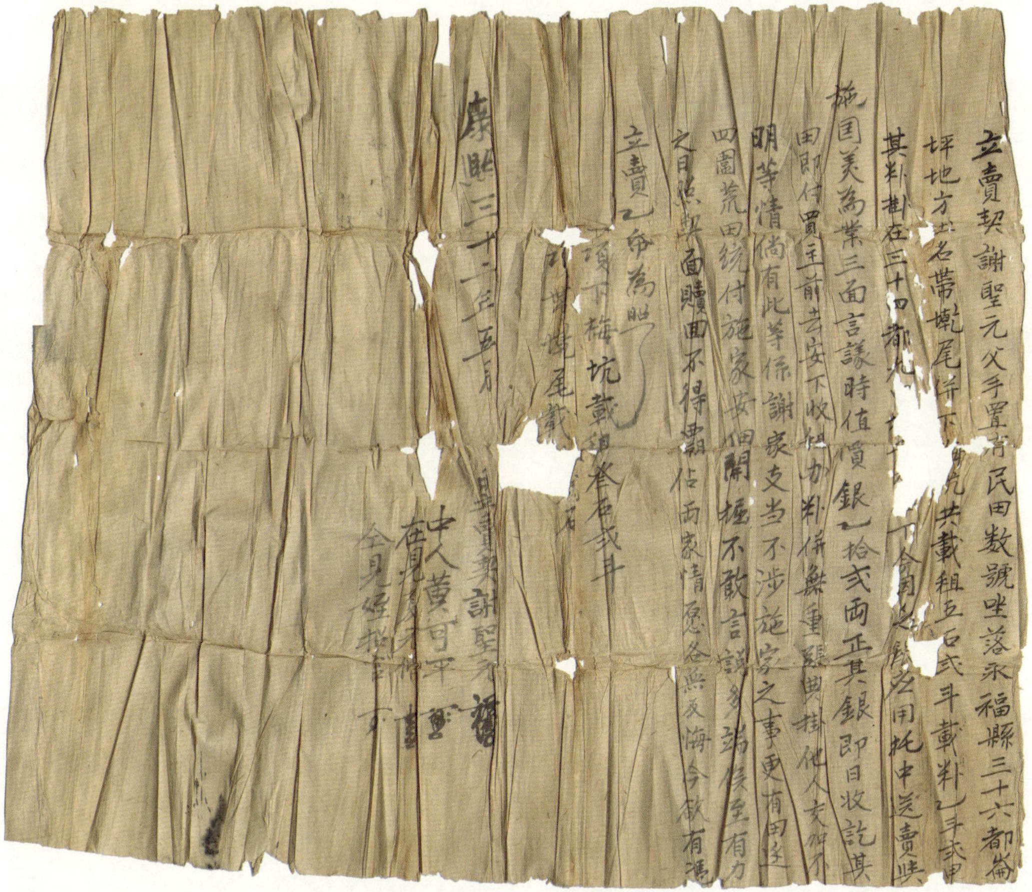

立賣契謝聖元父手置有民田数號坐落永福縣三十六都崙
坪地方土名带𡶰尾併下[illegible]共載租五石弍斗載料乙斗弍甲
其料截在三十四都[illegible]下今因乏用托中送賣與
族国美爲業三面言議時值價銀乙拾弍兩正其銀即日收訖其
田即付買主前去安下收租办料併無重張典掛他人交加不
明等情倘有此等係謝家支当不涉施家之事更有田送
四圍荒田统付施家安佃開墾不敢言說多端倘至有力
之日照契面贖回不得異說係兩家情愿各無反悔今欲有憑
立賣乙帋爲照
一項下梅坑載租叁石弍斗
一項带𡶰尾載租[illegible]石
康熙三十二年五月 日
立賣契 謝聖元
中人 黃可平
在見叔 [illegible]
仝見姪 [illegible]

3-3-5-2 清康熙三十二年五月謝聖元立賣民田契

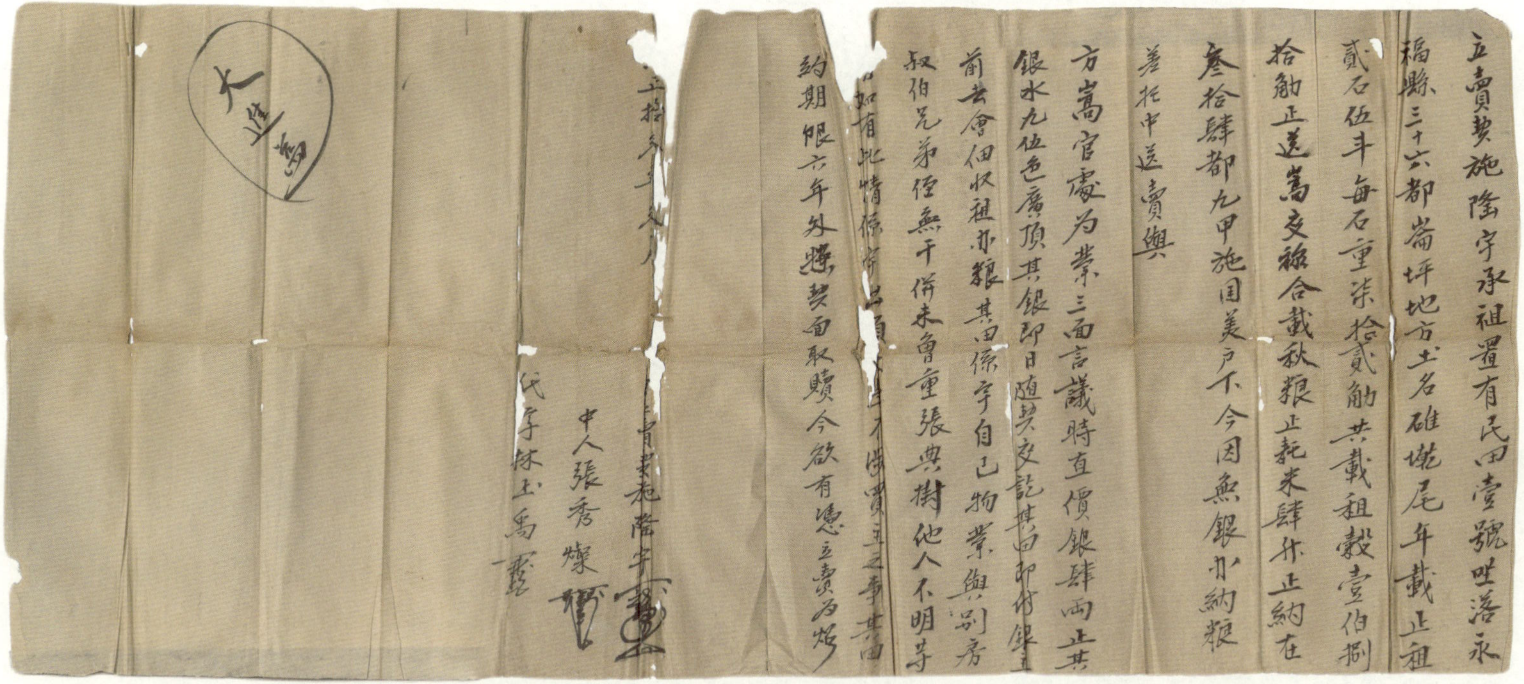

立賣契施隆宇承祖置有民田壹號坐落永
福縣三十六都崙坪地方土名碓墘尾年載正租
貳石伍斗每石重柒拾貳觔共載租穀壹伯捌
拾觔正送崙交祿合載秋粮正耗米肆升正納在
叁拾肆都九甲施国美戶下今因無銀办納粮
差托中送賣與
方嵩官處為業三面言議時直價銀肆兩正其
銀水九伍色廣頂其銀即日隨契交訖其田即付銀主
前去會佃收租办粮其田係宇自己物業與別房
叔伯兄弟侄無干併未曾重張典掛他人不明等
[illegible]如有此情係宇出頭[illegible]不涉買主之事其田
約期限六年外聽契面取贖今欲有憑立賣為炤
[illegible]正拾叁年[illegible]月
立賣契施隆宇（押）
中人張秀燦（押）
代字林玉禹（押）

3-3-5-3　清雍正十三年□月施隆宇立賣民田契

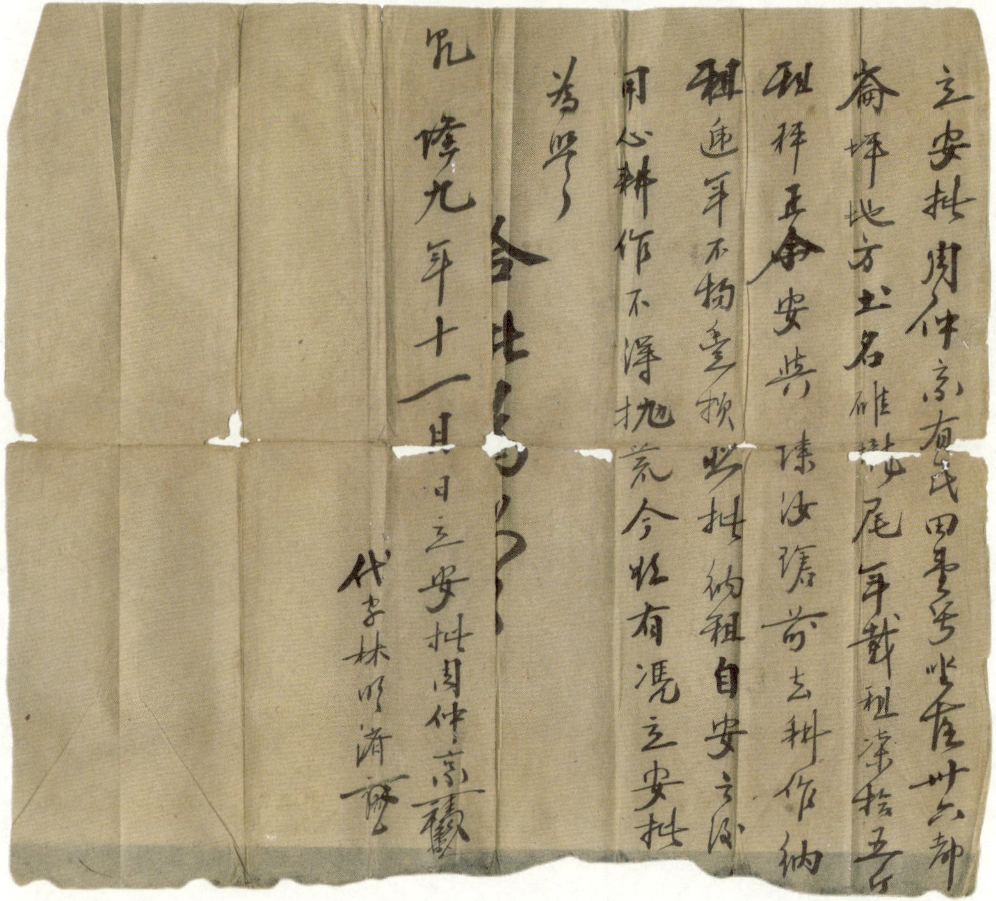
立安批周仲京有民田壹号坐落廿六都
崙坪地方土名碓墘尾年載租[illegible]五[illegible]
租拜主人安共陳汝瑶前去耕作納
租逐年不拘豐歉照批納租自安之後
用心耕作不得抛荒今欲有憑立安批
為照
合批為照
乾隆九年十一月　日立安批周仲京（押）
代字林明濟（押）

3-3-5-4　清乾隆九年十一月周仲京立安批民田字

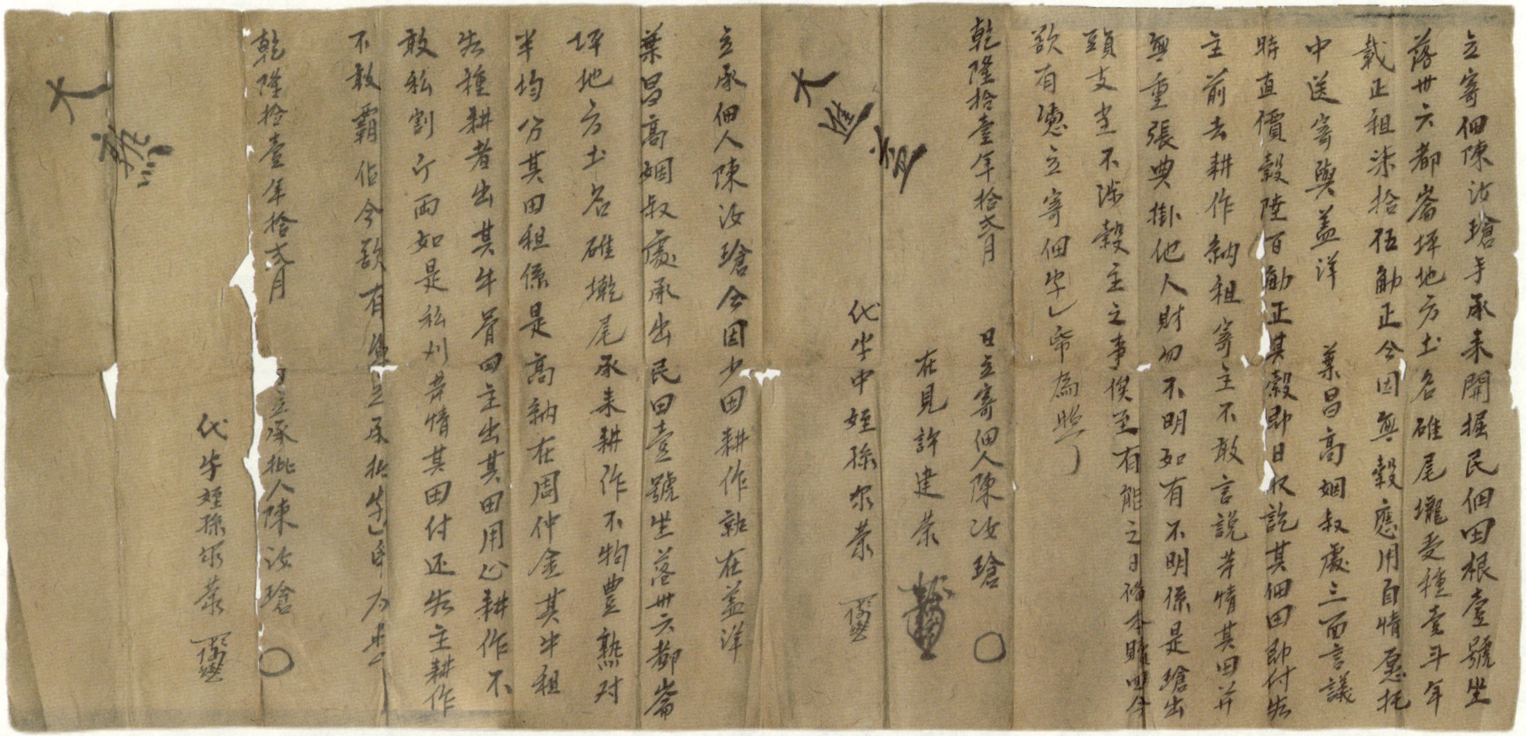
立寄佃陳汝琀手承來開掘民佃田根壹號坐
落卅六都崙坪地方土名碓尾墘麦種壹斗年
載正租柒拾伍觔正今因無穀應用自情愿托
中送寄與蓋洋　葉昌高姻叔處三面言議
時直價穀陸百觔正其穀即日收訖其佃田即付出
主前去耕作納租寄主不敢言說并情其田并
無重張典掛他人財物不明如有不明係是琀出
頭支當不涉穀主之事倘至有能之日備本贖回
今欲有憑立寄佃字一帋為照。
乾隆拾壹年拾弍月　日立寄佃人陳汝琀　○
在見許建崇
代字中姪孫尔崇

立承佃人陳汝琀今因少田耕作就在蓋洋
葉昌高姻叔處承出民田壹號坐落卅六都崙
坪地方土名碓墘尾承來耕作不拘豐熟对
半均分其田租係是高納在周仲金其半租
出種耕者出其半負田主出其田用心耕作不
敢私割寸面如是私刈并情其田付还出主耕作
不敢霸佔今欲有憑立承批字一帋為照。
乾隆拾壹年拾弍月　日立承批人陳汝琀　○
代字姪孫尔崇

3-3-5-5　清乾隆十一年十二月陳汝琀立寄民佃田根字

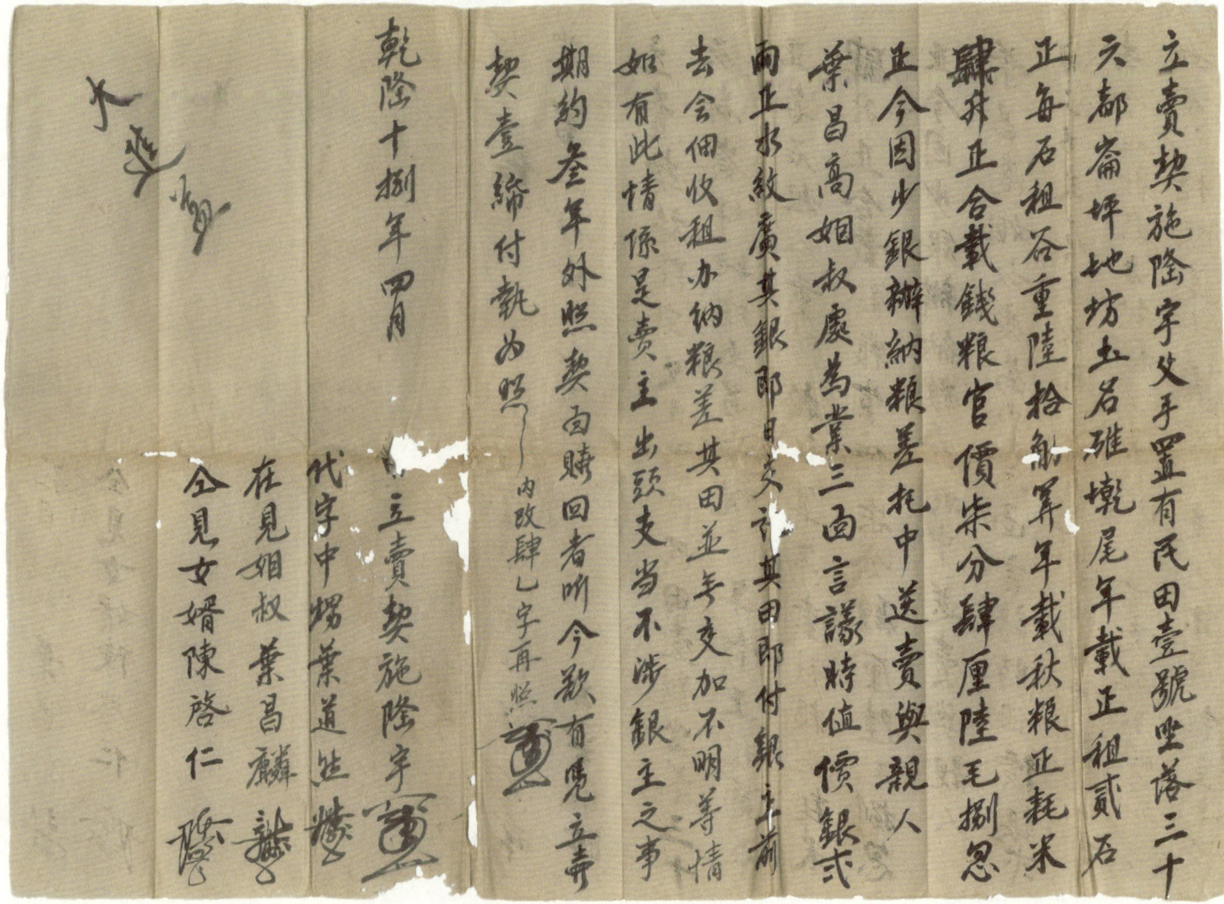
立賣契施隆宇父手置有民田壹號坐落三十
六都崙坪地坊土名𬌗壠尾年載正租貳石
正每石租谷重陸拾觔算年載秋粮正耗米
肆升正合載錢粮官價柒分肆厘陸毛捌忽
正今因少銀辦納粮差托中送賣與親人
葉昌高姻叔處為業三面言議時值價銀弍
兩正水紋廣真銀即日交訖其田即付銀主前
去会佃收租办纳粮差其田並無交加不明等情
如有此情係是賣主出頭支当不涉銀主之事
期約叁年外照契面贖回者所今欲有憑立賣
契壹紙付執為照 内改肆乙字再照 （押）
乾隆十捌年四月 日 立賣契施隆宇（押）
代字中𡋾葉道生（押）
在見姻叔葉昌麟（押）
仝見女婿陳啓仁（押）

3-3-5-6 清乾隆十八年四月施隆宇立賣民田契

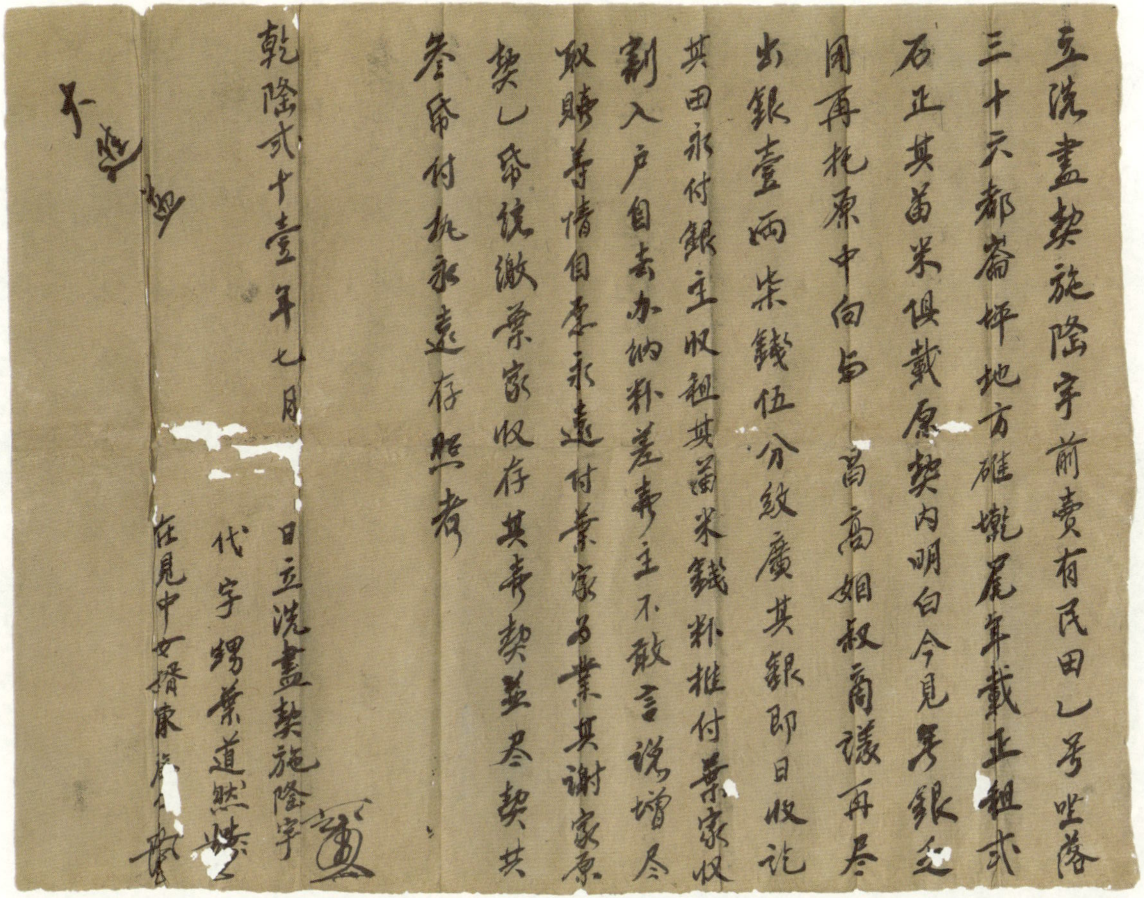
立洗盡契施隆宇前賣有民田乙号坐落
三十六都崙坪地方碓𧉦尾年載正租式
石正其苗米俱載原契內明白今見乏銀乏
用再托原中向與 高姻叔商議再盡
出銀壹兩柒錢伍分紋廣其銀即日收訖
其田永付銀主收租其苗米錢粮推付葉家收
割入户自未办納粮差壽主不敢言說增盡
取贖等情自今永遠付葉家爲業其謝家原
契乙紙繳葉家收存其壽契並盡契共
叁紙付執永遠存照者

乾隆式十壹年七月　日立洗盡契施隆宇（押）
代字甥葉道然（押）
在見中女婿康□□（押）

3-3-5-7　清乾隆二十一年七月施隆宇立洗盡民田契

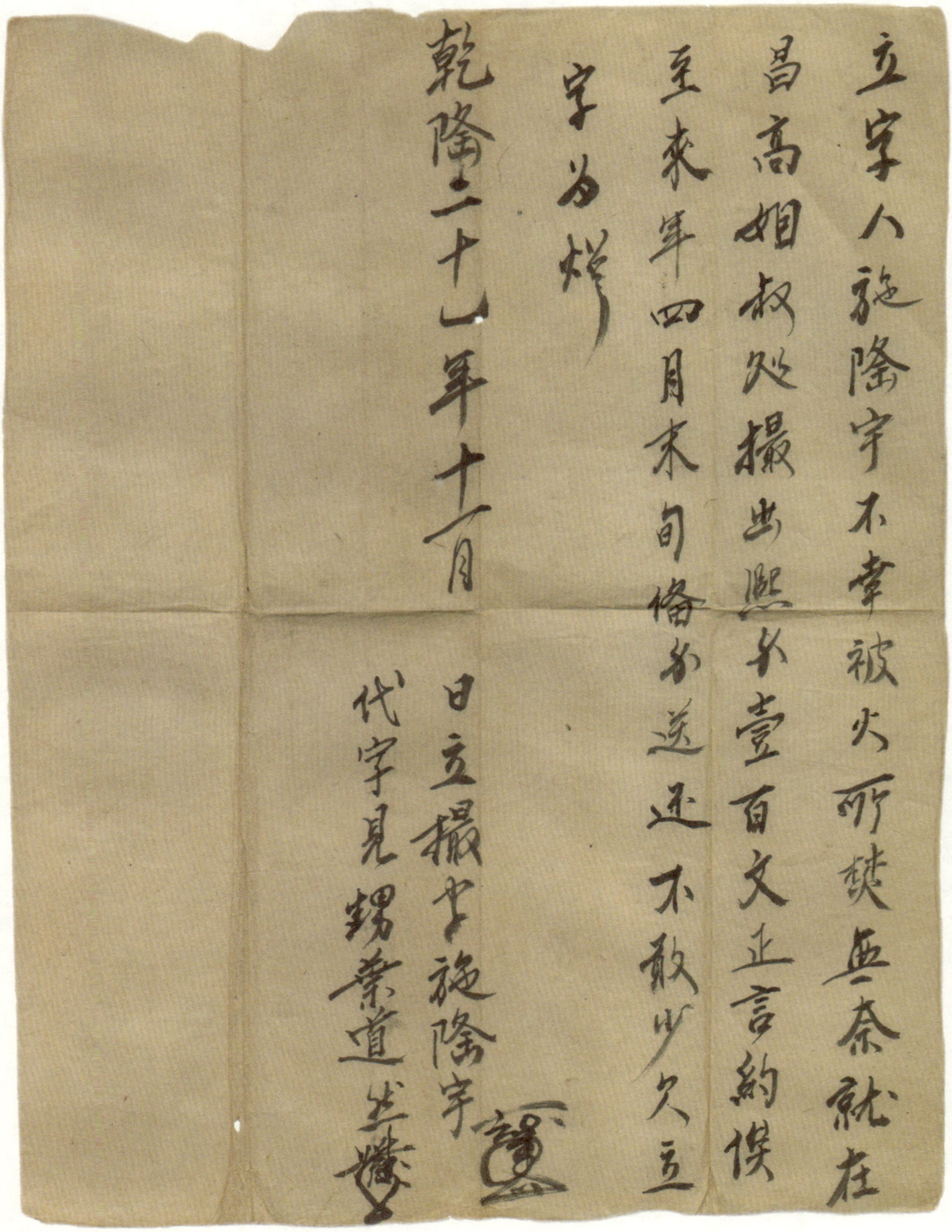

立字人施隆宇不幸被火所焚無奈就在
昌高姻叔処撮出與錢壹百文正言約俟
至來年四月末旬備錢送還不敢少欠立
字為照
乾隆二十一年十一月　日立撮字施隆宇（押）
代字見甥葉道光（押）

3-3-5-8　清乾隆二十一年十一月施隆宇立撮字

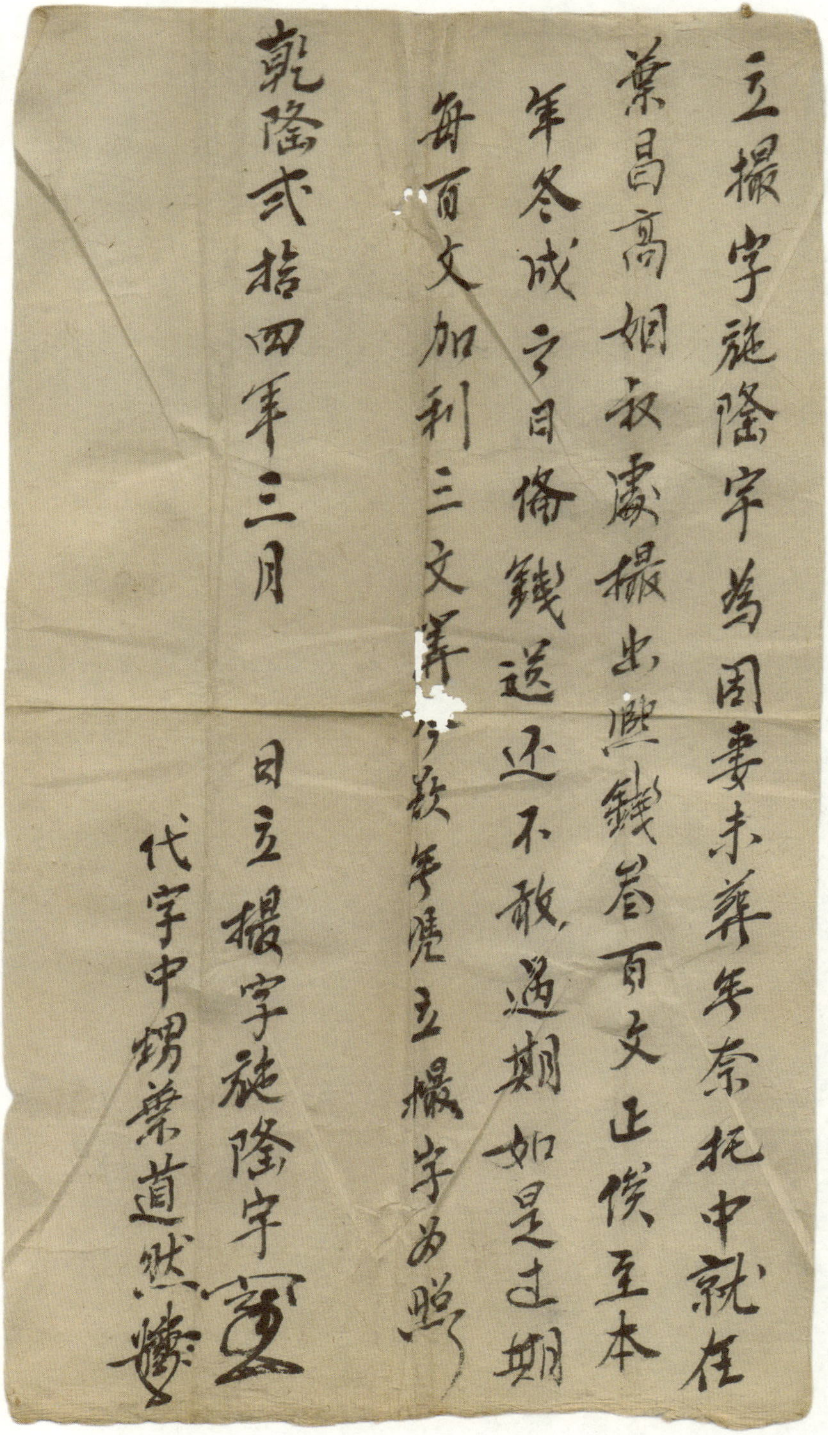

立撮字施隆宇爲因妻未葬等奈托中就在
葉昌高姻叔處撮出典錢叁百文正候至本
年冬成之日將錢送还不敢過期如是过期
每百文加利三文算[illegible]欵等凭立撮字為照
乾隆弍拾四年三月　日立撮字施隆宇
代字中甥葉道然

3-3-5-9　清乾隆二十四年三月施隆宇立撮字

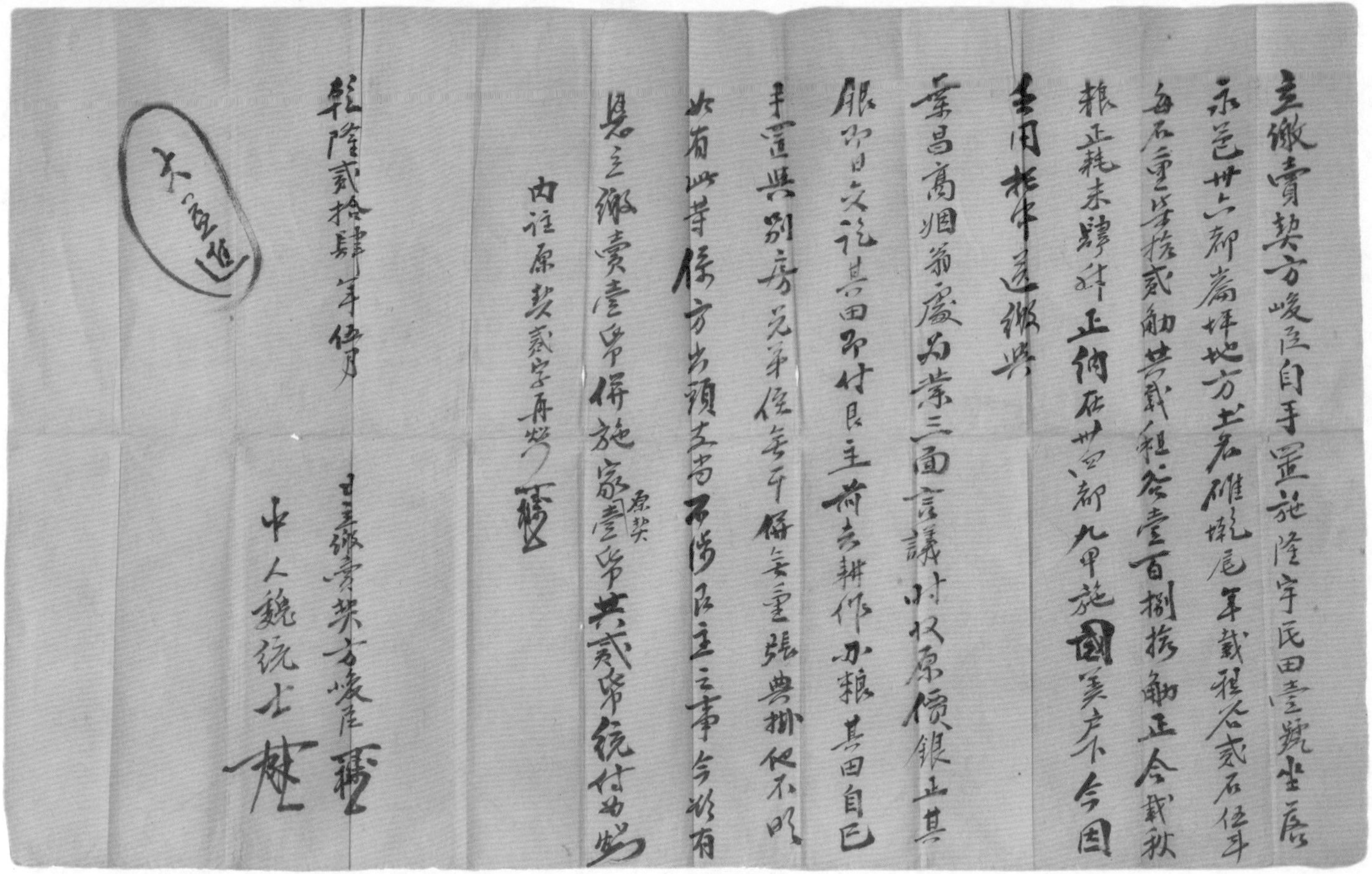
立繳賣契方峻臣自手置乾隆字民田壹號坐落
永邑廿六都高坪地方土名碓坑尾苗載租谷貳石伍斗
每石重弍拾貳觔共載租谷壹百捌拾觔正今載秋
粮正耗未肆斗正納在廿四都九甲施國美戶下今因
缺用托中送繳與
葉昌高烟翁處為業三面言議時收原價銀正其
銀即日交訖其田即付良主前去耕作办粮其田自已
手置與別房兄弟侄無干保無重張典掛他不明
如有此等係方出頭支当不涉良主之事今欲有
憑立繳賣壹帋併施家原契壹帋共貳帋繳付為照
内注原契貳字再照（押）
乾隆貳拾肆年伍月　日立繳賣契方峻臣（押）
中人魏統士（押）

3-3-5-10　清乾隆二十四年五月方峻臣立繳賣民田契

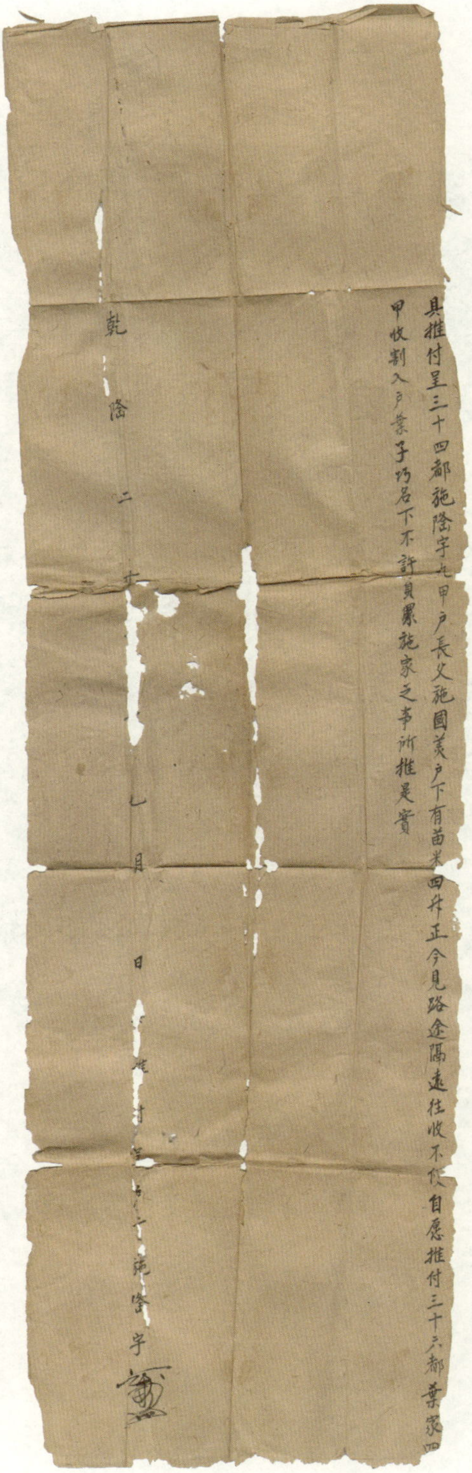
具推付呈三十四都施隆宇七甲户長文施國美户下有苗米四升正今見路途隔遠往收不便自愿推付三十六都葉家四甲收割入户葉子巧名下不許負累施家之事所推是實

乾隆二十[illegible]七月　日　[illegible]推付呈[illegible]人施隆宇

3-3-5-11　清乾隆二十□年七月施隆宇具推付呈字

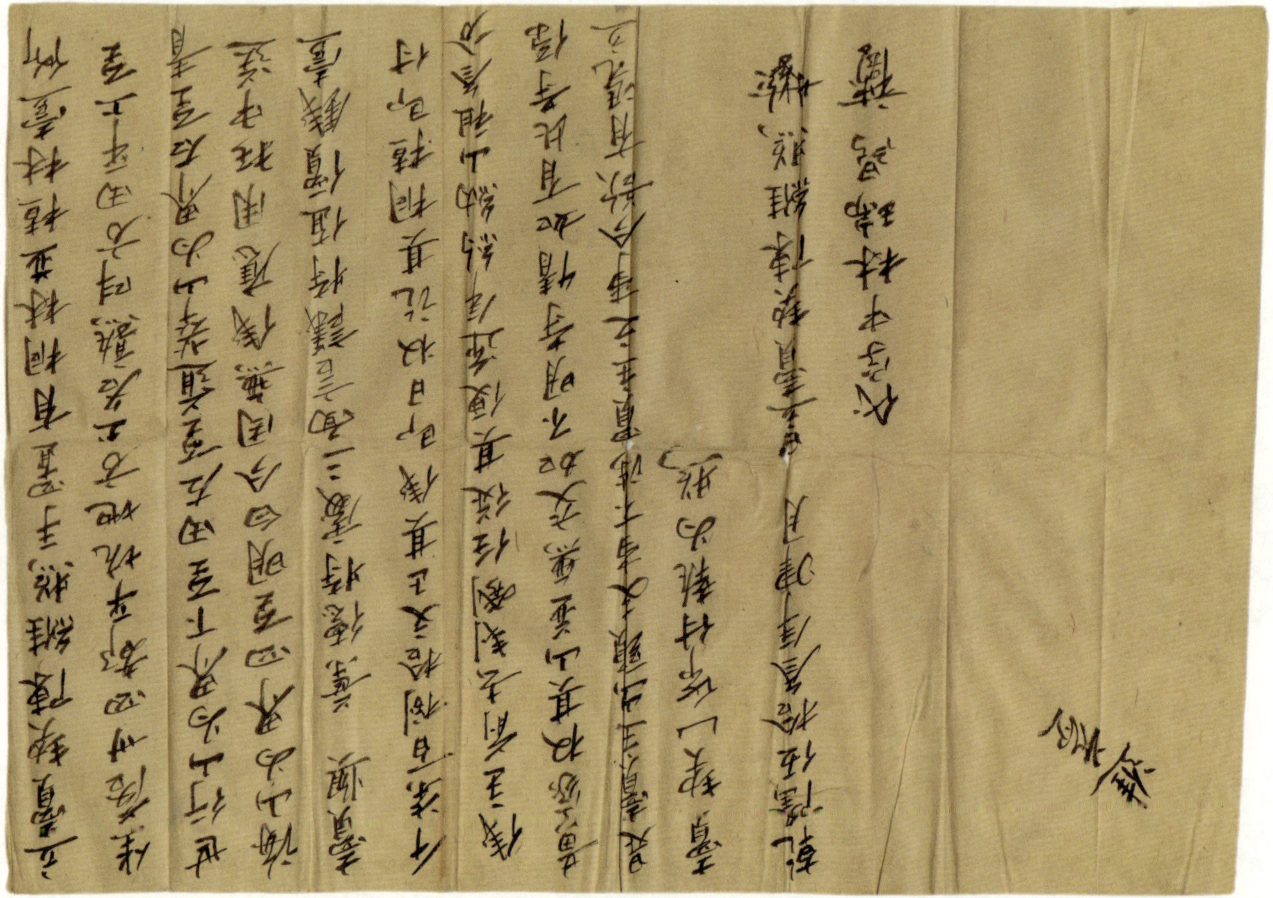
立賣契陳維照，手置有桐林並楂林壹所，
坐落卅四都平坑地方，土名斷時方田，至上至
世行山為界，下至田，左至坦蒋山為界，右至青
福山為界，四至明白。今因無錢應用，托中送
賣與 蒋德將處，三面言議時值價錢壹
仟柒百捌拾文正，其錢即日收訖，其桐楂即付
買主前去剃劉，任從其便，並係自己納山租金分，
出賣在家，其山並無交加不明等情，如有此等情，
是賣主出頭，不涉買主之事。今欲有憑，立
賣契一紙付執為照。
乾隆伍拾叁年肆月 日立賣契 陳維照（押）
代字中 林瑞昌（押）
為照

3-3-6-1 清乾隆五十三年四月陳維照立賣桐楂林等契

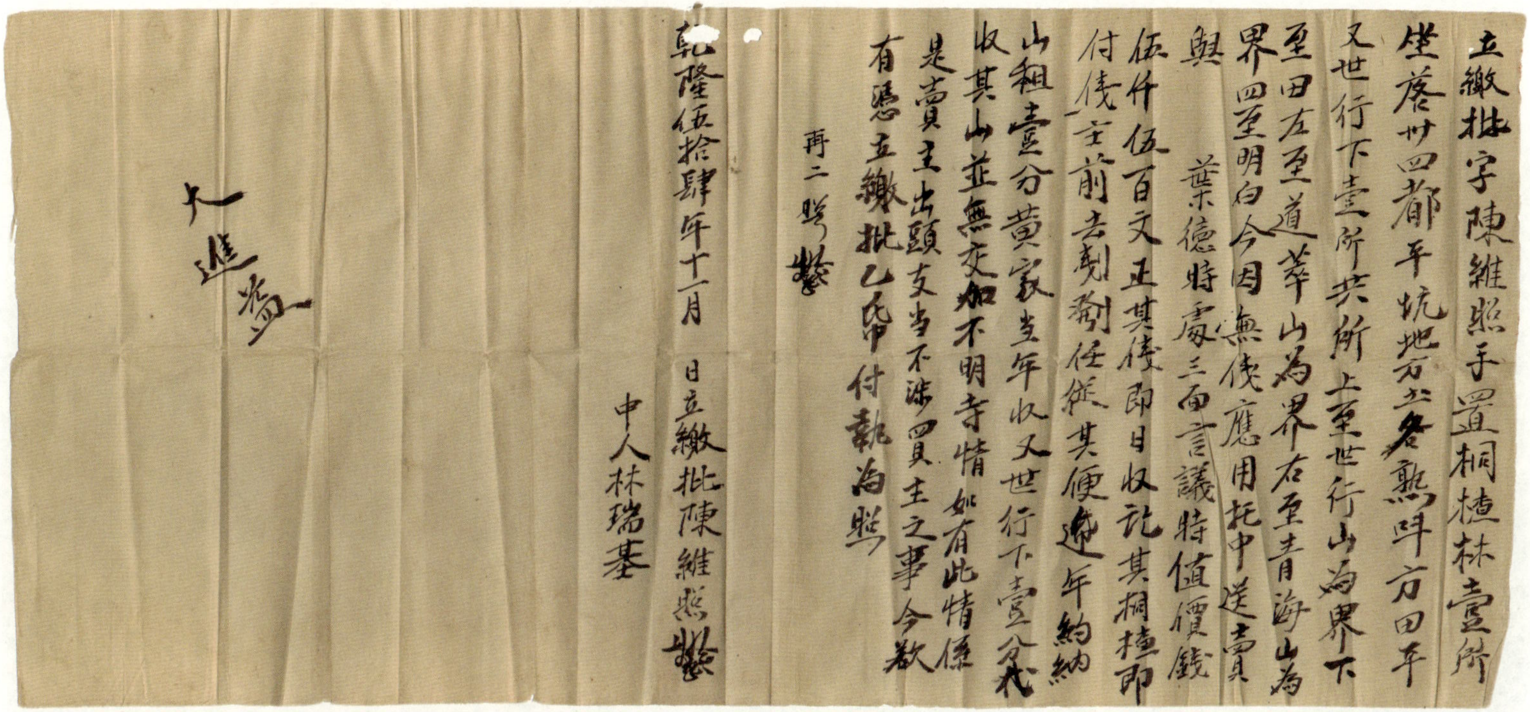
立繳批字陳維照手置桐楂林壹所
坐落廿四都平坑地方土名熟畔方田平
又世行下壹所共所上至世行山為界下
至田左至道華山為界右至青海山為
界四至明白今因無錢應用托中送賣
與 葉德時處三面言議時值價錢
伍仟伍百文正其錢即日收訖其桐楂即
付錢主前去剿剷任從其便遞年納納
山租壹分黃家生年收又世行下壹分代
收其山並無交加不明寺情如有此情係
是賣主出頭支當不涉買主之事今欲
有憑立繳批一紙付執為照
再二點（押）
乾隆伍拾肆年十一月 日立繳批陳維照（押）
中人林瑞基
大進[illegible]

3-3-6-2 清乾隆五十四年十一月陳維照立繳批桐楂林字

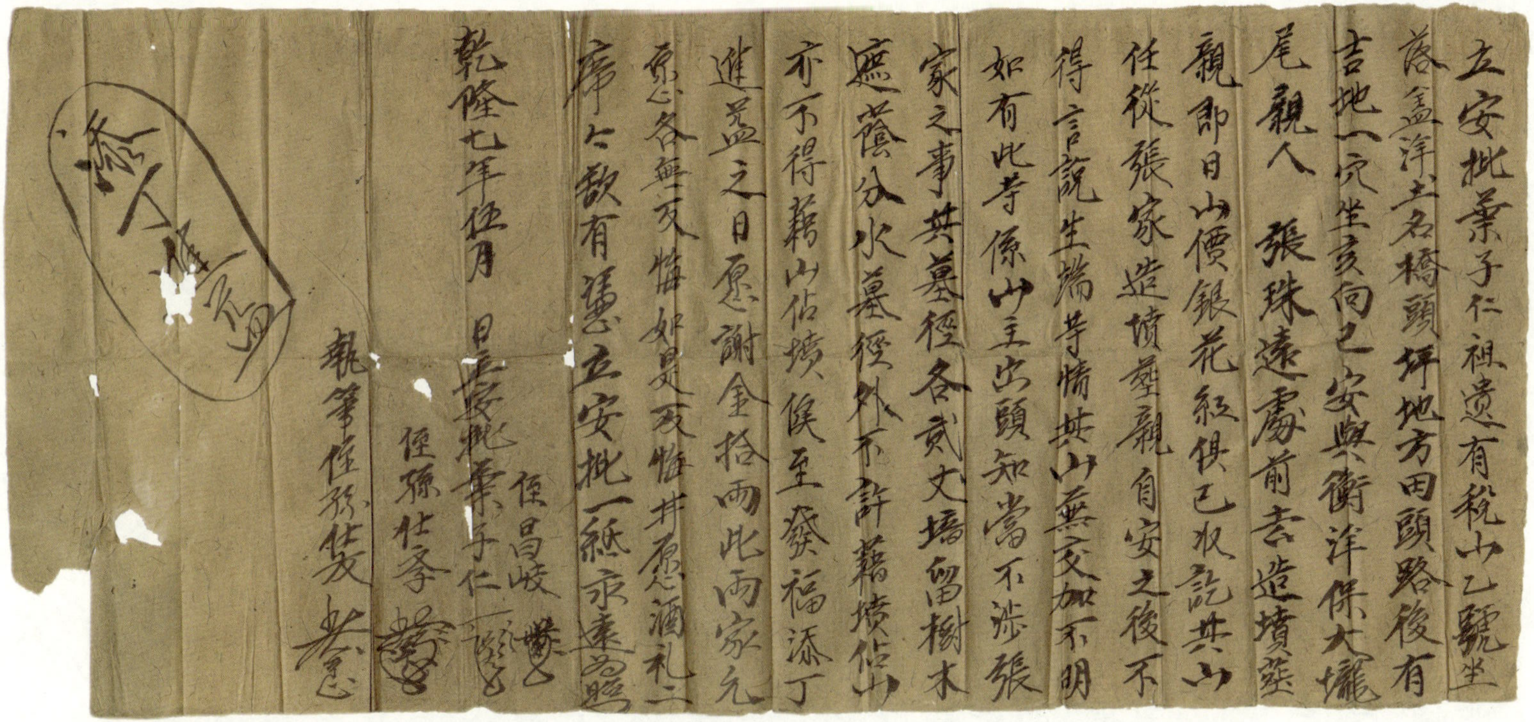
立安批葉子仁祖遺有稅山乙號坐
落盂洋土名橋頭坪地方田頭路後有
吉地一穴，坐亥向巳，安與衛洋保大壠
尾親人張珠遠處前去造墳塋
親，即日山價銀花紅俱已收訖。其山
任從張家造墳塋親，自安之後，不
得言說生端等情。其山無交加不明，
如有此等係山主出頭知當，不涉張
家之事。其墓經各貳丈，墻留樹木
遮蔭，分水墓經外不許藉墳佔山，
亦不得藉山佔墳。俟至發福添丁
進益之日，愿謝金拾两。此兩家允
愿，各無反悔，如是反悔，并愿酒礼一
席。今欲有憑，立安批一紙永遠為照。

乾隆七年伍月　日立安批葉子仁（押）
侄昌岐（押）
侄孫仕斈（押）
親筆侄孫仕茇（押）

添丁

3-3-7-1　清乾隆七年五月葉子仁等立安批吉地字

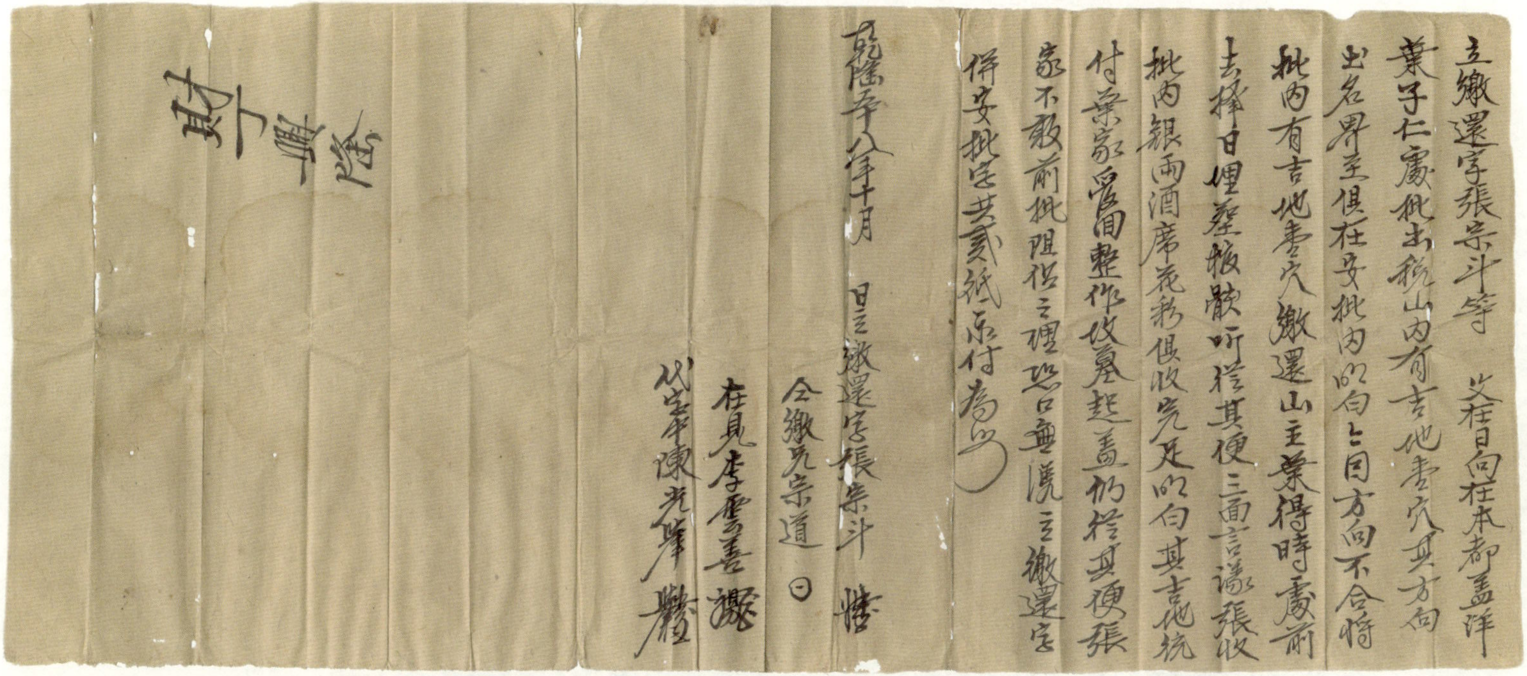

立繳還字張宗斗等，父在日向在本都蓋洋
葉子仁處批出税山內有吉地壹穴，其方向
出名界至俱在字批內明白。今因方向不合，將
批內有吉地壹穴繳還山主葉得時處，前
去擇日埋葬，聽從其便。三面言議，張收
批內銀兩、酒席、花彩俱收完足，明白，其吉地統
付葉家留用整作，或墓起蓋，仍從其便。張
家不敢前批阻很之理，恐口無憑，立繳還字
併安批字共貳紙，示付為照。

乾隆五十八年十月　日立繳還字張宗斗（押）
仝繳兄宗道（押）
在見李雲善（押）
代字陳光華（押）

3-3-7-2　清乾隆五十八年十月張宗斗等立繳還吉地字

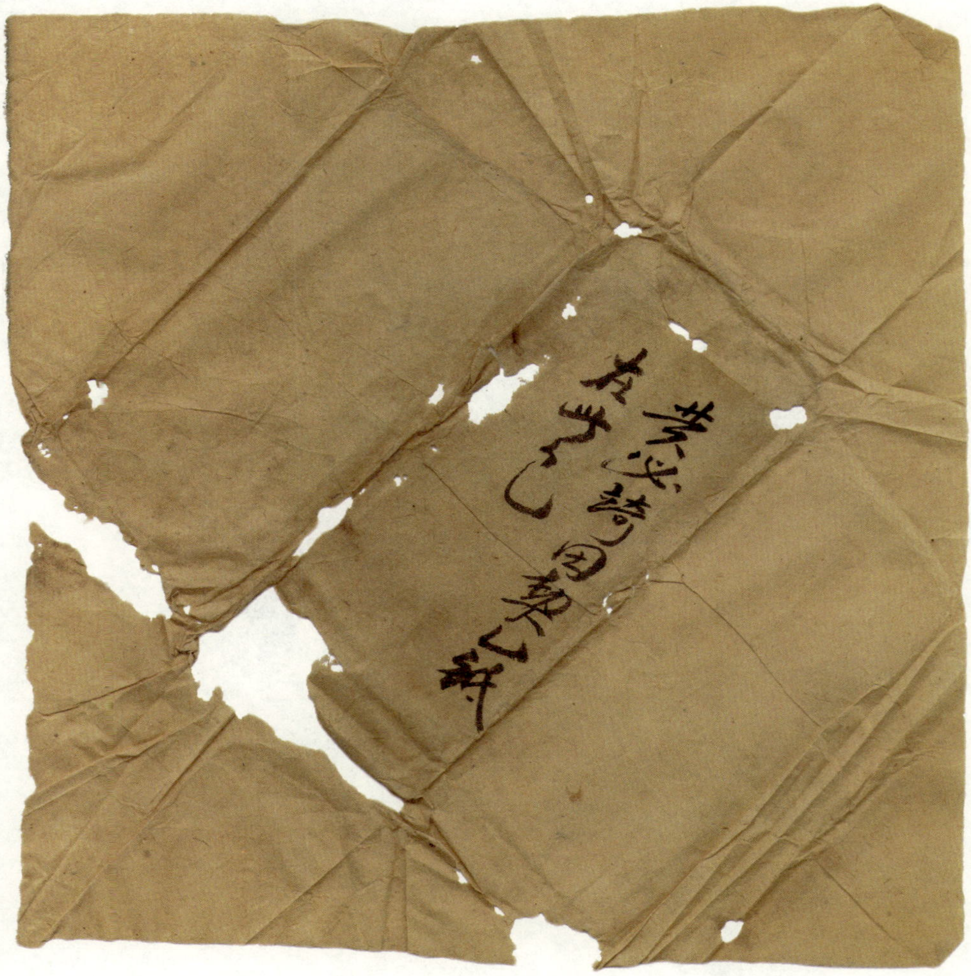

3-3-8-1　包契紙

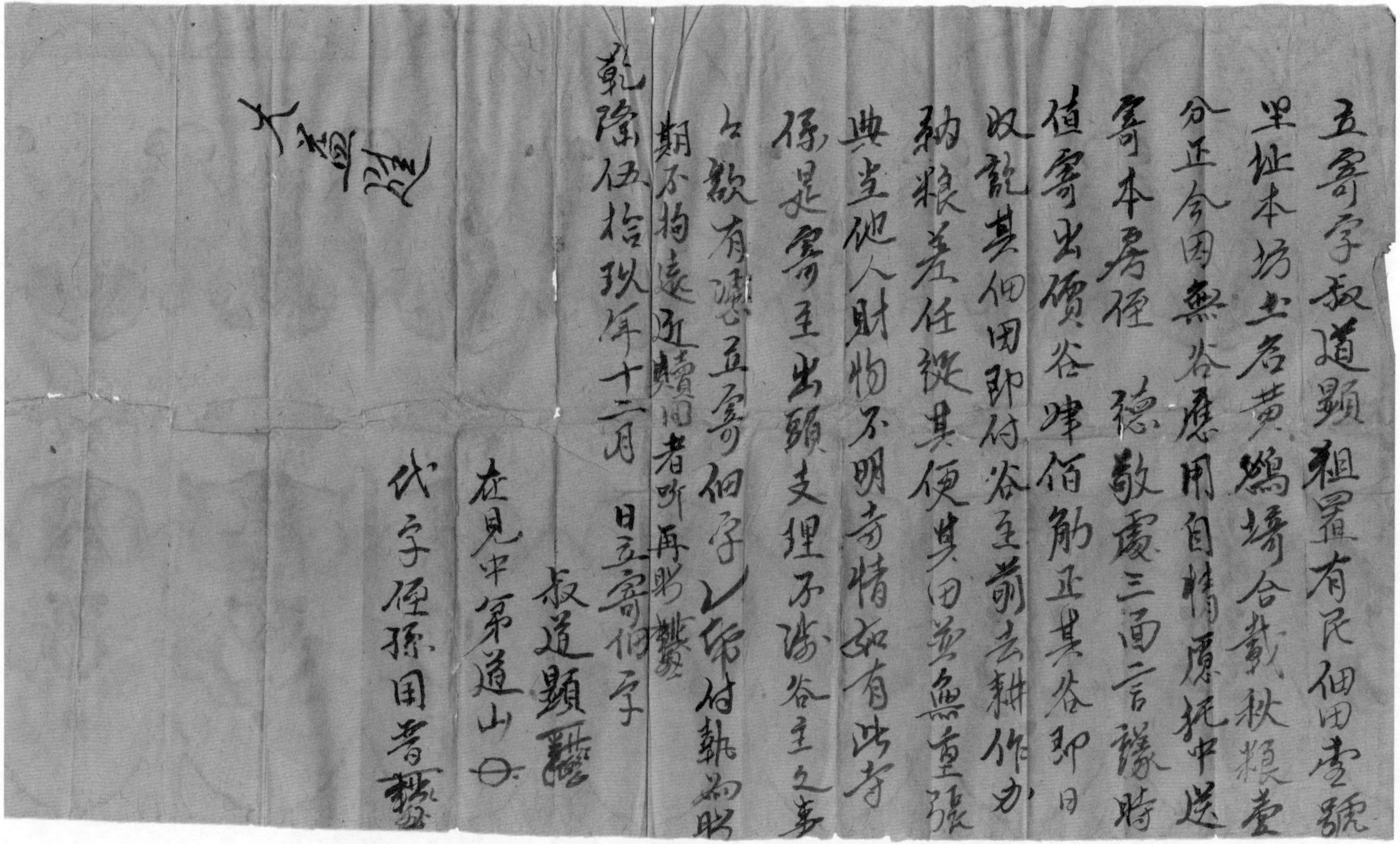

立寄字叔道顯祖置有民佃田壹號
坐址本坊土名黄鵝墇合載秋粮壹
分正今因無谷應用自情愿托中送
寄本房侄　德敬處三面言議時
值寄出價谷肆佰觔正其谷即日
收訖其佃田即付谷主前去耕作办
納粮差任從其便其田並無重張
典当他人財物不明等情如有此等
係是寄主出頭支理不涉谷主之事
今欲有憑立寄佃字乙紙付執為照
期不拘遠近贖回者听再照
乾隆伍拾玖年十二月　日立寄佃字　叔道顯
在見中　弟道山
代字　侄孫用書
大吉利

3-3-8-2　清乾隆五十九年十二月葉道顯立寄民佃田字

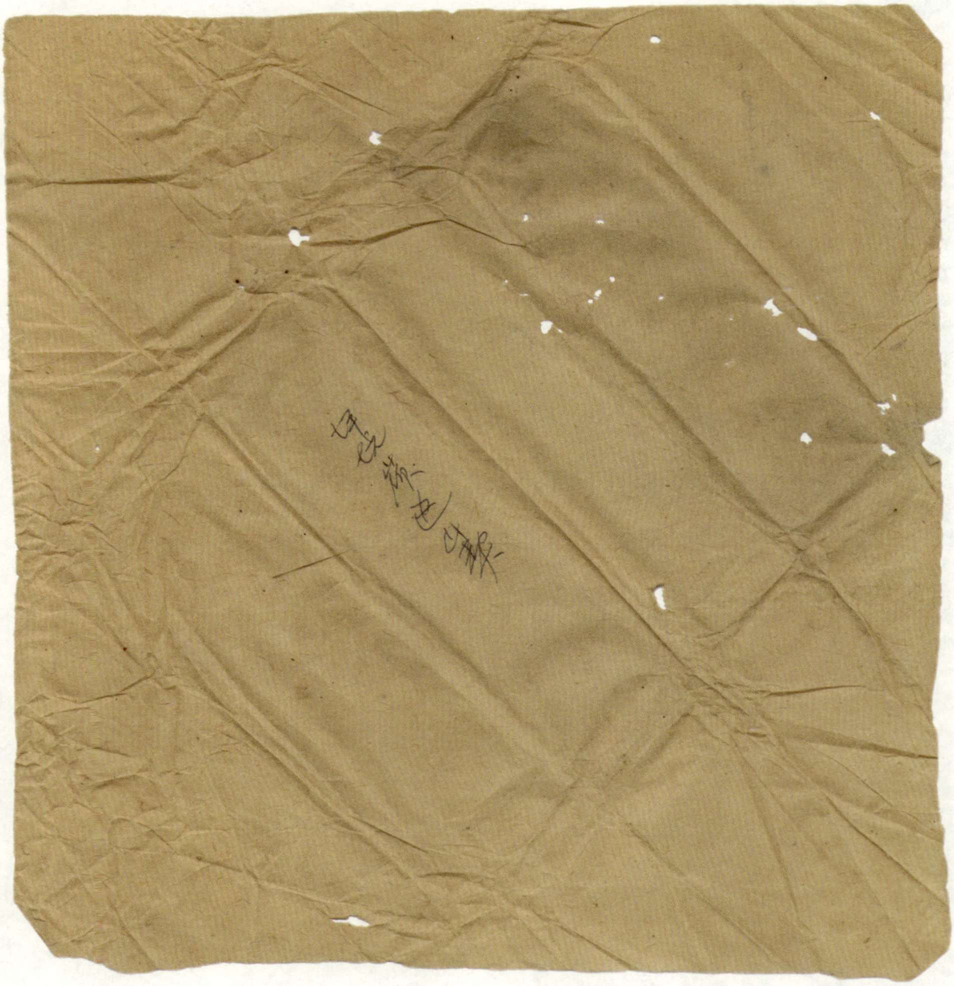

3-3-9-1　包契紙

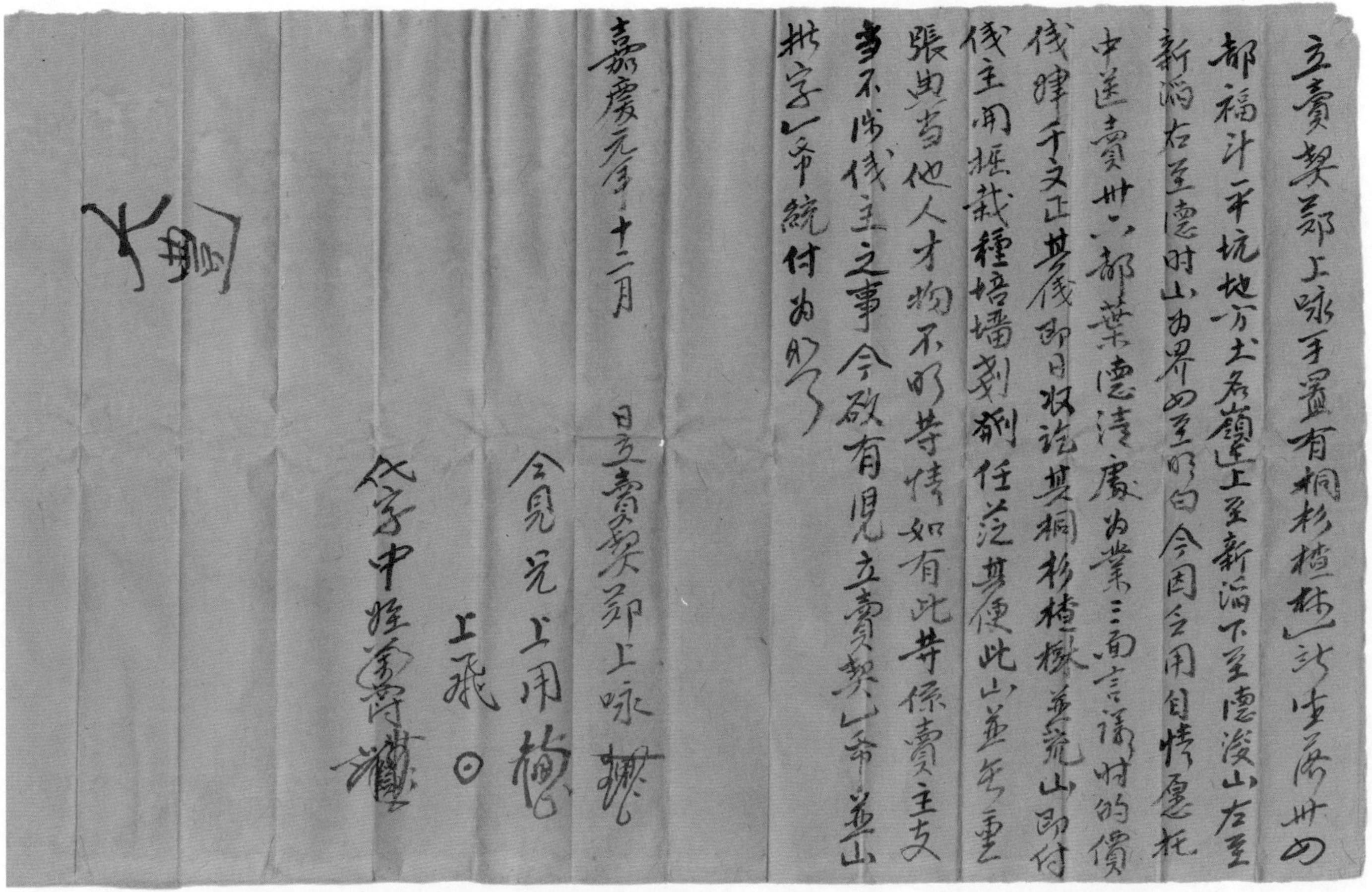
立賣契鄭上咏承置有桐杉植林山壹所坐落卅四
都福汁平坑地方土名嶺上至新湄下至德浚山左至
新湄右至德时山為界四至明白今因乏用自情愿托
中送賣卅六都葉德清處為業三面言議時的價
錢肆千文正其錢即日收訖其桐杉植樹並荒山即付
錢主用工栽種培壅砍伐任從其便此山並無重
張典當他人才物不明等情如有此等係賣主支
當不涉錢主之事今欲有憑立賣契一帋並山
批字一帋繳付為照
嘉慶元年十二月 日立賣契鄭上咏
仝見兄上用
上飛
代字中甥

3-3-9-2 清嘉慶元年十二月鄭上咏立賣桐杉植林契

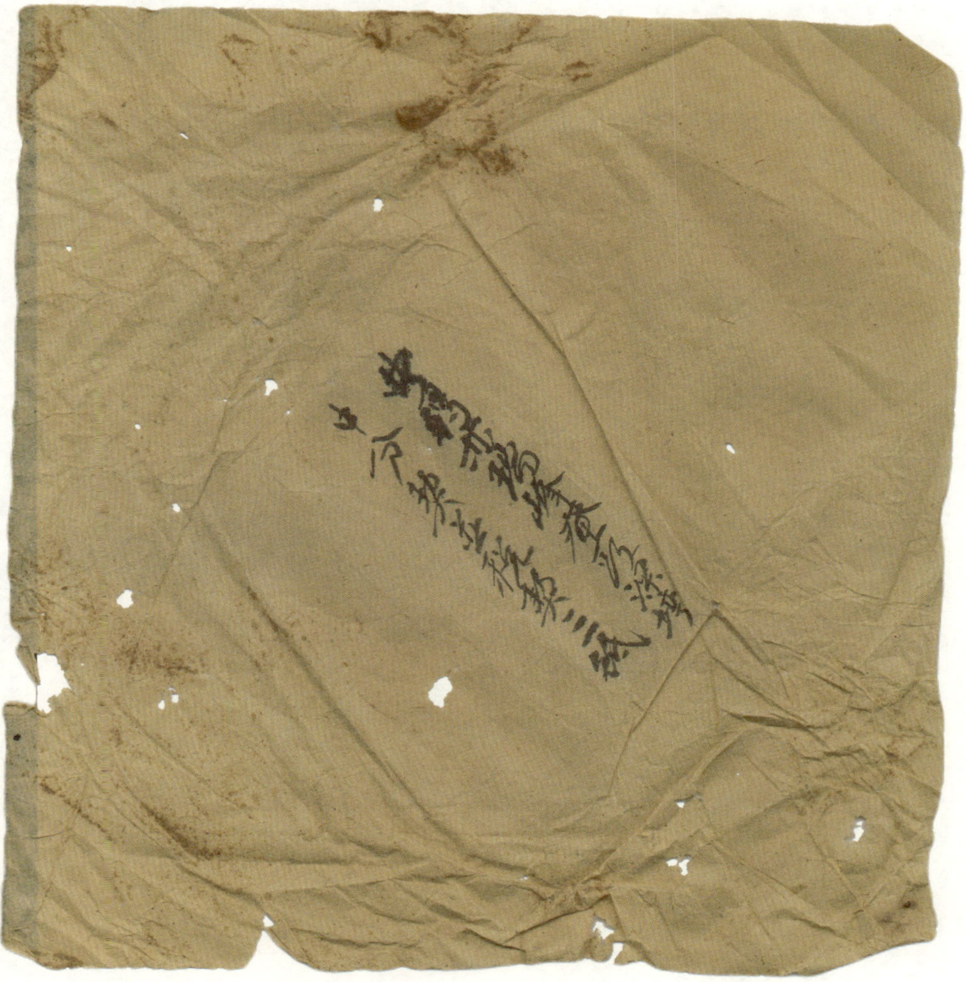

3-3-10-1　包契紙

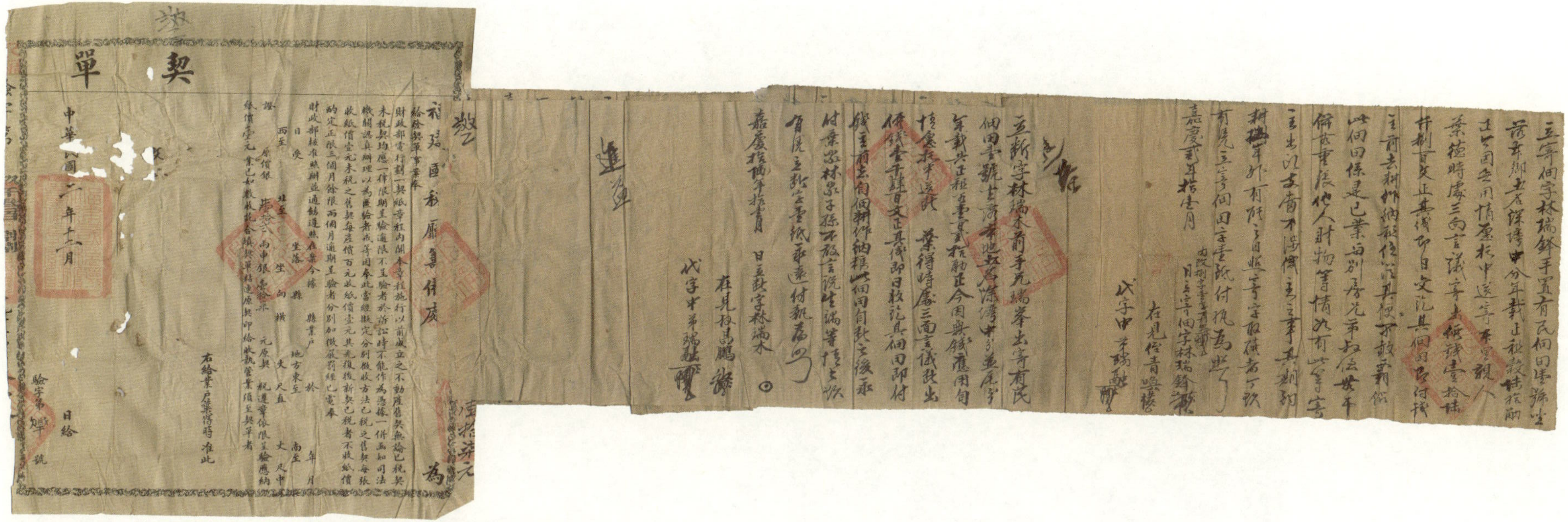

3-3-10-2　清嘉慶二年十一月林瑞鋒立寄民佃田字（紅契）

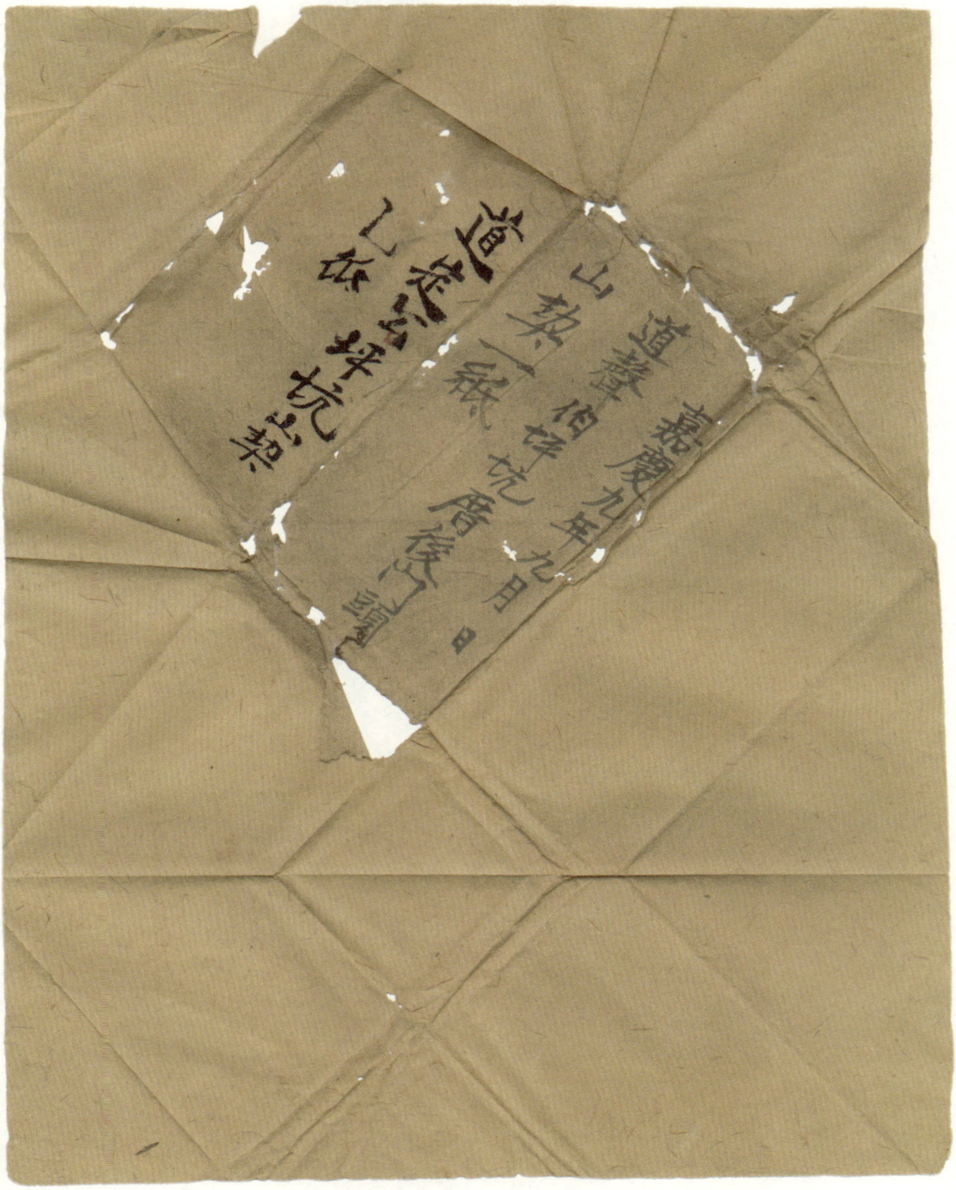

3-3-11-1　包契紙

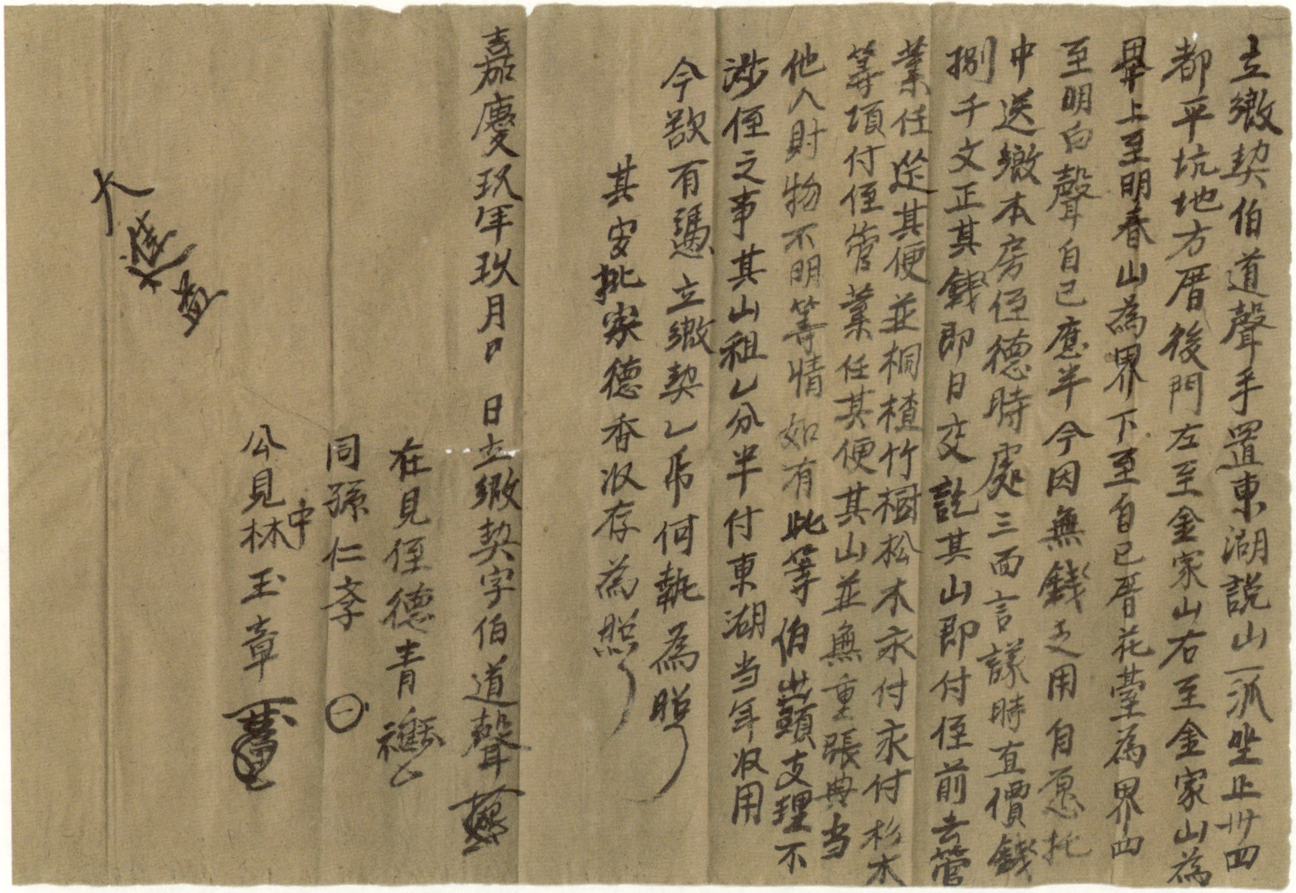

立繳契伯道聲手置東湖說山一派坐止卅四
都平坑地方厝後門左至金家山右至金家山爲
界上至明春山爲界下至自己厝花堂爲界四
至明白聲自己應半今因無錢乏用自愿托
中送繳本房侄德時處三面言議時直價錢
捌千文正其錢即日交訖其山即付侄前去管
業任從其便並桐植竹樹松木永付永付杉木
等項付侄管業任其便其山並無重張典當
他人財物不明等情如有此等伯出頭支理不
涉侄之事其山租山分半付東湖当年收用
今欲有憑立繳契一帋付執爲照
其安批家德香收存爲照
嘉慶玖年玖月 日立繳契字伯道聲（押）
在見侄德青（押）
同孫仁李 ○
中公見林玉章（押）
大進益

3-3-11-2 清嘉慶九年九月葉道聲立繳稅山契

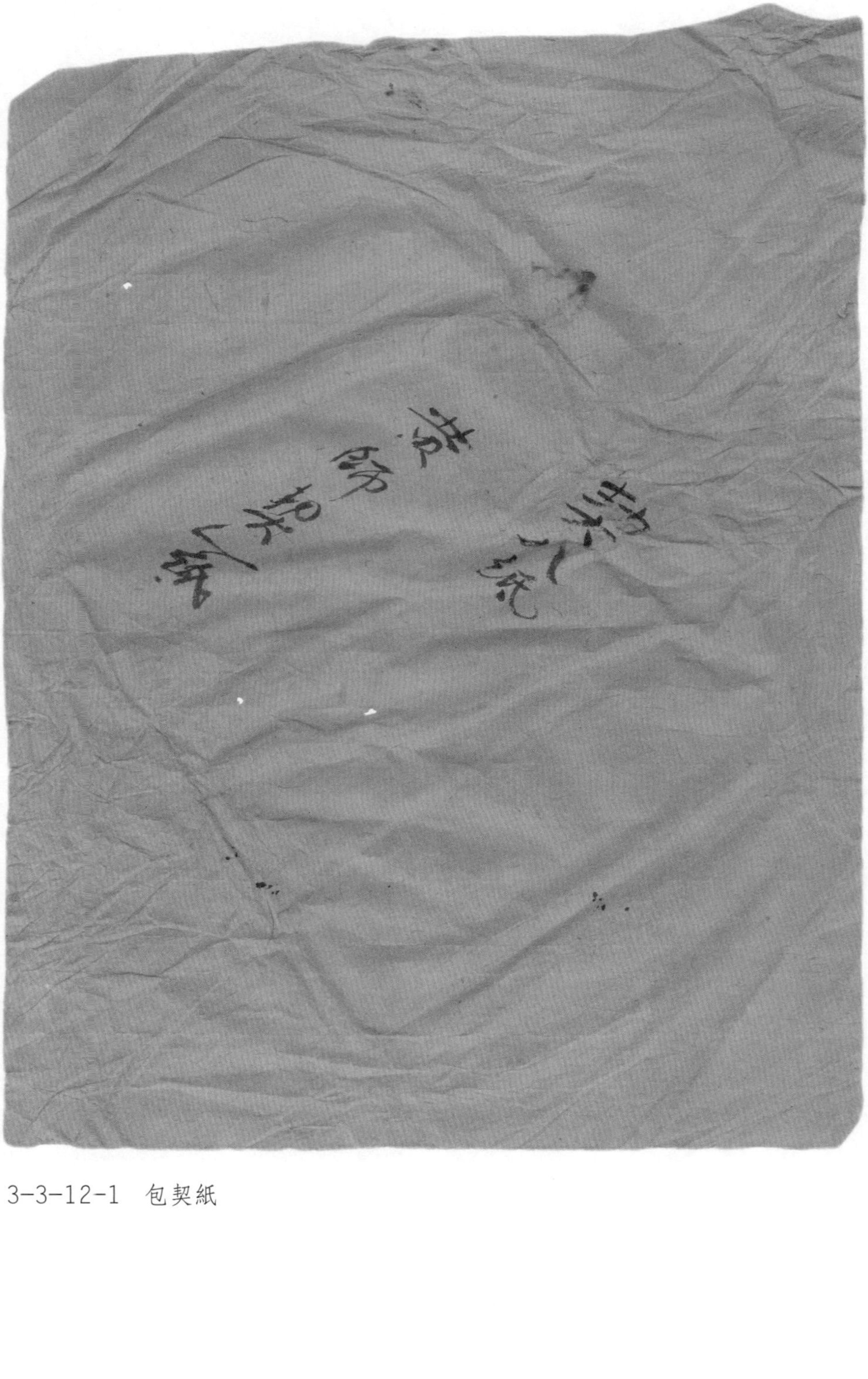

3-3-12-1 包契紙

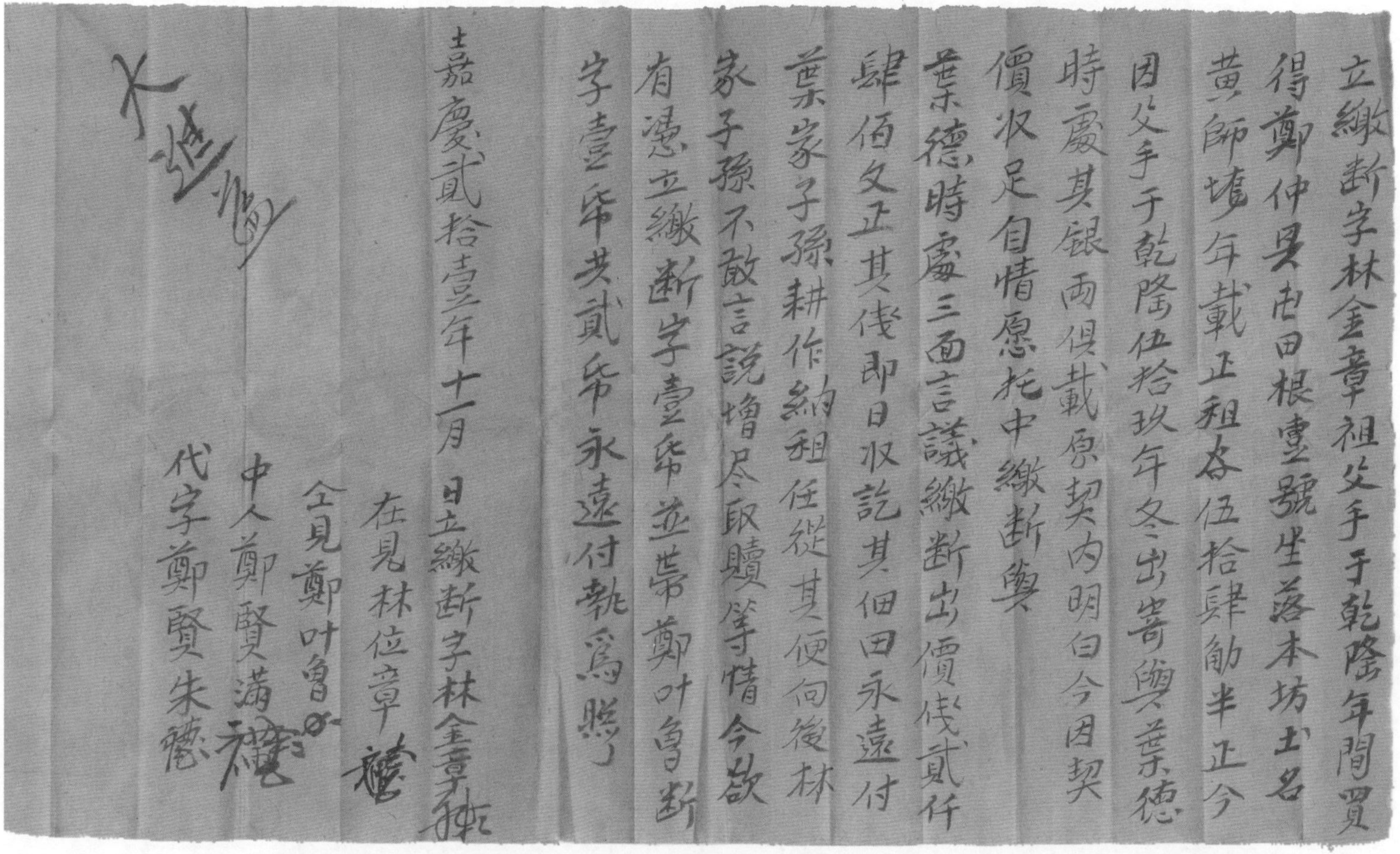

立繳斷字林金章祖父手于乾隆年間買
得鄭仲昊屯田根壹號坐落本坊土名
黃師壋年載正租谷伍拾肆觔半正今
因父手于乾隆伍拾玖年冬出當與葉德
時處其銀兩俱載原契內明白今因契
價不足自情愿托中繳斷與
葉德時處三面言議繳斷出價伐貳仟
肆佰文正其伐即日收訖其佃田永遠付
葉家子孫耕作納租任從其便向後林
家子孫不敢言說增盡取贖等情今欲
有憑立繳斷字壹帋並帶鄭叶曾斷
字壹帋共貳帋永遠付執為照
嘉慶貳拾壹年十一月 日立繳斷字林金章
在見林位章
仝見鄭叶曾
中人鄭賢滿
代字鄭賢朱

3-3-12-2 清嘉慶二十一年十一月林金章立繳斷屯田根字

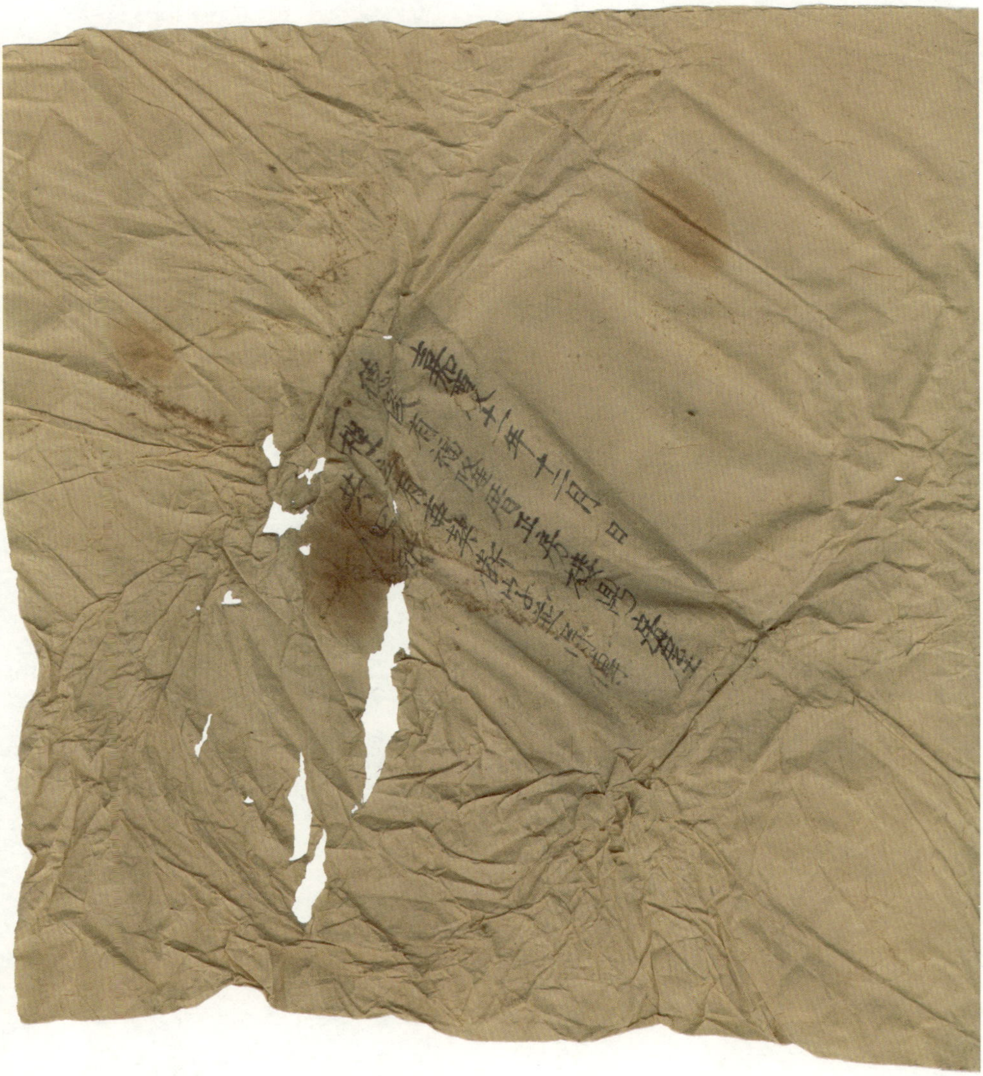

3-3-13-2　包契紙

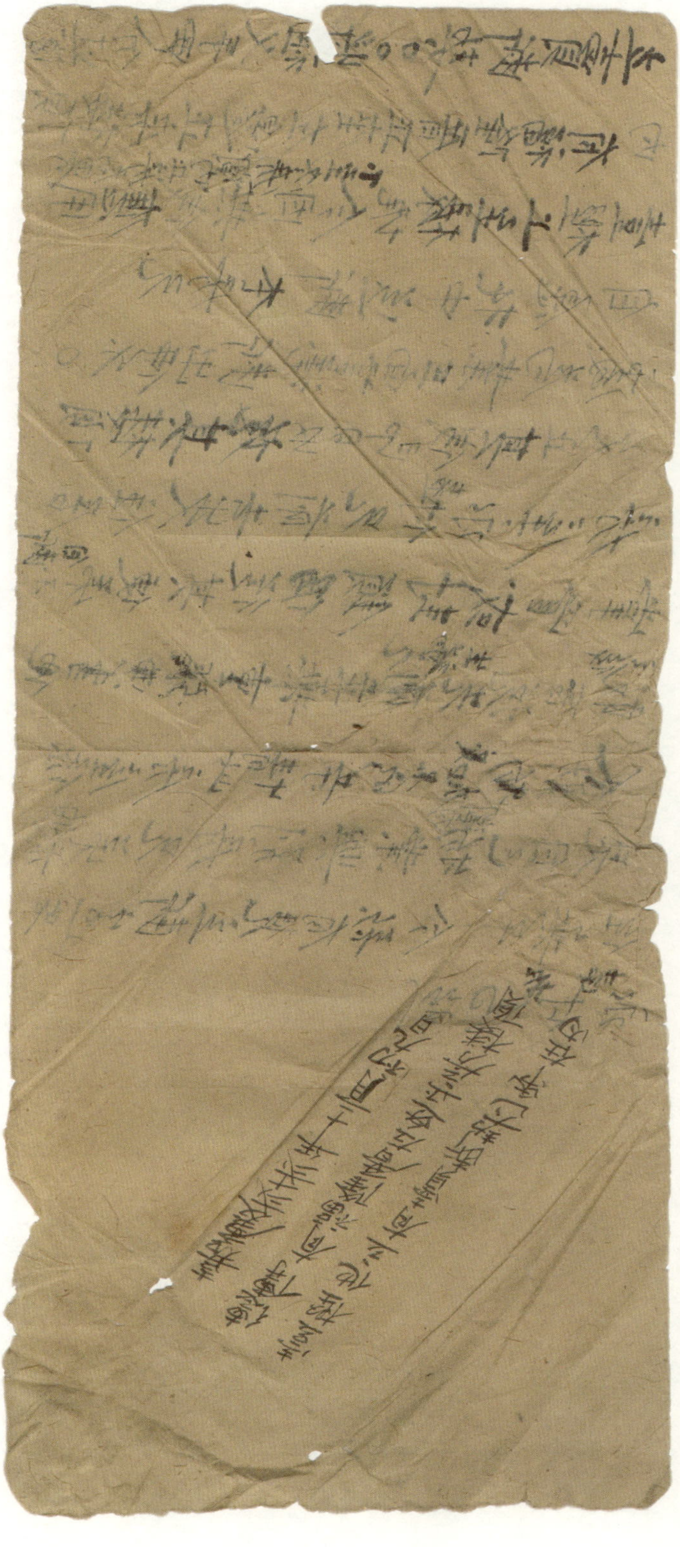

3-3-13-2 包契紙

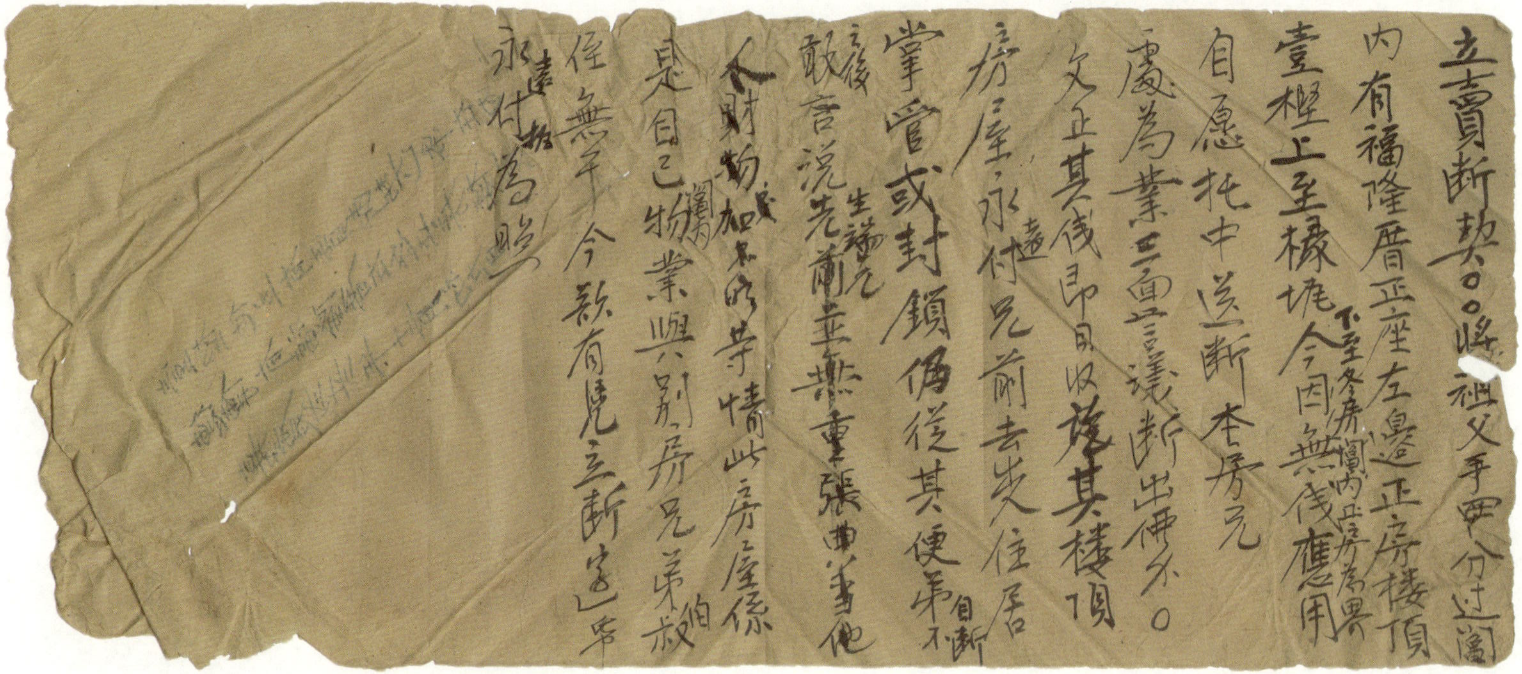

立賣斷契○○將祖父手置分過闔
內有福隆厝正座左邊正廳房樓頂
壹概上至椽桷下至今因無錢應用
自愿托中送斷本房兄
處為業三面言議斷出佛銀○
文正其錢即日收訖其樓頂
房屋永付兄前去住居
掌管或封鎖係從其便弟自不斷
敢言說先前並無重張典當他
人財物加以等情此係房屋係
是自己物業與別房兄弟叔伯
侄無干今欲有憑立斷契字
永遠付執為照

3-3-13-3 包契紙（草契）

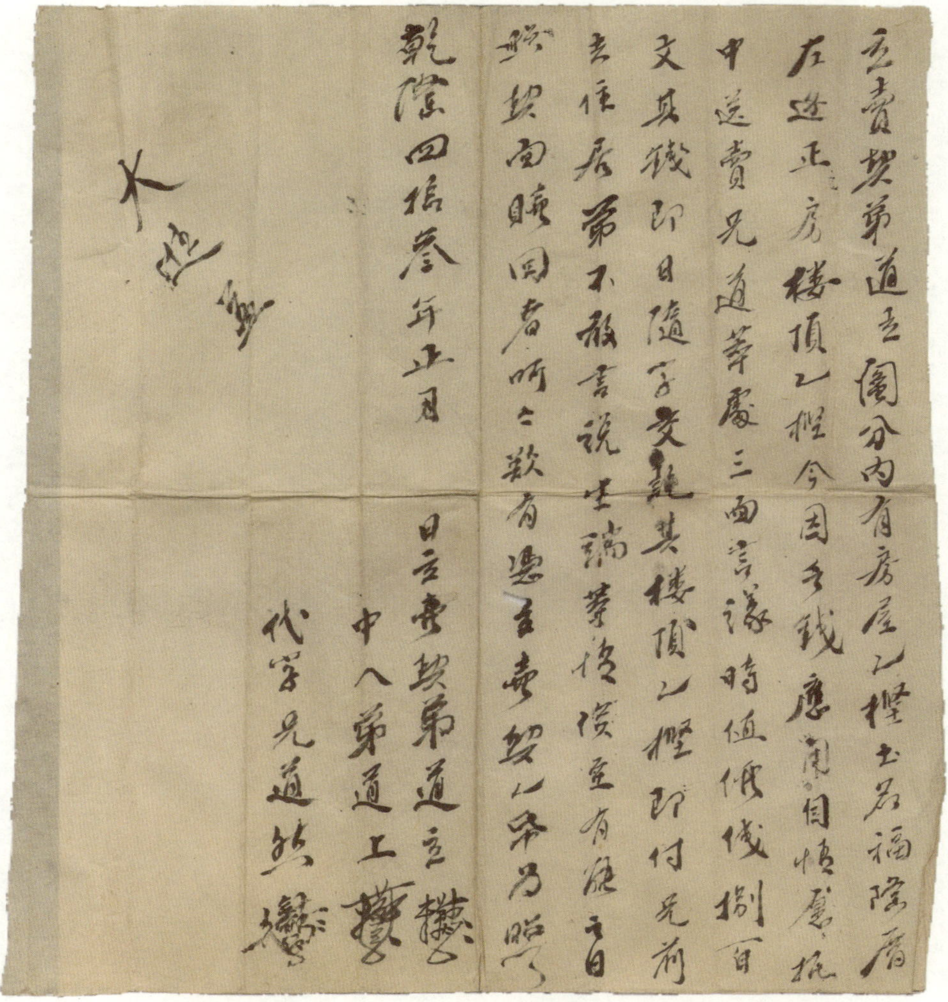
立賣契弟道立國分內有房屋乙椏坐土名福隆厝
左邊正房樓頂乙椏今因乏錢應用自情愿托
中送賣兄道萃處三面言議時值價錢捌百
文其錢即日隨字交訖其樓頂乙椏即付兄前
去住居弟不敢言說生端[illegible]至有[illegible]自
照契面贖回當時之數有憑立賣契乙帋為照
乾隆四拾叁年正月　日立賣契弟道立（押）
中人弟道上（押）
代字兄道然（押）
大[illegible]

3-3-13-4　清乾隆四十三年正月葉道立立賣房屋契

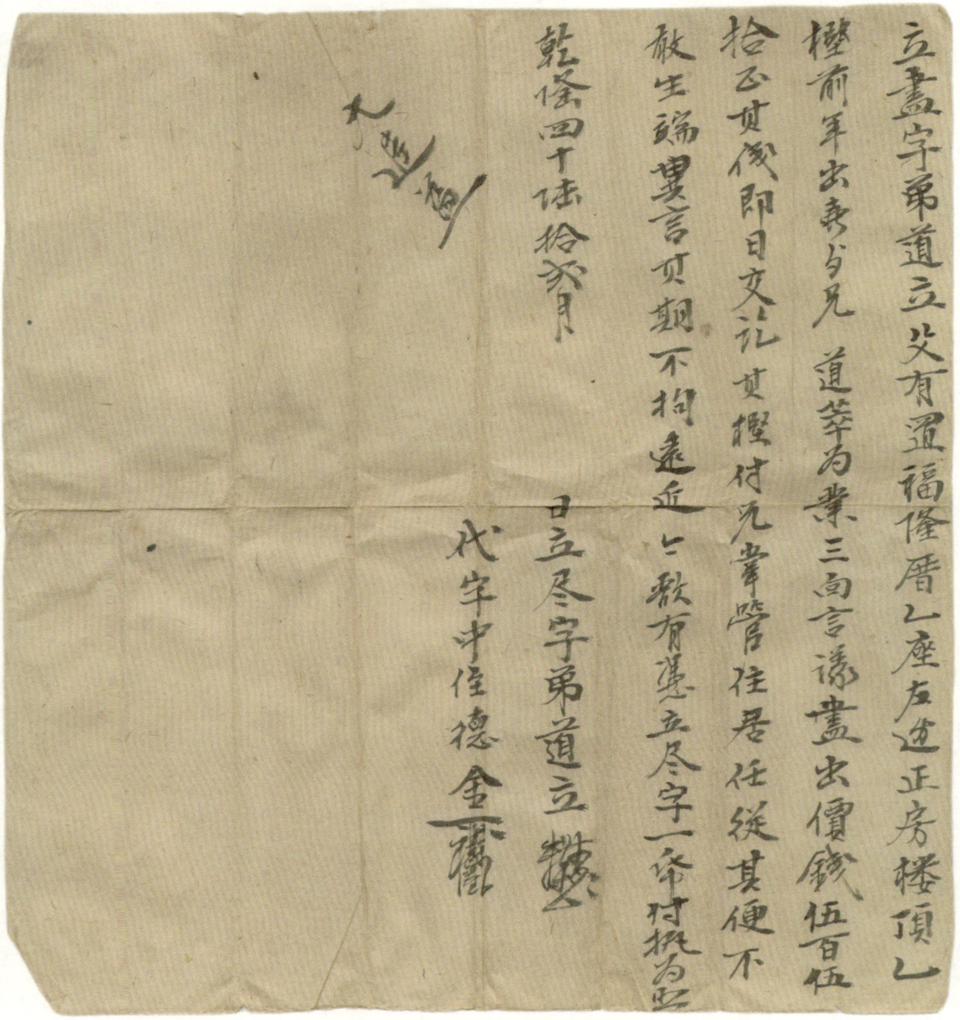
立盡字弟道立父有置福隆厝山座左边正房樓頂乙
樓前年出賣与兄 道萃為業三面言議盡出價錢伍百伍
拾正其價即日交訖其樓付兄掌管住居任從其便不
敢生端異言其期不拘遠近之款有憑立尽字一帋付執為照
日立尽字弟道立
代字中侄德金
乾隆四十陸拾貳月

3-3-13-5　清乾隆四十六年十二月葉道立立盡房屋字

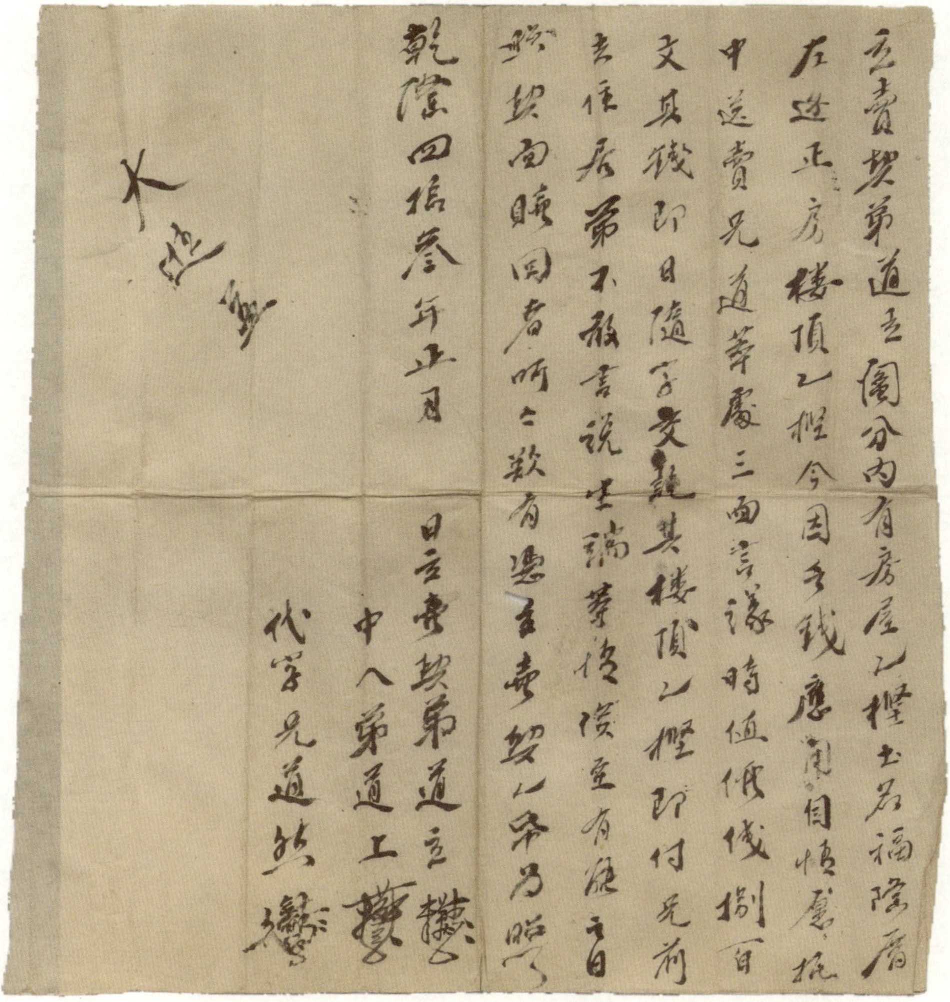
立賣契弟道立，因分內有房屋乙椏，土名福隆厝左边正房樓頂乙椏，今因乏錢應用，自情愿托中送賣兄道華處，三面言議，時值價錢捌百文，其錢即日隨字交訖，其樓頂乙椏即付兄前去住居，弟不敢言說生端，葉後贖至有錢之日照契面贖回，各听二歡，有憑，立賣契乙帋為照。

乾隆四拾叁年正月　日立賣契弟道立（押）

中人弟道上（押）

代字兄道然（押）

3-3-13-4　清乾隆四十三年正月葉道立立賣房屋契

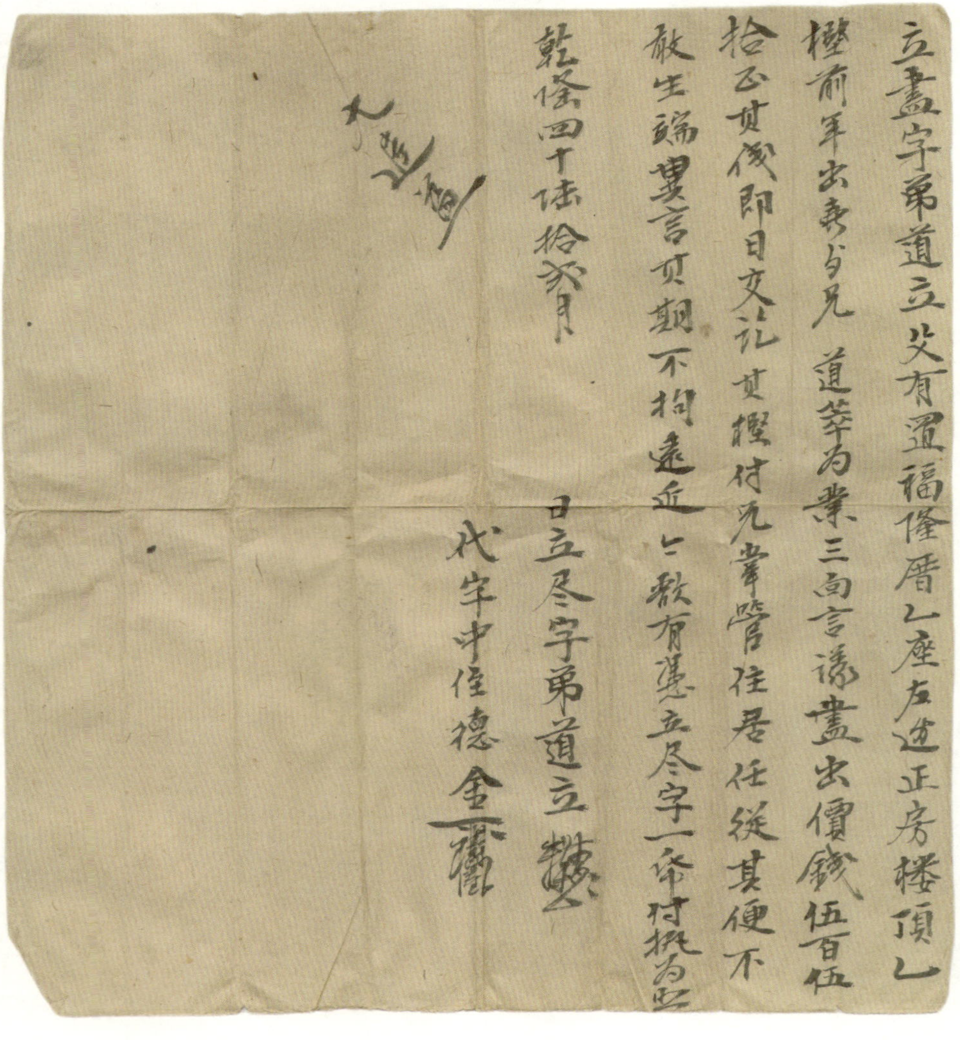
立盡字弟道立父有置福隆厝乙座左边正房樓頂乙
樓前年出贌与兄 道萃為業三面言議盡出價錢伍百伍
拾文其錢即日交訖其樓付兄掌管住居任從其便不
敢生端異言其期不拘遠近乚欲有憑立尽字一紙付執為照
乾隆四十陆拾弍月
日立尽字弟道立（押）
代字中侄德金（押）

3-3-13-5 清乾隆四十六年十二月葉道立立盡房屋字

福建民間契約文書

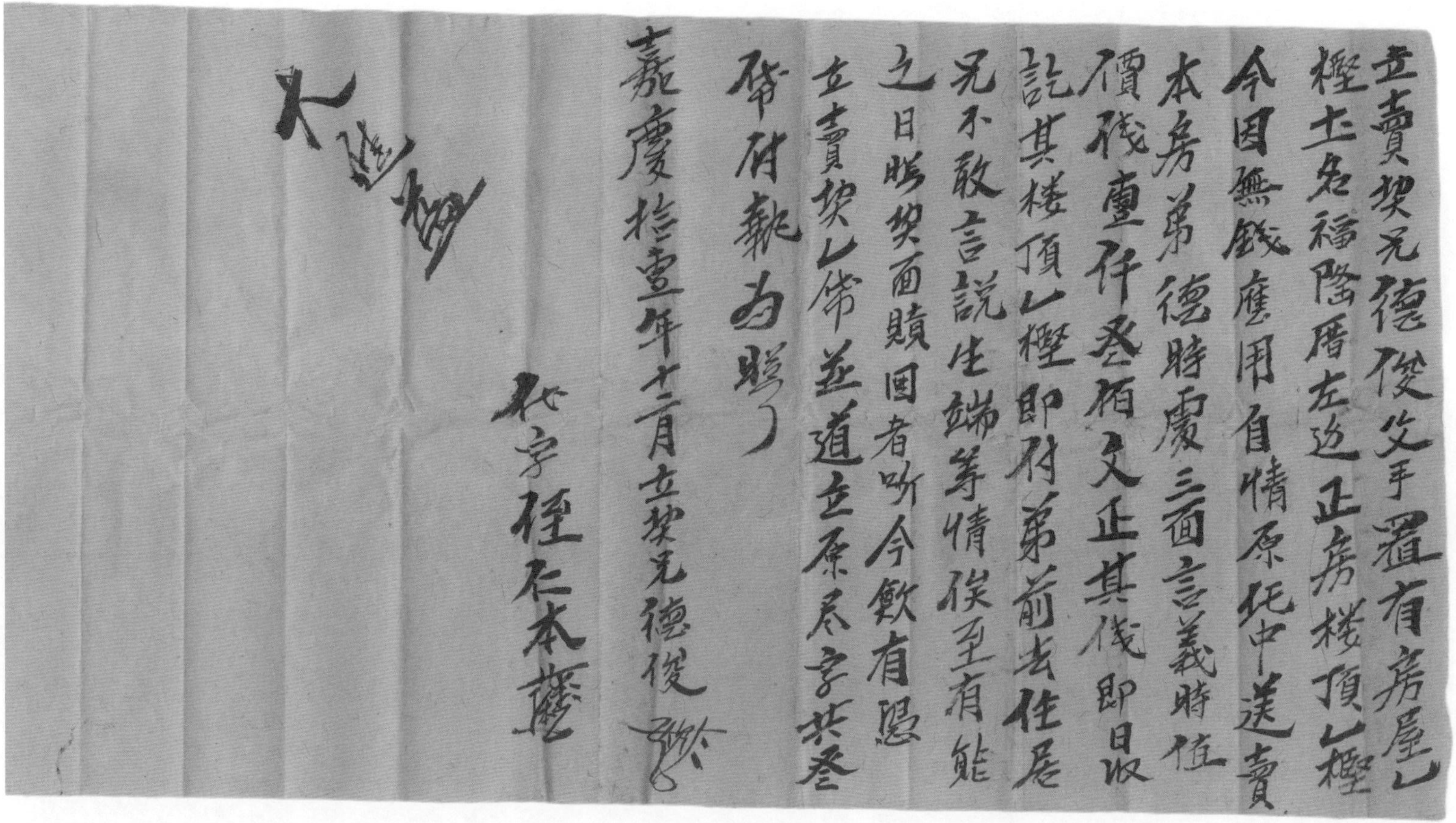

立賣契兄德俊父手置有房屋乙
椏土名福隆厝左边正房樓頂乙椏
今因無錢應用自情原托中送賣
本房弟德時處三面言義時值
價錢壹仟叁佰文正其錢即日收
訖其樓頂乙椏即付弟前去住居
兄不敢言說生端等情倘至有能
之日照契面贖回者聽今歡有憑
立賣契乙帋並道立原尽字共叁
帋付執為照
嘉慶拾壹年十二月立契兄德俊
代字侄仁本

3-3-13-6　清嘉慶十一年十二月葉德俊立賣房屋契

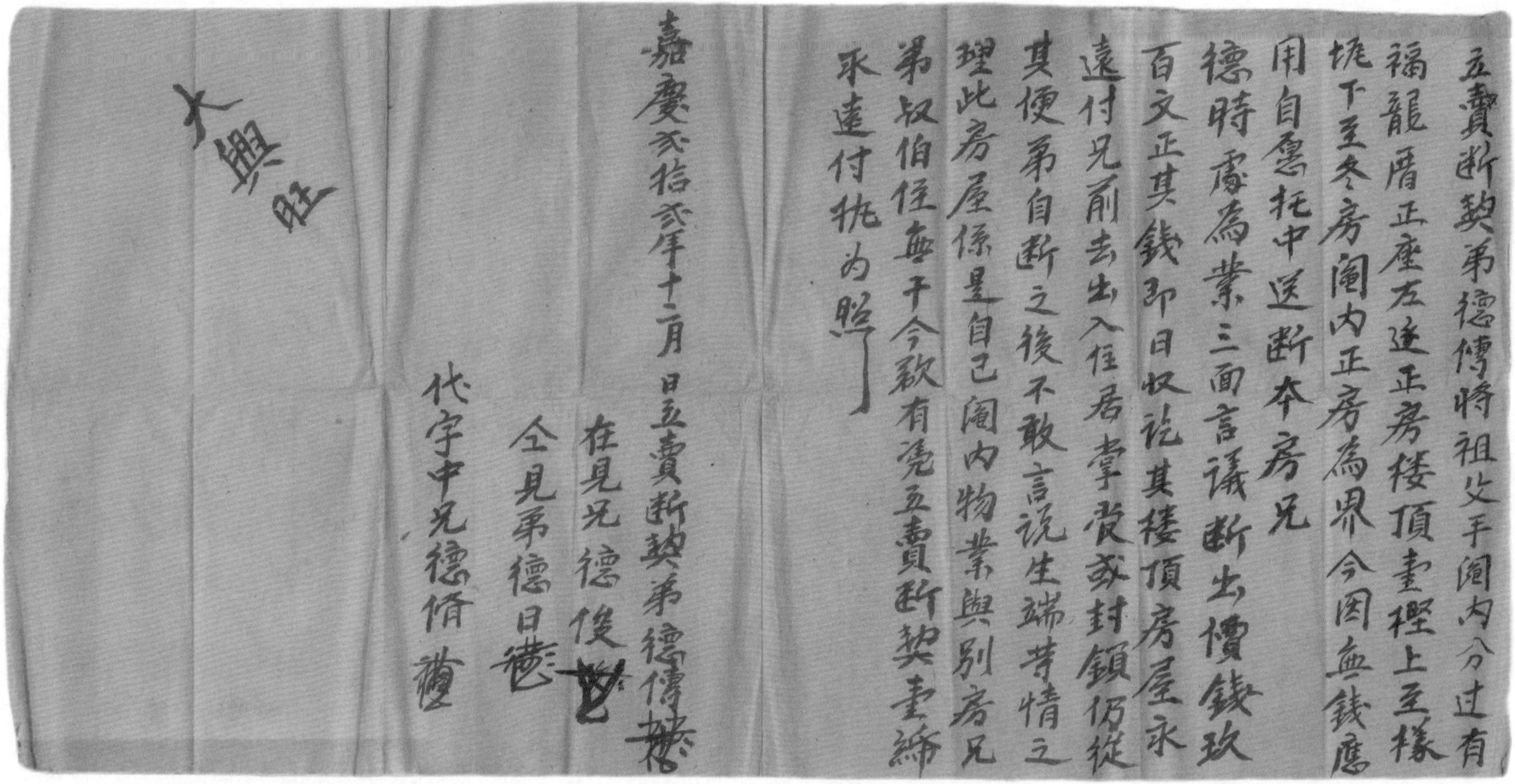
立賣斷契弟德傳將祖父手閹内分过有
福龍厝正座左边正房樓頂壹桱上至椽
桷下至本房閹内正房為界今因無錢應
用自愿托中送斷本房兄
德時處為業三面言議斷出價錢玖
百文正其錢即日收訖其樓頂房屋永
遠付兄削去出入住居掌管或封鎖仍從
其便弟自斷之後不敢言說生端等情之
理此房屋係是自己閹内物業與別房兄
弟叔伯侄無干今欲有凴立賣斷契壹紙
永遠付執為照」

嘉慶貳拾貳年十二月　日立賣斷契弟德傳（押）
在見兄德俊（押）
仝見弟德日（押）
代字中兄德脩（押）

大興旺

3-3-13-7　清嘉慶二十二年十二月葉德傳立賣斷房屋契

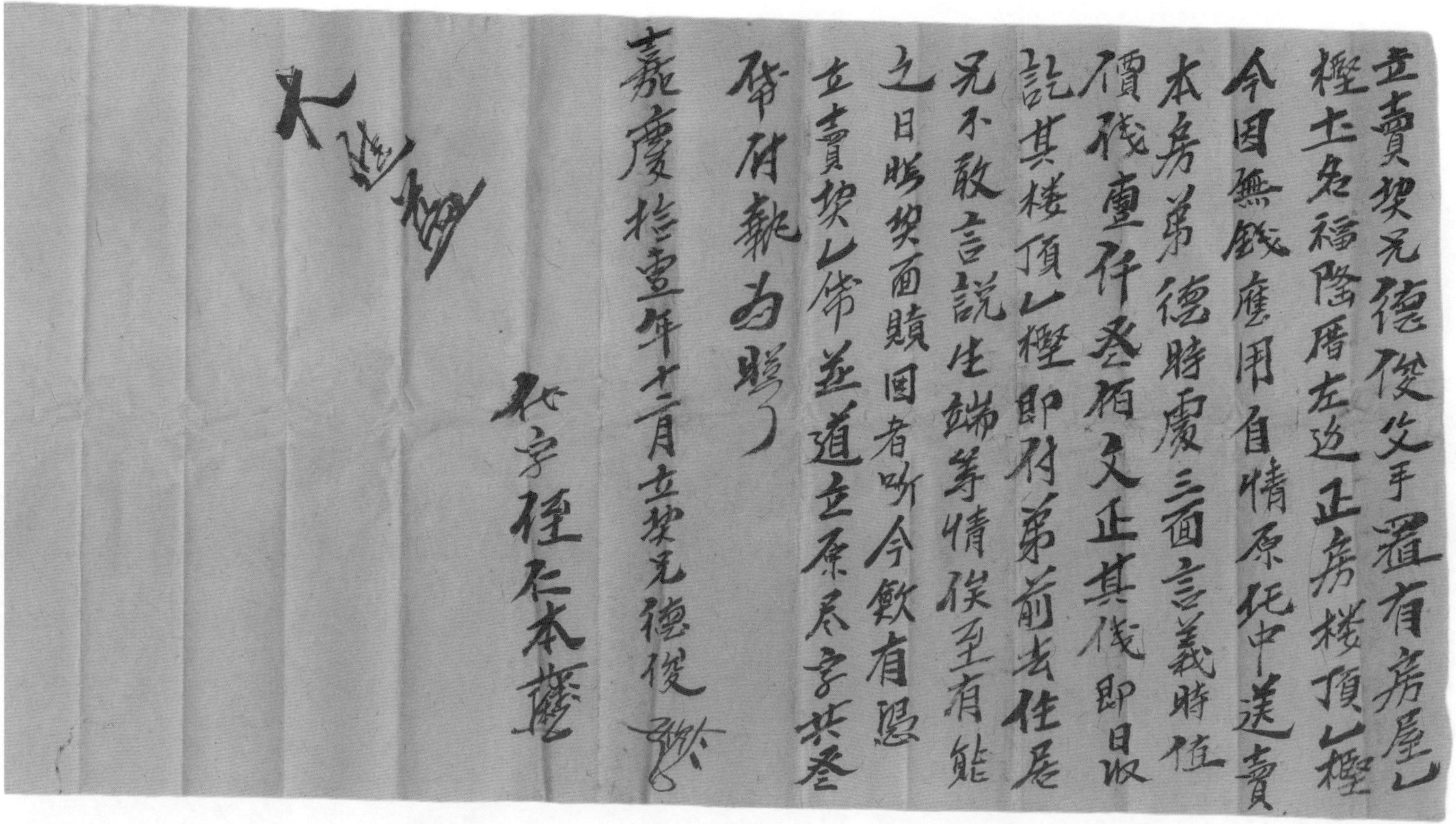
立賣契兄德俊父手置有房屋乙
櫃土名福隆厝左边正房樓頂乙櫃
今因無錢應用自情原托中送賣
本房弟德時處三面言義時值
價錢壹仟叁佰文正其錢即日收
訖其樓頂乙櫃即付弟前去住居
兄不敢言說生端等情候至有能
之日將契面贖回者听今歛有憑
立賣契乙帋並道立原尽字共叁
帋付執為照
嘉慶拾壹年十二月立契兄德俊（押）
代字侄仁本（押）
大吉

3-3-13-6　清嘉慶十一年十二月葉德俊立賣房屋契

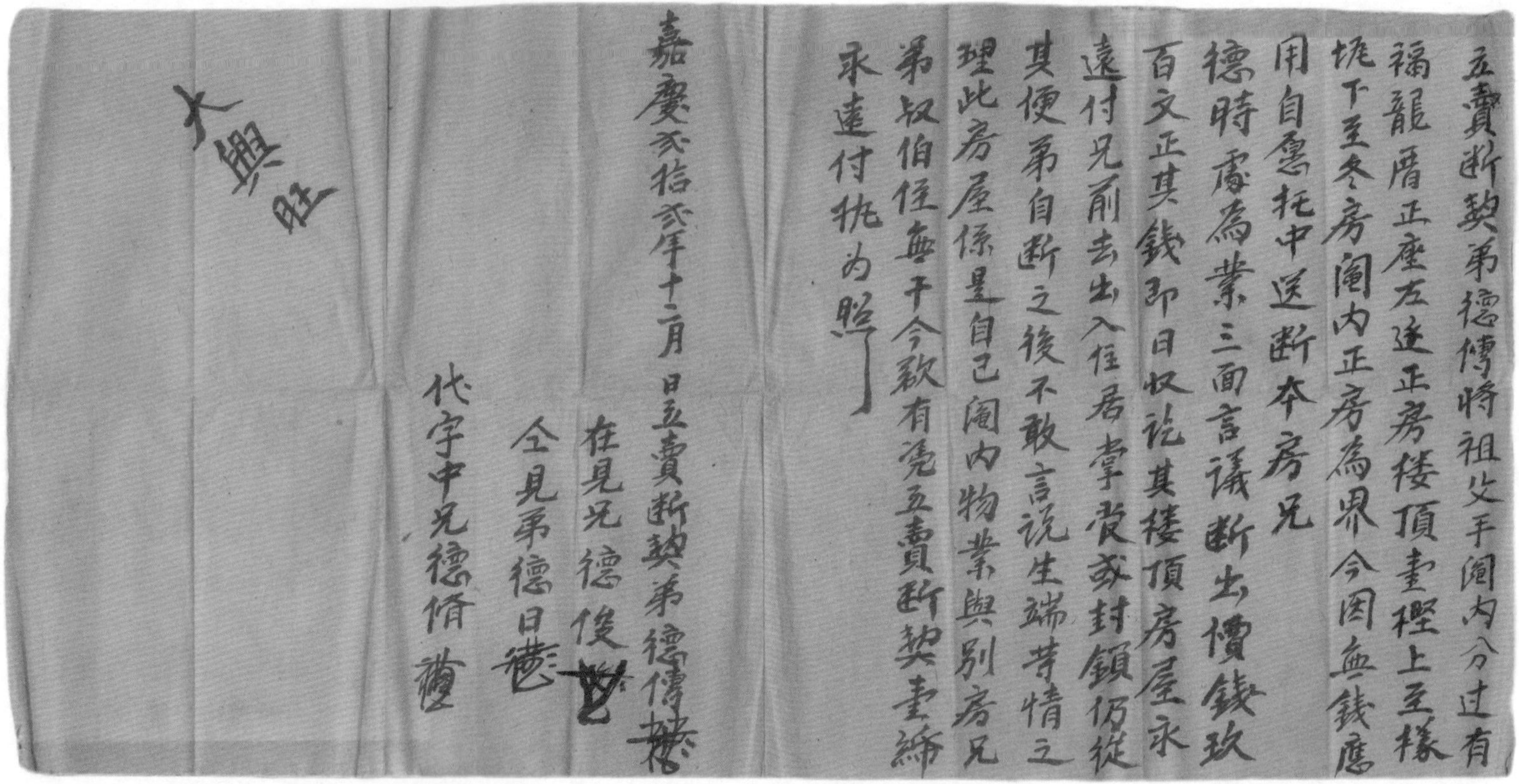
立賣斷契弟德傳將祖父手鬮內分過有
福龍厝正座左邊正房樓頂壹楹上至椽
桷下至冬房閫內正房為界今因無錢應
用自愿托中送斷本房兄
德時處為業三面言議斷出價錢玖
百文正其錢即日收訖其樓頂房屋永
遠付兄前去出入住居掌管或封鎖仍從
其便弟自斷之後不敢言說生端等情之
理此房屋係是自己鬮內物業與別房兄
弟叔伯侄無干今欲有凭立賣斷契壹紙
永遠付執為照
嘉慶貳拾貳年十二月　日立賣斷契弟德傳
在見兄德俊
仝見弟德日
代字中兄德脩
大興旺

3-3-13-7　清嘉慶二十二年十二月葉德傳立賣斷房屋契

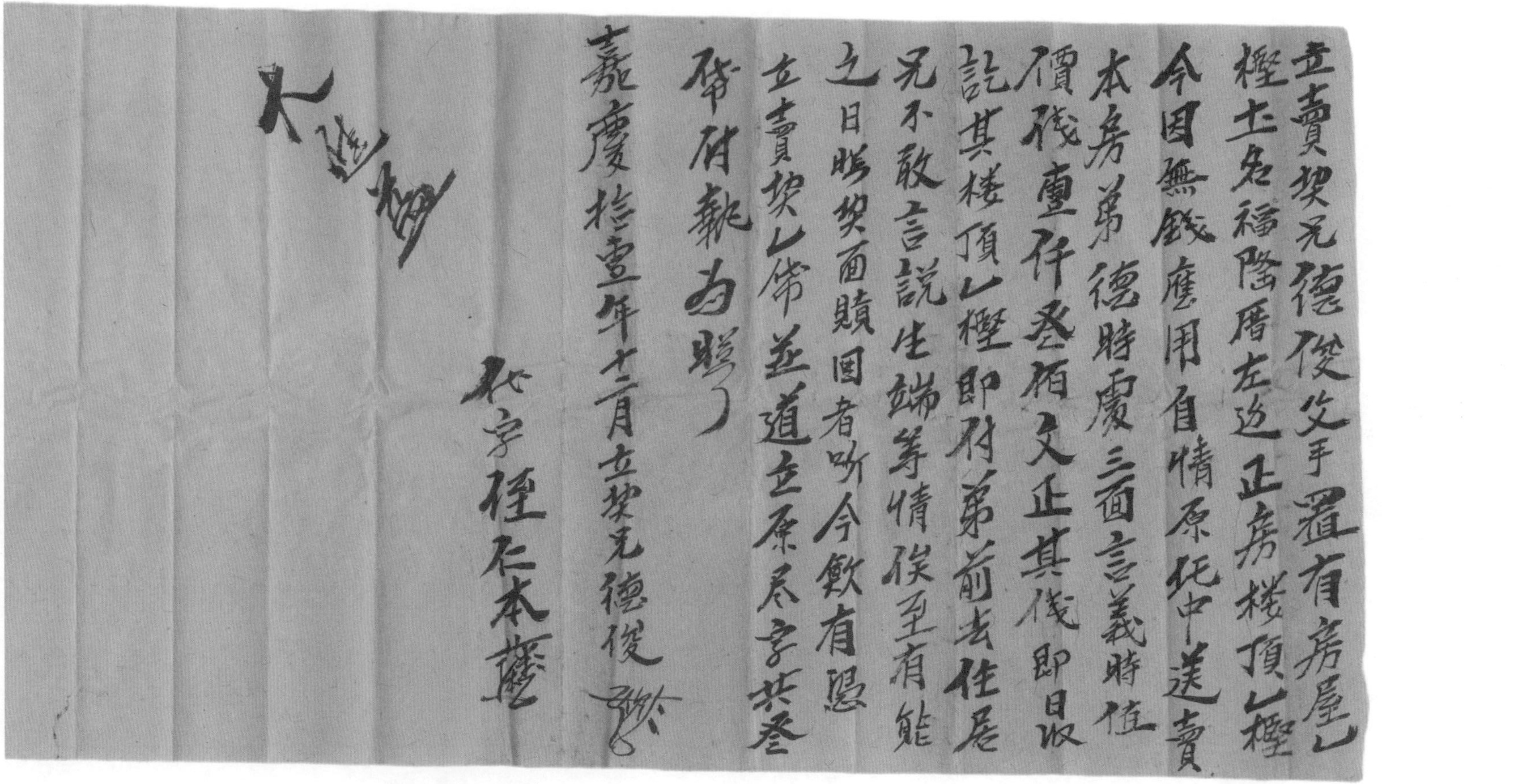
立賣契兄德俊父手置有房屋乙
橺土名福隆厝左边正房楼頂乙橺
今因無錢應用自情原托中送賣
本房弟德時處三面言義時值
價錢壹仟叁佰文正其錢即日收
訖其楼頂乙橺即付弟前去住居
兄不敢言說生端等情倘至有能
之日照契面贖回者听今欲有憑
立賣契乙帋並道立原尽字共叁
帋付執為照
嘉慶拾壹年十二月立契兄德俊（押）
代字侄尽本（押）
大吉

3-3-13-6　清嘉慶十一年十二月葉德俊立賣房屋契

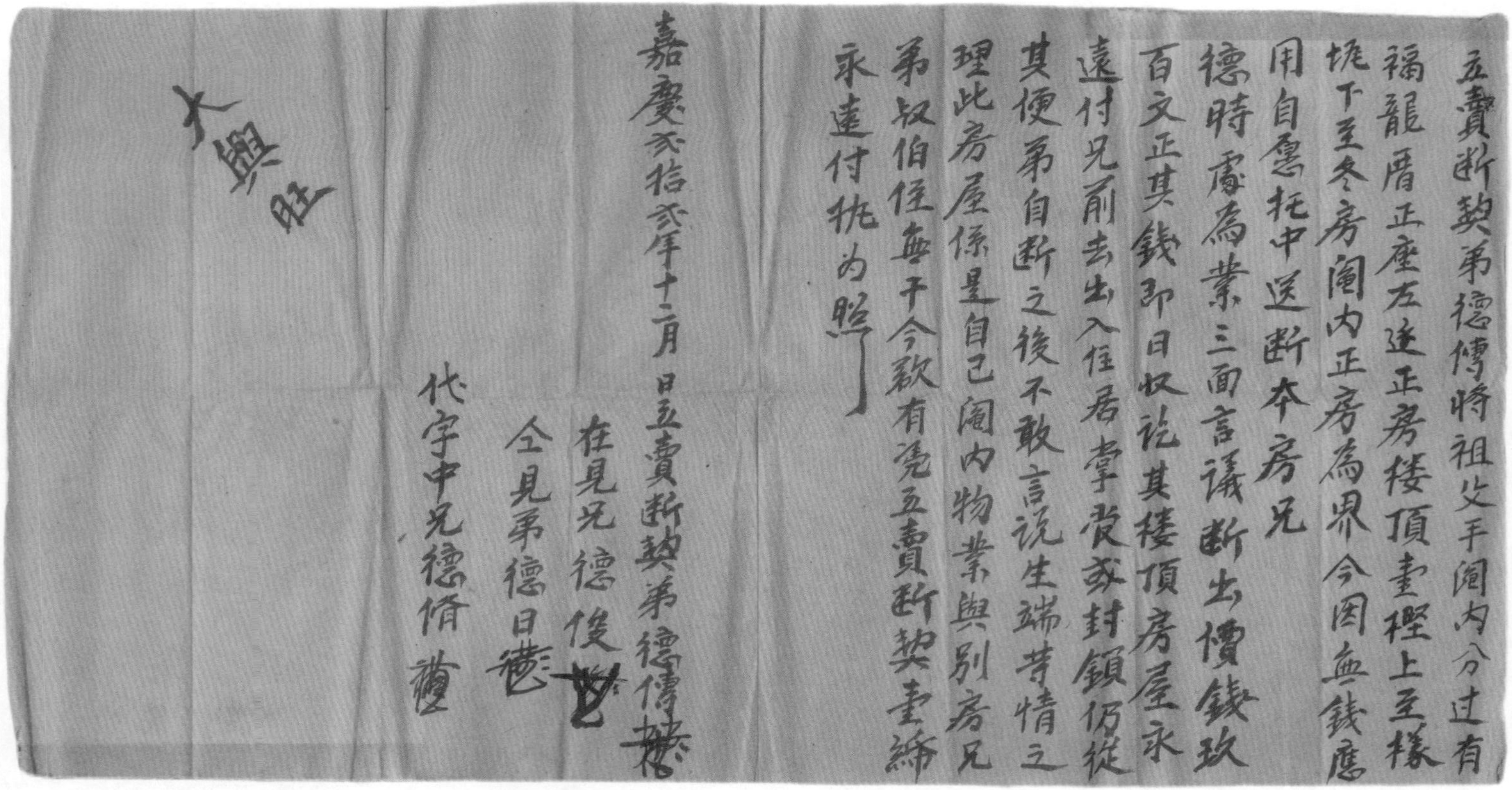

立賣斷契弟德傳將祖父手鬮內分過有
福龍厝正座左邊正房樓頂壹橍上至椽
桷下至冬房閬內正房為界今因無錢應
用自愿托中送斷本房兄
德時處為業三面言議斷出價錢玖
百文正其錢即日收訖其樓頂房屋永
遠付兄前去出入住居掌管或封鎖仍從
其便弟自斷之後不敢言說生端等情之
理此房屋係是自己鬮內物業與別房兄
弟叔伯侄無干今欲有憑立賣斷契壹紙
永遠付執為照

嘉慶貳拾貳年十二月　日立賣斷契弟德傳（押）
在見兄德俊（押）
仝見弟德日（押）
代字中兄德脩（押）

大興旺

3-3-13-7　清嘉慶二十二年十二月葉德傳立賣斷房屋契

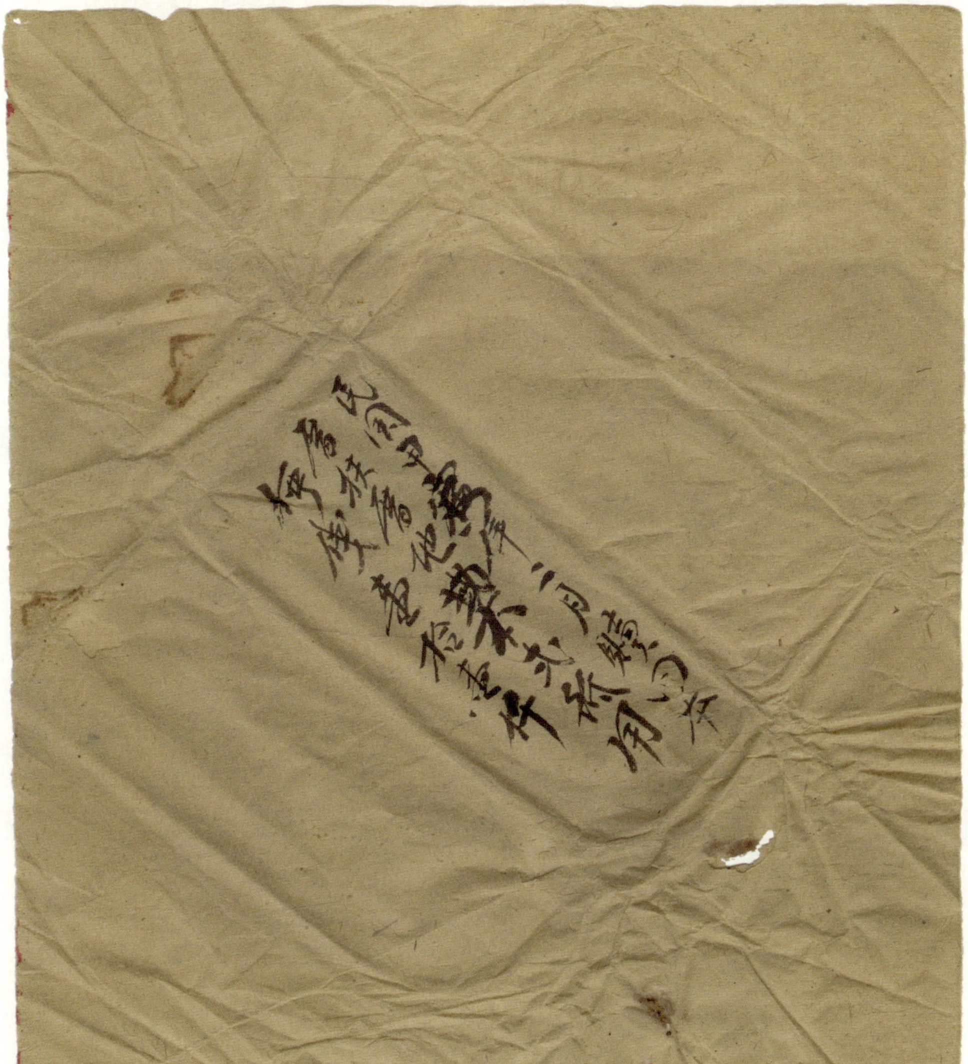

3-3-14-1 包契紙

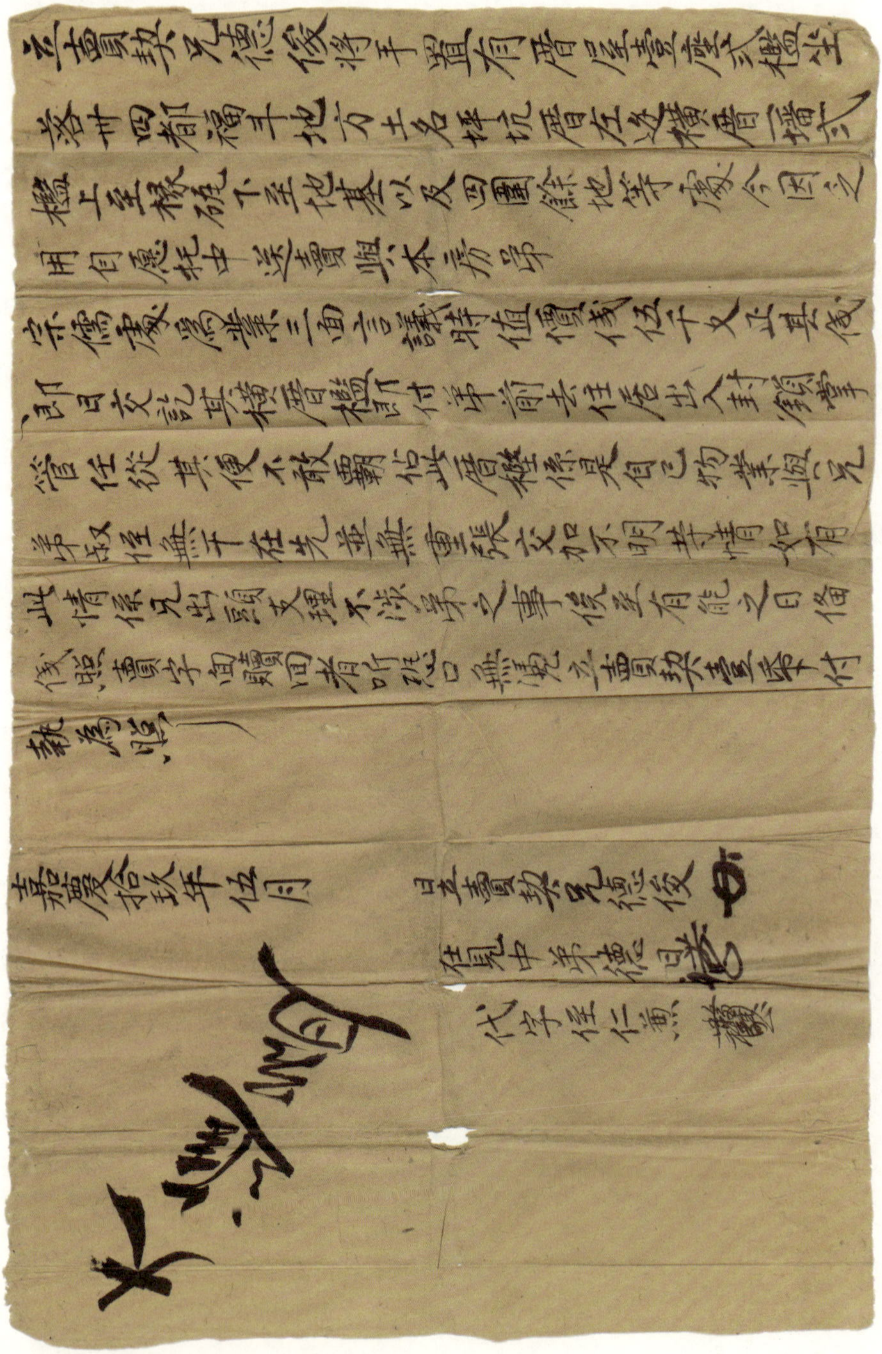

立賣契兄德俊，將手置有厝屋壹座，坐落廿四都福禹地方，土名楊坑，厝在左邊横厝壹植，樓上至椽瓦，下至地基，以及四圍餘地等處。今因乏用，自愿托中送賣與本房弟德儒處為業，三面言議，時值價錢伍千文正。其錢即日交訖，其横厝樓即付弟前去住居出入，封鎖掌管，任從其便，不敢阻執。此厝樓係是自己物業，與兄弟叔侄無干，在先並無重張交加不明等情。如有此情，係兄出頭支理，不涉弟之事。候至有能之日，備價照契面贖回，弟不得阻執。口恐無憑，立賣契壹紙付執為照。

嘉慶拾玖年伍月　日立賣契兄德俊（押）

在見中弟德道（押）

代字侄仁蕙（押）

3-3-14-2　清嘉慶十九年五月葉德俊立賣厝屋契

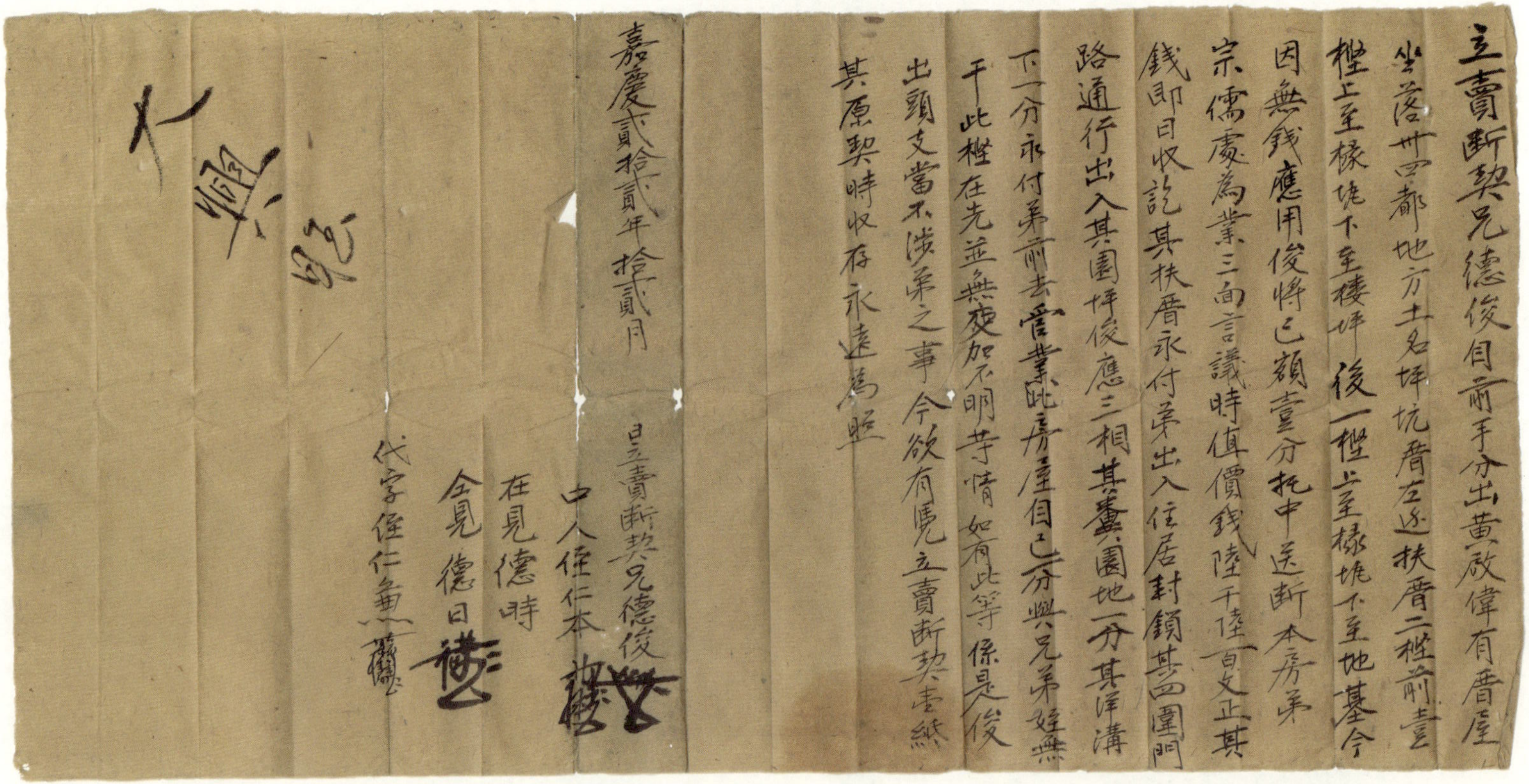
立賣斷契兄德俊自前手分出黃厥偉有厝屋
坐落廿四都地方土名坪坑厝左边扶厝二楹前壹
楹上至椽梜下至樓坪，後一楹上至椽梜下至地基，今
因無錢應用，俊將已額壹分托中送斷本房弟
宗儒處為業，三面言議時值價錢陸千陸百文正，其
錢即日收訖，其扶厝永付弟出入住居，封鎖其四圍門
路通行出入，其園坪俊應三相，其舊園地一分，其洋溝
下一分，永付弟前去管業。此房屋自己分與兄弟姪無
干，此楹在先並無交加不明等情，如有此等係是俊
出頭支當，不涉弟之事。今欲有憑，立賣斷契壹紙，
其原契時收存，永遠為照。
嘉慶貳拾貳年拾貳月　日立賣斷契兄德俊（押）
中人侄仁本（押）
在見德時
全見德日（押）
代字侄仁亀（押）

3-3-14-3　清嘉慶二十二年十二月葉德俊立賣斷厝屋契

3-3-15-1　包契紙

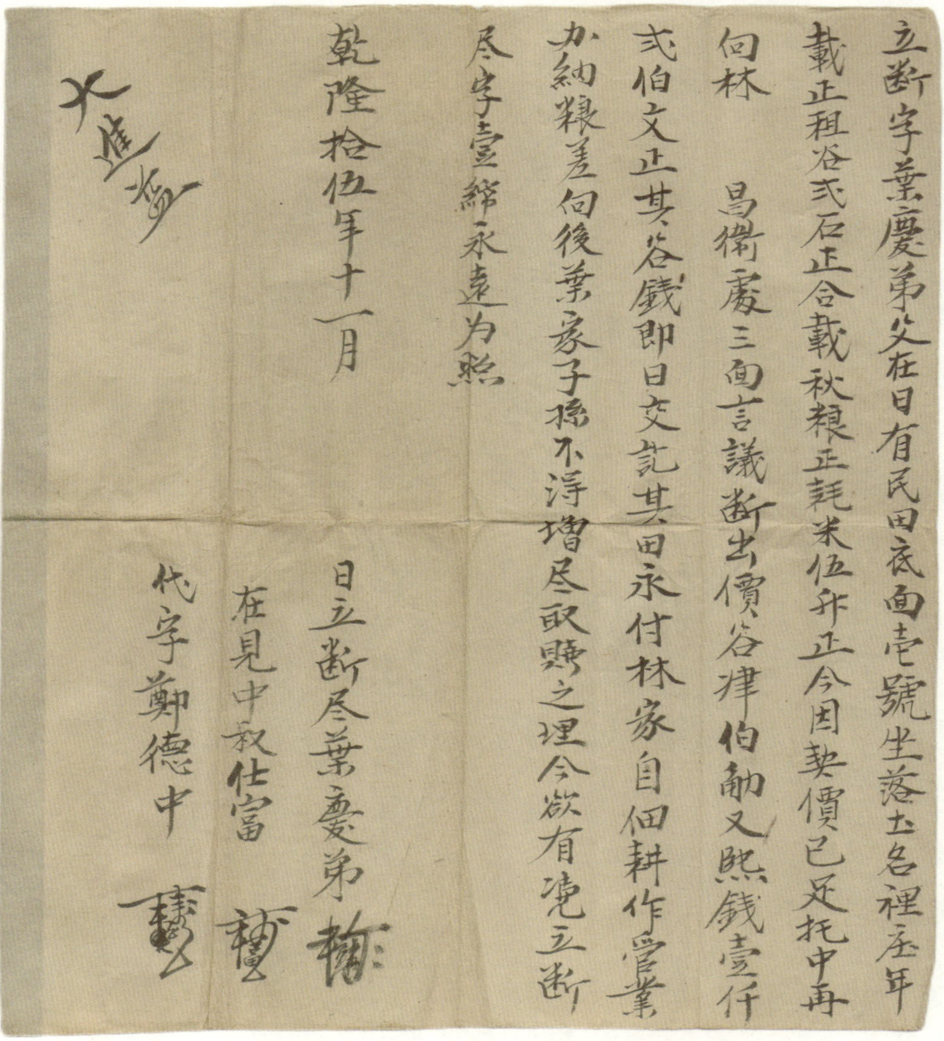

立斷字葉慶弟父在日有民田底面壹號坐落土名裡厝年
載正租谷弍石正合載秋粮正耗米伍升正今因契價已足托中再
向林　昌衛處三面言議斷出價谷肆伯勅又照錢壹仟
弍伯文正其谷錢即日交訖其田永付林家自佃耕作管業
办納粮差向後葉家子孫不得增尽取贖之理今欲有憑立斷
尽字壹紙永遠為照
乾隆拾伍年十一月　日立斷尽葉慶弟（押）
在見中叔仕富（押）
代字鄭德中（押）
大進发

3-3-15-2　清乾隆十五年十一月葉慶弟立斷盡底面全民田字

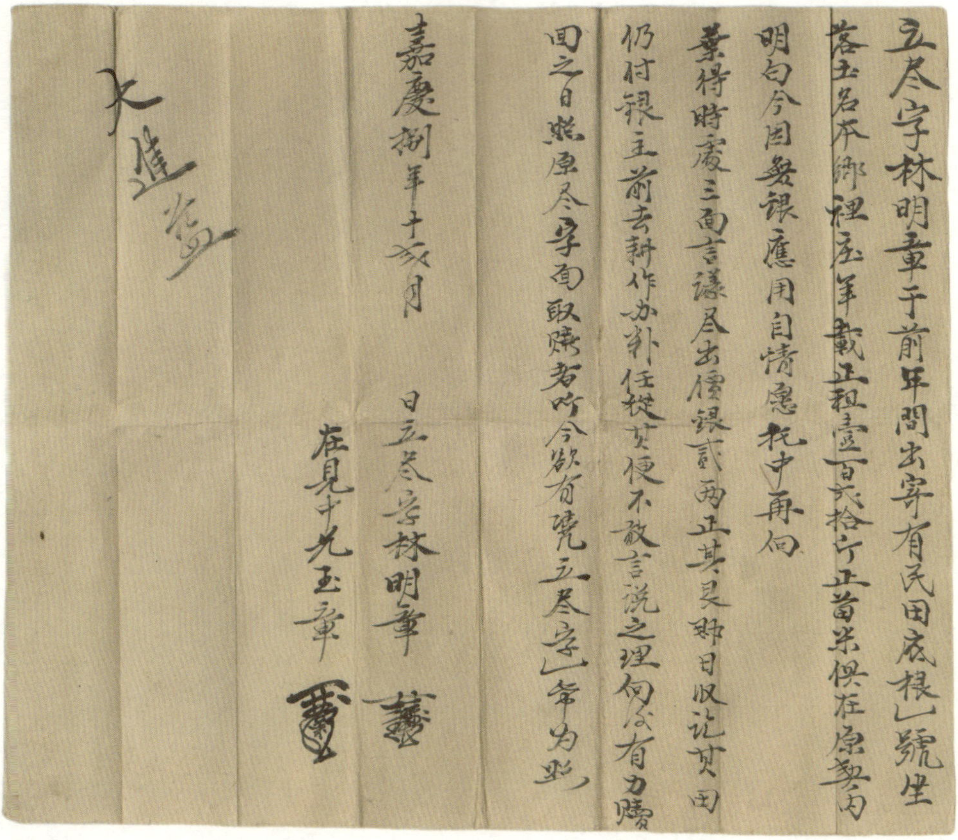

立盡字林明章于前年間出寄有民田底根乙號坐
落土名本鄉裡庄年載正租壹百陸拾斤正苗米俱在原契內
明白今因要銀應用自情愿托中再向
業得時價三面言議盡出價銀貳兩正其艮即日收訖其田
仍付銀主前去耕作办糾任從其便不敢言說之理向後有力贖
回之日照原盡字面取贖者听今欲有憑立盡字乙紙为照
嘉慶捌年十貳月　　日立盡字林明章
在見中九玉章
大進[illegible]

3-3-15-3　清嘉慶八年十二月林明章立盡民田底根字

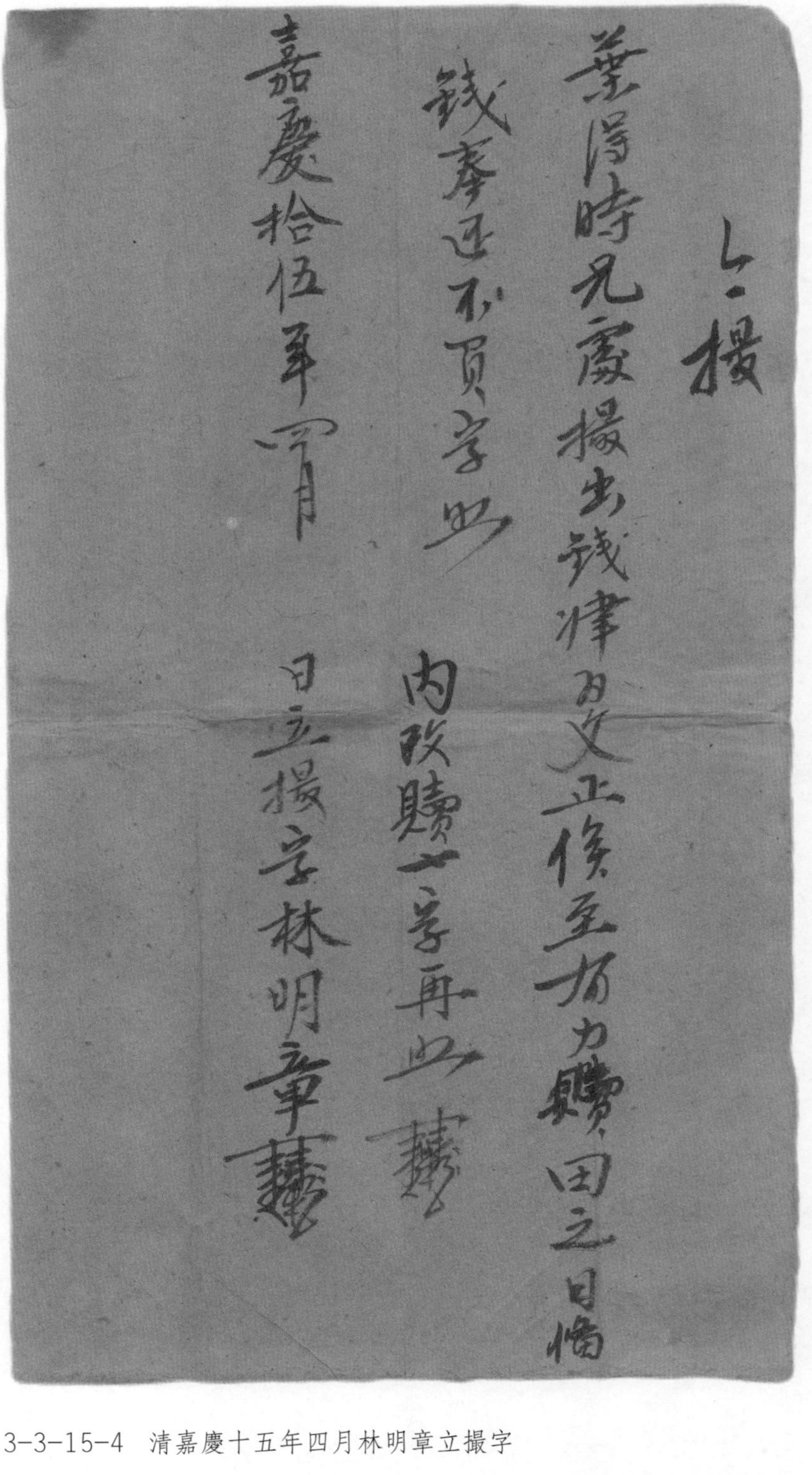
仝撮

業得時見處撮出錢肆百文，正後至有力贖田之日備

錢奉還，不負字照

内改贖一字再照 [押]

嘉慶拾伍年四月　日立撮字林明章 [押]

3-3-15-4　清嘉慶十五年四月林明章立撮字

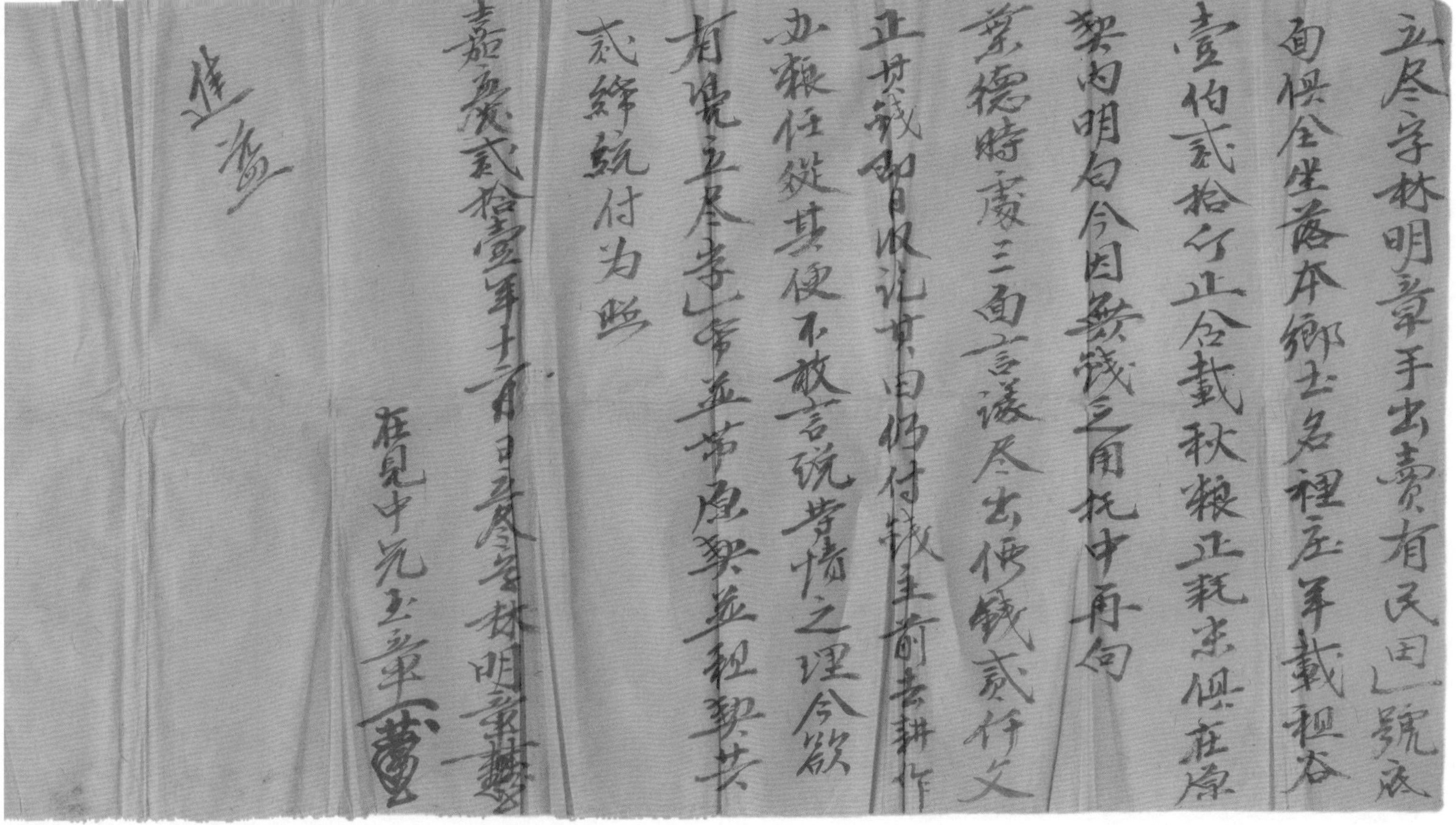
立尽字林明章手出賣有民田乙號底
面俱全坐落本鄉土名裡庄年載租谷
壹伯貳拾斤正仝載秋粮正耗米俱在原
契內明白今因缺錢乏用托中再向
業德時處三面言議尽出便錢貳仟文
正其錢即日收訖其田仍付钱主前去耕作
办粮任從其便不敢言說异情之理今欲
有憑立尽字乙帋並帶原契並租契共
貳紙付为照
嘉慶貳拾壹年十二月　日立尽字林明章
在見中兄玉章
佳兆

3-3-15-5　清嘉慶二十一年十二月林明章立盡民田字

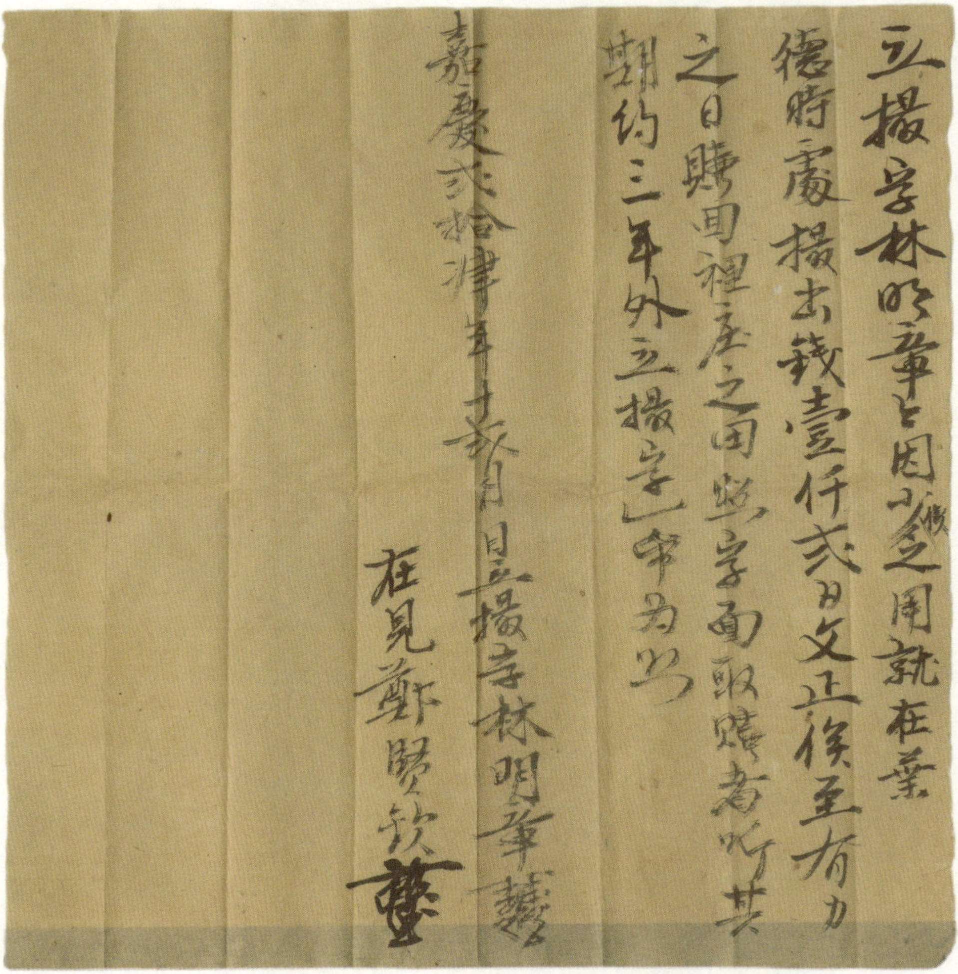

立撮字林明章今因缺乏之用就在葉
德將處撮出錢壹仟弍百文正候至有力
之日贖回裡座之田照字面取贖者听其
期約三年外立撮字一帋為照
嘉慶弍拾肆年十二月 日立撮字林明章（押）
在見鄭賢欽（押）

3-3-15-6 清嘉慶二十四年十二月林明章立撮字

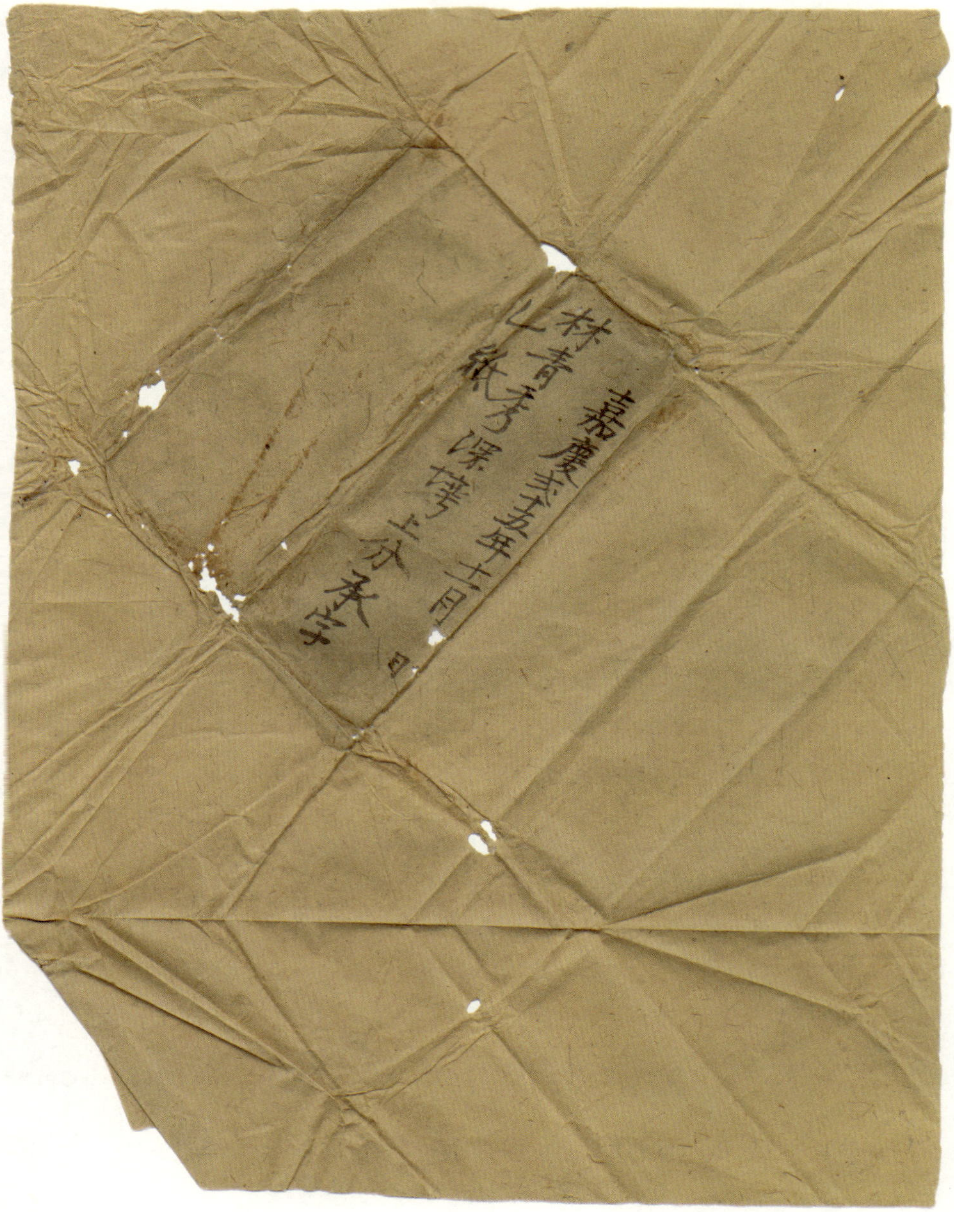

3-3-16-1 包契紙

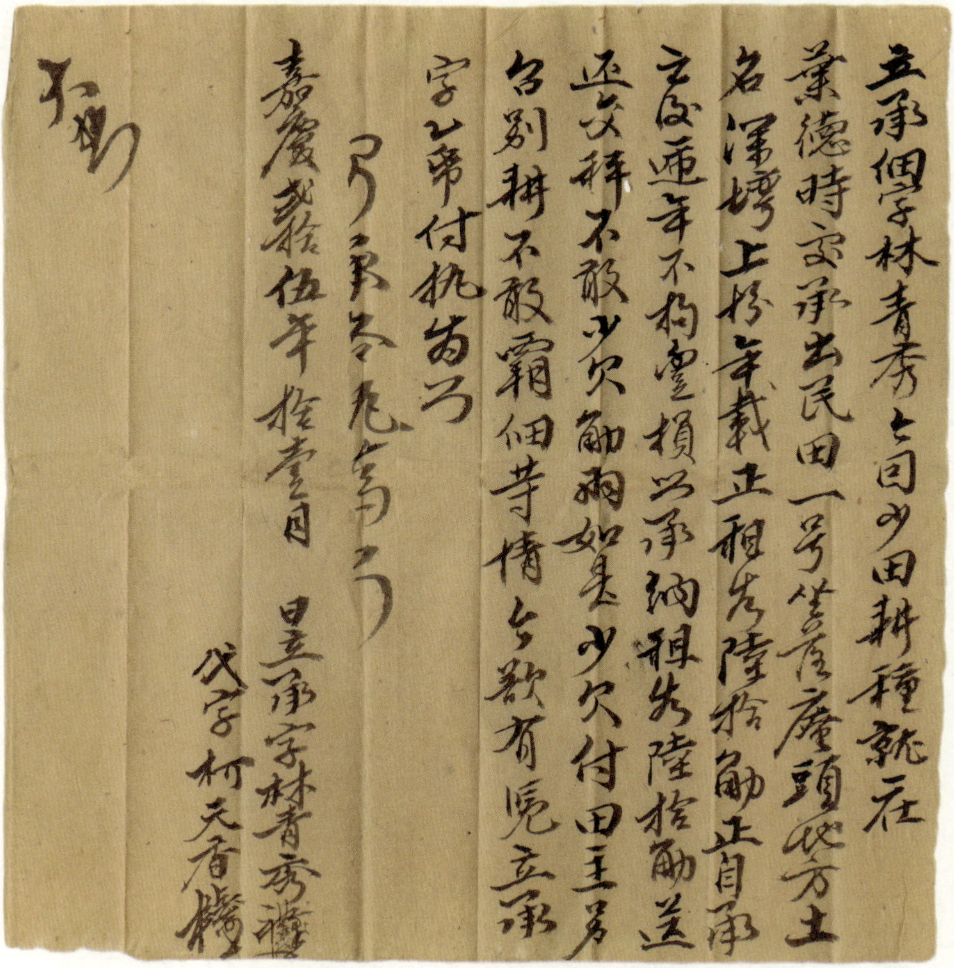
立承佃字林青秀，今因少田耕種，就在
葉德時官承出民田一号，坐落磜頭坑方土
名洋塆，上坵年載正租谷陸拾觔正，自承
之後，逐年不拘豐損，必承納租谷陸拾觔，送
至交秤，不敢少欠觔兩。如是少欠，付田主另
召別耕，不敢霸佃等情。今欲有憑，立承
字一帋付執為照。
[illegible]
嘉慶貳拾伍年拾壹月　日立承字林青秀（押）
代字柯天香（押）

3-3-16-2　清嘉慶二十五年十一月林青秀立承佃民田字

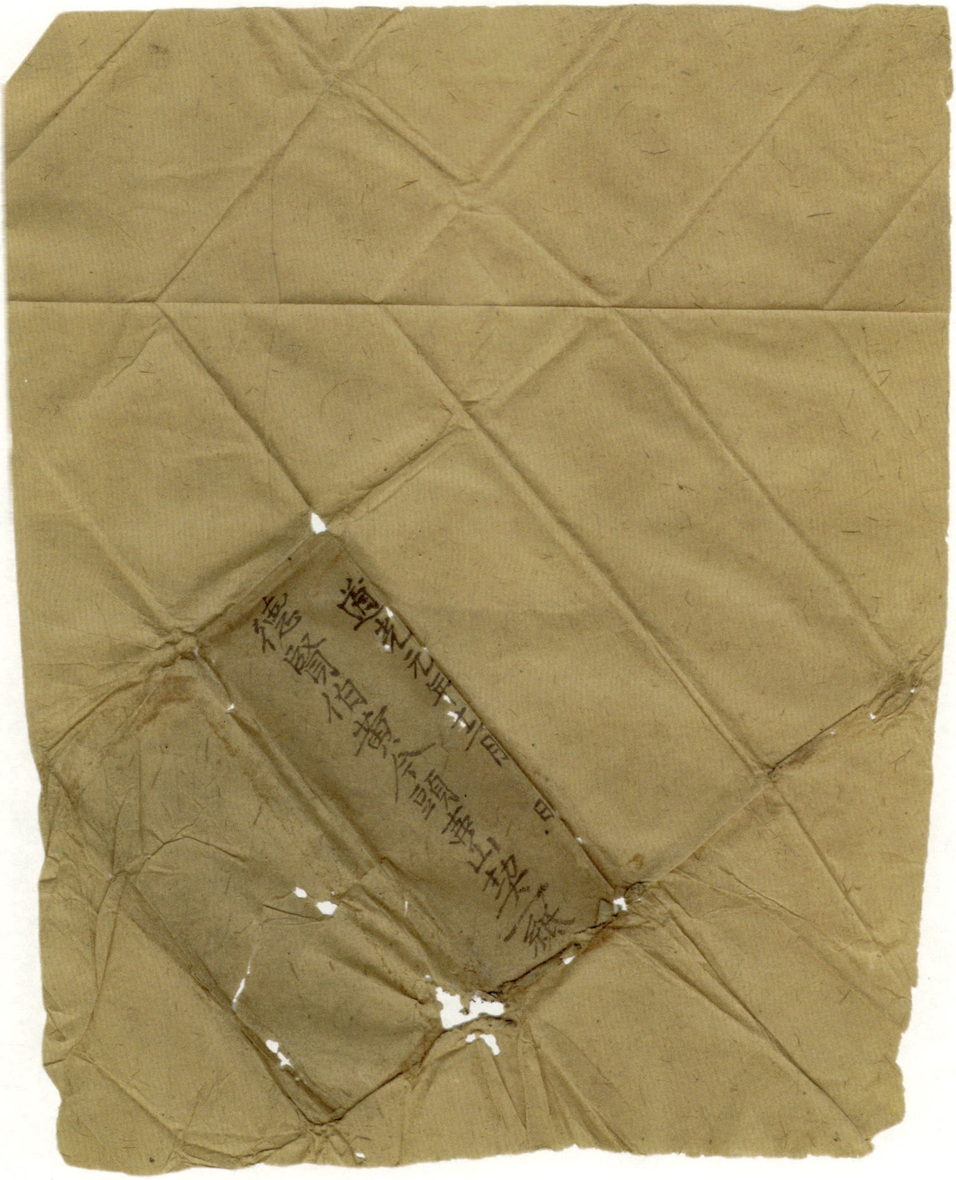

3-3-17-1　包契紙

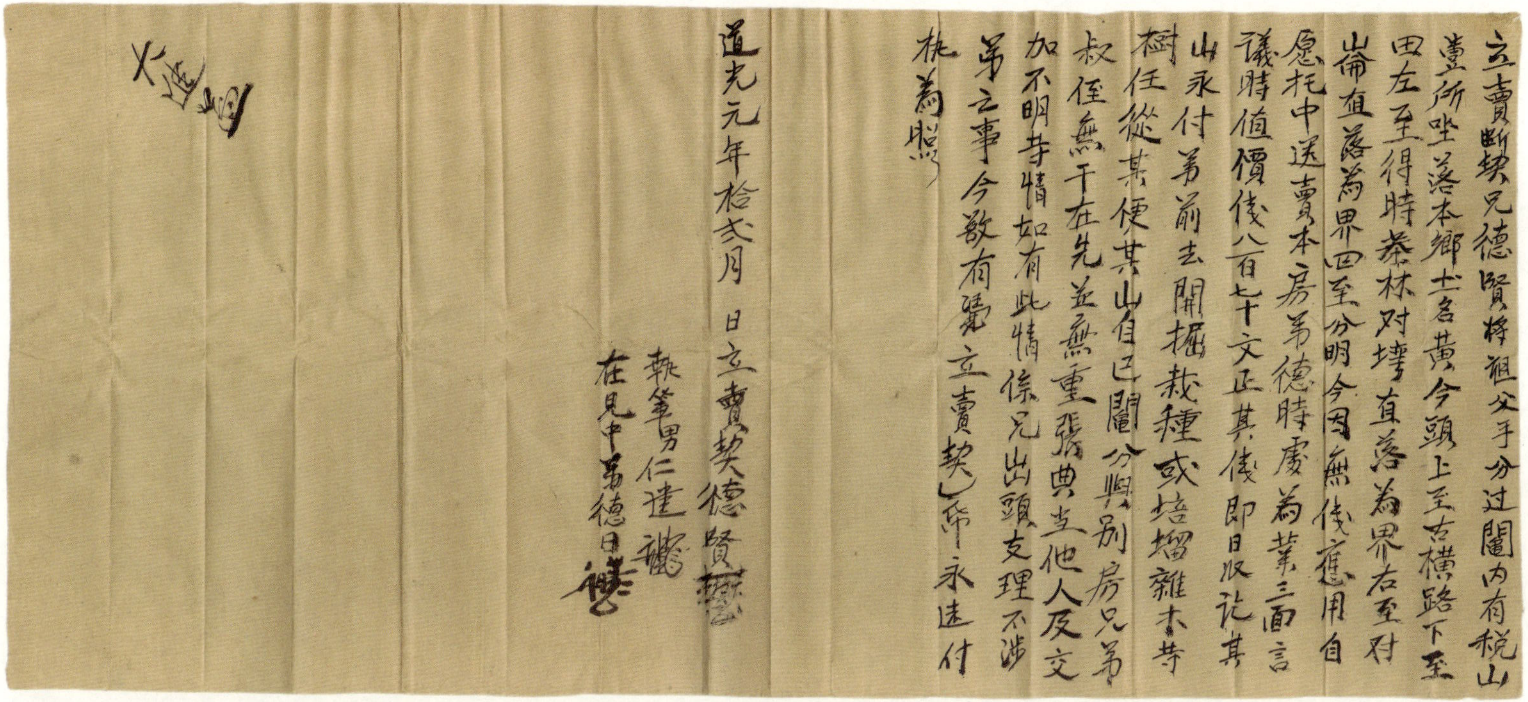

立賣斷契兄德賢將祖父手分过鬮内有稅山
壹所坐落本鄉土名黃今頭上至古横路下至
田左至得時泰林对墇直落為界右至对
山崙直落為界四至分明今因無錢應用自
愿托中送賣本房弟德時處為業三面言
議時值價錢八百七十文正其錢即日收訖其
山永付弟前去開掘栽種或培𣑭雜木等
樹任從其便其山自己鬮分與別房兄弟
叔侄無干在先並無重張典与他人及文
加不明等情如有此情係兄出頭支理不涉
弟之事今欲有憑立賣契一帋永遠付
執為照

道光元年拾弍月　日立賣契德賢（押）
執筆男仁建（押）
在見中弟德日（押）

3-3-17-2　清道光元年十二月葉德賢立賣斷稅山契

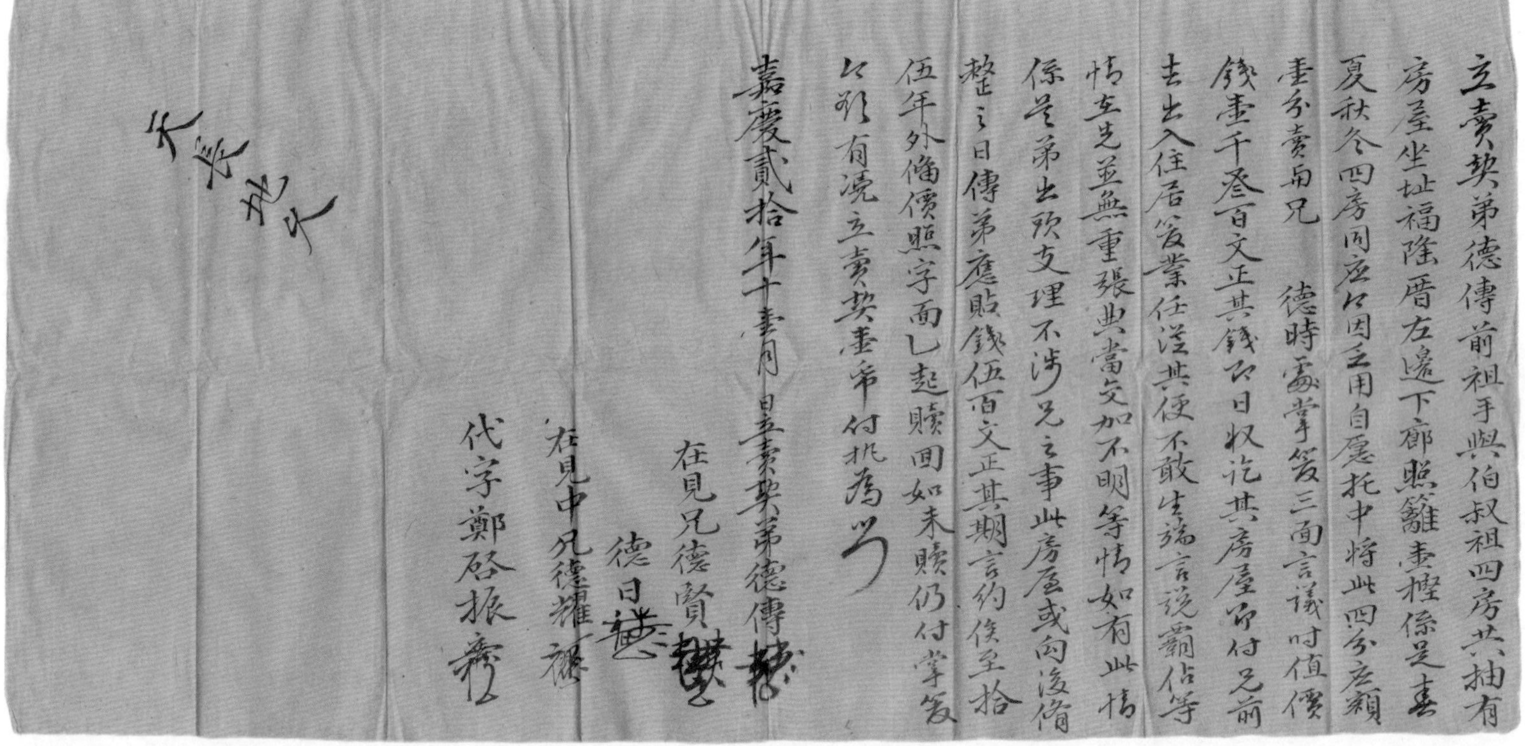
立賣契弟德傳前祖手與伯叔祖四房共抽有
房屋坐址福隆厝左邊下廊照雞壹樘係是壹
夏秋冬四房同應分因乏用自愿托中將此四分應額
壹分賣與兄　德時處掌管三面言議時值價
錢壹千叁百文正其錢即日收訖其房屋即付兄前
去出入住居管業任從其便不敢生端言說霸佔等
情在先並無重張典當交加不明等情如有此情
係是弟出頭支理不涉兄之事此房屋或向後備
整之日傳弟應貼錢伍百文正其期言約係至拾
伍年外備價照字面乙起贖回如未贖仍付掌管
今欲有憑立賣契壹帋付執為照
嘉慶貳拾年十壹月　日立賣契弟德傳(押)
在見兄德賢(押)
德日(押)
在見中兄德耀(押)
代字鄭啓振(押)
天長地久

3-3-18-1　清嘉慶二十年十一月葉德傳立賣房屋契

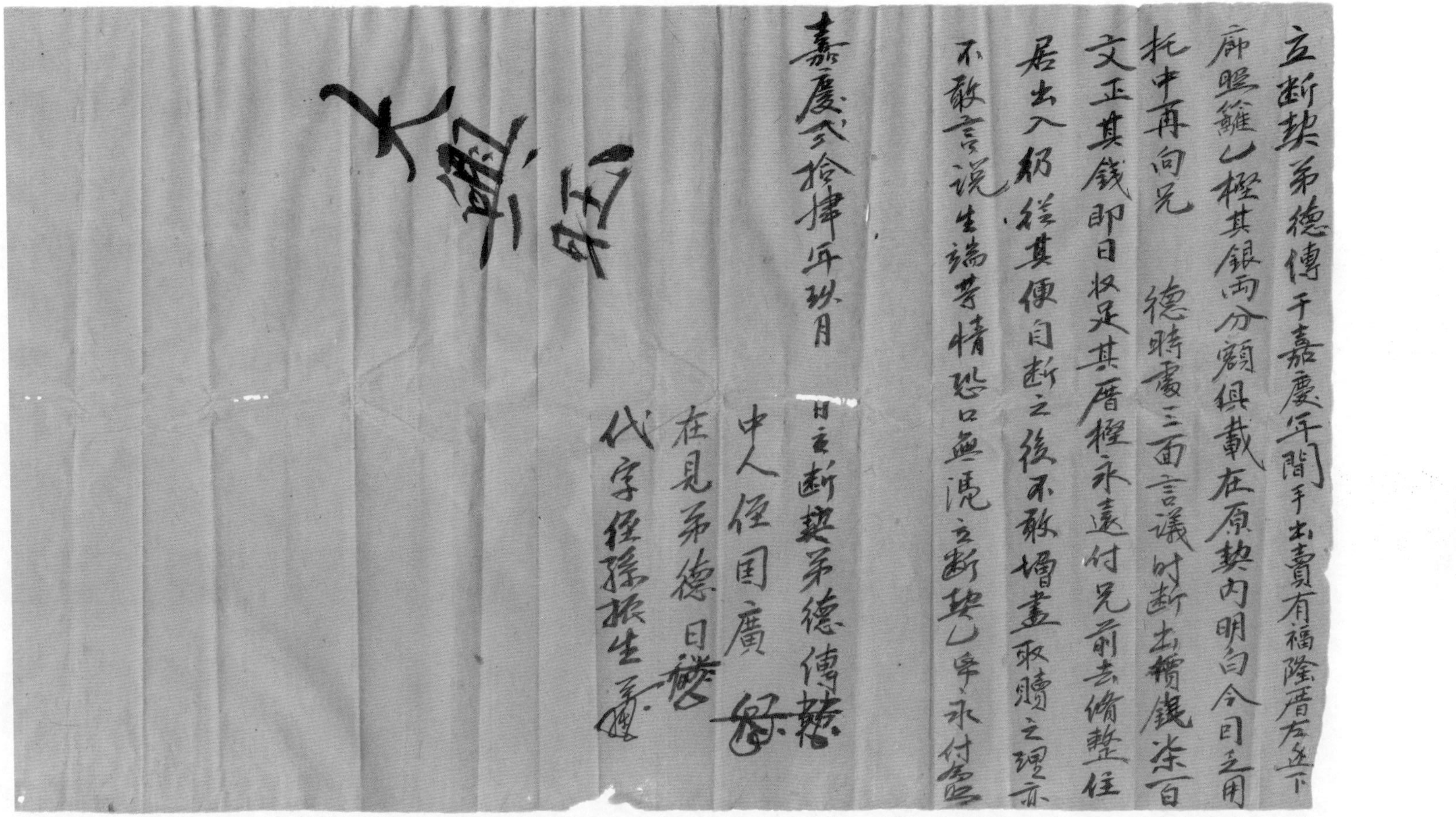
立斷契弟德傳于嘉慶年間手出賣有福隆厝左边下
廊照雞乙桱其銀兩分額俱載在原契內明白今因乏用
托中再向兄　德時處三面言議时断出價錢柒百
文正其錢即日收足其厝桱永遠付兄前去修整住
居出入仍從其便自斷之後不敢增盡取贖之理亦
不敢言说生端等情恐口無憑立斷契乙帋永付爲照
嘉慶貳拾肆年玖月　日立斷契弟德傳（押）
中人侄国廣（押）
在見弟德日（押）
代字侄孫振生（押）

3-3-18-2　清嘉慶二十四年九月葉德傳立斷厝屋契

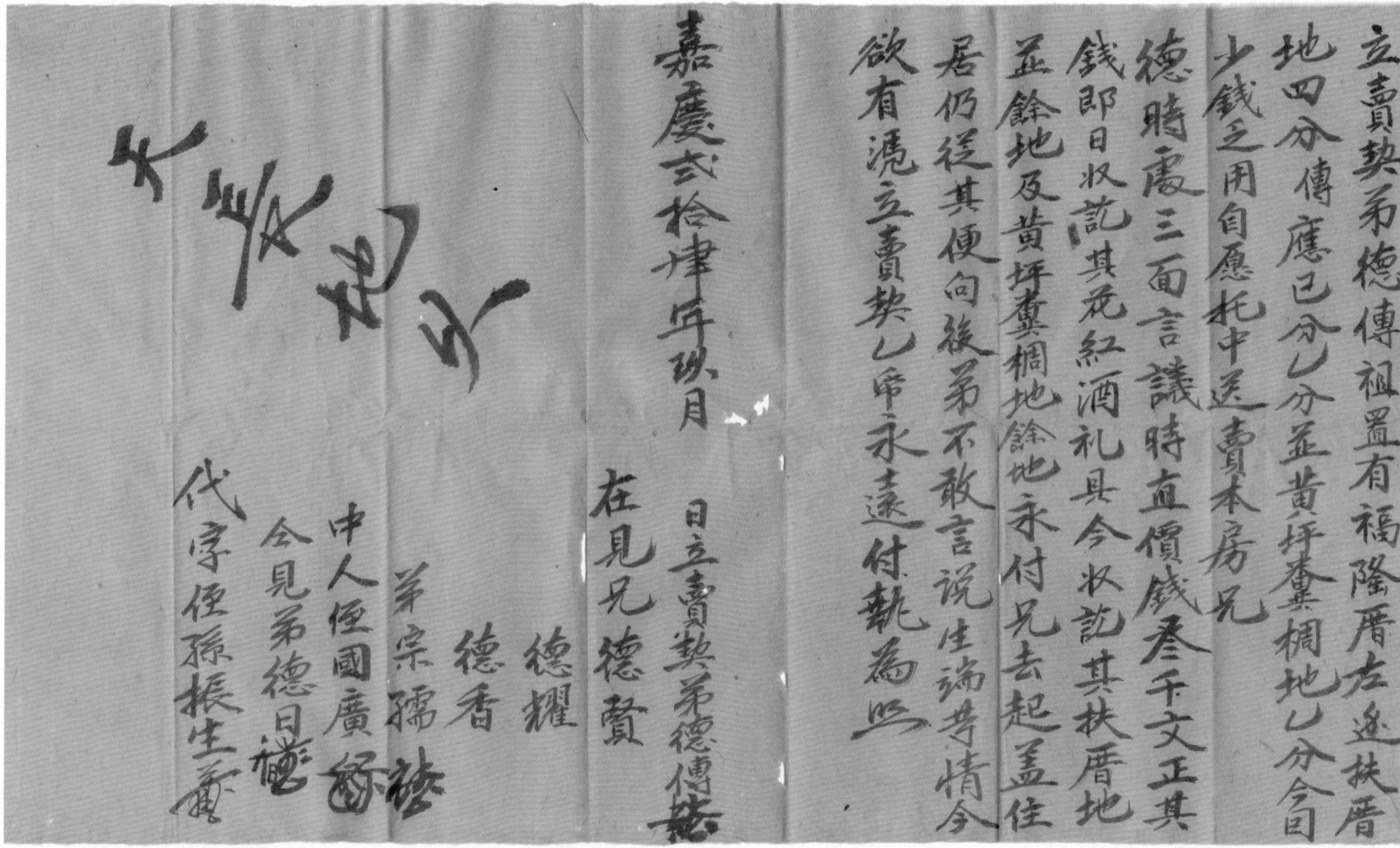
立賣契弟德傳祖置有福隆厝左邊扶厝
地四分傳應已分乙分並黃坪藁裯地乙分合因
少錢乏用自愿托中送賣本房兄
德聘處三面言議時直價錢叁千文正其
錢即日收訖其花紅酒礼具今收訖其扶厝地
並餘地及黃坪藁裯地餘地永付兄去起蓋住
居仍從其便向後弟不敢言說生端等情今
欲有憑立賣契乙帋永遠付執爲照

嘉慶弍拾肆年玖月　日立賣契弟德傳（押）
在見兄德贇
德耀
德香
弟宗孺（押）
中人侄國廣（押）
仝見弟德日（押）
代字侄孫振生（押）

3-3-18-3　清嘉慶二十四年九月葉德傳立賣扶厝地等契

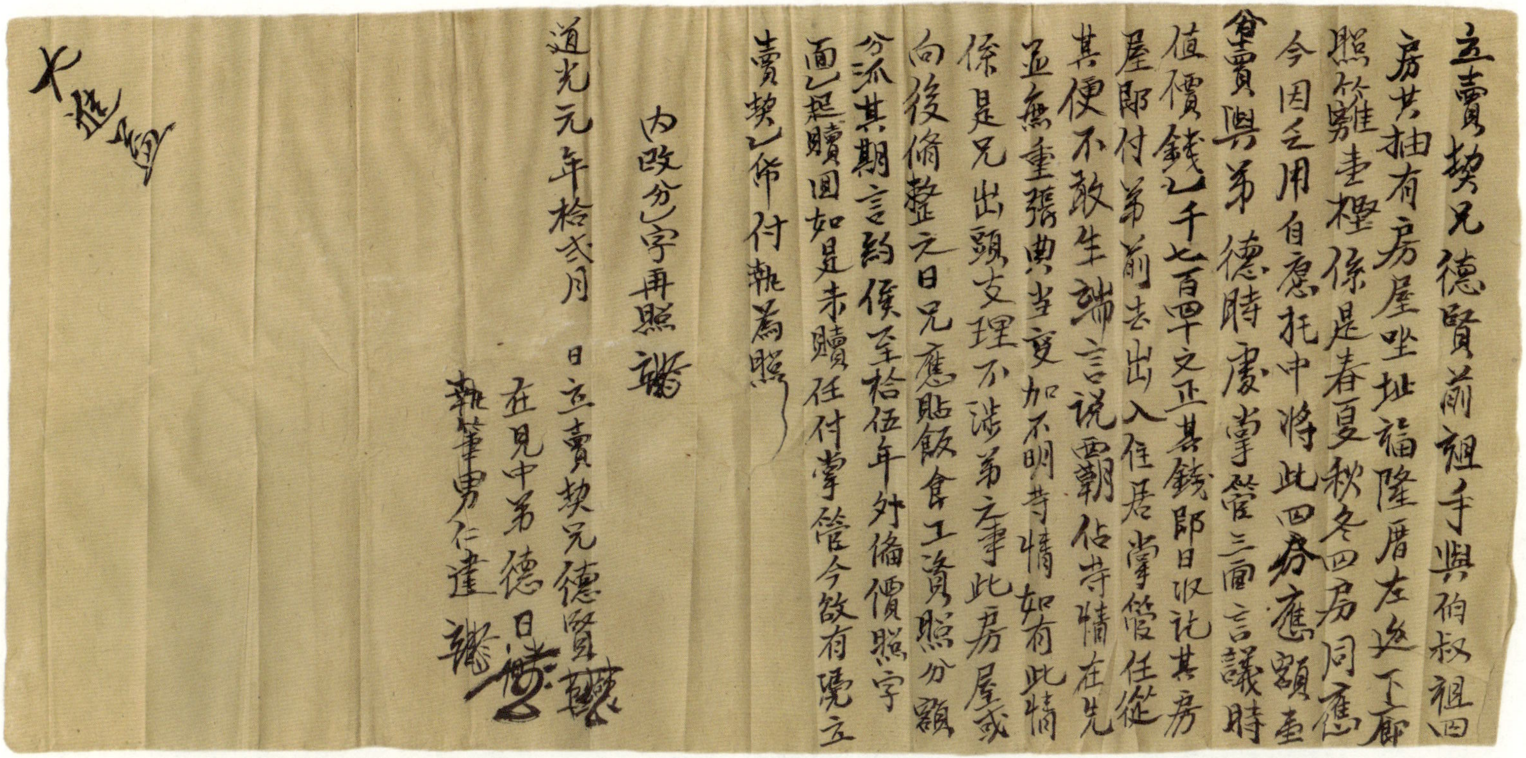
立賣契兄德賢前祖手與伯叔祖四
房共抽有房屋坐址福隆厝左邊下廊
照分雖圭煙係是春夏秋冬四房同應
今因乏用自愿托中將此四房應額圭
食賣與弟德時處掌管三面言議時
值價錢乙千七百四十文正其錢即日收訖其房
屋即付弟前去出入住居掌管任從
其便不敢生端言說霸佔等情在先
並無重張典当交加不明等情如有此情
係是兄出頭支理不涉弟之事此房屋或
向後備整之日兄應貼飯食工資照分額
分派其期言約係至拾伍年外備價照字
面乙起贖回如是未贖任付掌管今欲有憑立
賣契乙紙付執爲照
內改分乙字再照
道光元年拾弍月　日立賣契兄德賢
在見中弟德日
執筆男仁達
大進益

3-3-18-4　清道光元年十二月葉德賢立賣房屋契

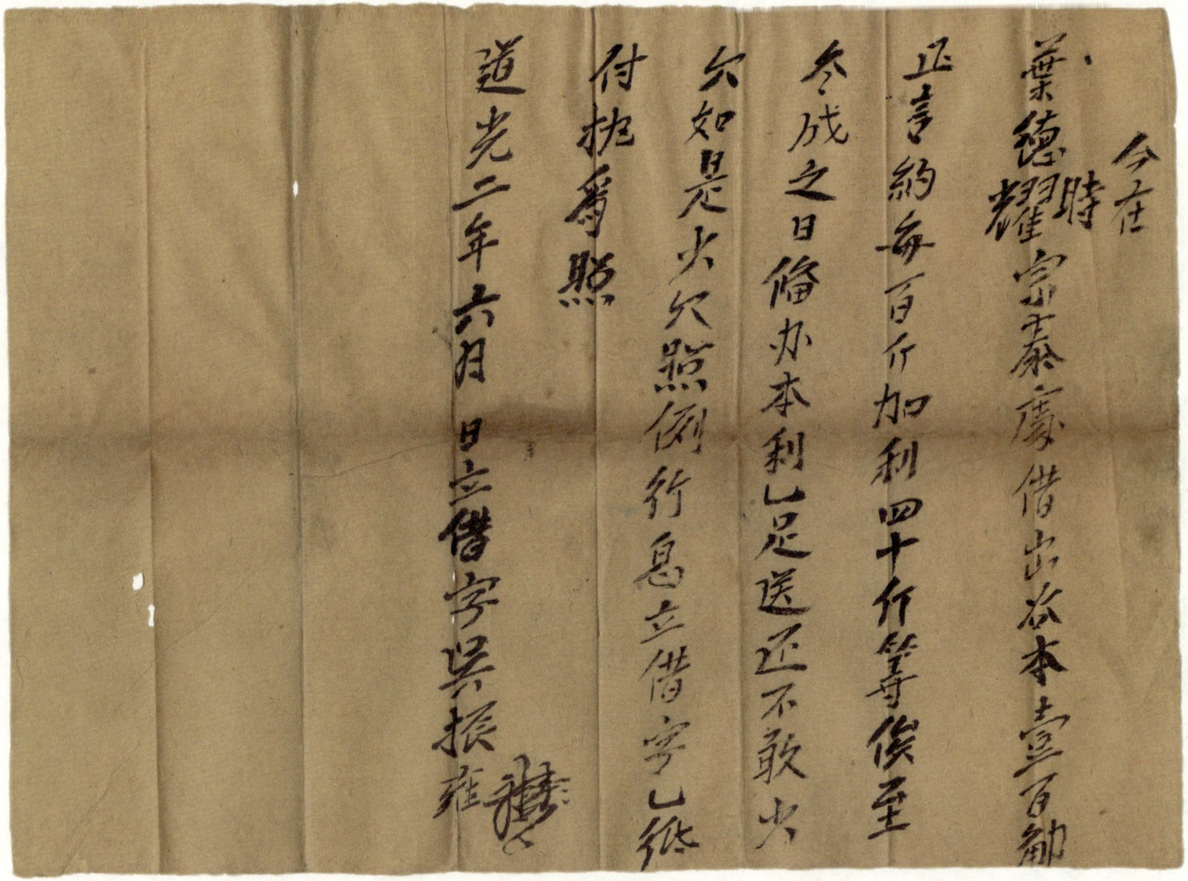

今在
葉德耀時宗秦處借出谷本壹百觔
正言約每百斤加利四十斤等候至
冬成之日備辦本利一足送還不敢欠
少如是欠少照例行息立借字一紙
付執爲照
道光二年六月　日立借字吳振雍

3-3-19-1　清道光二年六月吳振雍立借穀字

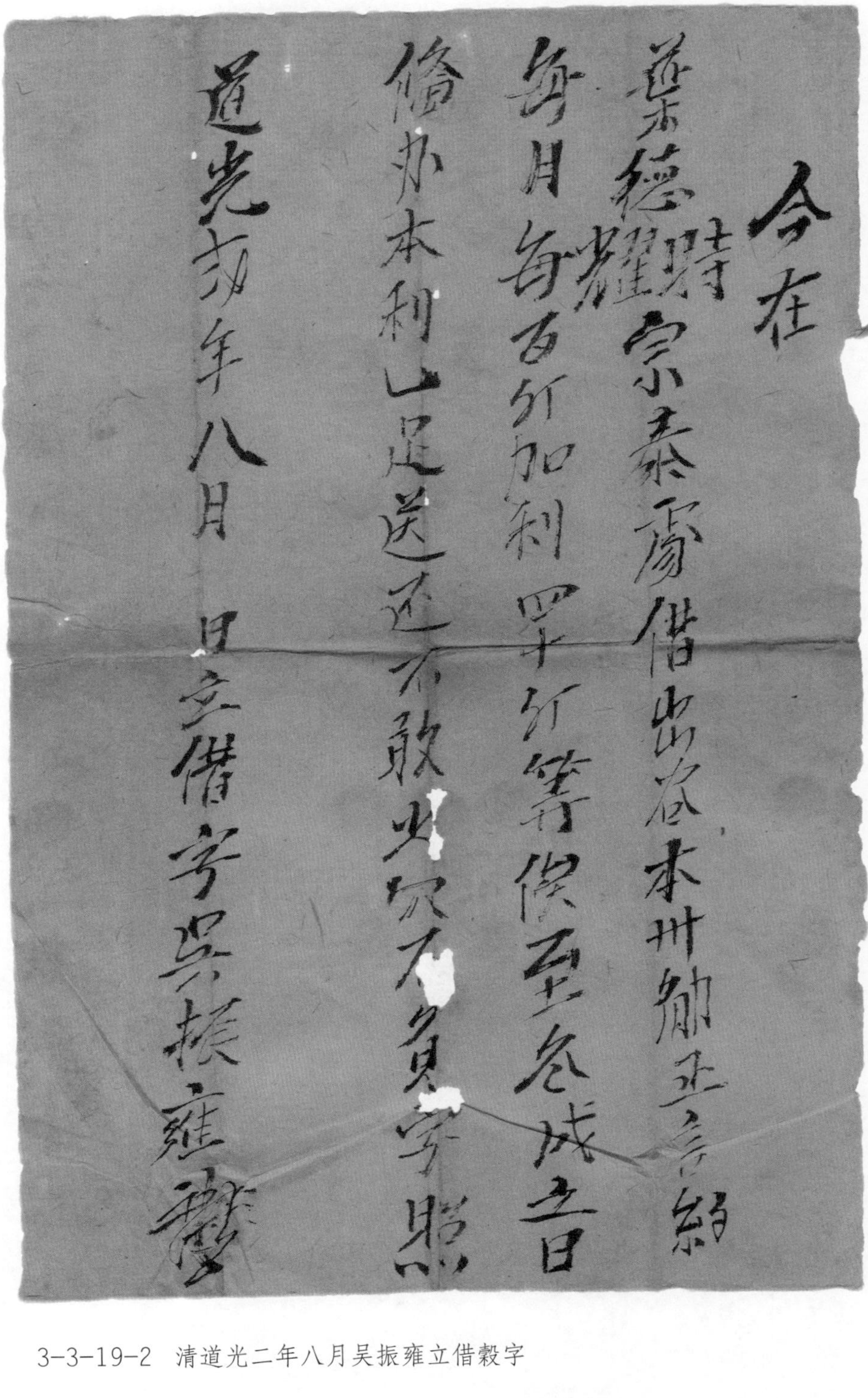

今在
葉德耀時宗泰處借出谷本卅觔正，言約
每月每百觔加利四十觔算，侯至冬成之日
併本利一足送还，不敢少欠不負，字照
道光弍年八月　日立借字吳振雍

3-3-19-2　清道光二年八月吳振雍立借穀字

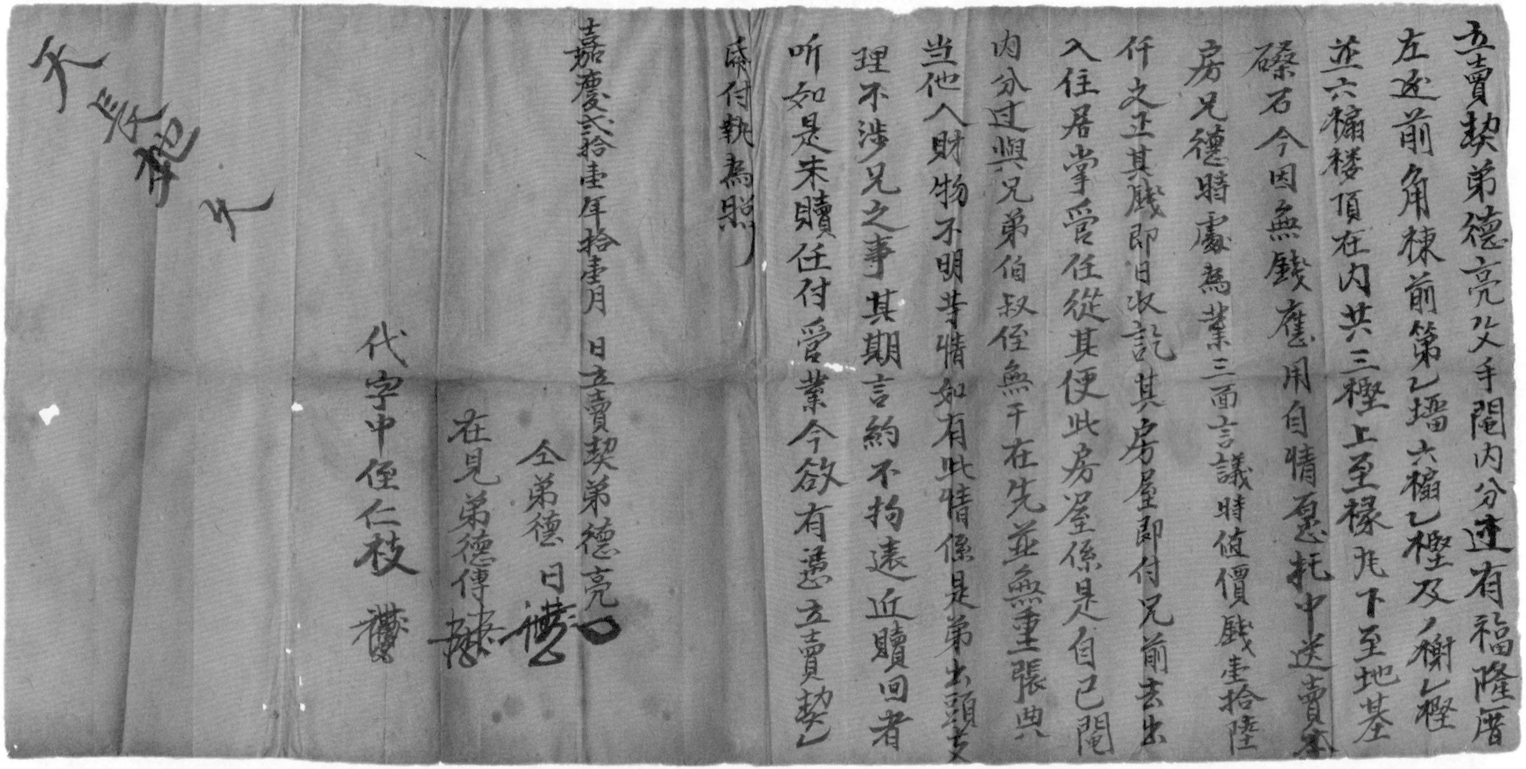
立賣契弟德亮仝侄手閹內分過有福隆厝
左邊前角棟前第乙墻六楹乙橙及乙樹乙橙
並六楹樓頂在內共三橙上至椽瓦下至地基
磉石今因無錢應用自情愿托中送賣本
房兄德時處為業三面言議時值價錢壹拾陸
仟文正其錢即日收訖其房屋即付兄前去出
入住居掌管任從其便此房屋係是自己閹
內分過與兄弟伯叔侄無干在先並無重張典
當他人財物不明等情如有此情係是弟出頭支
理不涉兄之事其期言約不拘遠近贖回者
听如是未贖任付管業今欲有憑立賣契乙
紙付執為照
嘉慶貳拾壹年拾壹月　日立賣契弟德亮
仝弟德日
在見弟德傳
代字中侄仁枝
天長地久

3-3-20-1　清嘉慶二十一年十一月葉德亮等立賣房屋契

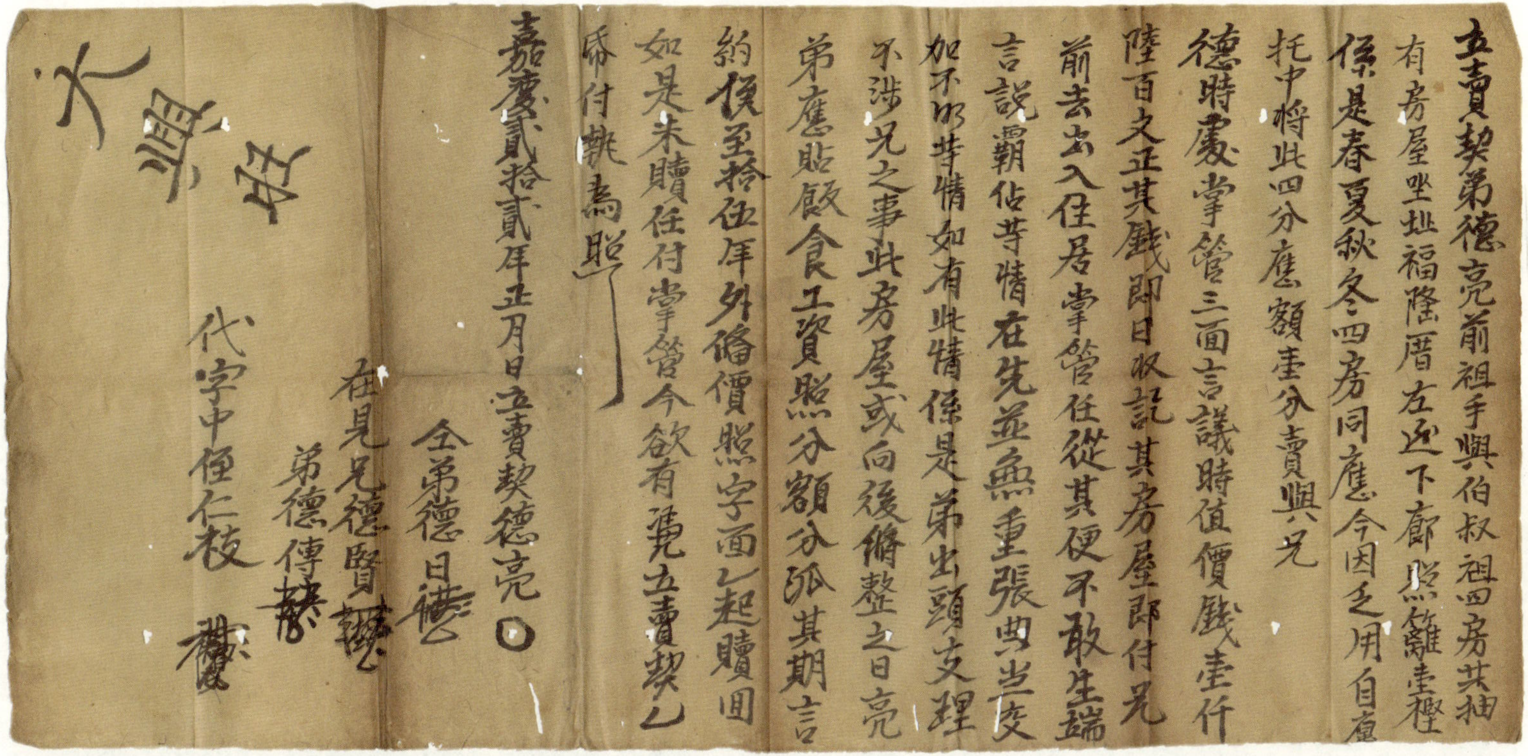
立賣契弟德亮前祖手與伯叔祖四房共抽
有房屋坐址福隆厝左邊下廊臥雜壹座
係是春夏秋冬四房同應今因乏用自愿
托中將此四分應額壹分賣與兄
德時處掌管三面言議時值價錢壹仟
陸百文正其錢即日收訖其房屋即付兄
前去出入住居掌管任從其便不敢生端
言說霸佔等情在先並無重張典當交
加不明等情如有此情係是弟出頭支理
不涉兄之事此房屋或向後修整之日亮
弟應貼飯食工資照分額分派其期言
約限至拾伍年外備價照字面一起贖回
如是未贖任付掌管今欲有憑立賣契乙
紙付執為照
嘉慶貳拾貳年正月日立賣契德亮〇
仝弟德日
在見兄德賢
弟德傳
代字中侄仁枝
大賣

3-3-20-2　清嘉慶二十二年正月葉德亮等立賣房屋契

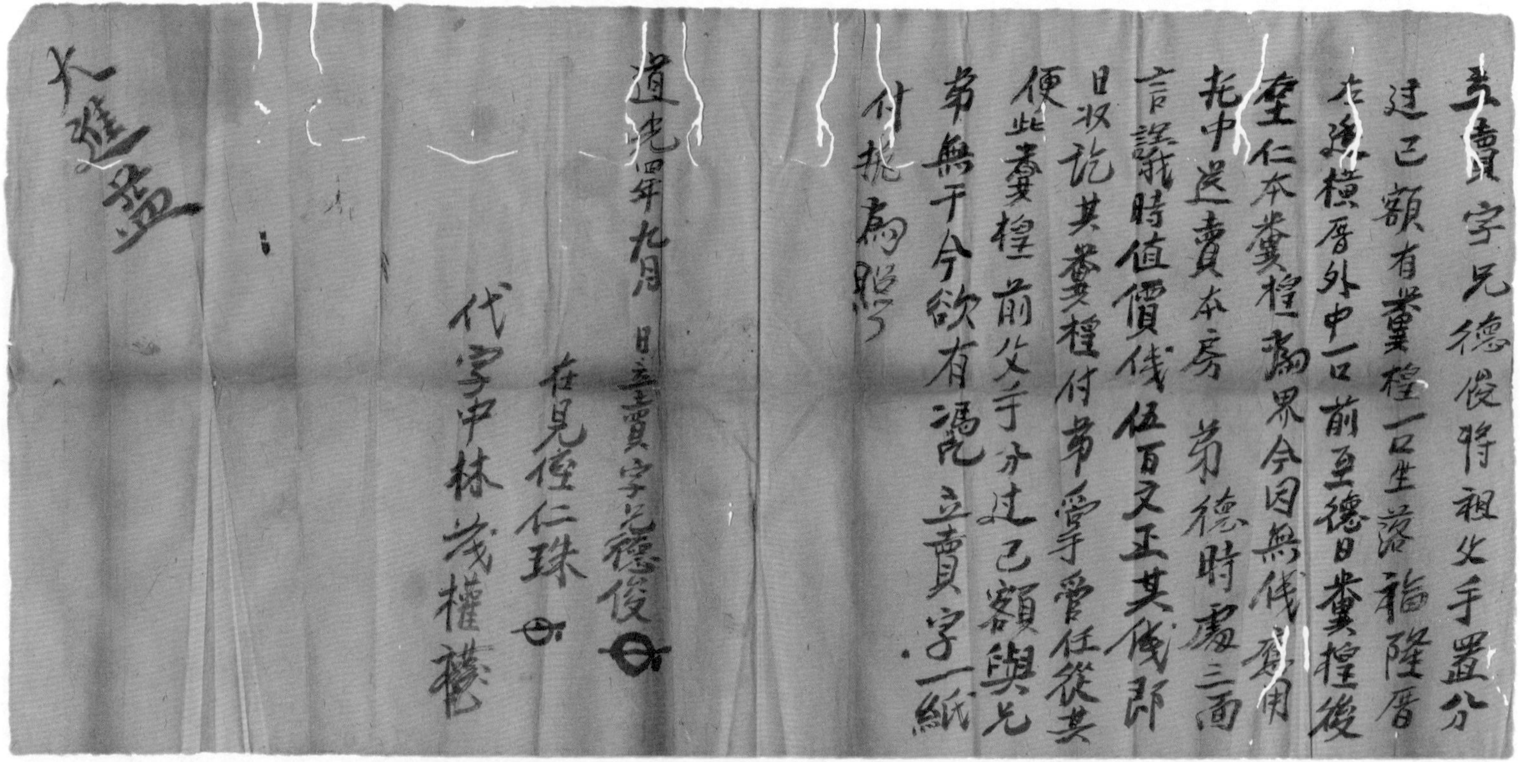

立賣字兄德俊將祖父手置分
过己額有糞桯一口坐落福隆厝
大邊橫厝外中一口前至德日糞桯後
至仁本糞桯為界今因無錢要用
托中送賣本房　弟德時處三面
言議時值價錢伍百文正其錢即
日收訖其糞桯付弟掌管任從其
便此糞桯前父手分过己額與兄
弟無干今欲有憑立賣字一紙
付執為照

道光四年九月　日立賣字兄德俊（押）
在見侄仁珠（押）
代字中林茂權（押）

大進盈

3-3-20-3　清道光四年九月葉德俊立賣糞桯字

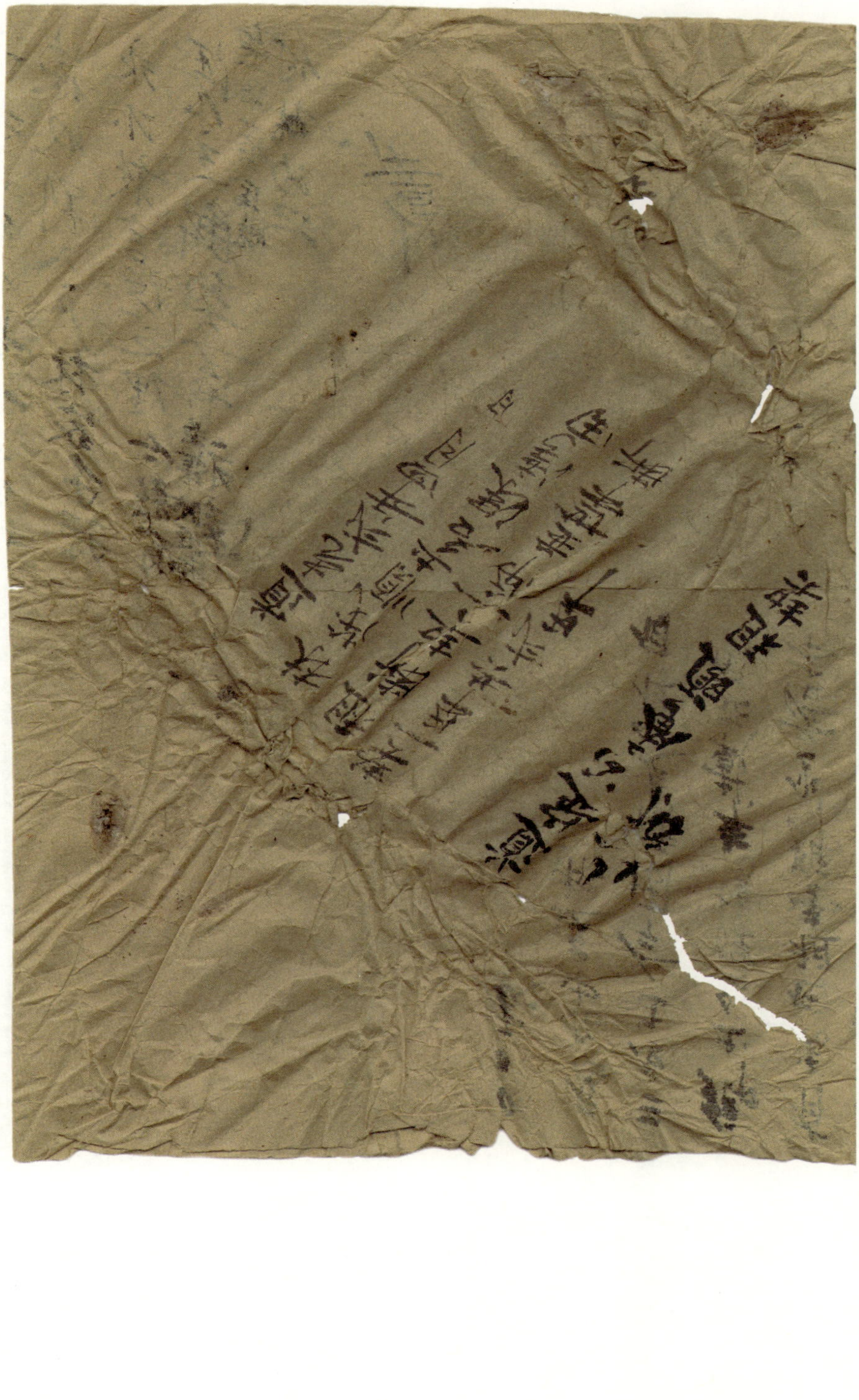

3-3-21-1　包契紙

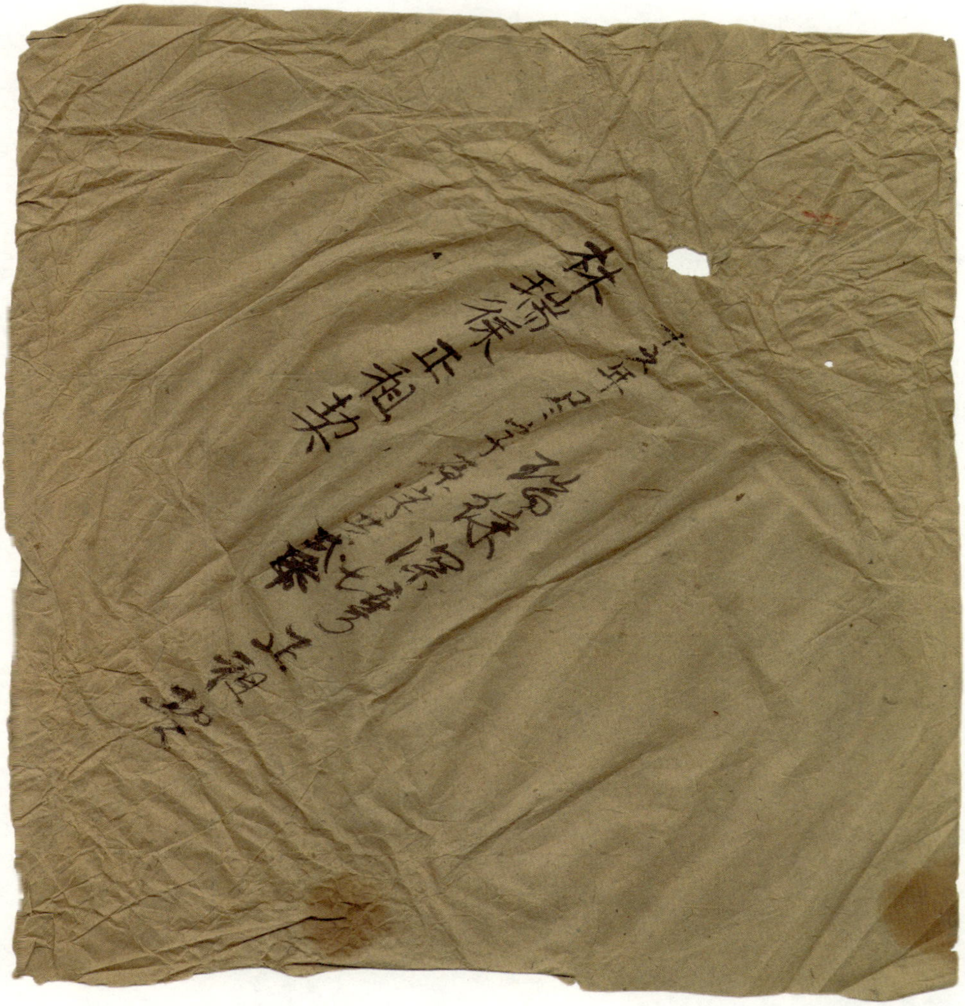

3-3-21-2 包契紙

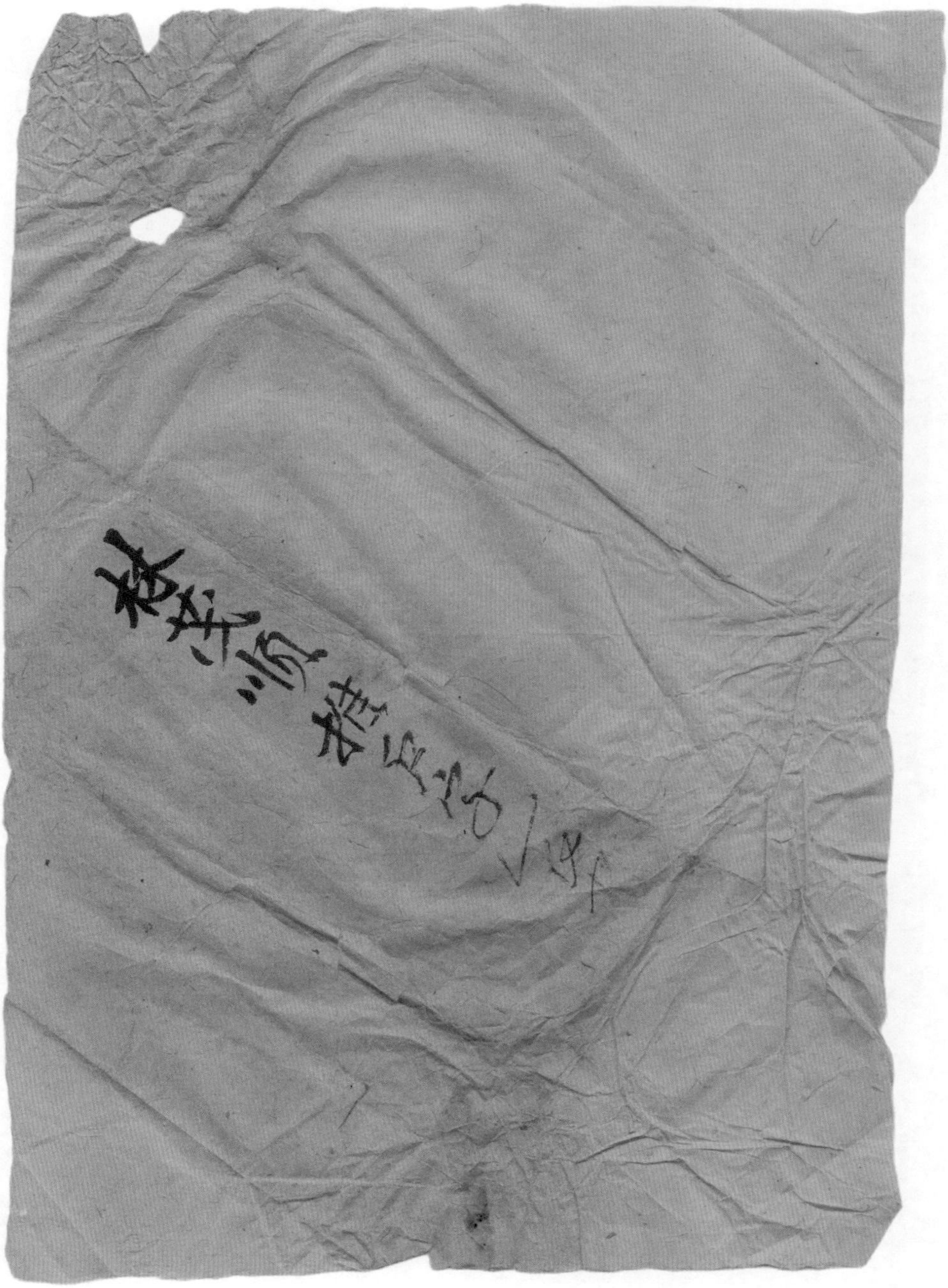

3-3-21-3　包契紙

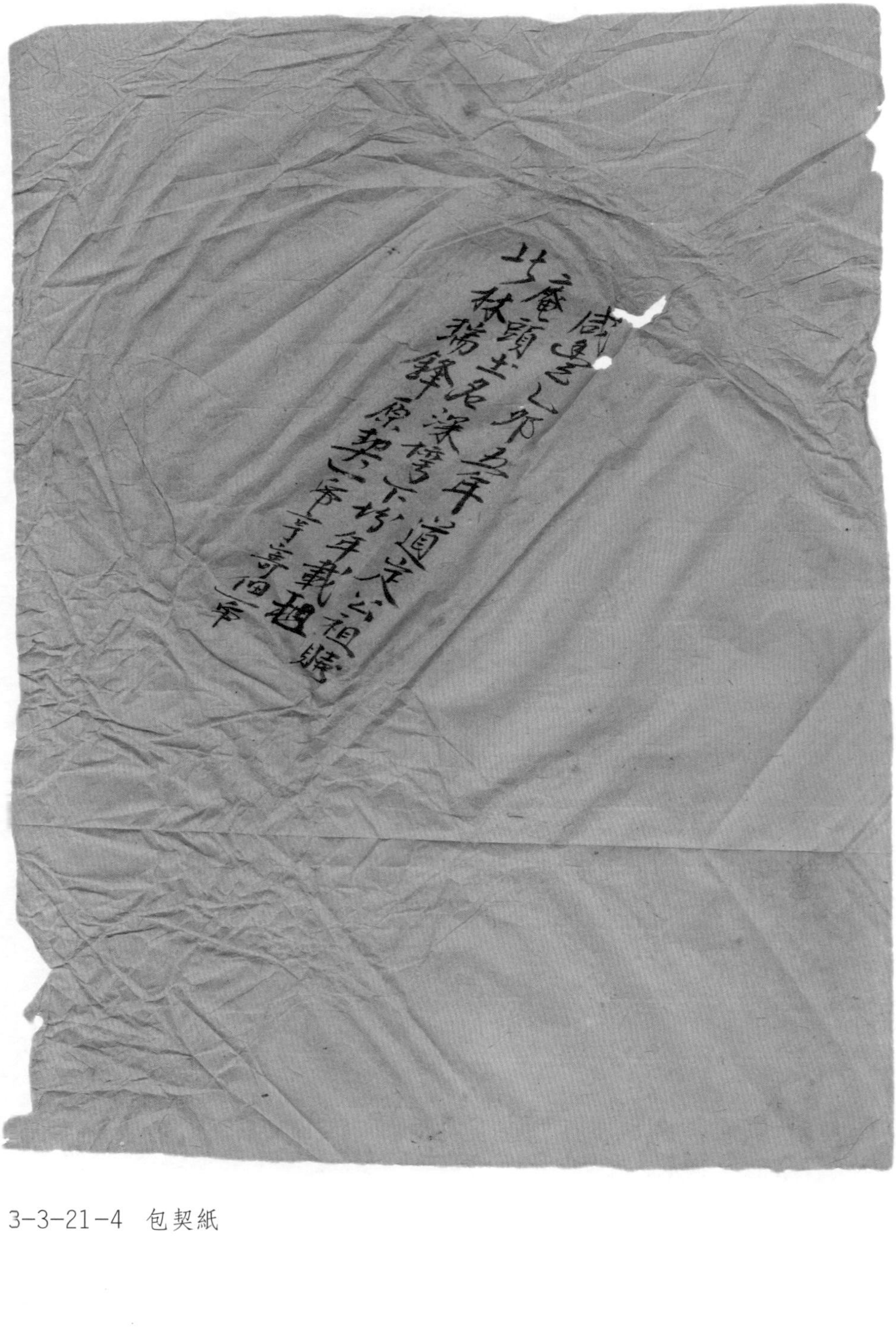

3-3-21-4 包契紙

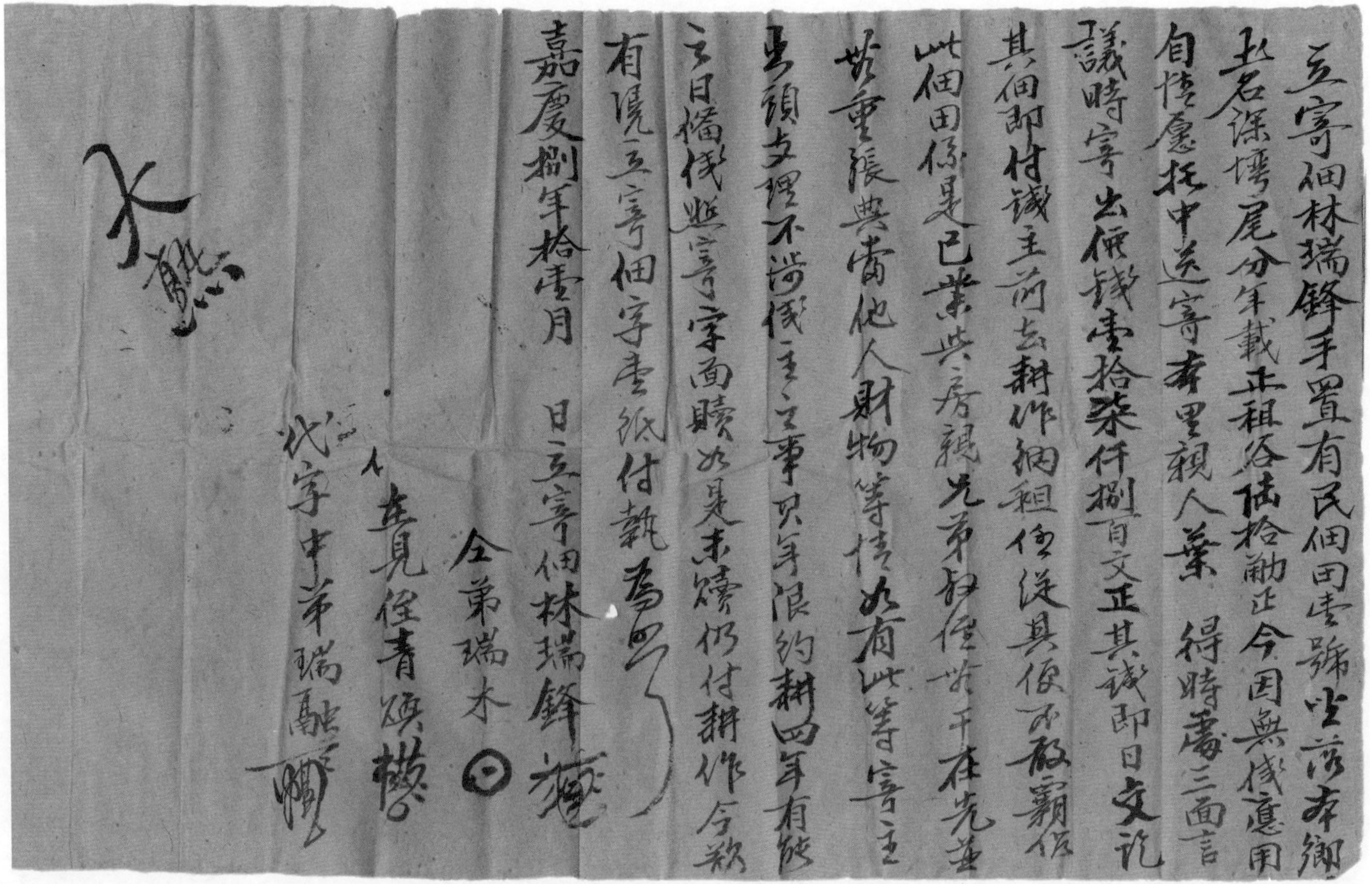
立寄佃林瑞鋒手置有民佃田壹號坐落本鄉
土名深塆尾分年載正租谷陸拾觔正今因無錢應用
自情愿托中送寄本里親人葉　得時處三面言
議時寄出價錢壹拾柒仟捌百文正其錢即日交訖
其佃即付錢主前去耕作納租任從其便不敢霸佔
此佃田係是己業與房親兄弟叔侄無干在先並
無重張典當他人財物等情如有此等寄主
出頭支理不涉錢主之事其年限約耕四年有能
之日備價照寄字面贖如是未贖仍付耕作今欲
有憑立寄佃字壹紙付執為照
嘉慶捌年拾壹月　日立寄佃林瑞鋒
仝弟瑞木
在見侄青煥
代字中弟瑞融

3-3-21-5　清嘉慶八年十一月林瑞鋒等立寄民佃田字

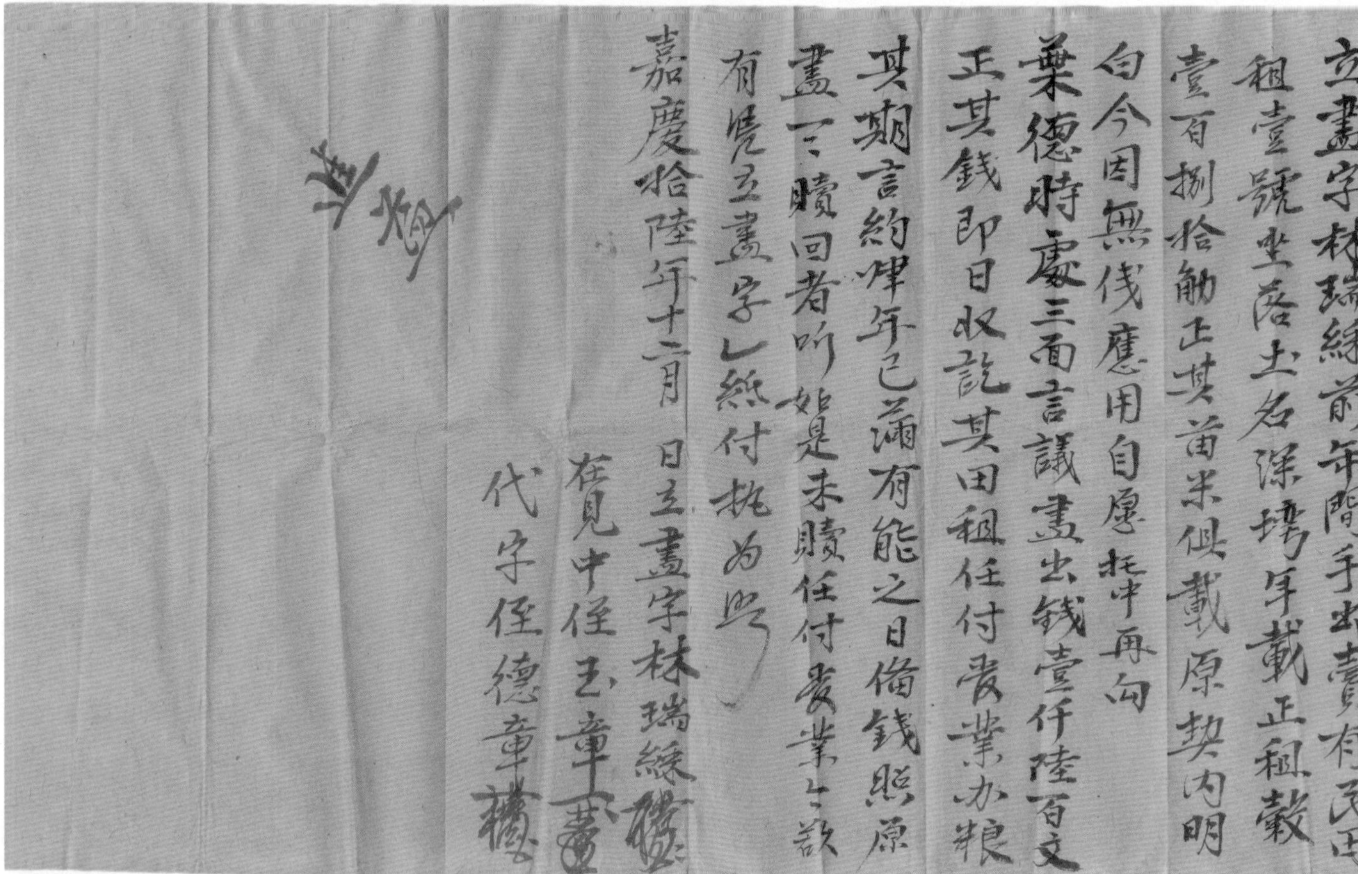
立盡字林瑞綵前年間手出賣有民田
租壹號坐落土名深埼年載正租穀
壹百捌拾觔正其苗米併載原契內明
白今因無錢應用自愿托中再向
業德時處三面言議盡出錢壹仟陸百文
正其錢即日收訖其田租任付業〻办粮
其期言約俾年已滿有能之日備錢照原
盡〻贖回者听如是未贖任付業〻歆
有憑立盡字〻紙付執為照
嘉慶拾陸年十二月　日立盡字林瑞綵
在見中侄玉章
代字侄德章

3-3-21-6　清嘉慶十六年十二月林瑞綵立盡民田租字

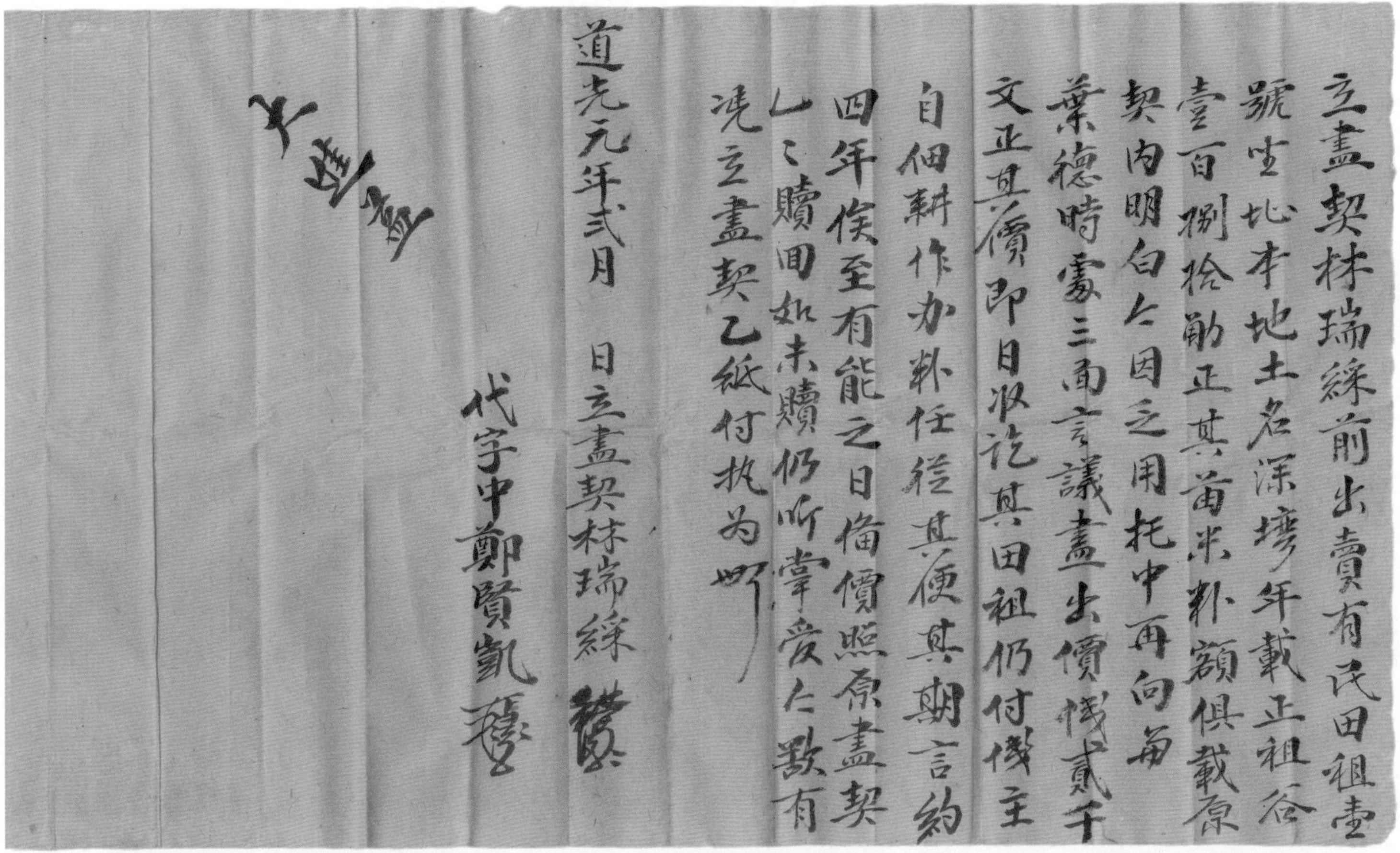

立盡契林瑞綵前出賣有民田租壹
號坐北本地土名深壋年載正租谷
壹百捌拾觔正其苗米粿額俱載原
契内明白今因乏用托中再向與
葉德晴處三面言議盡出價錢貳千
文正其價即日收訖其田祖仍付錢主
自佃耕作办粿任從其便其期言約
四年後至有能之日備價照原盡契
山山贖回如未贖仍听掌管今欲有
凭立盡契乙紙付執為照
道光元年弍月　日立盡契林瑞綵
代字中鄭賢凱
大吉利

3-3-21-7　清道光元年二月林瑞綵立盡民田租契

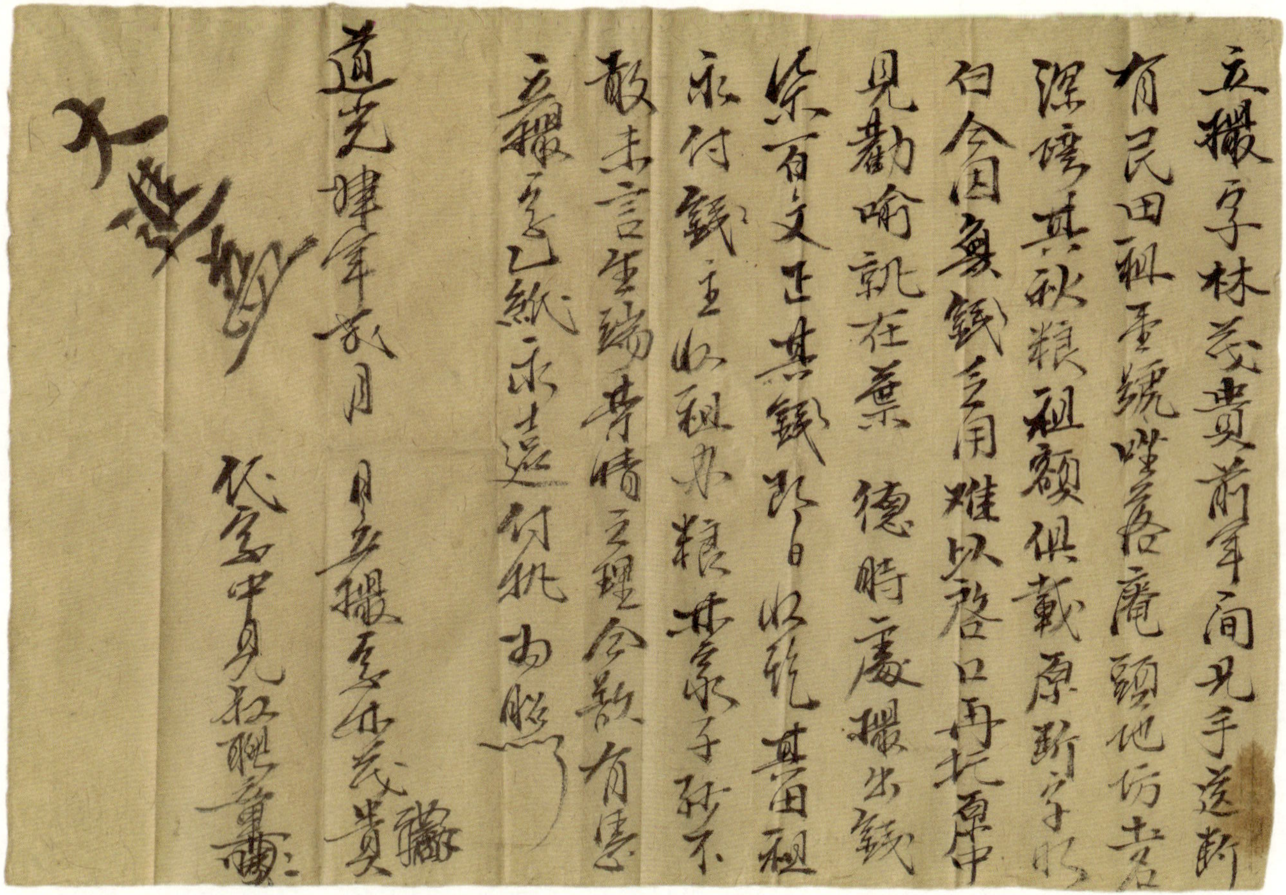
立撮字林茂貴前年間凡手送斷
有民田租壹號坐落庵頭地坊土名
深壇其秋粮租額俱載原斷字明
白今因乏錢之用難以啓口再托原中
見勸喻就在業　德時處撮出錢
柒百文正其錢即日收訖其田租
永付錢主收租办粮林家子孫不
敢未言生端异情之理今欲有凭
立撮字一紙永遠付執為照

道光肆年貳月　日立撮字人林茂貴（押）
代字中見杜興童（押）
大吉

3-3-21-8　清道光四年二月林茂貴立撮字

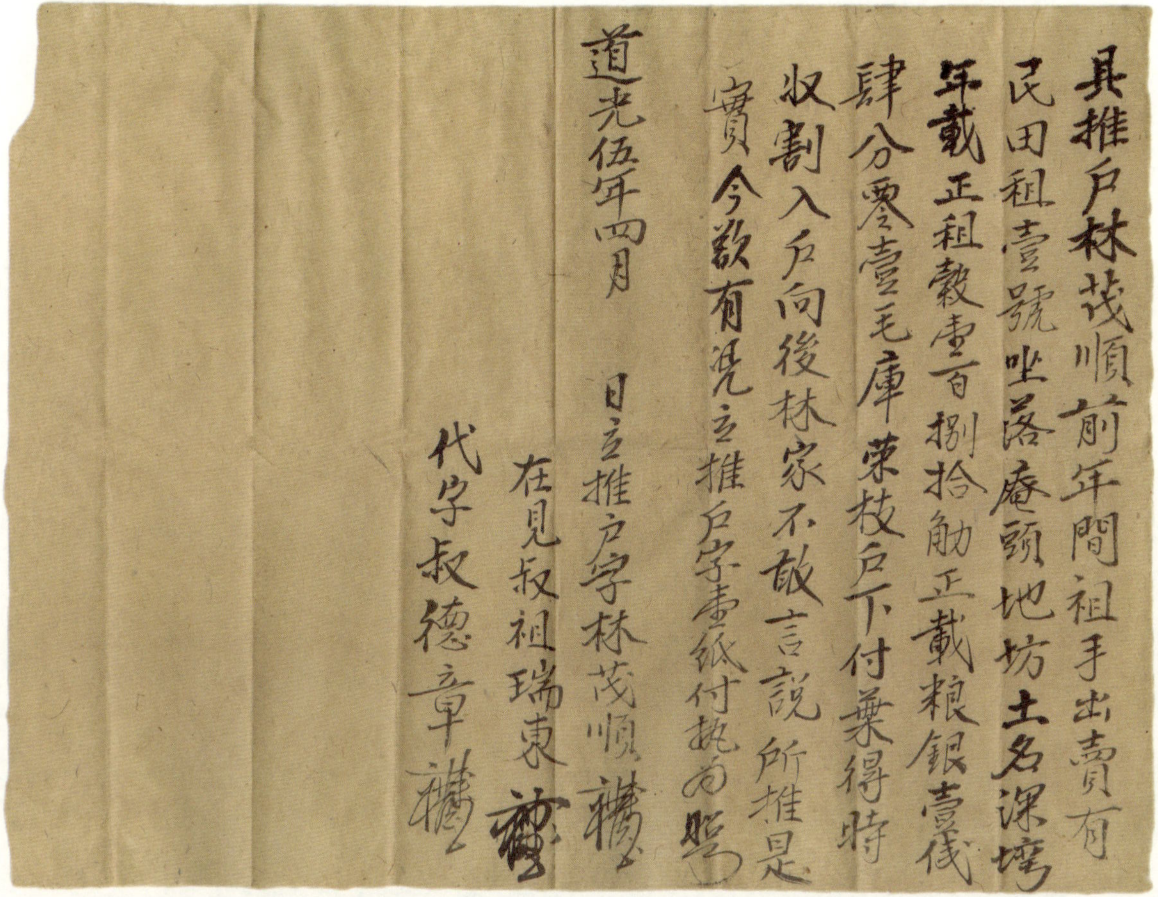

3-3-21-9　清道光五年四月林茂顺具推户字

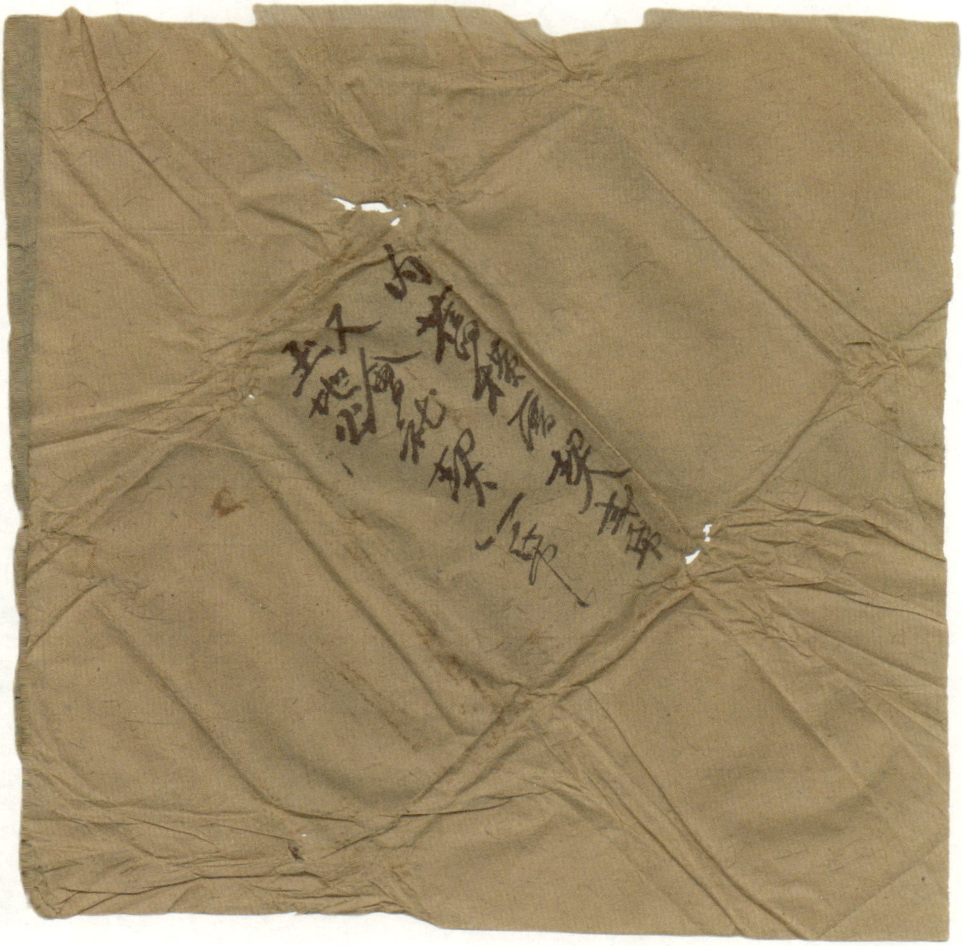

3-3-22-1 包契紙

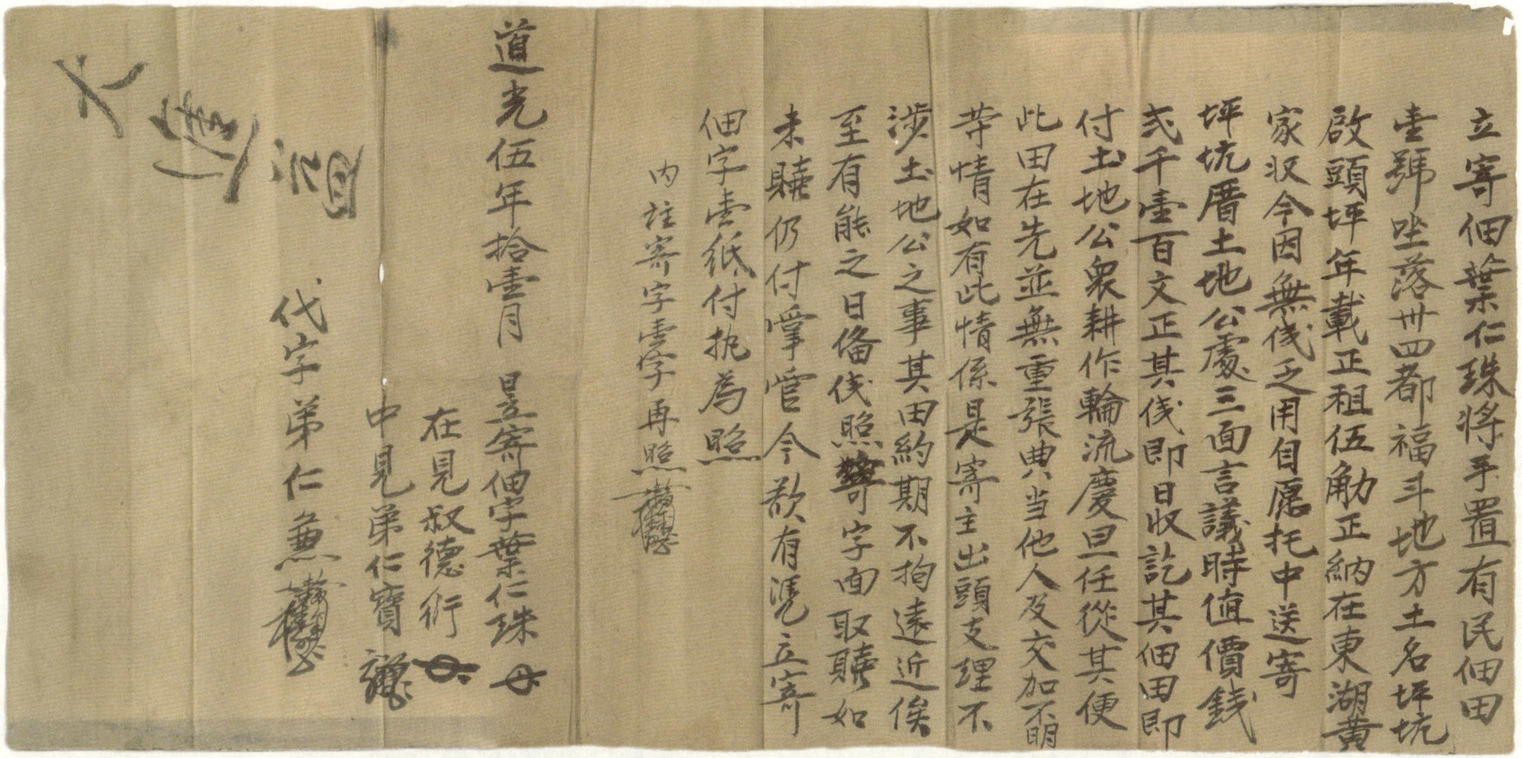
立寄佃葉仁珠将手置有民佃田
壹號坐落卅四都福斗地方土名坪坑
段頭坪年載正租伍觔正納在東湖黃
家收今因無錢乏用自愿托中送寄
坪坑厝土地公處三面言議時值價錢
弍千壹百文正其錢即日收訖其佃田即
付土地公衆耕作輪流慶旦任從其便
此田在先並無重張典当他人及交加不明
等情如有此情係是寄主出頭支理不
涉土地公之事其田約期不拘遠近俟
至有能之日備錢照寄字面取贖如
未贖仍付掌管今欲有憑立寄
佃字壹紙付執為照
内注寄字壹字再照（押）
道光伍年拾壹月　日立寄佃字葉仁珠（押）
在見叔德衍（押）
中見弟仁寶（押）
代字弟仁魚（押）

3-3-22-2　清道光五年十一月葉仁珠立寄民佃田字

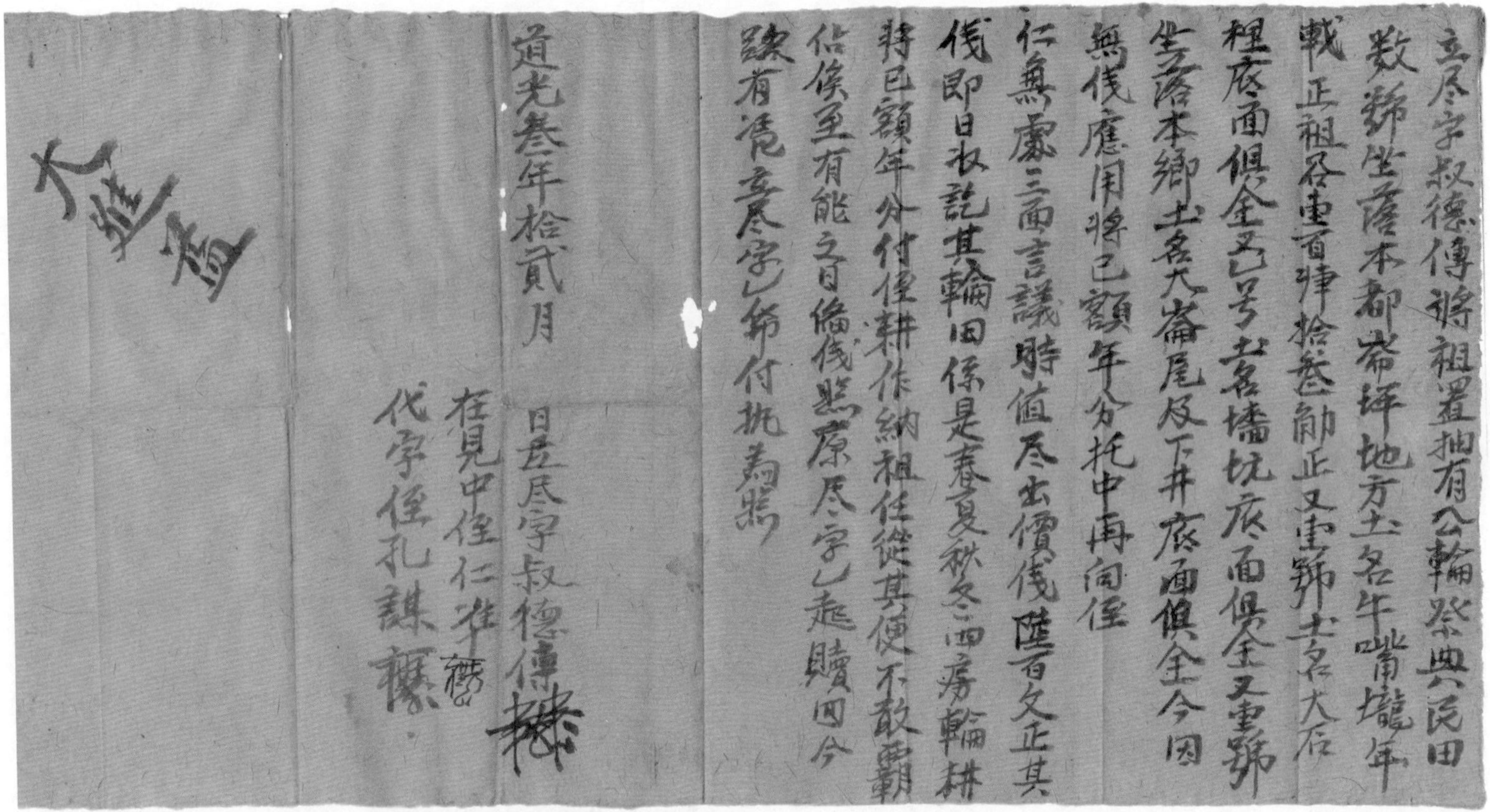

立尽字叔德傳將祖置抽有公輪祭典民田
數號坐落本都崙坪地方土名牛嘴壠年
載正租谷壹百肆拾叁斤正又壹號土名大石
程底面俱全又一号土名墻坑底面俱全又壹號
坐落本鄉土名大崙尾及下井底面俱全今因
無錢應用將已額年分托中再向侄
仁無處三面言議時值尽出價錢陸百文正其
錢即日收訖其輪田係是春夏秋冬四房輪耕
將已額年分付侄耕作納租任從其便不敢霸
佔候至有能之日備錢照原尽字一起贖回今
欲有憑立尽字一紙付执為照

道光叁年拾貳月　日立尽字叔德傳（押）
在見中侄仁准（押）
代字侄孔謀（押）

大進寳

3-3-23-1　清道光三年十二月葉德傳立盡公輪祭典民田字

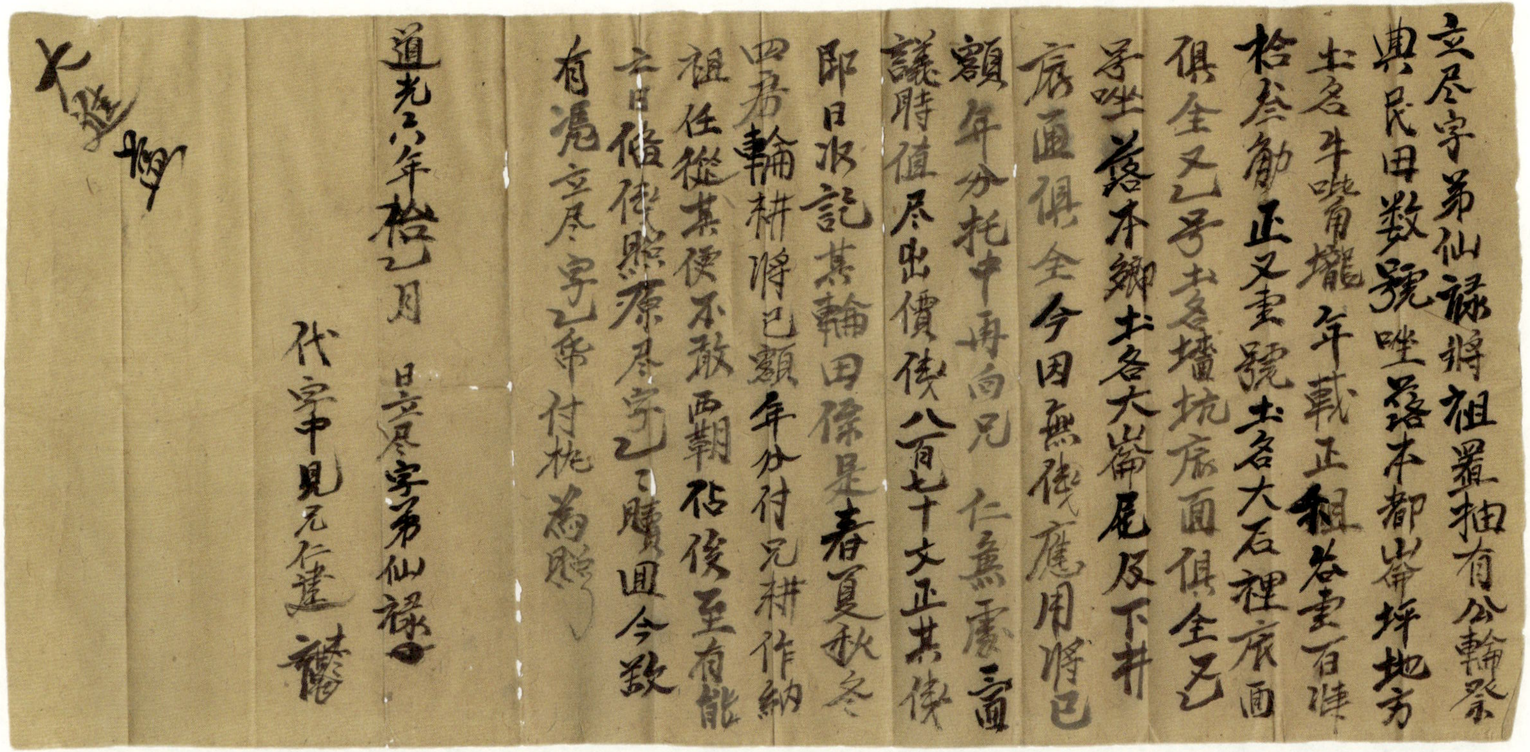
立尽字弟仙禄將祖置抽有公輪祭
典民田數號坐落本都岭坪地方
土名牛嘴壠，年載正租谷壹百肆
拾叁斤正；又壹號土名大石裡，底面
俱全；又一號土名墻坑，底面俱全；又
一號坐落本鄉土名大岭尾及下井
底面俱全。今因無錢應用，將已
額年分托中再向兄仁熹處盡
議時值尽出價錢八百七十文正，其錢
即日收訖。其輪田係是春夏秋冬
四房輪耕，將已額年分付兄耕作納
租，任從其便，不敢刁難，後至有能
之日，備依照原尽字一了贖回，今欲
有憑，立尽字一帋付执為照。

道光六年拾乙月　日立尽字弟仙禄（押）

代字中見兄仁建（押）

大進壹

3-3-23-2　清道光六年十一月葉仙禄立盡公輪祭典民田字

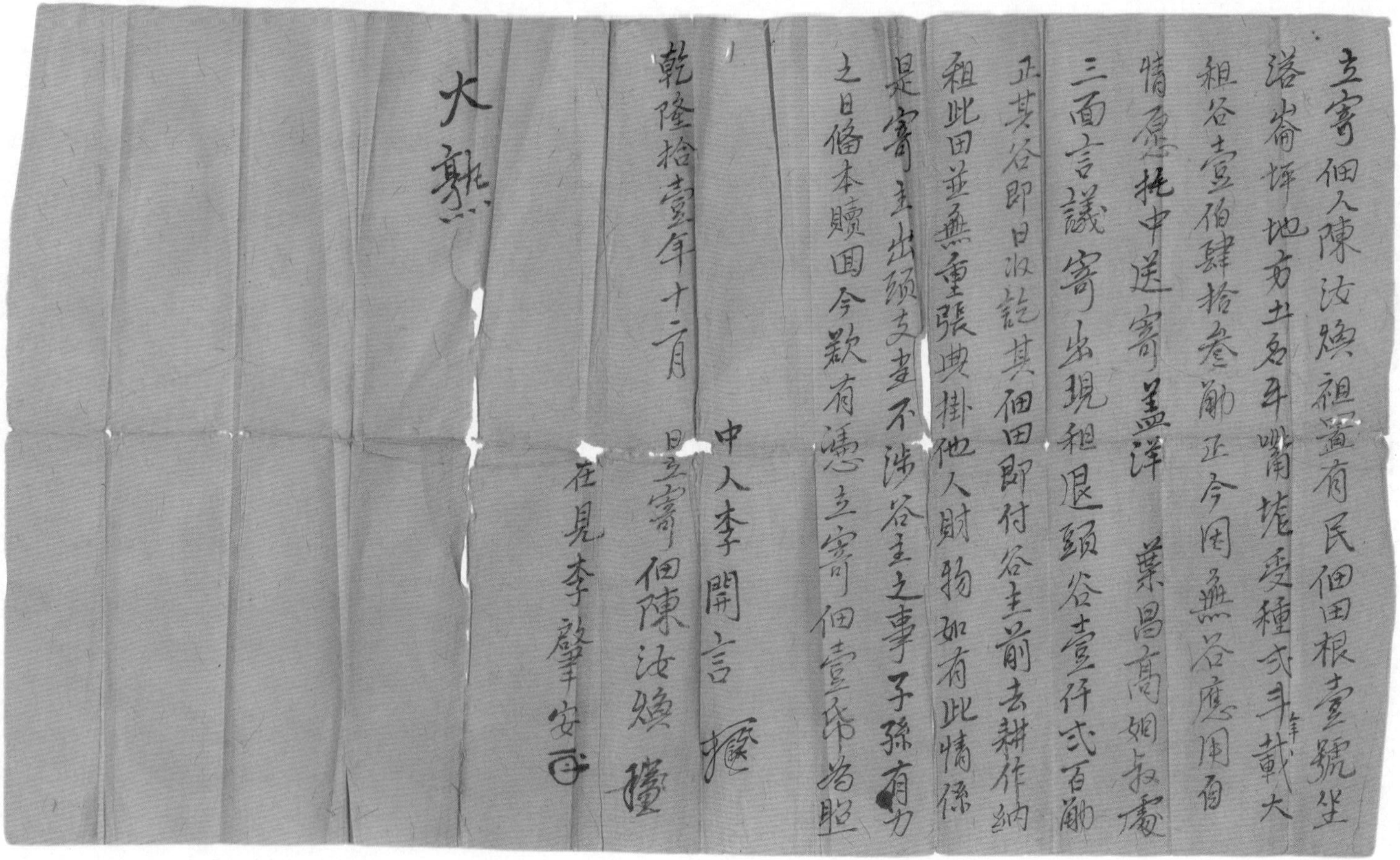
立寄佃人陳汝煥祖遺有民佃田根壹號坐
落崙坪地方土名斗嘴垅受種弍斗年載大
租谷壹佰肆拾叁觔正今因無谷應用自
情愿托中送寄蓋洋　葉昌高姻叔處
三面言議寄出現租退頭谷壹仟弍百觔
正其谷即日收訖其佃田即付谷主前去耕作納
租此田並無重張典掛他人財物如有此情係
是寄主出頭支當不涉谷主之事子孫有力
之日備本贖回今欲有憑立寄佃壹紙為照
乾隆拾壹年十二月　日立寄佃陳汝煥
中人李開言
在見李馨安
大熟

3-3-24-1　清乾隆十一年十二月陳汝煥立寄民佃田字

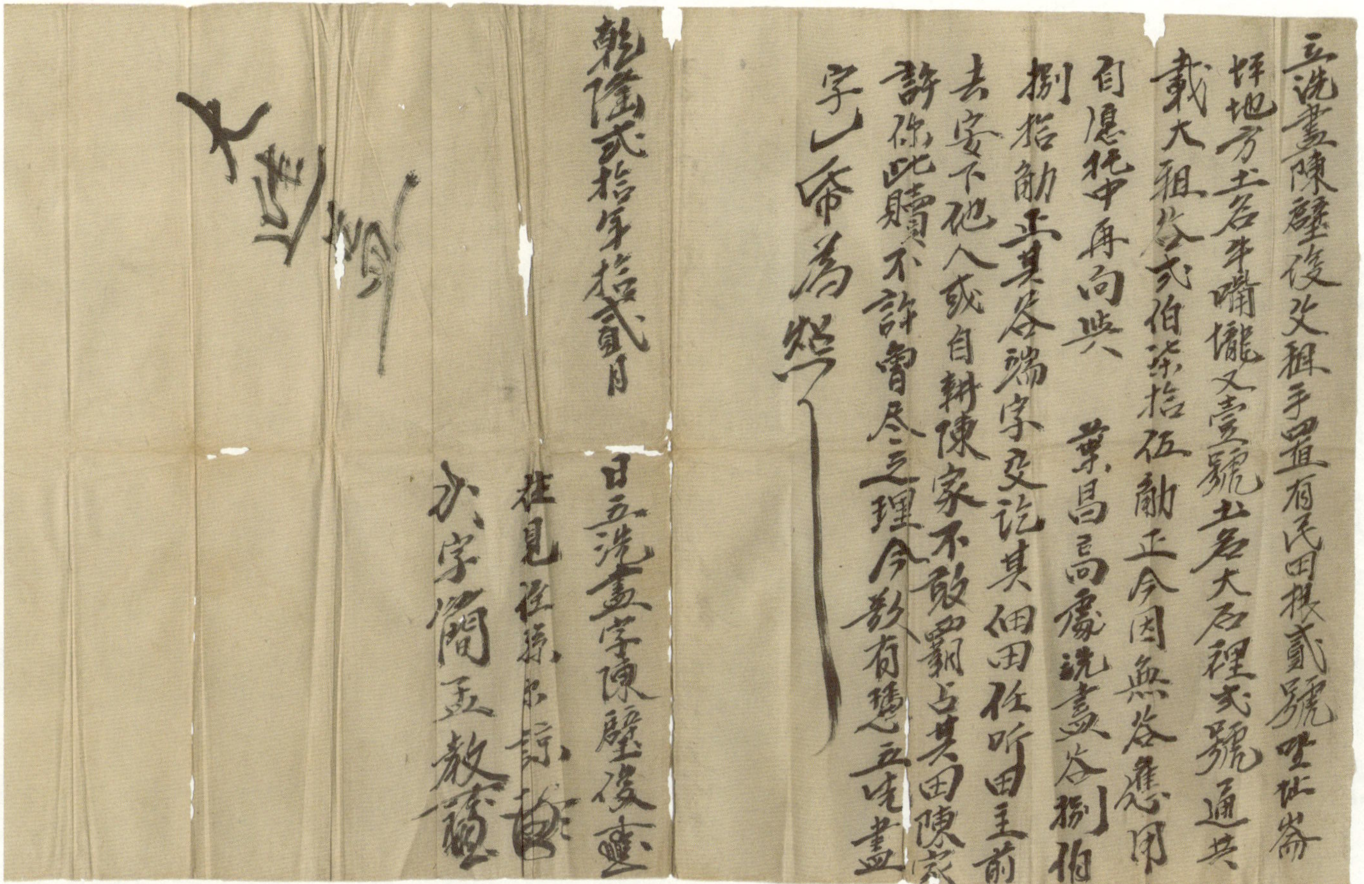

立洗盡陳璧俊父祖手置有民田根貳號坐址嵛
坪地方土名牛嘴攏又壹號土名大石裡弍號通共
載大租谷弍伯柒拾伍觔正今因無谷應用
自愿托中再向與　葉昌高處洗盡谷捌伯
捌拾觔正其谷端字交訖其佃田任听田主前
去安下佃人或自耕陳家不敢覇占其田陳家
許係此贖不許會盡之理今欲有憑立洗盡
字山帋為照

乾隆弍拾年拾弍月　日立洗盡字陳璧俊（押）
在見侄孫[illegible]（押）
代字簡孟教（押）

3-3-24-2　清乾隆二十年十二月陳璧俊立洗盡民田根字

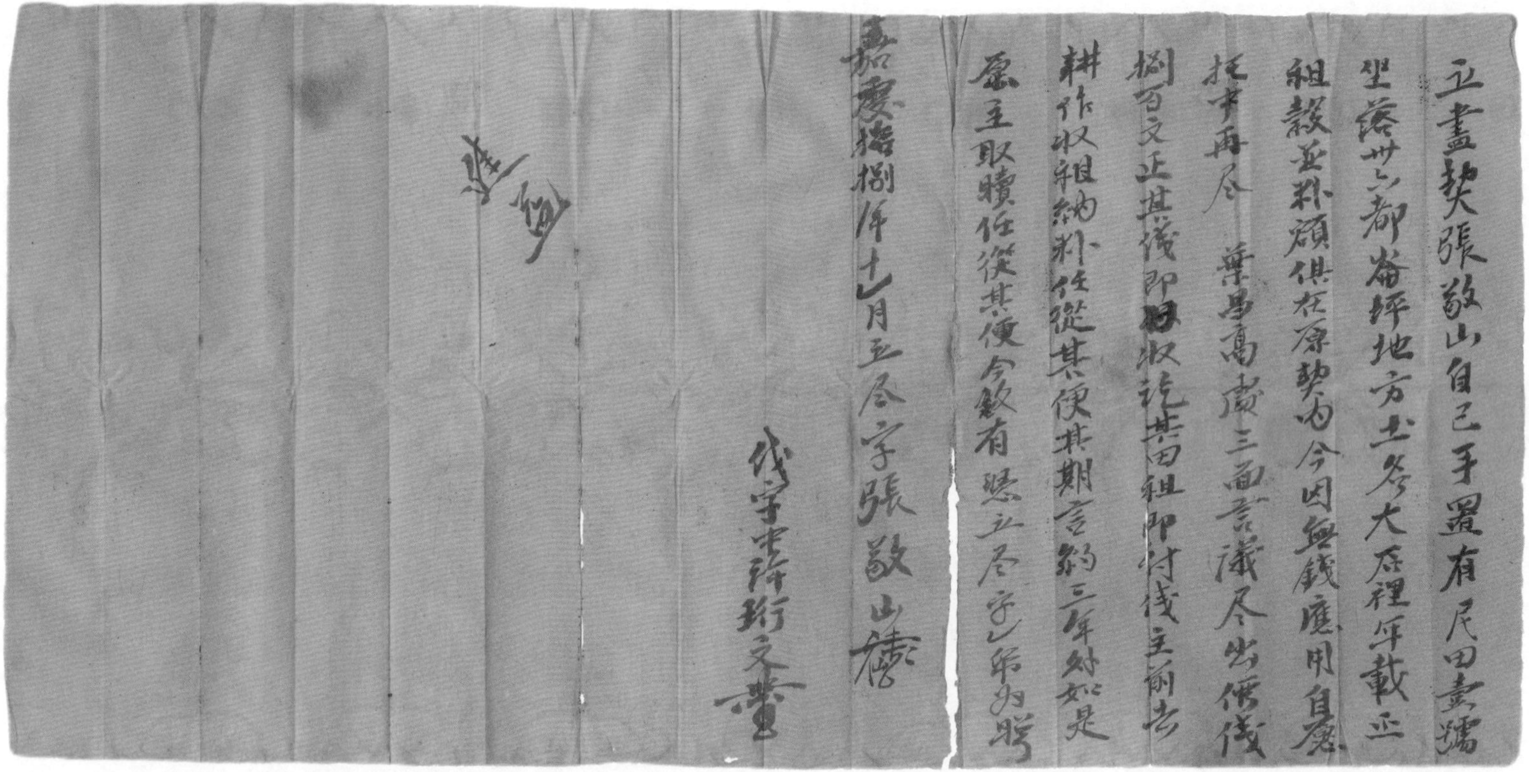
立盡契人張敬山自己手置有民田壹號
坐落廿六都嵛坪地方土名大丘裡年載正
租穀並耗穎俱在原契內今因無錢應用自愿
托中再盡 業主高處三面言議盡出價錢
捌百文正其錢即日收訖其田租即付錢主前去
耕作收租納耗任從其便其期言約三年對如是
原主取贖任從其便今欲有憑立盡字一紙為照
嘉慶拾捌年十一月 日立盡字張敬山（押）
代字中許珩文（押）

3-3-24-3 清嘉慶十八年十一月張敬山立盡民田契

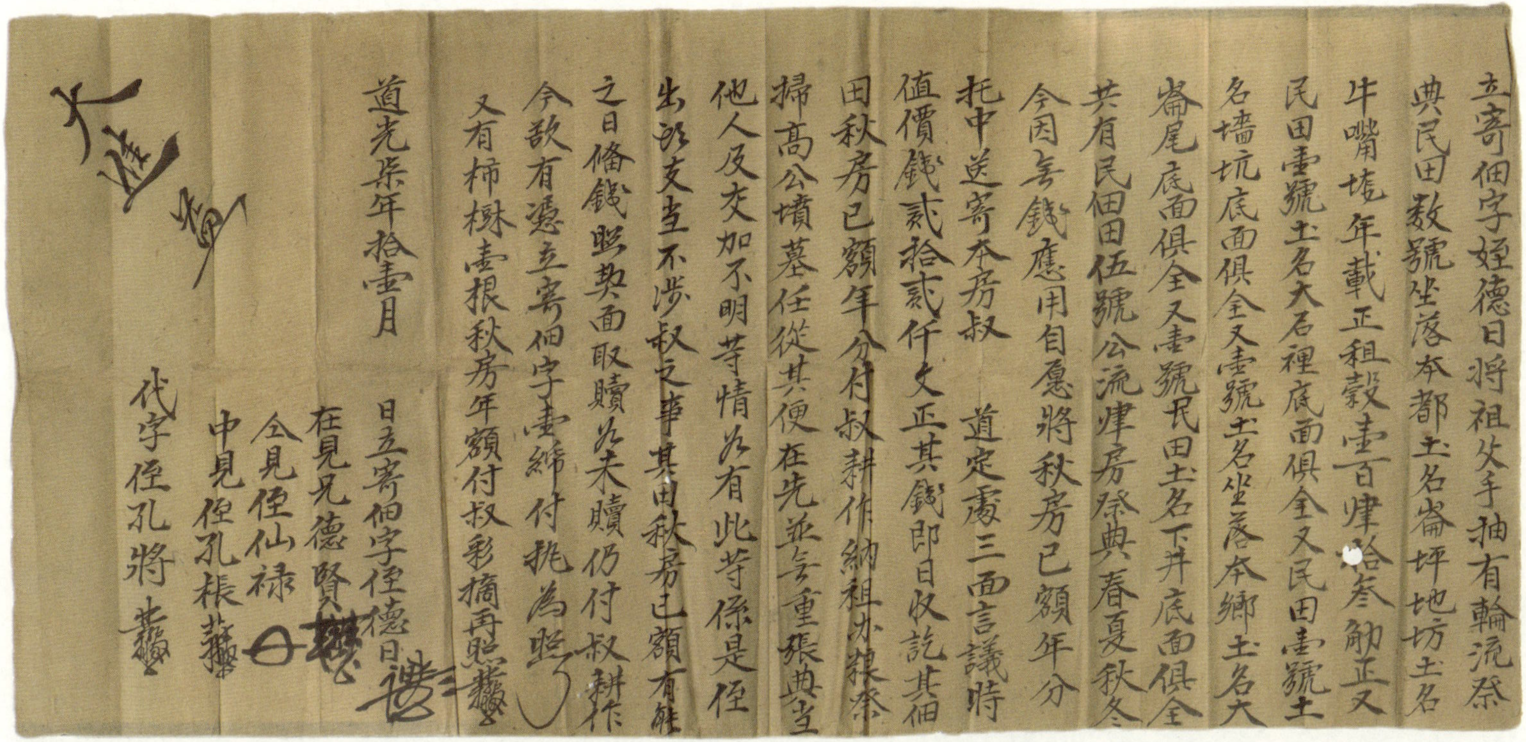
立寄佃字姪德日將祖父手抽有輪流祭
典民田數號坐落本都土名崙坪地坊土名
牛嘴墘年載正租穀壹百肆拾叁觔正又
民田壹號土名大石裡底面俱全又民田壹號土
名墻坑底面俱全又壹號土名坐落本鄉土名大
崙尾底面俱全又壹號民田土名下井底面俱全
共有民佃田伍號公流肆房祭典春夏秋冬
今因乏錢應用自愿將秋房已額年分
托中送寄本房叔　道定處三面言議時
值價錢貳拾貳仟文正其錢即日收訖其佃
田秋房已額年分付叔耕作納租亦糧祭
掃高公墳墓任從其便在先並無重張典當
他人及交加不明等情如有此等係是侄
出頭支當不涉叔之事其田秋房已額有能
之日備錢照契面取贖如未贖仍付叔耕作
今欲有憑立寄佃字壹紙付執為照
又有柿樹壹根秋房年額付叔彩摘再照
道光柒年拾壹月　日立寄佃字侄德日
在見兄德賢
仝見侄仙祿
中見侄孔根
代字侄孔將
大吉

3-3-24-4　清道光七年十一月葉德日立寄佃輪流祭典民田字

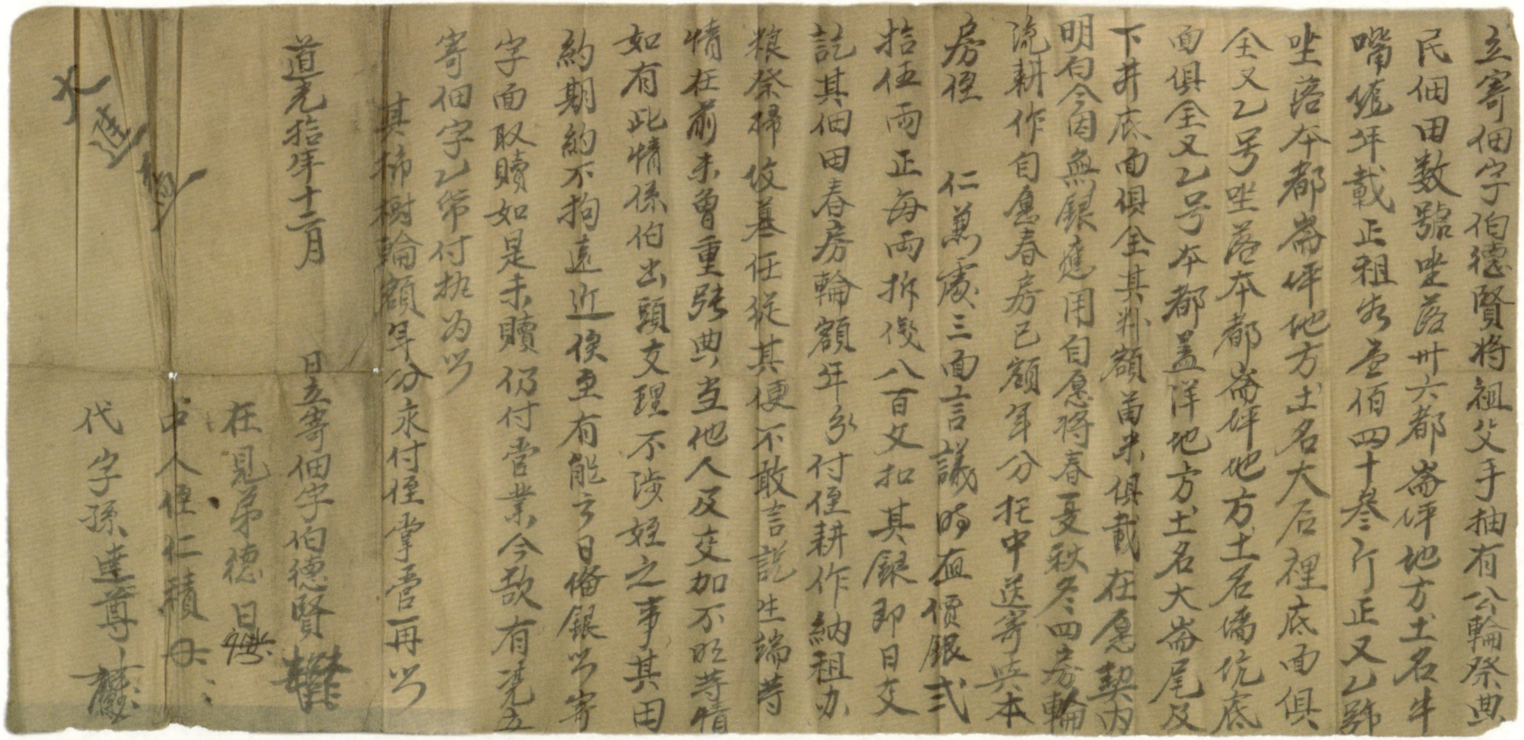
立寄佃字伯德賢將祖父手抽有公輪祭典
民佃田數號坐落卅六都崙坪地方土名牛
嘴坵坪載正租谷壹佰四十叁斤正又山號
坐落本都崙坪地方土名大石裡底面俱
全又乙号坐落本都崙坪地方土名墻坑底
面俱全又山号本都葢洋地方土名大崙尾及
下井底面俱全其糧額苗米俱載在息契內
明有今因無銀應用自愿將春夏秋冬四房輪
流耕作自愿春房已額年分托中送寄與本
房侄　仁萬處三面言議時值價銀弍
拾伍兩正每兩折錢八百文扣其銀即日交
訖其佃田春房輪額年分付侄耕作納租办
粮祭掃俱基任從其便不敢言說生端等
情在前未曾重張典當他人及交加不明等情
如有此情係伯出頭支理不涉侄之事其田
約期約不拘遠近侯至有能之日備銀將寄
字面取贖如是未贖仍付營業今欲有憑立
寄佃字山帋付執為照
其柿樹輪額年分來付侄掌管再照
道光拾年十二月　日立寄佃字伯德賢（押）
在見弟德日（押）
中人侄仁積（押）
代字孫建尊（押）

3-3-24-5　清道光十年十二月葉德賢立寄公輪祭典民佃田字

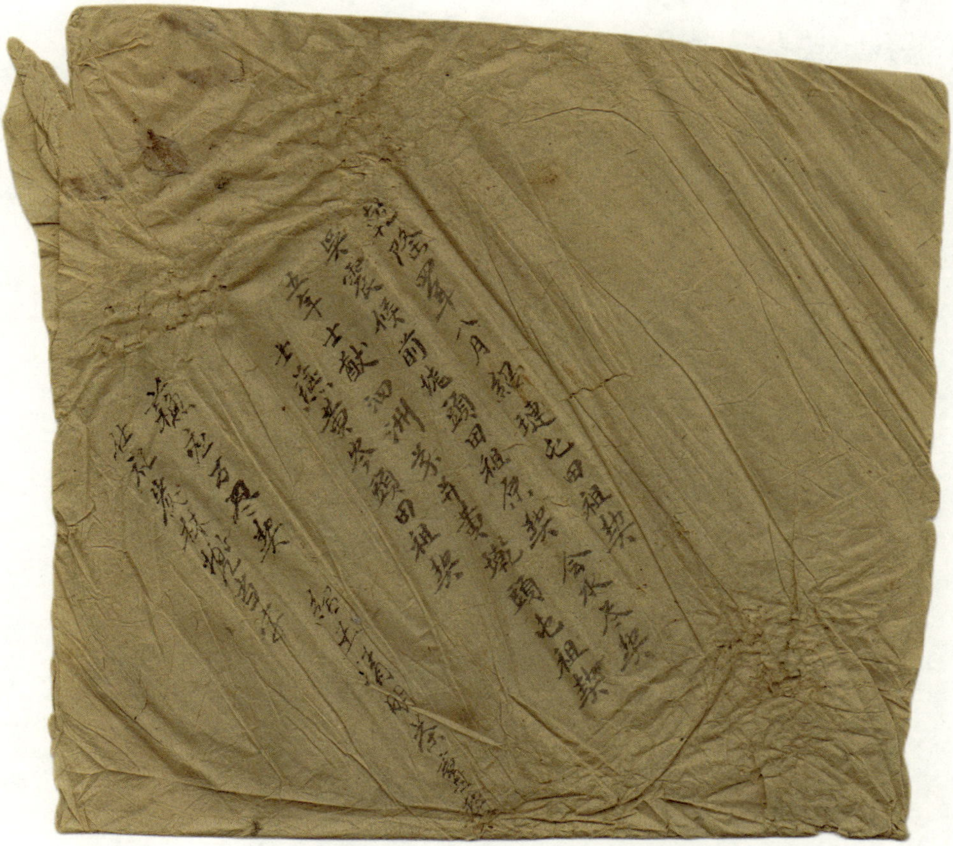

3-3-25-1　包契紙

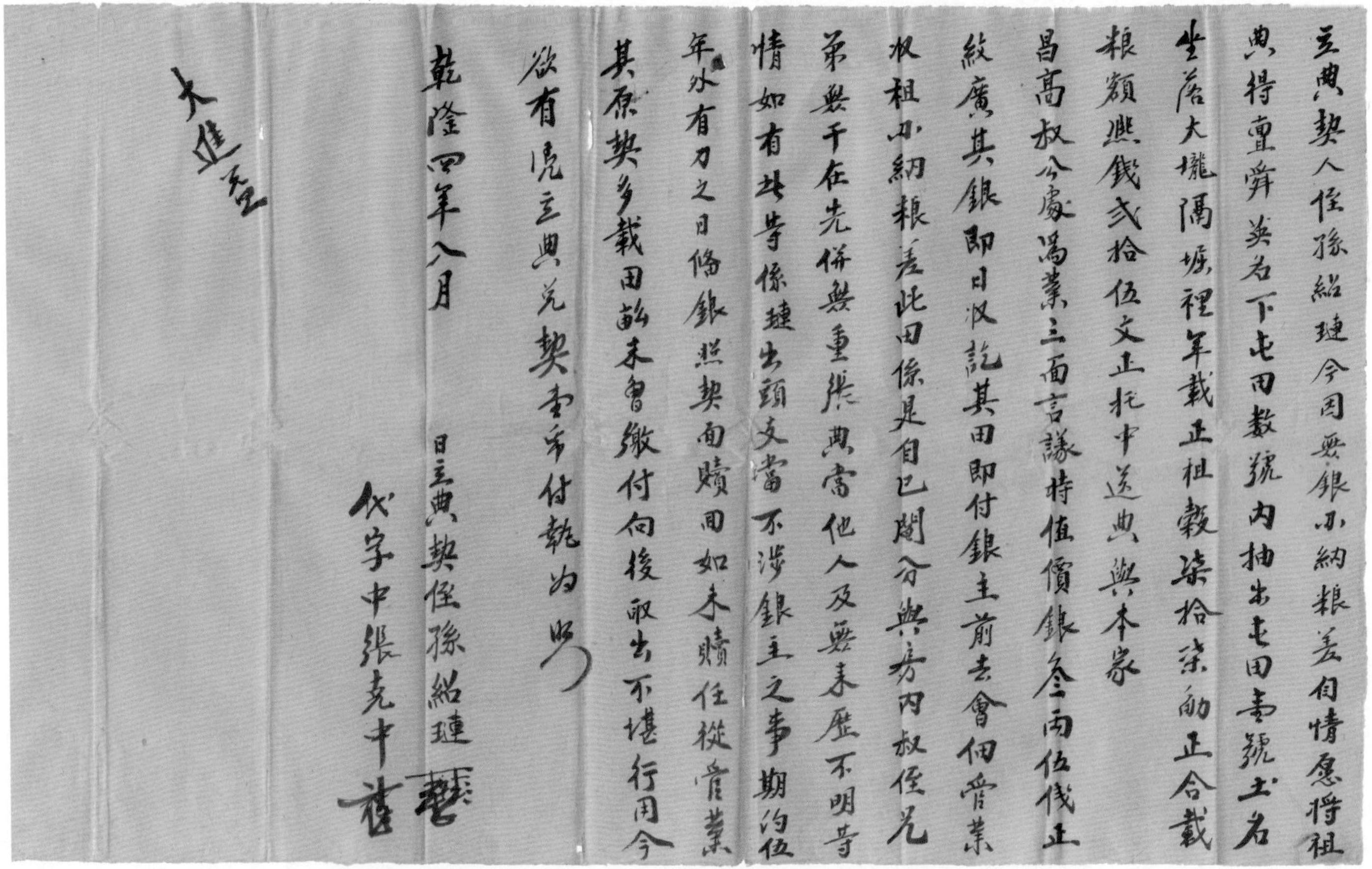

立典契人侄孫紹璉今因要銀小納粮差自情愿將祖
典得重算英名下屯田數號內抽出屯田壹號土名
坐落大壠隔壢裡年載正租穀柒拾柒觔正合載
粮額興錢弍拾伍文正托中送典與本家
昌高叔公處為業三面言議時值價銀叁兩伍錢正
紋廣其銀即日收訖其田即付銀主前去會佃管業
收租小納粮差此田係是自己鬮分與房內叔侄兄
弟無干在先並無重張典當他人及無來歷不明等
情如有此等係璉出頭支當不涉銀主之事期約伍
年外有力之日備銀照契面贖回如未贖任從管業
其原契多載田畝未曾繳付向後取出不堪行用今
欲有憑立典契壹紙付執為照

乾隆四年八月　日立典契侄孫紹璉（押）
代字中張克中（押）

大進至

3-3-25-2　清乾隆四年八月葉紹璉立典屯田契

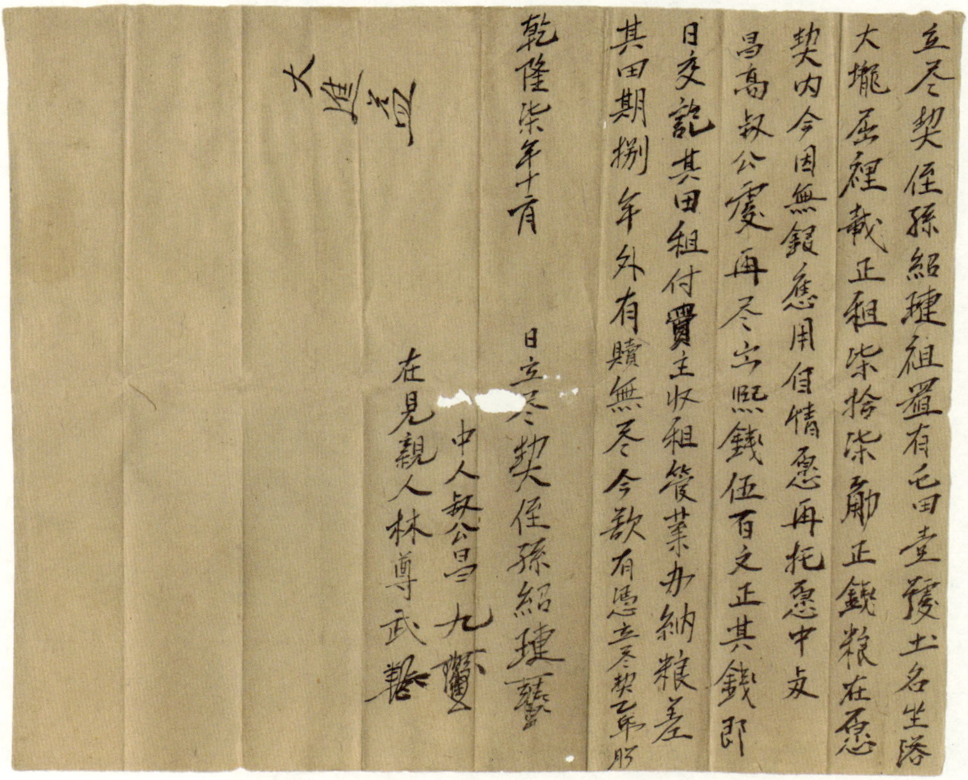
立盡契侄孫紹璉祖置有屯田壹段土名坐落
大攏底裡載正租柒拾柒觔正鐵粮在憑
契內今因無銀應用自情愿再托憑中支
昌高叔公處再盡出熙錢伍百文正其錢即
日交訖其田租付買主收租管業办納粮差
其田期捌年外有贖無盡今欲有憑立盡契一帋爲照
乾隆柒年十二月　日立盡契侄孫紹璉（押）
中人叔公昌九（押）
在見親人林尊武（押）
大進盡立

3-3-25-3　清乾隆七年十二月葉紹璉立盡屯田契

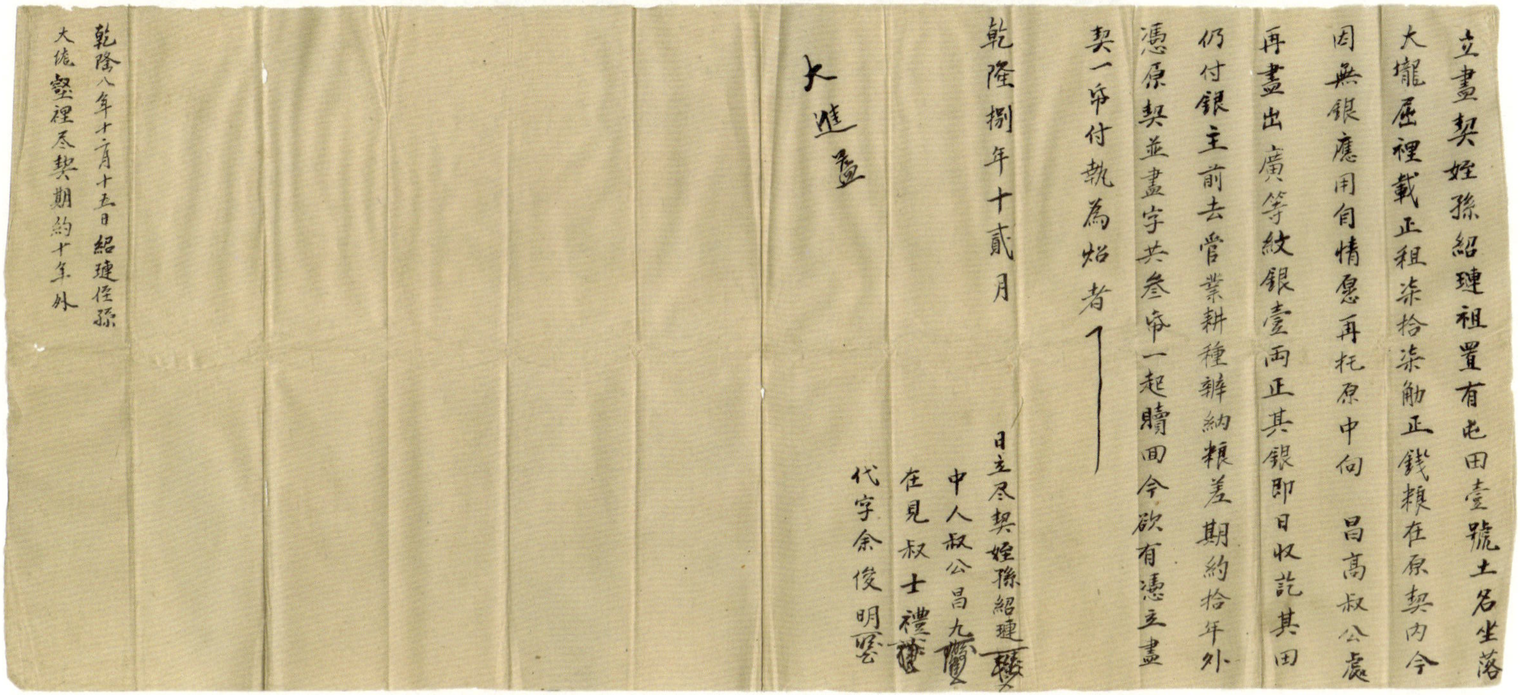
立盡契姪孫紹璉祖置有屯田壹號土名坐落
大壠壢裡載正租柒拾柒觔正錢粮在原契內今
因無銀應用自情愿再托原中向 昌高叔公處
再盡出廣等紋銀壹両正其銀即日收訖其田
仍付銀主前去管業耕種辦納粮差期約拾年外
憑原契並盡字共叁帋一起贖田今欲有憑立盡
契一帋付執爲炤者
乾隆捌年十貳月　日立尽契姪孫紹璉
中人叔公昌九
在見叔士禮
代字余俊明
大進盡
乾隆八年十二月十五日紹璉侄孫
大壠壢裡尽契期約十年外

3-3-25-4　清乾隆八年十二月葉紹璉立盡屯田契

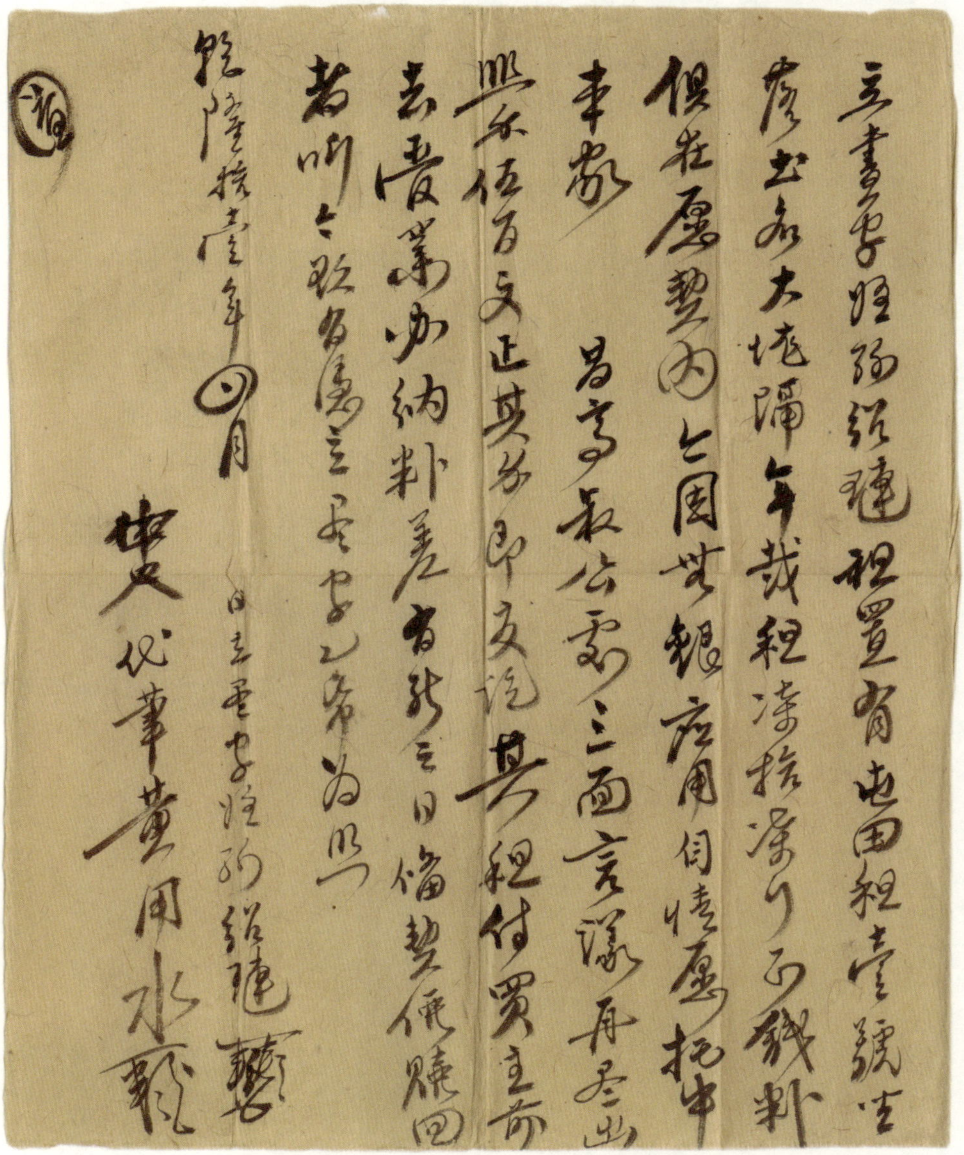
立盡字姪紹璉，租置有屯田租壹號，坐
落土名大坑邊，年載租谷拾柒斤正，錢糧
俱在屋契內。亡因無銀應用，自情愿抽出
來盡，問到叔公處三面言議，再盡出
與叔伍百文正，其錢即交訖，其租付買主前
去管業收納糧差。有錢之日備契價贖回，
恐口無憑，立盡字為照。
日立盡字姪紹璉（押）
乾隆拾壹年四月　日
中代筆葉用水（押）

3-3-25-5　清乾隆十一年四月葉紹璉立盡屯田租字

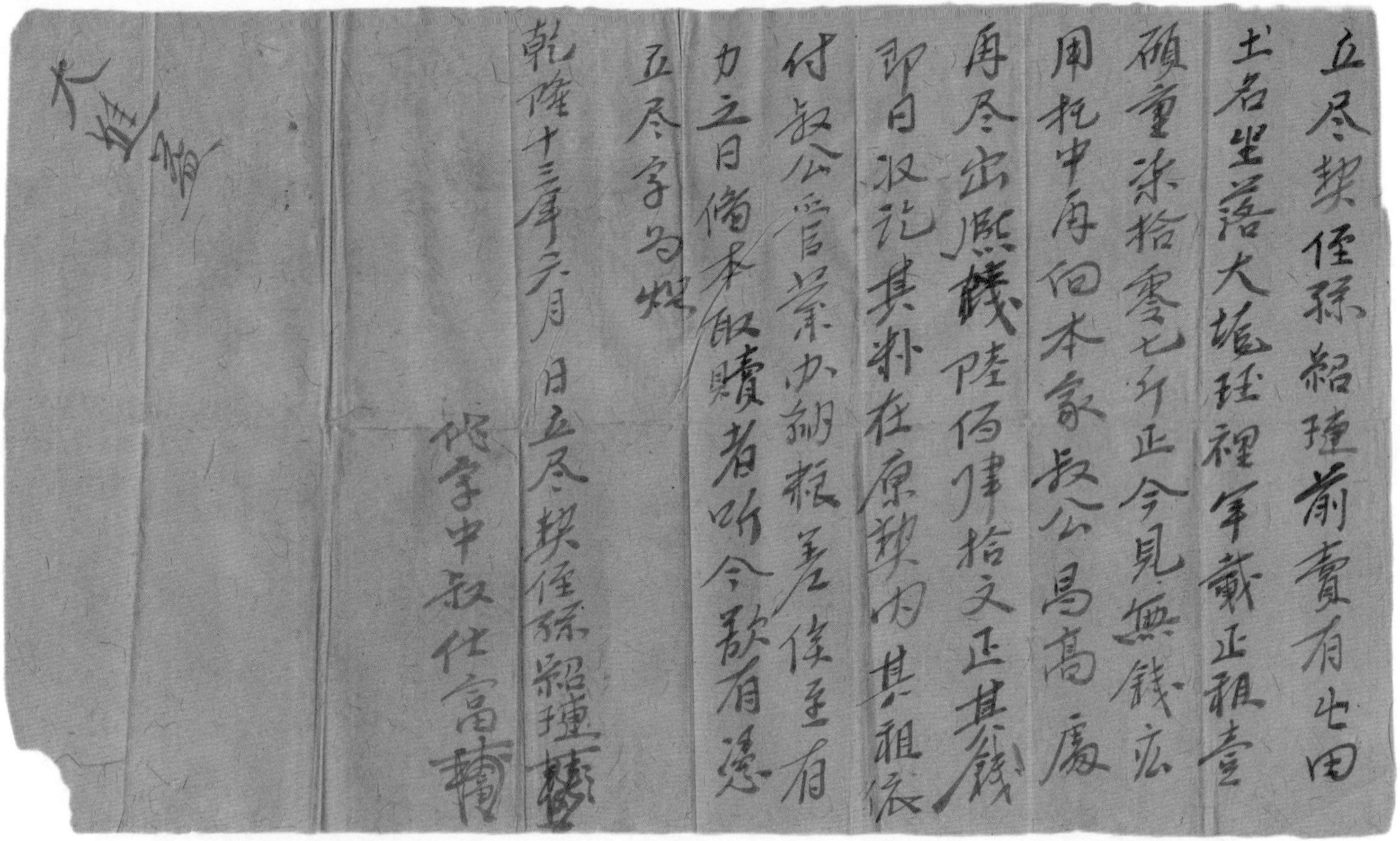
立尽契侄孫紹瑾前賣有屯田
土名坐落大垢珏裡年載正租壹
碩重柒拾零七斤正今見無錢応
用托中再向本家叔公昌高處
再尽出價錢陸佰肆拾文正其錢
即日收訖其業在原契內其租依
付叔公管業办納粮差係至有
力之日備本取贖者听今欲有憑
立尽字為炤
乾隆十三年六月 日立尽契侄孫紹瑾（押）
代字中叔仕富（押）
大吉

3-3-25-6 清乾隆十三年六月葉紹璉立盡屯田契

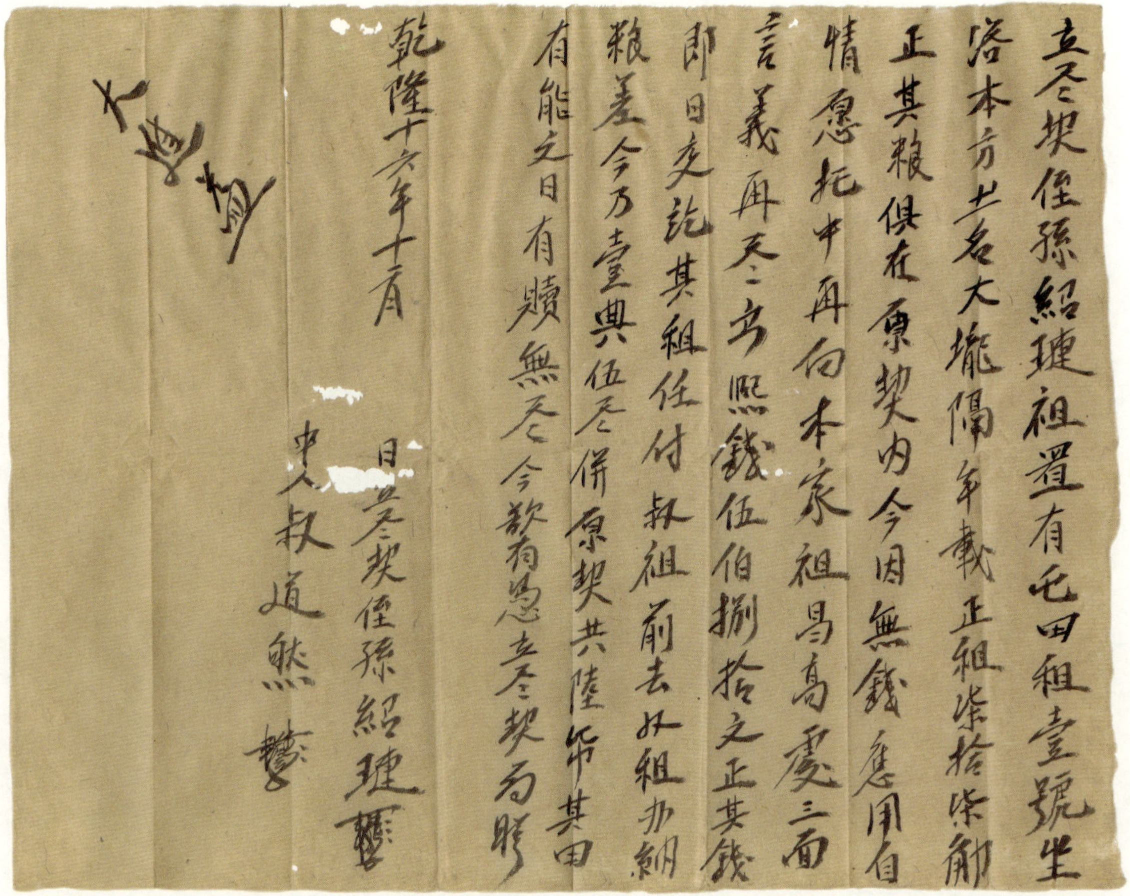
立盡契侄孫紹璉祖置有屯田租壹號坐
洛本方土名大壠偏年載正租柒拾柒觔
正其粮俱在原契内今因無錢應用自
情愿托中再向本家祖昌高處三面
言義再盡出錢伍伯捌拾之正其錢
即日交訖其租任付叔祖前去收租办納
粮差今乃壹典伍盡併原契共陸帋其田
有能之日有贖無盡今欲有憑立盡契為照
乾隆十六年十二月　日立盡契侄孫紹璉（押）
中人叔道熊（押）
[illegible]

3-3-25-7 清乾隆十六年十二月葉紹璉立盡屯田租契

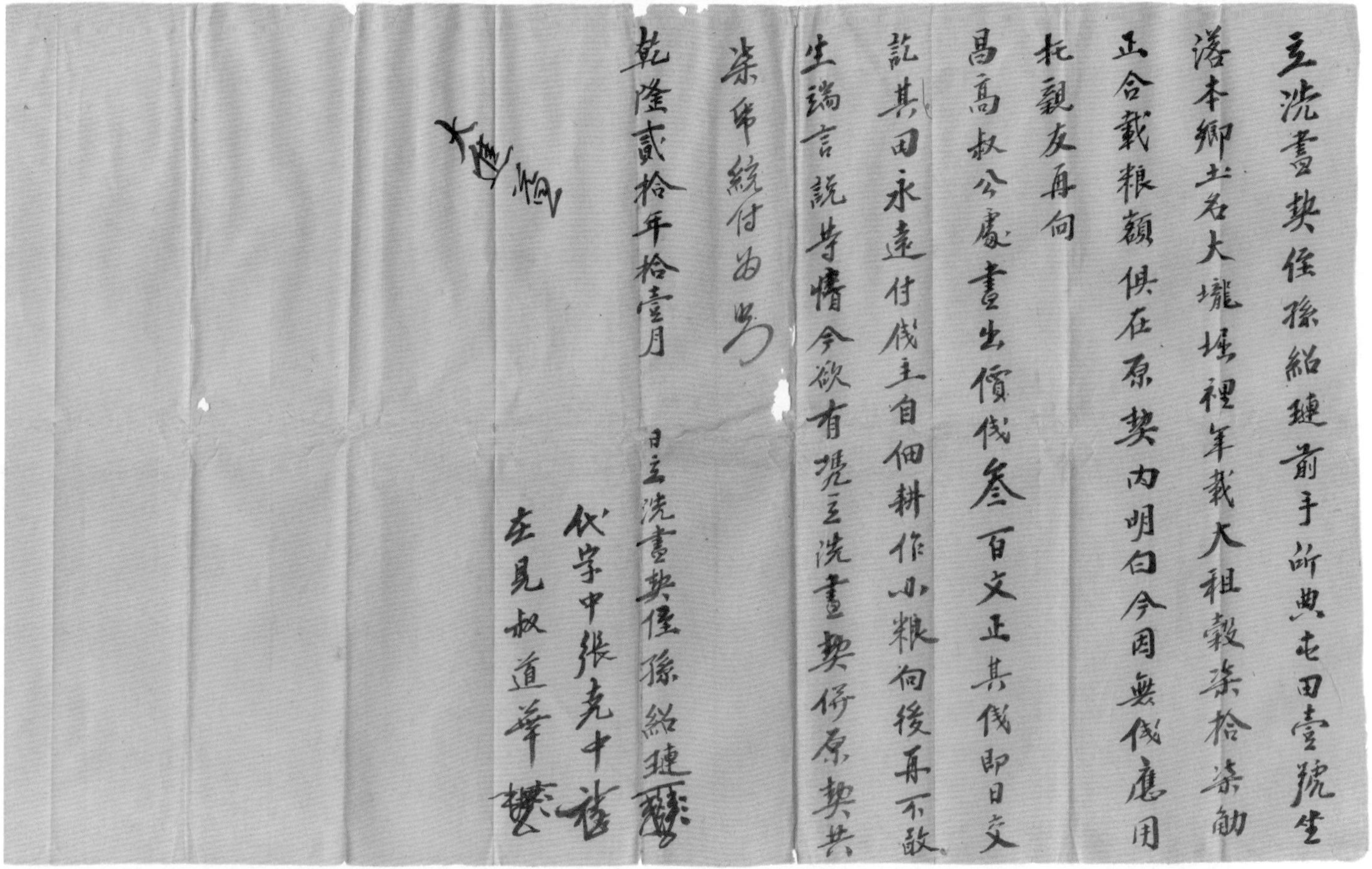
立洗盡契侄孫紹璉前手所典屯田壹號坐
落本鄉土名大壠堀裡年載大租穀柒拾柒觔
正合載粮額俱在原契內明白今因無錢應用
托親友再向
昌高叔公處盡出價錢叁百文正其錢即日交
訖其田永遠付錢主自佃耕作小粮向後再不敢
生端言說此情今欲有憑立洗盡契併原契共
柒帋繳付為照
乾隆貳拾年拾壹月　日立洗盡契侄孫紹璉
代字中張克中
在見叔道華

3-3-25-8　清乾隆二十年十一月葉紹璉立洗盡屯田契

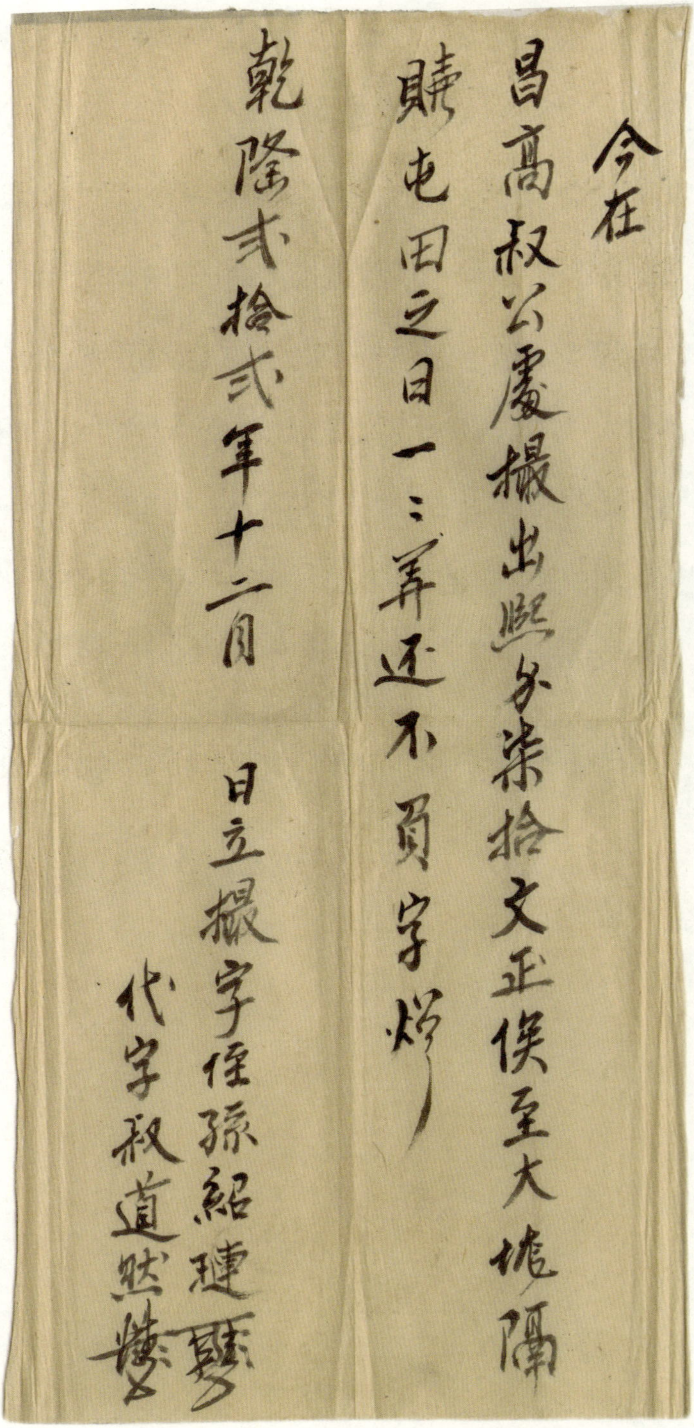

今在

昌高叔公處撮出㸃分柒拾文正俟至大塊隔

曉屯田之日一三算还不負字炤

乾隆式拾式年十二月 日立撮字侄孫紹璉（押）

代字叔道然（押）

3-3-25-9 清乾隆二十二年十二月葉紹璉立撮字

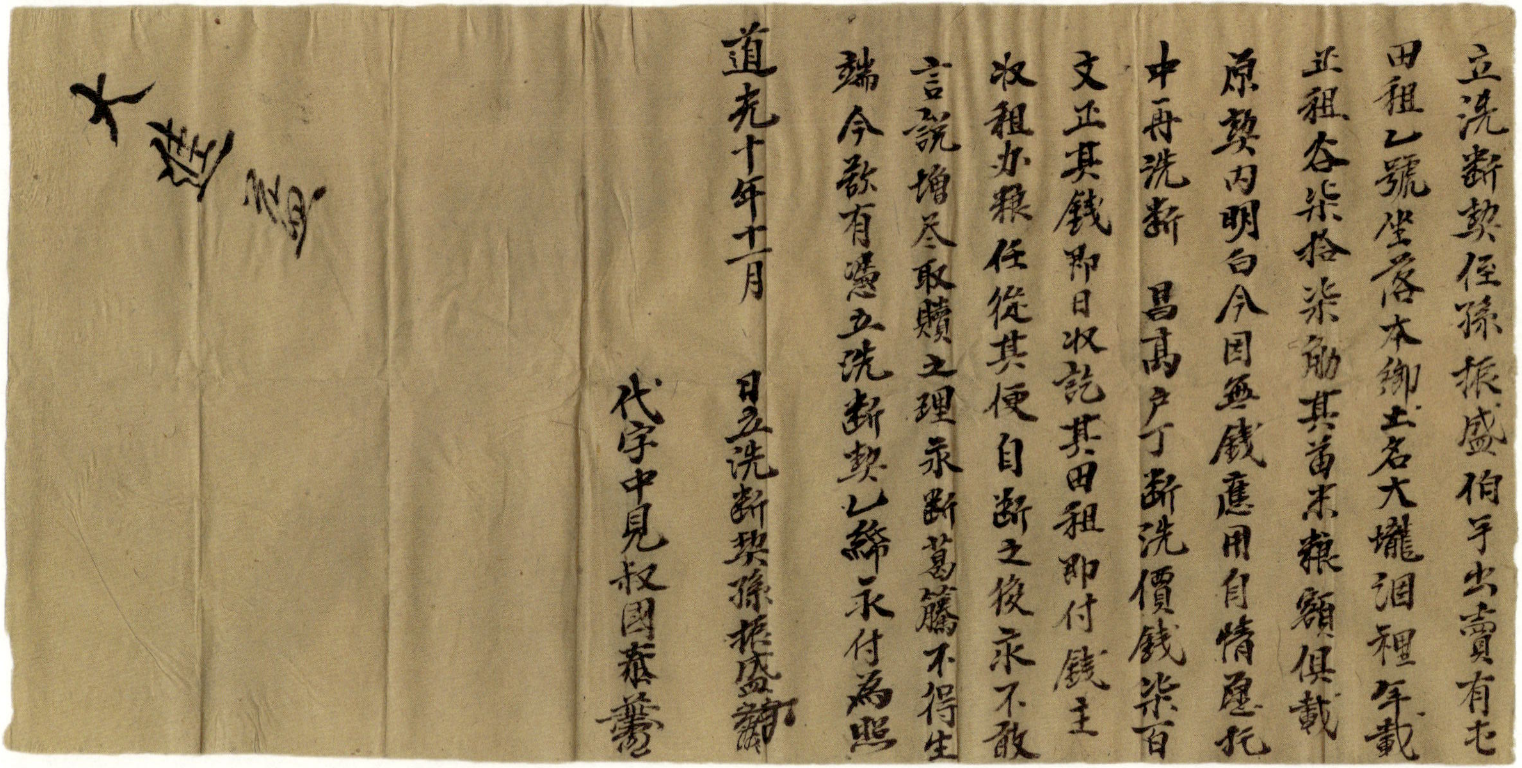

立洗斷契侄孫振盛伯手出賣有屯
田租乙號坐落本鄉土名大壠洄裡年載
正租谷柒拾柒觔其苗米粮額俱載
原契內明白今因無錢應用自情歷托
中再洗斷　昌高戶丁斷洗價錢柒百
文正其錢即日收訖其田租即付錢主
收租办粮任從其便自斷之後永不敢
言說增尽取贖之理永斷葛藤不得生
端今欲有憑立洗斷契乙紙永付為照
道光十年十一月　日立洗斷契孫振盛
代字中見叔国春
大進之寶

3-3-25-10　清道光十年十一月葉振盛立洗斷屯田租契

3-3-26-1　包契紙

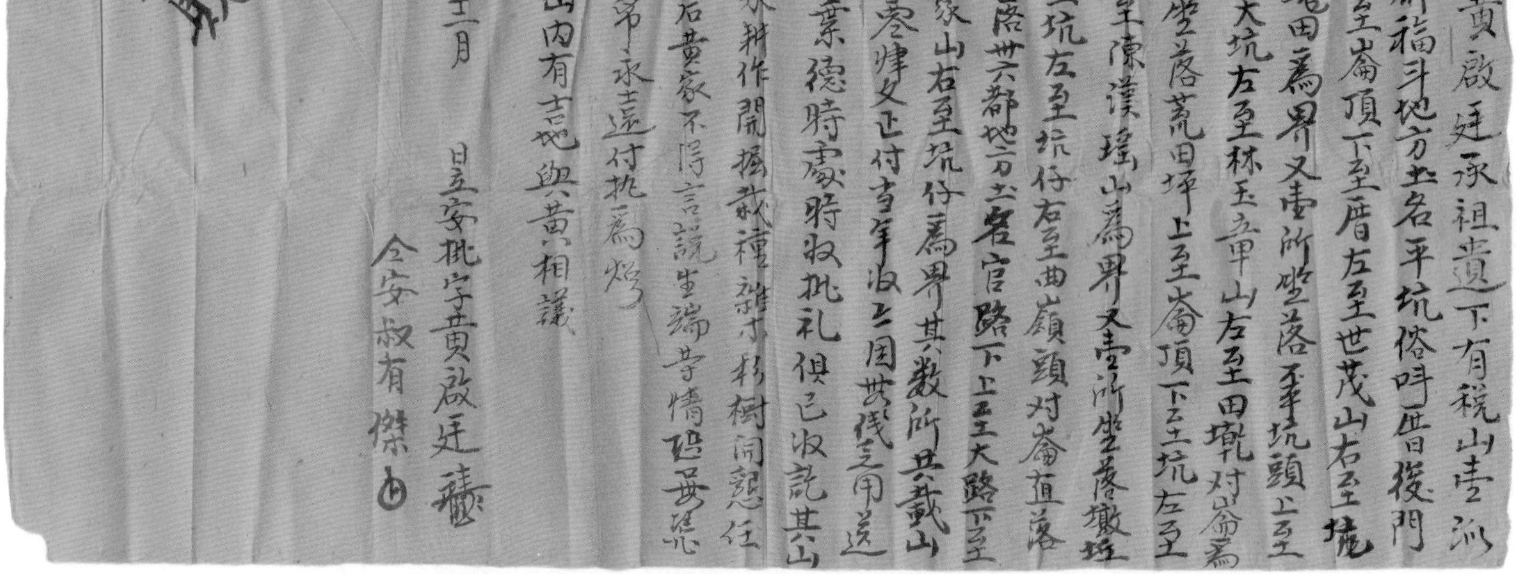
立安批字黃啟廷承祖遺下有稅山壹處
坐落卅都福斗地方土名平坑㟃時厝後門
頭壹所上至崙頂下至厝左至世茂山右至坑
仔水圳裡坵田為界又壹所坐落平坑頭上至
崙頂下至大坑左至林玉亦甲山右至田墘对崙為
界又壹所坐落荒田坪上至崙頂下至坑左至
竹林壕右至陳漢瑶山為界又壹所坐落墩坪
上至田下至坑左至坑仔右至曲嶺頭对崙直落
又壹所坐落卅六都地方土名官路下上至大路下至
田左至吳家山右至坑仔為界其數所共載山
租錢壹百零肆文正付吉年收之因世錢之用送
安與 葉德時處時收批礼俱已收訖其山
永付葉家耕作開掘栽種雜木杉樹開懇任
從其便向后黃家不得言說生端等情恐口無憑
立安批字永遠付執為炤
其山內有吉地與黃相議
道光拾年十二月 日立安批字黃啟廷（押）
仝安叔有傑（押）
大進財

3-3-26-2 清道光十年十二月黃啓廷等立安批稅山字

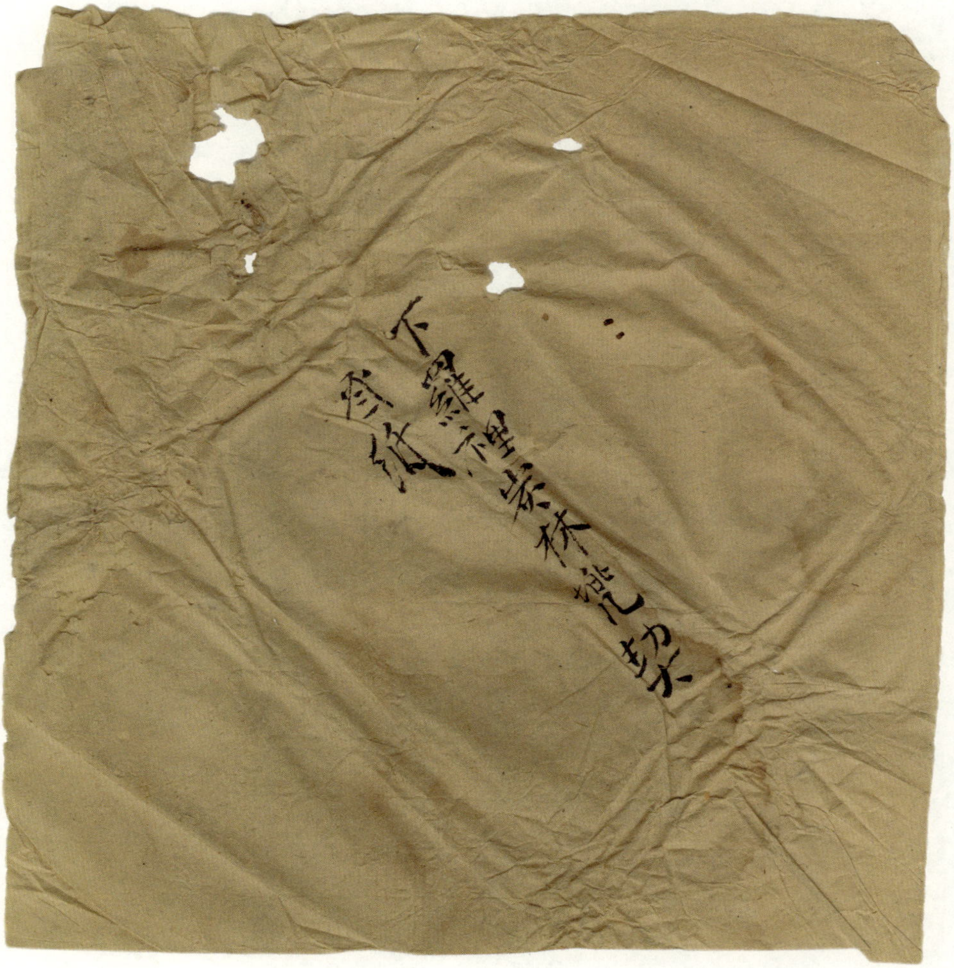

3-3-27-1　包契紙

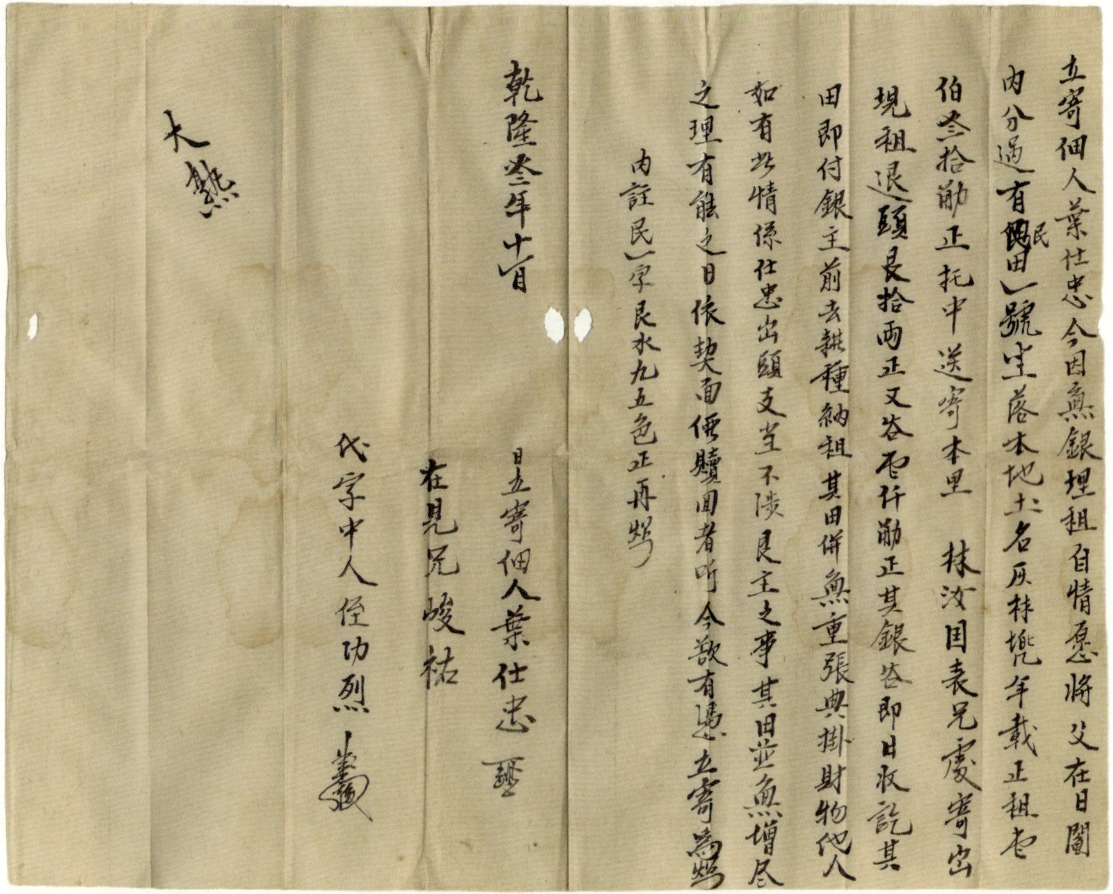
立寄佃人葉仕忠今因無銀埋租自情愿將父在日鬮
内分過有民田一號坐落本地土名瓦林垅年載正租乜
伯叁拾觔正托中送寄本里 林汝国表兄處寄出
現租退頭艮拾两正又谷乜仟觔正其銀谷即日收訖其
田即付銀主前去耕種納租其田併無重張典掛財物他人
如有此情係仕忠出頭支当不涉艮主之事其田並無增尽
之理有能之日依契面價贖回者听今欲有憑立寄為照
内註民一字艮水九五色正再照
乾隆叁年十一月 日立寄佃人葉仕忠（押）
在見兄 峻祜
代字中人 侄功烈（押）
大熟

3-3-27-2 清乾隆三年十一月葉仕忠立寄佃民田字

立盡字侄士科，前長兄士会寄出佃田乙号，
坐落本地土名炭林坵，年載正租谷壹百叁
拾斤正，寄本家　子行公處，寄出現租退頭
谷壹仟陸百斤正。今因長兄士会前雍正十
一年間兄撥弟士科之谷伍百斤正，今見兄身
故，無谷理還，弟將兄所寄炭林坵之佃
田根托中再向本家　叔昌高處盡出，麽
錢貳仟陸百文正。其錢即日收訖，其佃田
即付　叔前去耕作，办納粮差，侄不敢霸佔
等情言說生端之理。其佃田有能之日，備本兄
寄佃並盡字共貳紙一起贖回，者听叔不敢
言說。今欲有憑，立盡字一紙為照。

乾隆八年五月　　日立盡字侄士科
仝見林文
在見陳楙
代字中弟士礼

3-3-27-3　清乾隆八年五月葉士科立盡佃田字

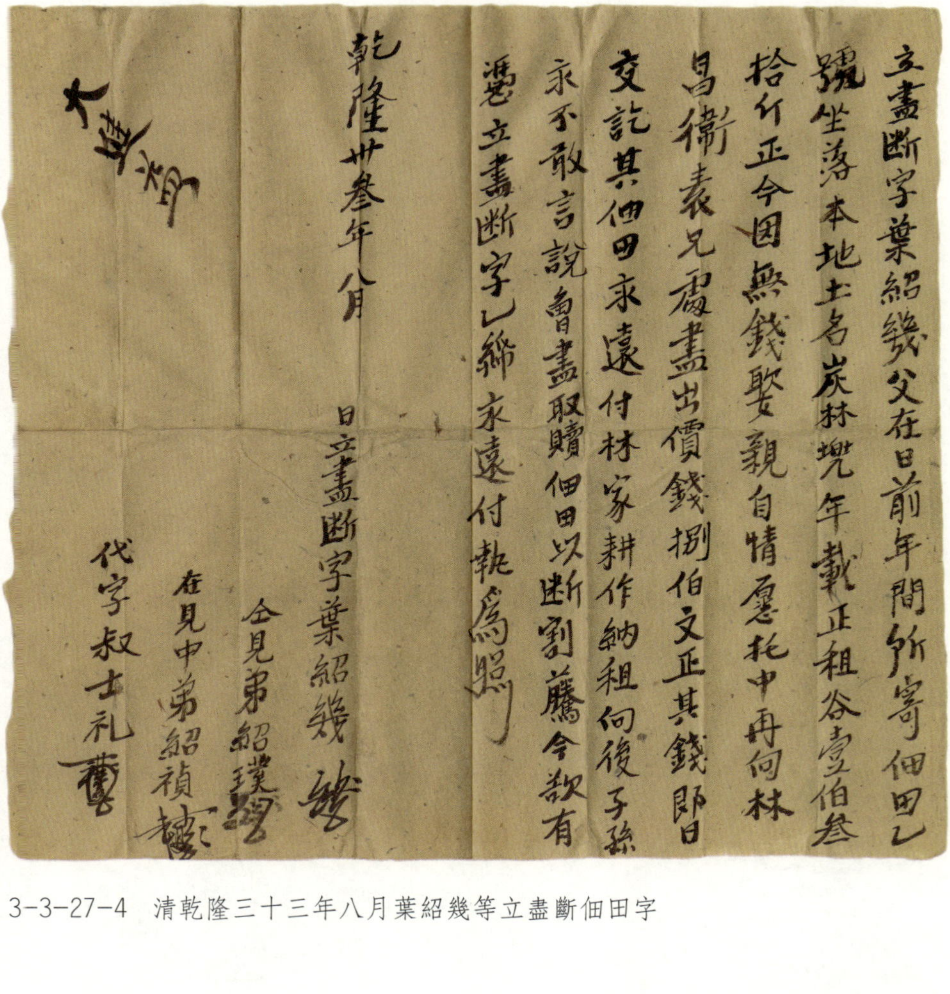
立盡斷字葉紹幾父在日前年間所寄佃田乙號坐落本地土名炭林墘年載正租谷壹伯叁拾斤正今因無錢娶親自情愿托中再向林昌衛表兄處盡出價錢捌伯文正其錢即日交訖其佃田永遠付林家耕作納租向後子孫永不敢言說會盡取贖佃田以斷割藤今欲有憑立盡斷字乙紙永遠付執爲照

乾隆卅叁年八月　日立盡斷字葉紹幾（押）

仝見弟紹璞（押）

在見中弟紹禎（押）

代字叔士礼（押）

3-3-27-4　清乾隆三十三年八月葉紹幾等立盡斷佃田字

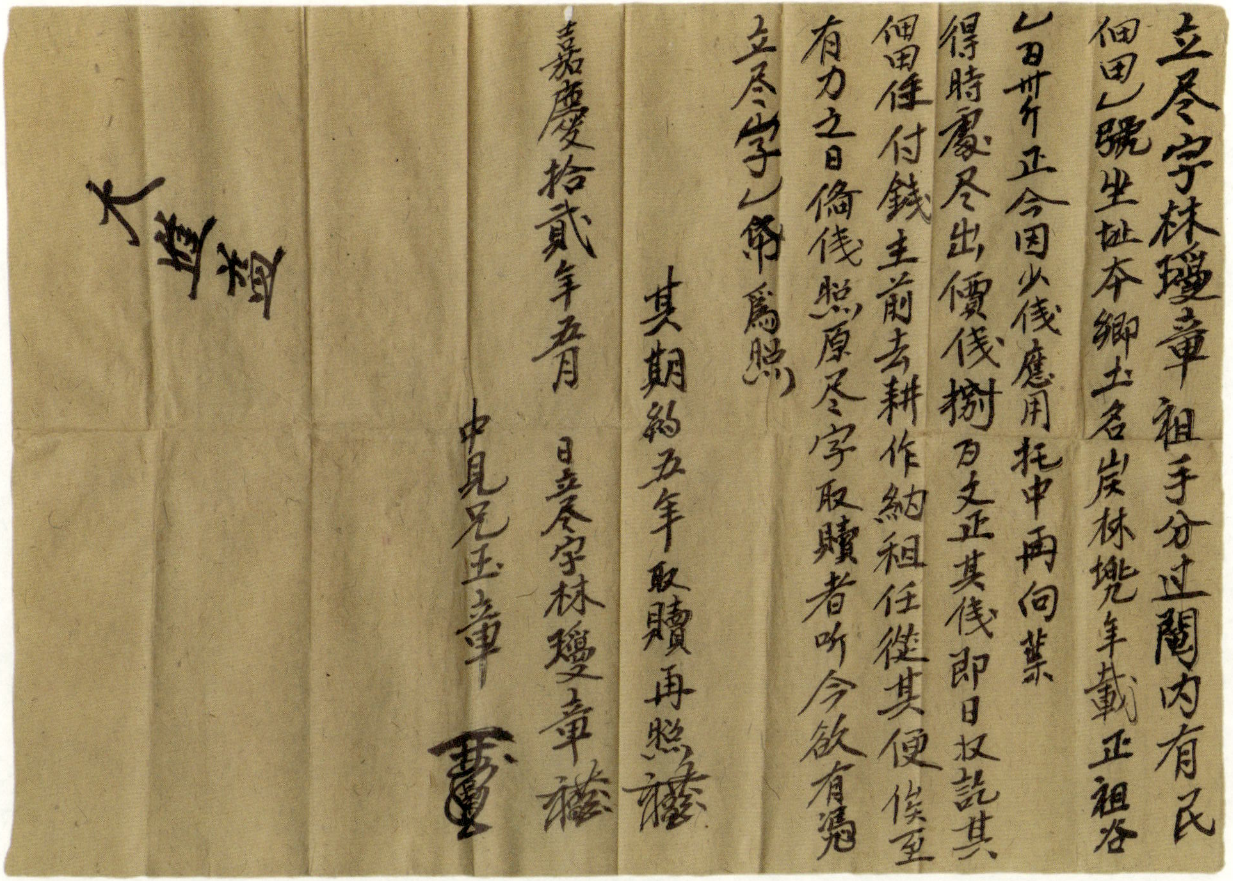
立盡字林瓊章祖手分过閹内有民
佃田乙號坐址本鄉土名岸林墘年載正租谷
乙石廿斤正今因少錢應用托中向葉
得時處盡出價錢捌百文正其錢即日収訖其
佃田任付錢主前去耕作納租任從其便俟至
有力之日備錢照原盡字取贖者听今欲有憑
立盡字乙紙爲照
其期約五年取贖再照
嘉慶拾貳年五月　日立盡字林瓊章
中見兄玉章

3-3-27-5　清嘉慶十二年五月林瓊章立盡民佃田字

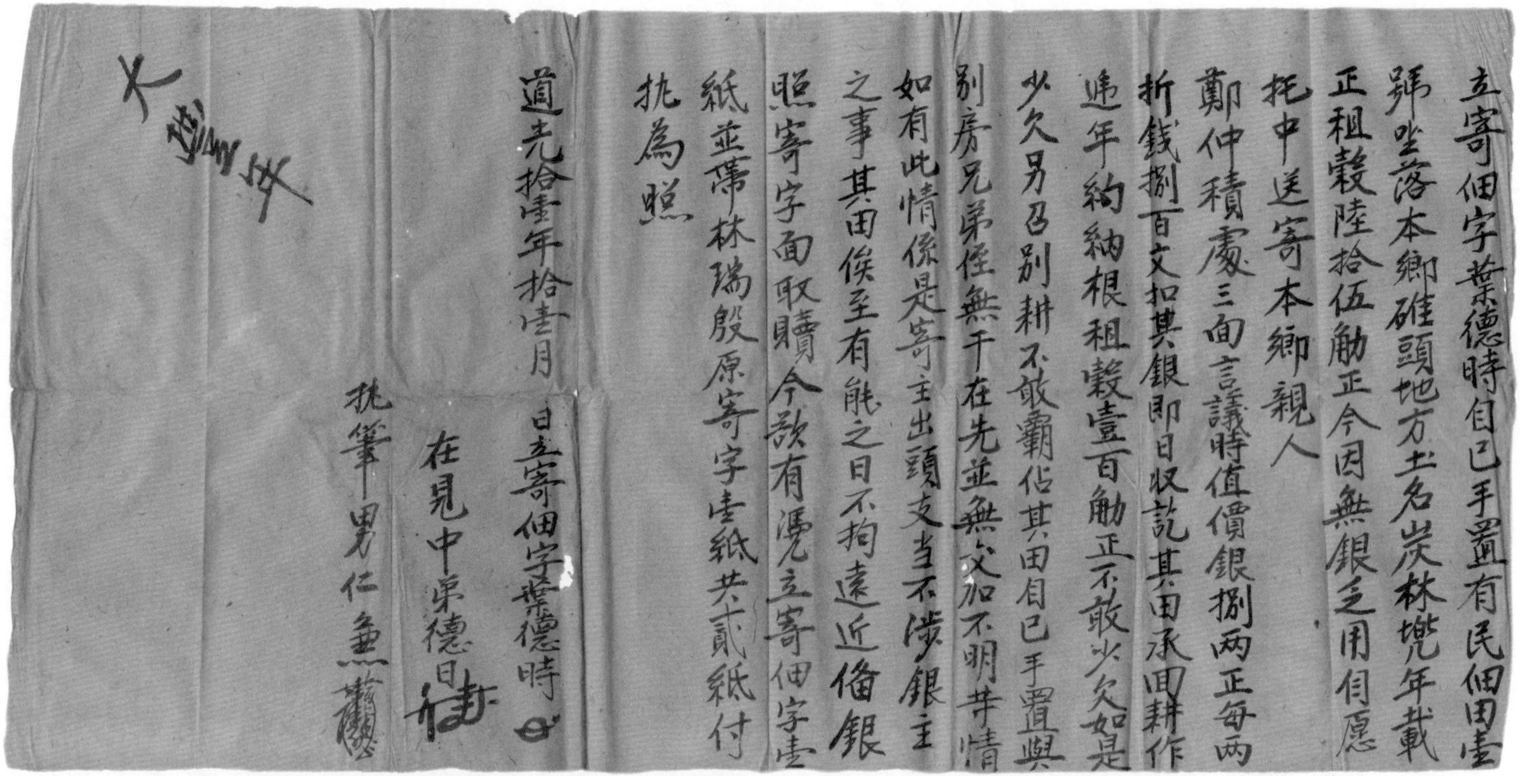
立寄佃字葉德時自己手置有民佃田壹
號坐落本鄉碓頭地方土名炭林墘年載
正租穀陸拾伍觔正今因無銀乏用自愿
托中送寄本鄉親人
鄭仲積處三面言議時值價銀捌兩正每兩
折錢捌百文扣其銀即日收訖其田承佃耕作
逓年約納根租穀壹百觔正不敢少欠如是
少欠另召別耕不敢霸佔其田自己手置與
別房兄弟侄無干在先並無交加不明等情
如有此情係是寄主出頭支当不涉銀主
之事其田俟至有能之日不拘遠近備銀
照寄字面取贖今欲有憑立寄佃字壹
紙並帶林瑞殷原寄字壹紙共貳紙付
執為照
道光拾壹年拾壹月　日立寄佃字葉德時（押）
在見中吳德日（押）
執筆男仁魚（押）
大吉羊

3-3-27-6　清道光十一年十一月葉德時立寄民佃田字

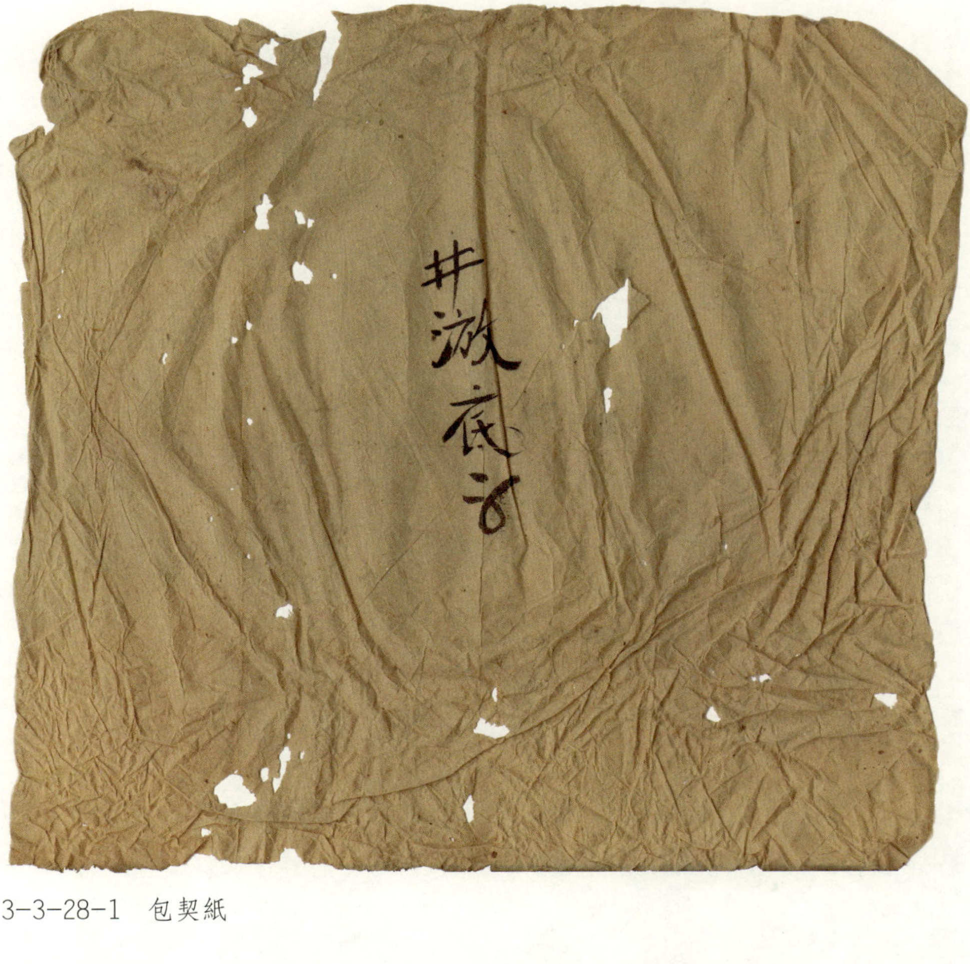

3-3-28-1　包契紙

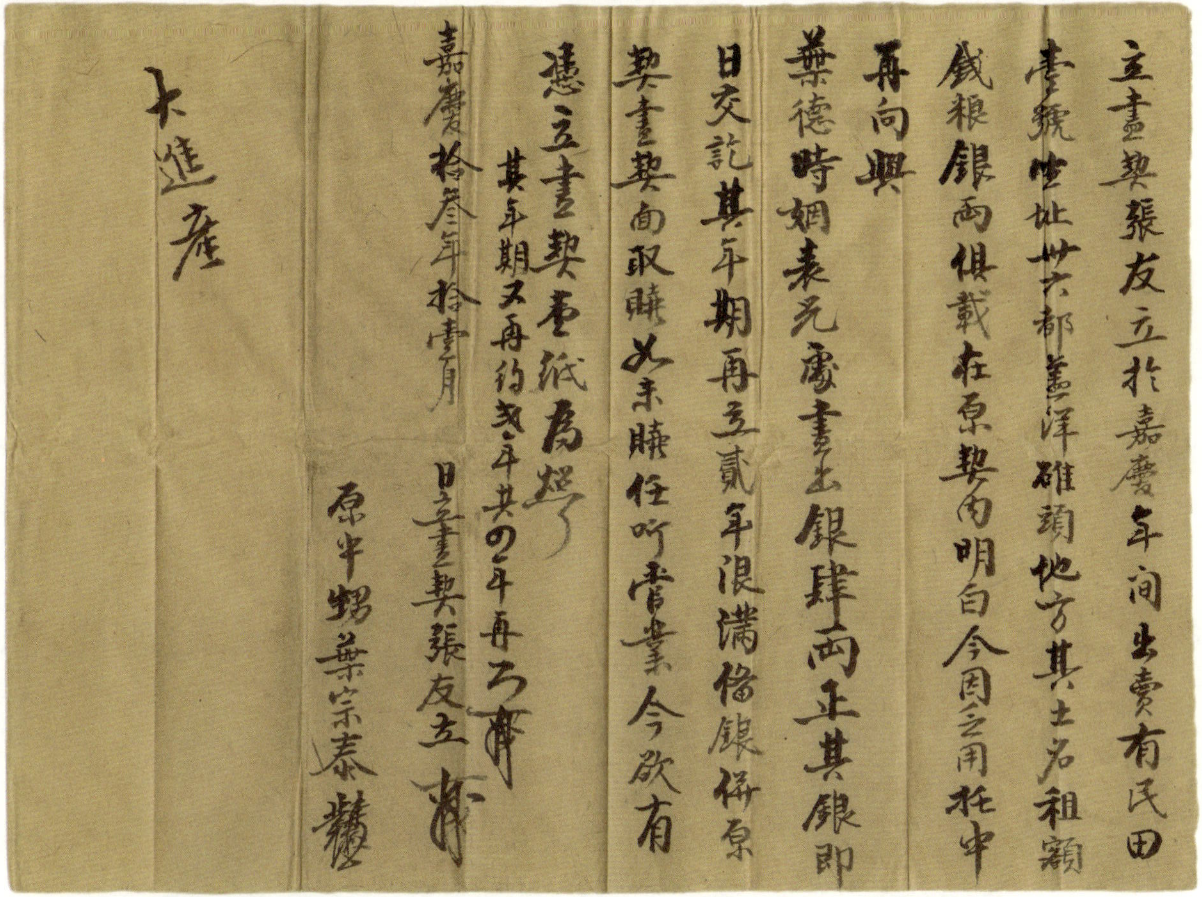
立盡契張友立，於嘉慶年間出賣有民田
壹號，坐址廿六都蓋洋雄頭地方，其土名祖額
錢糧銀兩俱載在原契內明白。今因乏用，托中
再向與
葉德時姻表兄處盡出銀肆兩正，其銀即
日交訖。其年期再立貳年限滿，備銀併原
契盡契向取贖，如未贖任听管業。今欲有
憑，立盡契壹紙為照。
其年期又再約式年，共四年再不
嘉慶拾叁年拾壹月　日立盡契張友立
原中甥葉宗泰
大進產

3-3-28-2　清嘉慶十三年十一月張友立立盡民田契

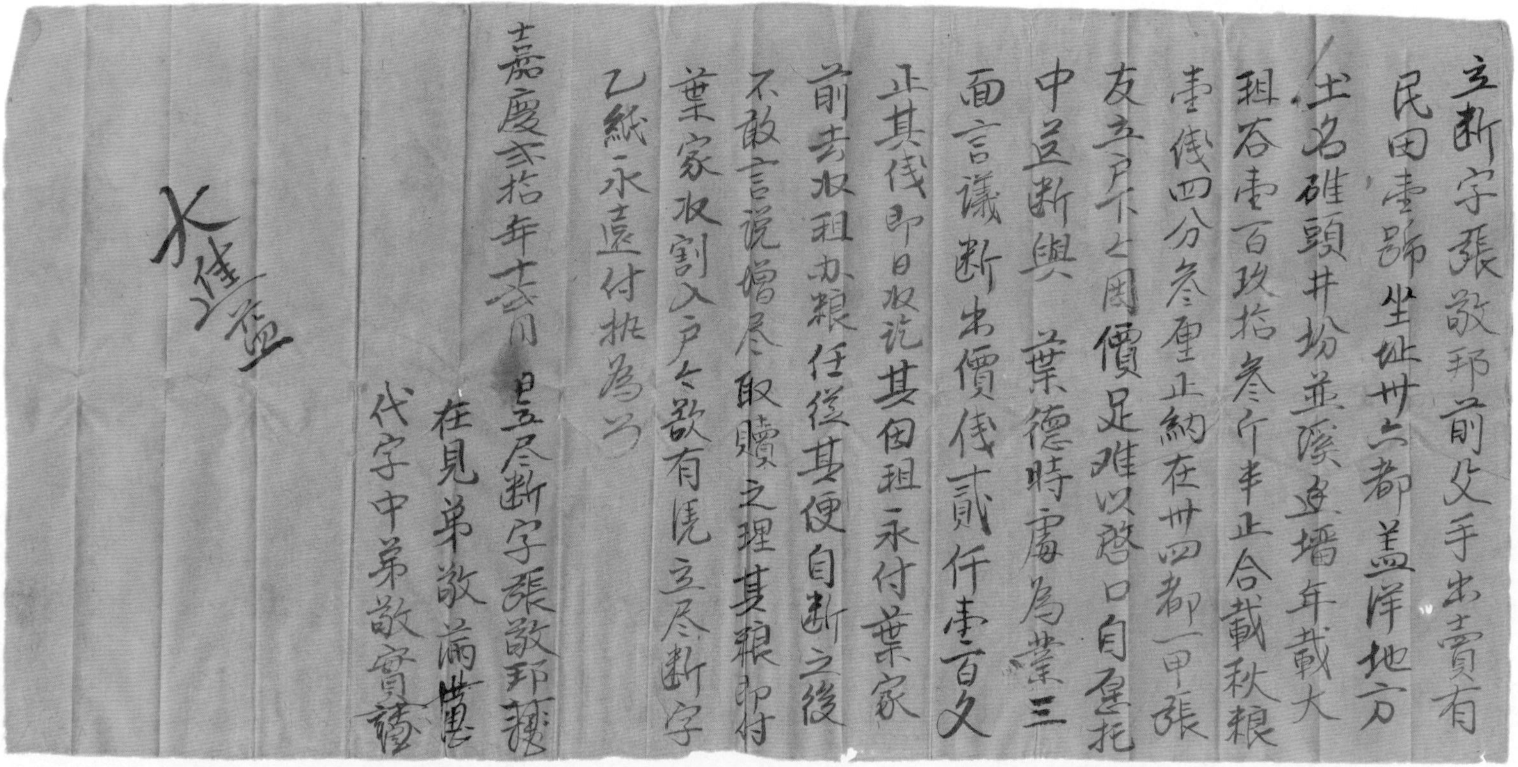

立斷字張敬邦前父手出賣有
民田壹號坐址廿六都蓋洋地方
土名碓頭井坋並溪墘壚年載大
租谷壹百玖拾叁斤半正合載秋粮
壹錢四分叁釐正納在廿四都一甲張
友立戶下已因價足難以啓口自託
中立斷與　葉德時處為業三
面言議斷出價錢貳仟壹百文
正其錢即日收訖其田租永付葉家
前去收租办粮任從其便自斷之後
不敢言說增盡取贖之理其粮即付
葉家收割入戶今欲有憑立盡斷字
乙紙永遠付執為照
嘉慶貳拾年十二月　日立盡斷字張敬邦（押）
在見弟敬滿（押）
代字中弟敬賓（押）

3-3-28-3　清嘉慶二十年十二月張敬邦立盡斷民田字

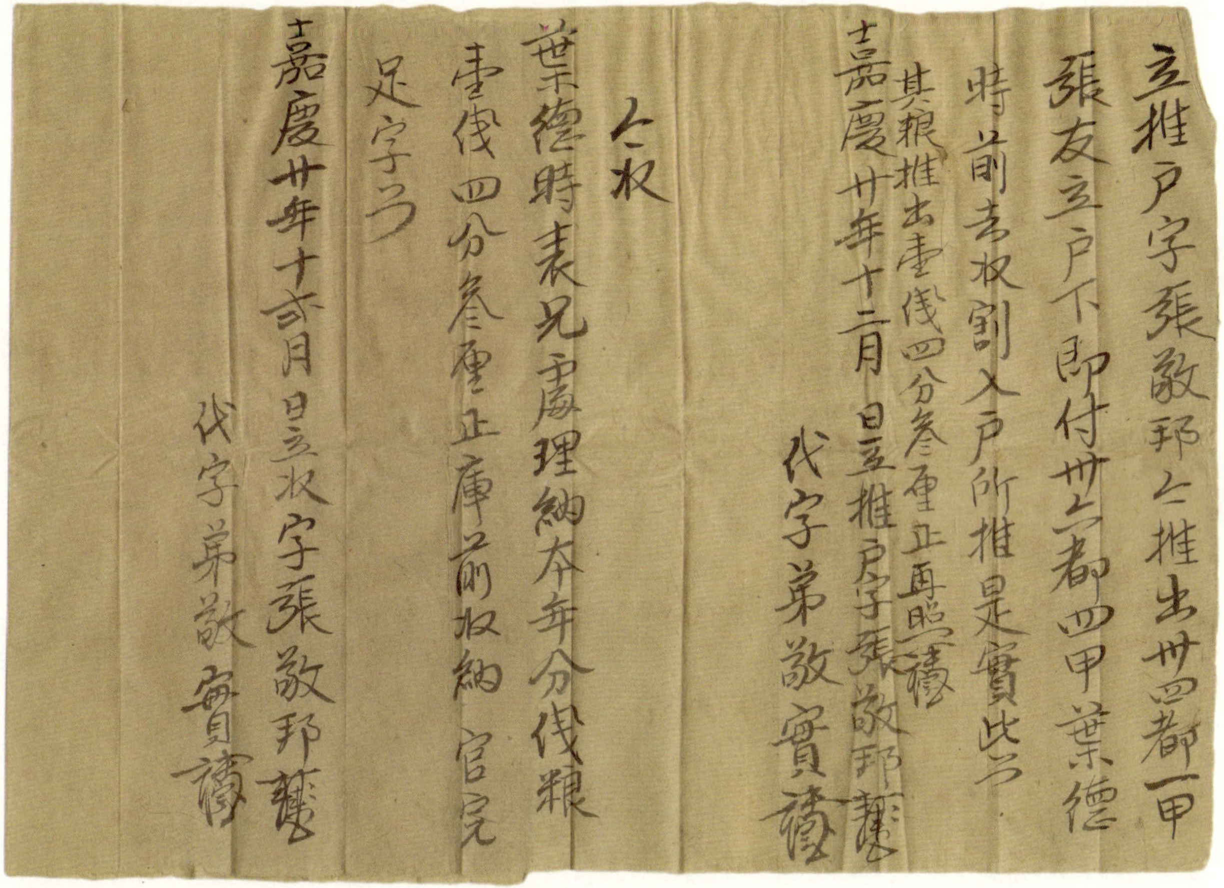

立推户字張敬邦今推出廿四都一甲
張友立户下即付廿七都四甲葉宗德
時前去收割入户所推是實此照
其粮推出壹錢四分叁厘正再照據
嘉慶廿年十二月 日立推户字張敬邦
代字弟敬賓

今收
葉宗德將表兄處理納本年分錢粮
壹錢四分叁厘正庫前收納官完
足字照
嘉慶廿年十貳月 日立收字張敬邦
代字弟敬賓

3-3-28-4 清嘉慶二十年十二月張敬邦立推户字

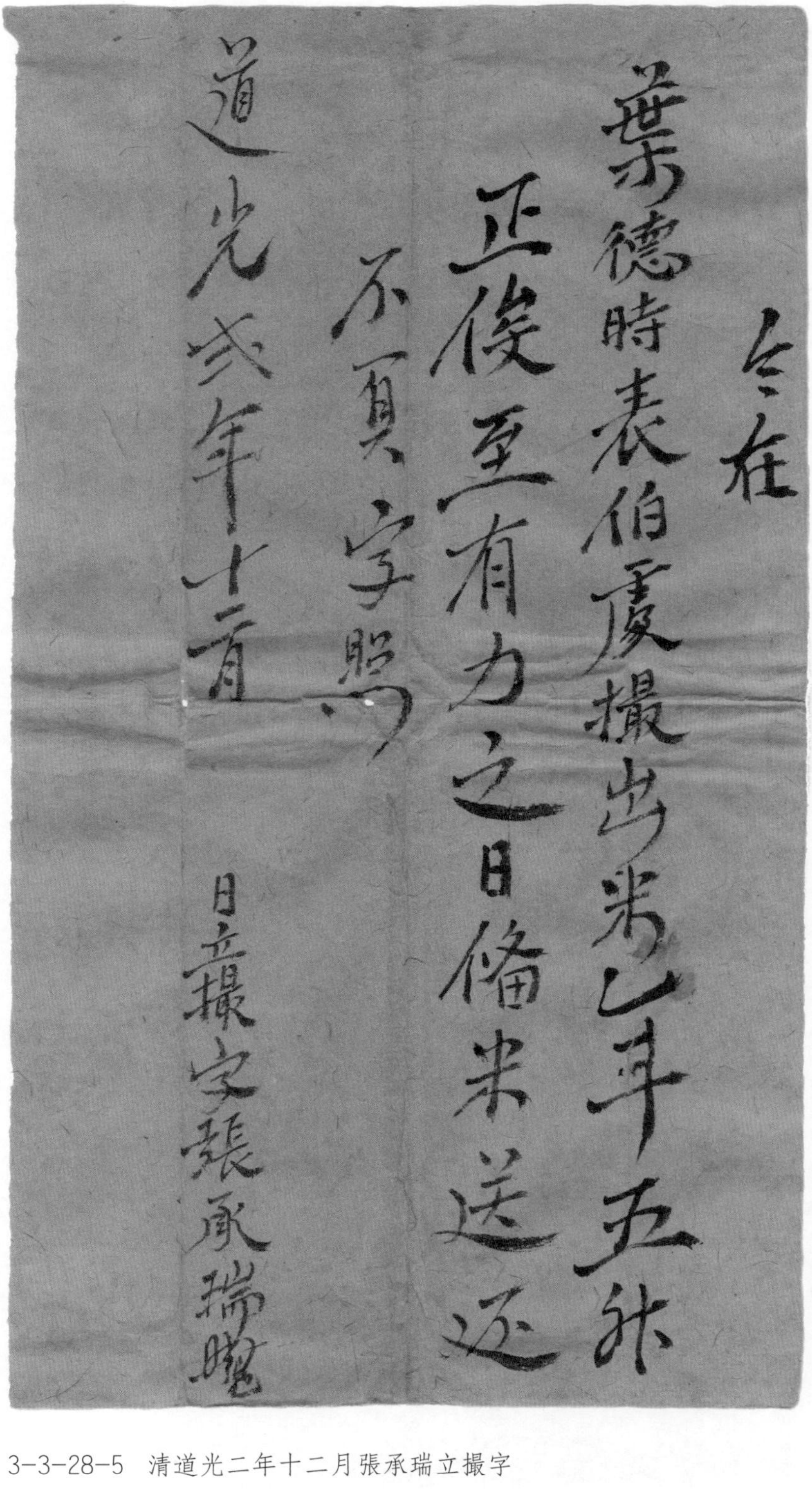

今在
葉德時表伯處撮出米乙斗五升
正俟至有力之日備米送还
不負字照
道光弍年十二月　日立撮字張承瑞

3-3-28-5　清道光二年十二月張承瑞立撮字

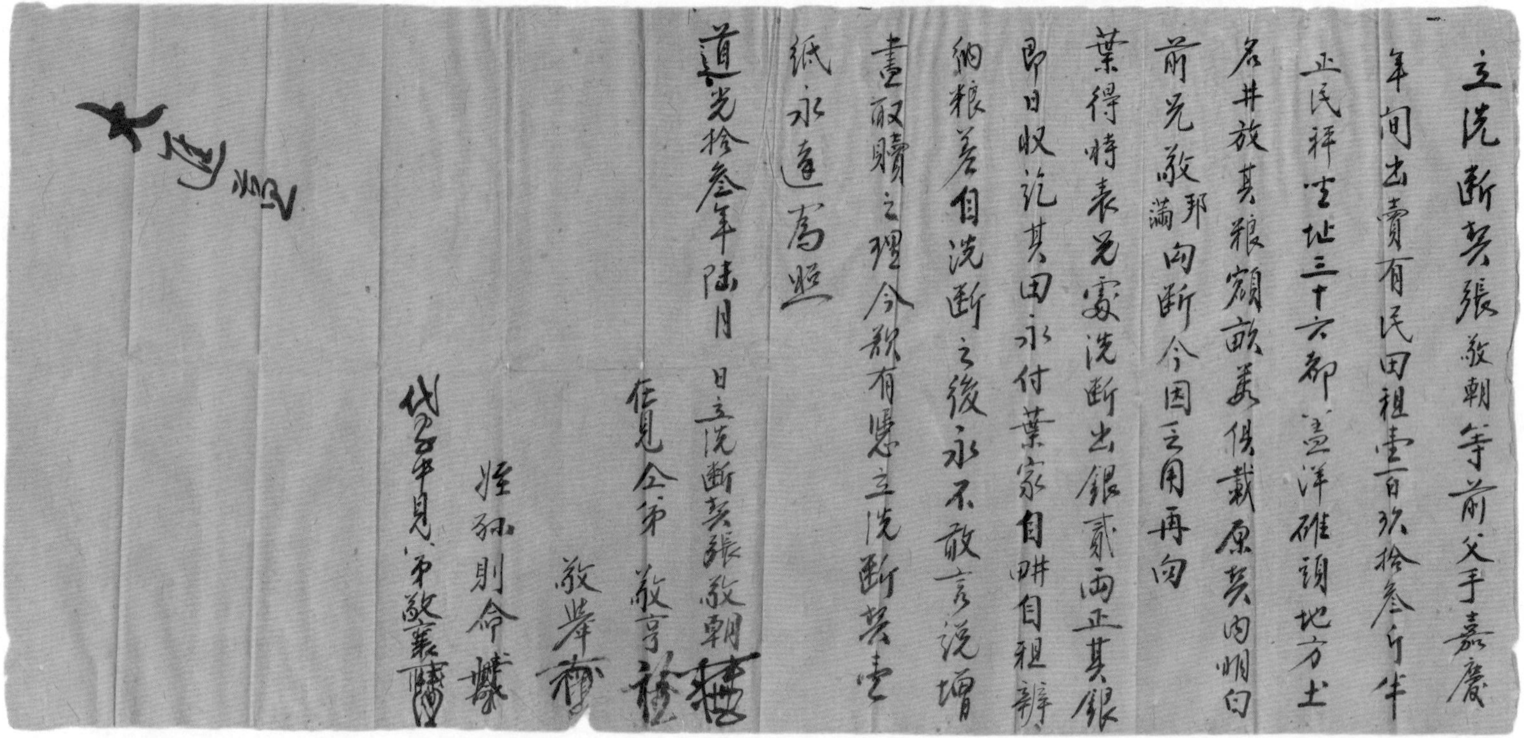

3-3-28-6　清道光十三年六月張敬朝等立洗斷民田租契

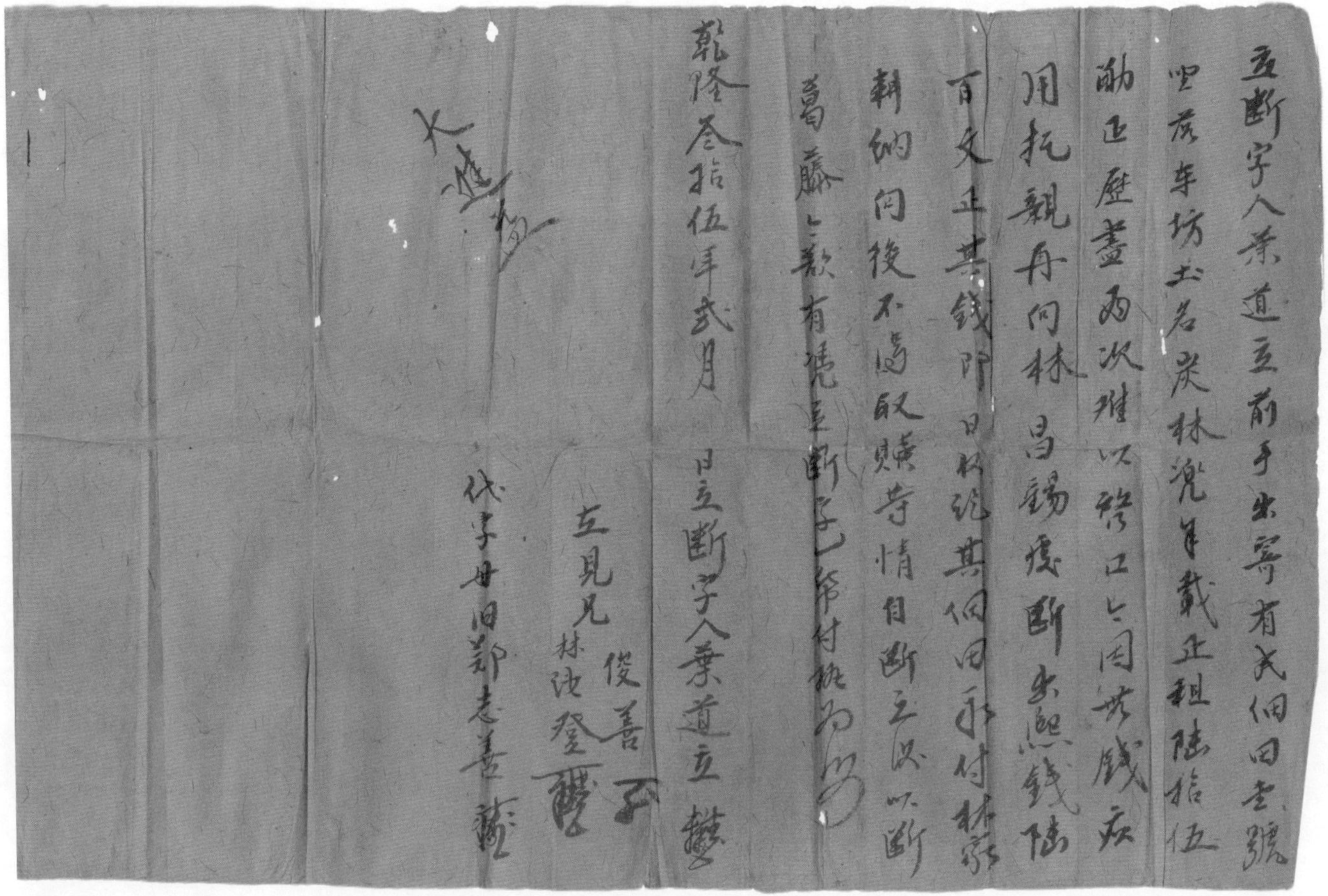
立斷字人葉道立前手出寄有民佃田壹號
坐落本坊土名炭林洸年載正租陸拾伍
觔正歷盡兩次推以前已同共錢府
用托親舟向林昌錫邊斷出艮錢陸
百文正其錢即日收訖其佃田永付林家
耕納向後不得取贖等情自斷之後以斷
葛藤〻歎有憑立斷字乙帋付執爲照
乾隆叁拾伍年貳月　日立斷字人葉道立
在見兄　俊善
林沈登
代字母舅鄭志善

3-3-29-1　清乾隆三十五年二月葉道立立斷民佃田字

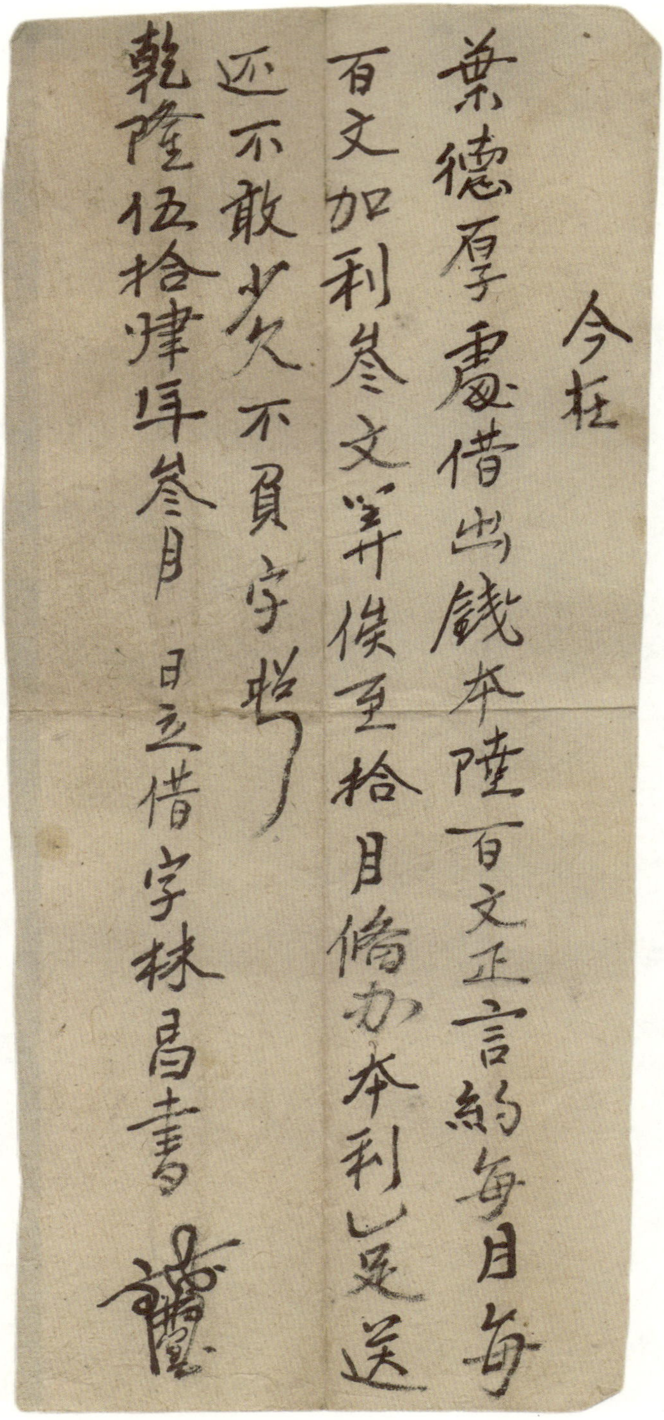
今在
葉德厚處借出錢本陸百文正言約每月每
百文加利叁文算俟至拾月備办本利足送
还不敢少欠不負字照
乾隆伍拾肆年叁月　日立借字林昌書

3-3-29-2　清乾隆五十四年三月林昌書立借錢字

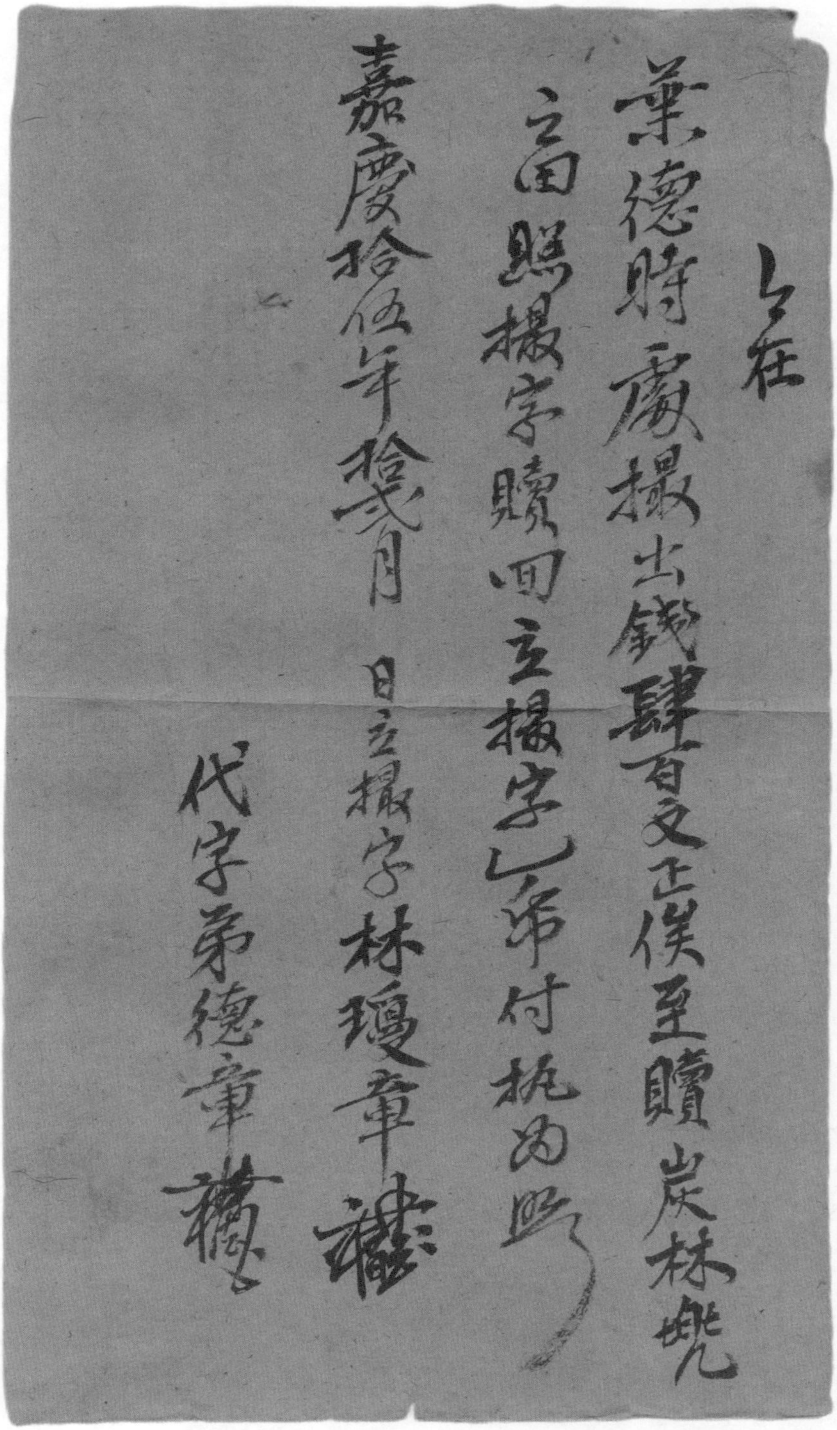
今在
葉德時處撮出錢肆百文正俟至贖出炭林兜
之田照撮字贖回立撮字仁弟付執為照
嘉慶拾伍年拾貳月 日立撮字林瓊章（押）
代字弟德章（押）

3-3-29-3 清嘉慶十五年十二月林瓊章立撮字

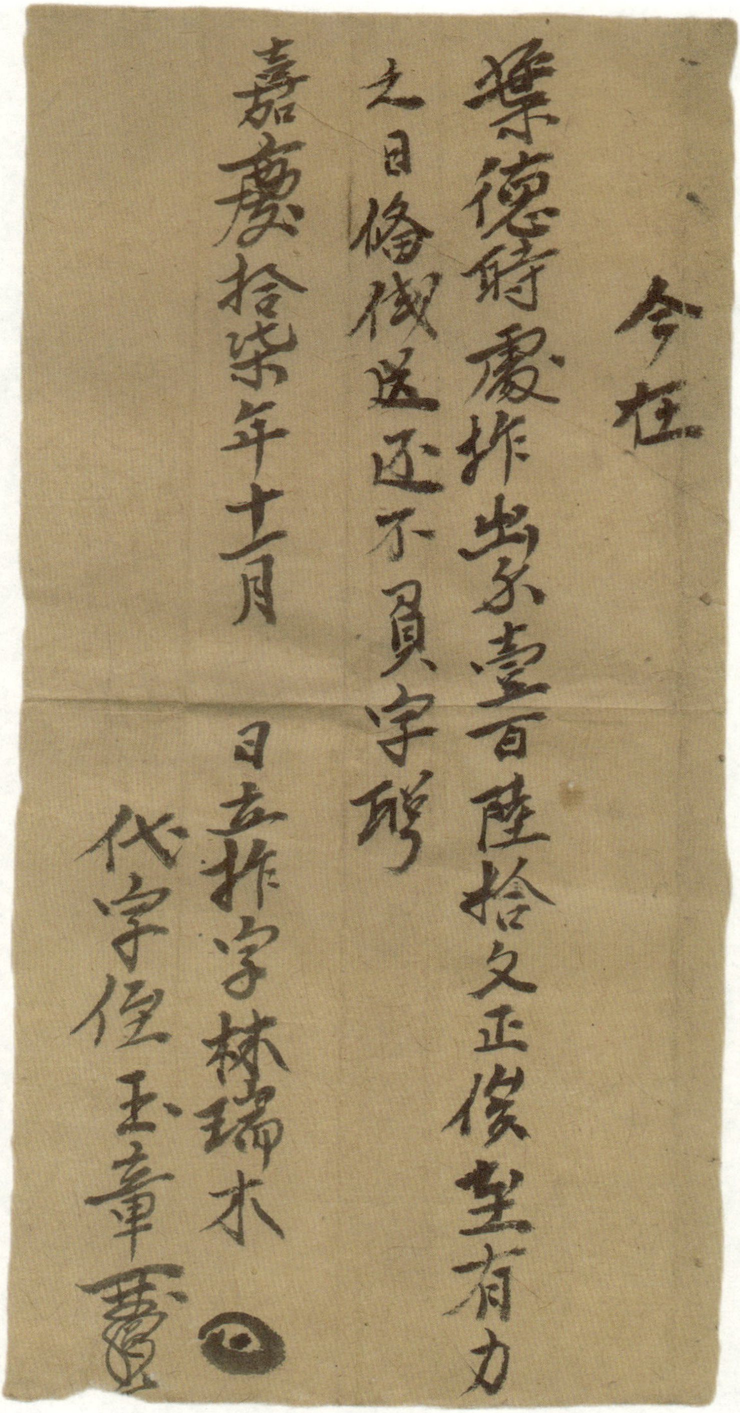

今在

葉德特處撮出錢壹百陸拾文正俟至有力

之日備代送还不負字照

嘉慶拾柒年十一月　日立撮字林瑞木

代字侄玉章

3-3-29-4　清嘉慶十七年十一月林瑞木立撮字

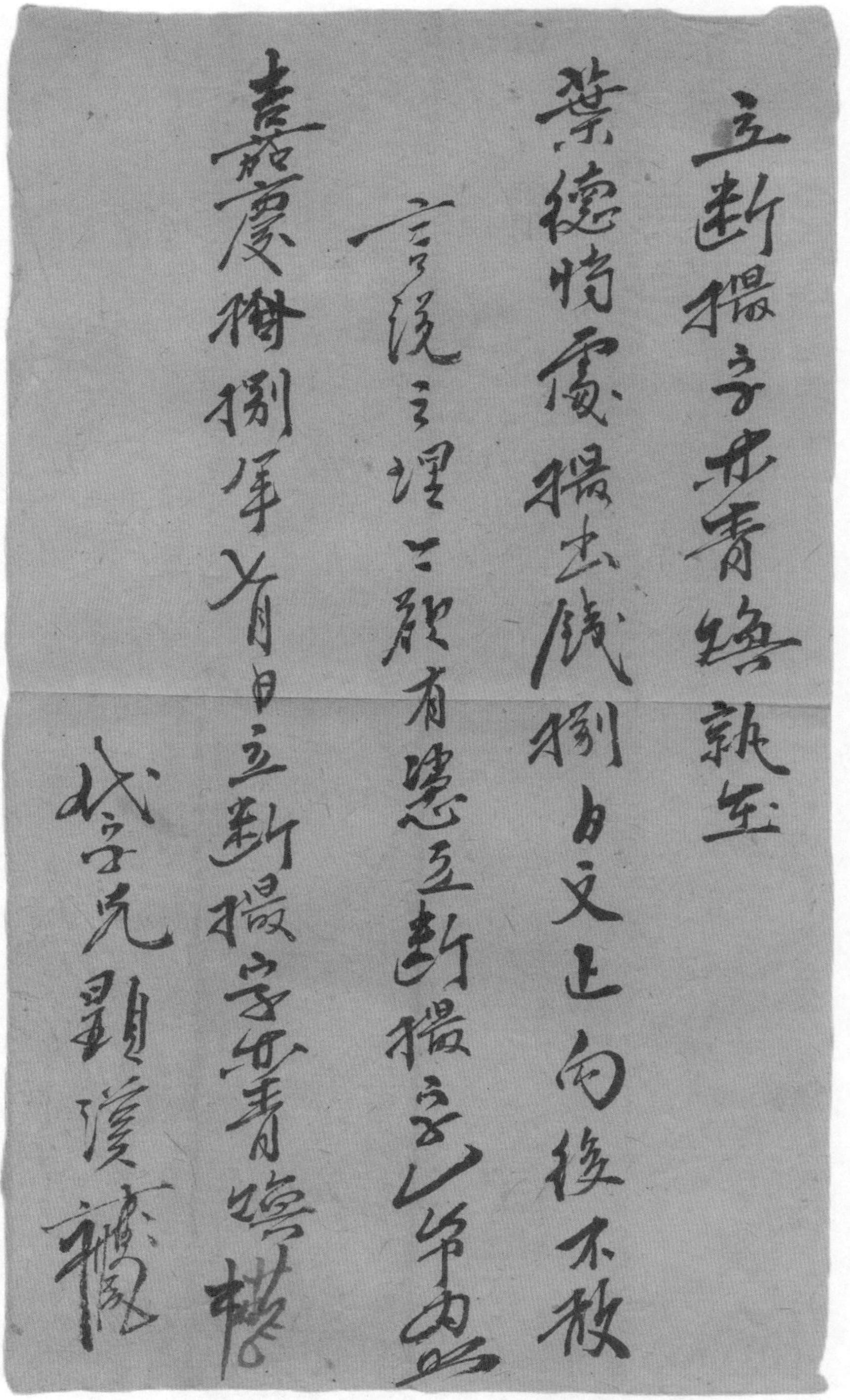

立斷撮字林青煥執生
葉德特處撮去錢捌百文正向後不敢
言說之理口說有憑立斷撮字爲照
嘉慶捌捌年七月日立斷撮字林青煥押
代字兄顯讚筆

3-3-29-5　清嘉慶十八年七月林青煥立撮字

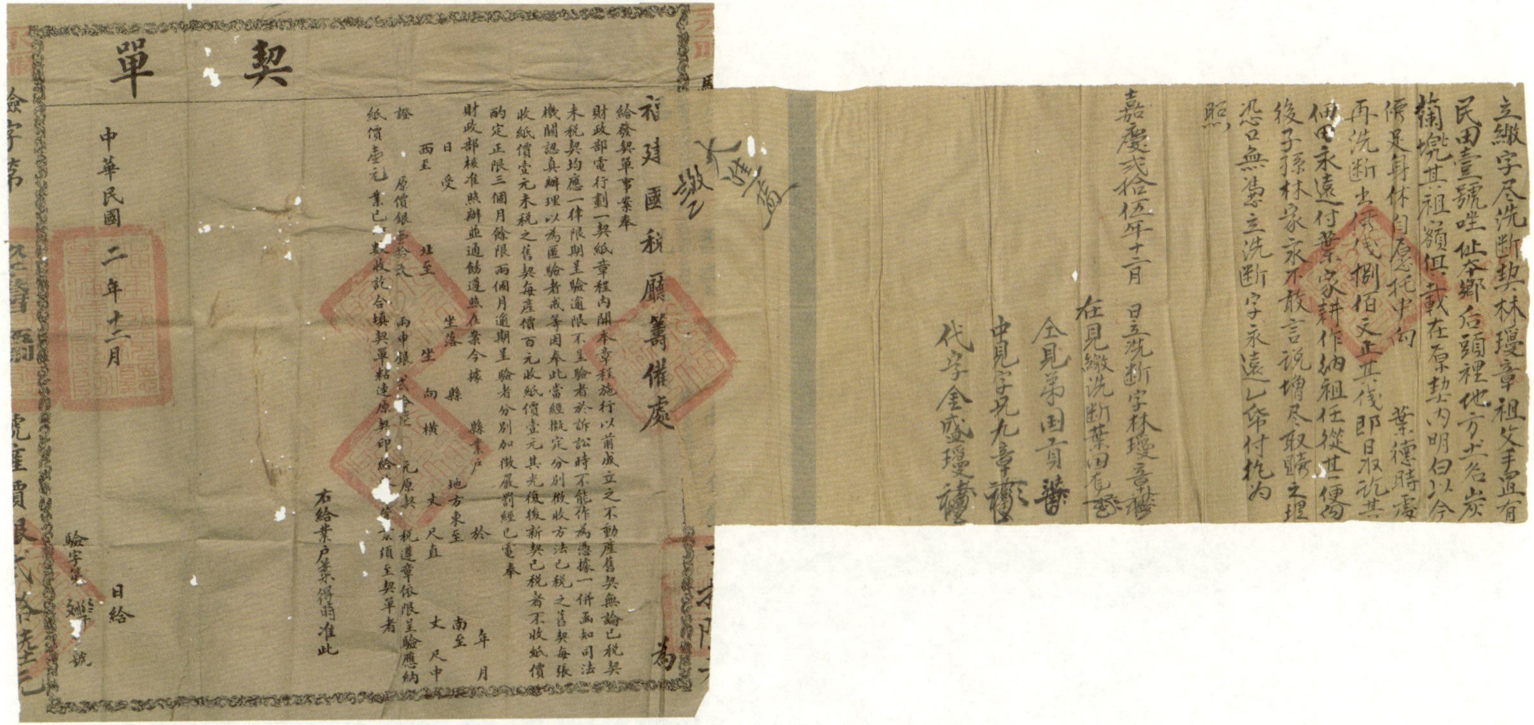
立繳字尽洗斷契林瓊章祖父手置有
民田壹號坐仝鄉后頭裡地方土名炭
𥓓墘其租額俱載在原契內明白以今
僱是身仍自原托中向 葉德時處
再洗斷出佛銀捌佰文正其銀即日收訖其
田永遠付葉家耕作納租任從其便爲
後子孫林家永不敢言說增尽取贖之理
恐口無憑立洗斷字永遠付執爲
照
嘉慶式拾伍年十二月 日立洗斷字林瓊章
在見繳洗斷葉田有
仝見弟因貢
中見字兄九章
代字金盛瓊

契單
福建國稅廳籌備處
中華民國二年十二月 日給

3-3-29-6 清嘉慶二十五年十二月林瓊章立繳字盡洗斷民田契（紅契）

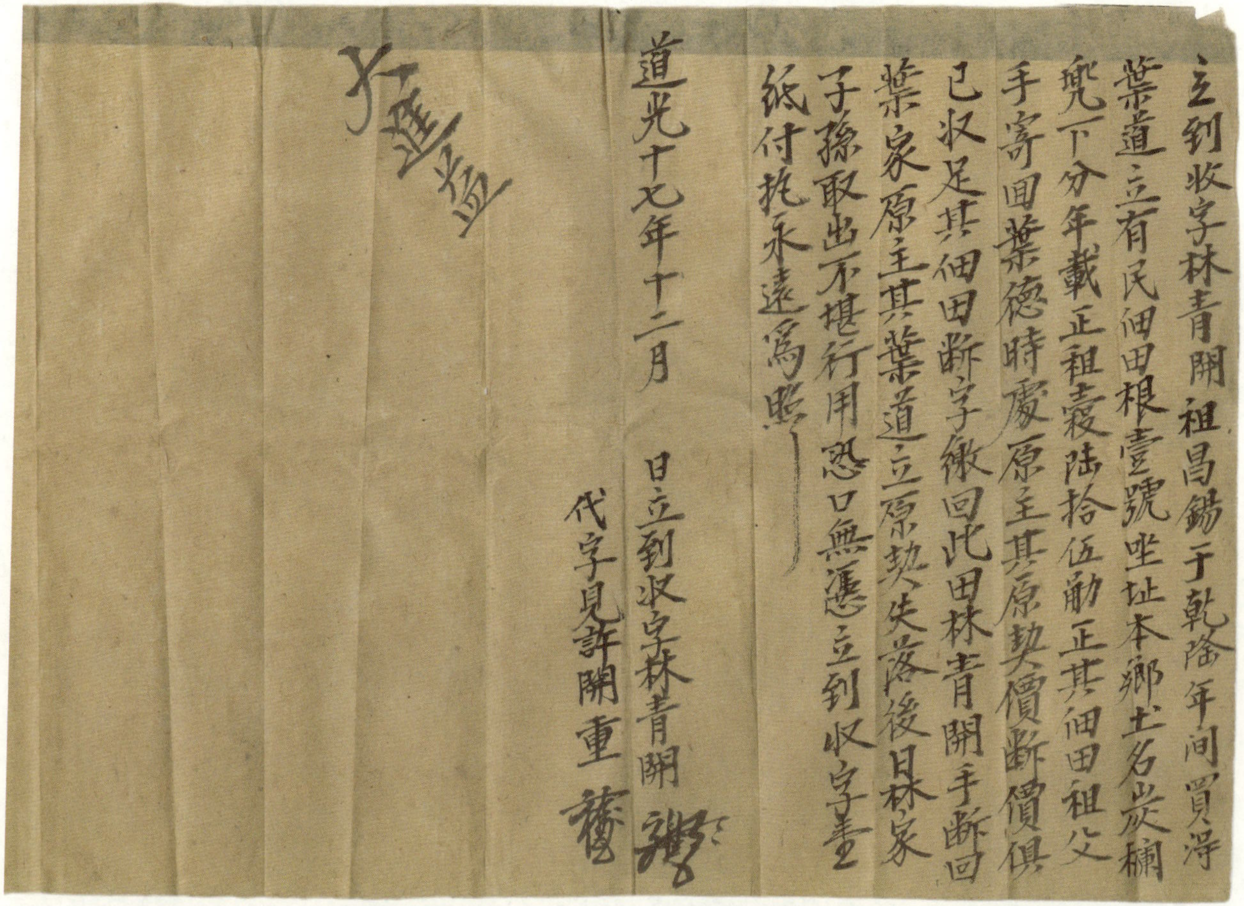
立到收字林青開，祖昌錫于乾隆年间買得
葉道立有民佃田根壹號，坐址本鄉土名炭桶
兜下，分年載正租壹裒陸拾伍觔正，其佃田租父
手寄回葉德時處，原主其原契價斷價俱
已收足，其佃田斷字徹回，此田林青開手斷回
葉家原主，其葉道立原契失落，後日林家
子孫取出，不堪行用，恐口無憑，立到收字壹
紙付執，永遠為照。
道光十七年十二月　日立到收字林青開（押）
代字見許開重（押）

3-3-29-7　清道光十七年十二月林青開立到收字

3-3-30-1　包契紙

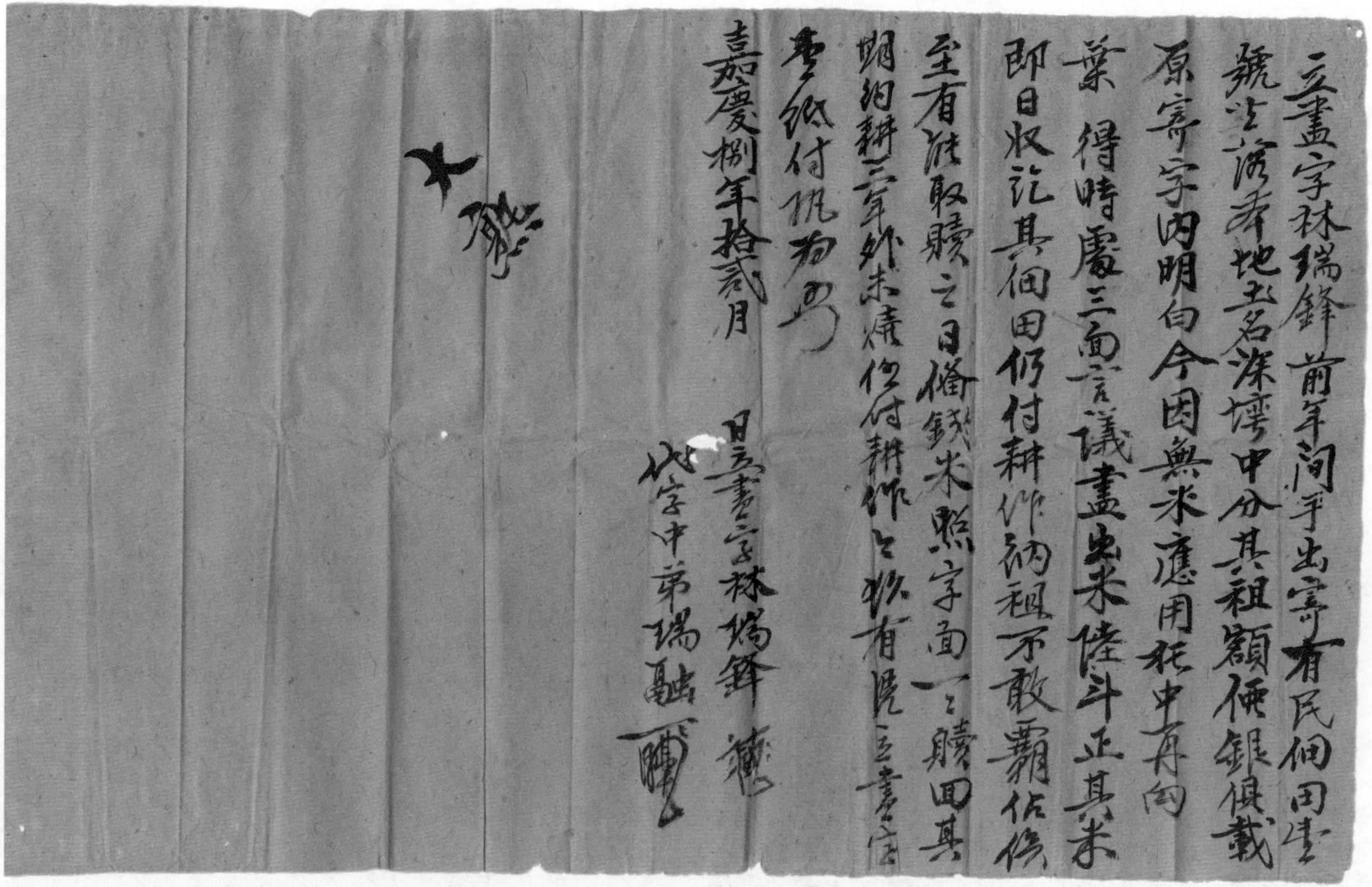
立盡字林瑞鋒前年間手出寄有民佃田未
號坐落本地土名洋墩中分其租額併銀俱載
原寄字內明白今因無米應用托中再向
葉　得時處三面言議盡出米陸斗正其米
即日收訖其佃田仍付耕作納租不敢霸佔係
至有能取贖之日備錢米照字面一足贖回其
田照約耕三年外未贖仍付耕作今欲有憑立盡字
壹紙付執為照
大發
嘉慶捌年拾貳月　日立盡字林瑞鋒
代字中弟瑞融

3-3-30-2　清嘉慶八年十二月林瑞鋒立盡民佃田字

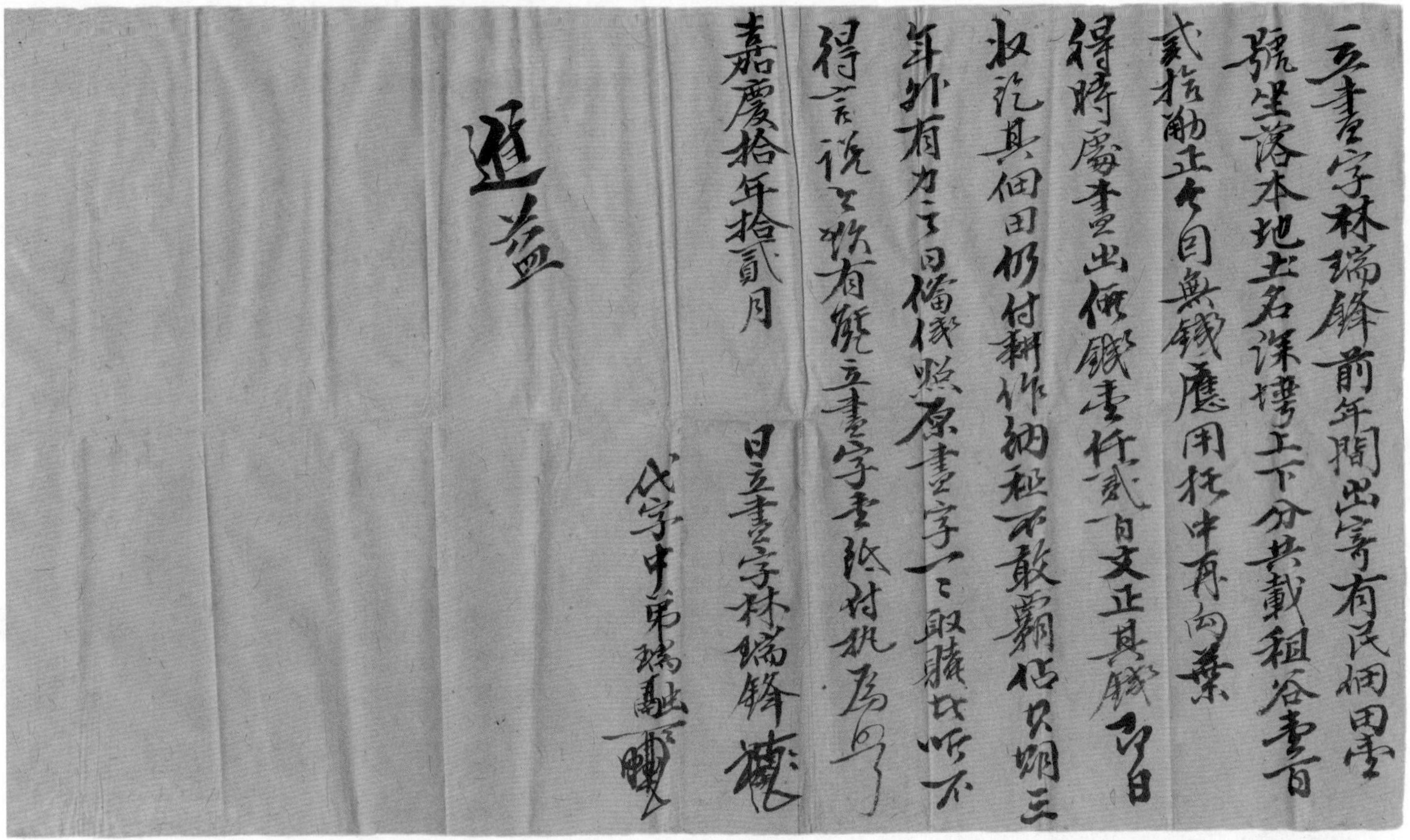
立盡民字林瑞鋒前年間出賣有民佃田壹號坐落本地土名洋塘上下分共載租谷壹百貳拾觔正今因無錢應用托中再向業得時價盡出價錢壹仟貳伯文正其錢即日收訖其佃田仍付耕作納租不敢霸佔只限三年外有力之日備價照原盡字一之取贖毋得不得言說之恐有無憑立盡字壹紙付執為照

嘉慶拾年拾貳月　日立盡民字林瑞鋒（押）

代字中弟瑞融（押）

通益

3-3-30-3　清嘉慶十年十二月林瑞鋒立盡民佃田字

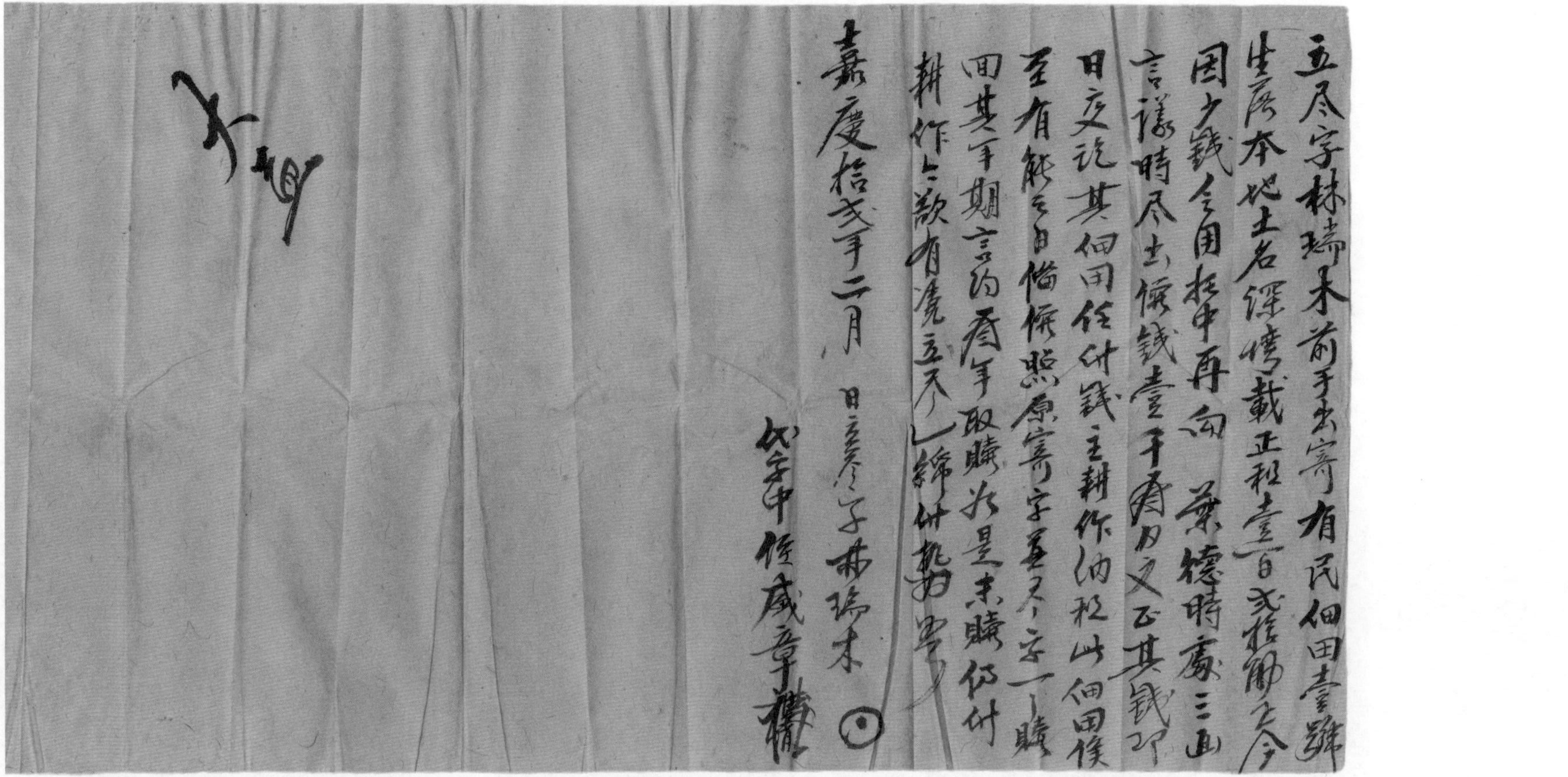
立尽字林瑞木前手出寄有民佃田壹號
生居本地土名[illegible]載正租壹百弍拾觔今
因乏錢今用托中再向　葉德時處三面
言議時尽出價錢壹千肆百文正其錢即
日交訖其佃田任付錢主耕作納租此佃田係
至有能〻自備價照原寄字並尽字一〻贖
回其年期言約看年取贖如是未贖仍付
耕作〻欲有憑立尽〻紙付執為照
嘉慶拾弍年二月　日立尽字　林瑞木　⊙
代字中　侄威章

3-3-30-4　清嘉慶十二年二月林瑞木立盡民佃田字

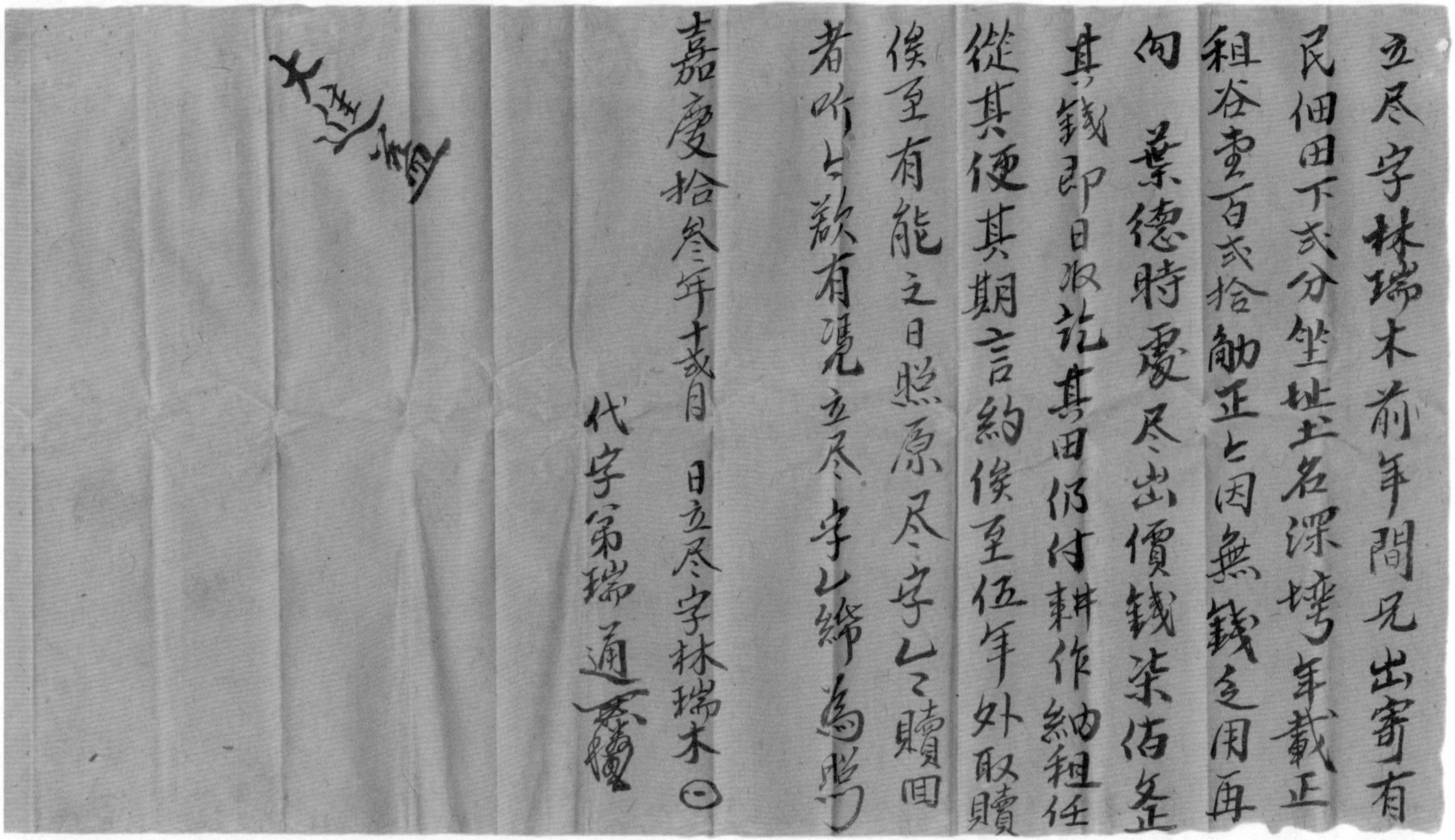

3-3-30-5 清嘉慶十三年十二月林瑞木立盡民佃田字

立尽字林瑞木前年間兄出尽有民佃
田乙號，坐落土名深塆下，弍分，其額租具
載原契內。今因無錢乏用，再向與
葉得時處尽出價錢壹仟文正。其錢
即日收訖，其佃田付錢主耕作納租，任從
其便。其年期言約伍年外，後至有能之
日，照原尽字乙紙贖回。如是未贖，仍
付業主執有為憑。立尽字乙紙為照。

嘉慶拾伍年十弍月　日立尽字林瑞木 ㊀

代字弟瑞通（押）

大進益

3-3-30-6　清嘉慶十五年十二月林瑞木立盡民佃田字

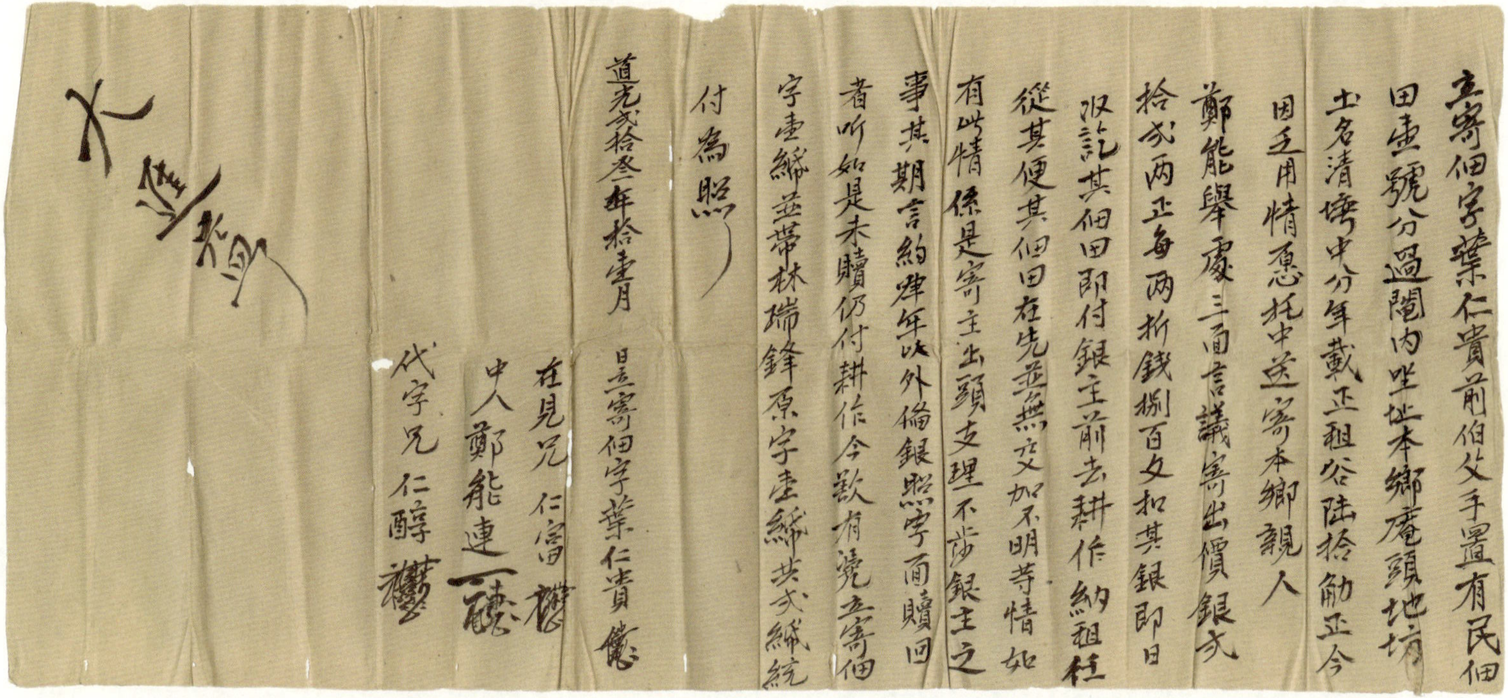
立寄佃字葉仁貴前伯父手置有民佃
田壹號分過閹內坐址本鄉庵頭地坊
土名清塘中分年載正租谷陆拾觔正今
因乏用情愿托中送寄本鄉親人
鄭能舉處三面言議寄出價銀弍
拾弍兩正每兩折錢捌百文和其銀即日
收訖其佃田即付銀主前去耕作納租任
從其便其佃田在先並無交加不明等情如
有此情係是寄主出頭支理不涉銀主之
事其期言約肆年以外備銀照字面贖回
者聽如是未贖仍付耕作今欲有憑立寄佃
字壹紙並帶林瑞鋒原字壹紙共弍紙統
付為照
道光弍拾叁年拾壹月　日立寄佃字葉仁貴(押)
在見兄　仁富(押)
中人鄭能連(押)
代字兄　仁醇(押)
大進吉

3-3-30-7　清道光二十三年十一月葉仁貴立寄民佃田字

3-3-31-1　包契紙

3-3-31-2 包契紙

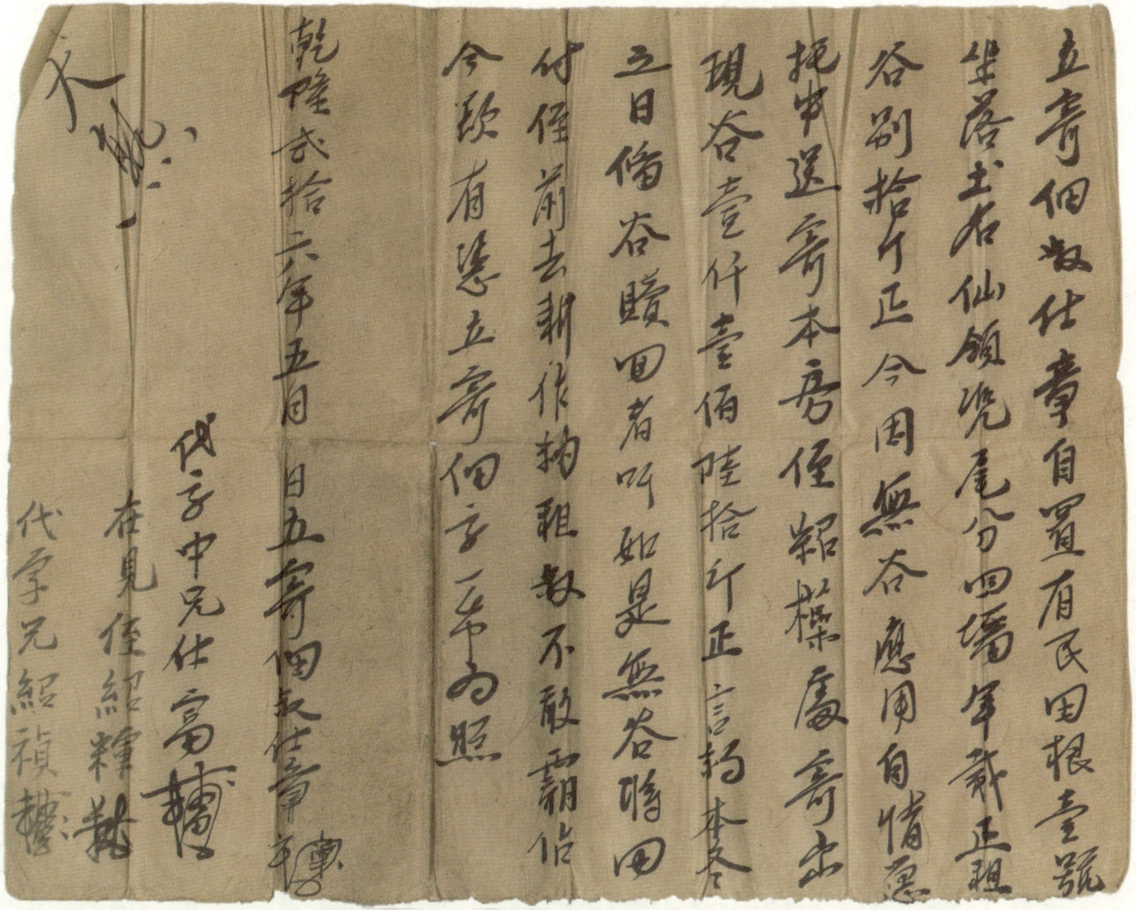

立寄佃叔仕章自置有民田根壹號
坐落土名仙領洸尾分田壹坵年載正租
谷捌拾斤正今因無谷應用自情愿
挽中送寄本房侄紹樑處寄出
現谷壹仟壹佰陸拾斤正言約本冬
立日備谷贖回者听如是無谷贖回
付侄前去耕作納租數不敢霸佔
今欲有憑立寄佃字一帋為照
乾隆貳拾六年五月　日立寄佃叔仕章（押）
代字中兄仕富（押）
在見侄紹粸（押）
代字兄紹禎（押）

3-3-31-3　清乾隆二十六年五月葉仕章立寄佃民田根字

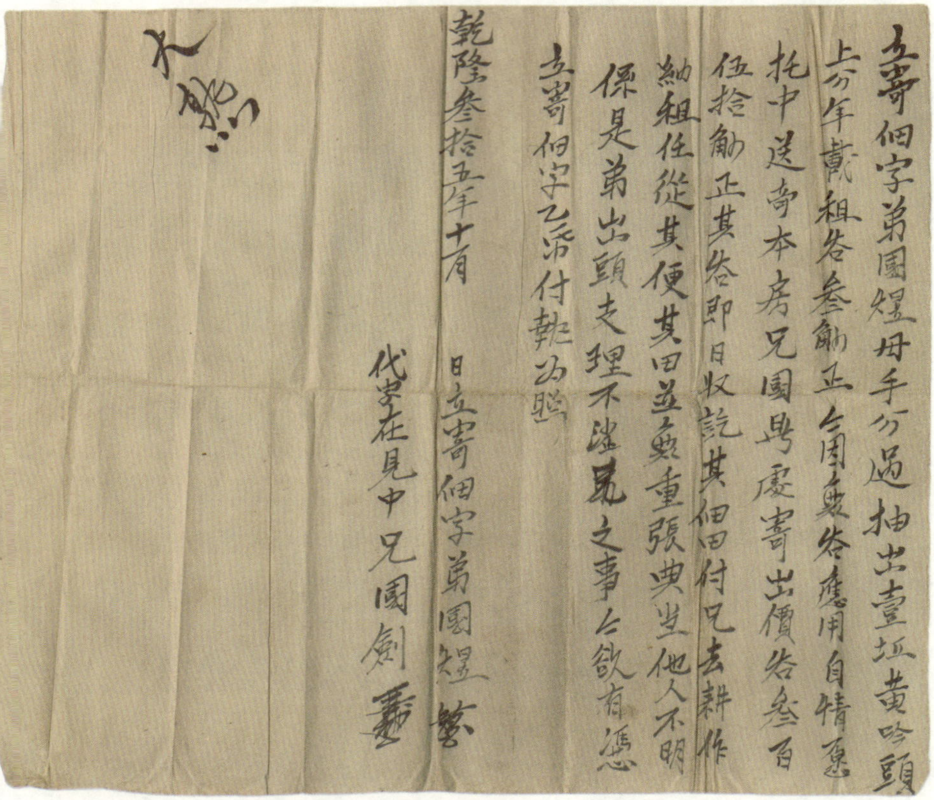
立寄佃字弟國煋母手分過抽出壹坵黄吟頭
上分年載租谷叁觔正今因無谷應用自情愿
托中送寄本房兄國聘處寄出價谷叁百
伍拾觔正其谷即日收訖其佃田付兄去耕作
納租任從其便其田並無重張典当他人不明
係是弟出頭支理不涉兄之事今欲有憑
立寄佃字乙紙付執為照
乾隆叁拾五年十月　日立寄佃字弟國煋（押）
代字在見中兄國劍（押）

3-3-31-4　清乾隆三十五年十一月葉國煋立寄佃田字

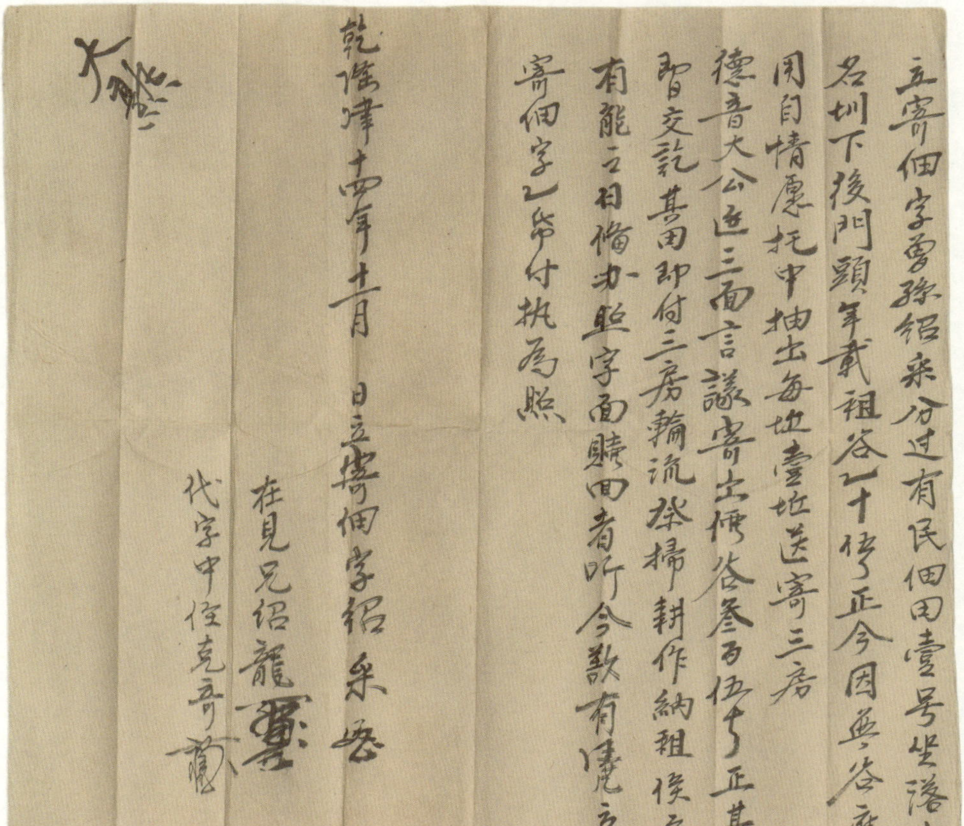

立寄佃字曾孫紹采分过有民佃田壹号坐落土
名圳下後門頭年載租谷乙十伍石正今因無谷應
用自情愿托中抽出每坵壹坵送寄三房
德音大公邊三面言議寄出佃谷叁石伍斗正其谷
即交訖其田即付三房輪流祭掃耕作納租後至
有能之日備办照字面贖田者听今欲有憑立
寄佃字乙帋付执為照

乾隆肆拾四年十一月　日立寄佃字紹采押
在見兄紹龍押
代字中侄克齊押

大發

3-3-31-5　清乾隆四十四年十一月葉紹采立寄民佃田字

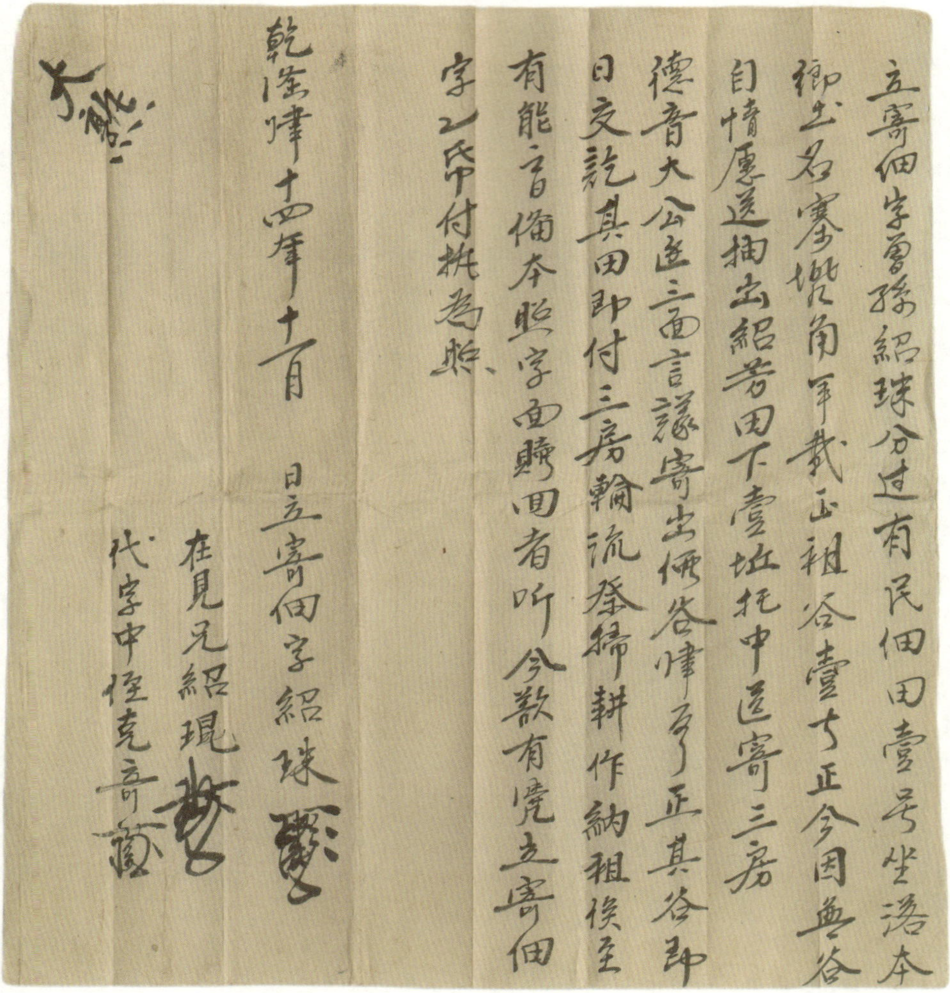
立寄佃字曾孫紹珠分过有民佃田壹号坐落本
鄉土名寨墘角年載正租谷壹十正今因無谷
自情愿送抽出紹芳田下壹坵托中送寄三房
德音大公邊三面言議寄出佃谷肆石正其谷即
日交訖其田即付三房輪流祭掃耕作納租後至
有能自備本照字面贖回者听今欲有凴立寄佃
字一紙付執為照
乾隆肆十四年十一月　日立寄佃字紹珠（押）
在見兄紹琨（押）
代字中侄克立（押）
大發

3-3-31-6　清乾隆四十四年十一月葉紹珠立寄民佃田字

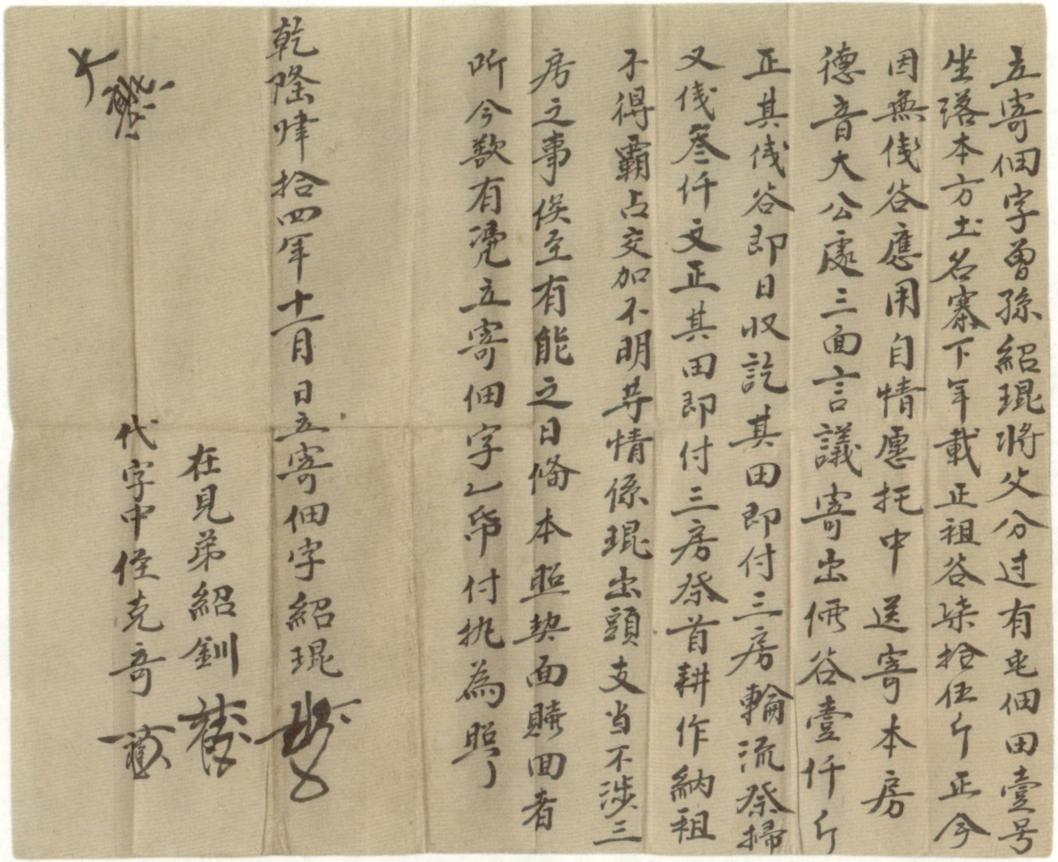

立寄佃字曾孫紹琨將父分过有屯佃田壹号
坐落本方土名寨下年載正祖谷柒拾伍斤正今
因無錢谷應用自情愿托中送寄本房
德音大公處三面言議寄出佛谷壹仟斤
正其錢谷即日收訖其田即付三房輪流祭掃
又錢叁仟文正其田即付三房祭首耕作納租
不得霸占交加不明等情係琨出頭支当不涉三
房之事俟立有能之日備本照契面贖回者
所今欲有憑立寄佃字一帋付执為照。

乾隆肆拾四年十一月　日立寄佃字紹琨（押）
在見弟紹釧（押）
代字中侄克奇（押）

大發

3-3-31-7　清乾隆四十四年十一月葉紹琨立寄屯佃田字

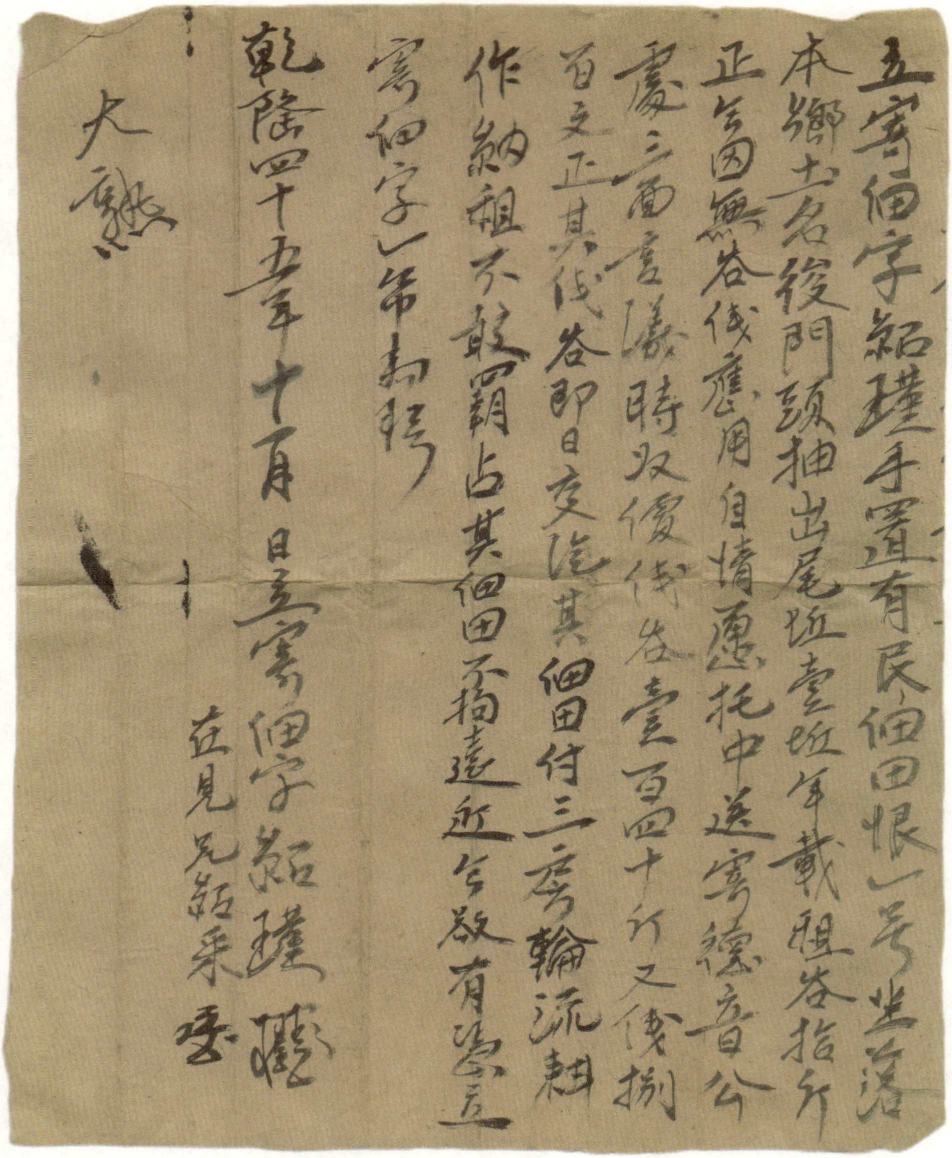

立寄佃字紹瑾手置有民佃田根一号坐落
本鄉土名後門頭抽出尾坵壹坵年載租谷指斤
正今因無谷錢應用自情愿托中送寄德音公
處三面言議時值價錢谷壹百四十斤之價捌
百文正其錢谷即日交訖其佃田付三房輪流耕
作納租不敢霸占其佃田不拘遠近今欲有憑立
寄佃字一帋為照
乾隆四十五年十一月　日立寄佃字紹瑾
在見兄紹乘
大熟

3-3-31-8　清乾隆四十五年十一月葉紹瑾立寄民佃田根字

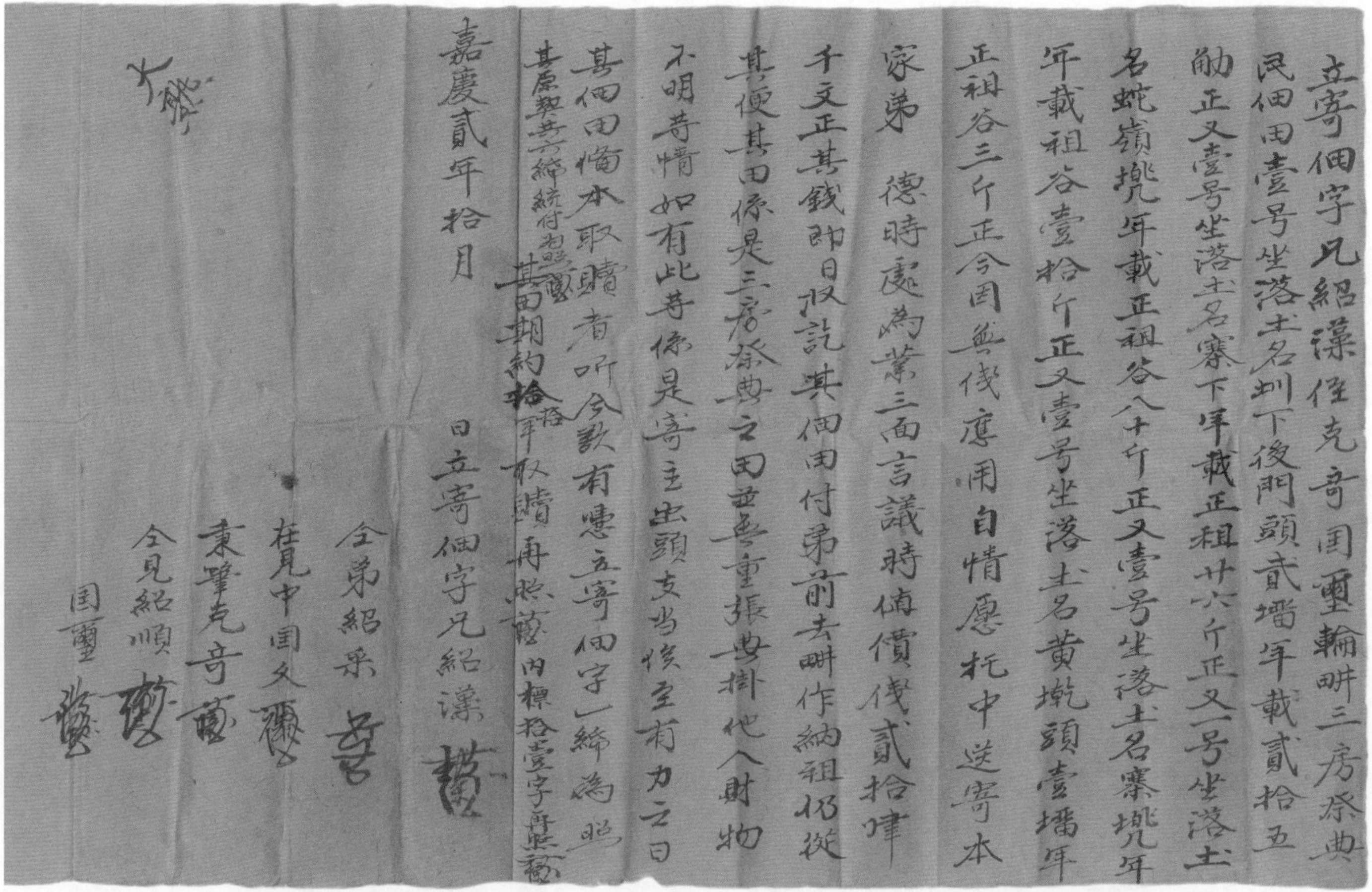
立寄佃字兄紹藻侄克奇同堂輪畊三房祭典
民佃田壹号坐落土名圳下後門頭貳墙年載貳拾五
觔正又壹号坐落土名寨下年載正租廿六斤正又一号坐落土
名蛇嶺墘九年載正租谷八十斤正又壹号坐落土名寨墘九年
年載租谷壹拾斤正又壹号坐落土名黄墘頭壹墙年
正租谷三斤正今因無錢應用自情愿托中送寄本
家弟　德時處為業三面言議時值價錢貳拾肆
千文正其錢即日收訖其佃田付弟前去耕作納租仍從
其便其田係是三房祭典之田並無重張典掛他人財物
不明等情如有此等係是寄主出頭支当候至有力之日
其佃田備本取贖杳听今欲有憑立寄佃字一紙為照
其原契共六紙統付照　其田期約拾年取贖再照　內標拾壹字再照
嘉慶貳年拾月　日立寄佃字兄紹藻
仝弟紹采
在見中国文
秉筆克奇
仝見紹順
国璽
大發

3-3-31-9　清嘉慶二年十月葉紹藻等立寄輪畊三房祭典民佃田字

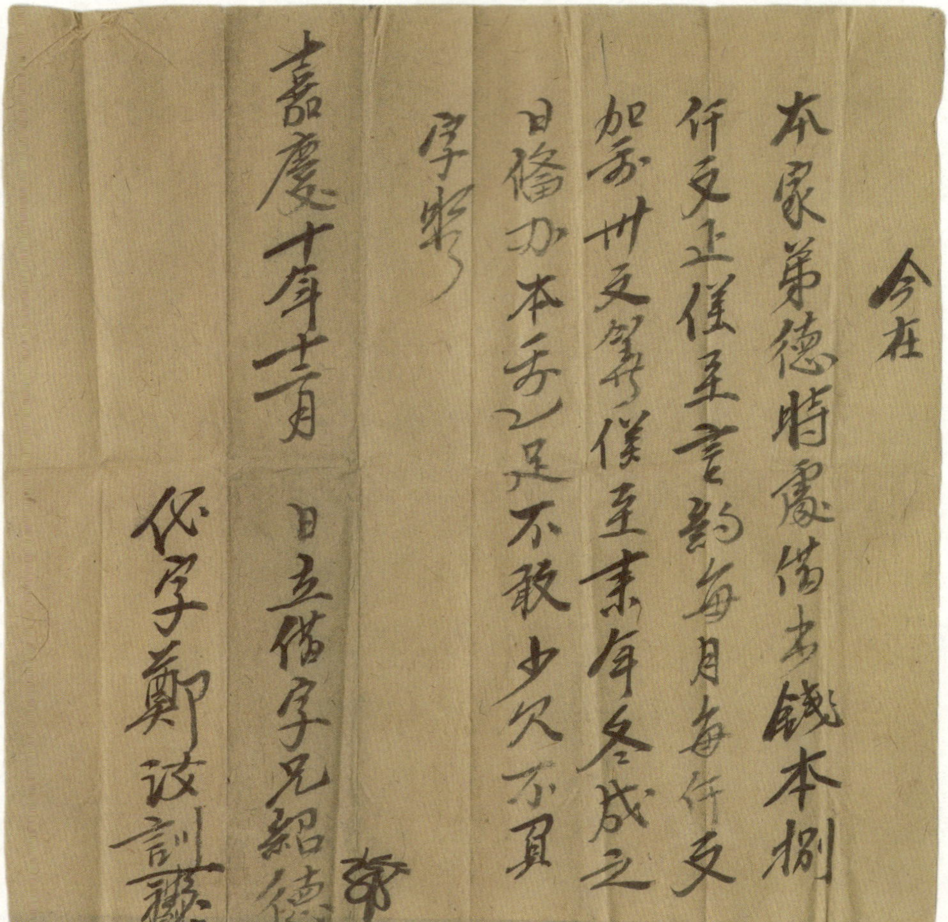

今在
本家弟德特處借出錢本捌
仟文正其錢言約每月每仟文
加利卅文算其錢至來年冬成之
日備办本利一足不敢少欠不負
字照
嘉慶十年十二月　日立借字兄紹德（押）
代字鄭汝訓

3-3-31-10　清嘉慶十年十二月葉紹德立借錢字

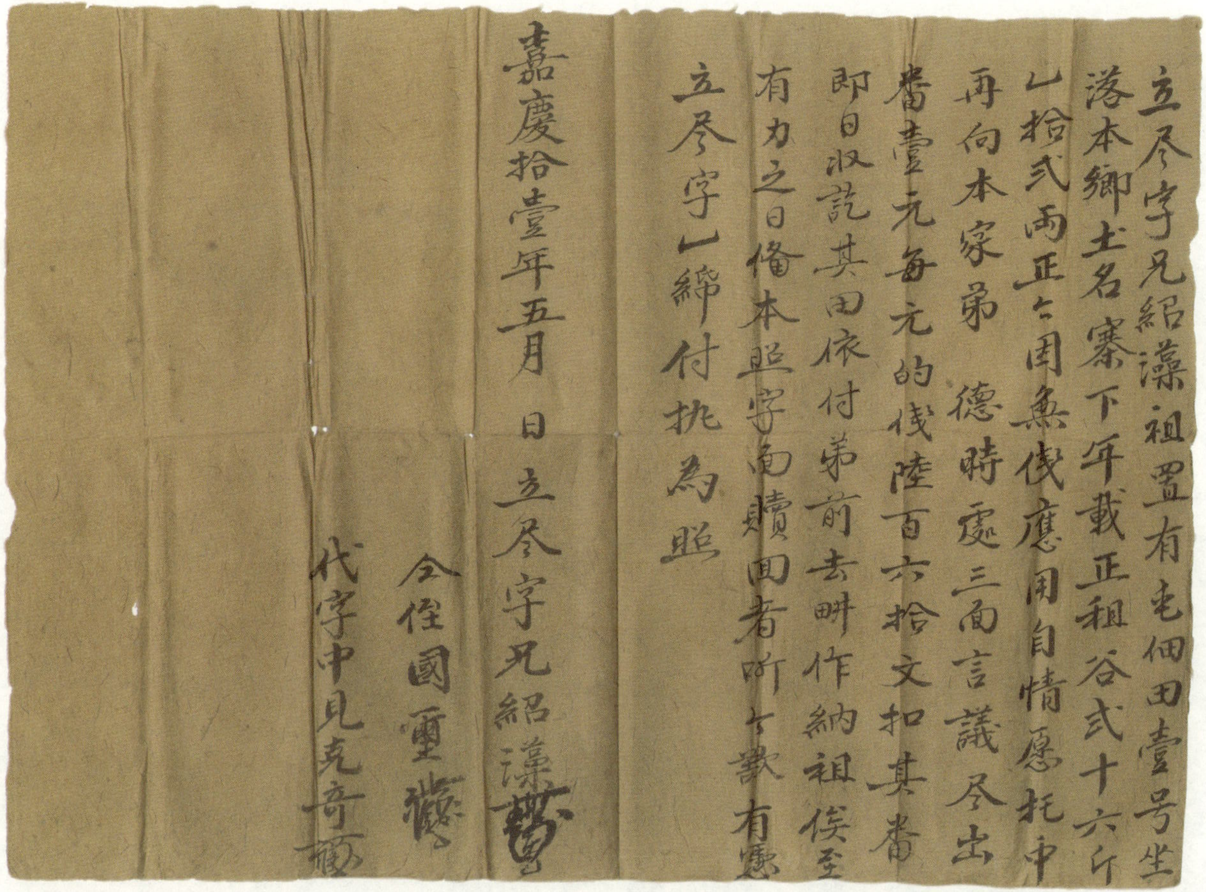
立盡字兄紹藻，祖置有屯佃田壹号，坐
落本鄉土名寨下，年載正租谷弍十六斤
山拾弍兩正，今因無錢應用，自情愿托中
再向本家弟　德時處三面言議，盡出
番壹元，每元的錢陸百六拾文，扣其番
即日收訖，其田依付弟前去耕作，納祖候至
有力之日，備本照字面贖回，者听，今欲有憑，
立盡字一紙付执為照。

嘉慶拾壹年五月　日　立盡字兄紹藻（押）
仝侄國重（押）
代字中見克奇（押）

3-3-31-11　清嘉慶十一年五月葉紹藻等立盡屯佃田字

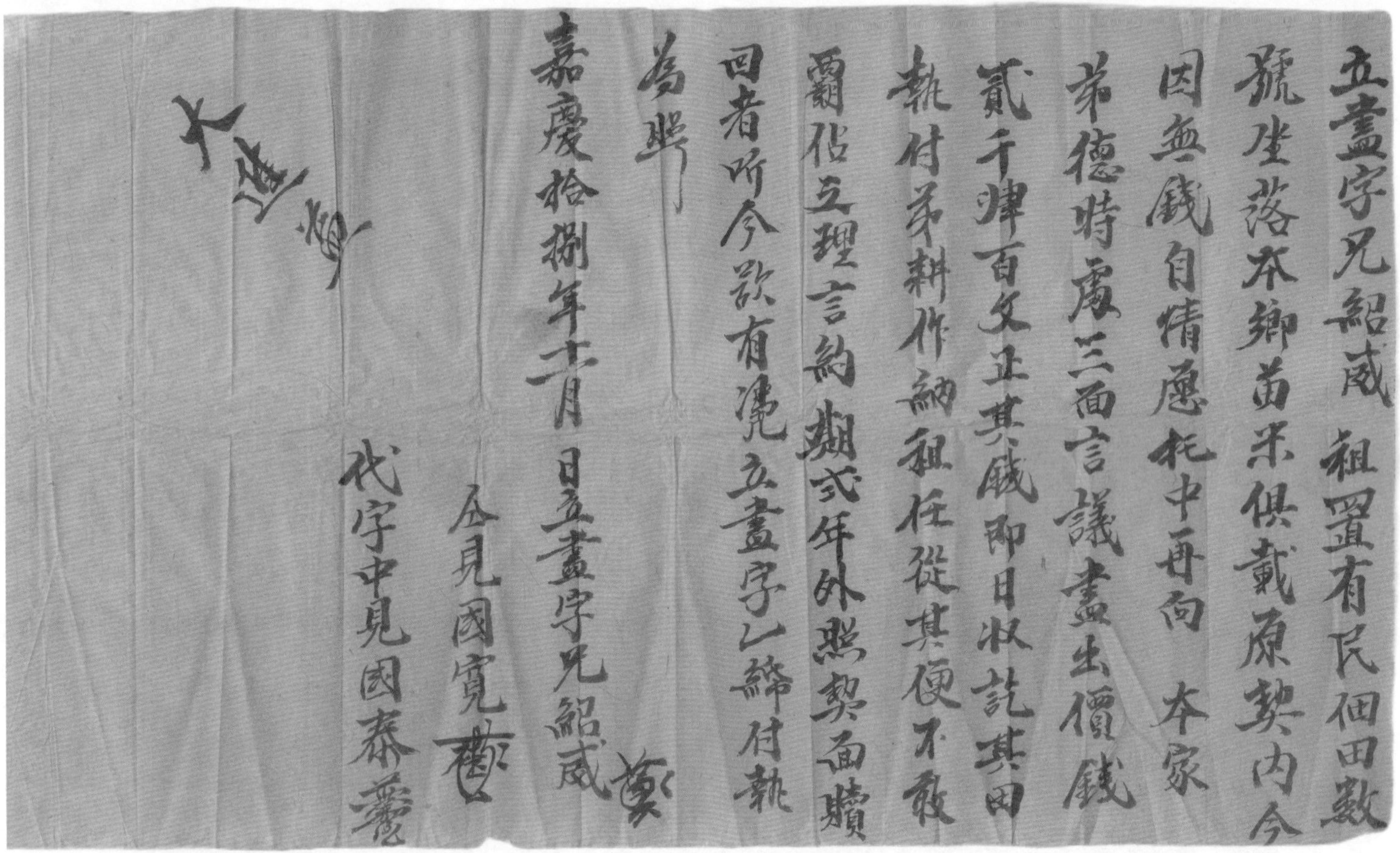
立盡字兄紹威　祖置有民佃田數
號坐落本鄉苗米俱載原契内今
因無錢自情愿托中再向　本家
弟德特處三面言議盡出價錢
貳千肆百文正其錢即日收訖其田
執付弟耕作納租任從其便不敢
霸佔立理言約期弍年外照契面贖
回者听今欲有憑立盡字乙紙付執
為照
嘉慶拾捌年十一月　日立盡字兄紹威（押）
仝見國寬（押）
代字中見國泰（押）
大吉

3-3-31-12　清嘉慶十八年十一月葉紹威立盡民佃田字

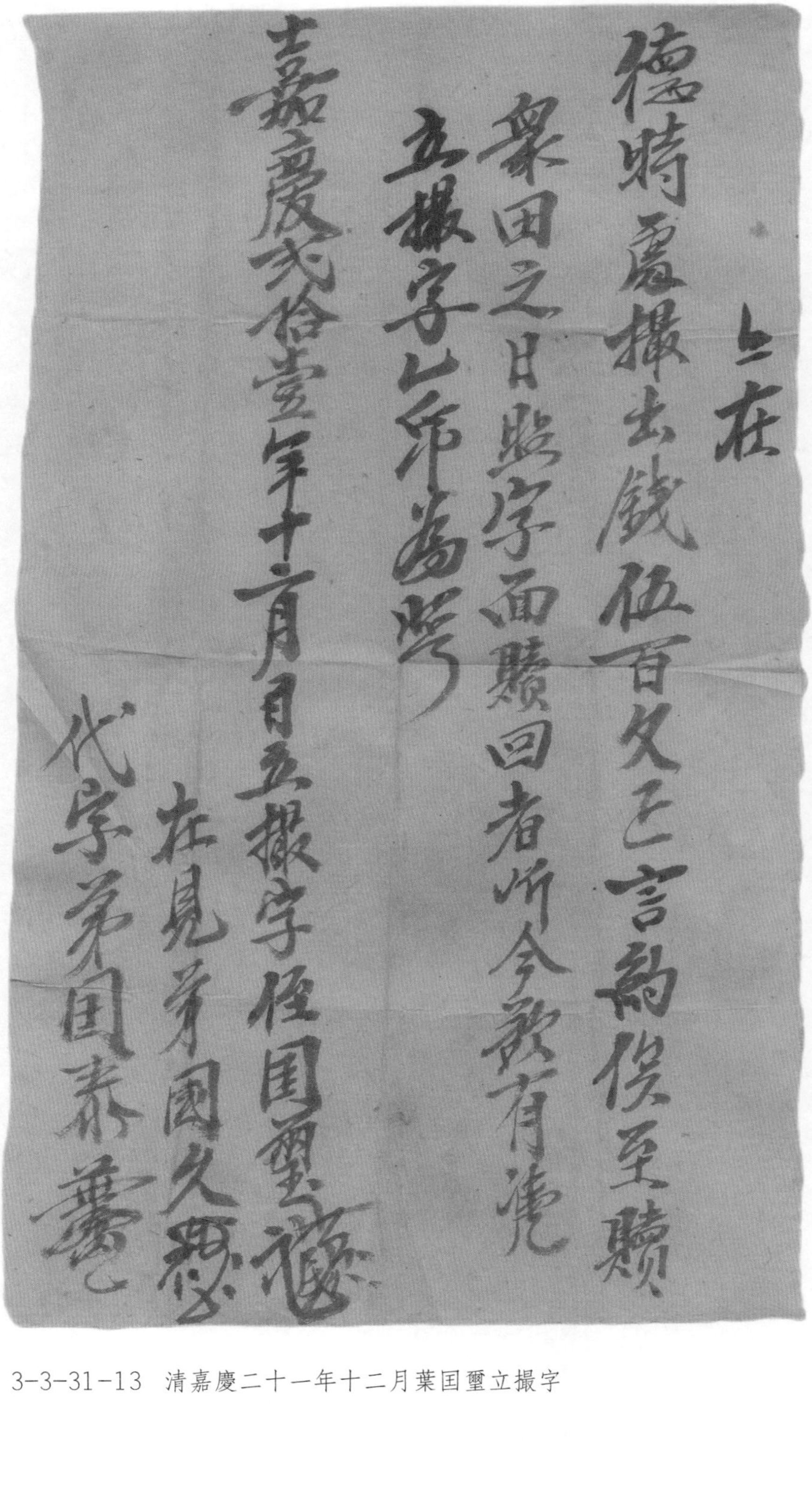

上在
德特處撮出錢伍百文足言約俟至贖
衆田之日照字面贖回者所今欲有憑
立撮字乙紙爲照
嘉慶貳拾壹年十二月日立撮字侄国璽（押）
在見兄国久（押）
代字弟国泰（押）

3-3-31-13 清嘉慶二十一年十二月葉国璽立撮字

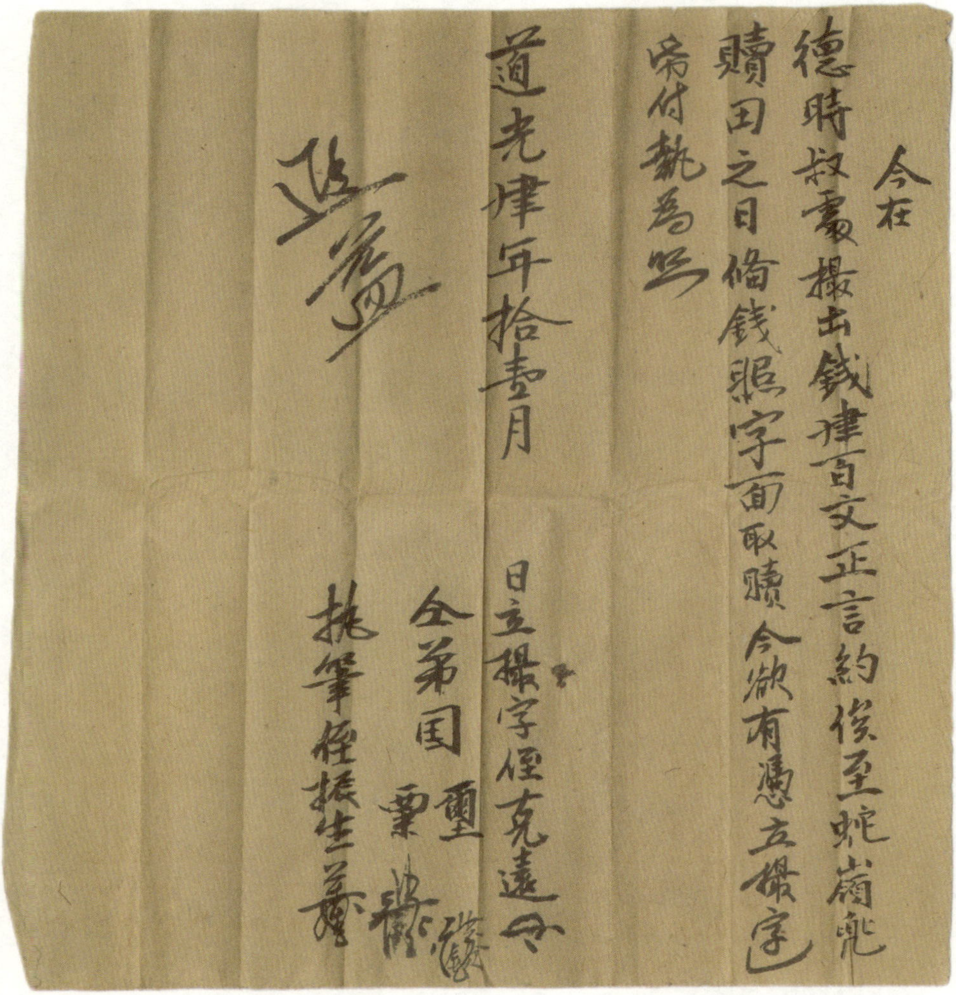
今在
德時叔處撮出錢肆百文正，言約俟至蛇嶺兜
贖田之日，備錢照字面取贖。今欲有憑，立撮字
爲付執爲照。
道光肆年拾壹月　日立撮字侄克遠（押）
仝弟国璽（押）
　　粟（押）
執筆侄振生（押）

3-3-31-14　清道光四年十一月葉克遠等立撮字

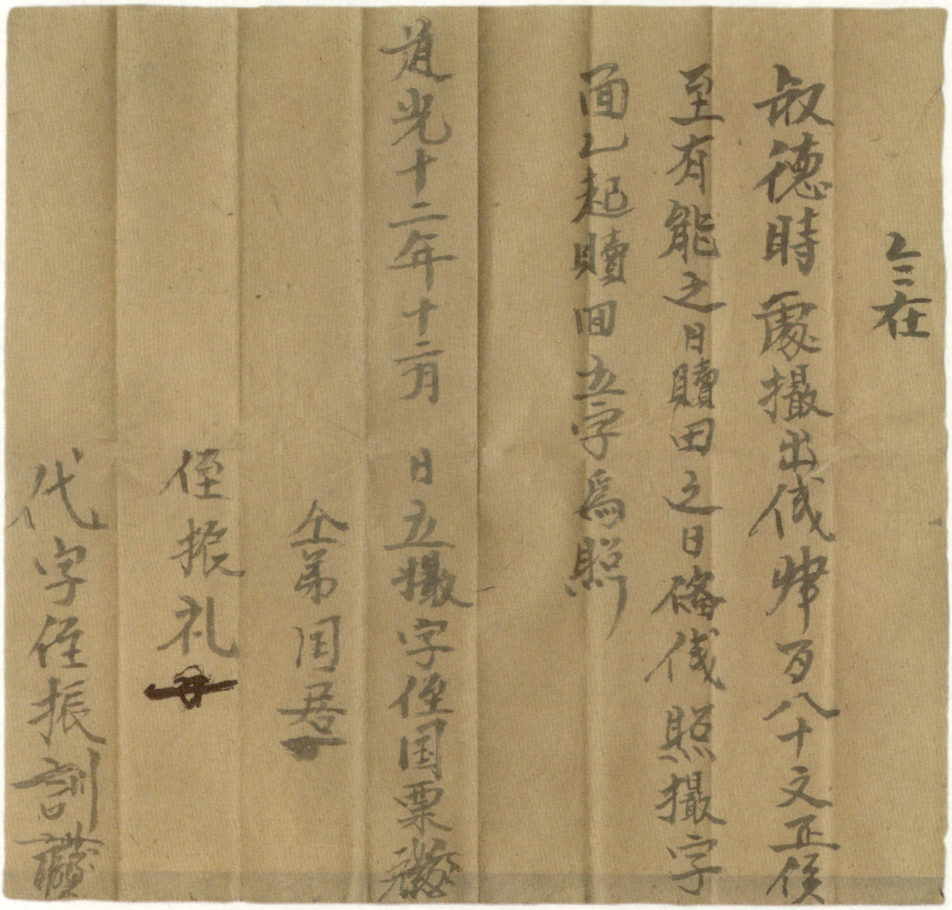
三在
叔德時處撮出錢肆百八十文正係
至有能之日贖田之日備錢照撮字
面上起贖回立字為照
道光十二年十二月　日立撮字侄国粟
仝弟国吾
侄振礼
代字侄振訓

3-3-31-15　清道光十二年十二月葉国粟立撮字

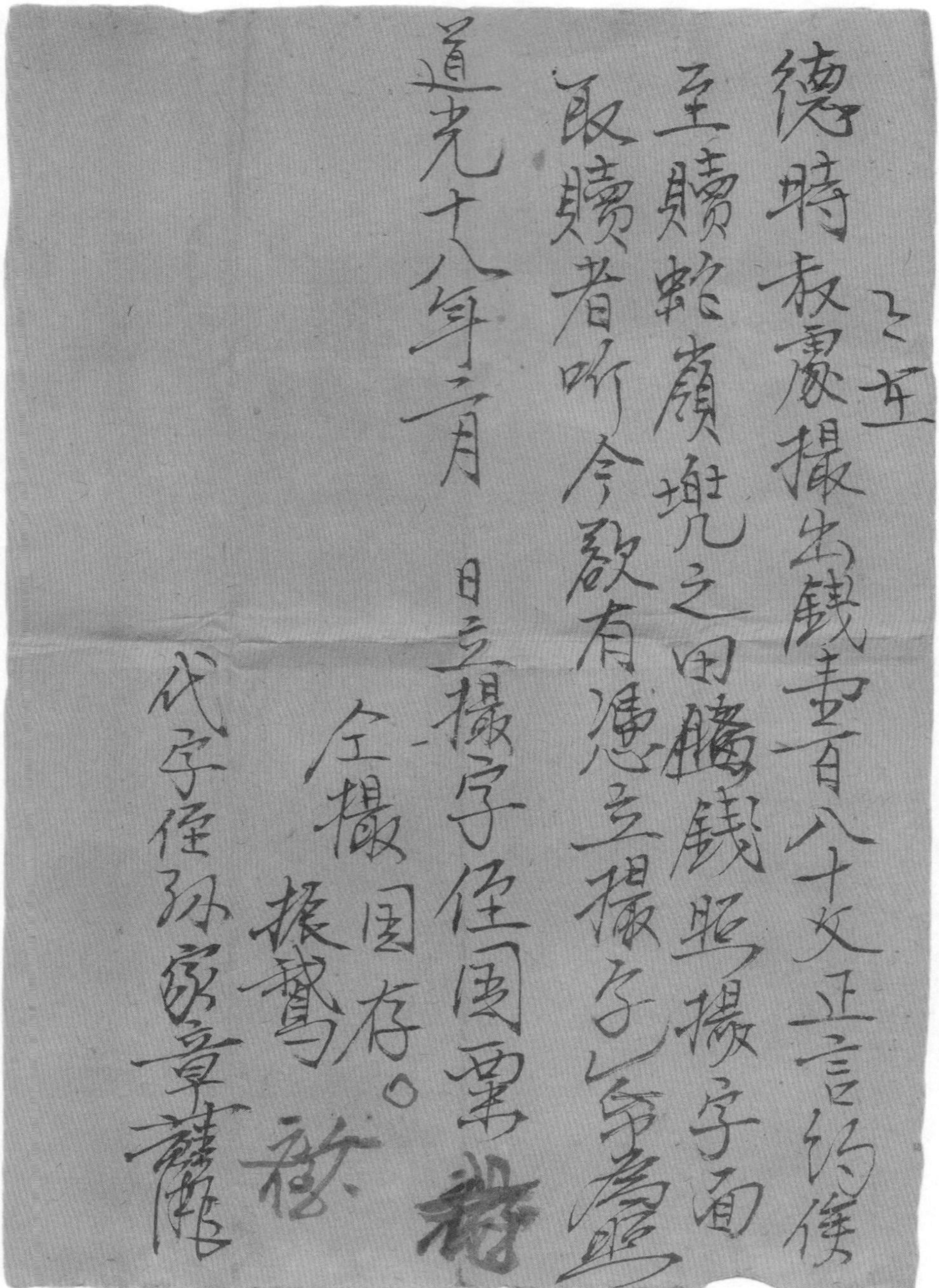

德時叔處撮出錢壹百八十文正，言約係
至贖蛇嶺墘之田贖錢照撮字面
取贖者听。今欲有憑，立撮字為照。

道光十八年二月　日立撮字侄国粟（押）
仝撮国存。（押）
振鸞（押）
代字侄孫家章（押）

3-3-31-16　清道光十八年二月葉国粟等立撮字

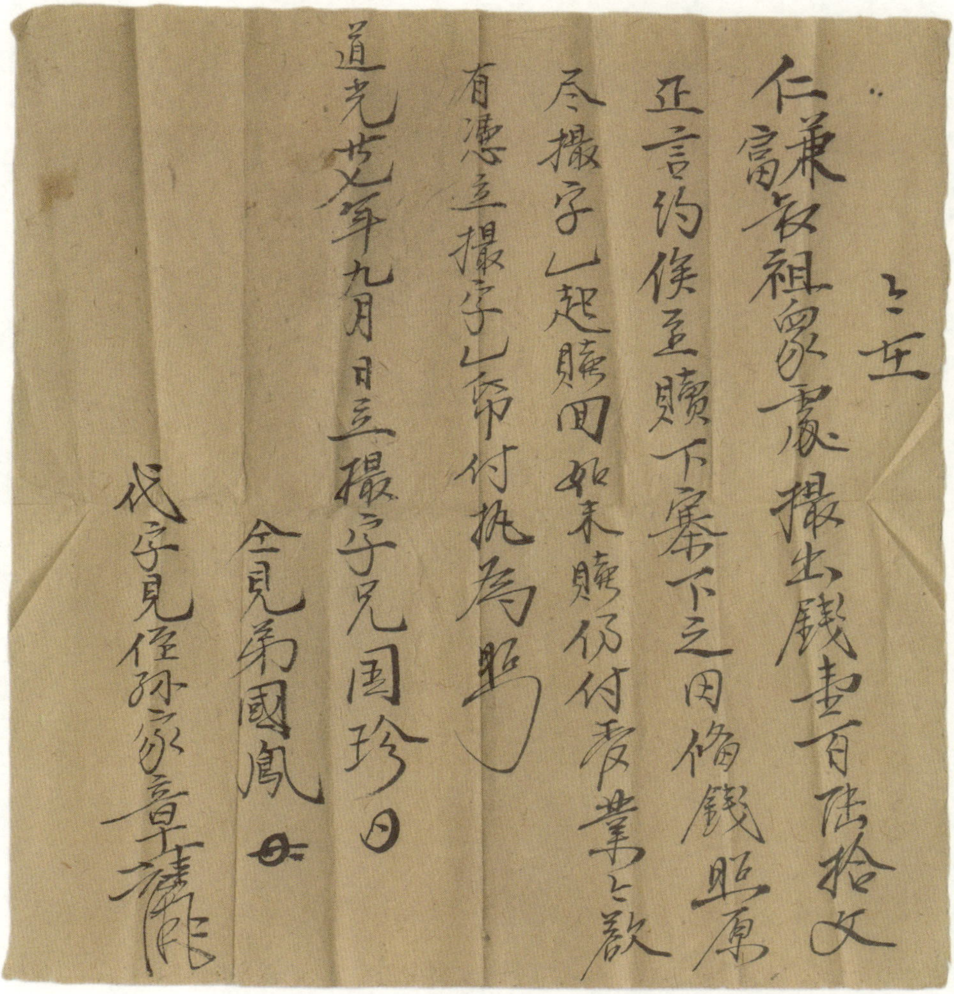
立
仁兼富叔祖家處撮出錢壹百陸拾文
並言約俟至贖下寨下之田備錢照原
尽撮字乙起贖田如未贖仍付叔業之欵
有憑立撮字乙帋付執為照
道光廿七年九月　日立撮字兄国珍（押）
全見弟國鳳（押）
代字見侄孫家章（押）

3-3-31-17　清道光二十七年九月葉国珍立撮字

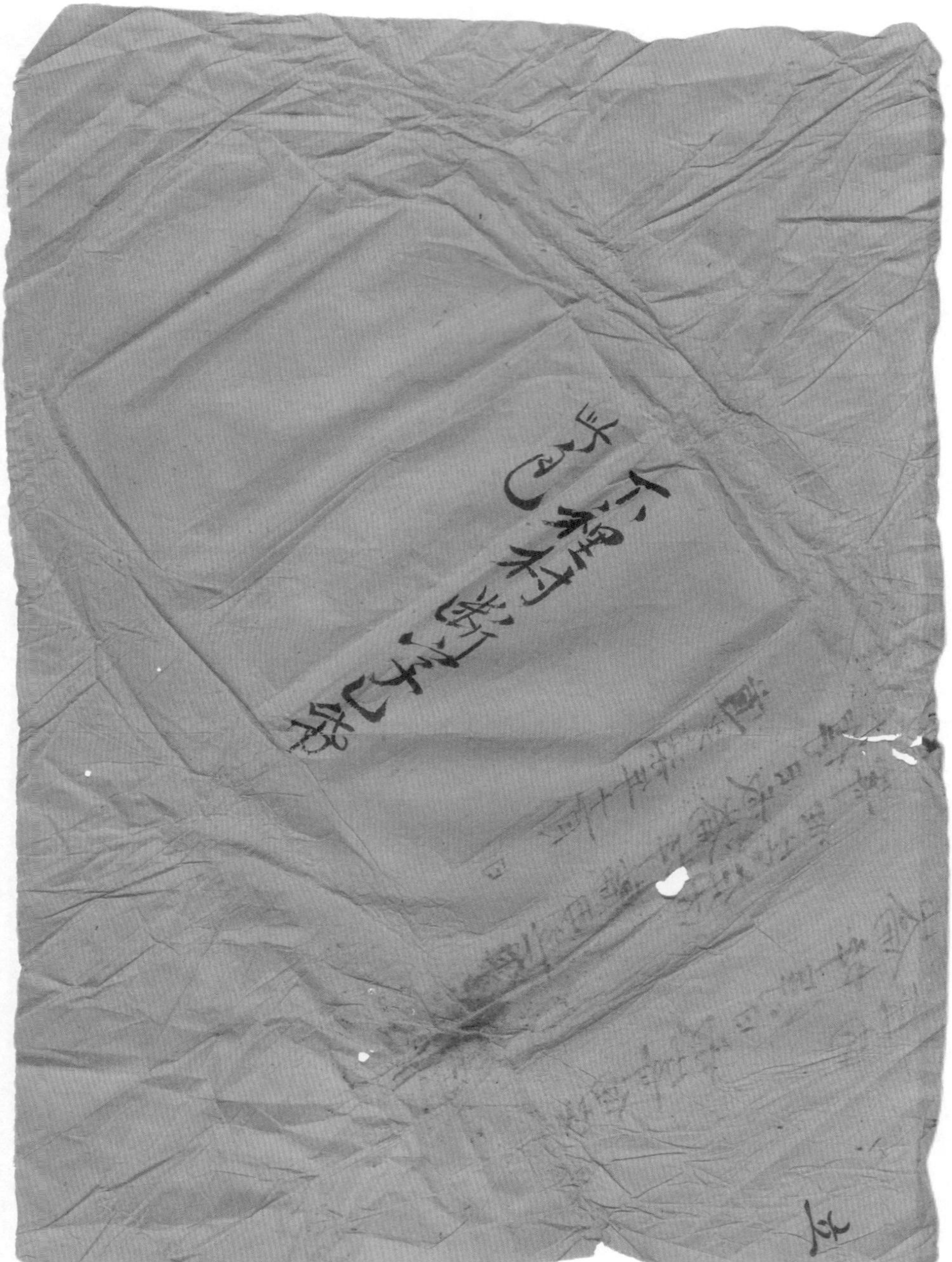

3-3-32-1　包契紙

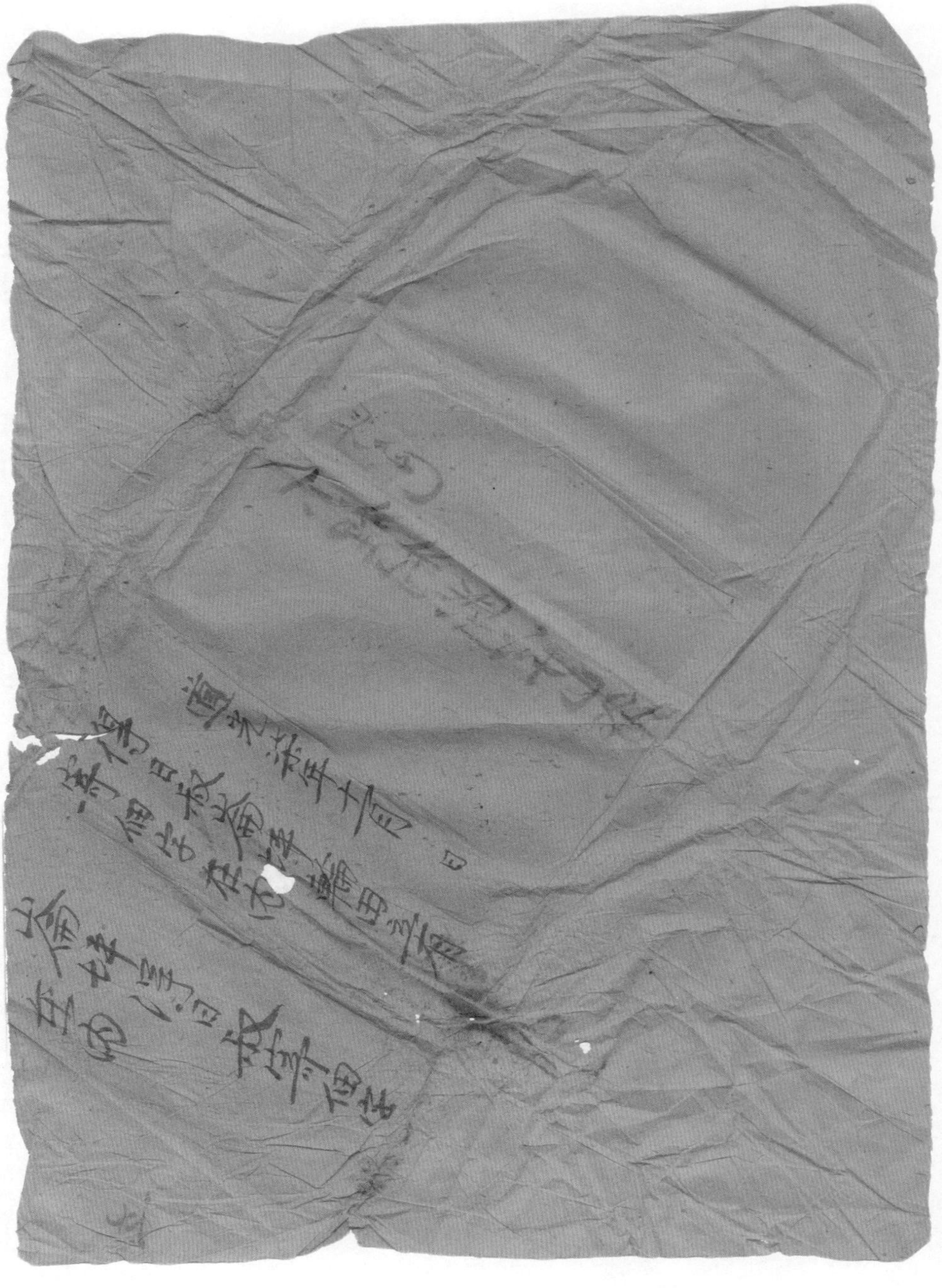

3-3-32-2　包契紙

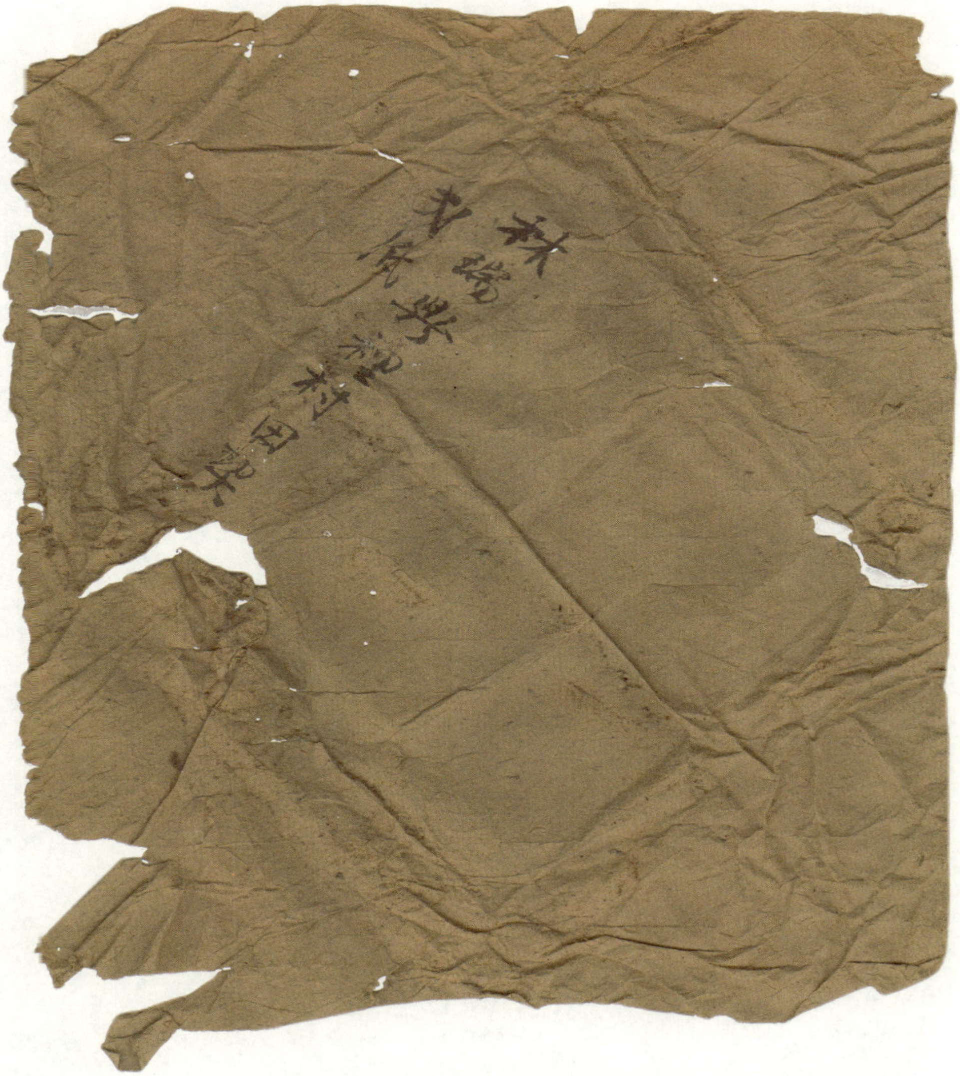

3-3-32-3　包契紙

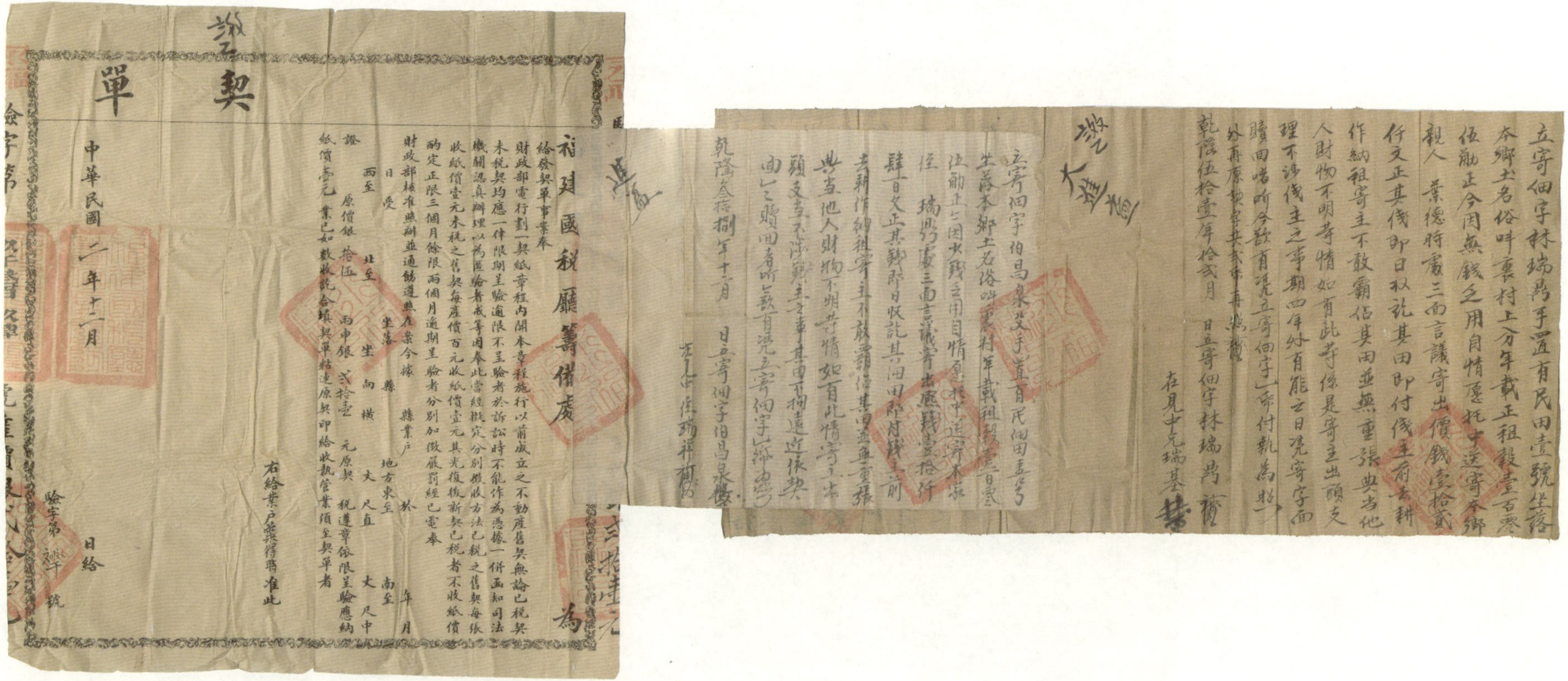
立寄佃字林瑞鼎，手置有民田壹號，坐落本鄉土名俗呌裏村上分，年載正租穀壹百零伍觔正。今因無錢乏用，自情愿托中送寄本鄉親人葉德時處，三面言議寄出價錢壹拾貳仟文正。其錢即日收訖，其田即付錢主前去耕作納租，寄主不敢霸佔。其田並無重張典当他人財物不明等情，如有此等，係是寄主出頭支理，不涉錢主之事。期四年外有能亡日凭寄字面贖田，啫所今欲有憑，立寄佃字一紙，付執為照。
外再原契字共貳紙再照。
乾隆伍拾壹年拾貳月　日立寄佃字林瑞鼎
在見中兄瑞基

3-3-32-4　清乾隆五十一年十二月林瑞鼎立寄佃民田字（紅契）

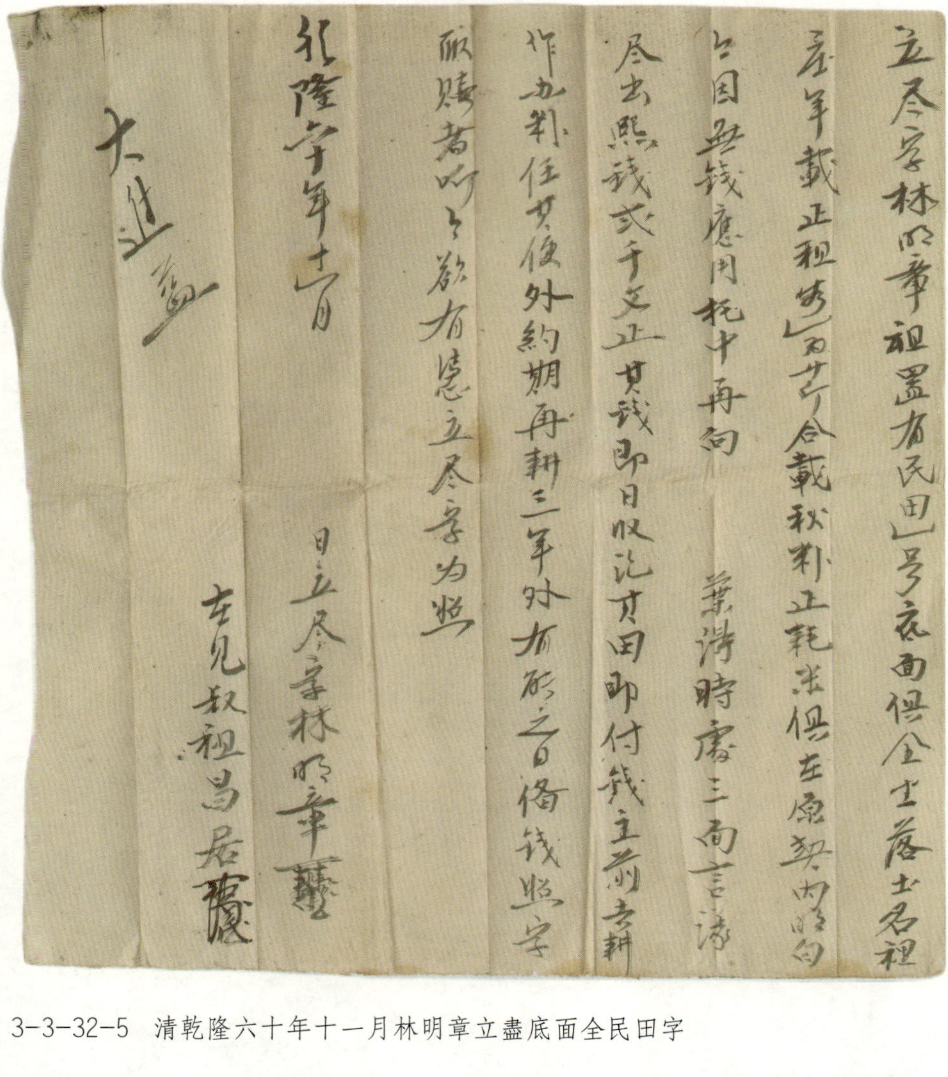
立盡字林明章祖置有民田山號底面但全土落土名坦
座年載正租錢□百廿个合載秋判正耗米但在原契內明白
今因無錢應用托中再向 葉灣時處三面言議
盡出照錢式千文正其錢即日收訖其田即付錢主前去耕
作如判任其使外約期再耕三年外有能之日備錢照字
取贖者叮不敢有悉立盡字為照
乾隆六十年十一月 日立盡字林明章（押）
在見叔祖昌居（押）
大仕進益

3-3-32-5 清乾隆六十年十一月林明章立盡底面全民田字

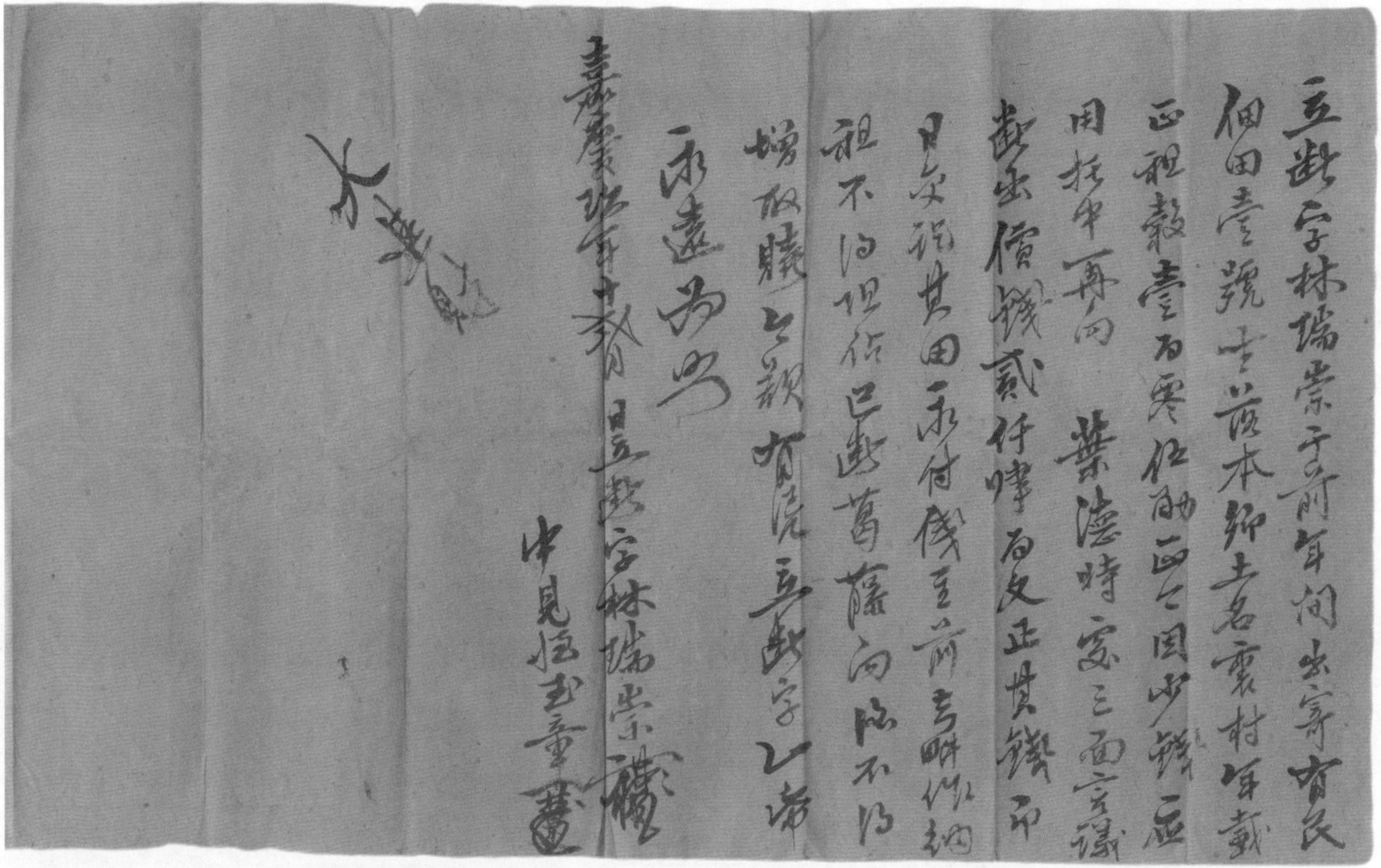

立斷字林瑞崇，于前年間出賣民
佃田壹號，坐落本鄉土名雲村，年載
正租穀壹百零伍觔正，今因少錢應
用，托中再向　葉德時處三面言議
斷出價錢貳仟肆百文正，其錢即
日交訖，其田永付錢主前去耕作納
租，不得阻佔，已斷葛藤，向後不得
增找取贖之歎，有憑立斷字乙紙，
永遠爲照。
嘉慶玖年十貳月　日立斷字林瑞崇（押）
中見　楊玉章（押）
大吉

3-3-32-6　清嘉慶九年十二月林瑞崇立斷民佃田字

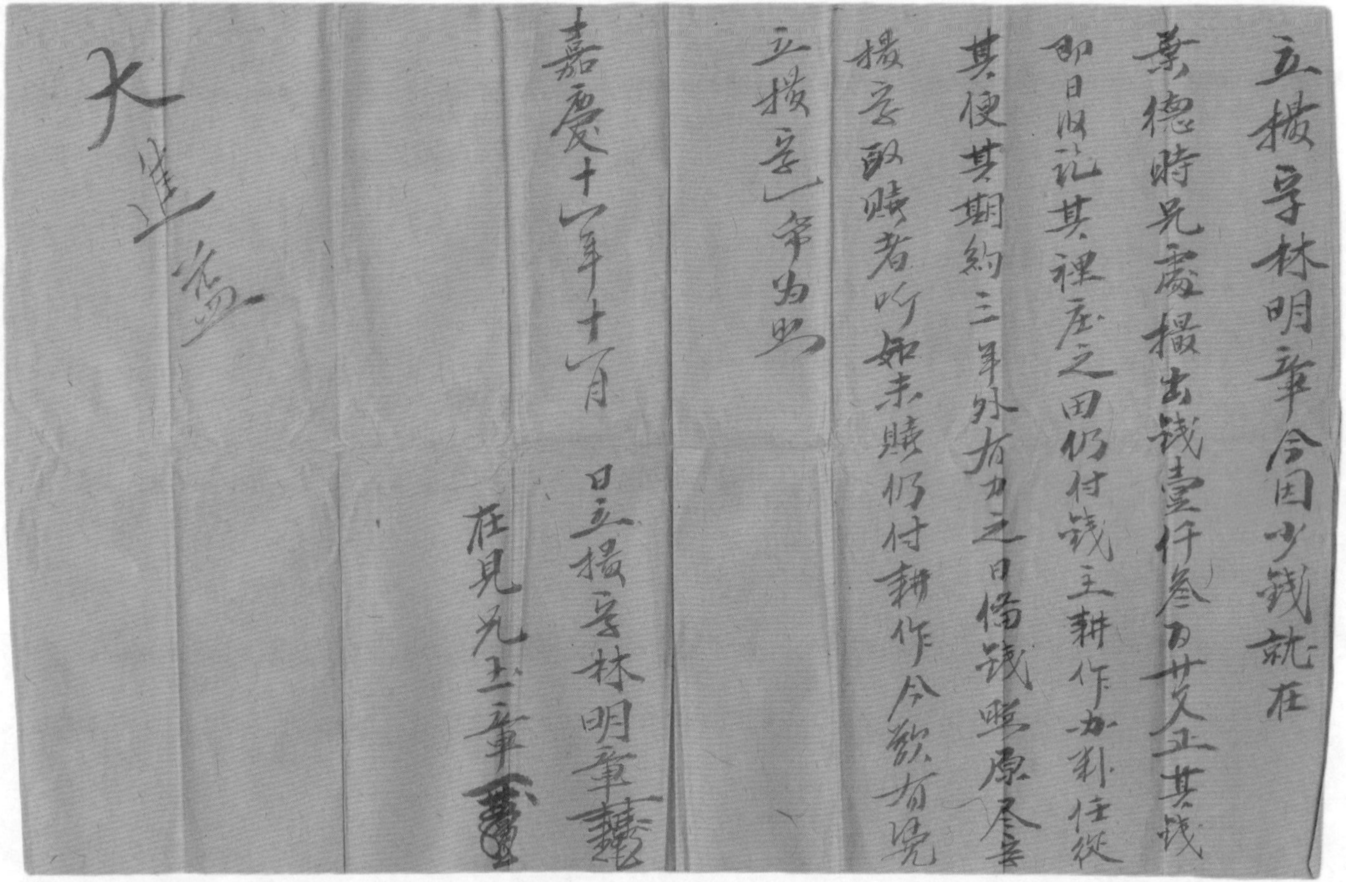

立撥字林明章今因少錢就在
葉德時兄處撥出錢壹仟叁百文正其錢
即日收訖其裡庄之田仍付錢主耕作分割任從
其便其期約三年外有力之日備錢照原本
撥字取贖者如未贖仍付耕作今欲有憑
立撥字一紙為照
嘉慶十一年十一月 日立撥字林明章（押）
在見兄玉章（押）
大進益

3-3-32-7　清嘉慶十一年十一月林明章立撮字

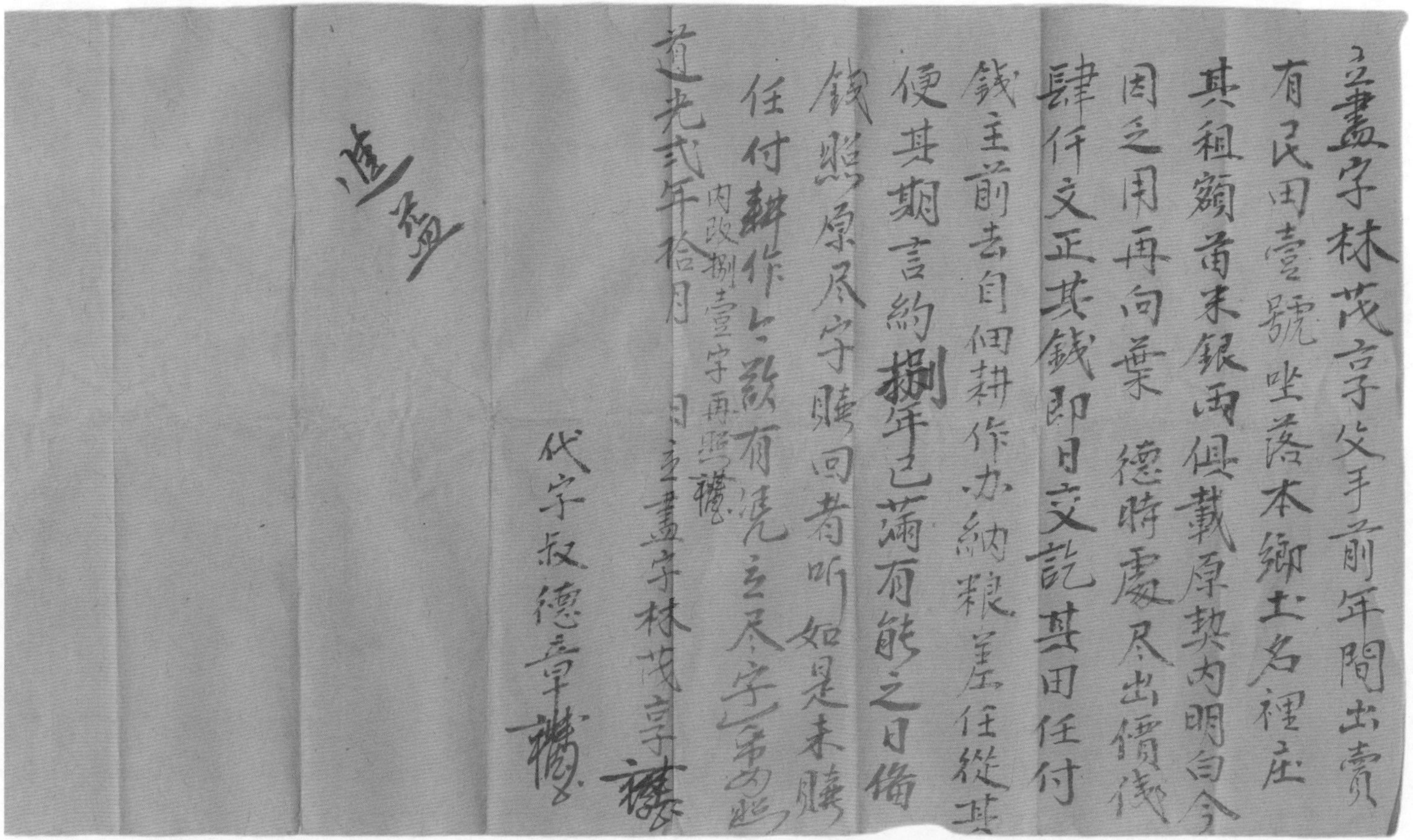
立盡字林茂亨父手前年間出賣
有民田壹號坐落本鄉土名裡庄
其租額苗米銀兩俱載原契內明白今
因乏用再向葉　德時處尽出價錢
肆仟文正其錢即日交訖其田任付
錢主前去自佃耕作办納粮差任從其
便其期言約捌年已滿有能之日備
錢照原尽字贖回者听如是未贖
任付耕作亡欲有憑立尽字一帋為照
內改捌壹字再照（押）
道光弍年拾月　日立盡字林茂亨（押）
代字叔德章（押）
遂意

3-3-32-8　清道光二年十月林茂享立盡民田字

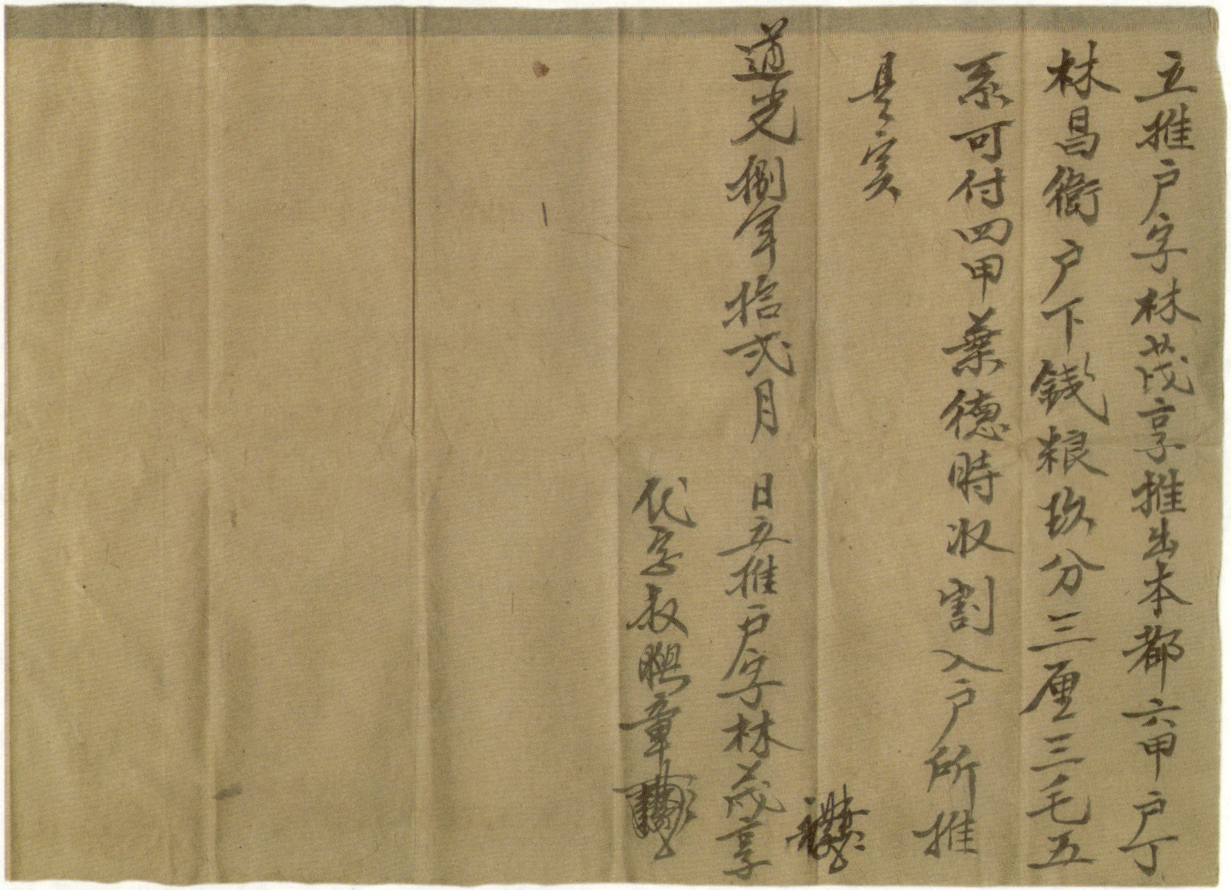

立推户字林茂亨推出本都六甲户丁
林昌衛户下錢粮玖分三厘三毛五
系可付四甲葉德時収割入户所推
是实

道光捌年拾弍月　日立推户字林茂亨
代字叔翀章

3-3-32-9　清道光八年十二月林茂亨立推户字

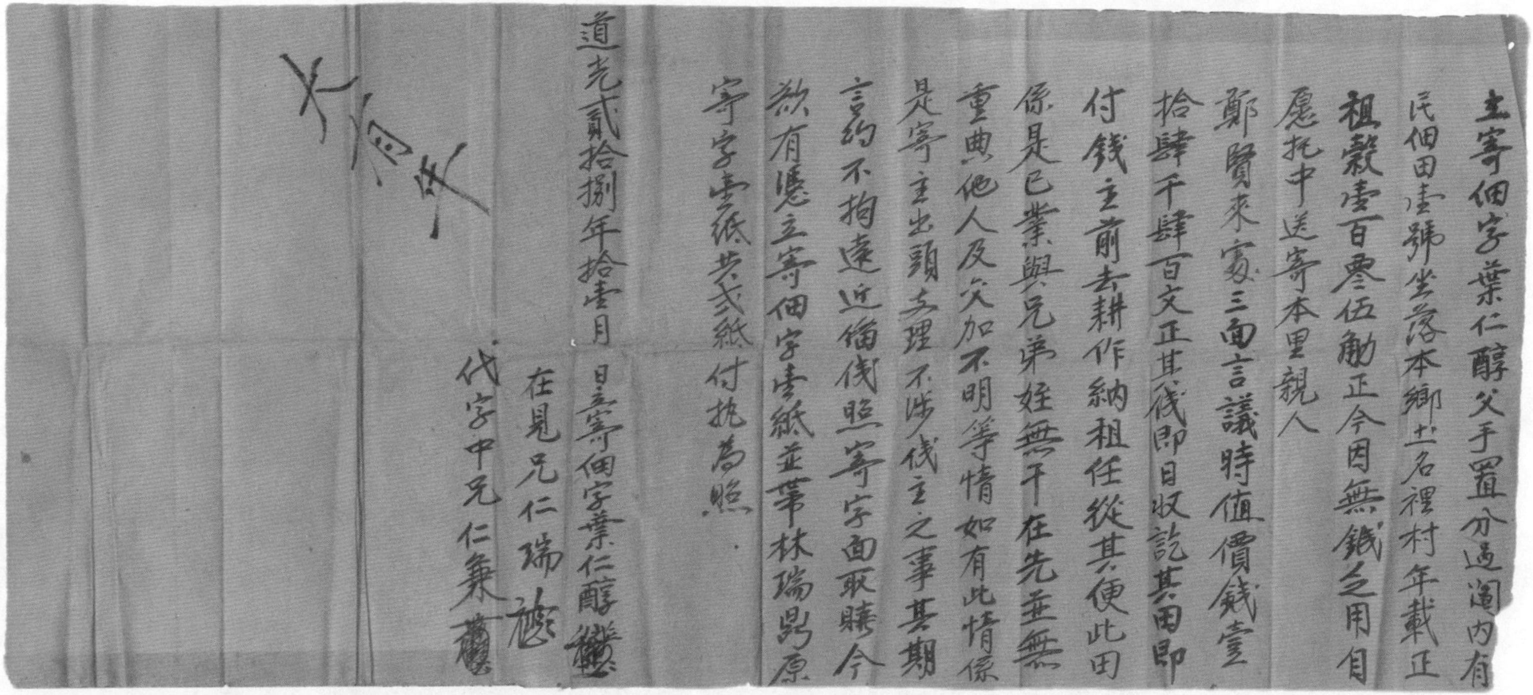
立寄佃字葉仁醇父手置分過鬮內有
民佃田壹號坐落本鄉土名裡村年載正
租穀壹百叁伍觔正今因無錢乏用自
愿托中送寄本里親人
鄭賢來處三面言議時值價錢壹
拾肆千肆百文正其錢即日收訖其田即
付錢主前去耕作納租任從其便此田
係是已業與兄弟姪無干在先並無
重典他人及欠加不明等情如有此情係
是寄主出頭之理不涉錢主之事其期
言約不拘遠近備錢照寄字面取贖今
欲有憑立寄佃字壹紙並帶林瑞踏原
寄字壹紙共貳紙付執為照

道光貳拾捌年拾壹月　日立寄佃字葉仁醇
在見兄仁瑞
代字中兄仁秉

3-3-32-10　清道光二十八年十一月葉仁醇立寄民佃田字

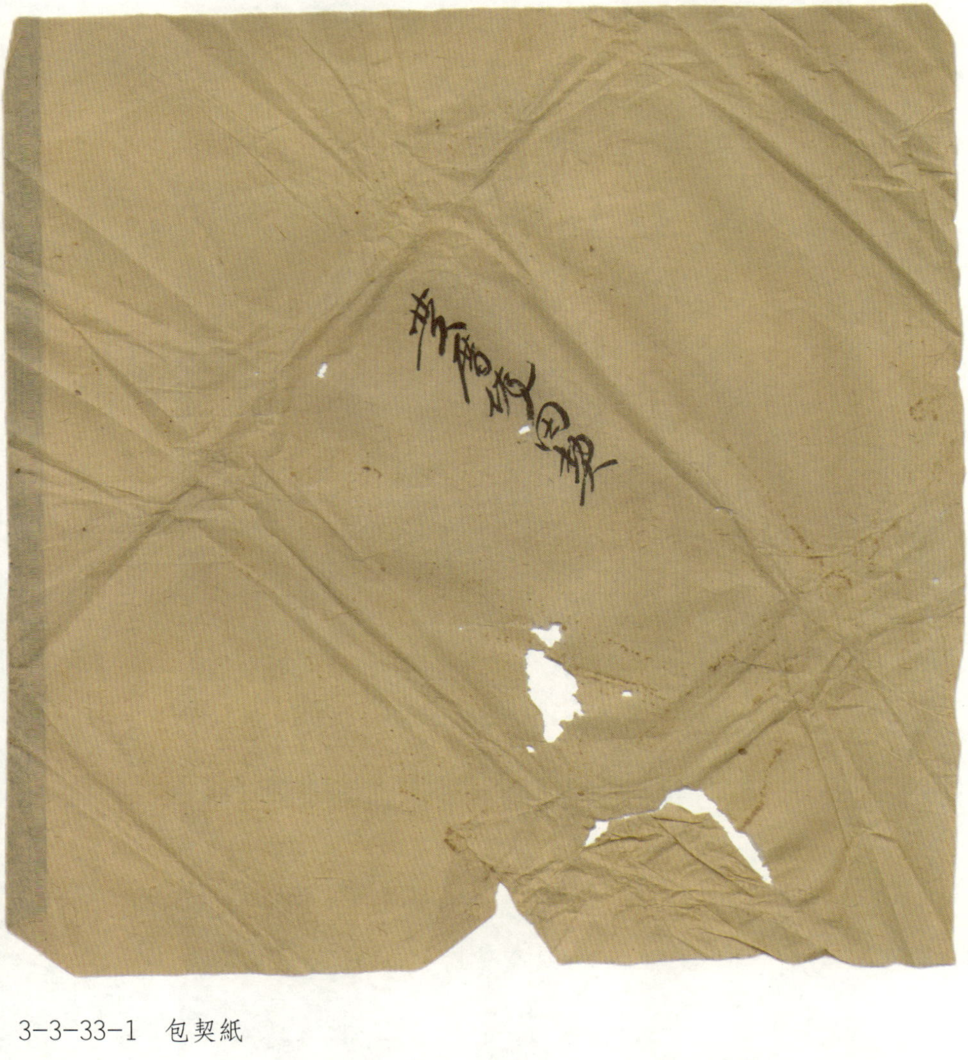

3-3-33-1　包契紙

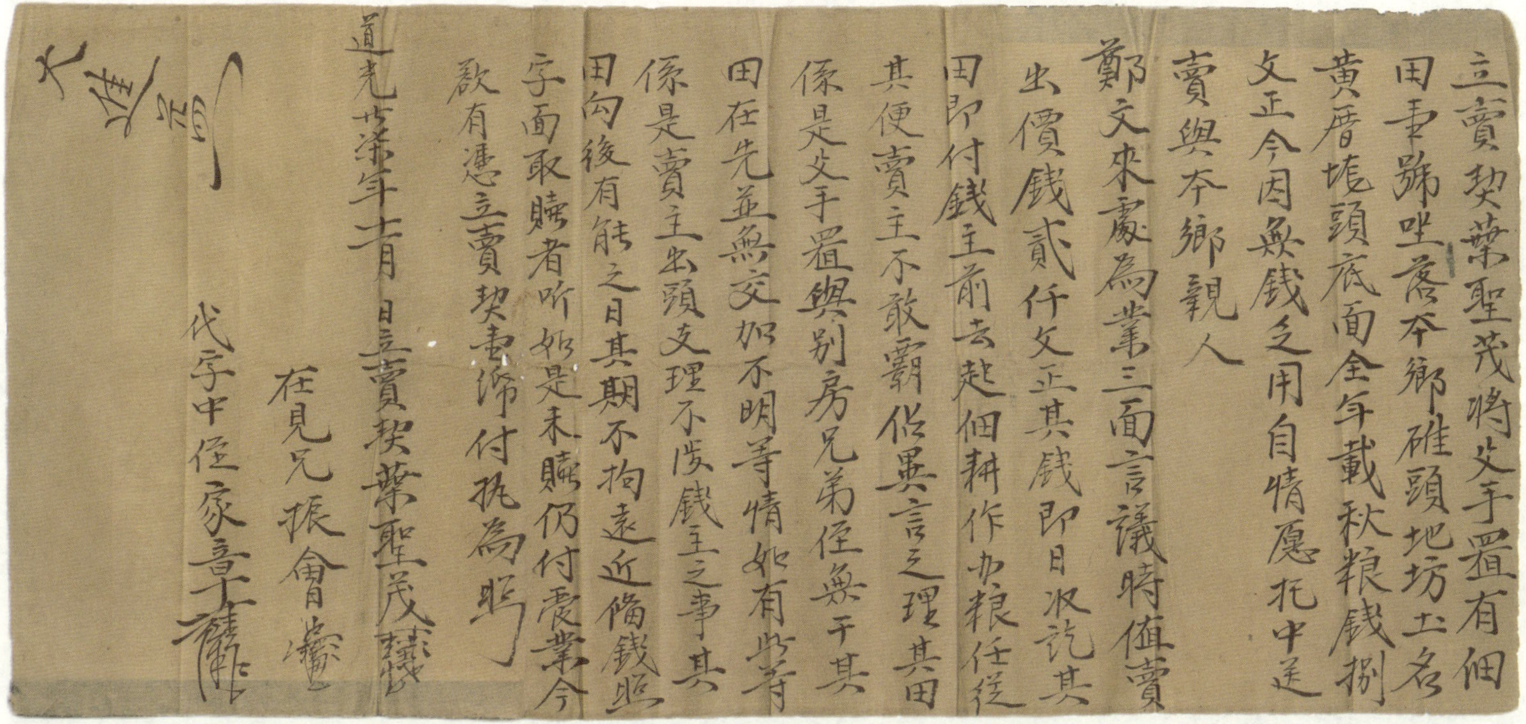

立賣契葉聖茂將父手置有佃
田壹號坐落本鄉碓頭地坊土名
黄厝墘頭底面全年載秋粮錢捌
文正今因無錢乏用自情愿托中送
賣與本鄉親人
鄭文來處爲業三面言議時值賣
出價錢貳仟文正其錢即日收訖其
田即付錢主前去起佃耕作办粮任從
其便賣主不敢覇佔異言之理其田
係是父手置與别房兄弟侄無干其
田在先並無交加不明等情如有此等
係是賣主出頭支理不涉錢主之事其
田向後有能之日其期不拘遠近備錢照
字面取贖者听如是未贖仍付處業今
欲有憑立賣契壹紙付執爲照

道光廿柒年十一月　日立賣契葉聖茂（押）

在見兄　振會（押）

代字中侄　家喜（押）

3-3-33-2　清道光二十七年十一月葉聖茂立賣佃田契

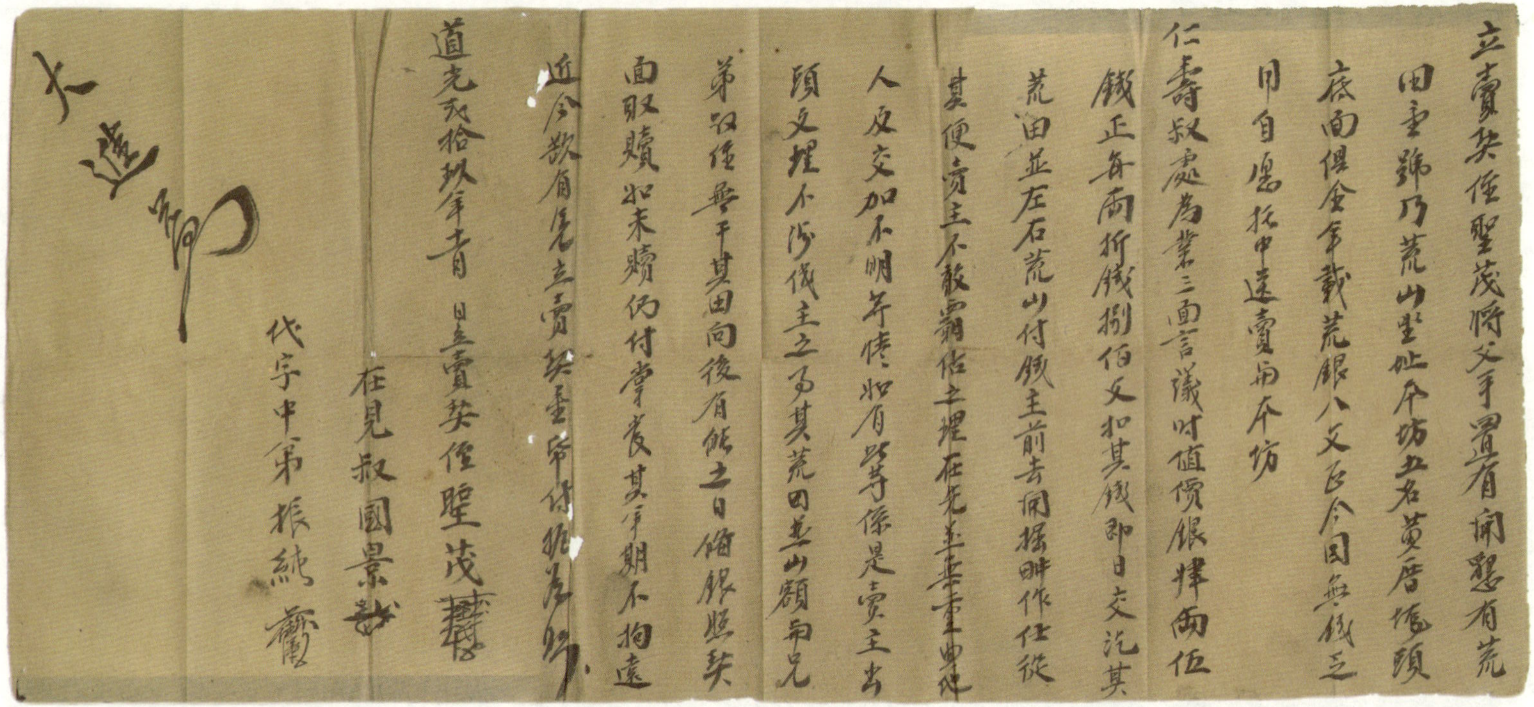
立賣契侄聖茂將父手置有開墾有荒
田壹號乃荒山坐址本坊土名黄厝墟頭
底面但全年載荒根八文正今因無錢乏
用自愿托中送賣與本坊
仁壽叔處為業三面言議時值價銀肆兩伍
錢正每兩折錢捌佰文扣其錢即日交訖其
荒田並左右荒山付與銀主前去開墾耕作任從
其便賣主不敢霸佔之理在先並無重典他
人及交加不明等情如有此等係是賣主出
頭支理不涉銀主之事其荒田並山額與兄
弟叔侄無干其田向後有能之日備價照契
面取贖如未贖仍付掌管其年期不拘遠
近今欲有憑立賣契壹帋付執為照
道光貳拾玖年十一月　日立賣契侄聖茂（押）
在見叔國景（押）
代字中弟振純（押）
大進

3-3-33-3　清道光二十九年十一月葉聖茂立賣荒田契

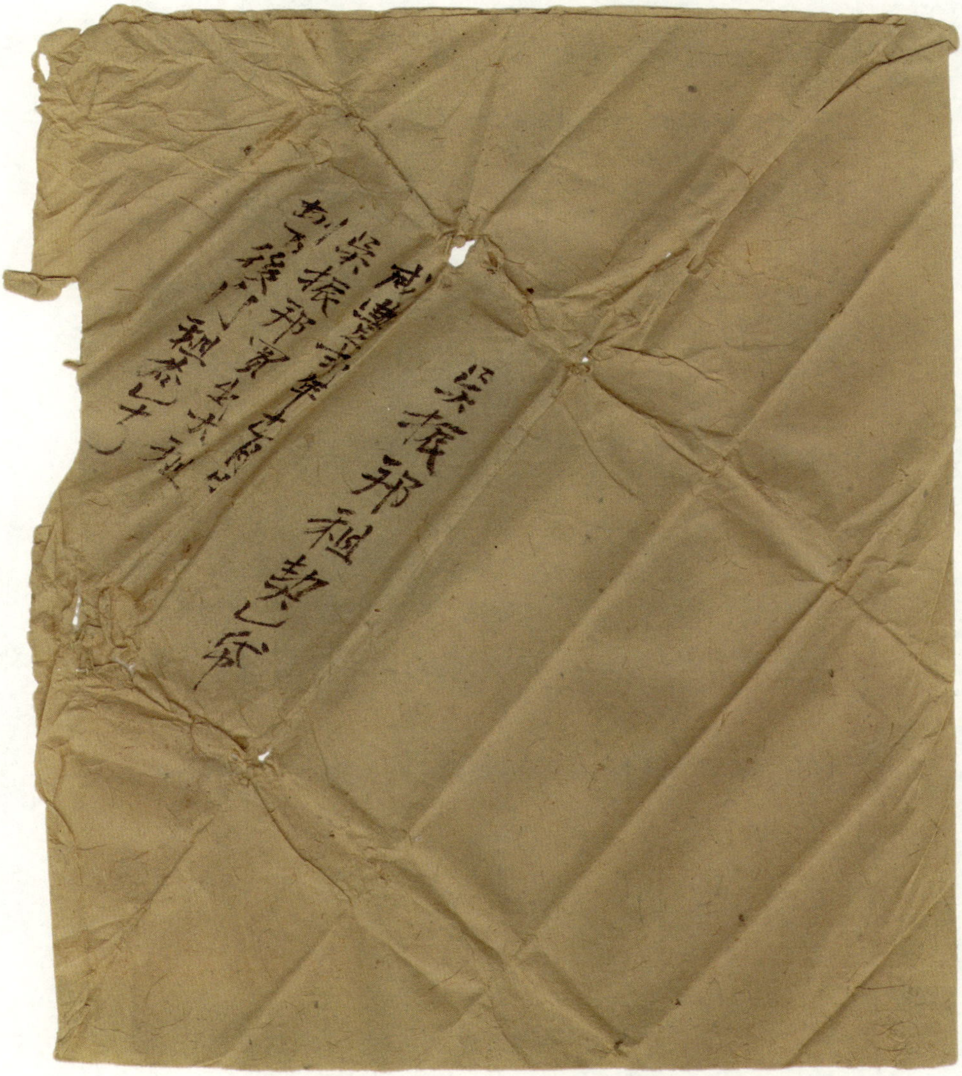

3-3-34-1　包契紙

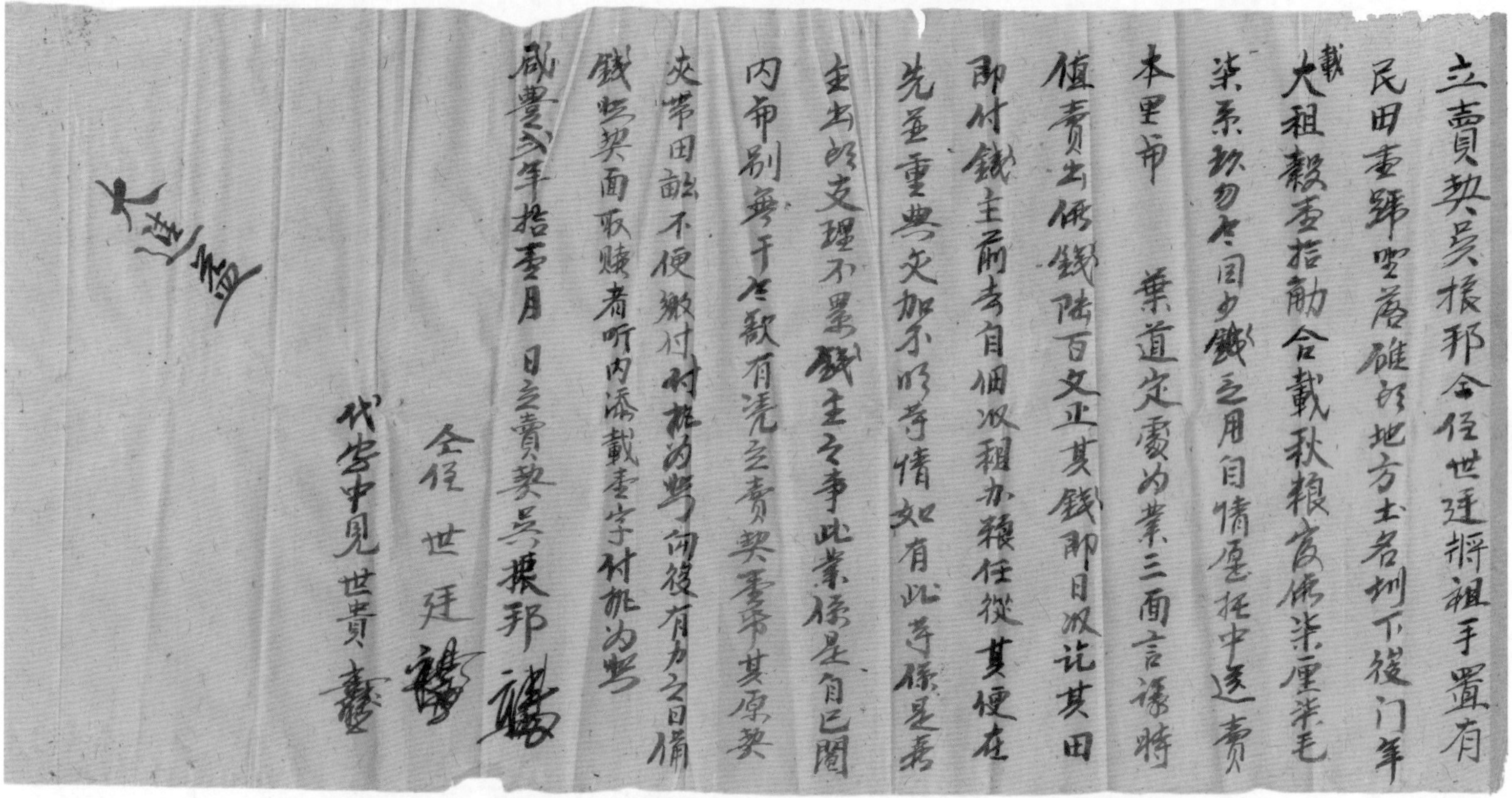
立賣契吳振邦仝侄世廷將祖手置有
民田壹號坐落碓頭地方土名圳下後门年
載大租穀壹石捌合載秋粮官佛柒厘柒毛
柒系既(?)因少錢乏用自情愿托中送賣
本里府　葉道定處為業三面言議時
值賣出佛錢陸百文正其錢即日收訖其田
即付錢主前去自佃收租办粮任從其便在
先並重典交加不明等情如有此等係是吾
圭出頭支理不累錢主之事此業係是自己閹
內所(?)無干人歉有洗之賣契壹帋其原契
夾帶田畝不便繳付村捏為照(?)向後有力之日備
錢照契面取贖者听內添載壹字付批為照
咸豐貳年拾壹月　日立賣契吳振邦
仝侄　世　廷
代字中見世貴
大吉

3-3-34-2　清咸豐二年十一月吳振邦等立賣民田契

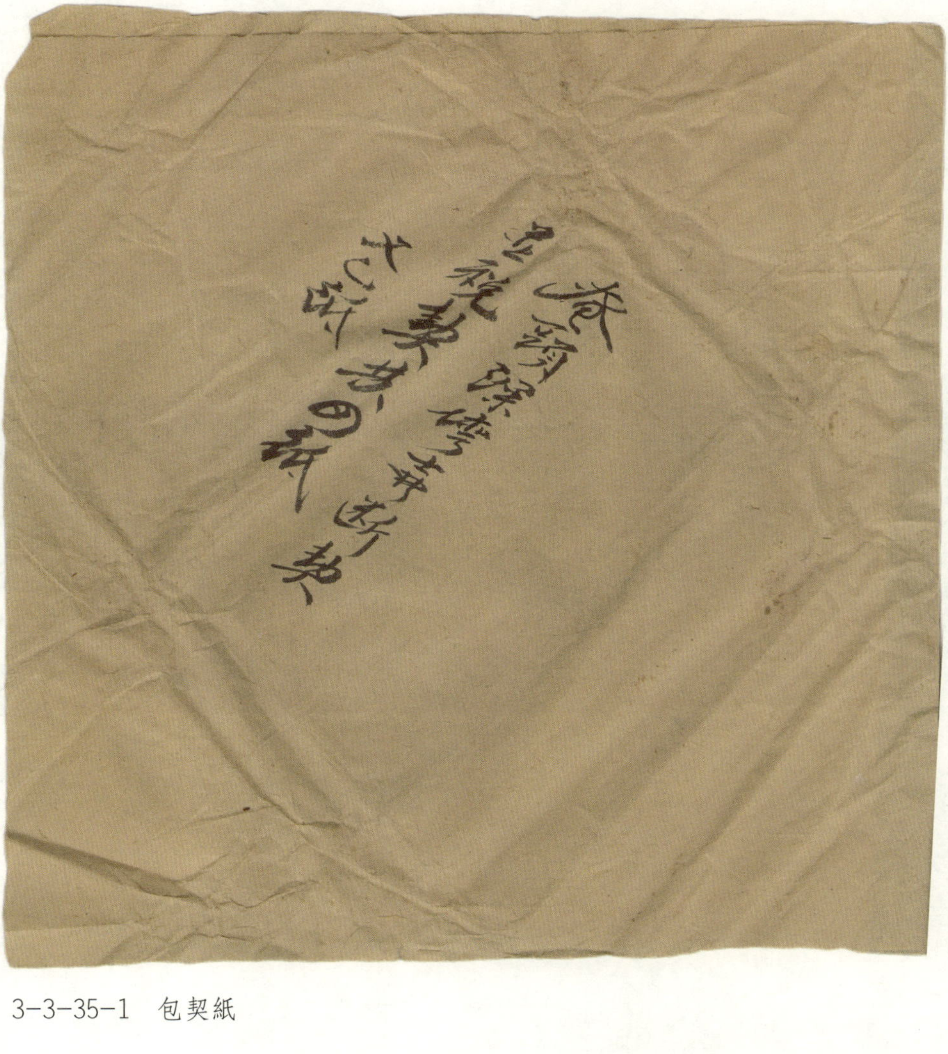

3-3-35-1　包契紙

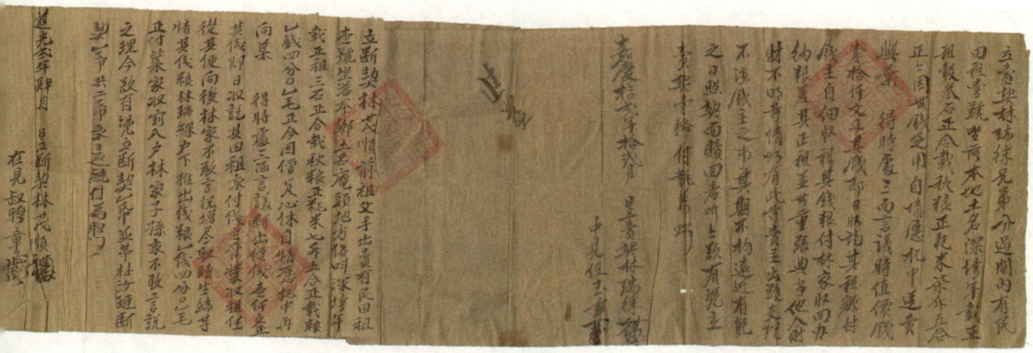

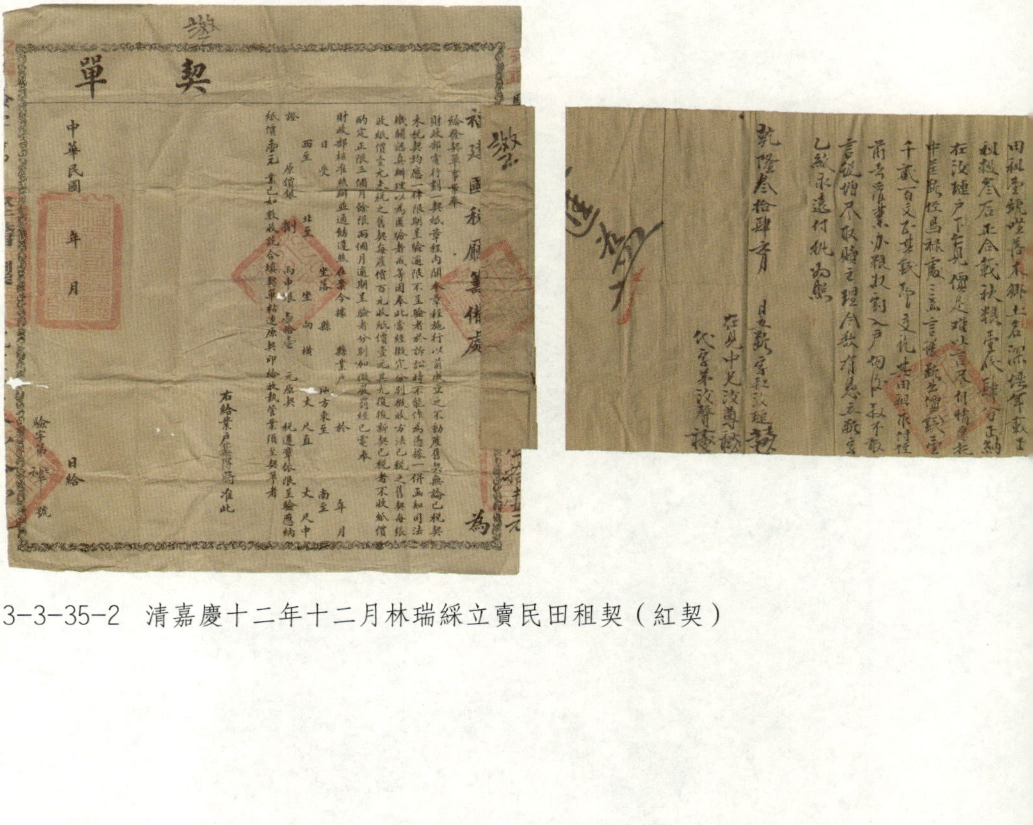

3-3-35-2　清嘉慶十二年十二月林瑞綵立賣民田租契（紅契）

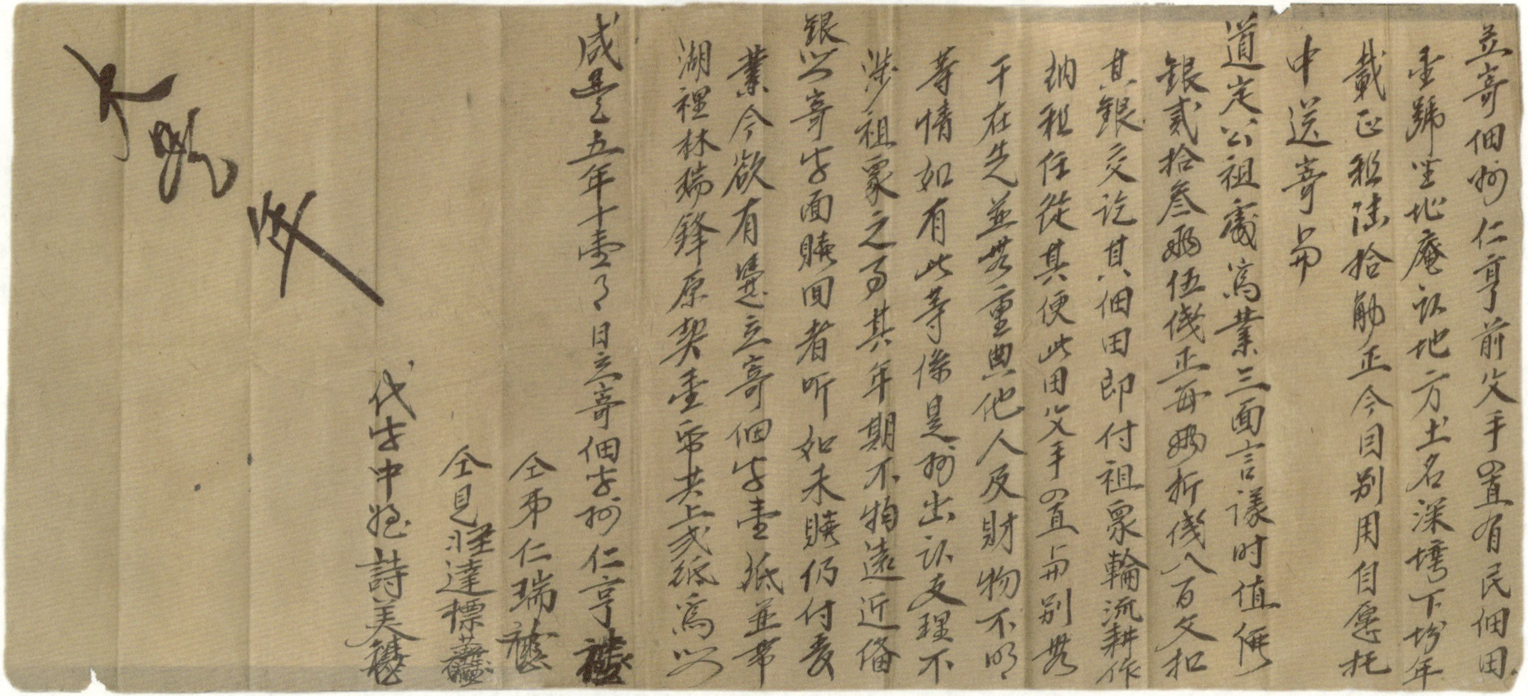

立寄佃約仁亨前父手置有民佃田
壹號坐址庵頭地方土名深塘下坵年
載正租陆拾觔正今因別用自愿托
中送寄與
道定公祖處爲業三面言議时值佃價
銀貳拾叁兩伍錢正每兩折錢八百文扣
其銀交訖其佃田即付祖衆輪流耕作
納租任從其便此田父手置與别房
干在先並無重典他人及財物不明
等情如有此等係是約出認支理不
涉祖衆之事其年期不拘遠近備
銀照寄字面贖回者听如未贖仍付表
業今欲有憑立寄佃字壹紙並帶
湖裡林瑞鋒原契壹帋共貳紙爲照
咸豐五年十壹月　日立寄佃字約仁亨（押）
仝弟仁瑞（押）
仝見[illegible]達標（押）
代字中抱詩美（押）

3-3-35-3　清咸豐五年十一月葉仁亨等立寄民佃田字

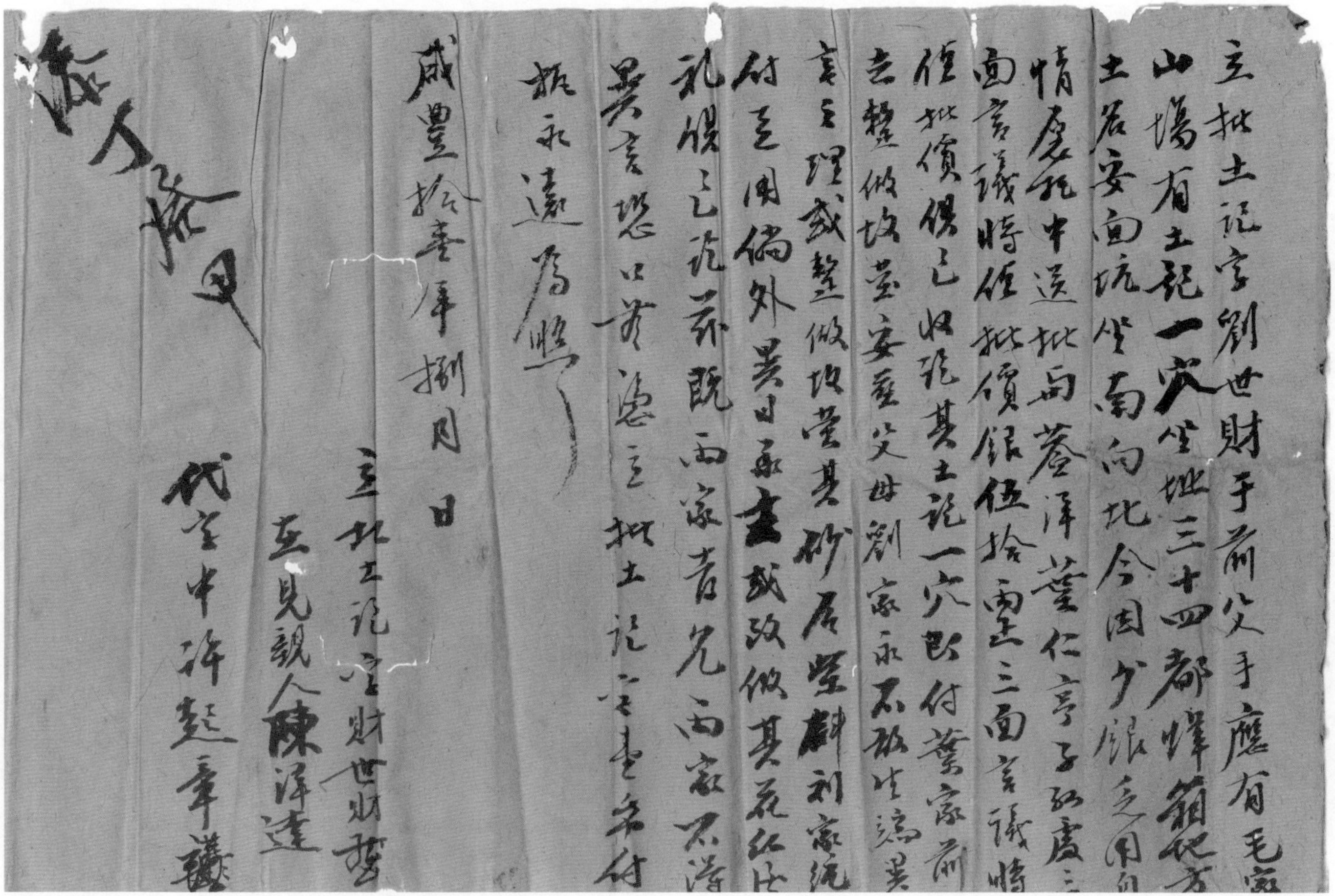

3-3-36-1　清咸豐十一年八月劉世財立批土記字

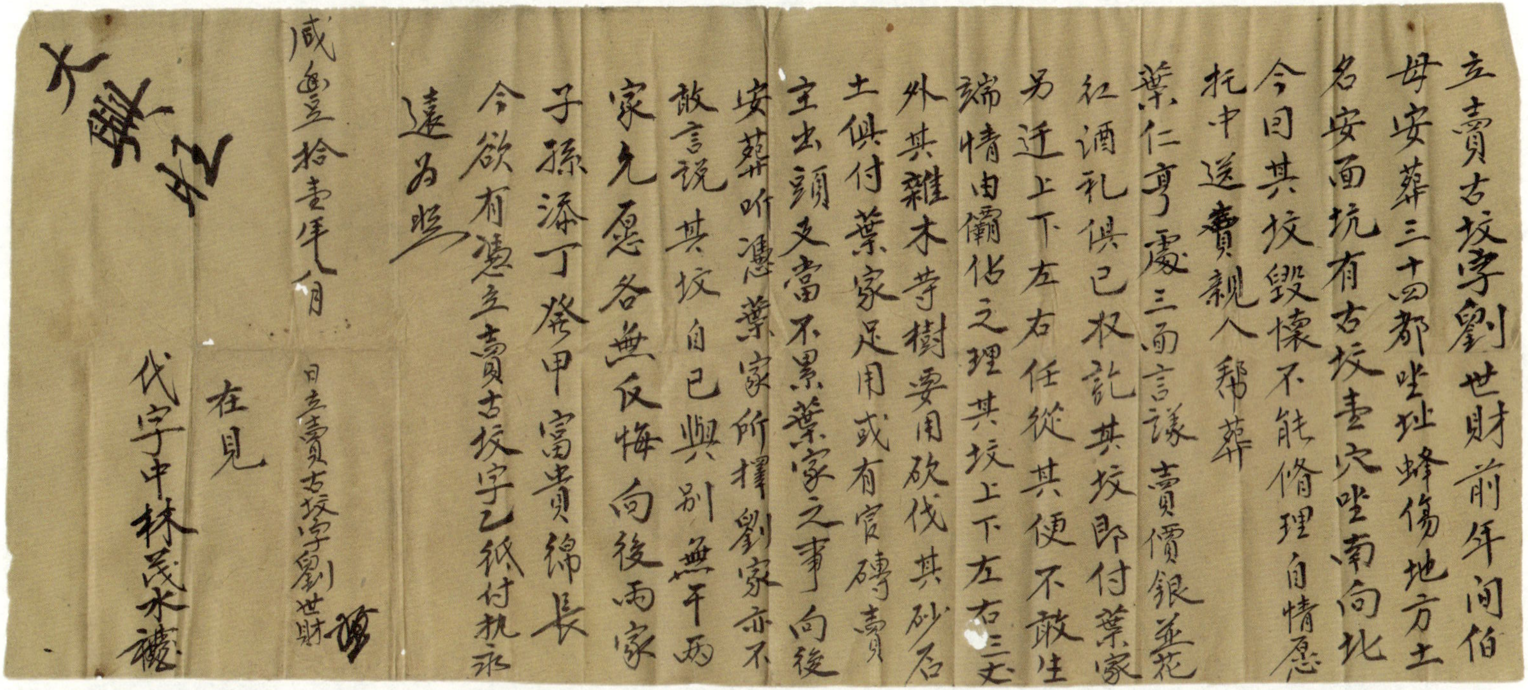
立賣古坟字劉世財前年間伯
母安葬三十四都坐址蜂傷地方土
名安面坑有古坟壹穴坐南向北
今因其坟毁壞不能脩理自情愿
托中送賣親人稱葬
葉仁亨處三面言議賣價銀並花
紅酒礼俱已收訖其坟即付葉家
另迁上下左右任從其便不敢生
端情由備佔之理其坟上下左右三丈
外其雜木等樹要用砍伐其砂石
土俱付葉家足用或有官磚賣
主出頭支當不累葉家之事向後
安葬听憑葉家所擇劉家亦不
敢言說其坟自己與别無干兩
家允愿各無反悔向後兩家
子孫添丁發甲富貴綿長
今欲有憑立賣古坟字乙紙付執永
遠為照

咸豐拾壹年八月　日立賣古坟字劉世財

在見

代字中林茂水

大發吉

3-3-36-2　清咸豐十一年八月劉世財立賣古墳字

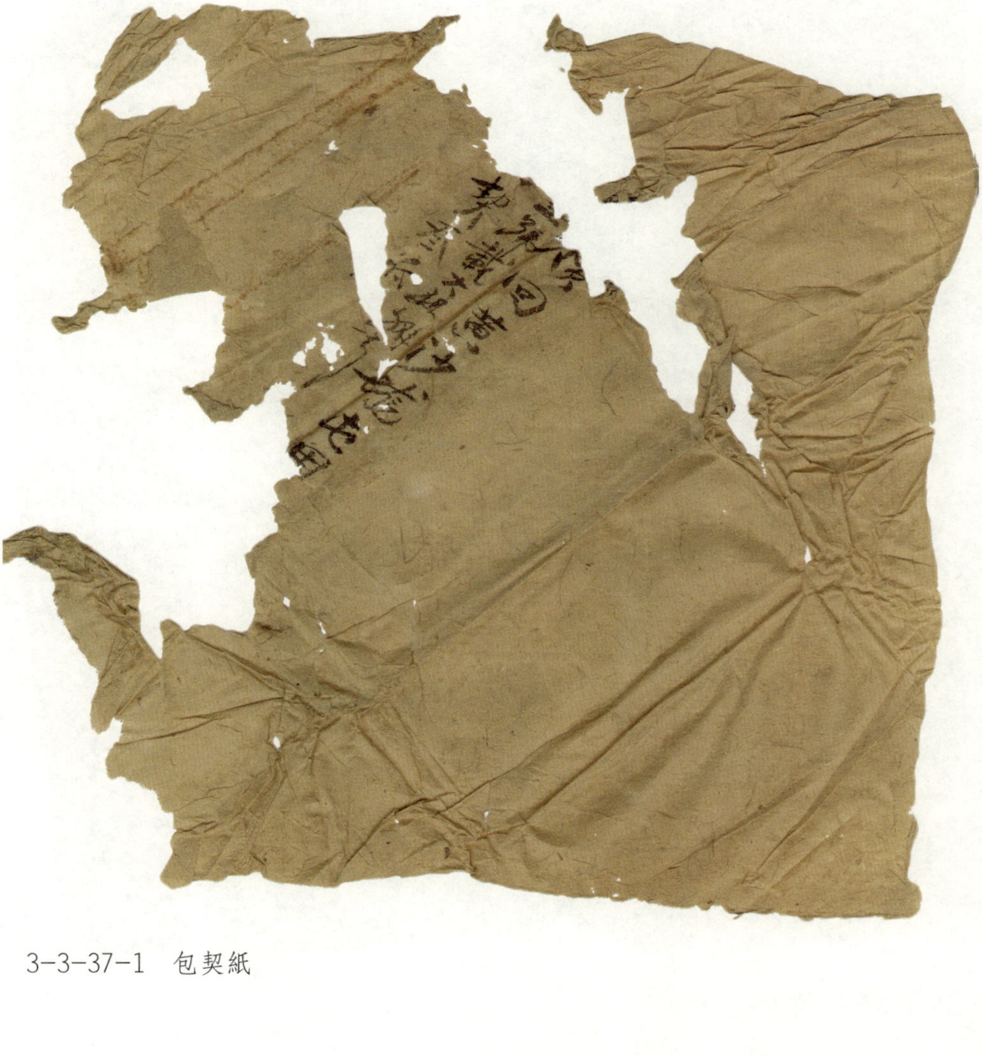

3-3-37-1　包契紙

3-3-37-2 包契紙

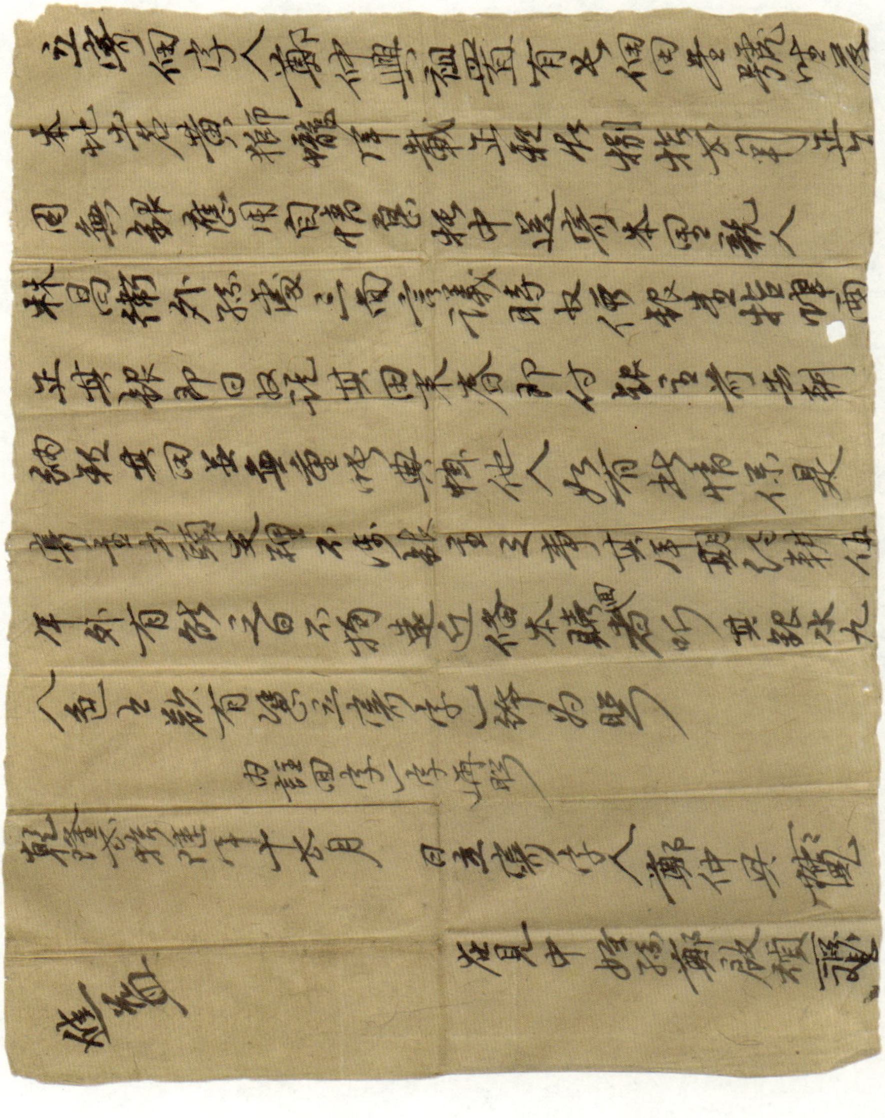

3-3-37-3　清乾隆二十六年十二月鄭仲興立寄屯佃田字

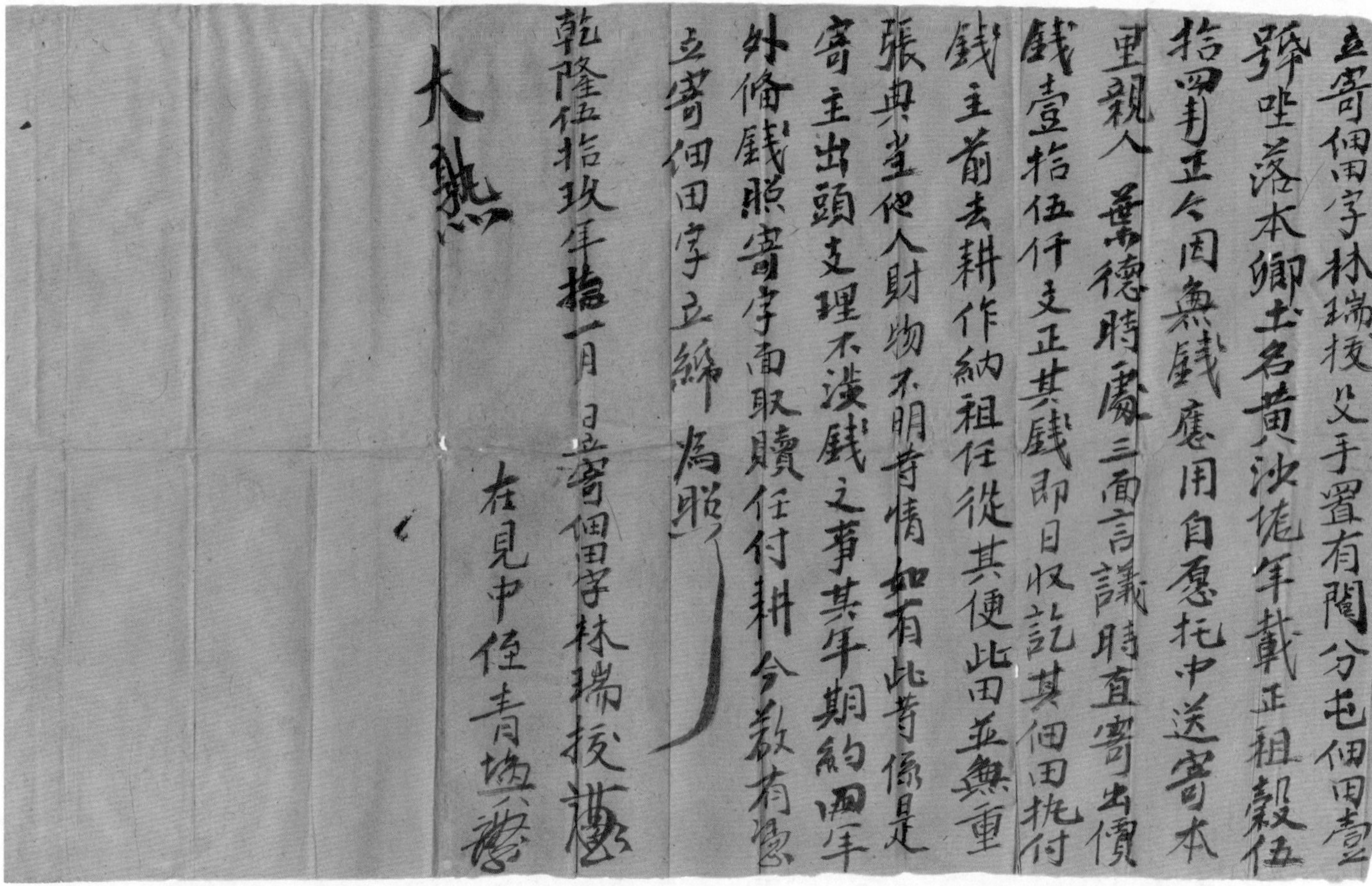

立寄佃田字林瑞拔，父手置有閩分屯佃田壹
號，坐落本鄉，土名黄沙垅，年載正租穀伍
拾四斗正。今因無錢應用，自愿托中送寄本
里親人葉德時處，三面言議，時直寄出價
錢壹拾伍仟文正，其錢即日收訖，其佃田拕付
錢主前去耕作納租，任從其便。此田並無重
張典當他人財物不明等情，如有此等，係是
寄主出頭支理，不涉錢之事。其年期約四年
外備錢照寄字面取贖，任付耕。今欲有憑，
立寄佃田字立綿為照。
乾隆伍拾玖年拾一月　日立寄佃田字林瑞拔（押）
在見中侄青燦（押）
大熟

3-3-37-4　清乾隆五十九年十一月林瑞拔立寄屯佃田字

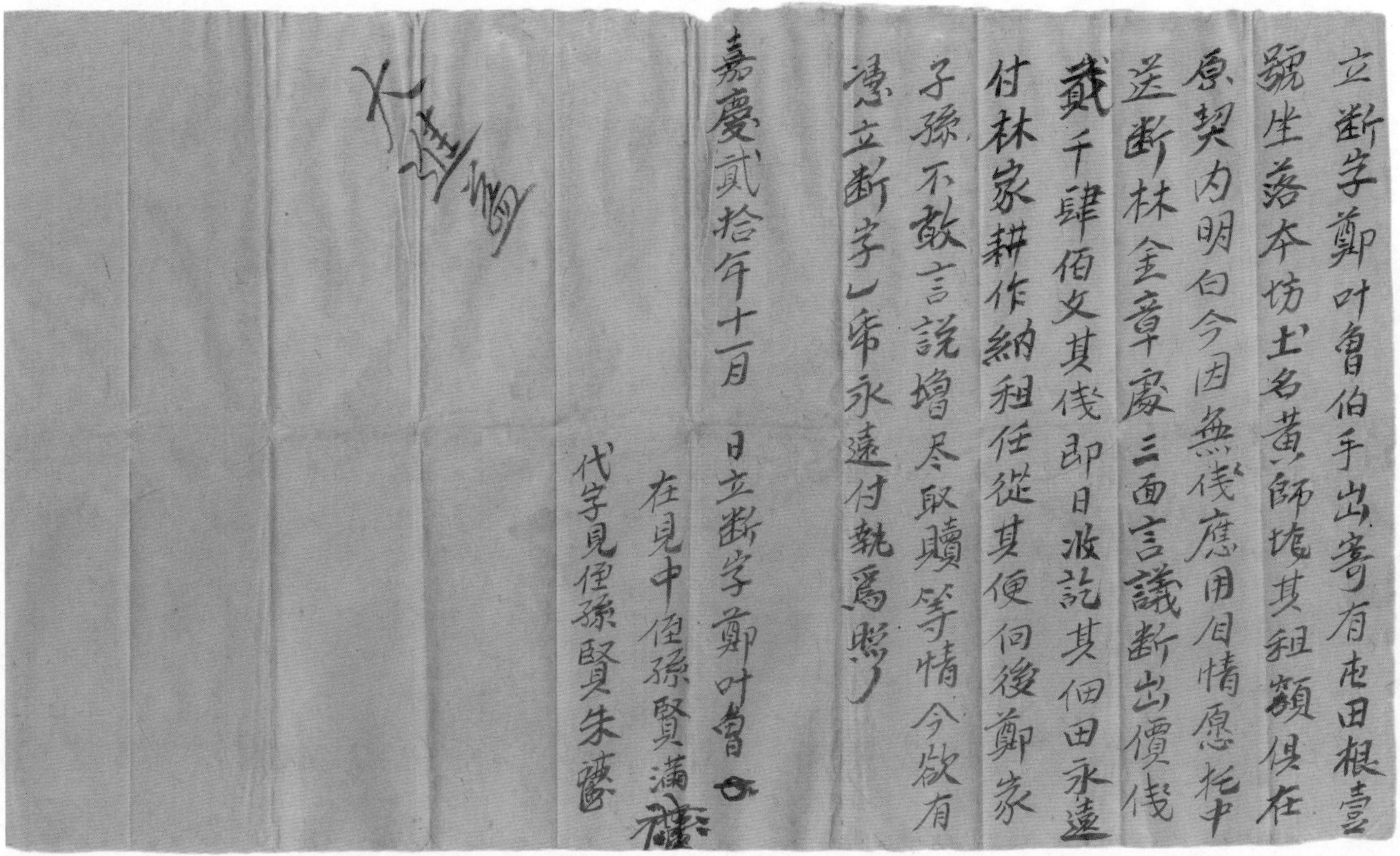
立斷字鄭叶曾伯手出壽有屯田根壹
號坐落本坊土名黄兴師墘其租額俱在
原契内明白今因無錢應用自情愿托中
送斷林金章處三面言議斷出價錢
貳千肆佰文其錢即日收訖其佃田永遠
付林家耕作納租任從其便向後鄭家
子孫不敢言説增尽取贖等情今欲有
憑立斷字一帋永遠付執爲照
嘉慶貳拾年十一月　日立斷字鄭叶曾
在見中侄孫賢滿
代字見侄孫賢朱
大吉

3-3-37-5　清嘉慶二十年十一月鄭叶曾立斷屯田根字

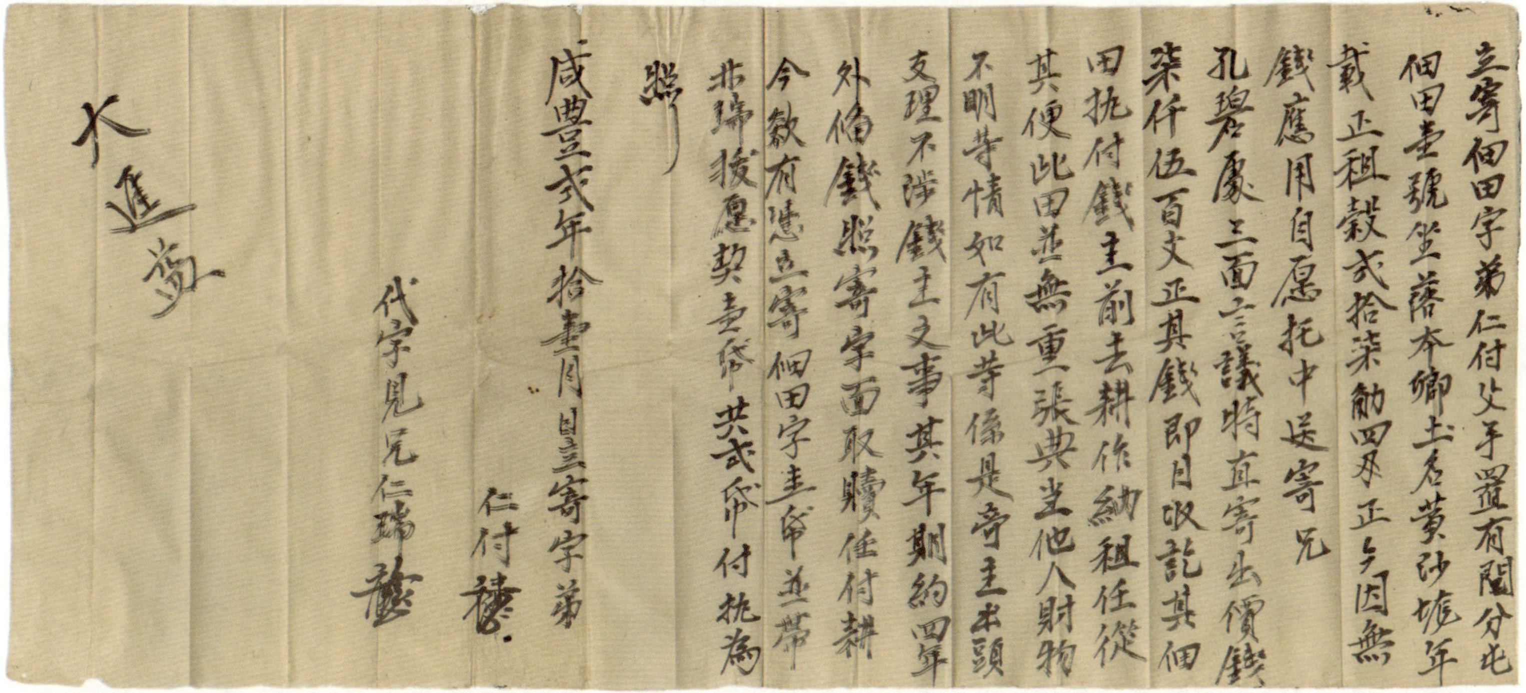
立寄佃田字弟仁付父手置有閹分屯佃田壹號坐落本鄉土名黃沙墟年載正租穀式拾柒觔四兩正今因無錢應用自愿托中送寄兄
孔碧處三面言議將苗寄出價錢柒仟伍百文正其錢即日收訖其佃田抗付錢主前去耕作納租任從其便此田並無重張典並他人財物不明等情如有此等係是寄主出頭支理不涉錢主之事其年期約四年外備錢照寄字面取贖任付耕今欲有憑立寄佃田字壹紙並帶非歸拔息契壹紙共式紙付執為照

咸豐式年拾壹月　日立寄字弟　仁付（押）
代字見兄仁瑞（押）

大進

3-3-37-6　清咸豐二年十一月葉仁付立寄屯佃田字

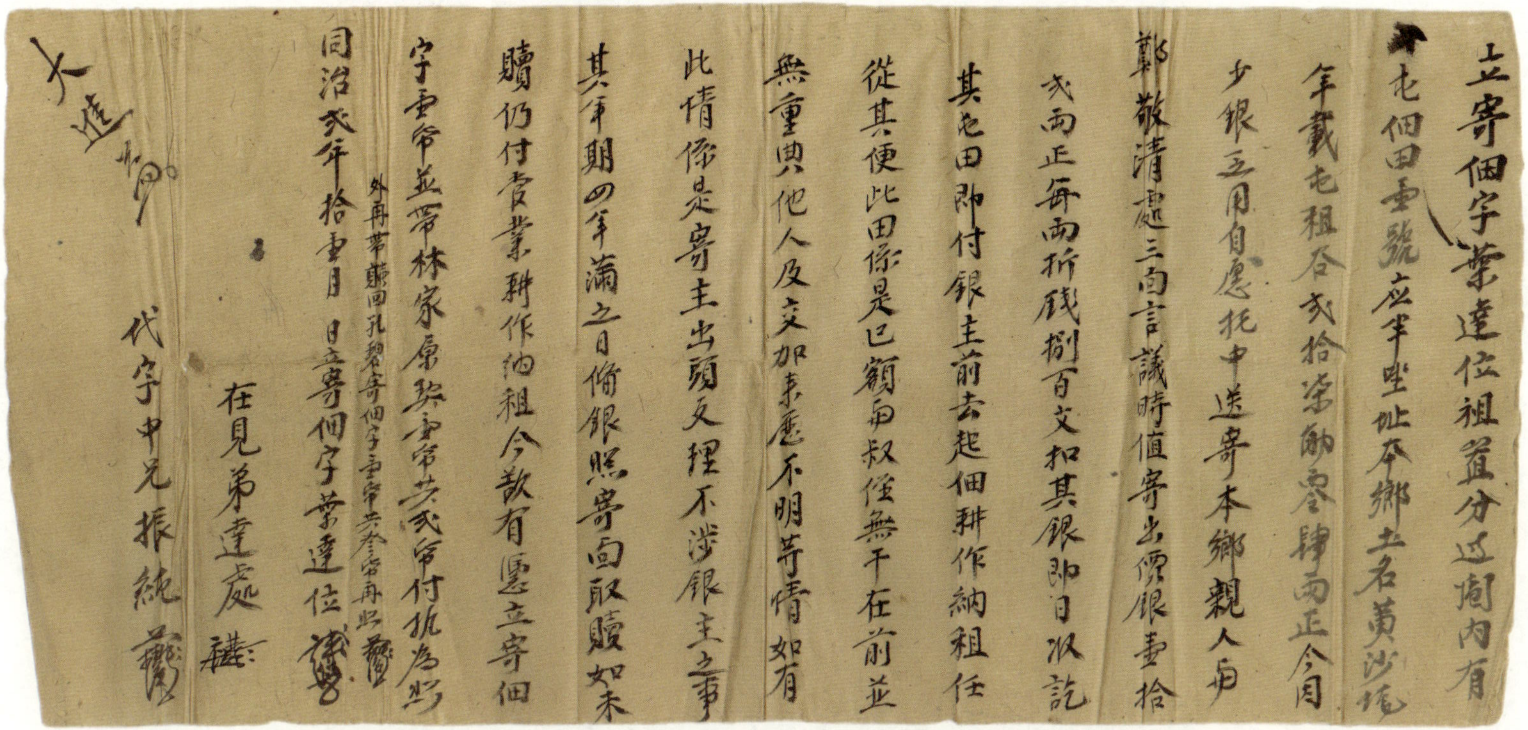
立寄佃字葉達位祖置分迠閹內有
乜佃田壹號坐址本鄉土名黃沙墘
年載乜租谷弍拾柒觔零肆兩正今因
少銀应用自愿托中送寄本鄉親人葉
鄭敬清處三面言議時值寄出價銀壹拾
弍兩正每兩折錢捌百文扣其銀即日收訖
其乜田即付銀主前去起佃耕作納租任
從其便此田係是已額與叔侄無干在前並
無重典他人及交加未應不明等情如有
此情係是寄主出頭支理不涉銀主之事
其年期四年滿之日備銀照寄面取贖如未
贖仍付管業耕作納租今欲有憑立寄佃
字壹帋並帶林家原契壹帋共弍帋付執為照
外再帶鄭回孔契寄佃字壹帋共叁帋再照
同治弍年拾壹月　日立寄佃字葉達位
在見弟葉達處
代字中兄振統

3-3-37-7　清同治二年十一月葉達位立寄乜佃田字

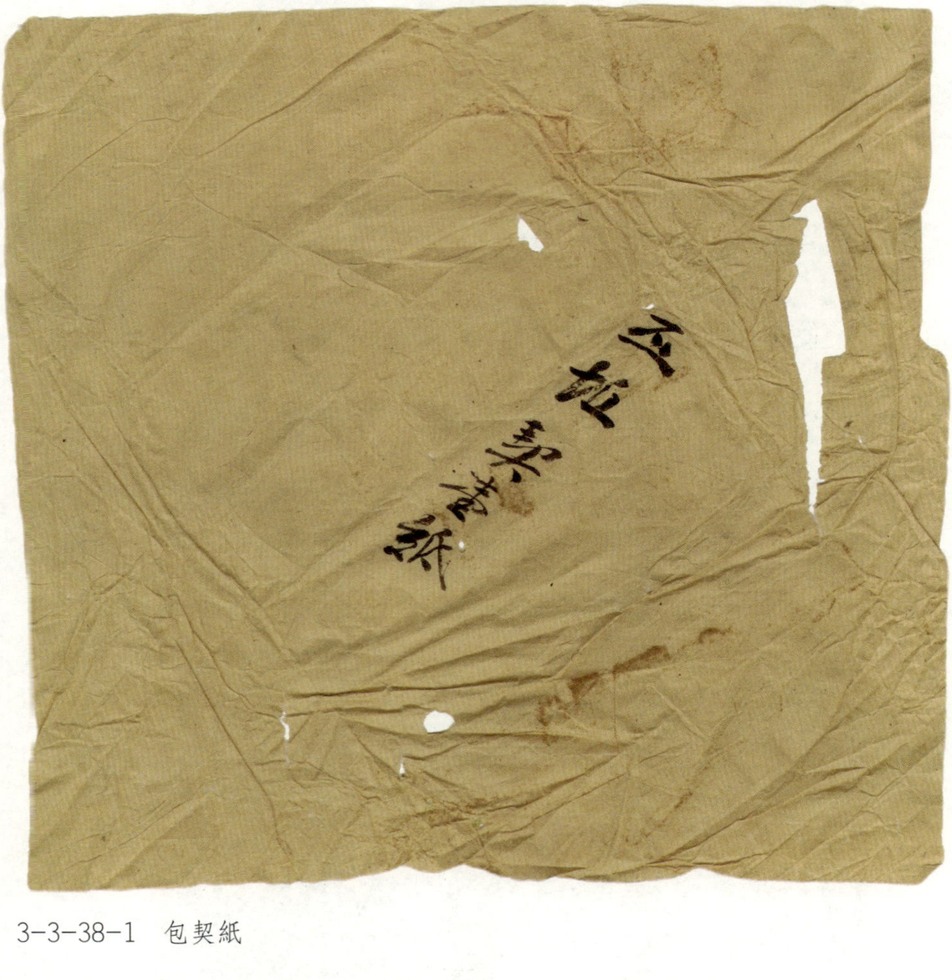

3-3-38-1　包契紙

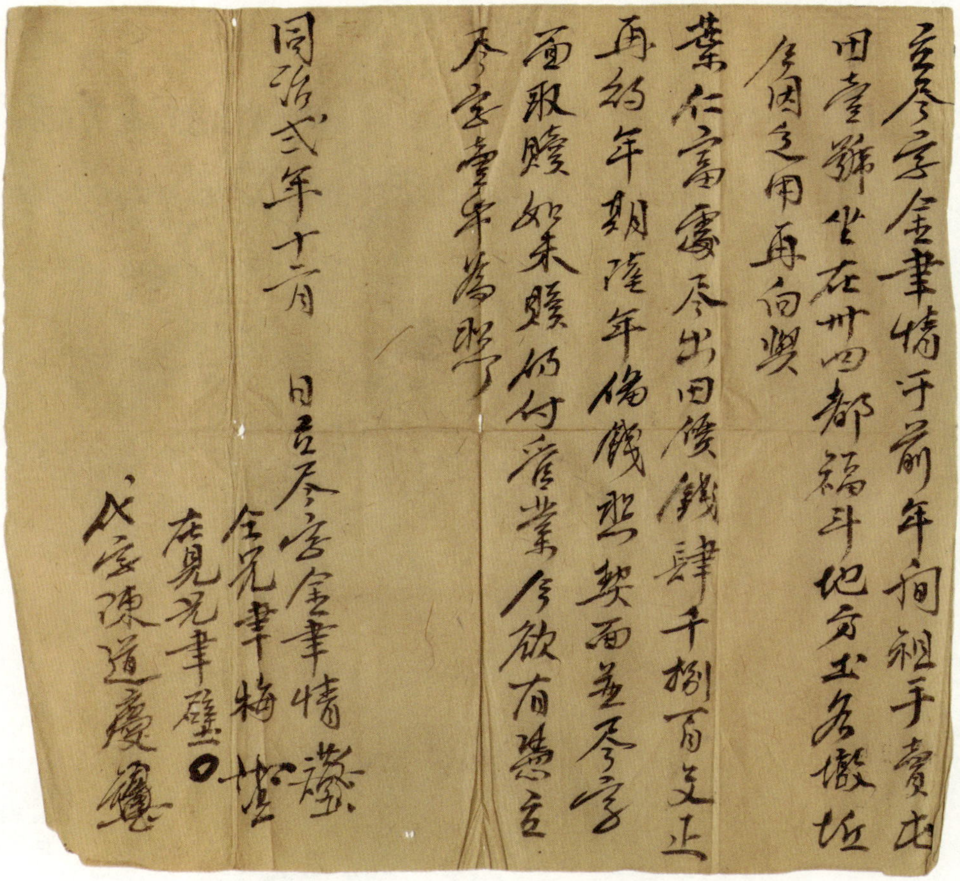

立盡字金聿情于前年向祖手賣屯
田壹號坐在卅四都福斗地方土名墩坵
今因乏用再向與
葉仁富處盡出田價錢肆千捌百文正
再約年期陸年備錢照契面並盡字
面取贖如未贖仍付產業今欲有憑立
盡字壹紙爲照
同治弍年十二月　　日立盡字金聿情（押）
仝兄聿梅（押）
在見兄聿鏖（押）
代字陳道慶（押）

3-3-38-2　清同治二年十二月金聿情等立盡屯田契

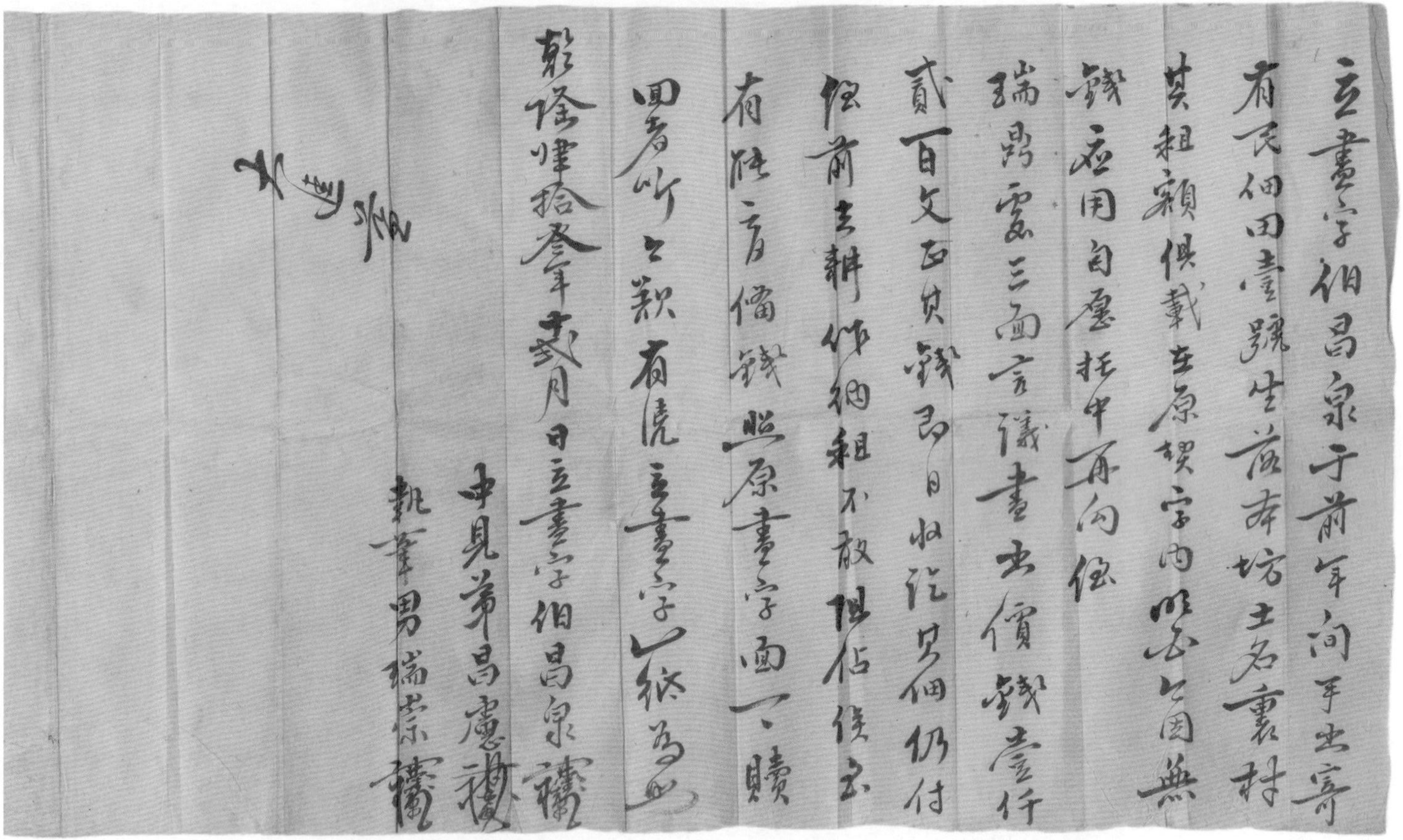
立盡字佃昌泉，于前年間手出寄
有民佃田壹號，坐落本坊土名裏村，
其租額俱載在原契字內明白。因無
錢應用，自愿托中再向伯
瑞爵處三面言議，盡出價錢壹仟
貳百文正。其錢即日收訖，其佃仍付
伯前去耕作納租，不敢阻佔。後若
有姪亦備錢照原盡字面一々贖
回房所之欵。有憑，立盡字一紙為照。
乾隆肆拾叁年十弍月　日立盡字佃昌泉（押）
中見弟昌慮（押）
執筆男瑞崇（押）

3-3-39-1　清乾隆四十三年十二月林昌泉立盡民佃田字

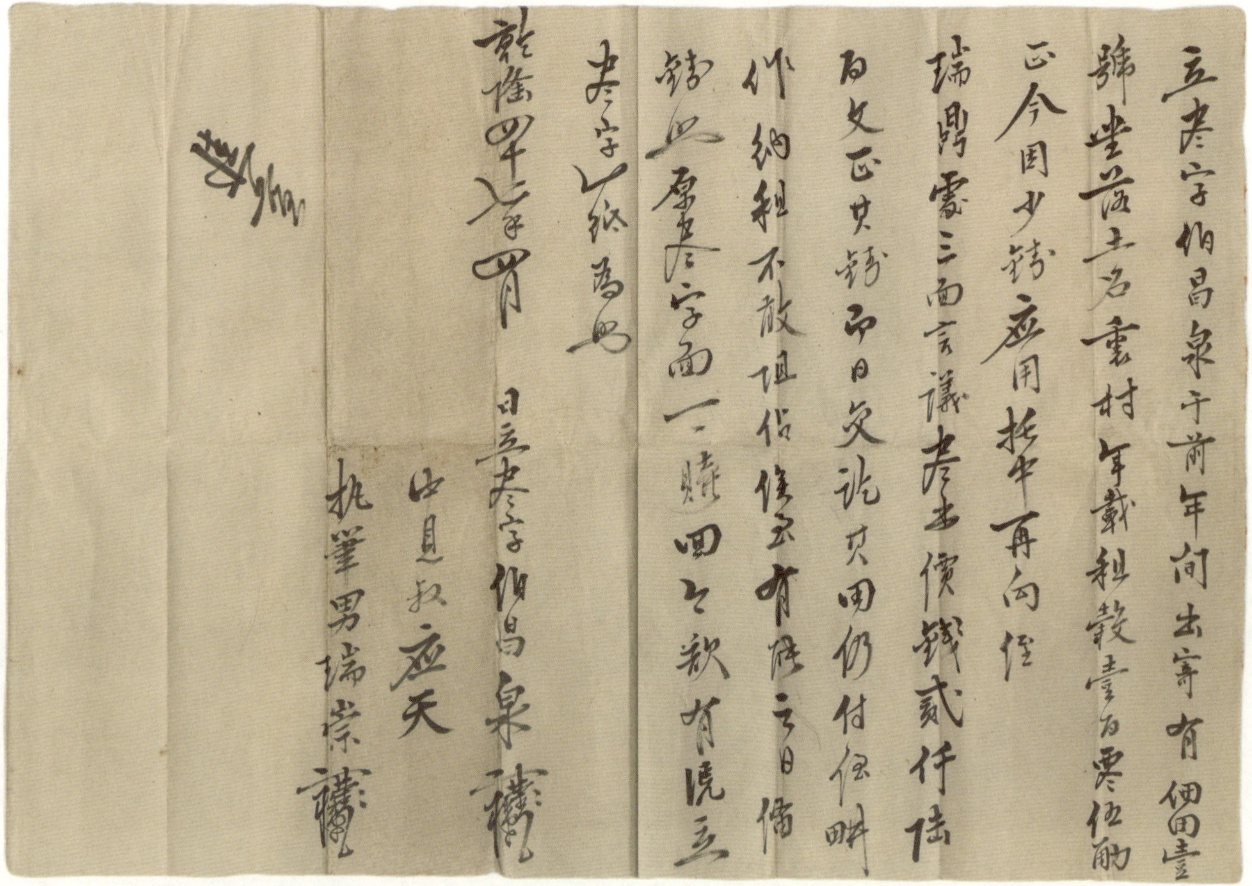
立盡字伯昌泉于前年間出寄有佃田壹
號坐落土名壷村年載租穀壹百零伍觔
正今因乏錢應用托中再向侄
瑞聘處三面言議盡出價錢貳仟陸
百文正其錢即日交訖其田仍付佃耕
作納租不敢阻佔倘有往之日備
錢照原盡字面一一贖回今欲有憑立
盡字一紙爲照
乾隆四十七年四月　日立盡字伯昌泉（押）
在見叔應天
執筆男瑞崇（押）

3-3-39-2　清乾隆四十七年四月林昌泉立盡佃田字

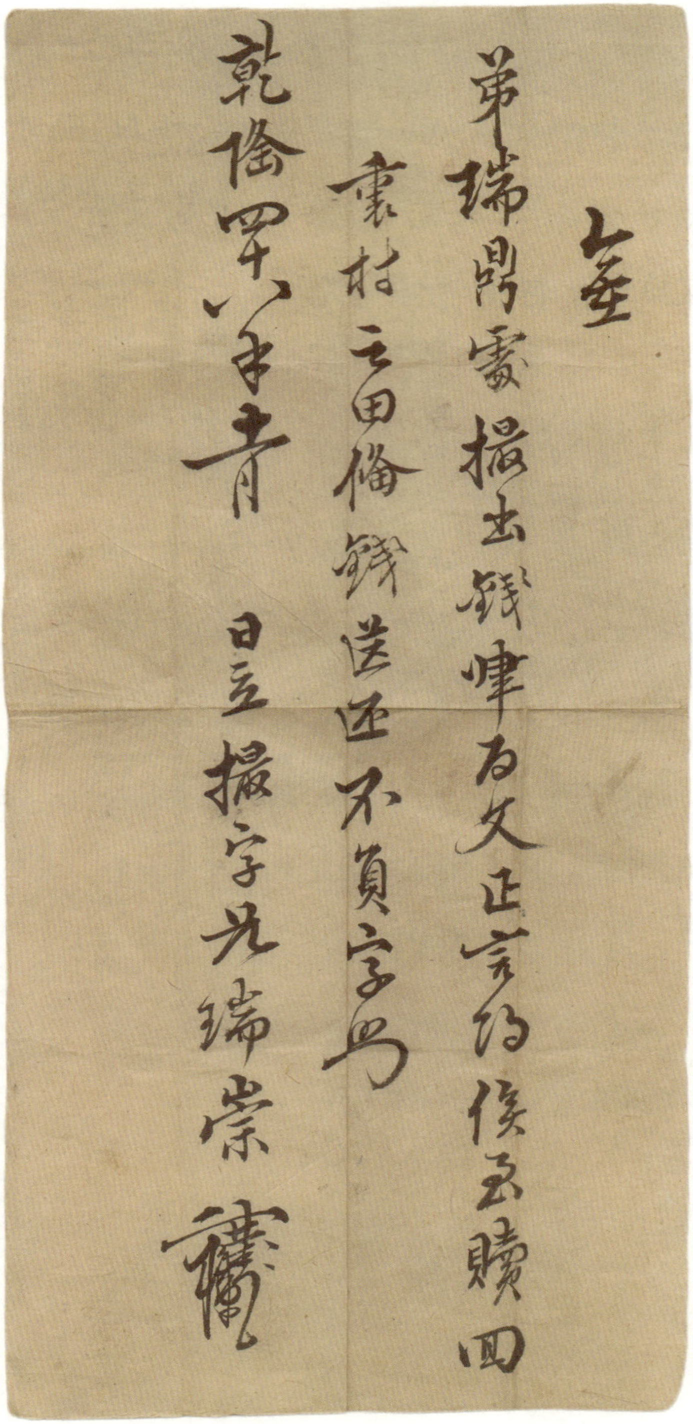
立
弟瑞昂處撮出錢肆百文正，言約候至贖回
衆村之田倫錢送還不負字照
乾隆四十八年十一月　日立撮字兄瑞崇

3-3-39-3　清乾隆四十八年十一月林瑞崇立撮字

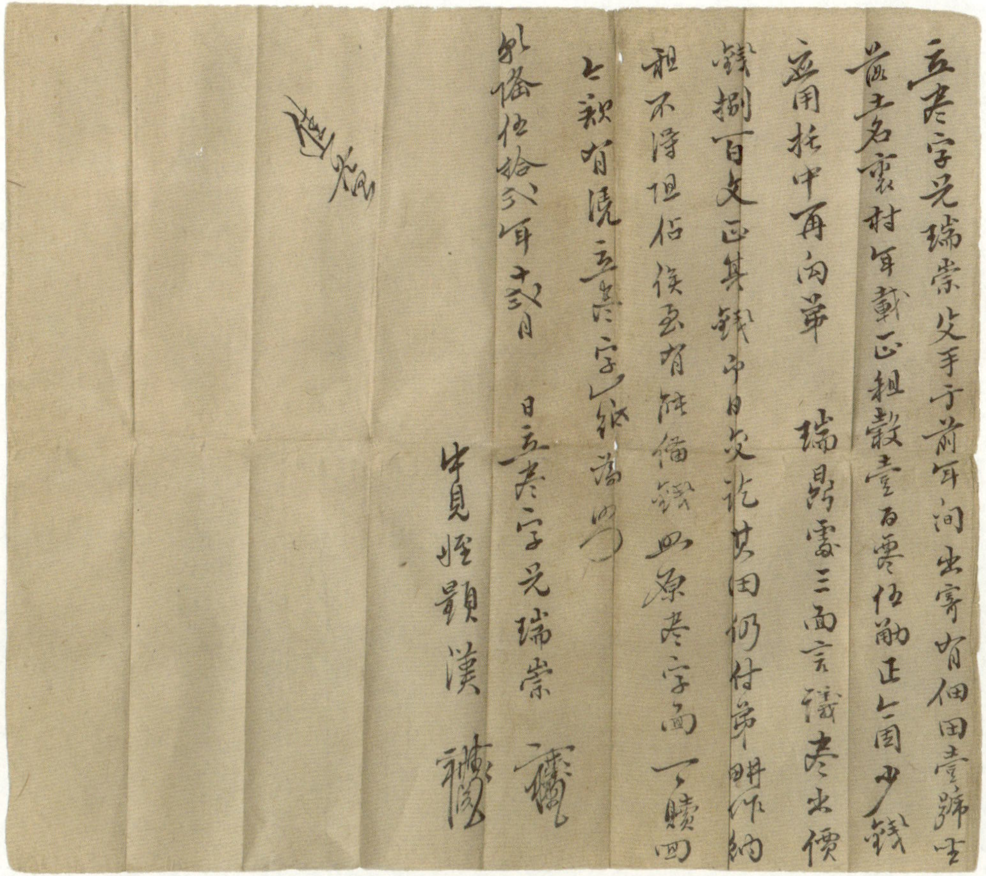
立盡字兄瑞崇[illegible]于前年間出[illegible]佃田壹號坐
落土名雲村年載正租穀壹百零伍觔正今因少錢
應用托中再向弟 瑞昂處三面言議盡出價
錢捌百文正其錢即日交訖其田仍付弟耕作納
租不得阻佔[illegible][illegible]有[illegible]備錢無原盡字面一下贖回
上[illegible]首恐無憑立盡字一紙為照
乾隆伍拾弍年十弍月　日立盡字兄瑞崇（押）
中見姪顯漢（押）

3–3–39–4　清乾隆五十二年十二月林瑞崇立盡佃田字

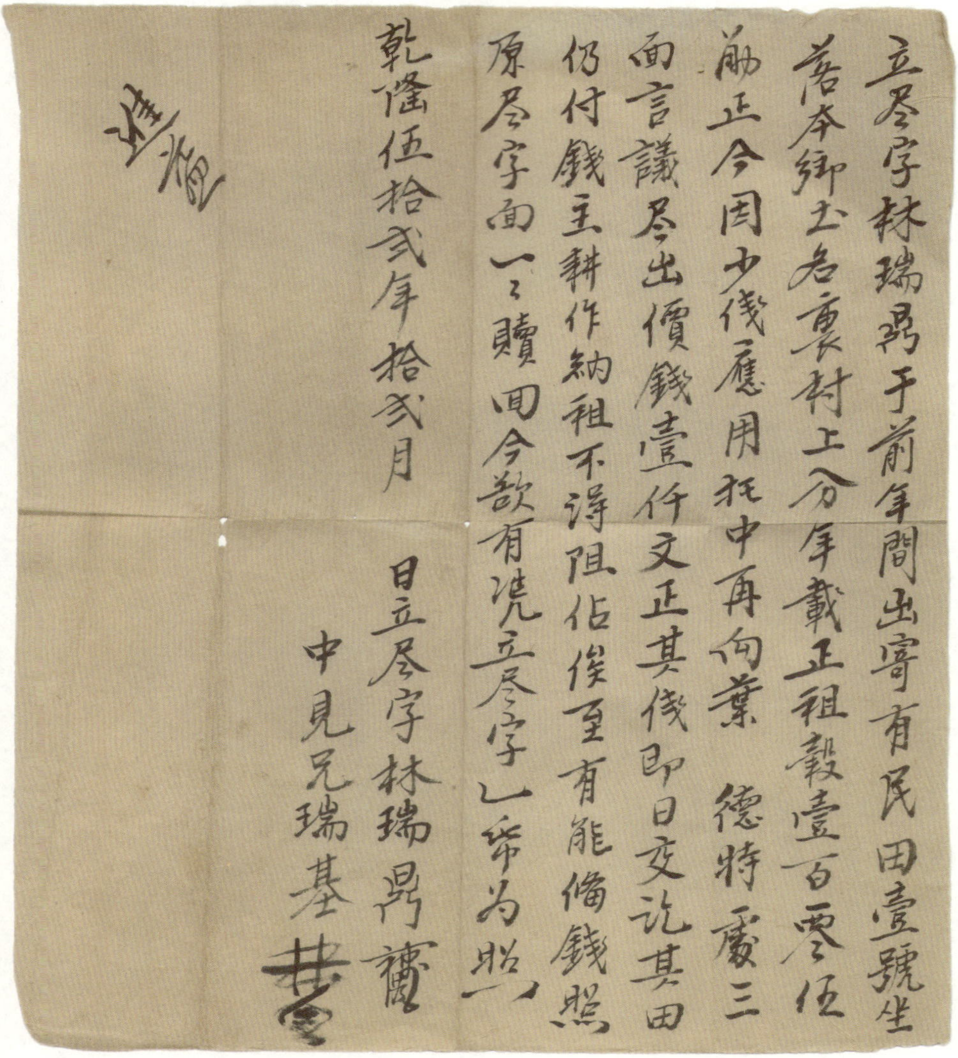

立盡字林瑞鼎于前年間出寄有民田壹號坐落本鄉土名裏村上分，年載正租穀壹百零伍觔正。今因少錢應用，托中再向葉德特處三面言議，盡出價錢壹仟文正。其錢即日交訖，其田仍付錢主耕作納租，不得阻佔。俟至有能備錢照原盡字面一一贖回。今欲有憑，立盡字一紙為照。

乾隆伍拾貳年拾貳月　日立盡字林瑞鼎（押）

中見兄瑞基（押）

3-3-39-5　清乾隆五十二年十二月林瑞鼎立盡民田字

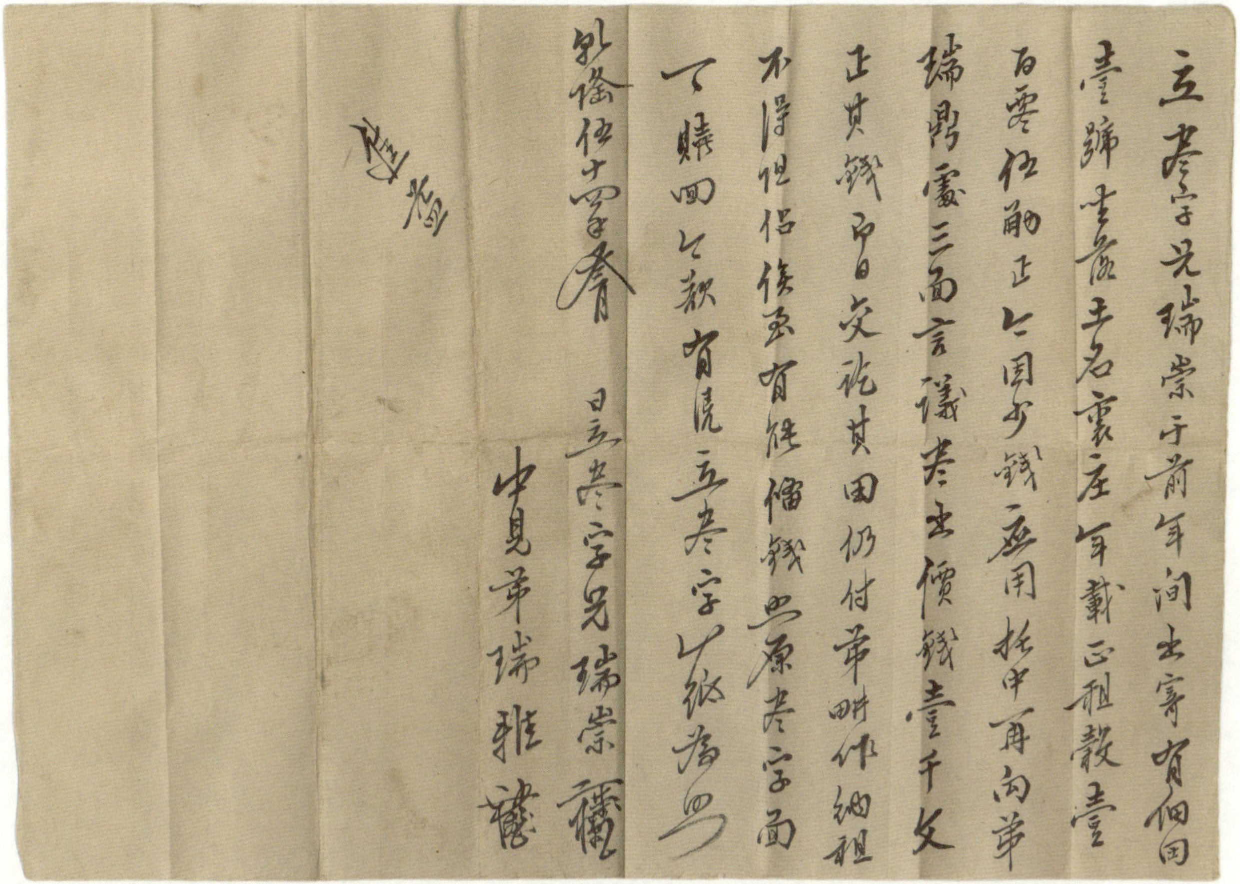
立盡字兄瑞崇于前年間出寄有佃田
壹號坐產土名寰庄年載正租穀壹
百零伍觔正，今因少錢應用，托中再向弟
瑞鳴處三面言議，盡出價錢壹千文
正，其錢即日交訖，其田仍付弟耕作納租，
不得阻佔，後再有續繳錢，照原盡字面
下贖回之款，有憑立盡字一紙為照。
乾隆伍十四年叁月　日立盡字兄瑞崇（押）
中見弟瑞雅（押）

3-3-39-6　清乾隆五十四年三月林瑞崇立盡佃田字

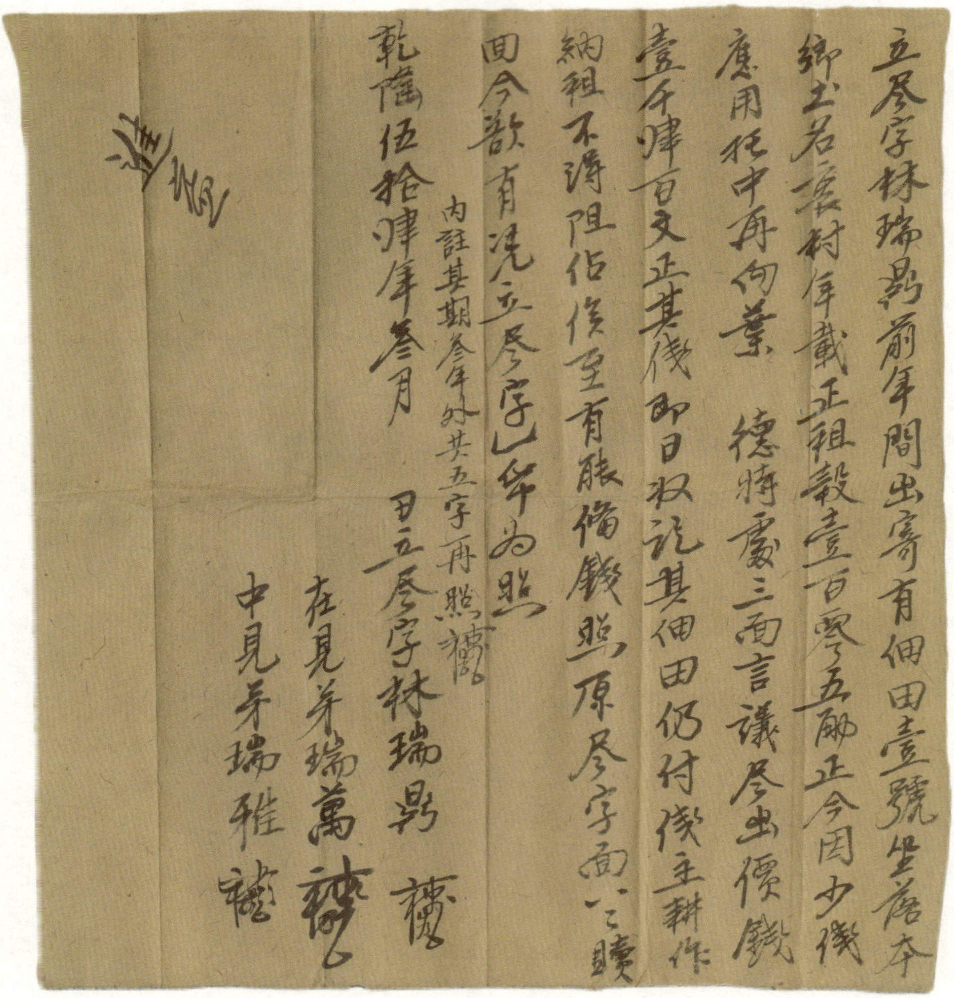
立盡字林瑞鼎前年間出寄有佃田壹號坐落本
鄉土名若溪村年載正租穀壹百零五觔正今因少錢
應用托中再向業　德特處三面言議盡出價錢
壹千肆百文正其錢即日收訖其佃田仍付錢主耕作
納租不得阻佔倘至有賬備錢照原盡字面一一贖
回今欲有憑立盡字一紙為照
內註其期叁年外共五字再照（押）
乾隆伍拾肆年叁月　日立盡字林瑞鼎（押）
在見弟瑞萬（押）
中見弟瑞稚（押）

3-3-39-7　清乾隆五十四年三月林瑞鼎立盡佃田字

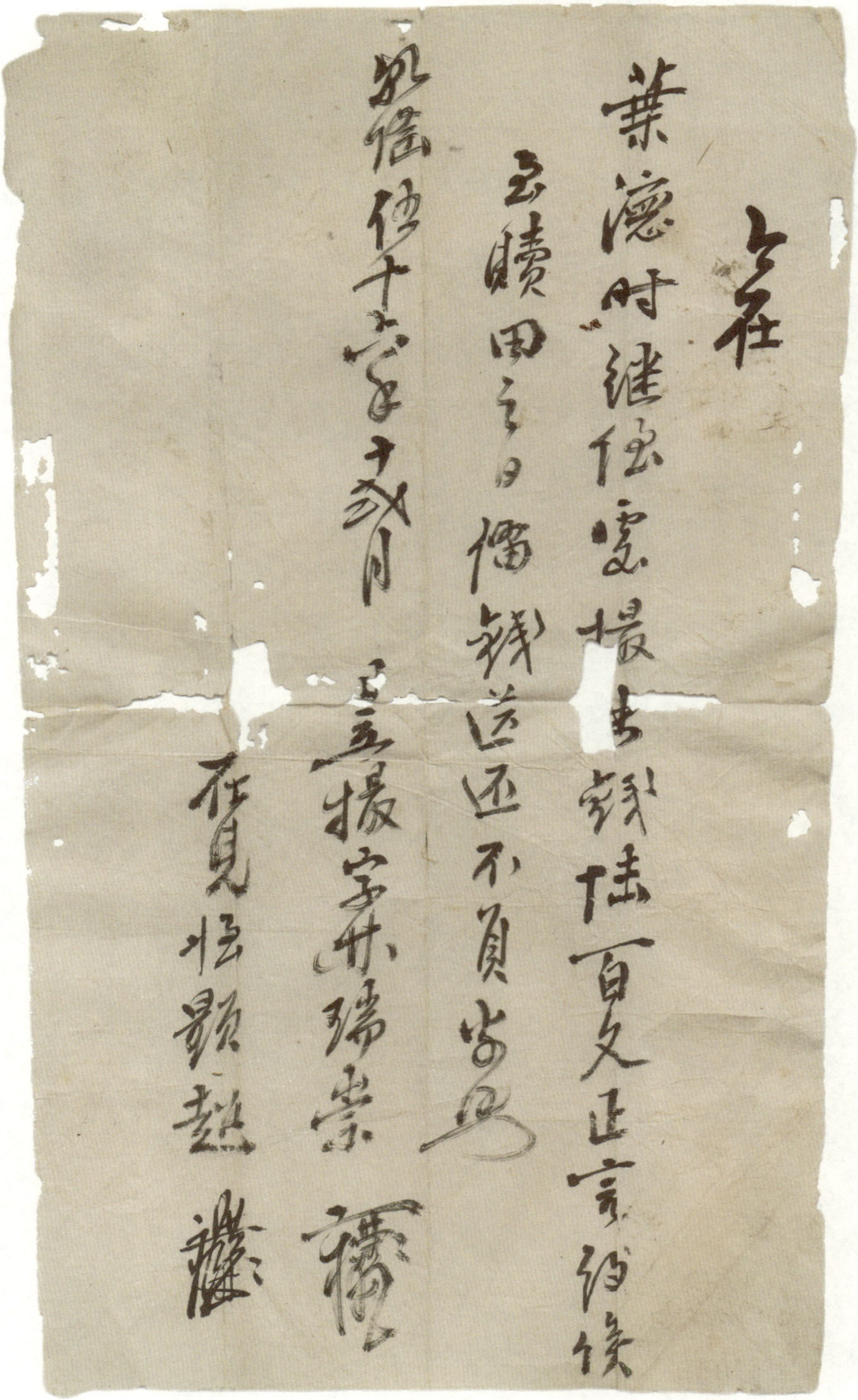

今在
葉德时继伍處撮出钱陸百文正言约候
來贖田之日備钱送还不負字照
乾隆伍十六年十二月　日立撮字林瑞崇（押）
在見叔顯赳（押）

3-3-39-8　清乾隆五十六年十二月林瑞崇立撮字

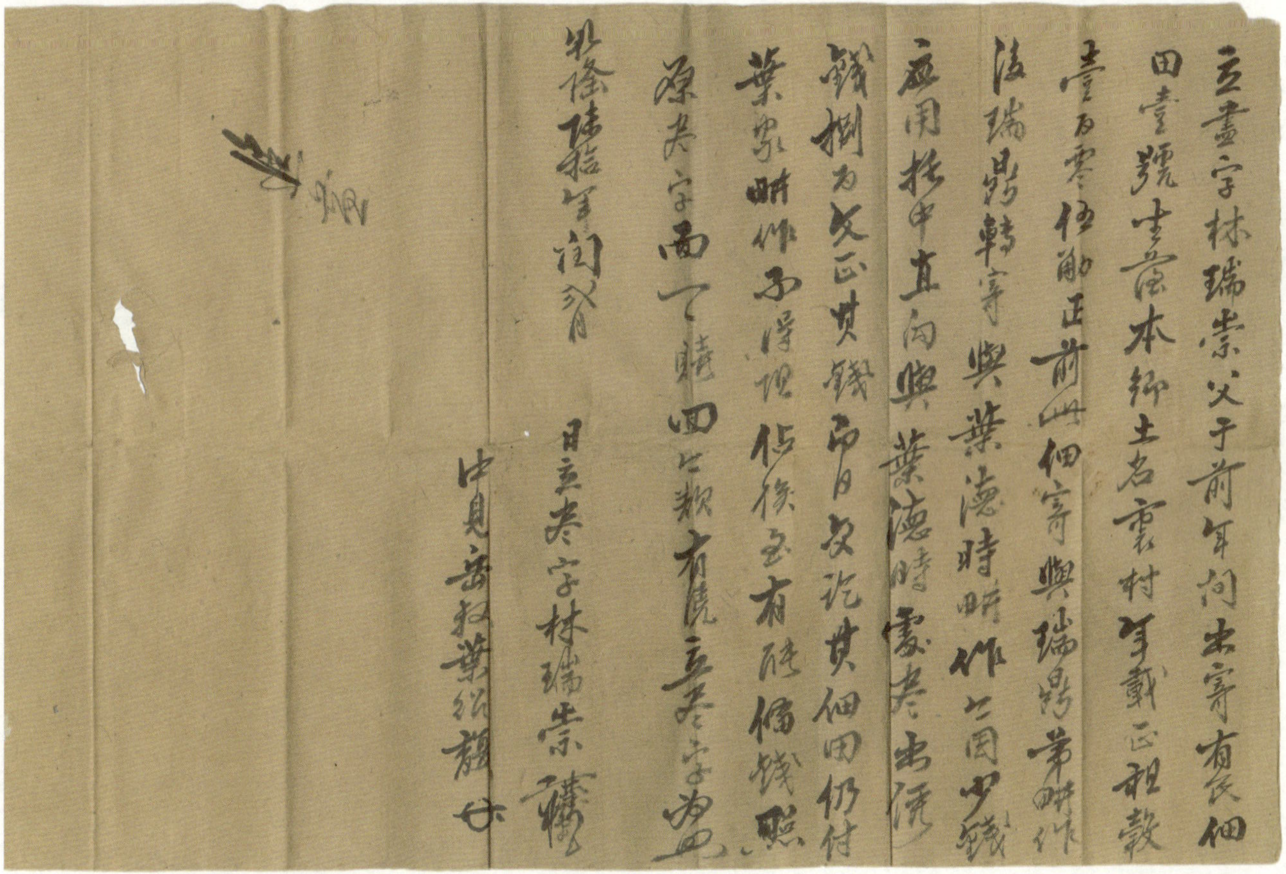
立盡字林瑞崇，父于前年間出寄有民佃
田壹號，坐落本鄉土名雲村，年載正租穀
壹石零伍斗正，前將佃寄與瑞照弟耕作，
後瑞照轉寄與葉德時耕作。今因少錢
應用，托中直向與葉德時處盡出價
錢捌百文正，其錢即日交訖，其佃田仍付
葉家耕作，不得阻擋，以後并有陸續備錢照
原，其字兩下贖回之期，有憑立盡字為照。
乾隆陸拾年閏二月
日立盡字林瑞崇（押）
中見岳叔葉紹旗（押）

3–3–39–9　清乾隆六十年閏二月林瑞崇立盡民佃田字

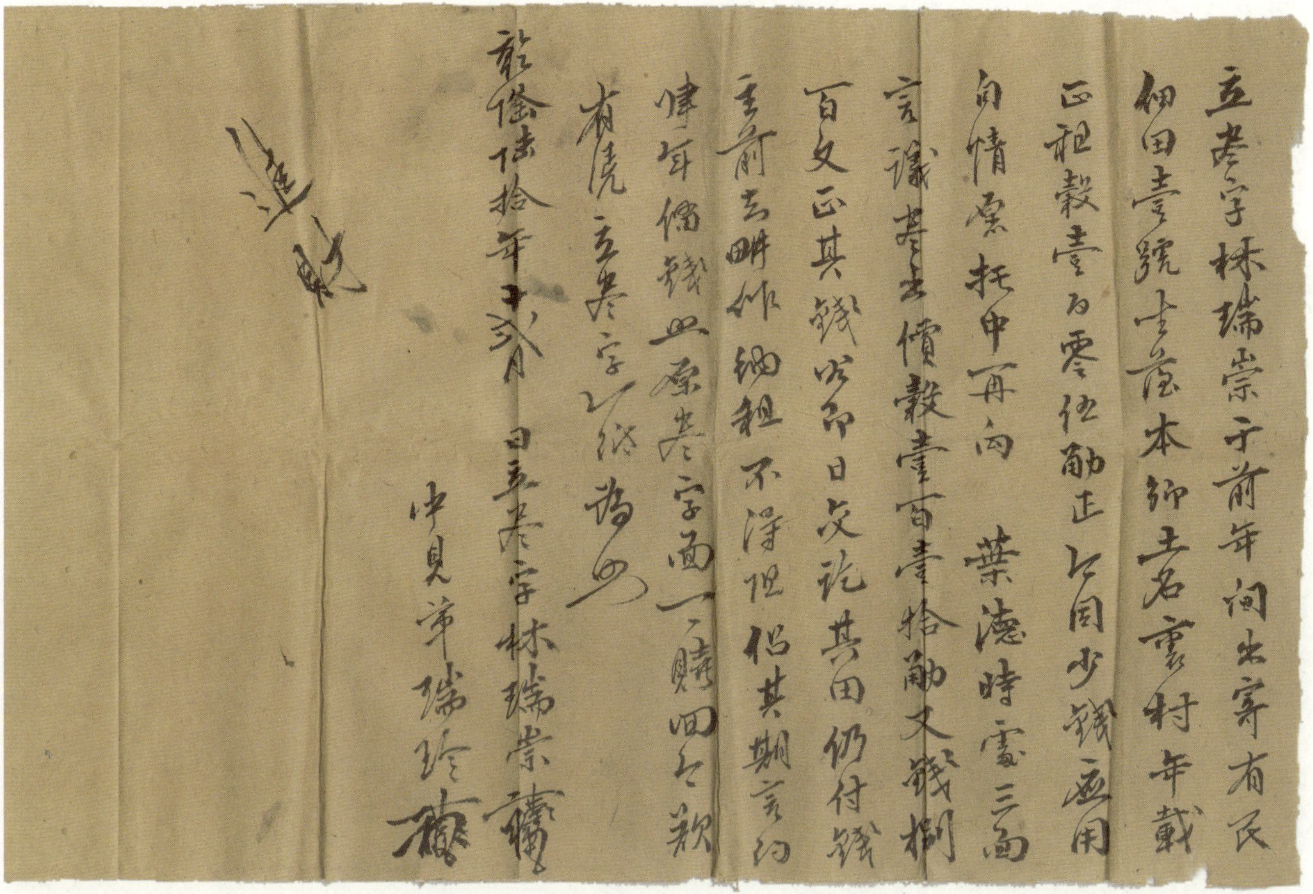

立盡字林瑞崇于前年間出寄有民
佃田壹號，坐落本鄉土名雲村，年載
正租穀壹石零伍觔正。又自少錢無用，
自情愿托中再向葉德時處三面
言議，盡出價穀壹百壹拾觔，又錢捌
百文正。其錢即日交訖，其田仍付錢
主前去耕作納租，不得阻挡。其期言約
肆年備錢照原契字面一足贖回。又欲
有憑，立盡字一紙爲照。
乾隆陆拾年十二月　日立盡字　林瑞崇（押）
中見　弟　瑞珍（押）

3-3-39-10　清乾隆六十年十二月林瑞崇立盡民佃田字

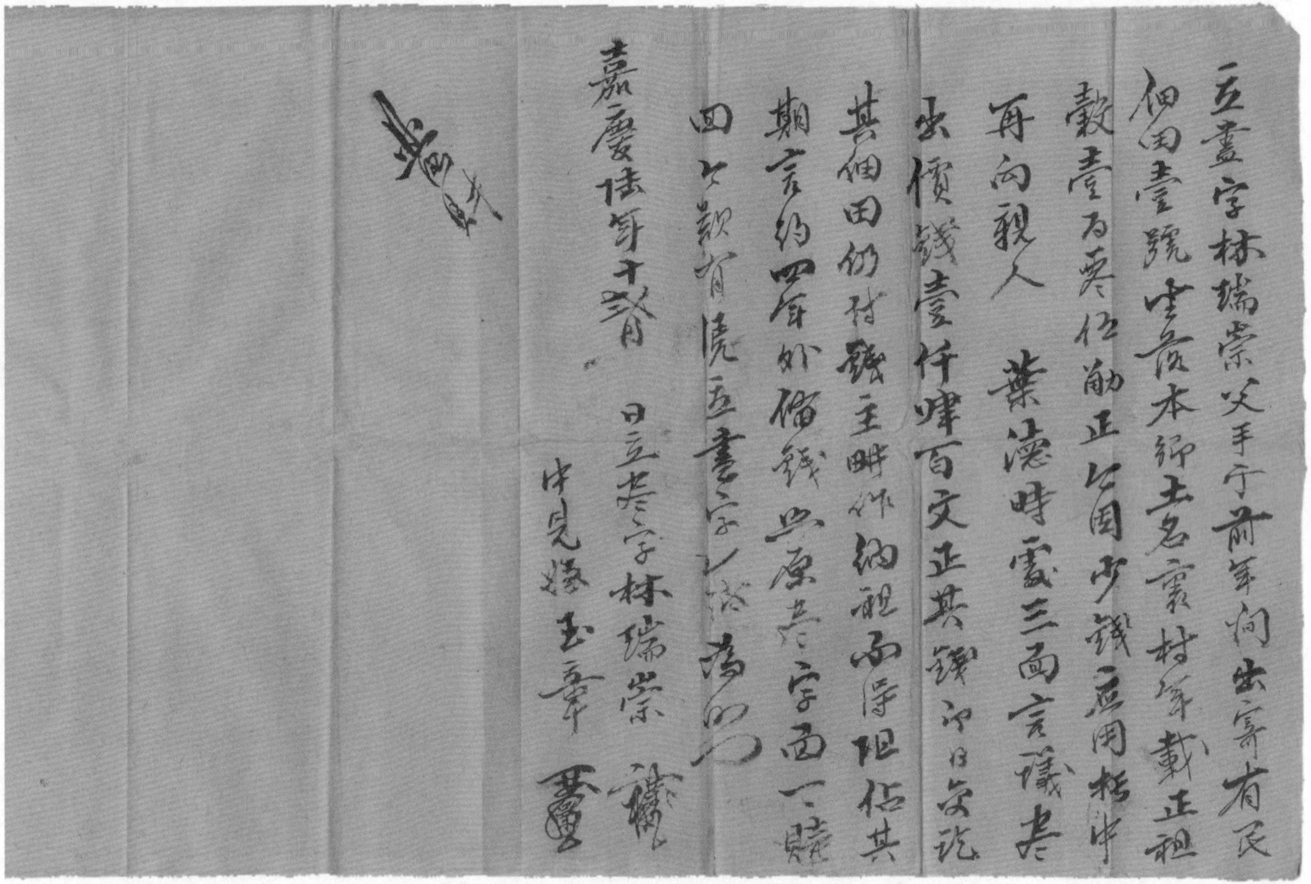

立盡字林瑞崇父手于前年間出寄有民
佃田壹號坐落本鄉土名寰村年載正租
穀壹石為要但勸正公因少錢應用托中
再向親人　葉德時處三面言議去
出價錢壹仟肆百文正其錢即日交訖
其佃田仍付錢主時作納租不得阻佔其
期言約四年外備錢照原去字面一贖
田上欵有憑立盡字一紙為照
嘉慶陸年十二月　日立去字林瑞崇
中見孫玉章

3-3-39-11　清嘉慶六年十二月林瑞崇立盡民佃田字

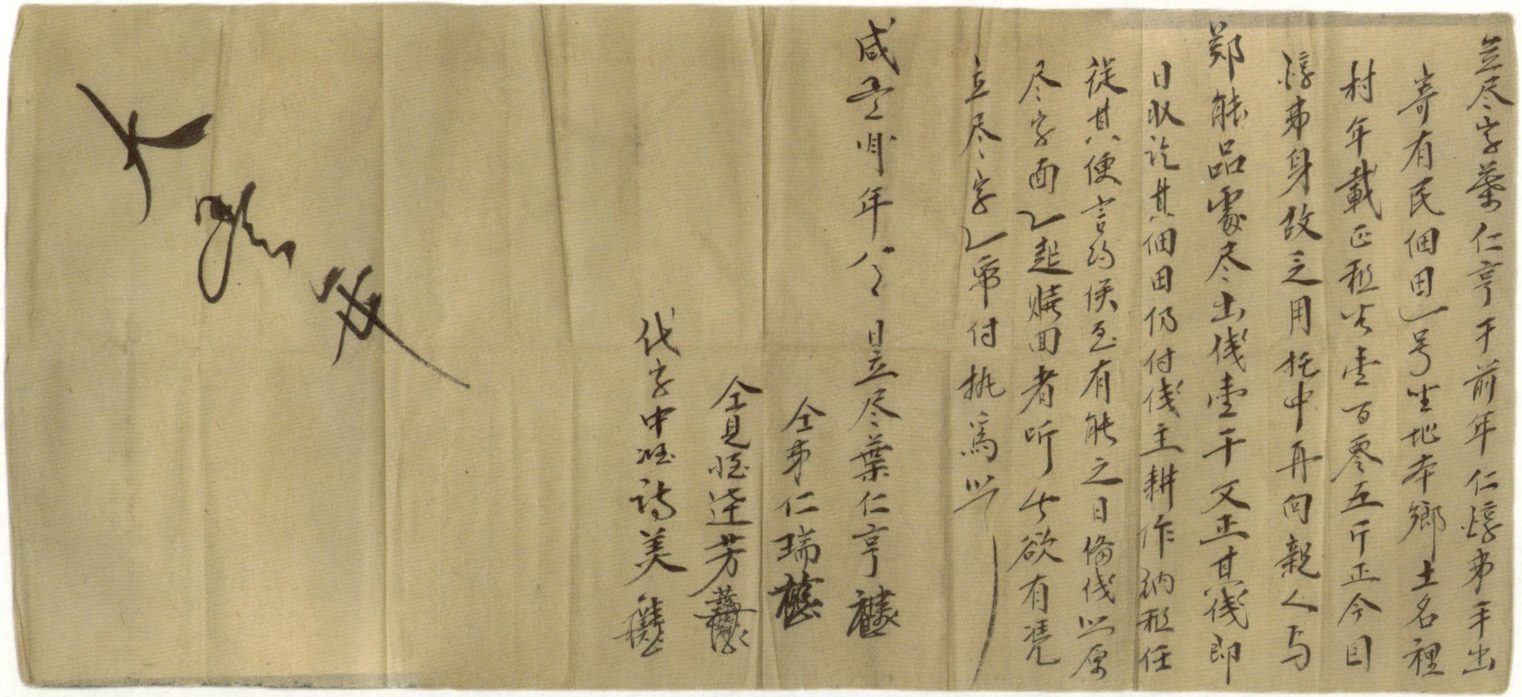
立尽字葉仁亨仝前年仁瑞弟手出
壽有民佃田一号坐址本鄉土名裡
村年載正租壹百零五斤正今因
瑞弟身故之用托中再向親人与
鄭能品處尽出錢壹千文正其錢即
日收訖其佃田仍付錢主耕作納租任
從其便言約係至有能之日備錢以原
尽字面乙起贖田者听亦欲有憑
立尽字乙帋付執爲照
咸豐肆年八月　日立尽葉仁亨（押）
仝弟仁瑞（押）
仝見姪逢芳（押）
代字中姪詩美（押）

3-3-39-12　清咸豐四年八月葉仁亨等立盡民佃田字

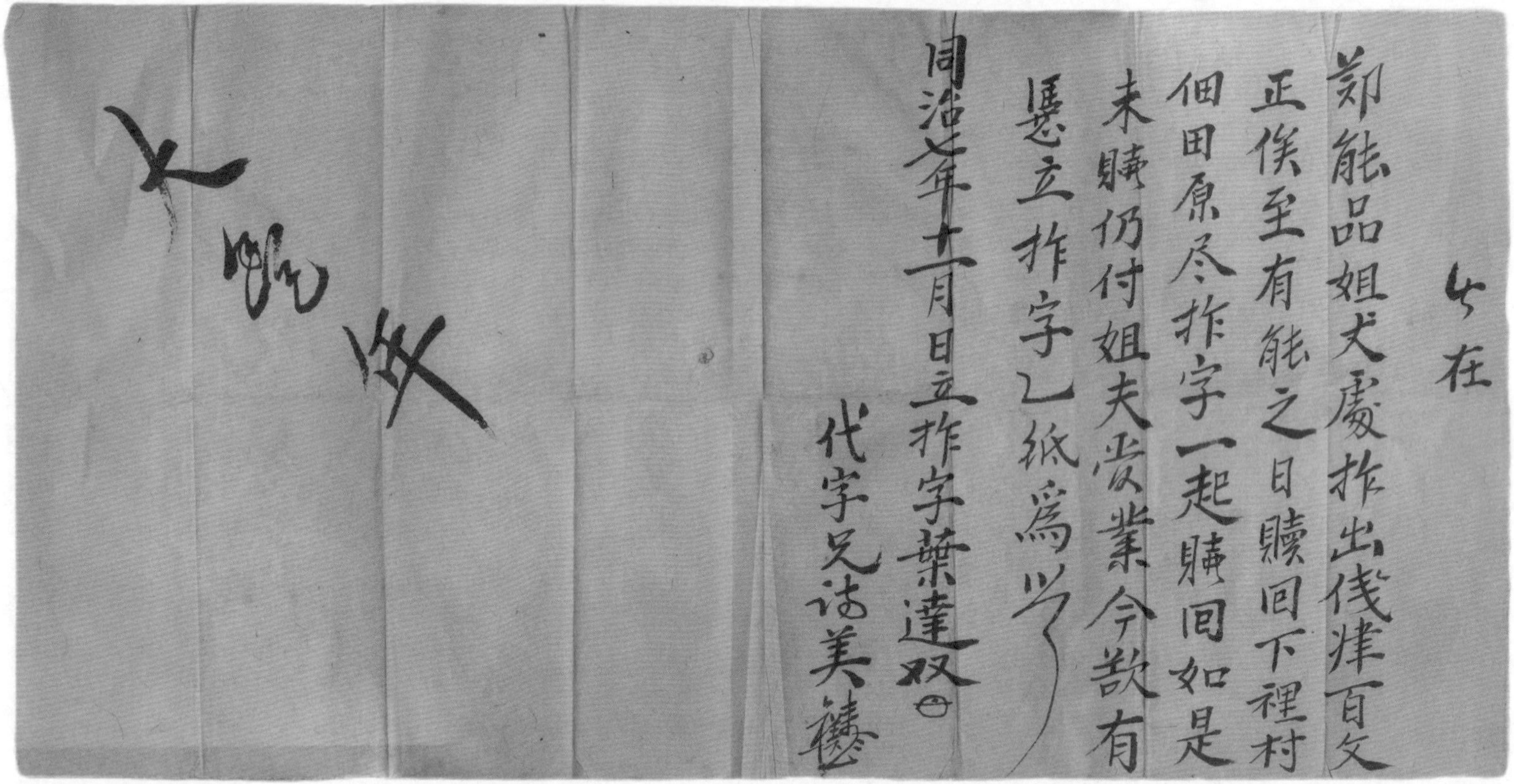

又在
鄭能品姐夫處撮出錢肆百文
正侯至有能之日贖回下裡村
佃田原契撮字一起贖回如是
未贖仍付姐夫管業今欵有
憑立撮字乙紙爲照
同治七年十一月日立撮字葉達双（押）
代字兄詩美（押）

3-3-39-13　清同治七年十一月葉達双立撮字

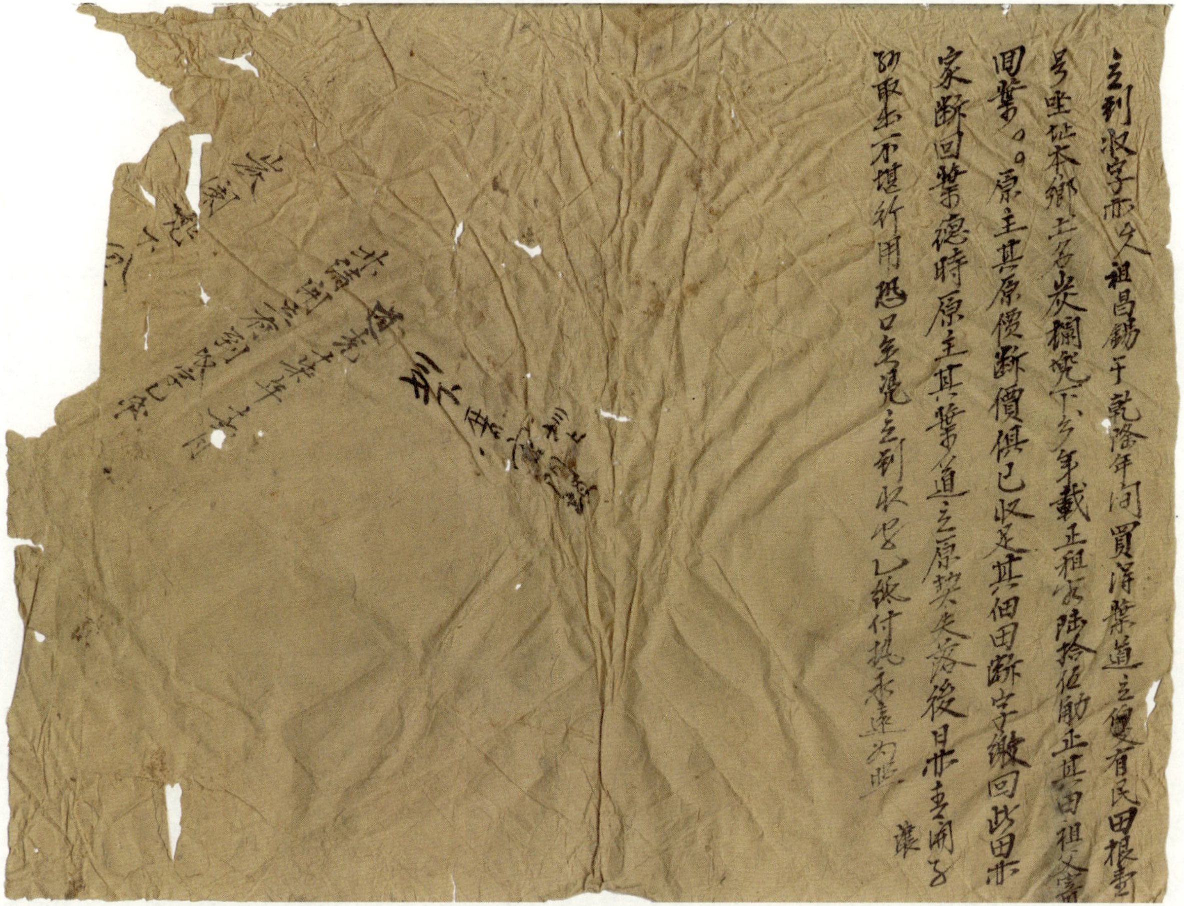

立刦收字亦父　祖昌錫于乾隆年间買洋葉道立邊有民田根壹
号坐址本鄉土名炭欄兜下〻乡年載正租谷陆拾伍觔正其田祖父寄
佃業。。原主其原價斷價俱已收足其佃田斷字繳回此田亦
家斷回葉德時原主其葉道立原契失落後日亦未開字
刦取出不堪行用恐口無憑立刦收字乙紙付执永遠為照
讓

嘉慶十柒年十月

3-3-40-1　包契紙（草契）

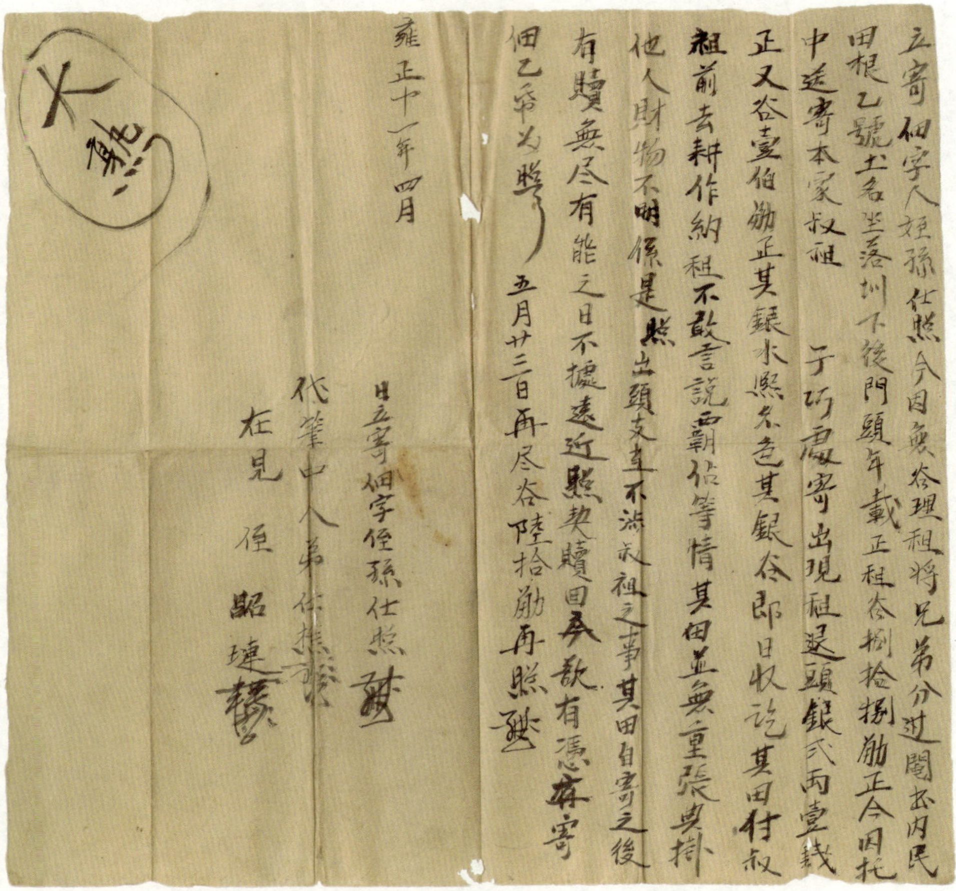

立寄佃字人姪孫仕照今因無銀理租將兄弟分過鬮內民田根乙號土名坐落圳下後門頭年載正租谷捌拾捌觔正今因托中送寄本家叔祖 于琦處寄出現租退頭銀弍兩壹錢正又谷壹伯觔正其銀水照色其銀谷即日收訖其田付叔祖前去耕作納租不敢言說兩朝估等情其田並無重張典掛他人財物不明係是照出頭支當不涉叔祖之事其田自寄之後有贖無盡有能之日不據遠近照契贖回本銀有憑立寄佃乙紙為照

五月廿三日再盡谷陸拾觔再照押

雍正十一年四月 日立寄佃字侄孫仕照押

代筆中人弟仕熊押

在見侄 昭璉押

3-3-40-2 清雍正十一年四月葉仕照立寄佃民田根字

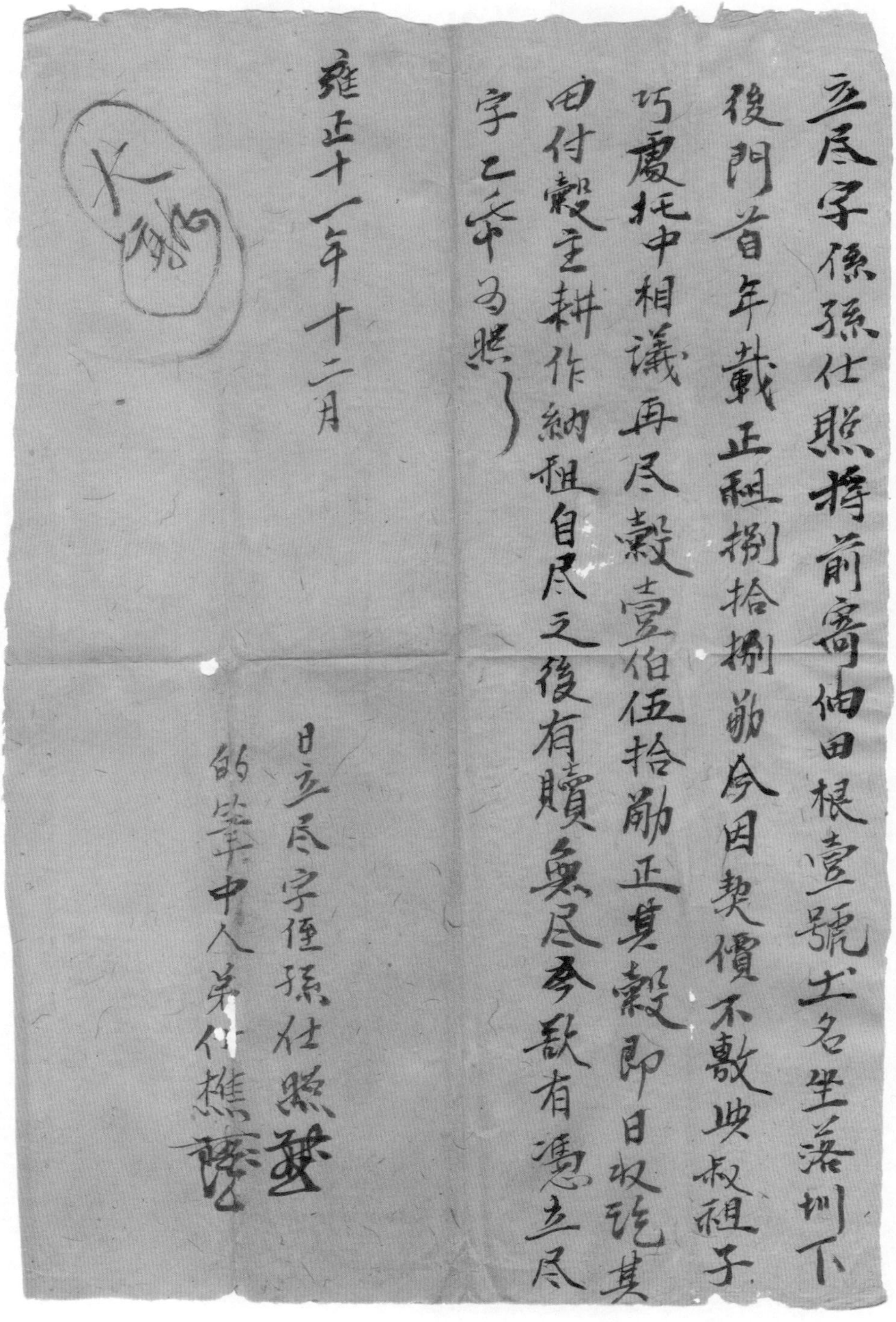

立尽字係孫仕照將前啇佃田根壹號土名坐落圳下
後門首年載正租捌拾捌觔今因契價不敷央叔祖子
巧處托中相議再尽穀壹伯伍拾觔正其穀即日收訖其
田付穀主耕作納租自尽之後有贖無尽今欲有憑立尽
字一紙爲照
雍正十一年十二月
日立尽字侄孫仕照
的筆中人弟仕樵

3-3-40-3　清雍正十一年十二月葉仕照立盡佃田根契

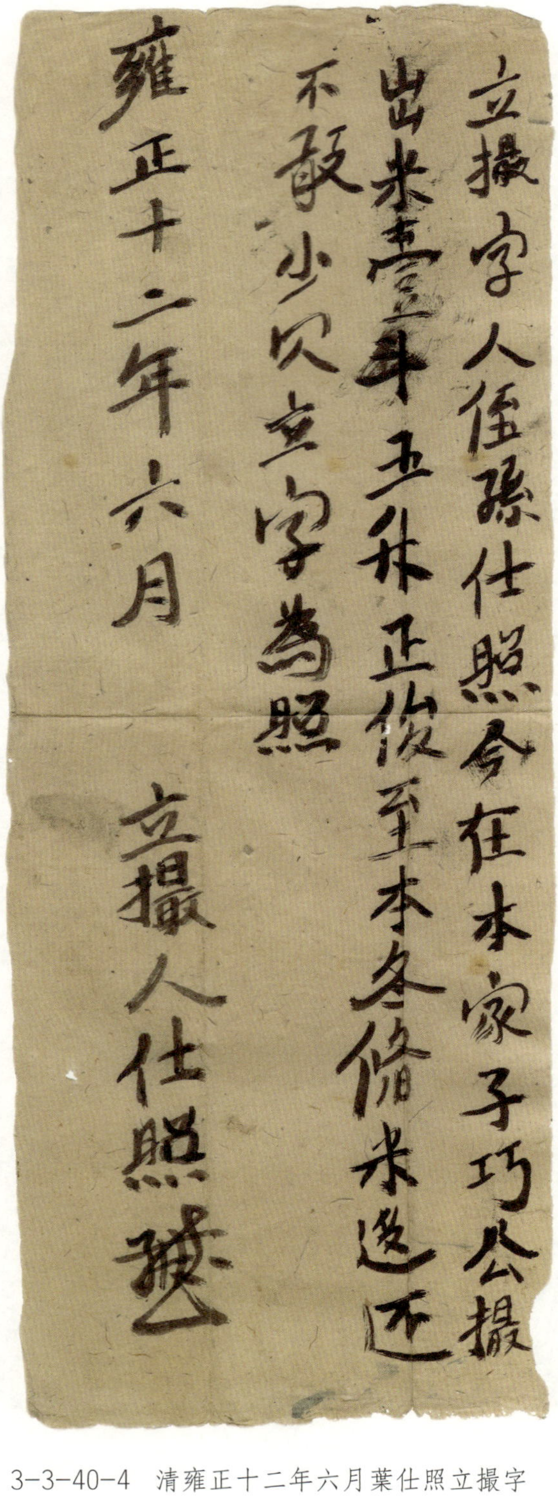

立撮字人侄孫仕照今在本家子巧公撮
出米壹斗五升正俟至本冬備米送还
不敢少欠立字為照
雍正十二年六月
立撮人仕照（押）

3-3-40-4　清雍正十二年六月葉仕照立撮字

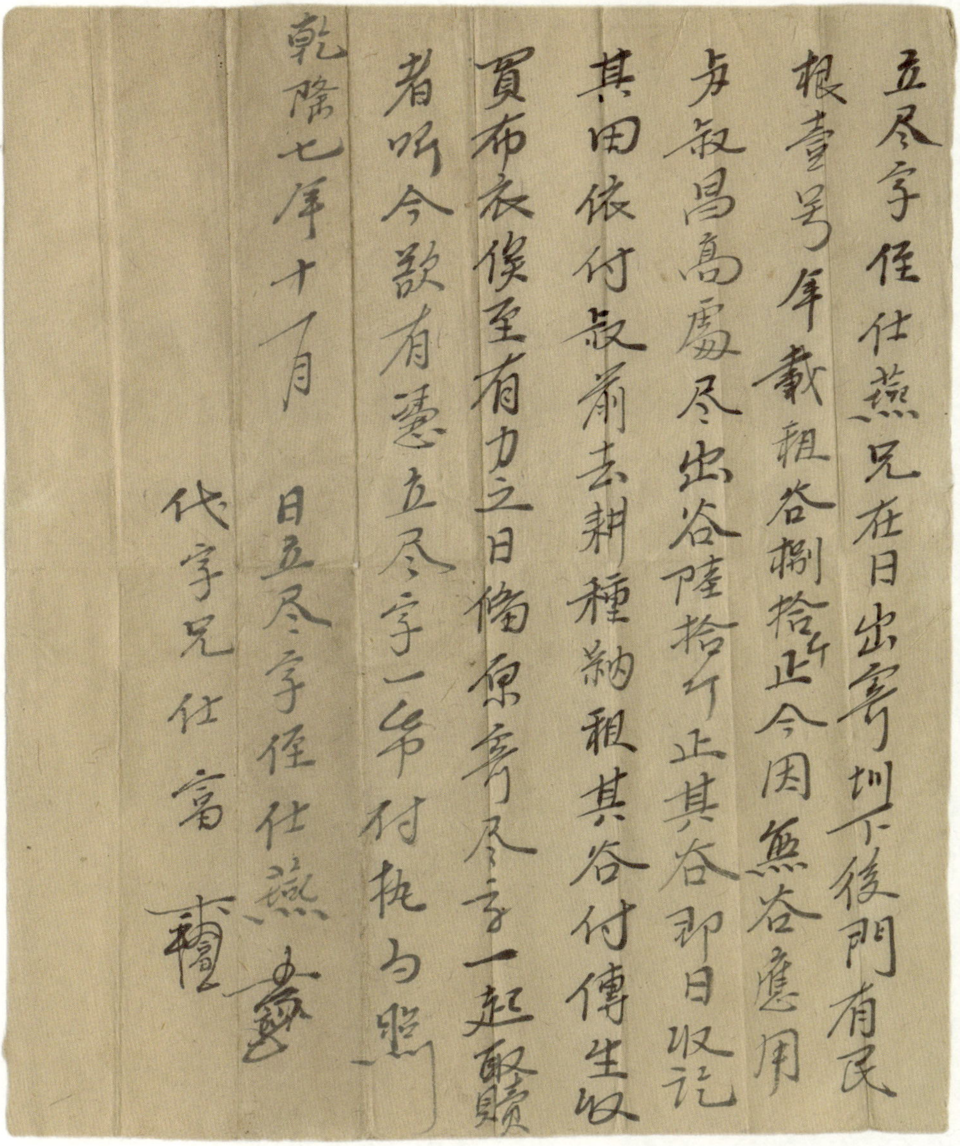
立盡字侄仕燕兄在日出賣圳下後門有民
根壹号年載租谷捌拾斤止今因無谷應用
與叔昌高處盡出谷陸拾斤止其谷即日收訖
其田依付叔前去耕種納租其谷付傳生收
買布衣後至有力之日備原賣盡字一起取贖
者听今欲有憑立盡字一帋付執為照
乾隆七年十一月　日立盡字侄仕燕（押）
代字兄仕富（押）

3-3-40-5　清乾隆七年十一月葉仕燕立盡民根字

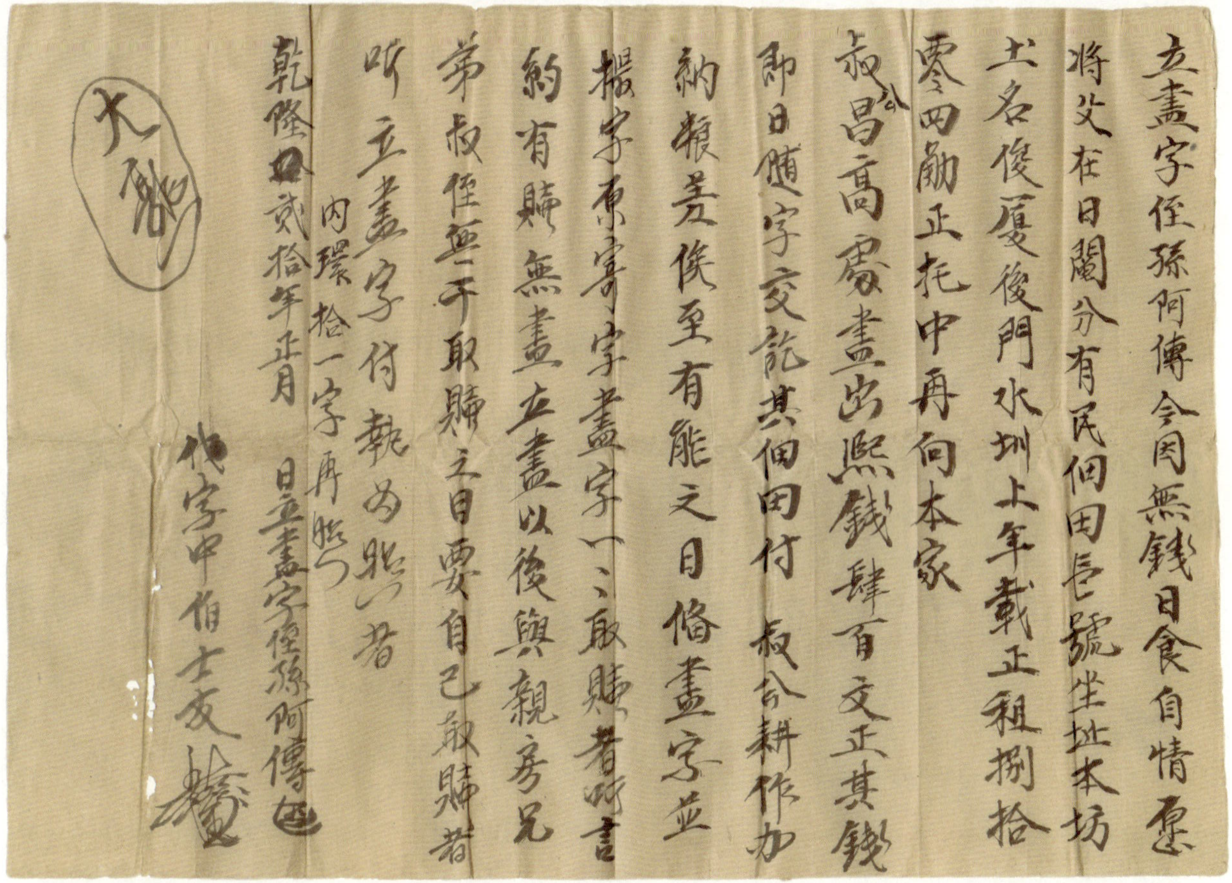
立盡字侄孫阿傳今因無錢日食自情愿
將父在日閹分有民佃田壹號坐址本坊
土名後厦後門水圳上年載正租捌拾
零四觔正托中再向本家
叔公昌高處盡出厘錢肆百文正其錢
即日隨字交訖其佃田付 叔公耕作办
納糧差候至有能之日備盡字並
根字賣字盡字一一取贖者此書
約有贖無盡立盡以後與親房兄
弟叔侄無干取贖之日要自己取贖者
此立盡字付執爲照者
內環拾一字再照
乾隆貳拾年正月 日立盡字侄孫阿傳（押）
代字中伯士友（押）

3-3-40-6 清乾隆二十年正月葉阿傳立盡民佃田字

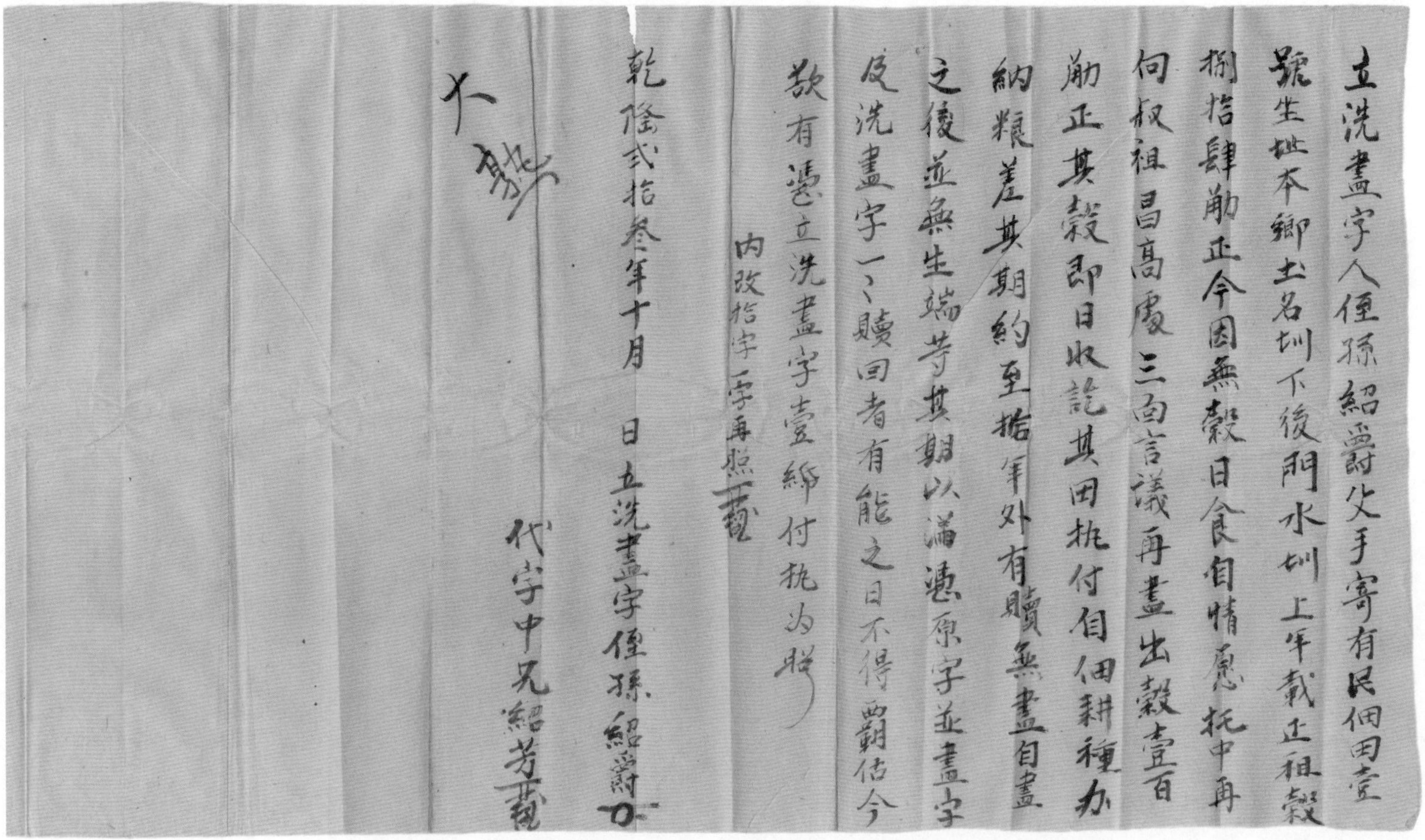
立洗盡字人侄孫紹爵父手寄有民佃田壹
號生地本鄉土名圳下後門水圳上年載正租穀
捌拾肆觔正今因無穀日食自情愿托中再
向叔祖昌高處三面言議再盡出穀壹百
觔正其穀即日收訖其田執付自佃耕種办
納粮差其期約至捨年外有贖無盡自盡
之後並無生端芎其期以滿憑原字並盡字
及洗盡字一、贖回者有能之日不得覇佔今
欲有憑立洗盡字壹紙付執為照
內改拾字一字再照（押）
大發
乾隆弍拾叁年十月　日立洗盡字侄孫紹爵（押）
代字中兄紹芳（押）

3-3-40-7　清乾隆二十三年十月葉紹爵立洗盡民佃田字

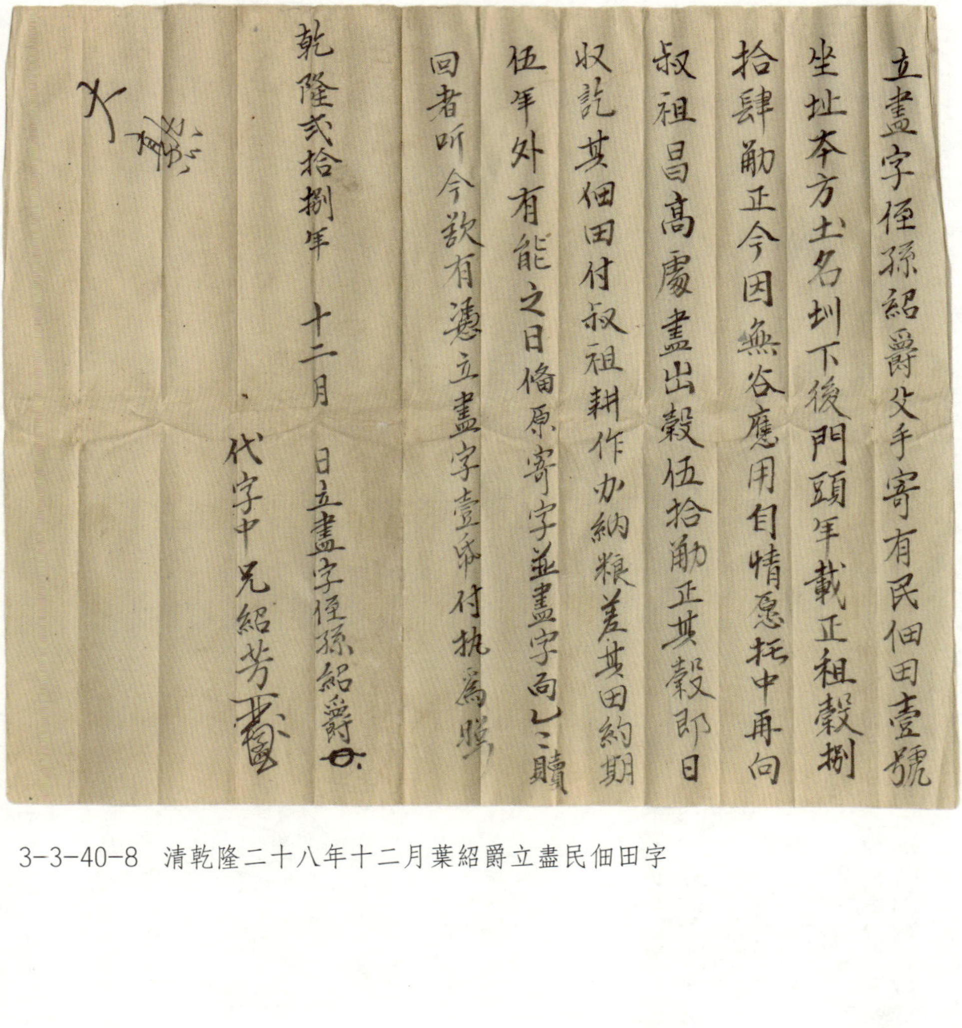
立盡字侄孫紹爵父手寄有民佃田壹號
坐址本方土名圳下後門頭年載正租穀捌
拾肆觔正今因無谷應用自情愿托中再向
叔祖昌高處盡出穀伍拾觔正其穀即日
收訖其佃田付叔祖耕作办納粮差其田約期
伍年外有能之日備原寄字並盡字向乚乚贖
回者听今欲有憑立盡字壹紙付执為照
乾隆式拾捌年　十二月　日立盡字侄孫紹爵（押）
代字中兄紹芳（押）
大發

3-3-40-8　清乾隆二十八年十二月葉紹爵立盡民佃田字

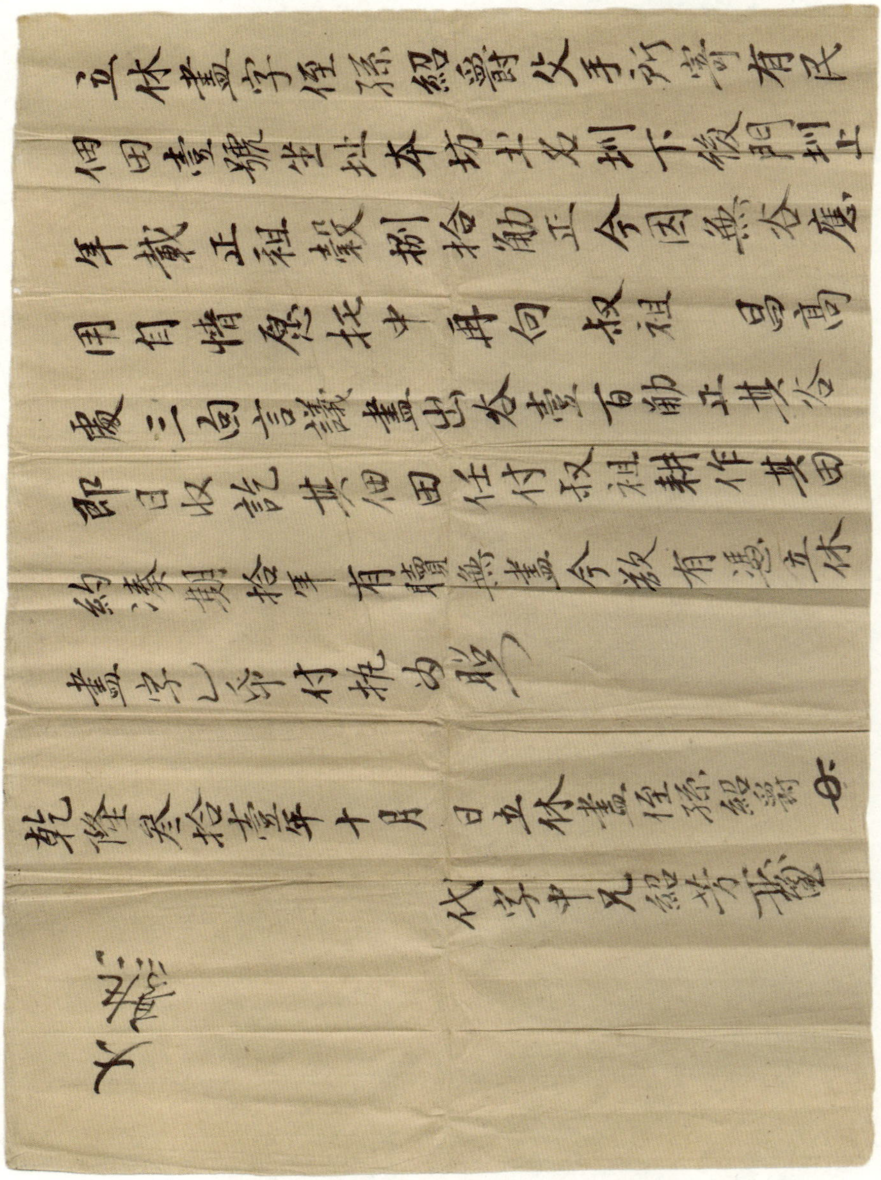
立休盡字侄孫紹爵父手所置有民
佃田壹號坐址本坊土名圳下嶺門圳上
年載正租穀捌拾觔正今因無錢應
用自情愿托中再向叔祖　邊商
處三面言議盡出價錢壹百觔正其價
即日收訖其佃田任付叔祖耕作其田
約來期拾年有贖無盡今欲有憑立休
盡字一紙付執爲照
乾隆叁拾壹年十月　日立休盡侄孫紹爵（押）
代字中兄紹芳（押）
大吉

3-3-40-9　清乾隆三十一年十月葉紹爵立休盡民佃田字

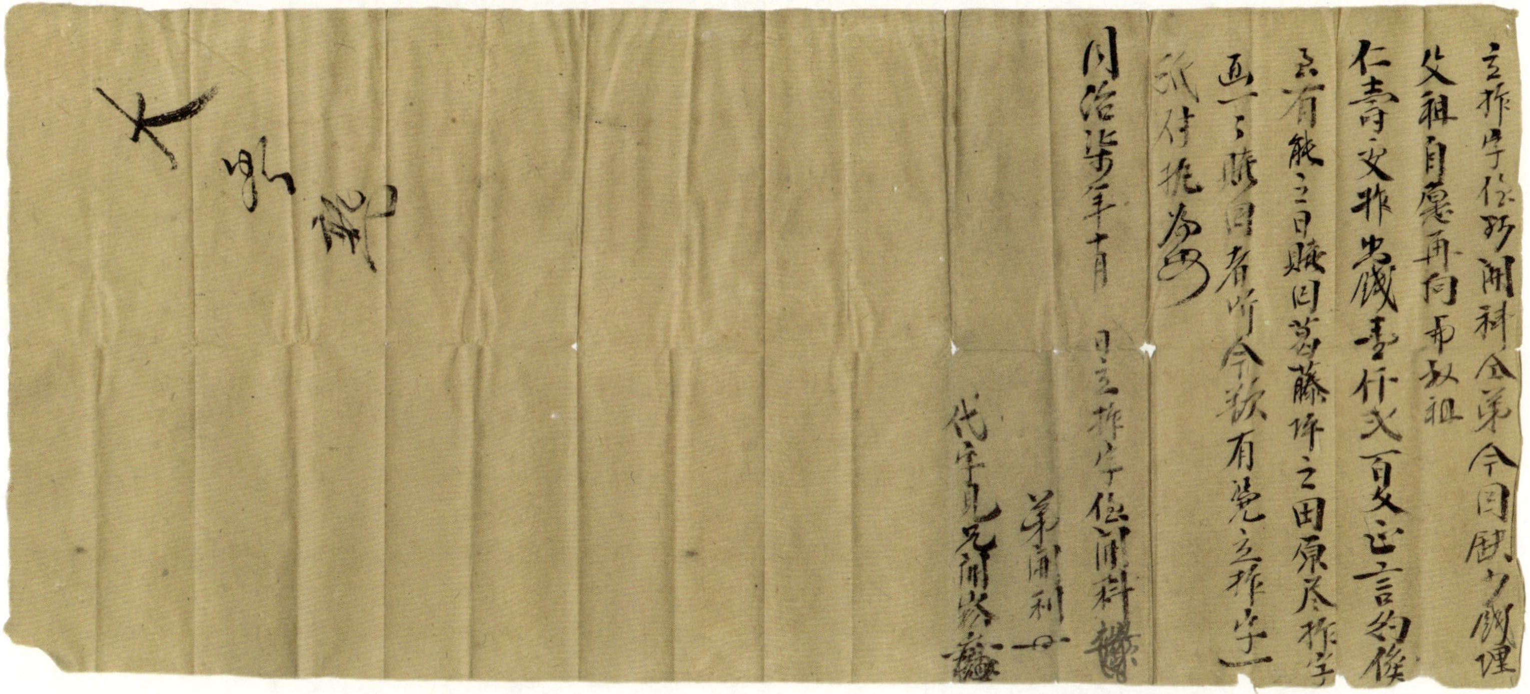

3-3-40-10　清同治七年十月葉開科等立撮字

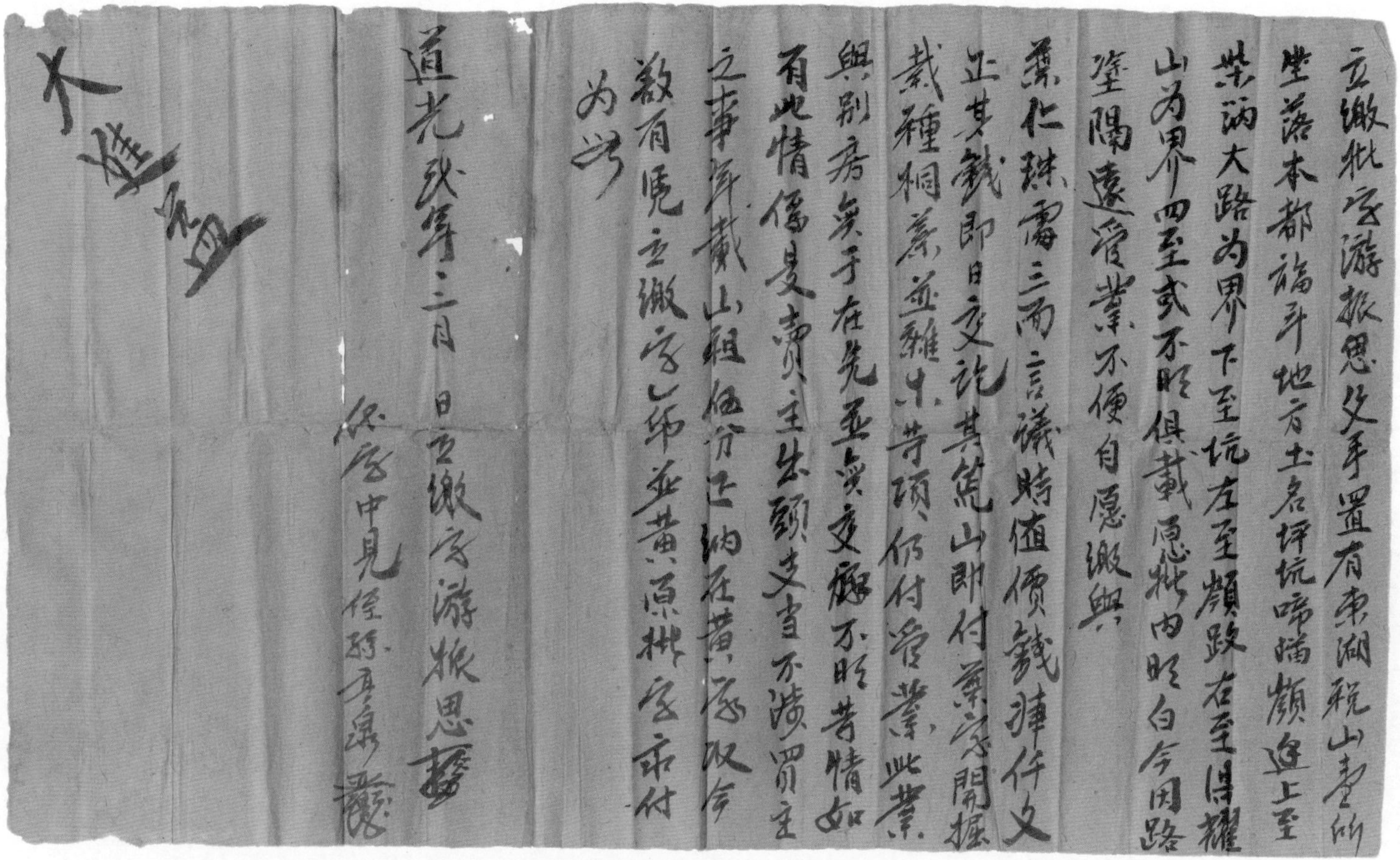

立繳批字游振思父手置有東湖稅山壹所
坐落本都福斗地方土名坪坑啼𤌇嶺過上至
柴漸大路為界下至坑左至嶺路右至𡶶耀
山為界四至式不明俱載原批內明白今因路
塗陽遠管業不便自愿繳與
葉仁琳處三面言議時值價錢肆仟文
正其錢即日交訖其稅山即付葉家開掘
栽種桐蔡並雜木等項仍付管業此業
與別房兄弟叔侄並無交涉不明等情如
有此情係是賣主出頭支當不涉買主
之事所載山租伍分正納在黃家收合
繳有憑立繳字山并並黃原批字亦付
為照
道光貳年三月 日立繳字游振思（押）
代字中見侄孫玉燦（押）

3-3-41-1 清道光二年三月游振思立繳批稅山字

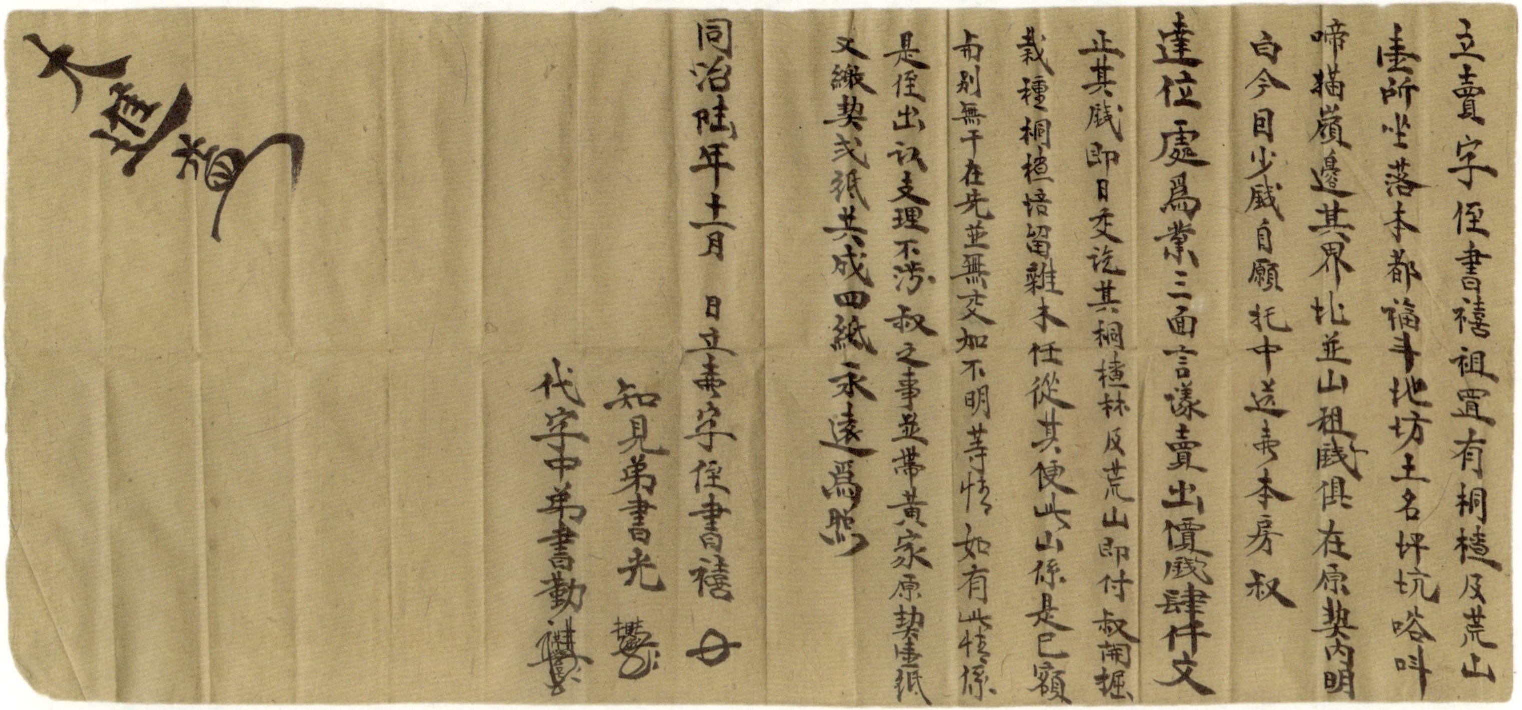
立賣字侄書禧祖置有桐楂及荒山
壹所坐落本都福半地坊土名坪坑哈叫
啼猫嶺邊其界址並山租載俱在原契內明
白今因少錢自願托中送與本房叔
達位處爲業三面言議賣出價錢肆仟文
正其錢即日交訖其桐楂林及荒山即付叔開掘
栽種桐楂培留雜木任從其便此山係是己額
而別無干在先並無交加不明等情如有此情係
是侄出頭支理不涉叔之事並帶黃家原契壹紙
又繳契弍紙共成四紙永遠爲照
同治陸年十一月　日立賣字侄書禧
知見弟書光
代字中弟書勤

3-3-41-2　清同治六年十一月葉書禧立賣桐楂等字

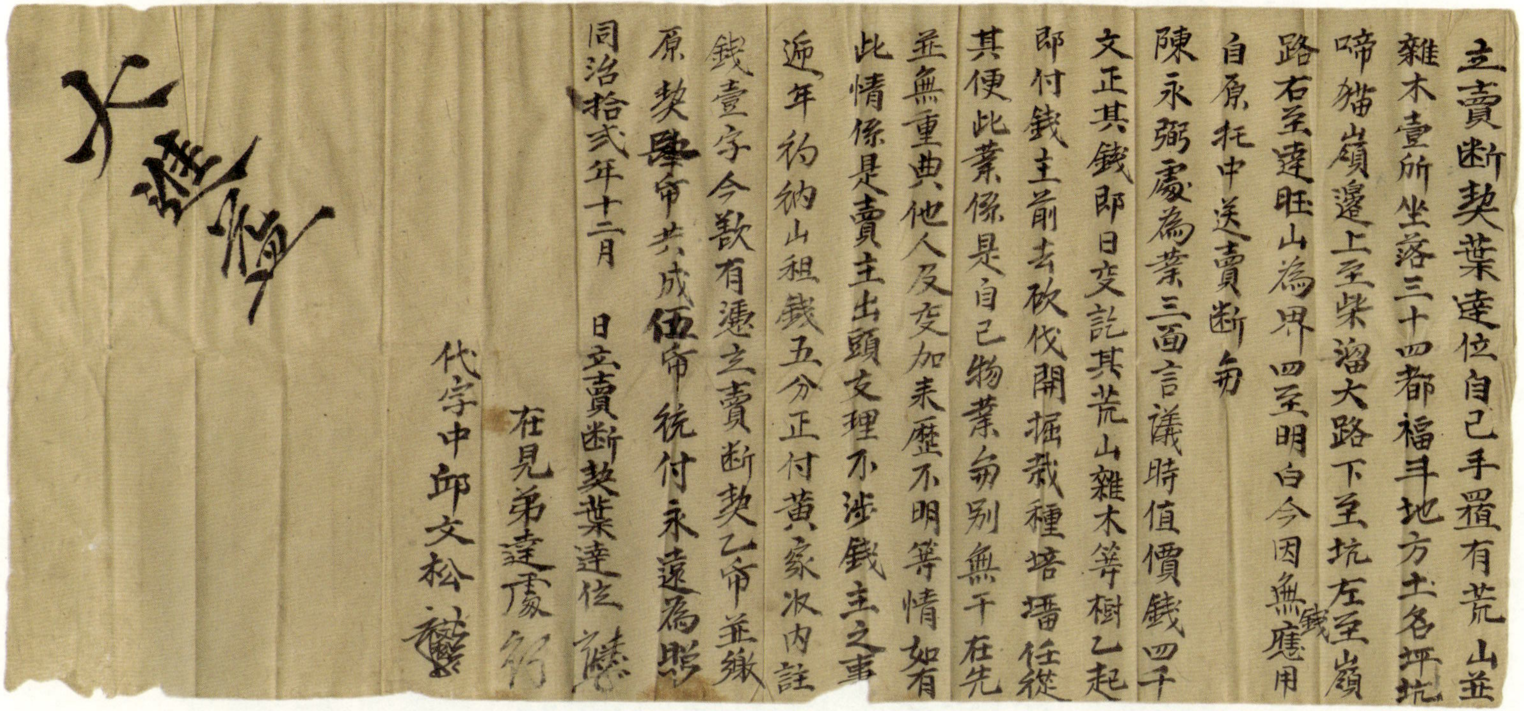

立賣斷契葉達位自己手置有荒山並
雜木壹所坐落三十四都福斗地方土名坪坑
啼貓嶺邊上至柴溜大路下至坑左至嶺
路右至達旺山為界四至明白今因無錢應用
自原托中送賣斷與
陳永弼處為業三面言議時值價錢四千
文正其錢即日交訖其荒山雜木等樹乙起
即付錢主前去砍伐開掘栽種培墻任從
其便此業係是自己物業與別無干在先
並無重典他人及交加來歷不明等情如有
此情係是賣主出頭支理不涉錢主之事
遞年納山租錢五分正付黃家收内註
錢壹字今歉有憑立賣斷契乙帋並缘
原契肆帋共成伍帋統付永遠為照
同治拾弍年十二月　日立賣斷契葉達位
在見弟達處
代字中邱文松

大進寶

3-3-41-3　清同治十二年十二月葉達位立賣斷荒山等契

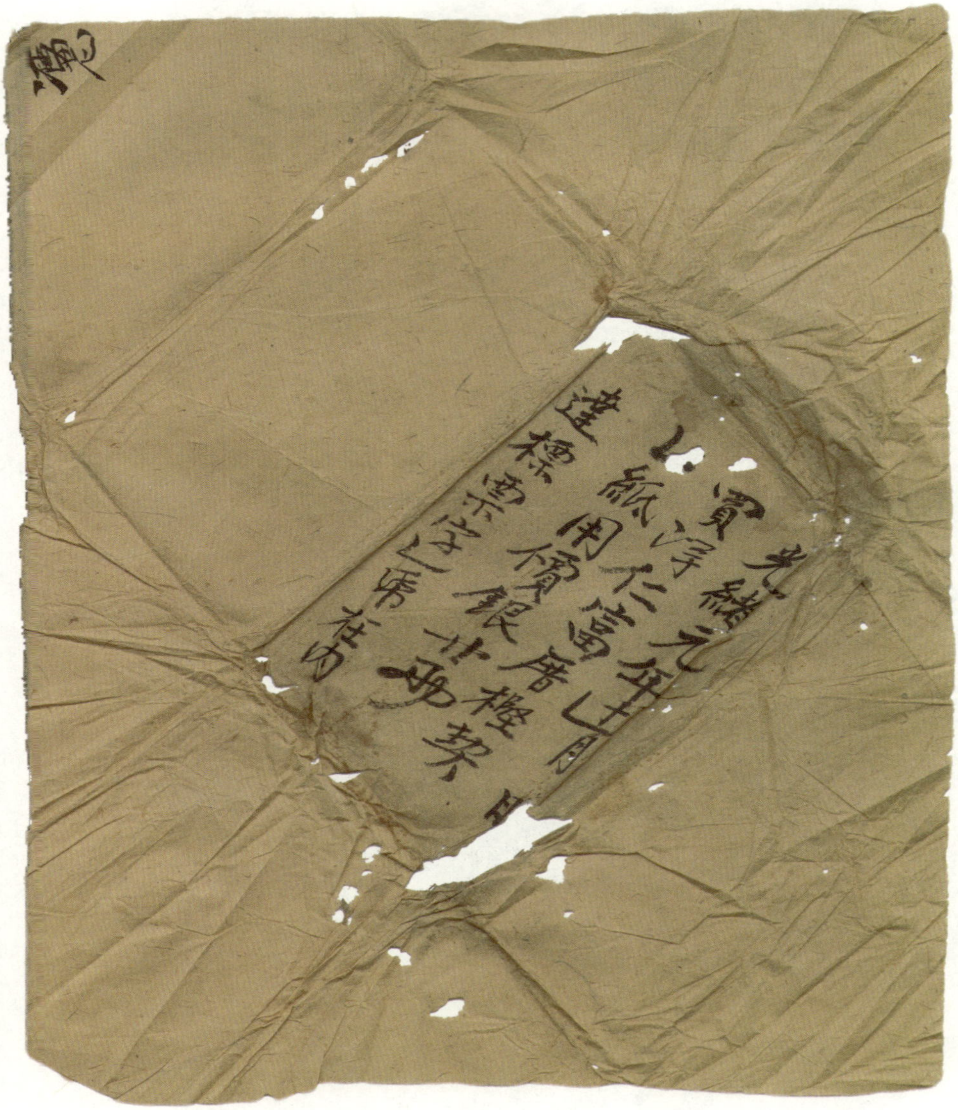

3-3-42-1　包契紙

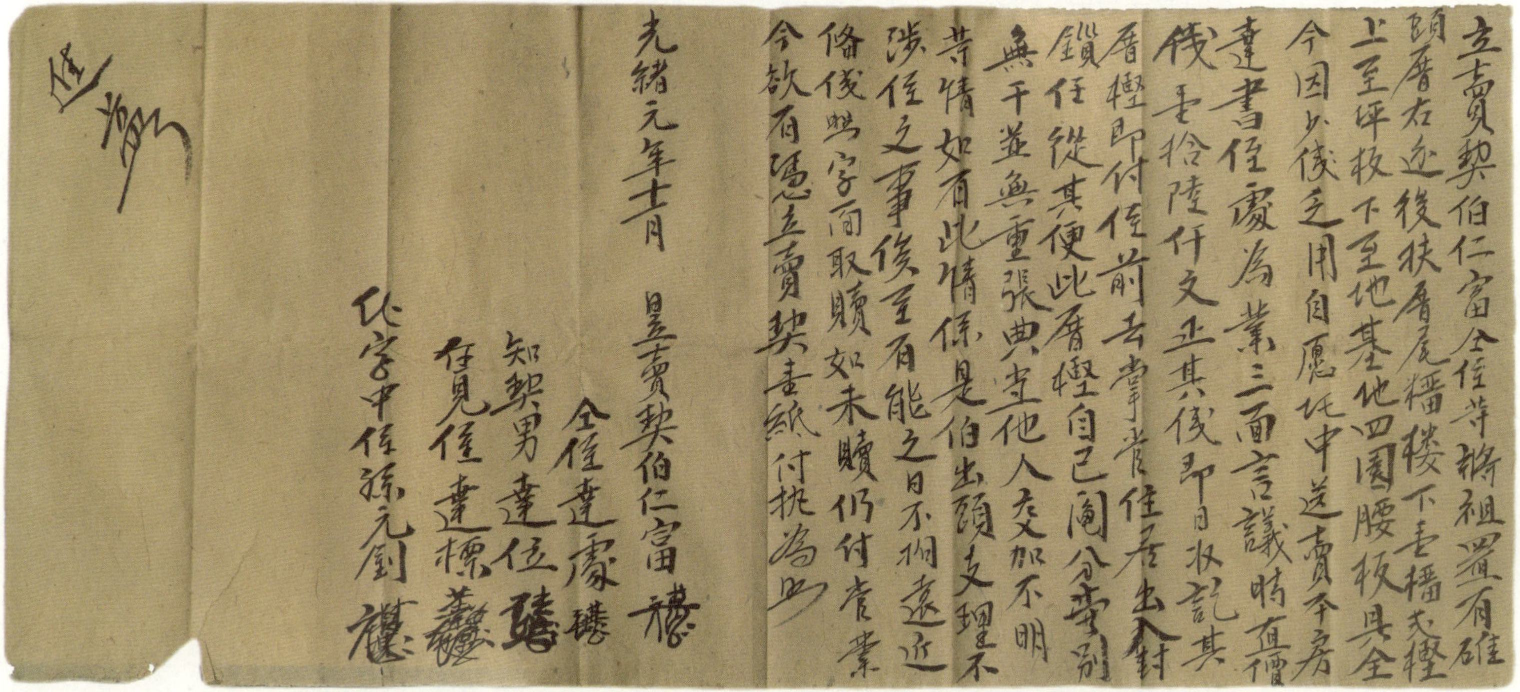
立賣契伯仁富仝侄等將祖置有碓
頭厝右边後扶厝尾樓下壹樓弍楹
上至坪枚下至地基地四圍腰枚具全
今因乏錢乏用自愿托中送賣本房
達書侄處為業三面言議時值價
錢壹拾陸仟文正其錢即日收訖其
厝楹即付侄前去掌管住居出入封
鎖任從其便此厝楹自己阄分之業別
無干涉並無重張典当他人交加不明
等情如有此情係是伯出頭支理不
涉侄之事後至有能之日不拘遠近
備錢照字面取贖如未贖仍付侄掌業
今欲有憑立賣契壹紙付執為照

光緒元年十一月　日立賣契伯仁富（押）
仝侄達豪（押）
知契男達位（押）
在見侄達標（押）
代字中侄孫元劍（押）

3-3-42-2　清光緒元年十一月葉仁富等立賣扶厝契

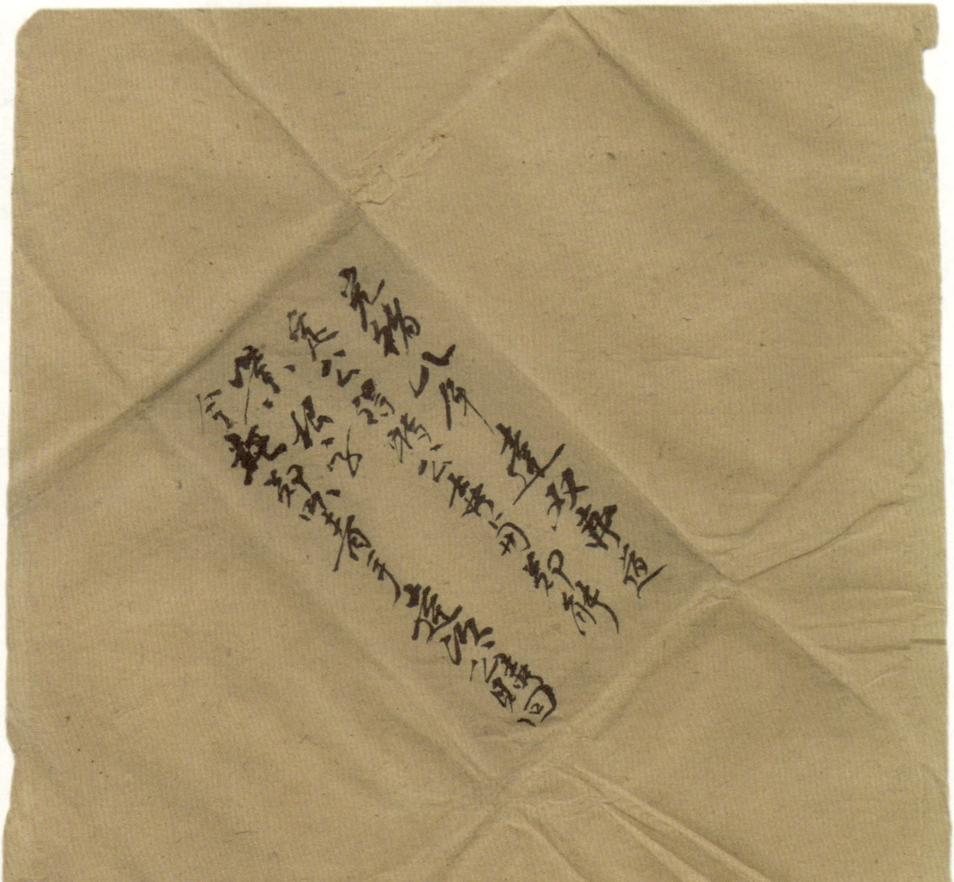

3-3-43-1　包契紙

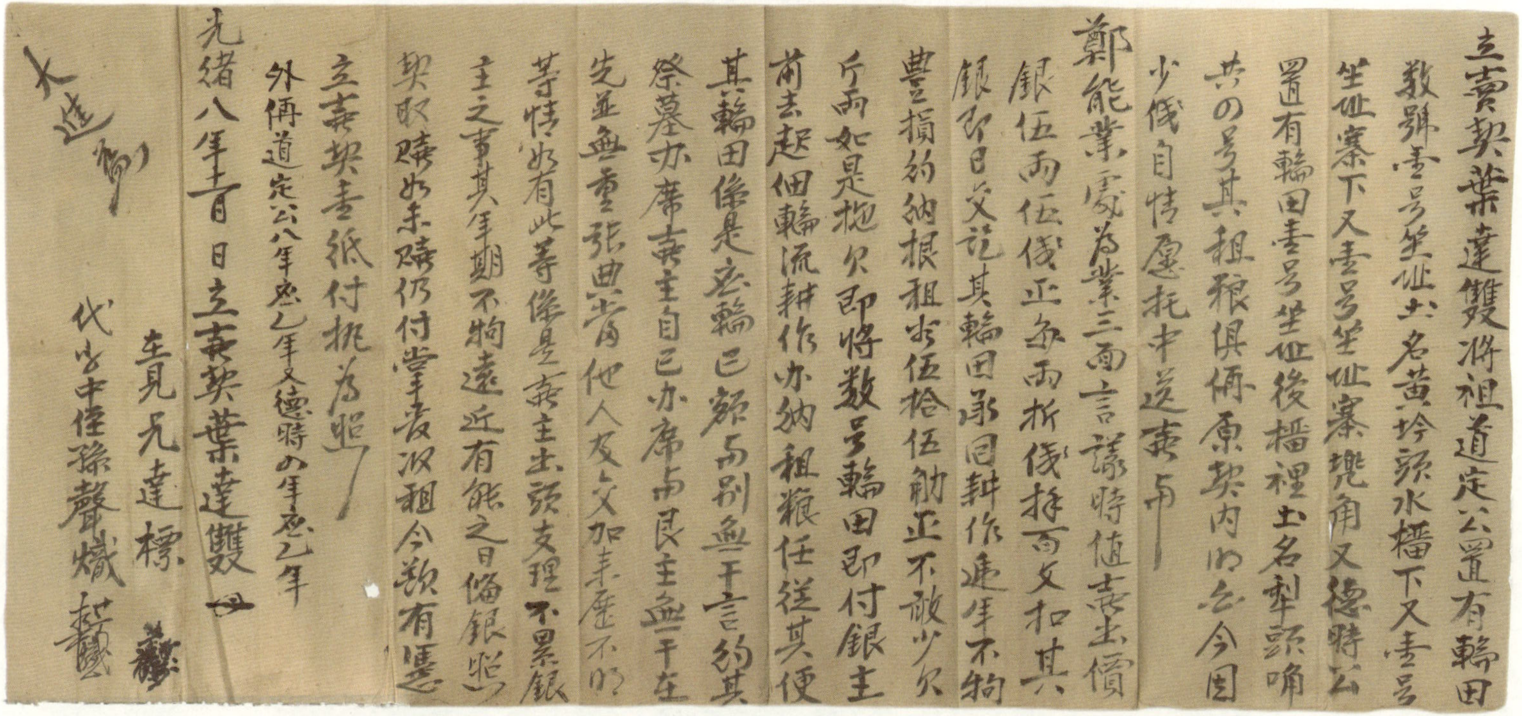
立賣契葉達雙將祖遺道定公置有輪田
數號壹号坐址土名黄坽頭水㽘下又壹号
坐址寨下又壹号坐址寨墘角又德将公
置有輪田壹号坐址後㽘裡土名犁頭喃
共四号其租粮俱佩原契内明白今因
少钱自情愿托中送賣与
鄭能業處為業三面言議時值賣出價
銀伍両伍钱正每両折钱捌百文扣其
銀即日交訖其輪田承回耕作遞年不拘
豐損約納根租谷伍拾伍觔正不敢少欠
斤両如是拖欠即将数号輪田即付銀主
前去起佃輪流耕作亦納租粮任従其便
其輪田係是雙輪已額与别無干言約其
祭墓亦係賣主自己办席与銀主無干在
先並無重張典當他人及文加来歷不明
等情如有此等係是賣主出頭支理不累銀
主之事其年期不拘遠近有銀之日備銀照
契取贖如未贖仍付掌業収租今欲有憑
立賣契壹紙付执為照
外俩道定公八年爲乙年又德将四年爲乙年
光緒八年十一月 日立賣契葉達雙
在見兄達標
代字中侄孫聲熾
大進割

3-3-43-2 清光緒八年十一月葉達雙立賣輪田契

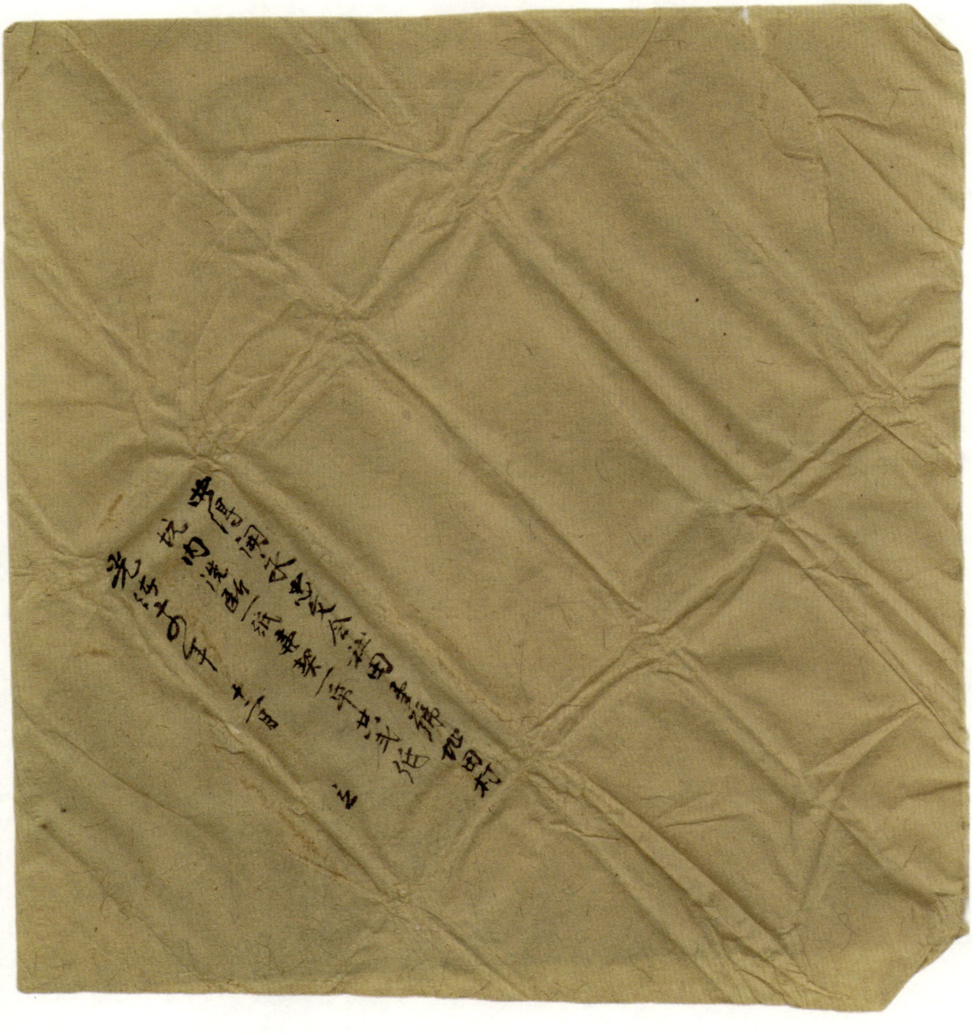

3-3-44-1　包契紙

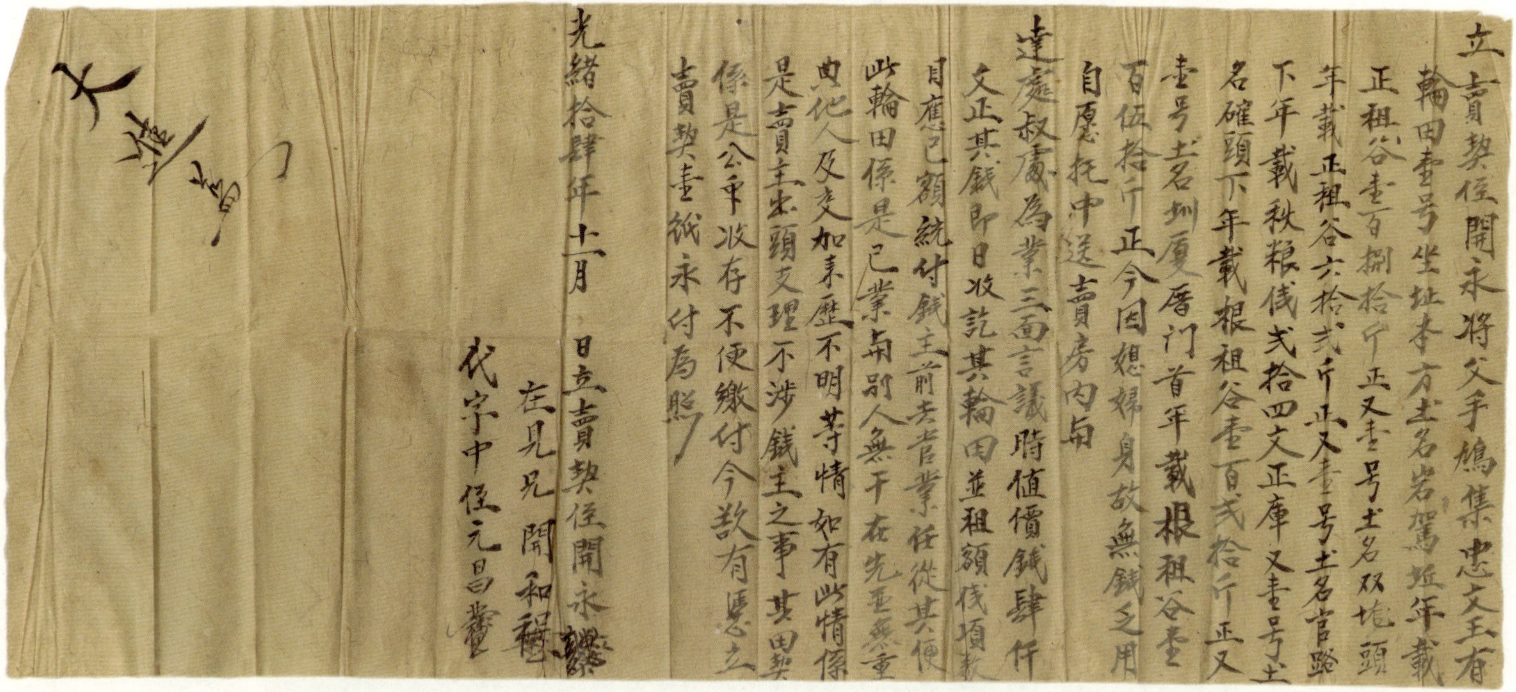
立賣契侄開永將父手鳩集忠文王有
輪田壹号坐址本方土名岩鷹垢年載
正租谷壹百捌拾斤正又壹号土名双垅頭
年載正租谷六拾弍斤正又壹号土名宫路
下年載秋粮伐弍拾四文正庫又壹号土
名碓頭下年載根租谷壹百弍拾斤正又
壹号土名圳厦厝门首年載根租谷壹
百伍拾斤正今因媳婦身故無錢乏用
自愿托中送賣房内与
達庭叔處為業三面言議時值價錢肆仟
文正其錢即日收訖其輪田並租額伐项
目應已額統付錢主前去管業任從其便
此輪田係是己業与别人無干在先並無重
典他人及交加來歷不明等情如有此情係
是賣主出頭支理不涉錢主之事其田契
係是公平收存不便繳付今欲有憑立
賣契壹紙永付為照
光緒拾肆年十一月　日立賣契侄開永
在見兄開和
代字中侄元昌

3-3-44-2　清光緒十四年十一月葉開永立賣輪田契

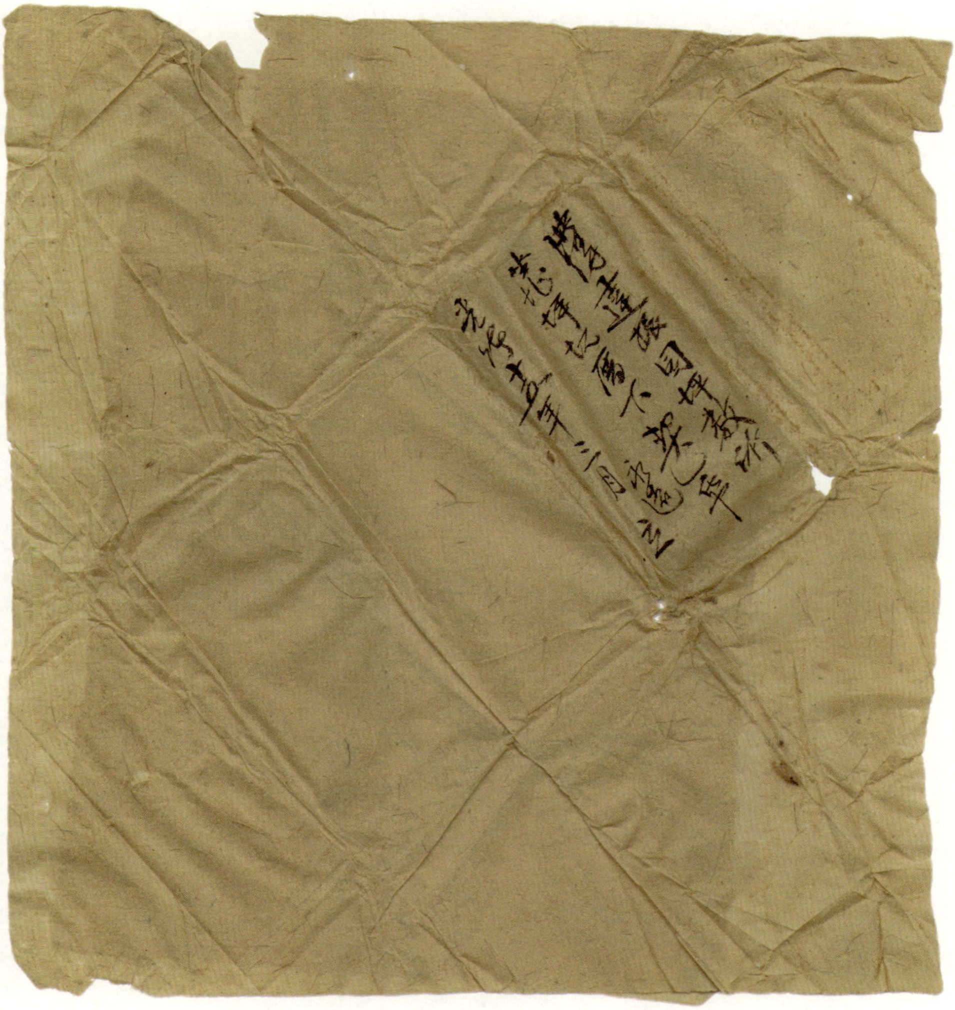

3-3-45-1　包契紙

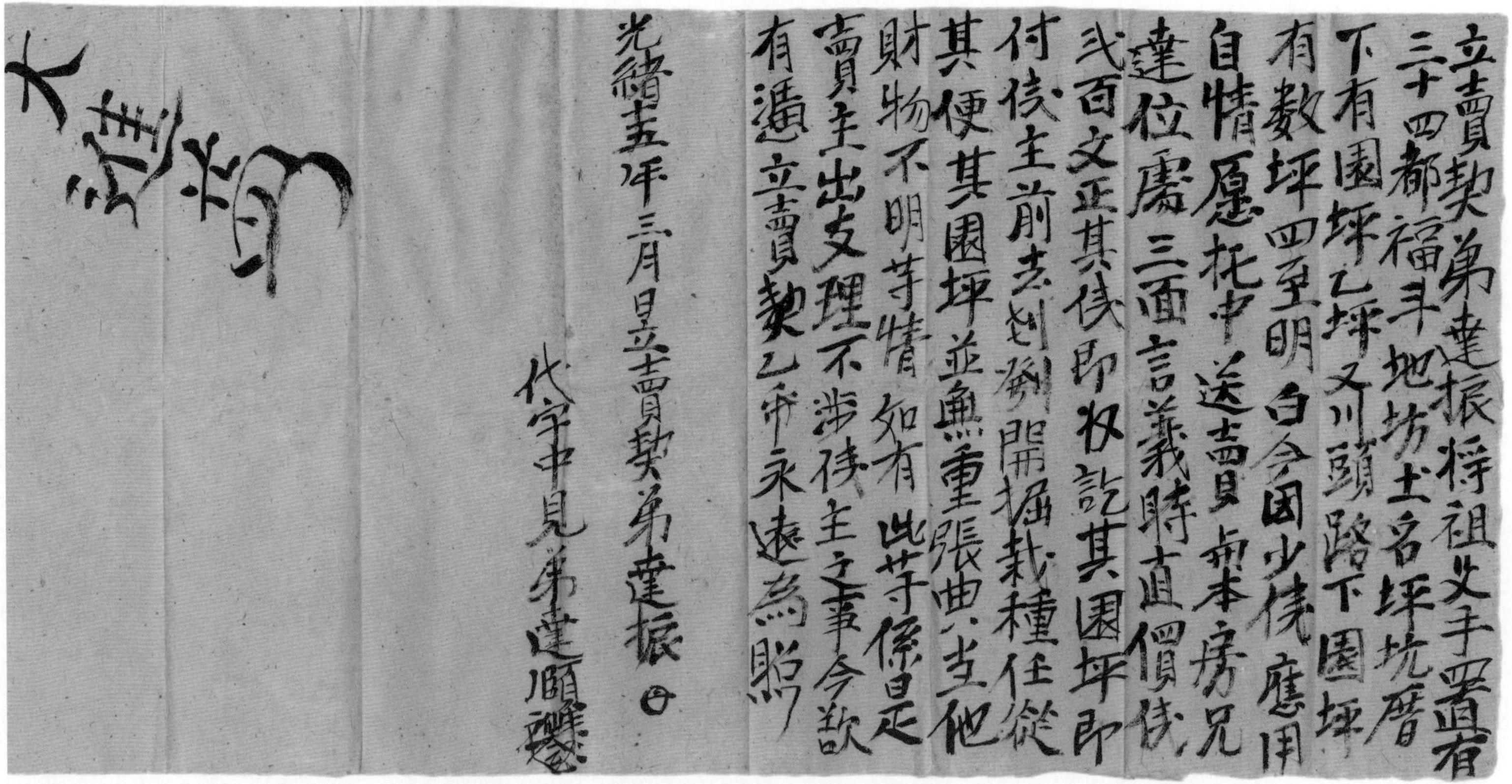
立賣契弟達振將祖父手置有
三十四都福斗地坊土名坪坑厝
下有園坪乙坪又川頭路下園坪
有數坪四至明白今因少錢應用
自情愿托中送賣與本房兄
達位處三面言議時值價錢
弍百文正其錢即收訖其園坪即
付錢主前去划劂開掘栽種任從
其便其園坪並無重張典當他
財物不明等情如有此等係是
賣主出支理不涉錢主之事今欲
有憑立賣契乙帋永遠為照

光緒十五年三月　日立賣契弟達振（押）

代字中見弟達顯（押）

大吉

3-3-45-2　清光緒十五年三月葉達振立賣園坪契

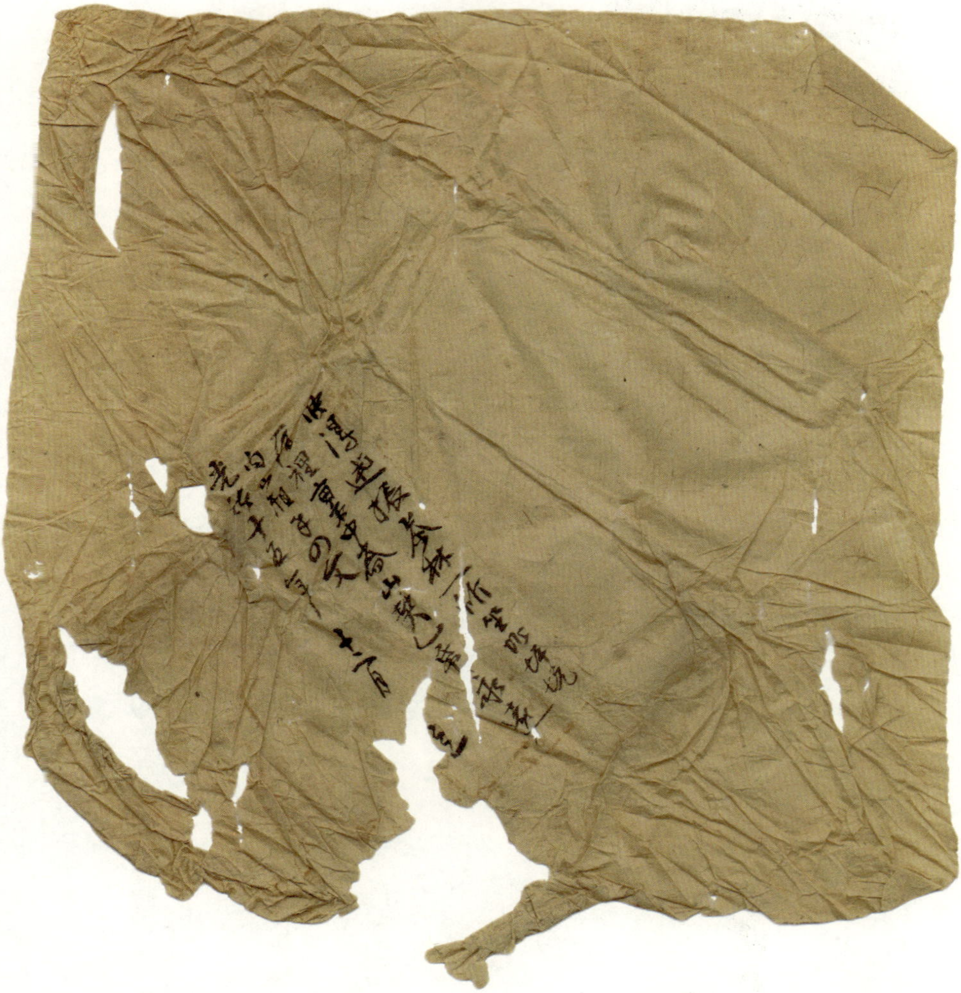

3-3-46-1　包契紙

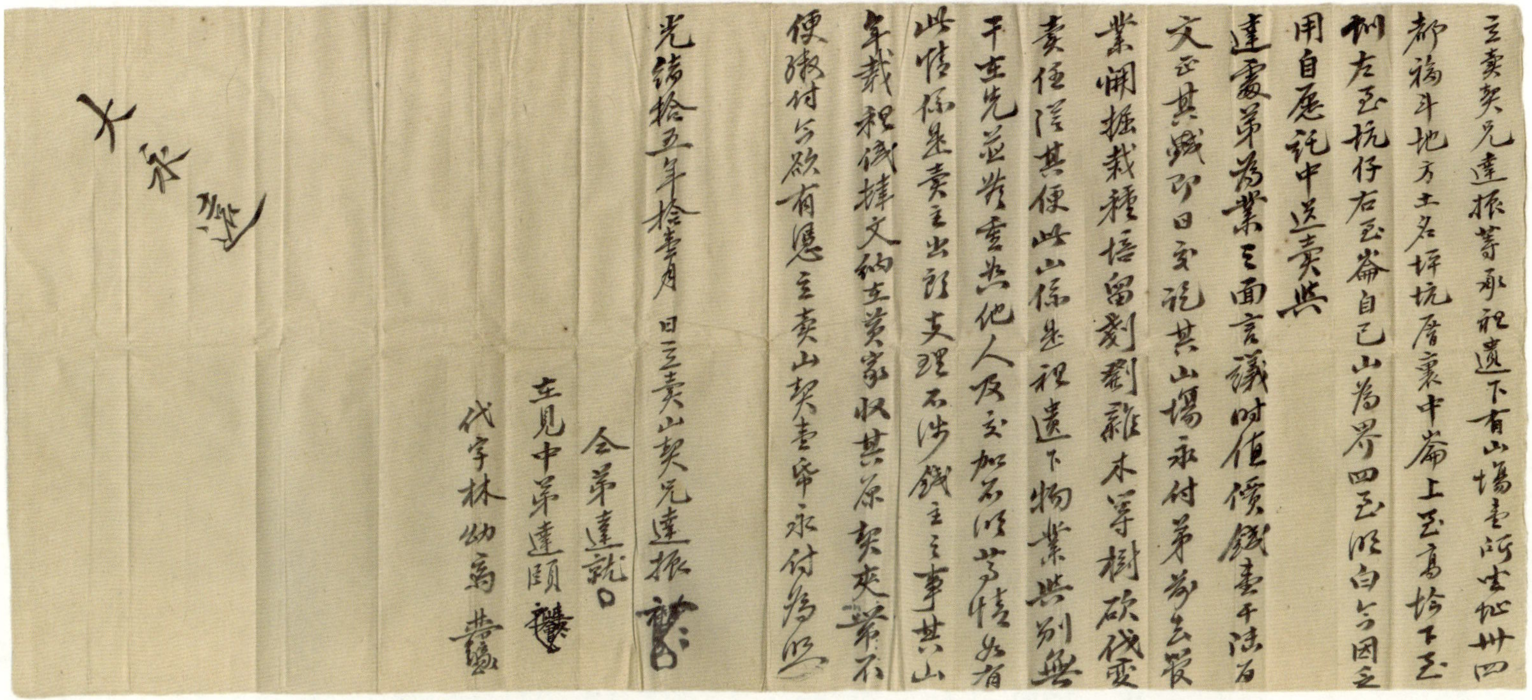

立賣契兄達振等承祖遺下有山場壹所坐址卅四
都福斗地方土名坪坑厝裏中崙上至高拎下至
圳左至坑仔右至崙自己山爲界四至明白今因乏
用自愿託中送賣與
達處弟爲業三面言議時值價錢壹千法百
文正其錢即日交訖其山場永付弟前去管
業開掘栽種培留斫劉雜木等樹砍伐變
賣任從其便此山係是祖遺下物業與別無
干在先並無重典他人及交加不明等情如有
此情係是賣主出頭支理不涉錢主之事其山
年載稅錢掛文納在買家收其原契夾帯不
便繳付今欲有憑立賣山契壹帋永付爲照

光緒拾五年拾壹月　日立賣山契兄達振
仝弟達説
在見中弟達頤
代字林岇窩

3-3-46-2　清光緒十五年十一月葉達振等立賣山場契

3-3-47-1　包契紙

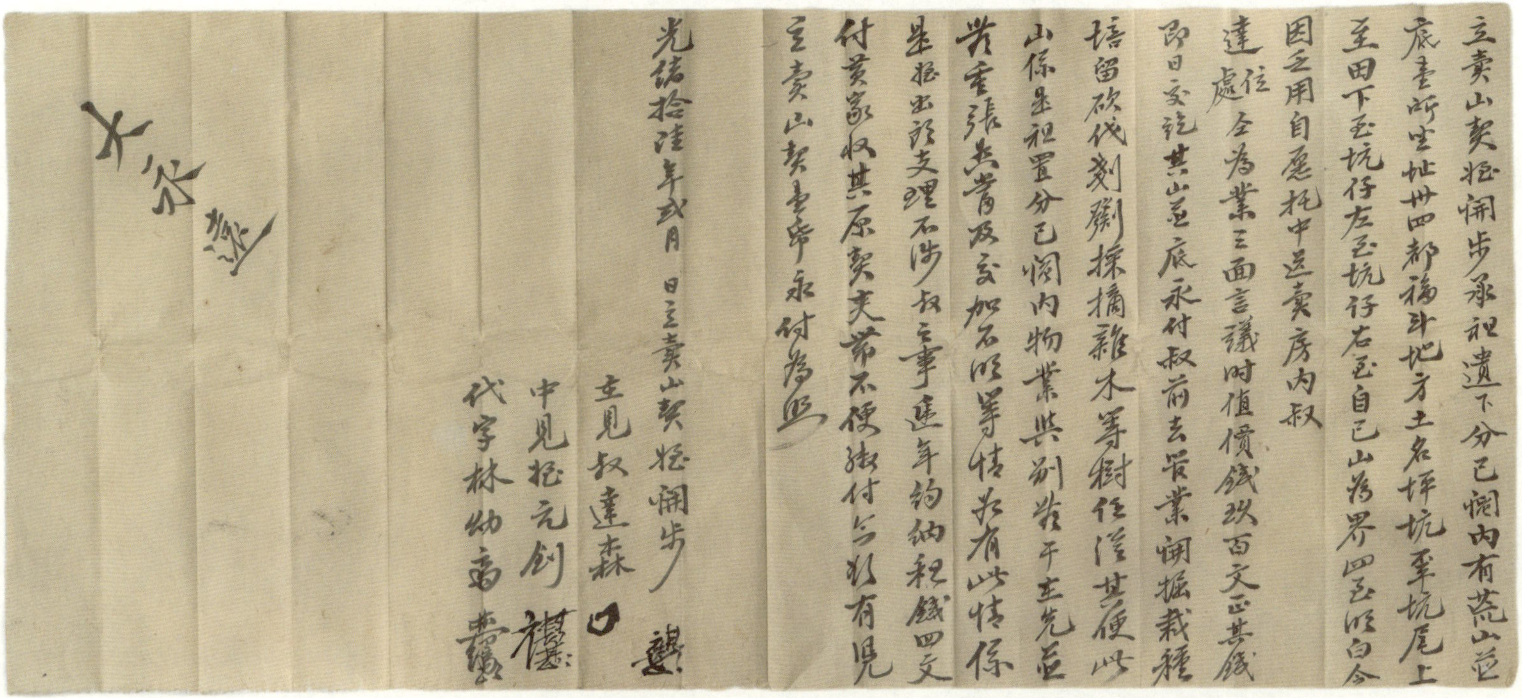

立賣山契姪開步承祖遺下分己闔內有荒山壹
處坐址廿四都福斗地方土名坪坑苹坑尾上
至田下至坑仔左至坑仔右至自己山為界四至明白今
因乏用自愿托中送賣房內叔
達處全為業三面言議時值價錢玖百文正其錢
即日交訖其山並底永付叔前去管業開掘栽種
培留砍伐剗劉採摘雜木等樹任從其便此
山係是祖置分己闔內物業與別房并无重
張典當及交加不明等情如有此情係
是姪出頭支理不涉叔之事遠年約納租錢四文
付賣家收其原契夾帶不便繳付今欲有見
立賣山契壹帋永付為照

光緒拾陸年貳月　日立賣山契姪開步
在見叔達森
中見姪元劍
代字林幼高

3-3-47-2　清光緒十六年二月葉開步立賣荒山契

3-3-48-1　包契紙

3-3-48-2　清光緒十六年十一月黄志賜立批稅山字（紅契）

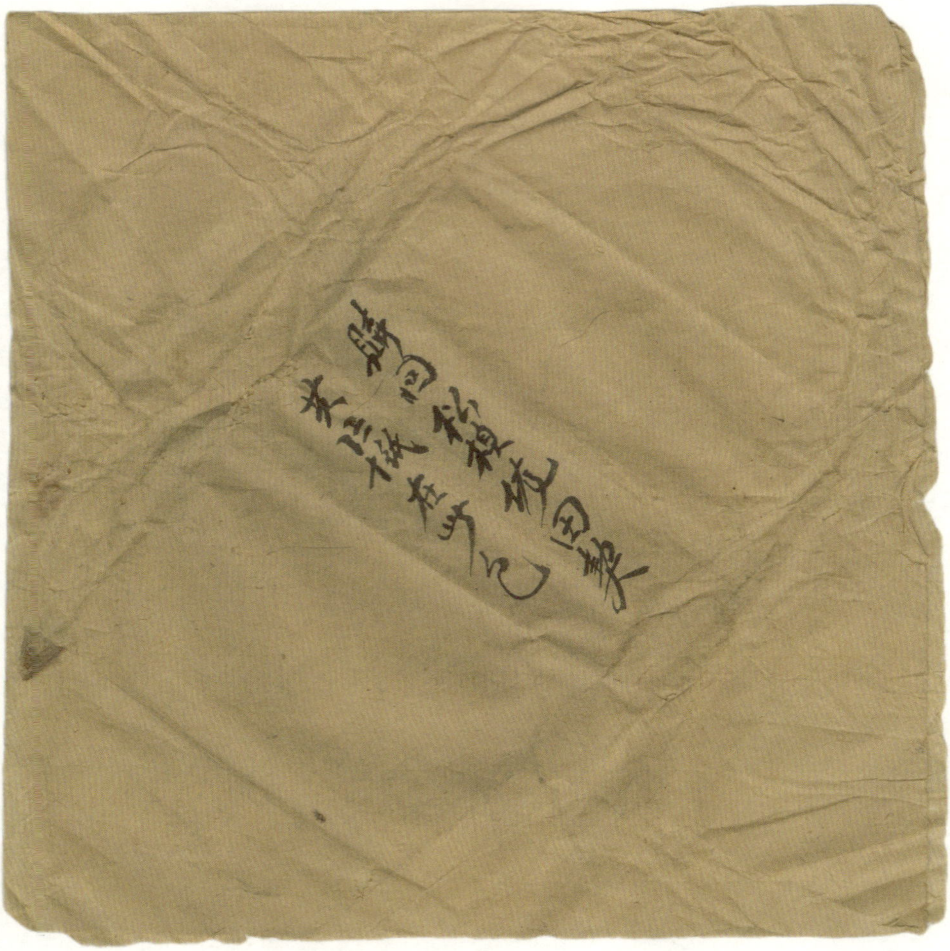

3-3-49-1　包契紙

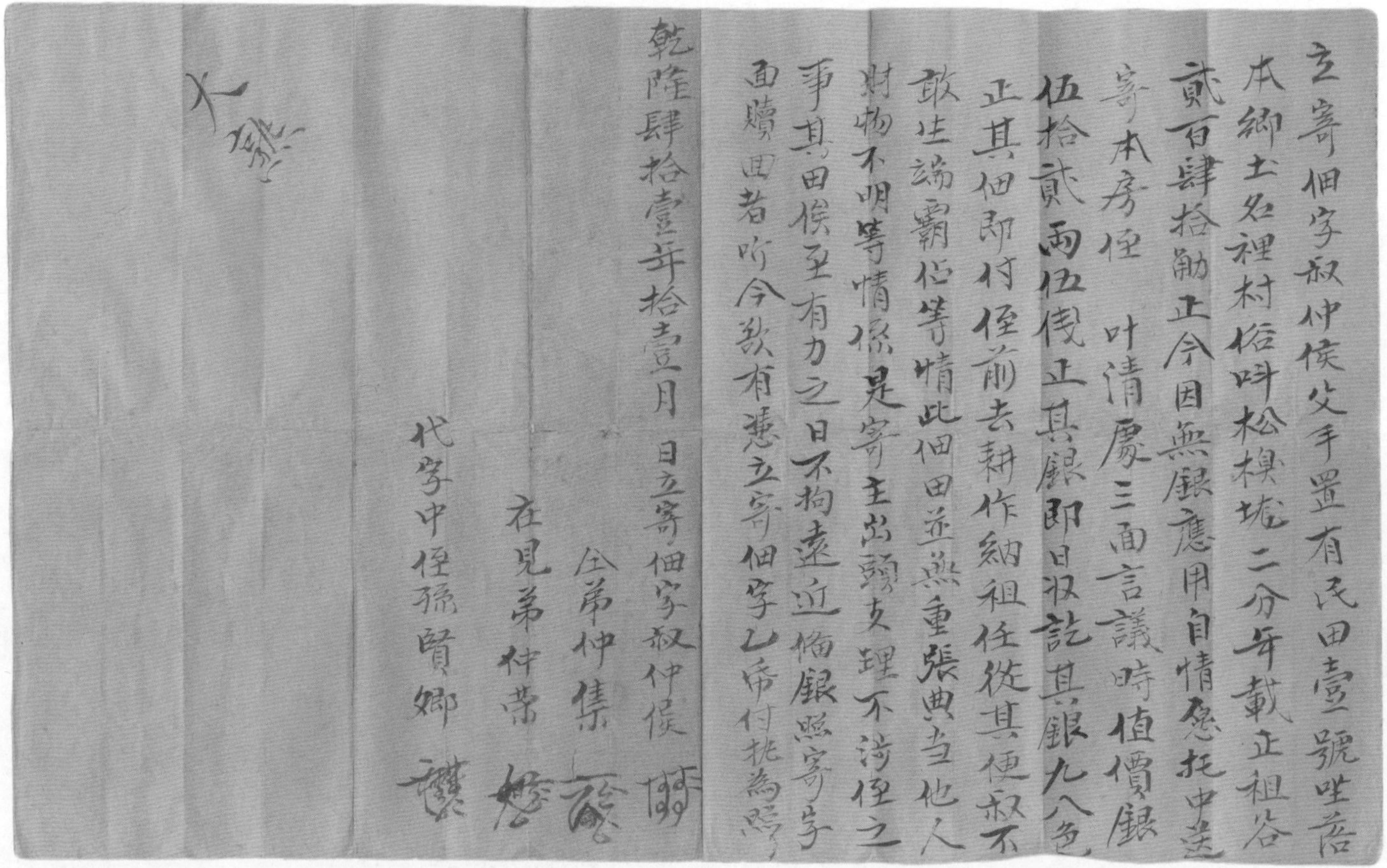

立寄佃字叔仲侯父手置有民田壹號坐落
本鄉土名裡村塔坵松模墘二分年載正租谷
貳百肆拾觔正今因無銀應用自情愿托中送
寄本房侄　叶清慶三面言議時值價銀
伍拾貳兩伍錢正其銀即日收訖其銀九八色
正其佃即付侄前去耕作納租任從其便叔不
敢生端霸佔等情此佃田並無重張典當他人
財物不明等情係是寄主出頭支理不涉侄之
事其田侯至有力之日不拘遠近備銀照寄字
面贖田者听今欲有憑立寄佃字乙帋付執為照

乾隆肆拾壹年拾壹月　日立寄佃字叔仲侯（押）
仝弟仲集（押）
在見弟仲崇（押）
代字中侄孫賢卿（押）

大發

3-3-49-2　清乾隆四十一年十一月鄭仲侯等立寄佃民田字

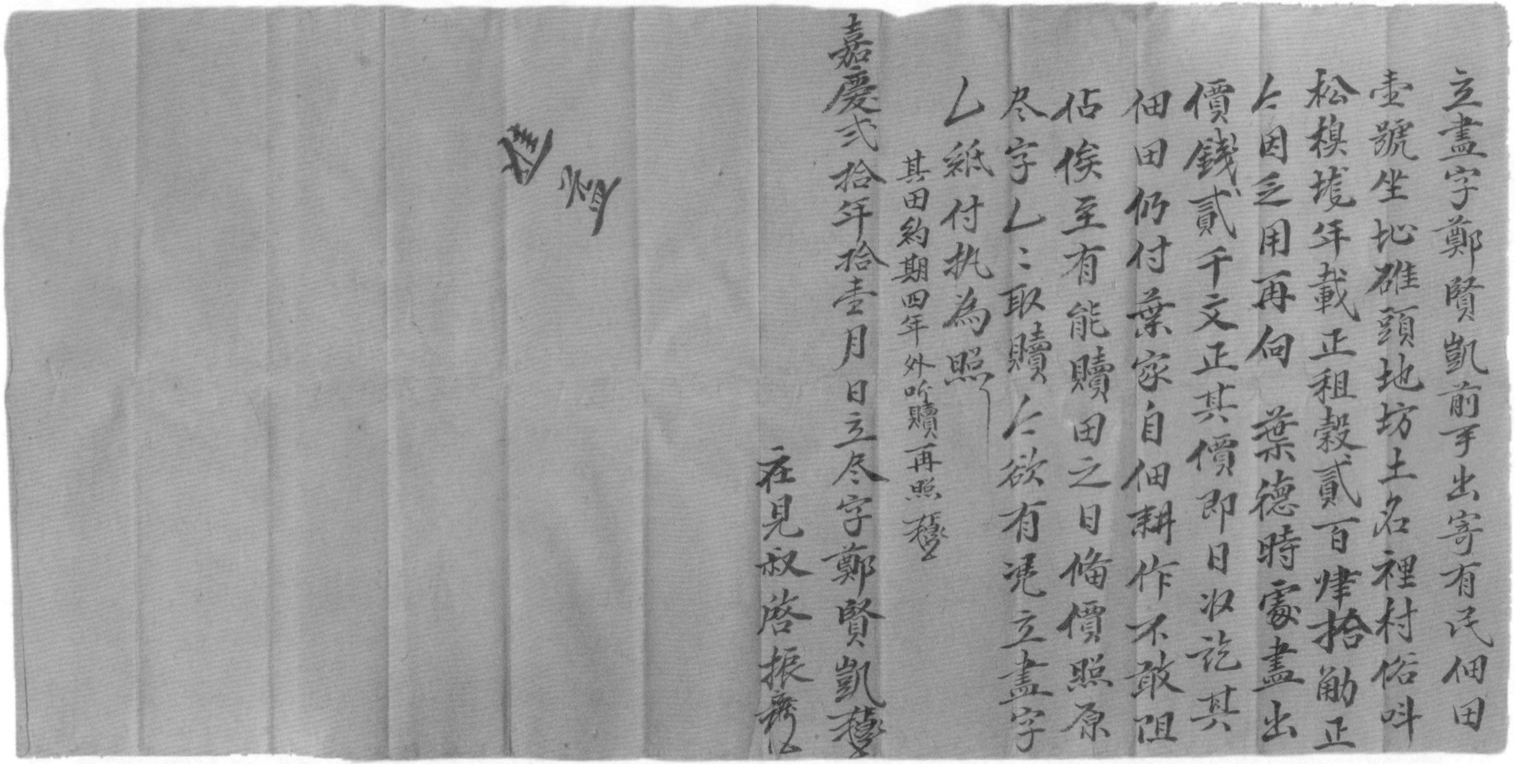
立盡字鄭賢凱前手出寄有民佃田
壹號坐址雅頭地坊土名裡村俗叫
松模垅年載正租穀貳百肆拾觔正
今因乏用再向　葉德時處盡出
價錢貳千文正其價即日收訖其
佃田仍付葉家自佃耕作不敢阻
佔俟至有能贖田之日備價照原
盡字一一取贖今欲有憑立盡字
一紙付執為照
其田約期四年外听贖再照
嘉慶弍拾年拾壹月日立盡字鄭賢凱
在見叔啓振

3-3-49-3　清嘉慶二十年十一月鄭賢凱立盡民佃田字

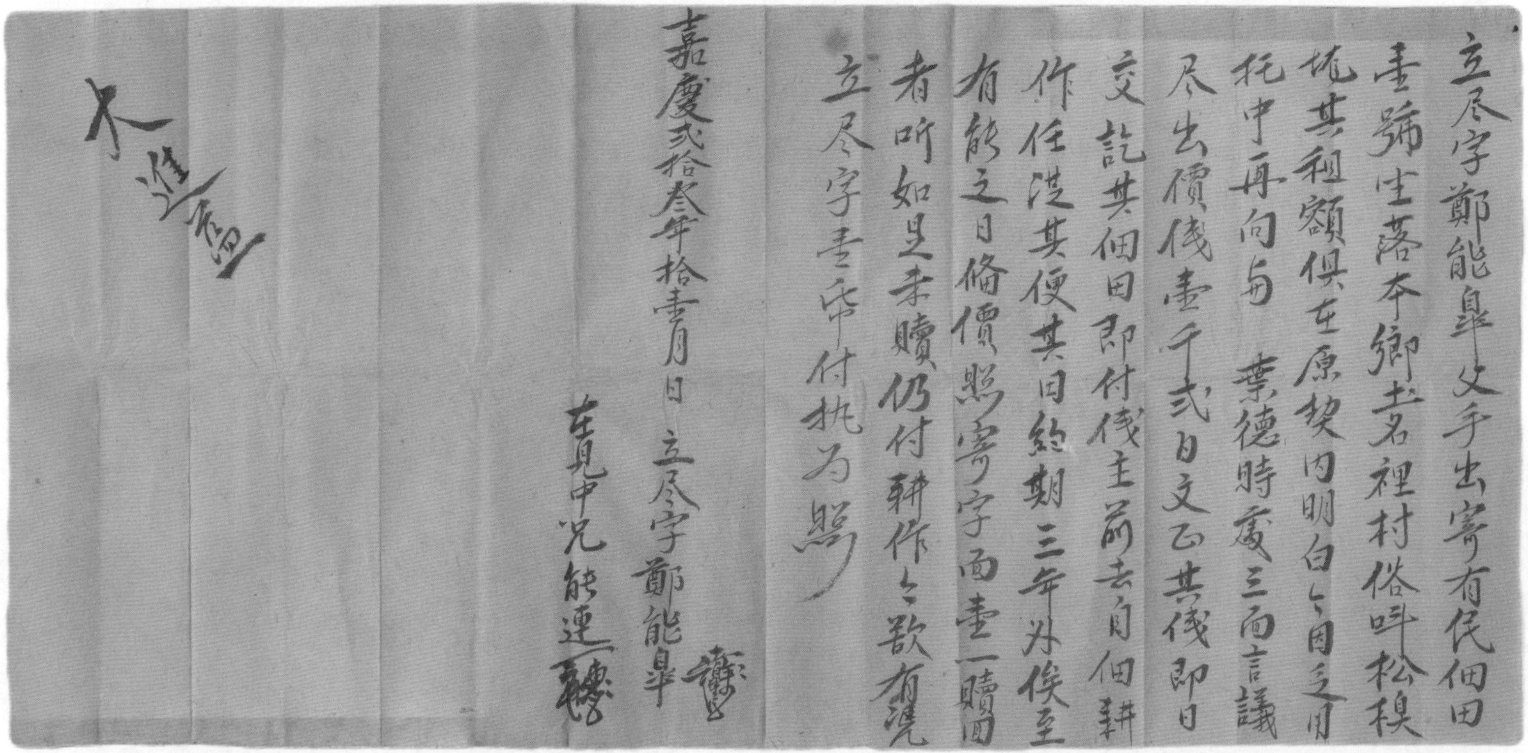
立尽字鄭能阜，父手出寄有民佃田壹號，坐落本鄉吉茗裡村，俗呼松模坑，其租額俱在原契內明白。今因乏用，托中再向与葉德時處三面言議，尽出價钱壹千弍百文正。其钱即日交訖，其佃田即付钱主前去自佃耕作，任從其便。其日約期三年外，俟至有能之日，备價照寄字面壹一贖回者听。如是未贖，仍付耕作。今欲有憑，立尽字壹纸付执为照。

嘉慶弍拾叁年拾壹月　日　立尽字鄭能阜（押）

在見中兄能連（押）

不准□

3-3-49-4　清嘉慶二十三年十一月鄭能阜立盡民佃田字

仝立

葉德時處撮出錢弍千壹百文正，後至贖

回裡村松模墘之田偹便照原盡撮字乙〻贖

回者聽〻欵有憑，立撮字乙帋為炤。

道光弍年拾壹月　日立撮字鄭能皐（押）

在見叔賢智（押）

3-3-49-5　清道光二年十一月鄭能皐立撮字

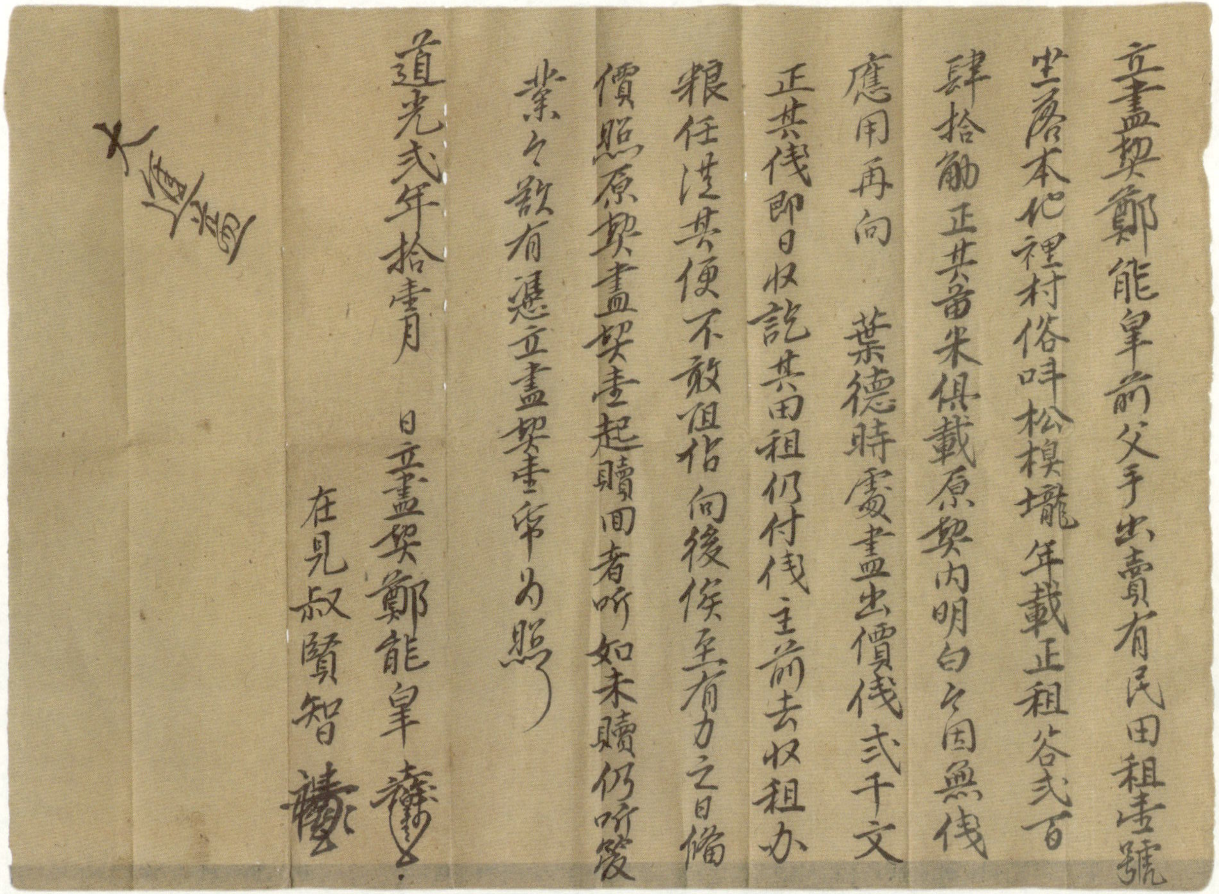

立盡契鄭能皐前父手出賣有民田租壹號
坐落本化裡村俗呌松模壠，年載正租谷弍百
肆拾觔正，其畝米俱載原契内明白。今因無錢
應用，再向　葉德時處盡出價錢弍千文
正，其錢即日收訖，其田租仍付錢主前去收租办
粮，任從其便，不敢阻拦。向後俟至有力之日，備
價照原契、盡契壹起贖回者，听；如未贖，仍听管
業。今欲有憑，立盡契壹帋為照。

道光弍年拾壹月　日立盡契鄭能皐（押）

在見叔賢智（押）

大吉

3-3-49-6　清道光二年十一月鄭能皐立盡民田租契

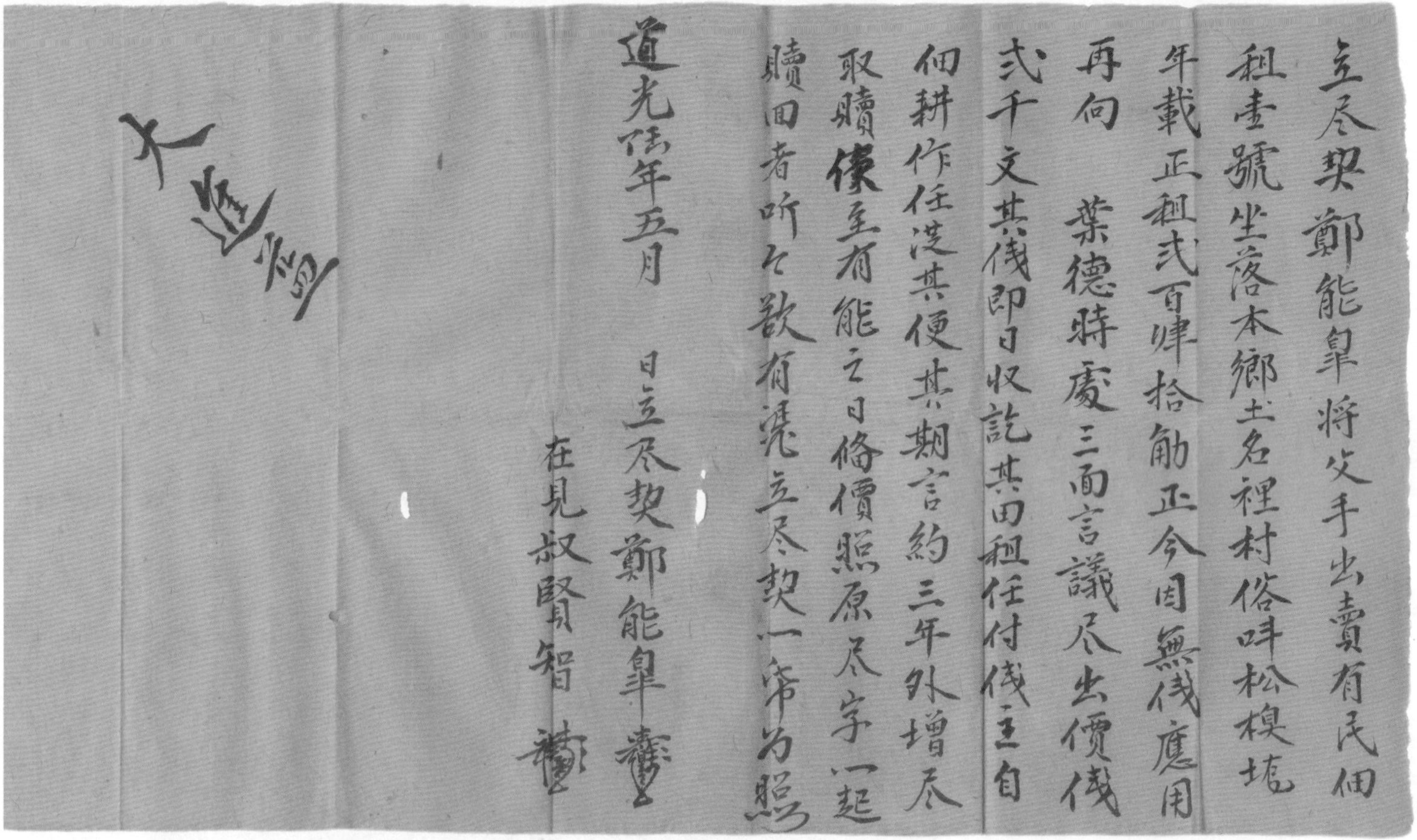

立尽契鄭能皐将父手出賣有民佃
租壹號坐落本鄉土名裡村俗呌松模垅
年載正租弍百肆拾觔正今因無錢應用
再向 葉德時處三面言議尽出價錢
弍千文其錢即日收訖其田租任付錢主自
佃耕作任從其便其期言約三年外增尽
取贖儴至有能之日備價照原尽字一起
贖回者听之歎有憑立尽契一帋為照
道光陆年五月 日立尽契鄭能皐（押）
在見叔賢智（押）
大[illegible]

3-3-49-7 清道光六年五月鄭能皐立盡民佃租契

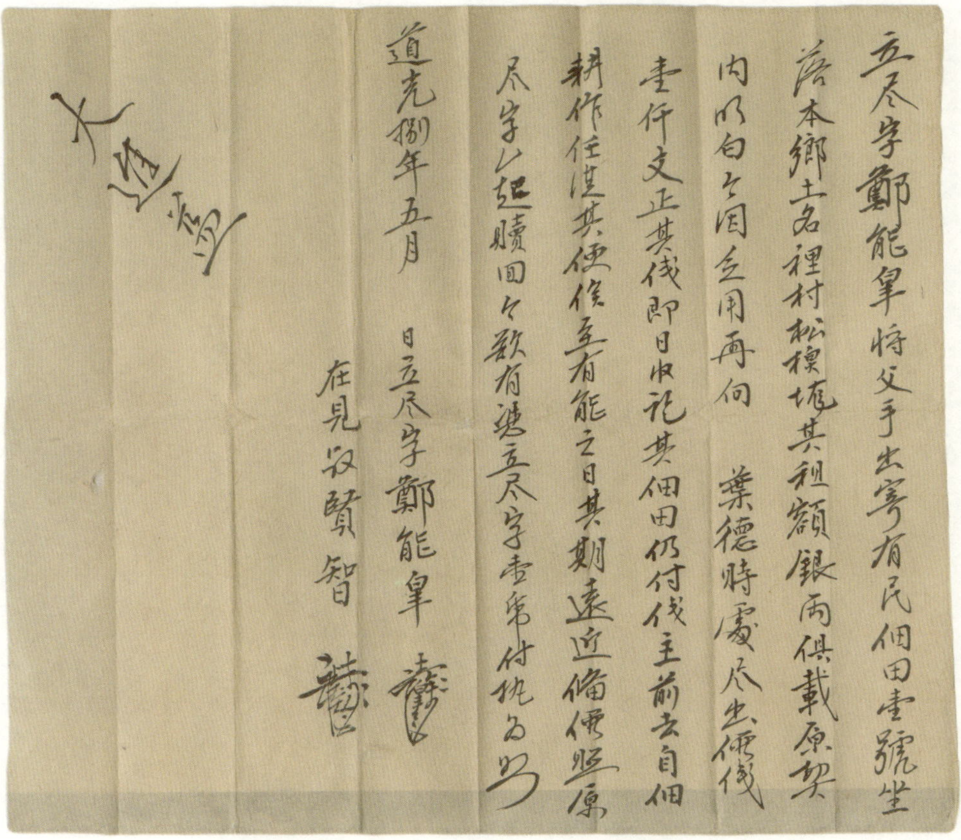

立盡字鄭能阜將父手出賣有民佃田壹號坐
落本鄉土名裡村松模垅其租額銀兩俱載原契
內明白今因乏用再向　葉德將處盡出佃價
壹仟文正其錢即日收訖其佃田仍付錢主前去自佃
耕作任從其便倘至有能之日其期遠近備價照原
盡字之起贖回不敢有違立盡字壹帋付執為照
道光捌年五月　日立盡字鄭能阜（押）
在見叔賢智（押）

3-3-49-8　清道光八年五月鄭能阜立盡民佃田字

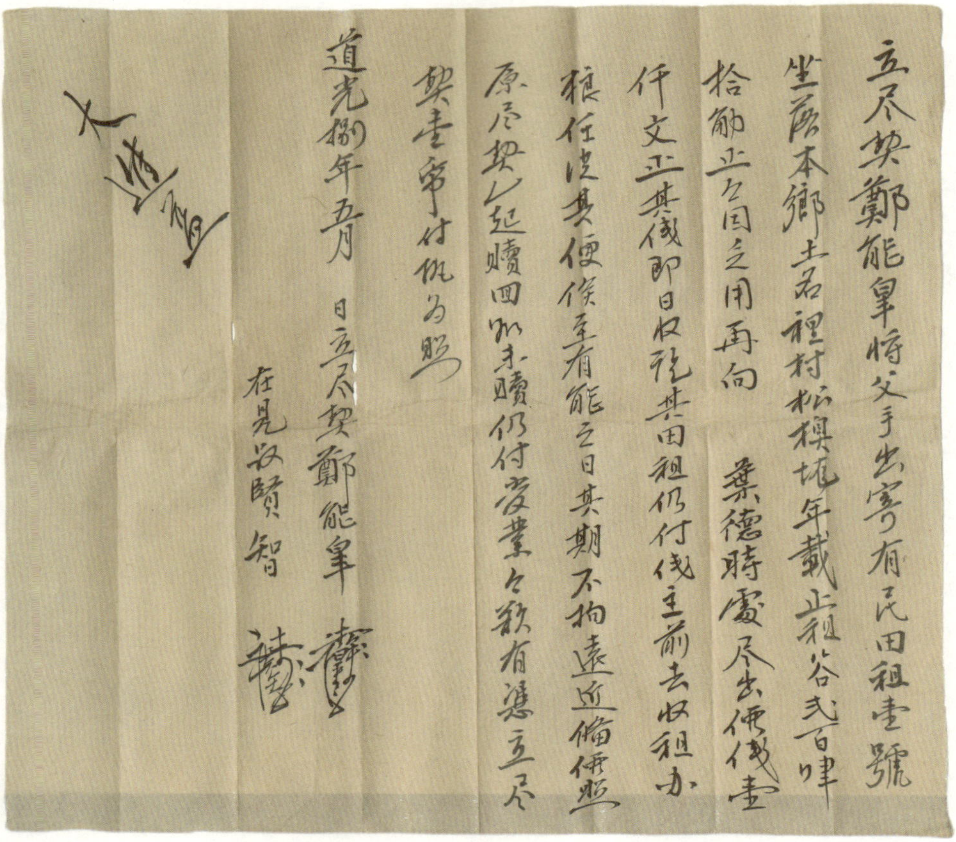
立盡契鄭能臯將父手出寄有民田租壹號
坐落本鄉土名裡村松模垅年載正租谷弍百肆
拾觔正今因乏用再向 葉德時處盡出價錢壹
仟文正其錢即日收訖其田租仍付錢主前去收租办
粮任從其便候至有能之日其期不拘遠近備價照
原盡契人起贖回如未贖仍付受業人耕有憑立盡
契壹帋付執爲照
道光捌年五月 日立盡契鄭能臯
在見叔賢智

3-3-49-9 清道光八年五月鄭能臯立盡民田租契

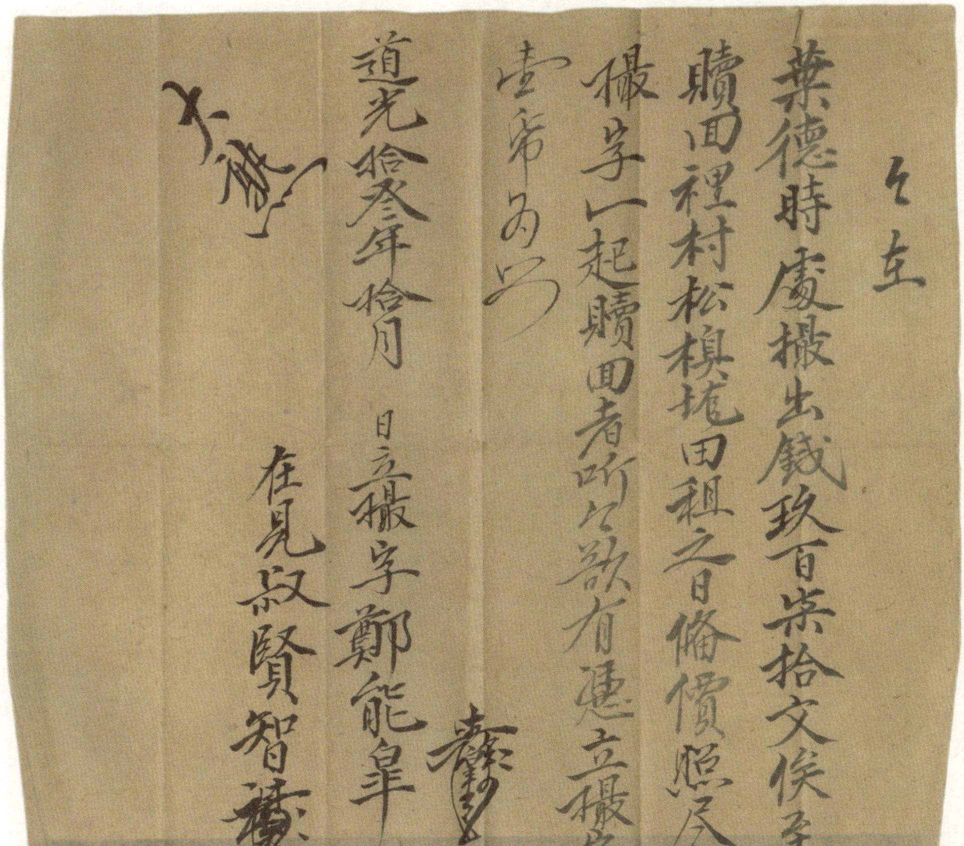
仝立
葉德時處撮出錢玖百柒拾文俟至
贖田裡村松模墘田租之日備價照尽
撮字一起贖田者所仝欵有憑立撮字
壹帋為照
道光拾叁年拾月　日立撮字鄭能皐
在見叔賢智

3-3-49-10　清道光十三年十月鄭能皐立撮字

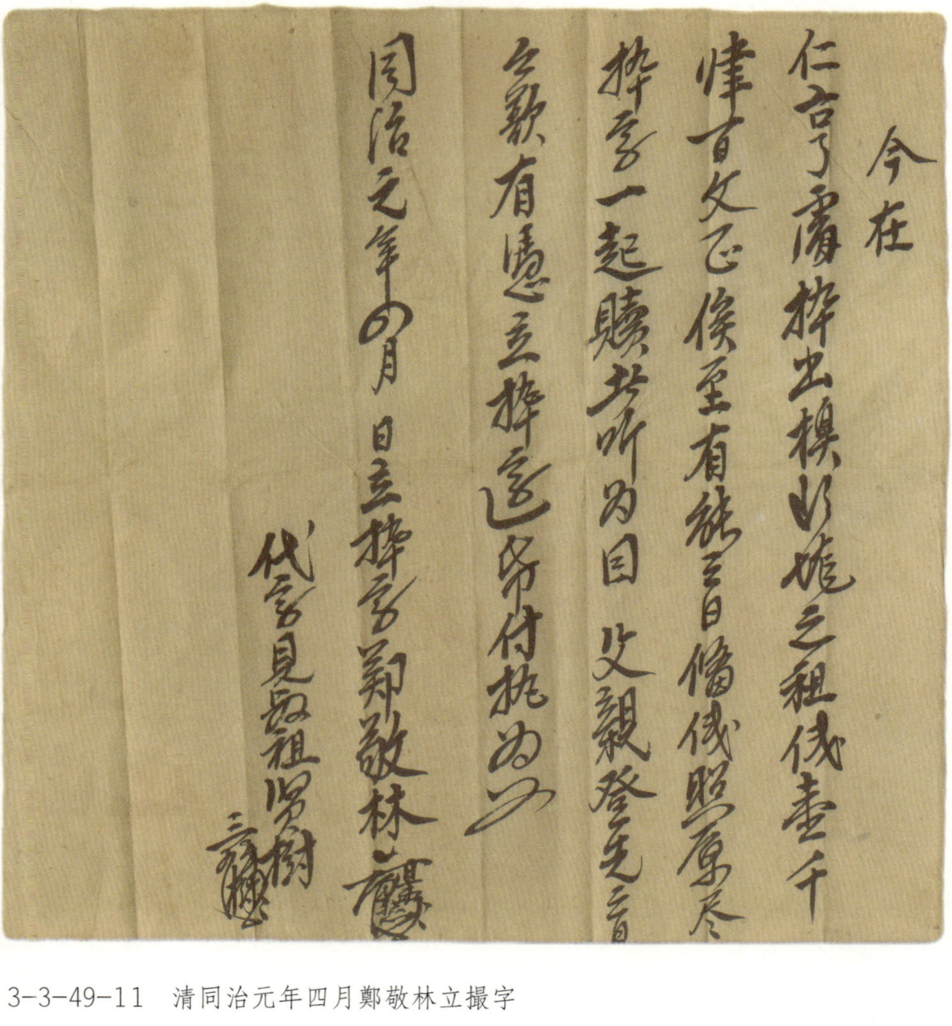

今在
仁官丁甫撮出模坑墘之租錢壹千
肆百文正係至有錢三百備錢照原尽
撮字一起贖去所為因 父親登先手
立款有憑立撮字送帋付執為照
同治元年四月 日立撮字鄭敬林
代字見叔祖卿樹

3-3-49-11　清同治元年四月鄭敬林立撮字

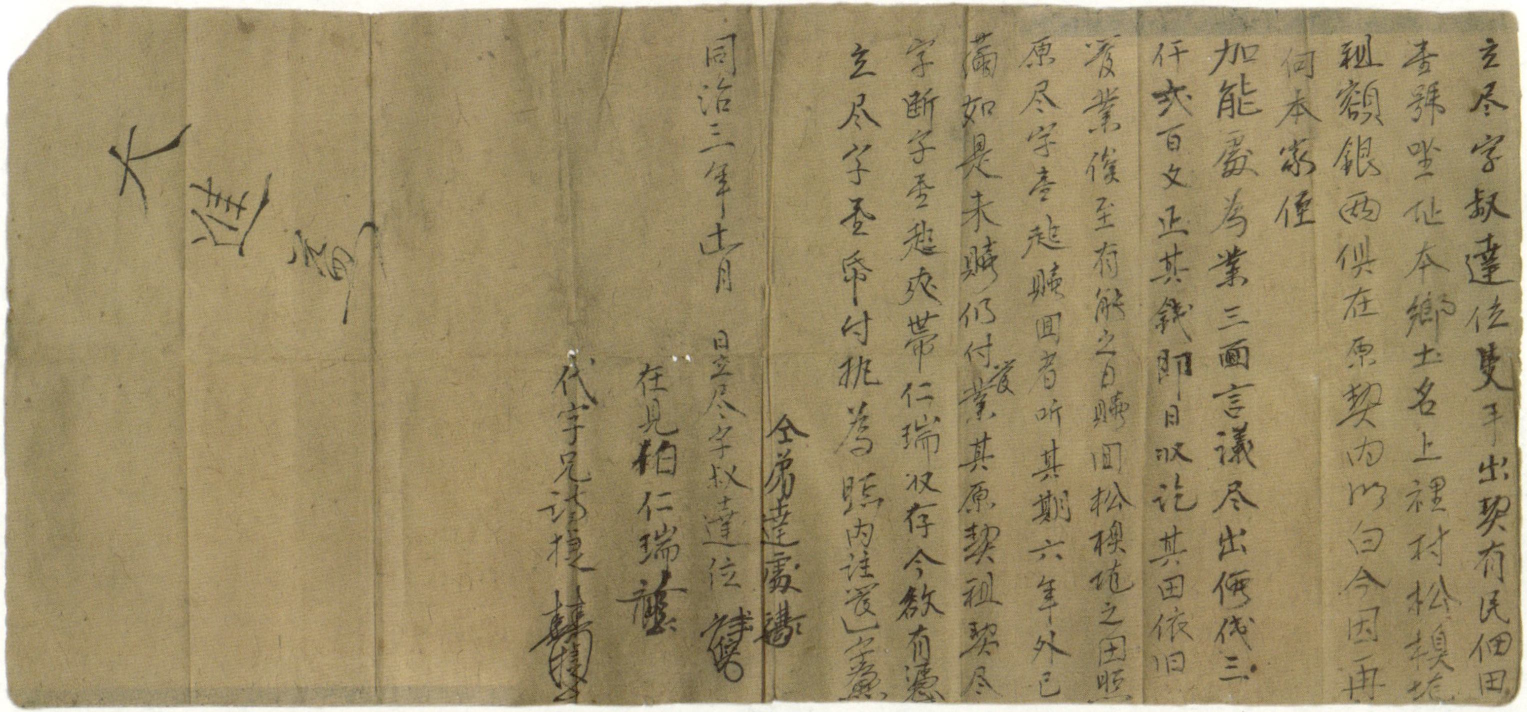
立盡字叔達位叟手出契有民佃田
壹號坐址本鄉土名上裡村松模坑
租額銀兩俱在原契內明白今因再
向本家侄
加能處為業三面言議盡出價錢三
仟弍百文正其錢即日收訖其田依旧
管業從至有能之日贖回松模坑之田照
原盡字者贖回者聽其期六年外已
滿如是未贖仍付管業其原契租契盡
字斷字者悉交帶仁瑞收存今欲有憑
立盡字壹紙付執為照 內注管込二字為
仝房達處
同治三年十一月 日立盡字叔達位
在見柏仁瑞
代字兄論槐
大達

3-3-49-12 清同治三年十一月葉達位等立盡民佃田字

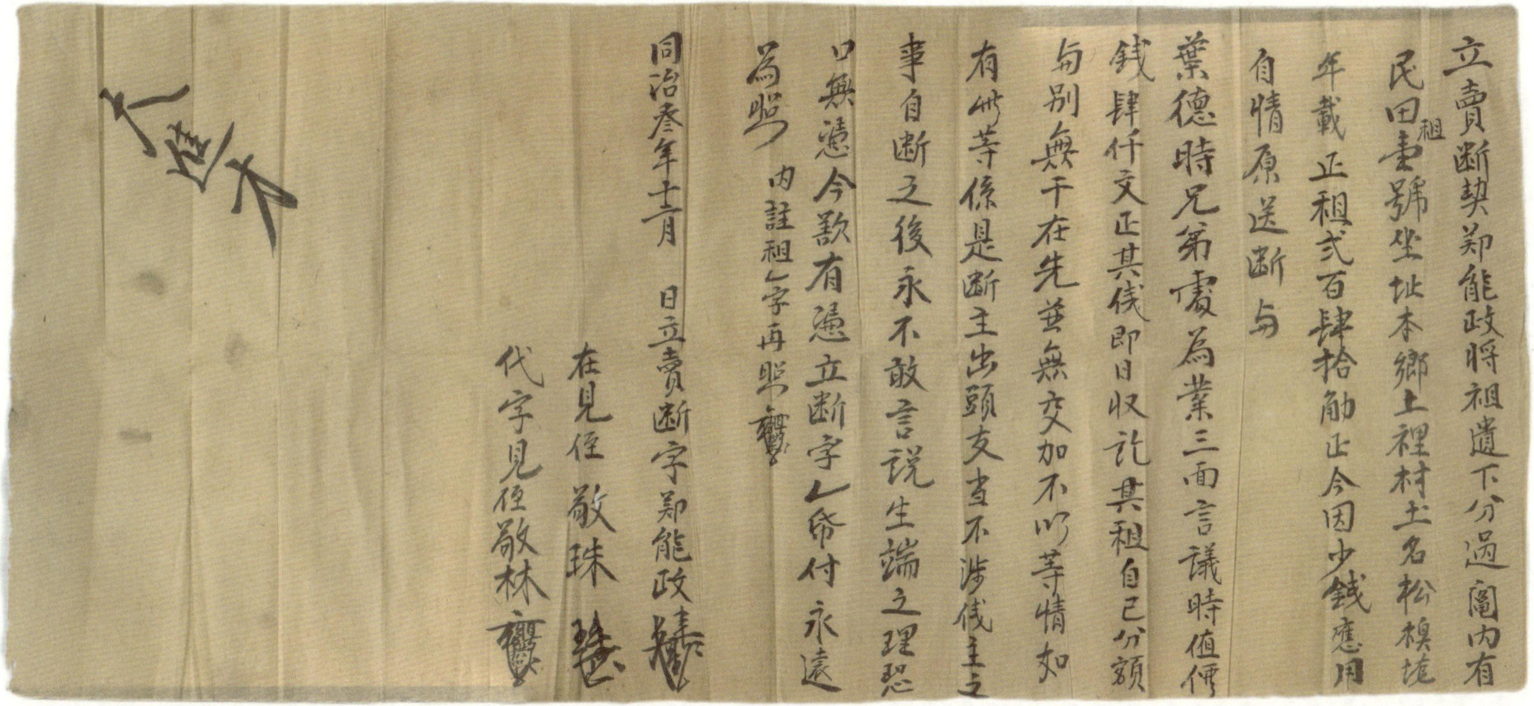

立賣斷契鄭能政將祖遺下分過阄内有
民田租壹號坐址本鄉上裡村土名松樹垅
年載正租弍百肆拾觔正今因少錢應用
自情願送斷與
葉德時兄弟處爲業三面言議時值價
錢肆仟文正其錢即日收訖其租自己分額
與别無干在先並無交加不明等情如
有此等係是斷主出頭支當不涉錢主之
事自斷之後永不敢言說生端之理恐
口無憑今欲有憑立斷字一紙付永遠
爲照　内註租一字再照
同治叁年十二月　日立賣斷字鄭能政
在見侄　敬珠
代字見侄敬林

3-3-49-13　清同治三年十二月鄭能政立賣斷民田租契

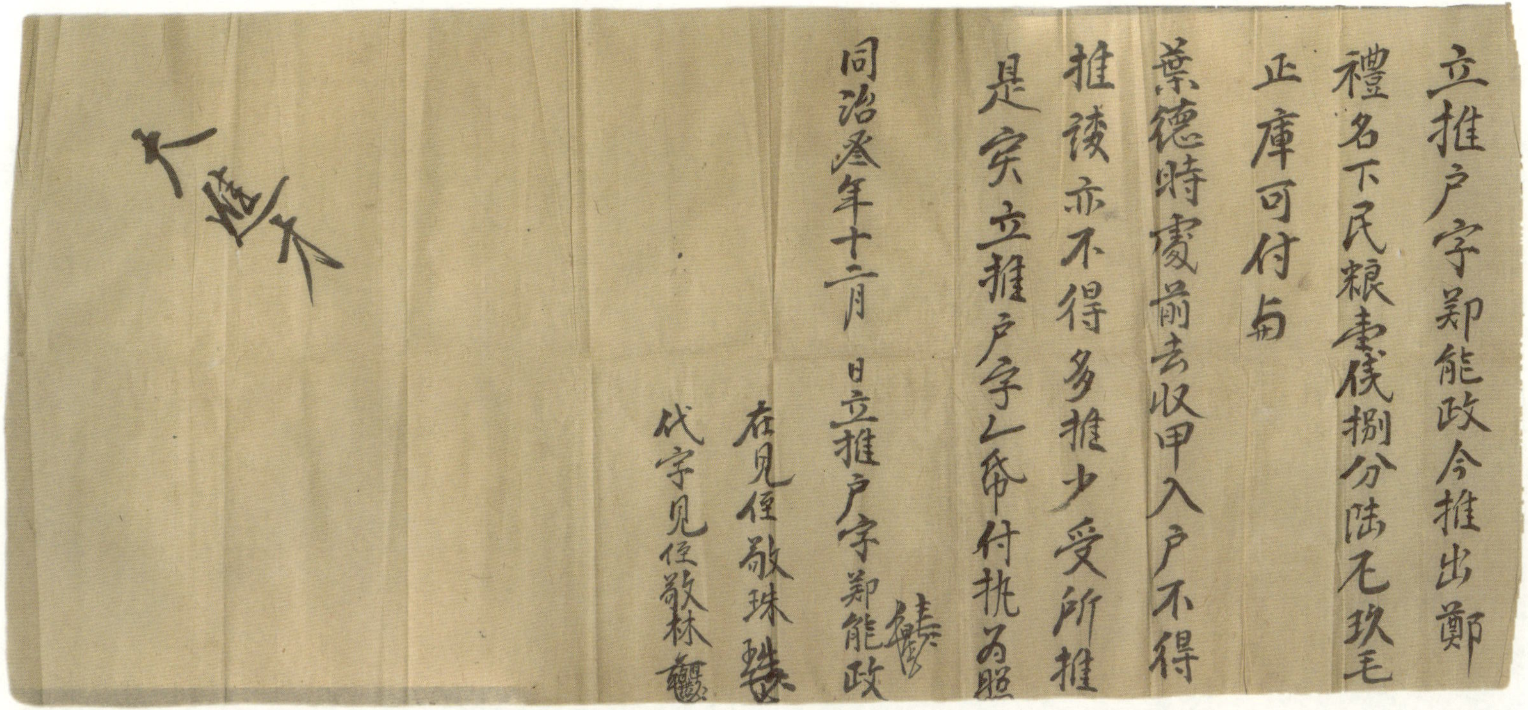
立推户字鄭能政今推出鄭
禮名下民粮壹錢捌分陆乇玖毛
正庫可付与
葉德時處前去收甲入户不得
推後亦不得多推少受所推
是实立推户字乙纸付执為照
同治叁年十二月 日立推户字鄭能政
在見侄敬珠
代字見侄敬林
大進大

3-3-49-14 清同治三年十二月鄭能政立推户字

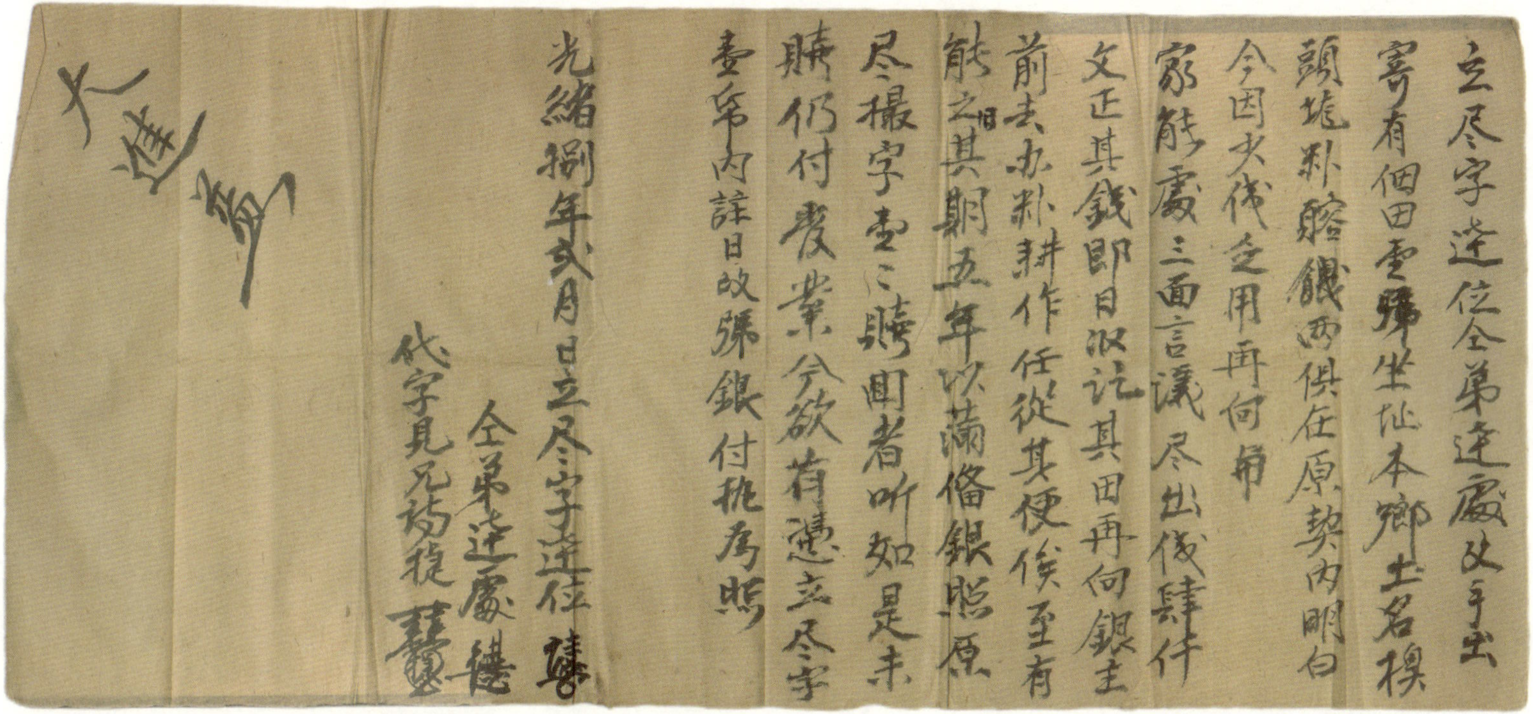

立尽字達位仝弟達處父手出
寄有佃田壹號坐址本鄉土名樸
頭垅籽賠饒兩俱在原契內明白
今因乏錢應用再向弟
家能處三面言議尽出價肆仟
文正其錢即日收訖其田再向銀主
前去永耕作任從其便俟至有
能之日其贖五年以滿備銀照原
尽撮字壹紙贖回者聽如是未
贖仍付處業今欲有憑立尽字
壹紙內註日收彌銀付執為照

光緒捌年弍月　日立尽字達位（押）
仝弟達處（押）
代字見兄祐提（押）

大達喜

3-3-49-15　清光緒八年二月葉達位等立盡佃田字

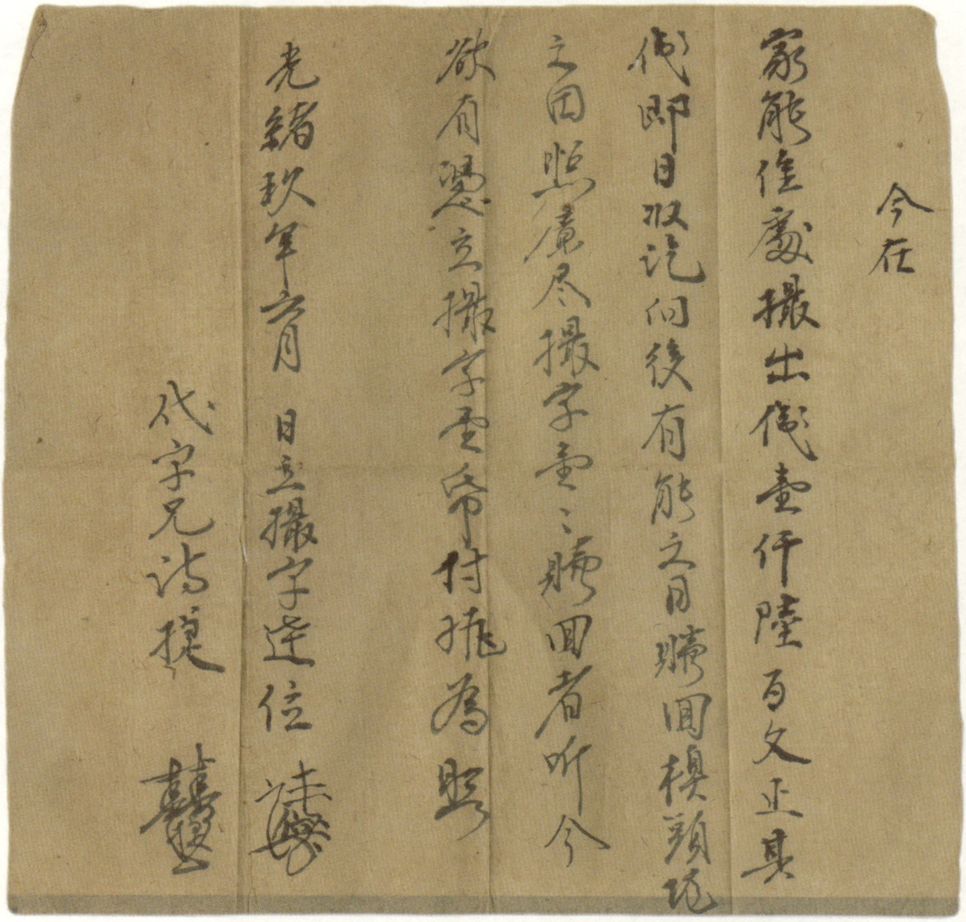
今在
家能位處撮出佛壹仟陸百文正其
佛即日收訖伺後有能之日贖回模頭坵
之田照價盡撮字壹〻贖回者听今
欲有憑立撮字壹帋付孫為照
光緒玖年六月　日立撮字達位
代字兄詩模

3-3-49-16　清光緒九年六月葉達位立撮字

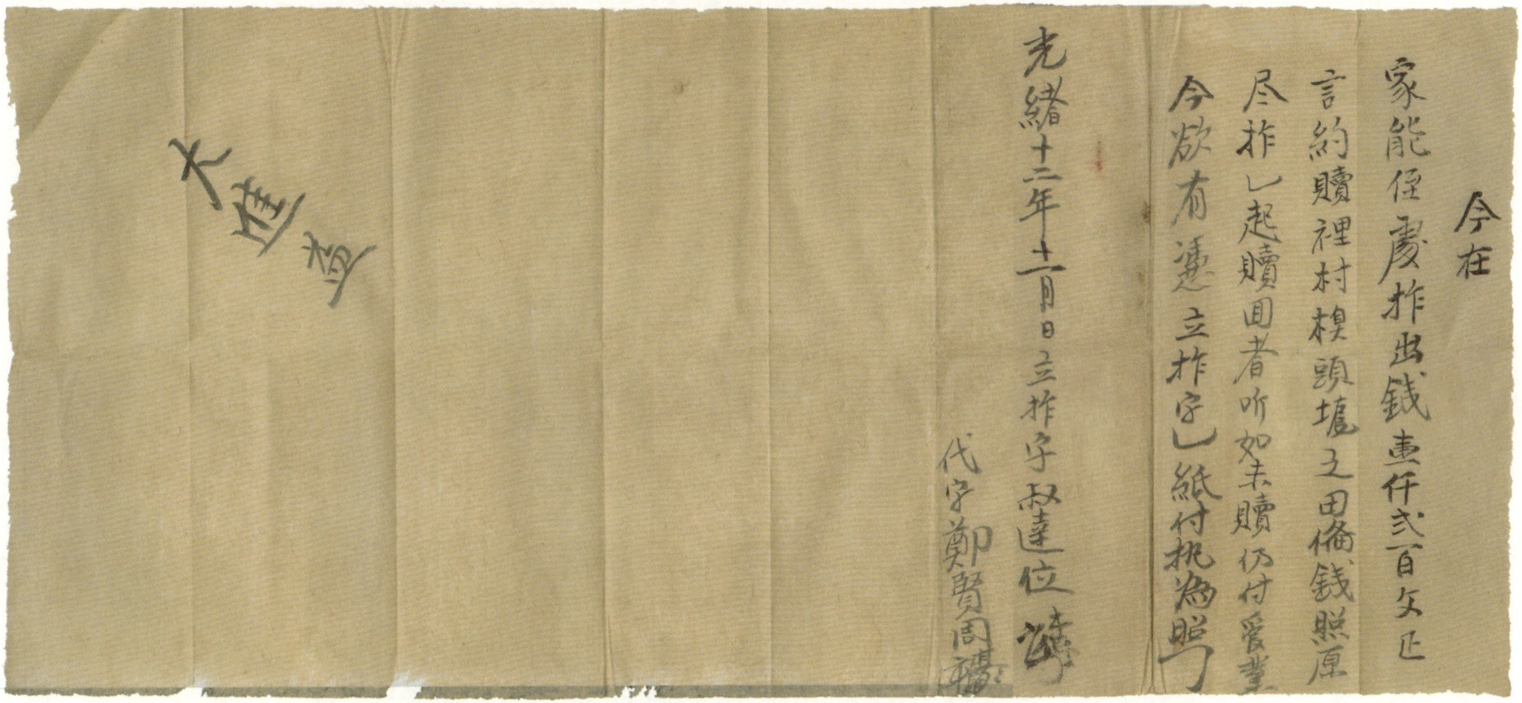

今在
家能侄處拃出钱壹仟弍百文正
言約贖裡村榠頭壚之田脩钱照原
尽拃乚起贖回者听如未贖仍付愛業
今欲有憑立拃字乚紙付执為照

光緒十二年十一月日立拃字叶達位
代字鄭賢周

3-3-49-17　清光緒十二年十一月葉達位立撮字

立盡字叔祖達位將前父手出寄有民
佃田壹號坐址本鄉土名楻頭垅其
粮祖價在原契內明旣今因無錢乏
用即將楻頭垅之田向與
進爲侄孫處盡出價錢壹仟壹百文
正其錢即日收訖其田依舊管業
後至有能之日贖回楻頭垅之田照原
盡字山起贖回者听叔辛贖依田
管業今欲有憑立盡字壹紙付於
爲照

光緒拾四年十一月　日立盡字叔祖　達位（押）
在見侄家能（押）
代字侄孫元昌（押）

大進管業

3-3-49-18　清光緒十四年十一月葉達位立盡民佃田字

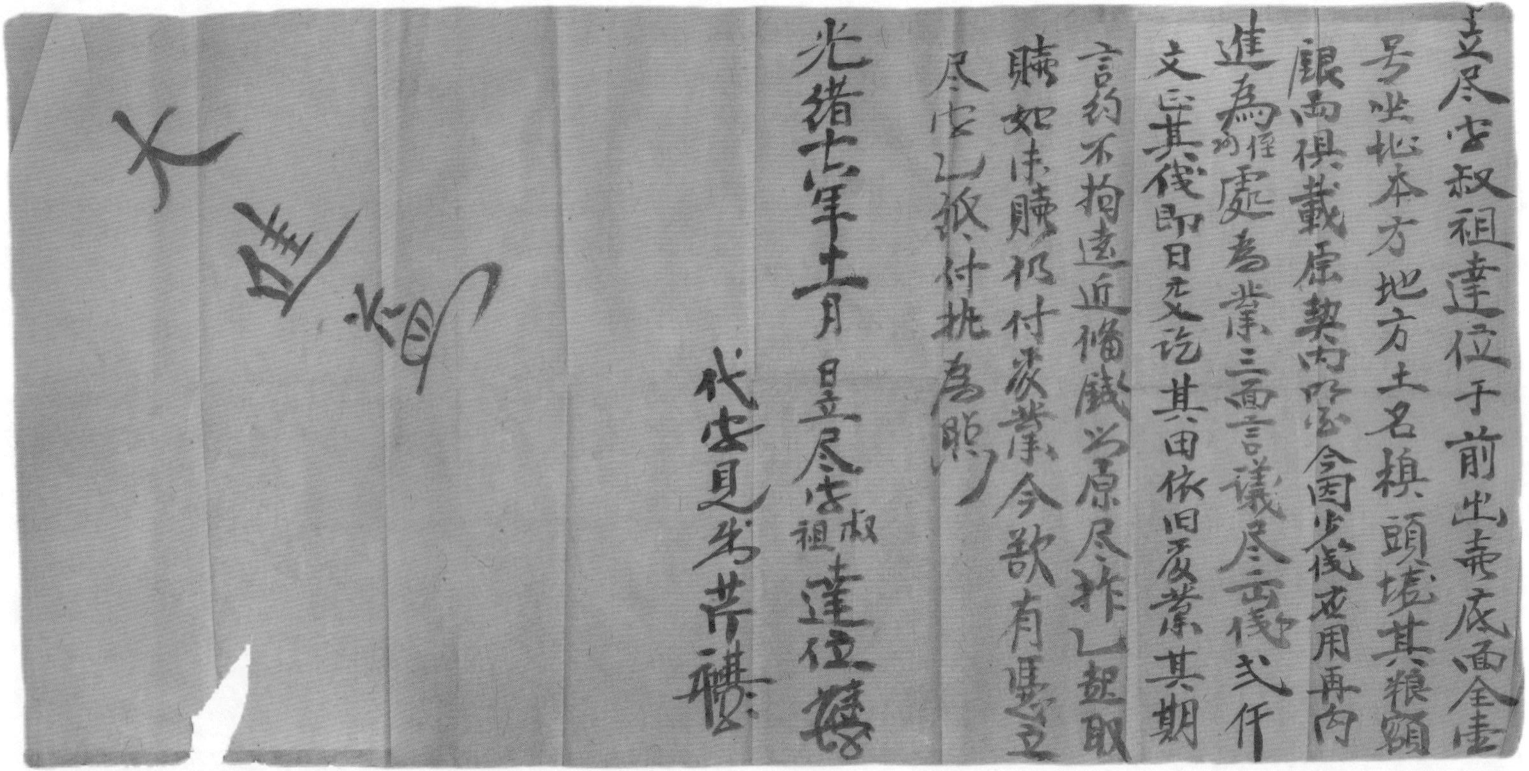
立尽字叔祖達位，于前出賣底面全田
号，坐址本方地方，土名模頭墘，其粮額
眼面俱載原契内明白。今因少錢應用，再向
進為姪孫處，為業三面言議，尽出錢弍仟
文正，其錢即日交訖，其田依旧管業，其期
言約不拘遠近備錢照原尽□□起取
贖，如未贖，仍付管業。今欲有憑，立
尽字一紙，付執為照。
光緒十六年十一月 日立尽字叔祖達位（押）
代字見男芹（押）

3-3-49-19 清光緒十六年十一月葉達位立盡底面全田字

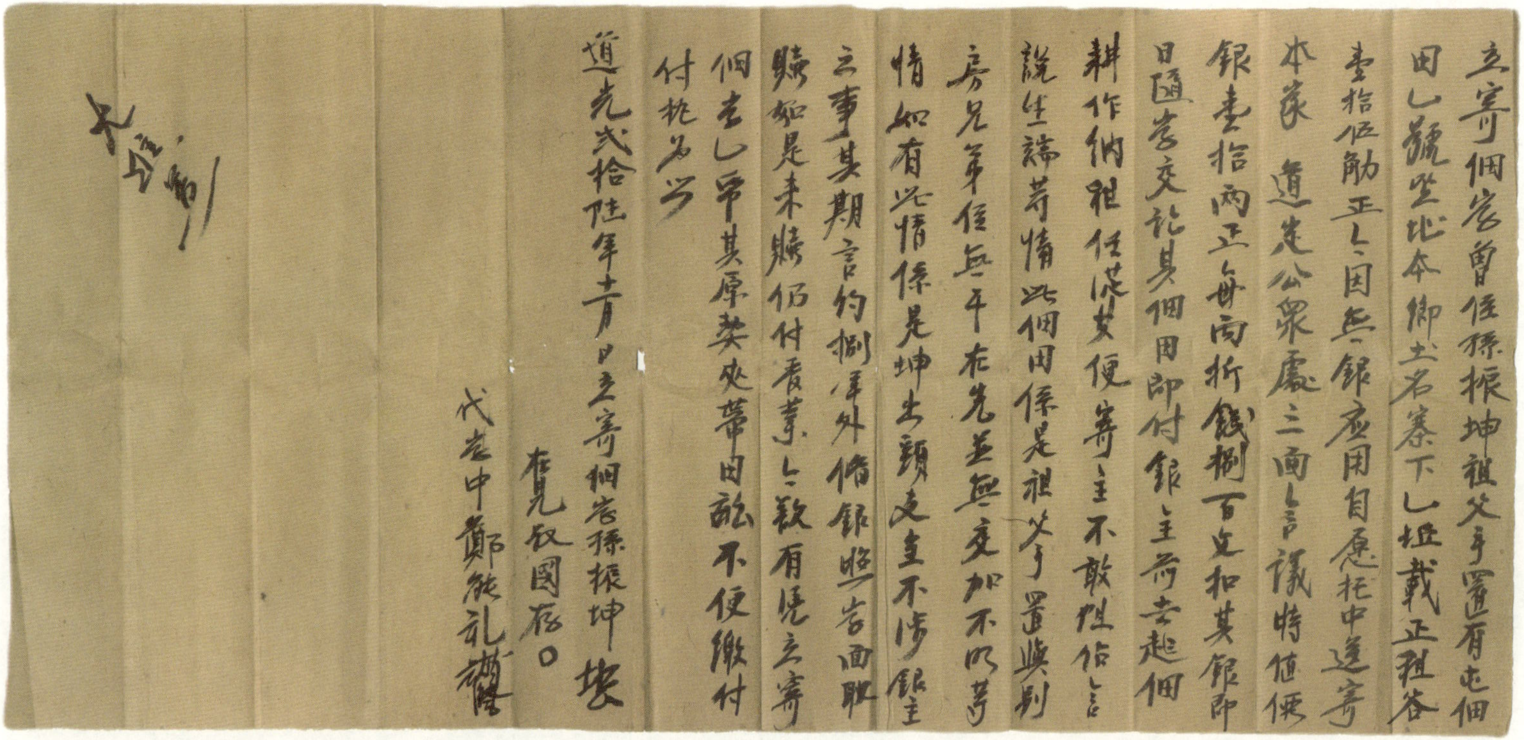

立寄佃字曾侄孫振坤祖父手置有屯佃
田乙號，坐北本鄉土名寨下乙坵，載正租谷
壹拾伍觔正。今因無銀應用，自愿托中進寄
本族　道先公眾處，三面言議，時值價
銀壹拾兩正，每兩折錢捌百文，和其銀即
日隨字交訖，其佃田即付銀主前去起佃
耕作，納租任從其便，寄主不敢阻佔言
說生端等情。此佃田係是祖父手置，與別
房兄弟侄無干，本先並無交加不明等
情。如有此情，係是坤出頭支當，不涉銀主
之事。其期言約捌年外，備銀照字面取
贖。如是未贖，仍付管業。今欲有凭，立寄
佃字乙帋。其原契夾帶因祕，不便繳付，
付批為炤。

道光弍拾陆年十一月　日立寄佃字孫振坤（押）

在見叔國[illegible]〇

代筆中鄭能禮（押）

[illegible]

3-3-50-1　清道光二十六年十一月葉振坤立寄屯佃田字

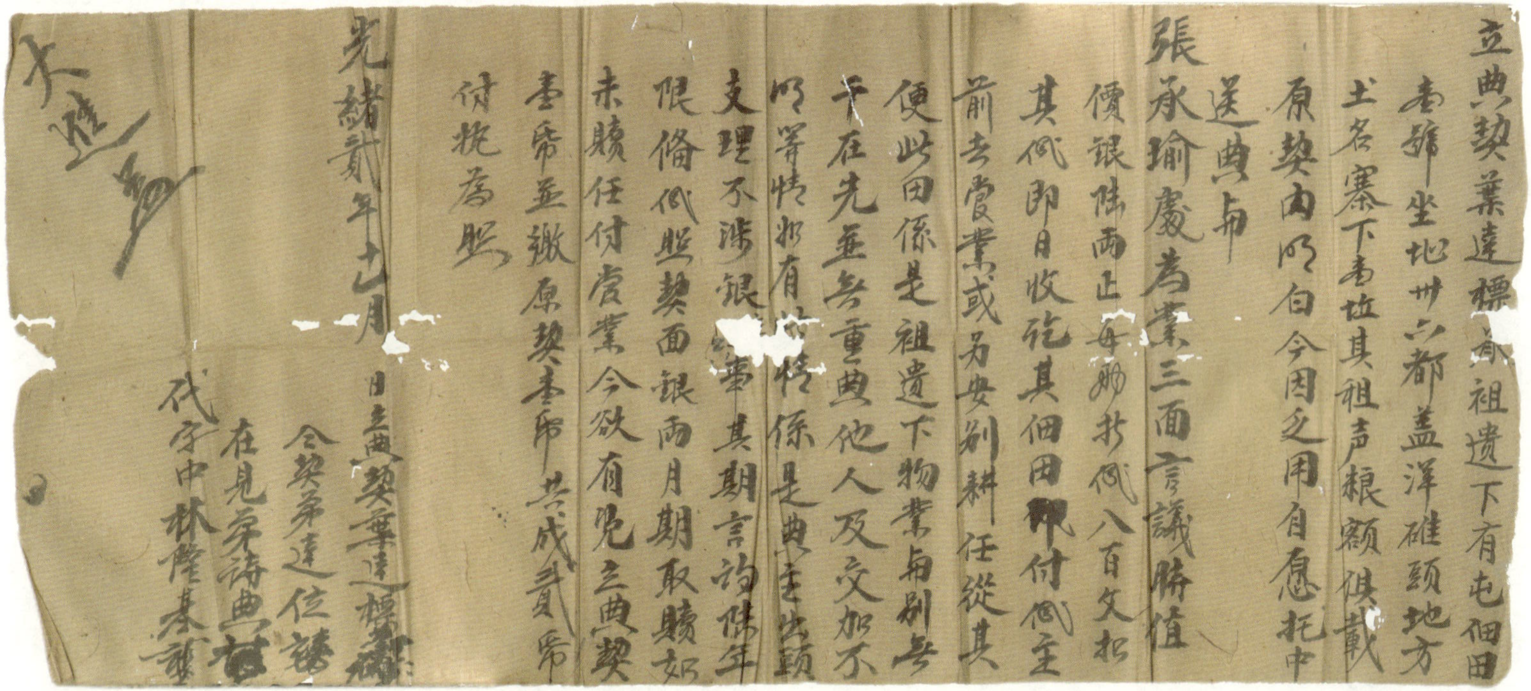
立典契葉達標等祖遺下有屯佃田
壹號坐址卅六都盖洋碓頭地方
土名寨下壹坵其租声粮額俱載
原契內明白今因乏用自愿托中
送典与
張承瑜處為業三面言議時值
價銀陆两正每两折錢八百文正
其錢即日收訖其佃田即付錢主
前去管業或另安別耕任從其
便此田係是祖遺下物業与別無
干在先並無重典他人及交加不
明等情如有此情係是典主出頭
支理不涉銀主之事其期言約係年
限備錢照契面銀两月期取贖如
未贖任付管業今欲有憑立典契
壹紙並繳原契壹紙共成貳紙
付執為照

光緒貳年十一月 日立典契葉達標
仝契弟達位
在見弟詩典
代字中林陞基

3-3-50-2 清光緒二年十一月葉達標等立典屯佃田契

立寄佃字雲孫達位仝弟達處將道定
公置有民佃田壹號坐址本鄉地方土名寨
下年載正租谷壹拾伍觔正今因乏銀応用
自愿托中送寄本鄉第一祖
伯嚴公衆處為業三面言議時值寄出價
銀伍兩伍錢正每兩折錢捌百文扣其銀即
日收訖其佃田付銀主前去起佃耕作
納租任從其便此田係是祖置與別兄弟
無干在前並無重典他人及未歷不明等
情如有此情係是寄主出頭支理不累銀
主之事其擬言約不拘遠近候至有能之日
備銀照寄字面取贖如是未贖依旧掌業
今欲有憑立寄佃字壹紙並帶原契壹紙
又帶当字壹紙共成叁紙付執為照

光緒拾柒年十一月　日立寄佃字雲孫達位
仝弟達處
在見侄吓土
代字中侄孫元昌

3-3-50-3　清光緒十七年十一月葉達位等立寄民佃田字（廢契）

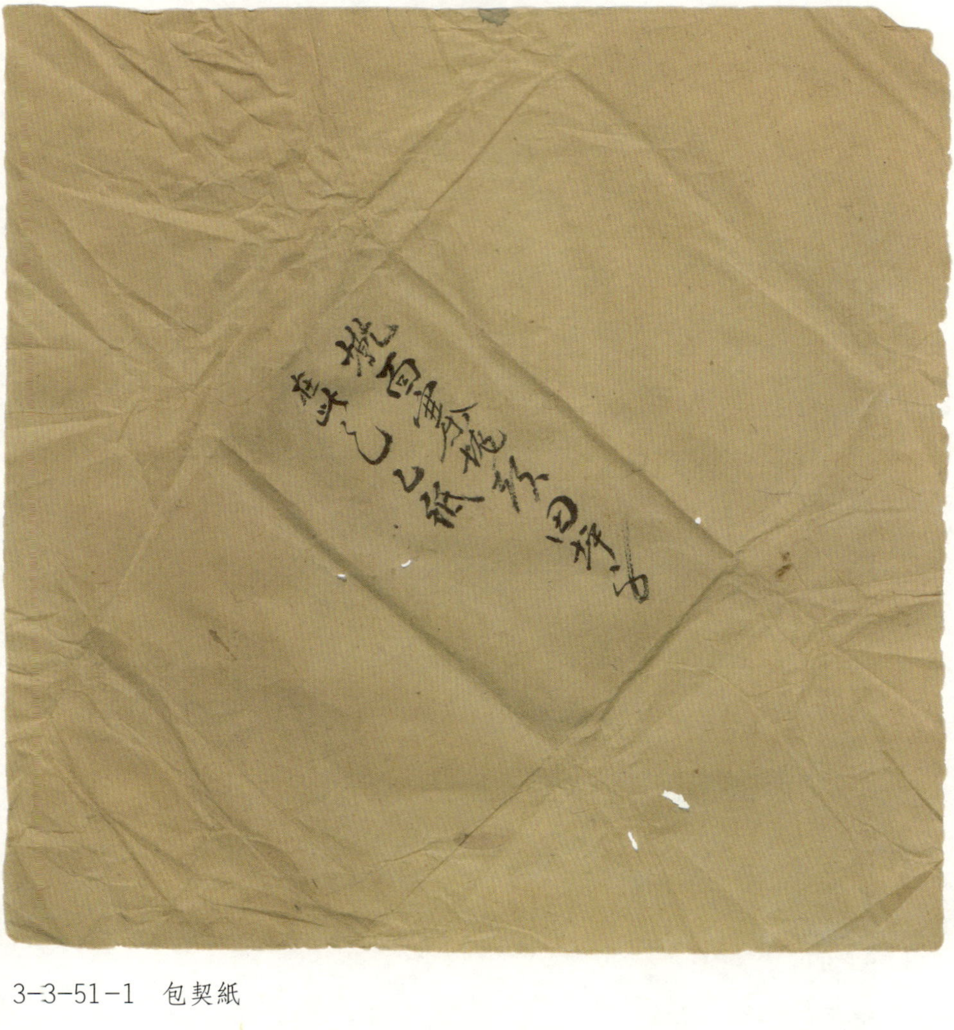

3-3-51-1　包契紙

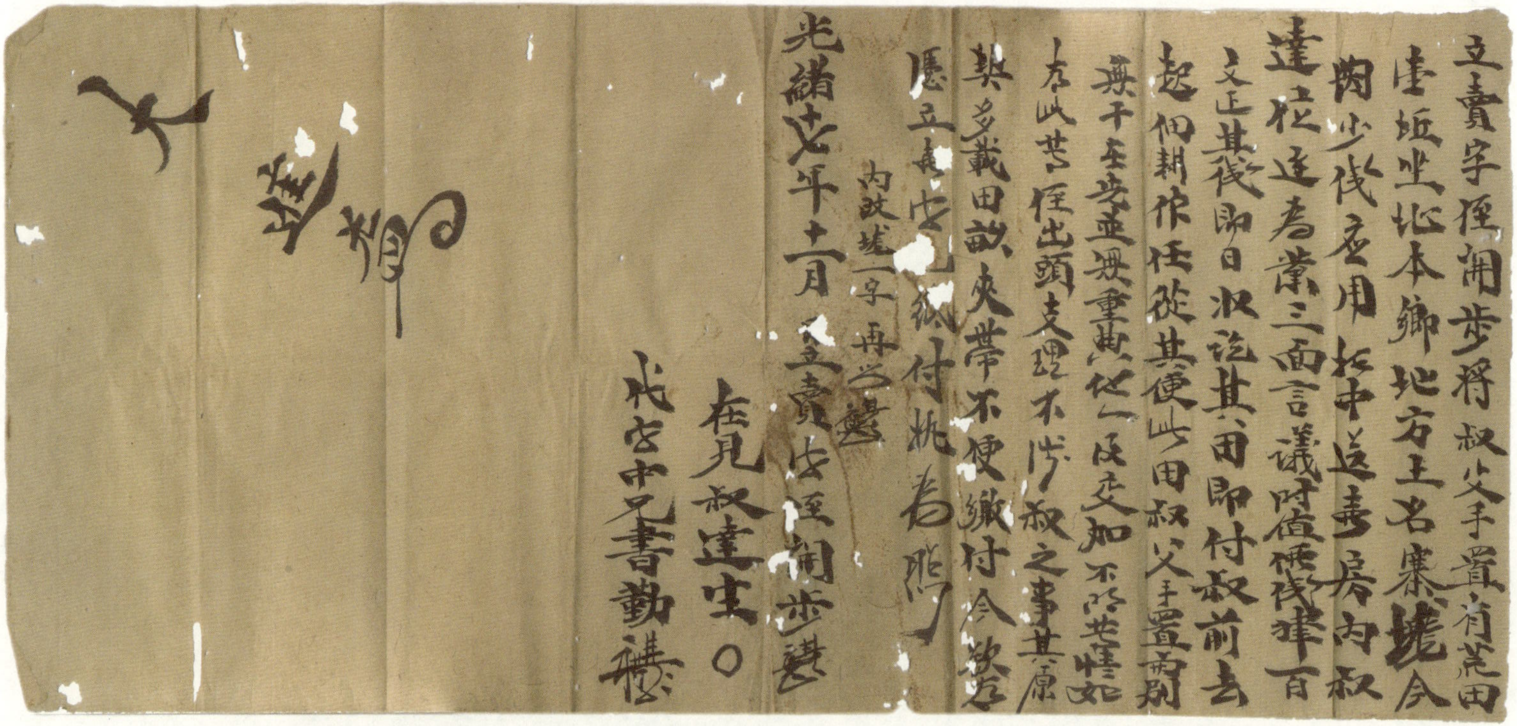

立賣字侄開步將叔父手置有荒田
壹坵坐址本鄉地方土名寨垅今
因少錢應用，托中送與房內叔
達祚邊為業，三面言議時值價錢肆百
文正，其錢即日收訖，其田即付叔前去
起佃耕作，任從其便。此田叔父手置開
無干在步，並無重張典掛他人以及交加不明等情。如
有此等，侄出頭支理，不涉叔之事。其原
契多載田畝，夾帶不便繳付。今欲有
憑，立賣字□紙，付執為照。
內改垅一字　再照（押）
光緒十七年十一月　日立賣字侄開步（押）
在見叔達生　○
代字中兄書勤（押）

3-3-51-2　清光緒十七年十一月葉開步立賣荒田字

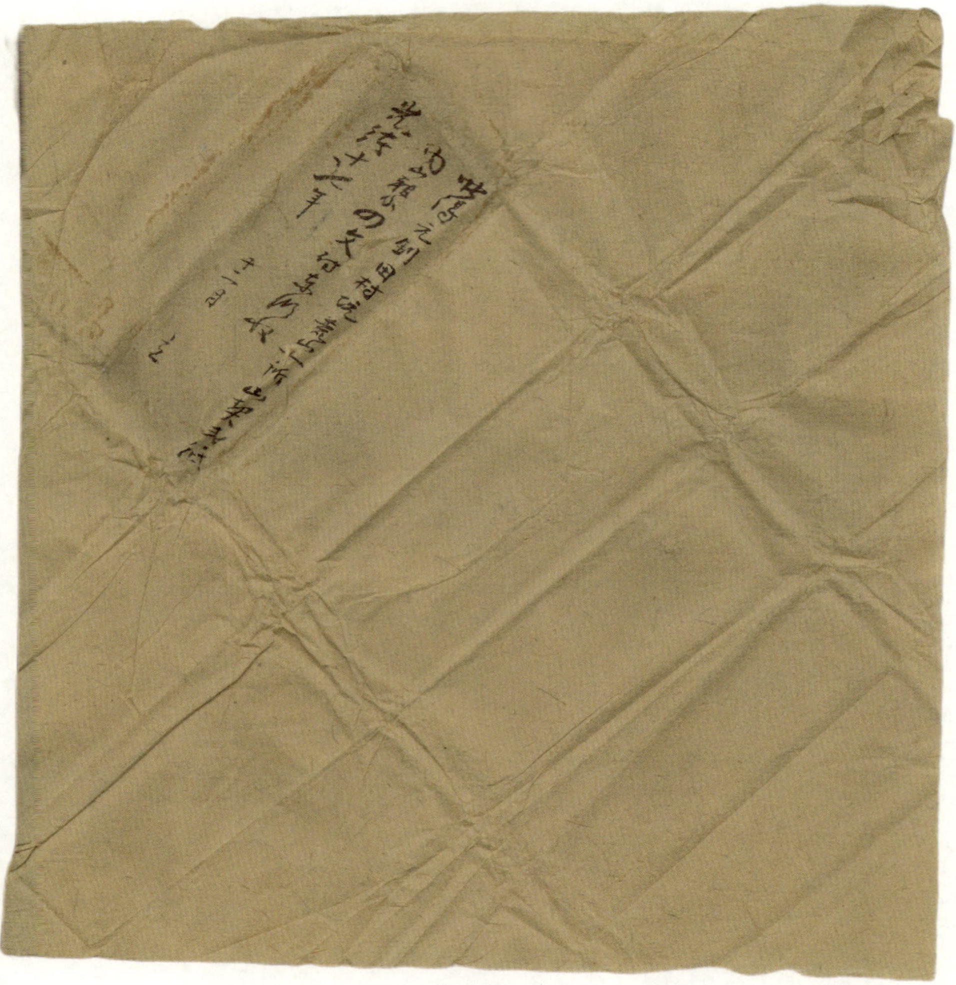

3-3-52-1　包契紙

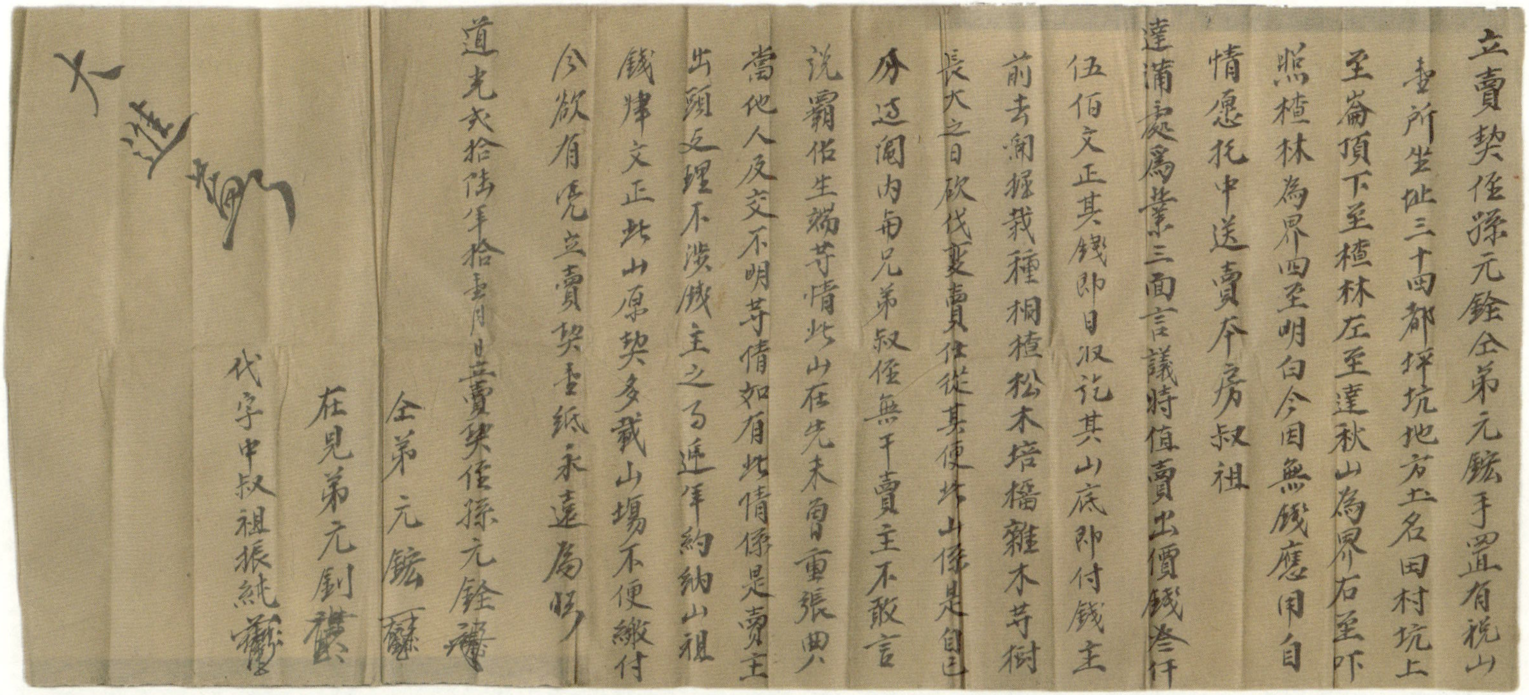
立賣契侄孫元銓仝弟元鋐手置有稅山
壹所坐址三十四都坪坑地方土名田村坑上
至崙頂下至檀林左至達秋山為界右至吓
照檀林為界四至明白今因無錢應用自
情愿托中送賣本房叔祖
達蒲處為業三面言議時值賣出價錢叁仟
伍佰文正其錢即日收訖其山底即付錢主
前去開掘栽種桐檀松木培植雜木等樹
長大之日砍伐變賣任從其便此山係是自己
分過閹内與兄弟叔侄無干賣主不敢言
説霸佔生端等情此山在先未曾重張典
當他人及交不明等情如有此情係是賣主
出頭支理不涉錢主之事延年約納山租
錢肆文正此山原契多載山場不便繳付
今欲有憑立賣契壹紙永遠為照
道光貳拾陸年拾壹月　日立賣契侄孫元銓（押）
仝弟元鋐（押）
在見弟元釗（押）
代字中叔祖振純（押）
大進喜

3-3-52-2　清道光二十六年十一月葉元銓等立賣稅山契

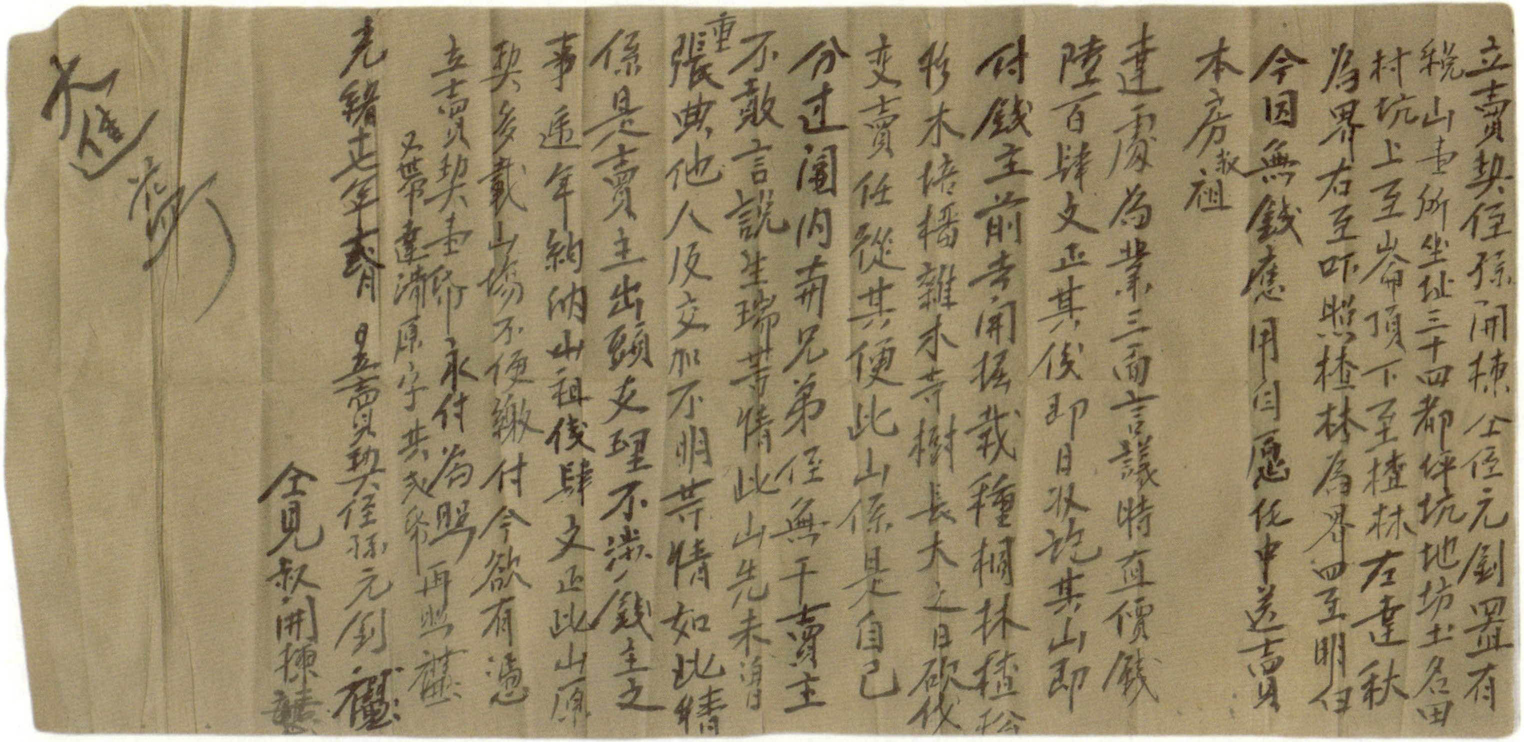

立賣契侄孫開棟、仝侄元釗，置有
稅山壹所，坐址三十四都坪坑地坊，土名田
村坑。上至山崙頂，下至樟林，左達秋
為界，右至吓照樟林為界，四至明白。
今因無錢應用，自愿托中送賣
本房叔祖
達處為業，三面言議特直價錢
陸百肆文正，其錢即日收訖。其山即
付錢主前去開掘栽種桐林樟檜
杉木、培播雜木等樹，長大之日砍伐
變賣，任從其便。此山係是自己
分過鬮內，與兄弟侄無干，賣主
不敢言說生端等情。此山先未曾
重張典他人，及交加不明等情。如有此情，
係是賣主出頭支理，不涉錢主之
事。逐年納山租錢肆文正。此山原
契參載山場，不便繳付。今欲有憑，
立賣契壹紙，永付為照。
又帶達清原字共弍紙，再照。
光緒十七年十二月　日立賣契侄孫元釗
仝見叔開棟

3-3-52-3　清光緒十七年十二月葉元釗立賣稅山契

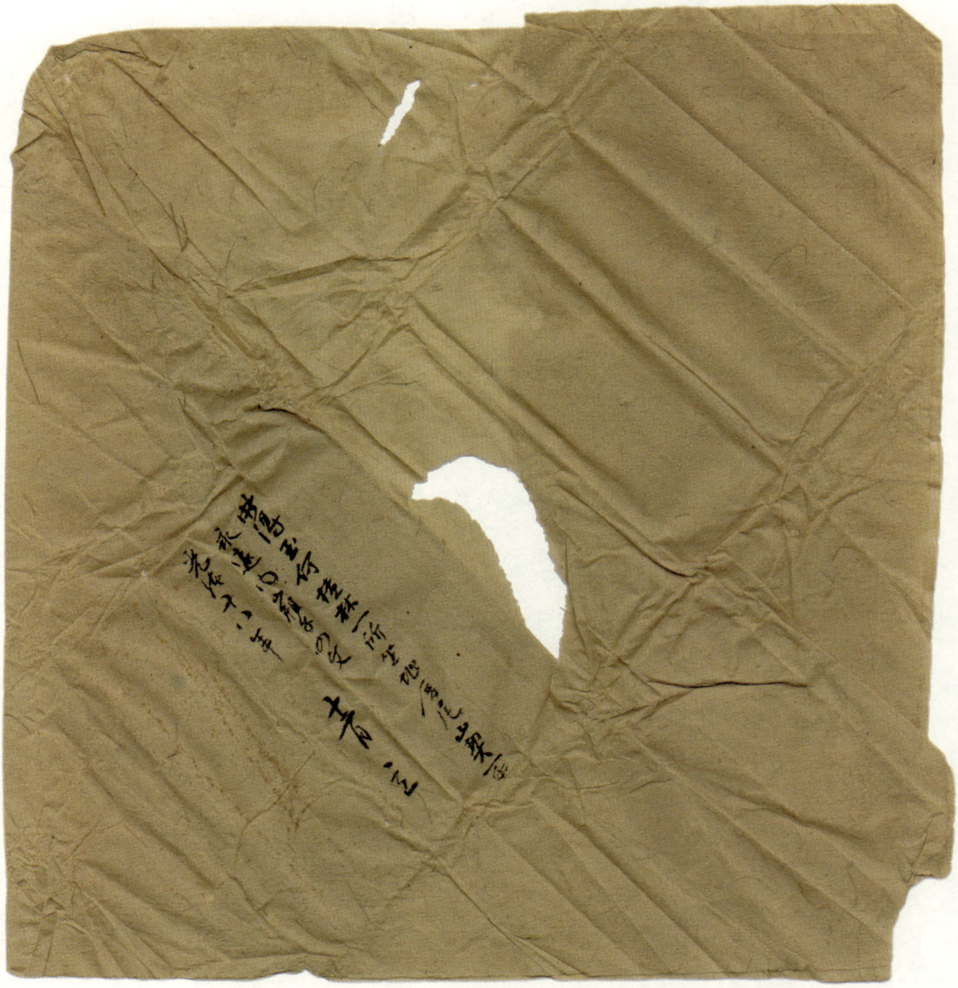

3-3-53-1　包契紙

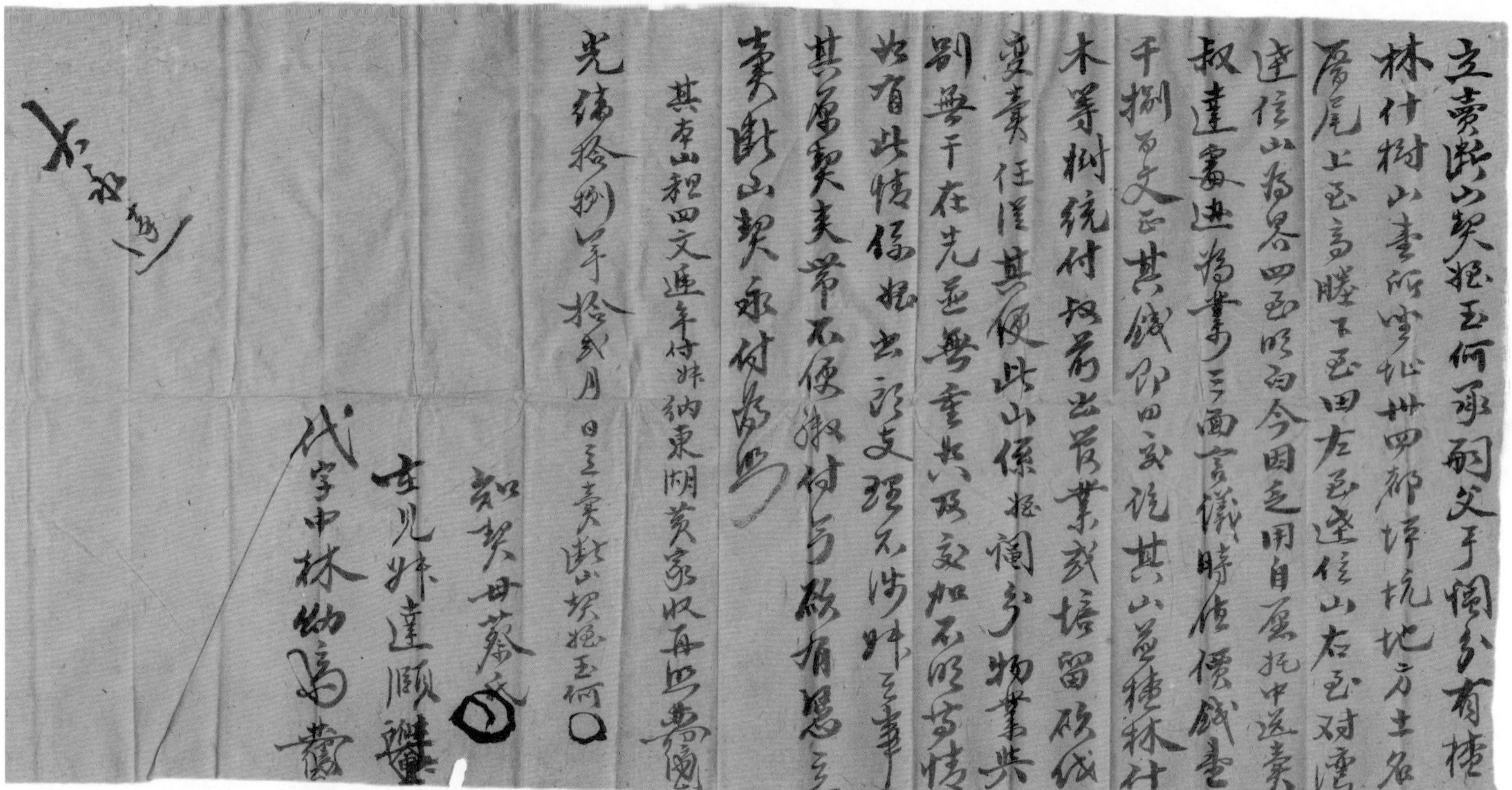

3-3-53-2　清光緒十八年十二月葉玉何立賣斷楂林什樹山契

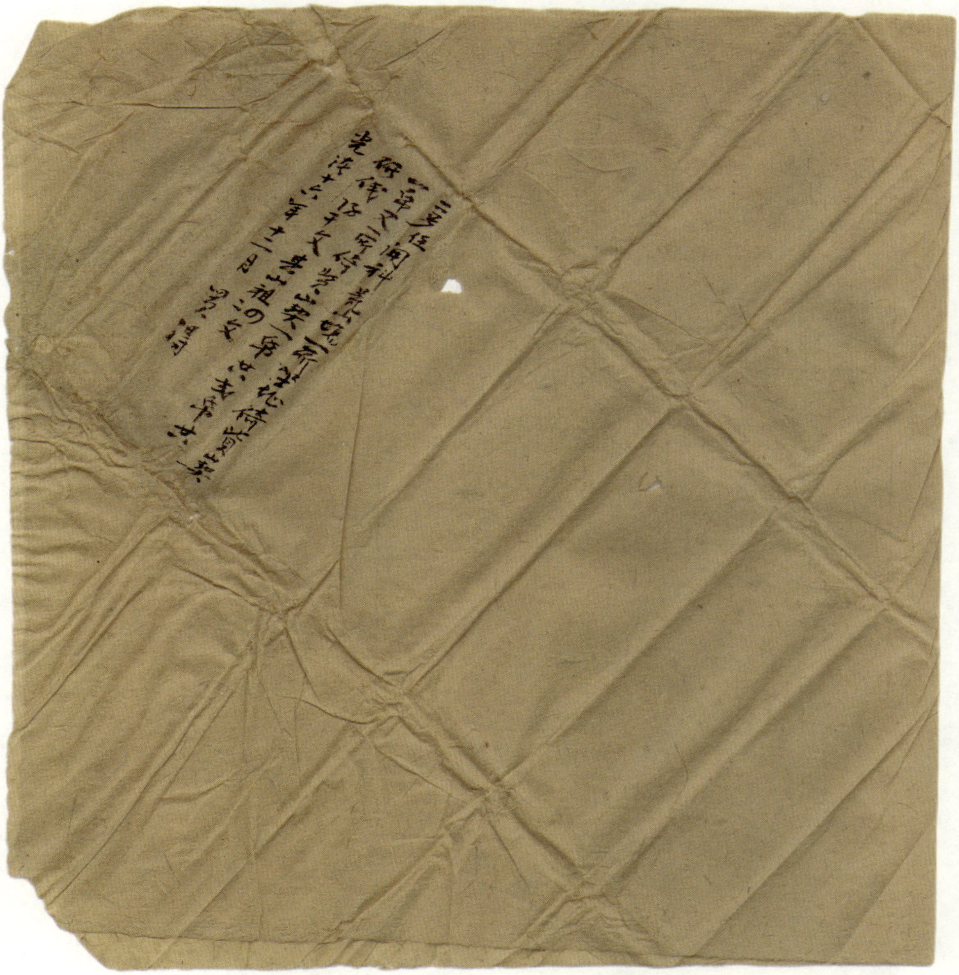

3-3-54-1　包契紙

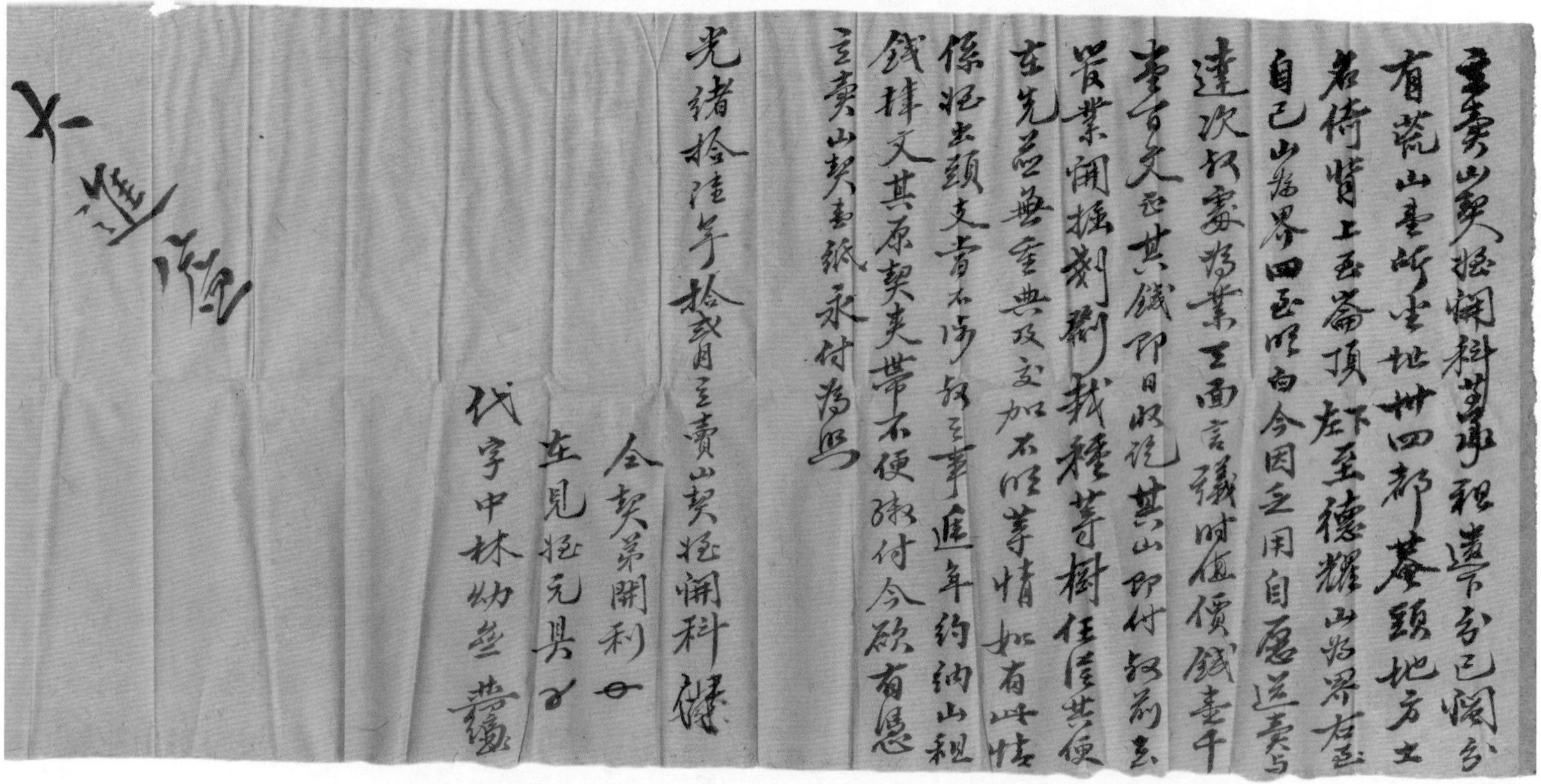
立賣山契人葉開科等承祖遺下分己闔分
有荒山壹所坐址卅四都基頭地方土
名倚背上至崙頂左下至德耀山為界右至
自己山為界四至明白今因乏用自愿送賣與
達次叔處為業三面言議時值價錢壹千
肆百文正其錢即日收訖其山即付叔前去
買業開掘劏栽種等樹任從其便
在先並無重典及交加不明等情如有此情
係葉出頭支當不涉叔之事逐年約納山租
錢肆文其原契夾帶不便繳付今欲有憑
立賣山契壹紙永付為照
光緒拾陸年拾貳月　日立賣山契葉開科
仝契弟開利
在見葉元具
代字中林幼登
大進

3-3-54-2　清光緒十六年十二月葉開科等立賣荒山契

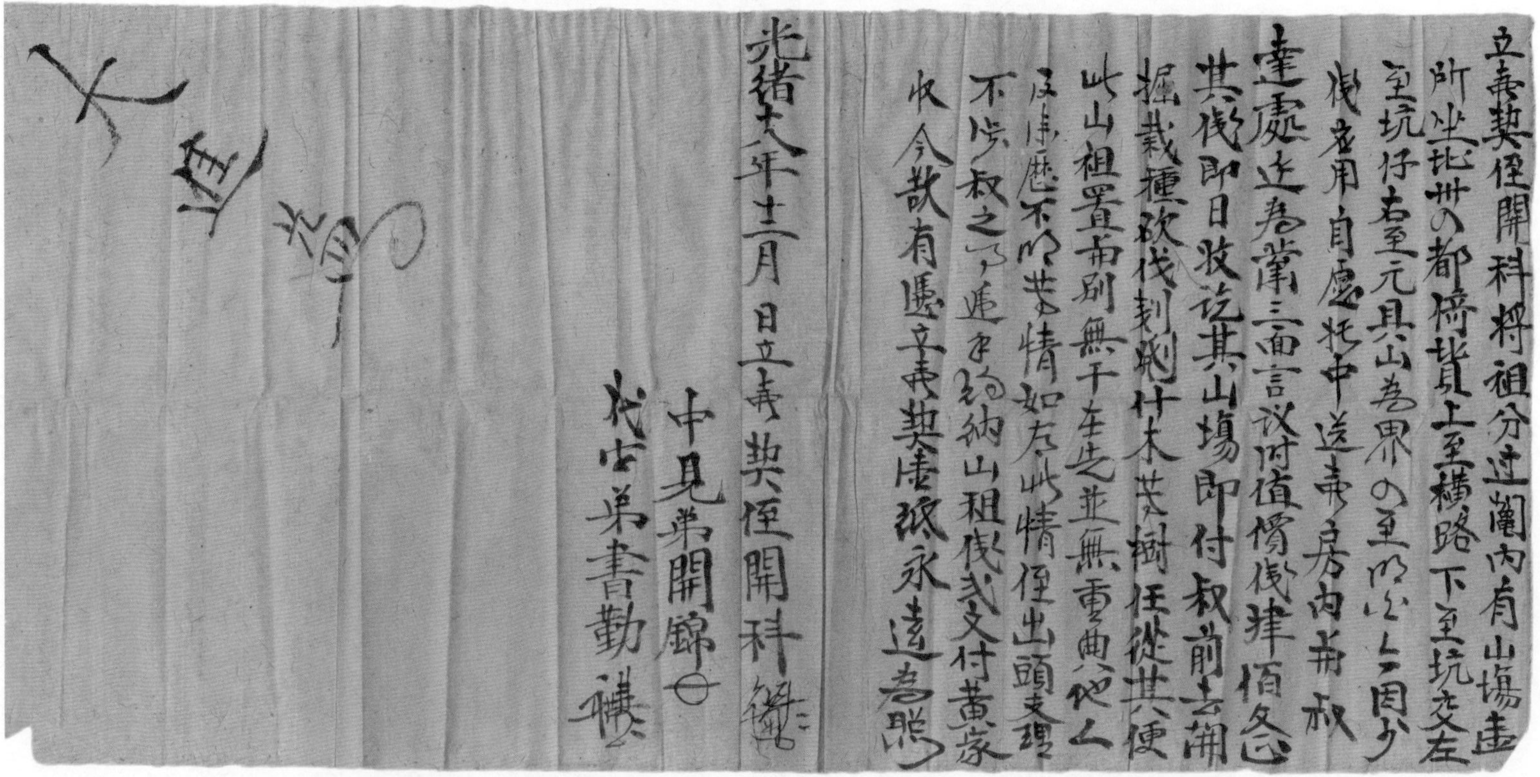
立賣契侄開科將祖分迠闌內有山場壹
所坐址廿の都椅背上至横路下至坑左交左
至坑仔右至元具山為界の至明白今因乏
錢应用自愿托中送賣房内叔
達處近為業三面言议时值價錢肆佰文正
其錢即日收訖其山場即付叔前去開
掘栽種砍伐剝削竹木茶樹任從其便
此山祖置未剧無干生之並無重典他人
及來歷不明等情如有此情侄出頭支理
不涉叔之事延年納山租錢弍文付黃家
收今欲有憑立賣契壹紙永遠為照
光緒十八年十二月　日立賣契侄開科（押）
中見弟開錦（押）
代字弟書勤（押）

3-3-54-3　清光緒十八年十二月葉開科立賣山場契

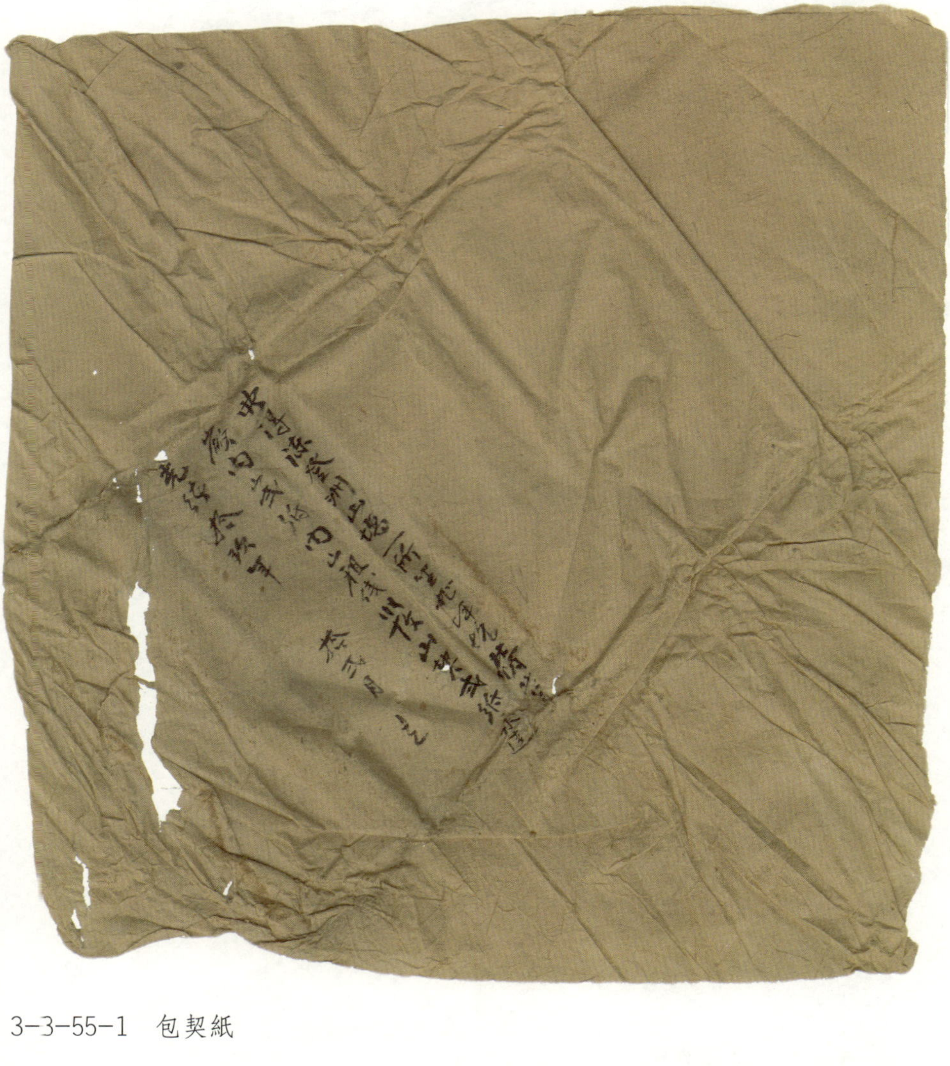

3-3-55-1　包契紙

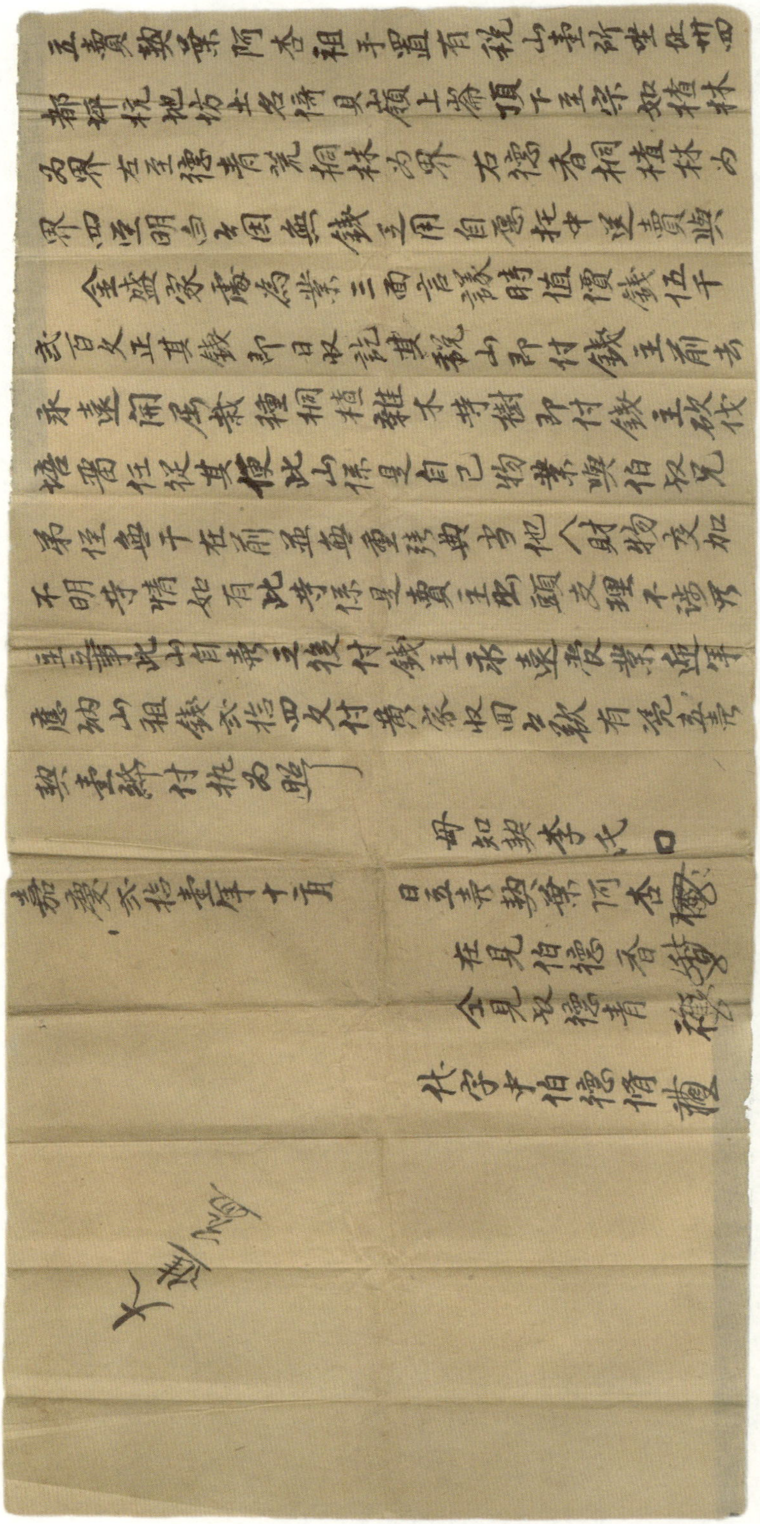
立賣契葉阿杏祖手置有稅山壹所坐落土名
都碓坑地坊土名湖貝嶺上嶺頂下至宗祭樹林
為界右至德青兄桐林為界右德香桐植林為
界四至明白今因無錢應用自愿托中送賣與
叔德富為業三面言議時值價錢伍千
貳百文正其錢即日收訖其稅山即付錢主前去
永遠開居栽種桐植雜木等樹即付錢主砍伐
掌管任從其便此山係是自己物業與伯叔兄
弟侄並干在前並無重張典當他人財物交加
不明等情如有此等係是賣主出頭支理不涉買
主之事此山自賣之後付錢主永遠管業過手
遠納山租錢壹拾四文付買主收回今欲有凭立賣
契壹紙付執為照
母知契李氏
日立賣契葉阿杏
在見伯德香
仝見叔德青
代字叔伯德楷
嘉慶貳拾壹年十二月
大吉

3-3-55-2　清嘉慶二十一年十二月葉阿杏立賣稅山契

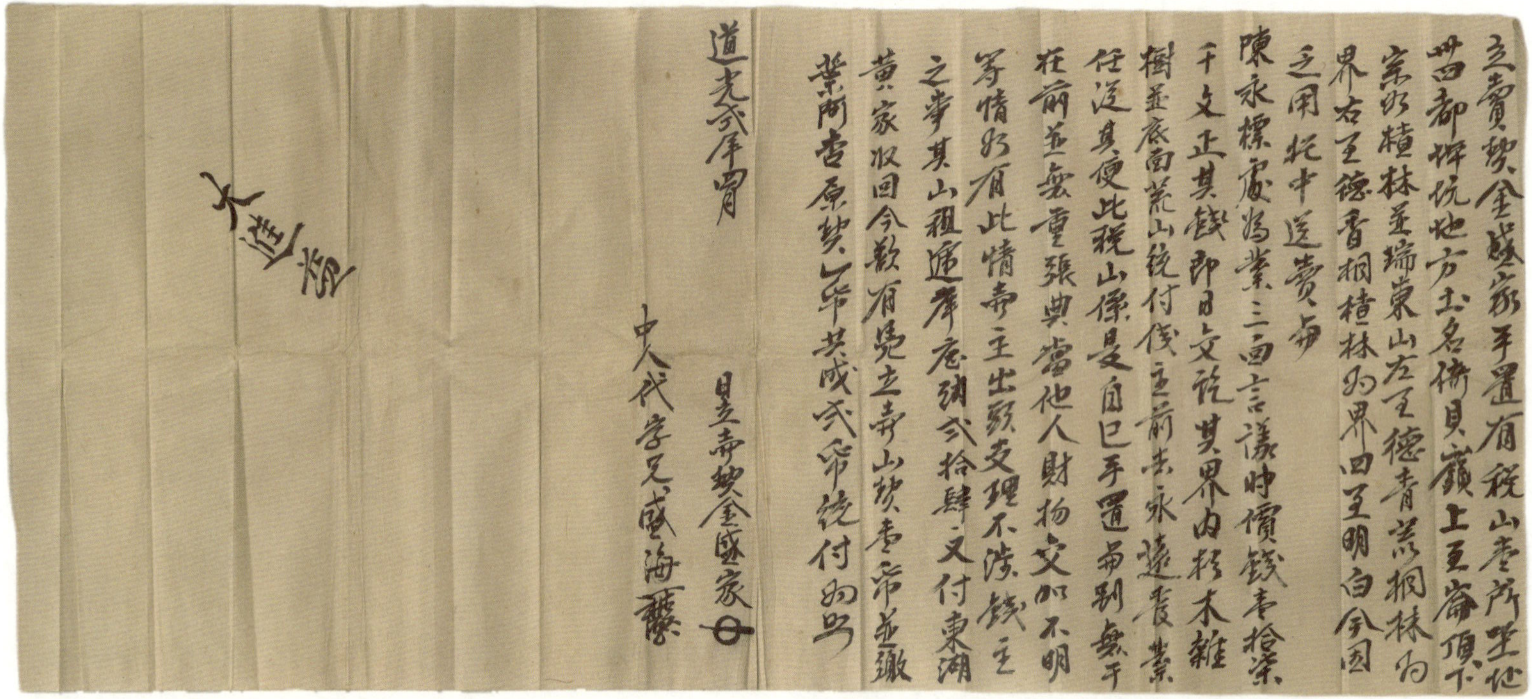
立賣契人金盛家，手置有稅山壹所，坐址
卅四都坪坑地方，土名術貝嶺，上至崙頂，下
至崙並瑞崇山，左至德青荒桐林為
界，右至德香桐植林為界，四至明白。今因
乏用，托中送賣與
陳永標處為業，三面言議時價錢壹拾柒
千文正，其錢即日交訖，其界內杉木雜
樹並底面荒山，统付與買主前去永遠管業，
任從其便。此稅山係是自己手置物業，與
在前並無重張典當他人財物交加不明
等情，如有此情，賣主出頭支理，不涉錢主
之事。其山租逐年應納錢弍拾肆文，付東湖
黃家收回。今欲有憑，立賣山契壹紙，並繳
業內老原契一紙，共成弍紙，統付為照。

道光弍年四月 日立賣契人金盛家（押）
中人代字兄盛海（押）

大進[illegible]

3-3-55-3 清道光二年四月金盛家立賣稅山契

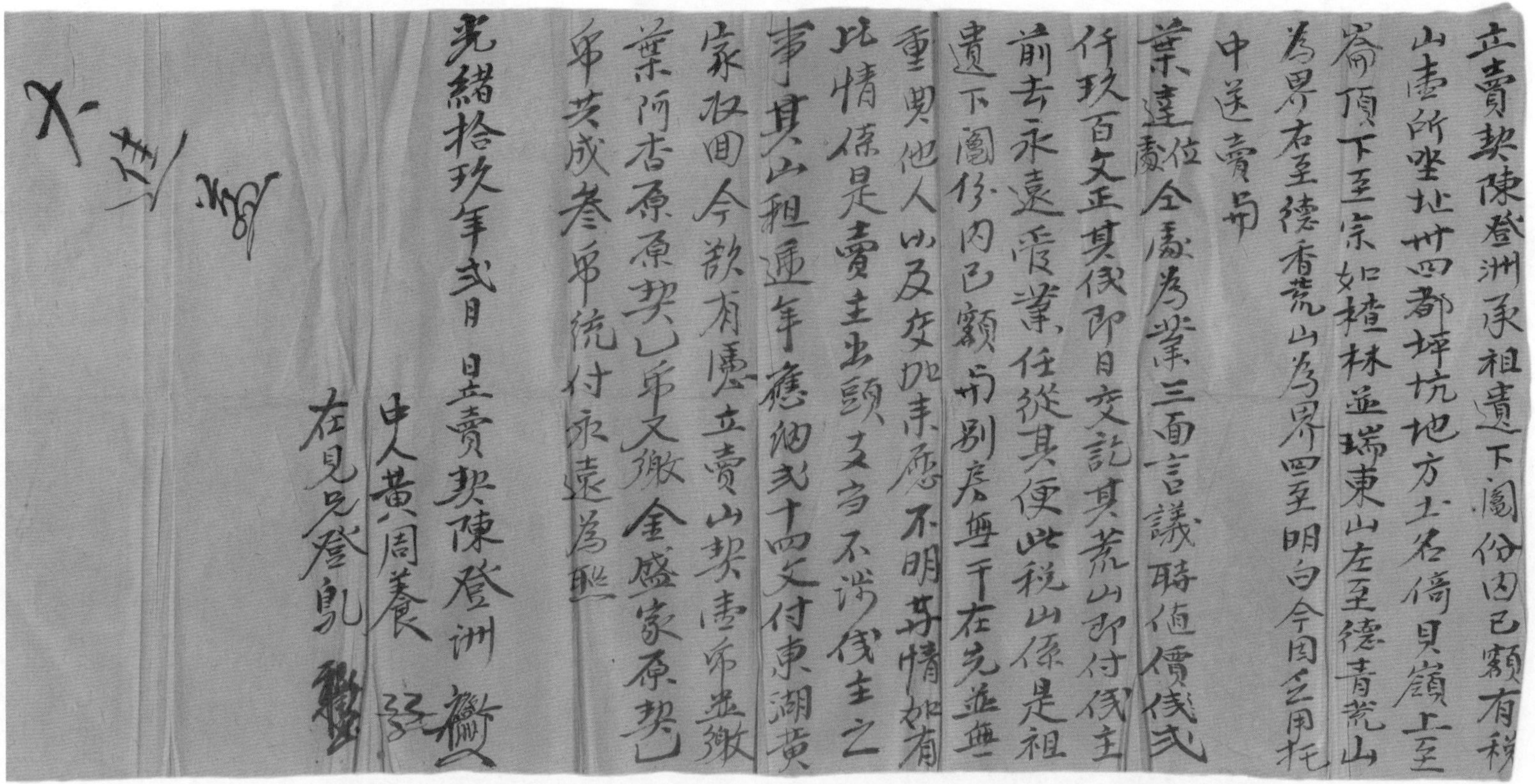
立賣契陳登洲承祖遺下鬮份內已額有税
山壹所坐址廿四都坪坑地方土名倚貝嶺上至
崙頂下至宗如植林並瑞東山左至德青荒山
為界右至德香荒山為界四至明白今因乏用托
中送賣與
葉達位處為業三面言議時值價錢弍
仟玖百文正其錢即日交訖其荒山即付錢主
前去永遠管業任從其便此税山係是祖
遺下鬮份內已額與別房無干在先並無
重典他人以及交加未應不明等情如有
此情係是賣主出頭支當不涉錢主之
事其山租逐年應納弍十四文付東湖黄
家收回今欲有憑立賣山契壹帋並繳
葉阿杏原契乙帋又繳金盛家原契乙
帋共成叁帋繳付永遠為照
光緒拾玖年弍月　日立賣契陳登洲
中人黄周養
在見兄登乳

3-3-55-4　清光緒十九年二月陳登洲立賣税山契

3-3-56-1　包契紙

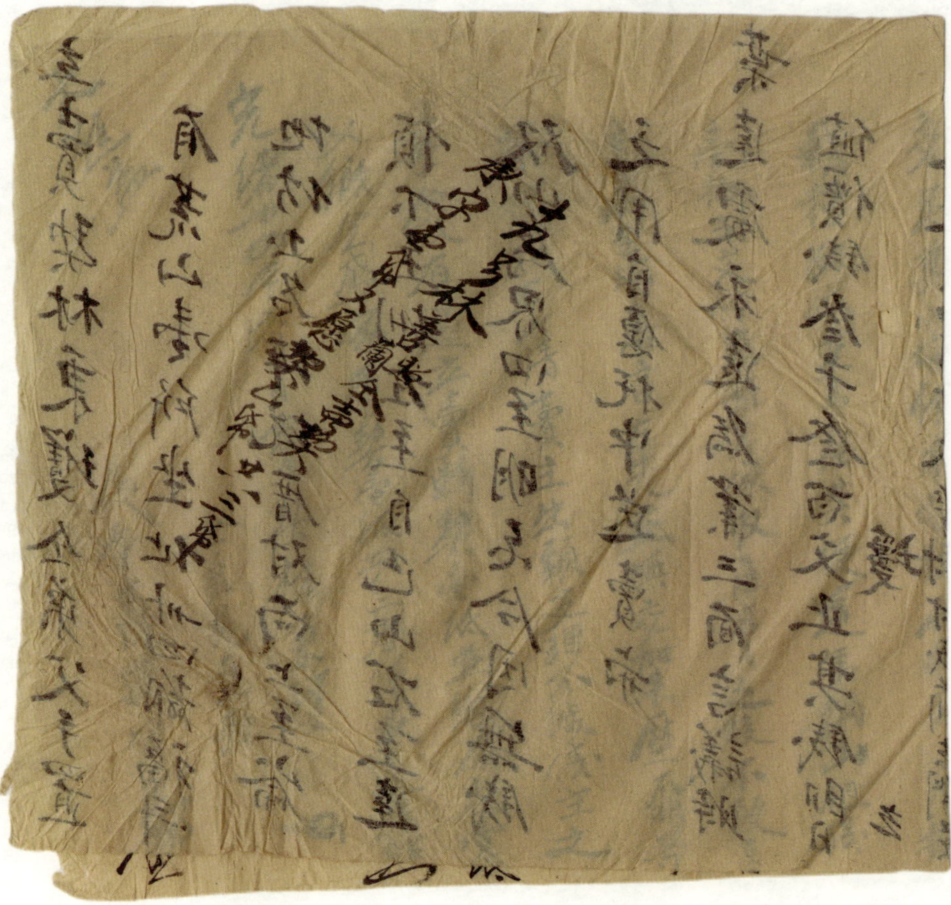

3-3-56-2　包契紙

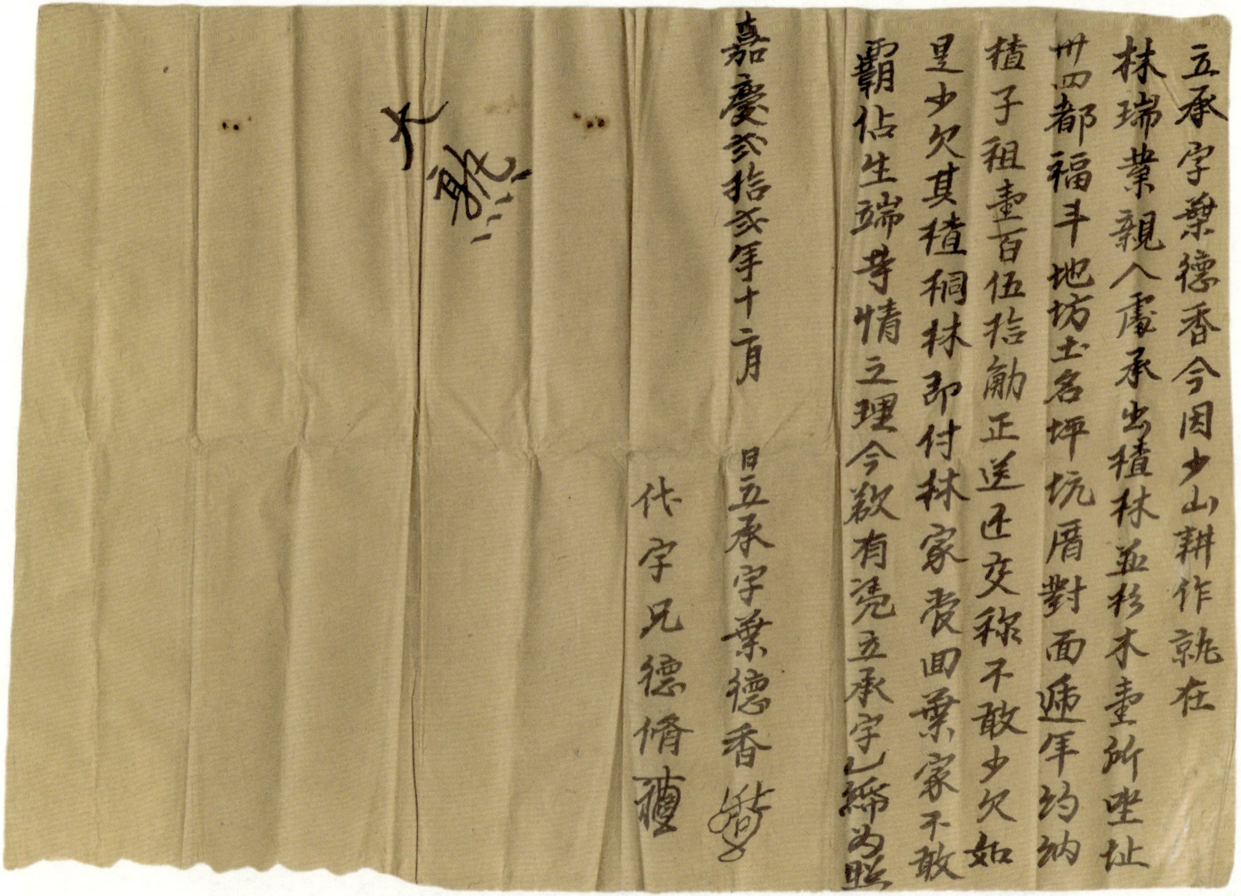

立承字葉德香今因少山耕作就在
林瑞葉親人處承出楂林並杉木壹所坐址
卅四都福斗地坊土名坪坑厝對面逓年約納
楂子租壹百伍拾觔正送还交秤不敢少欠如
是少欠其楂桐林即付林家管回葉家不敢
覇佔生端等情立理今欲有凭立承字乙紙為照
嘉慶贰拾贰年十二月　日立承字葉德香（押）
代字兄德脩（押）
大發

3-3-56-3　清嘉慶二十二年十二月葉德香立承楂林等字

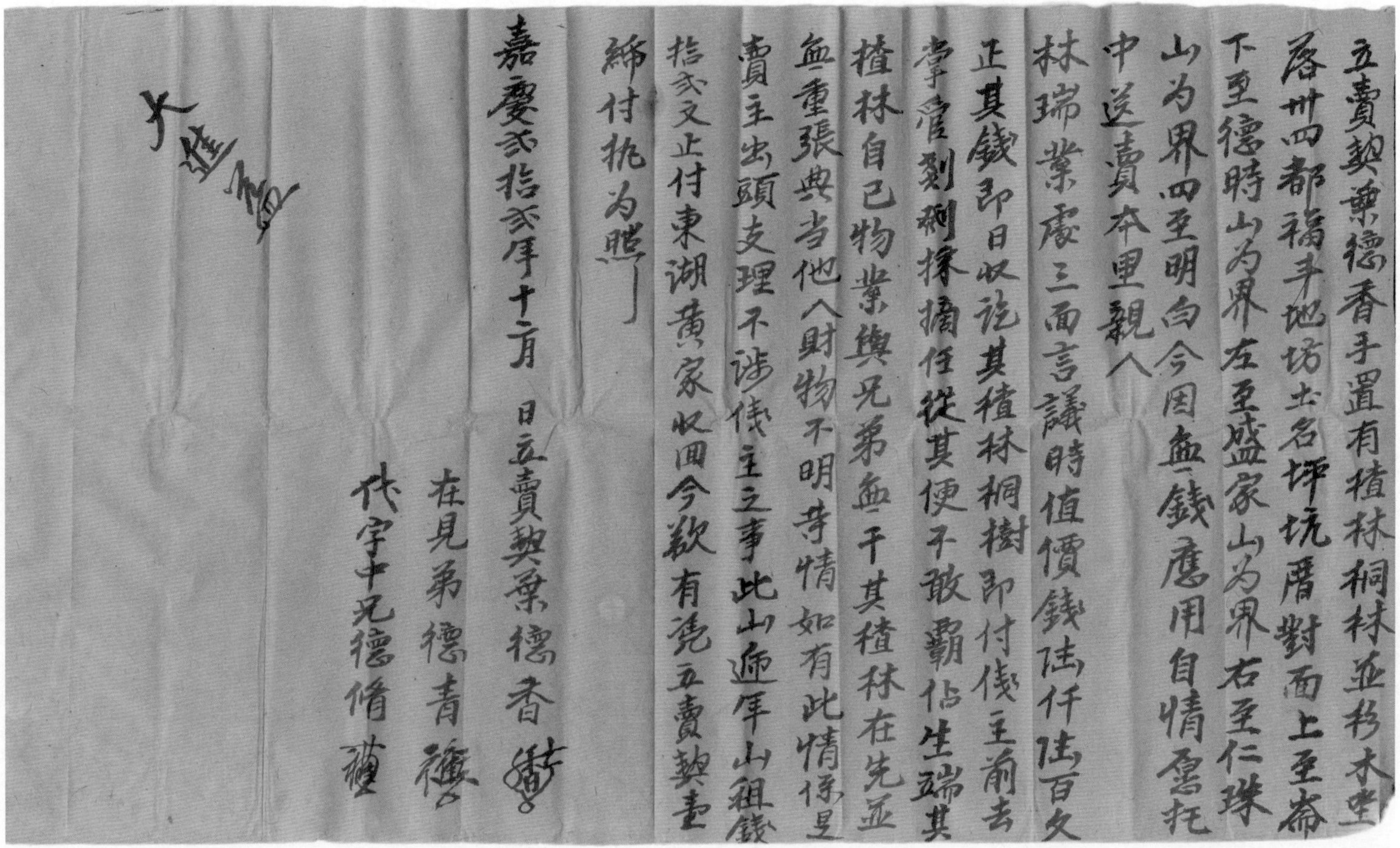
立賣契葉德香手置有楂林桐林並杉木坐
落廿四都福手地坊土名坪坑厝對面上至希
下至德時山為界左至盛家山為界右至仁珠
山為界四至明白今因無錢應用自情愿托
中送賣本里親人
林瑞業處三面言議時值價錢陆仟陆百文
正其錢即日收訖其楂林桐樹即付錢主前去
掌管劉砍擇摘任從其便不敢霸佔生端其
楂林自己物業與兄弟無干其楂林在先並
無重張典当他人財物不明等情如有此情係是
賣主出頭支理不涉錢主之事此山迹年山租錢
指式文止付東湖黄家收回今欲有憑立賣契壹
紙付執為照
嘉慶式拾弍年十二月　日立賣契葉德香（押）
在見弟德青（押）
代字中兄德脩（押）
大進寶

3-3-56-4　清嘉慶二十二年十二月葉德香立賣楂林等契

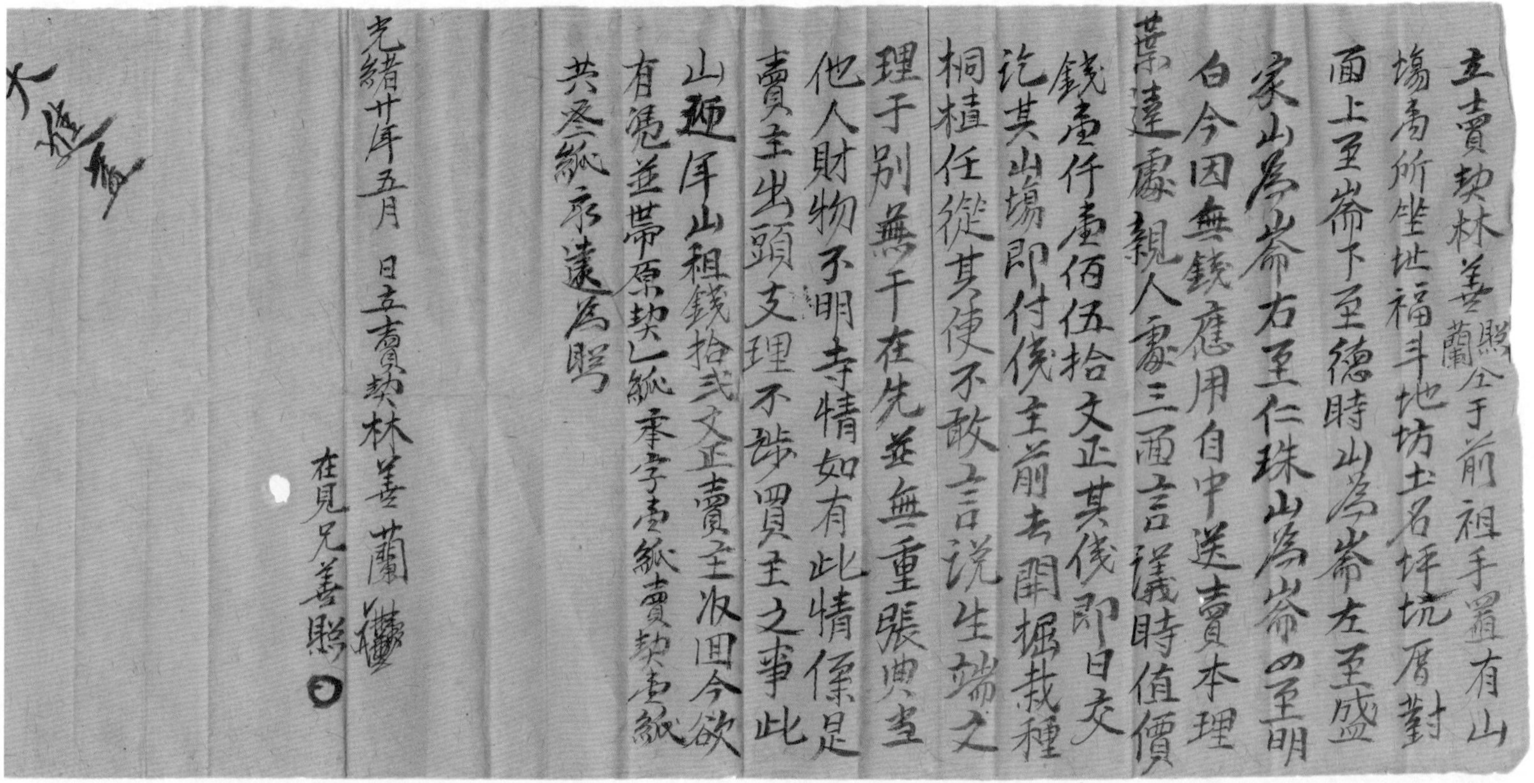

立賣契林善聡蘭仝于前祖手置有山
場壹所坐址福斗地坊土名坪坑厝對
面上至崙下至德時山為崙左至盛
家山為崙右至仁珠山為崙四至明
白今因無錢應用自中送賣本理
葉達處親人處三面言議時值價
錢壹仟壹佰伍拾文正其錢即日交
訖其山場即付錢主前去開掘栽種
桐植任從其使不敢言説生端之
理于別無干在先並無重張典当
他人財物不明等情如有此情係是
賣主出頭支理不涉買主之事此
山通年山租錢拾弍文正賣主收回今欲
有憑並帶原契乙紙秊字壹紙賣契壹紙
共叁紙永遠為照
光緒廿年五月 日立賣契林善蘭 押
在見兄善聡

3-3-56-5 清光緒二十年五月林善蘭等立賣山場契

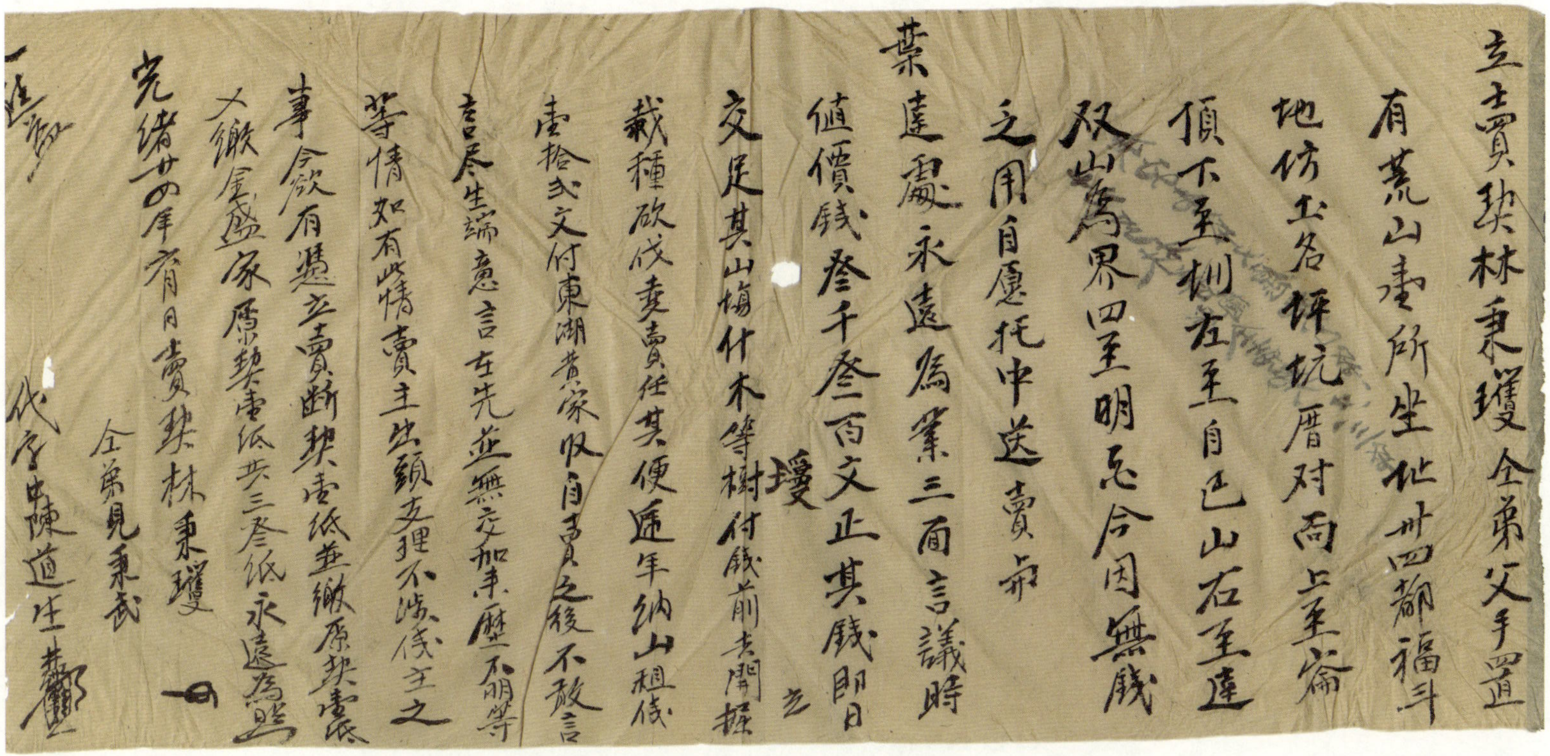

立賣契林秉瓊仝弟文手置
有荒山壹所，坐址卅四都福斗
地坊土名坪坑，厝对面上至崙
頂，下至圳，左至自己山，右至達
双山為界，四至明白。今因無錢
之用，自愿托中送賣與
葉達處永遠為業，三面言議，時
值價錢叁千叁百文正，其錢即日
交足。其山場竹木等樹付錢前去開掘（壢）（之）
栽種砍伐變賣，任其便。通年納山租錢
壹拾弍文付東湖黄家收。自賣之後，不敢言
言尽生端，意言在先，並無交加未歷不明等
等情。如有此情，賣主出頭支理，不涉錢主之
事。今欲有憑，立賣斷契壹紙，並繳原契壹張，
又繳屋盛家原契壹紙，共三叁紙，永遠為照。
光緒廿四年六月　日　立賣契林秉瓊（押）
仝弟見秉武
代字中陳道生（押）
一進契

3-3-56-6　清光緒二十四年六月林秉瓊立賣荒山契

3-3-57-1　包契紙

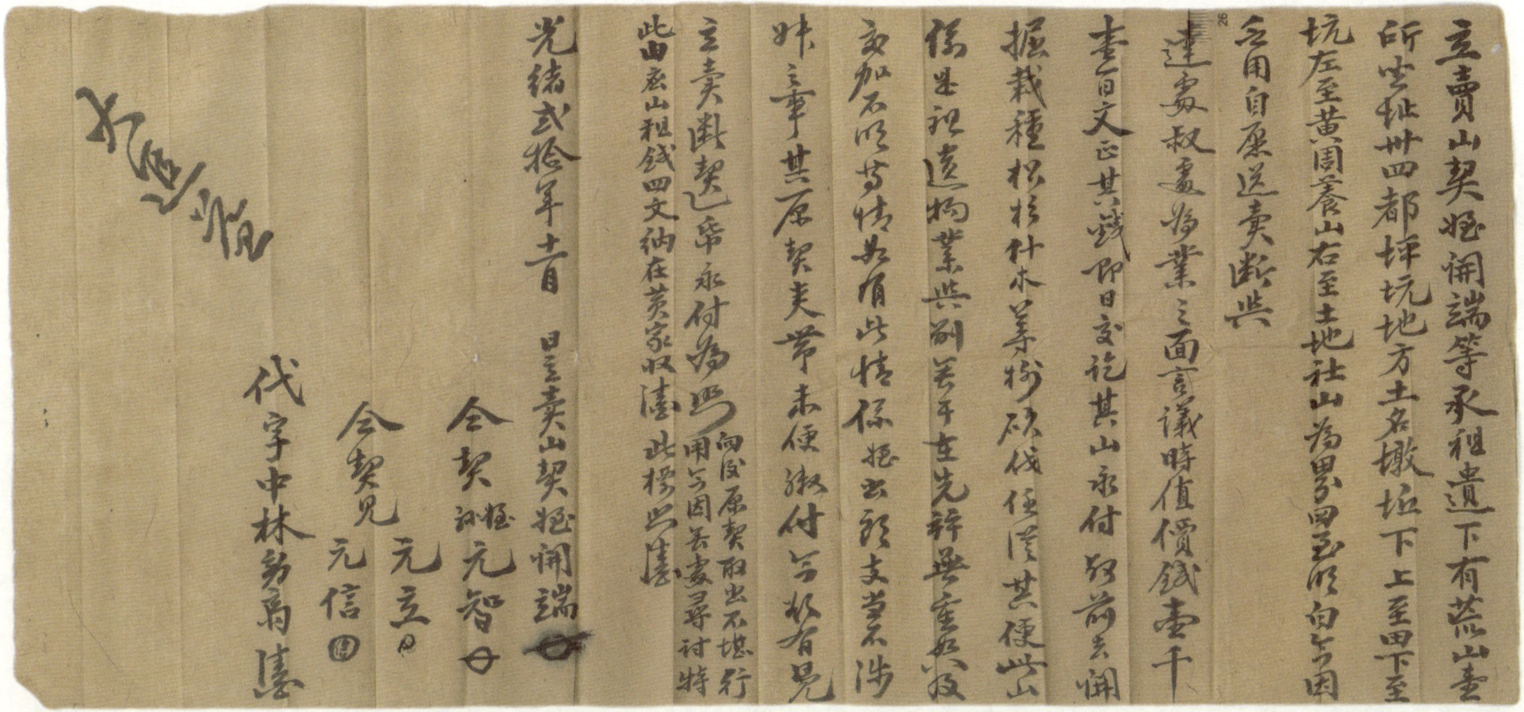
立賣山契葉開端等承祖遺下有荒山壹
所坐址廿四都坪坑地方土名墩垃下上至田下至
坑左至黃周蒼山右至土地社山為界四至明白今因
乏用自愿送賣斷與
達家叔處為業三面言議時值價錢壹千
壹百文正其錢即日交訖其山永付錢前去開
掘栽種松杉什木等物砍伐任從其便管
係是祖遺物業與别無干並先許無重典
交加不明等情如有此情係抱出頭支當不涉
買主之事其原契未便繳付今將有見
立賣斷契之后永付為照 向後原契翻出不堪行用今因各處尋討特
此山底山租錢四文納在葉家收清 此撥照據
光緒貳拾年十一月 日立賣山契葉開端（押）
仝契姪元智（押）
元立（押）
仝契兄元信（押）
代字中林弟高（押）

3-3-57-2 清光緒二十年十一月葉開端等立賣荒山契

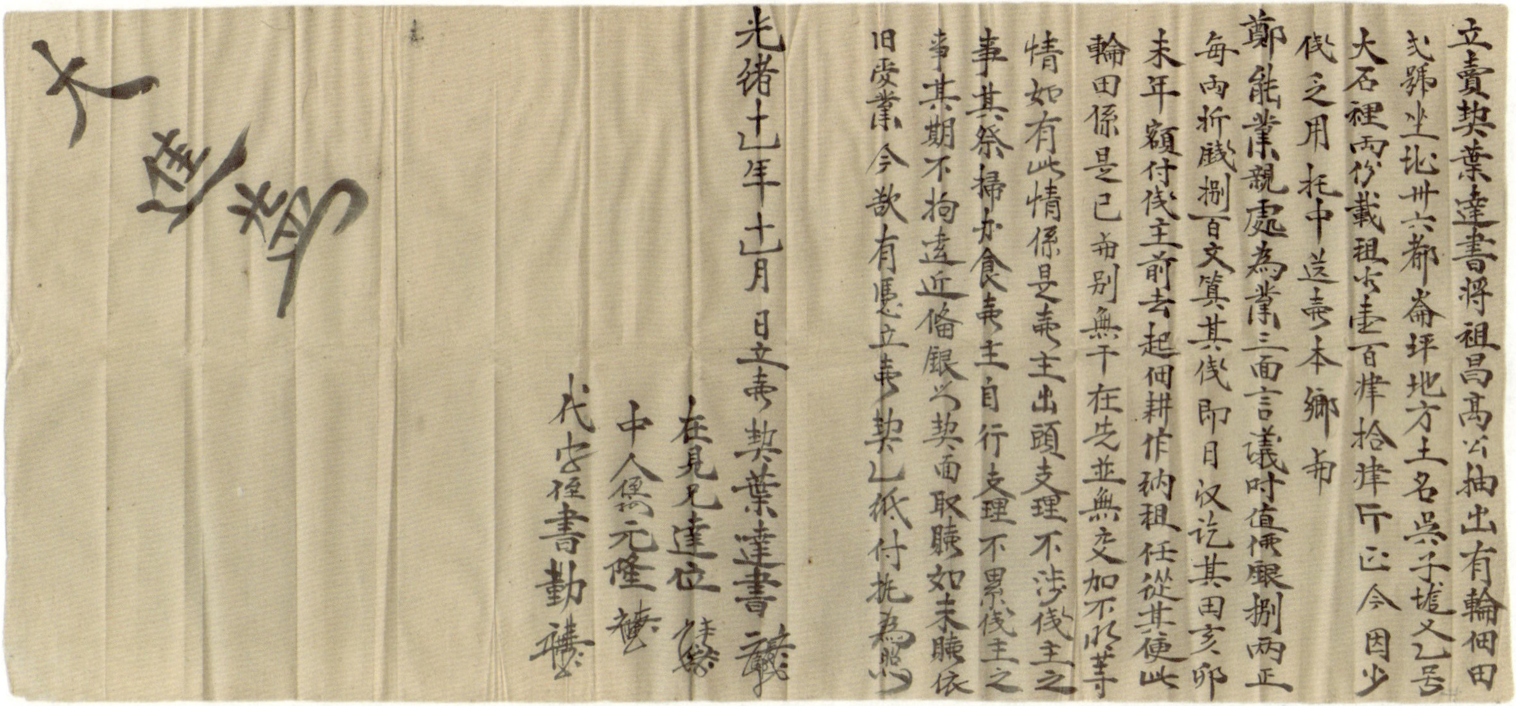
立賣契葉達書將祖昌高公抽出有輪佃田
弍號坐址廿六都嵛坪地方土名吳子墟又山邑
大石裡兩份載租谷壹百肆拾肆斤正今因少
錢之用托中送賣本鄉布
鄭能業親處為業三面言議時值價銀捌兩正
每兩折錢捌百文算其錢即日收訖其田亥卯
未年額付錢主前去起佃耕作納租任從其便此
輪田係是己分別無干在先並無交加不明等
情如有此情係是賣主出頭支理不涉錢主之
事其祭掃出食賣主自行支理不累錢主之
事其期不拘遠近備銀照契面取贖如未贖依
旧受業今欲有憑立賣契一紙付執為照
光緒十一年十一月　日立賣契葉達書（押）
在見兄達位（押）
中人係元佳（押）
代字侄書勤（押）

3-3-58-1　清光緒十一年十一月葉達書立賣輪佃田契

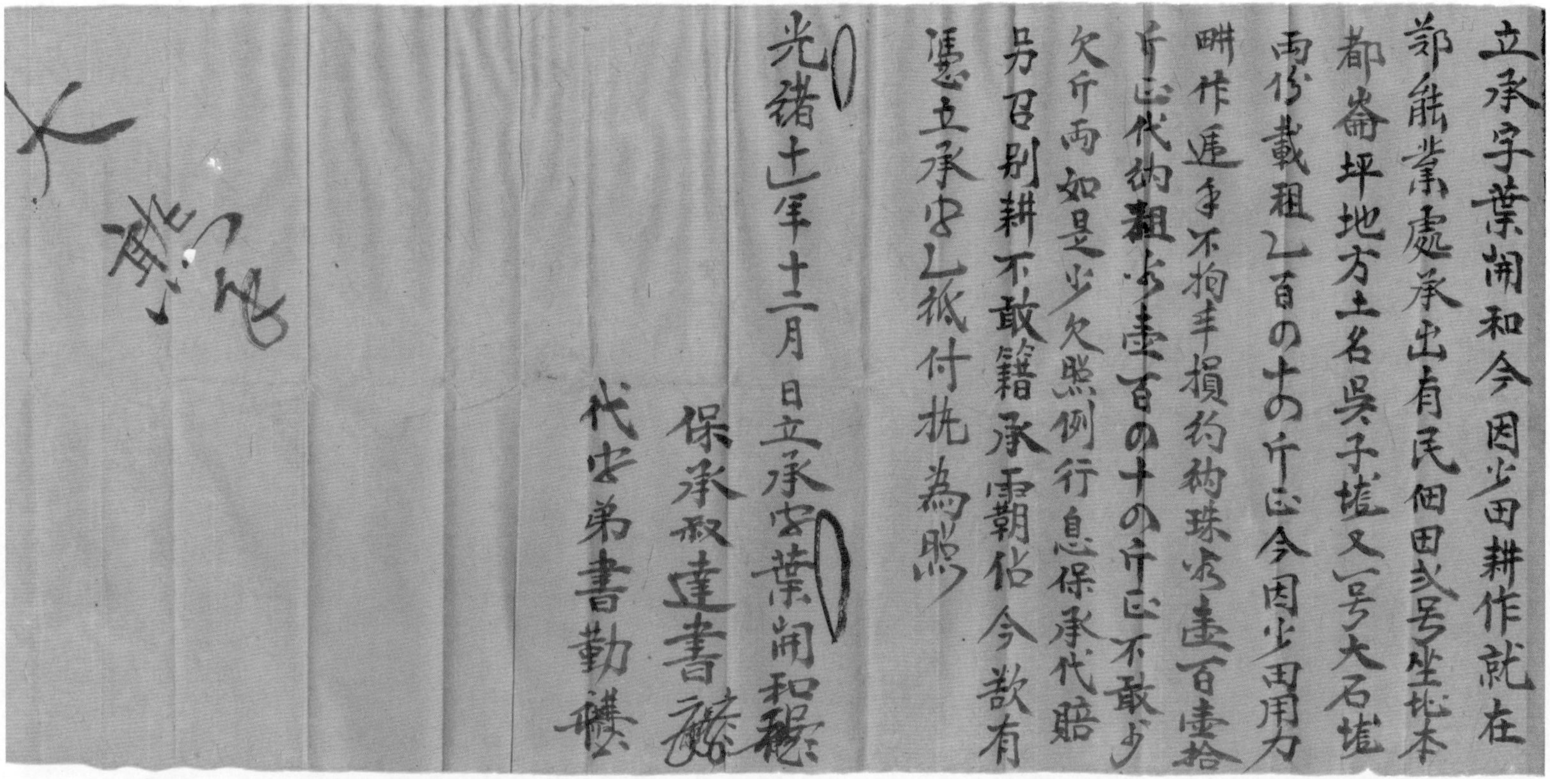

立承字葉開和今因少田耕作就在
鄞熊業處承出有民佃田式号坐址本
都崙坪地方土名吳子壚又一号大石壚
兩份載租乙百四十四斤正今因少田用力
畊作延手不拘手損約納珠米壹百壹拾
斤正代納租米壹百四十四斤正不敢少
欠斤兩如是少欠照例行息保承代賠
另召別耕不敢籍承霸佔今欲有
憑立承字乙紙付執為照

光緒十一年十二月　日立承字葉開和
保承叔　達書
代字弟　書勤

3-3-58-2　清光緒十一年十二月葉開和立承民佃田字

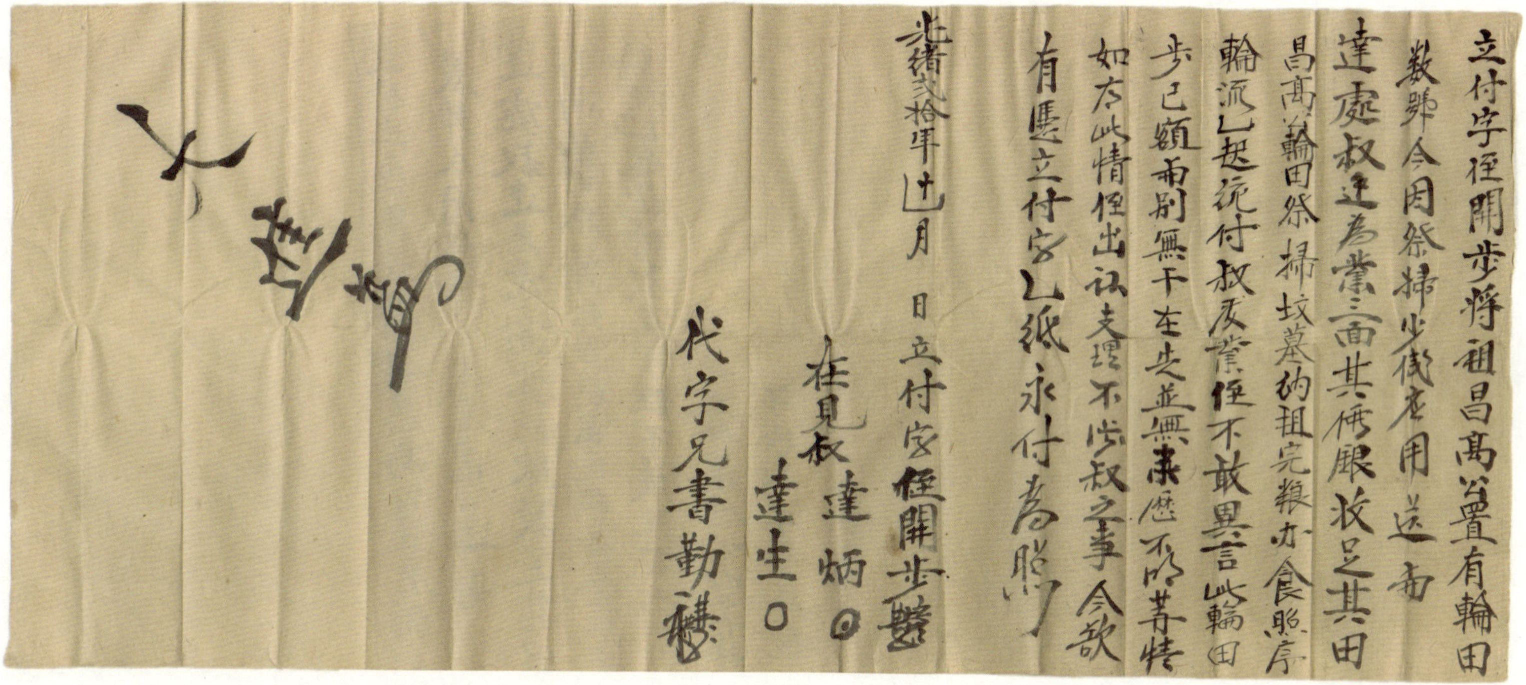
立付字侄開步將祖昌萬公置有輪田
数丘，今因祭掃少欠應用，送與
達處叔邊為業，三面其俩眼收足，其田
昌萬公輪田祭掃坟墓納祖完粮亦食照序
輪流，乙起流付叔及業，侄不敢異言。此輪田
步已領，兩別無干涉，並無來歷不明等情。
如有此情，侄出认支理，不涉叔之事。今欲
有憑，立付字乙紙，永付為照。
光緒弍拾年十一月　日　立付字侄開步（押）
在見叔　達炳　◎
達生　○
代字兄書勤（押）

3-3-58-3　清光緒二十年十一月葉開步立付輪田字

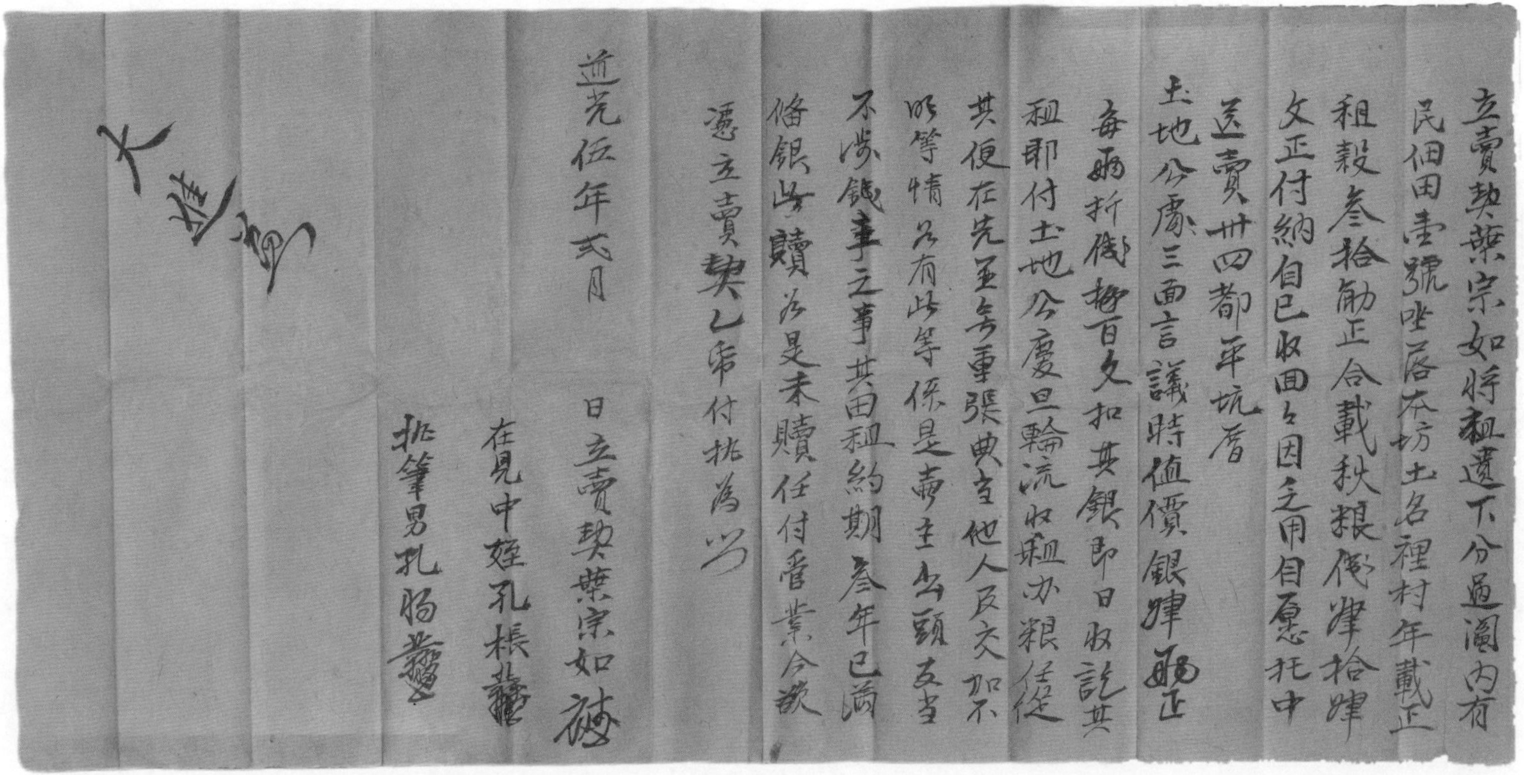
立賣契葉宗如將祖遺下分過阄内有
民佃田壹號坐落本坊土名裡村年載正
租穀叁拾觔正合載秋粮伬肆拾肆
文正付納自己收回田く因乏用自愿托中
送賣廿四都平坑厝
土地公處三面言議時值價銀肆兩正
每兩折錢捌百文扣共銀即日收訖其
租即付土地公處旦輪流收租办粮從
其便在先並無重張典當他人及交加不
明等情及有此等係是葉主出頭支當
不涉錢主之事其田租約期叁年已滿
備銀以贖及是未贖任付管業今欲
憑立賣契乙帋付執為照

道光伍年貳月　　日立賣契葉宗如（押）
在見中姪孔振（押）
執筆男孔昭（押）

大吉

3-3-59-1　清道光五年二月葉宗如立賣民佃田契

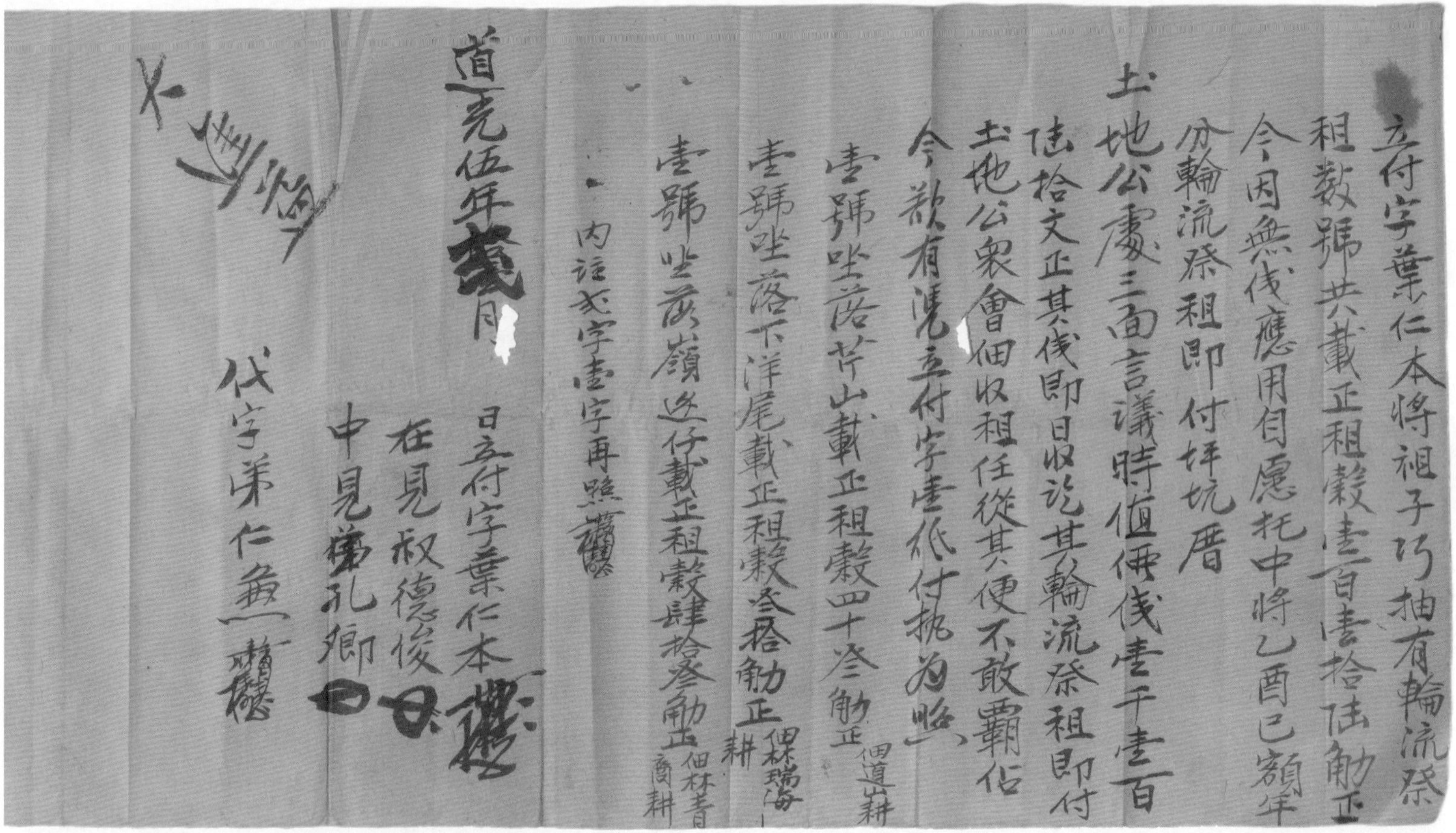
立付字葉仁本將祖子巧抽有輪流祭
租穀歸共載正租穀壹百壹拾陸觔正
今因無錢應用自愿托中將乙酉己額年
分輪流祭租即付坪坑厝
土地公處三面言議時值價錢壹千壹百
陸拾文正其錢即日收訖其輪流祭租即付
土地公衆會佃收租任從其便不敢覇佔
今欲有憑立付字壹紙付執為照
壹號坐落芹山載正租穀四十叁觔正 佃道耕
壹號坐落下洋尾載正租穀叁拾觔正 佃瑞海耕
壹號坐落蔗嶺逕仔載正租穀肆拾叁觔正 佃林青商耕
內註戈字壹字再照
道光伍年貳月 日立付字葉仁本
在見叔德俊
中見葉孔卿
代字弟仁無

3-3-59-2　清道光五年二月葉仁本立付輪流祭租字

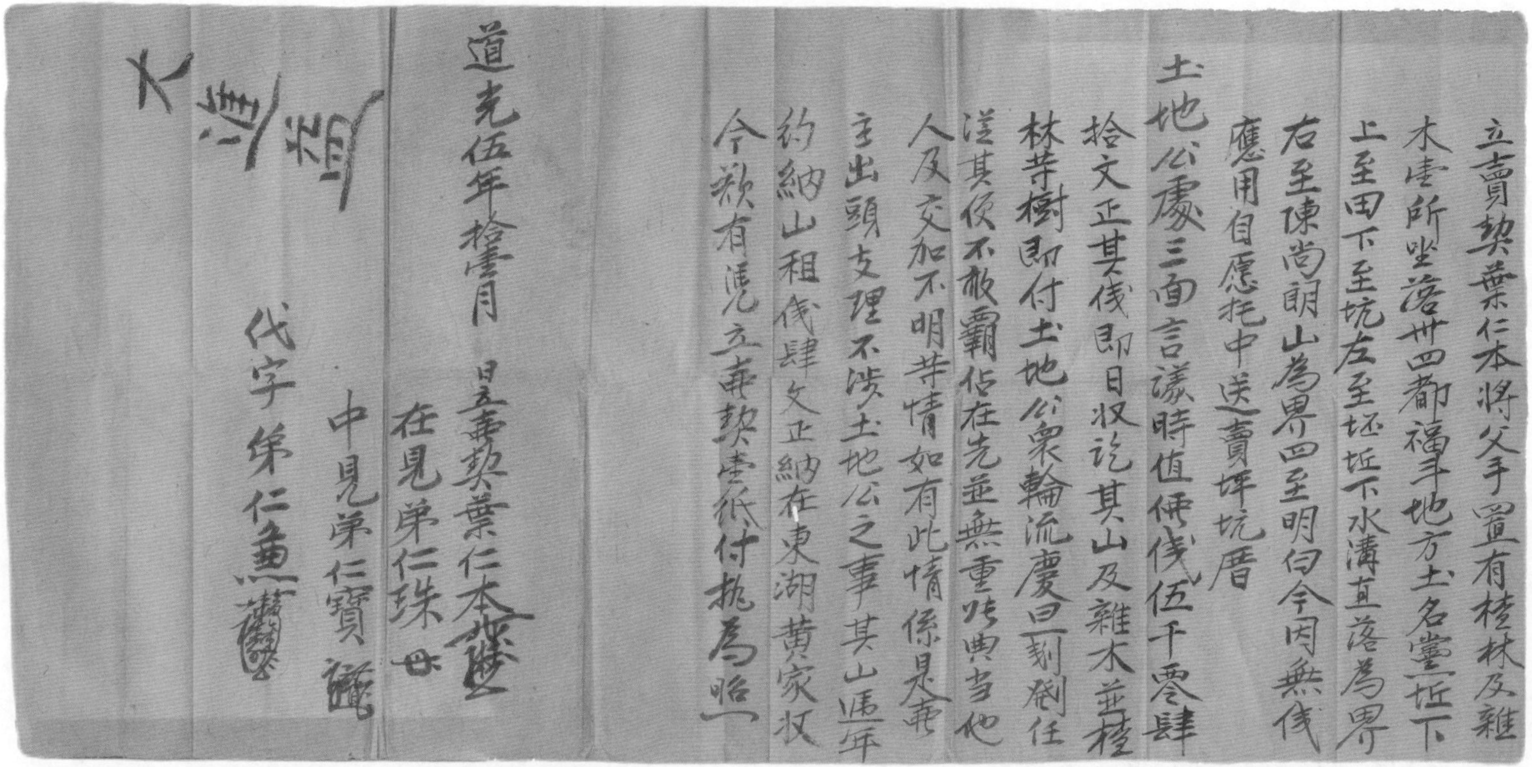

立賣契葉仁本將父手置有檜林及雜
木壹所坐落廿四都福手地方土名壟坵下
上至田下至坑左至坵坵下水溝直落為界
右至陳尚朗山為界四至明白今因無錢
應用自愿托中送賣坪坑厝
土地公處三面言議時值價錢伍千零肆
拾文正其錢即日收訖其山及雜木並檜
林苗樹即付土地公衆輪流慶旦剝砍任
從其便不敢霸佔在先並無重疊典當他
人及交加不明等情如有此情係是賣
主出頭支理不涉土地公之事其山逓年
約納山租錢肆文正納在東湖黃家收
今欲有憑立賣契壹紙付執為照

道光伍年拾壹月　日立賣契葉仁本（押）
在見弟仁珠（押）
中見弟仁寶（押）
代字弟仁魚（押）

大吉

3-3-59-3　清道光五年十一月葉仁本立賣檜林等契

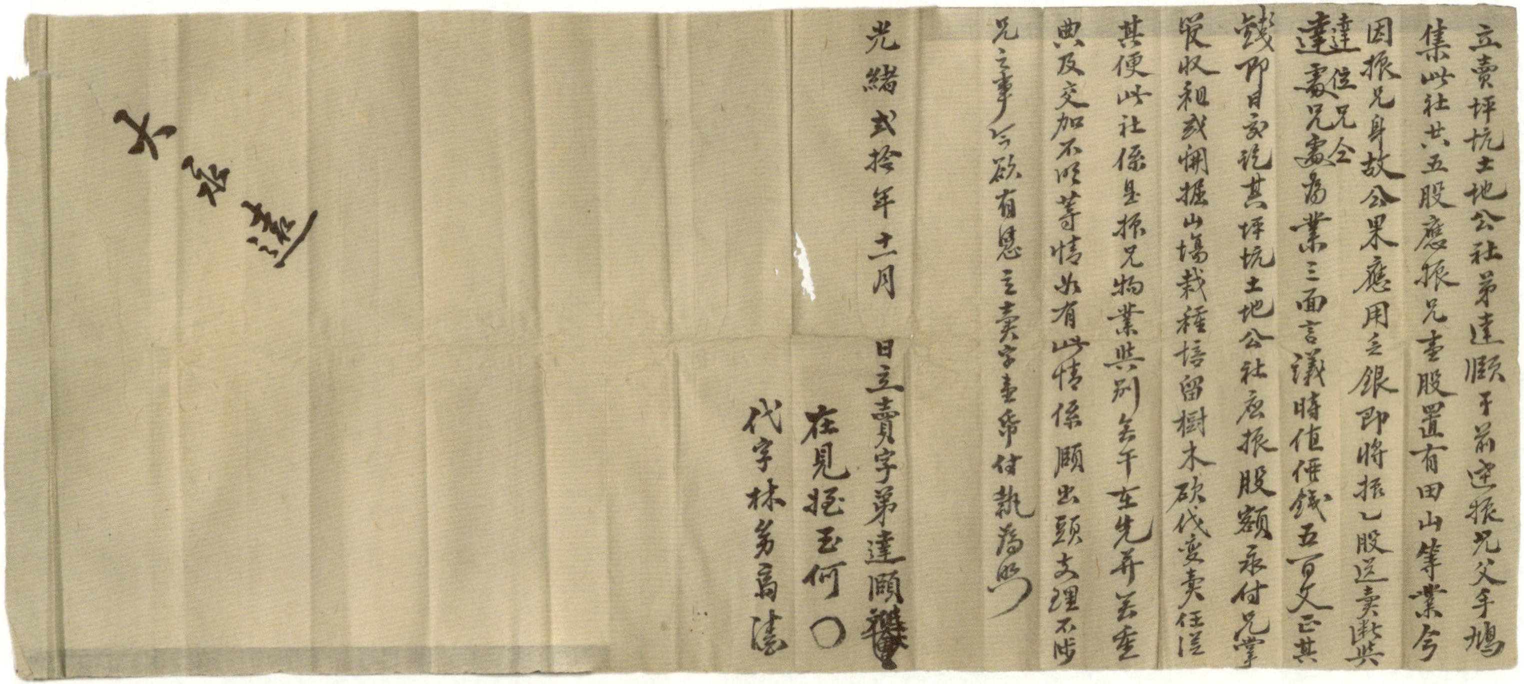
立賣坪坑土地公社弟達頤，于前達振兄父手鳩集此社廿五股，應振兄壹股，置有田山等業。今因振兄身故，公果應用之銀，即將振乙股送賣與達住兄公達書兄處為業。三面言議，時值價錢五百文正，其錢即日交訖。其坪坑土地公社應振股額，系付兄掌管收租，或開掘山場，栽種培留樹木，砍伐變賣，任從其便。此社係是振兄物業，與別房人等無干，在先并無重典及交加不明等情。如有此情，係頤出頭支理，不涉兄之事。今欲有憑，立賣字壹帋付執為照。

光緒貳拾年十一月　日立賣字弟達頤（押）

在見抵玉何〇

代字林勇高（押）

大吉

3-3-59-4　清光緒二十年十一月葉達頤立賣會社股份契

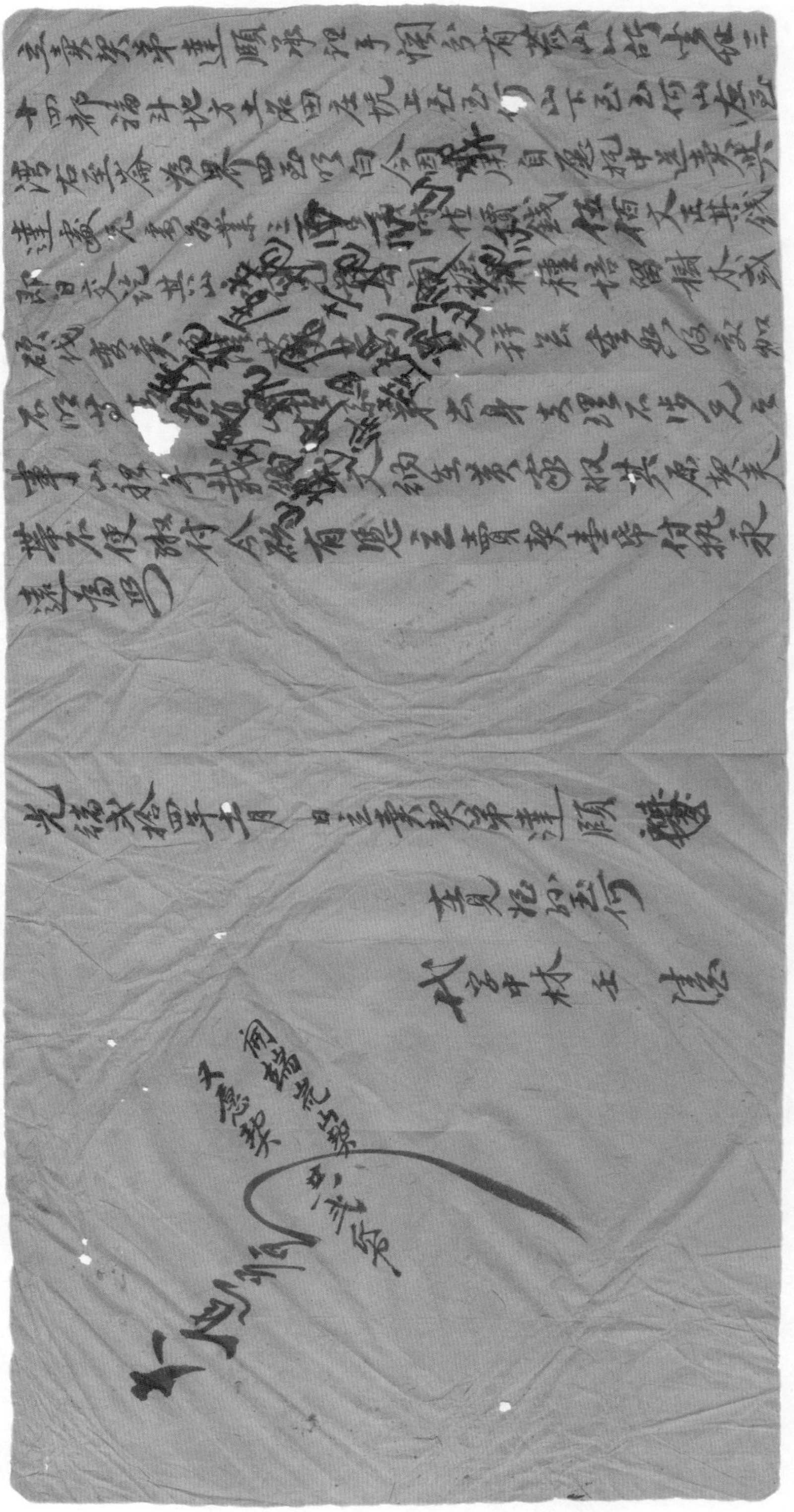

3-3-59-5 清光緒二十四年十一月葉達頤立賣荒山契

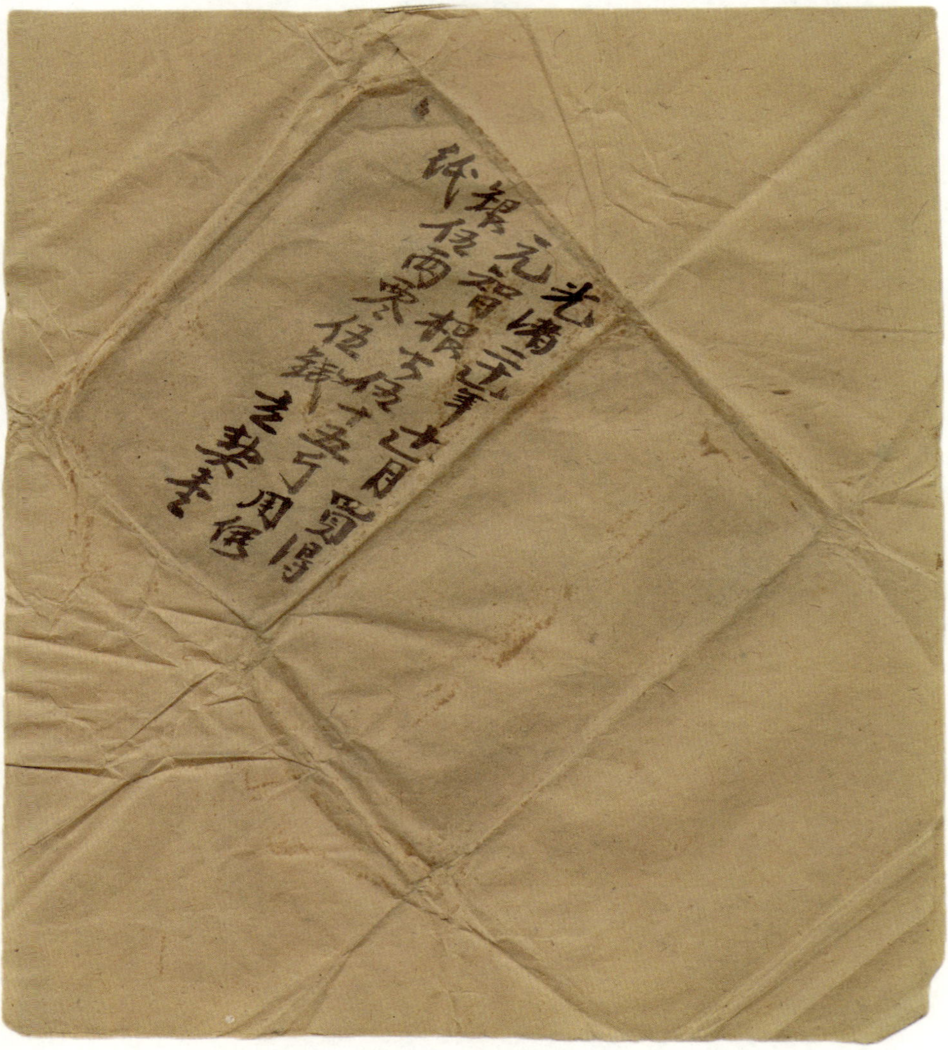

3-3-60-1　包契紙

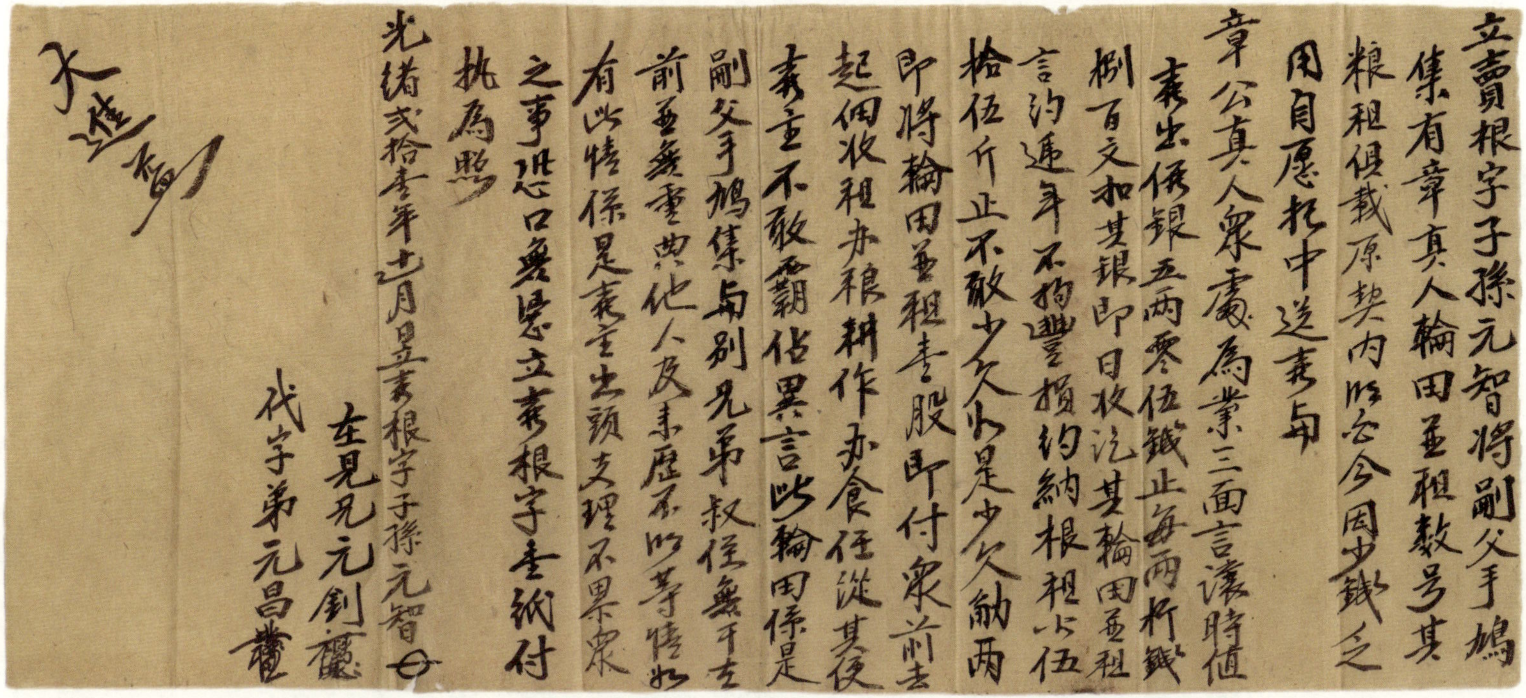

立賣根字子孫元智將副父手鳩
集有章真人輪田并租數号其
粮租俱載原契內明今因乏錢
用自愿托中送賣與
章公真人衆處為業三面言議時值
賣出價銀五兩零伍錢正每兩折錢
捌百文和其銀即日收訖其輪田并租
言約遞年不拘豐歉約納根租伍
拾伍斤正不敢少欠如是少欠翁兩
即將輪田并租壹股即付衆前去
起佃收租并粮耕作亦食任從其便
賣主不敢霸佔異言此輪田係是
副父手鳩集與別兄弟叔侄無干在
前並無重典他人及來歷不明等情如
有此情係是賣主出頭支理不累衆
之事恐口無憑立賣根字壹紙付
執為照
光緒貳拾壹年十一月 日立賣根字子孫元智（押）
在見兄元釗（押）
代字弟元昌（押）
大進

3-3-60-2 清光緒二十一年十一月葉元智立賣輪田等根字

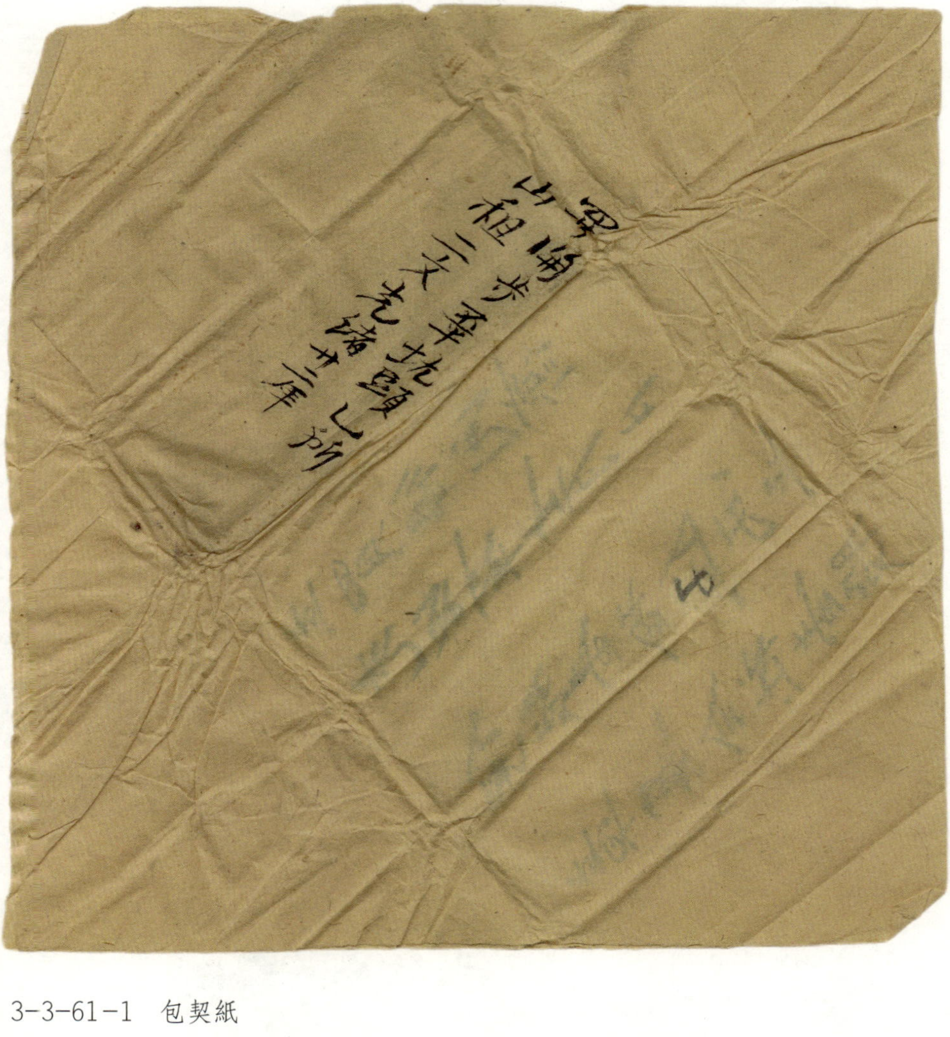

3-3-61-1　包契紙

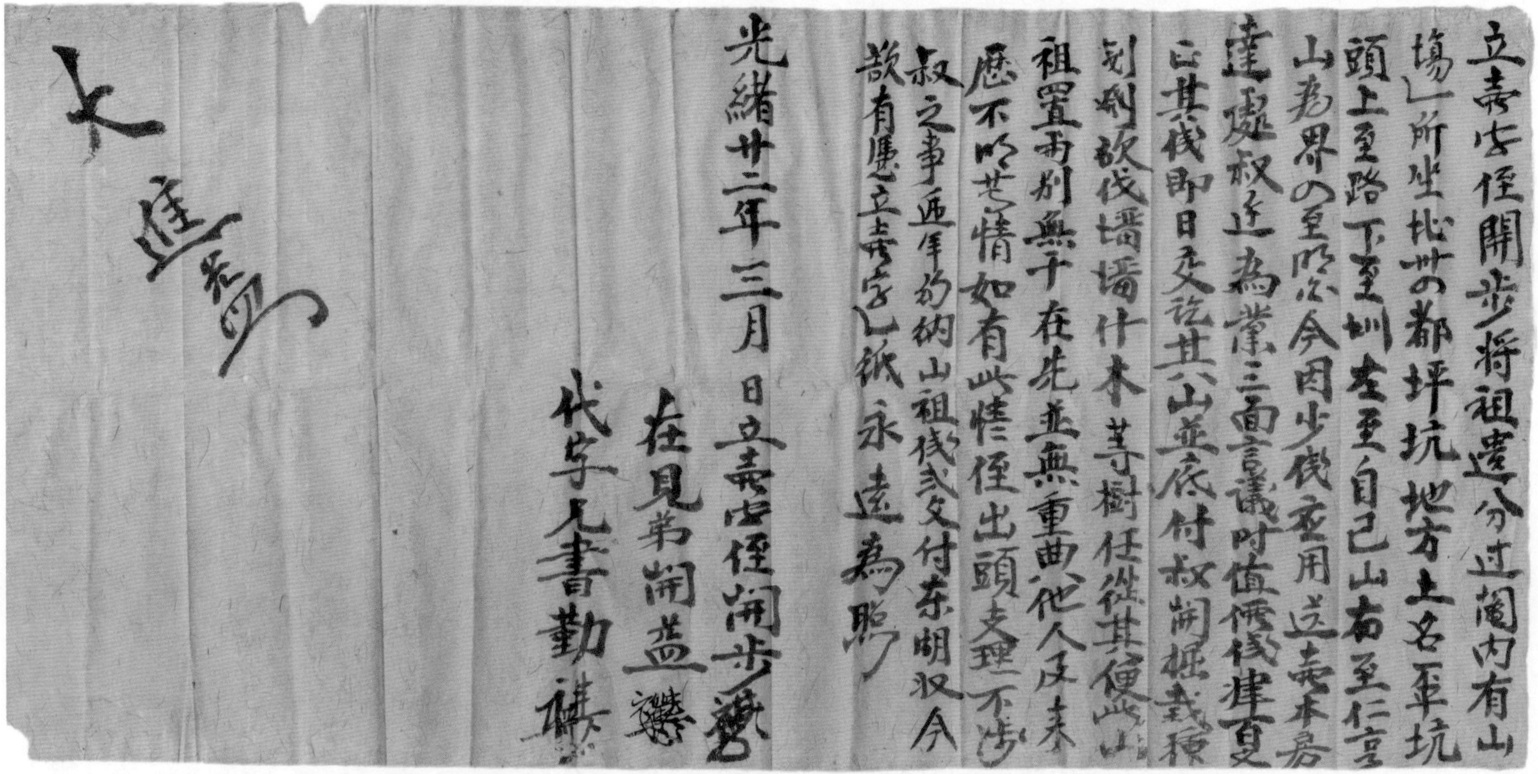

3-3-61-2　清光緒二十二年三月葉開步立賣山場字

嘉慶十七年十二月廿八日
德發買兄有福隆厝正座左边前廂
第弍櫊六櫊樣樹並樓頭共三櫊並有
吉買契 並碓頭厝承字乙紙在內
吉壹契
並承字
存

3-3-62-1　包契紙

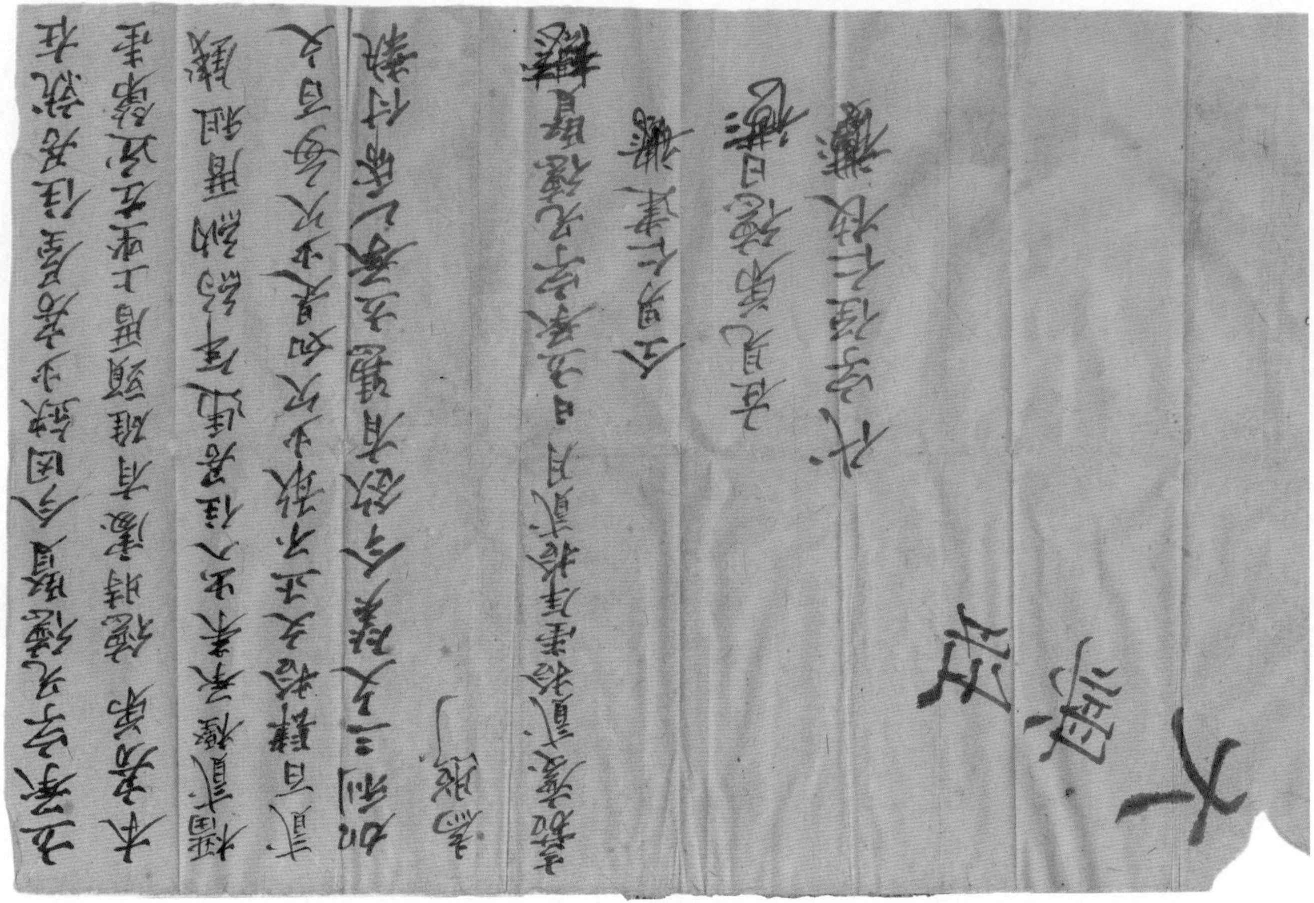

立承字兄德賢今因缺少居屋住居就在
本家房弟德時處有碓頭厝上墘左邊第壹
橺貳植厝承來出入住居遞年納厝租錢
貳百肆拾文正不敢少欠如是少欠每百文
加利三文算今欲有憑立承字付執
為照
嘉慶貳拾壹年拾貳月　日立承字兄德賢（押）
全男仁達（押）
在見弟德日（押）
代字侄仁枚（押）
大發

3-3-62-2　清嘉慶二十一年十二月葉德賢等立承房屋字

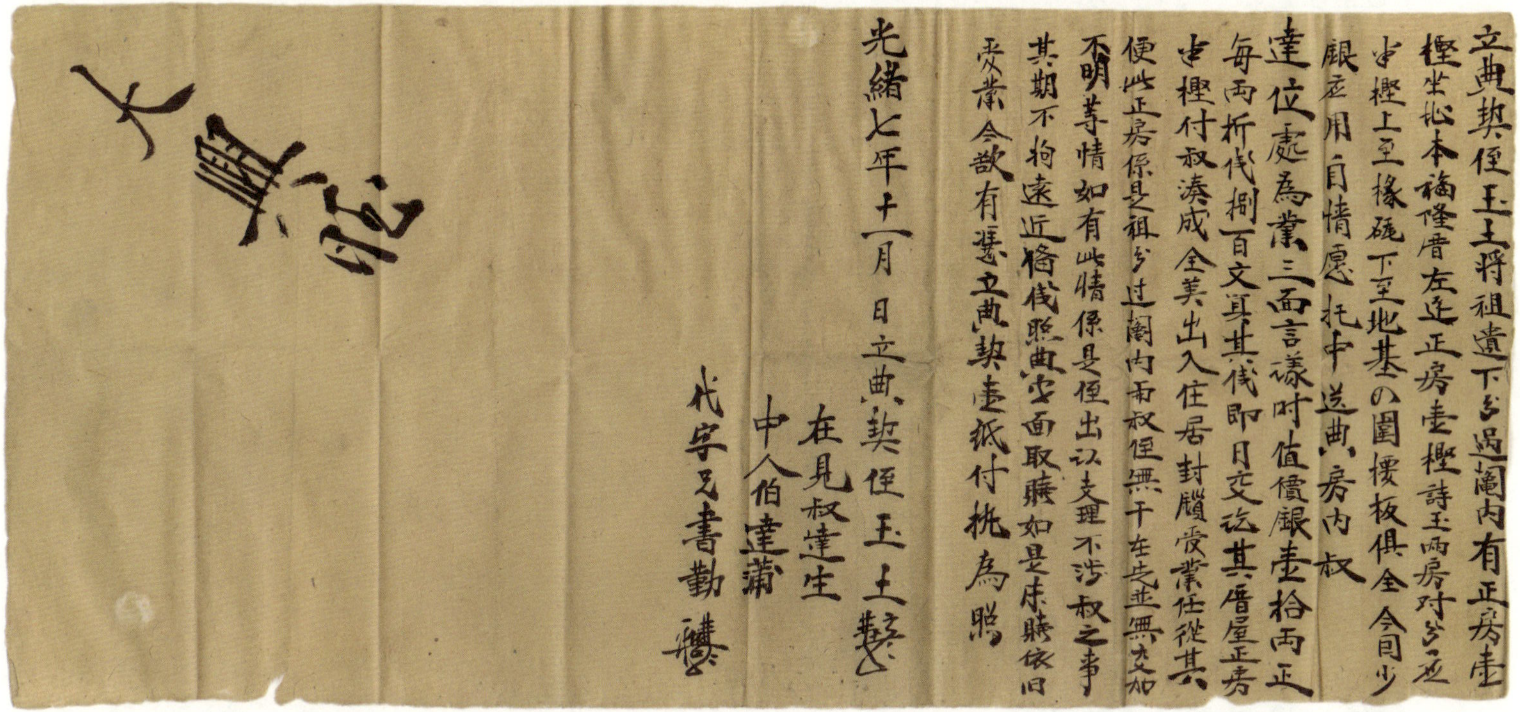
立典契侄玉土将祖遺下分過閹內有正房壹
楹坐址本福隆厝左边正房壹楹詩玉兩房对分之
中楹上至椽瓦下至地基四圍樓板俱全今因少
銀應用自情愿托中送典房內叔
達位處為業三面言議时值價銀壹拾兩正
每兩折代捌百文算其代即日交訖其厝屋正房
中楹付叔湊成全美出入住居封贌管業任從其
便此正房係是祖分过閹內與叔侄無干在先並無文加
不明等情如有此情係是侄出认支理不涉叔之事
其期不拘遠近脩代照典字面取贖如是未贖依旧
管業今欲有憑立典契壹紙付執為照

光緒七年十一月　日立典契侄玉土（押）
在見叔達生
中人伯達蕭
代字兄書勤（押）

3-3-62-3　清光緒七年十一月葉玉土立典正房契

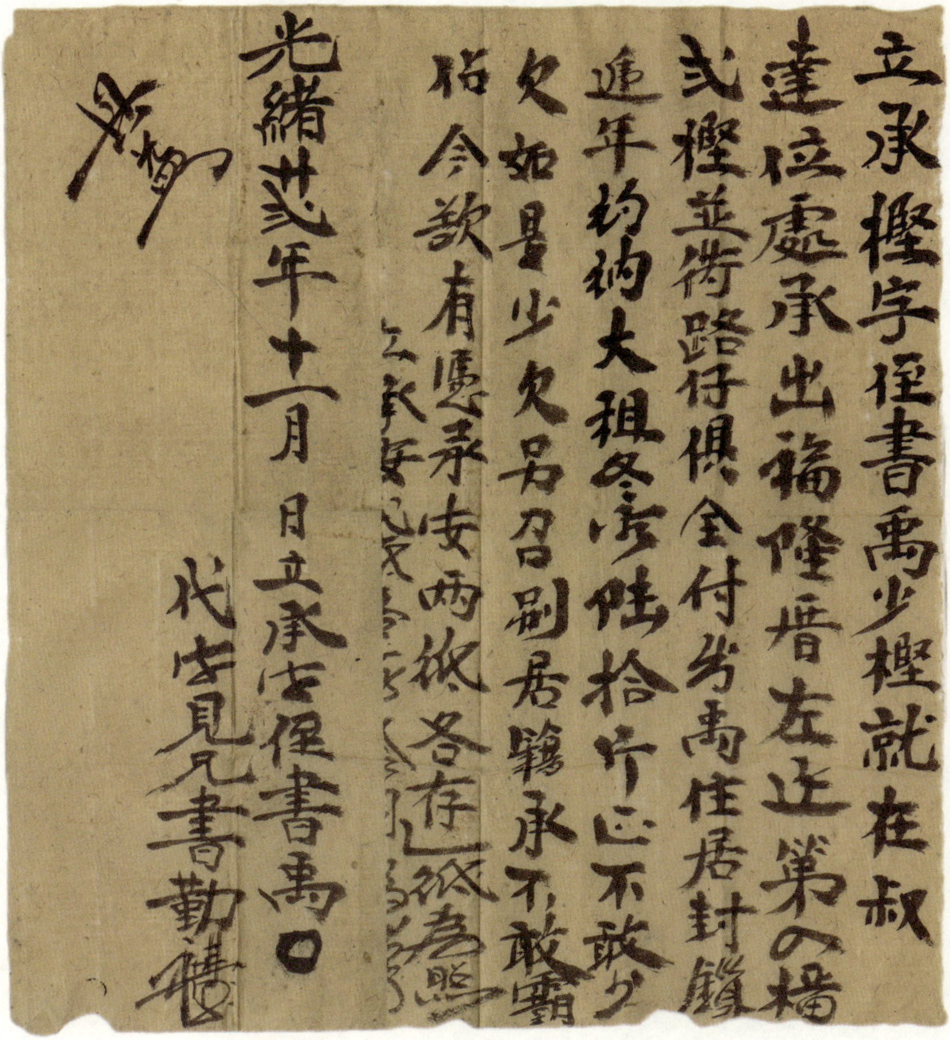

立承樫字侄書禹少樫就在叔
達位處承出福隆厝左边第の播
弍樫並衔路仔俱全付与禹住居封鎖
進年約納大租冬穀陆拾斤正不敢少
欠如是少欠另召別居聽承不敢霸
佔今欲有憑承字兩紙各存一紙為照
光緒廿弍年十一月　日立承字侄書禹
代字見兄書勤

3-3-62-4　清光緒二十二年十一月葉書禹立承樫字

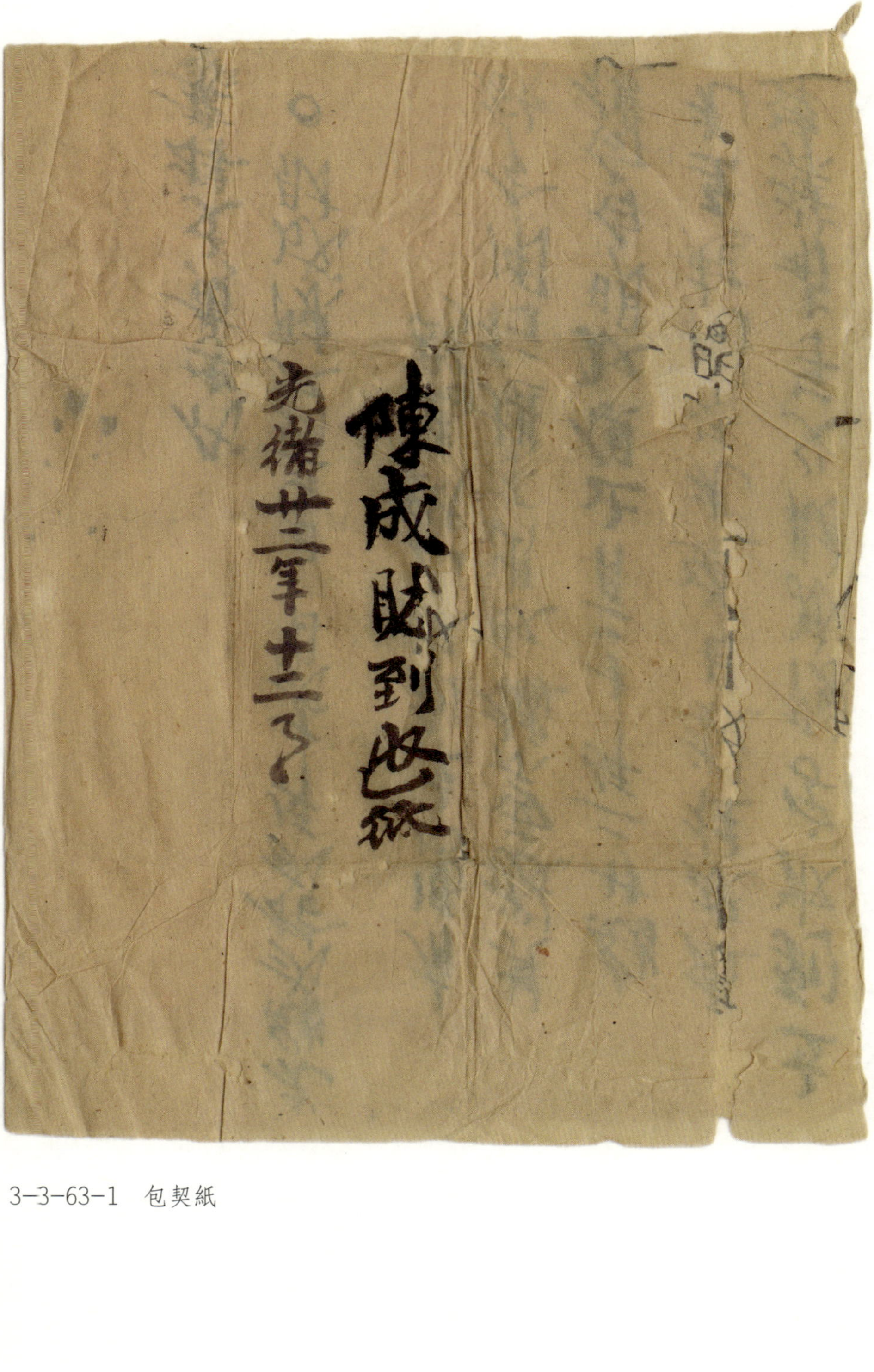
陳成賦到收紙
光緒廿三年十二月

3-3-63-1　包契紙

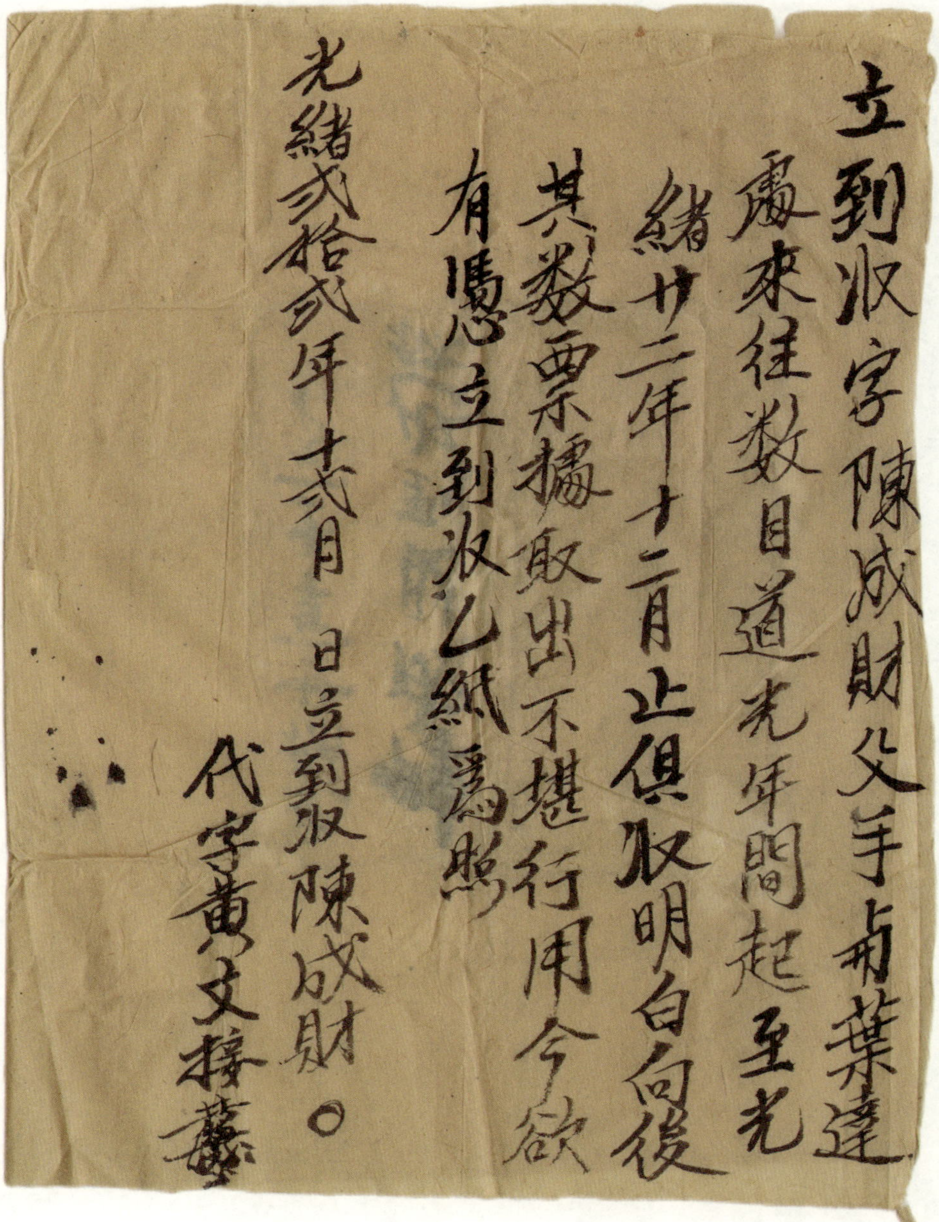
立到收字陳成財父手與葉達
處來往數目道光年間起至光
緒廿二年十二月止俱收明白向後
其數票摘取出不堪行用今欲
有憑立到收乙紙爲照
光緒貳拾貳年十貳月　日立到收陳成財〇
代字黃文接

3-3-63-2　清光緒二十二年十二月陳成財立到收字

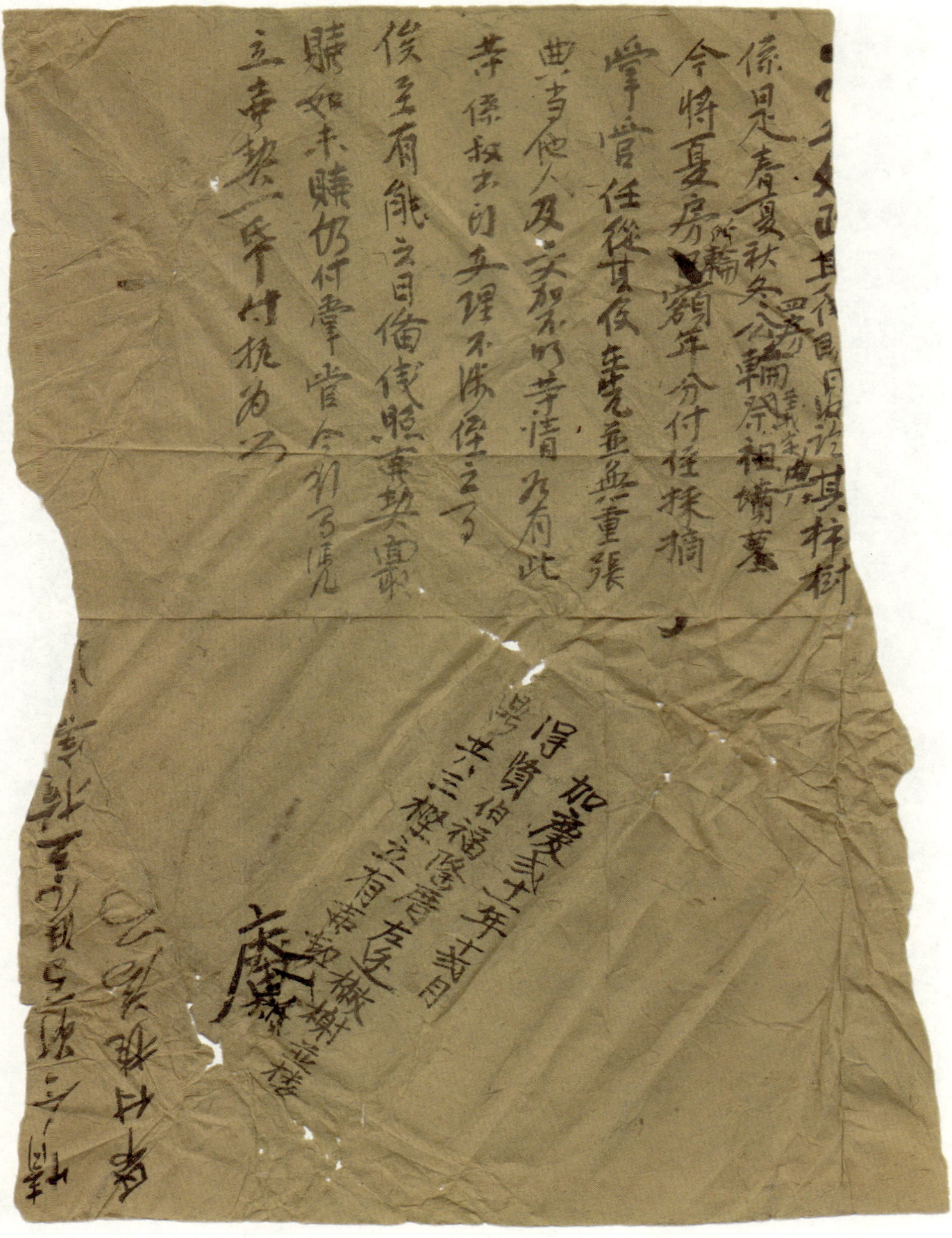
係是春夏秋冬四房公輪祭祖墳墓
今將夏房所轄額年分付侄採摘
掌管任從其侄主己並無重張
典當他人及交加不明等情 如有此
等係叔出頭理不涉侄之事
後至有能之日備價照原契贖回
贖如未贖仍付掌管 今欲有憑
立典契一紙付抗為照
加慶貳十年十貳月
得賢伯福隆居左邊
共三極立有契

3-3-64-1　包契紙

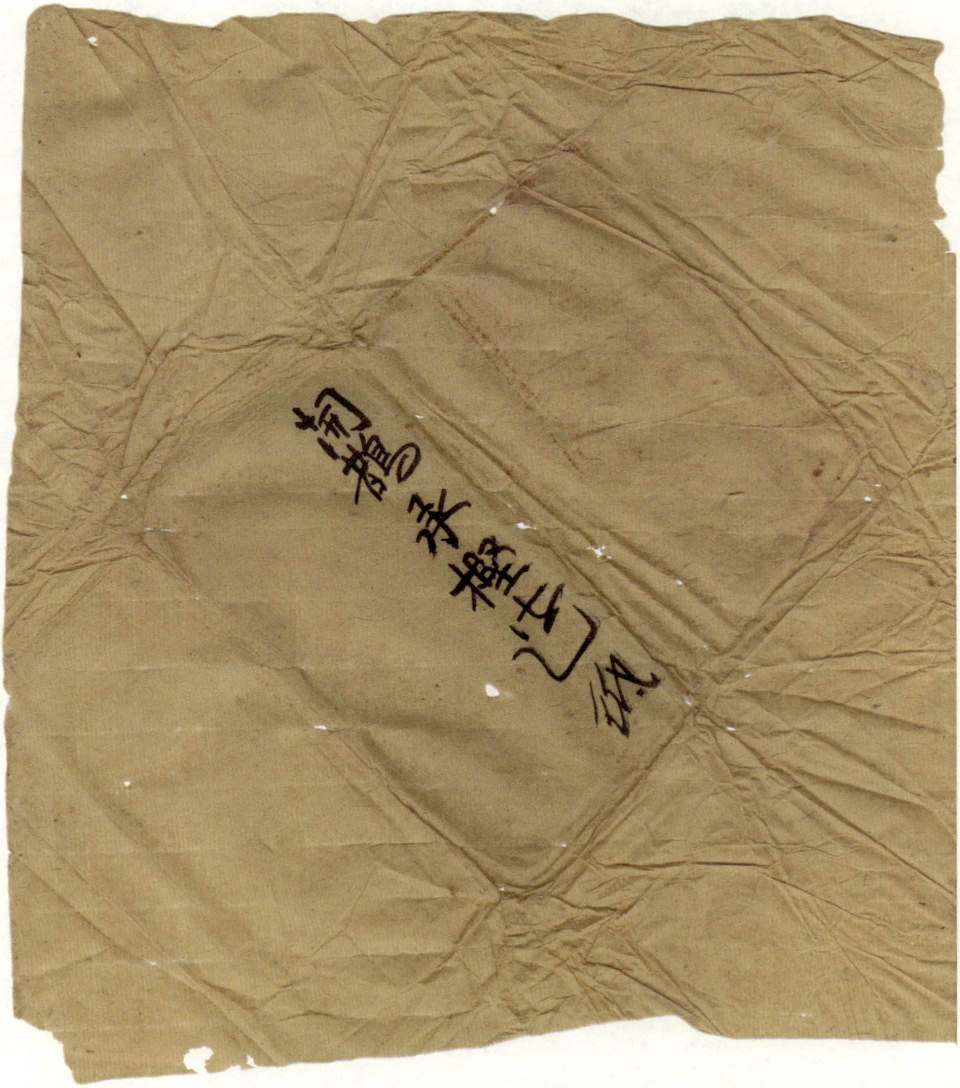

3-3-64-2　包契紙

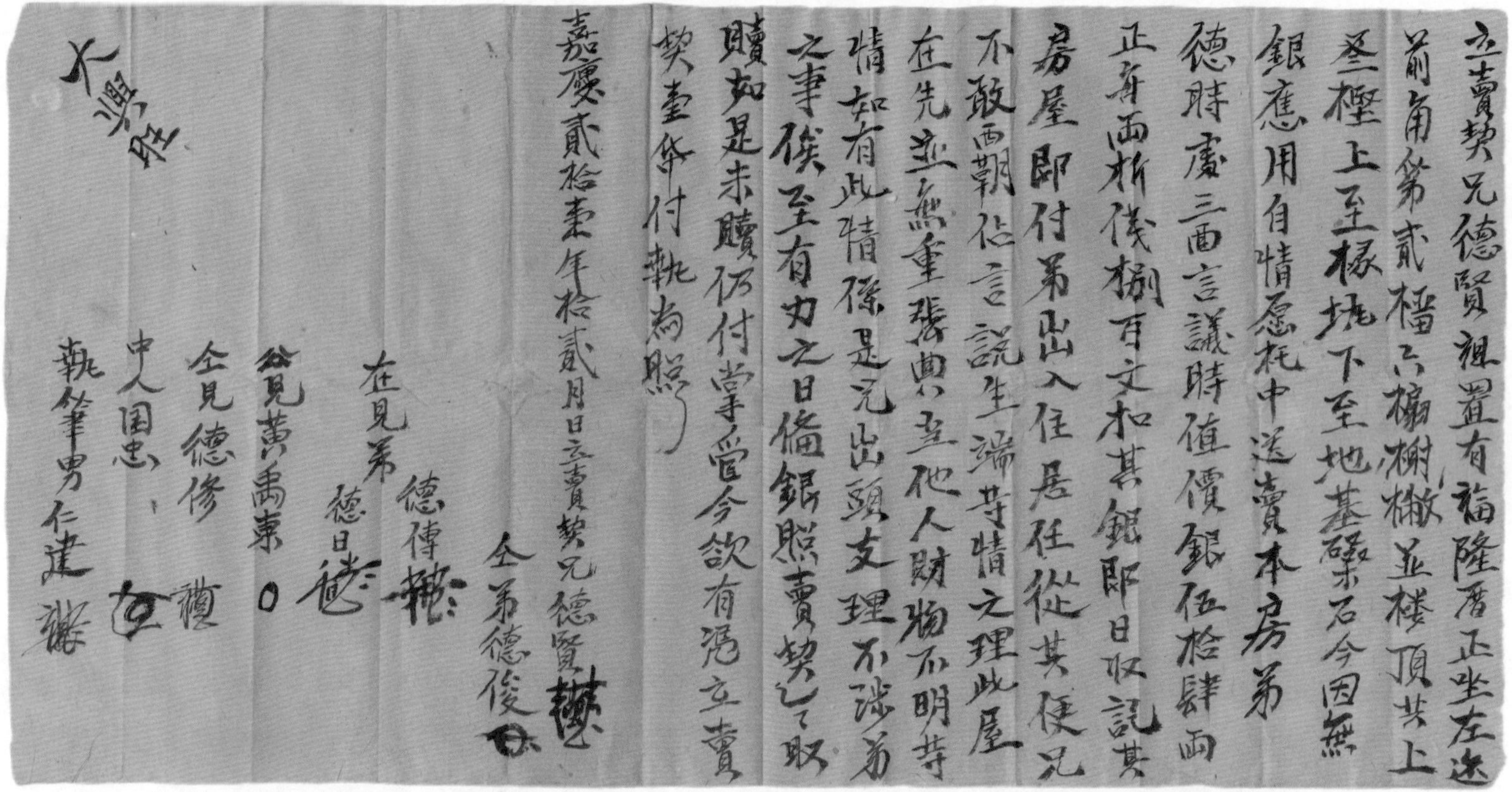
立賣契兄德賢祖置有福隆厝正坐左邊
前角第貳牆六楄樹橵并樓頂其上
至樑上至椽桷下至地基磉石今因無
銀應用自情愿托中送賣本房弟
德時處三面言議時值價銀伍拾肆兩
正其兩折儀捌百文和其銀即日收訖其
房屋即付弟出入住居任從其便兄
不敢兩翻佔言說生端等情之理此屋
在先並無重張典立他人財物不明等
情如有此情係是兄出頭支理不涉弟
之事候至有力之日備銀照賣契之取
贖如是未贖仍付掌管今欲有憑立賣
契壹紙付執為照

嘉慶貳拾壹年拾貳月日立賣契兄德賢（押）
仝弟德俊（押）
德傳（押）
在見弟
德日（押）
公見黃禹東 ○
仝見德修（押）
中人国忠（押）
執筆男仁建（押）

大吉昌

3-3-64-3 清嘉慶二十一年十二月葉德賢等立賣厝屋契

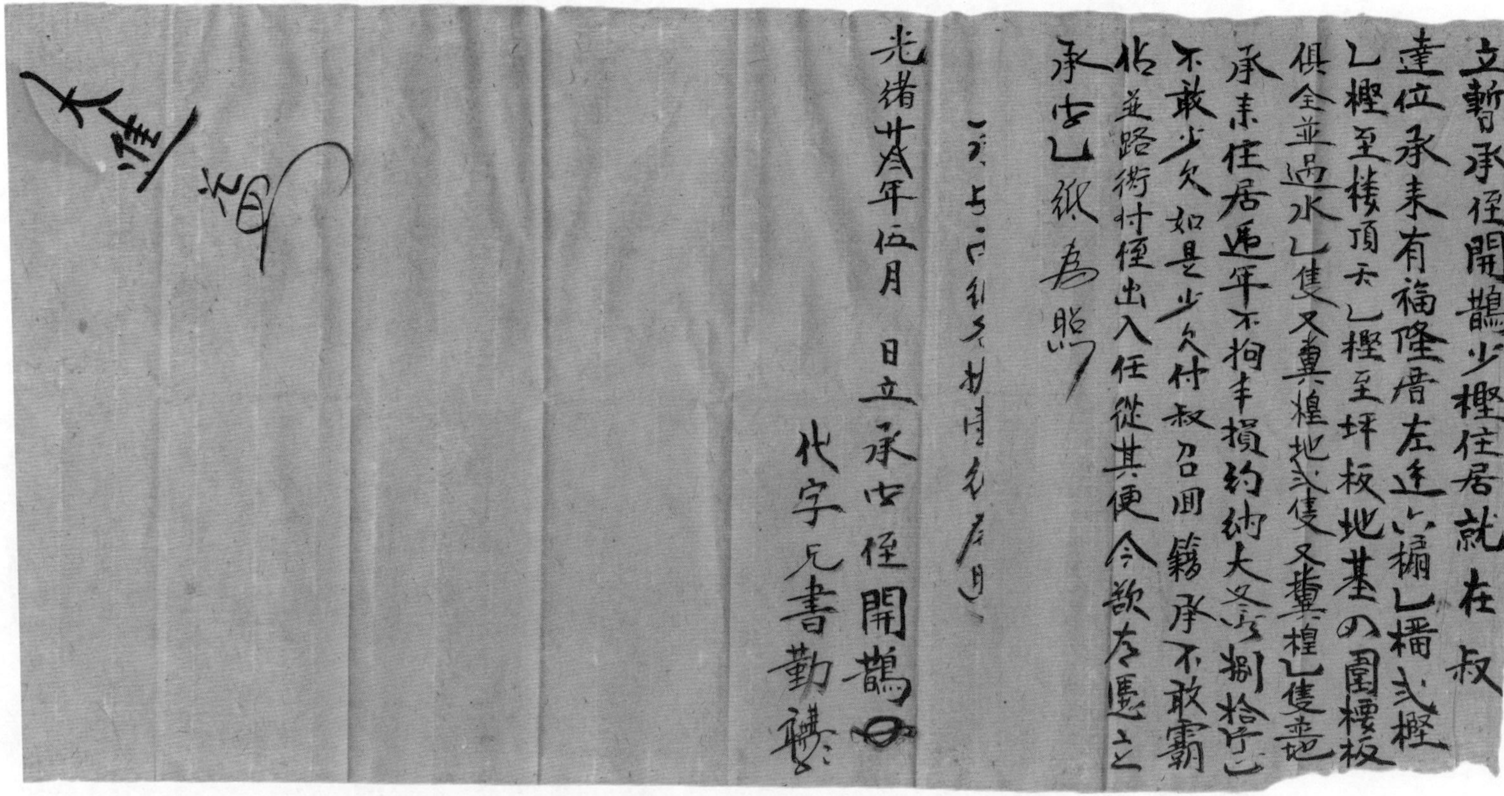
立暫承侄開鵲少樫住居就在叔
達位承來有福隆厝左迮厶楄厶橱弍樫
厶樫至樓頂天厶樫至坪板地基の園樓板
俱全並過水厶隻又糞堭地弍隻又糞堭厶隻並地
承來住居逓年不拘丰損約納大谷弍斗捌拾斤足
不敢少欠如是少欠什叔召回鵲承不敢霸
佔並路術什侄出入任從其便今欲有憑立
承字厶紙為照
光緒廿叁年伍月　日立承字侄開鵲（押）
代字兄書勤（押）

3-3-64-4　清光緒二十三年五月葉開鵲立暫承厝屋等字

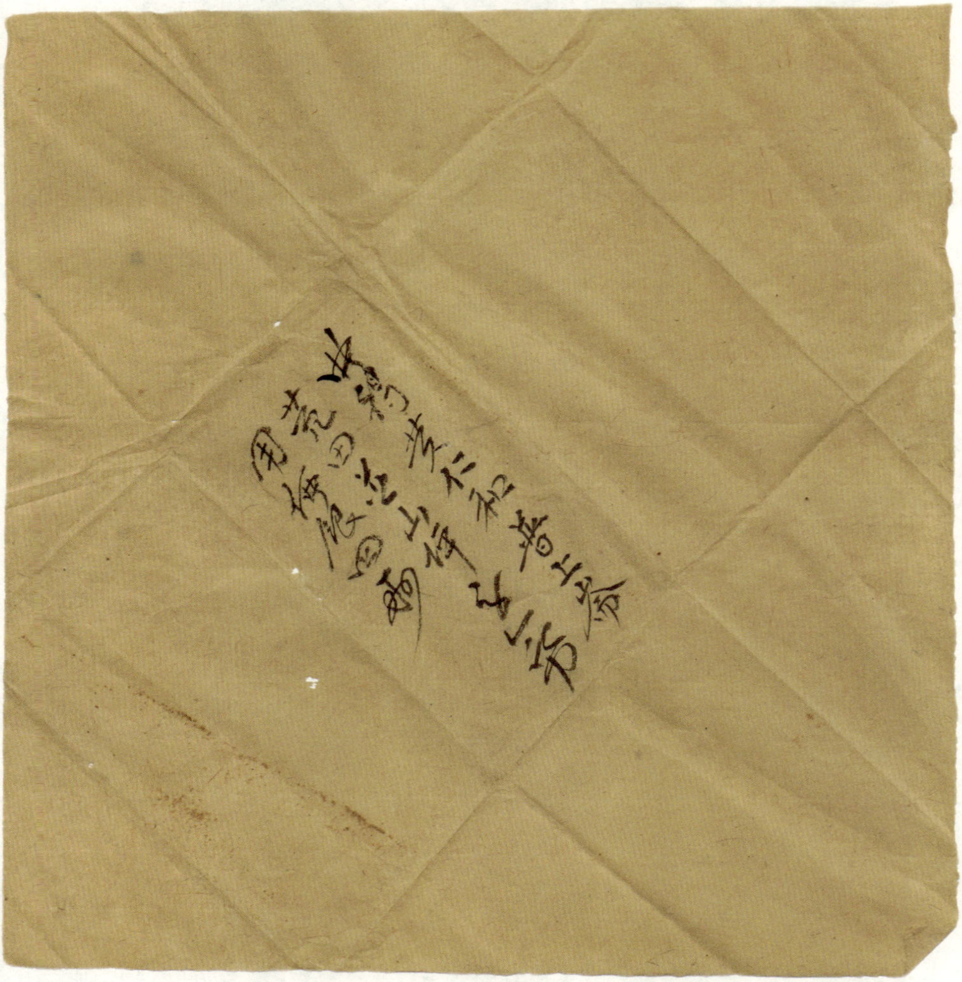

3-3-65-1　包契紙

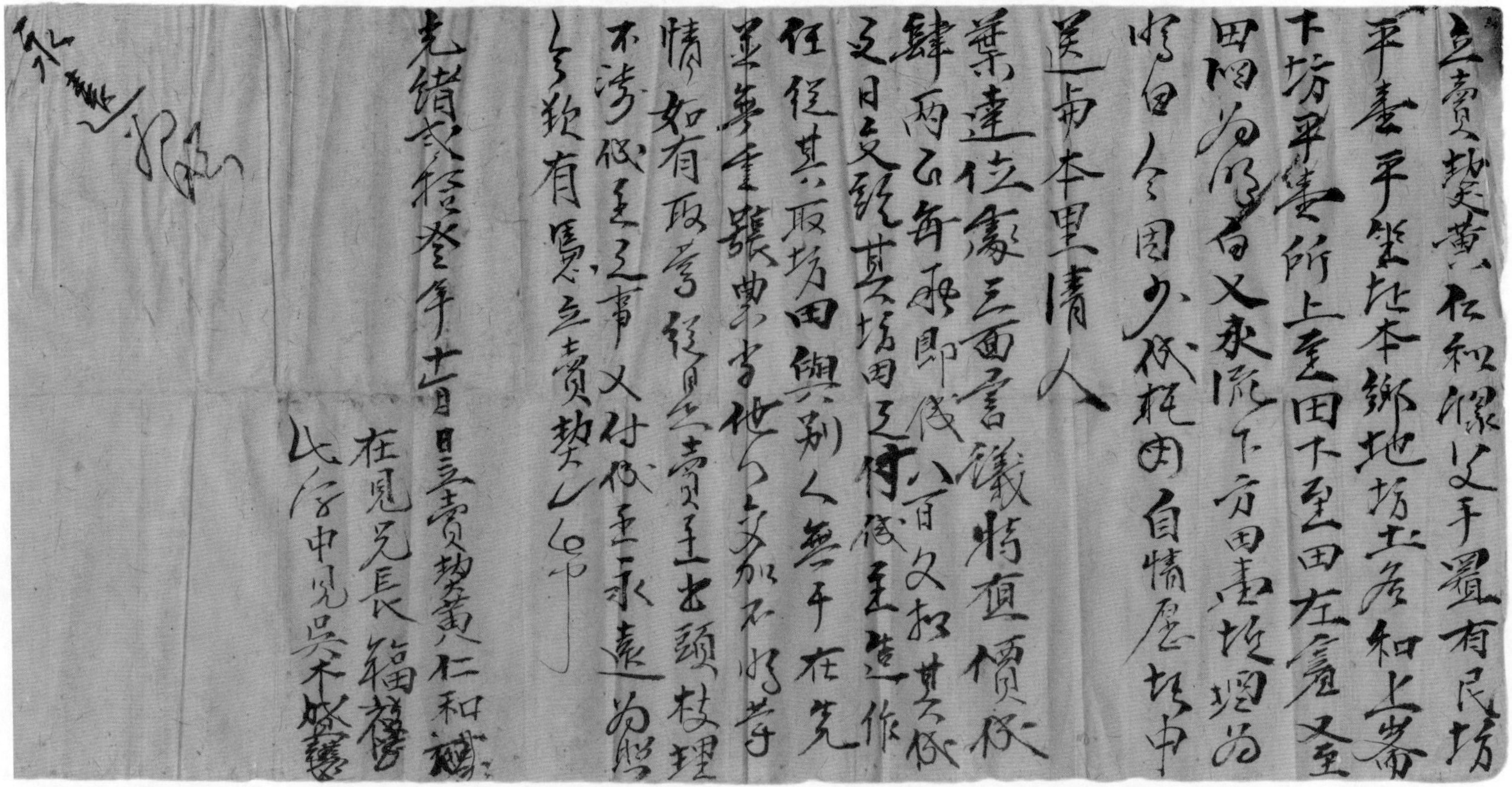

3-3-65-2　清光緒二十三年十一月黃仁和立賣民坊坪契

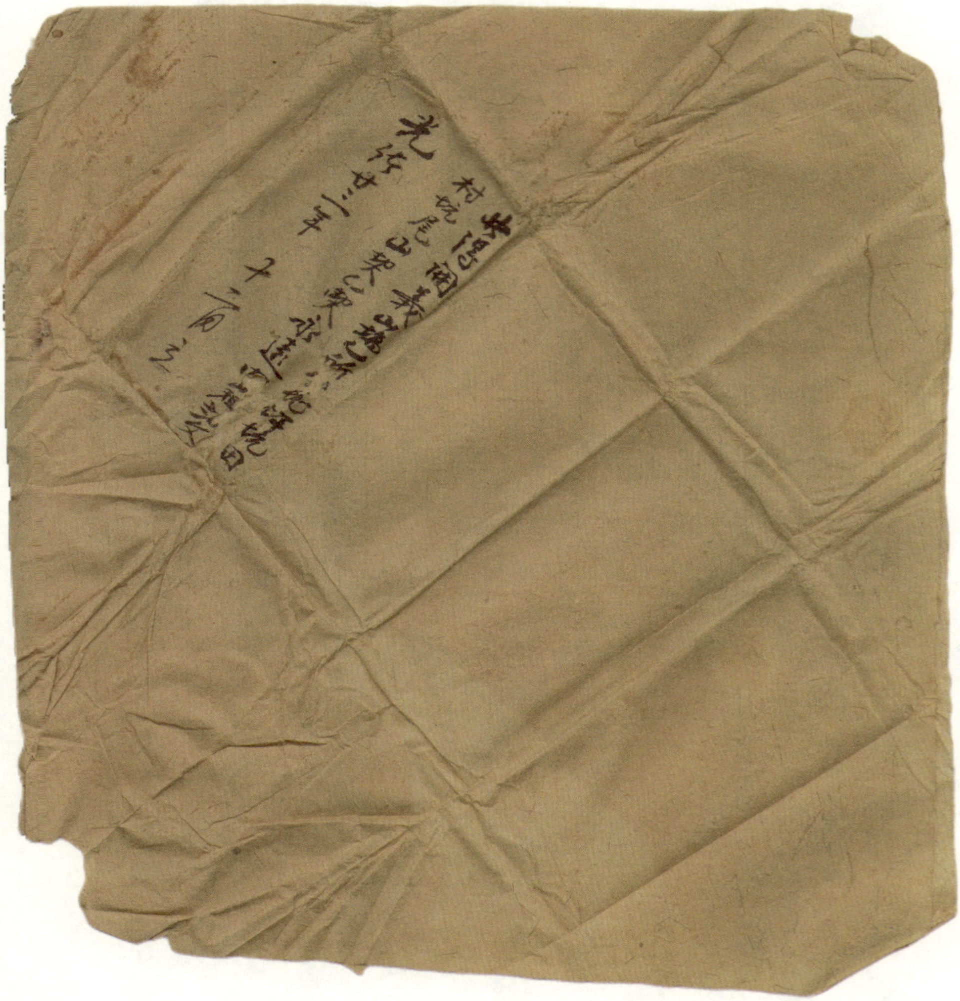

3-3-66-1 包契紙

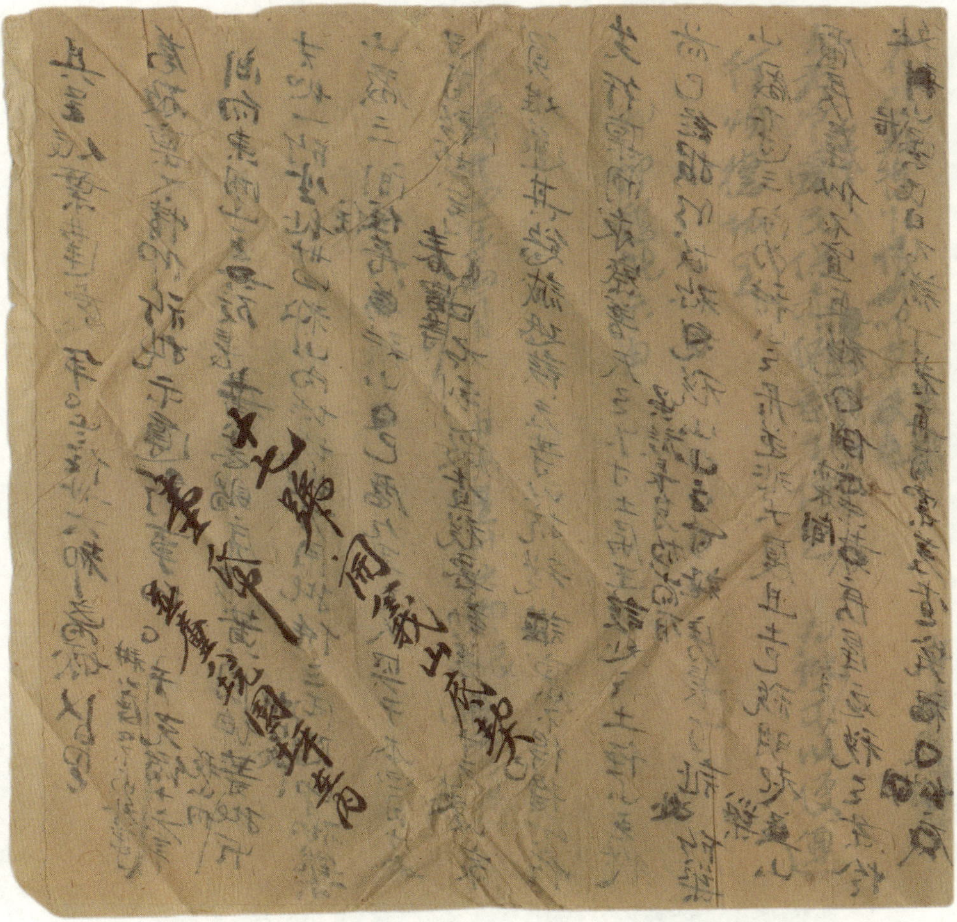

3-3-66-2　包契紙

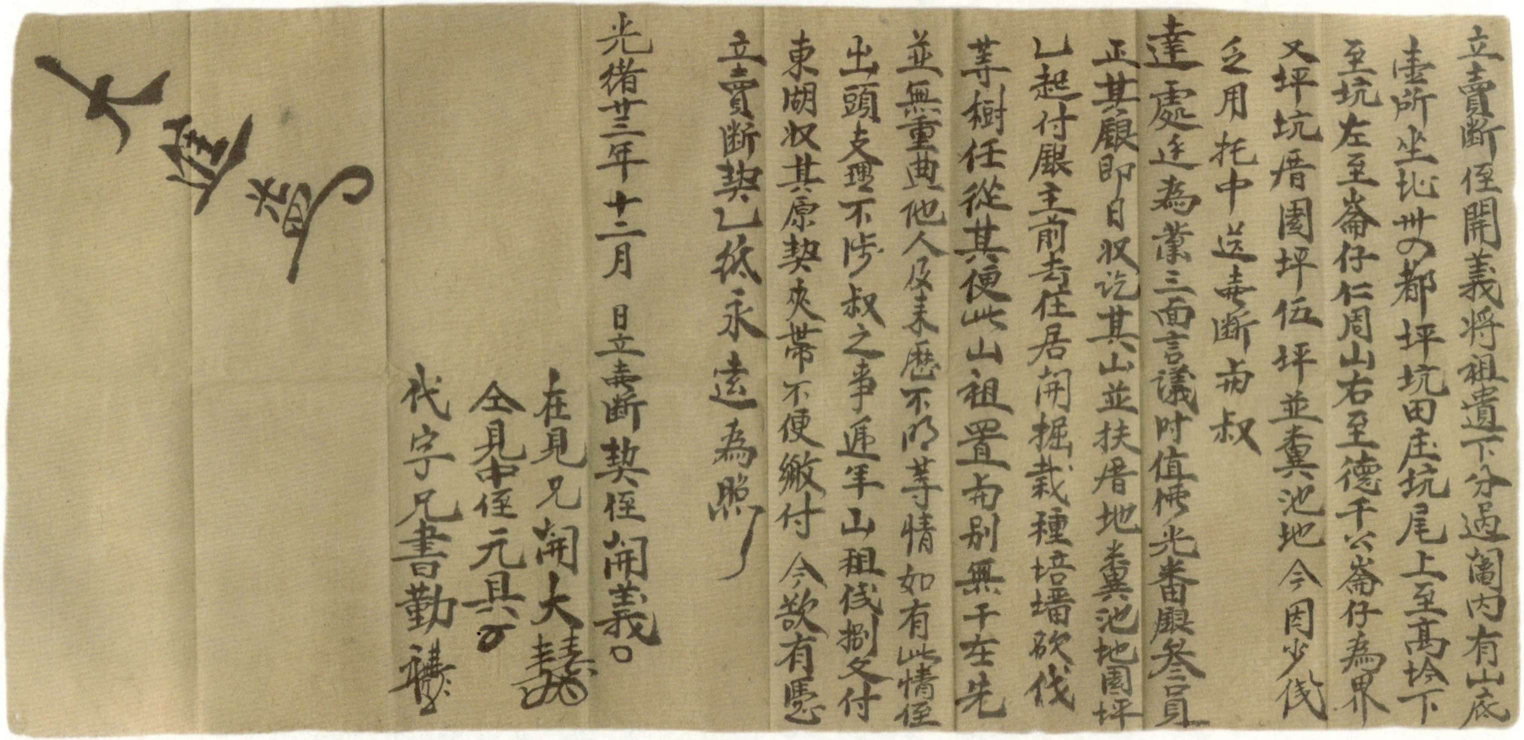
立賣斷侄開義將祖遺下分過閹內有山底
壹所坐址卅四都坪坑田庄坑尾上至高崘下
至坑左至崙仔仁周山右至德千公崙仔為界
又坪坑厝園坪伍坪並糞池地今因乏錢
乏用托中送賣斷與叔
達處進為業三面言議时值佛光番銀叁員
正其銀即日收訖其山並扶厝地糞池地園坪
山起付銀主前去住居開掘栽種培墻砍伐
蒔樹任從其便此山祖置與別無干在先
並無重典他人及未歷不明等情如有此情侄
出頭支理不涉叔之事逐年山租錢捌文付
東湖收其原契夾帶不便繳付今欲有憑
立賣斷契山紙永遠為照
光緒廿三年十二月　日立賣斷契侄開義
在見兄開大
仝見堂侄元具
代字兄書勤

3-3-66-3　清光緒二十三年十二月葉開義立賣斷山底契

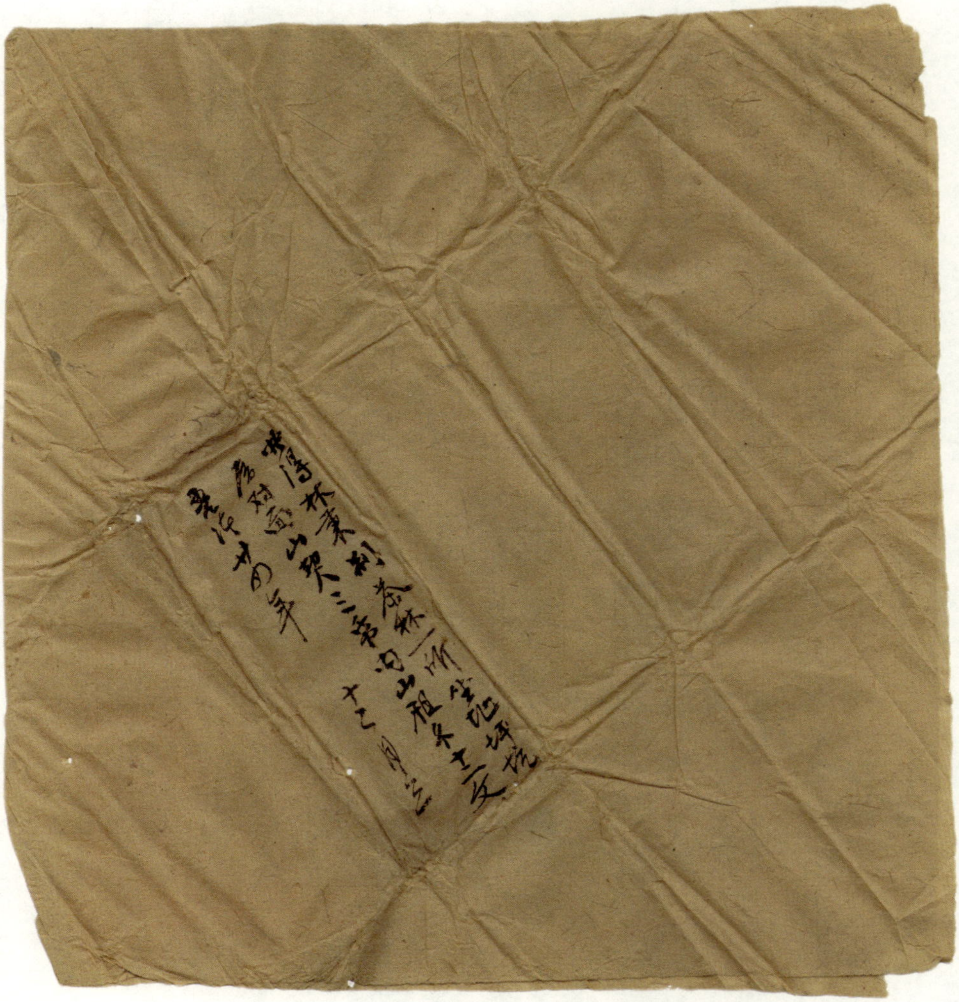

3-3-67-1　包契紙

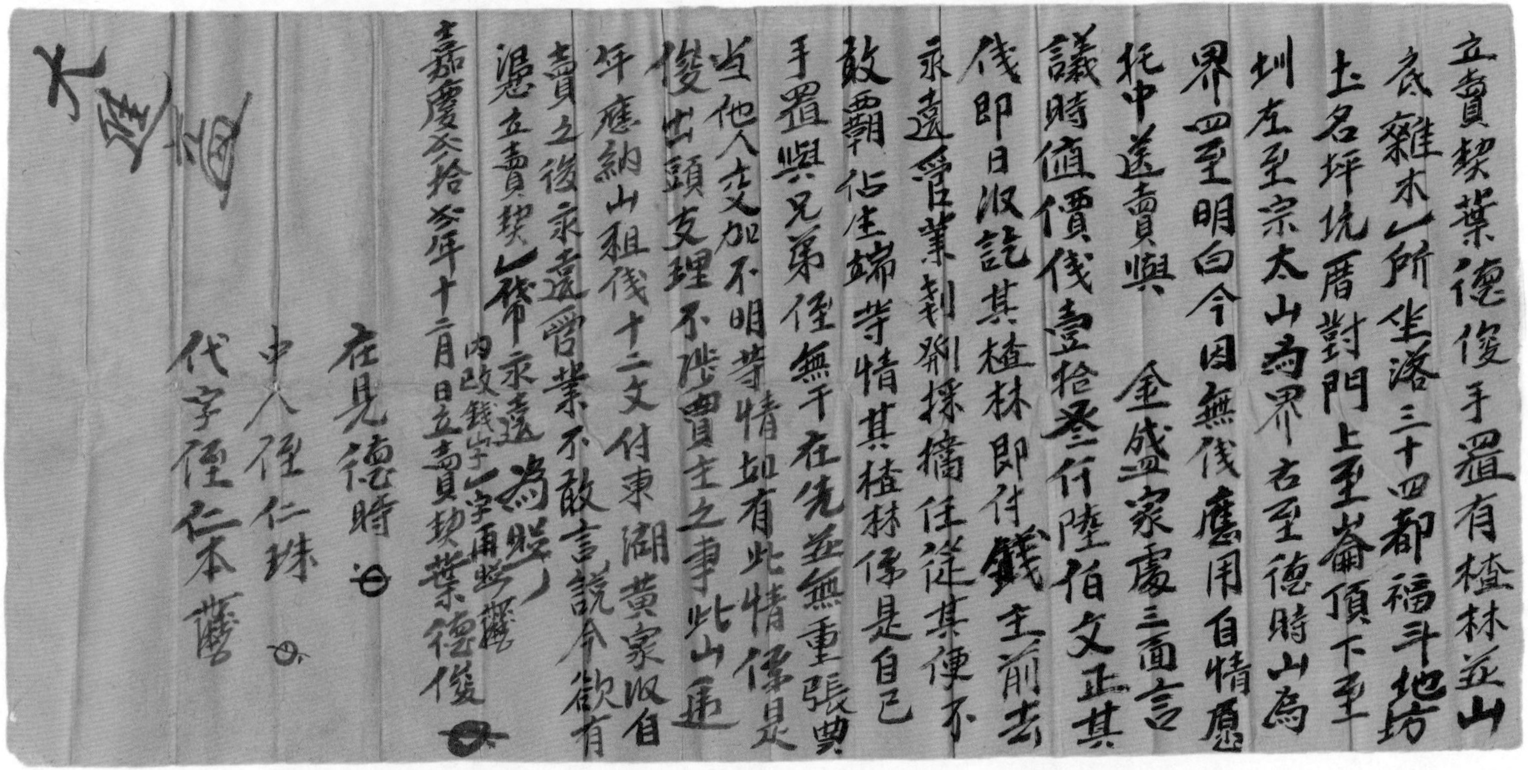

3-3-67-2 清嘉慶二十二年十二月葉德俊立賣椪林等契

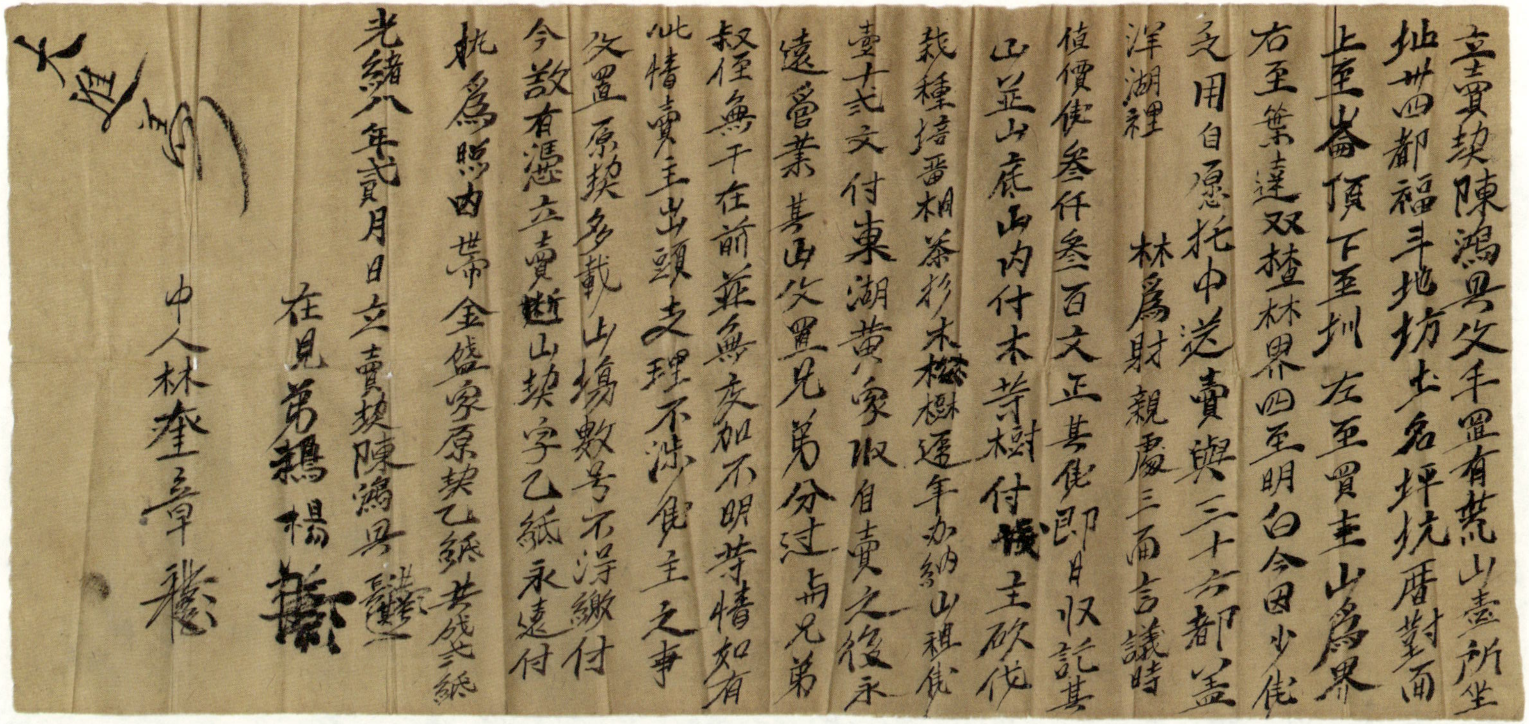
立賣契陳鴻貝父手置有荒山壹所坐
址廿四都福斗地坊土名坪坑厝對面
上至崙頂下至圳 左至買主山為界
右至葉達双楂林界四至明白今因少俍
乏用自愿托中送賣與二十六都蓋
洋湖裡 林為財親處三面言議時
值價俍叁仟叁百文正其俍即日収訖其
山並山底山内什木等樹付與主砍伐
栽種培蓄相茶杉木松樹逐年办納山租俍
壹十弍文付東湖黄家取自賣之後永
遠管業 其山父置兄弟分过與兄弟
叔侄無干在前並無交加不明等情如有
此情賣主出頭支理不涉俍主之事
父置原契多載山塲數号不得繳付
今欲有憑立賣斷山契字乙紙永遠付
執為照内带金盤家原契乙紙共成弍紙
光緒八年弍月　日立賣契陳鴻貝
在見弟鴉楊
中人林奎章
大吉

3-3-67-3　清光緒八年二月陳鴻貝立賣荒山契

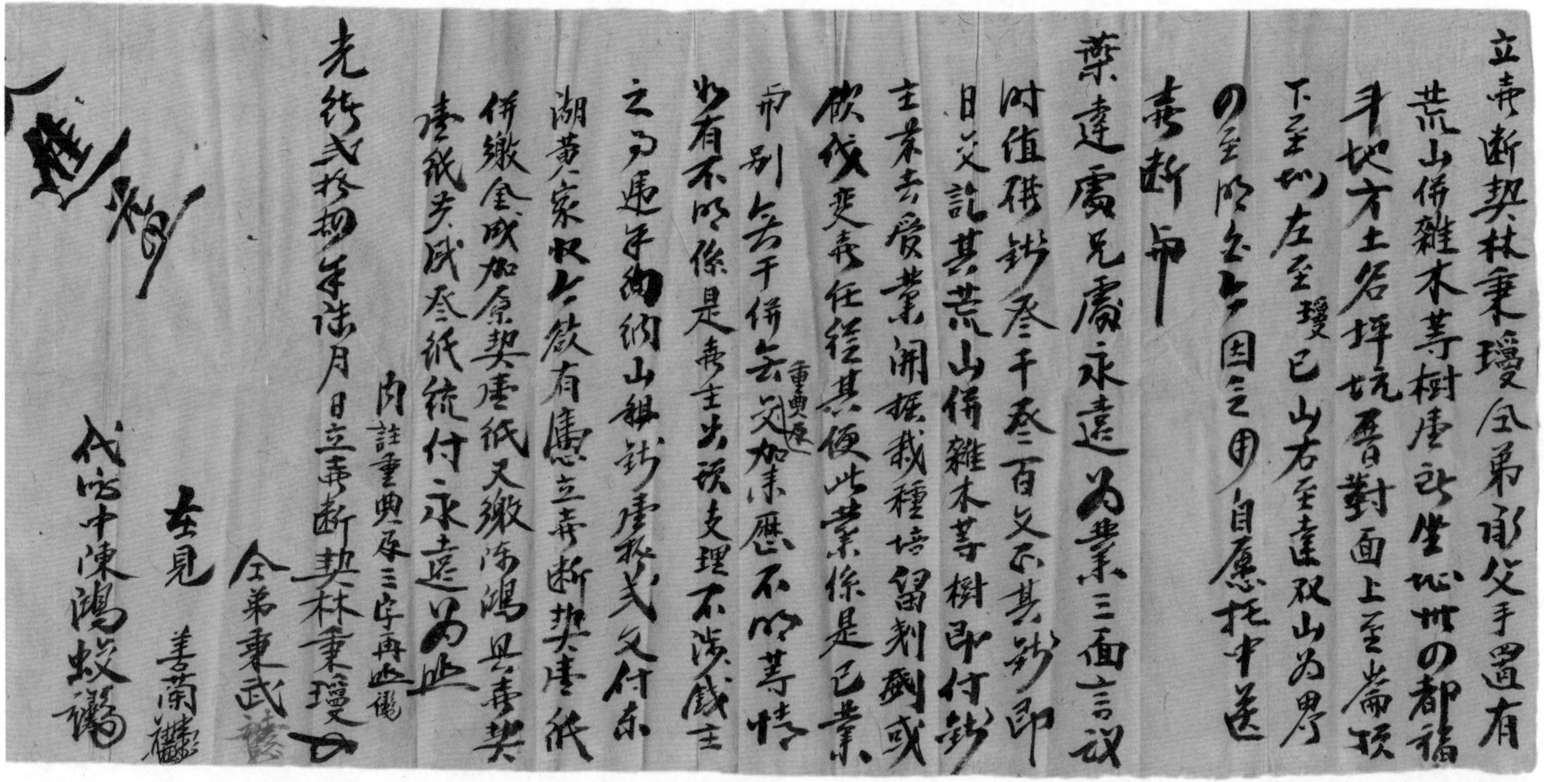

立賣斷契林秉瓊仝弟彭父手置有
荒山併雜木萼樹壹所坐址卅の都福
斗坵方土名坪坑厝對面上至崙頂
下至坵左至瓊己山右至達权山為界
の至明白今因乏用自愿托中送
賣斷與
葉達廣兄處永遠為業三面言議
时值價錢叁千叁百文正其錢即
日交訖其荒山併雜木萼樹即付錢
主前去管業開掘栽種培留剃斫或
欲成庄起造任從其便此業係是己業
亦別無干併無重典厝文加添歷不明等情
如有不明係是賣主出頭支理不涉錢主
之事還年納山租錢壹拾式文付东
湖黃家收入欲有憑立賣斷契壹紙
併繳仝戚加添契壹紙又繳陈鸿母賣契
壹紙共式叁紙統付永遠為照
內註重典厝三字再照
光緒式拾肆年陆月　日立賣斷契林秉瓊押
仝弟秉武押
在見　善蘭押
代筆中陳鴻蚊押

3-3-67-4　清光緒二十四年六月林秉瓊等立賣斷荒山等契

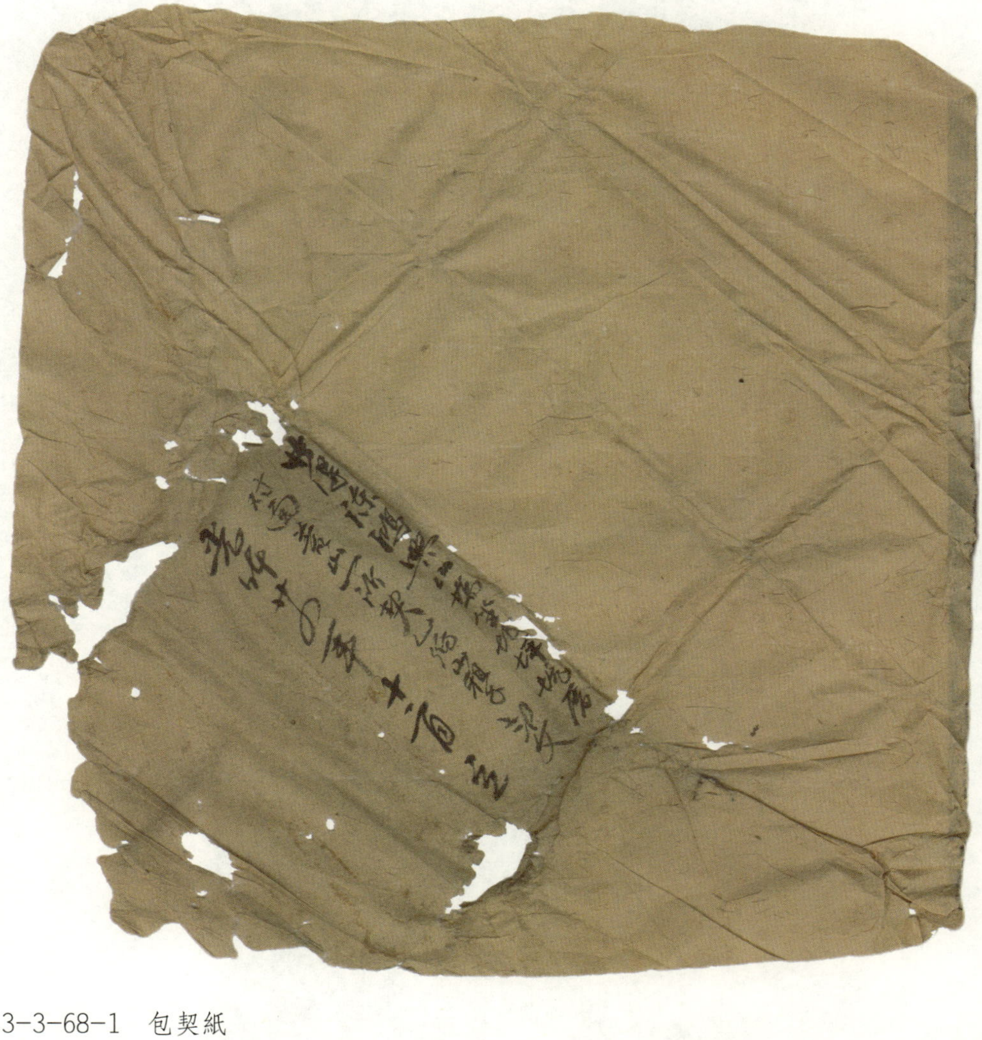

3-3-68-1　包契紙

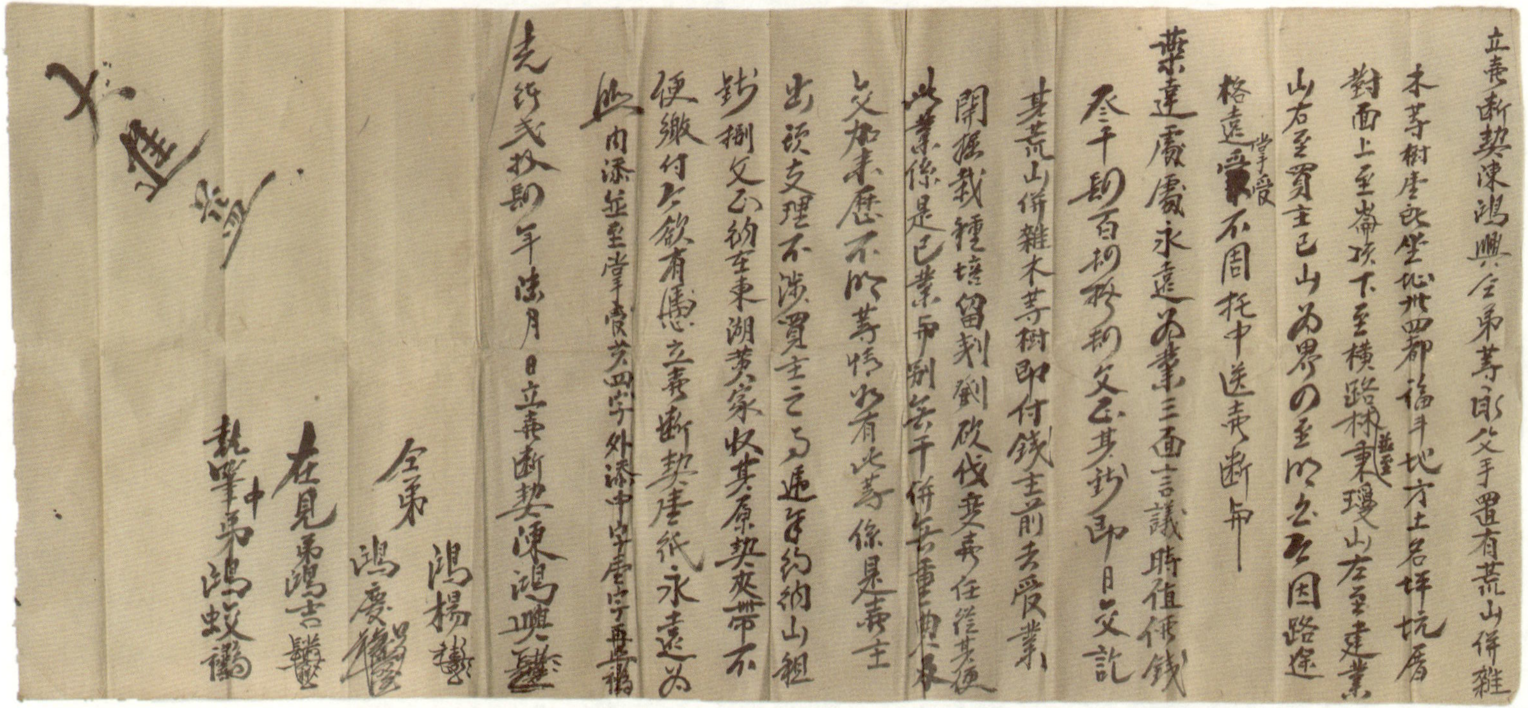
立賣斷契陳鴻興仝弟萬郎父手置有荒山併雜
木等樹，座在化州四都福平地方，土名坪坑厝
對面，上至崙頂，下至横路林墘，山左至建業
山，右至買主己山為界，四至明白，因路途
格遠，管業不周，托中送賣斷與
葉達處處永遠為業。三面言議，時值價錢
叁千肆百捌拾捌文正。其錢即日交訖，
其荒山併雜木等樹即付錢主前去管業，
開掘栽種，培留剃劉，砍伐出賣，任從其便。
此業係是己業，與別房無干，併無重典他根
之文。如來歷不明等情，如有此等，係是賣主
出頭支理，不涉買主之事。其逐年納山租
錢捌文正，約至東湖黄家收，其原契夾帶不
便繳付。今欲有憑，立賣斷契壹紙，永遠為
照。內添並塗字
光緒戊戌年陸月　日立賣斷契陳鴻興
仝弟 鴻揚 鴻慶
在見弟鴻吉
執筆中弟鴻蚊
大進

3-3-68-2　清光緒二十四年六月陳鴻興等立賣斷荒山等契

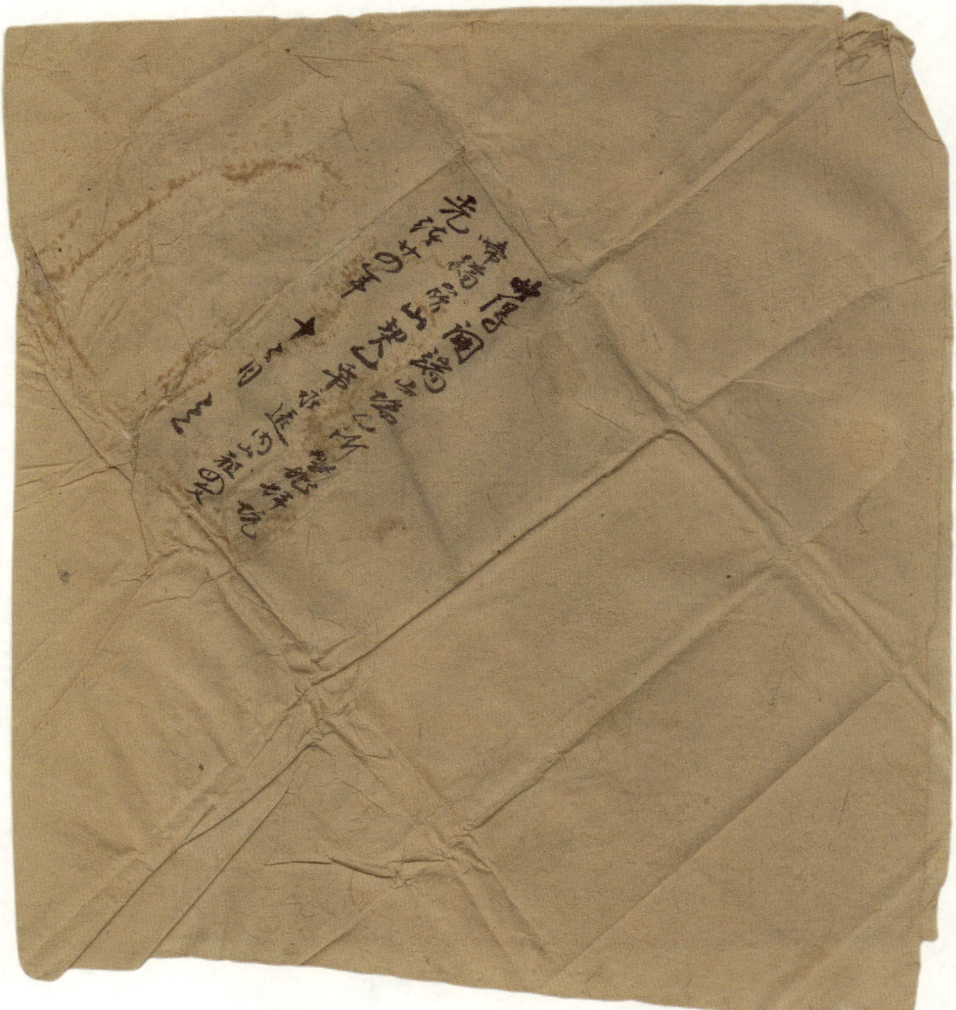

3-3-69-1 包契紙

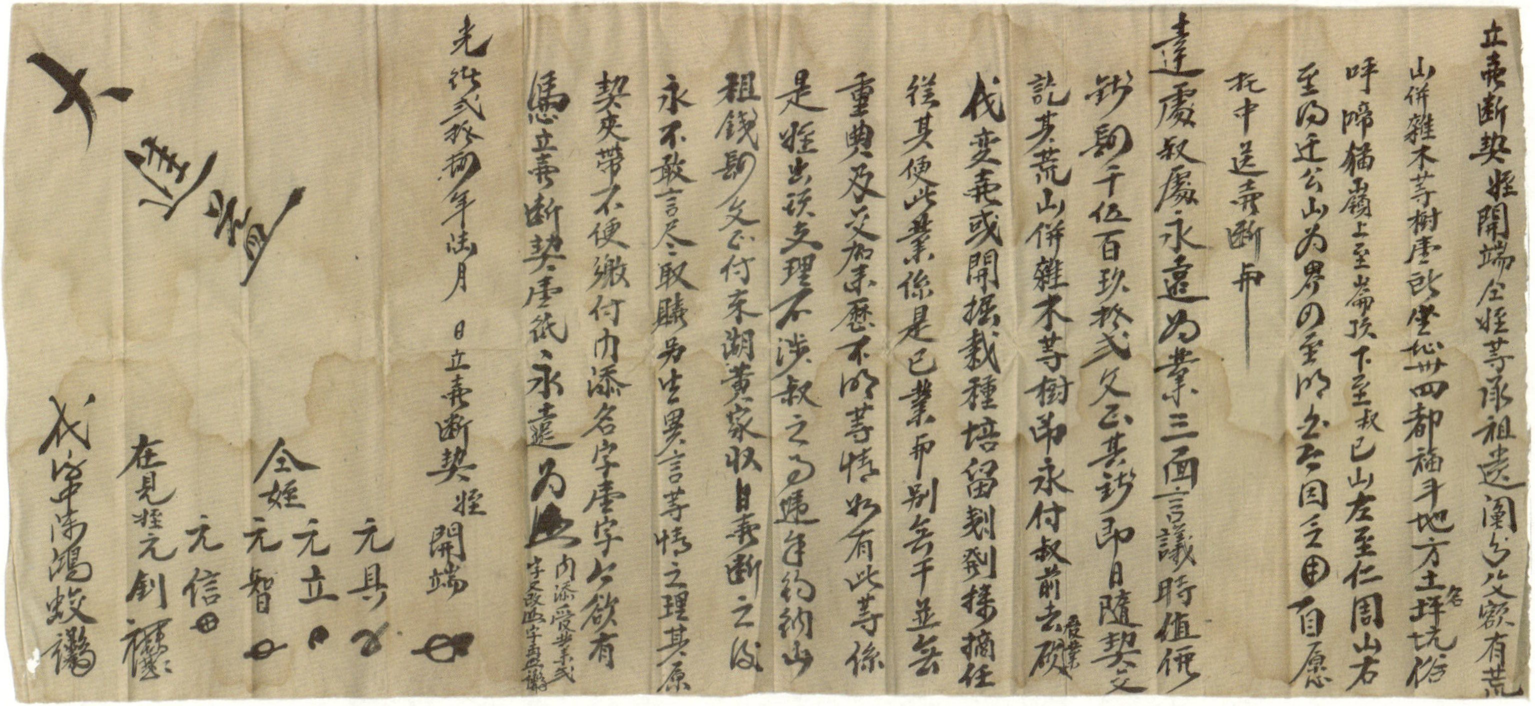
立賣斷契姪開端仝姪等承祖遺闡分父欽有荒
山併雜木等樹壹號坐落卅四都補手地方土名坑俗名
呼啼貓嶺上至崙頂下至叔已山左至仁周山右
至內近公山為界四至明白今因乏用自愿
托中送賣斷與
達處叔處永遠為業三面言議時值價
錢銅千伍百玖拾弍文正其錢即日隨契交
訖其荒山併雜木等樹即永付叔前去管業砍伐
或變賣或開掘栽種培留剗刈掛摘任
從其便此業係是已業與別房手並無
重典及交加未歷不明等情如有此等係
是姪出頭支理不涉叔之事逐年納山
租錢銅文正付與東湖黃家收日賣斷之後
永不敢言尽取贖另生異言等情之理其原
契夾帶不便繳付內添名字壹字又欲有
憑立賣斷契壹紙永遠為照　內添壹字弍字又改正字壹字
光緒弍拾肆年陸月　日立賣斷契姪　開端（押）
元具（押）
仝姪　元立（押）
元智（押）
元信（押）
在見姪　元釗（押）
代筆　陳鴻敘（押）

3-3-69-2　清光緒二十四年六月葉開端等立賣斷荒山等契

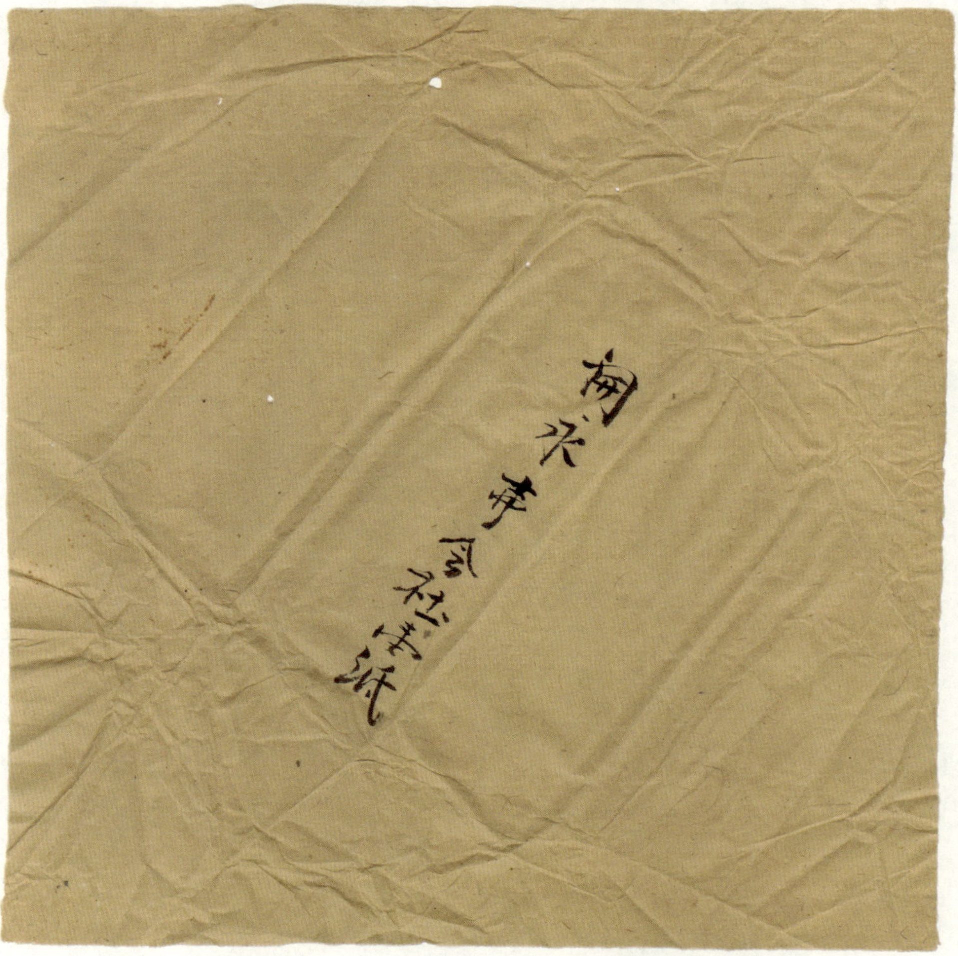

3-3-70-1　包契紙

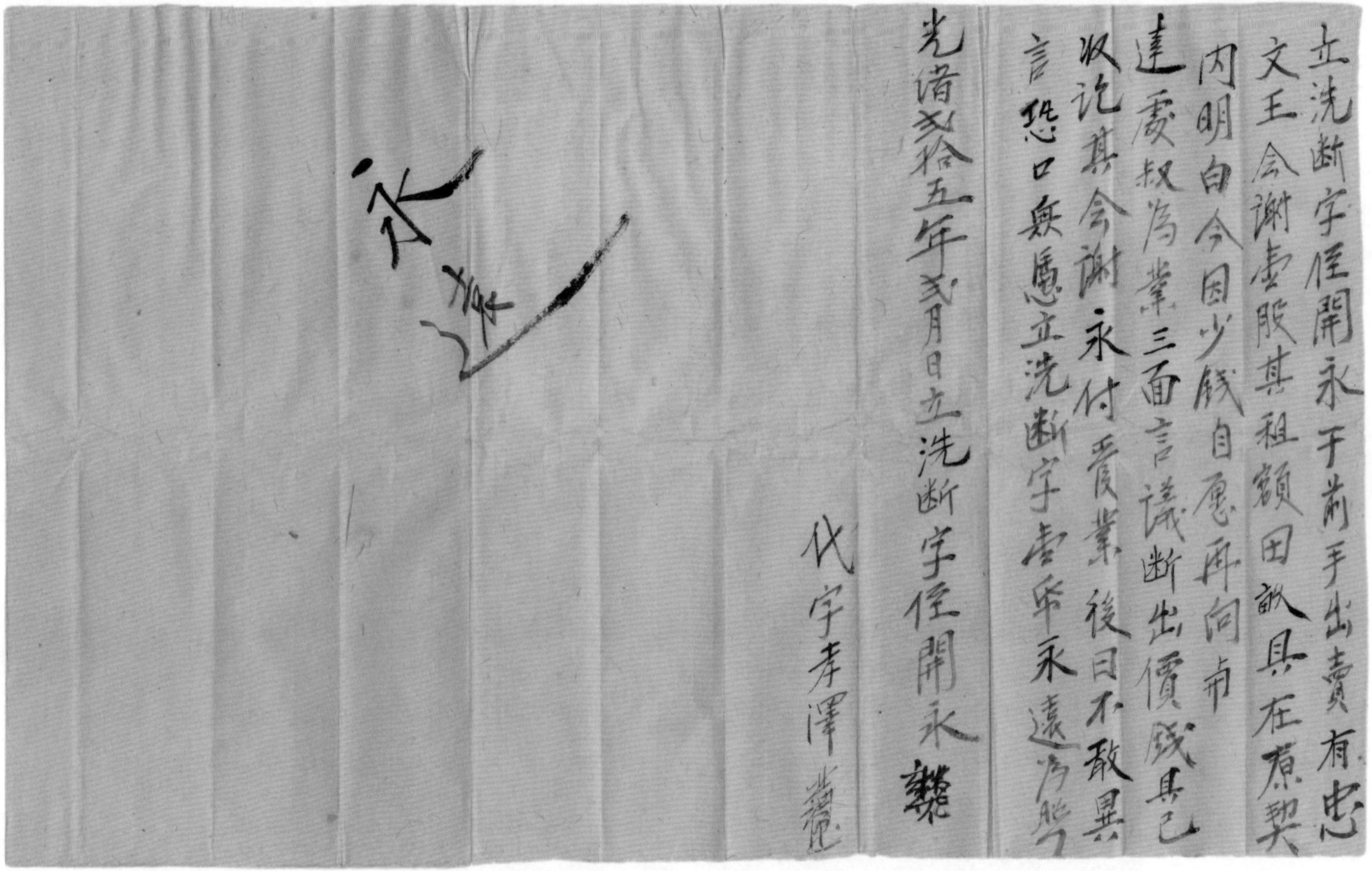

立洗断字侄開永于前手出賣有忠
文王会謝壹股其租額田畝具在原契
內明白今因少錢自愿再向市
達處叔為業三面言議断出價錢其已
收訖其会謝永付買業後日不敢異
言恐口無憑立洗断字壹帋永遠為照

光绪贰拾五年贰月日立洗断字侄開永（押）

代字孝澤（押）

永遠

3-3-70-2 清光緒二十五年二月葉開永立洗斷會社股份字

立賣契弟達頤承祖父手置有山塲弍所
坐址卅四都福斗地方土名田村坑上至崙下至坑
左右至俌運山爲界又壹所上至崙下至塆左右
至俌運山爲界四至明白今因乏用自愿托中送
賣與
達霎边爲業三面言議時值價錢壹千五百文
其錢即日交訖其山塲永付錢主前去管
業開掘栽種並杉木等剗劉培留砍伐變
賣任從其便此山係是自己閹分之額與别無
干在先并無重張典当及交加不明等情如有此
情係是弟出頭支理不涉兄之事其山遲年
約納山租錢陸文正付黄家收其原契未带
不便繳付日後有悬立賣字山紙永付爲照

光緒拾捌年五月　日立賣契弟達頤（押）
在見兄達振（押）
代字中林幼鑾

大發達

3-3-71-1　清光緒十八年五月葉達頤立賣山場契

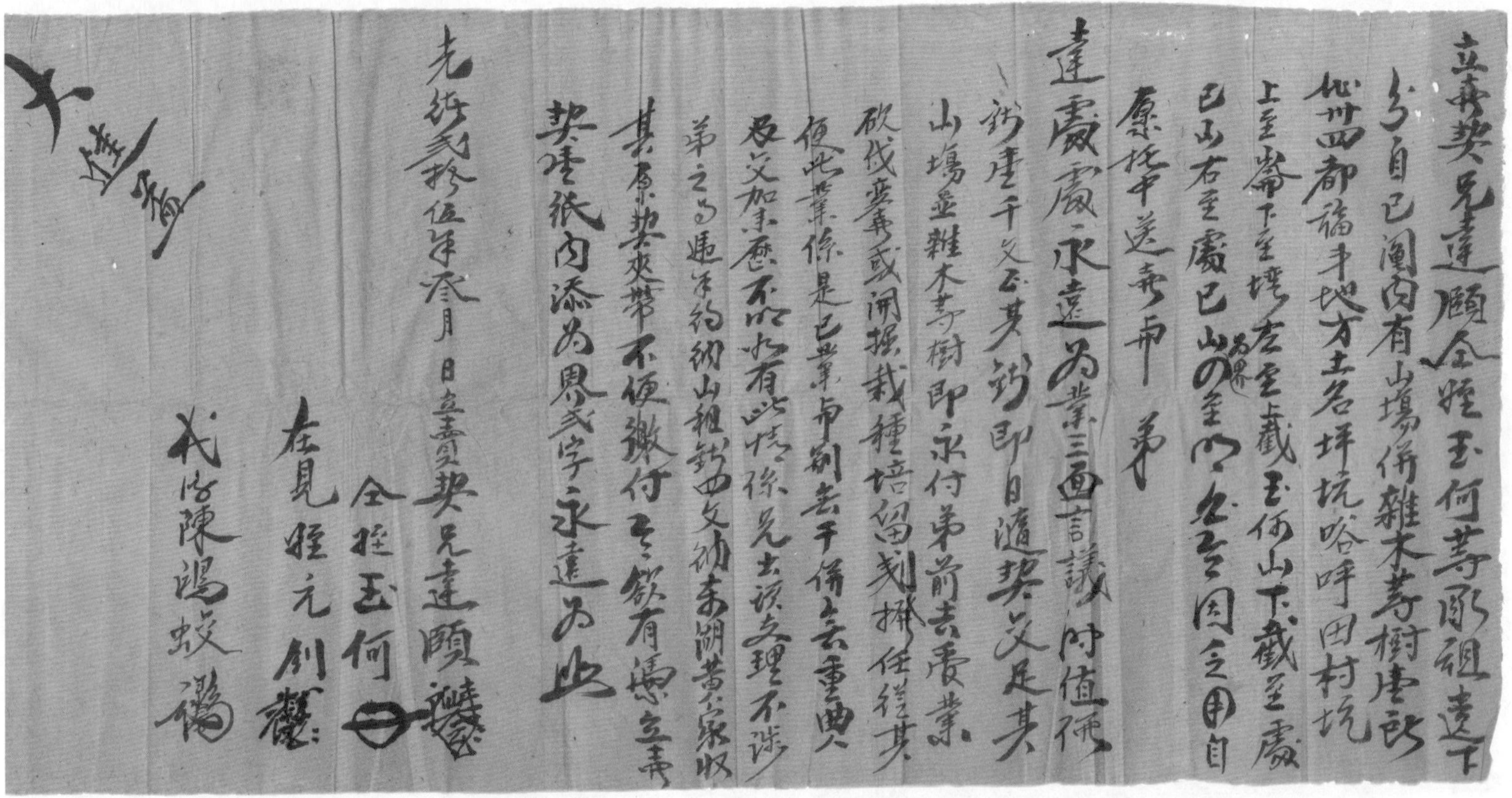
立賣契兄達頣仝姪玉何壽邦祖達逵下
今自己闔內有山場併雜木壽樹坐
化卅四都福地方土名坪坑喀呼田村坑
上至崙下至塆左至截玉何山下截至處
已山右至處已山為界四至分明今因乏用自
願托中送與弟
達處處永遠為業三面言議時值價
錢壹千文正其錢即日隨契交足其
山場並雜木壽樹即永付弟前去管業
砍伐並與或開掘栽種培留聽從其
便此業係是己業與別房伯叔兄弟人等無干亦未重典
及交加來歷不明如有此情係兄出頭支理不涉
弟之事通年納山租錢四文納未開荒收
其原契夾帶不便繳付日後倘有憑立賣
契壹紙內添為界二字永遠為照
光緒貳拾伍年叁月　日立賣契兄達頣
仝姪玉何
在見姪元創
代筆陳鴻蛟

3-3-71-2　清光緒二十五年三月葉達頣等立賣山場等契

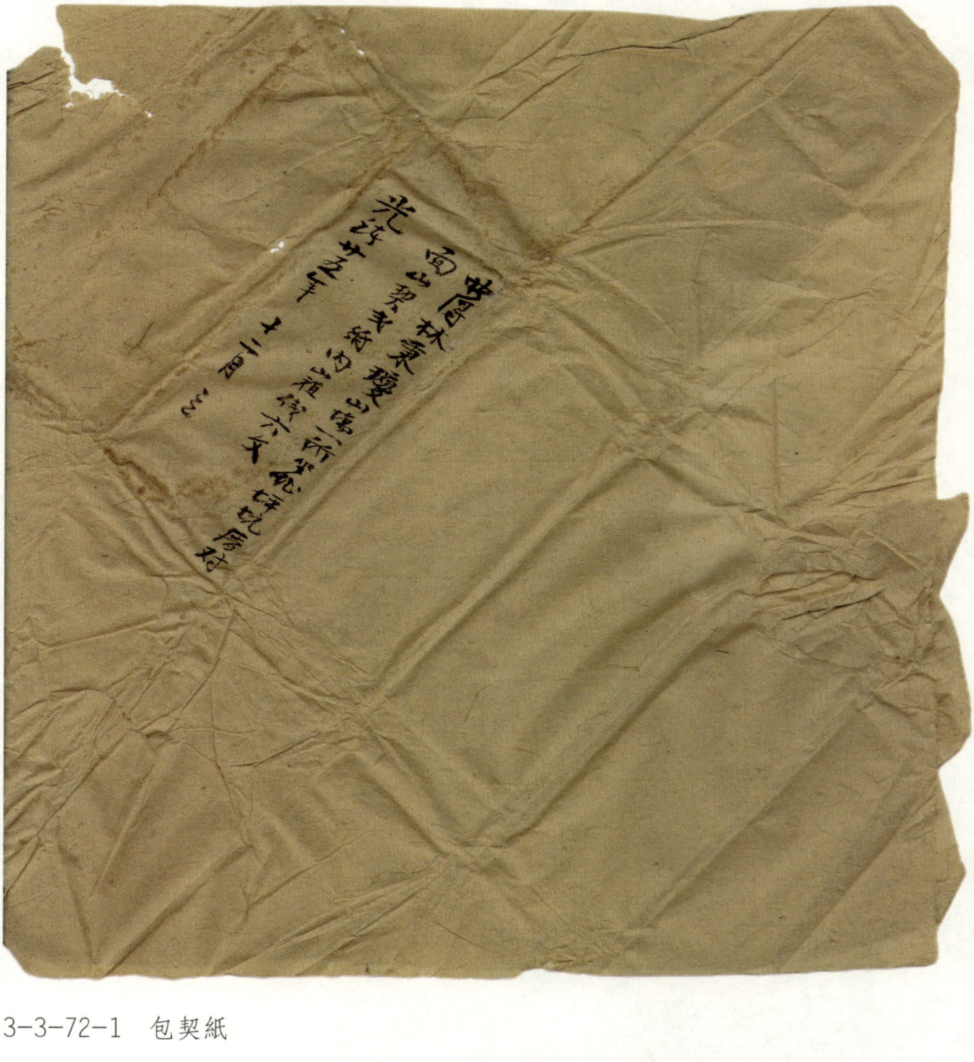

3-3-72-1　包契紙

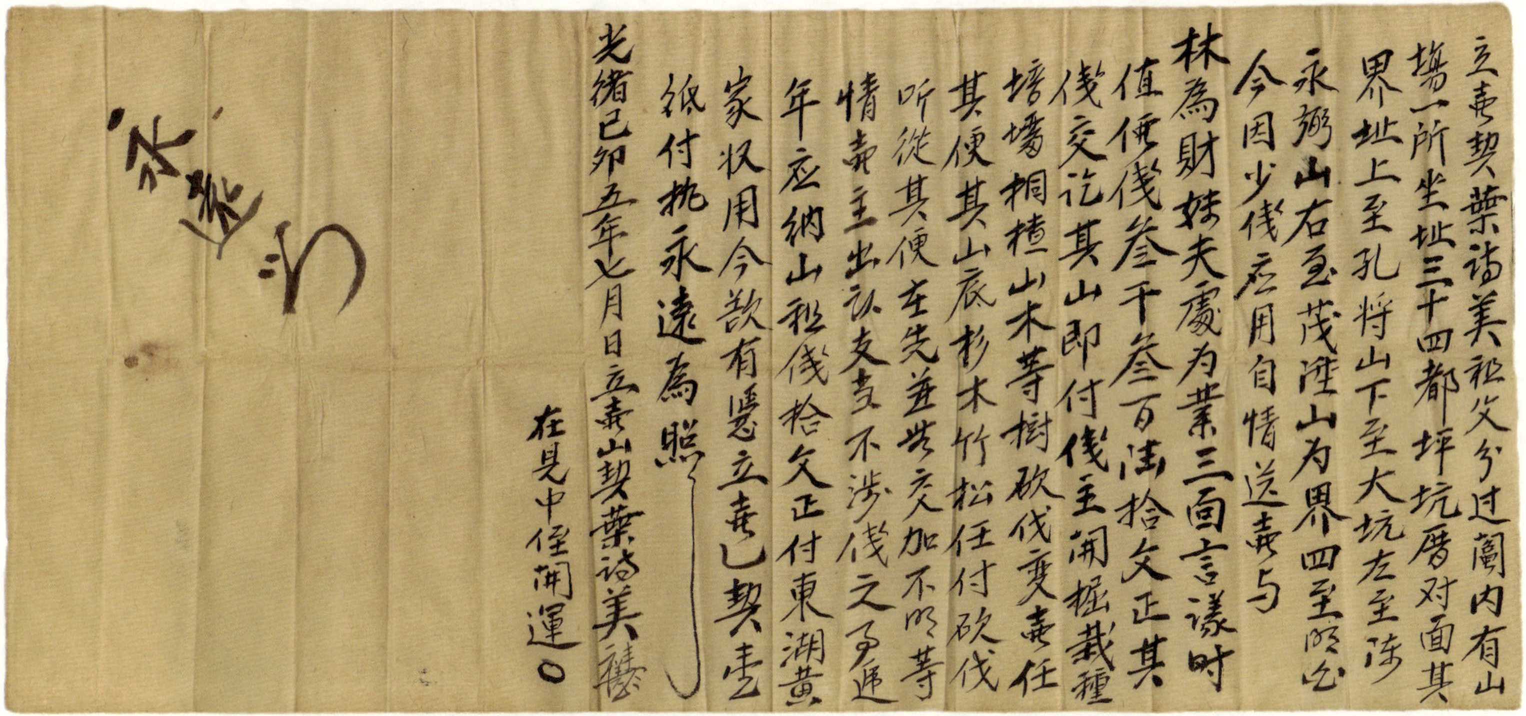
立賣契人葉詩美，承父分過闔内有山
場一所，坐址三十四都坪坑厝对面，其
界址上至孔将山，下至大坑，左至陈
永燕山，右至茂溎山为界，四至明白。
今因少钱应用，自情送賣与
林為財姑夫處为業，三面言議時
值价钱叁千叁百陆拾文正，其
钱交讫，其山即付钱主開掘栽種
培塲桐植山木等樹，砍伐变賣，任
其便，其山辰杉木竹松任付砍伐，
听從其便，在先並無交加不明等
情，賣主出认支当，不涉钱主之事。
年應納山租钱拾文正，付東湖黄
家收用。今欲有憑，立賣山契壹
紙，付执永遠為照。
光緒己卯五年七月日立賣山契人葉詩美（押）
在見中侄開運〇

3-3-72-2　清光緒五年七月葉詩美立賣山場契

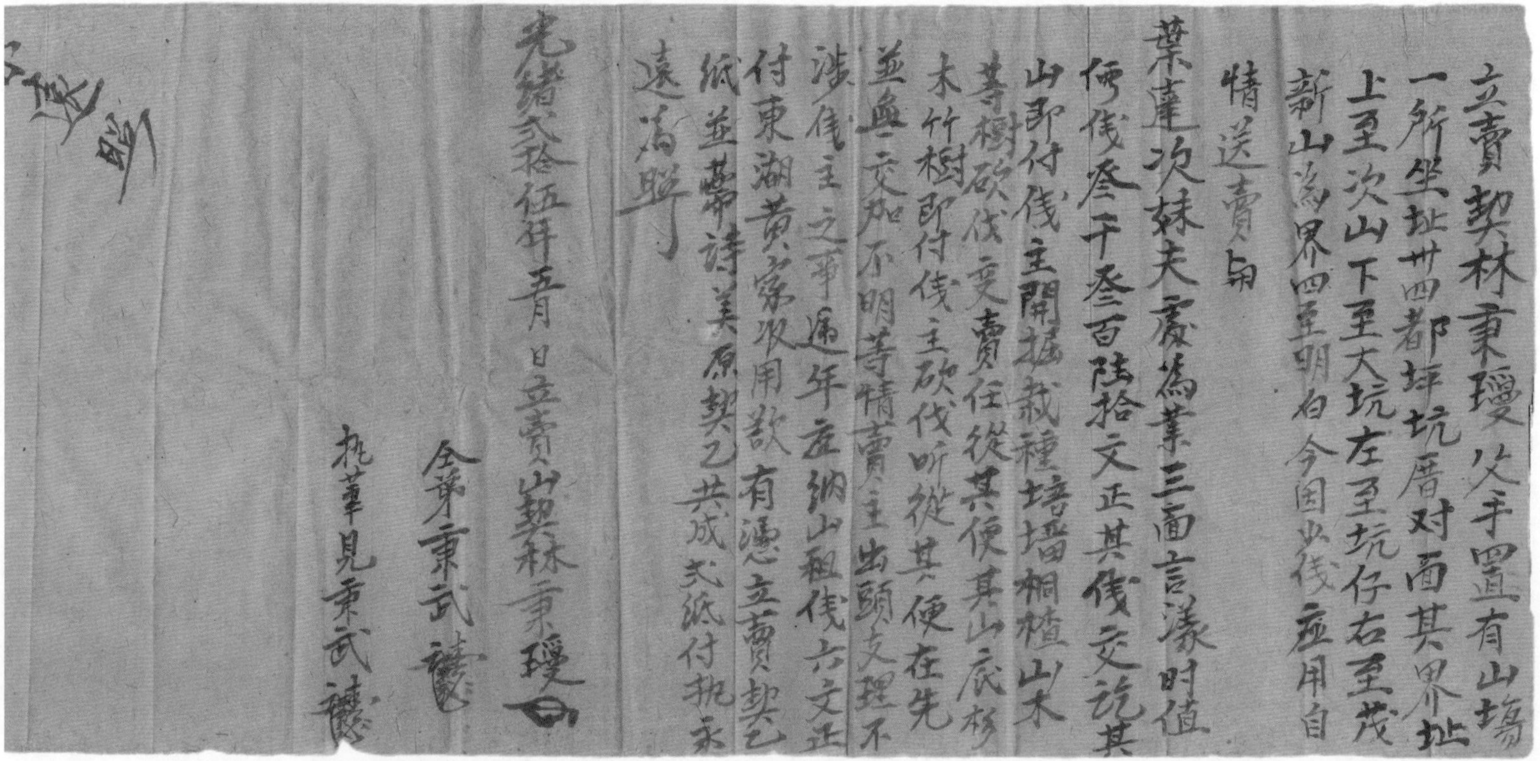

立賣契林秉瓊父手置有山場
一所坐址卅四都坪坑厝对面其界址
上至次山下至大坑左至坑仔右至茂
新山為界四至明白今因乏錢應用自
情送賣与
葉蓮次妹夫處爲業三面言議时值
價錢叁千叁百陆拾文正其錢交訖其
山即付錢主開掘栽種培植桐植山木
等樹砍伐變賣任從其便其山底杉
木竹樹即付錢主砍伐听從其便在先
並無交加不明等情賣主出頭支理不
涉錢主之事遞年應納山租錢六文正
付東湖黃家收用欲有憑立賣契乙
紙並帶詩美原契乙共成弍紙付執永
遠為照

光緒弍拾伍年五月　日立賣山契林秉瓊（押）
仝弟秉武（押）
執筆見秉武（押）

3-3-72-3 清光緒二十五年五月林秉瓊等立賣山場契

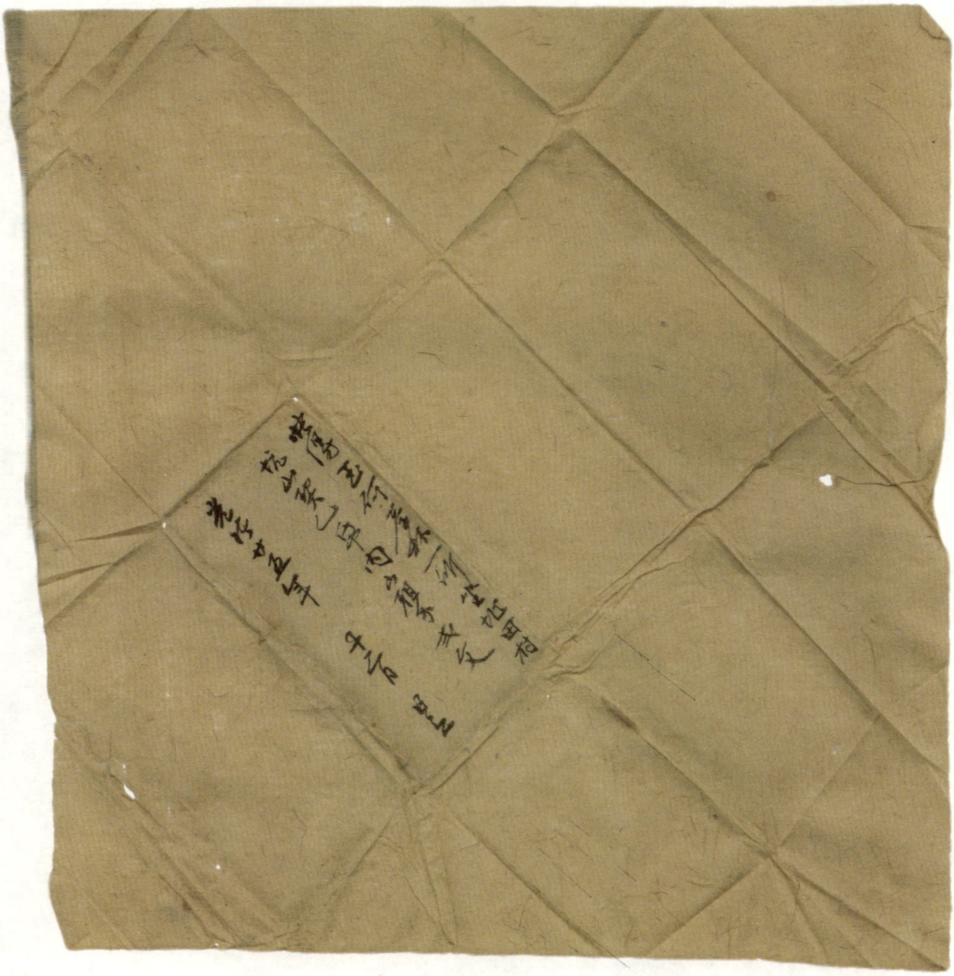

3-3-73-1　包契紙

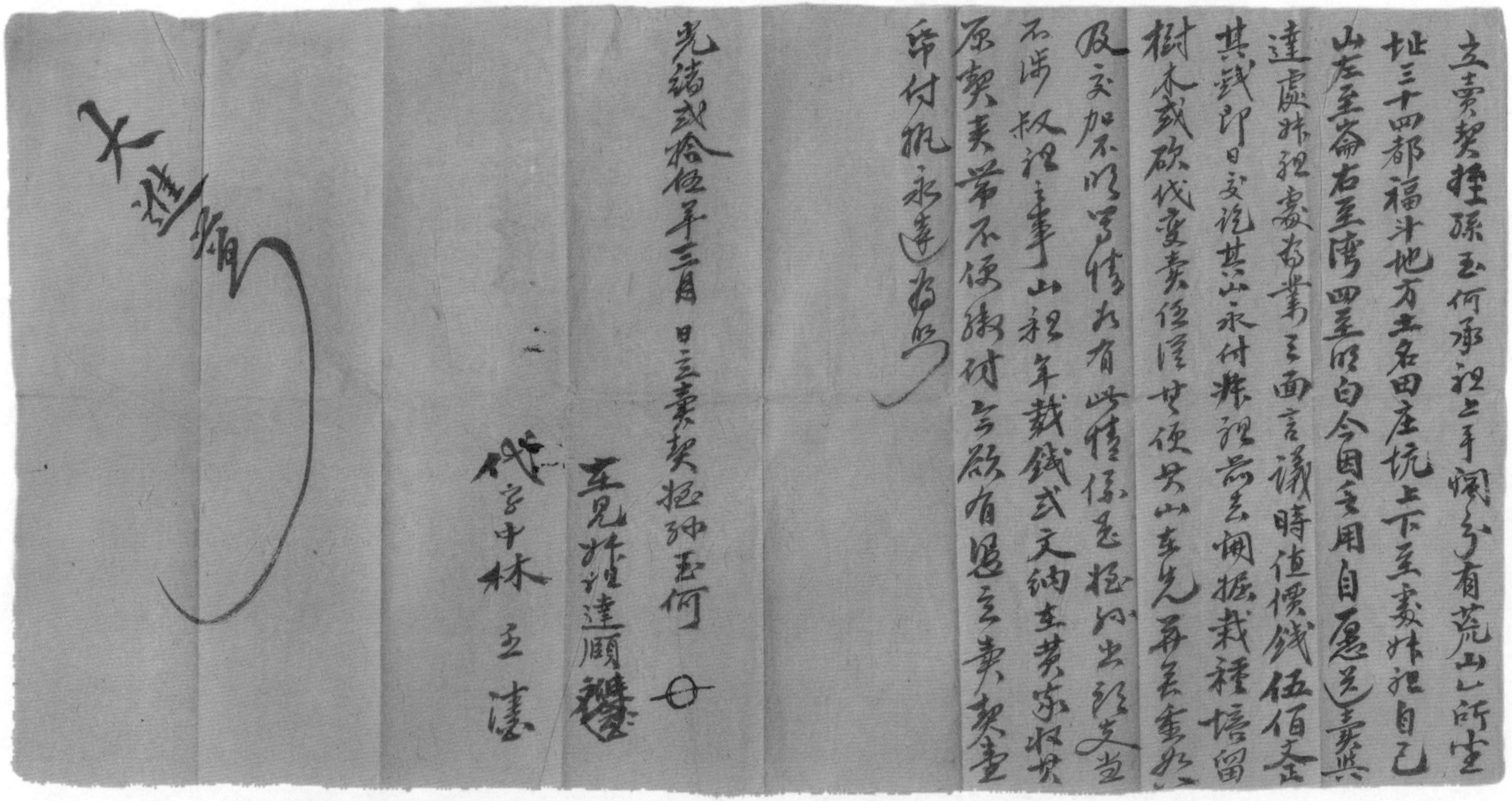
立賣契侄孫玉何承祖上手闔分有荒山一所坐
址三十四都福斗地方土名田庄坑上下至賣姊祖自己
山左至崙右至灣四至明白今因乏用自愿送賣與
達處姊祖處爲業三面言議時值價錢伍佰文正
其錢即日交訖其山永付姊祖前去掘栽種培留
樹木或砍伐變賣任從其便其山未賣之先并無重張
及交加不明等情如有此情係玉親出頭支當
不涉叔祖事山租年載錢弍文納主其家收貯
原契未當不便繳付立欲有憑立賣契壹
帋付執永遠爲照
光緒弍拾伍年三月　日立賣契侄孫玉何
在見姊祖達順
代字中林玉達

3-3-73-2　清光緒二十五年三月葉玉何立賣荒山契

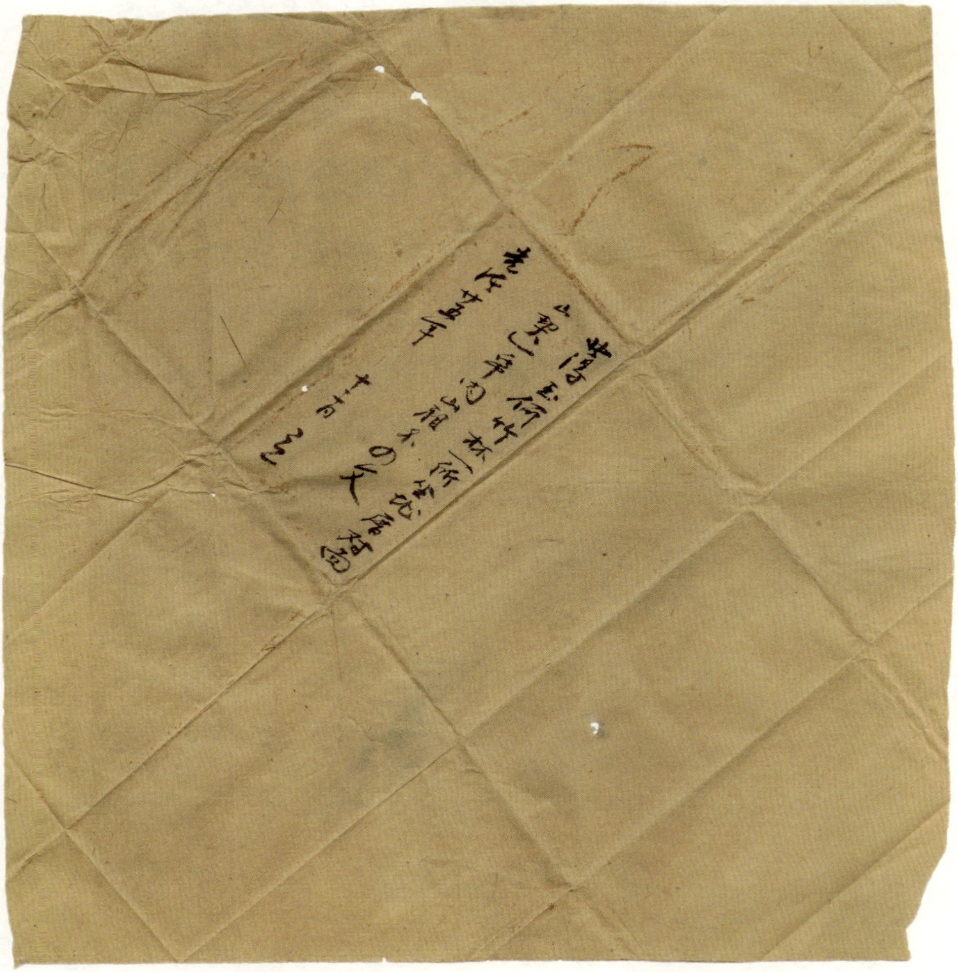

3-3-74-1　包契紙

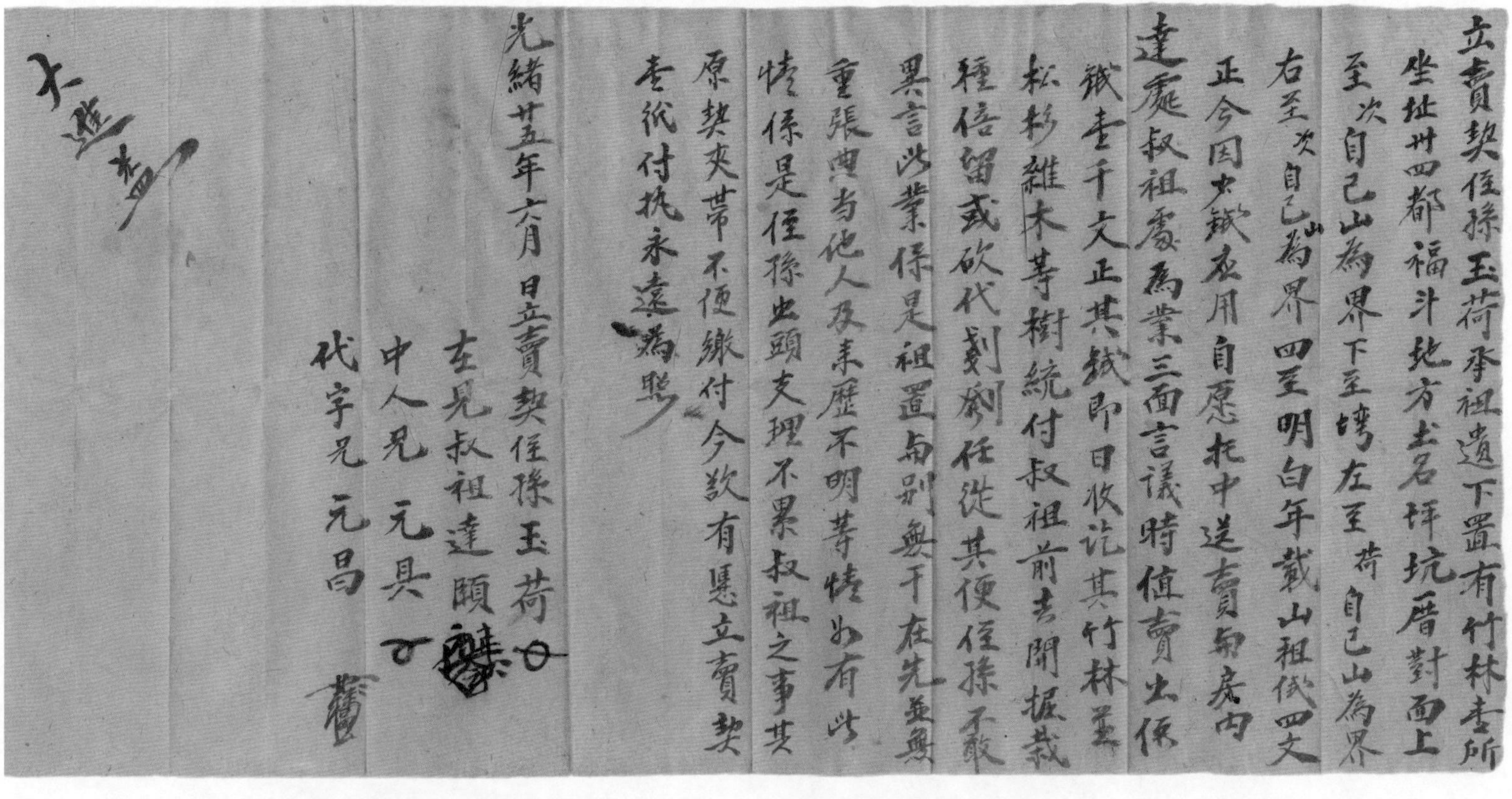
立賣契侄孫玉荷承祖遺下置有竹林壹所
坐址卅四都福斗地方土名坪坑厝對面上
至次自己山為界下至塆左至荷自己山為界
右至次自己山為界四至明白年載山租錢四文
正今因乏錢应用自愿托中送賣與房内
達厖叔祖處為業三面言議時值賣出价
錢壹千文正其錢即日收訖其竹林並
松杉雜木等樹統付叔祖前去開掘栽
種培留或砍代劏剩任從其便侄孫不敢
異言此業係是祖置與别無干在先並無
重張典當他人及來歷不明等情如有此
情係是侄孫出頭支理不累叔祖之事其
原契夾帶不便繳付今欲有憑立賣契
壹紙付執永遠為照
光緒廿五年六月　日立賣契侄孫玉荷（押）
在見叔祖達頤（押）
中人兄元具（押）
代字兄元昌（押）
大進吉

3-3-74-2　清光緒二十五年六月葉王荷立賣竹林契

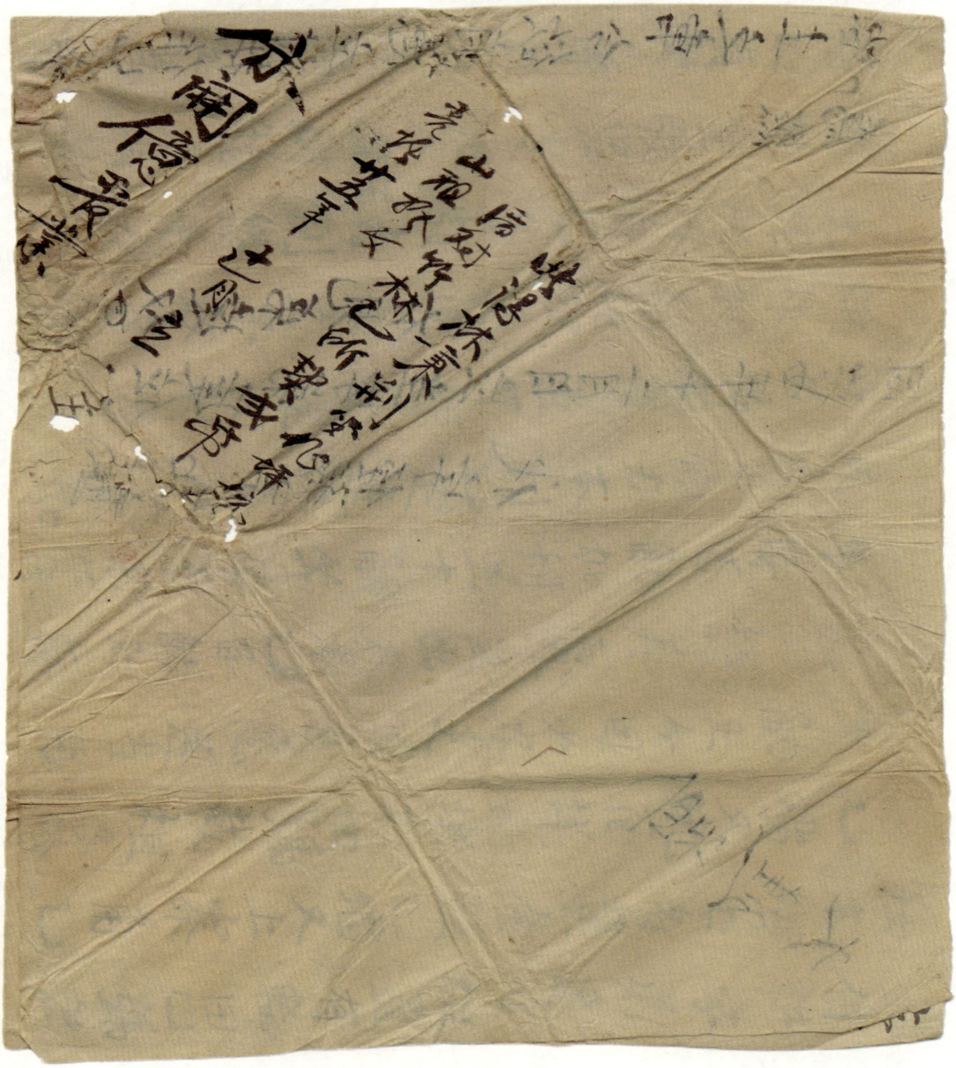

3-3-75-1　包契紙

立賣山契葉孔碧將父手置乡邊閣内有荒
山底並竹林一所，坐址廿八都福斗地方，土名坪
坑厝对面，上至達標山，下至坑，左至上責達標山
下責茂陞山，右至永鄉山為界，四至明白。今因乏
銀應用，托中送賣湖裡親人布
林爲財處為業，三面言議時值價銀番叁員，
其銀即日交訖，其山底並竹木付銀主前去開掘
栽種培播竹木等樹，砍伐聽從其便。此山父手置
而兄弟侄無干，在先並無交加不明等情。如有此
情，賣主出头支理，不涉銀主之事。年載山租錢拾文付
葉家收。今欲有憑，立賣山契一紙，並帶原契弍紙，
共成叁紙，付永遠為照。

光緒七年十一月　日立賣山契葉孔碧（押）
代字中見侄孫書勤（押）

大進益

3-3-75-2　清光緒七年十一月葉孔碧立賣荒山底等契

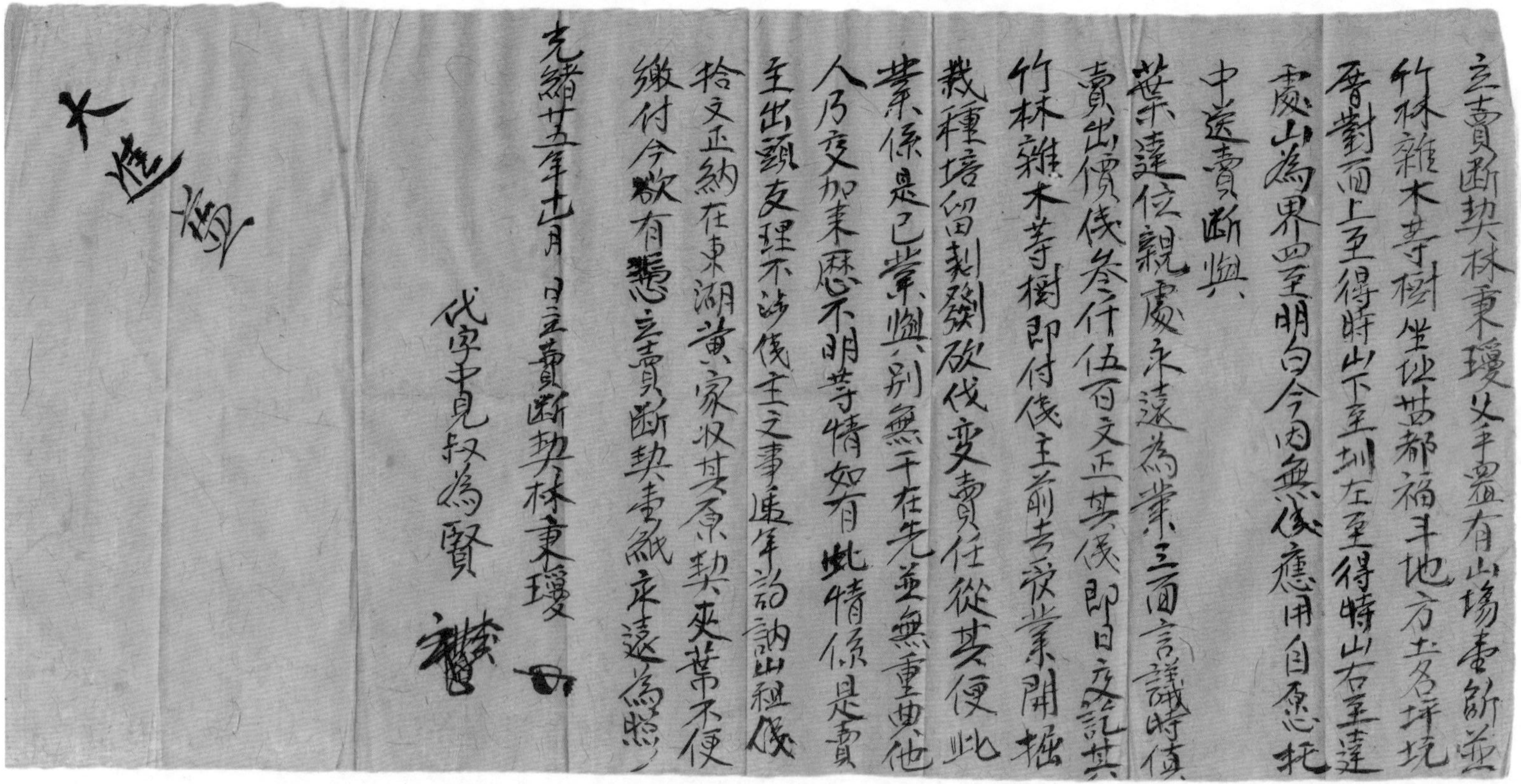

3-3-75-3 清光緒二十五年十一月林秉瓊立賣斷山場等契

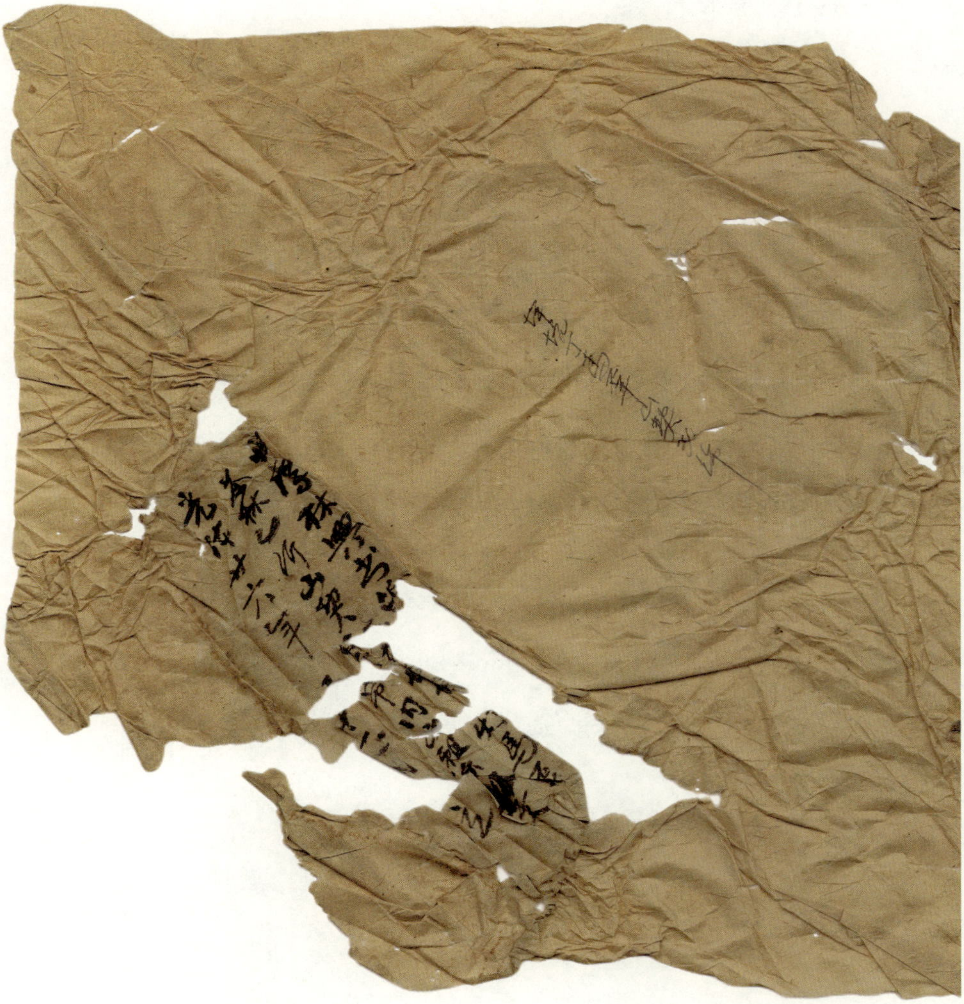

3-3-76-1　包契紙

立賣斷契陳國井自己手置有荒山
壹所坐址廿四都地坊土名坪坑灯馬平
上至崙頂下至坑左至德時山右至仁珠山
為界四至明白今因無錢乏用自愿
托中送賣與
林行宗處為業三面言議賣出價錢
壹仟柒百文正其錢即日收訖其荒山並
雜木等樹壹起永付伐主前去管業開
掘栽種桐楂或培墻劃剝採摘砍法
任從其便此山係是自己手置物業與別
伯叔兄弟侄無干在先並無重張典當
他人及交加不明等情係是賣主出頭
支當不涉錢主之事自賣之後永付
管業年載山租納內廩分正付黄家
收今欲有憑立賣契壹紙並繳原契
式紙共成叁紙付永遠為照

咸豐叁年正月 日立賣契陳國井 ○
在見叔永衍 號
中人宗兄大林 ○
代字宗侄朝俊 押

大雅盍

3-3-76-2 清咸豐三年正月陳國井立賣斷荒山契

立賣斷契林馨書承祖父手置閭份桐
楂林並荒山壹所，坐址三十四都福斗地坊
土名坪坑灯馬墓，上至崙頂，下至坑，左至
叔叶鵠山，右至仁朱山，対崙四至明白。今因無從
之用，自愿托中送賣斷與
葉達慶處永遠為業，三面言議時
值價銀伍兩正，每兩折伐捌百文正，其
錢即日交訖。其楂林並荒山並雜木等
樹壹起，永付錢主前去管業，開掘栽
種培墻，砍伐劃發，採摘任從其便。此業
係是自己閭份物業，與別無干，在先並
無重張典当他人，及交加不明等情。如有
情係是賣主出頭支理，不涉買主之事。
自賣之後，永付管業，年載山租艮分正付
苗家收。今欲有憑，立賣斷契壹紙並繳
陳國井愿契壹紙，共成貳紙，註壹字，山字永
遠為照。

光緒貳拾陸年二月　日立賣斷契林馨書（押）
在見弟吓皆（押）
代字中叔叶禎（押）

大達契

3-3-76-3　清光緒二十六年二月林馨書立賣斷桐楂林等契

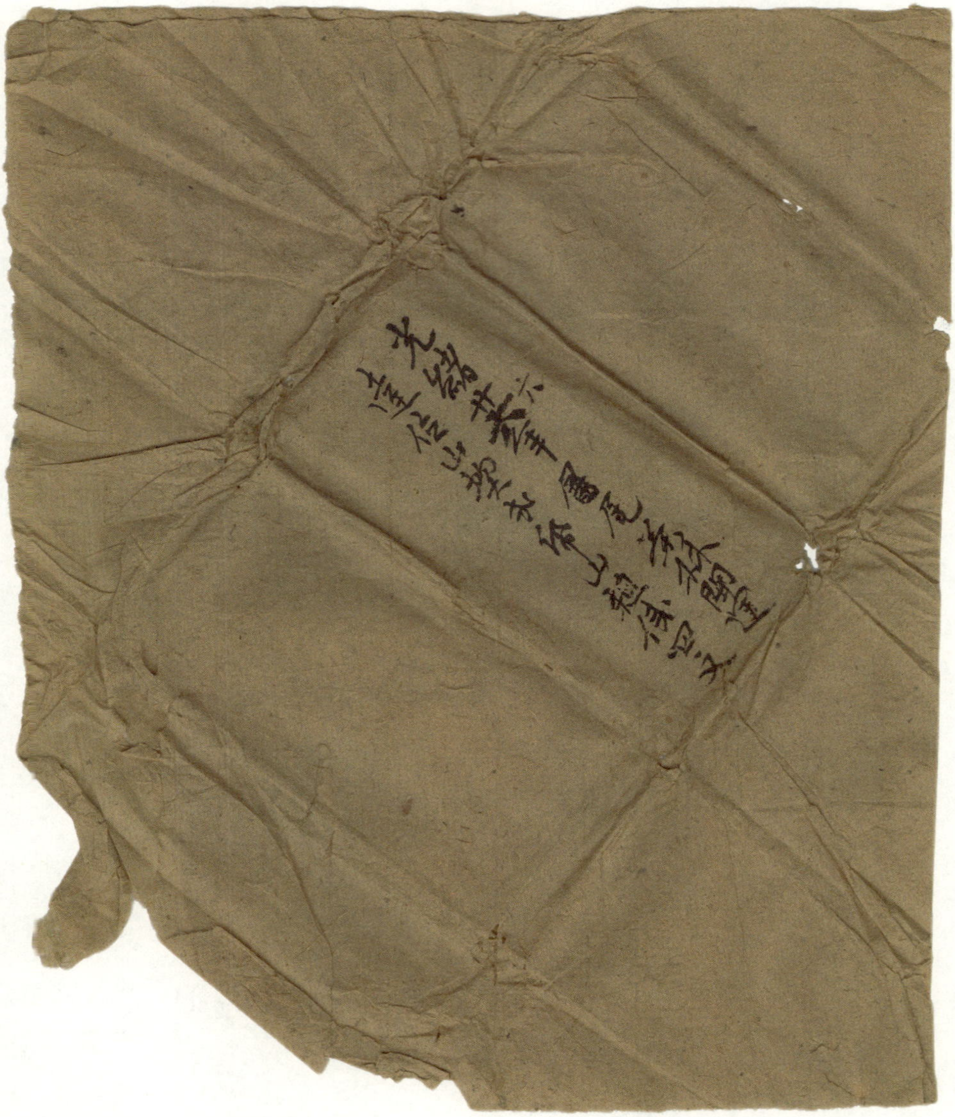

3-3-77-1　包契紙

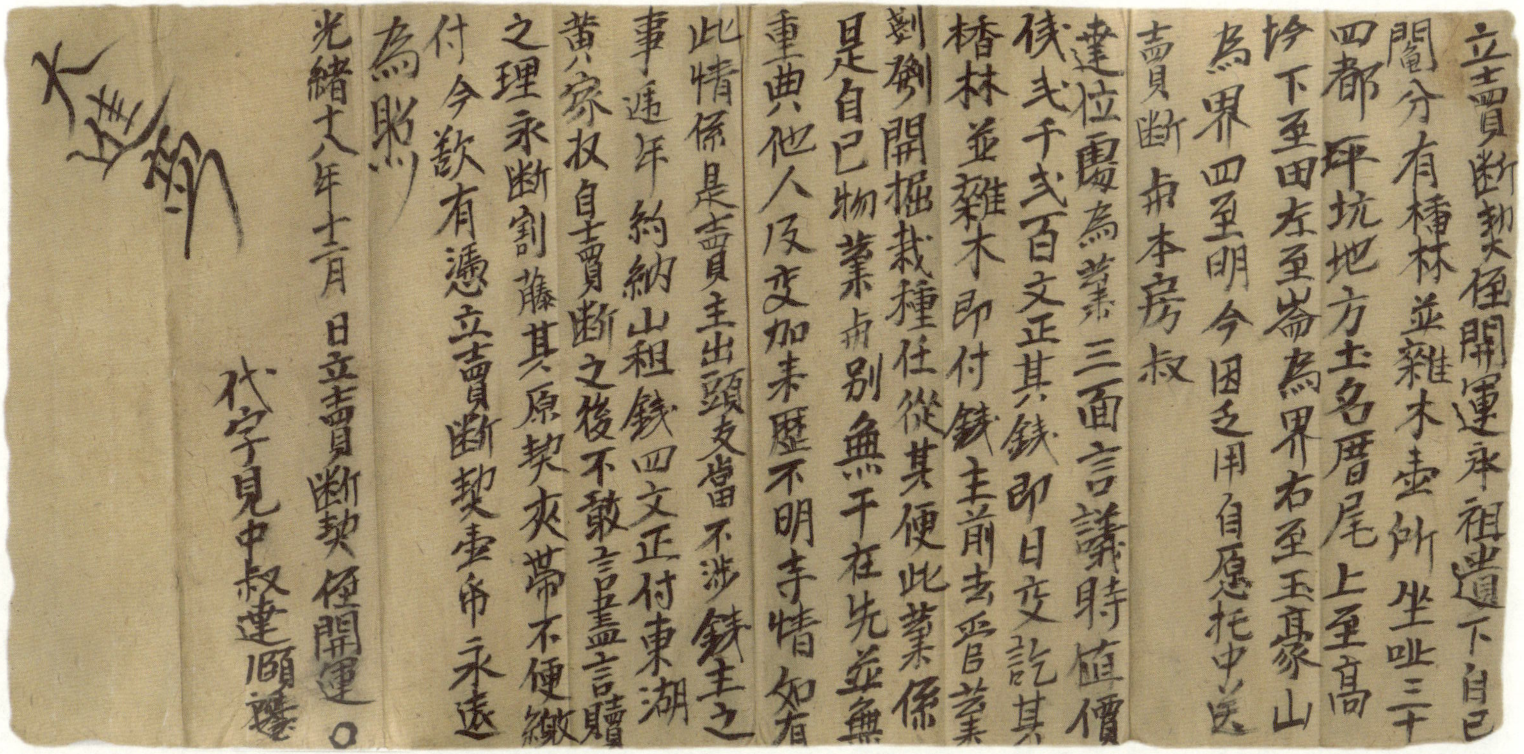
立賣斷契侄開運承祖遺下自己
鬮分有樁林並雜木壹所坐址三十
四都坪坑地方土名厝尾上至高
垮下至田左至崙為界右至王聚山
為界四至明今因乏用自愿托中送
賣斷與本房叔
達位處為業三面言議時值價
錢弍千弍百文正其錢即日交訖其
樁林並雜木即付錢主前去管業
剉砍開掘栽種任從其便此業係
是自己物業與別無干在先並無
重典他人及交加未歷不明等情如有
此情係是賣主出頭支當不涉錢主之
事逓年約納山租錢四文正付東湖
黃家收自賣斷之後不敢言盡言贖
之理永斷割藤其原契夾帶不便繳
付今欲有憑立賣斷契壹帋永遠
為照
光緒十八年十二月　日立賣斷契侄開運○
代字見中叔蓮順
大吉

3-3-77-2　清光緒十八年十二月葉開運立賣斷楂林等契

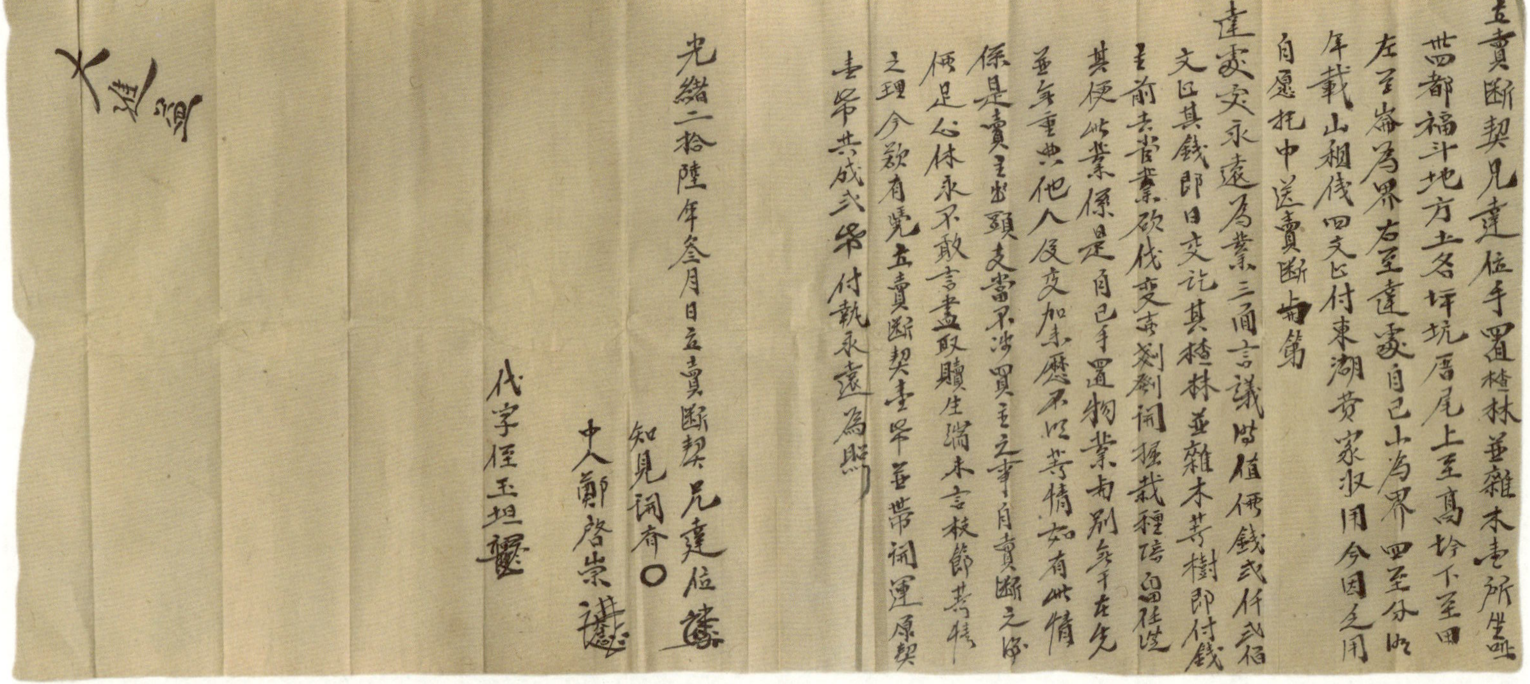
立賣斷契兄達位手置植林并雜木壹所坐址
卄四都福斗地方土名坪坑厝尾上至高坽下至田
左至崙為界右至達處自己山為界四至分明
年載山租錢四文正付東湖黄家收用今因乏用
自愿托中送賣斷與弟
達處安永遠為業三面言議時值價錢弍仟弍佰
文正其錢即日交訖其植林并雜木等樹即付錢
主前去管業砍伐變賣剗剷開掘栽種陪自往從
其便此業係是自己手置物業與別無干在先
並無重典他人及交加未歷不明等情如有此情
係是賣主出頭支當不涉買主之事自賣斷之後
任足心休永不敢言盡取贖生端異言枝節等情
之理今欲有憑立賣斷契壹帋並帶闬運原契
壹帋共成弍帋付執永遠為照
光緒二拾陸年叁月日立賣斷契兄達位
知見嗣侖〇
中人鄭啓崇
代字侄玉坦
大吉

3-3-77-3　清光緒二十六年三月葉達位立賣斷植林等契

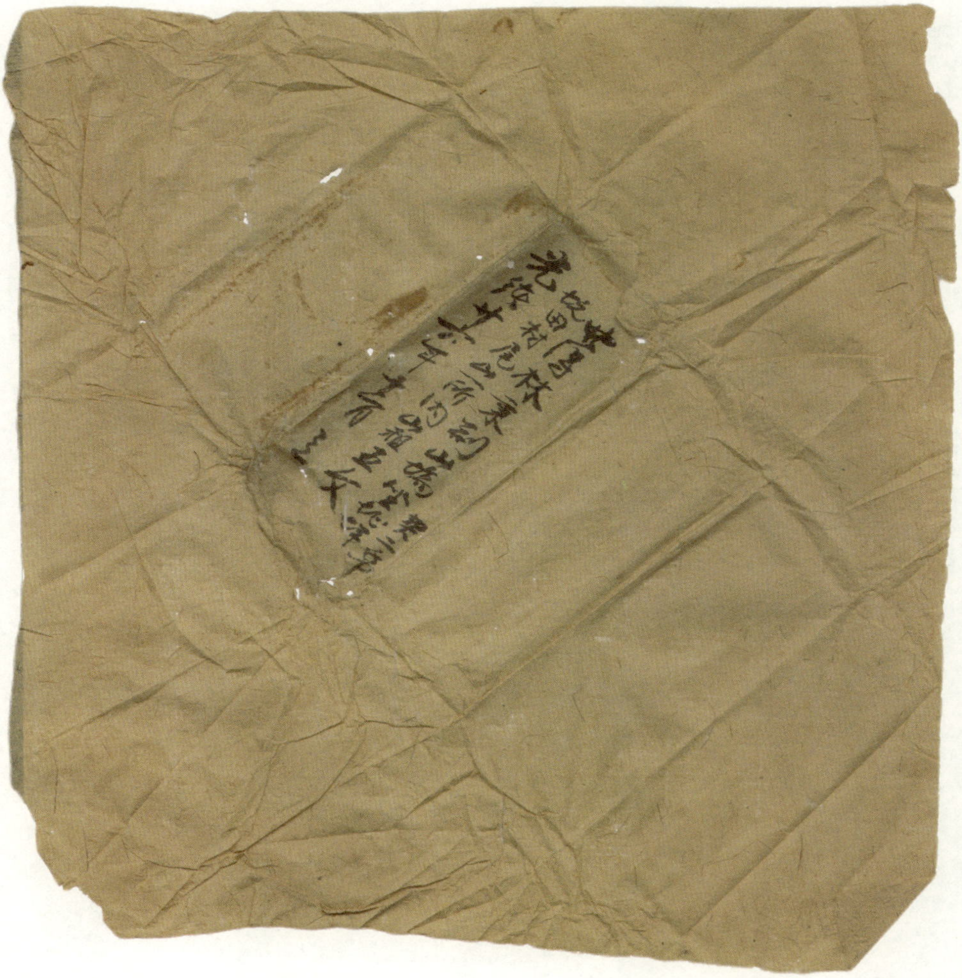

3-3-78-1　包契紙

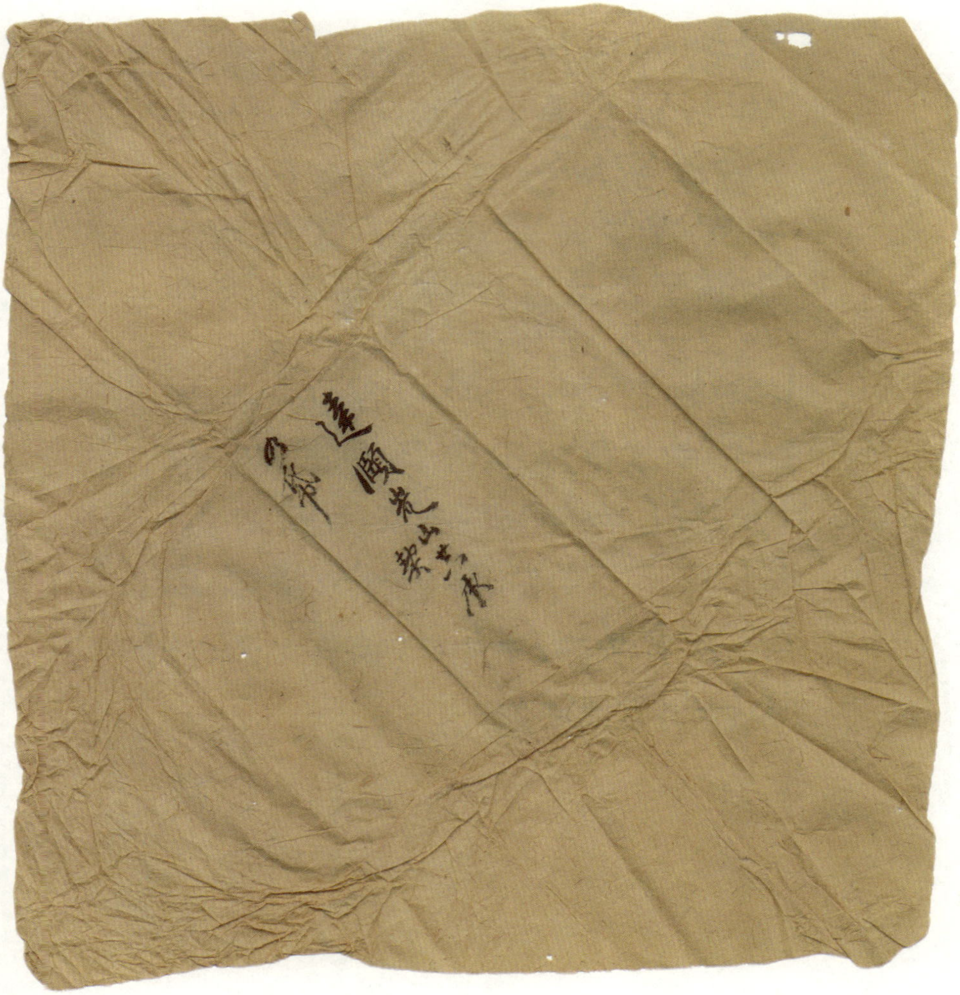

3-3-78-2 包契紙

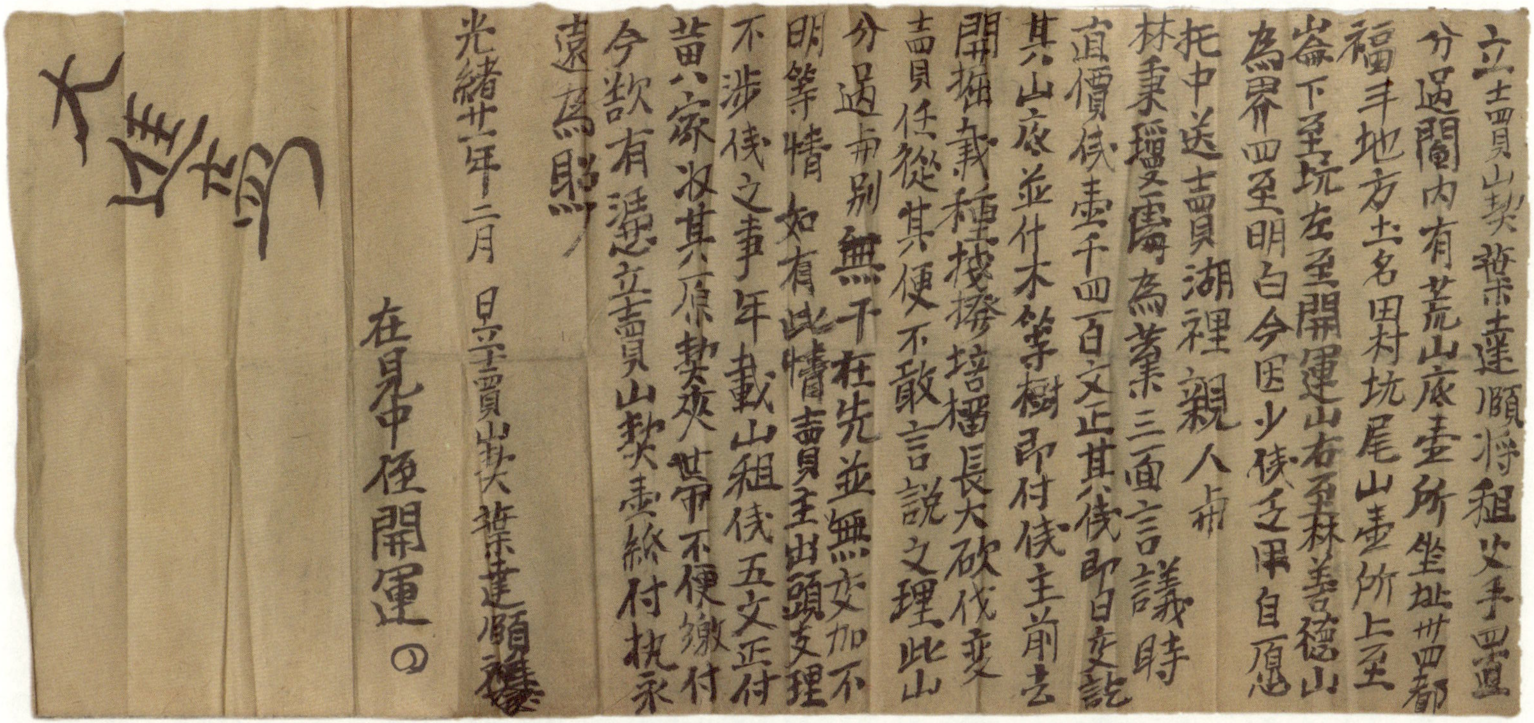
立賣山契葉達頤，將祖父手置
分過鬮內有荒山底壹所，坐址廿四都
福手地方，土名田村坑尾山壹所，上至
嵛，下至坑，左至開運山，右至林善德山
為界，四至明白。今因少錢應用，自愿
托中送賣湖裡親人弟
林秉璦處為業，三面言議，時
值價錢壹千四百文正，其錢即日交訖。
其山底並什木等樹，即付錢主前去
開掘栽種接擦培擂，長大砍伐變
賣，任從其便，不敢言說之理。此山
分過弟別，無干在先，並無交加不
明等情，如有此情，賣主出頭支理，
不涉錢之事。年載山租錢五文正，付
黃六家收，其原契夾帶不便繳付。
今欲有憑，立賣山契壹紙，付執永
遠為照。
光緒廿一年二月　日立賣山契葉達頤
在見中侄開運

3-3-78-3　清光緒二十一年二月葉達頤立賣荒山底契

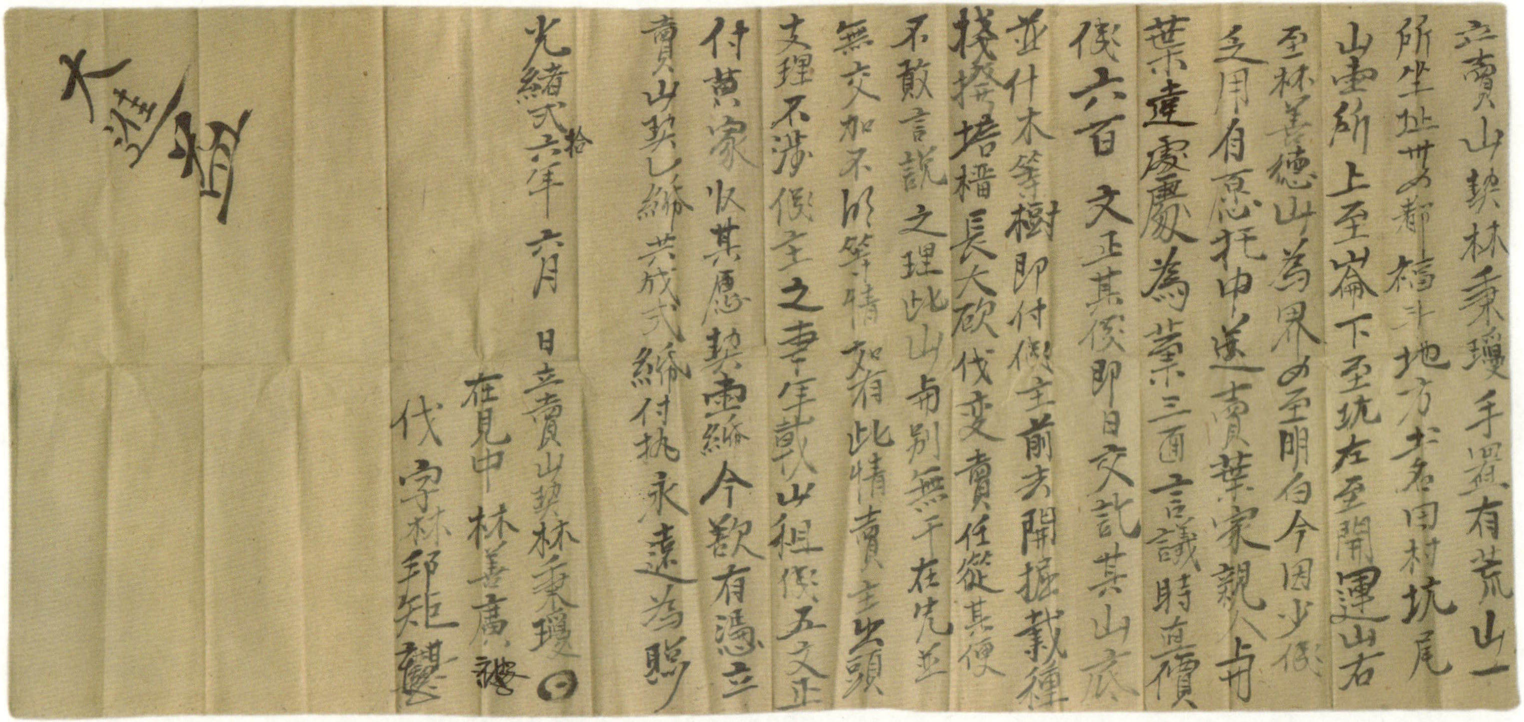

立賣山契林秉瓊，手置有荒山一
所，坐址卅八都福斗地方，土名田村坑尾
山壹所，上至崙，下至坑，左至開運山，右
至林善德山為界，四至明白。今因少欠
乏用，自愿托中送賣葉家親人弟
葉達慶處為業。三面言議時值價
錢六百文正，其錢即日交訖，其山底
並什木等樹，即付錢主前去開掘栽種
栽插培植，長大砍伐，變賣任從其便，
不敢言說之理。此山系別無干在先並
無交加不明等情，如有此情，賣主出頭
支理，不涉錢主之事。年載以山租錢五文正
付黃家收，其應契壹紙，今欲有憑，立
賣山契一紙，共成弍紙，付執永遠為照。
光緒弍拾六年　六月　日立賣山契林秉瓊（押）
在見中　林善廣（押）
代字　林邦矩（押）

3-3-78-4　清光緒二十六年六月林秉瓊立賣荒山契

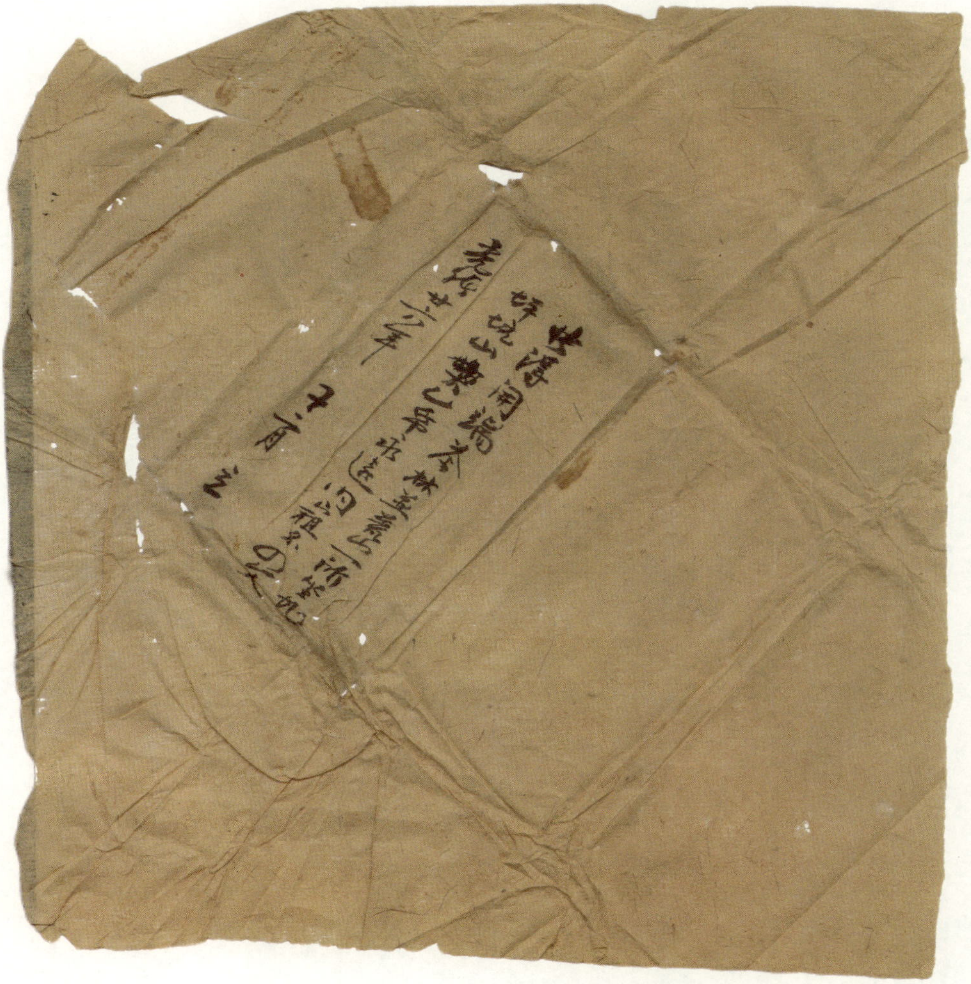

3-3-79-1　包契紙

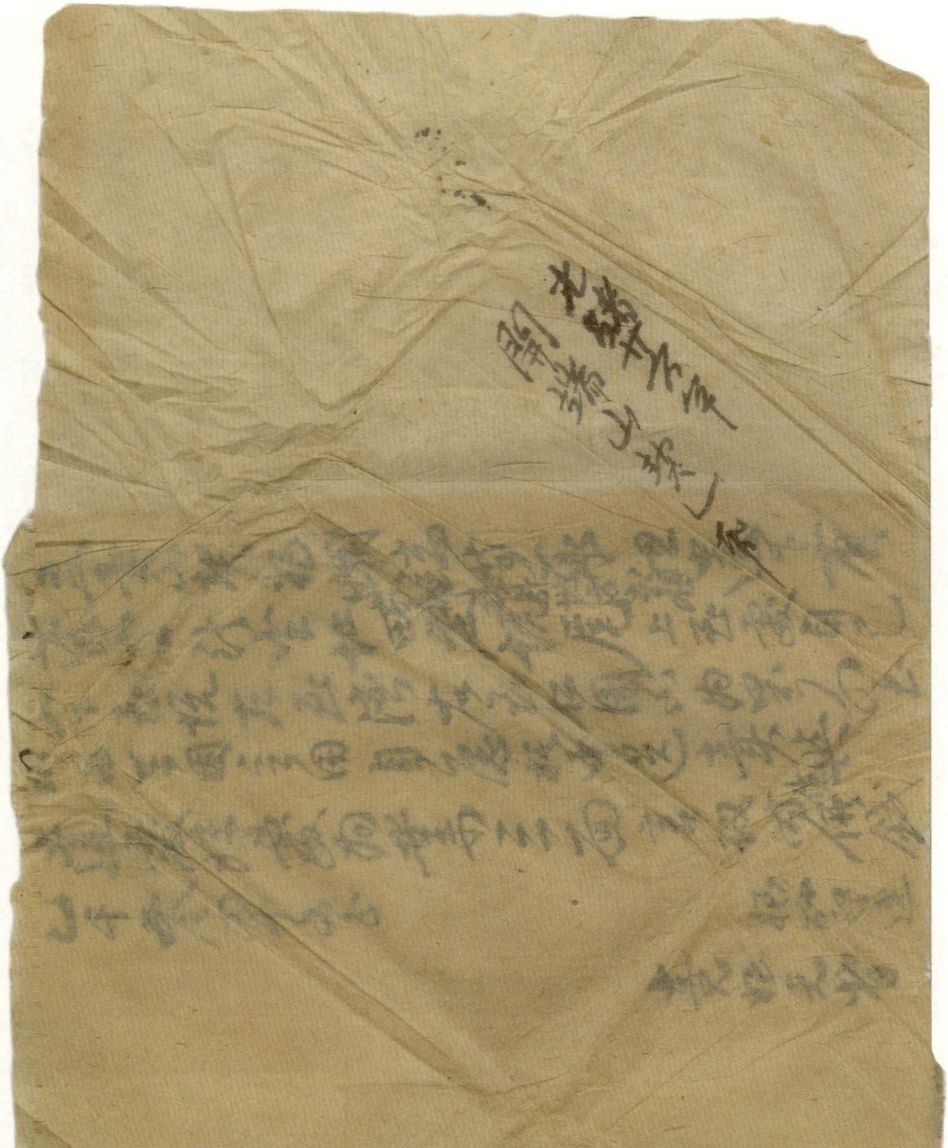

3-3-79-2 包契紙

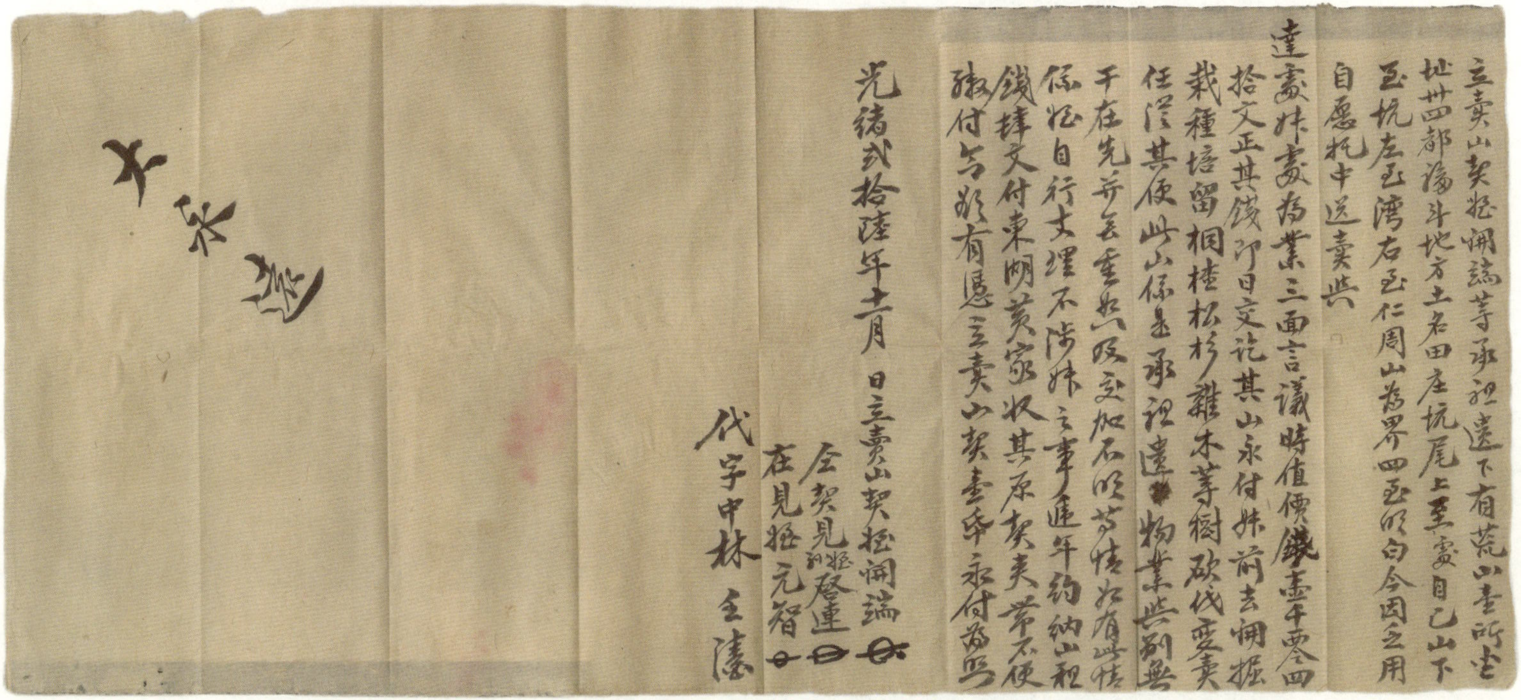
立賣山契葉開端等承祖遺下有荒山壹所坐
址卅四都湯斗地方土名田庄坑尾上至處自己山下
至坑左至灣右至仁周山為界四至明白今因乏用
自愿托中送賣與
達霖叔處為業三面言議時值價錢壹千零四
拾文正其錢即日交訖其山永付叔前去開掘
栽種培留桐楂松杉雜木等樹砍伐變賣
任從其便此山係是承祖遺物業與别無
干在先并無重張交加不明等情如有此情
係葉自行支理不涉叔之事逐年約納山租
錢肆文付東嶼黃家收其原契失落不便
繳付今欲有憑立賣山契壹紙永付為照

光緒貳拾陸年十一月　日立賣山契葉開端
仝契見胞葉啓連
在見葉元智
代字中林壬濤

大吉昌

3-3-79-3　清光緒二十六年十一月葉開端等立賣荒山契

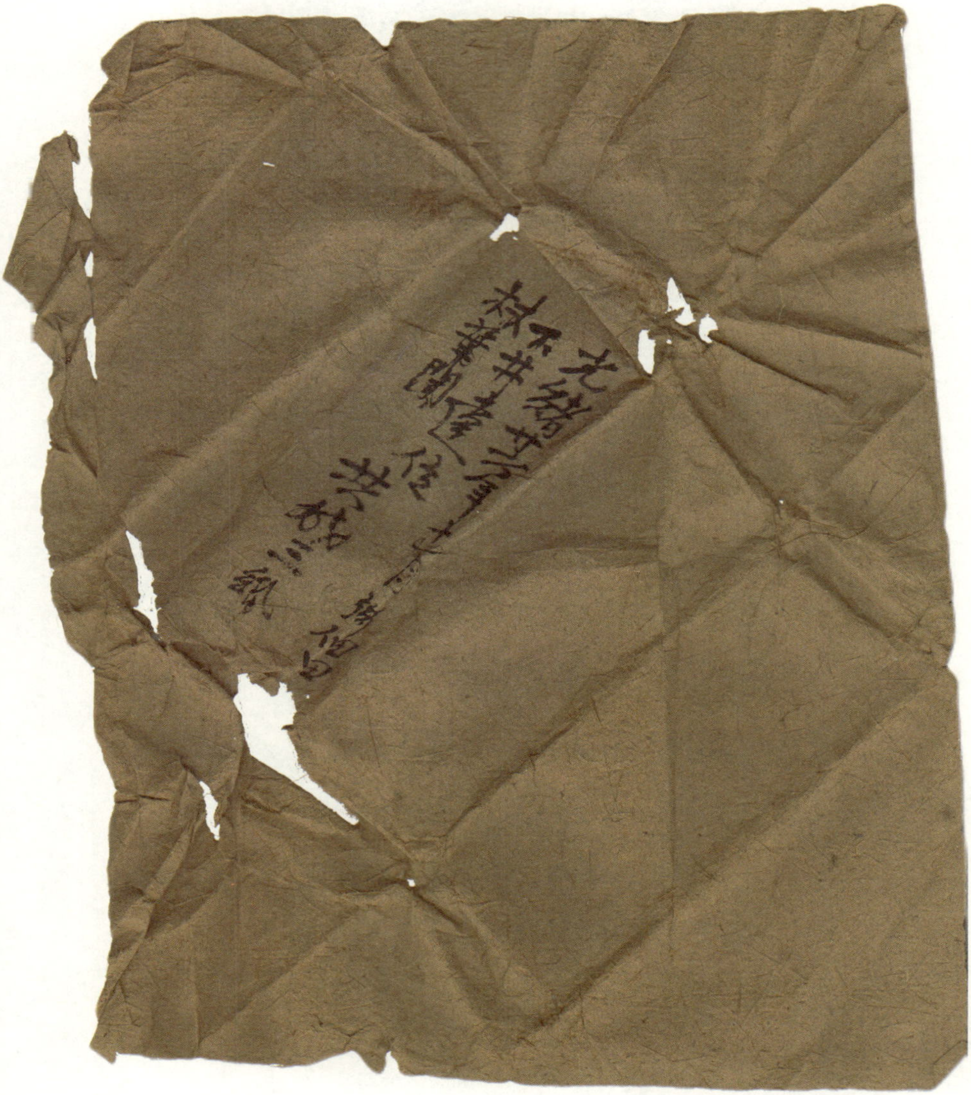

3-3-80-1　包契紙

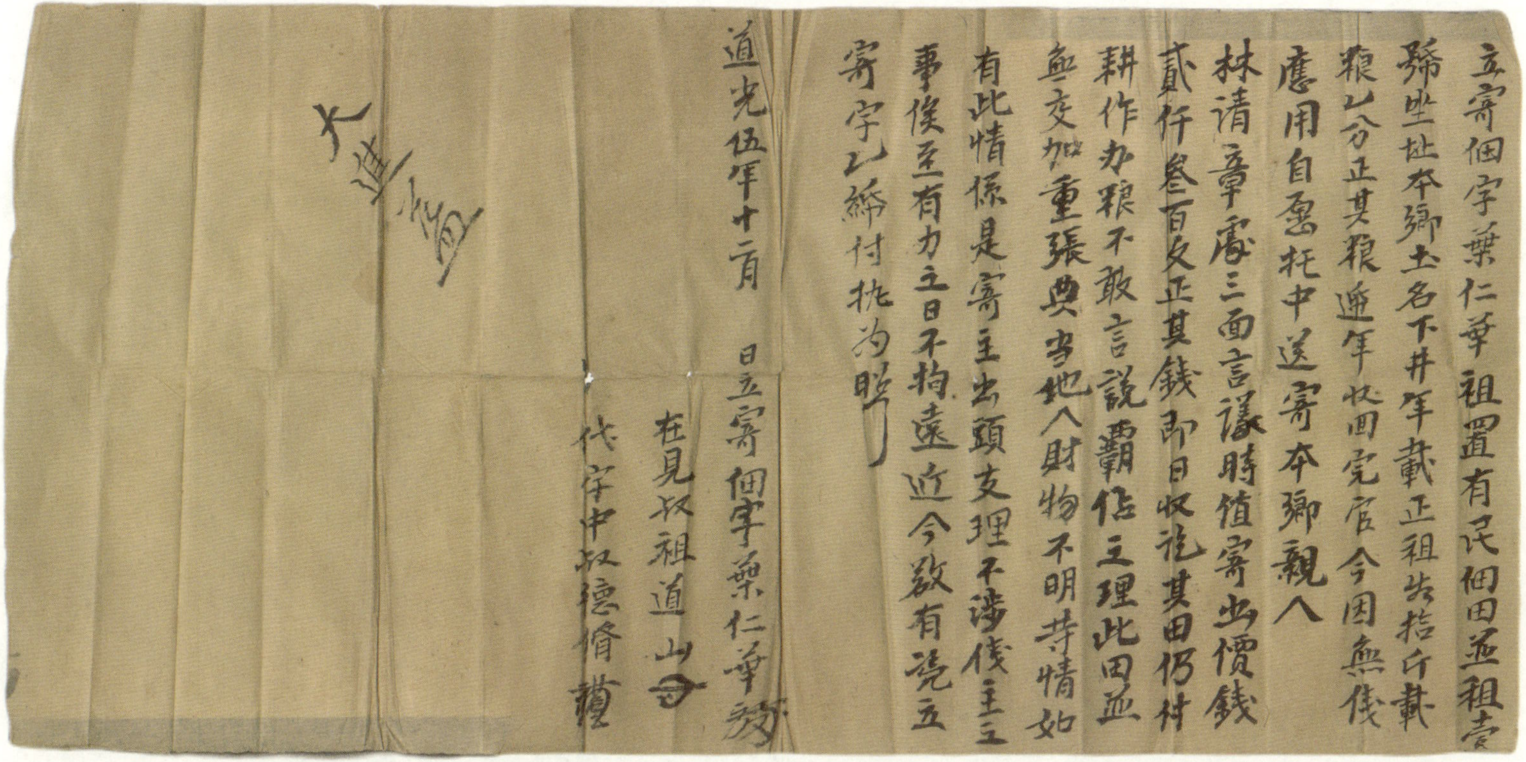

立寄佃字葉仁華祖置有民佃田並祖壹
號坐址本鄉土名下井竿載正租六拾斤載
粮山分正其粮逐年收回完官今因無錢
應用自愿托中送寄本鄉親人
林請章處三面言議時值寄出價錢
貳仟叁百文正其錢即日收訖其田仍付
耕作办粮不敢言說霸佔立理此田並
無交加重張典當他人財物不明等情如
有此情係是寄主出頭支理不涉佃主之
事俟至有力之日不拘遠近今欲有憑立
寄字一紙付執為照

道光伍年十二月　日立寄佃字葉仁華（押）
在見叔祖道山（押）
代字中叔德脩（押）

3-3-80-2　清道光五年十二月葉仁華立寄民佃田字

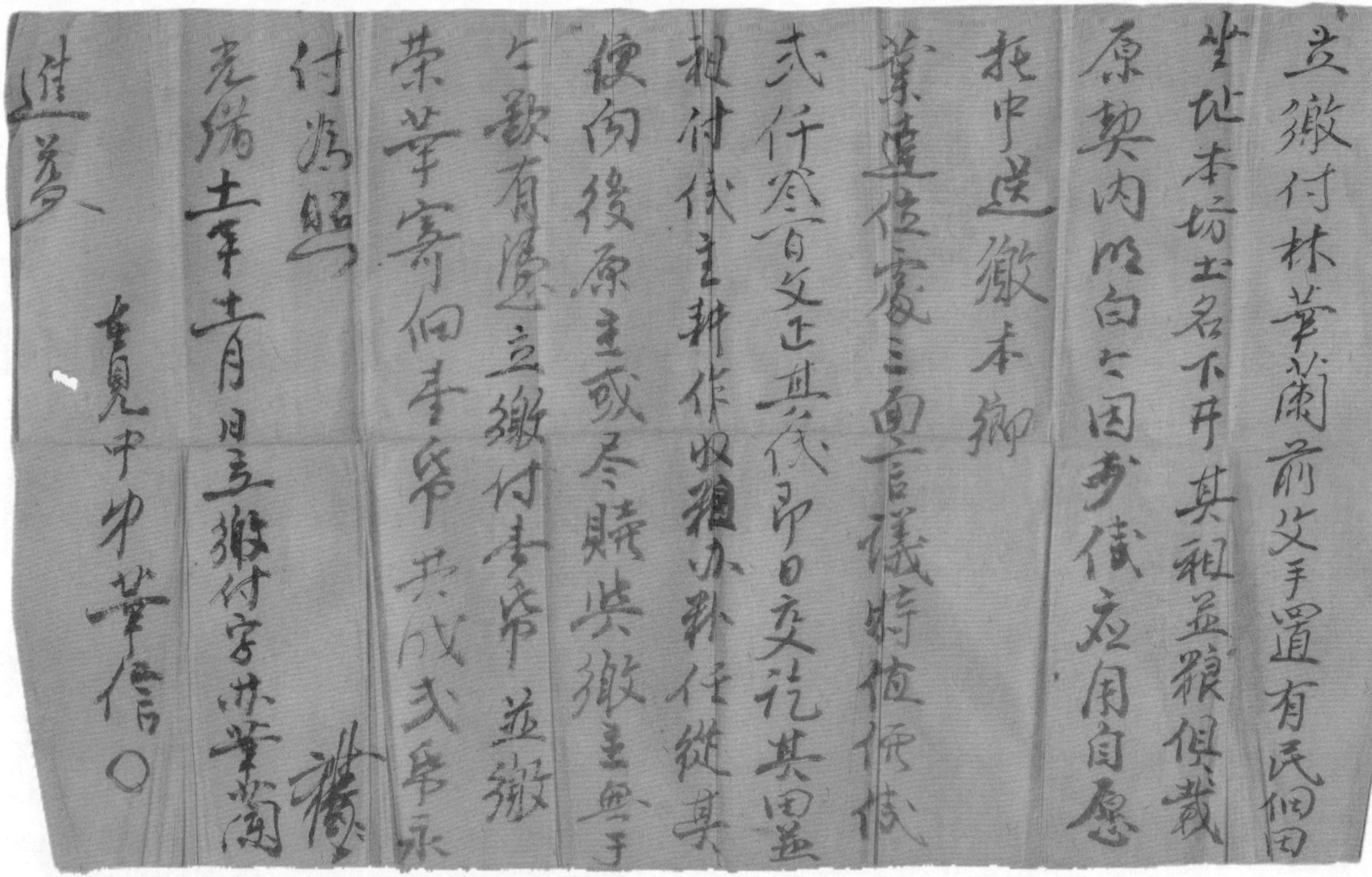
立繳付林華蘭前父手置有民佃田
坐址本坊土名下圻其租并粮俱載
原契內明白今因乏銀應用自愿
托中送繳本鄉
葉邊位處三面言議時值價銀
弍仟叁佰文正其銀即日交訖其田並
租付銀主耕作收租亦聽任從其
便向後原主或盡贖與繳主無干
今欲有憑立繳付字壹帋並繳
榮華寄佃字壹帋共成弍帋永
付為照
光緒十一年十一月　日立繳付字林華蘭
在見中叔華信 ○
進美

3-3-80-3　清光緒十一年十一月林華蘭立繳付民佃田字

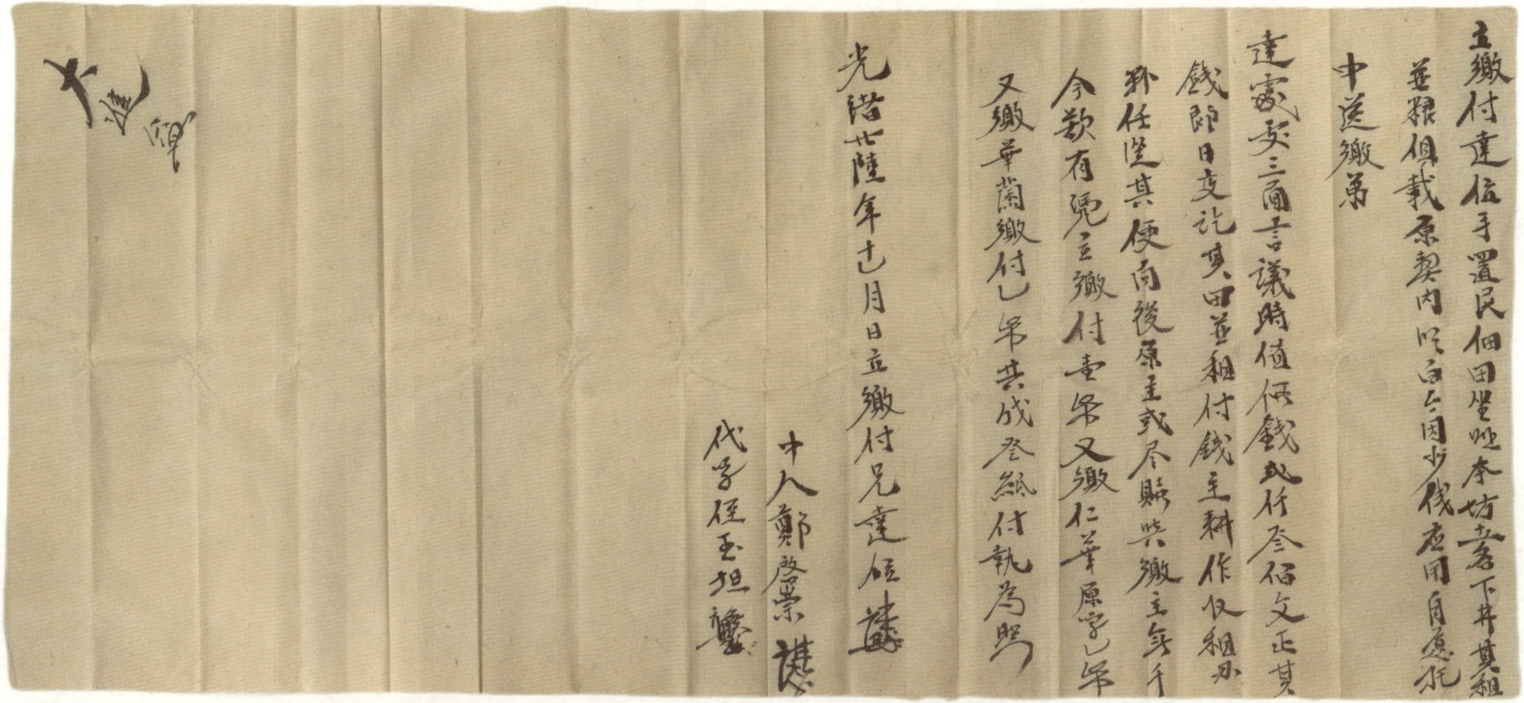
立繳付達位手置民佃田壹號坐落本坊土名下井其租
並粮俱載原契內明白分明步段應用自愿托
中送繳弟
達處交三面言議時值價錢貳仟叁佰文正其
錢即日交訖其田並租付錢主耕作收租無
阻任從其便向後原主或尽贖無繳立字千
今欲有憑立繳付壹帋又繳仁華原字乙帋
又繳華蘭繳付乙帋共成叁紙付執為照
光緒廿陸年十一月日立繳付兄達位（押）
中人鄭啟棠（押）
代字侄玉坦（押）

3-3-80-4　清光緒二十六年十一月葉達位立繳付民佃田字

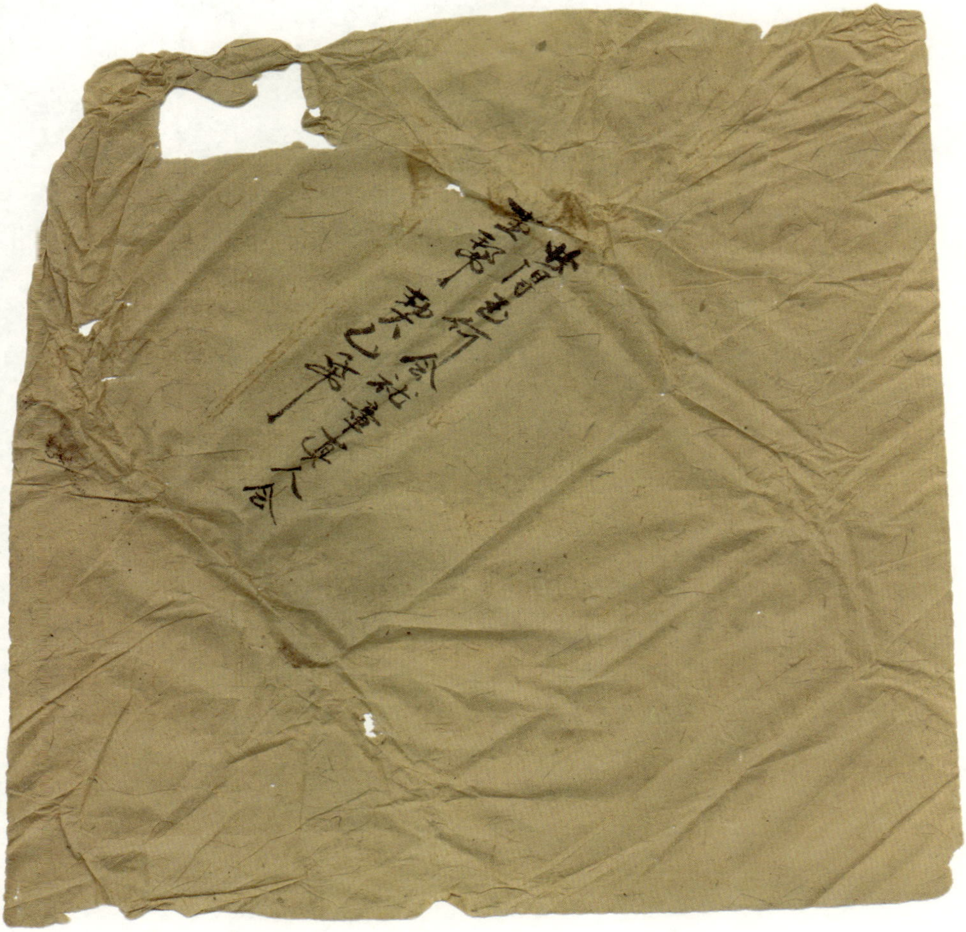

3-3-81-1 包契紙

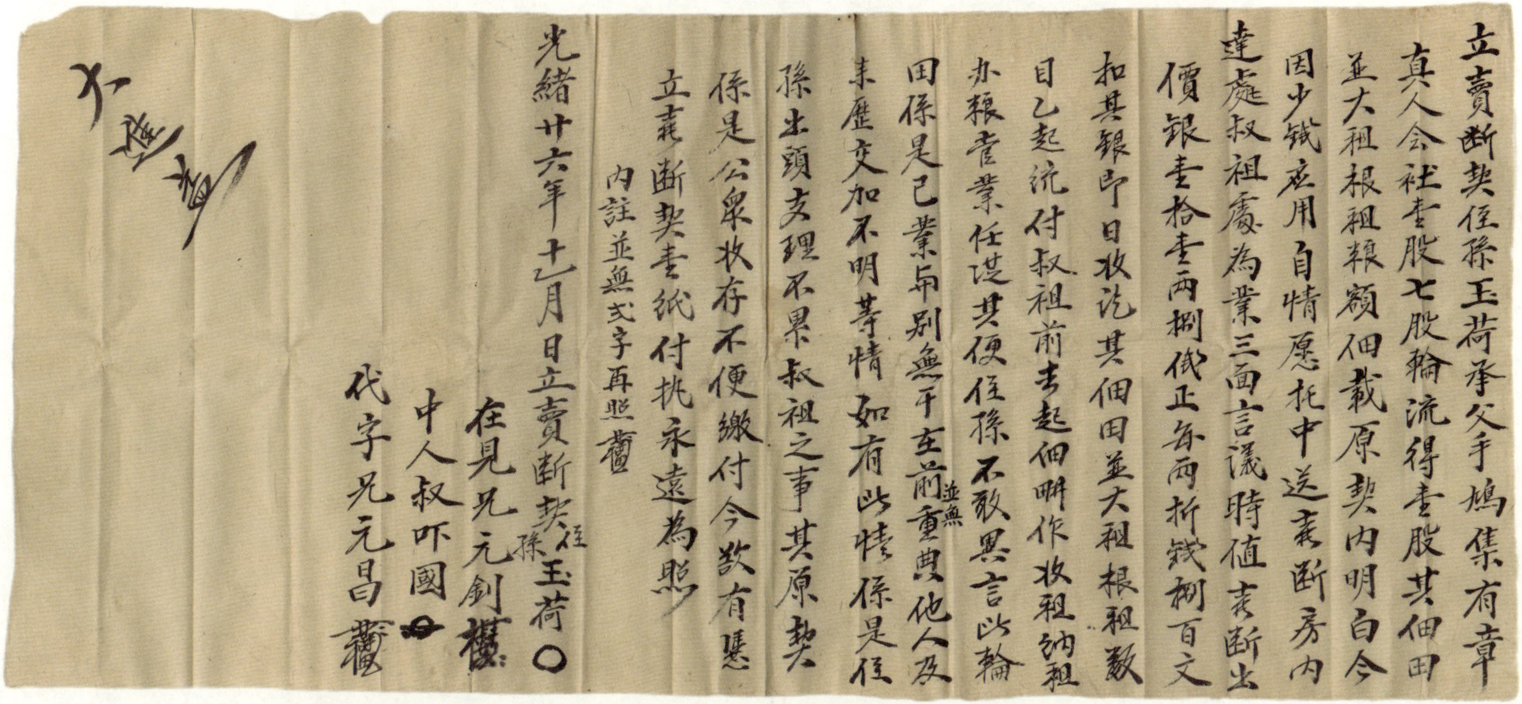

立賣斷契侄孫玉荷承父手鳩集有章
真人会社壹股七股輪流得壹股其佃田
並大租根租粮額佃載原契内明白今
因少錢應用自情愿托中送賣斷房内
達旋叔祖處為業三面言議時值賣斷出
價銀壹拾壹両捌錢正每両折錢捌百文
和其銀即日收訖其佃田並大租根租數
目已起流付叔祖前去起佃聯作收租納租
办粮壹業任從其便侄孫不敢異言此輪
田係是已業與别無干在前並無重典他人及
來歷交加不明等情如有此情係是侄
孫出頭支理不累叔祖之事其原契
係是公衆收存不便繳付今欲有憑
立賣斷契壹紙付執永遠為照
内註並無弍字再照
光緒廿六年十一月日立賣斷契侄孫玉荷
在見兄元釗
中人叔吓國
代字兄元昌

3-3-81-2　清光緒二十六年十一月葉玉荷立賣斷會社股份契

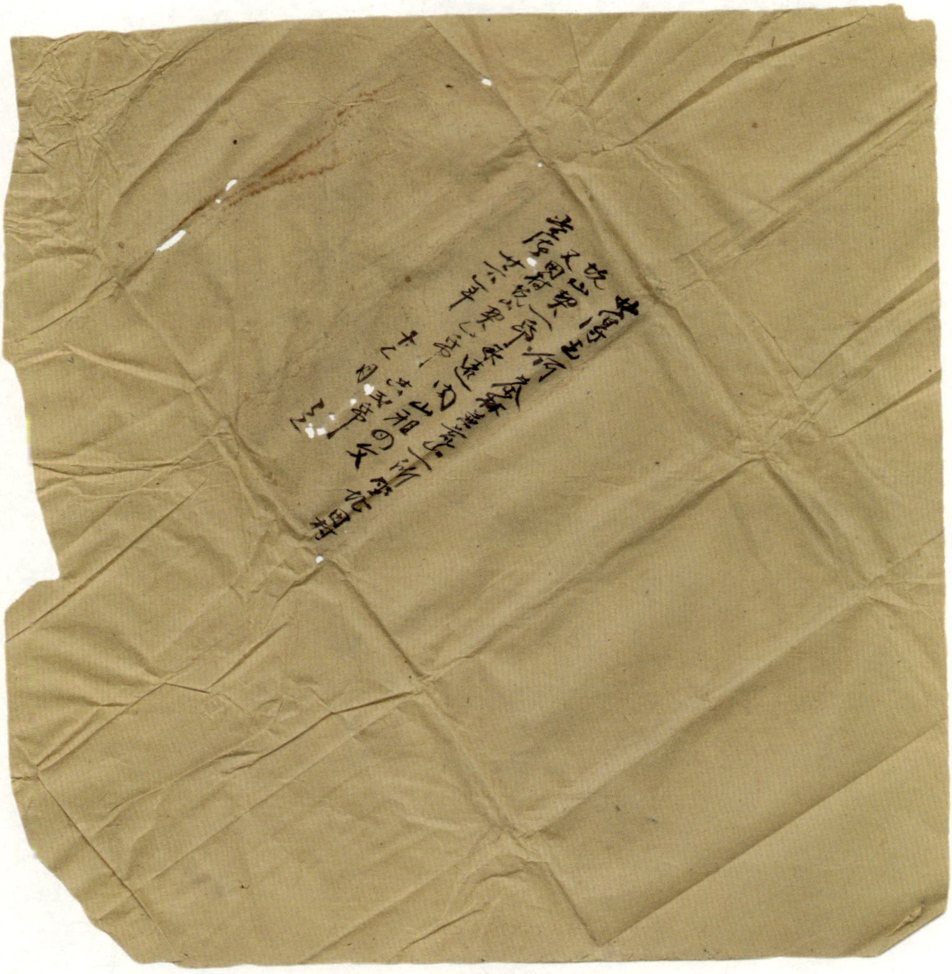

3-3-82-1　包契紙

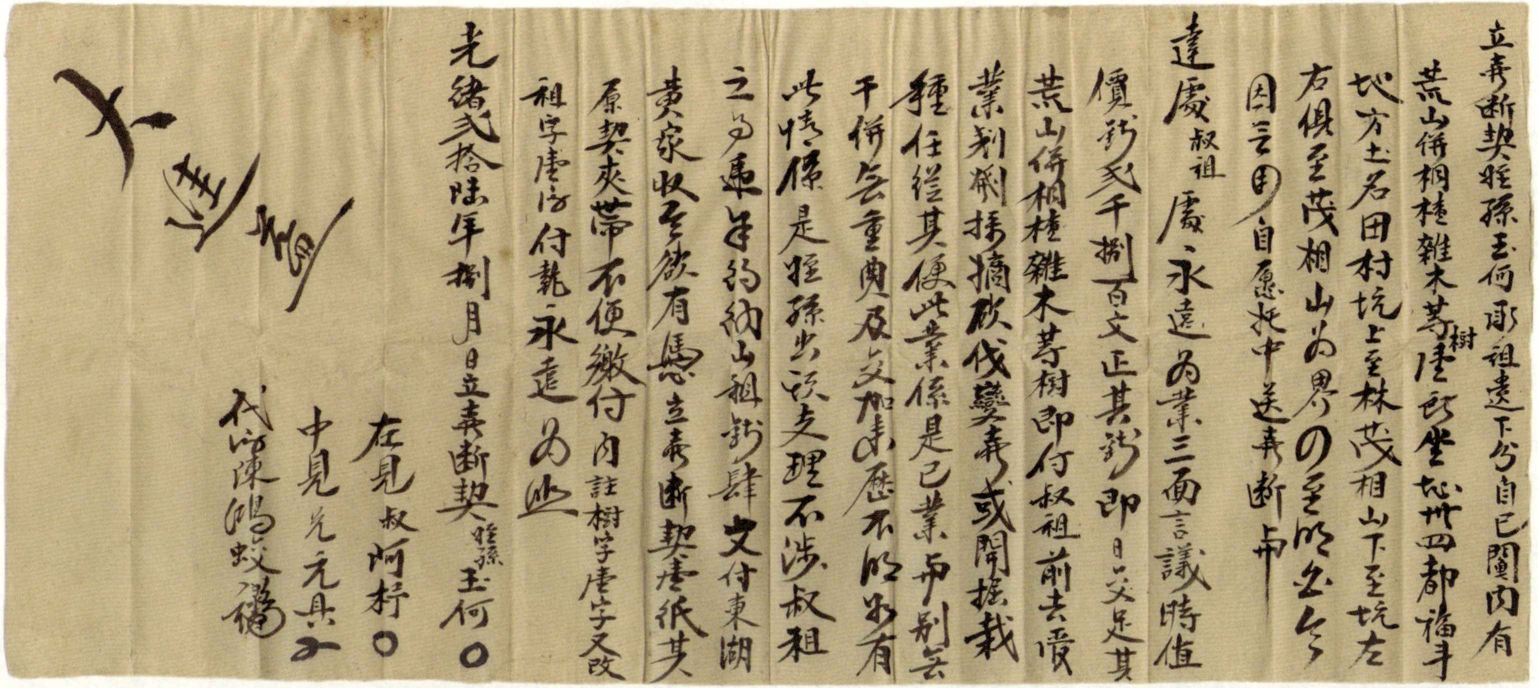
立賣斷契姪孫玉何，承祖遺下分自己闔內有
荒山併桐棲雜木萼樹坐址廿四都福斗
坵方土名田村坑上至林茂相山下至坑左
右俱至茂相山為界，四至明白。今
因乏用，自愿托中送賣斷與
達處叔祖處處永遠為業，三面言議時值
價錢貳千捌百文正，其錢即日交足，其
荒山併桐棲雜木萼樹即付叔祖前去管
業，剝削採摘砍伐變賣，或開掘栽
種，任從其便。此業係是己業，與別房
干併无重典及交加來歷不明，如有
此情，係是姪孫出頭支理，不涉叔祖
之事。年約納山租錢肆文，付東湖
黄家收去。欲有憑，立賣斷契壹紙，其
原契夾帶不便繳付，內註樹字壹字，又改
祖字壹字，付執永遠為照。
光緒貳拾陸年捌月　日立賣斷契姪孫玉何〇
在見叔阿村〇
中見元元具〇
代筆陳鴻蛟

3-3-82-2　清光緒二十六年八月葉玉何立賣斷荒山等契

立賣山契侄孫玉荷承祖遺下分过閫内
有稅山壹所坐址卅四都福斗地方土名
田村坑尾上至崙頂下至坑左至自己山
右至自己山為界四至明白今因少錢應
用自愿托中送賣與房内
達處叔祖處為業三面言議時值賣出
價錢伍百文正其錢即日收訖其稅山並
松杉雜木等樹即付叔祖前去開掘栽
種栢植培留剗劄任從其便侄孫不敢
異言此稅山係是分过已業與別無干
在先並無重典他人及未歷不明等情
如有此情係是侄孫出頭支理不累叔
祖之事其原契夾帶不便繳付今欲
有憑立賣山契壹紙付執永遠為照

光緒廿六年十二月　日立賣山契侄孫玉荷〇
在見叔登樗〇
代字中兄元昌

3-3-82-3　清光緒二十六年十二月葉玉荷立賣稅山契

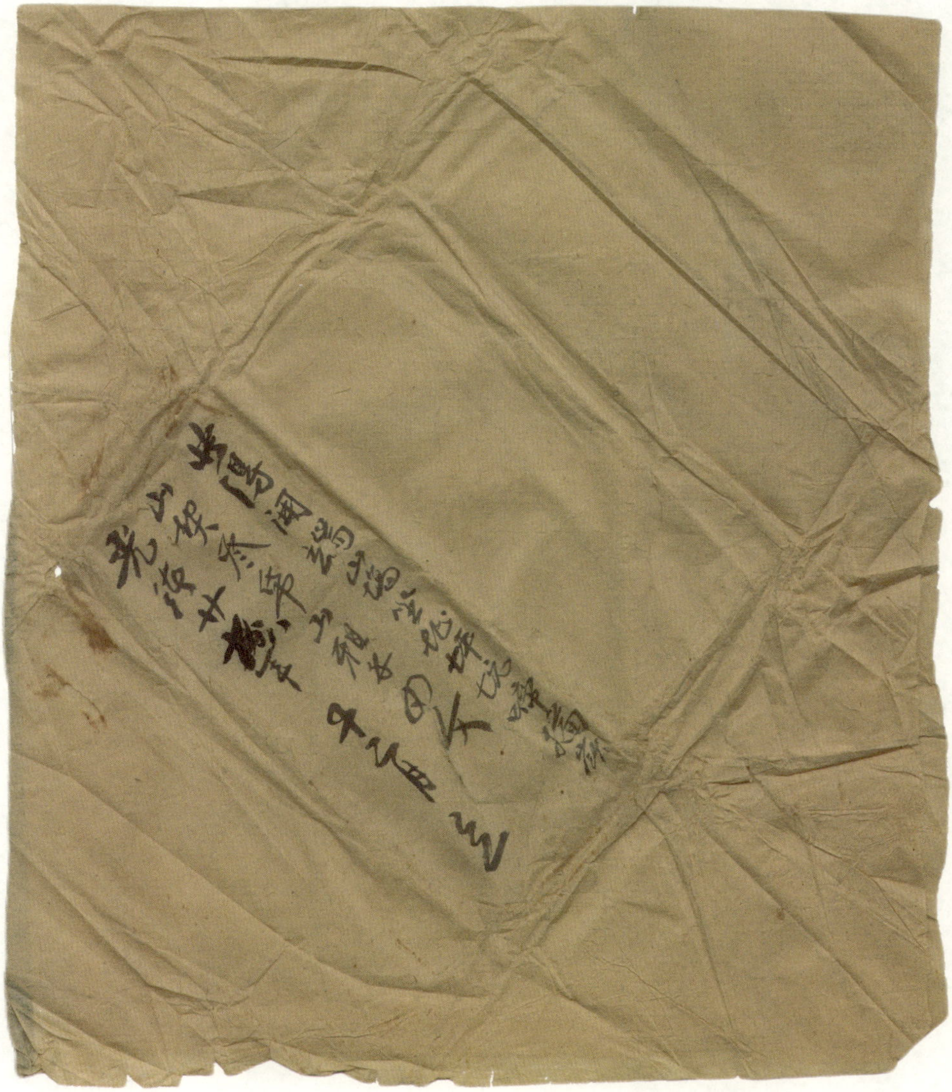

3-3-83-1　包契紙

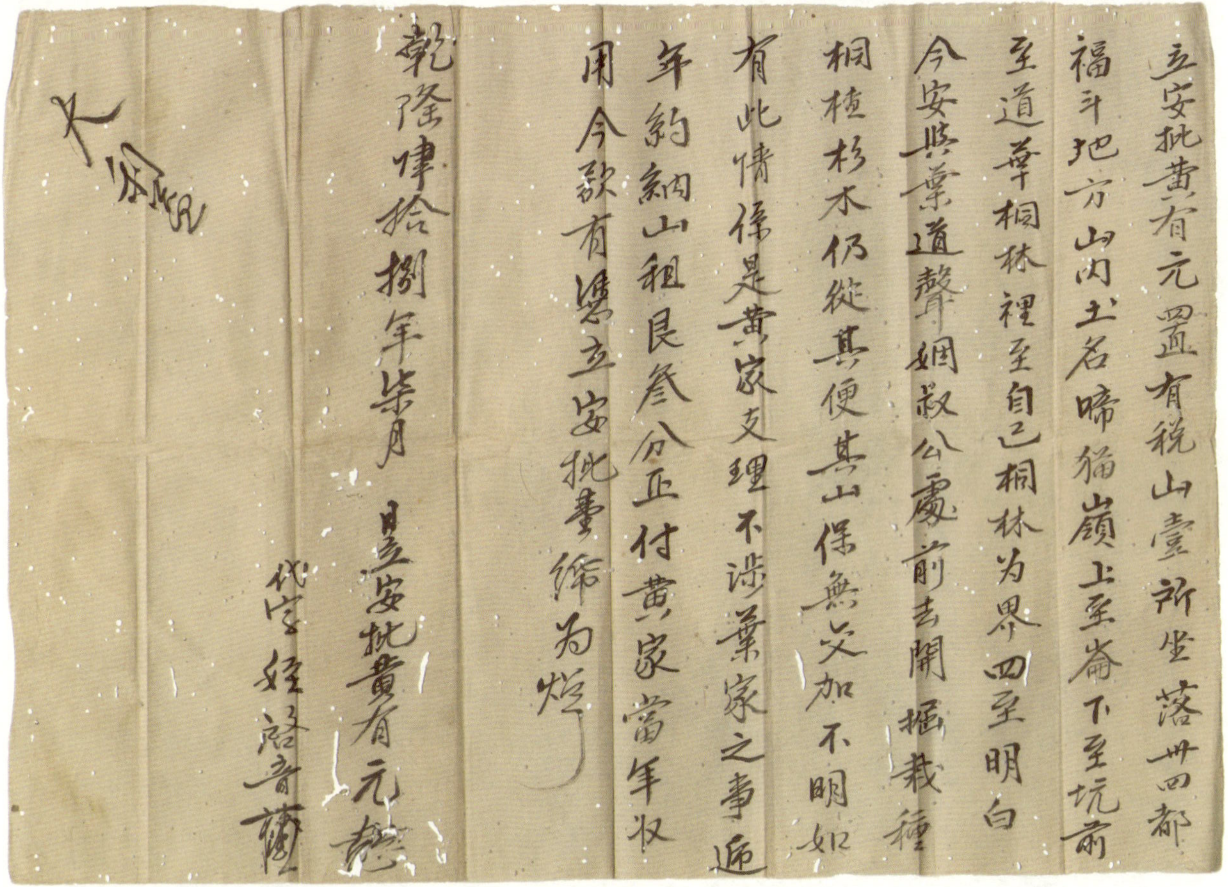
立安批黄有元置有税山壹所坐落卅四都
福斗把方山内土名啼猫嶺上至崙下至坑前
至道草桐林裡至自己桐林为界四至明白
今安與葉道聲姻叔公處前去開掘栽種
桐植杉木仍從其便其山保無交加不明如
有此情係是黄家支理不涉葉家之事遞
年約納山租艮叁分正付黄家當年收
用今欲有憑立安批壹紙為炤
乾隆肆拾捌年柒月　日立安批黄有元
代字姪啟音

3-3-83-2　清乾隆四十八年七月黄有元立安批税山字

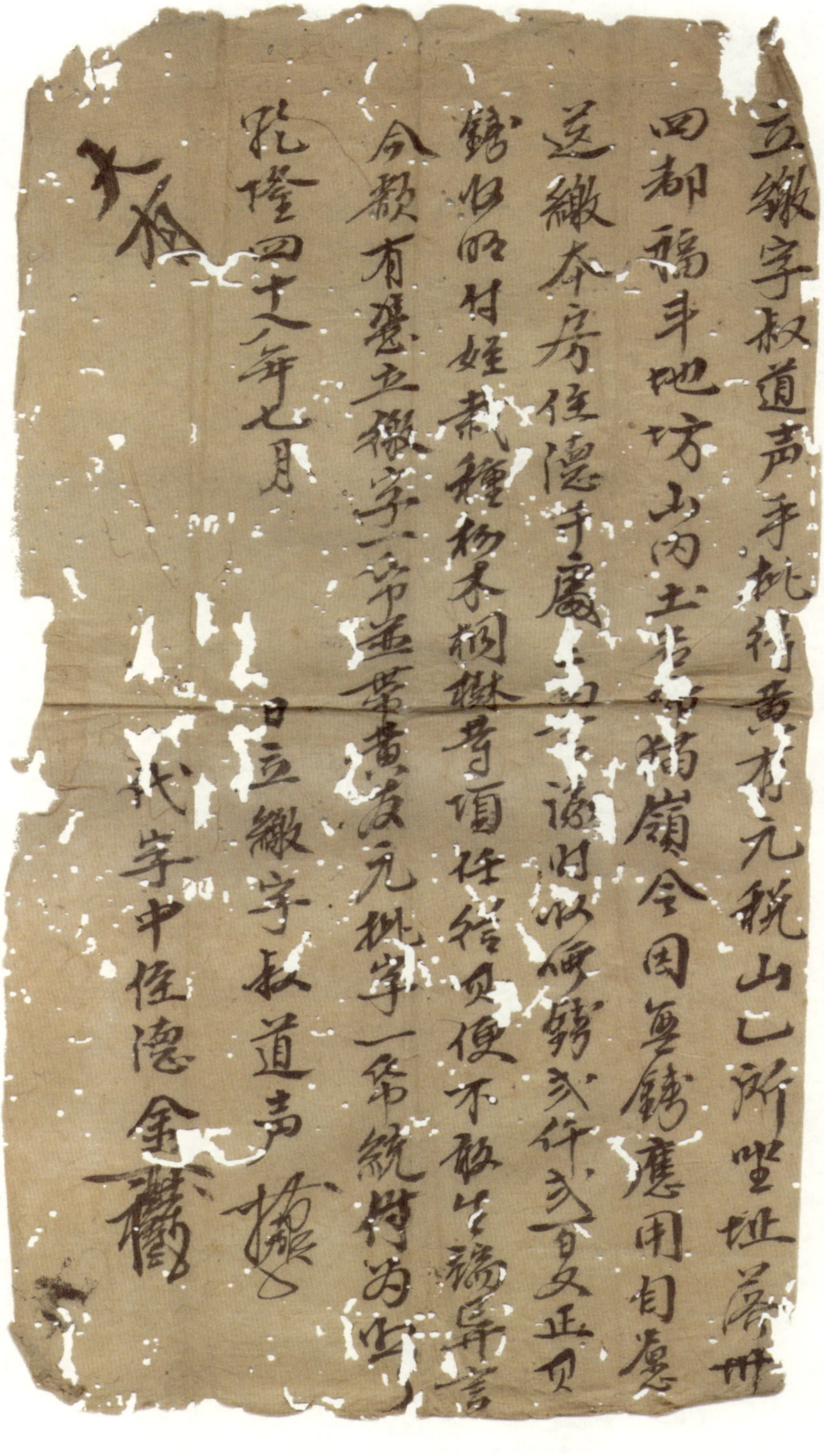

立繳字叔道声手批有黄杉元税山乙所坐址落卅四都福半地坊山内土名□猫嶺今因無錢應用自愿送繳本房侄德手處□□□議□以価錢弍仟弍百文正其錢收明付侄栽種杉木桐樹等項任從其便不敢生端異言今欲有憑立繳字一帋並帶黄皮元批字一帋繳付為照

乾隆四十八年七月　日立繳字叔道声（押）

代字中侄德金（押）

大□

3-3-83-3　清乾隆四十八年七月葉道声立繳税山字

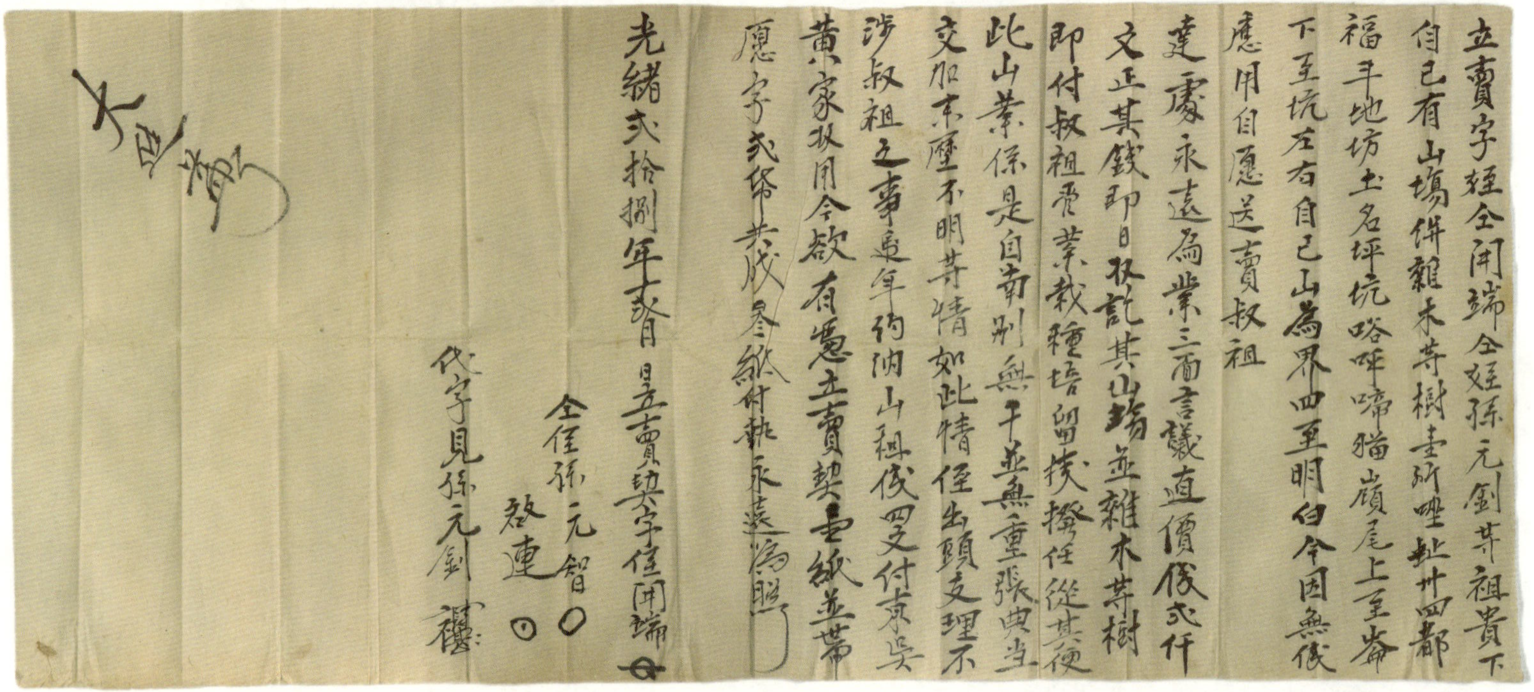

立賣字姪仝開端仝姪孫元劉芹祖貴下
自己有山場併雜木茾樹坐所唑址廿四都
福斗地坊土名坪坑垯坪啼猫嶺尾上至崙
下至坑左右自己山為界四至明白今因無錢
應用自愿送賣叔祖
建處永遠為業三面言議值價錢弍仟
文正其錢即日收訖其山場並雜木茾樹
即付叔祖受業栽種培留揆撥任從其便
此山業係是自前別無干並無重張典当
文加不歷不明等情如此情侄出頭支理不
涉叔祖之事追年約納山租錢四文付眾吳
黃家收用今欲有憑立賣契壹紙並帶
愿字弍紙共成叁紙付執永遠為照
光緒弍拾捌年十二月　日立賣契字侄開端
仝侄孫元智
啟連
代字見孫元劉　禮

3-3-83-4　清光緒二十八年十二月葉開端等立賣山場等契

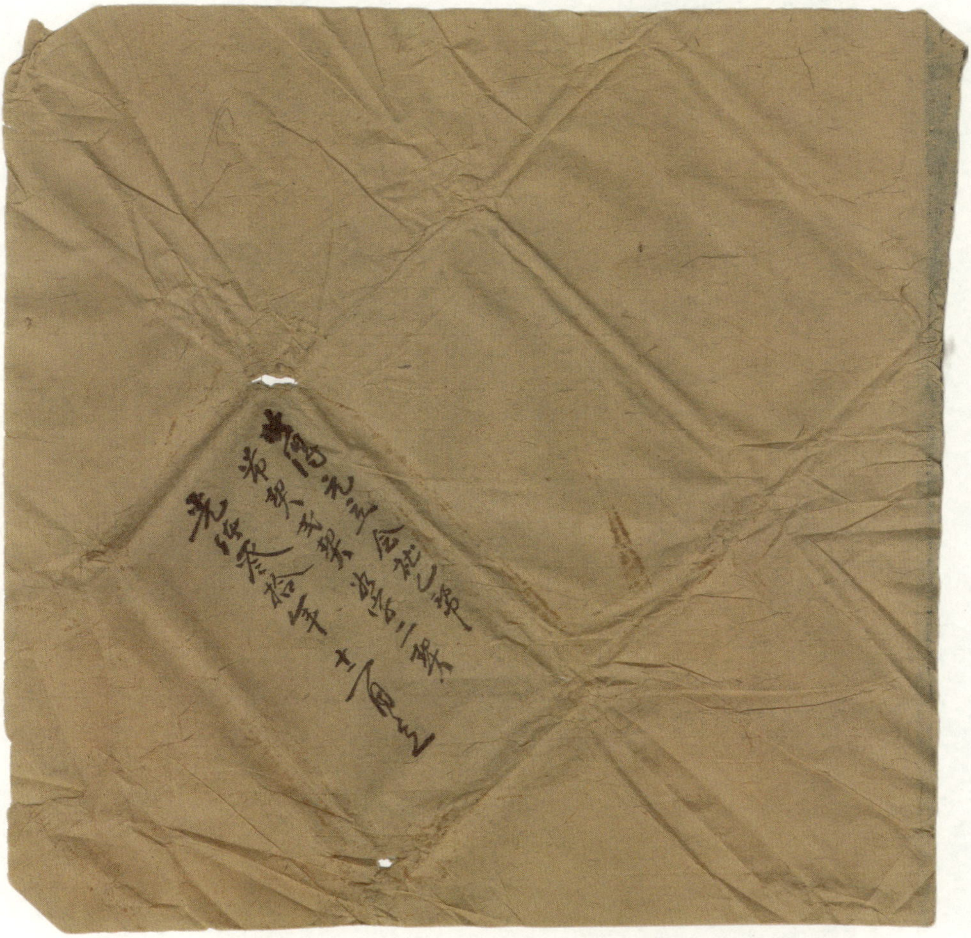

3-3-84-1　包契紙

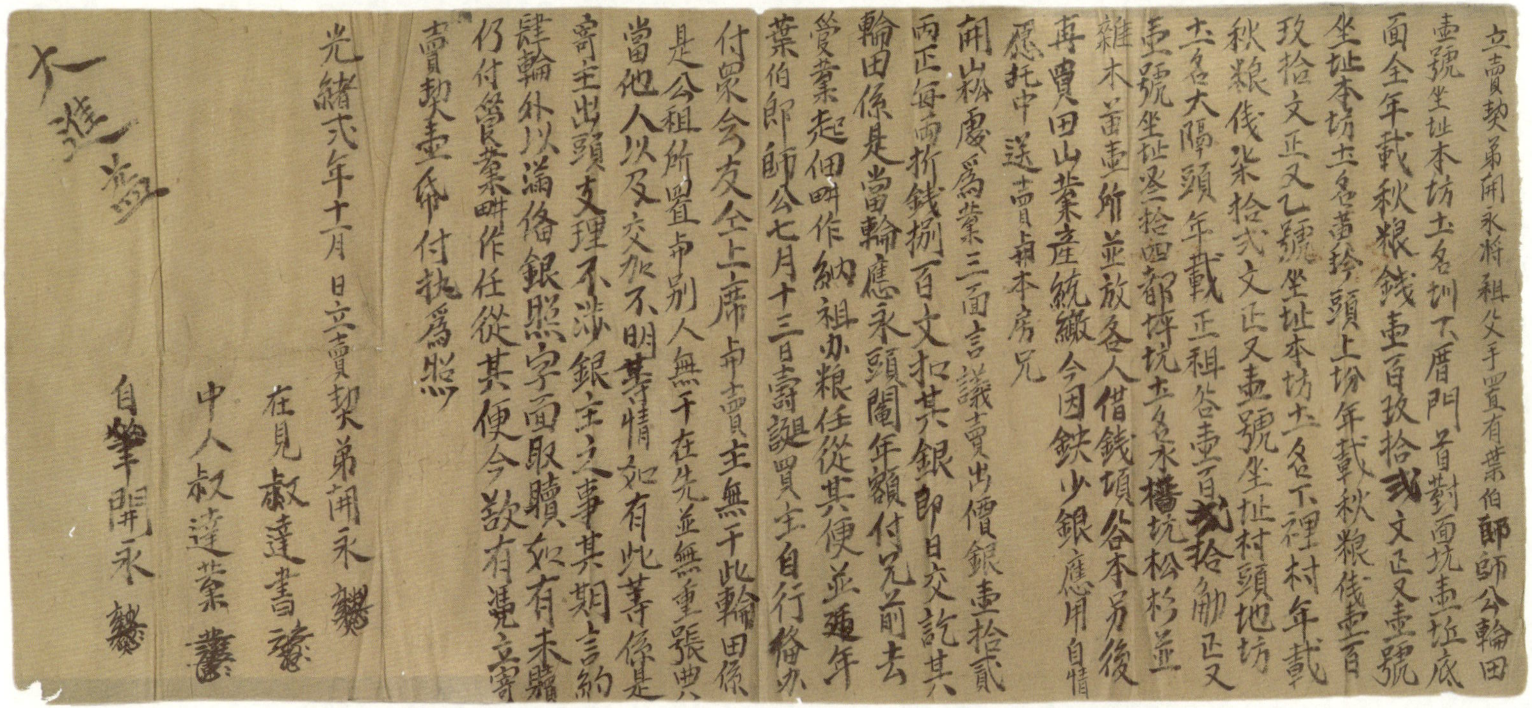

立賣契弟開永將祖父手置有業伯郎師公輪田
壹號坐址本坊土名圳下厝門首對面坑壹坵底
面全年載秋粮錢壹百玖拾弍文正又壹號
坐址本坊土名黃埓頭上份年載秋粮伐壹百
玖拾文正又乙號坐址本坊土名下裡村年載
秋粮伐柒拾弍文正又壹號坐址村頭坳坊
土名大陽頭年載正租谷壹百弍拾觔正又
壹號坐址叁拾四都埤坑土名水播坑松杉並
雜木苗壹所並放各人借錢項谷本另後
再賣田山業產統繳今因缺少銀應用自情
愿托中送壹與本房兄
開崧處爲業三面言議賣出價銀壹拾貳
兩正每兩折錢捌百文扣其銀即日交訖其
輪田係是當輪應承頭鬮年額付兄前去
管業起佃耕作納租办粮任從其便並通年
葉伯郎師公七月十三日壽誕買主自行備办
付眾合交仝上席卑賣主無干此輪田係
是公祖所置卑別人無干在先並無重張典
當他人以及交加不明等情如有此等係是
賣主出頭支理不涉銀主之事其期言約
肆輪外以滿備銀照字面取贖如有未贖
仍付管業耕作任從其便今欲有憑立賣
賣契壹紙付執爲照

光緒弍年十一月 日立賣契弟開永（押）
在見叔達書（押）
中人叔達葉（押）
自筆開永（押）

大進益

3-3-84-2　清光緒二年十一月葉開永立賣輪田契

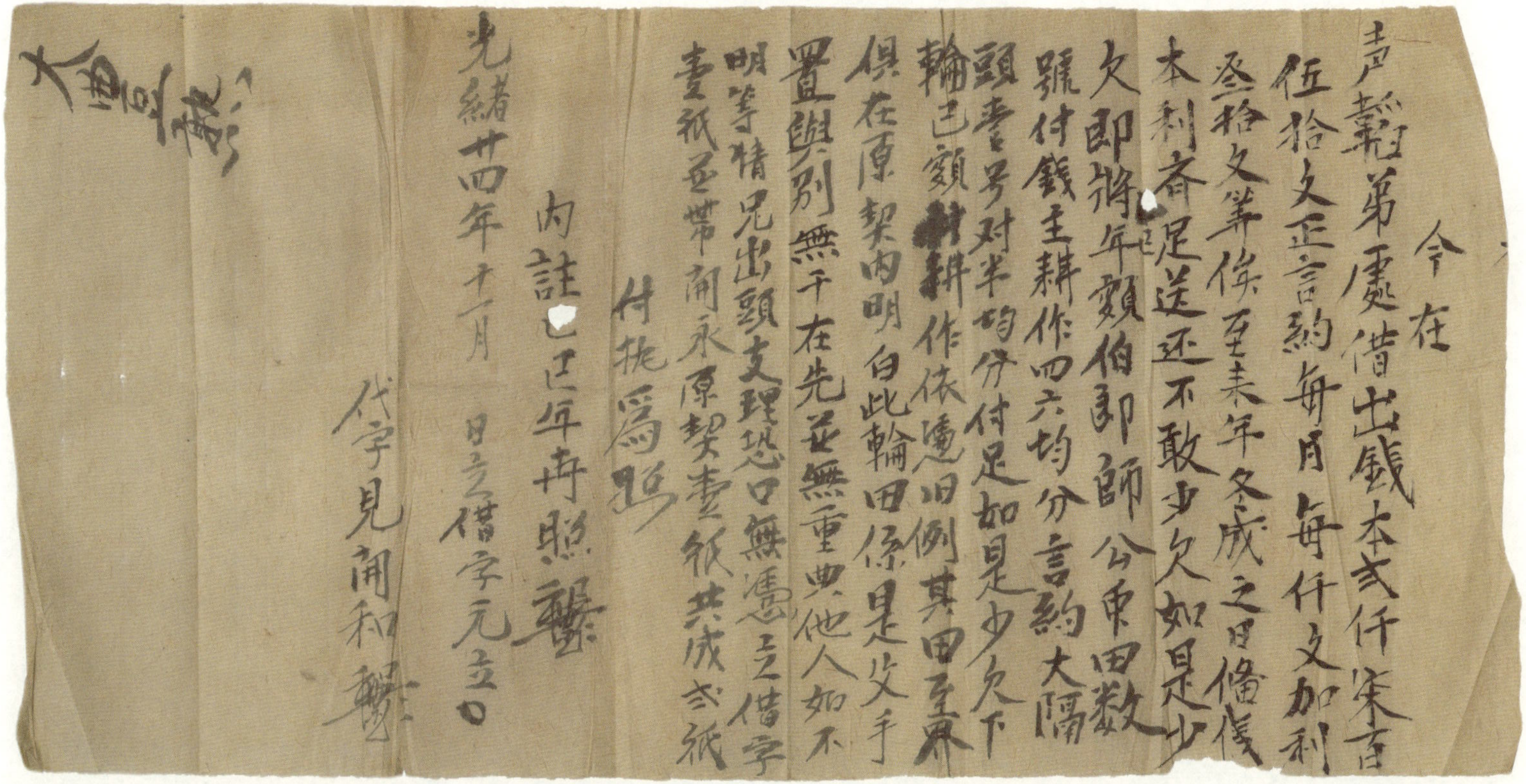
今在
[illegible]叔弟處借出錢本弍仟柒百
伍拾文正言約每月每仟文加利
叁拾文算俟至來年冬成之日備錢
本利齊足送还不敢少欠如是少
欠即將年額伯郎師公東田數
號付錢主耕作四六均分言約大隔
頭壹號對半均分付足如是少欠下
輪已額[illegible]耕作依遵旧例其田至界
俱在原契内明白此輪田係是父手
置與別無干在先並無重典他人如不
明等情兄出頭支理恐口無憑立借字
壹紙並帶开永原契壹紙共成贰紙
付執爲照
内註[illegible]再照
光緒廿四年十一月　日立借字元立
代字見開和
大田[illegible]

3-3-84-3　清光緒二十四年十一月葉元立立借錢字

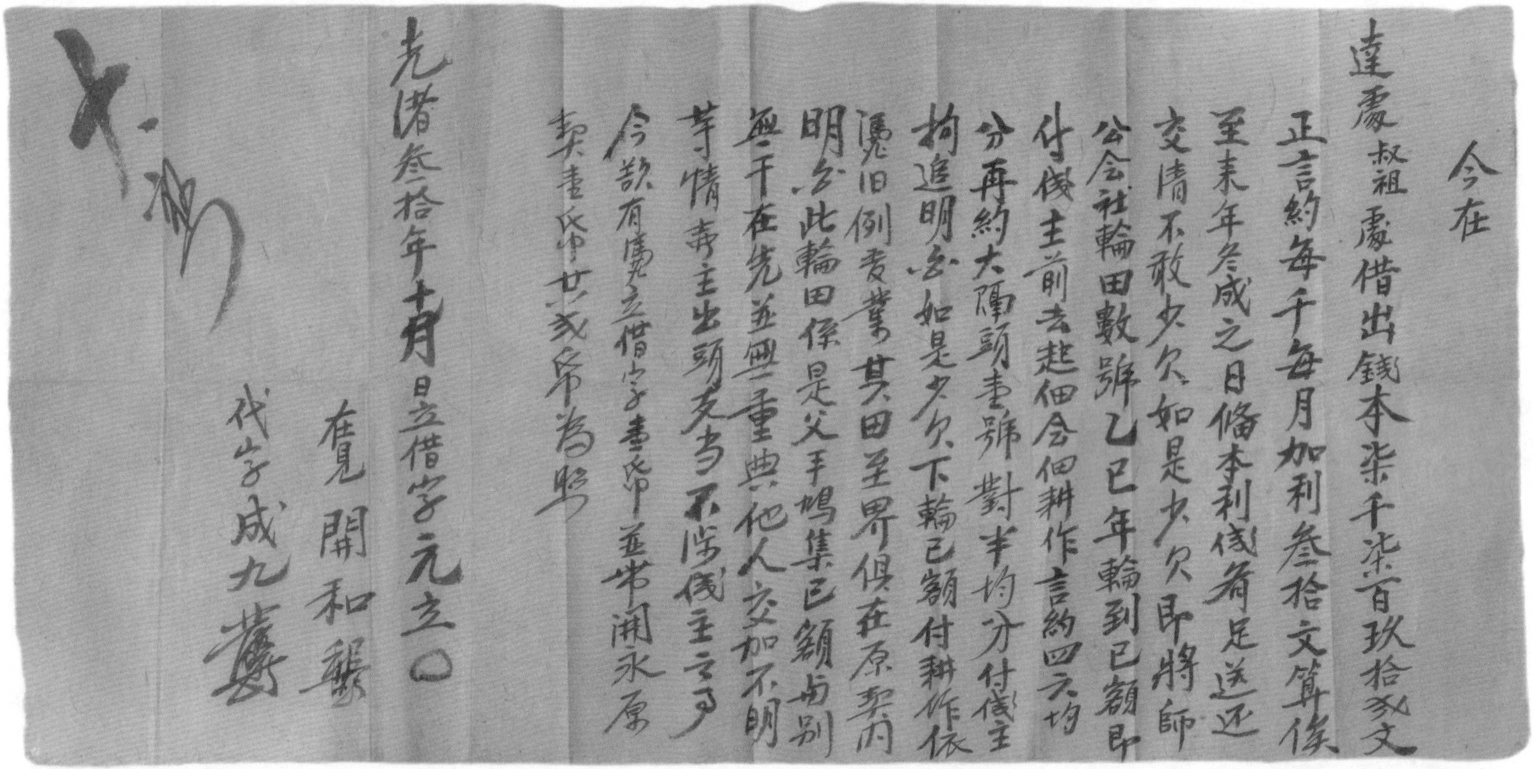
今在
達處叔祖處借出錢本柒千柒百玖拾叁文
正言約每千每月加利叁拾文算係
至來年冬成之日備本利錢前足送还
交清不敢少欠如是少欠即將師
公会社輪田數歸乙巳年輪到已額即
付錢主前去起佃会佃耕作言約四六均
分再約大陳頭壹號對半均分付錢主
拘追明白如是少欠下輪已額付耕作依
憑旧例孝業其田至界俱在原契内
明白此輪田係是父手鳩集已額無别
無干在先並無重典他人交加不明
等情壹主出頭支当不涉錢主之事
今欲有憑立借字壹帋並帋闲永原
契壹帋共貳帋為照
光緒叁拾年十月　日立借字元立
在見　開和
代字　成九
大利

3-3-84-4　清光緒三十年十月葉元立立借錢字

立賣字侄孫元立，將父手置有師公会社
捌股，應壹股，其輪田數瓣粮穀祖亦
俱在原契內注明。今因無銀乏用，自愿
托中送賣與
達厚叔祖處為業，三面言議時值價
銀壹拾叁兩正，每兩折錢捌百文，和其
錢即日交訖。其伯郎師公輪田數瓣
應壹股，年敵付叔祖建佃耕作，办粮納
祖壽旦，办食登食，任從其便。其会社係
是已钗，前別兄弟侄無干。在先並無
重典他人，及未曆交加不明等情。如
有此情，賣主出頭支當，不涉買主
之事。其期言約四輪已滿，有能立日備
办銀兩照字面取贖，如有未贖，仍付受
業。今欲有憑，立賣字壹紙，又帶詞稟
壹契壹紙，共成兩紙，付執為照。

光緒叁拾年十一月日立賣字侄孫元立（押）
在見中叔詞和（押）
代字元子孟（押）

3-3-84-5　清光緒三十年十一月葉元立立賣師公會社股份字

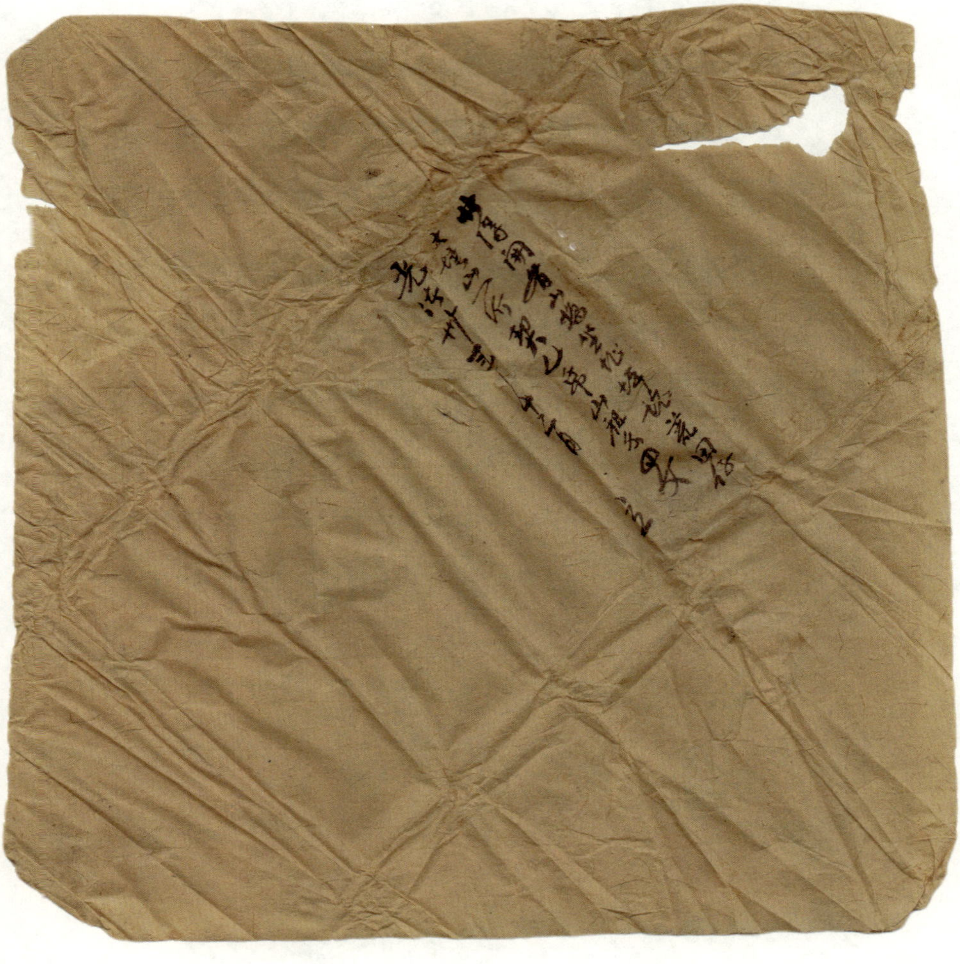

3-3-85-1　包契紙

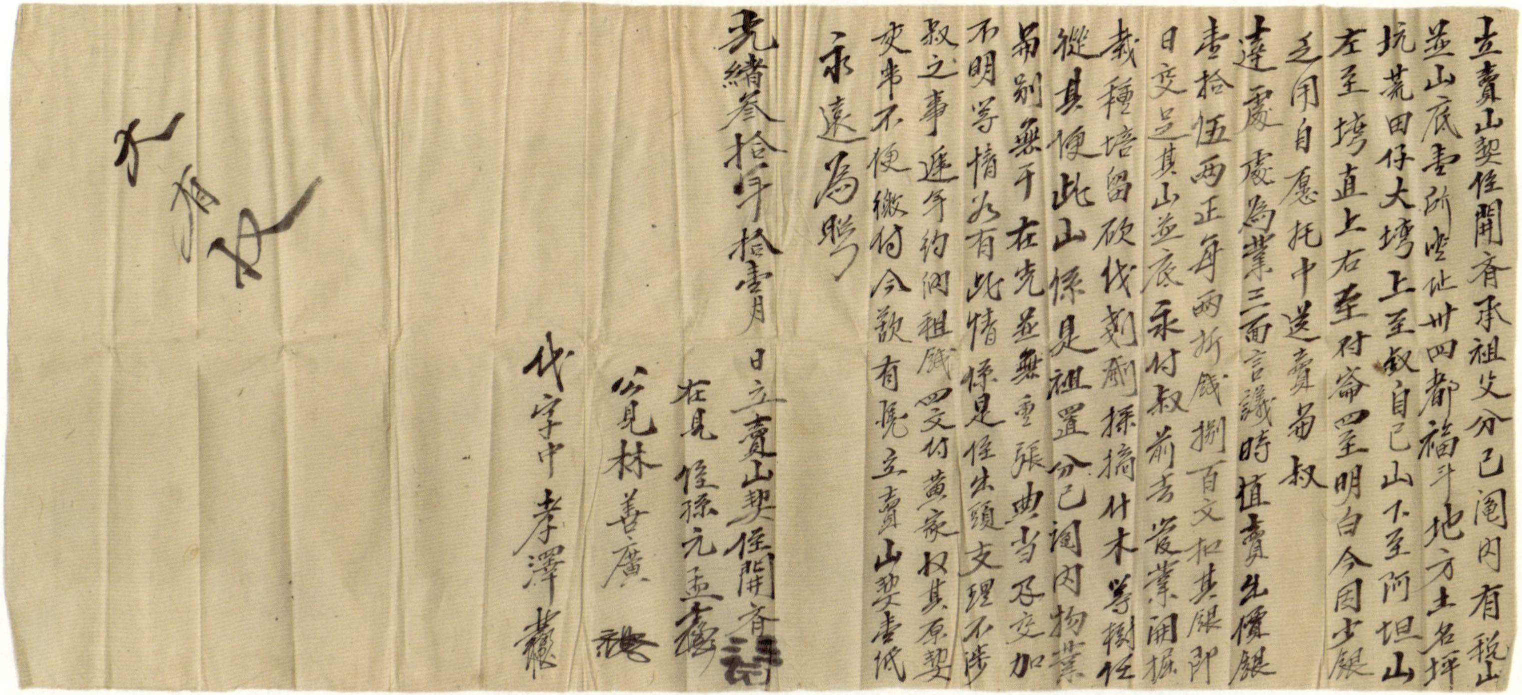
立賣山契侄開齊承祖父分己閹内有稅山
並山底壹所坐址廿四都福斗地方土名坪
坑荒田仔大墘上至叔自己山下至阿坦山
左至墘直上右至村爺四至明白今因乏銀
乏用自愿托中送賣與叔
達處處爲業三面言議時值賣出價銀
壹拾伍兩正每兩折錢捌百文扣其銀即
日交足其山並底永付叔前去管業開掘
栽種培留砍伐剷剃採摘竹木等樹任
從其便此山係是祖置分己閹内物業
與別無干在先並無重張典當及交加
不明等情如有此情係是侄出頭支理不涉
叔之事逐年約開祖戲四文付黃家收其原契
未出不便繳付今欲有憑立賣山契壹紙
永遠爲照
光緒叁拾年拾壹月　日立賣山契侄開齊
在見侄孫元孟
公見林善廣
代字中李澤

3-3-85-2　清光緒三十年十一月葉開齊立賣稅山等契

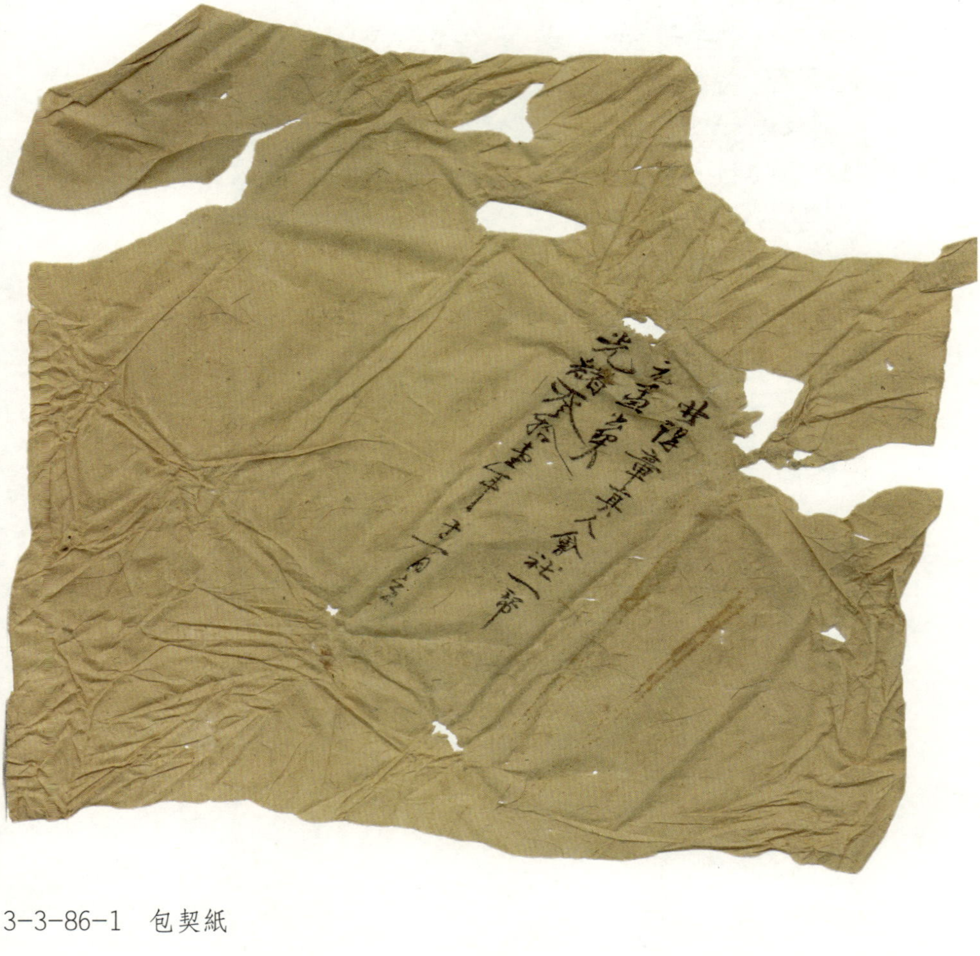

3-3-86-1　包契紙

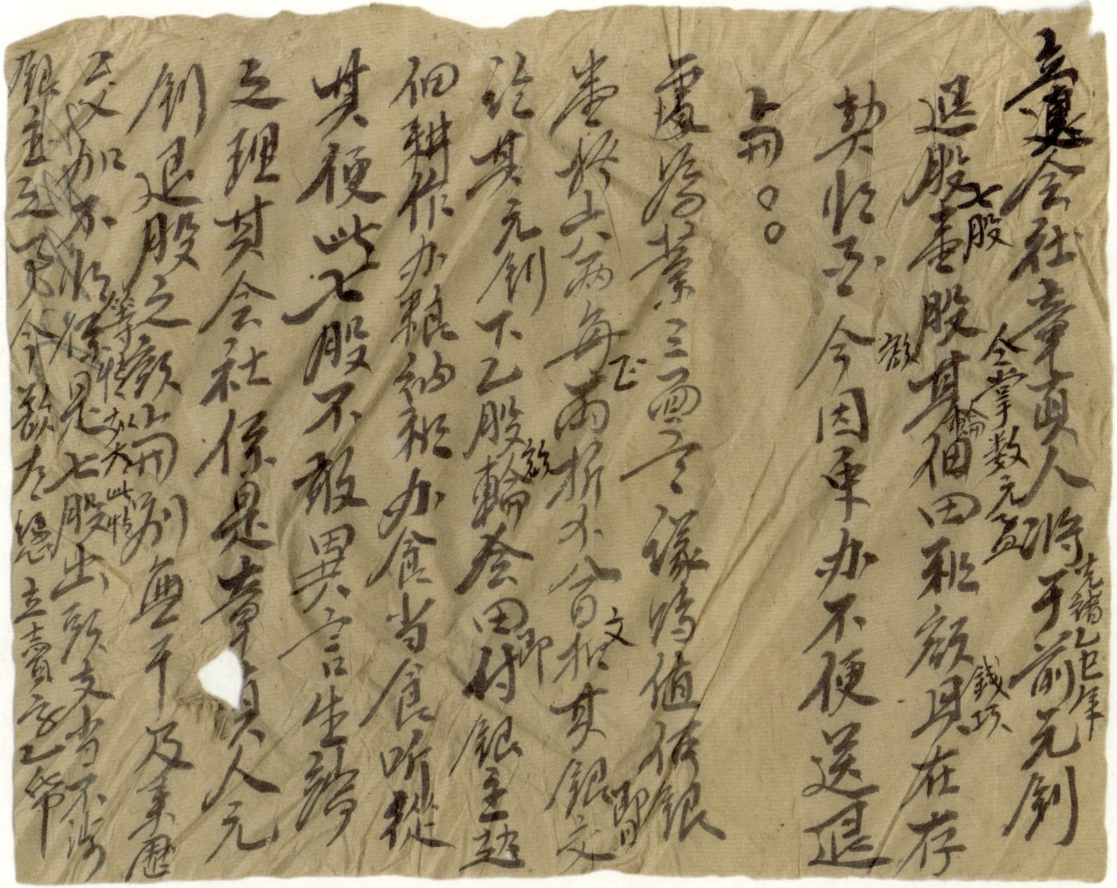

3-3-86-2　包契紙（草契）

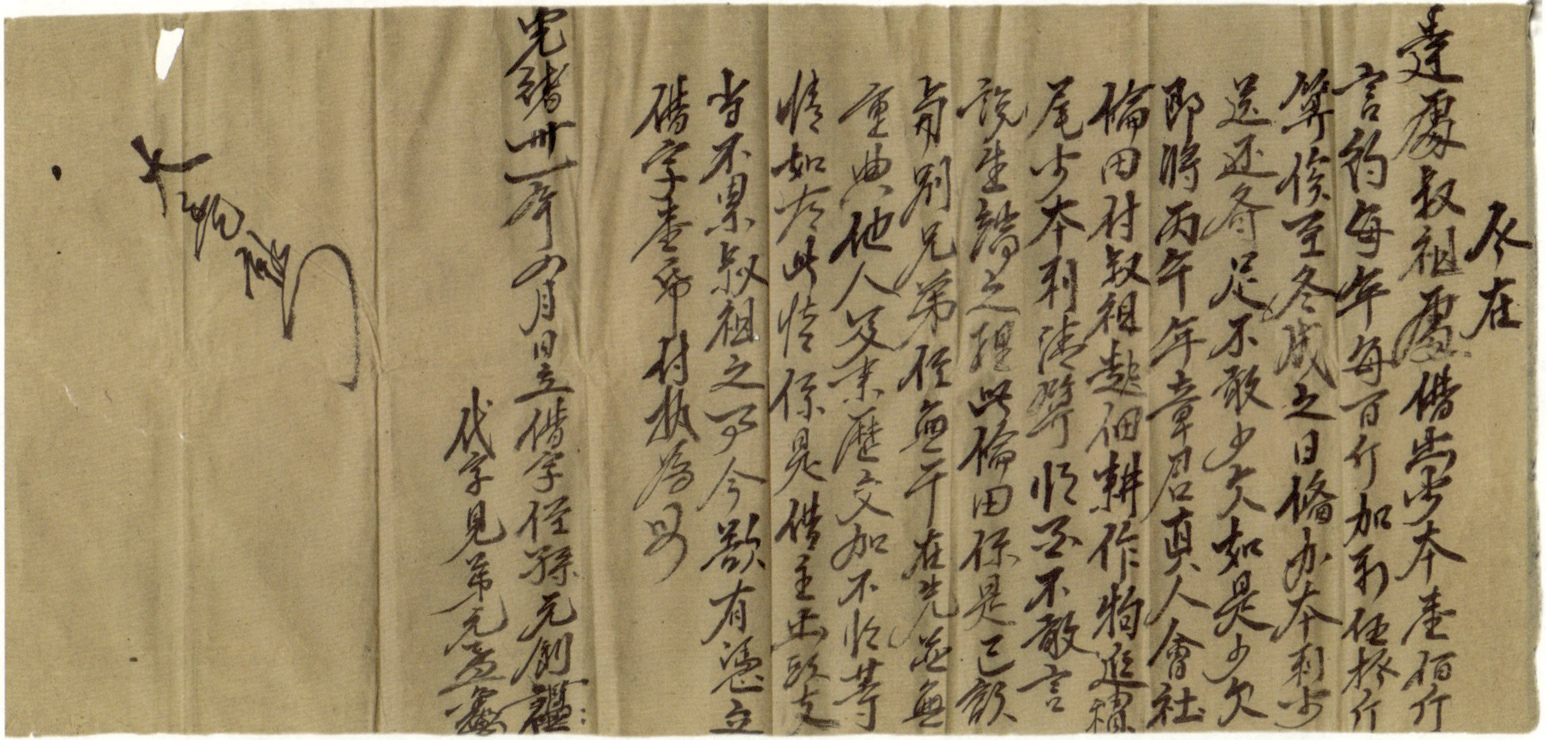

3-3-86-3　清光緒三十一年四月葉元釗立借穀字

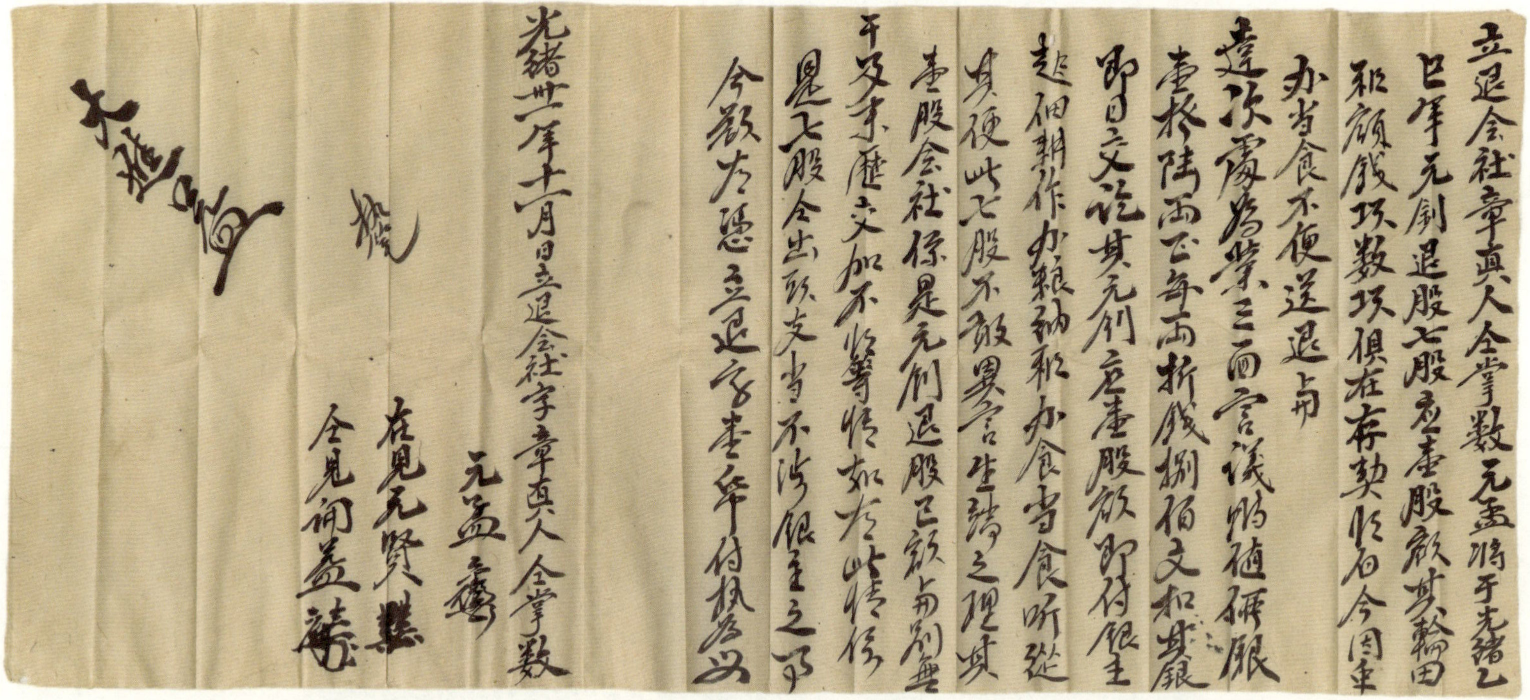

立退会社章真人仝掌數元孟將于光緒乙
巳年元創退股七股乞壹股敘其輪田
租穀錢項數項俱在存契聲明今因乏
办出食不便送退与
達陳廣為業三面言議時值價服
壹拾陸兩正每兩折錢捌佰文和共銀
即日文訖其元創乞壹股敘即付銀主
起佃耕作办粮納租办食當食听從
其便此七股不敢異言生端之理其
壹股会社係是元創退股正敘与別無
干及未歷文加不將等情如有此情係
是七股仝出頭支當不涉銀主之事
今欲有憑立退字壹紙付执為照

光緒卅一年十一月　日立退会社字章真人仝掌數
元孟
在見元賢
仝見祠益

3-3-86-4　清光緒三十一年十一月葉元孟立退章真人會社字

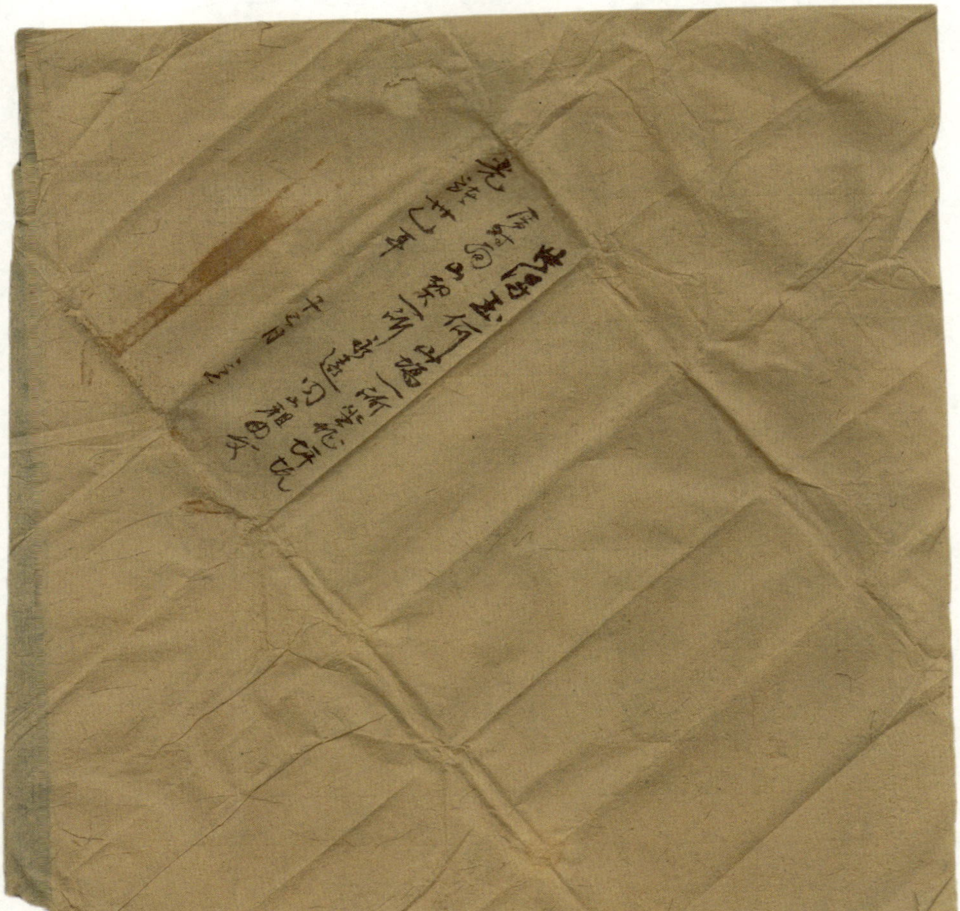

3-3-87-1 包契紙

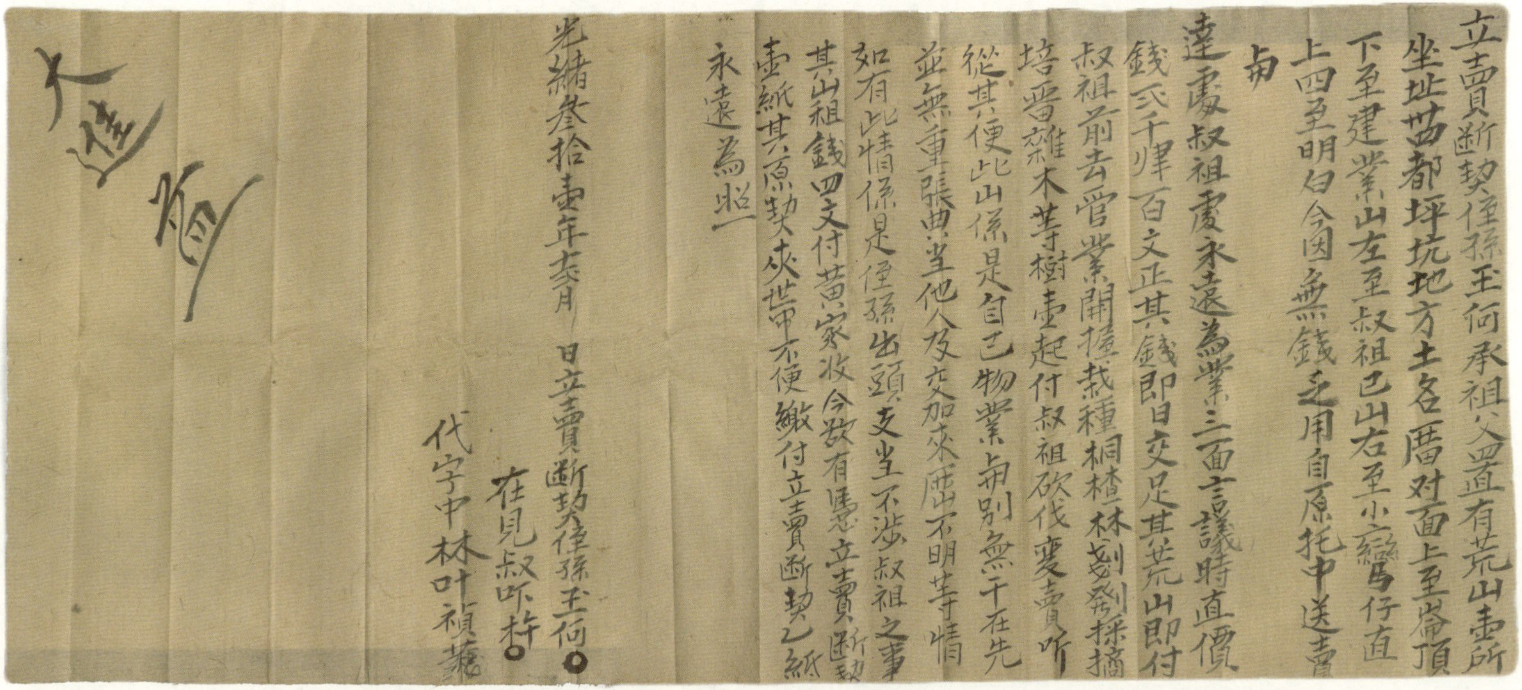

立賣斷契侄孫玉何承祖父置有荒山壹所
坐址茜都坪坑地方土名厝对面上至崙頂
下至建業山左至叔祖己山右至小巒仔直
上四至明白今因無錢乏用自原托中送賣
與
達處叔祖處承遠為業三面言議時直價
錢弍千肆百文正其錢即日交足其荒山即付
叔祖前去管業開墾栽種桐楂林刻剷採摘
培晉雜木等樹壹起付叔祖砍伐變賣听
從其便此山係是自己物業與別無干在先
並無重張典当他人及交加來歷不明等情
如有此情係是侄孫出頭支当不涉叔祖之事
其山祖錢四文付黃家收今欲有憑立賣斷契
壹紙其原契夾世中不便繳付立賣斷契乙紙
永遠為照

光緒叁拾壹年十二月　日立賣斷契侄孫玉何（押）
在見叔吓松（押）
代字中林叶禎蔴

大達用

3-3-87-2　清光緒三十一年十二月葉玉何立賣斷荒山契

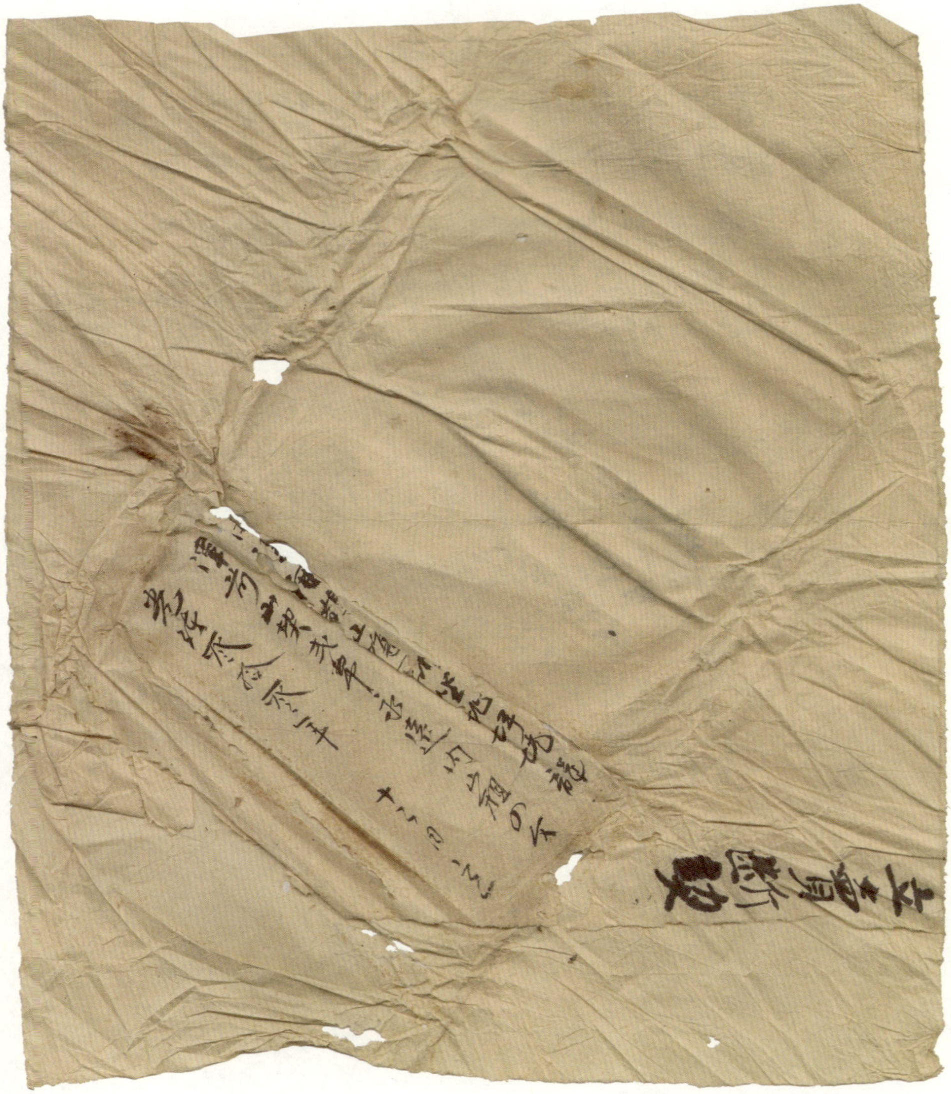

3-3-88-1　包契紙

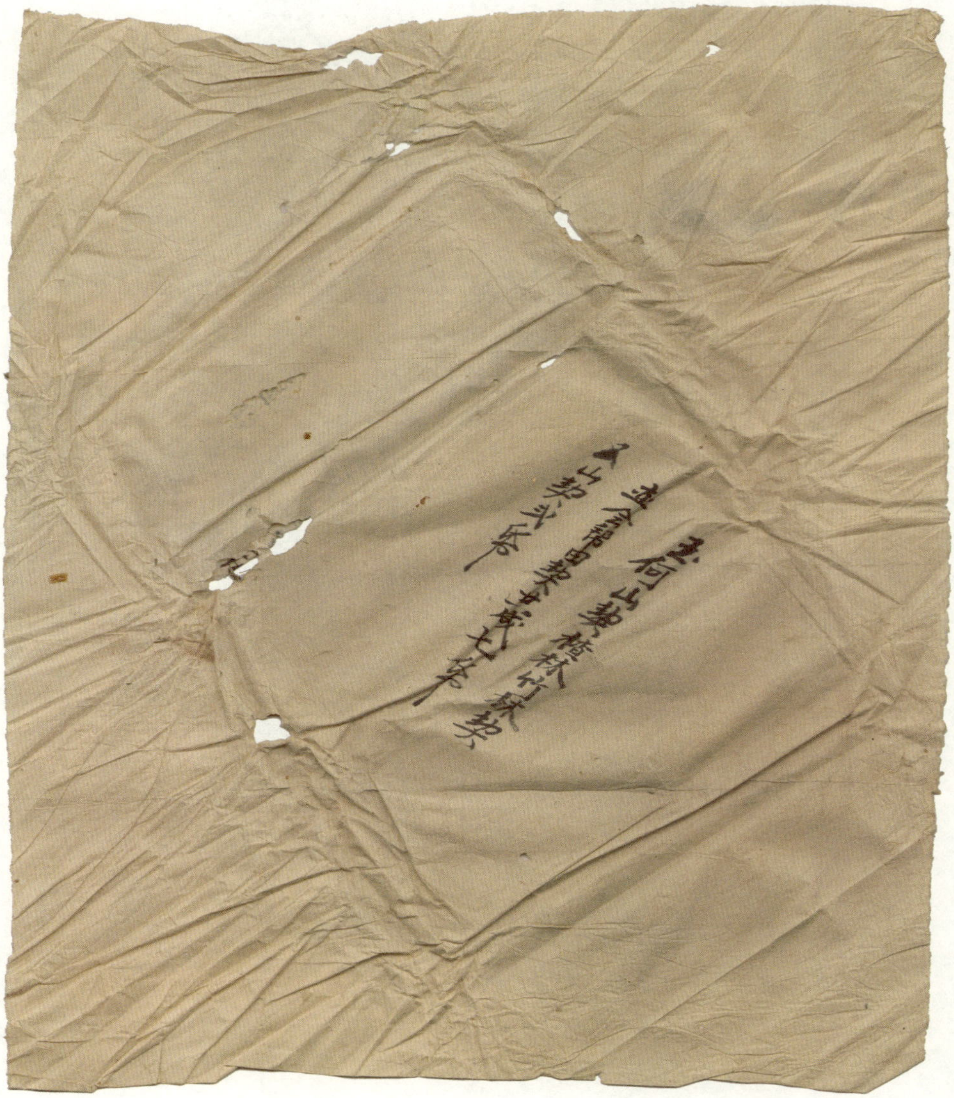

3-3-88-2 包契紙

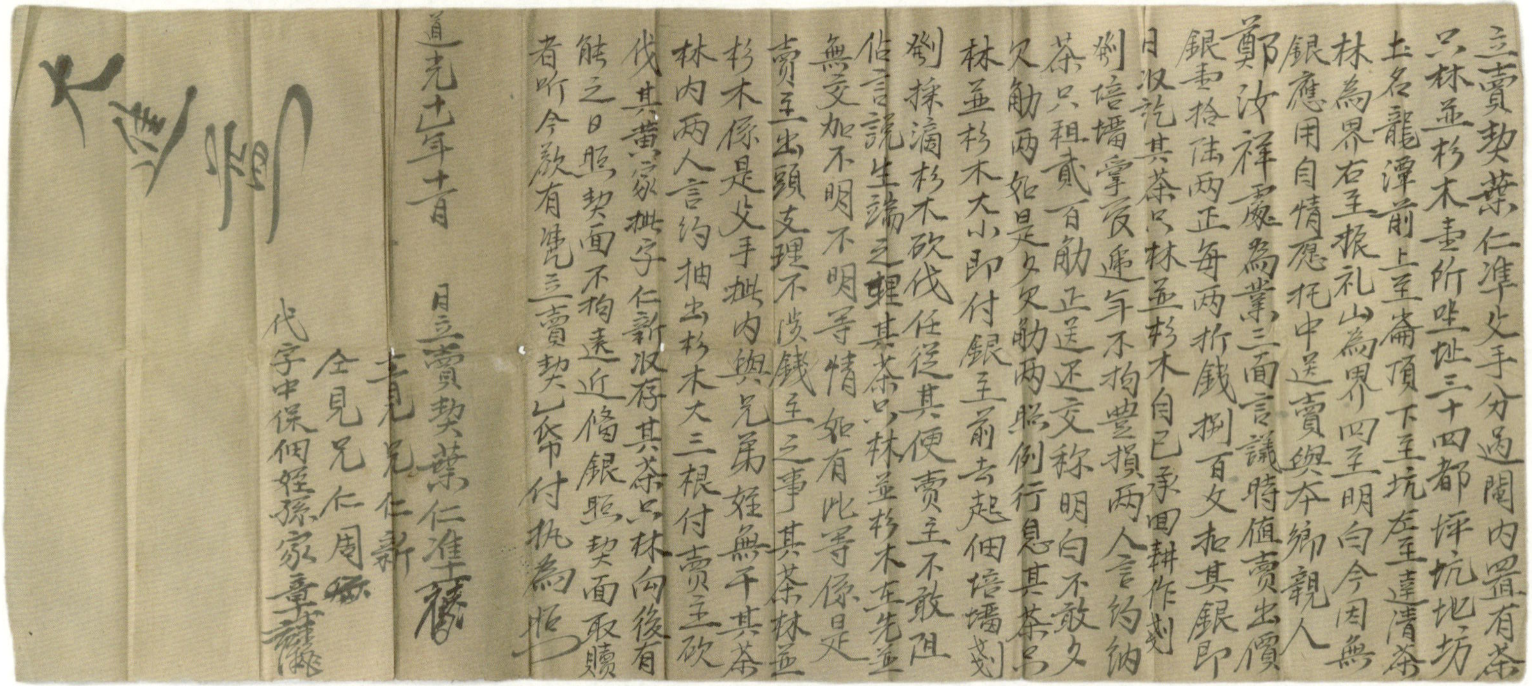

立賣契葉仁準父手分過閩内置有茶
只林並杉木壹所坐址三十四都坪坑地坊
土名龍潭前上至崙頂下至坑左至達清茶
林為界右至根礼山為界四至明白今因無
銀應用自情愿托中送賣與本鄉親人
鄭汝祥處為業三面言議時值賣出價
銀壹拾陆兩正每兩折錢捌百文扣其銀即
日收訖其茶只林並杉木自己承佃耕作剗
剗培墻掌管遞年不拘豐損兩人言约納
茶只租貳百觔正送还交称明白不敢欠
欠觔兩如是欠觔兩照例行息其茶只
林並杉木大小即付銀主前去起佃培墻剗
剗採摘杉木砍伐任從其便賣主不敢阻
佔言説生端之理其茶只林並杉木在先並
無交加不明不明等情如有此等係是父
賣主出頭支理不涉錢主之事其茶林並
杉木係是父手拙内與兄弟姪無干其茶
林内兩人言约抽出杉木大三根付賣主砍
伐其黄家批字仁新收存其茶只林向後有
能之日照契面不拘遠近備銀照契面取贖
者听今欲有憑立賣契一帋付執為照

道光十一年十一月　日立賣契葉仁準（押）
在見兄仁新
仝見兄仁周（押）
代字中保侄孫家章（押）

3-3-88-3　清道光十一年十一月葉仁準立賣茶只林等契

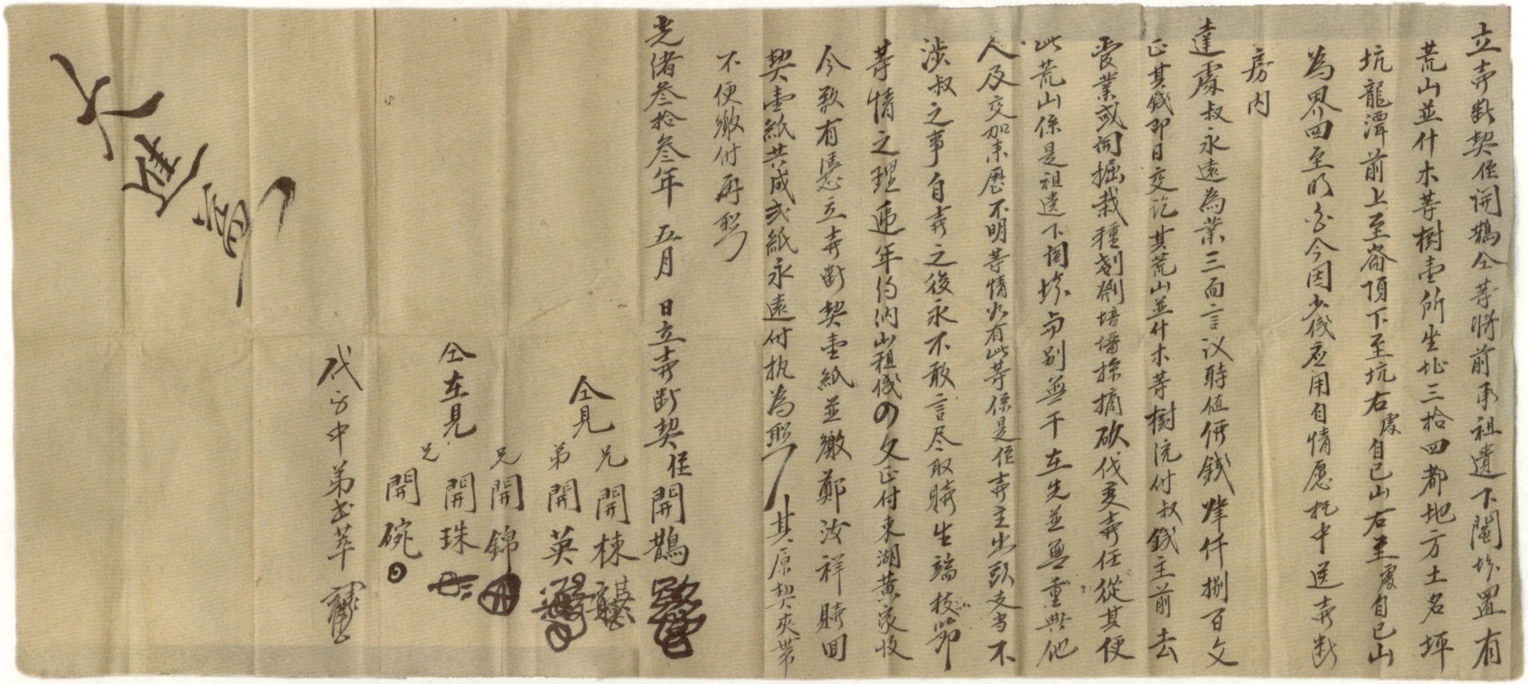

立賣斷契侄開鵲仝弟將前承祖遺下閩坊置有
荒山並什木等樹壹所坐址三拾四都地方土名坪
坑龍潭前上至崙頂下至坑右麖自己山右至麖自己山
為界四至明白今因乏錢應用自情愿托中送賣斷
房內
達霖叔永遠為業三面言议時值價錢肆仟捌百文
正其錢即日交訖其荒山並什木等樹聽付叔錢主前去
管業或開掘栽種劖剷培播採摘砍伐變賣任從其便
此荒山係是祖遺下閩坊分別無干立先並無重典他
人及交加等歷不明等情如有此等係是侄賣主出頭支當不
涉叔之事自賣之後永不敢言盡取贖生端枝節
等情之理逓年仍納山租錢の文正付東湖黃家收
今欲有憑立賣斷契壹紙並繳鄭汝祥贖回
契壹紙共成貳紙永遠付執為照　其原契夾帶
不便繳付再照
光緒叁拾叁年　五月　日立賣斷契侄開鵲（押）
仝見　兄開棟（押）　弟開英（押）　兄開錦（押）
仝在見　兄開珠（押）　弟開碗（押）
代字中弟出萃（押）

3-3-88-4　清光緒三十三年五月葉開鵲等立賣斷荒山等契

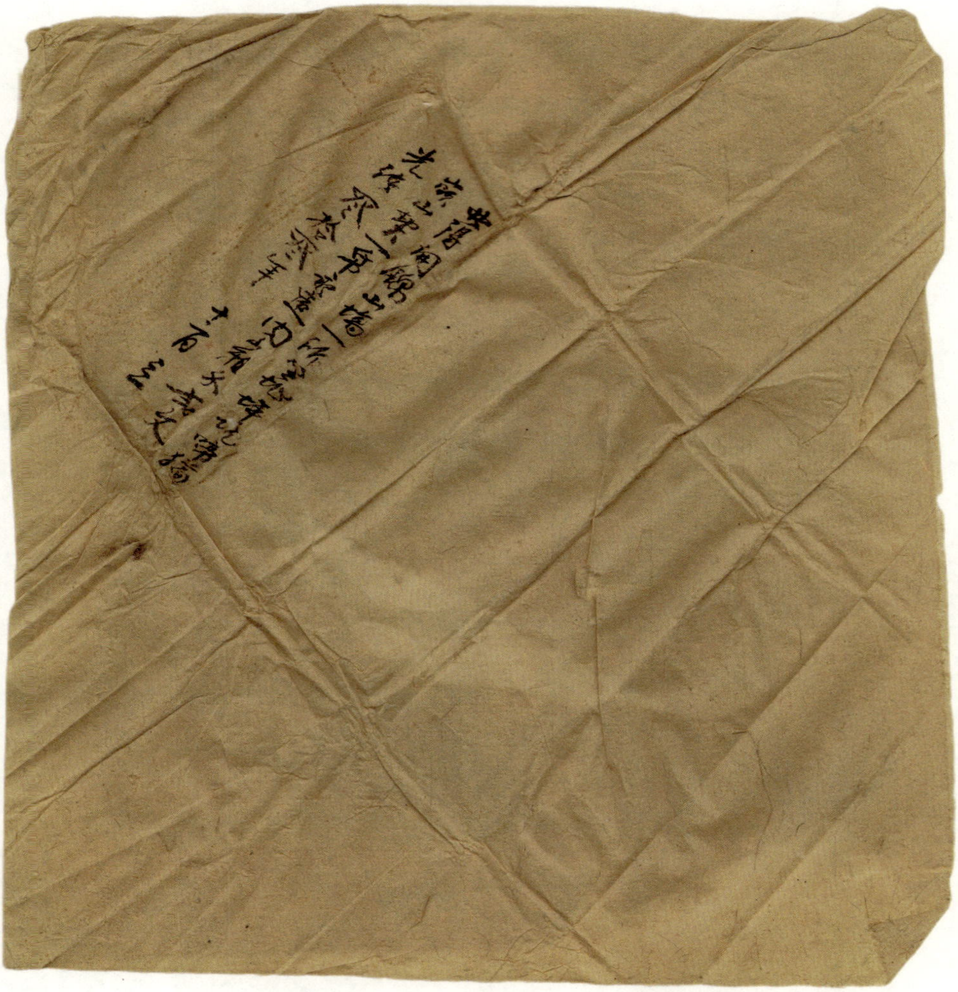

3-3-89-1　包契紙

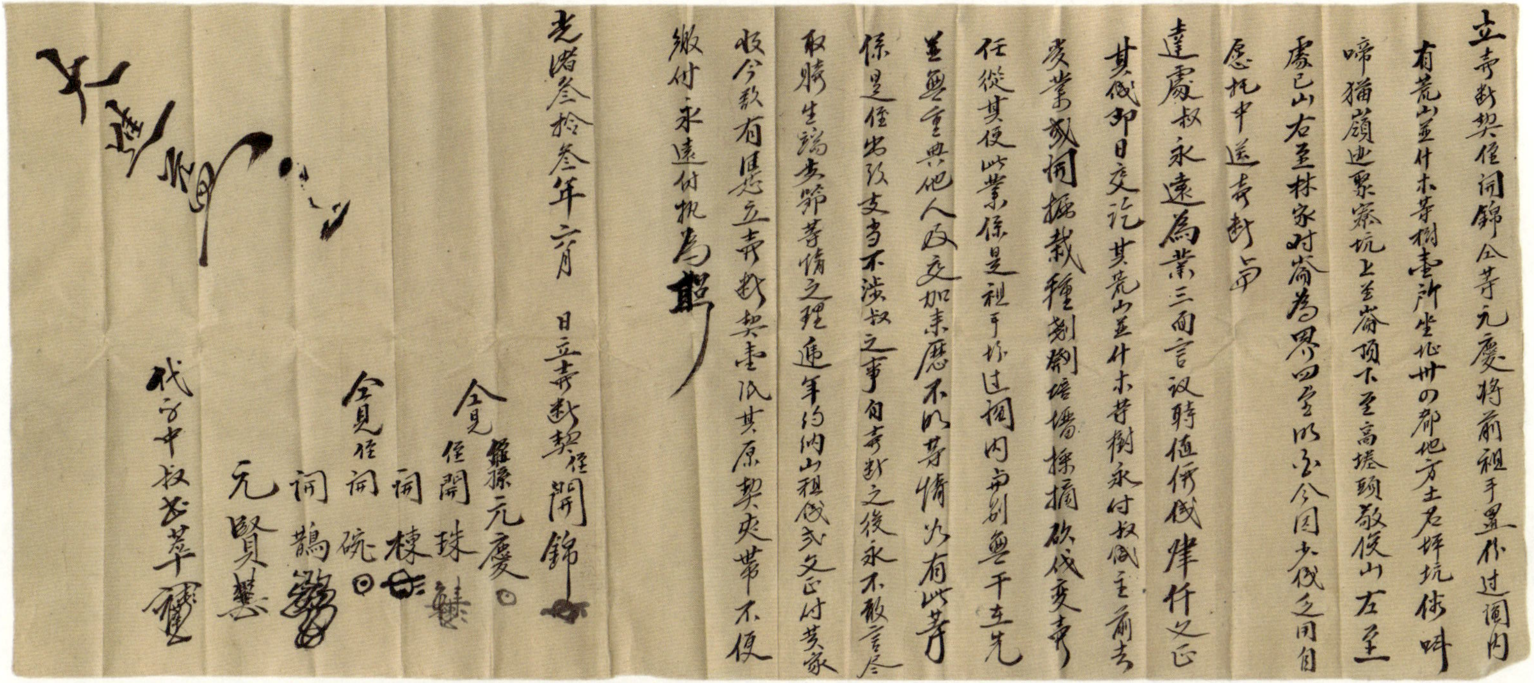
立賣斷契侄開錦仝等元慶將前祖手置作过閫內
有荒山並什木等樹壹所坐址卅四都地方土名坪坑依畔
啼猫嶺迎聚寮坑上至崙頂下至高堘頭敬侯山左至
處己山右至林家对崙為界四至明白今因乏錢乏用自
愿托中送賣斷與
達處叔永遠為業三面言議時值價錢肆仟文正
其錢卽日交訖其荒山並什木等樹永付叔錢主前去
管業或開掘栽種剝刳培播採摘砍伐变賣
任從其便此業係是祖手承过閫內與别無干立先
並無重典他人及交加來歷不明等情如有此等
係是侄出頭支當不涉叔之事自賣斷之後永不敢言盡
取贖生端多節等情之理逐年约纳山租錢弍文正付其家
收今欲有憑立賣斷契壹紙其原契夾帶不便
繳付永遠付執為照
光緒叁拾叁年六月　日立賣斷契侄開錦（押）
仝見　侄孫元慶（押）
侄開珠（押）
侄開棟（押）
仝見侄開硫（押）
侄開鵲（押）
元賢（押）
代筆中叔芸華（押）

3-3-89-2　清光緒三十三年六月葉開錦等立賣斷荒山等契

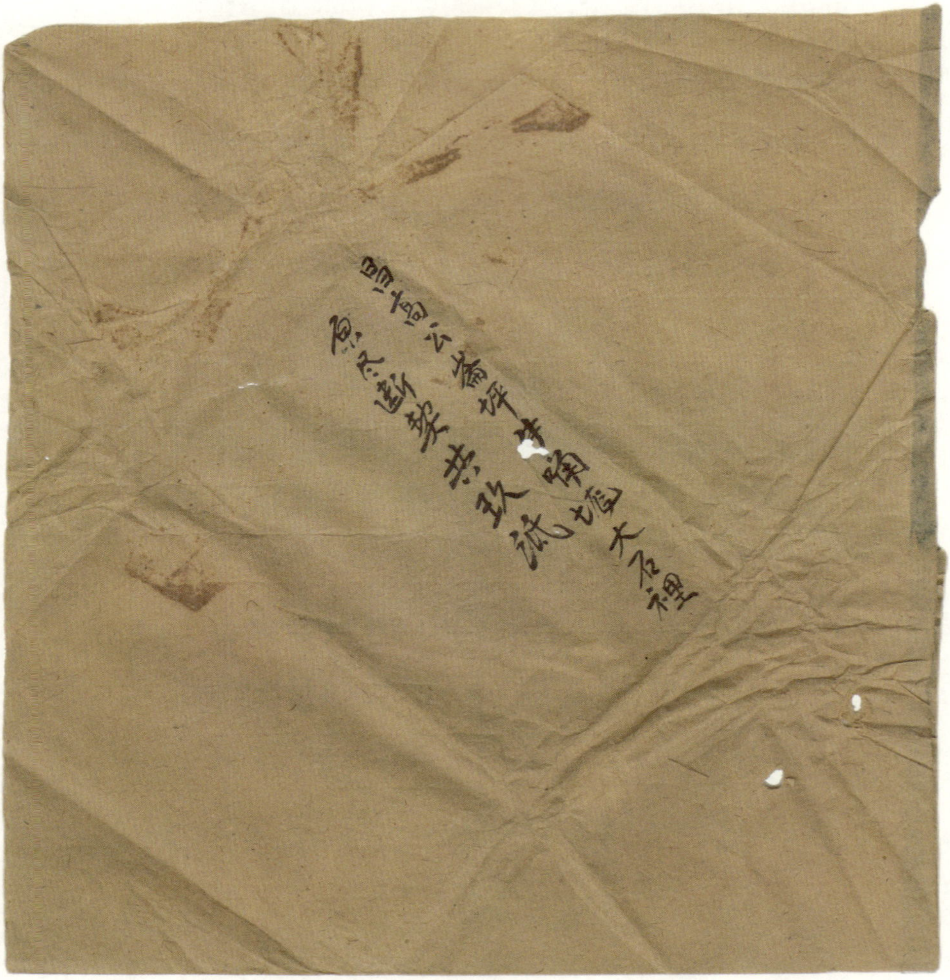

3-3-90-1　包契紙

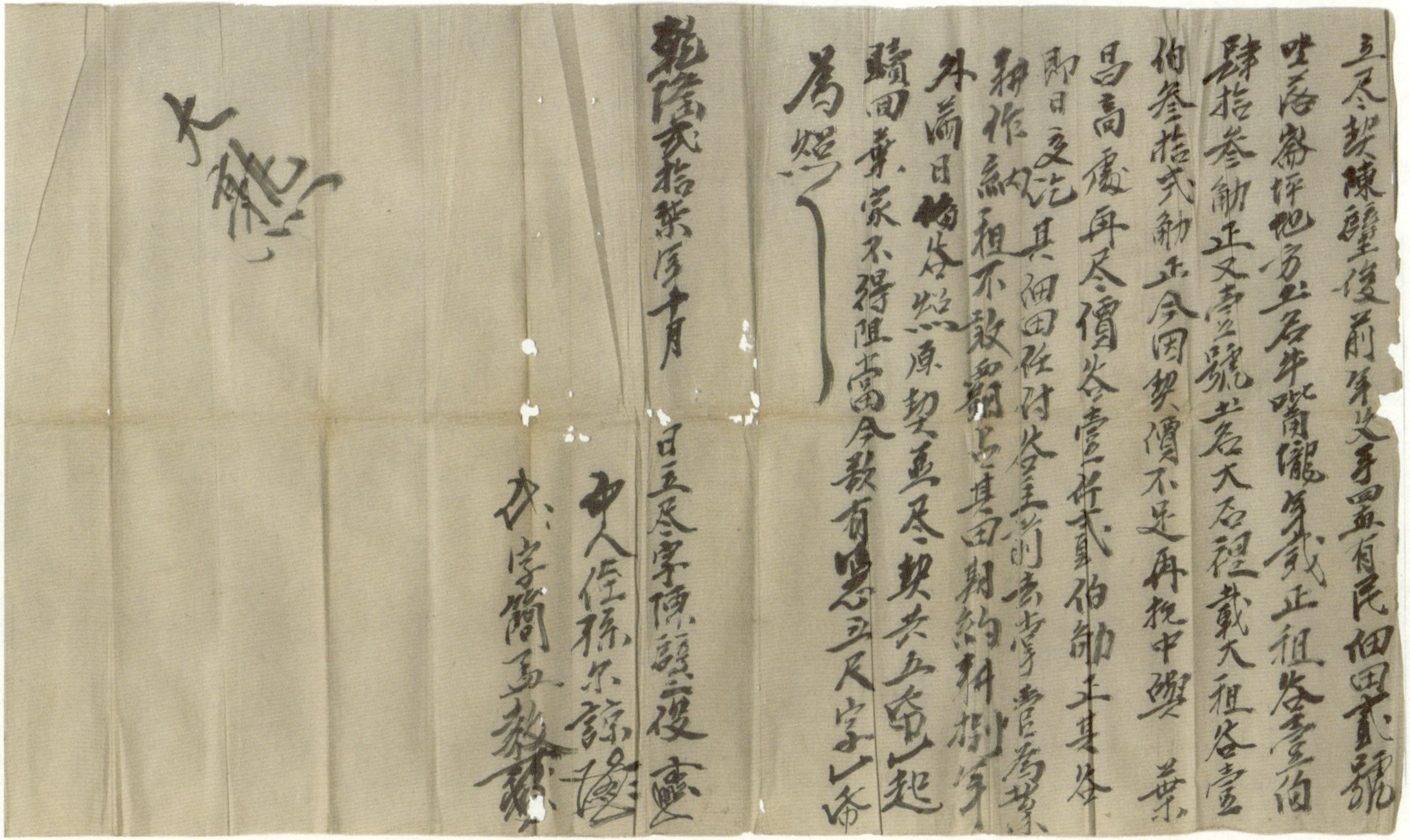

立尽契陳璧俊前年得買有民佃田貳號坐落嶺坪地方土名牛嘴瀧年載正租谷壹佰肆拾叁觔正又壹號土名大石裡載大租谷壹佰叁拾弍觔正今因契價不足再托中與 葉邑高處再尽價谷壹仟弍百伯觔正其谷即日交訖其佃田係付谷主前去掌管為業耕作納租不敢欠翻異其田期約耕掛年外滿日備谷照原契直尽契共五錢起贖回葉家不得阻當今欲有憑立尽字一帋為照

乾隆弍拾柒年十月 日立尽字陳璧俊

中人侄孫尔諒

代字簡高教

3-3-90-2 清乾隆二十七年十月陳璧俊立盡民佃田契

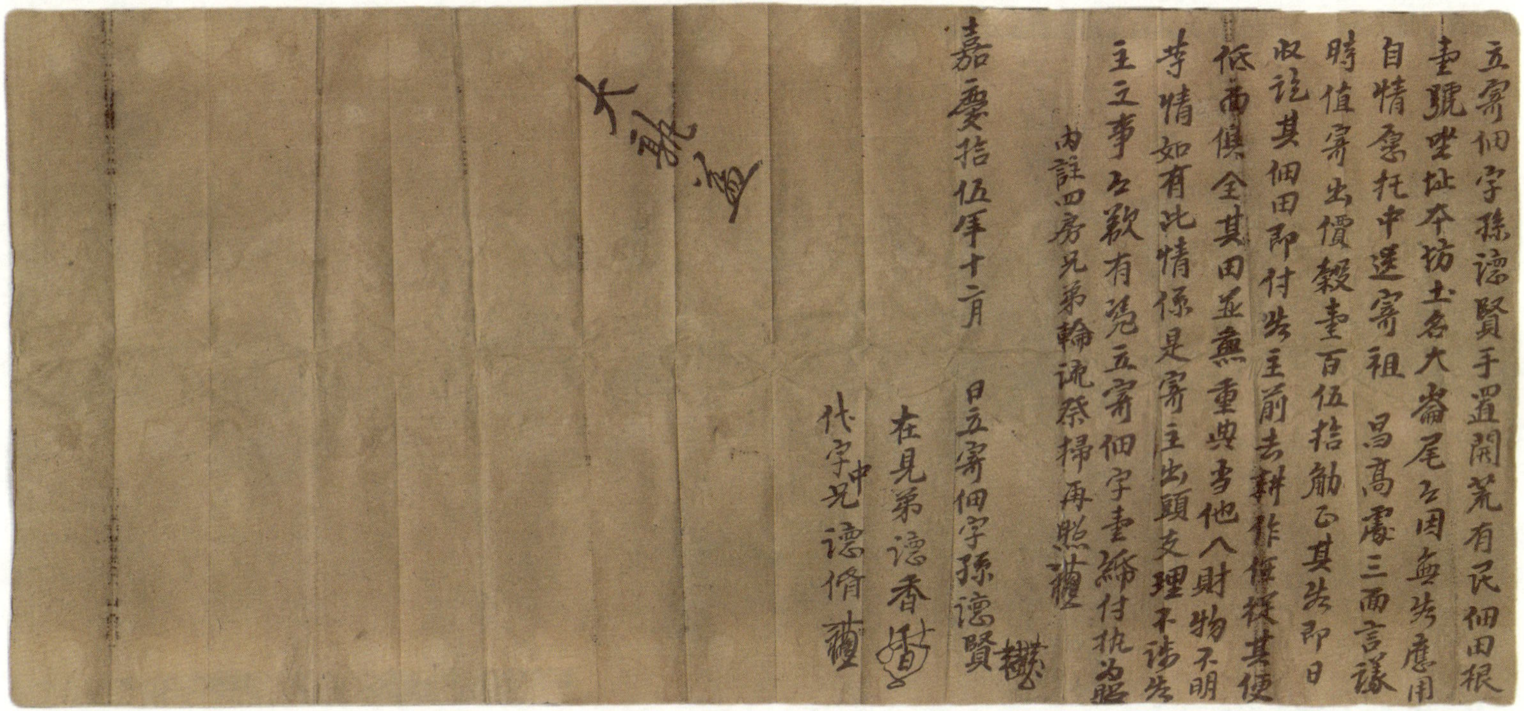

立寄佃字孫德賢手置開荒有民佃田根
壹號坐址本坊土名大崙尾乙囬，無錢應用，
自情愿托中送寄祖　昌高處三面言議
時值寄出價穀壹百伍拾觔正，其穀即日
收訖，其佃田即付錢主前去耕作，任從其便。
係內全其田並無重典與他人財物不明
等情，如有此情，係是寄主出頭支理，不涉錢
主之事。今欲有憑，立寄佃字壹紙，付執為照。
內註四房兄弟輪流祭掃再照。
嘉慶拾伍年十二月　日立寄佃字孫德賢
在見弟德香
代字中兄德脩
大號壹

3-3-90-3　清嘉慶十五年十二月葉德賢立寄民佃田根字

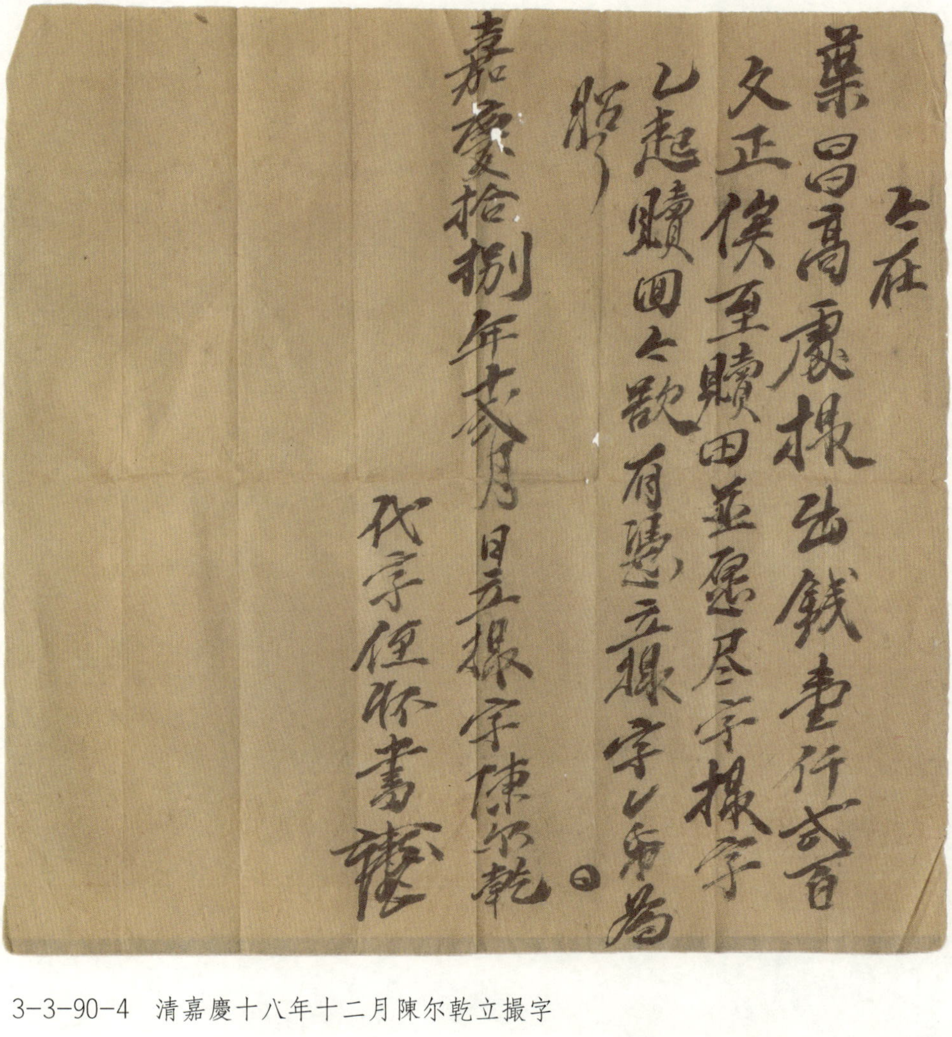
立在
葉昌高處撮出錢壹仟弍百
文正俟至贖田並還盡字撮字
乙起贖回之款有憑立撮字乙紙爲
照。
嘉慶拾捌年拾弍月　日立撮字陳尔乾
代字侄尔書

3-3-90-4　清嘉慶十八年十二月陳尔乾立撮字

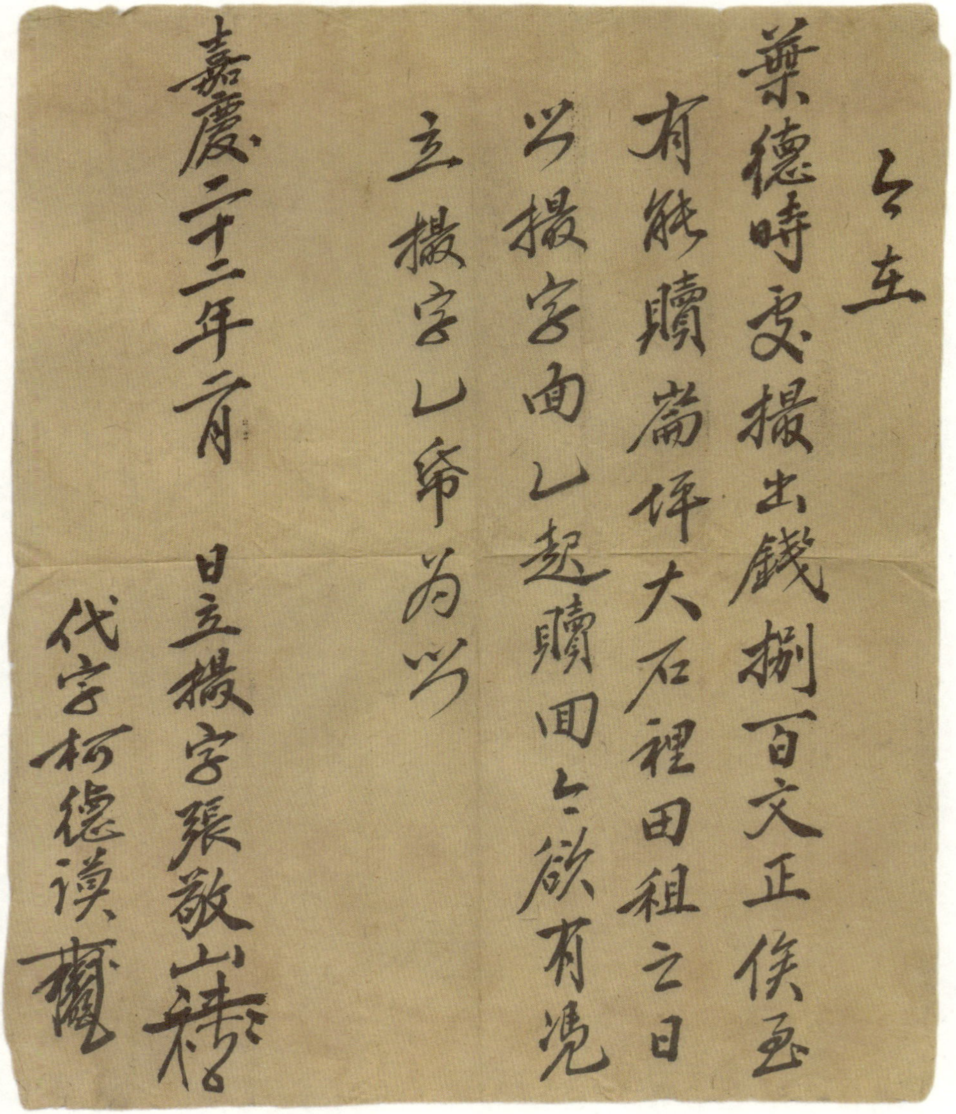
今在
葉德時處撮出錢捌百文正，俟丞
有錢贖崙坪大石裡田租之日，
照撮字面乙起贖回，今欲有憑，
立撮字乙帋為照。
嘉慶二十二年二月　日立撮字張敬山（押）
代字柯德漢（押）

3-3-90-5　清嘉慶二十二年二月張敬山立撮字

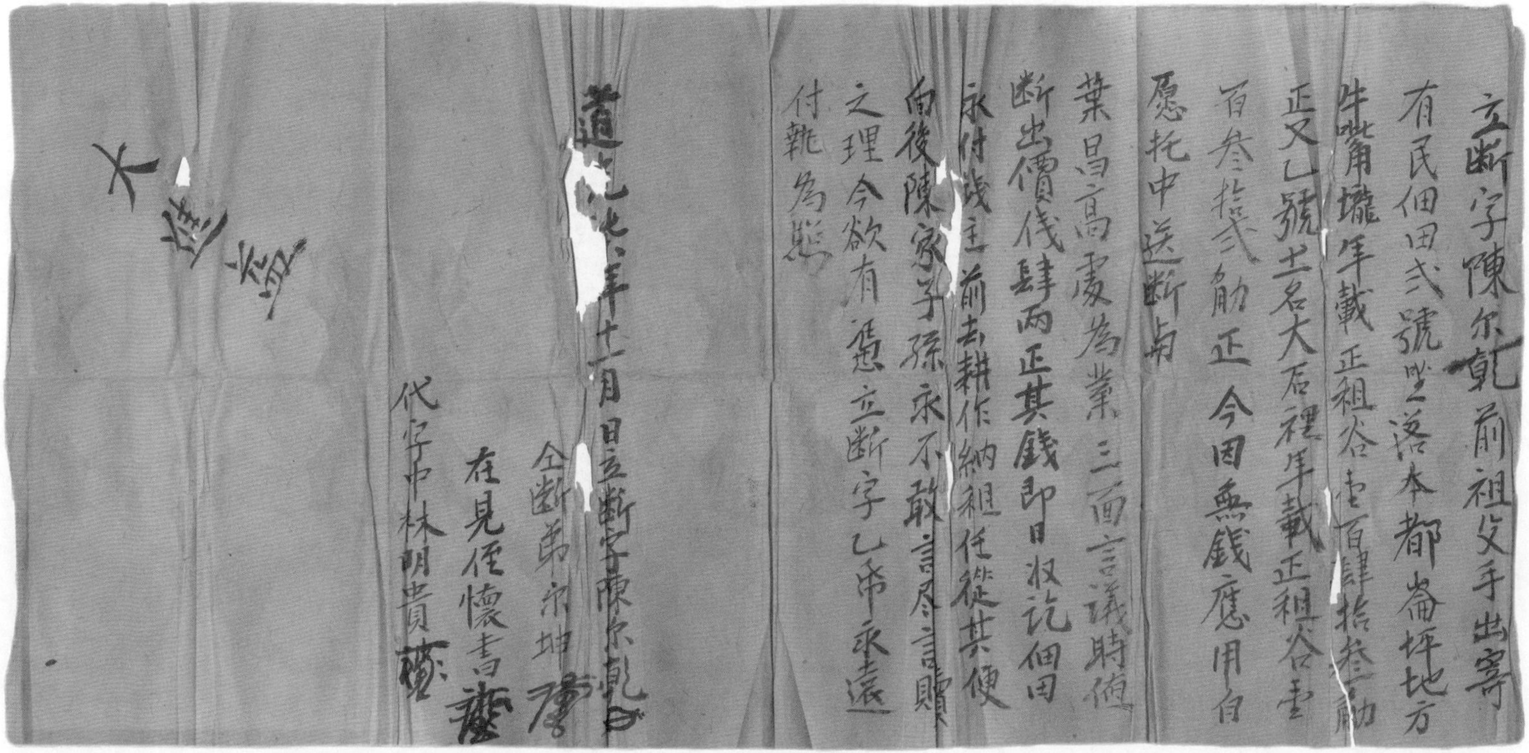

立斷字陳尔乾，前祖父手出寄
有民佃田弍號，坐落本都畲坪地方
牛嘴壠，年載正祖谷壹百肆拾叁觔
正；又乙號土名大石裡，年載正祖谷壹
百叁拾弍觔正。今因無錢應用，自
愿托中送斷與
葉昌高處為業，三面言議時值
斷出價錢肆兩正，其錢即日收訖，佃田
永付錢主前去耕作納祖，任從其便。
向後陳家子孫永不敢言盡言贖
之理。今欲有憑，立斷字乙帋，永遠
付執為照。

道光七年十一月　日立斷字陳尔乾（押）
仝斷弟尔坤（押）
在見侄懷書（押）
代字中林明貴（押）

3-3-90-6　清道光七年十一月陳尔乾等立斷民佃田字

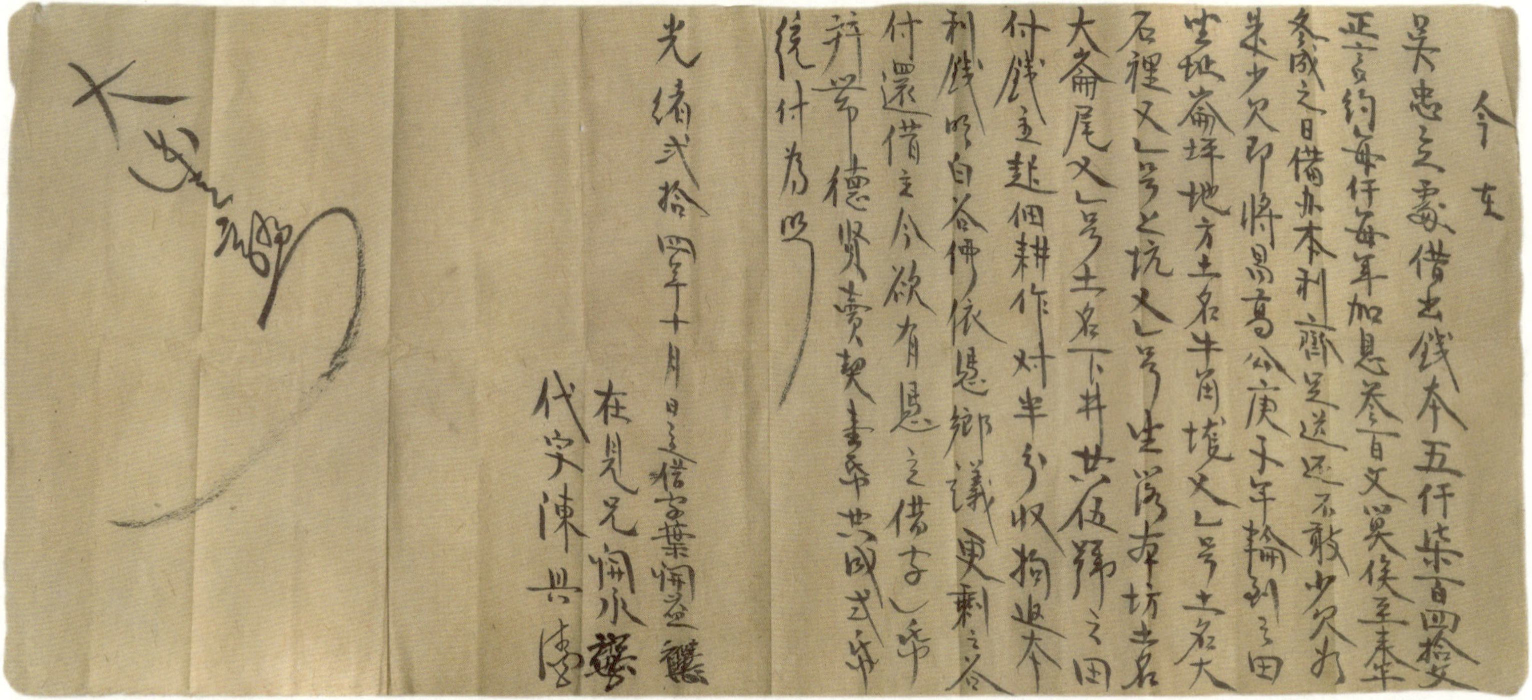
今在吴忠之處借出錢本五仟柒百四拾文正，言約每仟每年加息叁百文，冀俟至來年冬成之日備办本利齊足送还，不敢少欠。如未少欠，即將易高公庚子年輪到之田坐址崙坪地方土名牛崗壠又乙號土名大石裡又乙號之坑又乙號坐落赤坊土名大崙尾又乙號土名下井，共伍號之田付錢主起佃耕作，對半分收，掏退本利錢明白，谷俾依照鄉議，更剩之谷付還借主。今欲有憑，立借字乙帋并帶德賢賣契書帋共成貳帋繳付為照。

光緒貳拾四年十月　日立借字葉開益（押）

在見兄　開水（押）

代字　陳世隆

3-3-90-7　清光緒二十四年十月葉開益立借錢字

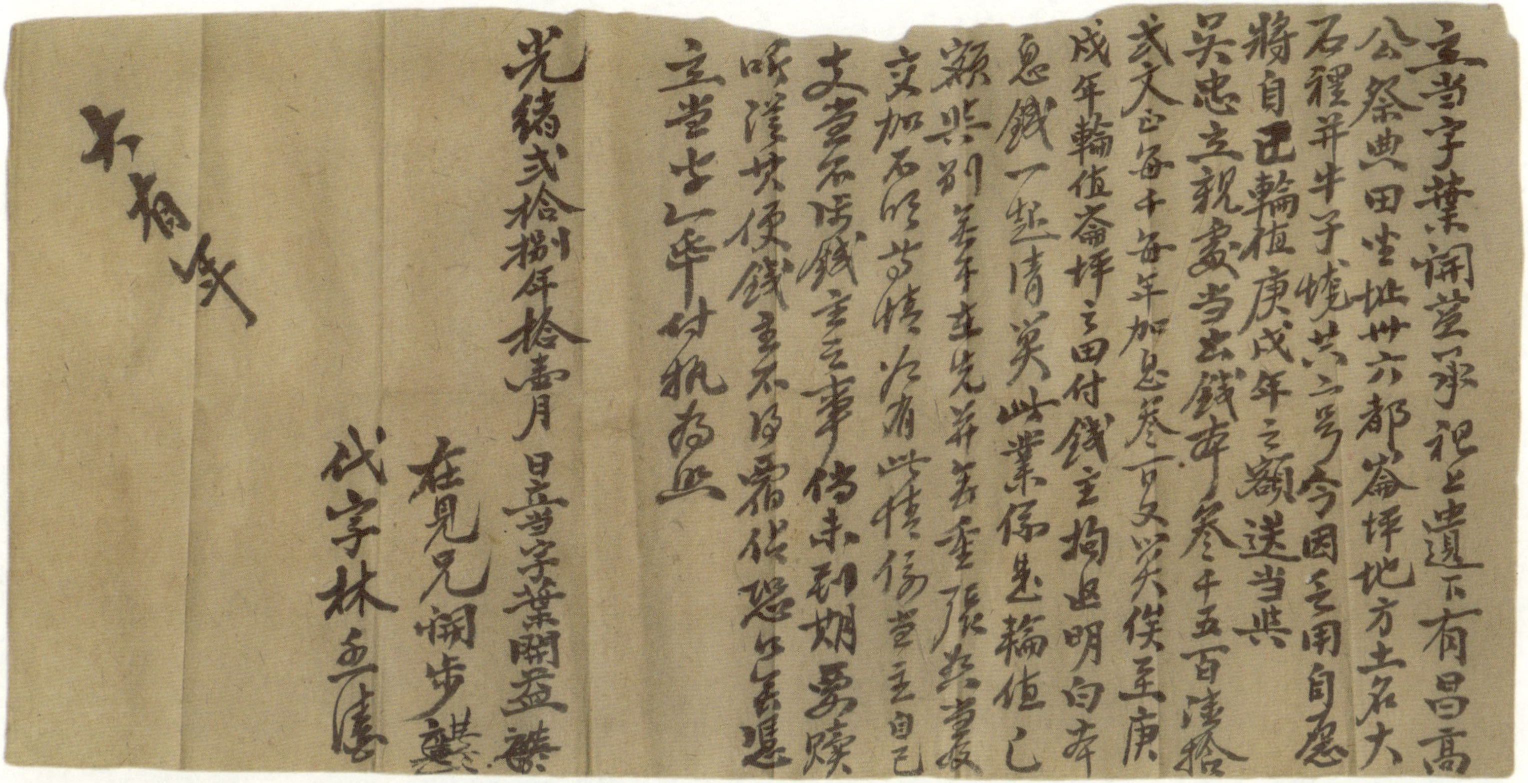
立当字葉開益承祖上遺退下有昌高
公祭典田坐址卅六都崙坪地方土名大
石裡并牛子墘共二号今因乏用自愿
將自己輪值庚戌年之額送当與
吳忠立親處当出錢本參千五百陸拾
弍文正每千每年加息參百文以俟至庚
戌年輪值崙坪之田付錢主掏出明白本
息錢一並清算此業係是輪值己
額與別房弟姪無涉無重張典當
交加不明等情如有此情係當主自己
支當不涉錢主之事倘未到期要贖
聽從其便錢主不得霸佔恐口無憑
立當字一紙付執為照
光緒弍拾捌年拾壹月　日立當字葉開益（押）
在見兄炯步（押）
代字林孟達
不有收

3-3-90-8　清光緒二十八年十一月葉開益立當祭典田字

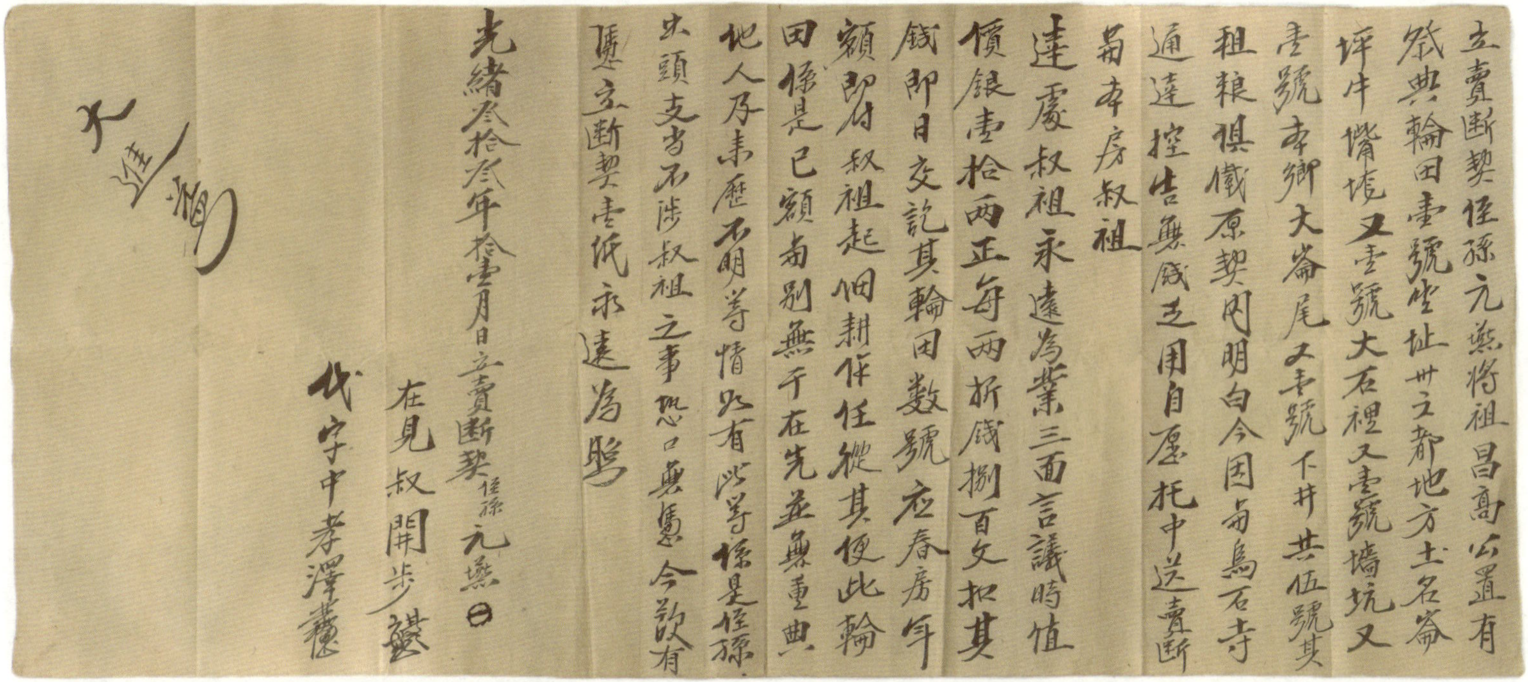
立賣斷契侄孫元燕將祖昌高公置有
祭典輪田壹號坐址廿三都地方土名崙
坪牛嘴垅又壹號大石裡又壹號墻坑又
壹號本鄉大崙尾又壹號下井共伍號其
租粮棋戴原契內明白今因爲烏石寺
通達控告無錢應用自愿托中送賣斷
與本房叔祖
達慶叔祖永遠爲業三面言議時值
價銀壹拾兩正每兩折錢捌百文扣其
錢即日交訖其輪田數號在春房年
額即付叔祖起佃耕作任從其便此輪
田係是已額與別無干在先並無重典、
他人及來歷不明等情如有此等係是侄孫
出頭支當不涉叔祖之事恐口無憑今欲有
憑立斷契壹紙永遠爲照

光緒叁拾叁年拾壹月　日立賣斷契侄孫元燕（押）

在見叔開步（押）

代字中孝澤（押）

大進

3-3-90-9　清光緒三十三年十一月葉元燕立賣斷祭典輪田契

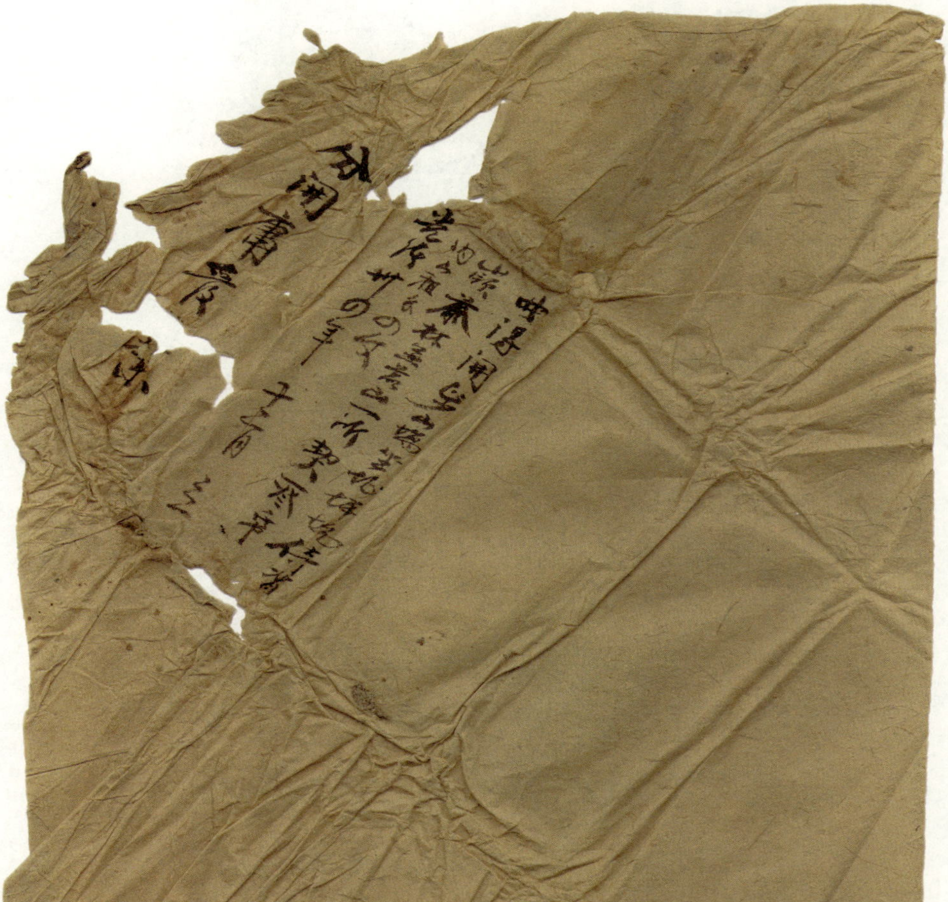

3-3-91-1　包契紙

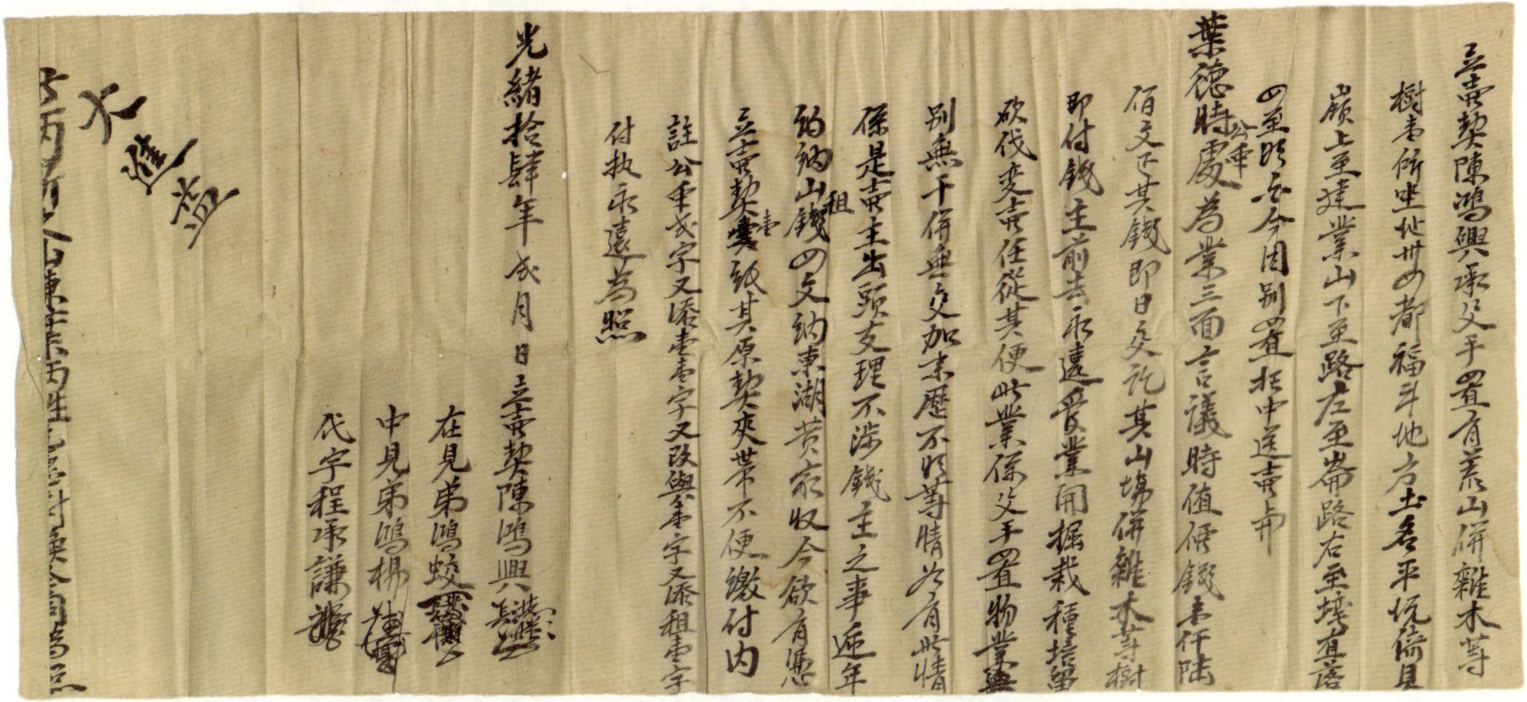

立賣契陳鴻興承父手置有荒山併雜木等
樹壹所坐址卅四都福斗地方土名平坑(?)俗(?)見
嶺上至建業山下至路左至崙路右至埭(?)直落
四至明白今因別置托中送賣與
葉德時(公手)處為業三面言議時值價錢壹仟陸
佰文正其錢即日交訖其山場併雜木等樹
即付錢主前去永遠管業開掘栽種培留
砍伐變賣任從其便此業係父手置物業無
別無干係無交加來歷不明等情如有此情
係是賣主出頭支理不涉錢主之事近年
的納山(租)錢四文納東湖黃家收今欲有憑
立賣契壹紙其原契夾帶不便繳付內
註公手…字又添壹…字又改與…字又添租壹字
付執永遠為照

光緒拾肆年貳月　日　立賣契陳鴻興
在見弟鴻蛟
中見弟鴻梯(?)
代字程承謙

大進益

3-3-91-2　清光緒十四年二月陳鴻興立賣荒山等契

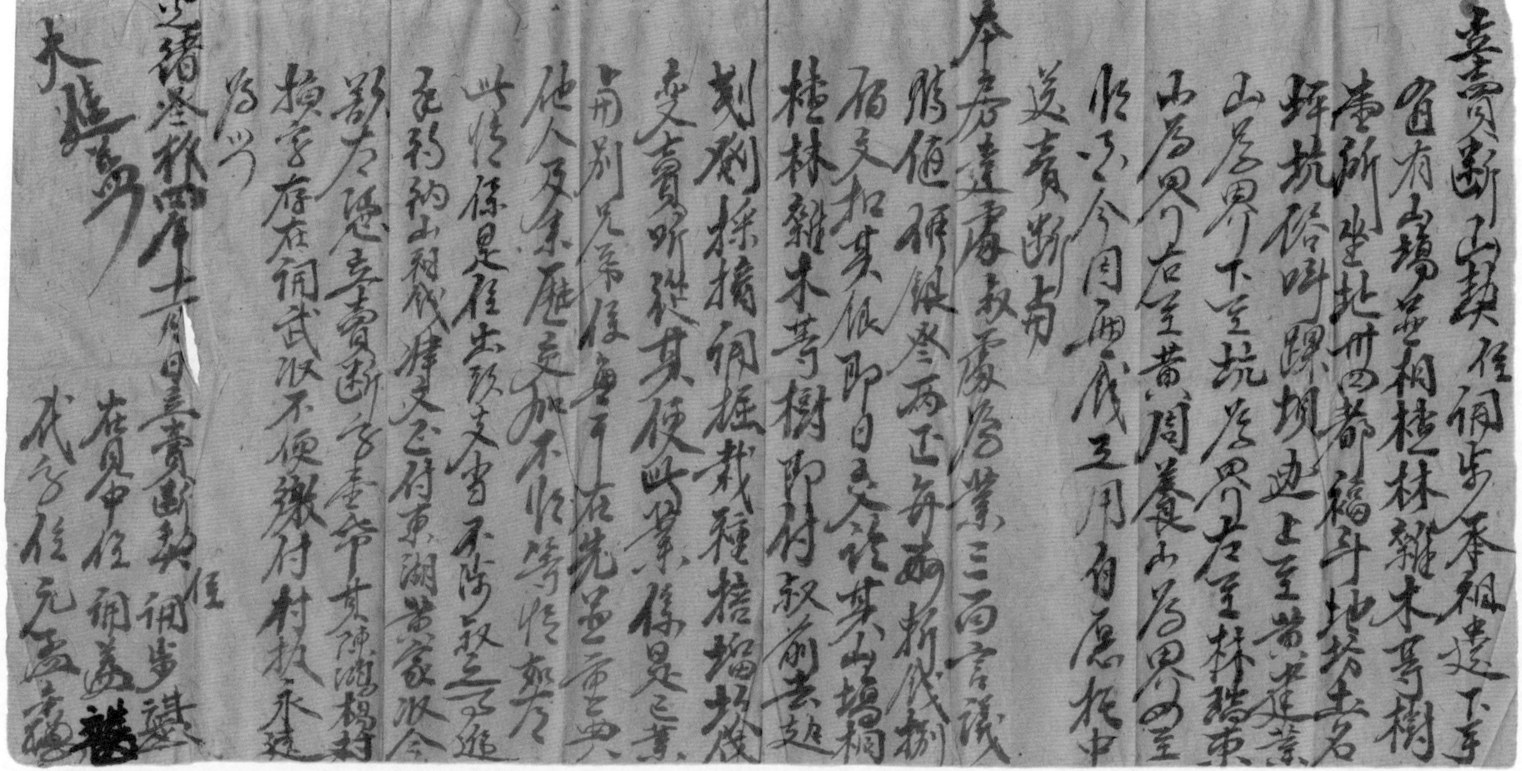
立賣斷山契侄開步，承祖遺下手
置有山場並栖桂林雜木等樹
壹所，坐址廿四都碓斗地方，土名
坪坑後門踝壩邊，上至黃家漈
山為界，下至坑為界，右至林瑞東
山為界，左至黃周養山為界，四至
俱明。今因無錢乏用，自愿托中
送賣斷與
本房遠雲叔處為業，三面言議
時值價銀叁兩正，每兩折錢捌
佰文，扣其銀即日交訖，其山場桐
桂林雜木等樹即付叔前去起
剗斫採摘桐樹栽種栝榴杉松
變賣，聽從其便。此業係是己業，
與別兄弟侄無干，在先並未典
他人，及來歷不明等情，如有
此情，係是侄出頭支當，不涉叔之事。其
錢糧納山租錢肆文正，付東湖黃家收。今
欲有憑，立賣斷字壹紙，其陳鴻楊村
換字存在開武收，不便繳付，付叔永遠
為照。
光緒叁拾四年十一月　日立賣斷契侄開步
在見中侄開益
代字侄元益
大進寶

3-3-91-3　清光緒三十四年十一月葉開步立賣斷山場等契

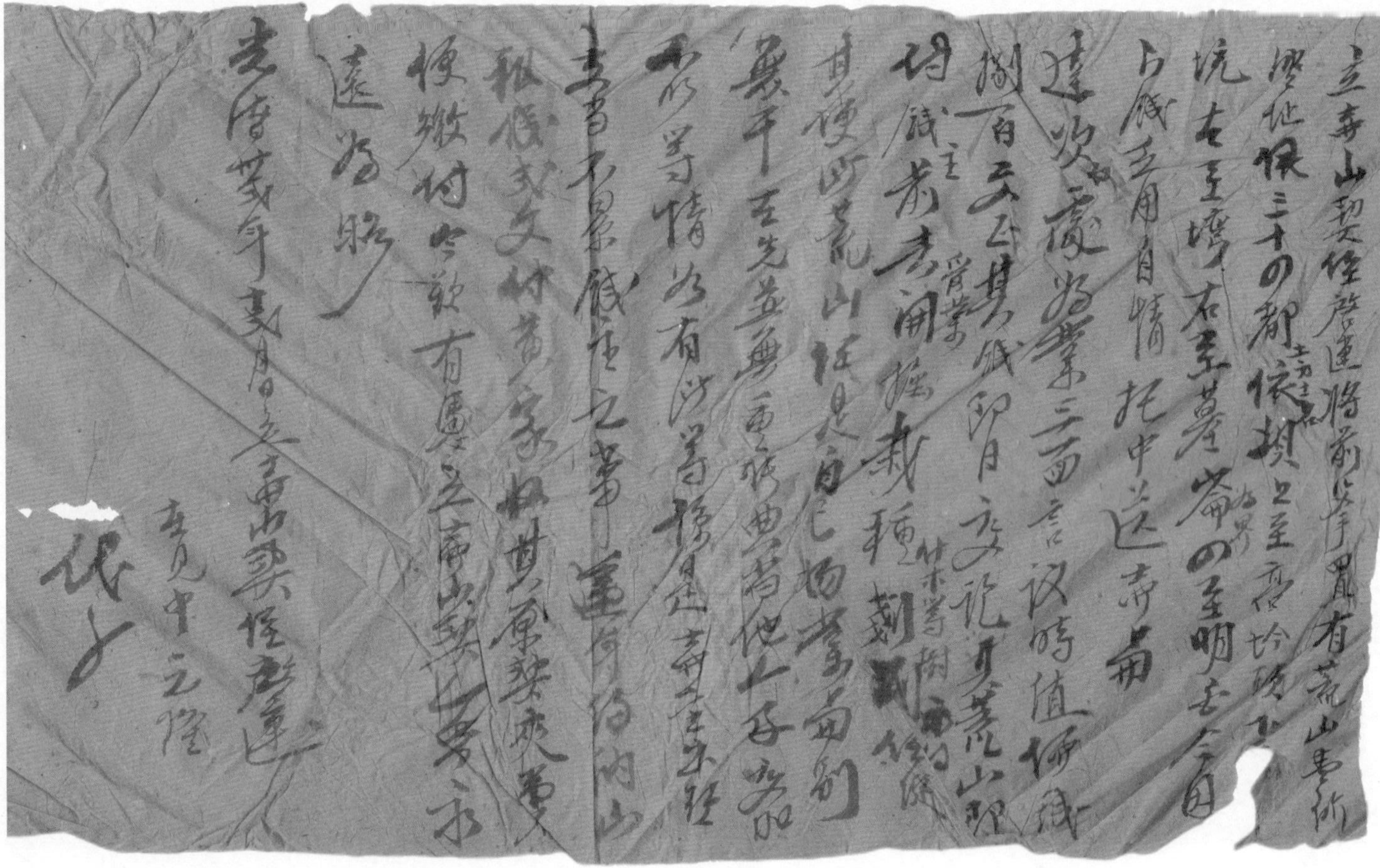

3-3-92-1　清光緒三十二年十二月葉啓運立賣荒山契（草契）

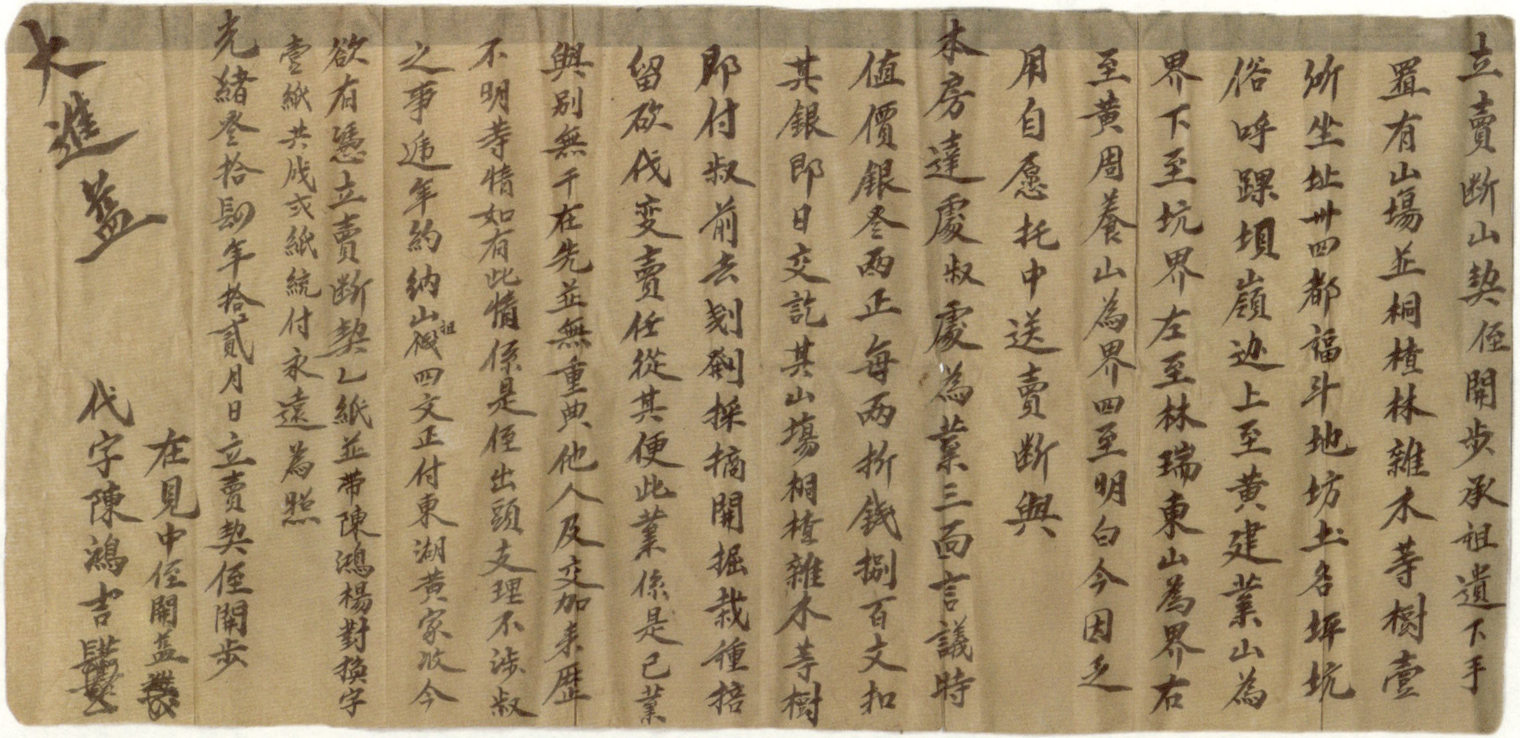

立賣斷山契侄開步承祖遺下手
置有山場並桐植林雜木等樹壹
所坐址卅四都福斗地坊土名坪坑
俗呼踝塤嶺迹上至黃建業山為
界下至坑界左至林瑞東山為界右
至黃周養山為界四至明白今因乏
用自愿托中送賣斷與
本房達慶叔慶為業三面言議時
值價銀叁両正每两折錢捌百文扣
其銀即日交訖其山場相植雜木等樹
即付叔前去剗劉採摘開掘栽種拮
留砍伐變賣任從其便此業係是已業
與別無干在先並無重典他人及交加來歷
不明等情如有此情係是侄出頭支理不涉叔
之事進年約納山祖稅四文正付東湖黃家收今
欲有憑立賣斷契乙紙並帶陳鴻楊對換字
壹紙共成弍紙統付永遠為照
光緒叁拾肆年拾貳月日立賣契侄開步
在見中侄開益（押）
代字陳鴻書（押）
大進益

3-3-92-2　清光緒三十四年十二月葉開步立賣斷山場等契

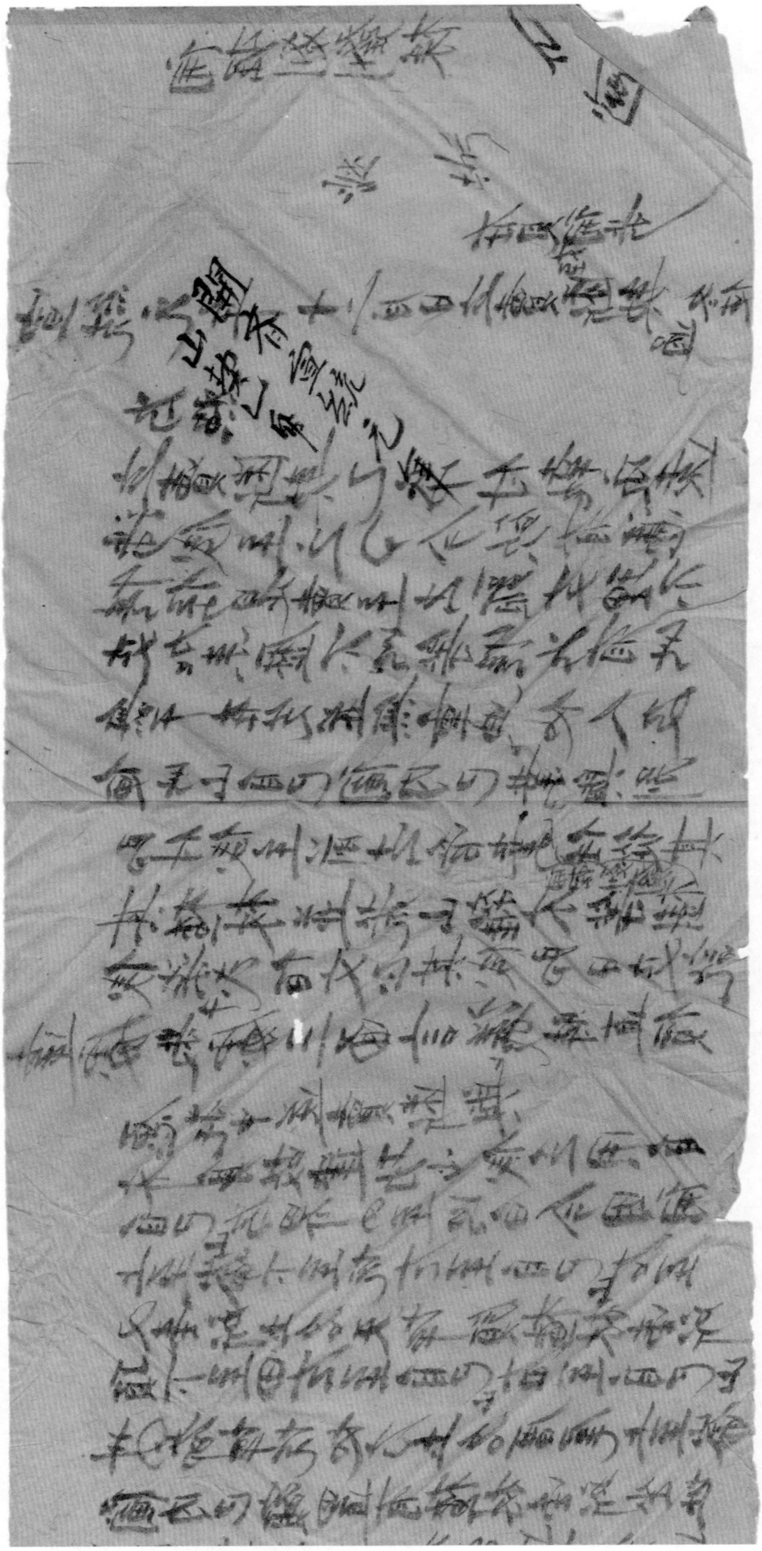

3-3-93-1　包契紙

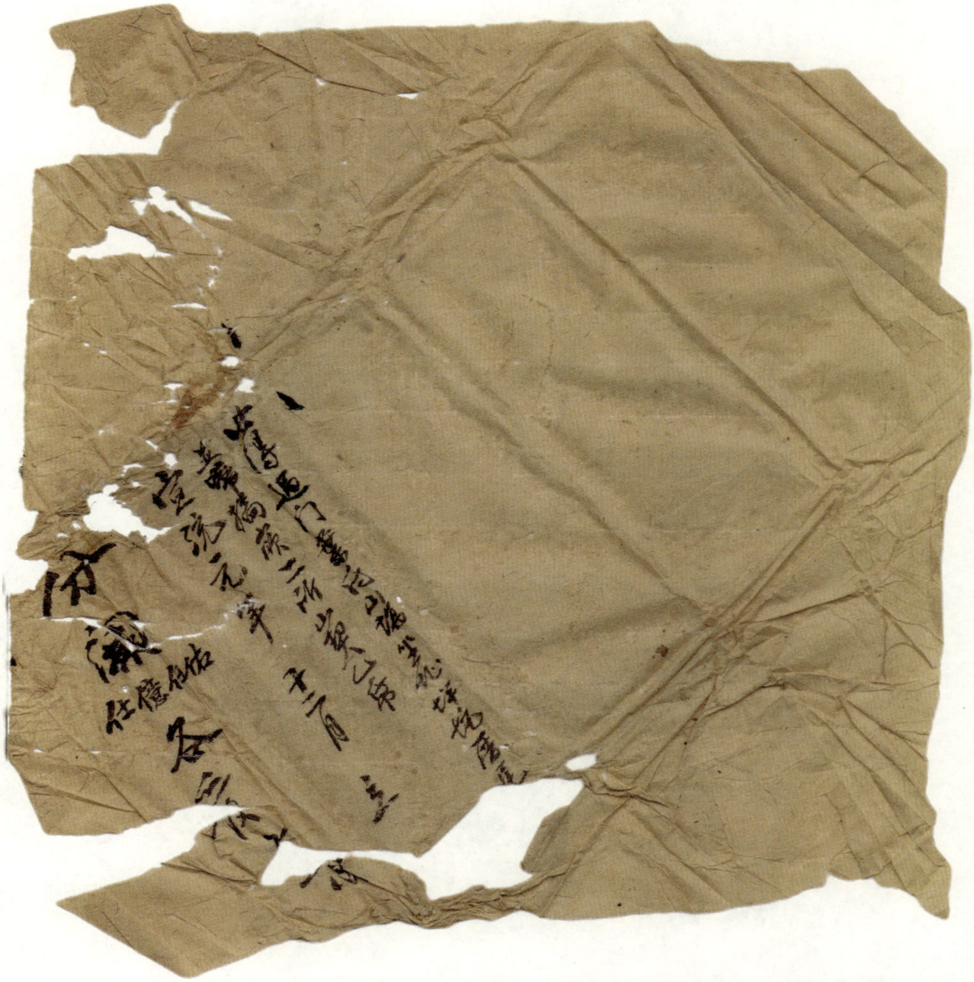

3-3-93-2 包契紙

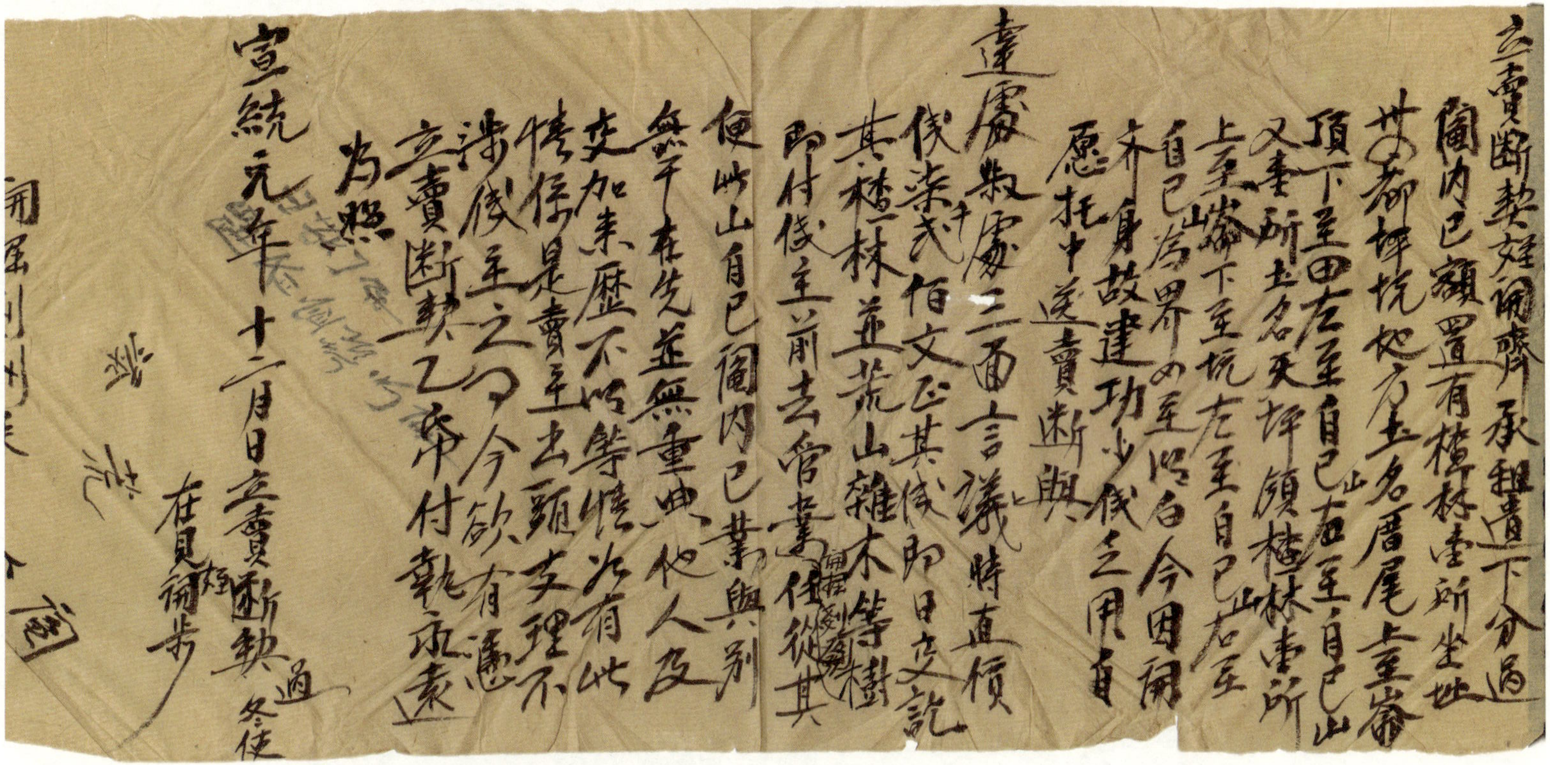

立賣斷契姪開齊，承祖遺下分過
鬮內已額置有楂林壹所，坐址
廿都坪坑地方，土名厝尾上崙
頂，下至田，左至自己山，右至自己山；
又壹所，土名天坪領楂林壹所，
上至崙，下至坑，左至自己山，右至
自己山為界，四至明白。今因開
本身故建功少錢乏用，自
愿托中送賣斷與
達
達處叔處三面言議，時直價
錢柒拾弍仟文正，其錢即日交訖。
其楂林並荒山雜木等樹
即付錢主前去管業，任從其
便。此山自己鬮內已業，與別
無干，在先並無重典他人及
交加未歷不明等情，如有此
情，係是賣主出頭支理，不
涉錢主之事。今欲有憑，
立賣斷契乙帋付執永遠
為照。
宣統元年十二月　日立賣斷契姪　過　冬使
在見　姪開步

3-3-93-3　清宣統元年十二月葉開齊立賣斷楂林契（草契）

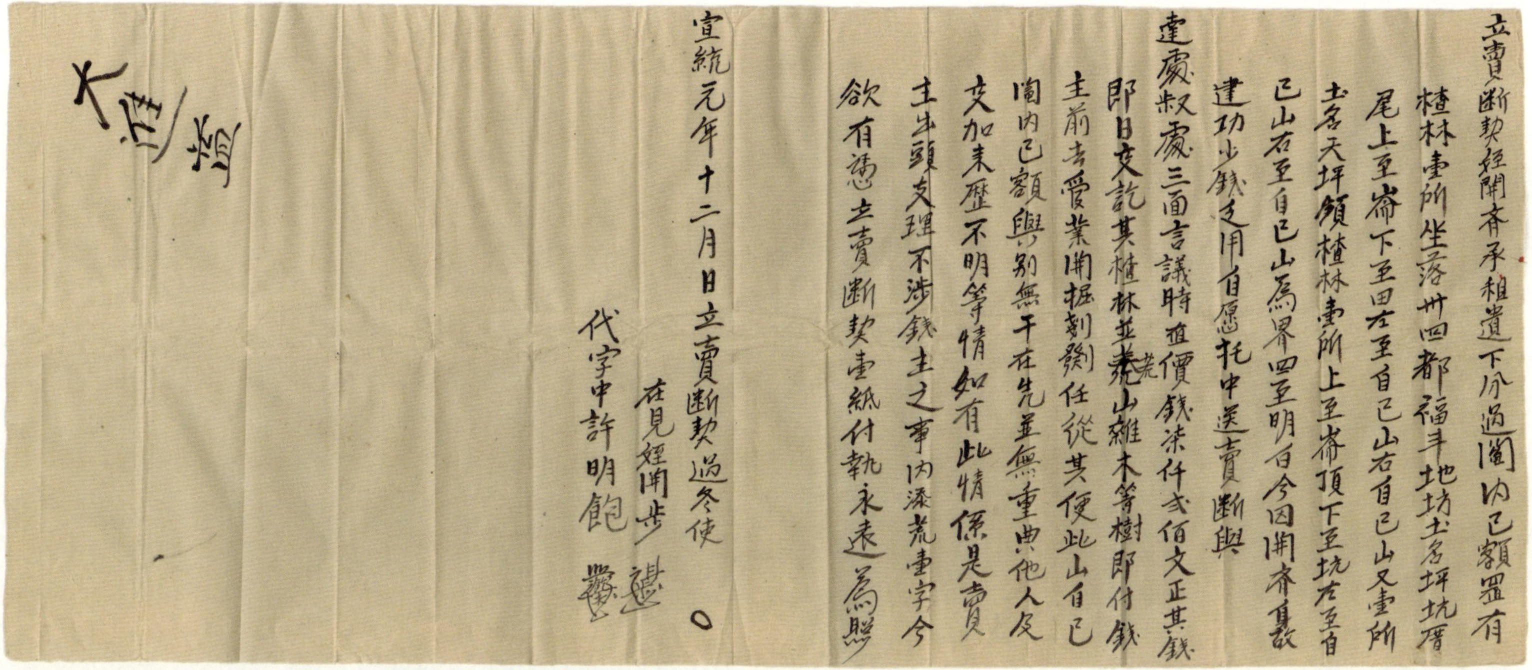

立賣斷契姪開齊承祖遺下分過鬮內己額置有
楂林壹所坐落卅四都福斗地坊土名坪坑厝
尾上至崙下至田左至自己山右自己山又壹所
土名天坪領楂林壹所上至崙頂下至坑左至自
己山右至自己山為界四至明白今因開齊乏欵
建功少錢乏用自愿托中送賣斷與
達處叔處三面言議時值價錢柒仟弍佰文正其錢
即日交訖其楂林並荒山雜木等樹即付錢
主前去管業開掘割發任從其便此山自己
鬮內己額與別無干在先並無重典他人及
交加來歷不明等情如有此情係是賣
主出頭支理不涉錢主之事內添荒壹字今
欲有憑立賣斷契壹紙付執永遠為照

宣統元年十二月　日立賣斷契姪開齊使　○
在見姪開步
代字中許明飽

3-3-93-4　清宣統元年十二月葉開齊立賣斷楂林契

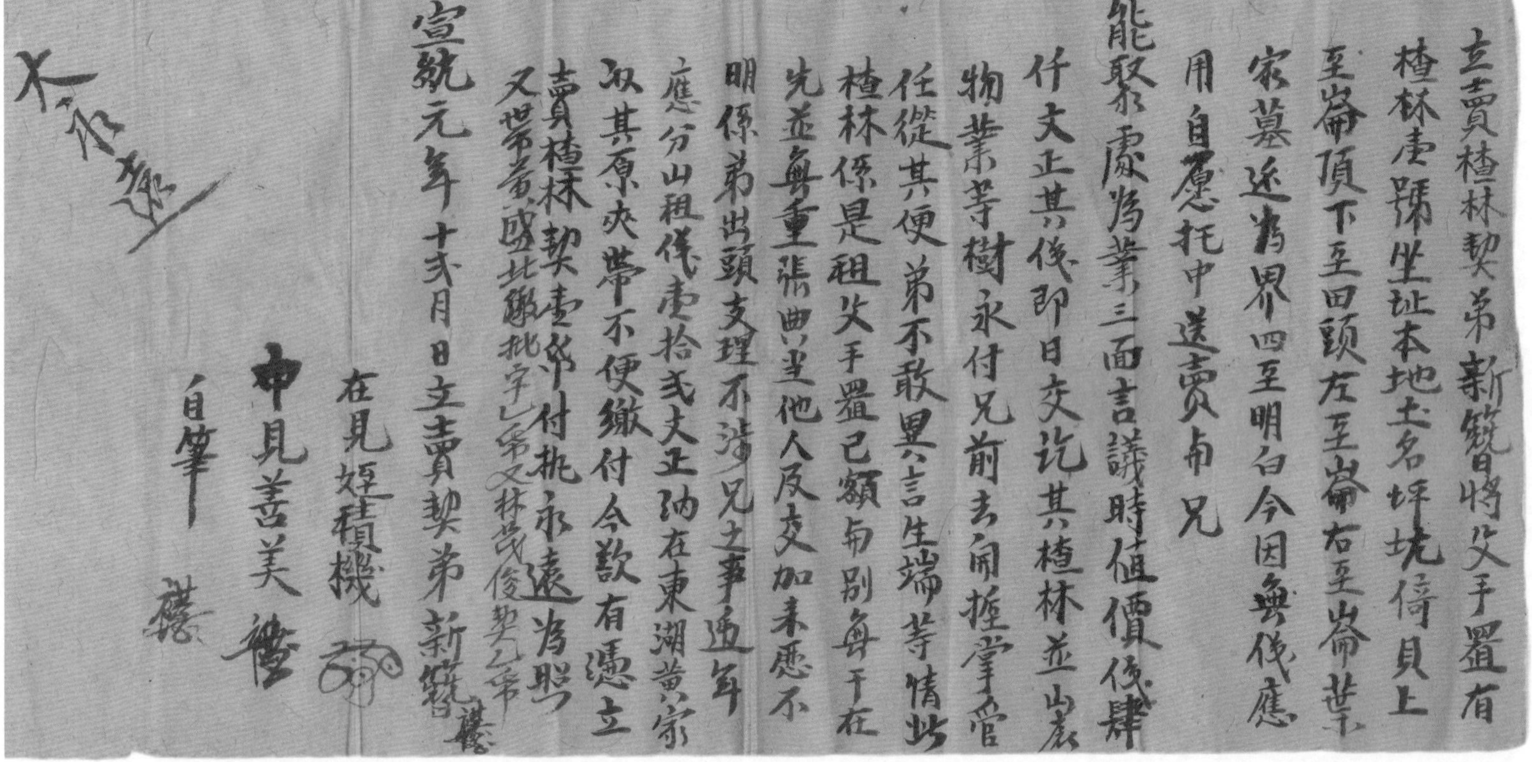

立賣楂林契弟新簪將父手置有
楂林壹號坐址本地土名坪坑倚貝上
至崙頂下至田頭左至崙右至崙葉
家墓迸為界四至明白今因無錢應
用自愿托中送賣與兄
能聚處為業三面言議時值價錢肆
仟文正其錢即日交訖其楂林並山底
物業等樹永付兄前去開掘掌管
任從其便弟不敢異言生端等情此
楂林係是祖父手置已額與別無干在
先並無重張典當他人反交加來歷不
明係弟出頭支理不涉兄之事迸年
應分山租錢壹拾弍文正納在東湖黄宗
叔其原夾帶不便繳付今欲有憑立
賣楂林契壹紙付執永遠為照
又帶黄盛北繳批字乙紙又林茂俊契乙紙
宣統元年十弍月　日立賣契弟新簪（押）
在見姪積機（押）
中見善美（押）
自筆（押）
不承送

3-3-94-1　清宣統元年十二月葉新簪立賣楂林契

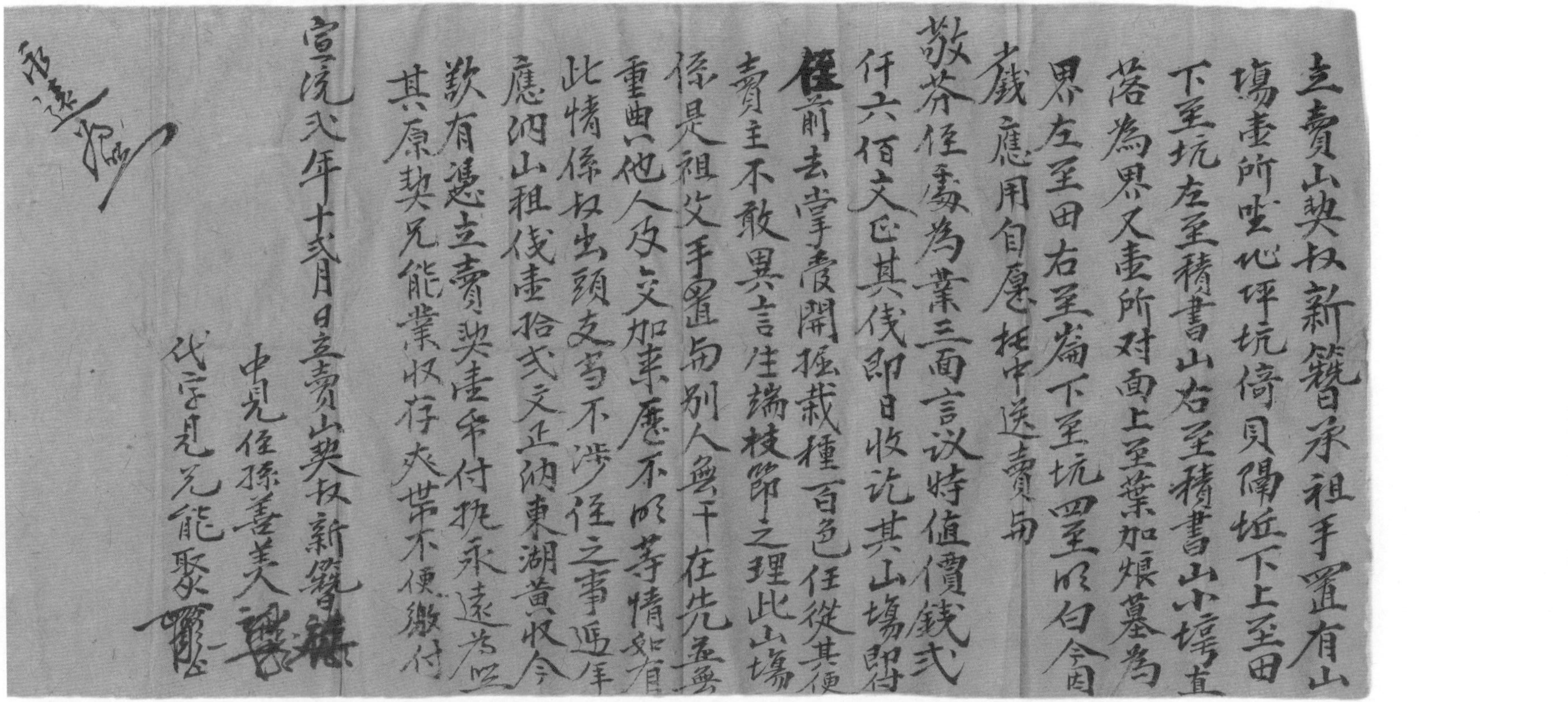
立賣山契叔新鑄承祖手置有山
場壹所坐址坪坑倚貝陽垅下上至田
下至坑左至積書山右至積書山小壋直
落為界又壹所对面上至葉加烺墓為
界左至田右至崙下至坑四至明白今因
歲應用自愿托中送賣与
敬芥侄處為業三面言议时值價錢弍
仟六佰文正其伐即日收讫其山場即付
侄前去掌管開掘栽種百色任從其便
賣主不敢異言生端枝節之理此山場
係是祖父手置与別人無干在先並無
重曲他人及交加來歷不明等情如有
此情係叔出頭支当不涉侄之事遞年
應納山租伐壹拾弍文正納東湖黃收今
欲有憑立賣契壹帋付执永遠为照
其原契兄能業收存夾帶不便繳付
宣統弍年十弍月日立賣山契叔新鑄（押）
中見侄孫善美（押）
代字見兄能聚（押）
永遠[illegible]

3-3-94-2　清宣統二年十二月葉新鑄立賣山場契

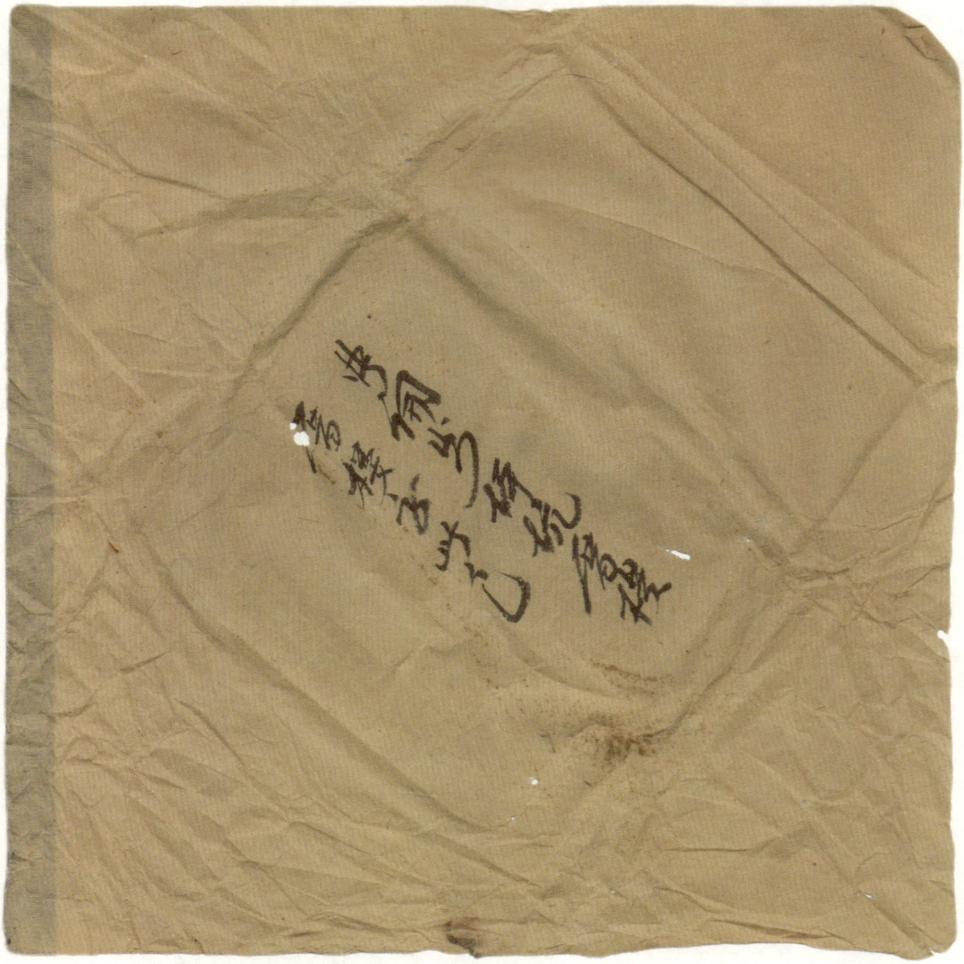

3-3-95-1　包契紙

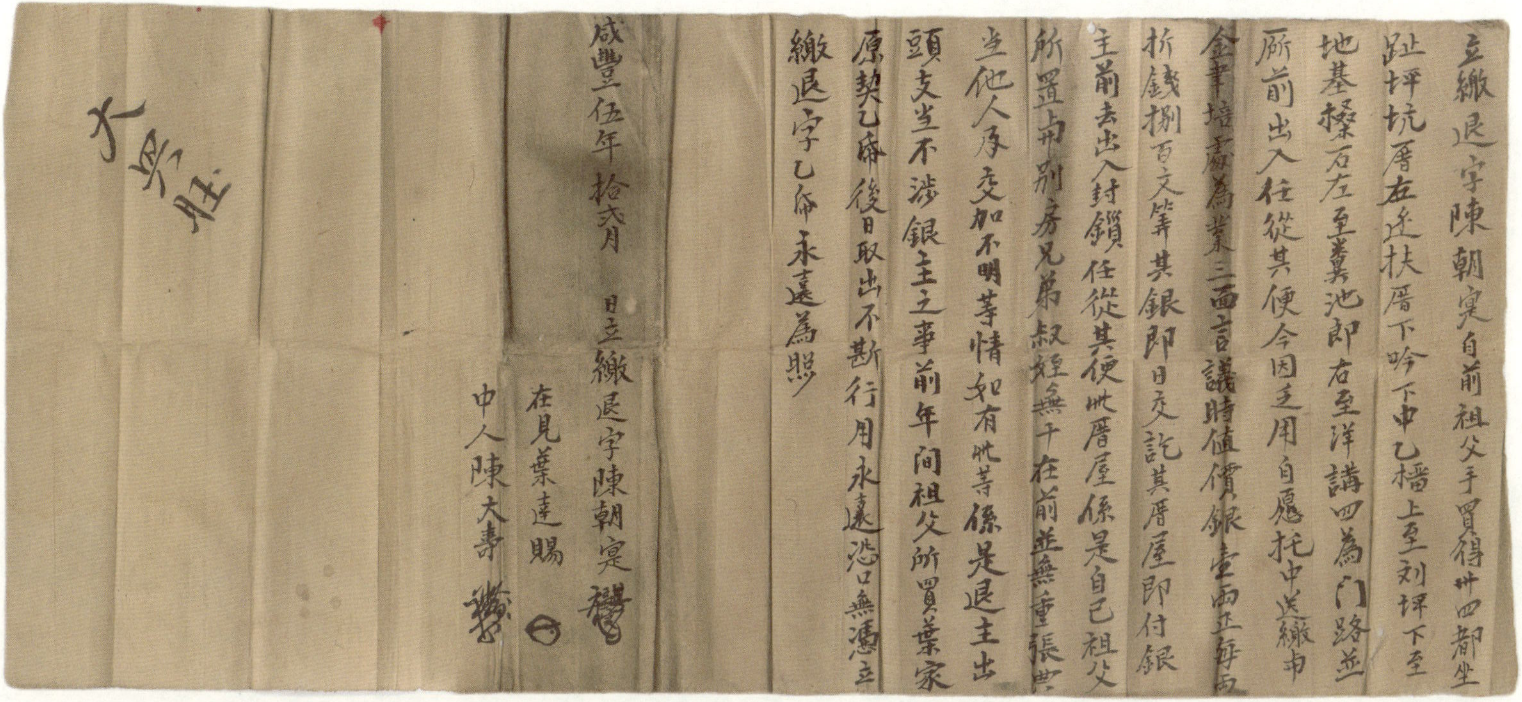
立繳退字陳朝寔自前祖父手買得廿四都坐
址坪坑厝左邊扶厝下吟下中乙橎上至刘坪下至
地基矮石左至冀池即右至洋講四為门路並
厝前出入任從其便今因乏用自愿托中送繳与
金華培處為業三面言議時值價銀壹两正每两
折錢捌百文筆其銀即日交訖其厝屋即付銀
主前去出入封鎖任從其便此厝屋係是自己祖父
所置并別房兄弟叔姪無干在前並無重張典
當他人及交加不明等情如有此等係是退主出
頭支當不涉銀主之事前年间祖父所買葉家
原契乙帋後日取出不斷行用永遠恐口無憑立
繳退字乙帋永遠為照
咸豐伍年拾弍月 日立繳退字陳朝寔（押）
在見葉達賜（押）
中人陳大壽（押）
大吉旺

3-3-95-2 清咸豐五年十二月陳朝寔立繳退扶厝字

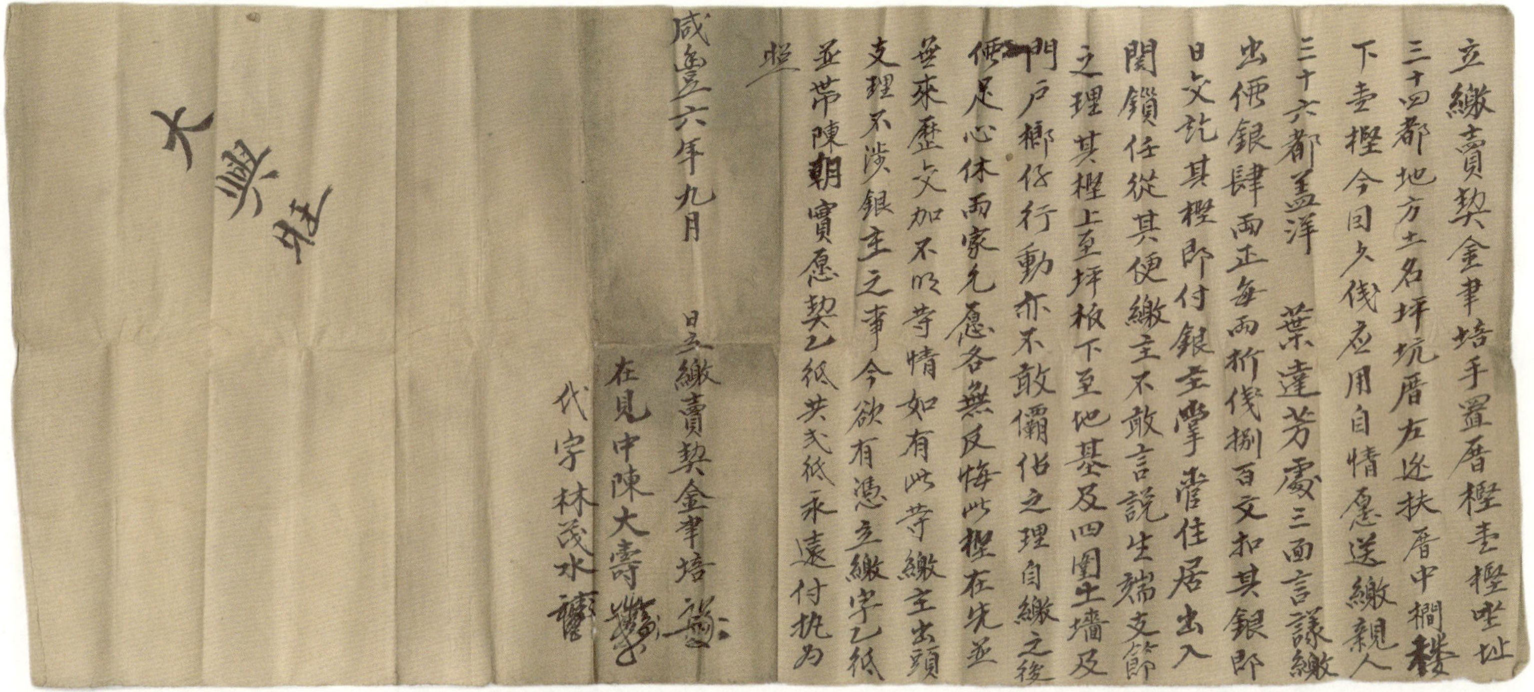
立繳賣契金聿培手置厝樫壹樫坐址
三十四都地方土名坪坑厝左邊扶厝中間樓
下壹樫今因乏錢應用自情愿送繳親人
三十六都蓋洋　葉達芳處三面言議繳
出佛銀肆兩正每兩折錢捌百文扣其銀即
日交訖其樫即付銀主掌管住居出入
閑鎖任從其便繳主不敢言說生端支節
之理其樫上至坪椾下至地基及四圍土墻及
門戶椰任行動亦不敢攔阻之理自繳之後
便足心休兩家允愿各無反悔此樫在先並
無來歷文加不明等情如有此等繳主出頭
支理不涉銀主之事今欲有憑立繳字乙紙
並帶陳朝實愿契乙紙共弍紙永遠付執為
照
咸豐六年九月　日立繳賣契金聿培（押）
在見中陳大壽（押）
代字林茂水（押）
大興旺

3-3-95-3　清咸豐六年九月金聿培立繳賣扶厝契

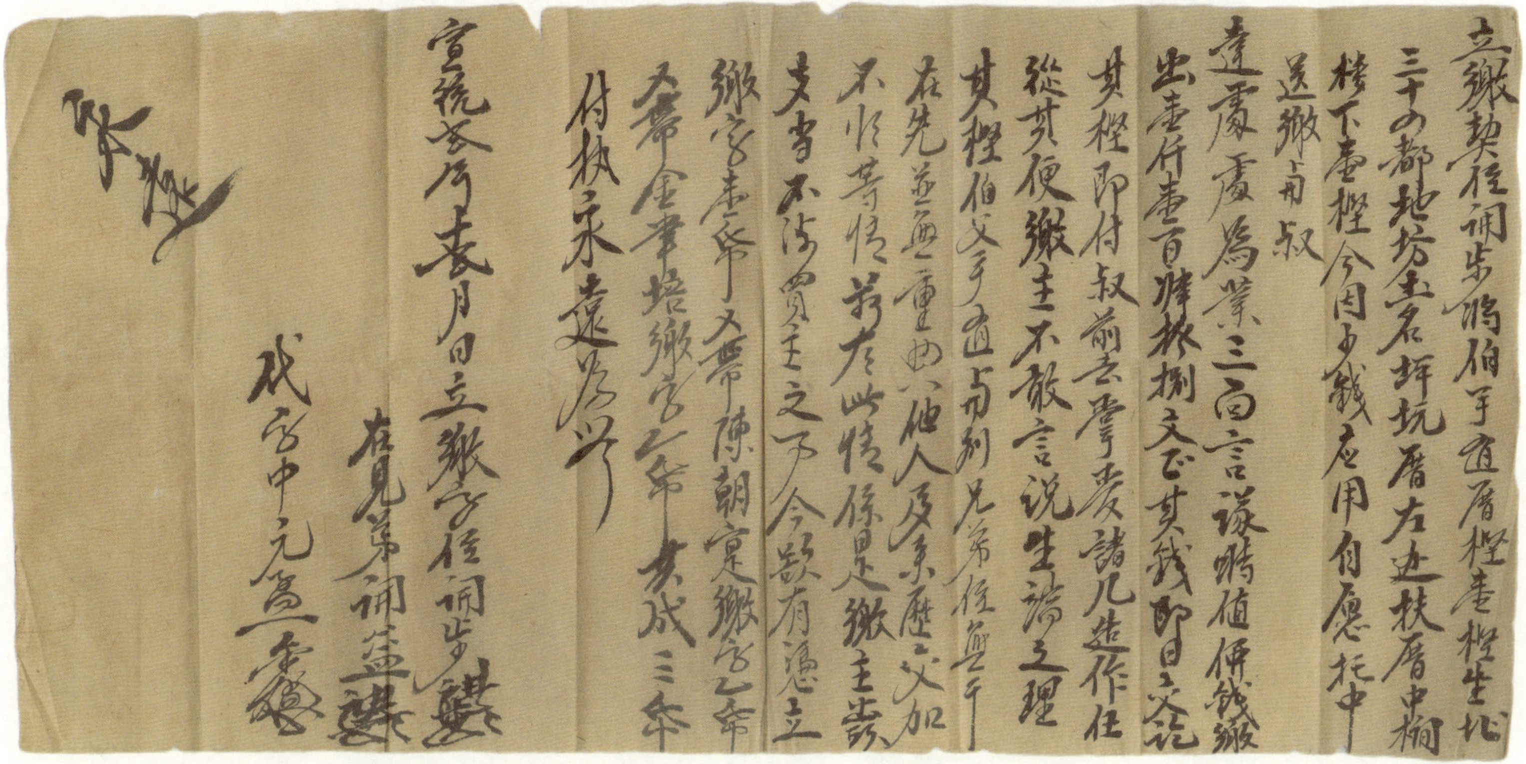

立繳契侄詞步鳴伯手置厝桱壹桱坐址
三十四都地坊土名坪坑厝左边扶厝中橺
樓下壹桱今因乏錢應用自愿托中
送繳前叔
達處處為業三面言議時值價錢繳
出壹仟壹百肆拾捌文正其錢即日交訖
其桱即付叔前去管業諸凡造作任
從其便繳主不敢言說生端之理
其桱伯父手置与胞兄弟侄無干
在先並無重典他人及來歷交加
不明等情如有此情係是繳主出頭
支當不涉買主之事今欲有憑立
繳字壹紙又帶上手文契陳朝宜繳字乙紙
又帶金事培繳字乙紙共成三紙
付執永遠為照
宣統貳年拾貳月　日立繳字侄詞步
在見弟詞益
代字中元爲

3-3-95-4　清宣統二年十二月葉開步立繳扶厝字

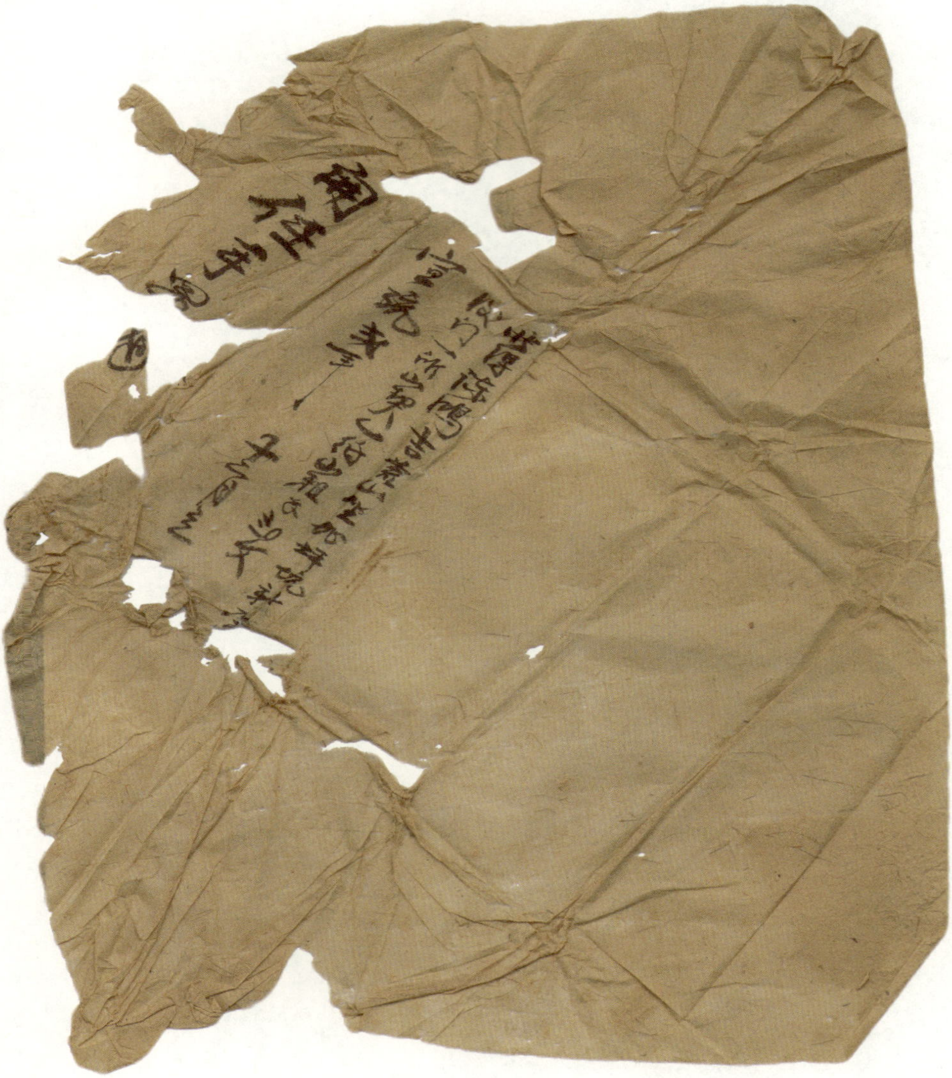

3-3-96-1　包契紙

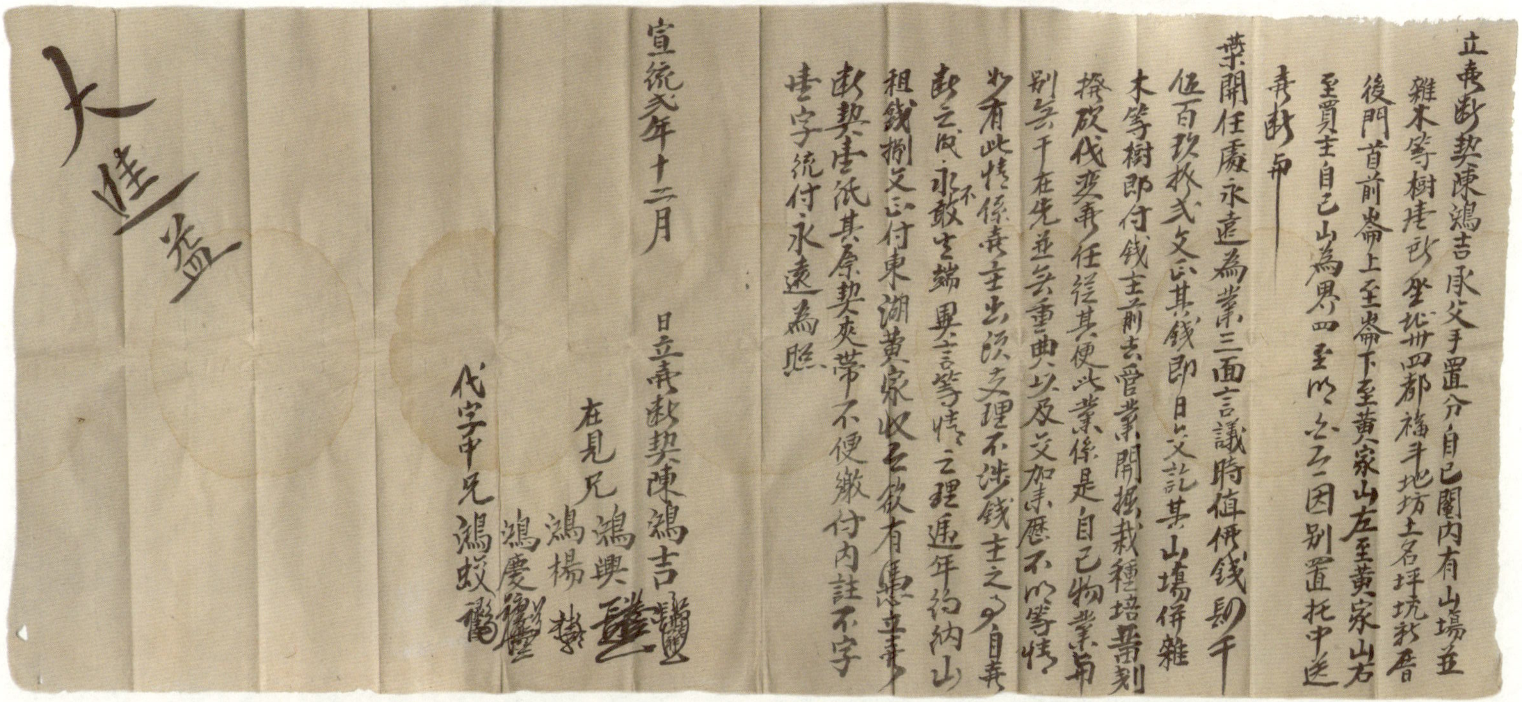

立賣斷契陳鴻吉承父手置分自己鬮内有山場並
雜木等樹坐址卅四都福斗地坊土名坪坑秋厝
後門首前崙上至崙下至黄家山左至黄家山右
至買主自己山為界，四至明白，今因別置，托中送
賣斷與
葉開任處，永遠為業，三面言議時值價錢壹千
伍百玖拾弍文，其錢即日交訖，其山場併雜
木等樹即付錢主前去管業，開掘栽種培養砍
撥砍伐變賣，任從其便，此業係是自己物業，與
別房干在先並無重典以及交加來歷不明等情，
如有此情，係賣主出頭支理，不涉錢主之事，自賣
斷之後，永不敢生端異言等情，照理遞年約納山
租錢捌文正，付東湖黄家收乞，欲有憑，立賣
斷契壹紙，其原契夾帶不便繳付，内註不字
壹字，統付永遠為照。

宣統弍年十二月　日立賣斷契陳鴻吉（押）
在見兄鴻興（押）
鴻楊（押）
鴻慶（押）
代字中兄鴻蚊（押）

大佳益

3-3-96-2　清宣統二年十二月陳鴻吉立賣斷山場等契

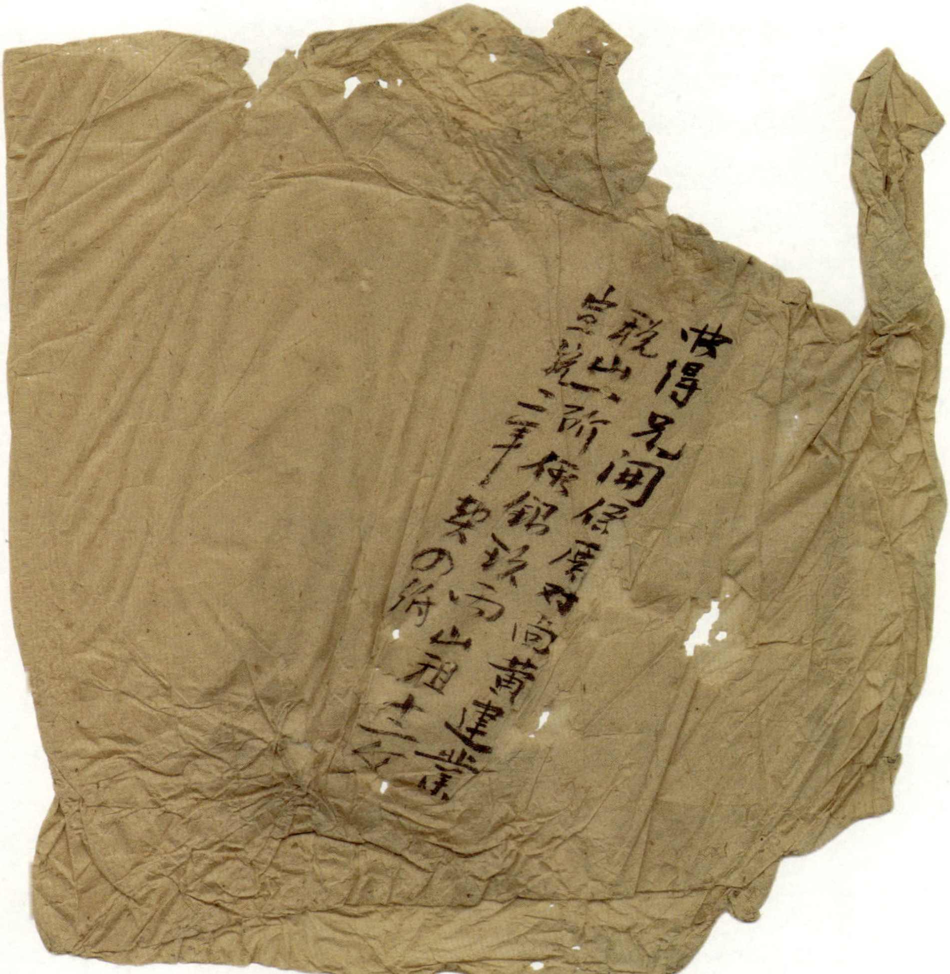
收得兄聞保厝對面黃建業
稅山一所俟銘坂司山祖土
宣統二年一契の付

3-3-97-1　包契紙

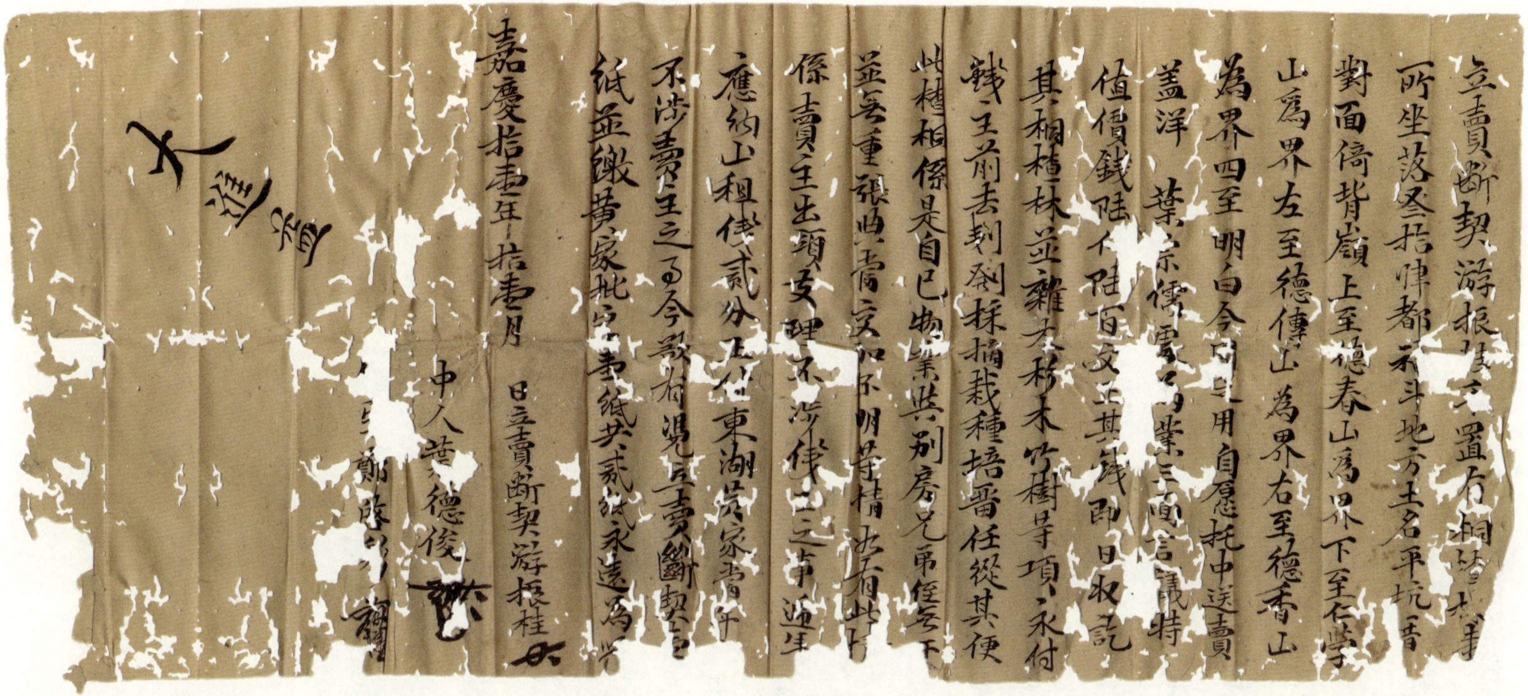
立賣斷契游振桂，[illegible]置有桐楂林壹
所，坐落[illegible]都[illegible]地方，土名平坑音
對面倚背嶺，上至[illegible]德春山為界，下至[illegible]
山為界，左至德傳山為界，右至德香山
為界，四至明白。今因[illegible]用，自愿托中送賣
蓋洋葉宗[illegible]業[illegible]言議，時
值價錢陸仟陸百文正，其錢即日收訖，
其桐楂林並雜木杉木竹樹等項，永付
錢主前去剔[illegible]採摘栽種培晉，任從其便。
此桐楂係是自己物業，與別房兄弟侄無干，
並無重張典當交加不明等情，如有此等，
係賣主出頭支理，不涉錢主之事。[illegible]
應納山租佚貳分正，付東湖[illegible]家[illegible]
不涉賣主之事。今欲有憑，立賣斷契壹
紙並繳黃家批字壹紙，共貳紙，永遠為照。
嘉慶拾壹年拾壹月　日立賣斷契游振桂（押）
中人黃德俊（押）
[illegible]鄭[illegible]（押）

3-3-97-2　清嘉慶十一年十一月游振桂立賣斷桐楂林契

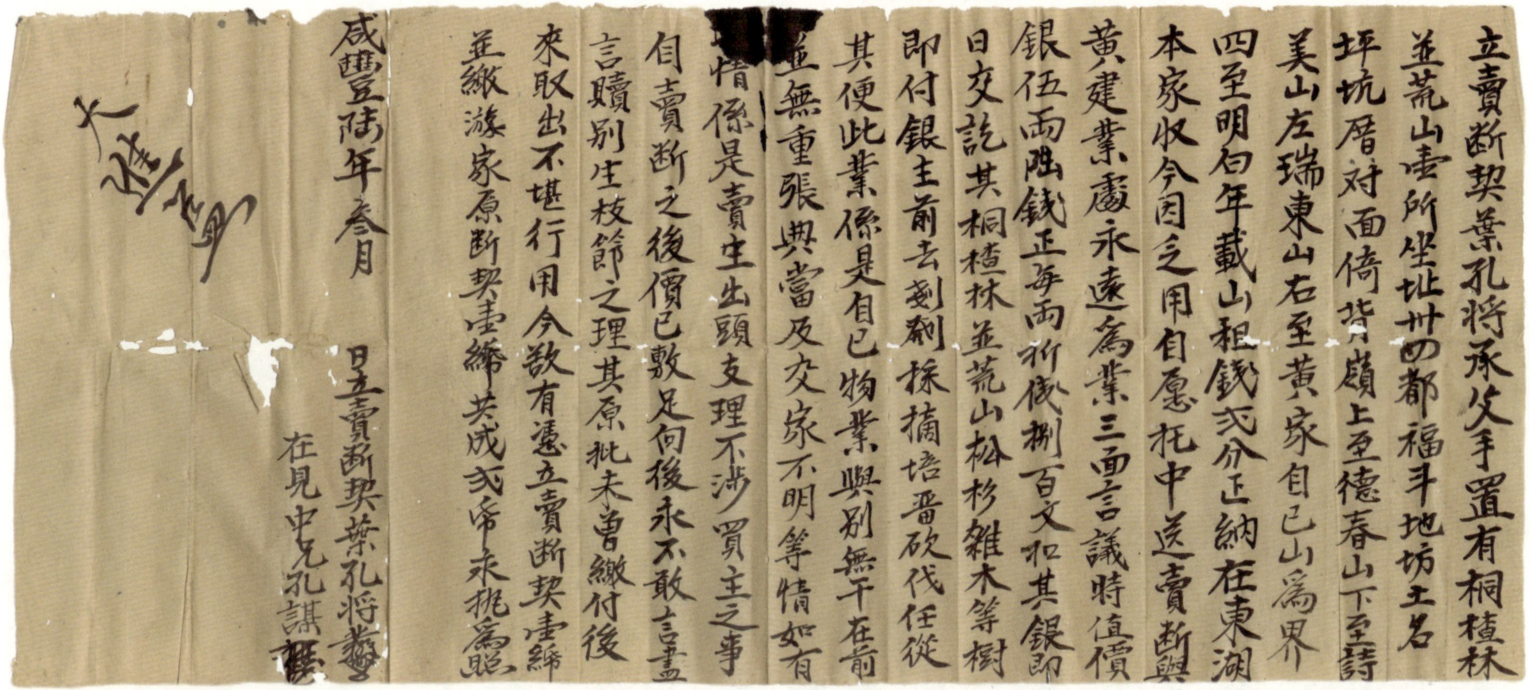
立賣斷契葉孔將承父手置有桐楂林
並荒山壹所坐址卅四都福斗地坊土名
坪坑厝对面倚背嶺上至德春山下至詩
美山左瑞東山右至黃家自己山爲界
四至明白年載山租錢弍分正納在東湖
本家收今因乏用自愿托中送賣斷與
黃建業處永遠爲業三面言議時值價
銀伍兩陸錢正每兩折低捌百文扣其銀即
日交訖其桐楂林並荒山松杉雜木等樹
即付銀主前去剗剃採摘培晋砍伐任從
其便此業係是自己物業與別無干在前
並無重張典當及交家不明等情如有
情係是賣主出頭支理不涉買主之事
自賣斷之後價已敷足向後永不敢言盡
言贖別生枝節之理其原批未曾繳付後
來取出不堪行用今欲有憑立賣斷契壹紙
並繳家原斷契壹紙共成弍紙永爲照
咸豐陸年叁月　　日立賣斷契葉孔將
在見中兄孔謀
[illegible]

3-3-97-3　清咸豐六年三月葉孔將立賣斷桐楂林等契

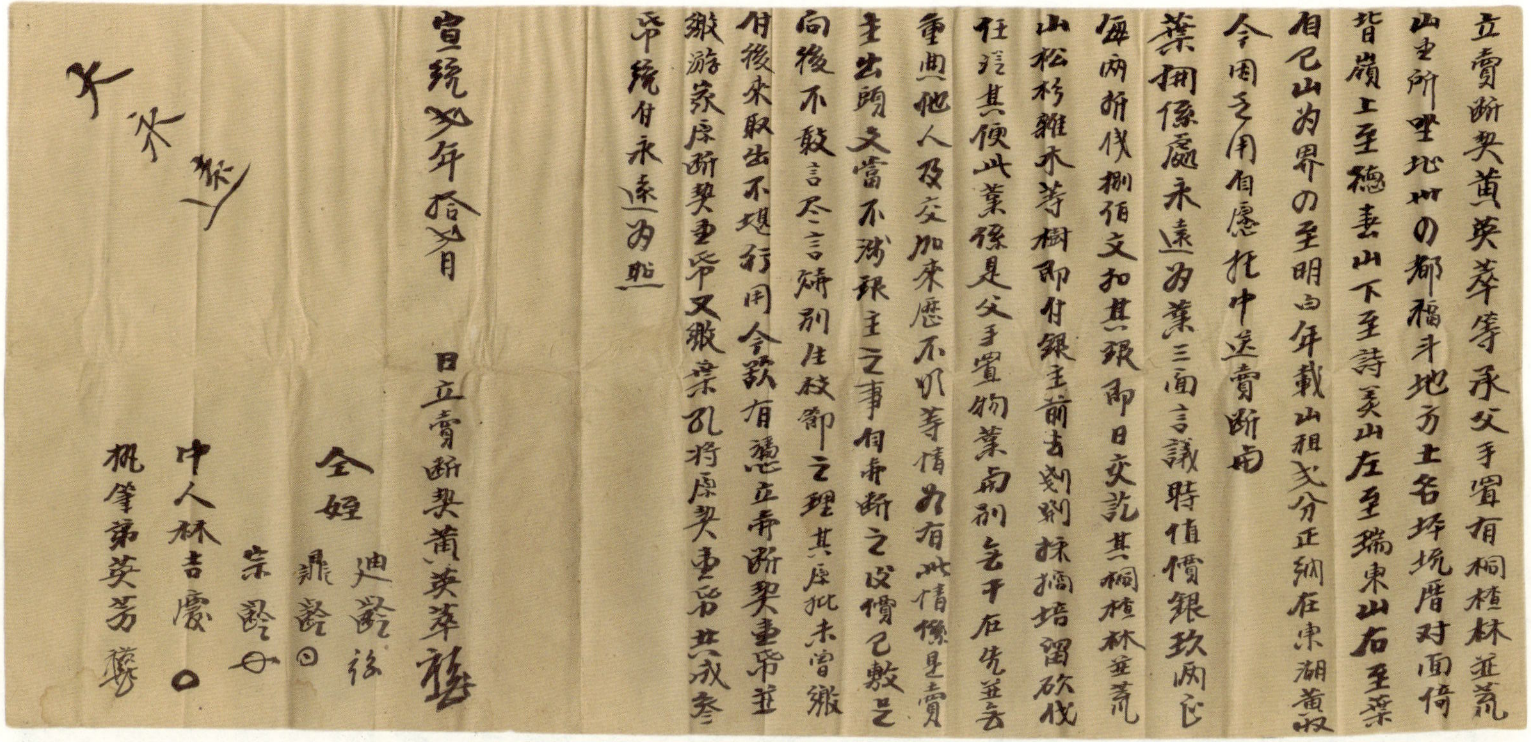
立賣斷契黃英萃等承父手置有桐植林並荒
山坐所坐址卅四都福斗地方土名坪坑厝對面倚
背嶺上至穗壵山下至詩美山左至瑞東山右至葉
有巳山為界四至明白年載山租文分正納在東湖黃嚴
今因乏用自愿托中送賣斷與
葉拥儀處永遠為業三面言議時值價銀玖兩正
係兩听伐捌佰文扣其銀即日交訖其桐植林並荒
山松杉雜木等樹即付銀主前去劉劉抹插培留砍伐
任從其便此業係是父手置物業與別房手足先並無
重典他人及交加來歷不明等情如有此情係是賣
主出頭支當不干銀主之事自本斷之後價已數足
向後不敢言盡言贖別生枝節之理其產批未當繳
付後來取出不堪行用今欲有憑立賣斷契壹帋並
繳游家產斷契壹帋又繳業孔將產契壹帋共成叁
帋繳付永遠為照
宣統貳年拾貳月 日立賣斷契黃英萃
全姪 迪濱 鼎濱 宗濱
中人林吉慶
代筆弟英芳
大吉利

3-3-97-4 清宣統二年十二月黃英萃等立賣斷桐植林等契

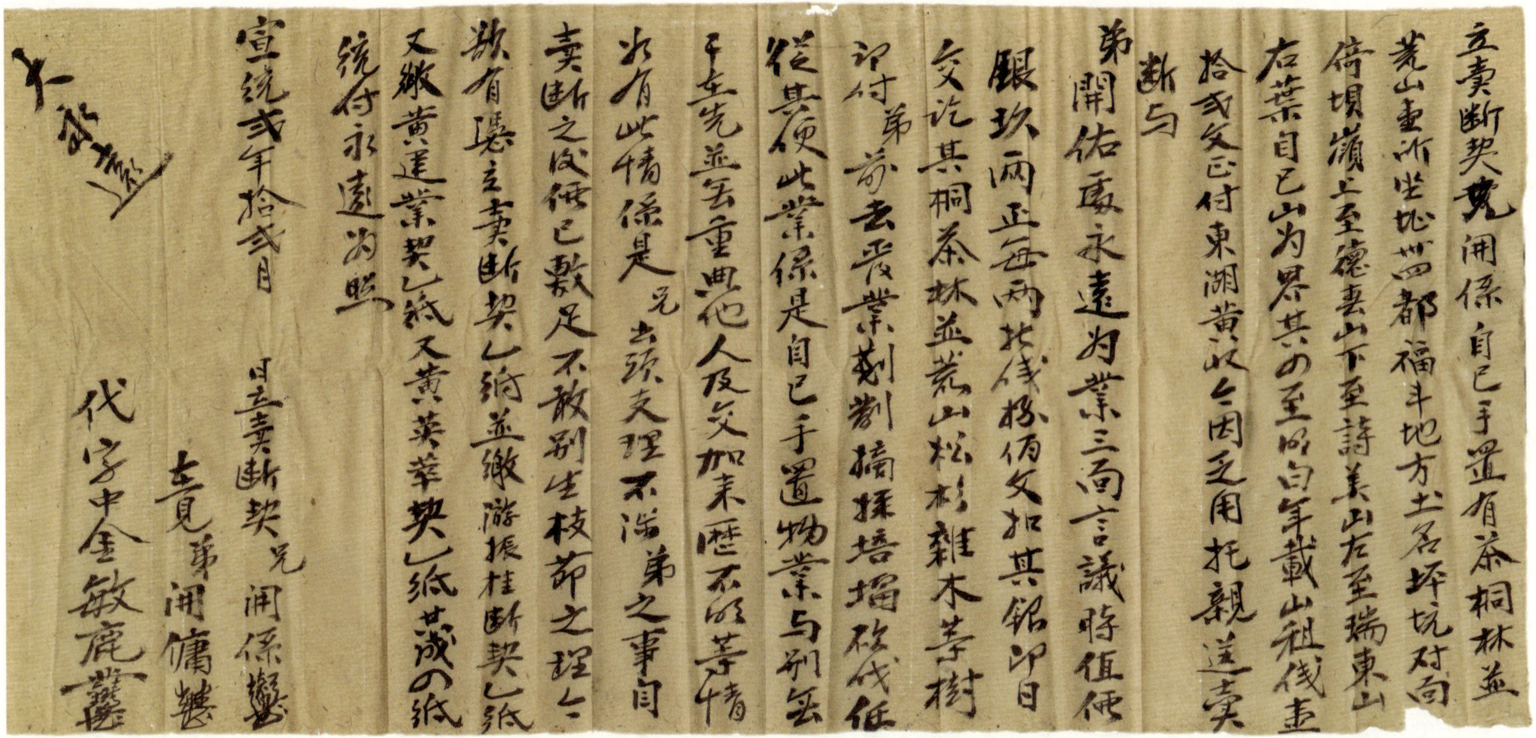

3-3-97-5 清宣統二年十二月葉開係立賣斷茶桐林等契

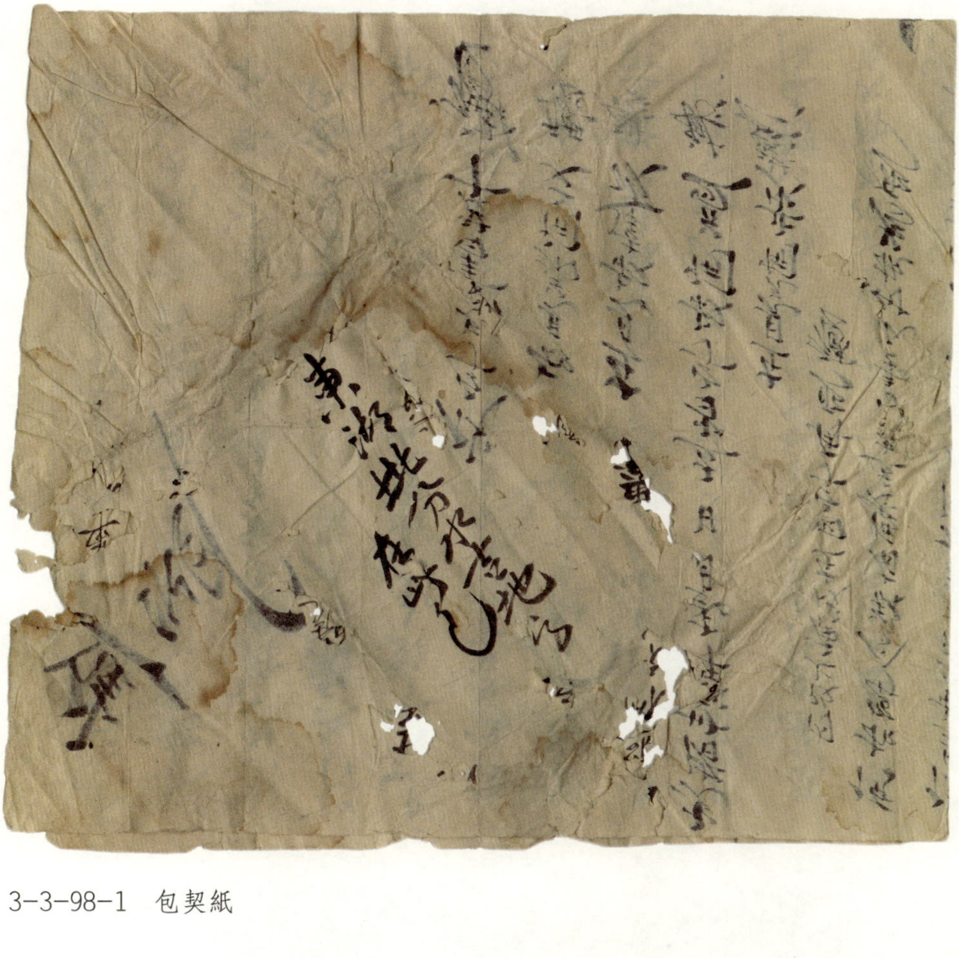

3-3-98-1　包契紙

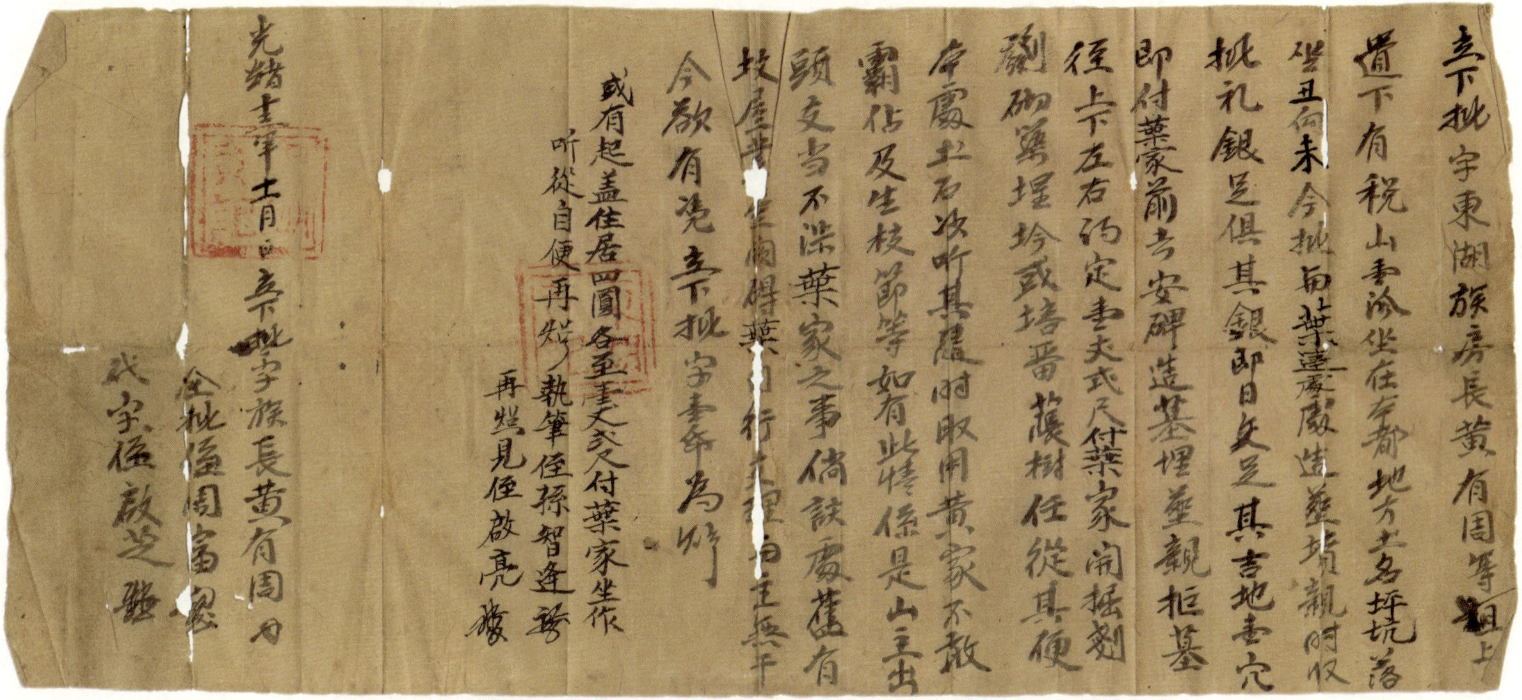

立下批字東湖族房長黃有周等，祖上
遺下有稅山壹片，坐在本都地方土名坪坑落
坐丑向未，今批與葉達處做造墳[illegible]，時收
批礼銀足俱，其銀即日交足，其吉地壹穴
即付葉家前去安碑造基，埋葬親柩，基
從上下左右仍定壹丈式尺，付葉家開掘[illegible]
[illegible]砌築埕坽，或培[illegible]護樹，任從其便。
本處土石收听其應時取用，黃家不敢
霸佔，及生枝節等。如有此情，係是山主出
頭支當，不涉葉家之事。倘該處舊有
坟塋，葉家不得[illegible]行[illegible]，此理兩[illegible]无干。
今欲有憑，立下批字壹紙為炤。

或有起蓋住居，四圍各至壹丈式尺，付葉家坐作
听從自便。再炤。執筆侄孫智逢 押
再炤 見侄啟亮 押

光緒十三年十一月 日 立下批字族長黃有周 押
全批侄周富 押
代字侄啟芝 押

3-3-98-2 清光緒十三年十一月黃有周立下批吉地字

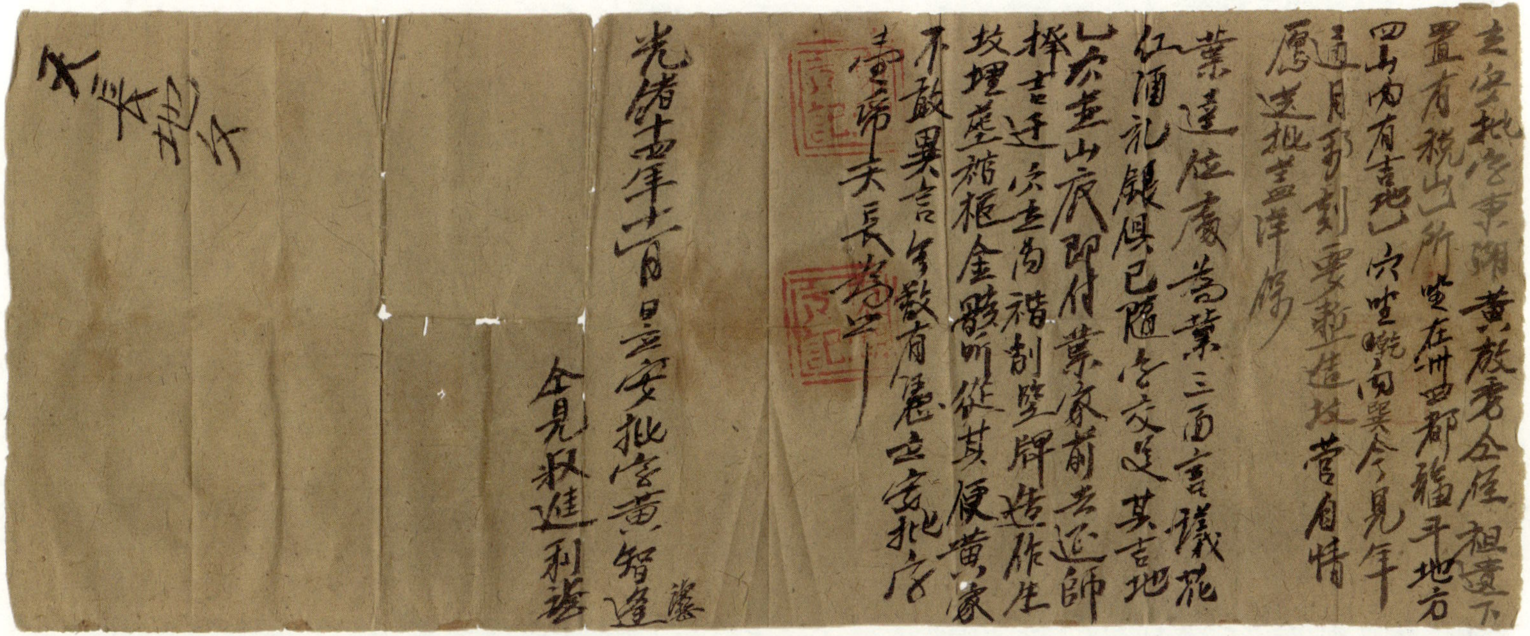

3-3-98-3　清光緒十四年十一月黄智逢立安批吉地字

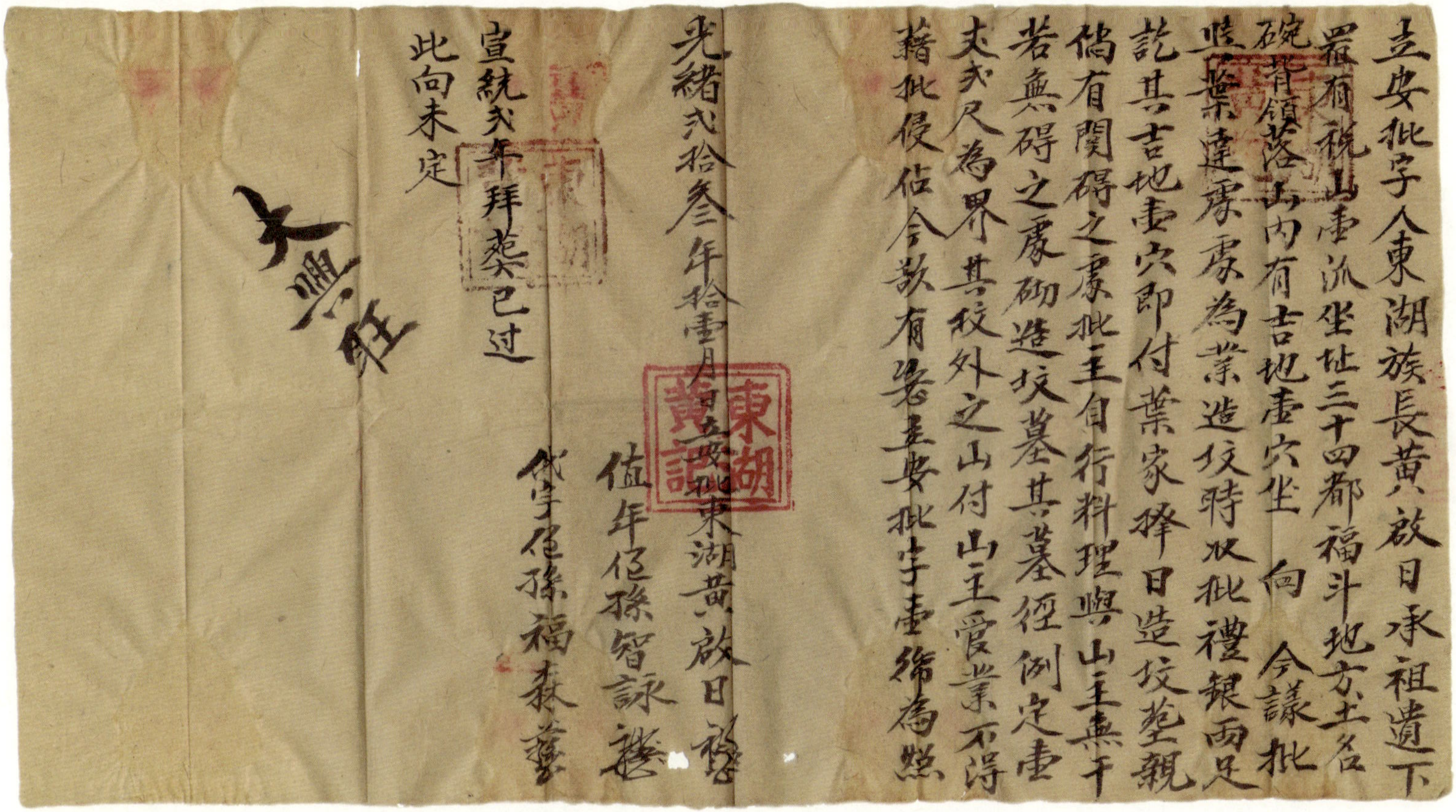

立安批字人東湖族長黃啟日承祖遺下
罟有祝山壹派坐址三十四都福斗地方土名
碗昇嶺落山內有吉地壹穴坐　向　今議批
與葉建康康為業造坟特收批禮銀兩足
訖其吉地壹穴即付葉家擇日造坟塋親
倘有関碍之處批主自行料理與山主無干
若無碍之處砌造坟墓其墓徑例定壹
丈貳尺為界其坟外之山付山主管業不得
藉批侵佔今欲有憑立安批字壹紙為照

光緒貳拾叁年拾壹月　日立安批字東湖黃啟日（押）
佐年侄孫智詠（押）
代字侄孫福森（押）

宣統貳年拜葬已过
此向未定

大興旺

3-3-98-4　清光緒二十三年十一月黃啓日立安批吉地字

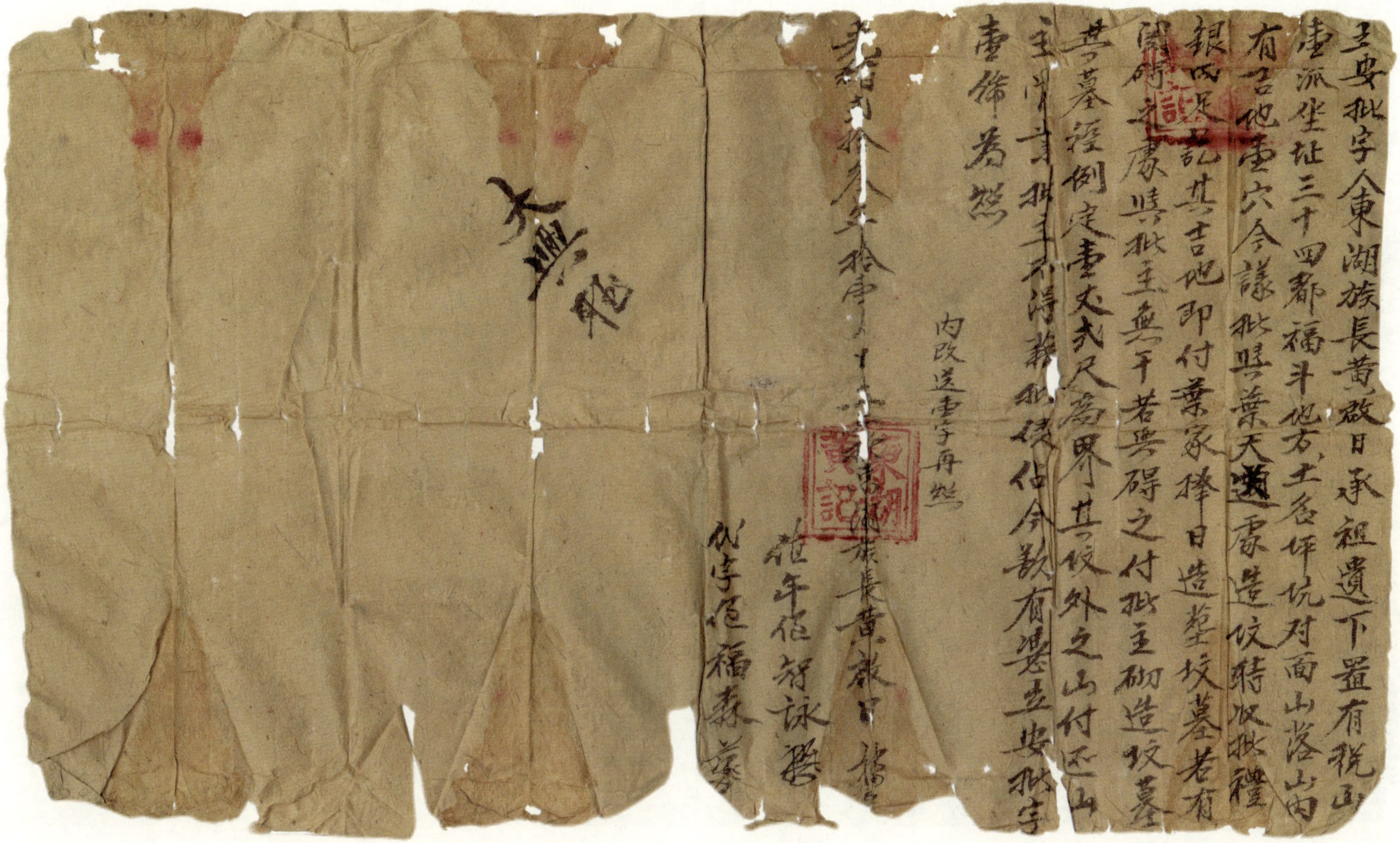

3-3-98-5　清光緒二十三年十一月黄啓日立安批吉地字

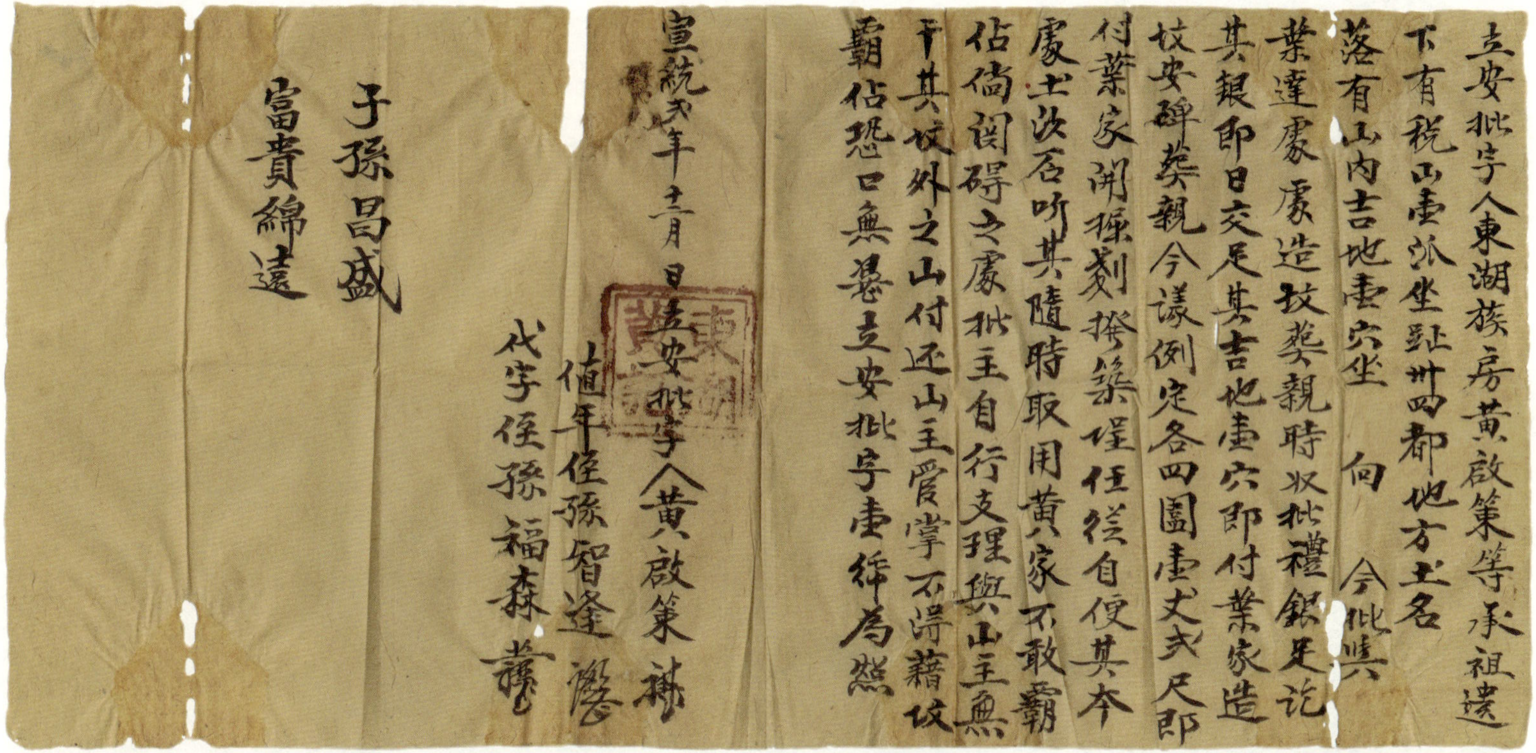
立安批字人東湖族房黃啟策等承祖遺
下有稅山壹派坐址卅四都地方土名
落有山內吉地壹穴坐　向　今批與
葉達處處造坟葬親時收批禮銀足訖
其銀即日交足其吉地壹穴即付葉家造
坟安葬親今議例定各四圍壹丈弍尺即
付葉家開掘剷扦築堤任從自便其本
處土汝否听其隨時取用黃家不敢霸
佔倘阻碍之處批主自行支理與山主無
干其坟外之山付還山主管掌不得藉坟
霸佔恐口無憑立安批字壹紙為照

宣統弍年十二月　日立安批字人黃啟策（押）
值年侄孫智逢（押）
代字侄孫福森（押）

子孫昌盛
富貴綿遠

3-3-98-6　清宣統二年十二月黃啓策立安批吉地字

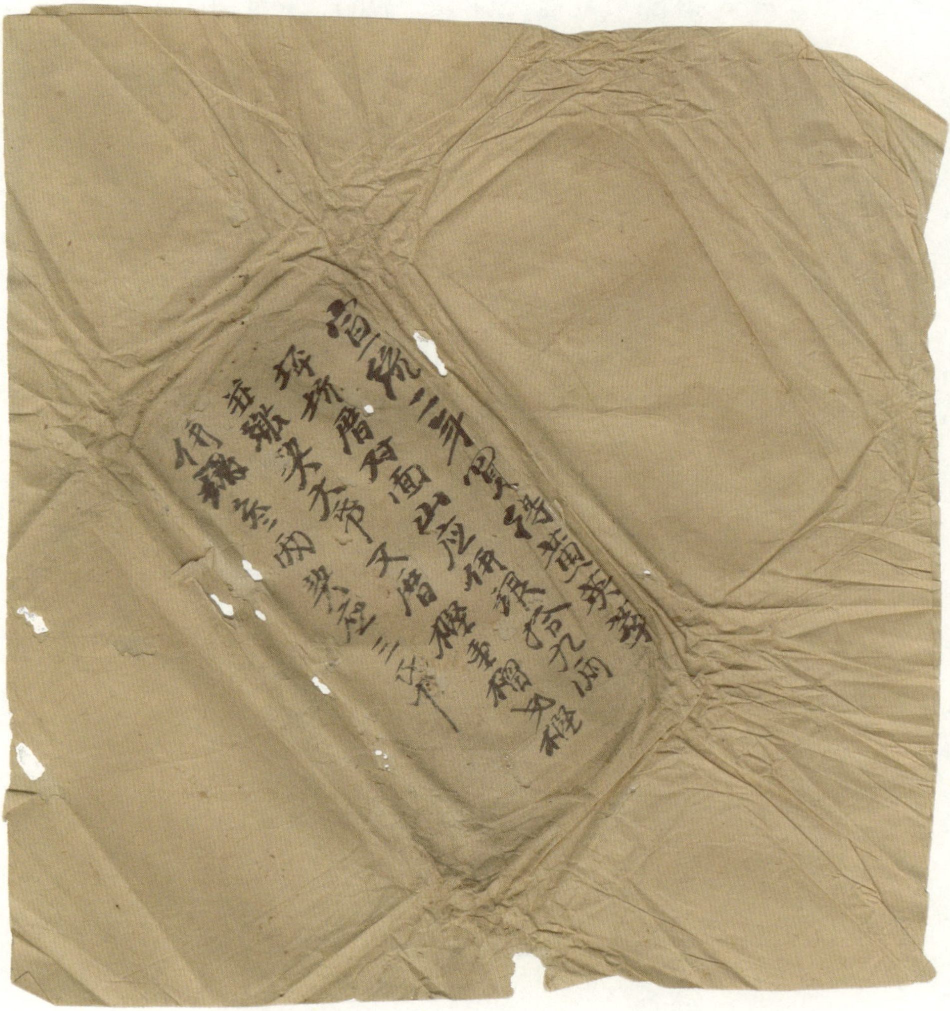

3-3-99-1 包契紙

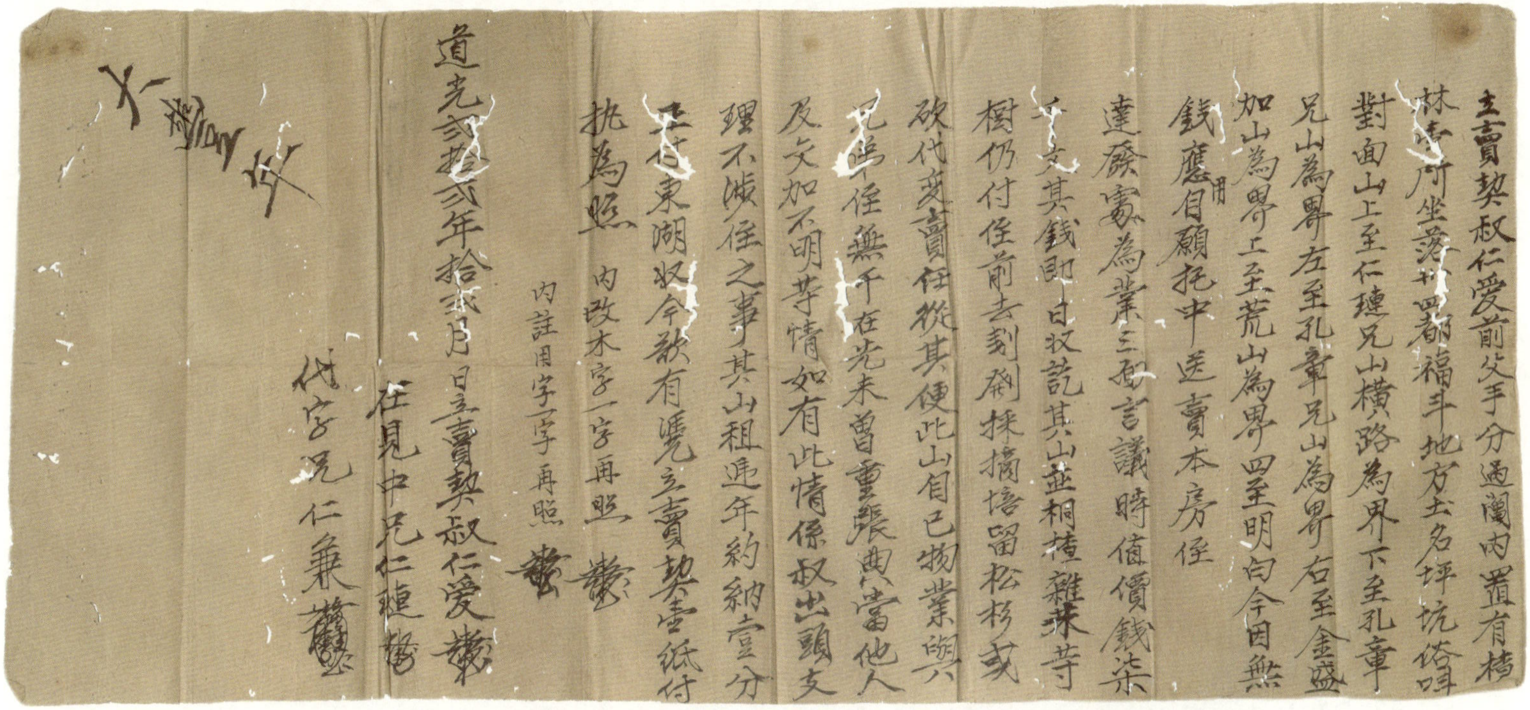

3-3-99-2　清道光二十二年十二月葉仁爱立賣檜林契

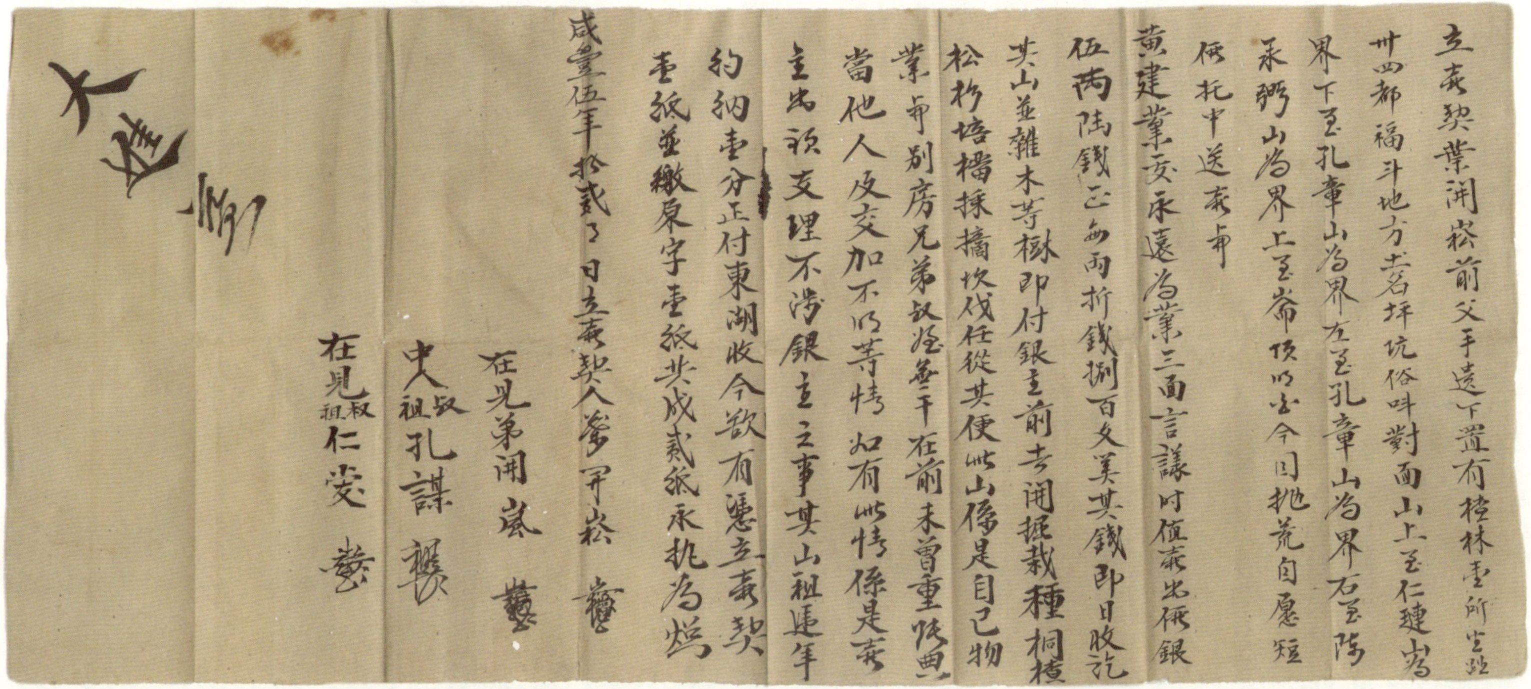

立賣契葉開崧前父手遺下置有楂林壹所坐址
廿四都福斗地方土名坪坑俗叫對面山上至仁建岩
界下至孔章山為界左至孔章山為界右至陈
承鹏山為界上至崙頂四至分明今因拋荒自愿短
佃托中送賣與
黄建葉安永遠為業三面言議時值賣出价銀
伍兩陆錢正每兩折錢捌百文其錢即日收訖
其山並雜木等樹即付銀主前去開掘栽種桐楂
松杉培播採摘砍伐任從其便此山係是自己物
業與别房兄弟叔侄無干在前未曾重張典
當他人及交加不明等情如有此情係是賣
主出頭支理不涉銀主之事其山祖廷年
約納壹分正付東湖收今欲有憑立賣契
壹紙並繳原字壹紙共成貳紙永執為照
咸豐伍年拾貳月　日立賣契人葉開崧（押）
在見弟開嵩（押）
中人叔祖孔謀（押）
在見叔祖仁燮（押）
大[illegible]利

3-3-99-3　清咸豐五年十二月葉開崧立賣楂林契

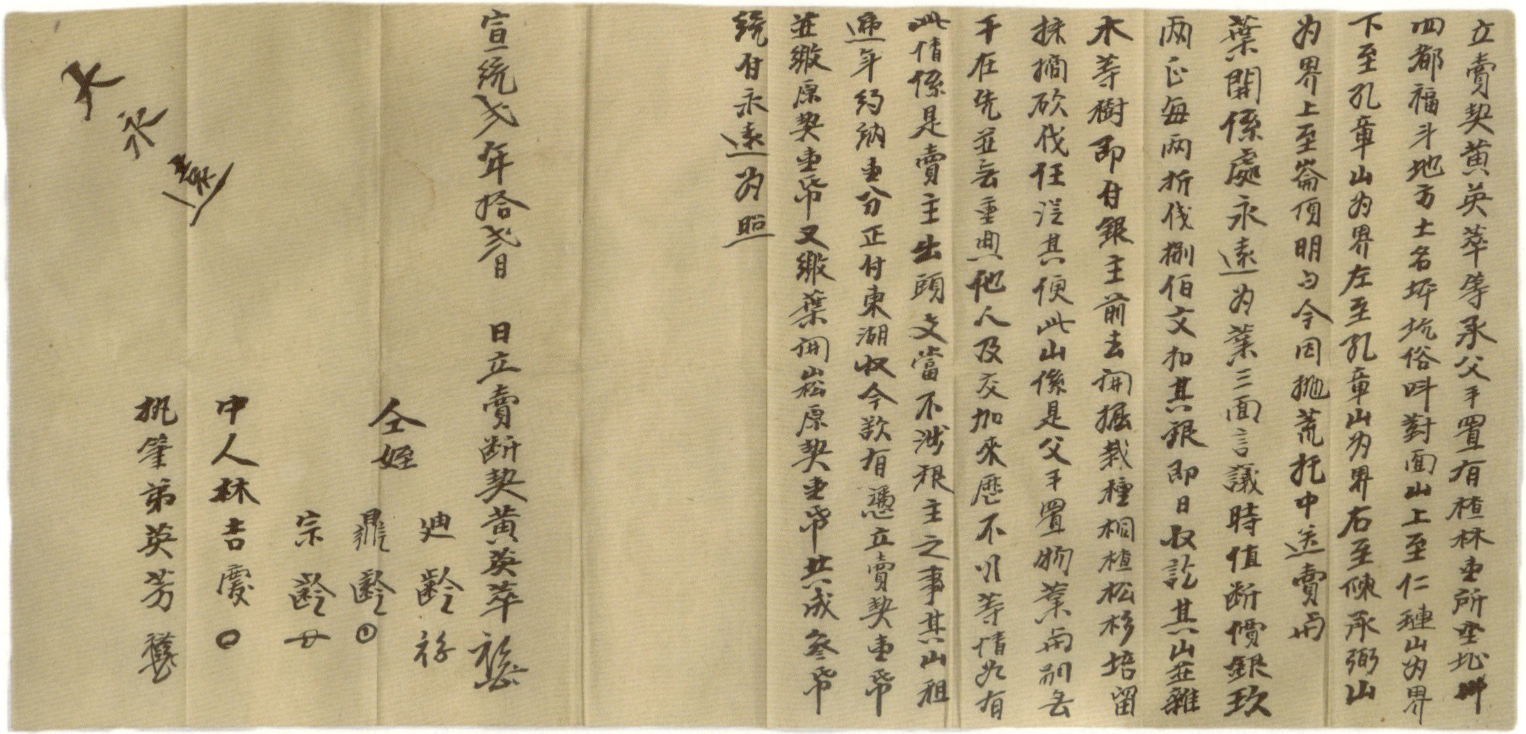
立賣契黃英萃等承父手置有植林壹所坐址圳
四都福斗地方土名坪坑俗呌對面山上至仁埵山為界
下至孔華山為界左至孔華山为界右至陳承鄉山
為界上至崙頂明白今因拋荒托中送賣與
葉開係處永遠為業三面言議時值斷價銀玖
兩正每兩折伐捌佰文加其銀即日收訖其山並雜
木等樹即付銀主前去開掘栽種桐植松杉培留
採摘砍伐任從其便此山係是父手置物業與別去
手在先並無重典他人及交加來歷不明等情如有
此情係是賣主出頭支當不涉銀主之事其山租
遞年約納壹分正付東湖收今欲有憑立賣契壹帋
並繳原契壹帋又繳葉開崧原契壹帋共成叁帋
統付永遠為照

宣統弍年拾弍月　日立賣斷契黃英萃
迪齡
仝姪　鼎齡
宗齡
中人林吉慶
執筆弟英芳

3-3-99-4　清宣統二年十二月黃英萃等立賣楂林契

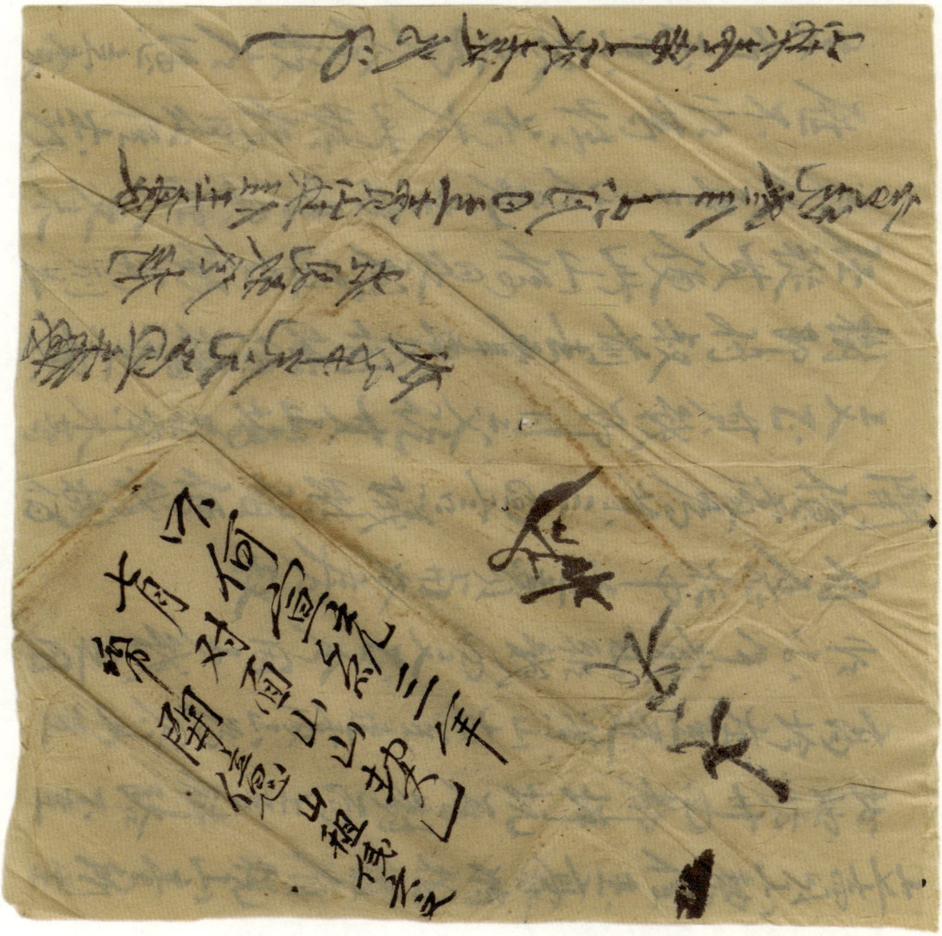

3-3-100-1 包契紙

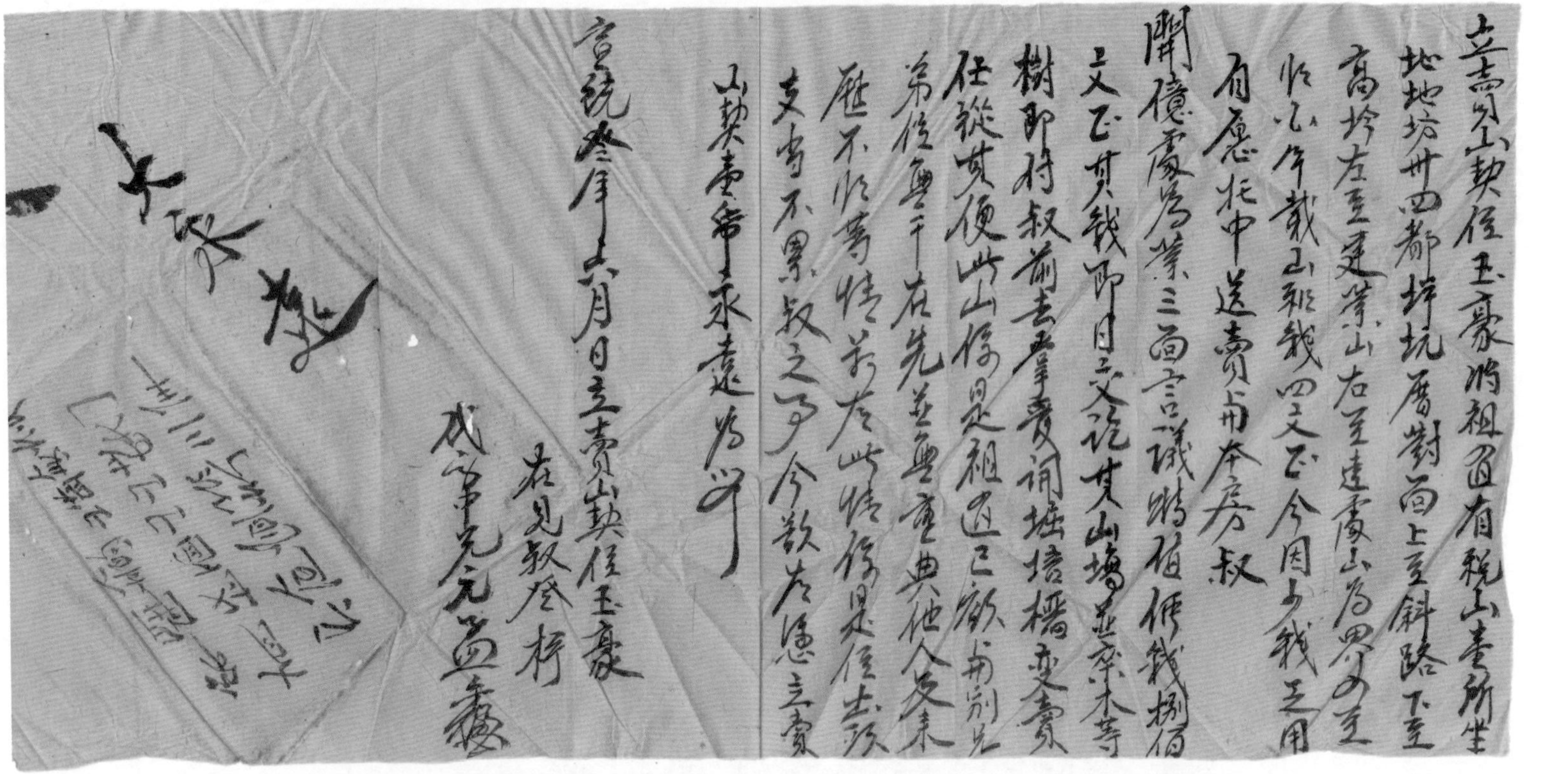

3-3-100-2　清宣統三年六月葉玉豪立賣稅山契

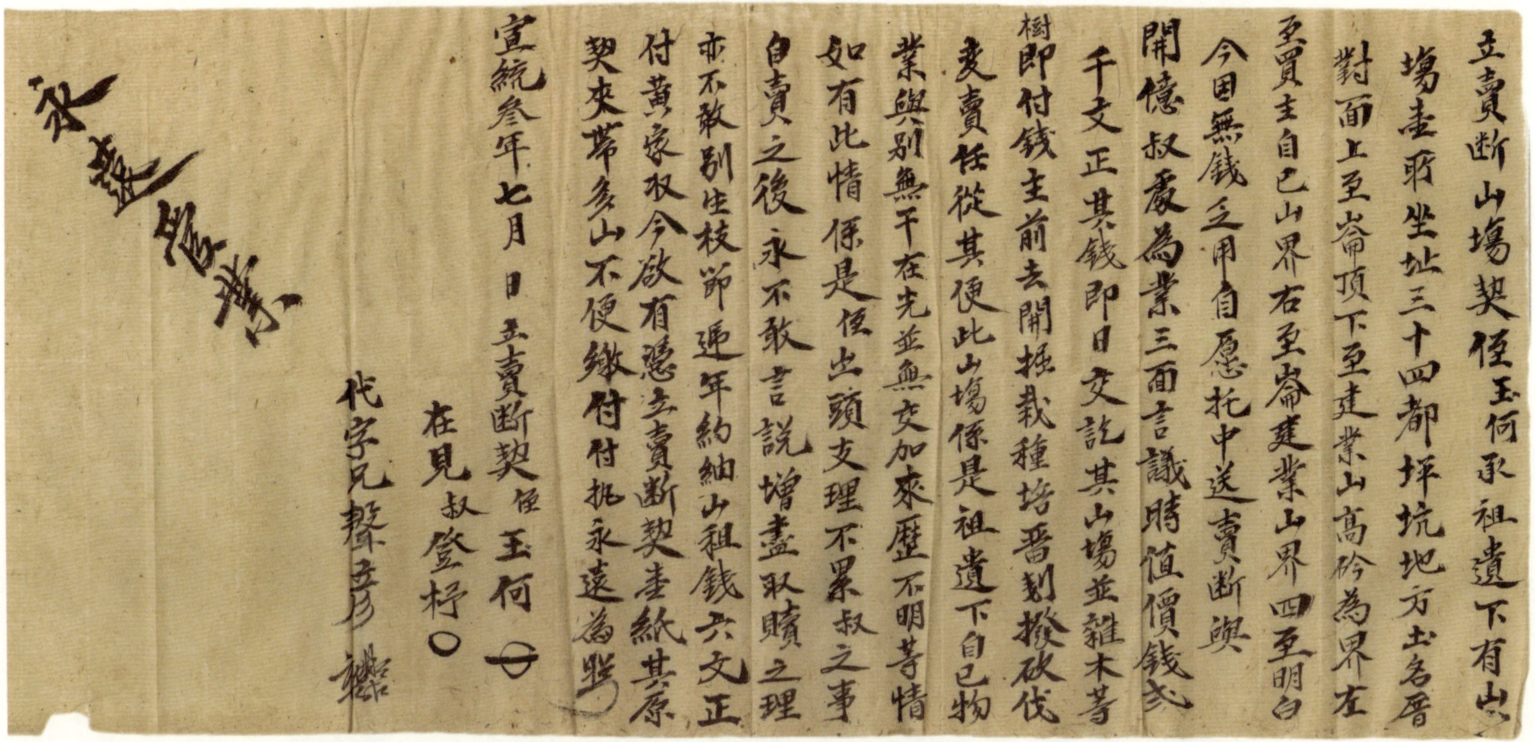

立賣斷山場契侄玉何承祖遺下有山
場壹所坐址三十四都坪坑地方土名厝
對面上至崙頂下至建業山高砂為界左
至買主自己山界右至崙建業山界四至明白
今因無錢乏用自愿托中送賣斷與
開億叔處為業三面言議時值價錢弍
千文正其錢即日交訖其山場並雜木等
樹即付錢主前去開掘栽種培晋剗撥砍伐
變賣任從其便此山場係是祖遺下自己物
業與別無干在先並無交加來歷不明等情
如有此情係是侄出頭支理不累叔之事
自賣之後永不敢言説增盡取贖之理
亦不敢別生枝節逐年納紬山租錢六文正
付黄家收今欲有憑立賣斷契壹紙其原
契未帶多山不便繳付付批永遠為照
宣統叁年七月 日 立賣斷契侄 玉何
在見叔 登梓〇
代字兄 磐
永遠管業

3-3-100-3 清宣統三年七月葉玉何立賣斷山場契

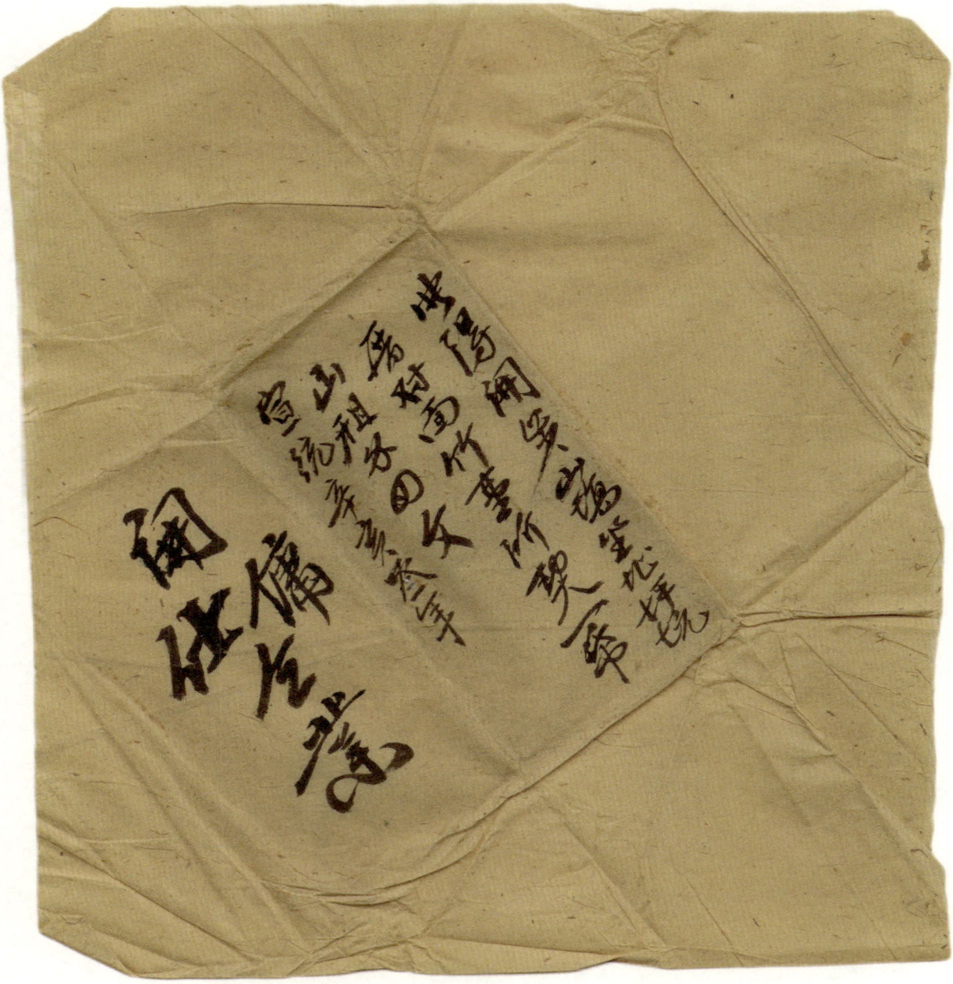

3-3-101-1　包契紙

立賣山契開步兄承祖遺下分過鬮
內有稅山壹所坐址廿の都地坊土
名坪坑厝对面竹林上至崙下至塆
左至次山為界右至次山為界又壹所
白馬王上至次山為界下至圳左至
次山為界右至崙の至明白今因
少錢乏用自愿托中送壽向弟
開仕備處為業三面言議時值價錢
捌佰文正其錢即日交訖其山即付
弟前去開掘掌管培插雜木等樹
變賣任從其便兄不敢阻佁異言
生端之理其山祖分過向別無干
在先並無重典他人及來歷不明等
情和有此情係是兄出頭支当不
涉弟之事年載山租錢の文正付黃
家收今欲有憑立賣山契壹帋付
執永遠為照

宣統辛亥叁年十一月　日立賣山契開步（押）

在見兄開文（押）

代字林呉桑（押）

大進寶

3-3-101-2　清宣統三年十一月葉開步立賣稅山契

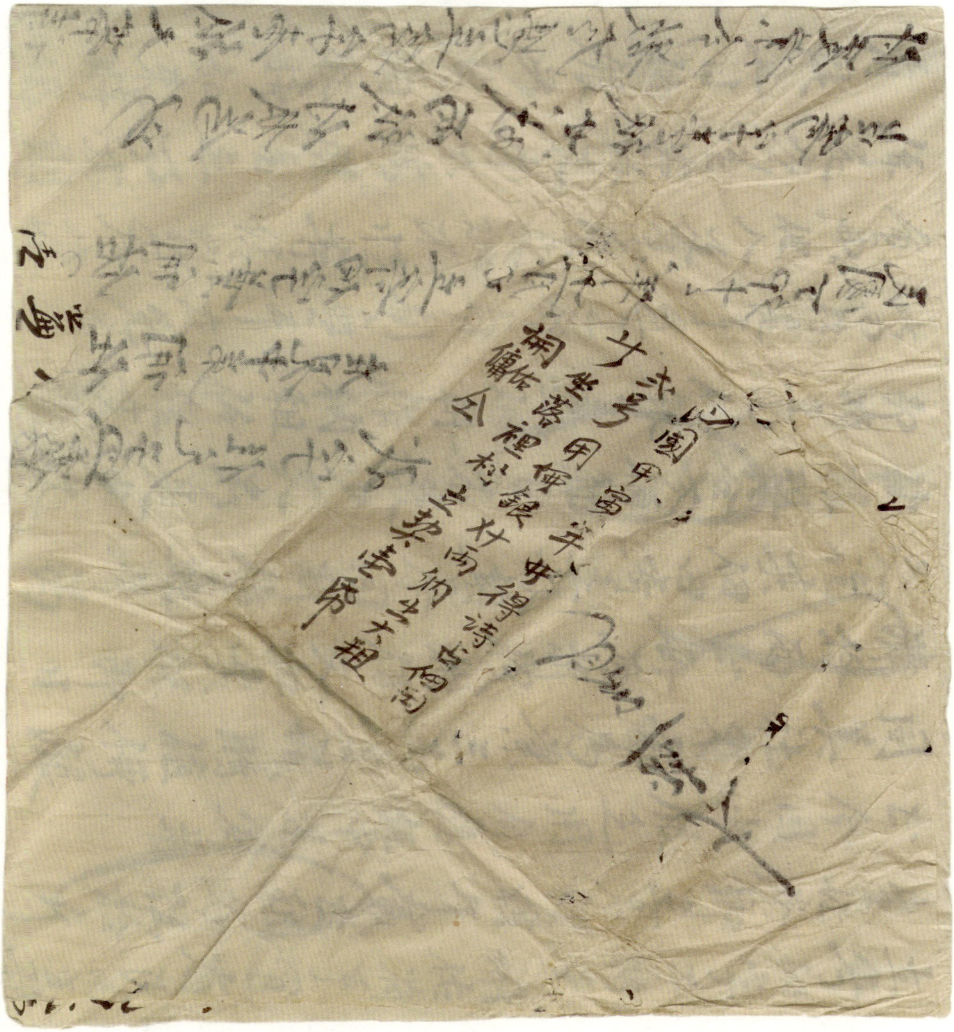

3-3-102-1 包契紙

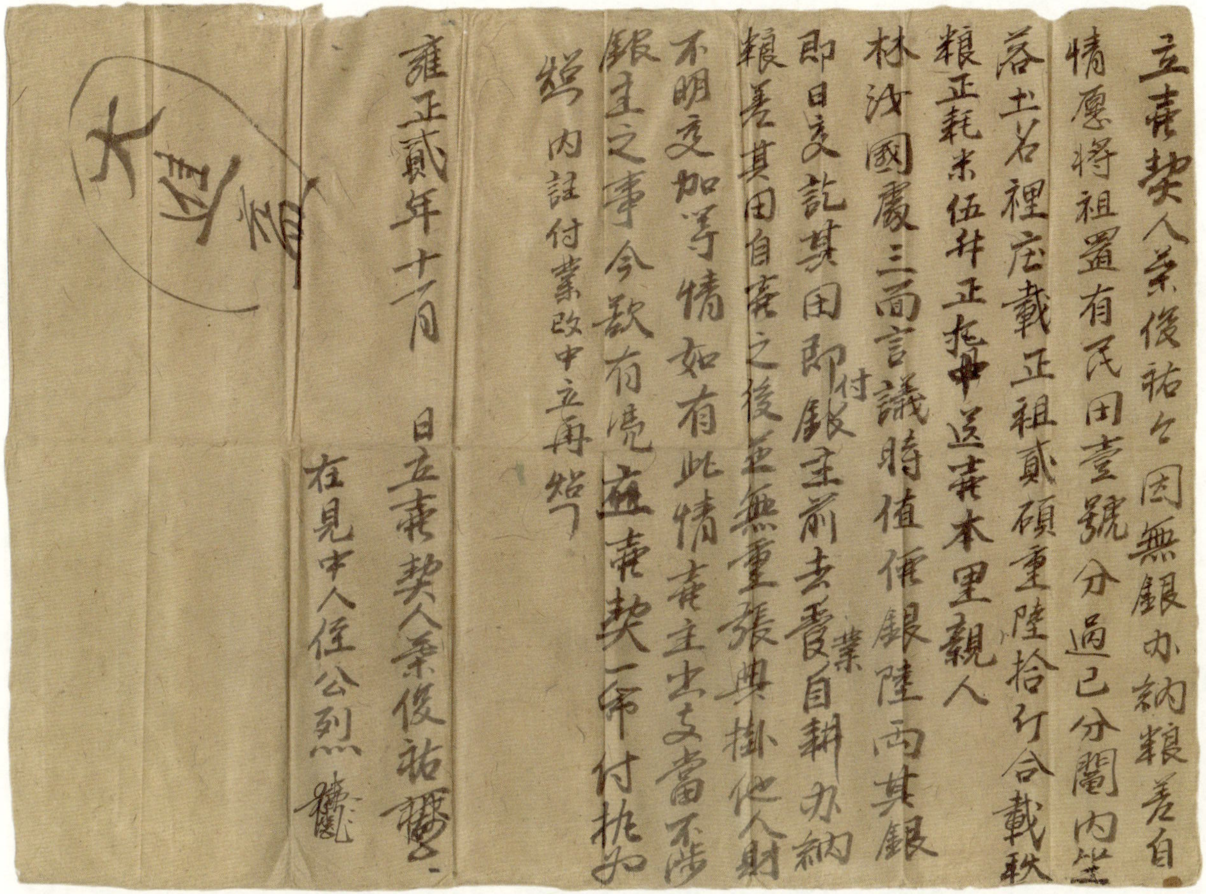

3-3-102-2　清雍正二年十一月葉俊祐立賣民田契

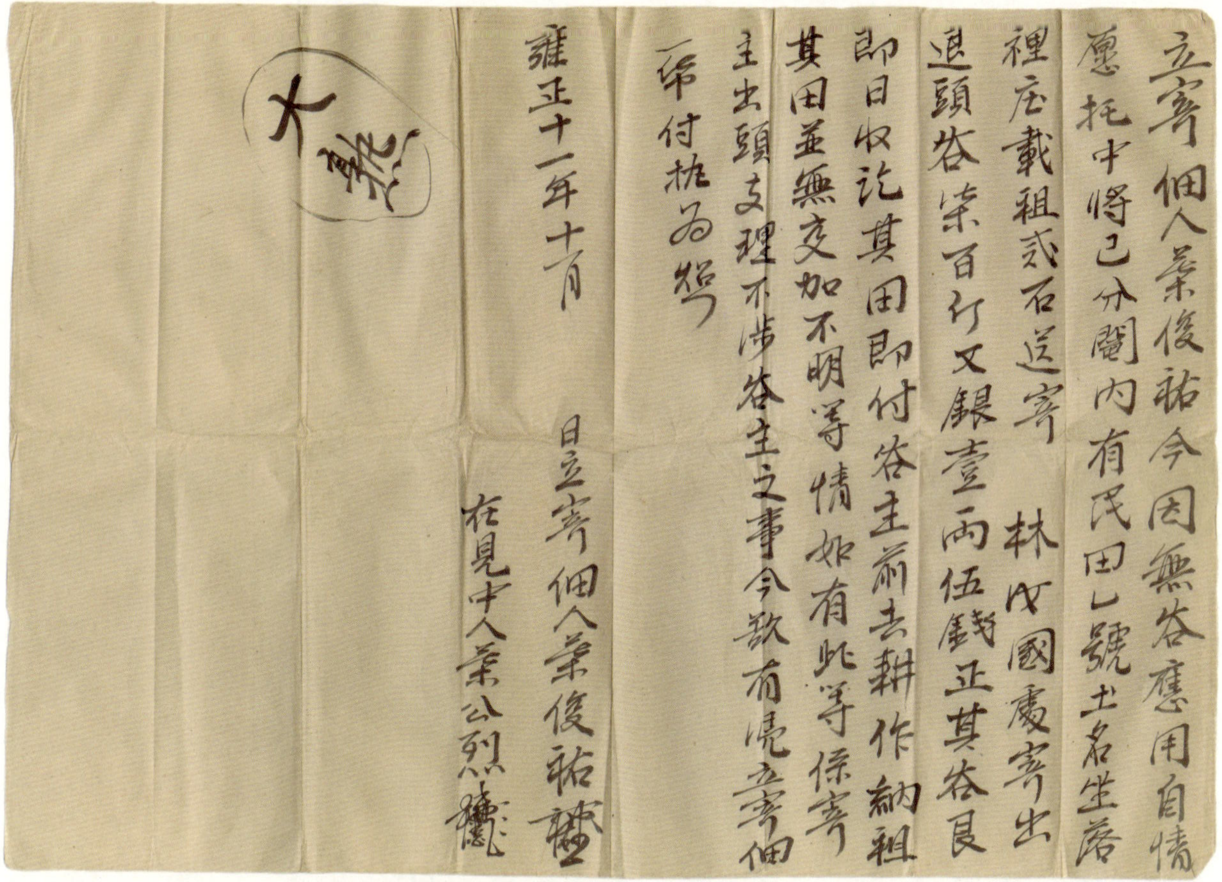

立寄佃人葉俊祐今因無谷應用自情
愿托中將己分鬮內有民田乙號土名坐落
裡庄載租貳石送寄 林乙國處寄出
退頭谷柒百斤又銀壹兩伍錢正其谷艮
即日收訖其田即付谷主前去耕作納租
其田並無交加不明等情如有此等係寄
主出頭支理不涉谷主之事今欲有憑立寄佃
一紙付執為照

雍正十一年十月　日立寄佃人葉俊祐
在見中人葉公列

3-3-102-3　清雍正十一年十一月葉俊祐立寄佃民田字

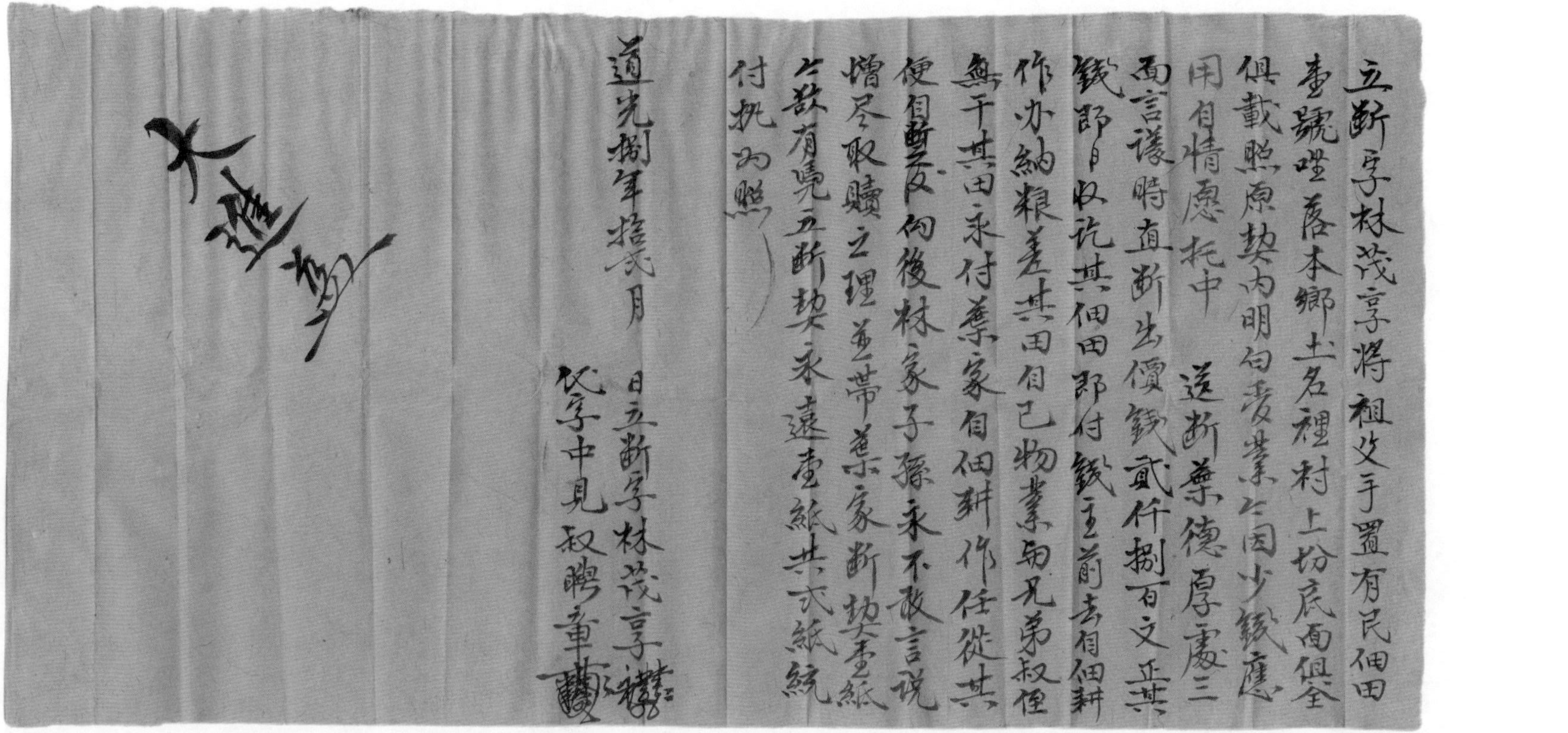
立斷字林茂亨將祖父手置有民佃田
壹號，坐落本鄉土名裡村上坋底面佃全，
俱載照原契內明白，此業今因少錢應
用，自情愿托中　送斷葉德厚處，三
面言議時直斷出價錢貳仟捌百文正，其
錢即日收訖，其佃田即付錢主前去自佃耕
作，辦納粮差，其田自己物業，與兄弟叔侄
無干，其田永付葉家自佃耕作，任從其
便，自斷之後，林家子孫永不敢言說
增找取贖之理，並帶葉家斷契壹紙，
今欲有憑，立斷契永遠壹紙，共弍紙，繳
付執為照。
道光捌年拾弍月　日立斷字林茂亨（押）
代字中見叔聘章（押）

3-3-102-4　清道光八年十二月林茂亨立斷民佃田字

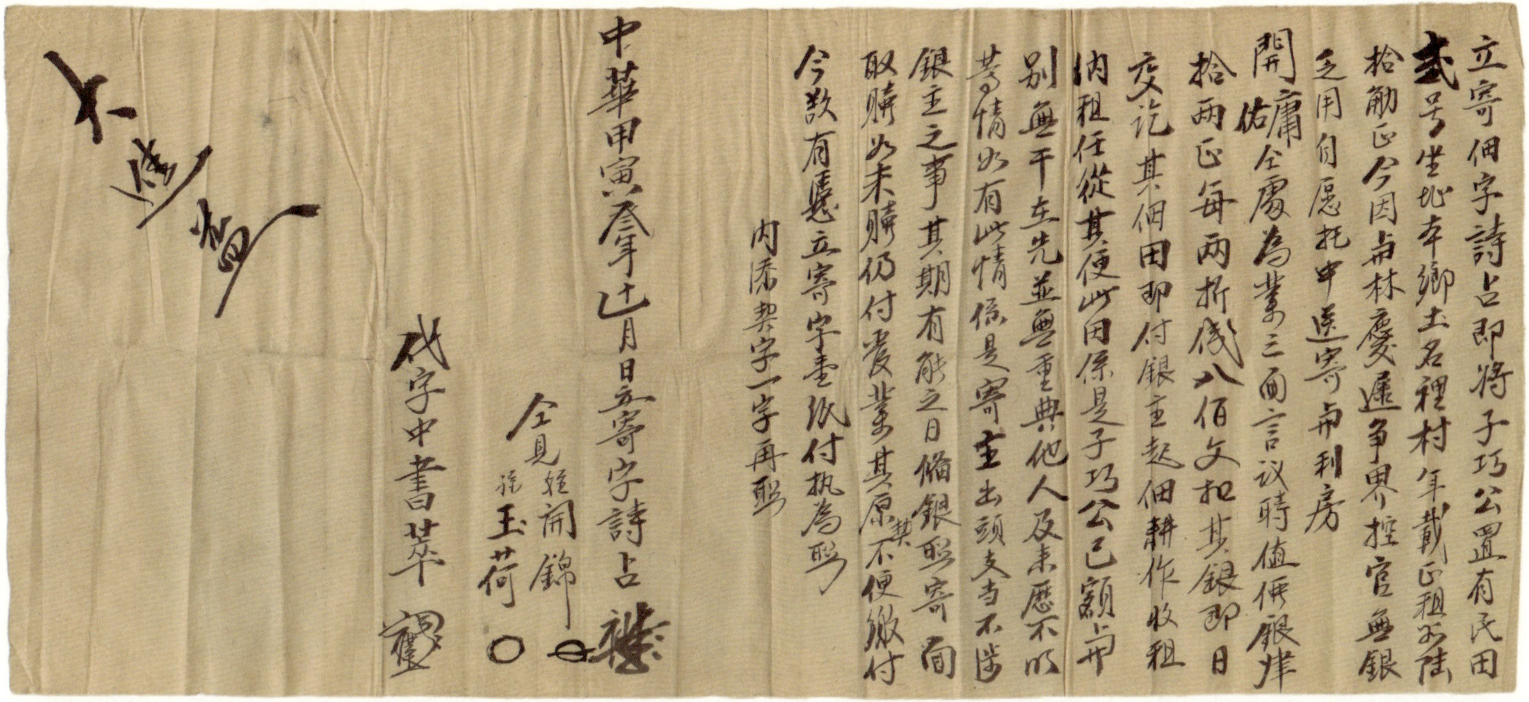
立寄佃字詩占即將子巧公置有民田
貳号坐北本鄉土名裡村年載正租弍陆
拾觔正今因乏林慶遜爭界控官無銀
乏用自愿托中送寄乏利房
開佑庸仝處為業三面言議時值佃銀洋
拾兩正每兩折錢八佰文扣共銀即日
交訖其佃田即付銀主起佃耕作收租
納租任從其便此田係是子巧公己額分
別無干缶先並無重典他人及未歷不明
等情如有此情係是寄主出頭支當不涉
銀主之事其期有銀之日備銀取寄回
取贖如未贖仍付銀業其原契不便繳付
今欲有憑立寄字壹紙付執為照
內添契字一字再照
中華甲寅叁年十一月日立寄字詩占（押）
仝見姪 開錦（押）
孫 玉荷 ○
代字中 書萃（押）

3-3-102-5　民國三年十一月葉詩占立寄佃民田字

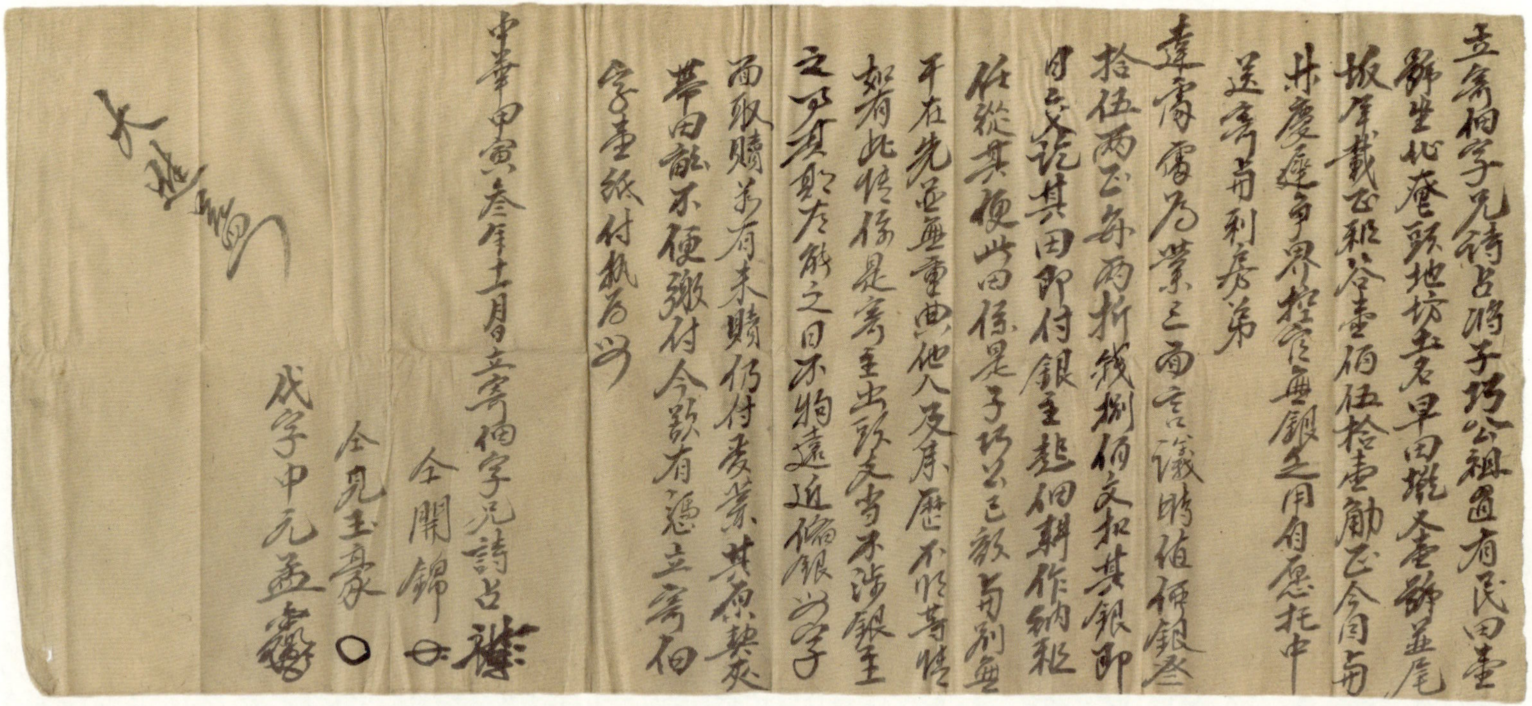

立寄佃字兄詩占將子坊公祖遺有民田壹
號坐北庵頭地坊土名早田墘大壹號並尾
坂年載正租谷壹佰伍拾壹觔正今因乏
此慶延争界控官無銀乏用自愿托中
送寄弟利房弟
達齋、雷爲、業三面言議時值佃銀叁
拾伍兩正每兩折錢捌佰文扣其銀即
日交訖其田即付銀主起佃耕作納租
任從其便此田係是子坊公己數与別無
干在先並無重典他人及來歷不明等情
如有此情係是寄主出頭支當不涉銀主
之事其取贖之日不拘遠近備銀字
面取贖若有未贖仍付廣業其原契交
帶田畝不便繳付今欲有憑立寄佃
字壹紙付執爲照

中華甲寅叁年十一月　立寄佃字兄詩占
仝　開錦
仝　見　玉豪
代字　中元

3-3-102-6　民國三年十一月葉詩占等立寄佃民田字

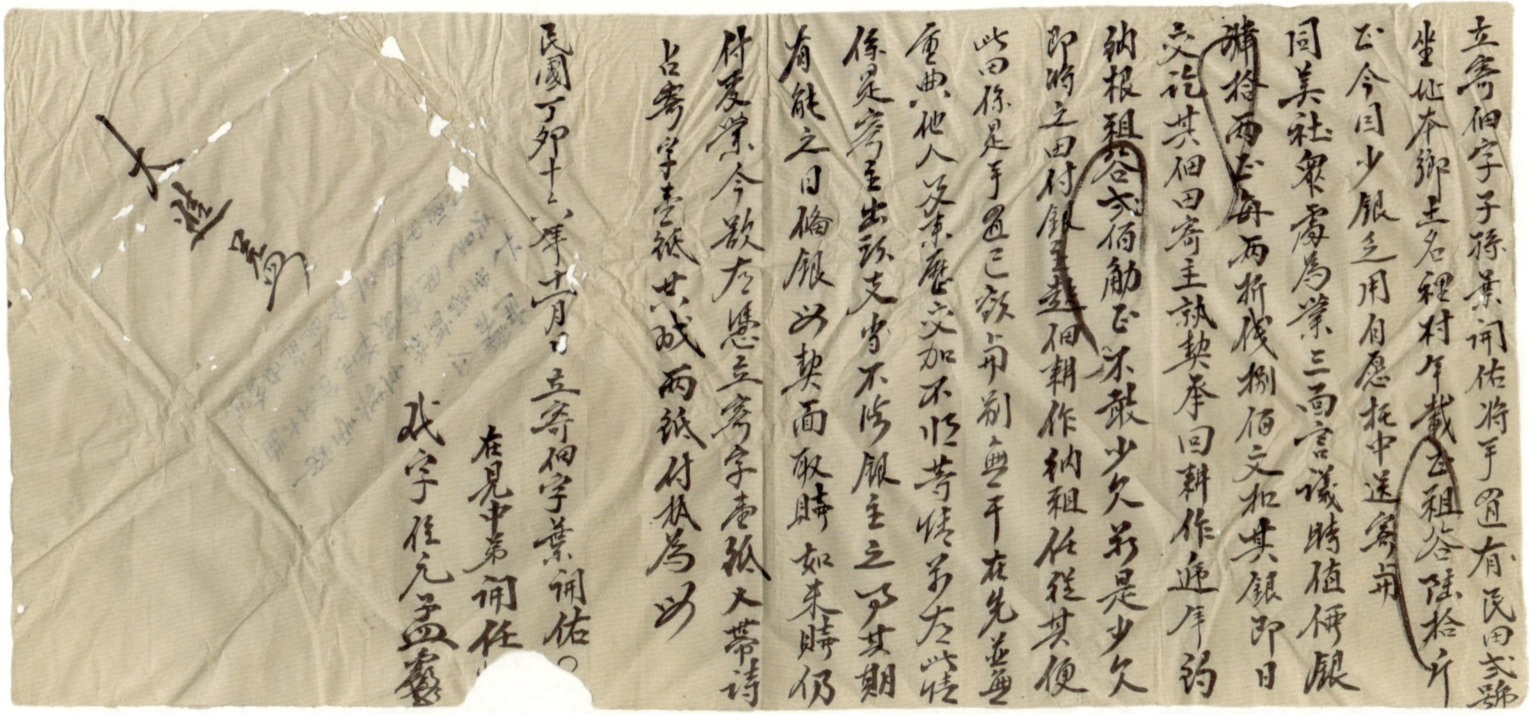
立寄佃字子孫葉開佑，將手置有民田式號，坐址本鄉土名程村，年載租谷陸拾斤
正，今因少銀乏用，自愿托中送寄與
同美社衆處為業，三面言議，時值價銀
捌拾兩正，每兩折伐捌佰文，扣其銀即日
交訖。其佃田寄主執契，奉回耕作，逐年約
納根租谷式佰觔正，不敢少欠，若是少欠，
即將之田付銀主起佃耕作納租，任從其便。
此田係是手置己業，與房列無干，在先並無
重典他人，及未曾交加不明等情，若有此情，
係是寄主出頭支當，不干銀主之事。其期
有能之日，備銀以契面取贖，如未贖，仍
付交業。今欲有憑，立寄字壹紙，又帶詩
占寄字壹紙，共式紙，兩紙付執為照。

民國丁卯十六年十一月　日　立寄佃字葉開佑○

在見中弟　開任

代字　任元子　孟義

3-3-102-7　民國十六年十一月葉開佑立寄佃民田字（廢契）

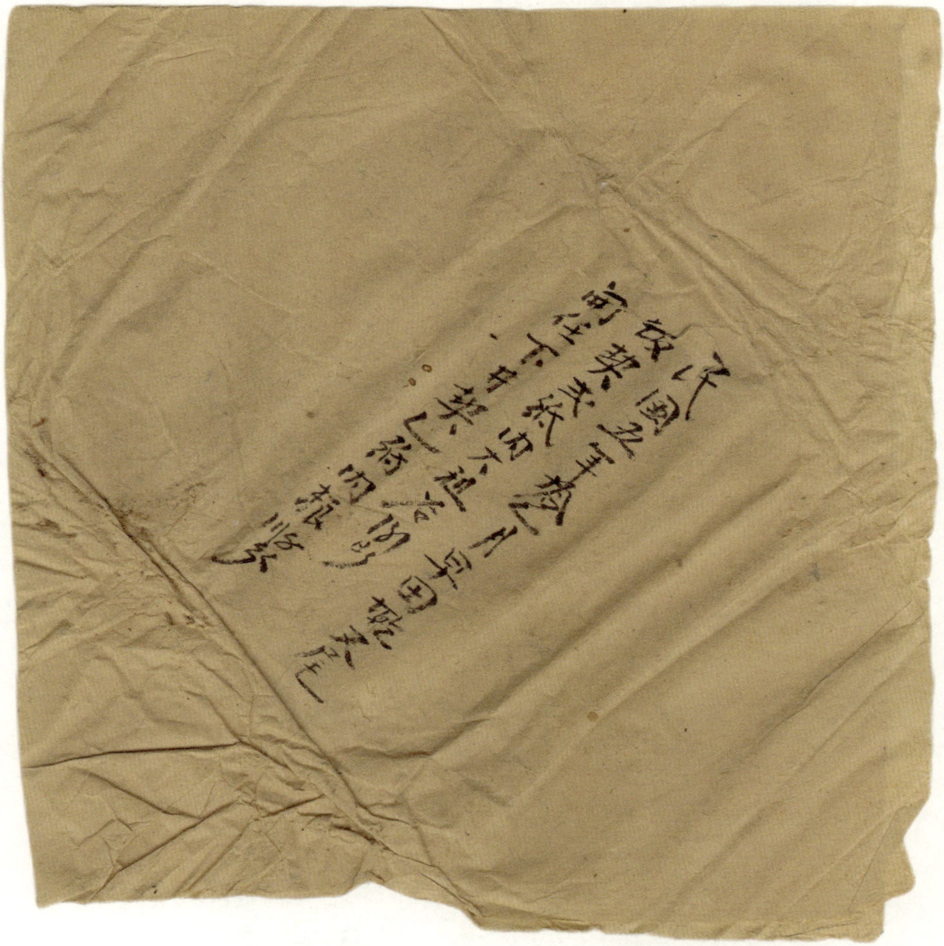

3-3-103-1 包契紙

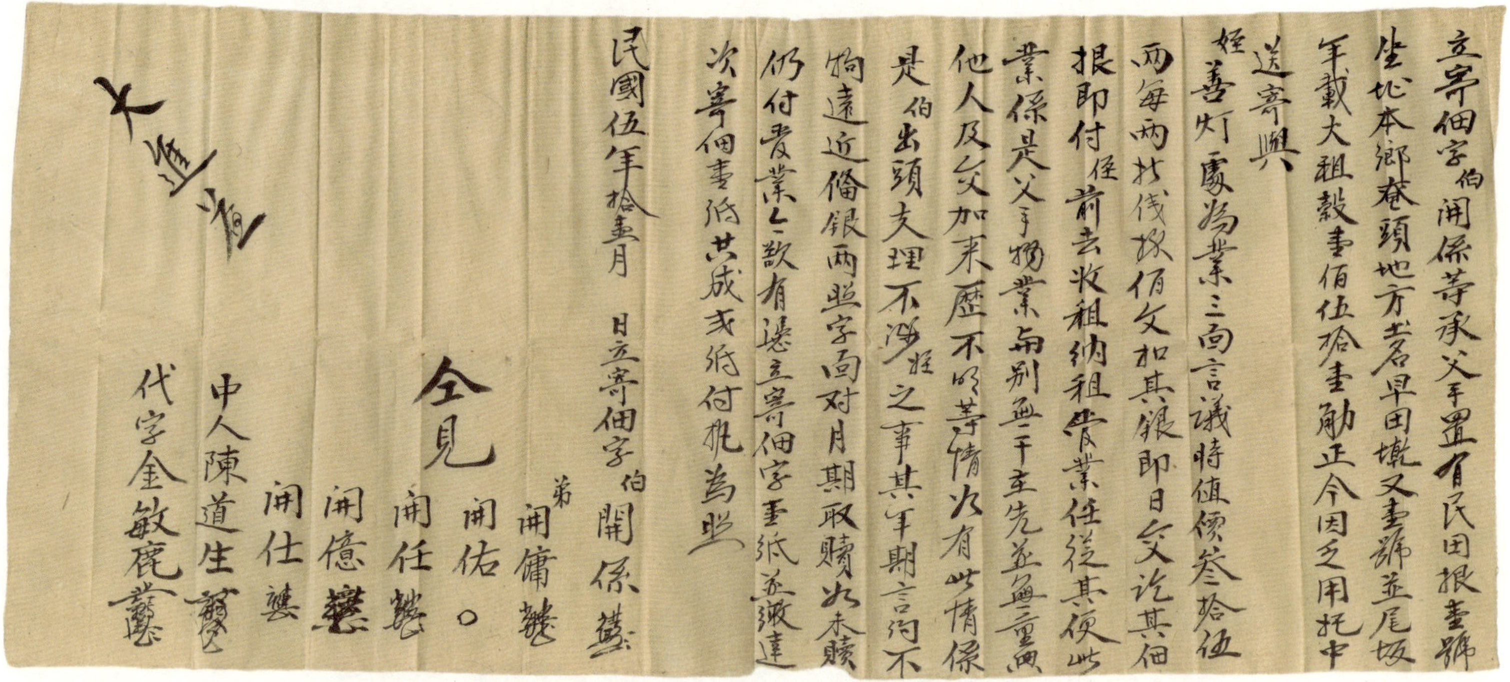

3-3-103-2 民國五年十一月葉開係等立寄佃民田根字

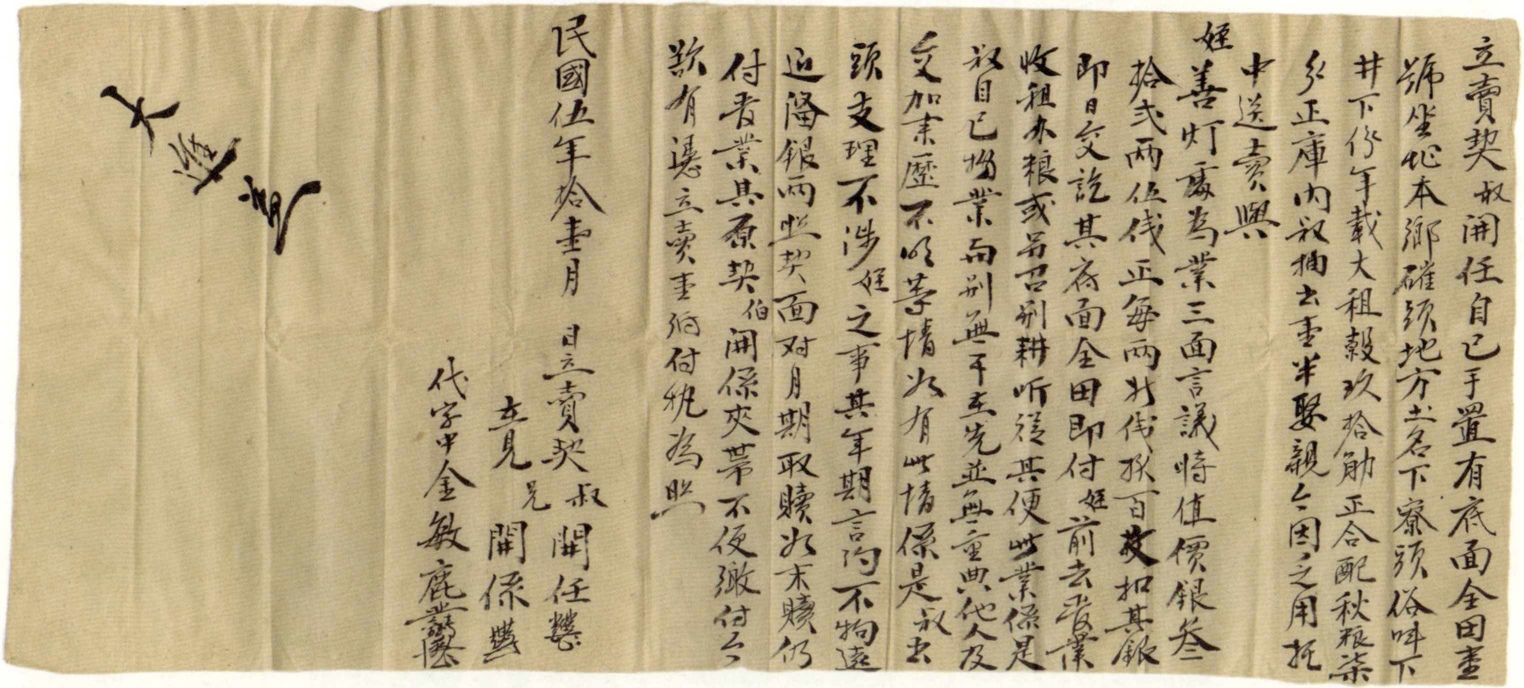

立賣契叔開任自己手置有底面全田壹
號坐址本鄉碓頭地方土名下寮頭俗呼下
井下份年載大租穀玖拾觔正合配秋粮柒
分正庫內叔抽出壹半娶親之用托
中送賣與
姪善灯處為業三面言議時值價銀叁
拾弍兩伍錢正每兩外伐秤百枚扣其銀
即日交訖其底面全田即付姪前去管業
收租办粮或召佃耕听從其便此業係是
叔自己物業與别無干未先並無重典他人及
交加未歷不明等情如有此情係是叔出
頭支理不涉姪之事其年期言約不拘遠
近備銀兩照契面对月期取贖如未贖仍
付耆業其原契伯開保夾帶不便繳付今
欲有憑立賣壹紙付執為照
民國伍年拾壹月 日立賣契叔開任
在見兄開保
代字中金敏庭

3-3-103-3 民國五年十一月葉開任立賣底面全田契

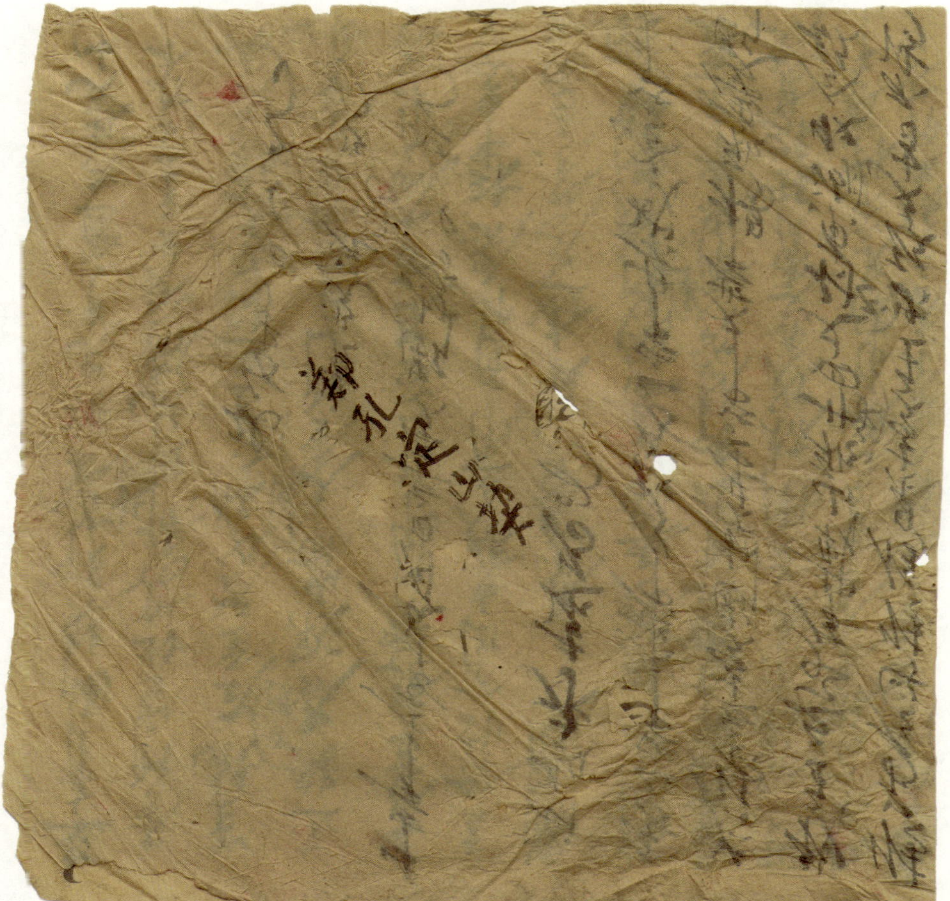

3-3-104-1　包契紙

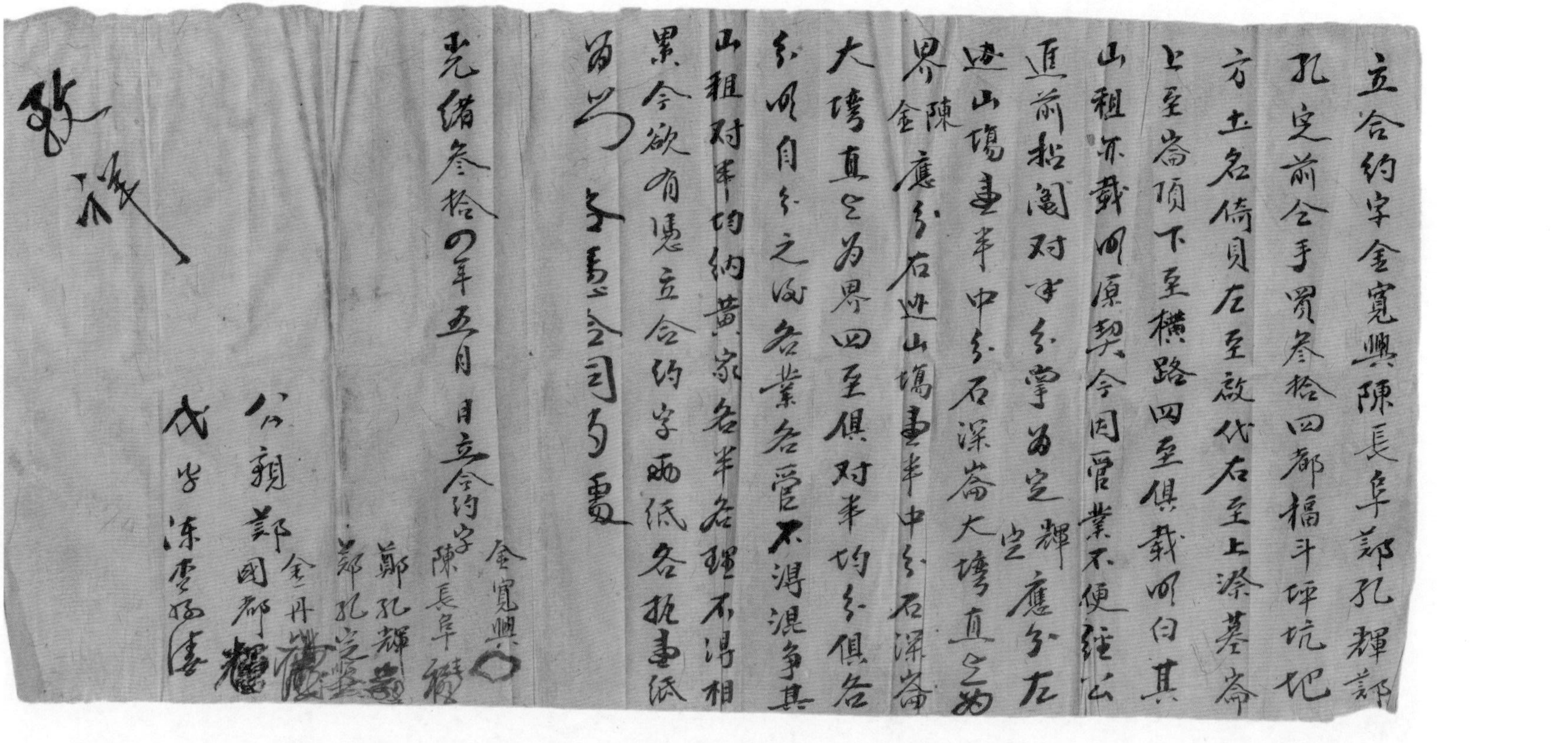
立合約字金寬興、陳長阜、鄭孔輝、鄭孔定前仝手買叁拾四都福斗坪坑垇方土名倚貝，左至敌代，右至上漈墓崙，上至崙頂，下至横路，四至俱載明白，其山租亦載明原契。今因管業不便，經公近前拈鬮，对半分掌为定。鄭輝定應分左邊山塢垂半中分石深崙大墫直之为界，陳金應分右邊山塢垂半中分石深崙大墫直之为界，四至俱对半均分，俱各分明。自分之後，各業各管，不得混争。其山租对半均納黄家，各半各理，不得相累。今欲有憑，立合約字兩紙，各執壹紙為照。各執合同為據。

光緒叁拾四年五月　日立合約字　金寬興（押）　陳長阜（押）　鄭孔輝（押）　鄭孔定（押）

公親　鄭國鄰（押）　金丹（押）

代字　陳雲瑞（押）

張祥

3-3-104-2　清光緒三十四年五月金寬興等立合約字

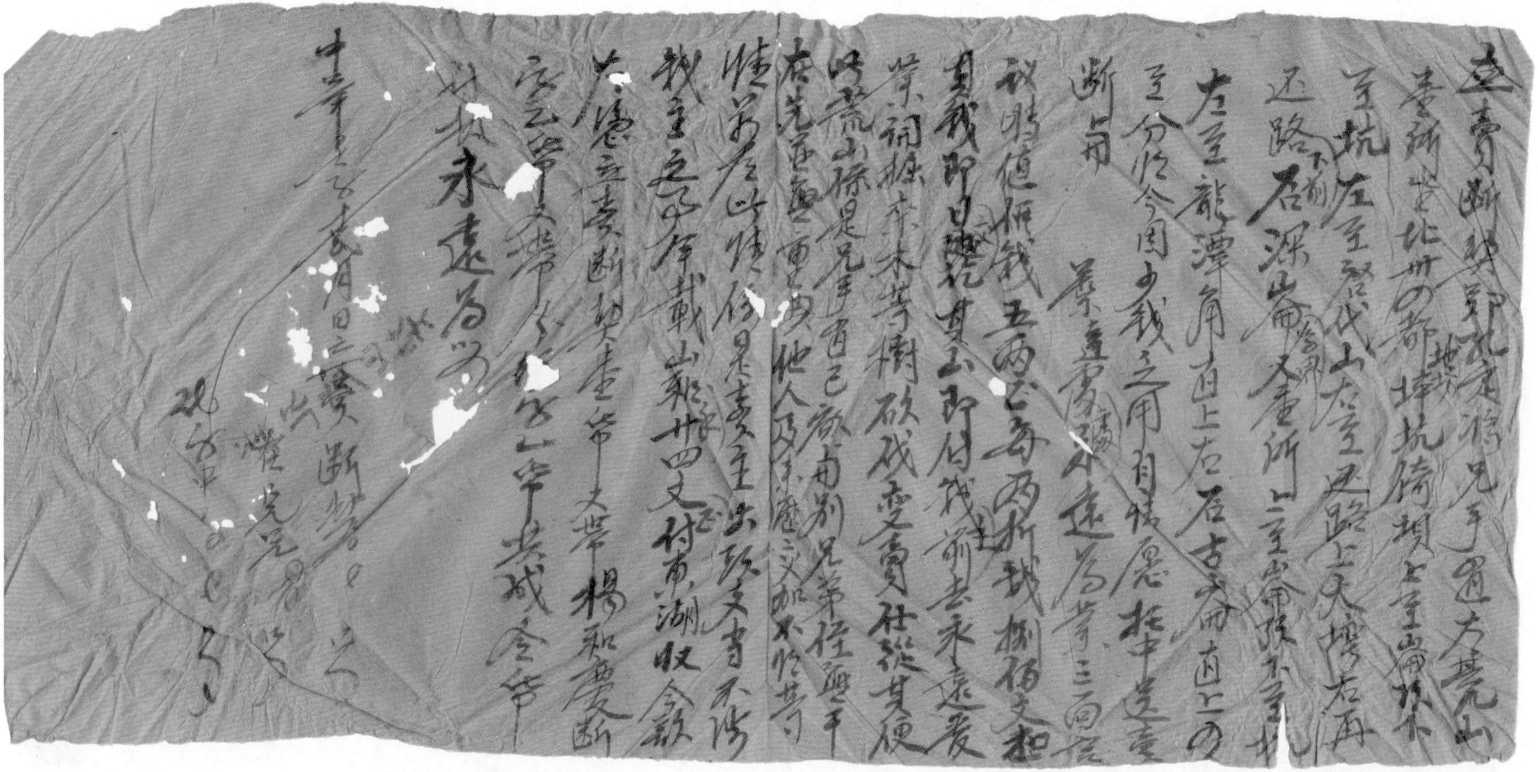

3-3-104-3　民國元年十二月鄭孔定立賣斷荒山契（草契）

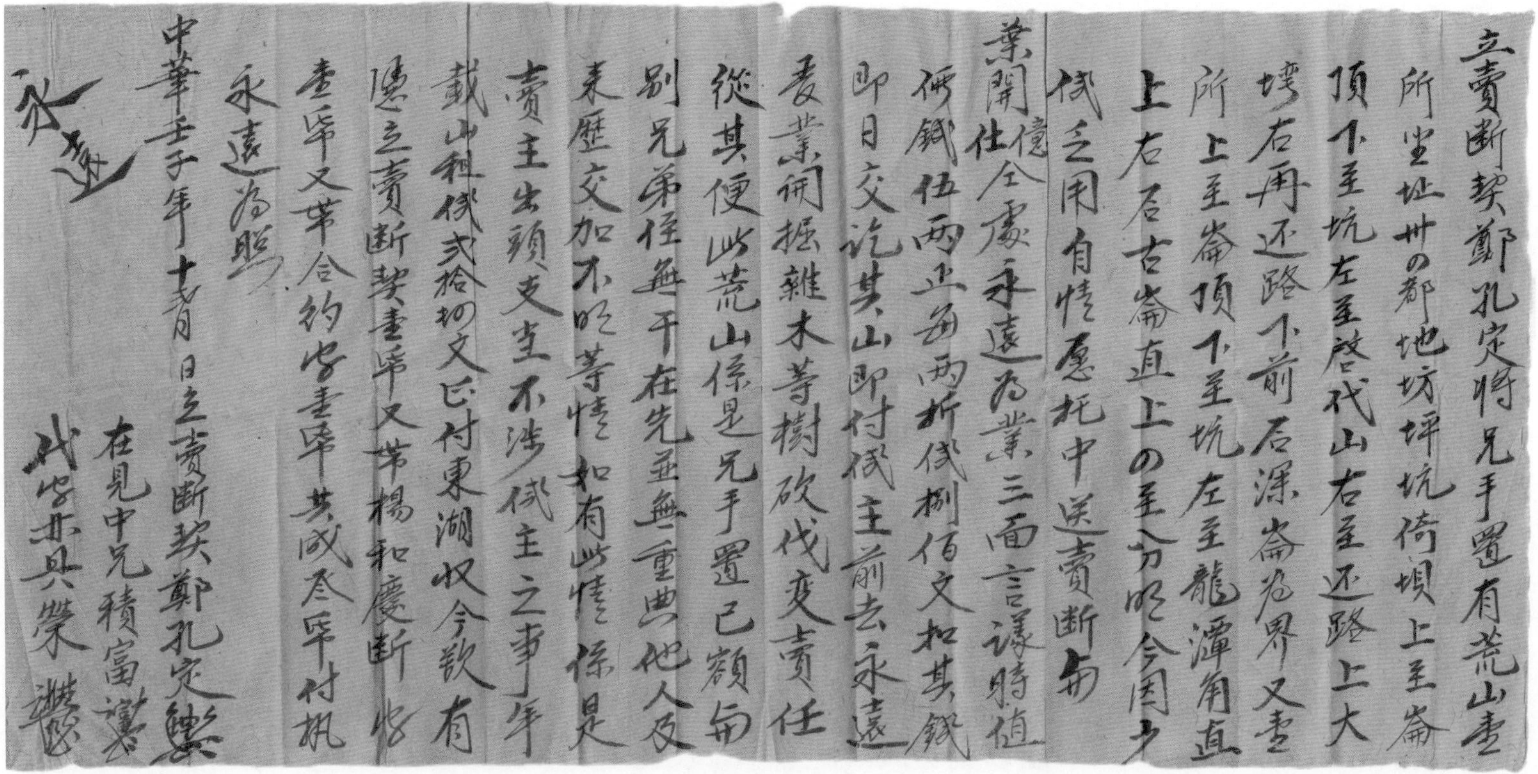
立賣斷契鄭孔定將兄手置有荒山壹
所坐址卅の都地坊坪坑倚坝上至崙
頂下至坑左至啟代山右至还路上大
墘右再还路下前石深崙為界又壹
所上至崙頂下至坑左至龍潭角直
上右至古崙直上の至分明今因乏
錢乏用自情愿托中送賣斷與
葉閒仕億仝處承遠為業三面言議時值
價錢伍兩正每兩折錢捌佰文扣其錢
即日交訖其山即付錢主前去永遠
管業開掘雜木等樹砍伐變賣任
從其便此荒山係是兄手置已額與
別兄弟侄無干在先並無重典他人及
來歷交加不明等情如有此情係是
賣主出頭支当不涉錢主之事 年
載山租錢式拾捌文已付東湖收今欲有
憑立賣斷契壹帋又帶楊和慶斷帖
壹帋又帶合約字壹帋共成叁帋付執
永遠為照
中華壬子年十弍月　日立賣斷契鄭孔定（押）
在見中兄積富（押）
代字弟興榮（押）
永遠

3-3-104-4　民國元年十二月鄭孔定立賣斷荒山契

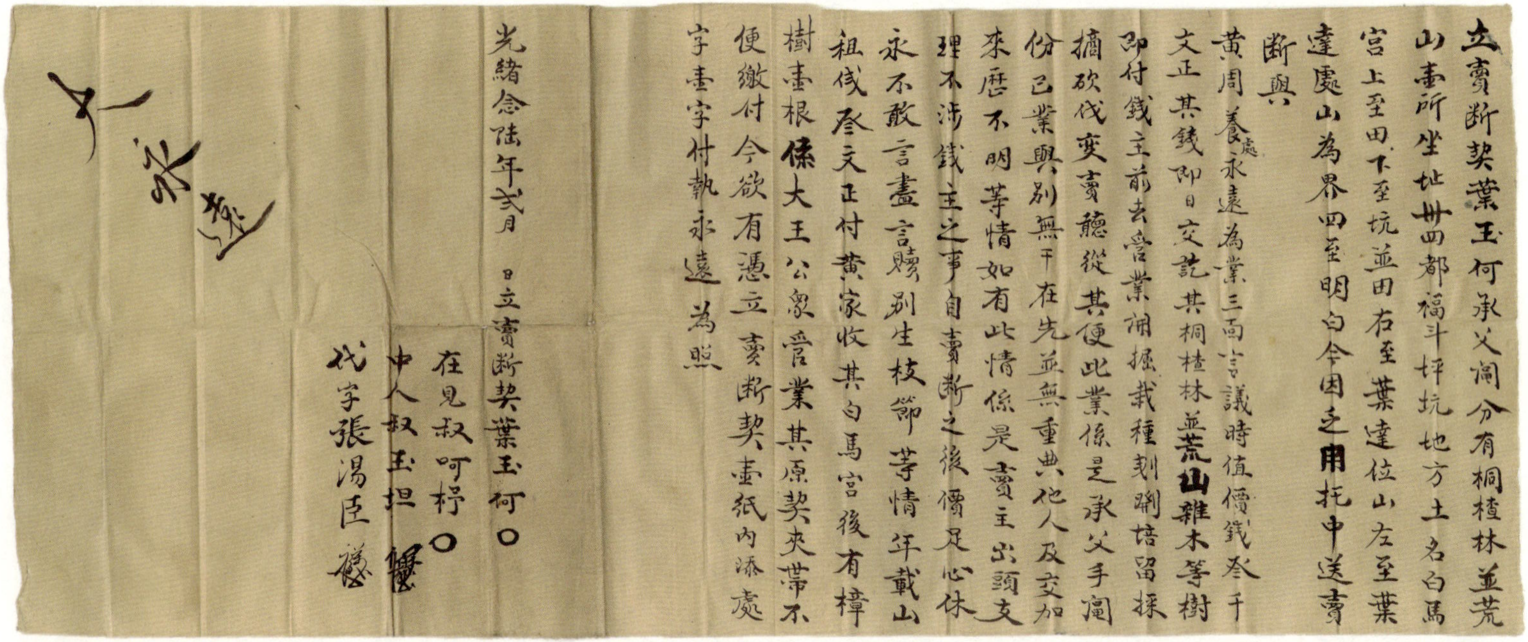
立賣斷契葉玉何承父閹分有桐樝林並荒
山壹所坐址卅四都福斗坪坑地方土名白馬
宮上至田下至坑並田右至葉達位山左至葉
達處山為界四至明白今因乏用托中送賣
斷與
黄周養處永遠為業三面言議時值價錢叁千
文正其錢即日交訖其桐樝林並荒山雜木等樹
即付錢主前去管業開掘栽種剝劖培留採
摘砍伐變賣聽從其便此業係是承父手閹
份己業與別無干在先並無重典他人及交加
來歷不明等情如有此情係是賣主出頭支
理不涉錢主之事自賣斷之後價足心休
永不敢言盡言贖別生枝節等情年載山
租錢叁文正付黄家收其白馬宮後有樟
樹壹根係大王公衆管業其原契夾帶不
便繳付今欲有憑立賣斷契壹紙内添處
字壹字付執永遠為照
光緒念陸年弍月　日立賣斷契葉玉何〇
在見叔呵桴〇
中人叔玉坦
代字張湯臣

3-3-105-1　清光緒二十六年二月葉玉何立賣斷桐樝林等契

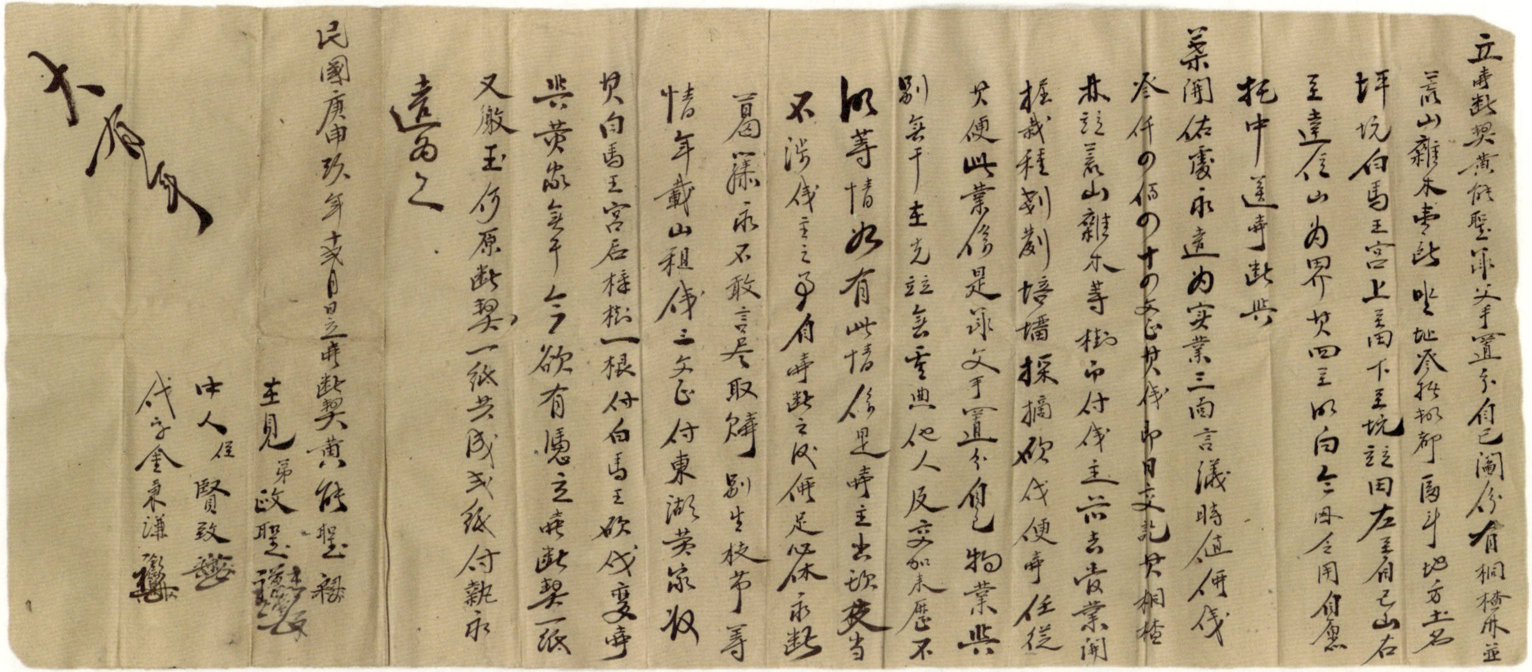
立賣斷契黄能聖承父手置有自己闔份有桐楂林並
叢山雜木壹片，坐址本縣嵩洋都，面斗地方，土名
坪坑白馬王宮上，上至田，下至坑並田，左至自己山，右
至達仁山為界，其四至以内，今因自愿
托中送賣斷與
葉開佑處承買為業，三面言議時值價錢
叁仟伍佰叁拾文正，其錢即日交訖，其桐楂
林並叢山雜木等樹，即付錢主前去管業開
插栽種，劉剮培墻，採摘砍伐，便賣任從。
其便此業係是承父手置自己物業，與
别房人等無干，並無重典他人，及交加未歷不
明等情。如有此情，係是賣主出頭支當，
不涉錢主之事。自賣斷之後，價足保承斷
葛藤，承不敢言長取贖，别生枝節等
情。年載山租錢三文正，付東湖黄家收。
其白馬王宮后樟樹一根，付白馬王收伐變賣。
其黄家年年六欲有憑，立賣斷契一紙，
又繳王何原斷契一紙，共成式紙，付執永
遠為之。
民國庚申玖年十式月　日立賣斷契黄能聖（押）
主見　弟　政聖（押）
中人　侄　賢致（押）
代字　金泉漣（押）
大[illegible]

3-3-105-2　民國九年十二月黃能聖立賣斷桐楂林等契

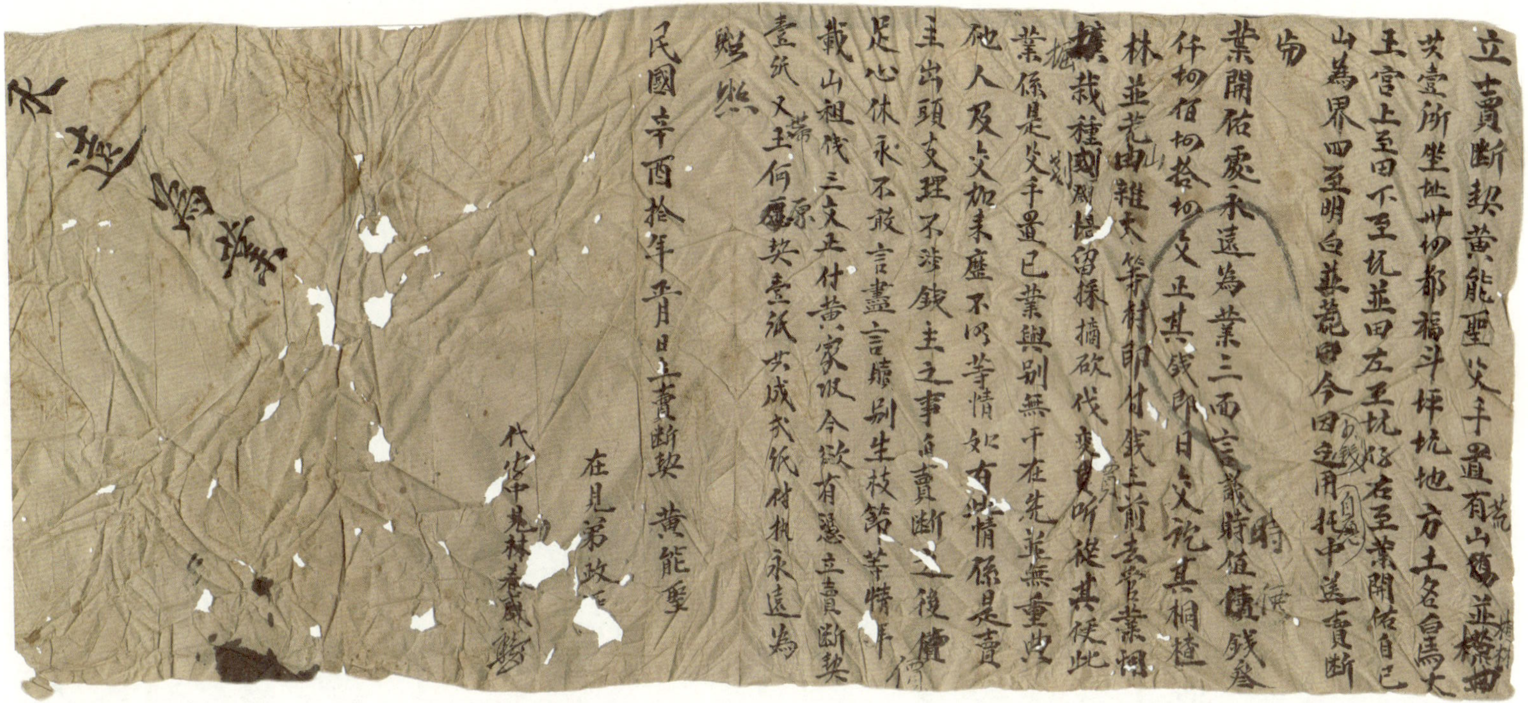

立賣斷契黃能聖父手置有山壹並標柑
共壹所坐址卅四都福斗坪坑地方土名白馬大
王宮上至田下至坑並田左至坑俗右至業開佑自己
山為界四至明白並苑田今因乏用托中送賣斷
与
業開佑處永遠為業三面言議時值價錢叁
仟柒佰柒拾柒文正其錢即日全交訖其桐樝
林並荒山雜木等材即付錢主前去管業掘
栽種剔留採摘砍伐變賣所從其便此
業係是父手置已業與別無干在先並無重典
他人及父加未塵不明等情如有此情係是賣
主出頭支理不涉錢主之事自賣斷之後價
足心休永不敢言盡言贖別生枝節等情今
載山祖伐三文正付黃家收今欲有憑立賣斷契
壹紙又王何原契壹紙共成弍紙付執永遠為
照照
民國辛酉拾年正月日立賣斷契 黃能聖
在見弟政和
代筆中見林春盛
永遠管業

3-3-105-3 民國十年正月黃能聖立賣斷荒山等契（廢契）

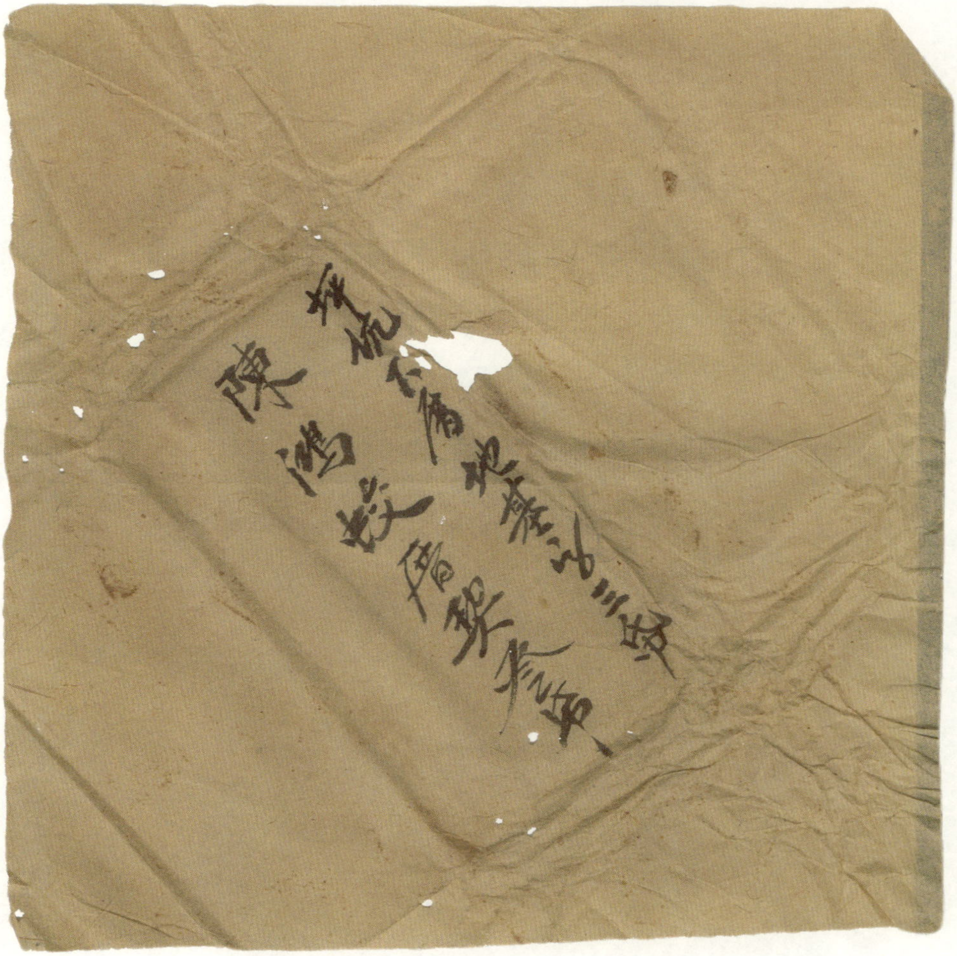

3-3-106-1 包契紙

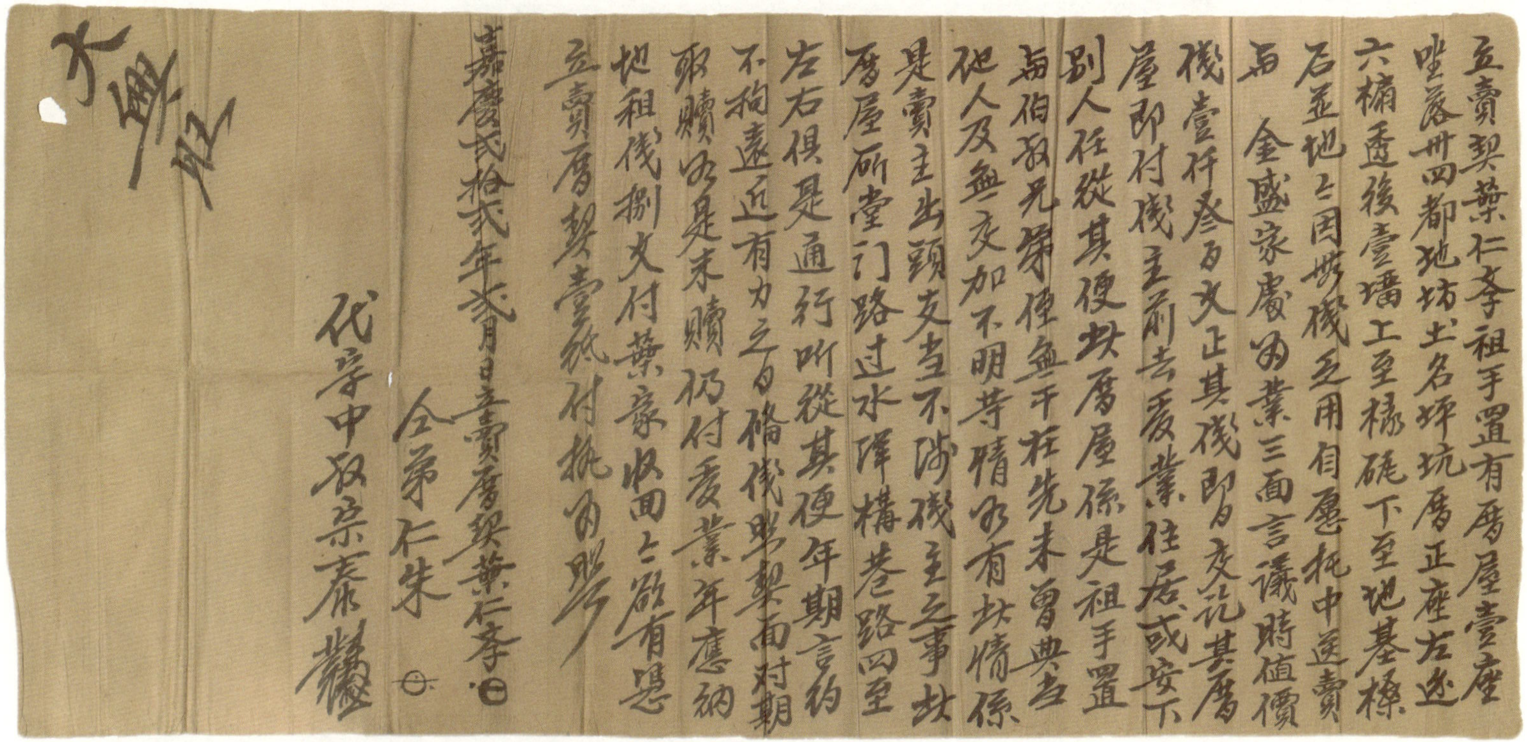
立賣契葉仁孝祖手置有厝屋壹座
坐落卅四都地坊土名坪坑厝正座右邊
六楠透後壹墻上至椽碓下至地基椽
石並地上因無錢乏用自愿托中送賣
與 金盛家處爲業三面言議時值價
錢壹仟叁百文正其錢即日交訖其厝
屋即付錢主前去爲業住居或安下
別人在從其便此厝屋係是祖手置
與伯叔兄弟侄無干在先未曾典當
他人及無交加不明等情如有此情係
是賣主出頭支当不涉錢主之事此
厝屋所堂门路过水滴構巷路四至
左右俱是通行听從其便年期言約
不拘遠近有力之日備錢照契面付期
取贖如是未贖仍付爲業年應納
地租錢捌文付葉家收回上畝有憑
立賣厝契壹紙付執爲照
嘉慶貳拾貳年貳月 日立賣厝契葉仁孝（押）
仝弟 仁朱（押）
代字中叔 宗泰（押）

3-3-106-2 清嘉慶二十二年二月葉仁孝等立賣厝屋契

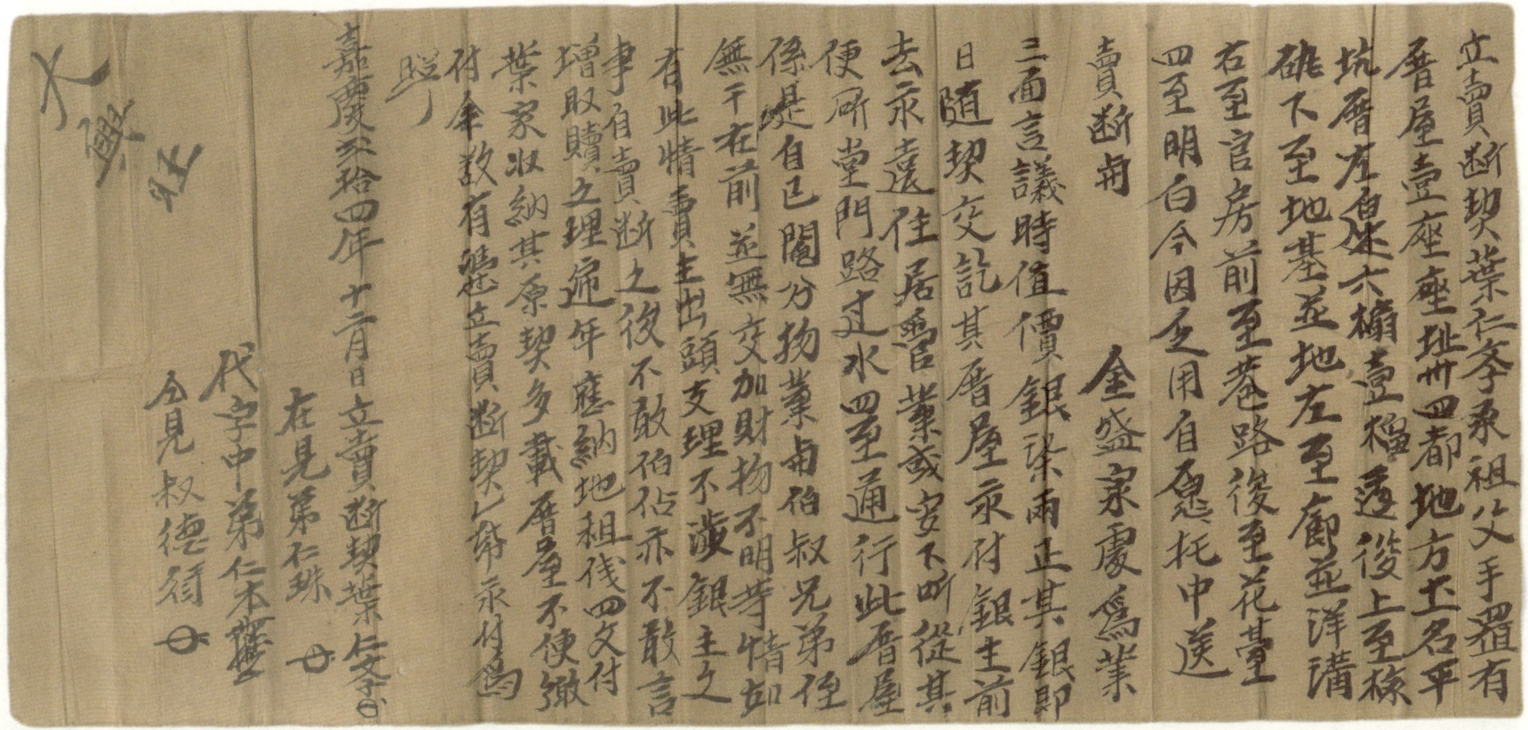
立賣斷契葉仁李承祖父手置有
厝屋壹座坐址卅四都地方土名平
坑厝左邊六植壹搭，透後上至榇
碓下至地基并地左至御并洋墘
右至官房前至巷路後至花臺
四至明白今因乏用自愿托中送
賣斷與 金盛家處爲業
三面言議時值價銀柒兩正其銀即
日隨契交訖其厝屋聽付銀主前
去永遠住居管業或安不所從其
便厠堂門路出水四至通行此厝屋
係是自己閹分物業與伯叔兄弟侄
無干在前並無交加財物不明等情如
有此情賣主出頭支理不涉銀主之
事自賣斷之後不敢佑佔亦不敢言
增取贖立理逐年應納地租錢四文付
葉家收納其原契多載厝屋不便繳
付今欲有憑立賣斷契一紙永付爲
照。
嘉慶貳拾四年十二月 日立賣斷契葉仁李（押）
在見弟仁珠（押）
代字中弟仁本（押）
仝見叔德徇（押）

3-3-106-3　清嘉慶二十四年十二月葉仁李立賣斷厝屋契

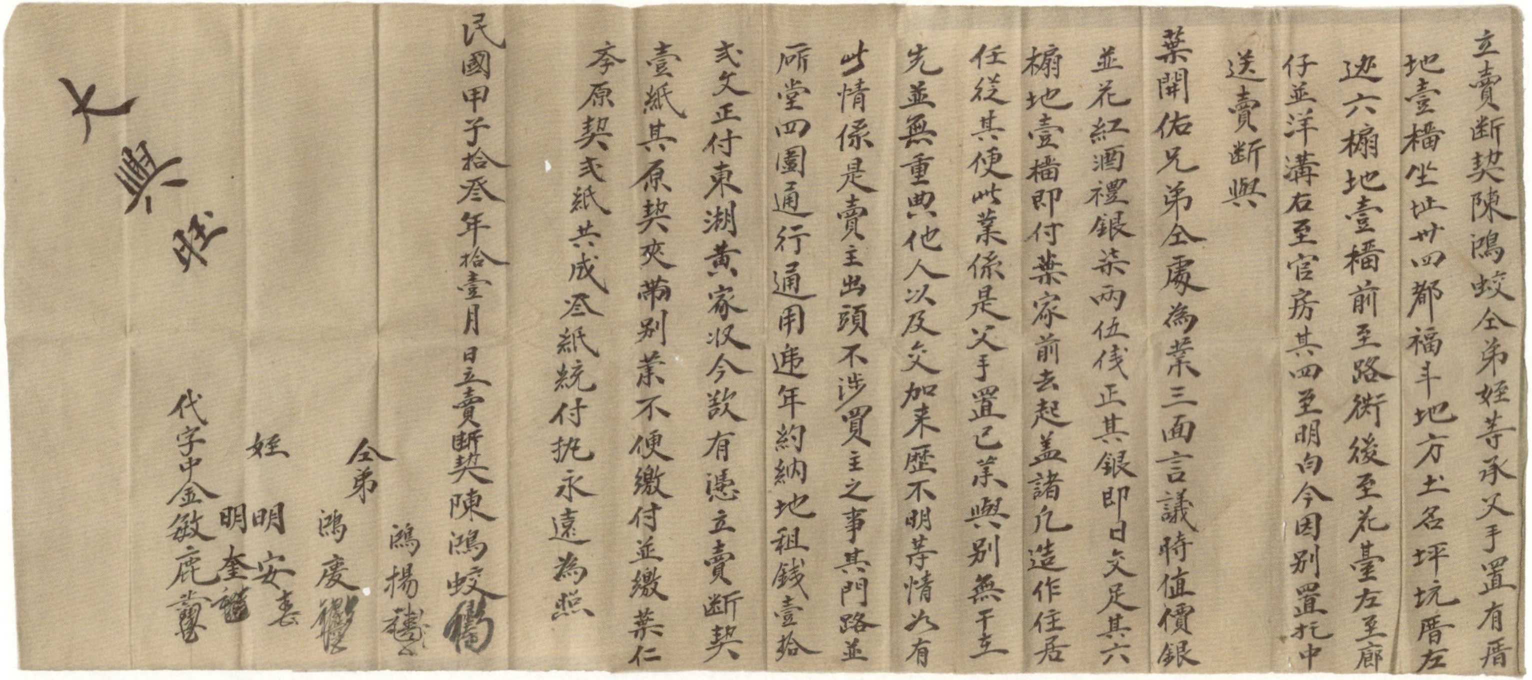

立賣斷契陳鴻蛟仝弟侄等承父手置有厝
地壹橺坐址廿四都前福十把六方土名坪坑厝左
邊六橺地壹橺前至路併後至花臺左至廊
仔並洋溝右至宮房其四至明白今因別置就中
送賣斷與
蔡開佑兄弟仝處為業三面言議時值價銀
並花紅酒禮銀柒兩伍錢正其銀即日交足其六
橺地壹橺即付蔡家前去起蓋諸凡造作任其
任從其便此業係是父手置已業與別無干亦
先並無重典他人以及交加來歷不明等情如有
此情係是賣主出頭不涉買主之事其門路並
所堂四圍通行通用進年約納地租錢壹拾
弍文正付東湖黃家收今欲有憑立賣斷契
壹紙其原契弍紙別業不便繳付並繳蔡仁
李原契弍紙共成叁紙統付執永遠為照

民國甲子拾叁年拾壹月　日立賣斷契陳鴻蛟（押）
鴻揚（押）
仝弟　鴻慶（押）
侄　明明　安喜（押）
代字中　金欽　明奎　應庭　喜（押）

大吉

3-3-106-4　民國十三年十一月陳鴻蛟等立賣斷厝地契

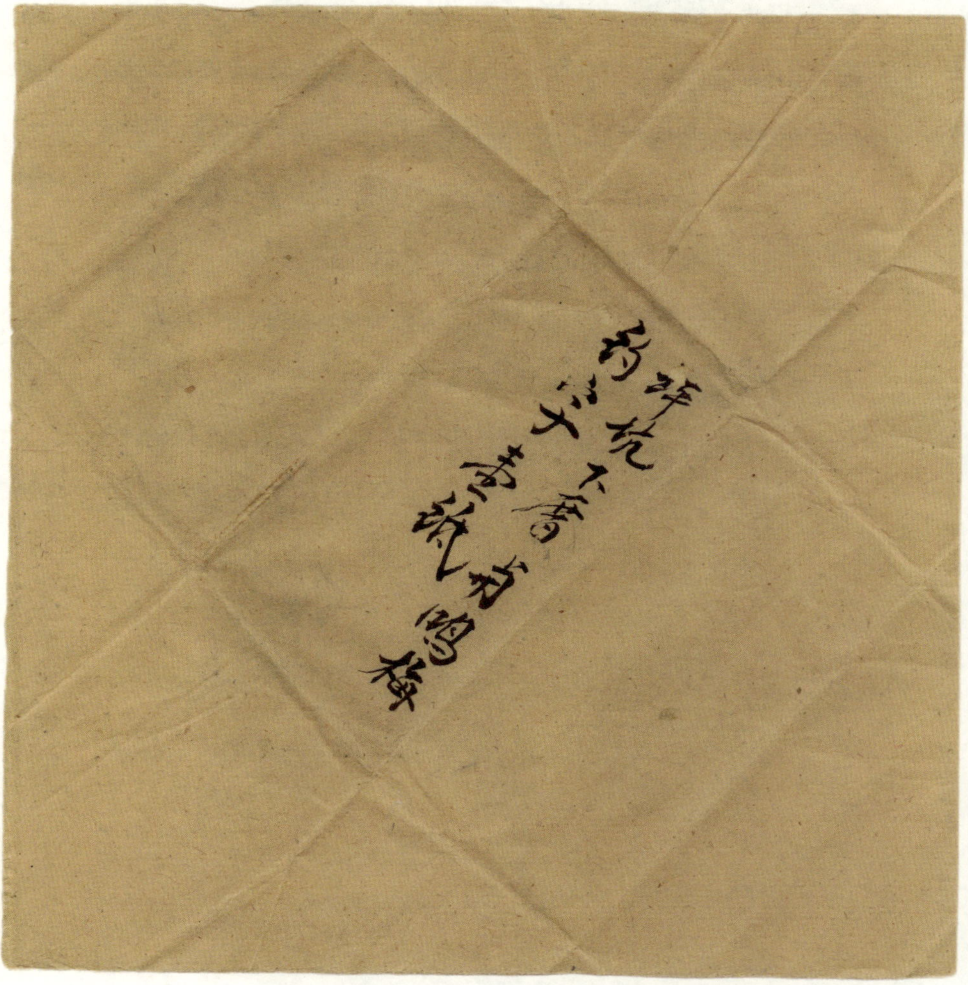

3-3-107-1 包契紙

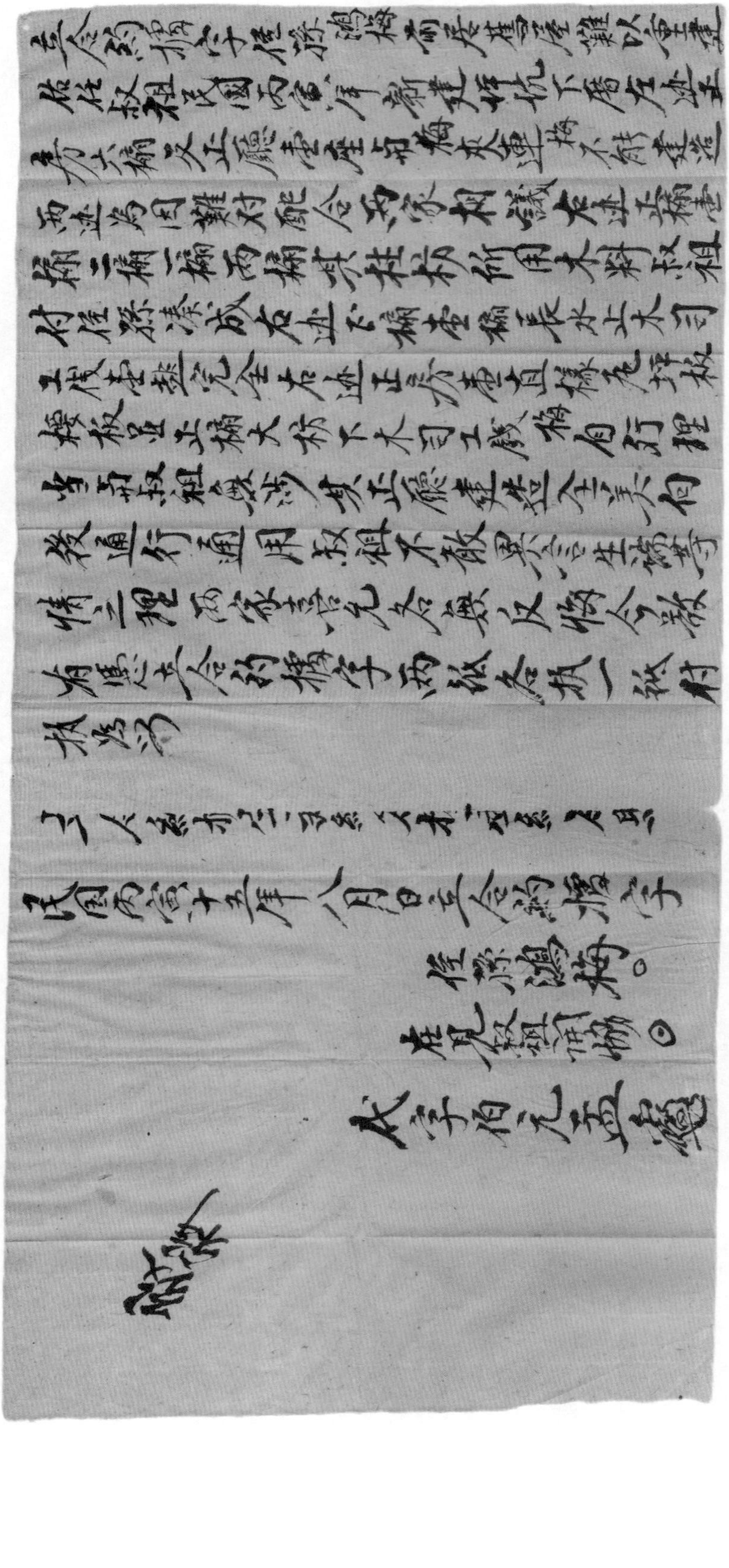

立合約據字侄孫鴻梅前居舊屋難以重建
佐仕叔祖民國丙寅年新建坪坑下厝左边正
房六扇及正廳壹座弟梅夾連梅不能建造
两边為因難对配合两家相議右边正扇壹
扇二扇一扇两扇其柱枋所用木料叔祖
付侄孫湊成右边下扇壹扇長水止木司
工伐壹並完全右边正房壹直樣危坪板
樓板並止扇大枋下木司工錢梅自行理
當弟叔祖無涉其正廳建造全美向
後通行通用叔祖不敢異言生端等
情之理两家喜允各無反悔今欲
有憑立合約據字两紙各執一紙付
執為照

民國丙寅十五年八月日立合約據字
侄孫鴻梅○
在見叔祖[illegible]○
代字伯元孟[illegible]

3-3-107-2　民國十五年八月葉鴻梅立合約據字

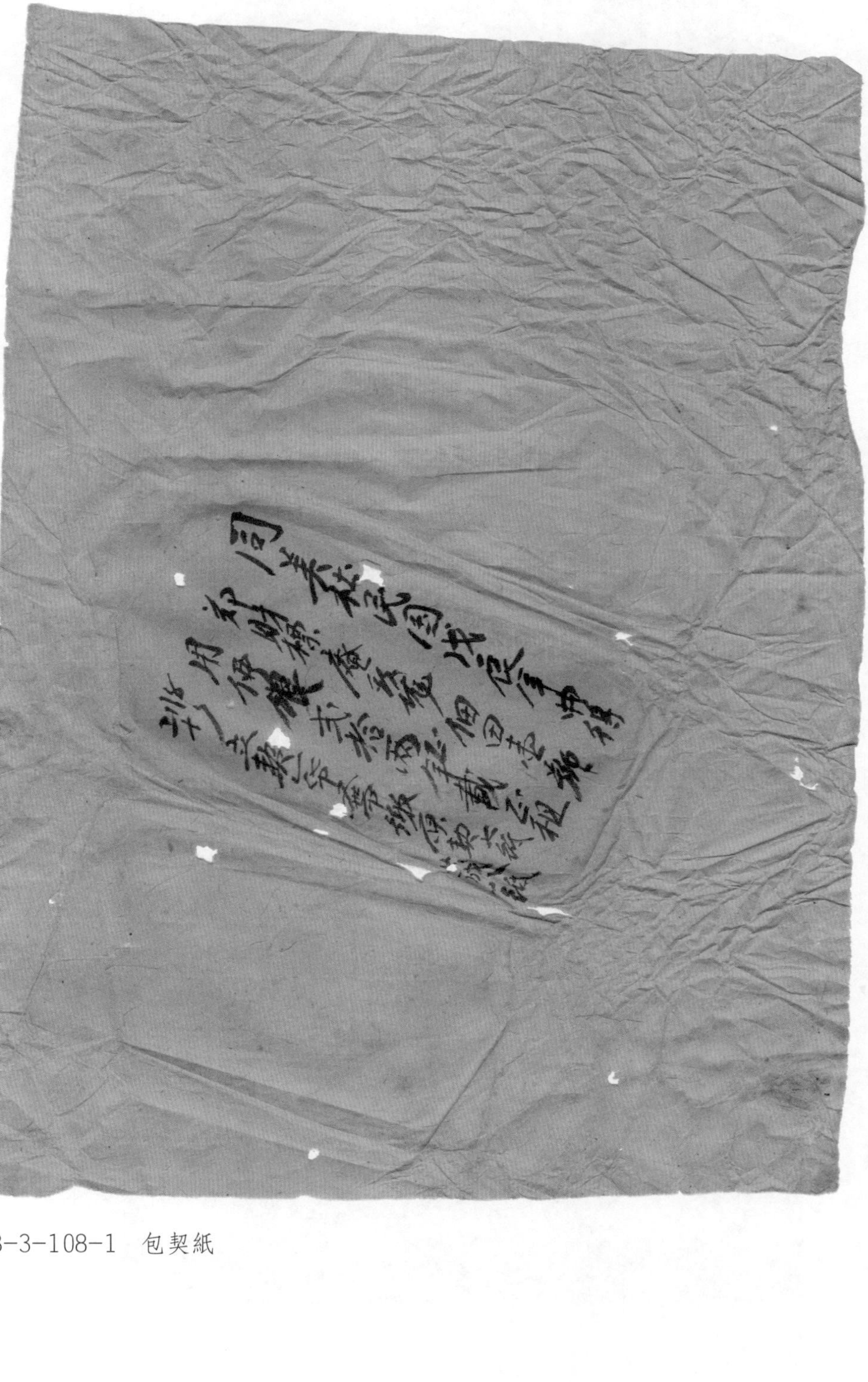

3-3-108-1　包契紙

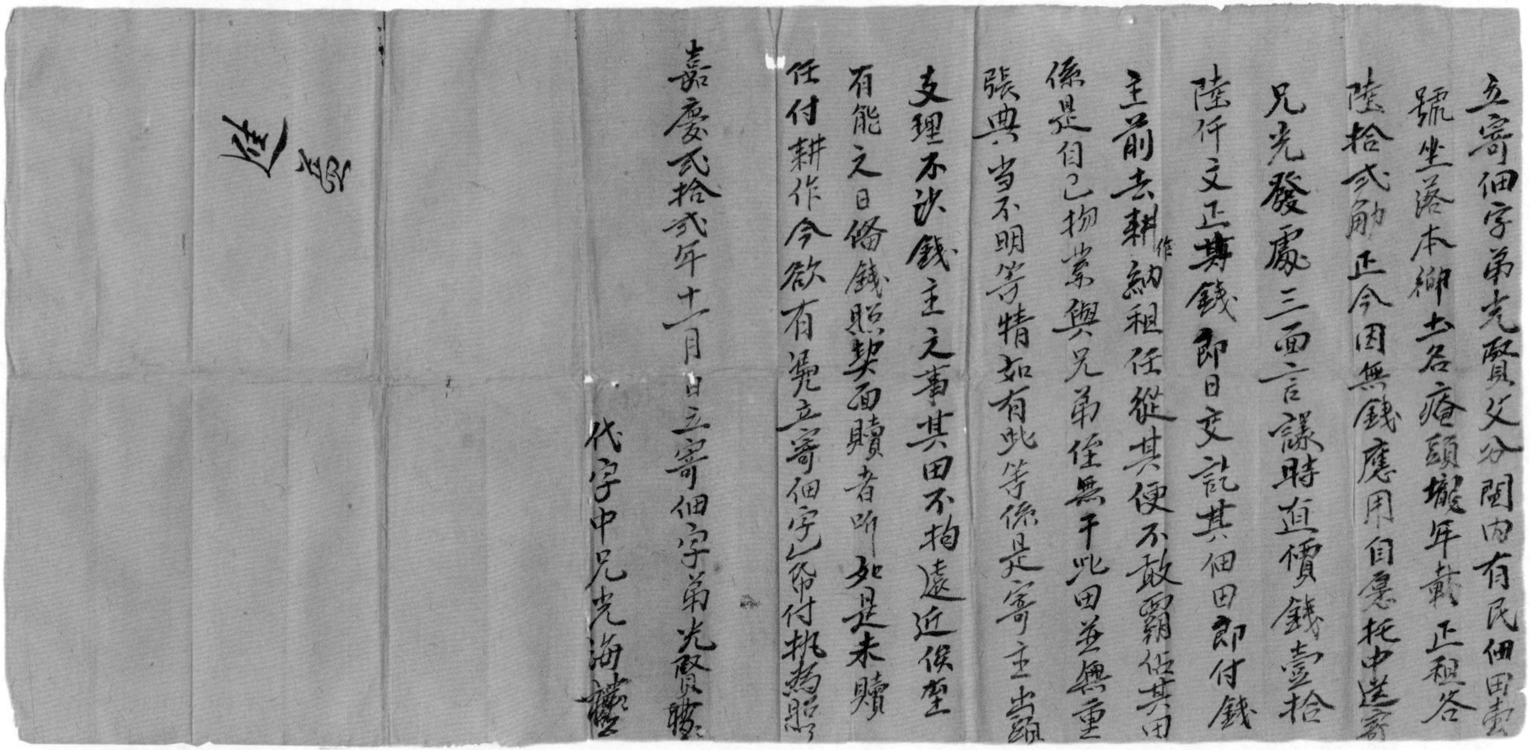
立寄佃字弟光賢父分閭內有民佃田壹
號坐落本鄉土名瘖頭墘年載正租谷
陸拾弍觔正今因無錢應用自惡托中送寄
兄光發處三面言議時值價錢壹拾
陸仟文正其錢即日交訖其佃田即付錢
主前去耕作納租任從其便不敢霸佔其田
係是自己物業與兄弟侄無干此田並無重
張典当不明等情如有此等係是寄主出頭
支理不涉錢主之事其田不拘遠近俱聽
有能之日備錢照契面贖者听如是未贖
任付耕作今欲有憑立寄佃字付執為照
嘉慶弍拾弍年十一月　日立寄佃字弟光賢（押）
代字中兄光海（押）

3-3-108-2　清嘉慶二十二年十一月葉光賢立寄民佃田字

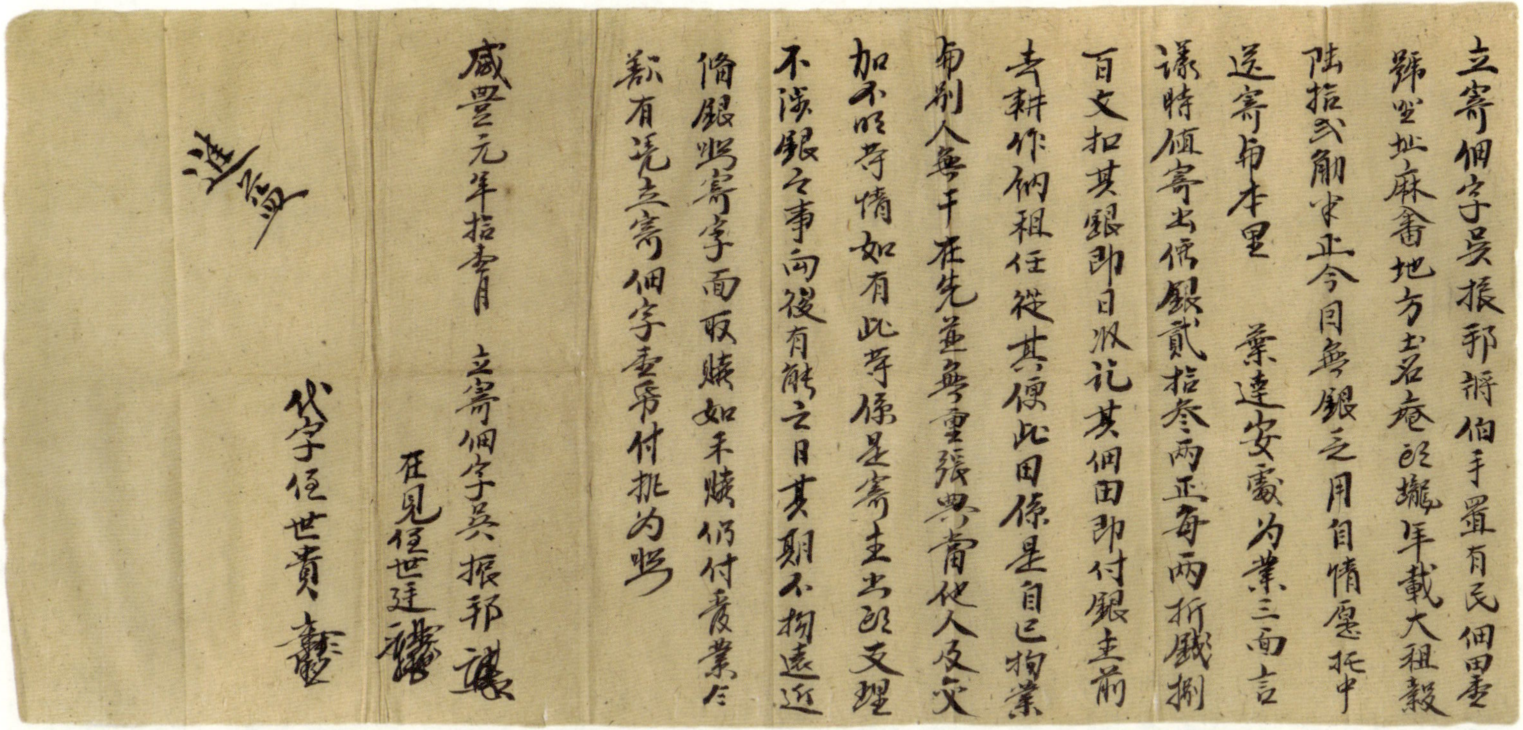

立寄佃字吳振邦將伯手置有民佃田壹
號，坐址麻畬地方，土名庵邊，年載大租穀
陸拾弍觔，米止。今因無銀乏用，自情愿托中
送寄本里 葉達安處為業，三面言
議，時值寄出價銀貳拾叁兩正，每兩折錢捌
百文扣，其銀即日収訖，其佃田即付銀主前
去耕作納租，任從其便。此田係是自己物業，
與別人無干，在先並無重張典當他人及交
加不明等情，如有此等，係是寄主出頭支理，
不涉銀主之事。向後有能之日，其期不拘遠近，
備銀照寄字面取贖，如未贖，仍付管業。今
欲有憑，立寄佃字壹帋，付執為照。

咸豐元年拾壹月　立寄佃字吳振邦（押）

在見侄世廷（押）

代字侄世貴（押）

3-3-108-3 清咸豐元年十一月吳振邦立寄民佃田字

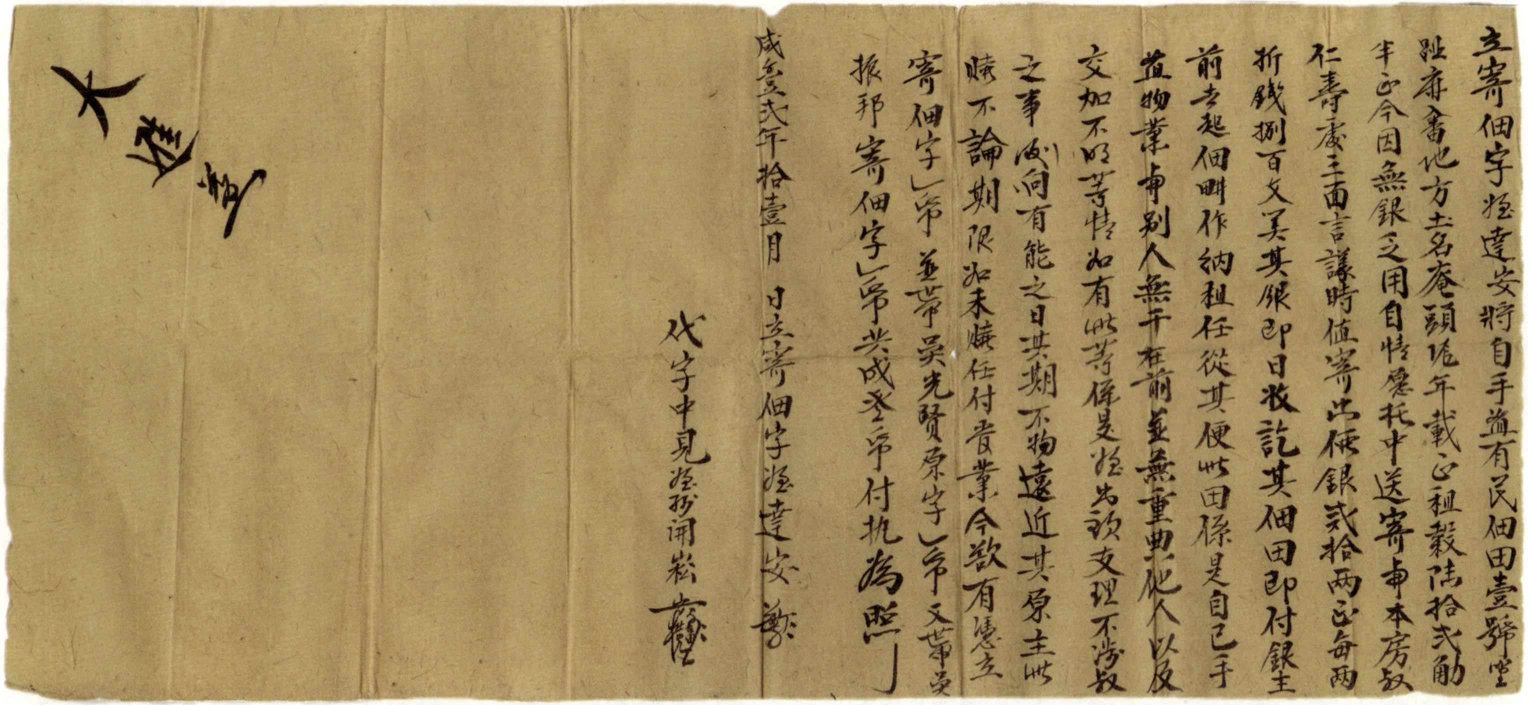
立寄佃字人葉達安將自手置有民佃田壹號坐
址本都地方土名庵頭坵，年載正租穀陸拾弍觔
丰正。今因無銀之用，自情愿托中送寄本房叔
仁壽處，三面言議時值寄出佛銀弍拾兩正，每兩
折錢捌百文。其銀即日收訖，其佃田即付銀主
前去起佃耕作納租，任從其便。此田係是自己手
置物業，與別人無干，在前並無重典他人，以及
交加不明等情。如有此等，係是葉出頭支理，不涉叔
之事。所向有能之日，其期不拘遠近，其原主出
贖，不論期限，叔亦未[illegible]任付贖業。今欲有憑，立
寄佃字一帋，並帶吳先賢原字一帋，又帶吳
振邦寄佃字一帋，共成叁帋，付執為照。丁
咸豐弍年拾壹月　日立寄佃字葉達安（押）
代字中見葉扮開崧（押）
大[illegible]吉

3-3-108-4　清咸豐二年十一月葉達安立寄民佃田字

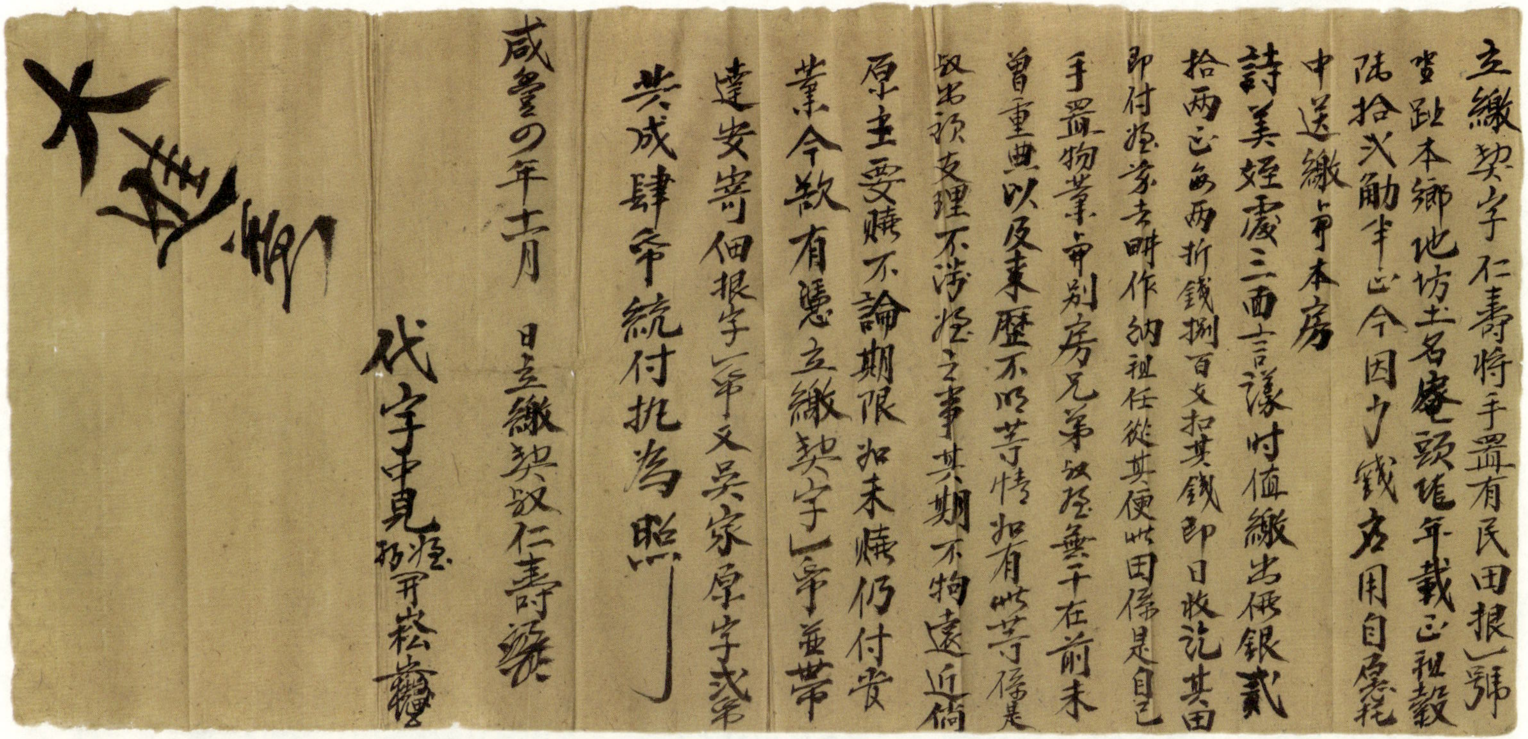

立繳契字人葉仁壽，將手置有民田根一號，
坐址本鄉地坊土名碓頭坑，年載正租穀
陸拾弍觔半正。今因乏錢應用，自愿托
中送繳與本房
詩美姪處三面言議，時值繳出佛銀貳
拾兩正，每兩折錢捌百文，扣其錢即日收訖。其田
即付姪家去耕作，納租任從其便。此田係是自己
手置物業，與別房兄弟叔姪無干，在前未
曾重典，以及來歷不明等情，如有此等係是
叔出頭支理，不涉姪之事。其期不拘遠近，備
原主要贖，不論期限，如未贖，仍付管
業。今欲有憑，立繳契字一紙並帶
連安寄佃根字一紙，又吳家原字弍紙，
共成肆紙，統付執為照。

咸豐四年十一月　日立繳契叔仁壽（押）

代字中見姪孫开松齡（押）

大吉利

3-3-108-5　清咸豐四年十一月葉仁壽立繳民田根契

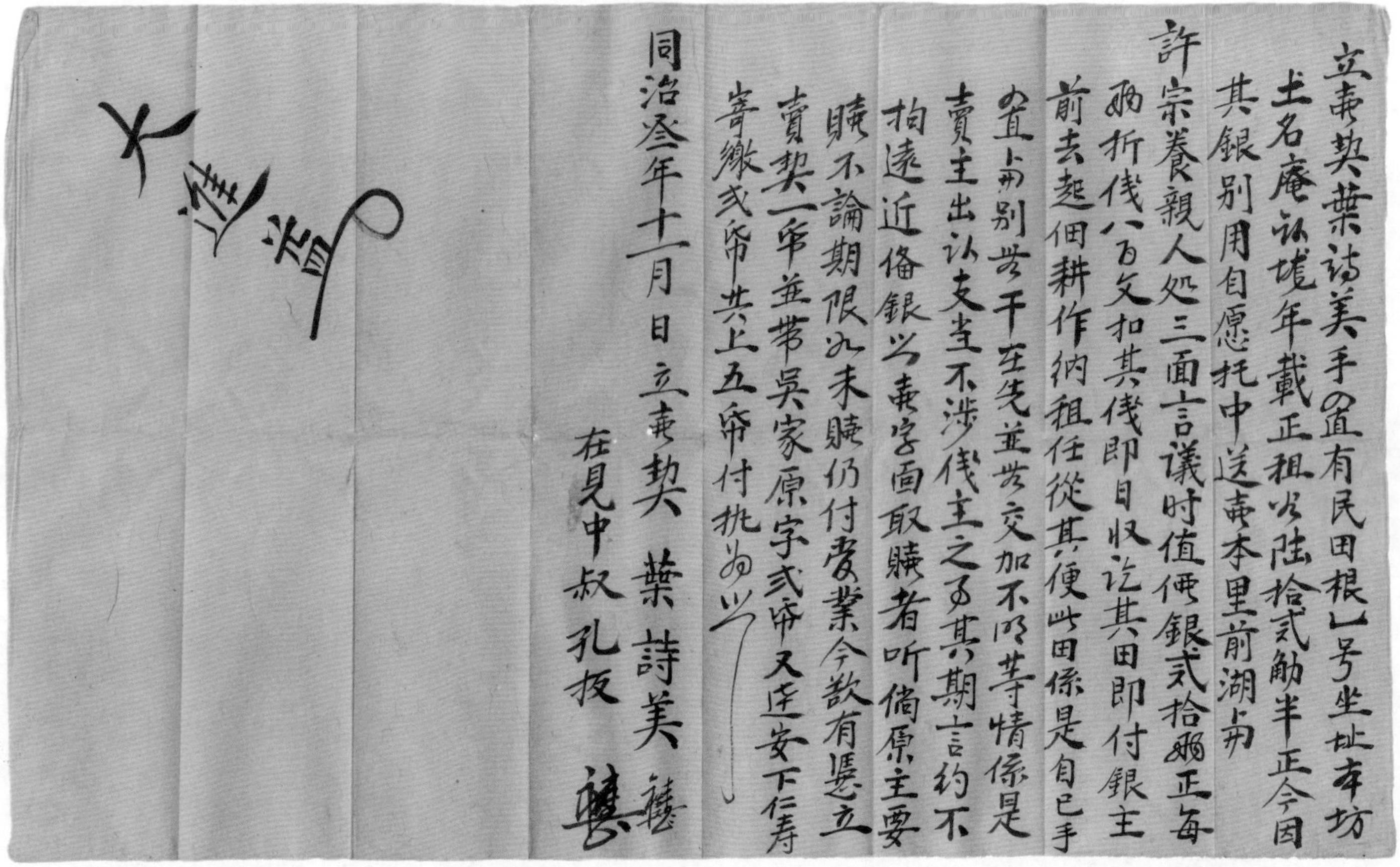

3-3-108-6　清同治三年十一月葉詩美立賣民田根契

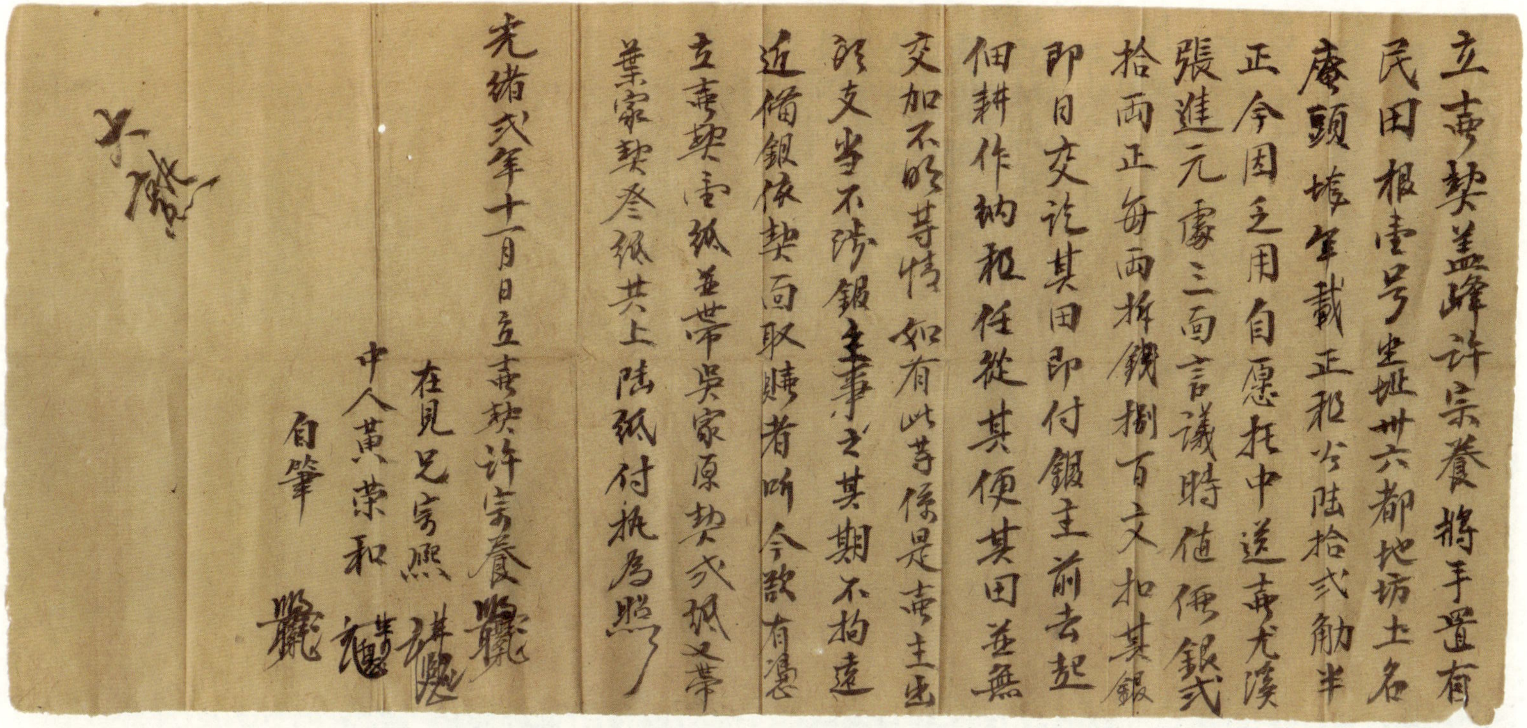

立賣契蓋峰許宗養，將手置有民田根壹号，坐址卅六都地坊，土名磨頭墘，年載正租谷陸拾弍觔半正。今因乏用，自愿托中送賣尤溪張進元處，三面言議，時值價銀弍拾兩正，每兩折錢捌百文，加其銀即日交訖，其田即付銀主前去起佃耕作納租，任從其便。其田並無交加不明等情，如有此等，係是賣主出頭支当，不涉銀主之事。其期不拘遠近，備銀依契面取贖者听令。欲有憑，立賣契壹紙，并帶吳家原契弍紙，又帶葉家契叁紙，共上陸紙付執為照。

光緒弍年十一月　日立賣契許宗養（押）

在見兄宗熙（押）

中人黃榮和（押）

自筆（押）

3-3-108-7　清光緒二年十一月許宗養立賣民田根契

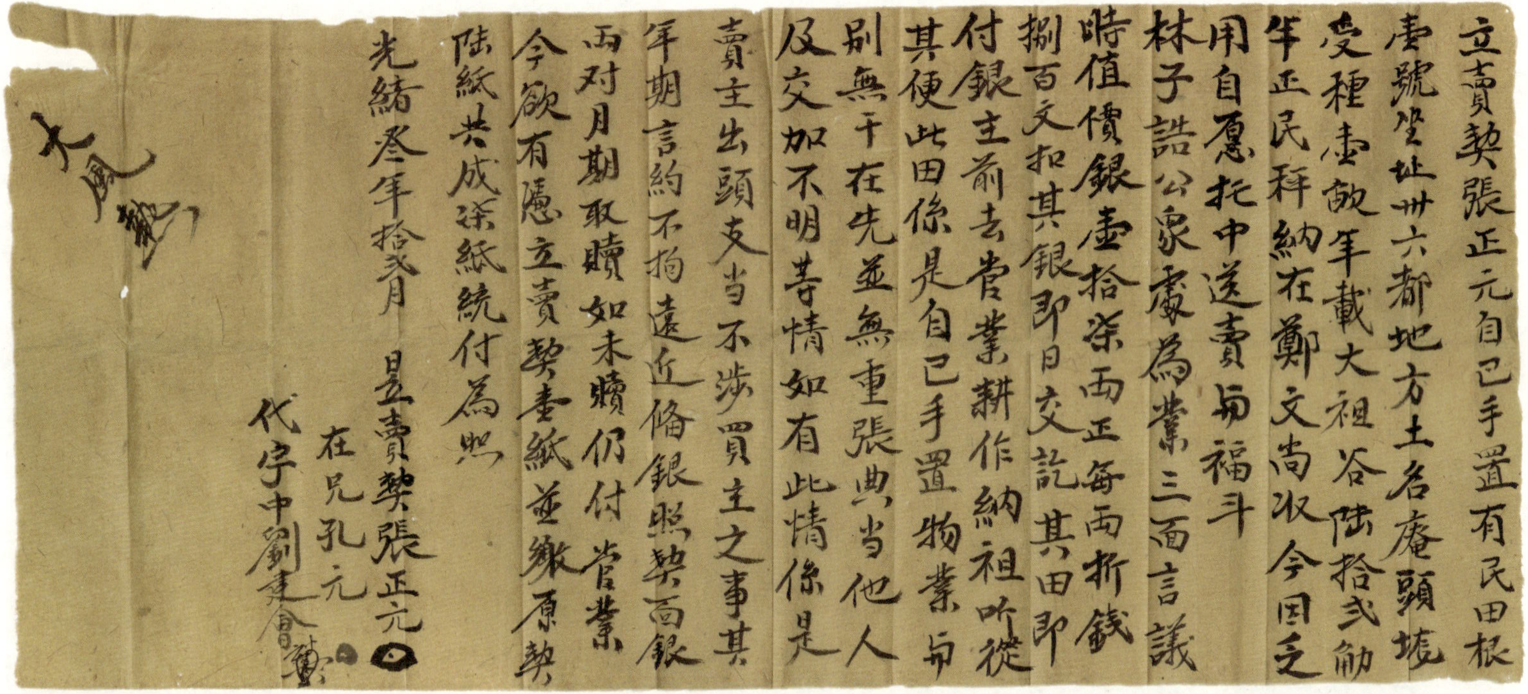
立賣契張正元自己手置有民田根
壹號坐址卅六都地方土名庵頭壠
受種壹畝半載大祖谷陸拾弍觔
年正民耗納在鄭文尚收今因乏
用自愿托中送賣與福斗
林子詰公衆處爲業三面言議
時値價銀壹拾柒兩正每兩折錢
捌百文扣其銀即日交訖其田即
付銀主前去管業耕作納祖听從
其便此田係是自己手置物業與
别無干在先並無重張典當他人
及交加不明等情如有此情係是
賣主出頭支当不涉買主之事其
年期言約不拘遠近備銀照契面銀
兩対月期取贖如未贖仍付管業
今欲有憑立賣契壹紙並繳原契
陸紙共成柒紙統付爲照
光緒叁年拾弍月 日立賣契張正元
在見孔孔元
代字中劉建會

3-3-108-8 清光緒三年十二月張正元立賣民田根契

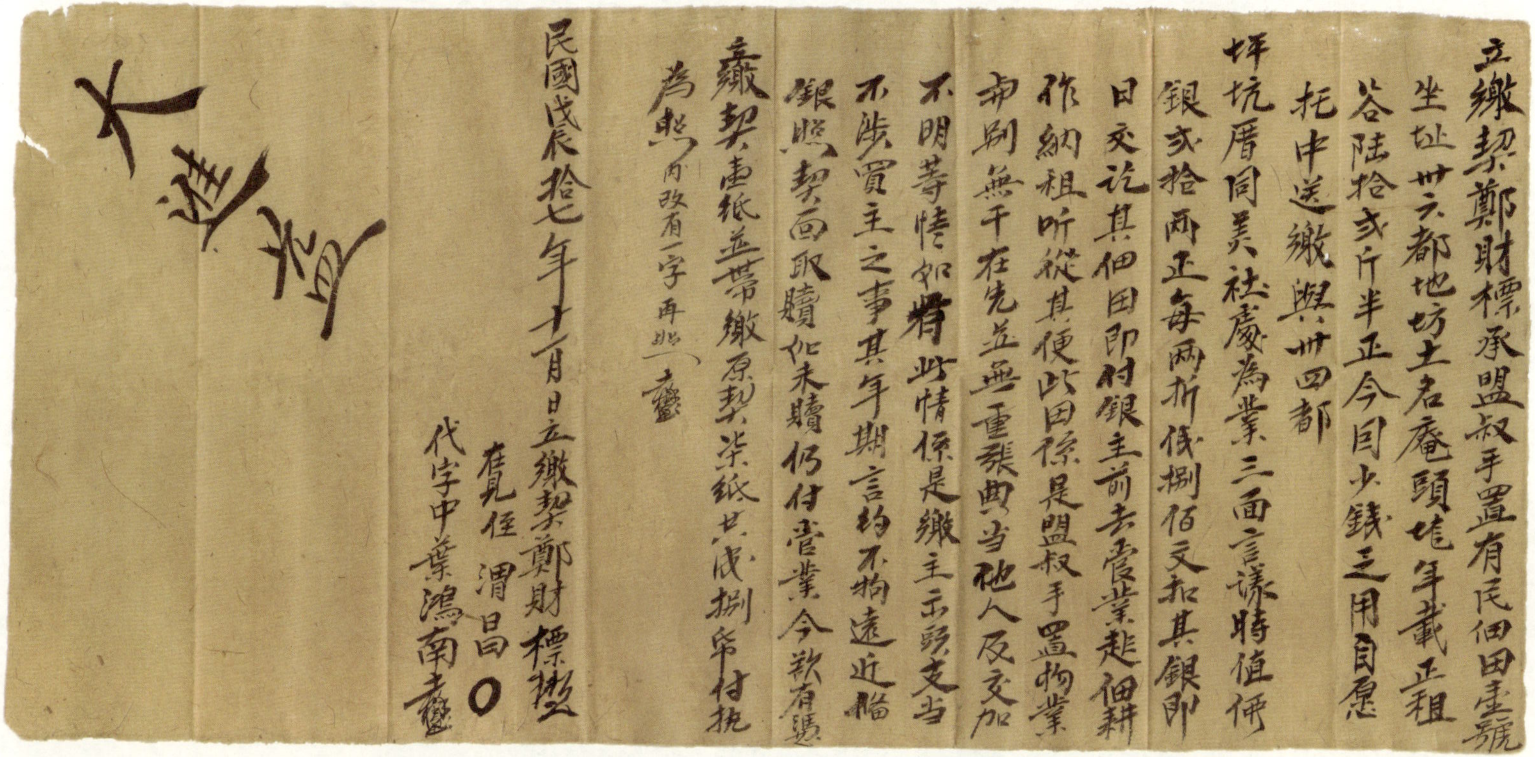
立繳契鄭財標承盟叔手置有民佃田壹號
坐址卅六都地坊土名庵頭垱年載正租
谷陸拾弍斤半正今因少錢乏用自愿
托中送繳與卅四都
坪坑厝同美社處為業三面言議時值價
銀弍拾兩正每兩折俵捌佰文和其銀即
日交訖其佃田即付銀主前去管業起佃耕
作納租聽從其便此田係是盟叔手置物業
帝别無干在先並無重張典当他人反交加
不明等情如有此情係是繳主出頭支当
不涉買主之事其年期言約不拘遠近備
銀照契面取贖如未贖仍付管業今欲有憑
立繳契壹紙並帶繳原契柒紙共成捌帋付執
為照（內改有一字再照）立繳
民國戊辰拾七年十一月　日立繳契鄭財標（押）
在見侄　渭昌（押）
代字中葉鴻南（押）
大發利

3-3-108-9　民國十七年十一月鄭財標立繳民佃田契

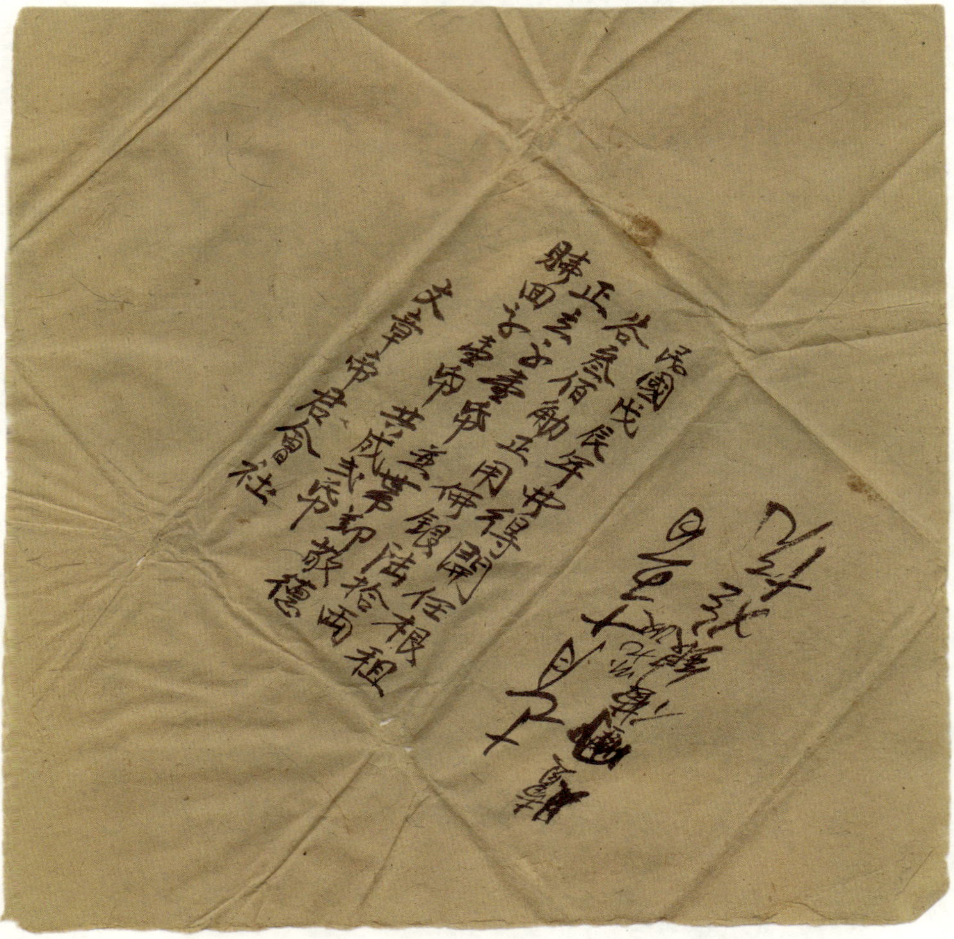

3-3-109-1　包契紙

立賣契葉仁富將父手置有佃田壹
號，坐落本鄉地方，土名裡村模頭墘上分
底面俱全，年載正耗米五升合配秋粮銀玖
分叁厘伍毫正。今因無錢應用，自愿托
中送壽興本鄉
鄭敬德處為業，三面言議時值價銀
陸拾兩正，每兩折錢捌百文，扣其銀即
日交訖。其佃田底面全，即付銀主前去起
佃耕作，办粮任從其便。此佃田係是父手
置與別無干，在先並無交加未歷不明等
情；如有此等，係是賣主出頭支理，不涉
銀主之事。其期言約不拘遠近，備銀以
契面取贖，如未贖，仍付賣業。其原契
多載田畝，係兄仁亨收存，不便繳付。今
欲有憑，立賣契壹紙付執為照。
內注年載共二字再照。（押）
咸豐伍年十一月　日立賣契葉仁富（押）
在見兄　仁亨（押）
仝見　仁瑞（押）
中人侄　達標（押）
代字侄　達尊（押）
大吉

3-3-109-2　清咸豐五年十一月葉仁富立賣佃田契

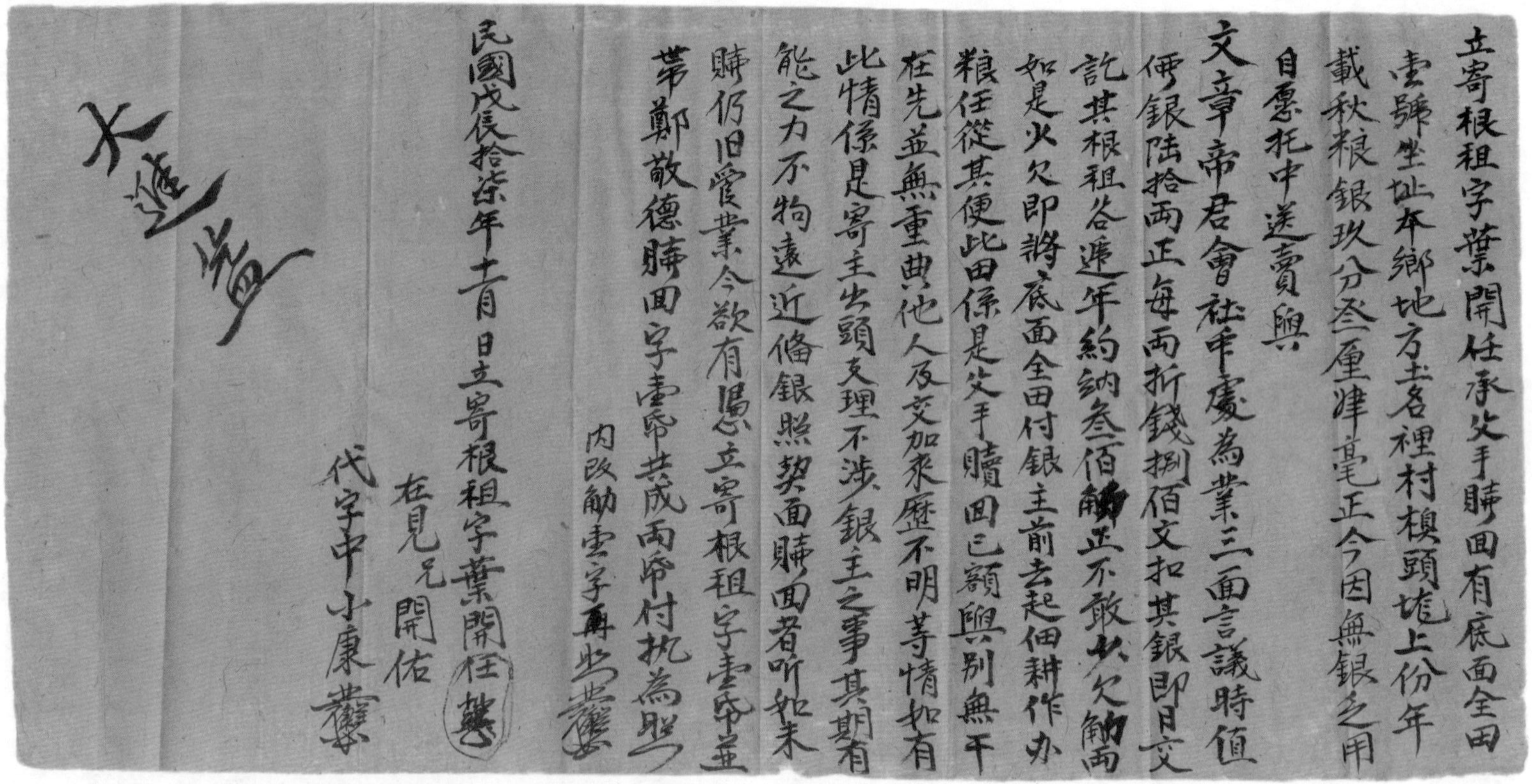
立寄根租字葉開任承父手購田有底面全田
壹號坐址本鄉地方土名裡村槇頭墘上份年
載秋粮銀玖分叁厘肆毫正今因無銀乏用
自愿托中送賣與
文章帝君會社中處為業三面言議時值
価銀陸拾兩正每兩折錢捌佰文扣其銀即日交
訖其根租谷逓年約納叁佰觔正不敢少欠觔兩
如是少欠即將底面全田付銀主前去起佃耕作办
粮任從其便此田係是父手購田已額與別無干
在先並無重典他人及交加來歷不明等情如有
此情係是寄主出頭支理不涉銀主之事其期有
能之力不拘遠近備銀照契面購回者听如未
購仍旧管業今欲有憑立寄根租字壹帋並
帶鄭敬德購田字壹帋共成兩帋付執為照
內改觔壹字再照
民國戊辰拾柒年十一月 日立寄根租字葉開任
在見兄開佑
代字中小康
大進堂

3-3-109-3 民國十七年十一月葉開任立寄根租字

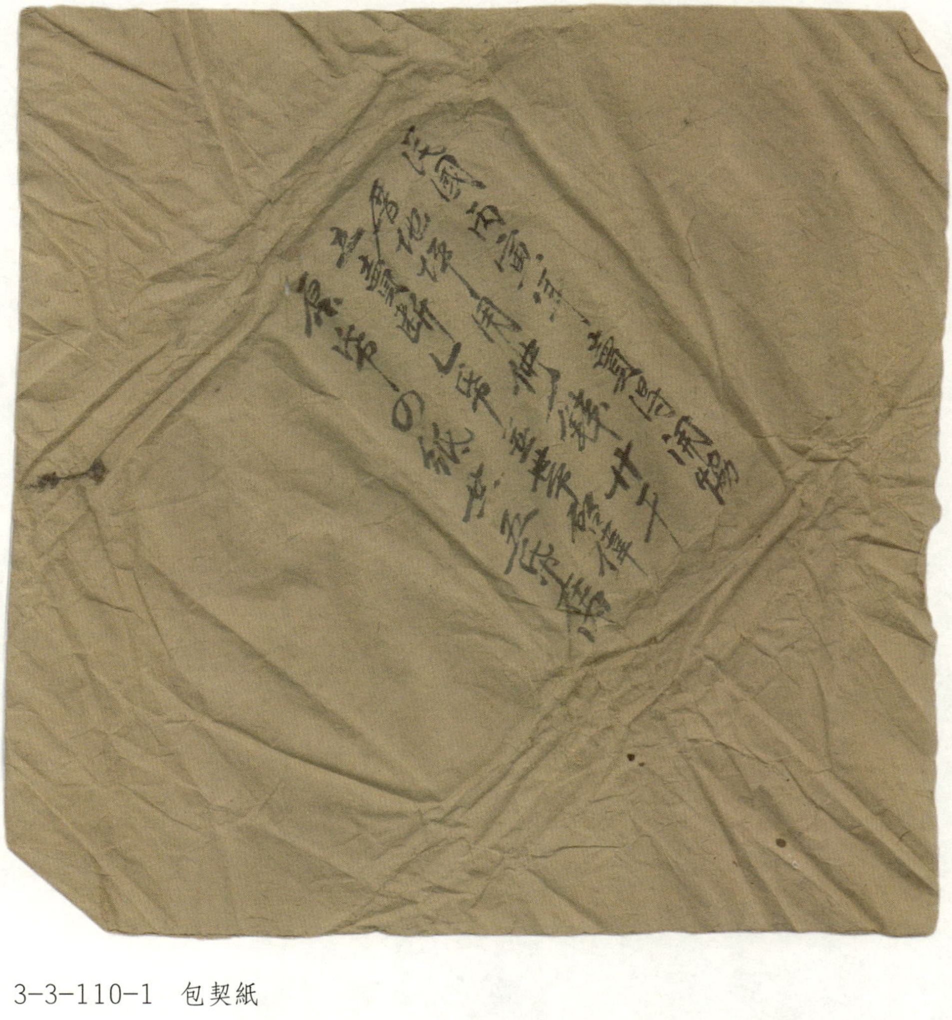

3-3-110-1　包契紙

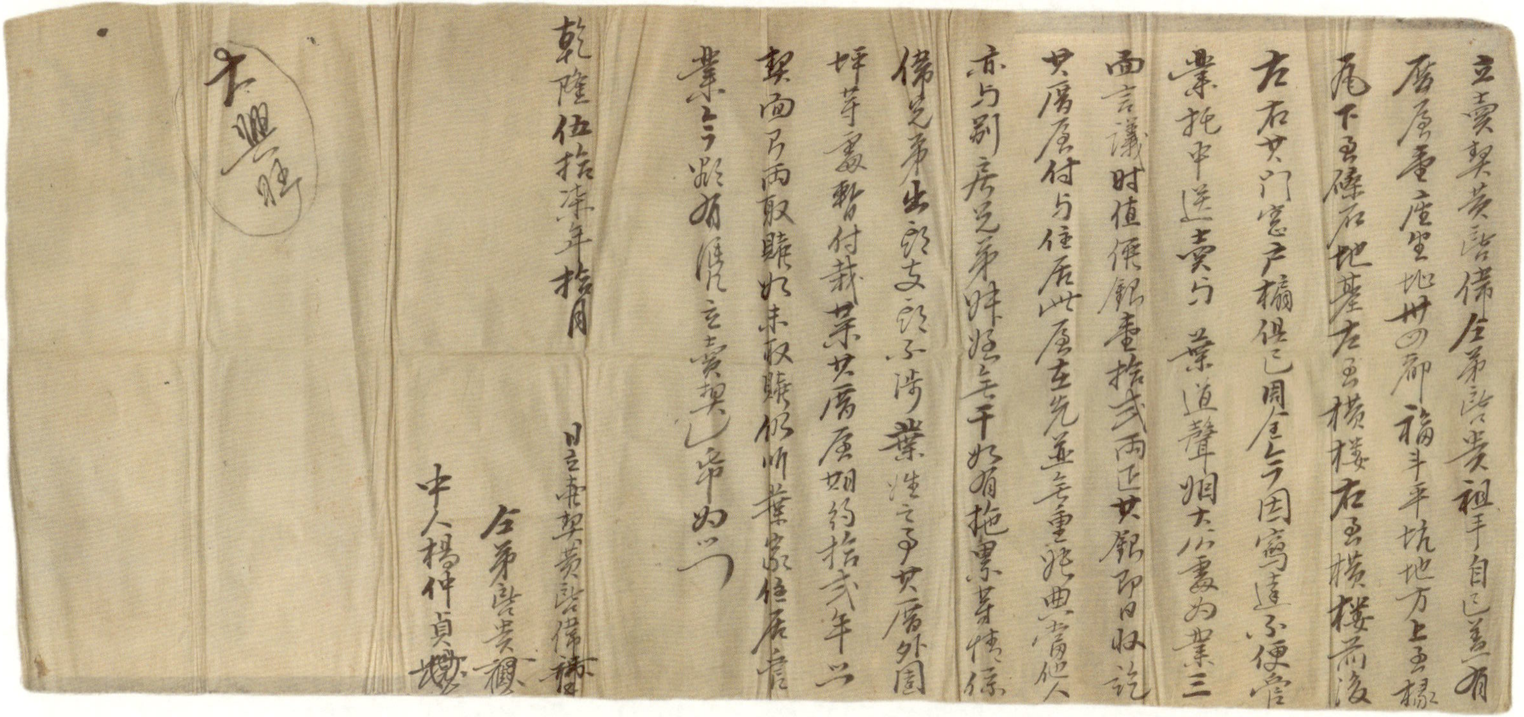

3-3-110-2 清乾隆五十七年十月黄啓偉等立賣厝屋契

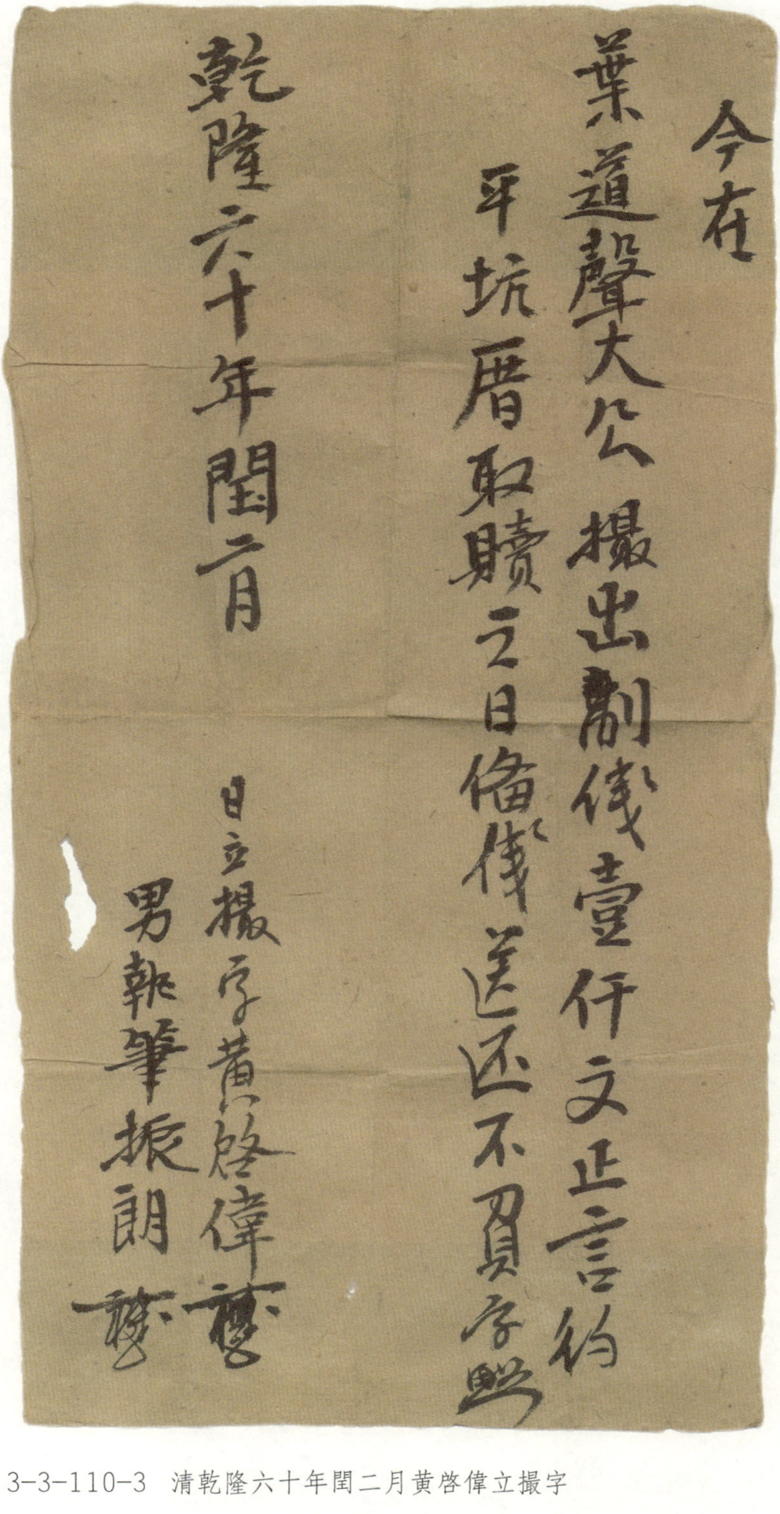
今在
葉道聲大公 撮出削錢壹仟文正言約
平坑厝取贖之日備錢送还不負字照
乾隆六十年閏二月
日立撮字黃啓偉（押）
男執筆振朗（押）

3-3-110-3　清乾隆六十年閏二月黄啓偉立撮字

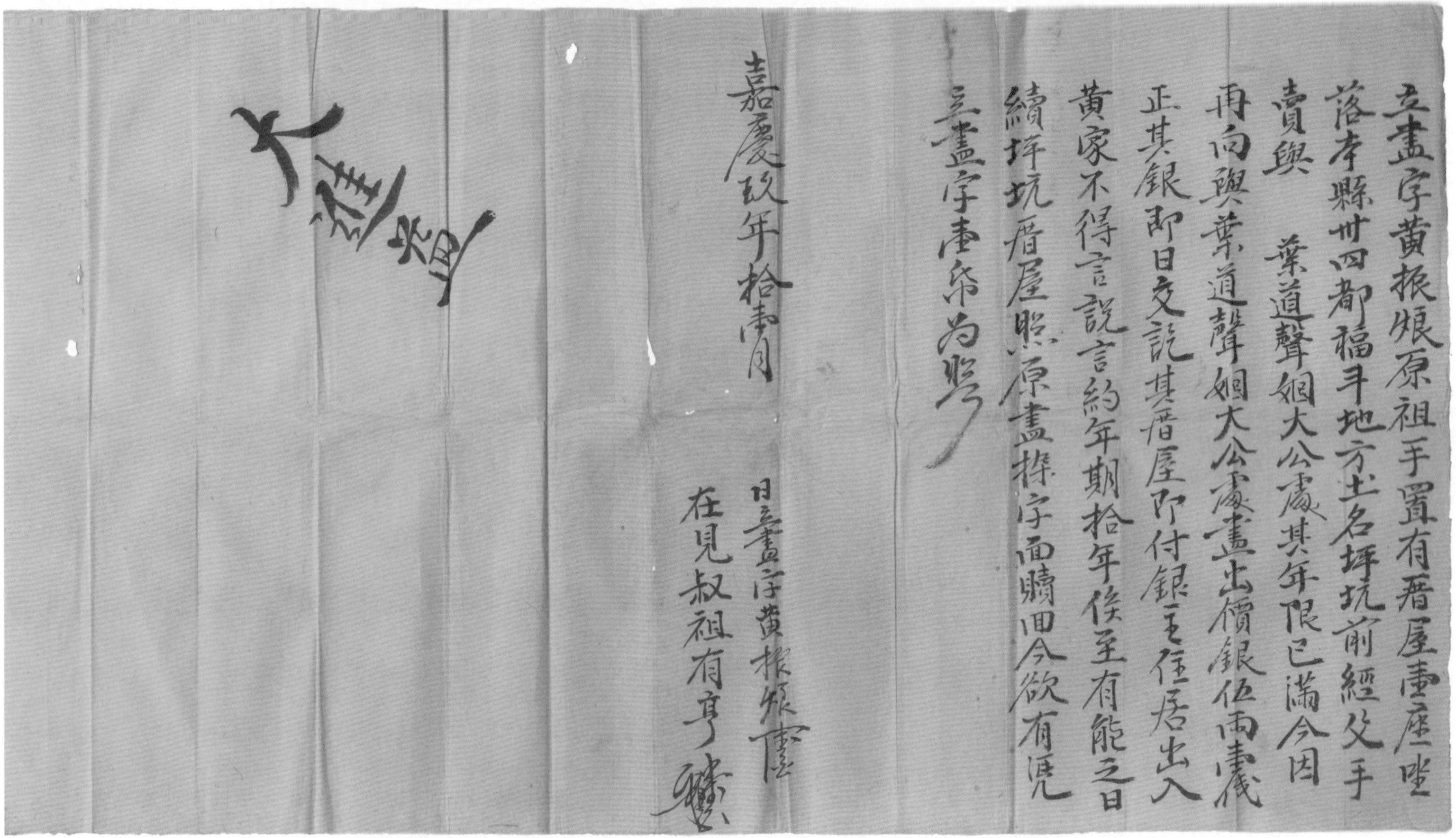
立盡字黃振娘原祖手置有厝屋壹座坐
落本縣廿四都福斗地方土名坪坑前經父手
賣與　葉道聲姻大公處其年限已滿今因
再向與葉道聲姻大公處盡出價銀伍兩壹錢
正其銀即日交訖其厝屋即付銀主住居出入
黃家不得言說言約年期拾年後至有能之日
續坪坑厝屋照原盡擗字面贖回今欲有憑
立盡字壹紙為照

嘉慶玖年拾壹月　日立盡字黃振娘
在見叔祖有亨

3-3-110-4　清嘉慶九年十一月黃振娘立盡厝屋字

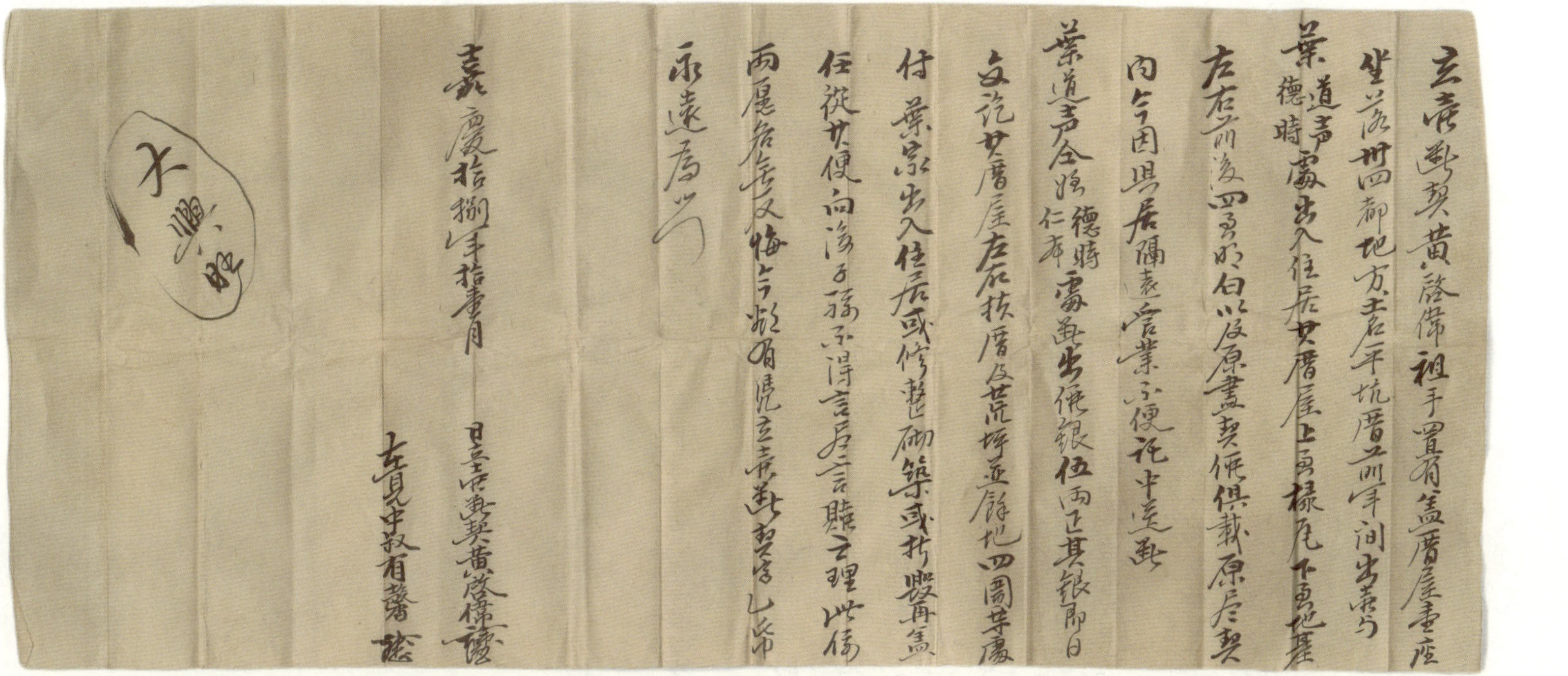
立賣斷契黃啓偉，祖手置有蓋厝壹座，
坐落卅四都地方土名平坑厝址半間，出賣與
葉道声、德時出入住居。其厝屋上至椽瓦，下至地基，
左右前後四至明白，以及原書契俱載原居契
內。今因其居隔遠，管業不便，托中送與
葉道声仝侄德時、仁本承買，出價銀伍兩正。其銀即日
交訖。其厝屋左右挨厝及其荒坪並餘地四圍等處，
付葉家出入住居，或修整砌築，或折毀再蓋，
任從其便。向後子孫不得言贖言贖之理。此係
兩愿，各無反悔。今欲有憑，立賣斷契字一紙，
永遠為照。

嘉慶拾捌年拾壹月　日立賣斷契黃啓偉
在見中叔有馨

3-3-110-5　清嘉慶十八年十一月黃啓偉立賣斷厝屋契

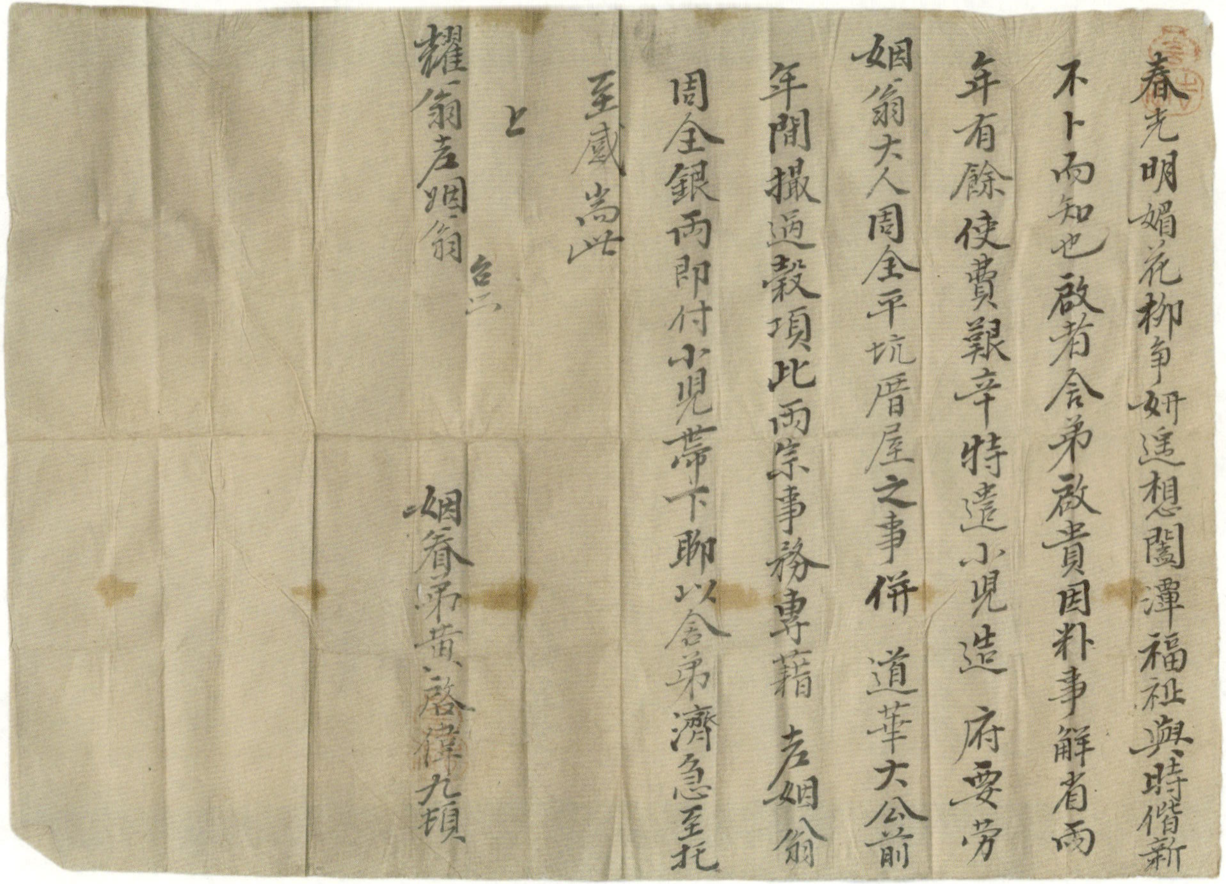
春光明媚花柳争妍遥想閩潭福祉與時偕新
不卜而知也啟者舍弟啟貴因料事解省兩
年有餘使費艱辛特遣小兒造 府要労
姻翁大人周全平坑厝屋之事併 道華大公前
年間撮過穀項此兩宗事務專藉 左姻翁
周全銀兩即付小兒帶下聊以舍弟濟急至托
至感尚此
上
耀翁左姻翁 台二
姻眷弟黃啓偉九頓

3-3-110-6 清乾隆嘉慶年間黃啓偉書信

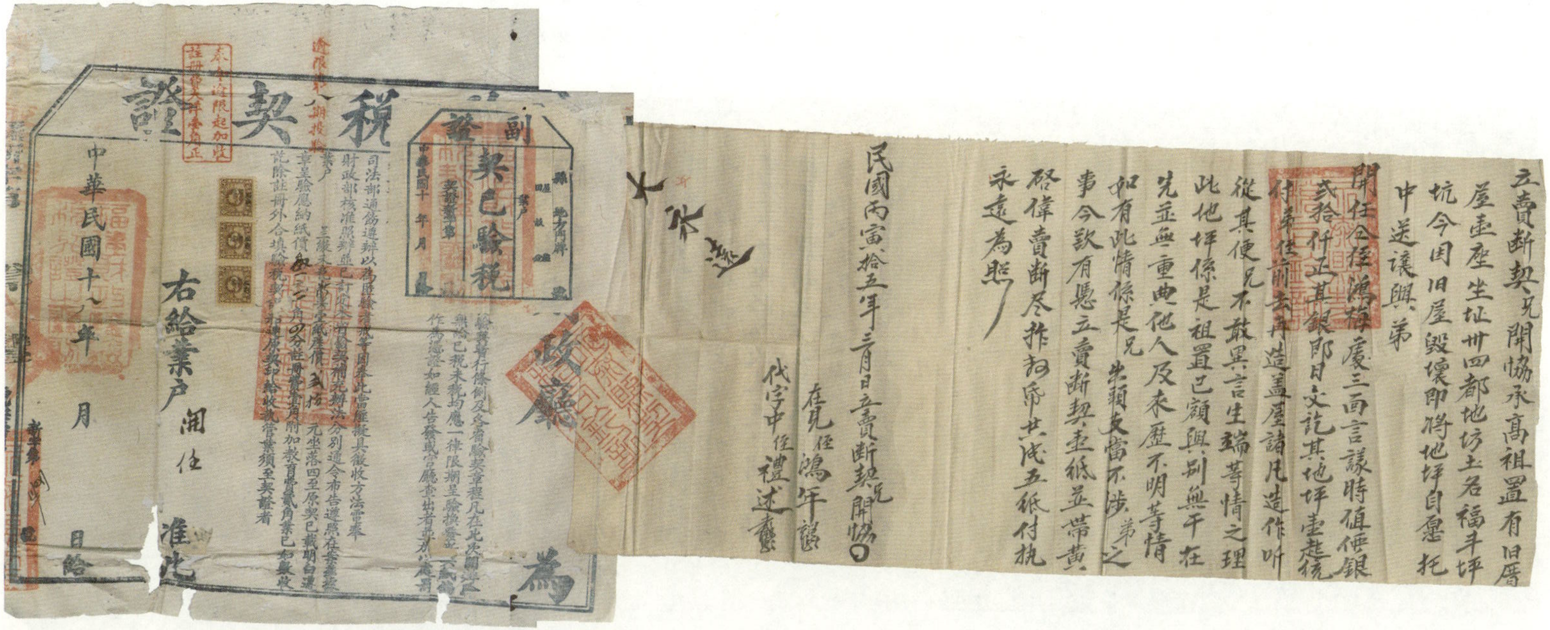

3-3-110-7 民國十五年三月葉開協立賣斷舊厝屋契（紅契）

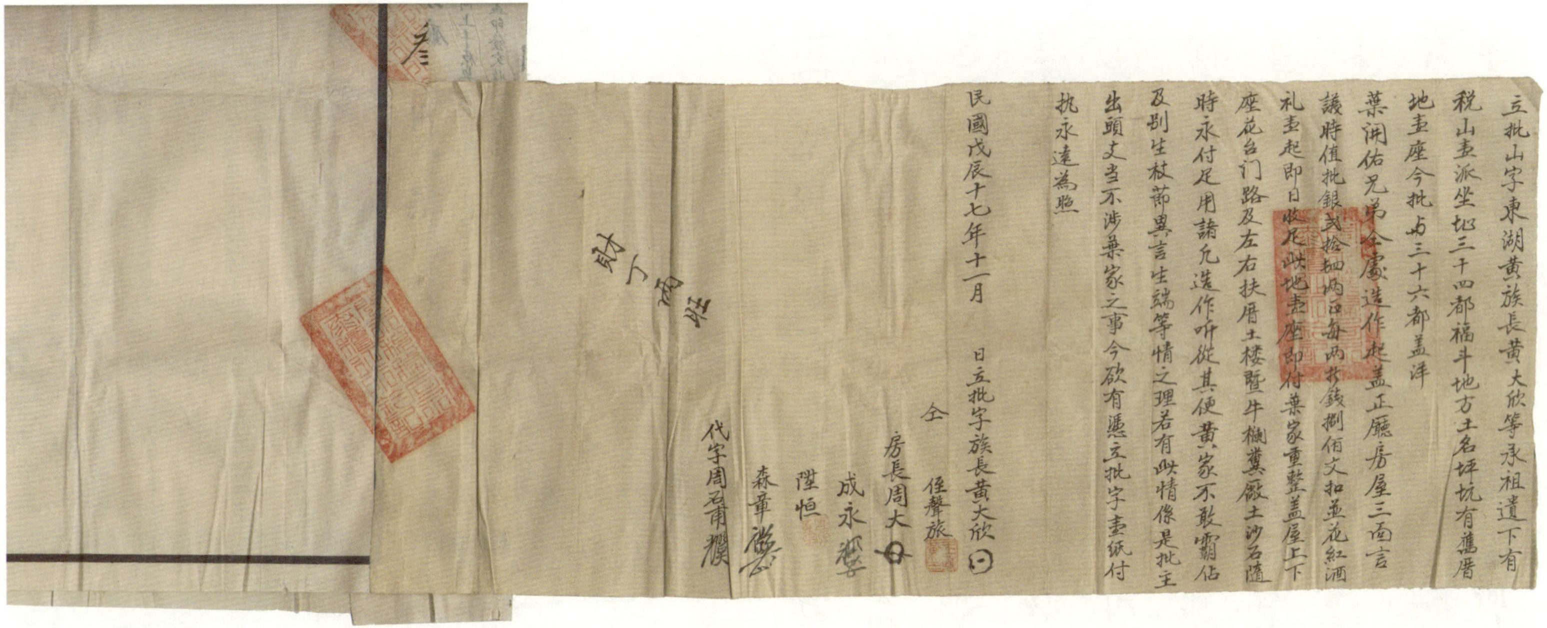
立批山字東湖黄族長黄大欣等承祖遺下有
稅山壹派坐址三十四都福斗地方土名坪坑有蕉厝
地壹座今批与三十六都蓋洋
葉開佑兄弟仝處造作起蓋正廳房屋三面言
議時值批銀弍拾捌两正每两折錢捌佰文扣並花紅酒
礼壹起即日收足此地壹座即付葉家重整蓋屋上下
座花台门路及左右扶厝土楼暨牛欄糞廄土沙石隨
時永付足用諸凡造作听從其便黄家不敢霸佔
及刣生杖節異言生端等情之理若有此情係是批主
出頭支当不涉葉家之事今欲有憑立批字壹紙付
執永遠爲照

民國戊辰十七年十一月　日立批字族長黄大欣
仝　侄聲旋
房長周大
成永
陞恒
森章
代字周召甫

財丁兩旺

3-3-110-8　民國十七年十一月黄大欣等立批稅山字（一，紅契）

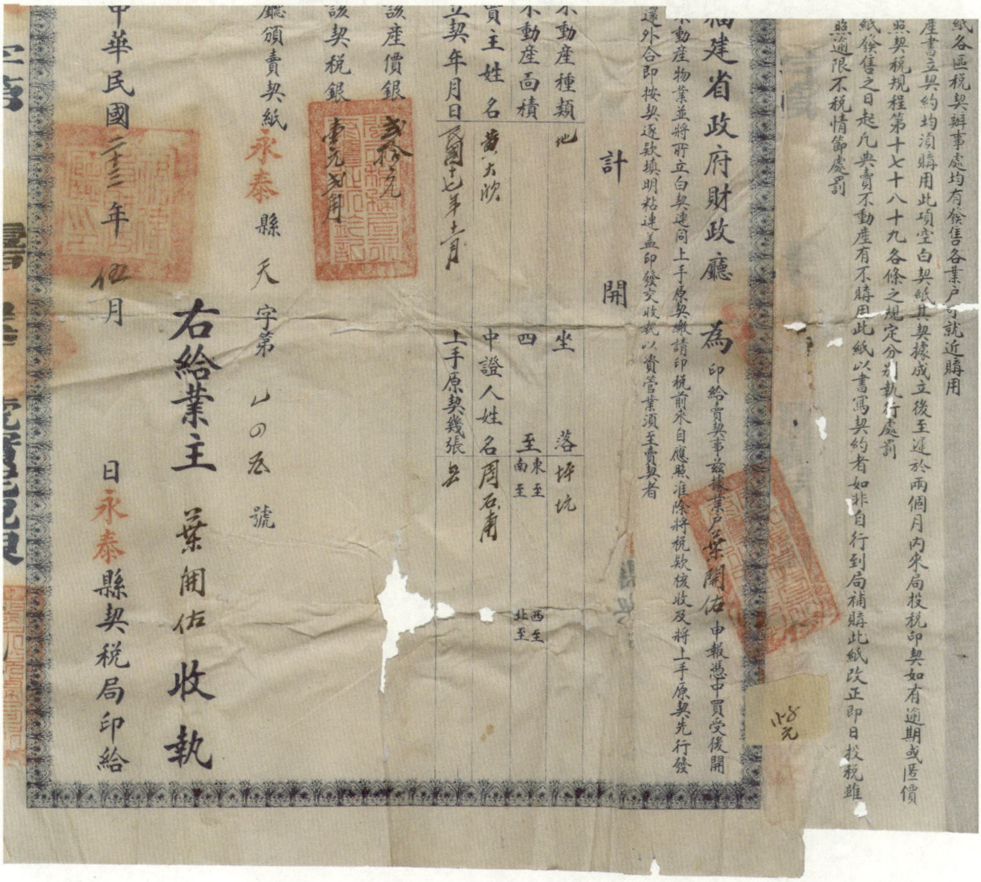

紙各區稅契辦事處均有發售各業戶可就近購用
產書立契約均須購用此項空白契紙其契據成立後至遲於兩個月內來局投稅印契如有逾期或匿價
照契稅規程第十七十八十九各條之規定分別執行處罰
紙發售之日起凡典賣不動產有不購用此紙以書寫契約者如非自行到局補購此紙改正即日投稅雖
無逾限不稅情節處罰

福建省政府財政廳　為印給賣契事茲據業戶葉開佑申報憑中買受後開不動產物業並將所立白契連同上手原契繳請印稅前來自應照准除將稅款收及將上手原契先行發還外合即按契遞款填明粘連蓋印發交收執以資管業須至賣契者

計開

不動產種類	地	坐落	垆坑
不動產面積		四至	東至　西至　南至　北至
賣主姓名	黄大欣	中證人姓名	周石甫
立契年月日	民國十七年十一月	上手原契幾張	無

該產價銀　貳拾元
該契稅銀　壹元貳角
廳頒賣契紙永泰縣天字第　山の五　號
右給業主　葉開佑　收執
中華民國二十三年伍月　日　永泰縣契稅局印給

3-3-110-8　民國十七年十一月黄大欣等立批稅山字（二，紅契）

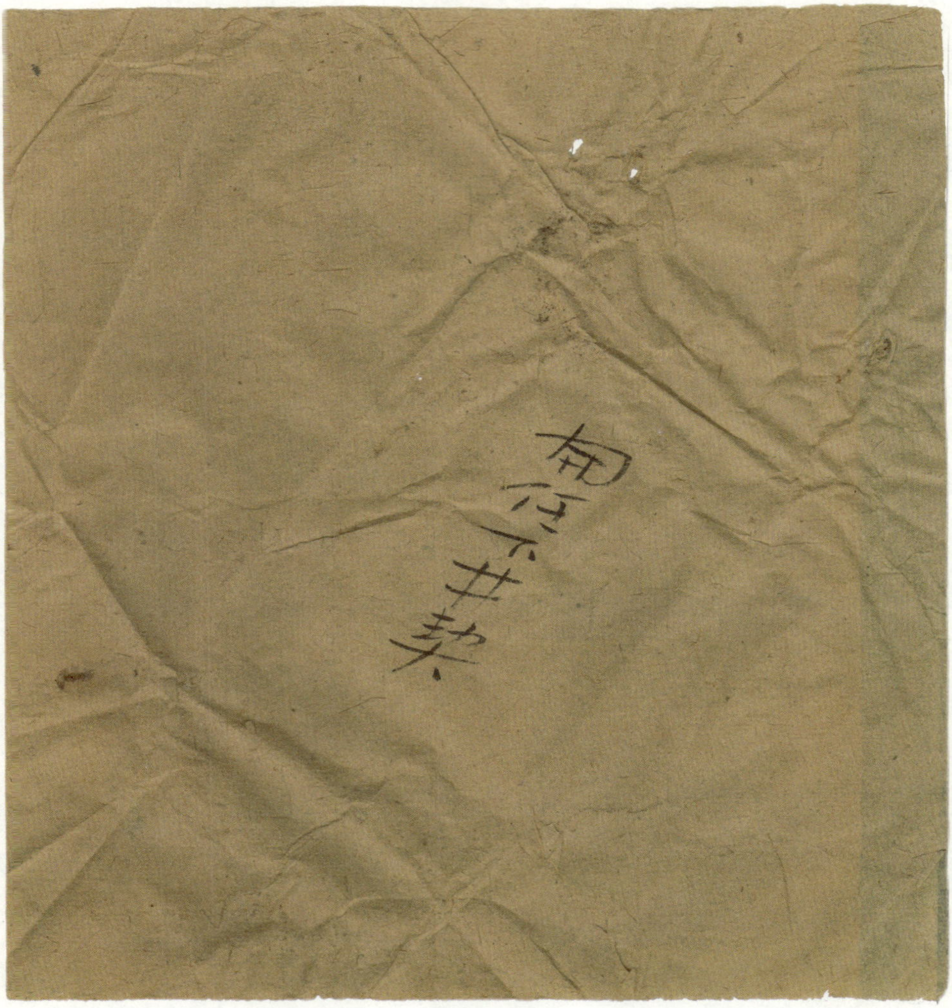

3-3-111-1 包契紙

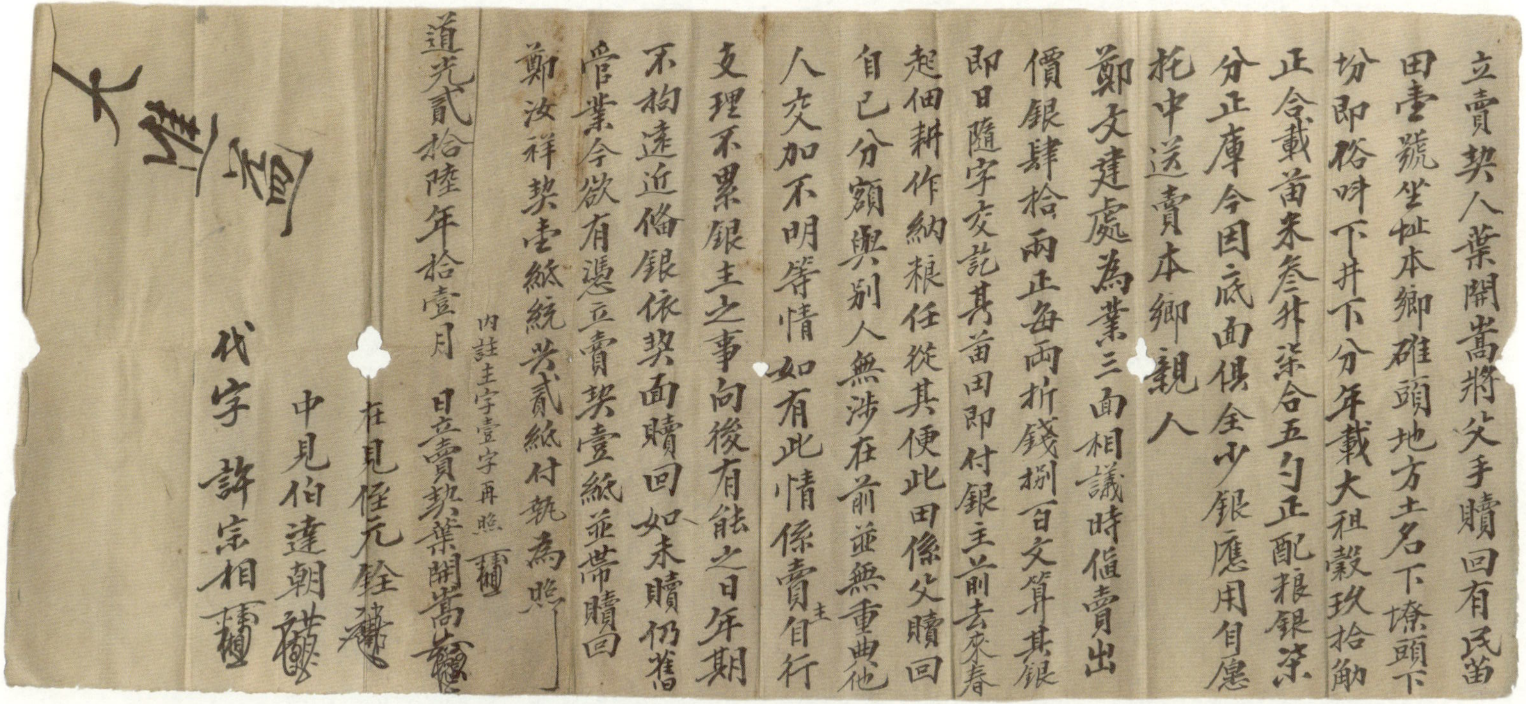

立賣契人葉開嵩將父手贖回有民苗田壹號坐址本鄉碓頭地方土名下墘頭下坋即硆坪下井下分年載大租穀玖拾觔正仝載苗米叁升柒合五勺正配粮銀柒分正庫今因乏面俱全少銀應用自愿托中送賣本鄉親人鄭文建處為業三面相議時值賣出價銀肆拾兩正每兩折錢捌百文算其銀即日隨字交訖其苗田即付銀主前去來春起佃耕作納粮任從其便此田係父贖回自己分額與別人無涉在前並無重典他人交加不明等情如有此情係賣主自行支理不累銀主之事向後有能之日年期不拘遠近備銀依契面贖回如未贖仍舊管業今欲有憑立賣契壹紙並帶贖回鄭汝祥契壹紙共貳紙付執為照

内註主字壹字再照（押）

道光貳拾陸年拾壹月　日立賣契葉開嵩（押）

在見侄元銓（押）

中見伯達朝（押）

代字許宗相（押）

大利宜回

3-3-111-2　清道光二十六年十一月葉開嵩立賣民苗田契

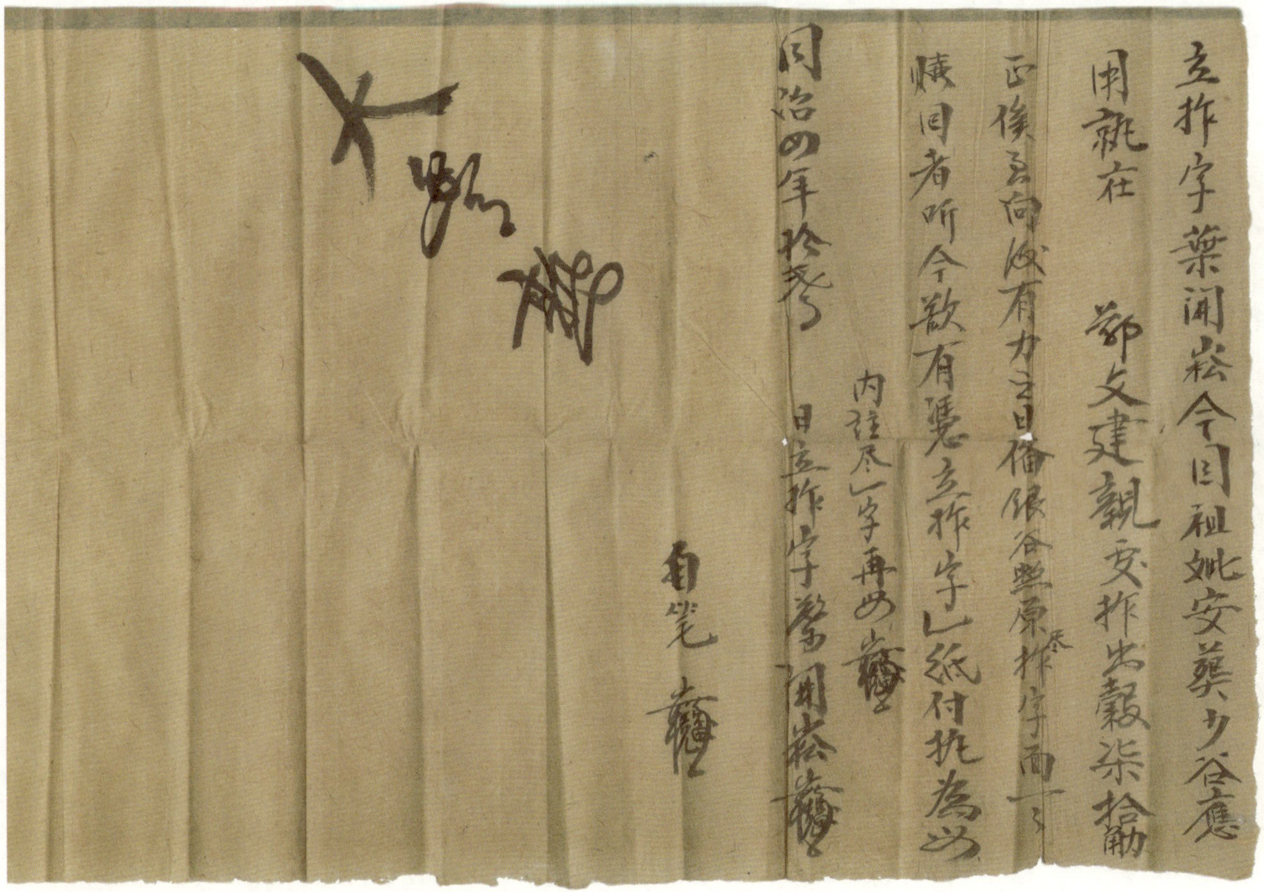
立拃字葉開崧今因祖妣安葬少谷應
用就在　鄧文建親交拃出穀柒拾觔
正後三面收有力之日備銀谷照原拃字而一
贖回者听今欲有憑立拃字一紙付執為照
內註尽一字再照
日立拃字葉開崧
同治四年拾貳月
自筆

3-3-111-3　清同治四年十二月葉開崧立攥字

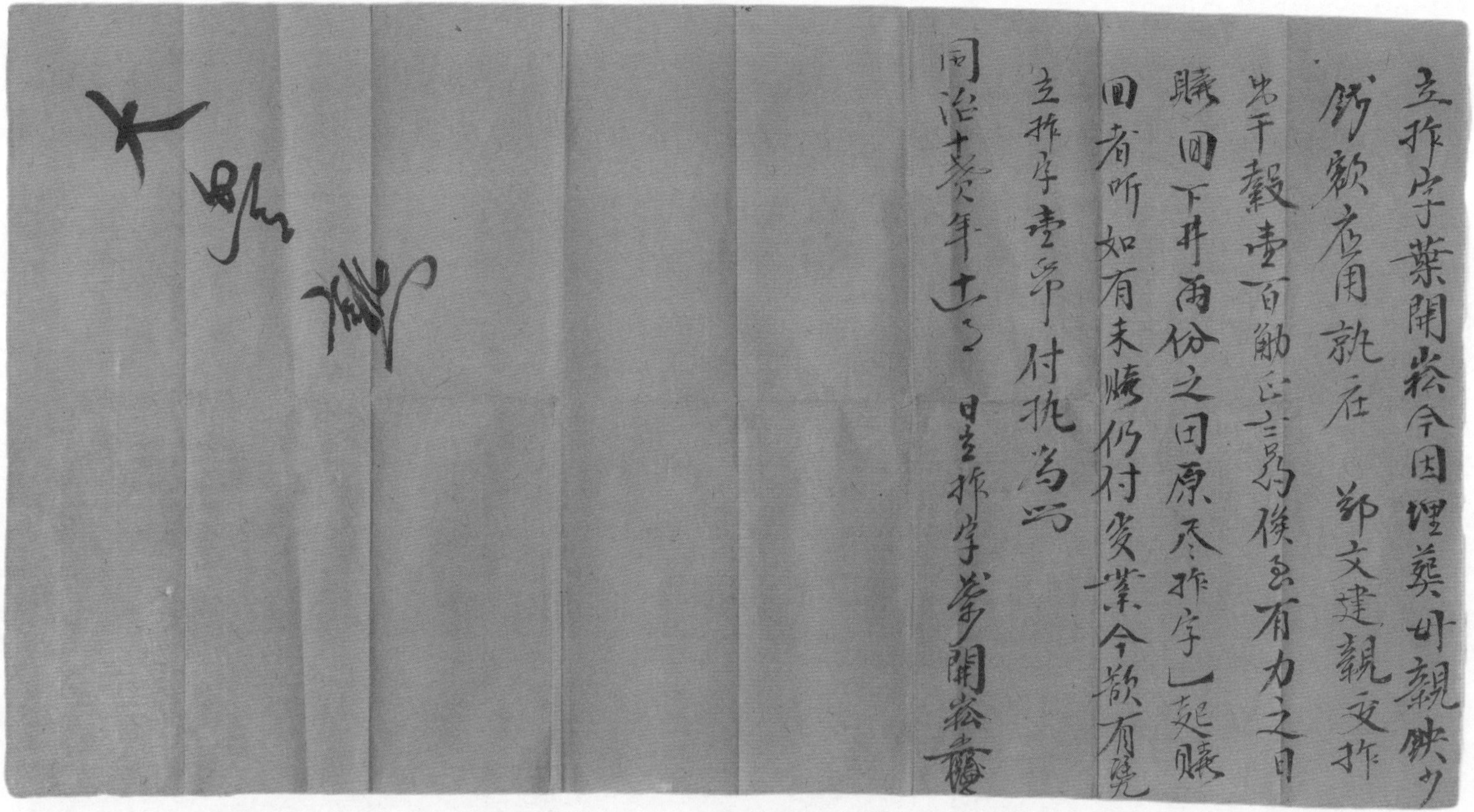
立拃字葉開崧今因埋葬母親缺少
錢欵应用就在　鄧文建親交拃
出干穀壹百觔正言明後日有力之日
賰回下开兩份之田原參拃字一起賰
回者听如有未賰仍付受業令欵有凴
立拃字壹帋付执為照
同治十貳年十一月　日立拃字葉開崧（押）
大吉

3-3-111-4　清同治十二年十一月葉開崧立撮字

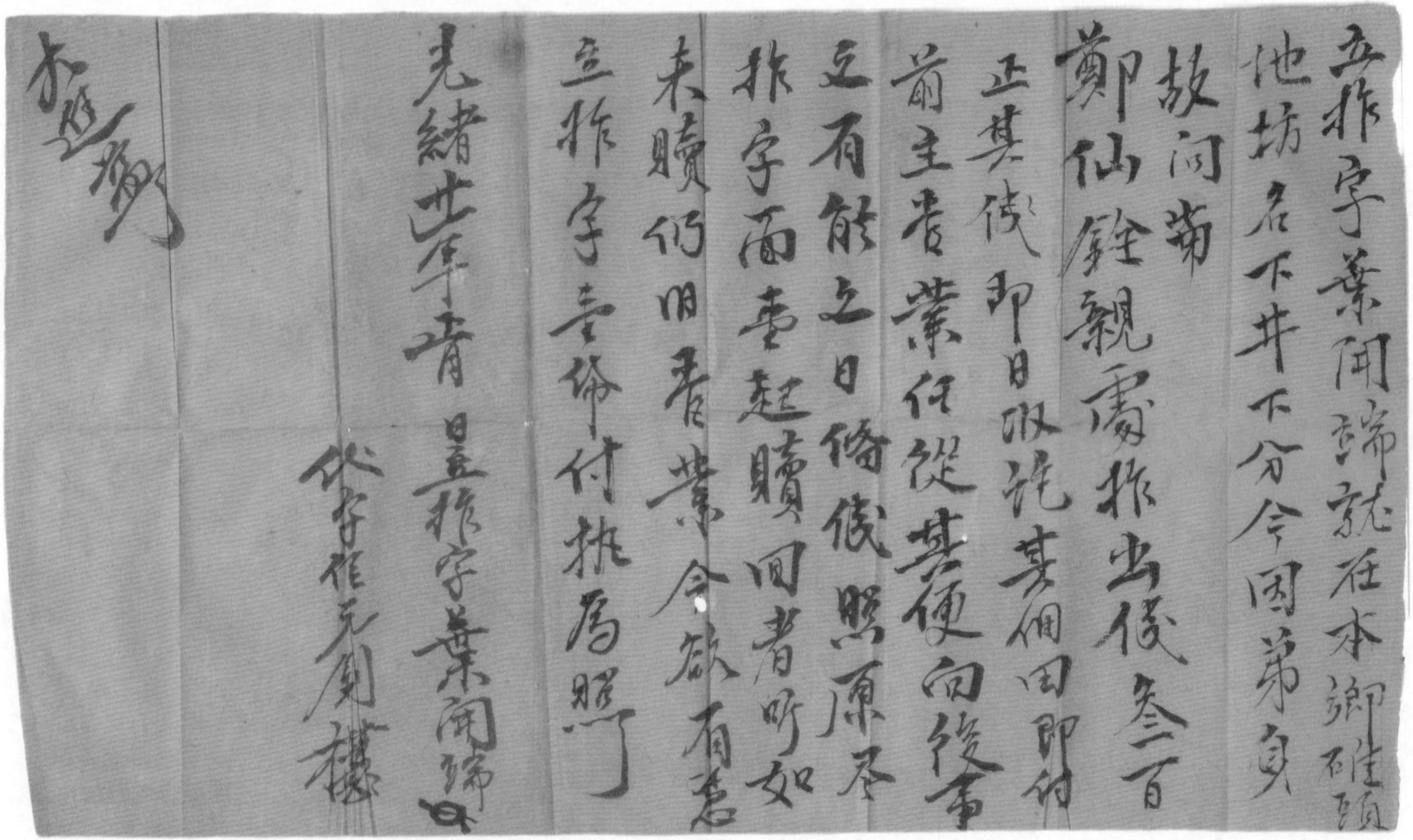
立撮字葉開端，就在本鄉碓頭
地坊名下井下分，今因弟負
故問弟
鄭仙銓親處撮出佛銀叁百
正，其佛即日收訖，其佃田即付
前主者業任從其便，向後事
立有能之日，條依照原本
撮字兩造起贖，回者所如
未贖，仍用者業，今欲有憑，
立撮字壹紙付執為照。了
光緒廿一年正月　日立撮字葉開端（押）
代字侄元剛撰

3-3-111-5　清光緒二十一年正月葉開端立撮字

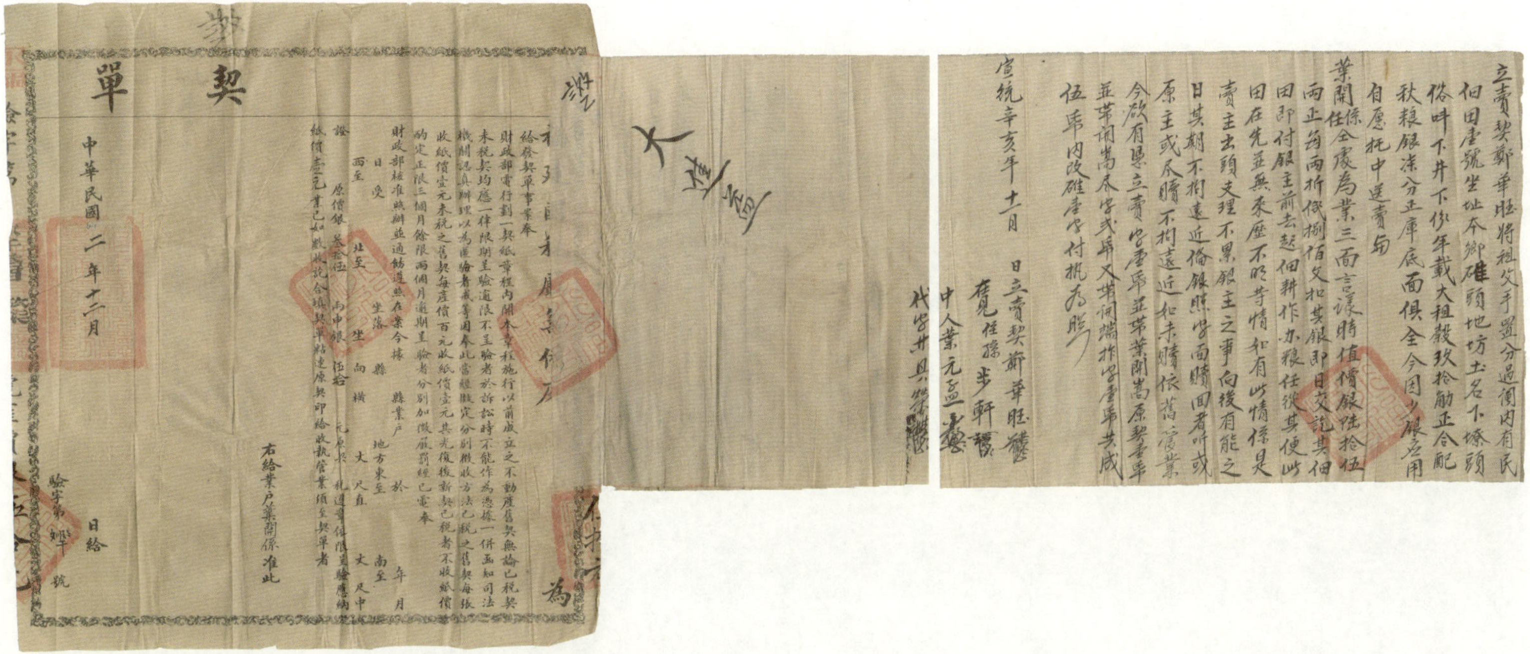

3-3-111-6　清宣統三年十一月鄭華旺立賣民佃田契（紅契）

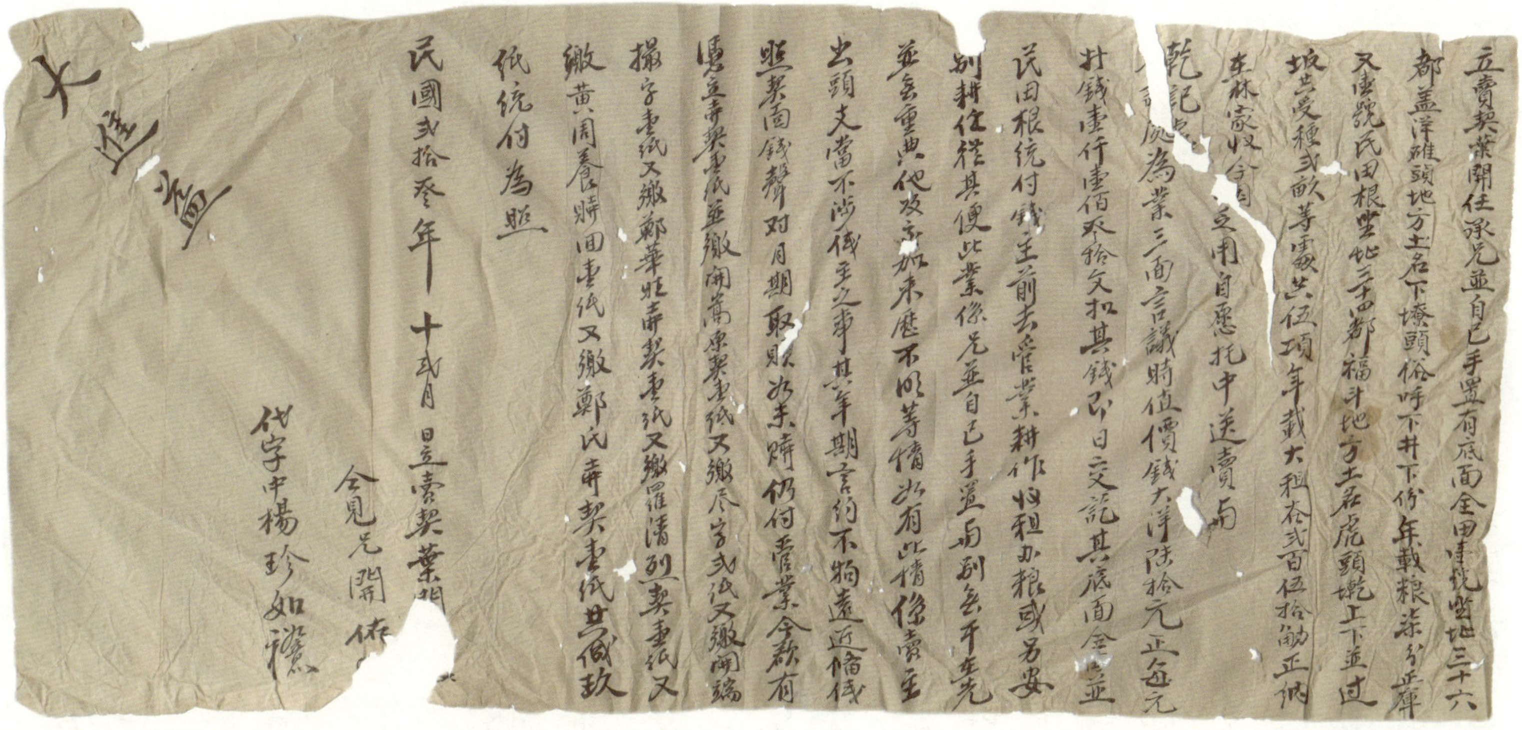

立賣契葉開任承兄並自己手置有底面全田壹號，坐址三十六
都盖洋碓頭地方，土名下墩頭，俗呼下井下份，年載粮柒分五釐
又壹號，民田根坐址三十四都福斗地方，土名虎頭墘，上下並過
坡，共受種弍畝，等處共伍項，年載大租谷弍百伍拾觔正，納
東林家收合目。今因乏用，自愿托中送賣與
乾記□處為業，三面言議時值價錢大洋陸拾元正，每元
廿錢壹仟壹佰叁拾文，扣其錢即日交訖，其底面全田並
民田根統付錢主前去管業，耕作收租办粮，或另安
別耕，任從其便。此業係兄並自己手置，與別房兄弟
並無重典他人交加，來歷不明等情，如有此情，係賣主
出頭支當，不涉錢主之事。其年期言約不拘遠近，備錢
照契面錢聲對月期取贖，如未贖仍付管業。今欲有
憑，立賣契壹紙，並繳開萬原契壹紙，又繳尽字弍紙，又繳開端
撮字壹紙，又繳鄭華旺賣契壹紙，又繳羅清列契壹紙，又
繳黃周養贖田壹紙，又繳鄭氏賣契壹紙，共□玖
紙，統付為照。
民國弍拾叁年十弍月　日立賣契葉開任
仝見兄　開俵
代字中　楊珍如
大進吉

3-3-111-7　民國二十三年十二月葉開任立賣底面全田契

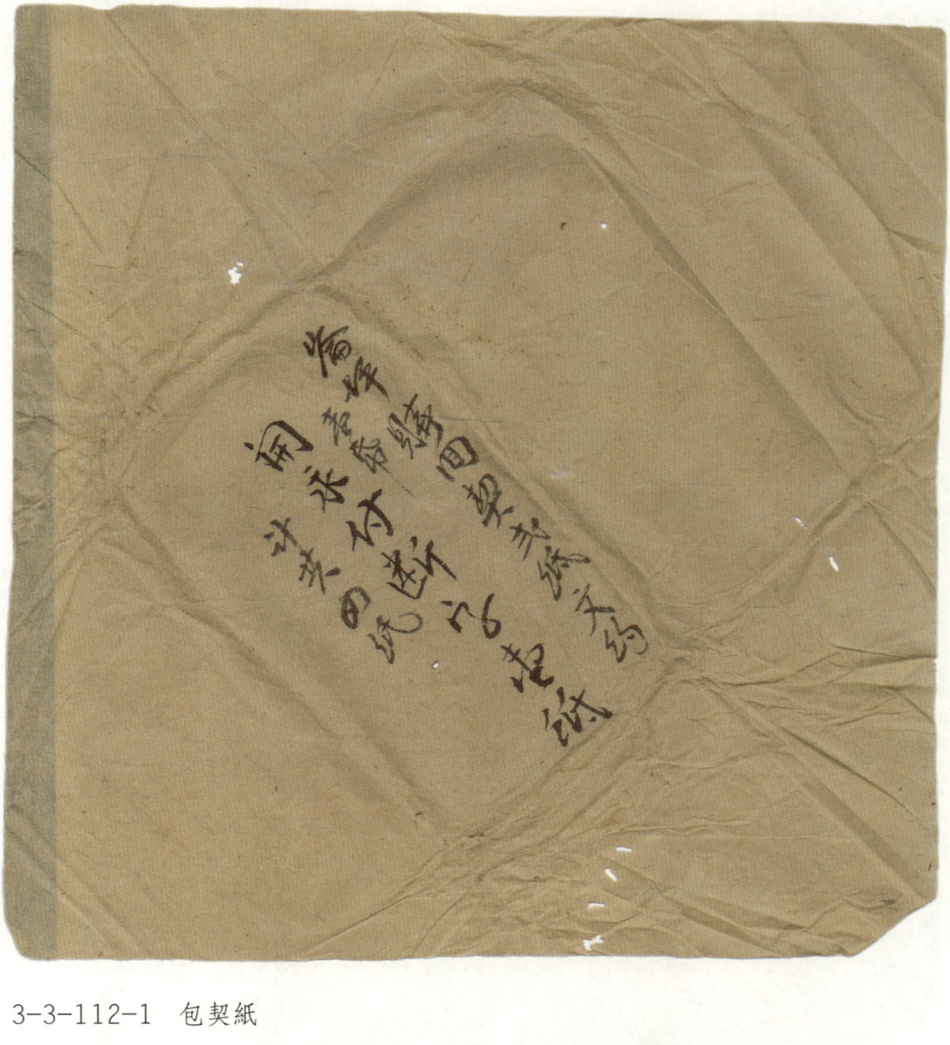

3-3-112-1 包契紙

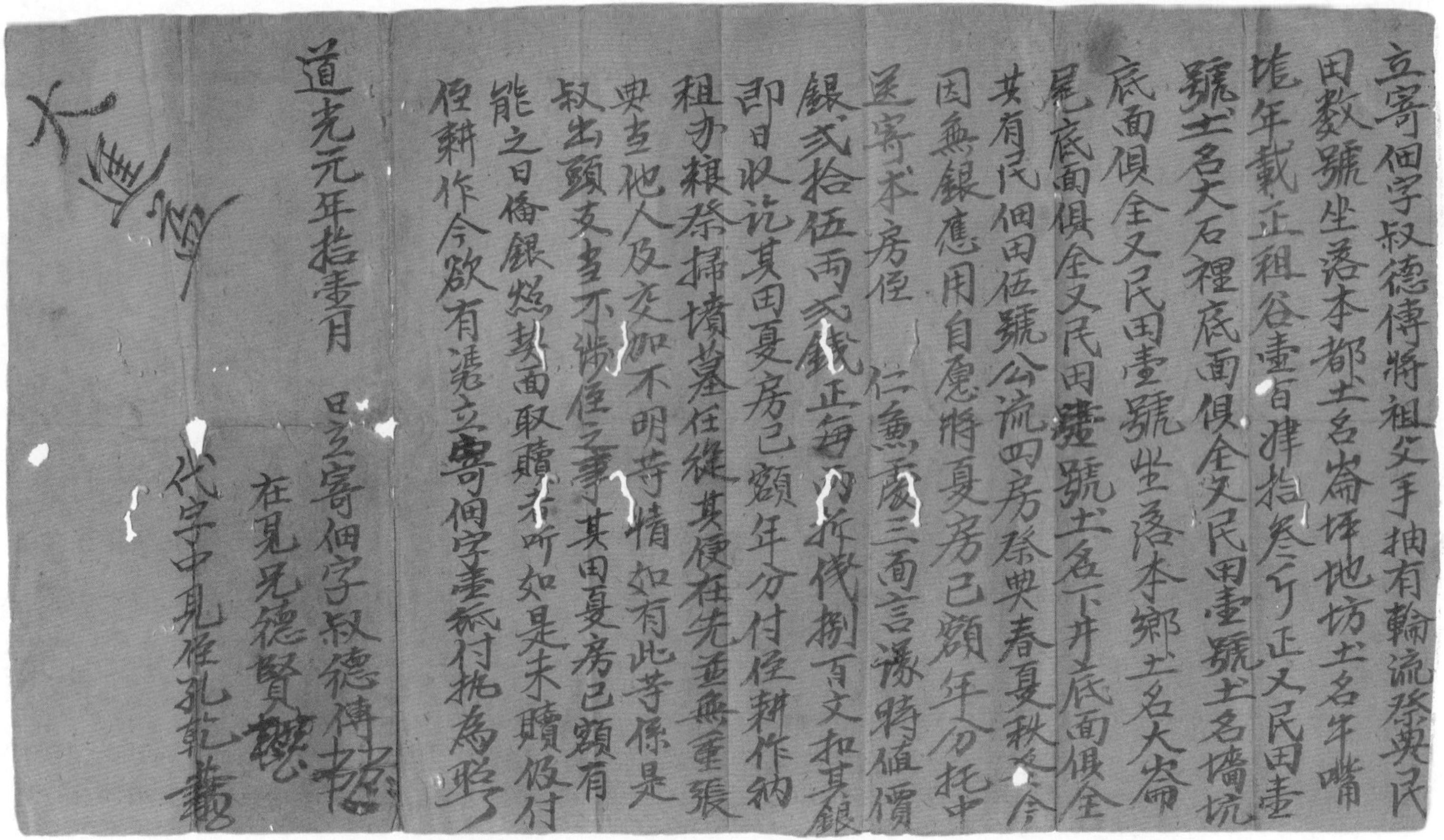
立寄佃字叔德傳將祖父手抽有輪流祭典民
田數號坐落本都土名崙坪地坊土名牛嘴
坑年載正租谷壹百肆拾叁斤正又民田壹
號土名大石裡底面俱全又民田壹號土名墻坑
底面俱全又民田壹號坐落本鄉土名大崙
尾底面俱全又民田壹號土名下井底面俱全
其有民佃田伍號公流四房祭典春夏秋冬令
因無銀應用自愿將夏房已額年分托中
送寄本房侄　仁兼承三面言議時值價
銀貳拾伍兩貳錢正每兩折錢捌百文扣其銀
即日收訖其田夏房已額年分付侄耕作納
租办粮祭掃墳墓任從其便在先並無重張
典当他人及交加不明等情如有此等係是
叔出頭支当不涉侄之事其田夏房已額有
能之日備銀照契面取贖者听如是未贖仍付
侄耕作今欲有憑立寄佃字壹紙付執為照
道光元年拾壹月　日立寄佃字叔德傳
在見兄德賢
代字中見侄乳乾
大吉

3-3-112-2　清道光元年十一月葉德傳立寄佃輪流祭典民田字

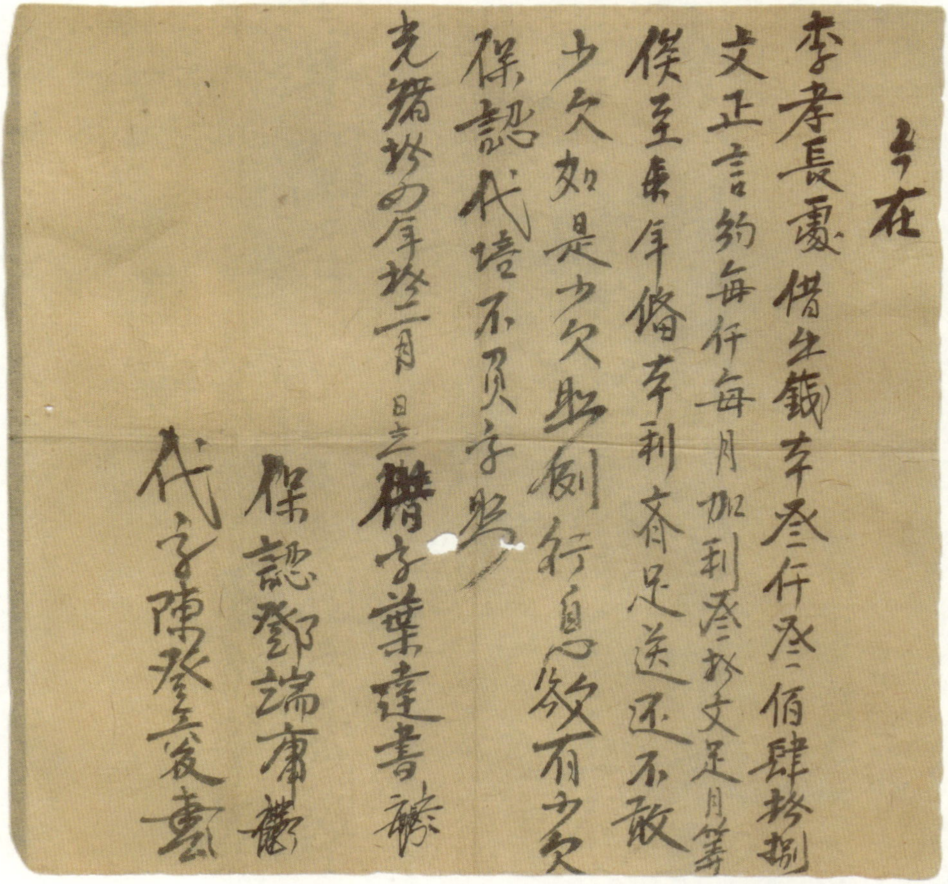

立在
李孝長處借出錢本叁仟叁佰肆拾捌
文正言約每仟每月加利叁拾文足月等
俟至來年備本利齊足送还不敢
少欠如是少欠照例行息叙有少欠
保認代培不負字照
光緒拾四年拾二月　日立借字葉達書（押）
保認鄧端庸（押）
代字陳琢參峩書

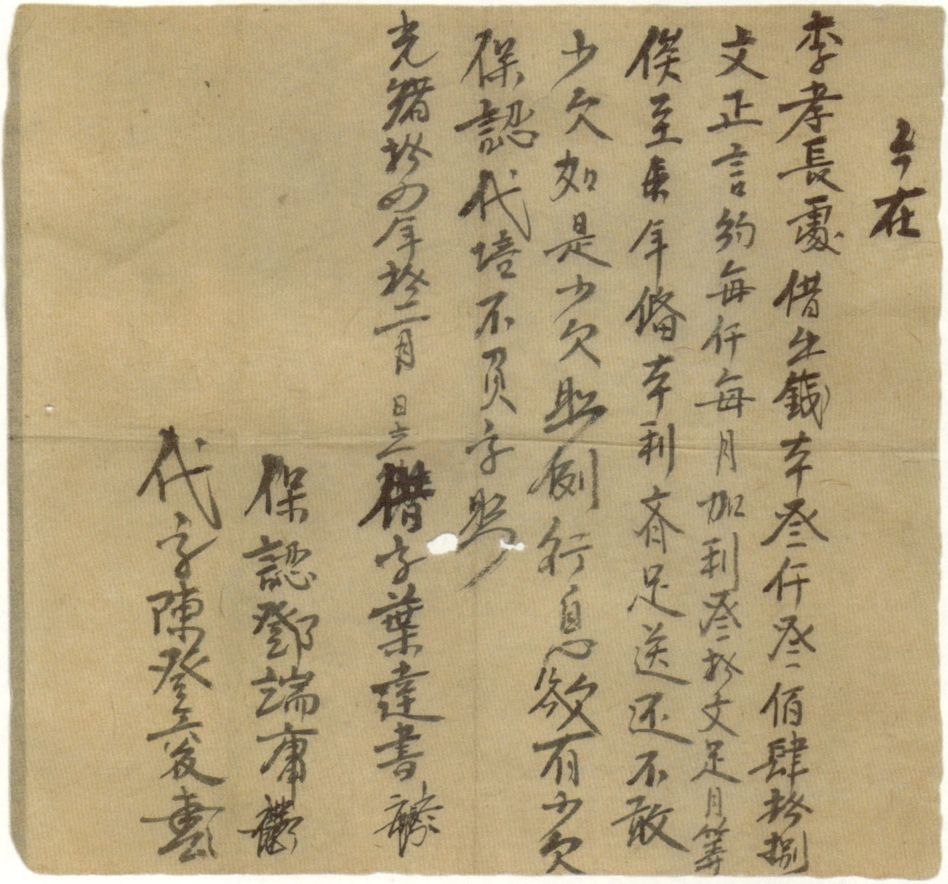

3-3-112-3　清光緒十四年十二月葉達書立借錢字

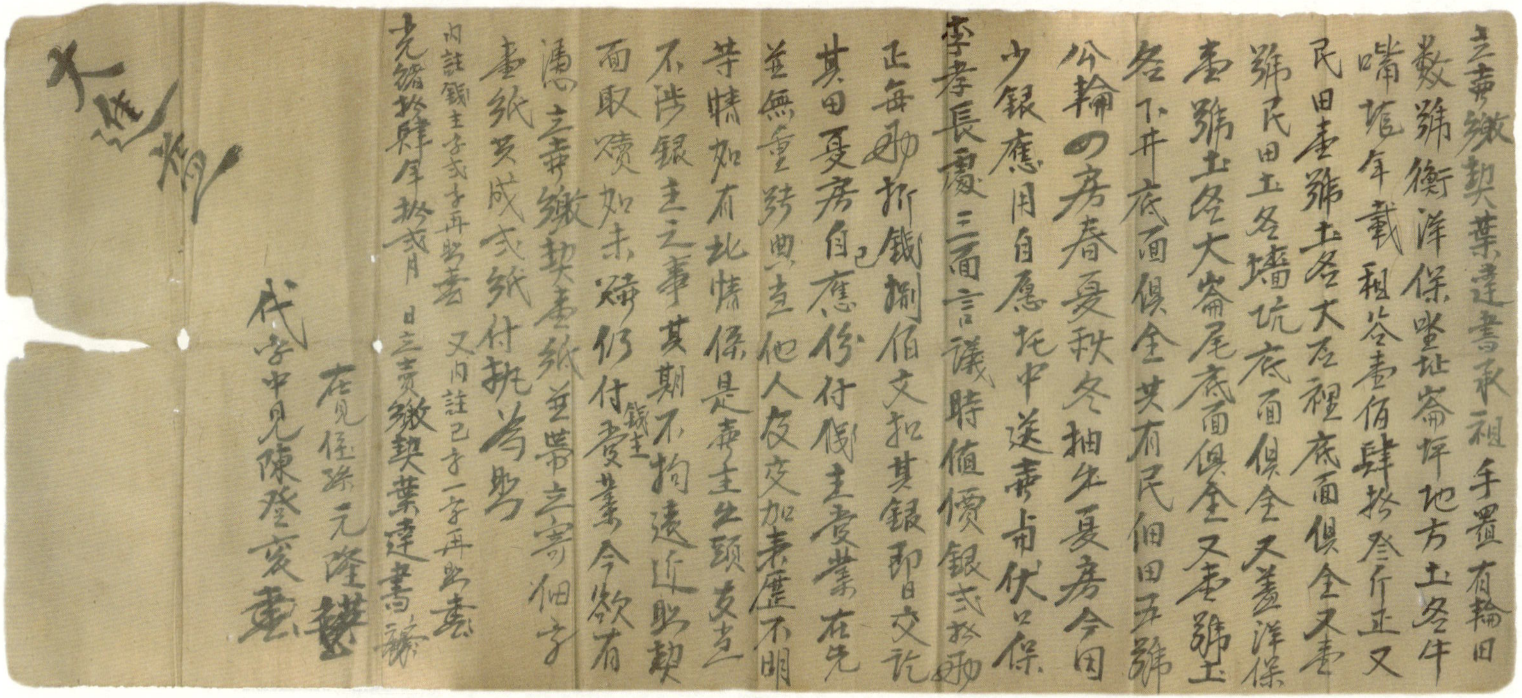

立賣繳契葉達書承祖手置有輪田數號，衡洋保坐址崙坪地方，土名牛嘴垱，年載租谷壹佰肆拾叁斤正。又民田壹號，土名大石裡，底面俱全。又壹號民田，土名墻坑，底面俱全。又叁洋保壹號，土名大崙尾，底面俱全。又壹號，土名下井，底面俱全。共有民佃田五號，公輪四房春夏秋冬，抽出夏房。今因少銀應用，自愿托中送賣與伏口保李孝長處，三面言議時值價銀弍拾兩正，每兩折錢捌佰文，扣其銀即日交訖。其田夏房自己應份，付與銀主耕業在先，並無重張典當他人及交加未歷不明等情，如有此情，係是賣主出頭支當，不涉銀主之事。其期不拘遠近，取契面取贖，如未贖，仍付錢主賣業。今欲有憑，立賣繳契壹紙，並帶上手佃字壹紙，共成弍紙，付執為照。

內註錢主字弍字再照　又內註己字一字再照

光緒拾肆年拾弍月　日立賣繳契葉達書（押）

在見侄孫元隆（押）

代字中見陳登雲（押）

3-3-112-4　清光緒十四年十二月葉達書立賣繳輪田契

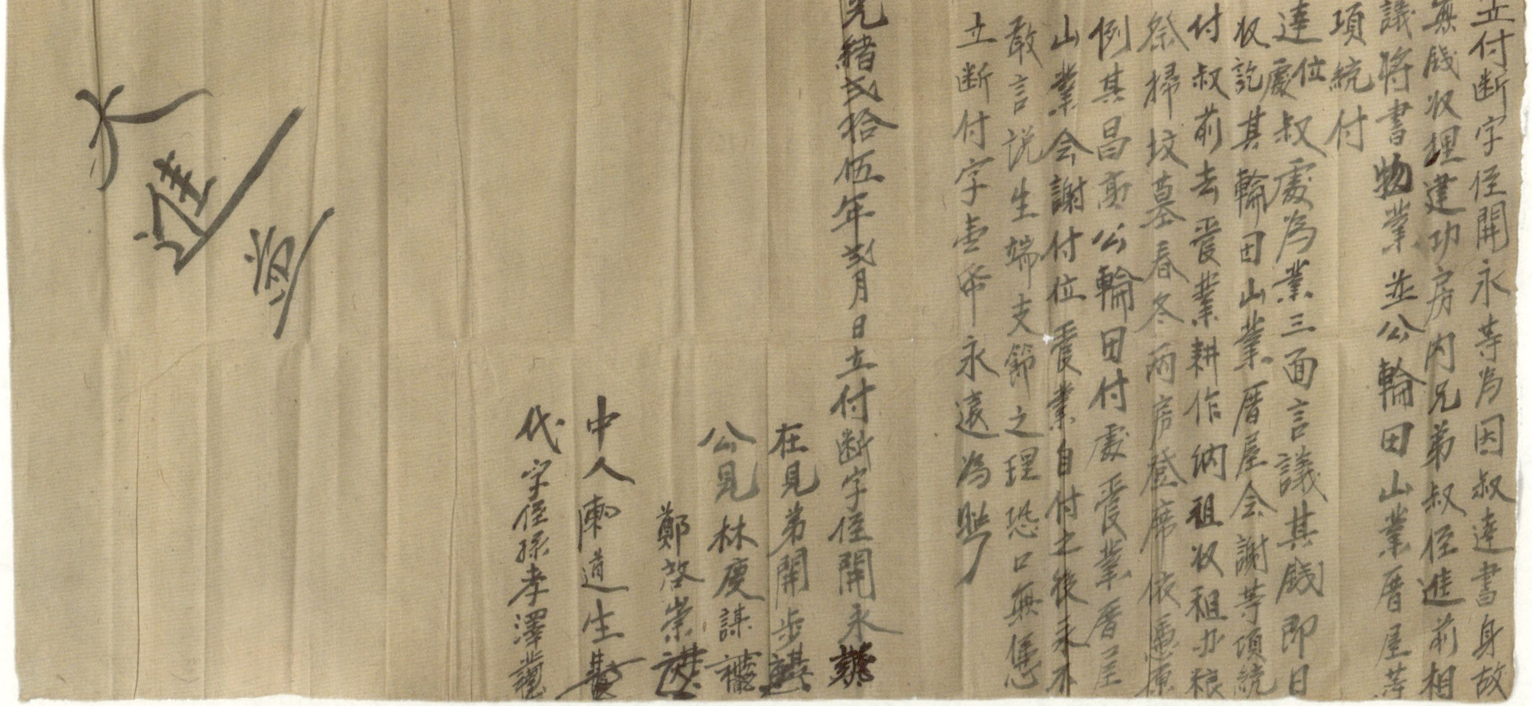
立付斷字侄開永等為因叔達書身故
無錢收埋，建功房内兄弟叔侄進前相
議，將書物業並公輪田山業厝屋等
項統付
達位叔處為業。三面言議，其錢即日
收訖。其輪田山業、厝屋、金謝等項統
付叔前去管業耕作，納租收租，办粮
祭掃坟墓，春冬兩房蒸席依憑舊
例。其昌弟公輪田付處管業，厝屋
山業、金謝付位管業。自付之後，永不
敢言說生端支節之理。恐口無憑，
立斷付字壹帋，永遠為照。

光緒弍拾伍年弍月　日立付斷字侄開永（押）
在見弟開步（押）
公見林慶謀（押）
鄭崇（押）
中人陳道生（押）
代字侄孫孝澤（押）

3-3-112-5　清光緒二十五年二月葉開永立付斷公輪田等字

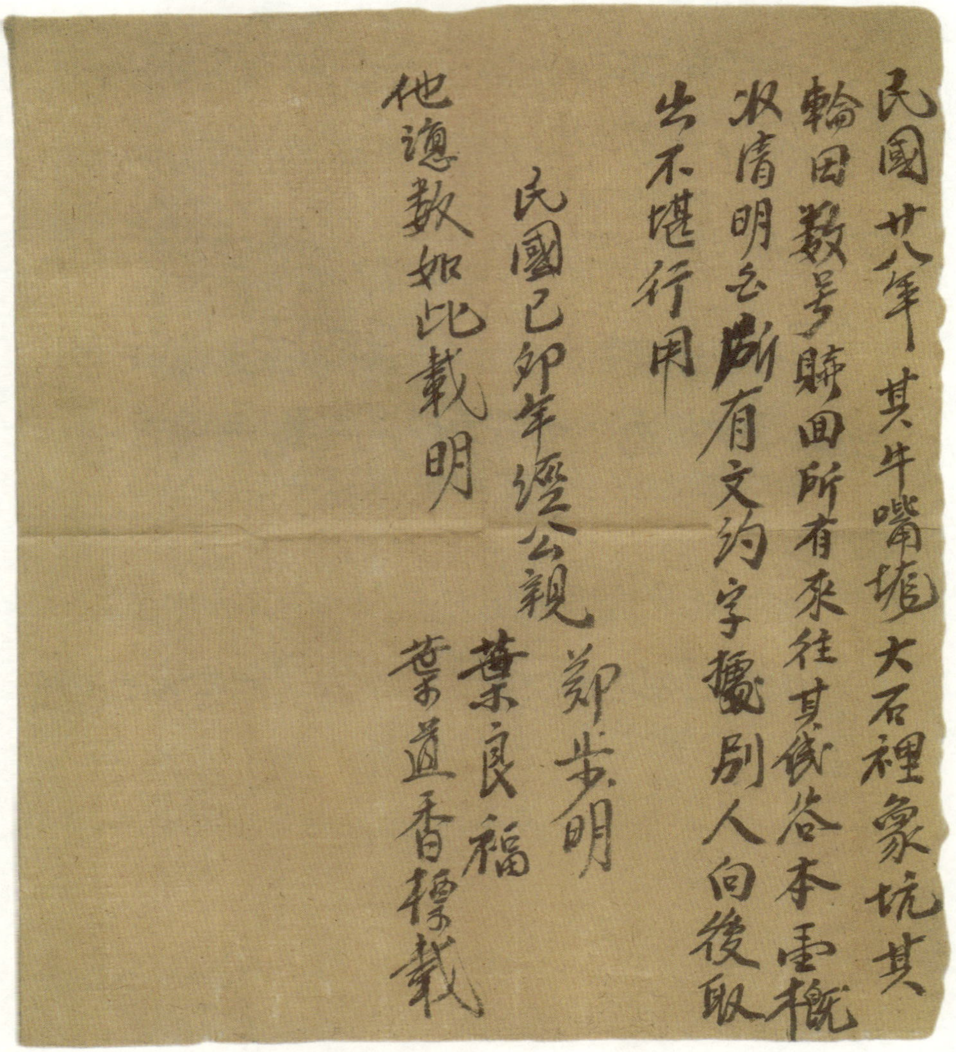

民國廿八年 其牛嘴墘大石裡象坑其
輪田數号贖回所有來往其錢谷本壹概
收清明白所有文約字據別人向後取
出不堪行用

民國己卯年經公親 鄭步明
葉良福
葉道香標載

他隨數如此載明

3-3-112-6 民國二十八年葉道香立合約

3-3-113-1　鳳箋

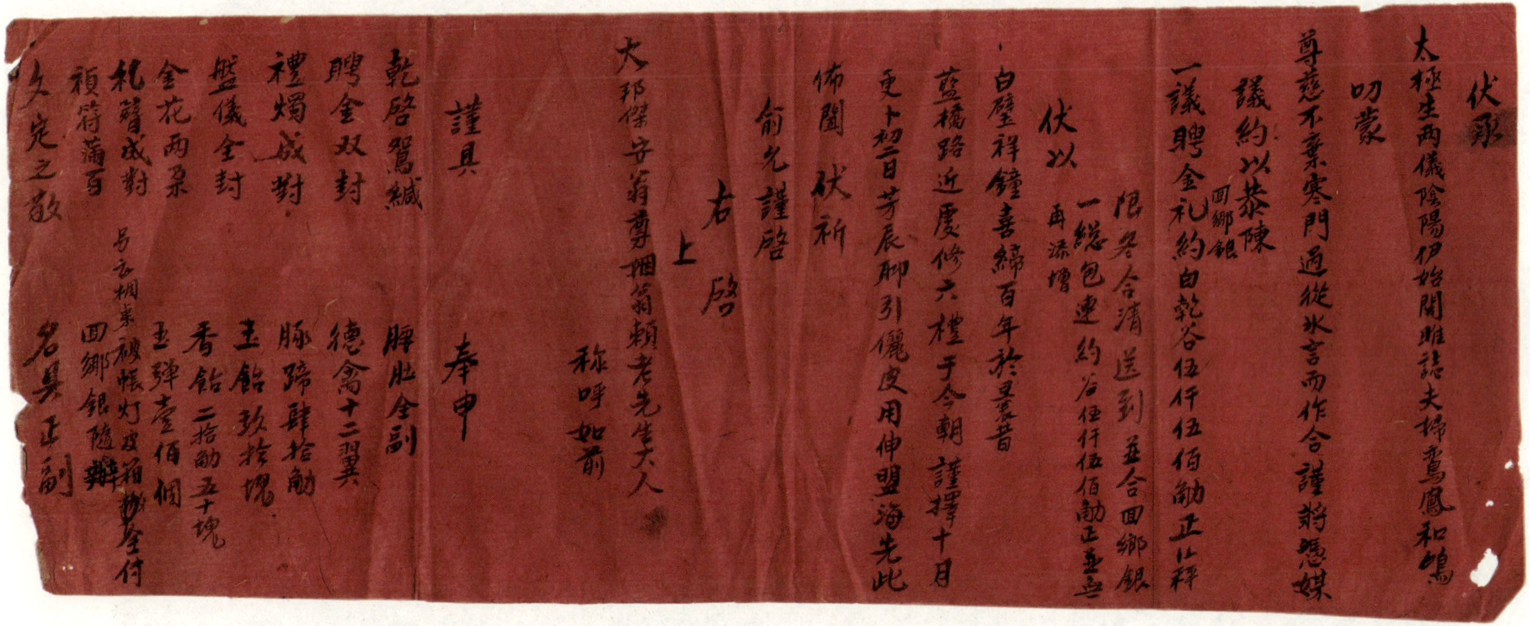
伏承
太極生兩儀陰陽伊始關雎誌夫婦鸞鳳和鳴
叨蒙
尊慈不棄寒門過從冰言而作合謹將憑媒
議約以恭陳 四鄉銀
一議聘金礼約白乾谷伍仟伍佰觔正廿秤
限冬令清送到並合四鄉銀
一總包連約谷伍仟伍佰觔正無异
再添增
伏以
白璧祥鐘喜締百年於曩昔
藍橋路近慶修六禮于今朝謹擇十月
更十初二日芳辰聊引儷皮用伸盟海先此
佈聞伏祈
俞允謹啓
右啓
上
大邦傑安翁尊姻翁賴老先生大人
稱呼如前
謹具　奉申
乾啓鸞緘　豬肚全副
聘金双封　德禽十二翼
禮燭成對　豚蹄肆拾觔
盤儀全封　主飴玖拾塊
金花兩朶　香飴二拾觔五十塊
礼簪成對　玉彈壹佰個
另衣綢束被帳灯彩箱櫥並付
稹符蒲百　四鄉銀隨辦
文定之敬　名具正副

3-3-113-2　聘禮單

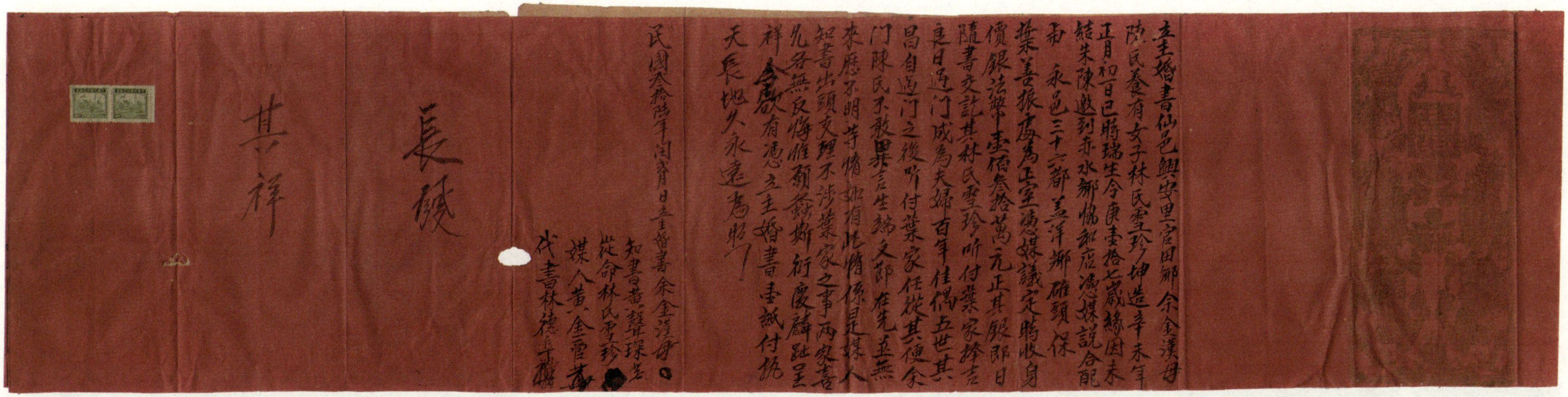
立主婚書仙邑鯉安里官田鄉余金漢母
陳氏養有女子林氏雪珍坤造辛未年
正月初一日巳時瑞生今庚壹拾七歲緣因未
結朱陳，邀到赤水鄉協和庇憑媒說合配
与永邑三十六都蓋洋鄉碓頭保
葉善振處爲正室，憑媒議定聘收身
價銀法幣壹佰叁拾萬元正，其銀即日
隨書交訖，其林氏雪珍聽付葉家擇吉
良日過门成爲夫婦，百年佳偶，五世其
昌。自過门之後，听付葉家任從其便，余
门陳氏不敢異言生端，文節在先並無
來歷不明等情，如有此情，係是媒人
知書出頭支理，不涉葉家之事。两家喜
允，各無反悔，惟願螽斯衍慶，麟趾呈
祥，合歡有憑，立主婚書壹紙付執
天長地久永遠爲照。

民國叁拾陸年閏貳月　日立主婚書余金漢押
知書黃韓琛押
從命林氏雪珍押
媒人黃金雷押
代書林德押

長發
其祥

3-3-113-3　民國三十六年閏二月余金漢立主婚書

坤

伏承
喬府不鄙寒微由從媒議猥以次令郎善振偷配
長小孫女巧使一縷絲牽快獲乘龍之選千金諾
重允諧占鳳之祥惟兾礼宜家室兆叶熾昌肅
復蕪言仰希
藻鑒

右啓
上
大德望佑翁尊姻翁葉老先生大人 閣下
大淑德葉府尊姻母黃老孺人大人 妝前
姻侍教眷歸潁川鄭氏 頓首拜
姻愚弟賴炳安 頓首拜

裕後

長發

鳳集歲次戊子三十七年桂月 吉旦 書

其祥

3-3-113-4　民國三十七年八月鄭氏立坤書

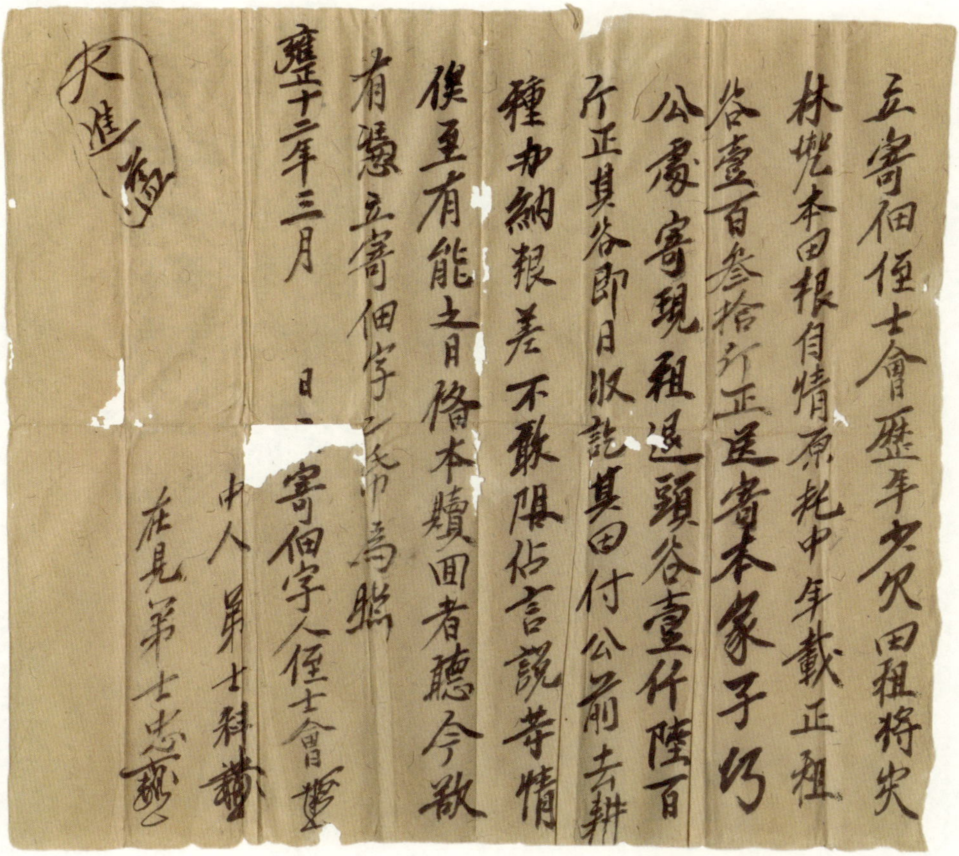
大進蓋

立寄佃侄士會歷年欠田租將父
林墘本田根自情願托中年載正租
谷壹百叁拾斤正送寄本家子仍
公處寄現租退頭谷壹仟陸百
斤正其谷即日收訖其田付公前去耕
種办納粮差不敢限佔言說等情
倘至有能之日備本贖回者聽今欲
有憑立寄佃字乙紙爲照
雍正十二年三月　日立寄佃字人侄士會（押）
中人　弟士科（押）
在見弟士忠（押）

3-3-114-1　清雍正十二年三月葉士會立寄佃田根字

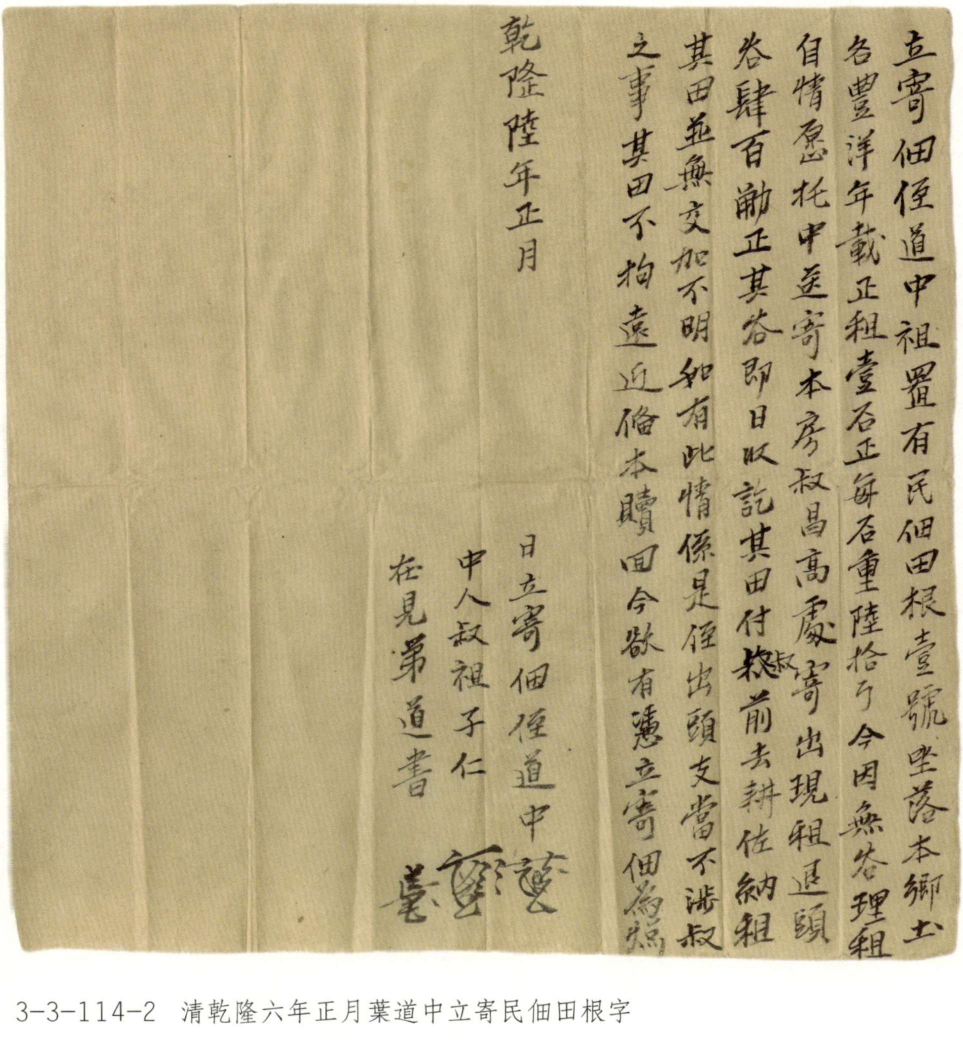

立寄佃侄道中祖置有民佃田根壹號坐落本鄉土名豊洋年載正租壹石正每石重陸拾斤今因無谷理租自情愿托中送寄本房叔昌高處寄出現租退頭谷肆百觔正其谷即日收訖其田付叔前去耕作納租其田並無交加不明如有此情係是侄出頭支當不涉叔之事其田不拘遠近備本贖回今欲有憑立寄佃為照

乾隆陸年正月　日立寄佃侄道中

中人叔祖子仁

在見弟道書

3-3-114-2　清乾隆六年正月葉道中立寄民佃田根字

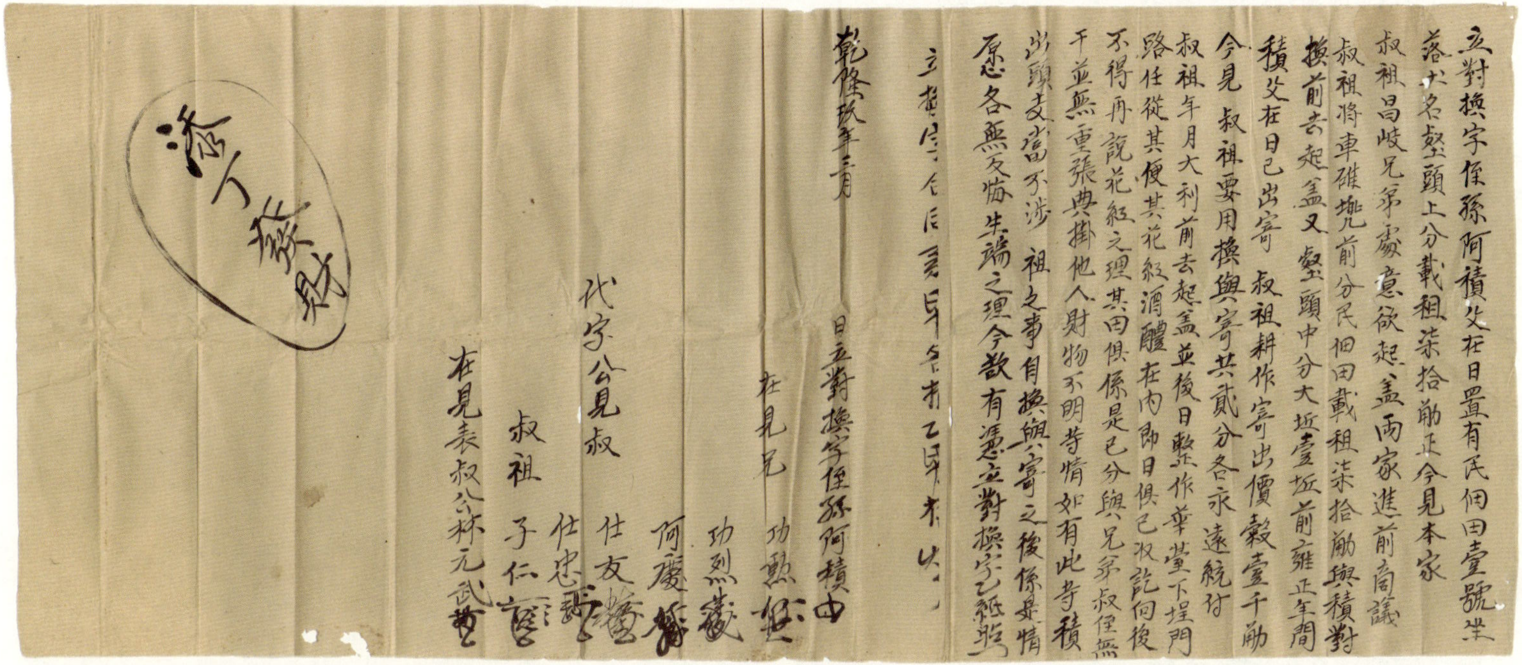
立對換字侄孫阿積父在日置有民佃田壹號坐
落土名壑頭上分載租柒拾觔正今見本家
叔祖昌岐兄弟商意欲起蓋兩家進前商議
叔祖將車碓坳前分民佃田載租柒拾觔與積對
換前去起蓋又壑頭中分大坵壹坵前雍正年間
積父在日已出寄　叔祖耕作寄出價穀壹千觔
今見　叔祖要用換與寄共貳分各永遠耕作
叔祖年月大利前去起蓋並後日整作華堂下埕門
路任從其便其花紅酒醴在内即日俱已收訖向後
不得再說花紅之理其田俱係是己分與兄弟叔侄無
干並無重張典掛他人財物不明等情如有此等積
出頭支當不涉　祖之事自換與寄之後係是情
愿各無反悔生端之理今欲有憑立對換字一紙爲照
立對換字合同貳紙各執壹紙
乾隆玖年三月　　日立對換字侄孫阿積（押）
在見兄　功勲（押）
　　　　功烈（押）
　　　　阿慶（押）
代字公見叔　仕友（押）
　　　　　　仕忠（押）
叔祖　子仁（押）
在見表叔公林元武（押）
添丁發財

3-3-114-3　清乾隆九年三月葉阿積立對換民佃田字

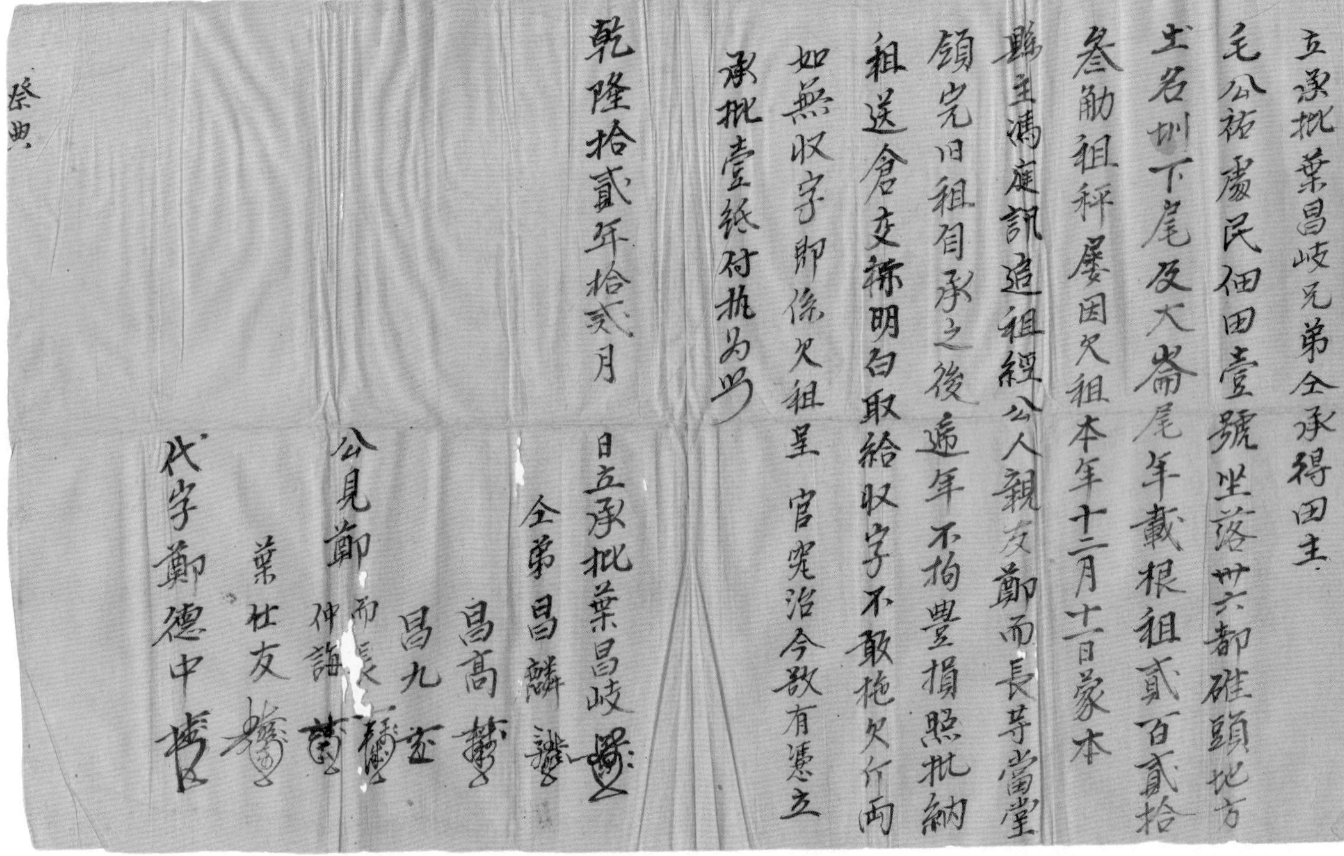
立承批葉昌岐兄弟仝承得田主
毛公祐處民佃田壹號坐落廿六都碓頭地方
土名圳下尾及大崙尾年載根租貳百貳拾
叁觔租秤屢因欠租本年十二月十二日蒙本
縣主馮庭訊追租經公人親友鄭而長等當堂
領完旧租自承之後逐年不拘豐損照批納
租送倉交秤明白取給收字不敢拖欠斤兩
如無收字即係欠租呈 官究治今欲有憑立
承批壹紙付執為照

乾隆拾貳年拾貳月 日立承批葉昌岐（押）
仝弟昌麟（押）
昌高（押）
昌九（押）
公見鄭而長（押）
鄭仲論（押）
葉壮友（押）
代字鄭德中（押）

癸典

3-3-114-4　清乾隆十二年十二月葉昌岐等立承批民佃田字

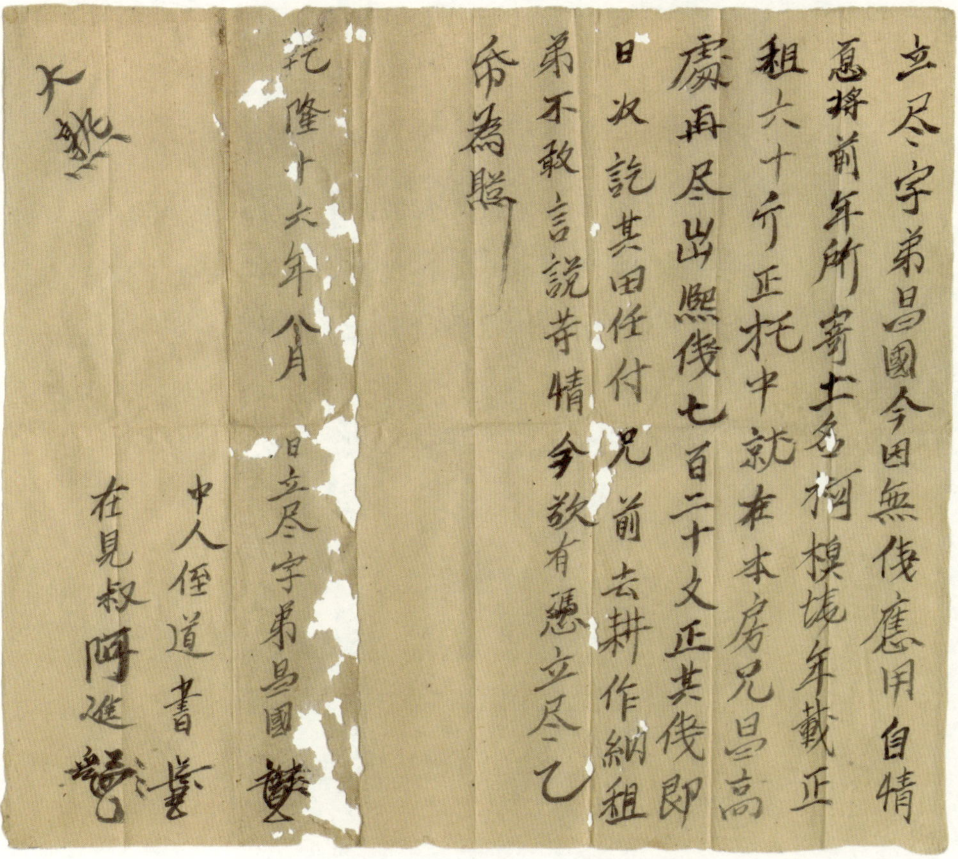

立尽字弟昌國今因無錢應用自情
愿將前年所寄土名柯模境年載正
租六十斤正托中就在本房兄昌高
處再尽出煕錢七百二十文正其錢即
日收訖其田任付兄前去耕作納租
弟不敢言說等情今欲有憑立尽乙
紙為照
乾隆十六年八月　日立尽字弟昌國（押）
中人侄道書（押）
在見叔阿進（押）
大發

3-3-114-5　清乾隆十六年八月林昌國立盡正租字

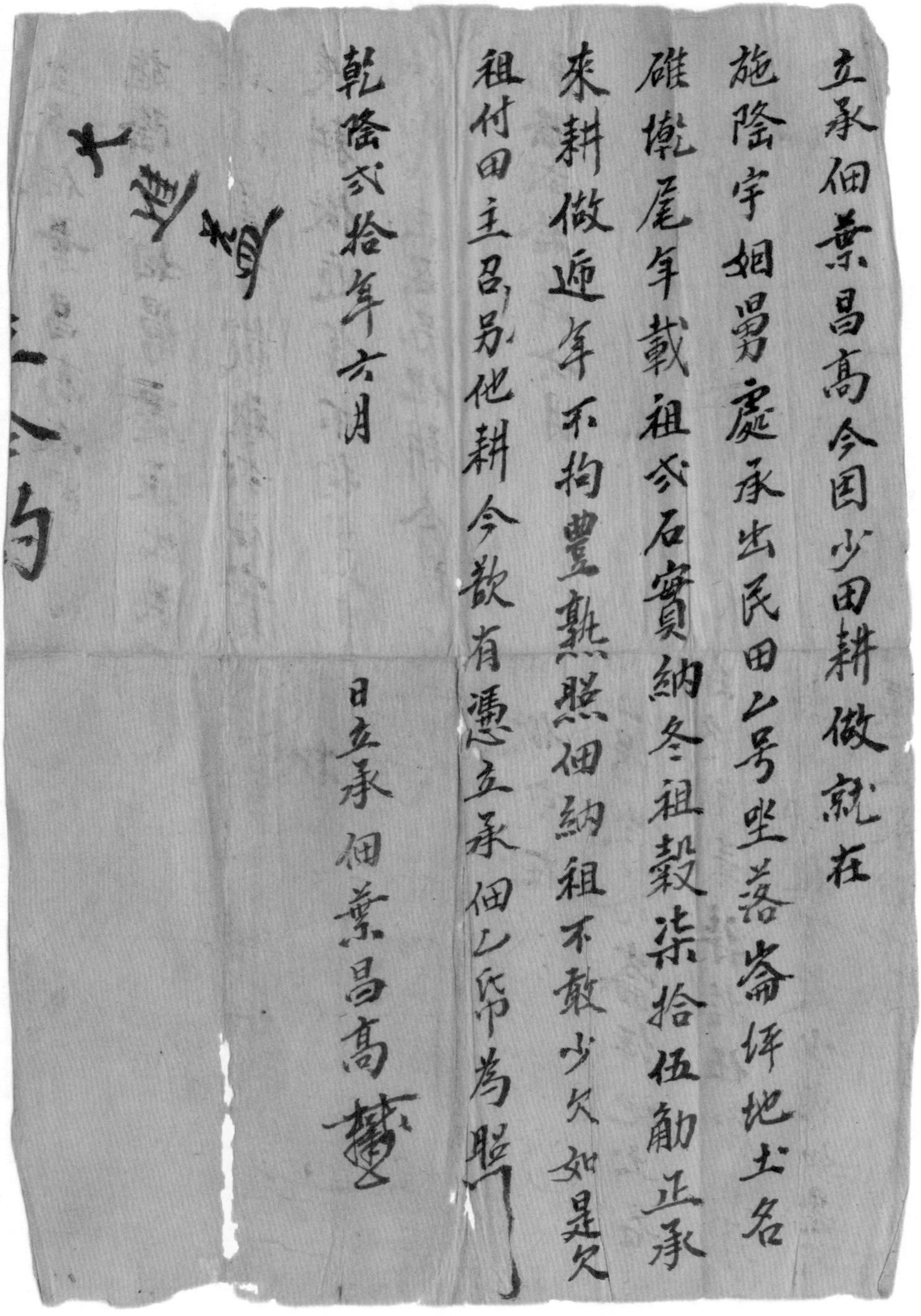
立承佃葉昌高今因少田耕做就在
施陰宇姻舅處承出民田乙号坐落崙坪地土名
碓墘尾年載租谷石實納冬租穀柒拾伍觔正承
來耕做逐年不拘豐熟照佃納租不敢少欠如是欠
租付田主召另他耕今欲有憑立承佃乙紙爲照
乾隆弍拾年六月　日立承佃葉昌高（押）

3-3-114-6　清乾隆二十年六月葉昌高立承佃民田字

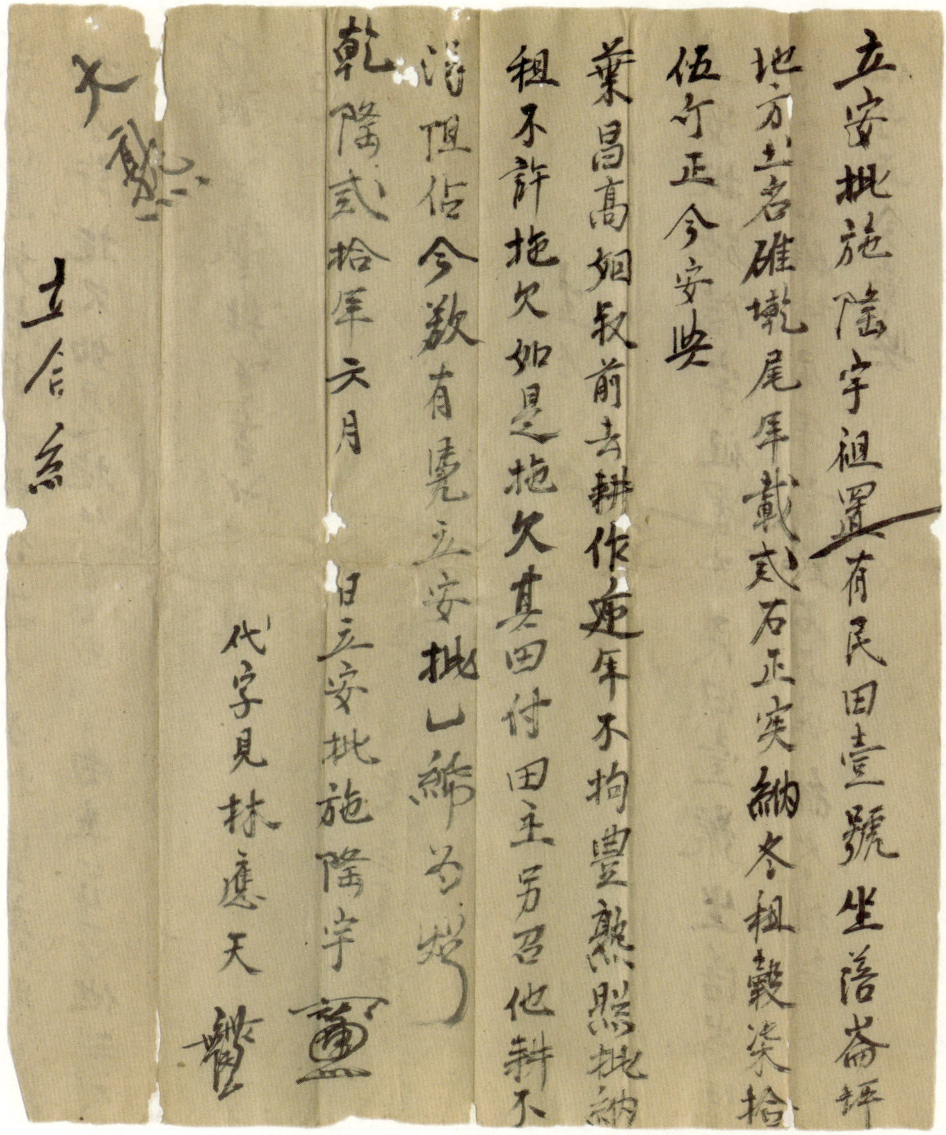

立安批施隆宇祖置有民田壹號坐落崙坪
地方土名碓墘尾年載貳石正實納冬租穀柒拾
伍斤正今安與
葉昌高姻叔前去耕作逐年不拘豐歉照批納
租不許拖欠如是拖欠其田付田主另召他耕不
得阻佔今欲有憑立安批一紙爲照
乾隆貳拾年六月　日立安批施隆宇（押）
代字見林進天（押）
大發
立合爲

3-3-114-7　清乾隆二十年六月施隆宇立安批民田字

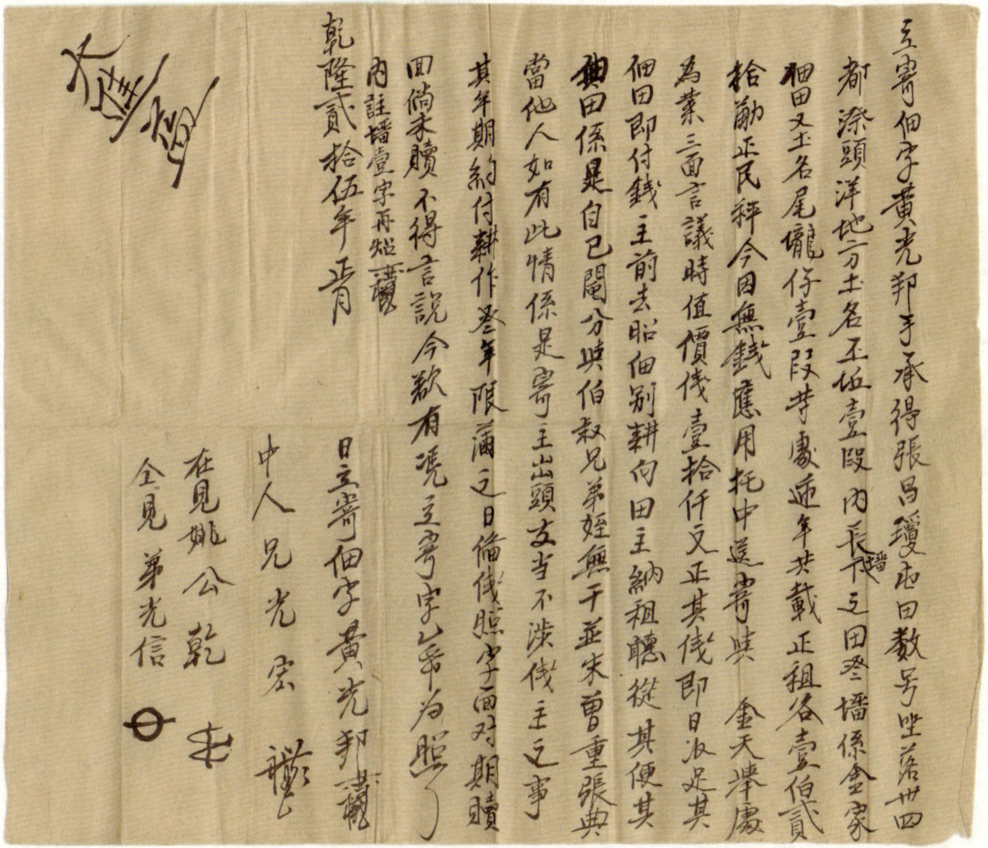

立寄佃字黄光邦，手承得張呂瓊屯田數號，坐落卅四
都溪頭洋地方，土名丕伍壹段，內長增下丘田叁墦，係金家
佃田，又土名尾壠仔壹段，并處逓年共載正租谷壹伯貳
拾觔正民秤。今因無錢應用，托中送寄與金天準處
爲業。三面言議時值價錢壹拾仟文正，其錢即日收足，其
佃田即付錢主前去贌佃別耕，向田主納租，聽從其便。其
典田係是自己閹分，與伯叔兄弟姪無干，並未曾重張典
當他人。如有此情，係是寄主出頭支當，不涉錢主之事。
其年期約付耕作叁年，限滿之日，備錢照字面對期贖
田，倘未贖，不得言說。今欲有憑，立寄字一帋爲照。
內註墦壹字再照。
乾隆貳拾伍年正月　日立寄佃字黄光邦（押）
中人　兄光宗（押）
在見　姚公乾（押）
全見　弟光信（押）

3-3-114-8　清乾隆二十五年正月黄光邦立寄佃屯田字

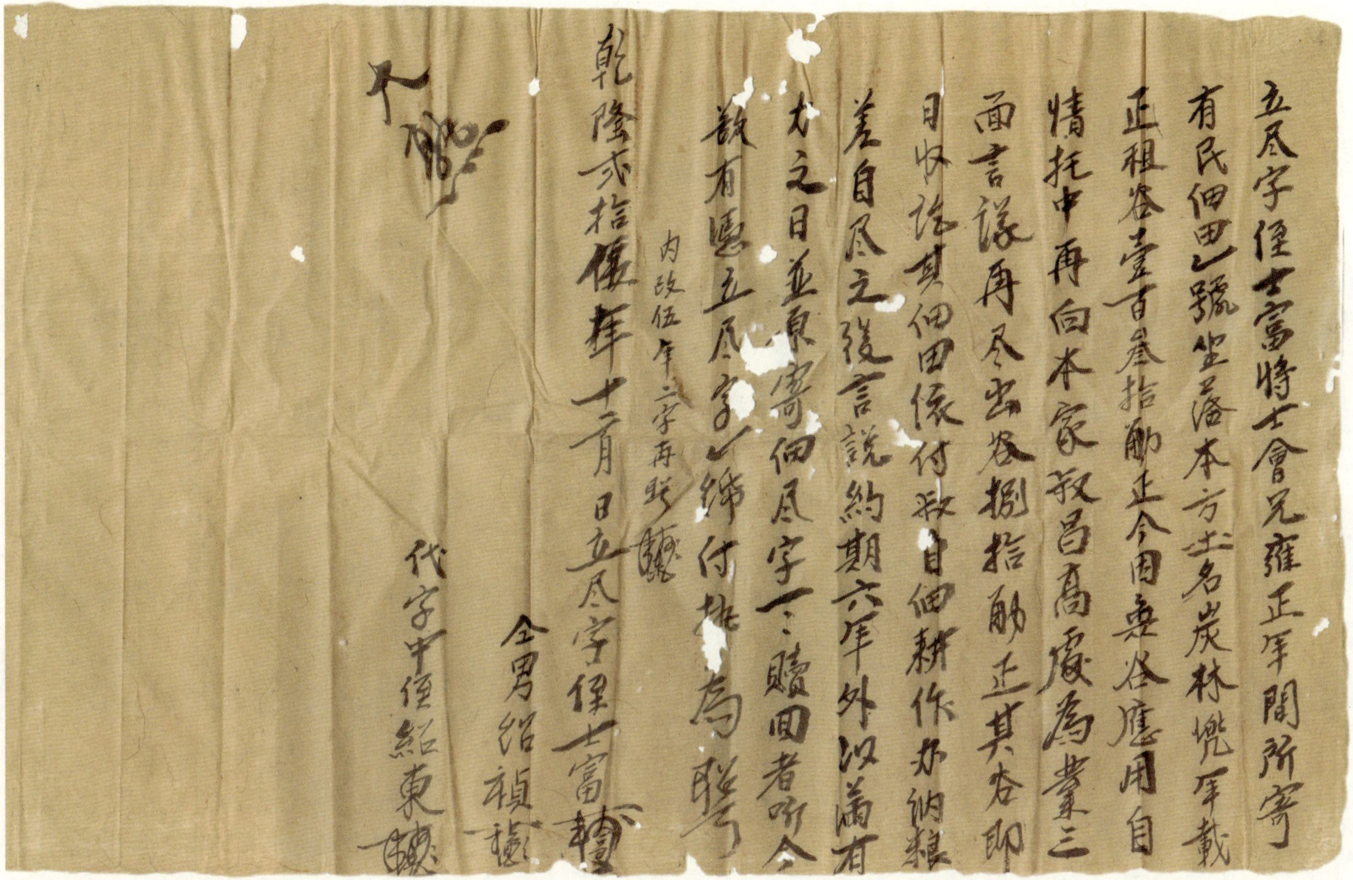

立尽字侄士富，特士會兄雍正年間所寄
有民佃田一號，坐落本方土名炭林兜，年載
正租谷壹石叁指斛正，今因無谷應用，自
情托中再向本家叔邑高處為業，三
面言議再尽出谷捌指斛正，其谷即
日收訖，其佃田係付叔自佃耕作，亦納粮
差，自尽之後，言說約期六年外，以滿有
力之日，並原寄佃尽字一一贖回者，听令
欲有憑，立尽字一紙付執為照。
内改伍年二字再照
乾隆贰拾伍年十二月　日立尽字侄士富（押）
仝男绍禎（押）
代字中侄紹東（押）
不用

3-3-114-9　清乾隆二十五年十二月葉士富立盡民佃田字

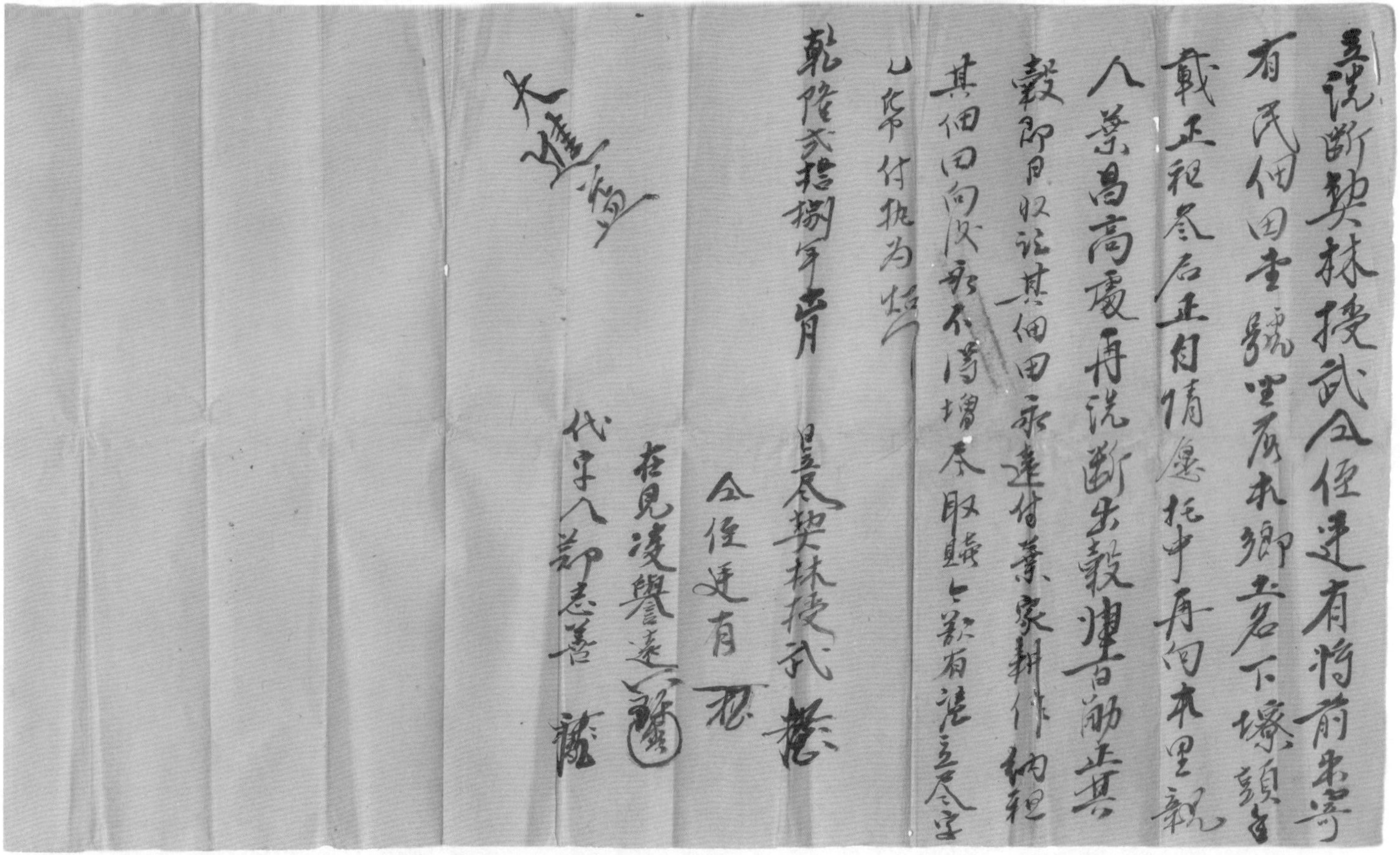

3-3-114-10　清乾隆二十八年十一月林授武等立洗斷民佃田契

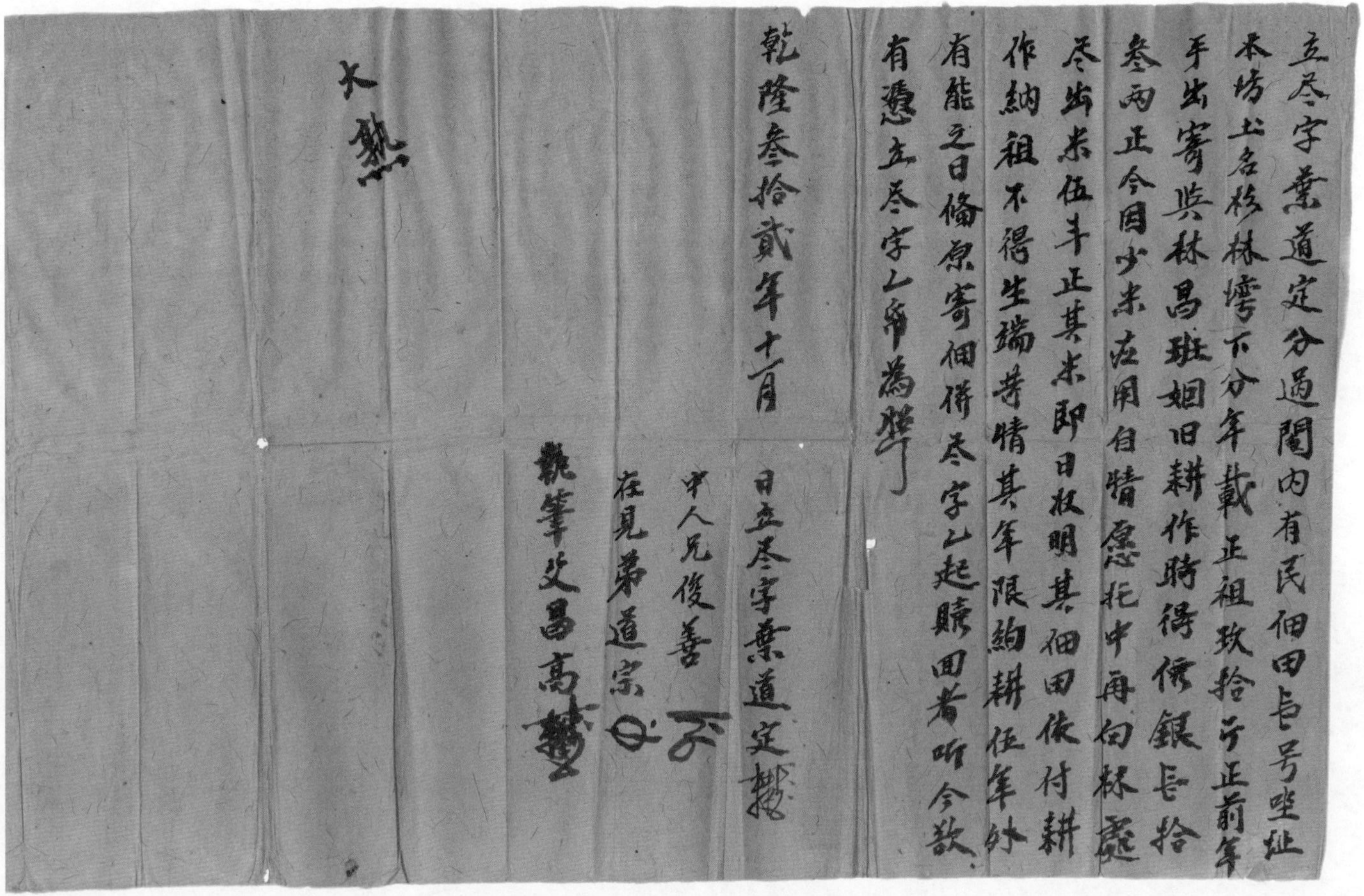

立盡字葉道定分過閹內有民佃田壹号坐址
本坊土名杉林墘下分年載正租玖拾斤正前年
手出寄與林昌班姻旧耕作時得價銀壹拾
叁兩正今因少米应用自情愿托中再向林處
盡出米伍斗正其米即日收明其佃田依付耕
作納租不得生端等情其年限約耕伍年外
有能之日備原寄佃價盡字山起贖田者听今欲
有憑立盡字山帋為照

乾隆叁拾貳年十一月　日立盡字葉道定（押）
中人兄復善（押）
在見弟道宗（押）
執筆艾昌高（押）

大熟

3-3-114-11　清乾隆三十二年十一月葉道定立盡民佃田字

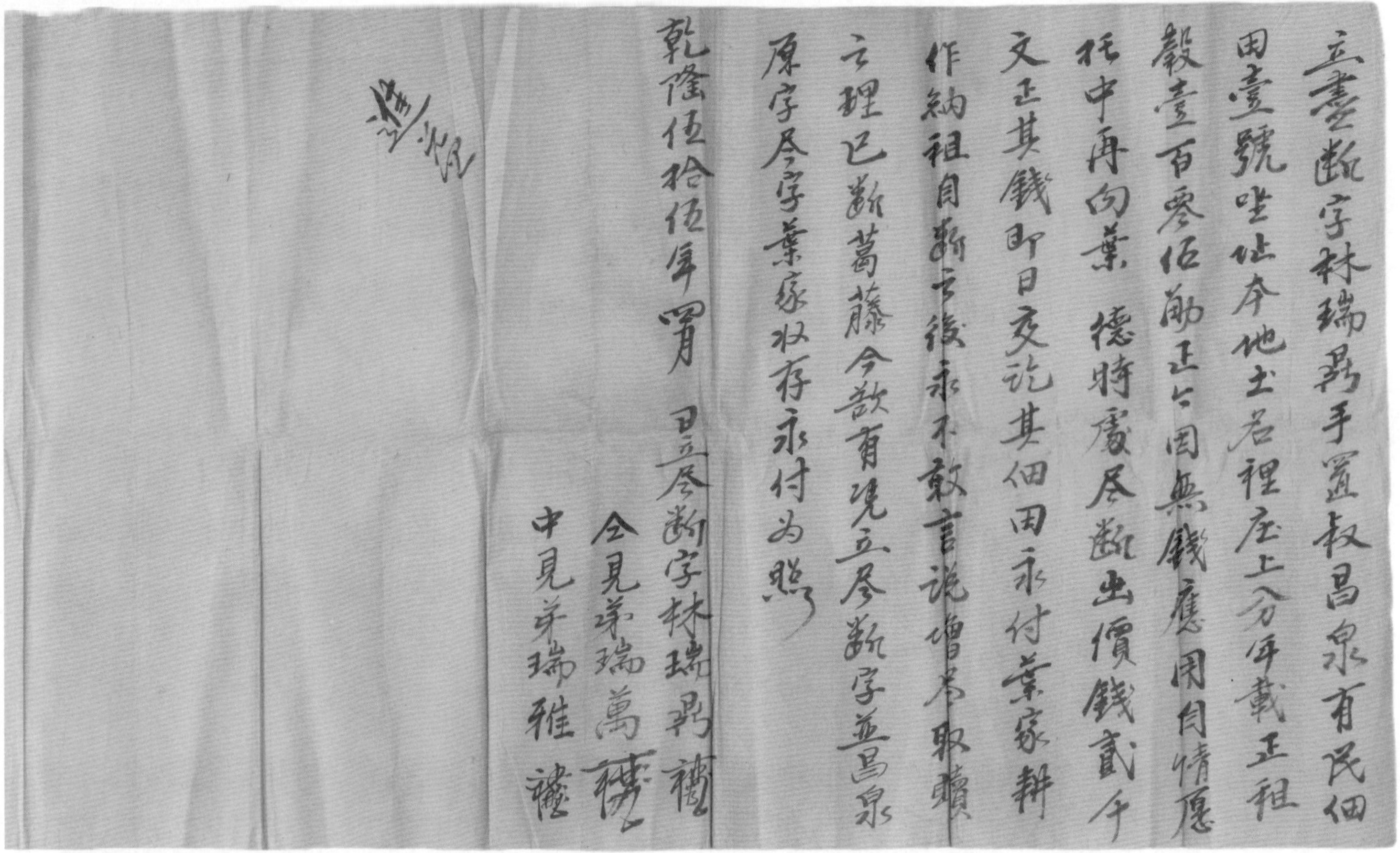
立盡斷字林瑞鼎手置叔昌泉有民佃
田壹號坐址本地土名裡庄上分年載正租
穀壹百零伍觔正今因無錢應用自情愿
托中再向葉德特處盡斷出價錢貳千
文正其錢即日交訖其佃田永付葉家耕
作納租自斷之後永不敢言說增盡取贖
之理已斷葛藤今欲有憑立盡斷字並昌泉
原字盡字葉家收存永付為照

乾隆伍拾伍年四月　日立盡斷字林瑞鼎（押）
仝見弟瑞萬（押）
中見弟瑞稚（押）

3-3-114-12　清乾隆五十五年四月林瑞鼎立盡斷民佃田字

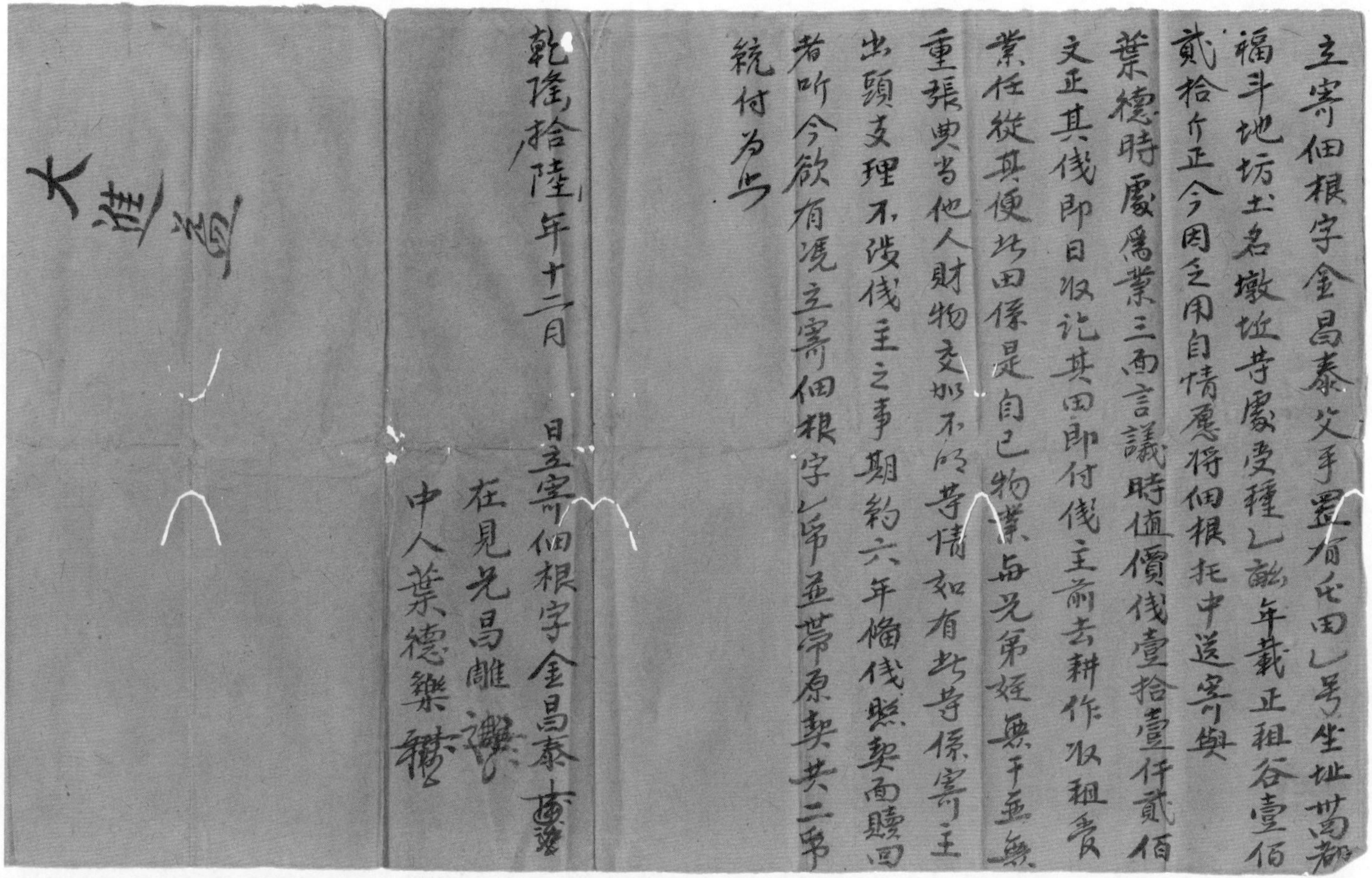

立寄佃根字金昌泰，父手置有屯田一号，坐址萬都
福斗地坊土名墩址等處，受種一畝，年載正租谷壹佰
貳拾斤正。今因乏用，自情愿將佃根托中送寄與
葉德時處為業，三面言議時值價錢壹仟貳佰
文正，其錢即日收訖，其田即付錢主前去耕作收租，
業任從其便。此田係是自己物業，與兄弟姪無干，並無
重張典當他人財物交加不明等情，如有此等，係寄主
出頭支理，不涉錢主之事。期約六年備錢照契面贖回，
者听。今欲有憑，立寄佃根字一帋，並帶原契共二帋，
統付為照。

乾隆拾陸年十二月　　日立寄佃根字金昌泰（押）
在見兄昌雌（押）
中人葉德樂（押）

大進壹

3-3-114-13　清乾隆六十年十二月金昌泰立寄佃屯田根字

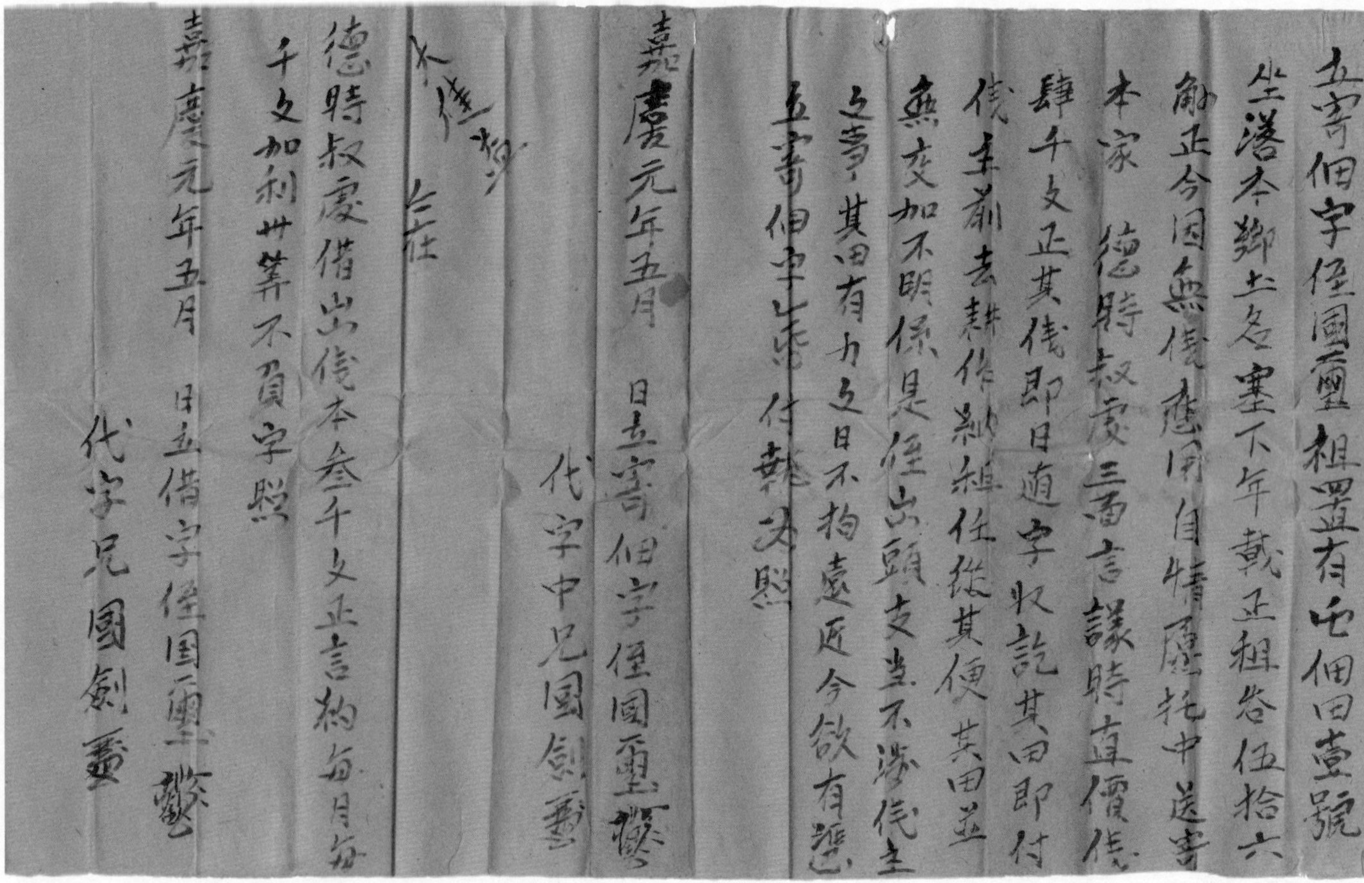

立寄佃字侄國璽祖置有屯佃田壹號
坐落本鄉土名塞下年載正租谷伍拾六
斤正今因無錢應用自情愿托中送寄
本家　德時叔處三面言議時值價錢
肆千文正其錢即日随字收訖其田即付
錢主前去耕作納組任從其便其田並
無交加不明係是侄出頭支当不涉錢主
之事其田有力之日不拘遠近今欲有憑
立寄佃字壹紙付執為照

嘉慶元年五月　日立寄佃字侄國璽（押）
代字中兄國劍（押）

不借契
在在

德時叔處借出錢本叁千文正言約每月每
千文加利卅算不負字照

嘉慶元年五月　日立借字侄國璽（押）
代字兄國劍（押）

3-3-114-14　清嘉慶元年五月葉國璽立寄屯佃田字

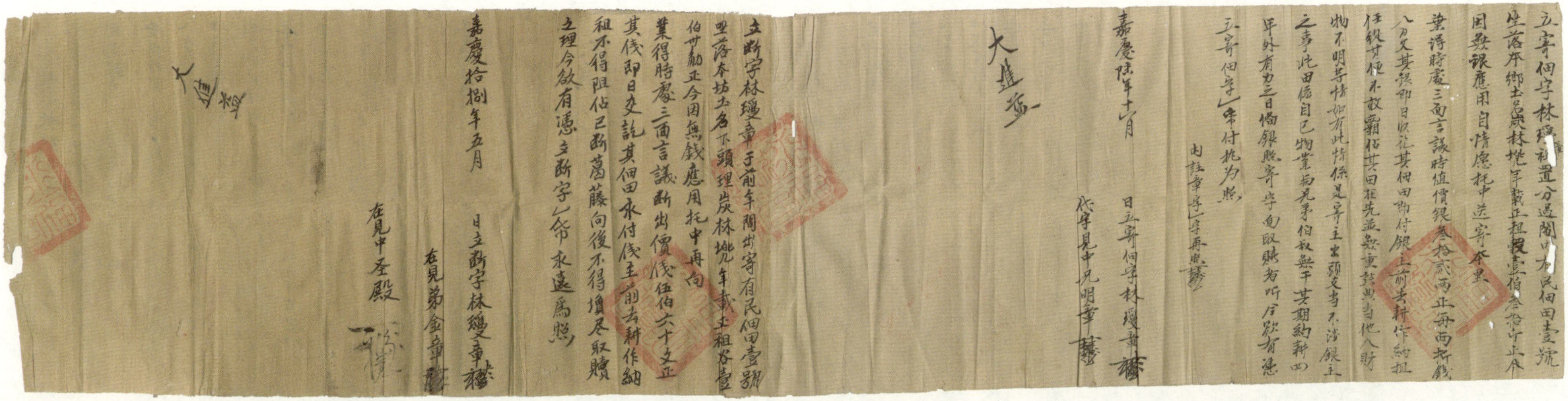

立寄佃字林瓊章祖置分過鬮内有民佃田壹號
坐落本鄉土名炭林垅，年載正租穀壹佰叁拾斤正，本
因無銀應用，自情愿托中送寄本里
葉得時處三面言議，時值價銀叁拾貳兩正，每兩折錢
八百文。其銀即日收訖，其佃田即付銀主前去耕作納租，
任從其便，不敢霸佔。其田在先並無重張典當他人財
物不明等情，如有此情，係是寄主出頭支當，不涉銀主
之事。此田係自己物業，與兄弟伯叔無干。其期約耕四
年外有力之日備銀照寄字回取贖，若听從有憑
立寄佃字一帋付執为照。
由註章字一字再照（押）
嘉慶陸年十一月　日立寄佃字林瓊章（押）
代字見中兄明章（押）
大進[illegible]

立斷字林瓊章，于前年間出寄有民佃田壹號
坐落本坊土名下頭理炭林垅，年載正租穀壹
佰廿觔正。今因無錢應用，托中再向
葉得時處三面言議，斷出價錢伍伯六十文正。
其錢即日交訖，其佃田永付錢主前去耕作納
租，不得阻佔。已斷葛藤，向後不得增尽取贖
之理。今欲有憑，立斷字一帋永遠為照。
嘉慶拾捌年五月　日立斷字林瓊章（押）
在見弟金章（押）
在見中圣殿（押）
大進[illegible]

3-3-114-15　清嘉慶六年十一月林瓊章立寄民佃田字（紅契）

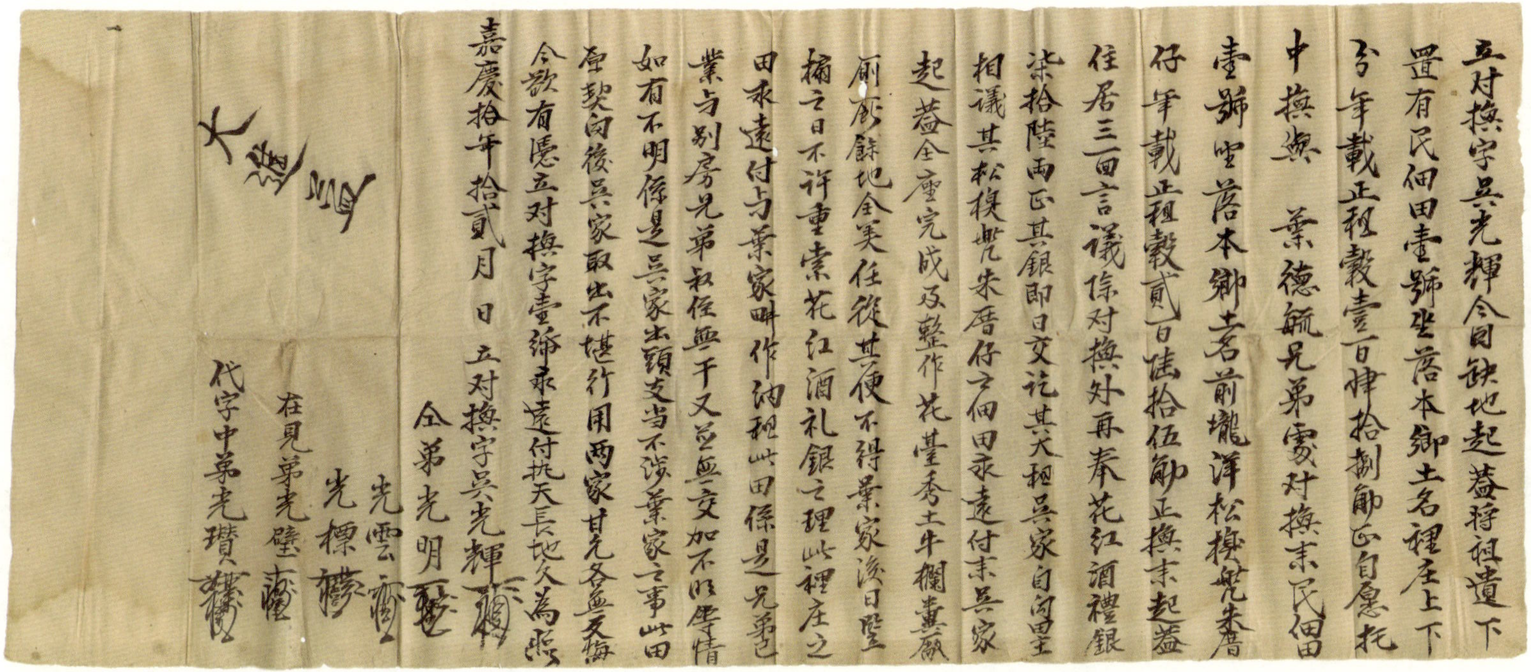
立对換字吳光輝今因缺地起蓋將祖遺下
置有民佃田壹號坐落本鄉土名裡庄上下
分(?)年載正租穀壹百肆拾觔正自愿托
中換與　葉德毓兄弟處对換末民佃
壹號坐落本鄉土名前壠洋松模兜朱厝
仔年載正租穀貳百陆拾伍觔正換末起蓋
住居三面言議除对換外再奉花紅酒禮銀
柒拾陸两正其銀即日交訖其大租吳家自向田主
相議其松模兜朱厝仔之佃田永遠付末吳家
起蓋全座完成及整作花臺秀土牛欄畫廠
廁所餘地全实任從其便不得葉家後日暨
摘之日不許重索花红酒礼銀之理此裡庄之
田永遠付与葉家贌作納租此田係是兄弟已
業与別房兄弟叔侄無干又並無文加不明等情
如有不明係是吳家之事出頭支當不涉葉家之事此田
原契向後吳家取出不堪行用兩家甘允各無反悔
今欲有憑立对換字壹紙永遠付执天長地久為照
嘉慶拾年拾貳月　日　立对換字吳光輝（押）
仝弟光明（押）
光雲（押）
光標（押）
在見弟光璧（押）
代字中弟光瓒（押）

3-3-114-16　清嘉慶十年十二月吳光輝等立對換民佃田字

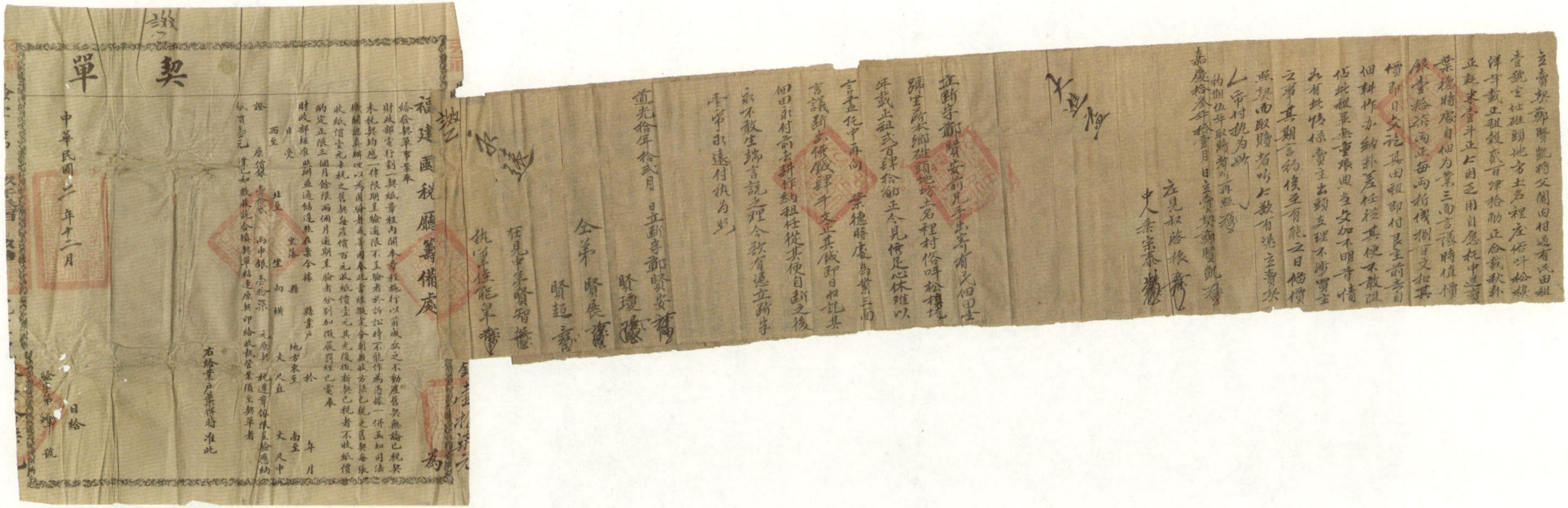

3-3-114-17　清嘉慶十三年十一月鄭賢凱立賣民田租契（紅契）

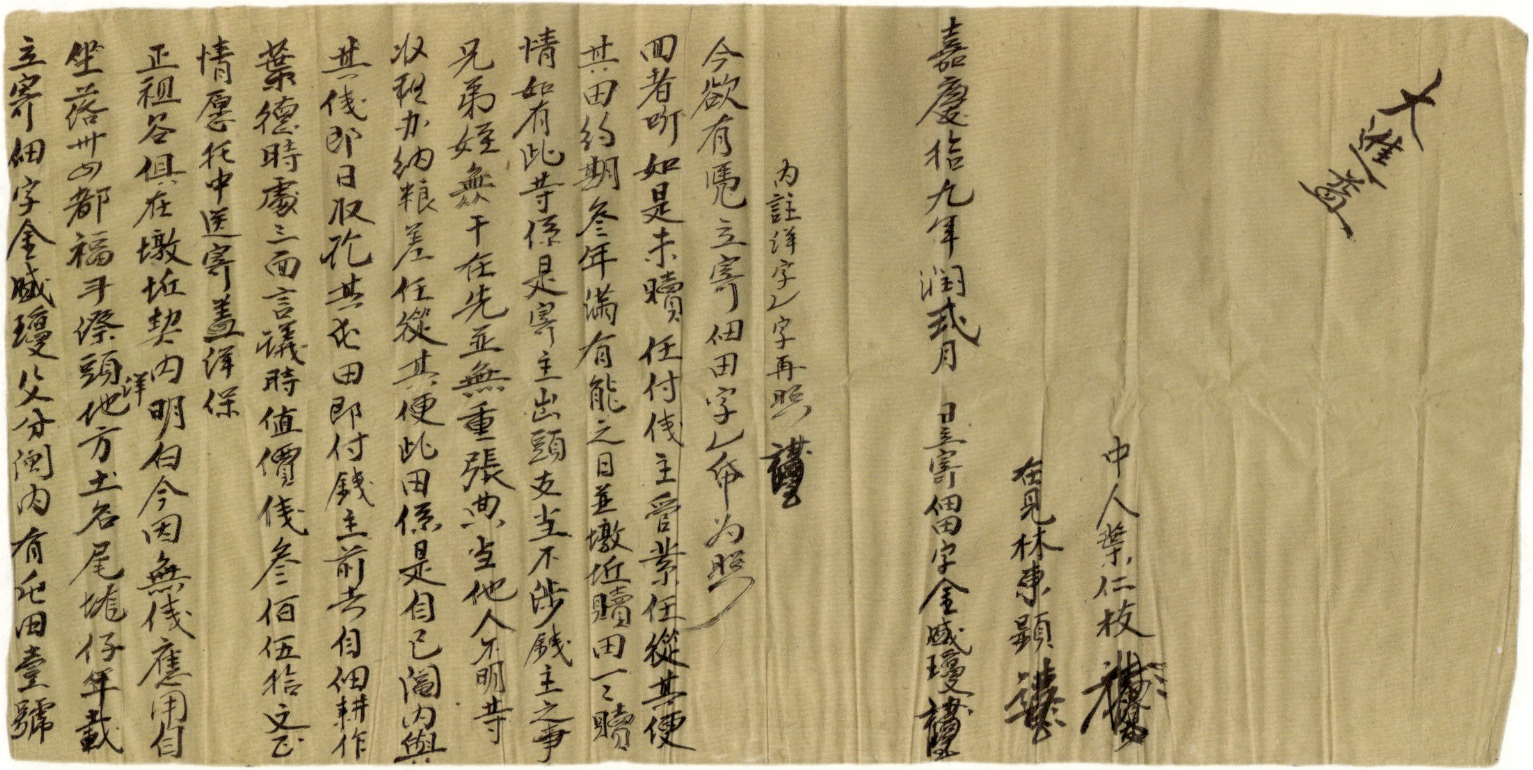
[illegible]
立寄佃字金盛瓊父分阄内有屯田壹號
坐落卅四都福斗際頭地方土名尾坵仔年載
正租谷俱在墩坵契内明白今因無錢應用自
情愿托中送寄蓋洋保
葉德時處三面言議時值價錢叁佰伍拾文正
其錢即日收訖其屯田即付錢主前去自佃耕作
收租办納粮差任從其便此田係是自己閹内與
兄弟姪無干在先並無重張典当他人不明等
情如有此等係是寄主出頭支当不涉錢主之事
其田約期叁年滿有能之日並墩坵贖田一𠃍贖
回者听如是未贖任付錢主管業任從其便
今欲有憑立寄佃田字𠃍為照
内註洋字𠃍字再照
嘉慶拾九年潤貳月　日立寄佃字金盛瓊
在見林東顕
中人葉仁枚

3-3-114-18　清嘉慶十九年閏二月金盛瓊立寄佃屯田字

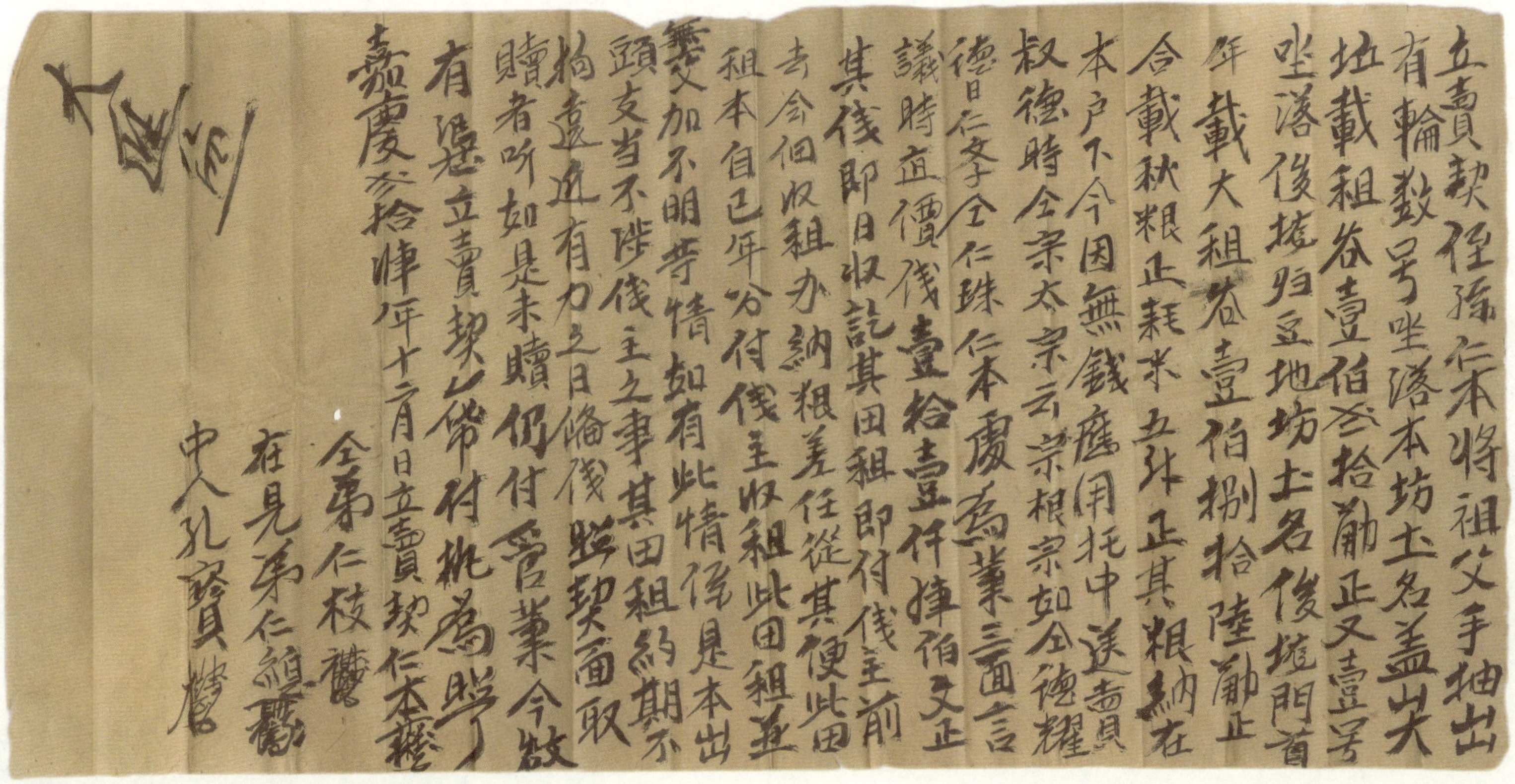
立賣契侄孫仁本將祖父手抽出
有輪數号坐落本坊土名蓋尖
坵載租谷壹伯叁拾觔正又壹号
坐落後垅歸豆地坊土名後垅門首
坪載大租谷壹伯捌拾陸觔正
合載秋粮正耗米五升正其粮納在
本戶下今因無錢應用托中送賣
叔德時仝宗太宗云宗根宗如仝德耀
德日仁孝仝仁珠仁本處爲業三面言
議時值價錢壹拾壹仟肆伯文正
其錢即日收訖其田租即付錢主前
去令佃收租办納粮差任從其便此田
租本自己年分付錢主收租此田租並
無叉加不明等情如有此情係是本出
頭支当不涉錢主之事其田租約期不
拘遠近有力之日備錢照契面取
贖者听如是未贖仍付管業今欲
有憑立賣契山帶付執為照
嘉慶叁拾肆年十二月日立賣契仁本
仝弟仁枝
在見弟仁絹
中人孔䝉貝

3-3-114-19　清嘉慶二十四年十二月葉仁本等立賣輪田契

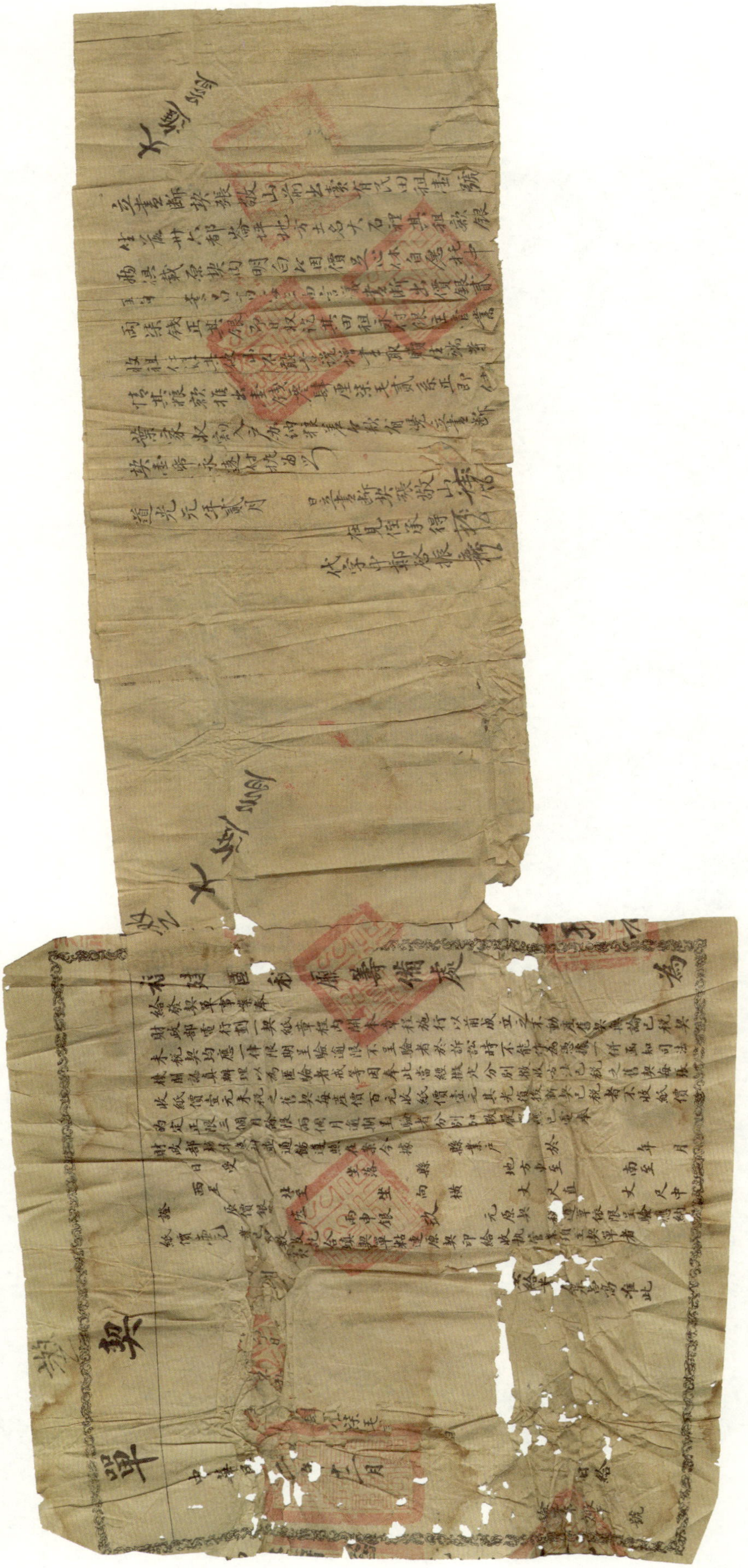

3-3-114-20　清道光元年二月張敬山立盡斷民田租契（紅契）

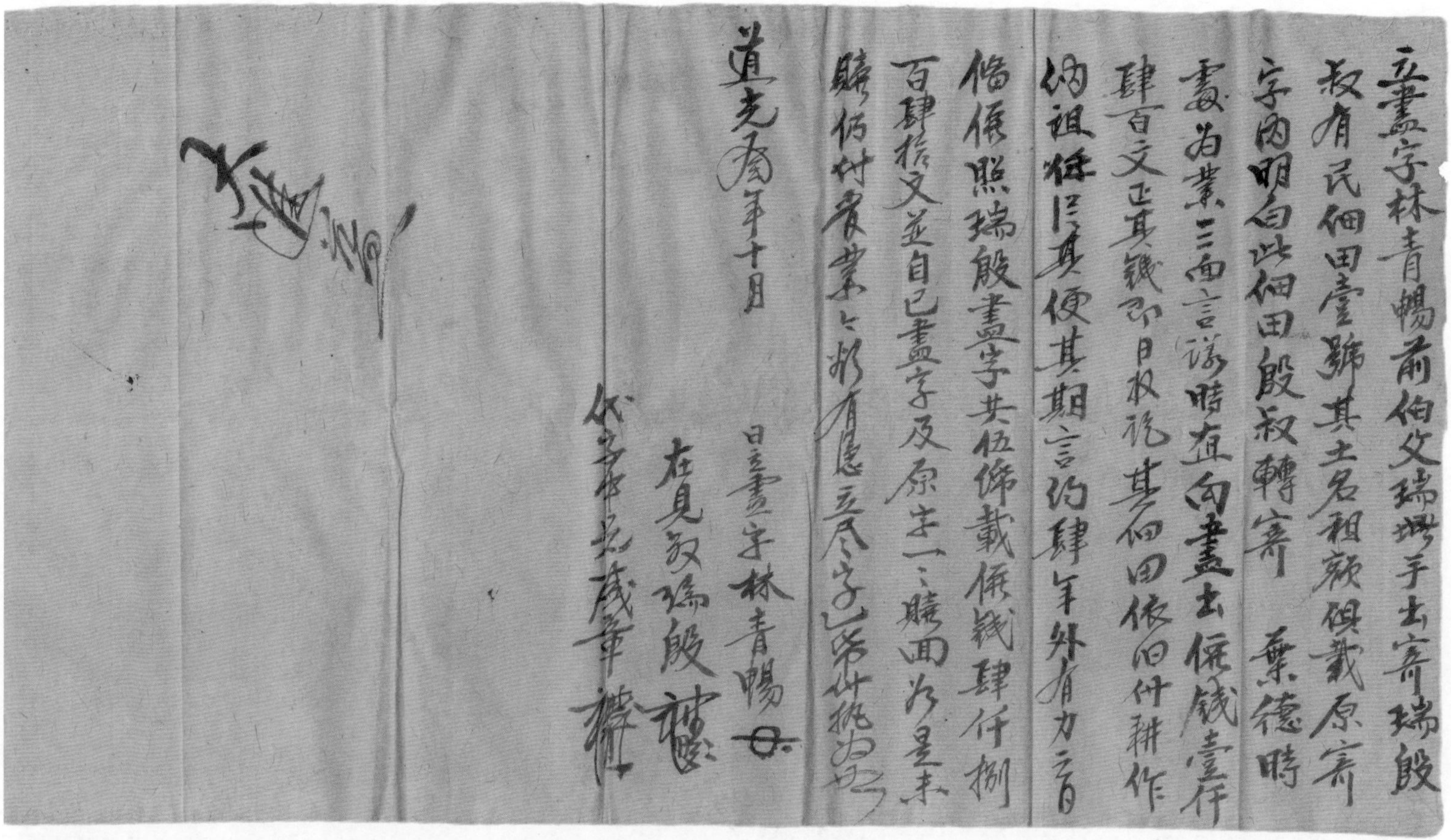

立盡字林青暘，前伯文瑞手出寄瑞殷
叔有民佃田壹號，其土名租額俱載原寄
字內明白，此佃田殷叔轉寄　葉德時
處為業，三面言議，時值向盡出佃錢壹仟
肆百文正，其錢即日收訖，其佃田依旧付耕作
納租，約定其便其期言約肆年外有力之日
備價照瑞殷盡字共伍佰載佃錢肆仟捌
百肆拾文，並自己盡字及原字一、二贖回，如是未
贖，仍付管業，此係有憑，立盡字付執為照。

道光叁年十月　日立盡字林青暘（押）
在見叔瑞殷（押）
代字弟光藏（押）

3-3-114-21　清道光三年十月林青暘立盡民佃田字

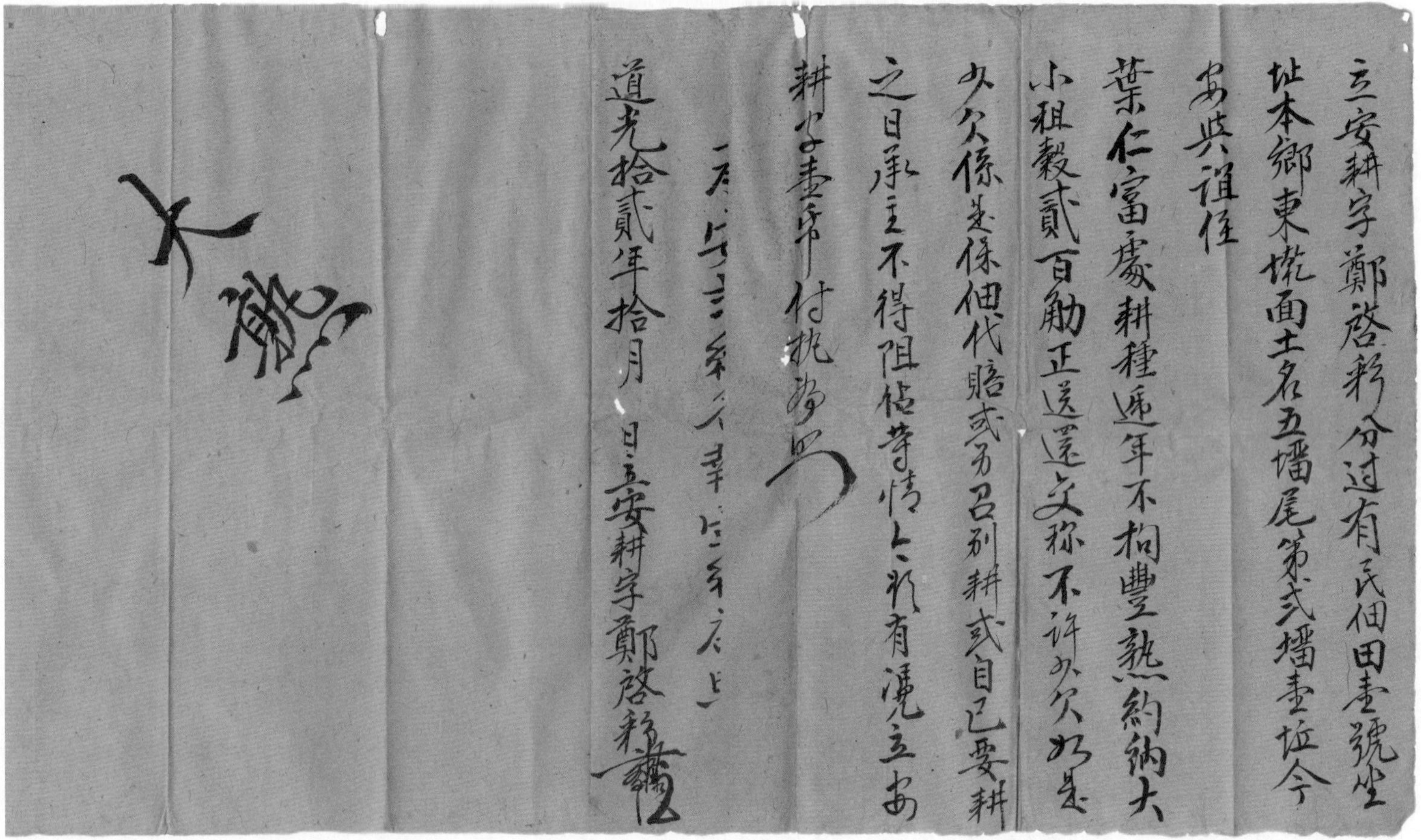
立安耕字鄭啓彩分过有民佃田壹號坐
址本鄉東垅面土名五墦尾第弍墦壹坵今
安與堂侄
葉仁富處耕種逐年不拘豐熟約納大
小租穀貳百觔正送還文称不許少欠如是
少欠係是保佃代賠或另召別耕或自己要耕
之日承主不得阻佔等情〻恐有憑立安
耕字壹帋付執為照
[illegible]
道光拾貳年拾月　日立安耕字鄭啓彩（押）
大發

3-3-114-22　清道光十二年十月鄭啓彩立安耕民佃田字

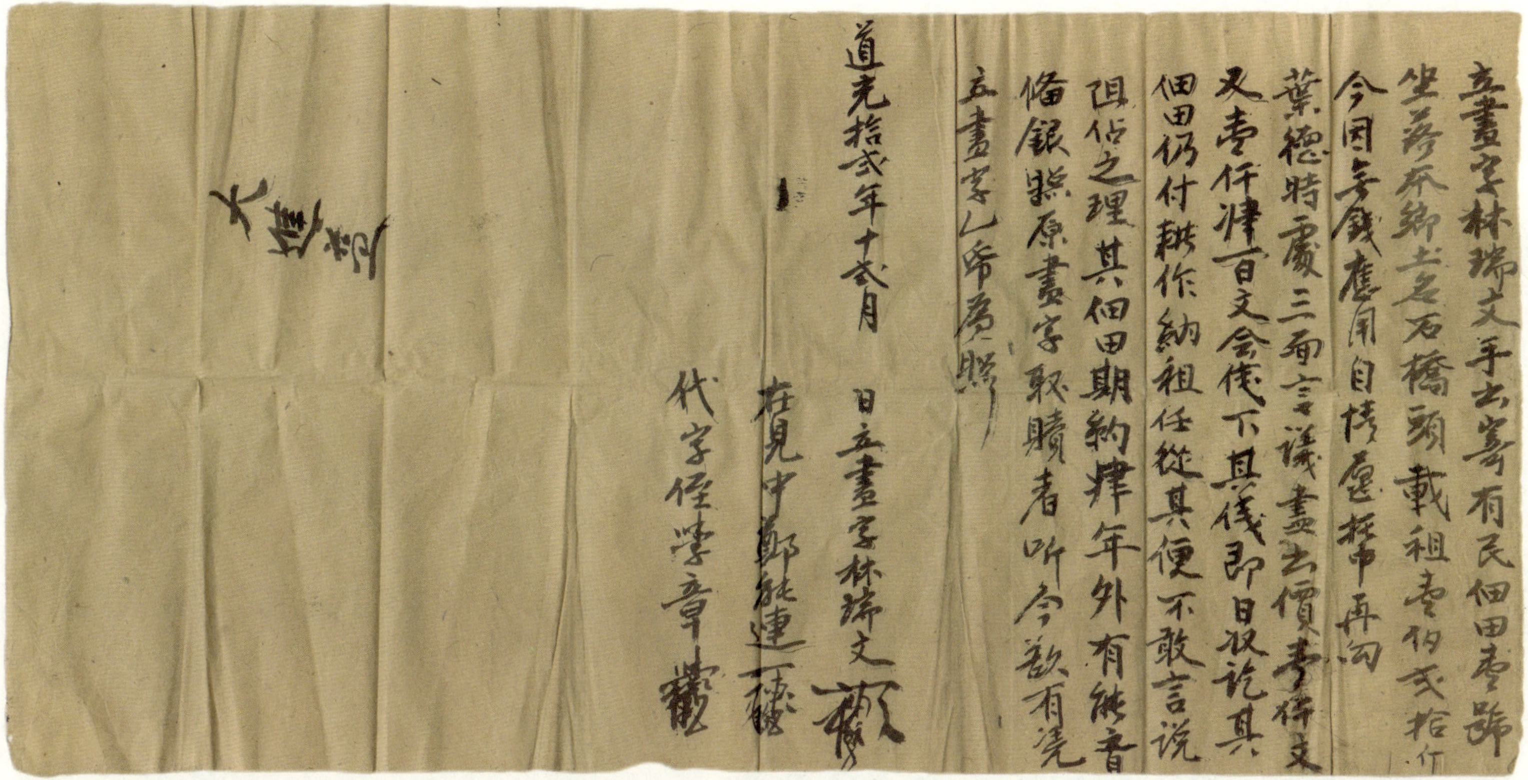
立盡字林瑞文手出賣有民佃田壹號
坐落本鄉土名石橋頭載租壹佰贰拾斤
今因乏錢應用自情愿挽中再向
葉德特處三面言議盡出價壹仟文
又壹仟肆百文会仝下其錢即日收訖其
佃田仍付耕作納租任從其便不敢言说
阻佔之理其佃田期約肆年外有銀者
备銀照原盡字取贖者听今欲有凭
立盡字一紙為照
道光拾贰年十贰月　日立盡字林瑞文（押）
在見中鄭能連（押）
代字侄學章（押）
大吉利

3-3-114-23　清道光十二年十二月林瑞文立盡民佃田字

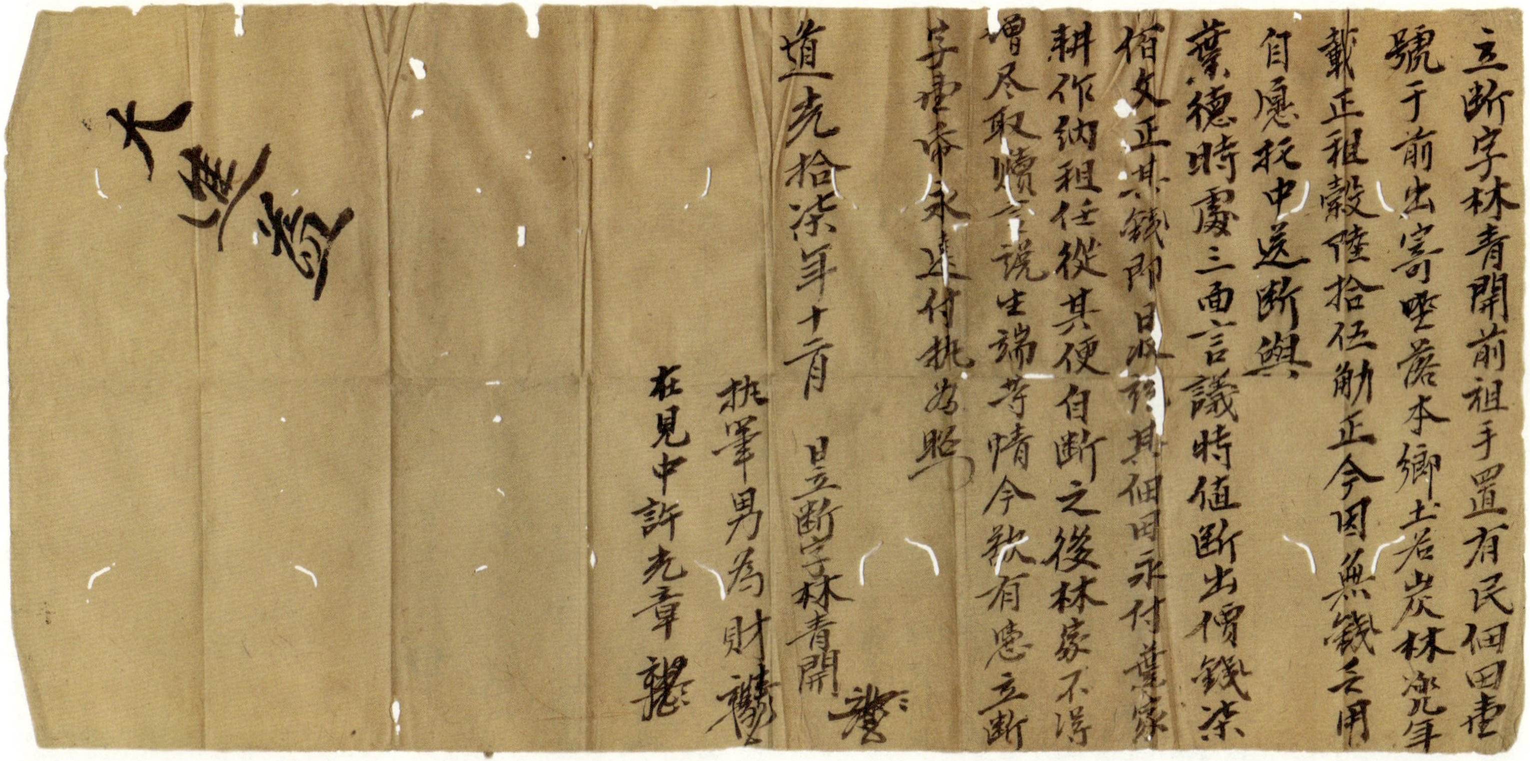
立断字林青開前祖手置有民佃田壹
號于前出寄坐落本鄉土名炭林坑年
載正租穀陸拾伍觔正今因無錢乏用
自愿托中送斷與
葉穗時處三面言議時值斷出價錢柒
佰文正其錢即日收訖其佃田永付葉家
耕作納租任從其便自斷之後林家不得
增尽取贖之說生端等情今欲有憑立斷
字壹紙永遠付執為照
道光拾柒年十二月 日立斷字林青開
執筆男為財
在見中許光章

3-3-114-24　清道光十七年十二月林青開立賣斷民佃田字

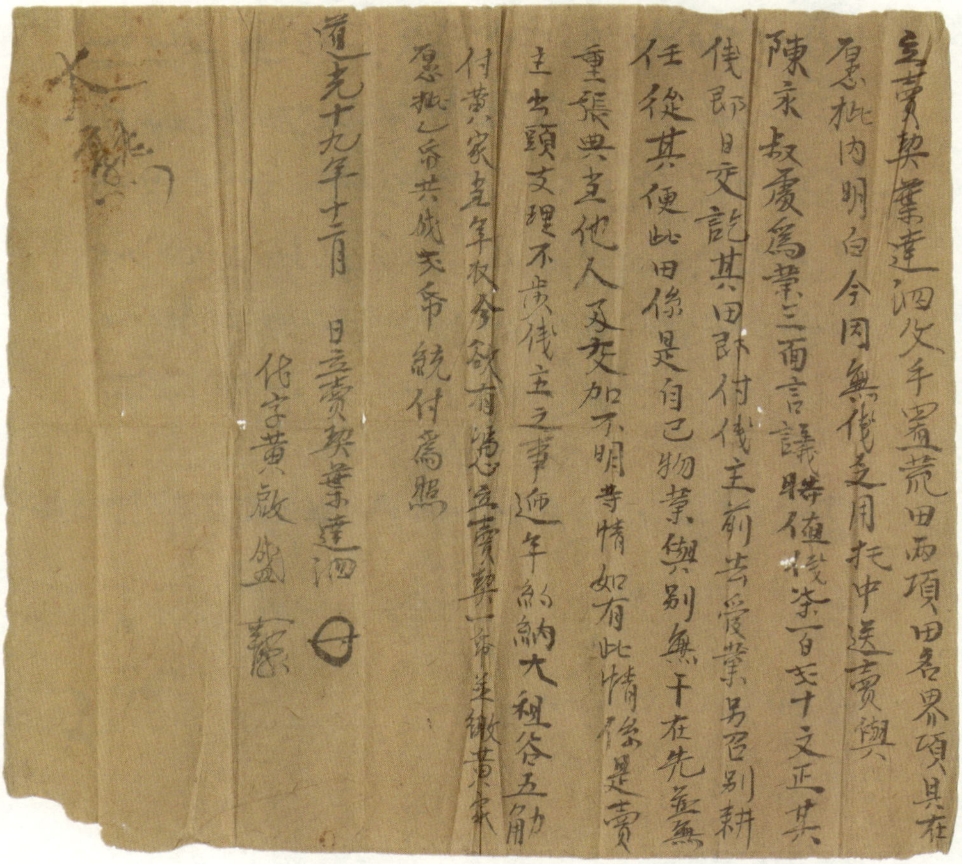

立賣契葉達泗父手置荒田兩項田名界頭具在
恩批內明白今因無錢乏用托中送賣與
陳家叔處為業三面言議時值價錢一百弍十文正其
錢即日交訖其田即付錢主前去管業另召別耕
任從其便此田係是自己物業與別無干在先並無
重張典在他人及交加不明等情如有此情係是賣
主出頭支理不涉錢主之事逐年約納大租谷五觔
付黃家其年收分欲有憑立賣契一紙並繳黃家
恩批一紙共成弍紙統付為照
道光十九年十二月 日立賣契葉達泗（押）
代字黃啟鎰（押）

3-3-114-25 清道光十九年十二月葉達泗立賣荒田契

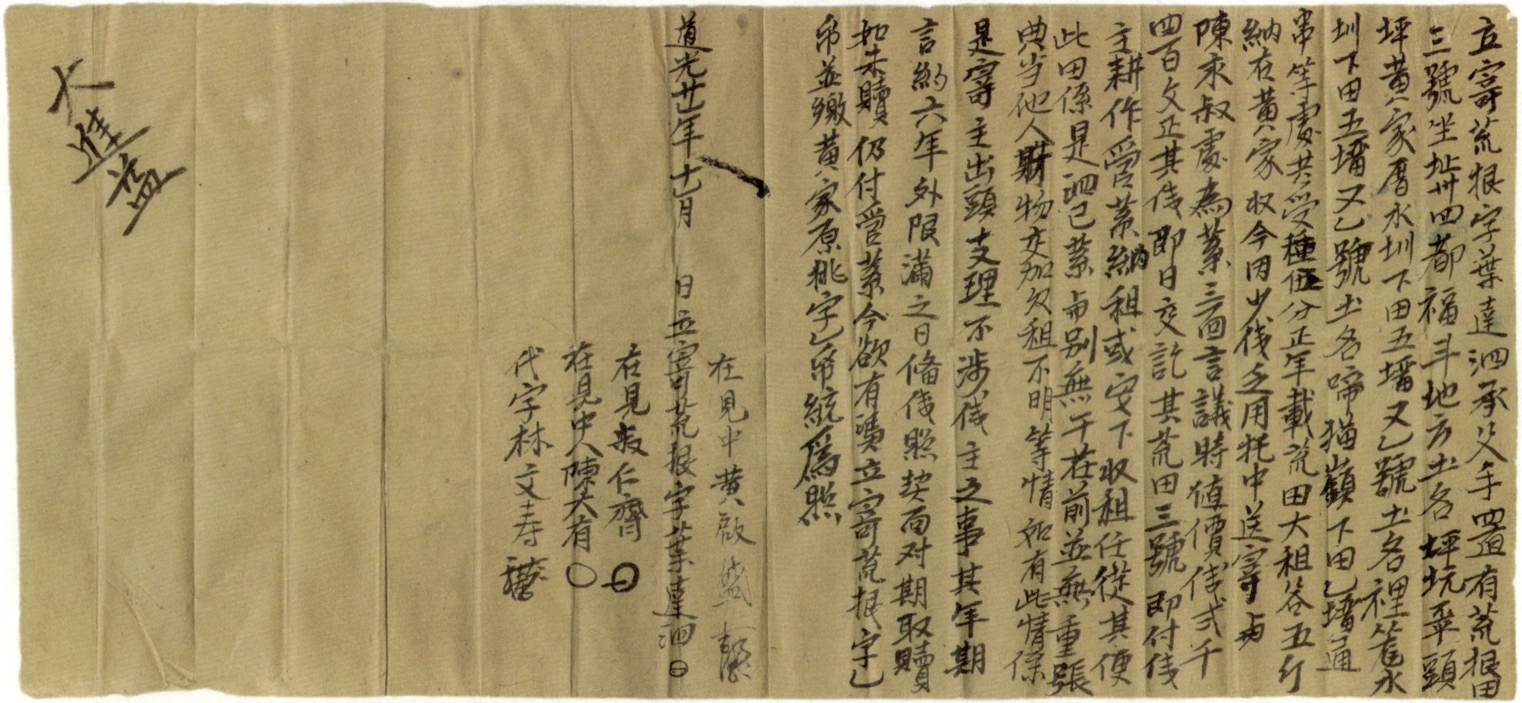
立寄荒根字葉達泗承父手置有荒根田
三號坐址卅四都福斗地方土名坪坑坪頭
坪黃家厝水圳下田五墻又一號土名裡簹永
圳下田五墻又一號土名啼猫嶺下田一墻通
串等處共受種伍分正年載荒田大租谷五斤
納在黃家收今因乏錢應用托中送寄與
陳來叔處為業三面言議時值價錢弍千
四百文正其錢即日交訖其荒田三號即付錢
主耕作管業納租或受下收租任從其便
此田係是泗己業與房別無干涉前並無重張
典當他人財物交加欠租不明等情如有此情係
是寄主出頭支理不涉錢主之事其年期
言約六年外限滿之日備錢照契面對期取贖
如未贖仍付管業今欲有憑立寄荒根字一
帋並繳黃家原批字一帋統爲照

道光廿一年十一月　日立寄荒根字葉達泗

在見中黃啟鐵

在見叔作齊

在見中人陳大有

代字林文壽

大進益

3-3-114-26　清道光二十一年十一月葉達泗立寄荒根田字

立寄佃字葉德時仝侄仁富前年間手置
有屯田壹号，坐落廿四都福斗地方，土名墩坵，
受種壹畝，年載正租穀壹百貳拾觔正。今
因乏用，自愿托中送寄與
林行用處，三面言議，時值價銀壹拾肆兩正，
每兩折錢捌百文扣，其銀即日收訖，其田即付
銀主前去耕作納租，任從其便。在先未曾
重張典當他人，及文加不明等情，如有此情，
係是寄主出頭支理，不涉銀主之事。其田
約期不拘遠近，俟至有能之日備銀照寄
字面取贖。今欲有憑，立寄佃字壹紙，並帶
金昌泰原寄字壹紙，共貳紙，付執為照。

道光貳拾貳年拾貳月　日立寄佃字葉德時（押）
仝侄仁富（押）
中見陳大林（押）
執筆男仁兼（押）

大吉字

3-3-114-27　清道光二十二年十二月葉德時立寄佃屯田字

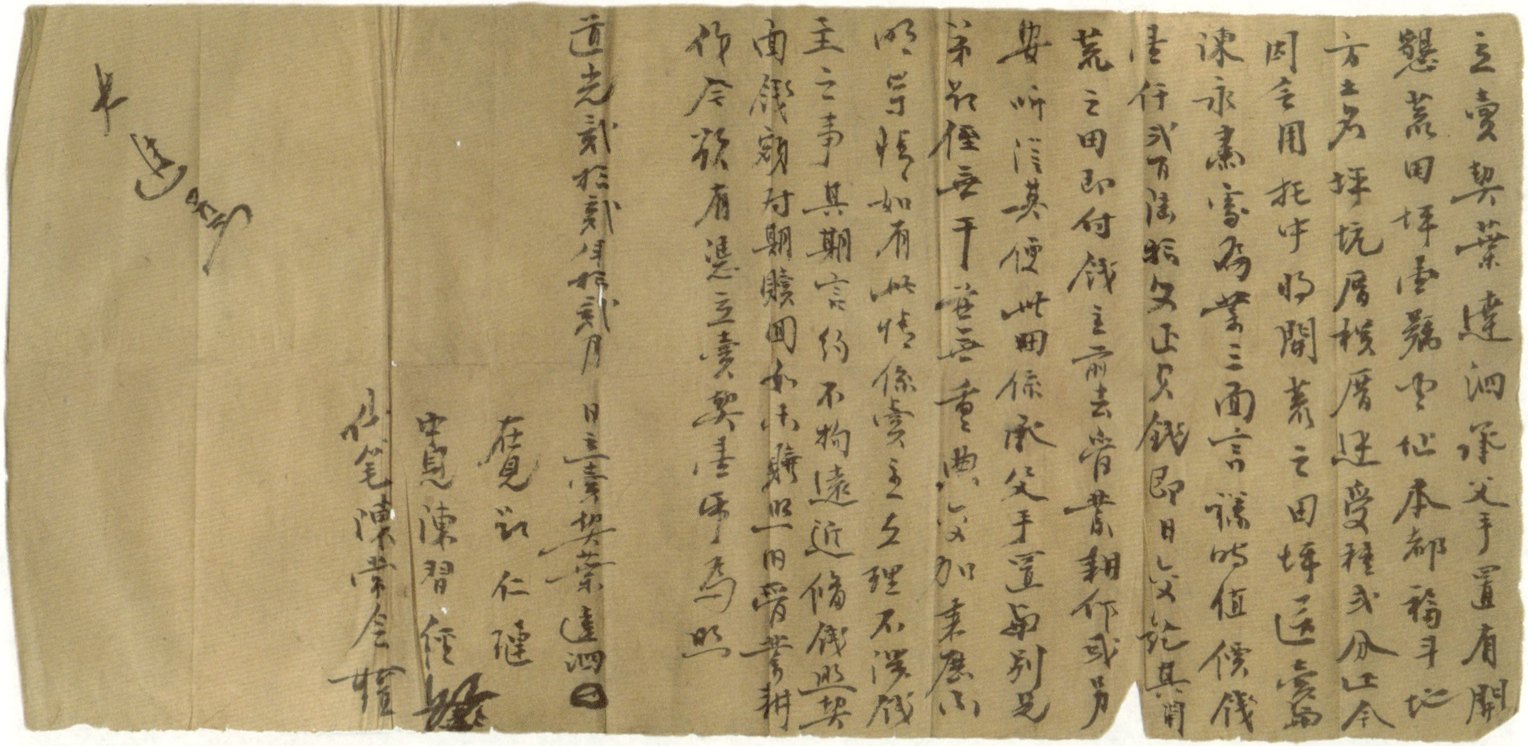

3-3-114-28 清道光二十二年十二月葉達泗立賣荒田坪契

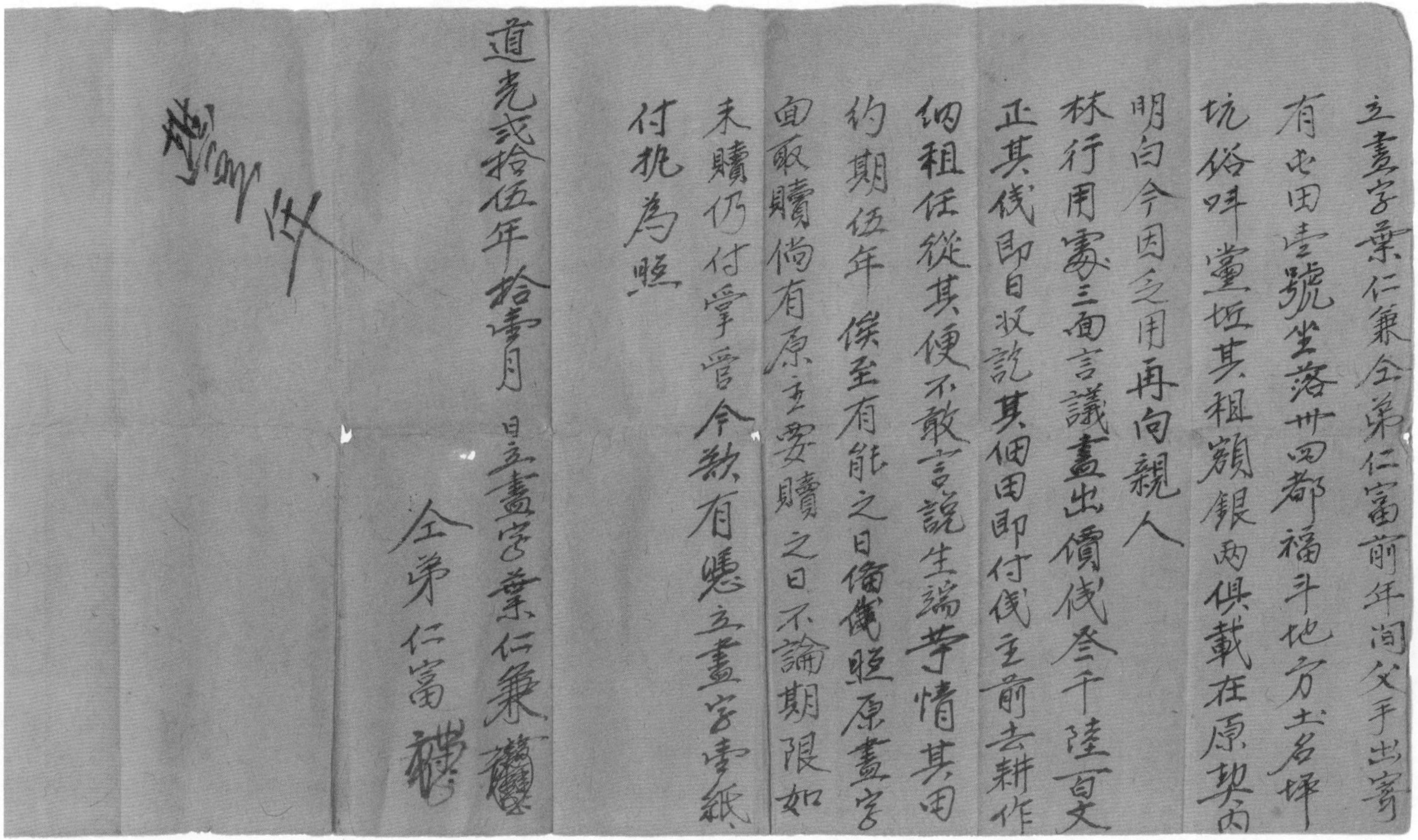

立盡字葉仁兼仝弟仁富前年間父手出賣
有屯田壹號坐落卅四都福斗地方土名坪
坑俗呌壟坵其租額銀兩俱載在原契內
明白今因乏用再向親人
林行用處三面言議盡出價錢叁千陸百文
正其錢即日收訖其佃田即付錢主前去耕作
納租任從其便不敢言說生端等情其田
約期伍年俟至有能之日備價照原盡字
面取贖倘有原主要贖之日不論期限如
未贖仍付掌管今欲有憑立盡字壹紙
付执為照
道光貳拾伍年拾壹月　日立盡字葉仁兼（押）
仝弟仁富（押）

3-3-114-29　清道光二十五年十一月葉仁兼等立盡屯田契

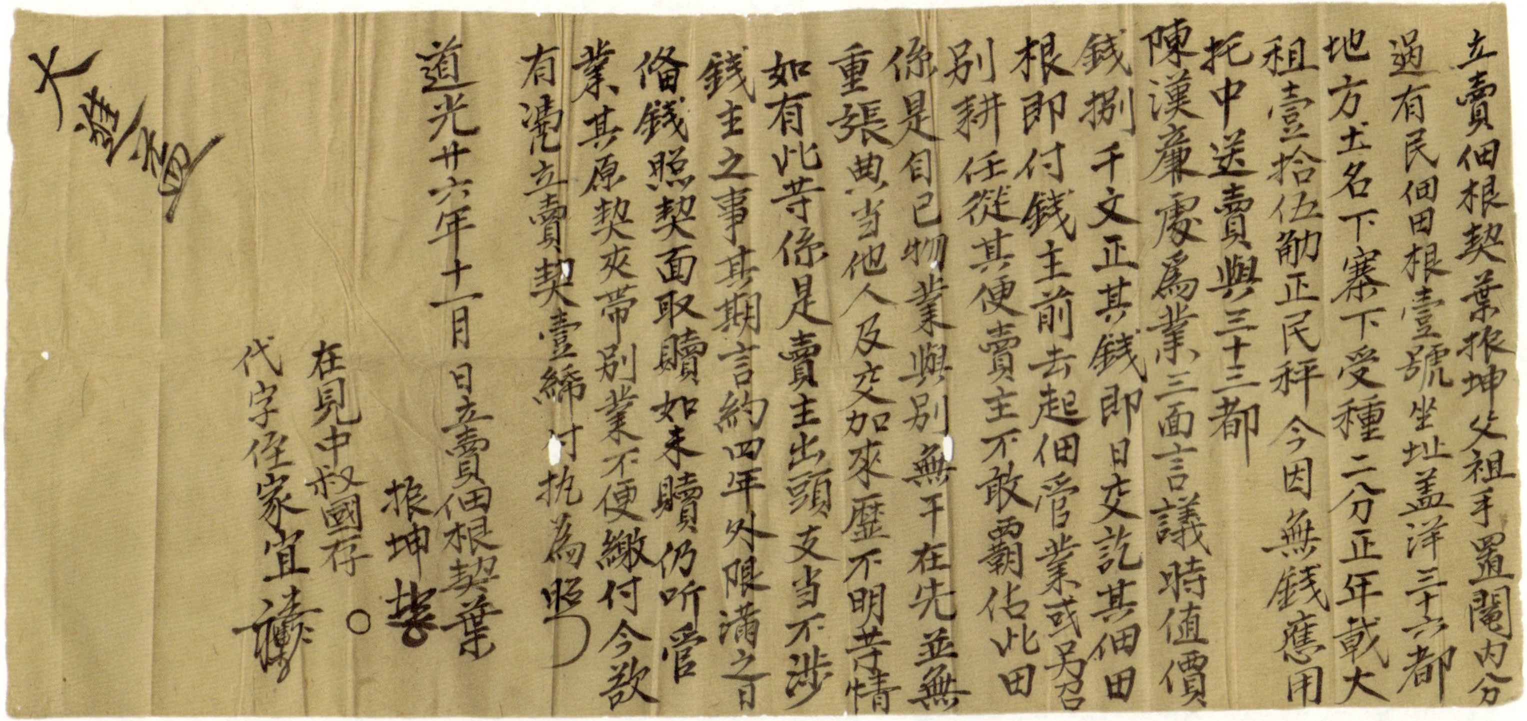
立賣佃根契葉振坤父祖手置鬮內分
過有民佃田根壹號，坐址盖洋三十六都
地方，土名下寨下，受種二分正，年載大
租壹拾伍觔正，民秤。今因無錢應用，
托中送賣與三十三都
陳漢廉處爲業，三面言議，時值價
錢捌千文正，其錢即日交訖，其佃田
根即付錢主前去起佃管業，或另召
別耕，任從其便，賣主不敢霸佔。此田
係是自己物業，與別無干，在先並無
重張典當他人及交加來歷不明等情，
如有此等，係是賣主出頭支当，不涉
錢主之事。其期言約四年外限滿之日，
備錢照契面取贖，如未贖，仍听管
業。其原契夾帶別業，不便繳付。今欲
有憑，立賣契壹紙付執爲照。
道光廿六年十一月　日立賣佃根契葉
振坤（押）
在見中叔國存○
代字侄家宜（押）
大發

3-3-114-30　清道光二十六年十一月葉振坤立賣民佃田根契

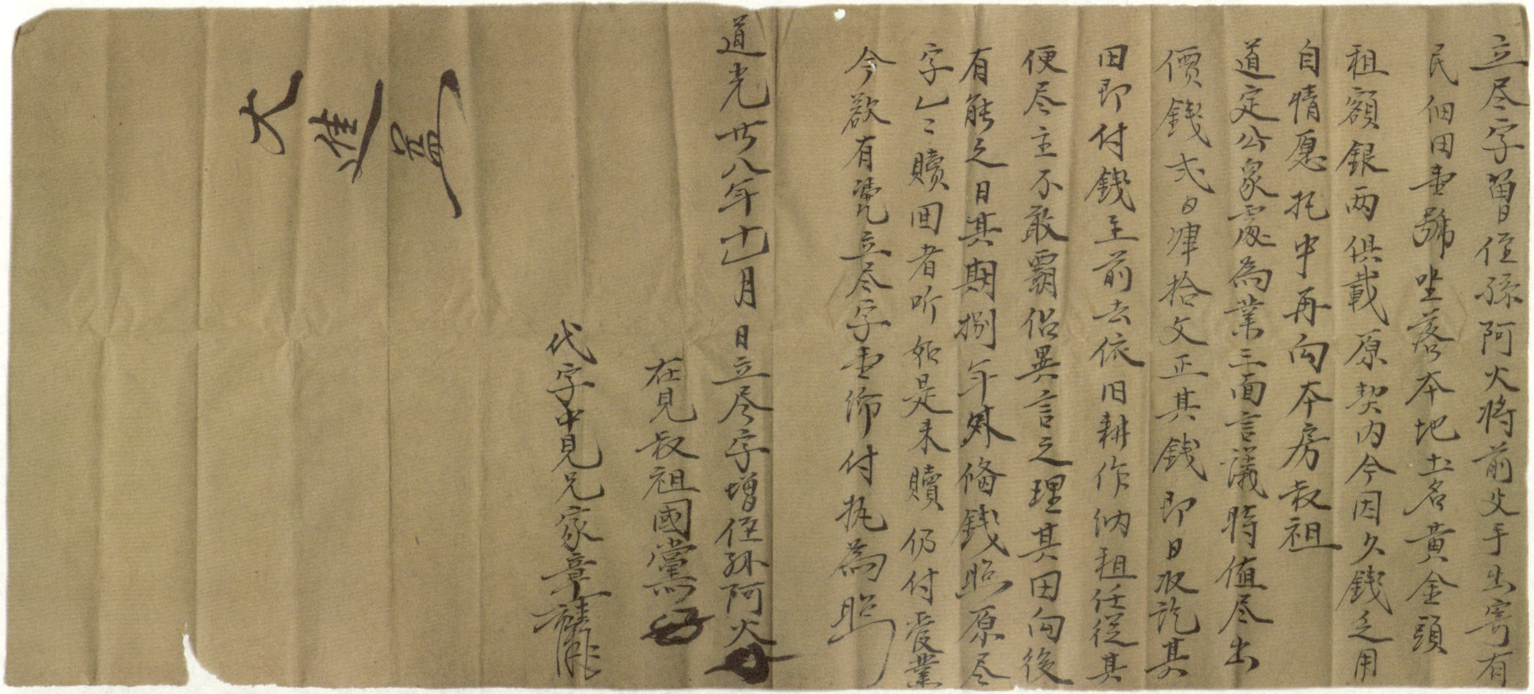
立盡字曾侄孫阿火將前丈手出賣有
民佃田壹號坐落本地土名黃金頭
租額銀兩俱載原契內今因乏錢應用
自情愿托中再向本房叔祖
道定公家處為業三面言議將值盡出
價錢弍日津拾文正其錢即日收訖其
田即付錢主前去依旧耕作納租任從其
便盡主不敢霸佔異言之理其田向後
有能之日其與捌年外備錢照原盡
字山二贖回者听如是未贖仍付管業
今欲有憑立盡字壹紙付執為照
道光廿八年十一月　日立盡字增侄孫阿火（押）
在見叔祖國黨（押）
代字中見兄家章（押）

3-3-114-31　清道光二十八年十一月葉阿火立盡民佃田字

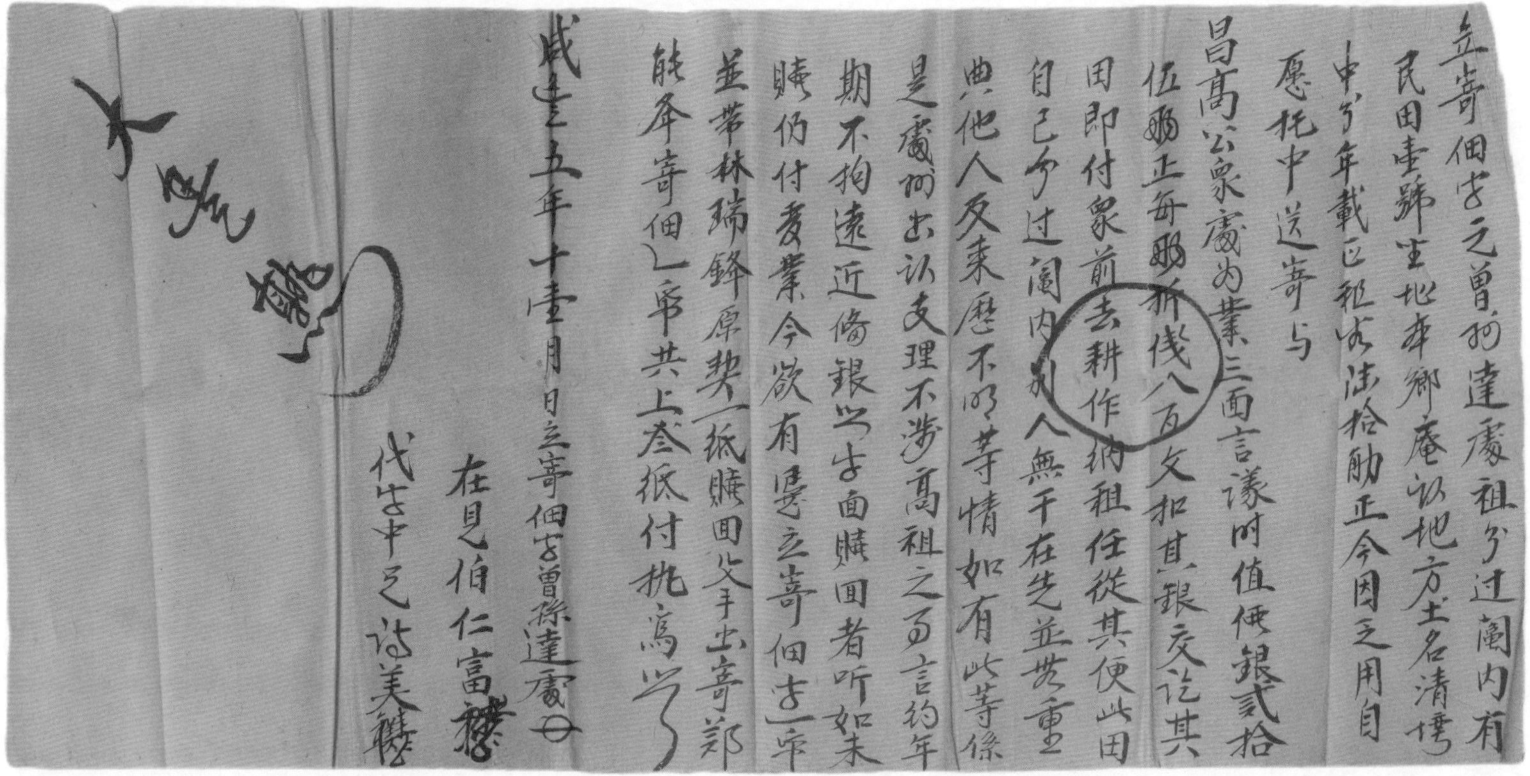
立寄佃字之曾孫達處祖分过闽内有
民田壹號坐址本鄉庵后地方土名清塘
中分年載正租谷陆拾觔正今因乏用自
愿托中送寄与
昌高公衆處為業三面言議时值價銀貳拾
伍兩正每兩折錢八百文扣其銀交訖其
田即付衆前去耕作納租任從其便此田
自己分过闽内别人無干在先並無重
典他人及來歷不明等情如有此等係
是處出認支理不涉高祖之事言約年
期不拘遠近備銀照字面贖回者听如未
贖仍付衆業今欲有憑立寄佃字一帋
並帶林瑞鋒原契一紙贖回之手出寄鄭
能本寄佃一帋共上叁紙付執為照
咸豐五年十壹月 日立寄佃字曾孫達處（押）
在見伯仁富（押）
代字中兄詩美（押）
大吉

3-3-114-32 清咸豐五年十一月葉達處立寄佃民田字

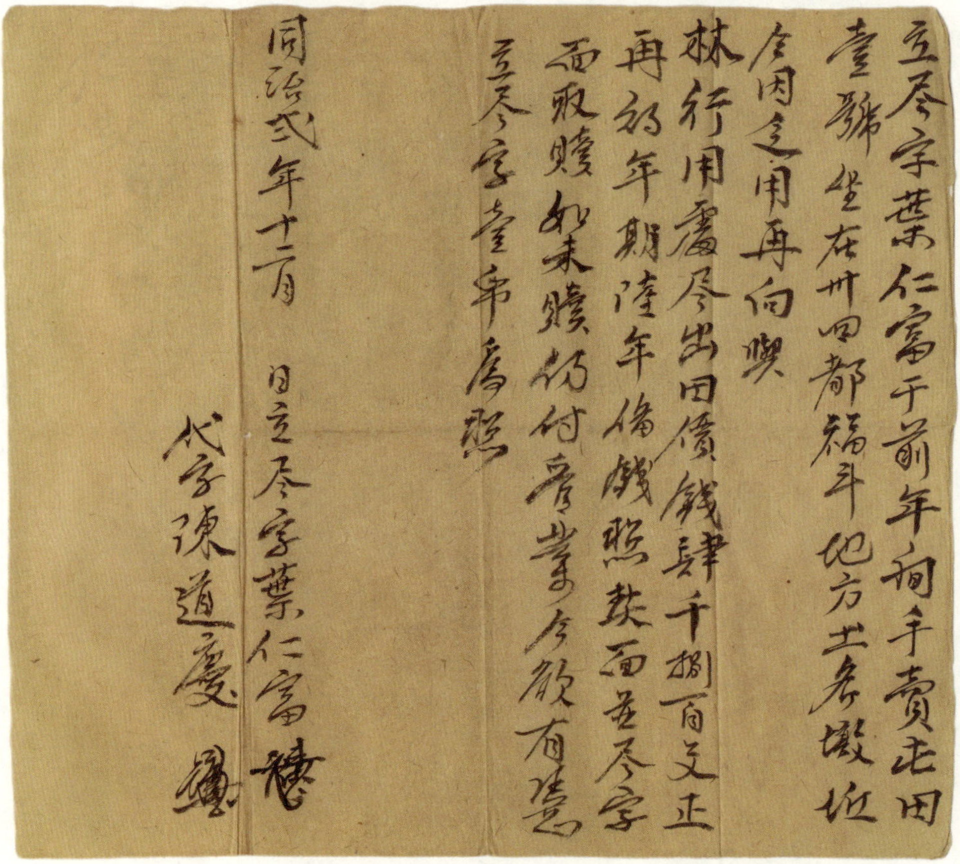
立盡字葉仁富于前年向手賣出田
壹號坐在卅四都福斗地方土名墩坵
今因乏用再向與
林行用處盡出田價錢肆千捌百文正
再約年期陸年備錢照契面並盡字
面取贖如未贖仍付原業主收有憑
立盡字壹帋為照
同治貳年十二月　日立盡字葉仁富（押）
代字陳道慶（押）

3-3-114-33　清同治二年十二月葉仁富立盡屯田字

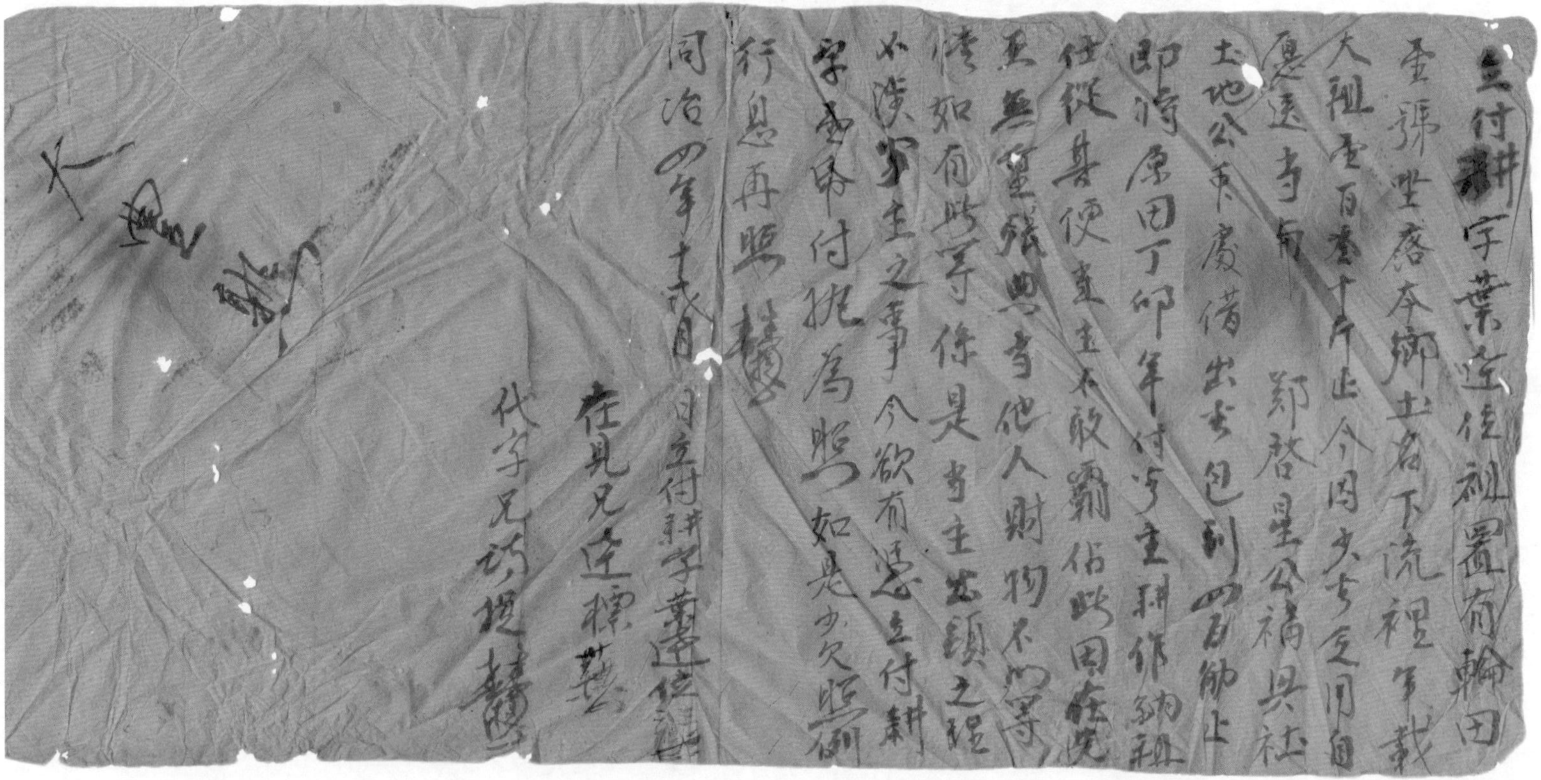
立付耕字葉達位，祖置有輪田
壹號，坐落本鄉土名下流裡，年載
大租壹百叁十斤止。今因少乏錢用，自
愿送與　鄭啓星公禧興社
土地公處借出錢包到四[illegible]止，
即將原田丁卯年付與主耕作納租，
任從其便，業主不敢霸佔。此田係先
至無重張典當他人財物不明等
情，如有此等，係是當主出頭之理，
不涉業主之事。今欲有憑，立付耕
字壹紙付執為照。如是少欠照例
行息再照。
同治四年十二月　日立付耕字葉達位
在見兄達標
代字兄[illegible]堤

3-3-114-34　清同治四年十二月葉達位立付耕輪田字（一）

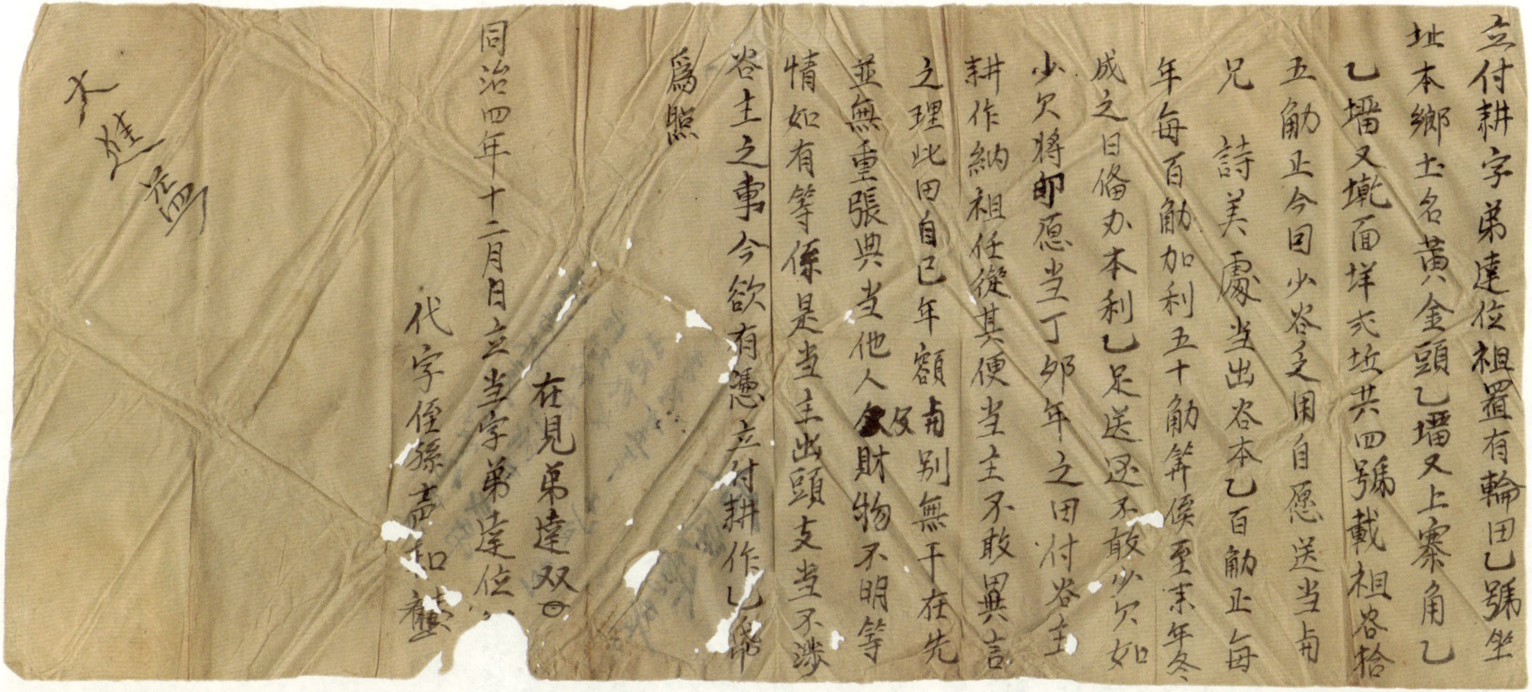

立付耕字弟達位祖置有輪田乙號坐
址本鄉土名黃金頭乙墻又上寨角乙
乙墻又墘面垟式坵共四號載租谷拾
五觔正今因少谷乏用自愿送当甫
兄 詩美處当出谷本乙百觔正每
年每百觔加利五十觔筭候至末年冬
成之日备办本利乙足送还不敢少欠如
少欠將即愿当丁卯年之田付谷主
耕作納租任從其便当主不敢異言
之理此田自己年額甫別無干在先
並無重張典当他人及財物不明等
情如有等係是当主出頭支当不涉
谷主之事今欲有憑立付耕作乙紙
爲照
在見弟達双㊞
同治四年十二月日立当字弟達位
代字侄孫善和

3-3-114-35　清同治四年十二月葉達位立付耕輪田字（二）

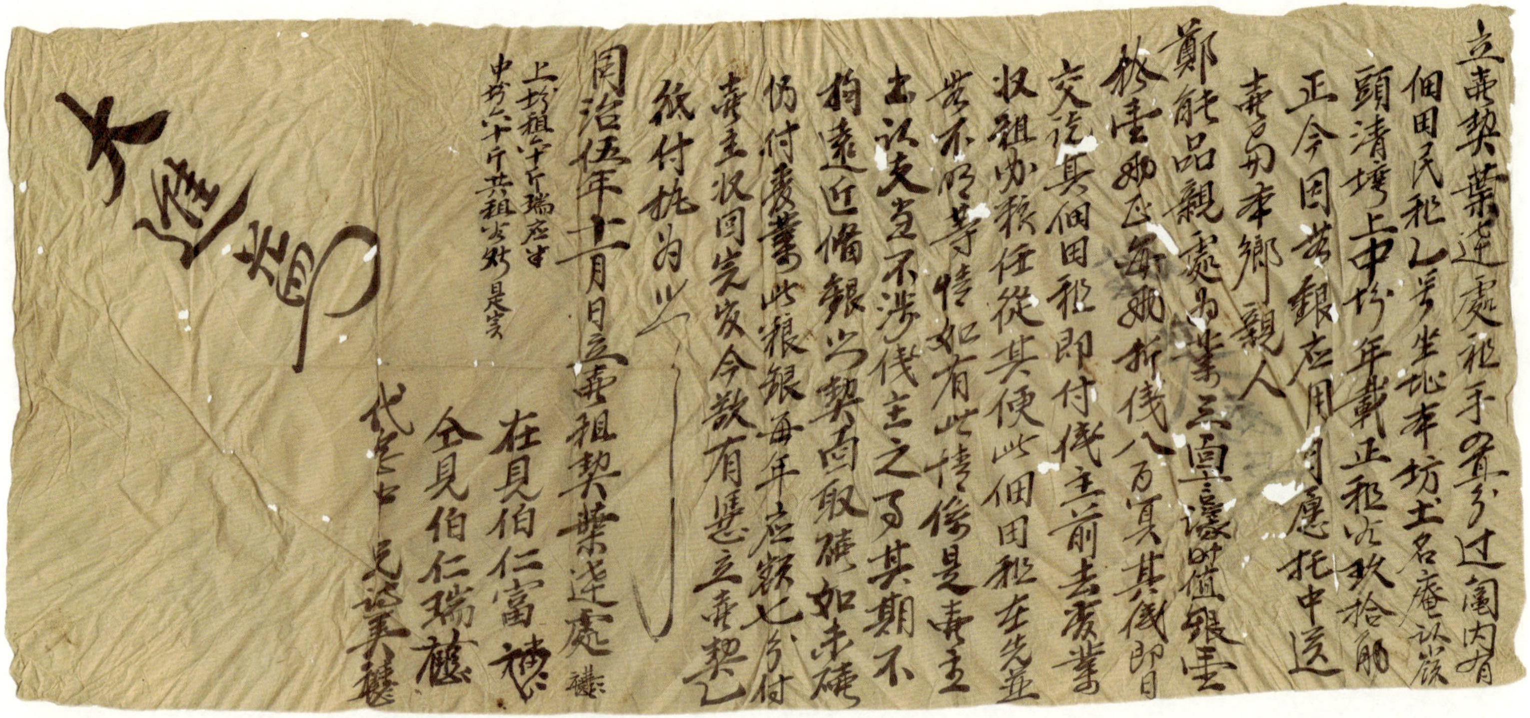
立賣契葉達處承祖手置有分過閹內有
佃田民租乙号坐址本坊土名[illegible]
頭清壙上中圻年載正租穀拾[illegible]
正今因要銀應用自愿托中送
賣與本鄉　親人
鄭能品親處為業三面言議時值銀壹
拾壹兩正每兩折錢八百文其錢即日
交訖其佃田租即付錢主前去管業
收租亦聽任從其便此佃田租在先並
無不明等情如有此情係是賣主
出認支當不涉錢主之事其期不
拘遠近備銀照契面取贖如未贖
仍付管業此糧銀每年應貼錢七分付
賣主收[illegible]今欲有憑立賣契乙
紙付執為照
同治伍年十一月　日立賣租契人葉達處
在見伯仁富
仝見伯仁瑞
代筆[illegible]
上坊租[illegible]十斤瑞應[illegible]
中坊六十斤共租[illegible]是實

3-3-114-36　清同治五年十一月葉達處立賣佃田民租契

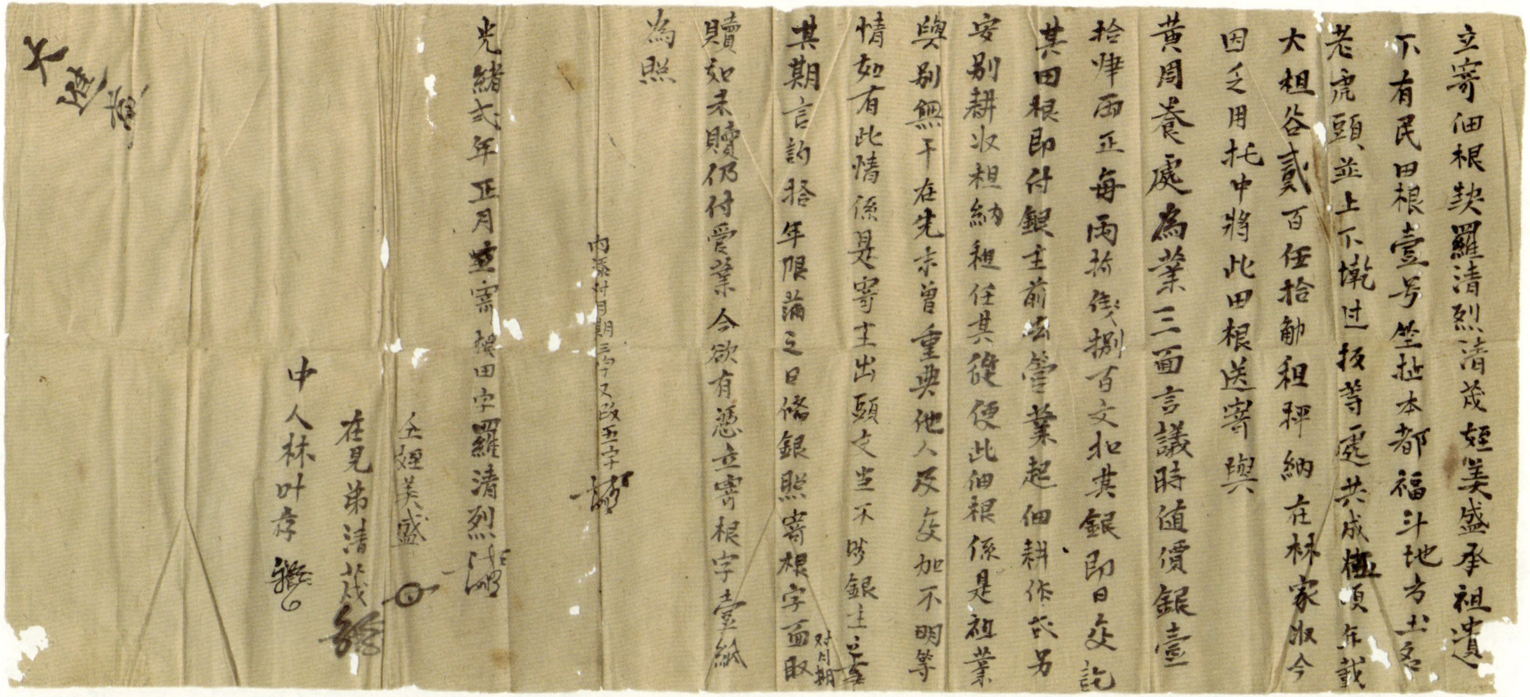
立寄佃根契羅清烈、清茂、姪美盛承祖遺
下有民田根壹号，坐址本都福斗地方，土名
老虎頭，並上下墘坵段等處，共成[illegible]頃，年載
大租谷貳百伍拾觔，租秤納在林家取。今
因乏用，托中將此田根送寄與
黄周養處為業，三面言議時值價銀壹
拾肆兩正，每兩拾錢捌百文扣，其銀即日交訖。
其田根即付銀主前去管業，起佃耕作，或另
安別耕，收租納租，任其從便。此佃根係是祖業，
與別無干，在先未曾重典他人及交加不明等
情。如有此情，係是寄主出頭支當，不干銀主之事。
其期言約拾年限滿之日，備銀照寄根字面取
贖；如未贖，仍付管業。今欲有憑，立寄根字壹紙
為照。
內添付月期三字，又改五字
光緒式年正月　日立寄根田字羅清烈
仝姪美盛
在見弟清茂
中人林叶存

3-3-114-37　清光緒二年正月羅清烈等立寄佃民田根契

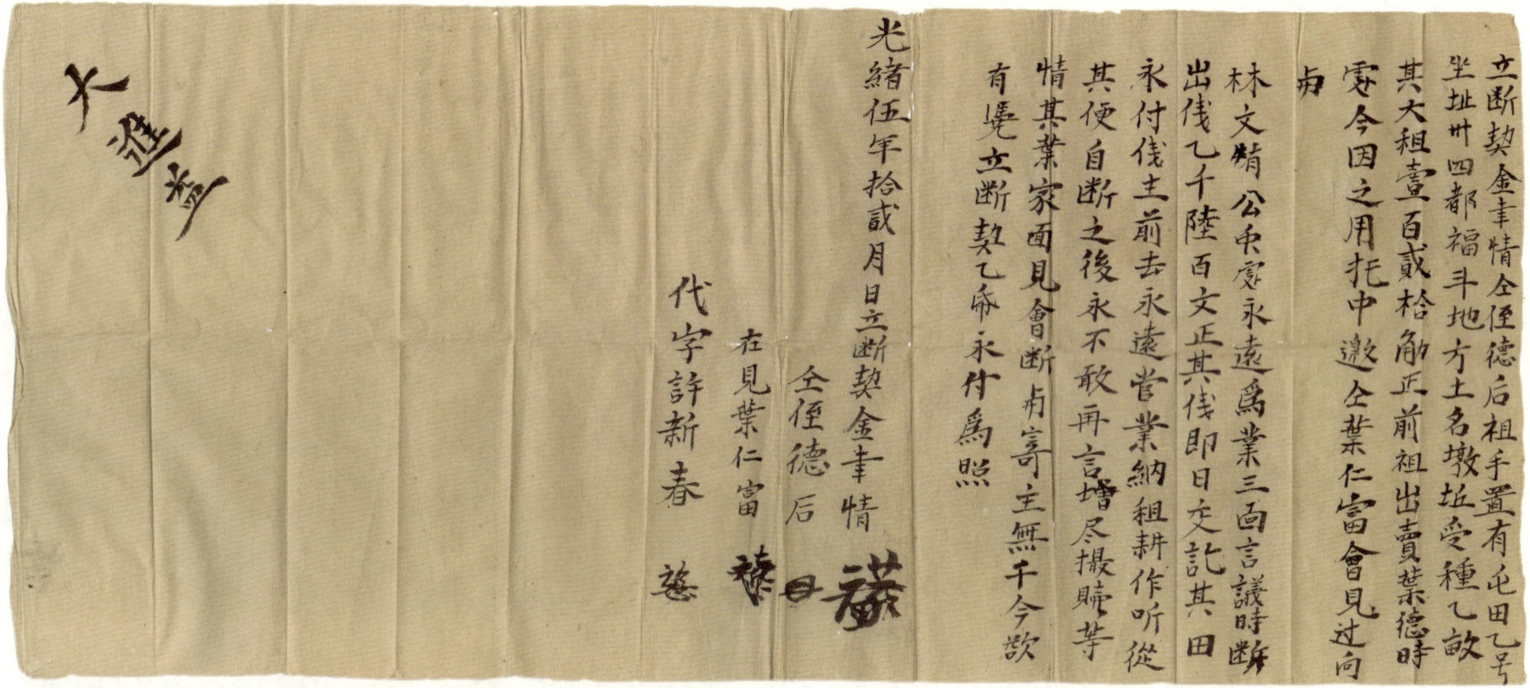
立断契金丰情仝侄德后祖手置有屯田乙号
坐址卅四都福斗地方土名墩垅受種乙畝
其大租壹百貳拾斤正前祖出賣葉德時
更今因之用托中邀仝葉仁富會見过向
与
林文精公承處永遠爲業三面言議時斷
出价乙千陸百文正其价即日交訖其田
永付价主前去永遠管業納租耕作听從
其便自斷之後永不敢再言增尽撮贖等
情其業家面見會斷卣寄主無干今欲
有凴立斷契乙紙永付爲照

光緒伍年拾貳月日立斷契金丰情
仝侄德后
在見葉仁富
代字許新春

3-3-114-38 清光緒五年十二月金丰情等立斷屯田契

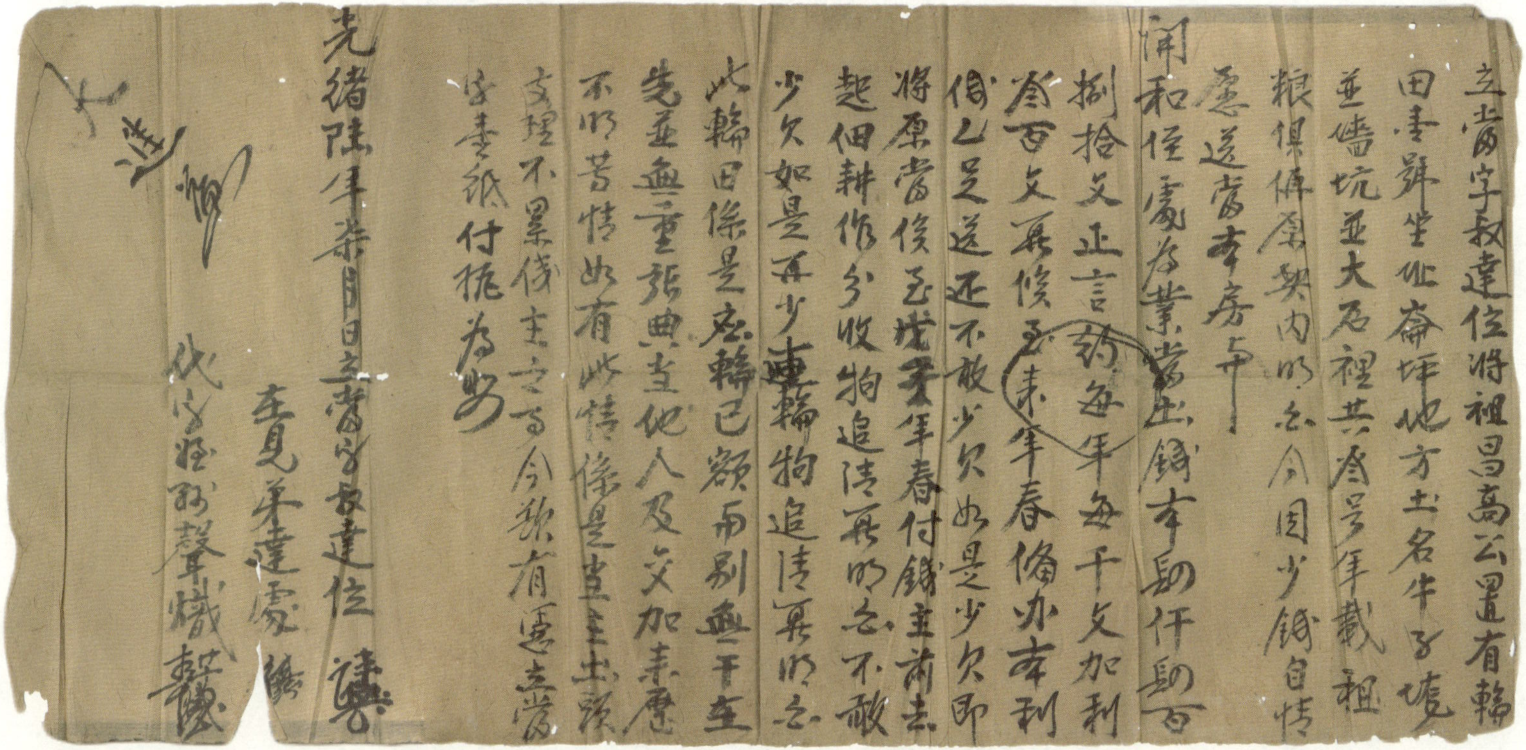

立當字叔達位將祖置高公置有輪
田壹號坐址坪地方土名牛子境
並墻坑并大石裡共壹号年載租
粮俱係原契內明今因少錢自情
愿送當本房户下
闲和侄處爲業當出錢本足仟肆佰
捌拾文正言約每年每千文加利
叁百文算俟至來年春備办本利
但已是送還不敢少欠如是少欠即
將原當候至來年春付錢主前去
起佃耕作分收物追清算明之不敢
少欠如是有少輪物追清算明之
此輪田係是本輪已額而别無干在
先並無重張典當他人及交加未歷
不明等情如有此情係是當主出頭
支理不累錢主之事今欲有憑立當
字壹紙付據爲照

光緒陸年柒月日立當字叔達位（押）
在見葉達處（押）
代筆侄聲織（押）
大吉

3-3-114-39　清光緒六年七月葉達位立當輪田字（廢契）

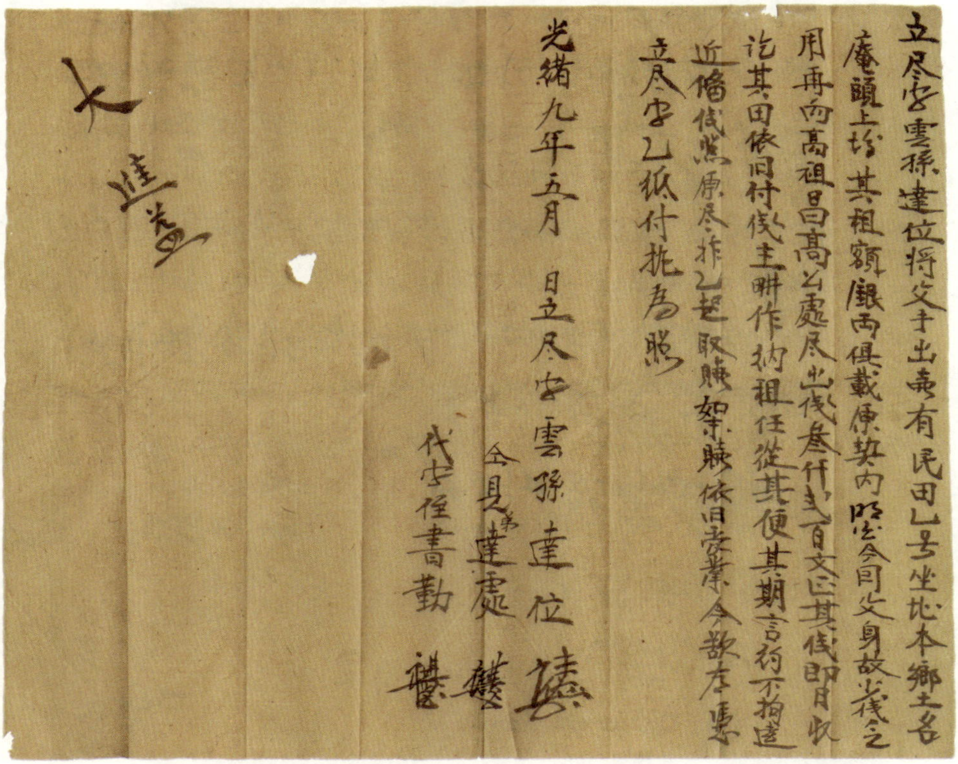
立盡字雲孫達位將父手出賣有民田山場坐址本鄉土名
庵頭上坵，其租額銀兩俱載原契內明白，今因父身故，乏錢之
用，再向高祖昌高公處盡出價叁什弍百文正，其價即日收
訖，其田依舊付價主耕作納租，任從其便，其期言約不拘遠
近，備價照原盡、排一起取贖，如未贖，依舊管業，今欲有憑，
立盡字一紙付執為照。
光緒九年五月　日立盡字雲孫達位（押）
全見弟達處（押）
代字侄書勤（押）

3-3-114-40　清光緒九年五月葉達位立盡民田字

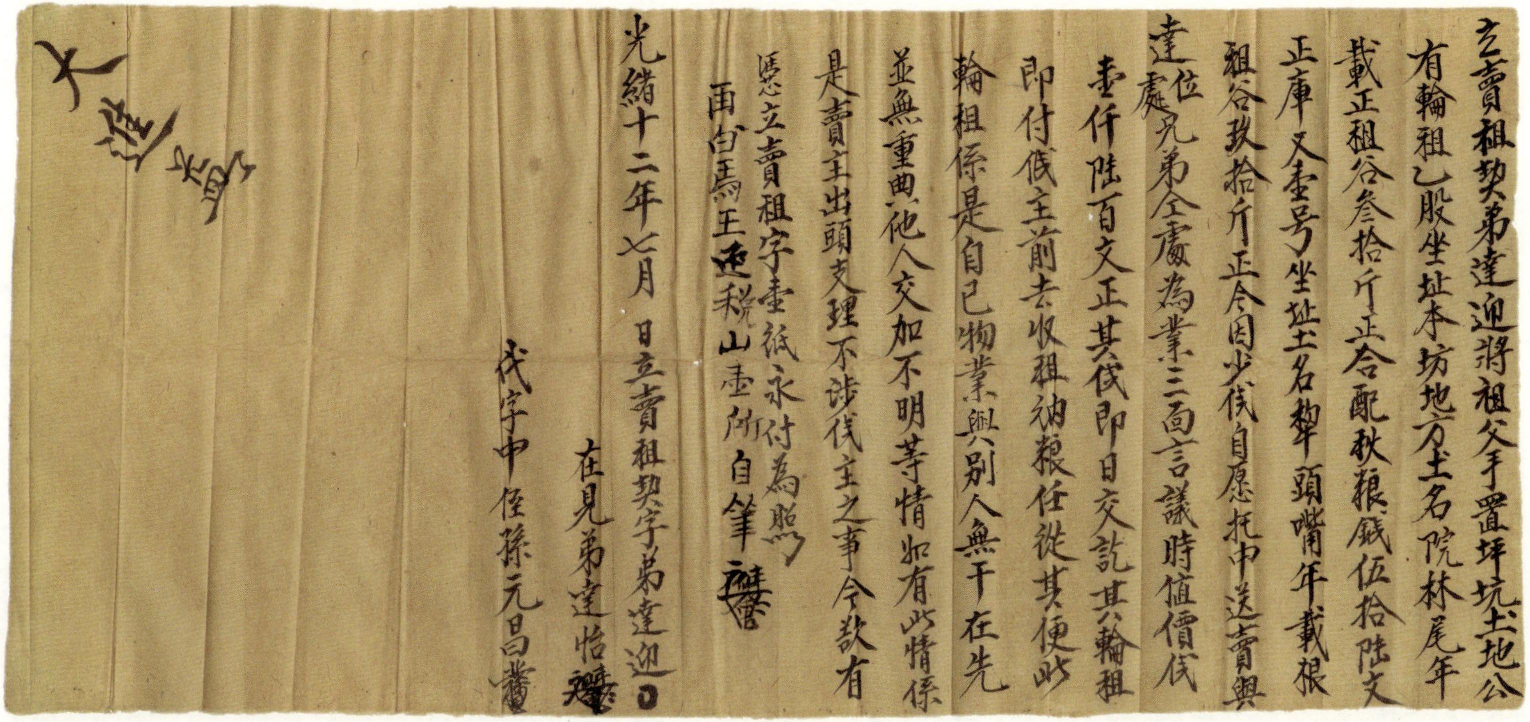

立賣租契弟達迎將祖父手置坪坑土地公
有輪租乙股坐址本坊地方土名院林尾年
載正租谷叁拾斤正合配秋粮錢伍拾陸文
正庫又壹号坐址土名碓頭嘴年載根
租谷玖拾斤正今因少錢自愿托中送賣與
達位處兄弟仝處為業三面言議時值價錢
壹仟陸百文正其錢即日交訖其輪租
即付錢主前去收租納粮任從其便此
輪租係是自己物業與別人無干在先
並無重典他人交加不明等情如有此情係
是賣主出頭支理不涉錢主之事今欲有
憑立賣租字壹紙永付為照
再白馬王廷税山壹所自筆
光緒十二年七月 日立賣租契字弟達迎
在見弟達怡
代字中侄孫元昌

3-3-114-41 清光緒十二年七月葉達迎立賣輪租契

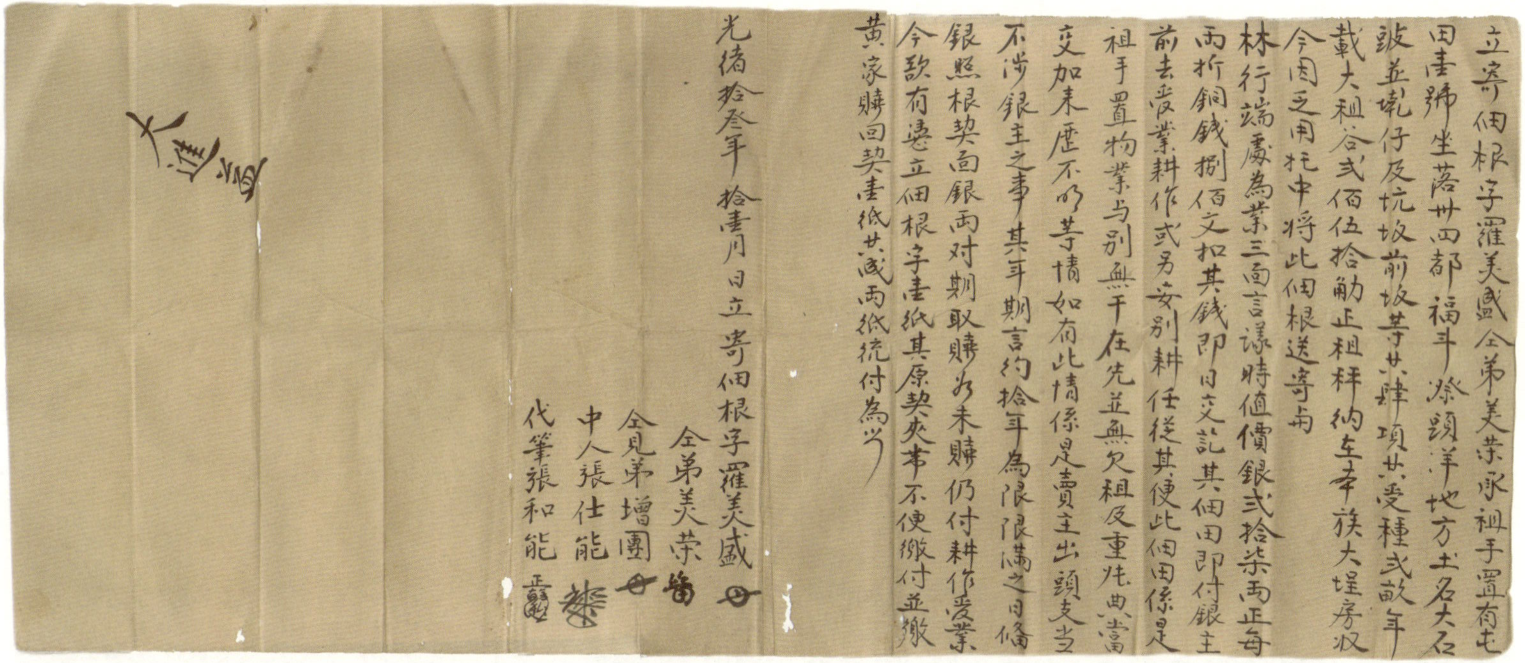
立寄佃根字羅美盛仝弟美榮承祖手置有屯
田壹號坐落廿四都福斗漈頭洋地方土名大石
跋並墘仔及坑坂前坂等共肆項共受種弍畝年
載大租谷弍佰伍拾觔正租秤納左卒族大埕房收
今因乏用托中將此佃根送寄與
林行端處為業三面言議時值價銀弍拾柒両正每
両折銅錢捌佰文扣其錢即日交訖其佃田即付銀主
前去受業耕作或另安別耕任從其便此佃田係是
祖手置物業与別無干在先並無欠租及重張典當
交加來歷不明等情如有此情係是賣主出頭支当
不涉銀主之事其年期言約拾年為限限滿之日備
銀照根契面銀両對期取贖如未贖仍付耕作受業
今欲有憑立佃根字壹紙其原契夾帯不便繳付並繳
黄家贖回契壹紙共弍両紙統付為照

光緒拾叁年拾壹月日立寄佃根字羅美盛
仝弟美榮
仝見弟增團
中人張仕能
代筆張和能

3-3-114-42 清光緒十三年十一月羅美盛等立寄佃屯田根字

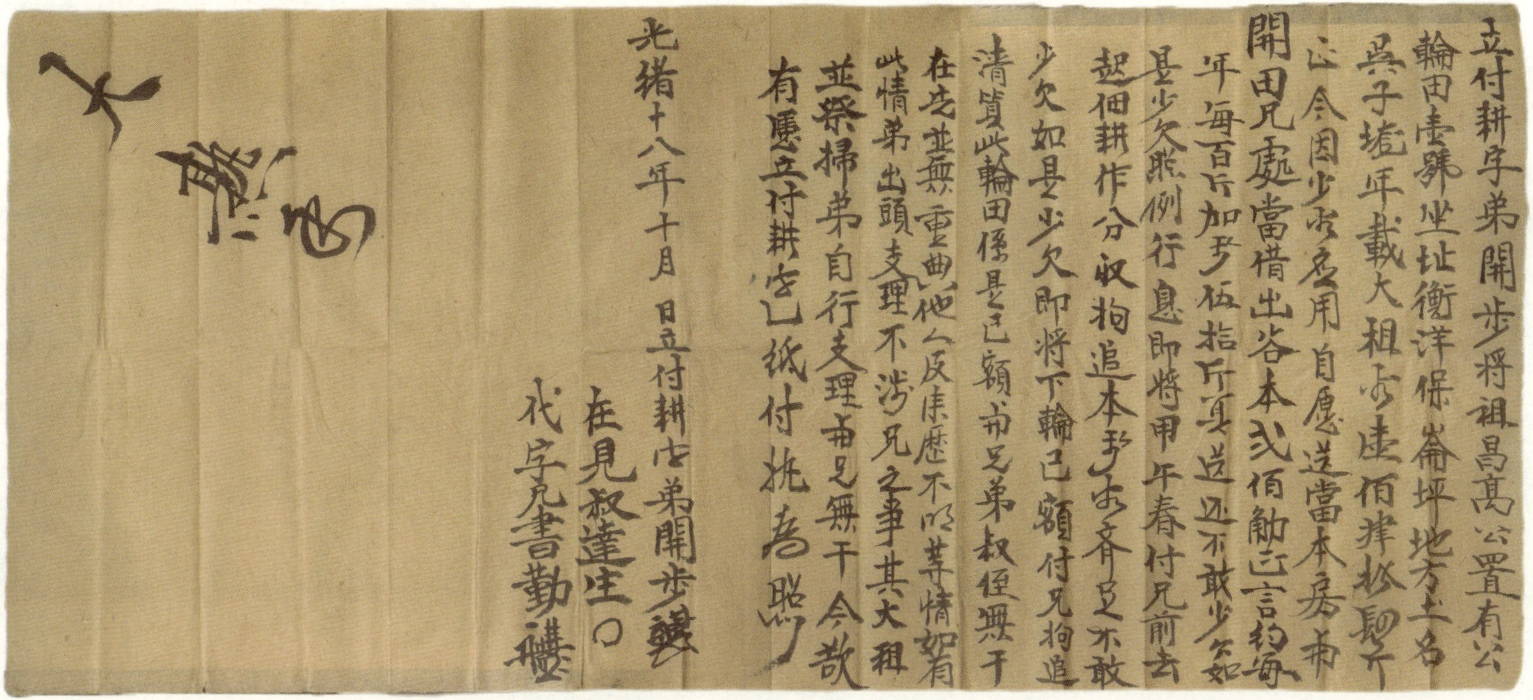

立付耕字弟開步將祖昌髙公置有公
輪田壹號坐址衢洋保崙坪地方土名
吳子墘年載大租弍佰肆拾觔下
正今因少錢应用自愿送當本房弟
開田兄處當借出谷本弍佰觔正言約每
年每百斤加利伍拾斤算送還不敢少欠如
是少欠照例行息即將甲午年春付兄前去
起佃耕作分收抵追本利谷齊足不敢
少欠如是少欠即將下輪已額付兄抵追
清賬此輪田係是已額弟兄叔侄無干
在先並無重典他人反悔不明等情如有
此情弟出頭支理不涉兄之事其大租
並祭掃弟自行支理弟兄無干今欲
有憑立付耕字一紙付执為照

光緒十八年十月　日立付耕字弟開步(押)
在見叔達生〇
代字兄書勤(押)

大[illegible]

3-3-114-43 清光緒十八年十月葉開步立付耕公輪田字

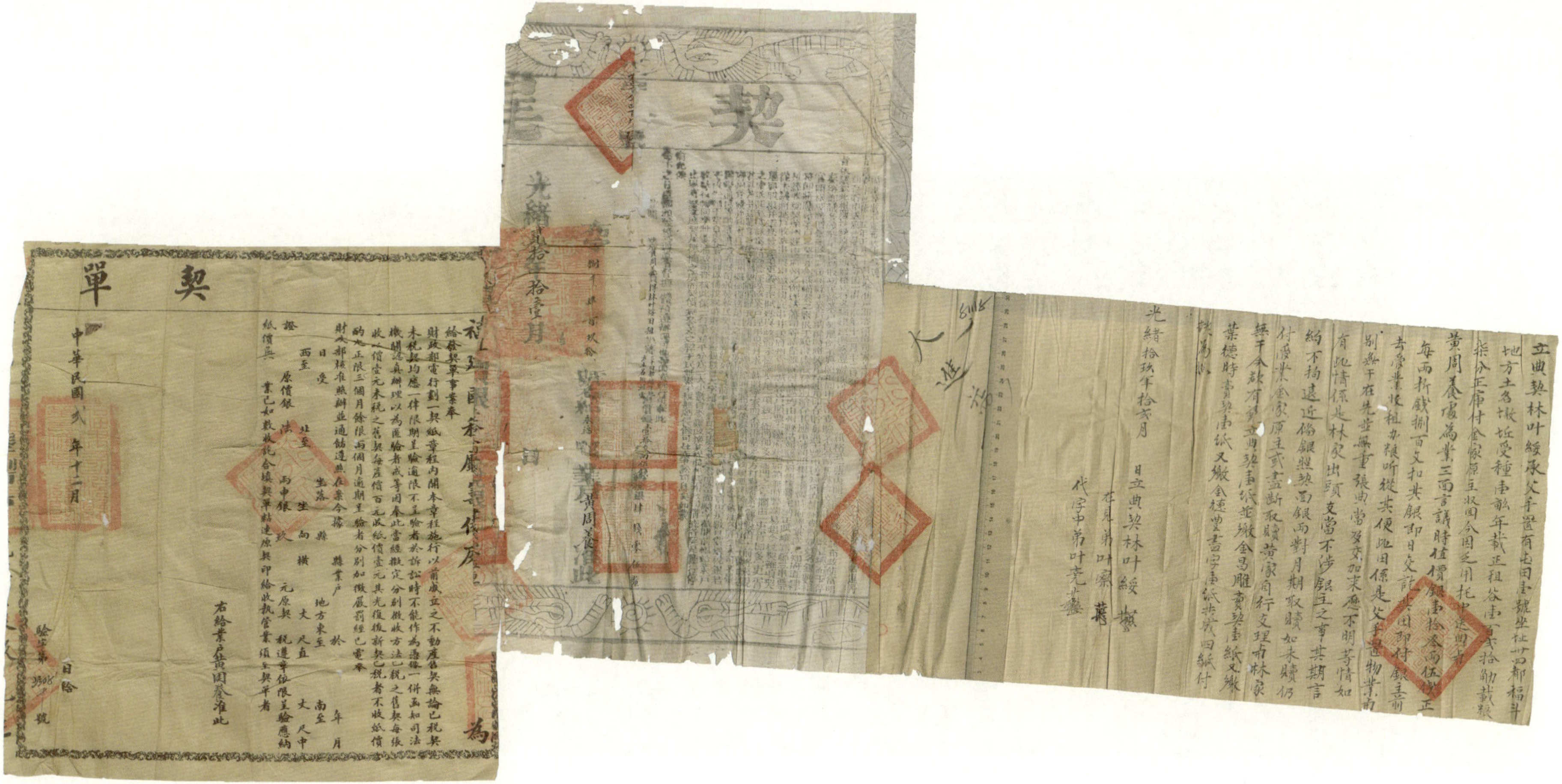

立典契林叶綬承父手置有屯田壹號坐址廿四都福斗
地方土名墩坵受種壹畝年載正租谷壹石弍拾觔載粮
柒分正庫付金家原主收回今因乏用托中送典與
黃周養處為業三面言議時值價銀壹拾叁兩伍錢正
每兩折錢捌百文扣共銀即日交訖其田即付銀主前
去管業收租办粮听從其便此田係是父手置物業，而
別無干在先並無重張曲當及交加來歷不明等情如
有此情係是林家出頭支當不涉銀主之事其期言
約不拘遠近備銀照契面銀兩對月期取贖如未贖仍
付原業金家原主式盡斷取贖黃家自行支理，而林家
無干今欲有憑立典契壹紙並繳金昌雕賣契壹紙又繳
葉德時賣契壹紙又繳金德豊壹字壹紙共成四紙付
執為照

光緒拾玖年拾弍月　日立典契林叶綬
在見弟叶禦
代字中弟叶堯

3-3-114-44　清光緒十九年十二月林叶綬立典屯田契（紅契）

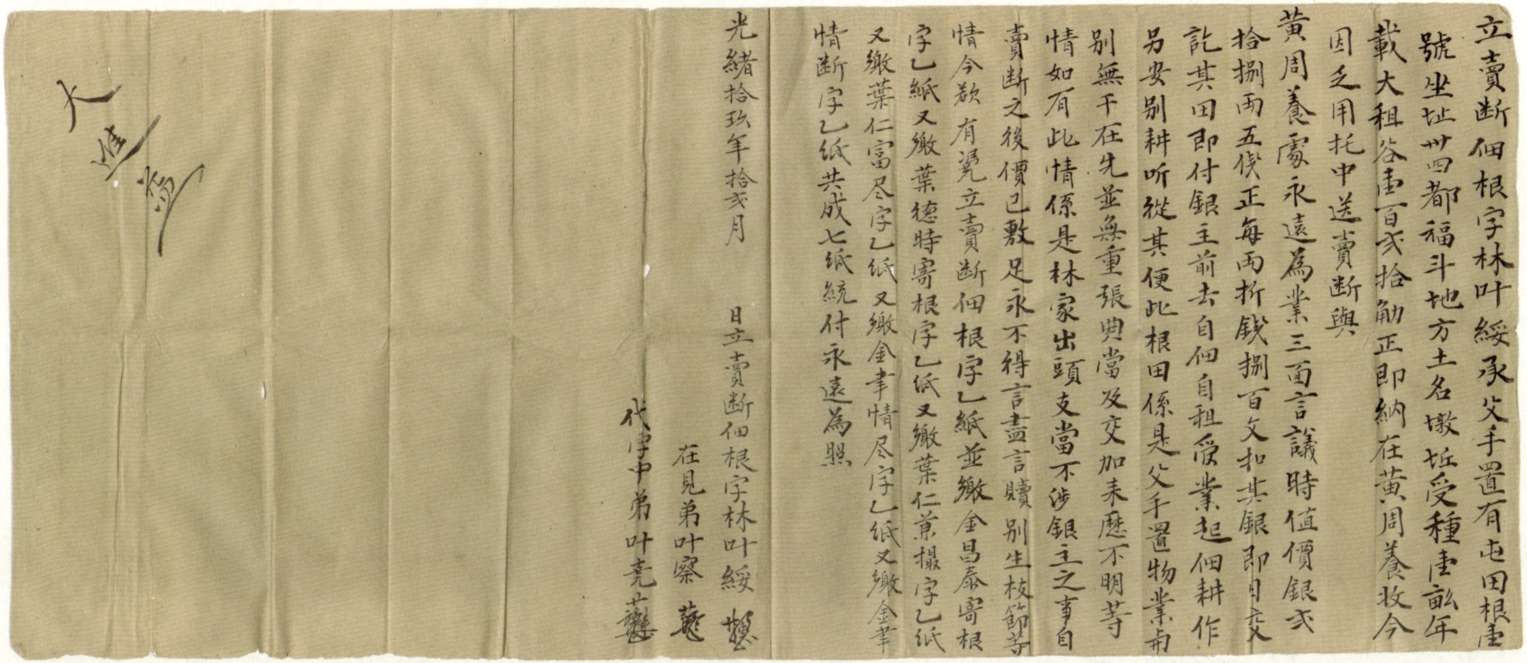

立賣斷佃根字林叶綏承父手置有屯田根壹
號坐址卅四都福斗地方土名墩坵受種壹畝年
載大租谷壹百弍拾觔正即納在黄周養收今
因乏用托中送賣斷與
黄周養處永遠為業三面言議時值價銀弍
拾捌兩五錢正每兩折錢捌百文扣共銀即日交
訖其田即付銀主前去自佃自租受業起佃耕作
另安別耕听從其便此根田係是父手置物業甫
別無干在先並無重張典當及交加未歷不明等
情如有此情係是林家出頭支當不涉銀主之事自
賣斷之後價已敷足永不得言盡言贖別生枝節等
情今欵有憑立賣斷佃根字乙紙並繳金昌泰寄根
字乙紙又繳葉德特寄根字乙紙又繳葉仁萬撮字乙紙
又繳葉仁富尽字乙紙又繳金聿情尽字乙紙又繳金聿
情斷字乙紙共成七紙統付永遠為照

光緒拾玖年拾弍月　日立賣斷佃根字林叶綏（押）
在見弟叶察（押）
代字中弟叶尭（押）

3-3-114-45　清光緒十九年十二月林叶綏立賣斷屯田根字

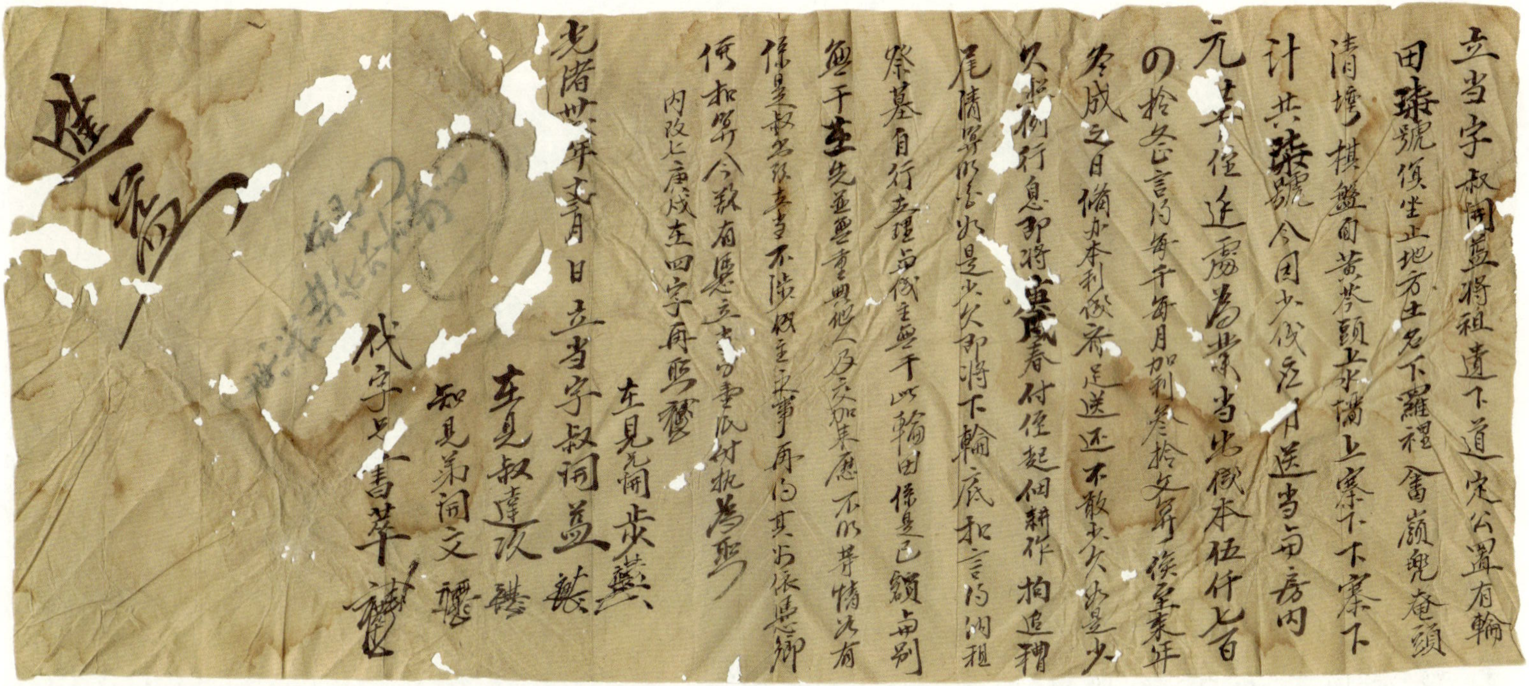
立当字叔開益將祖遺下道定公嘗有輪
田柒號俱坐土地方土名下羅裡奮嶺兜菴頭
清塆棋盤面黃芩頭上水墻上寨下下寨下
計共柒號今因少钱乏用送当與房内
元某侄近處為業，当出钱本伍仟七百
の拾冬正言約每千每月加利叁拾文算，俟至來年
冬成之日備办本利钱齐足送还，不敢少欠，如是少
欠照例行息，即將其田春付侄起佃耕作，拘追稽
尾清等項是少欠，即將下輪底和言約內租
祭墓自行去理，與钱主無干。此輪田係是已額與别
無干，並先並無重典他人，乃及加某處不明等情，如有
係是叔之限，未当不涉钱主之事。兩相甘允，各無反悔，恐口
無憑，立當字壹紙付執為照。
内改七處，改在四字，再照。
光緒卅二年十二月 日 立当字叔開益 押
在見兄開[illegible] 押
在見叔達[illegible] 押
知見弟開文 押
代字[illegible]書 押

3-3-114-46 清光緒三十二年十二月葉開益立當輸田字

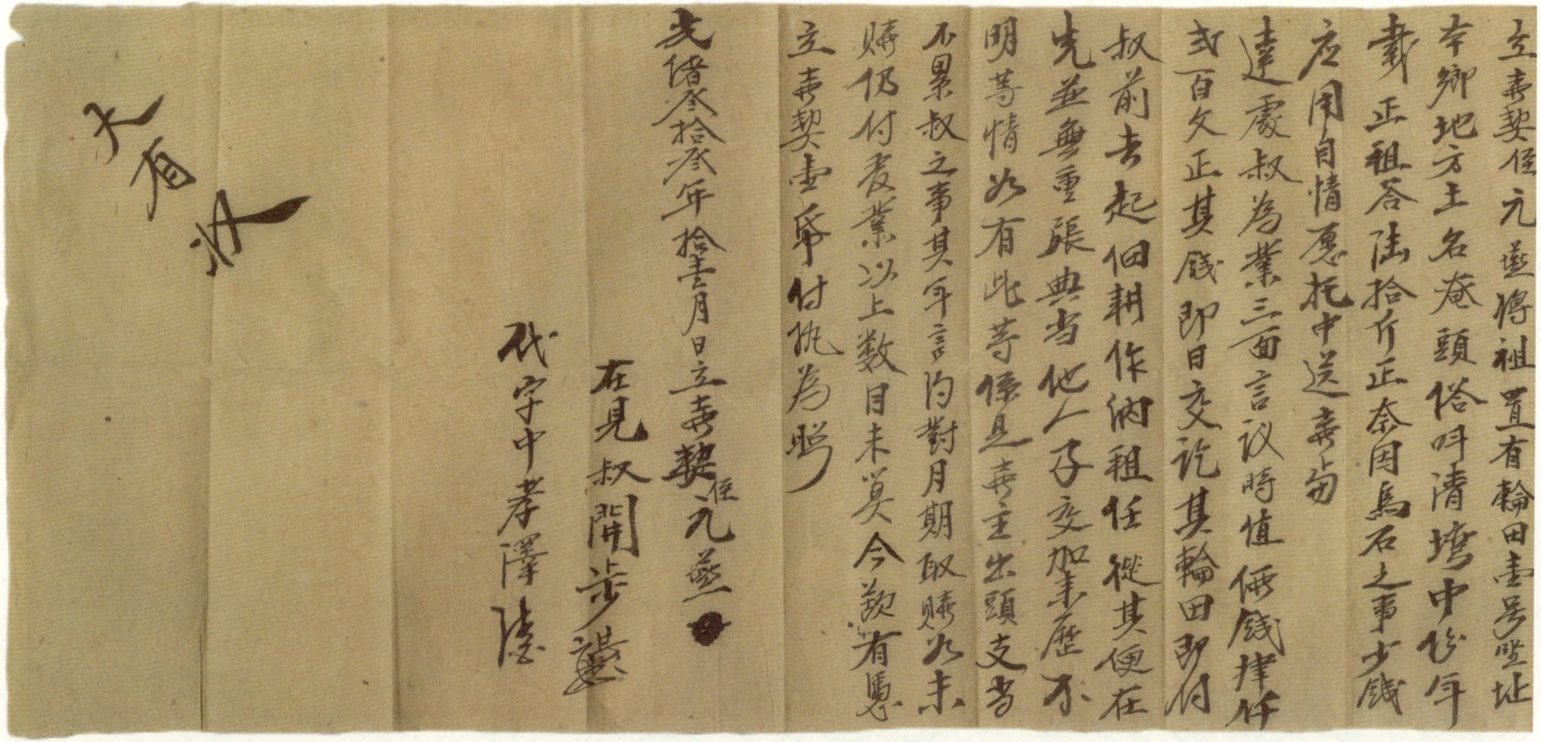

立賣契侄元燕傳祖置有輪田壹号坐址
本鄉地方土名碓頭俗呌清壋中心，年
載正租谷陸拾斤正，奈因烏石之事少錢
應用，自情愿托中送賣與
達霰叔為業，三面言议時值價錢肆仟
貳百文正，其錢即日交訖，其輪田即付
叔前去起佃耕作納租，任從其便，在
先並無重張典當他人子交加手歷不
明等情，如有此等係是賣主出頭支當，
不累叔之事。其年言約對月期取贖，如未
贖，仍付叔業，以上數目未莫。今欲有憑，
立賣契壹紙付执為照。

光緒叁拾叁年拾壹月　日立賣契侄元燕（押）

在見叔開步（押）

代字中孝澤（押）

大有文

3-3-114-47　清光緒三十三年十一月葉元燕立賣輪田契

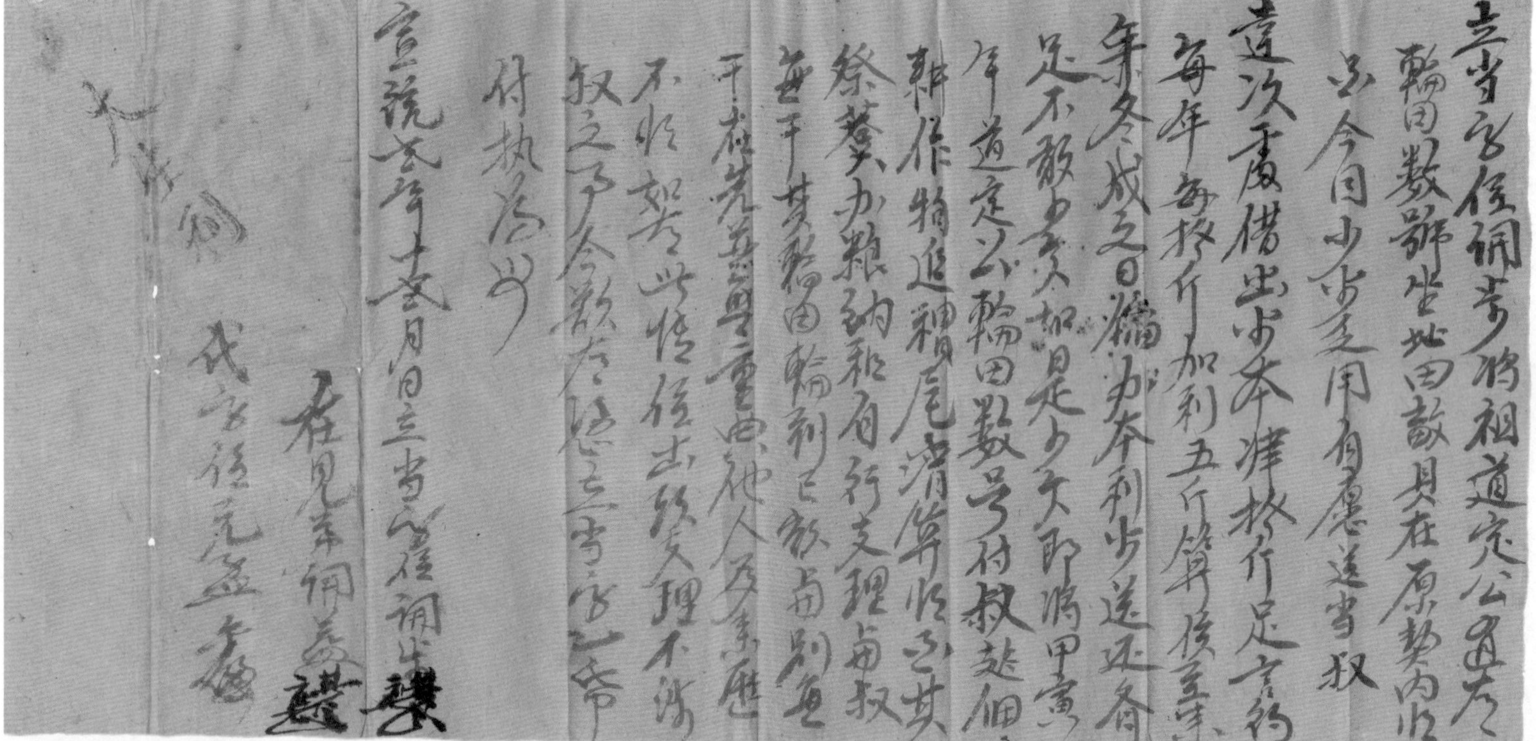
立當字侄開步將祖道定公遺下
輪田數號坐址田畝具在原契內明
白，今因少錢乏用，自愿送與叔
達次處借出錢本洋捌元足，言約
每年每元加利五斤，算谷叁拾
年冬成之日備辦本利步送還，倘
足不敢少欠，如日後少欠，即將甲寅
年道定公輪田數號付叔起佃
耕作，將追稻尾算收，其
祭費辦粮納稅自行支理，與叔
無干。其輪田輪到之前
干。恐無憑，重典他人及來歷
不明，並此係侄出頭支理，不涉
叔之事。今欲有憑，立當字為
付執為照。
宣統二年十二月 日立當字侄開步（押）
在見叔[illegible]（押）
代筆侄元益（押）

3-3-114-48 清宣統二年十二月葉開步立當輪田字

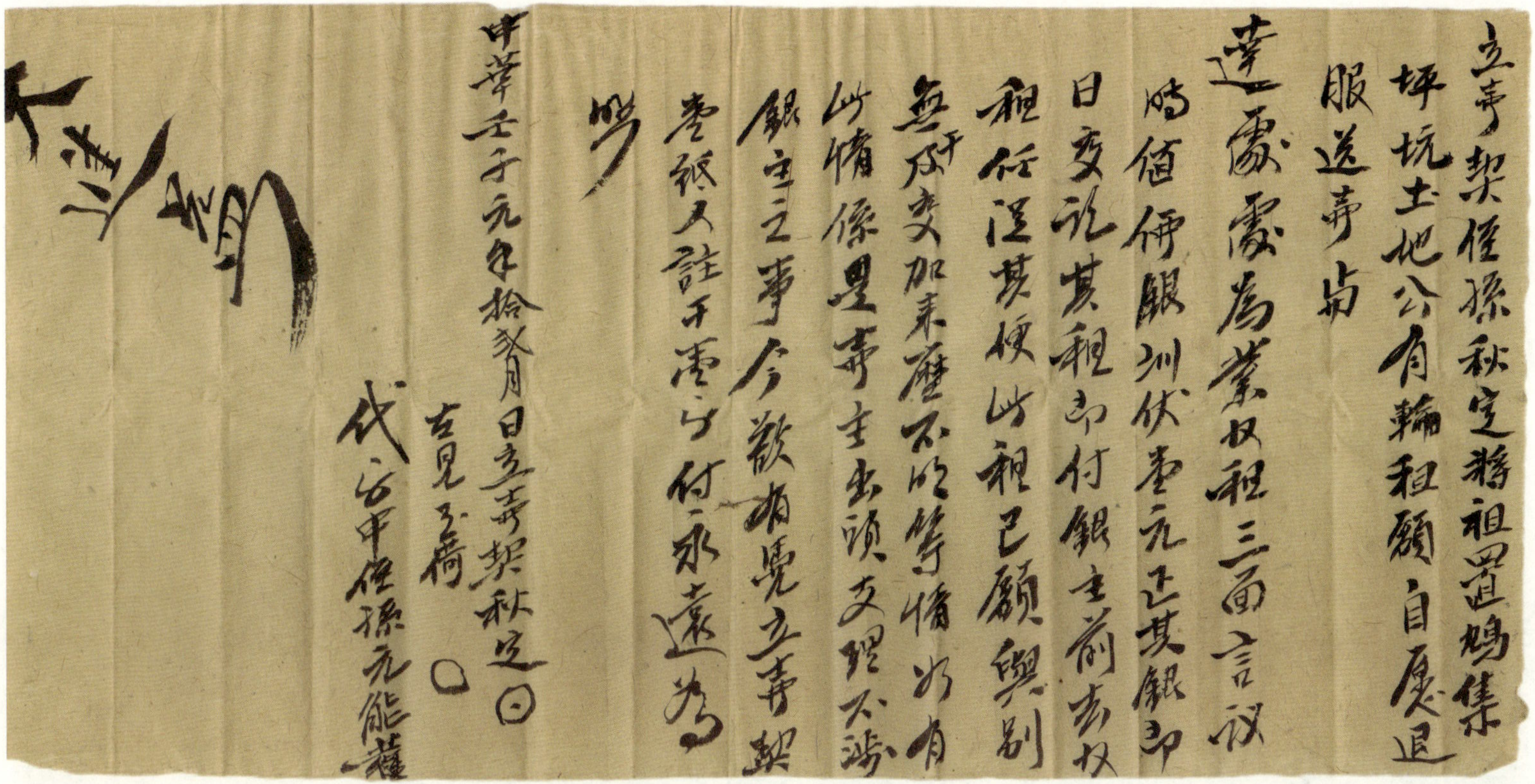
立賣契侄孫秋定將祖置遐鳩集
坪坑土地公有輪租額自愿退
眼送賣與
達處處為業收租三畝言議
時值價銀洲伏壹元正其銀即
日交訖其租即付銀主前去收
租任從其便此租已愿與別
無干及交加未歷不明等情如有
此情係是賣主出頭支理不涉
銀主之事今欲有憑立賣契
壹紙又註于處付永遠為
照
中華壬子元年拾弍月　日立賣契秋定（押）
在見叔善喬（押）
代筆中侄孫元能（押）

3-3-114-49 民國元年十二月葉秋定立賣輪租契

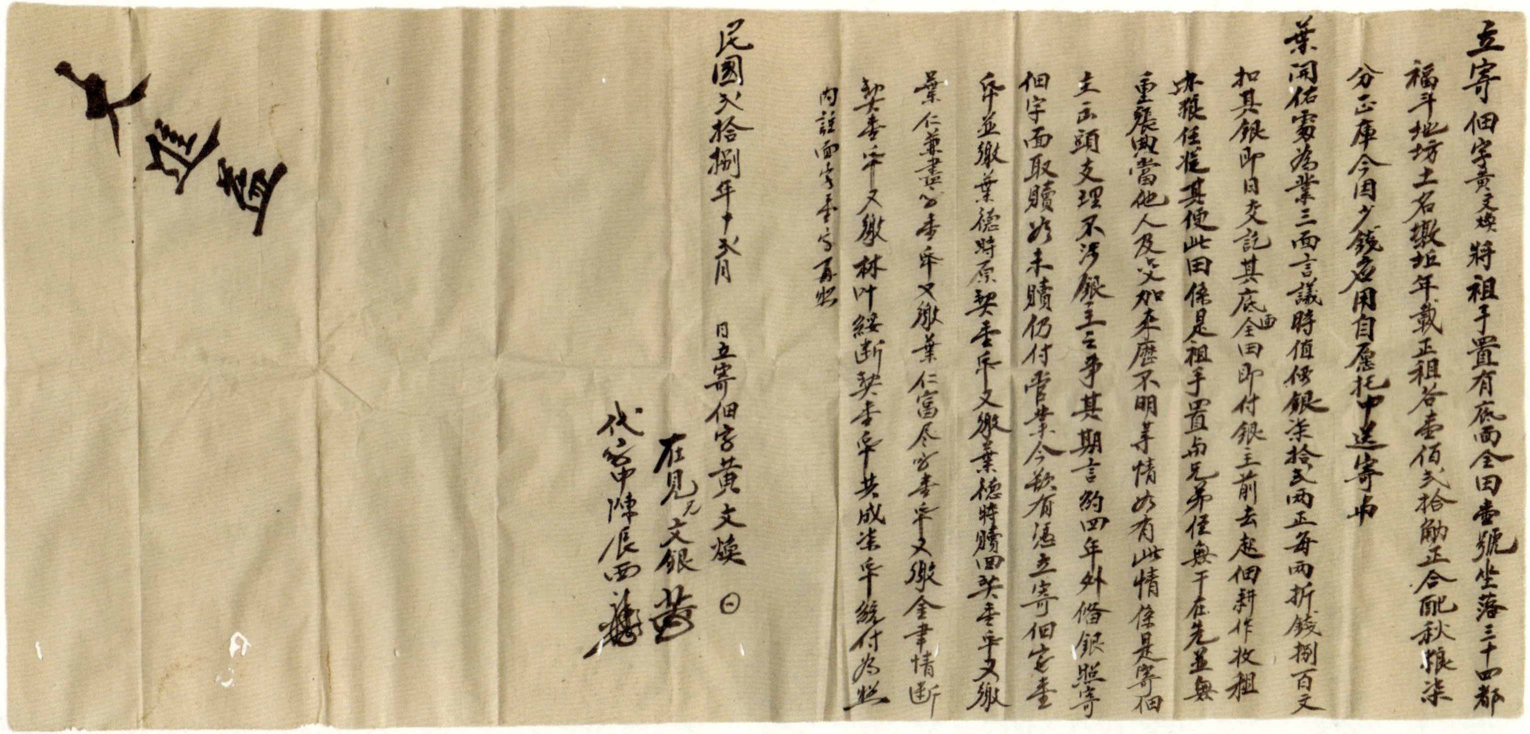

立寄佃字黄文煥將祖手置有底面全田壹號坐落三十四都
福斗地坊土名墩圵年載正租谷壹佰弍拾觔正合配秋粮柒
分正庫今因少錢應用自愿托中送寄與
葉開佑處為業三面言議時值價銀柒拾弍兩正每两折錢捌百文
如其銀即日交訖其底面全田即付銀主前去起佃耕作收租
永遠任從其便此田係是祖手置與兄弟侄無干在先並無
重張典當他人及交加來歷不明等情如有此情係是寄佃
主承頭支理不涉銀主之事其期言約四年外備銀照寄
佃字面取贖如未贖仍付管業今欲有憑立寄佃字壹
紙並繳葉德特原契壹紙又繳葉德特贖回契壹紙又繳
葉仁兼畫押字壹紙又繳葉仁富尽字壹紙又繳全書情斷
契壹紙又繳林叶經斷契壹紙共成陆紙付為照
內註面字壹字為照

民國弍拾捌年十弍月　日立寄佃字黄文煥（押）
在見兄文銀（押）
代字中陳底西（押）

大進財

3-3-114-50　民國二十八年十二月黃文煥立寄佃底面全田字

八閩文庫

八閩文庫

專題彙編

第二種

福建民間契約文書

17

厦門大學民間歷史文獻研究中心 編

鄭振滿 主編

海峽出版發行集團
THE STRAITS PUBLISHING & DISTRIBUTING GROUP
福建人民出版社

本冊目録

第三卷　永泰縣蓋洋鄉碓頭村契約文書（六）

第三帙　葉善政户

第四帙　葉義權户

第五帙　吴堯書户

第三卷　永泰縣蓋洋鄉碓頭村契約文書（六）

本卷主編　周煜翔

第三帙　葉善政户

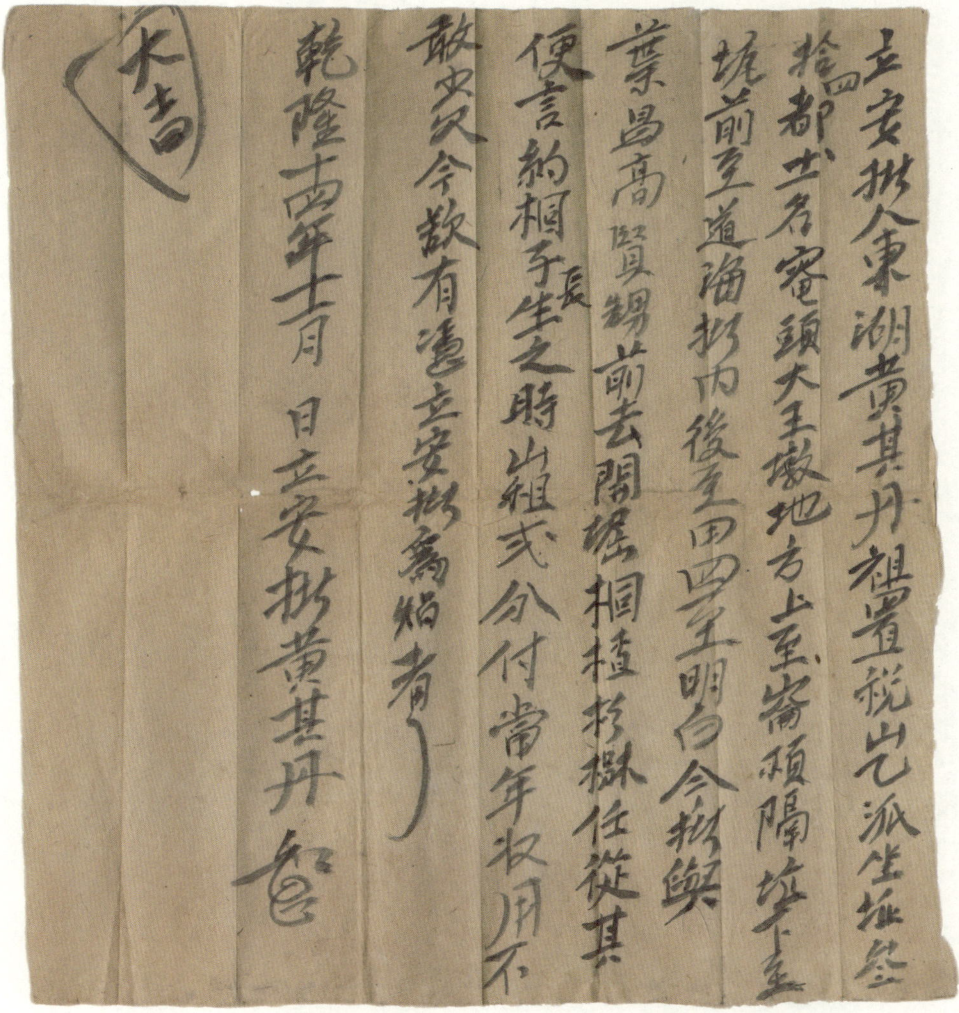

立安批人東湖黄其丹祖置税山乙派坐址叁拾四都土名窑頭大王墩地方上至崙頂陽坑下至坑前至道海批内後至田四至明白今批與葉昌高賢錫前去開墾桐樹杉樹任從其便言約桐子生長之時山租式分付當年收用不敢少欠今欲有憑立安批爲炤者

乾隆十四年十一月 日立安批黄其丹（押）

大吉

3-3-115-1 清乾隆十四年十一月黄其丹立安批税山字

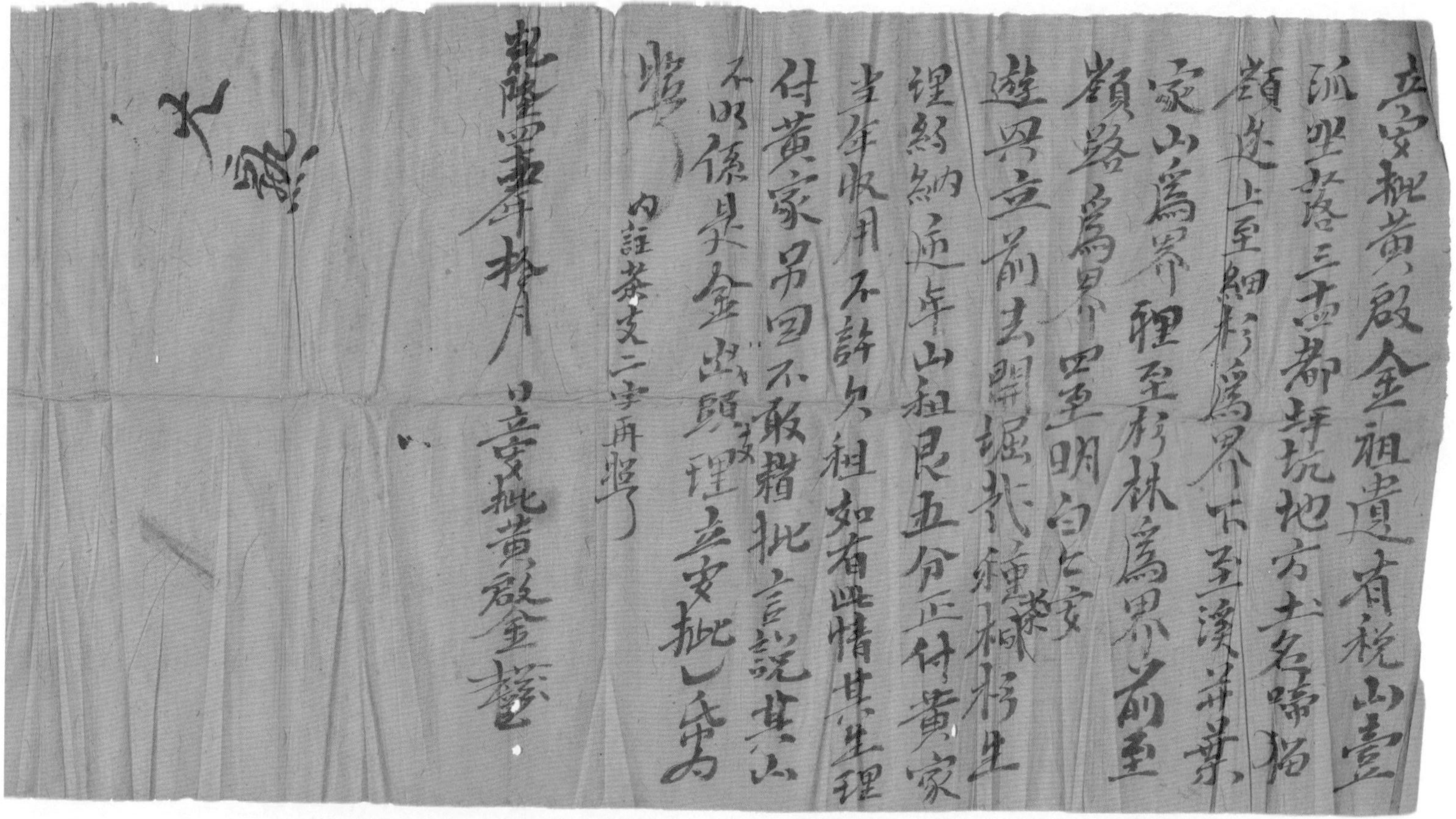
立安批黃啓金祖遺有稅山壹
派坐落三十四都𡌴坑地方土名嗃猫
嶺透上至細杉爲界下至溪并業
家山爲界裡至杉林爲界前至
嶺路爲界四至明白今安
與立前去開掘栽種松杉生
理約納逓年山租艮五分正付黃家
当年收用不許欠租如有此情其生理
付黃家另回不敢糶批言說其山
不明係是金出頭支理立安批一紙爲
照
内註恭支二字再照
乾隆四十四年拾月 日立安批黃啓金

3-3-115-2 清乾隆四十四年十月黃啓金立安批稅山字

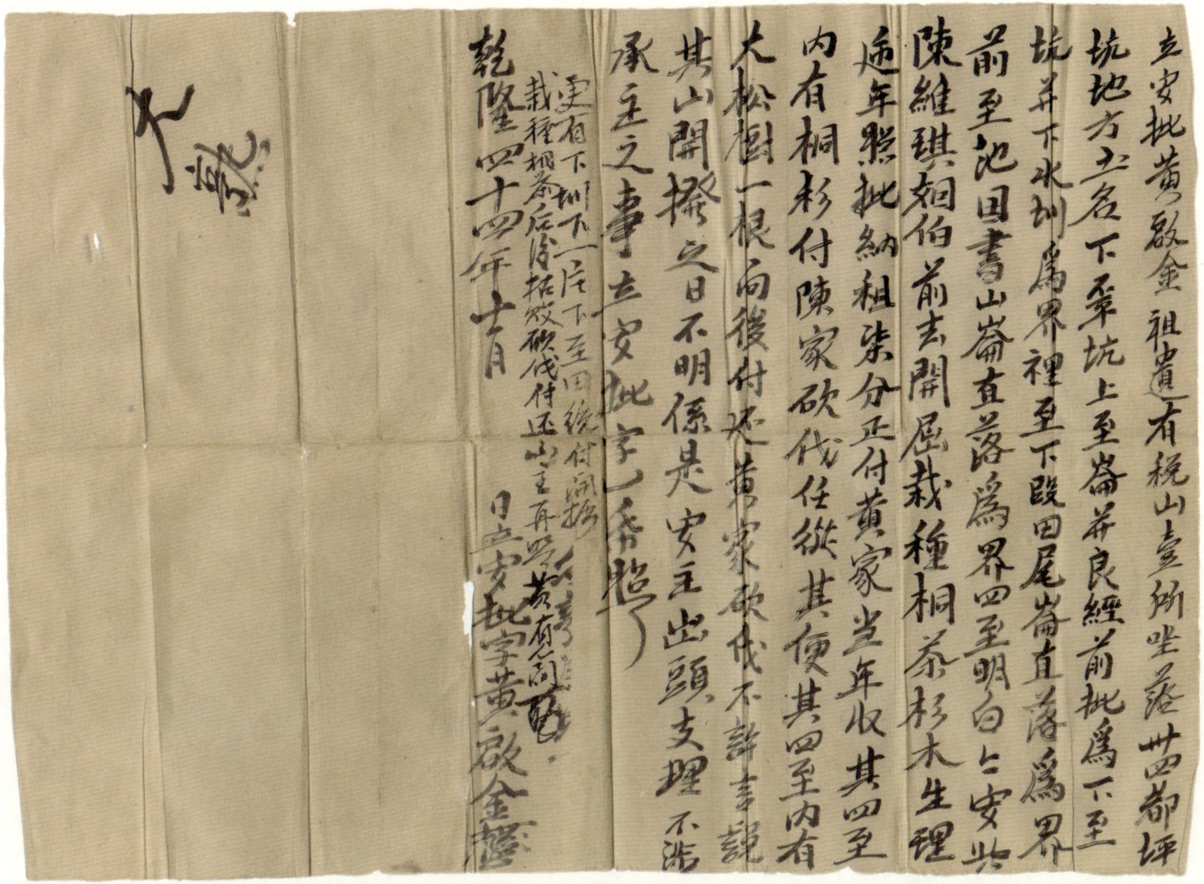
立安批黄啓金祖遺有稅山壹所，坐落廿四都坪
坑地方，土名下窠坑，上至崙并良經前批爲，下至
坑并下水圳爲界，裡至下段田尾崙直落爲界，
前至池田書山崙直落爲界，四至明白。今安與
陳維琪姻伯前去開屈栽種桐茶杉木生理，
逐年照批納租柒分，正付黄家当年收。其四至
內有桐杉付陳家砍伐，任從其便。其四至內有
大松樹一根，向後付还黄家砍伐，不許言說。
其山開掘之日不明，係是安主出頭支理，不涉
承主之事。立安批字一紙爲照。
再有下圳下一片，下至田後，付佃掘，
栽種桐茶，后係招佃砍伐，付还山主，再照。
黄有仁同見
乾隆四十四年十一月　日立安批字黄啓金（押）
大吉

3-3-115-3　清乾隆四十四年十一月黄啓金立安批稅山字

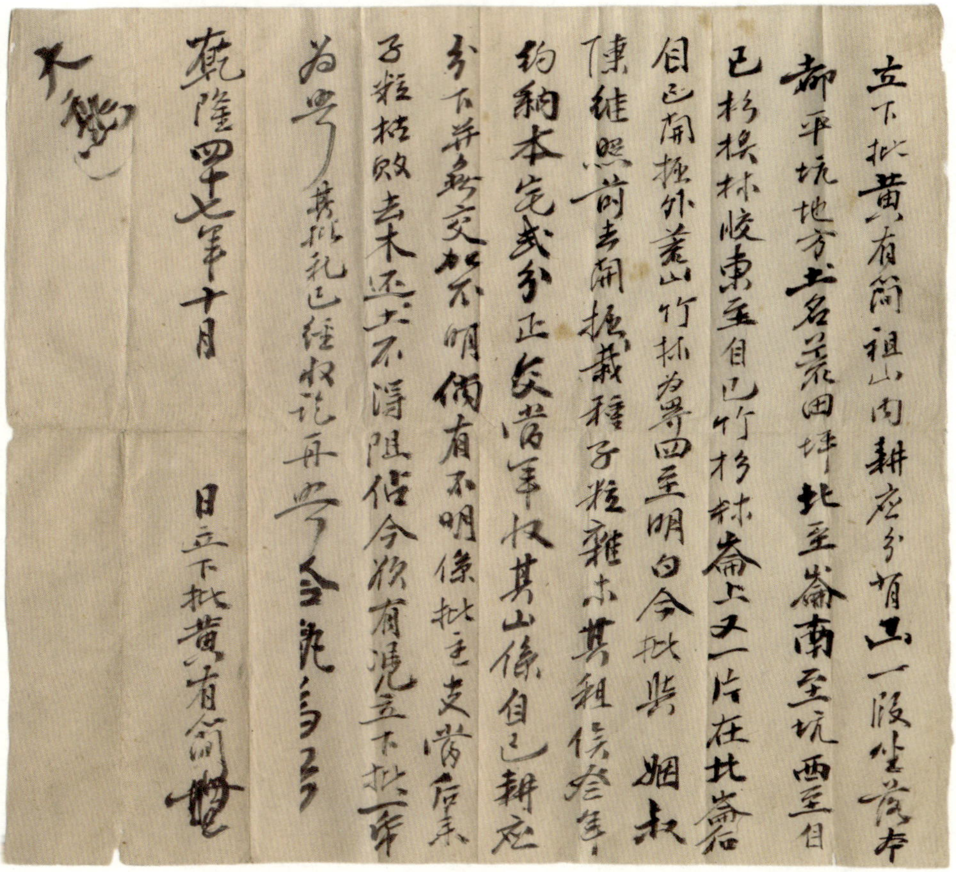

立下批黃有簡祖山內耕座分有山一股坐落本
鄉平坑地方土名荒田坪，北至崙，南至坑，西至自
己杉樹林嶺，東至自己竹杉林崙上，又一片在北崙
自己開掘外蓋山竹林為界，四至明白，今批與 姻叔
陳維照前去開掘栽種子粒雜木，其租俟叁年
約納本宅弍分正，交當年收，其山係自己耕座
分下，并無交加不明，倘有不明，係批主支當，后來
子粒枯敗去木還土，不得阻佔，今欲有憑，立下批一紙
為照。 其批禮已經收訖再照。 今兌為照
乾隆四十七年十月 日立下批黃有簡（押）
大發

3-3-115-4 清乾隆四十七年十月黃有簡立下批山字

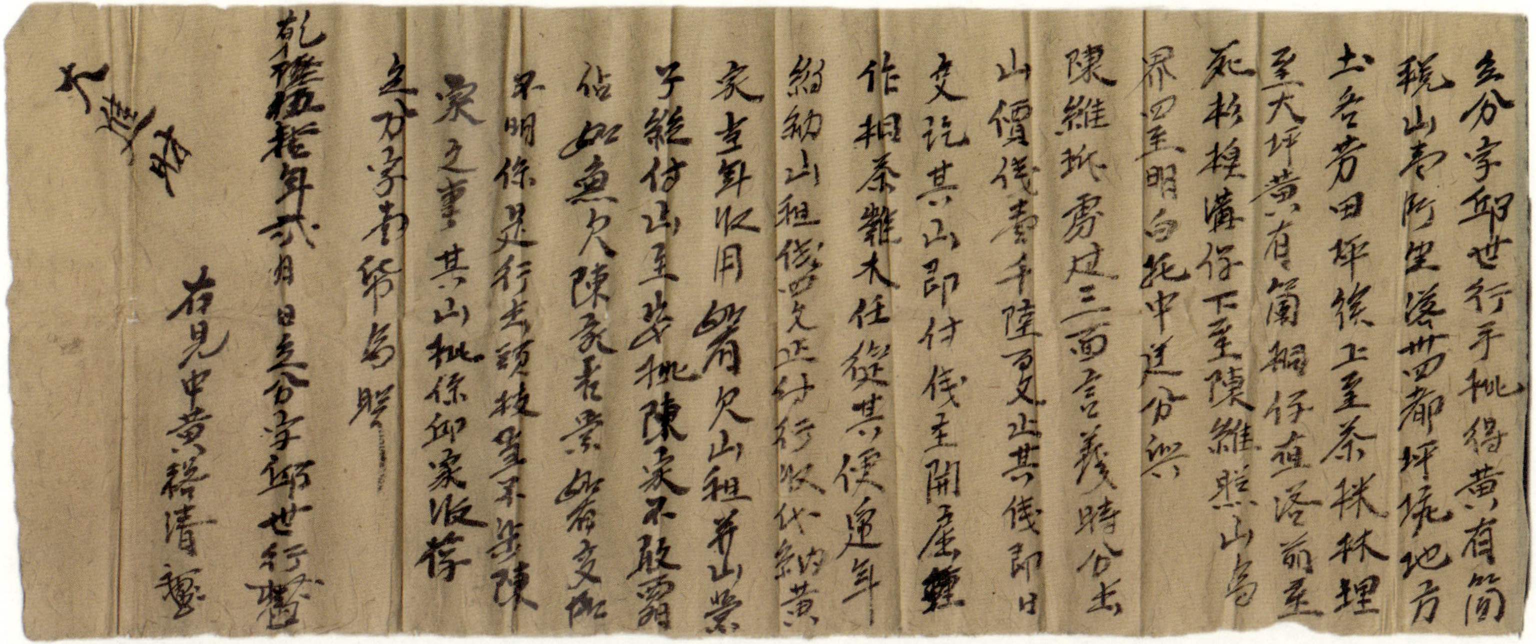
立分字邱世行手批得黄有簡
税山壹所坐落廿四都坪垅地方
土名芳田坪後上至茶株林埋
至大坪黄有蘭細仔垣落前至
死杉樸滿仔下至陳維熙山為
界四至明白托中送分與
陳維琳旁边三面言議時价去
山價錢壹千陸百文正其錢即日
交訖其山即付錢主開[illegible][illegible]
作[illegible]茶雜木任從其便迨年
[illegible]納山租錢四文正付行收代納黄
家[illegible]耕收用如有欠山租并山[illegible]
子孫付山主收批陳家不敢霸
佔如無欠陳家[illegible][illegible]如有交加
不明係是行出頭抵當不涉陳
家之事其山批係邱家收存
立分字為照
乾隆伍拾年貳月　日立分字邱世行
在見中黄稽清
大[illegible][illegible]

3-3-115-5　清乾隆五十年二月邱世行立分税山字

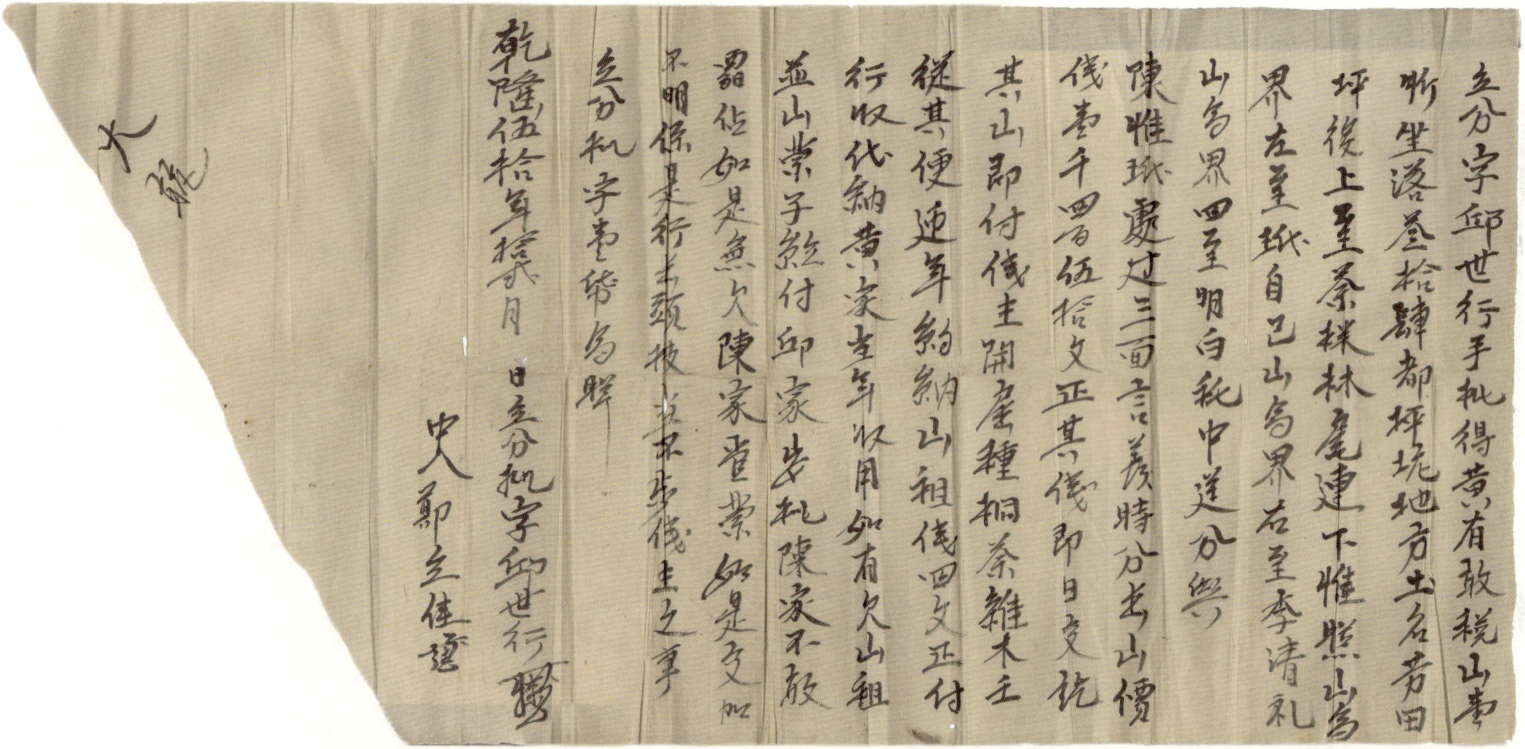
立分字邱世行手批得黃有敢稅山壹
所坐落叁拾肆都坪坑地方土名芳田
坪後上至茶株林尾連下帷照山為
界左至坵自己山為界右至李清礼
山為界四至明白託中送分與
陳帷琛處边三面言議時价出山價
錢壹千四佰伍拾文正其錢即日交訖
其山即付錢主開墾種桐茶雜木壬
從其使迹年約納山租錢四文正付
行收代納黃家出年收用如有欠山租
並山業子弦付邱家步批陳家不敢
留佔如是無欠陳家查業如是文加
不明係是行之頭抵不涉錢主之事
立分批字壹紙為照
乾隆伍拾年拾弍月　日立分批字邱世行（押）
中人　鄭立佳（押）
大號

3-3-115-6　清乾隆五十年十二月邱世行立分批稅山字

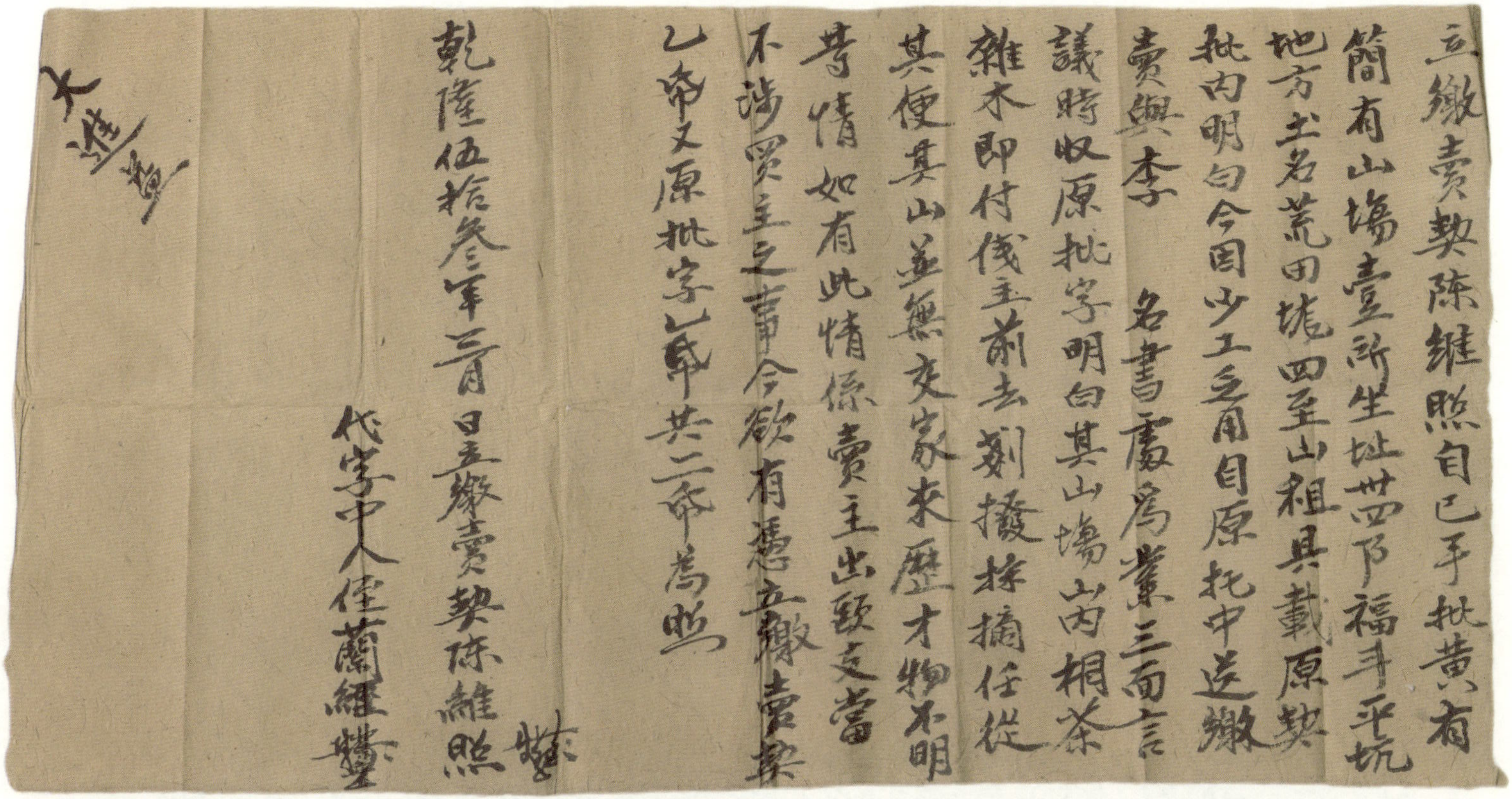
立繳賣契陳維照自己手批黃有
筒有山場壹所坐址卅四下福斗坪坑
地方土名荒田垅四至山租具載原契
批內明白今因少工乏用自原托中送繳
賣與李　名書處為業三面言
議時收原批字明白其山場內桐茶
雜木即付錢主前去剗據採摘任從
其便其山並無交家來歷不明
等情如有此情係賣主出敢支當
不涉買主之事今欲有憑立繳賣契
乙帋又原批字山契共二帋為照
乾隆伍拾叁年三月　日立繳賣契陳維照
代字中人侄蘭經
大進

3-3-115-7　清乾隆五十三年三月陳維照立繳賣山場契

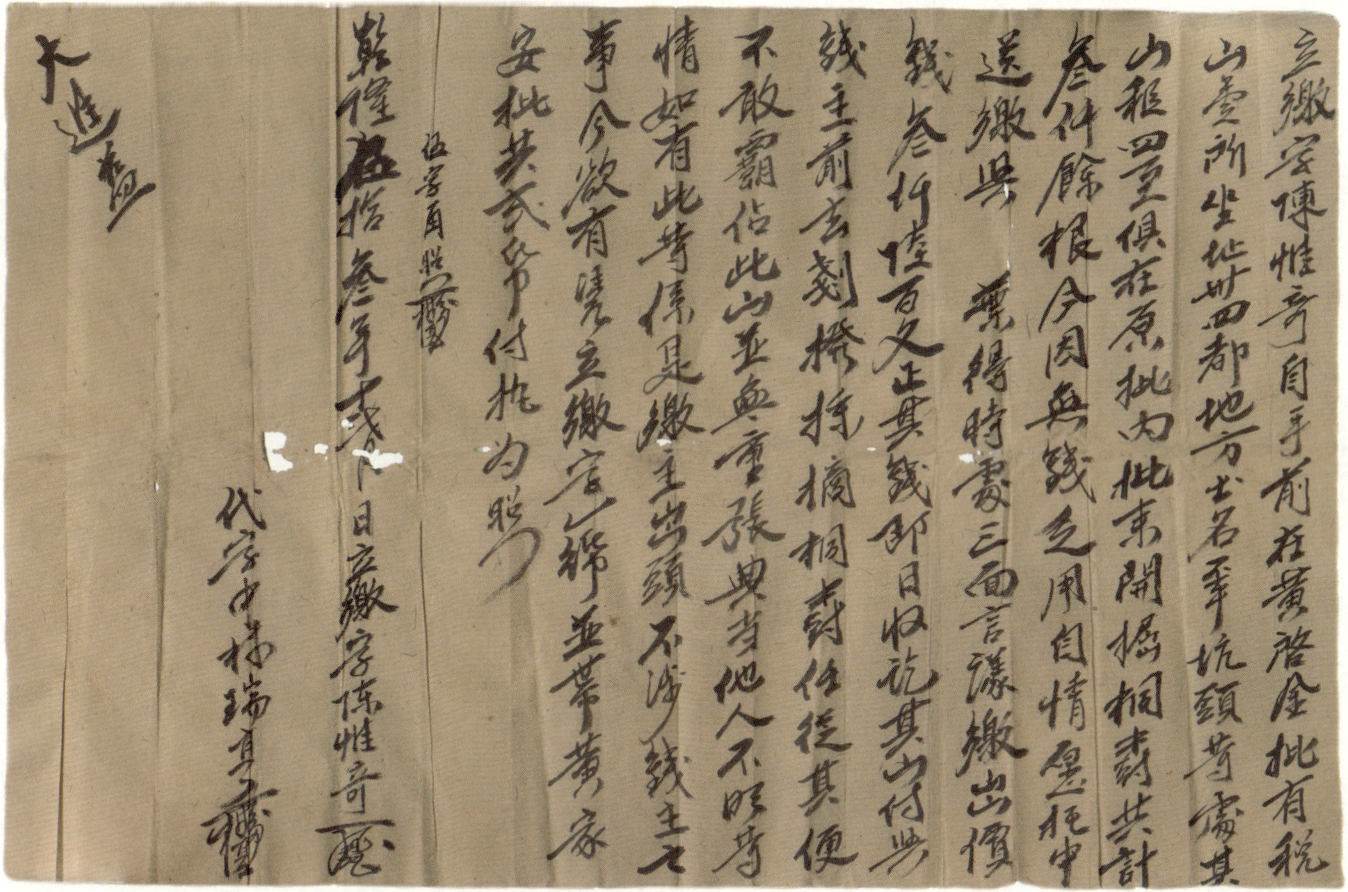
立繳字陳惟奇自手前在黃隆金批有稅
山壹所坐址卅四都地方土名牟坑頭等處其
山雜四至俱在原批內批束開擬桐樹共計
叁仟餘根今因無錢乏用自情愿托中
送繳與 葉得時處三面言議繳出價
錢叁仟陸百文正其錢即日收訖其山付與
錢主前去剗擼桐樹任從其便
不敢霸佔此山並無重張典當他人不明等
情如有此等係是繳主出頭不涉錢主之
事今欲有憑立繳字一紙並前黃家
安批共貳紙付執為照
伍字肖號
乾隆伍拾叁年十二月 日立繳字陳惟奇
代字中 林瑞貞
大進益

3-3-115-8 清乾隆五十三年十二月陳惟奇立繳稅山字

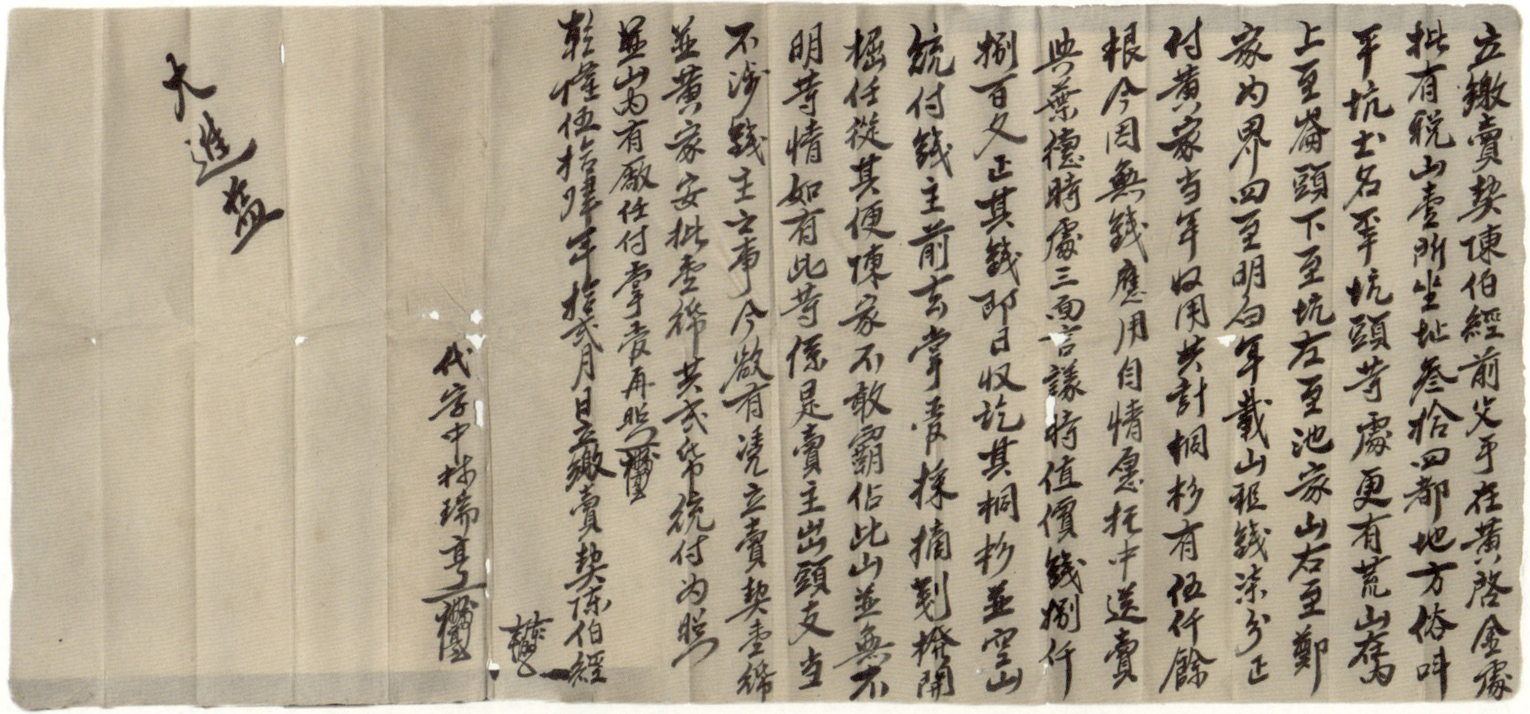
立繳賣契陳伯經前父手在黃、啟金處
批有稅山壹所坐址叁拾四都地方倏叶
平坑土名羊坑頭等處更有荒山存為
上至崙頭下至坑左至池家山右至鄭
家為界四至明白年載山租錢柒分正
付黃家當年收用其討桐杉有伍仟餘
根今因無錢應用自情愿托中送賣
與葉德時處三面言議時值價錢捌仟
捌百文正其錢即日收訖其桐杉並空山
統付錢主前去掌管栽插剗挖開
掘任從其便陳家不敢霸佔此山並無不
明等情如有此等係是賣主出頭支當
不涉錢主之事今欲有憑立賣契壹紙
並黃家安批壹紙共貳紙統付為照
並山為有廠任付掌管再照
乾隆伍拾肆年拾貳月　日立繳賣契陳伯經
樓
代字中林瑞亨
大進

3-3-115-9　清乾隆五十四年十二月陳伯經立繳賣稅山契

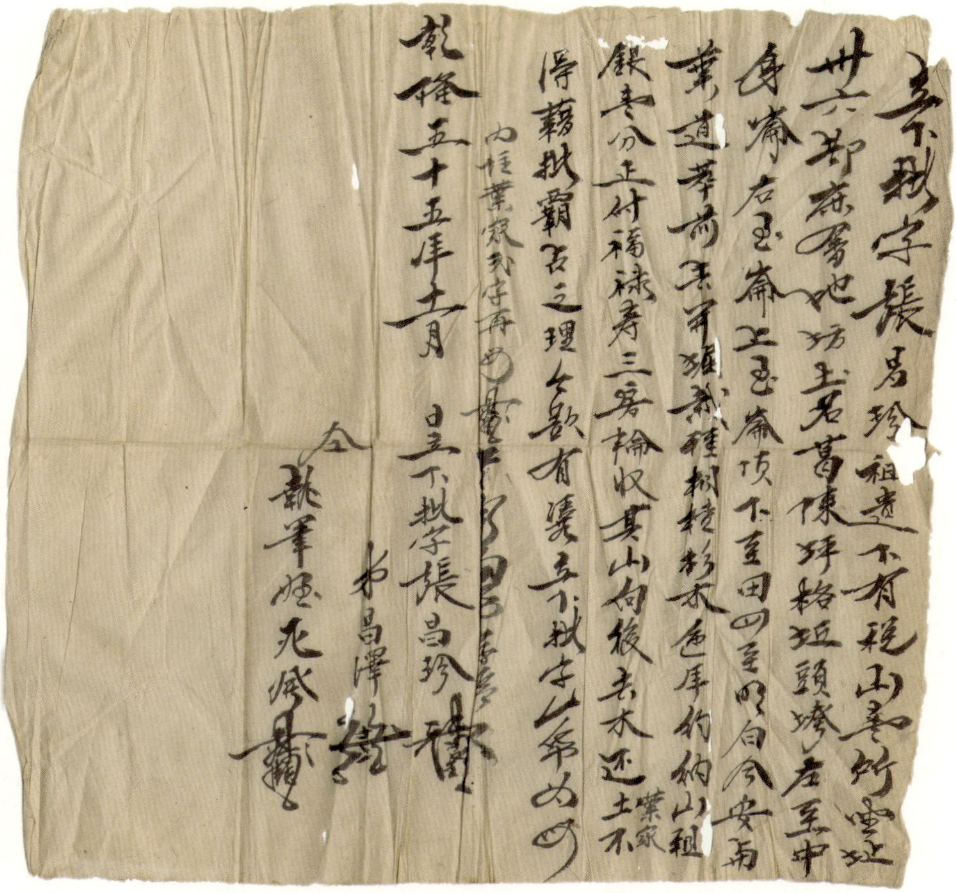
立批字張昌珍祖遺下有税山壹所，坐址卅六都茶寮地坊，土名葛陳坪格垅頭壠，左至中身崙，右至崙，上至崙頂，下至田，四至明白。今安葬葉道華前去開掘栽種松杉木色，年约纳山租銀壹分正，付福祿壽三房輪收。其山向後去木还土，葉家不得藉批霸占之理。今欲有憑，立下批字為照。

内侄葉家批字再照（押）

乾隆五十五年十一月　日立下批字張昌珍（押）

仝弟昌澤（押）

仝　執筆侄元盛（押）

3-3-115-10　清乾隆五十五年十一月張昌珍等立下批税山字

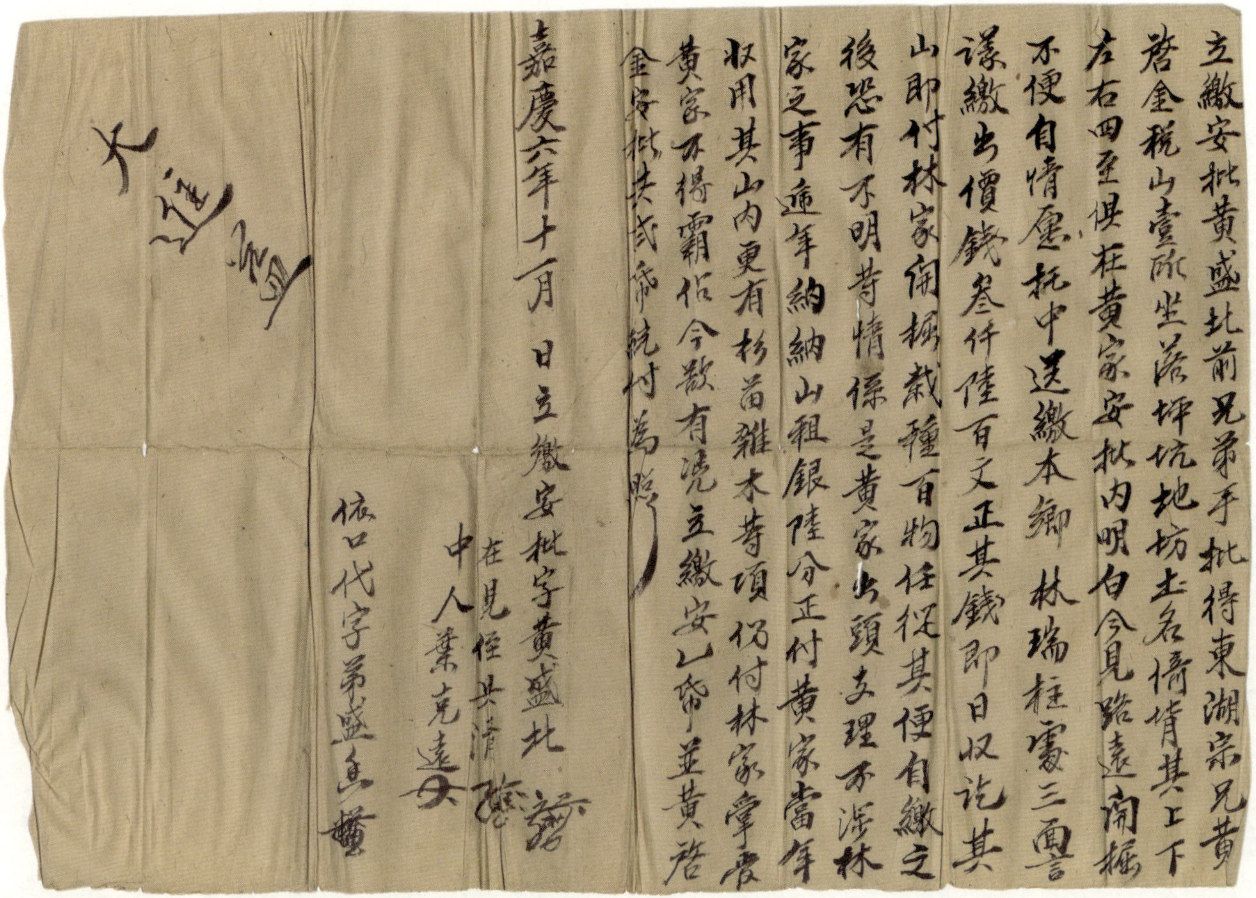

3-3-115-11　清嘉慶六年十一月黄盛北立繳安批税山字

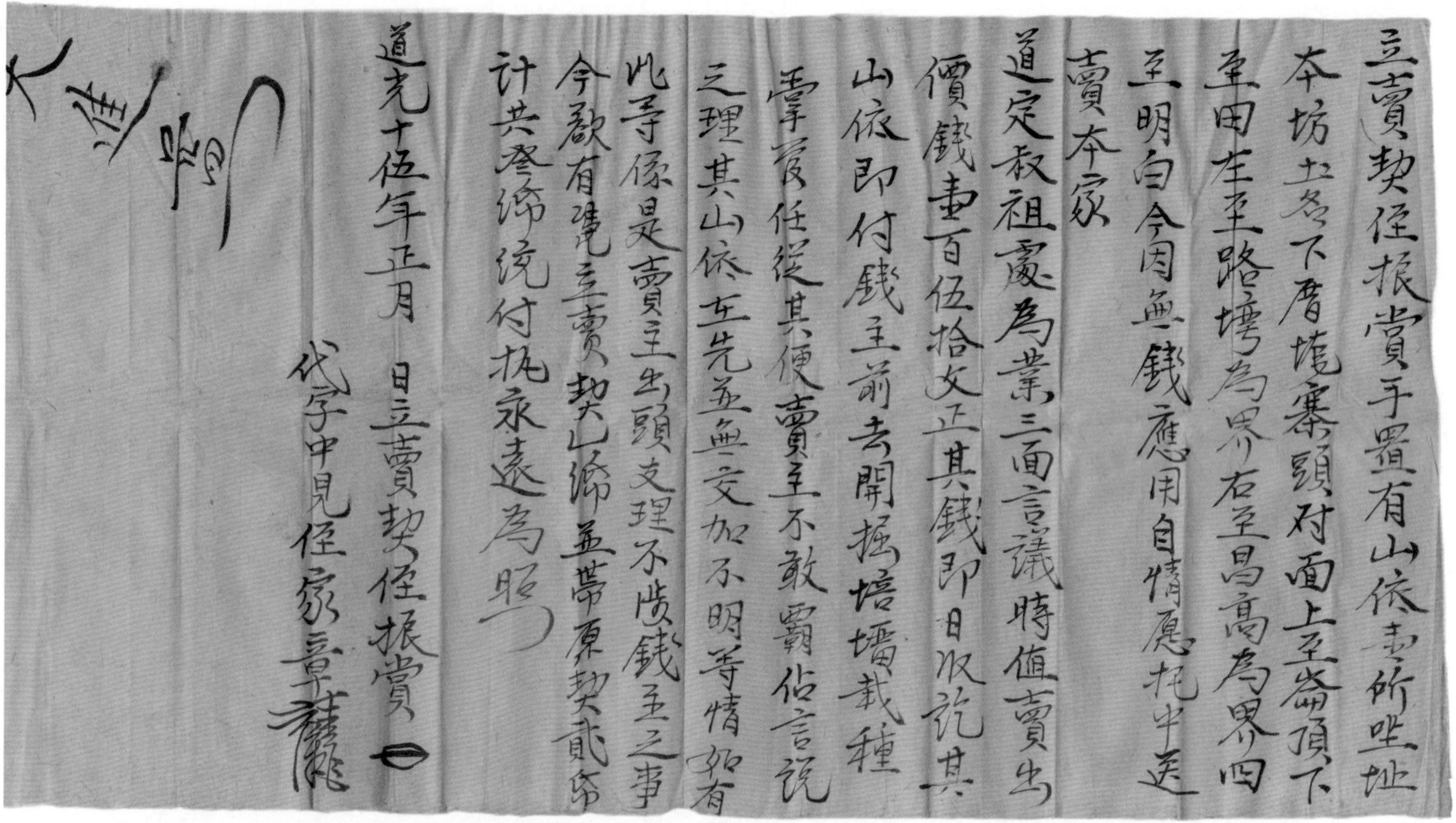

3-3-115-12　清道光十五年正月葉振賞立賣山底契

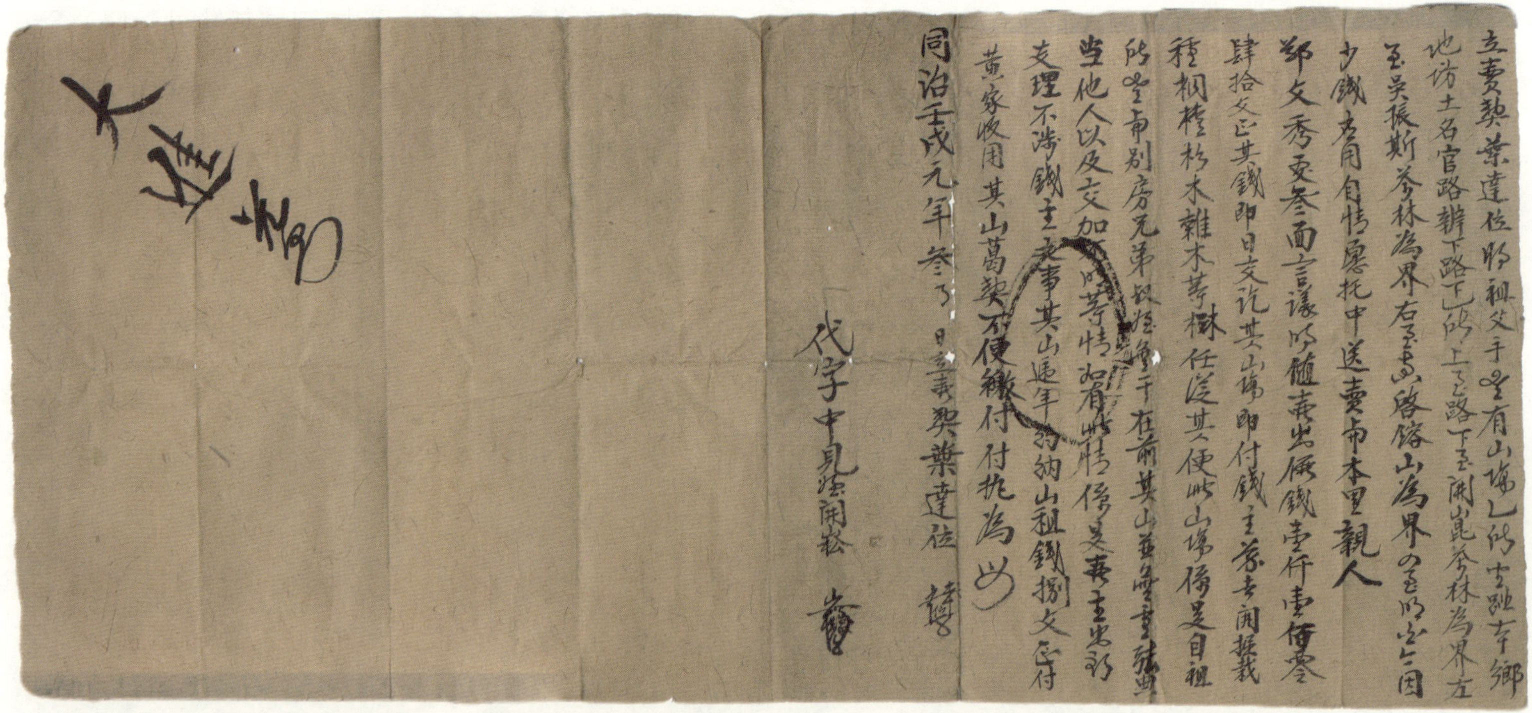

立賣契葉達位將祖父手置有山場乙所坐址本鄉
地坊土名官路排下路下乙所上至路下至開山杉林為界左
至吳張斯杉林為界右至[illegible]路路山為界四至明白今因
乏錢應用自情愿托中送賣本里親人
鄭文秀處叁面言議時值[illegible]出價錢壹仟壹佰零
肆拾文正其錢即日交訖其山場即付錢主前去開掘栽
種桐桂杉木雜木等樹任從其便此山場係是自祖
所置本房別房兄弟叔侄無干在前其山並無重張典
當他人以及交加[illegible]等情如有此情係是賣主出頭
支理不涉錢主之事其山遞年[illegible]納山租錢捌文正付
黃家收用其山葛契不便繳付付執為照
同治壬戌元年叁月　日立賣契葉達位（押）
代字中見[illegible]開松（押）

3-3-115-13　清同治元年三月葉達位立賣山場契

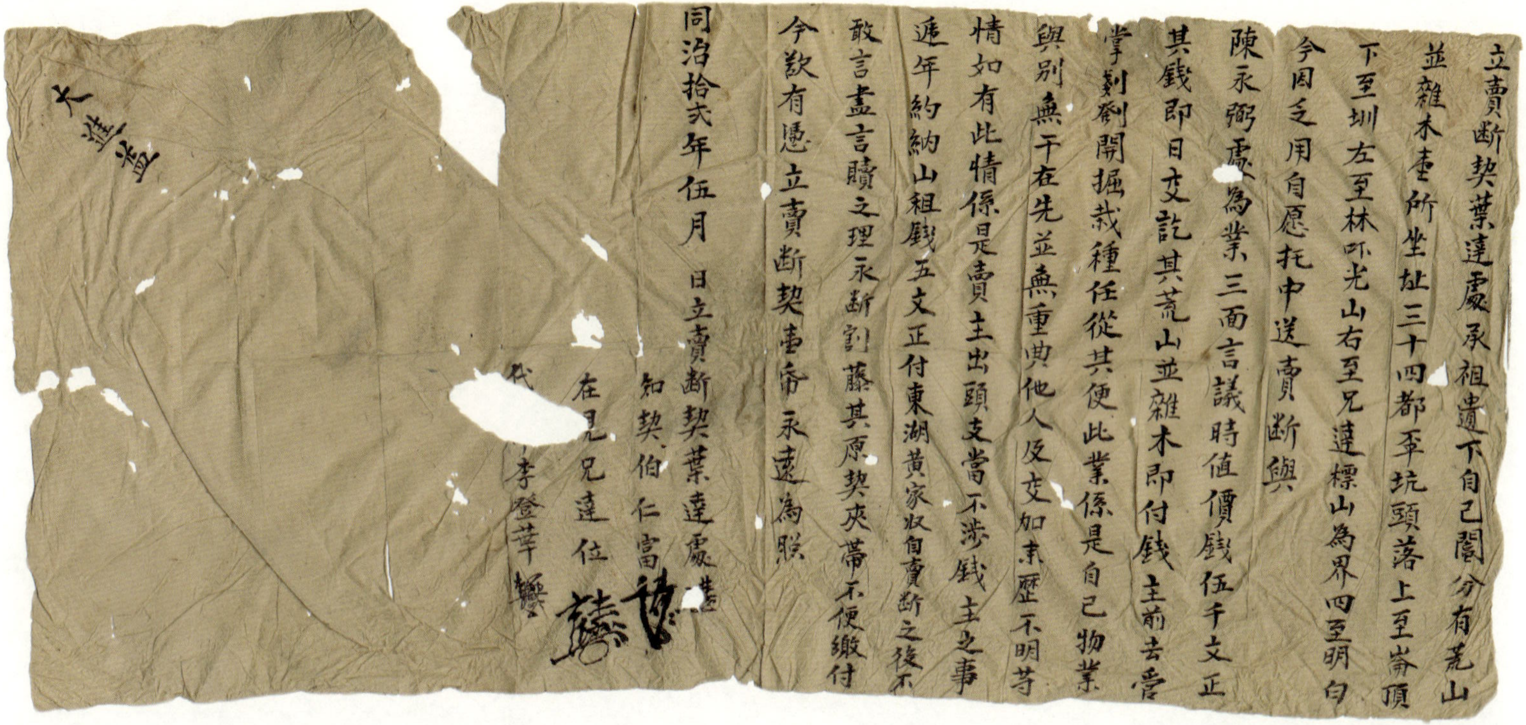
立賣斷契葉達處承祖遺下自己鬮分有荒山
並雜木壹所坐址三十四都平坑頭落上至崙頂
下至圳左至林邩光山右至兄達標山為界四至明白
今因乏用自愿托中送賣斷與
陳永弼處為業三面言議時值價錢伍千文正
其錢即日交訖其荒山並雜木即付錢主前去管
掌劉闢掘栽種任從其便此業係是自己物業
與別無干在先並無重典他人及支加末歷不明等
情如有此情係是賣主出頭支當不涉錢主之事
遞年約納山租錢五文正付東湖黃家收自賣斷之後不
敢言盡言贖之理永斷割藤其原契夾帶不便繳付
今欲有憑立賣斷契壹帋永遠為照

同治拾弍年伍月　日立賣斷契葉達處

知契伯仁富

在見兄達位

代筆李登華

大進益

3-3-115-14　清同治十二年五月葉達處立賣斷荒山等契

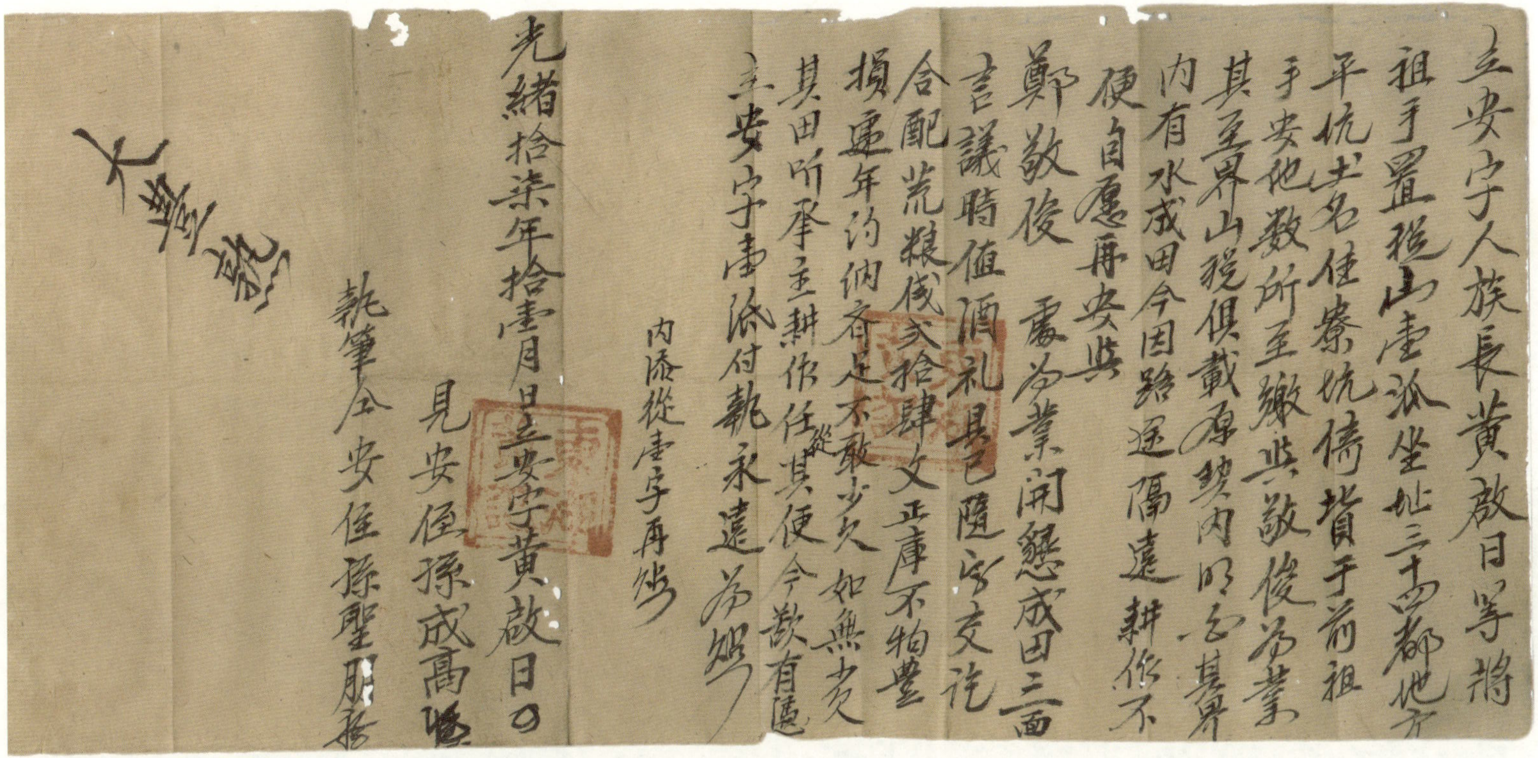

立安字人族長黃啟日等將
祖手置稅山壹派坐址三十四都地方
平坑土名佳寮坑倚背于前祖
手安他數所至鄉與啟俊爲業
其至界山稅俱載原契內明今其界
內有水成田今因路遥隔遠耕作不
便自愿再安與
鄭啟俊　處爲業開墾成田三面
言議時值酒礼見已隨字交訖
合配荒粮錢貳拾肆文正庫不納豊
損遲年約納者足不敢少欠如無少欠
其田所坐主耕作任從其便今欲有憑
立安字壹紙付執永遠爲照
內添從壹字再照
光緒拾柒年拾壹月　日立安字黃啟日
見安侄孫成高
執筆仝安侄孫聖朋
大[illegible]

3-3-115-15　清光緒十七年十一月黃啓日立安税山字

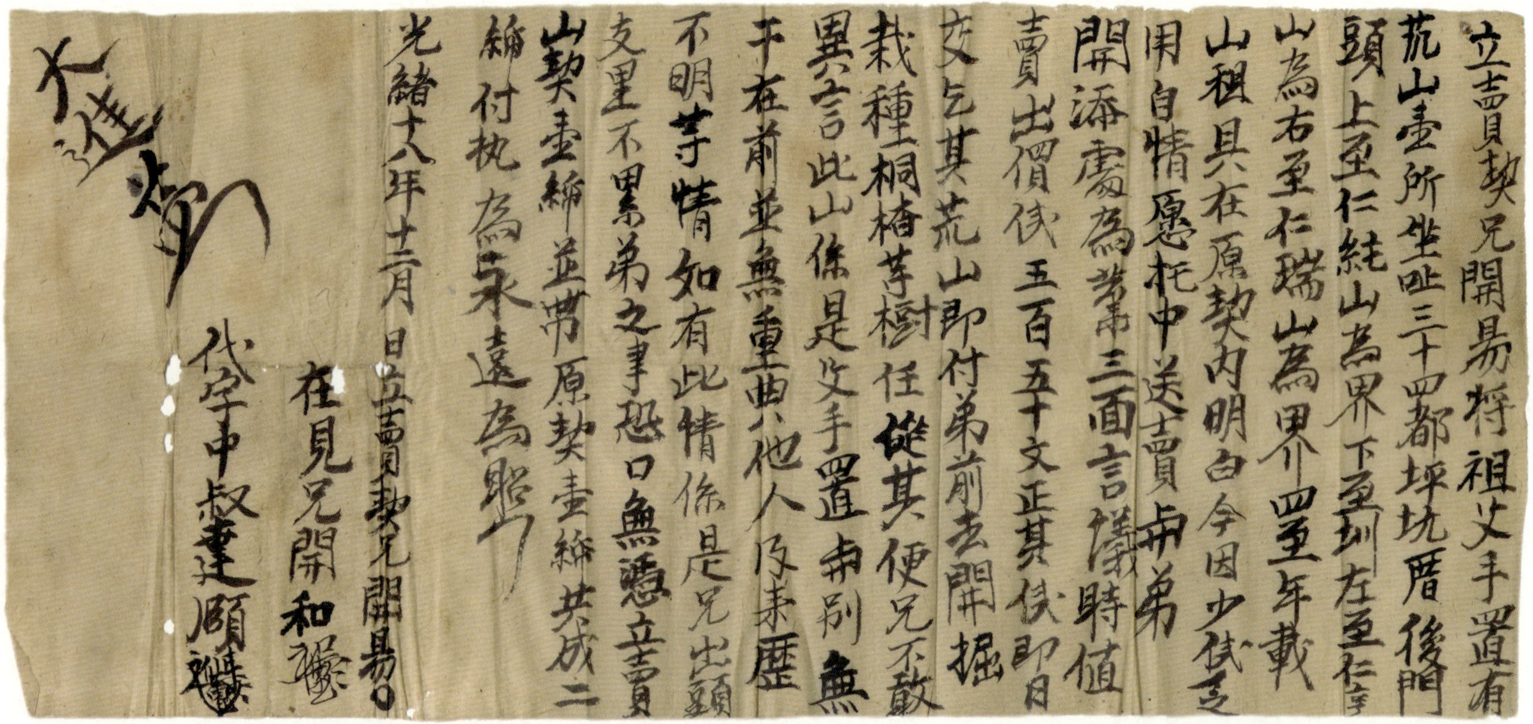
立賣契兄開易將祖父手置有
荒山壹所坐址三十四都坪坑厝後門
頭上至仁紘山為界下至圳左至仁寧
山為右至仁瑞山為界四至年載
山租具在原契內明白今因少錢乏
用自情愿托中送賣與弟
開添處為業三面言議時值
賣出價錢五百五十文正其錢即日
交乞其荒山即付弟前去開掘
栽種桐椅茅樹任從其便兄不敢
異言此山係是父手置與別無
干在前並無重典他人及未歷
不明等情如有此情係是兄出頭
支理不累弟之事恐口無憑立賣
山契壹紙並帶原契壹紙共成二
紙付執為永遠為照
光緒十八年十二月　日立賣契兄開易○
在見兄開和（押）
代字中叔連順（押）
大進大吉

3-3-115-16　清光緒十八年十二月葉開易立賣荒山契

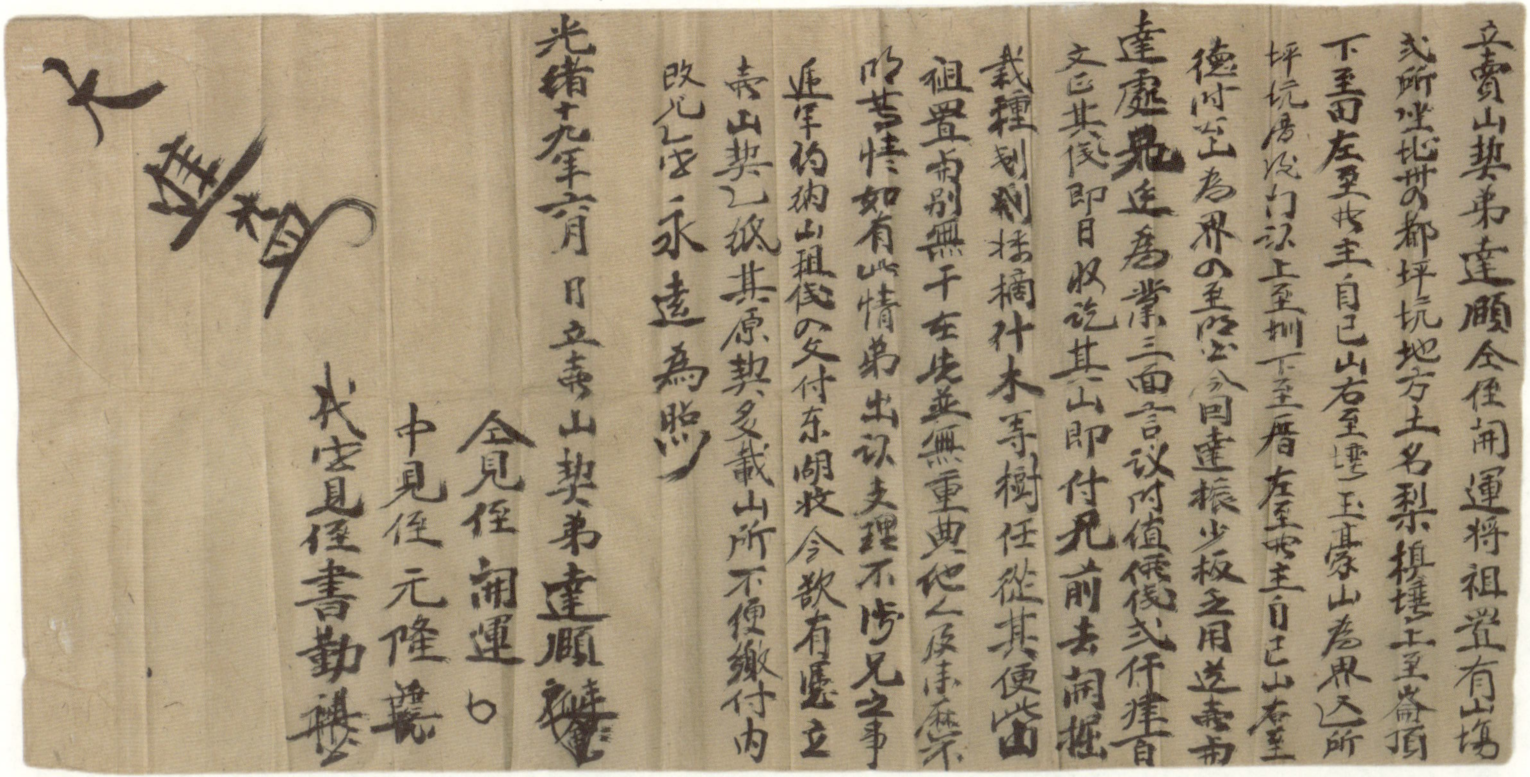

立賣山契弟達頤仝侄開運將祖置有山場
弍所坐址卅四都坪坑地方土名梨樹壠上至崙頂
下至田左至此主自己山右至壠玉喜家山為界又一所
坪坑厝後門山上至圳下至厝左至此主自己山右至
德州山為界の至俱出分同達振少板之用送壽
達處兄邊為業三面言議時值價錢弍仟肆百
文正其錢即日收訖其山即付兄前去開掘
栽種剝削採摘竹木等樹任從其便當
祖置有別無干在先並無重典他人及來歷不
明等情如有此情弟出認支理不涉兄之事
延年納山租錢の文付东闹收今欲有憑立
賣山契乙紙其原契多載山所不便繳付内
改乙字　永遠為照
光緒十九年六月　日立賣山契弟達頤（押）
仝見侄　開運（押）
中見侄　元隆（押）
代字見侄　書勤（押）

3-3-115-17　清光緒十九年六月葉達頤等立賣山場契

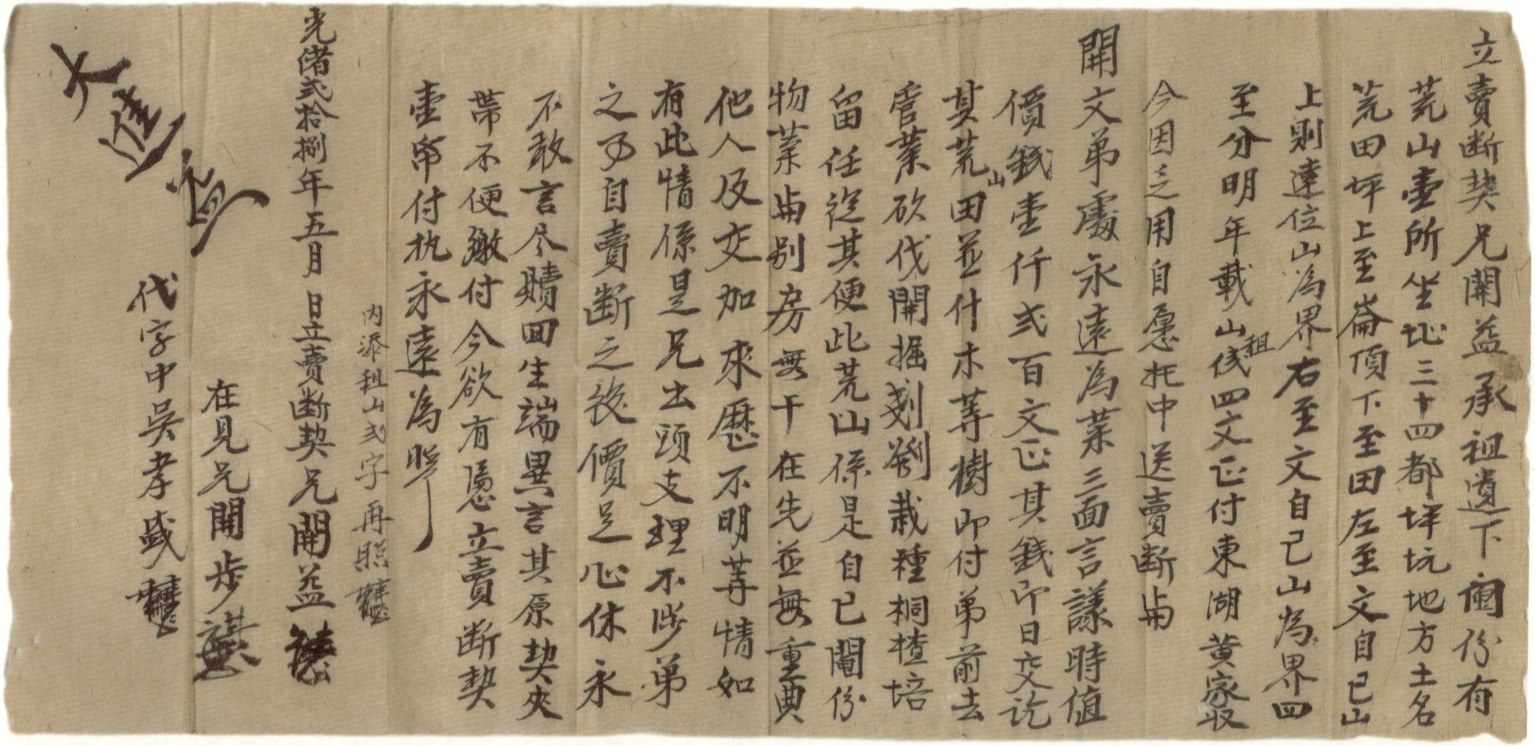

立賣斷契兄開益承祖遺下閫份有
荒山壹所坐址三十四都坪坑地方土名
荒田坪上至崙頂下至田左至文自己山
上則達位山為界右至文自己山為界四
至分明年載山租錢四文正付東湖黃家收
今因乏用自愿托中送賣斷與
開文弟處永遠為業三面言議時值
價錢壹仟弍百文正其錢即日交訖
其荒山田並付木等樹即付弟前去
管業砍伐開掘剷栽種桐楂培
留任從其便此荒山係是自己閫份
物業與别房無干在先並無重典
他人及交加來歷不明等情如
有此情係是兄出頭支理不涉弟
之事自賣斷之後價足心休永
不敢言盡贖回生端異言其原契夾
帶不便繳付今欲有憑立賣斷契
壹帋付執永遠為照
內添租山弍字再照據
光緒弍拾捌年五月　日立賣斷契兄開益（押）
在見兄開步（押）
代字中吳孝盛（押）
大進

3-3-115-18　清光緒二十八年五月葉開益立賣斷荒山契

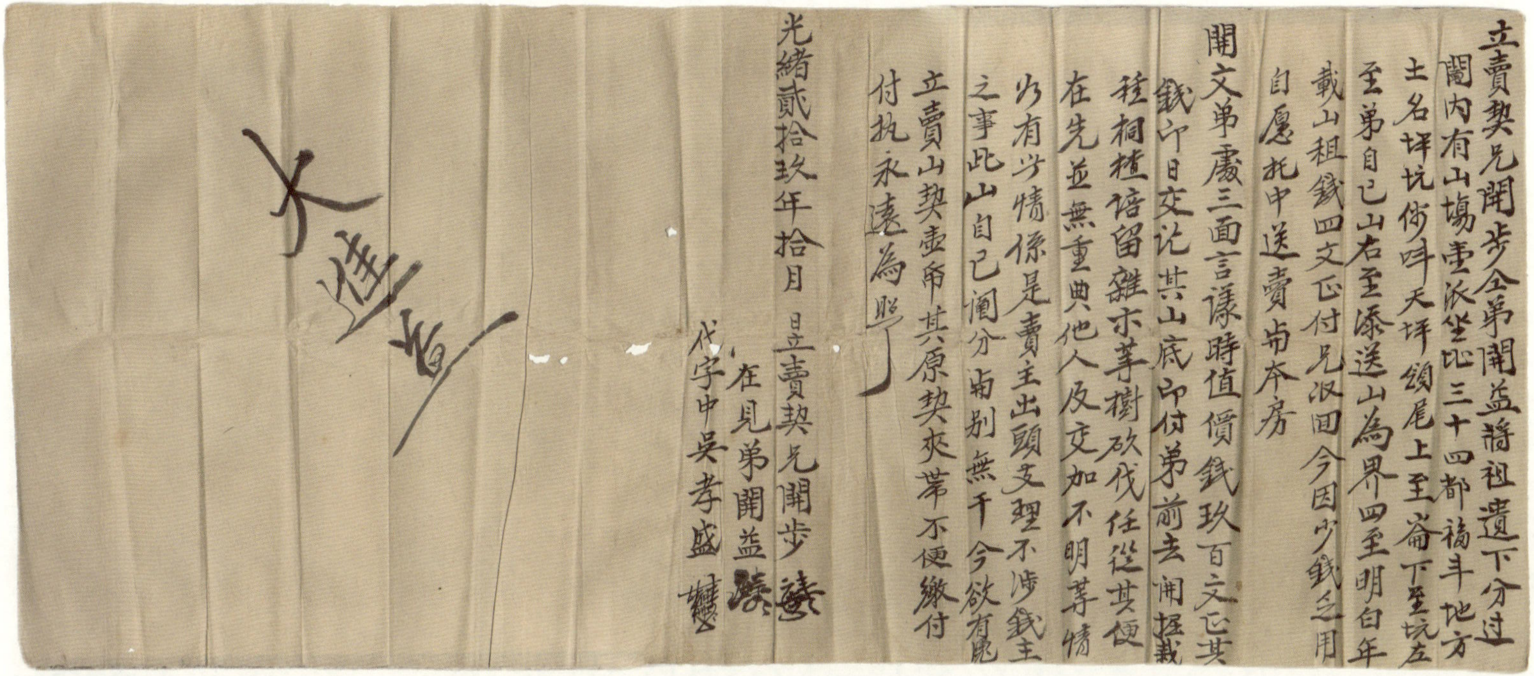

立賣契兄開步仝弟開益將祖遺下分过
閬内有山塲壹派坐𡵓三十四都福斗地方
土名坪坑傍叶天坪嶺尾上至崙下至坑左
至弟自己山右至添送山為界四至明白年
載山租錢四文正付兄収回今因乏錢应用
自愿托中送賣与本房
開文弟處三面言議時值價錢玖百文正其
錢即日交訖其山底即付弟前去開掘栽
種桐植培留雜木茅樹砍伐任從其便
在先並無重典他人及交加不明等情
如有此情係是賣主出頭支理不涉錢主
之事此山自己阄分与別無干今欲有憑
立賣山契壹帋其原契夾帯不便繳付
付执永遠為照
光緒貳拾玖年拾月　日立賣契兄開步
在見弟開益
代字中吳孝盛

3-3-115-19　清光緒二十九年十月葉開步等立賣山場契

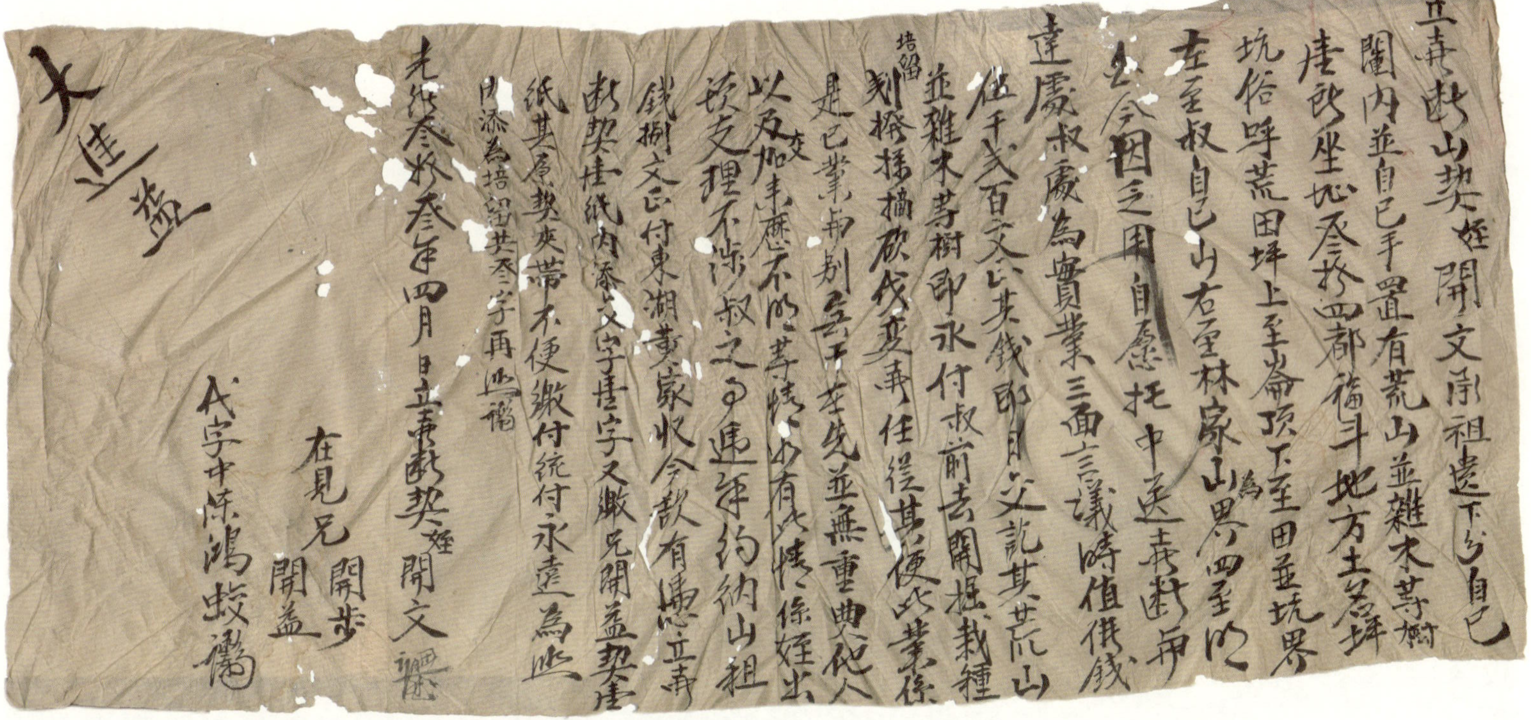

3-3-115-20　清光緒三十三年四月葉開文立賣斷荒山等契

立賣斷山契姪開文承祖遺鬮分並手置有山塲桐棲林
雜木等樹數段，俱坐址於四都蒲手地方，土名
坪坑厝後門首，上至崙頂，下至水圳，左上截至叔已山，下
截至天送山，右上截至陳鴻慶山，下截至坑為界；又土名亦
在坪坑厝右邊，上至水圳，下至田，左至厝山崙叔已山，右至天
送山墓崙為界；又土名倚坪荒田坪，上至崙，下至坑，左右
俱至叔已山為界；又土名倚坪天坪炭尾對面，上至崙，下至
大坑，左至叔已山，右至天送山為界；又土名倚坪牽辟，上至水
圳，下至大坑，左至天送山，右至叔已山為界；又土名倚坪牽
坑尾，上至崙，下至大坑，左至天送山，右至崙直落界；又土名
倚坪牽坑隔壁崙，下上至陳鴻蚊公衆山，下至坑水圳，
左至叔已山，右至陳鴻吉山為界。各四至明白。今因乏用，
自愿托中送賣斷與
達處叔處為實業。三面言議，時值價銀伍拾兩，
又找錢每年兩找錢捌百文。其銀即日交訖，其山
塲桐棲林雜木等樹即統付叔前去永遠管業，
剃剔採摘、開掘栽種、培留砍伐，並任從其便。此業
係是己業，與別房兄弟無干，在先並無重典以及交加未歷不
明等情；如有此情，係是姪出頭支理，不涉叔之事。逐年
約納山租錢叁拾文，正付東湖黃家收。自賣斷之後，
永不敢言說取贖、另言等情之理。今欲有憑，立賣斷
山契壹紙，其原契夾帶未便繳付，並繳開步賣契壹紙，又繳
開易賣契壹紙，又繳開添賣契壹紙，又繳贖回周登契壹
紙，共成伍紙，內註截、每、此情共四字，統付永遠為照。

光緒叁拾叁年伍月　日立賣斷山契姪開文（押）
在見兄開步（押）
中人林如畫（押）
代字陳鴻蚊（押）

大進益

3-3-115-21　清光緒三十三年五月葉開文立賣斷山場等契（一）

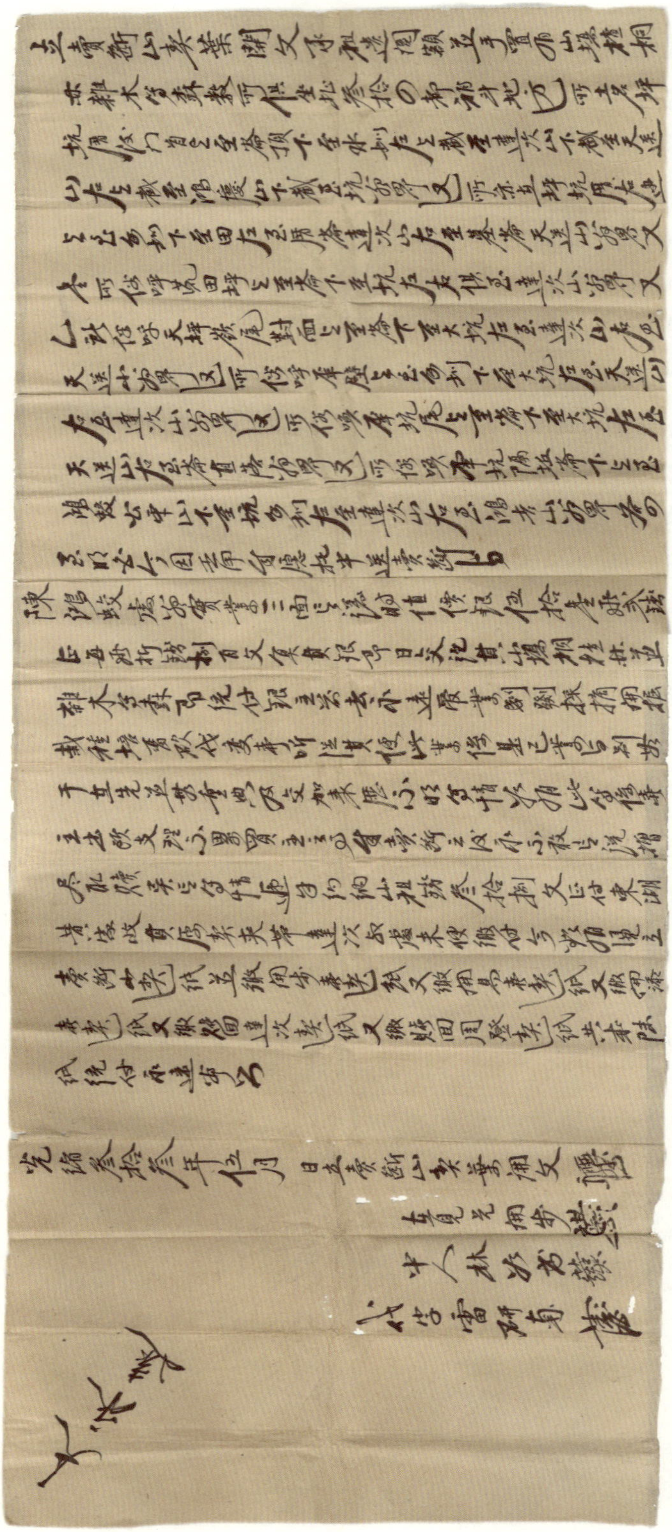

3-3-115-22　清光緒三十三年五月葉開文立賣斷山場等契（二）

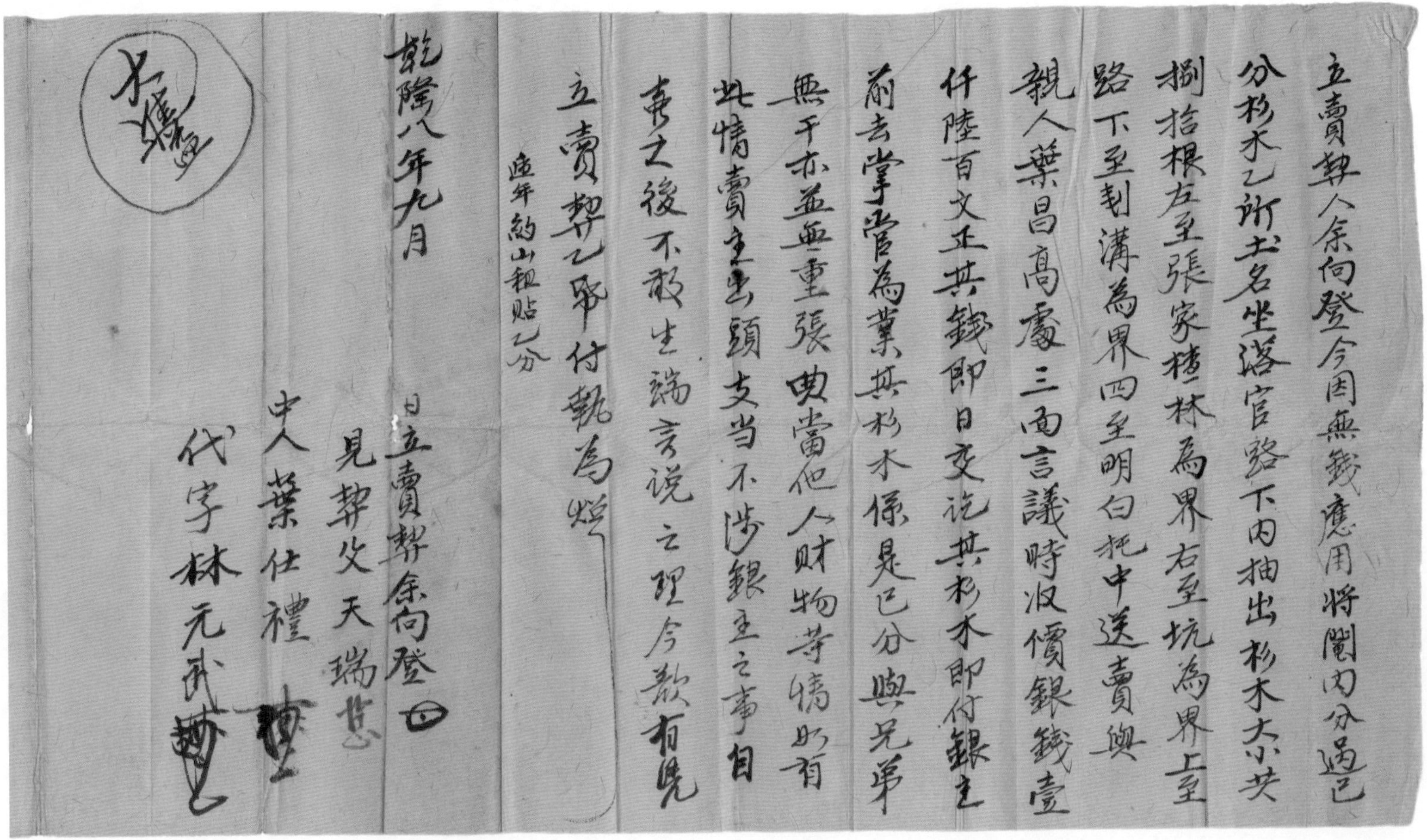

立賣契人余向登今因無錢應用將鬮內分過已
分杉木乙所土名坐落官路下內抽出杉木大小共
捌拾根左至張家樌林為界右至坑為界上至
路下至圳溝為界四至明白托中送賣與
親人葉昌高處三面言議時值價銀錢壹
仟陸百文正其錢即日交訖其杉木即付銀主
前去掌管為業其杉木係是已分與兄弟
無干亦並無重張典當他人財物等情如有
此情賣主出頭支当不涉銀主之事自
賣之後不敢生端言説之理今欲有憑
立賣契乙紙付執為照
遞年納山租貼乙分

乾隆八年九月　日立賣契余向登

見契父天瑞

中人葉仕禮

代字林元武

3-3-116-1　清乾隆八年九月余向登立賣杉木契

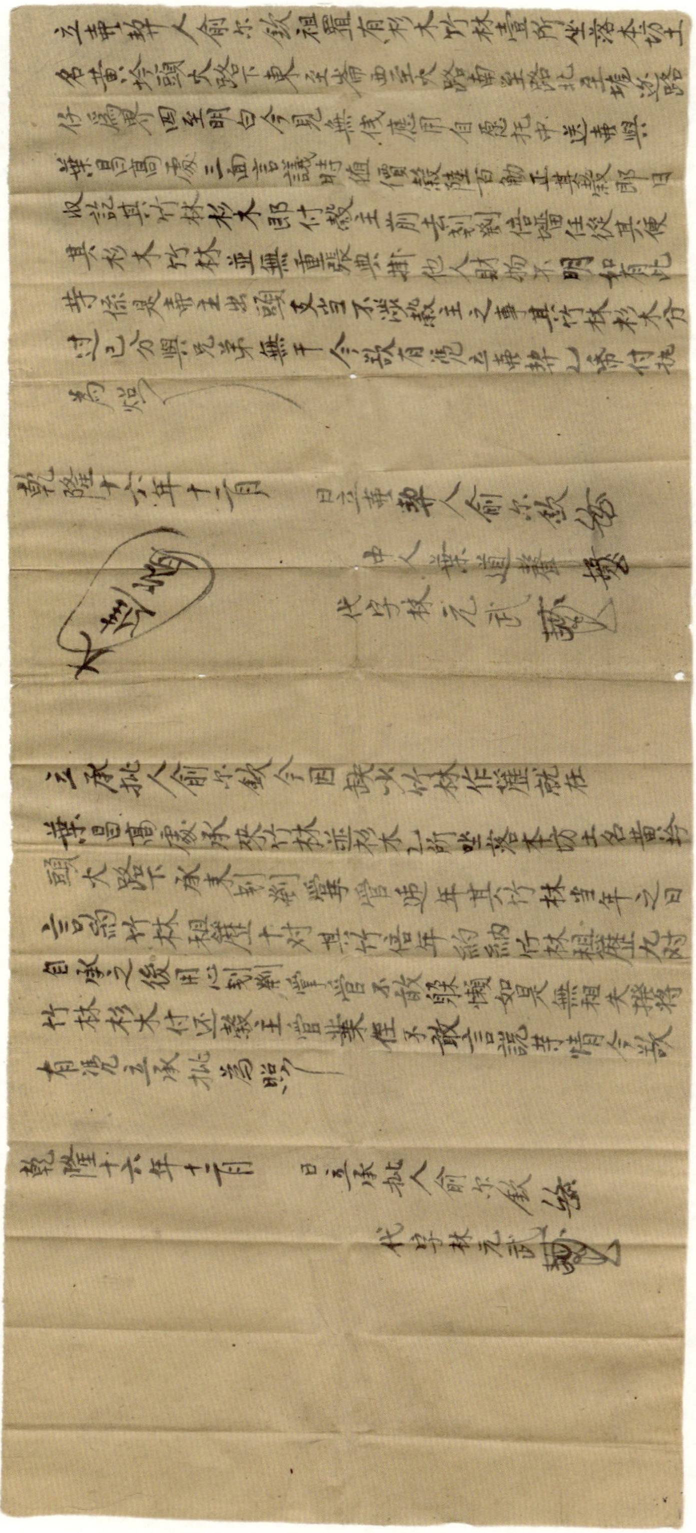

立賣契人俞尔欽祖遺有杉木竹林壹所坐落本坊土
名黄坑頭大路下東至坑西至大路南至路北至坑為界
四至分明今因無錢應用自愿托中送賣與
葉昌高邊三面言議時值價銀陸百文正其錢即日
收訖其竹林杉木即付錢主前去剗削管業任從其便
其杉木竹林並無重張典挂他人財物不明如有此
等係是賣主出頭支當不涉錢主之事其竹林杉木
过已分明與兄弟無干今欲有憑立賣契一紙付執
為照

乾隆十六年十二月　日立賣契人俞尔欽（押）
中人葉道喜（押）
代字林元武（押）

立承批人俞尔欽今因缺少竹林作從就在
葉昌高處承批竹林杉木一所坐落本坊土名黄坑
頭大路下承來剗削管業每年其竹林當年之日
言定竹林租銀壹十對其竹林每年納竹林租銀光時
自承之後用心剗削管業不敢荒廢如是無相失誤將
竹林杉木付還錢主管業侄子不敢言說異情今欲
有憑立承批為照

乾隆十六年十二月　日立承批人俞尔欽（押）
代字林元武（押）

3-3-116-2　清乾隆十六年十二月俞尔欽立賣杉木等契

立賣契黃信發手置有桐楂杉木雜木
壹所坐址三十四都福斗平坑地方土名尾
墘左至林阿其杉為界右至得樂杉為界
下至得香有快杉為界上至崙頂為界四至
明白今因乏錢應用自情愿托中送賣三十六
都葉得後為業三面言議時值價錢伍百
文正其錢即日隨契交訖其桐楂雜樹即付
錢主開掘栽種培墻劃劉任從其便此山並無
重張典賣他人財物不明等情如有此情係
賣主支當不涉錢主之事言約山租壹分正
付黃家生年收今欲有憑立賣山契為照

嘉慶元年十二月　日立賣契黃信發（押）

代字中弟祿清（押）

3-3-116-3　清嘉慶元年十二月黃信發立賣桐楂等契

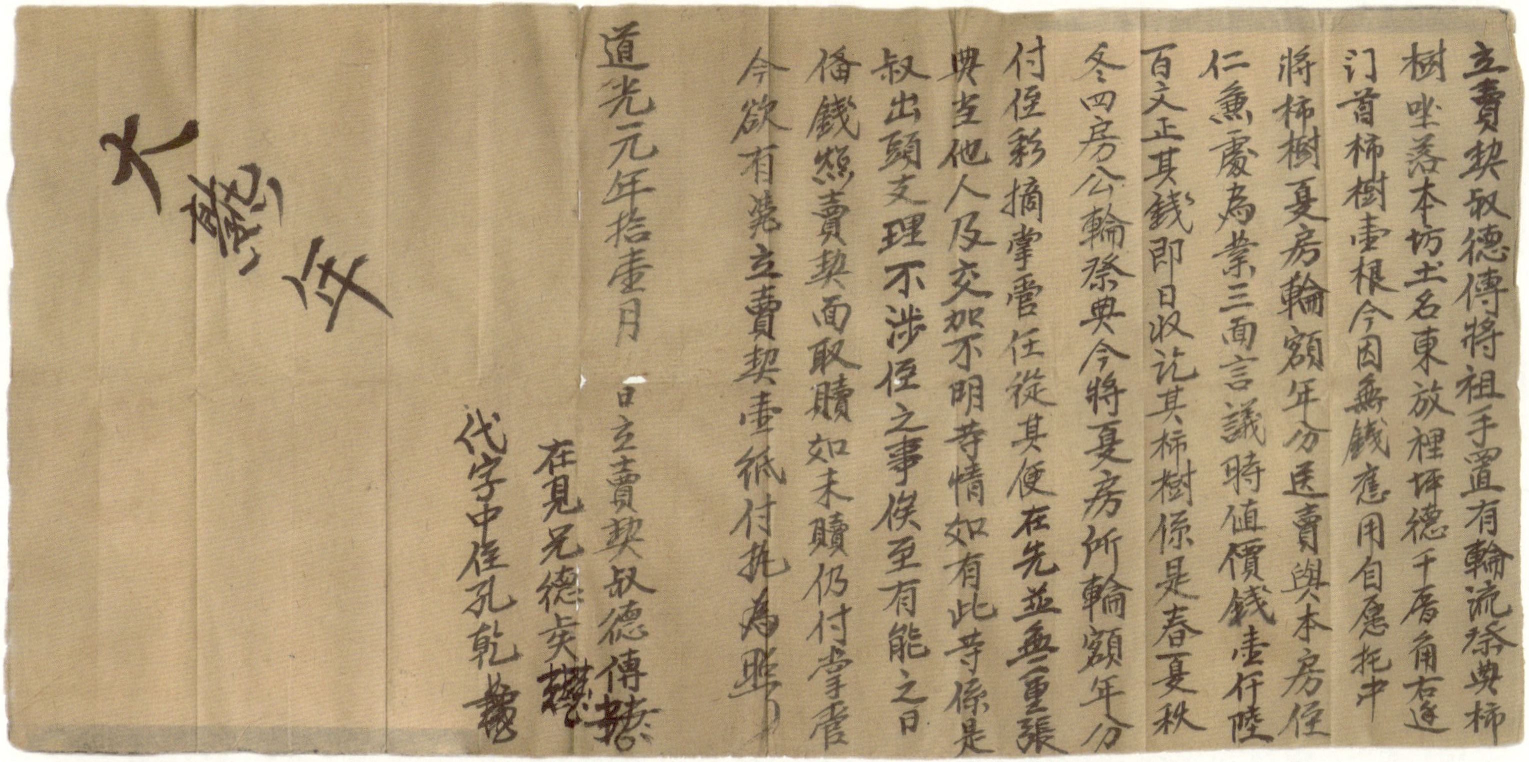

立賣契叔德傳將祖手置有輪流祭典柿
樹坐落本坊土名東放裡坪德千厝角右邊
门首柿樹壹根今因無錢應用自愿托中
將柿樹夏房輪額年分送賣與本房侄
仁兼處為業三面言議時值價錢壹仟陸
百文正其錢即日收訖其柿樹係是春夏秋
冬四房公輪祭典今將夏房所輪額年分
付侄彩摘掌管任從其便在先並無重張
典当他人及交加不明等情如有此等係是
叔出頭支理不涉侄之事俟至有能之日
備錢照賣契面取贖如未贖仍付掌管
今欲有憑立賣契壹紙付執為照

道光元年拾壹月　日立賣契叔德傳（押）
在見兄德矣（押）
代字中侄孔乾（押）

大德[illegible]

3-3-116-4　清道光元年十一月葉德傳立賣輪流祭典柿樹契

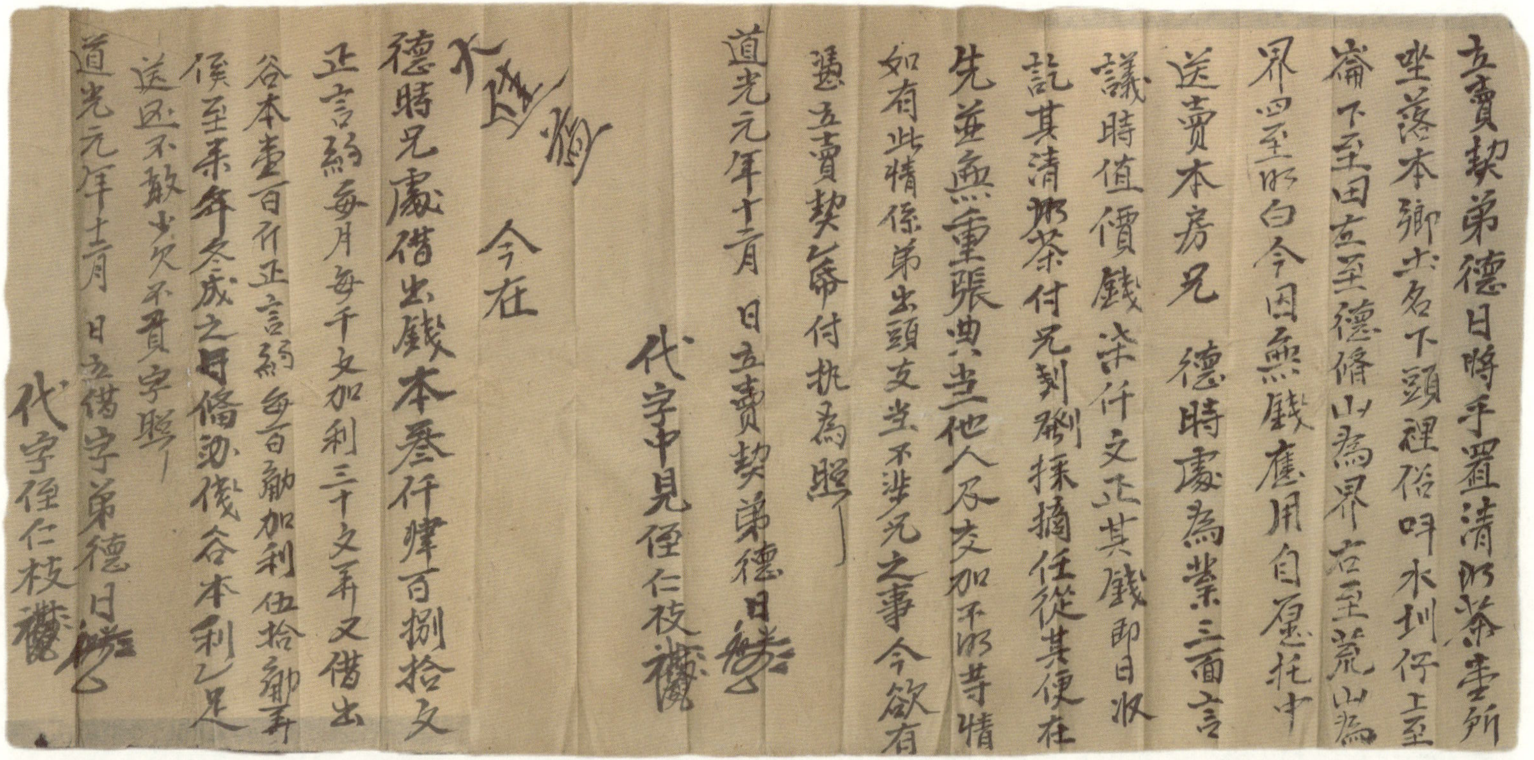

立賣契弟德日將手置清明茶壹所
坐落本鄉土名下頭裡俗呼水圳仔上至
崙下至田左至德俻山為界右至荒山為
界四至明白今因無錢應用自愿托中
送賣本房兄 德時處為業三面言
議時值價錢柒仟文正其錢即日收
訖其清明茶付兄對劄採摘任從其便在
先並無重張典當他人亦無加不明等情
如有此情係弟出頭支當不涉兄之事今欲有
憑立賣契壹紙付執為照
道光元年十二月 日立賣契弟德日
代字中見侄仁枝

今在
德時兄處借出錢本叁仟肆百捌拾文
正言約每月每千文加利三十文再又借出
谷本壹百斤正言約每百觔加利伍拾觔再
俟至來年冬成之日備办錢谷本利一足
送还不敢少欠不買字照
道光元年十二月 日立借字弟德日
代字侄仁枝

3-3-116-5 清道光元年十二月葉德日立賣清明茶契

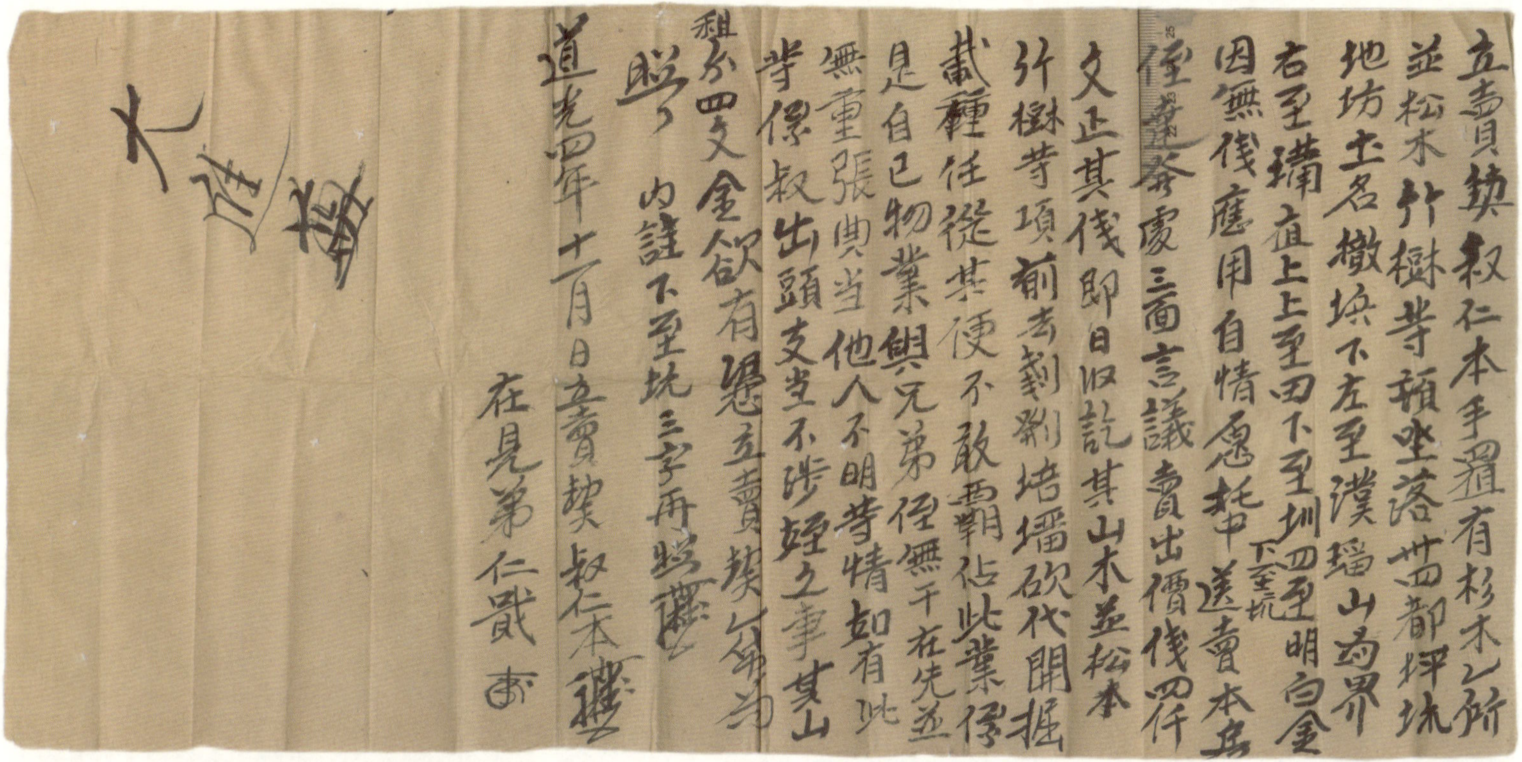
立賣契叔仁本手置有杉木乙所
並松木什樹等項坐落廿四都坪坑
地坊土名墩垵下左至漈瑠山為界
右至璊直上上至田下至圳四至明白全
因無錢應用自情愿托中送賣本房
侄孟𡐓處三面言議賣出價錢四仟
文正其錢即日收訖其山木並松木
什樹等項前去剷劄培壅砍伐開掘
栽種任從其便不敢霸佔此業係
是自己物業與兄弟侄無干在先並
無重張典当他人不明等情如有此
等係叔出頭支当不涉侄之事其山
契分四文今欲有憑立賣契乙紙為
照 内註下至坑三字再照
道光四年十一月日立賣契叔仁本
在見弟仁武

3-3-116-6 清道光四年十一月葉仁本立賣杉木等契

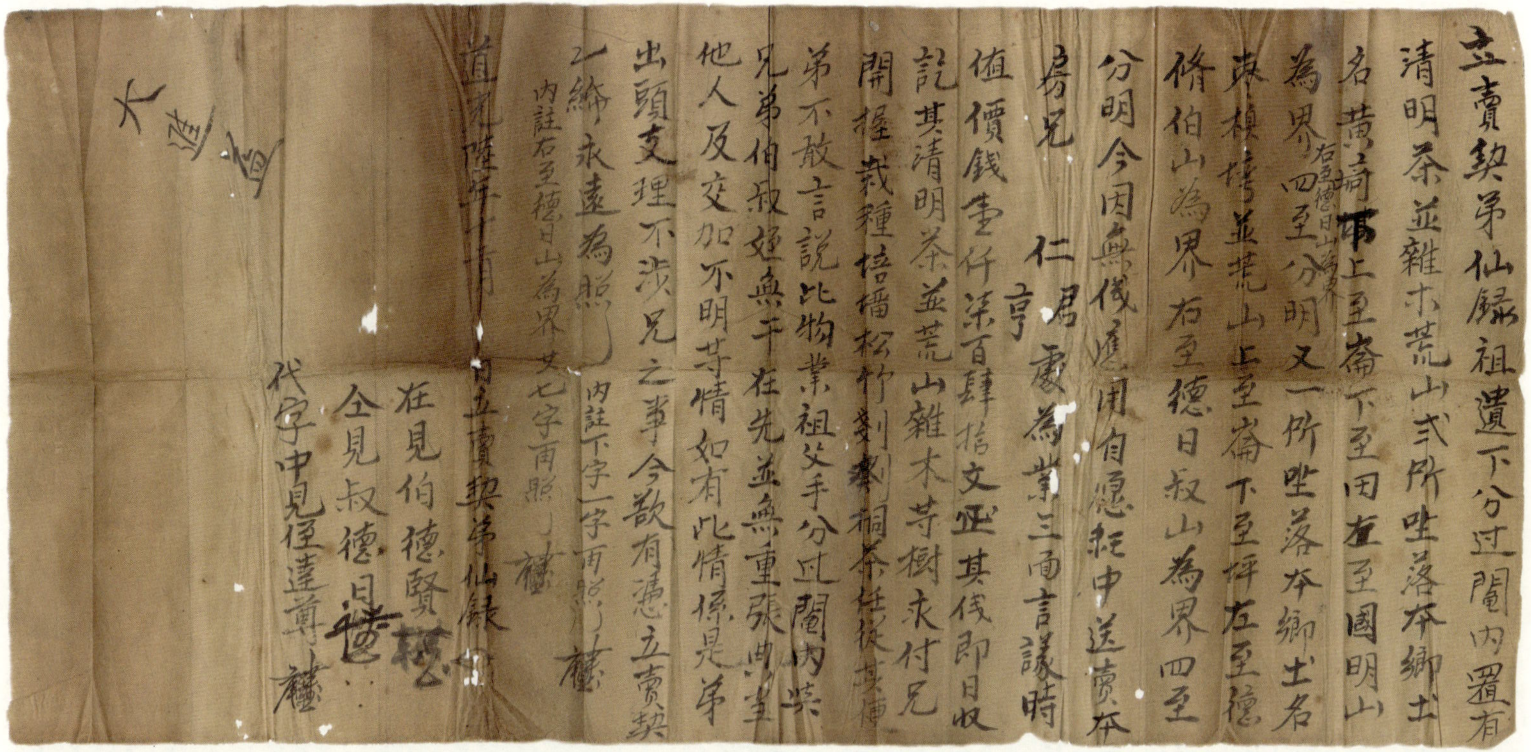

立賣契弟仙録，祖遺下分过閹内買有
清明茶並雜木荒山弍所，坐落本鄉土
名黃埼，上至崙，下至田，左至國明山，右至德日山爲界
爲界，四至分明。又一所坐落本鄉土名
東楼墘，並荒山，上至崙，下至坪，左至德
脩伯山爲界，右至德日叔山爲界，四至
分明。今因無錢應用，自愿托中送賣本
房兄 仁亨 居處爲業，三面言議時
値價錢壹仟柒百肆拾文。其錢即日收
訖。其清明茶並荒山雜木等樹，永付兄
開掘栽種培檣松竹，剗稠茶任從兄便，
弟不敢言說。此物業祖父手分过閹内，與
兄弟伯叔姪無干，在先並無重張典掌
他人及交加不明等情。如有此情，係是弟
出頭支理，不涉兄之事。今欲有憑，立賣契
一紙，永遠爲照。 内註下字一字爲照 押
内註右至德日山爲界共七字爲照 押
道光陸年十二月 日立賣契弟仙録（押）
在見伯德賢（押）
仝見叔德日（押）
代字中見侄達蘭（押）
大吉

3-3-116-7 清道光六年十二月葉仙録立賣清明茶等契

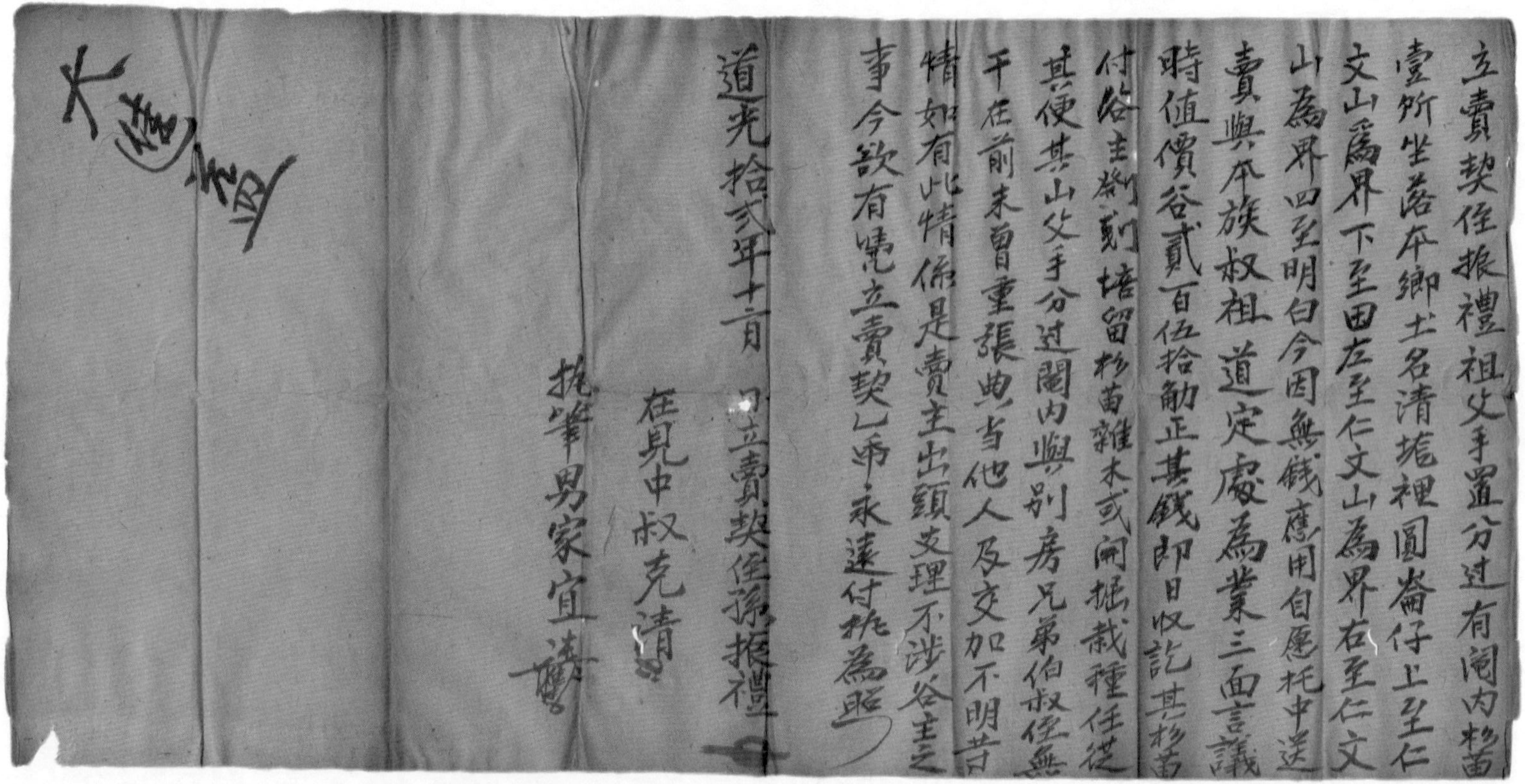
立賣契侄振禮祖父手置分过有閹内杉苗
壹所坐落本鄉土名清垅裡圓崙仔上至仁
文山爲界下至田左至仁文山爲界右至仁文
山爲界四至明白今因無錢應用自愿托中送
賣與本族叔祖道定慶爲業三面言議
時值價谷貳百伍拾觔正其錢即日收訖其杉苗
付谷主斫動培留杉苗雜木或開掘栽種任從
其便其山父手分过閹内與別房兄弟伯叔侄無
干在前未曾重張典当他人及交加不明等
情如有此情係是賣主出頭支理不涉谷主之
事今欲有憑立賣契一帋永遠付執爲照

道光拾弍年十二月　日立賣契侄孫振禮
在見中叔克清
執筆男家宜

3-3-116-8　清道光十二年十二月葉振禮立賣杉苗契

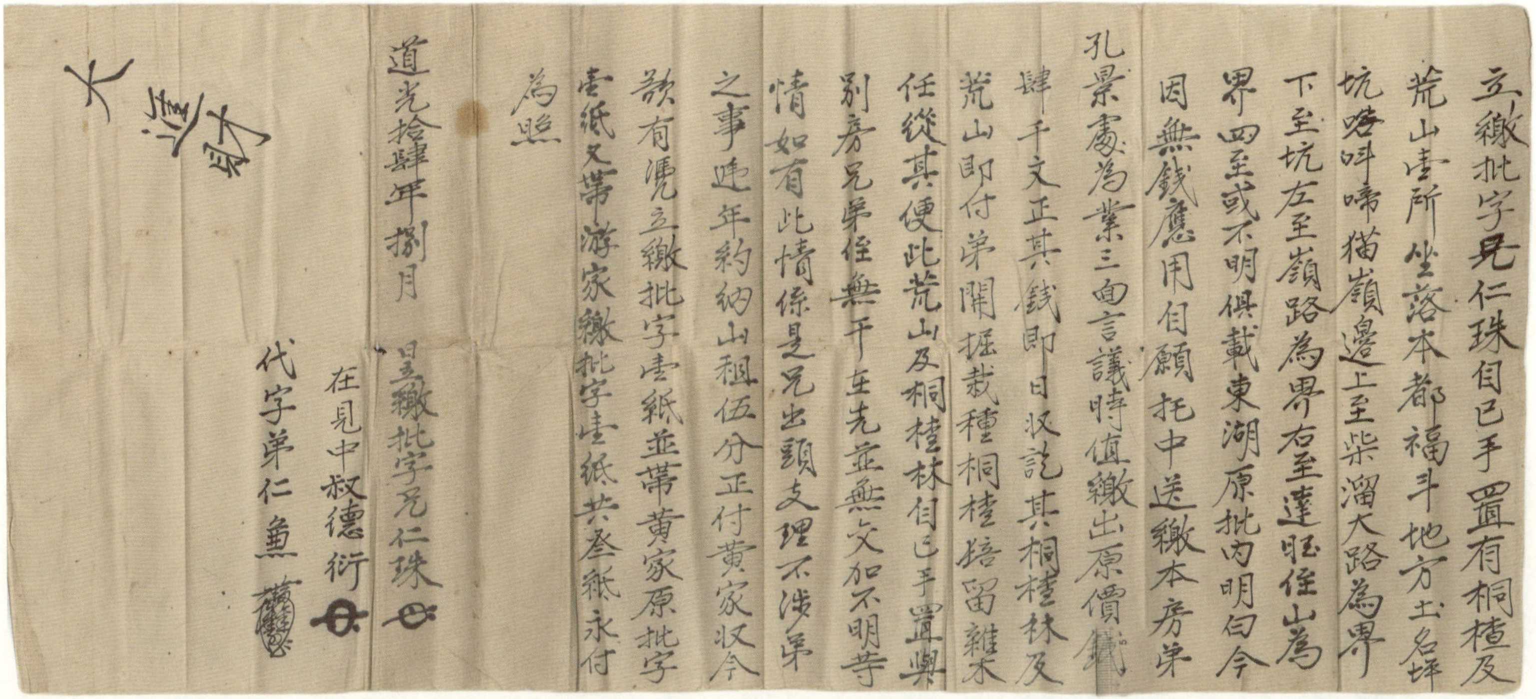

立繳批字兄仁珠自己手置有桐楂及
荒山壹所坐落本都福斗地方土名坪
坑嗒吽啼猫嶺邊上至柴溜大路為界
下至坑左至嶺路為界右至達旺位山為
界四至或不明俱載東湖原批內明白今
因無錢應用自願托中送繳本房弟
孔景處為業三面言議時值繳出原價錢
肆千文正其錢即日收訖其桐楂林及
荒山即付弟開掘栽種桐楂培留雜木
任從其便此荒山及桐楂林自己手置與
別房兄弟侄無干在先並無文加不明等
情如有此情係是兄出頭支理不涉弟
之事此年約納山租伍分正付黃家收今
欲有憑兄立繳批字壹紙並帶黃家原批字
壹紙又帶游家繳批字壹紙共叁紙永付
為照
道光拾肆年捌月　日立繳批字兄仁珠（押）
在見中叔德衍（押）
代字弟仁魚（押）
大吉

3-3-116-9　清道光十四年八月葉仁珠立繳批桐楂等字

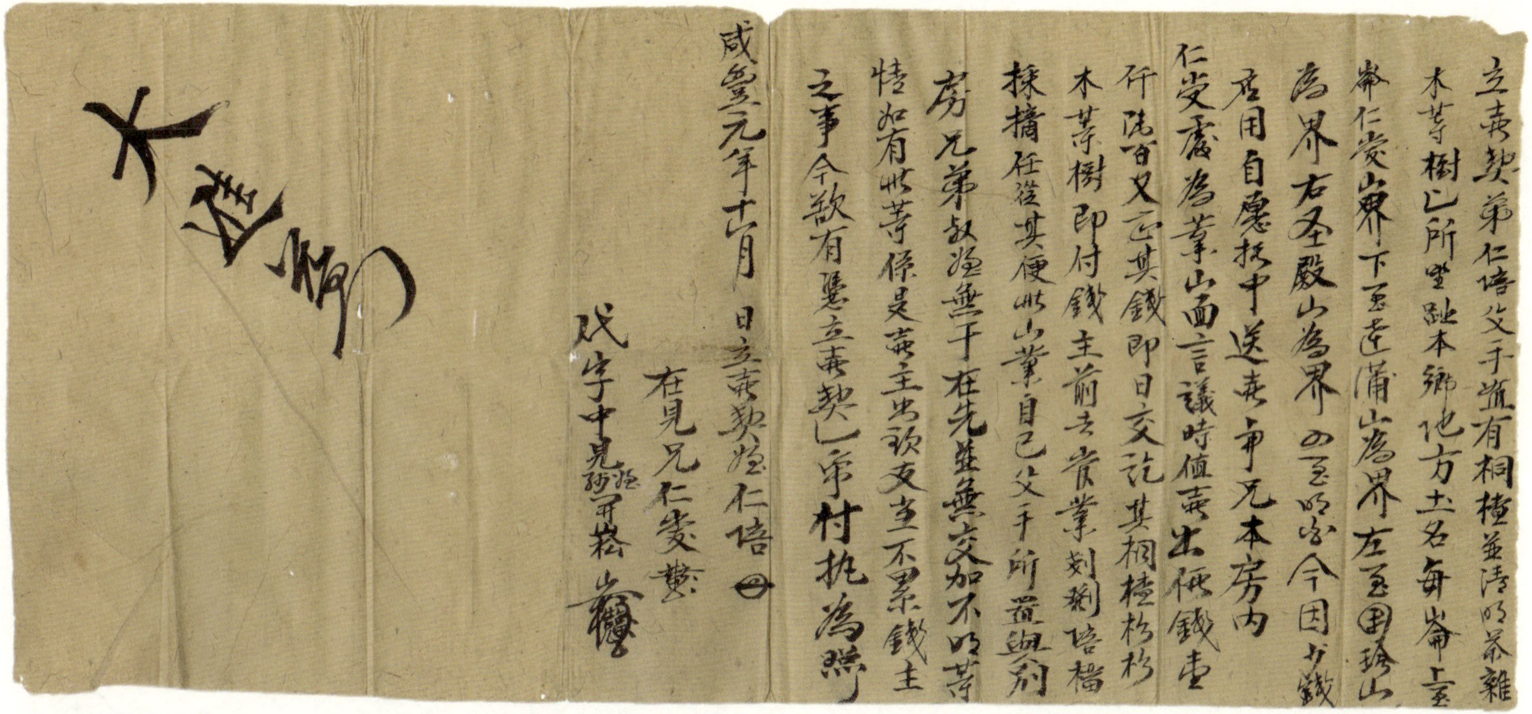
立賣契弟仁培父手置有桐楂並茶雜
木等樹，所坐址本鄉地方土名每崙壹
崙仁發山界，下至蒲山為界，左至田塍山
為界，右至殿山為界，四至明白。今因乏錢
應用，自愿托中送賣與兄本房内
仁發處為業。面言議時值賣出價錢壹
仟陸佰文正，其錢即日交訖，其桐楂杉松
木等樹即付錢主前去管業剝摘
採摘任從其便。此山業自己父手所置，與别
房兄弟叔姪無干。在先並無交加不明等
情，如有此等，係是賣主出頭支當，不累錢主
之事。今欲有憑，立賣契一帋付執為照。

咸豐元年十一月　日立賣契姪仁培（押）
在見兄仁發（押）
代字中見孫姪可裕（押）

大吉利

3-3-116-10　清咸豐元年十一月葉仁培立賣桐楂等契

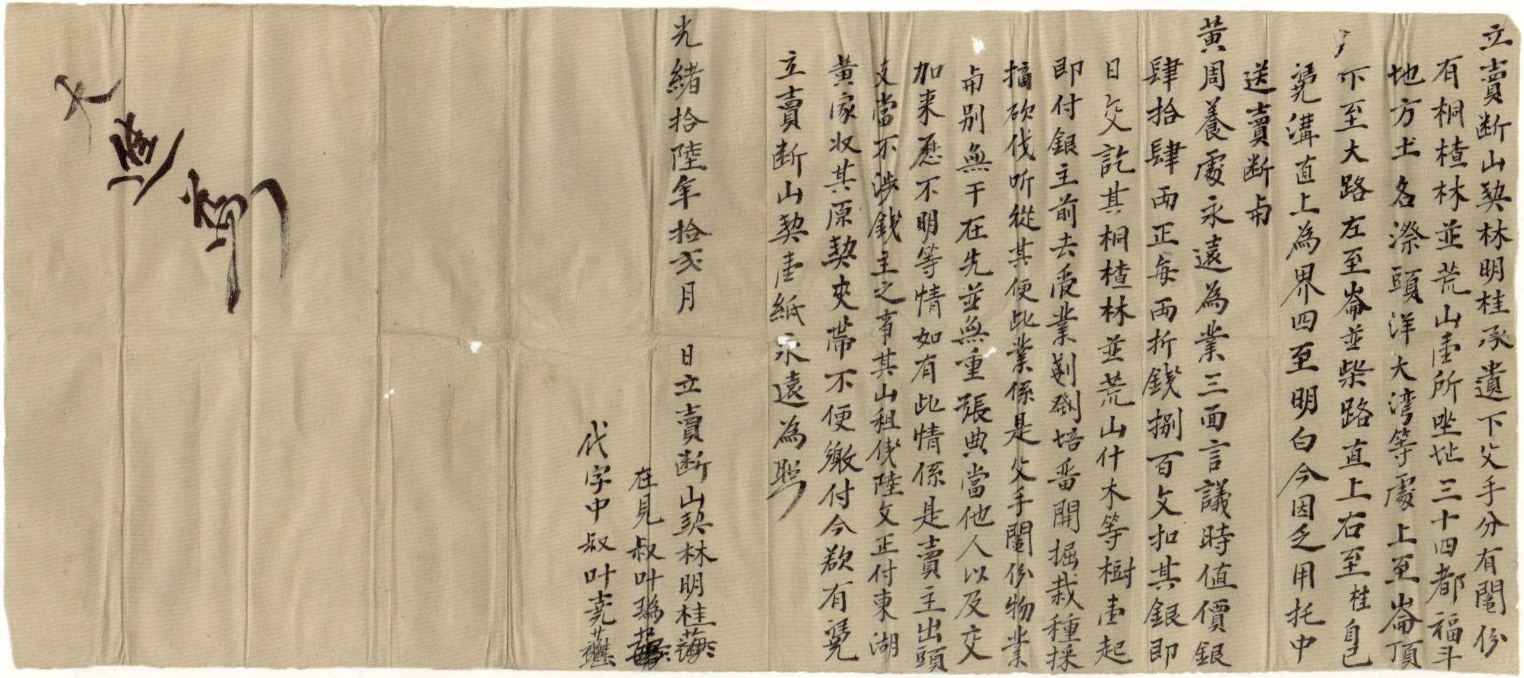

立賣斷山契林明桂承遺下父手分有鬮份
有桐植林並荒山壹所坐址三十四都福斗
地方土名滌頭洋大灣等處上至崙頂
下至大路左至崙並柴路直上右至桂自己
坑溝直上為界四至明白今因乏用托中
送賣斷与
黄周養處永遠為業三面言議時值價銀
肆拾肆兩正每兩折錢捌百文扣其銀即
日交訖其桐植林並荒山什木等樹壹起
即付銀主前去管業剗削培番開掘栽種採
擷砍伐听從其便此業係是父手鬮份物業
与別無干在先並無重張典當他人以及交
加來歷不明等情如有此情係是賣主出頭
支當不涉錢主之事其山租伏陸文正付東湖
黄家収其原契交帶不便繳付今欲有憑
立賣斷山契壹紙永遠為照

光緒拾陸年拾弍月　日立賣斷山契林明桂（押）
在見叔叶瑞（押）
代字中叔叶堯（押）

3-3-116-11　清光緒十六年十二月林明桂立賣斷桐植林等契

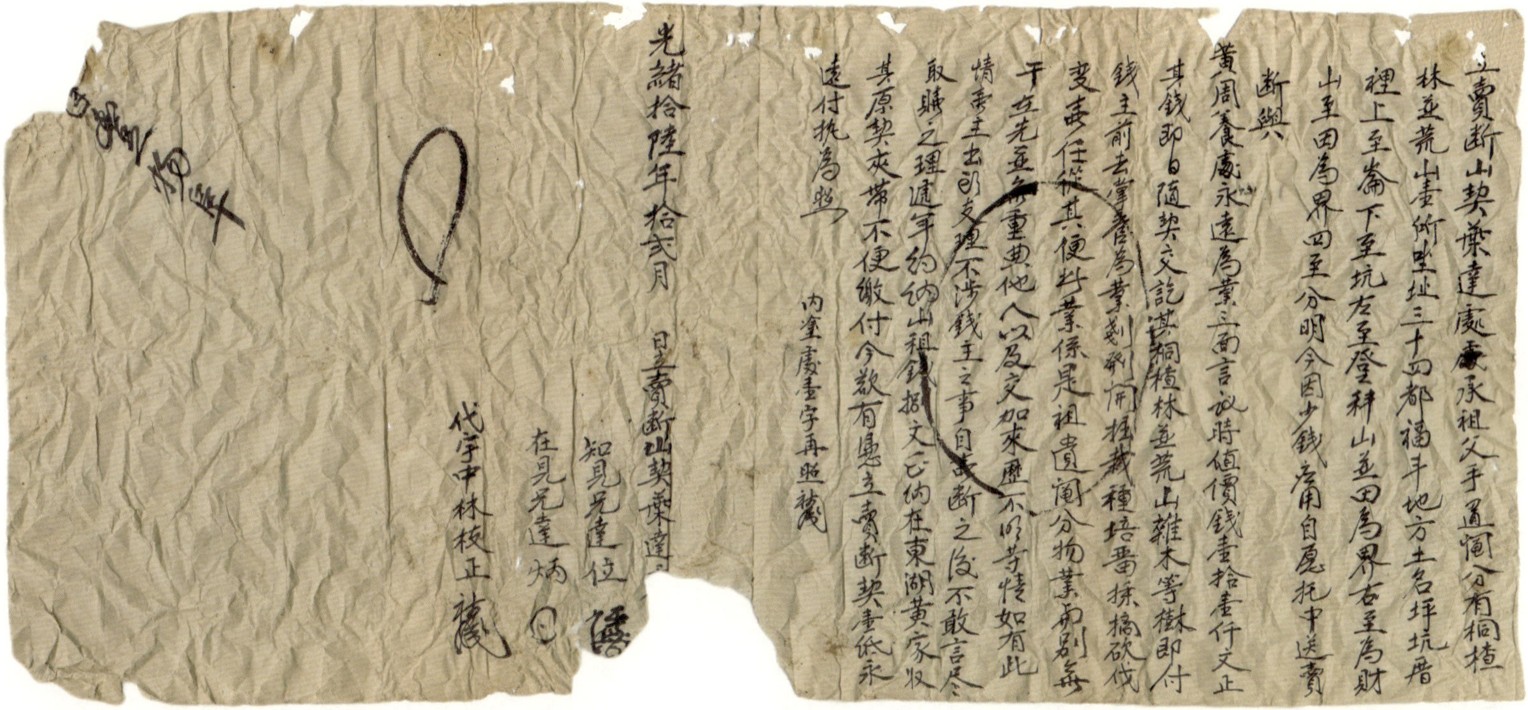
立賣斷山契葉達處，承祖父手置閹分有桐楂
林並荒山壹所，坐址三十四都福平地方，土名坪坑厝
裡，上至崙，下至坑，右至登耕山並田為界，左至為財
山至田為界，四至分明。今因少錢應用，自愿托中送賣
斷與
黄周養處永遠為業，三面言議，時值價錢壹拾壹仟文正，
其錢即日隨契交訖，其桐楂林並荒山雜木等樹即付
錢主前去掌管為業，剗削開挖栽種培蓄採摘砍伐，
變賣任從其便。此業係是祖遺閹分物業，與別無
干，在先並無重典他人，以及交加來歷不明等情。如有此
情，賣主出頭支理，不涉錢主之事。自賣斷之後，不敢言盡
取贖之理。逓年納山租錢，據文已納在東湖黄家收。
其原契夾帶不便繳付，今欲有憑，立賣斷契壹紙，永
遠付執為照。
内塗處壹字再照繳
光緒拾陸年拾弍月　日立賣斷山契葉達處（押）
知見兄達位（押）
在見兄達炳（押）
代字中林枝正（押）

3-3-116-12　清光緒十六年十二月葉達處立賣斷桐楂林等契（廢契）

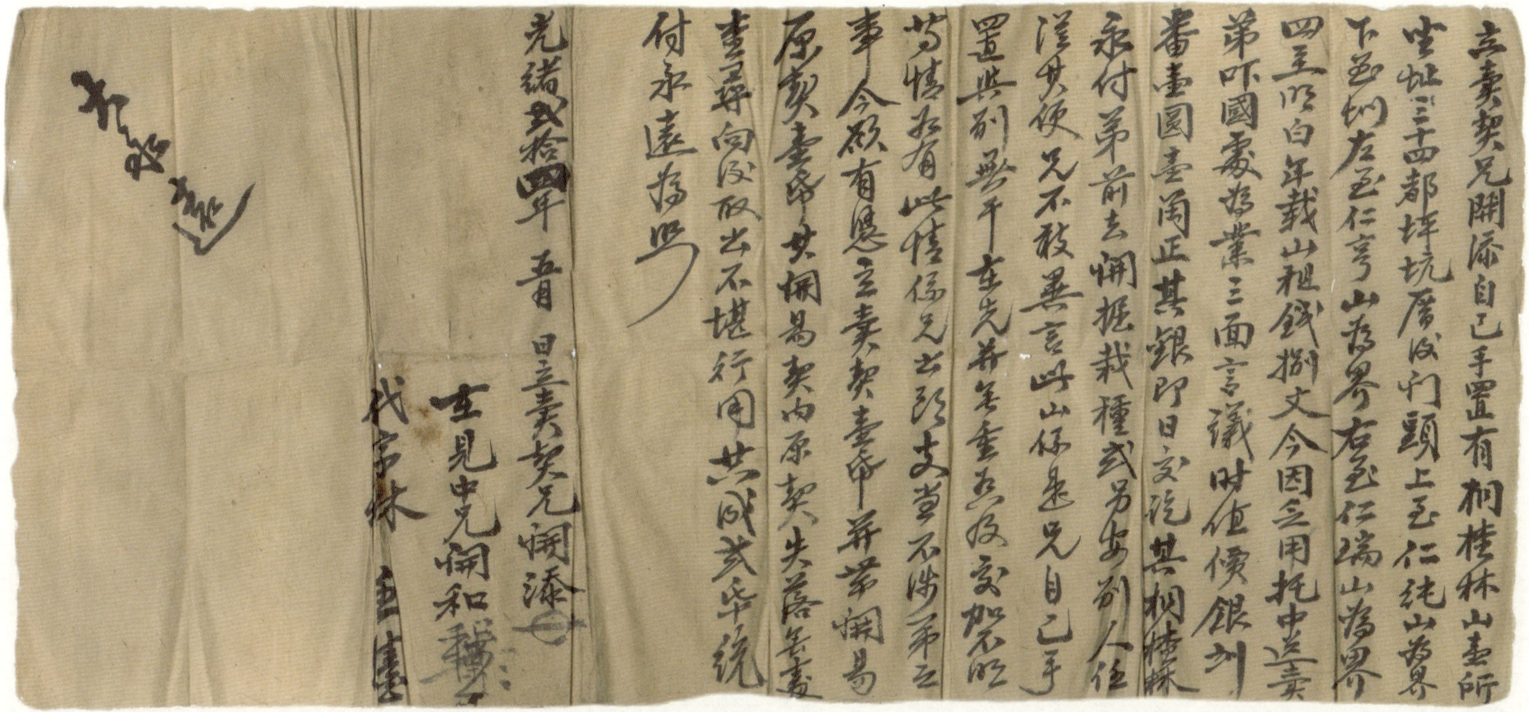

立賣契兄開添自己手置有桐楂林山壹所，坐址三十四都坪坑厝後門頭，上至仁純山爲界，下至仁亨山爲界，左至仁瑞山爲界，四至明白，年栽山租錢捌文。今因乏用，托中立賣弟吓國處爲業，三面言議時值價銀弍番壹圓壹角正，其銀即日交訖，其桐楂林永付弟前去開掘栽種，或另安別人，任從其便，兄不敢異言。此山係是兄自己手置，與別[?]無干，[illegible]先并無重張典掛[?]交加不明等情，如有此情，係兄出頭支當，不涉弟之事。今欲有憑，立賣契壹紙，并帶開易[?]原契壹紙，其開易[?]契內原契失落無處尋，向後取出不堪行用，共成貳紙[?]，付永遠爲照。

光緒貳拾四年五月　日立賣契兄開添（押）

在見中兄開和（押）

代字林[illegible]

3-3-116-13　清光緒二十四年五月葉開添立賣桐楂林山契

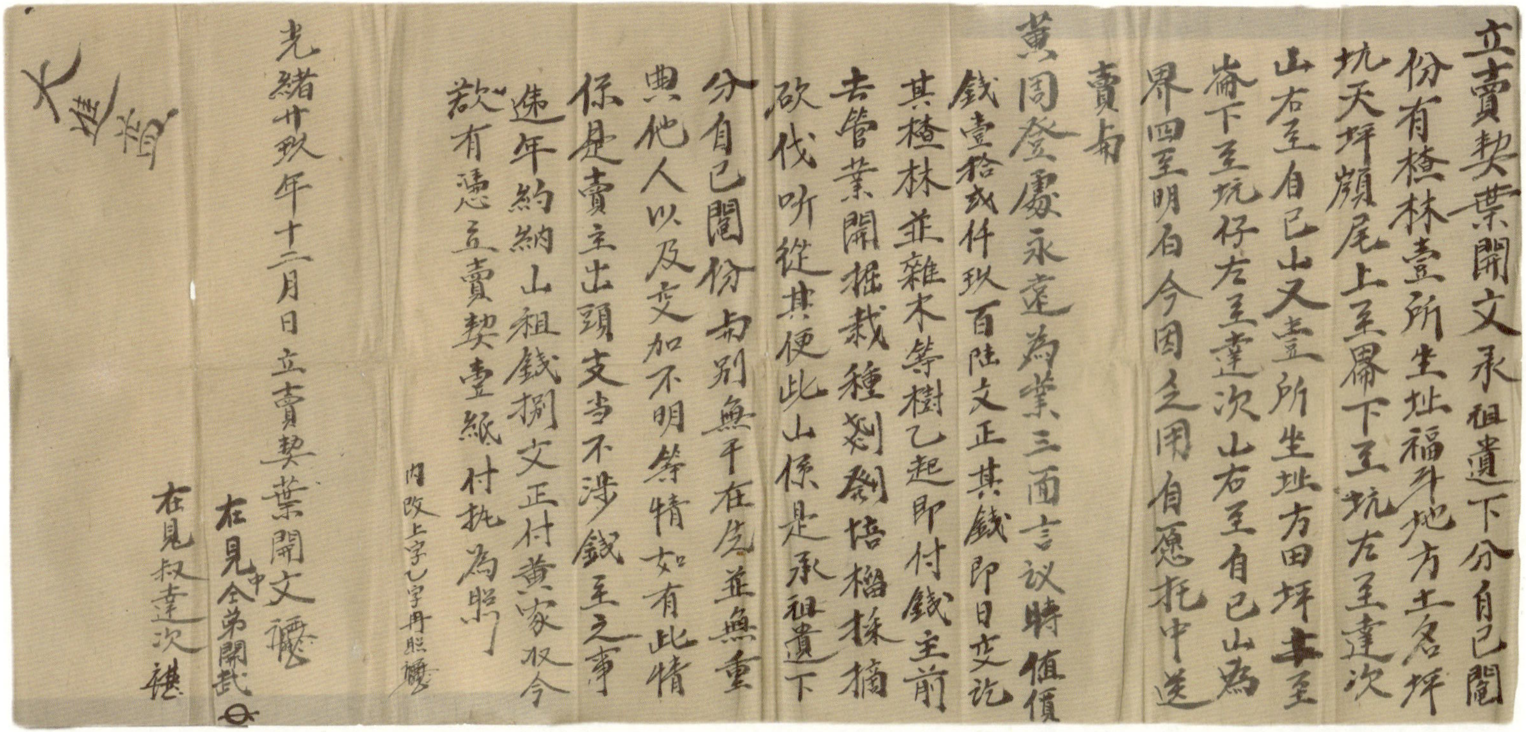
立賣契葉開文承祖遺下分自己鬮
份有楂林壹所坐址福斗地方土名坪
坑天坪嶺尾上至帰下至坑左至達次
山右至自己山又壹所坐址方田坪上至
崙下至坑仔右至達次山右至自己山為
界四至明白今因乏用自愿托中送
賣與
黄同登處永遠為業三面言議時值價
錢壹拾贰仟玖百陆文正其錢即日交訖
其楂林並雜木等樹乙起即付錢主前
去管業開掘栽種刈劉培楢採摘
砍伐听從其便此山係是承祖遺下
分自己鬮份与別無干在先並無重
典他人以及交加不明等情如有此情
係是賣主出頭支当不涉錢主之事
遂年約納山祖錢捌文正付黄家收今
欲有憑立賣契壹紙付執為照
內改上字乙字再照
光緒廿玖年十二月日立賣契葉開文
在見中仝弟開武
在見叔達次

3-3-116-14 清光緒二十九年十二月葉開文立賣楂林契

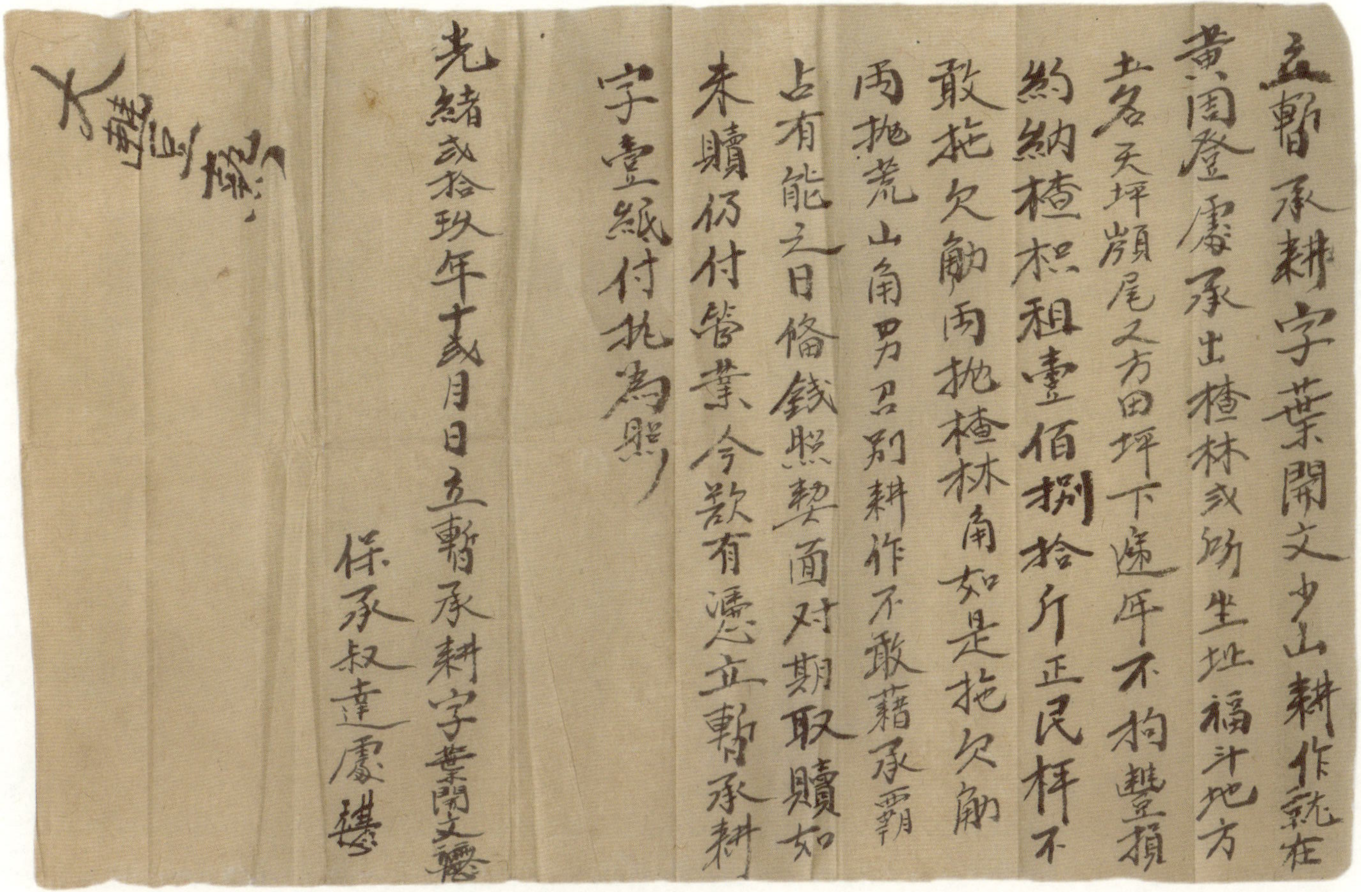
立暫承耕字葉開文少山耕作就在
黄园登處承出植林弍所坐址福斗地方
土名天坪嶺尾又方田坪下遞年不拘豐損
約納植杉租壹佰捌拾斤正民秤不
敢拖欠觔两拖植林角如是拖欠觔
两拖荒山角男召别耕作不敢藉承霸
占有能之日備錢照契面对期取贖如
未贖仍付管業今欲有憑立暫承耕
字壹紙付執為照
光緒弍拾玖年十弍月日立暫承耕字葉開文（押）
保承叔達慶（押）

3-3-116-15　清光緒二十九年十二月葉開文立暫承耕植林字

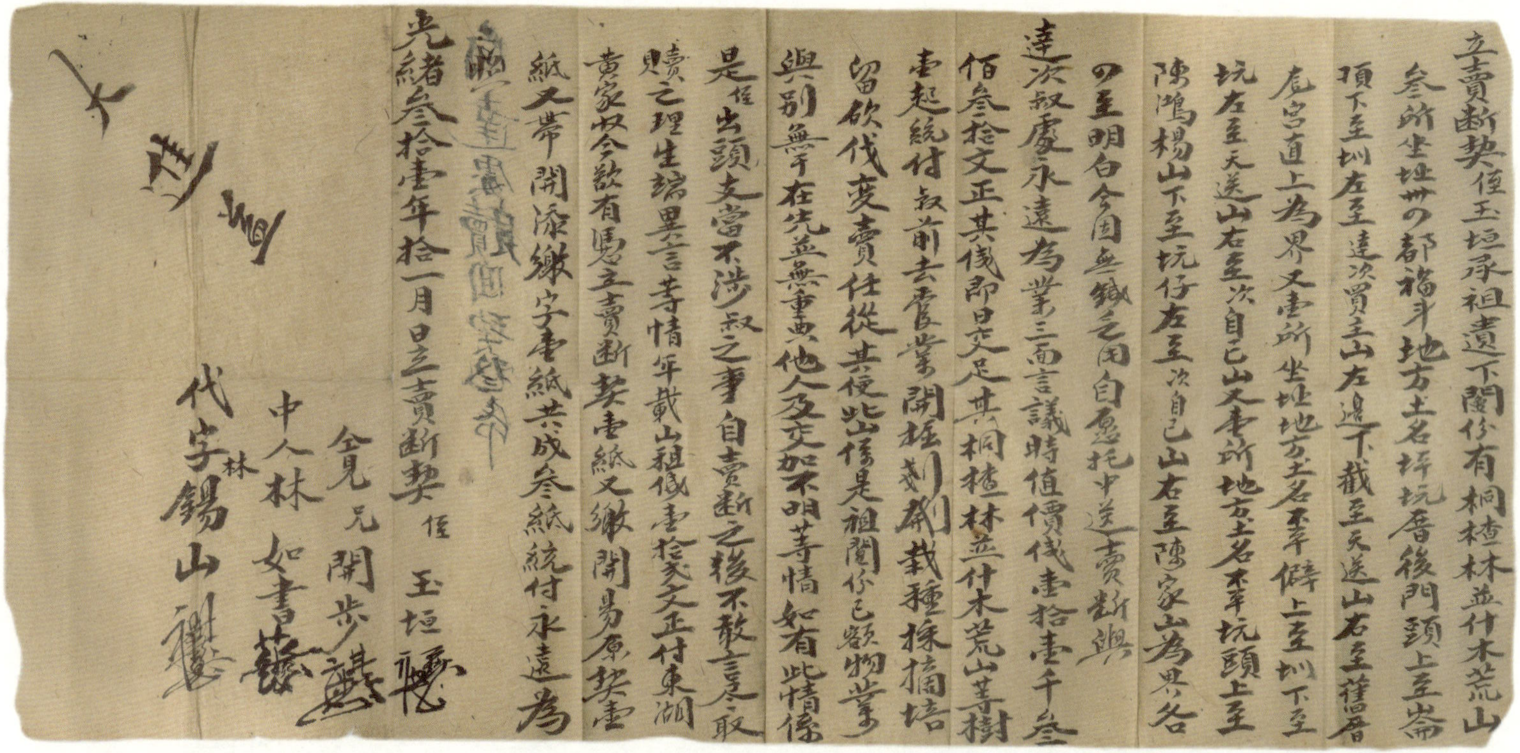

立賣斷契侄玉垣承祖遺下閩份有桐楂林並什木荒山
叁所坐址卅四都福斗地方土名坪坑香後門頭上至崙
頂下至圳左至達次買主山右邊下截至天送山右至蕉層
尾宮直上為界又壹所坐址地方土名木竿嶺上至圳下至
坑左至天送山右至次自己山又壹所地方土名木竿坑頭上至
陳鴻楊山下至坑仔左至次自己山右至陳家山為界，各
四至明白今因無錢乏用自愿托中送賣斷與
達次叔處永遠為業，三面言議時值價錢壹拾壹千叁
佰叁拾文正其錢即日交足其桐楂林並什木荒山等樹
壹起統付叔前去管業開掘砍斫栽種擇摘培
留砍伐變賣任從其便此山係是祖閩份已額物業
與別無干在先並無重典他人及交加不明等情如有此情係
是侄出頭支當不涉叔之事自賣斷之後不敢言贖取
贖之理生端異言等情年載山祖錢壹拾叁文正付東湖
黄家收今欲有憑立賣斷契壹紙又繳閩易原契壹
紙又帶閩添繳字壹紙共成叁紙統付永遠為
光緒叁拾壹年拾一月日立賣斷契侄玉垣（押）
全見兄開步（押）
中人林如書（押）
代字林錫山（押）
大吉

3-3-116-16 清光緒三十一年十一月葉玉垣立賣斷桐楂林等契

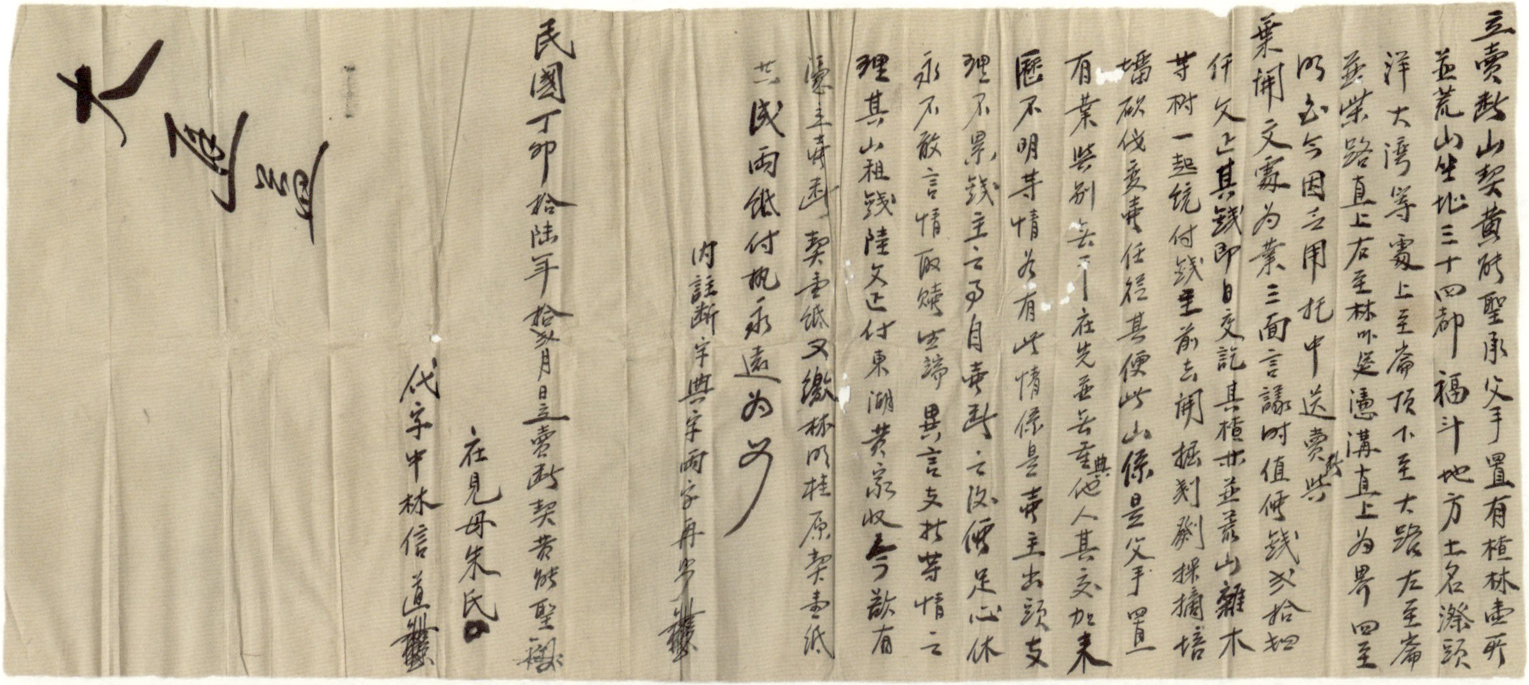

3-3-116-17　民國十六年十二月黃能聖立賣斷楂林等契

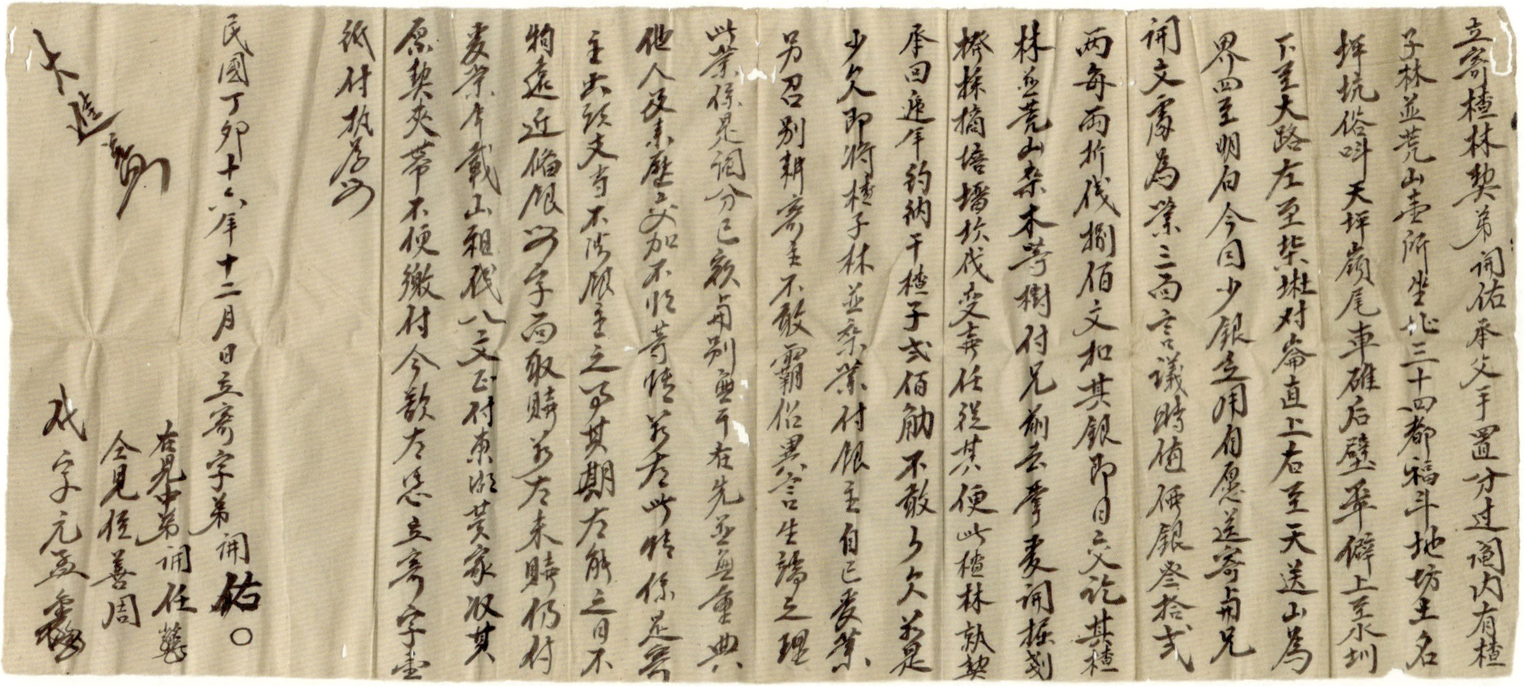

3-3-116-18 民國十六年十二月葉開佑立寄楂子林等契

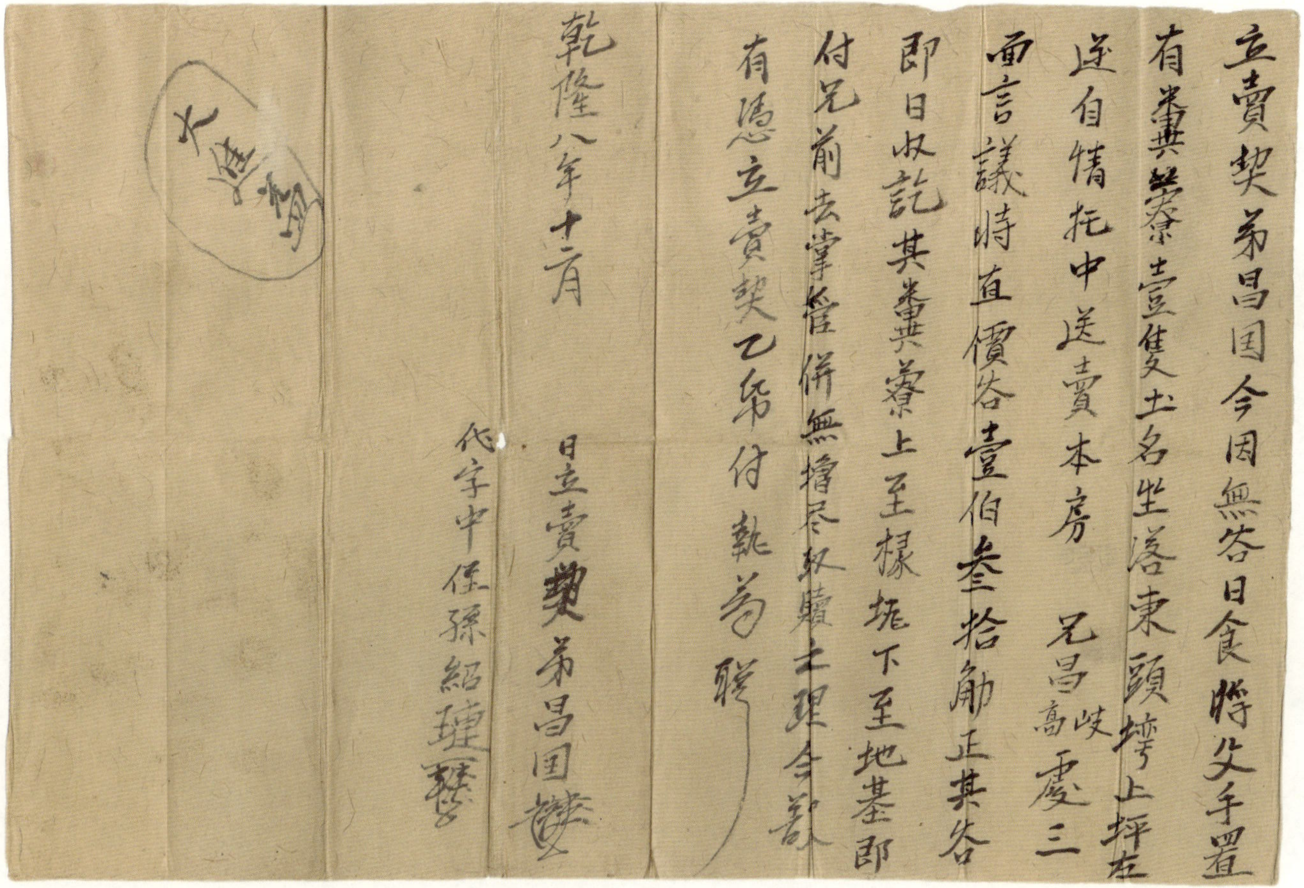

立賣契弟昌国今因無㕘日食將父手置
有糞寮壹隻土名坐落東頭墘上坪左
邊自情托中送賣本房　兄昌岐、高慶三
面言議時直價谷壹伯叁拾觔正其谷
即日收訖其糞寮上至椽垵下至地基即
付兄前去掌管併無擋尽取贖之理今欲
有憑立賣契乙帋付執為照

乾隆八年十二月　日立賣契弟昌国（押）
代字中保孫紹璉（押）

3-3-117-1　清乾隆八年十二月葉昌国立賣糞寮契

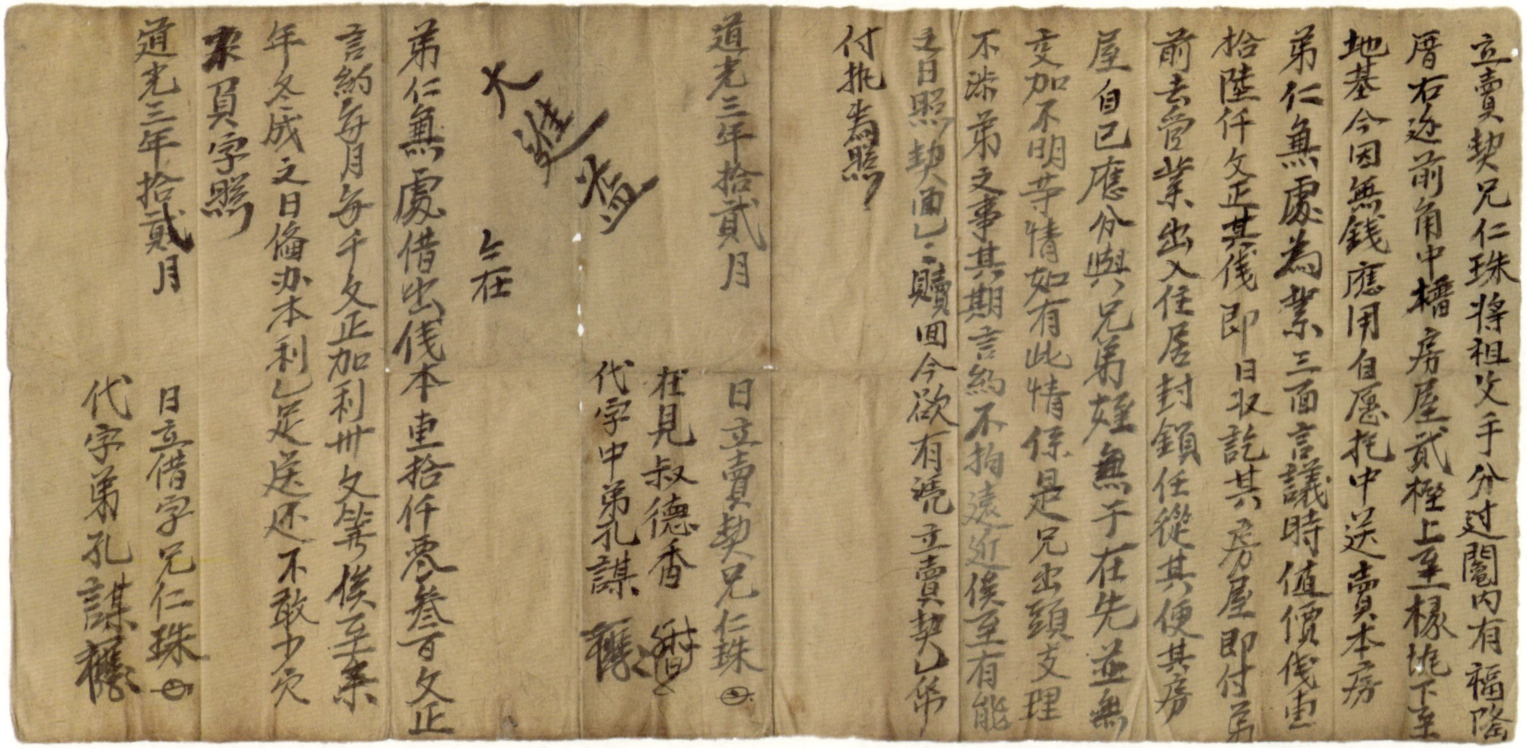
立賣契兄仁珠將祖父手分过鬮內有福階
厝右边前角中櫥房屋貳椏上至椽桷下至
地基今因無錢應用自愿托中送賣本房
弟仁魚處為業三面言議時值價錢壹
拾陸仟文正其錢即日收訖其房屋即付房
前去管業出入住居封鎖任從其便其房
屋自己應分與兄弟姪無干在先並無
交加不明等情如有此情係是兄出頭支理
不涉弟之事其期言約不拘遠近備至有能
之日照契面一一贖回今欲有憑立賣契一帋
付執為照
道光三年拾貳月　日立賣契兄仁珠（押）
在見叔德香（押）
代字中弟孔謀（押）
大進登
仝在
弟仁魚處借出錢本壹拾仟叁百文正
言約每月每千文正加利卅文箕候至來
年冬成之日備办本利一足送还不敢少欠
來貝字照
道光三年拾貳月　日立借字兄仁珠（押）
代字弟孔謀（押）

3-3-117-2　清道光三年十二月葉仁珠立賣房屋契

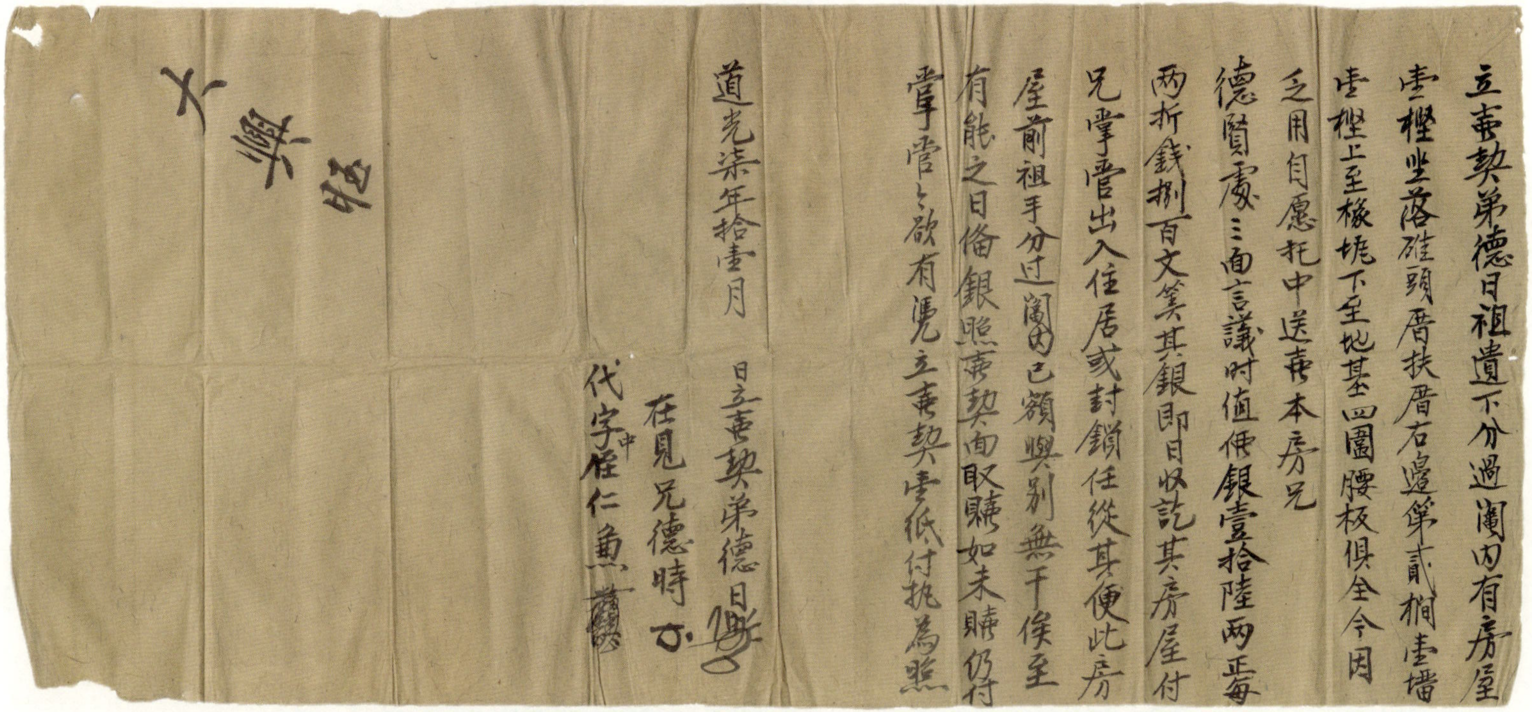

立賣契弟德日祖遺下分過鬮內有房屋
壹植坐落碓頭厝扶厝右邊第貳間壹槽
壹植上至椽桷下至地基四圍腰板俱全今因
乏用自愿托中送賣本房兄
德賢處三面言議時值價銀壹拾陸兩正每
兩折錢捌百文算其銀即日收訖其房屋付
兄掌管出入住居或封鎖任從其便此房
屋前祖手分过鬮內已額與別無干係至
有能之日備銀照賣契面取贖如未贖仍付
掌管之歇有憑立賣契壹紙付執為照

道光柒年拾壹月 日立賣契弟德日（押）
在見兄德時（押）
代字中侄仁魚（押）

大興昭

3-3-117-3 清道光七年十一月葉德日立賣房屋契

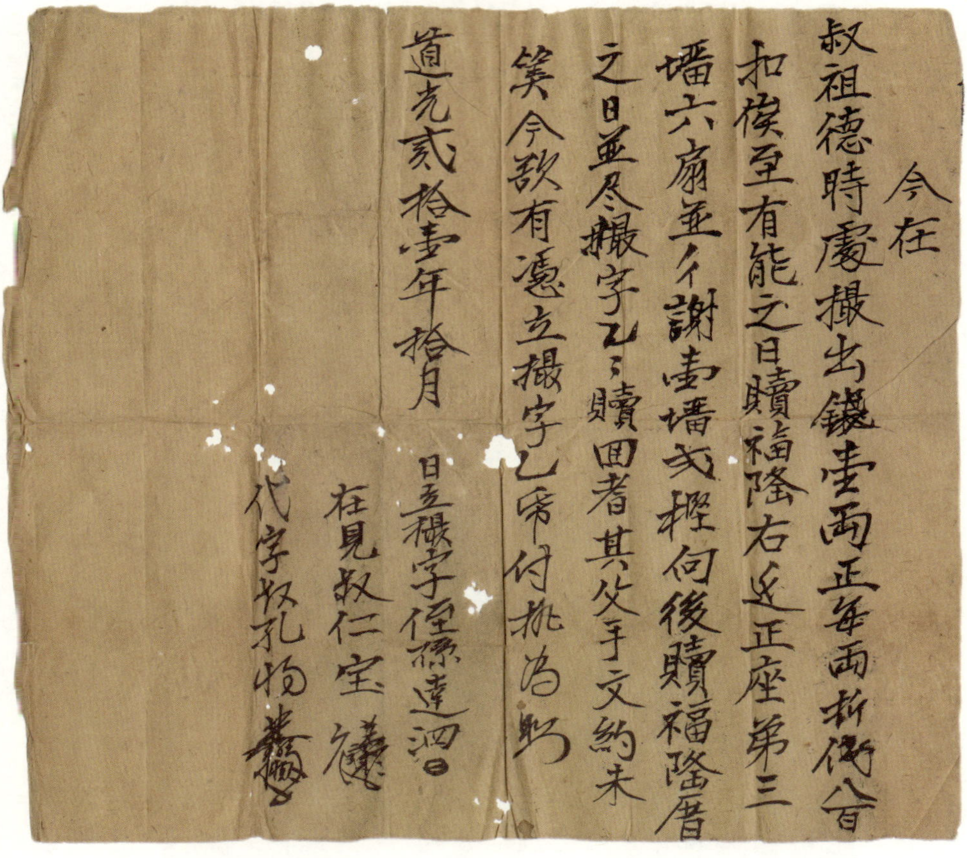

今在

叔祖德時處撮出鏹壹両正每両折合

和俟至有能之日贖福隆右邊正座第三

墙六扇並々謝壹墙弍樫向後贖福隆厝

之日並盡撮字乙〻贖回者其父手文約未

筭今欲有憑立撮字乙帋付執為照

道光貳拾壹年拾月　日立撮字侄孫達泗（押）

在見叔仁宝（押）

代字叔孔物（押）

3-3-117-4　清道光二十一年十月葉達泗立撮字

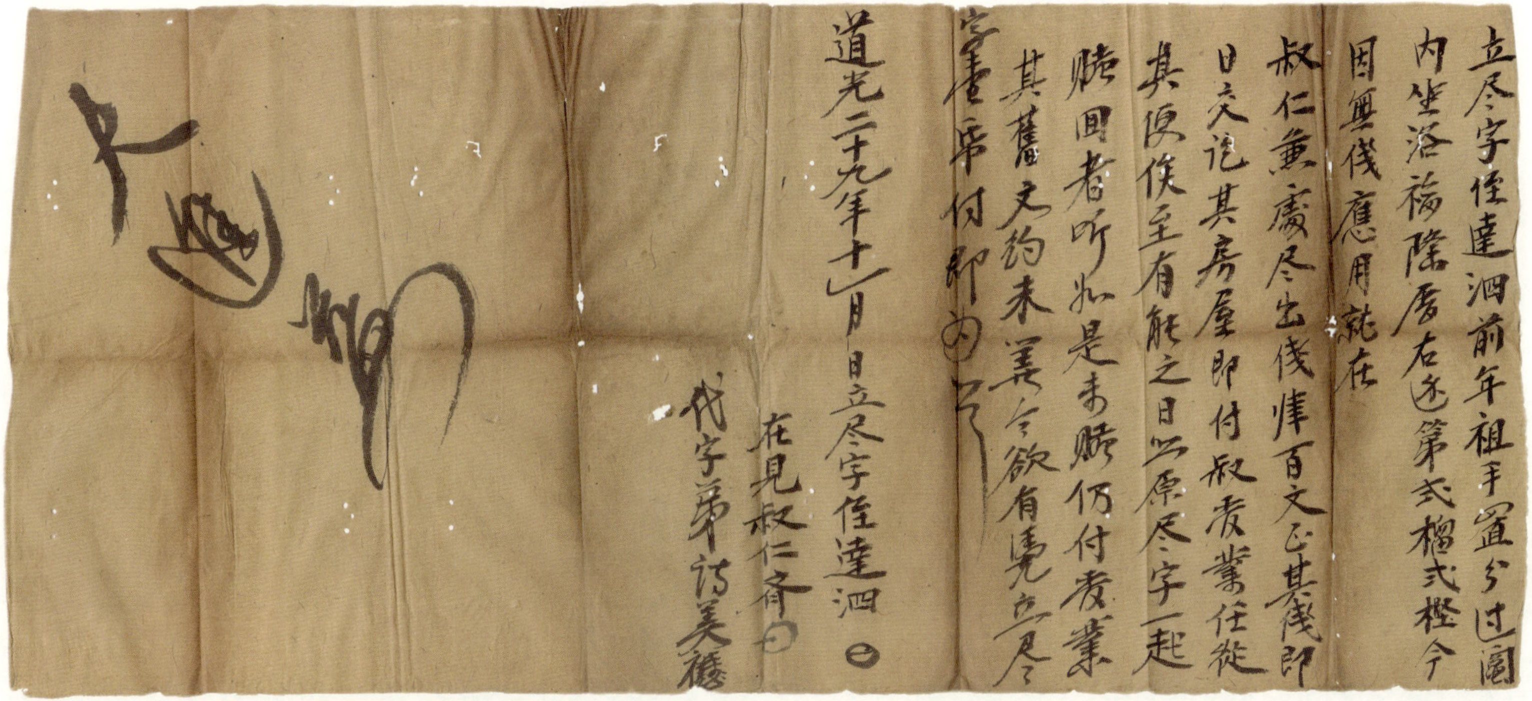
立尽字侄達泗前年祖手置分过阄
内坐落福隆厝右边第弍榴弍楹今
因無錢應用就在
叔仁兼處尽出錢肆百文正其錢即
日交讫其房屋即付叔處管業任從
其便侯至有能之日照原尽字一起
贖回者听从是未贖仍付叔管業
其舊文约未繳今欲有凴立尽
字壹帋付叔为照
道光二十九年十一月　日立尽字侄達泗
在見叔仁斉
代字弟詩美穡

3-3-117-5　清道光二十九年十一月葉達泗立盡房屋字

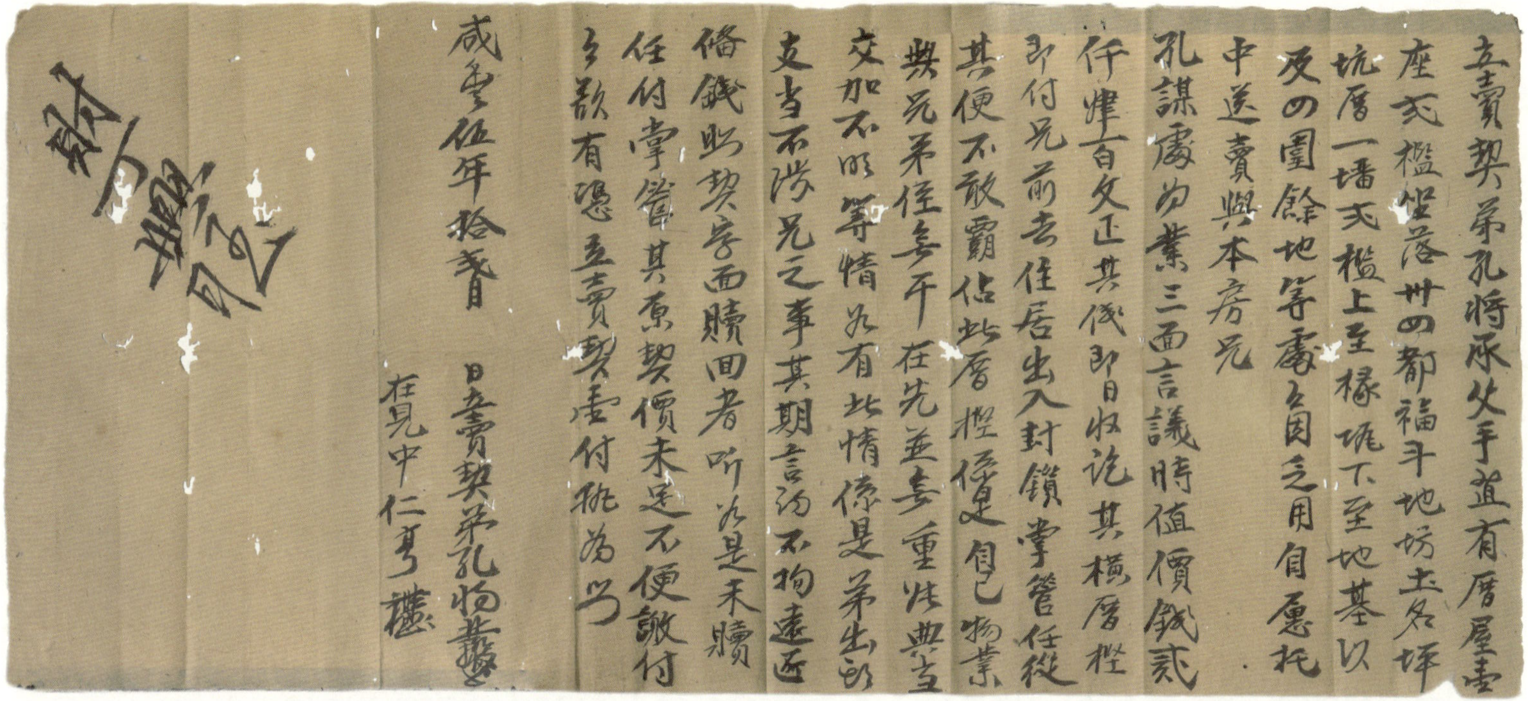
立賣契弟孔將承父手置有厝屋壹
座弍榀坐落卅四都福斗地坊土名坪
坑厝一播弍榀上至椽桁下至地基以
及四圍餘地等處今因乏用自愿托
中送賣與本房兄
孔謀處爲業三面言議時值價錢貳
仟肆百文正其錢即日收訖其横厝樫
即付兄前去住居出入封鎖掌管任從
其便不敢霸佔此厝樫係是自己物業
與兄弟侄多干在先並無重張典立
交加不明等情如有此情係是弟出頭
支當不涉兄之事其期言約不拘遠近
備錢照契面贖回者聽如是未贖
任付掌管其原契價未足不便繳付
今欲有憑立賣契壹紙付執爲照
咸豐伍年拾貳月 日立賣契弟孔將
在見中仁耳

3-3-117-6 清咸豐五年十二月葉孔將立賣厝屋契

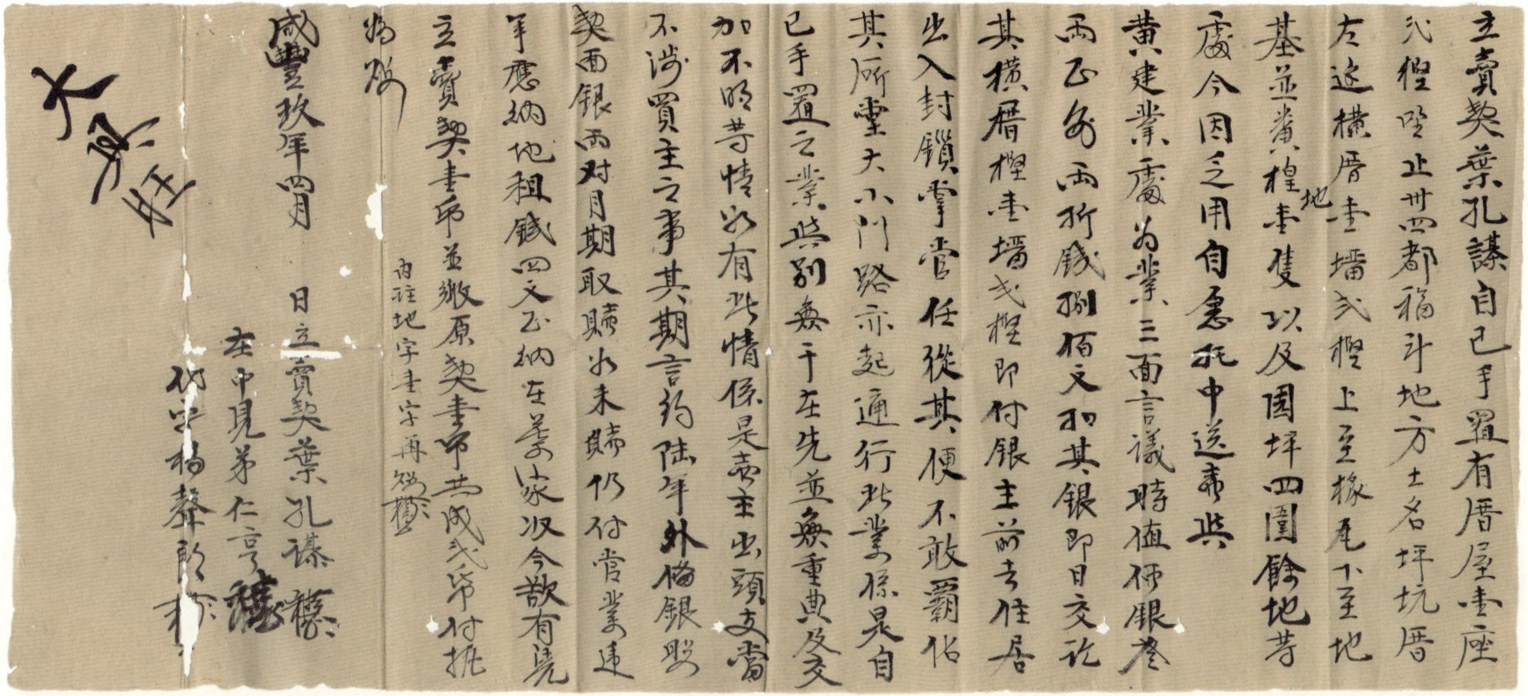
立賣契葉孔謀自己手置有厝屋壹座
弍扣坐址卅四都稿斗地方土名坪坑厝
左邊横厝壹墻弍扣上至椽瓦下至地
基並兼地橙壹隻以及園坪四圍餘地等
處今因乏用自愿托中送賣與
黄建業處為業三面言議時值價銀叁
兩正每兩折錢捌佰文即其銀即日交訖
其横厝扣壹墻弍扣即付銀主前去住居
出入封鎖掌管任從其便不敢覇佔
其所壹大小門路亦起通行此業係是自
己手置之業與別房無干在先並無重典交[?]
加不明等情如有此情係是賣主出頭支當
不涉買主之事其期言約陆年外備銀照
契面銀兩对月期取贖如未贖仍付管業遠
年應納地租錢四文正納在業家收今欲有凭
立賣契壹紙並繳原契壹紙共成弍紙付执
為照
内註地字壹字再炤
咸豐玖年四月　日立賣契葉孔謀
在中見弟仁亨
代字胞叔葬郎

3-3-117-7　清咸豐九年四月葉孔謀立賣厝屋契

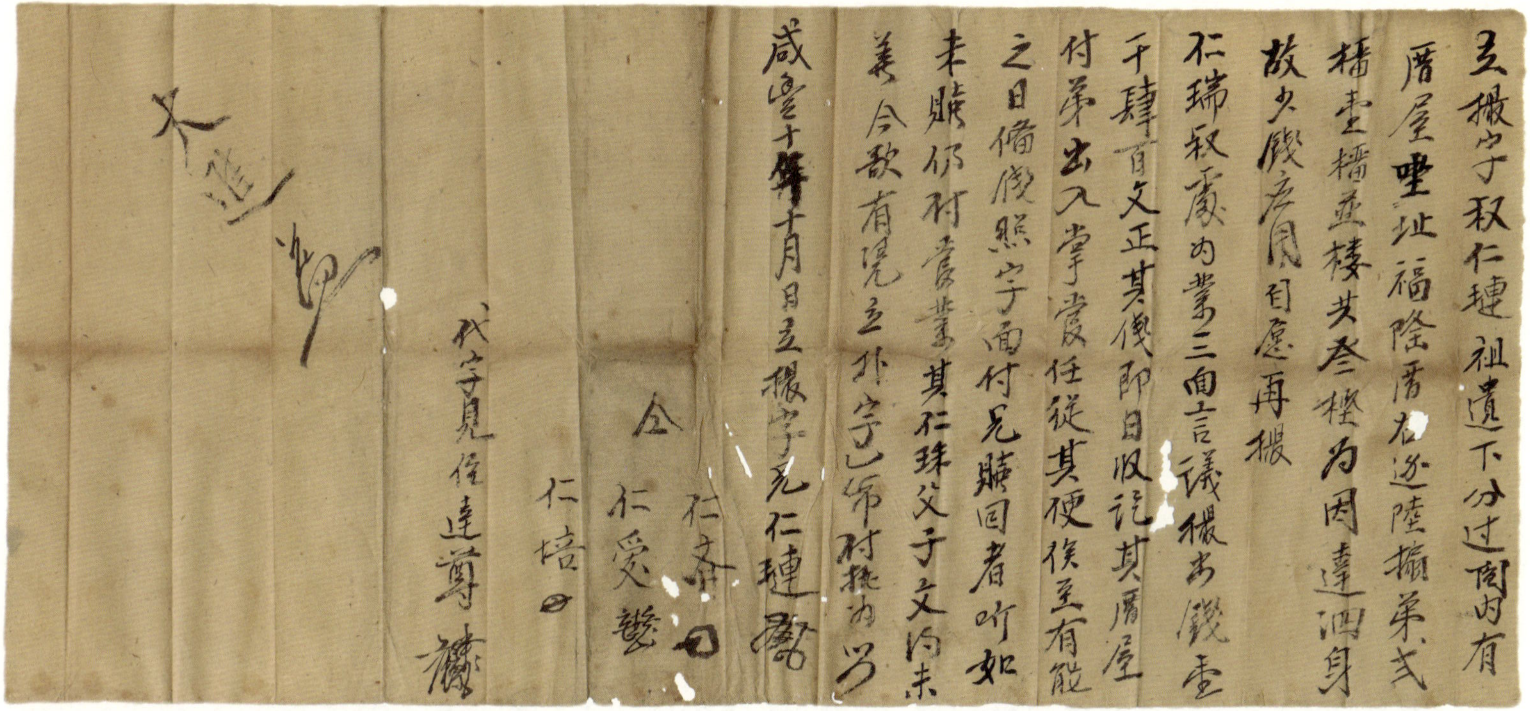

3-3-117-8 清咸豐十年十月葉仁璉等立撮字

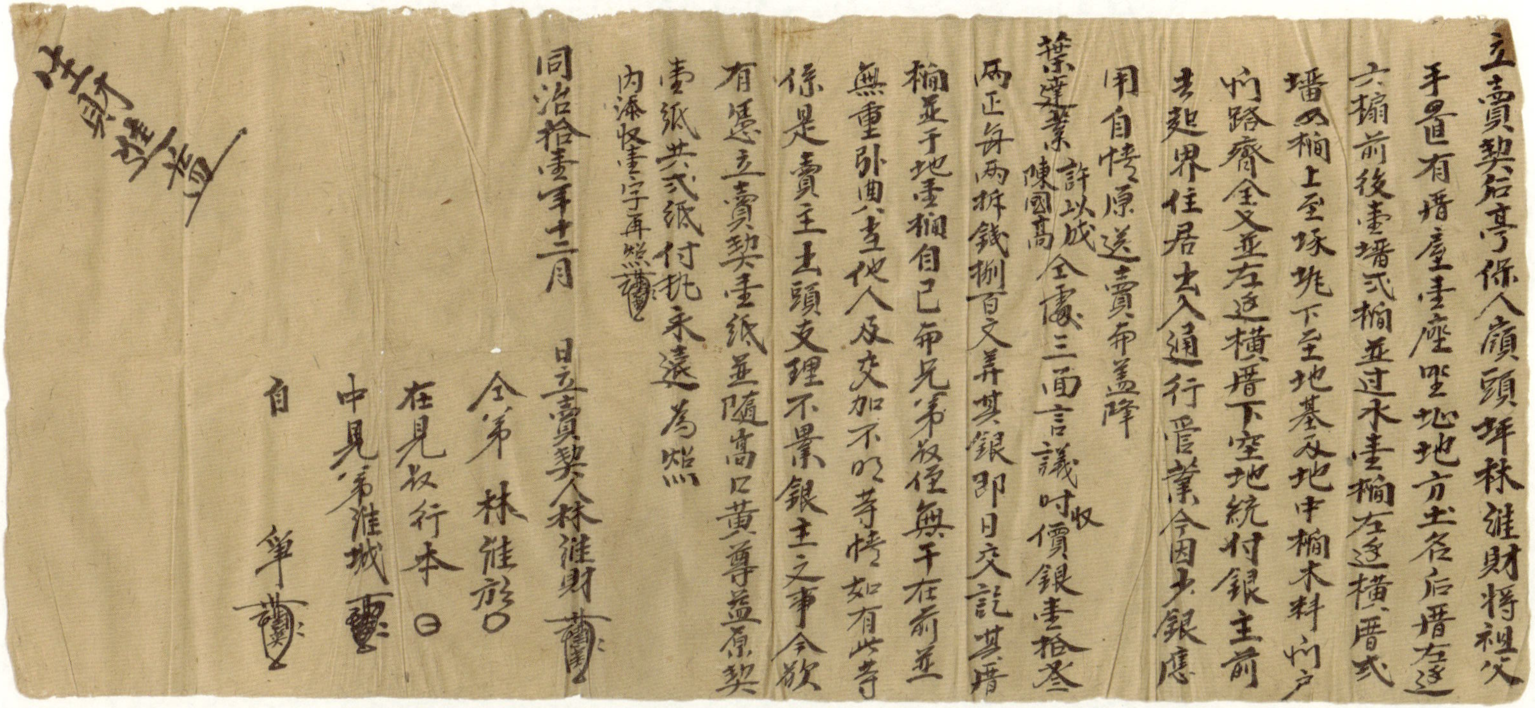

立賣契厝亭係人嶺頭坪林維財將祖父
手置有厝壹座，坐地方土名后厝左邊
六榀前後壹墻，式榀並過水壹榀，左邊橫厝式
墻四榀，上至塚，下至地基及地中榀木料門戶
門路齊全，又並左邊橫厝下空地，統付銀主前
去起界住居出入通行管業。今因乏銀應
用，自情願送賣與葉蓋降
葉蓬叢 陳國高 許以成，全處三面言議，時收價銀壹拾叁
兩正，每兩折錢捌百文，其銀即日交訖。其厝
榀並子地壹榀，自己與兄弟叔侄無干，在前並
無重張典掛他人及交加不明等情，如有此等
係是賣主出頭支理，不累銀主之事。今欲
有憑，立賣契壹紙，並隨高口黃尊益原契
壹紙，共弍紙，付執永遠為照。
內添收壹字再照。

同治拾壹年十二月　日立賣契人林維財（押）
仝弟　林維彩（押）
在見叔行本（押）
中見弟維城（押）
自筆（押）

3-3-117-9　清同治十一年十二月林維財等立賣厝屋契

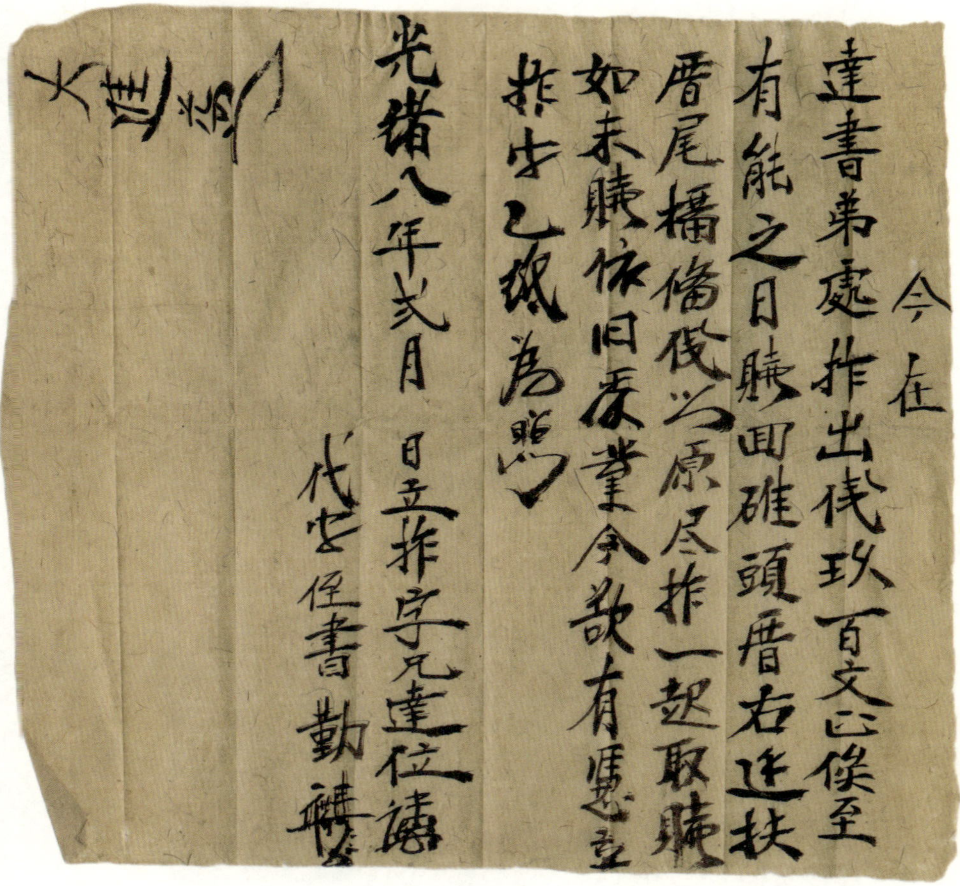
今在
達書弟處撮出伐玖百文正，俟至
有能之日贖回碓頭厝右邊扶
厝尾樯偏伐以原尽撮一起取贖
如未贖依旧原業。今欲有凭，立
撮字乙紙為照。
光緒八年弍月　日立撮字兄達位
代字侄書勤
大進吉

3-3-117-10　清光緒八年二月葉達位立撮字

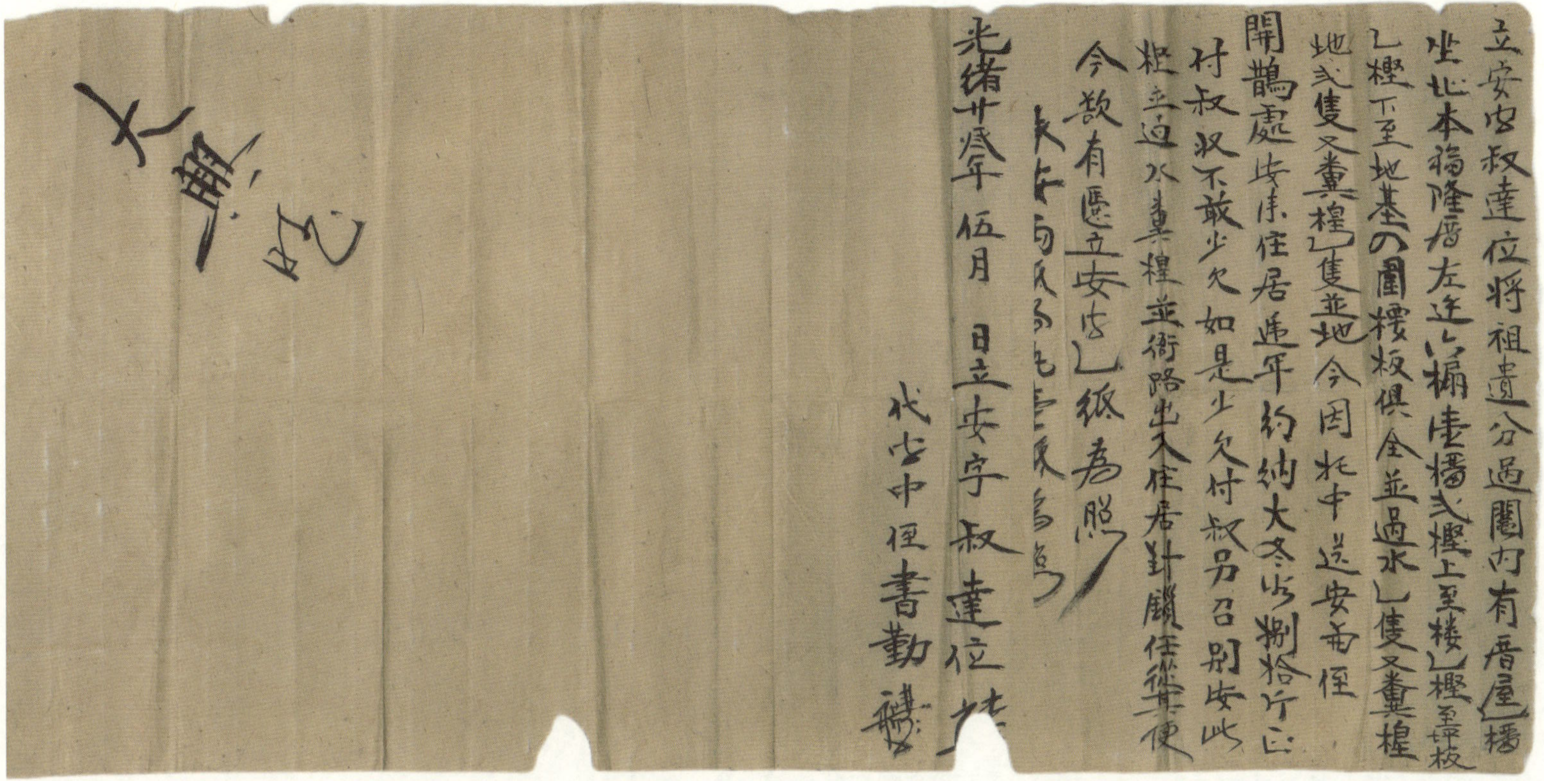
立安厝叔達位將祖遺分過鬮內有厝屋乙播
坐址本福隆厝左邊乙橺連播弍樫上至樓乙樫至坪板
乙樫下至地基一圍樓板俱全並過水乙隻又糞槿
地弍隻又糞槿乙隻並地今因托中送安與侄
開鵲處安床住居逐年約納大冬谷捌拾斤正
付叔收不敢少欠如是少欠付叔另召別安此
粗並過水糞槿並衙路出入住居計顧任從其便
今欲有憑立安厝乙紙為照
[illegible]
光緒廿叁年伍月　日立安字叔達位
代字中侄書勤

3-3-117-11　清光緒二十三年五月葉達位立安厝屋字

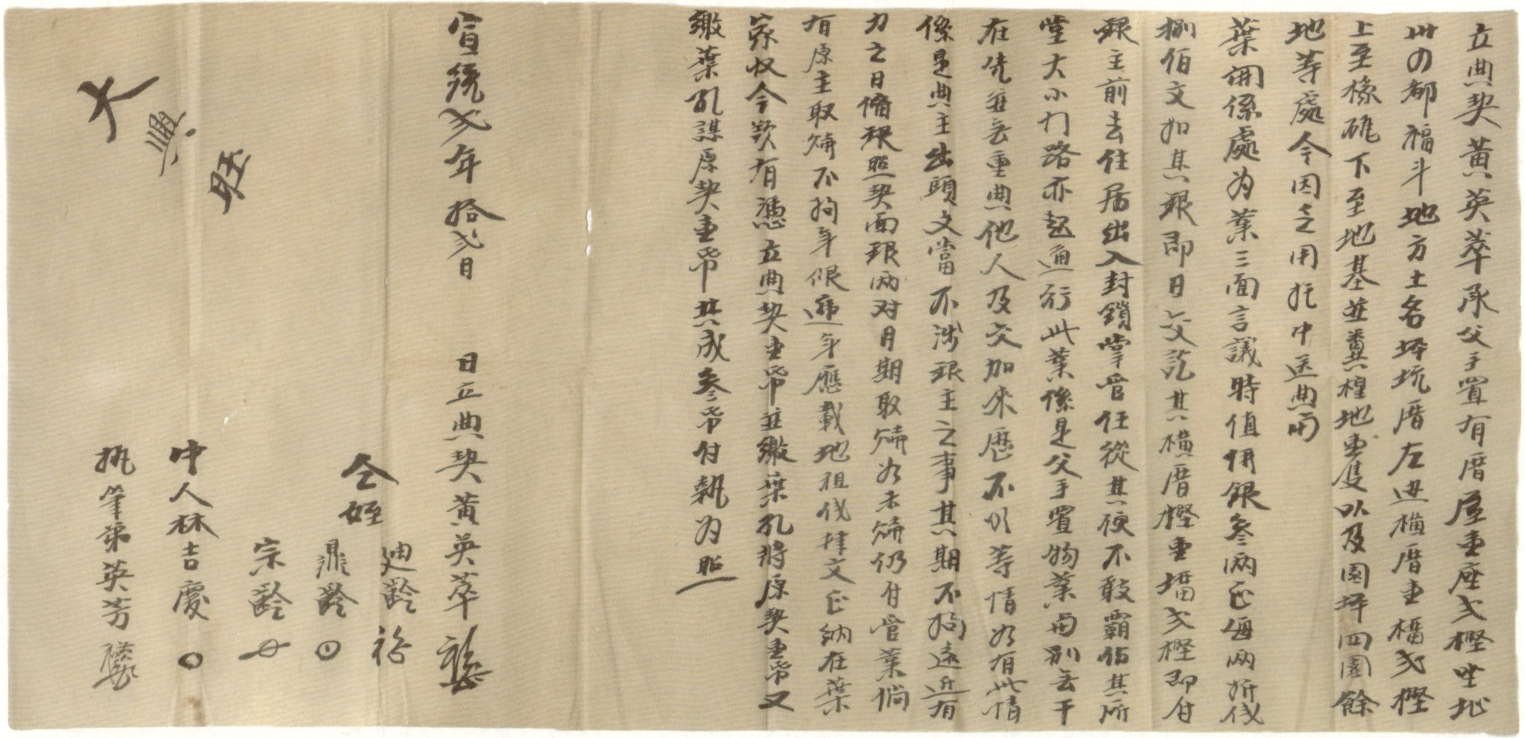
立典契黃〻英萃承父手置有厝屋壹座弍橙坐址
卅四都福斗地方土名坪坑厝左边橫厝壹橫弍橙
上至椽瓦下至地基並糞〻桯地及以及園坪四圍餘
地等處今因乏用托中送典與
葉湖保處為業三面言議時值價銀叁兩正每兩折錢
捌佰文加其〻銀即日交訖其〻橫厝壹橙壹擋弍橙即自
銀主前去住居出入封鎖掌管任從其〻便不敢霸佔其所
堂大小门路亦並通行此業係是父手置物業両無别去干
在先並無重典他人及交加不明等情如有此情
係是典主出頭支當不涉銀主之事其〻期不拘遠近有
力之日備銀照契面銀兩對月期取贖如未贖仍付管業倘
有原主取贖不拘年限随〻年應載地租伐擇文正納在葉
家收今欲有憑立典契壹帋並繳葉孔將原契壹帋又
繳葉孔謀原契壹帋共成叁帋付執為照

宣統弍年拾弍月　日　立典契黃英萃（押）
仝姪　廸齡（押）
鼎齡（押）
宗齡（押）
中人林吉慶（押）
執筆弟英芳（押）

3-3-117-12　清宣統二年十二月黃英萃等立典厝屋契

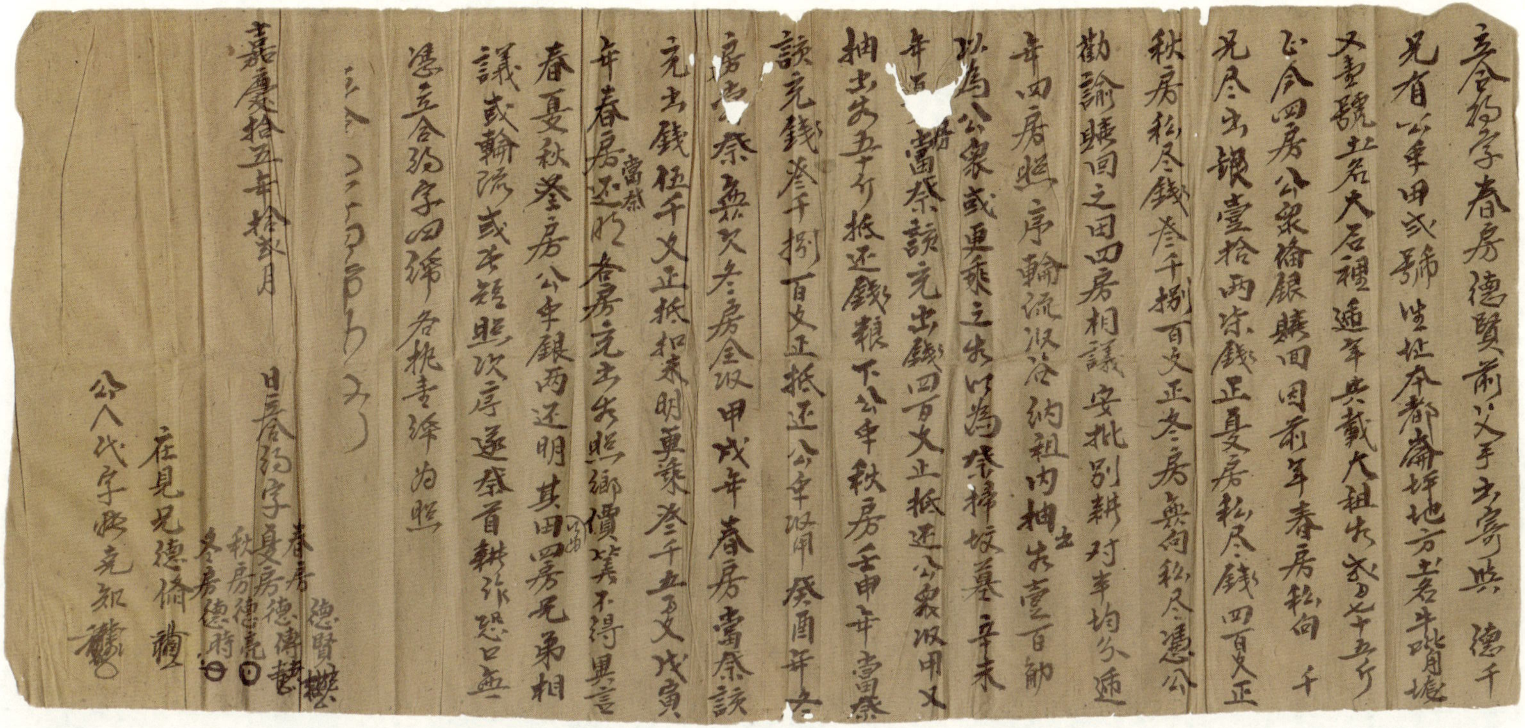

立合約字春房德賢、前、叔、房、與　德千
兄有公業田弍號坐址本都崙坪地方土名牛吡眉壠
又壹號土名大石裡　通年共載大租米拾七千五斤
正今四房公眾備艮贖回　因前年春房私向　千
兄尽出艮壹拾兩　係錢正　夏房私尽錢四百文正
秋房私尽錢叁千捌百文正　冬房無向私尽　憑公
勸諭　贖回之田四房相議　安批別耕　对半均分　通
年四房照序輪流　收谷納祖　內抽出壹百觔
以為公眾或更乘之未　以為祭掃墳墓　辛未
年當祭　該　兄出錢四百文正　抵還公眾收用文
抽出五千斤　抵還錢粮　下公年秋房壬申年當祭
該　兄錢叁千捌百文正　抵還公年收用　癸酉年冬
房當祭　無欠　冬房全收　甲戌年春房當祭該
兄出錢伍千文正　抵扣來明更乘叁千五百文　戊寅
年春房還的　當祭　春房兄出錢照鄉價　不得異言
春夏秋冬房公年銀兩還明　其田四房兄弟相
議　或輪流　或本　照次序遞祭首耕　恐口無
憑　立合約字四紙　各執壹紙為照

嘉慶拾五年拾弍月　日　立合約字　春房德賢　夏房德傳　秋房德亮　冬房德將

在見兄德倚

公人代字姪兄知

3-3-118-1　清嘉慶十五年十二月葉德賢等立合約字

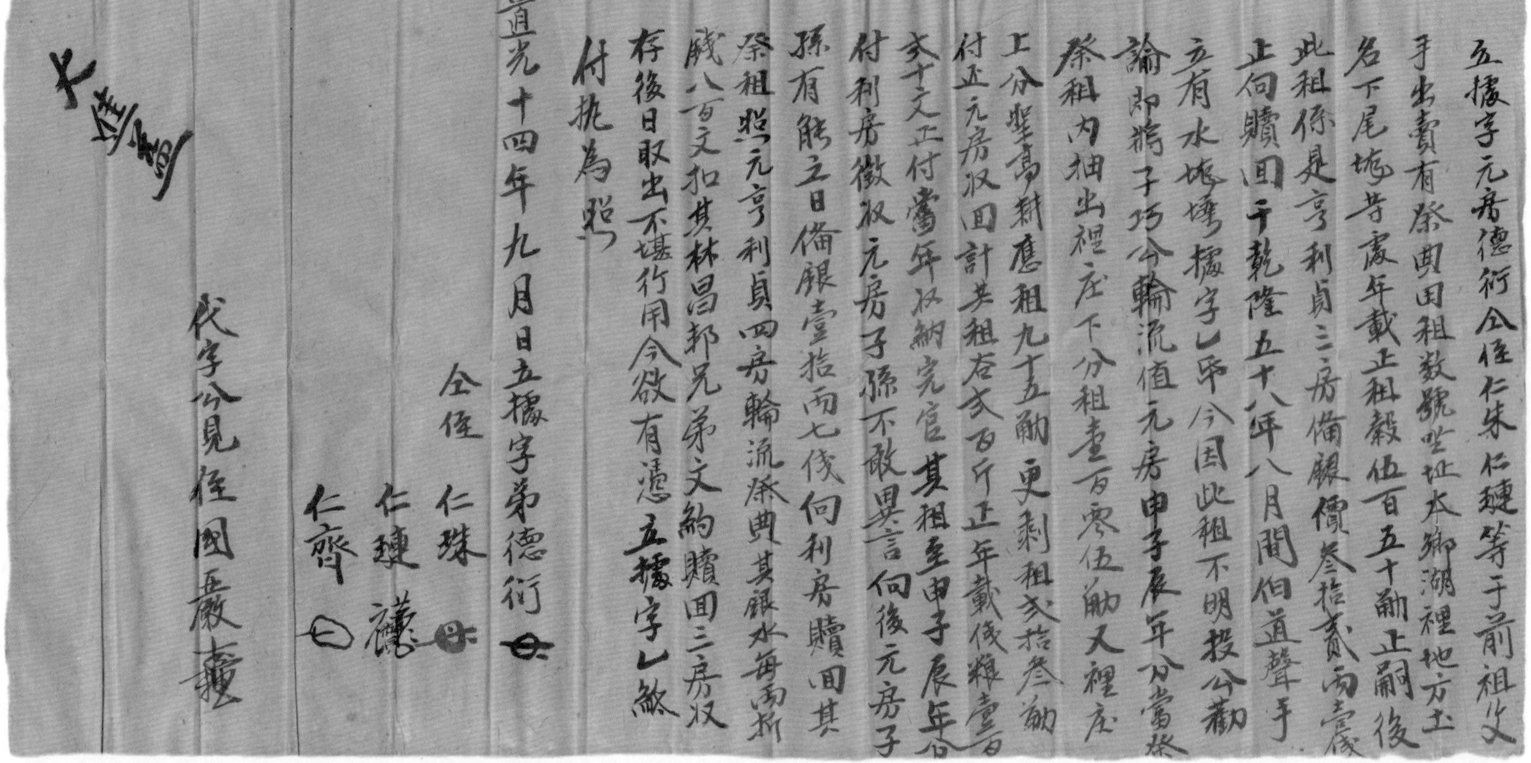

立據字元房德衍仝侄仁朱、仁璉等，于前祖父
手出賣有祭典田租數號，坐址本鄉湖裡地方土
名下尾垱丼處，年載正租穀伍百五十觔。上嗣後
此租係是亨、利、貞三房備銀價叁拾貳兩壹錢
正向贖回。于乾隆五十八年八月間伯道聲手
立有水垱墘據字一帋，分園此租不明，投公勸
諭，即將子孫分輪流值。元房甲子、辰年分當祭
祭租內抽出裡庄下分租壹百零伍觔，又裡庄
上分輩高耕應祖九十五觔，更剩租弍拾叁觔，
付立元房收回，計共租石弍百斤正，年載伐糶壹百
文十文正，付當年收納完官。其租至甲子、辰年仝
付利房徵收，元房子孫不敢異言。向後元房子
孫有能立日備銀壹拾兩七錢向利房贖回，其
祭租照元、亨、利、貞四房輪流祭典。其銀水每兩折
錢八百文，扣其林昌邦兄弟文約贖回，三房收
存，後日取出不堪行用。今欲有憑，立據字一紙
付執為照。

道光十四年九月　日立據字弟德衍（押）
仝侄　仁珠（押）
仁璉（押）
仁齊（押）
代字公見侄國五嚴書

大吉昌

3-3-118-2　清道光十四年九月葉德衍等立據字

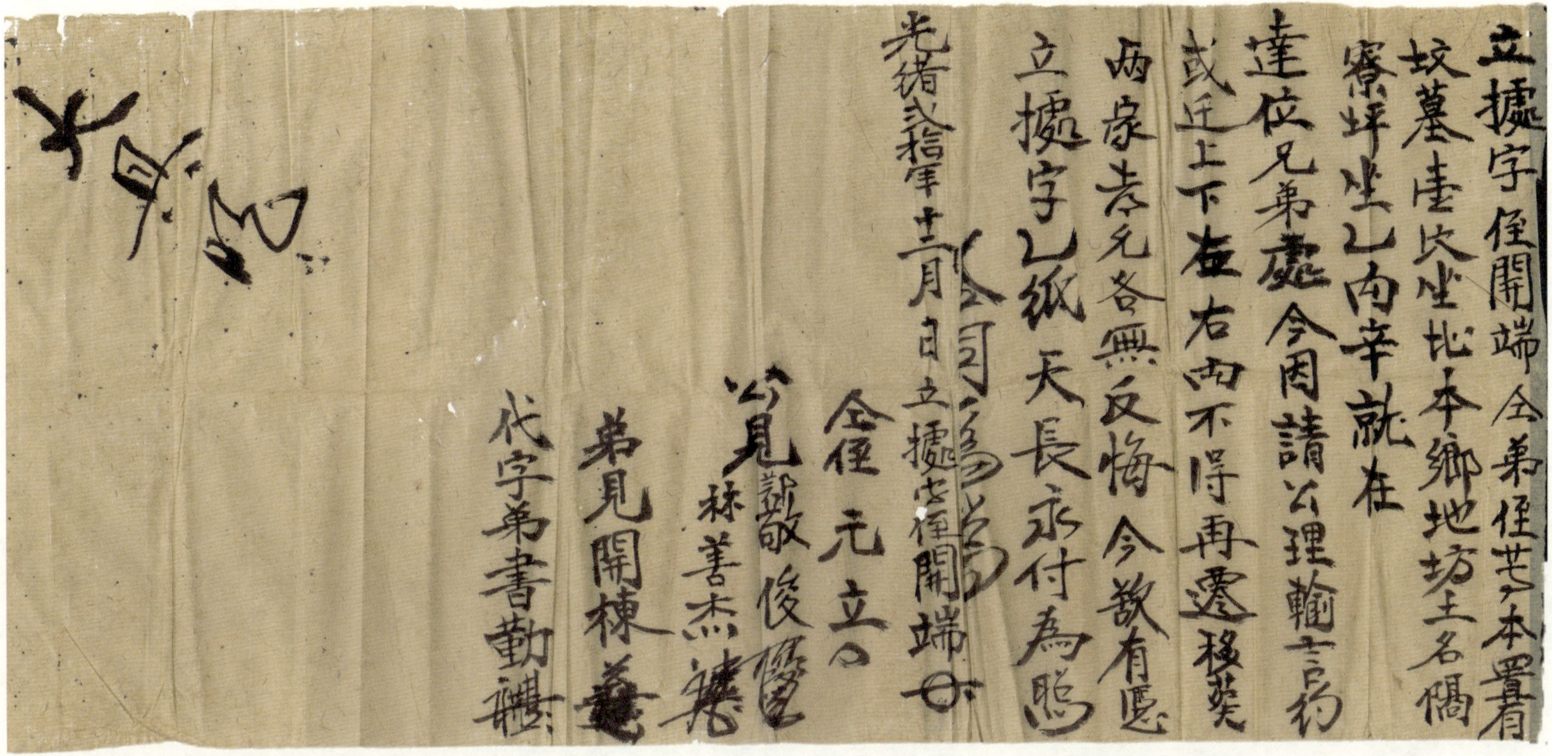
立據字侄開端仝弟侄芒本置有
坟墓壹穴坐址本鄉地坊土名碣
寮坪坐乙向辛就在
達位兄弟處今因請公理輸言約
或迁上下左右內不得再遷移葬
兩家吉凶各無反悔今欲有憑
立據字乙紙天長永付為照
合同為照
光緒貳拾年十二月　日立據字侄開端（押）
仝侄元立（押）
公見誠敬俊（押）
林善杰（押）
弟見開棟（押）
代字弟書勤（押）

3-3-118-3　清光緒二十年十二月葉開端等立據字

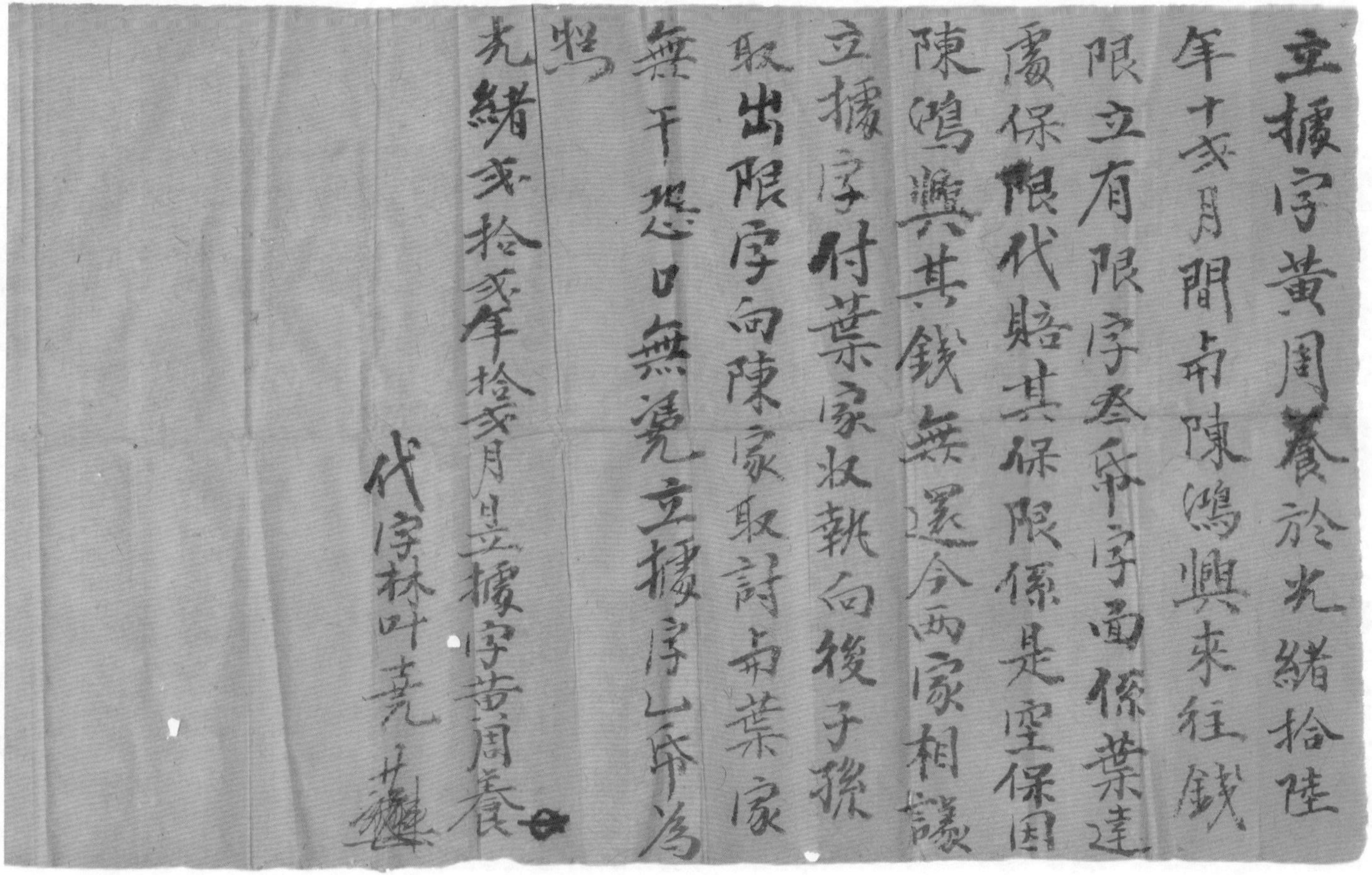
立據字黃周養於光緒拾陸
年十弍月間向陳鴻興來往錢
限立有限字叁紙字面係葉達
處保限代賠其保限係是空保因
陳鴻興與其錢無還今兩家相議
立據字付葉家收執向後子孫
取出限字向陳家取討向葉家
無干恐口無憑立據字乙紙為
照

光緒弍拾弍年拾弍月 日立據字黃周養（押）
代字林叶堯 花押

3-3-118-4 清光緒二十二年十二月黃周養立據字

立約字叔祖德時仝姪仁富前祖遺下置有舊
蒼一口坐落碓頭厝右边横厝頭第三橺係
是春夏秋冬四房公衆于道光八年間舊
蒼破壞公議再盖夏房額付春房起屋秋
房額付冬房起屋于道光壬寅年正月十七
日兩房面美木司石司及花彩模料冬房出
長伐八千七日仟文正今公劝諭言约癸卯甲辰
乙巳限至四年修整額足或長短春冬兩房另
行相議不得異言今欲有憑立約字比帘付执为照

[illegible]

道光弍拾弍壬寅年正月　日立約字叔祖德時〇
仝姪仁富
公見　姪　仁全
姪孫　振林
代字姪孫　達尊

添丁發甲

3-3-119-1　清道光二十二年正月葉德時等立約字

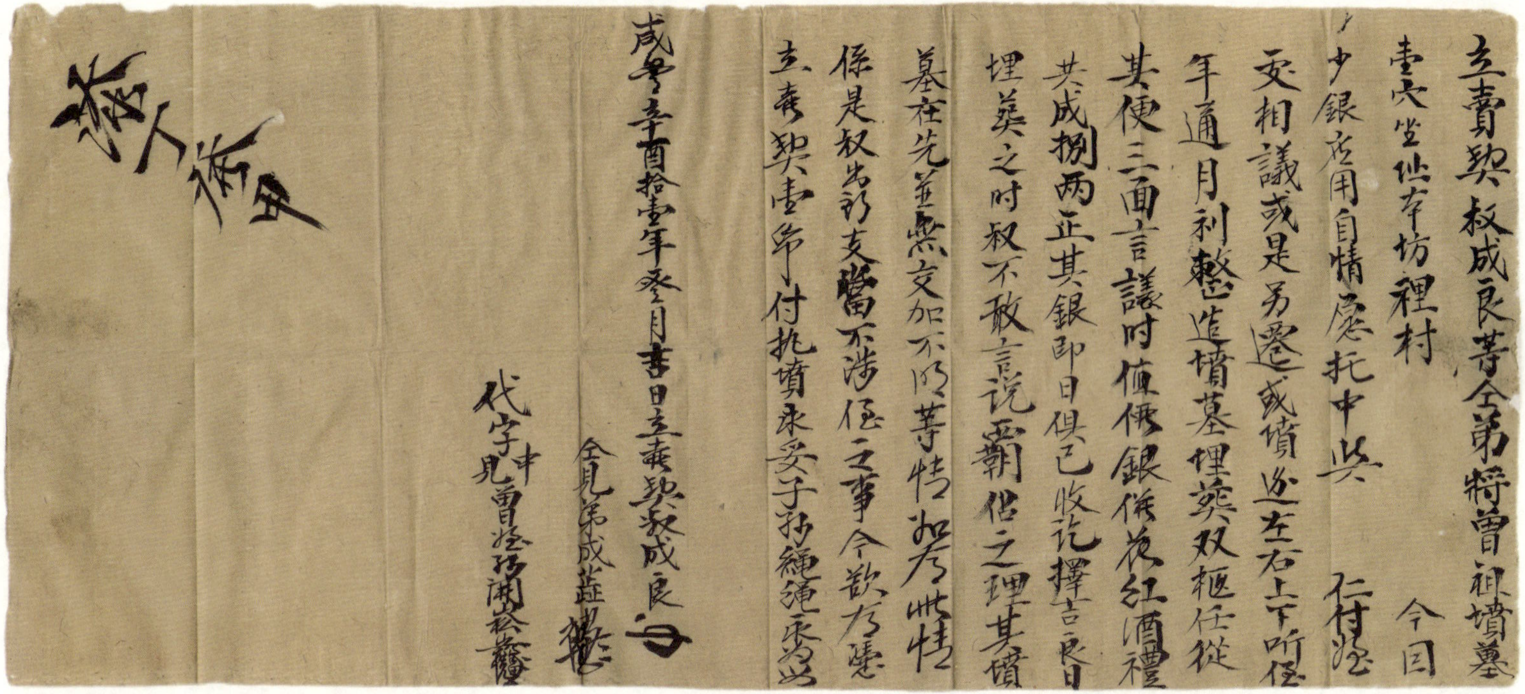

立賣契叔成良等仝弟將曾祖墳墓
壹穴坐址本坊裡村　今因
少銀応用自情愿托中与　仁村姪
交相議或是另遷或墳邊左右上下听任
年通月利整造墳墓埋葬双柩任從
其便三面言議时值價銀併花紅酒禮
共成捌兩正其銀即日俱已收訖擇吉良日
埋葬之时叔不敢言説覇佔之理其墳
墓在先並無交加不明等情如有此情
係是叔出頭支當不涉侄之事今欲有憑
立賣契壹帋付執墳永受子孫綿遠永為照

咸豐拾壹年叁月吉日立賣契叔成良（押）

仝見弟成蓮（押）

代字中見曾姪孫潤崧（押）

3-3-119-2　清咸豐十一年三月葉成良等立賣墳墓契

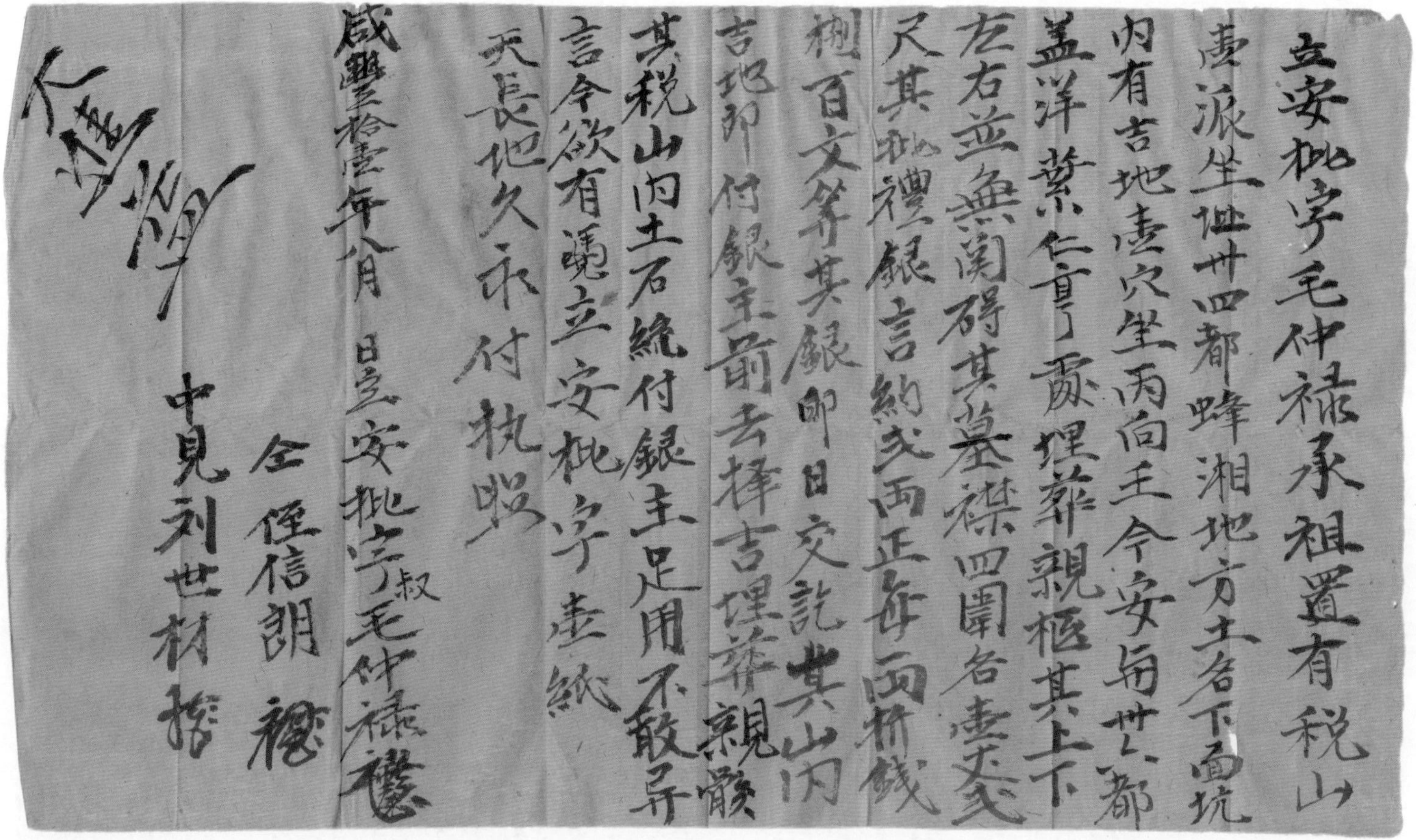

立安批字毛仲禄承祖置有税山
壹派坐址廿四都蜂湘地方土名下畬坑
内有吉地壹穴坐丙向壬今安與廿七都
蓋洋葉仁官丁處埋葬親柩其上下
左右並無関碍其墓𥚃四圍各壹丈弍
尺其地禮銀言約弍両正每両折錢
捌百文筭其銀即日交訖其山内
吉地即付銀主前去擇吉埋葬親骸
其税山内土石統付銀主足用不敢异
言今欲有憑立安批字壹紙
天長地久永付執照

咸豐拾壹年八月　日立安批字叔毛仲禄（押）
仝　侄信朗（押）
中見　刘世材（押）

大進發

3-3-119-3　清咸豐十一年八月毛仲禄等立安批吉地字

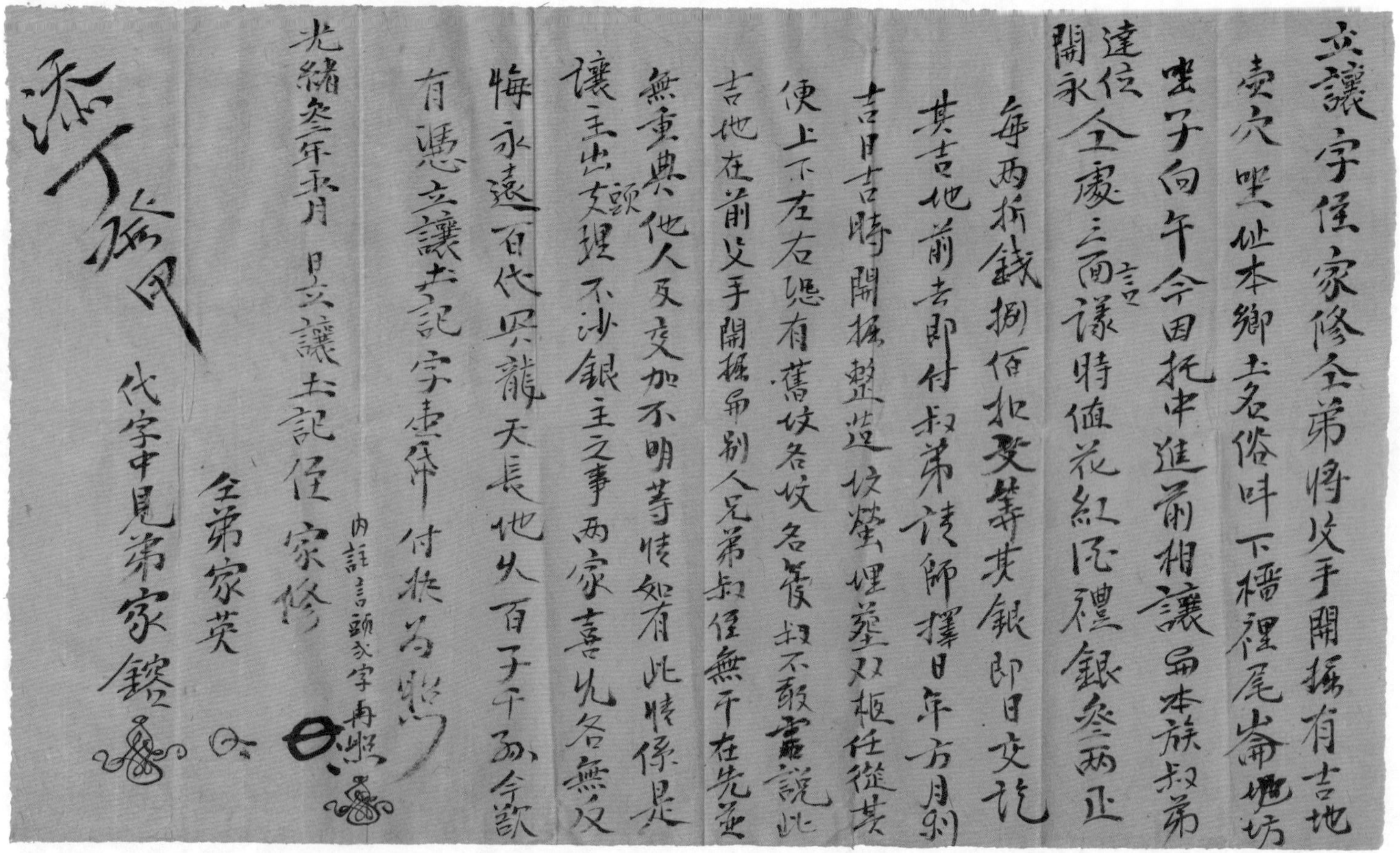
立讓字侄家修仝弟將父手開採有吉地
壹穴，坐址本鄉土名俗叫下擂裡尾崙坳坊，
坐子向午，今因托中進前相讓與本族叔弟
達位、開永仝處三面言議，時值花紅禮銀叁兩正，
每兩折錢捌佰批，叉等其銀即日交訖，
其吉地前去，即付叔弟請師擇日年方月利
吉日吉時開採盤造坟塋埋葬，双柩任從其
便，上下左右憑有舊坟，各坟各管，叔不敢言說，此
吉地在前父手開採，與別人兄弟叔侄無干，在先並
無重典他人，及交加不明等情，如有此情，係是
讓主出頭支理，不涉銀主之事，兩家喜允，各無反
悔，永遠百代興龍，天長地久，百子千孫，今欲
有憑，立讓土記字壹紙付執為照。
內註言頭貳字再照
光緒叁年五月　日立讓土記侄　家修
仝弟　家英
代字中見弟　家鎔
添丁發甲

3-3-119-4　清光緒三年五月葉家修等立讓吉地字

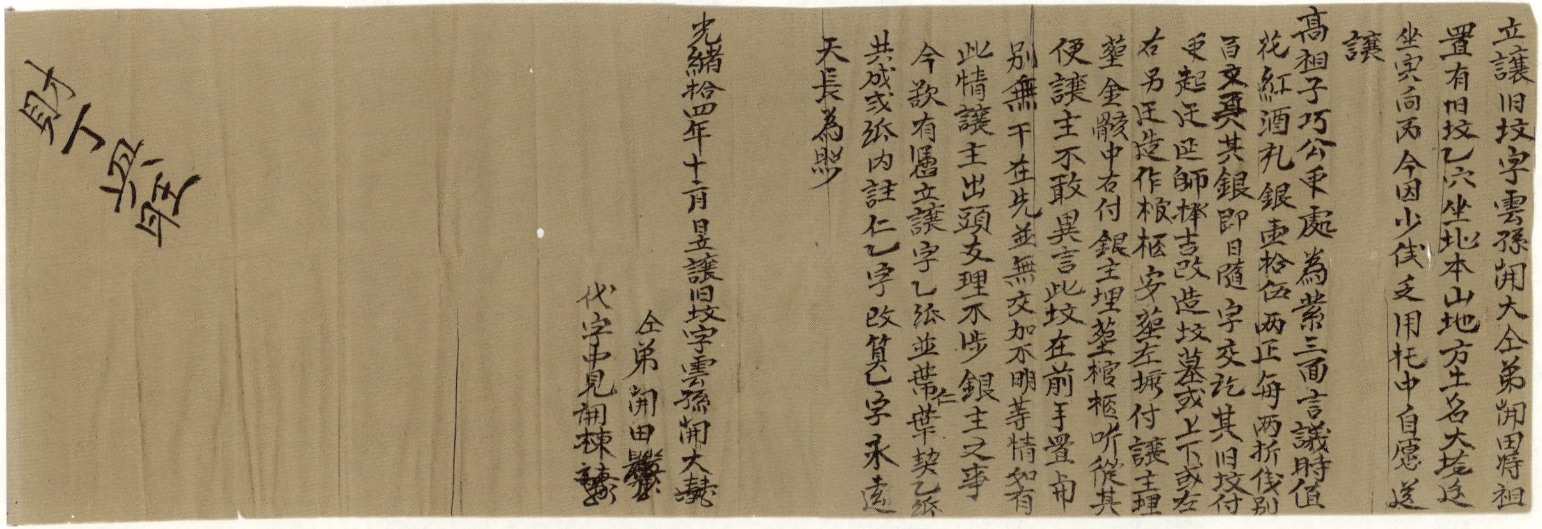
立讓旧坟字雲孫開大仝弟開田將祖
置有旧坟乙穴坐址本山地方土名大塔边
坐寅向丙今因少錢乏用托中自愿送
讓
高祖子巧公衆處為業三面言議時值
花紅酒礼銀壹拾伍兩正每兩折錢别
百文其銀即日隨字交訖其旧坟付
衆起遷延師擇吉改造坟墓或上下或左
右另遷造作棺柩安葬左塘付讓主理
葬金骸中右付銀主埋葬棺柩聽從其
便讓主不敢異言此坟在前手置甫
别無干碍先並無交加不明等情如有
此情讓主出頭支理不涉銀主之事
今欲有憑立讓字乙紙並帶仁葉契乙紙
共成式紙內註仁乙字改貿乙字永遠
天長為照
光緒拾四年十二月日立讓旧坟字雲孫開大（押）
仝弟開田（押）
代字中見開棟（押）
財丁興旺

3-3-119-5　清光緒十四年十二月葉開大等立讓舊墳字

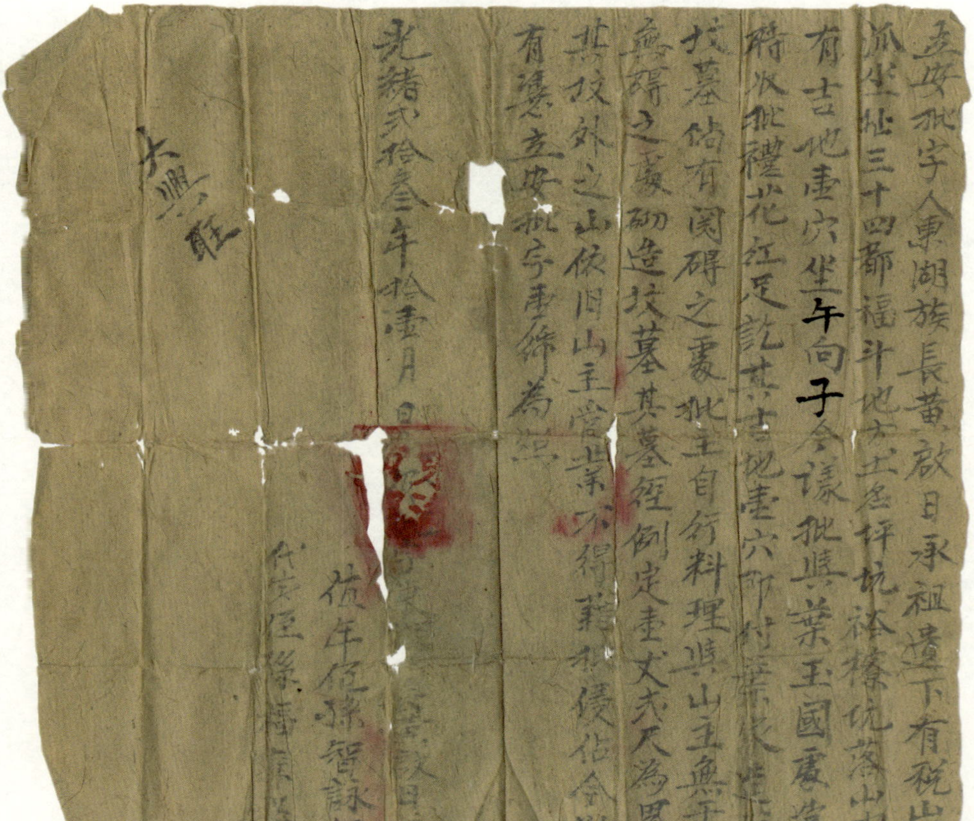
立安批字人東湖族長黄啓日承祖遺下有税山壹
派坐址三十四都福斗地方土名坪坑裕橡坑落山内
有吉地壹穴坐午向子，今據批與葉玉國處造坟
將收批禮花紅足訖，其吉地壹穴所付[illegible]
坟墓倘有関碍之處，批主自行料理，與山主無干。若
無碍之處，劬造坟墓，其墓經劍定壹丈式尺為界
其坟外之山依旧山主管業，不得藉東侵佔。今欲
有憑，立安批字壹紙為照。
光緒式拾叁年拾壹月　日立安批字人黄啓日
[illegible]啓文日證
依年侄孫智詠
代字侄孫壽[illegible]
大興旺

3-3-119-6　清光緒二十三年十一月黄啓日立安批吉地字

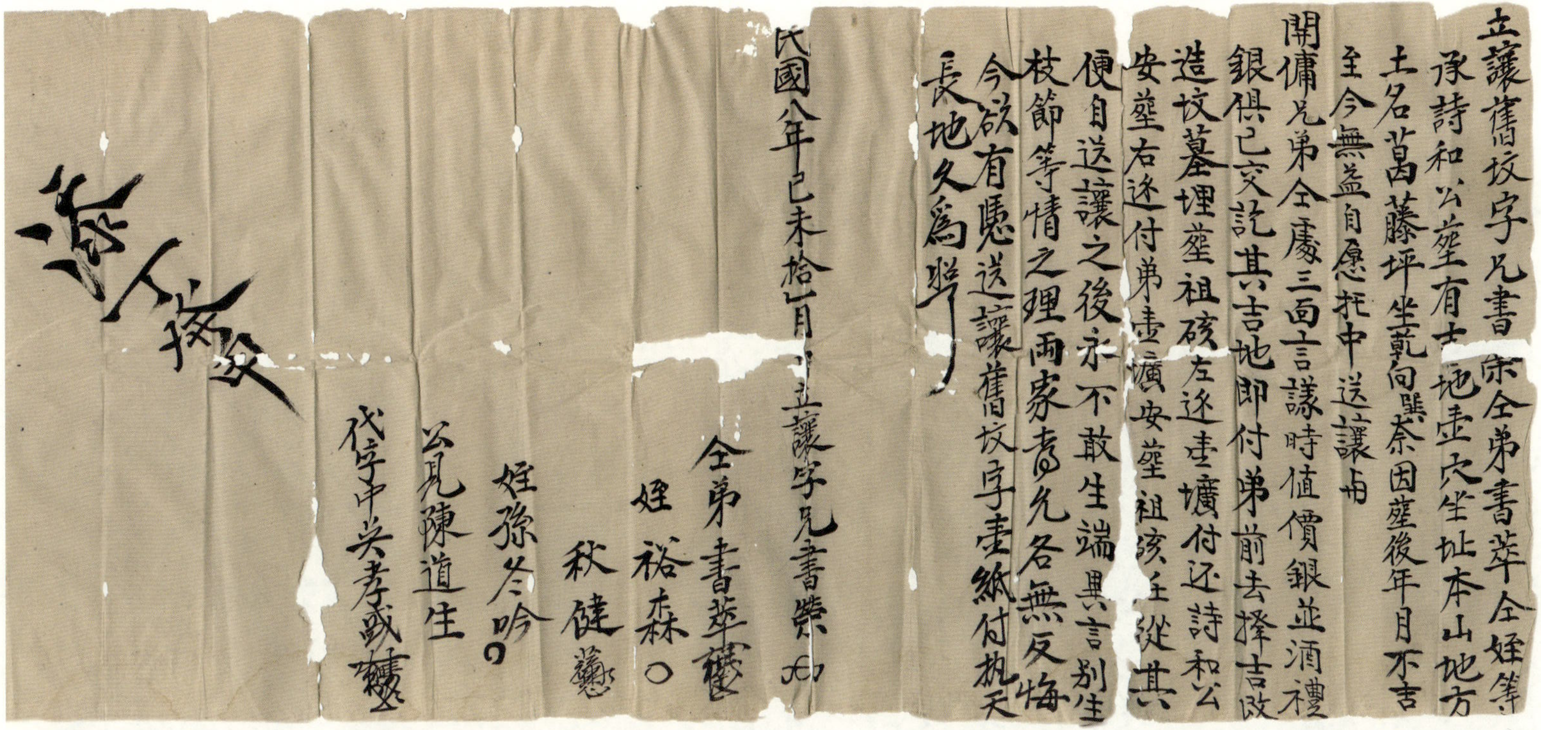
立讓舊坟字兄書粲仝弟書萃仝姪等
承詩和公塋有土地壹穴坐址本山地方
土名葛藤坪坐乾向巽奈因塋後年月不吉
至今無益自愿托中送讓與
閑傭兄弟仝處三面言議時值價銀並酒禮
銀俱已交訖其吉地即付弟前去擇吉改
造坟墓埋塋祖骸左邊壹壙付还詩和公
安塋右邊付弟壹壙安塋祖骸任從其
便自送讓之後永不敢生端異言別生
枝節等情之理兩家各允各無反悔
今欲有憑送讓舊坟字壹紙付執天
長地久為照
民國八年己未拾壹月　日　立讓字兄書粲（押）
仝弟書萃（押）
姪　裕森○
秋健（押）
姪孫　冬吟
公見　陳道生
代字中兴孝盛（押）

3-3-119-7　民國八年十一月葉書粲等立讓舊墳字

立賣契叔仙會父手置过園内大
菜園二坪父相今因小侄应用送
賣与本房
侄開承處三面言議時值價貳百文
正其價交訖其園坪付侄管業栽
種任從其便此園坪兄弟侄無干在
先並無重典他人反交加不明等情
如有此等係是叔出頭支理不涉侄
之事其年期不拘遠近備價照賣字
面贖回如是未贖仍付侄業今欲有
憑立賣契壹紙並碓孔歷元契壹紙
共成父弟付挑為照
同治拾年陸月　日立賣契叔仙會（押）
代字見兄達業（押）

大吉

3-3-120-1　清同治十年六月葉仙會立賣大菜園園坪契

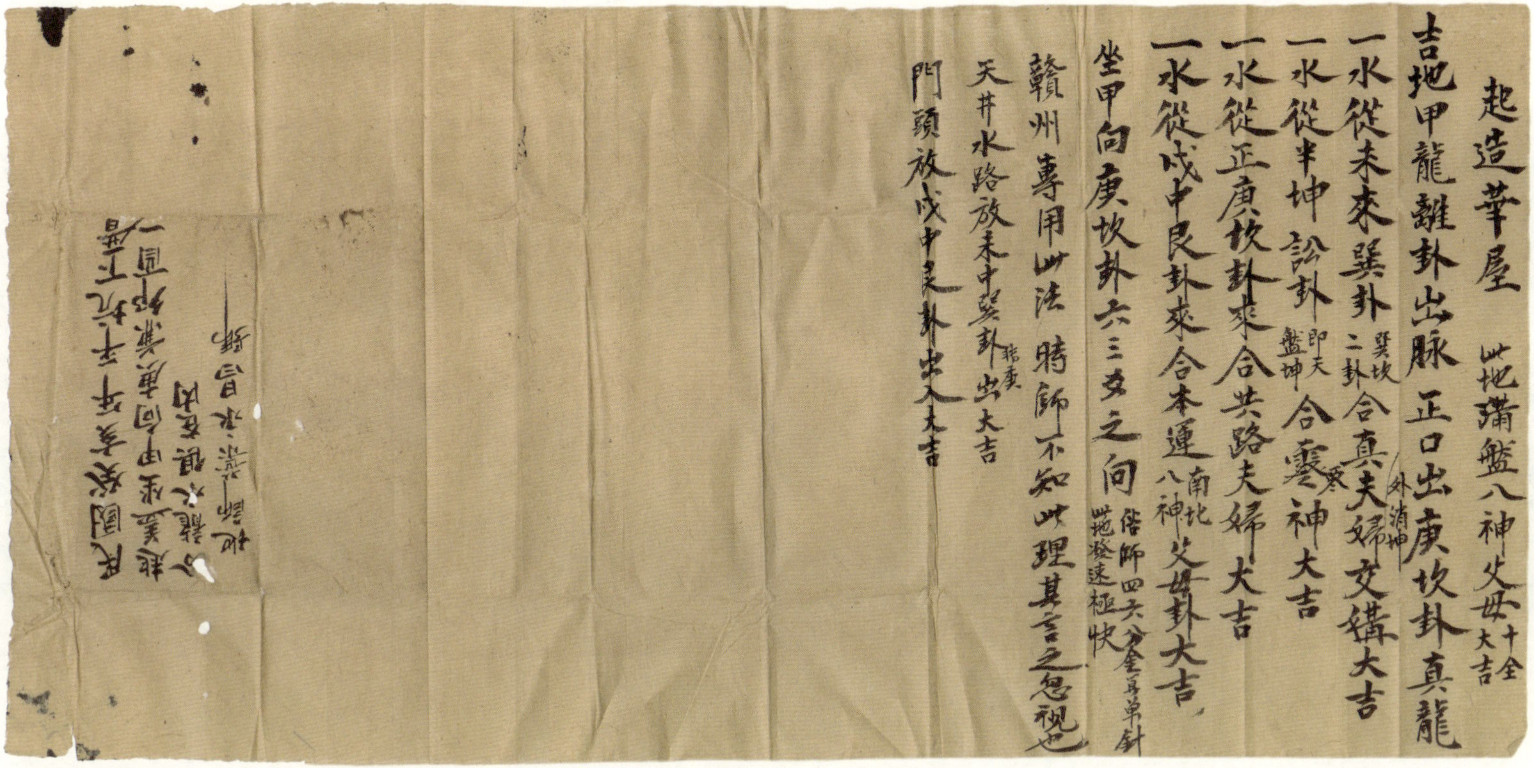
起造華屋　此地㺯盤八神父母十全大吉
吉地甲龍離卦出脉　正口出庚坎卦真龍
一水從未來巽卦巽坎二卦合真夫婦外消坤交媾大吉
一水從半坤訟卦即天盤坤合寒神大吉
一水從正庚坎卦來合共路夫婦大吉
一水從戌中艮卦來合本運南北八神父母卦大吉
坐甲向庚坎卦六三爻之向借師四六八分金[illegible]单針此地發速極快
贛州專用此法　時師不知此理其言之忽視也
天井水路放未中巽卦非庚出大吉
門頭放戌中艮卦出入大吉
民國癸亥年季冬下浣
坐[illegible]甲向庚兼卯酉一[illegible]
起龍穴[illegible]在內
地師[illegible]永昌錄

3-3-120-2　民國十二年葉永昌蓋房風水文書

立出婚書呂金順，家中所養弟叁男，甲子年陆月十四日子時瑞生，家中淡寒不能養育，憑媒說合，與葉開武處三面言议，聘娶礼银大洋壹百貳拾員正，其銀即日隨書交足，其金順父子付葉家接代宗枝，子孫昌盛，不敢生端異言枝節等情。今欲有憑，立婚書壹紙，付執為照。

外改身娘貳字再照

民國丁卯年十二月日立婚書呂金順〇

知見母 李氏〇

媒人林外三

代字楊致祥

子孫昌盛

3-3-120-3 民國十六年十二月呂金順立婚書

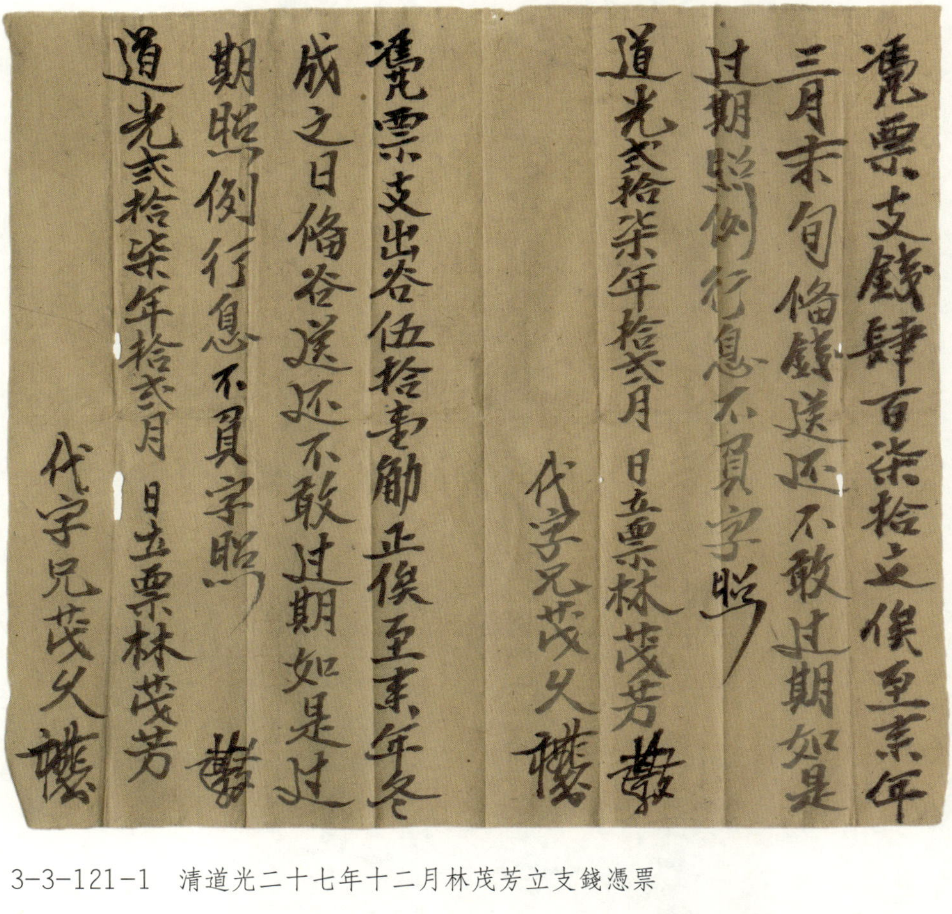
憑票支錢肆百柒拾文係至來年
三月末旬備錢送还不敢过期如是
过期照例行息不負字照
道光貳拾柒年拾貳月 日立票林茂芳（押）
代字兄茂文（押）

憑票支出谷伍拾壹觔正係至來年冬
成之日備谷送还不敢过期如是过
期照例行息不負字照
道光貳拾柒年拾貳月 日立票林茂芳（押）
代字兄茂文（押）

3-3-121-1 清道光二十七年十二月林茂芳立支錢憑票

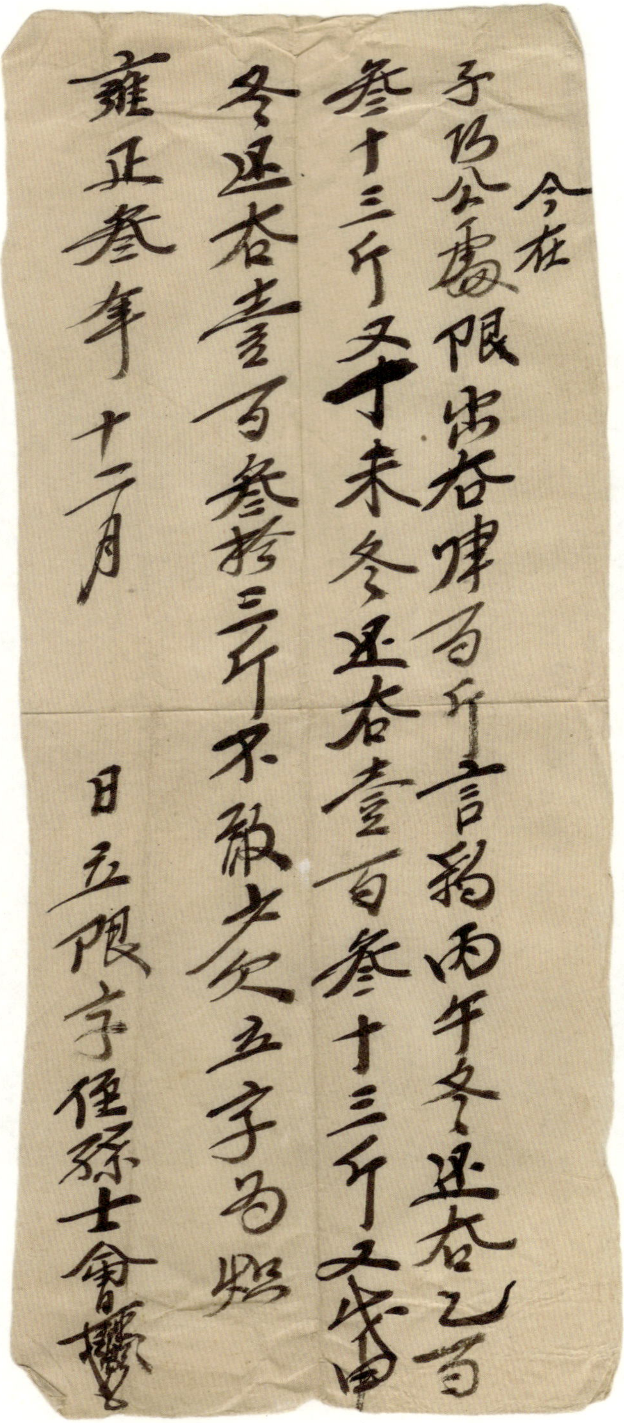

今在
子乃公處限出谷肆百斤言約丙午年冬送谷乙百
叁十三斤又丁未冬送谷壹百叁十三斤又戊申
冬送谷壹百叁拾三斤不敢少欠立字為照
雍正叁年十二月　日立限字侄孫士會（押）

3-3-122-1　清雍正三年十二月葉士會立限字

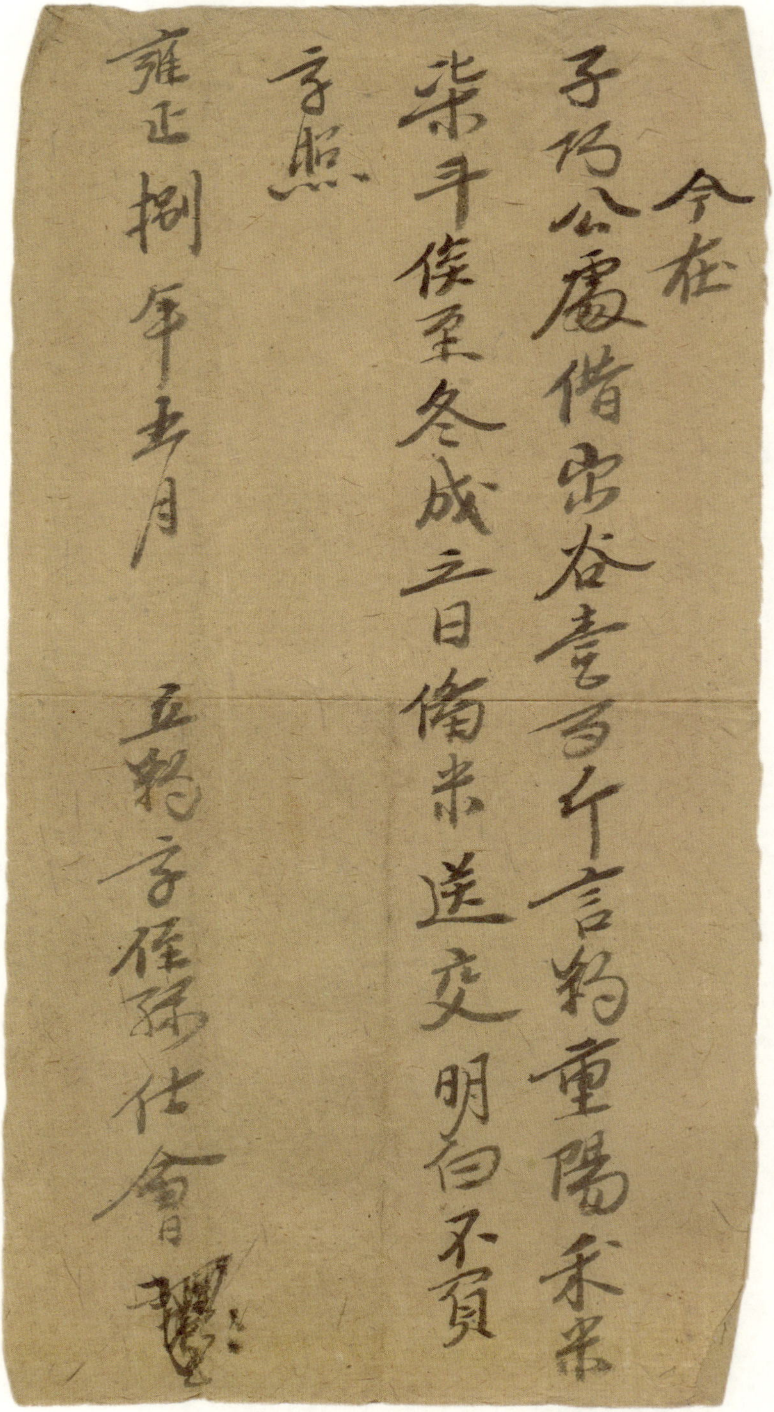
今在
子巧公處借出谷壹百斤言約重陽禾米
柒斗俟至冬成之日備米送交明白不負
字照
雍正捌年五月
立約字侄孫仕會（押）

3-3-122-2　清雍正八年五月葉仕會立借穀字

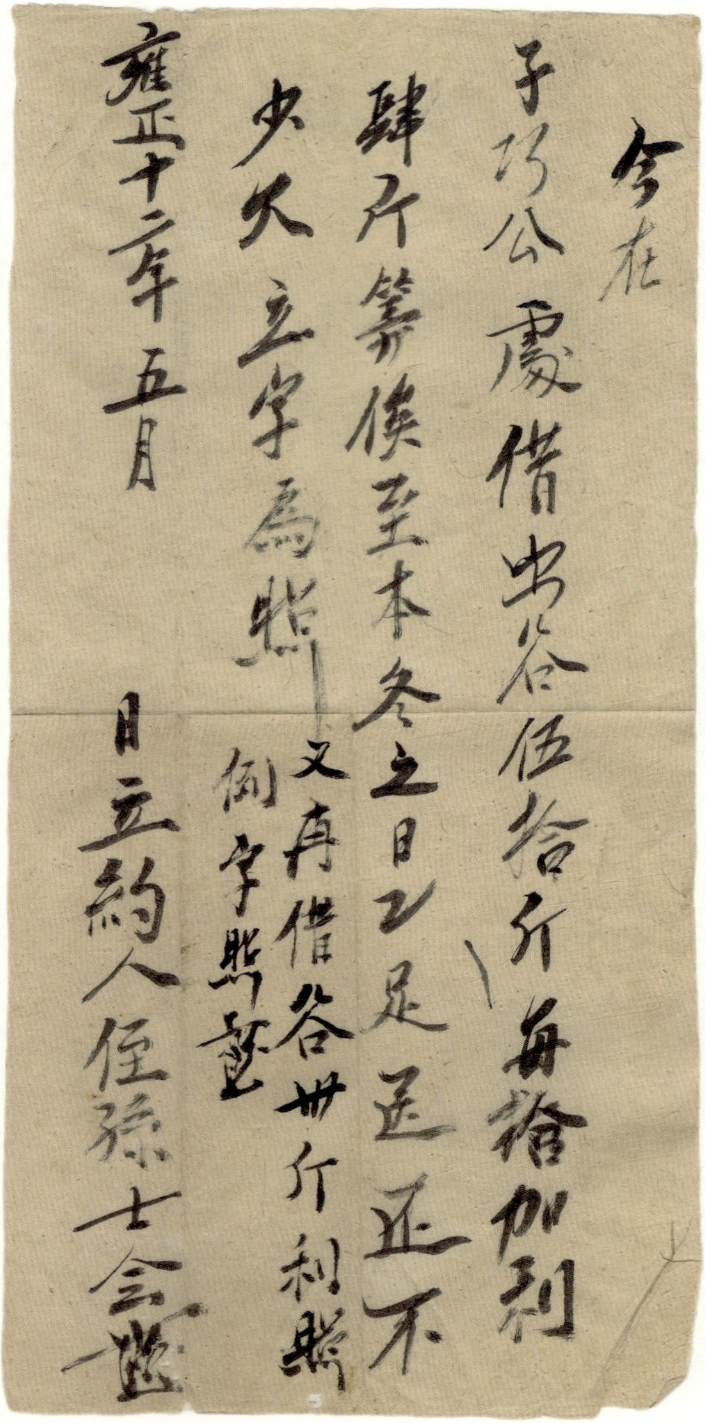

今在
予珩公處借出谷伍拾斤，每拾加利
肆斤，等候至本冬之日乙足足還，不
少欠，立字為照。
又再借谷卅斤，利照
例，字照（押）。
雍正十二年五月　日立約人侄孫士會（押）

3-3-122-3　清雍正十二年五月葉士會立借穀字

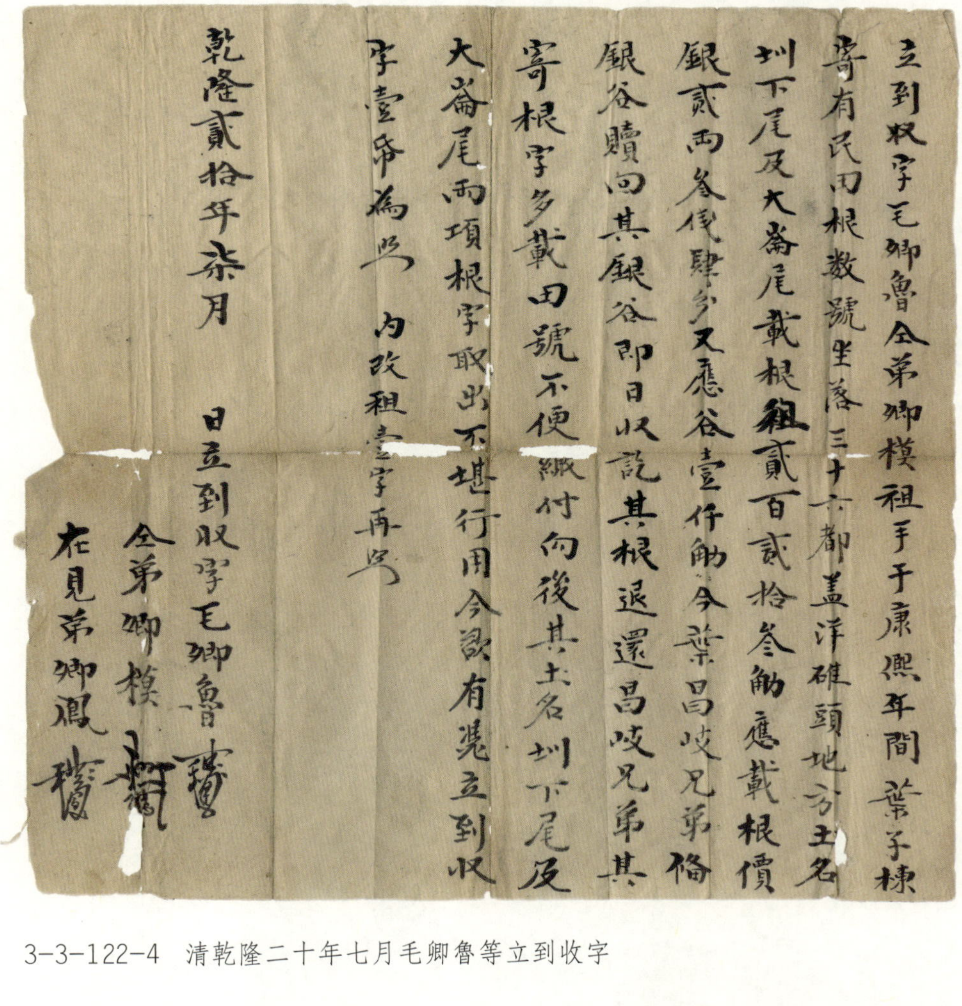
立到収字毛卿魯仝弟卿模祖手于康熙年間葉子棟
寄有民田根数號坐落三十六都盖洋碓頭地方土名
圳下尾及大畲尾載根租貳百貳拾叁觔應載根價
銀貳两叁錢肆分又悉谷壹仟觔今葉昌岐兄弟備
銀谷贖回其銀谷即日収訖其根退還昌岐兄弟其
寄根字多載田號不便繳付向後其土名圳下尾及
大畲尾两項根字取出不堪行用今欲有凭立到収
字壹帋為照　内改租壹字再照
乾隆貳拾年柒月　日立到収字毛卿魯（押）
仝弟卿模（押）
在見弟卿鳳（押）

3-3-122-4　清乾隆二十年七月毛卿魯等立到收字

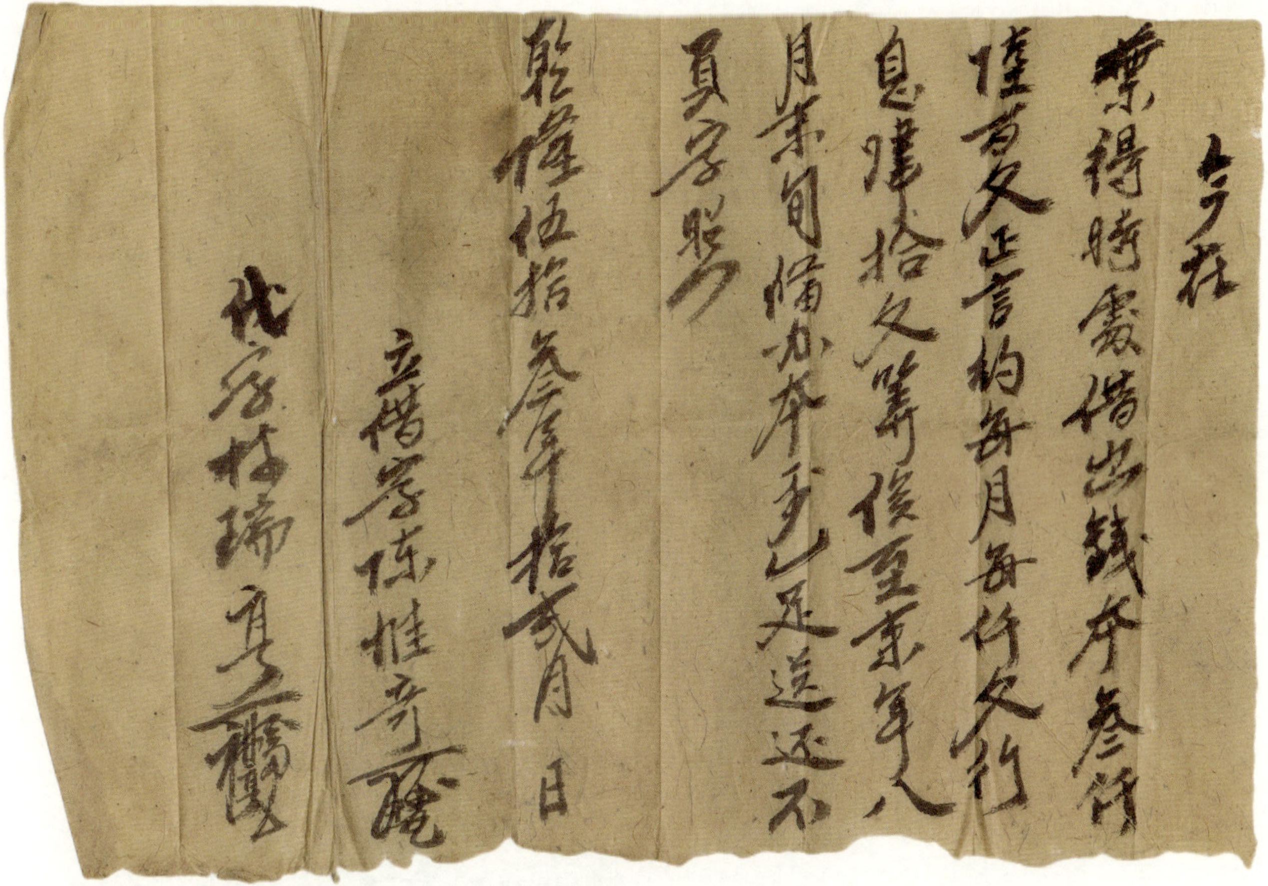

今在
葉得時處借出錢本叁仟
陸百文正，言約每月每仟文行
息肆拾文算，候至本年八
月某日備办本利足送還，不
負字照。

乾隆伍拾叁年拾貳月　　日

立借字陳惟奇（押）

代字林瑞甫（押）

3-3-122-5　清乾隆五十三年十二月陳惟奇立借錢字

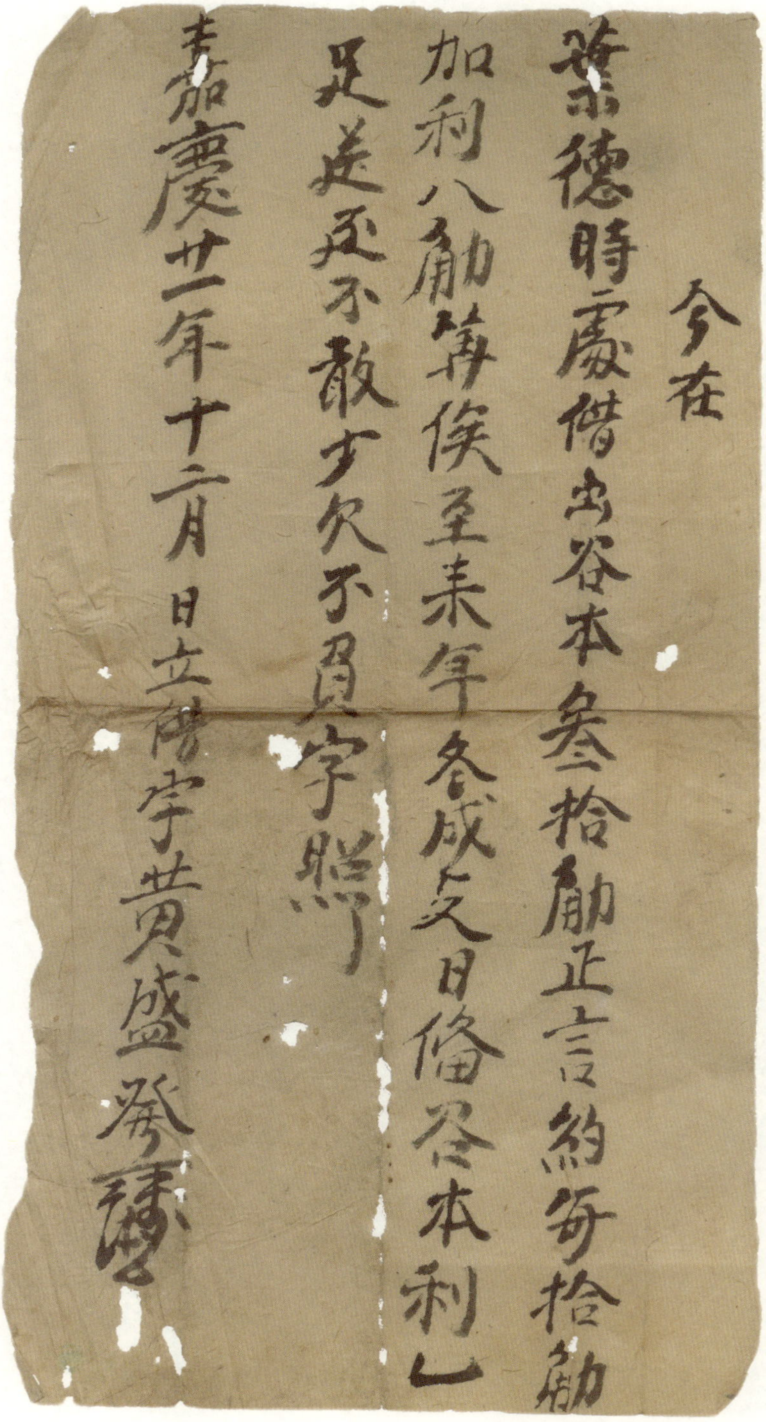

今在

葉德時處借出谷本叁拾觔正言約每拾觔

加利八觔算俟至来年冬成之日備谷本利一

足送还不敢少欠不負字照

嘉慶廿一年十二月　日立借字黄盛發

3-3-122-6　清嘉慶二十一年十二月黄盛發立借穀字

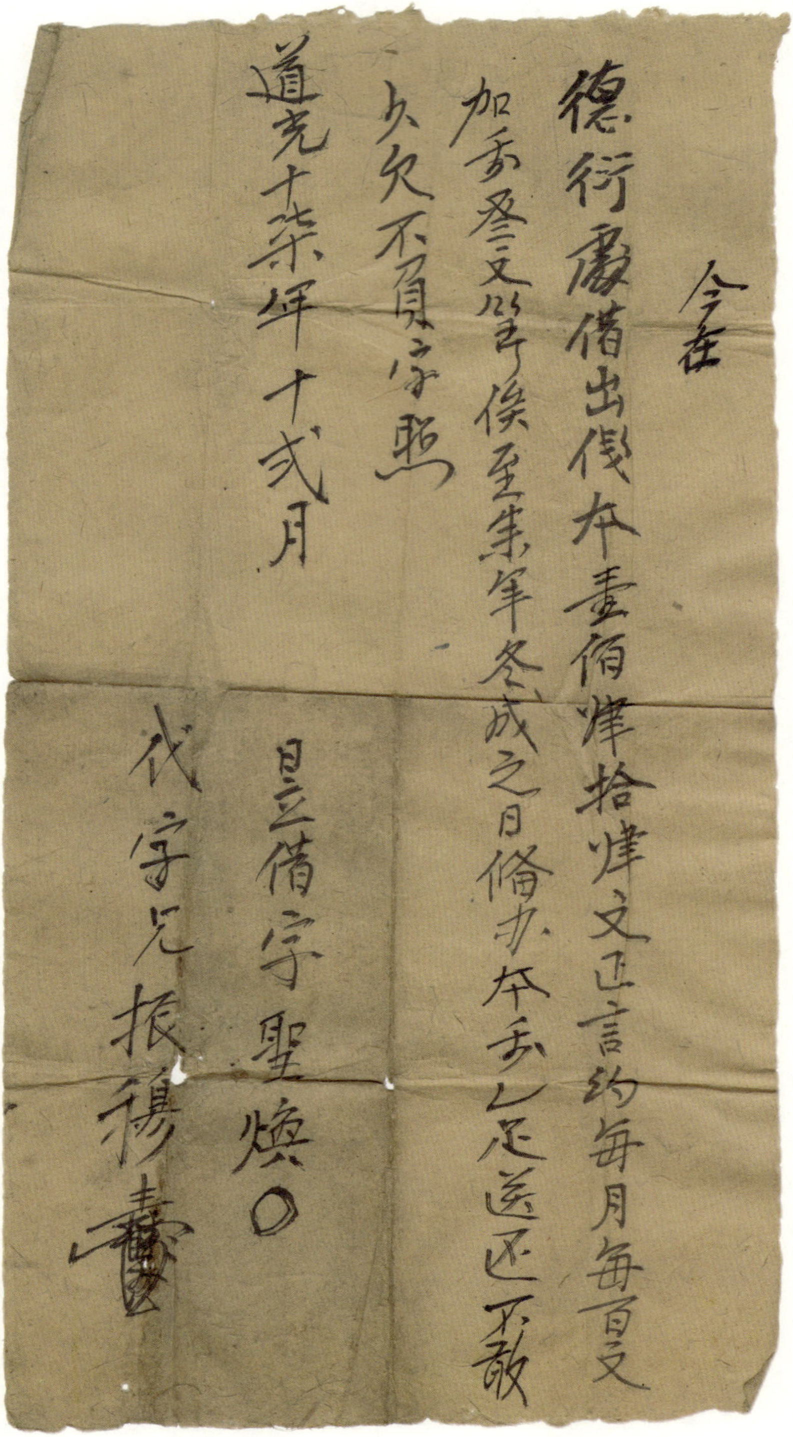
今在
德衍處借出錢本壹佰肆拾肆文正言約每月每百文
加利叁文照算候至來年冬成之月備办本利一足送還不敢
少欠不負字照
道光十柒年十弍月
日立借字聖煥〇
代字兄振穆書

3-3-122-7　清道光十七年十二月葉聖煥立借錢字

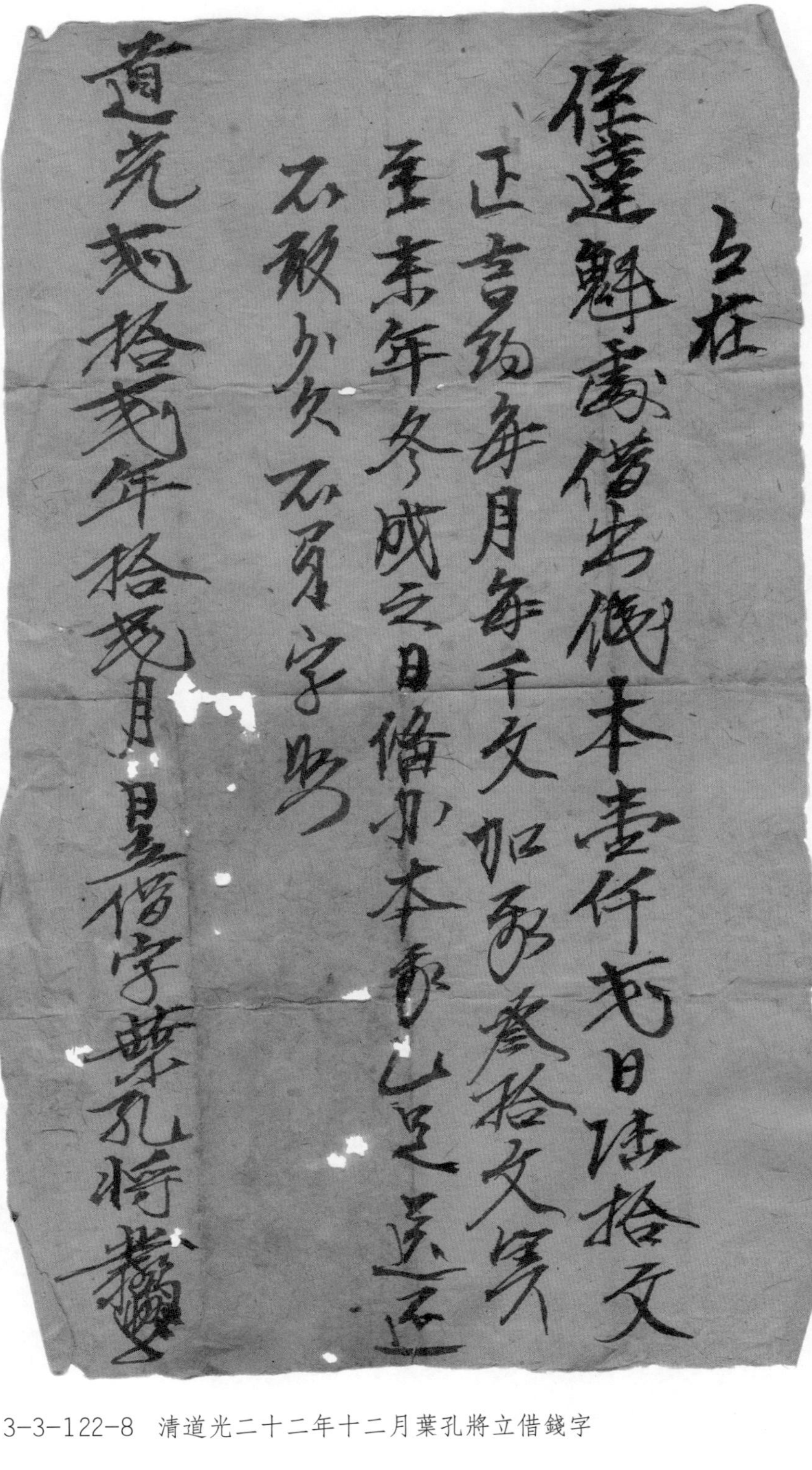
立在
保達魁處借出錢本壹仟弍百陸拾文
正言約每月每千文加利叁拾文算
至來年冬成之日備办本利一足送還
不敢少欠不有字照
道光弍拾弍年拾弍月　日立借字葉孔將（押）

3-3-122-8　清道光二十二年十二月葉孔將立借錢字

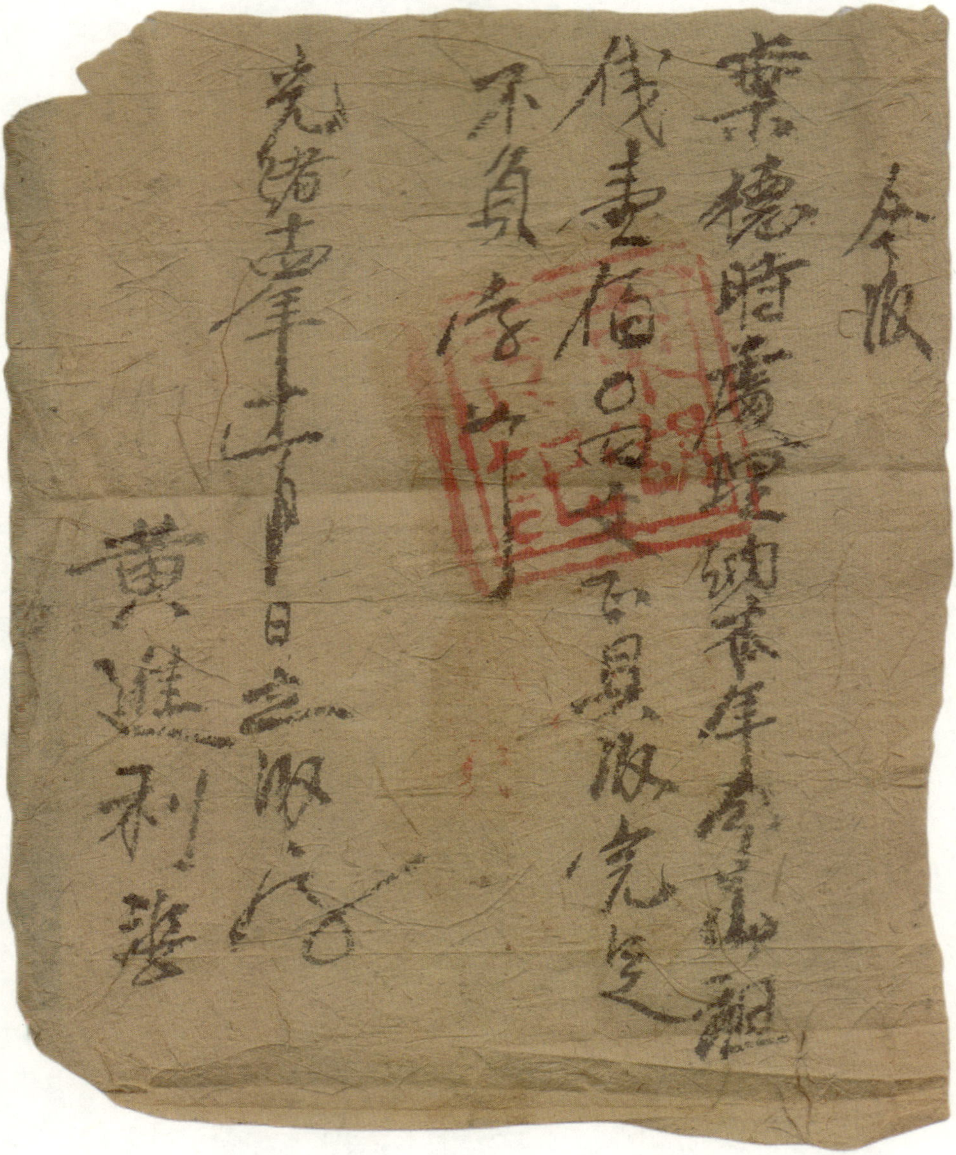

3-3-123-1　清光緒十四年十一月黄進利立收山租字

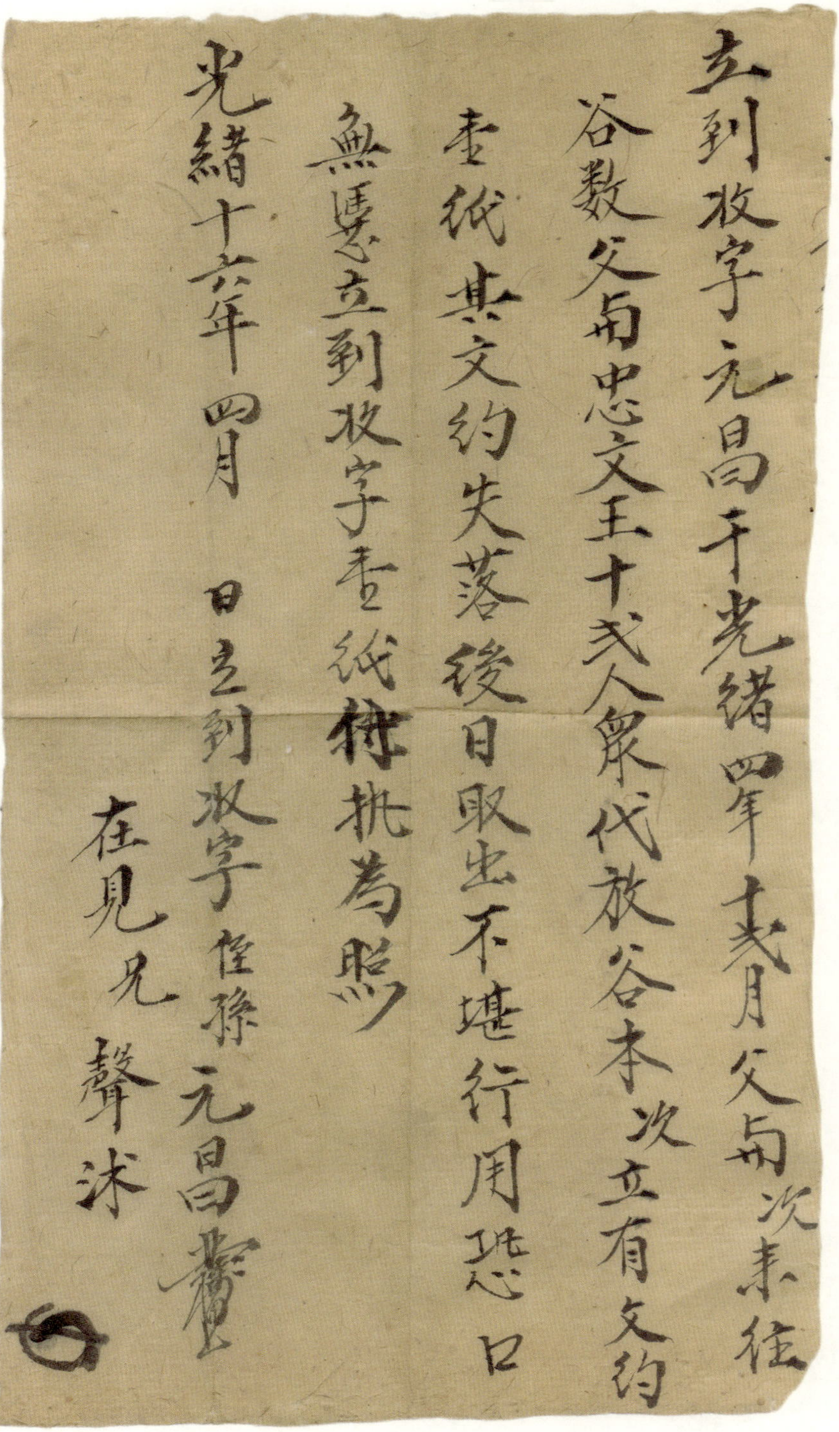
立到收字元昌于光緒四年十弍月父與次来往
谷数父與忠文王十弍人衆代放谷本次立有文約
壹紙其文約失落後日取出不堪行用恐口
無憑立到收字壹紙付批為照
光緒十六年四月　　日立到收字侄孫元昌（畫押）
在見兄聲沭

3-3-123-2　清光緒十六年四月葉元昌立到收字

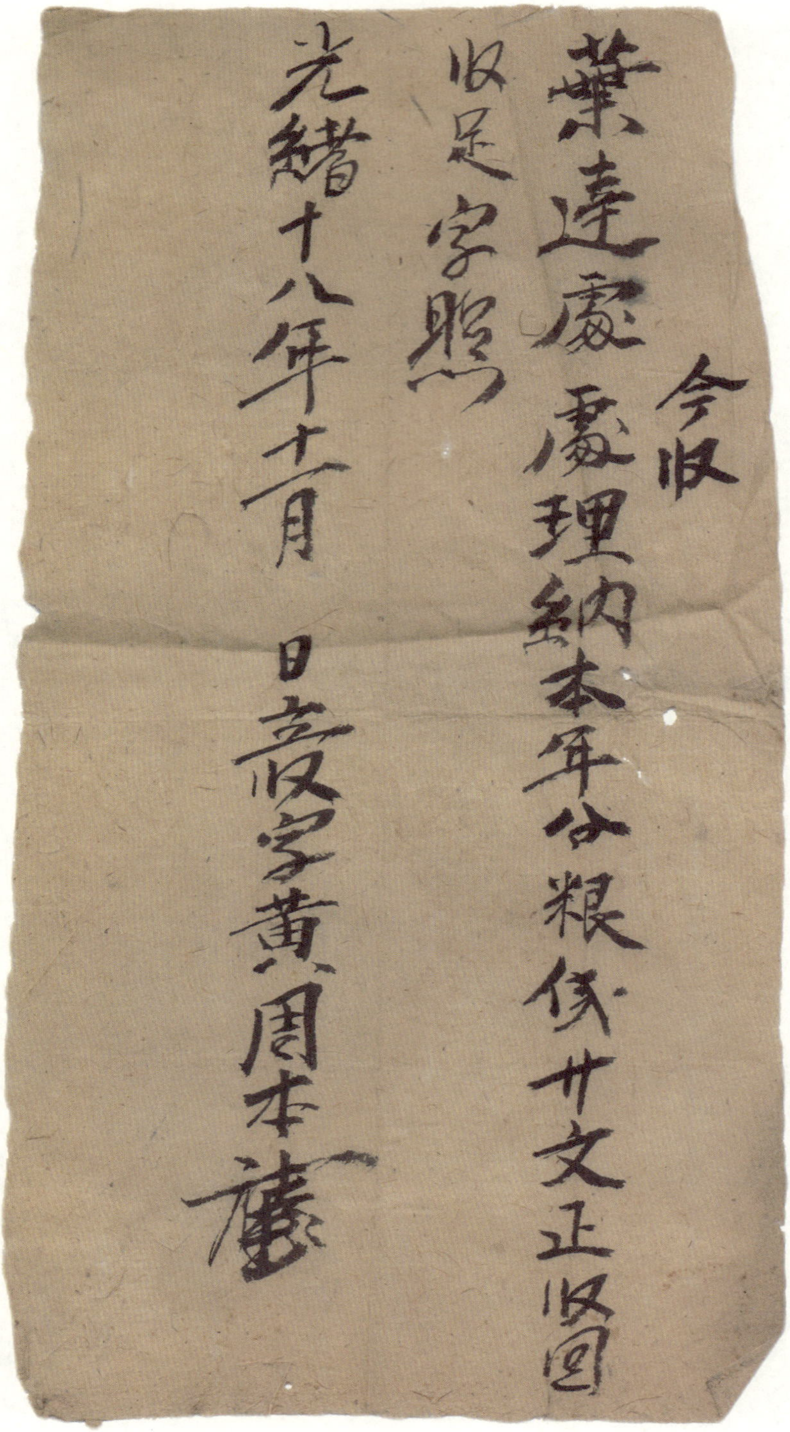
今收
葉達處處理納本年公粮銭廿文正收回
收足字照
光緒十八年十一月　日立收字黃周本（押）

3-3-123-3　清光緒十八年十一月黃周本立收糧錢字

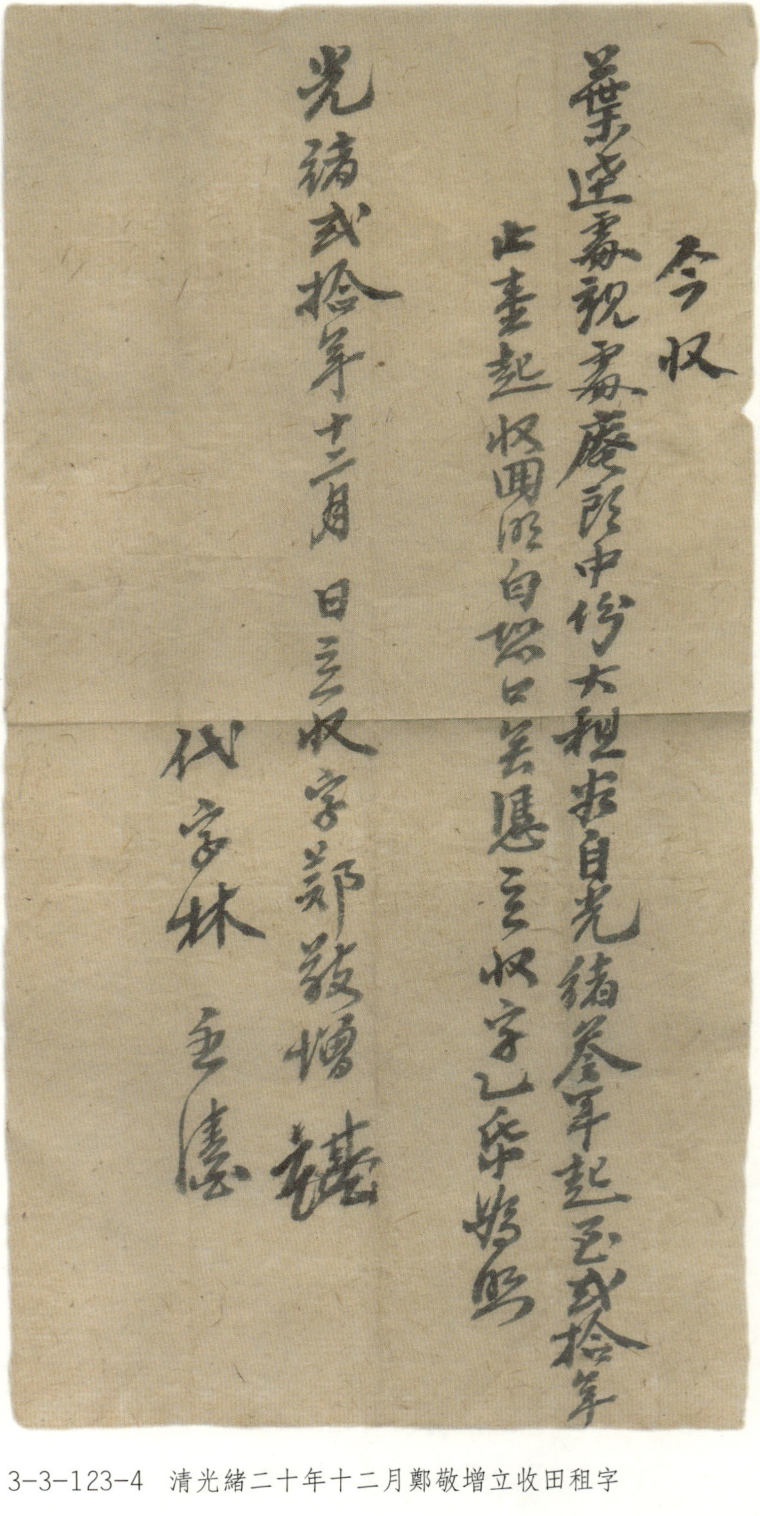

今收

葉逢壽觀壽慶邊中份大租谷自光緒叁年起至貳拾年

止壹起收明訖白恐口無憑立收字乙紙為照

光緒貳拾年十二月　日立收字鄭敬增（押）

代字林垂濤

3-3-123-4　清光緒二十年十二月鄭敬增立收田租字

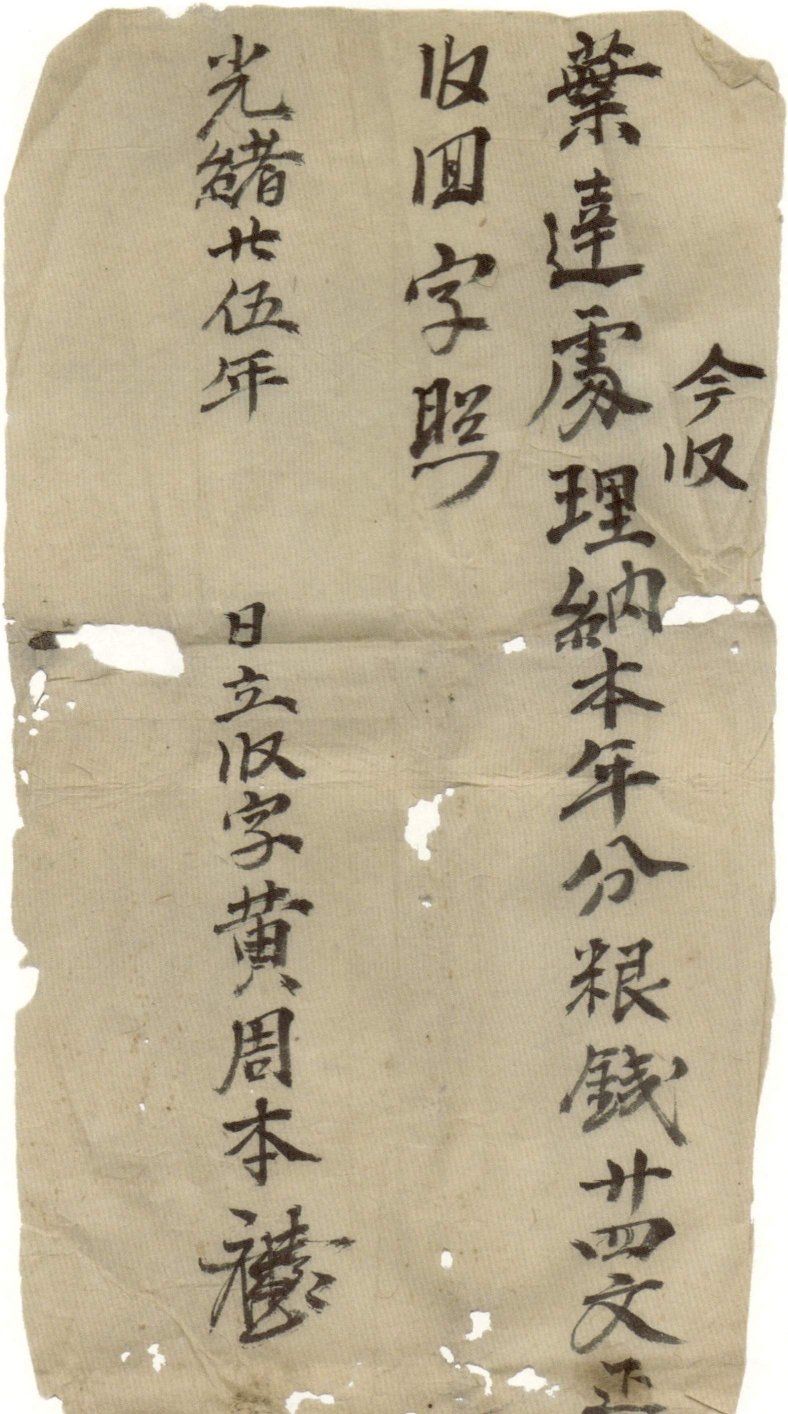
今收
葉達處理納本年分粮錢廿四文正
收回字照
光緒廿伍年　日立收字黃周本

3-3-123-5　清光緒二十五年黃周本立收糧錢字

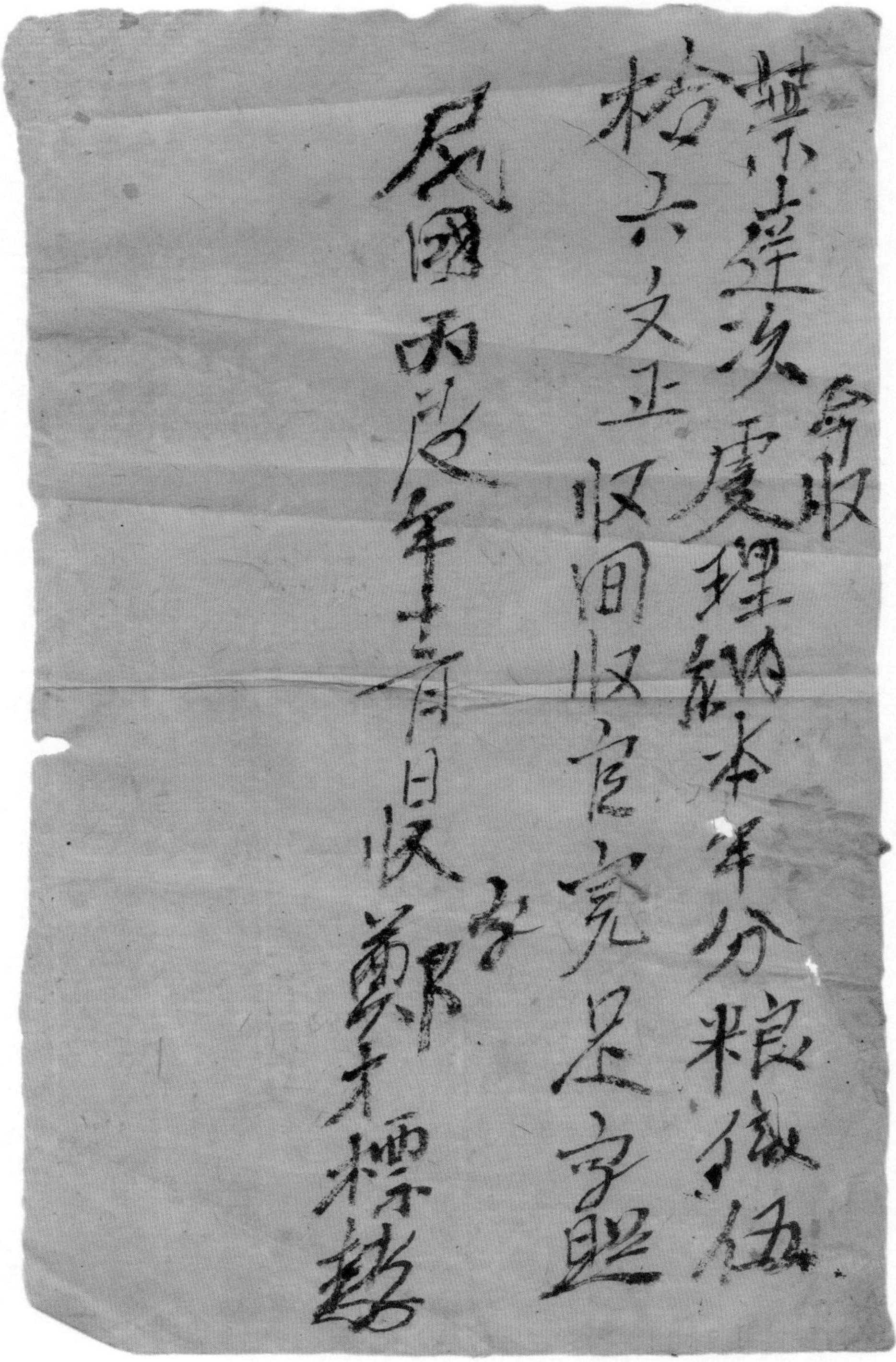

今收
葉達浚處理納本年分粮錢伍
拾六文正收回收官完足字照
民國丙辰年十二月日收字 鄭才標

3-3-123-6 民國五年十二月鄭才標立收糧錢字

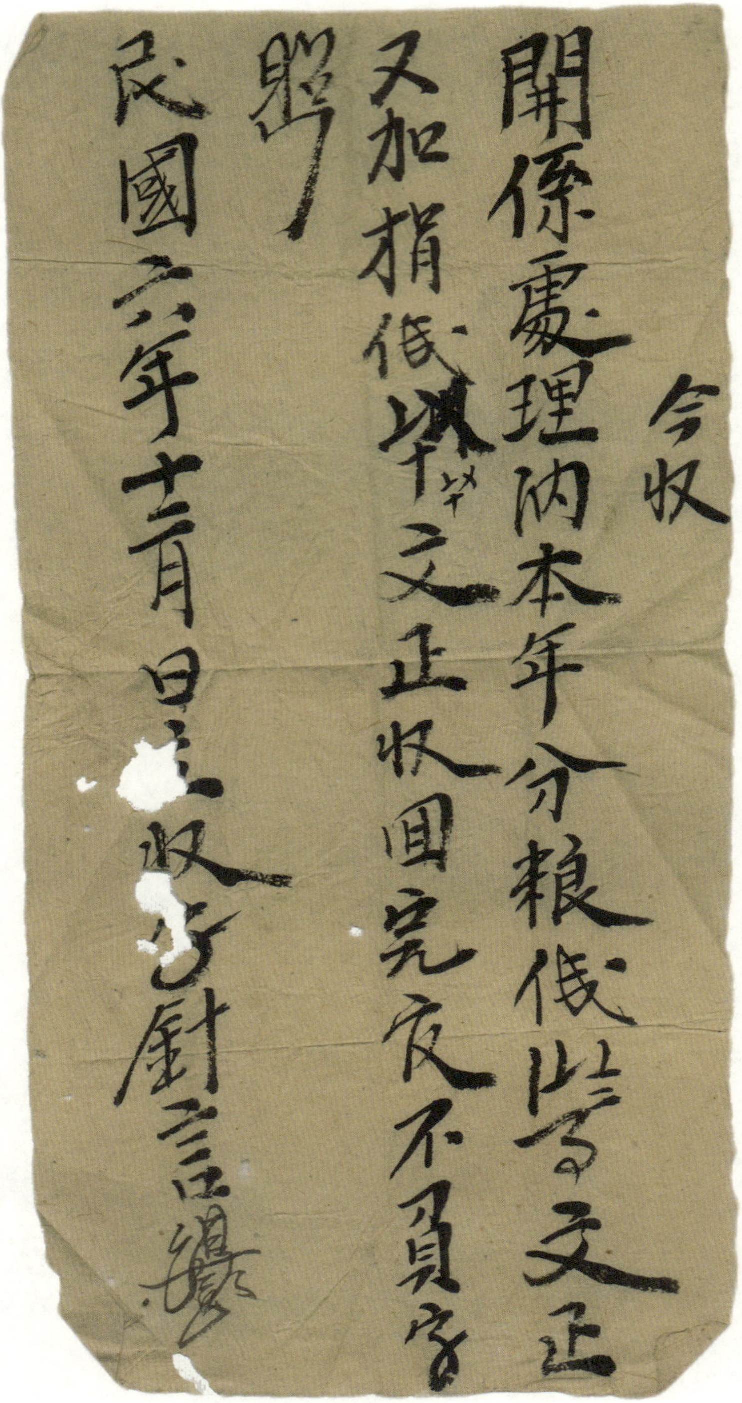
今收
開係處理納本年分粮價[illegible]文正
又加捐價[illegible]文正收回完夜不具字
照
民國六年十二月　日立收字針言緝

3-3-123-7　民國六年十二月針言立收糧錢字

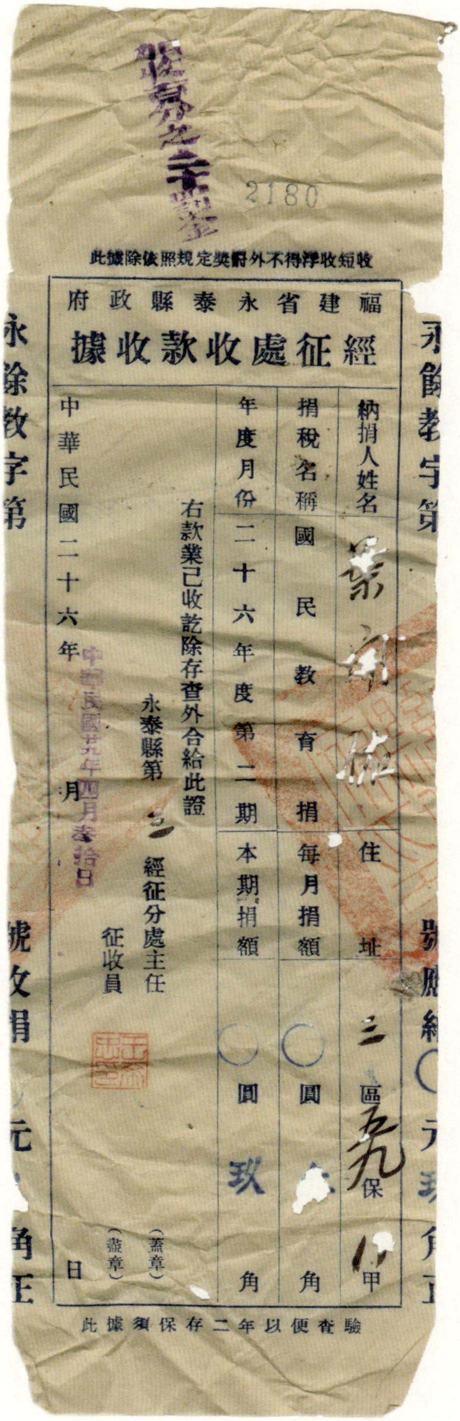
2180

此據除依照規定獎附外不得浮收短收

福建省永泰縣政府

經征處收款收據

納捐人姓名	葉開佑	住址 三區九保　甲
捐稅名稱	國民教育捐	每月捐額 〇圓　角
年度月份	二十六年度第二期	本期捐額 〇圓玖角

右款業已收訖除存查外合給此證

永泰縣第三經征分處主任（蓋章）

征收員（蓋章）

中華民國二十六年　月　日

中華民國廿九年四月叁拾日

此據須保存二年以便查驗

3-3-123-8　民國二十九年四月葉開佑國民教育捐收據（一）

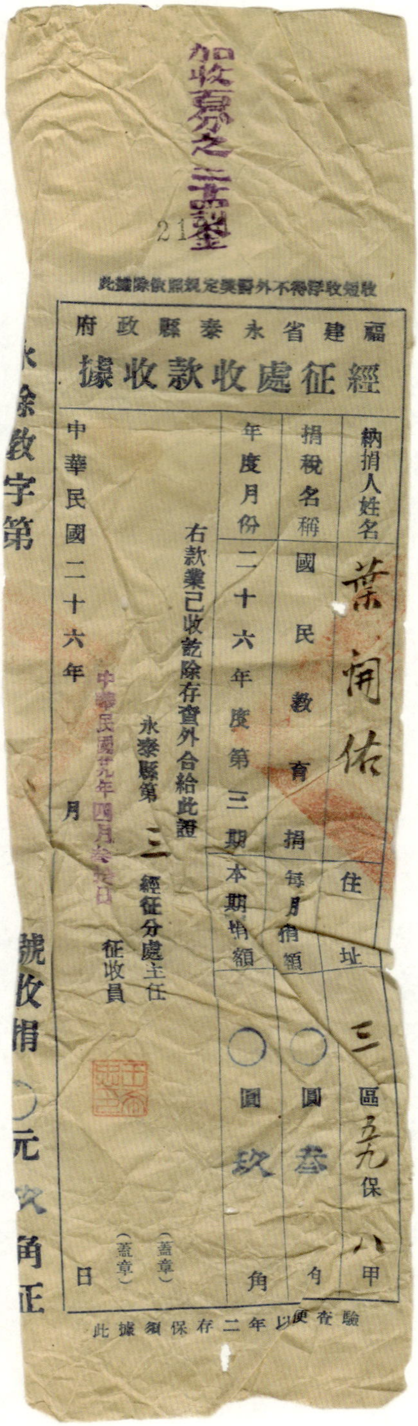

加收壹分之二五整

21

此據除依照規定獎費外不得浮收短繳

福建省永泰縣政府

經征處收款收據

納捐人姓名	葉開佑	住址	三區廿九保八甲
捐稅名稱	國民教育捐	每月捐額	○圓叁角
年度月份	二十六年度第三期	本期捐額	○圓玖角

右款業已收訖除存查外合給此證

永泰縣第三經征分處主任（蓋章）

征收員（蓋章）

中華民國二十六年　月　日

中華民國廿九年四月叁拾日

永餘教字第　號收捐○元玖角正

此據須保存二年以便查驗

3-3-123-9　民國二十九年四月葉開佑國民教育捐收據（二）

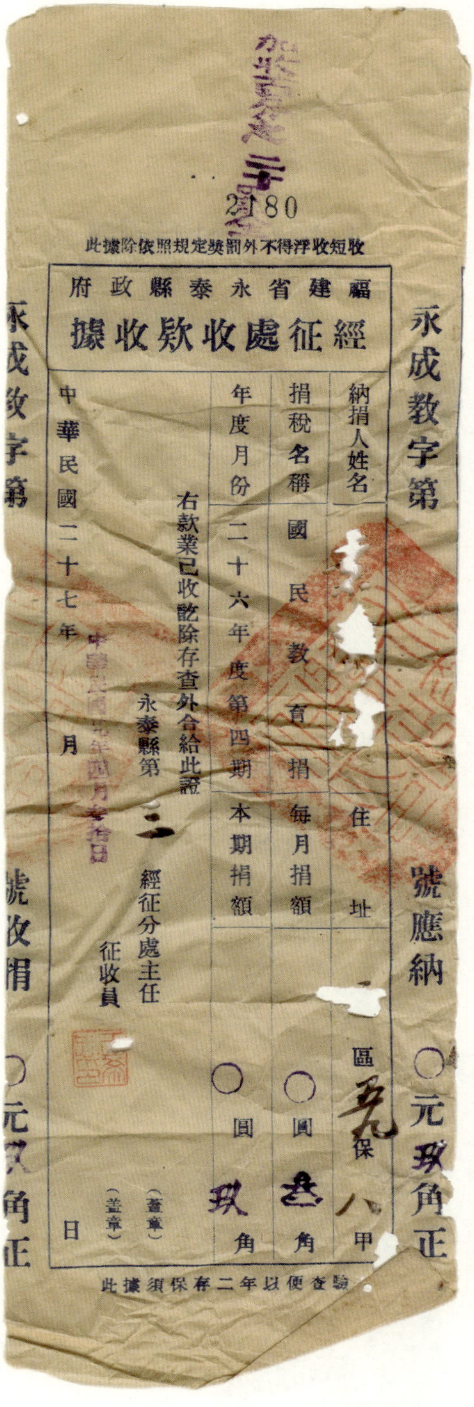
2180

此據除依照規定獎罰外不得浮收短收

福建省永泰縣政府

經征處收欵收據

永成教字第　號應納〇元玖角正

納捐人姓名	
住址	區　保八甲
捐稅名稱	國民教育捐
每月捐額	〇圓叁角
年度月份	二十六年度第四期
本期捐額	〇圓玖角

右款業已收訖除存查外合給此證

永泰縣第三經征分處主任（蓋章）

征收員（蓋章）

中華民國二十七年　月　日

此據須保存二年以便查驗

永成教字第　號收捐〇元玖角正

3-3-123-10　民國二十九年四月葉開佑國民教育捐收據（三）

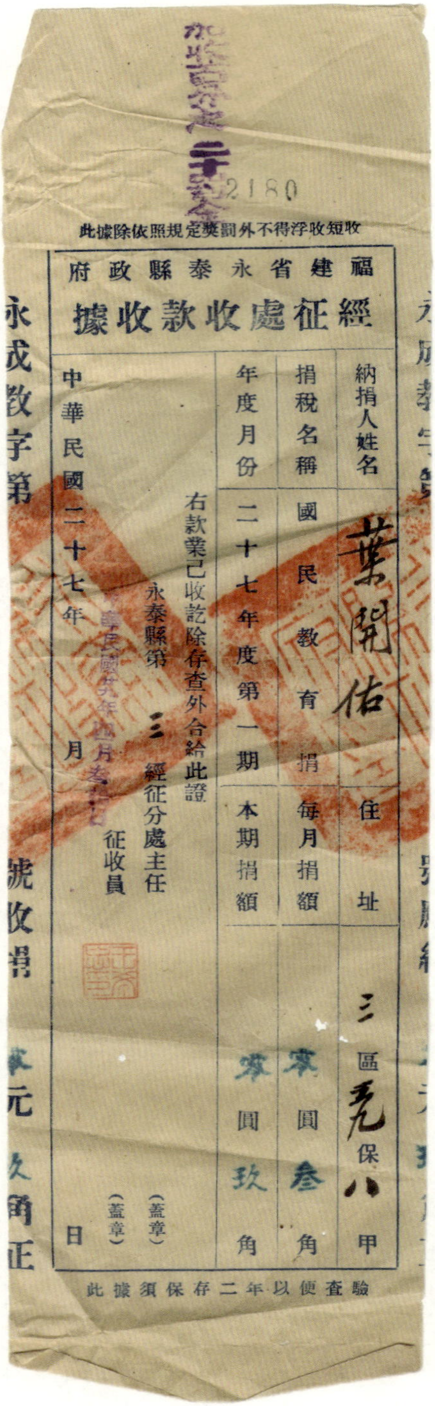

此據除依照規定獎罰外不得浮收短收

福建省永泰縣政府

經征處收款收據

永戌敎字第　號收捐　元　角正

納捐人姓名	葉開佑	住址	三區堯保八甲
捐稅名稱	國民教育捐	每月捐額	零圓叁角
年度月份	二十七年度第一期	本期捐額	零圓玖角

右款業已收訖除存查外合給此證

永泰縣第三經征分處主任（蓋章）

征收員（蓋章）

中華民國二十七年　月　日

此據須保存二年以便查驗

3-3-123-11　民國二十九年四月葉開佑國民教育捐收據（四）

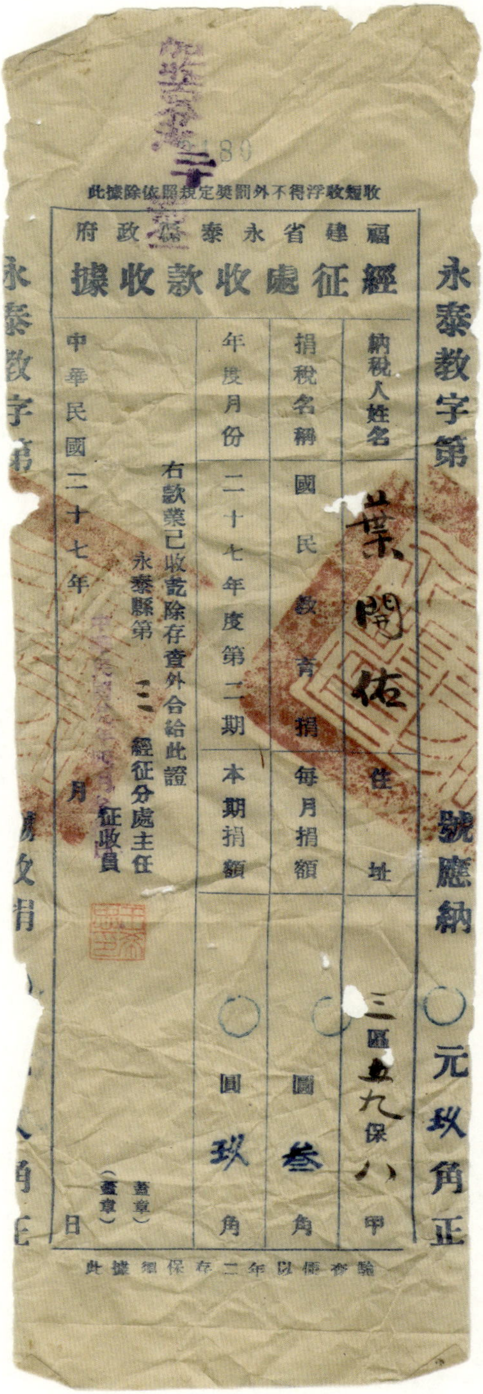
此據除依照規定獎罰外不得浮收短收

福建省永泰縣政府

經征處收款收據

永泰教字第　　號應納〇元玖角正

納稅人姓名	葉開佑
住址	三區五九保八甲
捐稅名稱	國民教育捐
每月捐額	〇圓叁角
年度月份	二十七年度第二期
本期捐額	〇圓玖角

右款業已收訖除存查外合給此證

永泰縣第三經征分處主任（蓋章）

征收員（蓋章）

中華民國二十七年　月　日

此據須保存二年以備查驗

3-3-123-12　民國二十九年四月葉開佑國民教育捐收據（五）

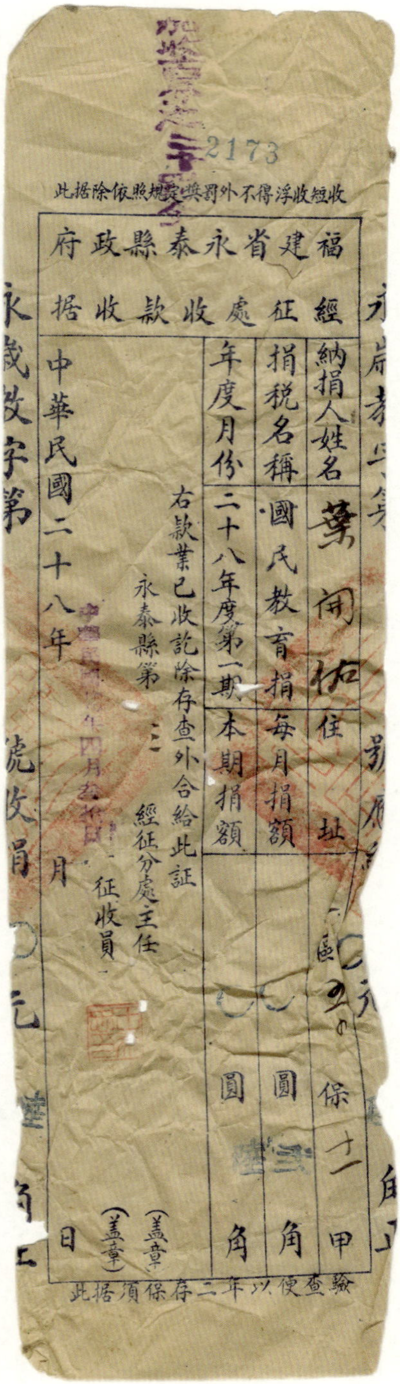
2173

此据除依照規定與罰外不得浮收短收

福建省永泰縣政府
經征處收款收据

納捐人姓名	葉開佑	住址	區 保十一甲
捐稅名稱	國民教育捐	每月捐額	圓 角
年度月份	二十八年度第一期	本期捐額	圓 角

右款業已收訖除存查外合給此証

永泰縣第 三 經征分處主任 (蓋章)

征收員 (蓋章)

中華民國二十八年 月 日

此据須保存二年以便查驗

3-3-123-13 民國二十九年四月葉開佑國民教育捐收據（六）

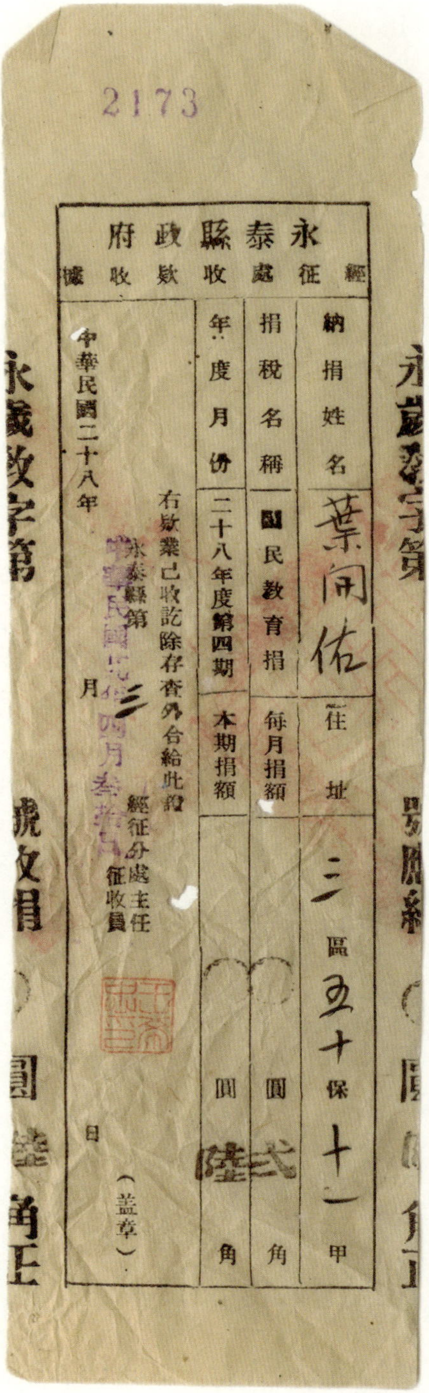
2173

永泰縣政府
經征處收款收據

永歲教字第　號
納捐姓名 葉開佑
住址 三區五十保十一甲
捐稅名稱 國民教育捐
每月捐額 　圓弍角
年度月份 二十八年度第四期
本期捐額 　圓陸角
右款業已收訖除存查外合給此據
永泰縣第三經征分處主任
征收員
中華民國二十八年　月　日（蓋章）
中華民國二十九年四月叁拾日
永歲教字第　號收目　圓　角正

3-3-123-14 民國二十九年四月葉開佑國民教育捐收據（七）

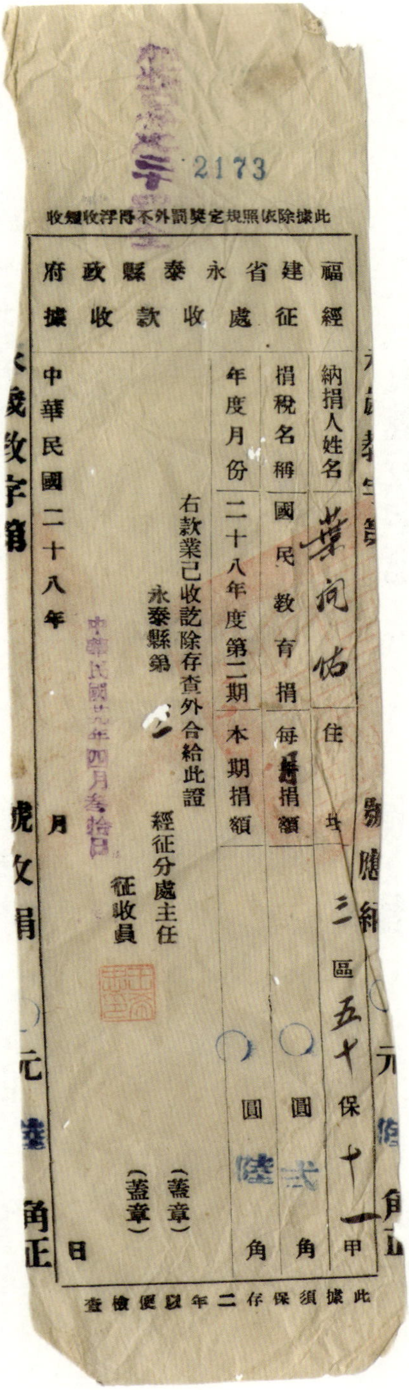

2173

此據除依照規定獎罰外不得浮收額收

福建省永泰縣政府

經征處收款收據

納捐人姓名 葉開佑 住 三區五十保十一甲

捐稅名稱 國民教育捐 每期捐額 圓 式 角

年度月份 二十八年度第二期 本期捐額 圓 陸 角

右款業已收訖除存查外合給此證

永泰縣第 二 經征分處主任 （蓋章）

征收員 （蓋章）

中華民國二十八年 月 日

中華民國廿九年四月叁拾日

此據須保存二年以便檢查

3-3-123-15 民國二十九年四月葉開佑國民教育捐收據(八)

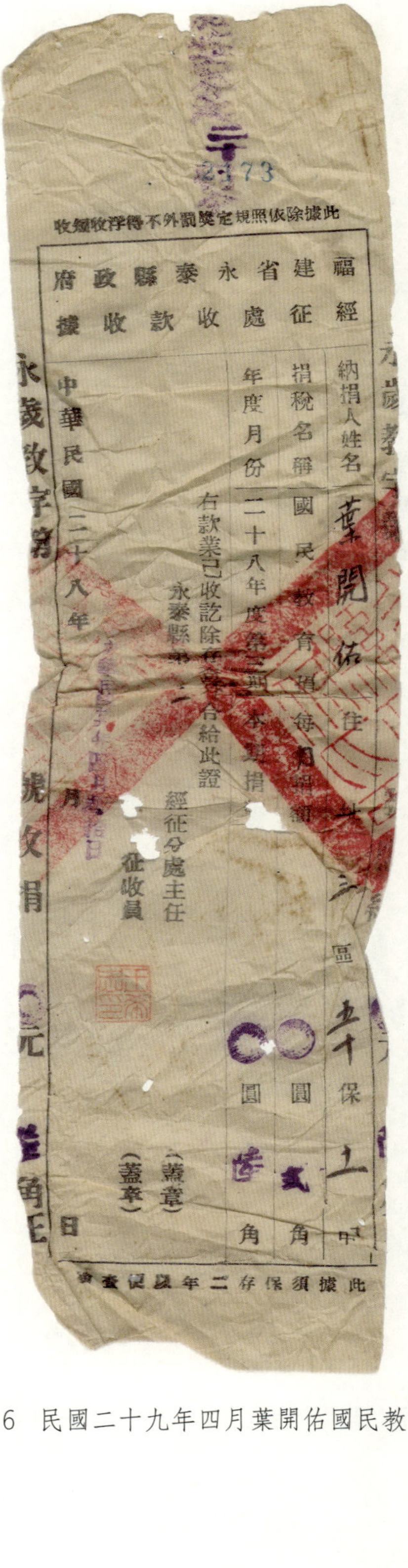

此據除依照規定獎罰外不得浮收領收

福建省永泰縣政府
經征處收款收據

納捐人姓名 葉開佑 住 三區 五十保 上甲
捐稅名稱 國民教育捐 每角 〇圓 貳角
年度月份 二十八年度第二期 本期捐 〇圓 肆角
右款業已收訖除存根備查外合給此證
永泰縣第二經征分處主任（蓋章）
征收員（蓋章）
中華民國二十八年 月 日

此據須保存二年以便查考

永歲教字第 號收捐 元 角正

3-3-123-16 民國二十九年四月葉開佑國民教育捐收據（九）

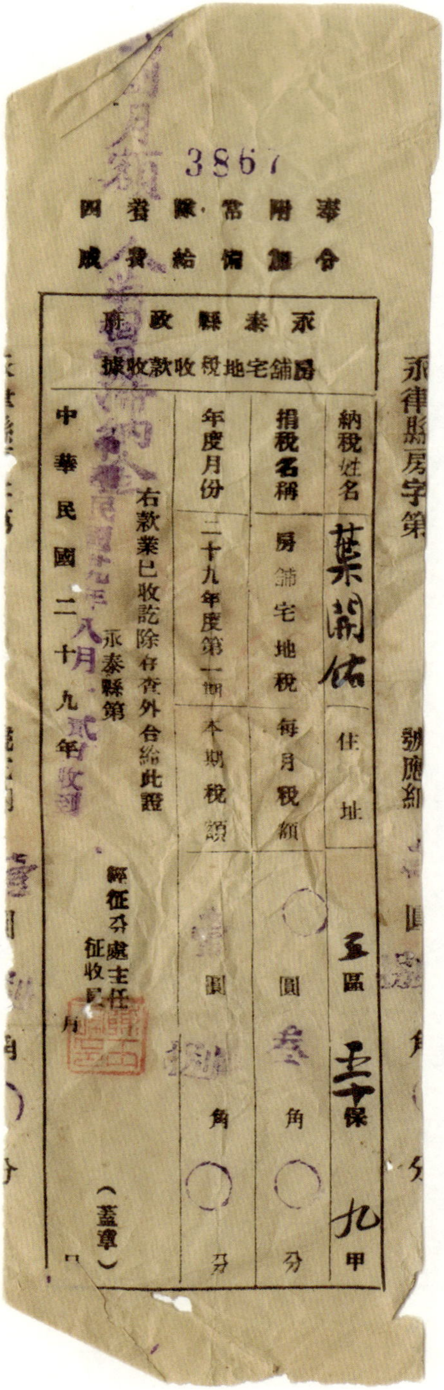

3867

帶附常·隊養四
合龍備給費成

永泰縣政府
房舖宅地稅收款收據

永律縣房字第　號應納

納稅姓名	葉開佑	住址	五區 三十保 九甲
捐稅名稱	房舖宅地稅	每月稅額	○圓 叁角 ○分
年度月份	二十九年度第一期	本期稅額	□圓 □角 ○分

右款業已收訖除存查外合給此證

永泰縣第

經征分處主任
征收員

（蓋章）

中華民國二十九年八月貳日收到

3-3-123-17　民國二十九年八月葉開佑房舖宅地稅收據

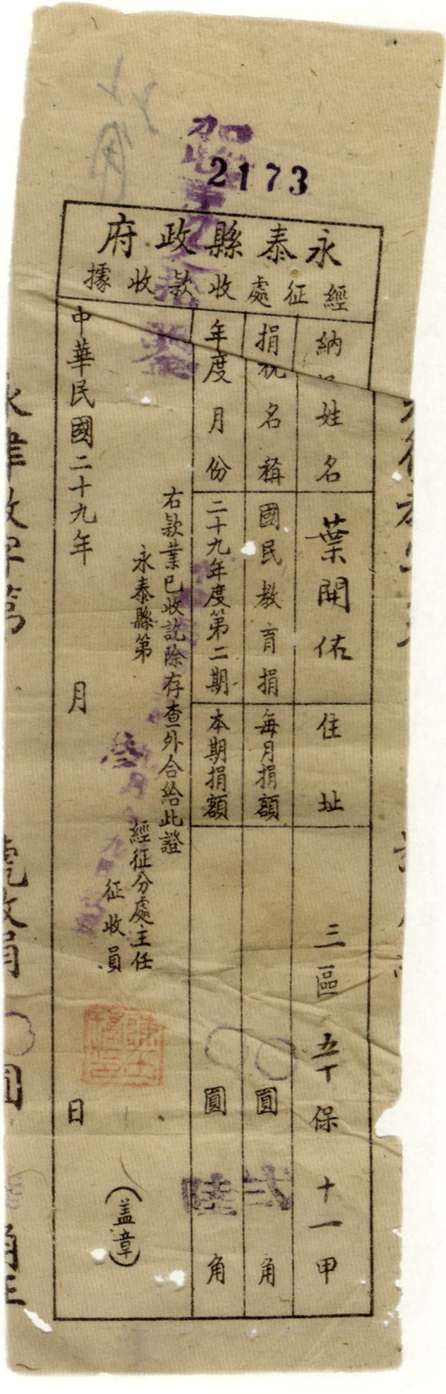

2173

永泰縣政府
經征處收款收據

納稅人姓名	葉開佑
住址	三區　保　十一甲
捐稅名稱	國民教育捐
每月捐額	圓　角
年度月份	二十九年度第二期
本期捐額	圓　角

右款業已收訖除存查外合給此證
永泰縣第　經征分處主任
征收員
（蓋章）

中華民國二十九年　月　日

3-3-123-18 民國二十九年九月葉開佑國民教育捐收據

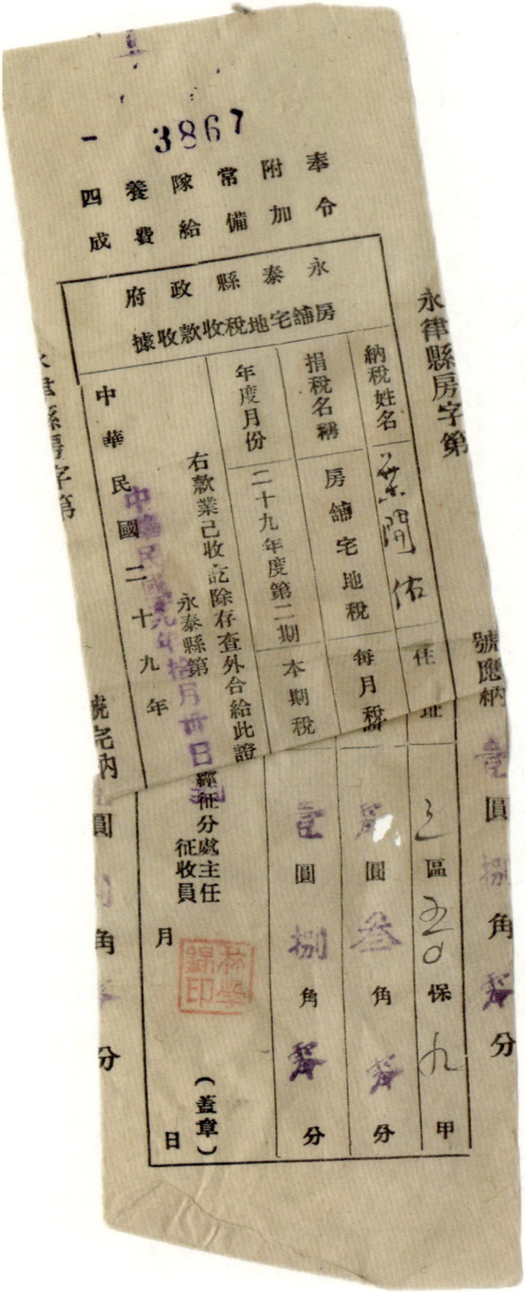
3867
奉令附加常備隊給養費四成
永泰縣政府
房舖宅地稅收款收據
永泰縣房字第　號應納壹圓捌角叁分
納稅姓名：葉開佑
捐稅名稱：房舖宅地稅
年度月份：二十九年度第二期
住址：三區五〇保九甲
每月稅：　圓叁角叁分
本期稅：壹圓捌角叁分
右款業已收訖除存查外合給此證
永泰縣第　經征分處主任
征收員
（蓋章）
中華民國二十九年　月　日
中華民國二十九年拾月廿日
林學錦印
永泰縣房字第　號應納　圓　角　分

3-3-123-19　民國二十九年十月葉開佑房鋪宅地稅收據

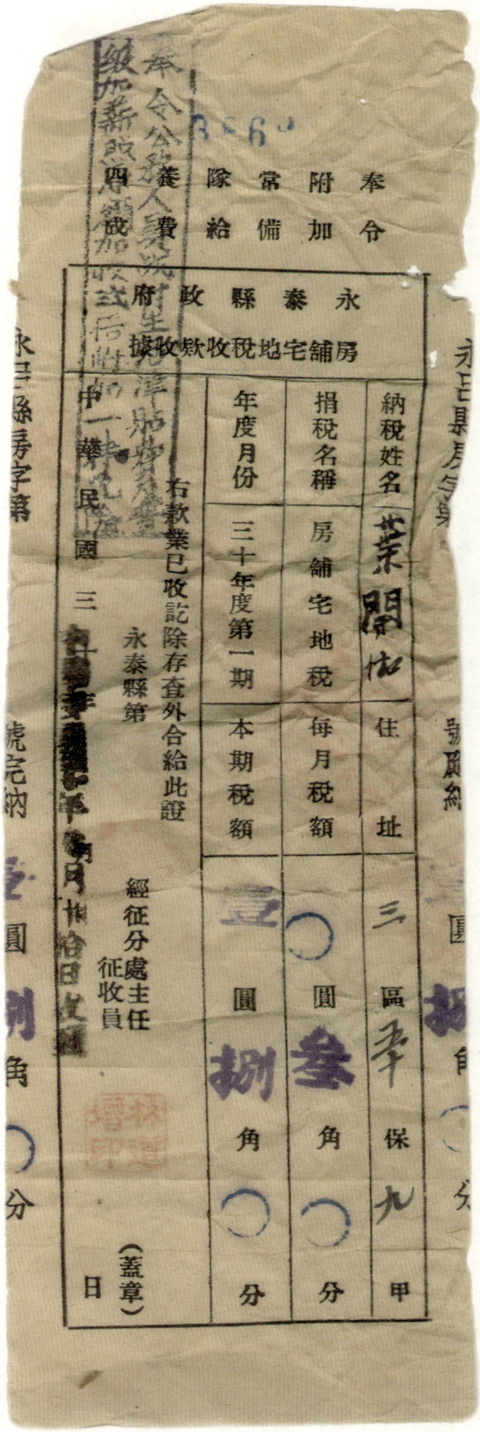

奉令附加常備隊給養費四成

永泰縣政府

房舖宅地稅收款收據

納稅姓名	葉開佑	住址	三區[illegible]保九甲
捐稅名稱	房舖宅地稅	每月稅額	○圓叁角○分
年度月份	三十年度第一期	本期稅額	壹圓捌角○分

右款業已收訖除存查外合給此證

永泰縣第　經征分處主任　征收員　（蓋章）

中華民國三十年　月　日

永泰縣房字第　號宅納　壹圓捌角○分

3-3-123-20　民國三十年□月葉開佑房鋪宅地稅收據

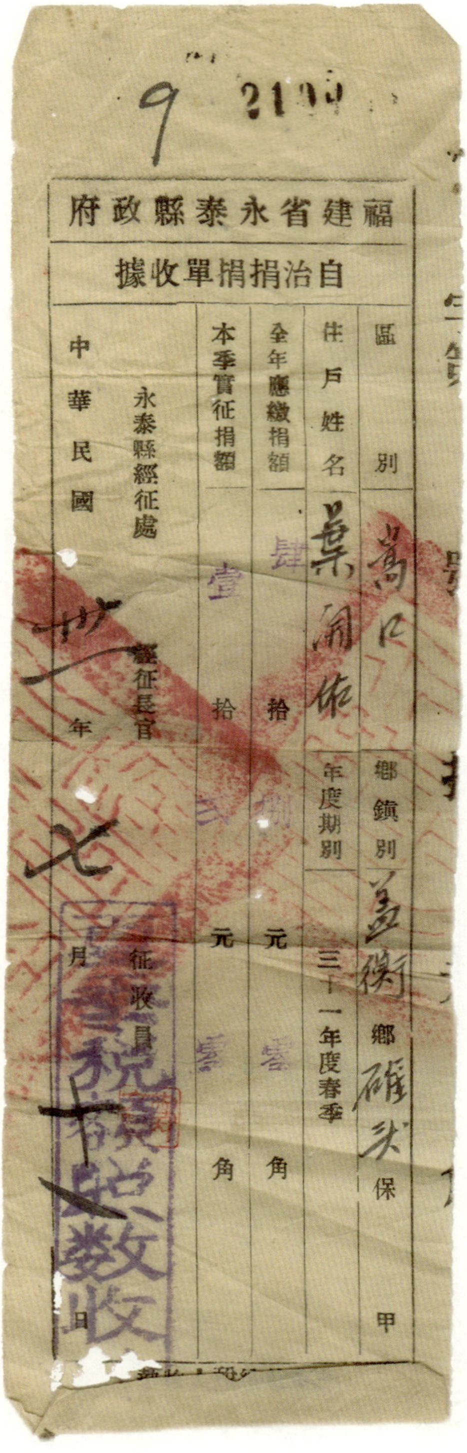
9 2199

福建省永泰縣政府

自治捐捐單收據

區別	嵩口
鄉鎮別	蓋衡鄉碓头保　甲
住戶姓名	葉開佑
年度期別	三十一年度春季
全年應繳捐額	肆拾捌元零角
本季實征捐額	壹拾貳元零角

永泰縣經征處

經征長官

征收員

中華民國卅一年七月十日

稅款照數收訖

3-3-123-21　民國三十一年七月葉開佑自治捐收據

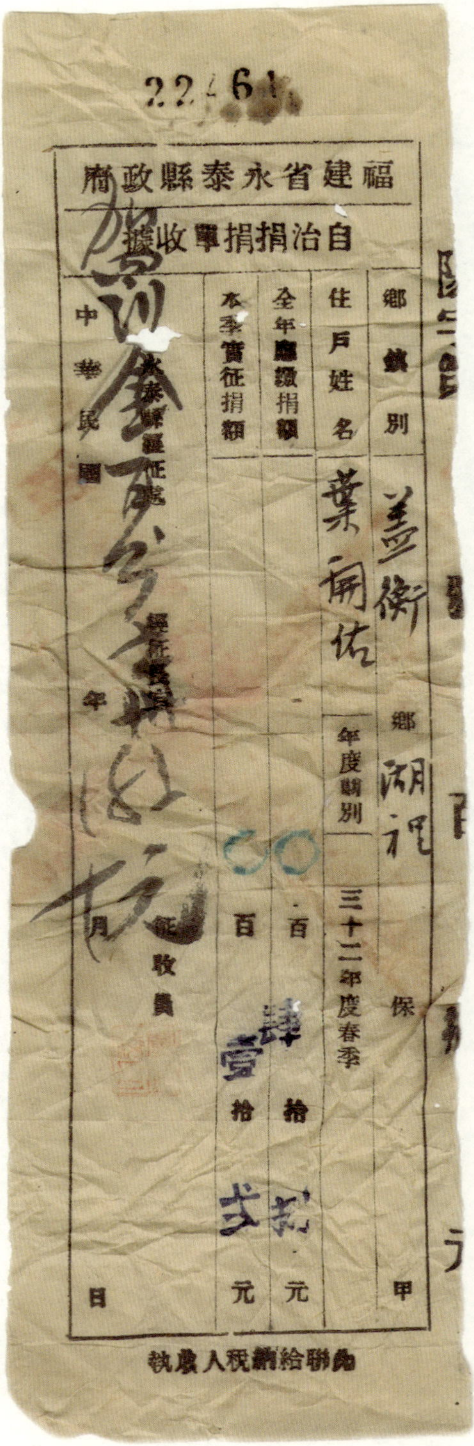

22461

福建省永泰縣政府

自治捐捐單收據

鄉鎮別	住戶姓名	全年應徵捐額	本季實征捐額	中華民國
蓋衛鄉湖視保 甲	葉開佑	百肆拾捌元	60 百壹拾弍元	年 月 日
年度期別	三十二年度春季			

永泰縣經征處

經征員

征收員

第一聯給納稅人收執

3-3-123-22 民國三十二年葉開佑自治捐收據

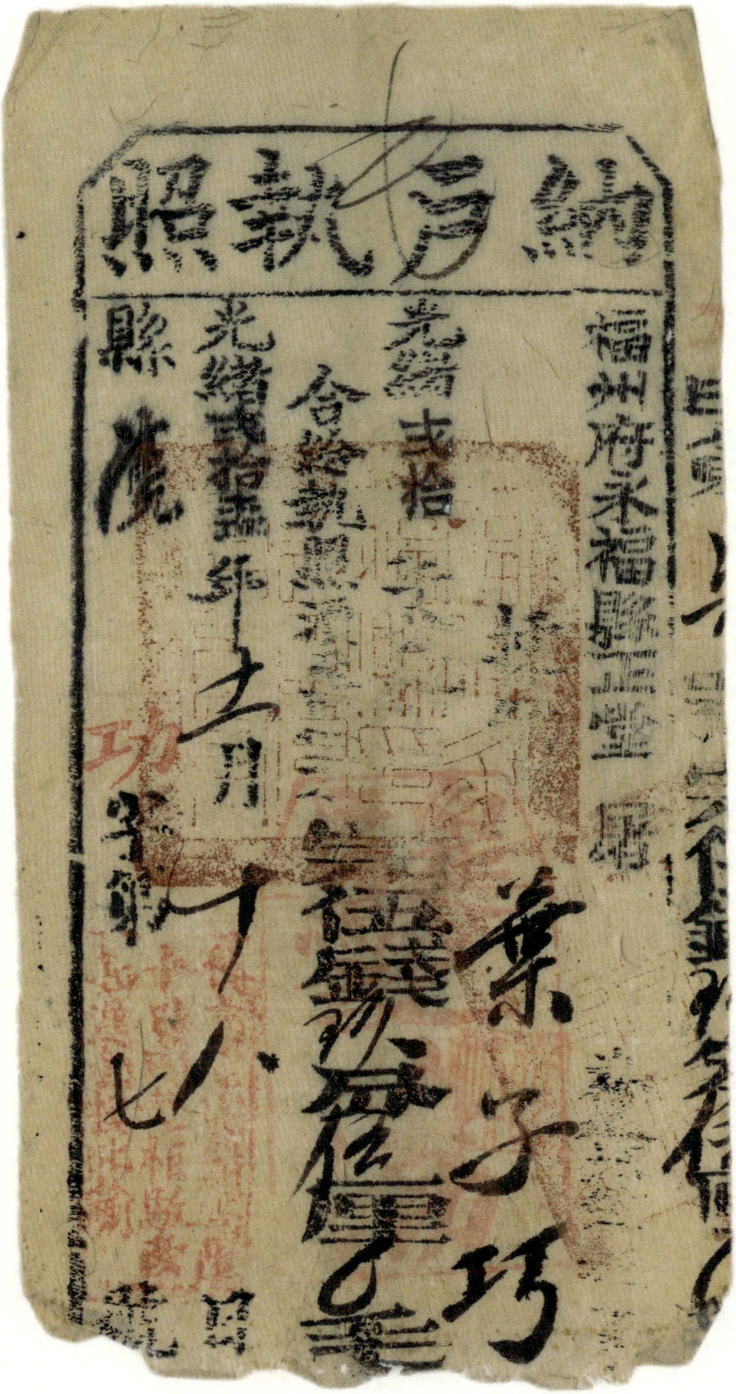
納戶執照

福州府永福縣正堂

葉子巧

光緒貳拾

合給執照

光緒貳拾壹年十一月

3-3-124-1　清光緒二十一年十一月葉子巧户納税執照（一）

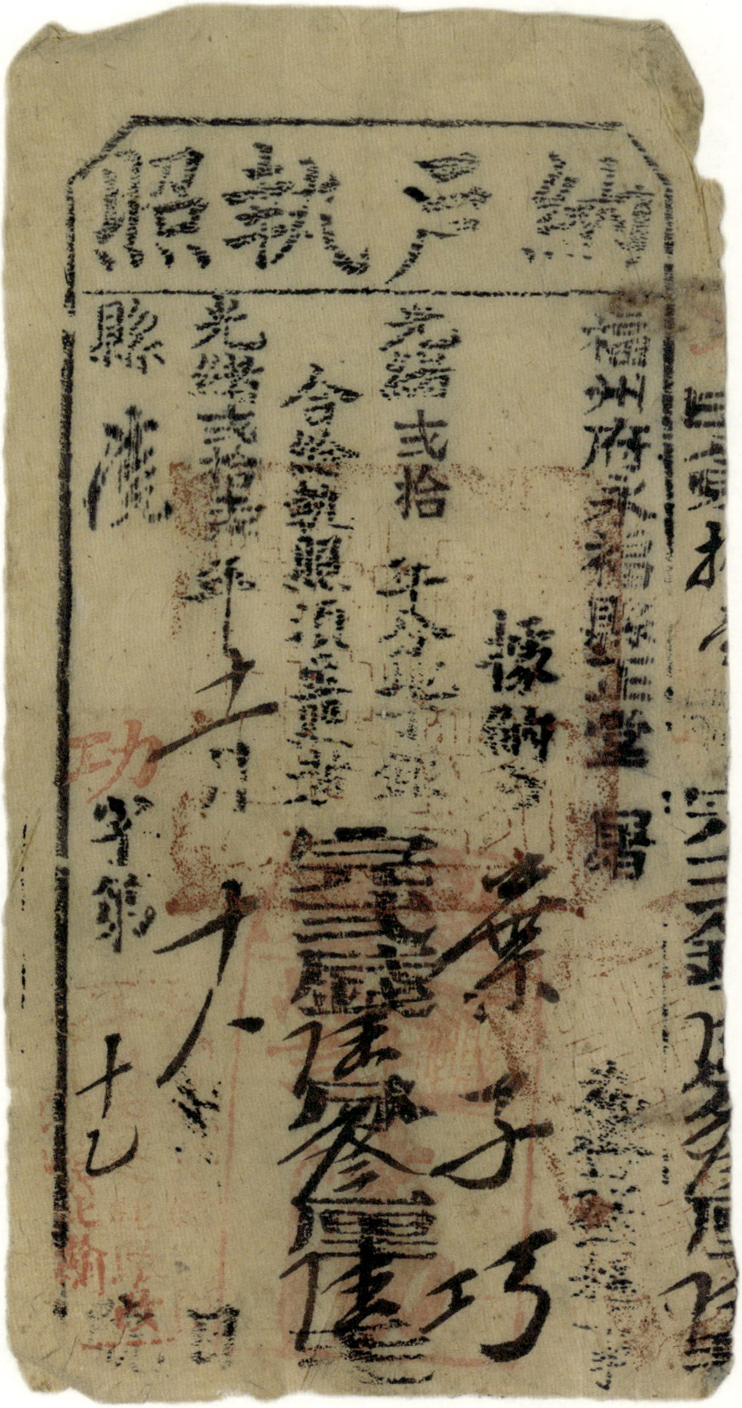

3-3-124-2 清光緒二十一年十一月葉子巧户納税執照（二）

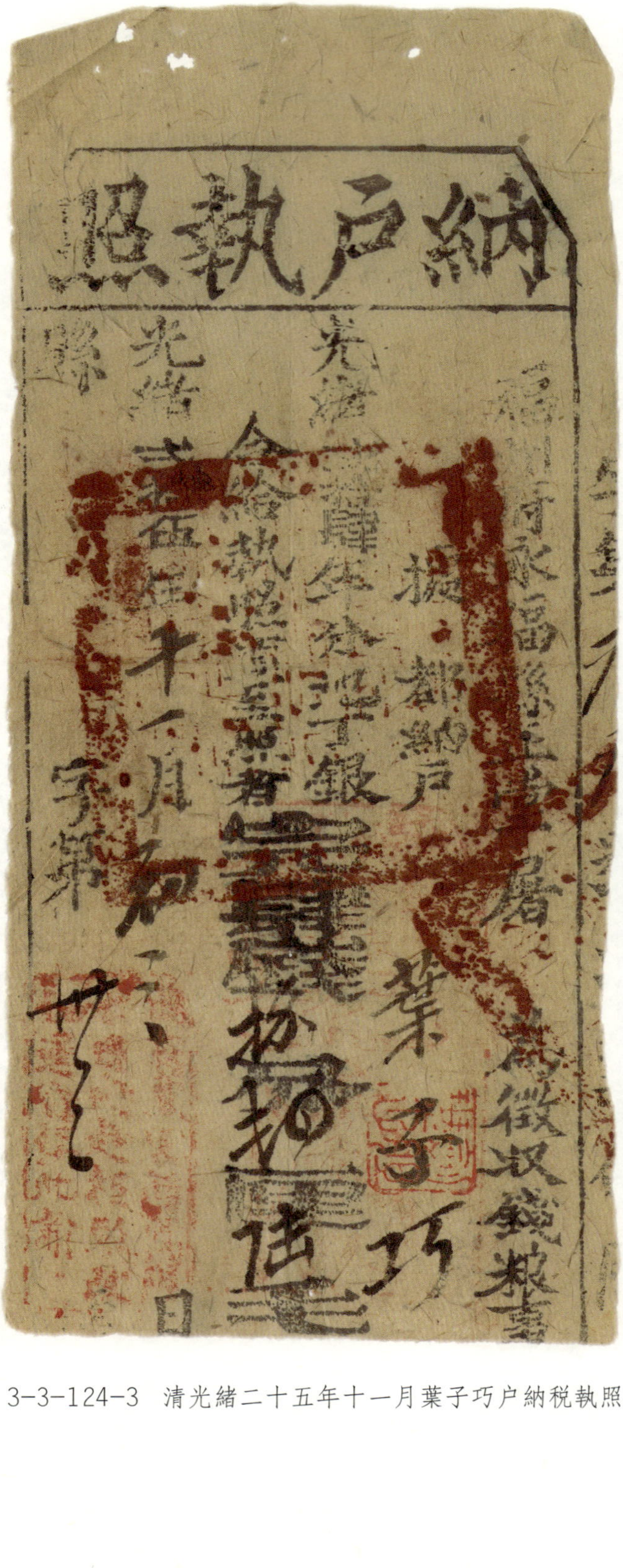
納戶執照

3-3-124-3 清光緒二十五年十一月葉子巧户納税執照

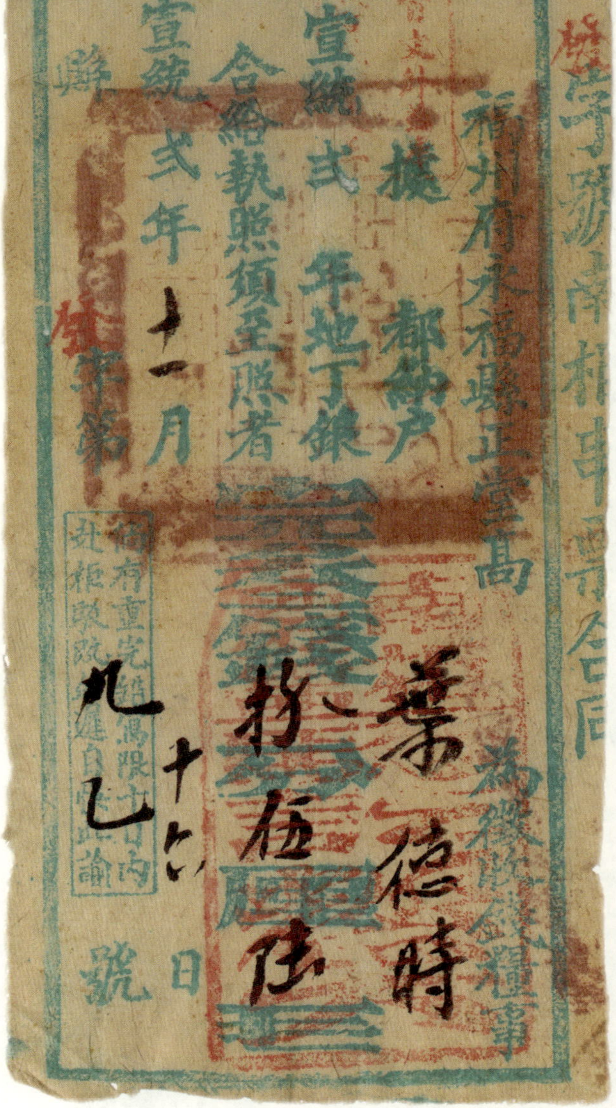
納户執照

福州府永福縣正堂高

為徵收……錢糧事

據　都　鄉　户　葉德時

宣統弍年地丁銀

合給執照須至照者

宣統弍年十一月　日

縣　字第　號

3-3-124-4　清宣統二年十一月葉德時户納稅執照

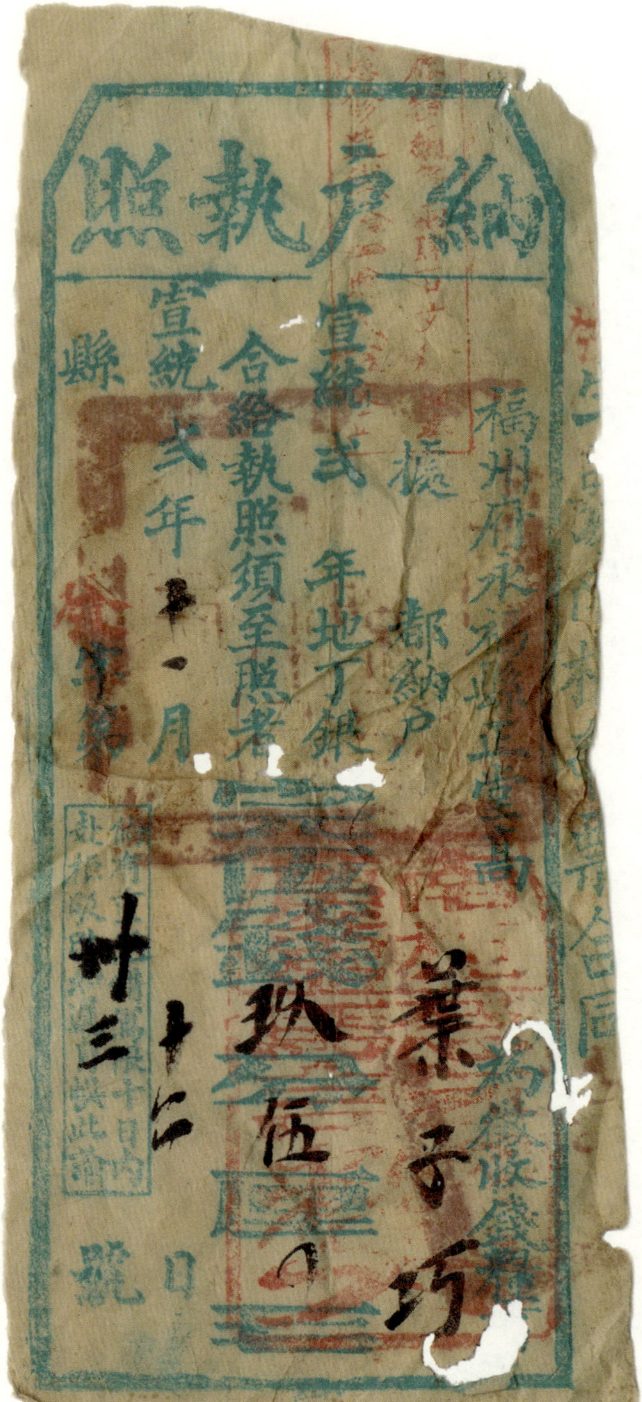
納戶執照
福州府永福縣正堂高
據　都納戶葉子巧
宣統貳年地丁銀玖伍〇
合給執照須至照者
宣統貳年十一月　日
縣　號
廿三
十二

3-3-124-5　清宣統二年十一月葉子巧户納稅執照

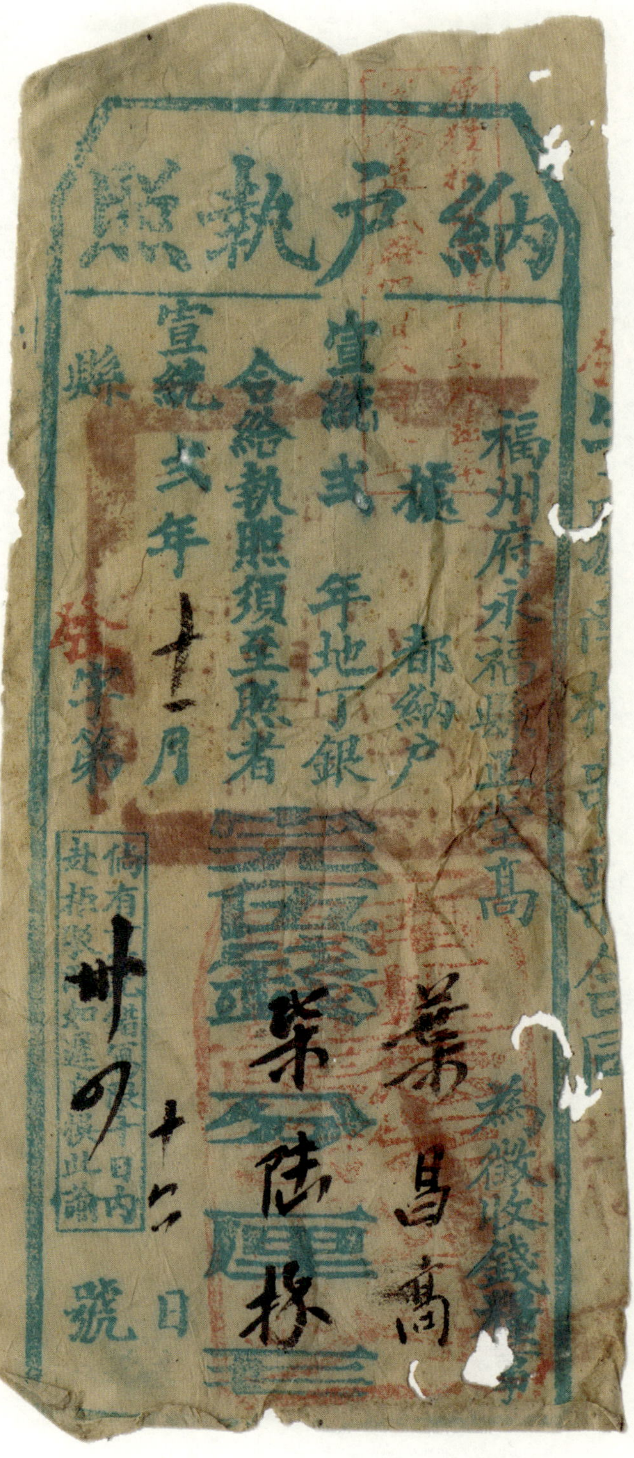
納户執照
福州府永福縣正堂高　為徵收錢糧事
據　都納户　葉昌高
宣統弍年地丁銀
合給執照須至照者
宣統弍年十一月　日
縣　字第　號

3-3-124-6　清宣統二年十一月葉昌高户納稅執照

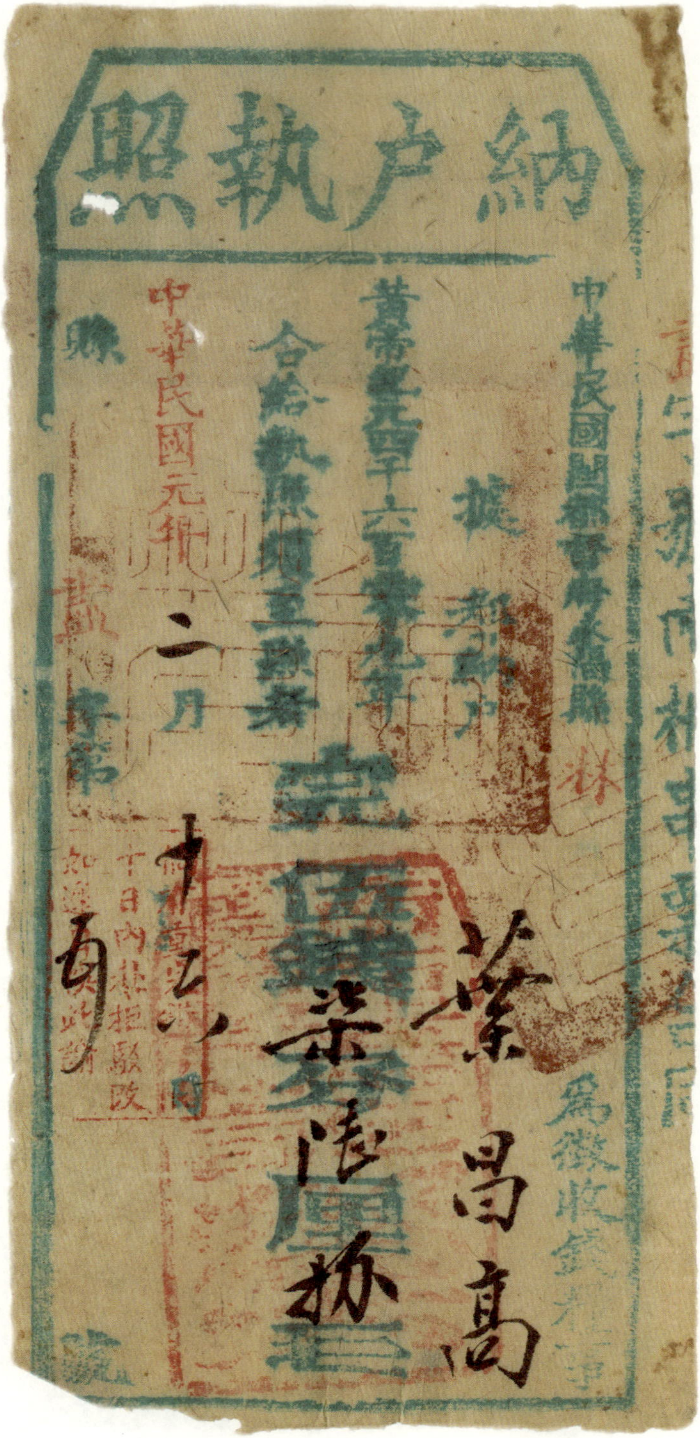

3-3-124-7　民國元年二月葉昌高户納稅執照

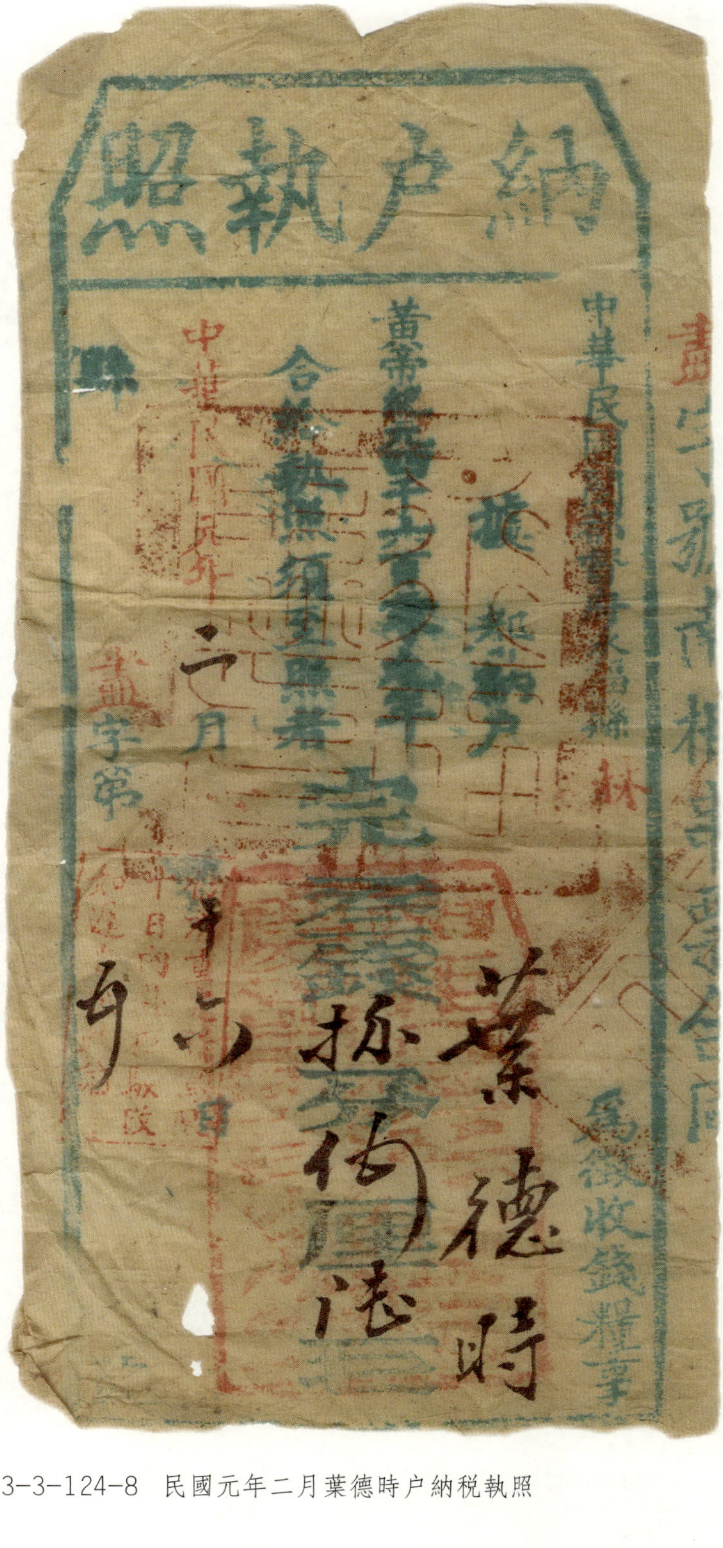
納户執照
葉德時

3-3-124-8　民國元年二月葉德時户納稅執照

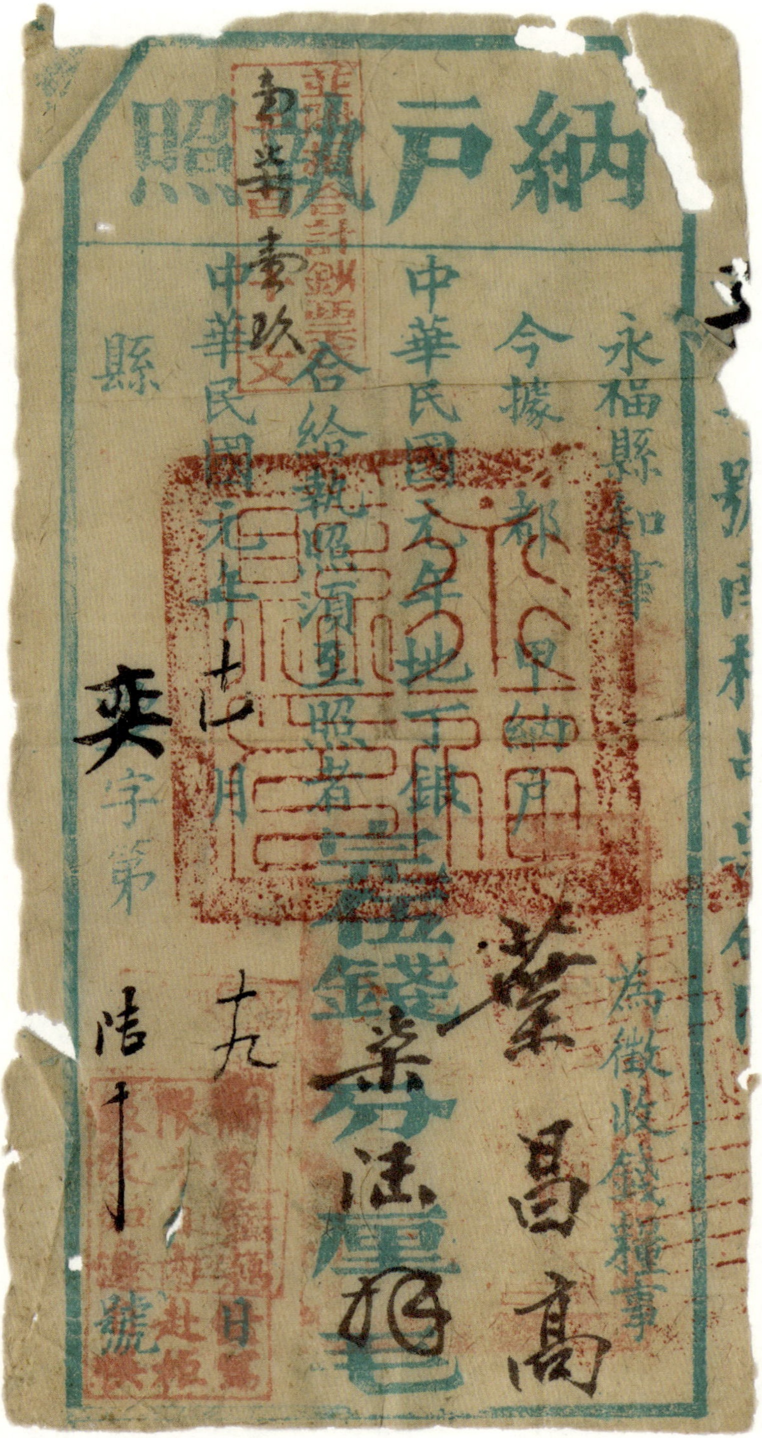
納戶執照

永福縣知事　為徵收錢糧事

今據　都　里納戶　葉昌高

中華民國元年地丁銀　錢　分　厘　毫

合給執照須至照者

中華民國元年十一月十九日

縣　奕字第　號

3-3-124-9　民國元年十一月葉昌高户納稅執照

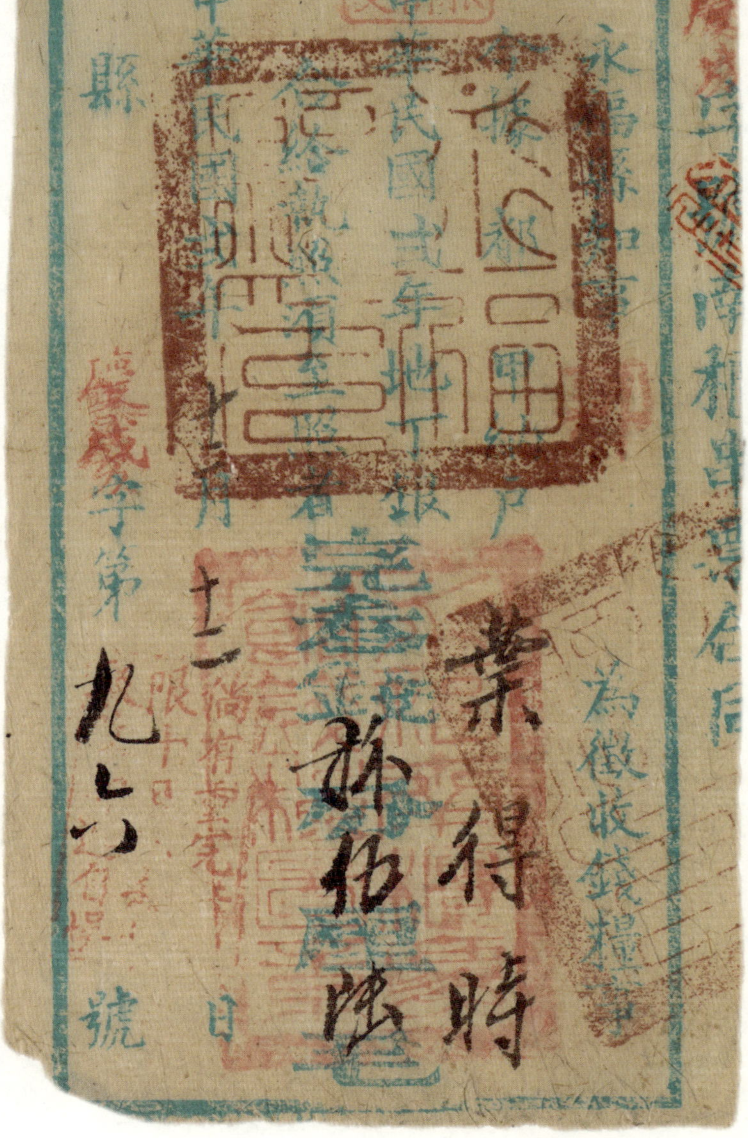
納戶執照

永泰縣知事

為徵收錢糧

中華民國貳年地丁銀

葉得時

縣

字第 九六 號

中華民國 十二月 日

3-3-124-10　民國二年十二月葉得時户納稅執照

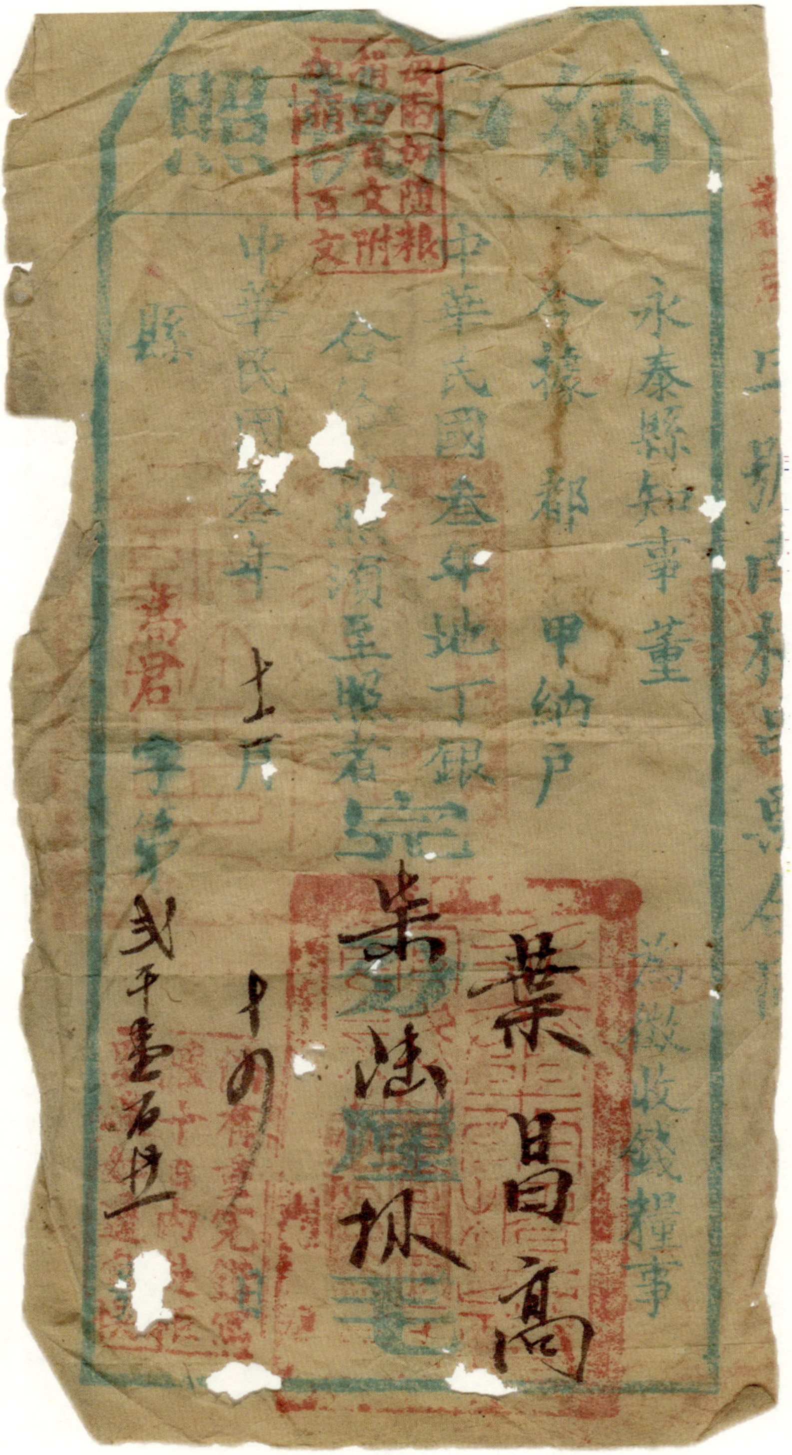
納戶執照

每兩加隨糧捐四百文附加捐四百文

永泰縣知事董 為徵收錢糧事

今據 都 甲納戶 葉昌高

中華民國叁年地丁銀 完

合給執照須至照者

中華民國叁年 十二月

縣 字第 號

3-3-124-11 民國三年十二月葉昌高户納稅執照

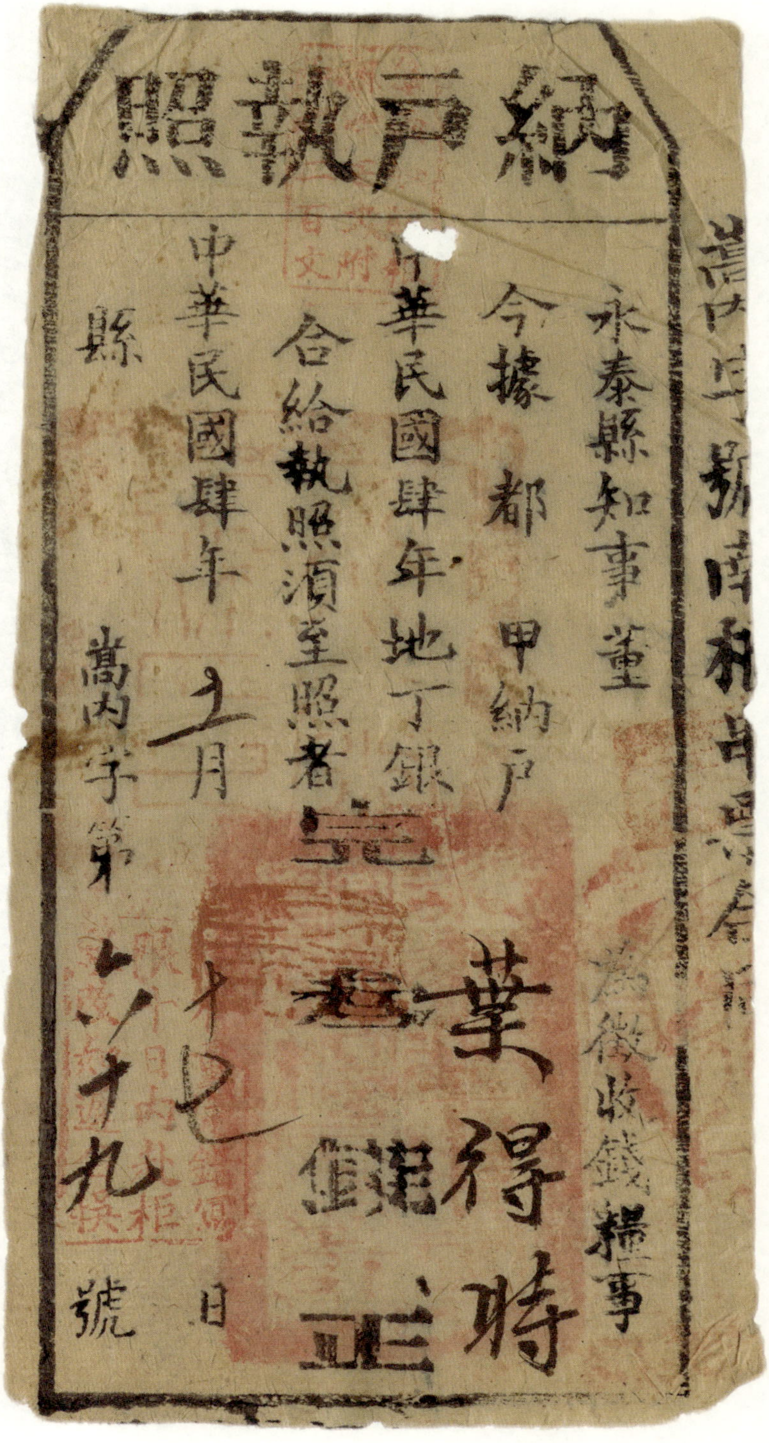
納戶執照

永泰縣知事董　為徵收錢糧事
今據　都　甲納戶　葉得時
中華民國肆年地丁銀　完五錢正
合給執照須至照者
中華民國肆年　十一月　十七　日
縣　嵩內字第　六十九　號

3-3-124-12　民國四年十一月葉得時户納税執照（一）

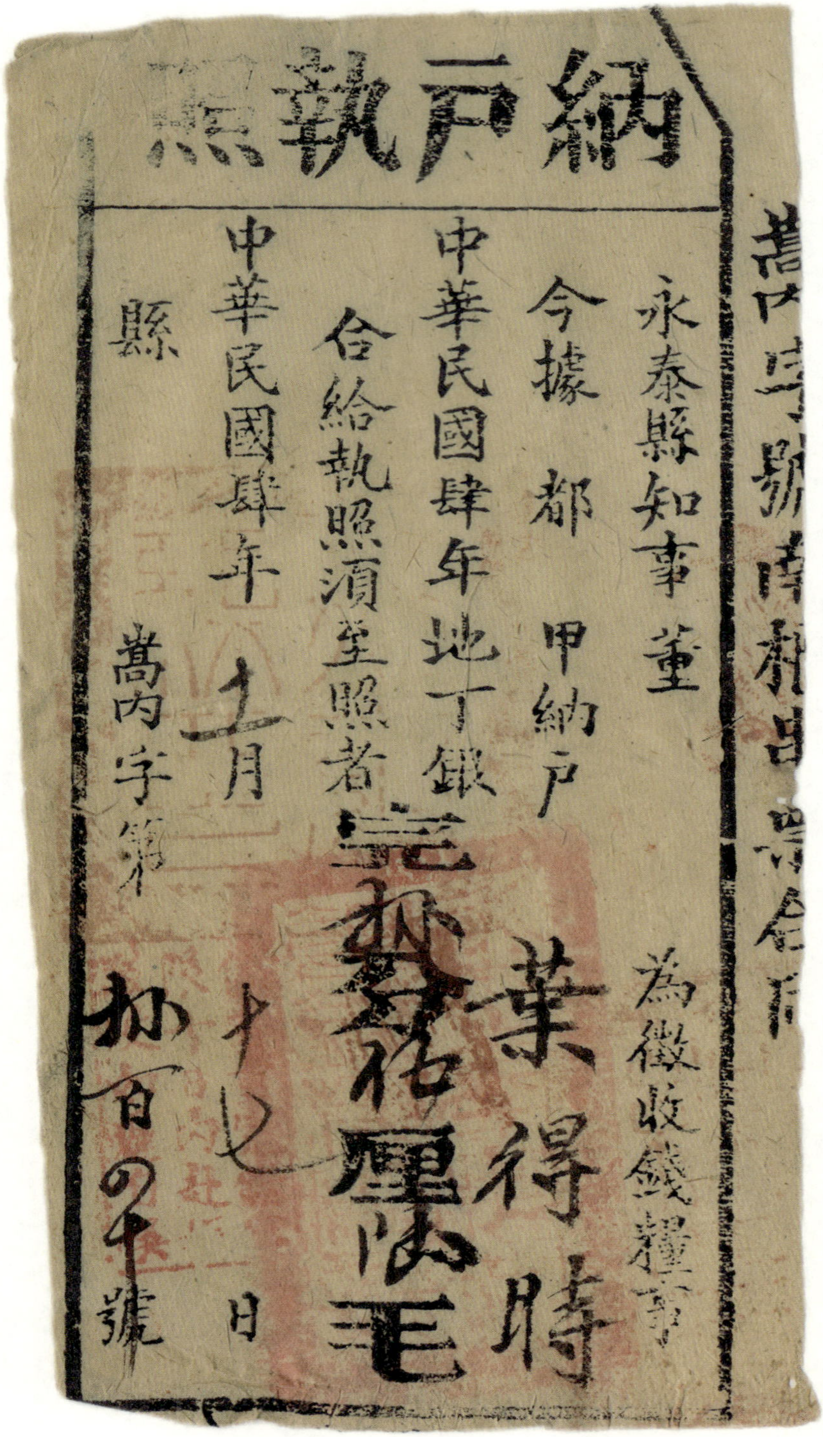
納户執照

嵩内字號

永泰縣知事董　為徵收錢糧事

今據　都　甲納户　葉得時

中華民國肆年地丁銀　壹[illegible][illegible]厘陸毛

合給執照須至照者

中華民國肆年十一月十九日

縣　嵩内字第捌百四十號

3-3-124-13　民國四年十一月葉得時户納稅執照（二）

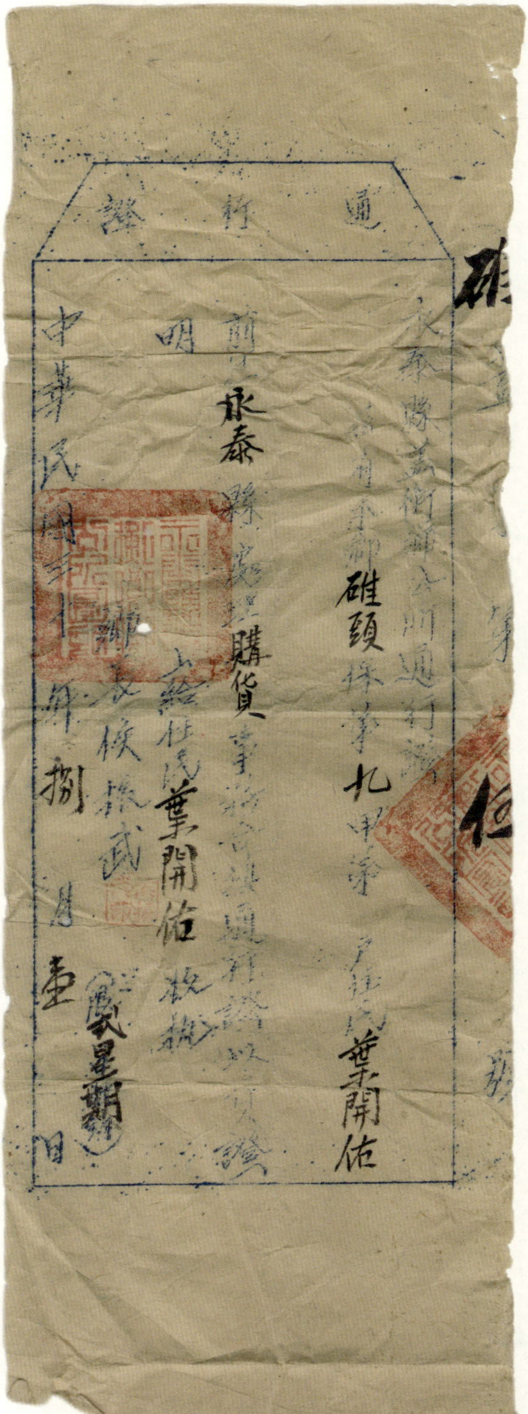

3-3-125-1　民國三十年八月葉開佑通行證

第四帙　葉義權户

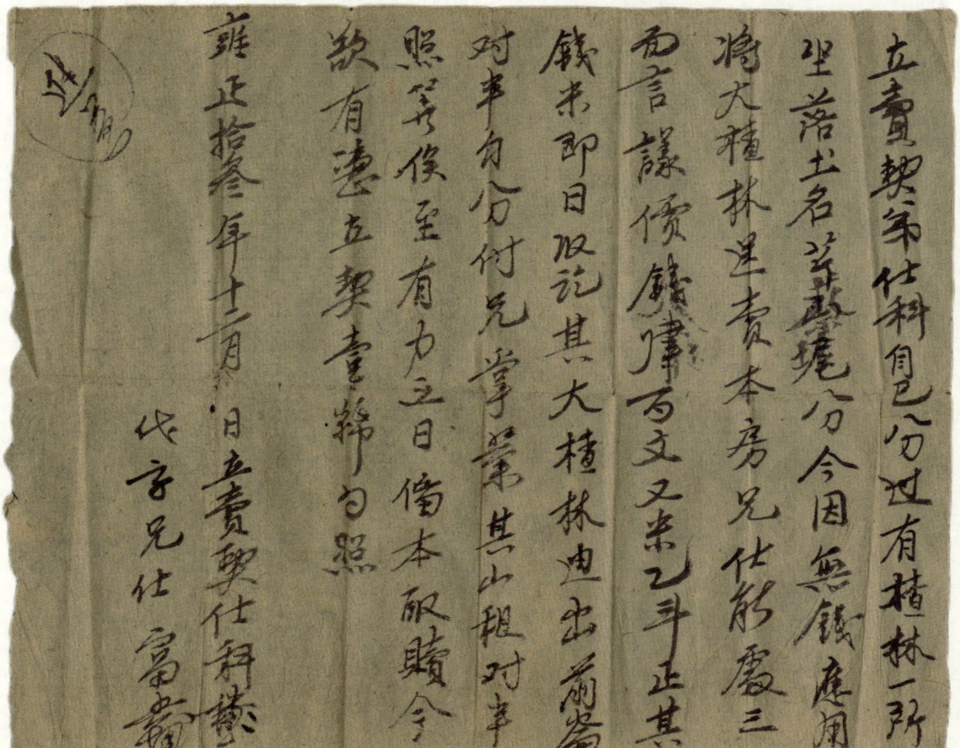
立賣契弟仕科自己分过有楂林一所
坐落土名茅[illegible]墘分今因無錢應用
將大楂林送賣本房兄仕能處三
面言議價錢肆百文又米乙斗正其
錢米即日收訖其大楂林由出前崙
对半自分付兄掌業其山租对半
照管係至有力之日備本取贖今
欲有憑立契壹紙为照
雍正拾叁年十二月　日立賣契仕科（押）
代字兄仕富（押）

3-4-1-1　清雍正十三年十二月葉仕科立賣楂林契

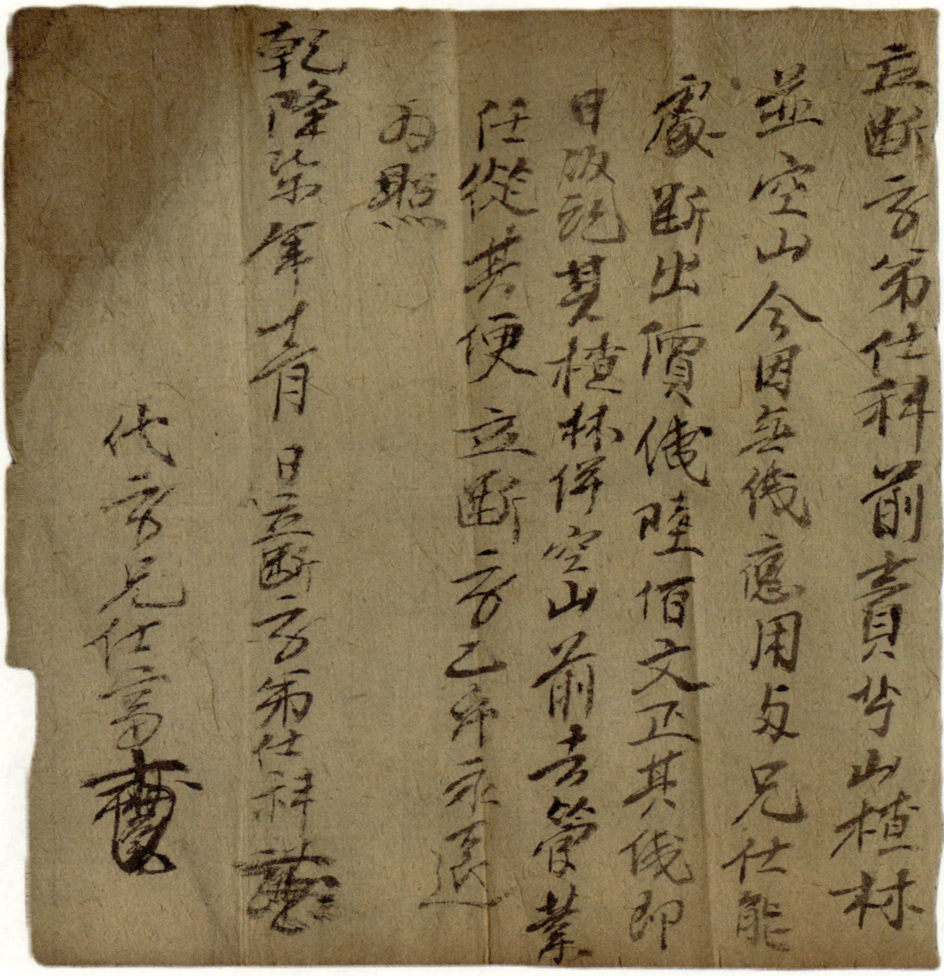
立斷字弟仕科前買分山楂林
並空山今因無錢應用向兄仕能
處斷出價錢陸佰文正其錢即
日收訖其楂林併空山前去管業
任從其便立斷字乙紙永遠
為照
乾隆柒年十二月 日立斷字弟仕科（押）
代字兄仕富（押）

3-4-1-2 清乾隆七年十二月葉仕科立斷楂林等字

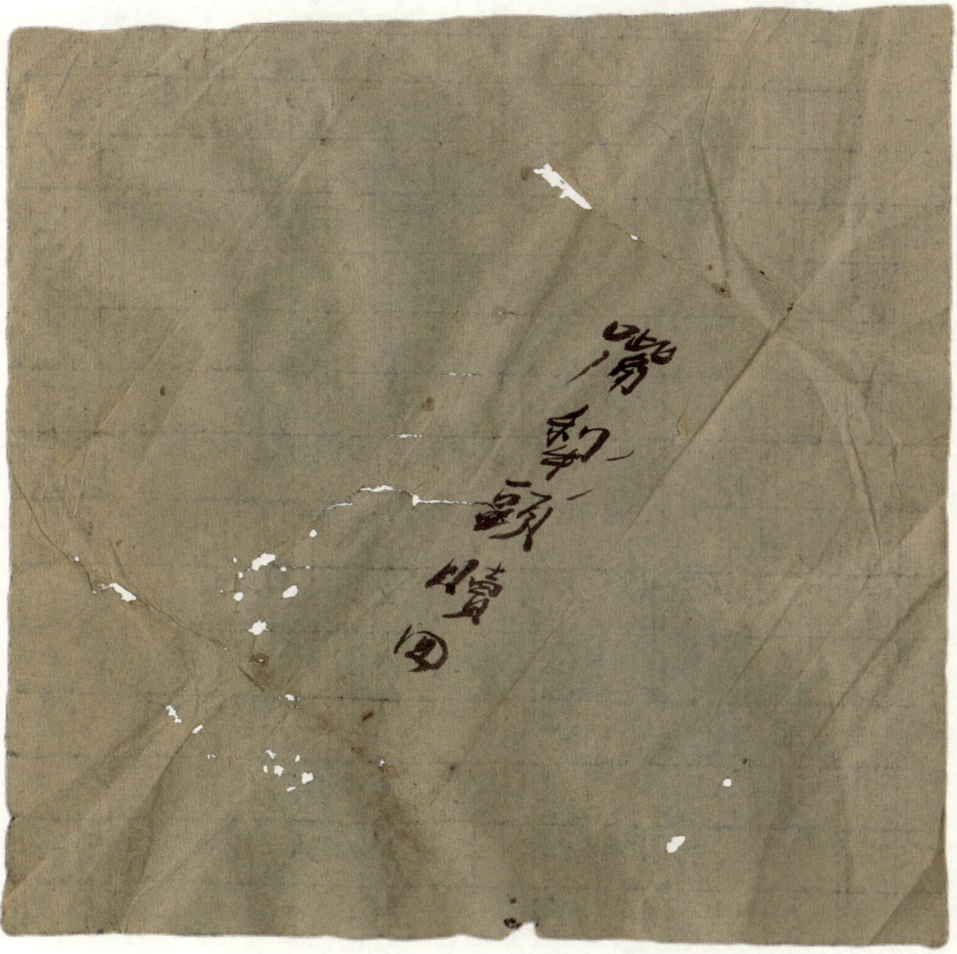

3-4-2-1　包契紙

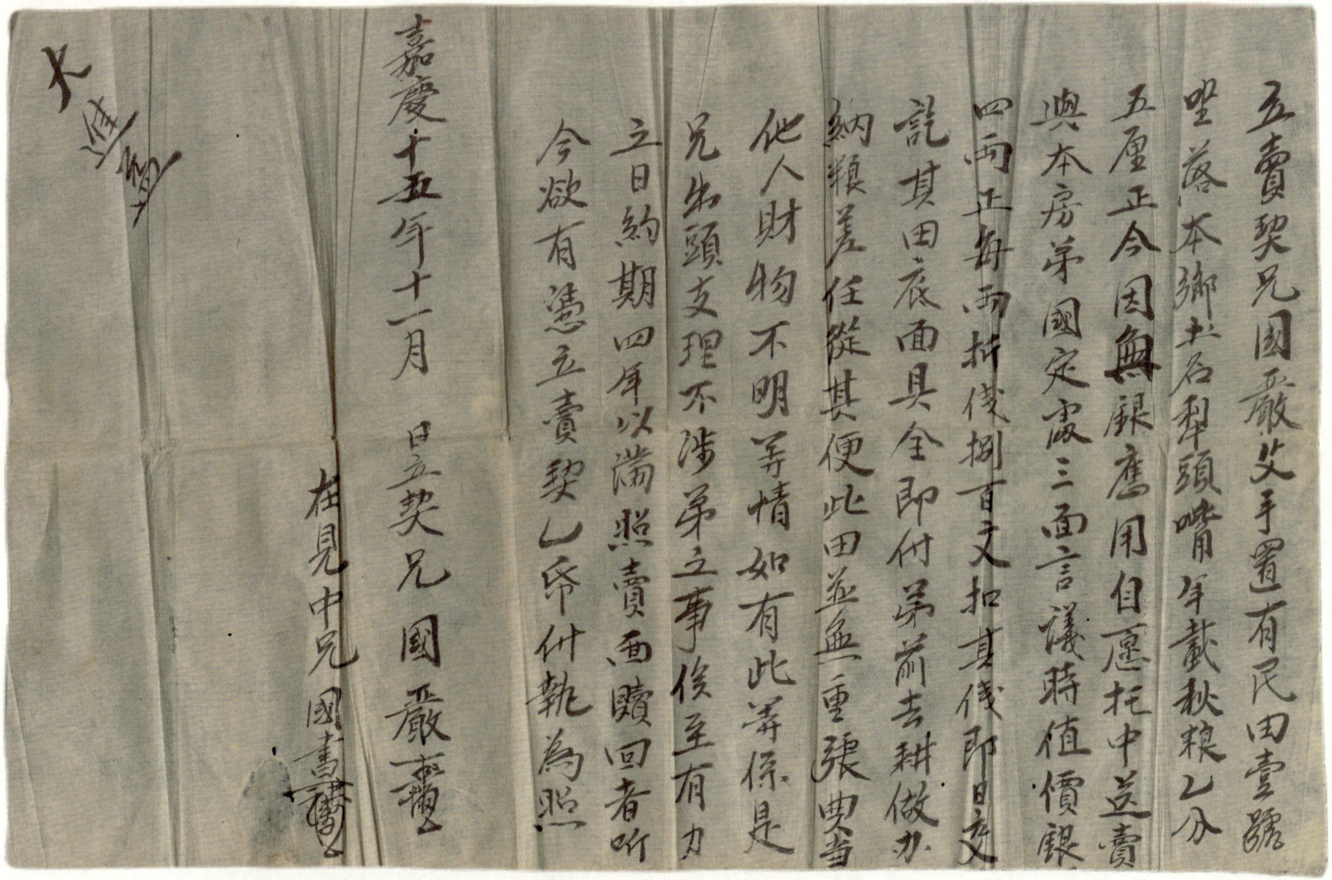
立賣契兄國嚴，父手置有民田壹號，
坐落本鄉土名犁頭嘴，年載秋粮乙分
五厘正。今因無銀應用，自愿托中立賣
與本房弟國定處，三面言議時值價銀
四两正，每两折錢捌百文，扣其錢即日交
訖。其田衣面具全，即付弟前去耕做，办
納粮差，任從其便。此田並無重張典當
他人財物不明等情，如有此等，係是
兄出頭支理，不涉弟之事。後至有力
之日，約期四年以滿，照賣価贖回，聽。
今欲有憑，立賣契乙紙，付執為照。
嘉慶十五年十一月　日立契兄國嚴（押）
在見中兄國書（押）
大吉

3-4-2-2　清嘉慶十五年十一月葉國嚴立賣民田契

3-4-3-1　包契紙

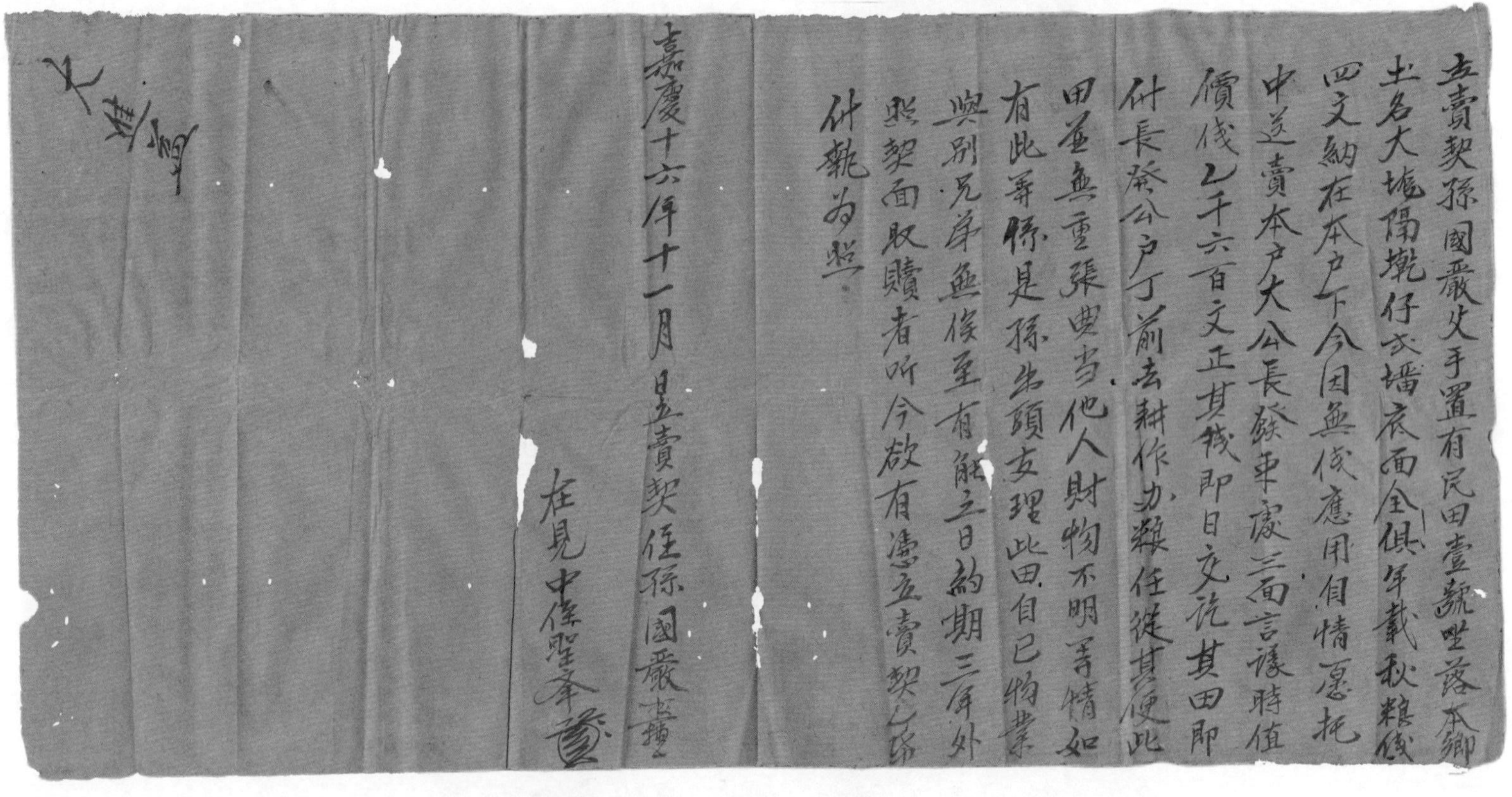

立賣契孫國嚴父手置有民田壹號坐落本鄉
土名大塘陽墘仔式墻底面全俱年載秋粮錢
四文納在本户下今因無錢應用自情愿托
中送賣本户大公長發東處三面言議時值
價錢乙千六百文正其錢即日交訖其田即
付長發公户丁前去耕作办粮任從其便此
田並無重張典当他人財物不明等情如
有此等係是孫出頭支理此田自已物業
與别兄弟無滌至有能之日約期三年外
照契面取贖者听今欲有憑立賣契一紙
付執為照

嘉慶十六年十一月　日立賣契侄孫國嚴（押）

在見中侄聖季（押）

大吉[illegible]

3-4-3-2　清嘉慶十六年十一月葉國嚴立賣民田契

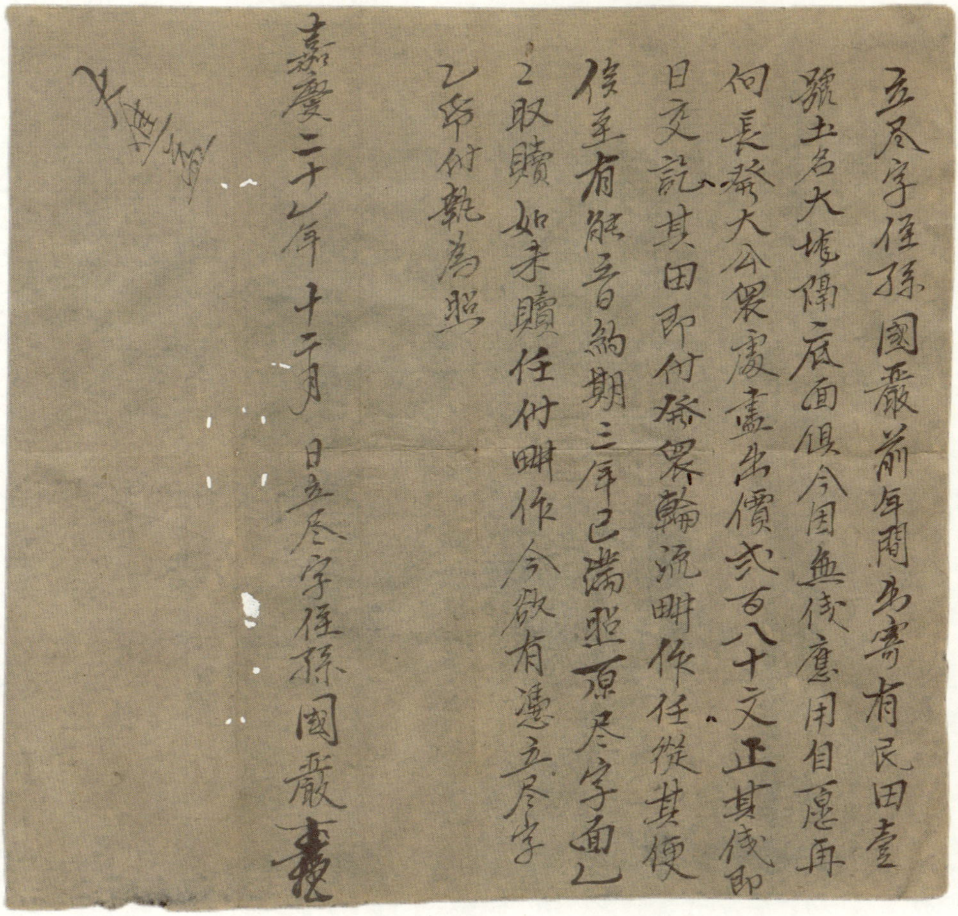
立盡字侄孫國嚴前年間有民田壹號土名大墘陽底面俱今因無錢應用自愿再向長孫大公衆處盡出價弍百八十文正其錢即日交訖其田即付孫衆輪流耕作任從其便後至有能者納期三年已滿照原盡字面乙之取贖如未贖任付耕作今欲有憑立盡字乙帋付執爲照

嘉慶二十一年十二月　日立盡字侄孫國嚴（押）

義權筆

3-4-3-3　清嘉慶二十一年十二月葉國嚴立盡民田字

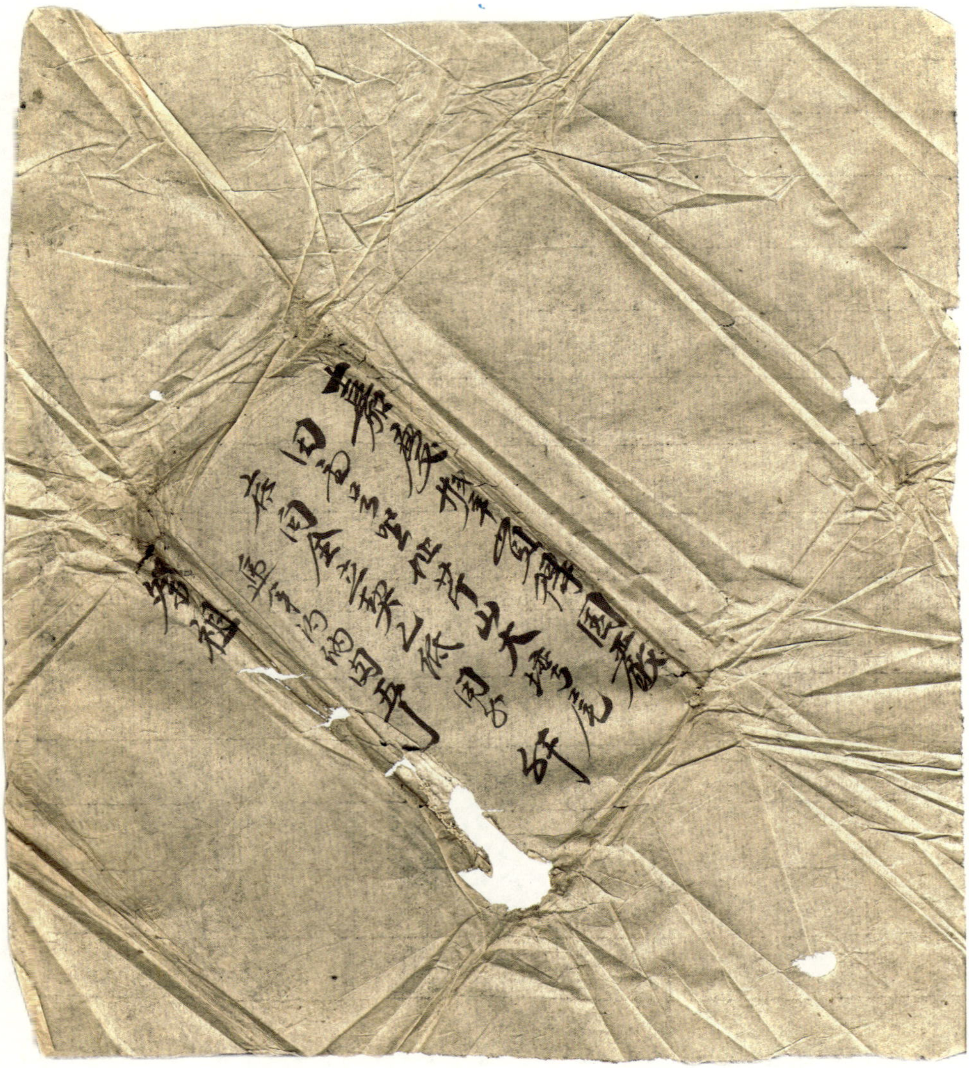

3-4-4-1 包契紙

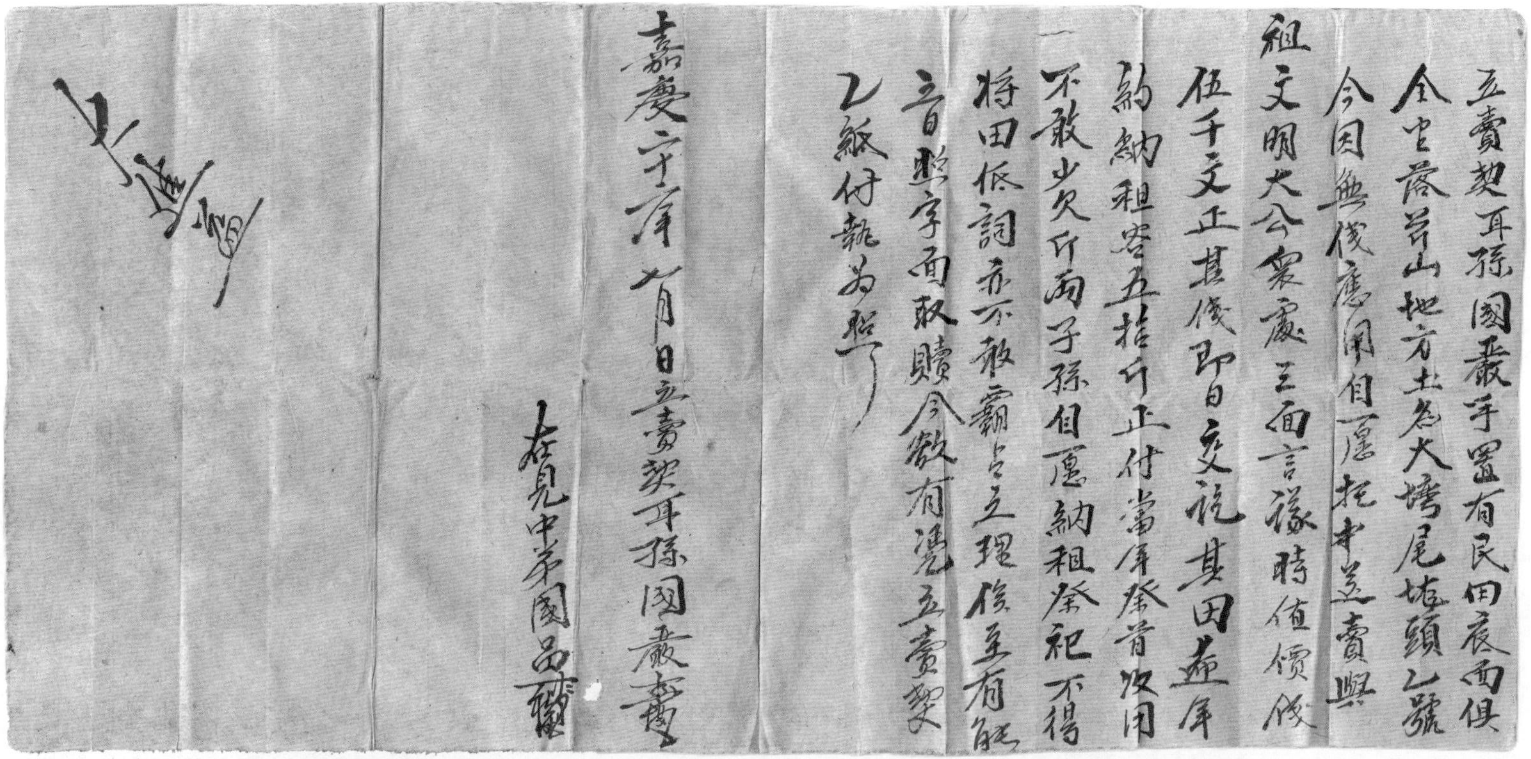
立賣契耳孫國嚴手置有民田底面俱
全，坐落岩山地方，土名大塆尾碓頭山號
今因無錢應用，自愿托中送賣與
祖文明大公衆處，三面言議，時值價錢
伍千文正，其錢即日交訖，其田逐年
納納租谷五拾斤正，付當年祭首收用，
一不敢少欠斤两，子孫自愿納租祭祀，不得
將田低詞，亦不敢霸占之理，後至有能
首照字面取贖，今欲有凴，立賣契
乙紙付執為照。
嘉慶二十二年七月　日立賣契耳孫國嚴（押）
在見中弟國品（押）

3-4-4-2　清嘉慶二十二年七月葉國嚴立賣底面全民田契

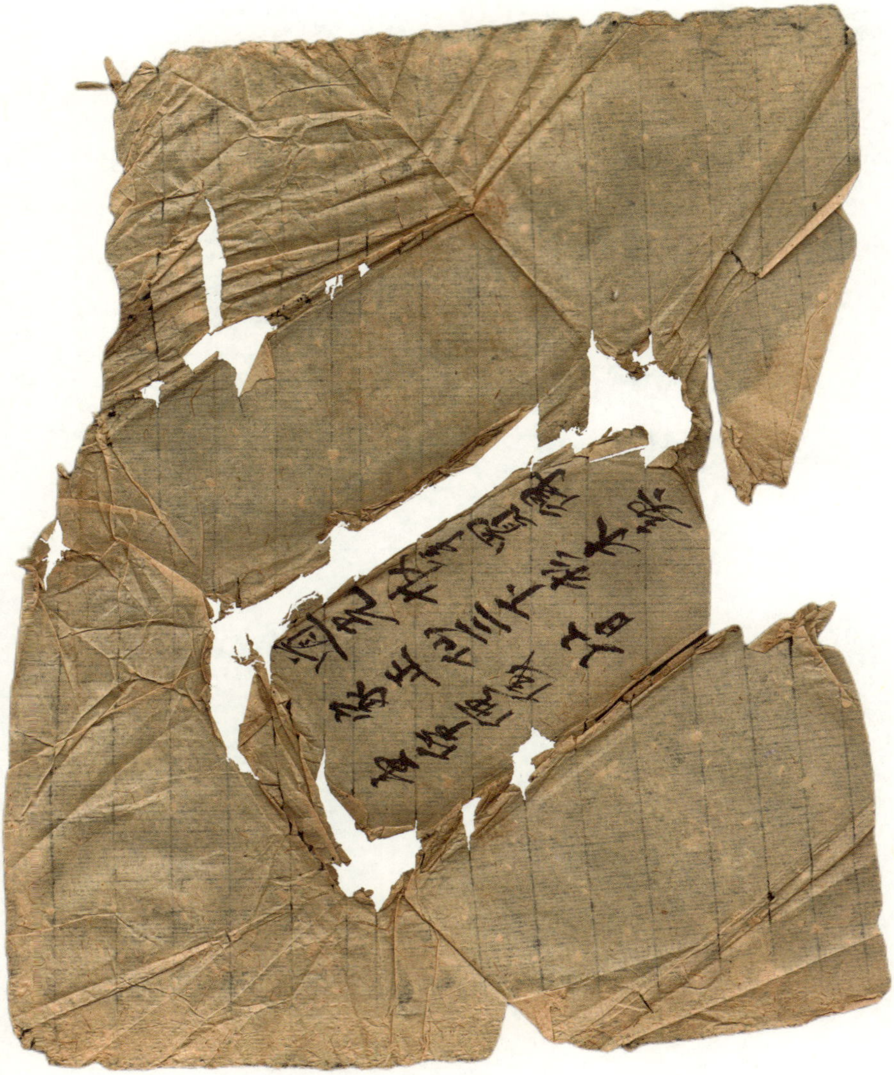

3-4-5-1　包契紙

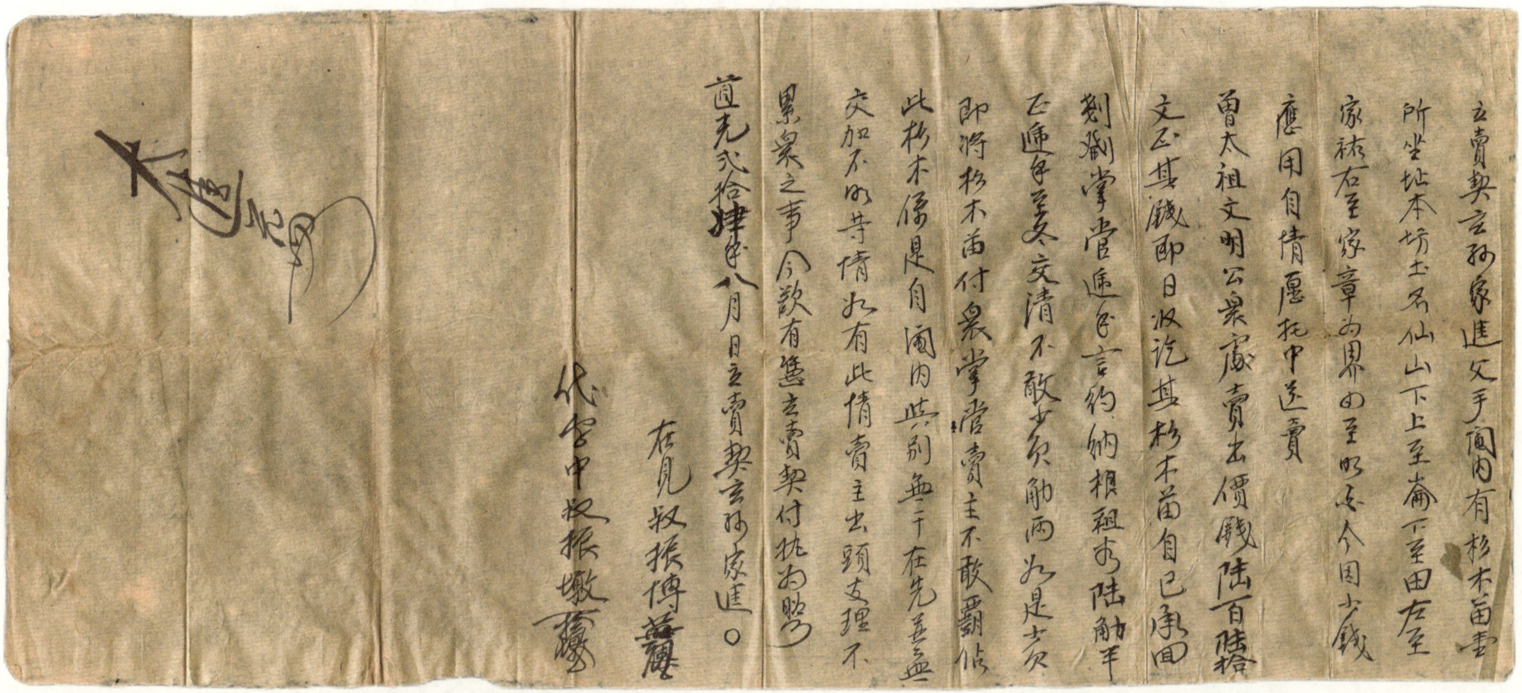
立賣契字人葉家進，父手阄內有杉木苗壹
所，坐址本坊，土名仙山下，上至崙，下至田，左至
家祿，右至家章，四界由至明白。今因乏錢
應用，自情愿托中送賣
曾太祖文明公衆處，賣出價錢陸百陸拾
文正。其錢即日收訖。其杉木苗自己承佃
劉劉掌管，遞年言約納根租米陸觔半
正。遞年至冬交清，不敢少欠觔兩。如是少欠，
即將杉木苗付衆掌管，賣主不敢霸佔。
此杉木係是自阄內，與別無干，在先並無
交加不明等情；如有此情，賣主出頭支理，不
累衆之事。今欲有憑，立賣契付執為照。
道光貳拾肆年八月　日立賣契字人葉家進○
在見叔振傳（押）
代字中叔振墩（押）

3-4-5-2　清道光二十四年八月葉家進立賣杉木苗契

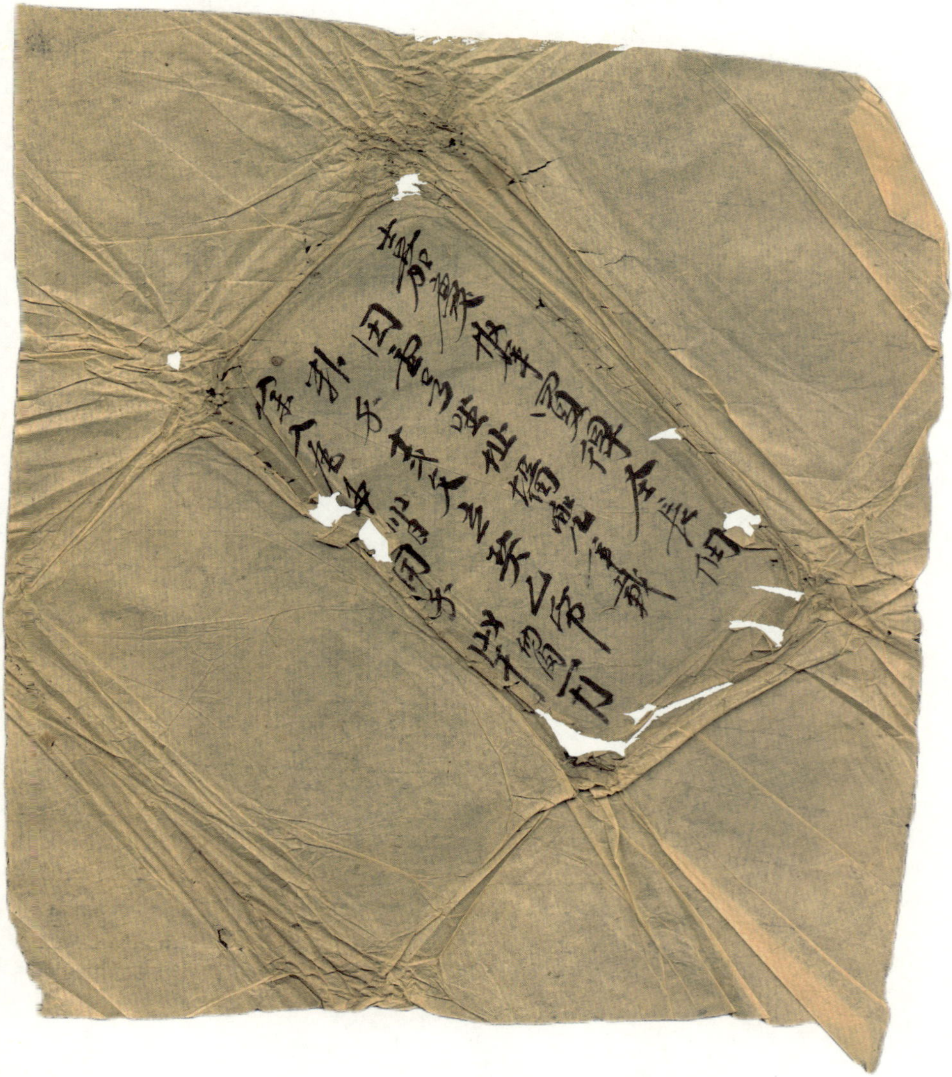

3-4-6-1　包契紙

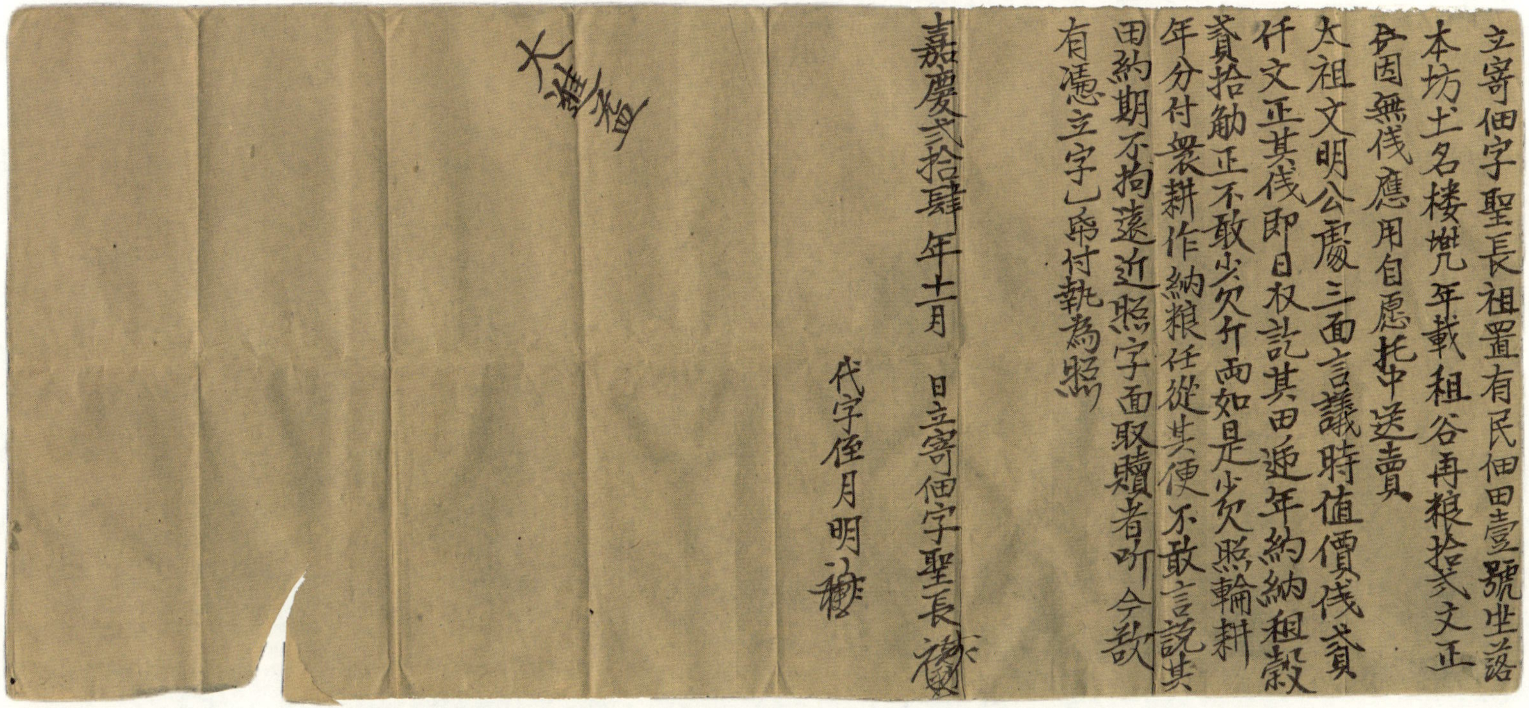
立寄佃字聖長祖置有民佃田壹號坐落
本坊土名楼垇几年載租谷再粮拾贰文正
今因無钱應用自愿托中送賣
太祖文明公處三面言議時值價钱贰
仟文正其钱即日收訖其田逓年約納租穀
贰拾觔正不敢少欠升両如是少欠照輪耕
年分付衆耕作納粮任從其便不敢言說其
田約期不拘遠近照字面取贖者听今欲
有憑立字乙帋付執為照

嘉慶贰拾肆年十一月　日立寄佃字聖長（押）

代字侄月明（押）

3-4-6-2 清嘉慶二十四年十一月葉聖長立寄民佃田字

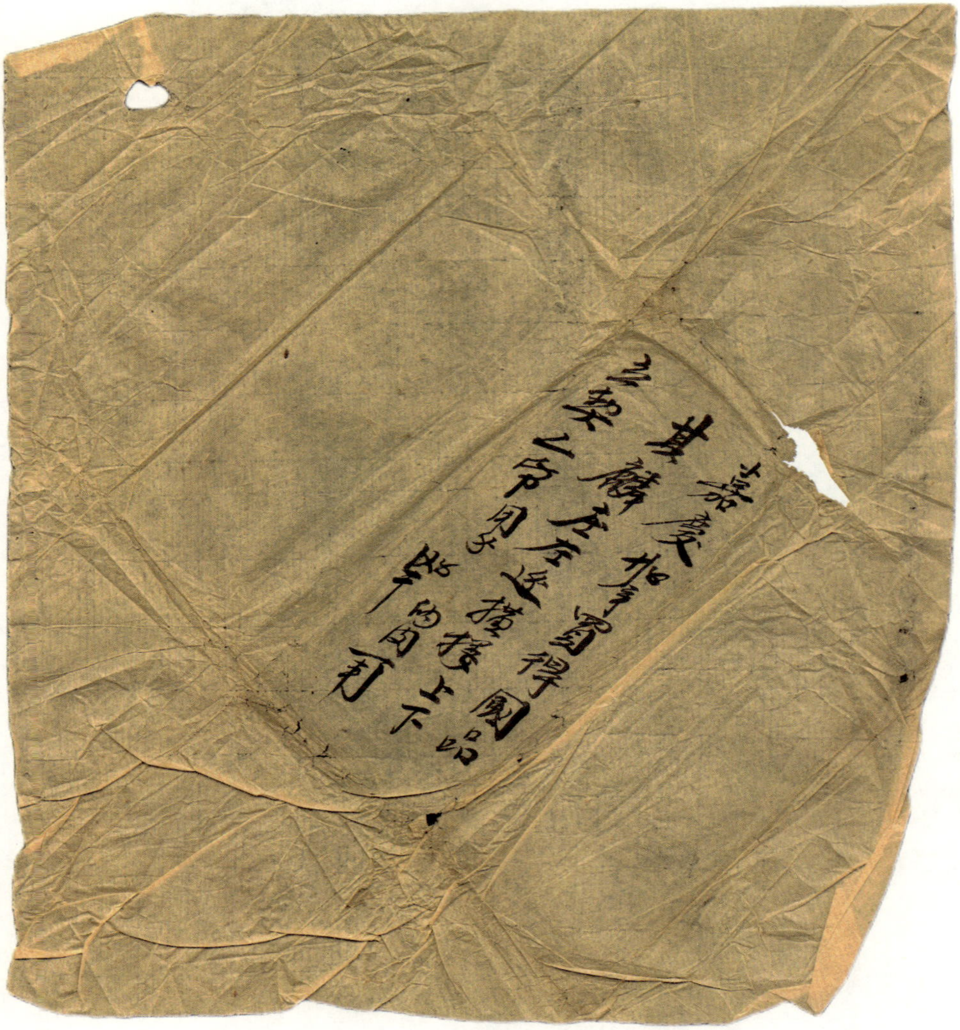

3-4-7-1　包契紙

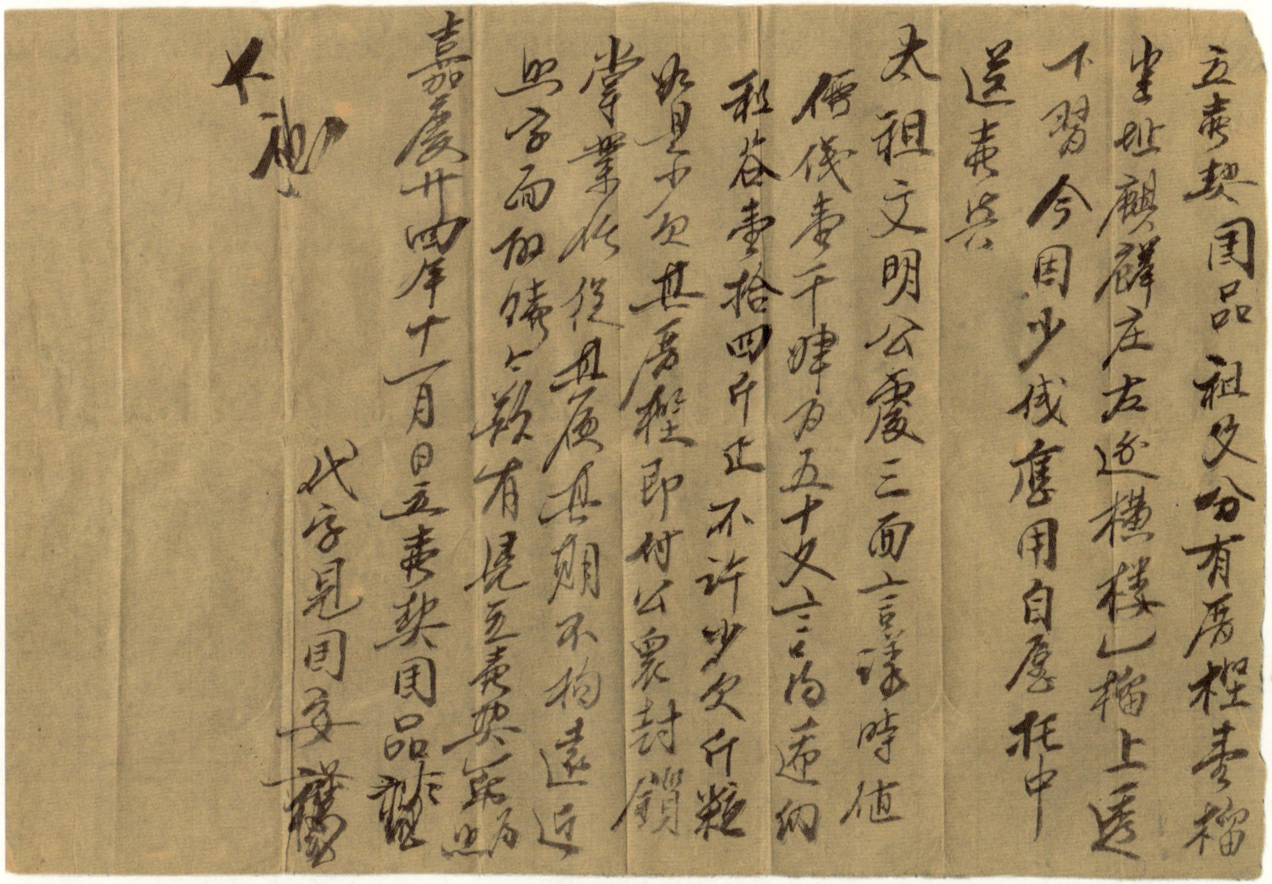

立賣契国品，祖父分有厝樫壹榴，
坐址麒麟庄古迹横樓山墻上透，
下習，今因少钱應用，自愿托中
送賣與房
太祖文明公處，三面言議時值
價錢壹千肆百五十文，言約逐納
租谷壹拾四斤正，不許少欠斤粒。
如是少欠，其厝樫即付公衆封鎖
掌業，任從其厝其朋，不拘遠近
與房而加贖之數，有憑立賣契一紙為照。
嘉慶廿四年十一月　日立賣契国品（押）
代字見国安（押）
大利

3-4-7-2　清嘉慶二十四年十一月葉国品立賣厝樫契

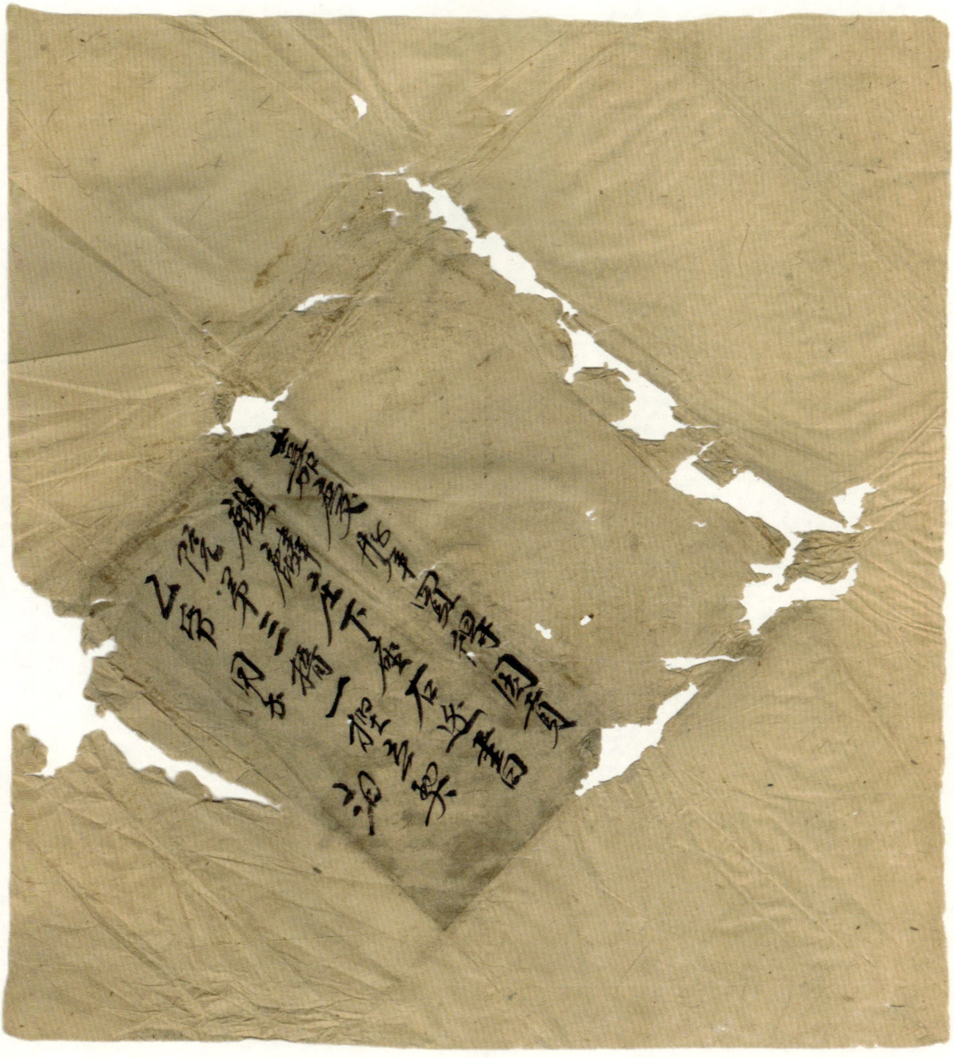

3-4-8-1　包契紙

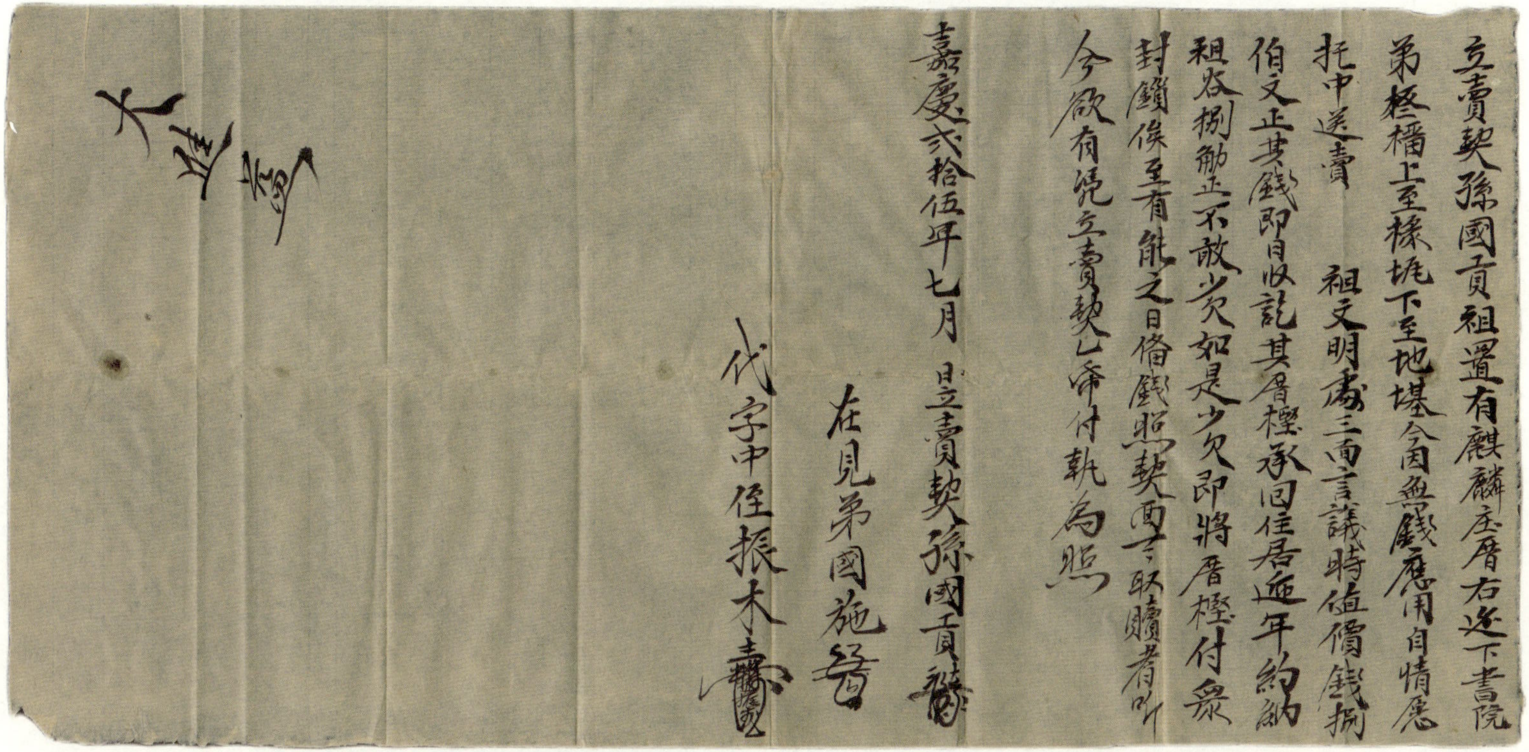
立賣契孫國貢祖置有麒麟庄厝右边下書院
弟壹橋上至榛堤下至地墈合因無錢應用自情愿
托中送賣　祖文明處三面言議時值價錢捌
伯文正其錢即日收訖其厝橙承回住居延年約納
租谷捌觔正不敢少欠如是少欠即將厝橙付衆
封鎖係至有能之日備錢照契面元取贖者叫
今欲有憑立賣契山帋付執為照
嘉慶貳拾伍年七月　日立賣契孫國貢
在見弟國施
代字中侄振木

3-4-8-2　清嘉慶二十五年七月葉國貢立賣書院契

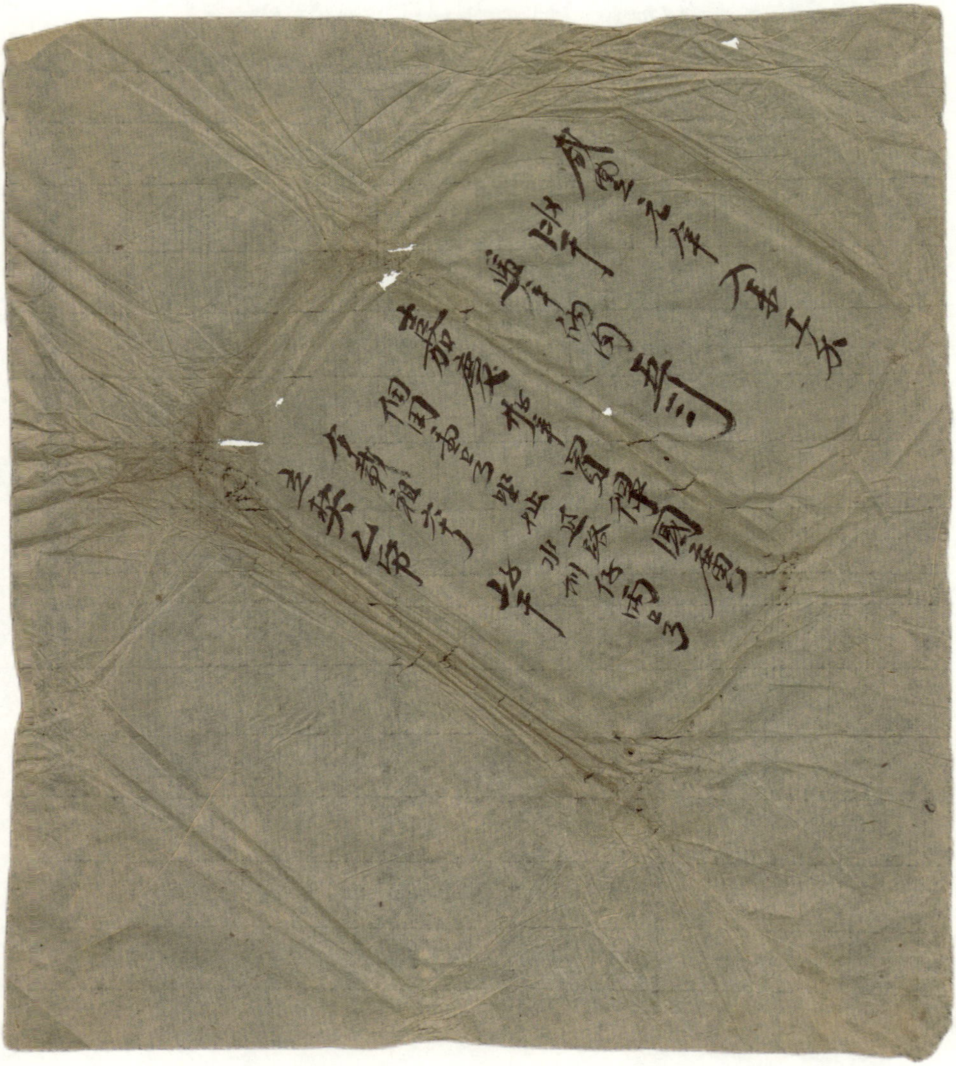

3-4-9-1　包契紙

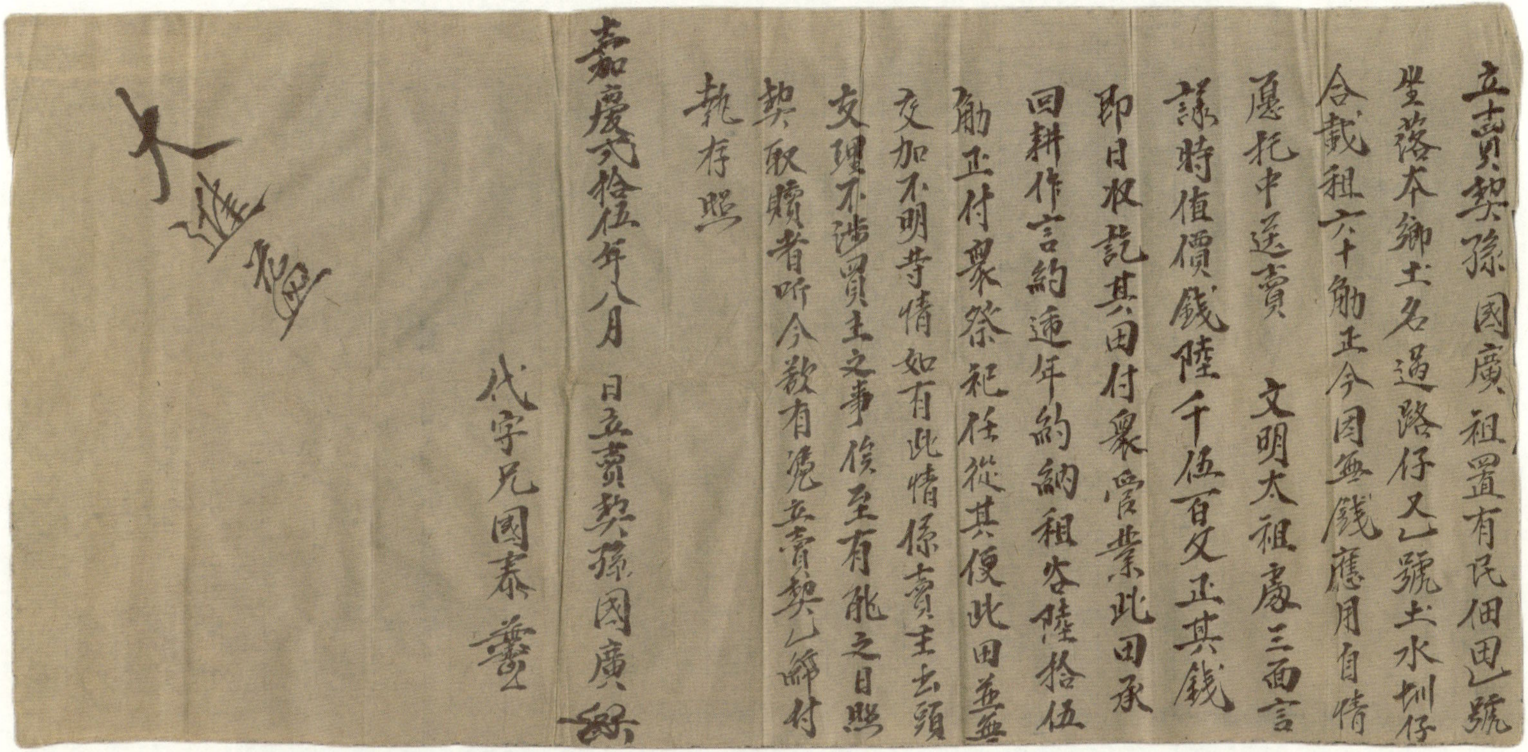

立賣契孫國廣，祖置有民佃田乙號，坐落本鄉土名過路仔又乙號土水圳仔，合載租六十觔正。今因無錢應用，自情愿托中送賣文明太祖處，三面言議時值價錢陸千伍百文正。其錢即日收訖，其田付衆管業。此田承回耕作，言約逐年約納租谷陸拾伍觔正，付衆祭祀，任從其便。此田並無交加不明等情，如有此情，係賣主出頭支理，不涉買主之事。俟至有能之日，照契取贖，者听。今欲有憑，立賣契乙紙付執存照。

嘉慶貳拾伍年八月　日立賣契孫國廣（押）

代字兄國泰（押）

3-4-9-2　清嘉慶二十五年八月葉國廣立賣民佃田契

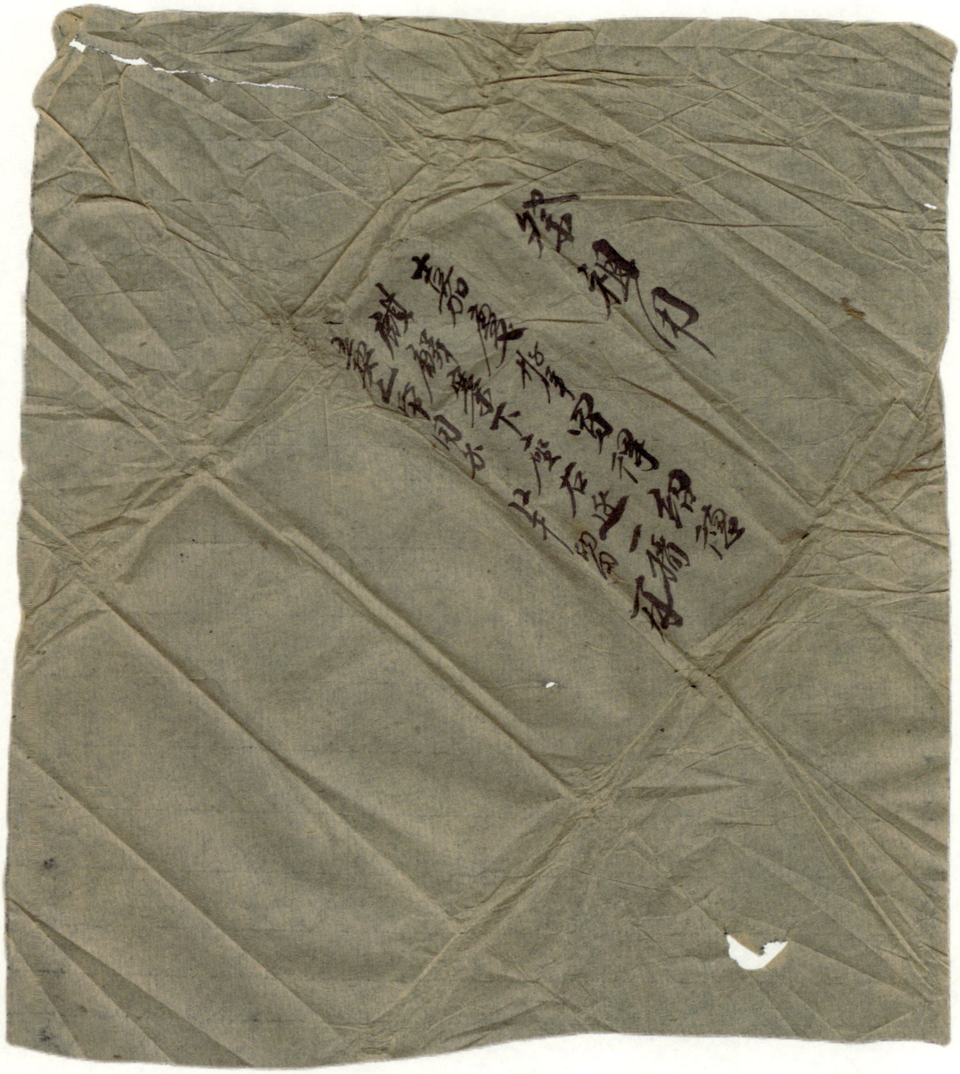

3-4-10-1 包契紙

立賣契孫紹德，手置有厝屋乙榴，
坐落本鄉土名麒麟寨下，座山榴上至
椽坑，下至地基，四至明白。今因無錢應用，
自情愿托中送賣　文明太祖衆三面
言議時值價錢壹千陸百文，其錢即
日收訖。其屋樫遞年約納租谷拾陸觔，
付衆祭祀，不敢欠觔兩。如是少欠，其
厝屋付衆封鎖掌管，不敢阻拈之理。
今欲有憑，立賣契乙帋付執為照。

嘉慶貳拾伍年八月　日立賣契孫紹德（押）

代字侄國泰（押）

3-4-10-2　清嘉慶二十五年八月葉紹德立賣厝屋契

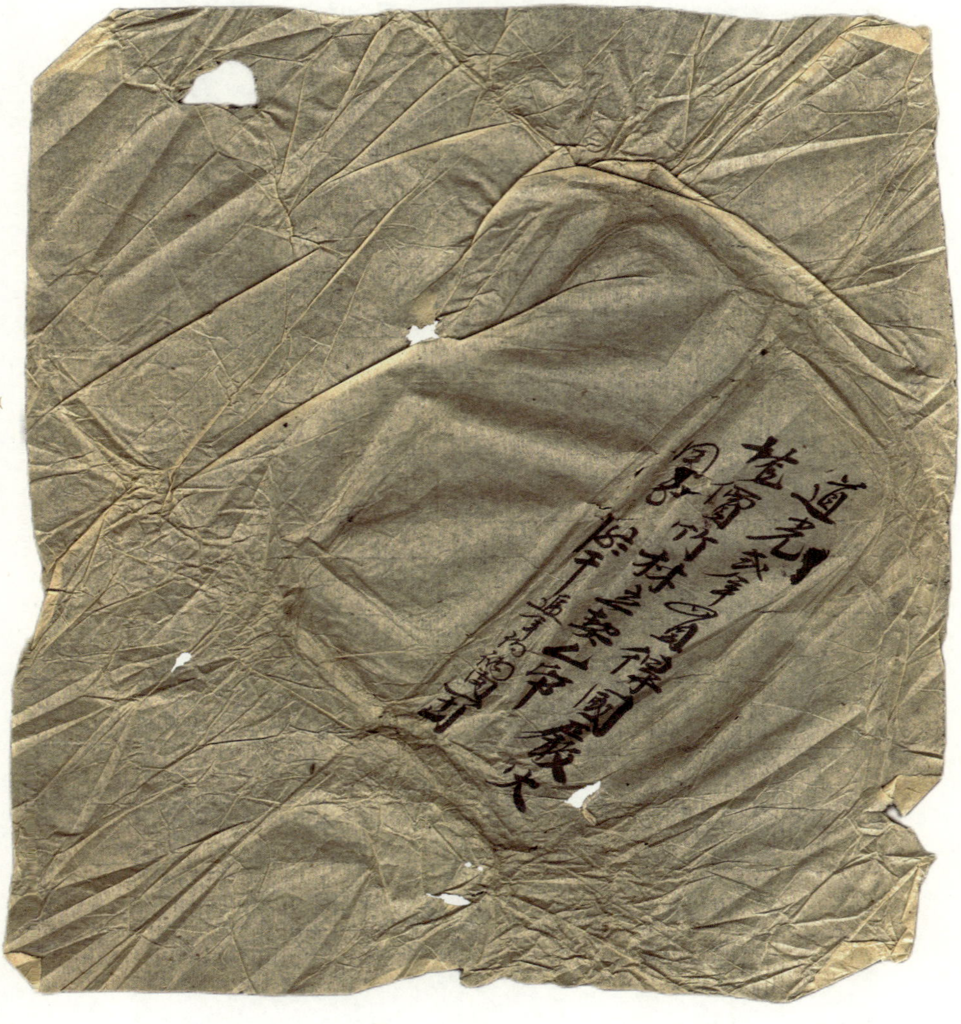

3-4-11-1 包契紙

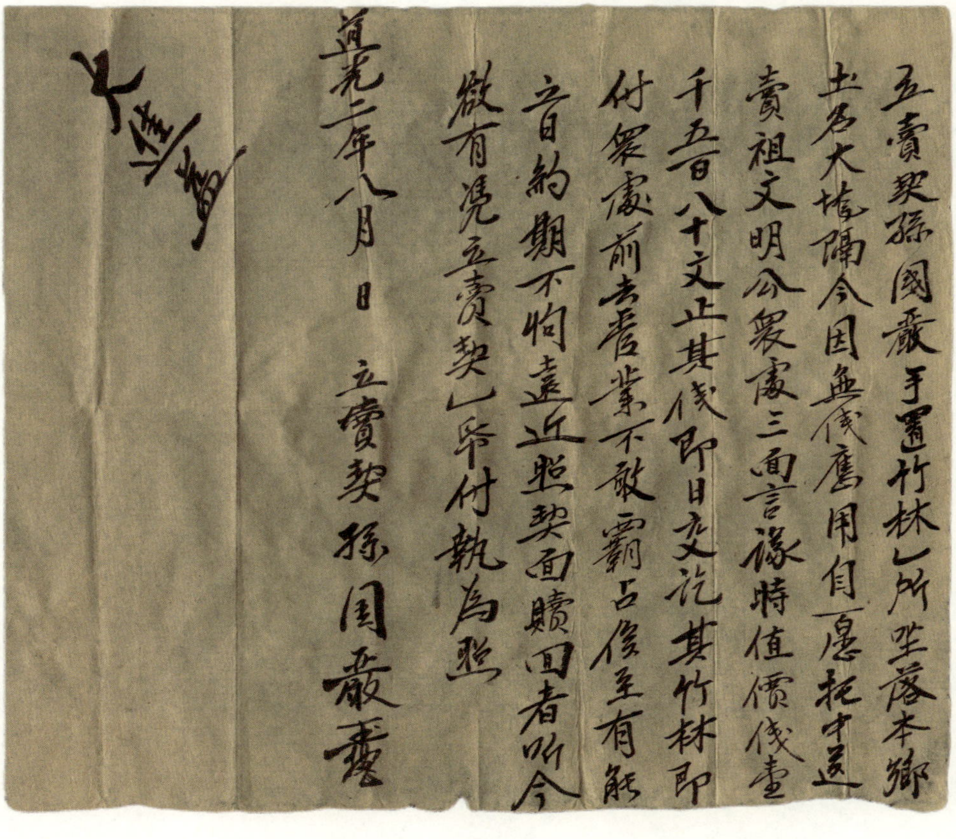

立賣契孫國嚴手置竹林乙所坐落本鄉土名大坵隔今因無錢應用自愿托中送賣祖文明公衆處三面言議特值價錢壹千五百八十文正其錢即日交訖其竹林即付衆處前去管業不敢霸占倘至有能言約期不拘遠近照契面贖回者聽今欲有憑立賣契乙帋付執為照

道光二年八月　日　立賣契孫國嚴

3-4-11-2　清道光二年八月葉國巖立賣竹林契

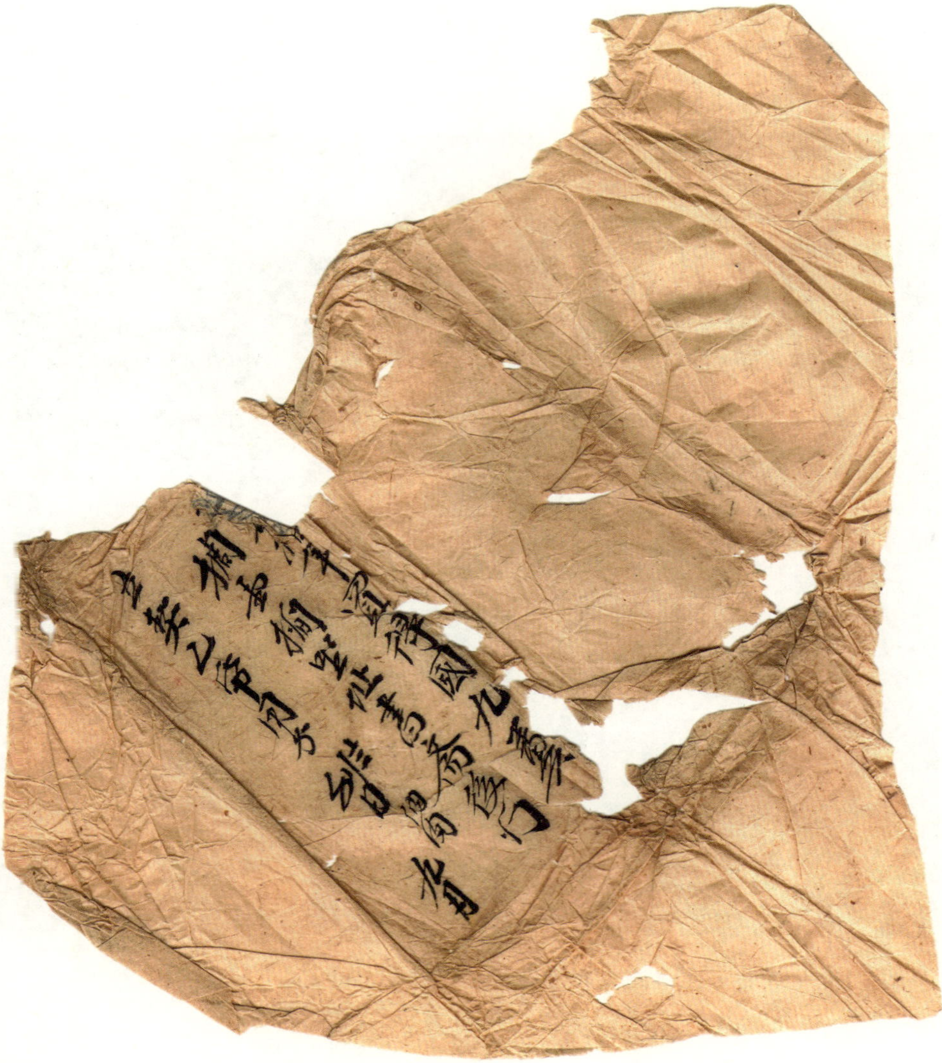

3-4-12-1 包契紙

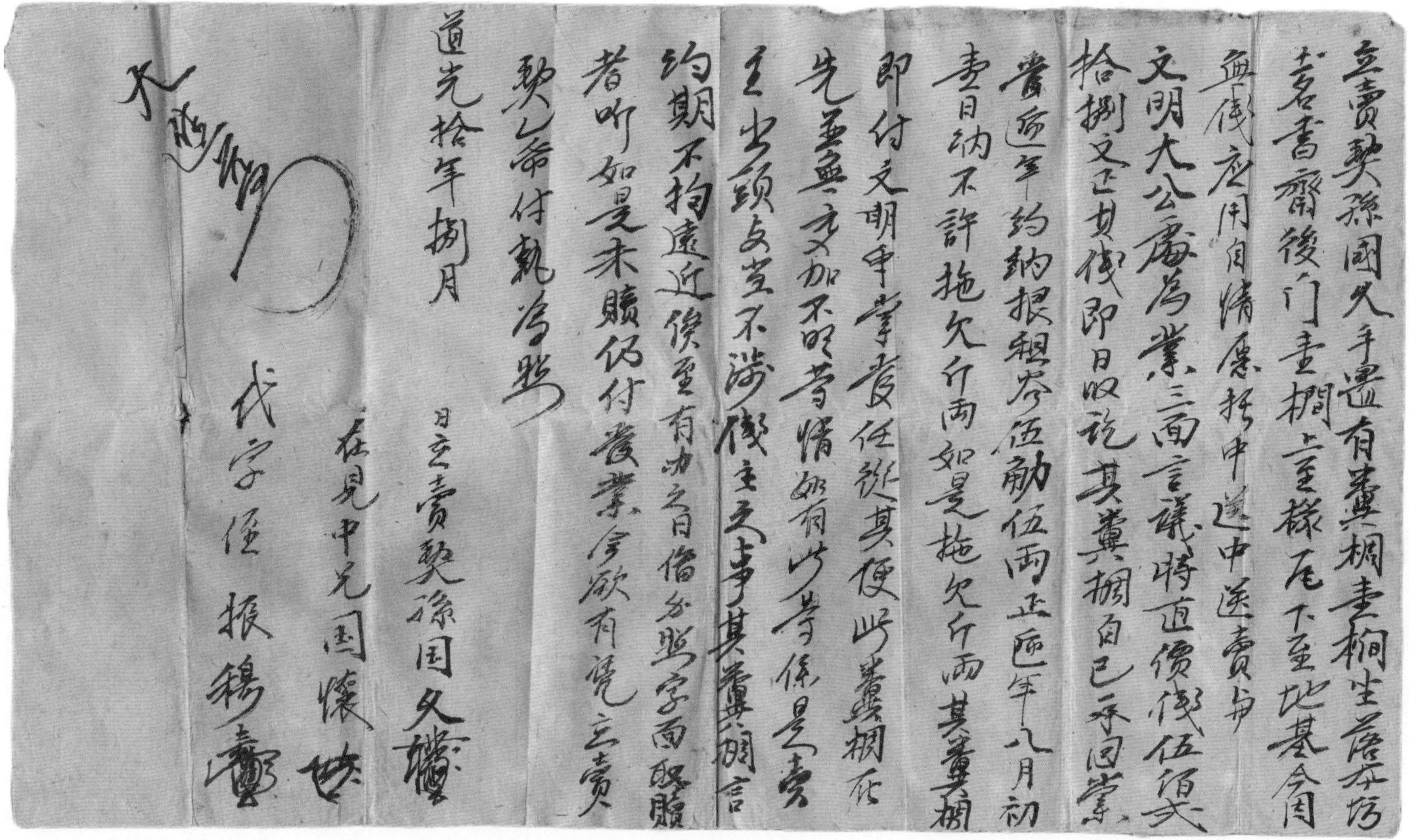
立賣契孫國久手置有糞桐壹桐生落本坊
土名書齋後門壹桐上至様尾下至地基今因
無錢應用自情愿托中送中送賣與
文明大公廣爲業三面言議時值價錢伍佰文
拾捌文正其錢即日收訖其糞桐自己承回掌
管匝年約納根租谷伍觔伍兩正匝年八月初
壹日納不許拖欠斤兩如是拖欠斤兩其糞桐
即付文明手掌管任從其便此糞桐係
先並無文加不明等情如有此等係是賣
主出頭支當不涉錢主之事其糞桐言
約期不拘遠近價至有力之日備分照字面取贖
者听如是未贖仍付管業今欲有憑立賣
契一帋付執爲照
道光拾年捌月　日立賣契孫國久（押）
在見中兄國懷（押）
代字侄振穆（押）

3-4-12-2　清道光十年八月葉國久立賣糞桐契

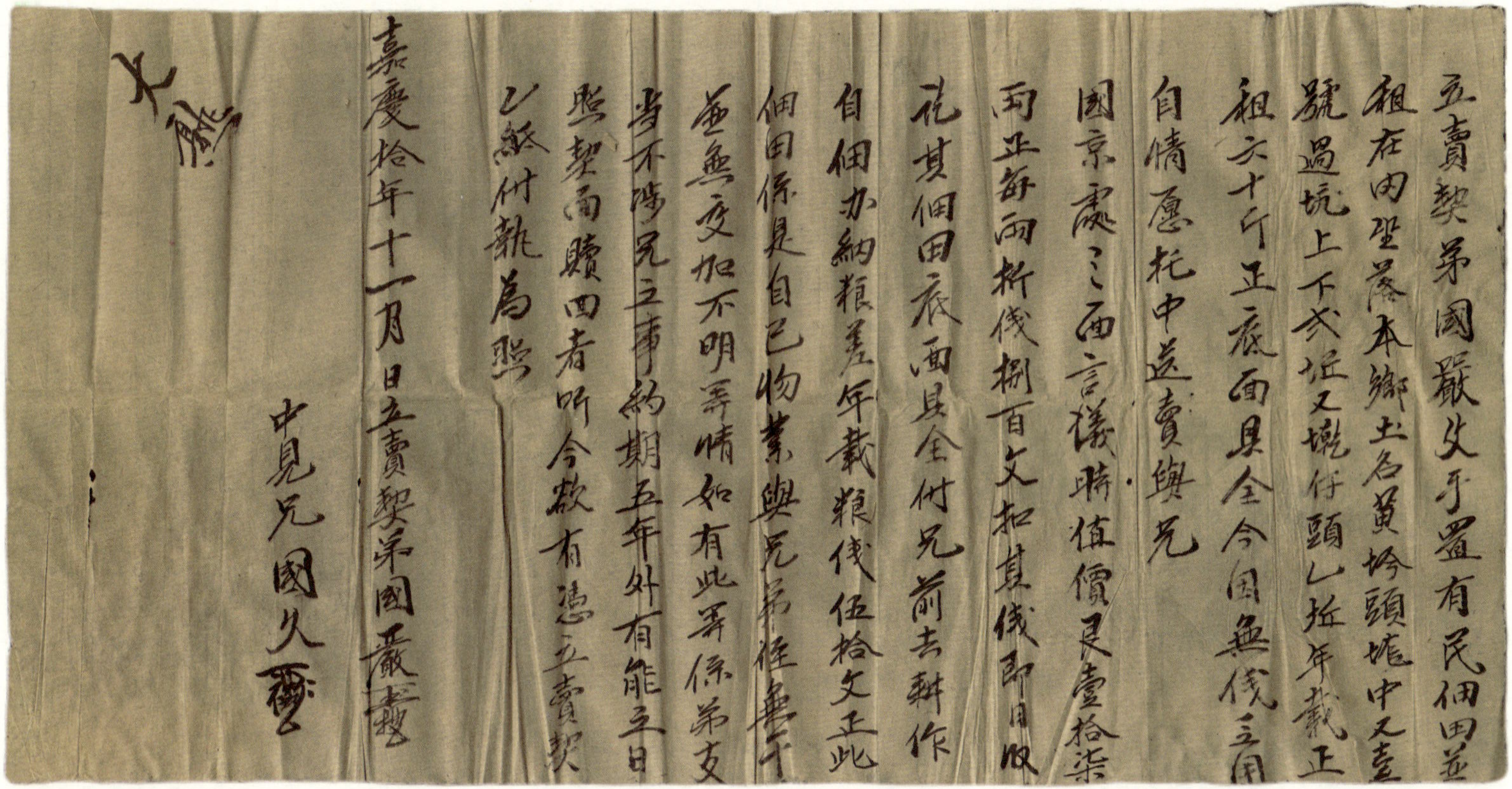

3-4-13-1　清嘉慶十年十一月葉國嚴立賣民佃田等契

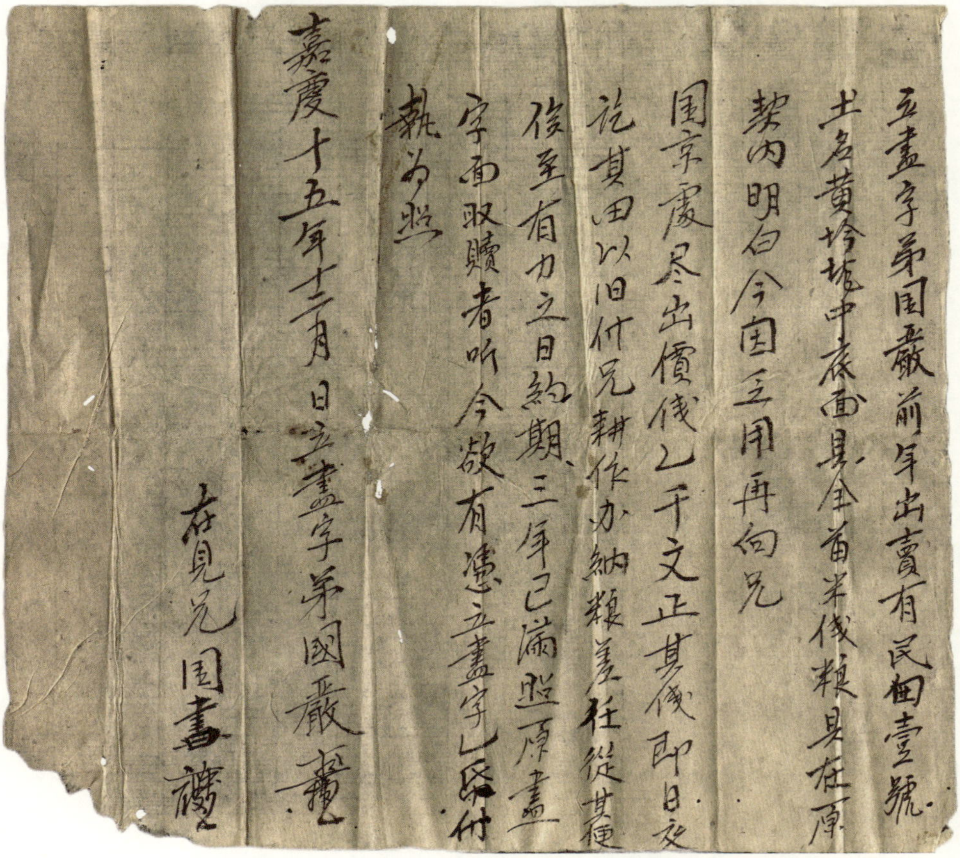
立盡字弟国嚴前年出賣有民田壹號
土名黄坽垅中底面具全苗米钱粮具在原
契内明白今因乏用再向兄
国京處尽出價钱乙千文正其钱即日交
讫其田以旧什兄耕作办納粮差任從其便
後至有力之日約期三年已满照原盡
字面取贖者听今欲有憑立盡字乙紙付
執爲照
嘉慶十五年十二月 日立盡字弟國嚴（押）
在見兄国書（押）

3-4-13-2 清嘉慶十五年十二月葉國嚴立盡民田字

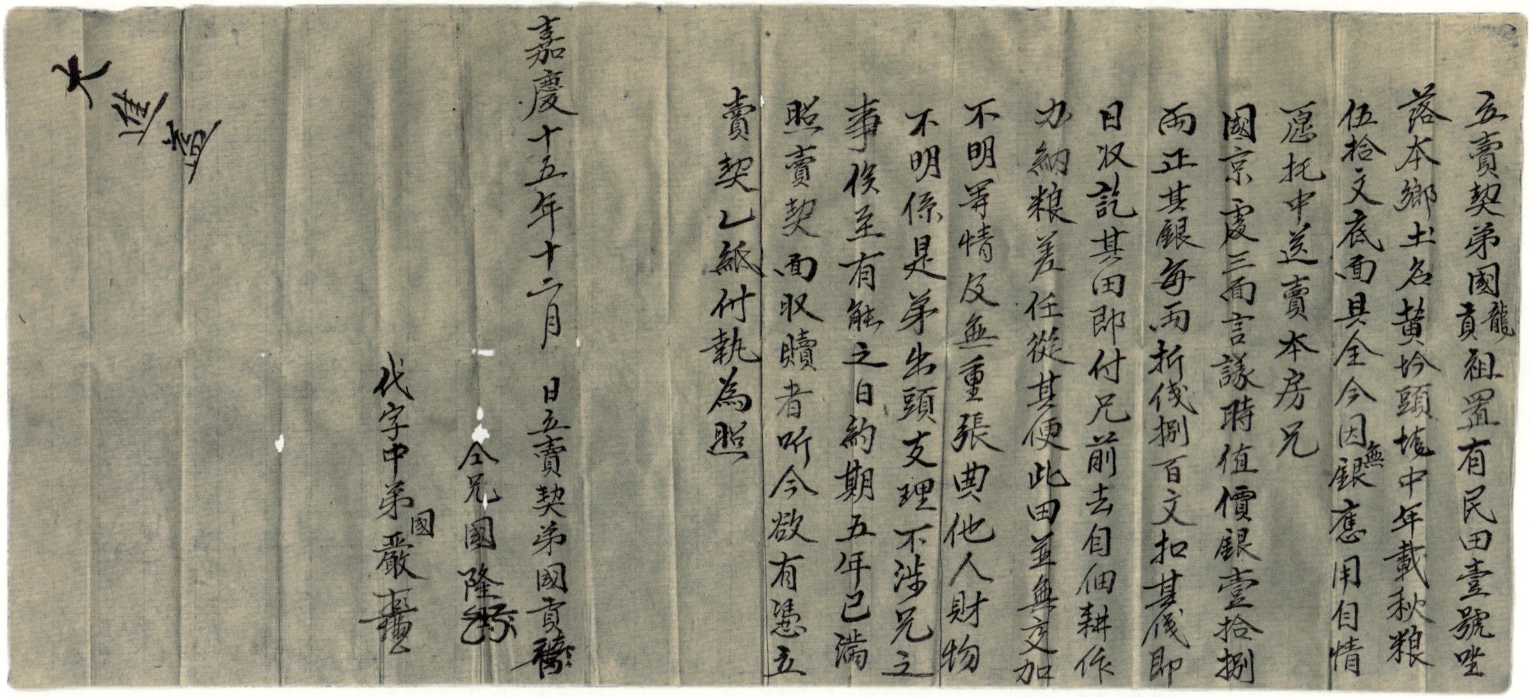
立賣契弟國貢龍祖置有民田壹號坐
落本鄉土名黃坽頭墘中年載秋粮
伍拾文底面具全今因無銀應用自情
愿托中送賣本房兄
國京處三面言議時值價銀壹拾捌
兩正其銀每兩折錢捌百文扣其錢即
日收訖其田即付兄前去自佃耕作
办納粮差任從其便此田並無交加
不明等情及無重張典他人財物
不明係是弟出頭支理不涉兄之
事後至有銀之日約期五年已滿
照賣契面取贖者听今欲有憑立
賣契一紙付執為照

嘉慶十五年十二月　日立賣契弟國貢
全兄國隆
代字中弟國嚴

大進

3-4-13-3　清嘉慶十五年十二月葉國貢等立賣民田契

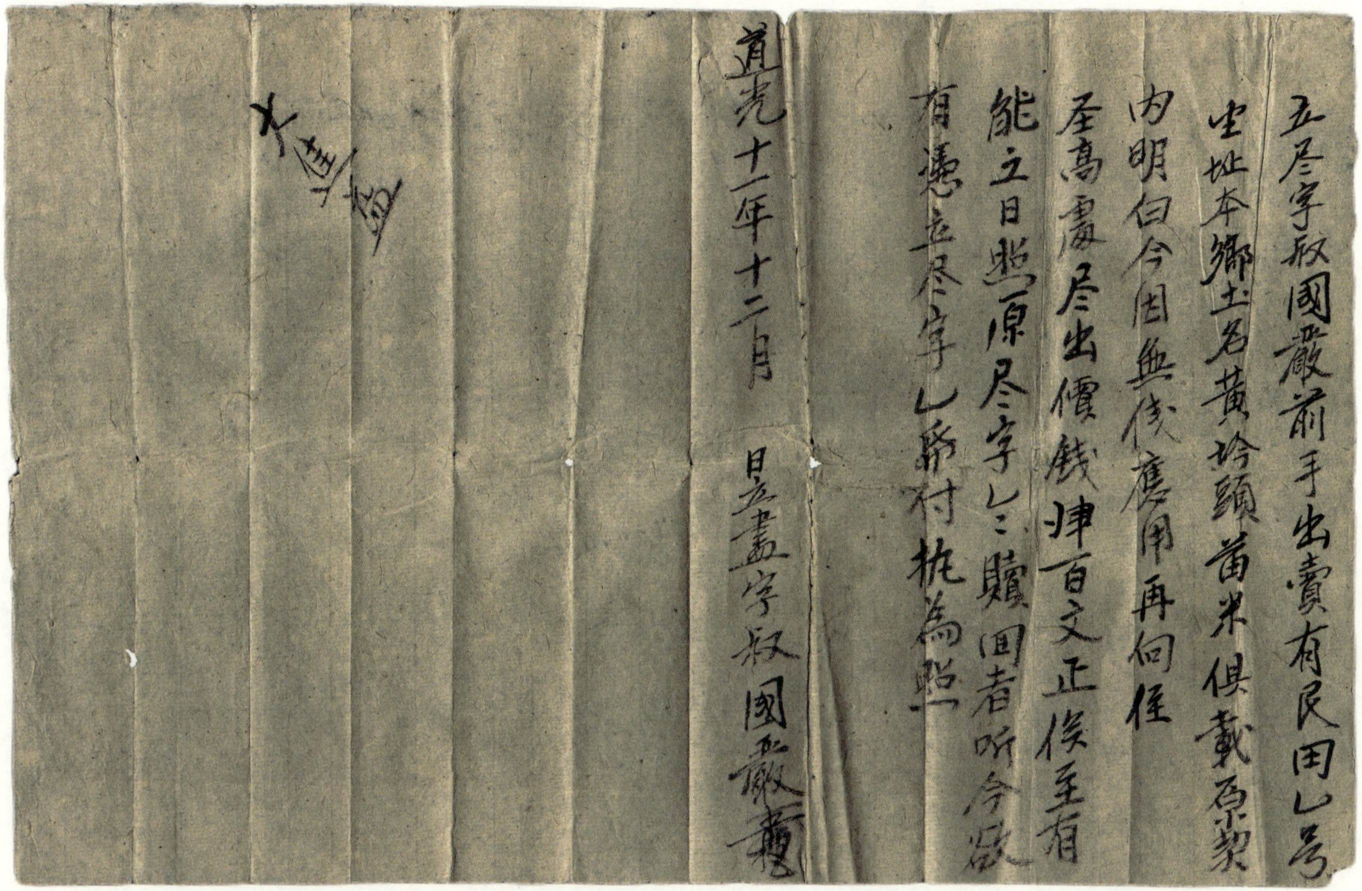

立尽字叔國嚴前手出賣有民田山号
坐址本鄉土名黃岭頭苗米俱載原契
內明白今因無錢應用再向侄
承高處尽出價錢肆百文正後至有
能立日照原尽字乙贖回者听今叔
有憑立尽字乙帋付執為照
道光十一年十二月　日立盡字叔國嚴（押）
大吉

3-4-13-4　清道光十一年十二月葉國嚴立盡民田字

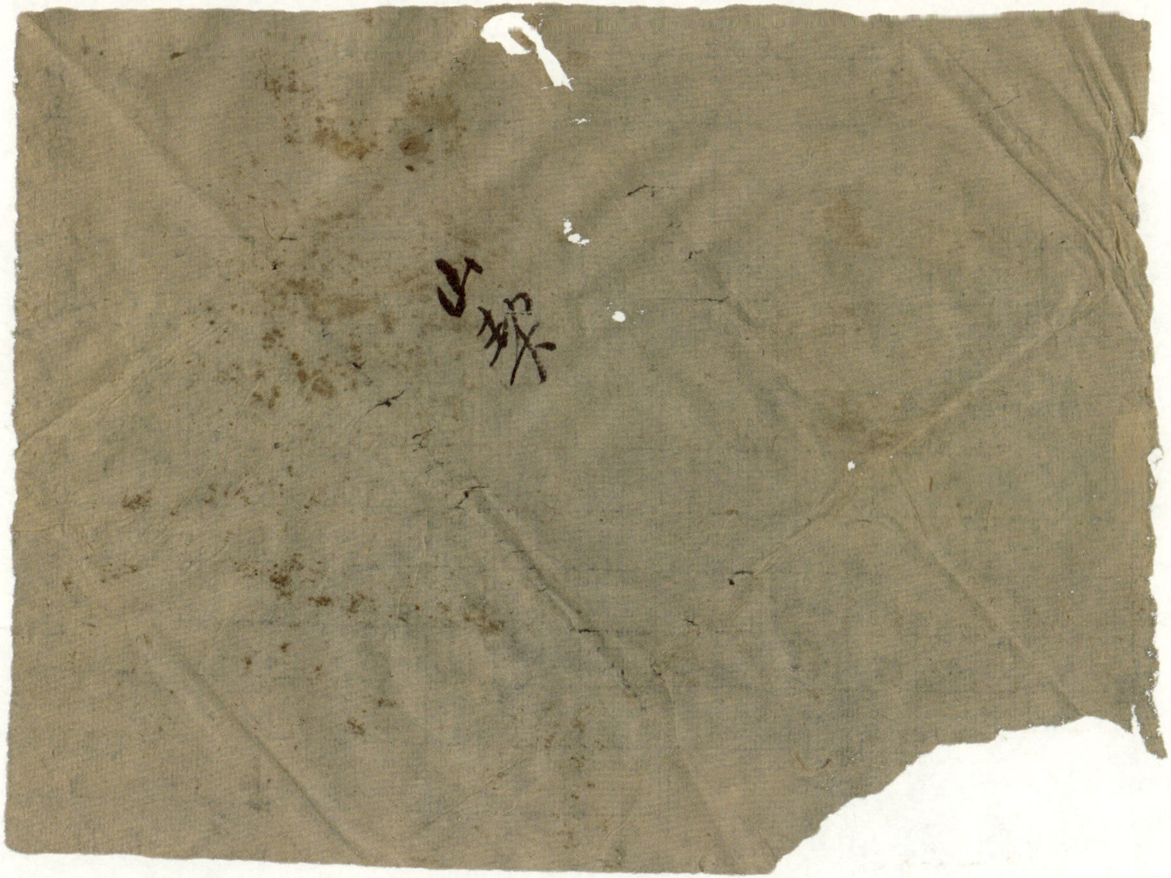

3-4-14-1　包契紙

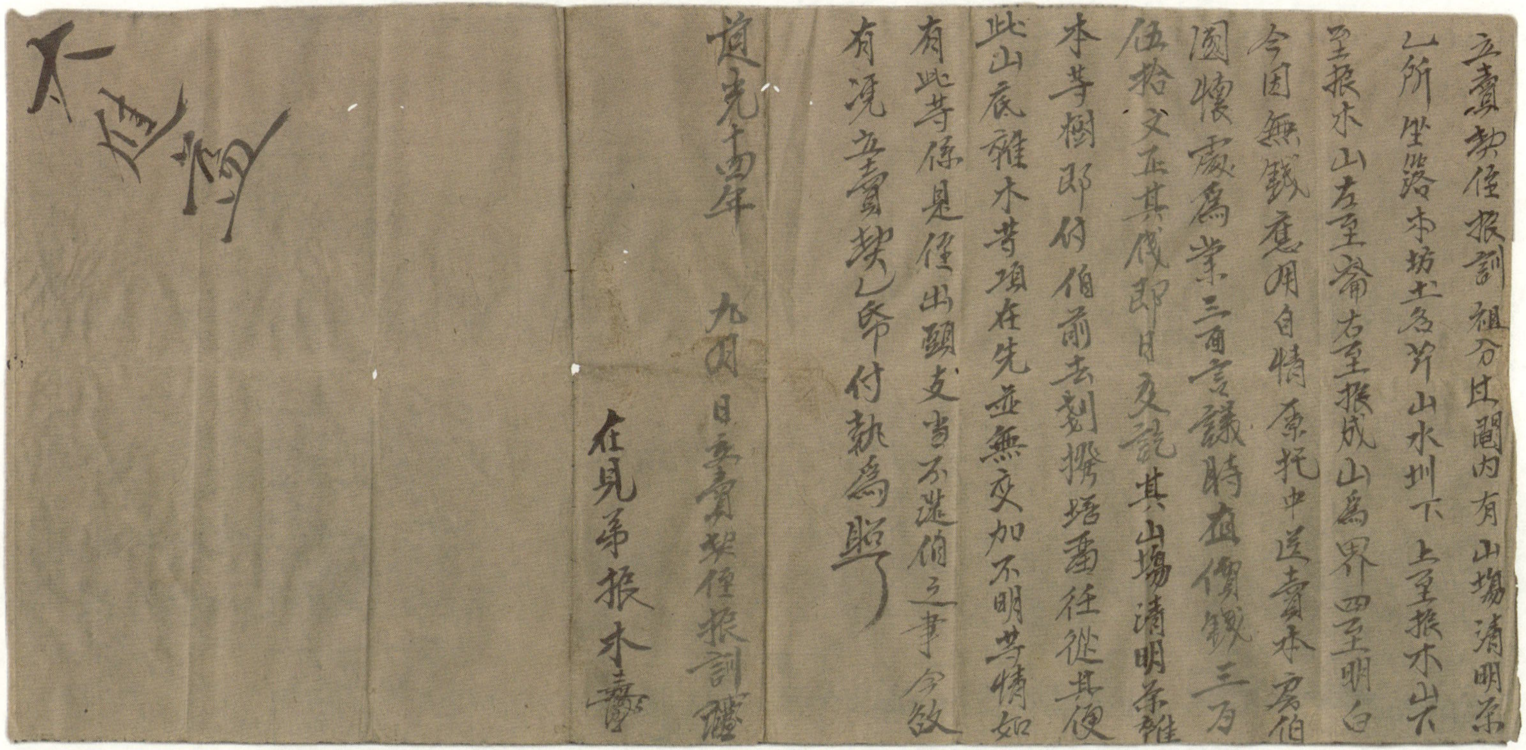

立賣契侄振訓祖分己鬮内有山場清明茶
山一所坐落本坊土名芥山水圳下 上至振木山下
至振木山左至崙右至振成山為界四至明白
今因無錢應用自情原托中送賣本房伯
園懷處為業三面言議時值價錢三万
伍拾文正其錢即日交訖其山場清明茶雜
木等樹即付伯前去割撥培蓄任從其便
此山底雜木等項在先並無交加不明等情如
有此等係是侄出頭支当不涉伯之事今欲
有憑立賣契乙紙付執為照

道光十四年　九月　日立賣契侄振訓（押）

在見弟振木（押）

不[illegible]

3-4-14-2　清道光十四年九月葉振訓立賣山場等契

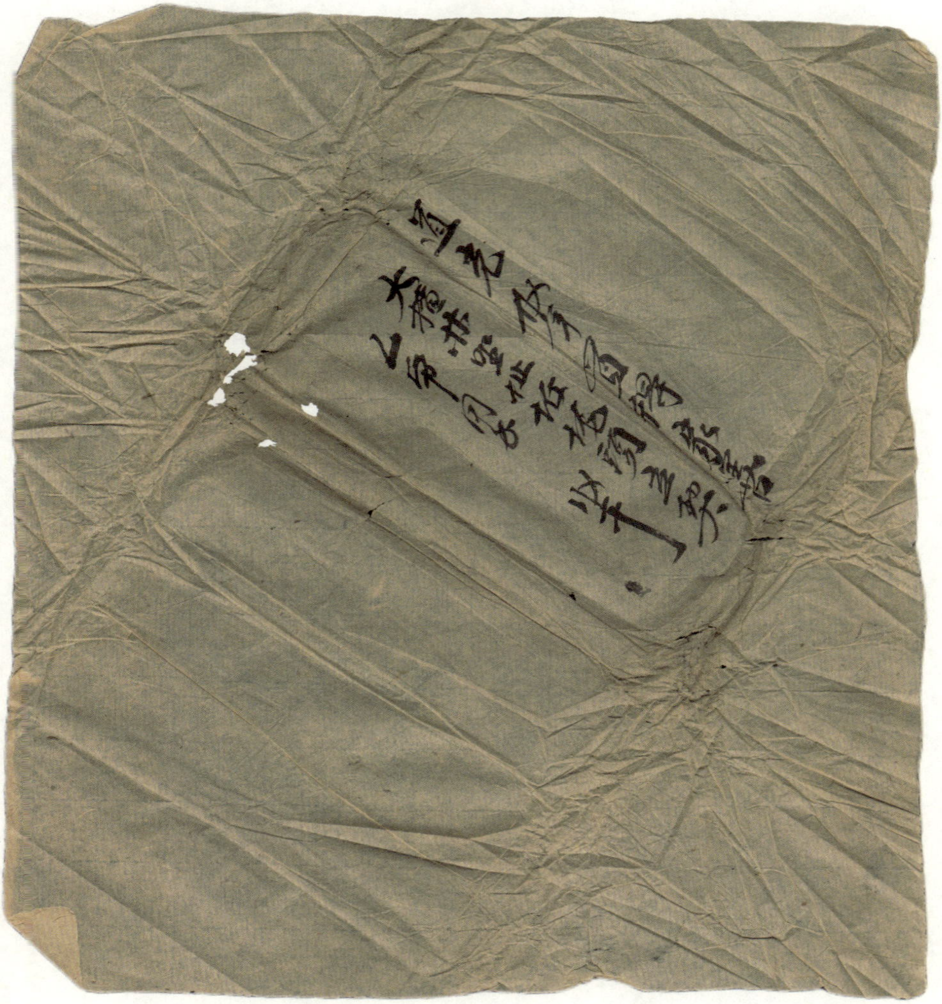

3-4-15-1　包契紙

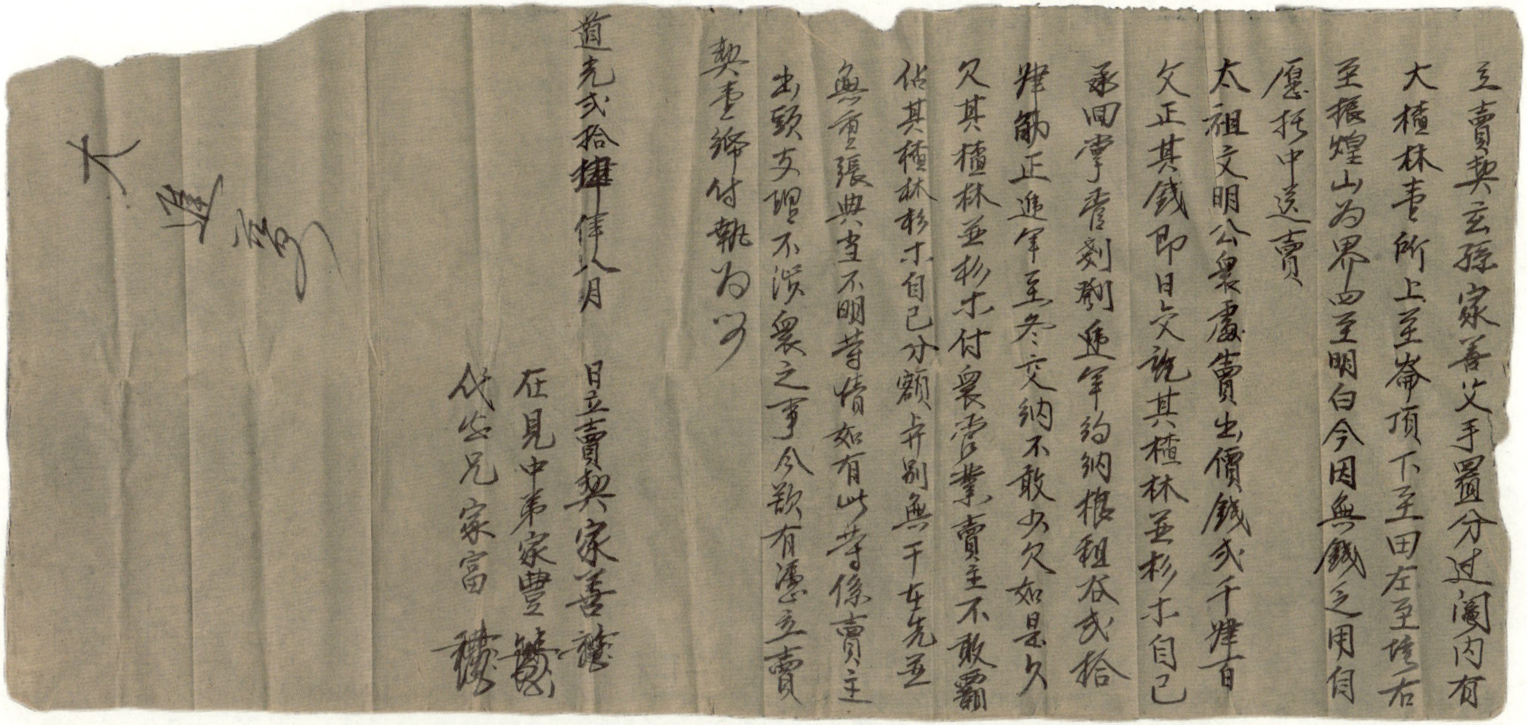

立賣契孫家善父手置分過闔內有
大植林壹所，上至崙頂，下至田，左至堘，右
至振煌山為界，四至明白。今因無錢乏用，自
愿托中送賣
太祖文明公衆處，賣出價錢貳千肆百
文正。其錢即日交訖。其植林並杉木自己
承回掌看刻劄，逐年約納根租谷貳拾
肆觔正，進年至冬交納，不敢少欠。如是欠
欠，其植林並杉木付衆管業，賣主不敢霸
佔。其植林杉木自己分額，並別無干。在先並
無重張典當不明等情，如有此等，係賣主
出頭支理，不涉衆之事。今欲有憑，立賣
契壹紙付執為照。

道光貳拾肆年八月　日立賣契家善（押）
在見中弟家豐（押）
代筆兄家富（押）

大吉

3-4-15-2　清道光二十四年八月葉家善立賣大植林契

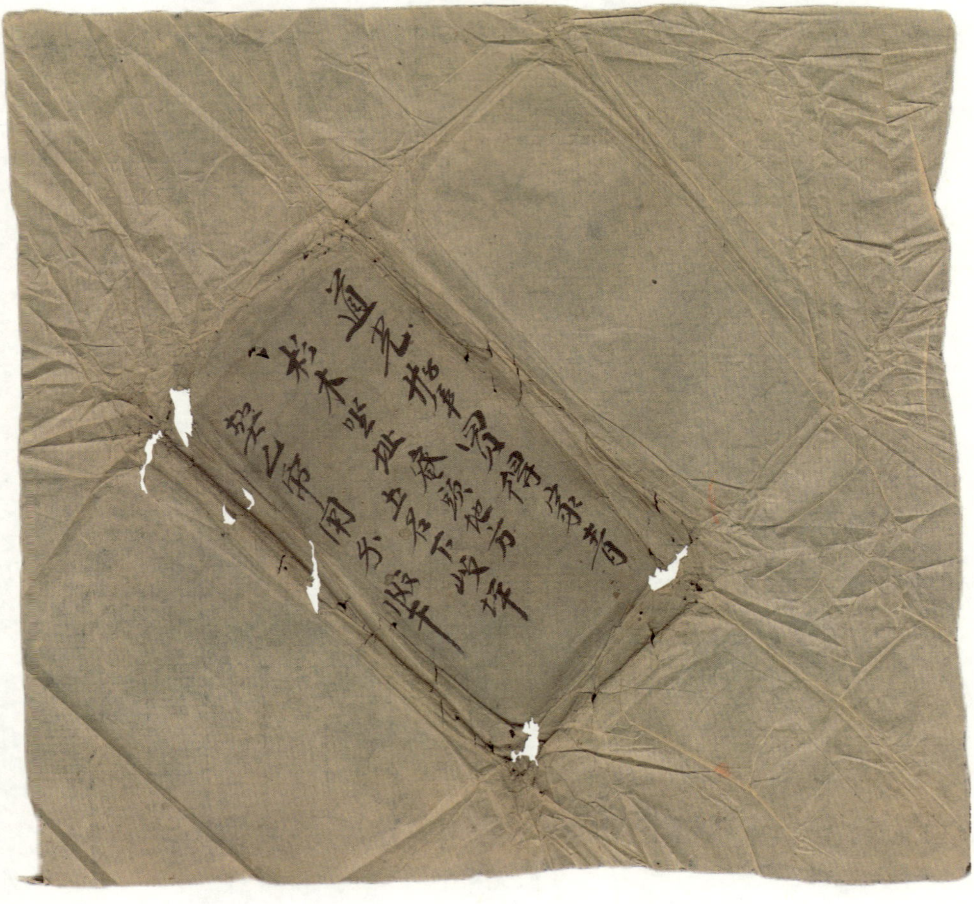

3-4-16-1　包契紙

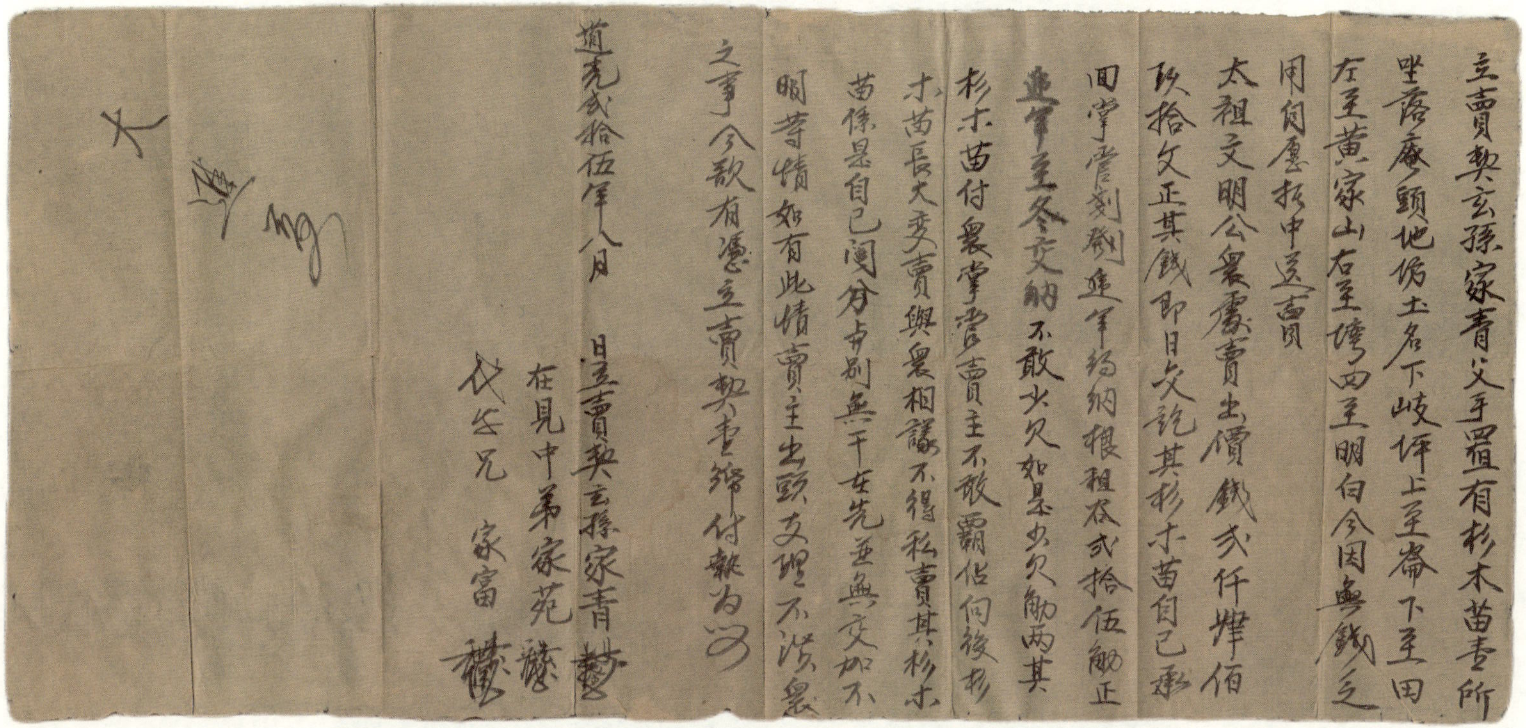
立賣契玄孫家青父手置有杉木苗壹所
坐落庵頭地佔土名下岐坪上至崙下至田
左至黃家山右至墘西至明白今因無錢乏
用自愿托中送賣
太祖文明公衆處賣出價錢貳仟肆佰
玖拾文正其錢即日交訖其杉木苗自己承
回掌管剗削進年將納根租谷貳拾伍觔正
進年至冬交納不敢少欠如是少欠觔兩其
杉木苗付衆掌管賣主不敢霸佔向後杉
木苗長大变賣與衆相議不得私賣其杉木
苗係是自己闔分之物與干在先并無交加不
明等情如有此情賣主出頭支理不涉衆
之事今欲有憑立賣契壹紙付執為照
道光貳拾伍年八月　日立賣契玄孫家青
在見中弟家苑
代筆兄　家富

3-4-16-2　清道光二十五年八月葉家青立賣杉木苗契

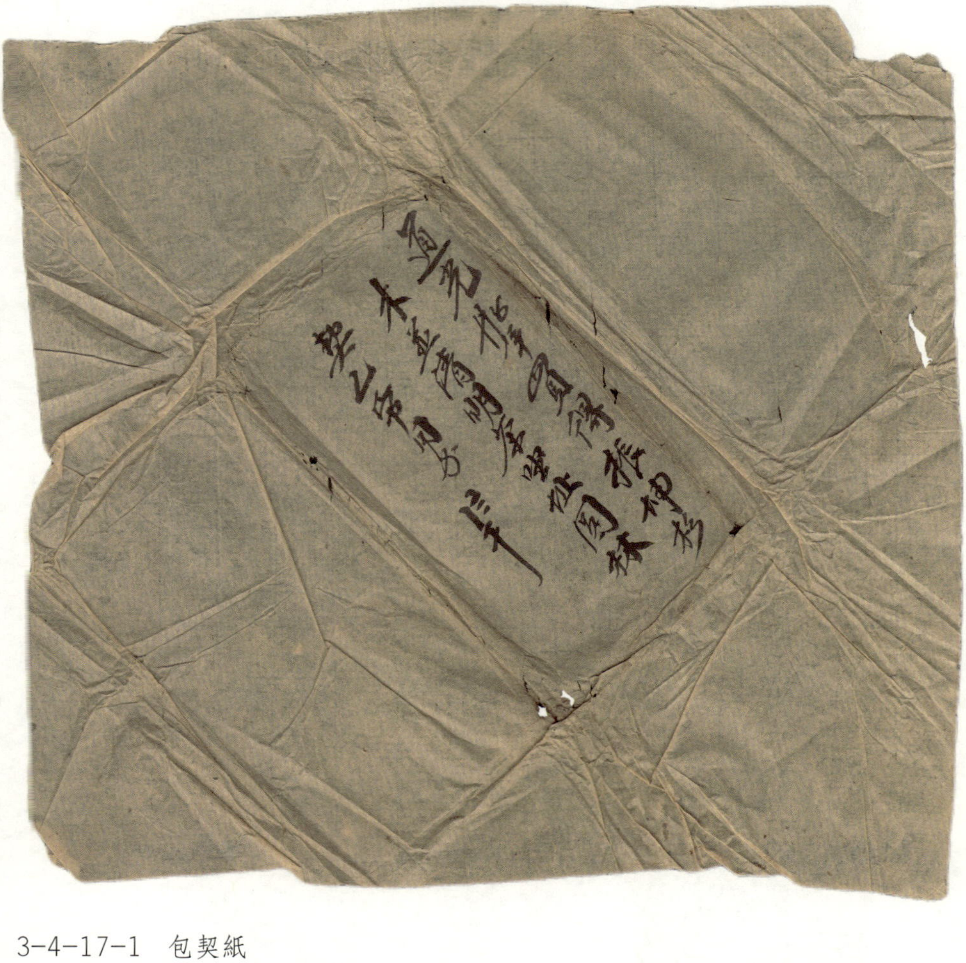

3-4-17-1　包契紙

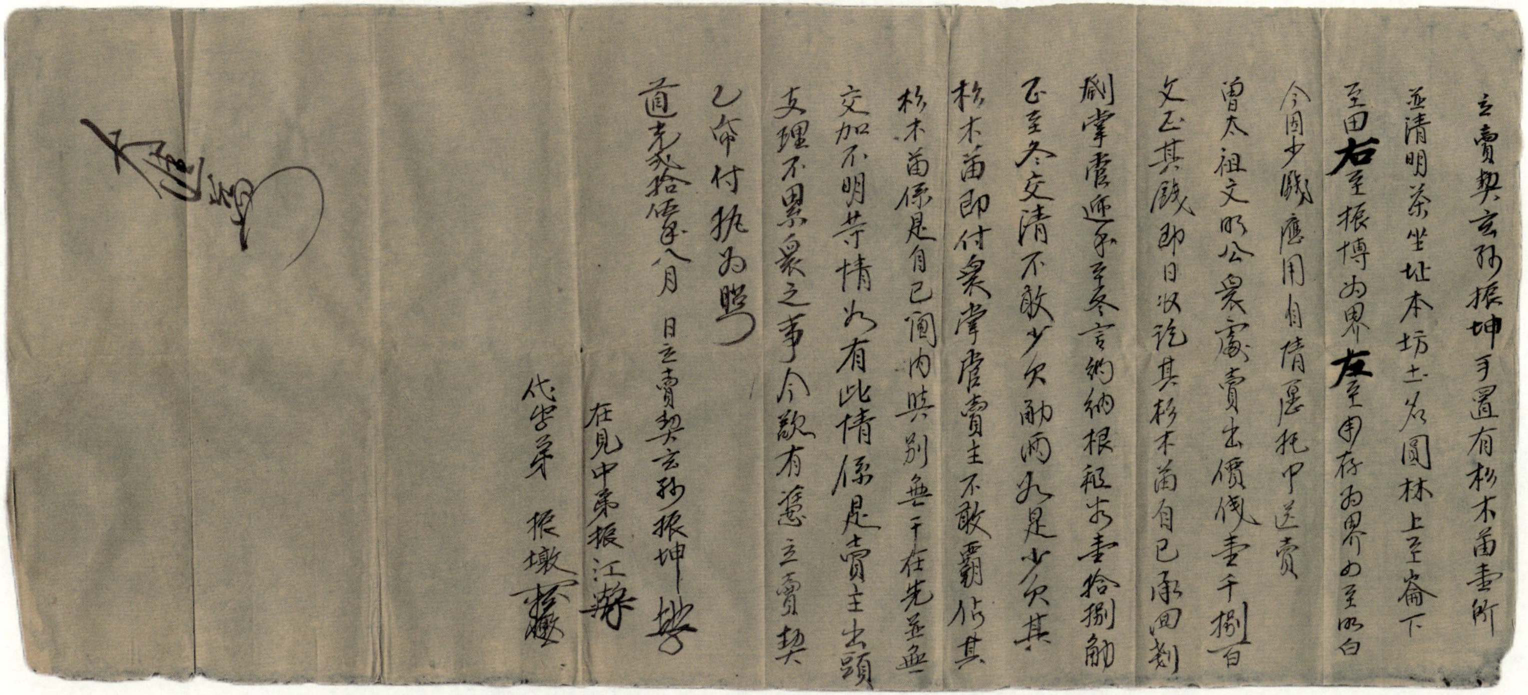

立賣契玄孫振坤手置有杉木苗壹所
並清明茶坐址本坊土名圓林上至崙下
至田右至振博為界左至用存為界四至明白
今因少錢應用自情愿托中送賣
曾太祖文明公衆處賣出價錢壹千捌百
文正其錢即日收訖其杉木苗自己承回刻
劍掌管逐年冬言納根租米壹拾捌觔
正至冬交清不敢少欠觔兩如是少欠其
杉木苗即付衆掌管賣主不敢霸佔其
杉木苗係是自己閫內與別無干在先並無
交加不明等情如有此情係是賣主出頭
支理不累衆之事今欲有憑立賣契
乙帋付執為照
道光貳拾伍年八月　日立賣契玄孫振坤（押）
在見中弟振江（押）
代字弟　振墩（押）

3-4-17-2　清道光二十五年八月葉振坤立賣杉木苗等契

3-4-18-1　包契紙

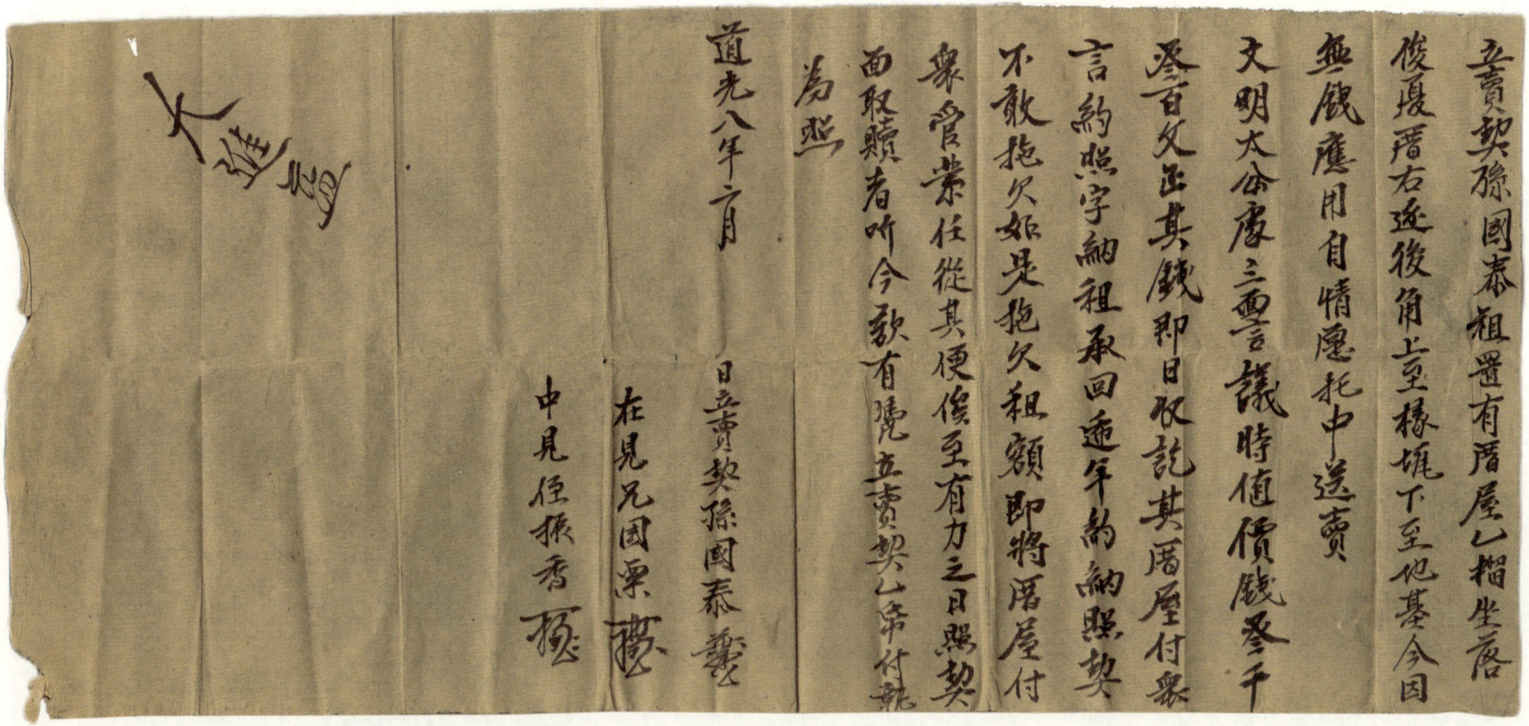

立賣契孫國泰祖置有厝屋乙栅坐落
後㙮厝右邊後角上至椽墘下至地基今因
無錢應用自情愿托中送賣
文明大公處三面言議時值價錢叁千
叁百文正其錢即日收訖其厝屋付衆
言約照字納租承回逐年納納照契
不敢拖欠如是拖欠租額即將厝屋付
衆管業任從其便倘至有力之日照契
面取贖者听今欲有憑立賣契乙帋付執
為照

道光八年二月　日立賣契孫國泰（押）
在見兄國栗（押）
中見侄振香（押）

大進益

3-4-18-2　清道光八年二月葉國泰立賣厝屋契

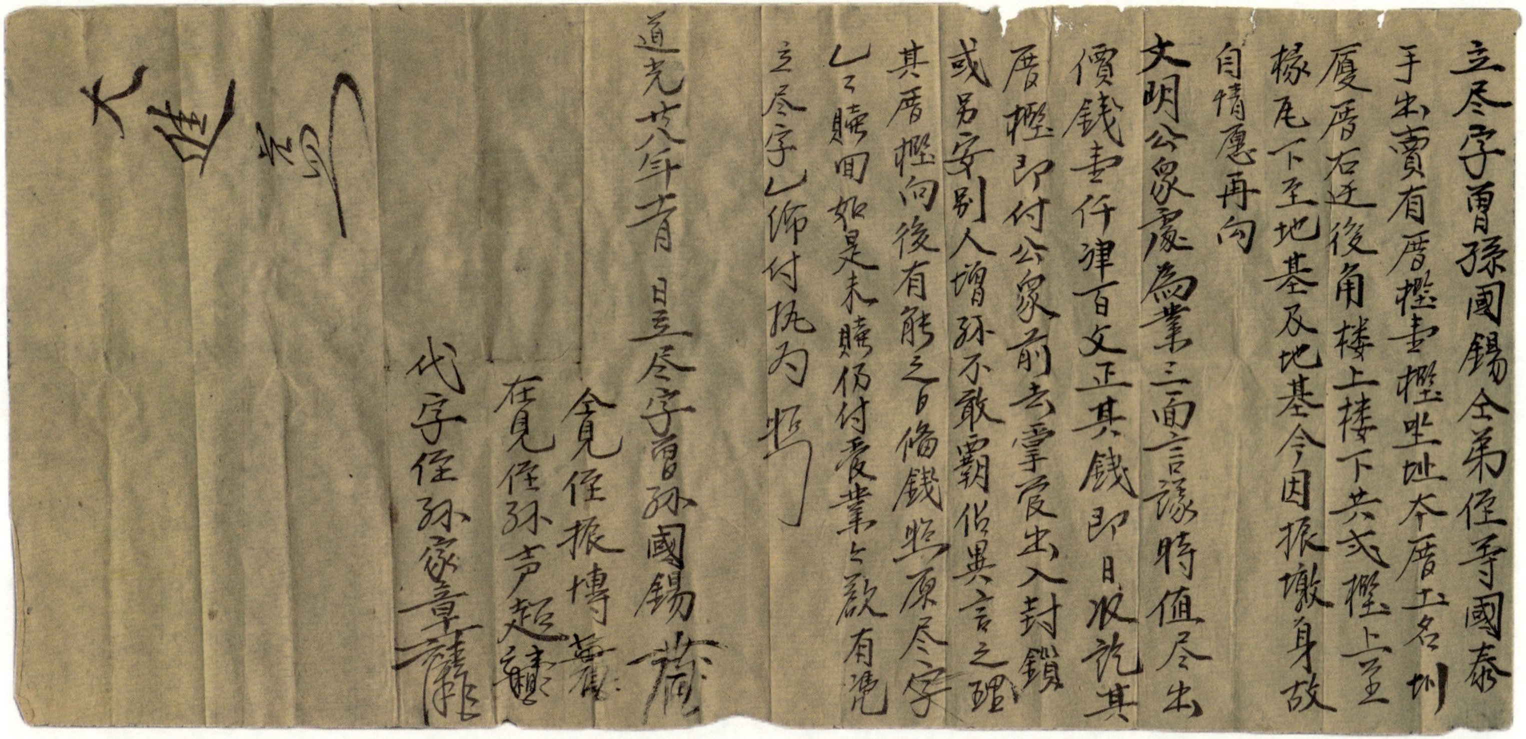

3-4-18-3 清道光二十八年十一月葉國錫立盡厝樫字

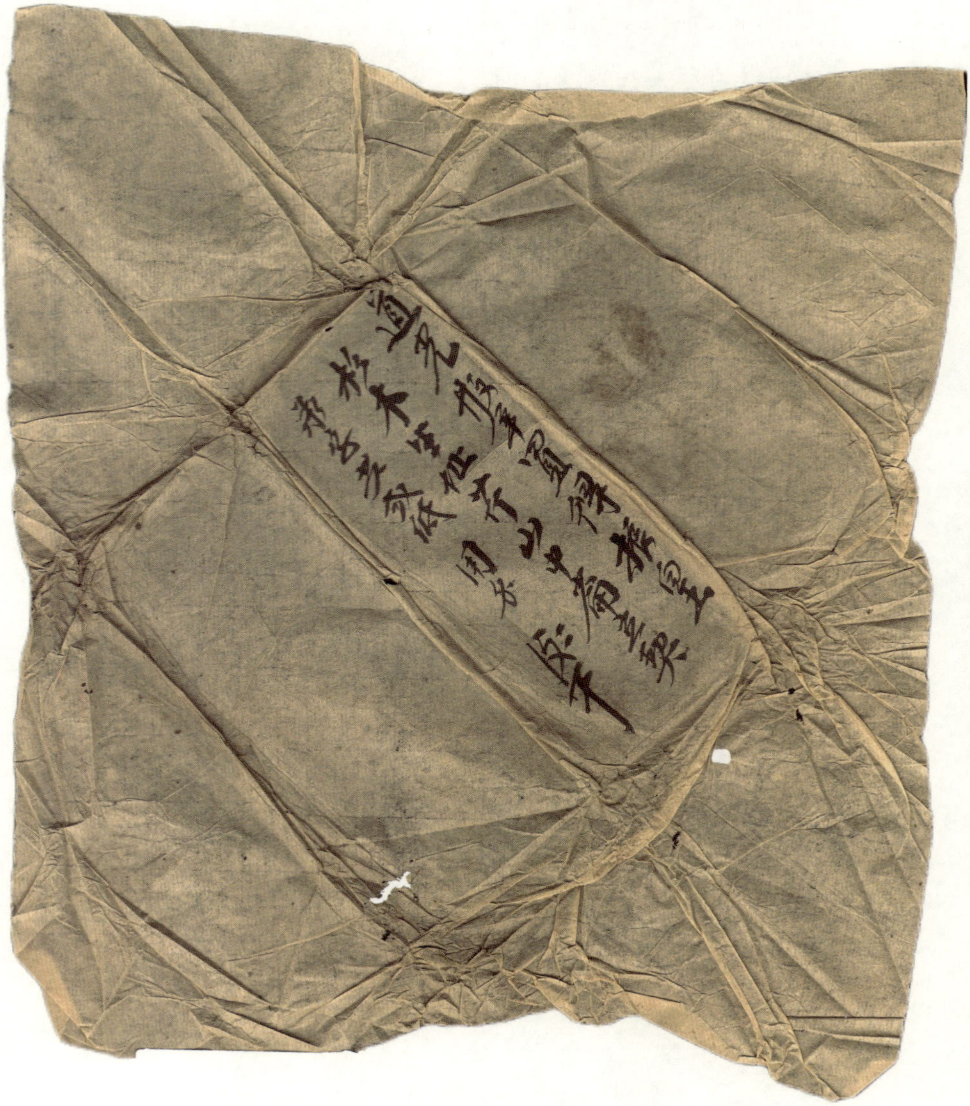

3-4-19-1　包契紙

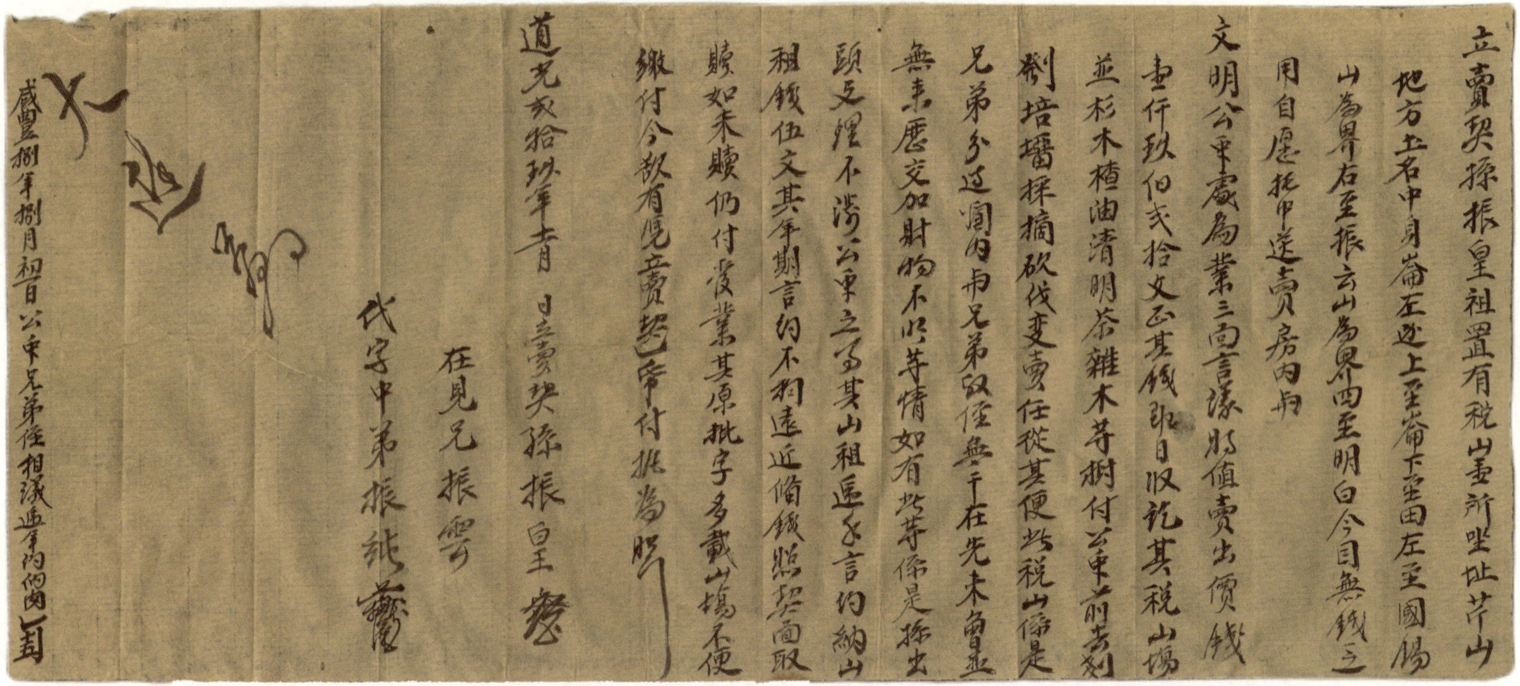
立賣契孫振皇祖置有稅山壹所坐址芹山
地方土名中月崙至迭上至崙下至田左至國陽
山為界右至振云山為界四至明白今因無錢之
用自愿托中送賣與房内弟
文明公東處為業三面言議時值賣出價錢
壹仟玖伯弍拾文正其錢即日收訖其稅山場
並杉木植油清明茶雜木等樹付公東前去劉
劉培墻採摘砍伐變賣任從其便此稅山係是
兄弟分過阄内弟兄弟叔侄無干在先未曾並
無來歷交加財物不明等情如有此等係是孫出
頭支理不涉公東之事其山祖遞年言約納山
租錢伍文其年期言約不拘遠近備錢照契面取
贖如未贖仍付受業其原批字多載山場不便
繳付今欲有憑立賣契一帋付執為照

道光貳拾玖年十一月　日立賣契孫振皇（押）
在見兄振雲
代字中弟振純（押）

咸豐捌年捌月初日公東兄弟侄相議遞年内佃肉一觔

3-4-19-2　清道光二十九年十一月葉振皇立賣稅山契

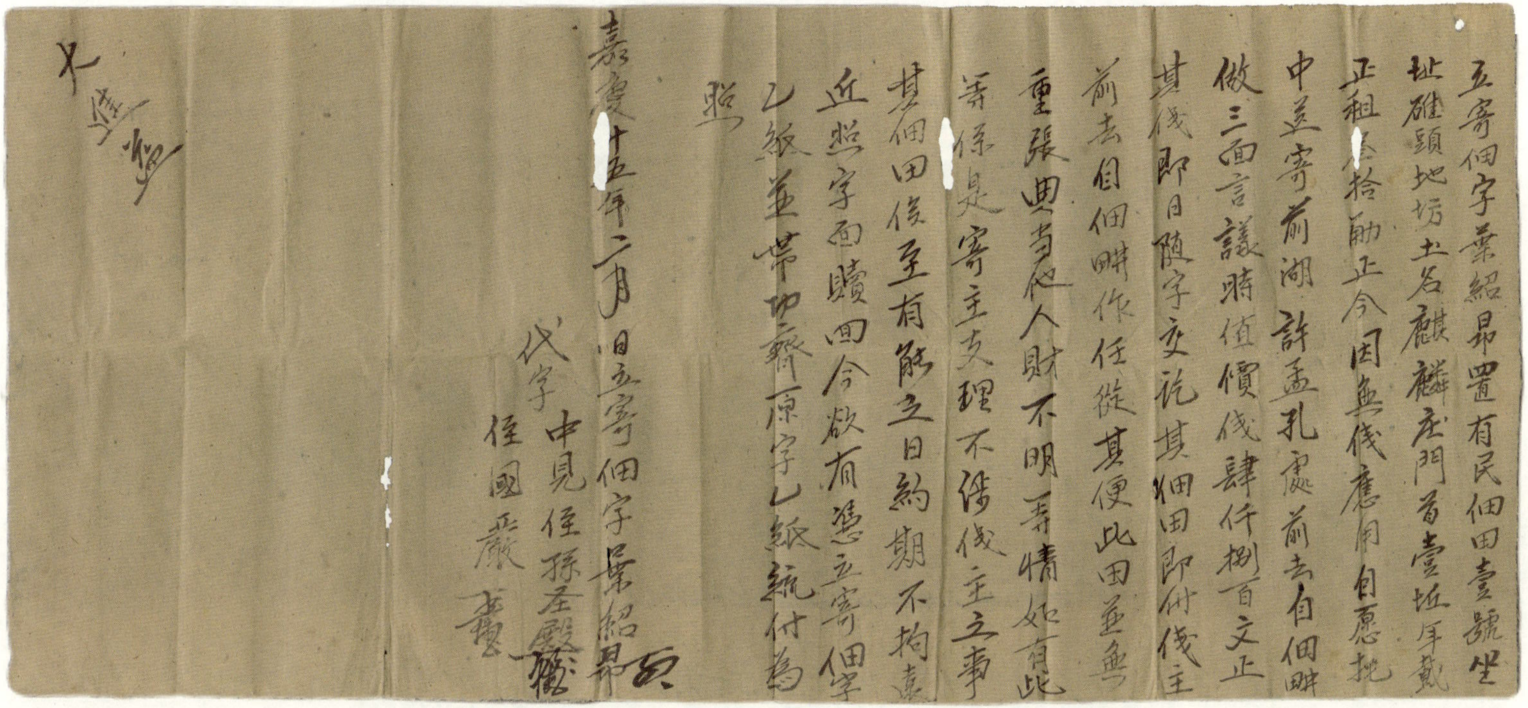
立寄佃字葉紹昴置有民佃田壹號坐
址碓頭地坊土名麒麟庄門首壹坵年載
正租叁拾觔正今因無錢應用自愿托
中立寄前湖許孟孔處前去自佃耕
做三面言議時值價錢肆仟捌百文正
其錢即日隨字交訖其佃田即付錢主
前去自佃耕作任從其便此田並無
重張典當他人財不明等情如有此
等係是寄主支理不涉錢主之事
其佃田候至有能之日約期不拘遠
近照字面贖回今欲有憑立寄佃字
乙紙並帶加齊原字乙紙繳付為
照

嘉慶十五年二月　日立寄佃字葉紹昴（押）
中見侄孫奎鑾
代字侄國巖書

又□□

3-4-20-1　清嘉慶十五年二月葉紹昴立寄民佃田字

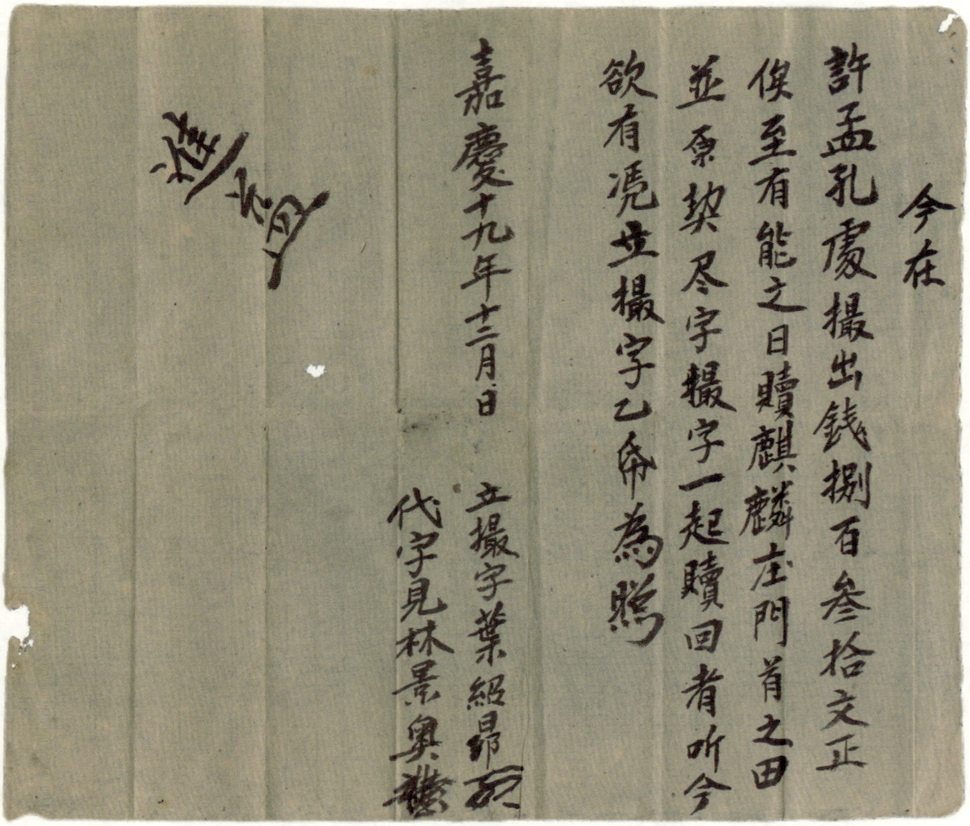

今在
許孟孔處撮出錢捌百叁拾文正
俟至有能之日贖麒麟庄門首之田
並原契盡字撮字一起贖回者所今
欲有憑立撮字乙紙為照
嘉慶十九年十二月　日
立撮字葉紹昂
代字見林景奐

3-4-20-2　清嘉慶十九年十二月葉紹昂立撮字

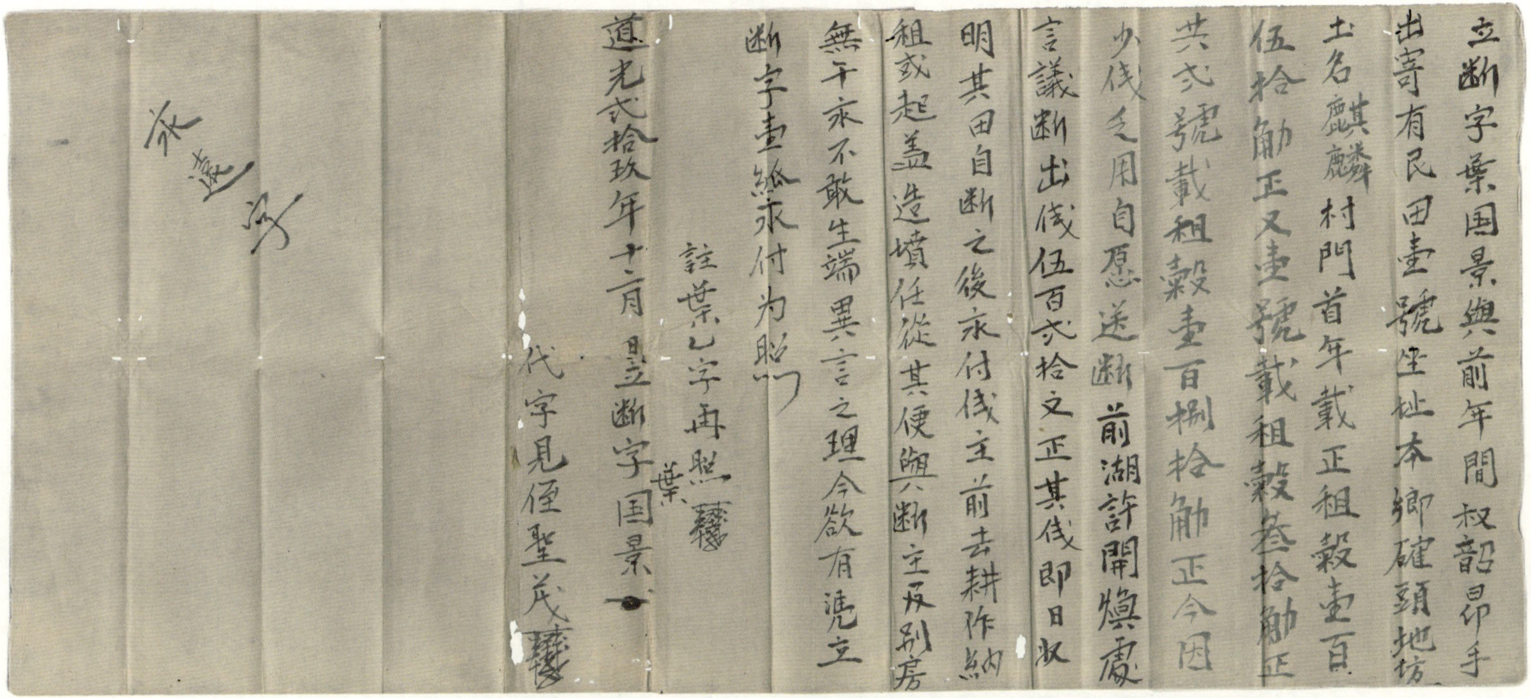
立斷字葉国景與前年間叔韶昂手
出寄有民田壹號坐址本鄉碓頭地坊
土名麒麟村門首年載正租穀壹百
伍拾觔正又壹號載租穀叁拾觔正
共弍號載租穀壹百捌拾觔正今因
少錢乏用自愿送斷前湖許開燉處
言議斷出錢伍百弍拾文正其錢即日收
明其田自斷之後永付錢主前去耕作納
租或起盖造墳任從其便與斷主及別房
無干永不敢生端異言之理今欲有憑立
斷字壹紙永付為照
註葉字再照　葉
道光弍拾玖年十二月　日立斷字　国景
代字見侄　聖茂

3-4-20-3　清道光二十九年十二月葉國景立斷民田字

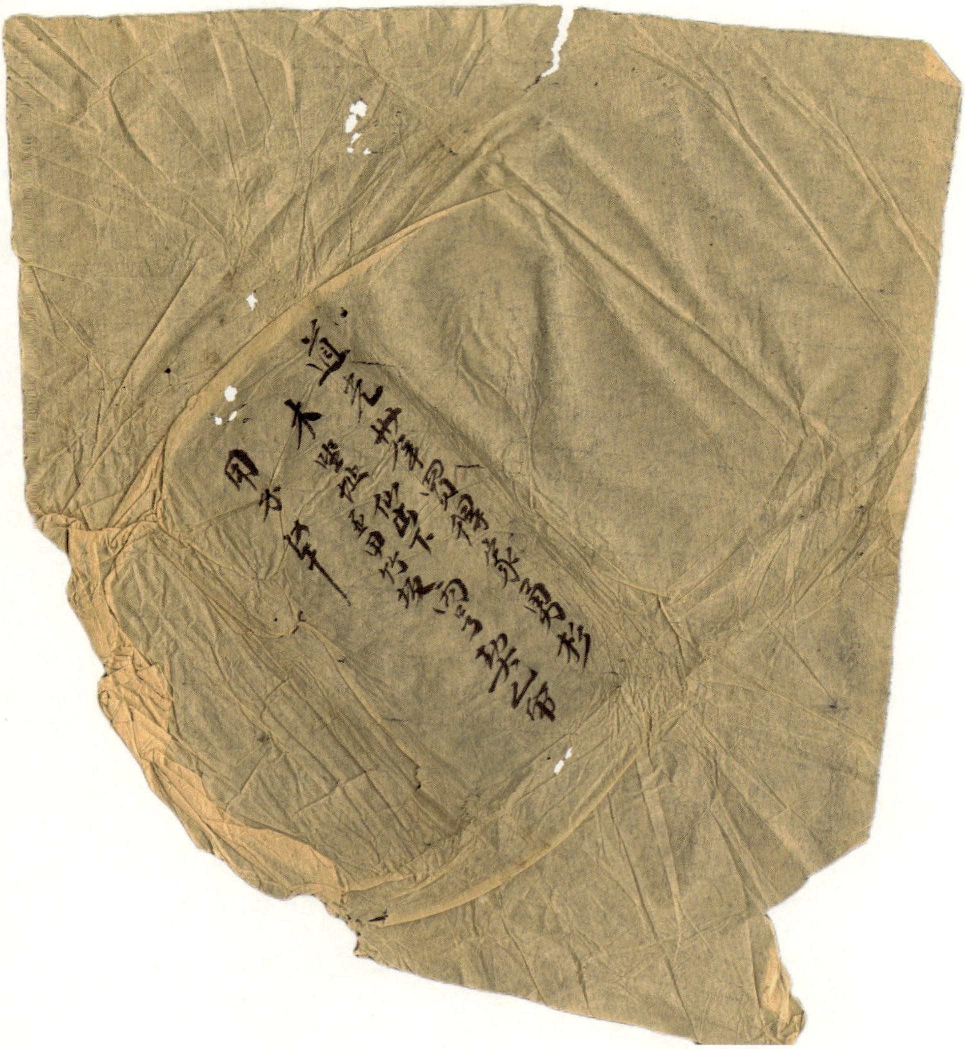

3-4-21-1　包契纸

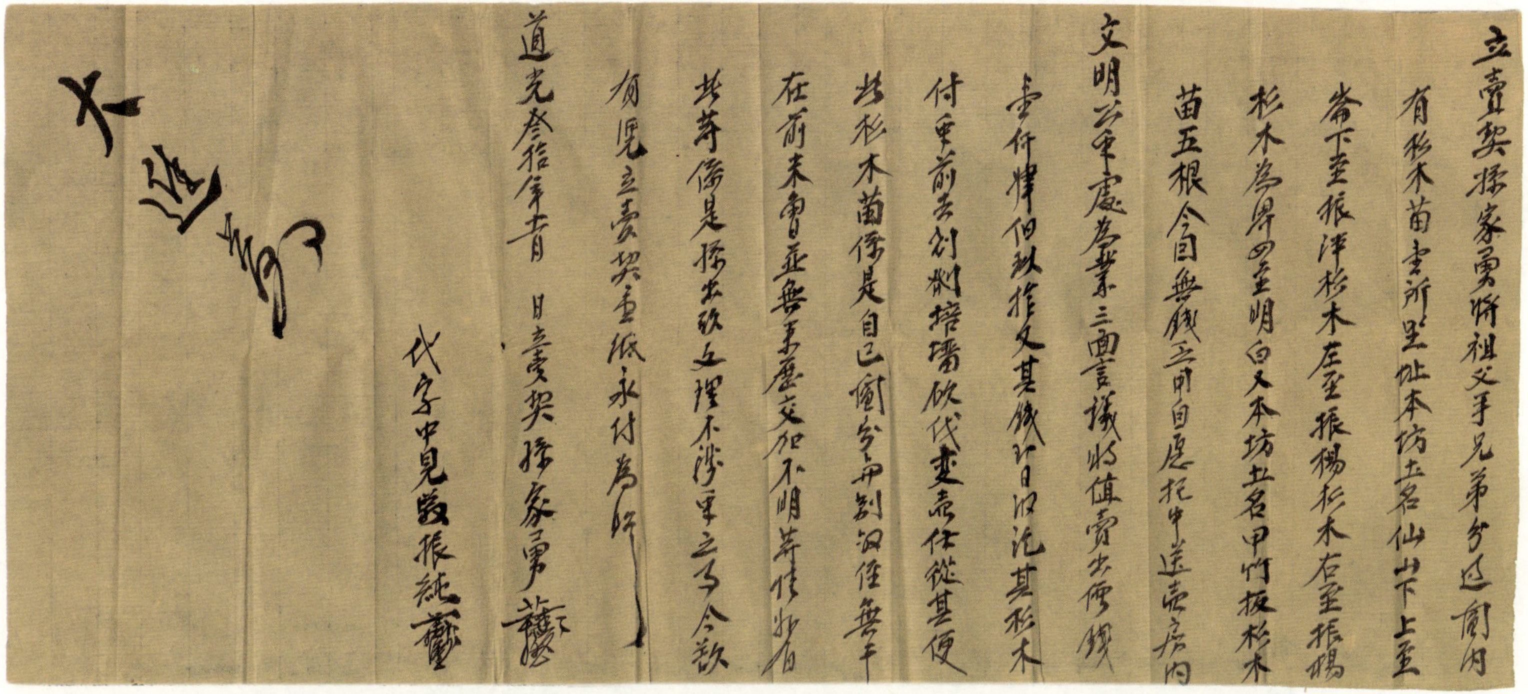
立賣契葉家勇將祖父手兄弟分過闔内
有杉木苗壹所坐址本坊土名仙山下上至
崙下至張洋杉木左至張楊杉木右至張楊
杉木為界四至明白又本坊土名甲門板杉木
苗五根今因無錢應用自愿托中送賣房内
文明公衆處為業三面言議時值賣出價錢
壹仟肆佰玖拾文其錢即日收訖其杉木
付與前去剝削培蓄砍伐變賣任從其便
此杉木苗係是自己闔分中物與侄無干
在前未曾典當重張交加不明等情如有
此等係是葉出頭支理不涉買主之事今欲
有憑立賣契壹紙永付為照
道光叁拾年十一月 日立賣契葉家勇（押）
代字中見叔葉振純（押）

3-4-21-2 清道光三十年十一月葉家勇立賣杉木苗契

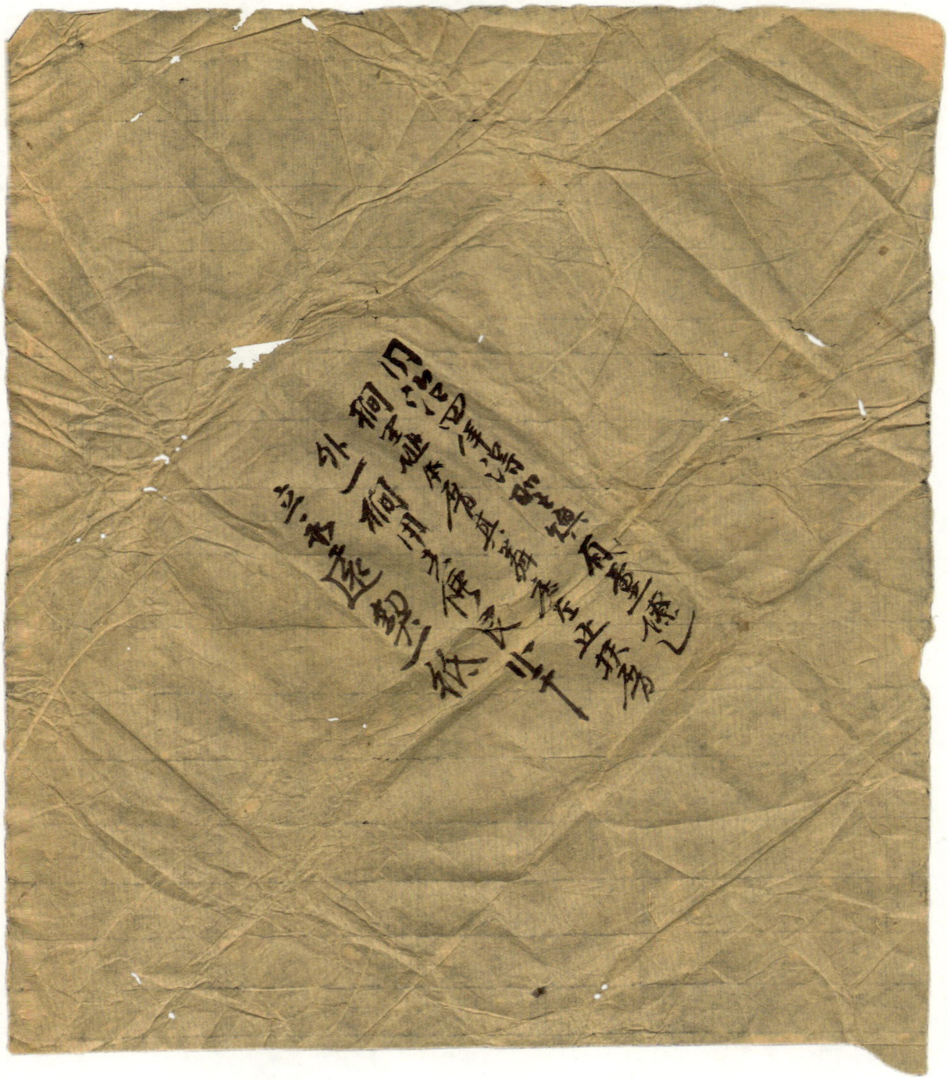

3-4-22-1　包契紙

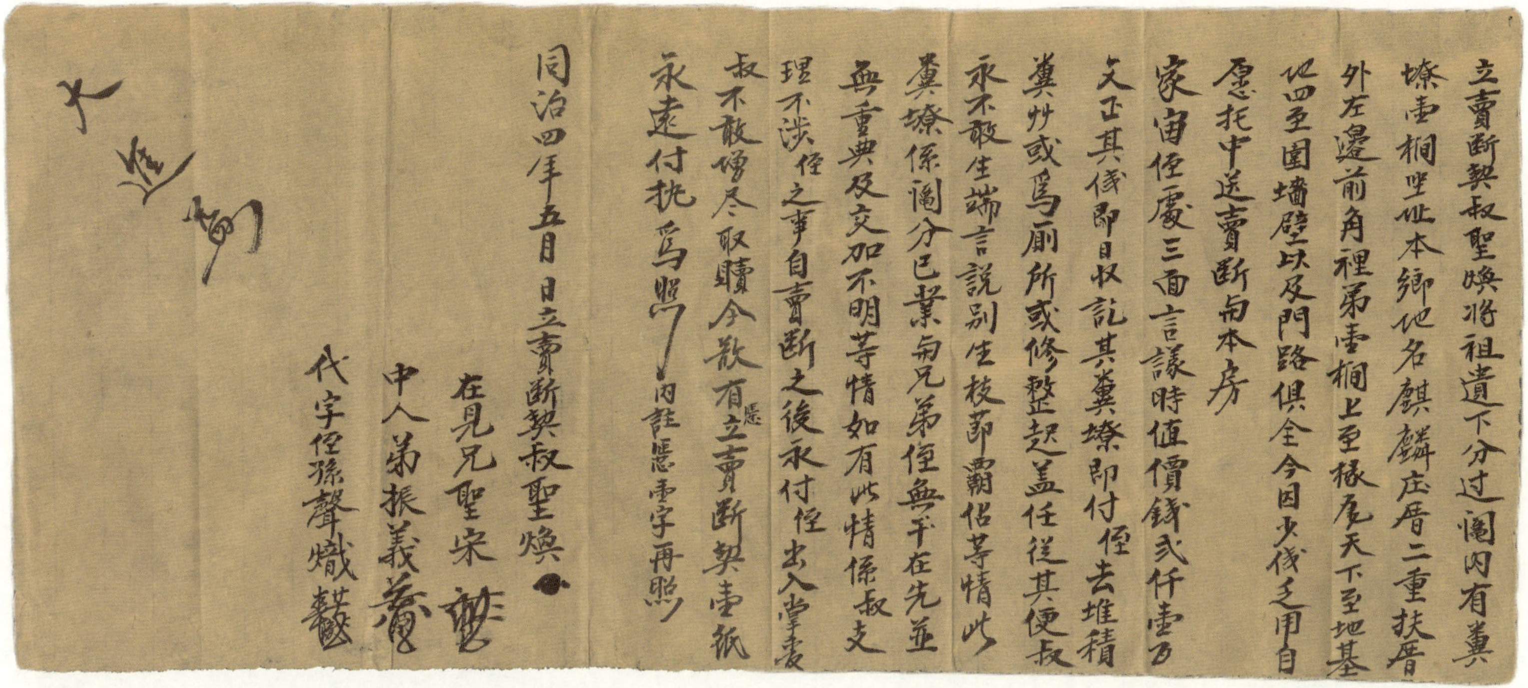

立賣断契叔聖煥將祖遺下分过阄内有糞
寮壹桐坐址本鄉地名麒麟庄厝二重扶厝
外左邊前角裡第壹桐上至椽瓦天下至地基
地四至園墻壁以及門路俱全今因乏錢応用自
愿托中送賣断与本房
家宙侄慶三面言議時值價錢弍仟壹百
文正其錢即日收訖其糞寮即付侄去堆積
糞草或爲廁所或修整起蓋任從其便叔
永不敢生端言說别生枝節霸佔等情此
糞寮係阄分已業与兄弟侄無干在先並
無重典及交加不明等情如有此情係叔支
理不涉侄之事自賣断之後永付侄出入掌管
叔不敢憣尽取贖今欲有憑立賣断契壹紙
永遠付執爲照　内註憑壹字再照
同治四年五月　日立賣断契叔聖煥
在見兄聖宗
中人弟振義
代字侄孫聲熾

3-4-22-2　清同治四年五月葉聖煥立賣断糞寮契

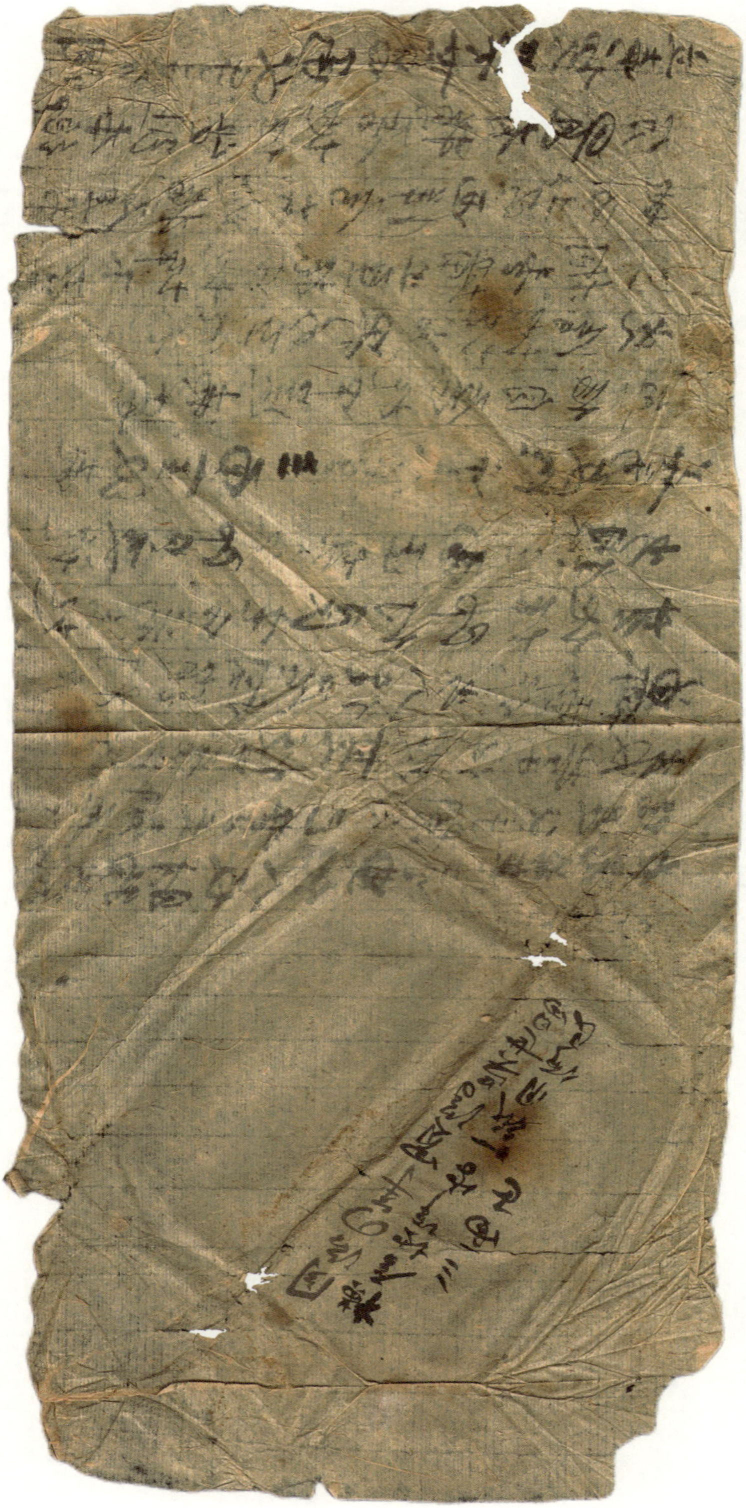

3-4-23-1 包契紙

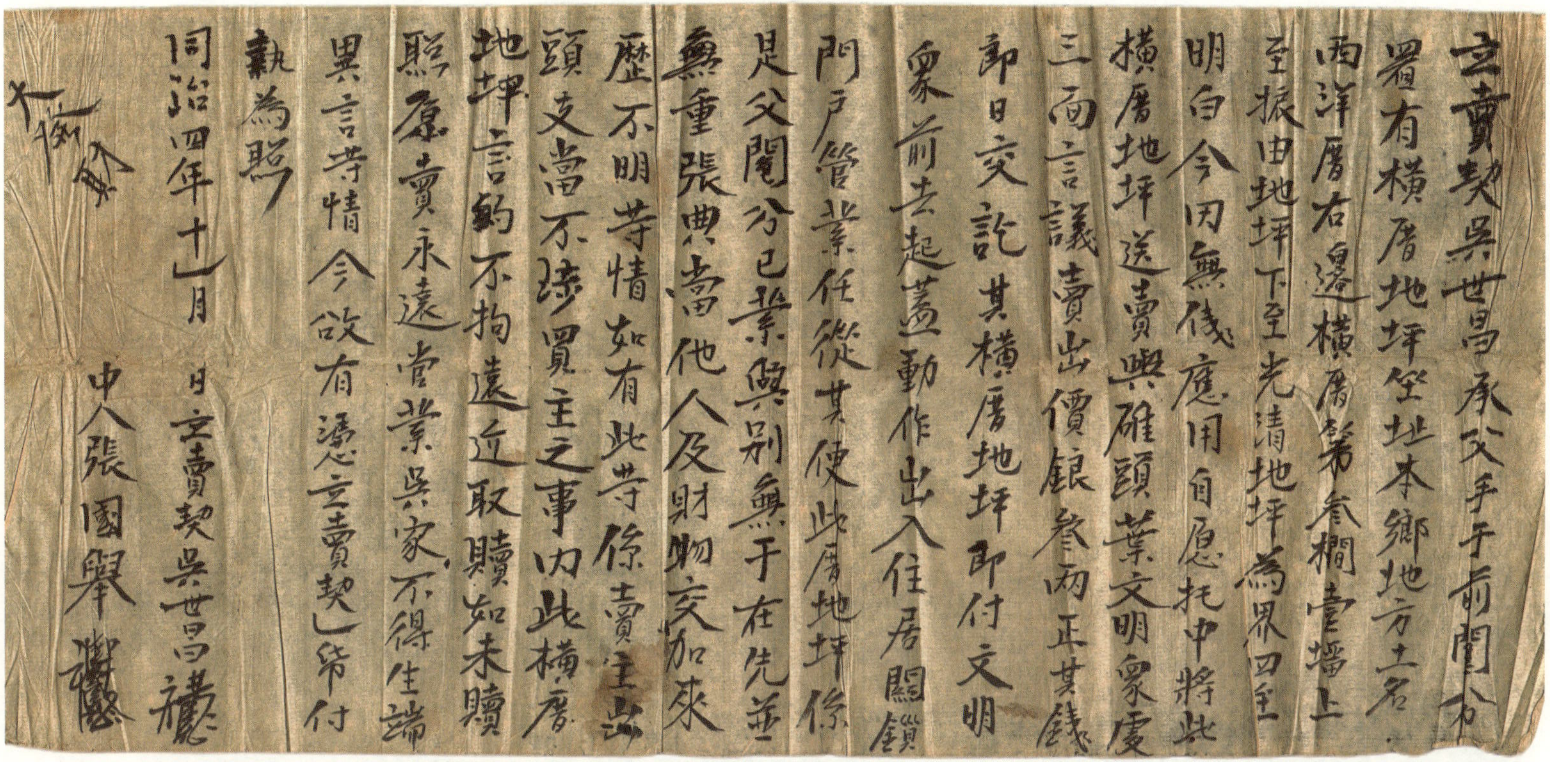

立賣契吳世昌承父手于前闢
置有橫厝地坪坐址本鄉地方土名
兩洋厝右邊橫厝第叁襇壹墙上
至振田地坪下至光清地坪為界四至
明白今因無錢應用自愿托中將此
橫厝地坪送賣與碓頭葉文明衆處
三面言議賣出價銀叁兩正其錢
即日交訖其橫厝地坪即付文明
衆前去起蓋動作出入住居關鎖
門戶管業任從其便此厝地坪係
是父閹分已業與別無干在先並
無重張典當他人及財物交加來
歷不明等情如有此等係賣主出
頭支當不涉買主之事切此橫厝
地坪言約不拘遠近取贖如未贖
照原賣永遠當業吳家不得生端
異言等情今欲有憑立賣契一紙付
執為照
同治四年十一月　日立賣契吳世昌（押）
中人張國舉（押）
大衡命

3-4-23-2　清同治四年十一月吴世昌立賣横厝地坪契

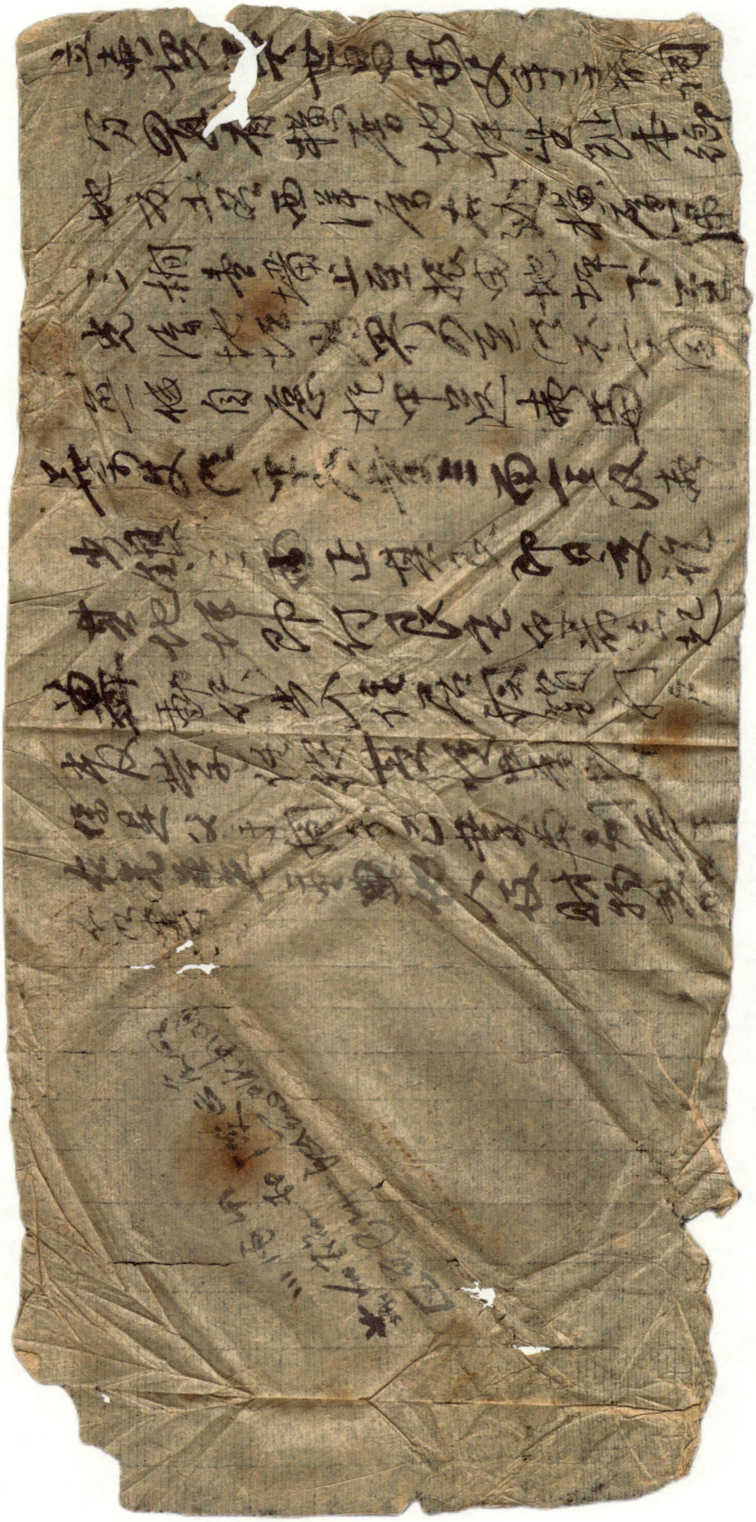

3-4-23-3　清同治年間吳世昌立賣横厝地坪契（草契）

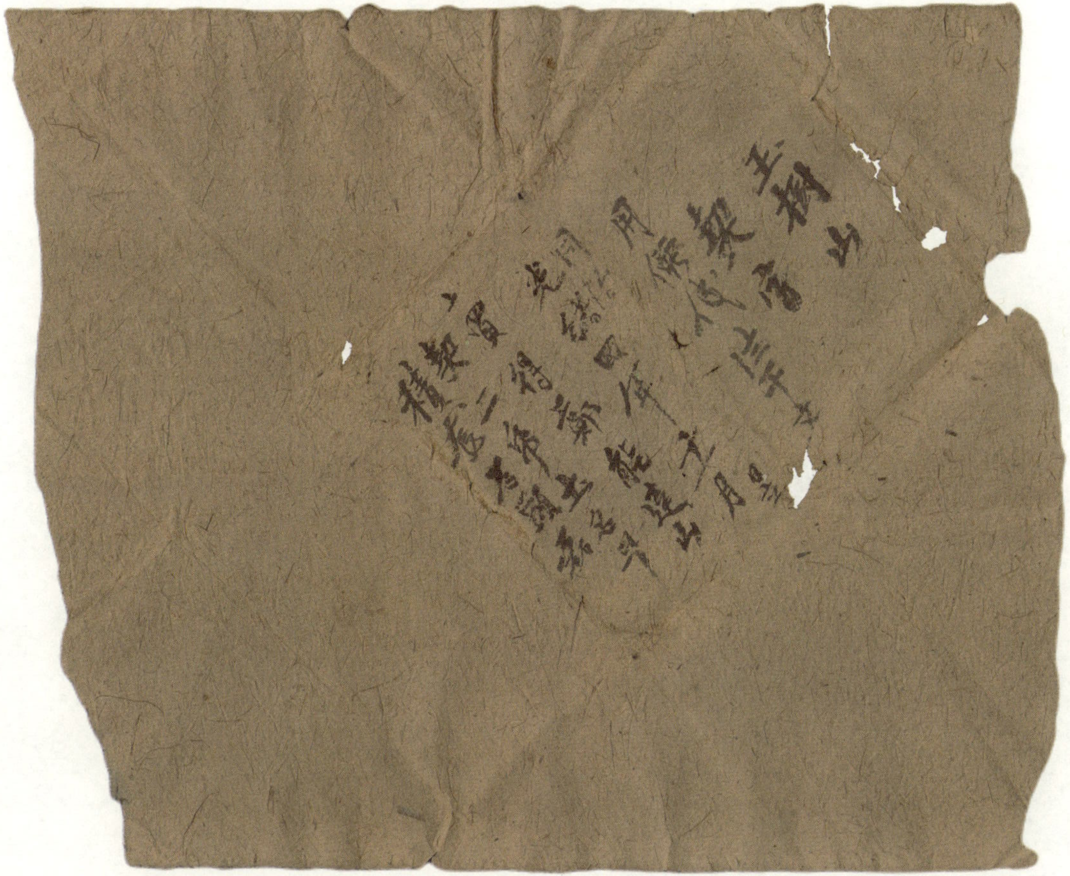

3-4-24-1　包契紙

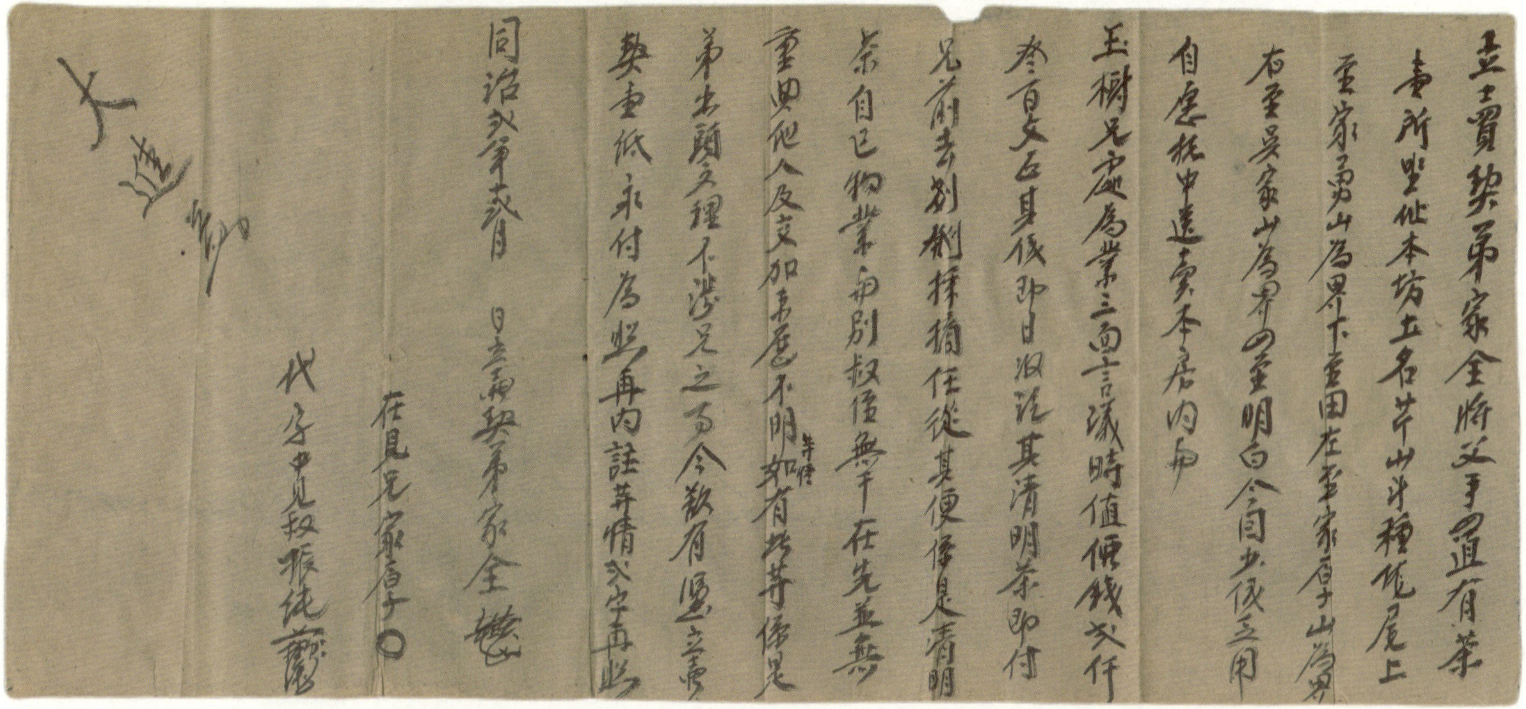

3-4-24-2　清同治二年十二月葉家全立賣茶山契

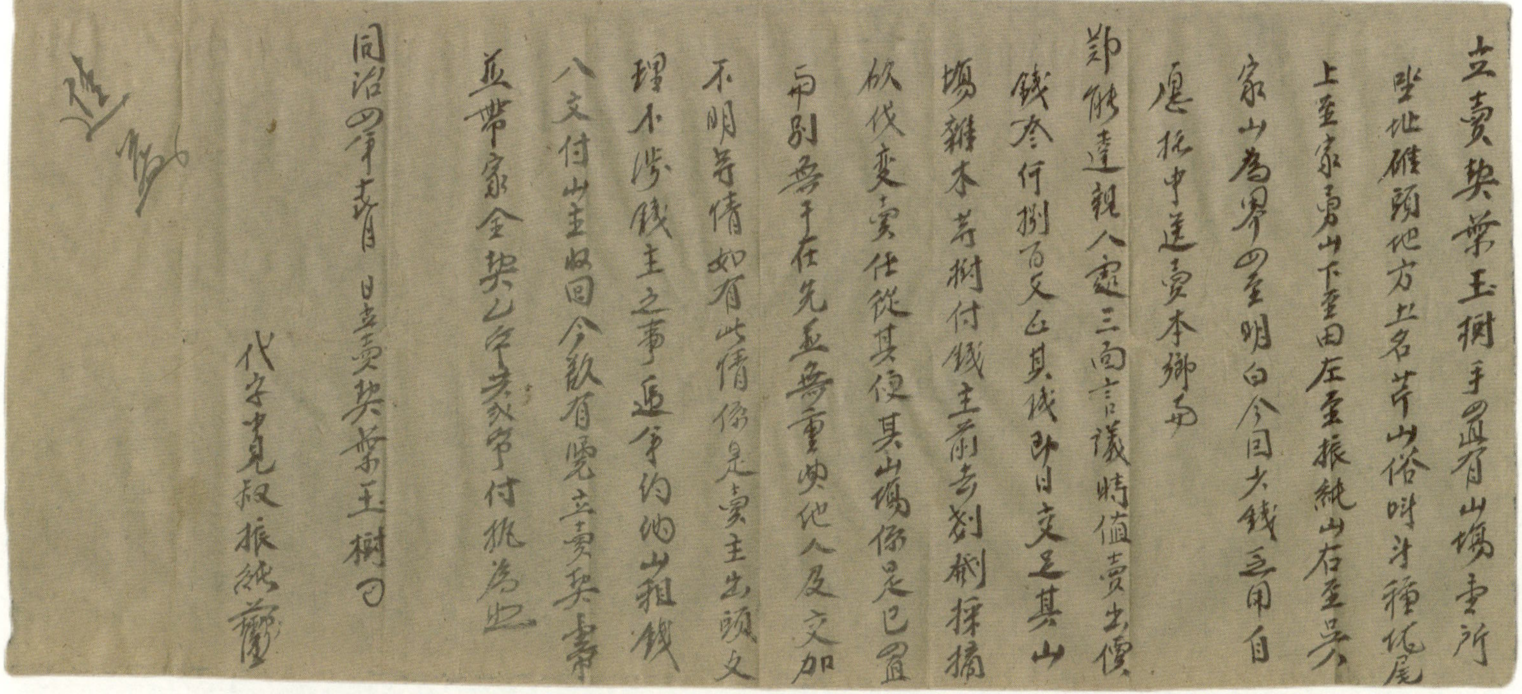

立賣契葉玉樹手置有山場壹所
坐址碓頭地方土名芹山俗呼牙種坑尾
上至家勇山下至田左至振純山右至吳
家山為界四至明白今因乏錢應用自
愿托中送賣本鄉房
弟能達親入處三面言議時值賣出價
錢叁仟捌百文正其錢即日交足其山
場雜木等樹付錢主前去斫剉採摘
砍伐變賣任從其便其山場係是己置
与別房弟侄無干在先並無重典他人及交加
不明等情如有此情係是賣主出頭支
理不涉錢主之事逐年約納山租錢
八文付山主收回今欲有憑立賣契壹帋
並帶家全契乙帋共式帋付執為照
同治四年十二月　日立賣契葉玉樹（押）
代字中見叔振純（押）

3-4-24-3　清同治四年十二月葉玉樹立賣山場契

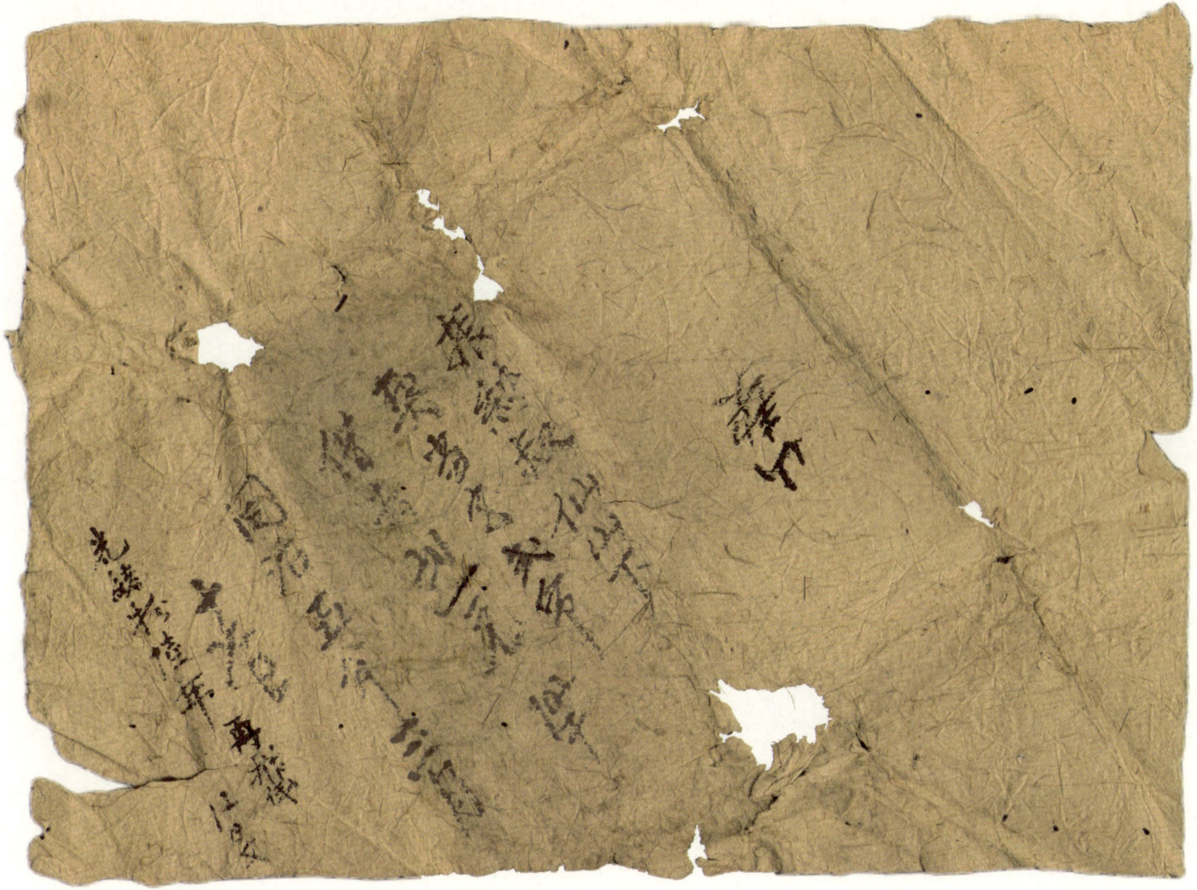

3-4-25-1　包契紙

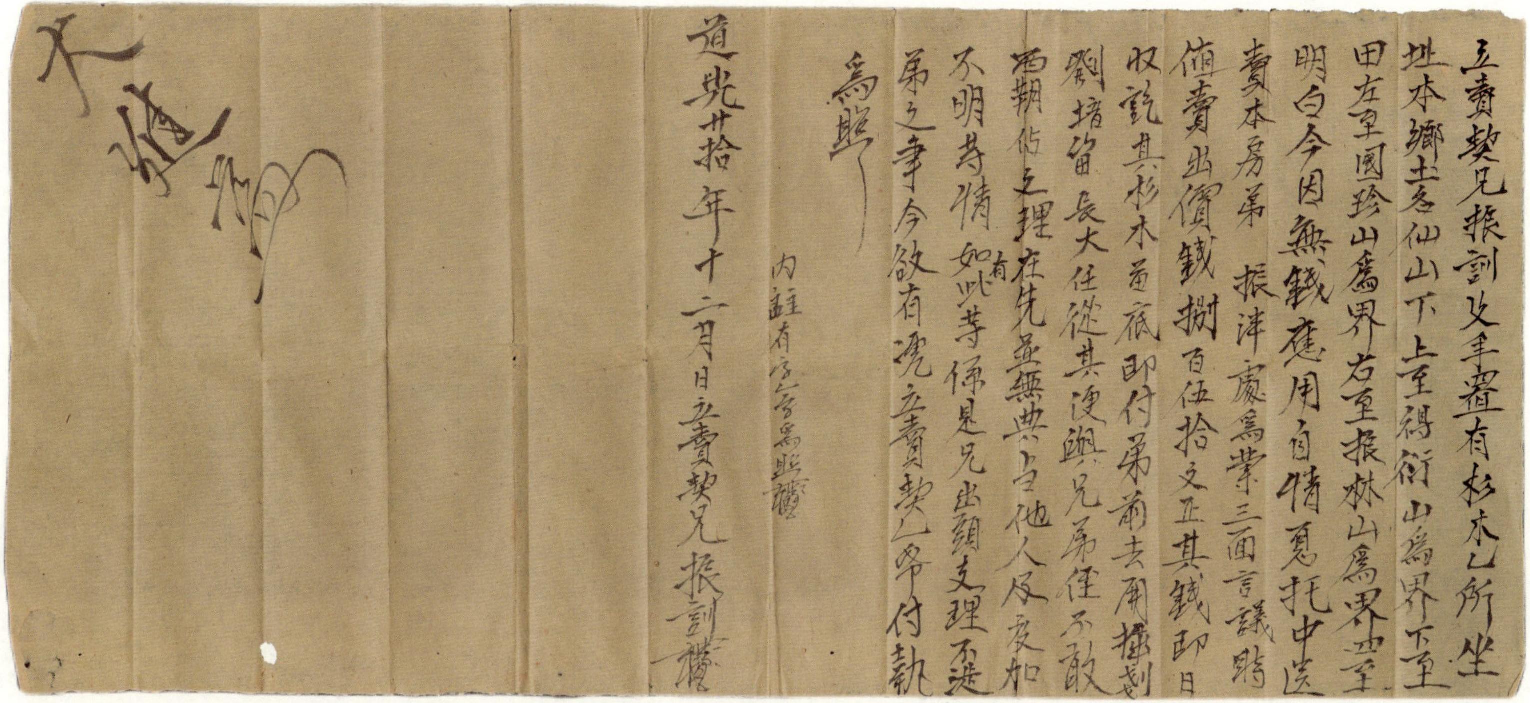

立賣契兄振訓父手置有杉木乙所坐
址本鄉土名仙山下上至碍衍山爲界下至
田左至國珍山爲界右至振林山爲界四至
明白今因無錢應用自情憑托中送
賣本房弟　振洋處爲業三面言議明
値賣出價錢捌百伍拾文正其錢即日
收訖其杉木並底即付弟前去開掘劃
劉培留長大任從其便與兄弟侄不敢
爲期佔之理在先並無與他人反交加
不明等情如有此等係是兄出頭支理不涉
弟之事今欲有憑立賣契乙帋付執
爲照
內註有字乙字爲照
道光廿拾年十二月日立賣契兄振訓

3-4-25-2　清道光二十年十二月葉振訓立賣杉木契

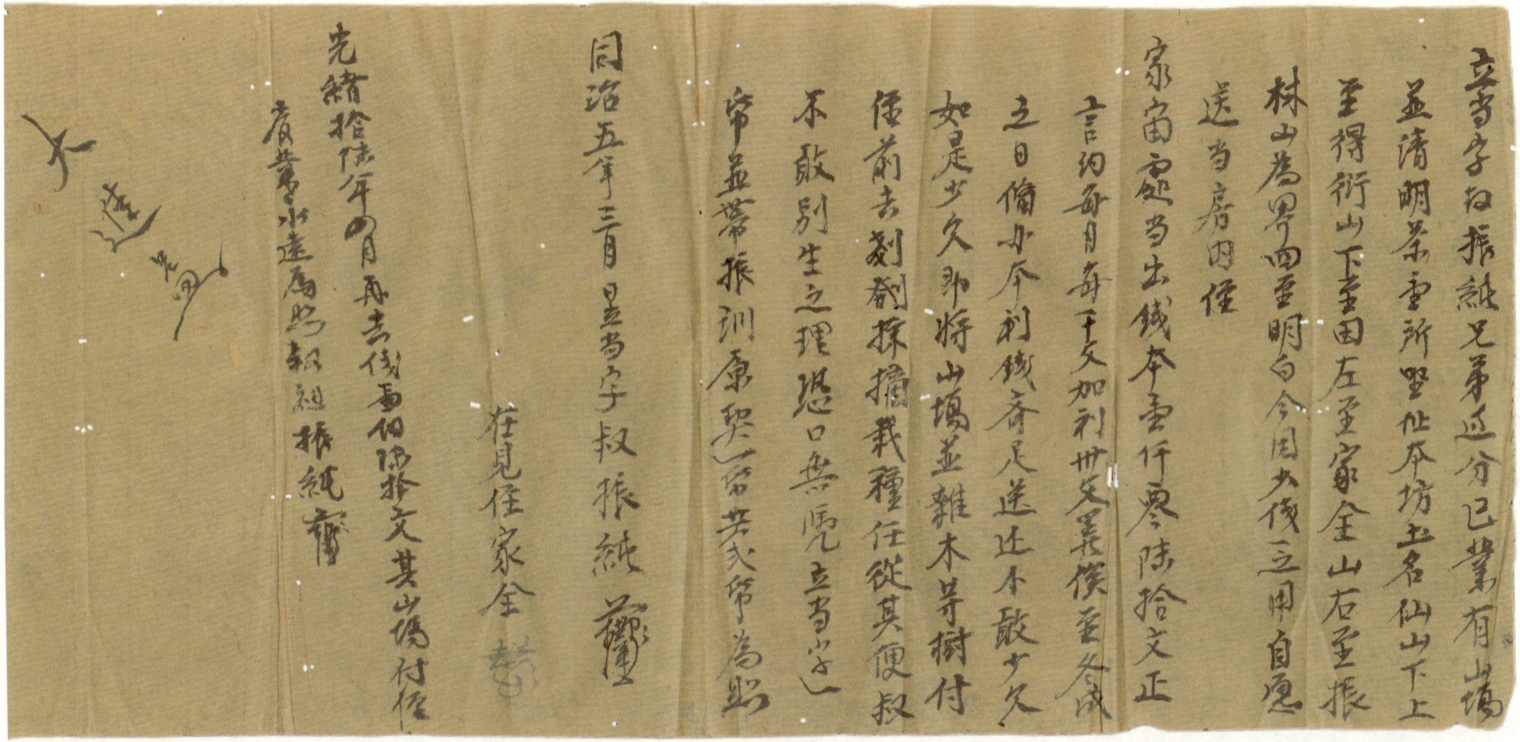

立當字叔振純兄弟近分已業有山場
並清明茶壹所，址在本坊，土名仙山下，上
至得衍山，下至田，左至家全山，右至振
林山爲界，四至明白。今因乏錢應用，自愿
送當與侄
家富處，當出錢本壹仟零陸拾文正。
言約每月每千文加利卅文算，俟至冬成
之日備出本利錢齊足送还，不敢少欠。
如是少欠，即將山場並雜木、芽樹付
侄前去剗劄採摘栽種，任從其便，叔
不敢別生之理。恐口無憑，立當字一
帋，並帶振訓原契一帋，共弍帋爲照。

同治五年三月　日立當字叔振純（押）

在見侄家全（押）

光緒拾陸年四月再去錢壹佰陸拾文，其山場付侄
貴華永遠爲照。叔　振純（押）

3-4-25-3　清同治五年三月葉振純立當山場等字

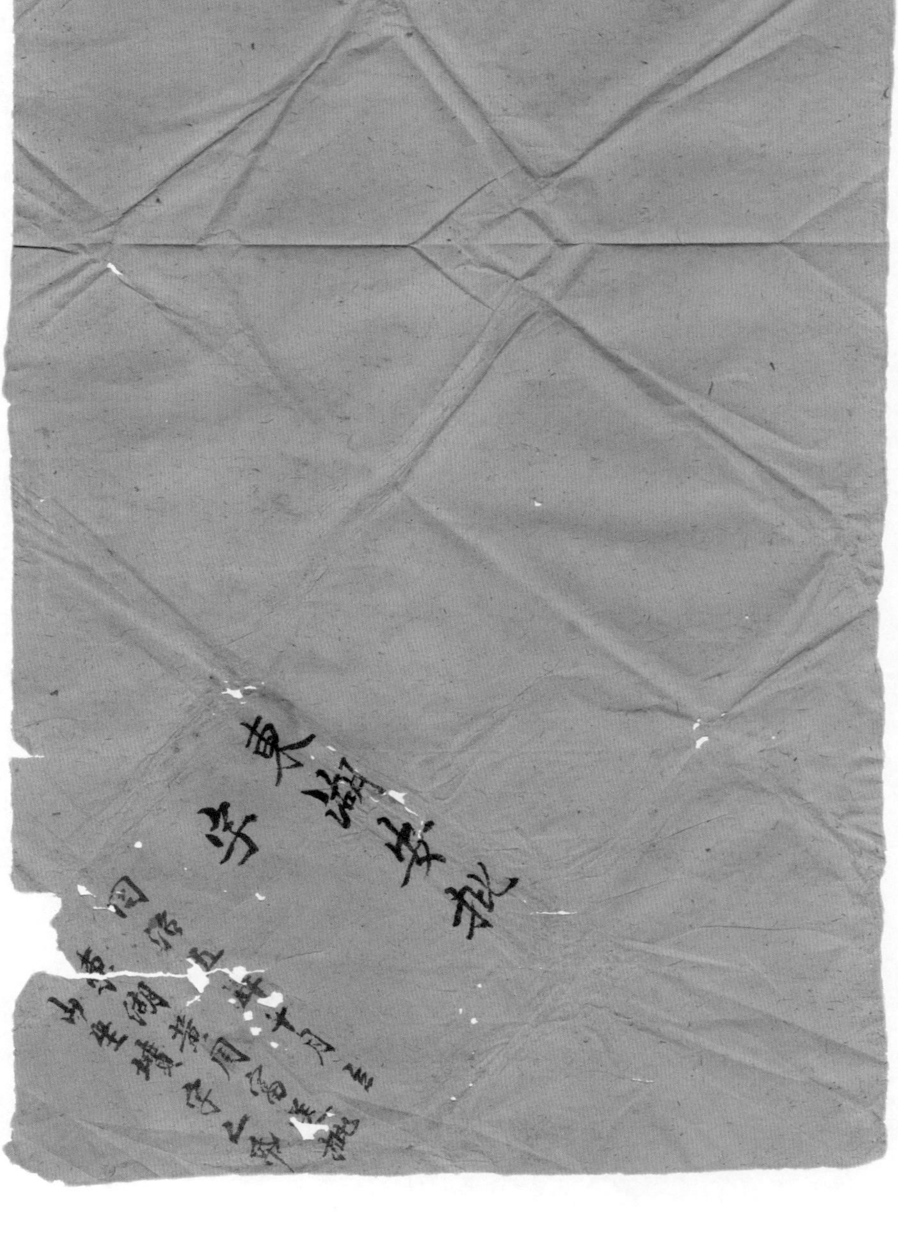
東嶺安龍
字
同治五年十月三

3-4-26-1 包契紙

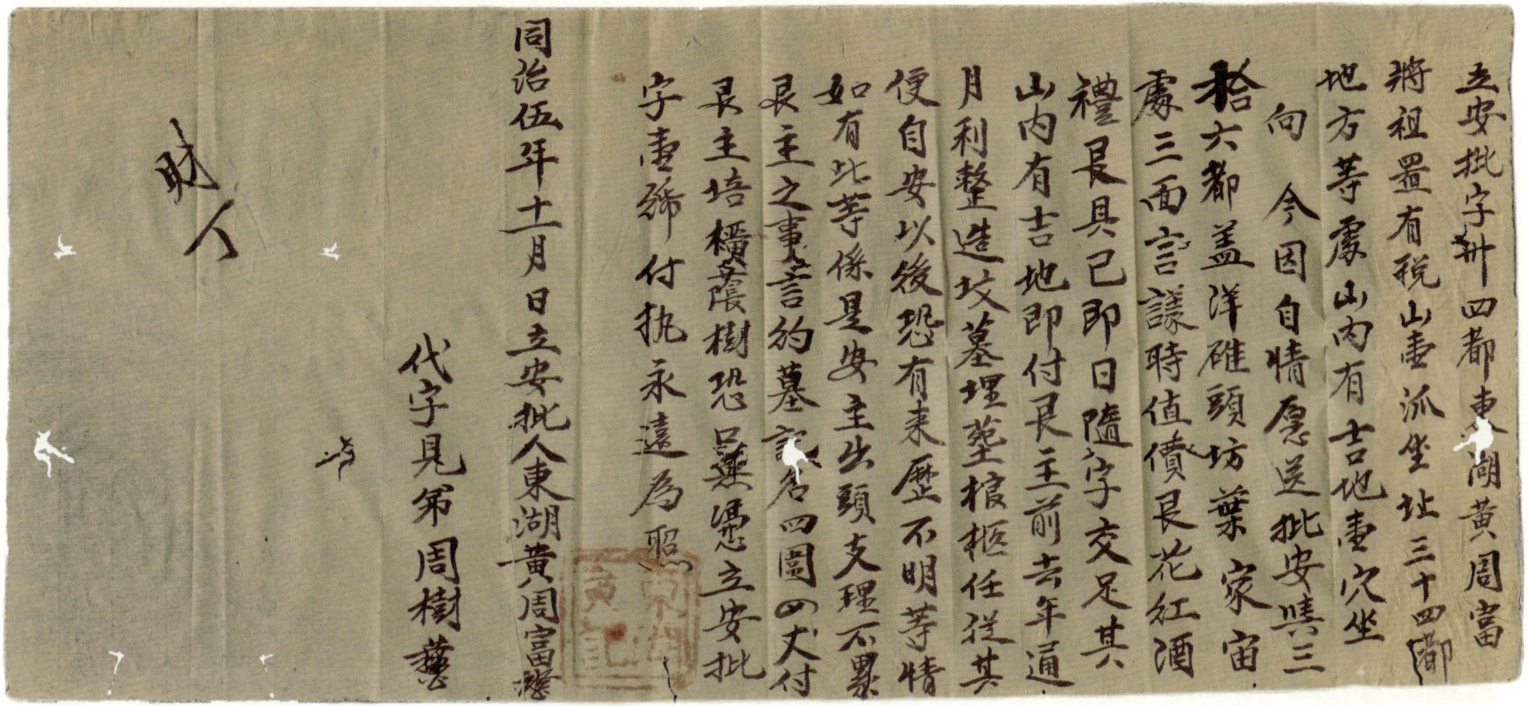

立安批字什四都東湖黃周富
將祖置有稅山壹派坐址三十四都
地方等處山內有吉地壹穴坐
向　今因自情愿送批安塟三
拾六都盖洋碓頭坊葉家宙
處三面言議時值價艮花紅酒
禮艮具已即日隨字交足其
山內有吉地即付艮主前去年通
月利整造坟墓理塟棺柩任從其
便自安以後恐有來歷不明等情
如有此等係是安主出頭支理不累
艮主之事言約墓穴四圍四尺付
艮主培種蔭樹恐口無憑立安批
字壹紙付執永遠為照

同治伍年十一月日立安批人東湖黃周富（押）

代字見弟周樹（押）

取人

3-4-26-2　清同治五年十一月黄周富立安批吉地字

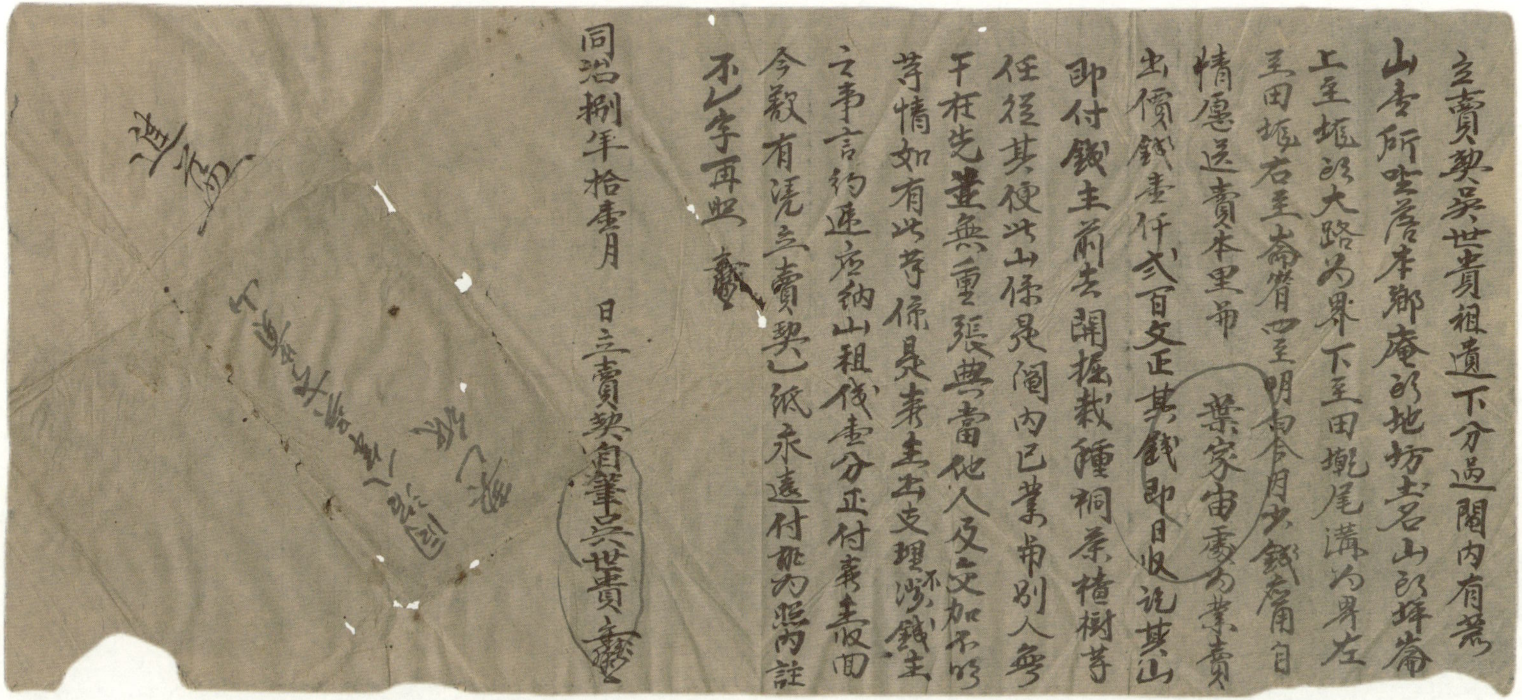

立賣契吳世貴祖遺下分過鬮內有荒
山壹所坐落本鄉庵頭地方土名山頭坪崙
上至坵頭大路為界下至田墘尾溝為界左
至田坵右至崙脊四至明白今因乏錢應用自
情愿送賣本里弟葉家宙處為業
出價錢壹仟弍百文正其錢即日收訖其山
即付錢主前去開掘栽種桐茶植樹等
任從其便此山係是鬮內已業與別人無
干在先並無重張典當他人及交加不明
等情如有此等係是賣主出支理不涉錢主
之事言約逐年納山租錢壹分正付賣主收回
今欲有憑立賣契一紙永遠付執為照內註
不字再照

同治捌年拾壹月　日立賣契自筆吳世貴

3-4-27-1　清同治八年十一月吳世貴立賣荒山契（廢契）

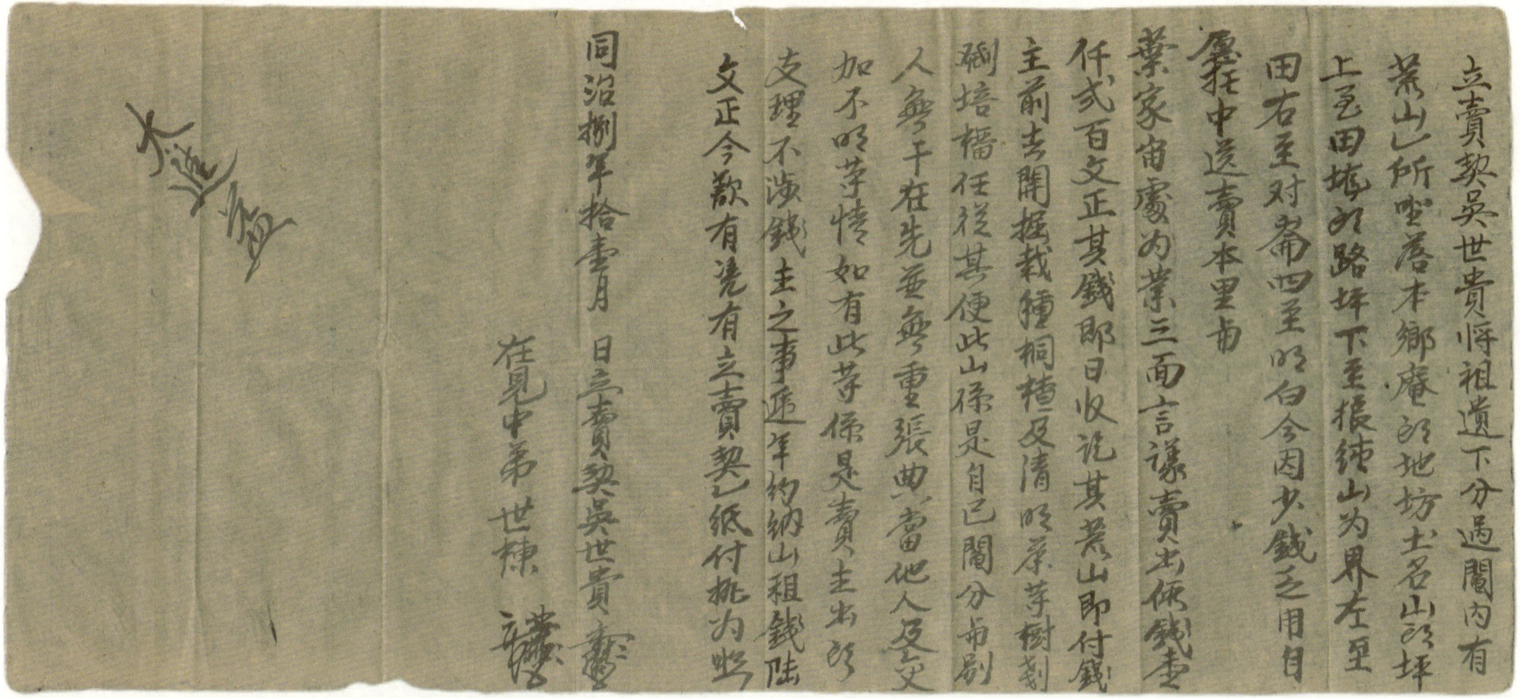
立賣契吴世貴將祖遺下分過閹内有
荒山乙所坐落本鄉庵头地坊土名山头坪
上至田塝外路坪下至振鍾山为界左至
田右至对斋四至明白今因乏錢乏用自
愿托中送賣本里吉
葉家宙處为業三面言議賣出価錢壹
仟弍百文正其錢即日收訖其荒山即付錢
主前去開掘栽種桐植及清明柴芽樹割
砌培播任從其便此山係是自己閹分吊剔
人無干在先並無重張典當他人及交
加不明等情如有此等係是賣主出头
支理不涉錢主之事逐年約納山租錢陆
文正今欲有憑有立賣契乙紙付執为照
同治捌年拾壹月　日立賣契吴世貴（押）
在見中弟　世棟（押）
大進寶

3-4-27-2　清同治八年十一月吴世貴立賣荒山契

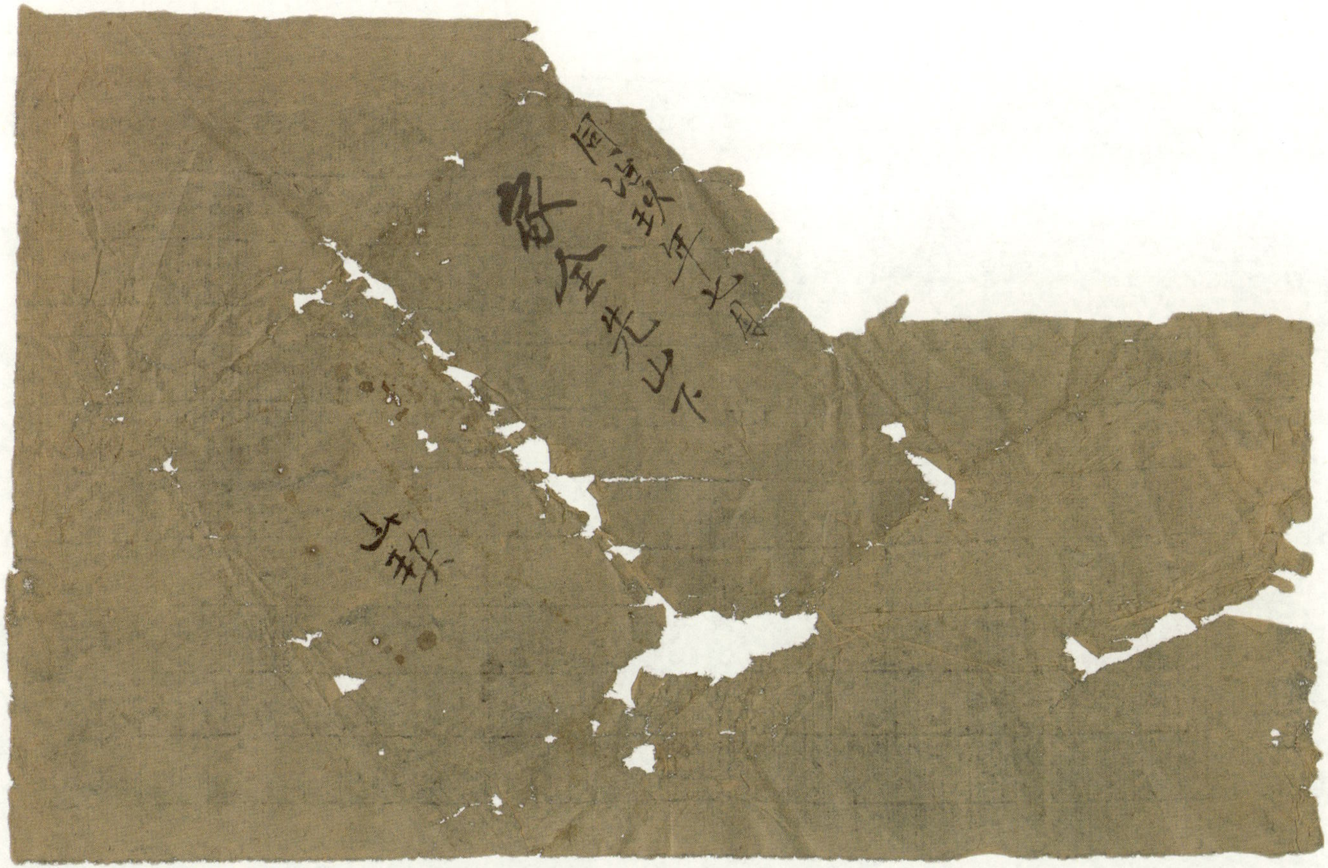

3-4-28-1　包契紙

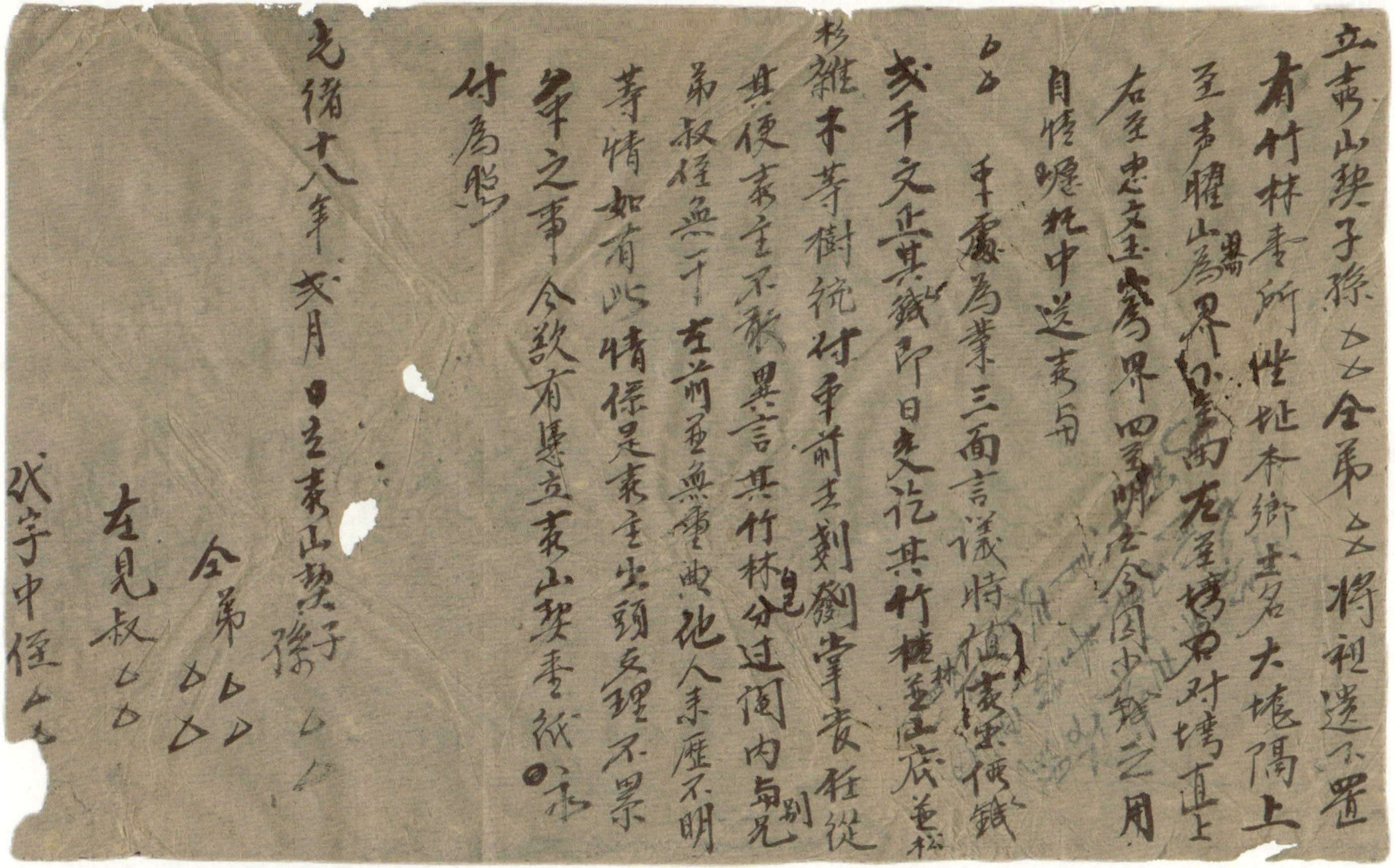
立袁山契子孫△△仝弟△△將祖遺不置
有竹林壹所，坐址本鄉土名大塊隔上
至聲瞿山爲界，下至西左至塘田對塘直上
右至忠文土窯爲界，四至明白，今因少錢之用
自情愿托中送袁與
△△手處爲業，三面言議時值價錢
貳千文正，其錢即日交訖，其竹林並山底並松
杉雜木等樹，統付爭前去劉斲掌管，任從
其便，袁主不敢異言，其竹林分过閬內与別兄
弟叔侄無干，在前並無重典他人未歷不明
等情，如有此情，係是袁主出頭支理，不累
貳之事，今欲有憑，立袁山契壹紙，永
付爲照
光緒十八年 弍月 日立袁山契子孫△△
仝弟△△
在見叔△△
代字中侄△△

3-4-28-2 包契紙（草契）

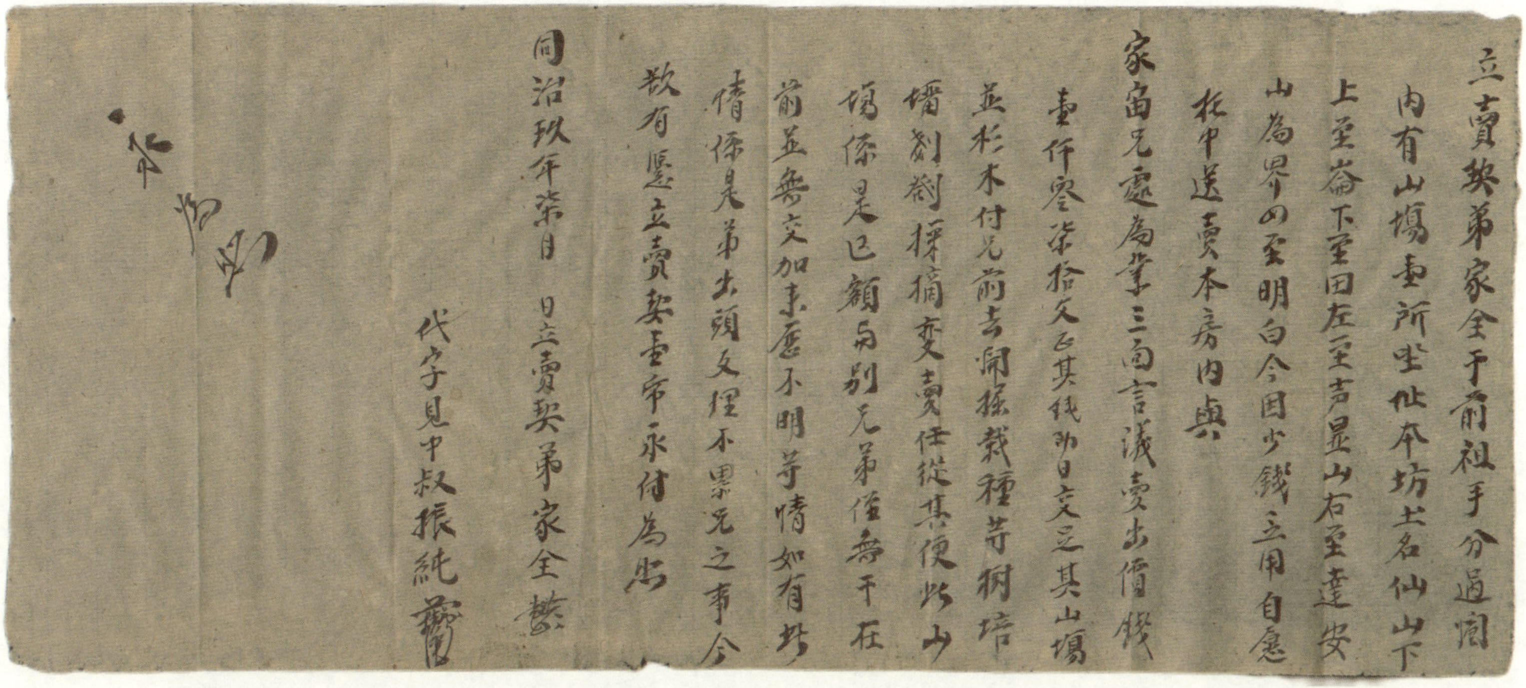
立賣契弟家全承前祖手分過閫
內有山場壹所坐址本坊土名仙山下
上至嶺下至田左至吉显山右至達安
山為界四至明白今因少錢應用自愿
托中送賣本房内與
家甫兄處爲業三面言議賣出價錢
壹仟零柒拾文正其錢即日交足其山場
並杉木付兄前去開掘栽種苛桐培
墻劉劉揀摘變賣任從其便此山
場係是己額與別兄弟侄無干在
前並無交加來歷不明等情如有此
情係是弟出頭支理不累兄之事今
欲有憑立賣契壹帋永付爲照
同治玖年柒月　日立賣契弟家全（押）
代字見中叔振純（押）

3-4-28-3　清同治九年七月葉家全立賣山場契

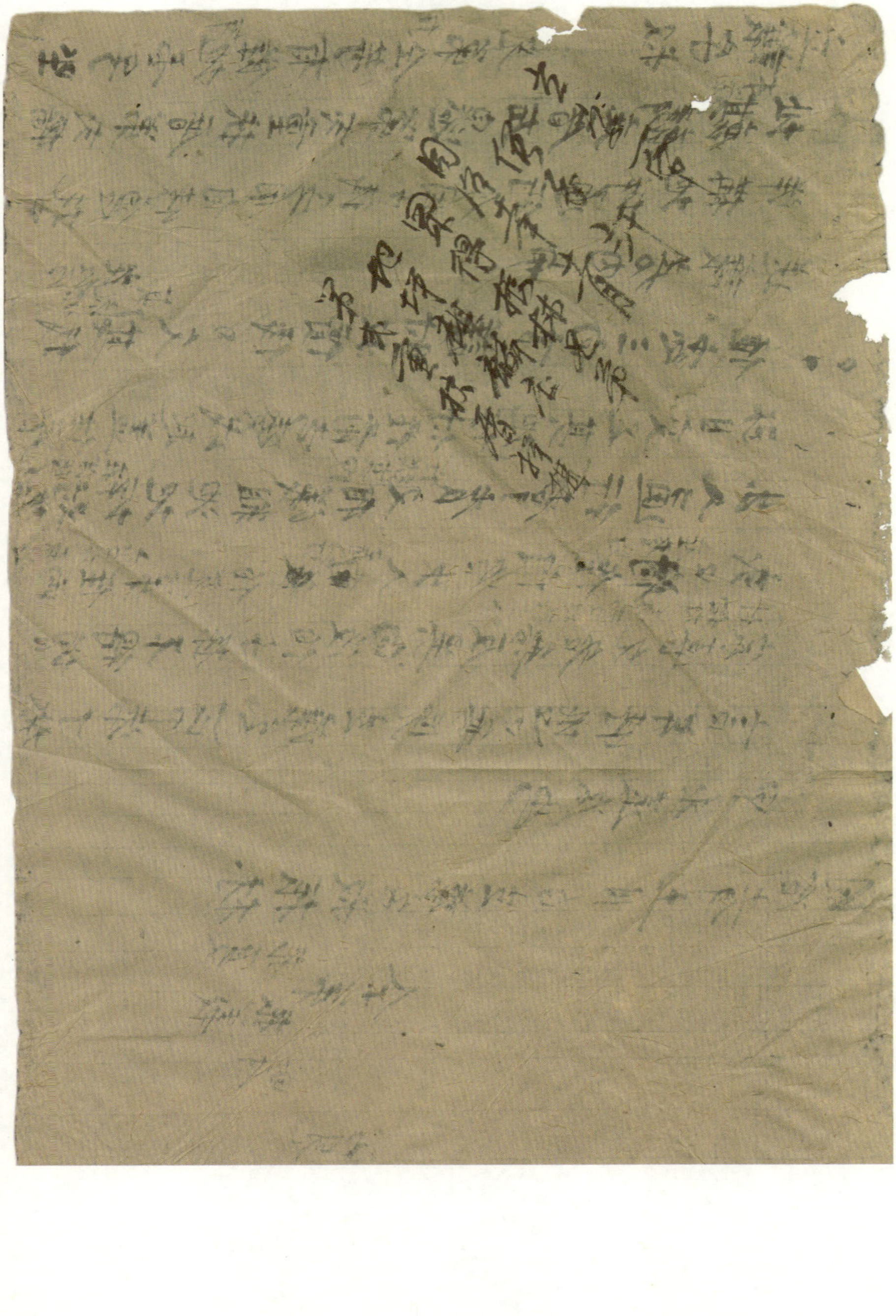

3-4-29-1 包契紙

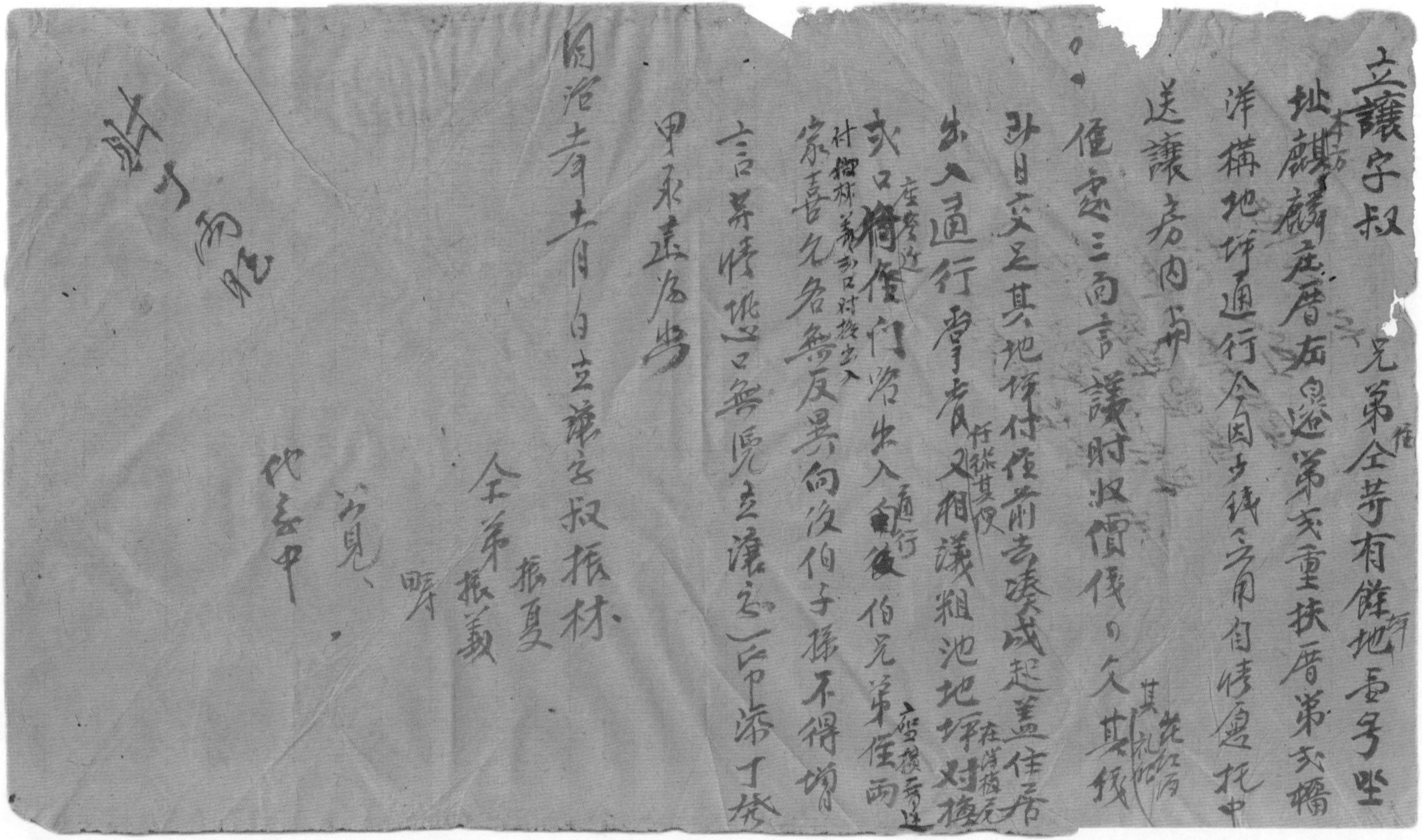
立讓字叔兄弟仝並有餘地壹号坐
址麒麟庄厝左邊第式重扶厝第式橺
洋構地坪通行今因乏錢應用自情愿托中
送讓房内弟
侄處三面言議時収價錢□文其錢
即日交足其地坪付侄前去凑成起蓋住厝
出入通行掌管又相議粗池地坪对換
式口倚侄門路出入通行自後伯兄弟侄兩
家喜允各無反異向後伯子孫不得增
言異情此口無憑立讓字一紙付執為炤
同治十一年十一月　日立讓字叔振林
振夏
仝弟振義
在見
代筆中
[illegible]

3-4-29-2　清同治十一年十一月葉振林等立讓餘坪地字（草契）

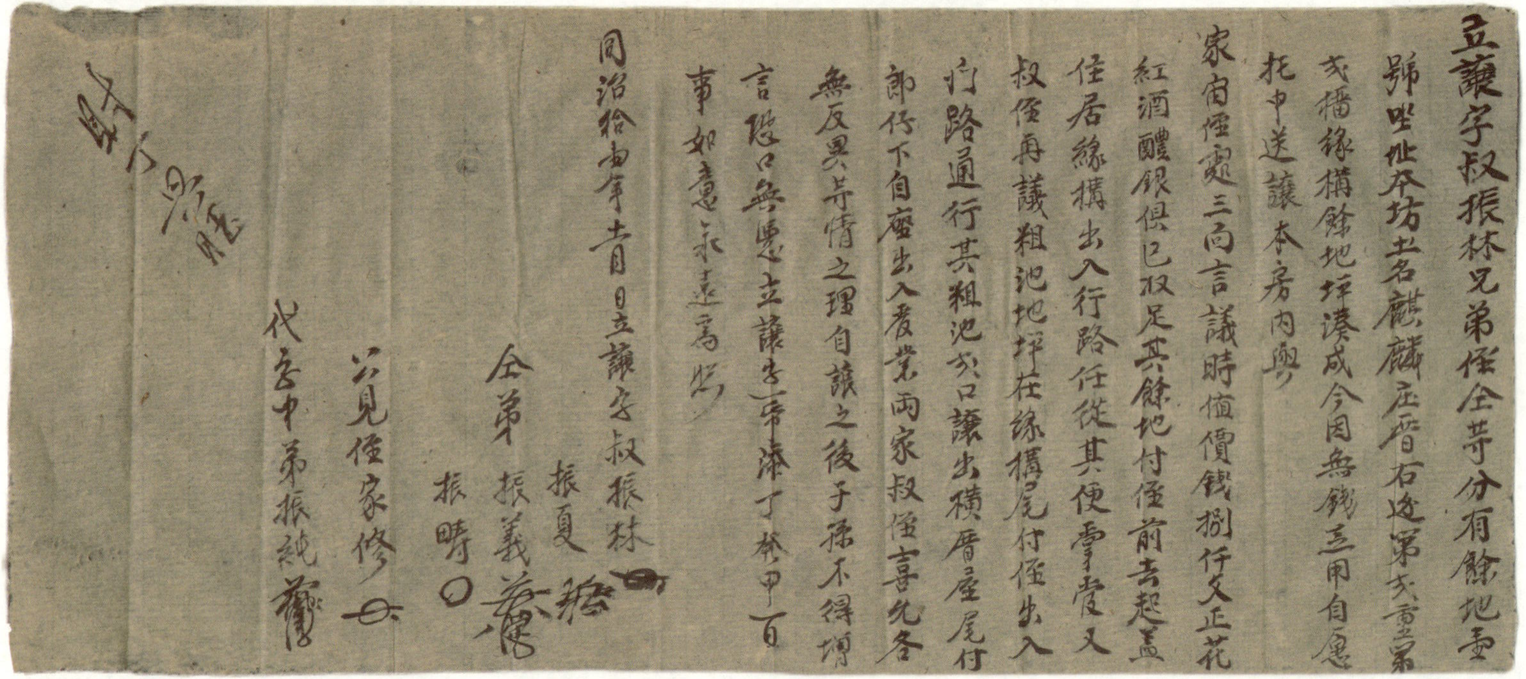

3-4-29-3　清同治十一年十一月葉振林等立讓餘地字

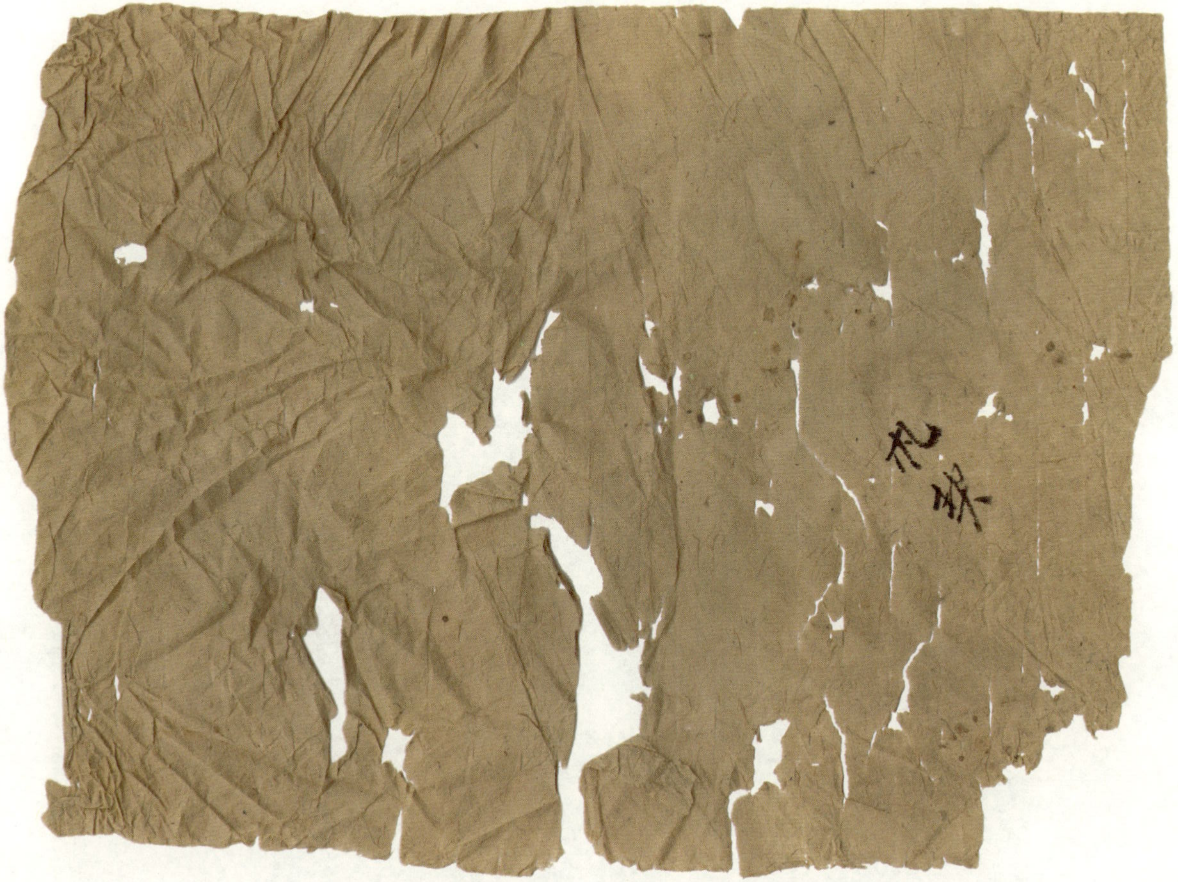

3-4-30-1　包契紙

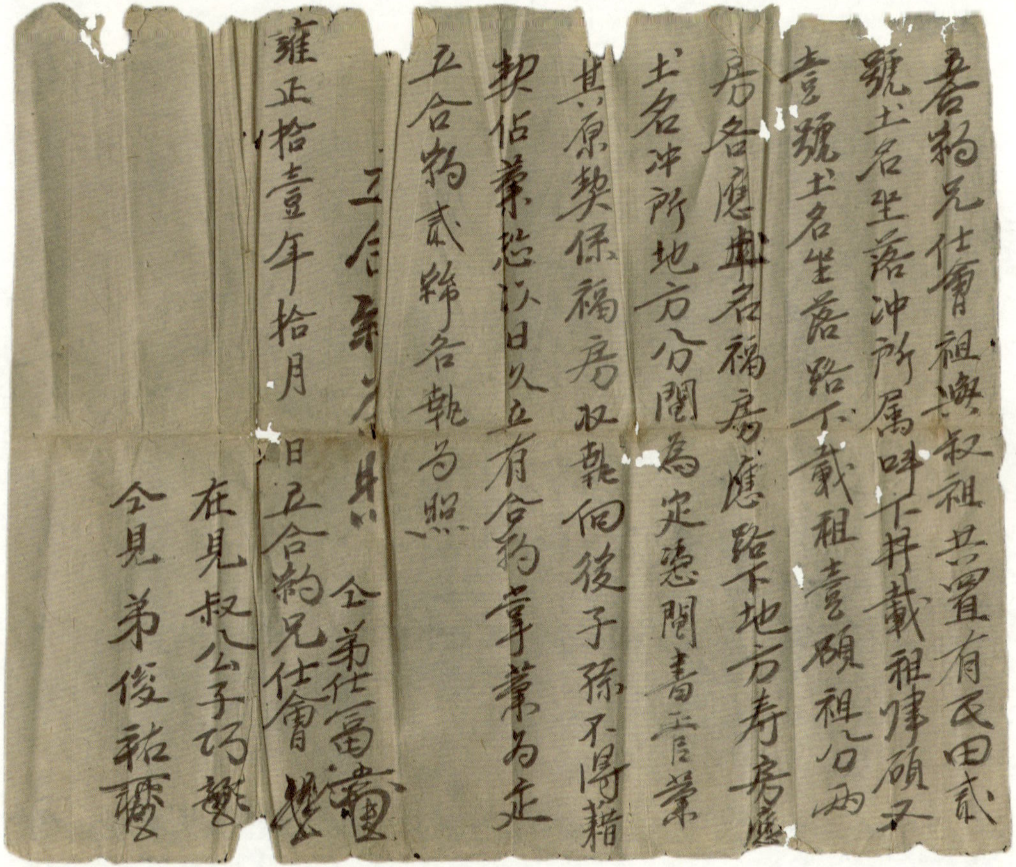
立合約兄仕會祖與叔祖共置有民田貳
號土名坐落沖所屬坪下井載租肆碩又
壹號土名坐落路下載租壹碩祖公兩
房各應其半名福房應路下地方壽房應
土名沖所地方分鬮為定憑鬮書管業
其原契係福房收執向後子孫不得藉
契佔業恐后日以立有合約掌業為定
立合約貳紙各執為照
立合約為照
雍正拾壹年拾月　日立合約兄仕會（押）　仝弟仕富（押）
在見叔公子巧（押）
仝見弟俊祐（押）

3-4-30-2　清雍正十一年十月葉仕會等立合約

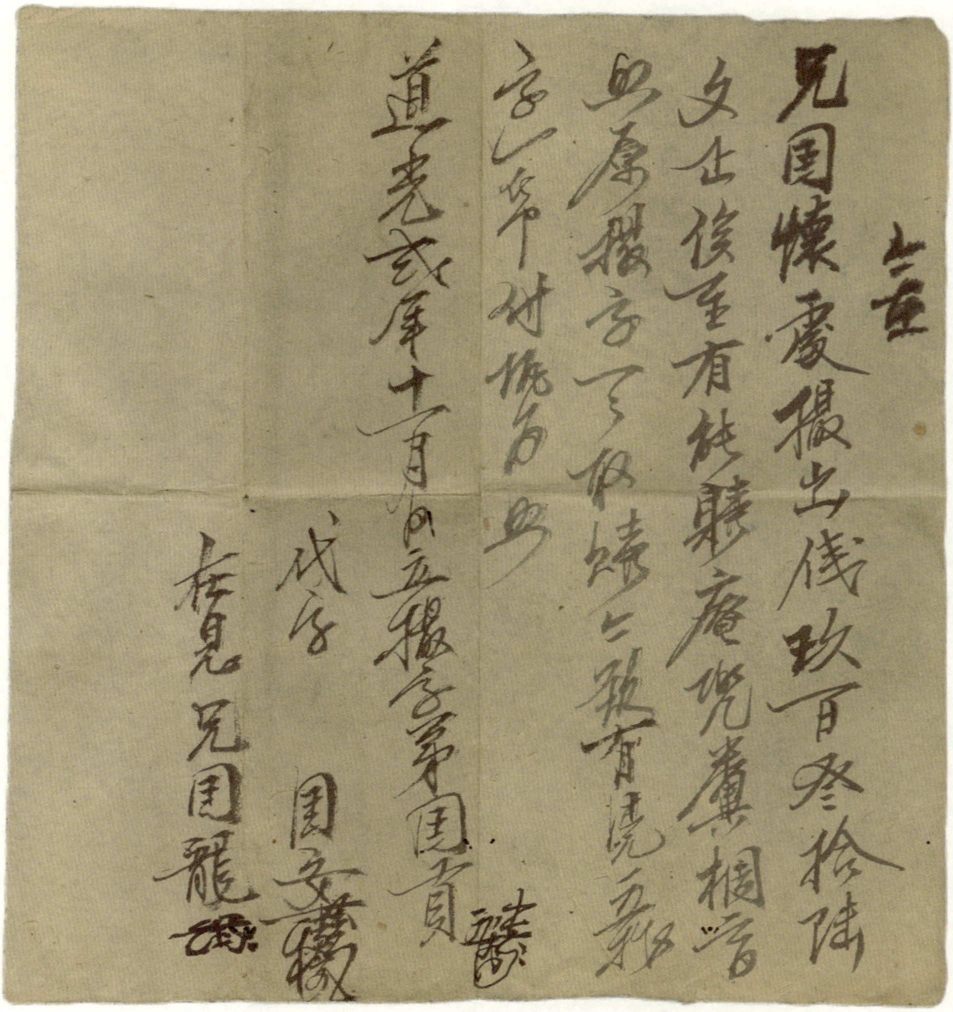
上在
兄国懷處撮出錢玖百叁拾陸
文，任從至有錢[illegible]
無憑，撮字[illegible]
字一紙付執為照
道光弍年十一月　日立撮字弟国貢
代字　国安
在見兄国龍

3-4-30-3　清道光二年十一月葉国貢立撮字

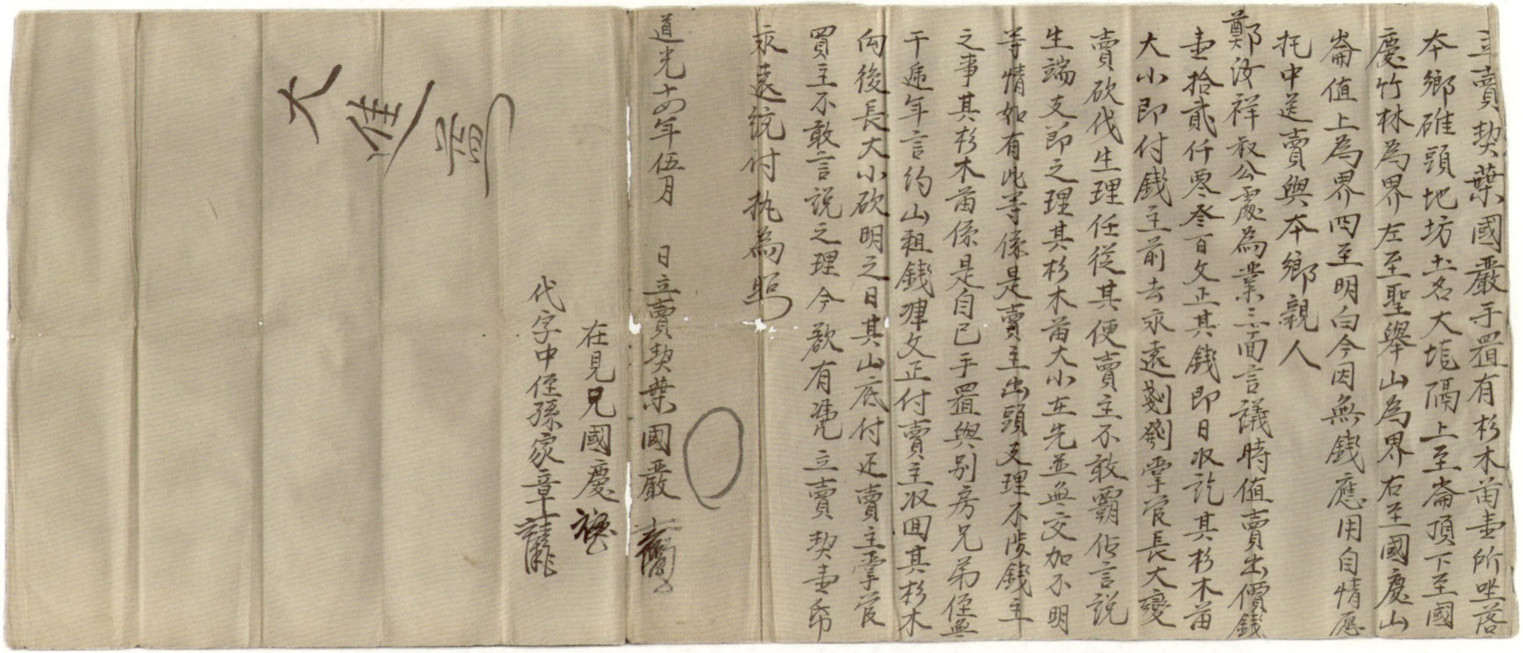
立賣契葉國嚴手置有杉木苗壹所坐落
本鄉碓頭地坊土名大垅隔上至崙頂下至國
慶竹林為界左至聖舉山為界右至國慶山
崙值上為界四至明白今因無錢應用自情愿
托中送賣與本鄉親人
鄭汝祥叔公處為業三面言議時值賣出價錢
壹拾貳仟叁百文正其錢即日收訖其杉木苗
大小即付錢主前去永遠劉割掌管長大變
賣砍伐生理任從其便賣主不敢霸佔言說
生端支節之理其杉木苗大小在先並無交加不明
等情如有此等係是賣主出頭支理不涉錢主
之事其杉木苗係是自己手置與別房兄弟侄無
干逓年言约山租錢肆文正付賣主收回其杉木
向後長大砍明之日其山底付还賣主掌管
買主不敢言說之理今欲有憑立賣契壹帋
永遠統付執為照
道光十四年伍月　日立賣契葉國嚴（押）
在見兄國慶（押）
代字中侄孫家章（押）
大健／宣

3-4-30-4　清道光十四年五月葉國嚴立賣杉木苗契（廢契）

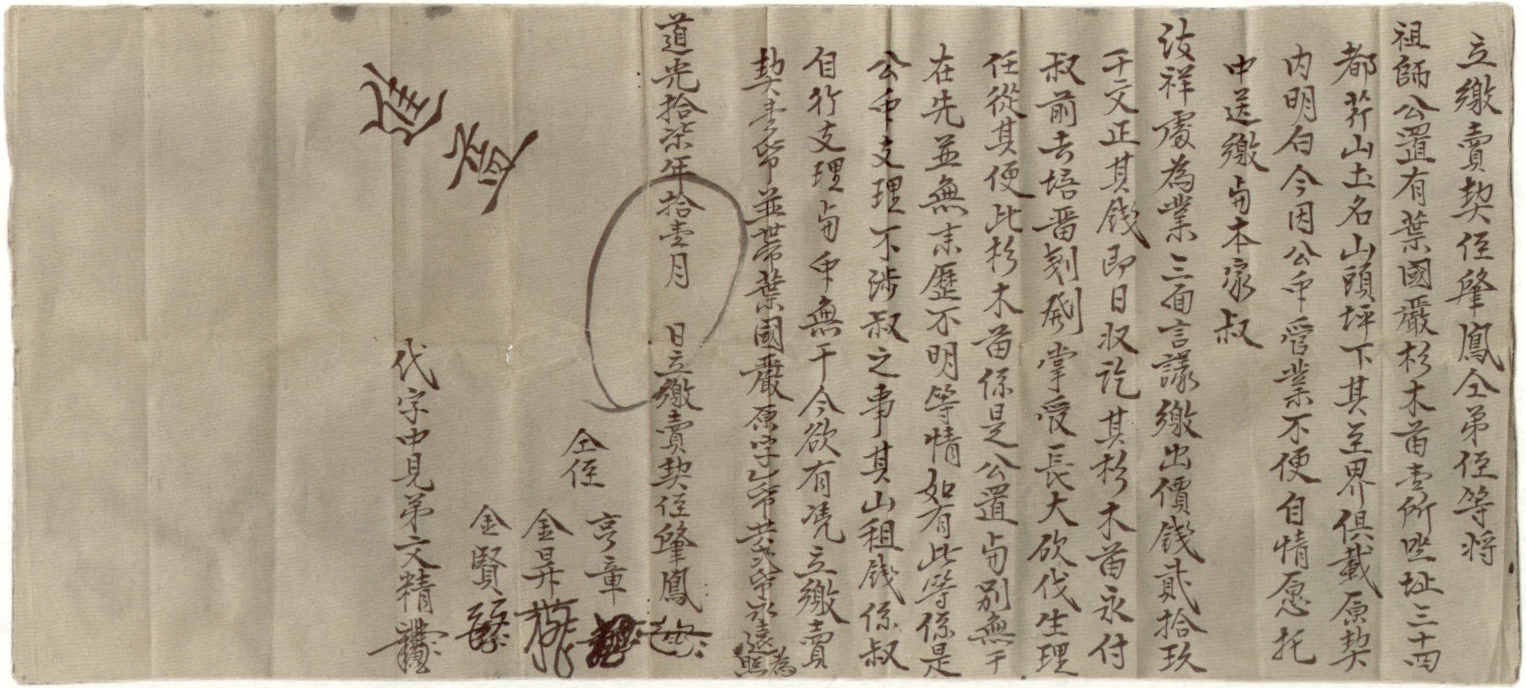

立繳賣契侄肇鳳仝弟侄等將
祖師公置有葉國嚴杉木苗壹所坐址三十四
都菁山土名山頭坪下其至界俱載原契
內明白今因公中營業不便自情愿托
中送繳向本家叔
汝祥處為業三面言議繳出價錢貳拾玖
千文正其錢即日收訖其杉木苗永付
叔前去培晋剝剷掌管長大砍伐生理
任從其便此杉木苗係是公置向別無干
在先並無來歷不明等情如有此等係是
公中支理不涉叔之事其山租錢係叔
自行支理向中無干今欲有憑立繳賣
契壹帋并帶葉國嚴原字壹帋共式帋永遠為照
道光拾柒年拾壹月 日立繳賣契侄肇鳳
仝侄 亨章
金昇
金賢
代字中見弟文精

3-4-30-5 清道光十七年十一月葉肇鳳等立繳賣杉木苗契（廢契）

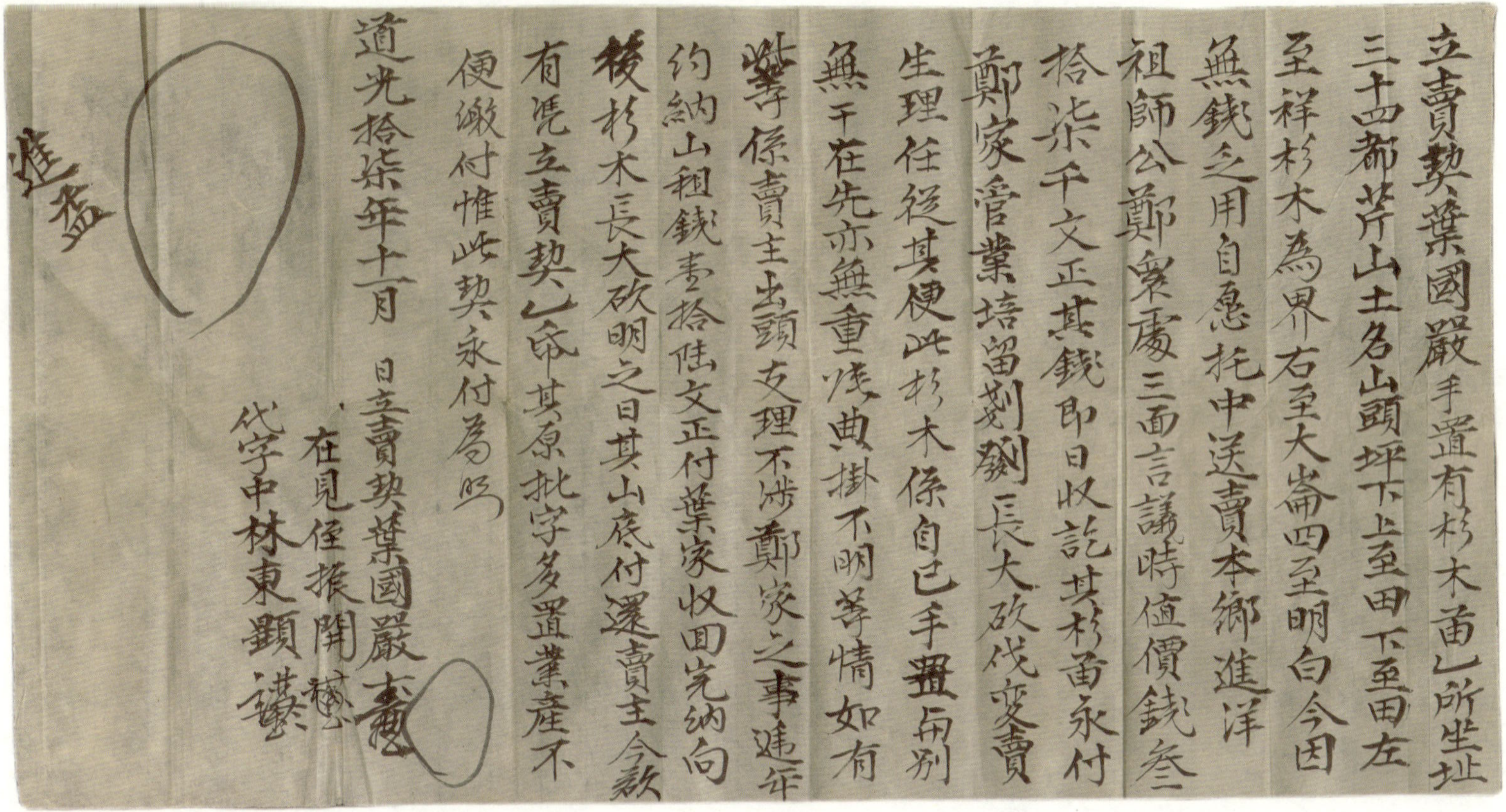
立賣契葉國嚴手置有杉木苗山一所坐址
三十四都芹山土名山頭坪下上至田下至田左
至祥杉木為界右至大崙四至明白今因
無錢之用自愿托中送賣本鄉進洋
祖師公鄭衆處三面言議時值價錢叁
拾柒千文正其錢即日收訖其杉苗永付
鄭家管業培留劉劉長大砍伐變賣
生理任從其便此杉木係自己手置與別
無干在先亦無重張典掛不明等情如有
此等係賣主出頭支理不涉鄭家之事延年
約納山租錢壹拾陸文正付葉家收回完納向
後杉木長大砍明之日其山底付還賣主今欲
有憑立賣契一紙其原批字多置業產不
便繳付惟此契永付為照
道光拾柒年十一月　日立賣契葉國嚴（押）
在見侄振開（押）
代字中林東顯（押）
進益

3-4-30-6　清道光十七年十一月葉國嚴立賣杉木苗契（廢契）

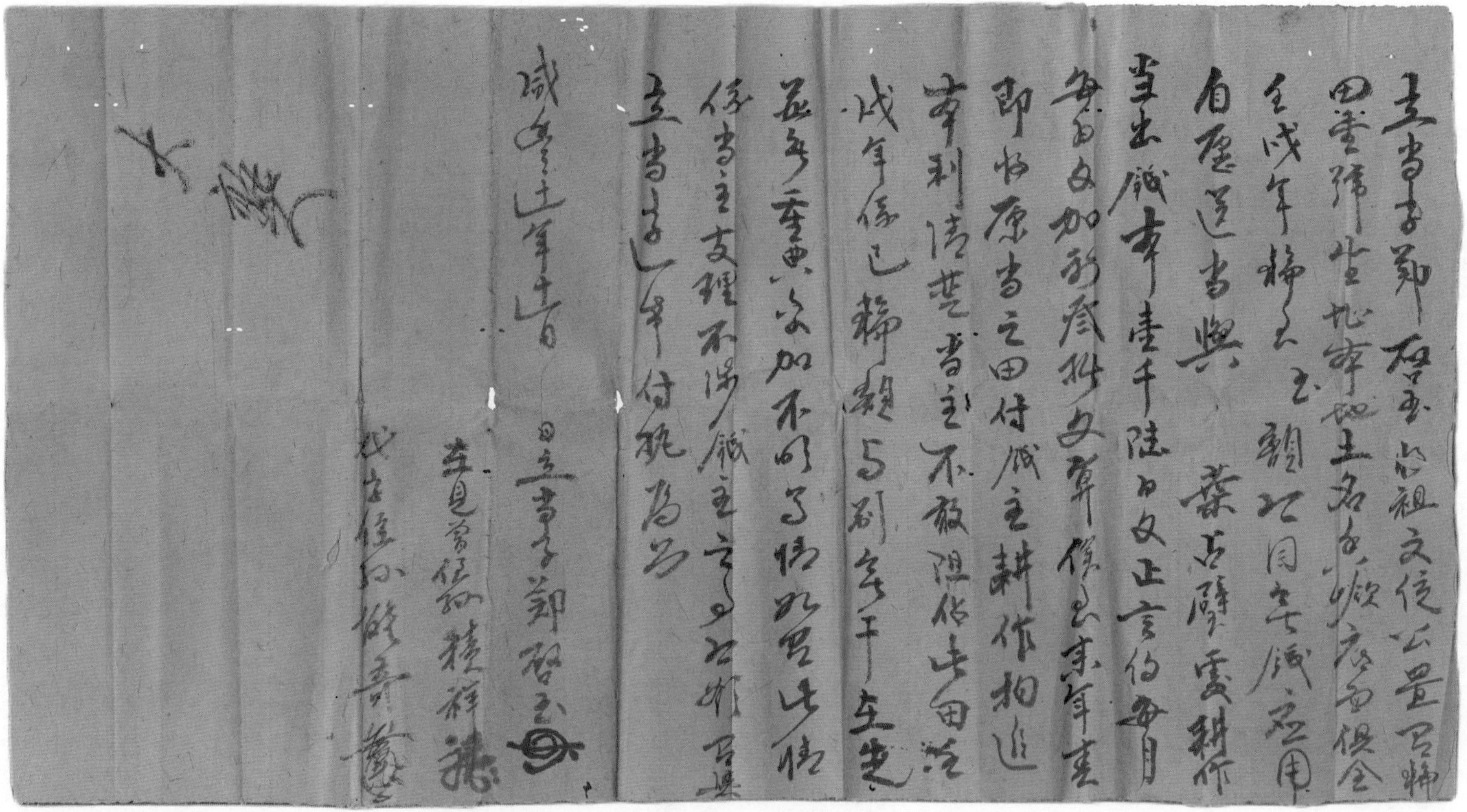

3-4-30-7　清咸豐十一年十一月鄭啓玉立當輪田字

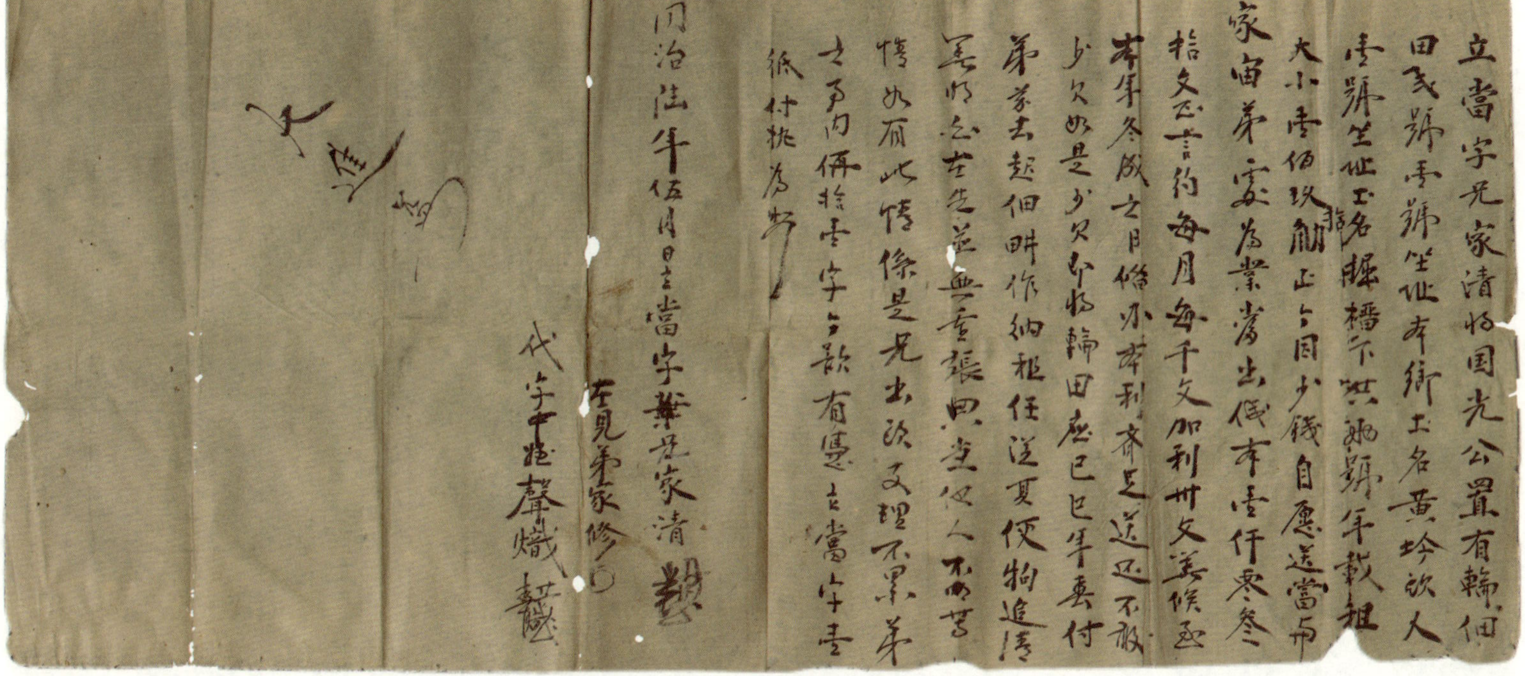

立當字兄家清將因先公置有輪佃
田弍號壹號坐址本街土名黃坽坎人
壹號坐址土名擺播下洪坳頭年載租
大小壹佰玖斛正今因少錢自愿送當弟
家宙弟處為業當出錢本壹仟叁
拾文正言約每月每千文加利卅文其錢至
本年冬成之日將本利齊足送還不敢
少欠如是少欠即將輪田應已已年要付
弟家去起佃耕作納租任從更便物追清
舊將未先並無重張典坐他人不敢等
情如有此情係是兄出頭支理不累弟
之事兩無指某字今欲有憑立當字壹
紙付執為炤

同治陸年伍月　日立當字葉兄家清
在見弟家修
代字中性馨熾
大吉

3-4-30-8　清同治六年五月葉家清立當輪佃田字

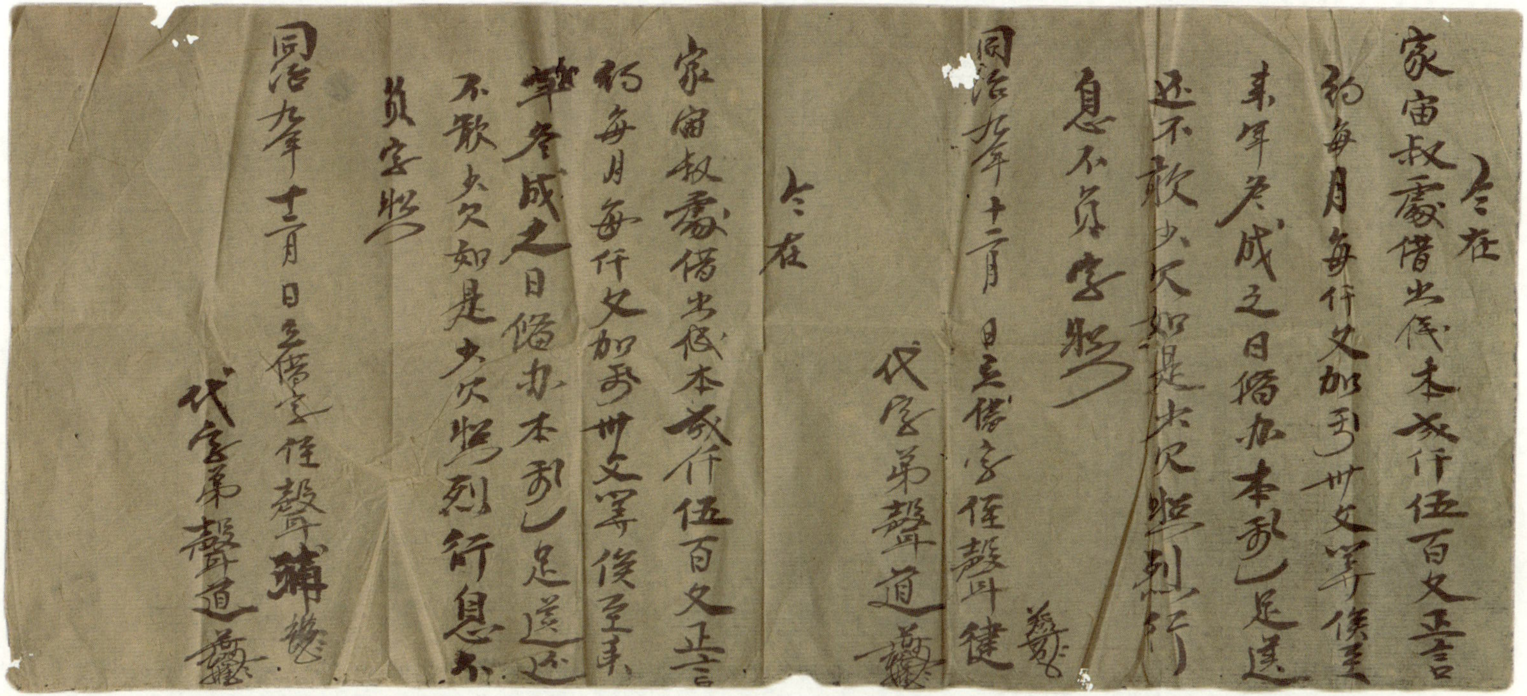
今在
家宙叔處借出佛本錢伍百文正言
約每月每仟文加利卅文算俟至
來年冬成之日備辦本利一足送
还不敢少欠如是少欠照列行
息不負字照
同治九年十二月　日立借字侄聲健（押）
代字弟聲道（押）

今在
家宙叔處借出佛本錢伍百文正言
約每月每仟文加利卅文算俟至來
年冬成之日備辦本利一足送还
不敢少欠如是少欠照列行息不
負字照
同治九年十二月　日立借字侄聲健（押）
代字弟聲道（押）

3-4-30-9　清同治九年十二月葉聲健立借錢字

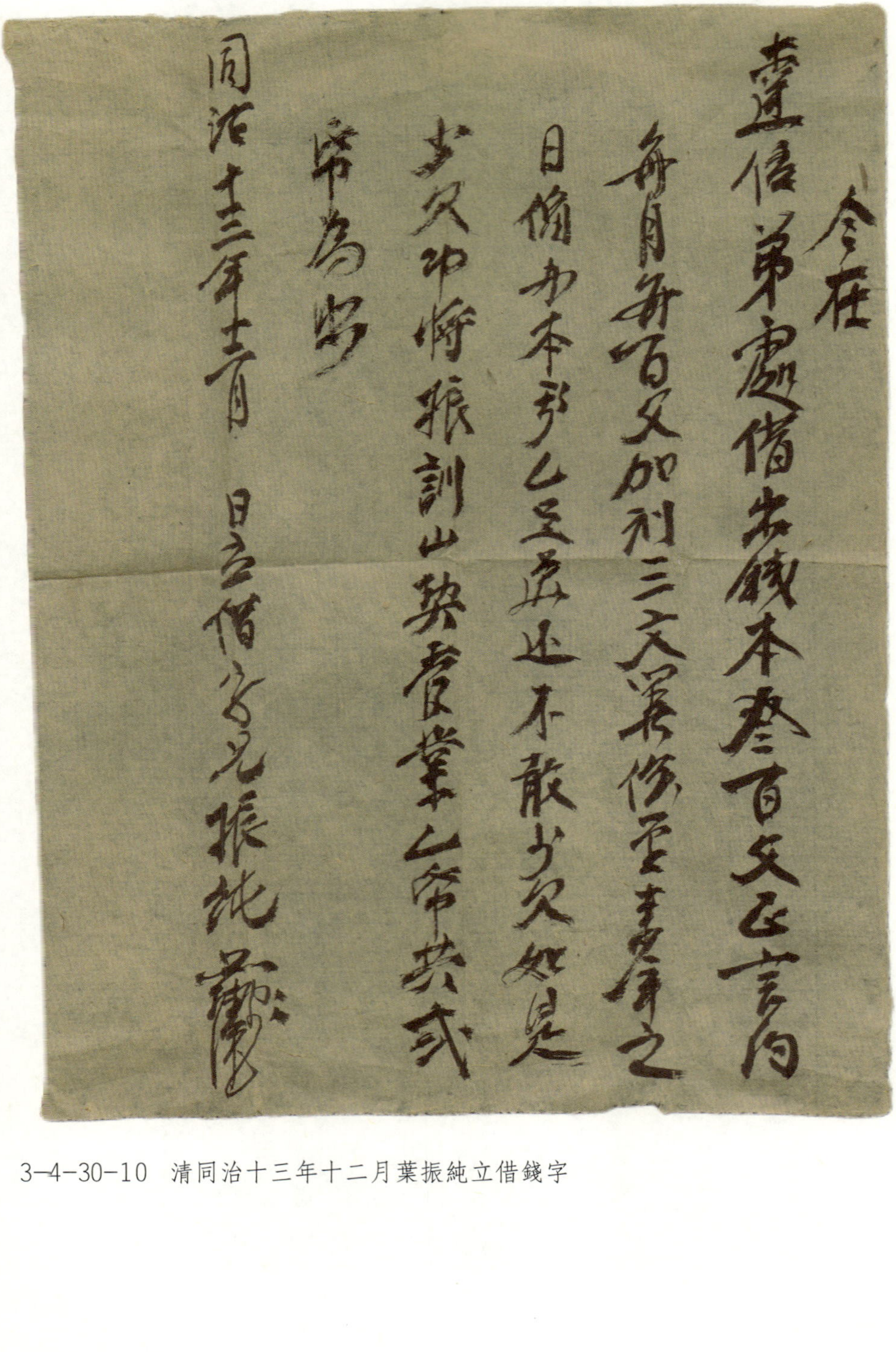
今在堂信弟處借出錢本叁百文正言內每月每百文加利三文算係至本年之日備辦本利一足還出不敢少欠如是少欠仰將振訓山契查業一帋共弍帋為照

同治十三年十二月　日立借字兄振純（押）

3-4-30-10　清同治十三年十二月葉振純立借錢字

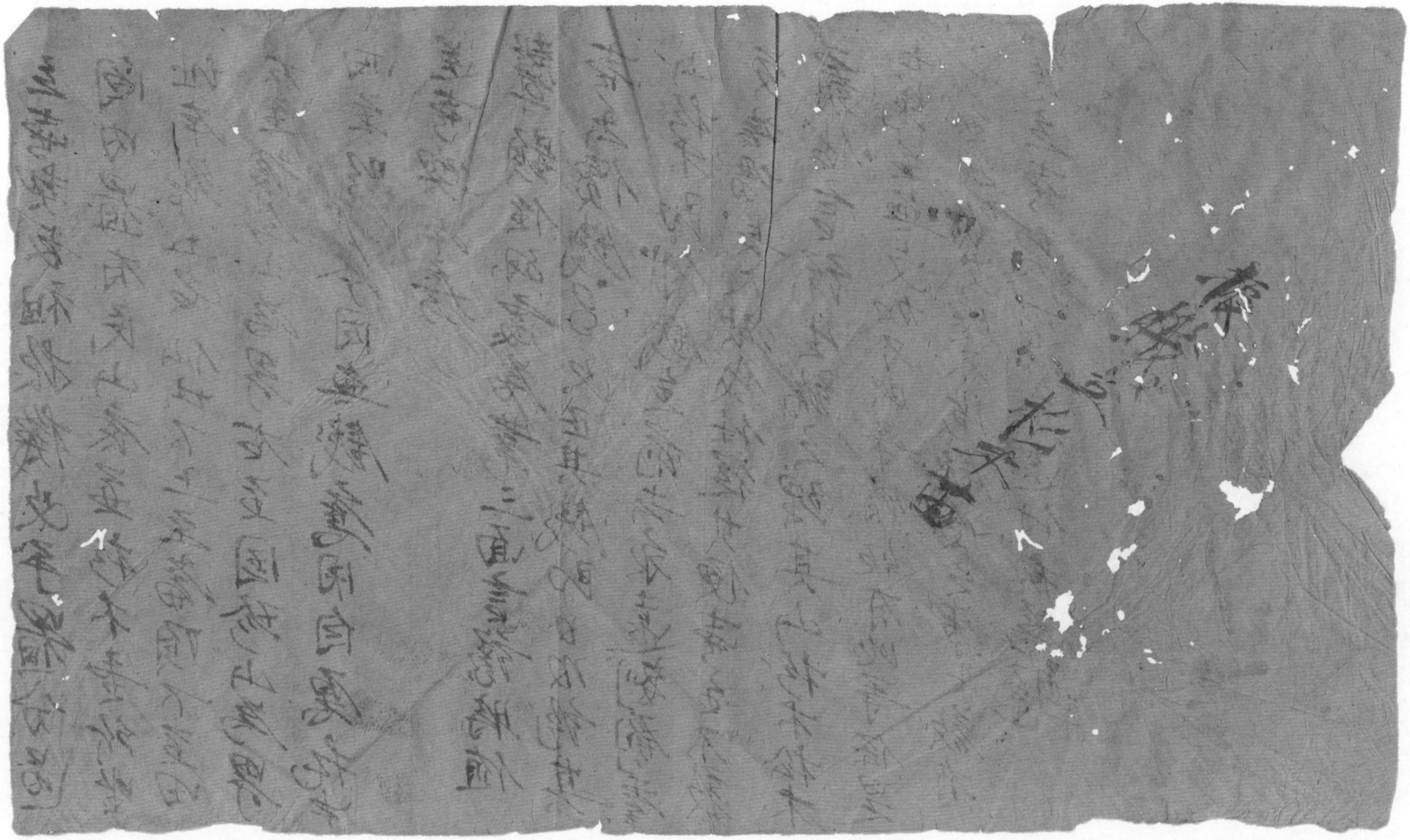

3-4-31-1　包契紙

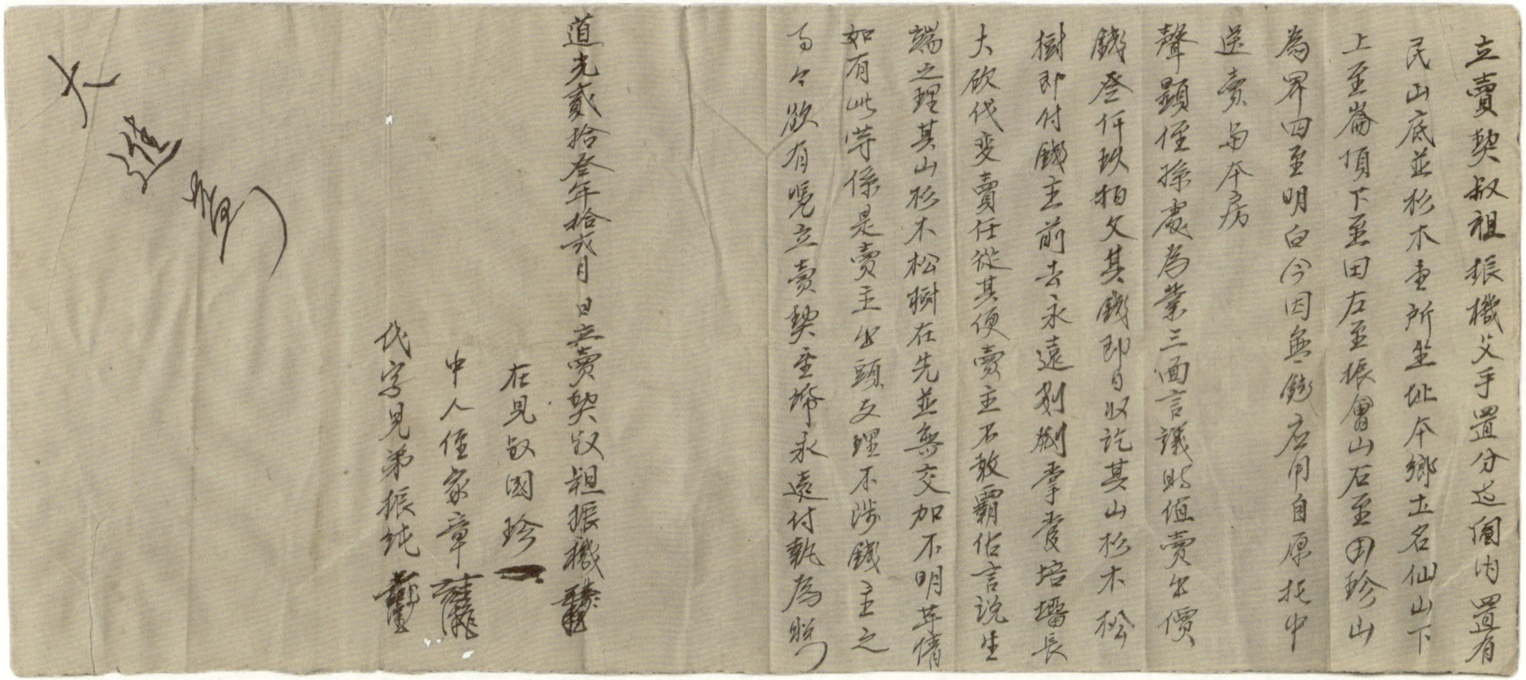
立賣契叔祖振機父手置分苞個内置有
民山底並杉木壹所坐址本鄉土名仙山下
上至嶺頂下至田左至振會山右至田玲山
為界四至明白今因無錢應用自願托中
送賣與本房
聲顯侄孫處為業三面言議時值價
錢叁仟玖伯文其錢即日收訖其山杉木松
樹即付錢主前去永遠割斲掌管培壅長
大砍代變賣任從其便賣主不敢霸佔言說生
端之理其山杉木松樹在先並無交加不明等情
如有此等係是賣主出頭支理不涉錢主之
事今欲有憑立賣契壹紙永遠付執為照
道光貳拾叁年拾貳月　日立賣契叔祖振機（押）
在見叔國珍（押）
中人侄家章（押）
代字見弟振坤（押）

3-4-31-2　清道光二十三年十二月葉振機立賣民山底等契

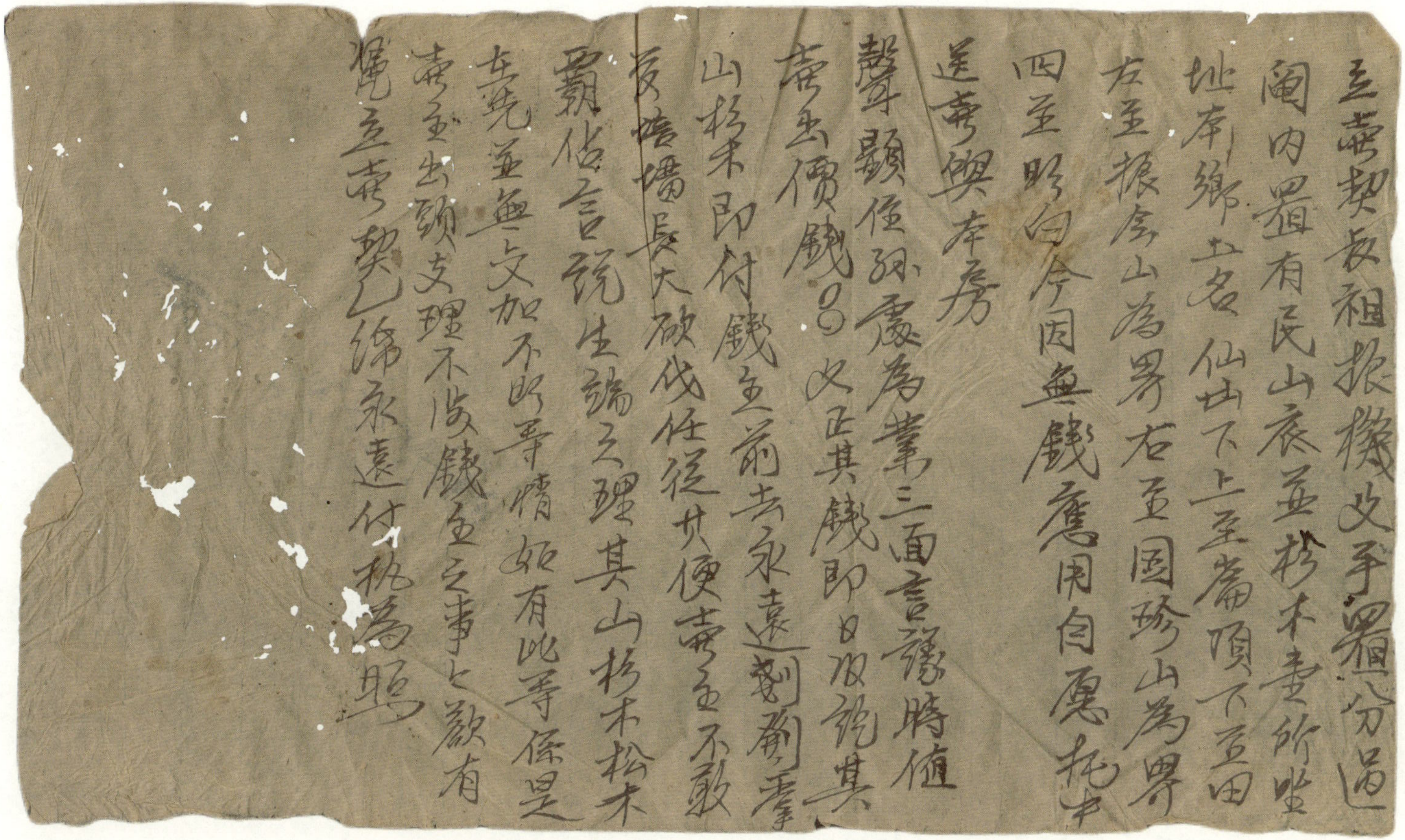

立賣契長祖振機文手置過分品過
闔內置有民山底並杉木壹所坐
址本鄉土名仙土下上至崙頂下至田
右至振合山為界左至國珍山為界
四至明白今因無錢應用自愿托中
送賣與本房
聲顯侄孫處為業三面言議時值
賣出價錢[illegible]文正其錢即日收訖其
山杉木即付錢主前去永遠劉剷掌
管培植長大砍伐任從其便賣主不敢
覇佔言說生端之理其山杉木松木
在先並無文加不明等情如有此等係是
賣主出頭支理不涉錢主之事々欵有
憑立賣契乙紙永遠付執為照

3-4-31-3　清道光年間葉振機立賣民山底等契（草契）

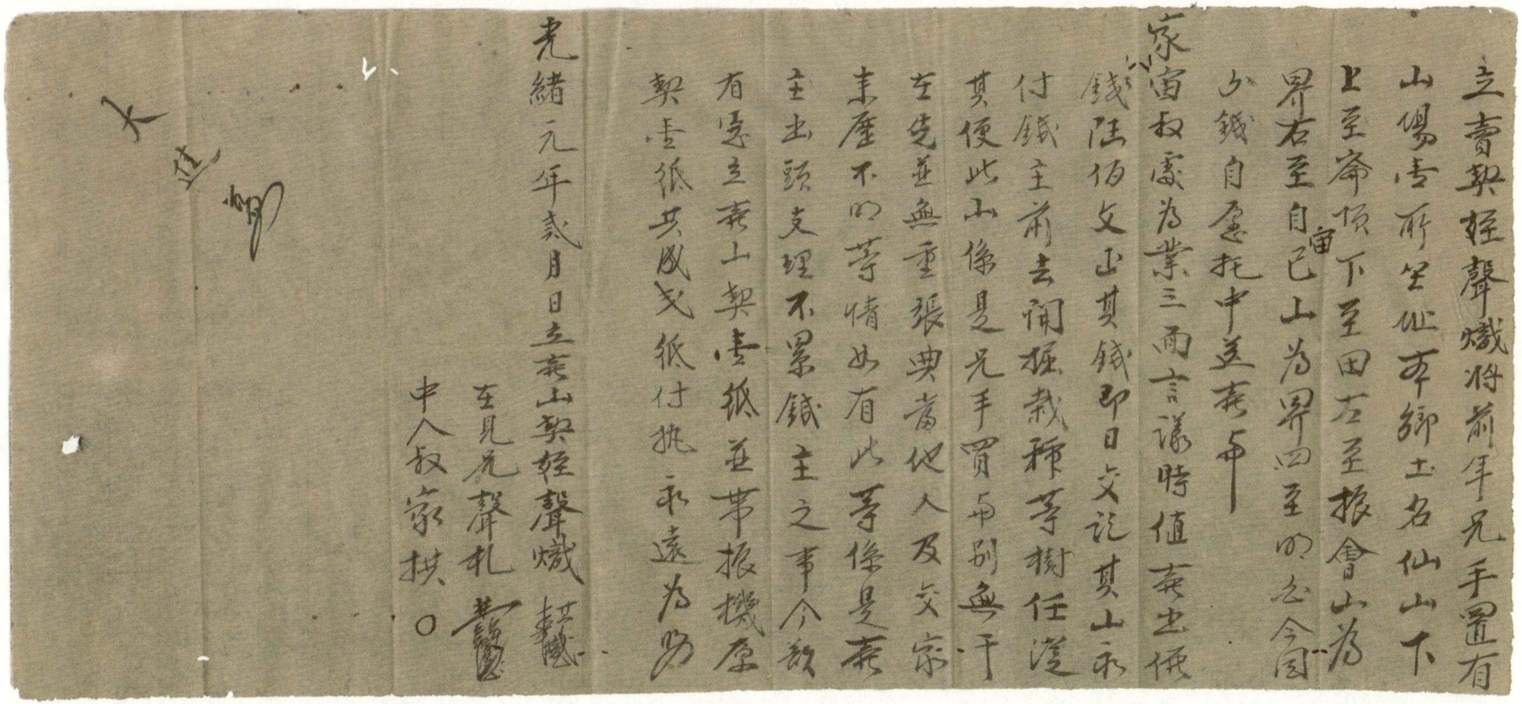
立賣契侄聲熾將前年兄手置有
山場壹所坐址本鄉土名仙山下
上至嶺頂下至田右至振會山為
界右至自己山為界四至明白今因
少錢自愿托中送賣與
家宙叔處為業三面言議時值賣出價
錢陸佰文正其錢即日交訖其山永
付錢主前去開掘栽種等樹任從
其便此山係是兄手買與別無干
在先並無重張典當他人及文字
未賣不明等情如有此等係是賣
主出頭支理不累錢主之事今欲
有憑立賣山契壹紙並帶振機原
契壹紙共成弍紙付執永遠為照
光緒元年弍月日立賣山契侄聲熾
在見兄聲札
中人叔家拱

3-4-31-4　清光緒元年二月葉聲熾立賣山場契

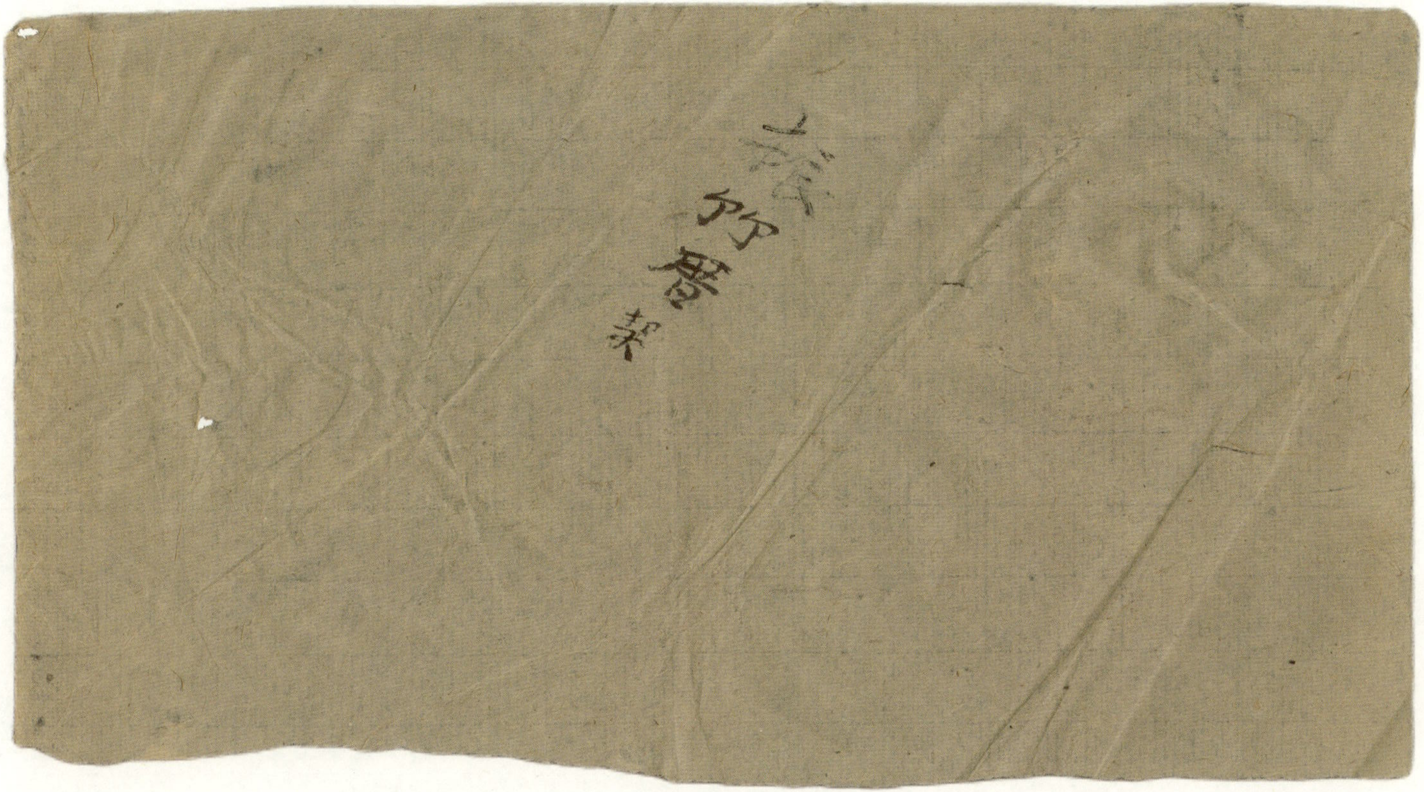

3-4-32-1　包契紙

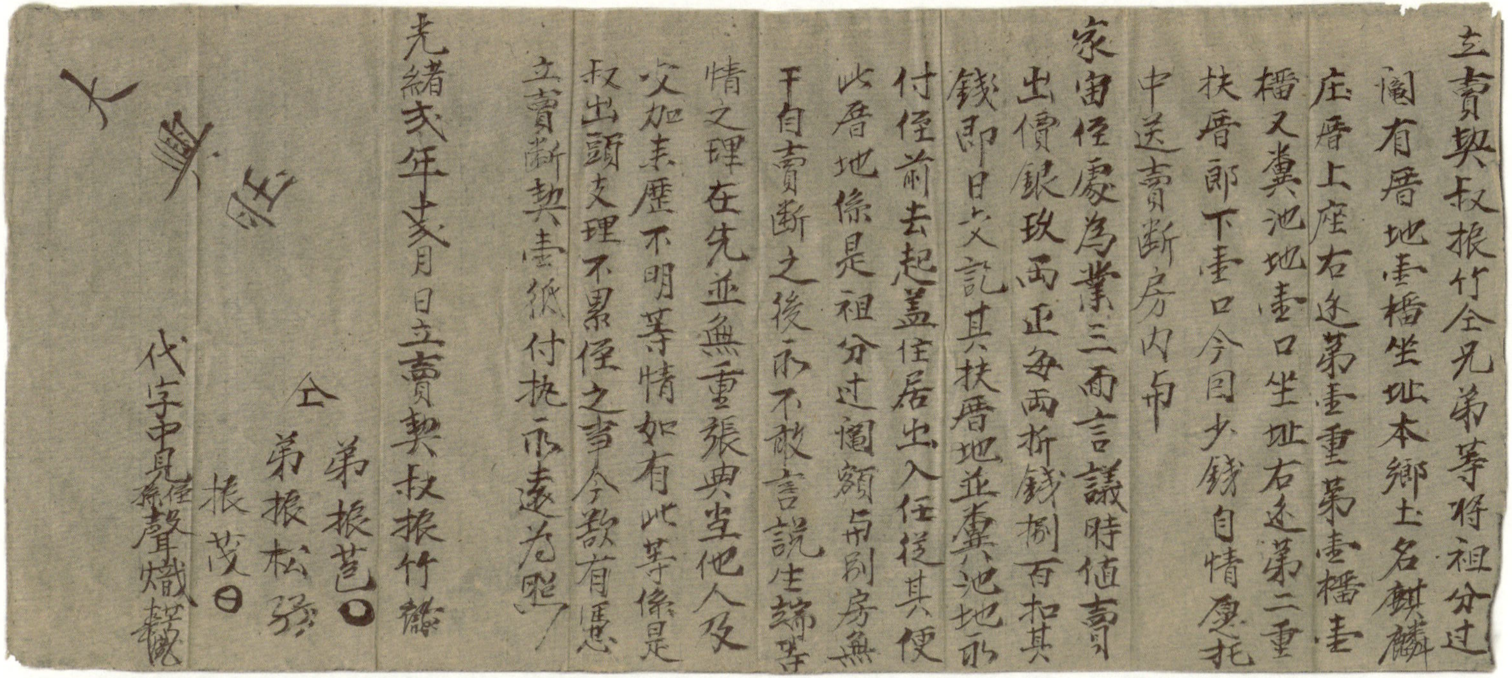
立賣契叔振竹仝兄弟等將祖分过
閹有厝地壹㮑坐址本鄉土名麒麟
庄厝上座右边第壹重第壹㮑壹
㮑又糞池地壹口坐址右边第二重
扶厝郎下壹口今因少錢自情愿托
中送賣斷房内弟
家宙侄處爲業三面言議時值賣
出價銀玖两正每两折錢捌百扣其
錢即日交訖其扶厝地並糞池地亦
付侄前去起蓋住居出入任從其便
此厝地係是祖分过閹額弟別房無
干自賣斷之後永不敢言說生端等
情之理在先並無重張典当他人及
交加未歷不明等情如有此等係是
叔出頭支理不累侄之事今欲有憑
立賣斷契壹紙付執永遠爲照／
光緒弍年十弍月　日立賣契叔振竹(押)
弟振苣(押)
仝　弟振松(押)
振茂(押)
代字中見侄孫聲熾(押)

3-4-32-2　清光緒二年十二月葉振竹等立賣厝地契

3-4-33-1　包契紙

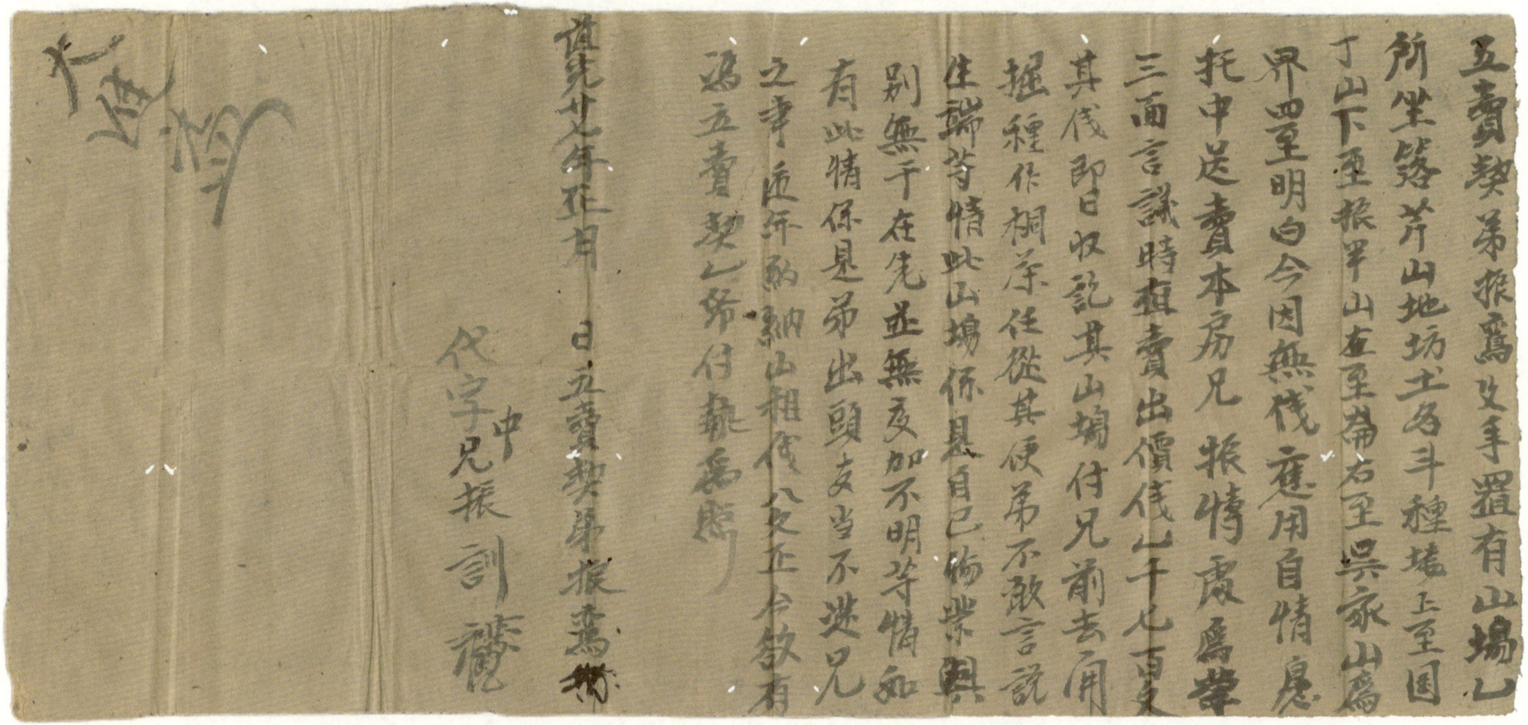

立賣契弟振鳶㕛手置有山場山
所坐落芹山地坊土名斗種堪上至囤
丁山下至振㕛山左至希右至吳家山爲
界四至明白今因無錢應用自情愿
托中送賣本房兄　振情處爲業
三面言議時值賣出價錢山千七百文
其錢即日收訖其山場付兄前去開
掘種作桐茶任從其便弟不敢言說
生端等情此山場係是自己物業與
別無干在先並無及加不明等情如
有此情係是弟出頭支当不涉兄
之事逐年所納山租錢八文正合敘有
憑立賣契一紙付執爲照

道光廿七年正月　日立賣契弟振鳶（押）

中見
代字兄振訓（押）

3-4-33-2　清道光二十七年正月葉振鳶立賣山場契

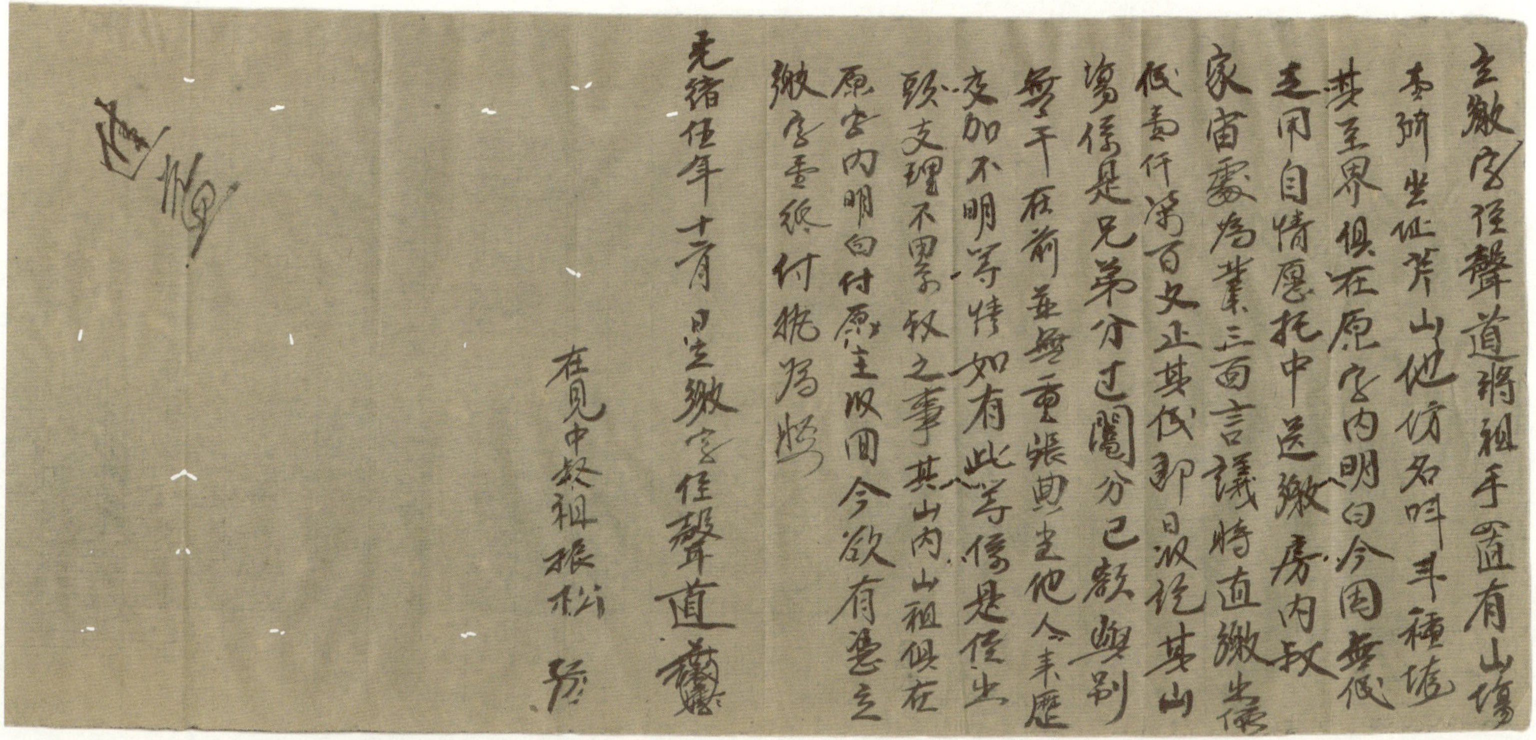

立繳字侄聲道將祖手置有山場
壹所坐址芹山地方名叫耳種墘
其至界俱在原字內明白今因無錢
走用自情愿托中送繳房內叔
家宙處為業三面言議時值繳出價
錢壹仟柒百文正其錢即日收訖其山
場係是兄弟分過鬮分已歡與別
無干在前並無重張典生他人來歷
交加不明等情如有此等係是侄出
頭支理不累叔之事其山內山祖俱在
原字內明白付原主收回今欲有憑立
繳字壹紙付執為照
光緒伍年十二月　日立繳字侄聲道（押）
在見中叔祖振松（押）

3-4-33-3　清光緒五年十二月葉聲道立繳山場字

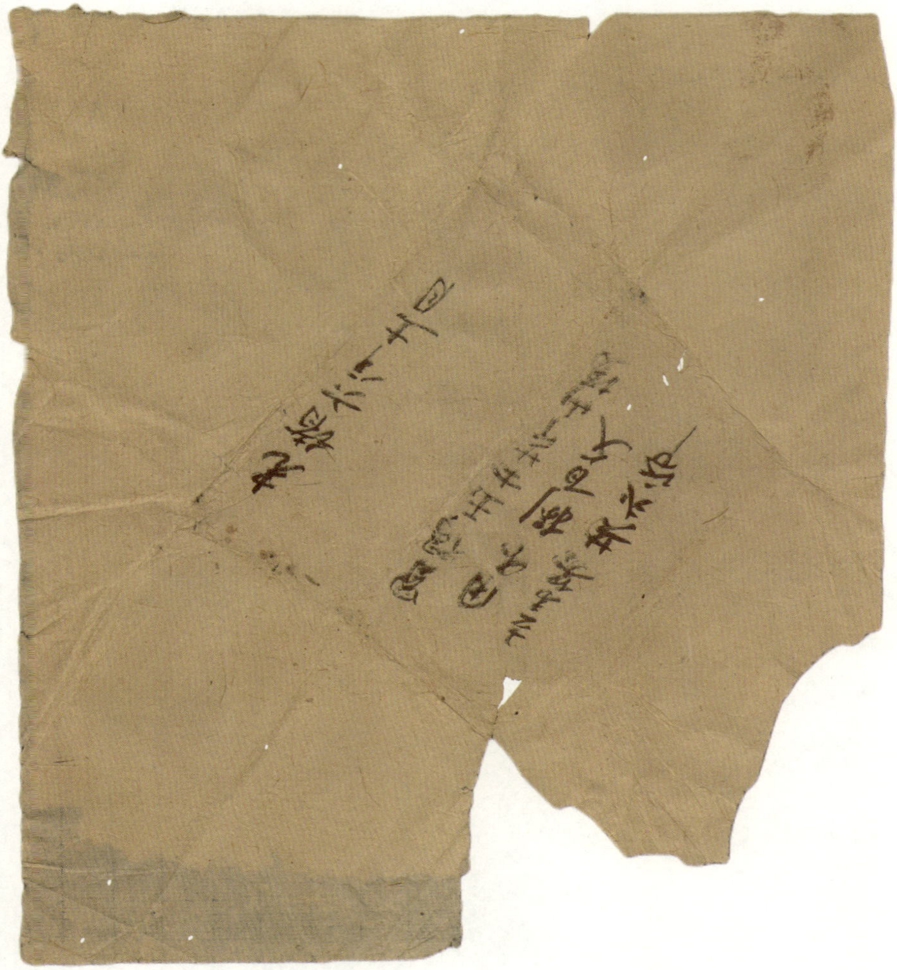

3–4–34–1　包契紙

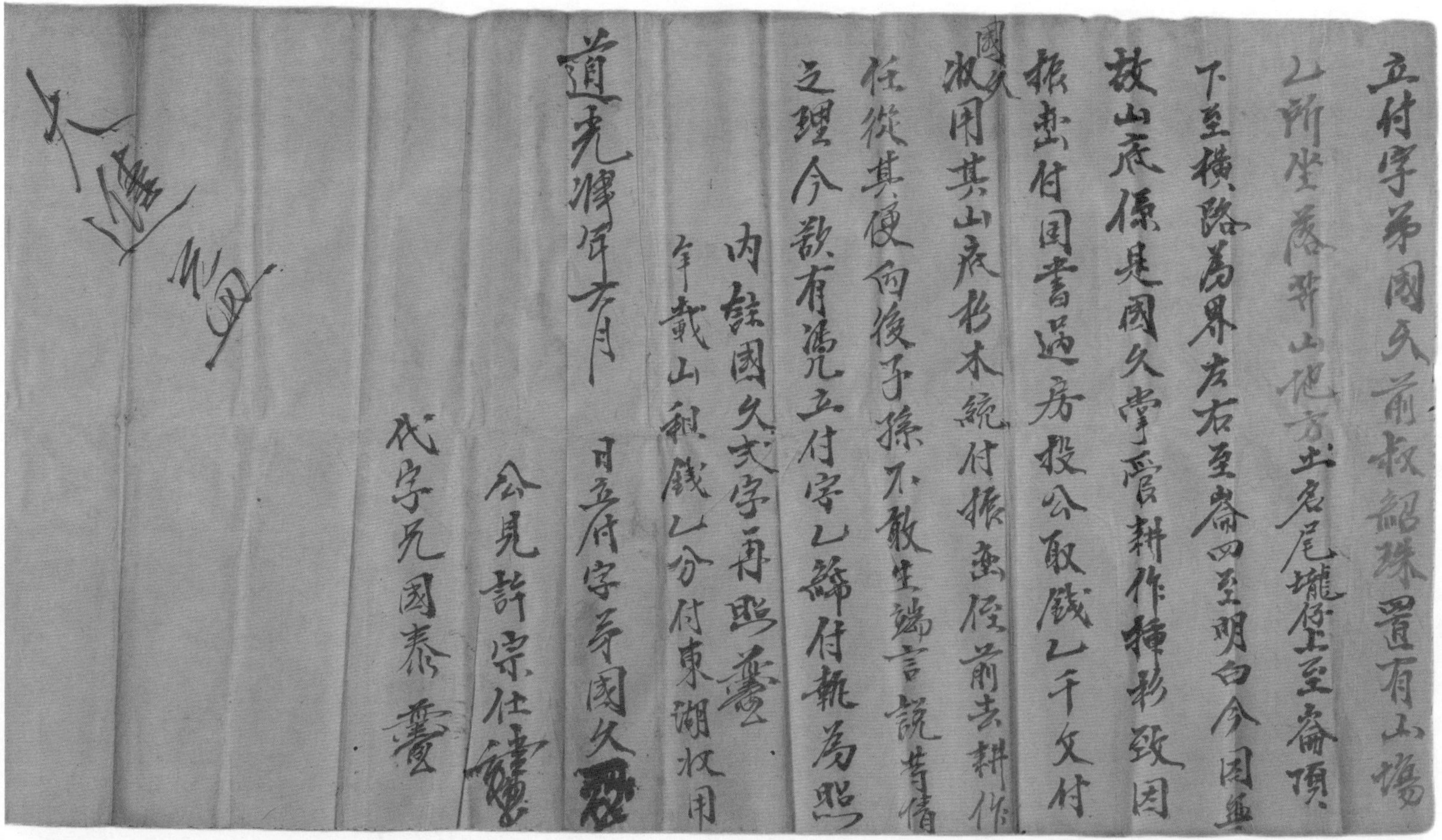
立付字弟國久前叔紹珠置有山場
山所坐落本山地方土名尾壠仔上至崙頂
下至横路爲界左右至崙四至明白今因無
故山底係是國久掌管耕作種杉致因
振壺付国書遍房投公取錢乙千文付
國久收用其山底杉木統付振壺侄前去耕作
任從其便向後子孫不敢生端言說等情
之理今欲有憑立付字乙紙付執爲照
内註國久弍字再照（押）
年載山租錢乙分付東湖收用
道光肆年六月　日立付字弟國久（押）
公見許宗仕（押）
代字兄國泰（押）

3-4-34-2　清道光四年六月葉國久立付山場字

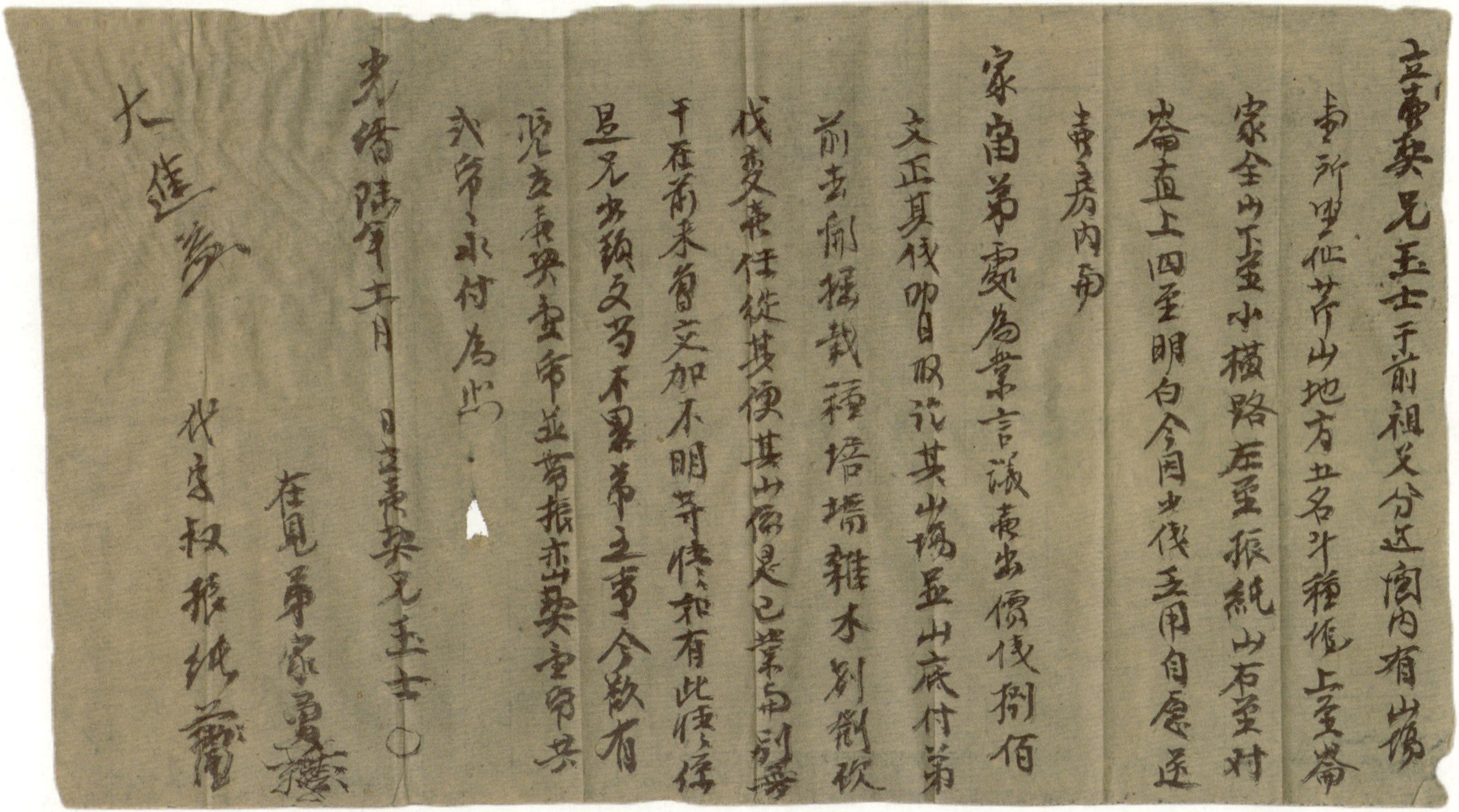

立賣契兄玉士，于前祖父分送（?）阄内有山場
壹所，坐址芹山地方，土名斗種坑，上至崙
家全山，下至小橫路，左至振紀山，右至對
崙直上，四至明白。今因乏錢，壬用，自愿送
賣房内弟
家富弟處為業，言議賣出價錢捌佰
文正，其錢即日收訖。其山場並山底付弟
前去開掘栽種，培墳雜木，列劇砍
伐，變賣，任從其便。其山係是已業，與别房
干在（?）。前來，會文加不明等情，如有此情，係
是兄出頭支當，不累弟之事。今欲有
憑，立賣契壹帋，並帶振赤山契壹帋，共
式帋，永付為照。
光緒陸年十一月　日立賣契兄玉士（押）
在見弟家景（?）
代字叔振純
大進（?）

3-4-34-3　清光緒六年十一月葉玉士立賣山場契

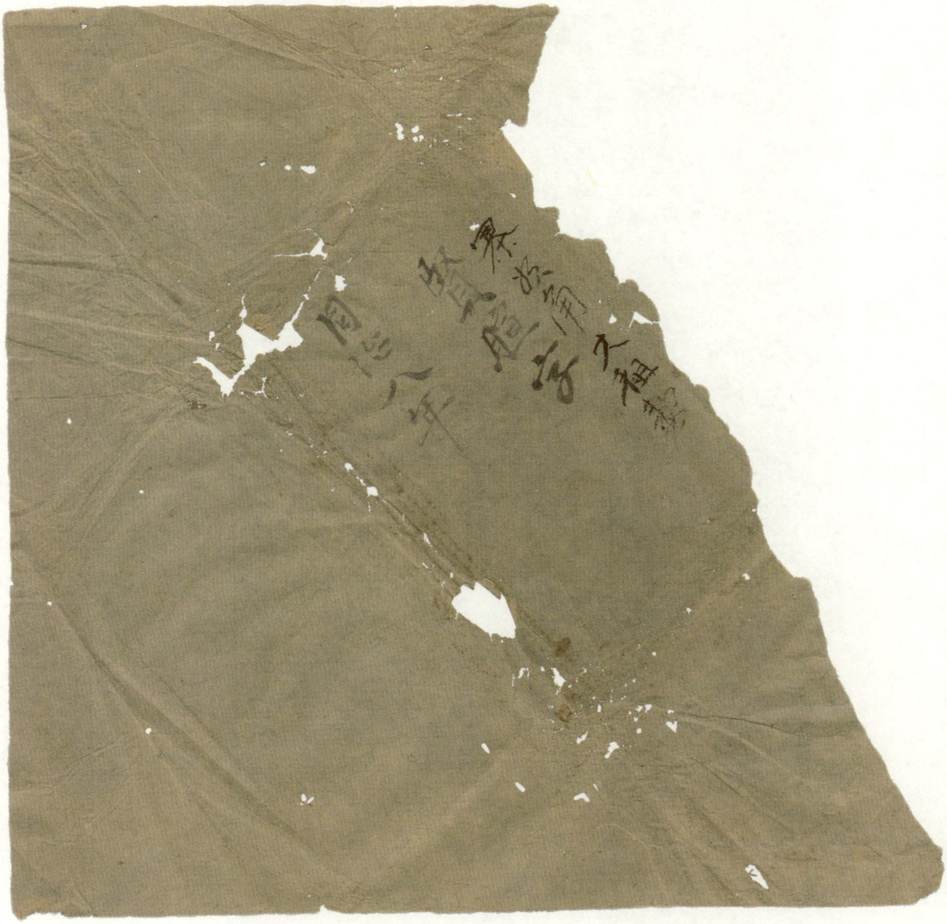

3-4-35-1　包契紙

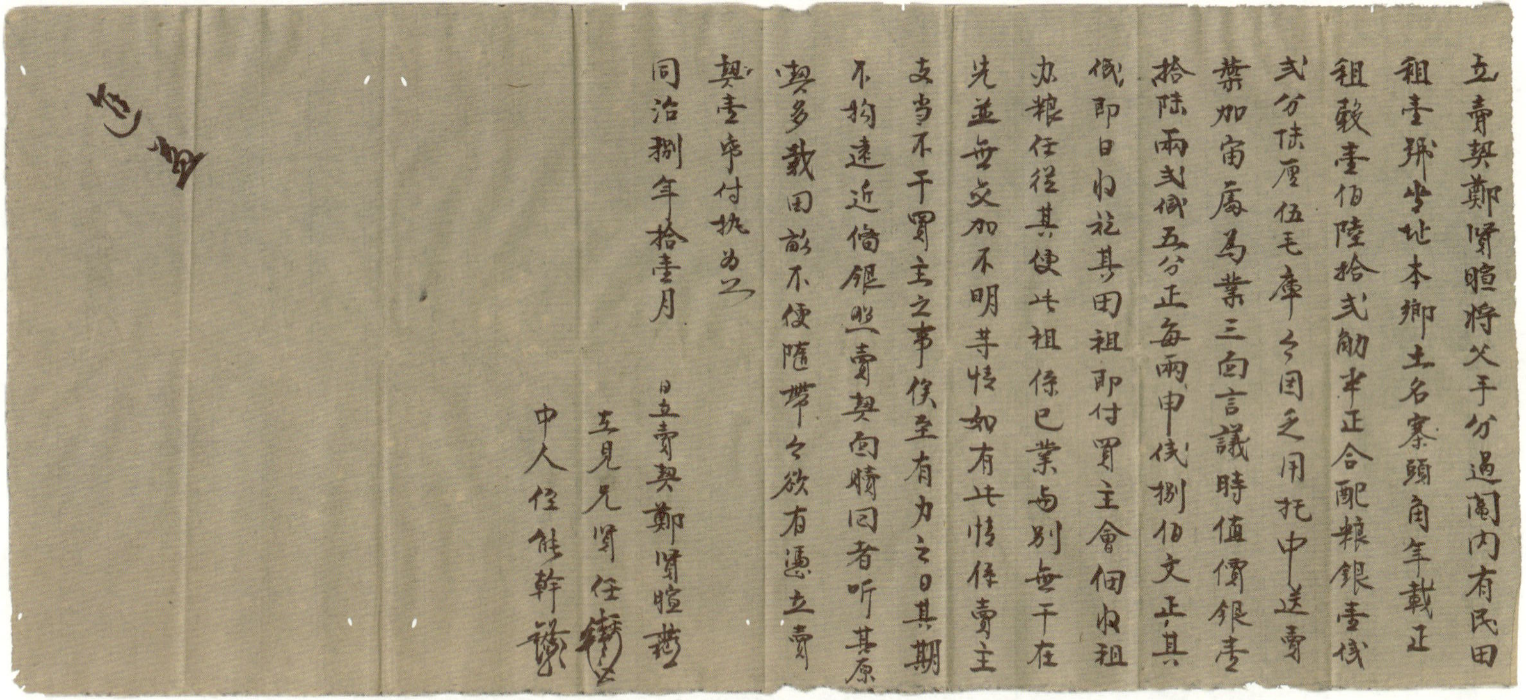
立賣契鄭賢暄將父手分過鬮內有民田
租壹號坐址本鄉土名寨頭角年載正
租穀壹伯陸拾弍觔半正合配粮銀壹錢
弍分陸厘伍毛庫今因乏用托中送賣
葉加宙扁爲業三面言議時值價銀壹
拾陸兩弍錢五分正每兩申錢捌伯文正其
錢即日收訖其田租即付買主會佃收租
办粮任從其便此租係已業與別無干在
先並無文加不明等情如有此情係賣主
支当不干買主之事俟至有力之日其期
不拘遠近備銀照賣契面績回者听其原
契多載田畝不便隨帶今欲有憑立賣
契壹帋付執爲照
同治捌年拾壹月 日立賣契鄭賢暄（押）
在見兄賢任（押）
中人侄能幹（押）

3-4-35-2 清同治八年十一月鄭賢暄立賣民田租契

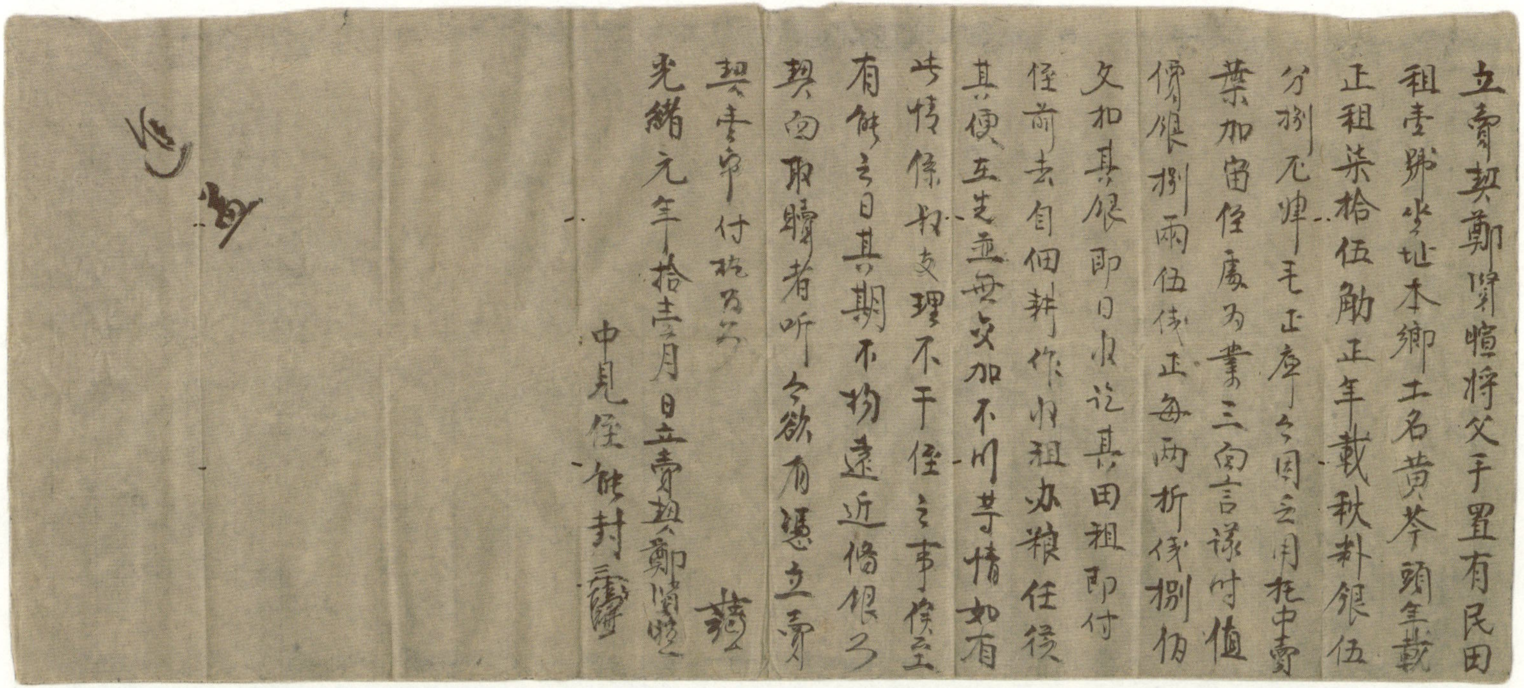
立賣契鄭賢暄將父手置有民田
租壹號坐址本鄉土名黃岑頭全載
正租柒拾伍觔正年載秋䊷銀伍
分捌厘坤毛正今因乏用托中賣
葉加留住處為業三面言議付值
價銀捌兩伍錢正每兩折錢捌佰
文加其銀即日收訖其田租即付
任前去自佃耕作收租办粮任從
其便五年無交加不明等情如有
此情係叔支理不干侄之事侯至
有錢之日其期不拘遠近備銀乙
契向取贖者听今欲有憑立賣
契壹帋付執為照
光緒元年十一月　日立賣契鄭賢暄
中見侄　能封

3-4-35-3　清光緒元年十一月鄭賢暄立賣民田租契

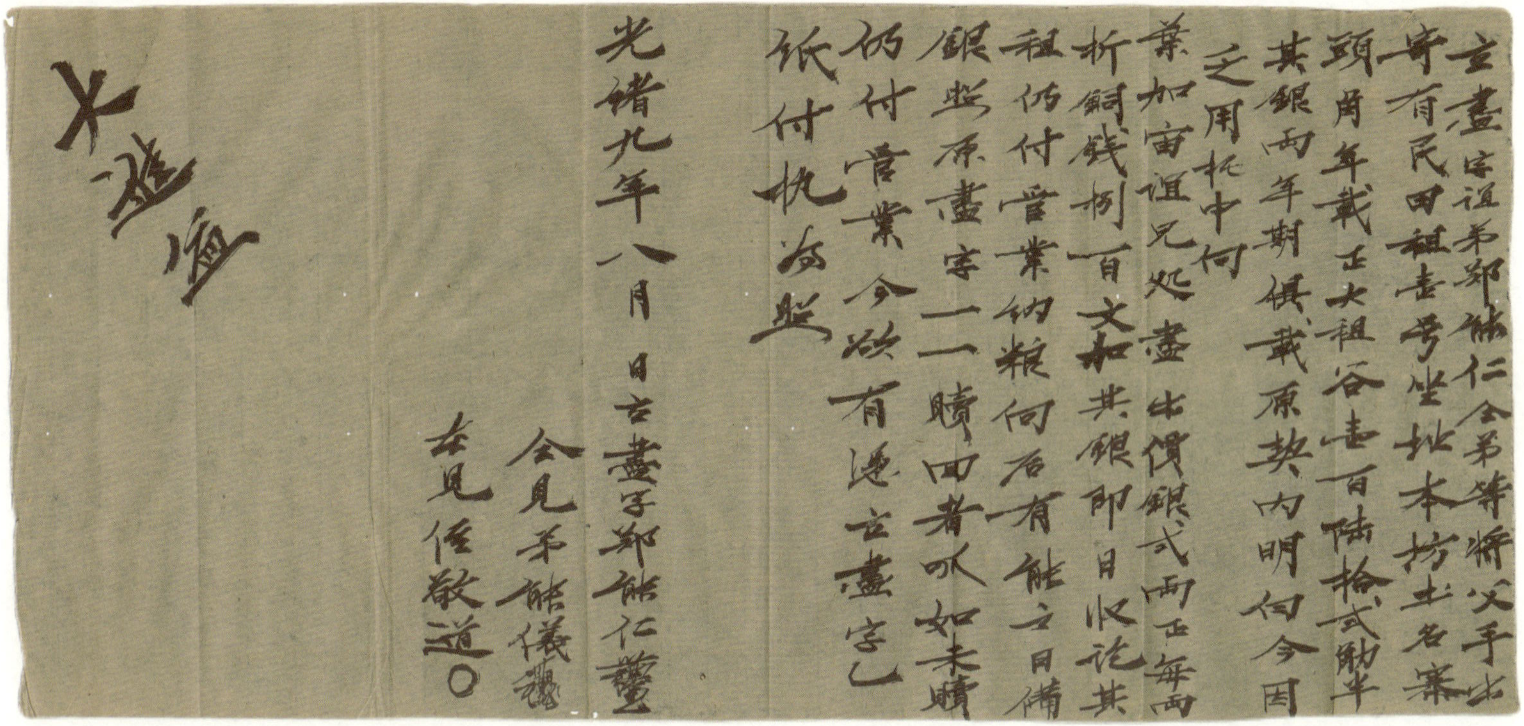

立盡字胞弟鄭能仁仝弟等將父手出
有民田租壹号坐址本坊土名寨
頭用年載正大租谷壹百陆拾贰斛半
其銀兩年期俱載原契内明白今因
乏用托中向
業加亩胞兄處盡出價銀弍兩正每兩
折銅錢捌百文扣共銀即日收訖其
租仍付管業納粮向后有能之日備
銀照原盡字一一贖回者亦如未贖
仍付管業今欲有憑立盡字乙
紙付執爲照

光緒九年八月　日立盡字鄭能仁（押）
仝見弟能儀（押）
在見侄敬道〇

大進[illegible]

3-4-35-4　清光緒九年八月鄭能仁等立盡民田租字

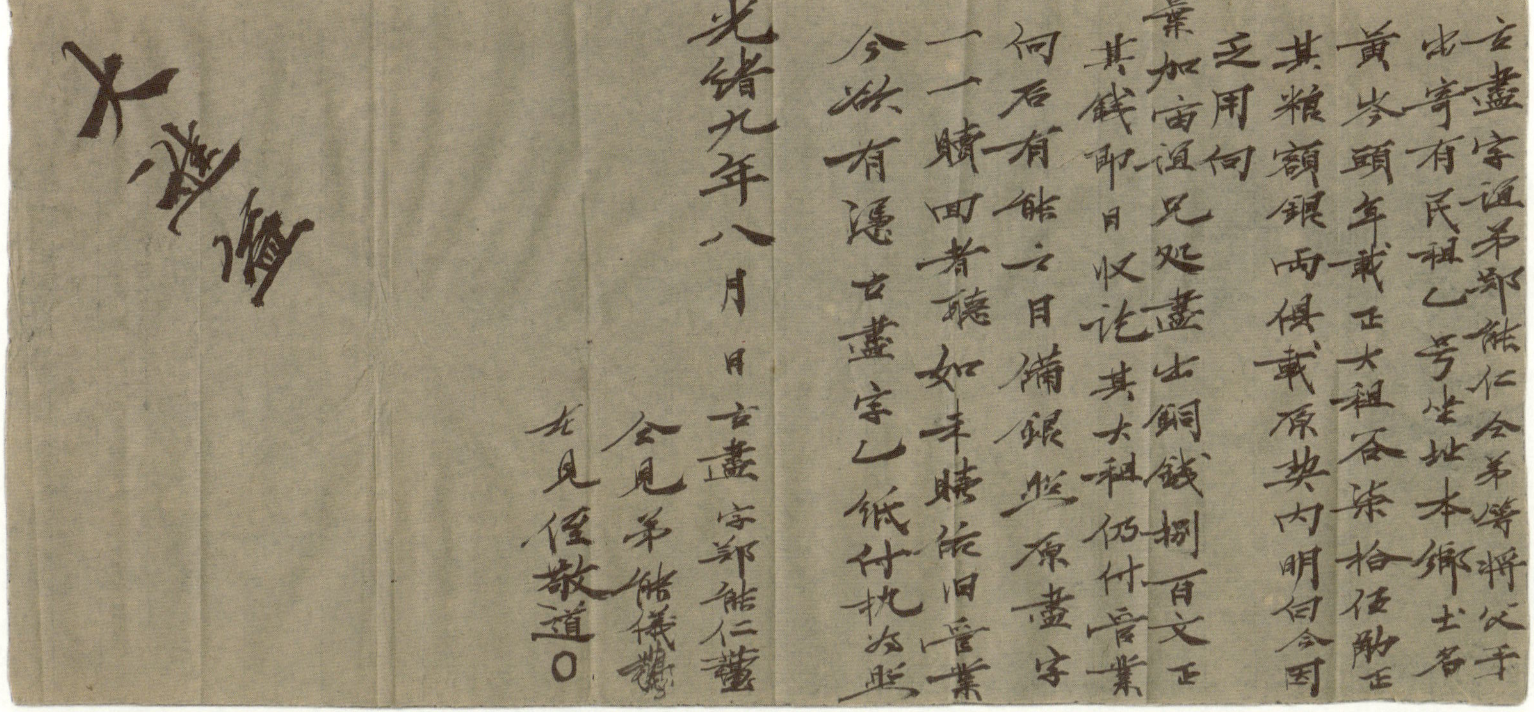

立盡字姪弟鄭能仁仝弟等將父手
出寄有民租乙號坐址本鄉土名
黃岑頭年載正大租谷柒拾伍斤正
其粮額銀兩俱載原契內明白仝因
乏用，向
葉加宙姪兄處盡出銅錢捌百文正
其錢即日收訖，其大租仍付管業
何后有能仁日備銀與原盡字
一一贖回者聽，如未贖，依旧管業
今欲有憑，立盡字乙紙付執為照
光緒九年八月　日　立盡字鄭能仁（押）
仝見弟能儀（押）
在見姪敬道（押）

3-4-35-5　清光緒九年八月鄭能仁等立盡民租字

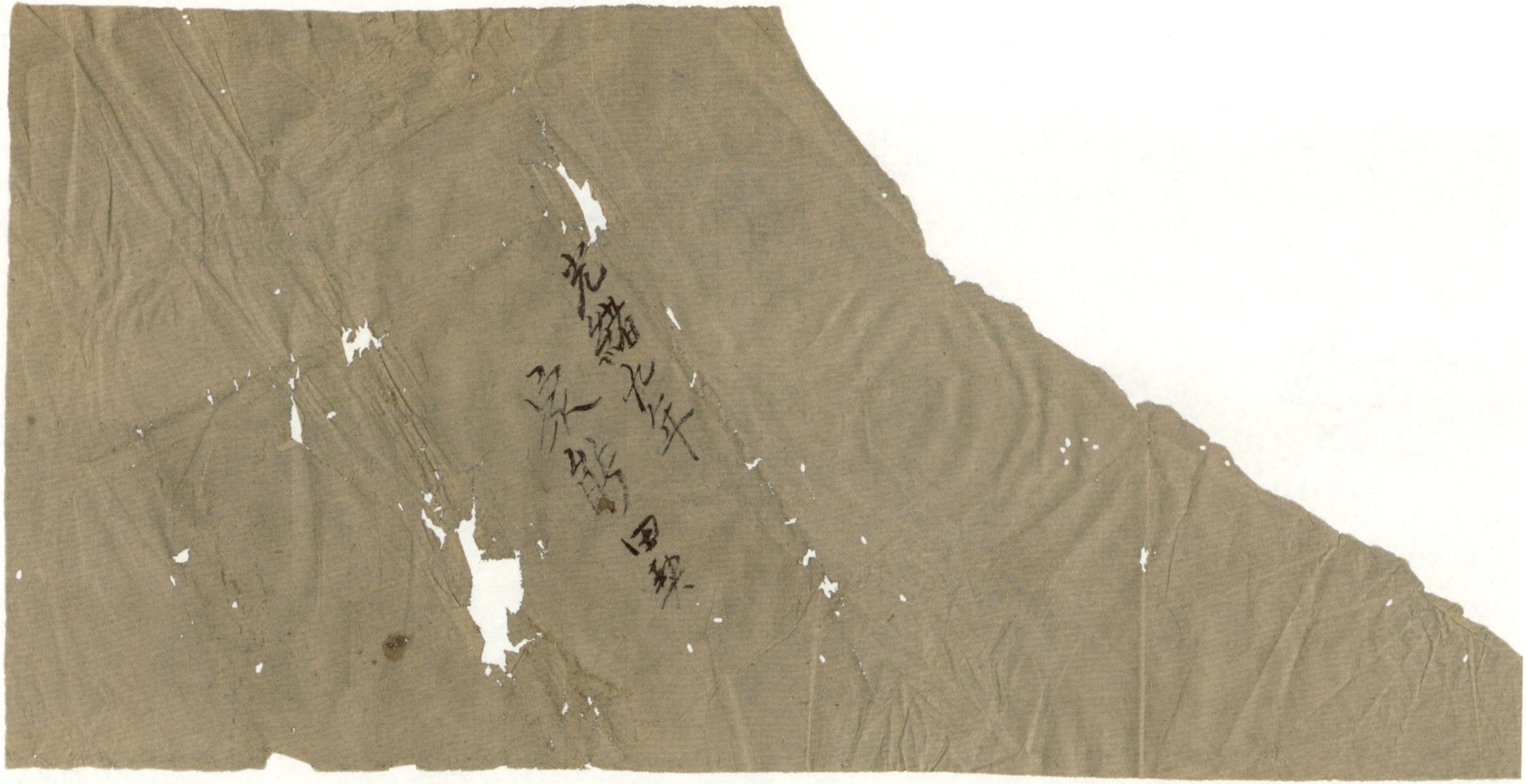

3-4-36-1 包契紙

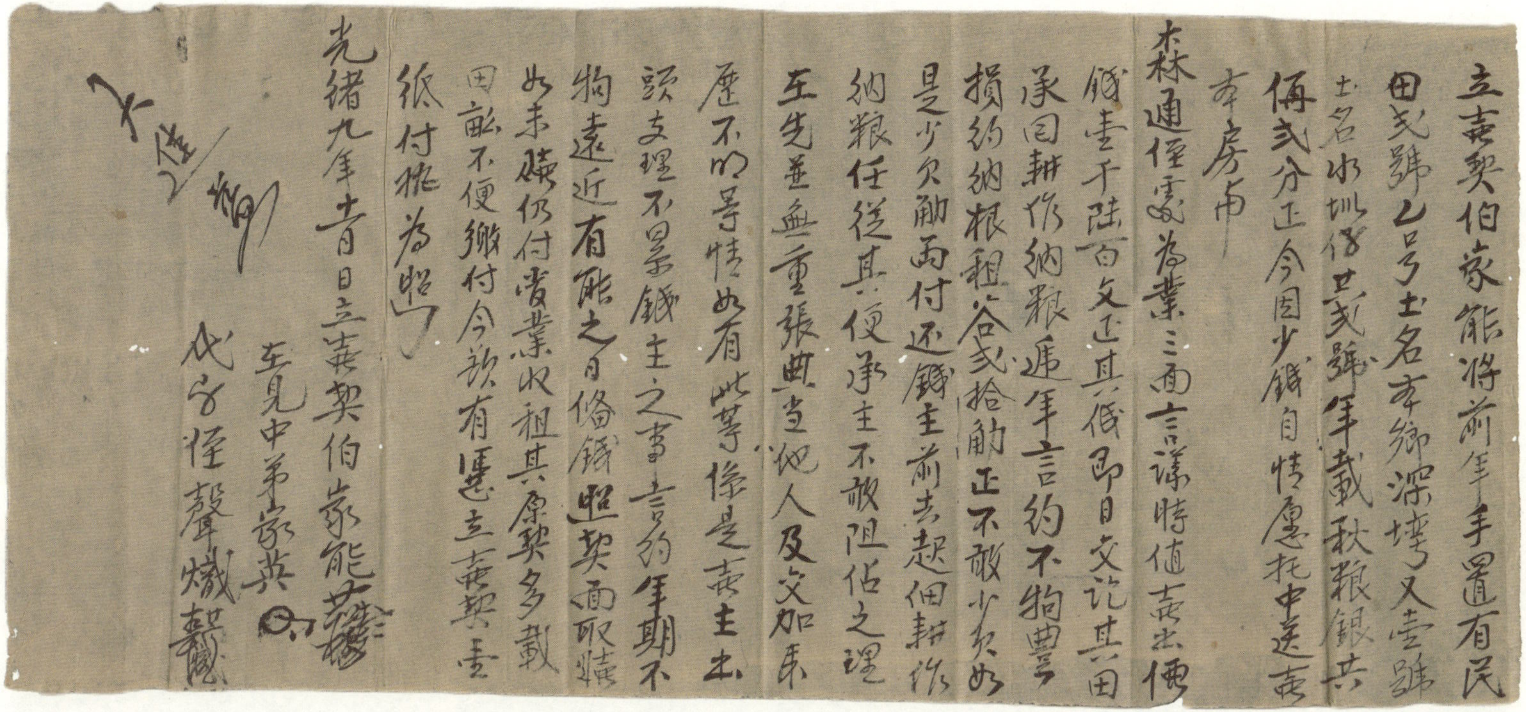
立賣契伯家能將前年手置有民
田弍號，一號土名本鄉深壋(?)，又壹號
土名水圳(?)，俗共弍號，年載秋粮銀共
伍(?)弍分正。今因少錢，自情願托中送賣
本房叔(?)
森通侄處為業，三面言議時值賣出價
錢壹千陆百文正，其價即日交訖。其田
承回耕作納粮，逓年言約不拘豐
損，約納粮租谷弍拾觔正，不敢少欠。如
是少欠觔両，付还錢主前去起佃耕作
納粮，任從其便，承主不敢阻佔之理。
在先並無重張典當他人及文加乘(?)
歷不明等情，如有此等，係是賣主出
頭支理，不累錢主之事。言約年期不
拘遠近，有能之日，備錢照契面取贖，
如未贖，仍付當業收租。其原契多載
田畝，不便繳付。今欲有憑，立賣契壹
紙付執為照。
光緒九年十一月　日立賣契伯家能（押）
在見中弟家興（押）
代字侄聲熾（押）
大佳吉

3-4-36-2　清光緒九年十一月葉家能立賣民田契

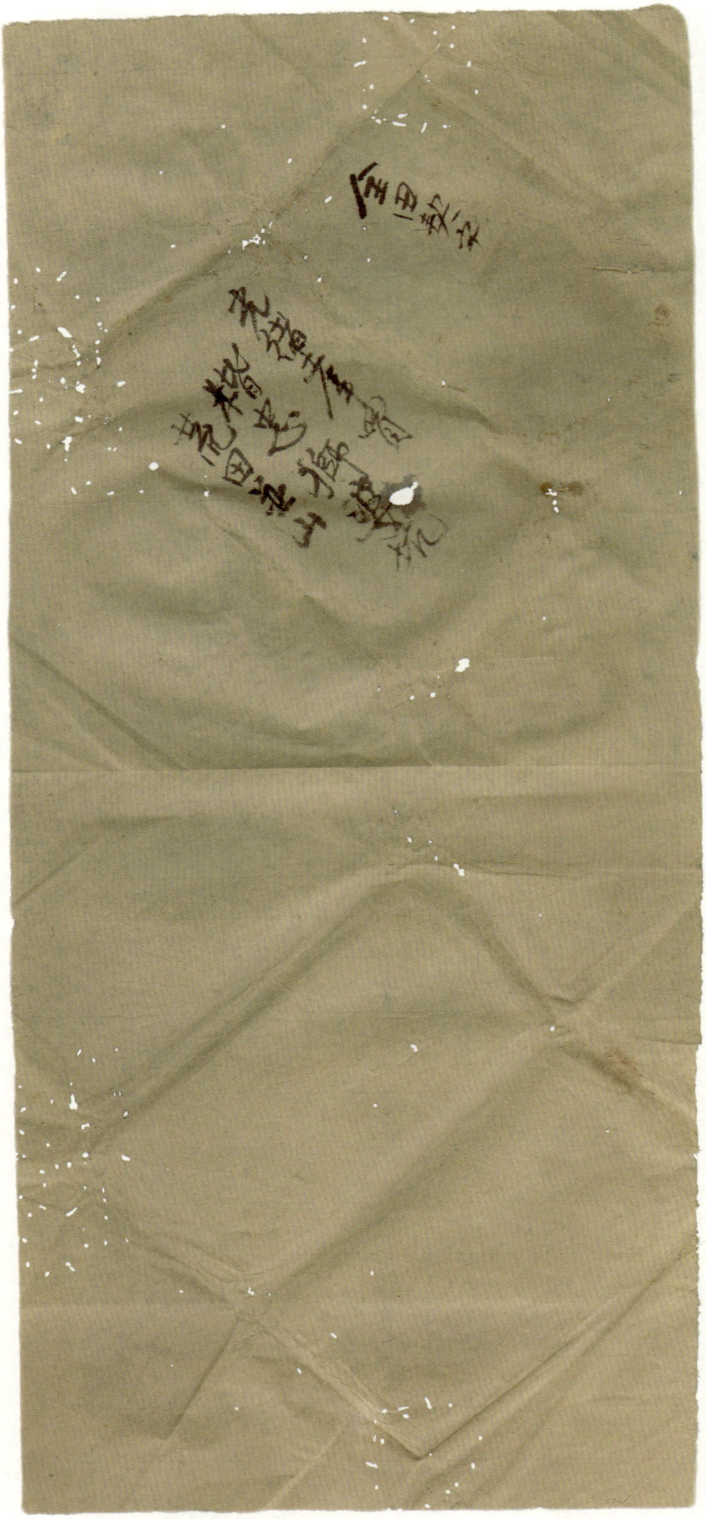

3-4-37-1　包契紙

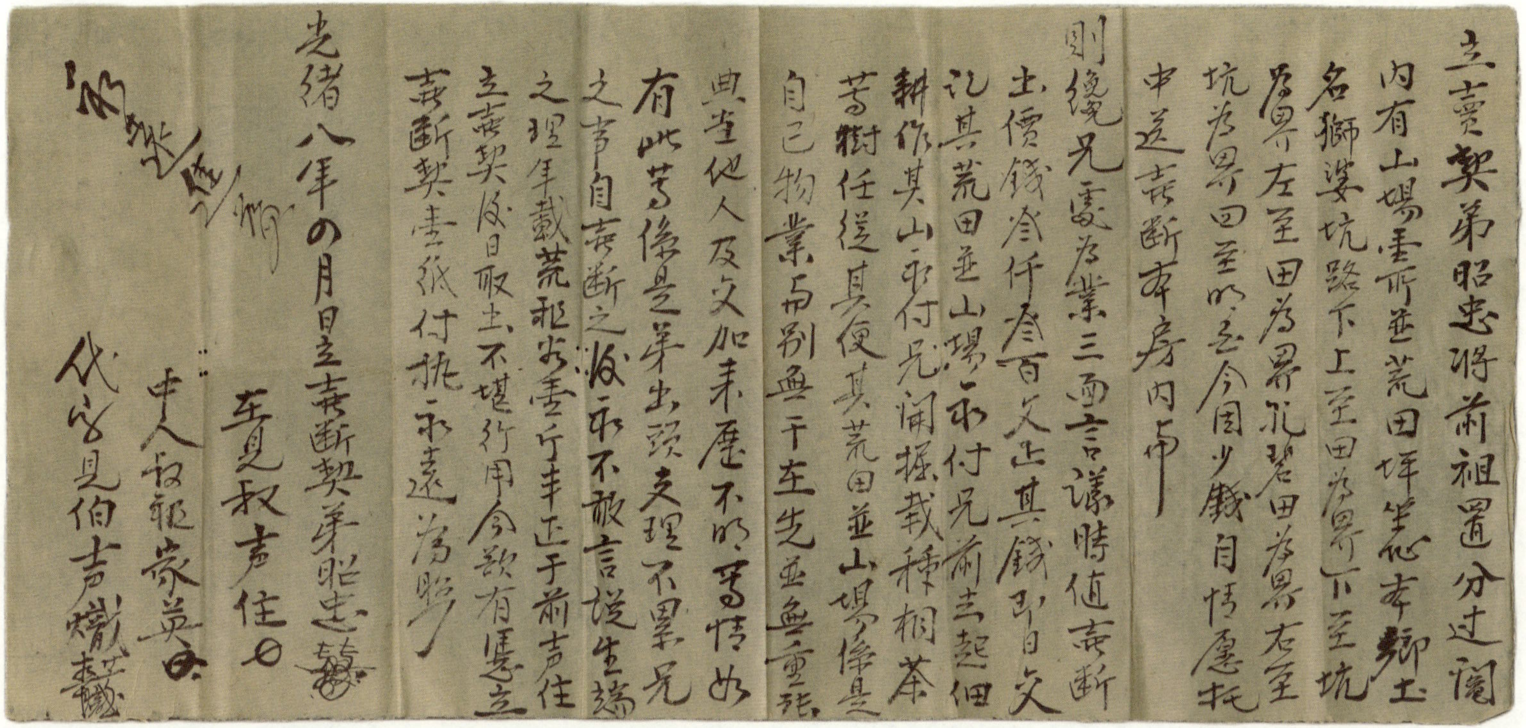

立賣契弟昭忠將前祖置遺分过閹
内有山場壹所並荒田坪坐落本鄉土
名獅婆坑路下上至田爲界下至坑
爲界左至田爲界卜碧田爲界右至
坑爲界四至明白今因乏錢自情愿托
中送賣斷本房内兄
則繞兄處爲業三面言議時值賣斷
出價錢叁仟叁百文正其錢即日交
訖其荒田並山場一示付兄前去起佃
耕作其山一示付兄開採栽種相茶
苗樹任從其便其荒田並山場係是
自己物業与别無干在先並無重張
典当他人及文加未歷不明爲情如
有此苗係是弟出頭支理不累兄
之事自賣斷之後一示不敢言從生端
之理年載荒粃出壹斤半正于前声住
立賣契後日取出不堪行用今欲有憑立
賣斷契壹紙付執一示遠爲照
光緒八年四月日立賣斷契弟昭忠（押）
在見叔声住（押）
中人叔龍家英（押）
代字見伯声灿（押）
[illegible]

3-4-37-2　清光緒八年四月葉昭忠立賣斷山場等契

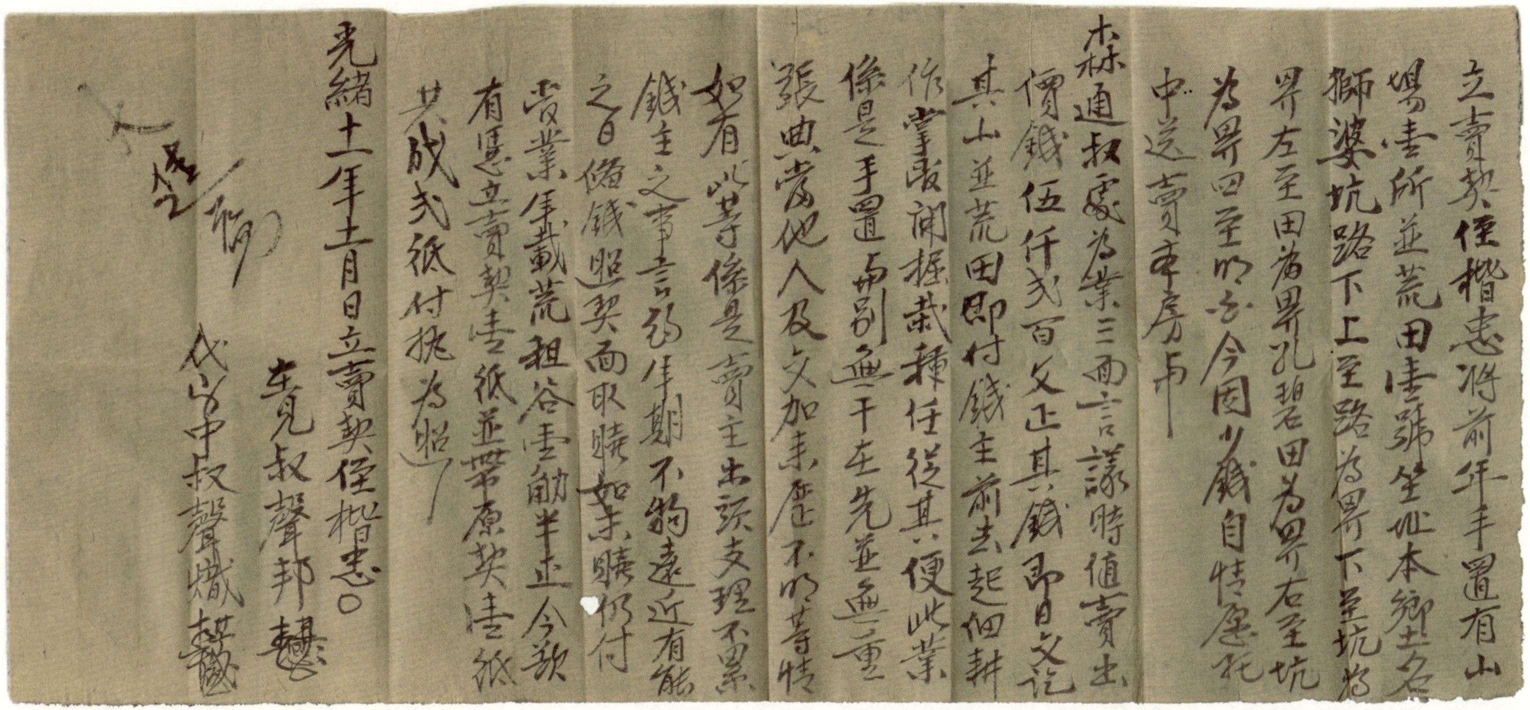
立賣契侄楷忠將前年手置有山
場壹所，並荒田壹號，坐址本鄉土名
獅婆坑路下，上至路為界，下至坑為
界，左至田為界，孔碧石田為界，右至坑
為界，四至明白。今因乏錢自情愿托
中送賣本房弟
森通叔處為業，三面言議時值賣出
價錢伍仟弍百文正，其錢即日文訖，
其山並荒田即付錢主前去起佃耕
作掌管，開掘栽種，任從其便。此業
係是手置，與別無干，在先並無重
張典當他人及文加未歷不明等情，
如有此等，係是賣主出頭支理，不累
錢主之事。言約年期不拘遠近，有能
之日備錢照契面取贖，如未贖，仍付
賣業侄載荒租谷壹觔半正。今欲
有憑，立賣契壹紙，並帶原契壹紙，
共成弍紙付執為照。
光緒十一年十一月日立賣契侄楷忠〇
在見叔聲邦
代筆中叔聲熾

3-4-37-3 清光緒十一年十一月葉楷忠立賣山場等契

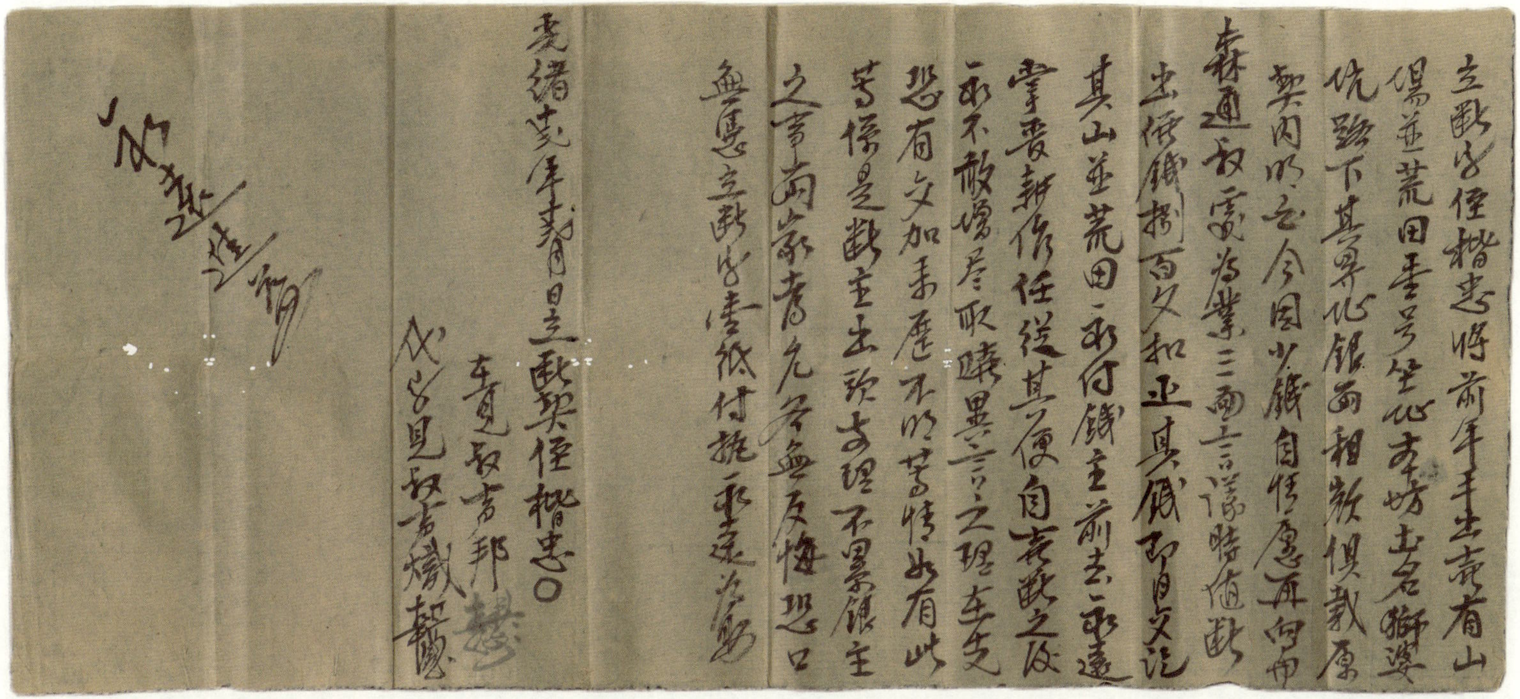

立斷字侄楷忠將前年手出賣有山
場並荒田壹号坐址本坊土名獅婆
坑路下其界址銀兩租穀俱載原
契內明白今因少錢自情愿再向
森通叔處為業三面言議時值斷
出價錢捌百文扣正其錢即日交訖
其山並荒田一一付錢主前去永遠
掌管耕作任從其便自賣斷之後
一永不敢增找取贖異言之理委是
恐有交加來歷不明等情出有此
等情是斷主出頭支理不累錢主
之事兩家喜允各無反悔恐口
無憑立斷字壹紙付執永遠為照

光緒拾貳年拾貳月　日立斷契侄楷忠○
在見叔吉邦
代字見叔吉燦

3-4-37-4　清光緒十二年十二月葉楷忠立斷山場等字

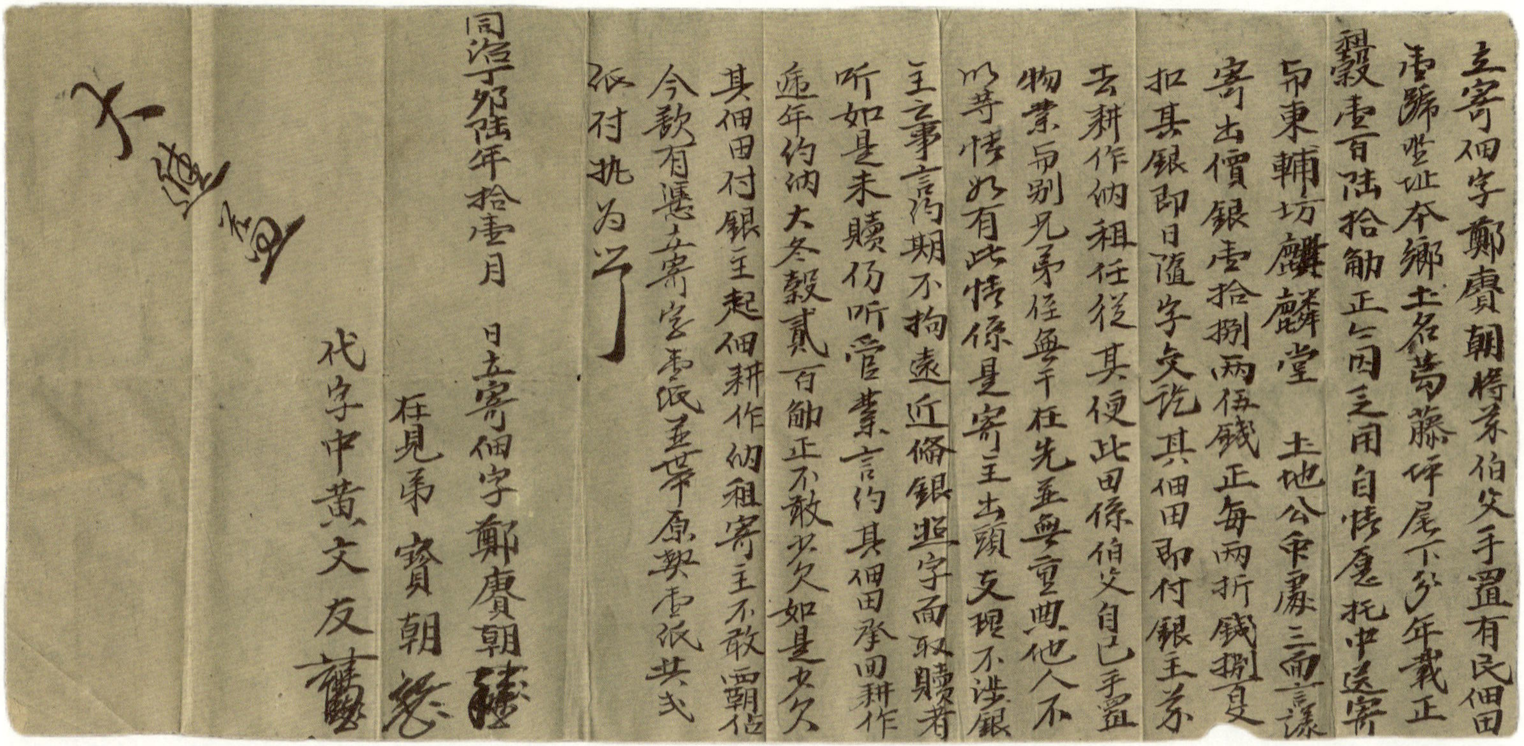
立寄佃字鄭賡朝將承伯父手置有民佃田
壹號坐址本鄉土名葛藤坪屋下每年載正
穀壹百陸拾觔正今因乏用自情愿托中送寄
與東輔坊麒麟堂　土地公爺處三面言議
寄出價銀壹拾捌兩伍錢正每兩折錢捌百足
扣其銀即日隨字交訖其佃田即付銀主承
去耕作納租任從其便此田係伯父自己手置
物業與別兄弟侄無干在先並無重典他人不
明等情如有此情係是寄主出頭支理不涉銀
主之事言約期不拘遠近備銀照字面取贖若
聽如是未贖仍聽管業言約其佃田承回耕作
逐年約納大冬穀貳百觔正不敢少欠如是少欠
其佃田付銀主起佃耕作納租寄主不敢霸佔
今欲有憑立寄字壹紙並帶原契壹紙共弍
紙付執為照
同治丁卯陸年拾壹月　日立寄佃字鄭賡朝（押）
在見弟　賓朝（押）
代字中　黃文友（押）

3-4-38-1　清同治六年十一月鄭賡朝立寄民佃田字

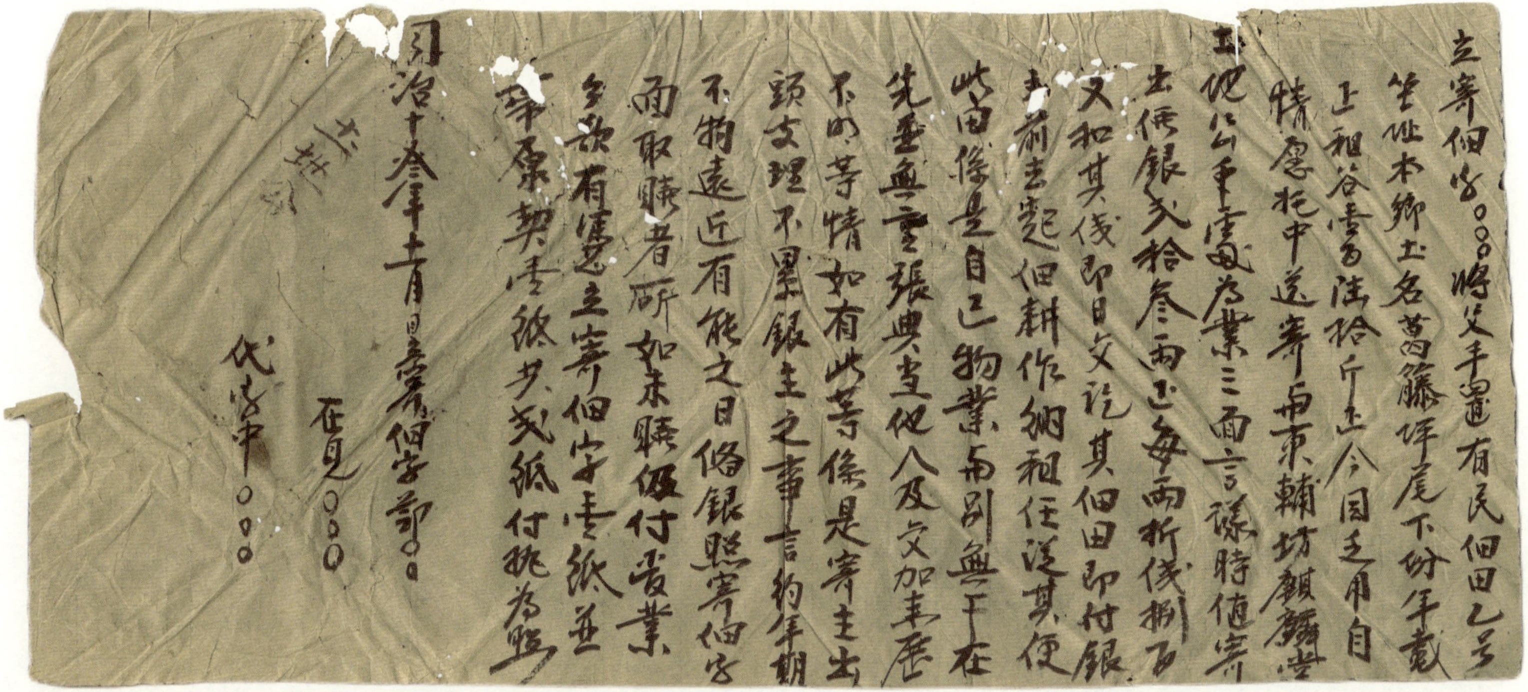

立寄佃字○○○將父手置有民佃田乙号
坐址本鄉土名葛藤坪尾下份年載
上租谷壹百陸拾斤正今因乏用自
情愿托中送寄本東輔坊顏鏞堂
佃以手寄為業三面言議時值寄
出佛銀弍拾叁兩正每兩折錢捌百
文和其錢即日交訖其佃田即付銀
主前去起佃耕作納租任從其便
此田係是自己物業兩別無干在
先並無重張典當他人及交加來歷
不明等情如有此等係是寄主出
頭支理不累銀主之事言約年期
不拘遠近有能之日備銀照寄佃字
面取贖者所如未贖仍付管業
今欲有憑立寄佃字壹紙並
帶原契壹紙共弍紙付執為照
同治十叁年十一月　日立寄佃字鄭○○
在見○○○
代字中○○○

3-4-38-2　清同治十三年十一月鄭文珍立寄民佃田字（草契）

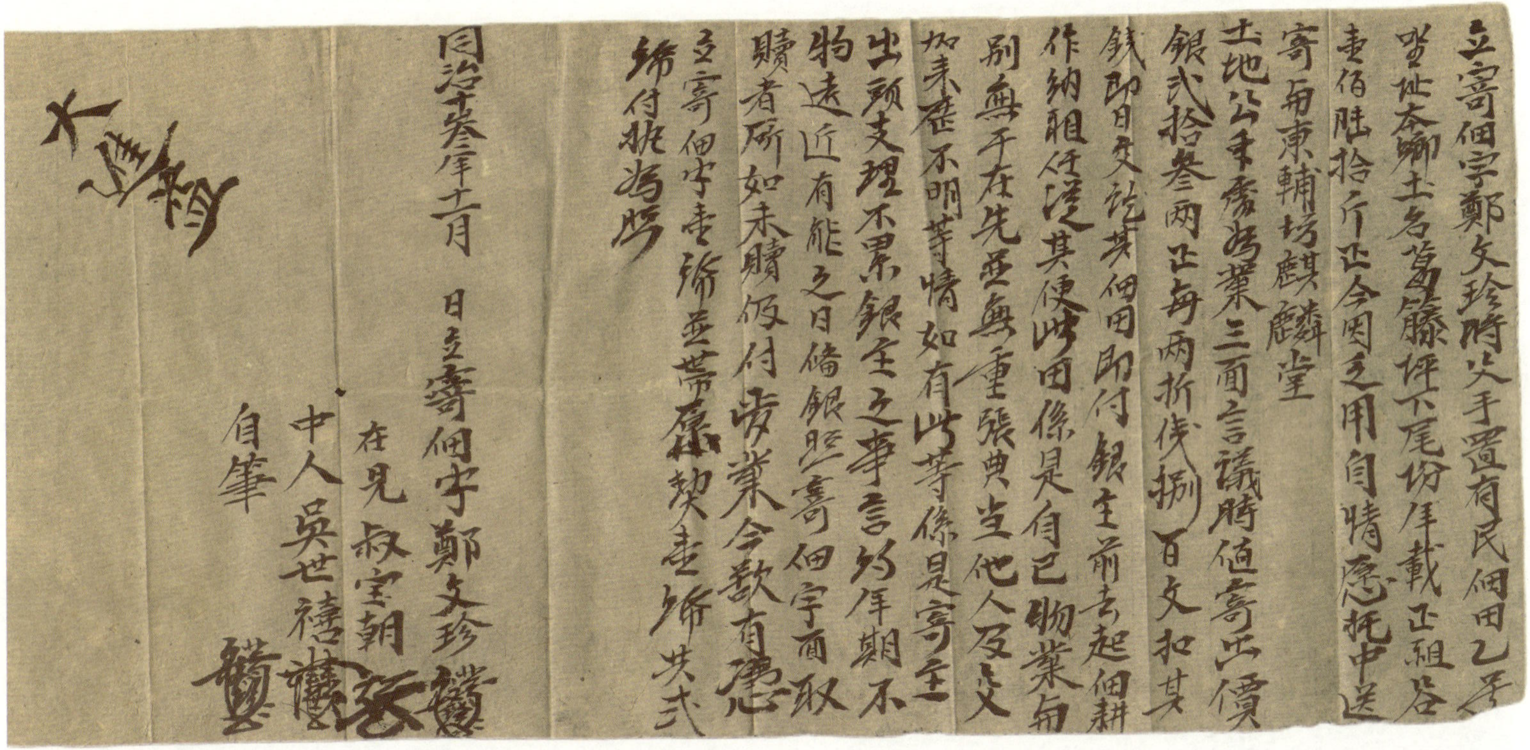

立寄佃字鄭文珍將父手置有民佃田乙号
坐址本鄉土名葛藤坪下尾份年載正租谷
壹佰陸拾斤正今因乏用自情愿托中送
寄与東輔坊麒麟堂
出地公手處爲業三面言議時值寄出價
銀貳拾叁兩正每兩折錢捌百文扣其
錢即日交訖其佃田即付銀主前去起佃耕
作納租任從其便此田係是自己物業與
別無干在先並無重張典当他人及交
加來歷不明等情如有此等係是寄主
出頭支理不累銀主之事言約年期不
拘遠近有能之日備銀照寄佃字面取
贖者倘如未贖仍付寄業今欲有憑
立寄佃字壹紙並帶原契壹紙共貳
紙付执爲照

同治拾叁年十一月　日立寄佃字鄭文珍（押）
在見叔　宗朝（押）
中人　吳世禧（押）
自筆

大吉利

3-4-38-3　清同治十三年十一月鄭文珍立寄民佃田字

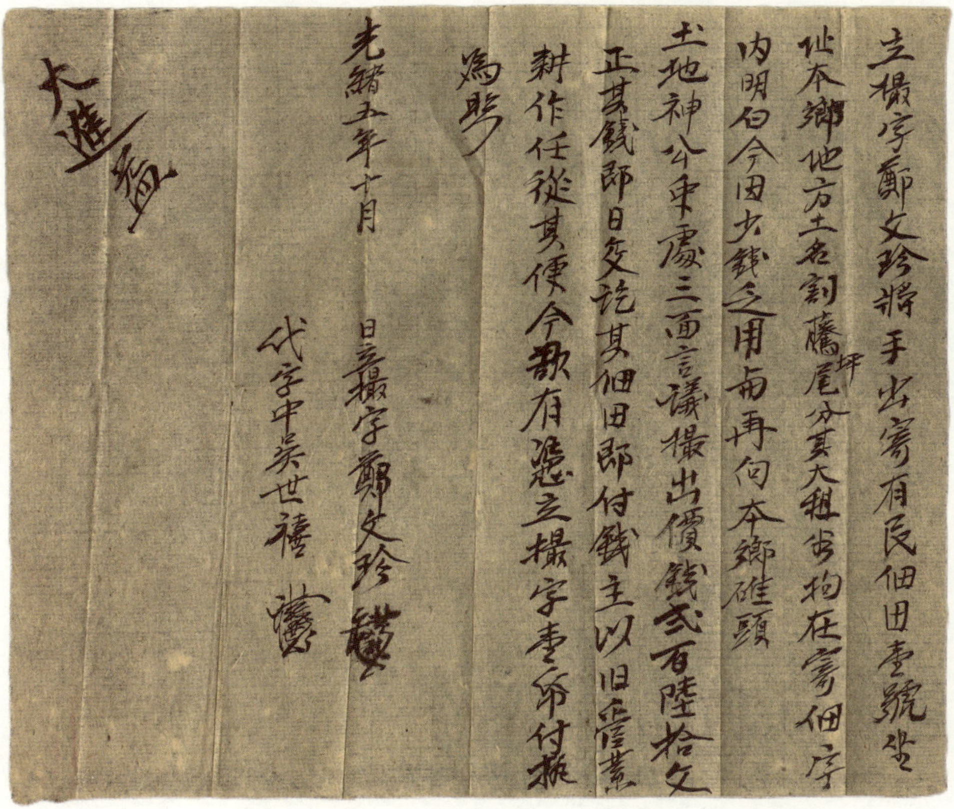

立撮字鄭文珍將手出賣有民佃田壹號坐
址本鄉地方土名剳藤坪尾分載大租当拘在賣佃字
內明白今因少錢乏用商再向本鄉碓頭
土地神公眾處三面言議撮出價錢弍百陸拾文
正其錢即日交訖其佃田即付錢主以旧壹業
耕作任從其便今欲有憑立撮字壹紙付執
為照
光緒五年十月　日立撮字鄭文珍（押）
代字中吳世禧（押）
大進　蓋

3-4-38-4　清光緒五年十月鄭文珍立撮字

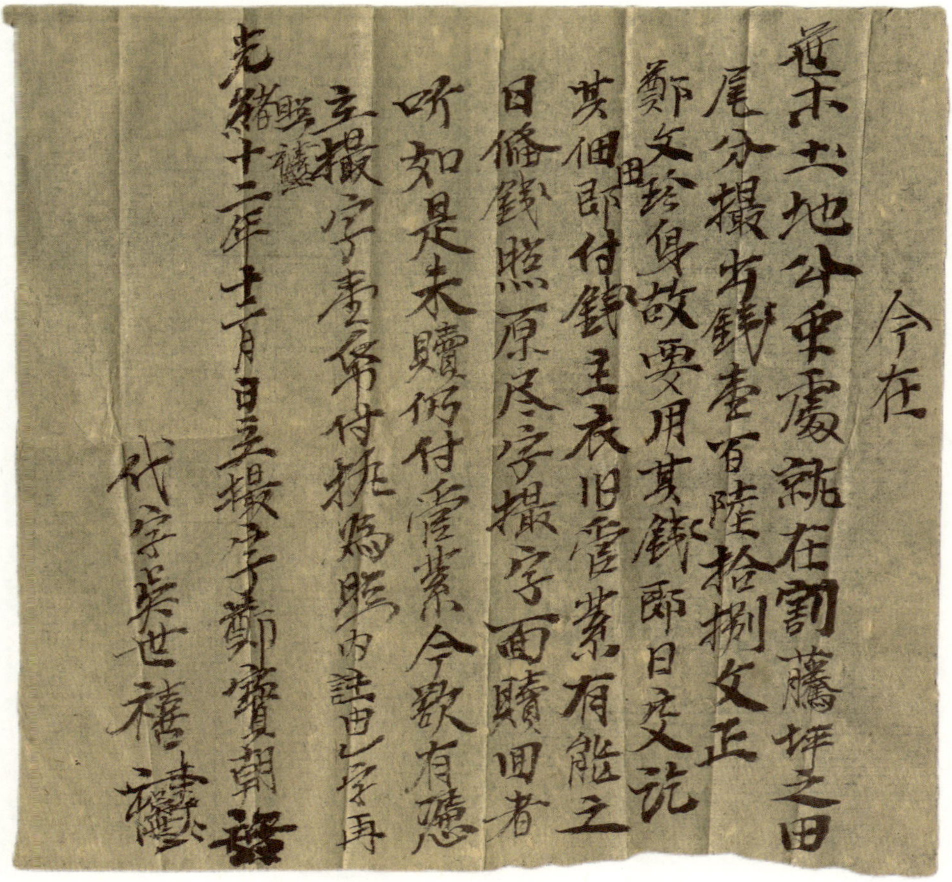
今在
萁禾土地公垂處就在劉藤坪之田
尾分撮出錢壹百陸拾捌文正
鄭文玲田身故要用其錢，即日交訖
其佃即付錢主衣旧管業，有能之
日備錢照原尽字撮字面贖回者
听如是未贖，仍付管業，今欲有憑
立撮字壹紙付執為照。内註田乙字再
光緒十二年十二月日立撮字鄭寶朝
代字吳世禧

3-4-38-5 清光緒十二年十二月鄭寶朝立撮字

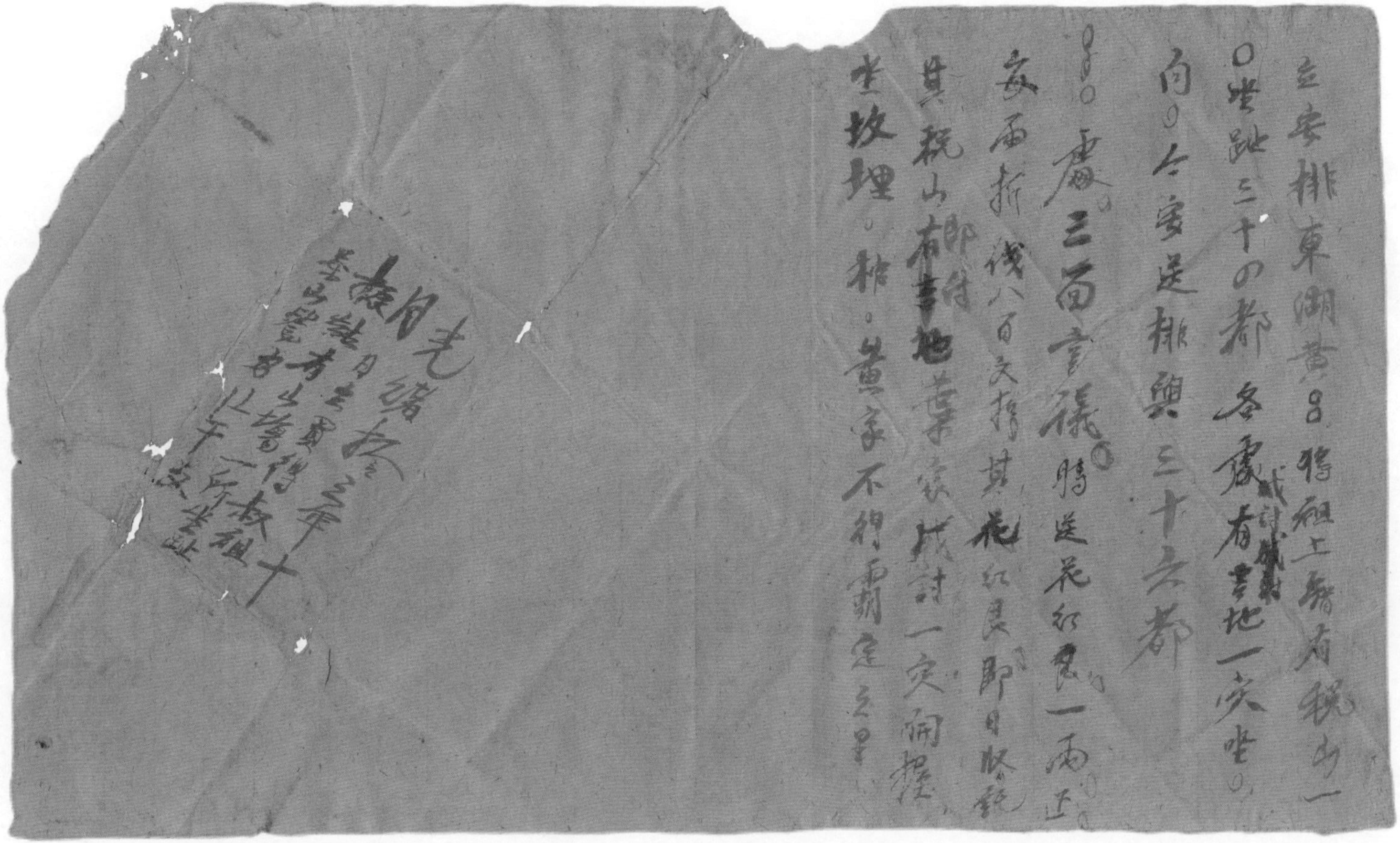

3-4-39-1　包契紙（草契）

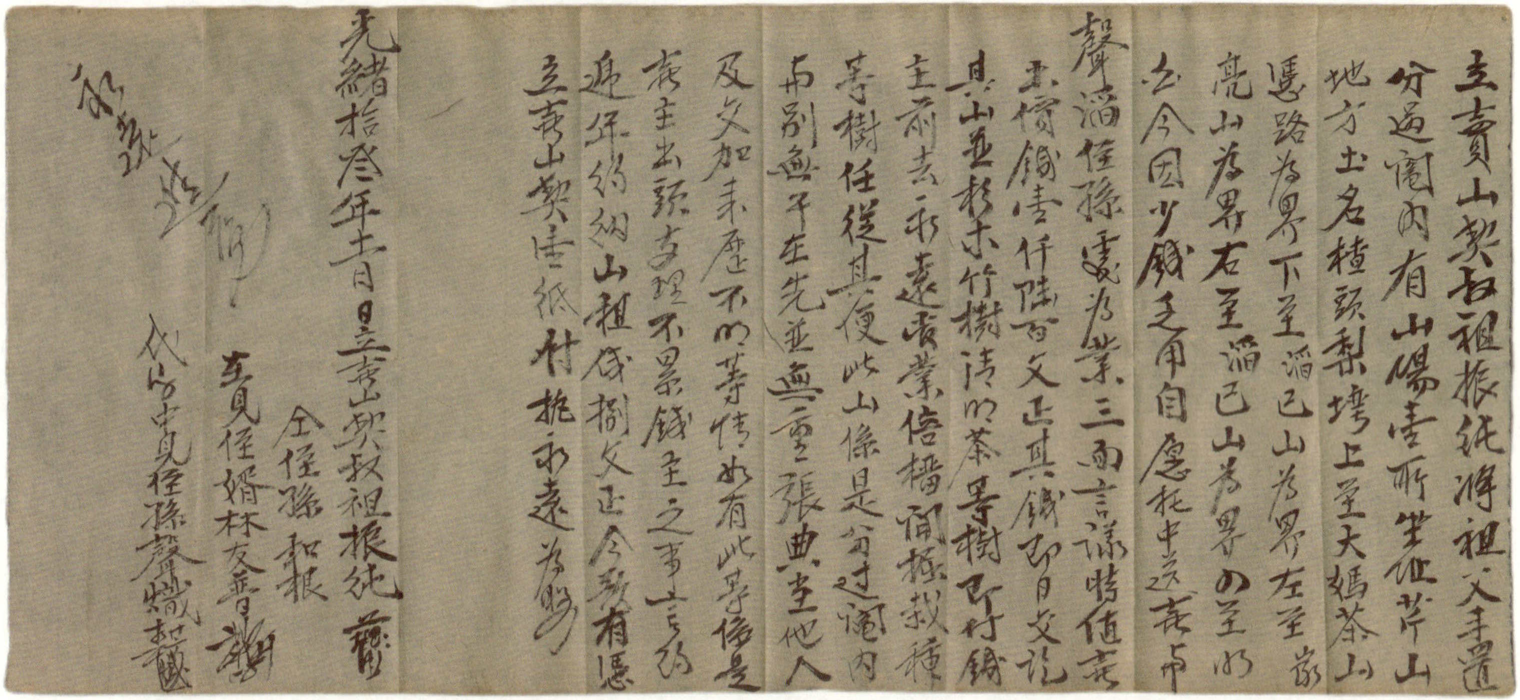

3-4-39-2　清光緒十三年十一月葉振純等立賣山場契

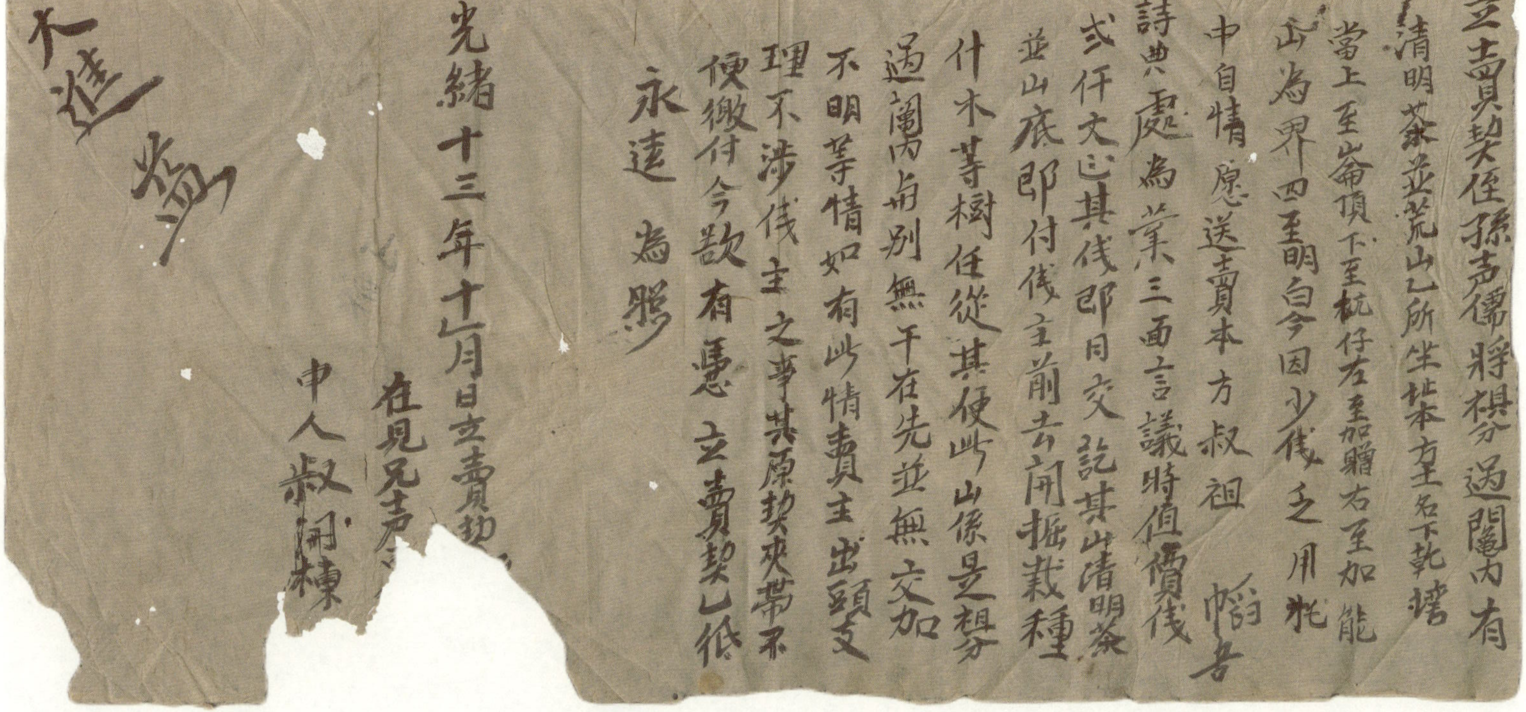
立賣契侄孫声儒將祖分過闔內有
清明茶並荒山乙所坐址本方土名下乾塘
當上至崙頂下至坑仔左至加贈右至加能
山為界四至明白今因少錢乏用托
中自情愿送賣本方叔祖 [illegible]
詩典處為業三面言議時值價錢
弍仟文正其錢即日交訖其山清明茶
並山底即付錢主前去開掘栽種
什木等樹任從其便此山係是己分
過闔內自別無干在先並無交加
不明等情如有此情賣主出頭支
理不涉錢主之事其原契夾帶不
便繳付今欲有憑立賣契乙紙
永遠為照
光緒十三年十一月日立賣契
在見兄声
中人叔闲棟
大進發

3-4-40-1　清光緒十三年十一月葉声儒立賣清明茶等契

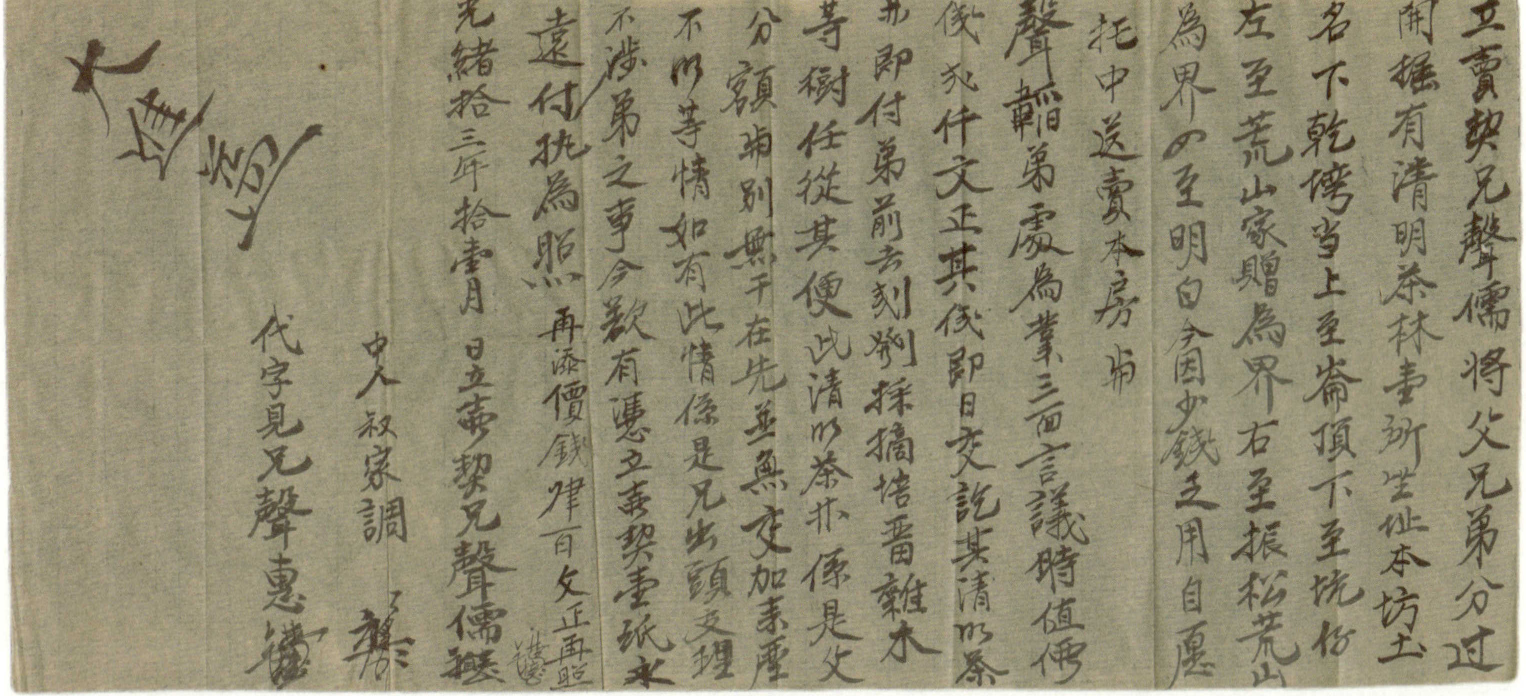
立賣契兄聲儒將父兄弟分过
開墾有清明茶林壹所，坐址本坊土
名下乾塆当，上至崙頂，下至坑仔，
左至荒山家賸為界，右至振松荒山
為界，四至明白。今因少錢乏用，自愿
托中送賣本房弟
聲韜弟處為業，三面言議時值價
錢柒仟文正，其錢即日交訖，其清明茶
林即付弟前去刻劉採摘培番雜木
等樹，任從其便。此清明茶林係是父
分額，與別無干，在先並無交加來歷
不明等情。如有此情，係是兄出頭支理，
不涉弟之事。今欲有憑，立賣契壹紙永
遠付執為照。再添價錢柒百文正，再照。
光緒拾三年拾壹月　日立賣契兄聲儒（押）
中人　叔家調（押）
代字見兄聲惠（押）

3-4-40-2　清光緒十三年十一月葉聲儒立賣清明茶林契

3-4-41-1　包契紙

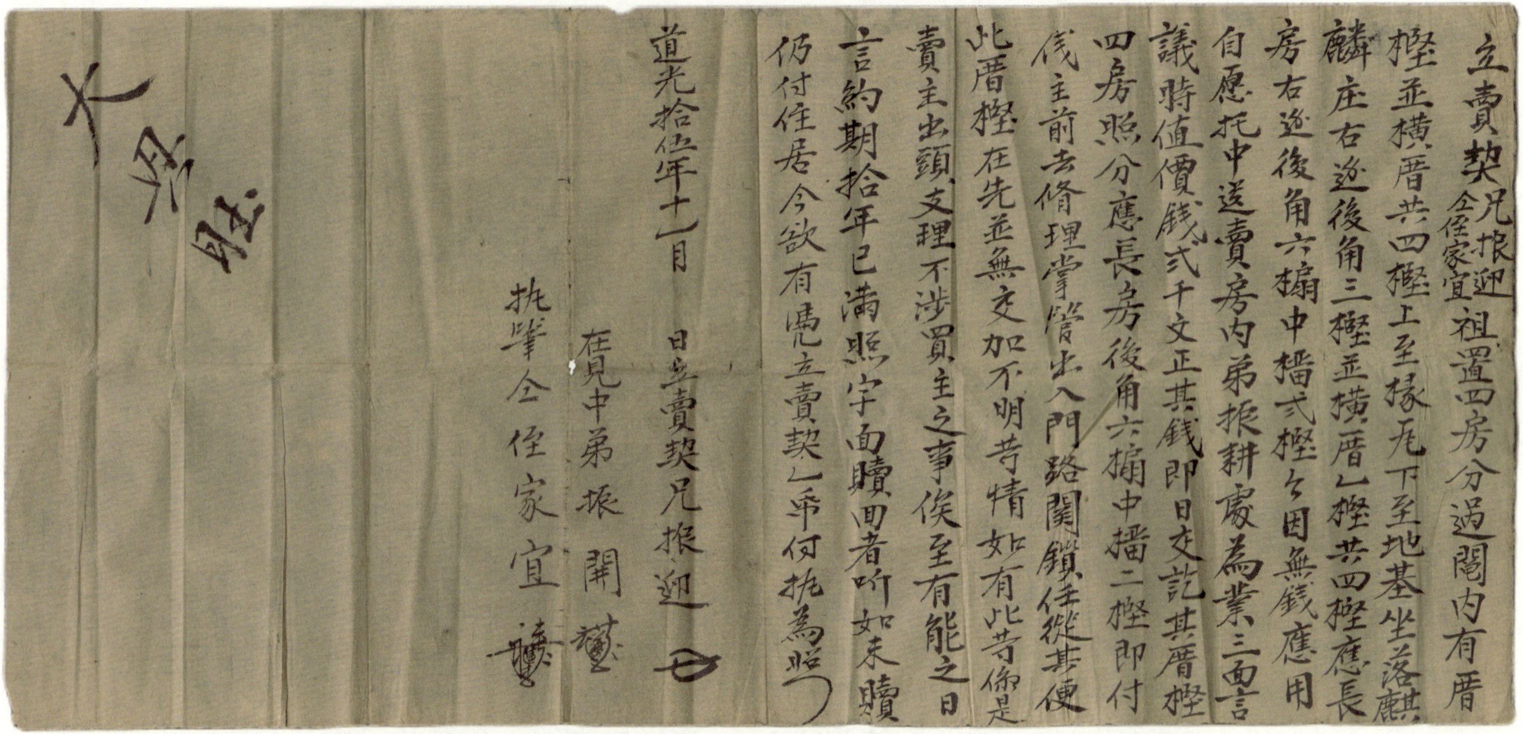

立賣契兄振迎仝侄家宜祖遺四房分過鬮内有厝
樫並横厝共四樫上至椽瓦下至地基坐落麒
麟庄右邊後角三樫並横厝乙樫共四樫應長
房右邊後角六摘中擋弍樫今因無錢應用
自愿托中送賣房内弟振耕處爲業三面言
議時值價錢弍千文正其錢即日交訖其厝樫
四房照分應長房後角六摘中擋二樫即付
錢主前去修理掌管出入門路關鎖任從其便
此厝樫在先並無文加不明等情如有此等係是
賣主出頭支理不涉買主之事俟至有能之日
言約期拾年已滿照字面贖回者聽如未贖
仍付住居今欲有憑立賣契乙帋付執爲照

道光拾伍年十一月　日立賣契兄振迎

在見中弟振開

執筆仝侄家宜

文契

3-4-41-2　清道光十五年十一月葉振迎等立賣厝樫等契

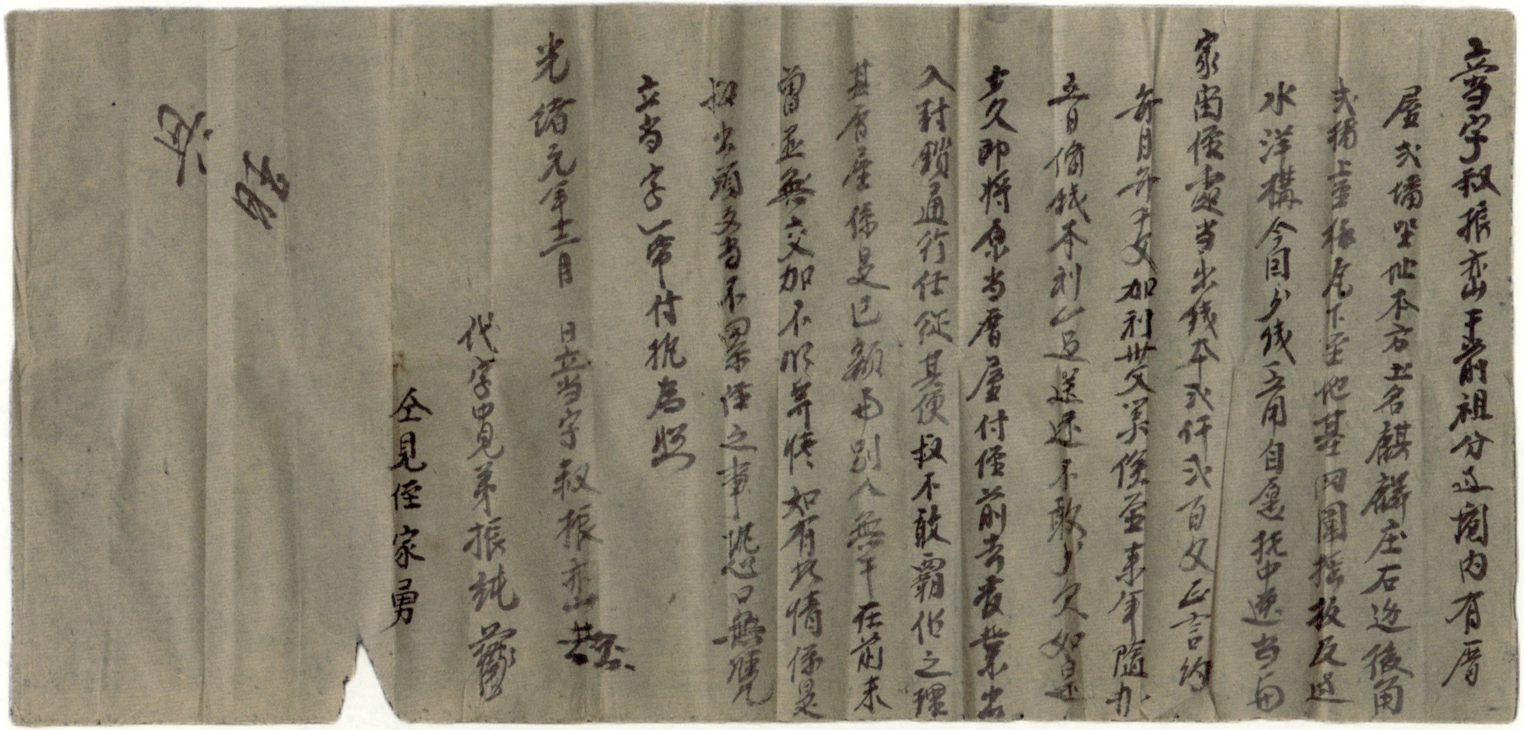
立當字叔振峦，承前祖分這闔內有厝
屋弍槽，坐址本宅土名麒麟，座右邊後角
弍槽，上至椽尾，下至地基，內閉□□及近
水洋構。今因少錢了用，自愿托中送當與
家自侄處，當出錢本弍仟弍百文正，言約
每月每千文加利艾菜，侯至來年隨办
吉備錢本利一足送還，不敢少欠。如是
支欠，即將原當厝屋付侄前去發業出
入，針鎖通行，任從其便，叔不敢霸佔之理。
其厝屋係是己額，與別人無干，在前未
曾盡無交加不明等情，如有此情，係是
叔出頭支當，不關侄之事。恐口無憑，
立當字一帋付執為照。
光緒元年十二月　日立當字叔振峦（押）
代字兄弟振純（押）
全見侄家勇

3-4-41-3　清光緒元年十二月葉振峦立當厝屋字

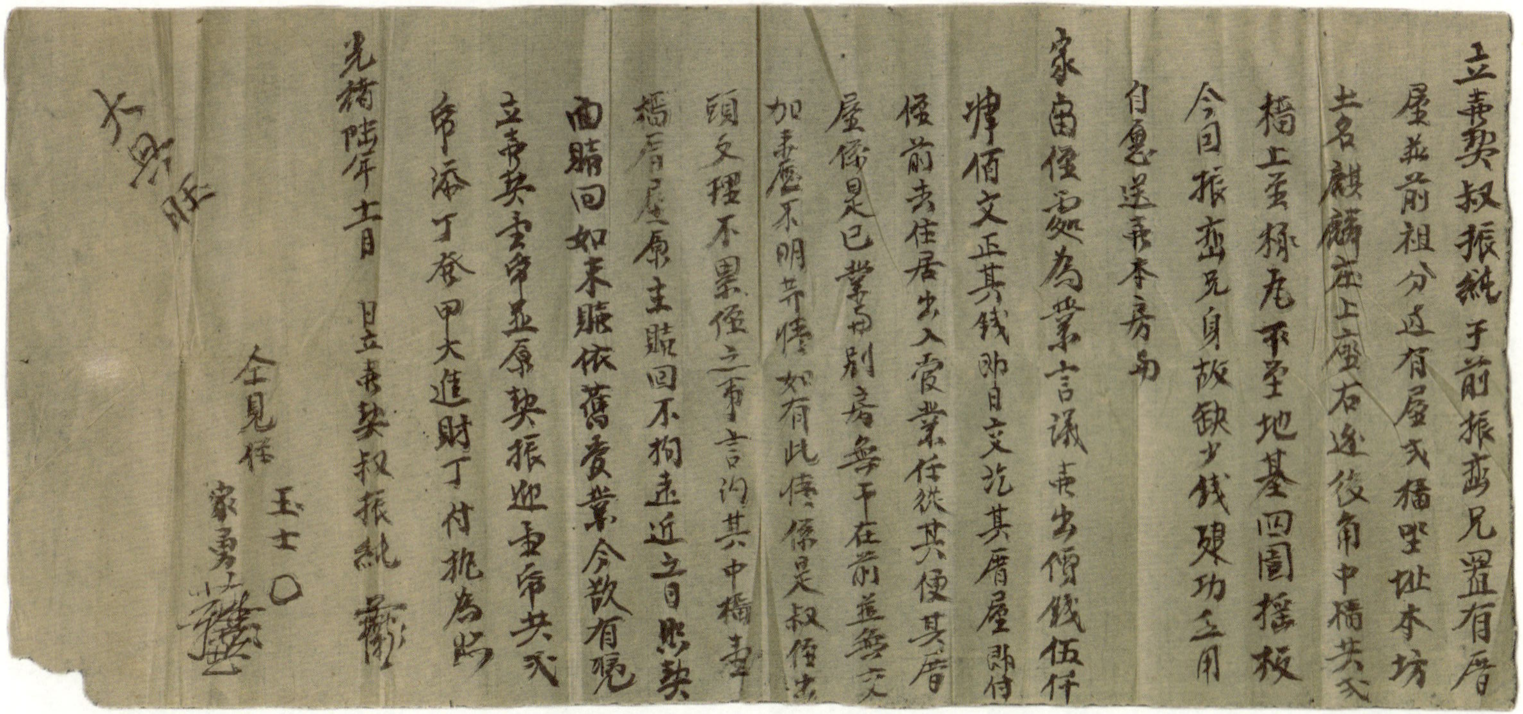

立賣契叔振純，于前振燕兄置有厝
屋并前祖分道有屋弍稿，坐址本坊
土名麒麟座上座右邊後角中稿共弍
稿，上至桁危，下至地基，四圍摇板。
今因振燕兄身故，缺少錢殡功之用，
自思，送賣本房弟
家齒姪處為業，言議賣出價錢伍仟
肆佰文正，其錢即日交訖，其厝屋即付
姪前去住居出入管業，任從其便。其厝
屋係是己業，與別房無干，在前並無交
加賣歷不明等情，如有此情，係是叔任出
頭支理，不累姪之事。言約其中稿壹
稿厝屋原主贖回，不拘遠近之日照契
面贖回，如未贖，依舊賣業。今欲有憑，
立賣契壹帋，並原契振迎壹帋，共弍
帋，添丁發甲，大進財丁，付執為照。
光緒陸年十一月　日立賣契叔振純（押）
仝見侄　玉士〇
家勇士（押）
大吉旺

3-4-41-4　清光緒六年十一月葉振純立賣厝屋契

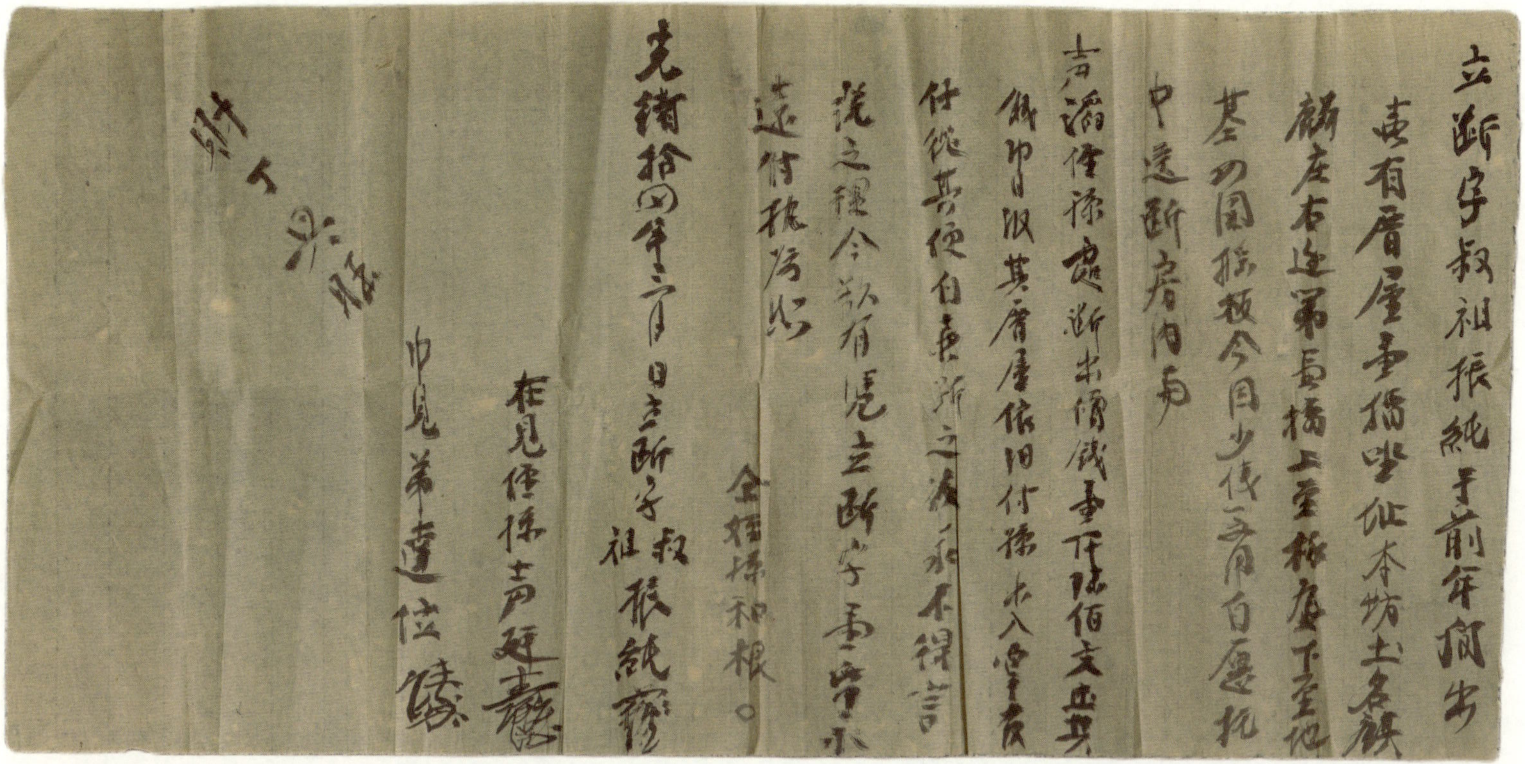
立斷字叔祖振純于前年兩出
賣有厝屋壹擋坐址本坊土名麒
麟庄本達第兩擋上至梳屋下至地
基四圍桁板今因少錢乏用自愿托
中送斷厝內與
吉滿侄孫邊斷出價錢壹仟陸佰文正其
錢即日收其厝屋依旧付孫永入管業
任從其便自表斷之後永不得言
說之理今欲有憑立斷字壹紙永
遠付孫爲照
全嫂孫和根
光緒拾四年三月　日立斷字叔祖振純
在見侄孫吉廷壽
中見弟達位
葉十六旺

3-4-41-5　清光緒十四年三月葉振純等立斷厝屋字

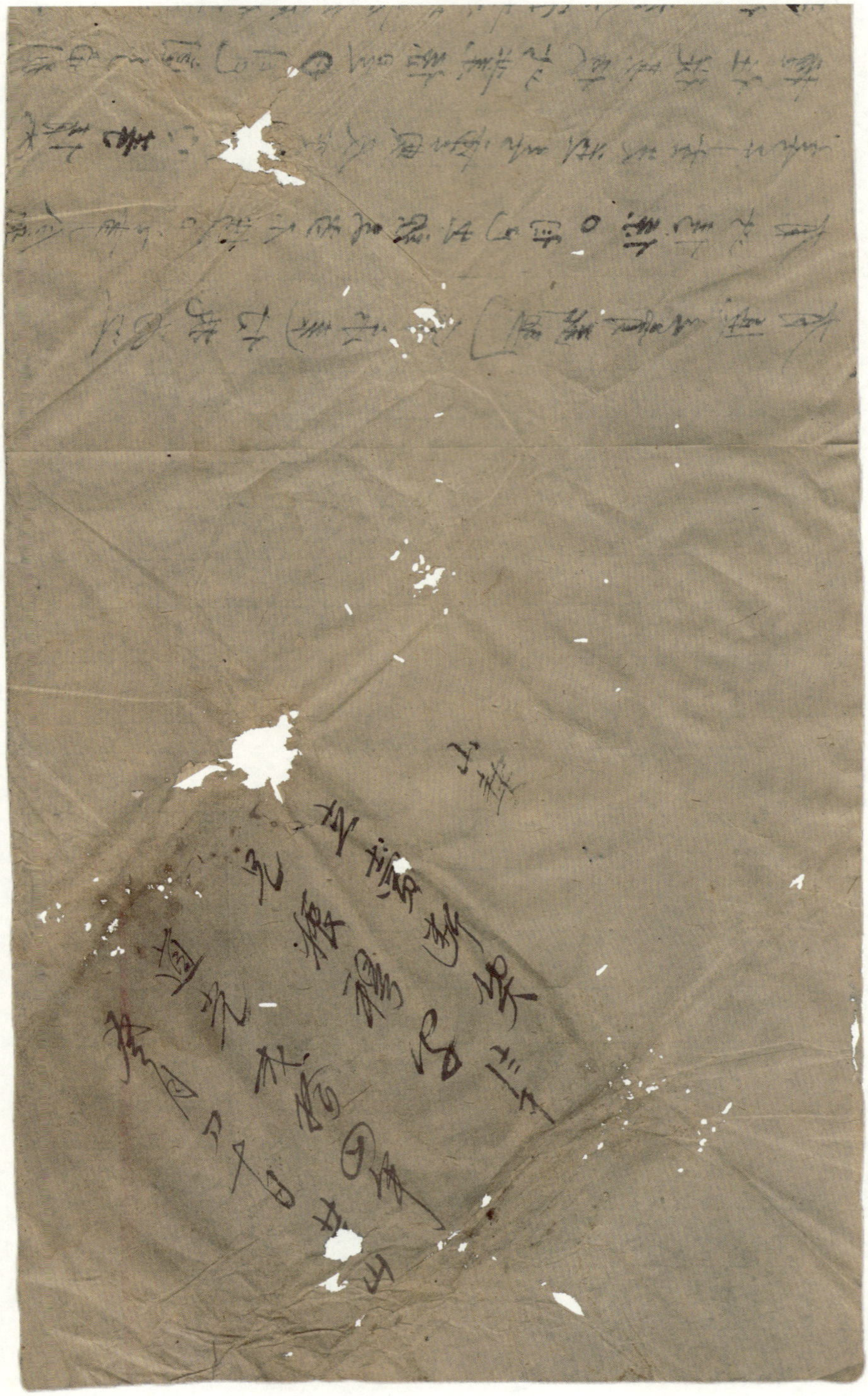

3-4-42-1　包契紙

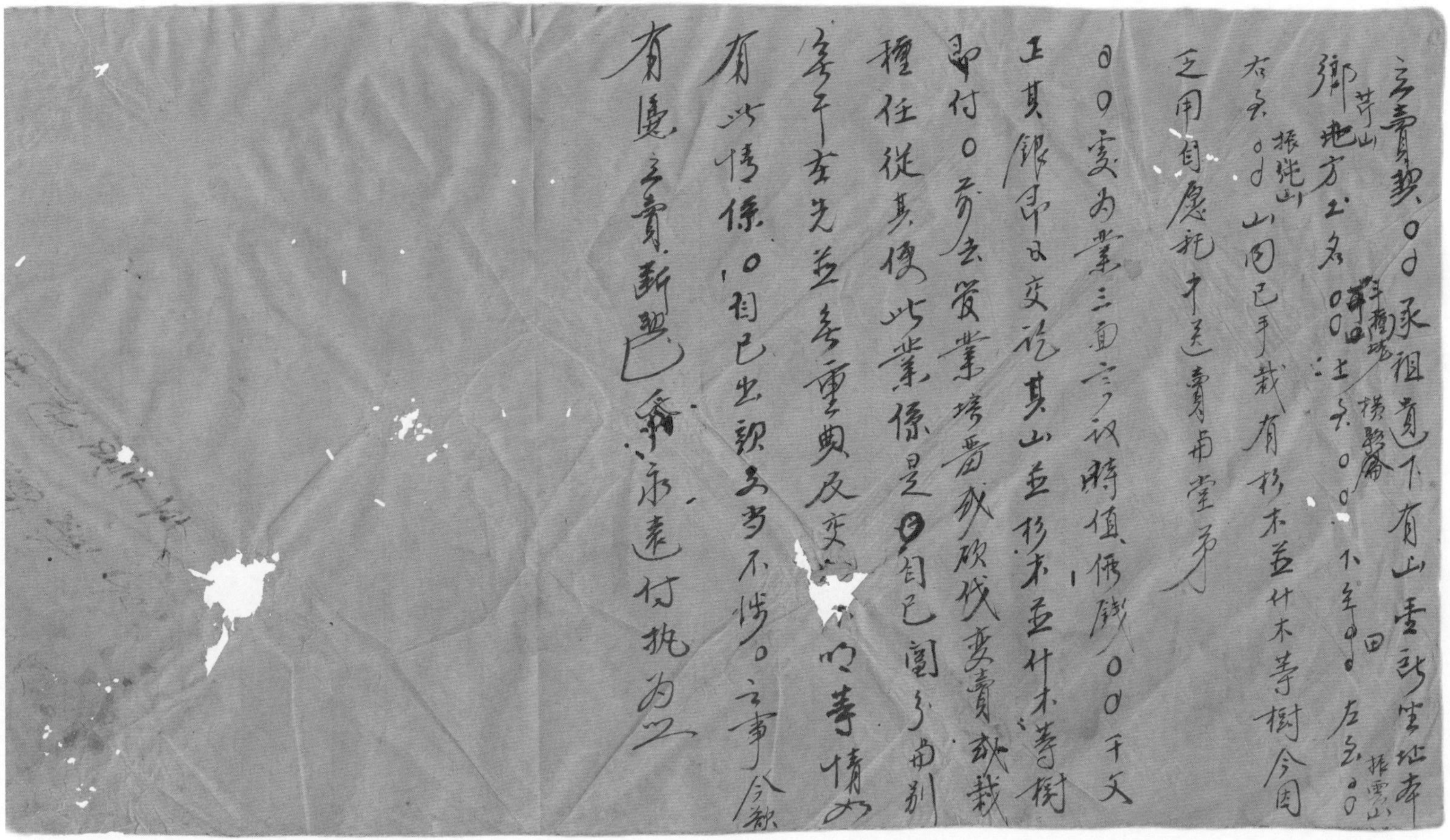

3-4-42-2　包契紙（草契）

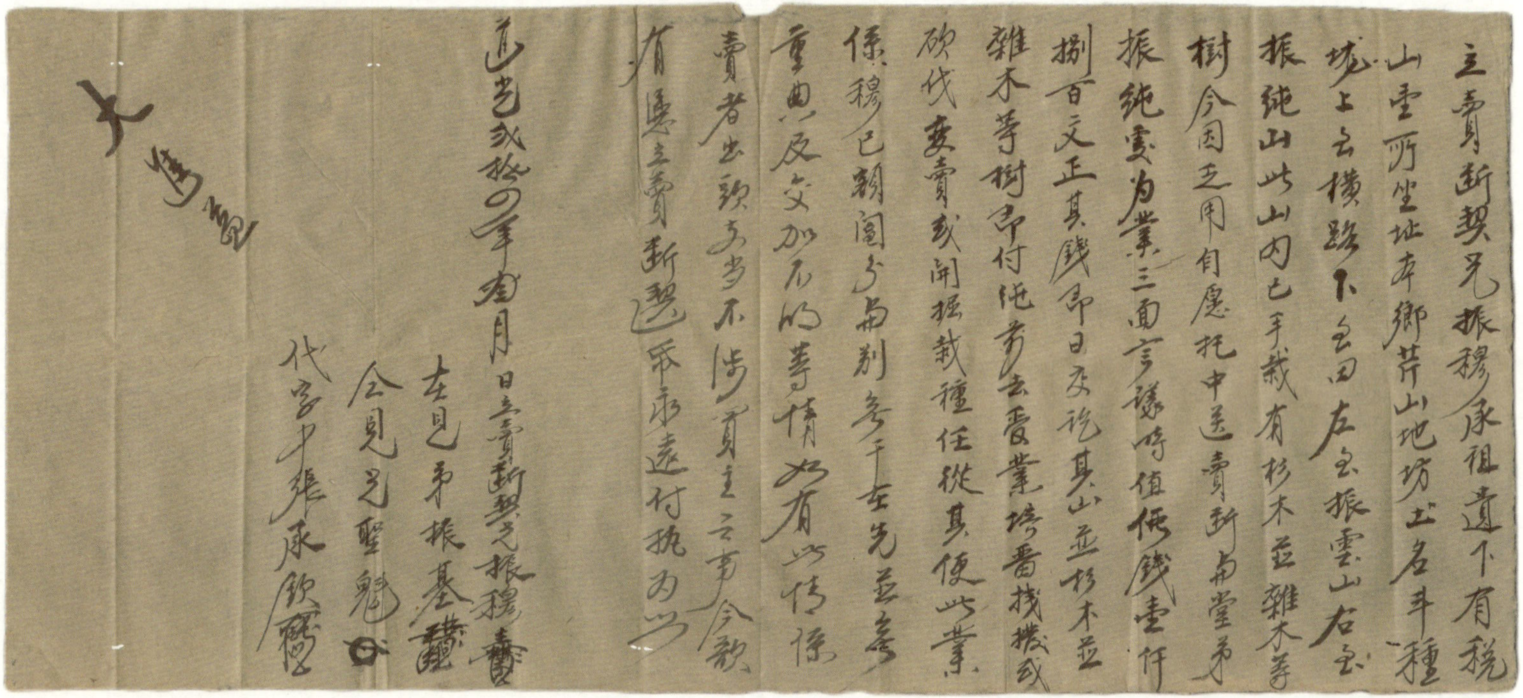

立賣斷契兄振穆承祖遺下有稅
山壹所坐址本鄉茾山地坊土名斗種
垅上至橫路下至田左至振雲山右至
振純山此山內已手栽有杉木並雜木等
樹今因乏用自愿托中送賣斷與堂弟
振純處為業三面言議時值價錢壹仟
捌百文正其錢即日交訖其山並杉木並
雜木等樹即付純弟去管業培番栽插或
砍伐變賣或開掘栽種任從其便此業
係穆已親鬮分與別房無干在先並無
重典交加不明等情如有此情係
賣者出頭支當不涉買主之事今欲
有憑立賣斷契永遠付執為照
道光貳拾四年叁月　日立賣斷契兄振穆（押）
在見弟振基（押）
仝見兄聖魁（押）
代字中張承欽（押）
大進寶

3-4-42-3　清道光二十四年三月葉振穆立賣斷稅山契

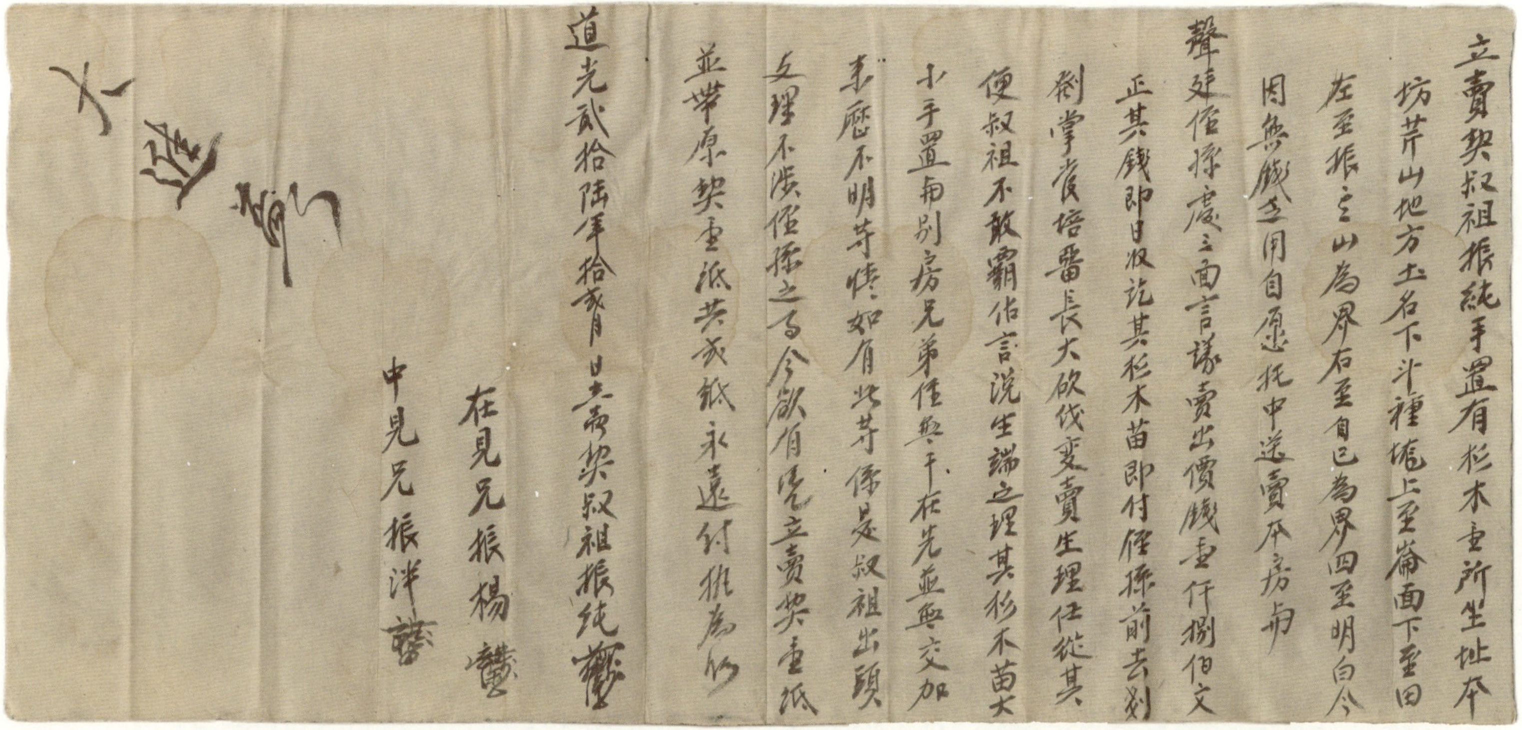

立賣契叔祖振純手置有杉木壹所坐址本
坊芹山地方土名下斗種墘上至崙面下至田
左至振之山為界右至自己為界四至明白今
因無錢乏用自愿托中送賣本房弟
聲廷侄孫處三面言議賣出價錢壹仟捌佰文
正其錢即日收訖其杉木苗即付侄孫前去刈
剷掌培蓄長大砍伐變賣生理任從其
便叔祖不敢霸佔言說生端之理其杉木苗大
小手置係別房兄弟侄無干、在先並無交加
來歷不明等情如有此等係是叔祖出頭
支理不涉侄孫之事今欲有憑立賣契壹紙
並帶原契壹紙共貳紙永遠付執為炤
道光貳拾陸年拾貳月　日立賣契叔祖振純（押）
在見兄振楊（押）
中見兄振洋（押）
大吉昌

3-4-42-4 清道光二十六年十二月葉振純立賣杉木契

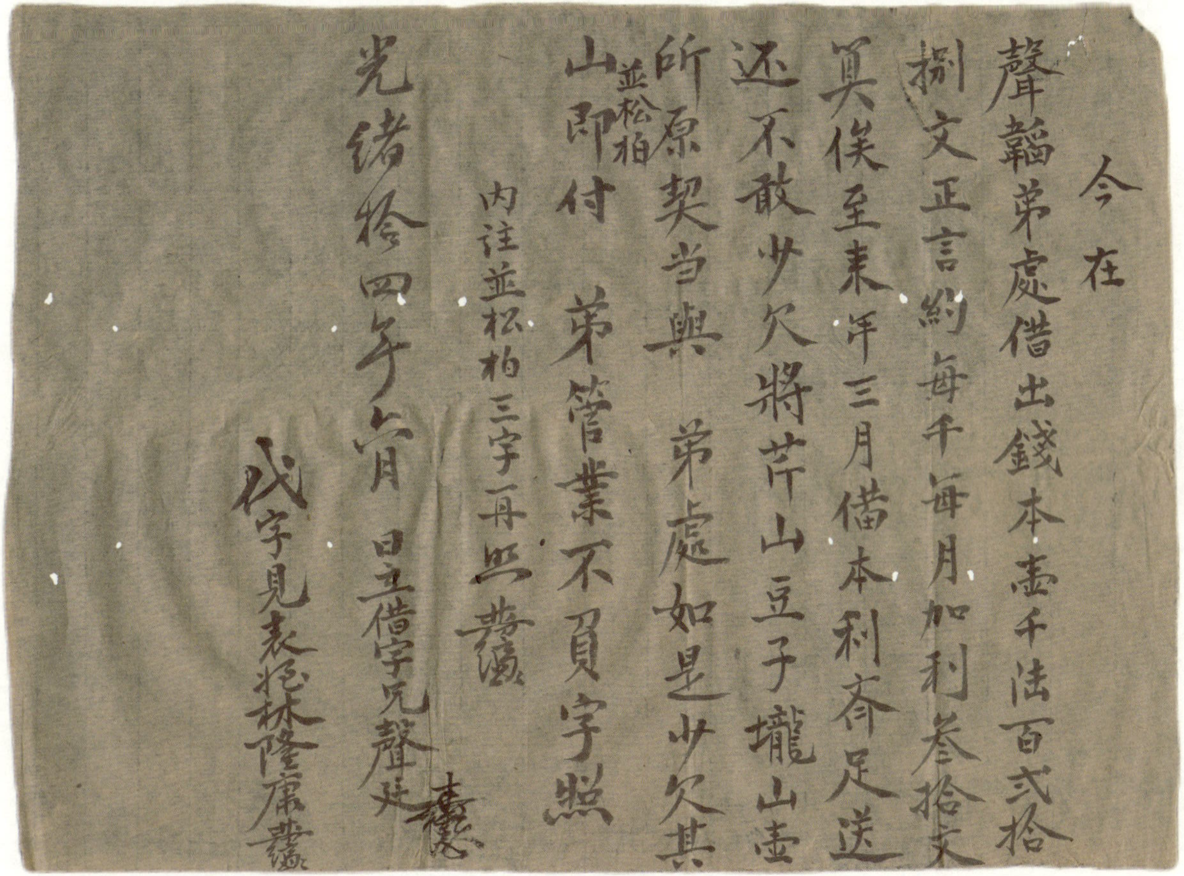

今在
聲韜弟處借出錢本壹千陆百弍拾
捌文正言約每千每月加利叁拾文
其俟至来年三月借本利齊足送
还不敢少欠将芹山豆子壠山壹
所並松柏原契当與 弟處如是少欠其
山即付 弟管業不負字照
内注並松柏三字再照（押）
光緒拾四年六月 日立借字兄聲廷（押）
代字見表姪林隆廣（押）

3-4-42-5 清光緒十四年六月葉聲廷立借錢字

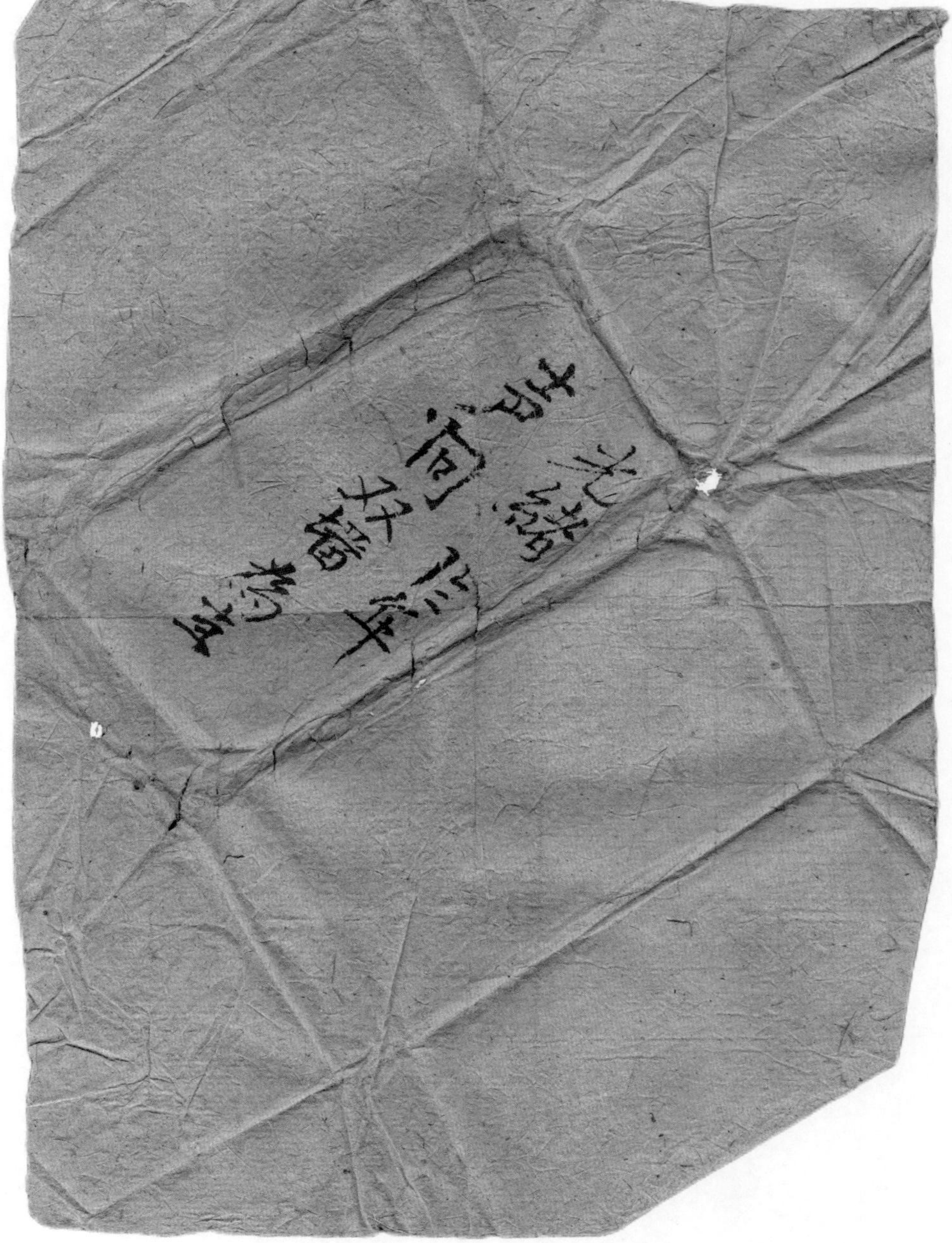

3-4-43-1　包契紙

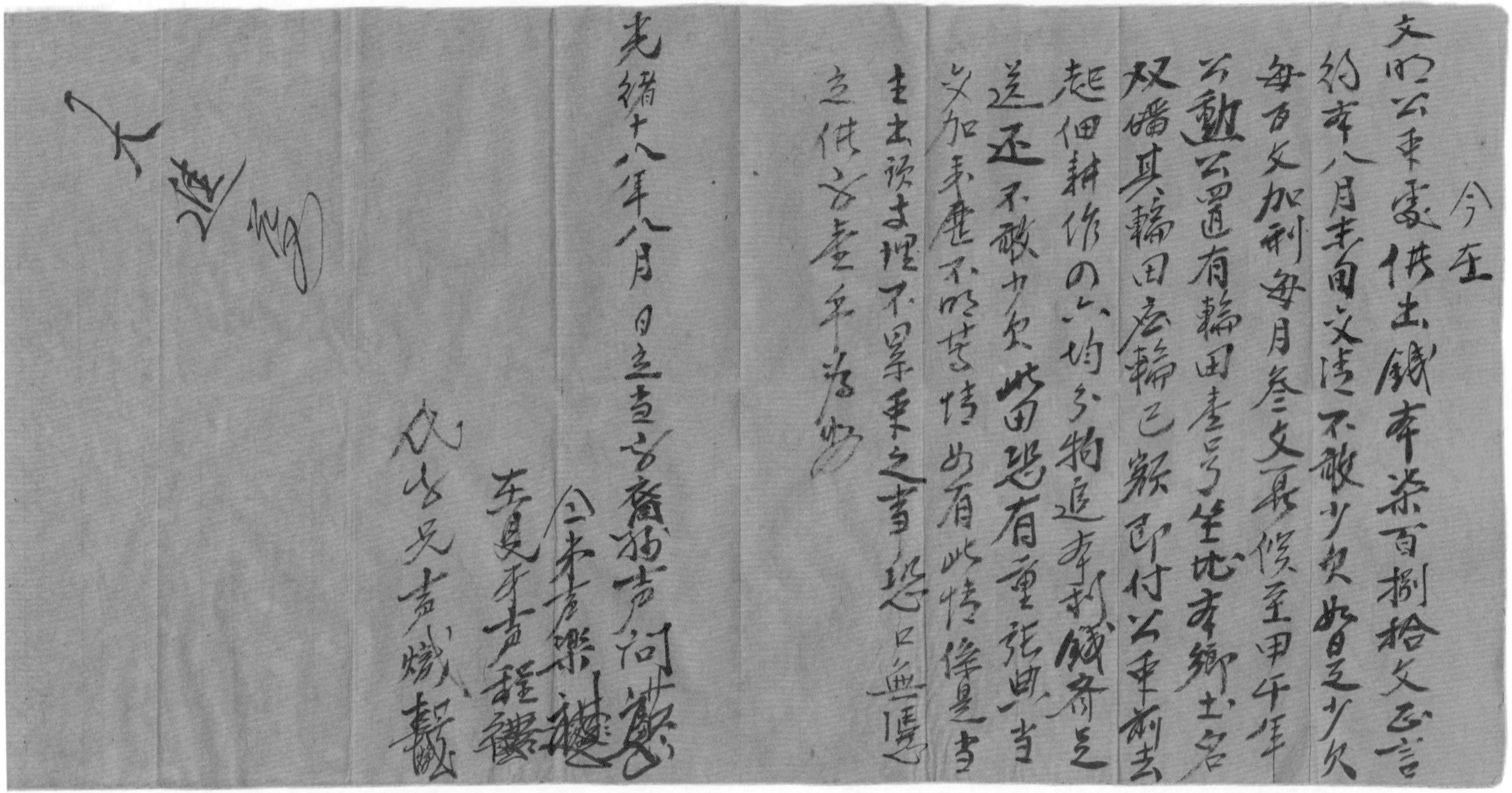

3-4-43-2　清光緒十八年八月葉声問等立借錢字

3-4-44-1　包契紙

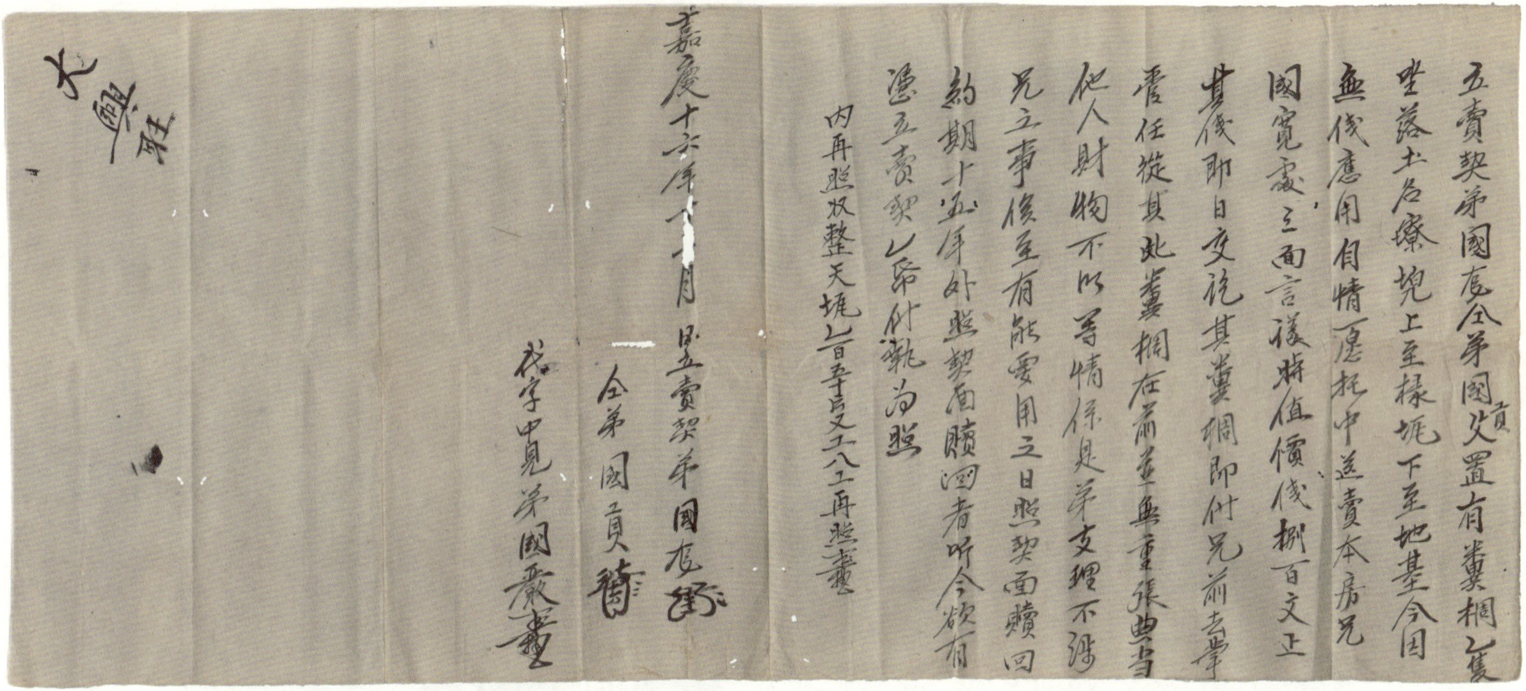

立賣契弟國尨仝弟國賁父置有糞桐壹
坐落土名蓼垅上至椂垅下至地基今因
無錢應用自情愿托中送賣本房兄
國寬處三面言議時值價錢捌百文正
其錢即日交訖其糞桐即付兄前去掌
管任從其兆糞桐在前並無重張典當
他人財物不明等情係是弟支理不涉
兄之事倘至有能要用三日照契面贖回
約期十五年外照契面贖回者聽今欲有
憑立賣契一帋付執為照
內再照收整天垅一百五十文又二八二再照

嘉慶十六年十二月　日立賣契弟國尨
仝弟國賁
代字中見弟國□
大□

3-4-44-2　清嘉慶十六年十二月葉國尨等立賣糞桐契

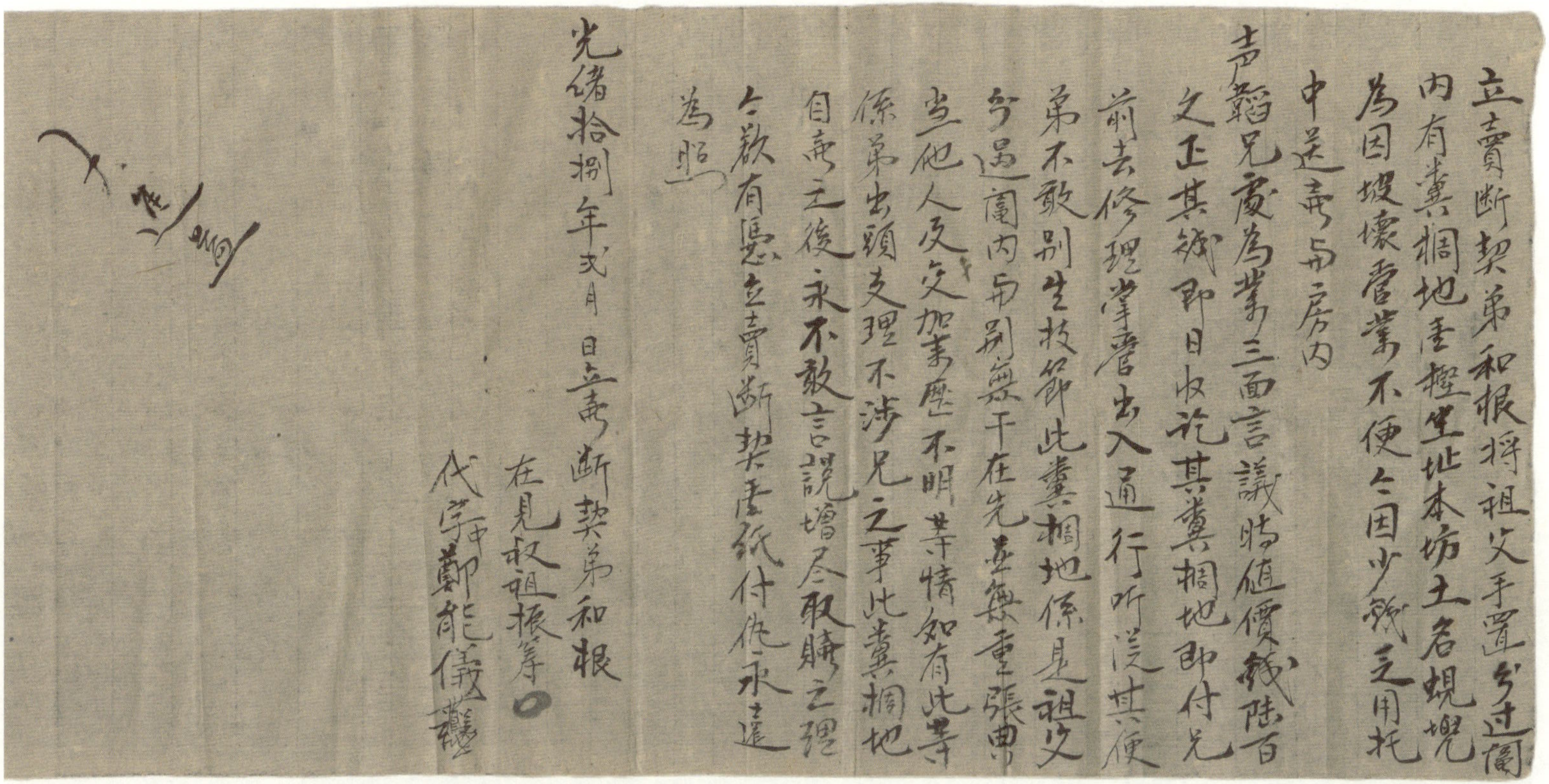
立賣斷契弟和根將祖父手置有過闔內有糞桐地壹坵坐址本坊土名蜆𡉏為因坡壞管業不便今因少錢乏用托
中送與兄房內
声韶兄處為業三面言議時值價錢陸百
文正其錢即日收訖其糞桐地即付兄
前去修理掌管出入通行听從其便
弟不敢別生枝節此糞桐地係是祖父
分過闔內弟別無干在先並無重張典
當他人及交加來歷不明等情如有此等
係弟出頭支理不涉兄之事此糞桐地
自賣之後永不敢言說增盡取贖之理
今欲有憑立賣斷契壹紙付兄永遠
為照
光緒拾捌年貳月　日立賣斷契弟和根
在見叔祖振箒
代字中鄭能儀

3-4-44-3　清光緒十八年二月葉和根立賣斷糞桐地契

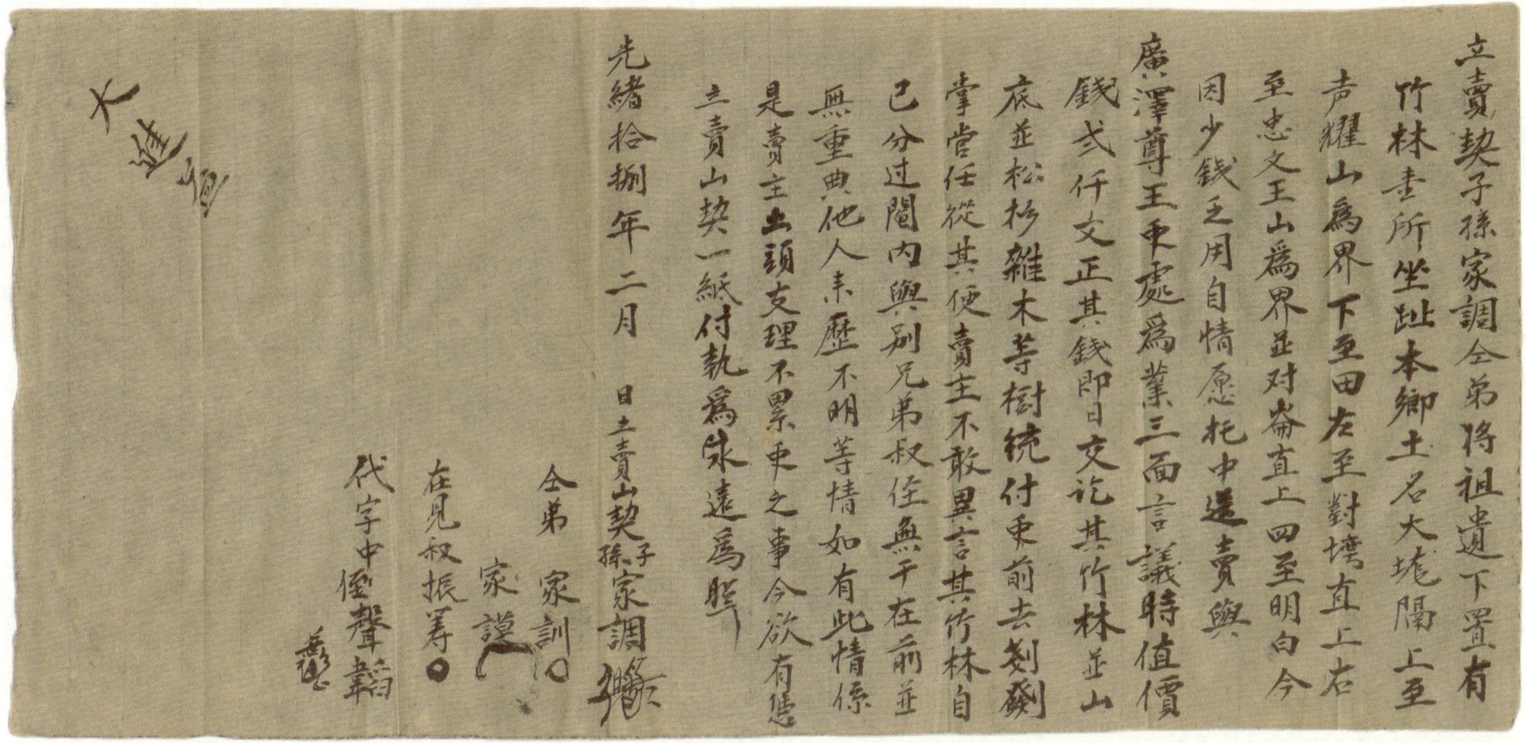

3-4-45-1　清光緒十八年二月葉家調等立賣竹林契

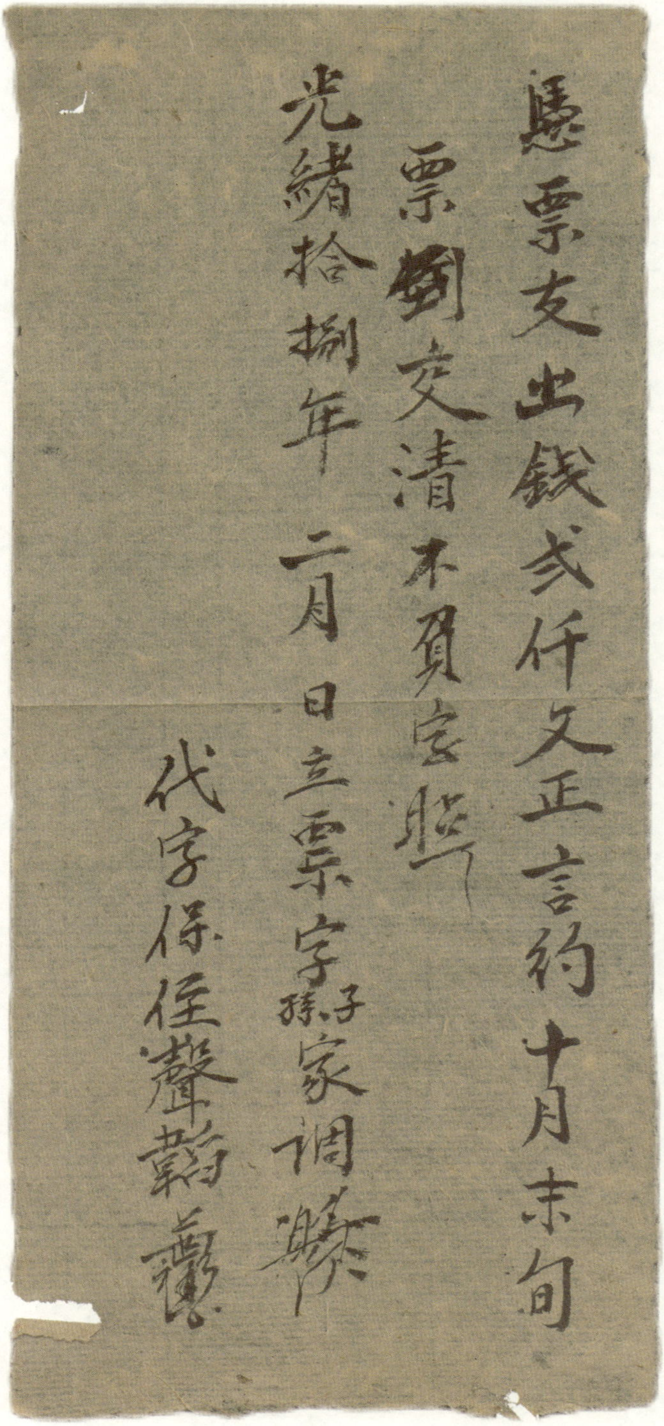

憑票支出錢弎仟文正言約十月末旬
票到交清不負字照
光緒拾捌年 二月 日立票字孫子家調（押）
代字侄聲翰（押）

3-4-45-2　清光緒十八年二月葉家調立支錢憑票

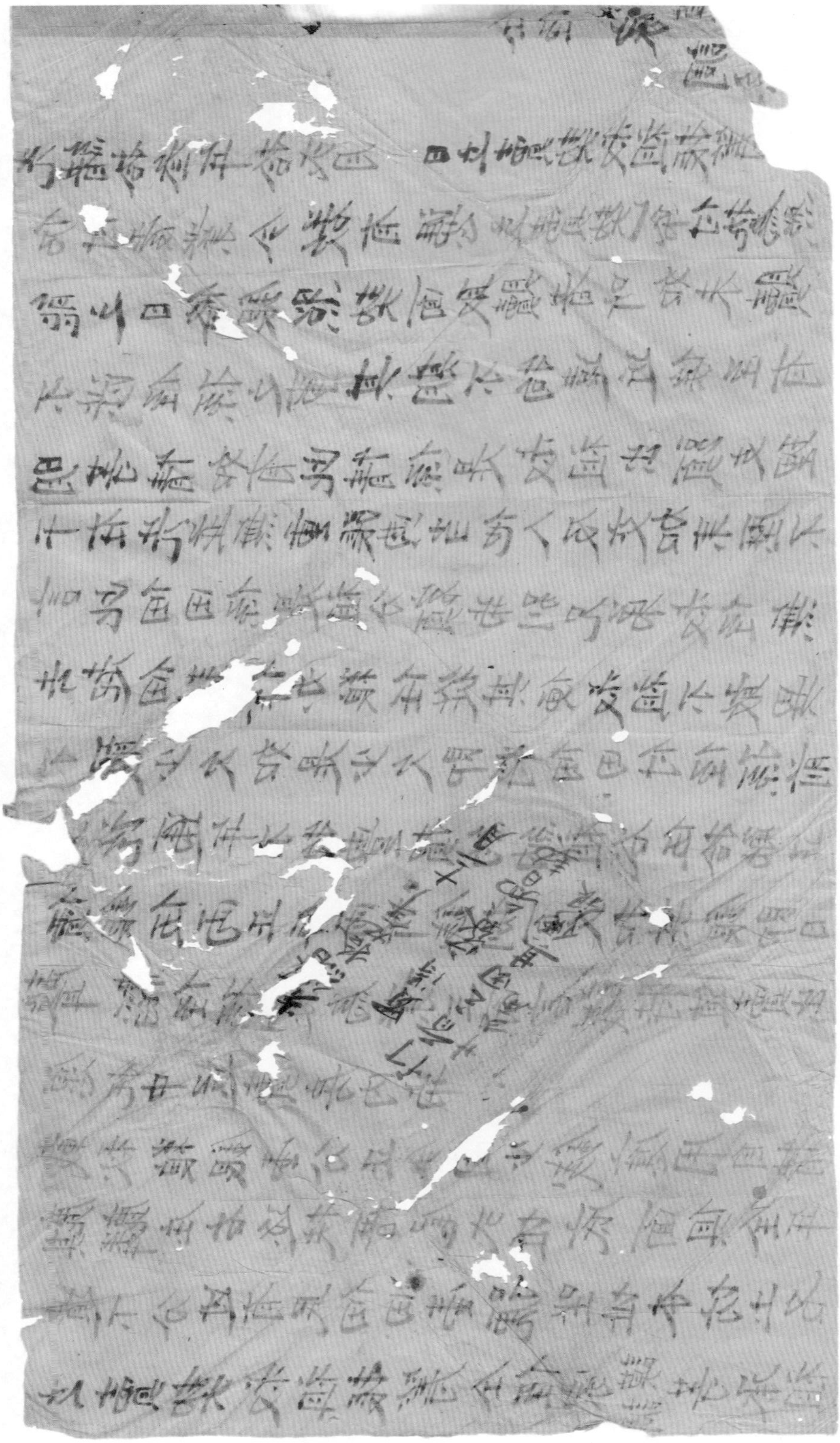

3-4-46-1　包契紙

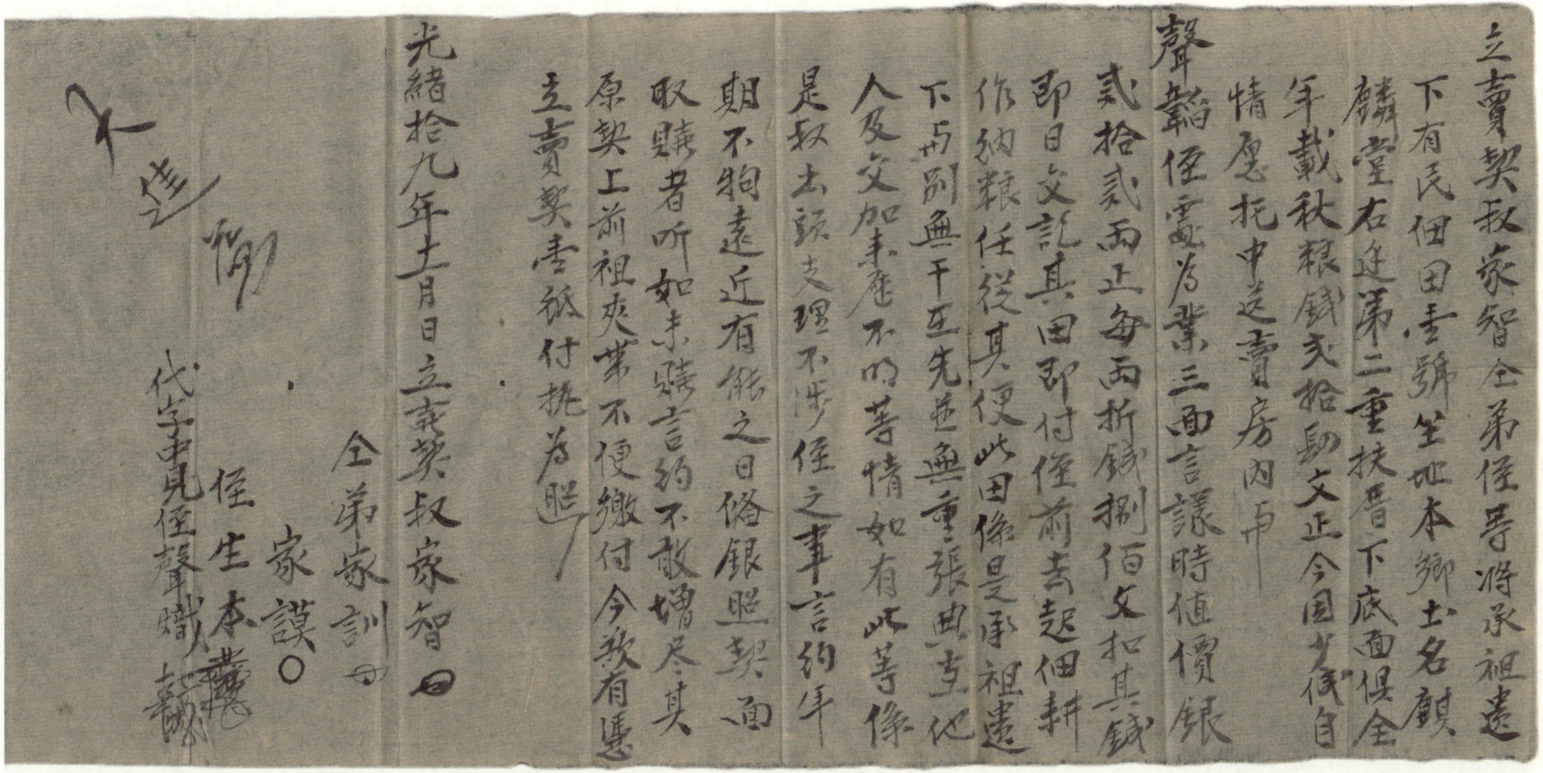

立賣契叔家智仝弟侄等將承祖遗
下有民佃田壹號坐址本鄉土名顩
廳堂右边第二重扶厝下底面俱全
年載秋粮錢弍拾[illegible]文正今因乏錢自
情愿托中送賣房内叔
聲谿侄處爲業三面言議時值價銀
弍拾弍兩正每兩折錢捌佰文扣其錢
即日交訖其田即付侄前去起佃耕
作納粮任從其便此田係是承祖遗
下与别無干亦先並無重張典当他
人及文加未應不明等情如有此等係
是叔出頭支理不涉侄之事言約年
期不拘遠近有銀之日備銀照契面
取贖者听如未贖言约不敢增尽其
原契上前祖夾帯不便繳付今欲有憑
立賣契壹紙付执爲照
光緒拾九年十一月日立賣契叔家智（押）
仝弟家訓（押）
家謨○
侄生本（押）
代字中見侄聲鏘（押）

3-4-46-2　清光緒十九年十一月葉家智等立賣民佃田契

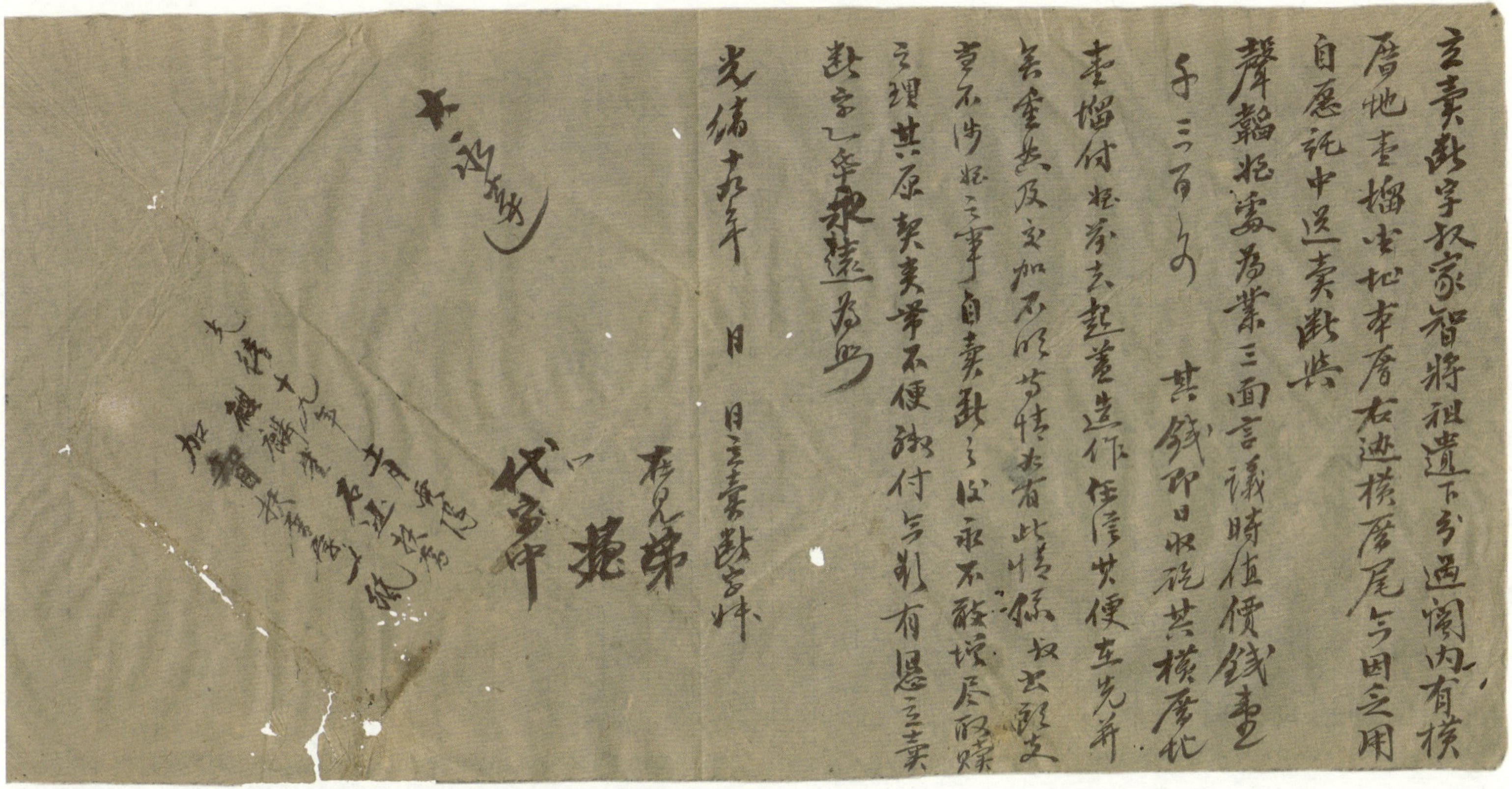
立賣斷字叔家智將祖遺下分過闔內有横
厝地壹塊坐址本厝右迹横厝尾今因乏用
自愿託中送賣斷與
聲韶姪处為業三面言議時值價錢壹
千三百文 其錢即日收訖其横厝地
壹塊付姪前去起蓋造作任從其便在先并
無重張及交加不明等情者有此情係叔出頭支
當不涉姪之事自賣斷之後永不敢找尽取贖
之理其原契兼筆不便繳付日後有恩之賣
斷字乙紙永遠為照
光緒十九年 月 日立賣斷字叔
在見弟
代字

3-4-47-1 清光緒十九年葉家智立賣斷横厝地字（草契）

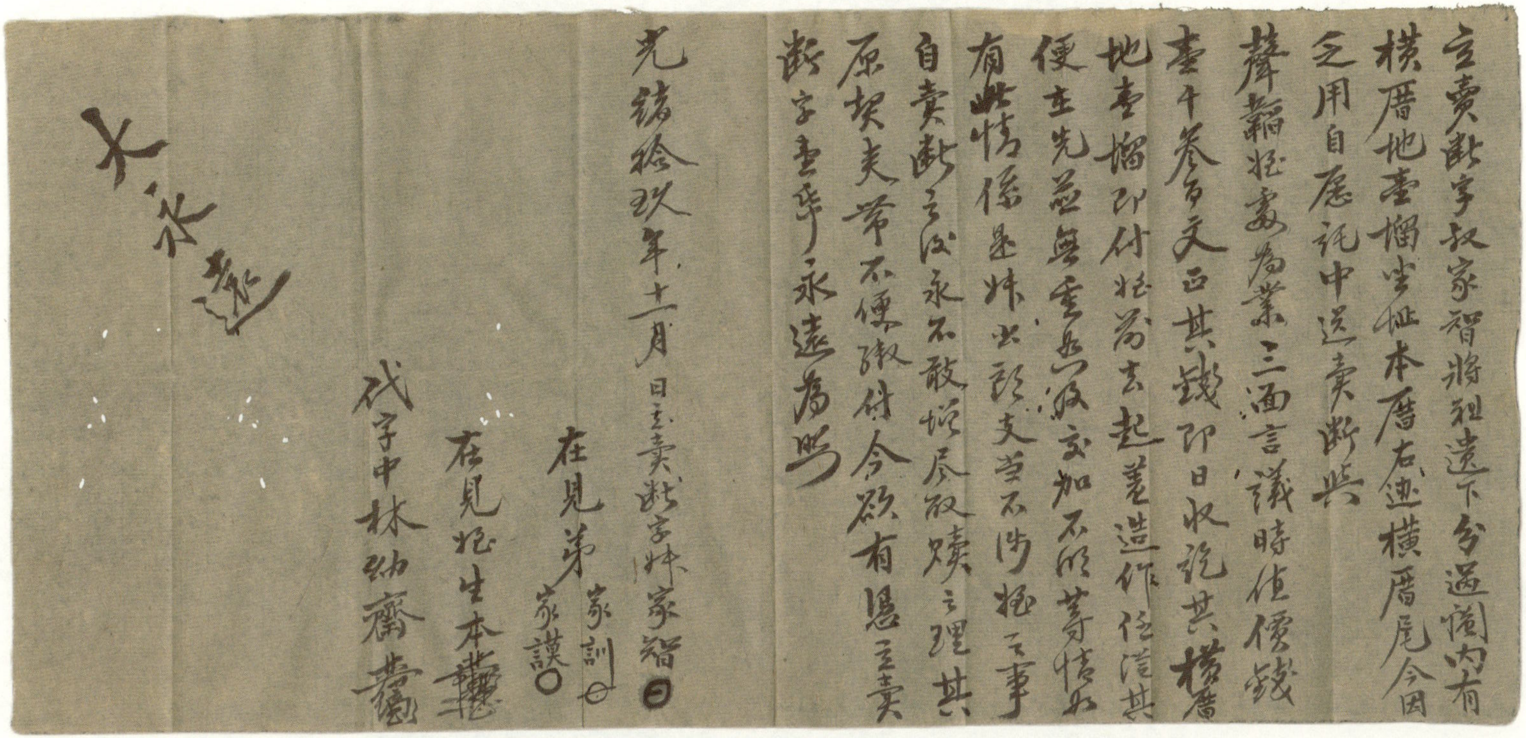

3-4-47-2　清光緒十九年十一月葉家智立賣斷横厝地字

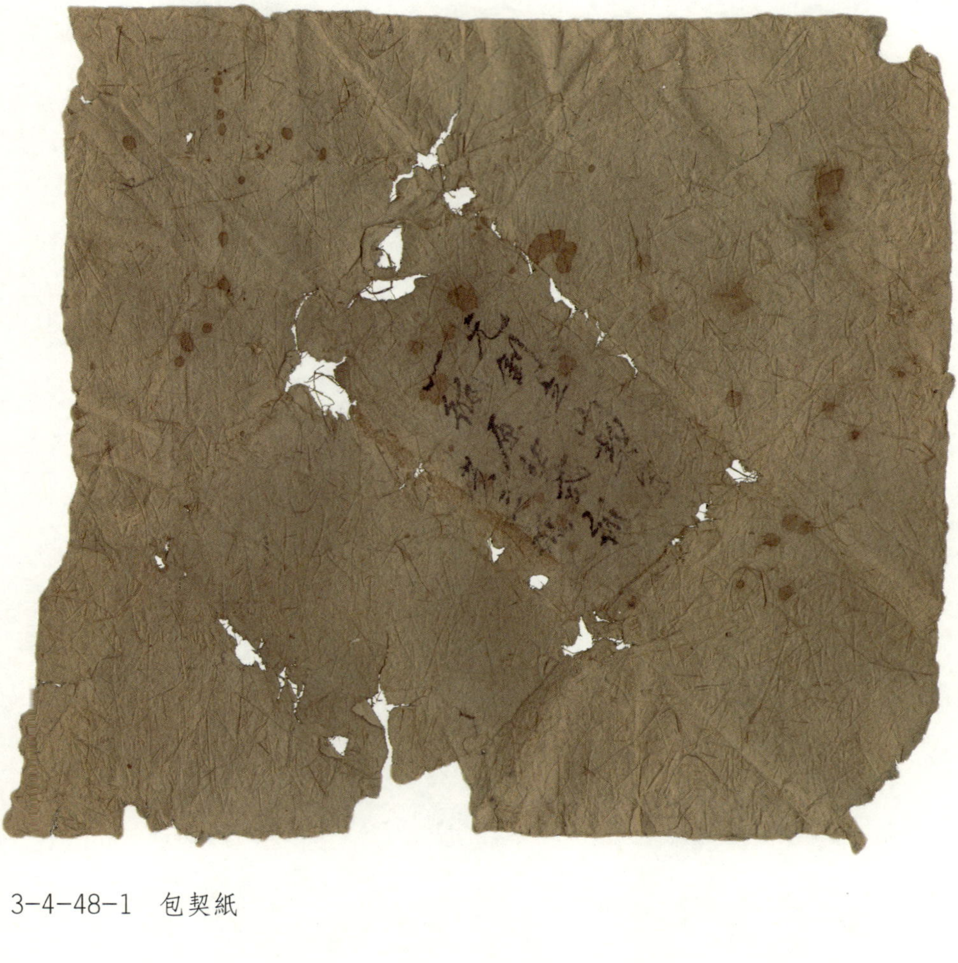

3-4-48-1　包契紙

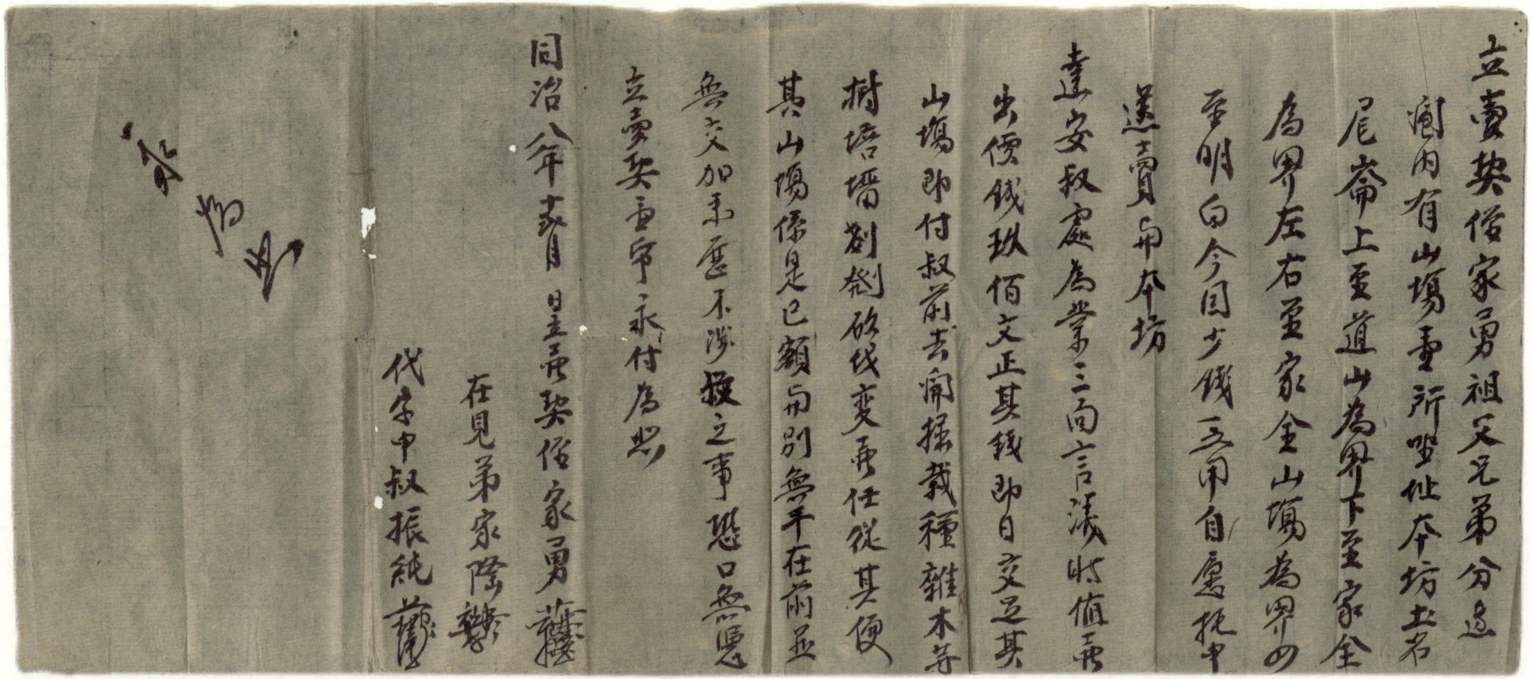

立賣契侄家勇祖父兄弟分過
鬮内有山場壹所坐址本坊土名
尾崙上至道山為界下至家全
為界左右至家全山場為界四
至明白今因乏錢應用自愿托中
送賣與本坊
達安叔處為業三面言議時值番
出價錢玖佰文正其錢即日交足其
山場即付叔前去闢掘栽種雜木等
樹培墻剗刜砍伐變賣任從其便
其山場係是己額與别無干在前並
無文加未歷不涉[illegible]之事恐口無憑
立賣契壹紙永付為照
同治八年十二月　日立賣契侄家勇
在見弟家隆
代字中叔振純

3-4-48-2　清同治八年十二月葉家勇立賣山場契

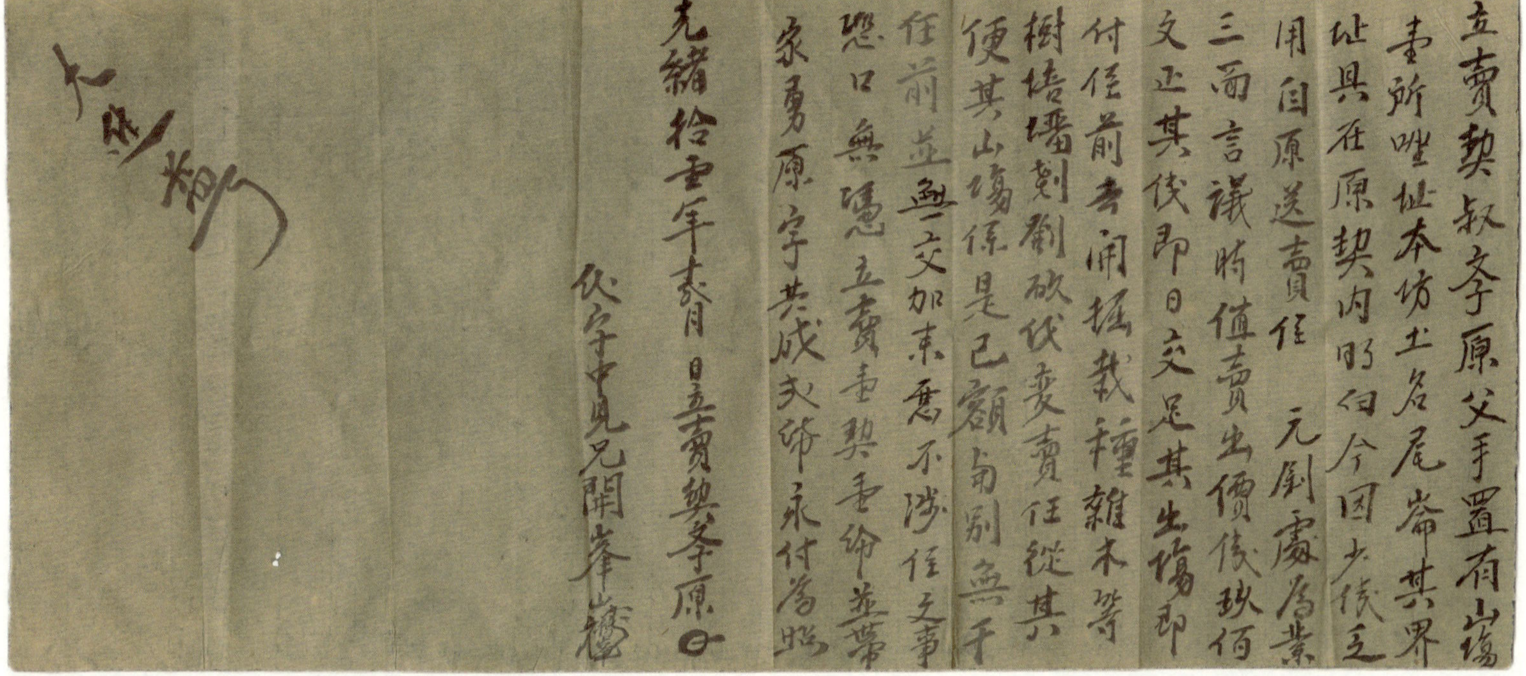
立賣契叔孝原父手置有山場
壹所坐址本坊土名尾崙其界
址具在原契内明白今因乏錢應
用自原送賣任　元劍處爲業
三面言議時值賣出價錢玖佰
文正其錢即日交足其山場即
付侄前去開掘栽種雜木等
樹墳壙劃劉砍伐变賣任從其
便其山場係是己額自别無干
任前並無文加來愚不涉任之事
恐口無憑立賣壹契壹紙並帶
家勇原字共成式紙永付爲照
光緒拾壹年拾貳月　日立賣契孝原
代字中見兄開峯

3-4-48-3　清光緒十一年十二月葉孝原立賣山場契

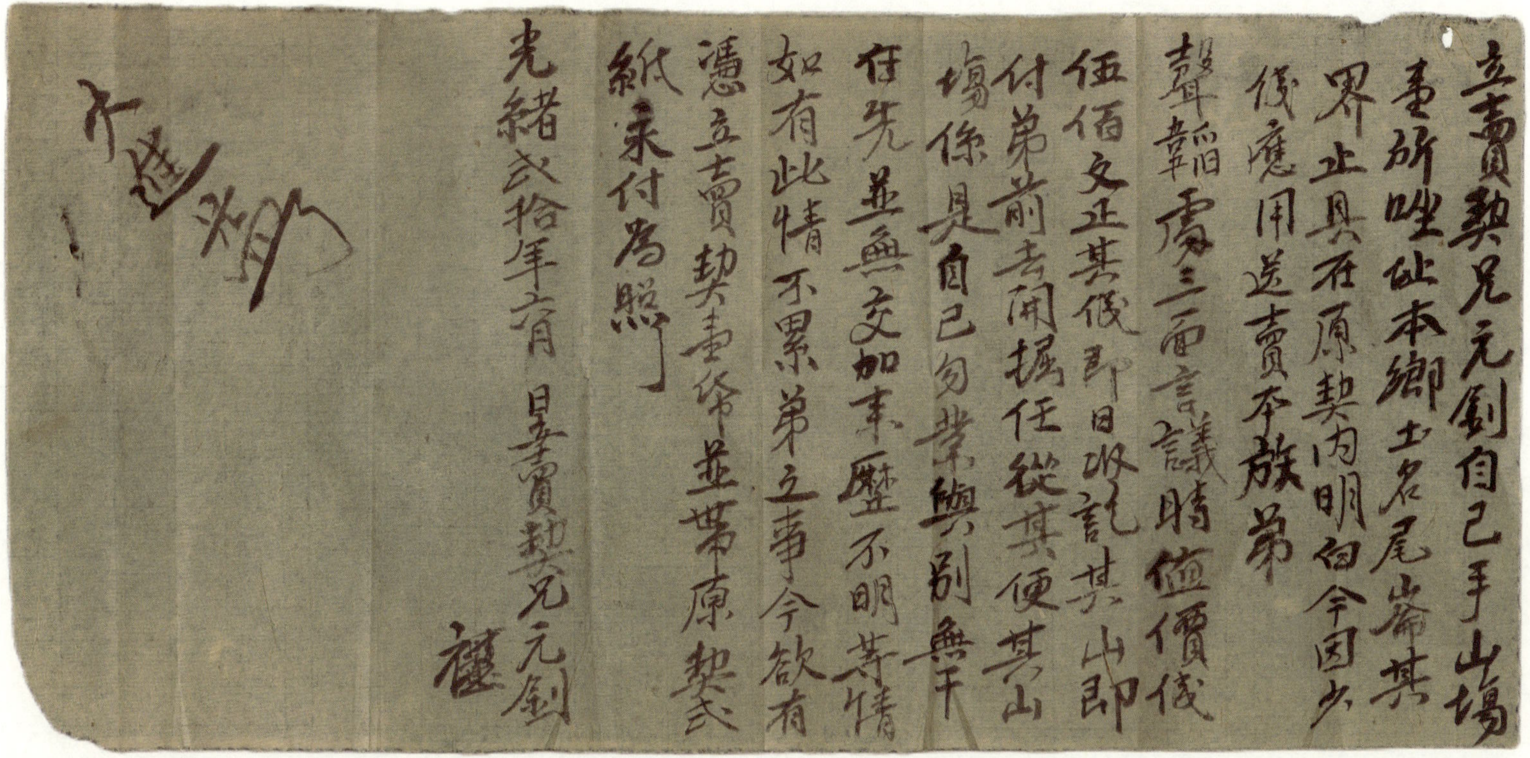
立賣契兄元釗自己手山場
壹所，坐址本鄉土名尾山崙，其
界止具在原契內明白。今因乏
錢應用，送賣予族弟
聲韶處，三面言議，時值價錢
伍佰文正。其錢即日收訖，其山即
付弟前去開掘，任從其便。其山
場係是自己物業，與別無干，
在先並無交加來歷不明等情。
如有此情，不累弟之事。今欲有
憑，立賣契壹紙，并帶原契式
紙，永付為照。
光緒式拾年六月　日立賣契兄元釗（押）
不[illegible]用

3-4-48-4　清光緒二十年六月葉元釗立賣山場契

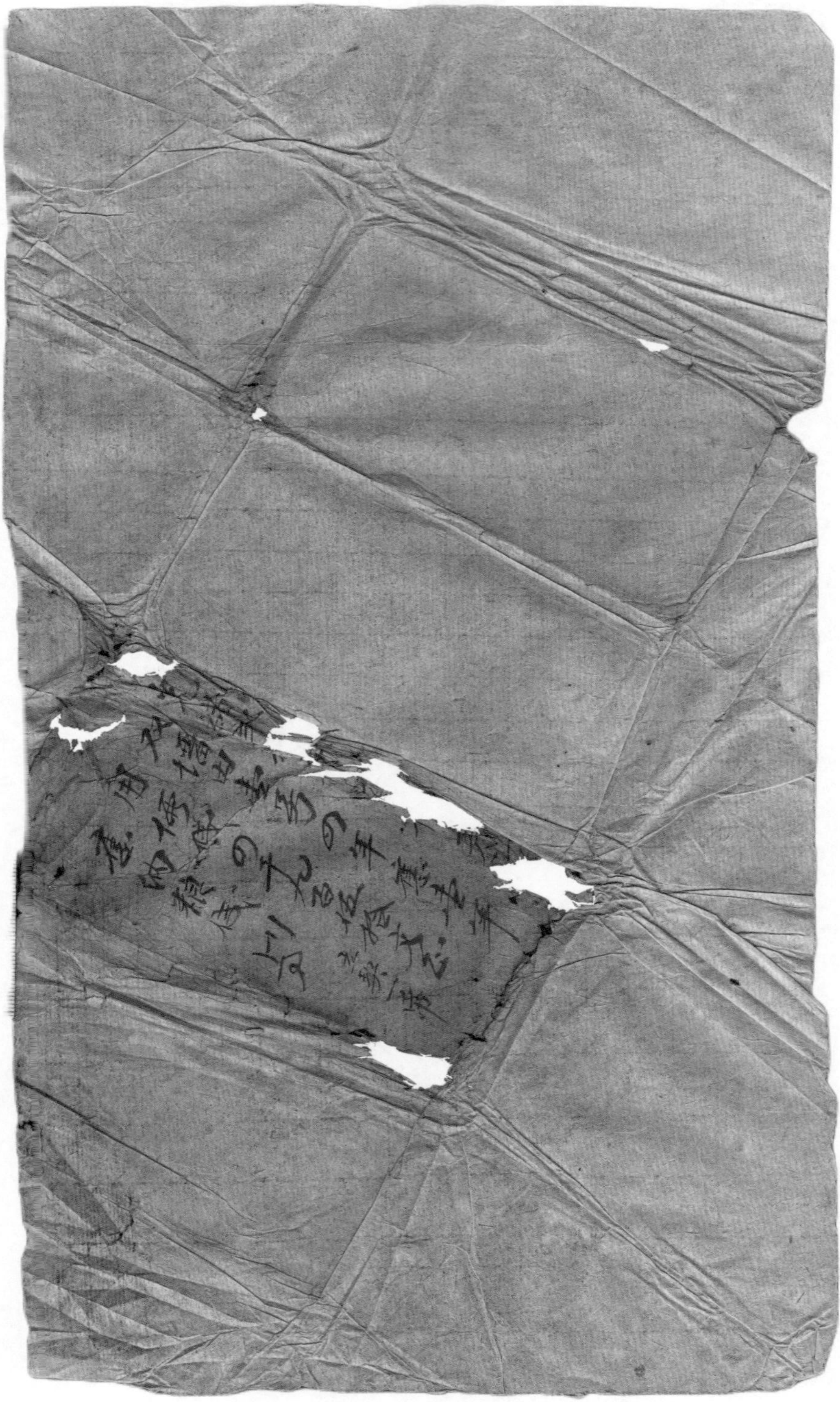

3-4-49-1　包契紙

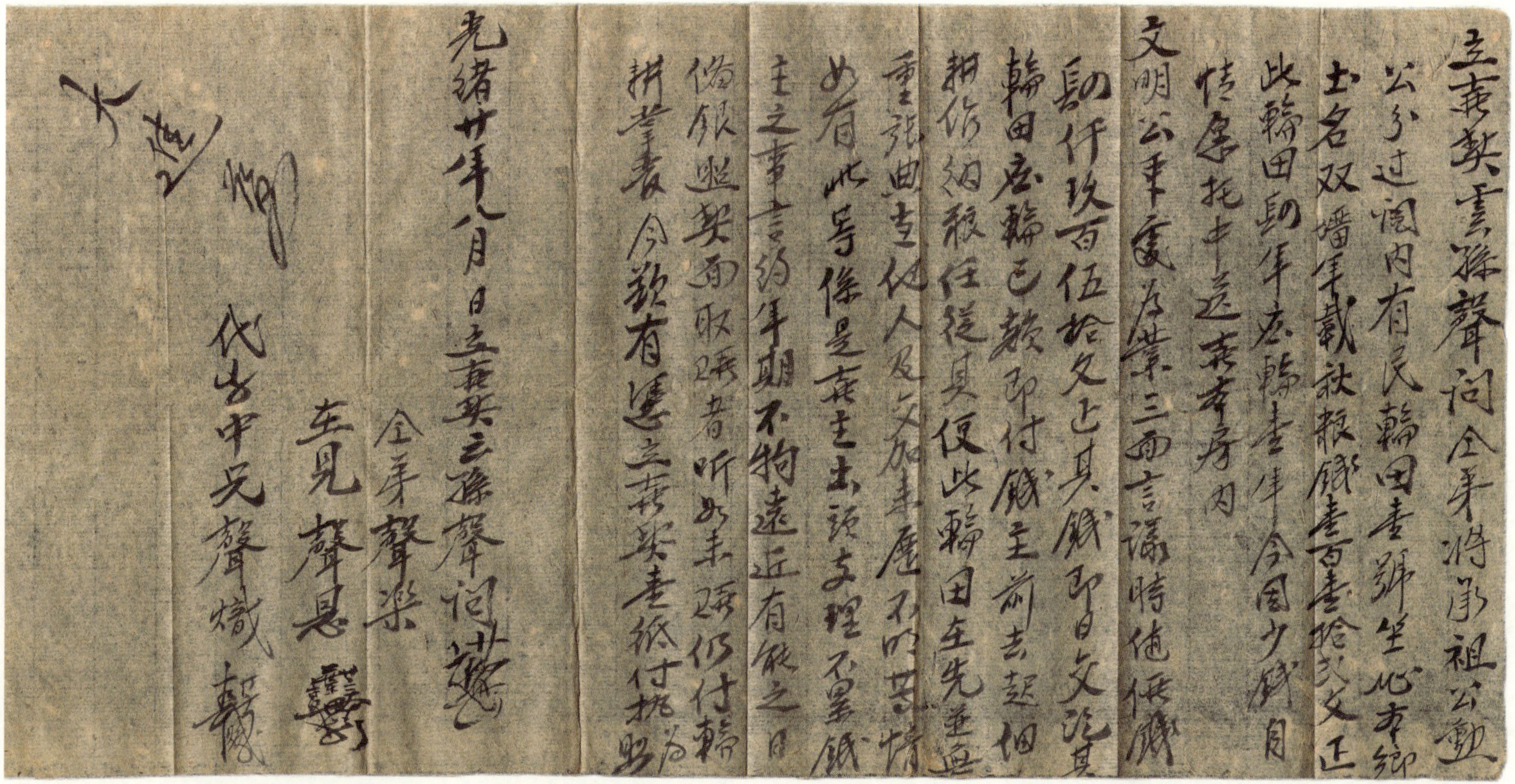
立賣契壹孫聲問仝弟將承祖公勁
公分过闽内有民輪田壹號坐址本鄉
土名双墻年載秋粮錢壹百壹拾弍文正
此輪田卹年应輪壹年今因少錢用
情愿托中送賣本房内
文明公手處為業三面言議時值價錢
卹仟玖百伍拾文正其錢即日交訖其
輪田应輪之歲即付錢主前去起佃
耕作納粮任從其便此輪田在先並無
重張典掛他人及文加來歷不明等情
如有此等係是賣主出頭支理不累錢
主之事言約年期不拘遠近有銀之日
備銀照契面取贖者听如未贖仍付輪
耕業恐口無憑立賣契壹紙付執為照
光緒廿年八月日立賣契三孫聲問（押）
仝弟聲樂
在見聲恩（押）
代書中兄聲熾（押）
大吉

3-4-49-2　清光緒二十年八月葉聲問等立賣民輪田契

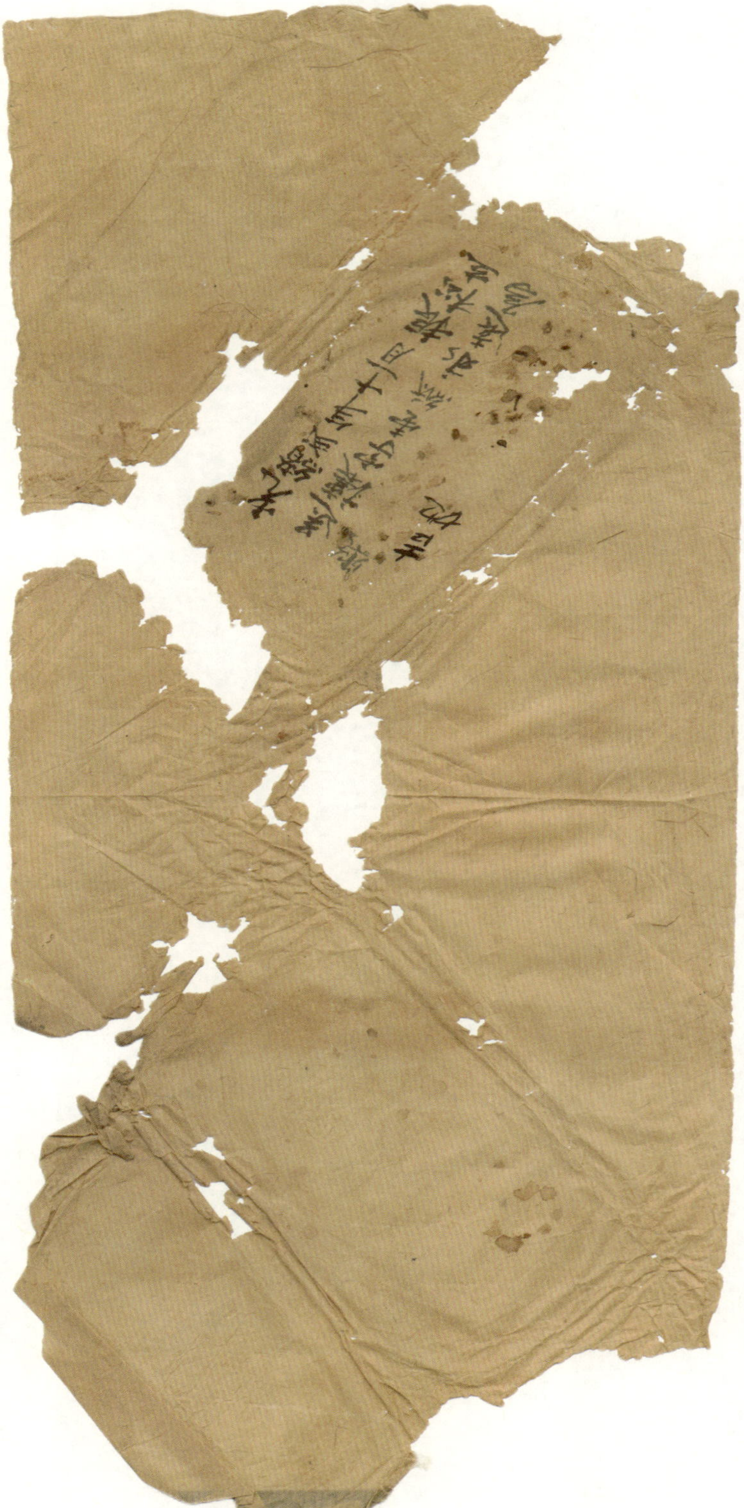

3-4-50-1　包契紙

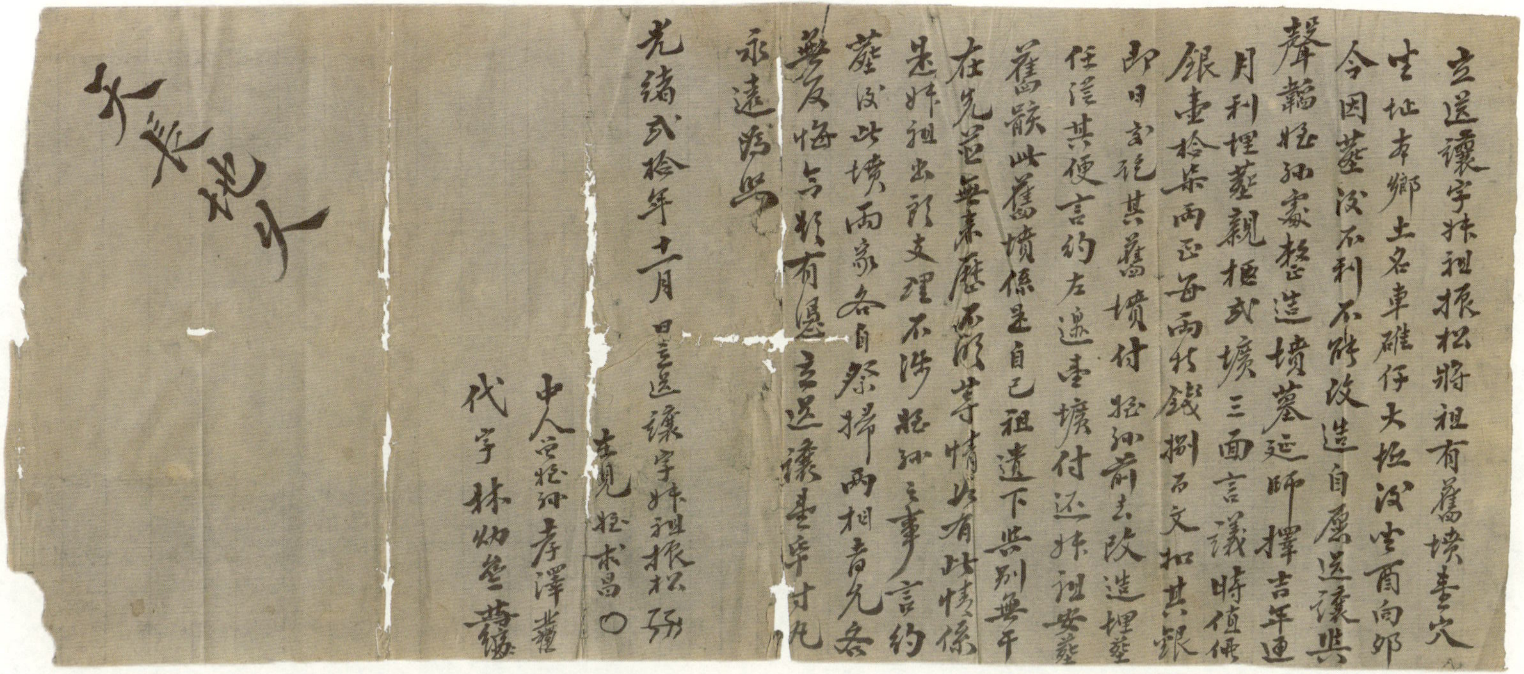

立送讓字姪祖振松將祖有舊墳壹穴
坐址本鄉土名車碓仔大坵次坐酉向卯
今因墓次不利不能改造自愿送讓與
聲龢姪孫處整造墳墓延師擇吉年運
月利埋葬親柩弍壙三面言議時值佛
銀壹拾柒兩正每兩扣錢捌百文扣其銀
即日交訖其舊墳付姪孫前去改造埋葬
任從其便言約左邊壹壙付送姪祖安葬
舊骸此舊墳係是自己祖遺下并別無干
在先並無來歷不明等情如有此情係
是姪祖出頭支理不涉姪孫之事言約
葬後此墳兩家各自祭掃兩相甘允各
無反悔今欲有憑立送讓墓字付與
永遠為照

光緒弍拾年十一月　日立送讓字姪祖振松
在見　姪　求昌
中人宗姪孫　孝澤
代字　林灼登

天長地久

3-4-50-2　清光緒二十年十一月葉振松立送讓舊墳字

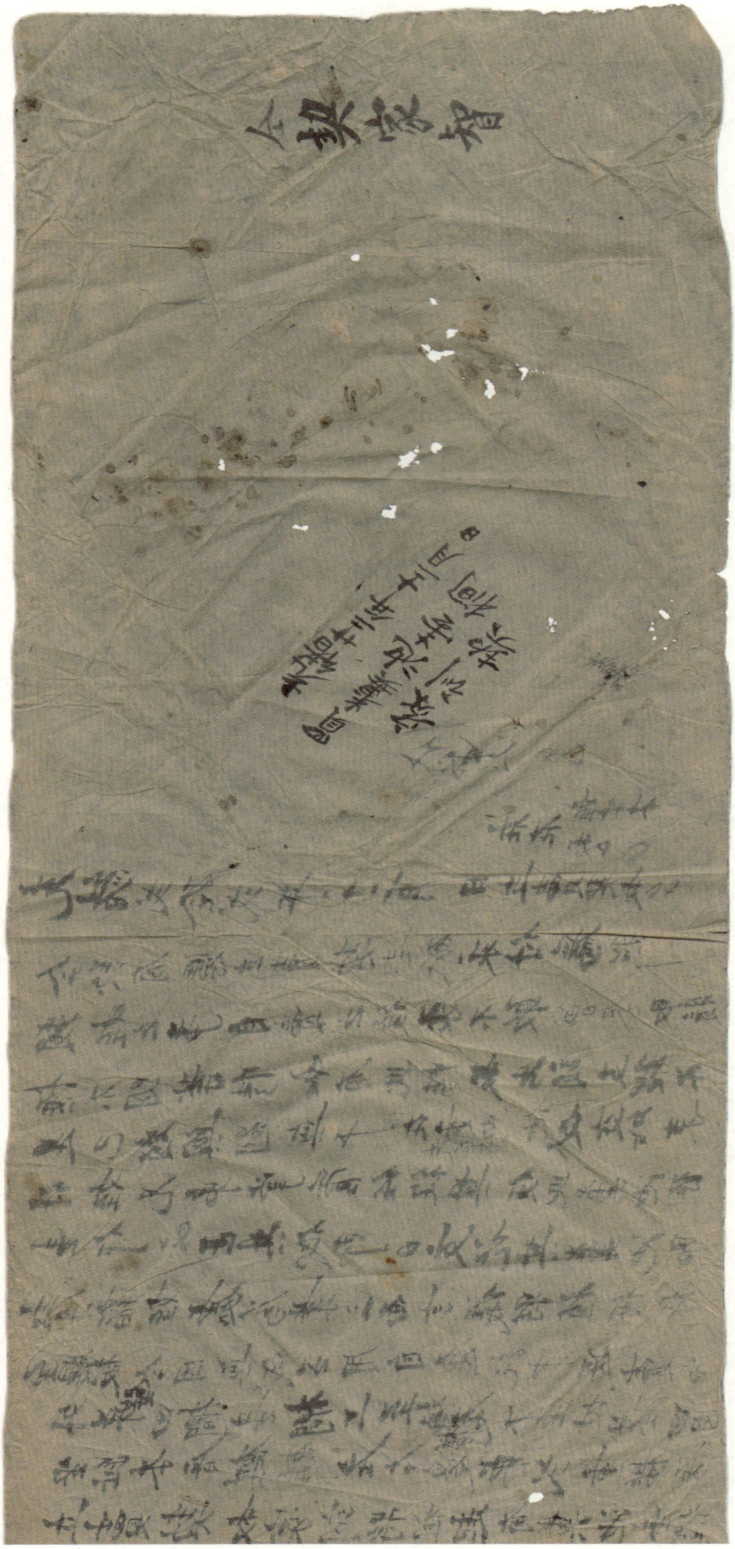

3-4-51-1　包契紙

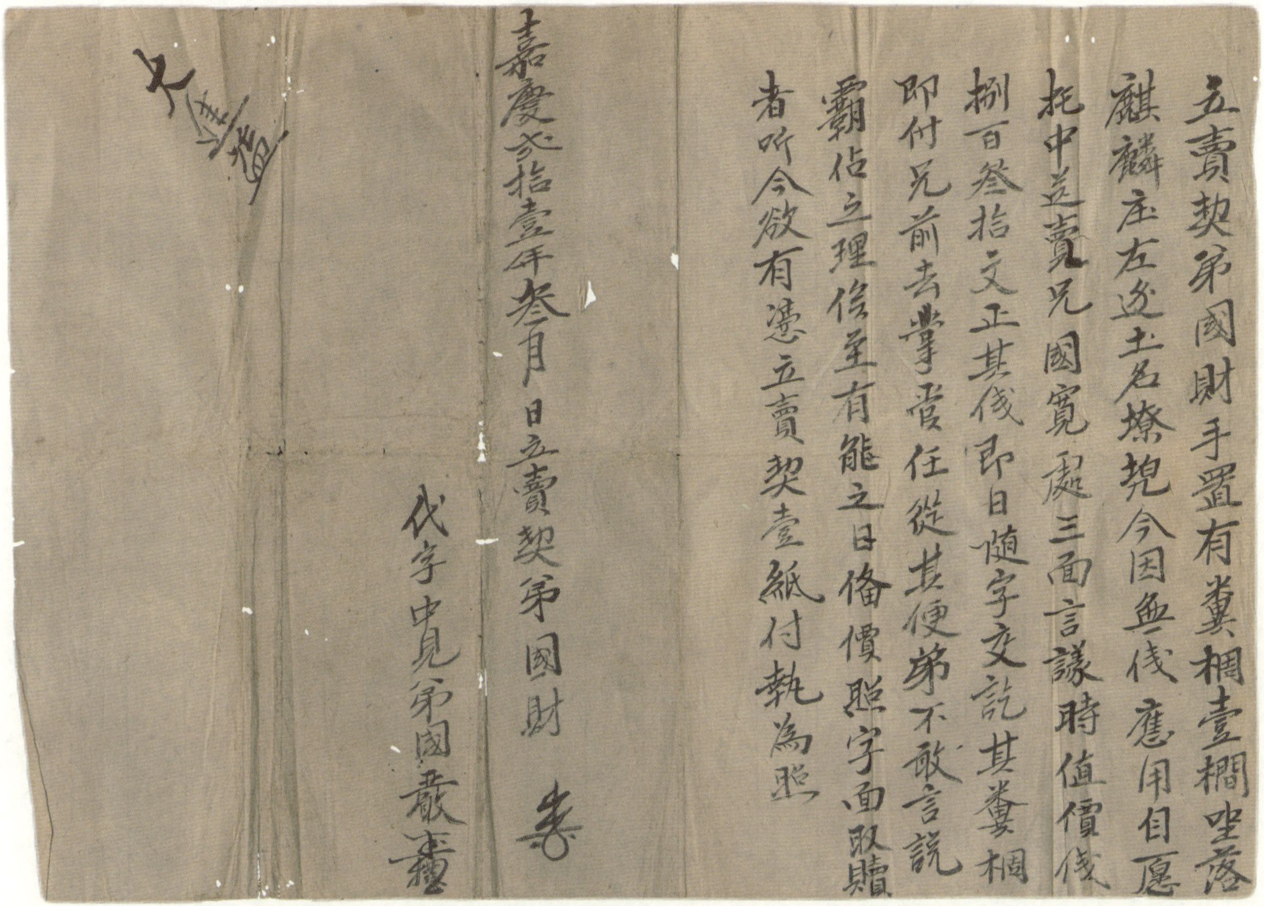

立賣契弟國財手置有糞桶壹棡坐落
麒麟庄左边土名燎垅今因無錢應用自愿
托中送賣兄國寬處三面言議時值價錢
捌百叁拾文正其錢即日隨字交訖其糞桶
即付兄前去掌管任從其便弟不敢言說
霸佔之理倘至有能之日備價贖字面取贖
者听今欲有憑立賣契壹紙付執為照

嘉慶念壹年叁月　日立賣契弟國財（押）

代字中見弟國燉（押）

大吉

3-4-51-2　清嘉慶二十一年三月葉國財立賣糞桶契

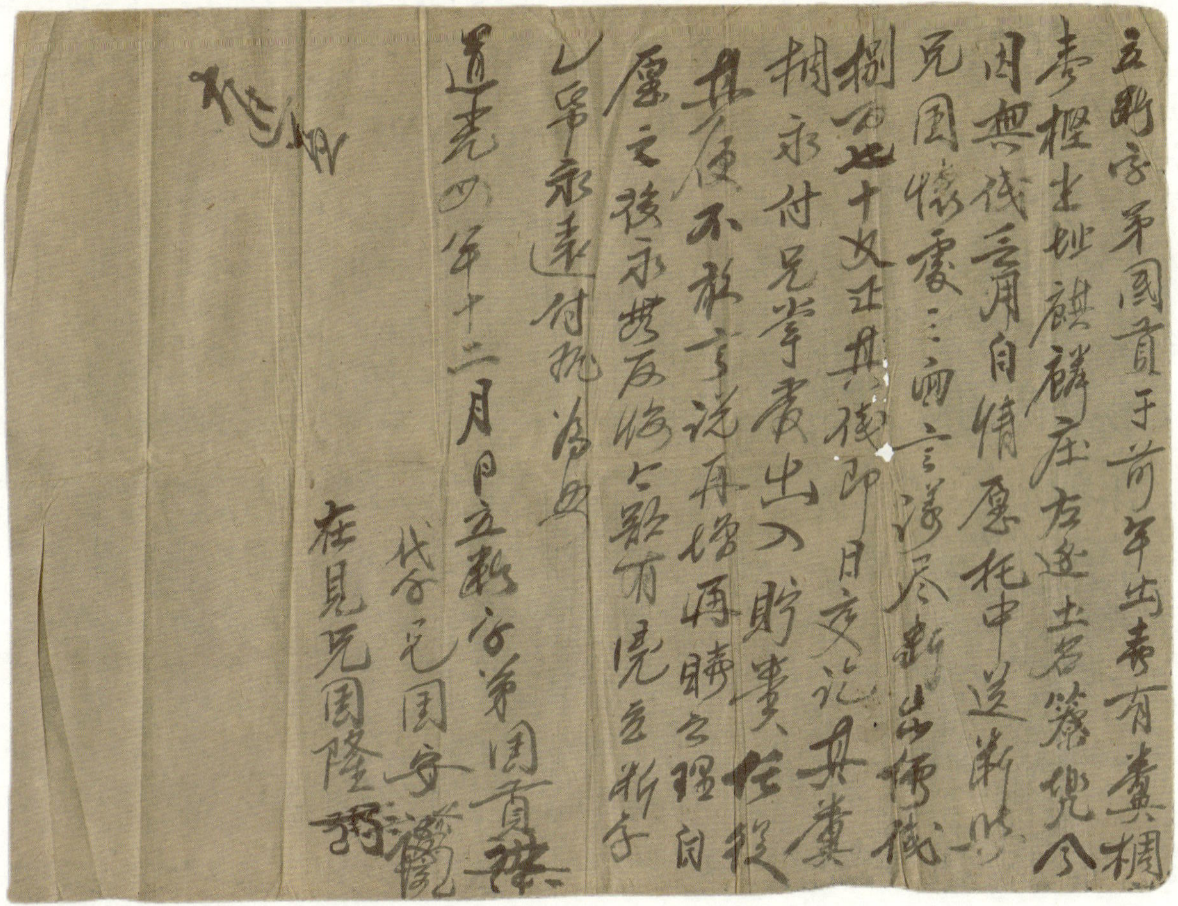

立斷字弟國貢于前年出賣有糞桐壹坵，坐址麒麟庄左邊，土名籮兜仝。因無錢應用，自情愿托中送斷出兄國懷處，三面言議，斷出價錢捌百七十文正，其錢即日交訖，其糞桐永付兄掌管出入貯糞，任從其便，不敢言說再借、再贖之理，自愿之後，永無反悔。今欲有憑，立斷字一紙，永遠付執為照。

道光四年十二月　日立斷字弟國貢（押）

代字兄國安（押）

在見兄國隆（押）

3-4-51-3　清道光四年十二月葉國貢立斷糞桐字

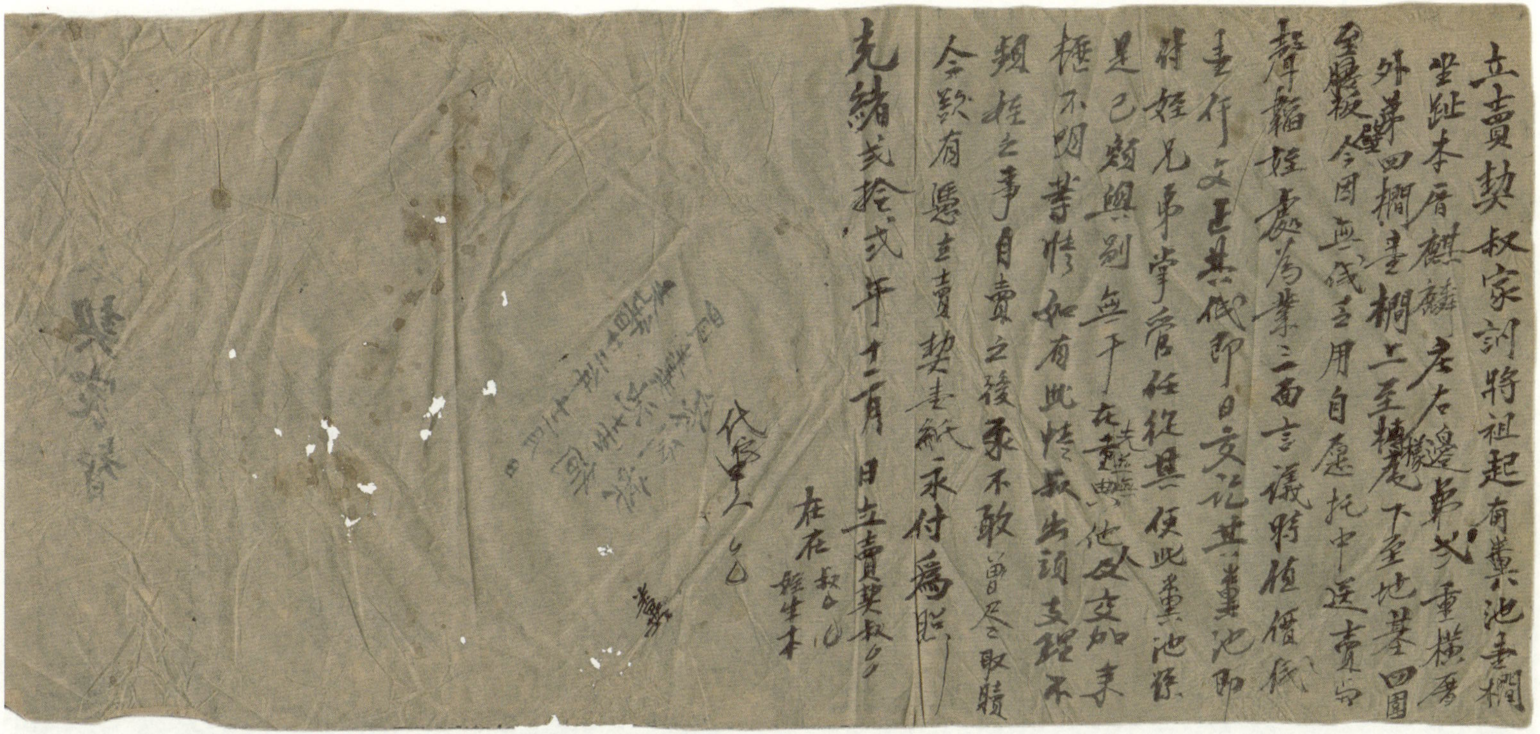

3-4-51-4　清光緒二十二年十二月葉家訓立賣糞池契（草契）

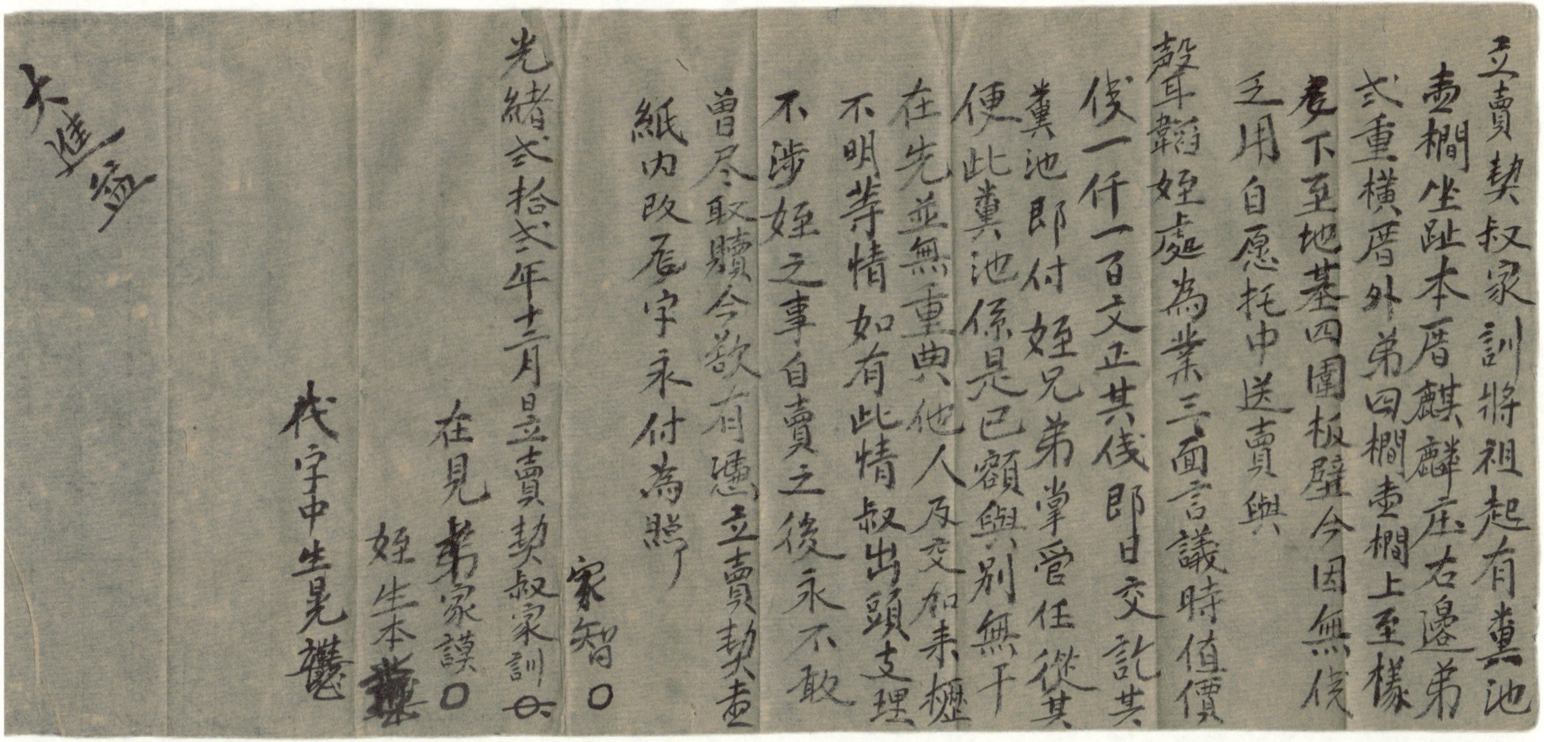
立賣契叔家訓將祖起有糞池
壹椚坐趾本厝麒麟庄右邊弟
弍重横厝外弟四椚壹椚上至樣
瓦下至地基四圍板壁今因無錢
乏用自愿托中送賣與
聲翰姪處為業三面言議時值價
錢一仟一百文正其錢即日交訖其
糞池即付姪兄弟掌管任從其
便此糞池係是已額與別無干
在先並無重典他人及交加來歷
不明等情如有此情叔出頭支理
不涉姪之事自賣之後永不敢
曾尽取贖今欲有憑立賣契壹
紙内改厝字永付為照
家智〇
光緒弍拾弍年十二月 日立賣契叔家訓〇
在見弟家謨〇
姪生本〇
代字中生晃〇
大進益

3-4-51-5 清光緒二十二年十二月葉家訓等立賣糞池契

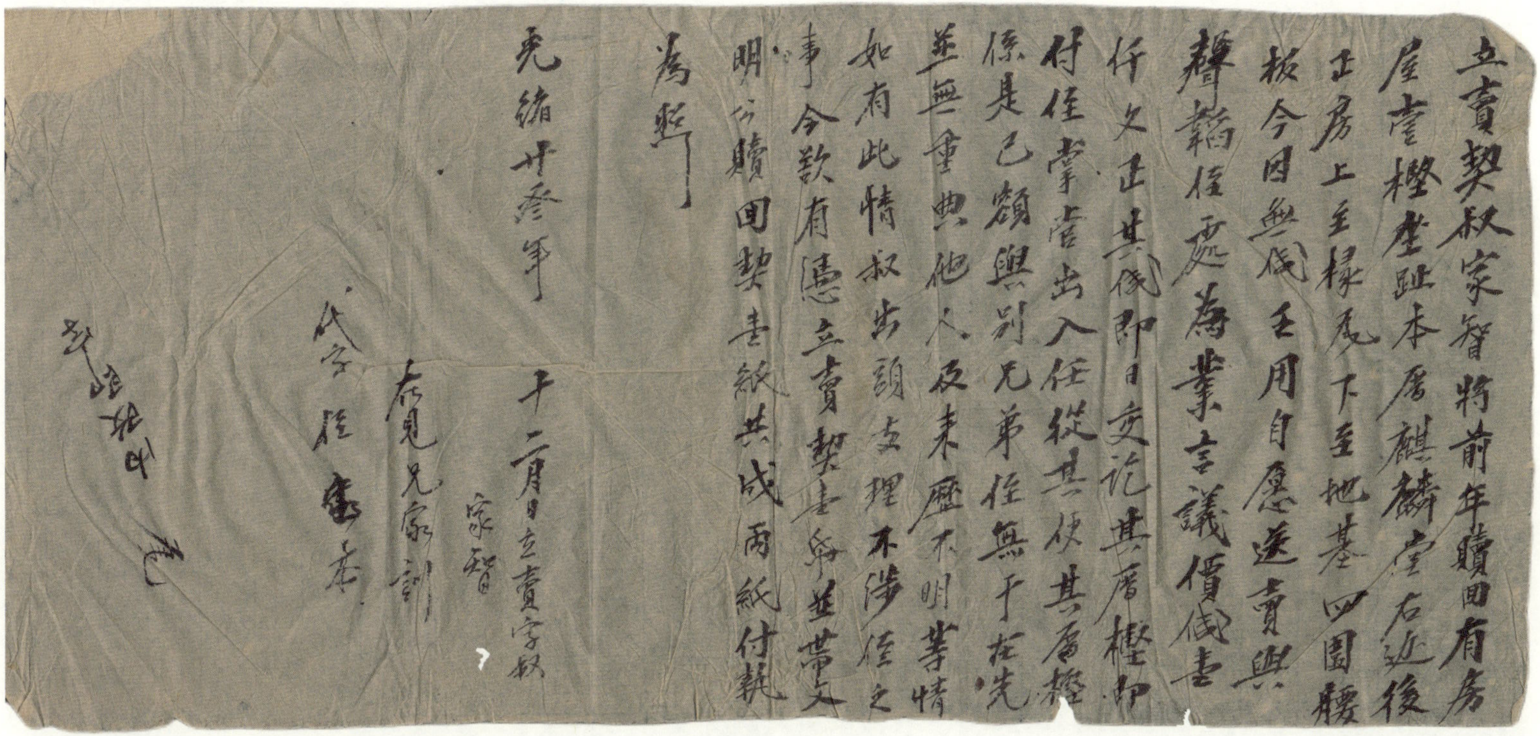

立賣契叔家智將前年贖回有房
屋壹櫓坐址本厝麒麟堂右边後
正房上至椽瓦下至地基四圍樓
板今因無錢乏用自愿送賣與
韓藩侄處為業言議價錢壹
仟文正其錢即日交訖其厝櫓即
付侄掌管出入任從其使其厝櫓
係是己額與别兄弟侄無干在先
並無重典他人及來歷不明等情
如有此情叔出頭支理不涉侄之
事今欲有憑立賣契壹紙並帶文
明公贖回契壹紙共成兩紙付執
為照

光緒廿叁年　十二月　日立賣字叔　家智

在見兄　家訓

代字侄　□本

3-4-51-6　清光緒二十三年十二月葉家智立賣房屋契（草契）

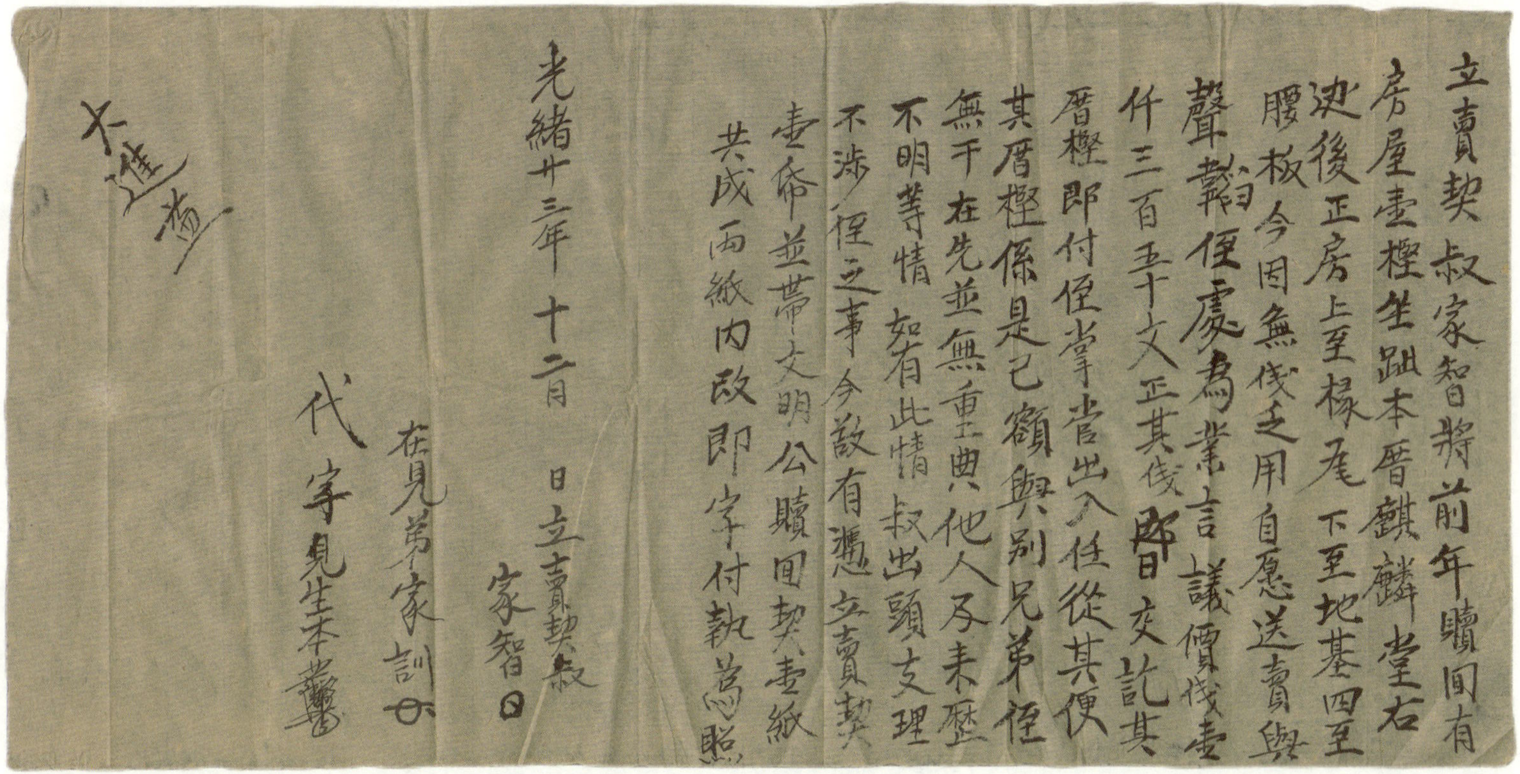
立賣契叔家智將前年贖回有
房屋壹櫃坐踞本厝麒麟堂右
邊後正房上至椽尾下至地基四至
腰板今因無錢乏用自愿送賣與
聲翰侄處為業言議價錢壹
仟三百五十文正其錢即日交訖其
厝櫃即付侄掌管出入任從其便
其厝櫃係是己額與別兄弟侄
無干在先並無重典他人及未歷
不明等情如有此情叔出頭支理
不涉侄之事今欲有憑立賣契
壹紙並帶文明公贖回契壹紙
共成兩紙內啟即字付執為照

光緒廿三年十二月　日立賣契叔
家智（押）
在見弟家訓（押）
代字見生本藩

不進查

3-4-51-7　清光緒二十三年十二月葉家智立賣房屋契

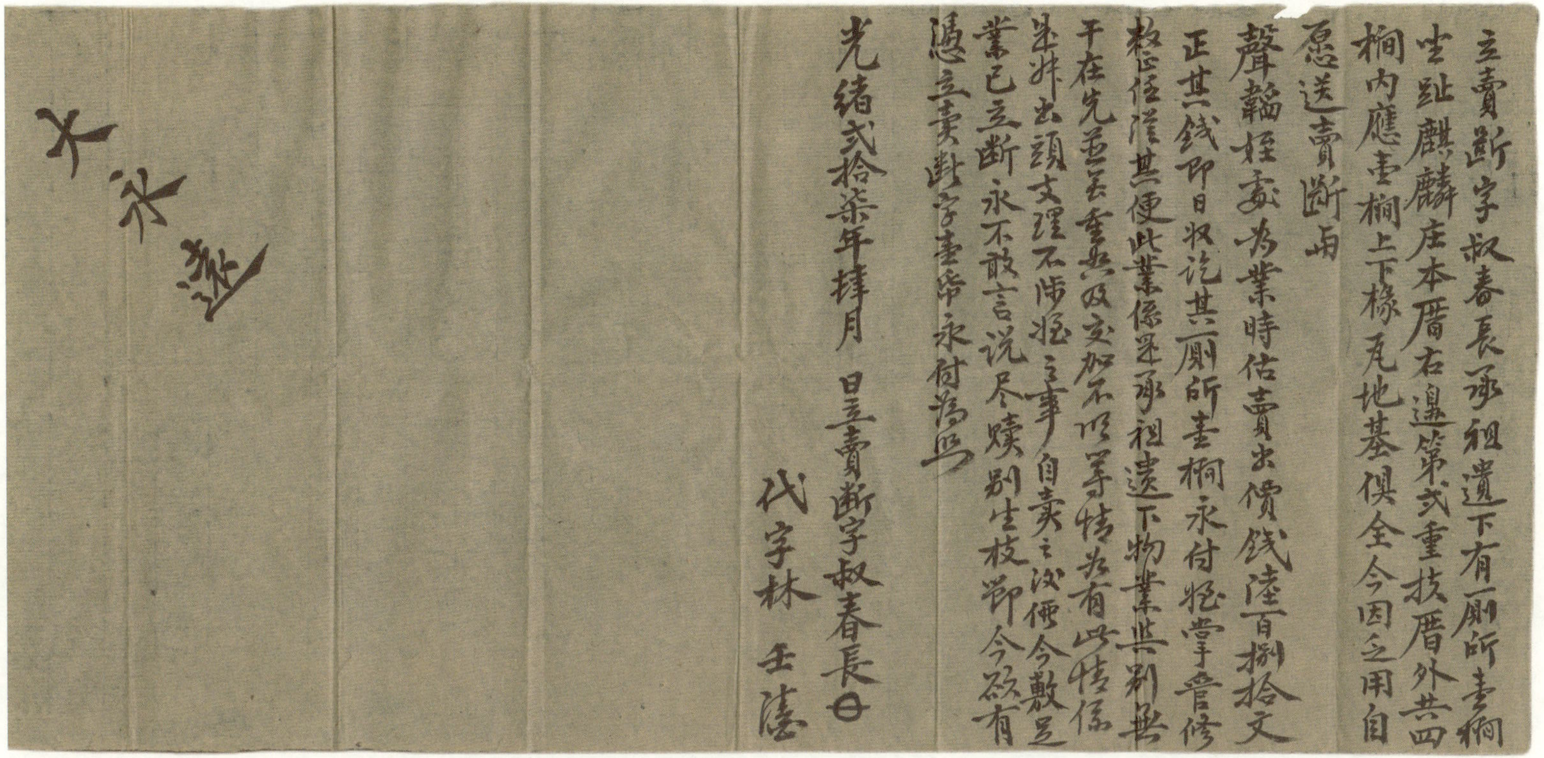
立賣斷字叔春長承祖遺下有一廁所壹桐
坐趾麒麟庄本厝右邊第弍重扗厝外共四
桐内廳壹桐上下椽瓦地基俱全今因乏用自
愿送賣斷与
聲輪侄處為業時估賣出價錢陸百捌拾文
正其錢即日收訖其廁所壹桐永付侄掌管修
整任從其便此業係是承祖遺下物業與別無
干在先並無重典及交加不明等情如有此情係
叔并出頭支理不涉侄之事自賣之後便今數足
業已立斷永不敢言說尽贖别生枝節今欲有
憑立賣斷字壹帋永付為照
光緒弍拾柒年肆月　日立賣斷字叔春長（押）
代字林　壬滢
大永遠

3-4-51-8　清光緒二十七年四月葉春長立賣斷厠所字

3-4-52-1　包契紙

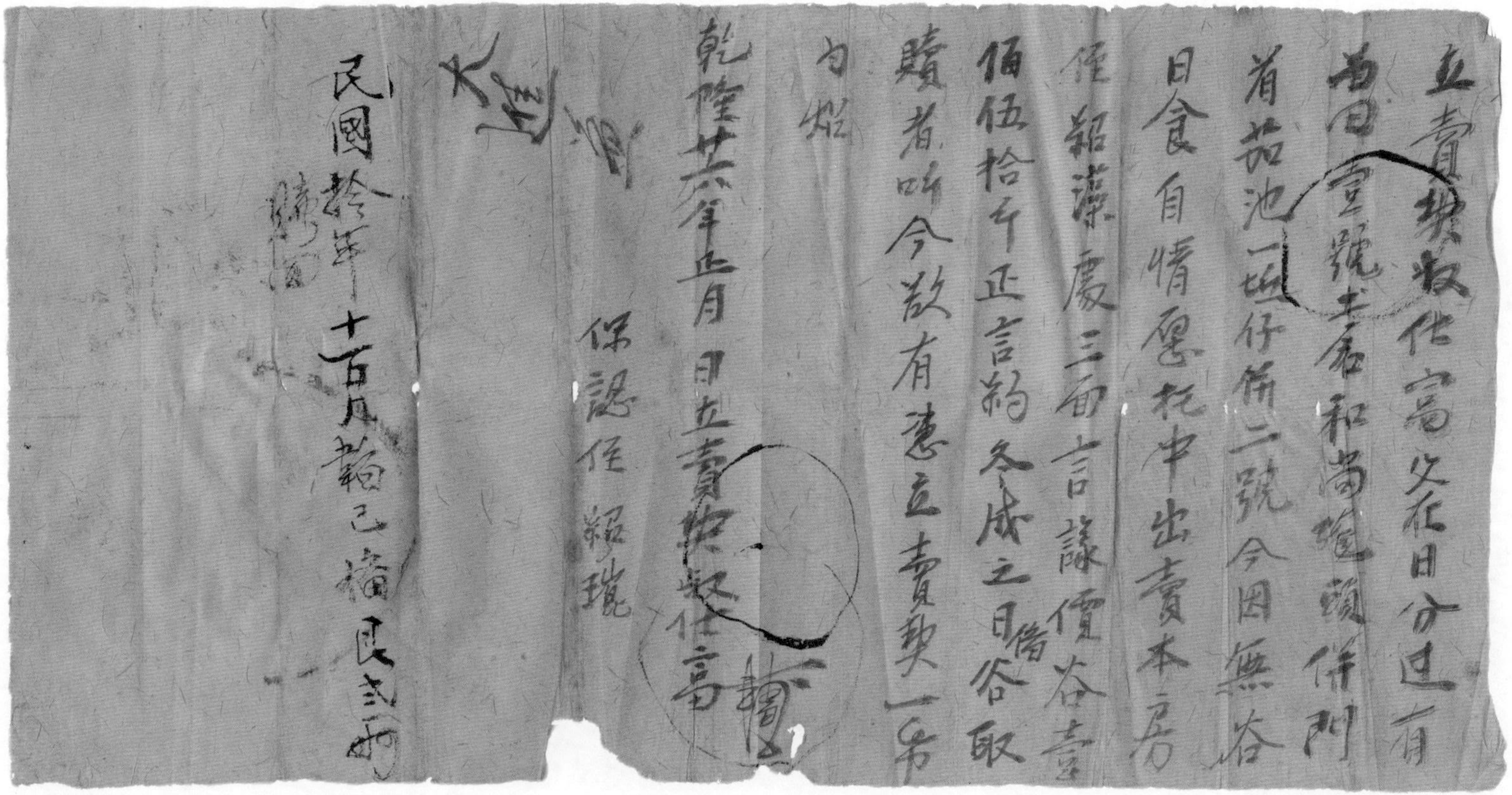

立賣契叔仕富父在日分过有
苗田壹號土名和尚壠頭併門
首茄池一坵仔併二號今因無谷
日食自情愿托中出賣本房
侄紹藻處三面言議價谷壹
佰伍拾斤正言約冬成之日備谷取
贖者昕今欲有憑立賣契一帋
为炤
乾隆廿六年正月　日立賣契叔仕富
保認侄紹瓏
大利
民國拾年十一月□□已□良□

3-4-52-2　清乾隆二十六年正月葉仕富立賣苗田契（廢契）

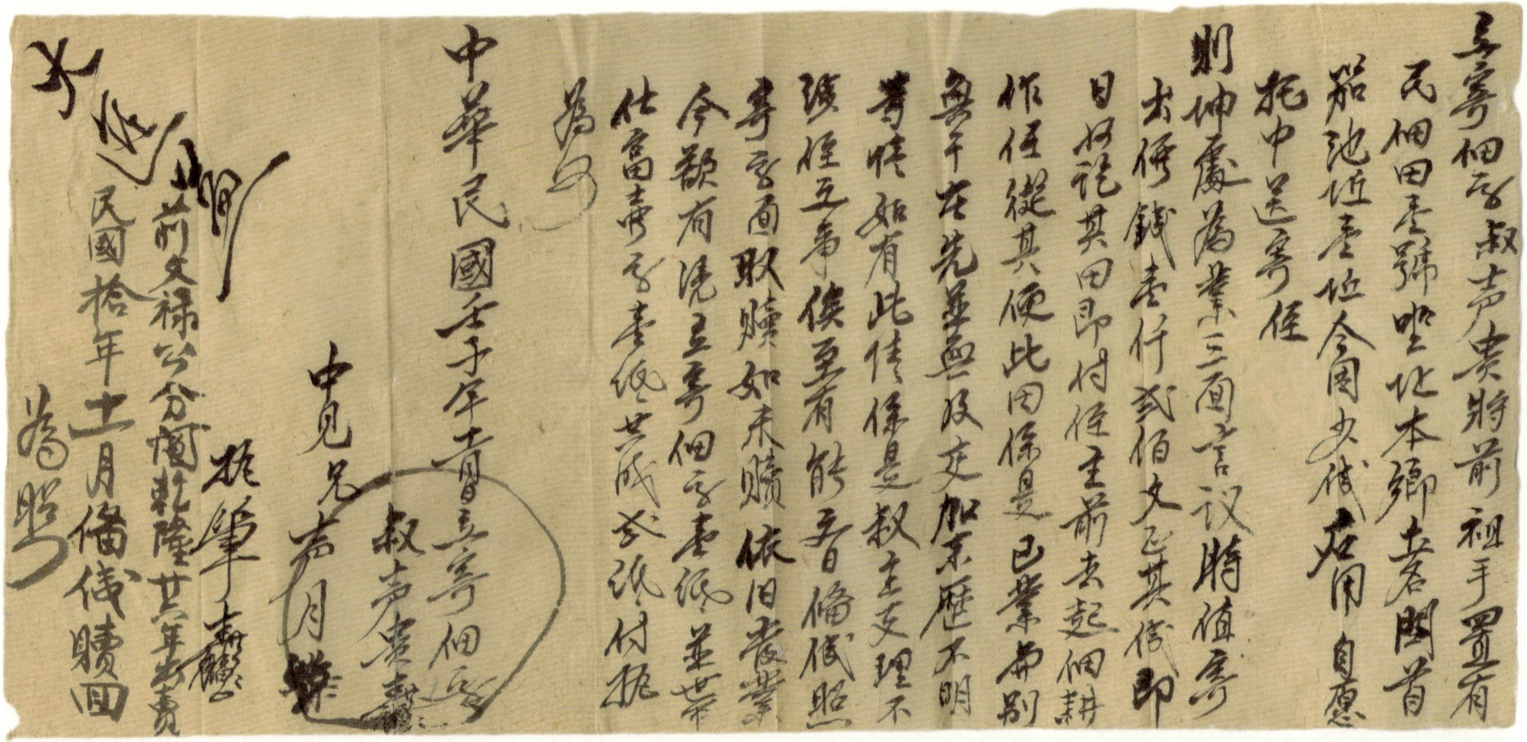

3-4-52-3 民國元年十一月葉声貴立寄民佃田字（廢契）

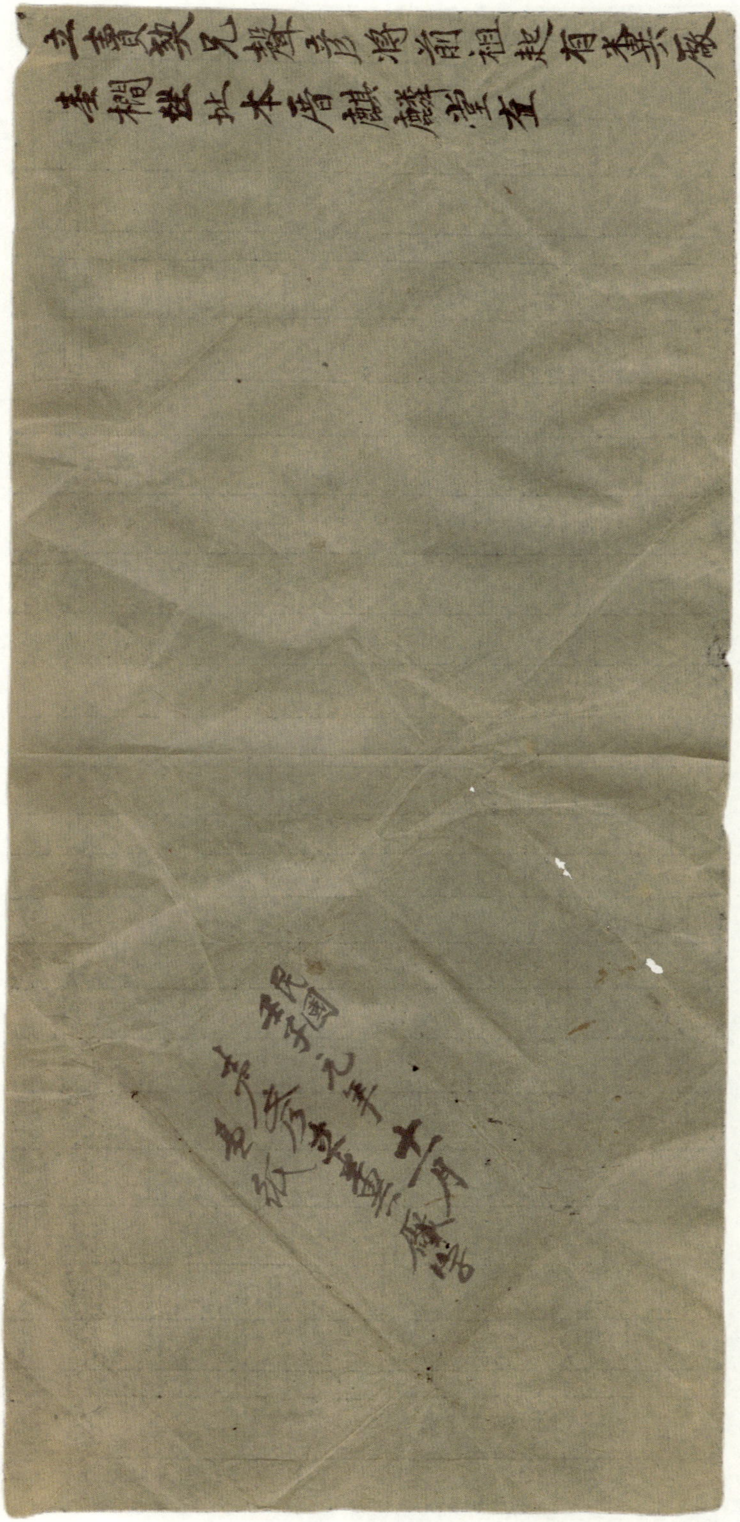

3-4-53-1　包契紙

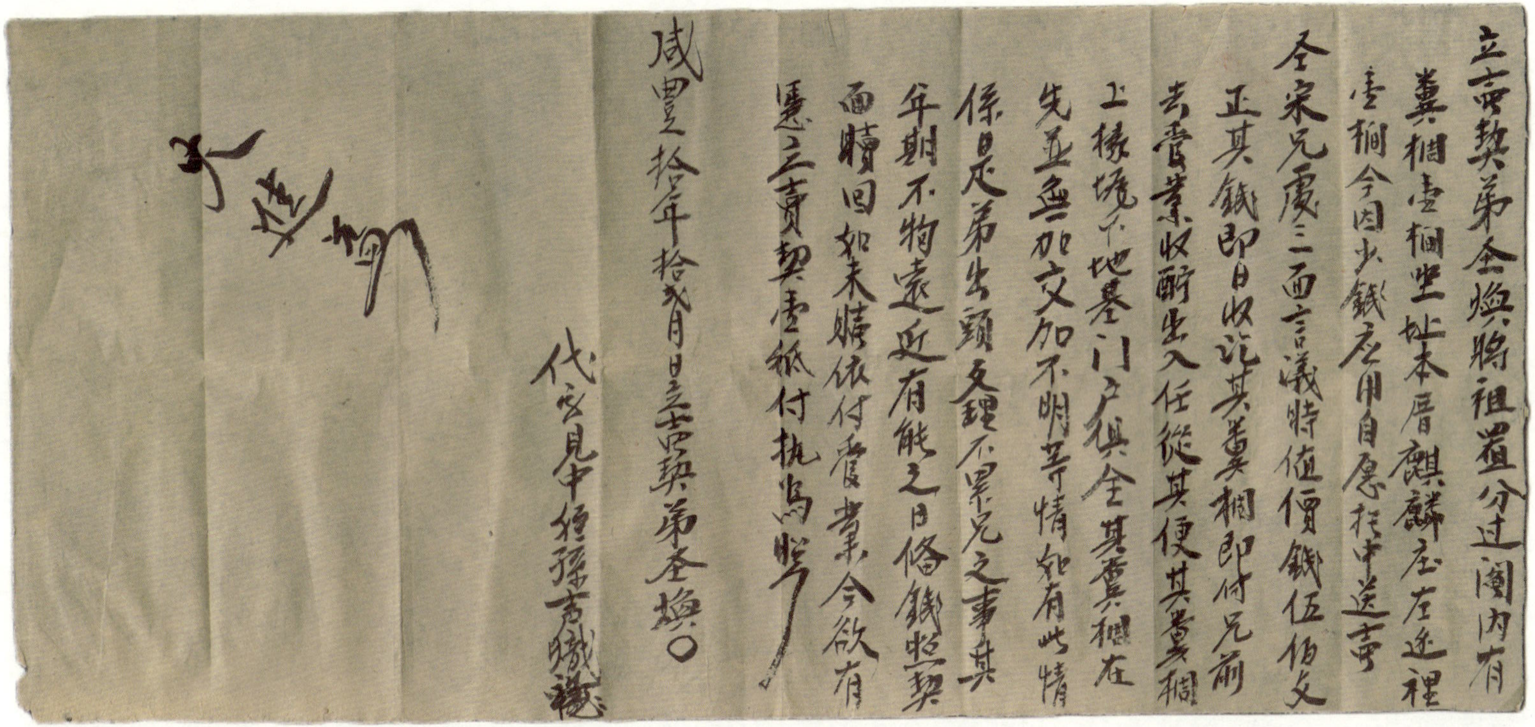

立賣契弟圣煥將祖置分过鬮内有
糞桶壹桶坐址本厝麒麟左左边裡
壹桶今因乏錢应用自愿托中送賣
全宗兄處三面言議特值價錢伍佰文
正其錢即日收訖其糞桶即付兄前
去賣業收酌出入任從其便其糞桶
上塲境不地基门户俱全其糞桶在
先並無加文加不明等情如有此情
係是弟出頭支理不累兄之事其
年期不拘遠近有能之日備錢照契
面贖回如未贖依付賣業今欲有
憑立賣契壹紙付執為照
咸豐拾年拾弍月　日立賣契弟圣煥〇
代字見中姪孫方熾

3-4-53-2　清咸豐十年十二月葉圣煥立賣糞桶契

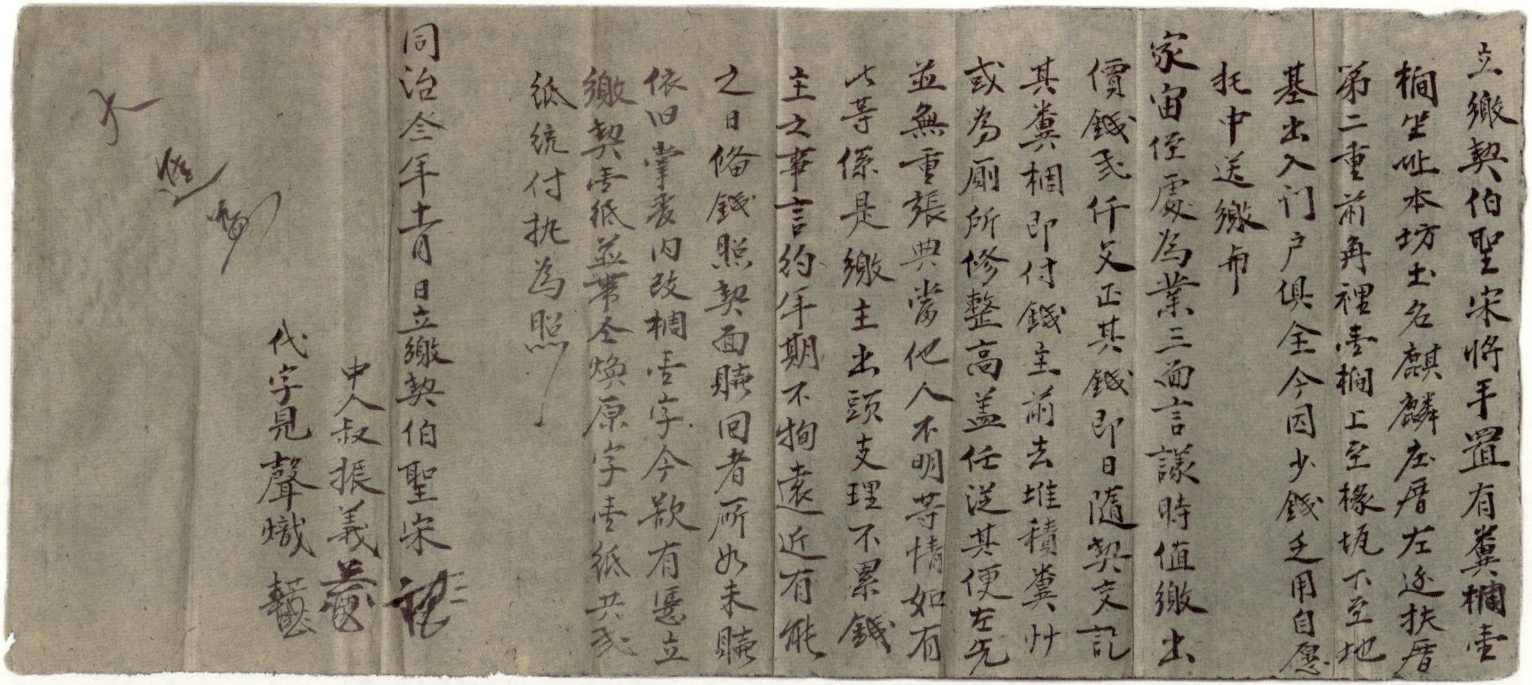
立繳契伯聖宋將手置有糞桶壹
桶坐址本坊土名麒麟左厝左邊扶厝
第二重前舟裡壹桶上至椽桷下至地
基出入门户俱全今因少錢乏用自愿
托中送繳本
家宙侄處為業三面言議時值繳出
價錢叁仟文正其錢即日隨契交訖
其糞桶即付錢主前去堆積糞汁
或為廁所修整高蓋任從其便在先
並無重張典當他人不明等情如有
此等係是繳主出頭支理不累錢
主之事言約年期不拘遠近有能
之日備錢照契面贖回者所如未贖
依旧掌表內改桶壹字今欲有憑立
繳契壹紙並業全煥原字壹紙共貳
紙統付执為照/
同治叁年十一月日立繳契伯聖宋
中人叔振義
代字見聲熾

3-4-53-3　清同治三年十一月葉聖宋立繳糞桐契

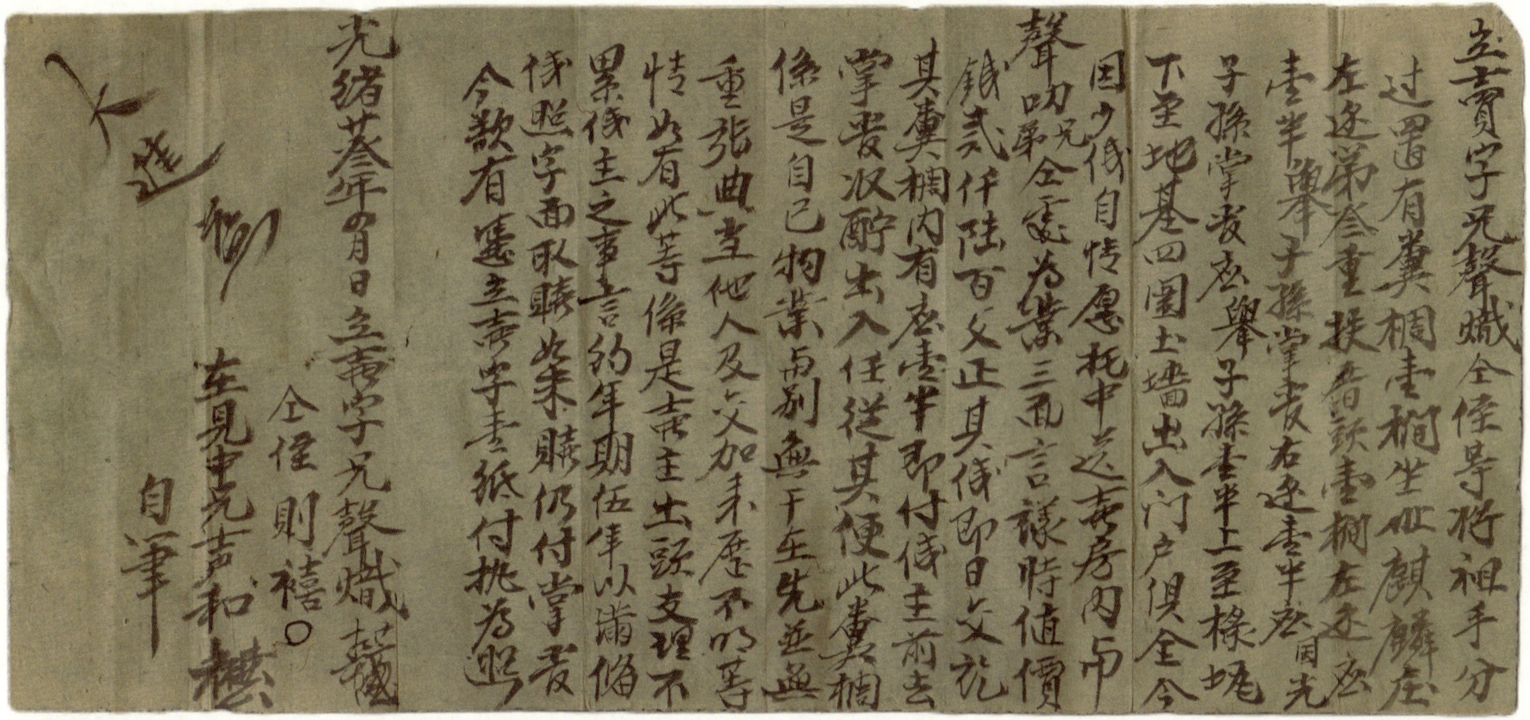
立賣字兄聲熾仝侄等將祖手分
过置有糞桶壹桶坐址麒麟崖
左边第叁重摸看錢壹桶左边屋
壹半舉子孫掌管右边壹半屋因光
子孫掌管屋舉子孫壹半上至椽坭
下至地基四圍土墻出入门户俱全今
因乏錢自情愿托中送賣房内弟
聲叻弟兄仝邊為業三面言議時值價
錢弍仟陸百文正其錢即日交訖
其糞桶内有屋壹半即付錢主前去
掌管收酌出入任從其便此糞桶
係是自己物業與别無干在先並無
重張典查他人及文加未歷不明等
情如有此等係是賣主出頭支理不
累錢主之事言約年期伍年以備
俫過字而取贖如果贖仍付掌管
今欲有憑立賣字壹紙付執為照

光緒廿叁年四月日立賣字兄聲熾
仝侄則禧○
在見中兄声和
自筆
大進

3-4-53-4 清光緒二十三年四月葉聲熾等立賣糞桶字

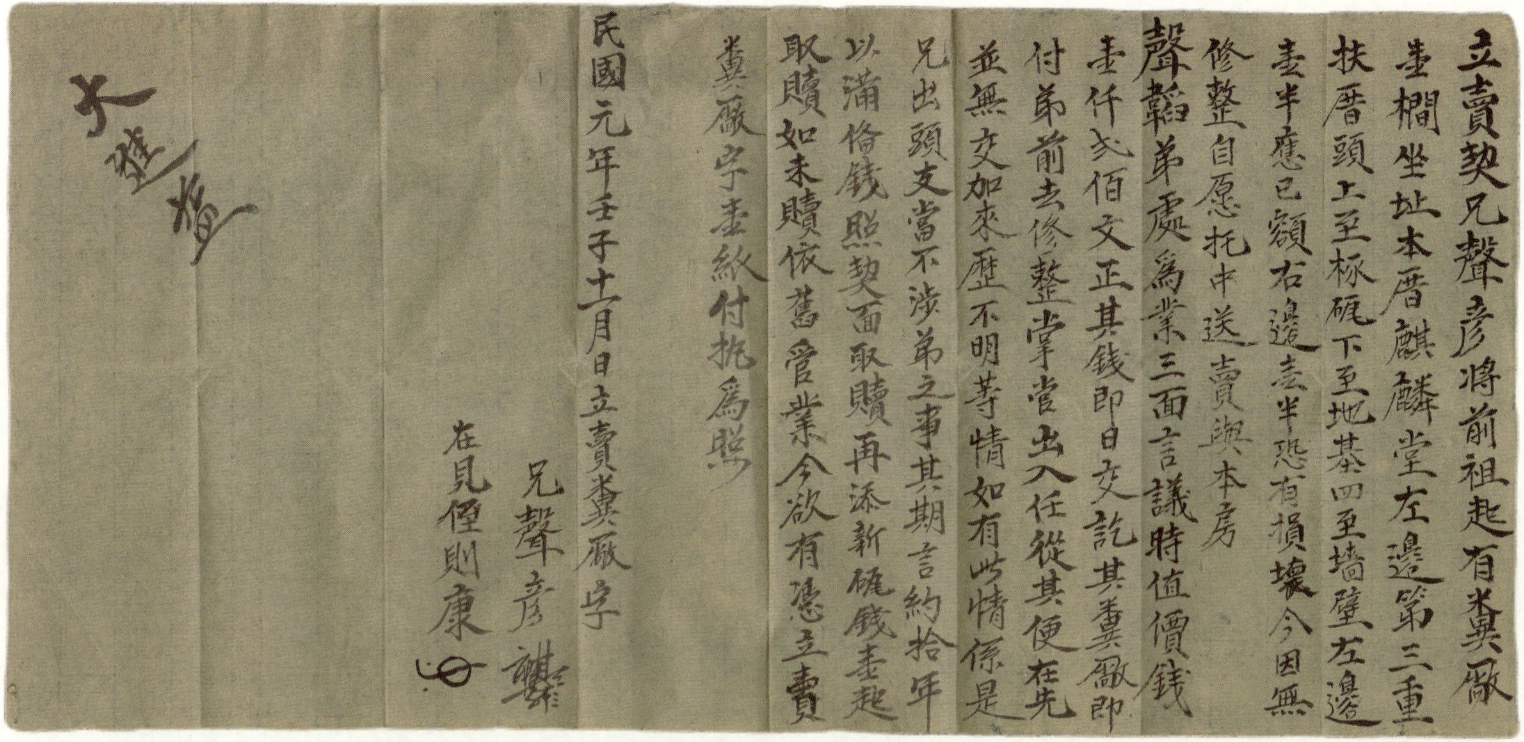
立賣契兄聲彦將前祖起有糞廠
壹間坐址本厝麒麟堂左邊第三重
扶厝頭上至桷硋下至地基四至墻壁左邊
壹半應已額右邊壹半恐有損壞今因無
修整自愿托中送賣與本房
聲韜弟處爲業三面言議時值價钱
壹仟弍佰文正其钱即日交訖其糞廠即
付弟前去修整掌管出入任從其便在先
並無交加來歷不明等情如有此情係是
兄出頭支當不涉弟之事其期言約拾年
以滿備钱照契面取贖再添新硋钱壹起
取贖如未贖依舊管業今欲有憑立賣
糞廠字壹紙付执爲照
民國元年壬子十一月日立賣糞廠字
兄聲彦
在見侄則康

3-4-53-5　民國元年十一月葉聲彦立賣糞廠字

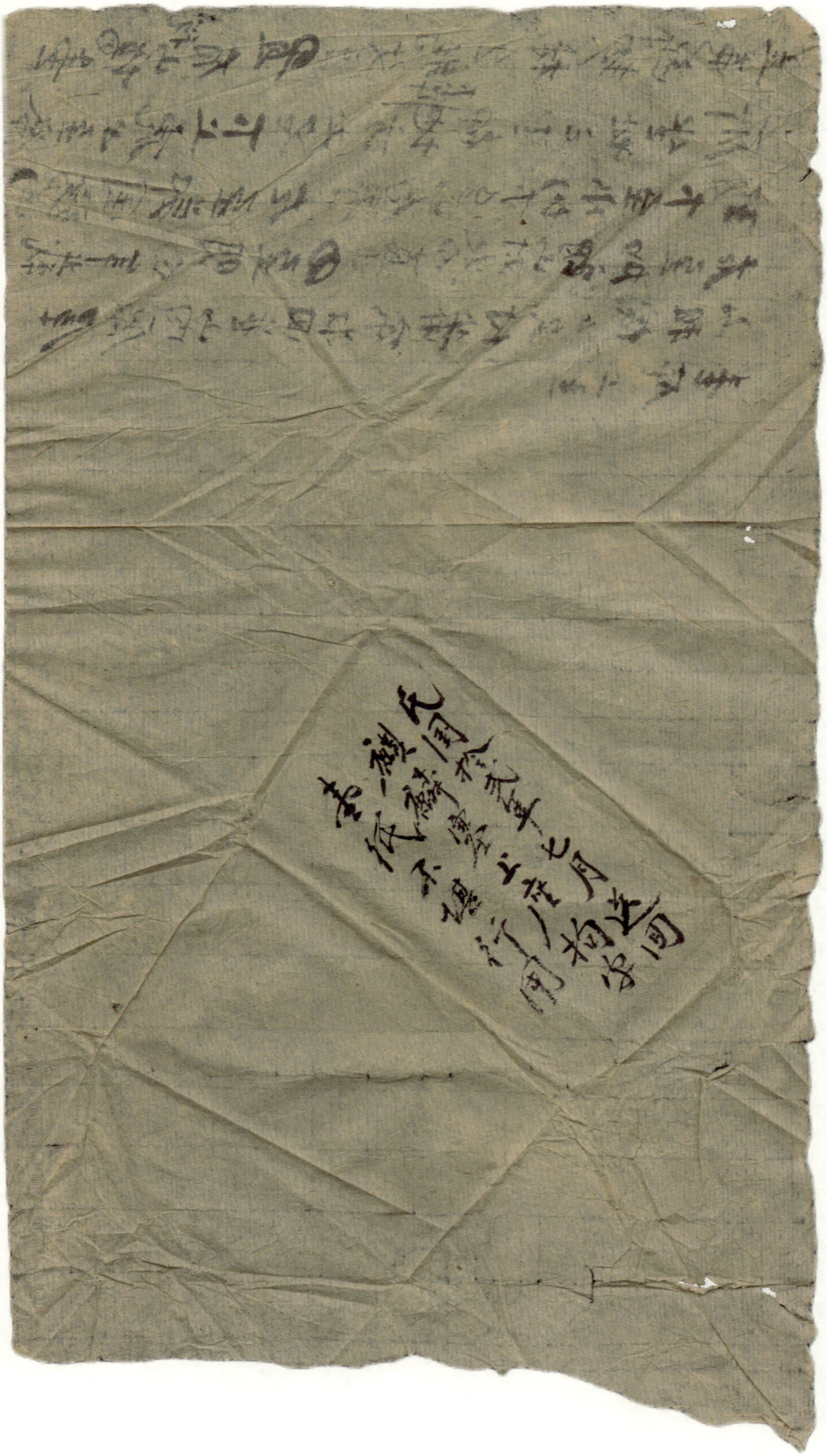

3-4-54-1　包契紙

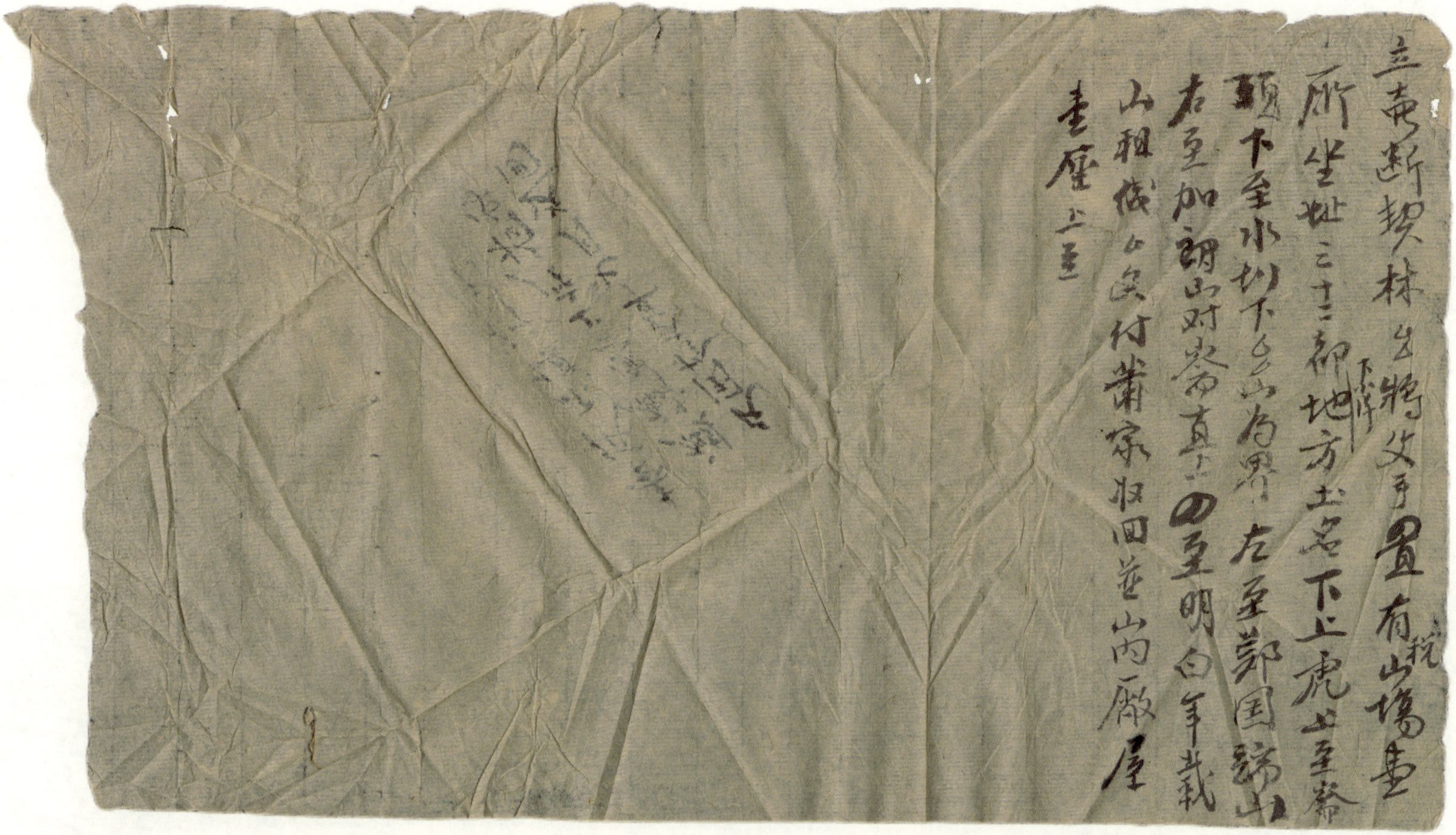
立賣断契林出鸭文予置有杭山場壹
所坐址二十三都下洋地方土名下上虎山至崙
頭下至水圳下至山為界左至鄭国錦山
右至加胡山对崙直上四至明白年載
山租依㕥付蕭家收田並山內廠屋
壹座上至

3-4-54-2　包契紙（草契）

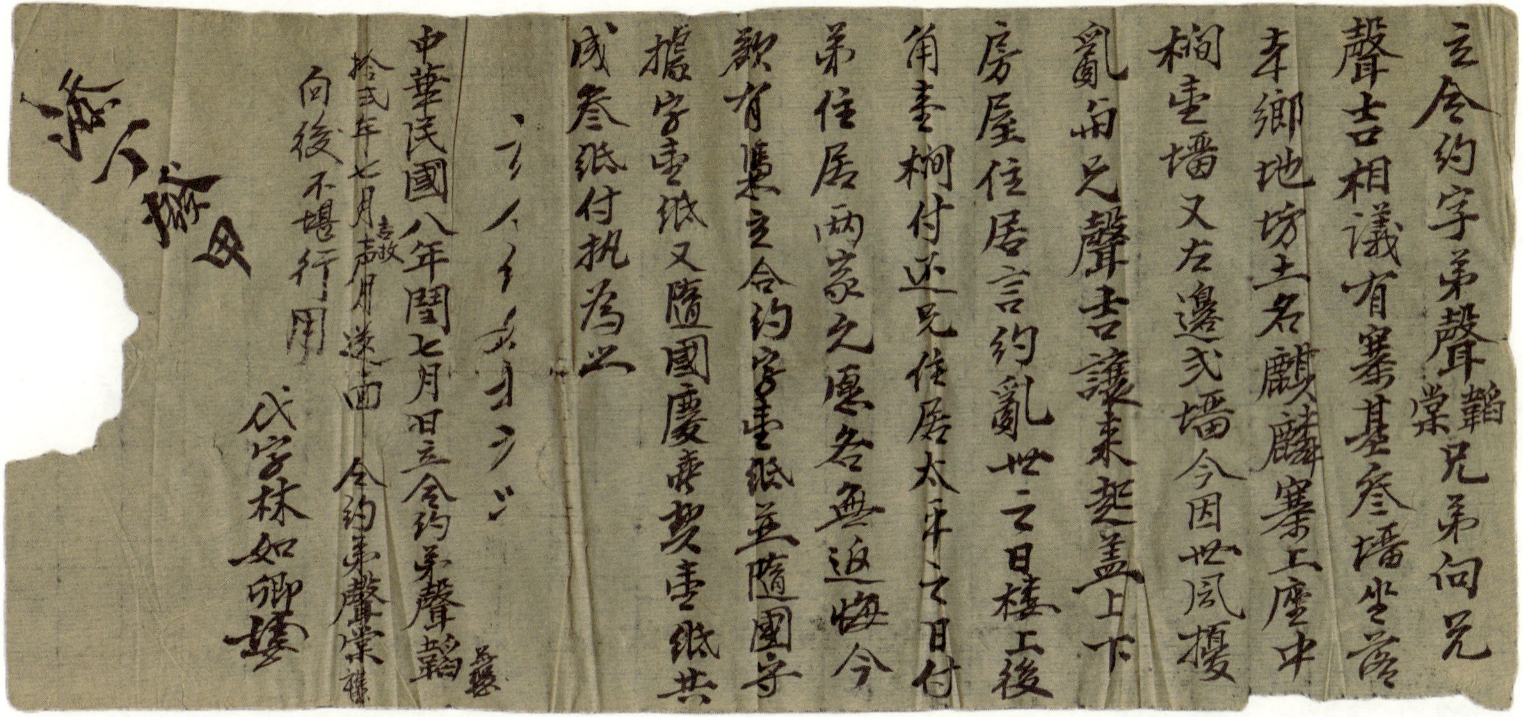
立合約字弟聲韶、棠兄弟向兄
聲吉相議，有寨基叁墻坐落
本鄉地坊土名麒麟寨上廛中
梱壹墻，又左邊弍墻，今因世風擾
亂，而兄聲吉讓來起蓋上下
房屋住居。言約亂世之日樓上後
角壹梱付還兄住居，太平之日付
弟住居，兩家之愿，各無返悔。今
欲有憑，立合約字壹紙，並隨國字
據字壹紙，又隨國慶兄契壹紙，共
成叁紙，付執為照。
中華民國八年閏七月廿五日立合約弟聲韶
拾弍年七月壹拾日遂回　合約弟聲棠
向後不堪行用
代字林如卿
添人[illegible]母

3-4-54-3　民國八年閏七月葉聲韶等立合約字

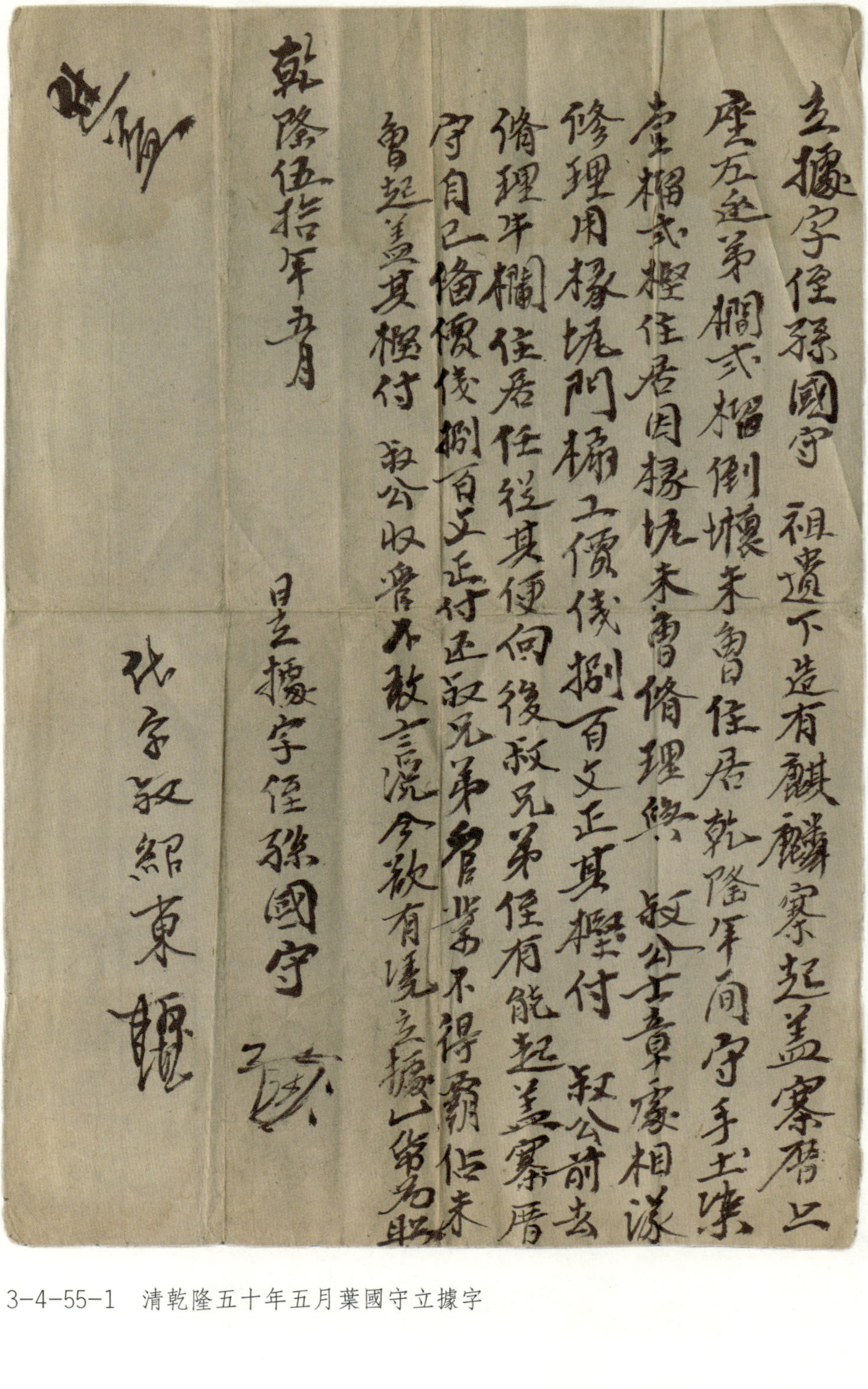

立據字侄孫國守　祖遺下造有麒麟寨起蓋寨厝乙座左边第欄式櫊倒壞未曾住居乾隆年間守手出漆堂櫊式樫住居因椽桷未曾修理與　叔公士章家相議修理用椽桷門扇工價錢捌百文正其樫付　叔公前去修理半欄住居任從其便向後叔兄弟侄有能起蓋寨厝守自己備價錢捌百文正付还叔兄弟曾業不得霸佔未曾起蓋其樫付　叔公收管不敢言說今欲有憑立據乙紙為照

乾隆伍拾年五月　日立據字侄孫國守

代字叔紹東筆

3-4-55-1　清乾隆五十年五月葉國守立據字

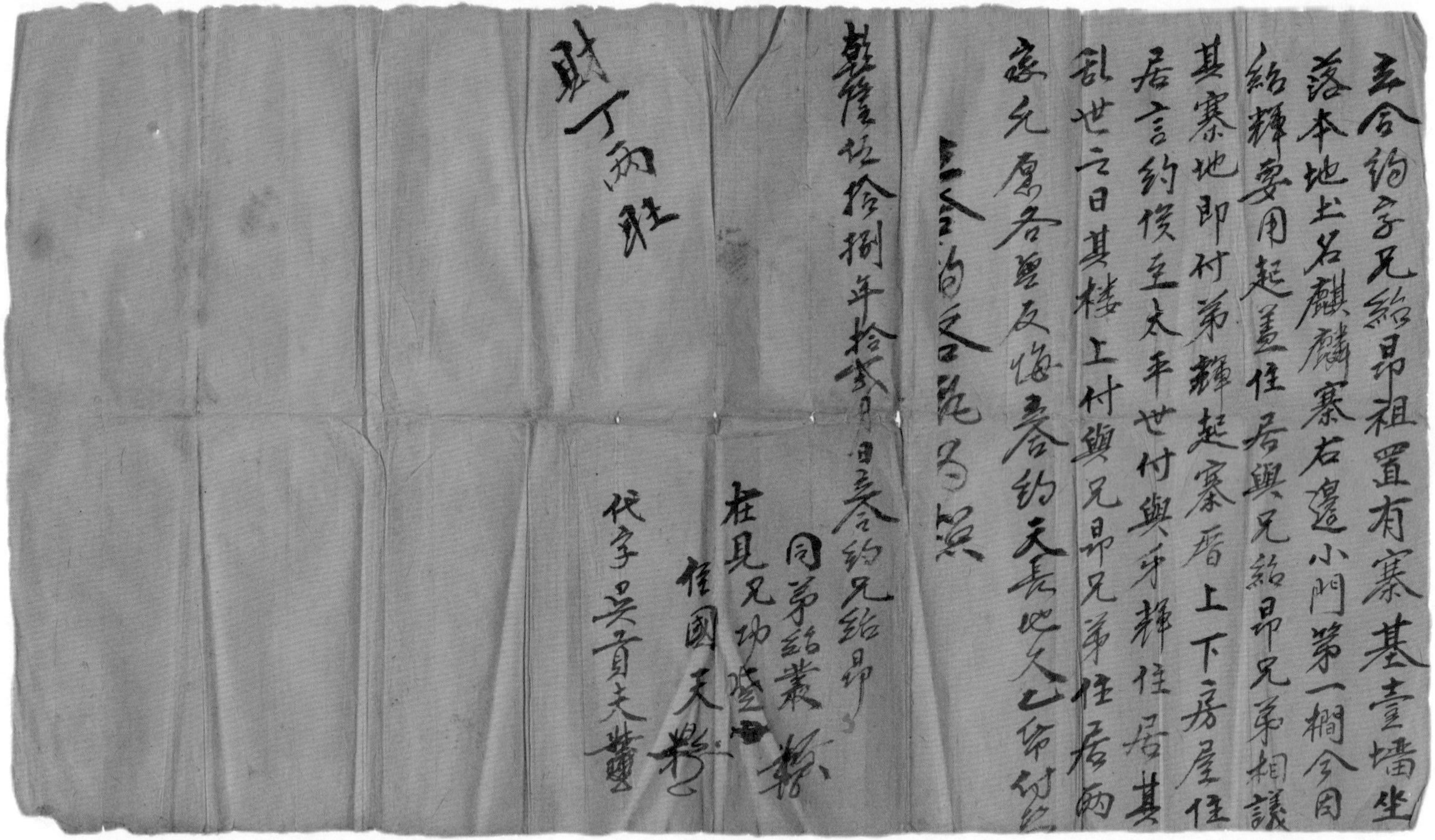
立合約字兄紹昂祖置有寨基壹墻坐
落本地土名麒麟寨右邊小門第一棡今因
紹輝要用起蓋住居與兄紹昂兄弟相議
其寨地即付弟輝起寨厝上下房屋住
居言約俟至太平世付與弟輝住居其
亂世之日其樓上付與兄昂兄弟住居兩
家允愿各無反悔立合約天長地久永爲付紹
立合約各執爲照

乾隆伍拾捌年拾貳月 日立合約兄紹昂
同弟紹叢
在見兄功陞
住國天
代字吳育夫
財丁兩旺

3-4-55-2　清乾隆五十八年十二月葉紹昂立合約字

立賣契侄國慶祖造置有土堡一座坐
址本坊麒麟寨底分一椆上座中椆
壹櫥係己爲上今因少銀乏用自
情愿托中送賣与本房
叔紹得處三面言議時值價銀壹拾
伍兩正其銀即日交訖將此寨地永
付叔年方月利前去起蓋住居任從
其便不得言說阻阽之理此地並無交
加重張典掛他人財物不明如有此情
係侄出頭支當不涉叔之事此地係
是祖父閫分与本房兄弟叔侄無干其
花紅酒礼俱已收訖此地即付叔整
造永爲萬年定益兩家允愿各
無反悔立賣契壹紙永付爲照

祖父前乾隆十三年春与分公仕行契乙紙五弟
內改註伍兩二字再炤（押）

嘉慶九年拾二月　日立賣契侄國慶（押）
全弟國施（押）
代字中弟國安（押）

發人發甲

3-4-55-3　清嘉慶九年十二月葉國慶等立賣土堡契

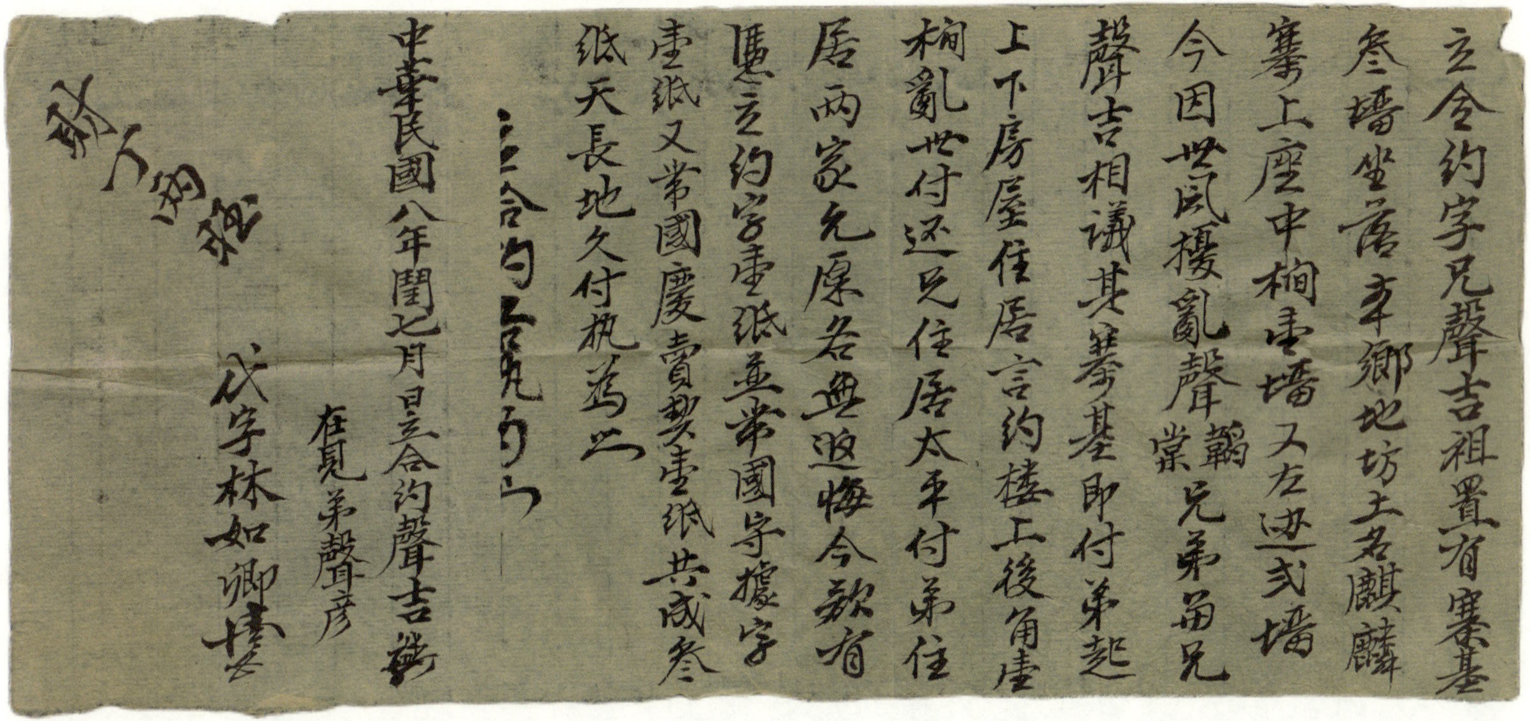
立合約字兄聲吉祖置有寨基
叁墻坐落本鄉地坊土名麒麟
寨上座中桁壹墻又左边弍墻
今因世亂擾亂聲鸞兄弟商兄
聲吉相議其寨基即付弟起
上下房屋住居言約樓上後角壹
桁亂世付还兄住居太平付弟住
居兩家允愿各無返悔今欲有
憑立約字壹紙並常國字據字
壹紙又常國慶賣契壹紙共成叁
紙天長地久付執為照
立合約字兄聲吉
中華民國八年閏七月　日立合約聲吉
在見弟聲彥
代字林如卿

3-4-55-4　民國八年閏七月葉聲吉立合約字

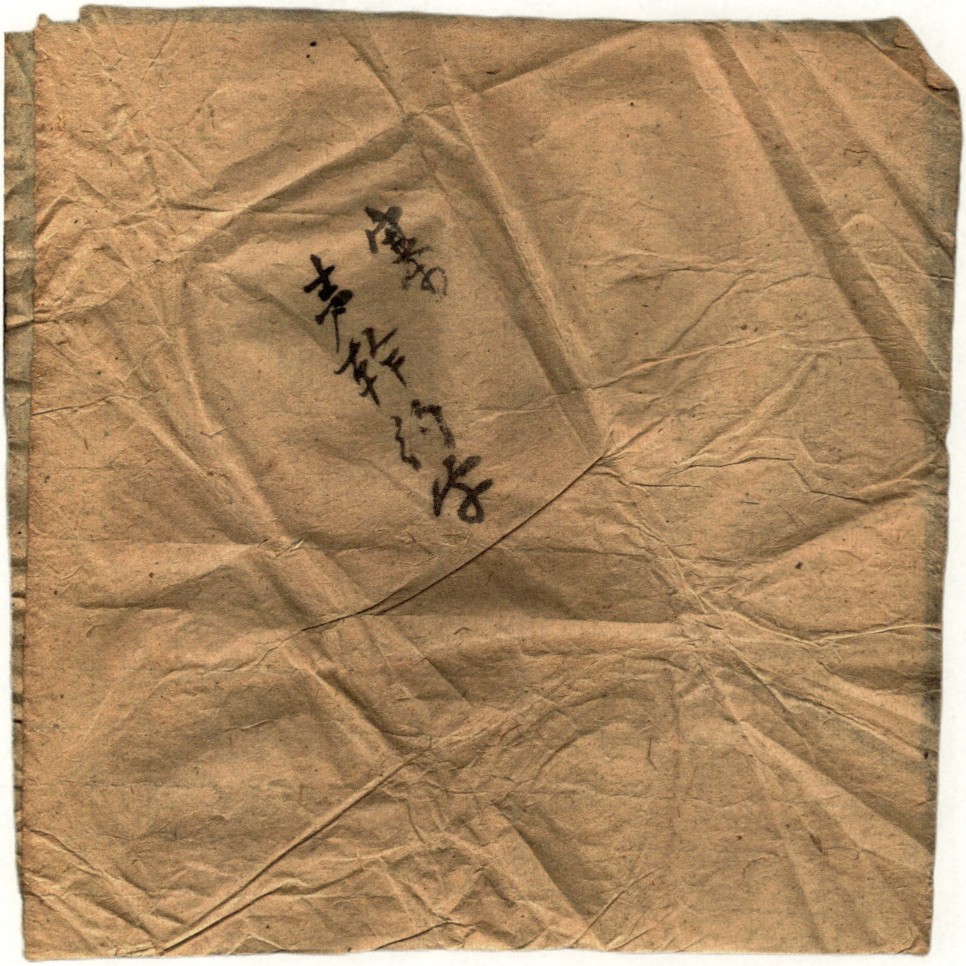

3-4-56-1　包契紙

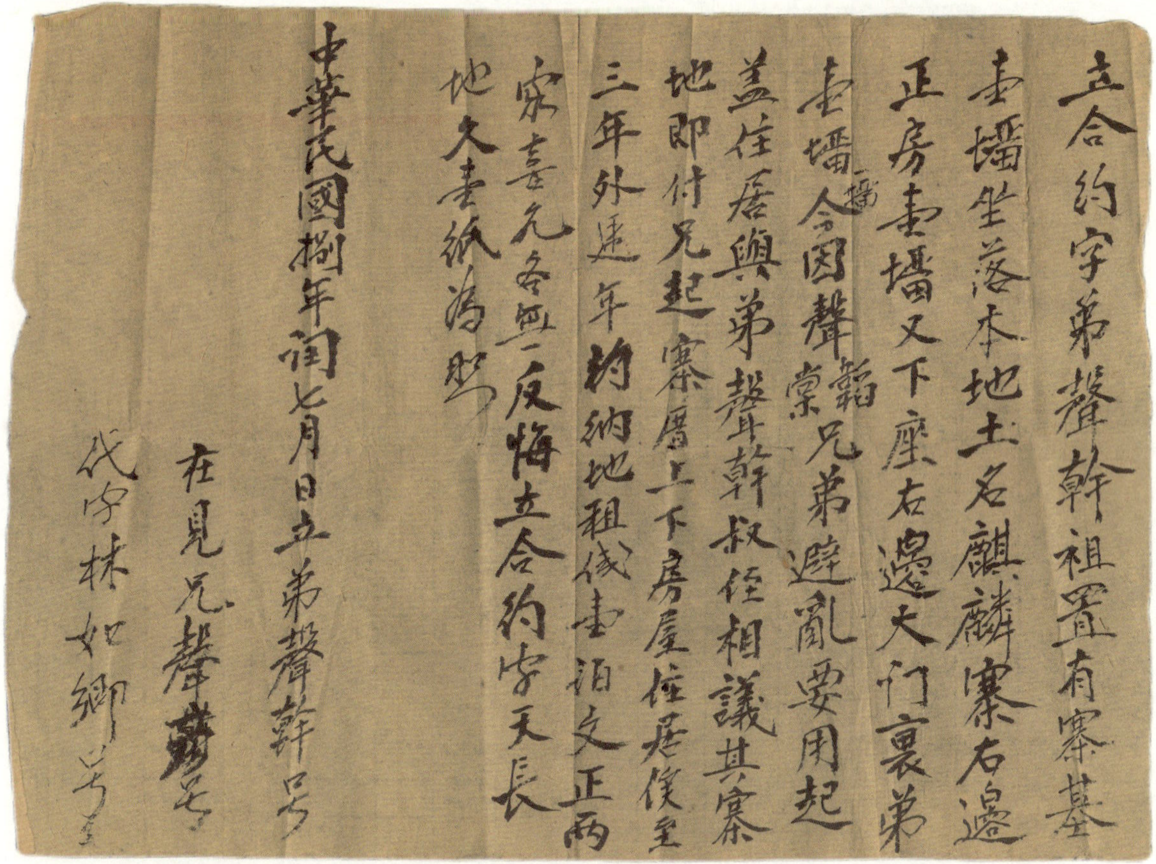
立合約字弟聲幹祖置有寨基
壹墻坐落本地土名麒麟寨右邊
正房壹墻又下座右邊大门裏弟
壹墻合因聲韶棠兄弟避亂要用起
蓋住居與弟聲幹叔侄相議其寨
地即付兄起寨層上下房屋住居俟至
三年外逐年約納地租錢壹佰文正兩
家喜允各無反悔立合約字天長
地久壹紙爲照
中華民國捌年閏七月日立弟聲幹号
在見兄聲[illegible]号
代字林如卿号

3-4-56-2　民國八年閏七月葉聲幹立合約字

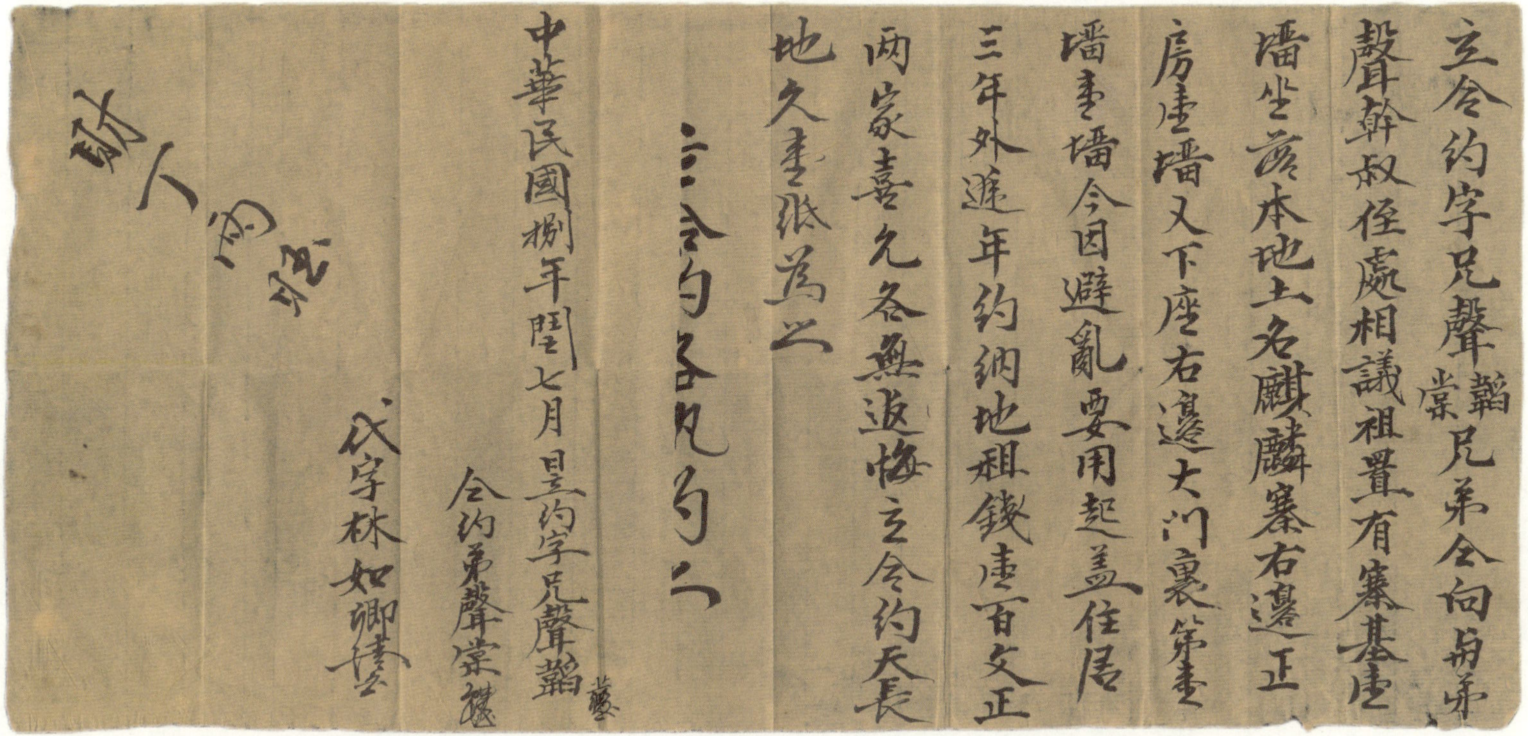
立合約字兄聲韜、崇兄弟仝向帛承
聲斡叔侄處相議，祖置有寨基座
墻坐落本地土名麒麟寨右邊正
房座墻又下座右邊大門裏第壹
墻壹墻，今因避亂，要用起蓋住居
三年外，進年約納地租錢壹百文正，
兩家喜允，各無返悔，立合約，天長
地久，壹紙為照。
立合約各執為照。
中華民國捌年閏七月　日立合約字兄聲韜（押）
合約弟聲崇（押）
代字林如卿（押）
財丁兩旺

3-4-56-3　民國八年閏七月葉聲韜等立合約字

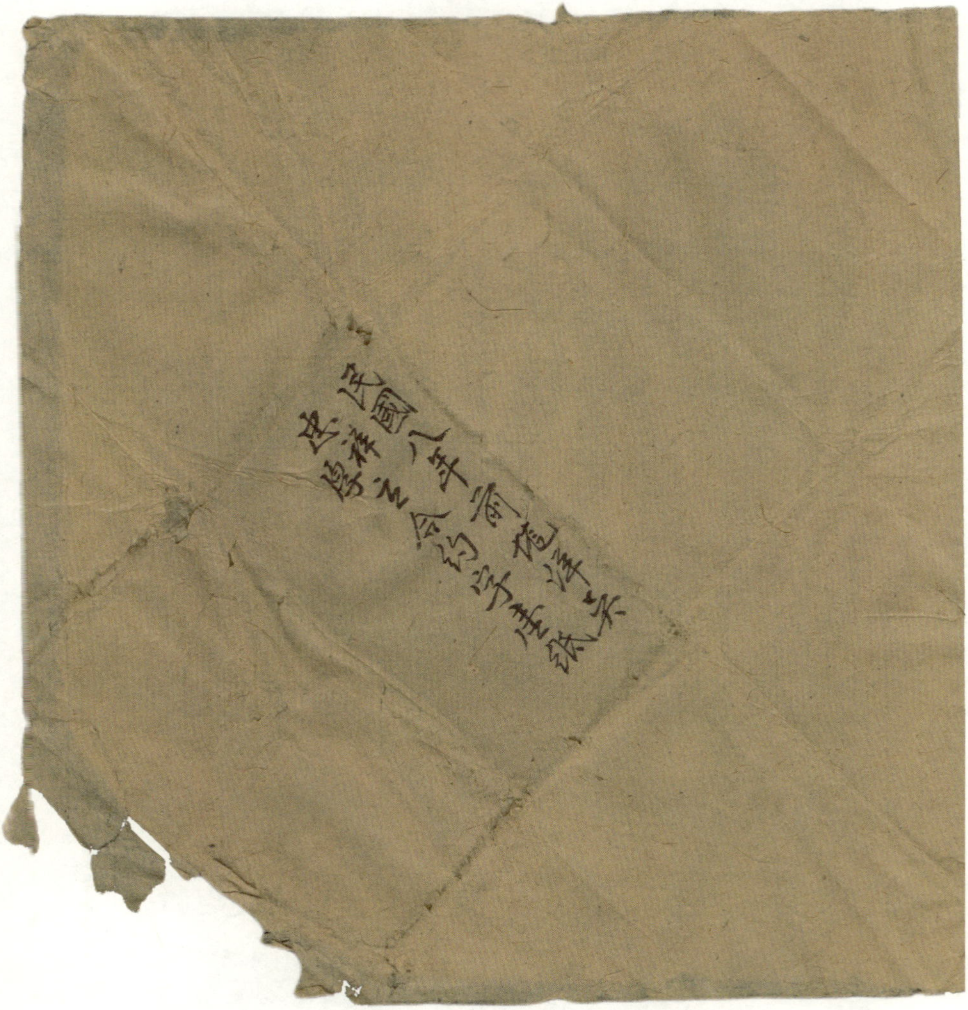

3-4-57-1 包契紙

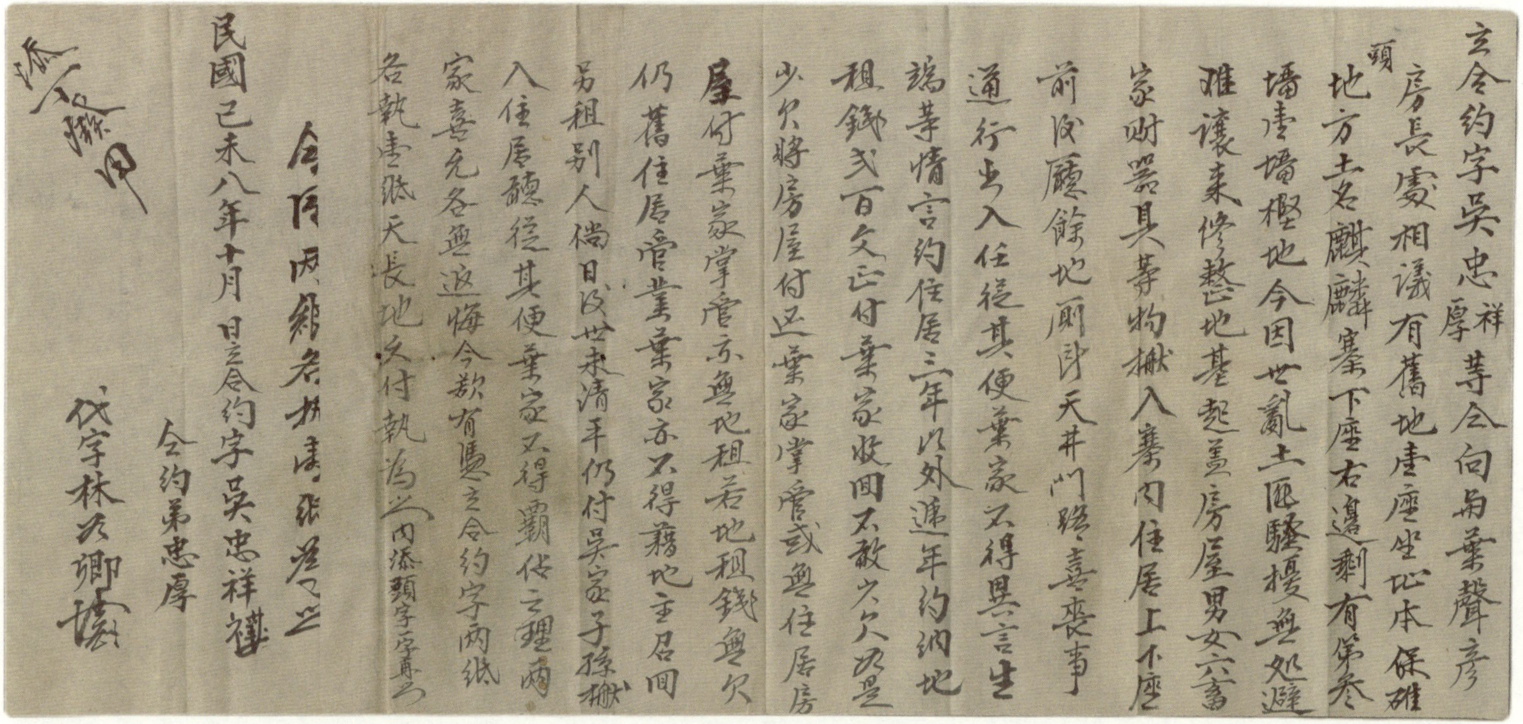

立合約字吳忠祥厚等仝向葉聲彥
房長處相議，有舊地基座坐此本保碓
頭地方土名麒麟塞下座右邊剩有第叁
墻基墻壆地，今因世亂，土匪騷擾，無處避
難，議來修整地基，起蓋房屋，男女六畜
家財器具等物搬入寨內住居，上下座
前後廳餘地廁所天井門路，喜喪事
通行出入，任從其便，葉家不得異言生
端等情。言約住居三年以外，逐年約納地
租錢弍百文正付葉家收回，不敢少欠。如是
少欠，將房屋付還葉家掌管，或無住居房
屋付葉家掌管，亦無地租。若地租錢無欠，
仍舊住居管業，葉家亦不得藉地主召回
另租別人。備日後世來清手，仍付吳家子孫搬
入住居，聽從其便，葉家不得霸佔之理。兩
家喜允，各無返悔。今欲有憑，立合約字兩紙，
各執壹紙，天長地久，付執為照。內添頭字壹个。

合同兩紙各執壹張存照

民國己未八年十月　日立合約字吳忠祥（押）
仝約弟忠厚
代字林從卿（押）

添丁發甲

3-4-57-2　民國八年十月吳忠祥等立合約字

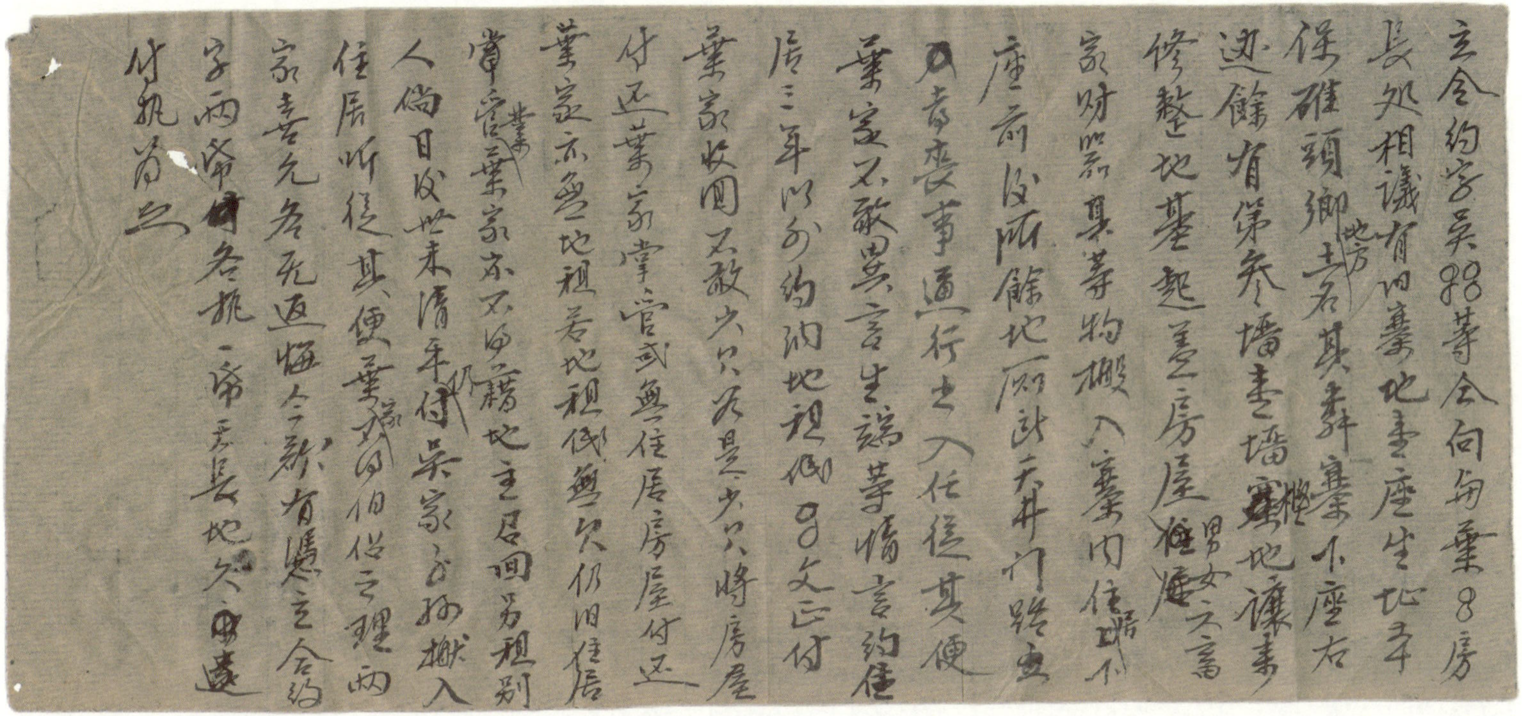

3-4-57-3 晚清民國吴氏立合約字（草契）

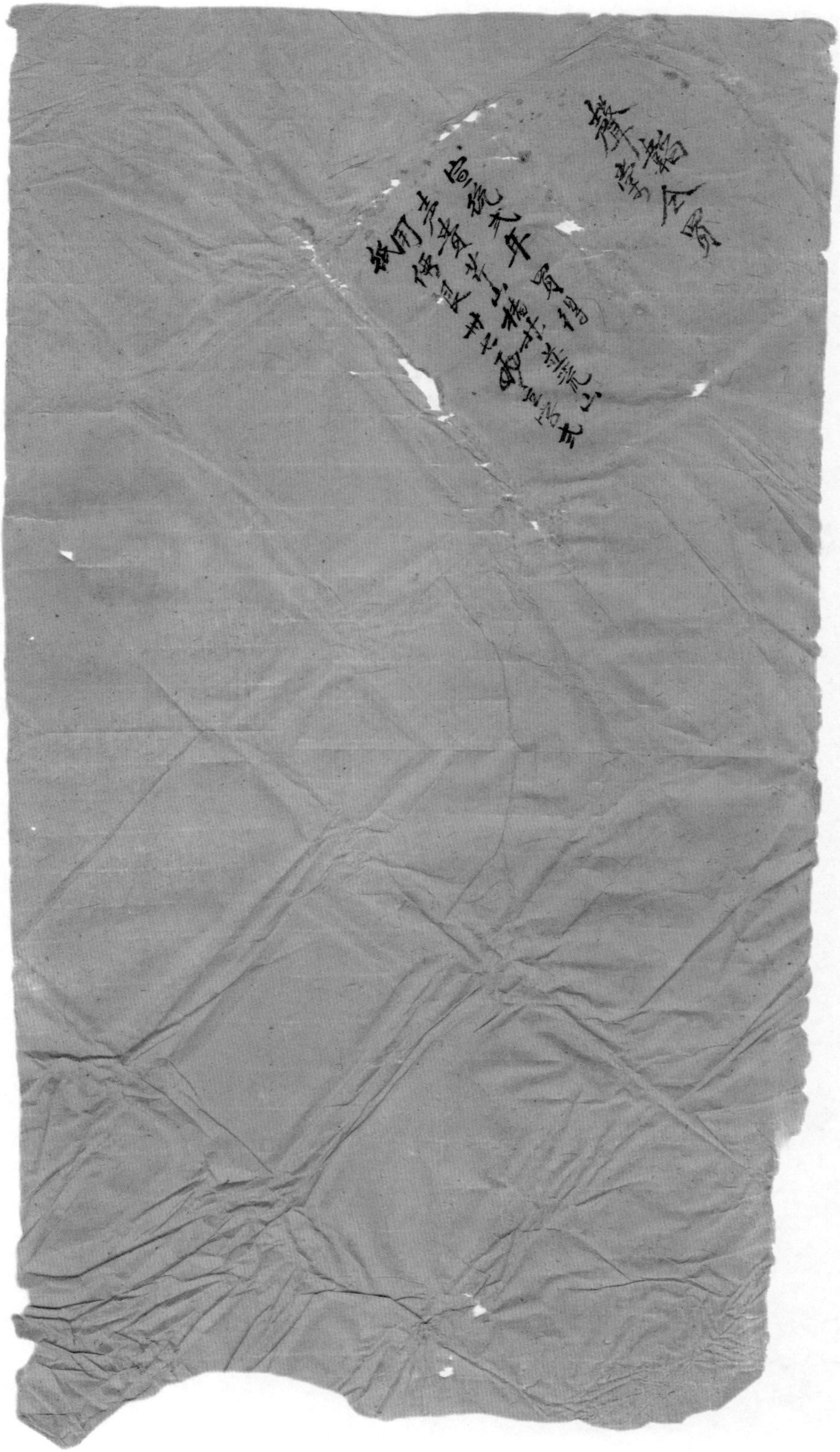

3-4-58-1　包契紙

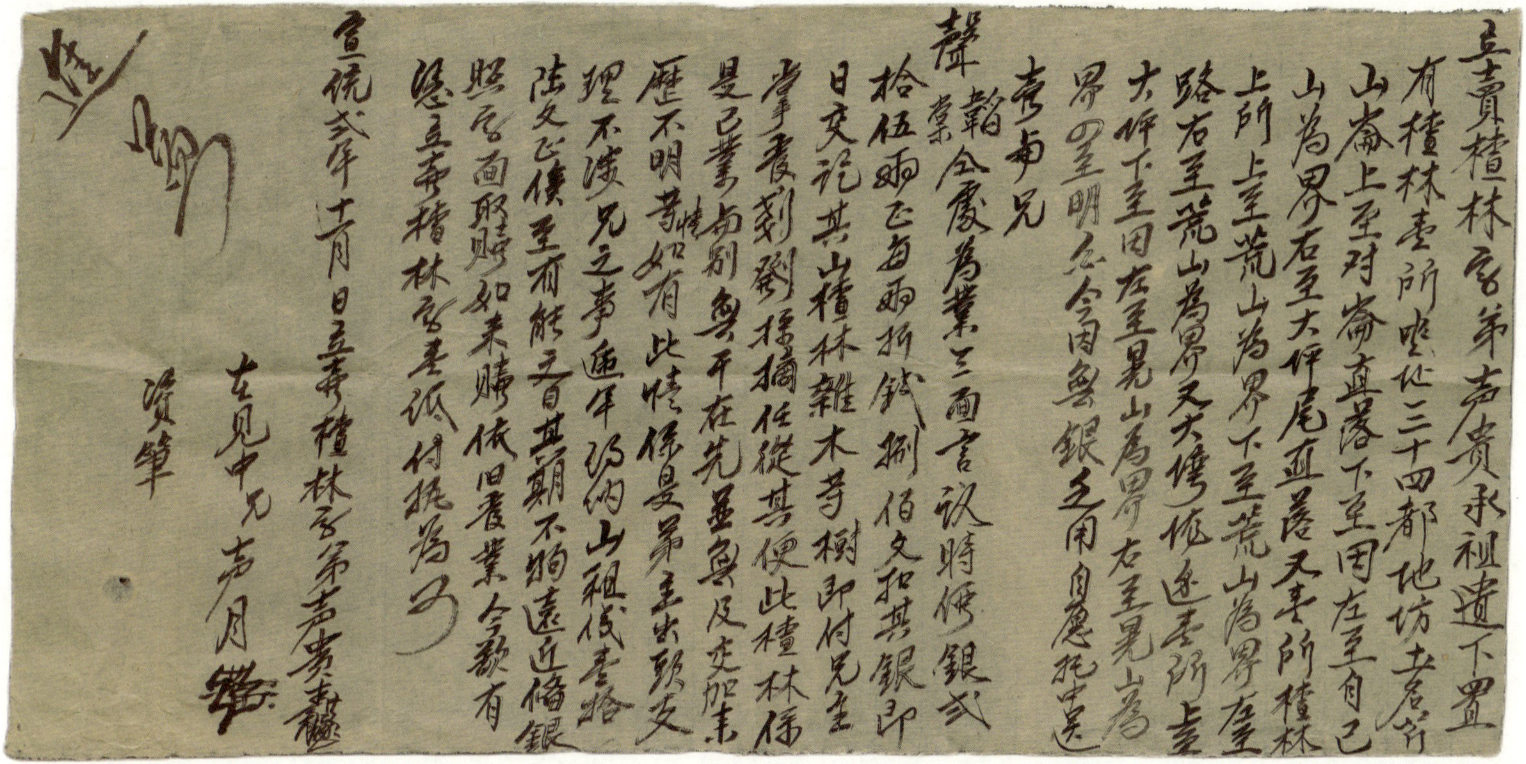
立賣楂林字人葉声貴承祖遺下置
有楂林壹所坐址三十四都地坊土名竹
山崙上至對崙直落下至田左至自己
山為界右至大坪尾直落又壹所楂林
上所上至荒山為界下至荒山為界左至
路右至荒山為界又大傳(?)依述壹所上至
大坪下至田左至晃山為界右至晃山為
界四至明白今因無銀應用自愿托中送
賣與胞兄
聲翰棠仝處為業三面言議時價銀弍
拾伍兩正每兩折錢捌佰文扣其銀即
日交訖其山楂林雜木等樹即付兄主
掌管劉(?)斫(?)採摘任從其便此楂林係
是己業與別人無干在先並無及交加未
歷不明等情如有此情係是弟自出頭支
理不涉兄之事逓年仍納山租伐壹拾(?)
陸文正俱至有能立日其期不拘遠近備銀
照字面取贖如未贖依旧管業今欲有
憑立賣楂林字壹紙付執為照
宣統弍年十一月 日立賣楂林字弟声貴(押)
在見中兄声月(押)
資筆

3-4-58-2 清宣統二年十一月葉声貴立賣楂林字

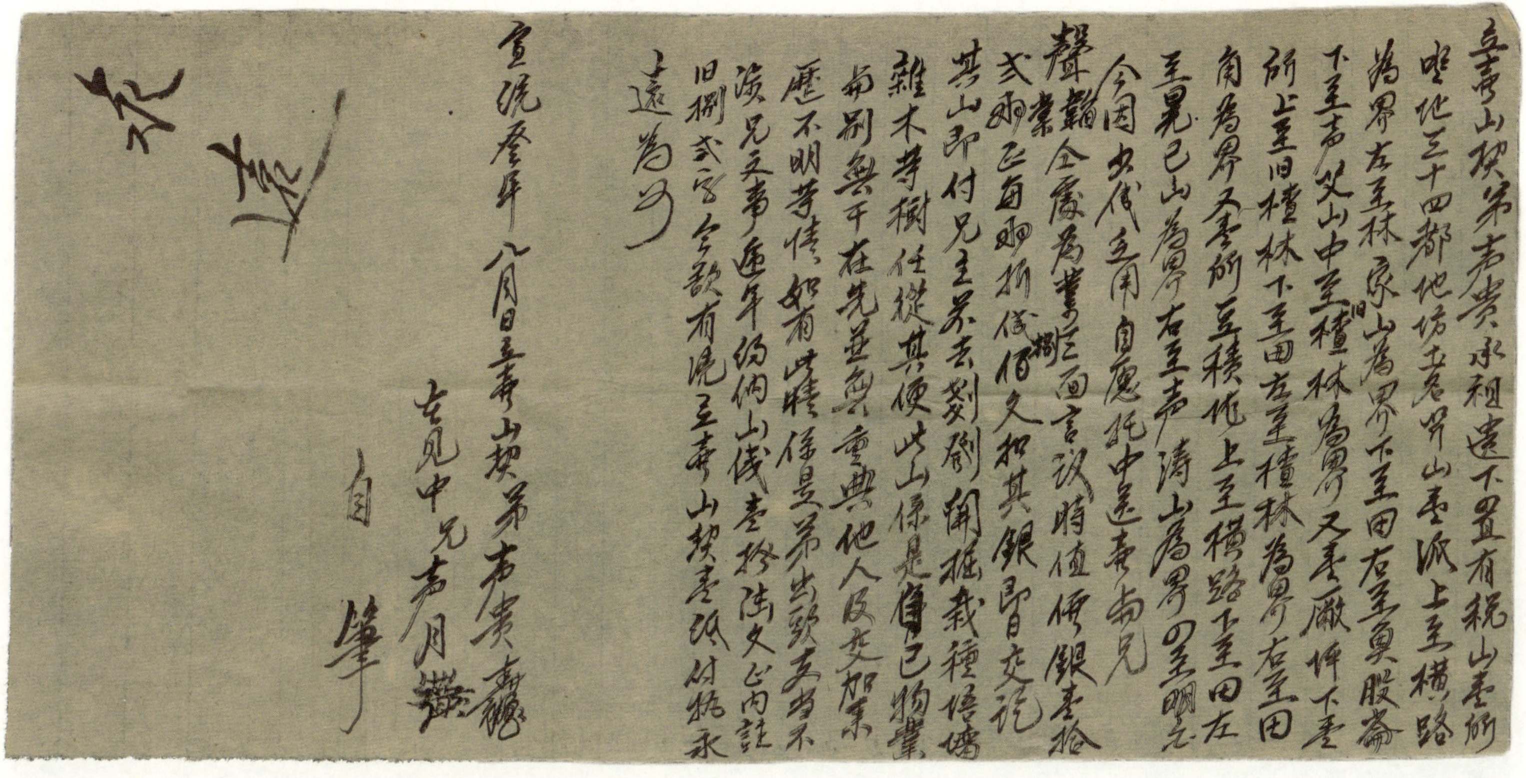

立賣山契弟声貴承祖遺下置有稅山壹所
坐址三十四都他坊土名岩山壹派上至橫路
爲界左至林家山爲界下至田右至奧腹崙
下至声父山中至旧檀林爲界又壹廠坪下壹
所上至旧檀林下至田左至檀林爲界右至田
角爲界又壹所上至積伦上至橫路下至田左
至晃己山爲界右至声濤山爲界四至明白
今因少伐立用自愿托中送賣與兄
聲鶴業全處爲業三面言議時值價銀壹拾
式兩正每兩折錢捌佰文和其銀冒交訖
其山即付兄主業去剗劉開掘栽種培墻
雜木等樹任從其便此山係是自己物業
與別無干在先並無重典他人及交加業來
歷不明等情如有此情係是弟出頭支當不
涉兄之事遞年納山錢壹拾陆文正內註
旧捌式字今欲有憑立賣山契壹紙付執永
遠爲照

宣統叁年八月日立賣山契弟声貴
在見中兄声月
自筆

大吉

3-4-58-3　清宣統三年八月葉声貴立賣稅山等契

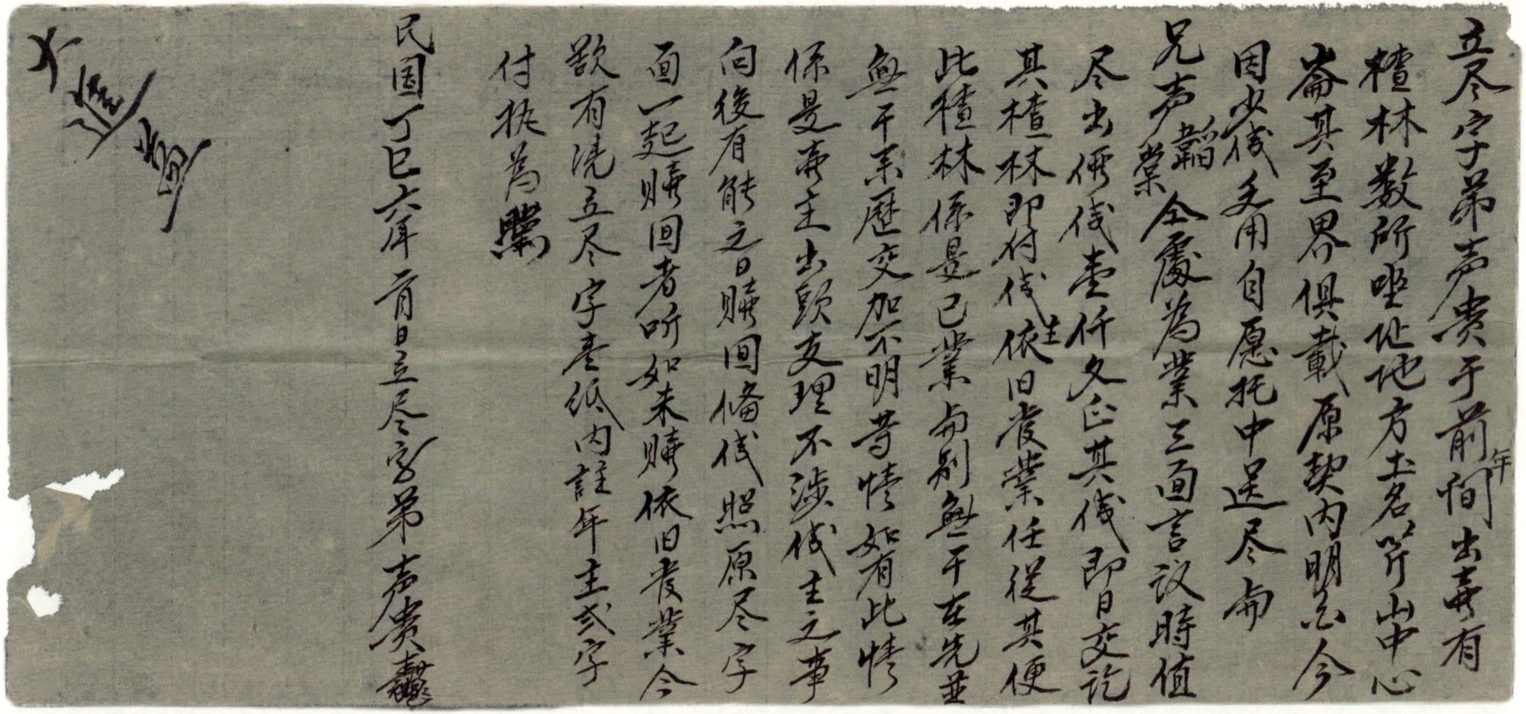
立尽字弟声贵于前年間出垦有
楂林数所坐址地方土名竹山中心
崙其至界俱載原契内明白今
因乏銭支用自愿托中送尽向
兄声翰業全處為業三面言議時值
尽出價銭壹仟文正其銭即日交訖
其楂林即付銭主依旧管業任從其便
此楂林係是己業与别無干在先並
無干承歷交加不明等情如有此情
係是本主出頭支理不涉銭主之事
向後有能之日贖回倫銭照原尽字
面一起贖回者所如未贖依旧管業今
欲有憑立尽字壹紙内註年主弍字
付执為照
民国丁巳六年二月日立尽字弟声贵
大進宝

3-4-58-4　民國六年二月葉声貴立盡楂林字

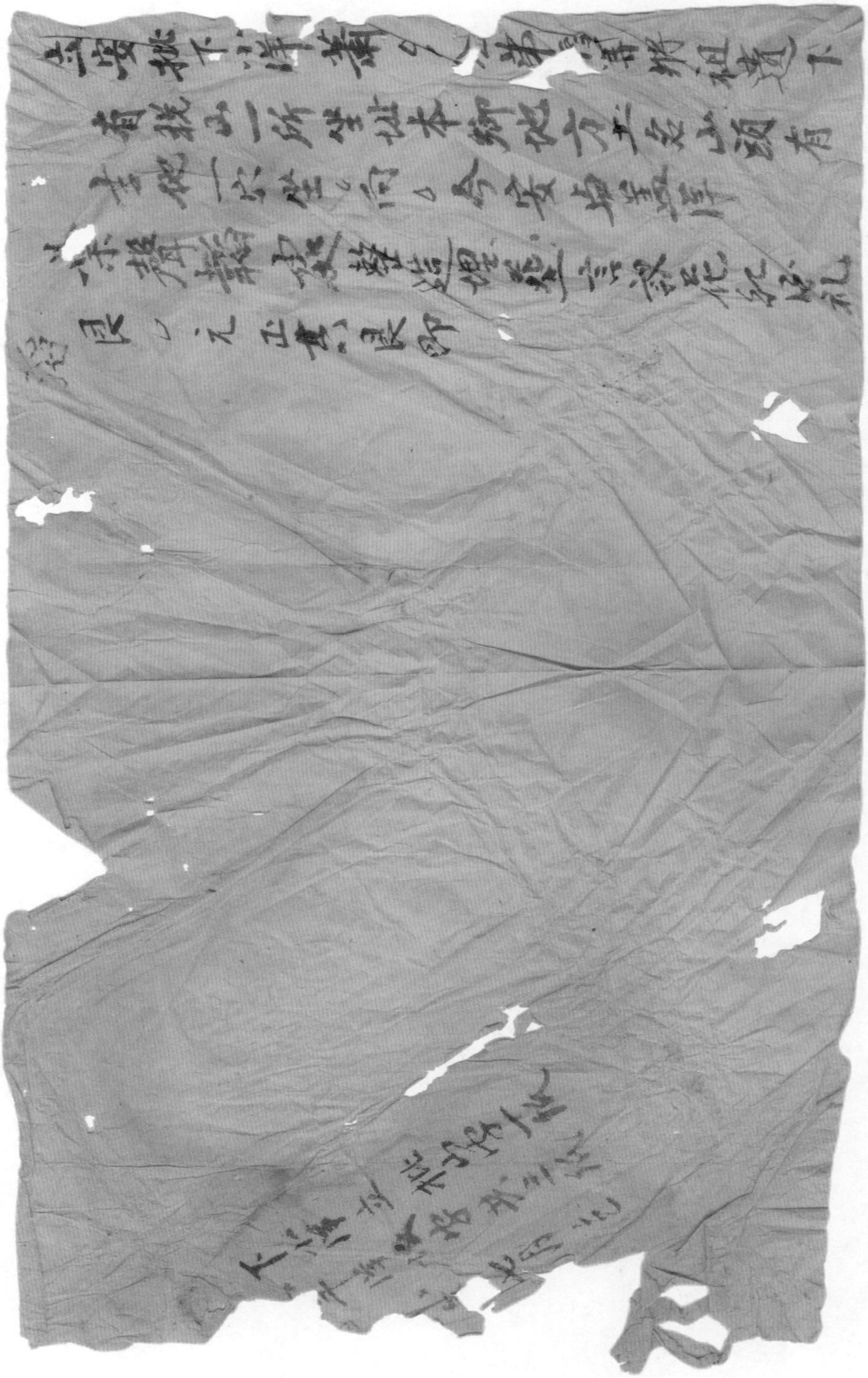

3-4-59-1　包契紙（草契）

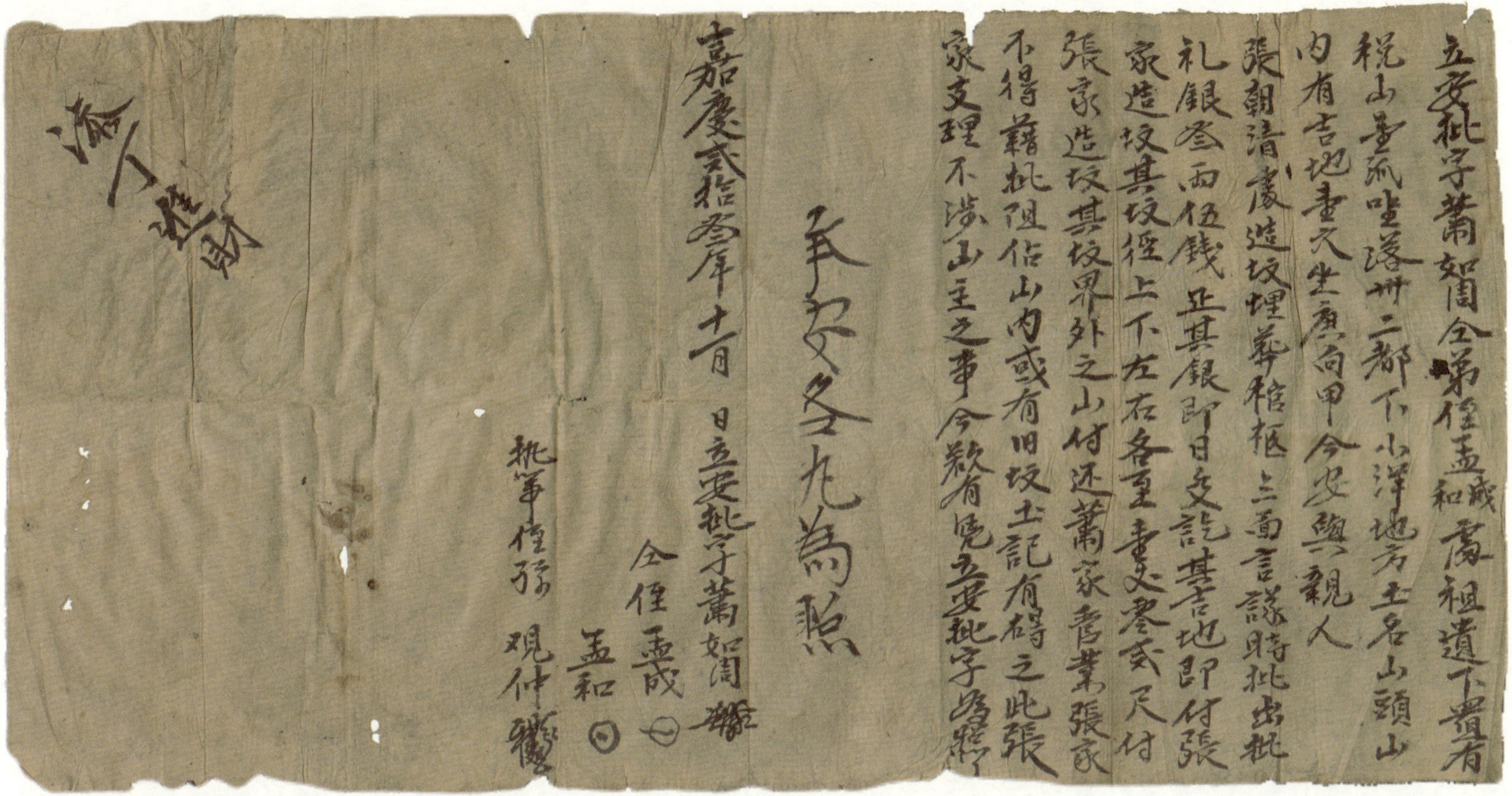

立安批字蕭如周仝弟侄孟和、孟成承祖遺下買有
税山壹所，坐落卅二都下小洋地方，土名山頭山
內有吉地壹穴，坐庚向甲。今安與親人
張朝清處造墳埋葬棺柩，三面言議，時批出批
礼銀叁兩伍錢正，其銀即日交訖，其吉地即付張
家造墳，其墳徑上下左右各至壹丈叁貳尺付
張家造墳，其墳界外之山付还蕭家管業，張家
不得藉批阻佔山內。或有旧墳土記有碍之，此張
家支理，不涉山主之事。今欲有凭，立安批字為照。

年安冬九為照

嘉慶貳拾叁年十一月　日立安批字蕭如周（押）
仝侄孟成（押）
孟和（押）
批筆侄孫　現仲（押）

添丁發貴

3-4-59-2　清嘉慶二十三年十一月蕭如周等立安批吉地字

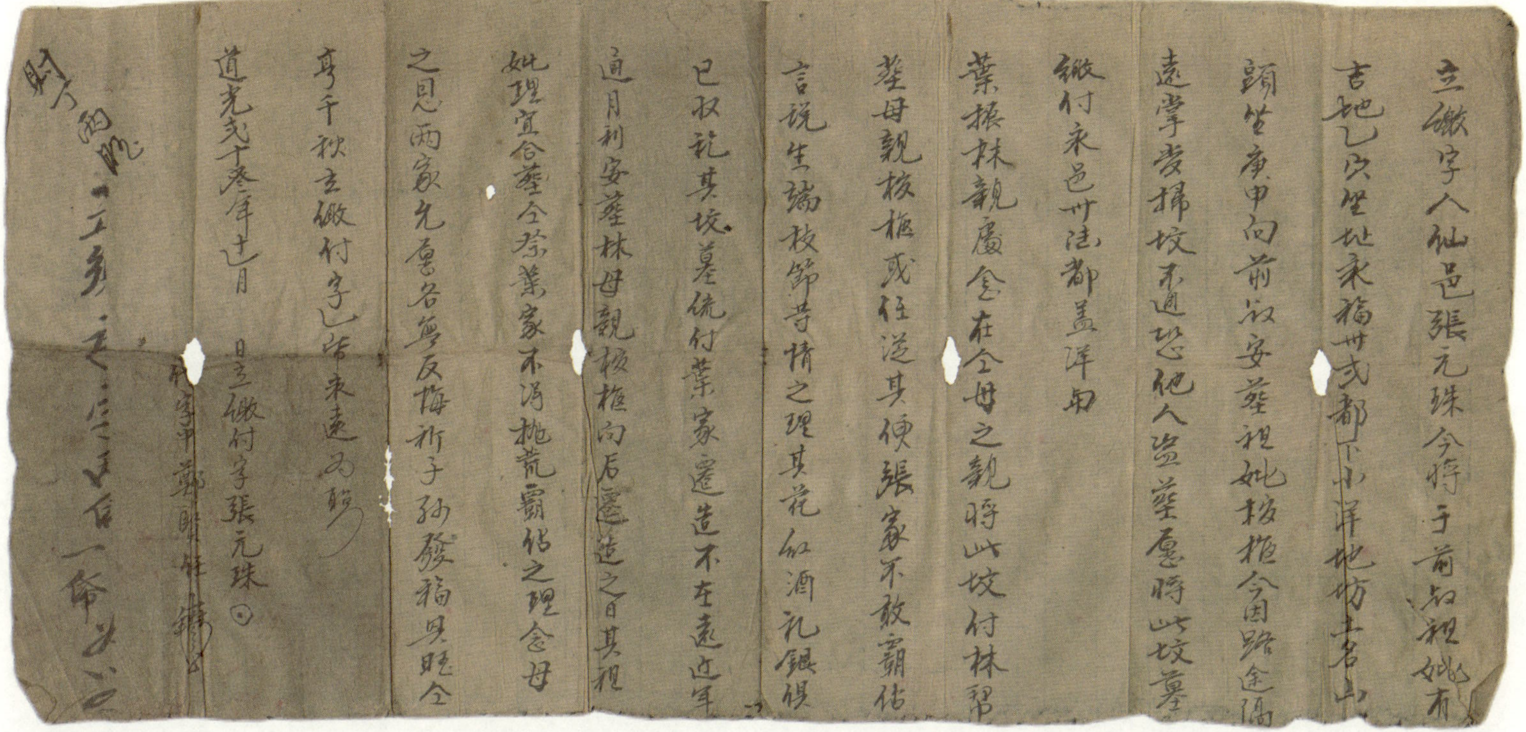

立繳字人仙邑張元珠今將于前有祖妣有
吉地乙穴坐址永福廿弍都下小洋地方土名山
頭坐庚甲向前叔安葬祖妣投柩今因路途隔
遠掌管掃墳不通恐他人盜葬應將此墳墓
繳付永邑廿法都蓋洋由
葉振林親處金在全母之親將此墳付林帮
葬母親柩柩或任從其便張家不敢霸佔
言說生端枝節等情之理其花紅酒礼銀俱
已収訖其墳墓係付葉家遷造不在遠近年
通月利安葬林母親柩柩向后遷造之日其祖
妣理宜合葬全餘葉家不得拋荒霸佔之理念母
之思兩家允意各無反悔祈子孫發福具照全
存千秋立繳付字乙紙永遠為照
道光弍十叁年十一月 日立繳付字張元珠

3-4-59-3 清道光二十三年十一月仙游張元珠立繳吉地字

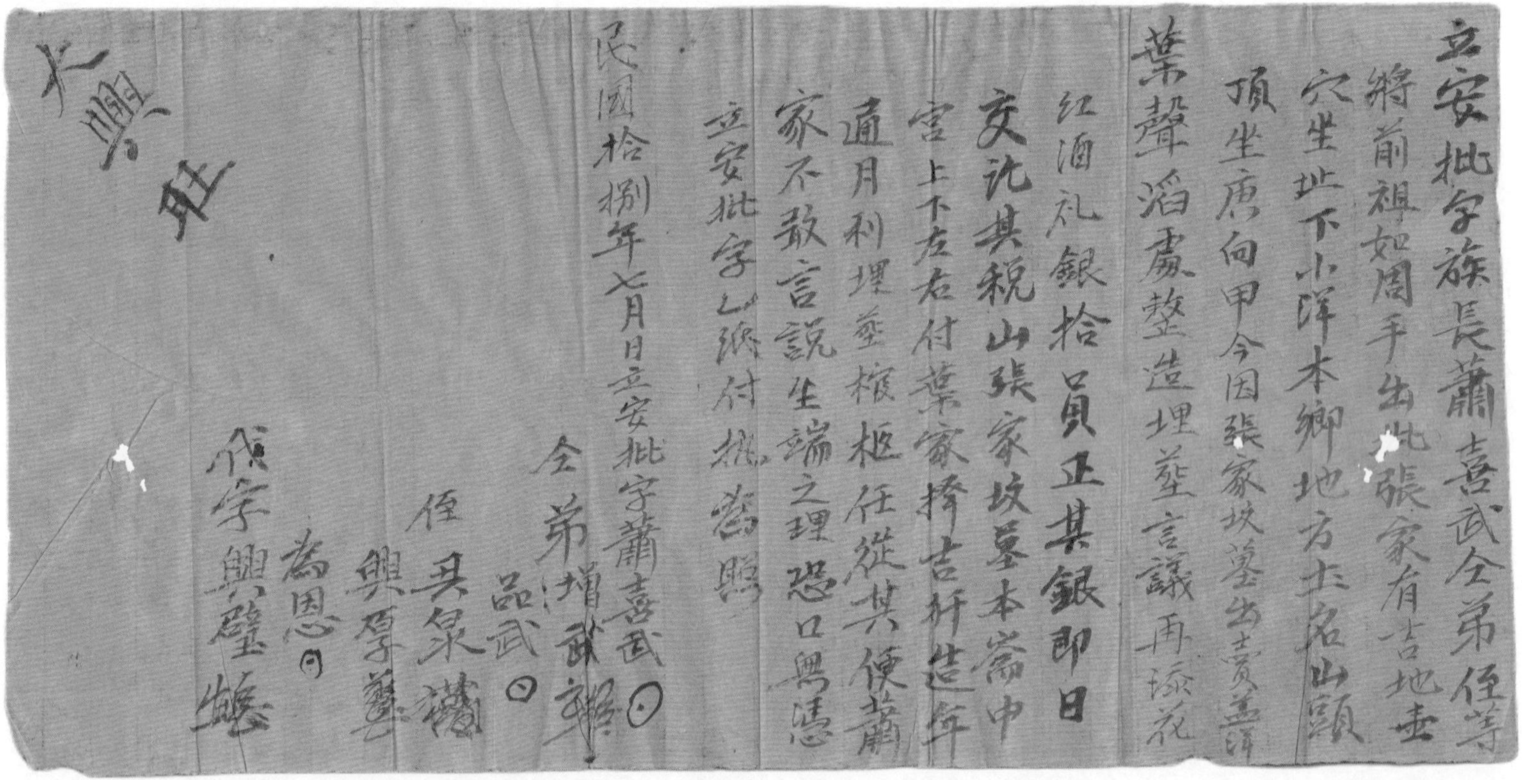
立安批字族長蕭喜武仝弟侄等
將前祖如周手出批張家有吉地壹
穴坐址下小洋本鄉地方土名山頭
頂坐庚向甲今因張家坟墓出賣葉洋
葉聲滔處整造埋塟言議再添花
紅酒礼銀拾員正其銀即日
交訖其稅山張家坟墓本窩中
宮上下左右付葉家擇吉扦造年
通月利埋塟棺柩任從其便蕭
家不敢言說生端之理恐口無憑
立安批字乙紙付執爲照
民國拾捌年七月日立安批字蕭喜武
仝弟增武
品武
侄其泉
興厚
爲恩
代字興璧
大興旺

3-4-59-4 民國十八年七月蕭喜武等立安批吉地字

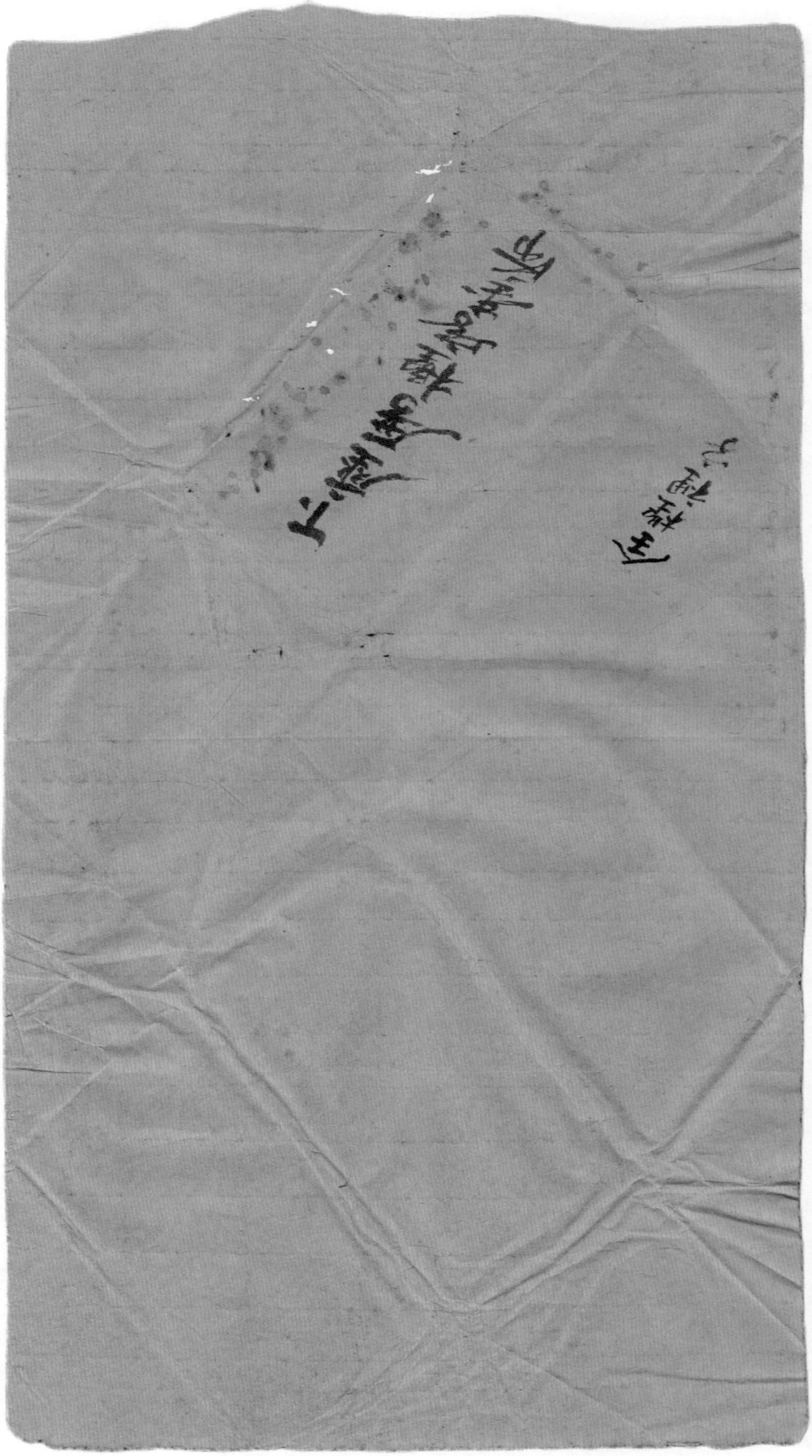

3-4-60-1　包契紙

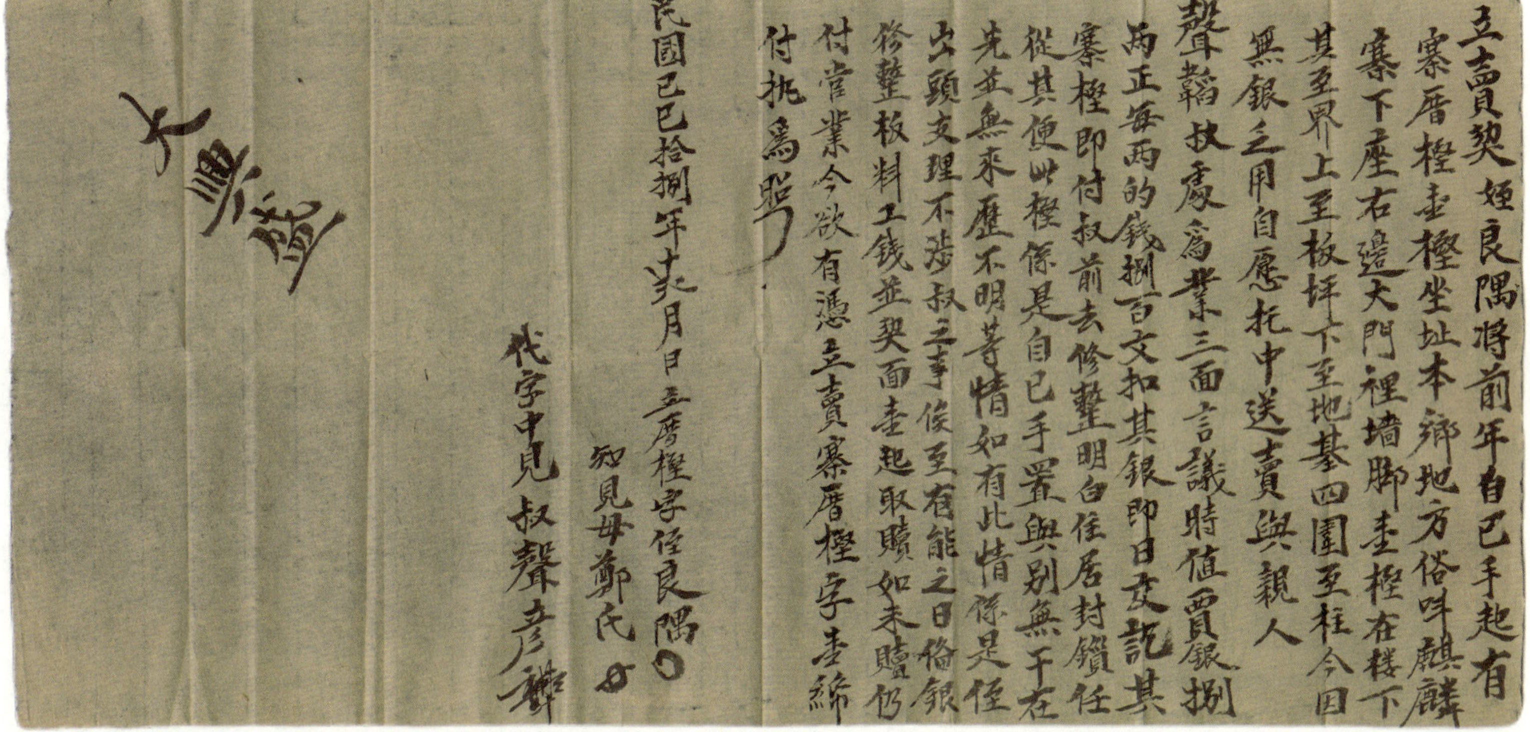

立賣契侄良隅將前年自己手起有
寨厝樫壹樫坐址本鄉地方俗呼麒麟
寨下座右邊大門裡墻腳壹樫在樓下
其至界上至板坪下至地基四圍至柱今因
無銀乏用自愿托中送賣與親人
聲翰叔處爲業三面言議時値價銀捌
兩正每兩的錢捌百文扣其銀即日交訖其
寨樫即付叔前去修整明白住居封鎖任
從其便此樫係是自己手置與別無干在
先並無來歷不明等情如有此情係是侄
出頭支理不涉叔之事候至有能之日備銀
修整板料工錢並契面壹起取贖如未贖仍
付管業今欲有憑立賣寨厝樫字壹紙
付執爲照。

民國己巳拾捌年十二月日 立賣厝樫字侄良隅（押）
知見母鄭氏（押）
代字中見叔聲彥（押）

大吉

3-4-60-2 民國十八年十二月葉良隅立賣寨厝樫契

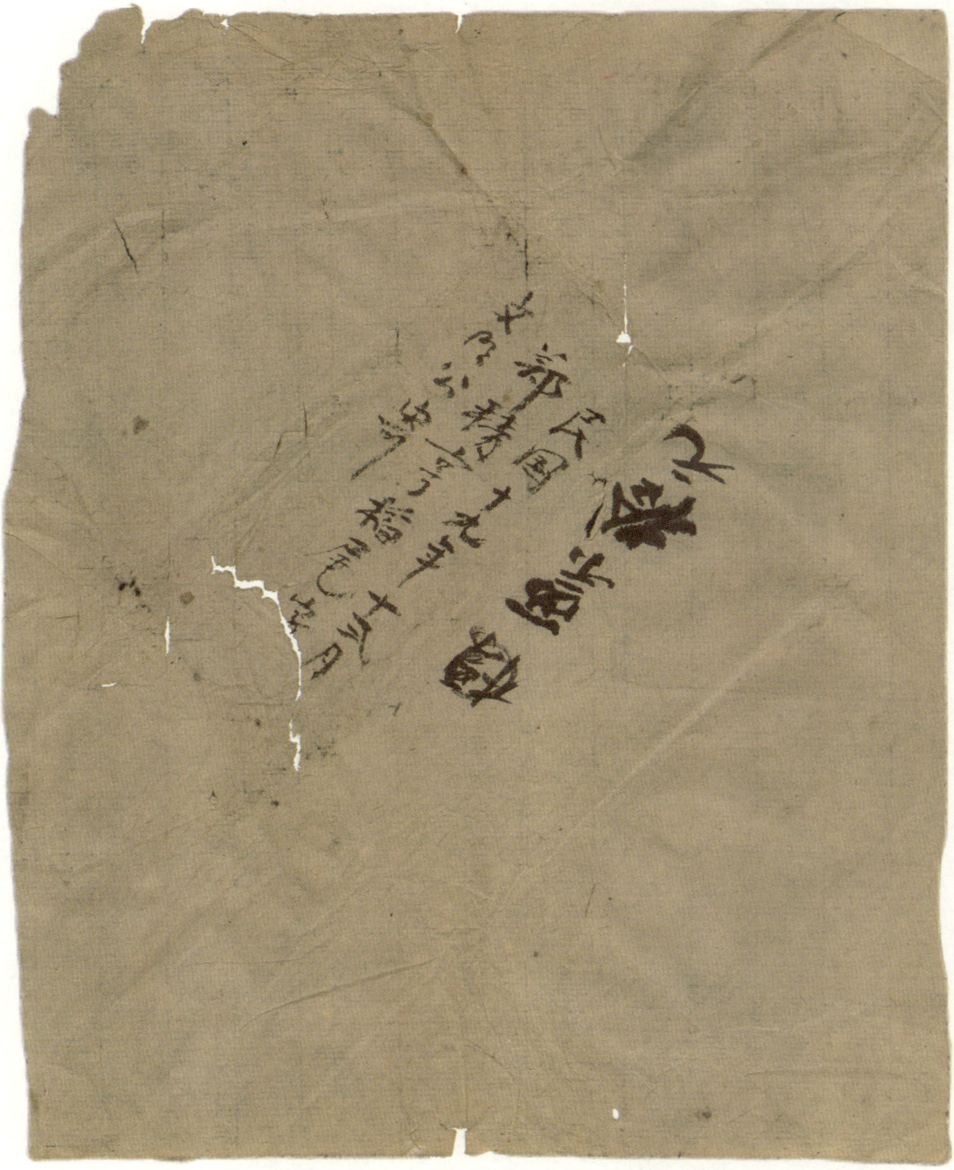

3-4-61-1　包契紙

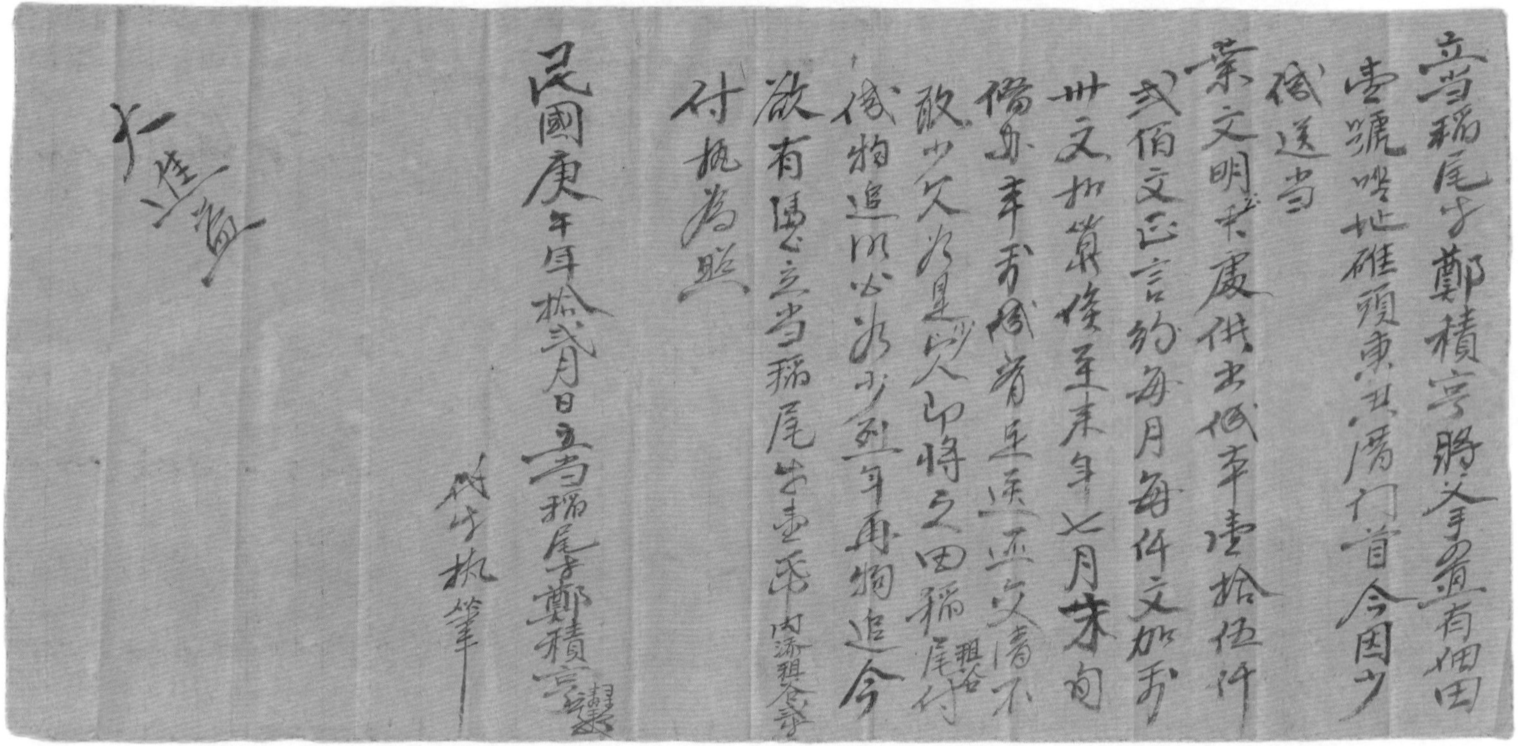
立當稻尾字鄭積亨將父手置有佃田
壹號坐址碓頭東邊門首今因少
錢送當
葉文明承處借出錢壹拾伍仟
貳佰文正言約每月每仟文加弍
卅文扣算候至來年七月來包
備本利錢省足送還文清不
敢少欠如是少欠即將之田稻尾租谷付
錢物追收必須少到年再物追今
欲有憑立當稻尾字壹紙內添租谷字
付執為照
民國庚午年拾弍月日立當稻尾字鄭積亨
代字執筆

3-4-61-2 民國十九年十二月鄭積亨立當稻尾字

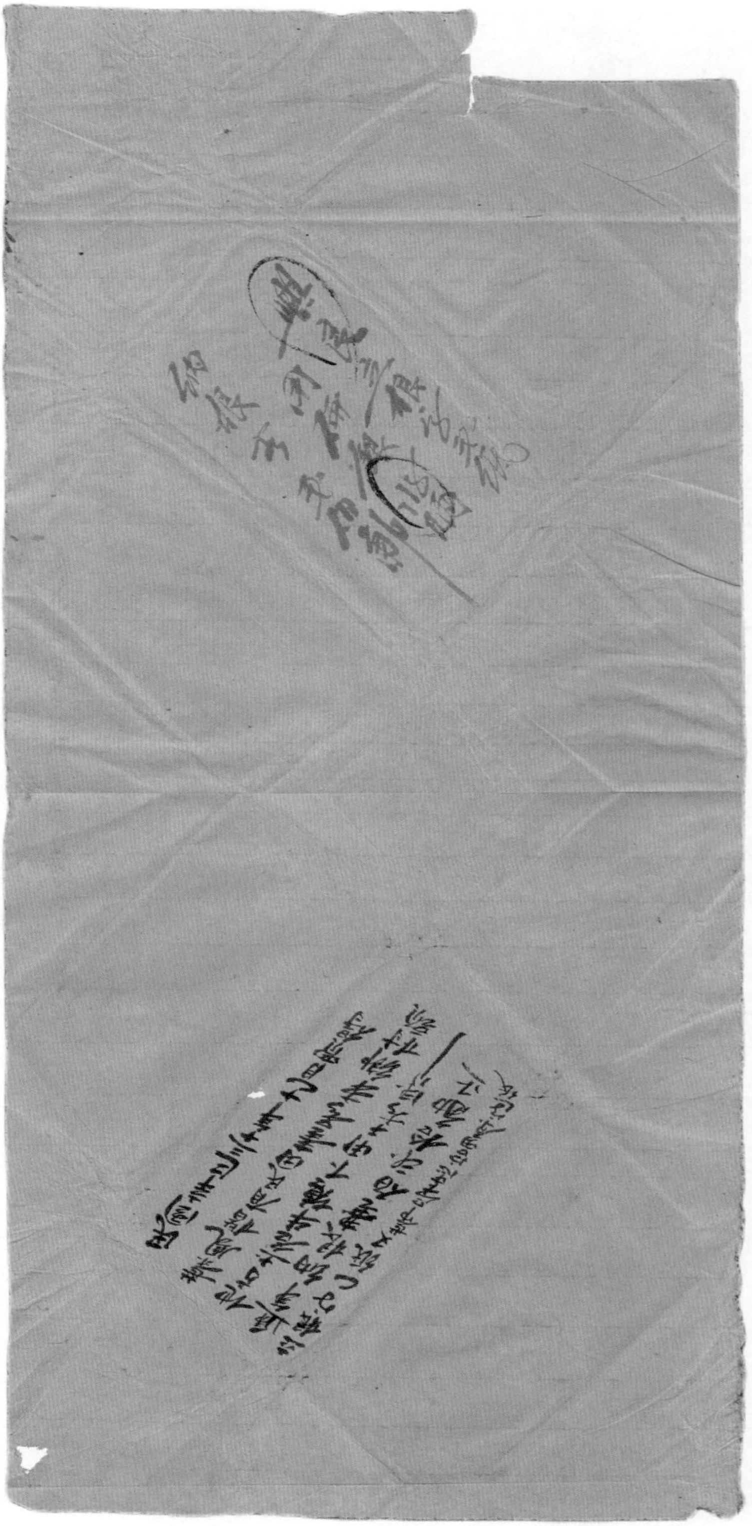

3-4-62-1　包契紙

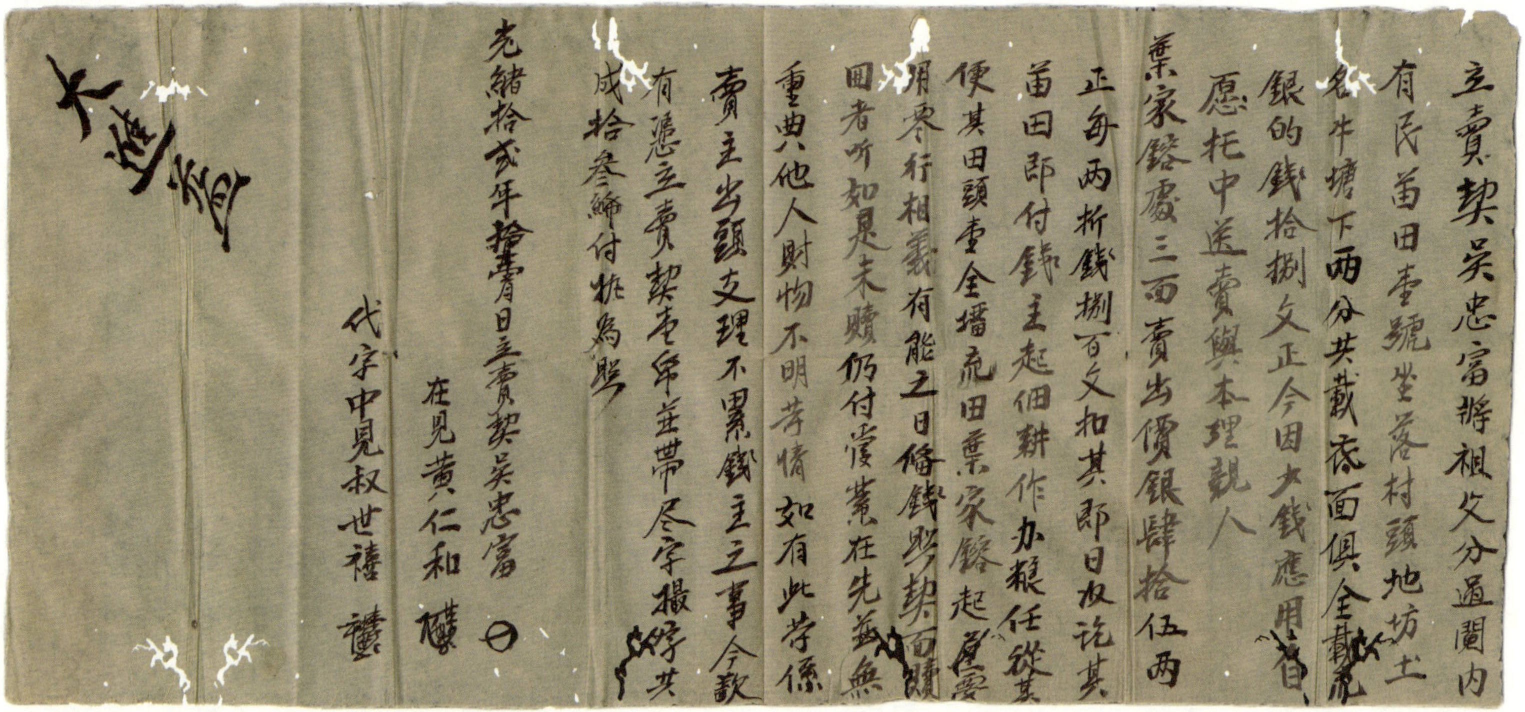
立賣契吳忠富將祖父分遁閬內
有民苗田壹號坐落村頭地坊土
名牛塘下兩分共載苗面俱全載民
銀的錢拾捌文正今因乏錢應用自
愿托中送賣與本里親人
葉家鎔處三面賣出價銀肆拾伍兩
正每兩折錢捌百文扣其即日收訖其
苗田即付錢主起佃耕作办粮任從其
便其田頭壹全播帍田葉家鎔起耕管
用不行相義有能之日備錢照契面贖
回者听如是未贖仍付管業在先並無
重典他人財物不明等情如有此等係
賣主出頭支理不累錢主之事今欲
有憑立賣契壹紙並帶尽字撮紙共
成拾叁紙付執為照
光緒拾貳年捨壹月日立賣契吳忠富
在見黃仁和
代字中見叔世禧
大進益

3-4-62-2　清光緒十二年十一月吳忠富立賣民苗田契

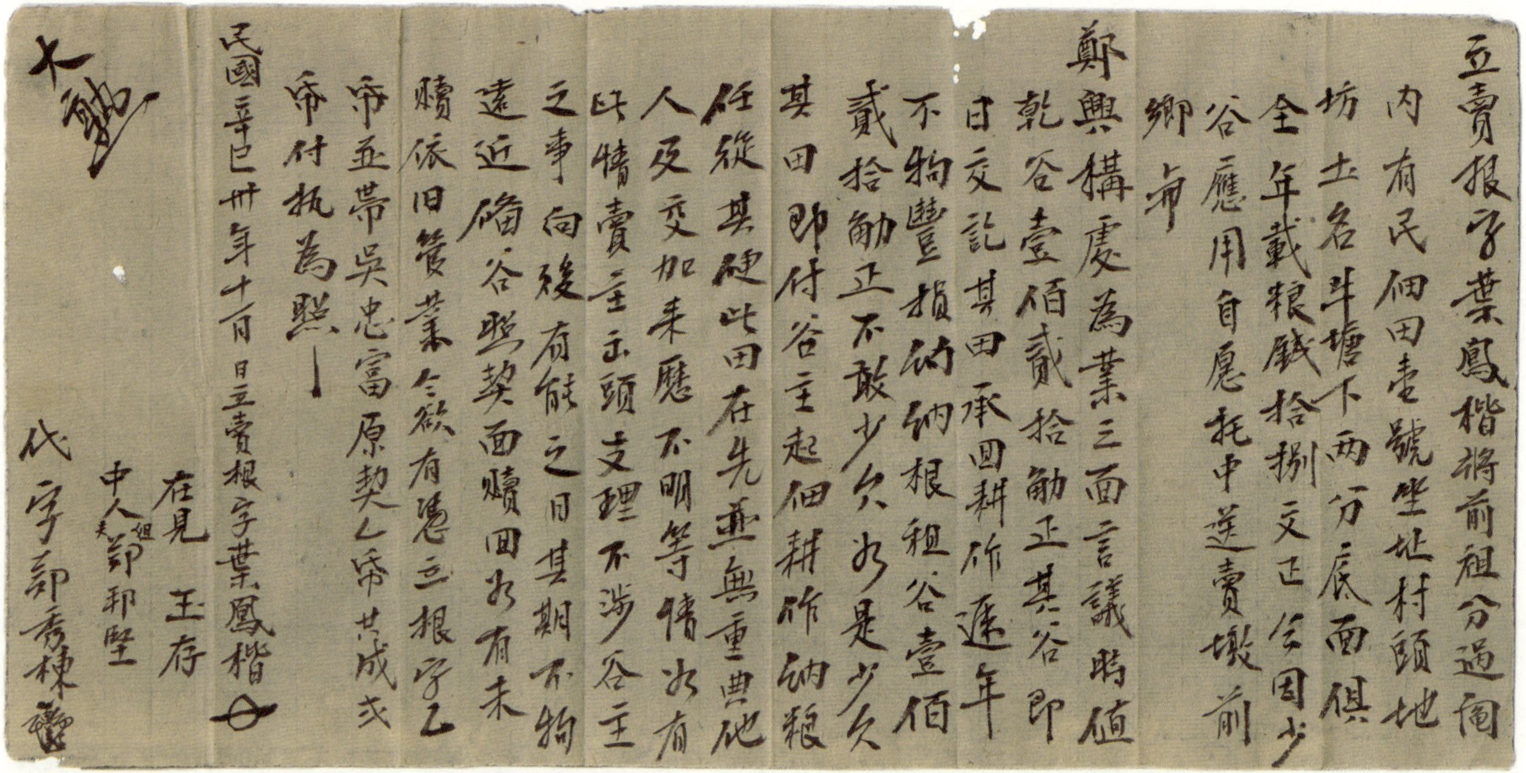
立賣根字葉鳳楷將前祖分過佃
内有民佃田壹號坐址村頭地
坊土名斗塘下丙分底面俱
全年載粮戥拾捌文正仝田少
谷應用自愿托中送賣墩前
鄉人
鄭興構處為業三面言議時值
乾谷壹佰貳拾觔正其谷即
日交訖其田承回耕作逐年
不拘豐歉納納根租谷壹佰
貳拾觔正不敢少欠如是少欠
其田即付谷主起佃耕作納粮
任從其便此田在先並無重典他
人及交加來歷不明等情如有
此情賣主出頭支理不涉谷主
之事向後有能之日其期不拘
遠近備谷照契面贖回如有未
贖依旧管業今欲有憑立根字乙
帋並帶吳忠富原契乙帋共成式
帋付執為照
民國辛巳卅年十月　日立賣根字葉鳳楷
在見　王存
中人　鄭邦壁
代字鄭秀棟
大吉

3-4-62-3　民國三十年十一月葉鳳楷立賣民佃田根字

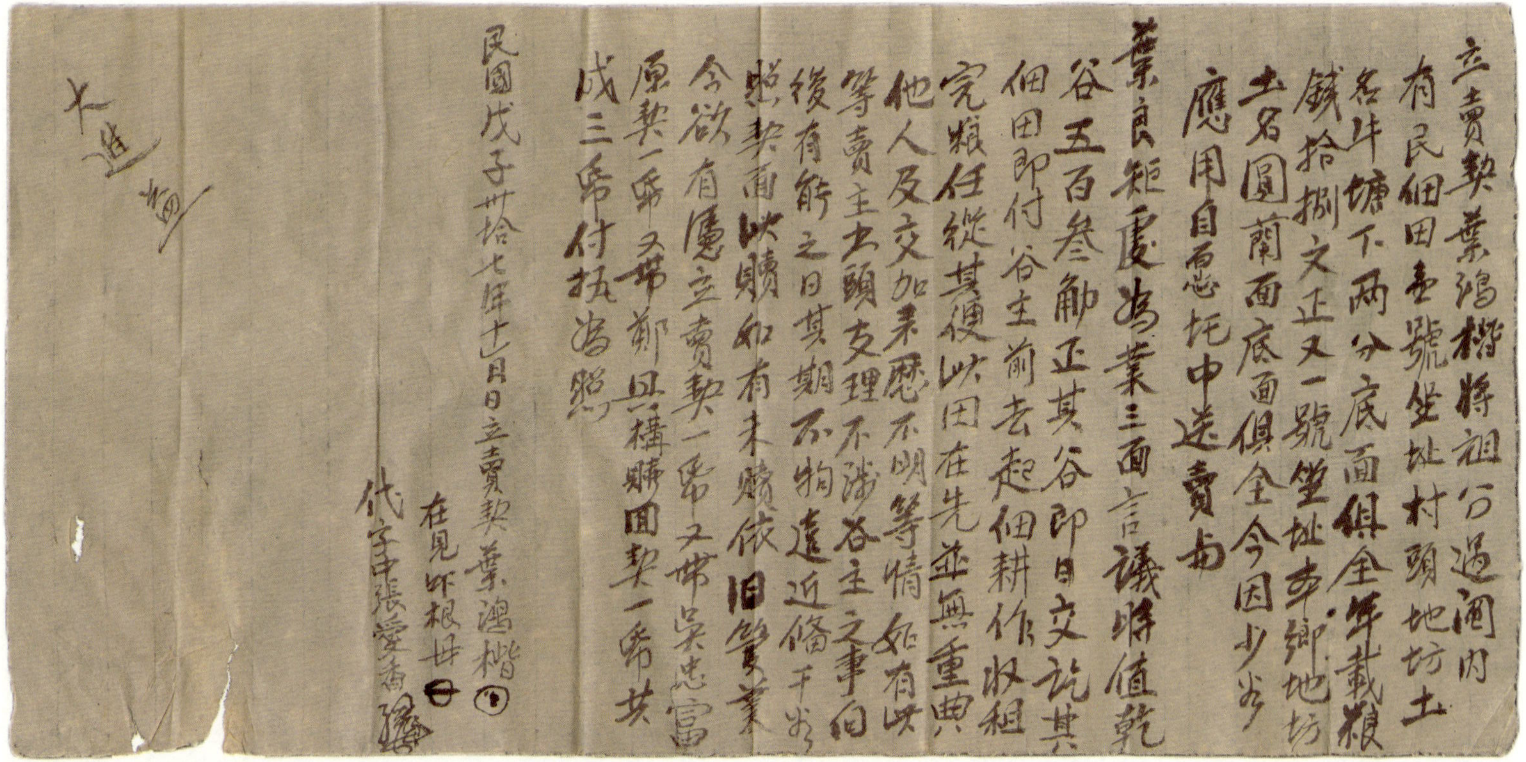

立賣契葉鴻楷將祖分遺闔內
有民佃田壹號坐址村頭地坊土
名牛塘下兩分底面俱全年載粮
錢拾捌文正又一號坐址本鄉地坊
土名圓蘭面底面俱全今因少乏
應用自愿托中送賣與
葉良钜處為業三面言議時值乾
谷五百叁觔正其谷即日交訖其
佃田即付谷主前去起佃耕作收租
完粮任從其便此田在先並無重典
他人及交加来歷不明等情如有此
等賣主出頭支理不涉谷主之事向
後有能之日其期不拘遠近備干米
照契面收贖如有未贖依旧管業
今欲有憑立賣契一帋又帶吳忠富
原契一帋又帶鄭丹構賺田契一帋共
成三帋付执為照

民國戊子卅拾七年十一月日立賣契葉鴻楷（押）
在見吓根母（押）
代字中張愛香（押）

大進 [illegible]

3-4-62-4　民國三十七年十一月葉鴻楷立賣民佃田契

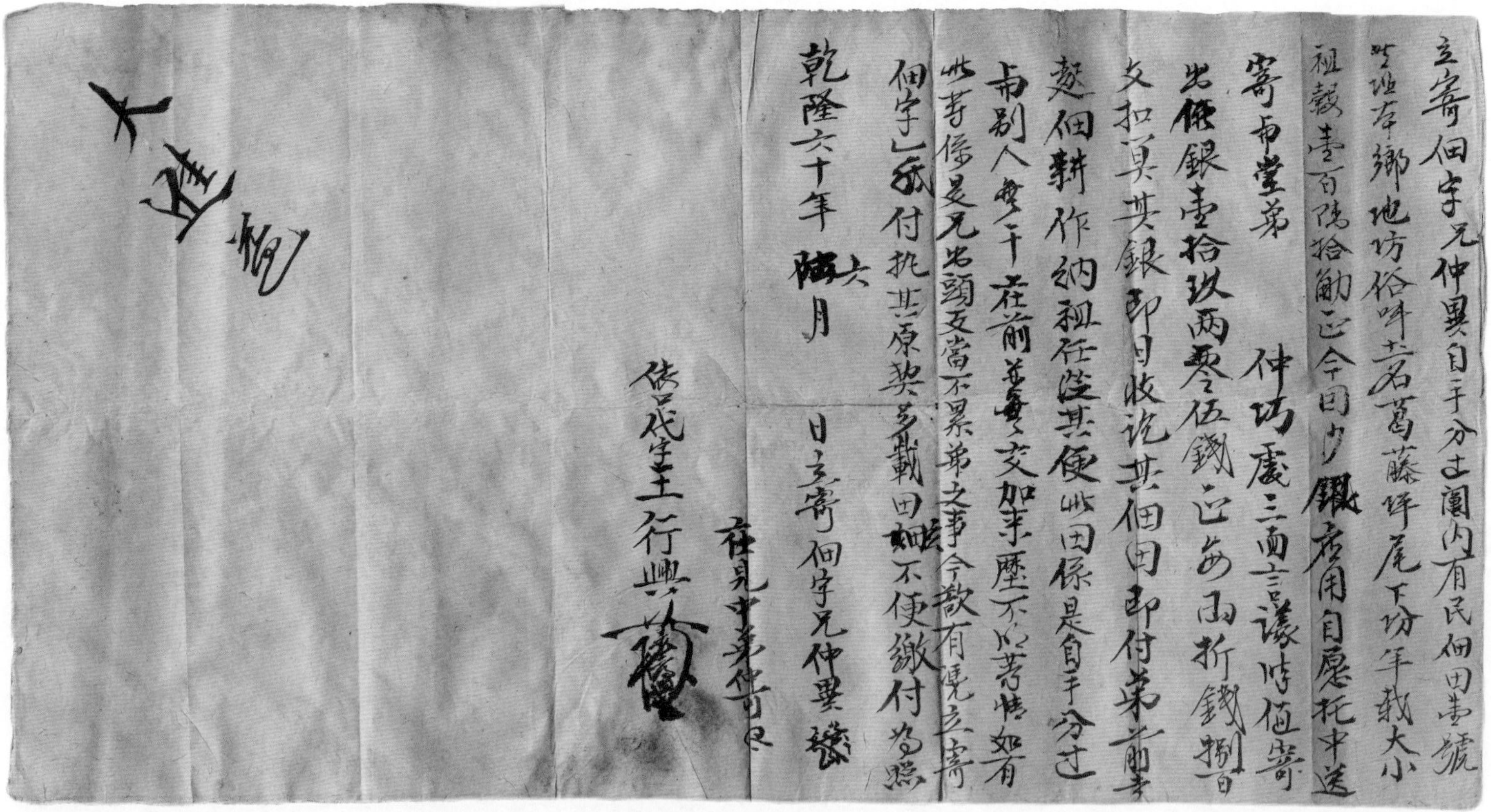
立寄佃字兄仲巽自手分土閬內有民佃田壹號
坐址本鄉地坊俗呼土名葛藤坪尾下坋年載大小
租穀壹百陸拾觔正今因乏銀應用自愿托中送
寄本堂弟　仲坊處三面言議時值寄
出價銀壹拾玖兩零伍錢正每兩折錢捌佰
文扣算其銀即日收訖其佃田即付弟前去
起佃耕作納租任從其便此田係是自手分过
本別人無干在前並無交加來歷不明等情如有
此等係是兄出頭支當不累弟之事今欲有憑立寄
佃字一紙付執並原契多載田畝不便繳付為照
乾隆六十年陸月　日立寄佃字兄仲巽
在見中弟仲奇
依口代字王行興
大吉利

3-4-63-1　清乾隆六十年六月葉仲巽立寄民佃田字

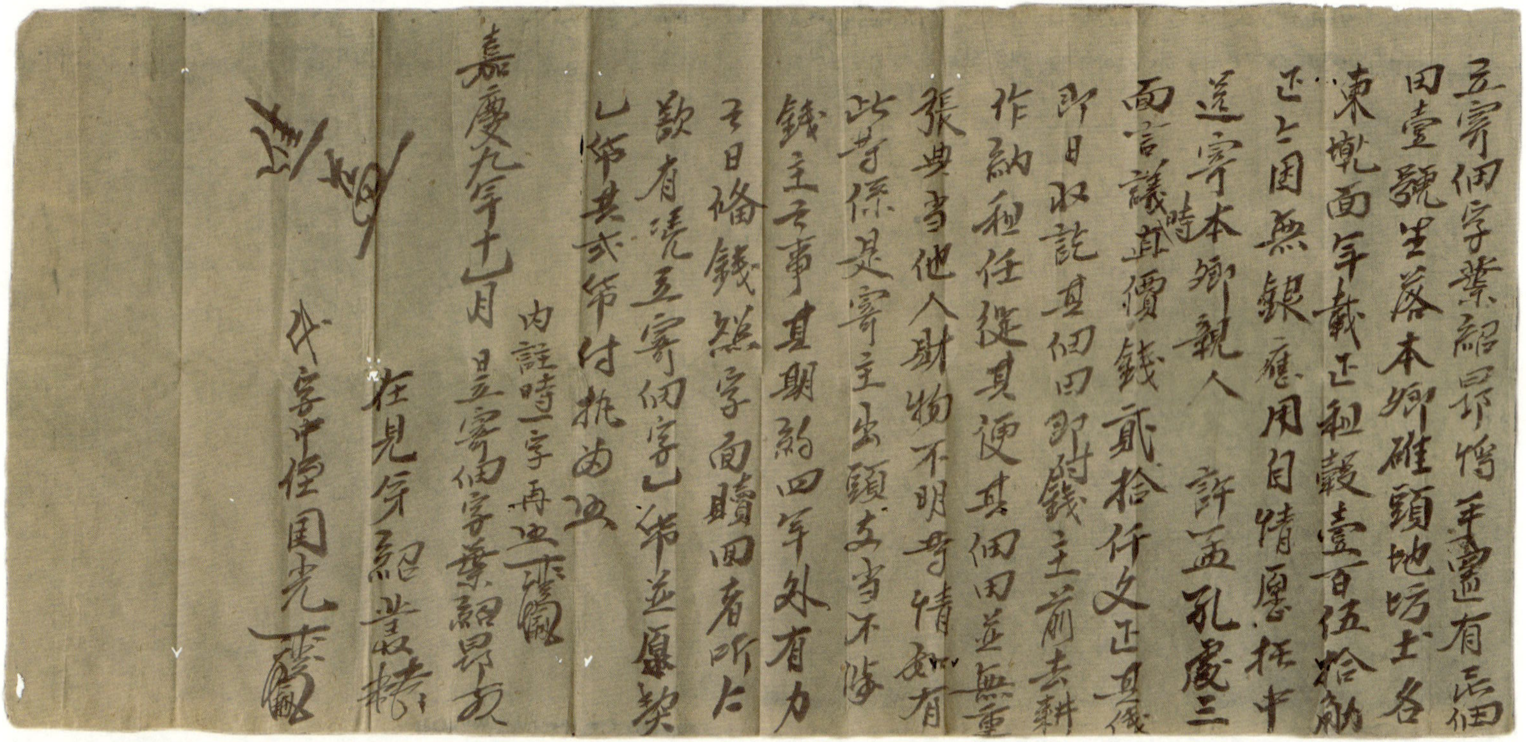
立寄佃字葉紹昂仔侄手置有民佃
田壹號坐落本鄉碓頭地坊土名
東墘面年載正租穀壹百伍拾觔
正。上因無銀應用，自情愿托中
送寄本鄉親人許孟孔處，三
面言議時值價錢貳拾仟文正。其錢
即日收訖，其佃田即付錢主前去耕
作納租，任從其便。其佃田並無重
張典當他人財物不明等情，如有
此等，係是寄主出頭支當，不涉
錢主之事。其期約四年外，有力
之日備錢照字面贖回，者听亡
歉。有憑立寄佃字一紙並原契
一紙，共弍紙付執為照。
內註時一字再照（押）
嘉慶九年十一月　日立寄佃字葉紹昂（押）
在見侄紹叢（押）
代字中侄國光（押）

3-4-63-2　清嘉慶九年十一月葉紹昂立寄民佃田字

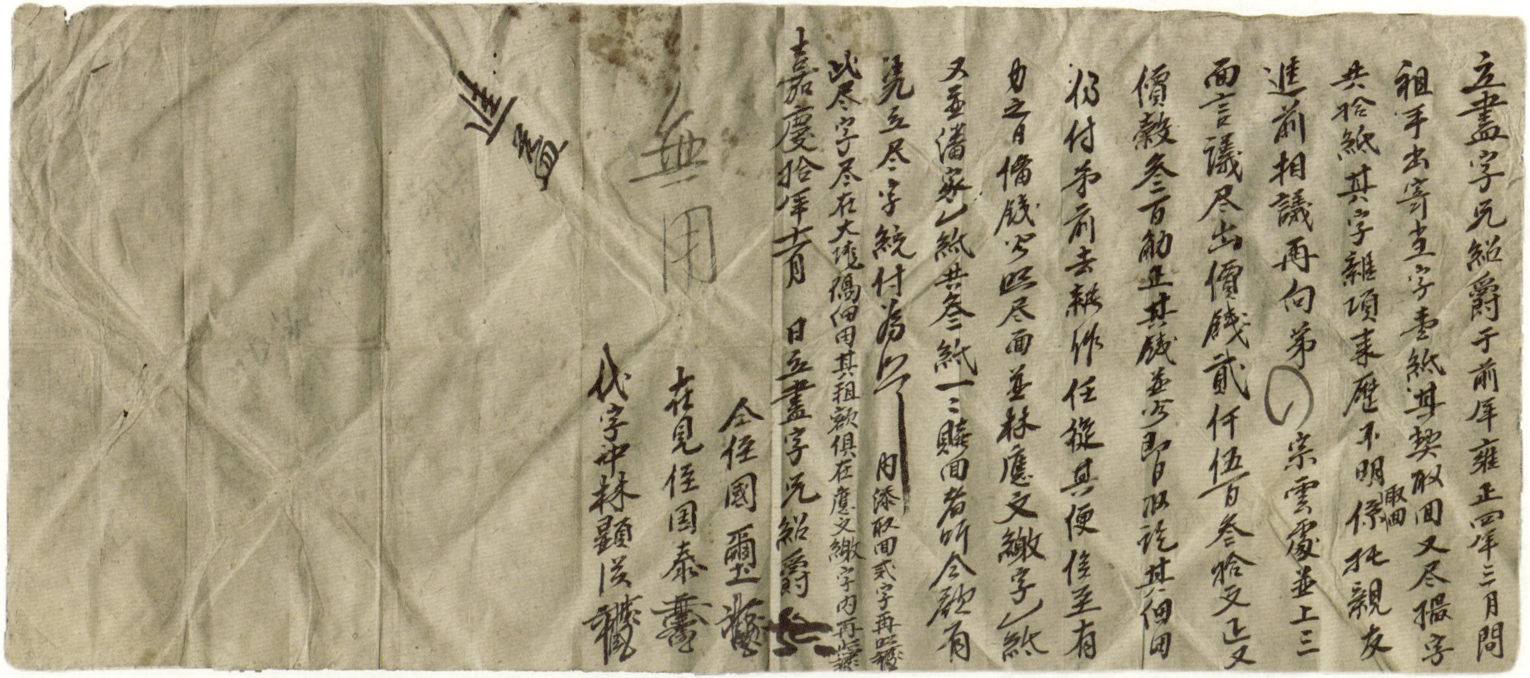

3-4-63-3 清嘉慶十年十一月葉紹爵立盡佃田契（廢契）

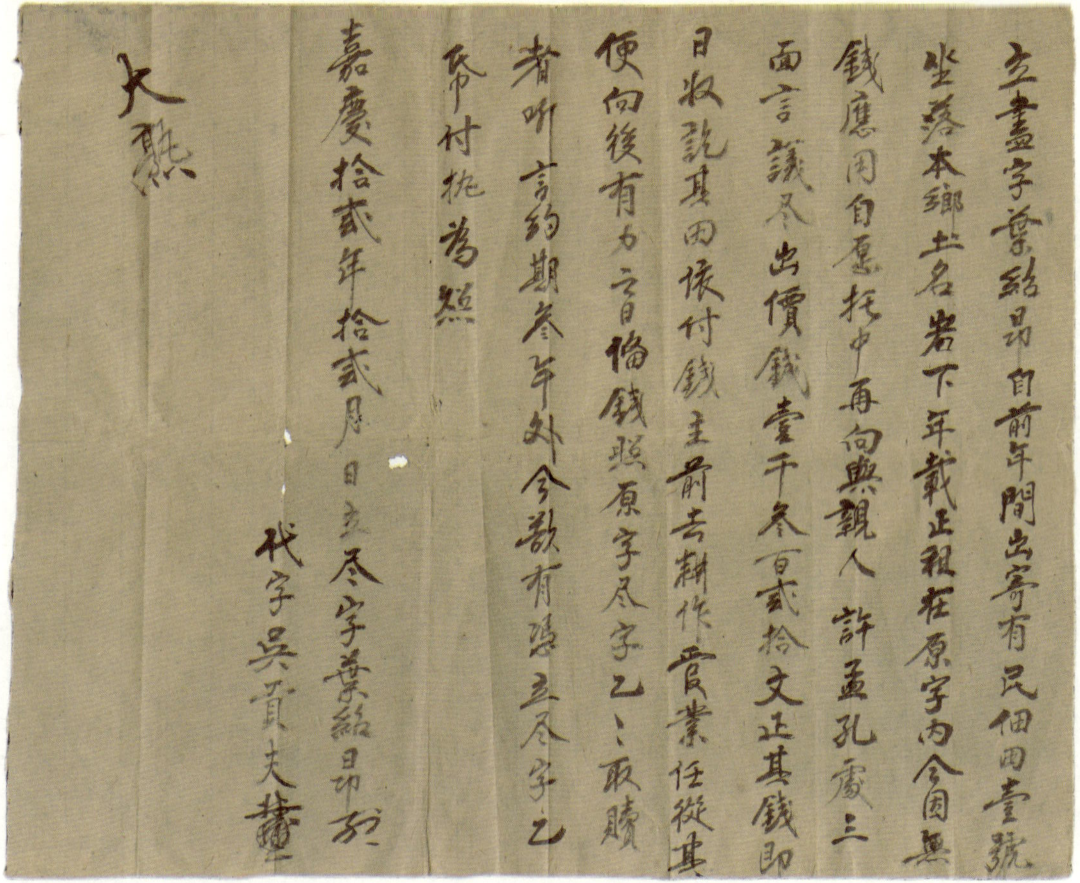
立盡字葉紹昂，自前年間出寄有民佃田壹號，坐落本鄉土名岩下，年載正租在原字內，今因無錢應用，自愿托中再向與親人許孟孔處，三面言議，盡出價錢壹千叁百貳拾文正，其錢即日收訖，其田依付錢主前去耕作，管業任從其便，向後有力之日，備錢照原字盡字一一取贖，者听言約期叁年外，今欲有憑，立盡字一紙付執為照。

嘉慶拾貳年拾貳月　日立盡字葉紹昂（押）

代字吳貢夫（押）

大熙

3-4-63-4　清嘉慶十二年十二月葉紹昂立盡民佃田契

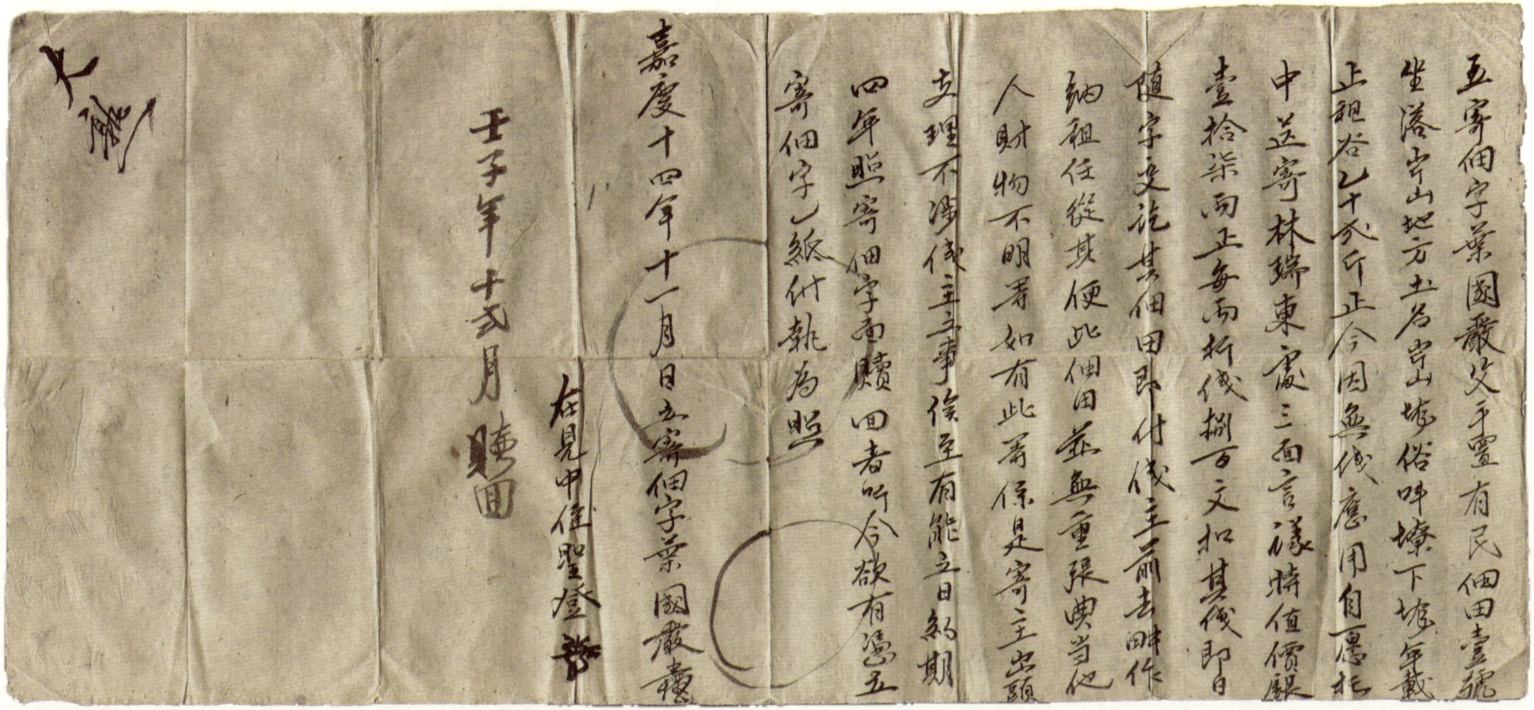

3-4-63-5　清嘉慶十四年十一月葉國嚴立寄民佃田字（廢契）

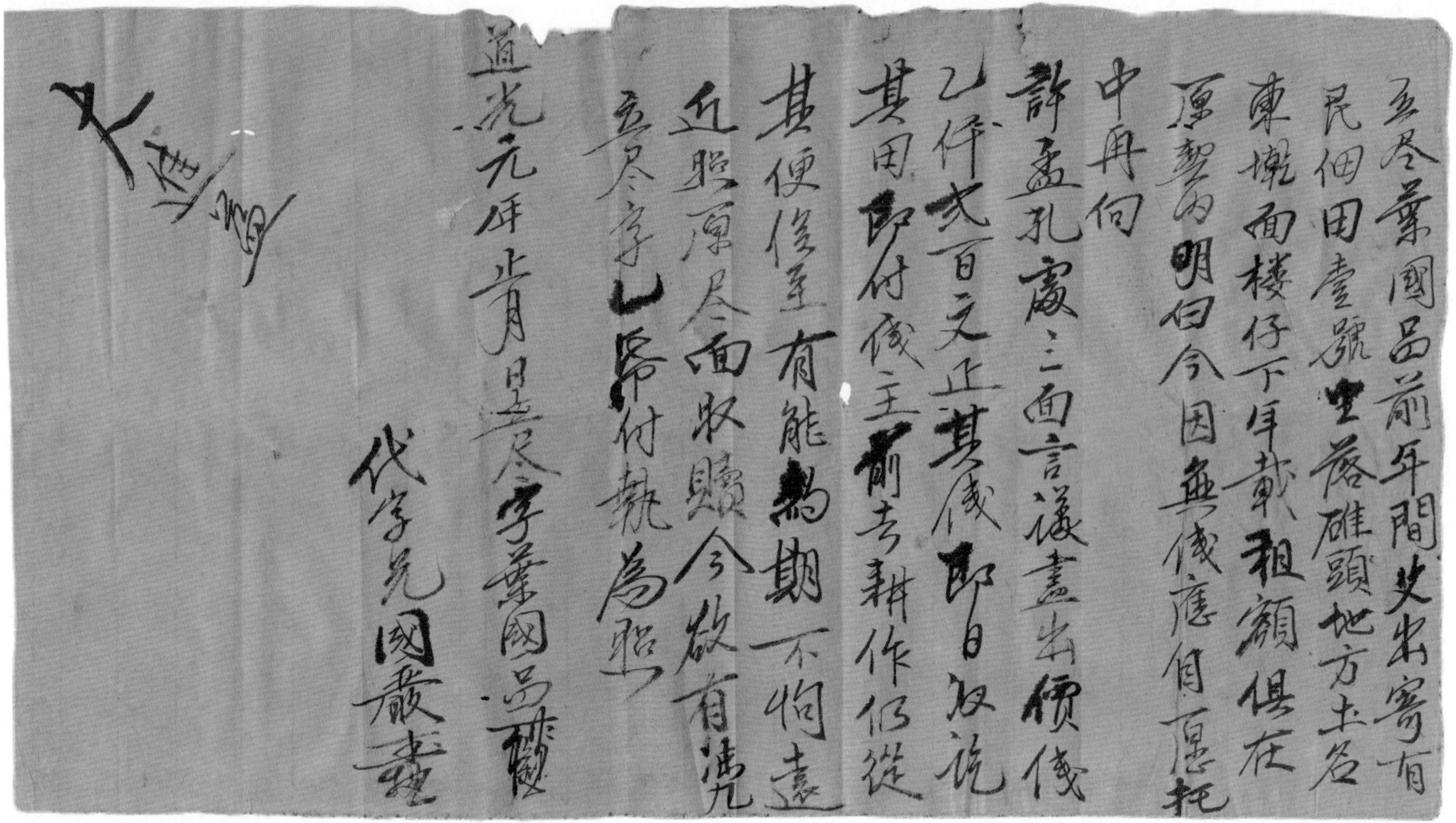

立盡葉國品前年間父出賣有
民佃田壹號坐落碓頭地方土名
東墘面樓仔下年載租額俱在
原契內明白今因無錢應用自愿托
中再向
許孟孔處三面言議盡出價錢
乙仟弍百文正其錢即日收訖
其田即付錢主前去耕作佃從
其便僅至有能為期不拘遠
近照原盡面收贖今欲有憑
立盡字乙紙付執為照
道光元年正月　日立盡字葉國品
代字兄國嚴

3-4-63-6　清道光元年正月葉國品立盡民佃田字

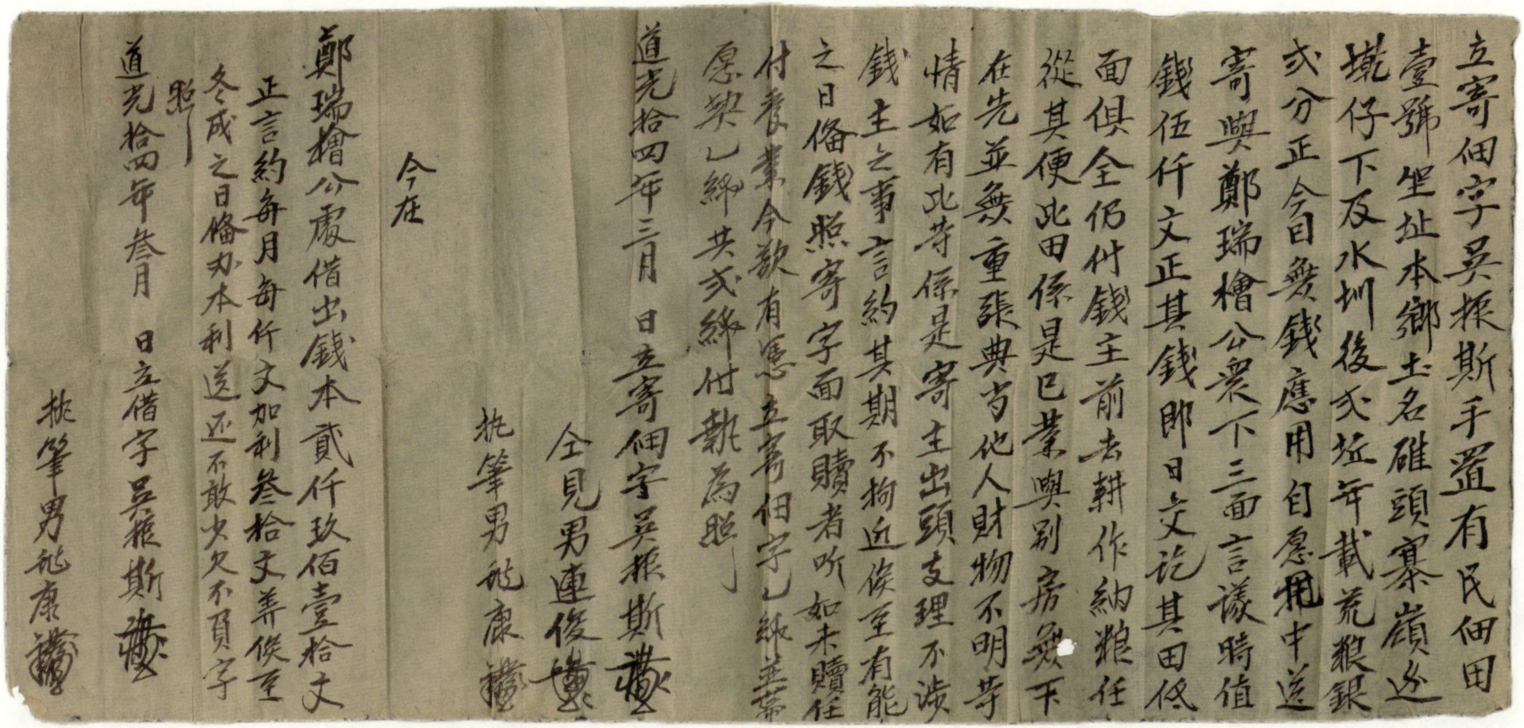
立寄佃字吳振斯手置有民佃田
壹號坐址本鄉土名碓頭寨嶺邊
墘仔下及水圳後弍坵年載荒粮銀
弍分正今因無錢應用自愿托中送
寄與鄭瑞檜公衆下三面言議時值
錢伍仟文正其錢即日交訖其田係
面俱全仍付錢主前去耕作納粮任
從其便此田係是已業與別房無干
在先並無重張典當他人財物不明等
情如有此等係是寄主出頭支理不涉
錢主之事言約其期不拘近後至有能
之日備錢照寄字面取贖者听如未贖任
付耕業今欲有憑立寄佃字一紙並帶
原契一紙共弍紙付執為照
道光拾四年三月　日立寄佃字吳振斯
仝見男連俊
执筆男能康
今在
鄭瑞檜公處借出錢本貳仟玖佰壹拾文
正言約每月每仟文加利叁拾文其錢至
冬成之日備办本利送还不敢少欠不負字
照
道光拾四年叁月　日立借字吳振斯
执筆男能康

3-4-63-7　清道光十四年三月吳振斯立寄民佃田字

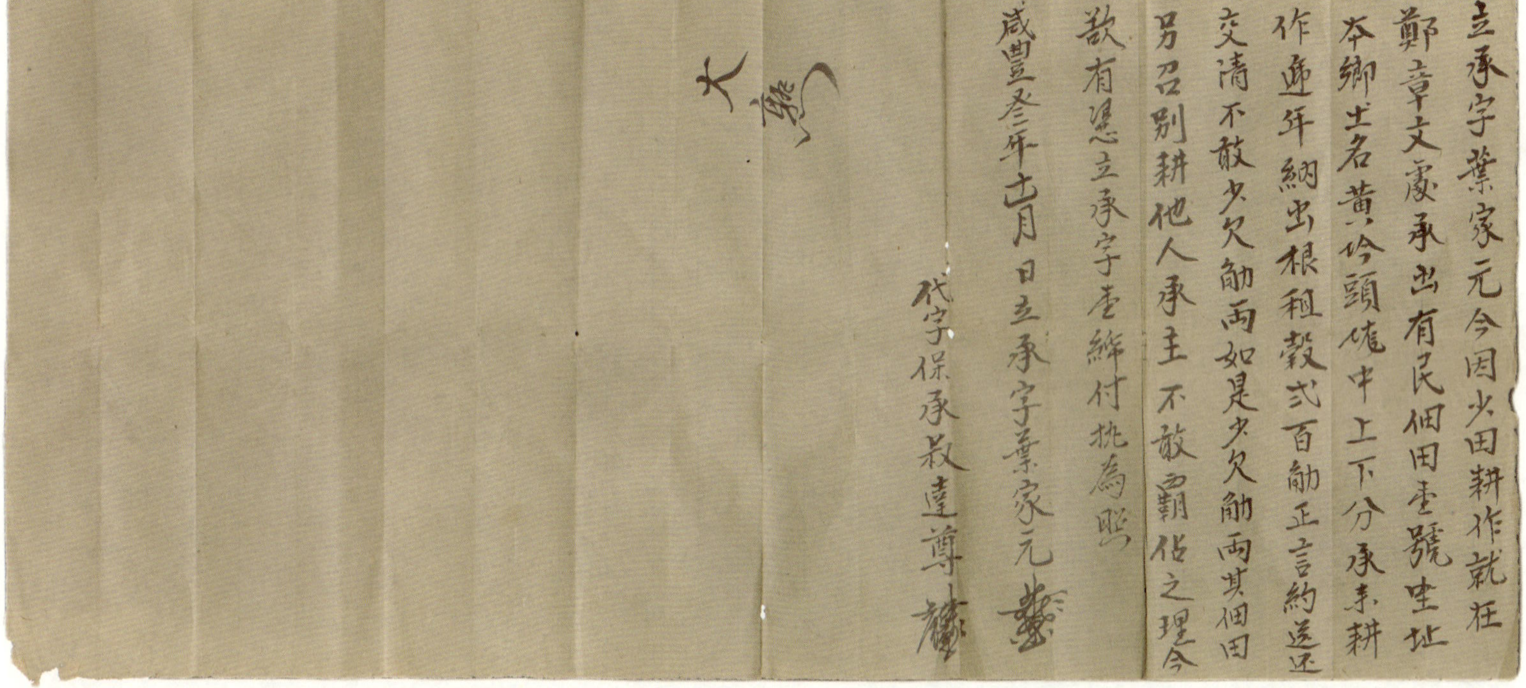
立承字葉家元今因少田耕作就在
鄭章文處承出有民佃田壹號坐址
本鄉土名黃坽頭倦中上下分承耒耕
作遞年納出根租穀弍百觔正言約送还
交清不敢少欠觔両如是少欠觔両其佃田
另召别耕他人承主不敢霸佔之理今
欲有憑立承字壹紙付批為照
咸豐叁年十一月 日立承字葉家元（押）
代字保承叔達尊（押）
大發

3-4-63-8 清咸豐三年十一月葉家元立承民佃田字

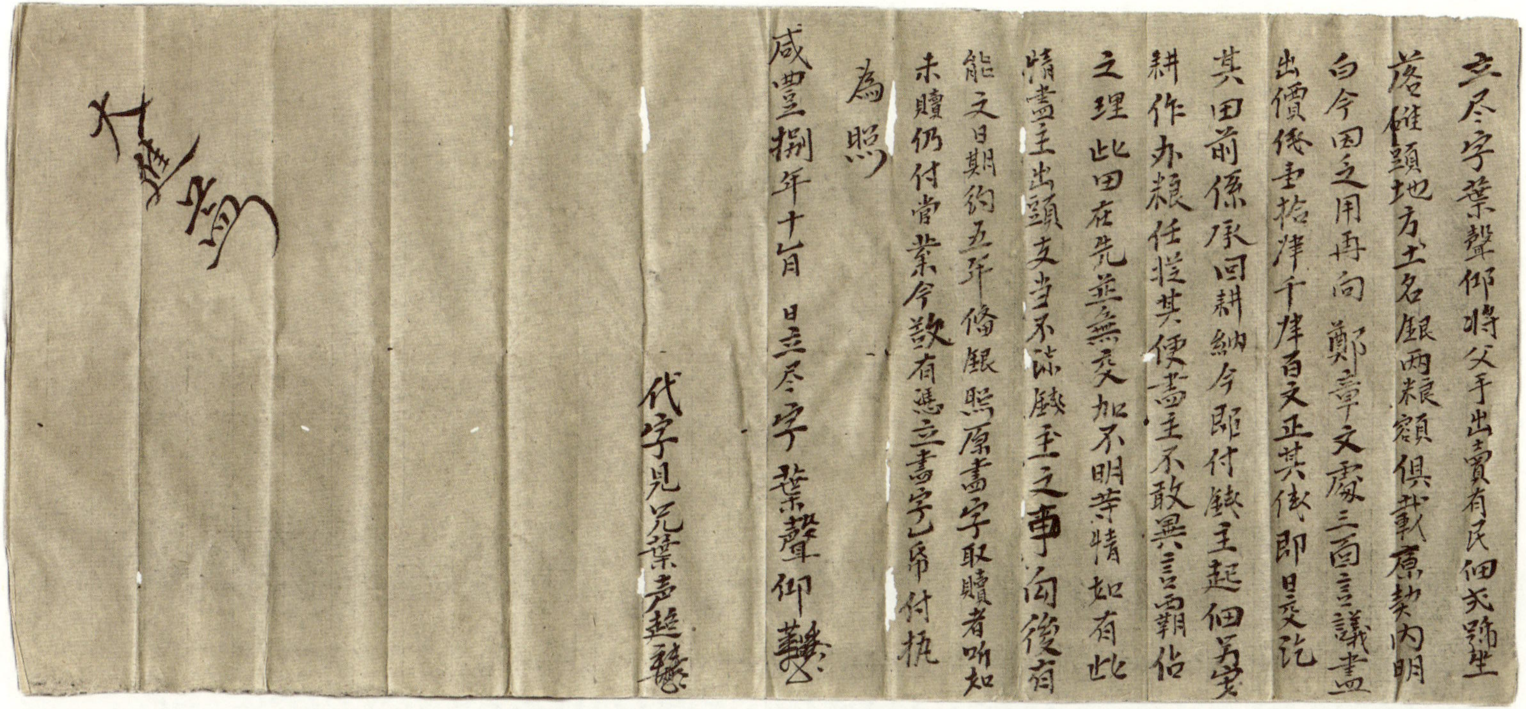

立尽字葉聲仰將父手出賣有民佃一號坐
落碓頭地方土名銀兩粮額俱載原契內明
白今因乏用再向鄭章文處三面言議盡
出價錢壹拾肆千肆百文正其錢即日交訖
其田前係承回耕納今即付錢主起佃另召
耕作办粮任從其便盡主不敢異言霸佔
之理此田在先並無交加不明等情如有此
情盡主出頭支当不涉錢主之事向後有
能之日期約五年備銀照原盡字取贖者听知
未贖仍付當業今欲有憑立盡字一帋付執
為照
咸豐捌年十一月　日立尽字　葉聲仰（押）
代字見兄葉声起（押）
大吉昌

3-4-63-9　清咸豐八年十一月葉聲仰立盡民佃字

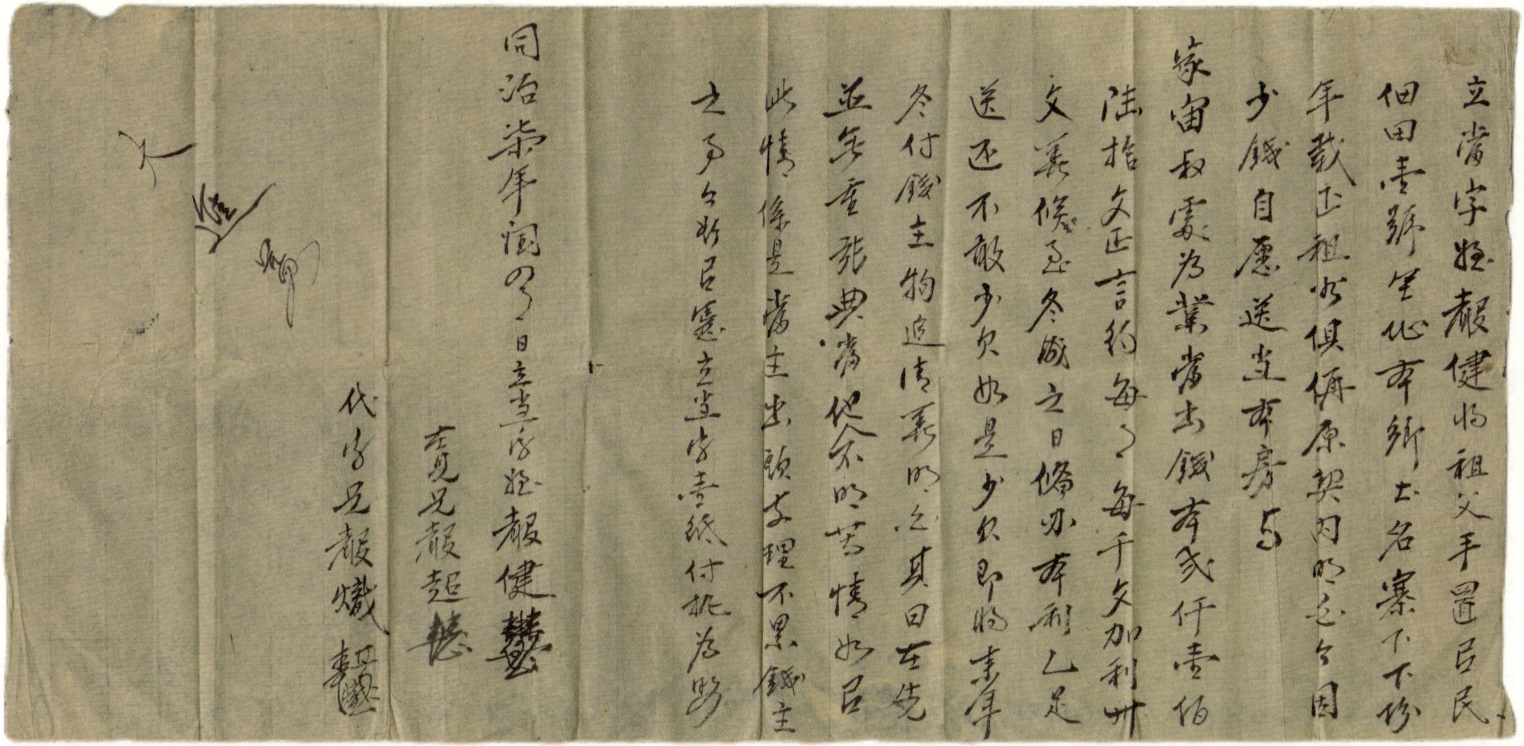
立當字葉聲健將祖父手置民
佃田壹號，坐址本鄉土名寨下下坊，
年載正租水俱係原契內明。今因
少錢，自愿送出本房5
家宙叔處為業，當出錢本弍仟壹佰
文，指文正，言約每々每千文加利卅
文，義倓至冬成之日，備办本利乙足
送還，不敢少欠，如是少欠，即將其本年
冬付錢主物追清，兩明之。其田在先
並無重張典當他人明等情，如已
此情，係是當主出頭支理，不累錢主
之事。今欲有憑，立出當字壹紙，付執為照。

同治柒年閏四月 日立當字葉聲健（押）
見兄葉聲超（押）
代字兄葉聲熾（押）
大進

3-4-63-10 清同治七年閏四月葉聲健立當民佃田字

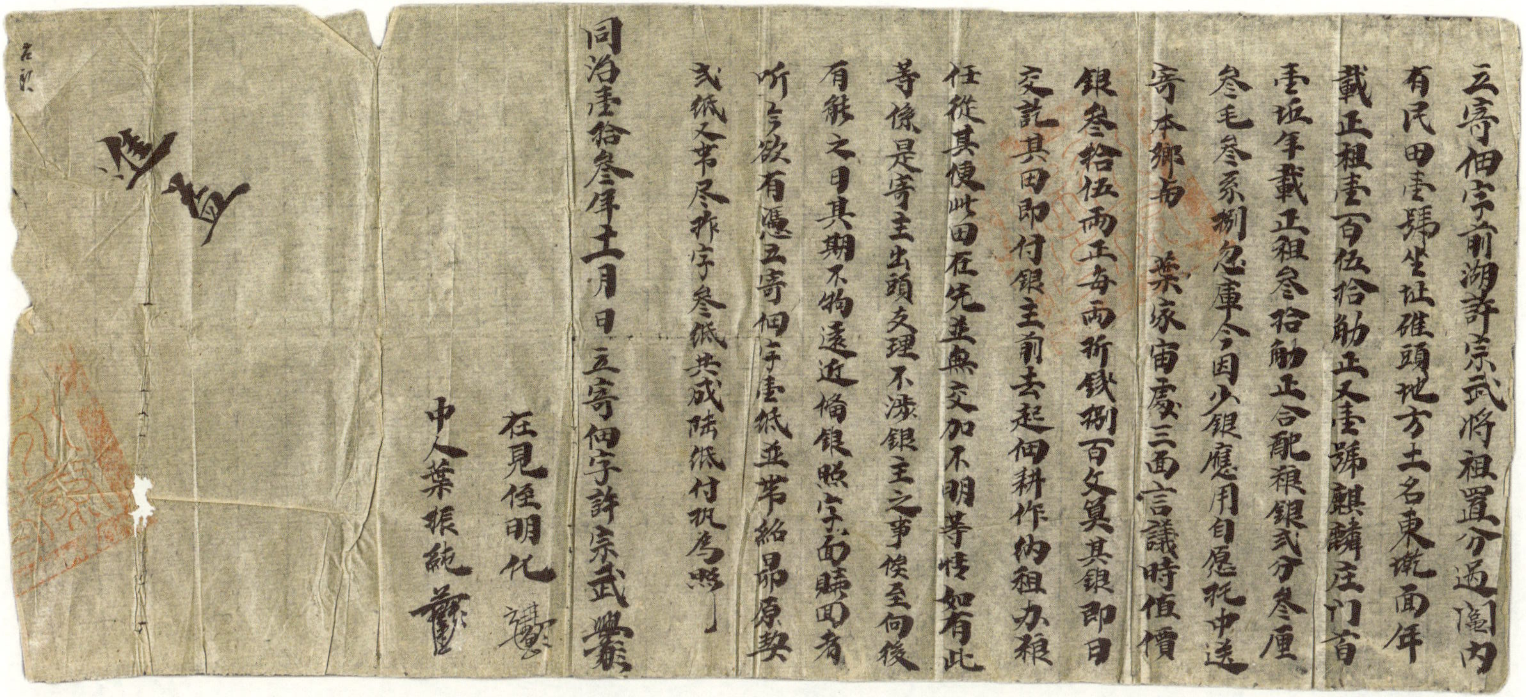

3-4-63-11　清同治十三年十一月許宗武立寄佃民田字（紅契）

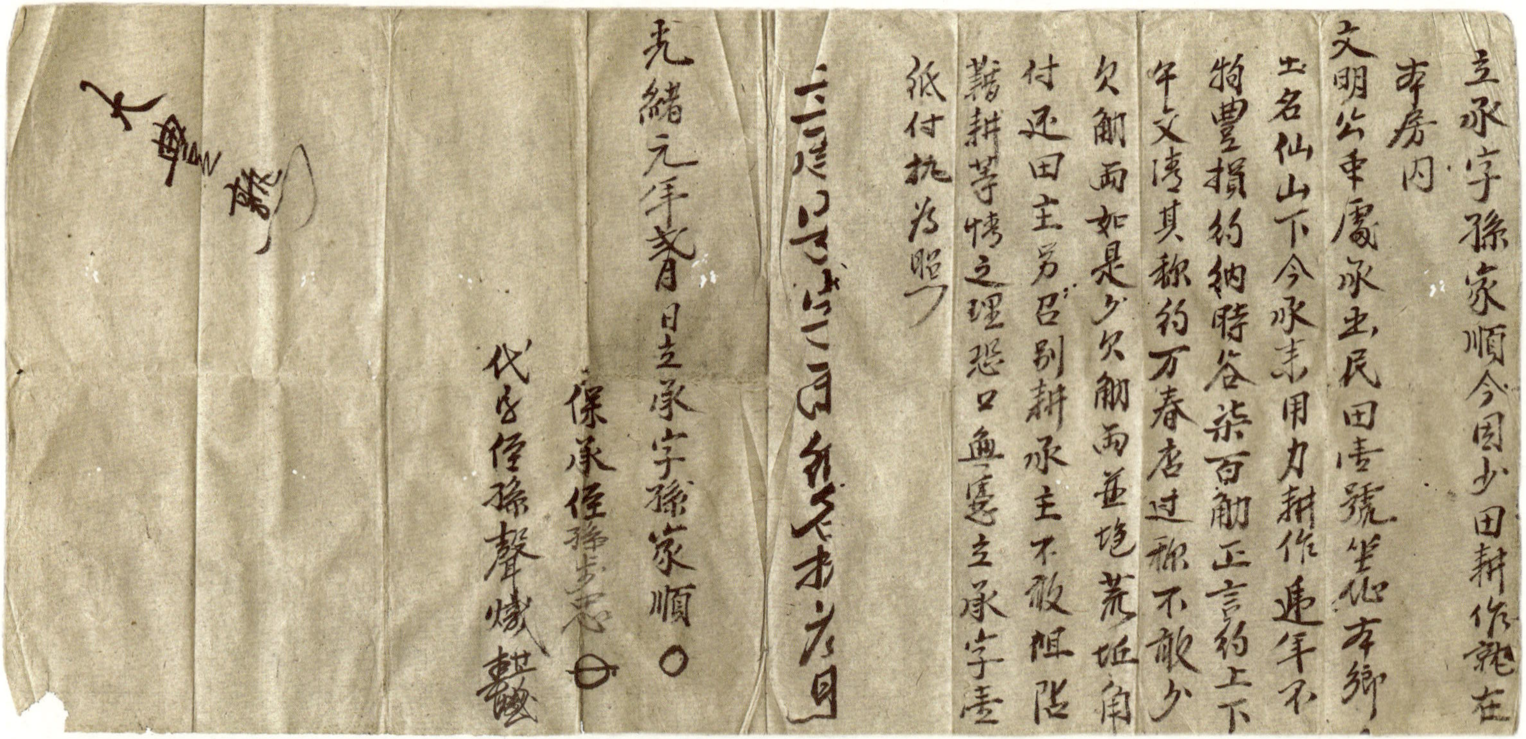
立承字孫家順，今因少田耕作，就在
本房内
文明公手處承出民田壹號，坐址本鄉
土名仙山下，今承去用力耕作，遞年不
將豐損，約納租谷柒百觔正，言約上下
午二次清其租，約至春唐过秤，不敢少
欠觔兩。如是少欠觔兩並拋荒坵角，
付還田主另召別耕，承主不敢阻阻
籍耕等情之理。恐口無憑，立承字壹
紙付執為照。
光緒元年二月　日立承字孫家順 ○
保承侄孫步忠
代字侄孫聲燦

3-4-63-12　清光緒元年二月葉家順立承民田字

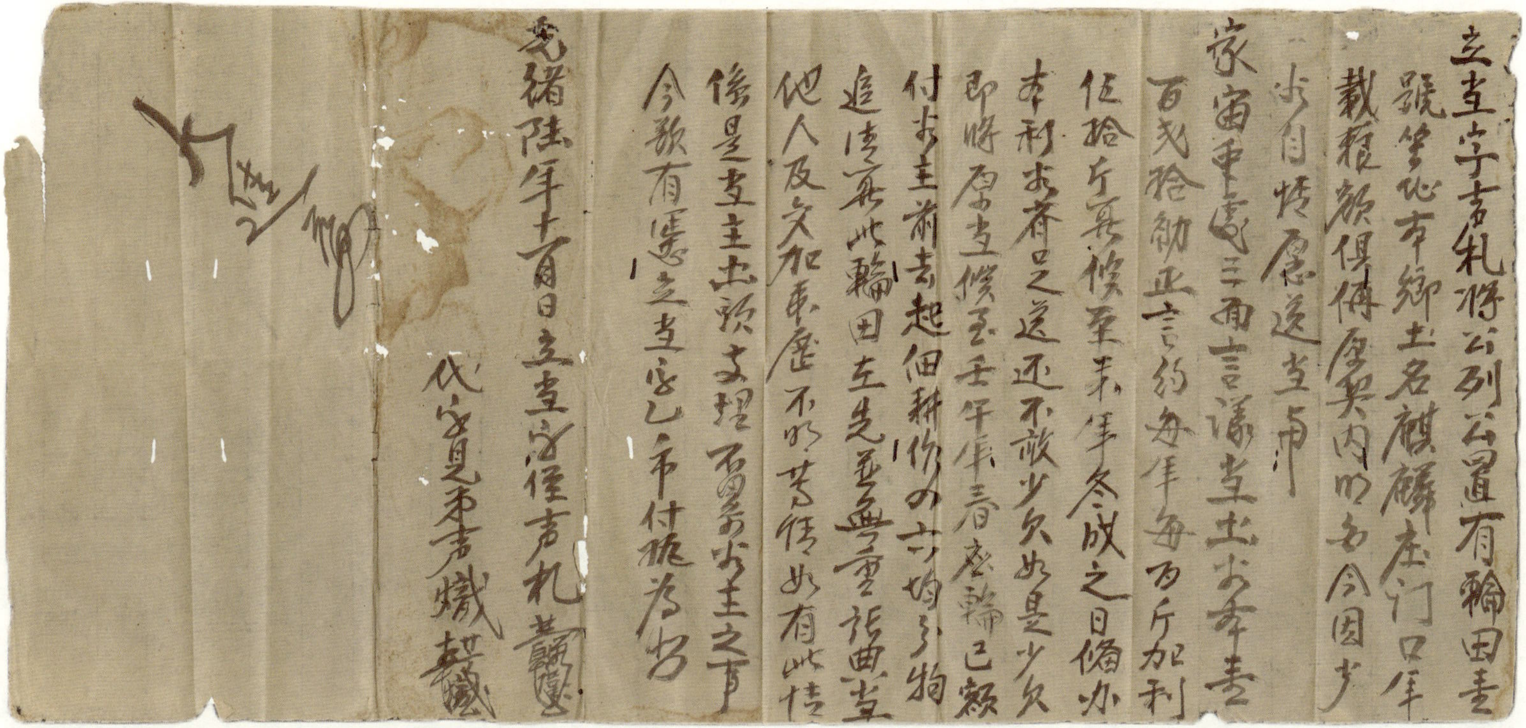
立当字叶声札將公列公置有輪田壹
號坐址本鄉土名麒麟座门口，年
載穀額俱係原契內明白，今因乏
少自情愿送当与
家岔叔軍處三面言議，当出番壹
百弍拾舫正，言约每年每百斤加利
伍拾斤算，俟至來年冬成之日備办
本利，如有不送，還不敢少欠，如是少欠
即將原当僟至壬午年春季輪已叙
付與主前去起佃耕作，不得阻物
追討。其此輪田在先並無重張典当
他人及交加未歷不明等情，如有此情
係是当主出頭支理，不干與主之事。
今欲有憑，立当字一紙付照為炤。
光緒陸年十一月日立当字叶声札
代字見本声熾

3-4-63-13　清光緒六年十一月葉声札立當輪田字

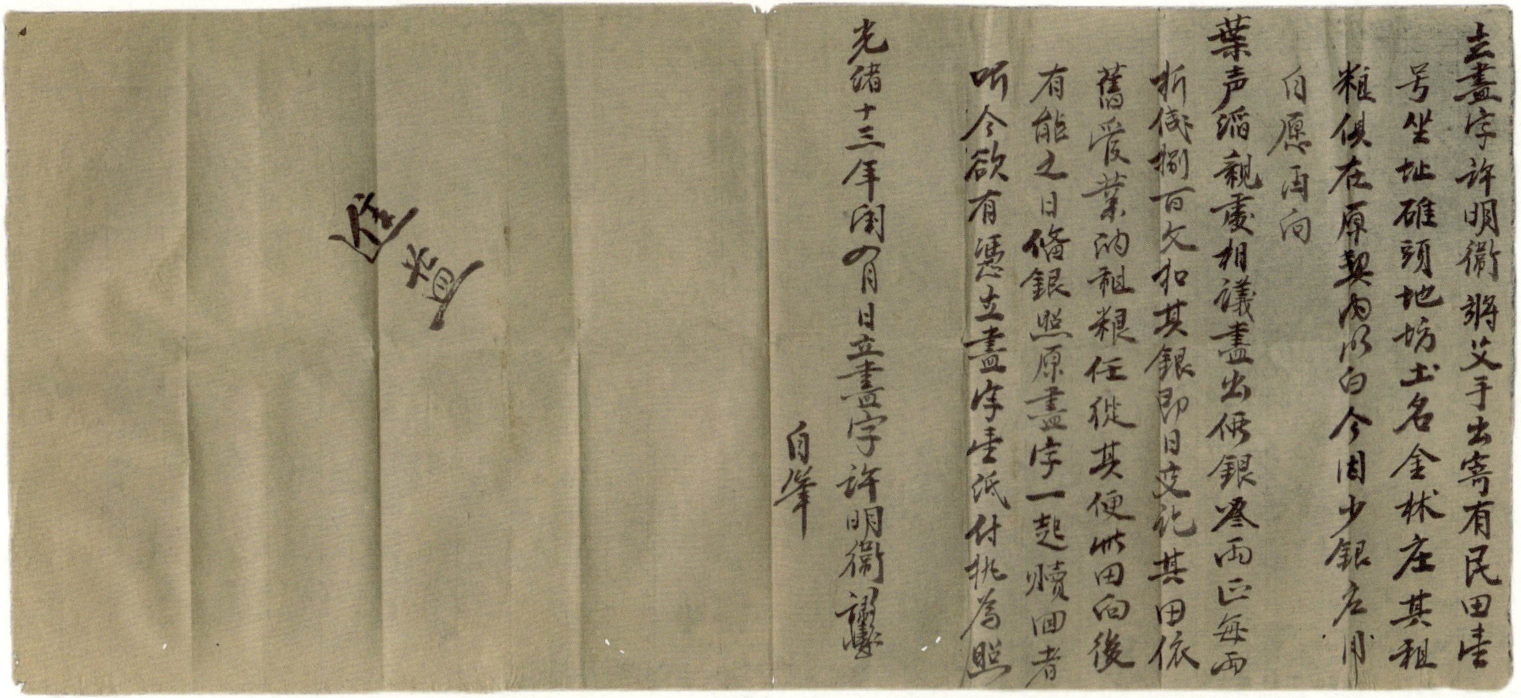

3-4-63-14　清光緒十三年閏四月許明衛立盡民田字

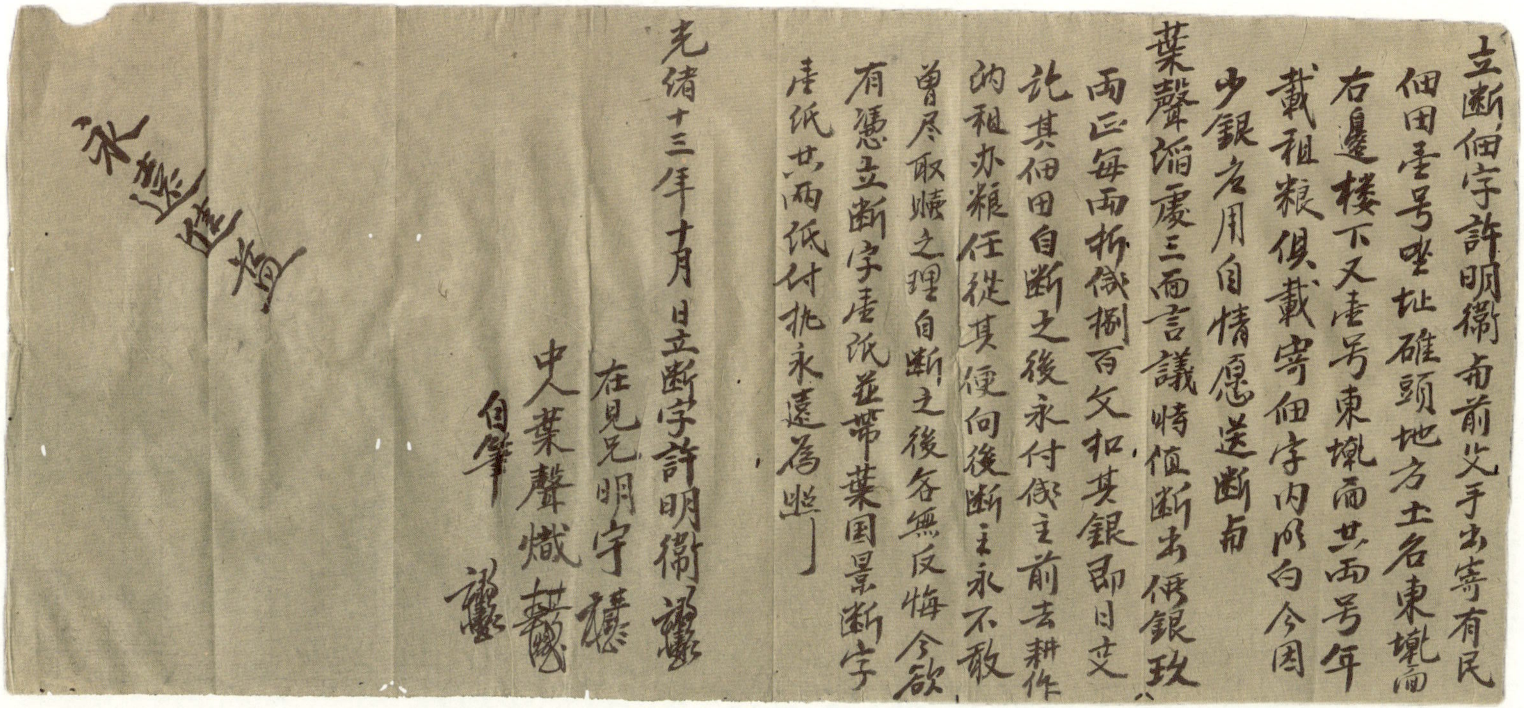
立斷佃字許明衛有前父手出寄有民
佃田壹号坐址碓頭地方土名東壟面
右邊樓下又壹号東壟面共兩号年
載租粮俱載寄佃字內明白今因
少銀應用自情愿送斷與
葉聲滔處三面言議時值斷出佛銀玖
兩正每兩折錢捌百文扣其銀即日交
訖其佃田自斷之後永付錢主前去耕作
納租亦粮任從其便向後斷之永不敢
曾盡取贖之理自斷之後各無反悔今欲
有憑立斷字壹紙並帶葉国景斷字
壹紙共兩紙付执永遠爲照
光緒十三年十月　日立斷字許明衛
在見兄明守
中人葉聲熾
自筆
永遠管業

3-4-63-15　清光緒十三年十月許明衛立斷民佃田字

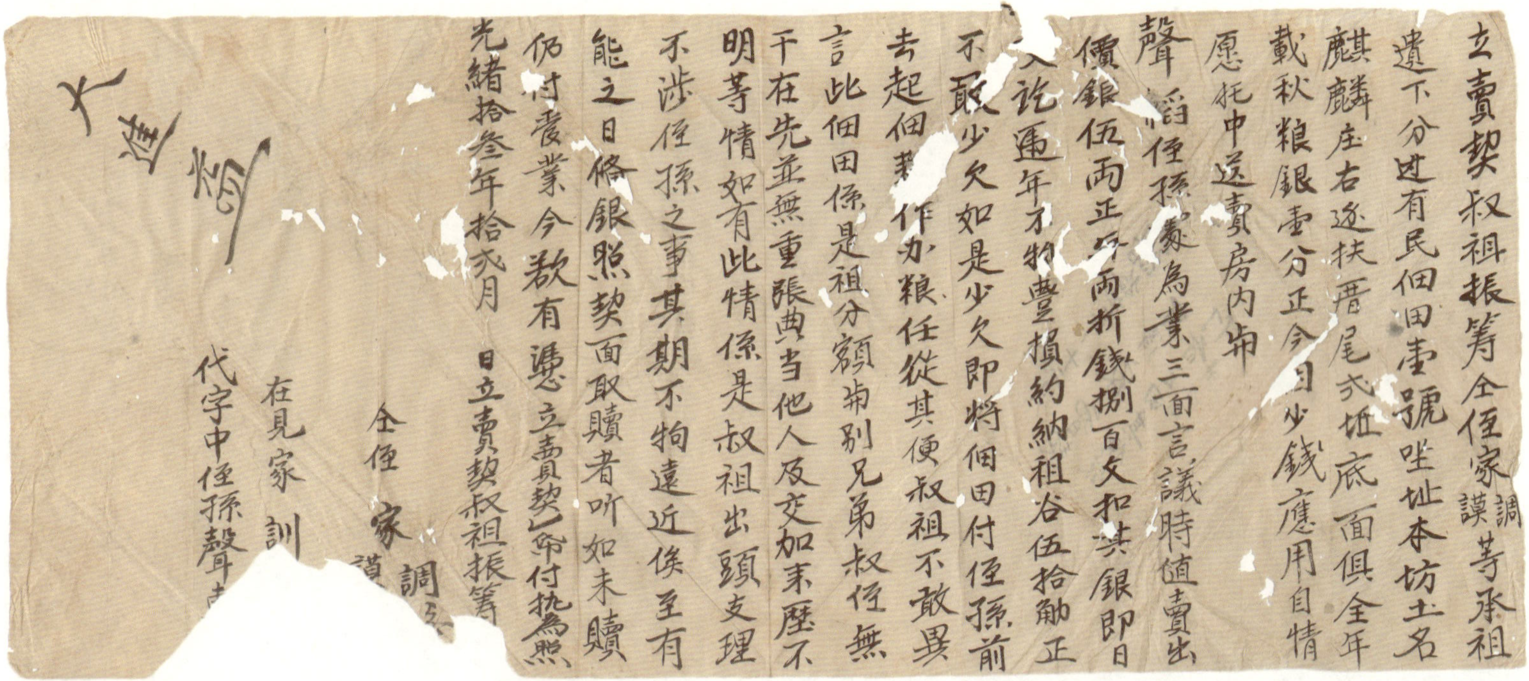
立賣契叔祖振籌仝侄家調謨等承祖
遺下分过有民佃田壹號坐址本坊土名
麒麟庄右边扶厝尾弍址底面俱仝年
載秋粮銀壹分正今因少錢應用自情
愿托中送賣房內侄
聲稻侄孫彝為業三面言議時值賣出
價銀伍兩正[illegible]兩折錢捌百文扣共銀即日
入訖遞年不拘豐損約納租谷伍拾觔正
不敢少欠如是少欠即將佃田付侄孫前
去起佃耕作办粮任從其便叔祖不敢異
言此佃田係是祖分額侄别兄弟叔侄無
干在先並無重張典当他人及交加來歷不
明等情如有此情係是叔祖出頭支理
不涉侄孫之事其期不拘遠近備至有
能之日備銀照契面取贖者听如未贖
仍付耕業今欲有憑立賣契一紙付執為照
光緒拾叁年拾弍月　日立賣契叔祖振籌
仝侄　家調
　　　　謨
在見家訓
代字中侄孫聲

3-4-63-16　清光緒十三年十二月葉振籌等立賣民佃田契

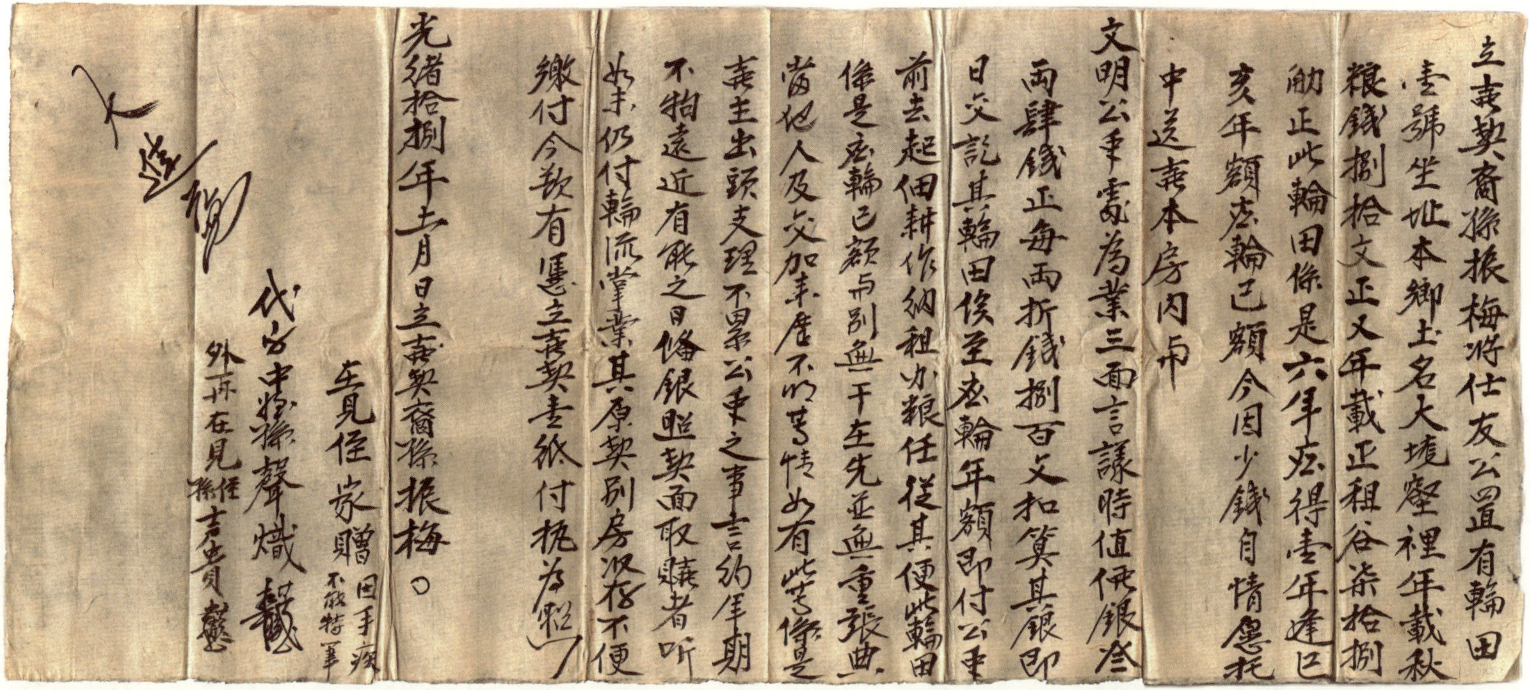

3-4-63-17 清光緒十八年十一月葉振梅立賣輸田契

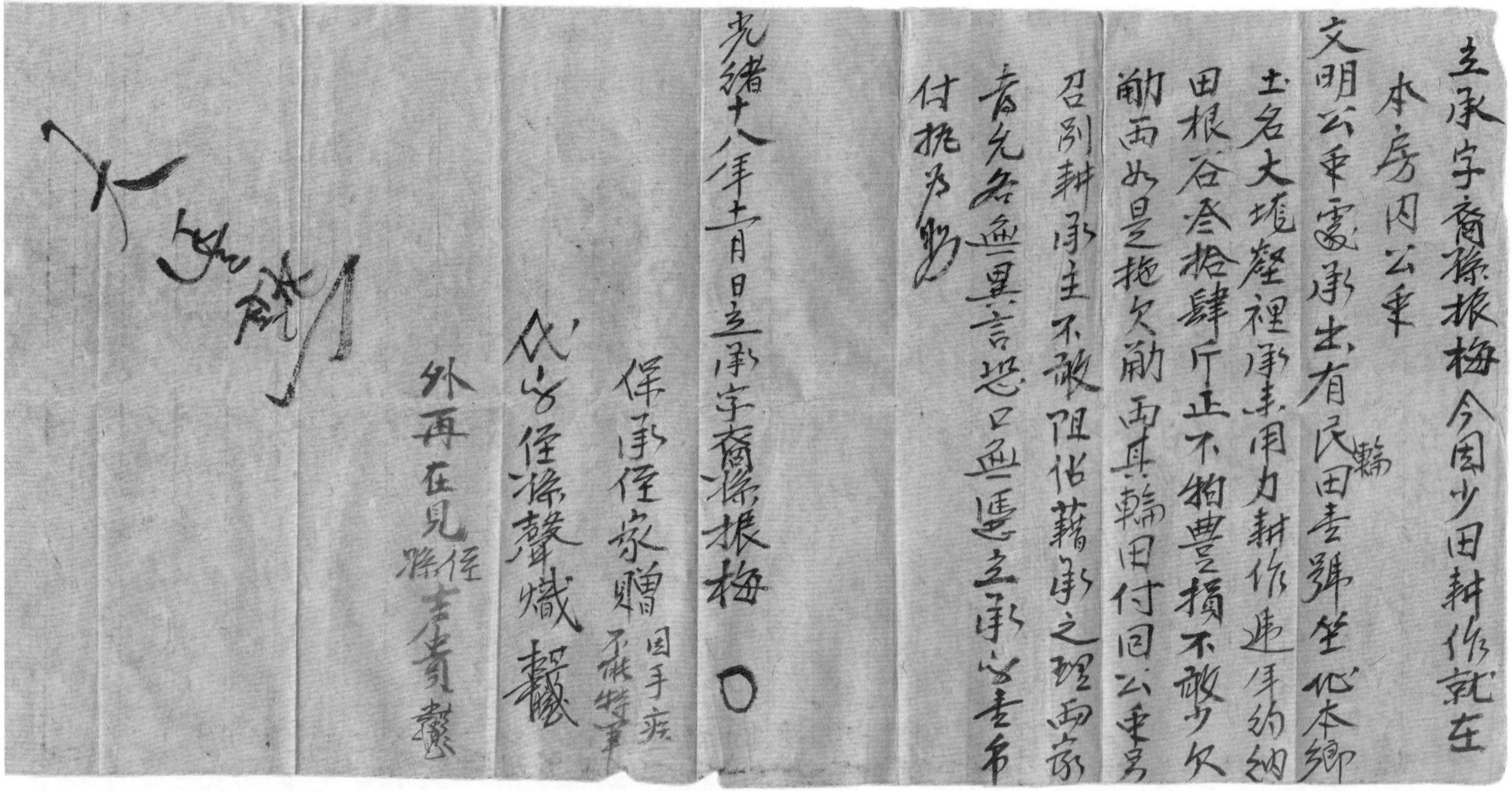

3-4-63-18　清光緒十八年十一月葉振梅立承民輸田字

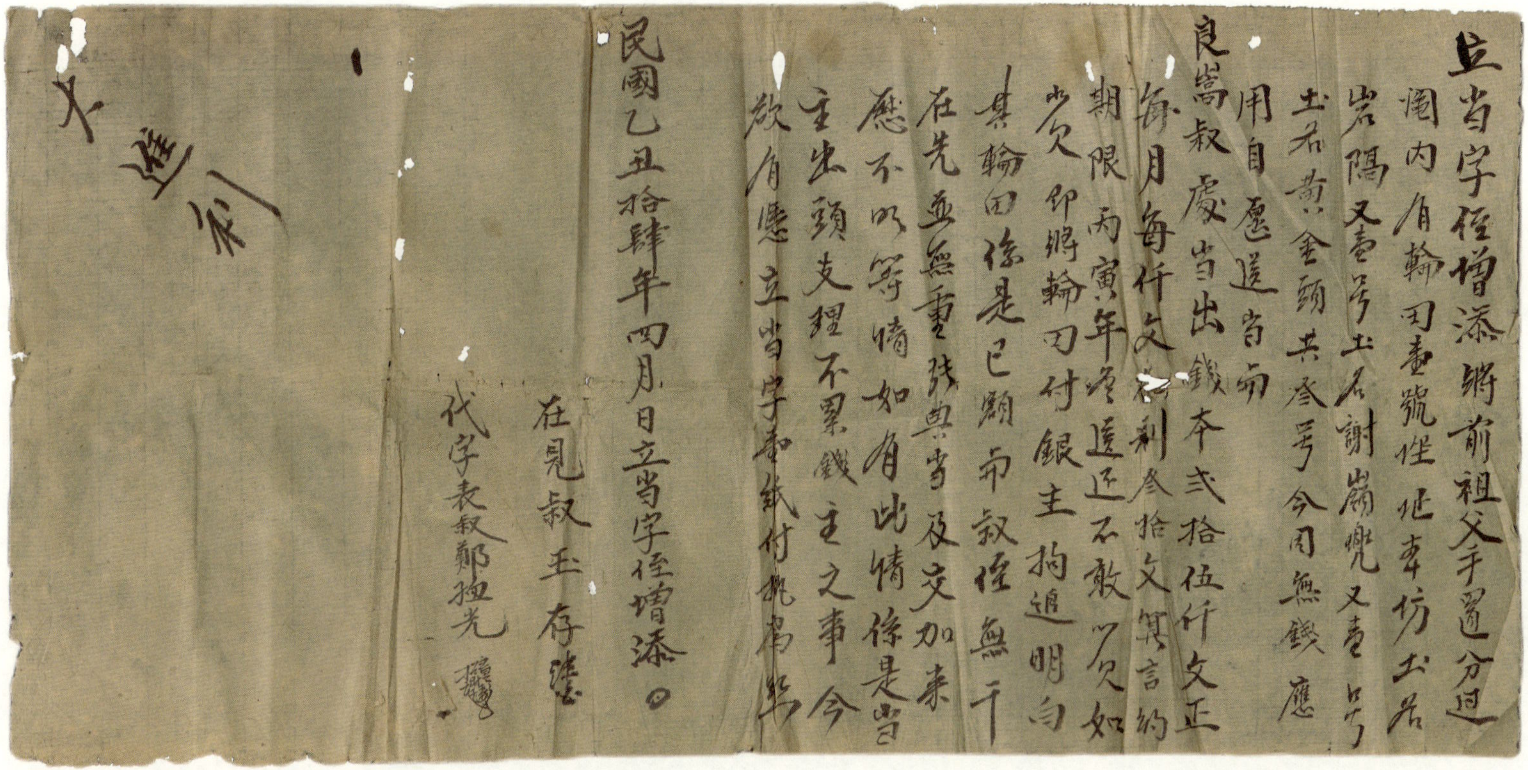
立當字侄增添，將前祖父手置分過
閹內有輪田壹號，坐址本坊土名
岩隔，又壹号土名謝嶺兜，又壹号
土名黄金頭，共叁号，今因無錢應
用，自愿送當命
良當叔處，當出錢本弍拾伍仟文正，
每月每仟文[illegible]利叁拾文算，言約
期限丙寅年冬送还，不敢少欠，如
少欠，即將輪田付銀主拘追明白，
其輪田係是已額，命叔侄無干，
在先並無重張典當及交加来
歷不明等情，如有此情，係是當
主出頭支理，不累錢主之事。今
欲有憑，立當字壹紙付執為照。
民國乙丑拾肆年四月日立當字侄增添（押）
在見叔玉存（押）
代字表叔鄭拯光（押）
大進利

3-4-63-19　民國十四年四月葉增添立當輸田字

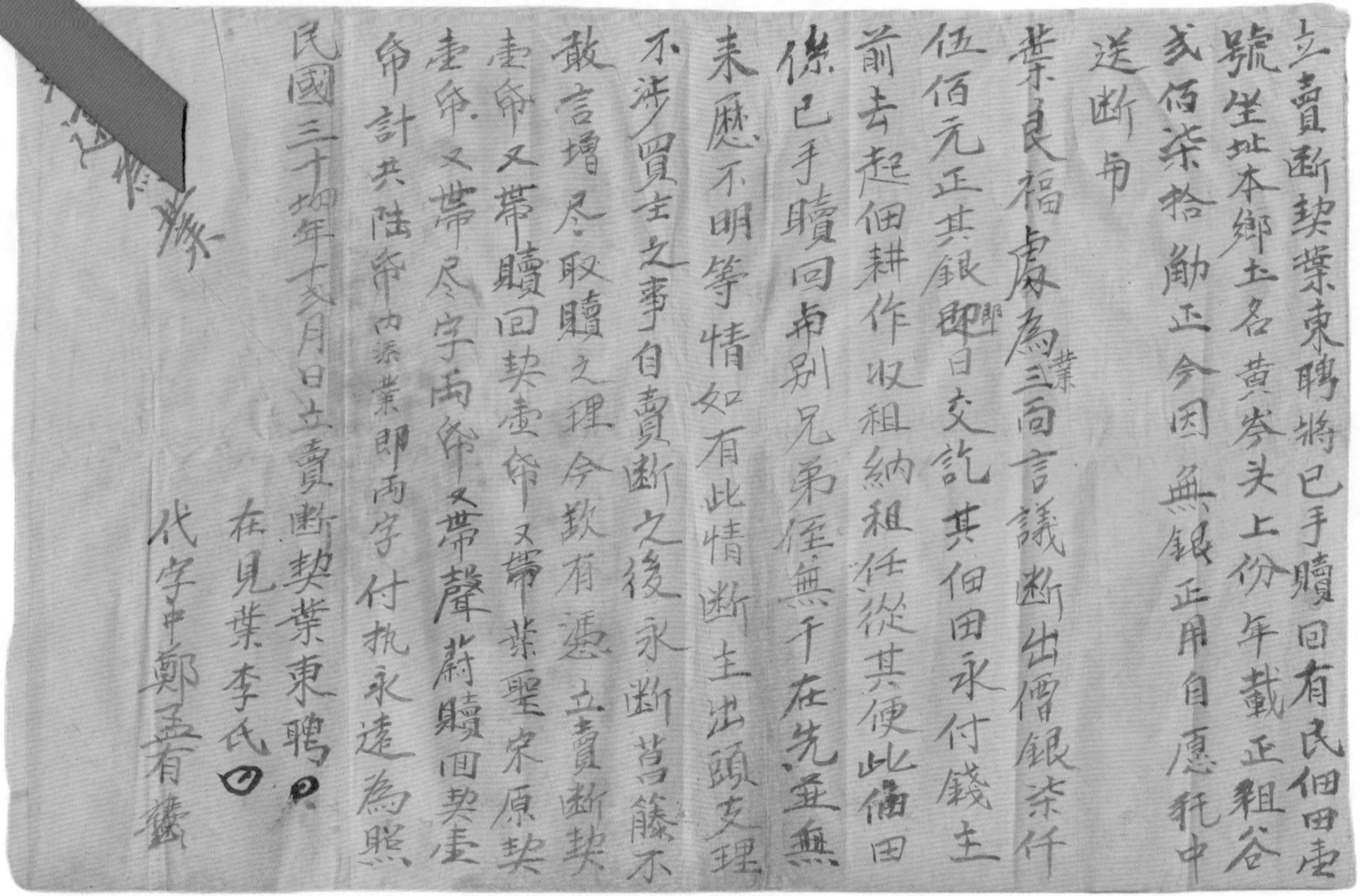
立賣斷契葉東聘將已手贖回有民佃田壹
號坐址本鄉土名黄岑头上份年載正粗谷
弍佰柒拾觔正今因無銀正用自愿托中
送斷與
葉良福處為業三面言議斷出價銀柒仟
伍佰元正其銀即日交訖其佃田永付錢主
前去起佃耕作收租納租任從其便此佃田
係已手贖回與別兄弟侄無干在先並無
來歷不明等情如有此情斷主出頭支理
不涉買主之事自賣斷之後永斷葛藤不
敢言增尽取贖之理今欲有憑立賣斷契
壹紙又帶贖回契壹紙又帶葉聖宋原契
壹紙又帶尽字兩紙又帶聲蔚贖回契壹
紙計共陆紙內添葉即兩字付執永遠為照
民國三十四年十弍月日立賣斷契葉東聘
在見葉李氏
代字中鄭孟肴

3-4-63-20　民國三十四年十二月葉東聘立賣斷民佃田契

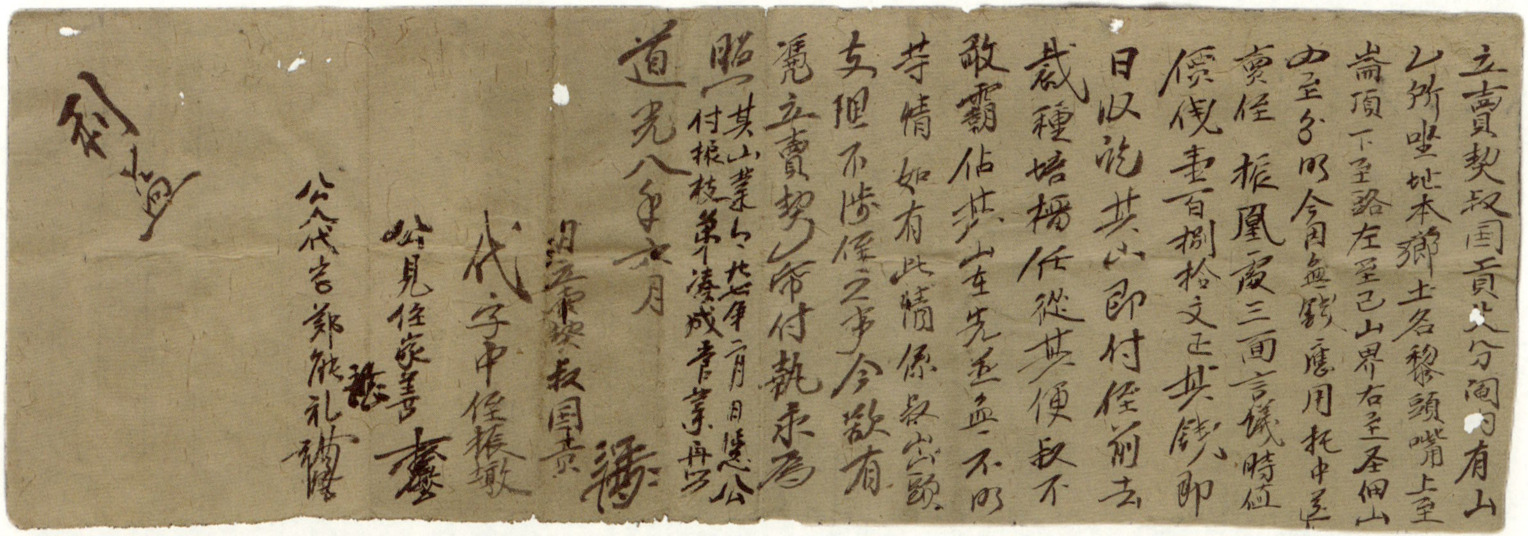
立賣契叔国貢□分阄内有山
山所坐址本鄉土名黎頭嘴上至
崙頂下至路左至己山界右至丞佃山
山至分明今因無錢應用托中送
與侄振凰處三面言議時值
價錢壹百捌拾文正其錢即
日收訖其山即付侄前去
栽種培植任從其便叔不
敢霸佔其山未賣先並無不明
等情如有此情係叔出頭
支理不涉侄之事今欲有
憑立賣契付執永為
照　其山業々於七年六月日送公
付振枝弟湊成壹業再照
道光八年六月　日立賣契叔国貢
代字中侄振墩
在見侄家善
公人代書鄭能礼

3-4-64-1　清道光八年六月葉国貢立賣山契

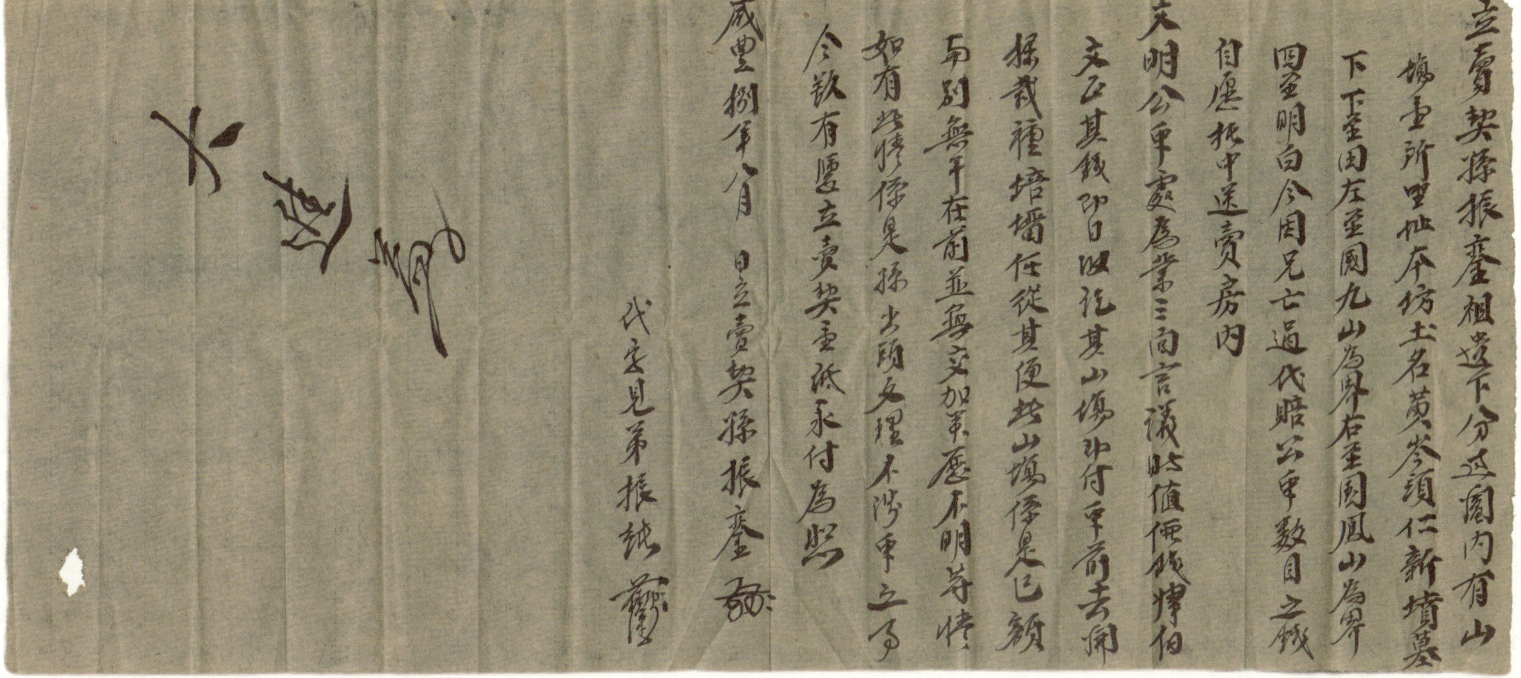

立賣契孫振銮祖遺下分過闔內有山
場壹所坐址本坊土名黄岑頭仁新墳墓
下 下至田 左至園九山為界 右至園風山為界
四至明白 今因兄亡過代賠公事數目之錢
自愿托中送賣房內
文明公手處為業 三面言議時值價錢肆伯
文正 其錢即日收訖 其山場即付手前去開
掘栽種培墻 任從其便 其山場係是已額
兩訖無干在前 並無交加重疊不明等情
如有此情 係是孫出頭支理 不涉手之事
今欲有憑 立賣契壹紙永付為照
咸豐捌年八月 日立賣契孫振銮
代字見弟振銚

3-4-64-2　清咸豐八年八月葉振銮立賣山場契

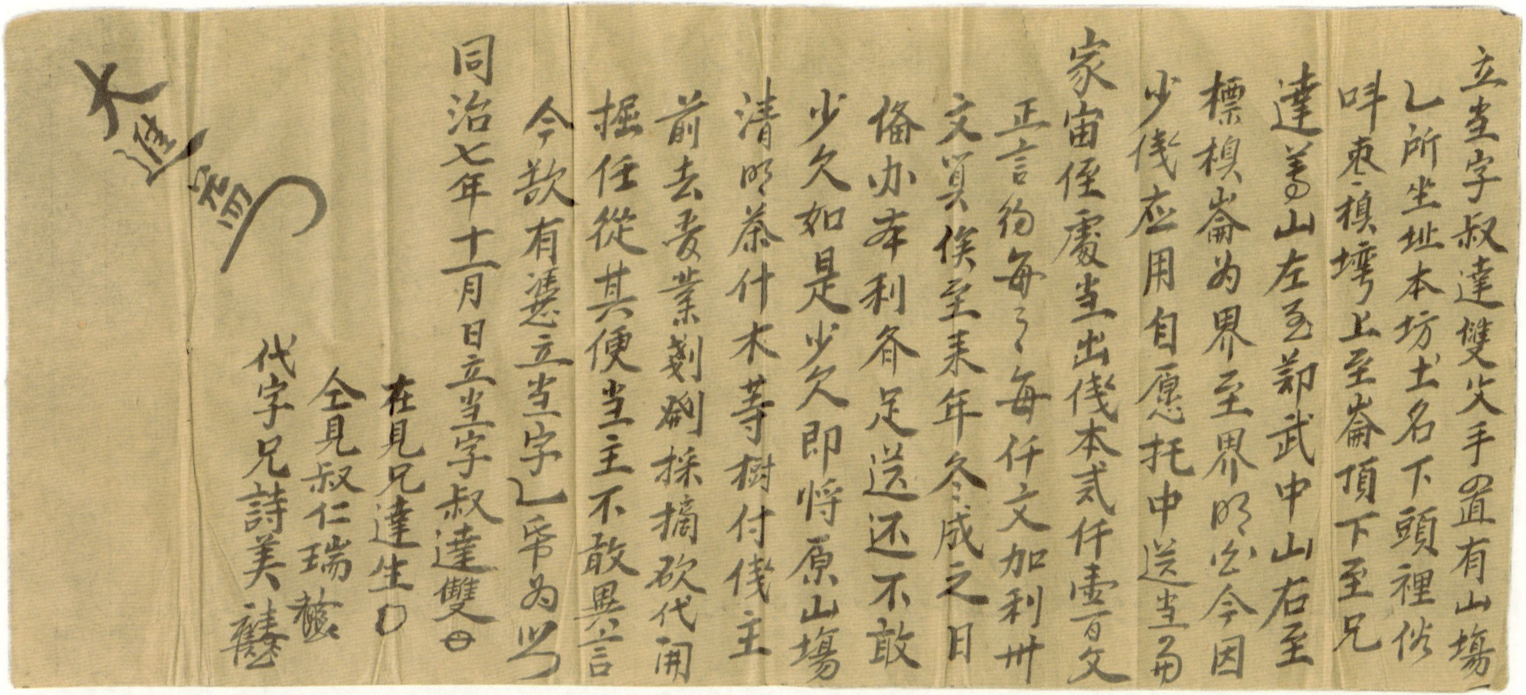

立当字叔達雙仝大手置有山場
乙所坐址本坊土名下頭裡佔
吽叓模壠上至崙頂下至兄
達藩山左至鄭武中山右至
標模崙为界至界明白今因
少钱应用自愿托中送当与
家宙侄處当出钱本弍仟壹百文
正言约每〻每仟文加利卅
文其俟至来年冬成之日
備办本利脊足送还不敢
少欠如是少欠即将原山場
清明茶什木等樹付钱主
前去業劉刷採摘砍代開
掘任從其便当主不敢異言
今欲有凭立当字乙帋为照
同治七年十一月日立当字叔達雙(押)
在見兄達生(押)
仝見叔仁瑞(押)
代字兄詩美(押)

3-4-64-3 清同治七年十一月葉達雙立當山場字

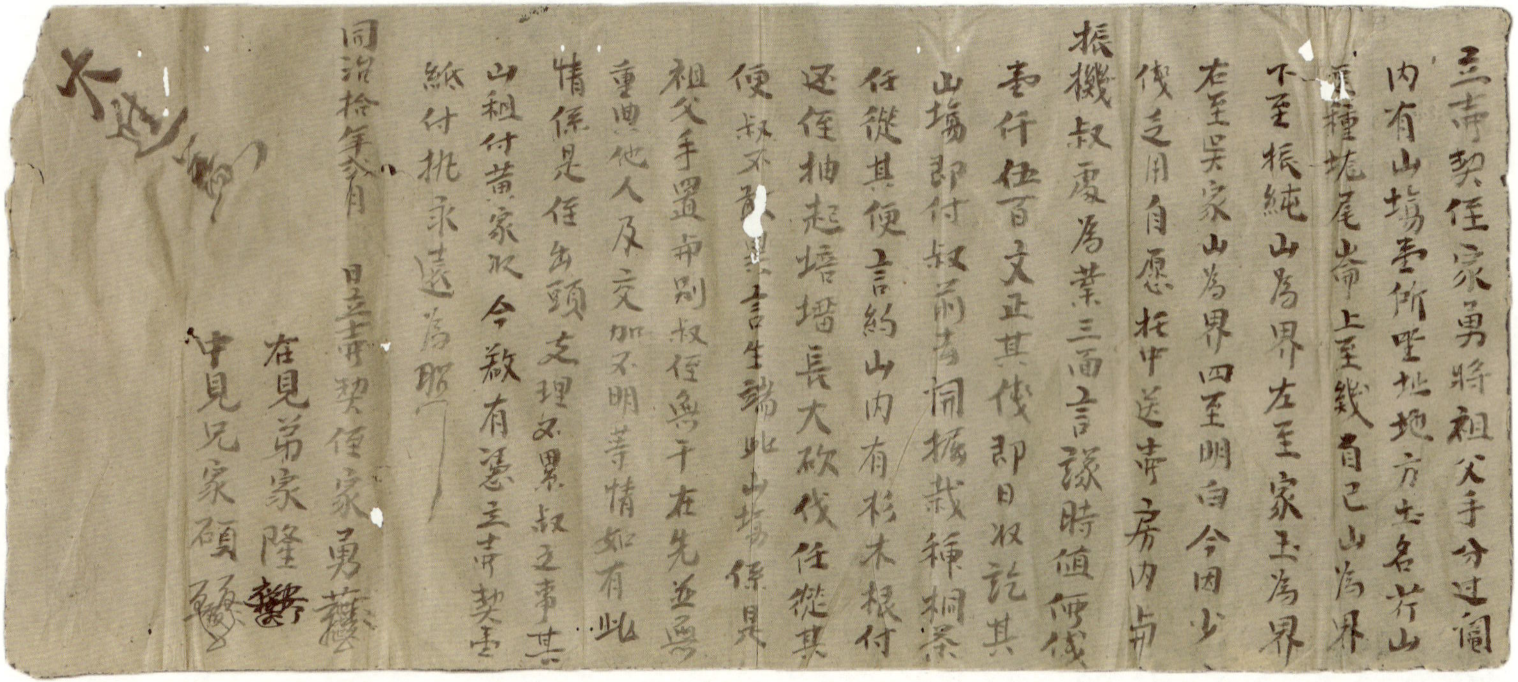
立賣契侄家勇將祖父手分过関
内有山場壹所坐址地方土名竹山
頭種坑尾崙上至鉄耆己山為界
下至振純山為界左至家玉為界
右至吳家山為界四至明白今因少
錢乏用自愿托中送賣房内叔
振機叔處為業三面言議時值價
錢壹仟伍百文正其錢即日收訖其
山場即付叔前去開掘栽種桐茶
任從其便言約山内有杉木根付
侄抽起培植長大砍伐任從其
便叔不得異言生端此山場係是
祖父手置帝別叔侄無干在先並無
重典他人及交加不明等情如有此
情係是侄出頭支理不累叔之事其
山租付黃家收 今欲有憑立賣契壹
紙付執永遠為照
同治拾年二月 日立賣契侄家勇
在見弟家隆
中見兄家碩

3-4-64-4 清同治十年二月葉家勇立賣山場契（一）

立賣契侄家勇將父手置有山場壹
所坐址本芳土名芹山豆種坵崙仔
上至墓自己清明茶為界下至勇自
己杉木五根為界左至家玉山為界
右至吳家山為界四至明白今因少
錢乏用自愿托中送賣與
振機叔處為業三面言議時值賣出
佛銀壹仟伍百文正其錢即日收
訖其山場即付叔前去開掘栽種
桐茶任從其便此山自己手置與
別叔侄無在前並重典他人不明
等情如有此情係是侄出頭支理
不涉叔之事今欲有憑立賣契壹
紙付執永遠為照

同治拾年貳月　日立賣契侄家勇（押）
中見兄家碩（押）

大[illegible]

3-4-64-5　清同治十年二月葉家勇立賣山場契（二）

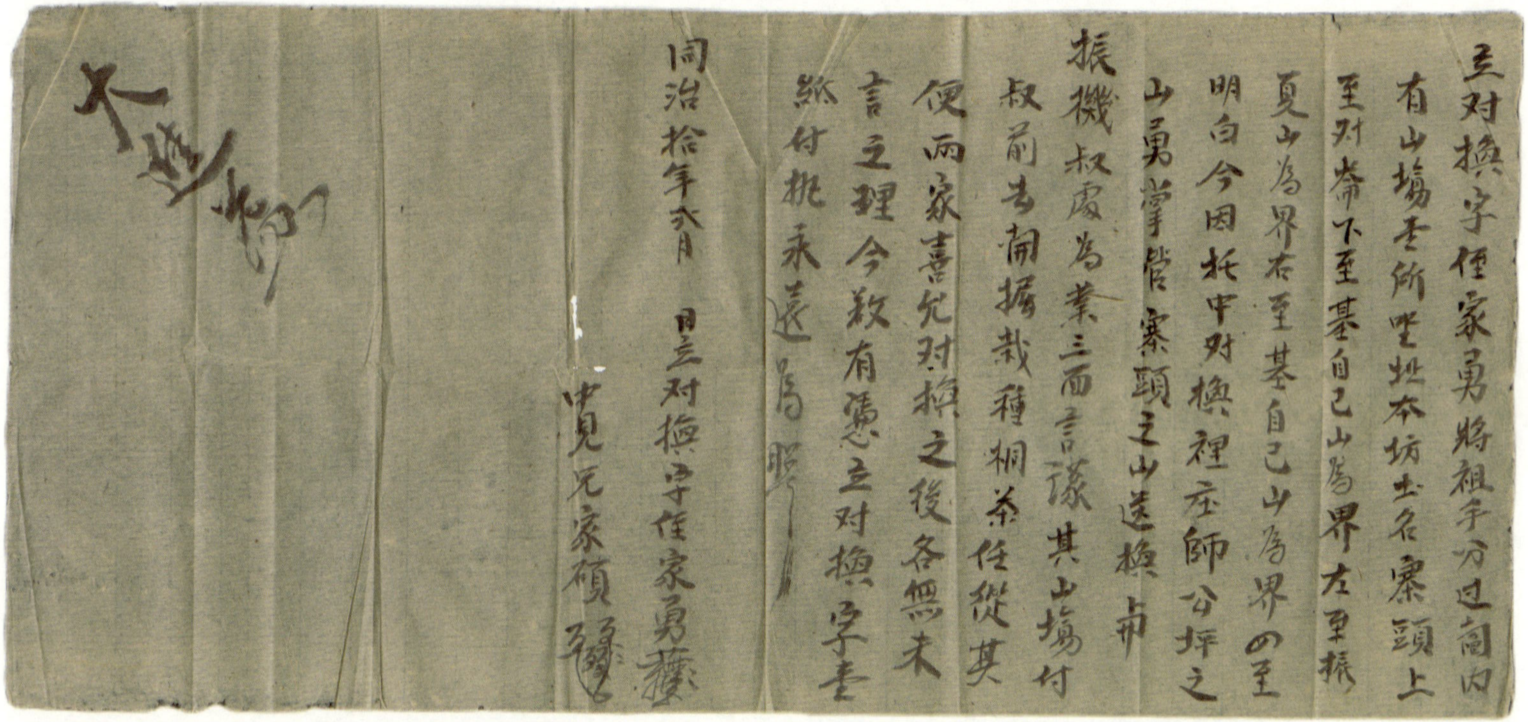

3-4-64-6 清同治十年二月葉家勇立對換山場字

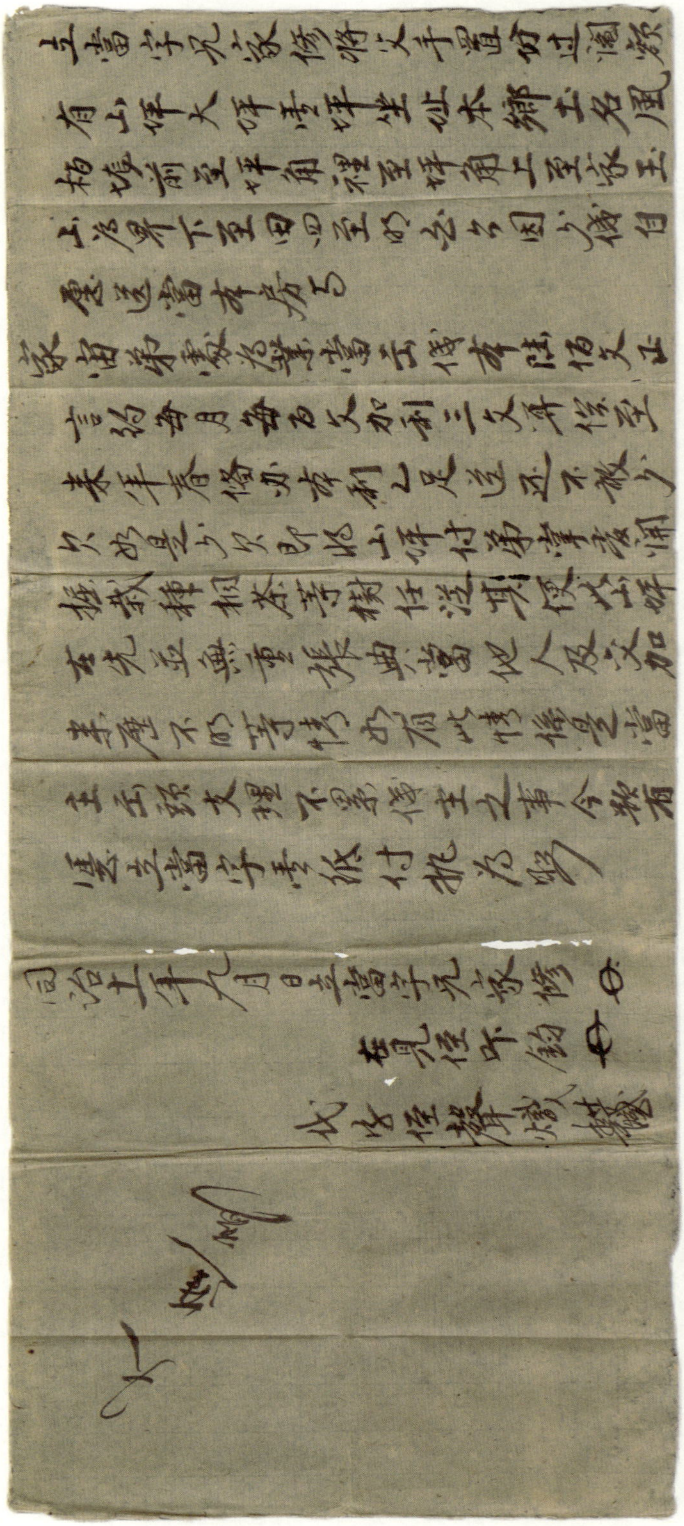

立當字兄弟家修將父手置有過闔家
有山坪大坪壹坪坐址本鄉土名風
柏墘前至坪角裡至坪角上至家王
上後界下至田四至明白今因乏用情自
憑送當本房弟
家由弟家為業當出佛本陸佰文正
言約每月每百文加利三文算係至
來年春備辦本利乙足送還不敢少
欠如是少欠即將山坪付弟掌管開
掘栽種杉茶等樹任從弟便此山坪
在先並無重張典當他人及文加
來歷不明等情如有此情係自當
主出頭支理不干銀主之事今欲有
憑立當字壹紙付執為照

同治十一年九月　日立當字兄家修（押）
　　　　　　　　　在見侄叩鈞（押）
　　　　　　　　　代筆侄肇謨

3-4-64-7　清同治十一年九月葉家修立當山坪字

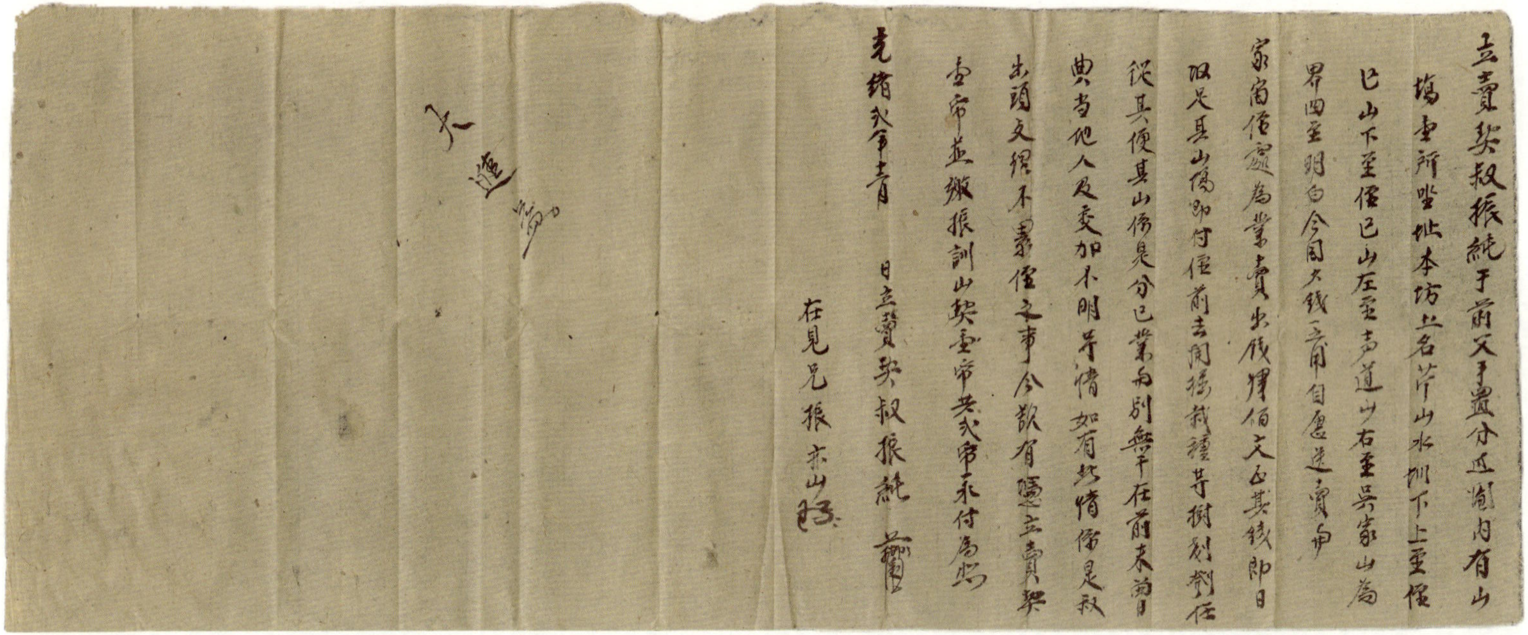

立賣契叔振純于前父手置分己鬮内有山
場壹所坐址本坊土名芹山水圳下上至侄
巳山下至侄巳山左至𡊨道右至吳家山為
界四至明白今因欠錢乏用自愿送賣與
家侄宣遍為業賣出錢肆佰文正其錢即日
收足其山場即付侄前去開掘栽種等樹削任
從其便其山係是分己業與別無干在前未曾
典當他人及交加不明等情如有此情係是叔
出頭支理不累侄之事今欲有憑立賣契
壹紙並繳振訓山契壹紙共貳紙永付為照

光緒貳年十二月　日立賣契叔振純

在見兄振宗山

3-4-64-8　清光緒二年十二月葉振純立賣山場契

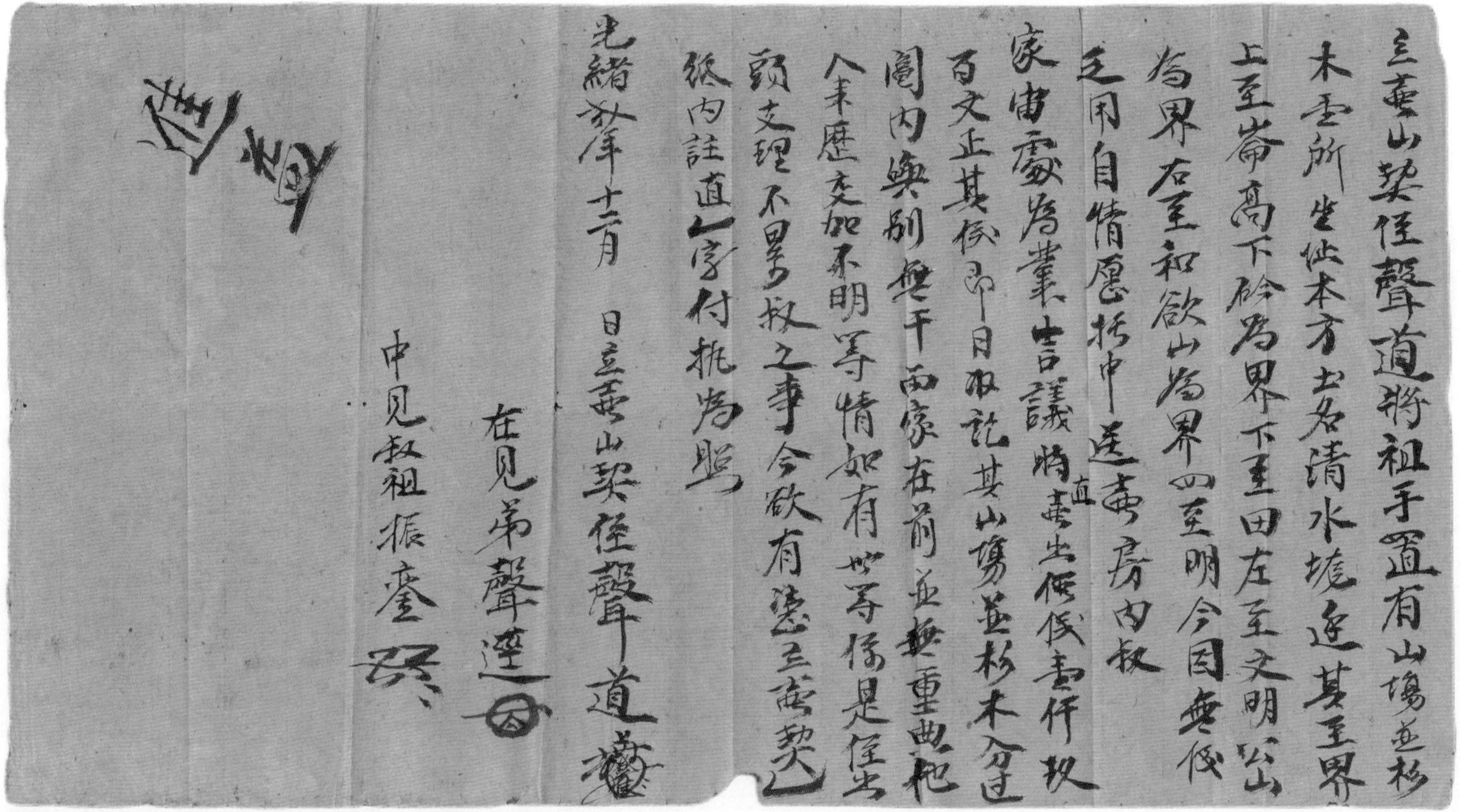
立賣山契侄聲道將祖手置有山場並杉
木壹所，坐址本方土名清水塘，逆其至界
上至崙高下砼為界，下至田，左至丈明公山
為界，右至和欽山為界，四至明，今因無錢
應用，自情愿托中送賣房內叔
家由處為業，當日三面言議，時值出價錢壹仟玖
百文正，其錢即日收訖。其山場並杉木分過
鬮內與別無干，兩家在前並無重典他
來歷交加不明等情，如有此等，係是侄出
頭支理，不累叔之事。今欲有憑，立賣契
紙內註直一字，付執為照。
光緒弍年十二月　日立賣山契侄聲道（押）
在見弟聲達（押）
中見叔祖振奎（押）

3-4-64-9　清光緒二年十二月葉聲道立賣山場等契

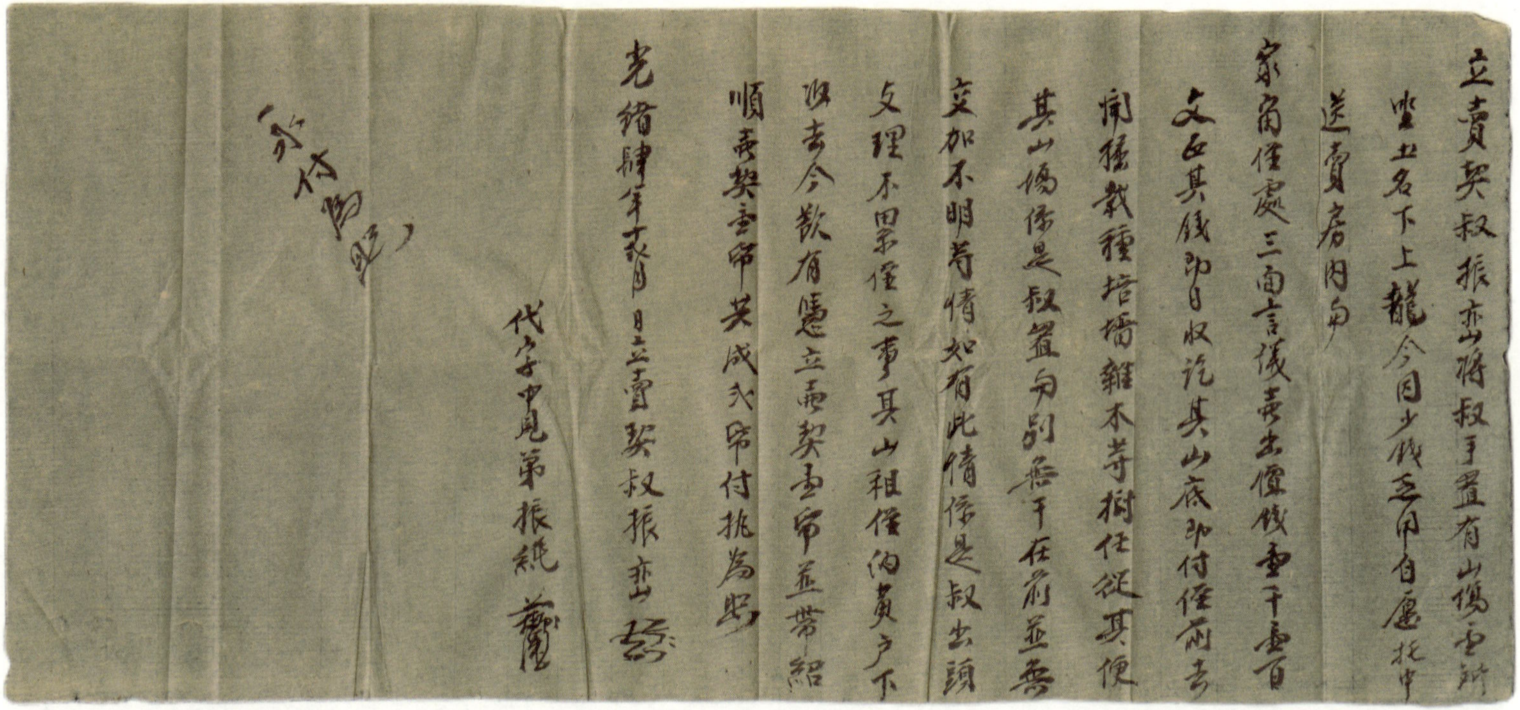
立賣契叔振峦將叔手置有山場壹所，坐土名下上龍，今因少錢乏用，自愿托中
送賣房內侄
家角侄處，三面言議，賣出價錢壹千壹百
文正，其錢即日收訖，其山底即付侄前去
開墾栽種培插雜木等樹，任從其便。
其山場係是叔置分別，無干在前，並無
交加不明等情，如有此情，係是叔出頭
支理，不干侄之事。其山租係納黃戶下。
恐去今欲有憑，立賣契壹帋，並帶繳紹
順賣契壹帋，共成弍帋付執為照。
光緒肆年十弍月　日立賣契叔振峦（押）
代字中見弟振統（押）
分付收照

3-4-64-10　清光緒四年十二月葉振峦立賣山場契

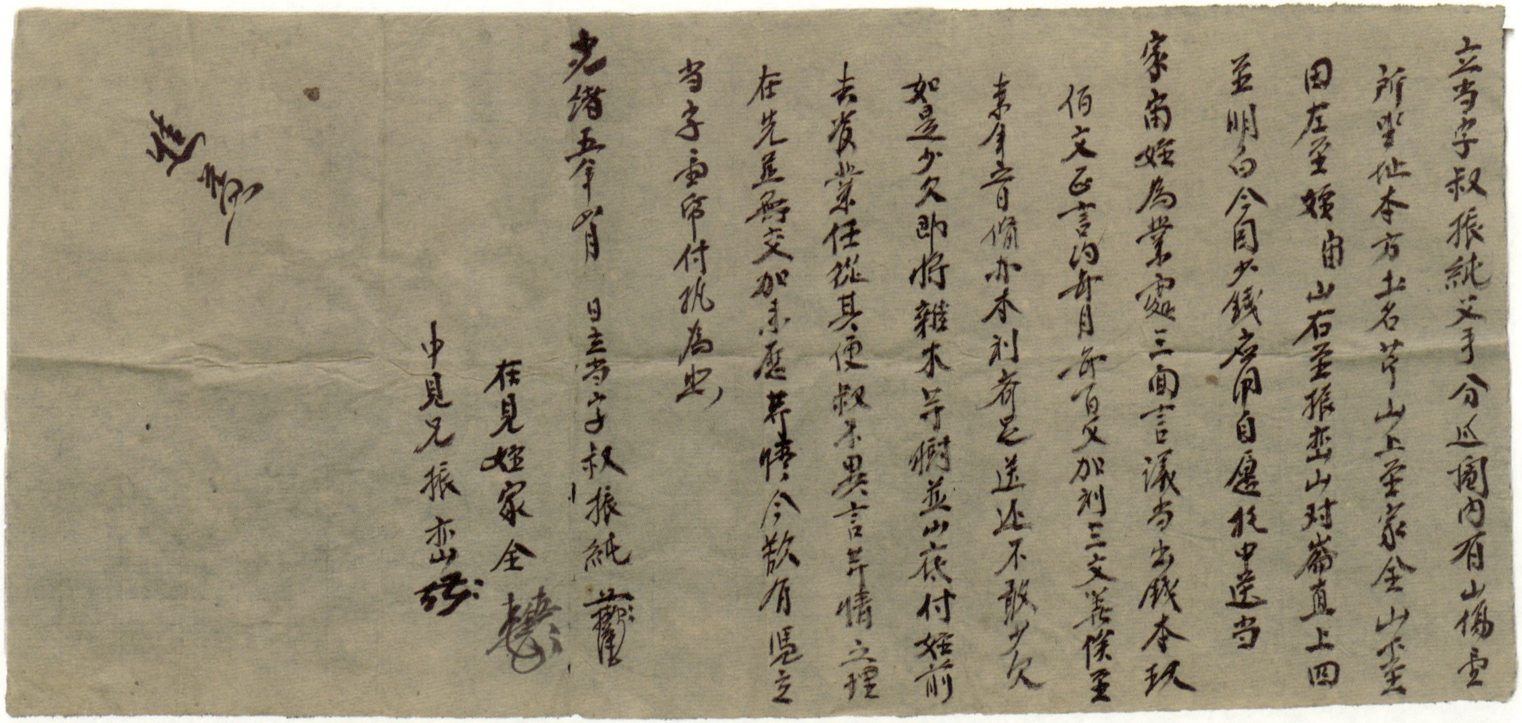
立当字叔振純父手分过閫内有山場壹
所坐址本方土名茅山上至家全山下至
田左至姪由山右至振杰山对崙直上四
至明白今因乏錢應用自愿托中送当
家前姪為業處三面言議当出錢本玖
佰文正言內本月每佰文加利三文算至
来年舊月本利寄足送还不敢少欠
如是少欠即將雜木并樹並山衣付侄前
去掌任從其便叔不異言并情立理
在先足無交加未應并情今欲有凴立
当字壹帋付执為照
光绪五年四月　日立当字叔振純
在見姪家全
中見兄振杰

3-4-64-11　清光緒五年四月葉振純立當山場契

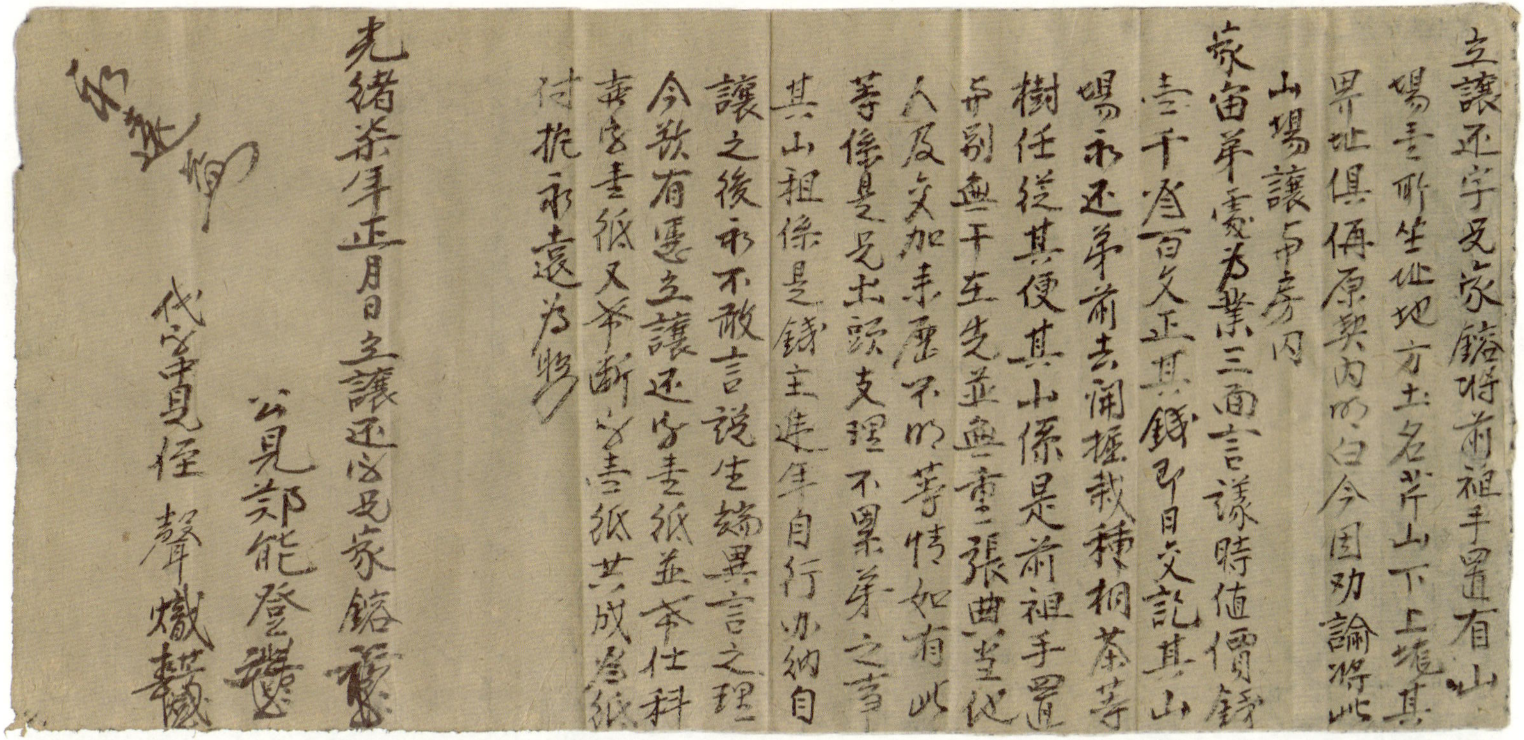

立讓还字叶家鎔將前祖手置有山
場壹所坐址地方土名芹山下上塆其
界址俱儎原契内明白今因劝論將此
山場讓与本房内
叔宙華處為業三面言議時値價錢
壹千叁百文正其錢即日交訖其山
場永还華前去開掘栽種桐茶等
樹任從其便其山係是前祖手置
与別無干在先並無重張典当以
及交加未曆不明等情如有此
等係是叶出頭支理不累華之事
其山祖係是錢主進年自行办納自
讓之後永不敢言說生端異言之理
今欲有憑立讓还字壹紙並本仕科
垂字壹紙又本断字壹紙共成叁紙
付執永遠為照

光緒柒年正月日立讓还字叶家鎔（押）
公見郑能登（押）
代字見侄　聲熾（押）

3-4-64-12　清光緒七年正月葉家鎔立讓還山場字

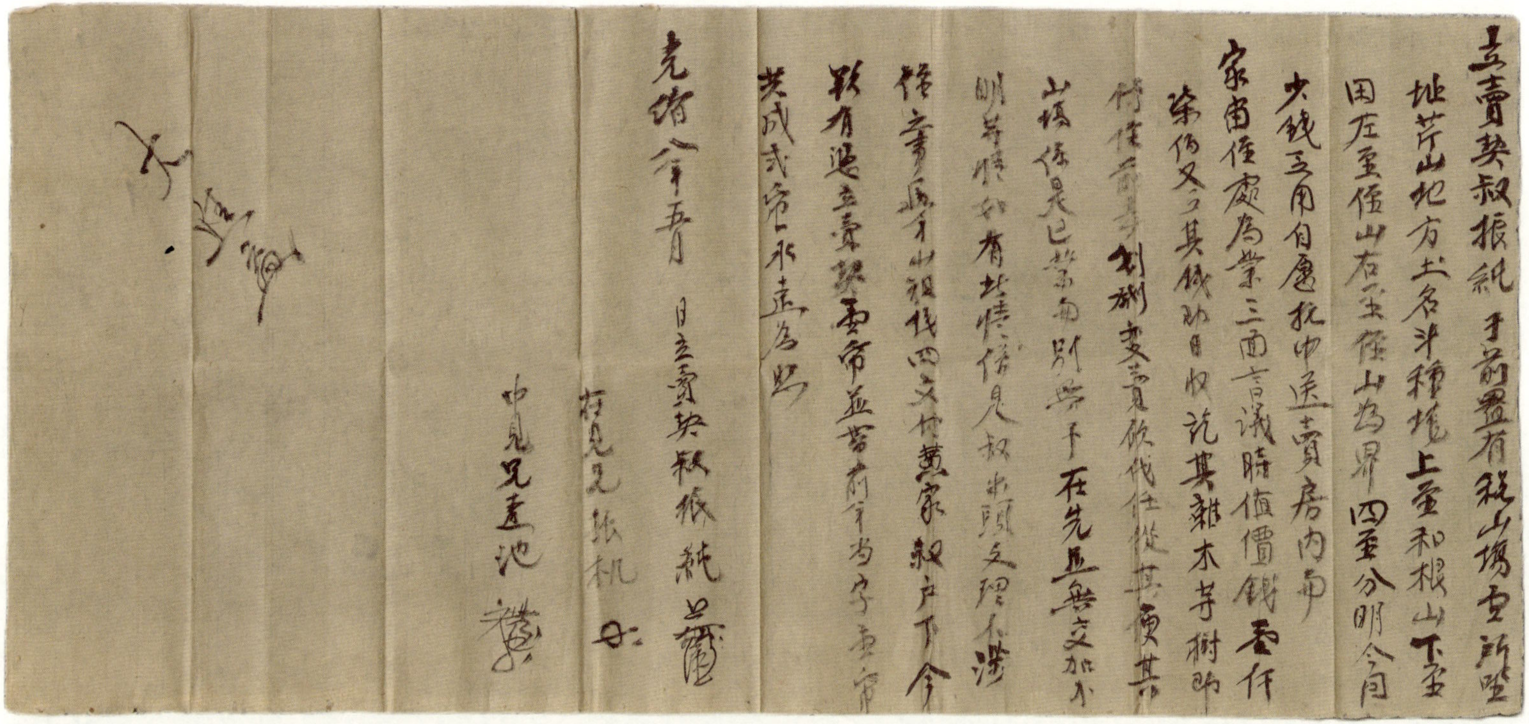
立賣契叔振純，手前置有稅山場壹所，坐
址芹山地方，土名斗種垅，上至和根山，下至
田，左至伍山，右至伍山為界，四至分明。今因
乏錢乏用，自愿托中送賣房內弟
家宙侄處為業，三面言議，時值價錢壹仟
柒佰文，其錢即日收訖。其雜木芋樹助
付侄前去[illegible]變賣依伐，任從其便。其
山係是己業，與別房兄弟無干，在先並無文加不
明等情，如有此情，係是人叔出頭支理，不涉
侄之事。其山稅錢四文，付與家叔户下。今
欲有憑，立賣契壹帋並當前字壹帋，
共成弍帋，永遠為照。
光緒八年五月　日立賣契叔振純（押）
在見兄振机（押）
中見兄進池（押）

3-4-64-13　清光緒八年五月葉振純立賣稅山場契

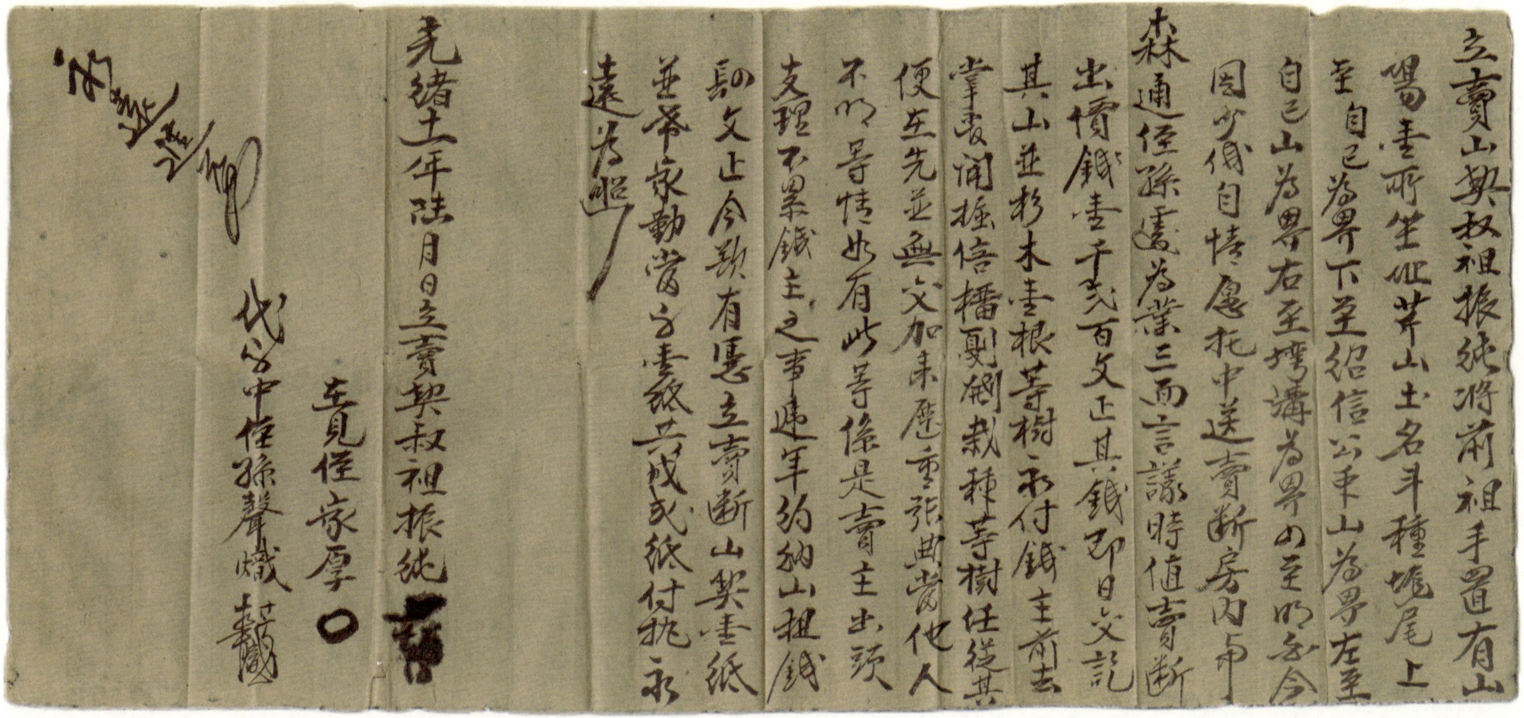

立賣山契叔祖振純將前祖手置有山
場壹所，坐址茅山土名牛種塘尾，上
至自己爲界，下至紹信公業山爲界，左至
自己山爲界，右至搏濤爲界，四至明白。今
因少銀自情愿托中送賣斷房内侄
森通侄孫遠爲業，三面言議時值賣斷
出價錢壹千貳百文正，其錢即日交訖。
其山並杉木壹根等樹，永付錢主前去
掌管開掘培播砍伐栽種等樹，任從其
便。在先並無文加來歷重張典當他人
不明等情，如有此等係是賣主出頭
支理，不累錢主之事。逐年納山租錢
肆文正。今欲有憑，立賣斷山契壹紙，
並帶家動當之壹紙，共成貳紙，付執永
遠爲照。

光緒十一年陸月日立賣契叔祖振純（押）

在見侄家厚（押）

代筆中侄孫聲熾（押）

3-4-64-14 清光緒十一年六月葉振純立賣山場契

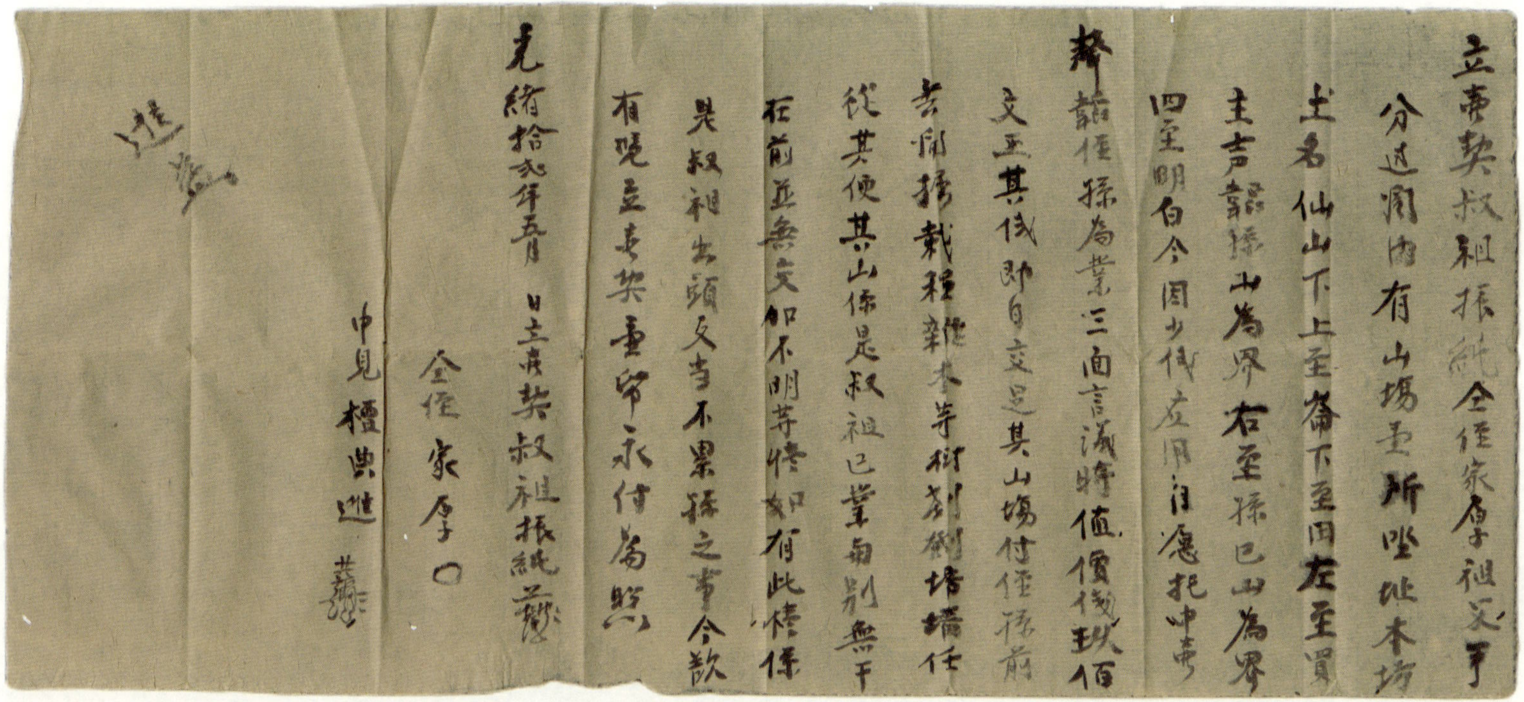
立賣契叔祖振純仝侄家厚、祖交等
分遺關內有山場壹所，坐址本坊
土名仙山下，上至崙，下至田，左至買
主吉韶孫山為界，右至孫巳山為界，
四至明白。今因乏錢應用，自願托中向
本
韶侄孫為業，三面言議時值價錢玖佰
文正，其錢即日交足，其山場付侄孫前
去開掘栽種杉木等樹，剷倒堵墻，任
從其便。其山係是叔祖已業，與別無干，
在前並無文加不明等情，如有此情，係
叔祖出頭支當，不累孫之事。今欲
有憑，立賣契壹紙，永付為照。
光緒拾貳年五月 日立賣契叔祖振純（押）
仝侄家厚〇
中見檀興進（押）
[illegible]

3-4-64-15 清光緒十二年五月葉振純等立賣山場契

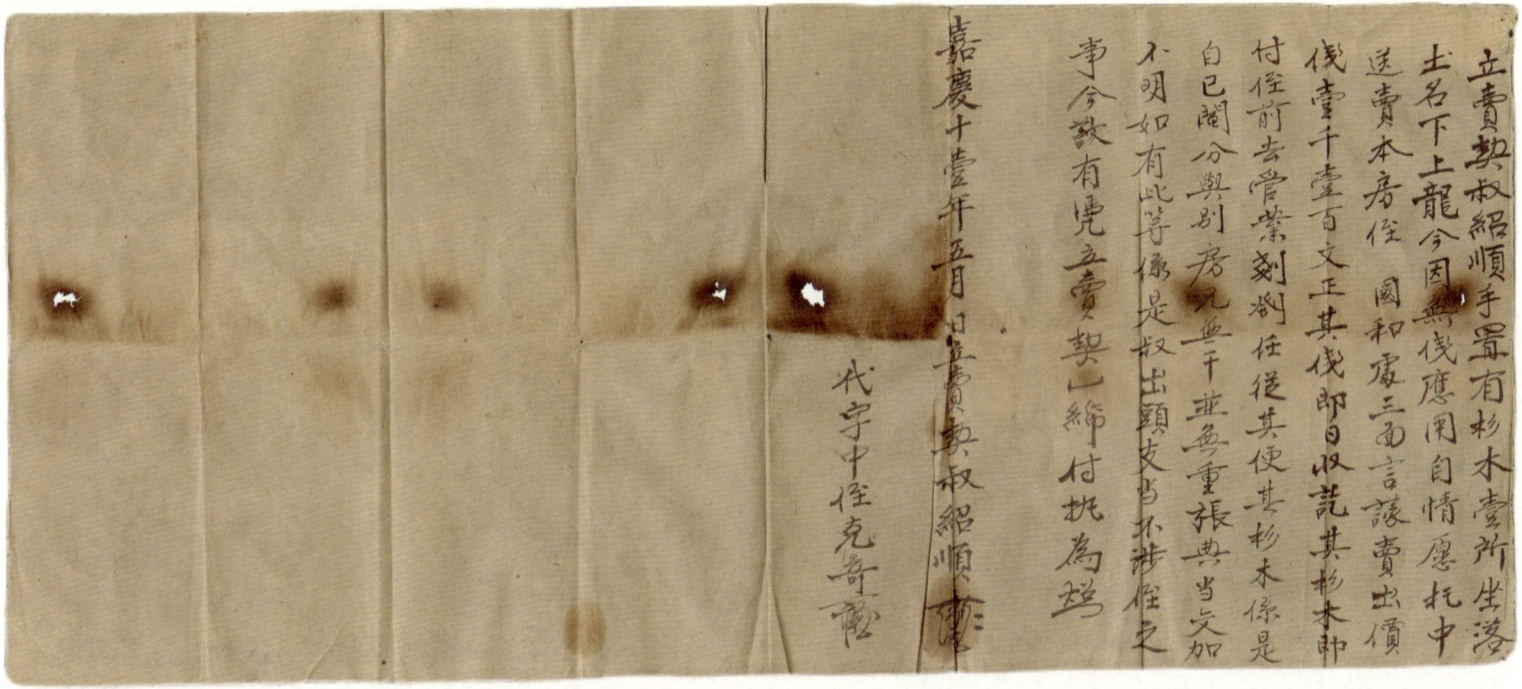
立賣契叔紹順手置有杉木壹所坐落
土名下上龍今因無錢應用自情愿托中
送賣本房侄 國和處三面言議賣出價
錢壹千壹百文正其錢即日收訖其杉木即
付侄前去管業剟劉任從其便其杉木係是
自己閹分與別房兄弟干並無重張典当交加
不明如有此等係是叔出頭支当不涉侄之
事今欲有憑立賣契一紙付執為照
嘉慶十壹年五月 日立賣契叔紹順（押）
代字中侄克奇（押）

3-4-65-1　清嘉慶十一年五月葉紹順立賣杉木契

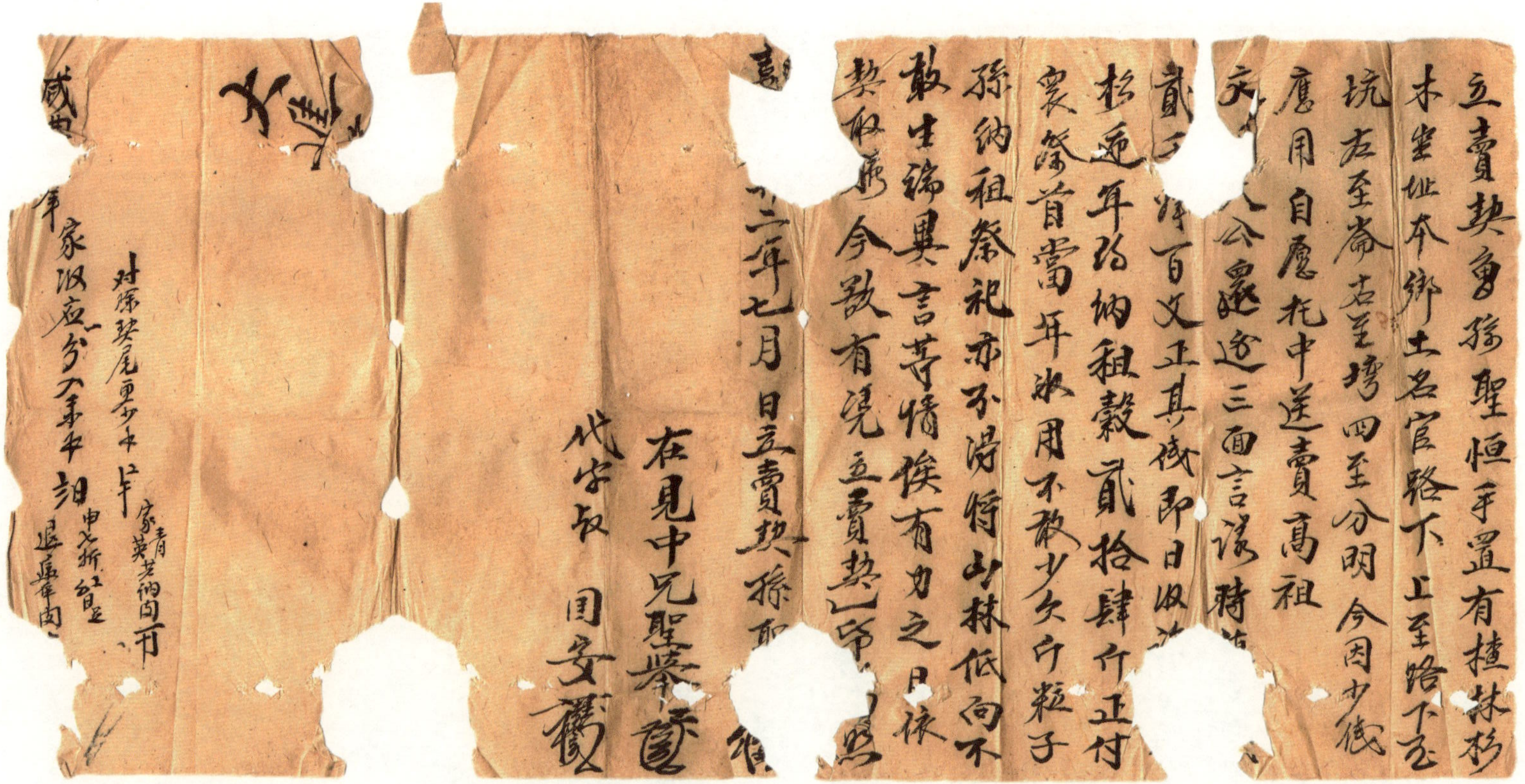
立賣契曾孫聖恒手置有楂林杉
木坐址本鄉土名官路下上至路下丘
坑左至崙右至墘四至分明今因少錢
應用自愿托中送賣高祖
文[illegible]公蒸遞三面言議時值[illegible]
貳[illegible]仟百文正其錢即日收訖[illegible]
杉遞年約納租穀貳拾肆斤正付
蒸祭首當年收用不敢少欠斤粒子
孫納租祭祀亦不得侍山林低向不
敢生端異言等情倘有力之日依
契取贖今欲有憑立賣契一紙為照
嘉慶二十二年七月 日立賣契孫聖恒
在見中兄聖翠
代字叔 国安

大吉

3-4-65-2 清嘉慶二十二年七月葉聖恒立賣楂林杉木契

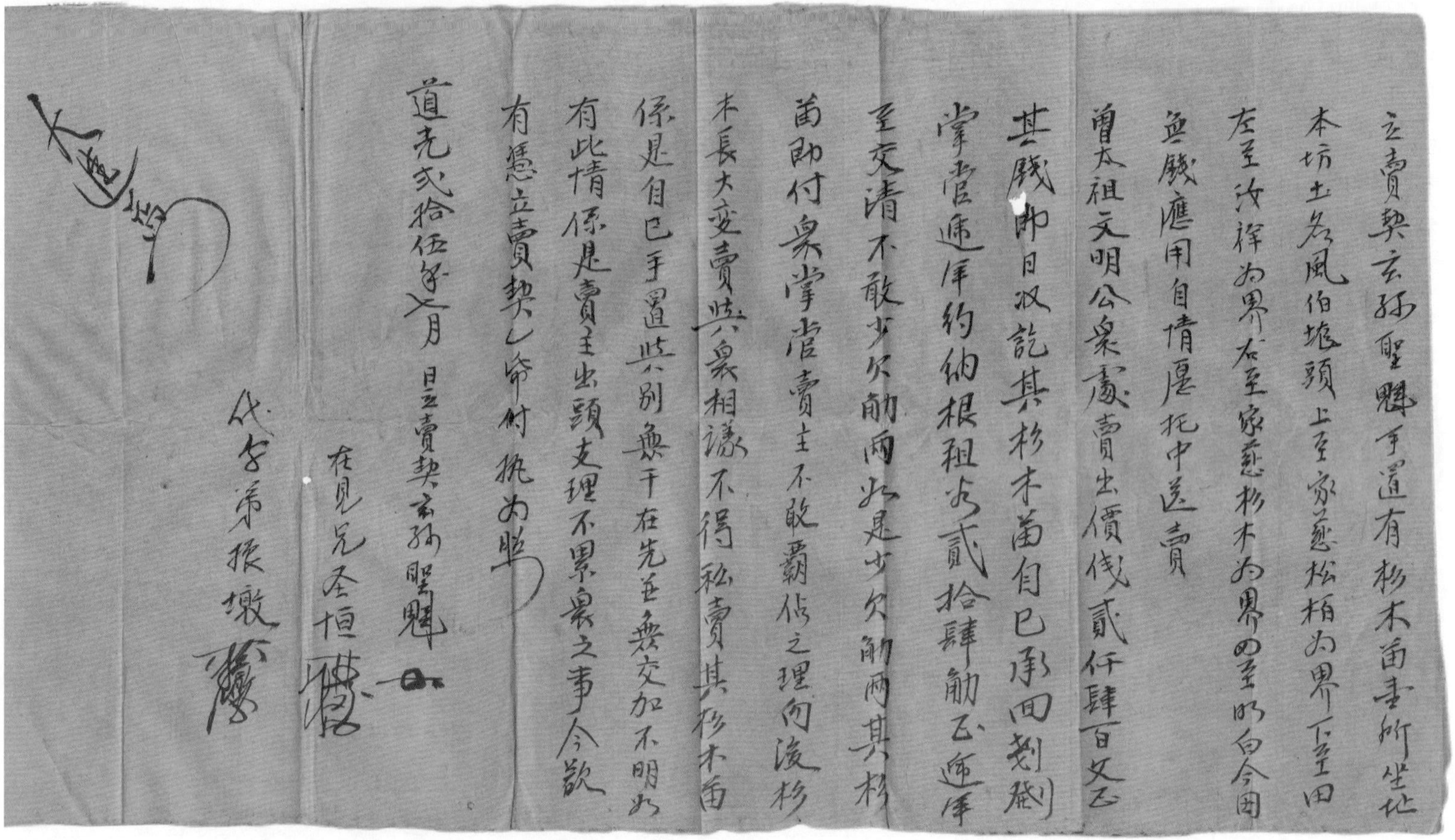

立賣契玄孫聖魁手置有杉木苗壹所坐址
本坊土名風伯壠頭上至家葱松栢為界下至田
左至汶祥為界右至家葱杉木為界四至明白今因
無錢應用自情愿托中送賣
曾太祖文明公衆處賣出價錢貳仟肆百文正
其錢即日收訖其杉木苗自己承田劄砍
掌管逓年約納根租米貳拾肆觔正逓年
至交清不敢少欠觔兩如是少欠觔兩其杉
苗助付衆掌管賣主不敢覇佔之理向後杉
木長大変賣出衆相議不得私賣其杉木苗
係是自己手置出別無干在先並無交加不明如
有此情係是賣主出頭支理不累衆之事今欲
有憑立賣契一紙付執為照
道光貳拾伍年七月　日立賣契玄孫聖魁（押）
在見兄圣恒（押）
代字弟振墩（押）
大進

3-4-65-3　清道光二十五年七月葉聖魁立賣杉木苗契

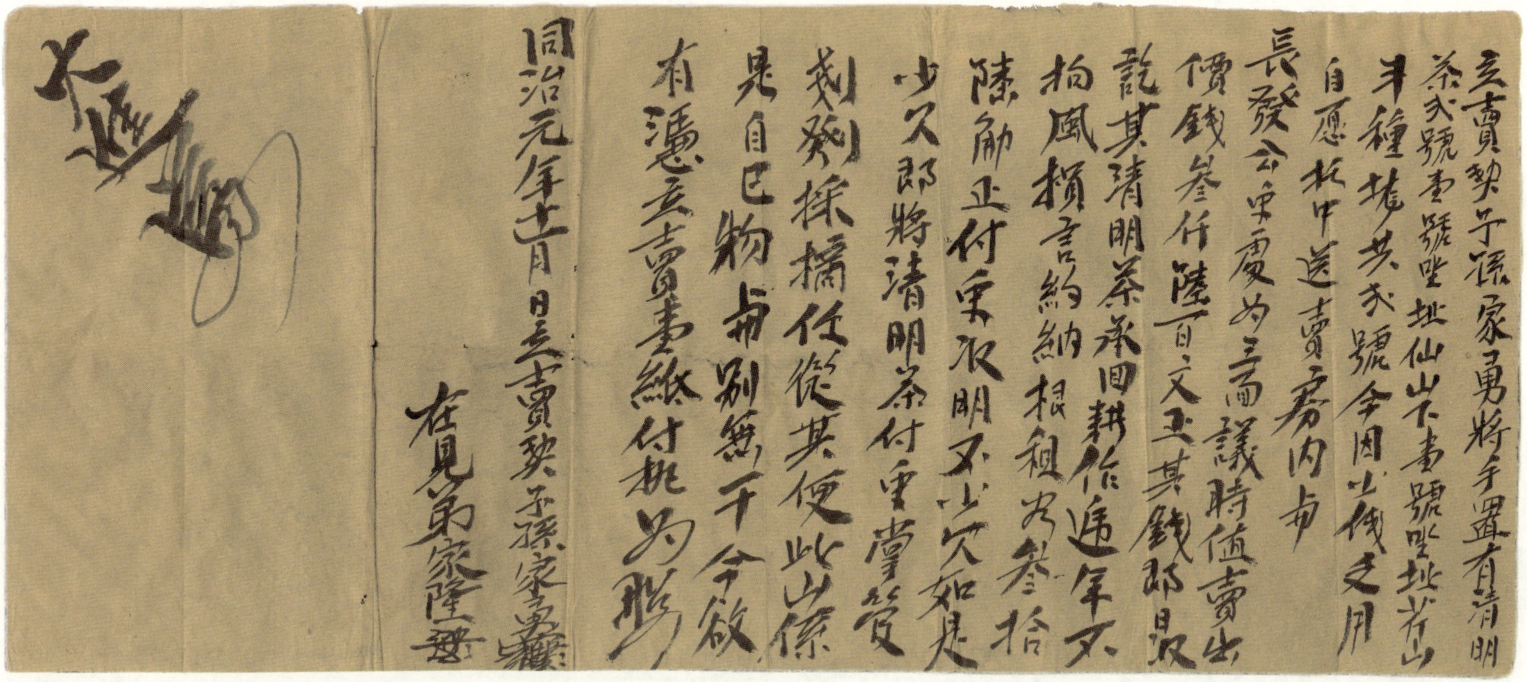
立賣契字孫家勇將手置有清明
茶弍號，壹號坐址仙山下，壹號坐址芹山
半種埕，共弍號，今因乏錢乏用，
自愿托中送賣房內叔
長發公里處爲業，三面議時值賣出
價錢叁仟陸百文正，其錢即日收
訖，其清明茶承回耕作，逐年不
拘風損，言約納根租叁拾
陸觔正，付叔邊收明，不少欠，如是
少欠，即將清明茶付叔掌管
剗採摘，任從其便，此山係
是自己物業，別無干令叙
有憑，立賣契付執爲照。
同治元年十一月 日立賣契字孫家勇
在見弟家隆

3-4-65-4 清同治元年十一月葉家勇立賣清明茶契

立賣契兄家勇手前弟手栽有清
明茶壹所坐址本坊仙山下上至對崙
嶺下至田左至玉能山右至振純山爲
界四至分明今因弟家隆身故建功少
錢無用自愿托中送賣房內弟
家宙弟處爲業三面言議時取價錢
叁仟文正其錢即日交足其山塲雜木
茅樹付弟管業兄自賣之後不敢言
說之理此山塲業與別無干在先並無業
底不明等情恐口無憑立賣契壹紙爲照

光緒伍年八月 日立賣契兄家勇（押）

代字中見叔振純（押）

[illegible]

3-4-65-5 清光緒五年八月葉家勇立賣清明茶契

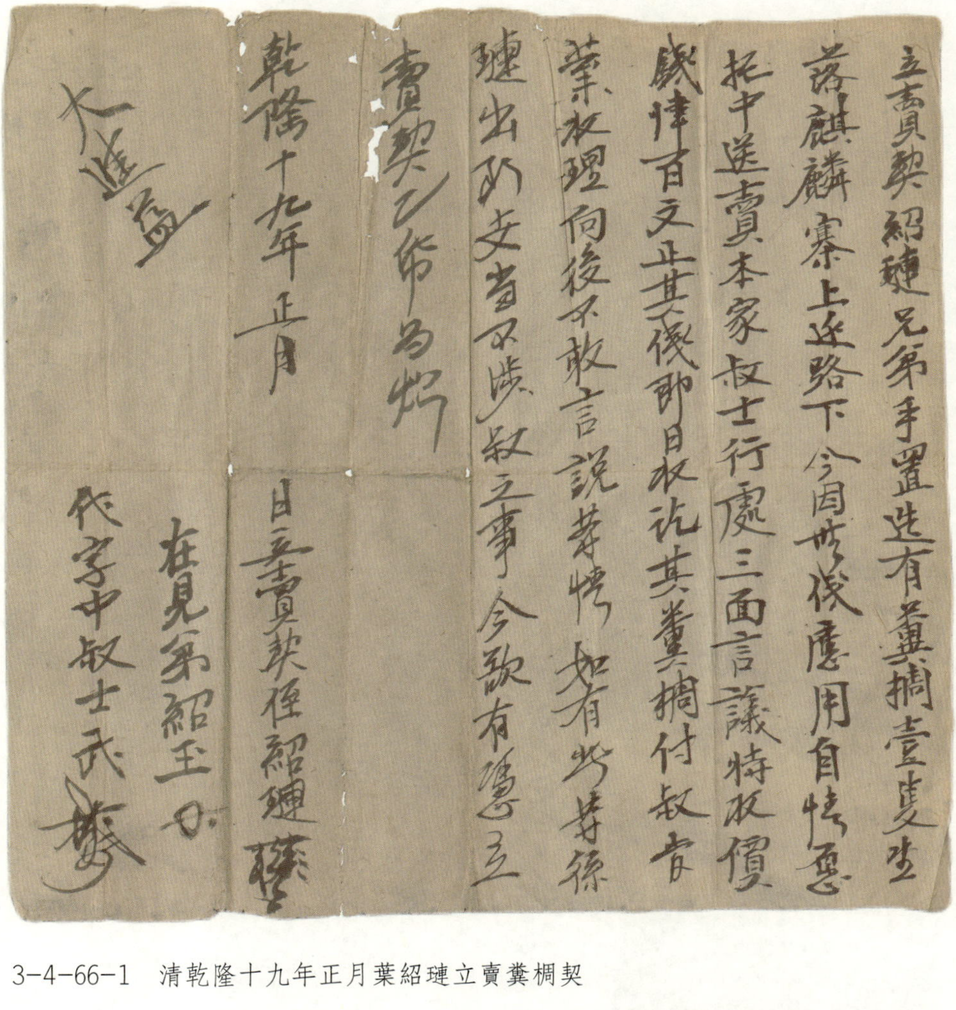
立賣契紹璉兄弟手置造有糞棡壹處坐
落麒麟寨上途路下今因乏錢應用自情愿
托中送賣本家叔士行處三面言議特收價
錢肆百文正其錢即日收訖其糞棡付叔管
業收理向後不敢言說異情如有此等係
璉出頭支當不涉叔之事今欲有憑立
賣契乙紙為炤
乾隆十九年正月
日立賣契侄紹璉（押）
在見弟紹玉（押）
代字中叔士武（押）
大進益

3-4-66-1　清乾隆十九年正月葉紹璉立賣糞棡契

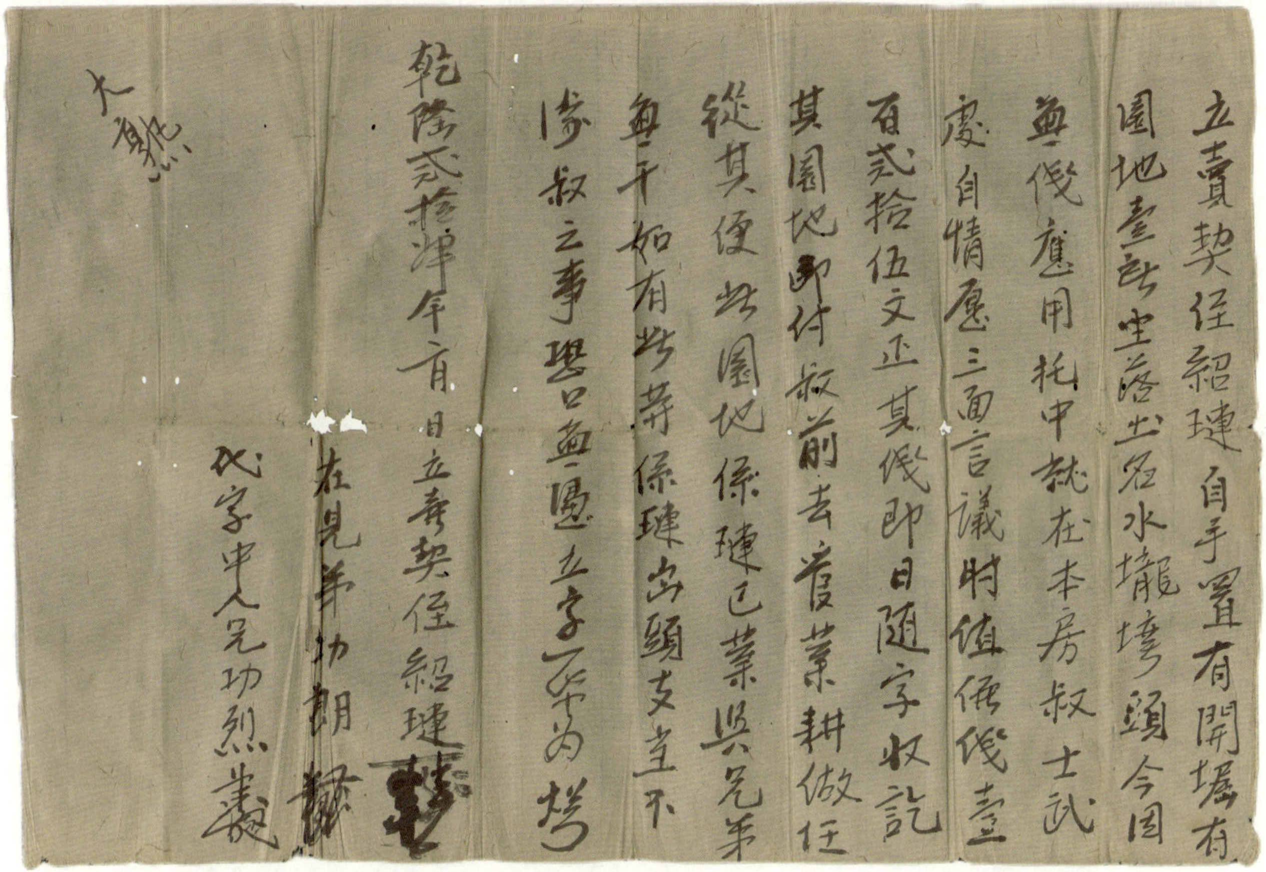
立賣契侄紹璉，自手置有開墘有園地壹段，坐落土名水壠墘頭。今因無錢應用，托中就在本房叔士武處，自情愿三面言議，時值價錢壹百貳拾伍文正。其錢即日隨字收訖，其園地即付叔前去管業耕做，任從其便。此園地係璉己業，與兄弟無干。如有此等，係璉出頭支當，不涉叔之事。恐口無憑，立字乙紙為照。

乾隆貳拾肆年二月　日立賣契侄紹璉（押）

在見弟功朗（押）

代字中人兄功烈（押）

大熟

3-4-66-2　清乾隆二十四年二月葉紹璉立賣園地契

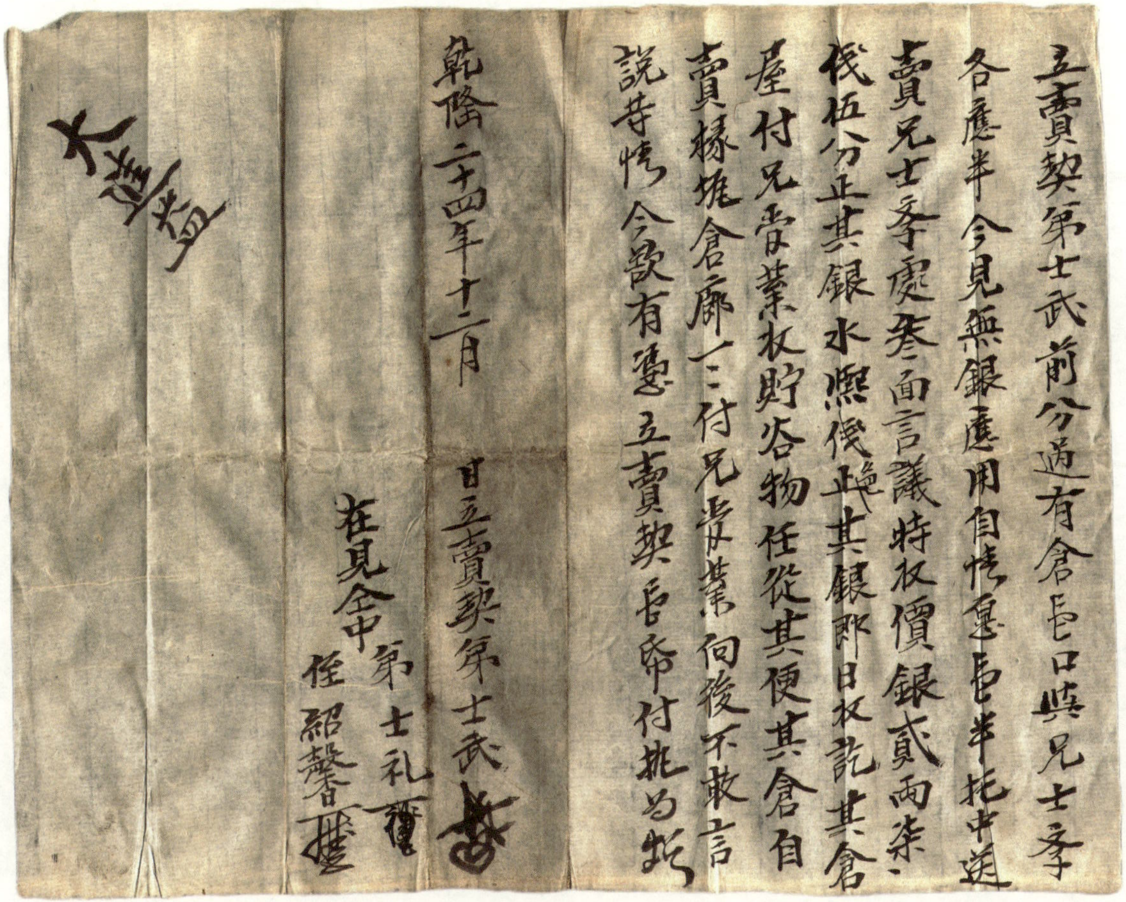

3-4-66-3　清乾隆二十四年十二月葉士武立賣倉契

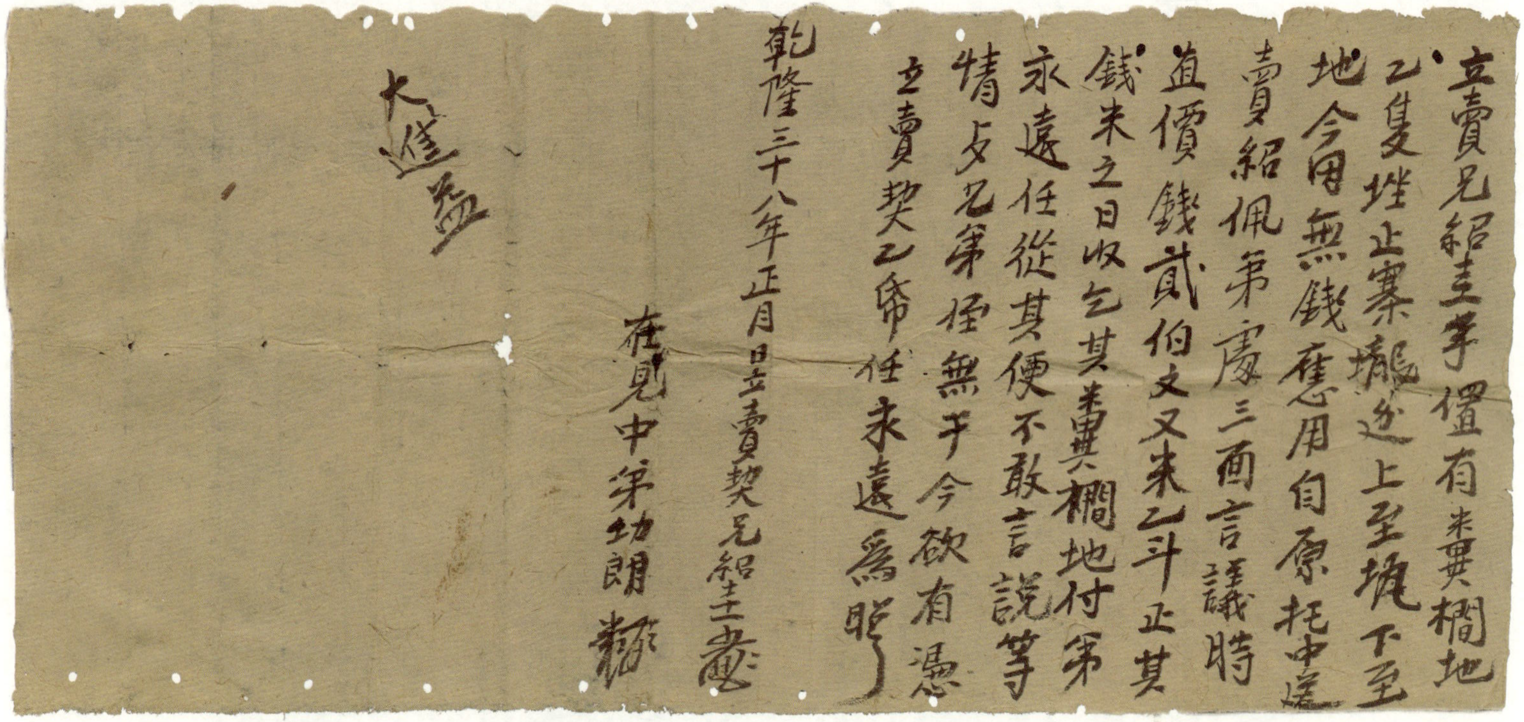
立賣兄紹圭手置有糞椆地
乙處坐址寨墘边上至塊下至
地今因無錢應用自原托中送
賣紹佩弟處三面言議時
值價錢貳伯文又米乙斗正其
錢米立日收乞其糞椆地付弟
永遠任從其便不敢言說等
情与兄弟侄無干今欲有憑
立賣契乙帋任永遠為照
乾隆三十八年正月日立賣契兄紹圭
在見中弟功朗
大進益

3-4-66-4　清乾隆三十八年正月葉紹圭立賣糞椆地契

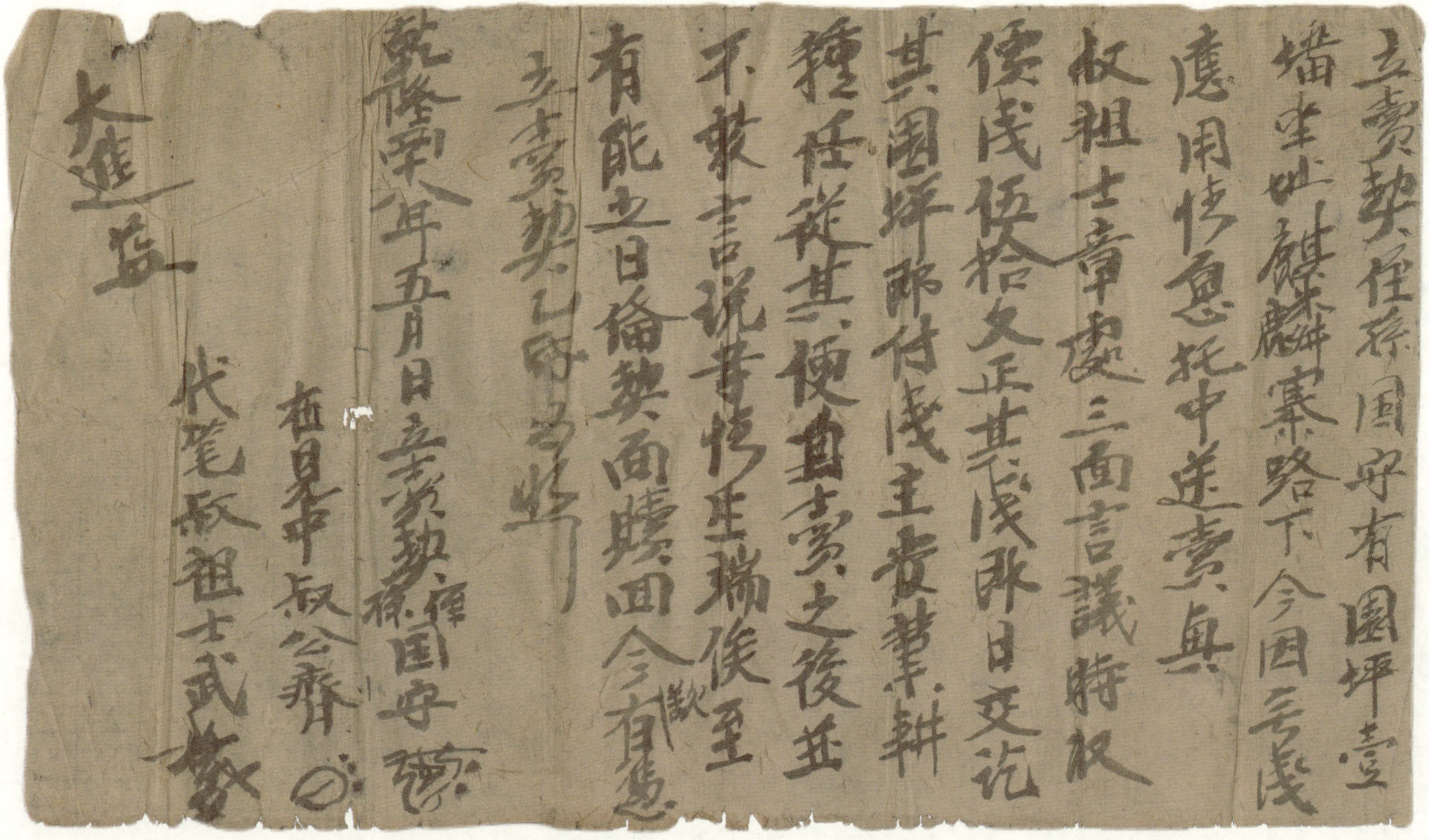
立賣契人侄孫国守有園坪壹
墙坐址麒麟寨路下，今因乏錢
應用，情愿托中送賣與
叔祖士章處，三面言議時值
價錢伍拾文正，其錢即日交訖。
其園坪即付錢主前去耕
種，任從其便。自賣之後，并
不敢言說等情生端。倘至
有能之日，備契面贖回。今欵有憑，
立賣契乙紙為照。
乾隆四十八年五月　日立賣契侄孫国守（押）
在見中叔公彝（押）
代筆叔祖士武（押）
大進益

3-4-66-5　清乾隆四十八年五月葉国守立賣園坪契

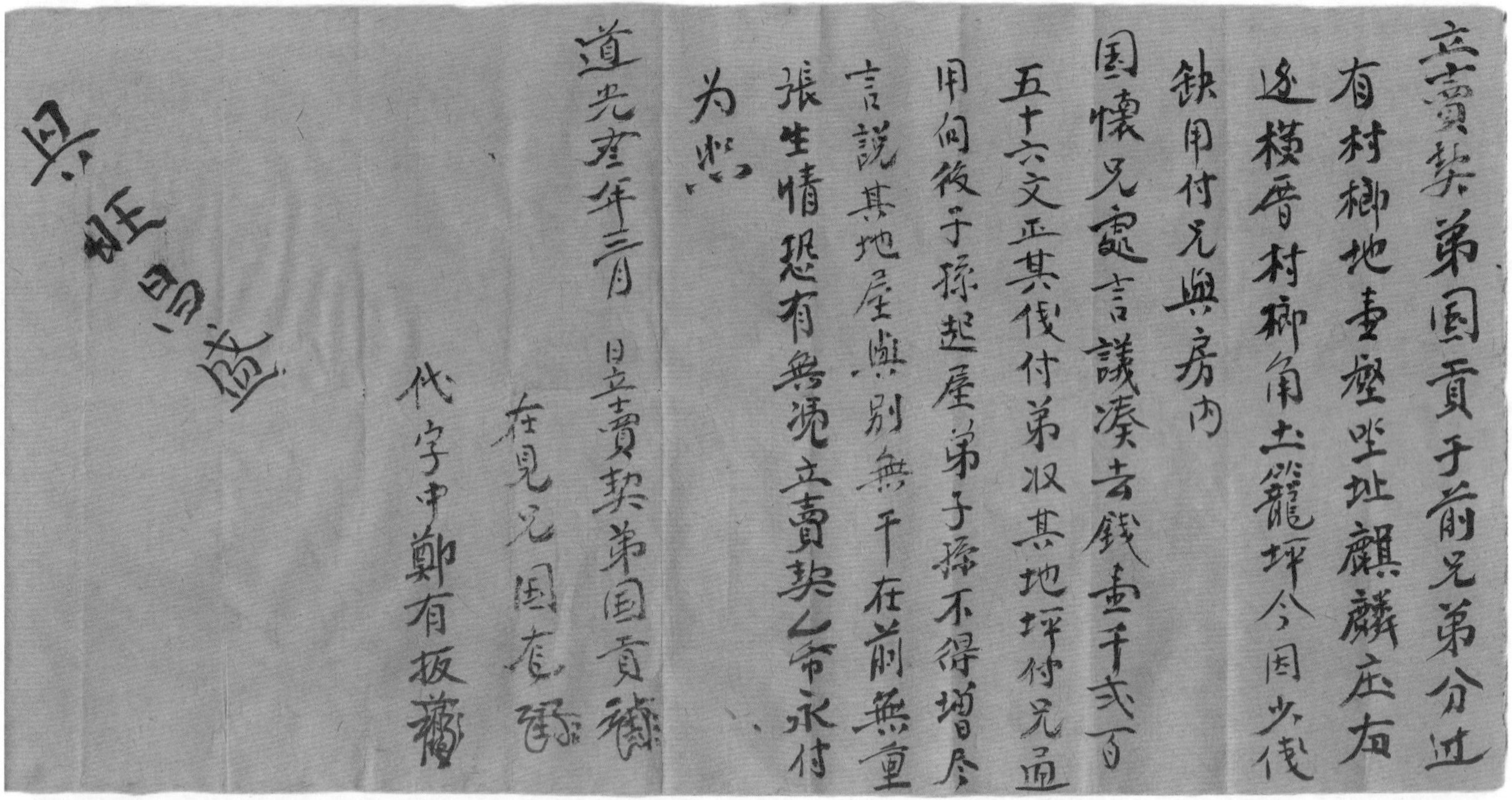

立賣契弟国貢于前兄弟分过
有村榔地壹塋坐址麒麟庄右
边横厝村榔角土壠坪今因少銭
鈌用付兄與房内
国懷兄處言議湊去銭壹千弍百
五十六文正其銭付弟収其地坪付兄前
用向後子孫起屋弟子孫不得增尽
言説其地屋與別無干在前無重
張生情恐有無憑立賣契乙帋永付
為照
道光叁年三月　日立賣契弟国貢(押)
在見兄国在(押)
代字中鄭有扳(押)

3-4-66-6　清道光三年三月葉国貢立賣村榔地坪契

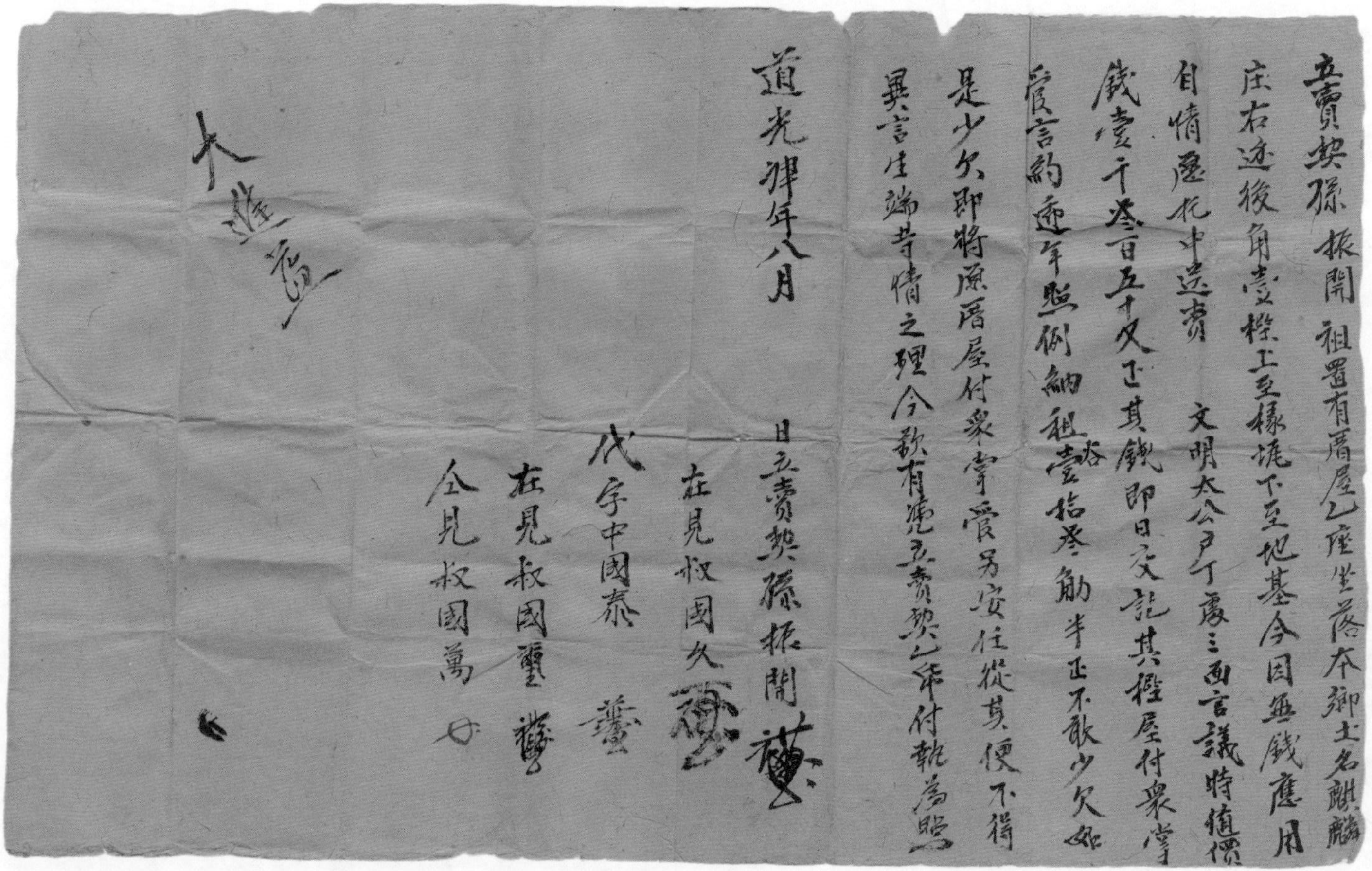
立賣契孫振開　祖置有厝屋乙座坐落本鄉土名麒麟
庄右邊後角壹植上至椽桶下至地基今因無錢應用
自情愿托中送賣　文明太公戶丁處三面言議時值價
錢壹千叁百五十文正其錢即日交訖其植屋付衆掌
管言約逐年照例納租壹谷指叁觔半正不敢少欠如
是少欠即將原厝屋付衆掌管另安任從其便不得
異言生端等情之理今欲有憑立賣契乙紙付執爲照

道光肆年八月　日立賣契孫振開（押）
在見叔國久（押）
代字中國泰（押）
在見叔國璽（押）
仝見叔國萬（押）

大進宮

3-4-66-7　清道光四年八月葉振開立賣厝屋契

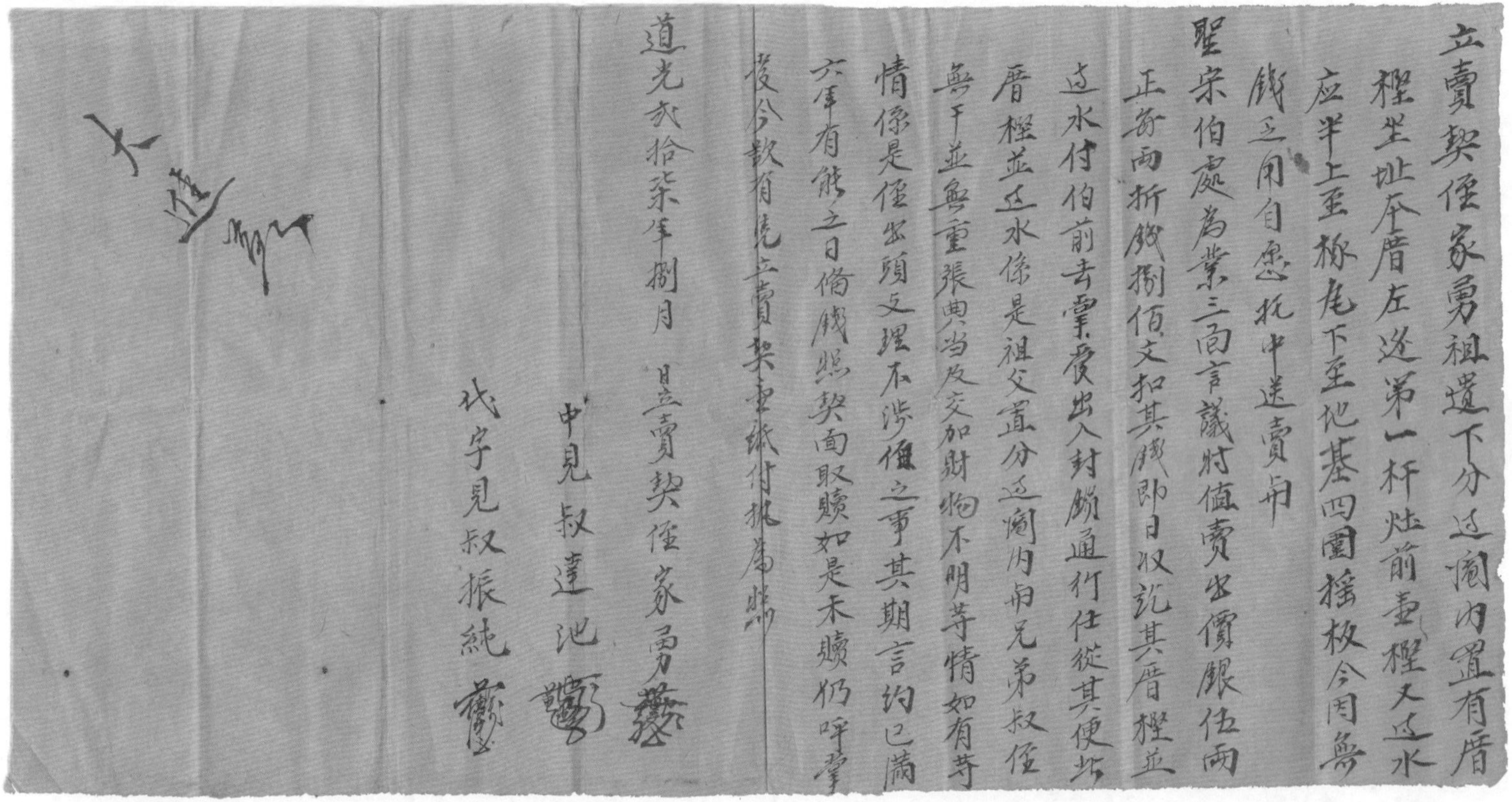
立賣契侄家勇祖遺下分过阄内置有厝
樫坐址本厝左边第一杆灶前壹樫又过水
应半上至椽尾下至地基四圍摇枚今因無
錢乏用自愿托中送賣与
聖宗伯處為業三面言議时值賣出價銀伍兩
正每兩折錢捌佰文扣其錢即日収訖其厝樫並
过水付伯前去管業出入封鎖通行任從其便此
厝樫並过水係是祖父置分过阄内与兄弟叔侄
無干並無重張典当及交加尉物不明等情如有等
情係是侄出頭支理不涉伯之事其期言約已滿
六年有能之日備價照契面取贖如是未贖仍呼掌
後分數有憑立賣契壹紙付執存照
道光貳拾柒年捌月　日立賣契侄家勇（押）
中見叔達池（押）
代字見叔振純（押）

3-4-66-8　清道光二十七年八月葉家勇立賣厝樫契

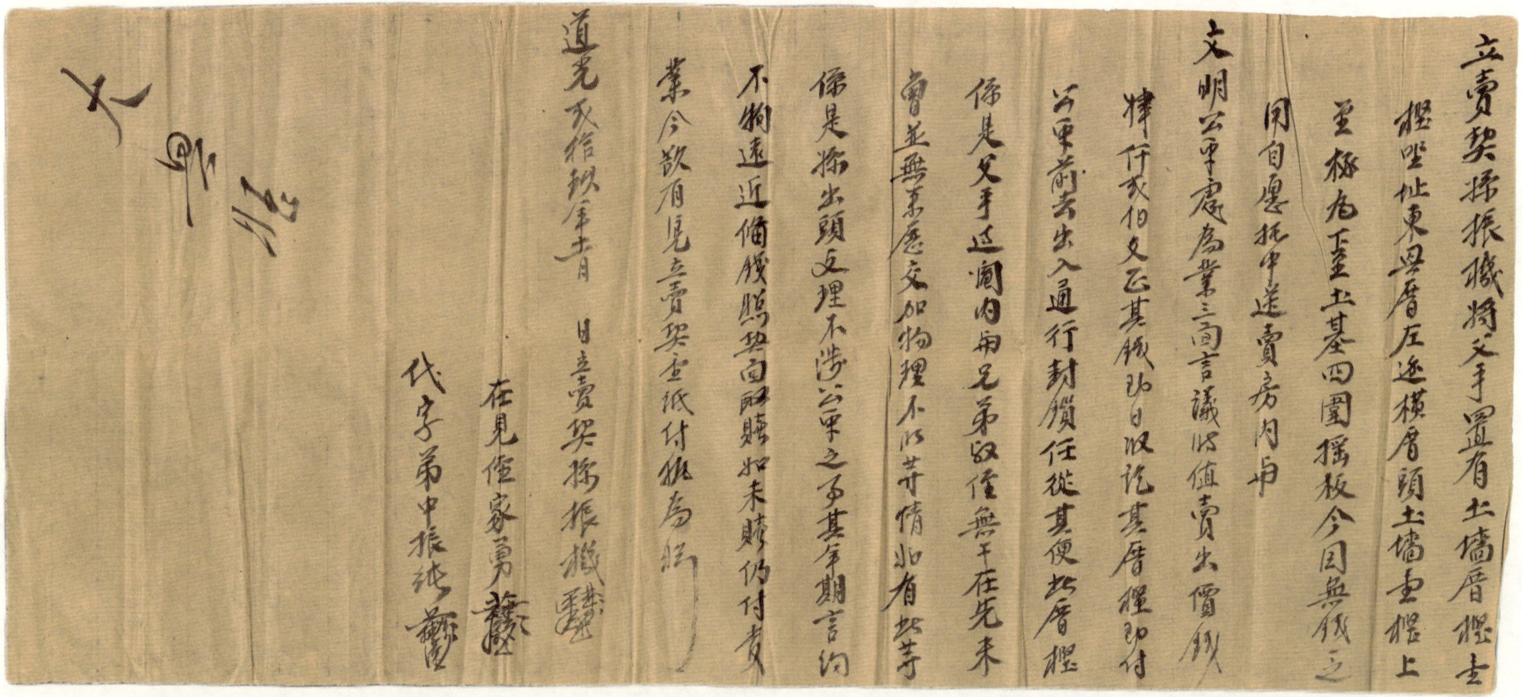

立賣契葉振機將父手置有土墻厝樫壹
樫坐址東門厝左邊橫厝頭土墻壹樫上
至椽桷下至土基四圍摇板今因無錢乏
用自愿托中送賣房内弟
文明出手處爲業三面言議時值賣出價錢
肆仟貳伯文正其錢即日收訖其厝樫即付
出手前去出入通行封鎖任從其便其厝樫
係是父手退闈内弟兄弟各位無干在先未
曾並無典當交加物理不明等情如有此等
係是葉出頭支理不涉出手之事其年期言約
不拘遠近備價照契面取贖如未贖仍付其
業今欲有憑立賣契壹紙付執爲照
道光戊拾玖年十一月　日立賣契葉振機（押）
在見堂叔家勇（押）
代字弟中振純（押）

3-4-66-9　清道光二十九年十一月葉振機立賣厝樫契

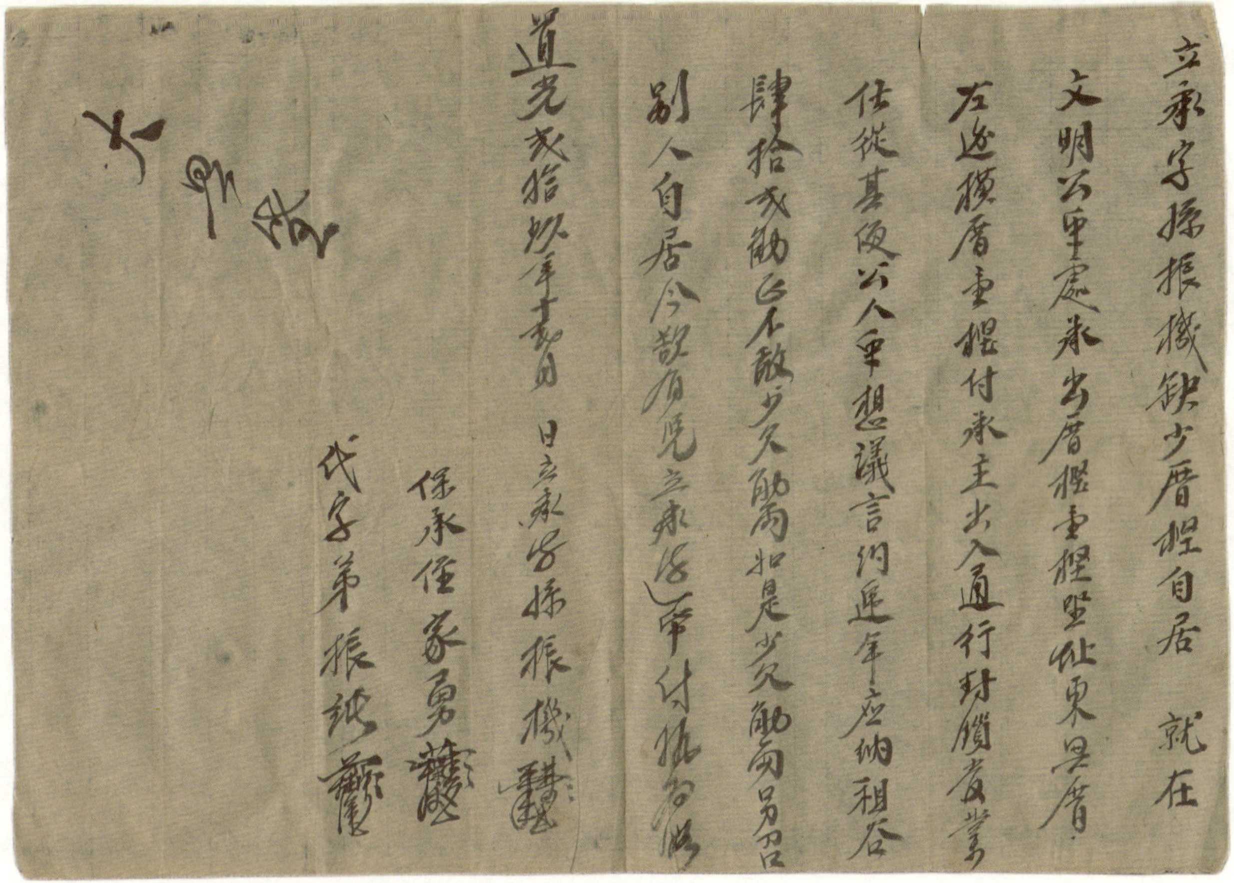

立承字葉振機缺少厝樫自居　就在
文明公罕處承出厝樫壹樫坐址東畔厝
左邊橫厝壹樫付承主出入通行財貨產業
任從其便公人罕想議言約延年應納租谷
肆拾弍觔正不敢少欠觔兩如是少欠觔兩另召
別人自居今欲有憑立承字付執爲照
道光弍拾玖年十二月　日立承字葉振機
保承侄家勇
代字弟振紀
大吉

3-4-66-10　清道光二十九年十二月葉振機立承厝樫契

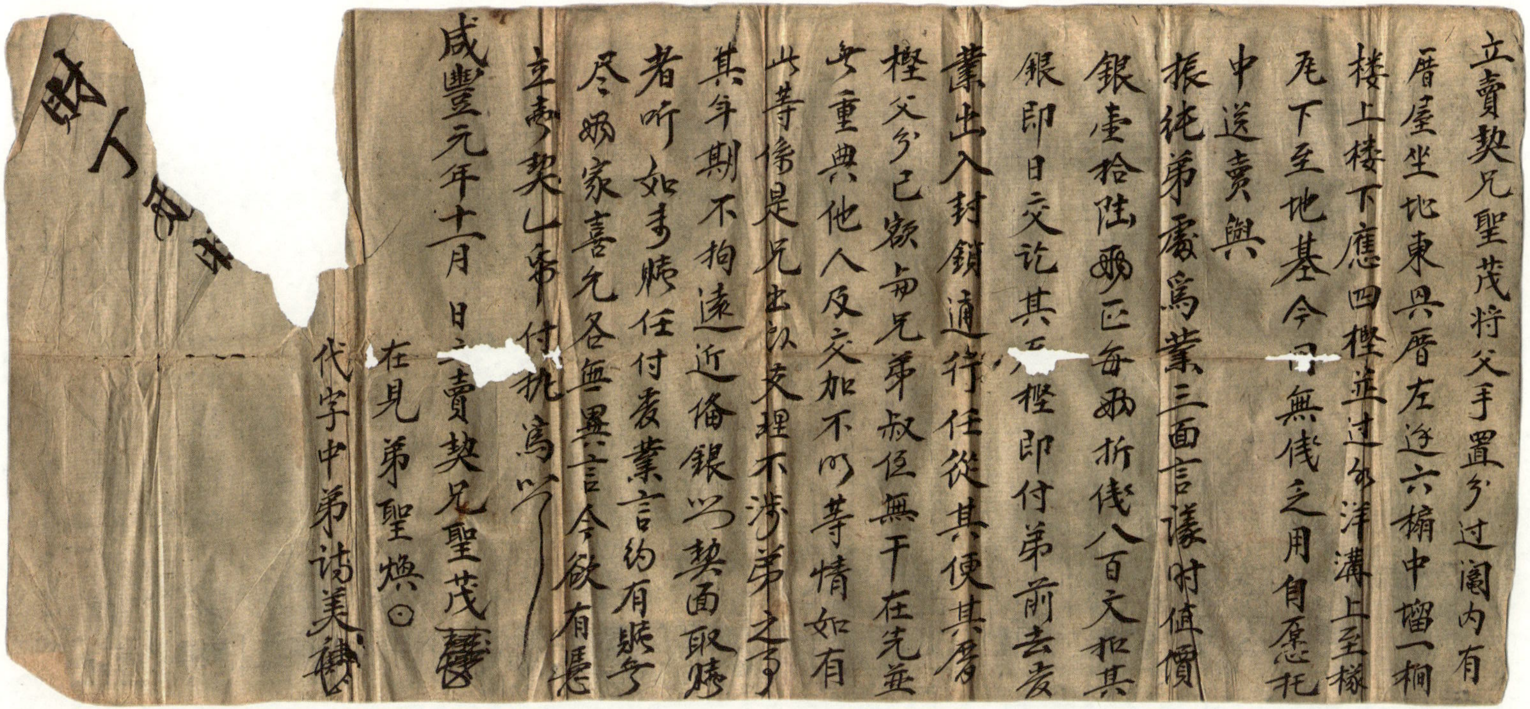
立賣契兄聖茂將父手置分过閫內有
厝屋坐址東興厝左边六桷中𨻶一桐
楼上楼下應四樫並过分洋溝上至椽
瓦下至地基今因無錢之用自愿托
中送賣與
振純弟處爲業三面言議时値價
銀壹拾陸兩正每兩折錢八百文扣其
銀即日交訖其厝樫即付弟前去處
業出入封鎖通行任從其便其厝
樫父分已欲由兄弟叔侄無干在先並
無重典他人及交加不明等情如有
此等係是兄出頭支理不涉弟之事
其年期不拘遠近備銀照契面取贖
者聽如未贖任付處業言約有憑今
恐無憑家喜兄各無異言今欲有憑
立賣契一紙付執爲照
咸豐元年十一月 日立賣契兄聖茂（押）
在見弟聖煥○
代字中弟詩美（押）

3-4-66-11 清咸豐元年十一月葉聖茂立賣厝屋契

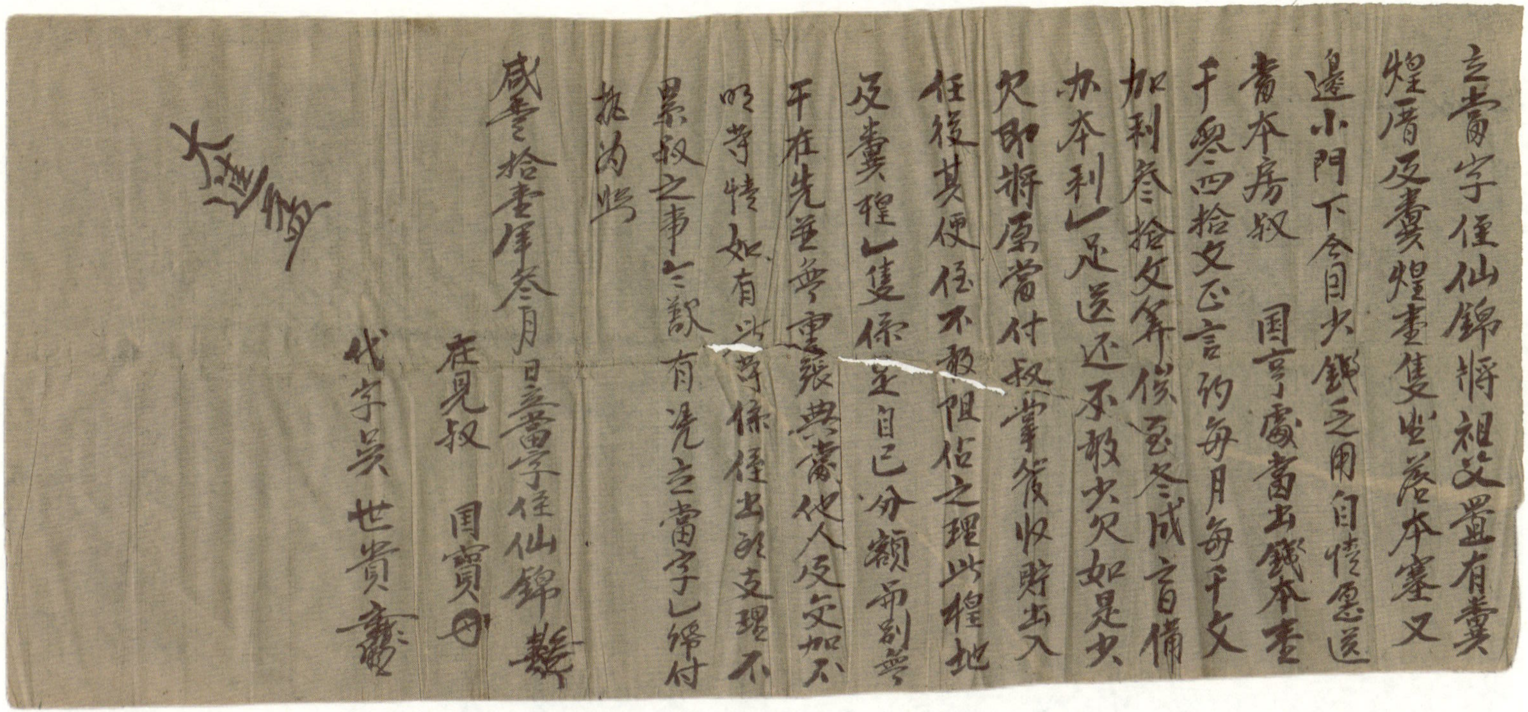

3-4-66-12　清咸豐十一年三月葉仙錦立當龔煌厝字

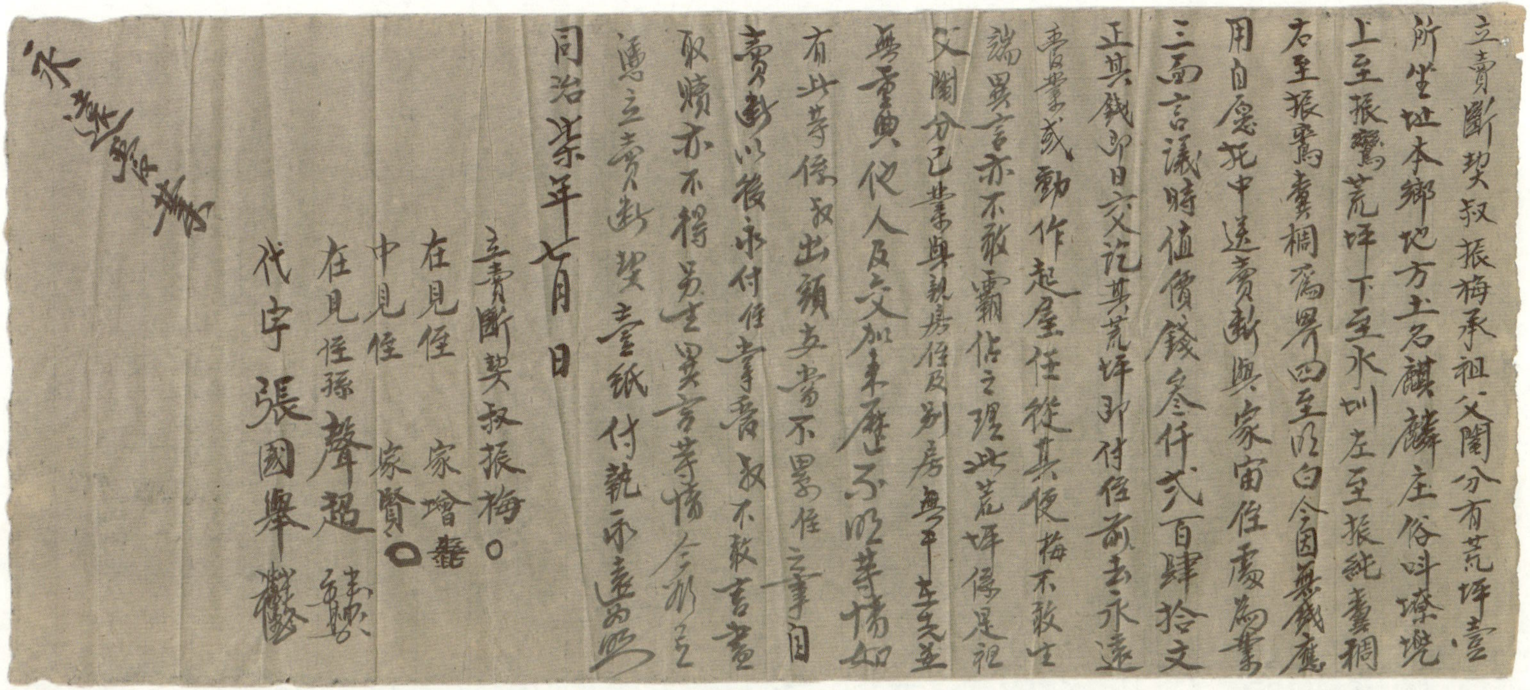

立賣斷契叔振梅承祖父閹分有荒坪壹
所坐址本鄉地方土名麒麟庄俗叫[illegible]境
上至振鸞荒坪下至水圳左至振純[illegible]稠
右至振鸞壹稠爲界四至明白今因無錢應
用自愿托中送賣斷與家甯侄處爲業
三面言議時值價錢叁仟弍百肆拾文
正其錢即日交訖其荒坪即付侄前去永遠
管業或動作起屋任從其便梅不敢生
端異言亦不敢霸佔之理此荒坪係是祖
父閹分已業與親房侄及別房無干並
無重典他人及交加來歷不明等情如
有此等係叔出頭支當不累侄之事
賣斷以後永付侄業管叔不敢言盡
取贖亦不得另生異言等情今欲有
憑立賣斷契壹紙付執永遠為照

同治柒年七月　日

立賣斷契叔振梅〇

在見侄　家增

中見侄　家賢

在見侄孫　聲超

代字　張國舉

永遠管業

3-4-66-13　清同治七年七月葉振梅立賣斷荒坪契

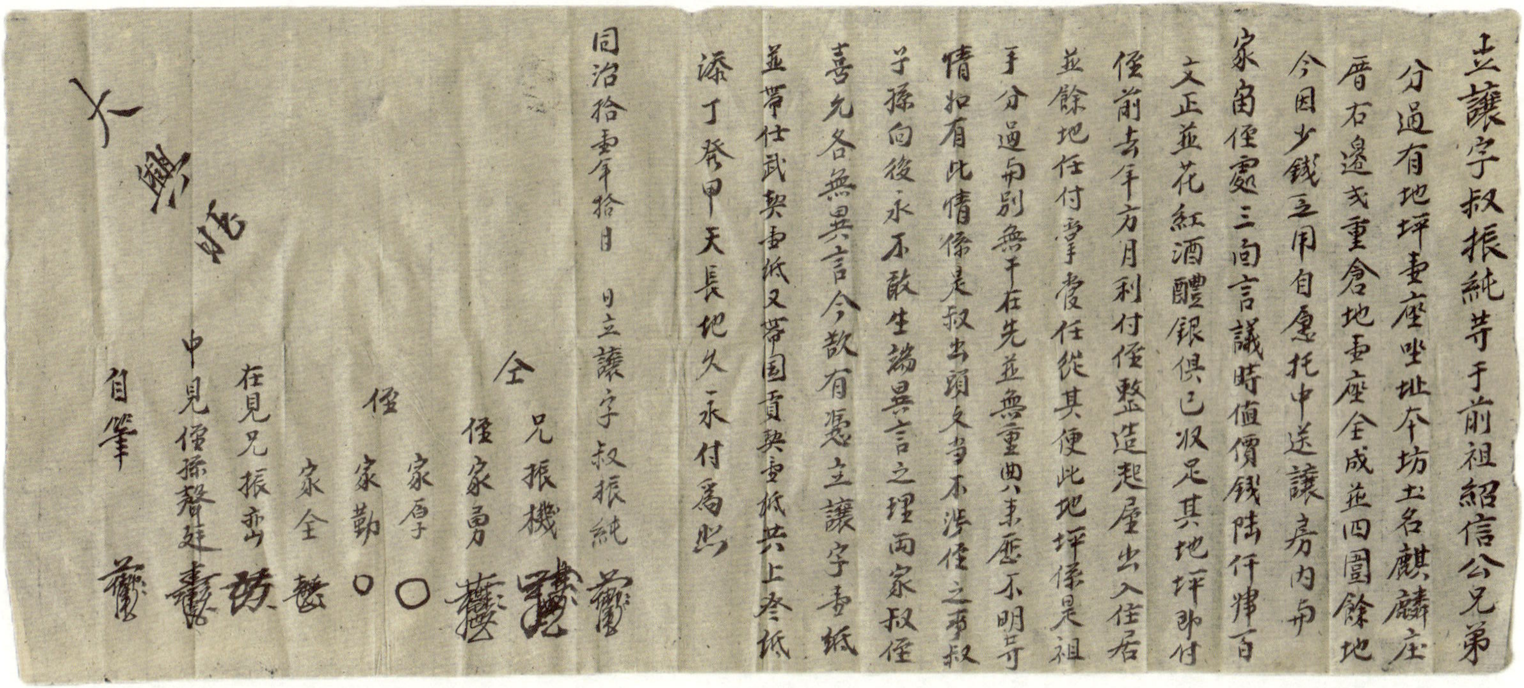

立讓字叔振純等于前祖紹信公兄弟
分過有地坪壹座坐址本坊土名麒麟庄
厝右邊弍重倉地壹座全成並四圍餘地
今因少錢應用自愿托中送讓房內弟
家角侄處三面言議時值價錢陸仟肆百
文正並花紅酒醴銀俱已収足其地坪即付
侄前去擇月利付侄整造起屋出入住居
並餘地任付掌管任從其便此地坪係是祖
手分過與別無干在先並無重典來歷不明等
情如有此情係是叔出頭支當不涉侄之事叔
子孫向後永不敢生端異言之理兩家叔侄
喜允各無異言今欲有憑立讓字壹紙
並帶仕武契壹紙又帶國貢契壹紙共上叁紙
添丁發甲天長地久永付為照

同治拾壹年拾月　日立讓字叔振純
全　兄振機
侄家勇
侄　家厚○
家勤○
家全
在見兄振燕
中見侄孫聲廷
自筆

大興旺

3-4-66-14　清同治十一年十月葉振純等立讓地坪字

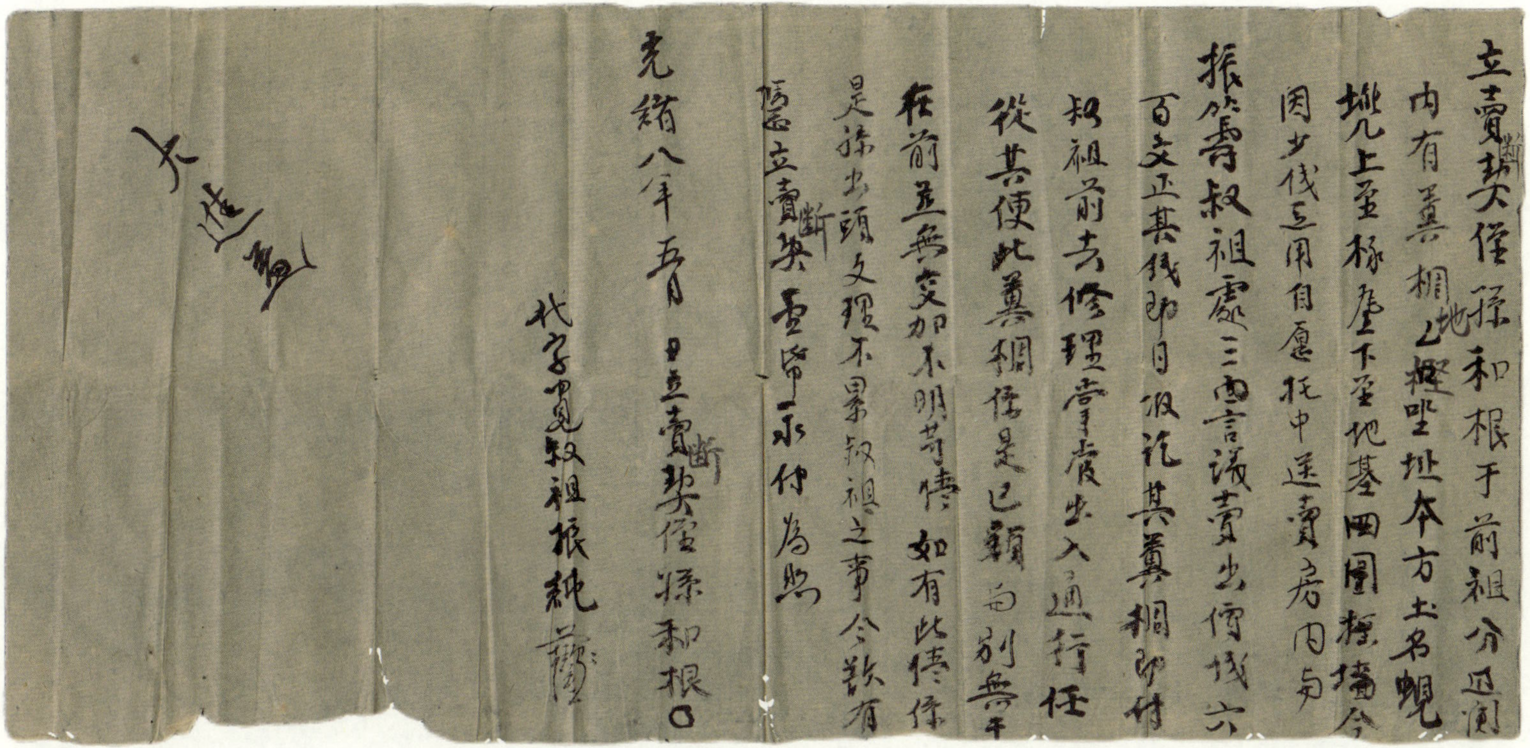

3-4-66-15　清光緒八年五月葉和根立賣斷糞桶地契

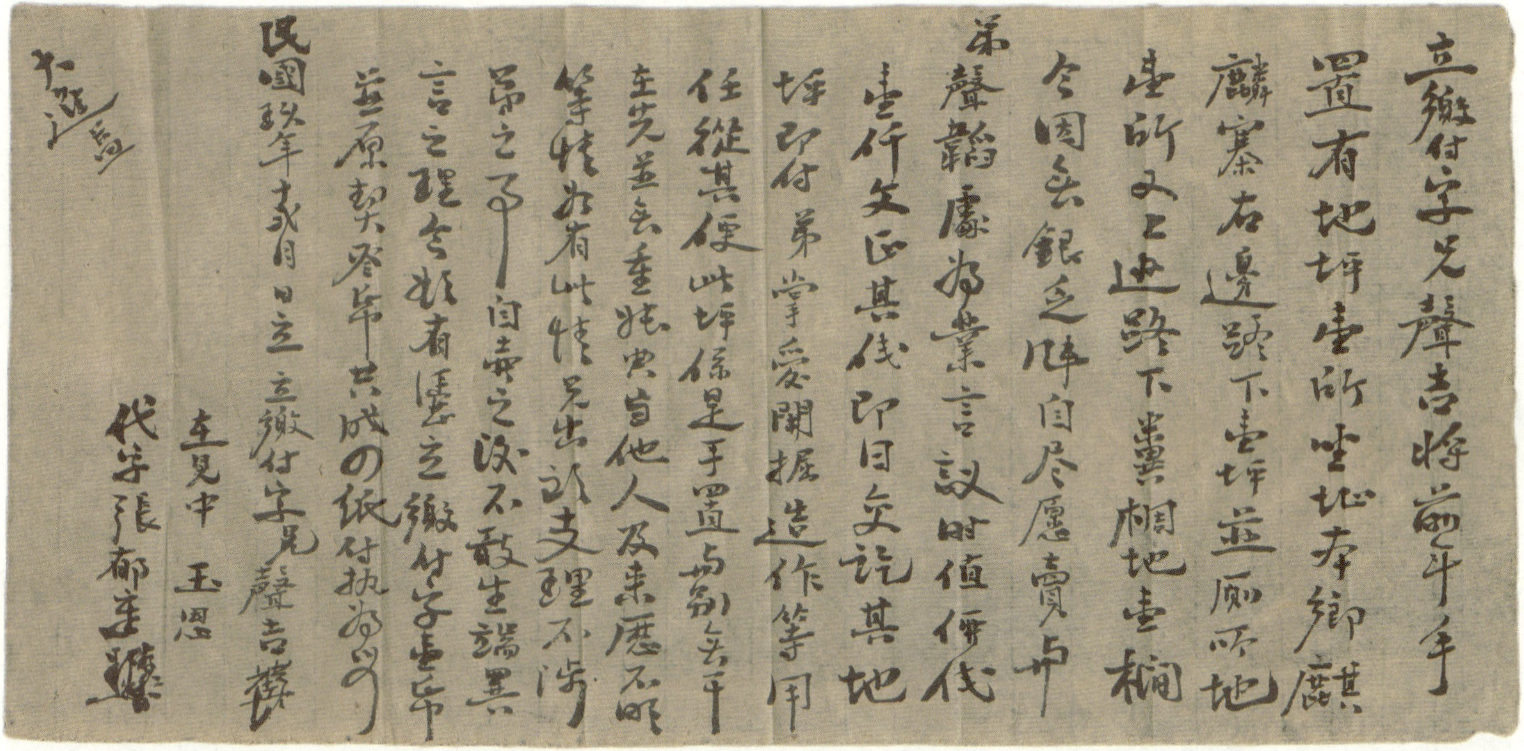
立繳付字兄聲吉將前年手
置有地坪壹所坐址本鄉麒
麟寨右邊頭下壹坪並廁所地
壹所又上進路下叢桐地壹桐
今因無銀之時自愿賣與
弟聲翰處為業言議時值價錢
壹仟文正其錢即日交訖其地
坪即付弟掌管開掘造作等用
任從其便此坪係是手置與別無干
本先並無重張典當他人及來歷不明
等情如有此情兄出頭支理不涉
弟之事自兹之後不敢生端異
言之理今欲有憑立繳付字壹帋
並原契共成四紙付執為照
民國玖年拾貳月 日立 立繳付字兄聲吉
在見中 玉恩
代字張郁生

3-4-66-16 民國九年十二月葉聲吉立繳付地坪等契

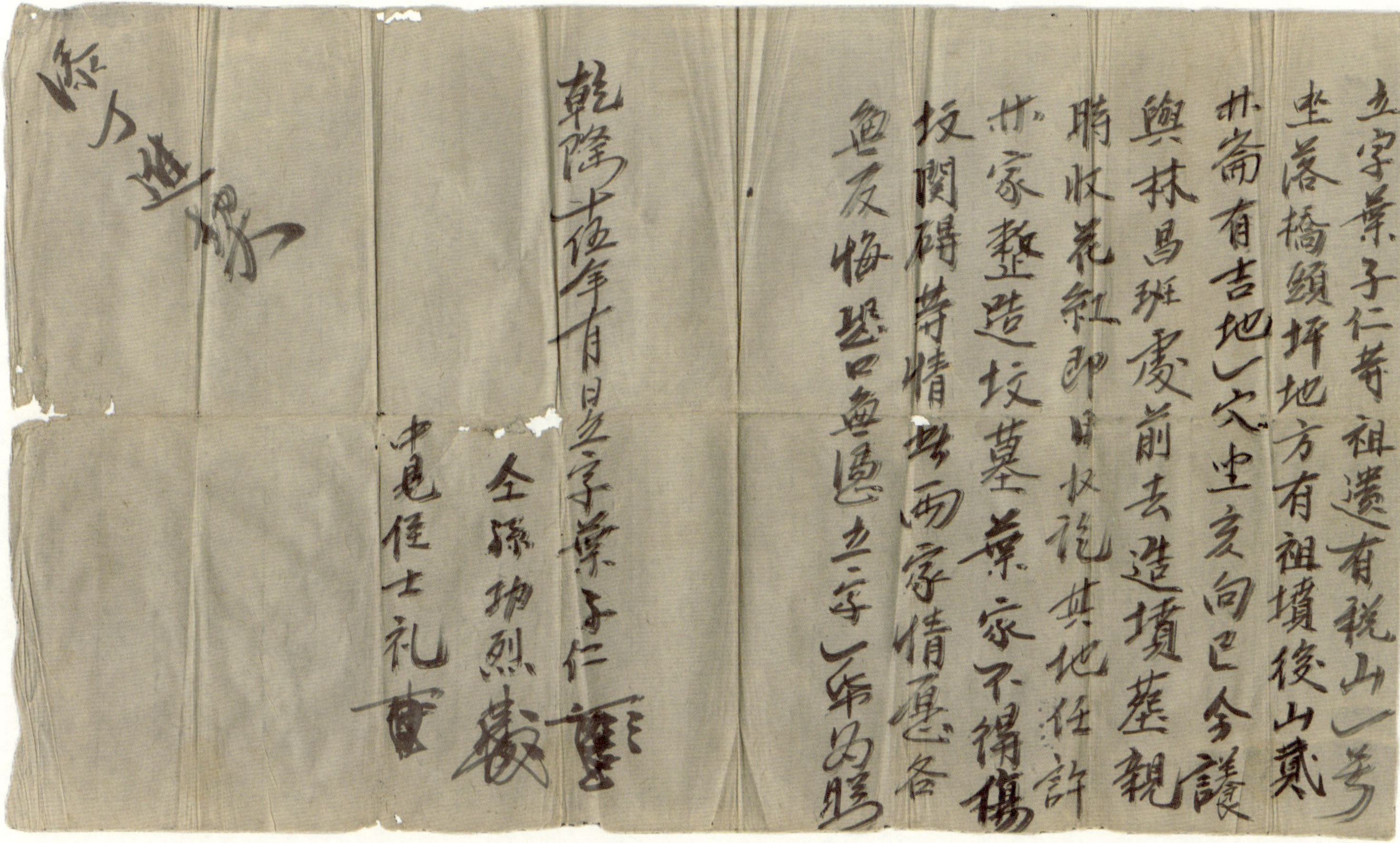

立字葉子仁等祖遺有税山一号
坐落橋頭坪地方有祖墳後山貳
廾崙有吉地一穴坐亥向巳今議
與林昌班處前去造墳葬親
時收花紅即日收訖其地任許
廾家整造坟墓葉家不得阻
坟關碍等情此係兩家情愿各
無反悔恐口無憑立字一帋為照

乾隆拾伍年十月　日立字葉子仁（押）
仝孫坤烈（押）
中見侄士礼（押）

添丁進祿

3-4-67-1　清乾隆十五年十月葉子仁等立賣吉地契

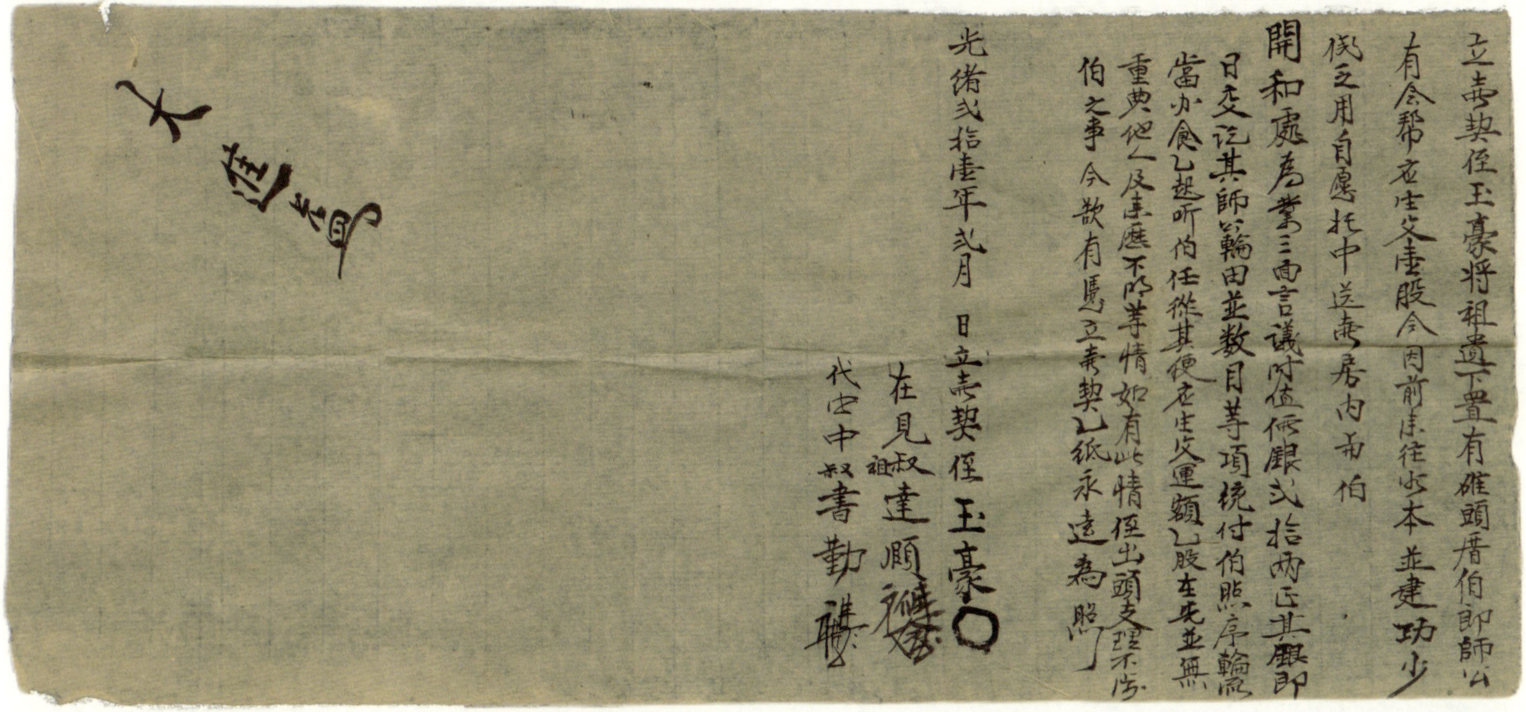
立賣契侄玉豪將祖遺下置有雄頭厝伯即師公
有會幫在生父壹股今因前去往山本並建功少
伕之用自愿托中送賣厝内叔伯
開和處為業三面言議時值價銀弍拾兩正其銀即
日交訖其師公輪田並數目等項统付伯照序輪流
當办食乙起所伯任從其便在生父運額乙股在先並無
重典他人及未曾不明等情如有此情侄出頭支理不涉
伯之事今欲有憑立賣契乙紙永遠為照
光緒弍拾壹年弍月　日立賣契侄玉豪〇
在見叔祖達順
代字中叔書勤
大進吉昌

3-4-67-2　清光緒二十一年二月葉玉豪立賣會幫股份契

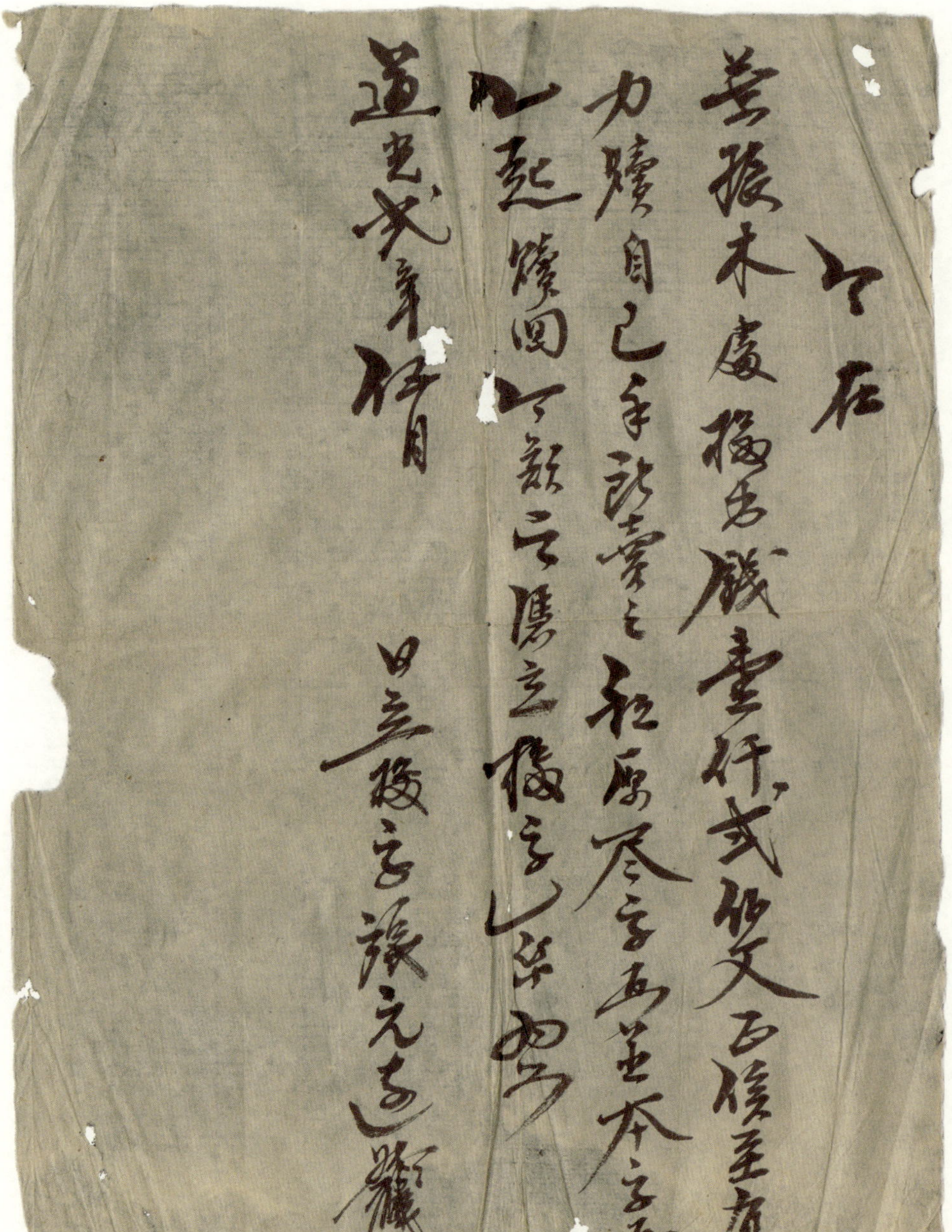
立在
茔頭木處攞出錢壹仟弍佰文正係是自
力贖自己手該業之租原尽字再並本字立
出起贖回下欵云憑立攞字乙紙為照
道光弍年伍月　　日立攞字張元遠親

3-4-68-1　清道光二年五月張元遠立攞字

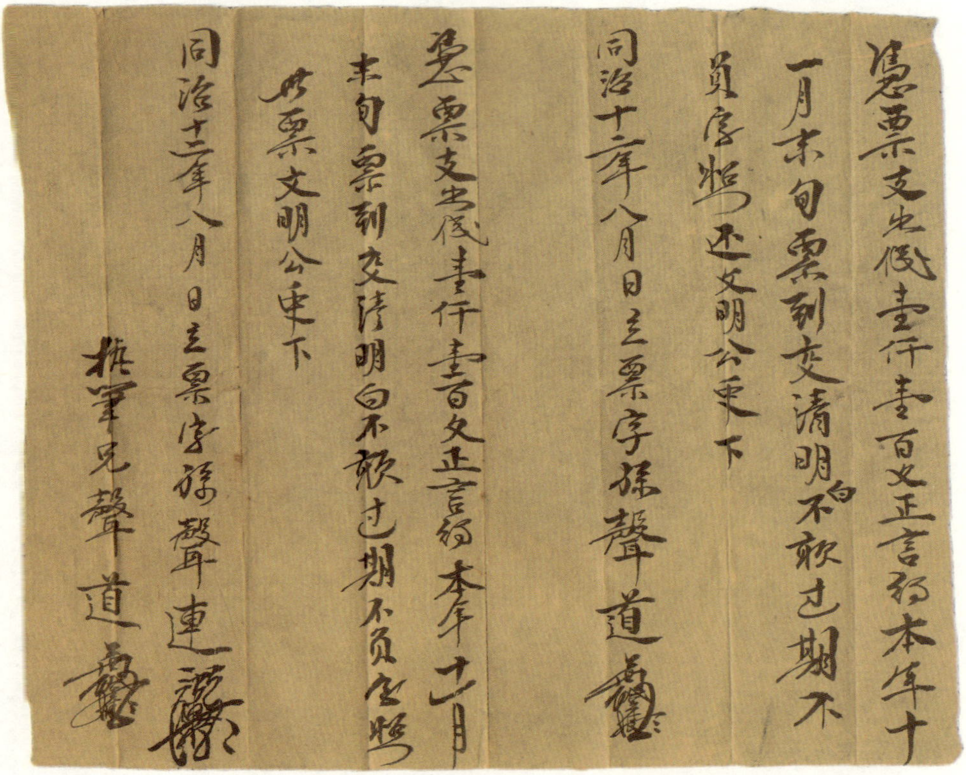

憑票支出錢壹仟壹百文正言約本年十一月末旬票到交清明白不敢過期不負字照還文明公東下

同治十二年八月日立票字孫聲道（押）

憑票支出錢壹仟壹百文正言約本年十一月末旬票到交清明白不敢過期不負字照此票文明公東下

同治十二年八月日立票字孫聲連（押）

執筆兄聲道（押）

3-4-69-1　清同治十二年八月葉聲連立支錢憑票

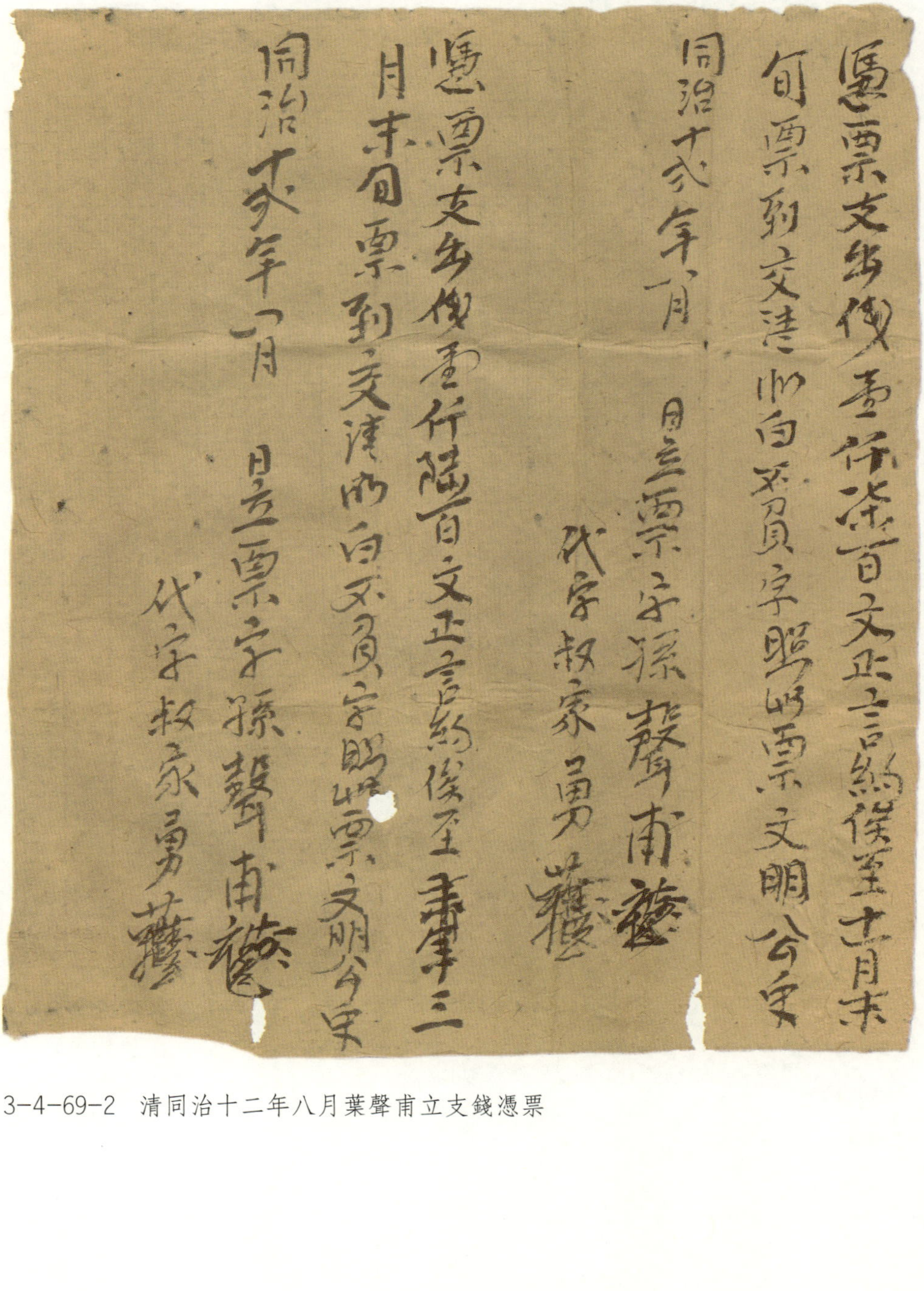

憑票支出錢壹仟柒百文正言約俟至十二月末
日票到交清如有欠負字照此票文明公安
同治十弍年八月　日立票字孫聲甫
代字叔家勇

憑票支出錢壹仟陸百文正言約俟至來年三
月末日票到交清如有欠負字照此票文明公安
同治十弍年八月　日立票字孫聲甫
代字叔家勇

3-4-69-2　清同治十二年八月葉聲甫立支錢憑票

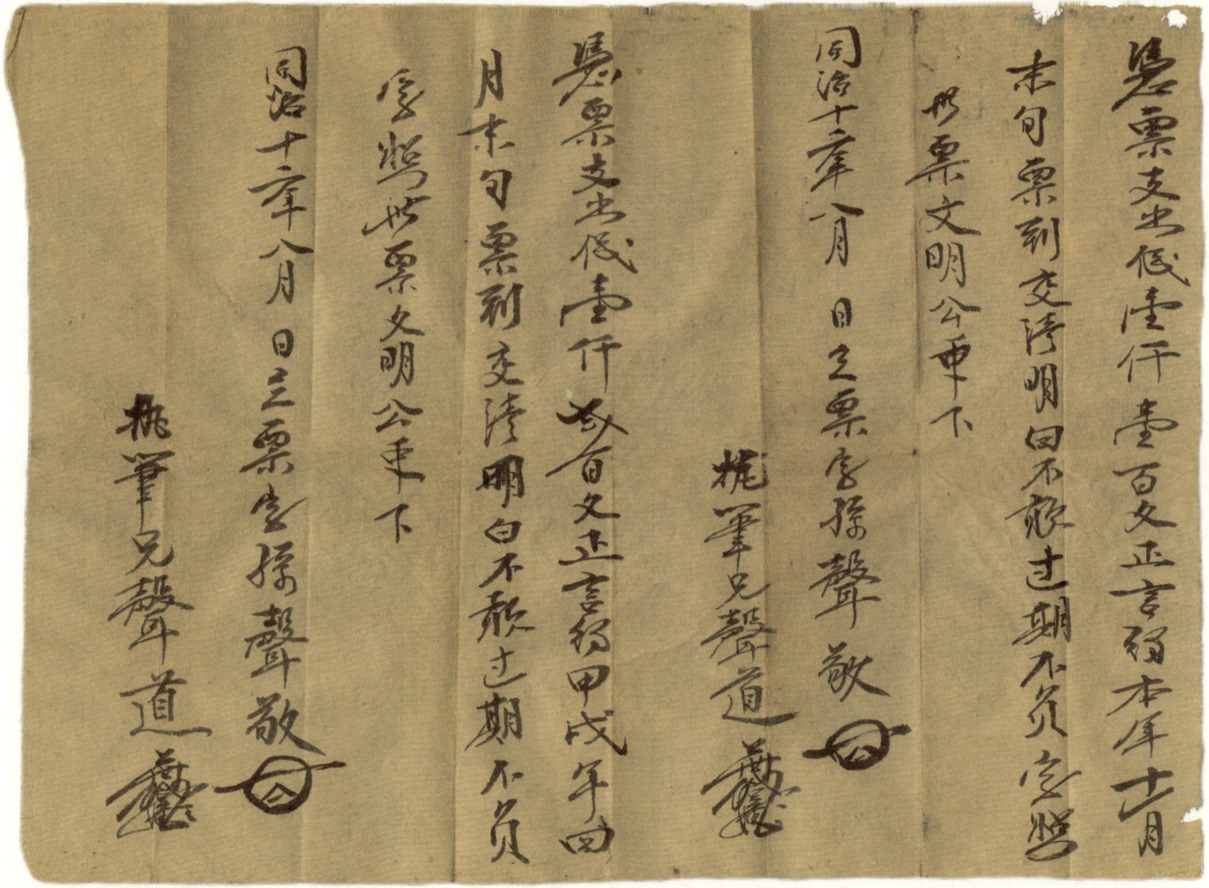
憑票支出低錢壹仟壹百文正言約本年十一月
末旬票到支清明白不敢過期不負字照
此票文明公平下
同治十二年八月　日立票字據聲敬
批筆兄聲道
憑票支出低錢壹仟貳百文正言約甲戌年四
月末旬票到支清明白不敢過期不負
字照此票文明公平下
同治十二年八月　日立票字據聲敬
批筆兄聲道

3-4-69-3　清同治十二年八月葉聲敬立支錢憑票

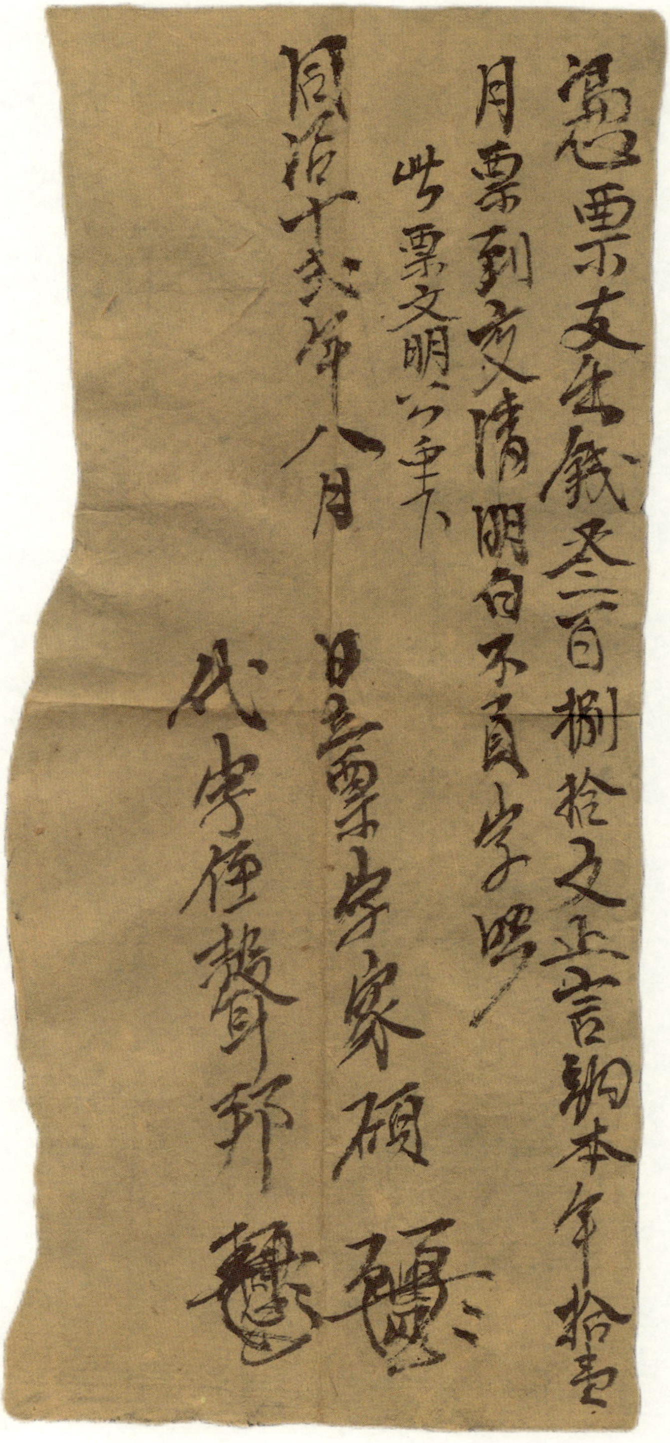

憑票支去錢叁百捌拾文正，言約本年拾壹
月票到交清，明白不負，字照。
此票交明不用
同治十弍年八月　日立票字家碩（押）
代字侄啟邦（押）

3-4-69-4　清同治十二年八月葉家碩立支錢憑票

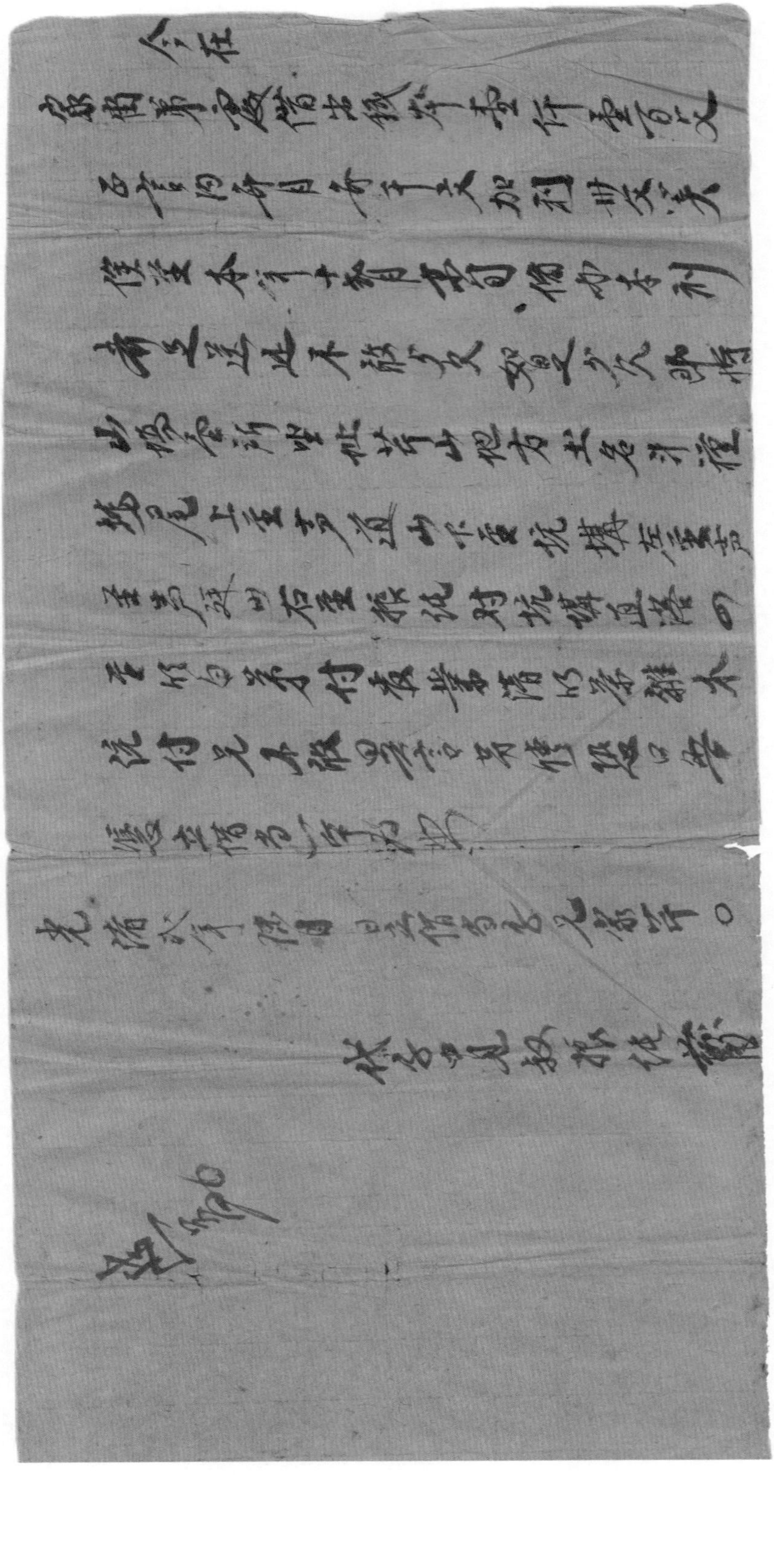

3-4-70-1　清光緒二年六月葉家芹立借錢字

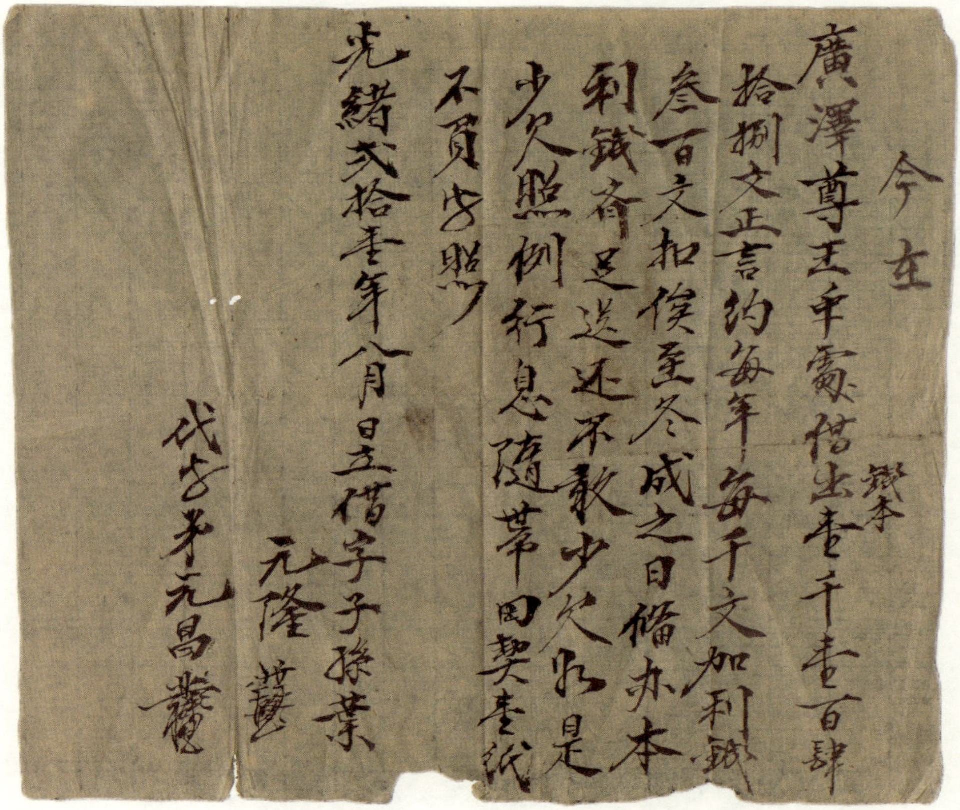

今在
廣澤尊王手處借出錢本壹千壹百肆
拾捌文正言約每年每千文加利錢
叁百文扣俟至冬成之日備办本
利錢齊足送还不敢少欠如是
少欠照例行息隨带田契壹紙
不負字照
光緒弍拾壹年八月日立借字子孫葉
元隆（押）
代字弟元昌（押）

3-4-70-2　清光緒二十一年八月葉元隆立借錢字

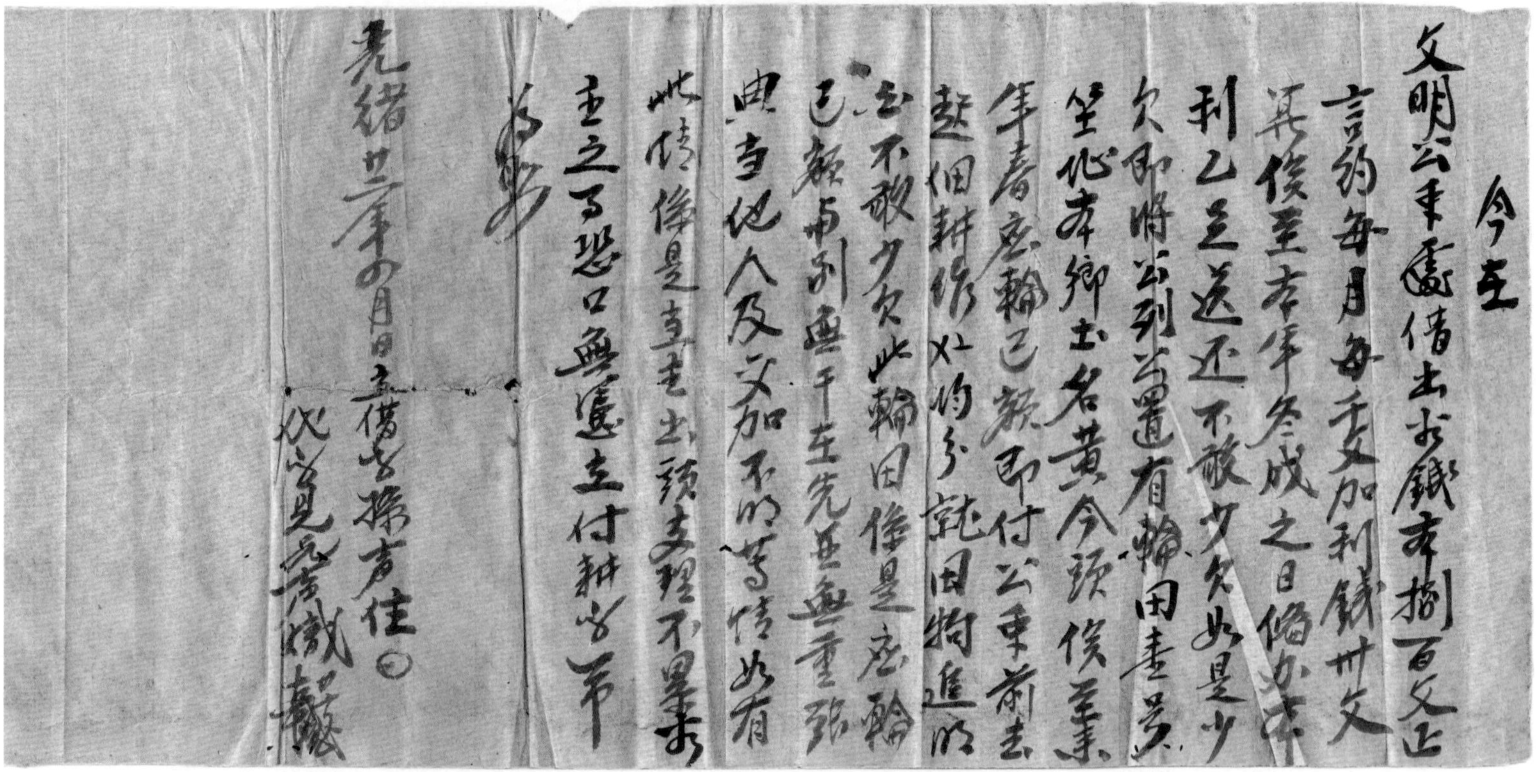

3-4-70-3　清光緒二十二年四月葉声住立借錢字

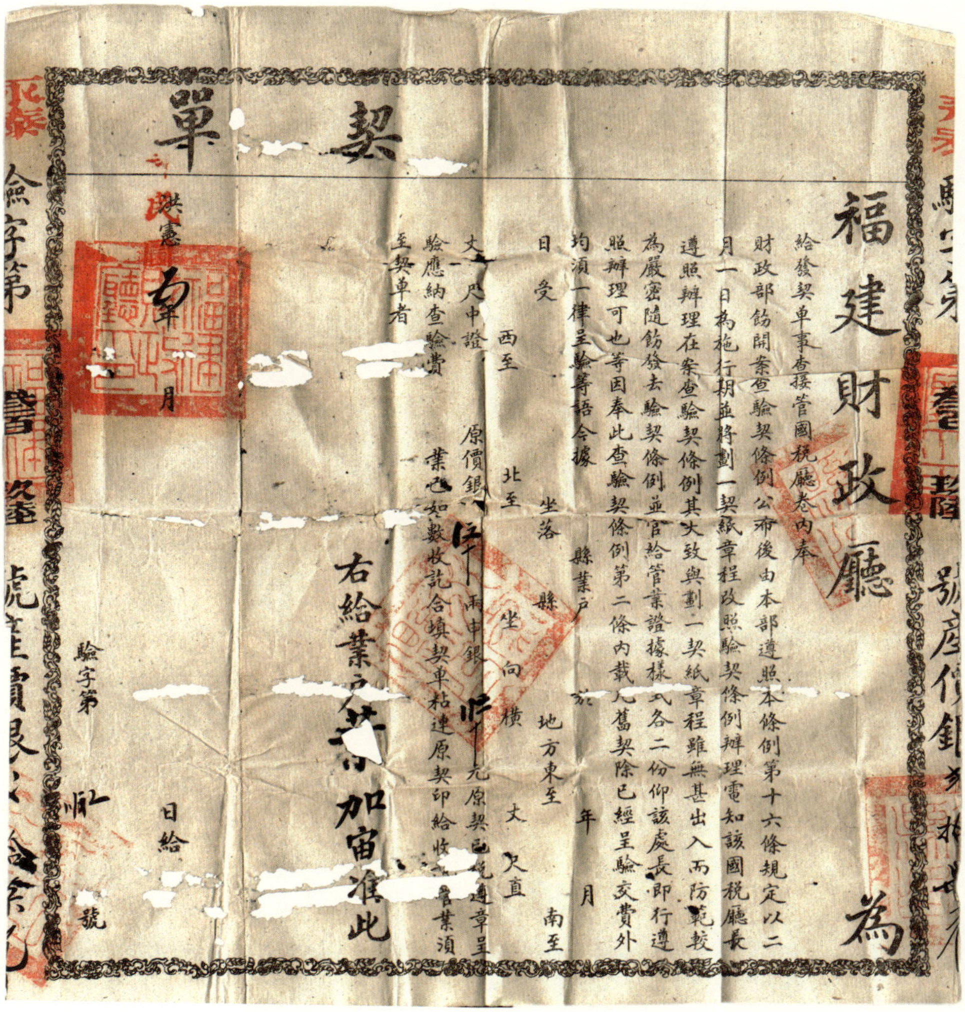

契單

福建財政廳 為

給發契單事查接管國稅廳卷內奉

財政部飭開案查驗契條例公布後由本部遵照本條例第十六條規定以二

月一日為施行期並將劃一契紙章程改照驗契條例辦理電知該國稅廳長

遵照辦理在案查驗契條例其大致與劃一契紙章程雖無甚出入而防範較

為嚴密隨飭發去驗契條例並官給管業證據樣式各二份仰該處長即行遵

照辦理可也等因奉此查驗契條例第二條內載人舊契除已經呈驗交費外

均須一律呈驗等語合據 縣業户 於 年 月

日受 縣 地方東至 南至

西至 北至 坐落 坐 向 橫 丈 尺直

丈 尺中證 原價銀 元 中銀 元 原契已遵章呈

驗應納查驗費 業已如數收訖合填契單粘連原契印給收執管業須

至契單者

右給業户葉加宙准此

中華民國五年 月 日給

驗字第 號

3-4-71-1 民国五年葉加宙契單

第五帙　吴荛書户

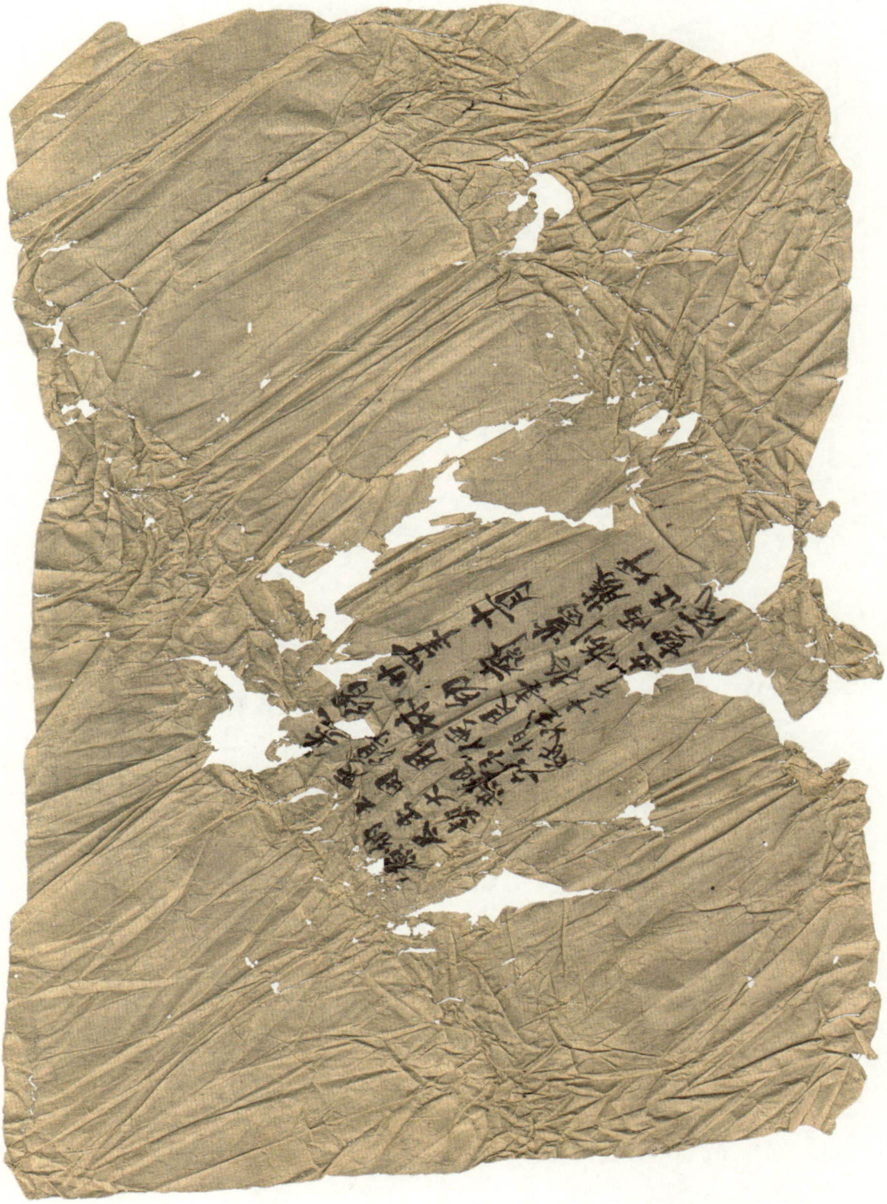

3-5-1-1 包契紙

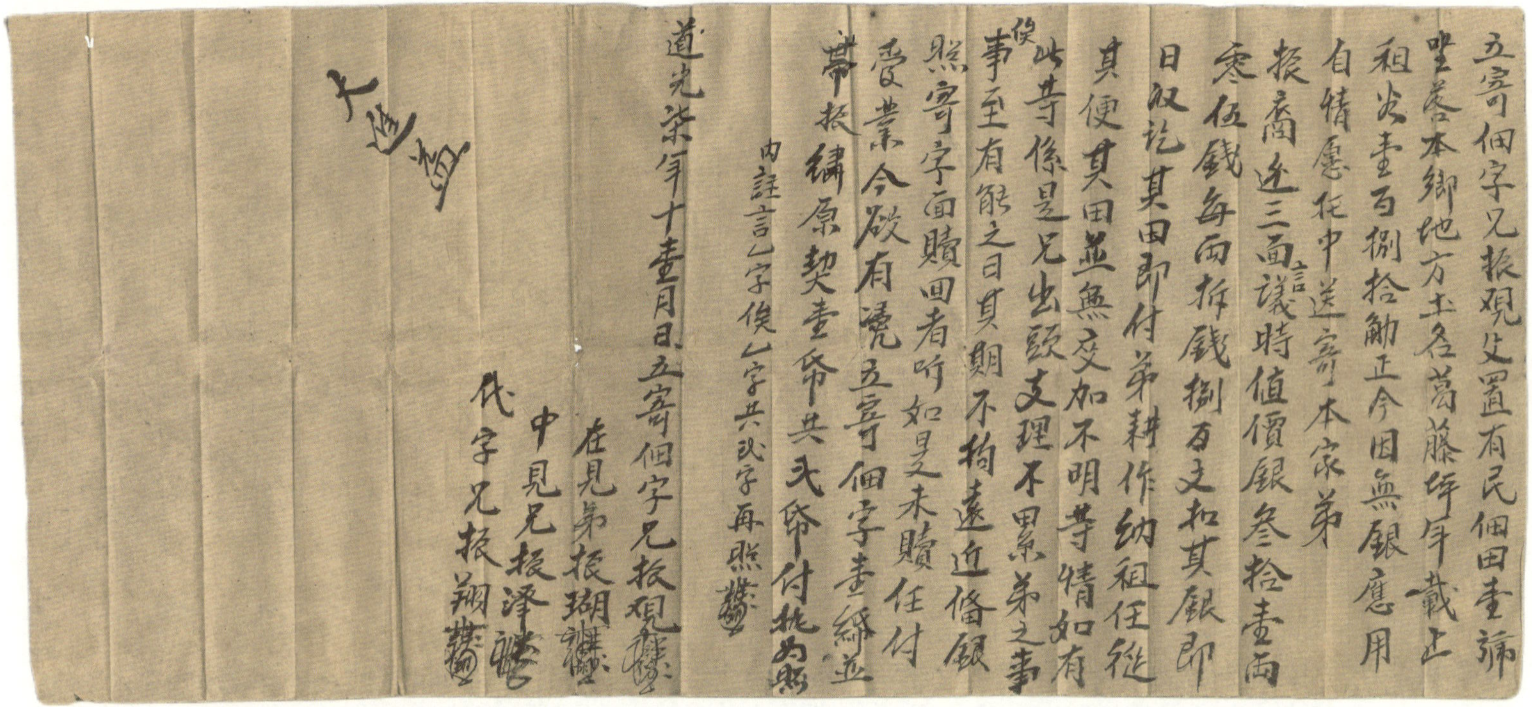
立寄佃字兄振觀先置有民佃田壹號
坐落本鄉地方土名葛藤坪年載正
租谷壹百捌拾觔正今因無銀應用
自情愿托中送寄本家弟
振裔邊三面言議時值價銀叁拾壹兩
柒伍錢每兩折錢捌百文和其銀即
日收訖其田即付弟耕作納租任從
其便其田並無交加不明等情如有
此等係是兄出頭支理不累弟之事
俟至有能之日其期不拘遠近備銀
照寄字面贖回者聽如是未贖任付
管業今欲有憑立寄佃字壹紙並
帶振緒原契壹紙共弍紙付執為照
內註言乙字俟乙字共弍字再照
道光柒年十壹月日立寄佃字兄振觀
在見弟振瑚
中見兄振澤
代字兄振翔
大進益

3-5-1-2　清道光七年十一月葉振觀立寄民佃田字

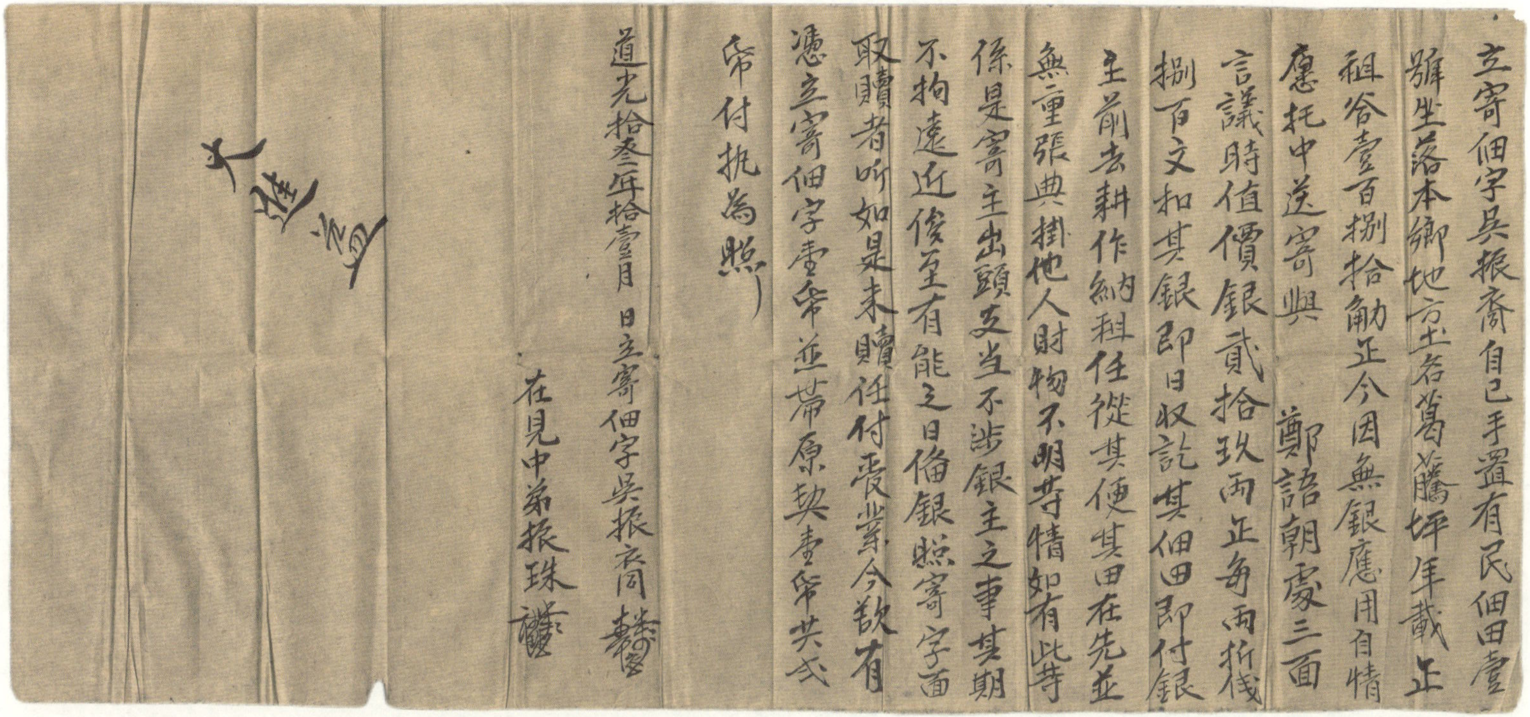
立寄佃字吳振裔自己手置有民佃田壹
號坐落本鄉地方土名葛藤坪年載正
租谷壹百捌拾觔正今因無銀應用自情
愿托中送寄與　鄭語朝處三面
言議時值價銀貳拾玖兩正每兩折錢
捌百文和其銀即日收訖其佃田即付銀
主前去耕作納租任從其便其田在先並
無重張典掛他人財物不明等情如有此等
係是寄主出頭支当不涉銀主之事其期
不拘遠近候至有能之日備銀照寄字面
取贖者听如是未贖任付管業今欲有
憑立寄佃字壹帋並帶原契壹帋共弍
帋付執為照。
道光拾叁年拾壹月　日立寄佃字吳振裔（押）
在見中弟振珠（押）

3-5-1-3　清道光十三年十一月吳振裔立寄民佃田字

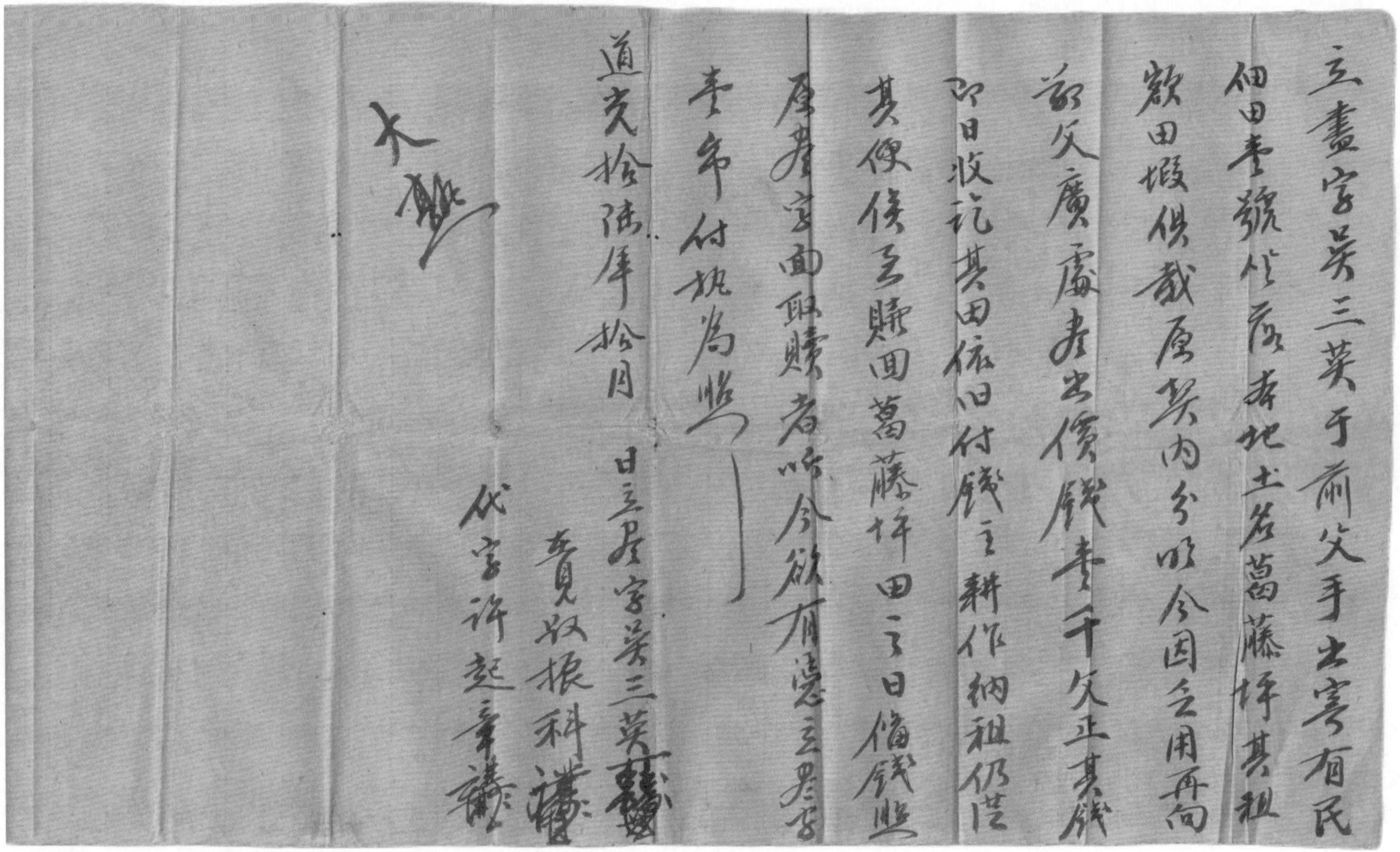
立盡字吴三英于前父手出家有民
佃田壹號，坐落本地土名葛藤坪，其租
穀田塅俱載原契内分明。今因乏用，再向
前父廣處，盡出價錢壹千文正。其錢
即日收訖，其田依旧付錢主耕作，納租仍旧。
其價係至贖回葛藤坪田之日備錢照
原盡字面取贖者听。今欲有憑，立盡字
壹帋付執為照。

道光拾陸年拾月　日立盡字吴三英（押）
在見叔振科（押）
代字許起章（押）

大吉

3-5-1-4　清道光十六年十月吴三英立盡民佃田字

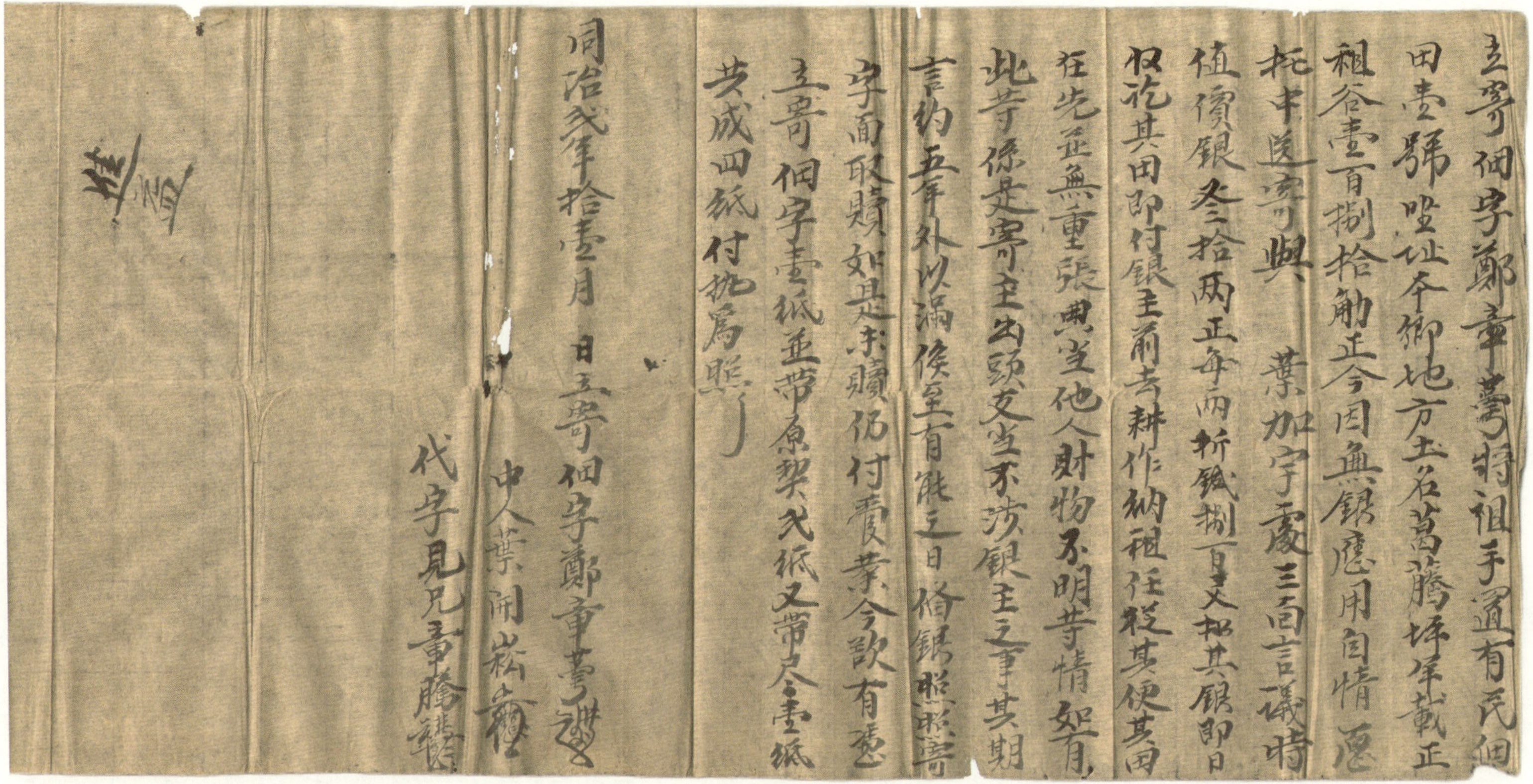

立寄佃字鄭章蕚，將祖手置有民佃
田壹號，坐址本鄉地方，土名葛藤坪，年載正
租谷壹百捌拾觔正。今因無銀應用，自情愿
托中送寄與　葉加字處，三面言議，時
值價銀叁拾兩正，每兩折錢捌百文扣，其銀即日
收訖。其田即付銀主前去耕作納租，任從其便。其田
在先並無重張典當他人財物不明等情。如有，
此等係是寄主出頭支當，不涉銀主之事。其期
言約五年外，以滿後至冬至日，備銀照契寄
字面取贖，如是未贖，仍付管業。今欲有憑，
立寄佃字壹紙，並帶原契弍紙，又帶上手壹紙，
共成四紙，付執爲照。

同治弍年拾壹月　日　立寄佃字鄭章蕚（押）
中人葉開崧（押）
代字見兄章騰（押）

3-5-1-5　清同治二年十一月鄭章蕚立寄民佃田字

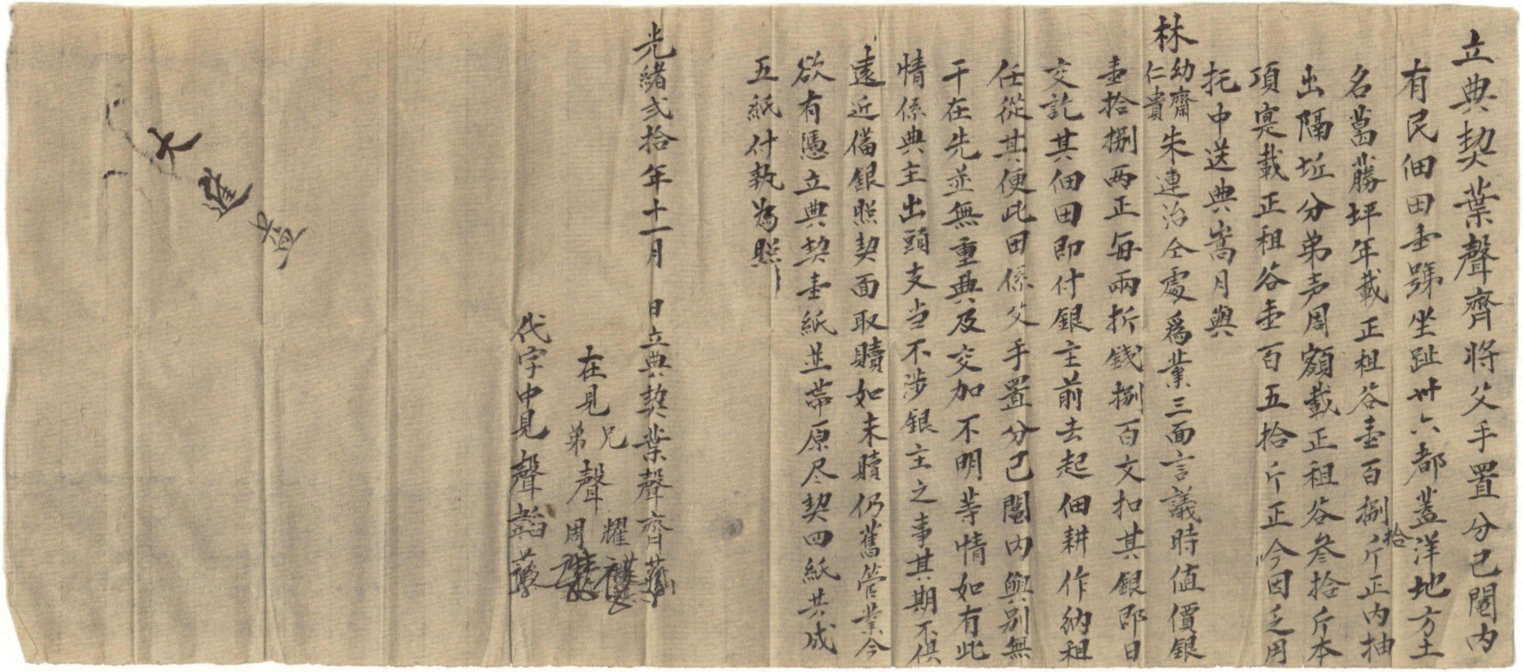

立典契葉聲齊將父手置分己閫内
有民佃田壹號坐趾廿六都蓋洋地方土
名嶴藤坪年載正租谷壹百捌拾斤正内抽
出隔垃分弟声周額載正租谷叁拾斤本
項寔載正租谷壹百五拾斤正今因乏用
托中送典嵩月與
林幼齋仁貴朱連治仝處爲業三面言議時值價銀
壹拾捌兩正每兩折钱捌百文扣其銀即日
交訖其佃田即付銀主前去起佃耕作納租
任從其便此田係父手置分己閫内與别無
干在先並無重典及交加不明等情如有此
情係典主出頭支当不涉銀主之事其期不俱
遠近備銀照契面取贖如未贖仍舊管業今
欲有憑立典契壹紙並帶原尽契四紙共成
五紙付執爲照

光緒弍拾年十一月　日立典契葉聲齊

在見兄耀、弟声周

代字中見聲翰

3-5-1-6　清光緒二十年十一月葉聲齊立典民佃田契

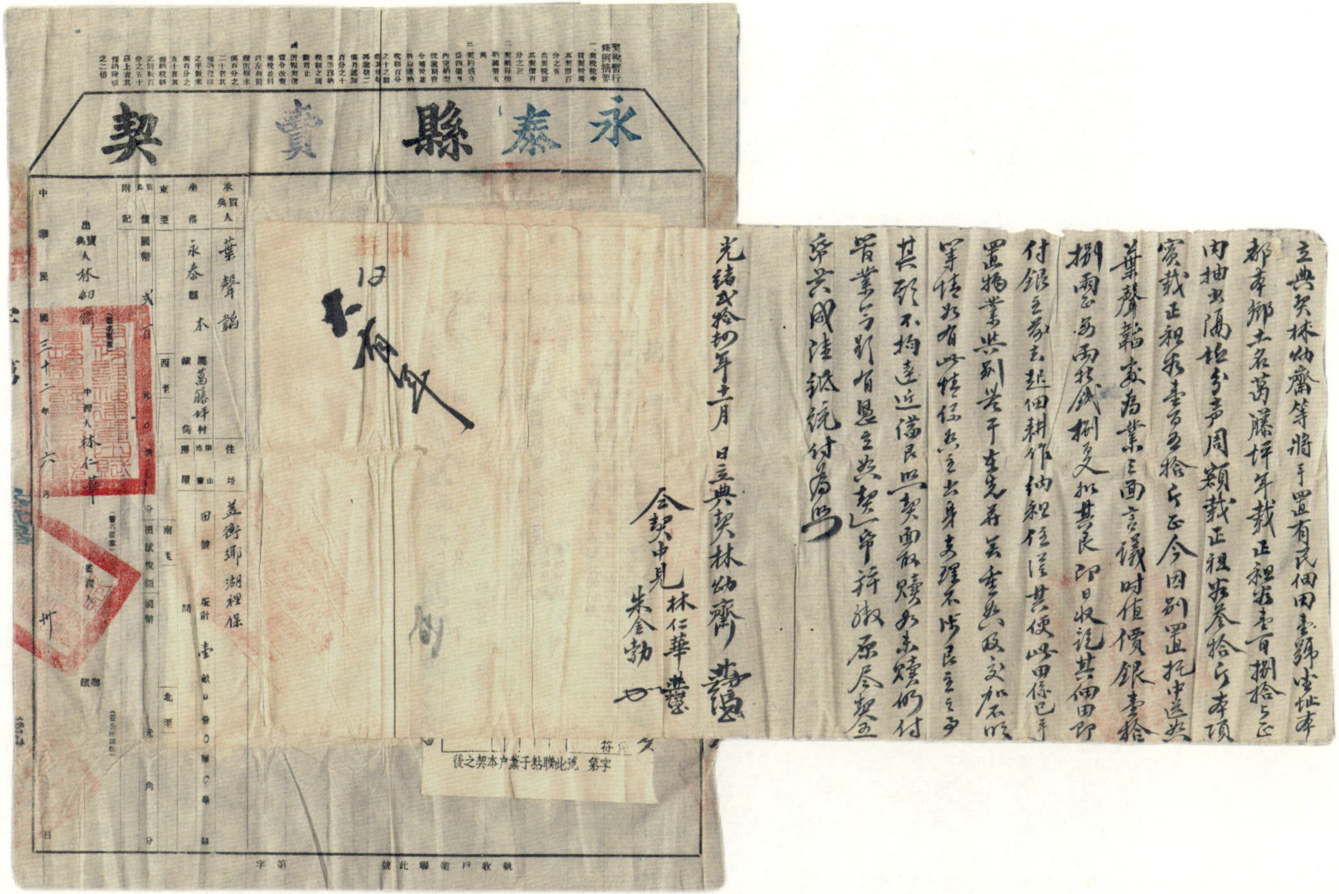

立典契林幼齋等將手置有民佃田壹號，坐址本
都本鄉土名萬藤坪，半載正租米壹百捌拾斤正，
內抽出隔坵分[illegible]周穎載正租米叁拾斤，本項
實載正租米壹百伍拾斤正。今因別置，托中送與
葉聲韜處為業，三面言議時值價銀壹拾
捌兩正，每兩秤錢捌叉扣。其艮即日收訖，其佃田即
付銀主前去起佃耕作，納租任從其便。此田係已手
置物業，與别房叔侄兄弟無干，亦無重張典當不明
等情，如有此情，係出典之人身支理，不涉艮主之事。
其契不拘遠近，備艮照契面取贖，如未贖，仍付
管業。今欲有憑，立典契一帋，并繳原[illegible]契一
帋，共[illegible][illegible]紙統付為照。

光緒貳拾肆年十一月　日立典契林幼齋（押）

全契中見　林仁華（押）
　　　　　朱金勃（押）

3-5-1-7　清光緒二十四年十一月林幼齊等立典民佃田契（紅契）

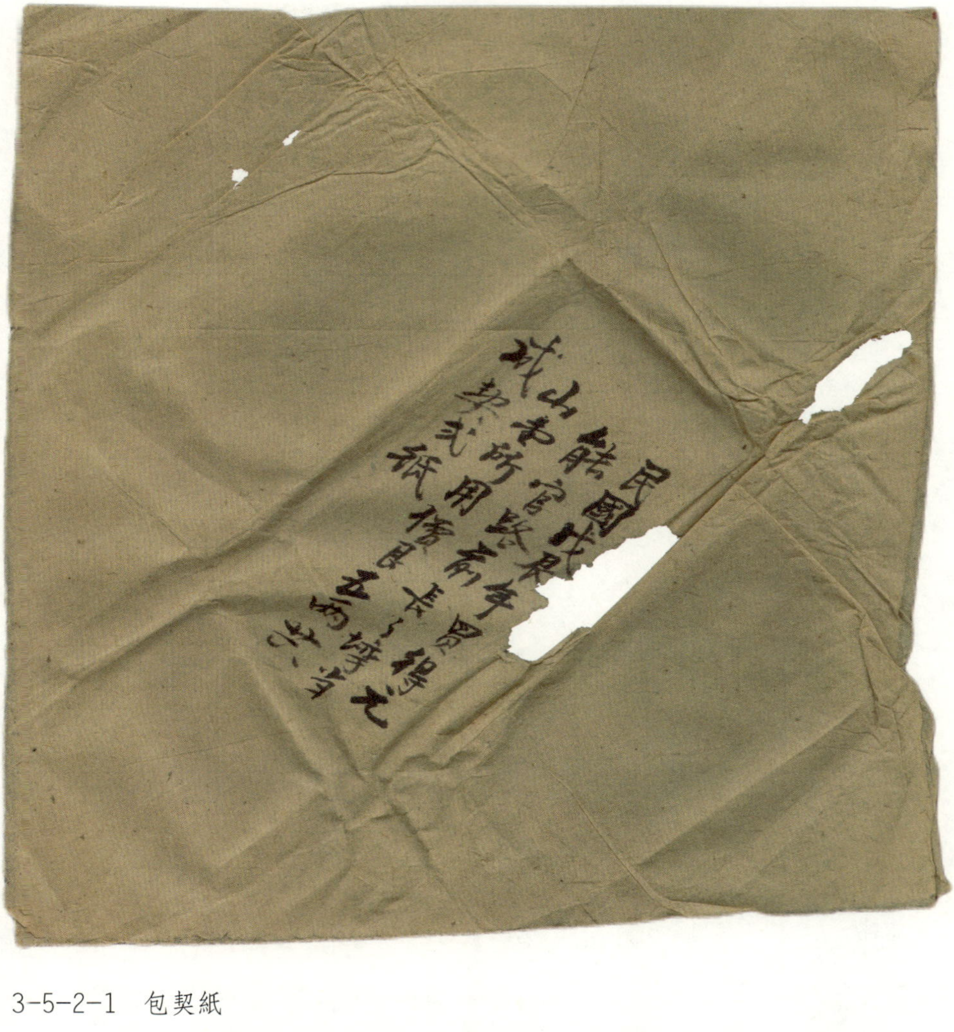

3-5-2-1　包契紙

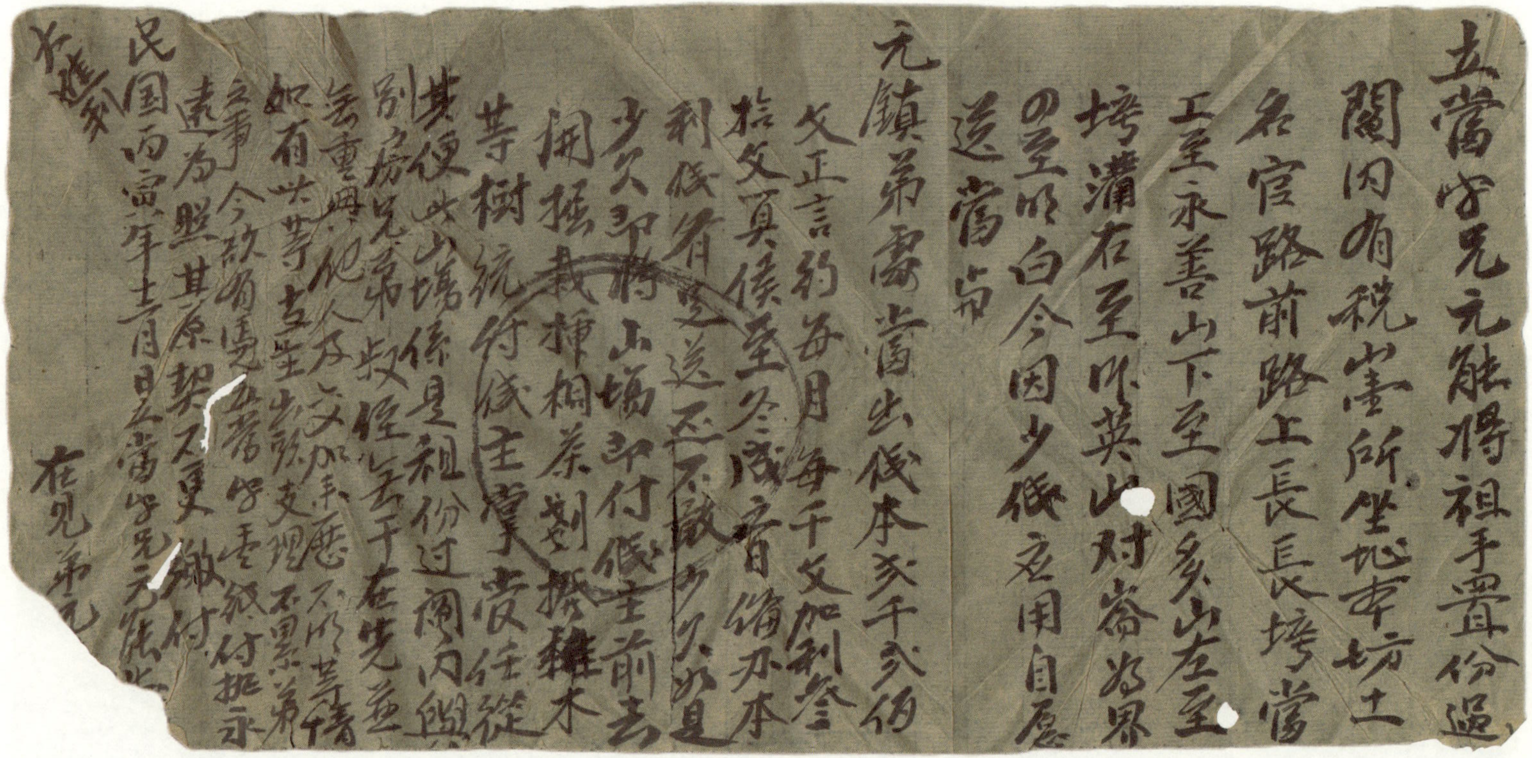
立當字兄元能得祖手置份退
闔內有稅山一所坐址本坊土
名官路前路上長長埒當
工至永善山下至國多山左至
埒瀆右至外英山對嵛為界
四至明白今因乏錢應用自愿
送當與
元鎮弟處當出錢本參千參佰
文正言約每月每千文加利叁
拾文負候至冬成當日備办本
利錢有送還不敢少欠如是
少欠即將山場即付錢主前去
開掘栽種桐茶劉拔雜木
等樹統付錢主掌管往從
其便此山場係是祖份過闔內與
別房兄弟叔侄無干在先並
無重典他人及文加未應不明等情
如有此等出生出致支理不累弟
之事今欲有憑立當字壹紙付
遠為照其原契不交繳付執永
民國丙寅年十二月日立當字兄元能
在見弟元[illegible]
[illegible]

3-5-2-2　民國十五年十二月葉元能立當稅山字（廢契）

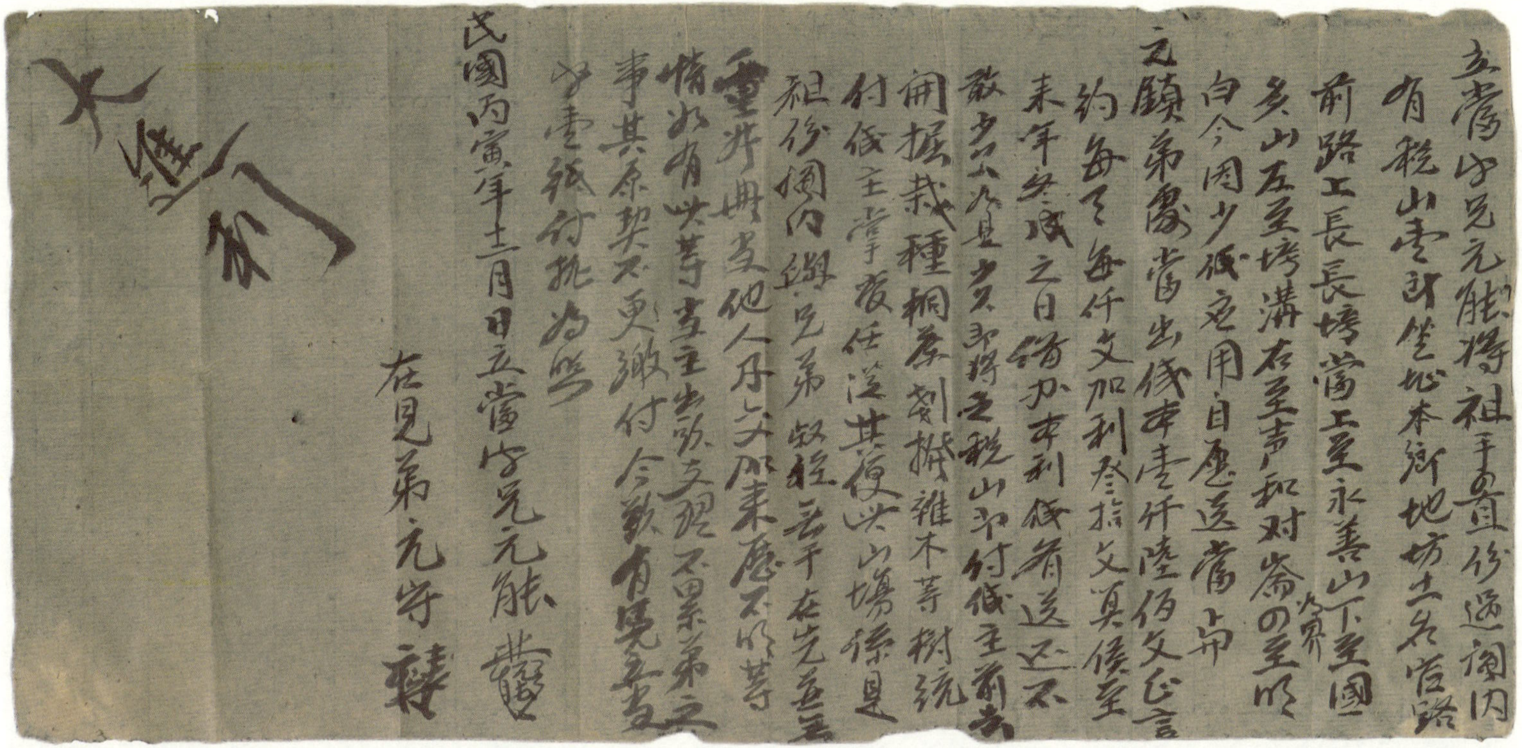

3-5-2-3　民國十五年十二月葉元能立當稅山字

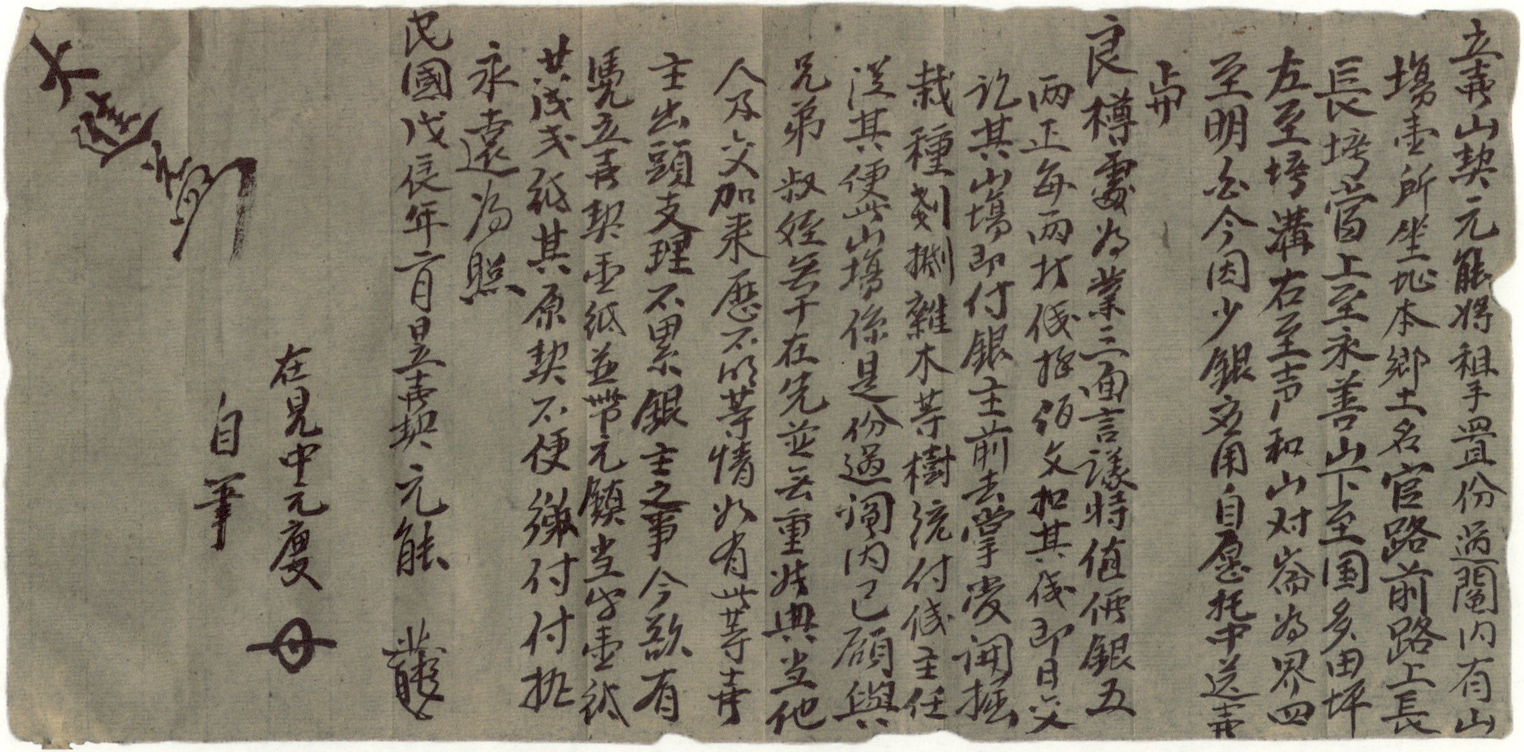
立賣山契元能將祖手置份道閣內有山
場壹所坐址本鄉土名官路前路上長
長坪當上至永善山下至園多田坪
左至坪溝右至吉尸和山對崙為界四
至明白今因少銀應用自愿托中送賣
與
良樽處為業三面言議特值價銀五
兩正每兩折錢捌佰文其錢即日交
訖其山場即付銀主前去掌管開掘
栽種刻掛雜木等樹諒付錢主任
從其便此山場係是份過閫內已額與
兄弟叔姪若干在先並未重張典當他
人及交加來歷不明等情如有此等
主出頭支理不累銀主之事今欲有
憑立賣契壹紙並帶元額壹紙
共成弍紙其原契不便繳付付執
永遠為照
民國戊辰年弍月日立賣契元能
在見中元慶
自筆

3-5-2-4　民國十七年二月葉元能立賣山場契

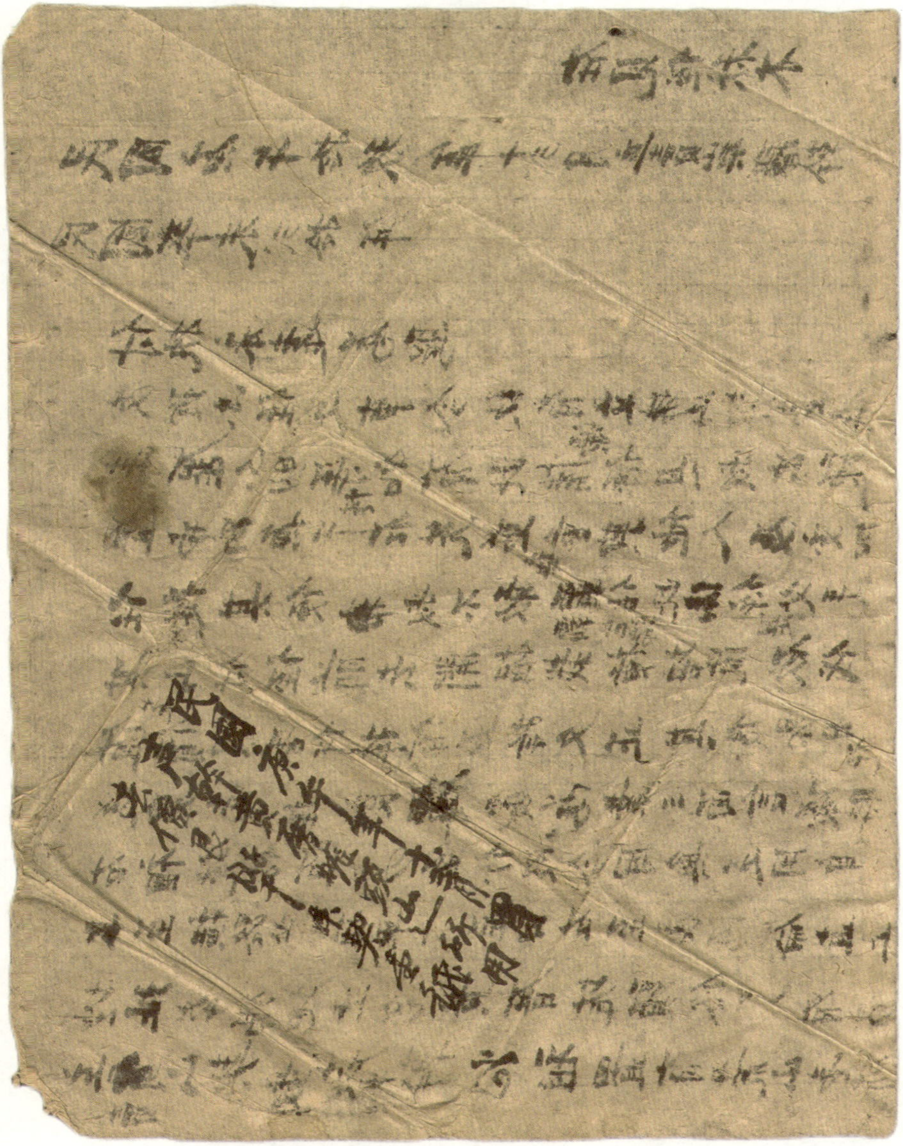

3-5-3-1　包契紙

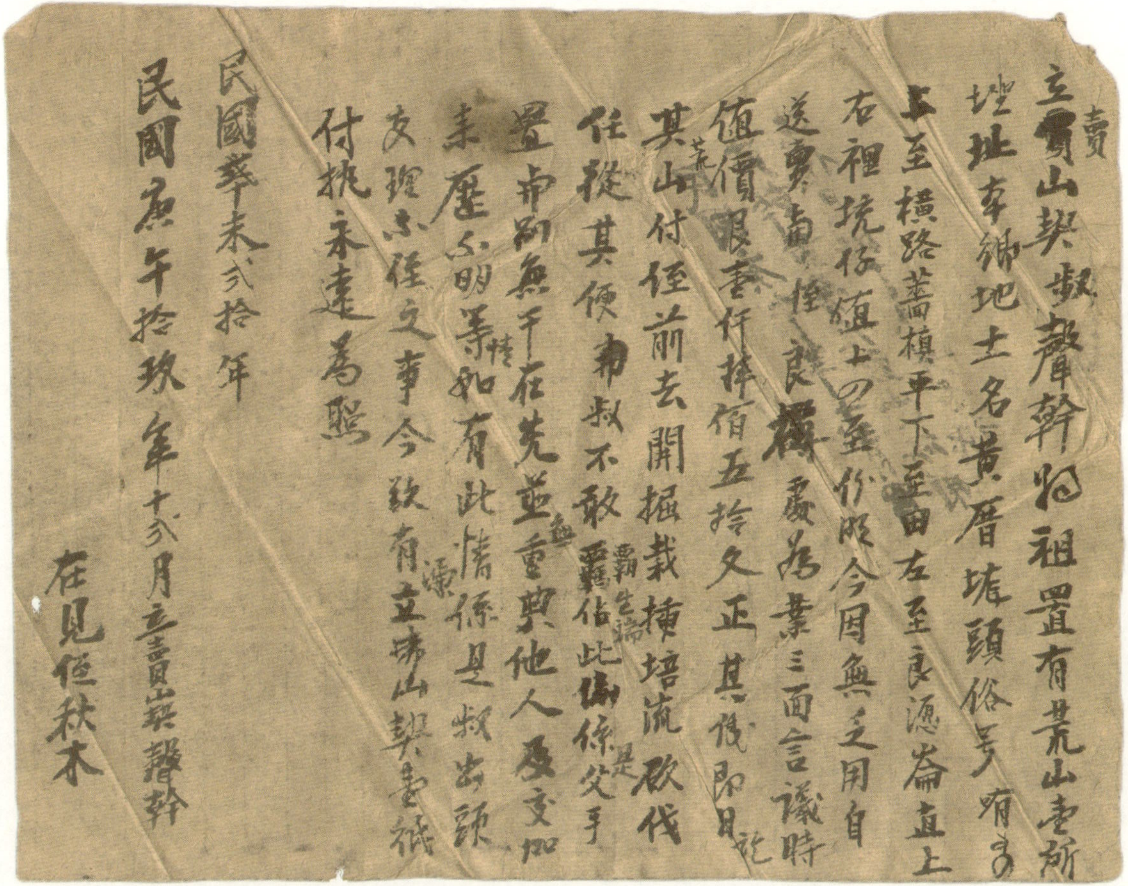

3-5-3-2　民國十九年十二月葉聲幹立賣荒山契（草契）

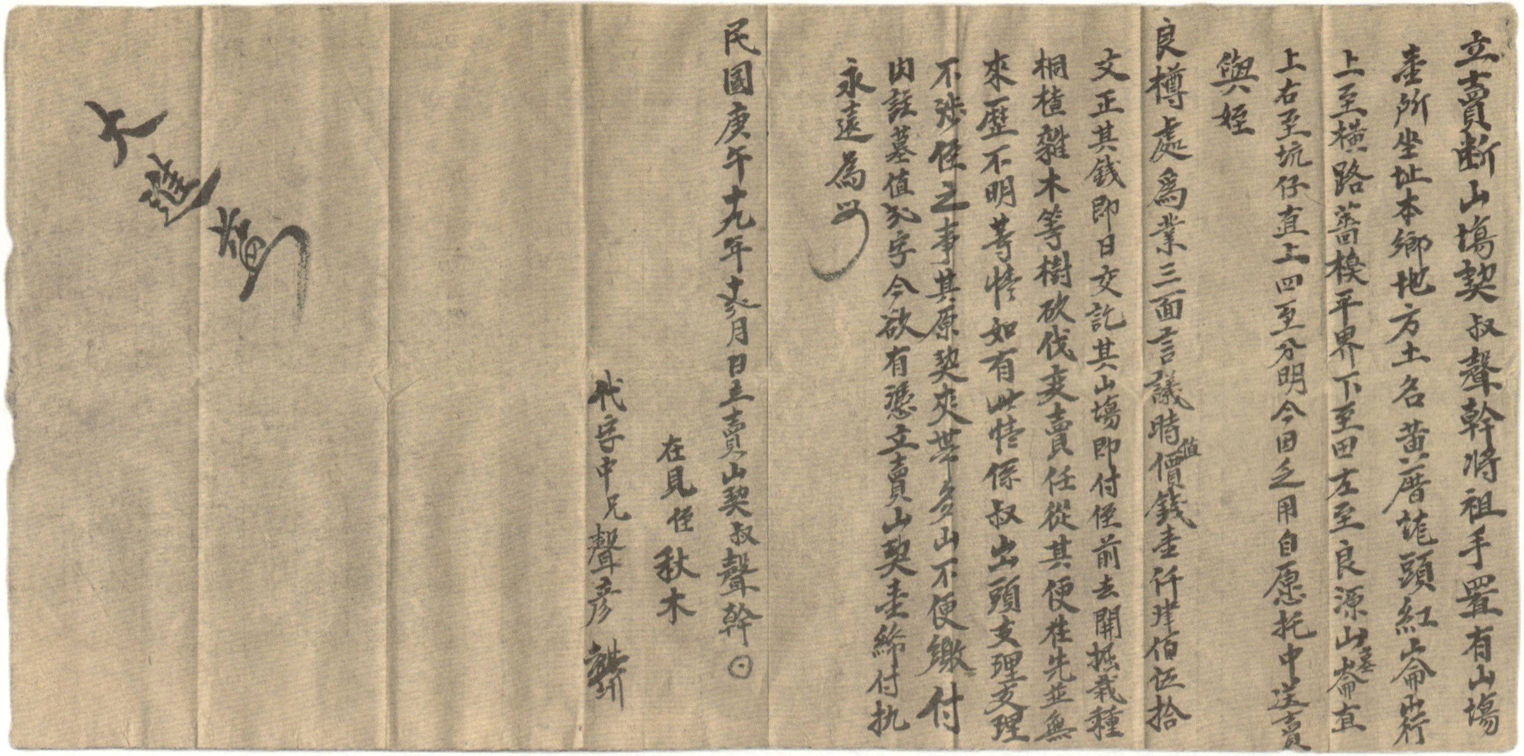
立賣斷山場契叔聲幹將祖手置有山場
壹所坐址本鄉地方土名黃厝垅頭紅崙府
上至橫路蓄榥平界下至田左至良源山崙直
上右至坑仔直上四至分明今因乏用自愿托中送賣
與姪
良樽處爲業三面言議時值價錢壹仟肆佰伍拾
文正其錢即日交訖其山場即付侄前去開掘栽種
桐植雜木等樹砍伐變賣任從其便在先並無
來歷不明等情如有此情係叔出頭支理支理
不涉侄之事其原契夾帶多山不便繳付
內註墓植外字今欲有憑立賣山契壹紙付執
永遠爲照
民國庚午十九年十二月 日立賣山契叔聲幹
在見侄 秋木
代字中兄 聲彥

3-5-3-3 民國十九年十二月葉聲幹立賣斷山場契

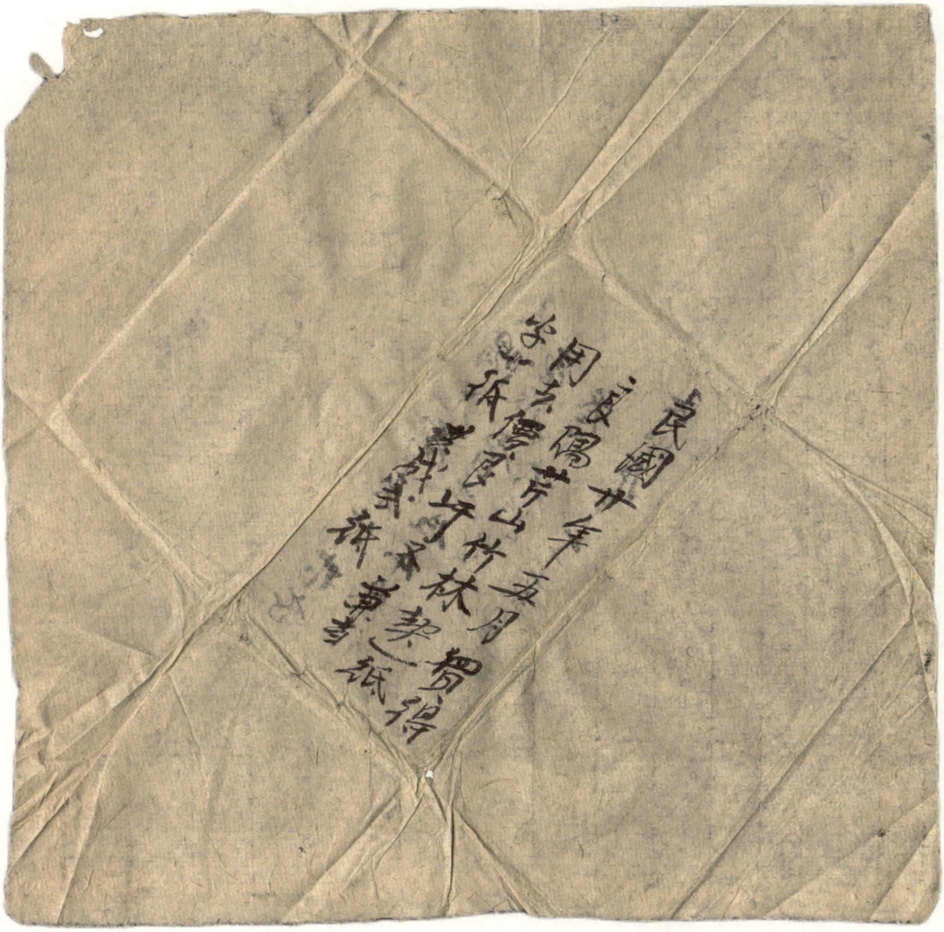

3-5-4-1　包契紙

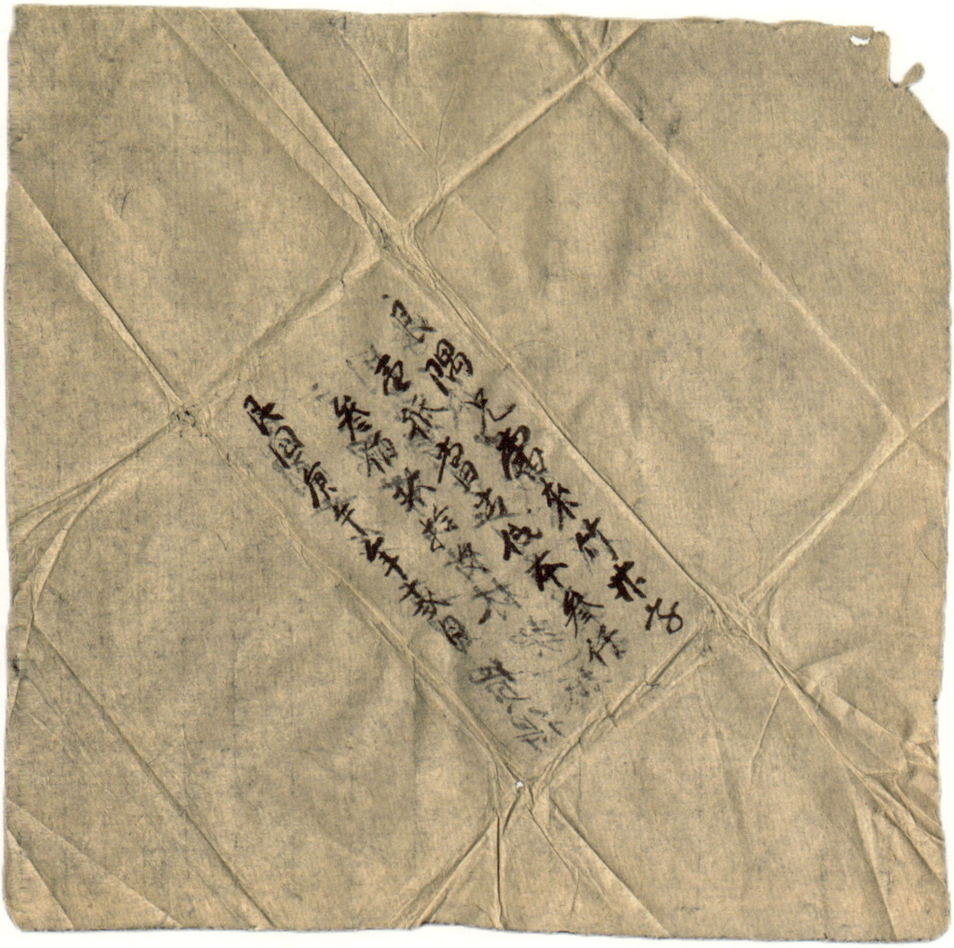

3-5-4-2 包契紙

立當字兄良娛前祖閹分有竹林壹所
坐址芹山牛種垅其至界上至自己山界
下至坑左至國罵垅仔右至良矩山界四至分
明今因無銀乏用自愿送當與
良樽弟處當出錢本叁仟叁佰玖拾
文正言約每千每月加利卅文扣俟至來
年冬成之日倫少本利齊足不敢少欠如
是少欠即將原當竹林付弟掌管處撥
插筍砍伐變賣任從其便其言約不
拘遠近倫銀照契面取贖如未贖仍付
管業原契閹分夾帶不便繳付今欲有憑
立當字壹紙付執為照
民國庚午十九年十弍月　日　立當字良娛　○
代字兄伯敏彥　押

大吉利

3-5-4-3　民國十九年十二月葉良娛立當竹林字

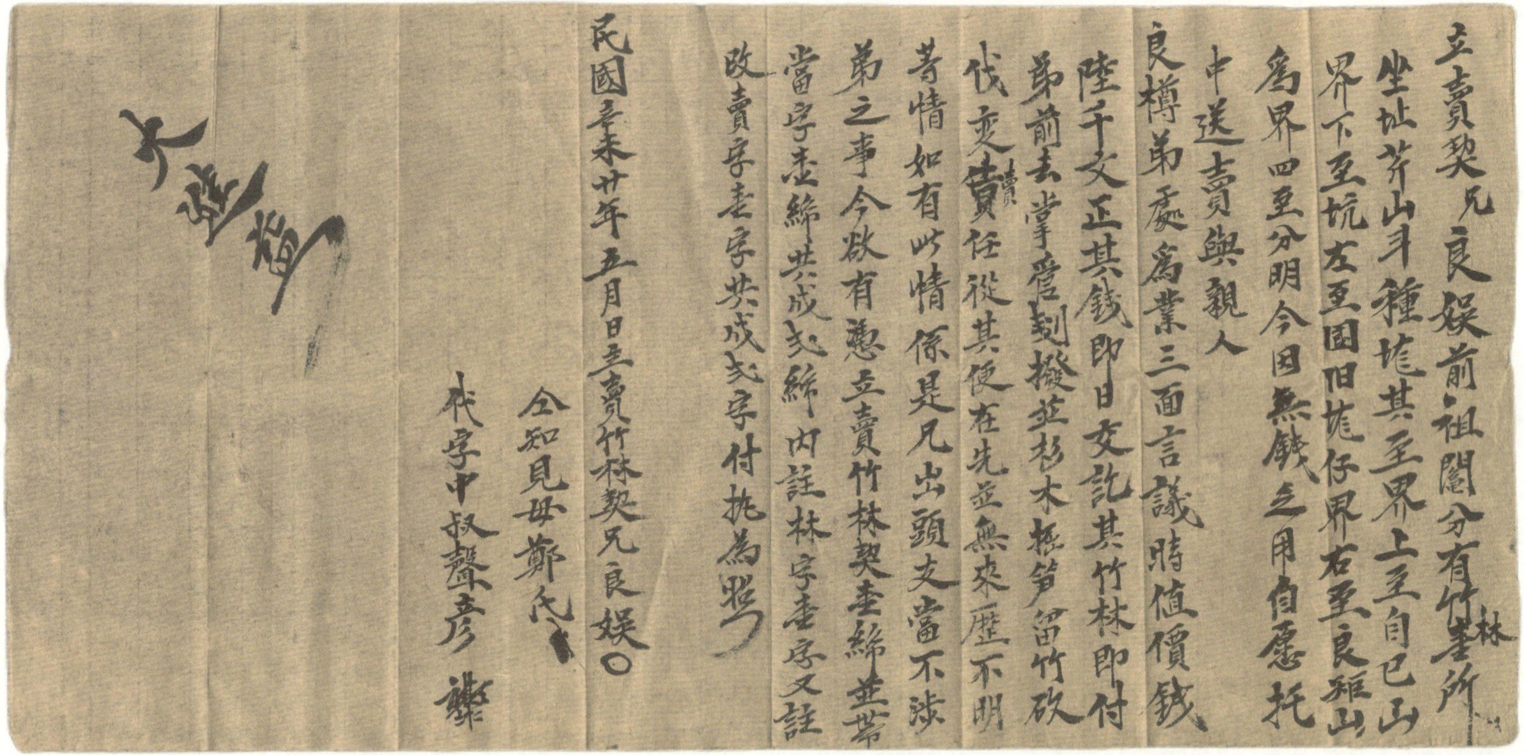

立賣契兄良娛前祖闔分有竹林壹所
坐址芹山弍種垅其至界上至自己山
界下至坑左至囗囗垅仔界右至良雅山
爲界四至分明今因無錢乏用自愿托
中送賣與親人
良樽弟處爲業三面言議時值價錢
陸千文正其錢即日交訖其竹林即付
弟前去掌管刬撥并杉木松笋留竹砍
伐变賣任從其便在先並無來歷不明
等情如有此情係是兄出頭支當不涉
弟之事今欲有憑立賣竹林契壹紙并帶
當字壹紙共成弍紙內註林字壹字又註
改賣字壹字共成弍字付执爲照
民國辛未廿年五月日立賣竹林契兄良娛○
仝知見母鄭氏
代字中叔聲彥 押

3-5-4-4　民國二十年五月葉良娛立賣竹林契

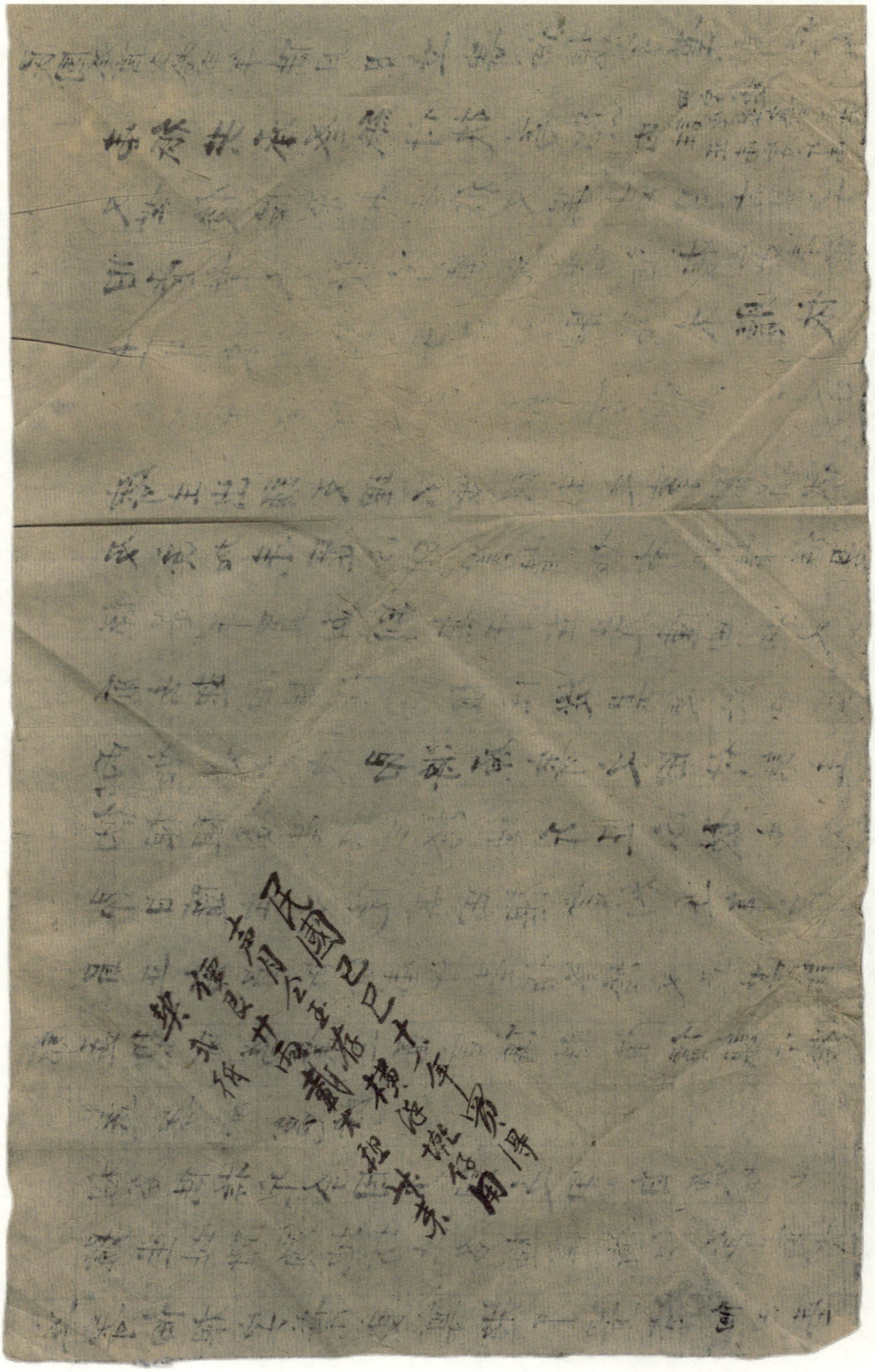

3-5-5-1　包契紙

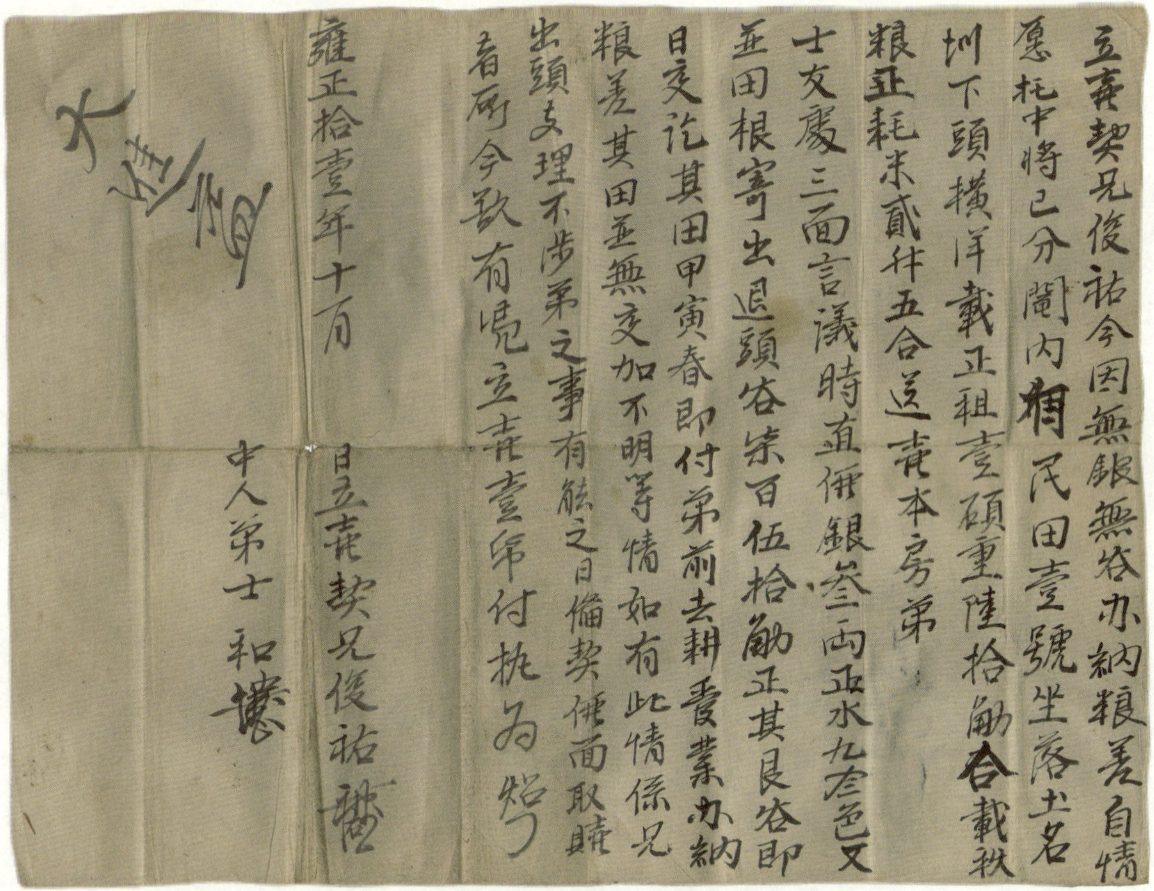
立賣契兄俊祐今因無銀無谷亦納粮差自情
愿托中將己分鬮内有民田壹號坐落土名
圳下頭橫洋載正租壹碩重陸拾觔合載秋
粮正耗米貳升五合送賣本房弟
士文處三面言議時值價銀叁兩正水九叁色又
并田根寄出退頭谷柒百伍拾觔正其艮谷即
日交訖其田甲寅春即付弟前去耕管業亦納
粮差其田並無交加不明等情如有此情係兄
出頭支理不涉弟之事有能之日備契價面取贖
者今欲有憑立賣壹帋付執為照
雍正拾壹年十月　日立賣契兄俊祐（押）
中人弟士和（押）

3-5-5-2　清雍正十一年十一月葉俊祐立賣民田契

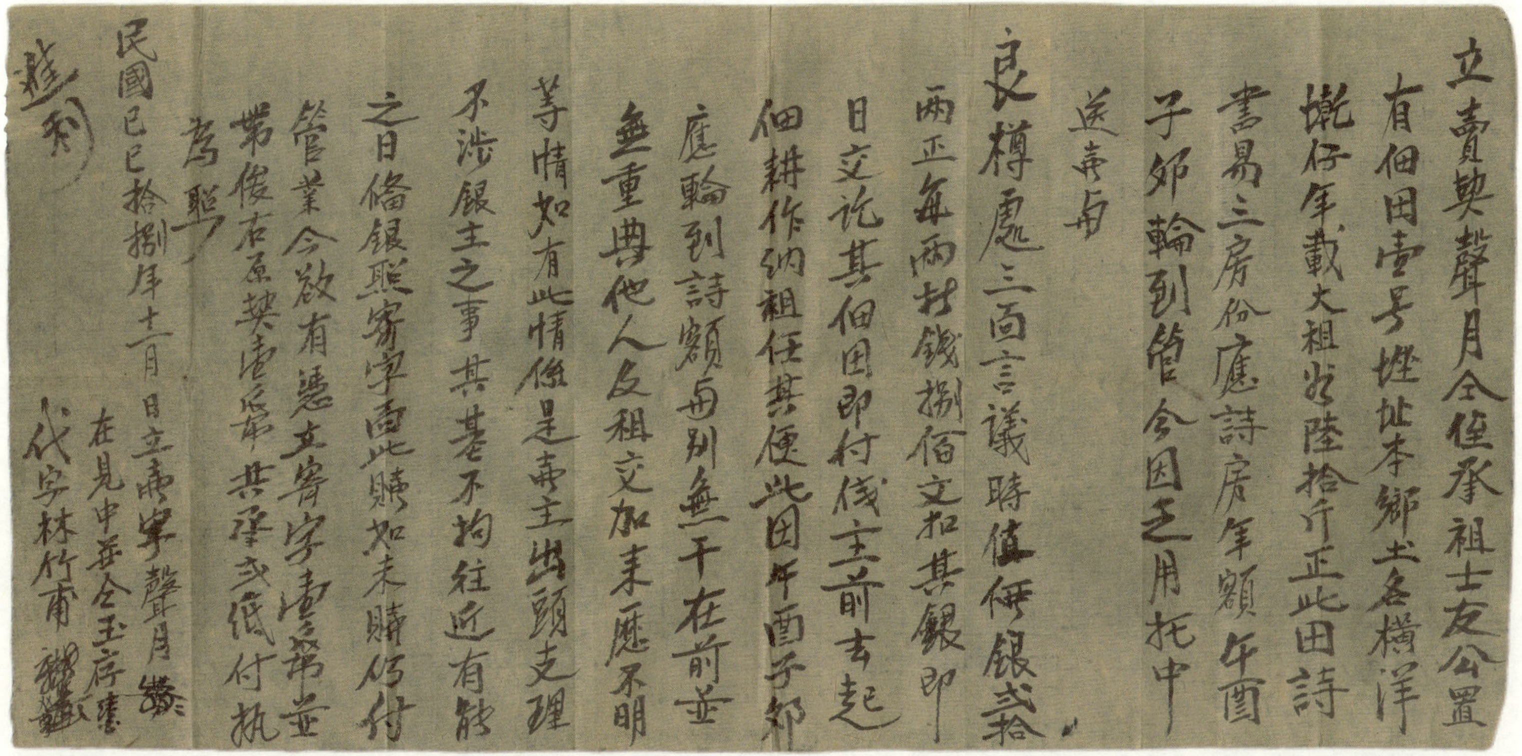

立賣契葉聲月仝侄承祖士友公置
有佃田壹号坐址本鄉土名横洋
墘仔年載大租谷陸拾斤正此田詩
書易三房份應詩房年額今因
子姪輪到管今因乏用托中
送吳尚
良樽處三面言議時值價銀貳拾
兩正每兩扣錢捌佰文扣其銀即
日交訖其佃田即付錢主前去起
佃耕作納租任其便此田年面子姪
應輪到詩額每別無干在前並
無重典他人及租交加來歷不明
等情如有此情係是賣主出頭支理
不涉銀主之事其業不拘往近有能
之日備銀照契字面此贖如未贖仍付
管業今欲有憑立賣字壹紙並
帶佃老原契壹紙共承式紙付執
為照
民國己巳拾捌年十一月　日立賣契葉聲月
在見中葉仝玉蔭
代字林竹甫

3-5-5-3　民國十八年十一月葉聲月等立賣佃田契

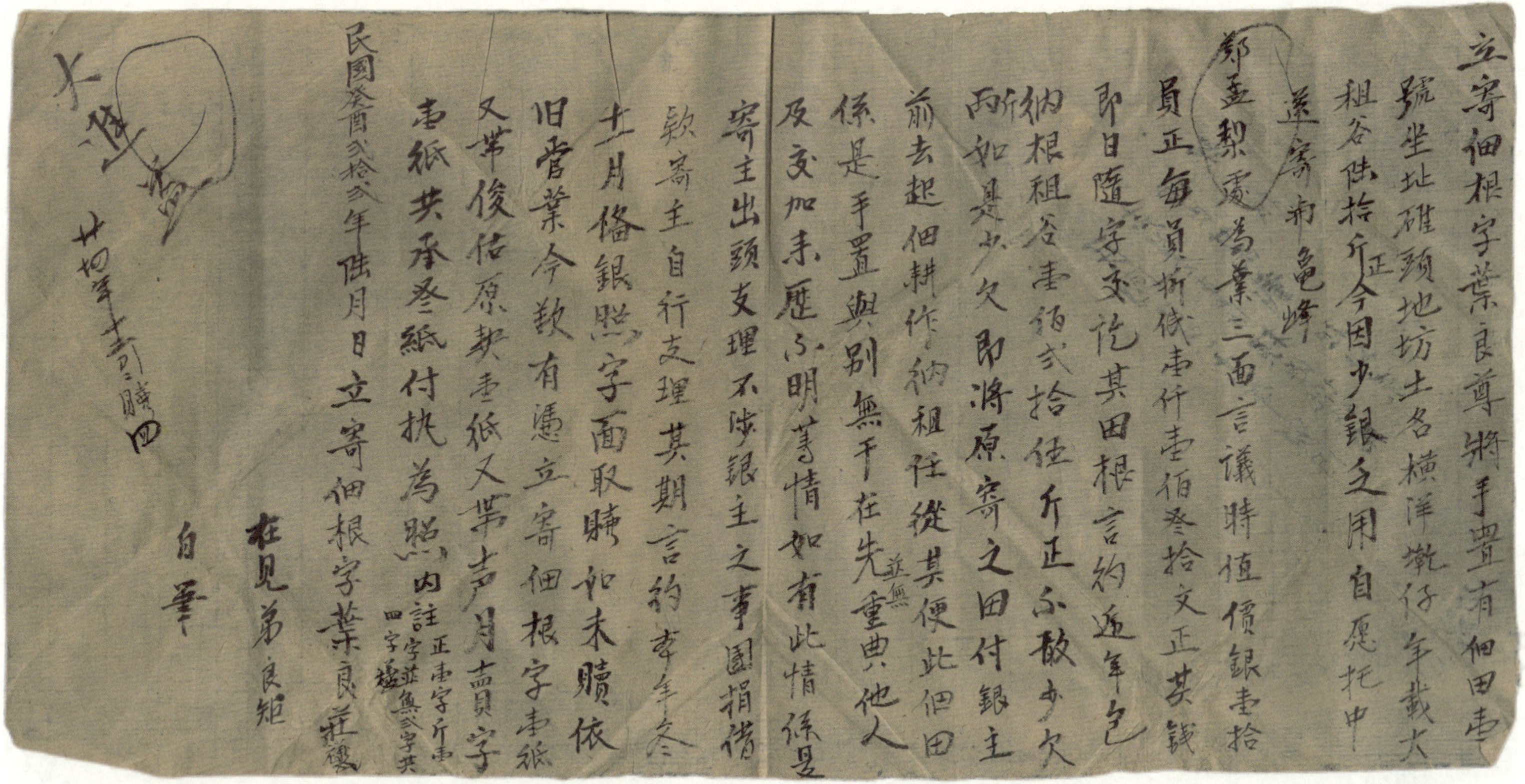

立寄佃根字葉良尊將手置有佃田壹
號坐址碓頭地坊土名橫洋墩仔年載大
租谷陸拾斤正今因少銀乏用自愿托中
送寄前邑峰
鄭孟梨處爲業三面言議時值價銀壹拾
員正每員折伐壹仟壹佰叁拾文正其錢
即日隨字交訖其田根言約逐年皂
納根租谷壹佰弍拾伍斤正不敢少欠
如是少欠即將原寄之田付銀主
前去起佃耕作納租任從其便此佃田
係是手置與別無干在先並無重典他人
及交加未歷不明等情如有此情係是
寄主出頭支理不涉銀主之事園捐借
款寄主自行支理其期言約辛年冬
十月備銀照字面取贖如未贖依
旧管業今欲有憑立寄佃根字壹紙
又帶後佔原契壹紙又帶十户月壹員字
壹紙共承叁紙付执爲照 内註正壹字斤壹四字並無叁字共
民國弍拾弍年陸月日立寄佃根字葉良莊
在見弟良矩
自筆
廿四年十一月贖回

3-5-5-4 民國二十二年六月葉良莊立寄佃田根字（廢契）

The Owl Drug Co
You Get What You Ask For in an Owl Drug Store
OWL STORES ARE REXALL STORES
SCREEN FOLK FLEE FLAMES
RAMONA BOWL PAGEANT OPENS
LOS ANGELES EXAMINER . . . A PAPER FOR PEOPLE WHO THINK

3-5-6-1　包契紙

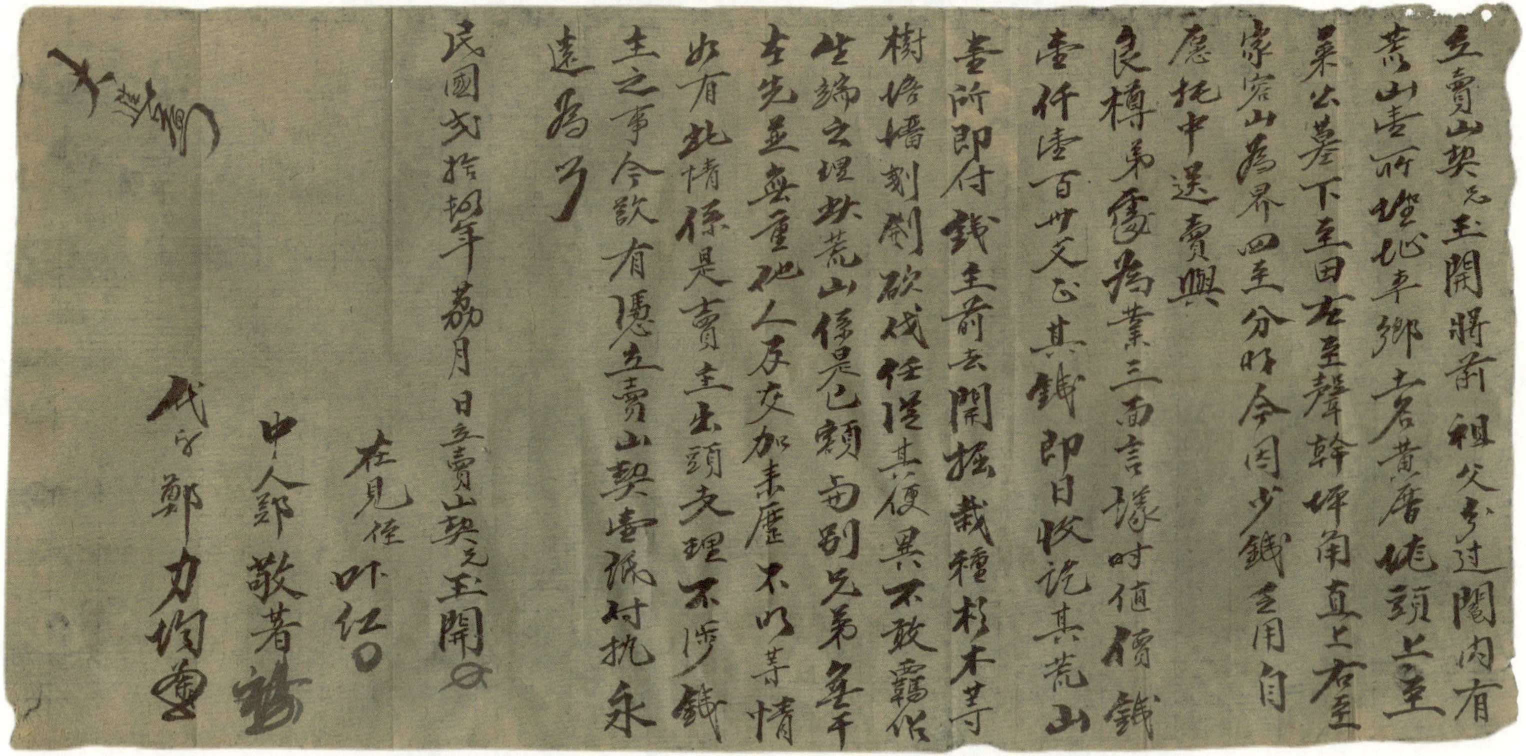
立賣山契人玉開將前祖父手边閹內有
荒山壹所坐址七車鄉土名黃厝牻頭上至
葉公墓下至田左至聲幹坪角直上右至
宗宕山為界四至分明今因乏錢應用自
願托中送賣與
良樽弟處為業三面言議时值價錢
壹仟壹百卅文正其錢即日收訖其荒山
壹所即付錢主前去開掘栽種杉木等
樹培植剷削砍伐任從其便異不敢霸佔
生端出埋此荒山係是己額與别兄弟無干
未先並無重他人及交加未歷不明等情
如有此情係是賣主出頭支理不涉錢
主之事今欲有憑立賣山契壹紙付執永
遠為照
民國弍拾四年荔月日立賣山契人玉開
在見侄 叶红
中人鄭 敬著
代字鄭 力均

3-5-6-2 民國二十四年六月葉玉開立賣荒山契

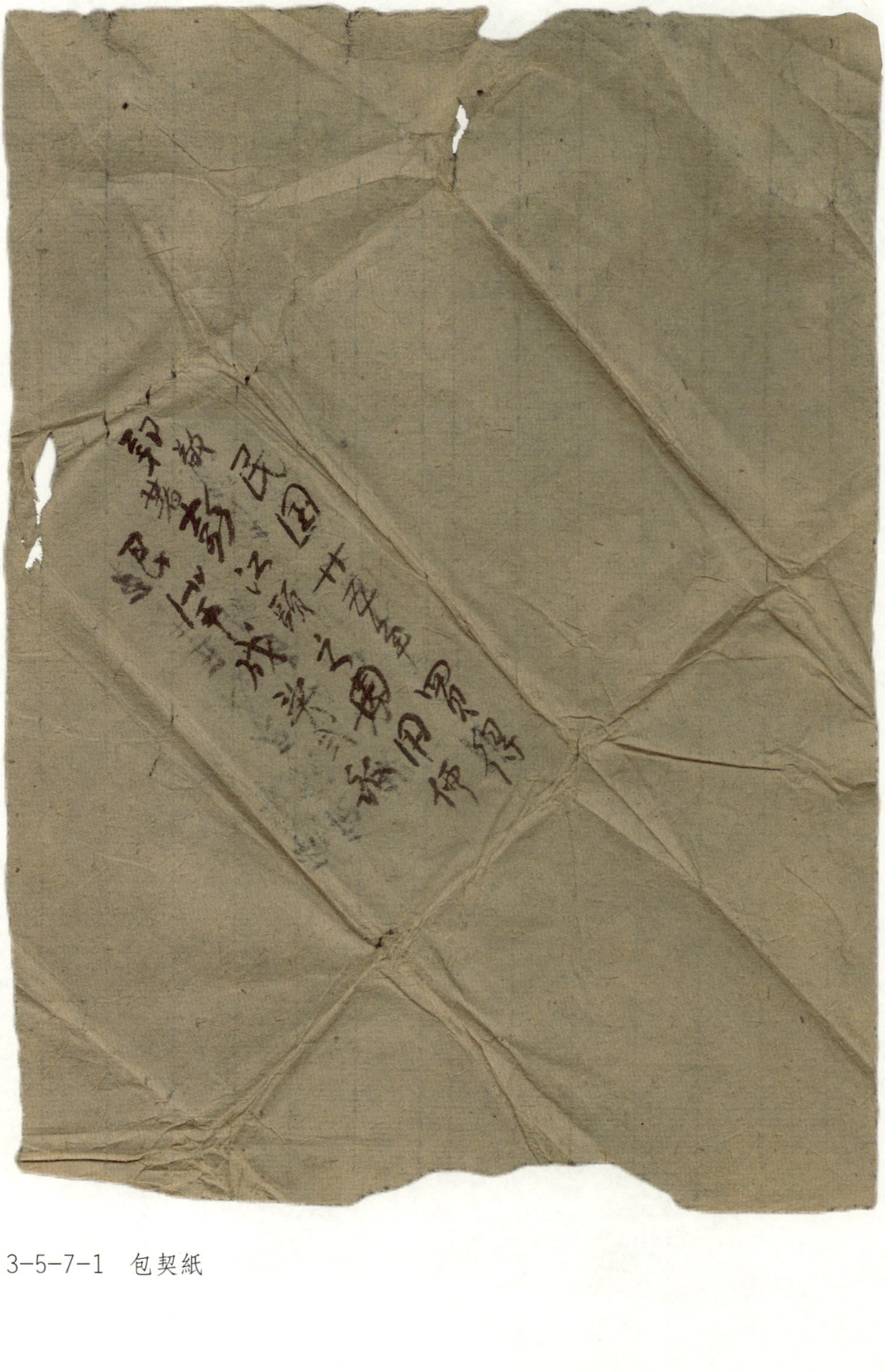

3-5-7-1　包契紙

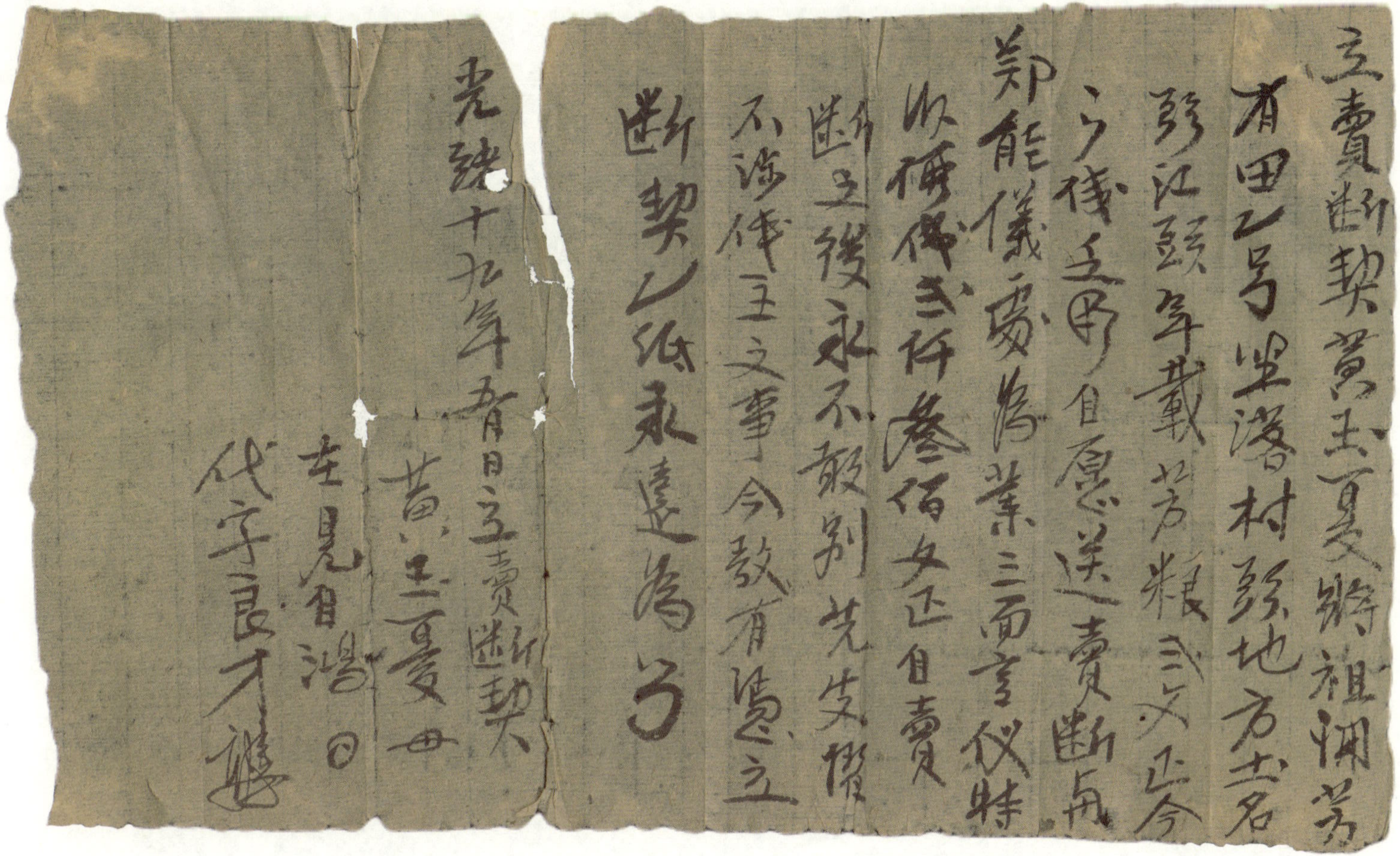

立賣斷契黄玉夏，將祖洲芳
有田乙号，坐落村頭地方，土名
頭江頭，年載苗粮弍分正，今
乙錢正，因自愿送賣斷與
鄭能儀處爲業，三面言議，時
收價錢弍仟叁佰文正，自賣
斷之後，永不敢別先生找
不論俾主之事，今欲有憑，立
斷契乙紙，永遠爲照。

光緒十九年五月日立賣斷契 黄玉夏（押）
在見曾鴻（押）
代字良才（押）

3-5-7-2 清光緒十九年五月黄玉夏立賣斷田契

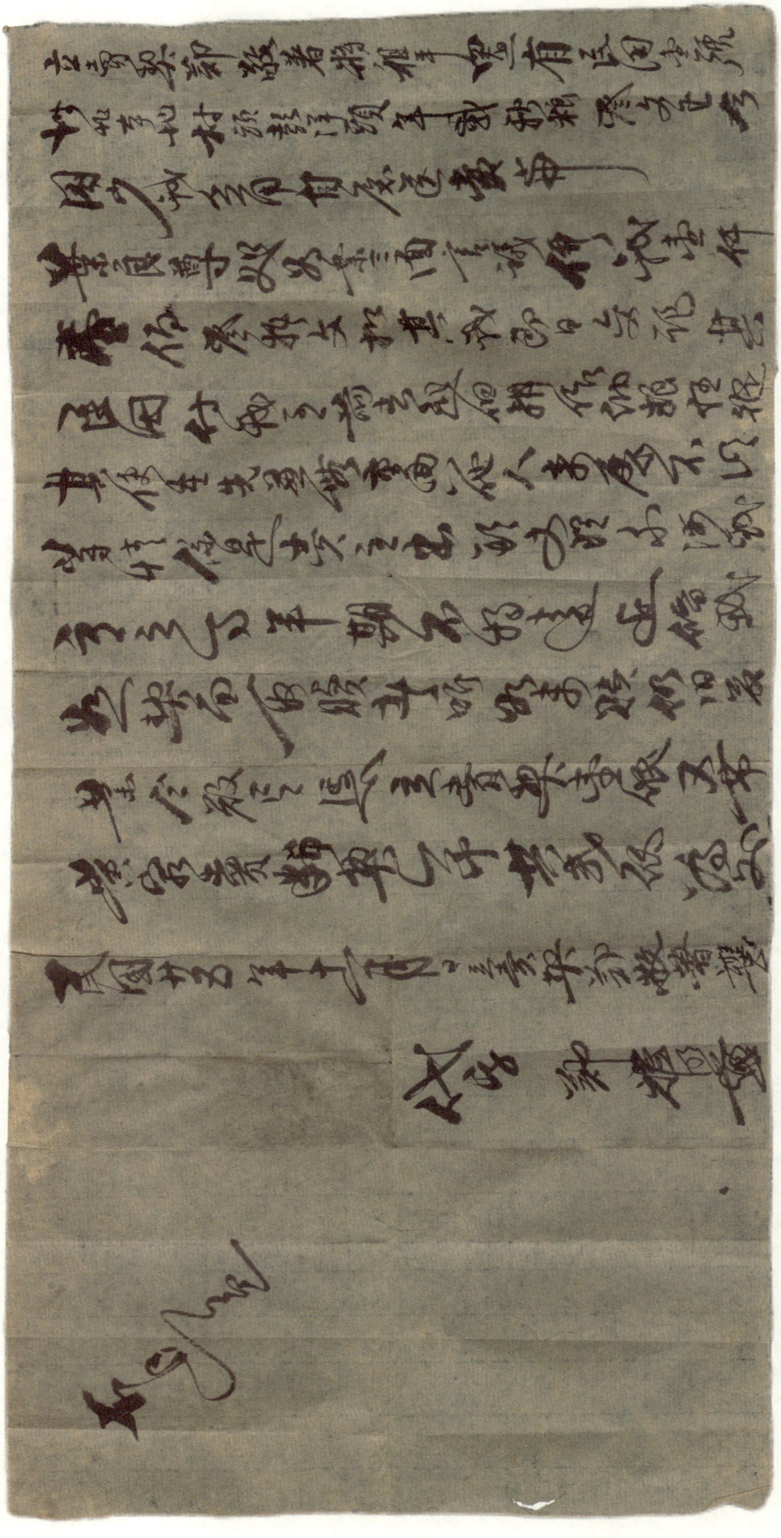

3-5-7-3　民國二十五年十一月鄭敬著立賣民田契

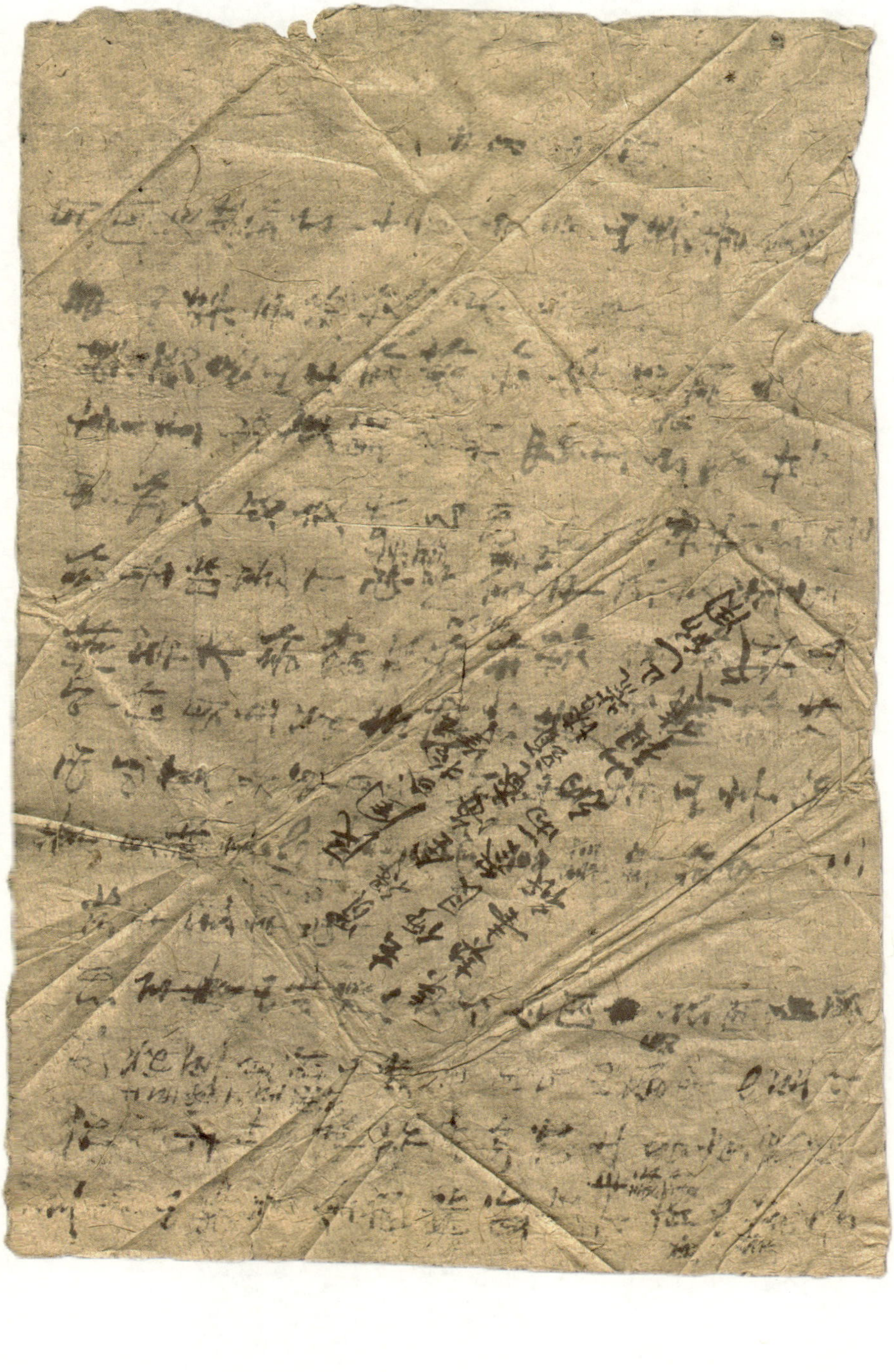

3-5-8-1 包契紙

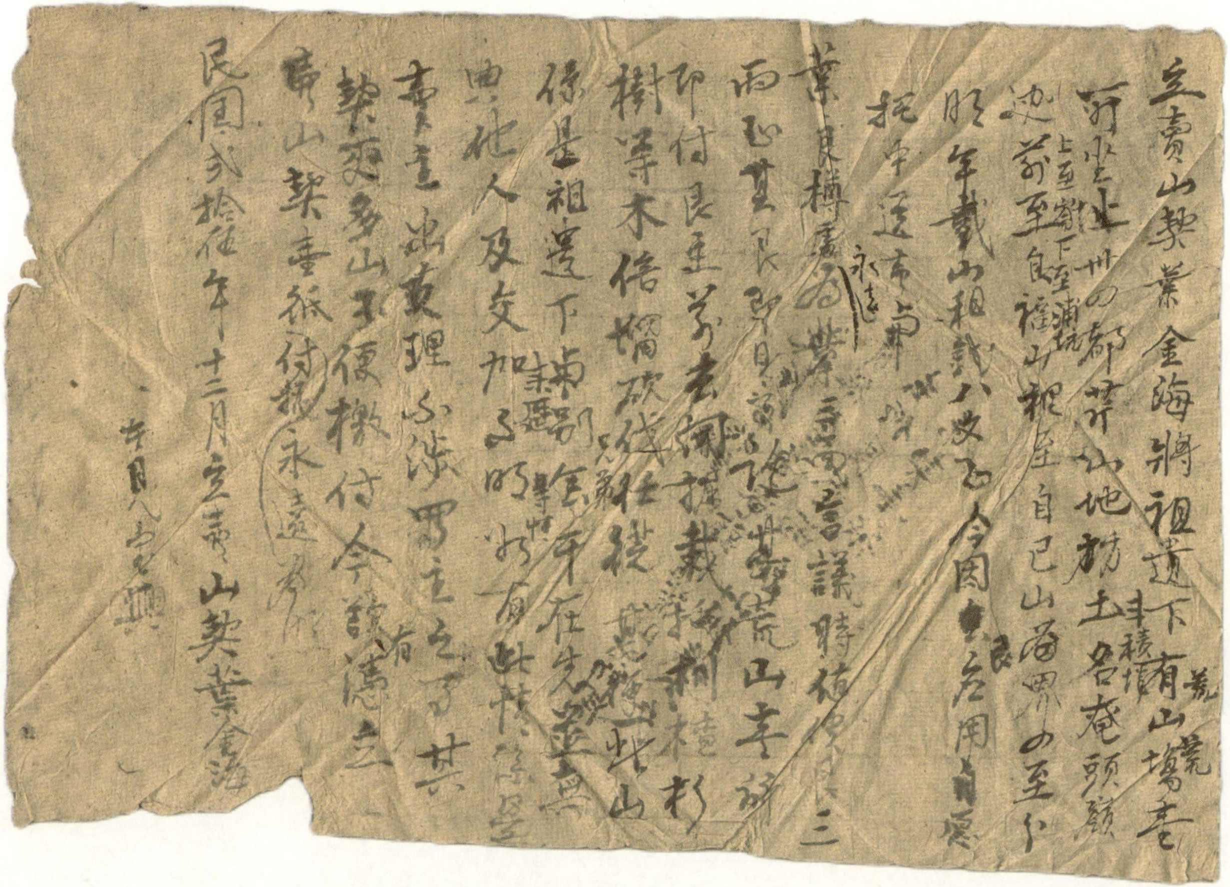

3-5-8-2　民國二十五年十二月葉金海立賣荒山場契（草契）

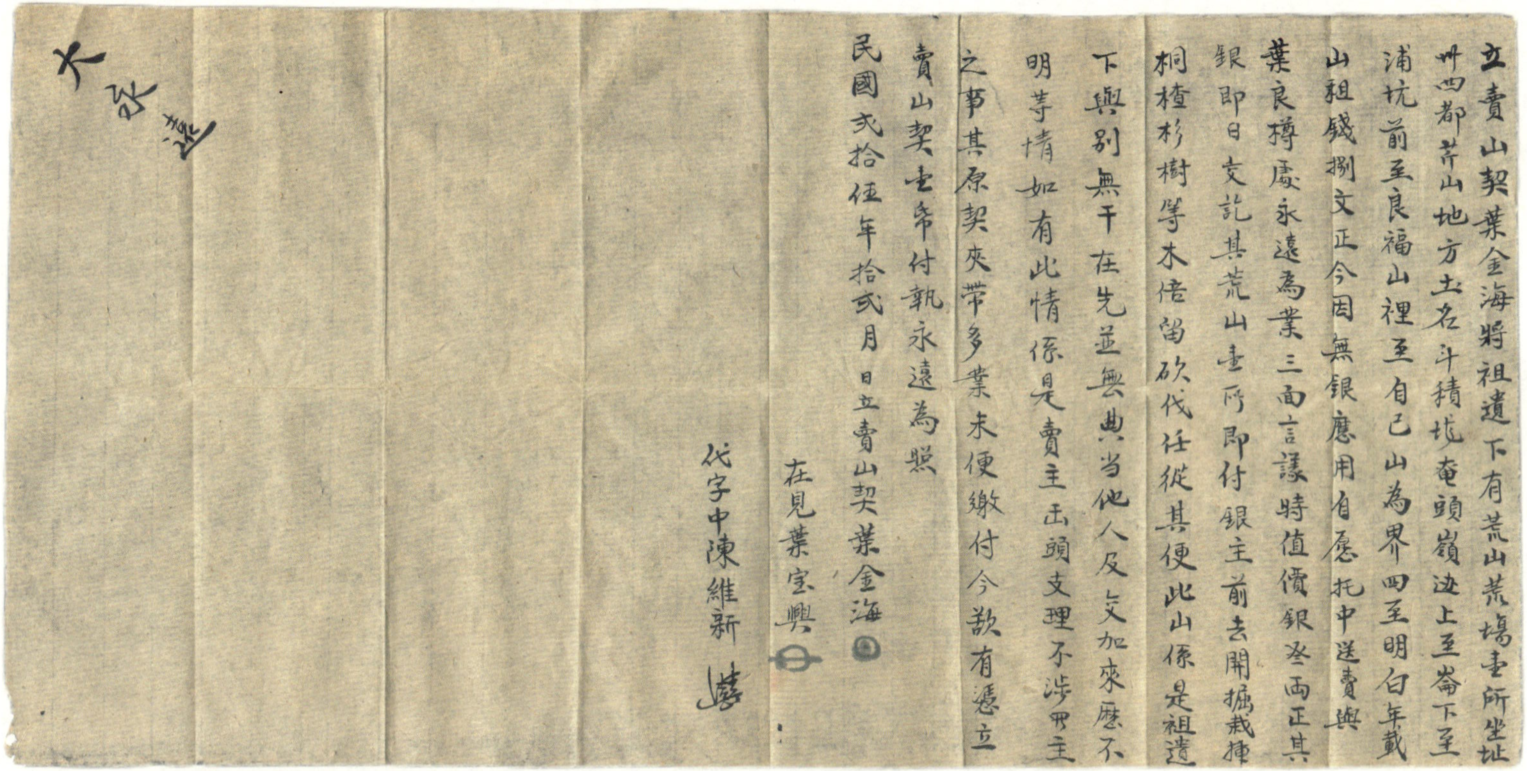
立賣山契葉金海將祖遺下有荒山荒場壹所坐址
卅四都芹山地方土名斗積坑奄頭嶺边上至崙下至
浦坑前至良福山裡至自己山為界四至明白年載
山祖钱捌文正今因無銀應用自愿托中送賣與
葉良樗處永遠為業三面言議時值價銀叁兩正其
銀即日交訖其荒山壹所即付銀主前去開掘栽插
桐楂杉樹等木倍留砍伐任從其便此山係是祖遺
下與别無干在先並無典当他人及交加來歷不
明等情如有此情係是賣主出頭支理不涉買主
之事其原契夾帶多業未便繳付今欲有憑立
賣山契壹帋付執永遠為照
民國貳拾伍年拾貳月　日立賣山契葉金海
在見葉宝興
代字中陳維新

3-5-8-3　民國二十五年十二月葉金海立賣荒山荒場契

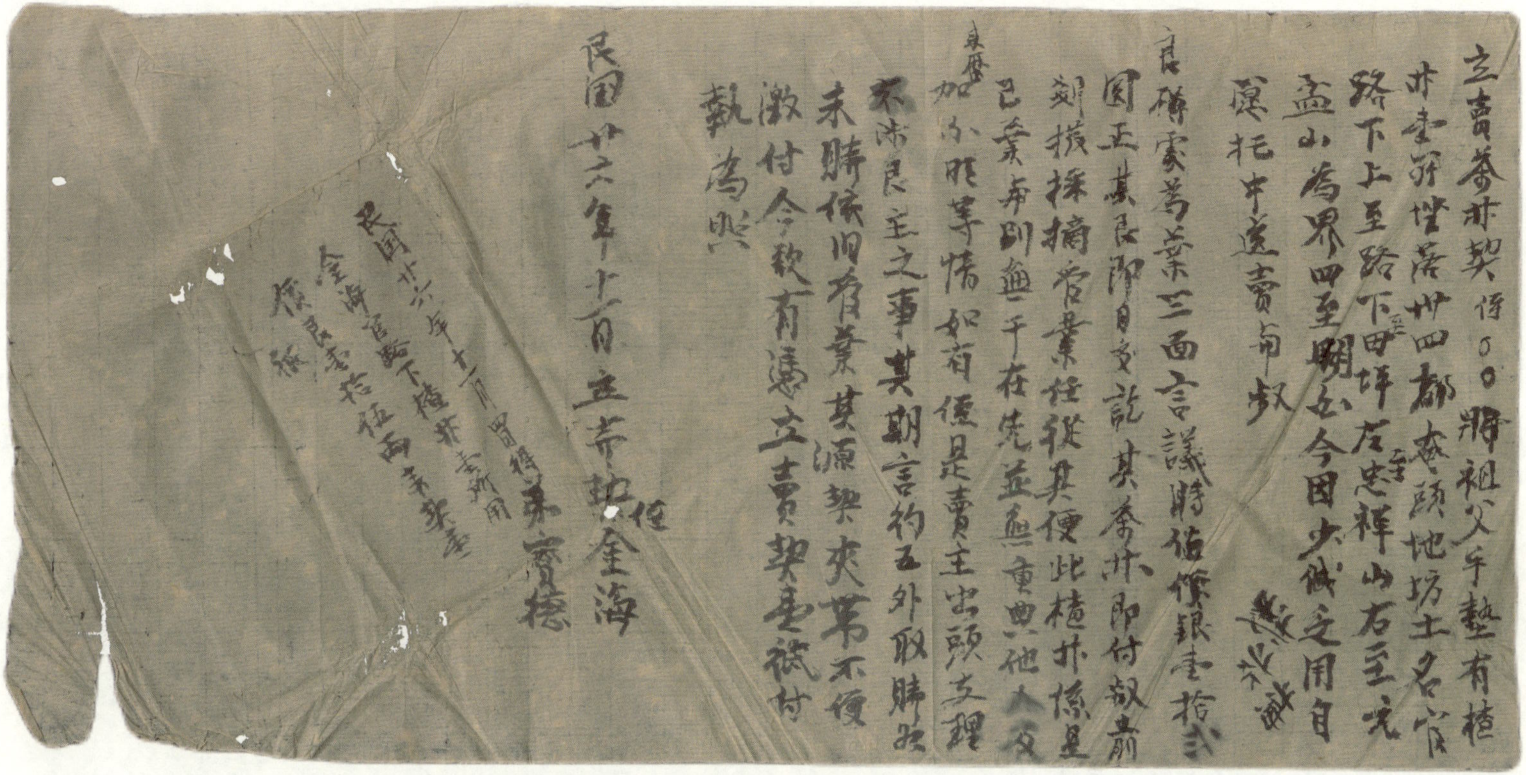

3-5-9-1 民國二十六年十一月葉金海立賣楂林契（草契）

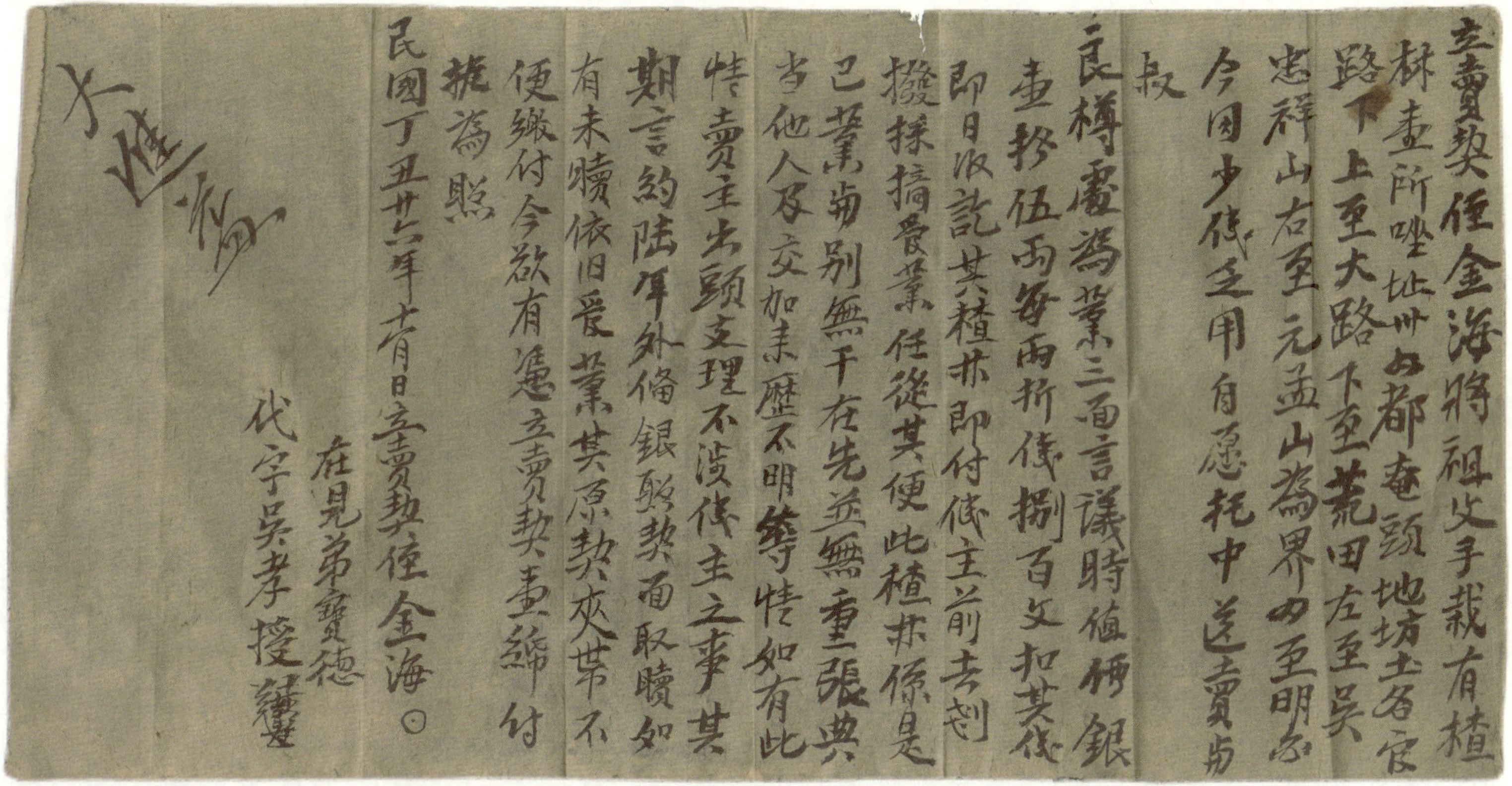
立賣契侄金海將祖父手栽有植
杉壹所坐址卅八都奄頭地坊土名官
路下上至大路下至荒田左至吴
忠祥山右至元孟山為界四至明白
今因少錢乏用自愿托中送賣與
叔
良樽處爲業三面言議時值價銀
壹拾伍两每两折錢捌百文扣其錢
即日收訖其植杉即付錢主前去砍
撥採摘管業任從其便此植杉係是
己業與別無干在先並無重張典
当他人及交加来歷不明等情如有此
情賣主出頭支理不涉錢主之事其
期言約陸年外備銀歸契面取贖如
有未贖依旧管業其原契來世不
便繳付今欲有憑立賣契壹紙付
執爲照
民國丁丑廿六年十一月日立賣契侄金海⊙
在見弟寶德
代字吴孝授

3-5-9-2 民國二十六年十一月葉金海立賣植林契

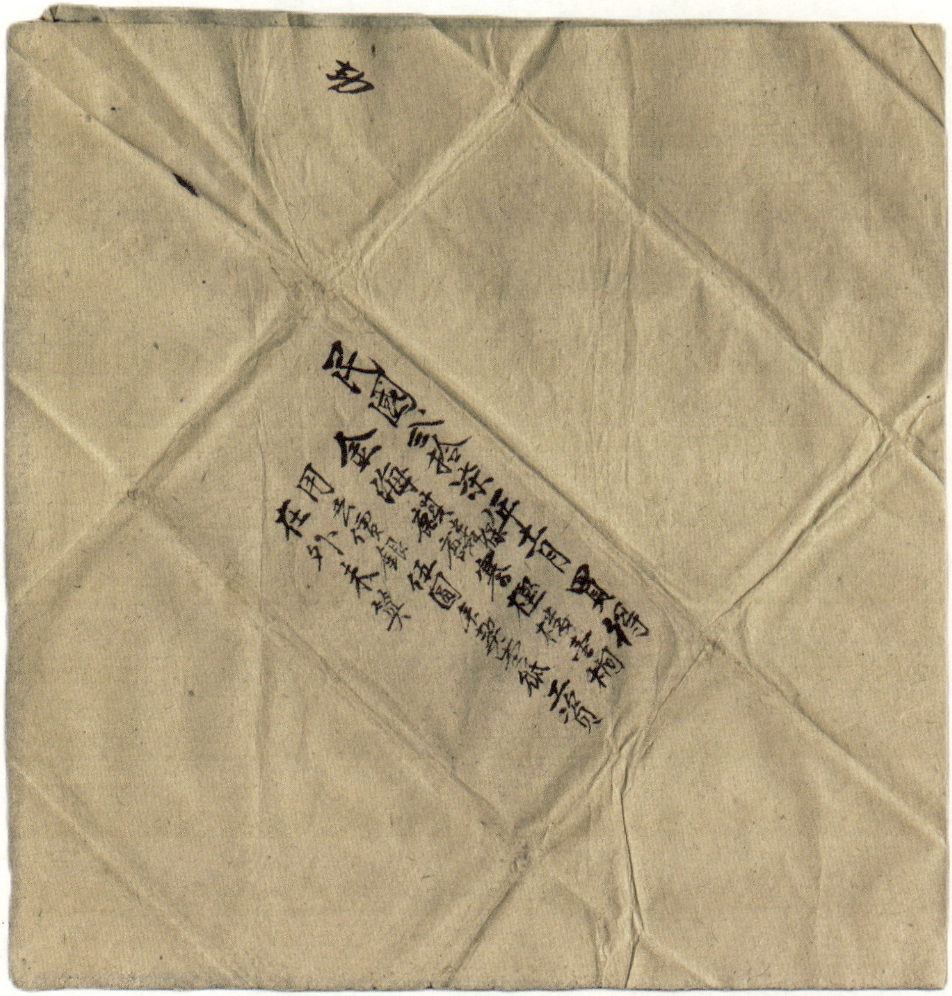

3-5-10-1　包契紙

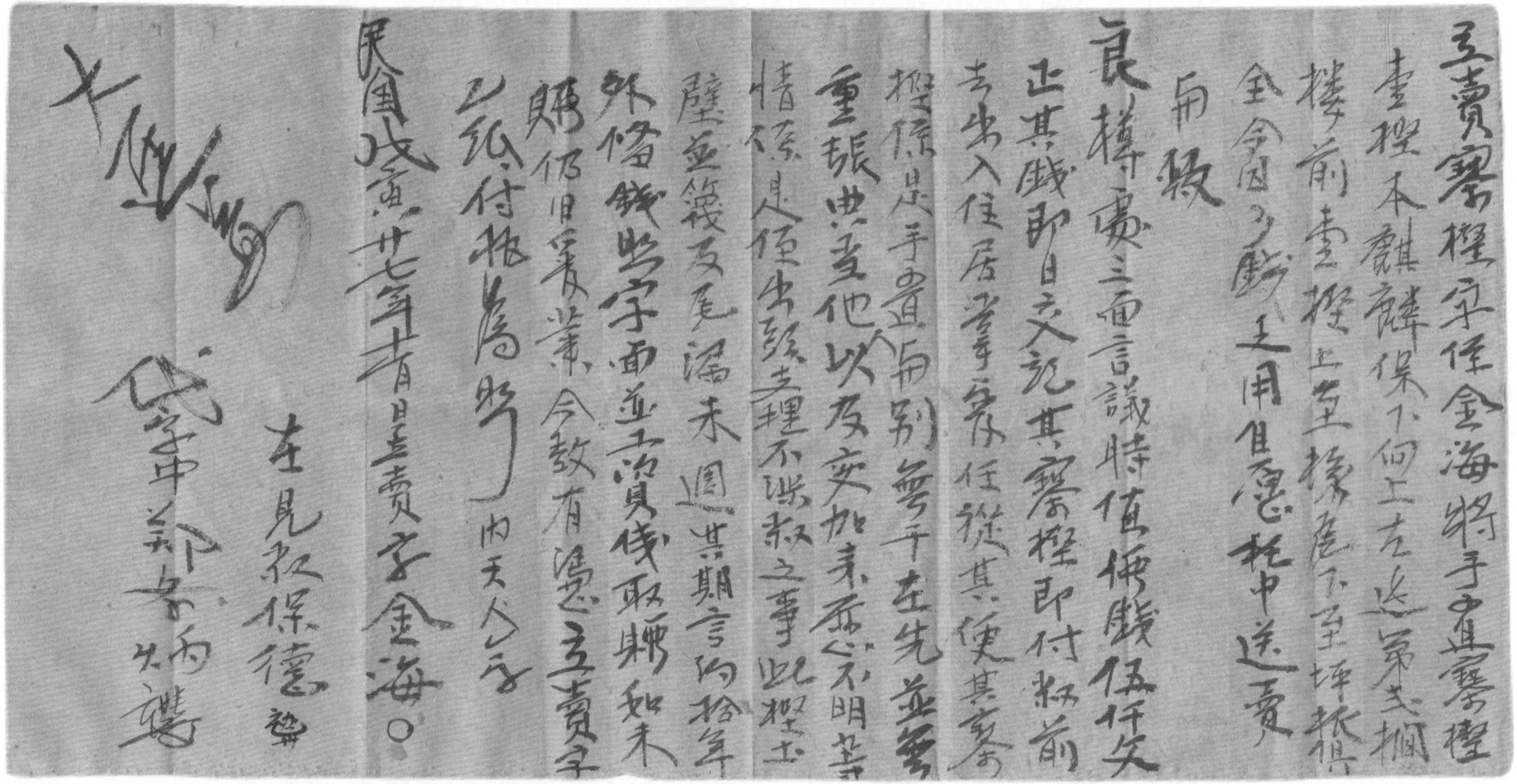
立賣寨樫字侄金海將手置寨樫
壹樫本鄉[illegible]保下向上去述第弍㧜
樓前壹樫上至樓庭下至坪抵
全，今因乏錢用，自愿托中送賣
與叔
良棋處，三面言議，時值價錢伍仟文
正，其錢即日交訖，其寨樫即付叔前
去出入住居掌管，任從其便。其寨
樫係是手置，與別無干，在先並無
重張典當他人，以及交加未曾不明等
情，係是侄出頭去理，不涉叔之事。此樫土
壁並錢及尾溜未週，其期言約拾年
外備錢照字面並工資錢取贖，知未
贖仍舊管業。今欲有憑，立賣字
一紙，付執為照。　內添人字
民國戊寅廿七年十一月　日立賣字侄金海〇
在見叔保德（押）
代字中人[illegible]

3-5-10-2　民國二十七年十一月葉金海立賣寨樫契

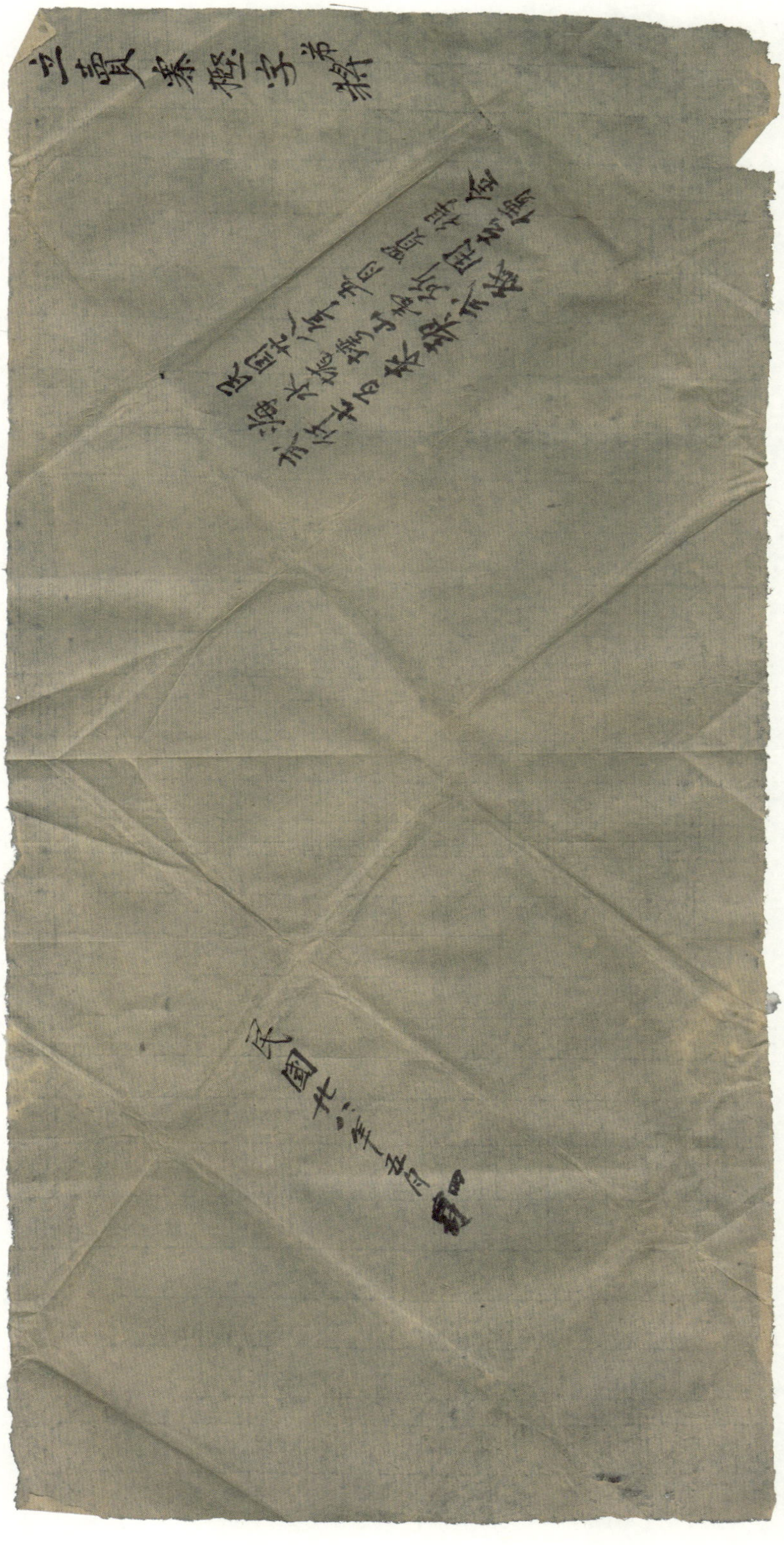

3-5-11-1　包契紙

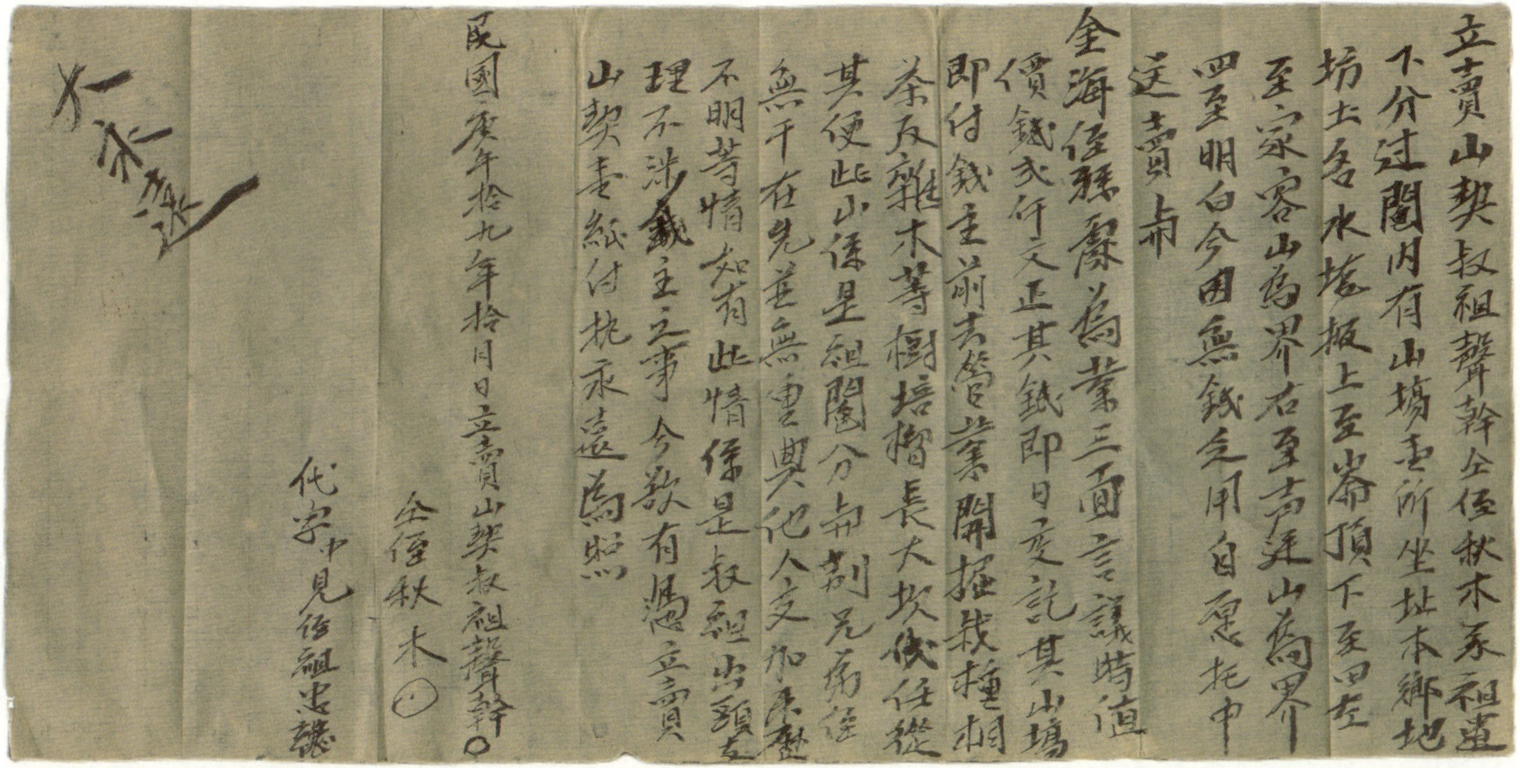

立賣山契叔祖聲幹仝侄秋木承祖遺
下分过閫内有山場壹所坐址本鄉地
坊土名水塔坂上至崙頂下至田左
至家容山為界右至声廷山為界
四至明白今因無錢乏用自愿托中
送賣與
全海侄孫廖為業三面言議時值
價錢弍仟文正其錢即日交訖其山場
即付錢主前去管業開掘栽種相
茶及雜木等樹培增長大伐任從
其便此山係是祖閫分帛割兄弟侄
無干在先並無重典他人交加來歷
不明等情如有此情係是叔祖出頭支
理不涉錢主之事今欲有憑立賣
山契壹紙付執永遠為照
民國庚午拾九年拾月日立賣山契叔祖聲幹○
仝侄秋木○
代字中見侄孫忠禮
不一不贖

3-5-11-2 民國十九年十月葉聲幹等立賣山場契

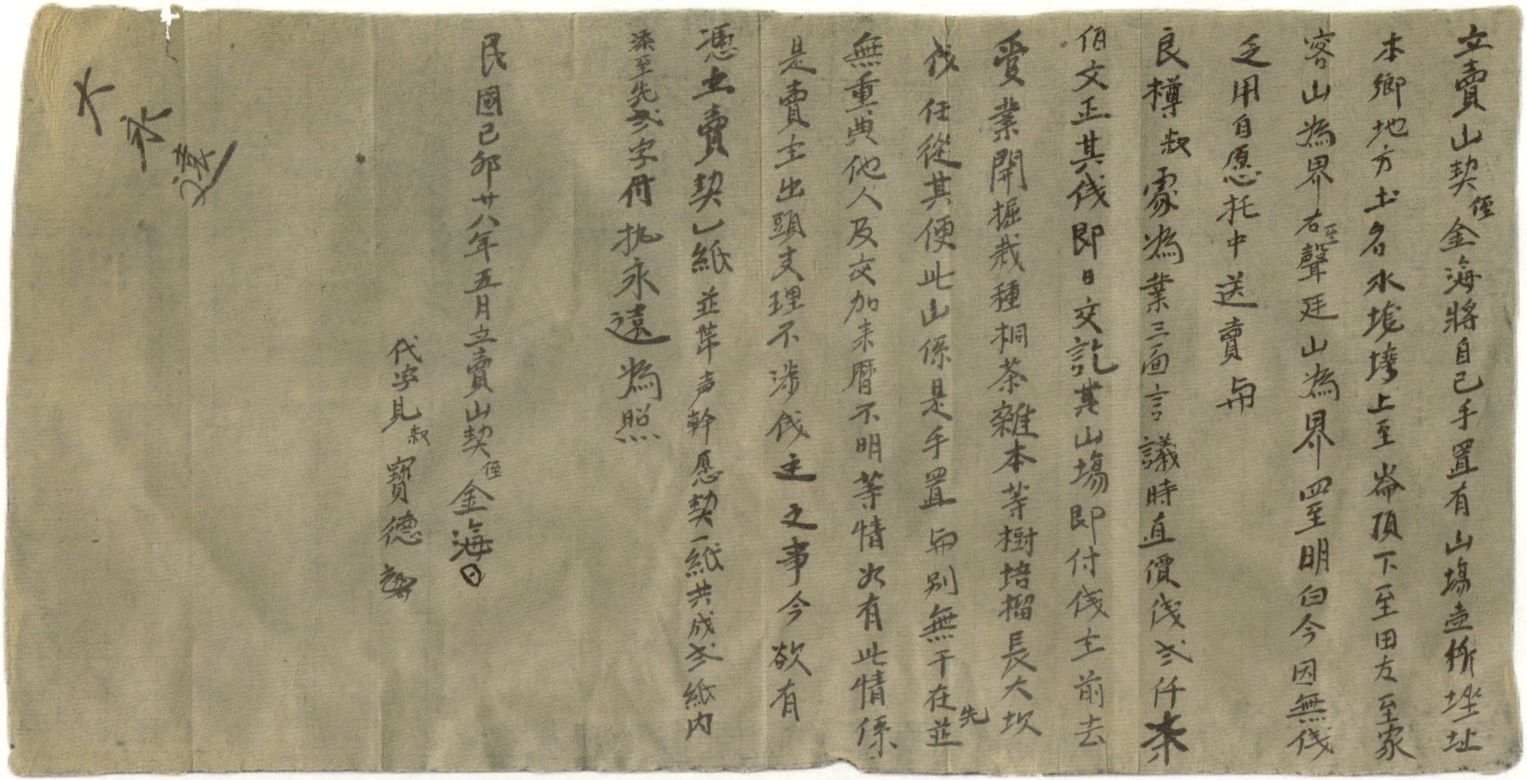

立賣山契侄金海將自己手置有山場壹所坐址
本鄉地方土名水垅塝上至崙頂下至田左至家
容山為界右至聲廷山為界四至明白今因無錢
乏用自愿托中送賣與
良樽叔處為業三面言議時值價錢叁仟
佰文正其錢即日交訖其山場即付錢主前去
管業開掘栽種桐茶雜木等樹培插長大砍
伐任從其便此山係是手置與別無干在先並
無重典他人及交加未曆不明等情如有此情係
是賣主出頭支理不涉錢主之事今欲有
憑立賣契一紙並草声幹愿契一紙共成叁紙內
添至先叁字付執永遠為照

民國己卯廿八年五月立賣山契侄金海（押）
代字見叔寶德（押）

3-5-11-3　民國二十八年五月葉金海立賣山場契

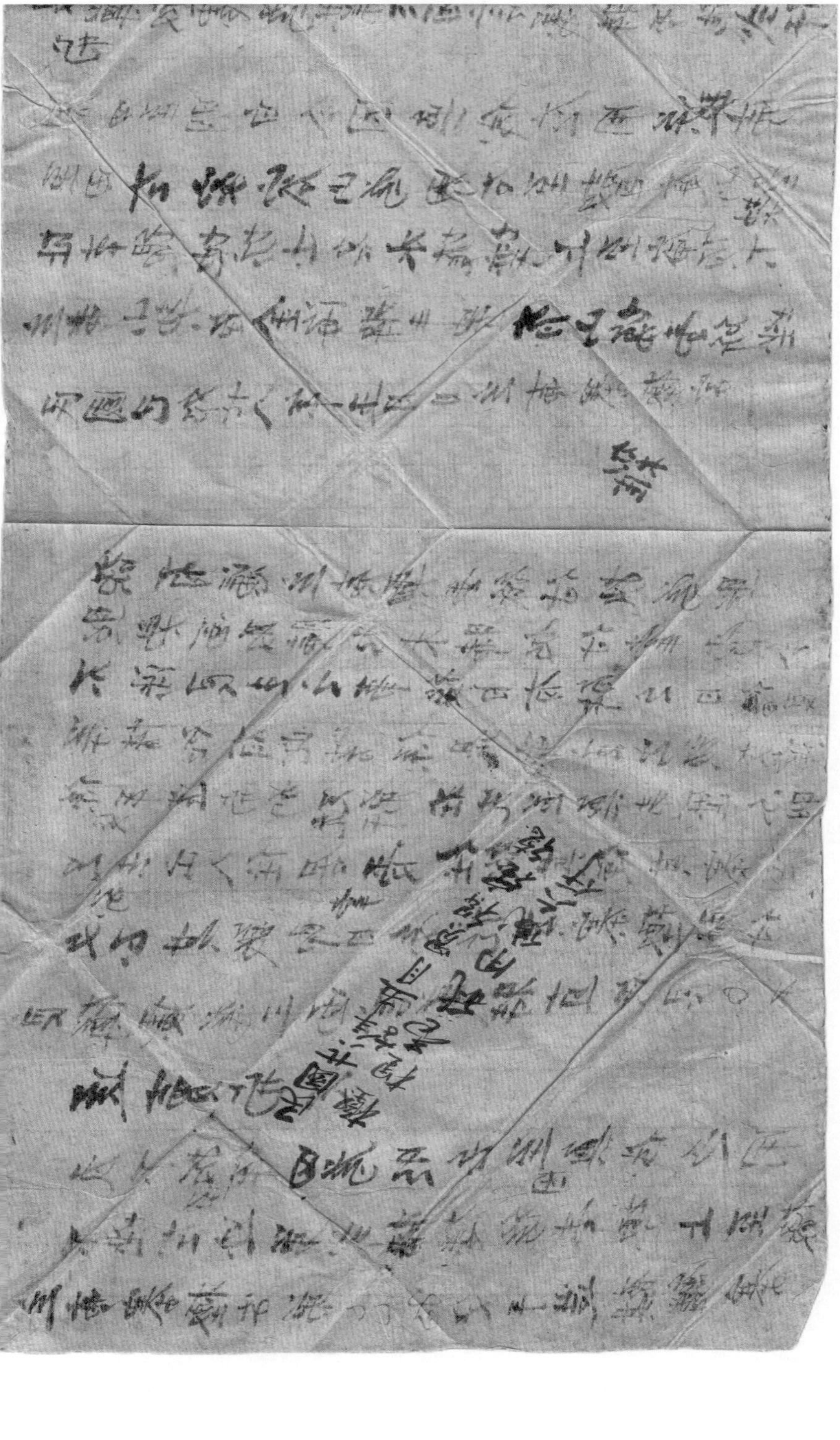

3-5-12-1　包契紙

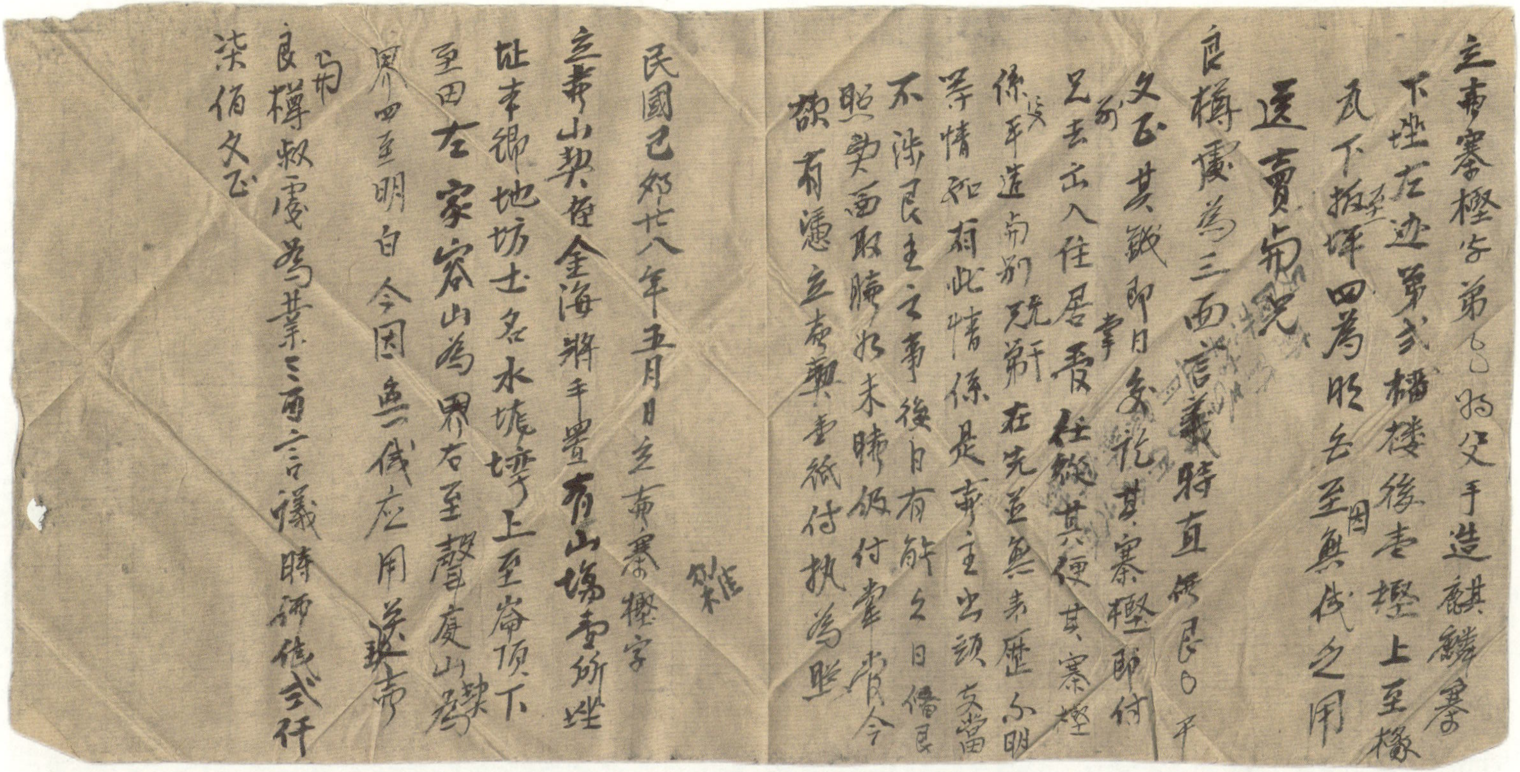
立賣寨樫字弟[illegible]仍父手造麒麟寨
下塋左边第式楠樓後壱塋上至椽
瓦下扳坪四為界至因無錢之用
送賣與叔
良樽處為三面言義特直價艮[illegible]千
文正其錢即日[illegible]其寨樫即付
叔足去出入住居掌受任從其便其寨樫
係此年造與別兄弟在先並無未歷不明
等情如有此情係是寨主出頭支當
不涉艮主之事後日有銀之日備艮
照契面取贖不未贖仍付當業今
欲有憑立賣契壹紙付執為照
契底
民國己卯廿八年五月日立賣寨樫字
立賣山契侄金海將手置有山場壹所坐
址本鄉地坊土名水堆墩上至崙頂下
至田左家窓山為界右至聲度山為界
四至明白今因無錢應用送與叔
良樽叔處為業三面言議時價銀式仟
柒佰文正

3-5-12-2　包契紙（草契）

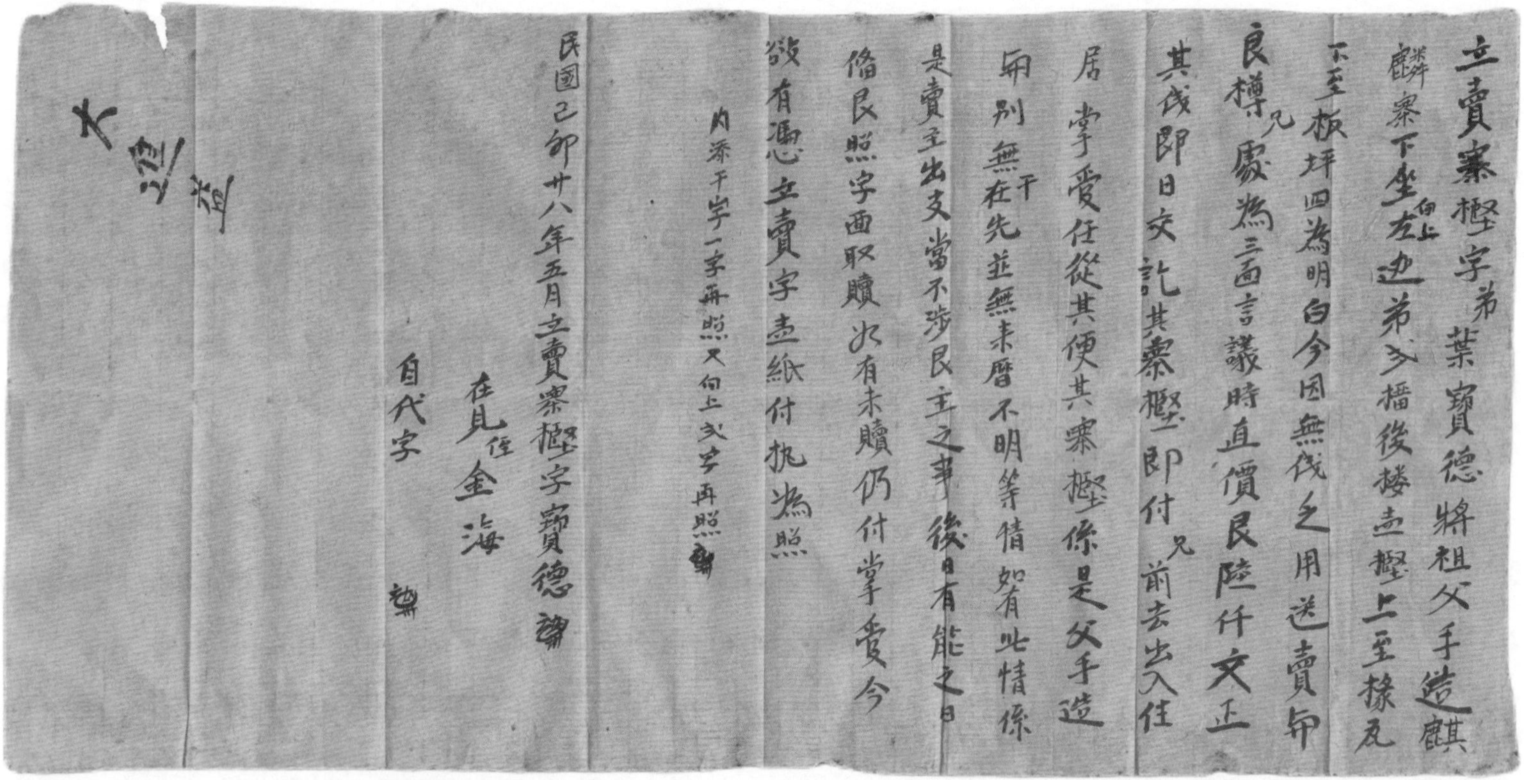

立賣寨樫字弟葉寶德將祖父手造麒
麟寨下坐左边弟乂播後樓壹樫上至椽瓦
下至板坪四為明白今因無錢乏用送賣與
良樽兄處為三面言議時直價艮陸仟文正
其錢即日交訖其寨樫即付兄前去出入住
居掌管任從其便其寨樫係是父手造
兩別無干在先並無未曆不明等情如有此情係
是賣主出支當不涉良主之事後日有能之日
備艮照字面取贖如有未贖仍付掌管今
欲有憑立賣字壹紙付执為照
内添干字一字再照又白上弍字再照
民國己卯廿八年五月立賣寨樫字寶德
在見侄金海
自代字
大造

3-5-12-3　民國二十八年五月葉寶德立賣寨樫字

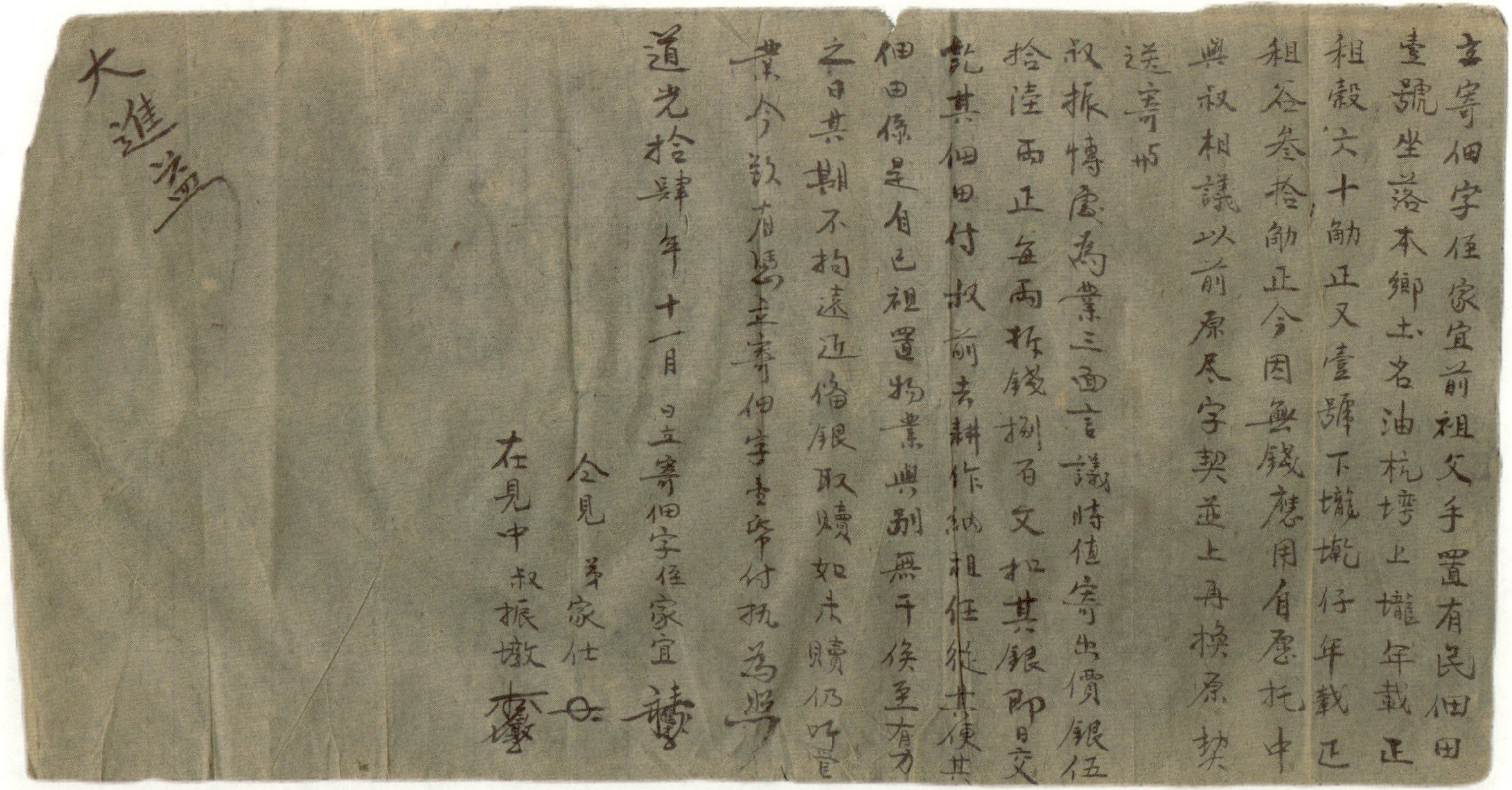
立寄佃字侄家宜前祖父手置有民佃田
壹號坐落本鄉土名油杭墘上壠年載正
租穀六十觔正又壹號下壠墘仔年載正
租谷叁拾觔正今因無錢應用自愿托中
與叔相議以前原尽字契並上再换原契
送寄与
叔振情處為業三面言議時值寄出價銀伍
拾達正每两扣錢捌百文扣其銀即日交
訖其佃田付叔前去耕作納租任從其便其
佃田係是自己祖置物業與別無干係並有力
之日其期不拘遠近備銀取贖如未贖仍听管
業今欲有憑立寄佃字付執為照
道光拾肆年十一月　日立寄佃字侄家宜（押）
仝見　弟　家仕（押）
在見中　叔　振墩（押）
大進溢

3-5-13-1　清道光十四年十一月葉家宜等立寄民佃田字

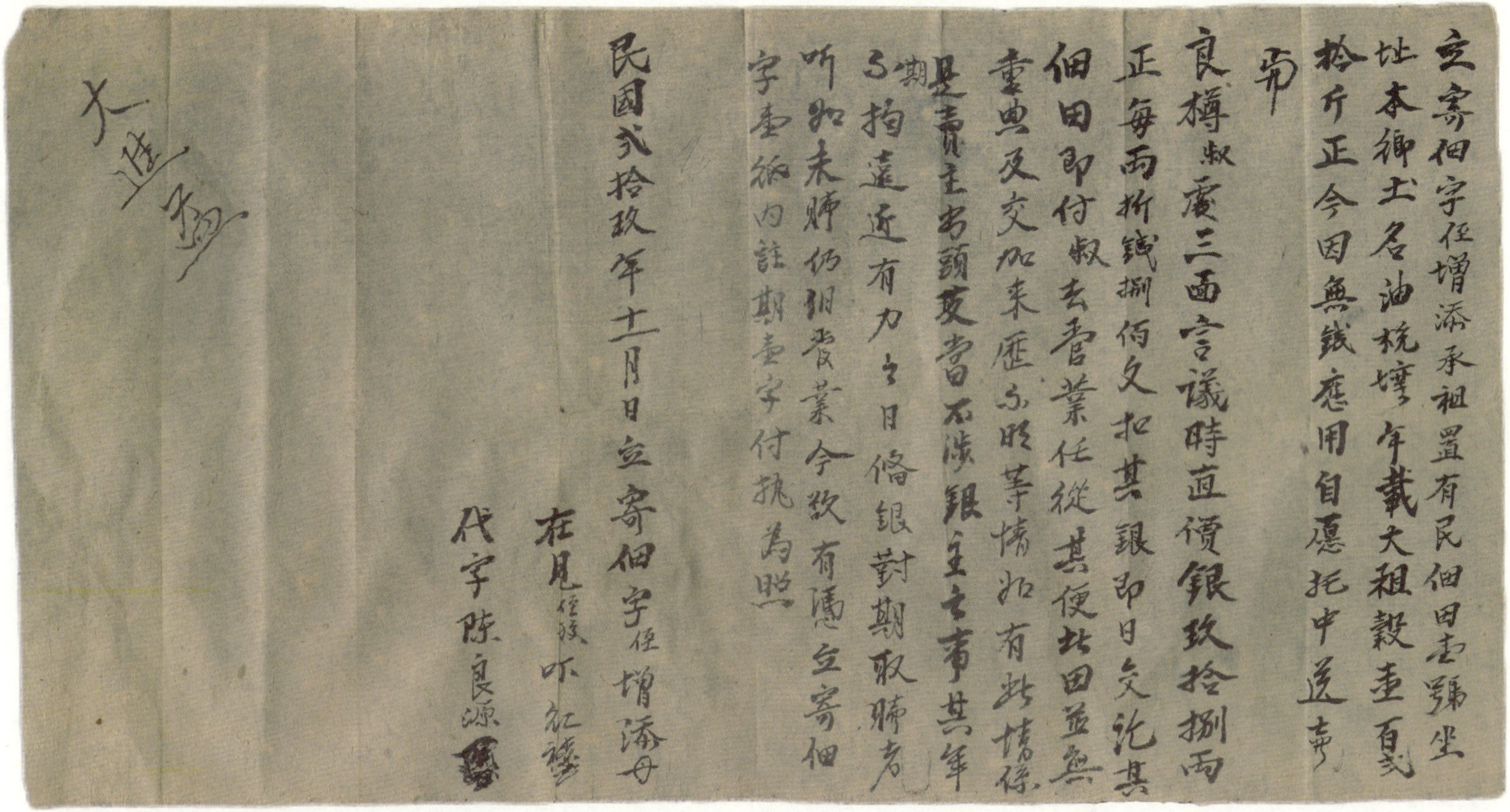

立寄佃字侄增添承祖置有民佃田壹號坐
址本鄉土名油坑墫乍載大祖穀壹百弍
拾斤正今因無錢應用自愿托中送壽
帝
良樽叔處三面言議時值價銀玖拾捌兩
正每兩折錢捌佰文扣其銀即日交訖其
佃田即付叔去耕業任從其便此田並無
重典及交加來歷不明等情如有此情係
是寄主出頭支當不涉銀主之事其年
了期拘遠近有力之日備銀對期取贖者
听如未贖仍归叔業今欲有憑立寄佃
字壹紙內註期壹字付執為照
民國弍拾玖年十一月日立寄佃字侄增添（押）
在見侄孫叶紅樓
代字陳良源（押）
大進

3-5-13-2　民國二十九年十一月葉增添立寄民佃田字

3-5-14-1　包契紙

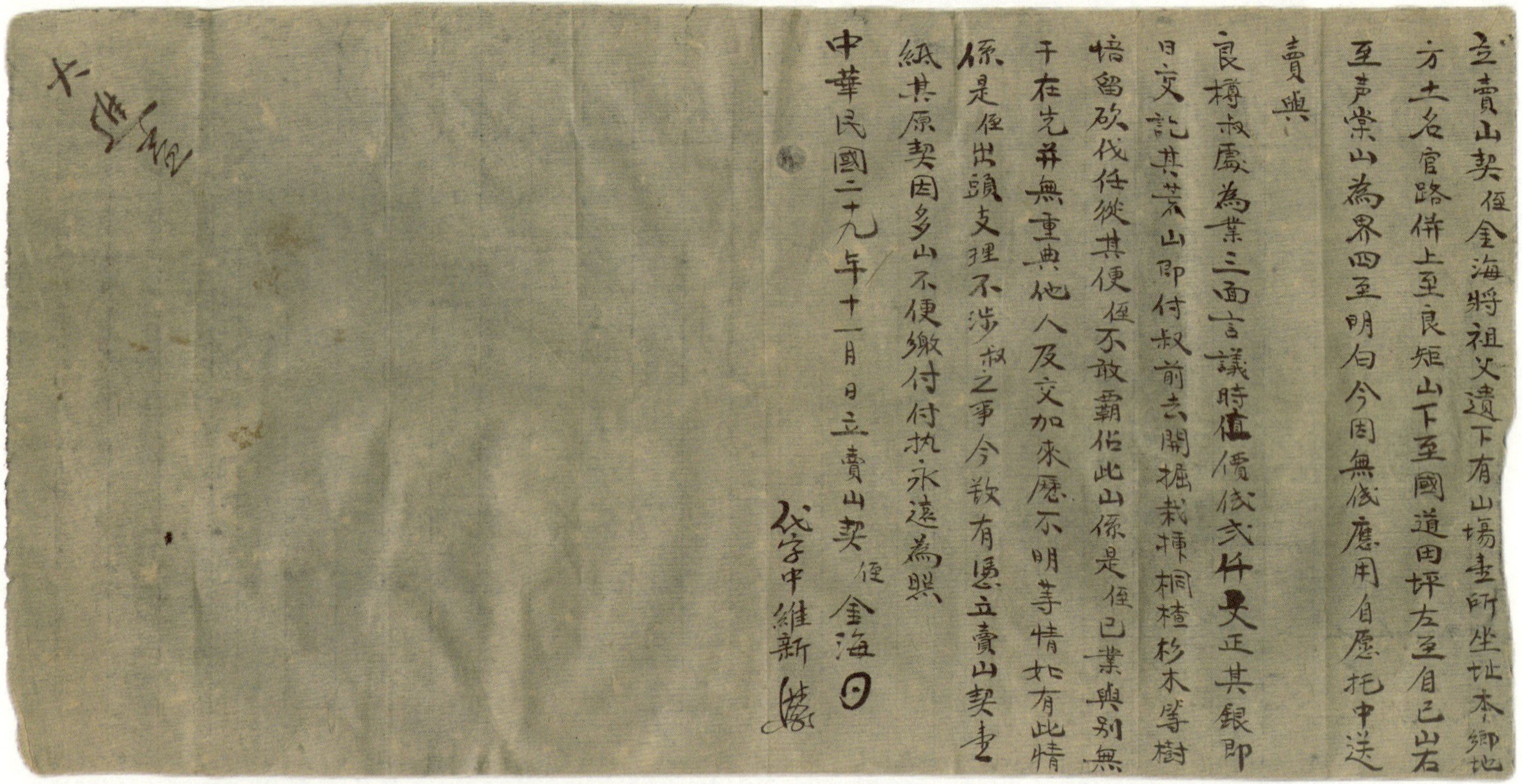
立賣山契侄金海將祖父遺下有山場壹所坐址本鄉地
方土名官路併上至良矩山下至國道田坪左至自己山右
至声棠山為界四至明白今因無錢應用自愿托中送
賣與
良榑叔處為業三面言議時值價錢弍仟叁正其銀即
日交訖其荒山即付叔前去開掘栽插桐樁杉木等樹
培留砍伐任從其便侄不敢霸佔此山係是侄己業與別無
干在先并無重典他人及交加來歷不明等情如有此情
係是侄出頭支理不涉叔之事今欲有憑立賣山契壹
紙其原契因多山不便繳付付执永遠為照
中華民國二十九年十一月　日立賣山契侄金海（押）
代字中維新（押）

3-5-14-2　民國二十九年十一月葉金海立賣山場契

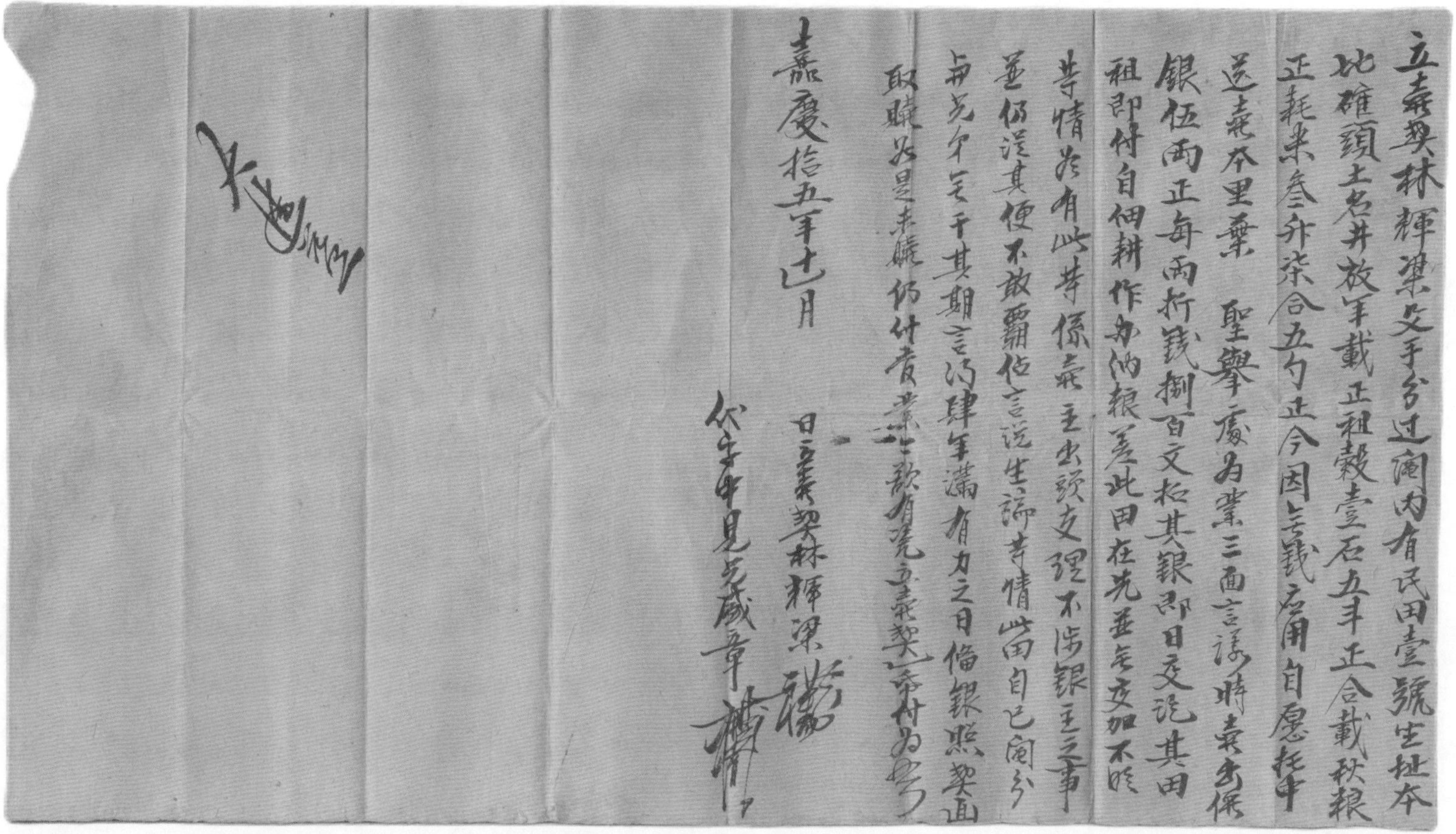
立賣契林輝梁，父手分過閹內有民田壹號，坐址本
地碓頭土名井放，年載正租穀壹石五斗正，合載秋粮
正耗米叁升柒合五勺正。今因乏錢應用，自愿托中
送賣本里藥　聖舉處為業，三面言議，時賣出價
銀伍兩正，每兩折錢捌百文，折其銀即日交訖，其田
租即付自佃耕作，办納粮差。此田在先並無交加不明
等情，如有此等，係賣主出頭支理，不涉銀主之事。
並仍從其便，不敢霸佔言說生端等情。當自己閹分
內先年定于其期言約肆年滿，有力之日備銀照契通
取贖，如是未贖，仍付賣業。一款有憑，立賣契一帋付為照。
嘉慶拾五年十一月　日立賣契林輝梁（押）
代字中見房叔章樵（押）

3-5-15-1　清嘉慶十五年十一月林輝梁立賣民田契

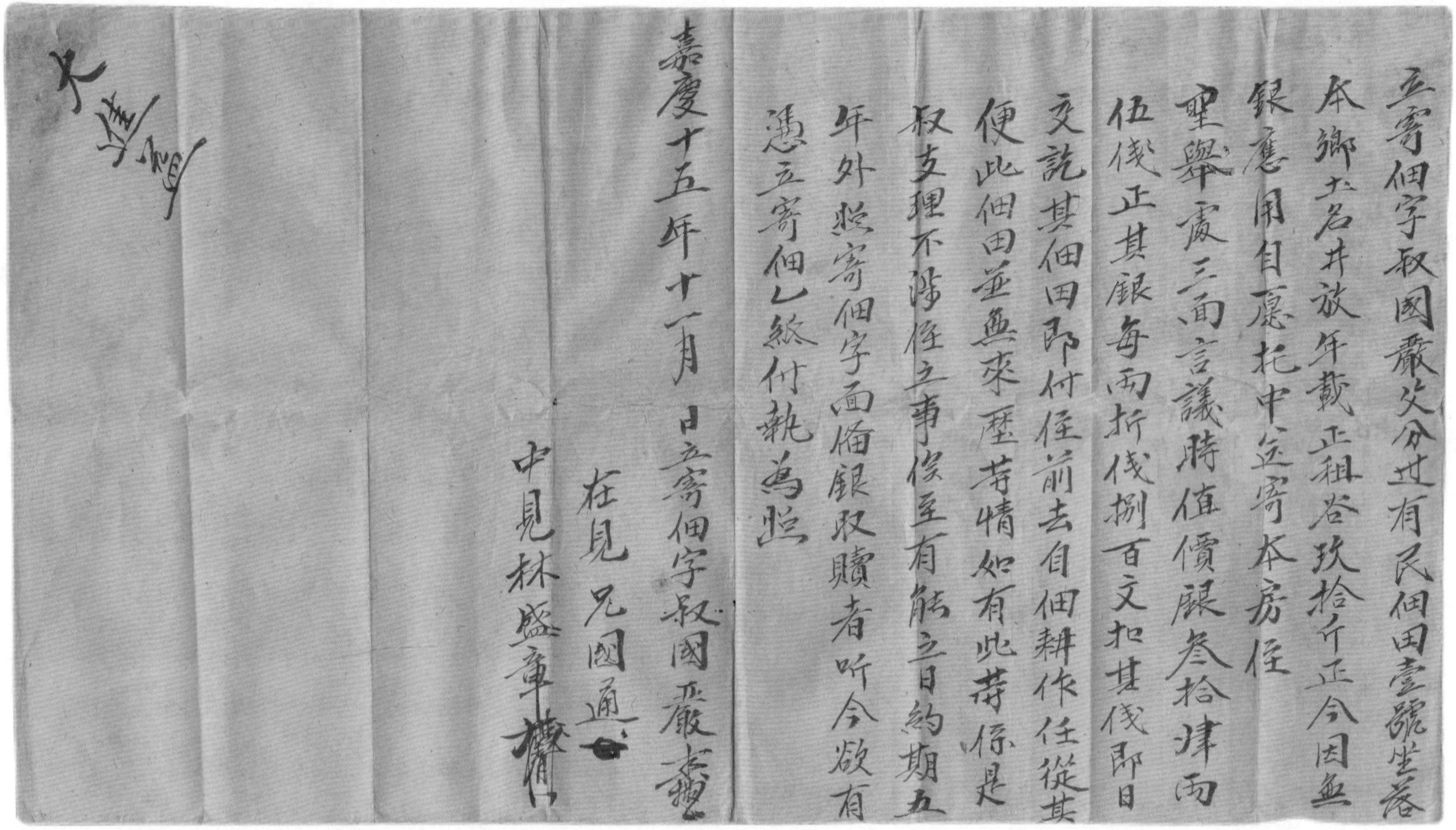

立寄佃字叔國嚴父分过有民佃田壹號坐落
本鄉土名井放年載正租谷玖拾斤正今因無
銀應用自愿托中送寄本房侄
聖舉處三面言議時值價銀叁拾肆兩
伍錢正其銀每兩折錢捌百文扣其錢即日
交訖其佃田即付侄前去自佃耕作任從其
便此佃田並無來歷苐情如有此苐係是
叔支理不涉侄之事俟至有能之日約期五
年外照寄佃字面備銀取贖者听今欲有
憑立寄佃字一紙付執為照

嘉慶十五年十一月　日立寄佃字叔國嚴（押）
在見兄國通（押）
中見林盛章（押）

3-5-15-2　清嘉慶十五年十一月葉國嚴立寄民佃田字

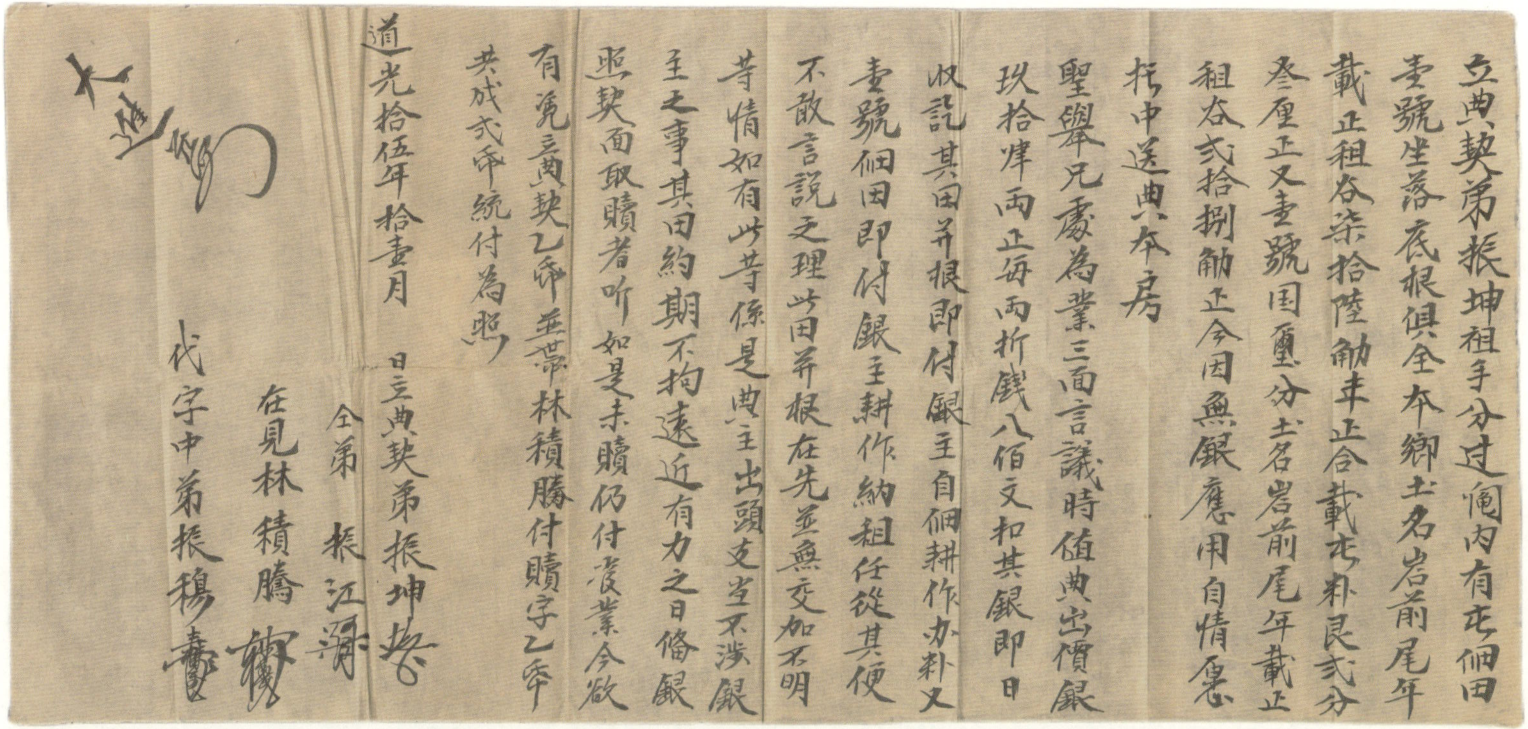

立典契弟振坤祖手分过俺内有屯佃田
壹號坐落底根俱全本鄉土名岩前尾年
載正租谷柒拾陸觔半正合載屯料艮弍分
叁厘正又壹號田墘分土名岩前尾年載正
租谷弍拾捌觔正今因無銀應用自情愿
托中送典本房
聖舉兄處為業三面言議時值典出價銀
玖拾肆两正每两折錢八佰文和其銀即日
收訖其田并根即付銀主自佃耕作办料又
壹號佃田即付銀主耕作納租任從其便
不敢言說之理此田并根在先並無交加不明
等情如有此等係是典主出頭支當不涉銀
主之事其田約期不拘遠近有力之日備銀
照契面取贖者听如是未贖仍付管業今欲
有憑立典契乙帋並帶林積騰付贖字乙帋
共成弍帋統付為照
道光拾伍年拾壹月　日立典契弟振坤（押）
仝弟　振江（押）
在見林積騰（押）
代字中弟振穆（押）

3-5-15-3　清道光十五年十一月葉振坤等立典屯佃田契

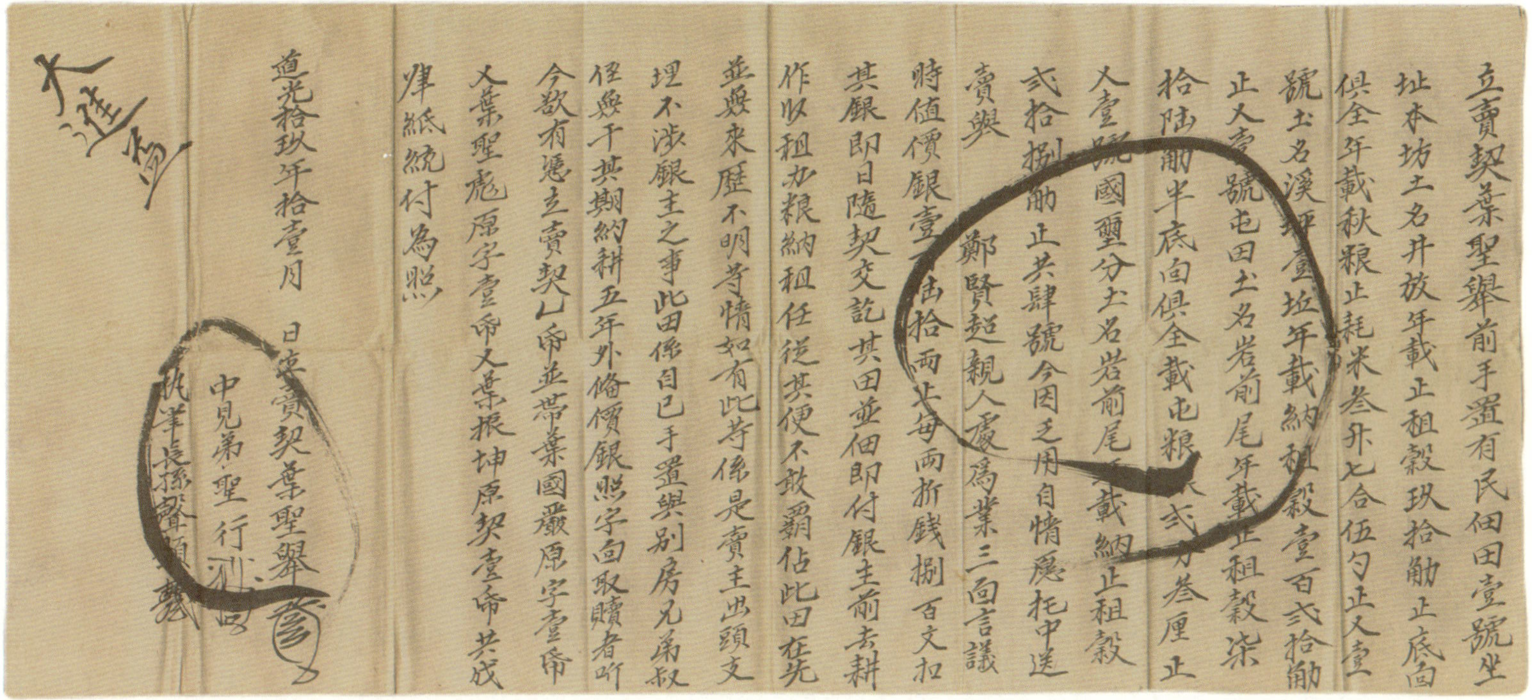

立賣契葉聖舉前手置有民佃田壹號坐
址本坊土名井放年載止租穀玖拾觔止底面
俱全年載秋粮止耗米叁升七合伍勺止又壹
號土名溪坪壹坵年載納租穀壹百弍拾觔
止又壹號屯田土名岩前尾年載止租穀柒
拾陸觔半底面俱全載屯粮[illegible]弍分叁厘止
又壹號國壐分土名岩前尾[illegible]載納止租穀
弍拾捌觔止共肆號今因乏用自情愿托中送
賣與 鄭賢起親人處爲業三面言議
時値價銀壹[illegible]陆拾両正每両折錢捌百文扣
其銀即日隨契交訖其田並佃即付銀主前去耕
作收租办粮納租任從其便不敢覇佔此田在先
並無來歷不明等情如有此等係是賣主出頭支
理不涉銀主之事此田係自己手置與別房兄弟叔
侄無干其期約耕五年外備價銀照字面取贖者听
今欲有憑立賣契山帋並帶葉國壐原字壹帋
又葉聖彪原字壹帋又葉根坤原契壹帋共戉
肆紙統付為照
道光拾玖年拾壹月 日立賣契葉聖舉
中見弟 聖行
代筆長孫聲[illegible]
大進

3-5-15-4 清道光十九年十一月葉聖舉立賣民佃田契（廢契）

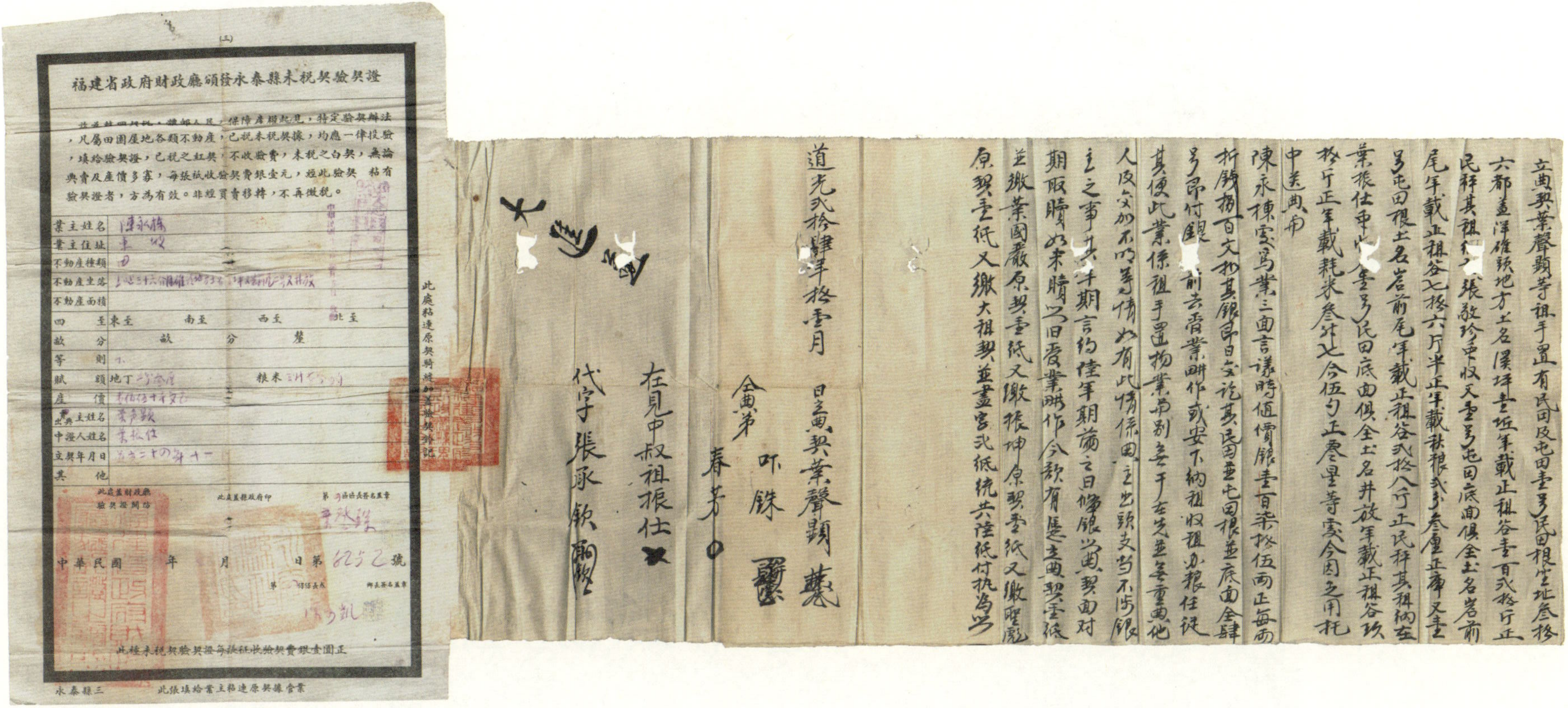

3-5-15-5　清道光二十四年十一月葉聲顯等立典民田等契（紅契）

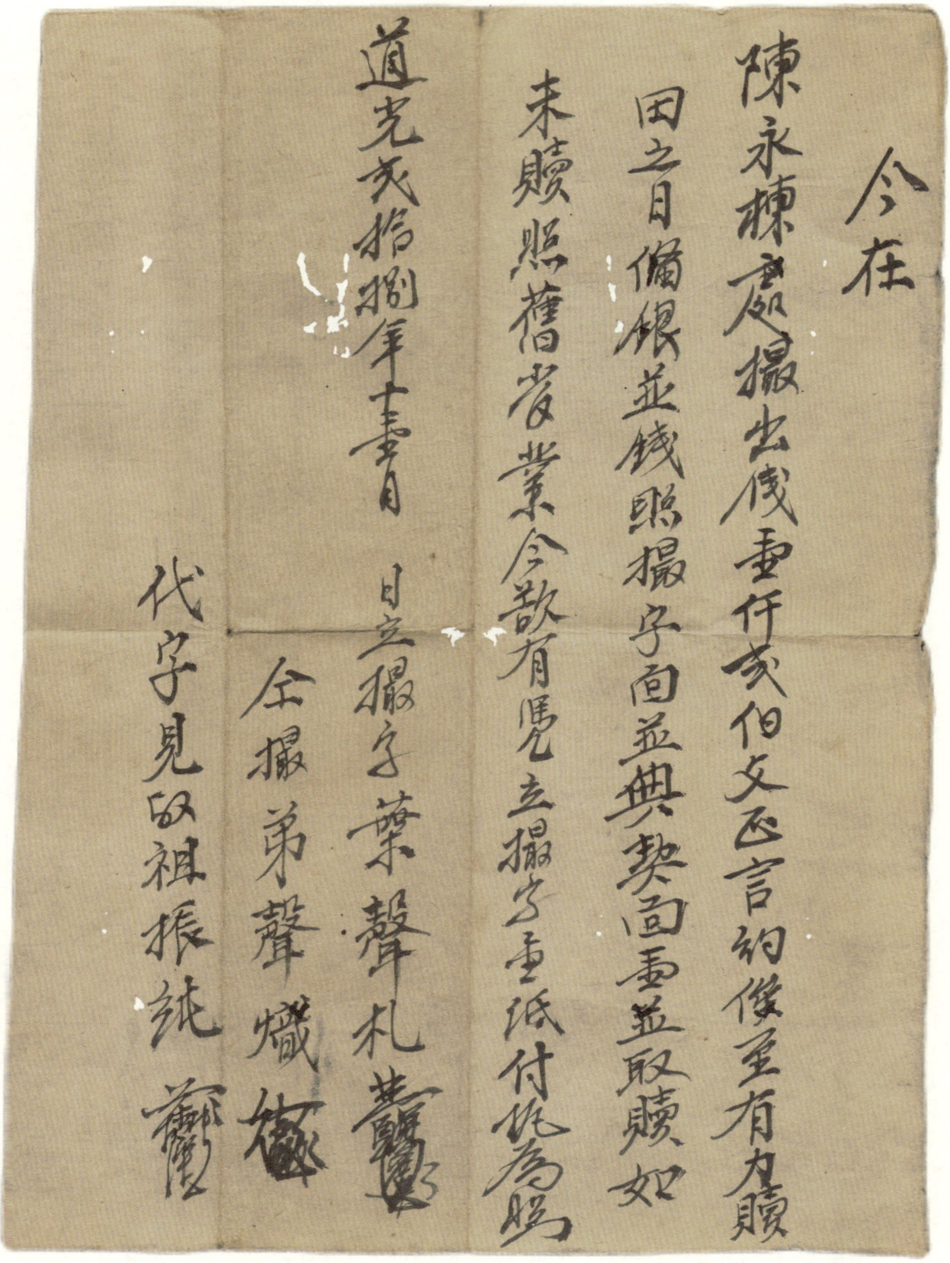
今在
陳永棟處撮出錢壹仟弍伯文正言約俟至有力贖
回之日備銀並錢照撮字面並典契面壹並取贖如
未贖照舊管業今欲有憑立撮字壹紙付執爲照
道光弍拾捌年十一月　日立撮字葉聲札（押）
仝撮弟聲熾（押）
代字見叔祖振銚（押）

3-5-15-6　清道光二十八年十一月葉聲札等立撮字

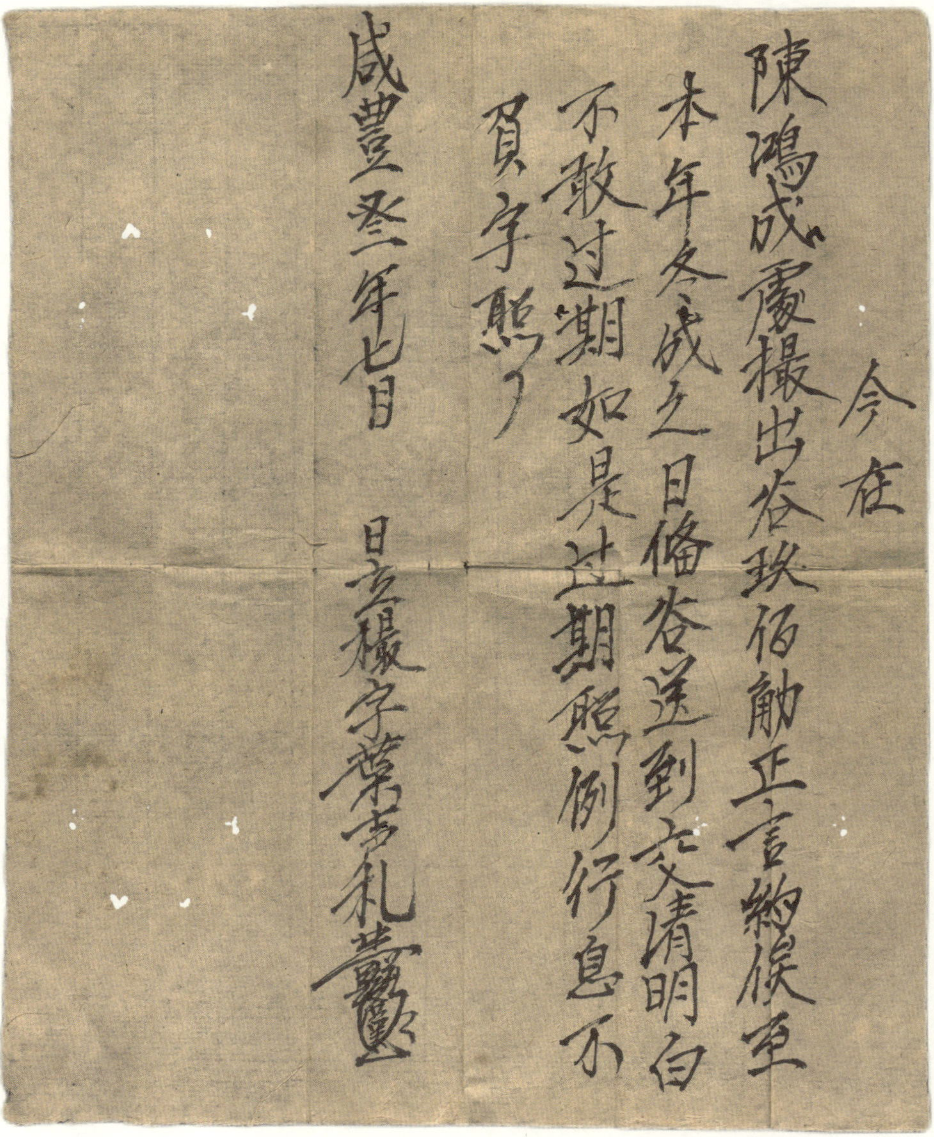
今在
陳鴻成處撮出谷玖佰觔正言約候至
本年冬成之日備谷送到交清明白
不敢过期如是过期照例行息不
負字照了
咸豐叁年七月　日立撮字葉声札

3-5-15-7　清咸豐三年七月葉声札立撮字

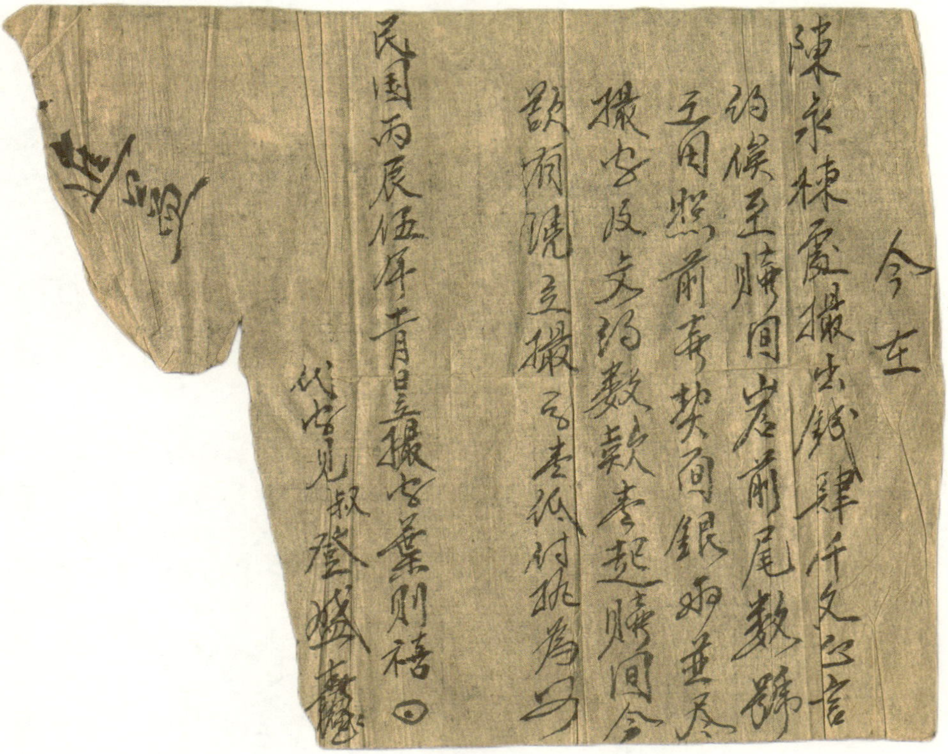
今在
陳永棟處撮出錢肆仟文正言
約俟至贖回岩前尾數歸
之田照前本契面銀兩並尽
撮字及文約數款本起贖回今
欲有憑立撮字壹紙付執為照
民国丙辰伍年十一月日立撮字葉則禧（押）
代字見叔　登盛

3-5-15-8　民國五年十一月葉則禧立撮字

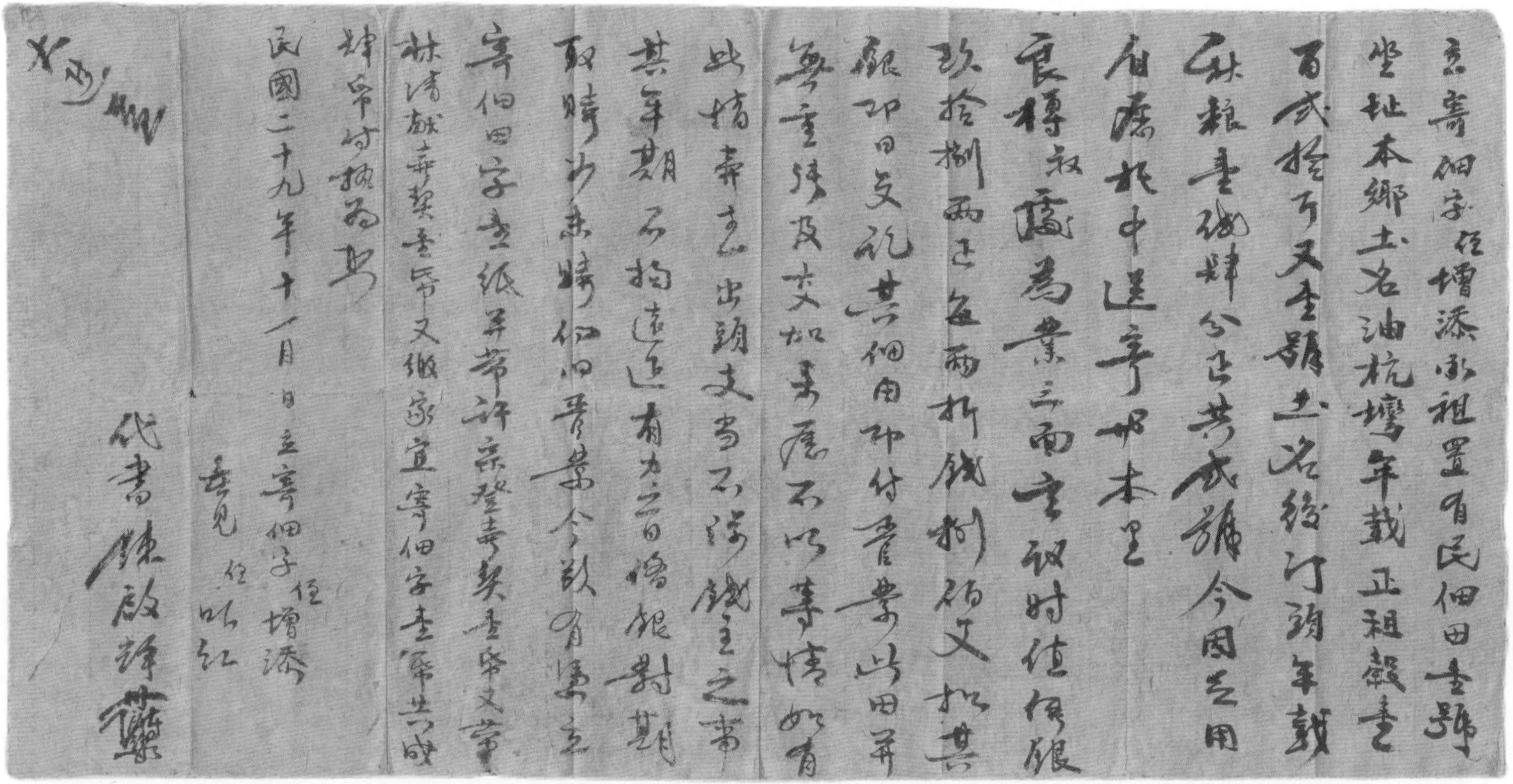
立寄佃字侄增添承祖置有民佃田壹號
坐址本鄉土名油坑壋年載正租穀壹
百弍拾斤又壹號土名後门頭年載
租粮壹拾肆斤正共弍號今因乏用
自願托中送寄與本里
良樟叔處為業三面言议时值价银
玖拾捌元正每元折钱捌佰文概其
银即日交訖其佃内即付管業此田并
無重張交加來歷不明等情如有
此情寄者出頭支當不涉錢主之事
其年期不拘遠近有力之日備银對期
取贖不得執佃留業今欲有憑立
寄佃田字壹紙并帯許宗登寄契壹帋文宗
林清献寄契壹帋又纸家宜寄佃字壹帋共肆
肆帋付執為照
民國二十九年十一月　日立寄佃字侄增添
在見侄以紅
代書陳啟錦

3-5-15-9　民國二十九年十一月葉增添立寄民佃田字

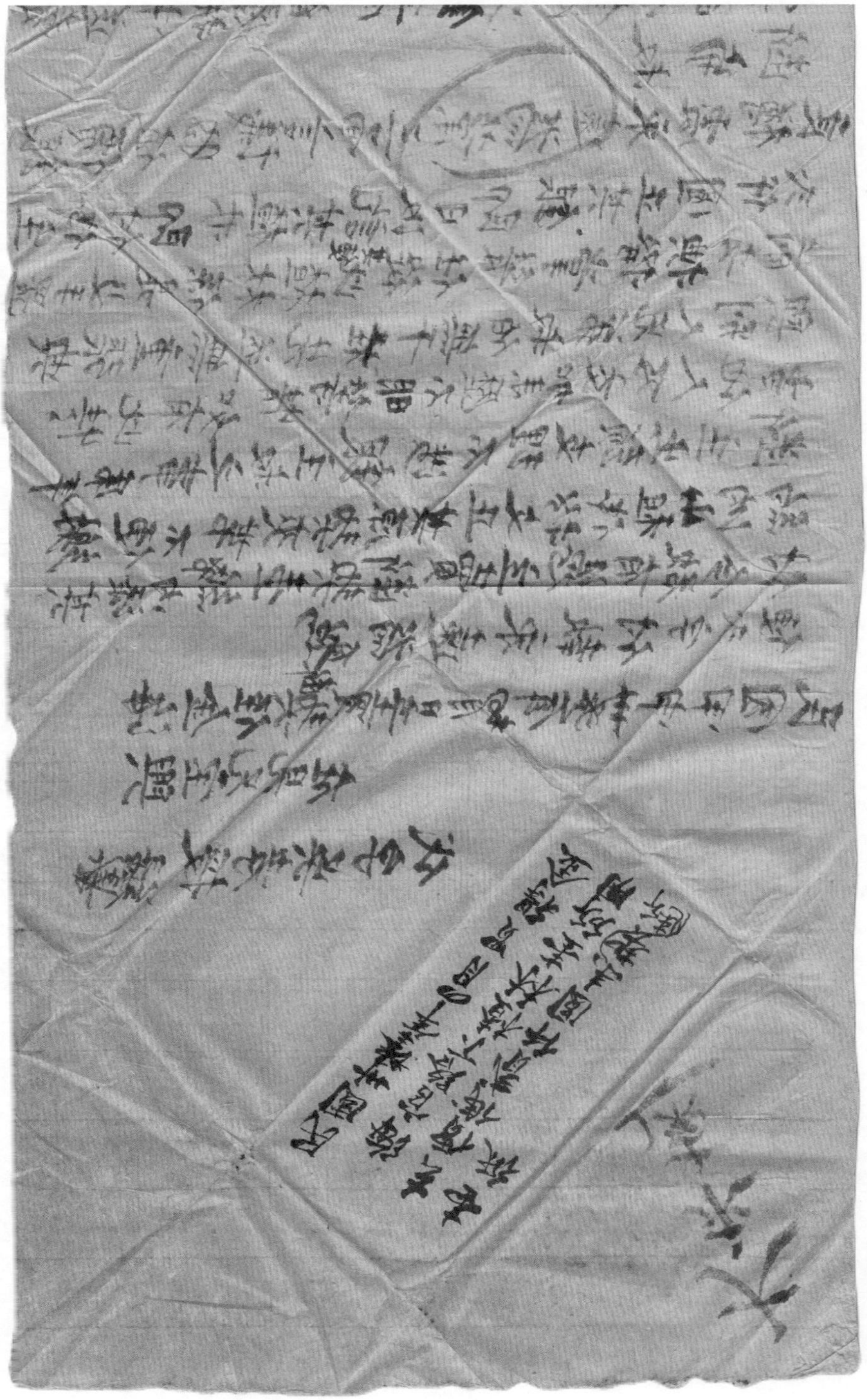

3-5-16-1　包契紙

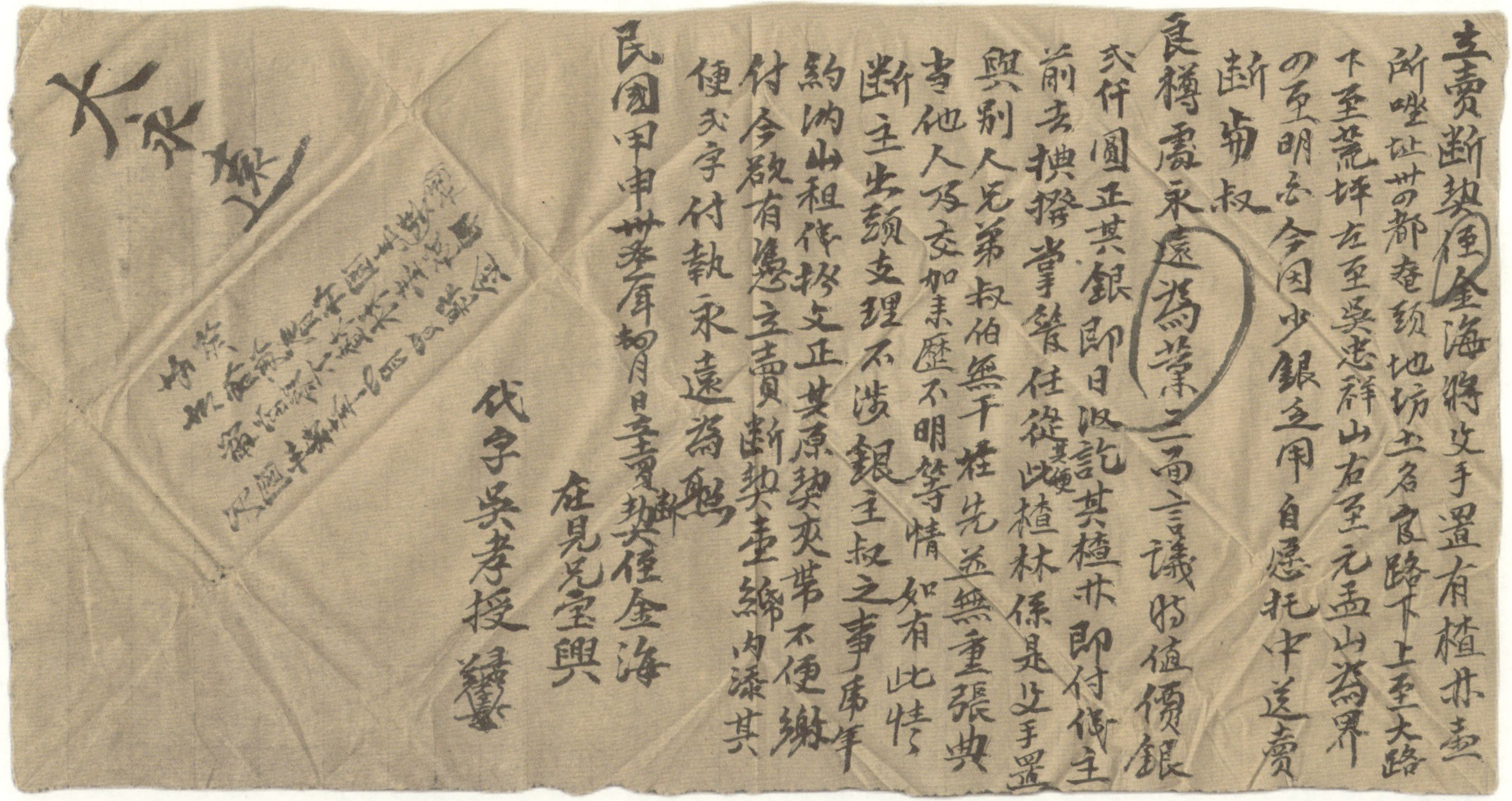
立賣斷契侄金海將父手置有植林壹
所坐址卅四都奄頭地坊土名官路下上至大路
下至荒坪左至吳忠祥山右至元孟山為界
四至明白今因少銀應用自愿托中送賣
斷與房叔
良樽處永遠為業三面言議時值價銀
[illegible]仟圓正其銀即日收訖其植林即付與主
前去掬掙掌管任從其植林係是父手置
與別人兄弟叔伯無干在先並無重張典
當他人及交加來歷不明等情如有此情
斷主出頭支理不涉銀主叔之事每年
納山租作枳文正其原契夾帶不便繳
付今欲有憑立賣斷契壹紙內添其
便字付執永遠為照
民國甲申年四月　日立賣斷契侄金海
在見兄奎興
代字吳孝授
大吉

3-5-16-2　民國三十三年四月葉金海立賣斷楂林契（草契）

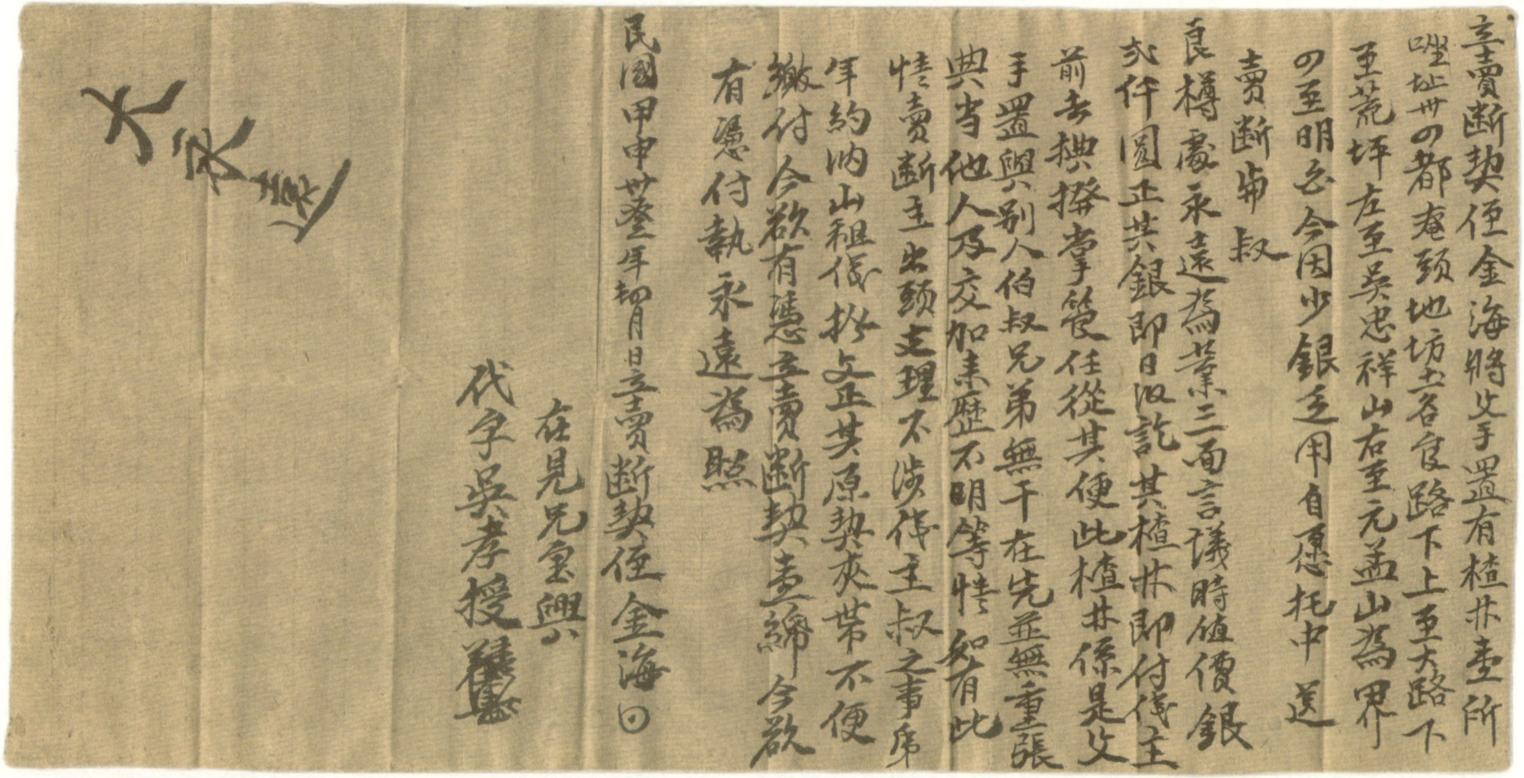

3-5-16-3　民國三十三年四月葉金海立賣斷植林契

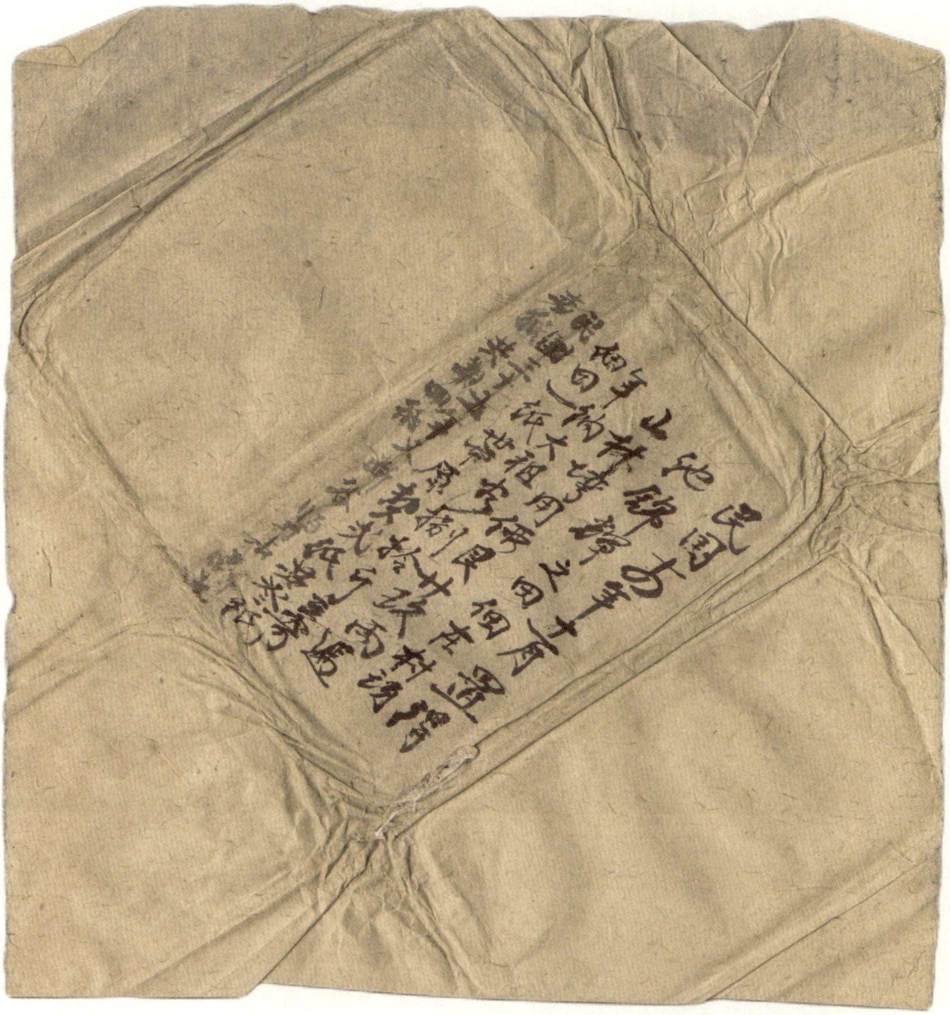

3-5-17-1　包契紙

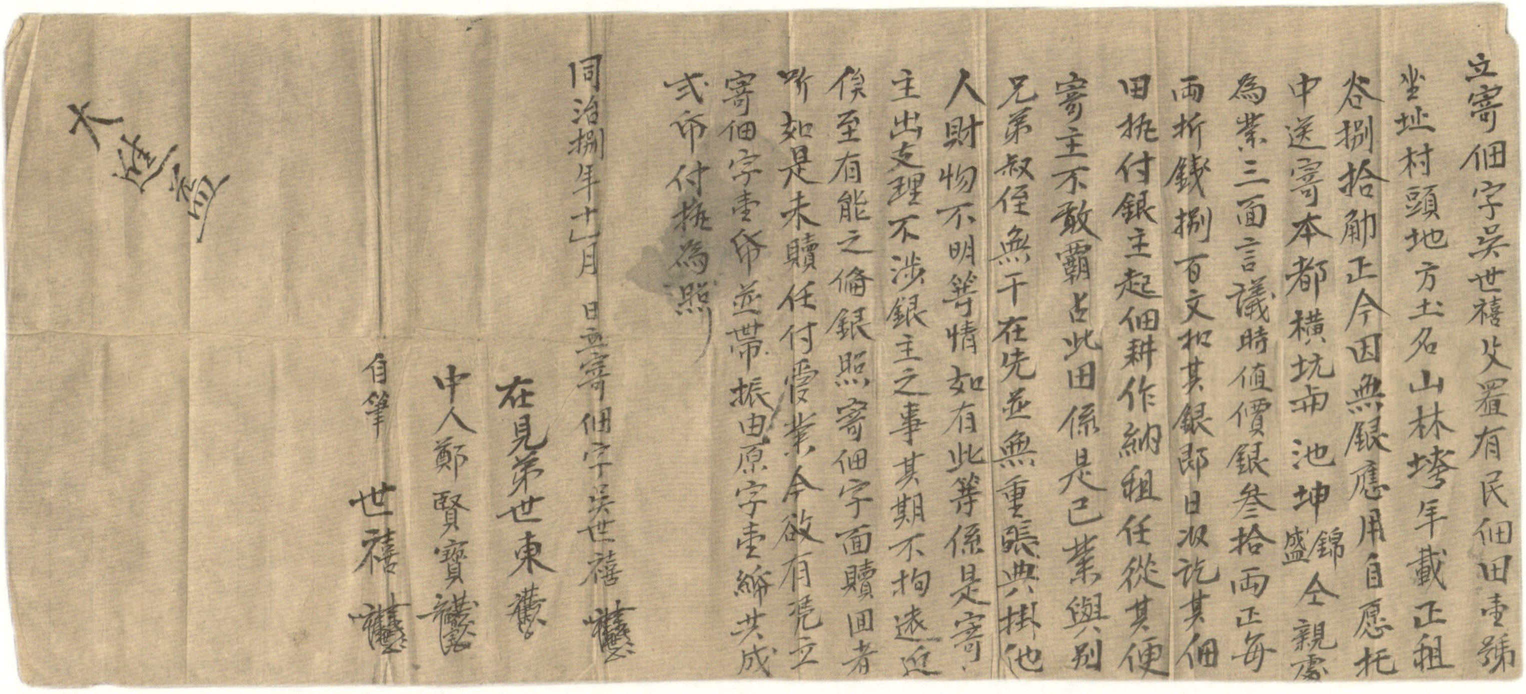

立寄佃字吳世禧父置有民佃田壹號
坐址村頭地方土名山林墘年載正租
谷捌拾觔正今因無銀應用自愿托
中送寄本都横坑南池坤盛錦全親處
為業三面言議時值價銀叁拾兩正每
兩折錢捌百文扣其銀即日收訖其佃
田擡付銀主起佃耕作納租任從其便
寄主不敢霸占此田係是己業與別
兄弟叔侄無干在先並無重張典掛他
人財物不明等情如有此等係是寄
主出支理不涉銀主之事其期不拘遠近
俟至有能之倫銀照寄佃字面贖回者
聽如是未贖任付管業今欲有憑立
寄佃字壹帋並帶振由原字壹紙共成
式帋付執為照

同治捌年十一月　日立寄佃字吳世禧（押）

在見弟世東（押）

中人鄭賢寶（押）

自筆　世禧（押）

大進寶

3-5-17-2　清同治八年十一月吳世禧立寄民佃田字

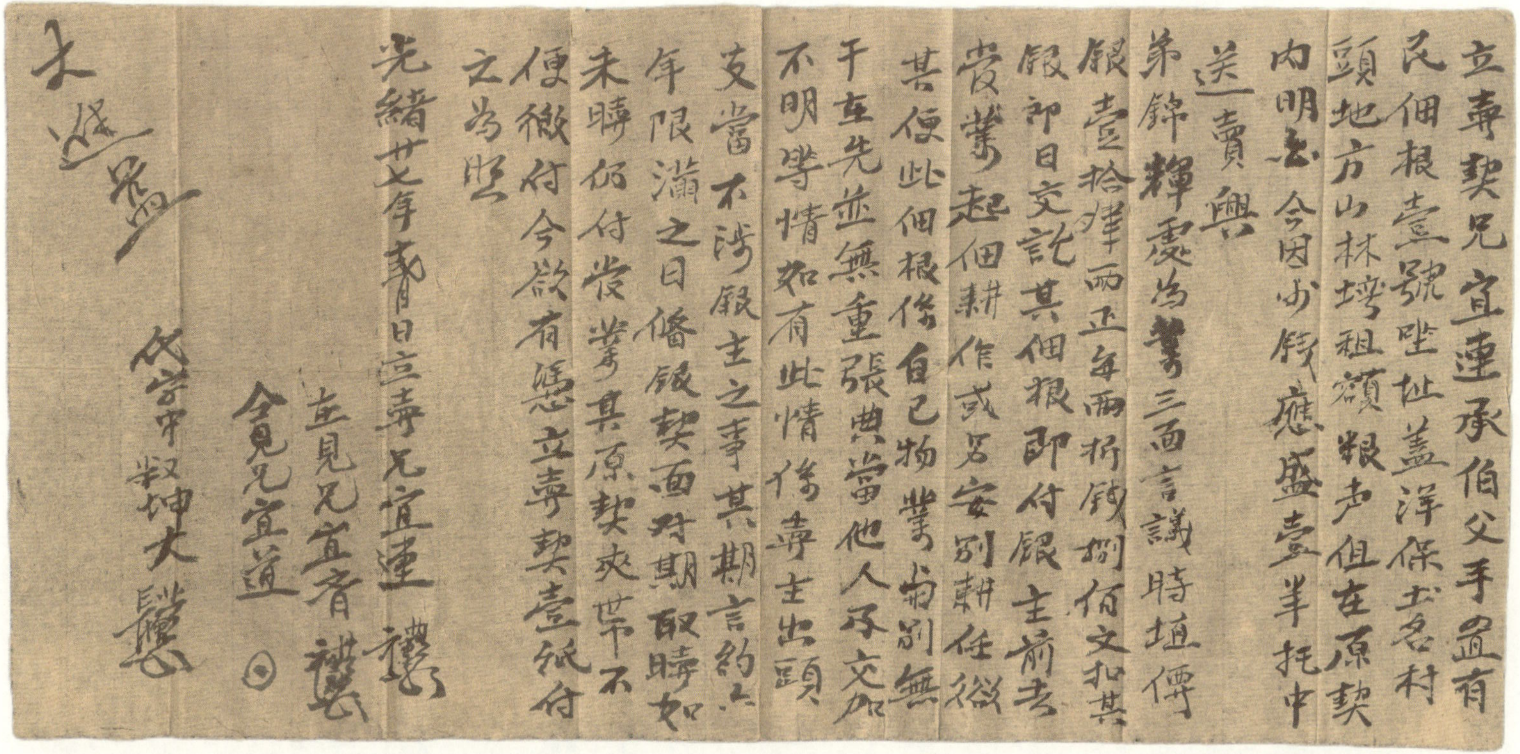

立賣契兄宜連承伯父手置有
民佃根壹號，坐址蓋洋保土名村
頭地方山林坵[illegible]租額粮户但在原契
内明。今因少錢應盛壹半托中
送賣與
弟錦輝處為業，三面言議，時值價
銀壹拾肆兩正，每兩折錢捌佰文扣。其
銀即日交訖，其佃根即付銀主前去
管業，起佃耕作，或另安別耕，任從
其便。此佃根係自己物業，與別無
干，在先並無重張典當他人，亦無交加
不明等情，如有此情，係賣主出頭
支當，不涉銀主之事。其期言約六
年限滿之日，備銀契面對期取贖，如
未贖，仍付管業，其原契夾帶不
便繳付，今欲有憑，立賣契壹紙，付
之為照。
光緒廿七年二月　日立賣契兄宜連（押）
在見兄宜有（押）
全見兄宜道 ◎
代筆叔坤大（押）
[illegible]

3-5-17-3　清光緒二十七年二月池宜連立賣民佃根契

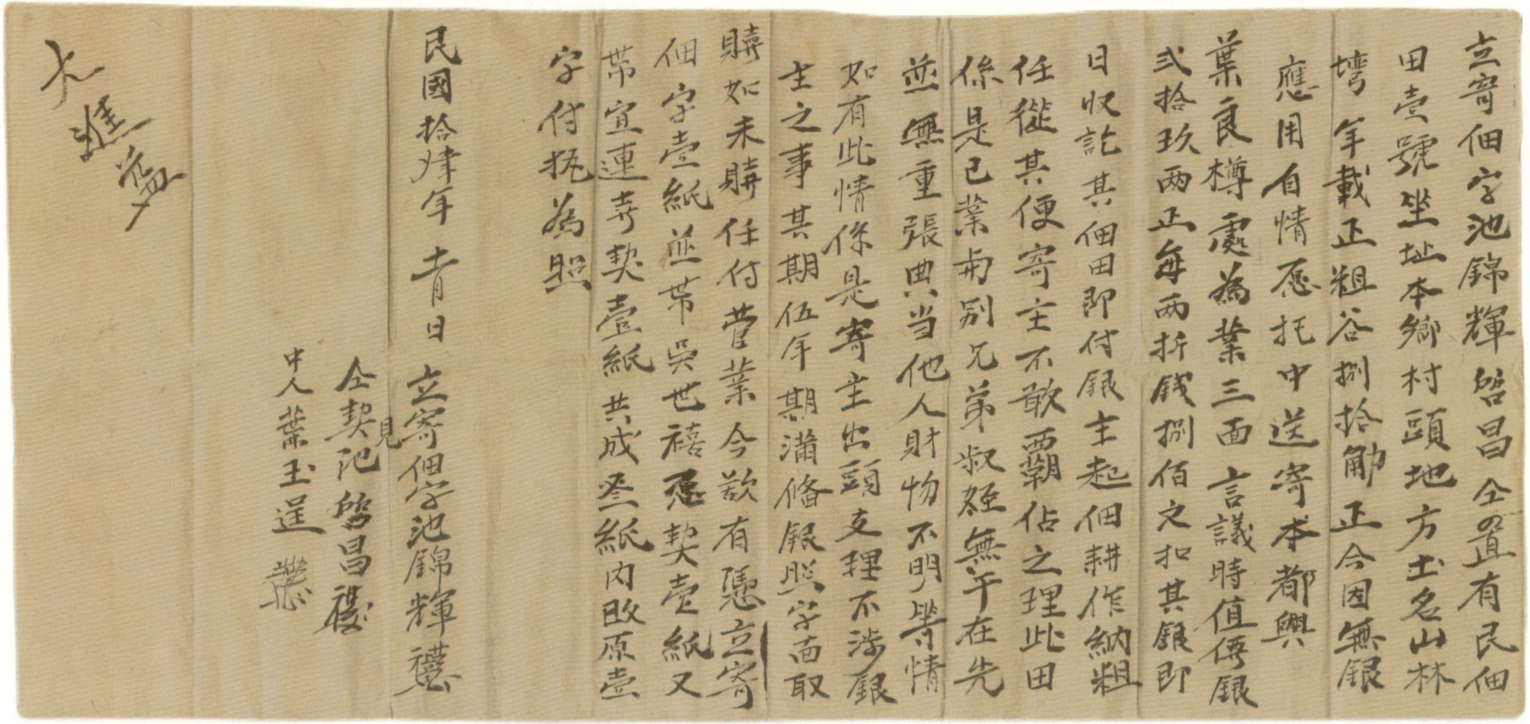
立寄佃字池錦輝啓昌仝姪有民佃
田壹號坐址本鄉村頭地方土名山林
墘年載正粗谷捌拾觔正今因無銀
應用自情愿托中送寄本鄉鄭興
葉良樽處爲業三面言議時值價銀
弍拾玖兩正每兩折錢捌佰之扣其銀即
日收訖其佃田即付銀主起佃耕作納粗
任從其便寄主不敢覇佔之理此田
係是已業與別兄弟叔姪無干在先
並無重張典當他人財物不明等情
如有此情係是寄主出頭支理不涉銀
主之事其期伍年期滿備銀照字面取
贖如未贖任付管業今欲有憑立寄
佃字壹紙並帶吳世禧愿契壹紙又
帶宜運寄契壹紙共成叁紙内敗原壹
字付執爲照
民國拾肆年十一月　日　立寄佃字池錦輝（押）
仝契見池啓昌（押）
中人葉玉逞（押）
大進益

3-5-17-4　民國十四年十一月池錦輝等立寄民佃田字

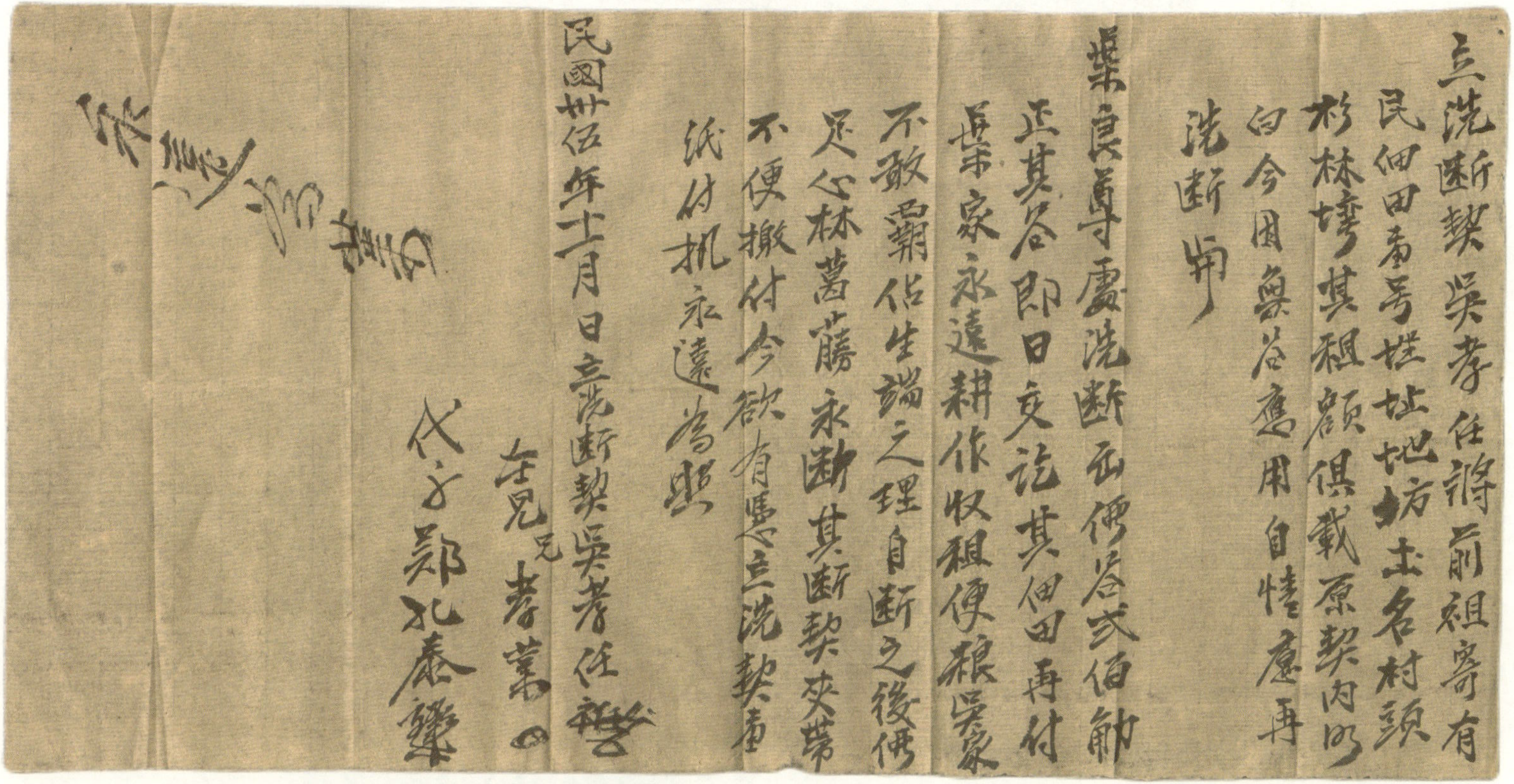

立洗斷契吳孝任許前祖寄有
民佃田壹號址坵坊土名村頭
杉林墘其租額俱載原契內明
向今因無谷應用自情愿再
洗斷卹
葉良尊處洗斷面價谷式佰觔
正其谷即日交訖其佃田再付
葉家永遠耕作收租便粮吳家
不敢霸佔生端之理自斷之後便
是以林葛藤永斷其斷契吳等
不便撤付今欲有憑立洗契壹
紙付執永遠為照
民國卅伍年十一月日立洗斷契吳孝任（押）
在見兄 孝葉（押）
代字 鄭兆泰（押）

3-5-17-5 民國三十五年十一月吴孝任立洗斷民佃田契

3-5-18-1　包契紙

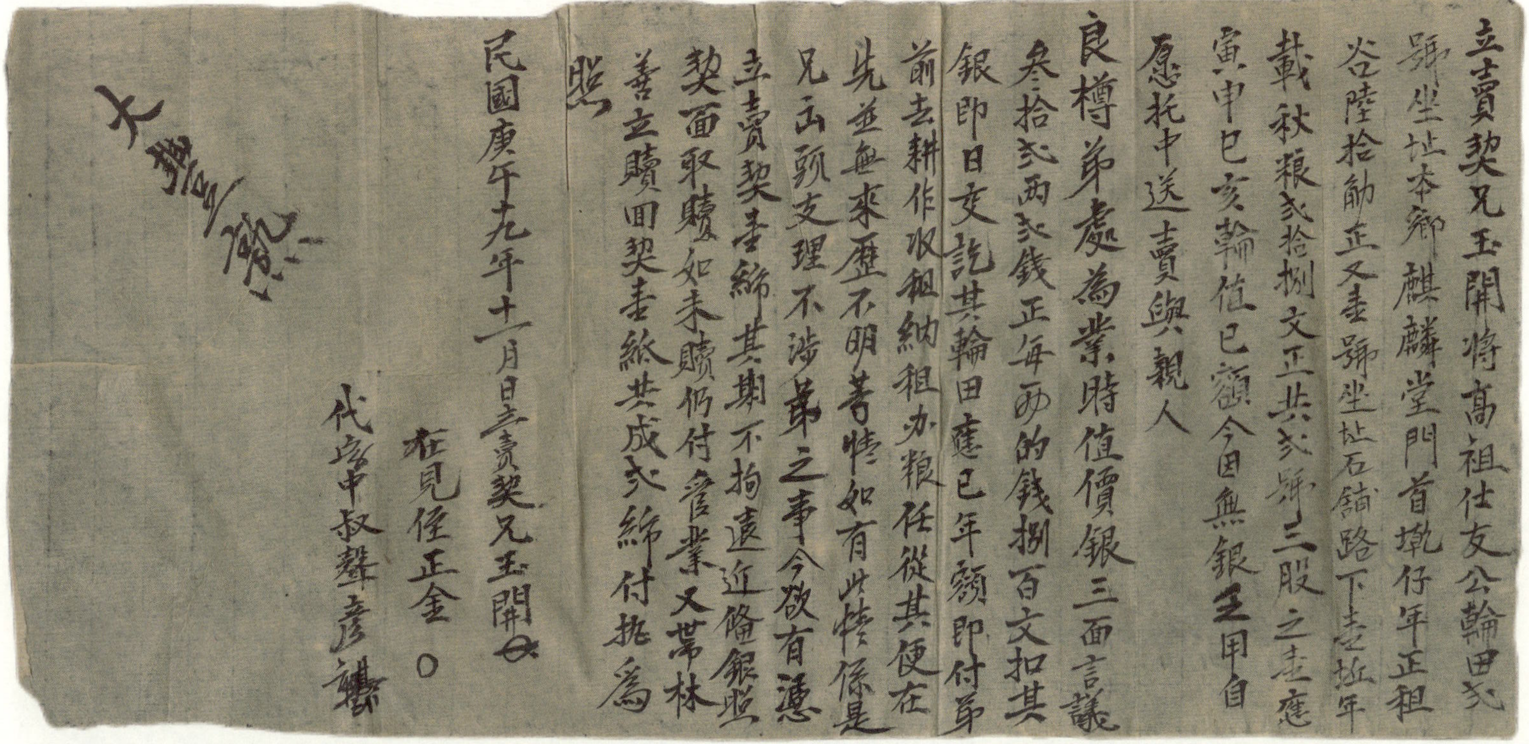

立賣契兄玉開將高祖仕友公輪田弍
號坐址本鄉麒麟堂門首墘仔年正租
谷陸拾觔正又壹號坐址石舖路下壹坵年
載秋粮弍拾捌文正共弍號三股之壹應
寅申巳亥輪值已額今因無銀應用自
愿托中送賣與親人
良樽弟處為業時值價銀三面言議
叁拾弍両弍錢正每両的錢捌百文扣其
銀即日交訖其輪田递巳年額即付弟
前去耕作收租納租办粮任從其便在
先並無來歷不明等情如有此情係是
兄出頭支理不涉弟之事今欲有憑
立賣契壹紙其期不拘遠近備銀照
契面取贖如未贖仍付會業又帶林
善立贖回契壹紙共成弍紙付執為
照

民國庚午十九年十一月　日立賣契兄玉開（押）
在見侄正金　〇
代字中叔聲彥（押）

3-5-18-2　民國十九年十一月葉玉開立賣公輪田契

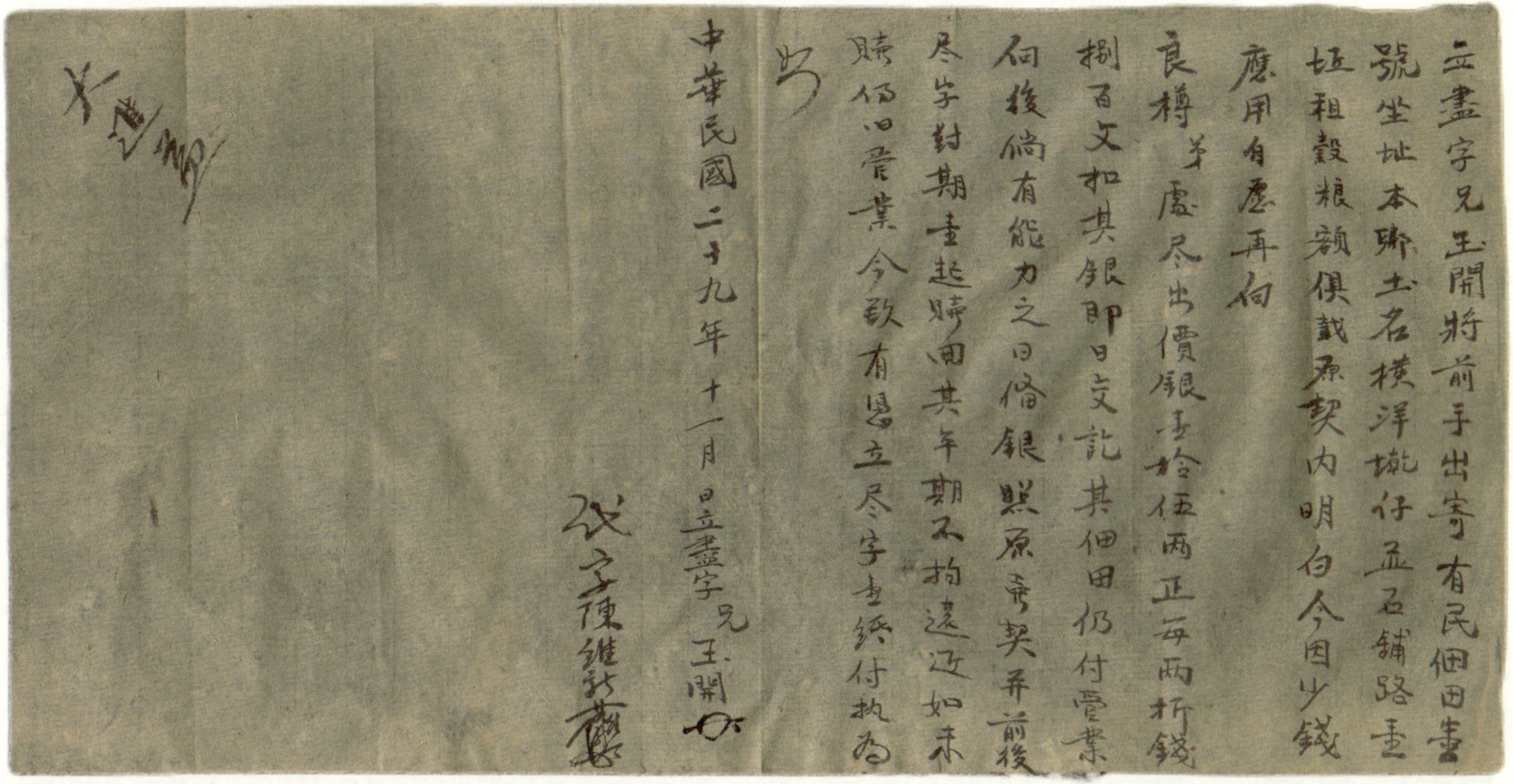
立盡字兄玉開將前手出寄有民佃田壹號坐址本鄉土名横洋墘仔丘石鋪路壹坵租穀根額俱載原契内明白今因少錢應用自愿再向
良樽弟處盡出價銀壹拾伍兩正每兩折錢捌百文扣其銀即日交訖其佃田仍付營業何後倘有能力之日備銀照原價契并前後盡字對期壹起贖回其年期不拘遠近如未贖仍旧管業今欲有憑立盡字壹紙付執為照

中華民國二十九年十一月　日立盡字兄玉開（押）

代字陳繼[illegible]

3-5-18-3　民國二十九年十一月葉玉開立盡民佃田字

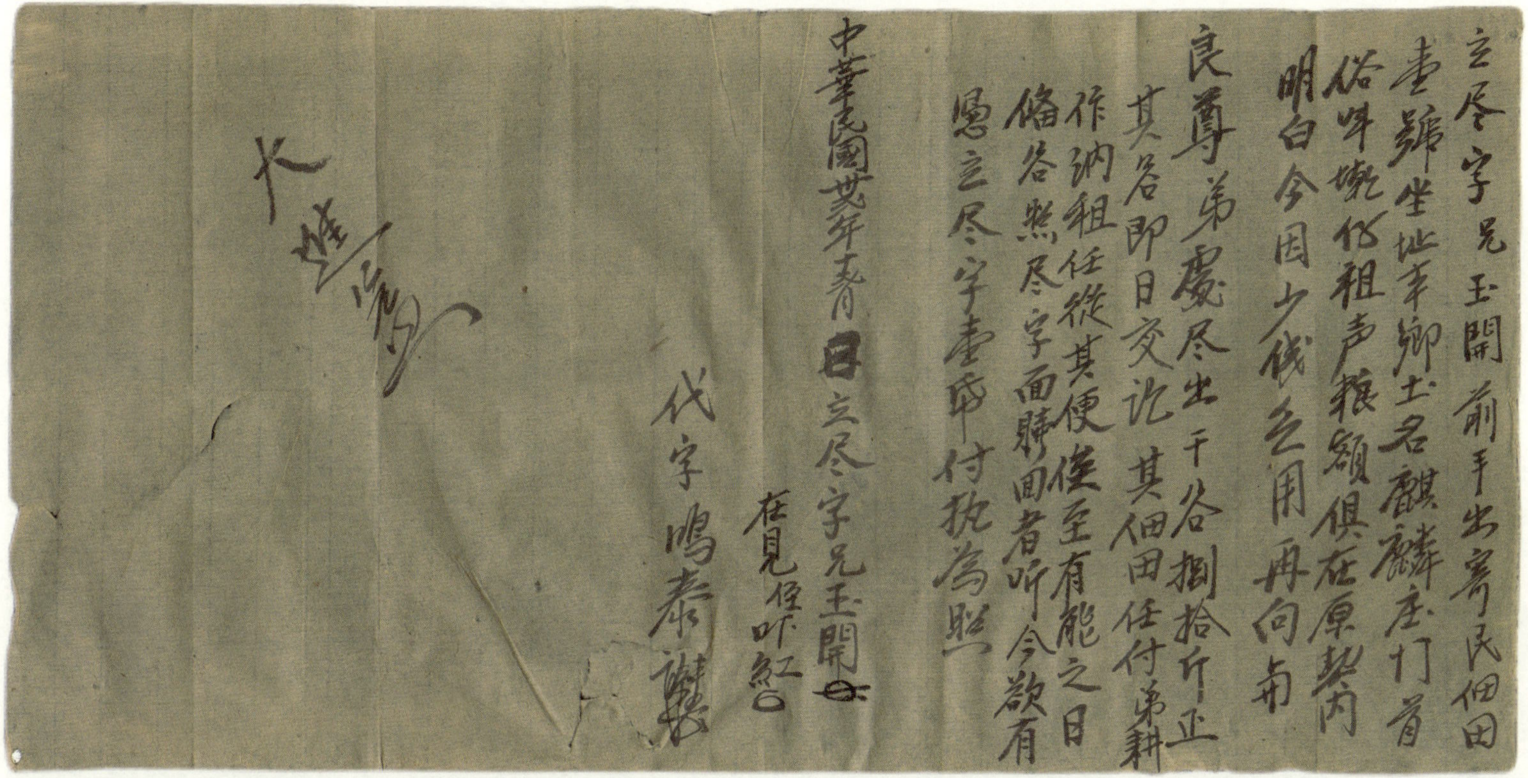
立尽字兄玉開前手出賣民佃田
壹號坐址本鄉土名麒麟庄门首
俗叫碗仔租声粮額俱在原契内
明白今因少钱应用再向弟
良尊弟處尽出干谷捌拾斤正
其谷即日交讫其佃田任付弟耕
作纳租任從其便倘至有能之日
備谷照尽字面赎回者听今欲有
凭立尽字壹帋付执為照
中華民國卅二年十二月　日　立尽字兄玉開（押）
在見侄吓紅
代字鳴泰
大吉

3-5-18-4　民國三十二年十二月葉玉開立盡民佃田字

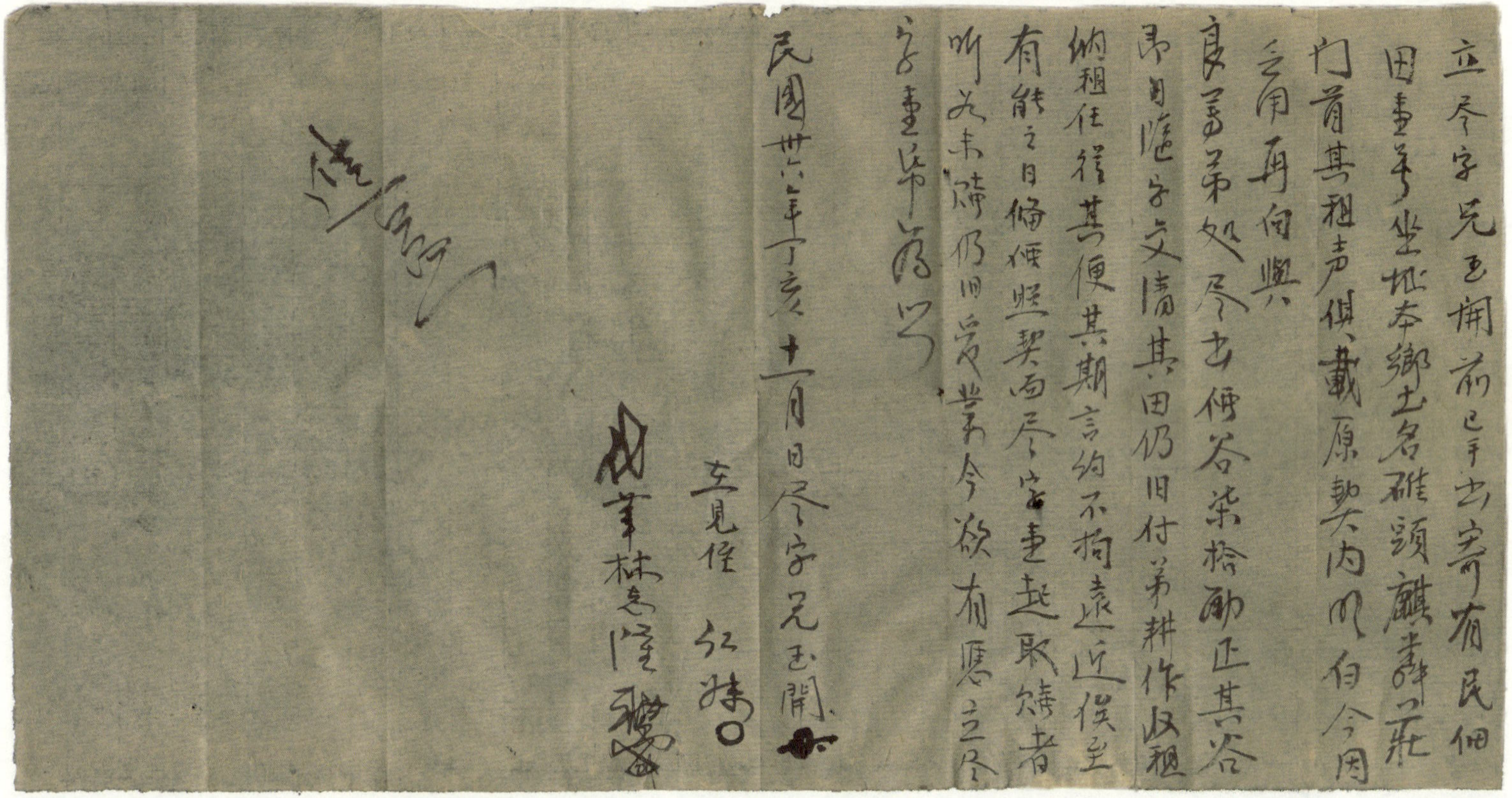

立盡字兄玉開前已手出賣有民佃
田壹號坐址本鄉土名碓頭麒麟莊
门首其租声俱載原契內明白今因
乏用再向與
良弟処盡出價谷柒拾觔正其谷
即日隨字交清其田仍旧付弟耕作收租
納租任從其便其期言約不拘遠近俟至
有能之日備價照契面盡字壹起取贖者
聽兄未贖仍旧受業今欲有憑立盡
字壹帋爲照

民國卅六年丁亥十一月日盡字兄玉開

在見侄 弘烁

代筆 林志隆

3-5-18-5　民國三十六年十一月葉玉開立盡民佃田字

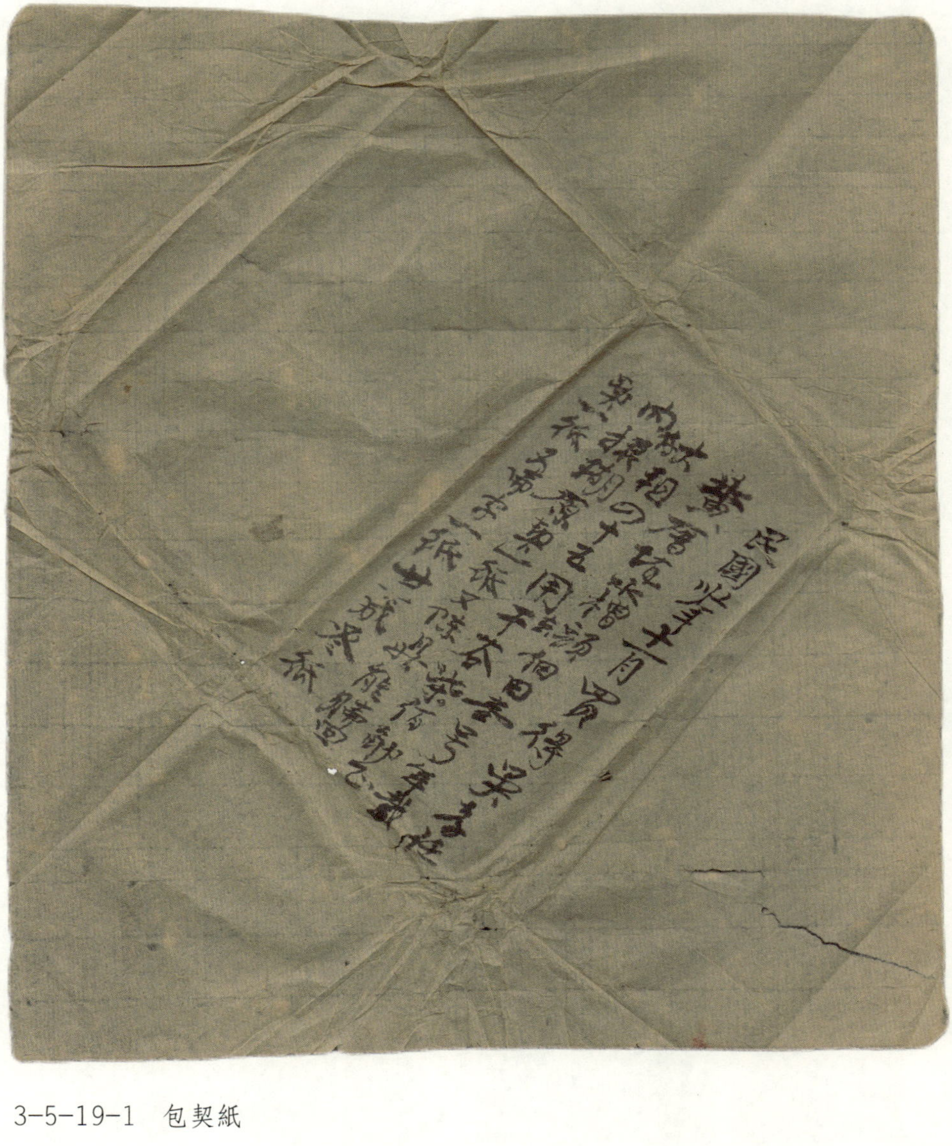
民國卅年十一月買得吳吉旺

3-5-19-1　包契紙

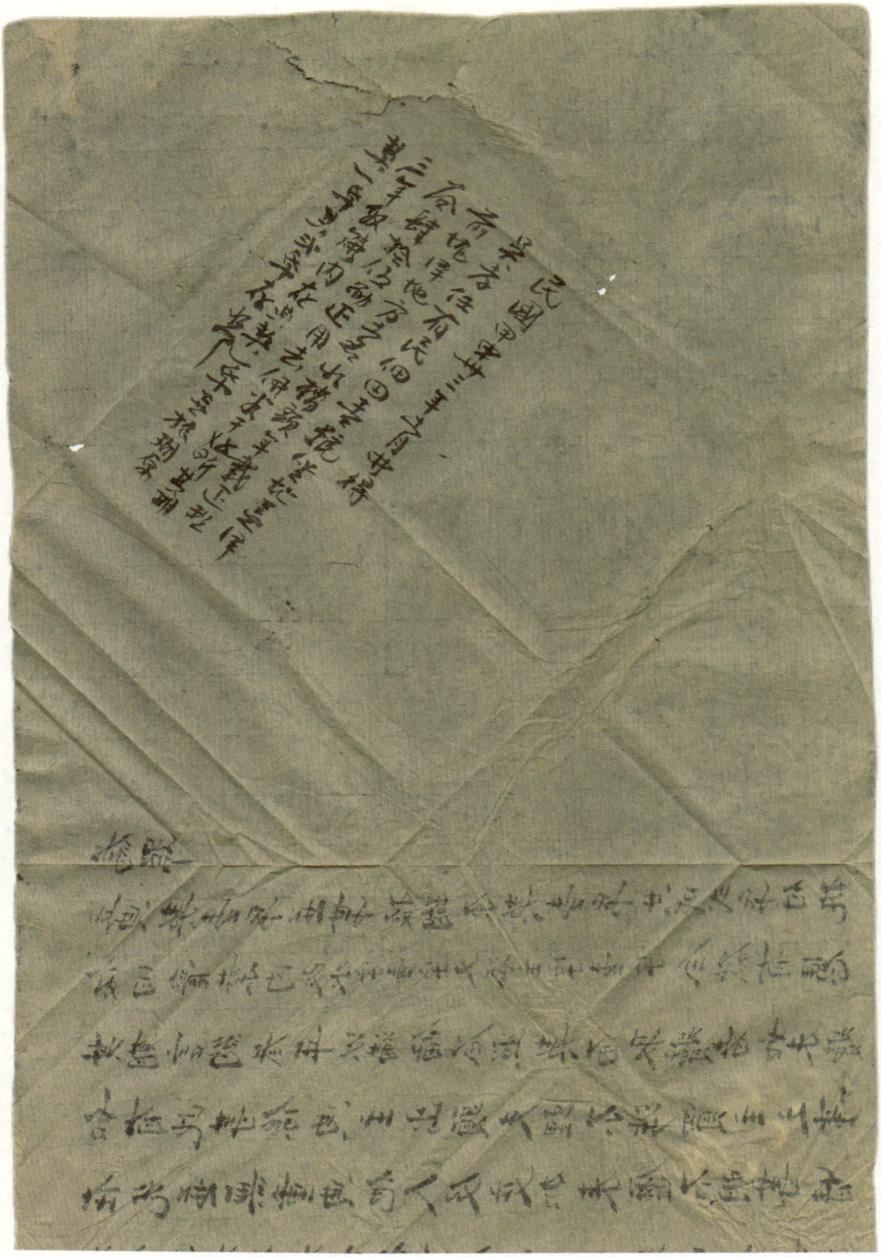

3-5-19-2 包契紙

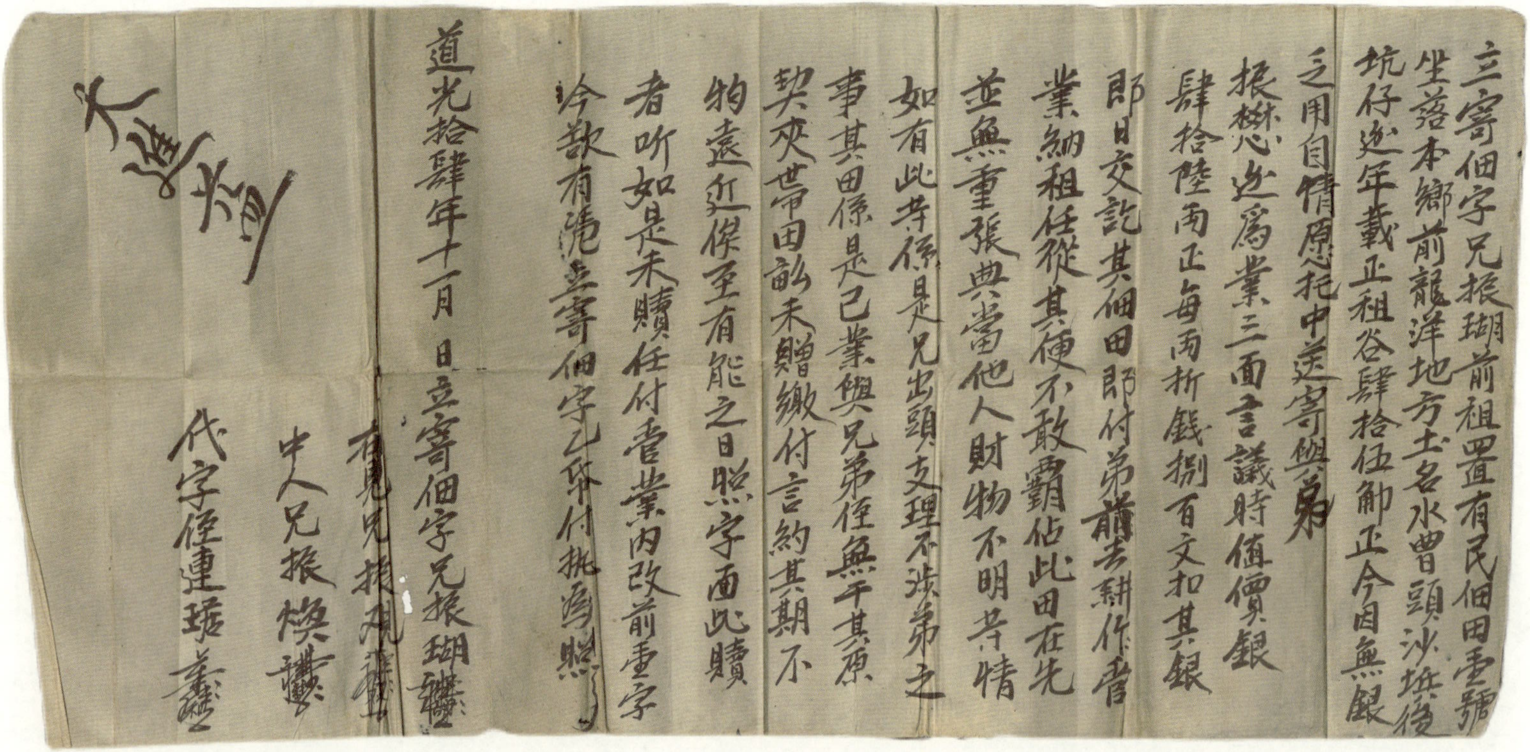
立寄佃字兄振瑚前祖置有民佃田壹號
坐落本鄉前龍洋地方土名水曹頭沙垰後
坑仔迯年載正租谷肆拾伍觔正今因無銀
之用自情愿托中送寄與弟
振懋迯爲業三面言議時値價銀
肆拾陸両正每両折錢捌百文扣其銀
即日交訖其佃田即付弟前去耕作管
業納租任從其便不敢霸佔此田在先
並無重張典當他人財物不明等情
如有此等係是兄出頭支理不涉弟之
事其田係是已業與兄弟侄無干其原
契夾世帶田畝未贈繳付言約其期不
拘遠近係至有能之日照字面此贖
者听如是未贖任付管業內改前重字
今欲有憑立寄佃字乙紙付執爲照
道光拾肆年十一月　日立寄佃字兄振瑚
在見兄振璣
中人兄振煥
代字侄連瑶
大進財

3-5-19-3　清道光十四年十一月葉振瑚立寄民佃田字

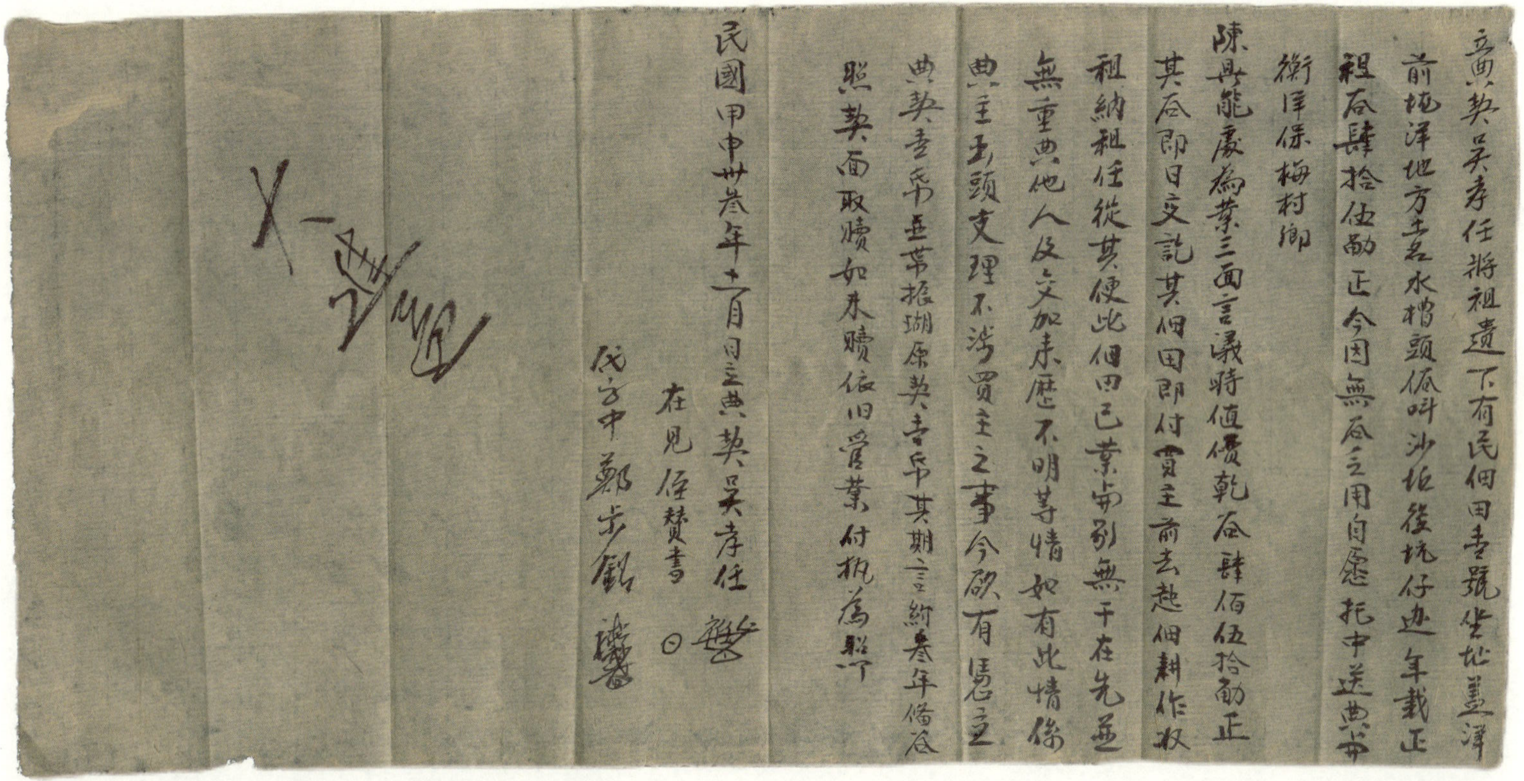
立典契吳孝任將祖遺下有民佃田壹號坐址墓洋
前地洋地方土名水棚頭佃叫沙坵後坑仔迹年載正
租谷肆拾伍觔正今因無谷之用自愿托中送典與
衛洋保梅村鄉
陳爵龍處為業三面言議時值價乾谷肆佰伍拾觔正
其谷即日交訖其佃田即付買主前去起佃耕作收
租納租任從其便此佃田已業為別無干在先並
無重典他人及交加未歷不明等情如有此情係
典主自頭支理不涉買主之事今欲有憑立
典契壹帋並帶振瑚原契壹帋其期言約叁年備谷
照契面取贖如未贖依旧管業付執為照
民國甲申卅叁年十一月　日立典契吳孝任
在見侄贊書
代字中　鄭步銘

3-5-19-4　民國三十三年十一月吳孝任立典民佃田契

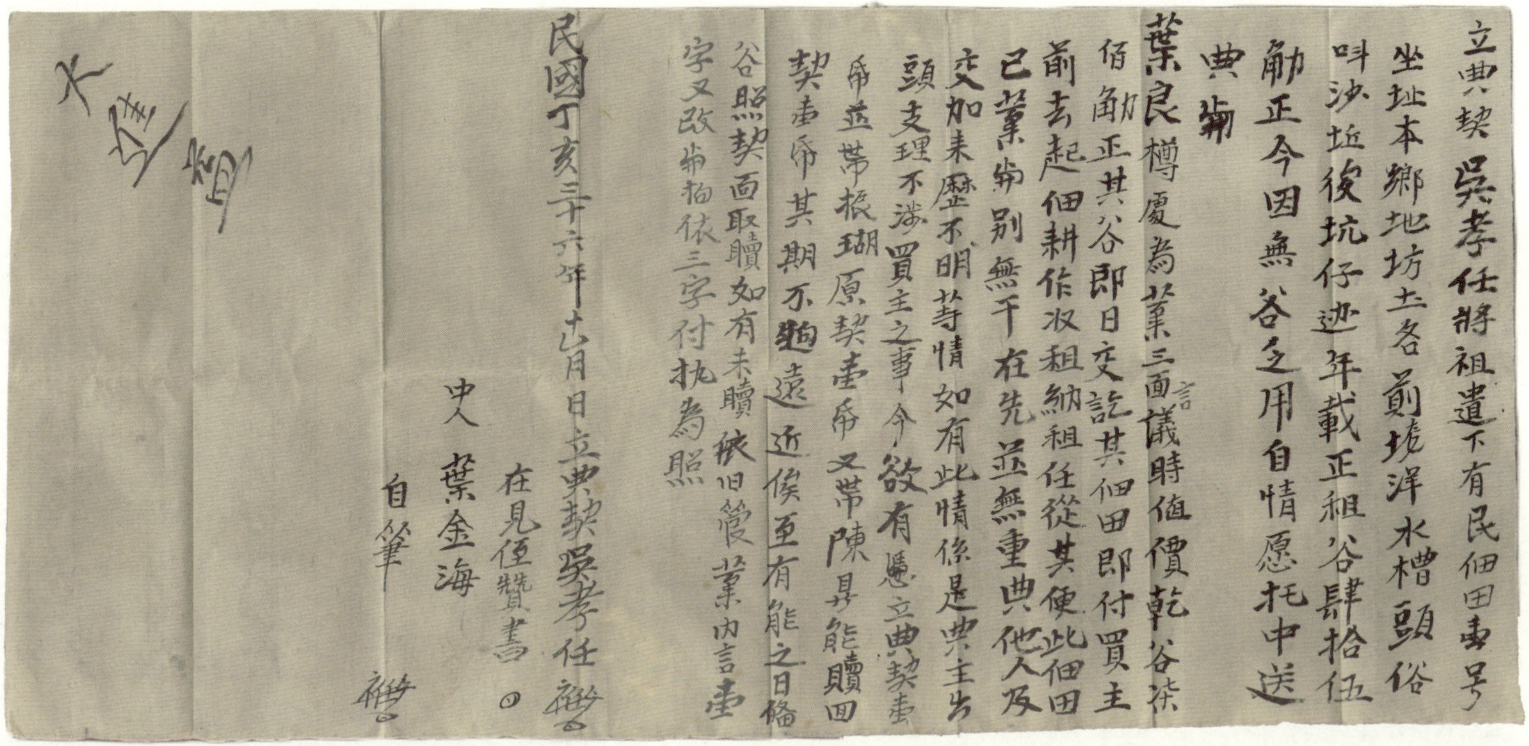

立典契吳孝任將祖遺下有民佃田壹号
坐址本鄉地坊土名蓟垅洋水槽頭俗
叫沙垃後坑仔迹年載正租谷肆拾伍
觔正今因無谷之用自情愿托中送
典與
葉良樽處為業三面言議時值價乾谷柒
佰觔正其谷即日交訖其佃田即付買主
前去起佃耕作收租納租任從其便此佃田
已業與別無干在先並無重典他人及
交加未歷不明等情如有此情係是典主出
頭支理不涉買主之事今欲有憑立典契壹
帋並帶根据原契壹帋又帶陳具能贖回
契壹帋其期不拘遠近俟至有能之日備
谷照契面取贖如有未贖依旧管業內言壹
字又改帋柏依三字付執為照
民國丁亥三十六年十一月　日立典契吳孝任（押）
在見侄贊書　◎
中人　葉金海
自筆（押）

3-5-19-5　民國三十六年十一月吳孝任立典民佃田契

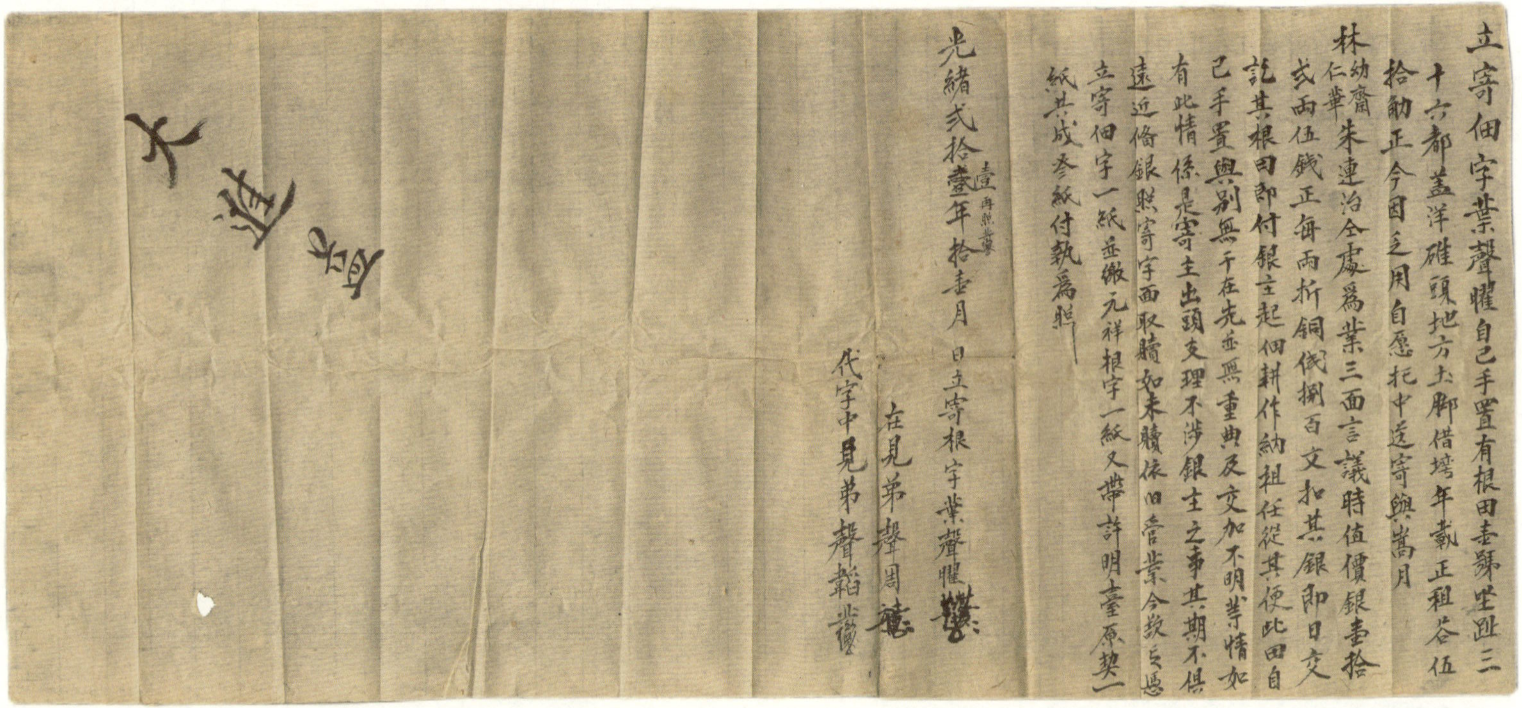

3-5-20-1　清光緒二十一年十一月葉聲曜立寄佃根田字

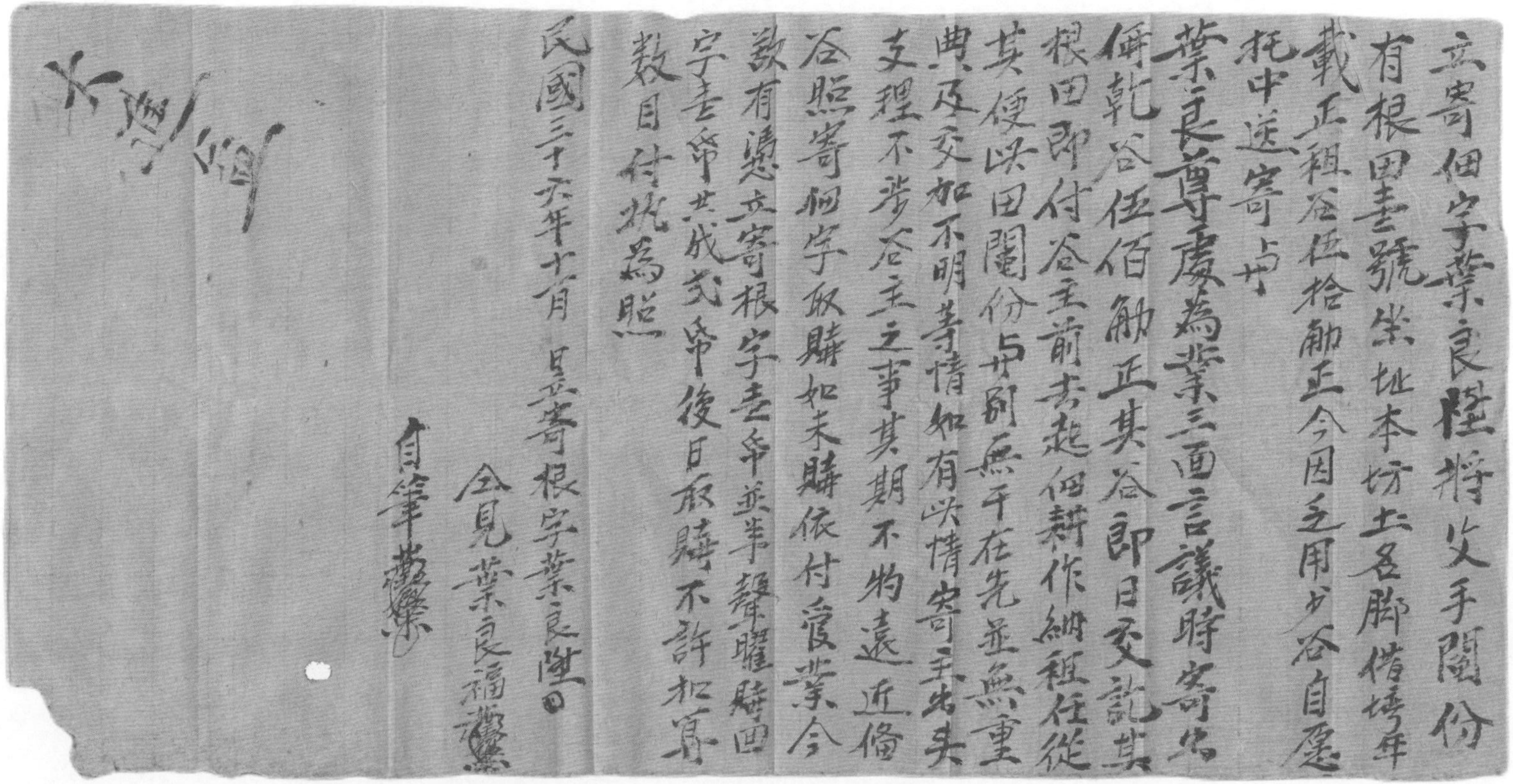
立寄佃字葉良陞將父手閹份
有根田壹號坐址本坊土名脚借塆年
載正租谷伍拾觔正今因乏用少谷自愿
托中送寄與
葉良尊處為業三面言議將寄出
佃乾谷伍佰觔正其谷即日交訖其
根田即付谷主前去起佃耕作納租任從
其便此田閹份與別無干在先並無重
典及交加不明等情如有此情寄主出头
支理不涉谷主之事其期不拘遠近備
谷照寄佃字取贖如未贖依付管業今
欲有憑立寄根字壹帋並半聲曜贖回
字壹帋共成弍帋後日取贖不許扣留
數目付執為照
民國三十六年十一月　日立寄根字葉良陞（押）
仝見葉良福（押）
自筆（押）

3-5-20-2　民國三十六年十一月葉良陞立寄佃根田字

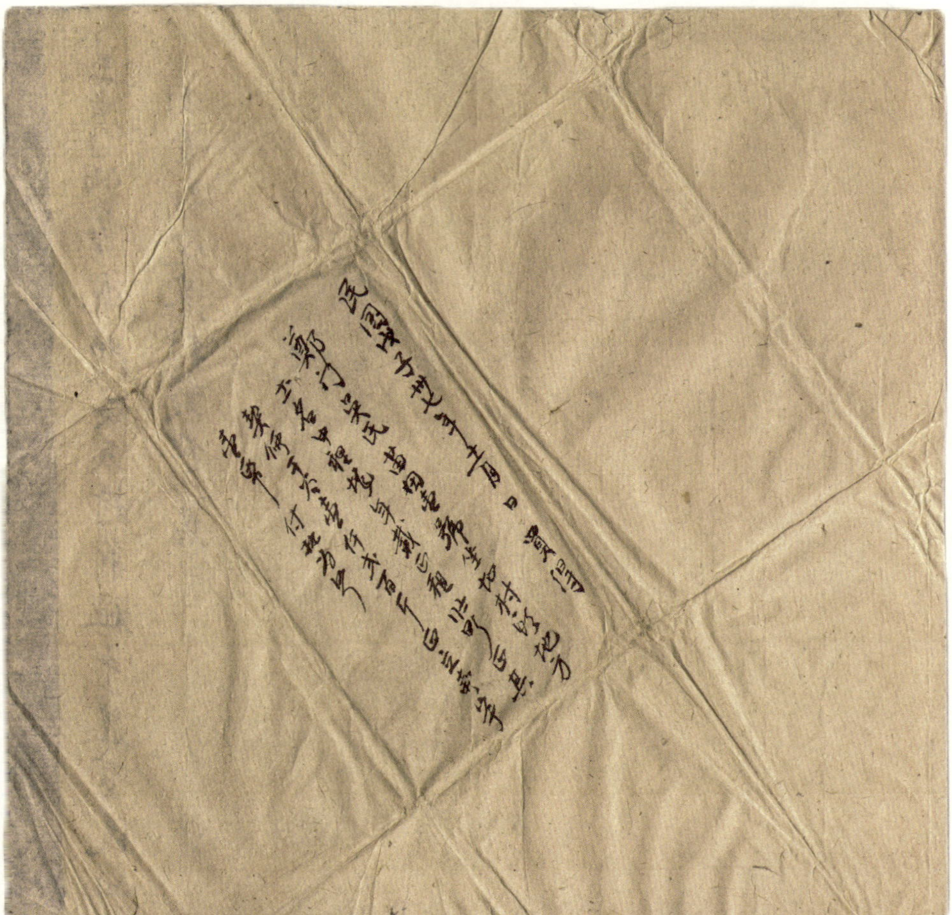

3-5-21-1 包契紙

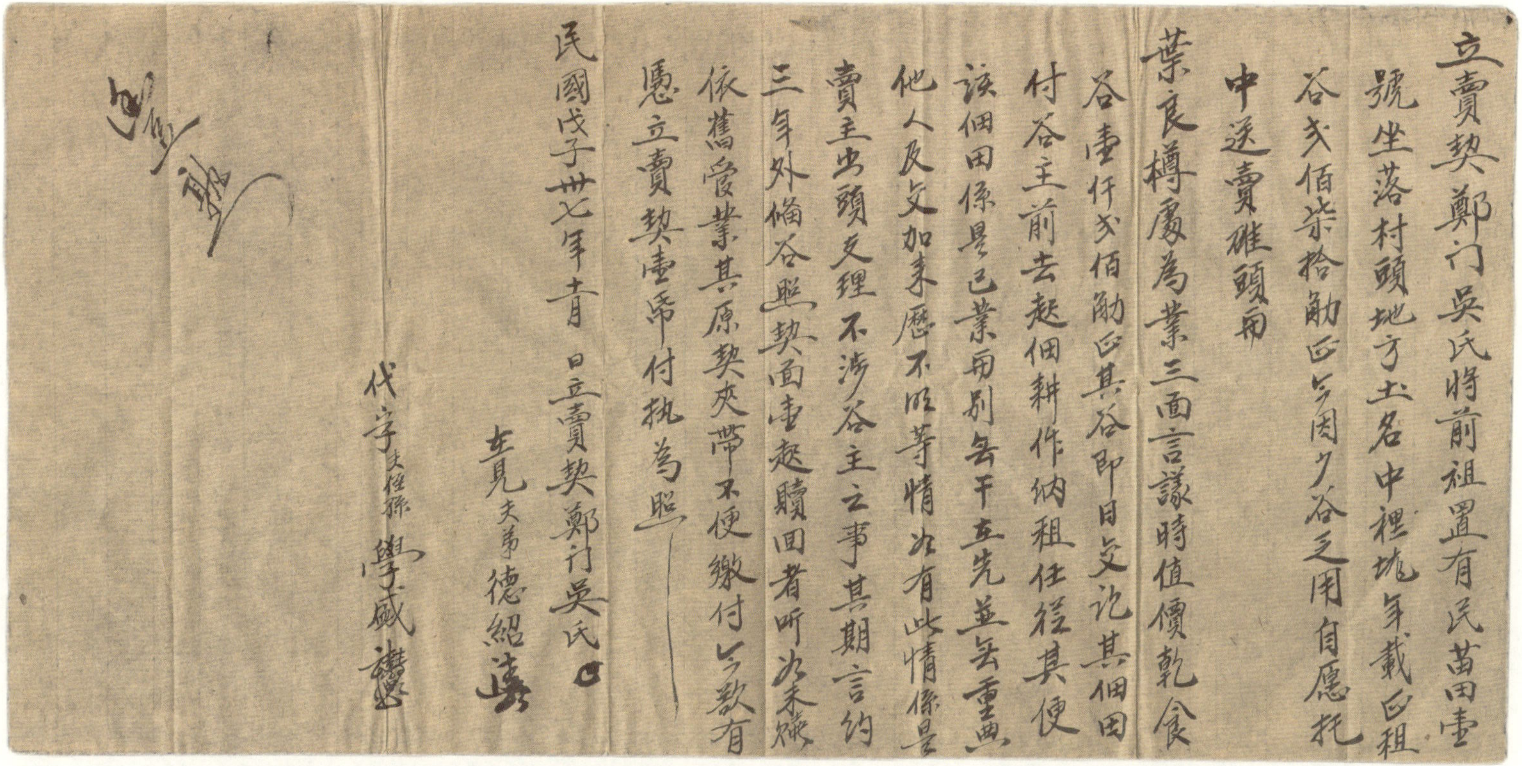
立賣契鄭门吳氏將前祖置有民苗田壹
號坐落村頭地方土名中裡垅年載正租
谷弍佰柒拾觔正乏用自愿托
中送賣碓頭與
葉良樽處為業三面言議時值價乾食
谷壹仟弍佰觔正其谷即日交讫其佃田
付谷主前去起佃耕作納租任從其便
該佃田係是己業與别無干互先並無重典
他人及交加來歷不明等情如有此情係是
賣主出頭支理不涉谷主之事其期言约
三年外備谷照契面壹起贖回者听次未燬
依舊管業其原契夾帶不便繳付今欲有
憑立賣契壹帋付執為照
民國戊子卅七年十一月　日立賣契鄭门吳氏
在見夫弟　德紹
代字夫侄孫　學藏

3-5-21-2　民國三十七年十一月鄭門吴氏立賣民苗田契

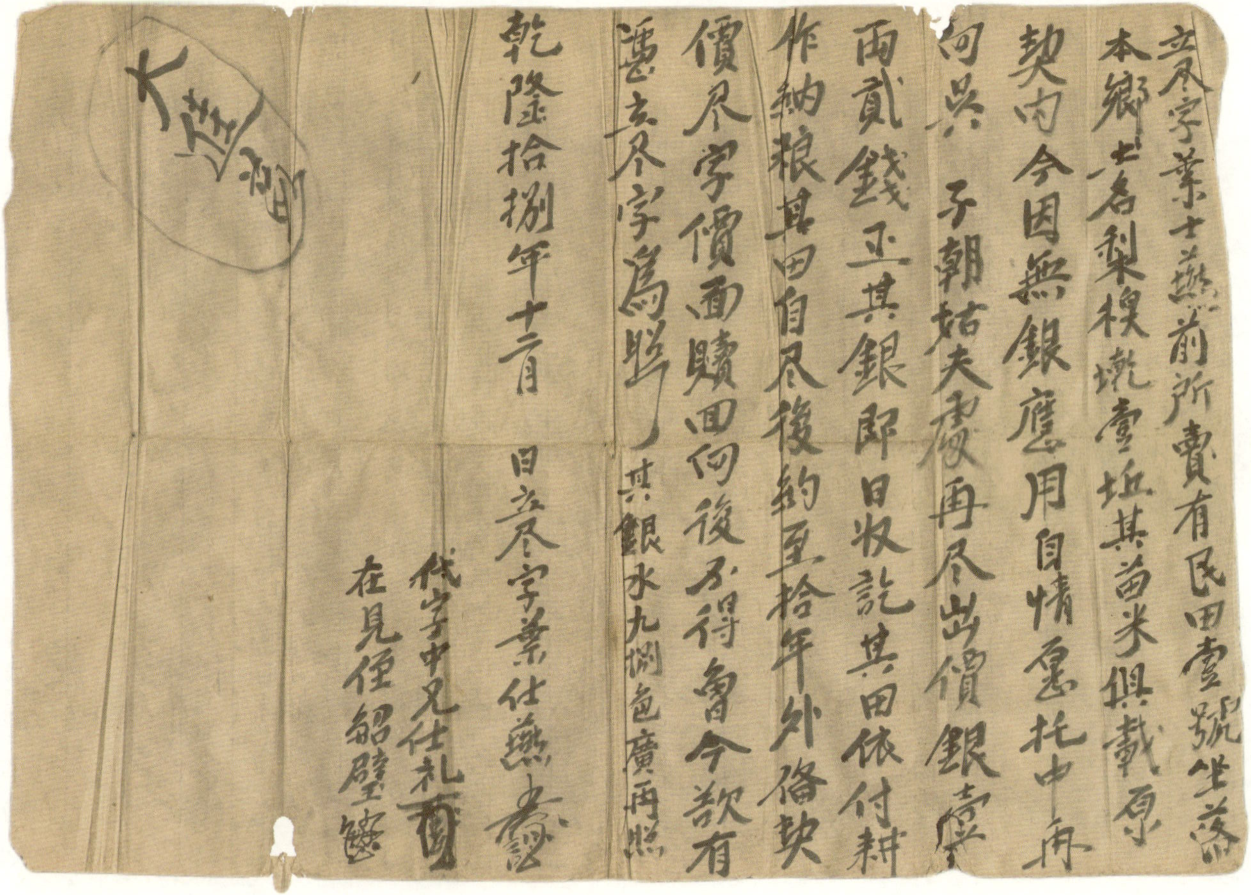
立盡字葉士燕前所賣有民田壹號坐落
本鄉土名梨果樸壠壹坵其苗米與載原
契內今因無銀應用自情愿托中再
向呉 子朝姑夫處再盡出價銀壹
兩貳錢正其銀即日收訖其田依付耕
作納粮其田自盡後約至拾年外備契
價盡字價面贖回向後不得會今欲有
憑立盡字為照 其銀水九捌色廣再照
乾隆拾捌年十二月 日立盡字葉仕燕
代字中兄仕礼
在見侄韶璧

3-5-22-1　清乾隆十八年十二月葉仕燕立盡民田字

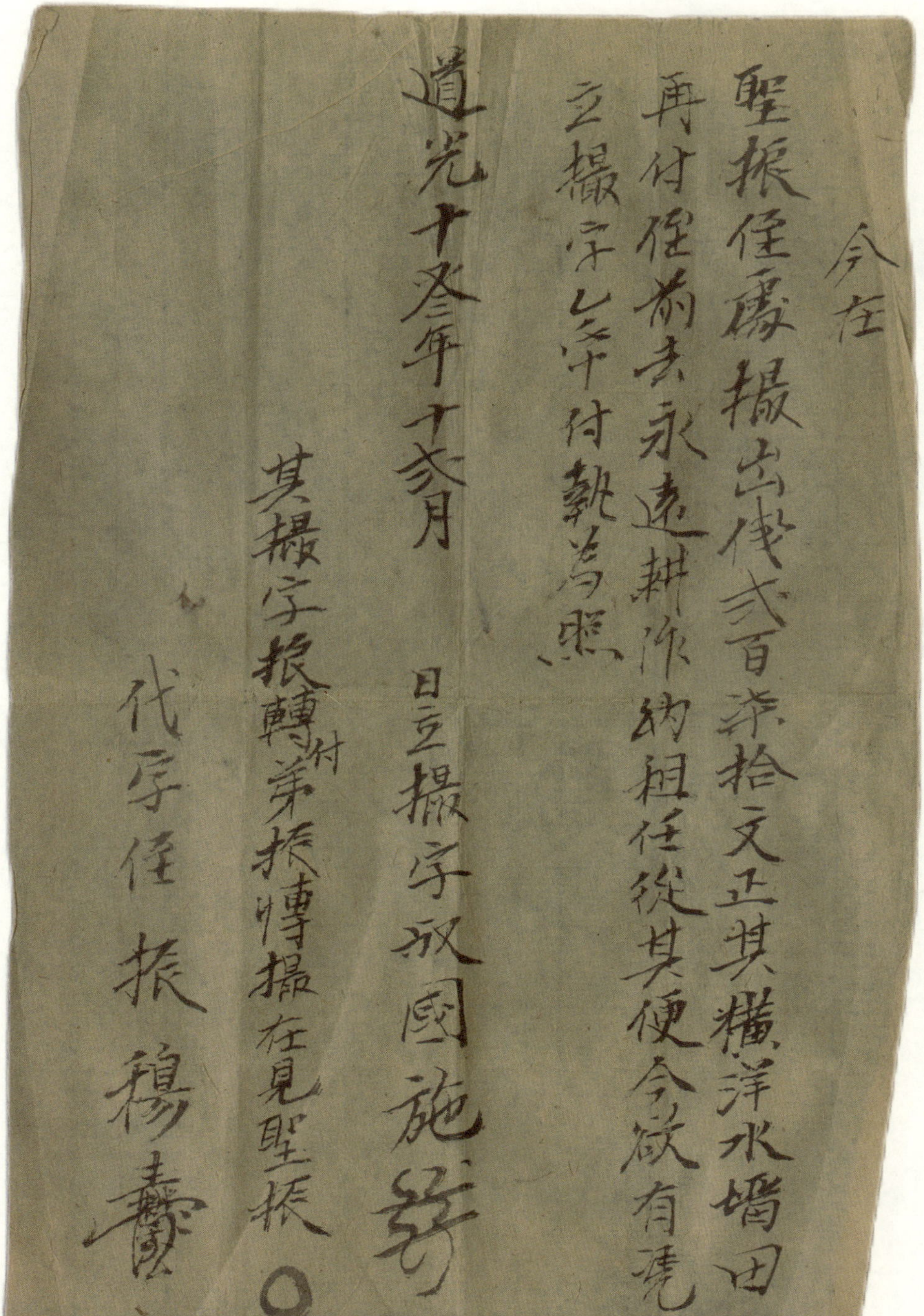

今在

聖振侄處撮出價弍百柒拾文正其橫洋水墻田

再付侄前去永遠耕作納租任從其便今欲有憑

立撮字乙紙付執為照

道光十叁年十弍月　日立撮字叔國施

其撮字振轉付弟振博撮在見聖振

代字侄振穆書

3-5-22-2　清道光十三年十二月葉國施立撮字

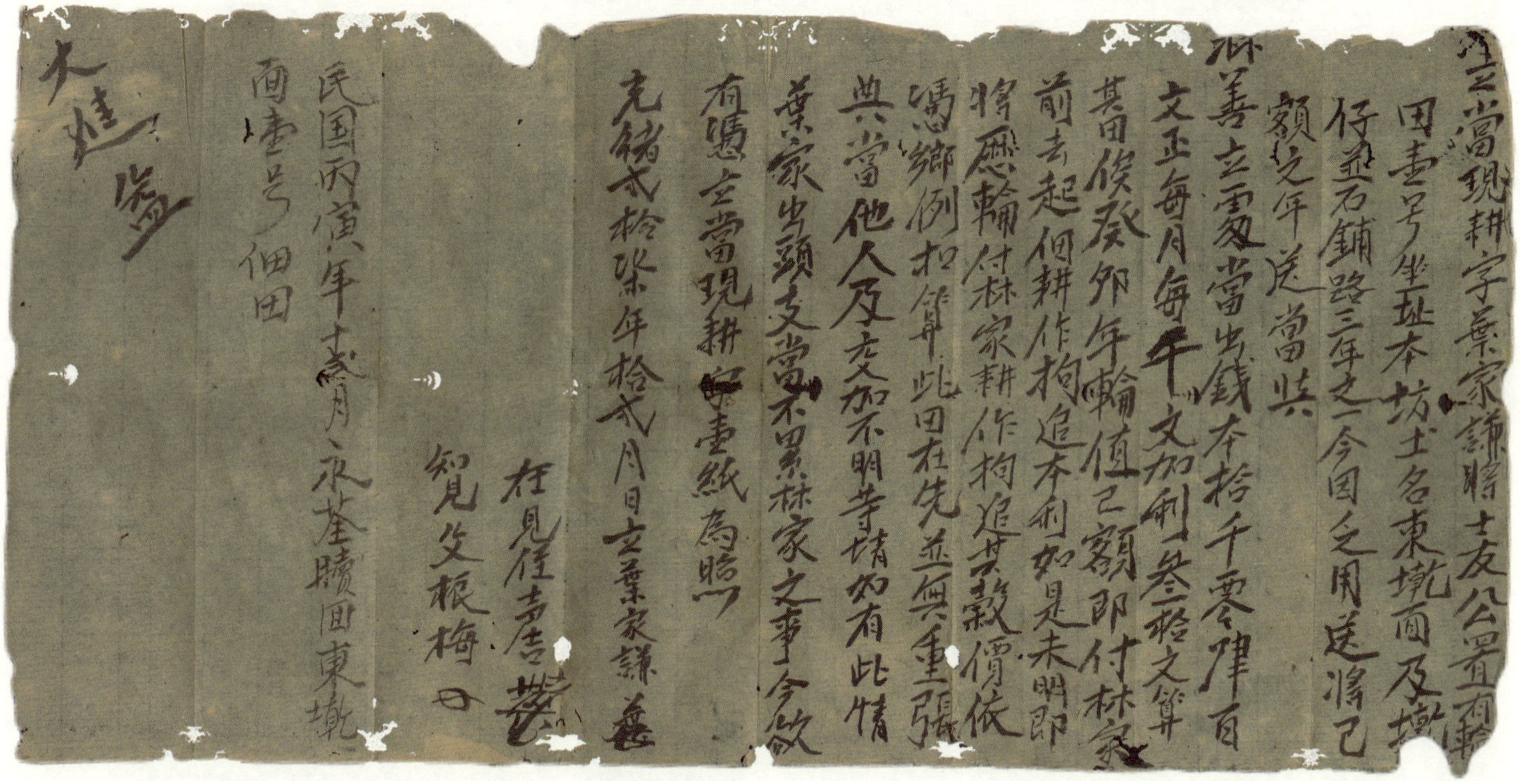
立當現耕字葉家謙，承父公置有輪
田壹号，坐址本坊土名東墘面，及墘
仔並石鋪路，三年之一。今因乏用，莛將己
額之年莛當與
林善立處，當出錢本拾千零肆百
文正，每月每千加利叁拾文算。
其田俟癸卯年輪值己額，即付林家
前去起佃耕作，拘追本利，如是未明，即
將應輪付林家耕作，拘追其穀價，依
憑鄉例扣算。此田在先並無重張
典當他人及交加不明等情，如有此情，
葉家出頭支當，不累林家之事。今欲
有憑，立當現耕字壹紙為照。
光緒貳拾柒年拾貳月　日立葉家謙（押）
在見侄吉唐（押）
知見父根梅（押）
民国丙寅年十弍月□承奎贖回東墘
面壹号佃田
大建（押）

3-5-22-3　清光緒二十七年十二月葉家謙立當輪田字

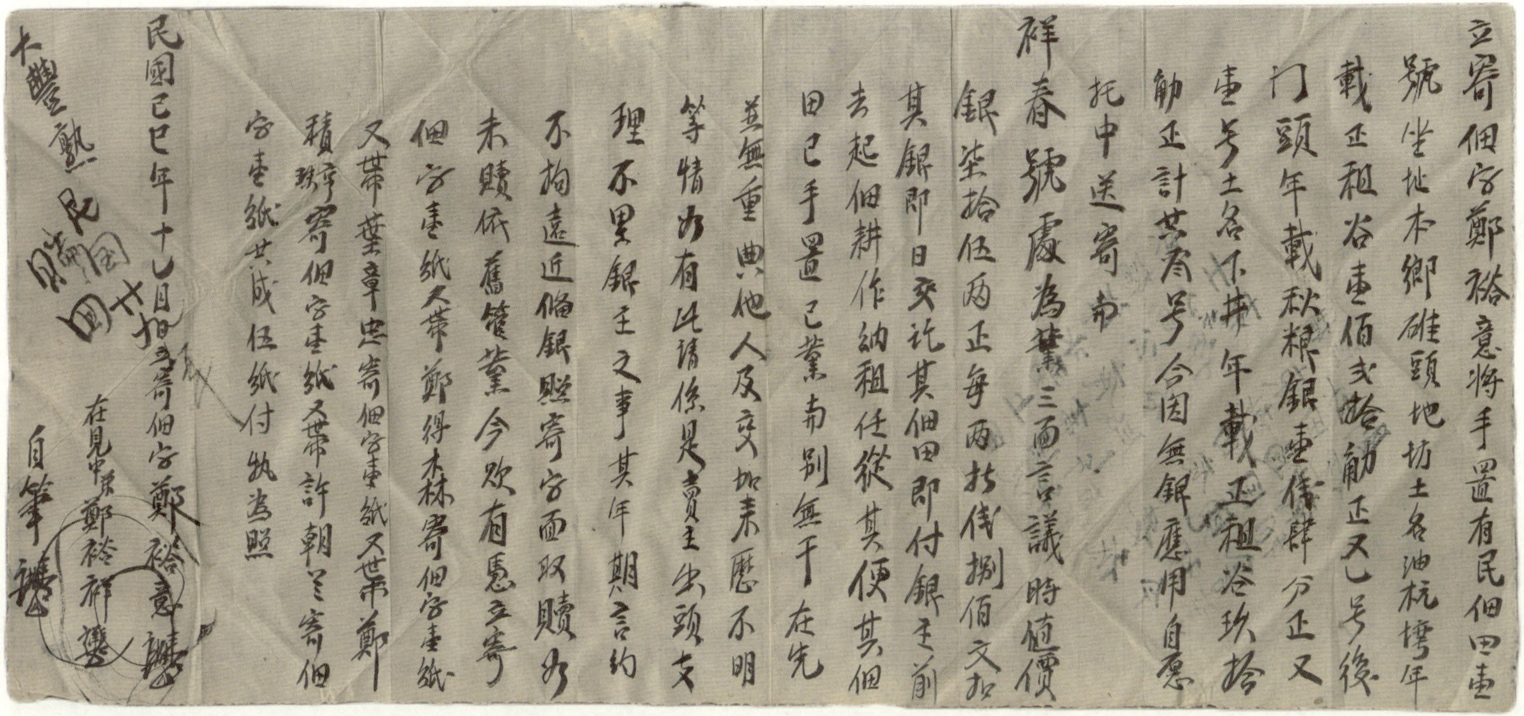
立寄佃字鄭裕意將手置有民佃田壹
號坐址本鄉碓頭地坊土名油杭墘年
載正租谷壹佰弍拾觔正又乙号後
门頭年載秋粮銀壹係肆分正又
壹号土名不井年載正租谷玖拾
觔正計共叁号今因無銀應用自愿
托中送寄与
祥春號處為業三面言議時值價
銀叁拾伍兩正每兩扣伐捌佰文扣
其銀即日交訖其佃田即付銀主前
去起佃耕作納租任從其便其佃
田己手置已業与別無干在先
並無重典他人及交加未歷不明
等情如有此情係是賣主出頭支
理不累銀主之事其年期言約
不拘遠近備銀照寄字面取贖如
未贖依舊管業今欲有憑立寄
佃字壹紙又帶鄭得森寄佃字壹紙
又帶葉章忠寄佃字壹紙又世帶鄭
積球寄佃字壹紙又帶許朝兰寄佃
字壹紙共成伍紙付執為照
民國己巳年十一月　日立寄佃字鄭裕意
在見中鄭裕祥
自筆
大豐熟

3-5-22-4　民國十八年十一月鄭裕意立寄民佃田字（廢契）

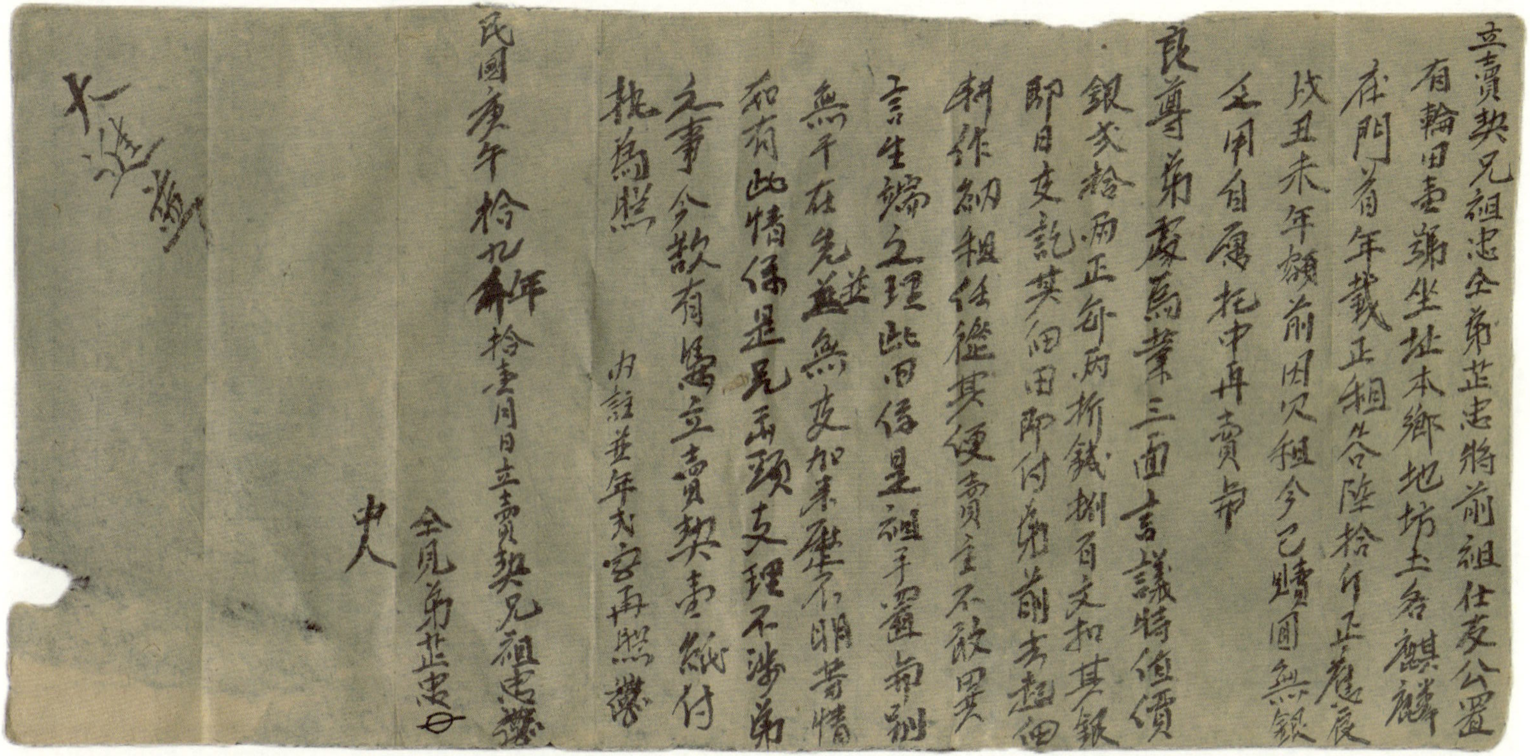
立賣契兄祖忠仝弟並忠將前祖仕友公置
有輪田壹號坐址本鄉地坊土名麒麟
庄門首年載正租谷陸拾斤正[illegible]
戊丑未年贖前田只租今已贖回無銀
壬甲自應托中再賣與
良尊弟處為業三面言議特值價
銀貳拾兩正每兩折錢捌百文扣其銀
即日支訖其田田即付弟前去起佃
耕作納租任從其便賣主不敢異
言生端之理此田係是祖手置與[illegible]
無干在先並無交加未歷不明等情
如有此情係是兄[illegible]支理不涉弟
之事今欲有憑立賣契壹紙付
執為照
內註並年式字再照
民國庚午拾九年拾壹月日立賣契兄祖忠
全見弟並忠
中人
大進[illegible]

3-5-22-5 民國十九年十一月葉祖忠等立賣輪田契

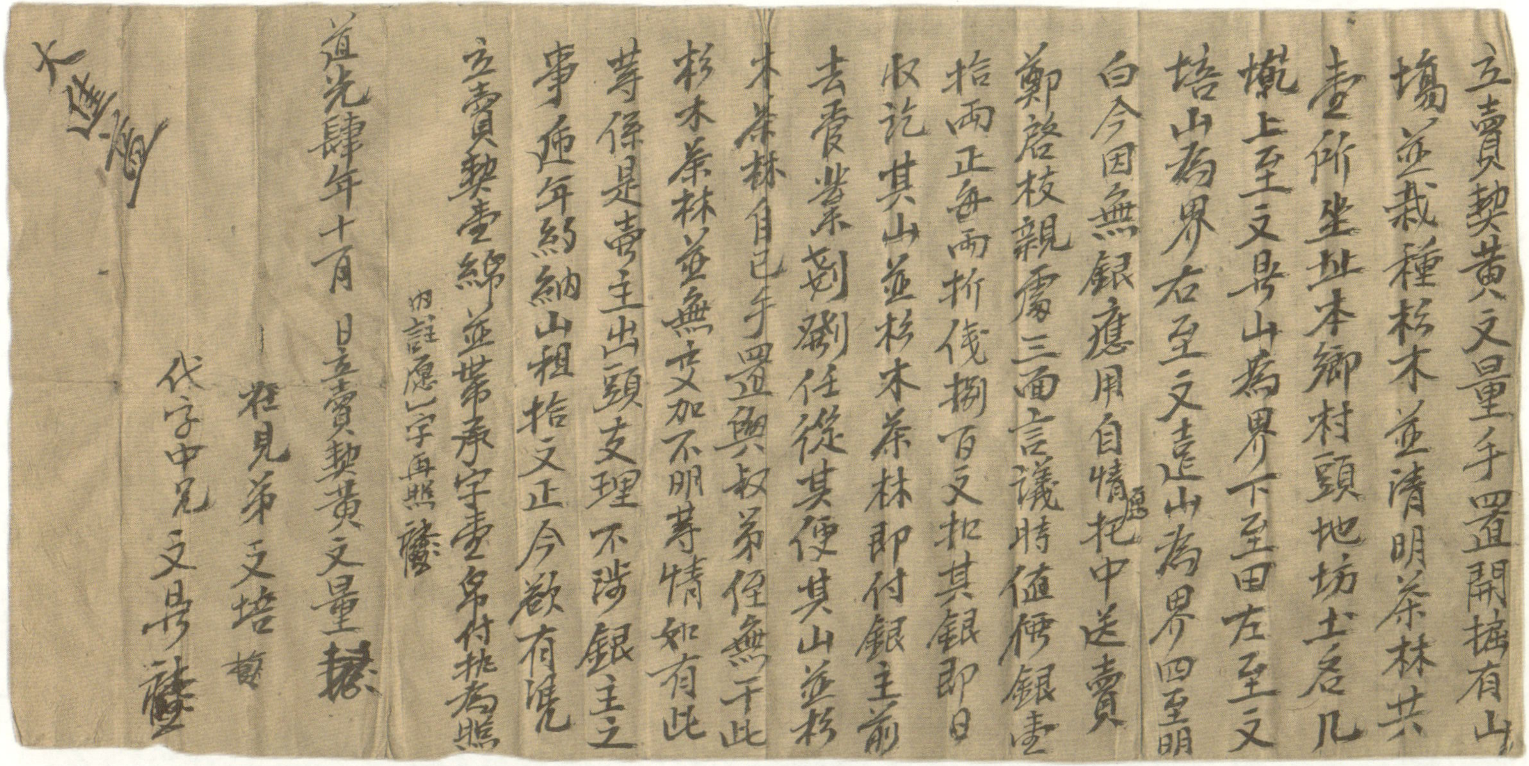

立賣契黃文量，今有承祖明置開墾有山
場，並栽種杉木，並清明茶林共
壹所，坐址本鄉村頭地坊，土名几
墘，上至文昇山為界，下至田，左至文
培山為界，右至文達山為界，四至明
白。今因無銀應用，自情愿托中送賣
鄭啟枝親房三面言議，時值價銀壹
拾兩正，每兩折伐捌百文，其銀即日
收訖。其山並杉木茶林即付銀主前
去管業，砍劉任從其便。其山並杉
木茶林自己手置，與叔弟侄無干。此
杉木茶林並無重文加不明等情，如有此
等，係是賣主出頭支理，不涉銀主之
事。逓年約納山租拾文正。今欲有憑，
立賣契壹紙，並帶承字壹帋付執為照。
內註愿山字再照（押）
道光肆年十一月　日立賣契黃文量（押）
在見弟　文培（押）
代字中兄　文昇（押）
大進

3-5-23-1　清道光四年十一月黄文量立賣山場等契

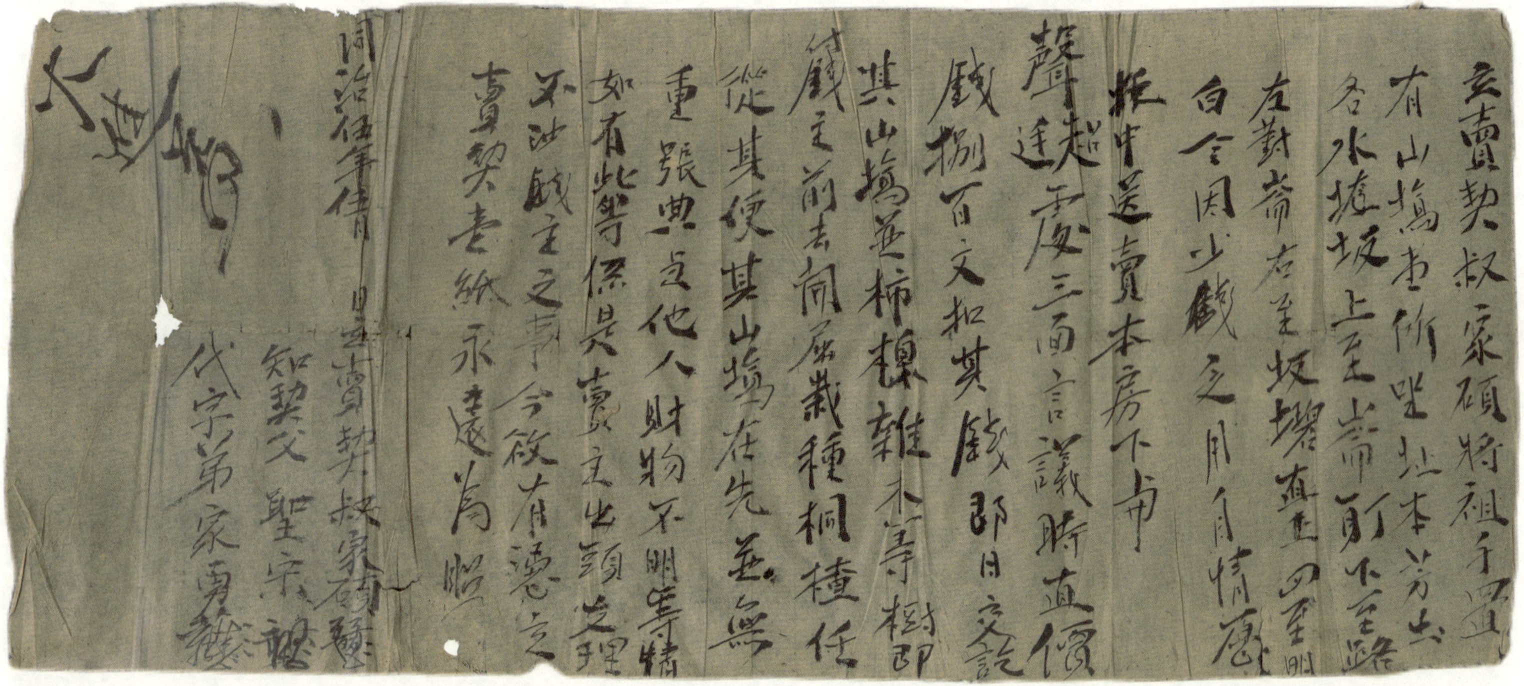

立賣契叔家碩將祖手置
有山塲壹所坐址本芳土
名水塘坂上至山嵴下至路
左對嵴右至坑塆直上四至明
白今因少錢乏用自情愿
托中送賣本房下弟
聲廷邊處三面言議時值價
錢捌百文扣其錢即日交訖
其山塲並柿樹雜木等樹即
歸錢主前去開墾栽種桐樹任
從其便其山塲在先並無
重張典當他人財物不明等情
如有此等係是賣主出頭之理
不涉錢主之事今欲有憑立
賣契壹紙永遠為照
同治伍年伍月　日立賣契叔家碩
知契父　聖宗
代字弟　家勇

3-5-23-2　清同治五年五月葉家碩立賣山場契

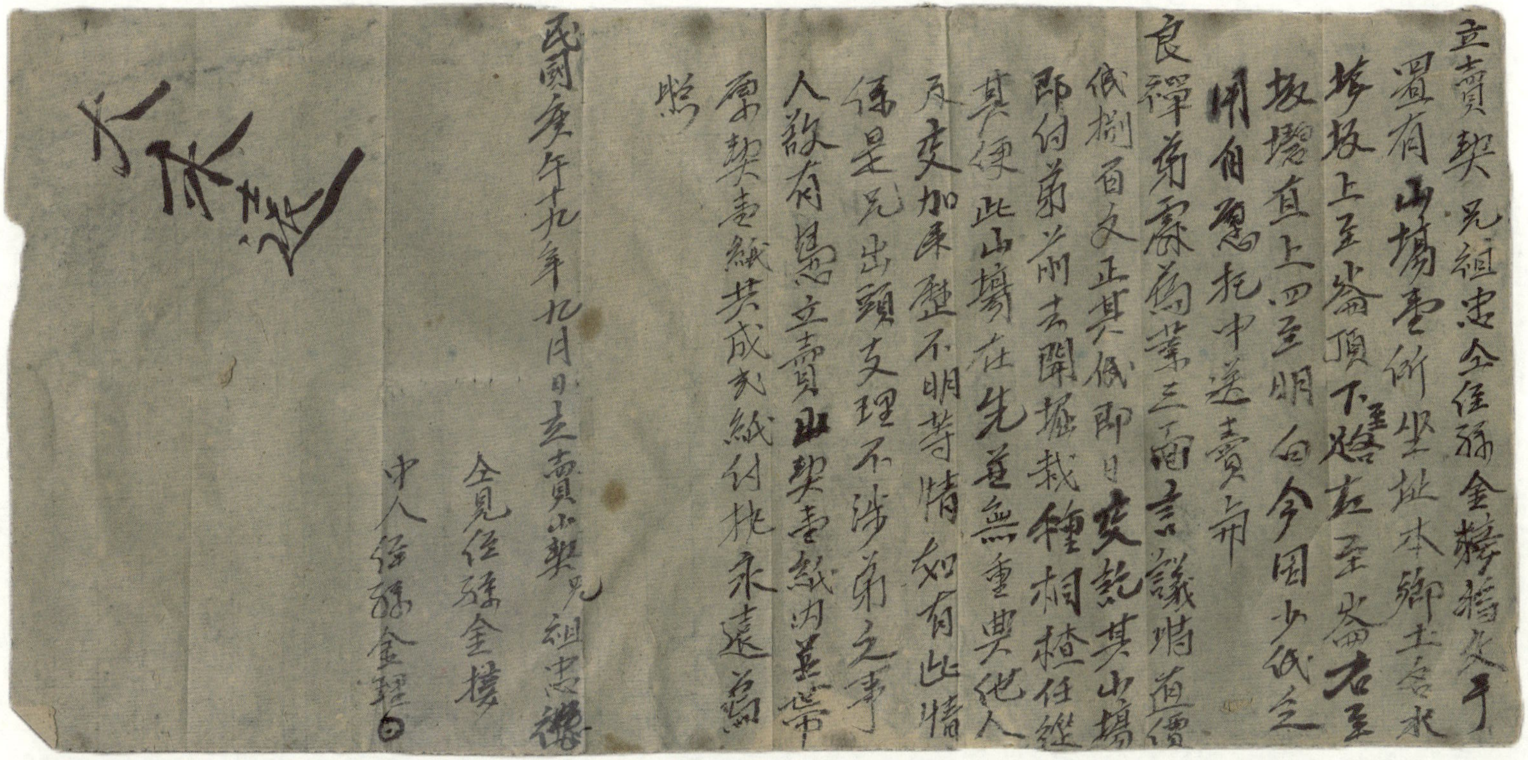

立賣契兄祖忠仝侄孫金樓、[illegible]等，父手
置有山場壹所，坐址本鄉土名秋
坪坂，上至崙頂，下至路，左至崙，右至
坂墘直上，四至明白。今因少錢乏
用，自愿托中送賣弟
良禪、弟森為業，三面言議時值價
錢捌佰文正，其錢即日交訖，其山場
即付弟前去開掘栽種松杉樹木任從
其便。此山場在先並無重典他人
及交加來歷不明等情，如有此情
係是兄出頭支理，不涉弟之事。
人欲有憑，立賣山契壹紙內並帶
原契壹紙，共成貳紙，付執，永遠為
照。
民國庚午年九月　日立賣山契兄祖忠（押）
全見侄孫金樓
中人侄孫金鏗

3-5-23-3　民國十九年九月葉祖忠等立賣山場契

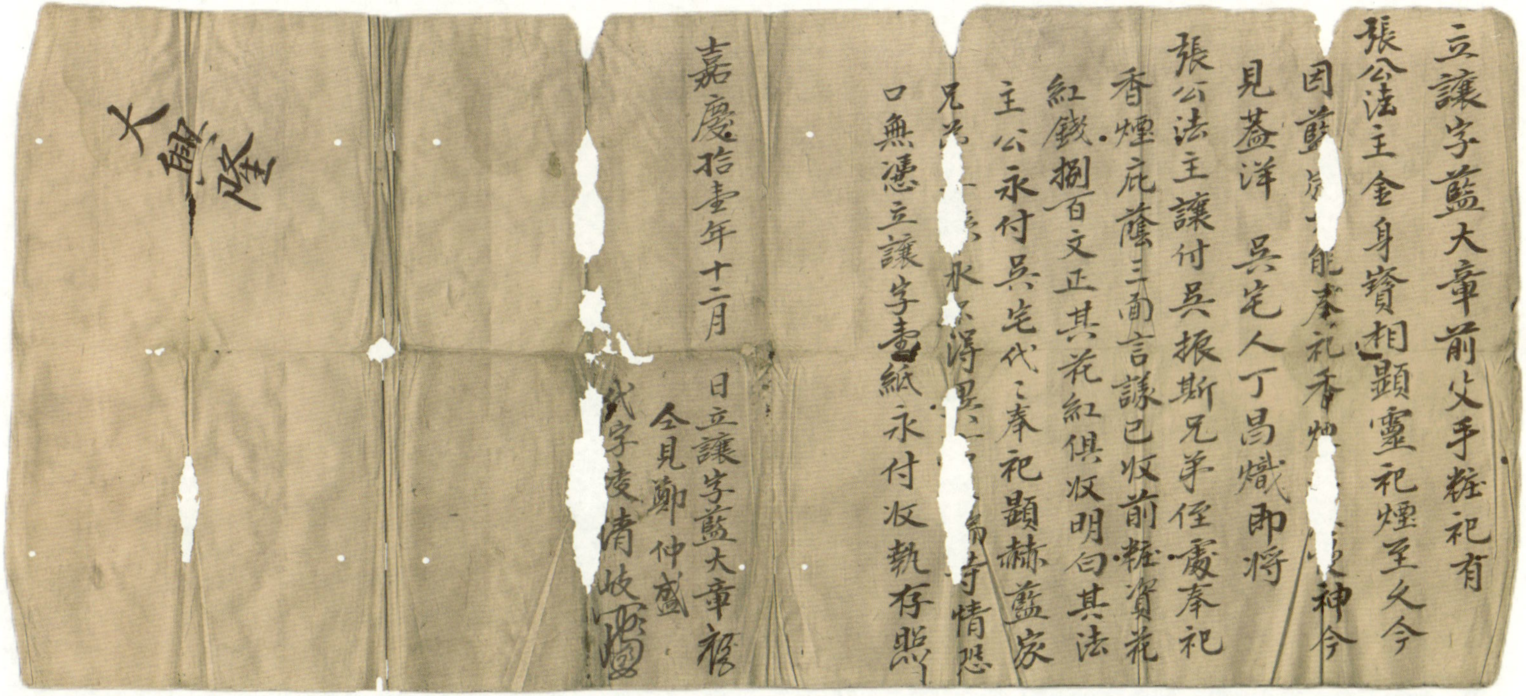
立讓字藍大章前父手粧祀有
張公法主金身贊相顯靈祀煙至今
因藍[illegible]能奉祀香烟[illegible]神今
見蓋洋　吳宅人丁昌熾即將
張公法主讓付吳振斯兄弟侄處奉祀
香煙庇蔭三面言議已收前粧資花
紅錢捌百文正其花紅俱收明白其法
主公永付吳宅代代奉祀顯赫藍家
兄弟[illegible]永不得異言[illegible]情恐
口無憑立讓字壹紙永付收執存照
嘉慶拾壹年十二月　日立讓字藍大章（押）
仝見鄭仲盛
代字凌清岐（押）
大陞

3-5-24-1　清嘉慶十一年十二月藍大章立讓張公法主神像字

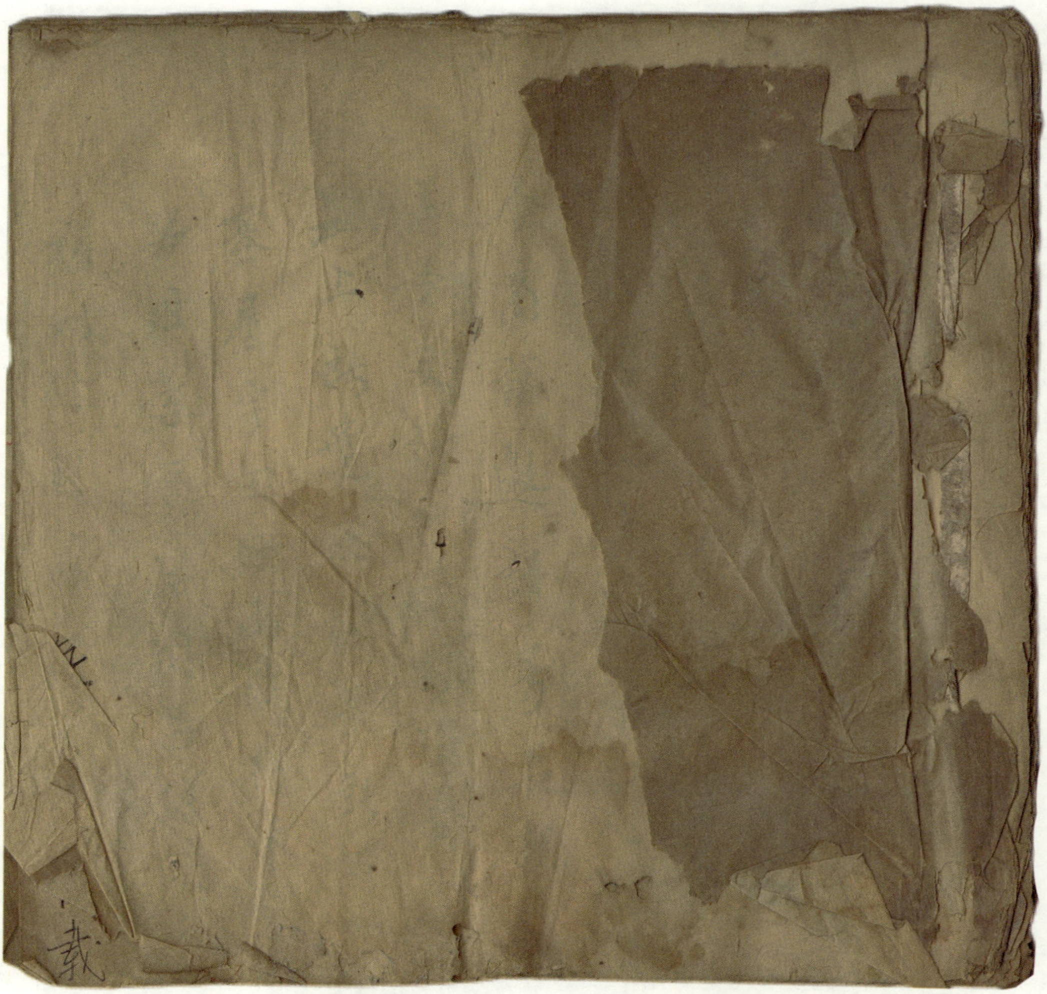

3-5-25-1　清乾隆三十七年吴氏立文行忠信四房鬮書（一）

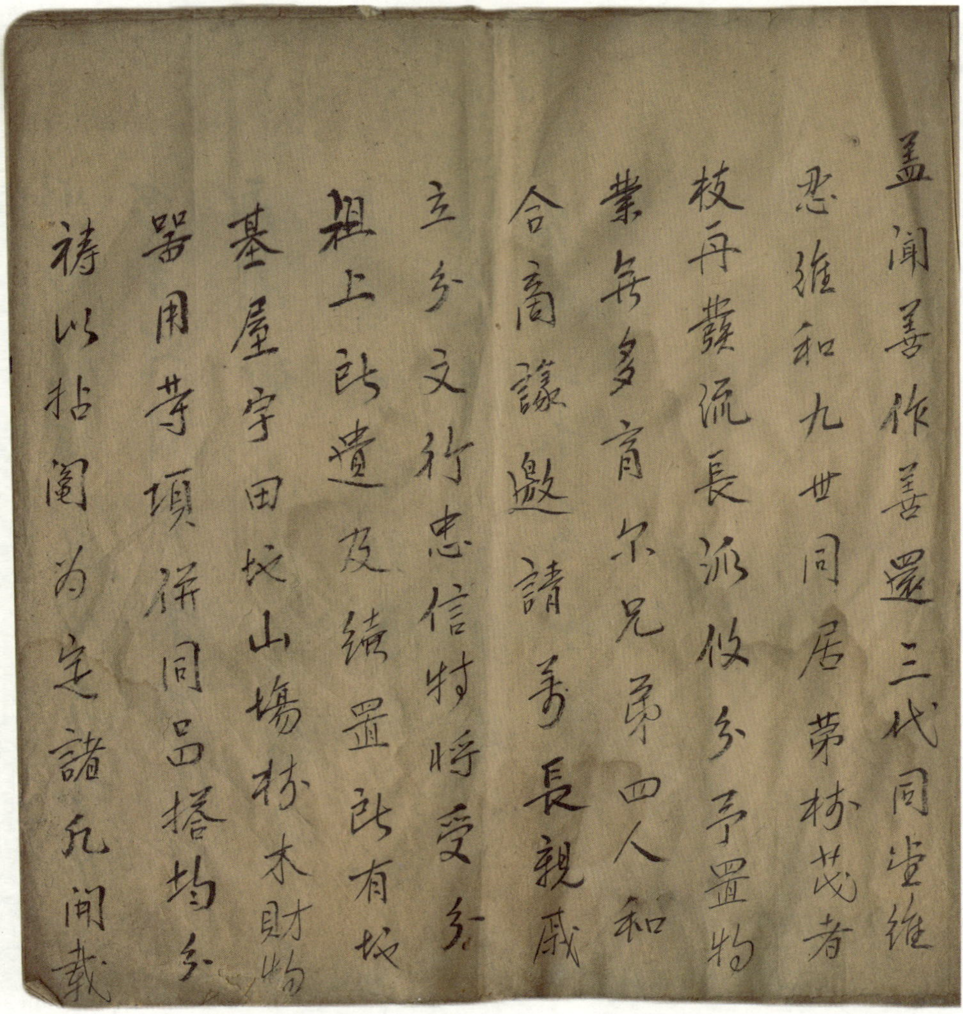

盖聞善作善還三代同堂維
恐維和九世同居蒂林茂者
枝再發流長派攸分享置物
業無多育尔兄弟四人和
合商議邀請房長親戚
立分文行忠信特將受分
祖上所遺及續置所有坵
基屋宇田坵山場杉木財物
器用等項併同品搭均分
禱以拈鬮為定諸凡鬮載

3-5-25-2　清乾隆三十七年吴氏立文行忠信四房鬮書（二）

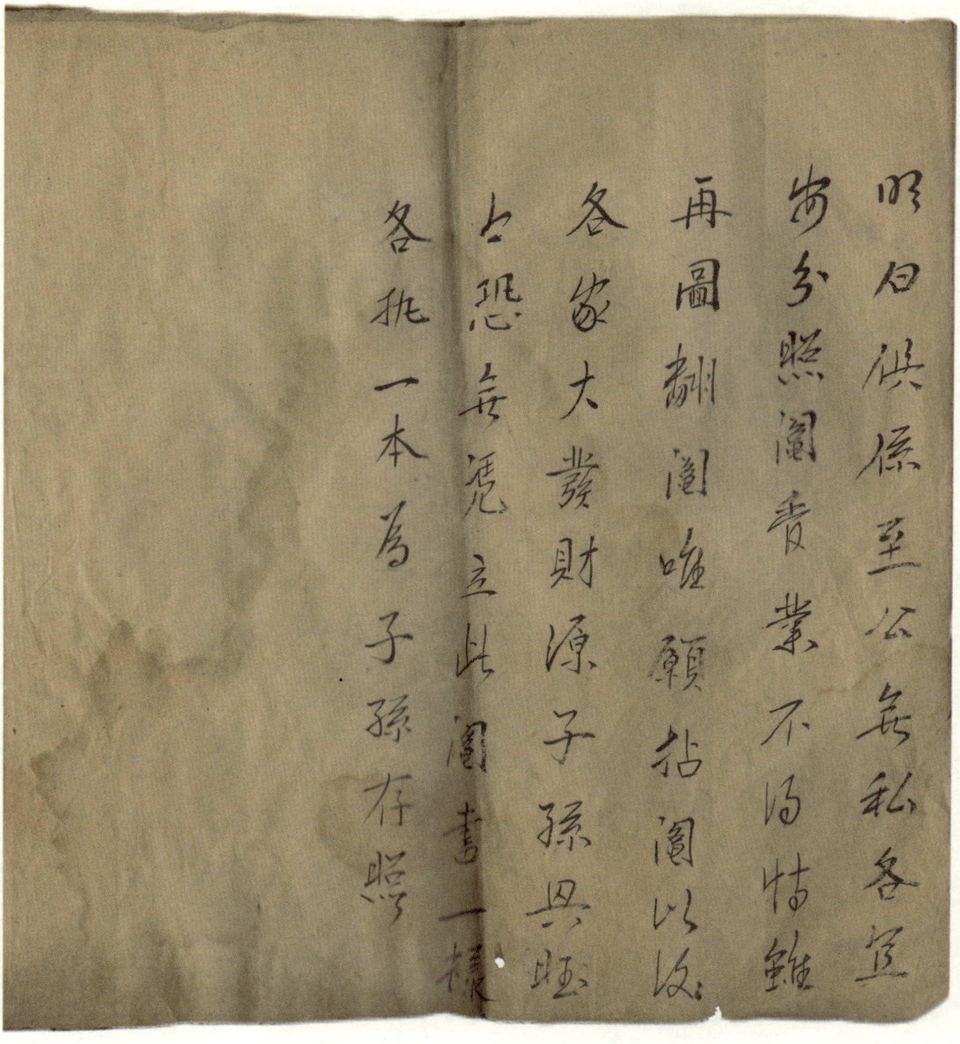
明白供係至公無私各宜
安分照鬮管業不得恃強
再圖翻鬮唯願拈鬮以後
各家大發財源子孫興旺
今恐無憑立此鬮書一樣
各執一本為子孫存照

3-5-25-3　清乾隆三十七年吴氏立文行忠信四房鬮書（三）

父抽養膳

一抽佃田一號土名大洋中載大租壹百肆拾觔

一號坐址土名下大洋中底面全載粮壹錢壹分四厘正

一號坐址土名上湖岐載租叁拾觔

一號坐址土名葛藤坪載租貳百柒拾觔

公抽山底木苗

一所坐落畬寮墘並崩岩下一所

一所坐落水梘墘落埕垃墘一派

一所坐址水梘墘下蒙朝分一派

一所坐址水梘墘尾墘杉木楂林

3-5-25-4　清乾隆三十七年吴氏立文行忠信四房鬮書（四）

一所坐落下基尾坪圳下杉木一片
一所坐落小洋下隔墩下塆許旬分
一所坐落本處彪墘崙青明茶茂分

3-5-25-5　清乾隆三十七年吴氏立文行忠信四房鬮書（五）

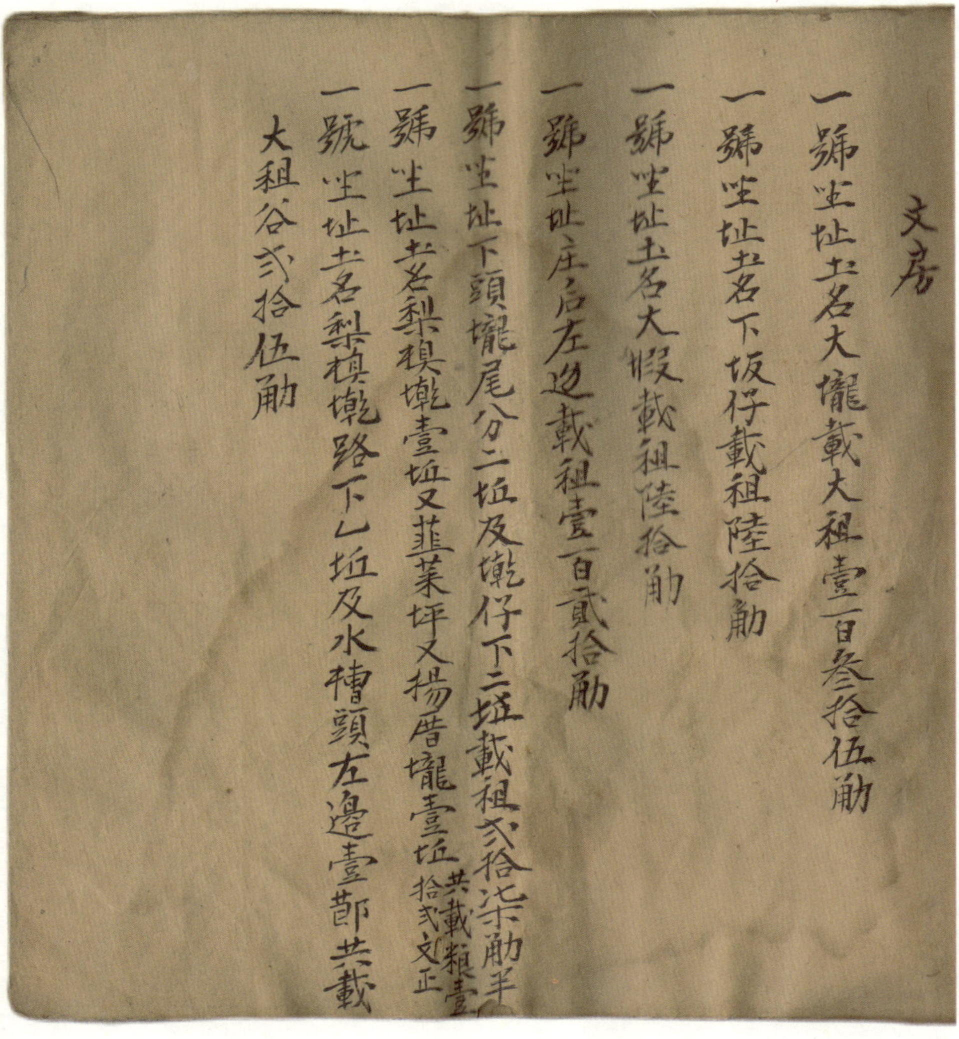

文房
一號坐址土名大壠載大租壹百叁拾伍觔
一號坐址土名下坂仔載租陸拾觔
一號坐址土名大暇載租陸拾觔
一號坐址庄后左邊載租壹百貳拾觔
一號坐址下頭壠尾分二坵及壠仔下二坵載租弍拾柒觔半
一號坐址土名梨槙壠壹坵又韭菜坪又楊厝壠壹坵共載粮壹拾弍文正
一號坐址土名梨槙壠路下山坵及水槽頭左邊壹莭共載
大租谷弍拾伍觔

3-5-25-6　清乾隆三十七年吴氏立文行忠信四房鬮書（六）

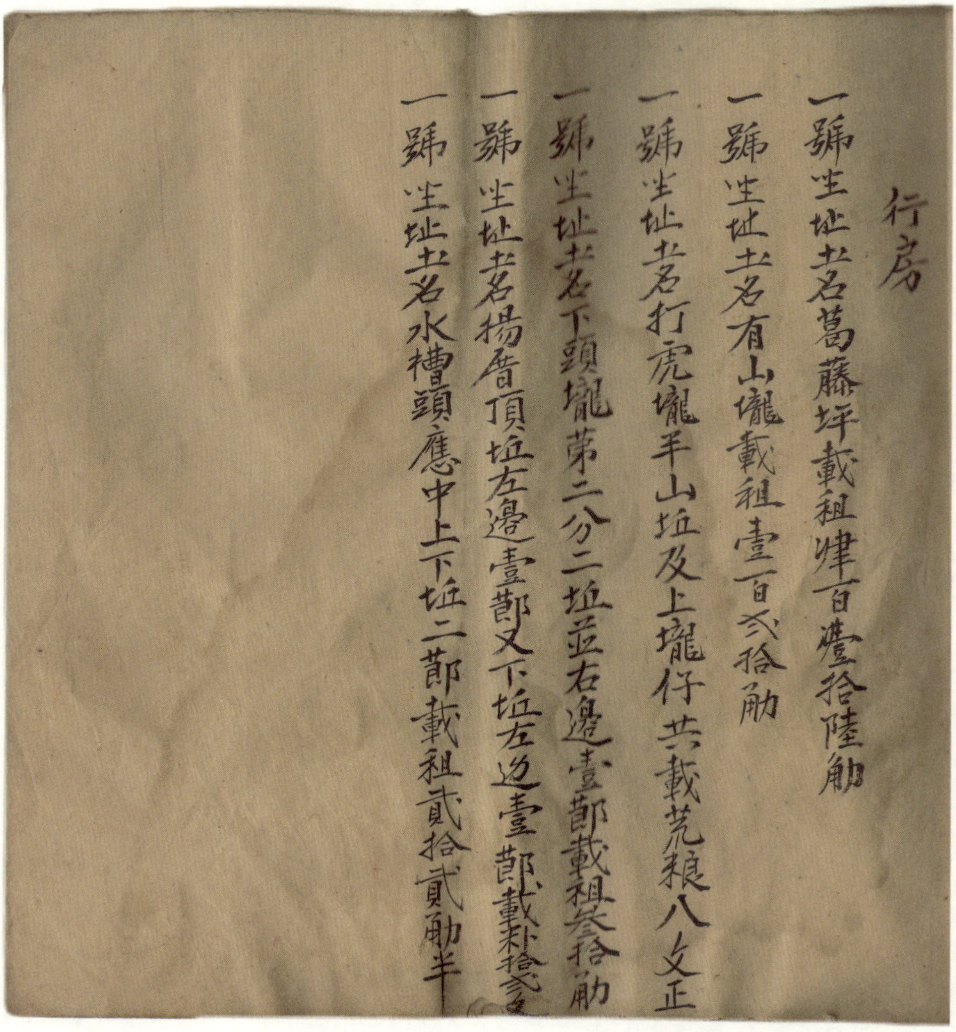
行房
一號坐址土名葛藤坪載租肆百壹拾陸觔
一號坐址土名有山壠載租壹百六拾觔
一號坐址土名打虎壠半山坵及上壠仔共載荒粮八文正
一號坐址土名下頭壠第二分二坵並右邊壹節載租叁拾觔
一號坐址土名揚唇頂坵左邊壹節又下坵左边壹節載租拾叁
一號坐址土名水槽頭應中上下坵二節載租貳拾貳觔半

3-5-25-7　清乾隆三十七年吴氏立文行忠信四房鬮書（七）

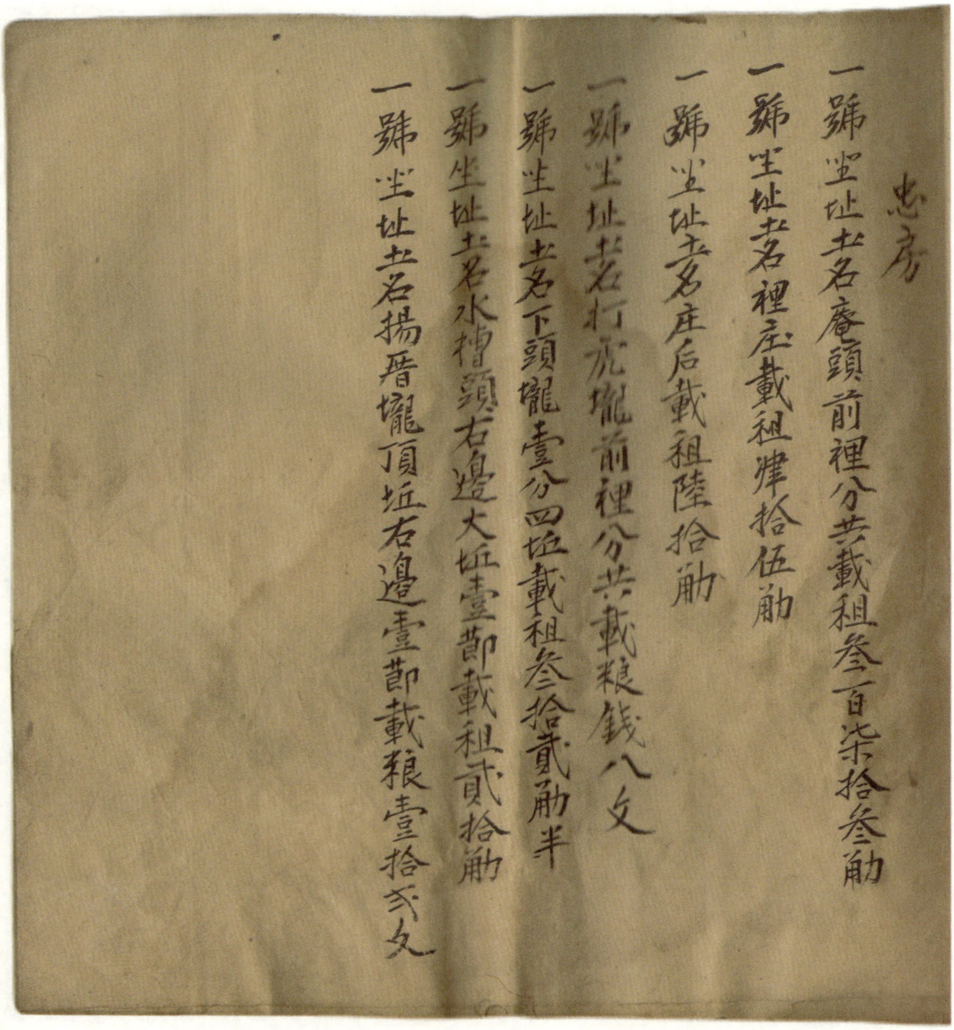
忠房

一號坐址土名庵頭前裡分共載租叁百柒拾叁觔

一號坐址土名裡庄載租肆拾伍觔

一號坐址土名庄后載租陸拾觔

一號坐址土名打虎壠前裡分共載粮錢八文

一號坐址土名下頭壠壹分四坵載租叁拾貳觔半

一號坐址土名水槽頭右邊大坵壹節載租貳拾觔

一號坐址土名揚厝壠頂坵右邊壹節載粮壹拾式文

3-5-25-8 清乾隆三十七年吴氏立文行忠信四房鬮書（八）

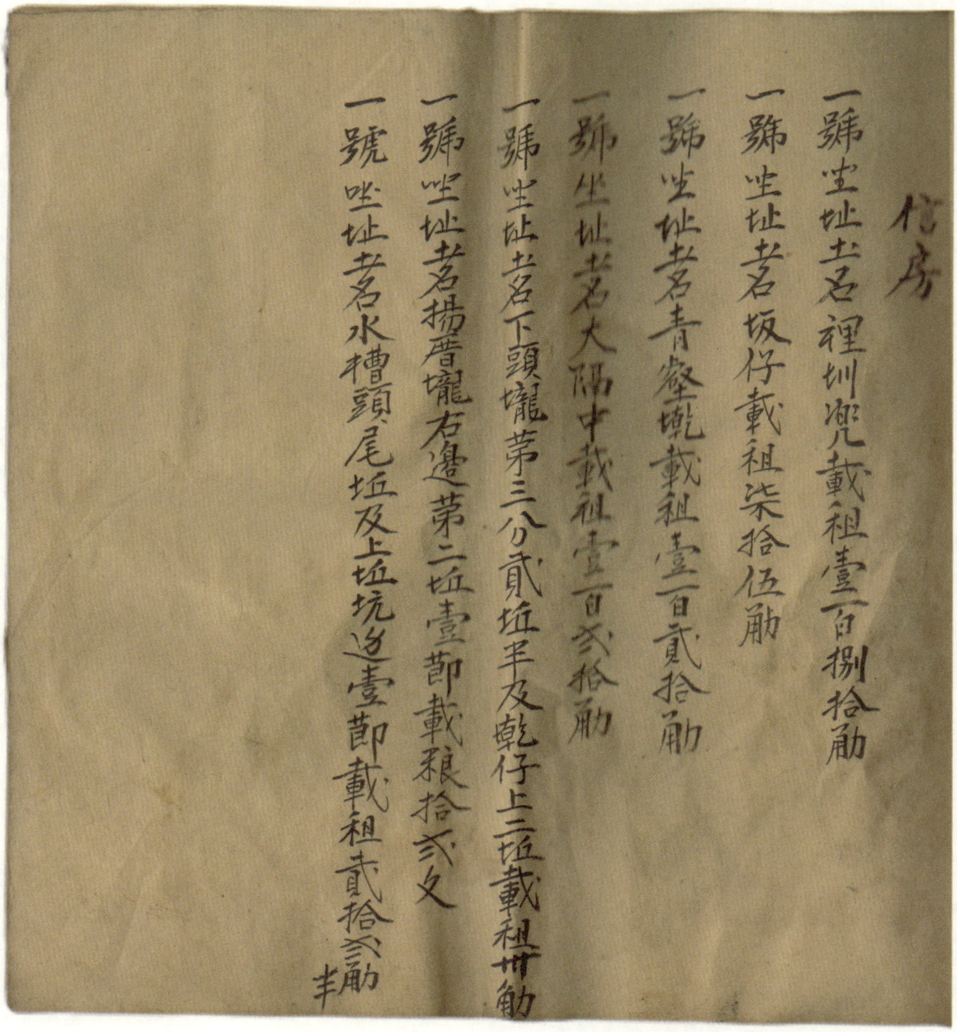
信房
一號坐址土名裡圳兜載祖壹百捌拾觔
一號坐址土名坂仔載祖柒拾伍觔
一號坐址土名青磐墘載祖壹百貳拾觔
一號坐址土名大陽中載祖壹百叁拾觔
一號坐址土名下頭壠第三分貳坵半及乾仔上二坵載祖卌觔
一號坐址土名揚厝壠右邊第二坵壹節載粮拾叁文
一號坐址土名水槽頭尾坵及上坵坑边壹節載祖貳拾叁觔
丰

3-5-25-9 清乾隆三十七年吴氏立文行忠信四房鬮書（九）

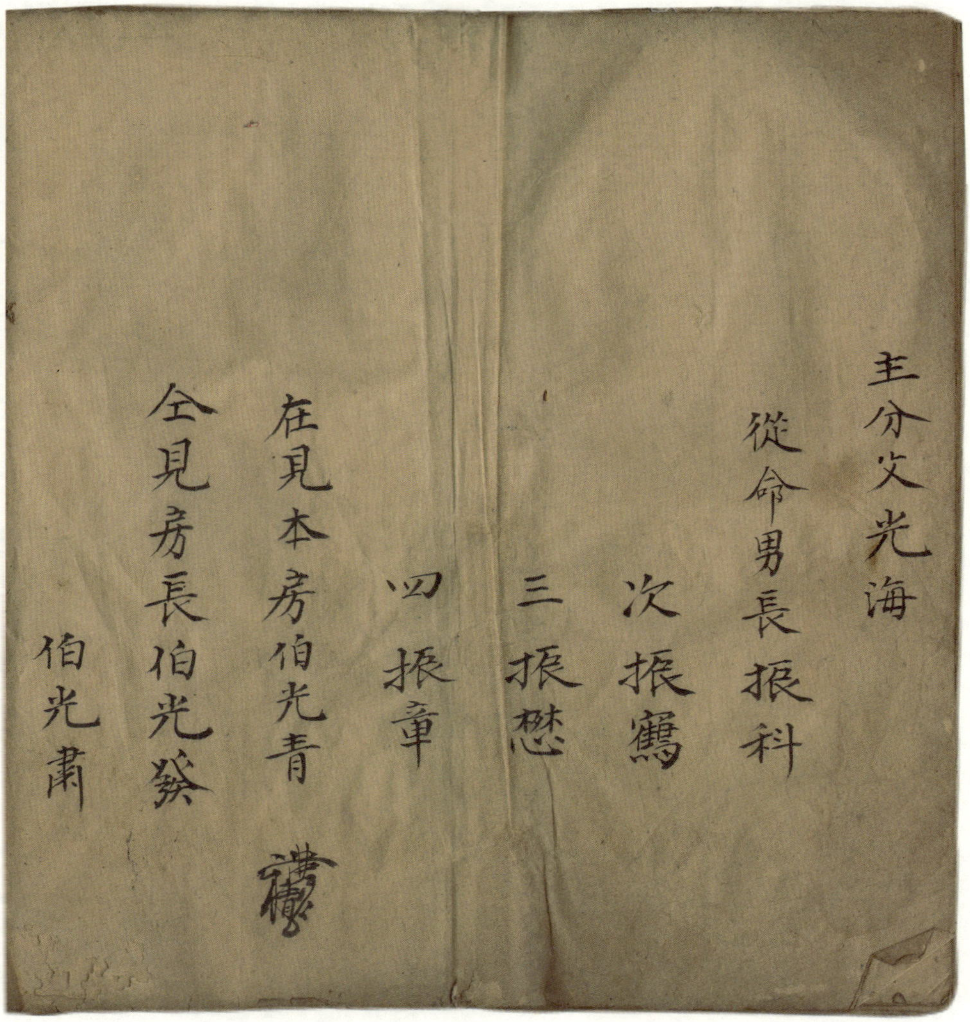

主分父光海

從命男長振科

次振鶴

三振懋

四振章

在見本房伯光青

仝見房長伯光癸

伯光肅

3-5-25-10　清乾隆三十七年吴氏立文行忠信四房鬮書（一〇）

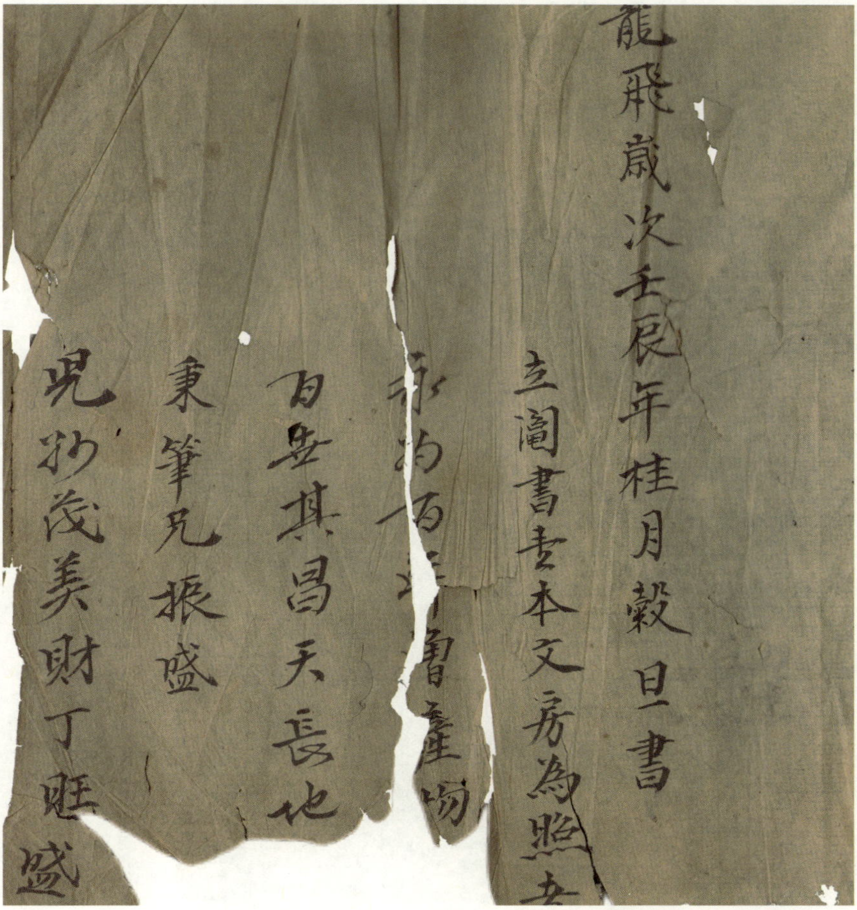
龍飛歲次壬辰年桂月穀旦書
立鬮書壹本文房為照存
永為百[illegible]嘗產物
百世其昌天長地
秉筆兄振盛
見叔茂美財丁旺盛

3-5-25-11　清乾隆三十七年吴氏立文行忠信四房鬮書（一一）

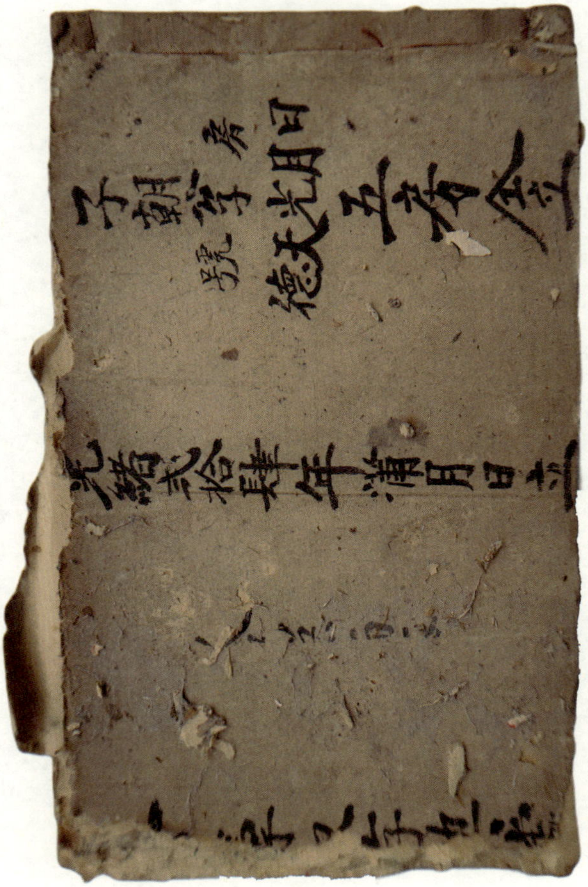

3-5-26-1　清光緒二十四年子朝公子日月光天德五房仝立族產簿（一）

光緒弍拾肆年伍月廿日
筹过于前祖光輝手收
存公契字據即日仝忠存
手筹出公字交五房見
过轉交忠招手收存
前祖厝據字鄭宗对合一帋

3-5-26-2　清光緒二十四年子朝公子日月光天德五房仝立族産簿（二）

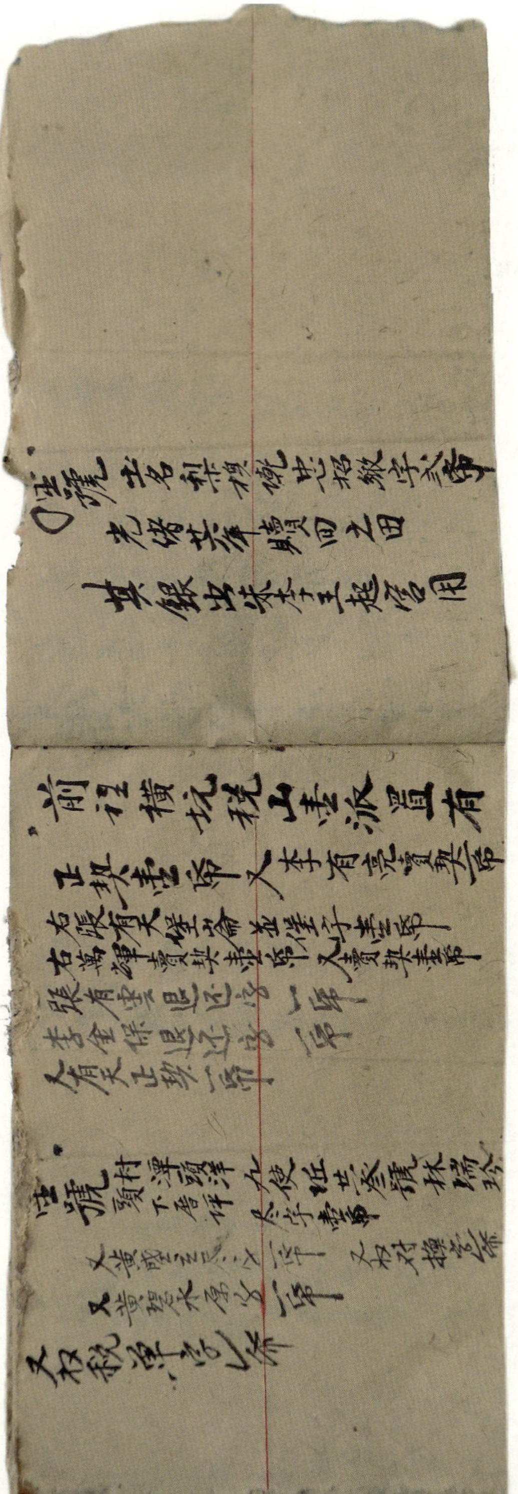

3-5-26-3　清光緒二十四年子朝公子日月光天德五房仝立族產簿（三）

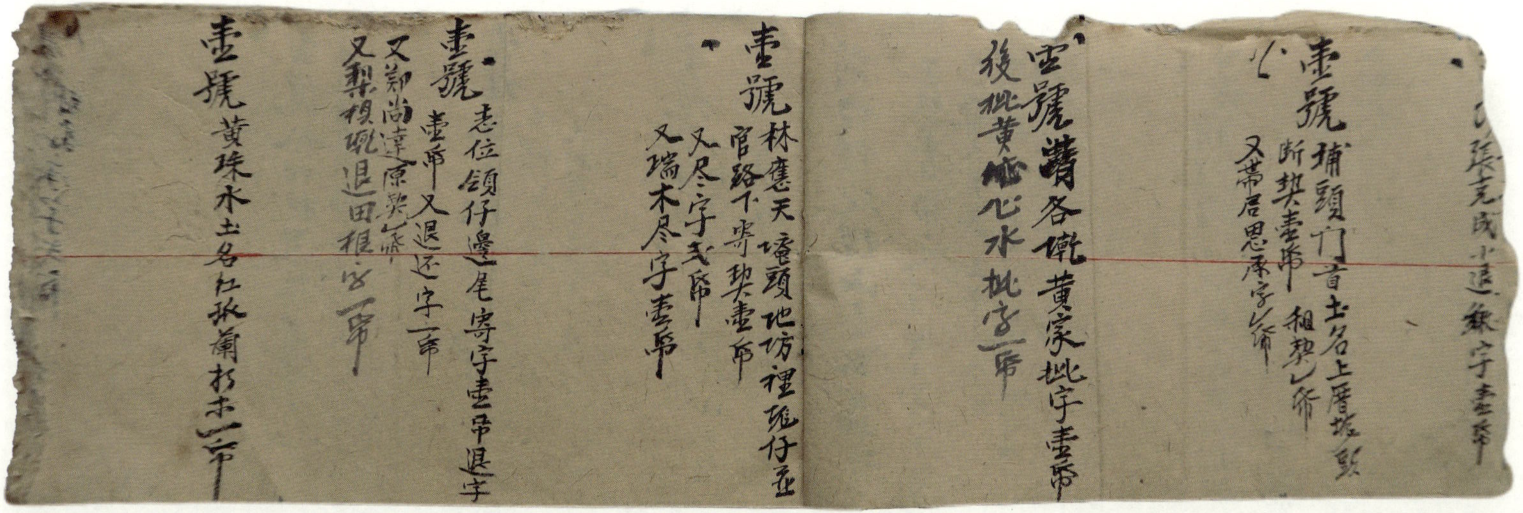

□張光成小退□字壹帋

壹號埔頭門首土名上層垅頭
斷契壹帋　租契乙帋
又帯居思庠字乙帋

壹號𡶒各墘黄家批字壹帋
後批黄□心水批字一帋

壹號林墘天壇頭地坊裡垅仔丞
官路下寄契壹帋
又尽字弍帋
又瑞木尽字壹帋

壹號志位領仔邊尾寄字壹帋退字
壹帋　又退还字一帋
又鄭尚達原契乙帋
又梨根硯退田根□一帋

壹號黄珠水土名红□蘭杉木一帋

3-5-26-4　清光緒二十四年子朝公子日月光天德五房仝立族産簿（四）

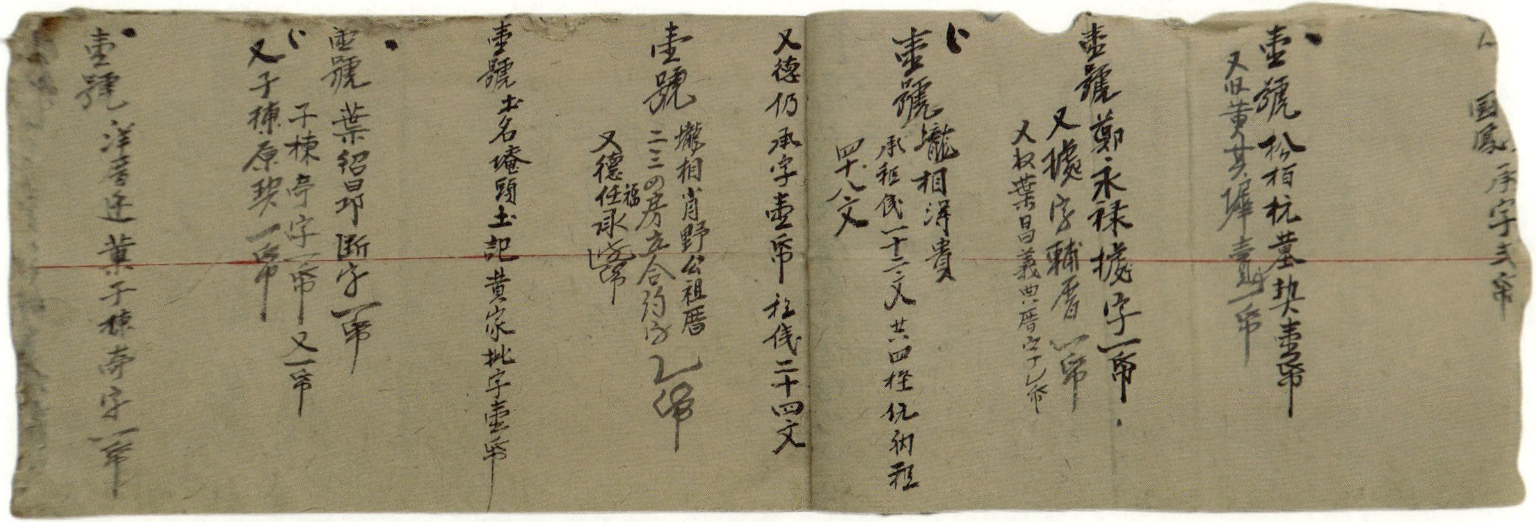
國處序字弍帋
壹號 松柏杭墓契壹帋
又旧黃其燁壹帋
壹號 鄭永祿攏字一帋
又攏字耕層一帋
又叔葉昌義典層字乙帋
壹號 壠相洋貴
承租伐一十二文 共四柱伉納租
四十八文
又德仍承字壹帋 租伐二十四文
壹號 壠相肖野公祖層
二三四房齊合約字乙帋
又德福任承字帋
壹號 土名墘頭土記 黃家批字壹帋
壹號 葉紹日邛斷字一帋
子棟亭字一帋 又一帋
又子棟原契一帋
壹號 洋壽迁葉子棟亭字一帋

3-5-26-5　清光緒二十四年子朝公子日月光天德五房仝立族産簿（五）

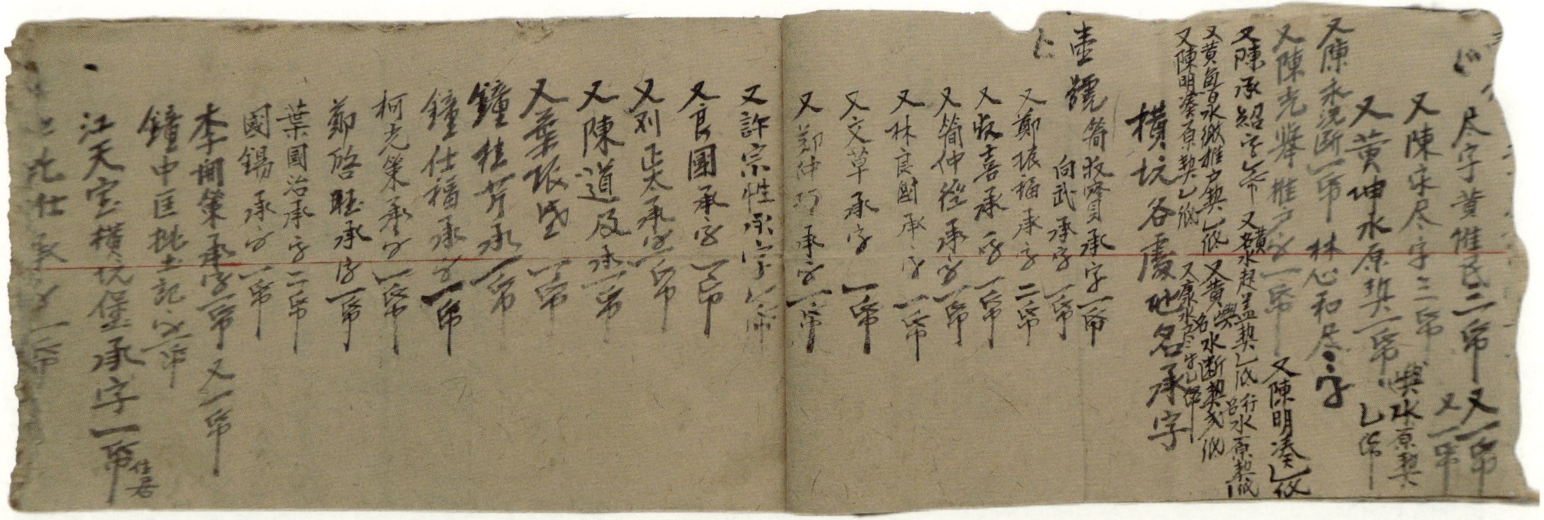

3-5-26-6　清光緒二十四年子朝公子日月光天德五房仝立族産簿（六）

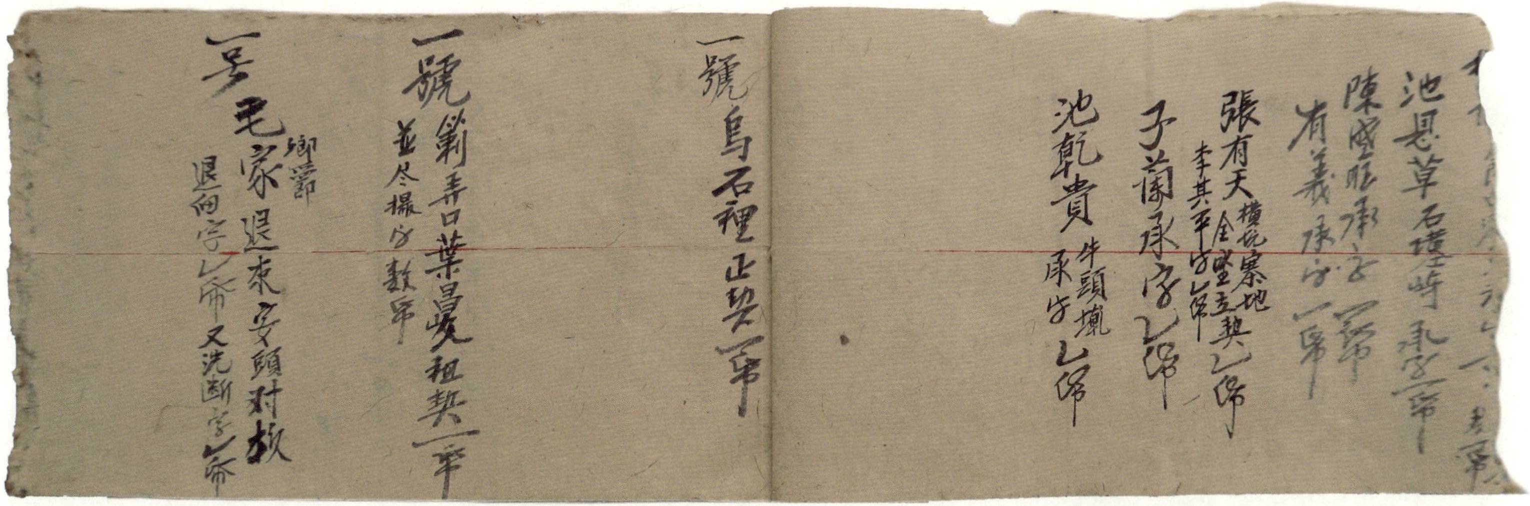

池甚草石壇坪承字一帋
陳盛旺承字一帋
有義承字一帋
張有天橫坑寨地仝立契一帋
李其平字一帋
子蘭承字一帋
池乾貴牛頭壠承字一帋

一號烏石裡正契一帋

一號劉壽口葉昌曼租契一帋
並各撮字數帋

一号毛家鄉灞退來字頭對板
退回字一帋 又洗斷字一帋

3-5-26-7 清光緒二十四年子朝公子日月光天德五房仝立族産簿（七）

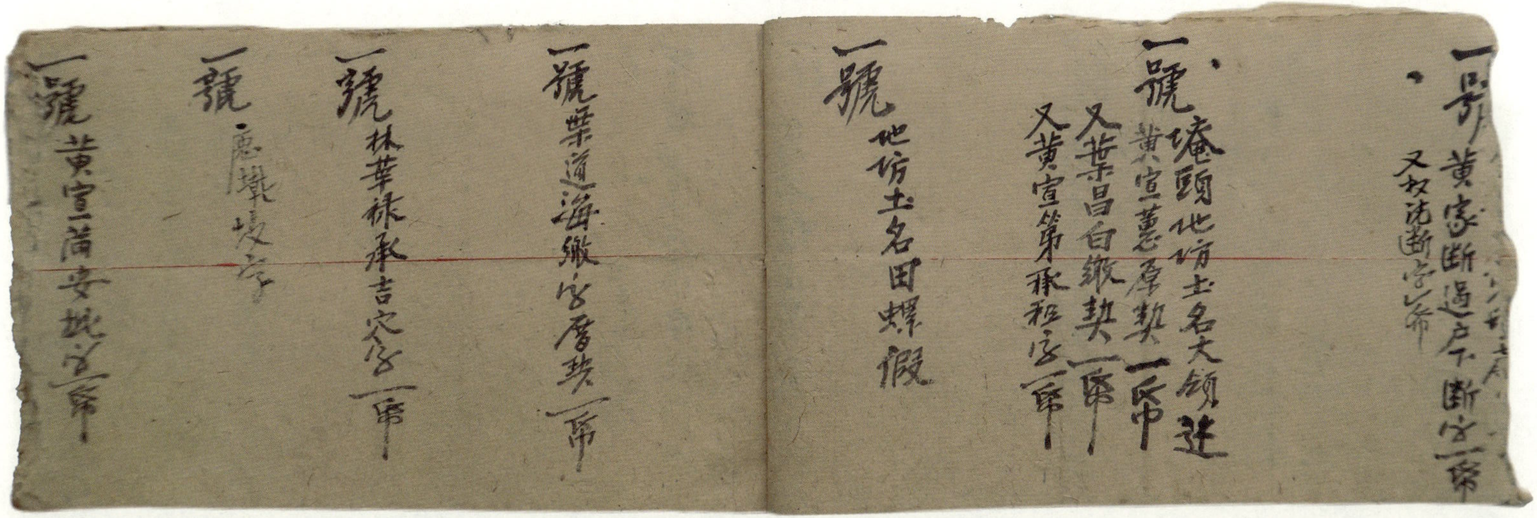
一號 黄家断過户 断字一紙
又收沽断字一紙
一號 墙頭地坊土名大領迣 黄宣蕙原契一紙
又葉昌白繳契一紙
又黄宣第承租字一紙
一號 地坊土名田螺假
一號 葉道海繳字厝契一紙
一號 林華禄承吉字一紙
一號 應坤收字
一號 黄宣滿安批字一紙

3-5-26-8 清光緒二十四年子朝公子日月光天德五房仝立族産簿（八）

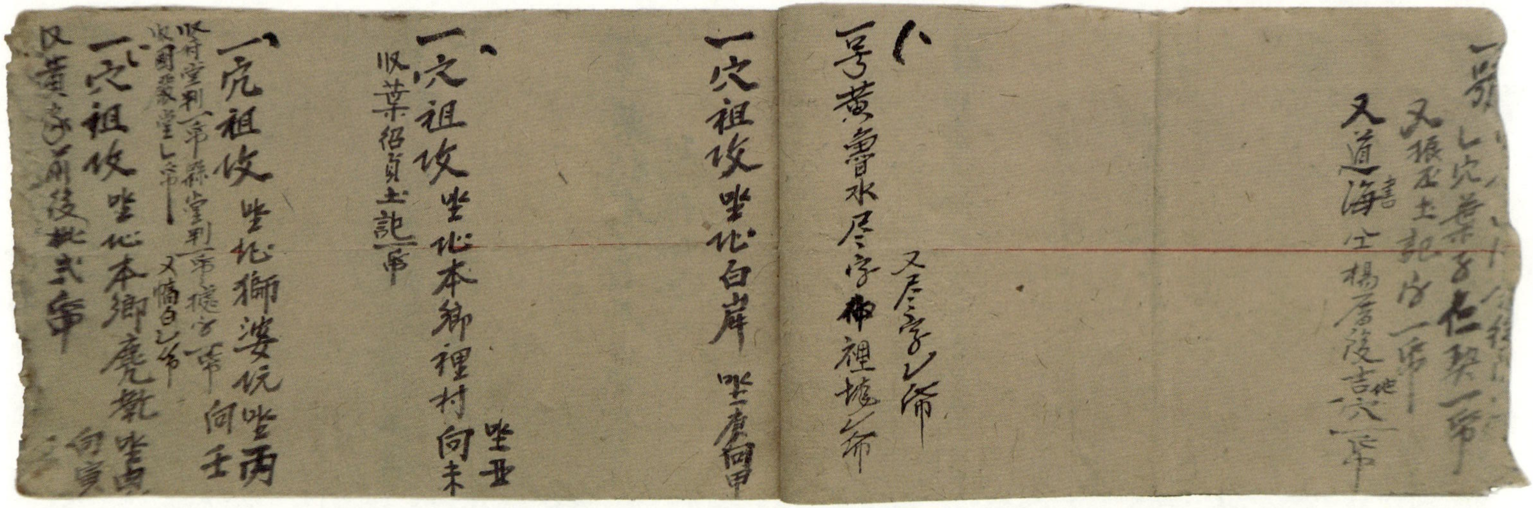
一号黃曾水尽字一帋裡據一帋
又尽字一帋
一穴祖坟坐北白岸坐庚向甲
一穴祖坟坐北本鄉裡村坐丑向未
收葉佋貞土記一帋
一穴祖坟坐北獅婆坑坐丙向壬
一穴祖坟坐北本鄉鹿乾坐寅

3-5-26-9　清光緒二十四年子朝公子日月光天德五房仝立族産簿（九）

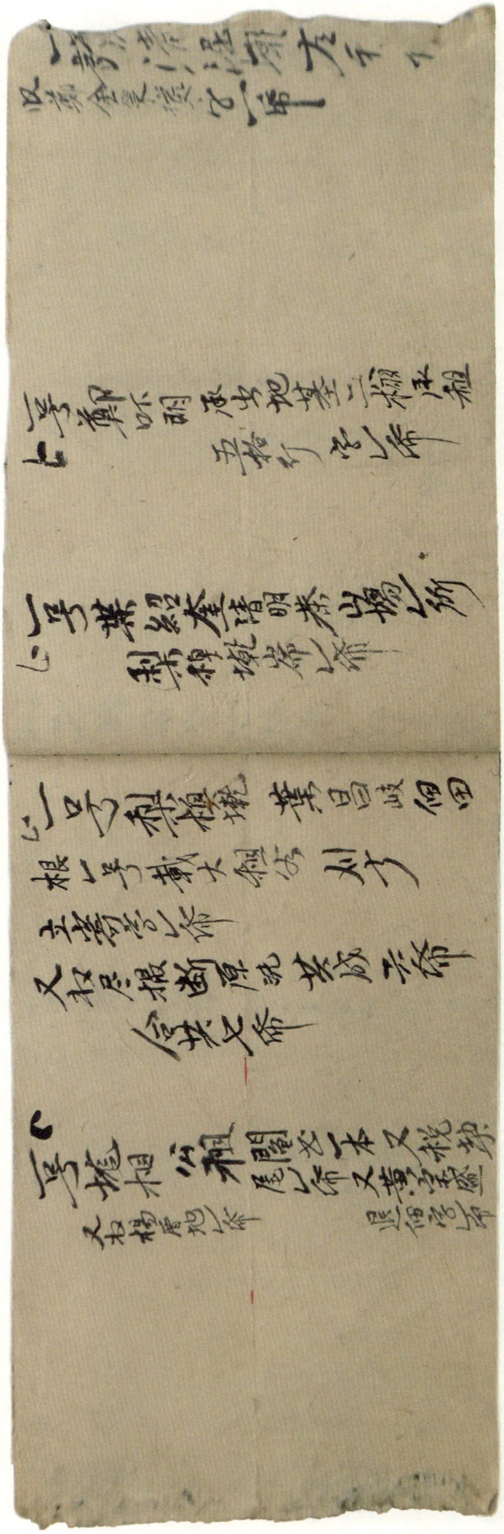

3-5-26-10 清光緒二十四年子朝公子日月光天德五房仝立族産簿（一〇）

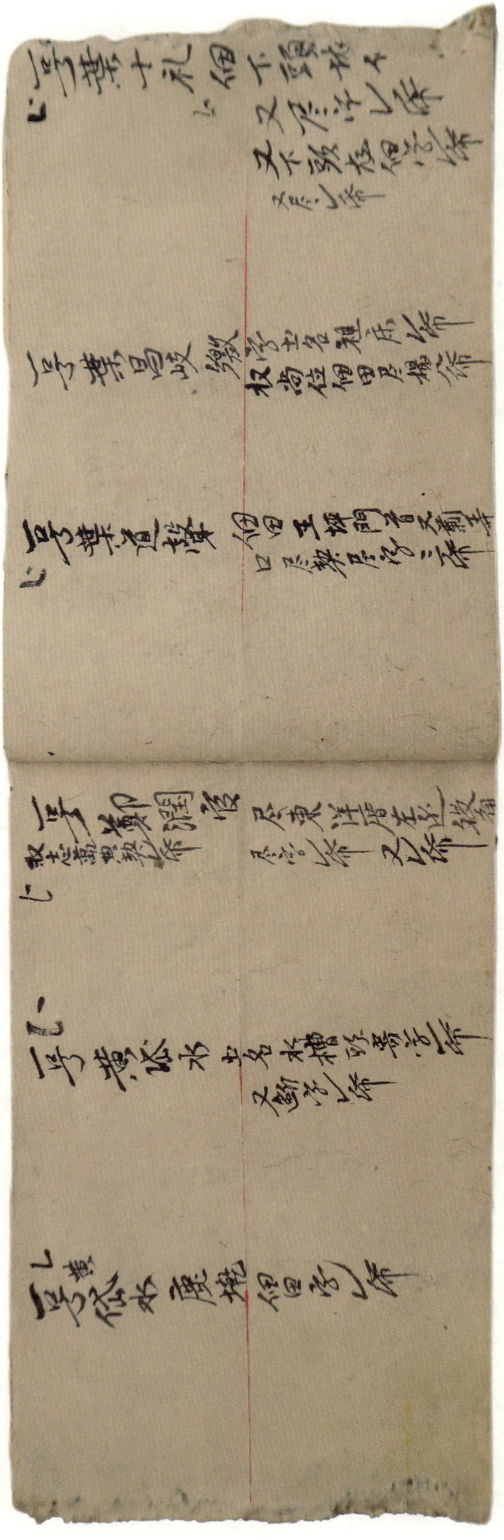

3-5-26-11　清光緒二十四年子朝公子日月光天德五房仝立族産簿（一一）

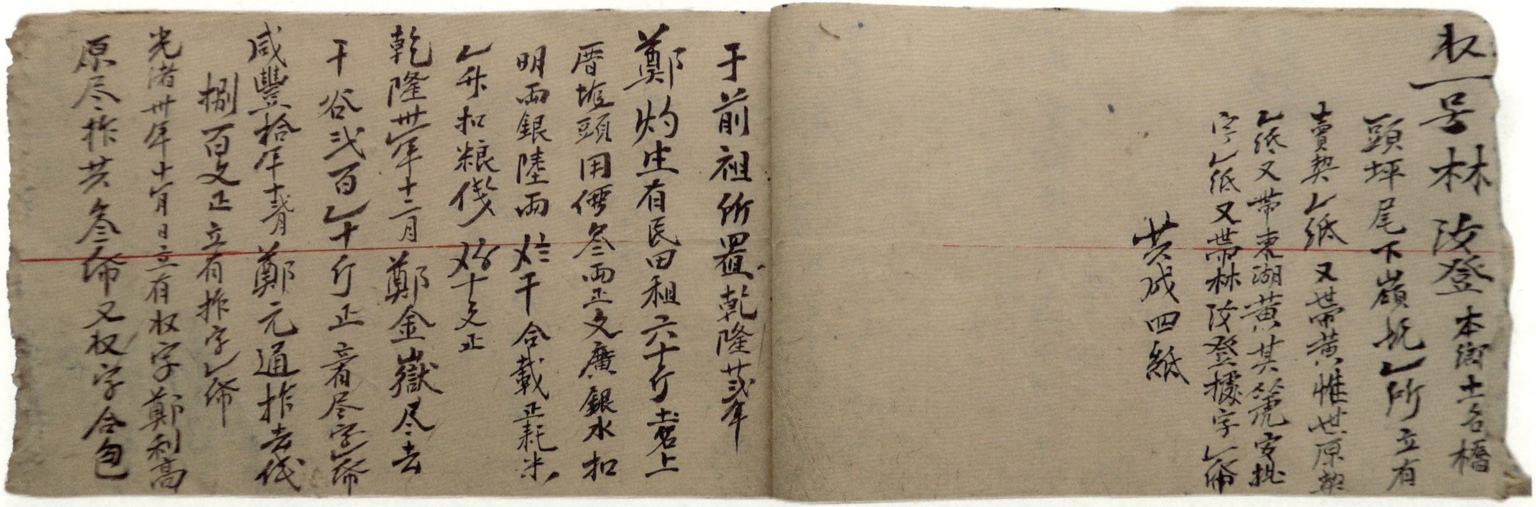

权一号林攸登本衙土名橋
頭坪尾下嶺坑一所立有
賣契一紙 又帶黃惟世原契
一紙又帶東湖黃其笼字批
字一紙又帶林攸登撥字一紙
共成四紙

于前祖所置乾隆廿弍年
鄭灼生有民田租六十斤老上
厝坵頭用價叁兩正文廣銀水扣
明兩銀陸兩計干合載米耗米
一升和粮代收十文正
乾隆廿年十二月 鄭金嶽尽去
干谷弍百四十斤正 有尽字一紙
咸豐拾年十二月 鄭元通推去代
捌百文正 立有推字一紙
光緒廿年十月日立有权字鄭利高
原尽推共叁紙又权字合包

3-5-26-12　清光緒二十四年子朝公子日月光天德五房仝立族産簿（一二）

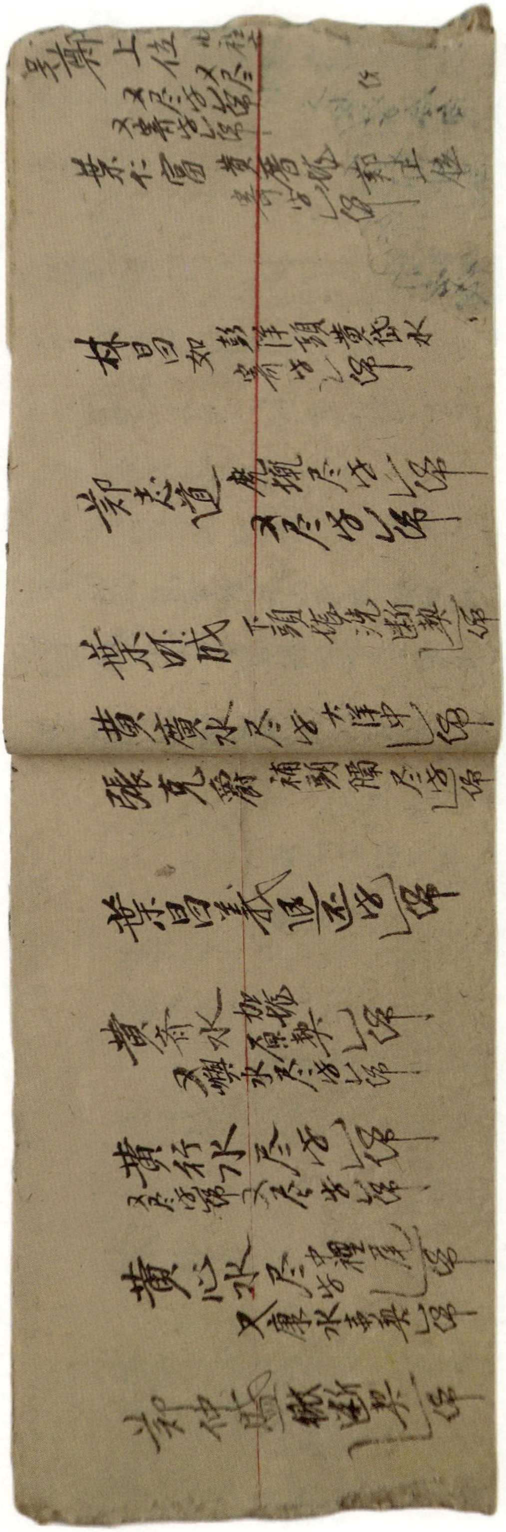

3-5-26-13　清光緒二十四年子朝公子日月光天德五房仝立族産簿（一三）

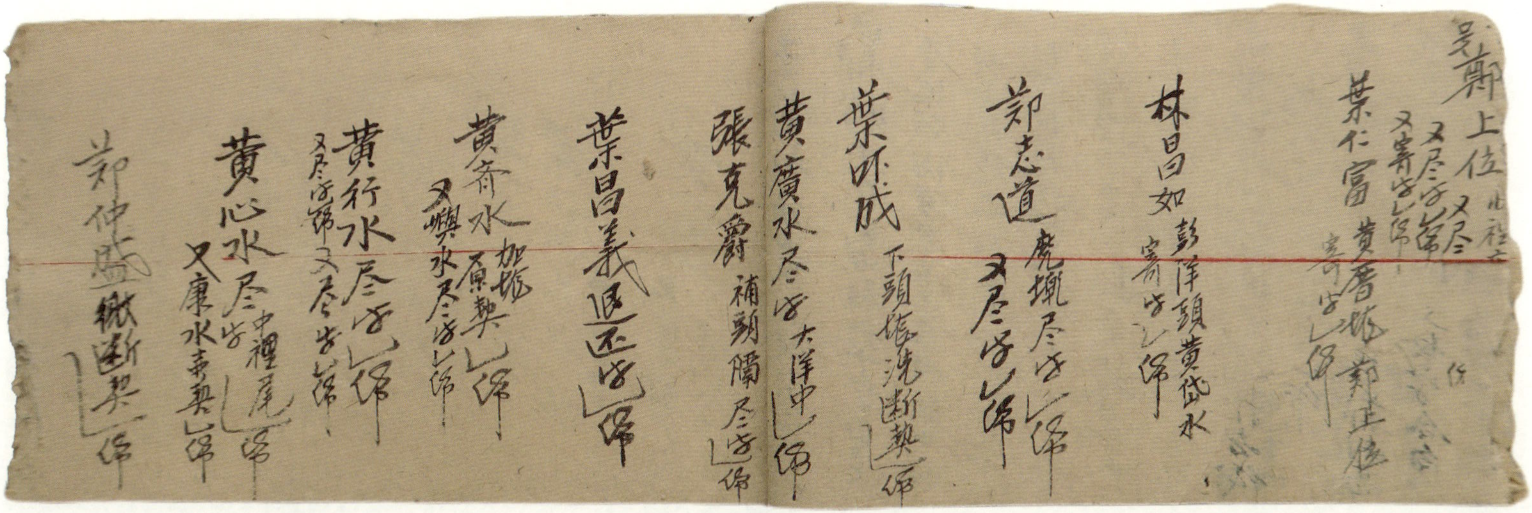

3-5-26-14　清光緒二十四年子朝公子日月光天德五房仝立族産簿（一四）

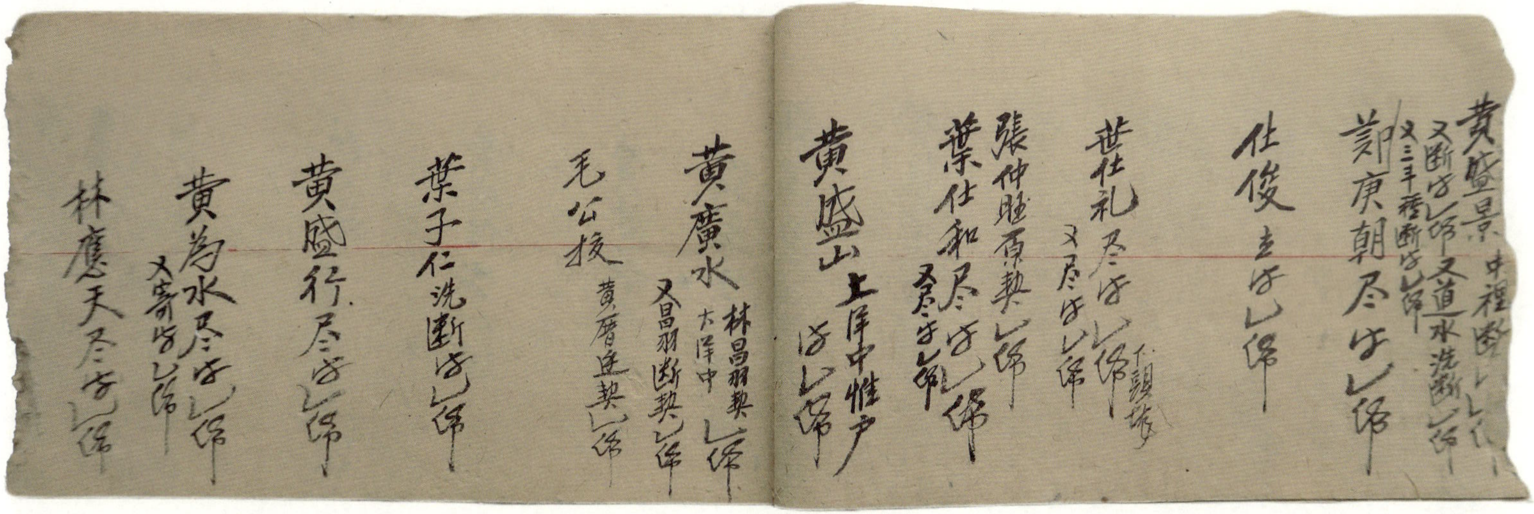

3-5-26-15 清光緒二十四年子朝公子日月光天德五房仝立族産簿（一五）

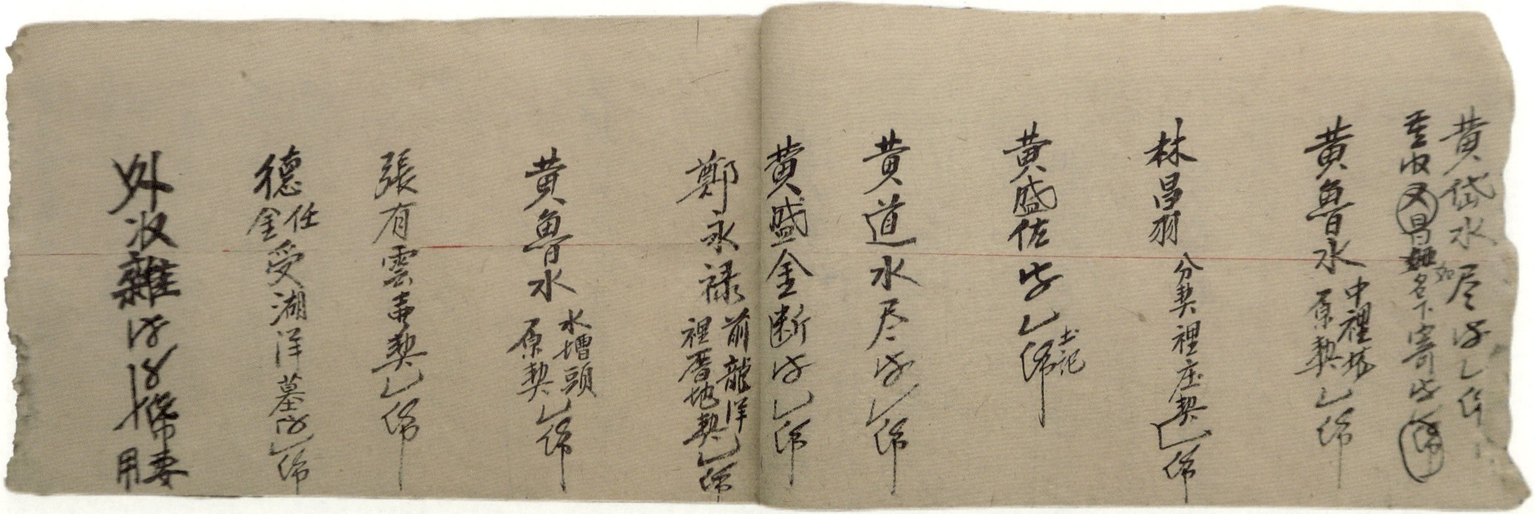
黄□水厝後山仔
黄魯水　中裡坵　原契　山仔
林昌羽　分契裡座契　山仔
黄盛佐　安山仔
黄道水　厝後　山仔
黄盛金　斷後　山仔
鄭永祿　前龍洋　裡厝地契　山仔
黄魯水　水槽頭　原契　山仔
張有雲　壽契　山仔
德任全　愛湖洋　墓地仔

3-5-26-16　清光緒二十四年子朝公子日月光天德五房仝立族産簿（一六）

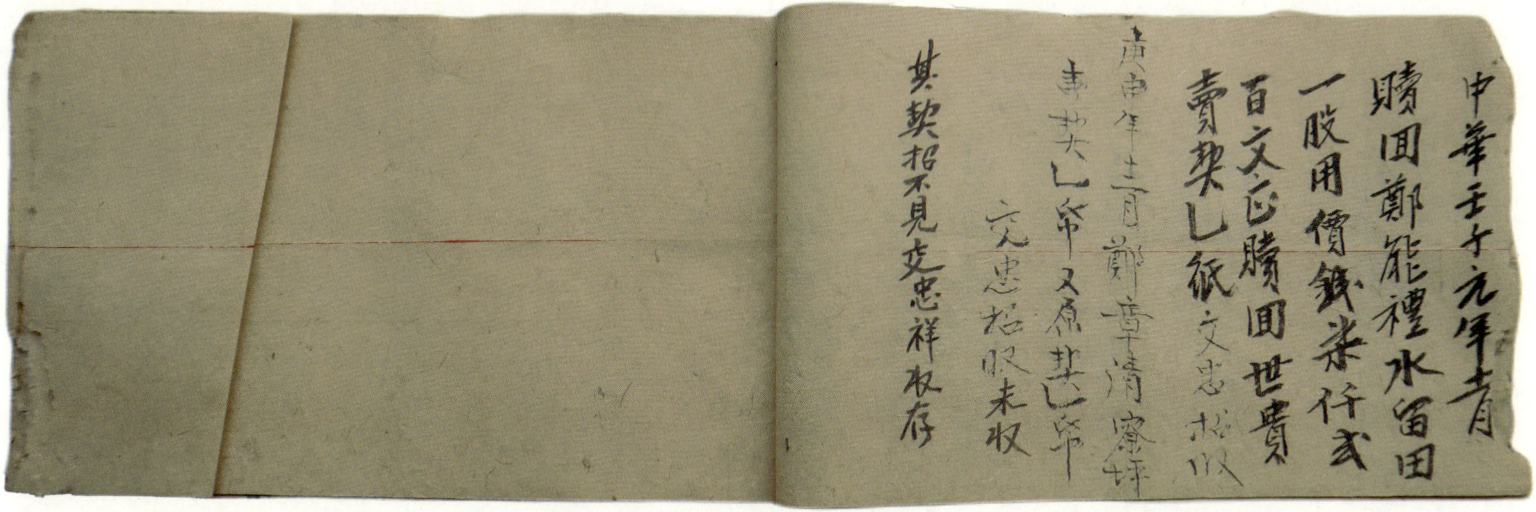

中華壬子元年十二月
贖回鄭能禮水留田
一股用價錢柒仟貳
百文正贖回世貴
賣契乙紙文忠收
庚申年十二月鄭章清寮坪
賣契乙紙又原契乙紙
文忠收未收
其契找不見文忠祥收存

3-5-26-17　清光緒二十四年子朝公子日月光天德五房仝立族産簿（一七）

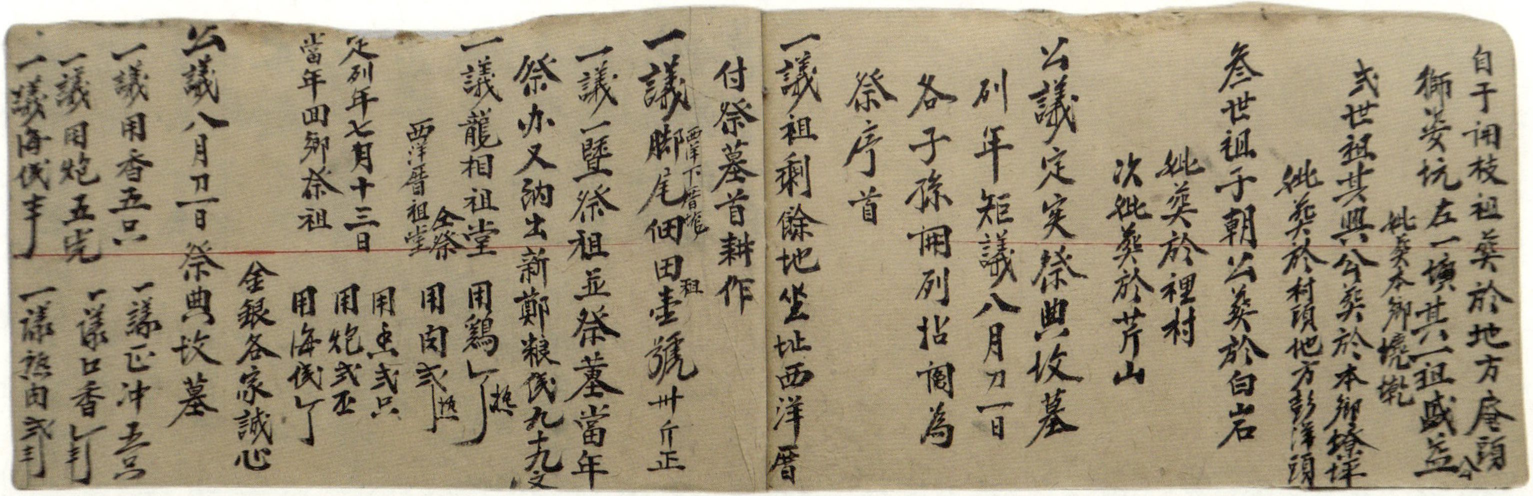

自于佃枝祖葬於地方磨頭公
獅婆坑左一墳其六祖盛益 妣葬本鄉墘
弍世祖其興公葬於本鄉塗洋
妣葬於村頭他方彭洋頭
叁世祖子朝公葬於白岩
妣葬於裡村
次妣葬於芹山
公議定实祭典坟墓
例年矩議八月初一日
各子孫拥列指閹為
祭序首
一議祖剩餘地坐址西洋厝
付祭墓首耕作
一議腳尾佃田西洋下厝後租壹號廿斤正
一議一登祭祖并祭墓當年
祭亦又納出薪鄭粮錢九十九文
一議龍相祖堂　全祭　用鷄一隻
西洋厝祖堂　用肉弍斤
定例年七月十三日　用魚弍只
當年四房祭祖　用炮弍歪
用海錢一丁
金銀各家誠心
公議八月初一日祭典坟墓
一議用香五只　一議正冲壹号
一議用炮五完　一議口香一斤
一議海錢一丁　一議燕肉弍斤

3-5-26-18　清光緒二十四年子朝公子日月光天德五房仝立族産簿（一八）

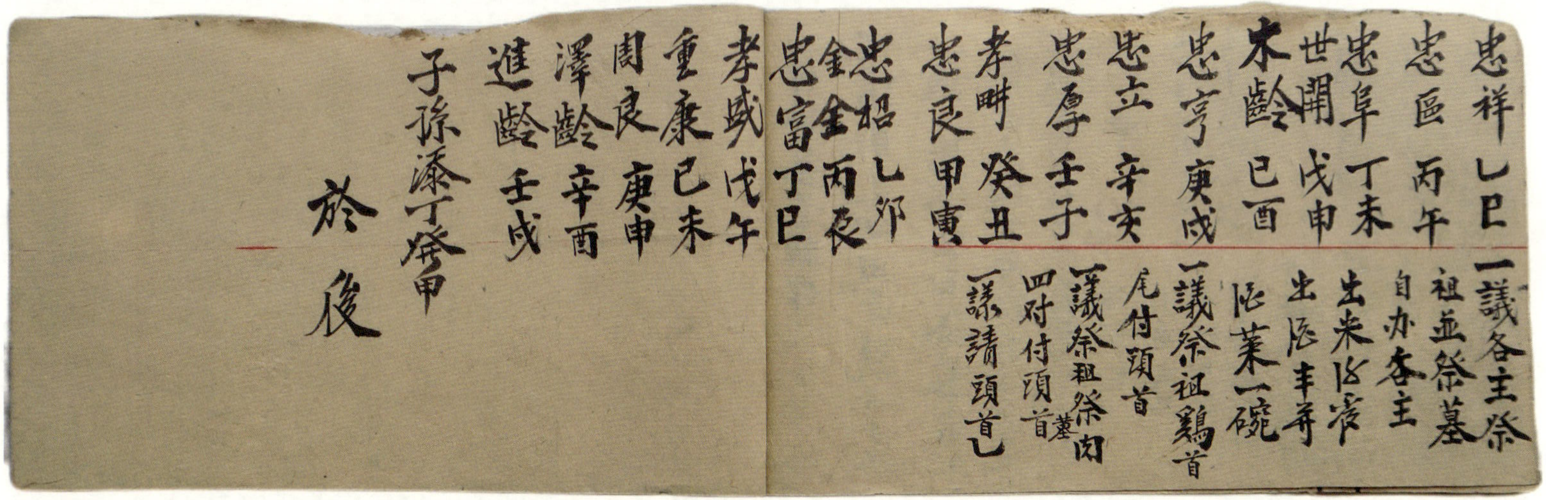
忠祥 乙巳
忠區 丙午
忠阜 丁未
世開 戊申
木齡 己酉
忠亨 庚戌
忠立 辛亥
忠厚 壬子
孝畊 癸丑
忠良 甲寅
忠招 乙卯
金全 丙辰
忠富 丁巳
孝威 戊午
重康 己未
周良 庚申
澤齡 辛酉
進齡 壬戌
子孫添丁癸甲
於後

一議各主祭
祖並祭墓
自办各主
出米以壽
出以丰再
以菜一碗
一議祭祖鷄首
尾付頭首
一議祭祖祭肉
四对付頭首董
一議請頭首乚

3-5-26-19 清光緒二十四年子朝公子日月光天德五房仝立族産簿（一九）

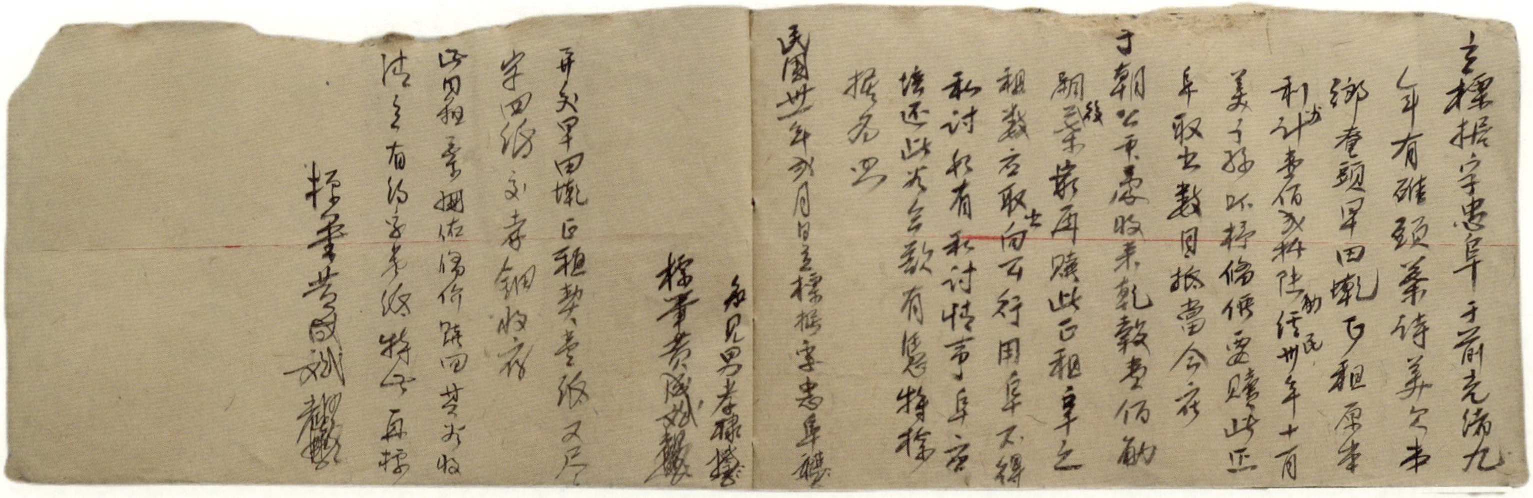

3-5-26-20　清光緒二十四年子朝公子日月光天德五房仝立族產簿（二〇）

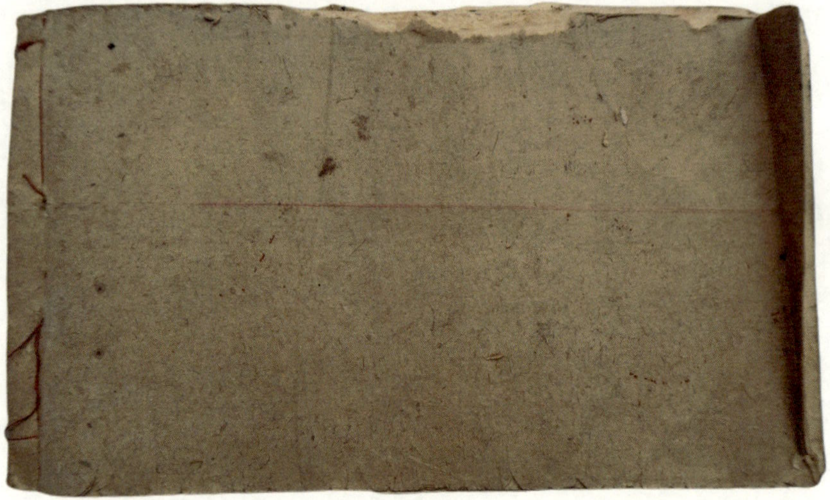

3-5-26-21　清光緒二十四年子朝公子日月光天德五房仝立族產簿（二一）

圖書在版編目（CIP）數據

福建民間契約文書. 第三卷：6冊 / 鄭振滿主編. -- 福州：福建人民出版社，2022.10
（八閩文庫. 專題彙編）
ISBN 978-7-211-08913-0

Ⅰ. ①福… Ⅱ. ①鄭… Ⅲ. ①契約—文書—彙編—福建 Ⅳ. ①D927.570.369

中國版本圖書館CIP數據核字（2022）第161537號

福建民間契約文書（第三卷）

主　　編：鄭振滿
編　　者：厦門大學民間歷史文獻研究中心
責任編輯：宋一明　趙遠方　莫清洋
裝幀設計：張志偉
美術編輯：陳培亮
出版發行：福建人民出版社
電　　話：0591—87533169（發行部）
網　　址：http://www.fjpph.com
電子郵箱：fjpph7221@126.com
地　　址：福建省福州市東水路76號
經　　銷：福建新華發行（集團）有限責任公司
印刷裝訂：雅昌文化（集團）有限公司
地　　址：深圳市南山區深雲路19號
電　　話：0755—86083235
開　　本：787毫米×1092毫米 1/16
印　　張：188
版　　次：2022年10月第1版第1次印刷
書　　號：ISBN 978-7-211-08913-0
定　　價：3600.00元（全6冊）